BERTELSMANN
UNIVERSAL
LEXIKON

# BERTELSMANN UNIVERSAL LEXIKON

HERAUSGEGEBEN VOM
LEXIKON-INSTITUT BERTELSMANN

BERTELSMANN LEXIKON VERLAG

Chefredakteur: Wolf-Eckhard Gudemann
Redaktion: Dieter Christoph, Dr. Gisela Benecke, Dr. Manfred Hoffmeister, Dr. Siegmar Hohl, Hans-Georg Michel, Karl Römer, Ursula Rzepka,
Irmelies Steinsiek, Monika Unger, Peter Wassen, Inge Weißgerber, Claudia Wullenkord
Redaktionsassistenz und Dateneingabe: Werner Ahringhoff, Petra Bischof, Claudia Brakel, Elvira Bruns, Ursula Hellmer, Bettina Grett,
Ursel Kämpf, Petra Niebuhr-Timpe
Redaktionelle Mitarbeit: Andreas Fiswick, Antonia Hansmeier, Dr. Andreas Jaschinski, Antje Kleinelümern, Rita Ludewig
Bildbeschaffung: Ursula Franz, Elisabeth Lezius, Edeltraud Siebart
Graphik: HTG-Werbung Tegtmeier + Grube KG, Eckhard Jacobsen, Wilfried Koch, Barbara Michael
Datentechnische Leitung: Hans Kreutzfeldt
Datenaufbereitung: Frank Lenniger
Redaktions-Software: Bernd Wendt
Layout: Georg Stiller
Landkarten: Kartographisches Institut Bertelsmann

*Warenzeichen, Gebrauchs- und Geschmacksmuster sowie Patente sind in
diesem Werk, wie in allgemeinen Nachschlagewerken üblich,
nicht als solche gekennzeichnet.
Es wird empfohlen, vor Benutzung von bestimmten Zeichen für Waren oder
von besonders gestalteten Arbeitsgerätschaften bzw. Gebrauchsgegenständen
sowie von Erfindungen beim Deutschen Patentamt in München anzufragen, ob ein Schutz besteht.*

JEDE AUFLAGE NEU BEARBEITET

© BERTELSMANN LEXIKON VERLAG GMBH, GÜTERSLOH 1991
ALLE RECHTE VORBEHALTEN
GESAMTHERSTELLUNG: MOHNDRUCK GRAPHISCHE BETRIEBE GMBH, GÜTERSLOH
ISBN 3-570-03996-X

# VORWORT

Im Zeitalter der weltweiten Kommunikation können die Menschen an vielen Ereignissen indirekt teilnehmen, von denen sie in früheren Zeiten kaum etwas erfahren hätten. Andererseits steigert die Vielfalt der Informationen bei fast allen Menschen das Gefühl, daß das Geschehen undurchsichtig und das eigene Wissen begrenzt ist. In dieser Situation wird sich das BERTELSMANN UNIVERSAL LEXIKON als ein unentbehrlicher Helfer erweisen.

Das BERTELSMANN UNIVERSAL LEXIKON stützt sich auf nunmehr 40 Jahre lexikographische Erfahrung des Lexikon-Instituts Bertelsmann. Die Redaktion hat sich zum Ziel gesetzt, den gesicherten Erkenntnisstand des ausgehenden 20. Jahrhunderts so vielfältig und vollständig wie möglich wiederzugeben. Es war gewiß keine leichte Aufgabe, aus der unendlichen Fülle des verfügbaren Wissens die grundlegenden Informationen herauszufiltern, die für einen möglichst großen Benutzerkreis von Interesse sind und wahrscheinlich auch nachgeschlagen werden.

Bei der Stichwortauswahl kam es vor allem darauf an, alle wesentlichen Wissensgebiete in ausgewogener Weise zu berücksichtigen. Neben dem neuesten Wissen, beispielsweise aus Zeitgeschichte, Umwelt, Naturwissenschaft, Technik, Wirtschaft und Kultur, durfte das überlieferte "Standardwissen" nicht zu kurz kommen.

Der Schwerpunkt der redaktionellen Bearbeitung lag auf der präzisen, zuverlässigen, aktuellen und, für ein einbändiges Lexikon, ungewöhnlich ausführlichen Einzelinformation. Es war nicht die erklärte Zielsetzung der Redaktion, die Sachinformationen in den einzelnen Stichwortartikeln soweit zu verkürzen, damit eine möglichst hohe Zahl von Stichwörtern erreicht werden konnte. Dennoch konnten in dieses großformatige Lexikon mehr als 70 000 Stichwörter und erklärte Begriffe aufgenommen werden.

Das BERTELSMANN UNIVERSAL LEXIKON wartet mit einer ungewöhnlichen Fülle von Abbildungen auf: informative Fotos, anschauliche Schemazeichnungen, Graphiken und Karten, insgesamt rund 2500. So konnte der Aussagewert vieler Stichwortartikel wesentlich erhöht werden.

Das BERTELSMANN UNIVERSAL LEXIKON wendet sich bewußt an jedermann: an den Wissenden, der eine Bestätigung oder aktuelle Ergänzung seines Wissens sucht, ebenso wie an denjenigen, der eine erste Erläuterung eines ihm unbekannten Sachverhalts sucht, an den Zeitungsleser oder Fernsehzuschauer, dem sich eine Frage stellt, ebenso wie an den Rätselfreund, der schnell einen Begriff benötigt.

Das BERTELSMANN UNIVERSAL LEXIKON will benutzt werden. Es steht lieber auf dem Schreibtisch oder neben dem Fernseher oder Radio als im Bücherregal. Als jederzeit greifbares Lexikon für zuverlässige, verständliche und verwertbare Informationen über Personen, Begriffe, Sachzusammenhänge und Ideen wird es seinem Besitzer gute Dienste leisten.

DER VERLAG

# HINWEISE FÜR DIE BENUTZUNG DIESES LEXIKONS

**Alphabetische Anordnung der Stichwörter**

Die Reihenfolge der Stichwörter richtet sich streng alphabetisch nach der Schreibweise, unabhängig von Aussprache und Bedeutung. Stichwörter, die aus mehreren selbständigen oder durch Bindestrich verknüpften Teilen bestehen, werden wie ein zusammenhängendes Wort behandelt; auch Abkürzungen, die aus mehreren Buchstaben bestehen, gelten als ein Wort. Die Umlaute ä, ö, ü werden behandelt wie die Buchstaben a, o, u (z.B. folgt Blüte auf Blutdruck); ß wird wie ss eingeordnet. Buchstaben mit Sonderzeichen (etwa å, ą, ä, é, š, ğ, ț) werden wie solche ohne Sonderzeichen behandelt. Die Buchstabenfolgen ae, oe, ue werden, auch wenn sie wie ä, ö, ü gesprochen werden, wie getrennte Buchstaben behandelt (z.B. Goethe).

Mehrgliedrige Stichwörter werden möglichst in der natürlichen Stellung ihrer Bestandteile aufgeführt und eingeordnet. Die Artikel *La, Le, Las, Les, Los* vor geographischen und Personennamen werden mitalphabetisiert. Nicht berücksichtigt wird bei geographischen Namen ein allgemeiner Bestandteil wie *Bad, Ciudad de, Djebel, Golf von, Kap, Mount, Piz* u.ä., ferner nicht der Artikel *al* in arabischen Namen.

Geographische Namen, die mit *Sankt, Saint, San, São, Fort, Port* oder *Porto* beginnen, suche man unter diesem Bestandteil.

Bei Personennamen werden Adelsprädikate und vergleichbare Bestandteile wie üblich nachgestellt. Bedeutende Persönlichkeiten, die hauptsächlich unter ihrem Vornamen bekannt sind, findet man unter diesem (z.B. Franz von Assisi, Walther von der Vogelweide).

In allen Zweifelsfällen wird das Auffinden eines Artikels durch Verweise erleichtert.

Bei gleichlautenden Stichwörtern mit verschiedenen Bedeutungen innerhalb der gleichen Kategorie (Sachbegriff oder Personenname oder geographischer Name) wird das Stichwort nicht wiederholt, sondern die Erläuterungen werden aneinandergereiht und mit Ziffern versehen: **1.** ... – **2.** ... – **3.** ...

**Typographische Hervorhebungen**

Hauptstichwörter sind **fett** gedruckt.

Stichwörter innerhalb eines Sammelartikels sind ebenfalls **fett** hervorgehoben. In Zusammensetzungen mit dem Hauptstichwort wird dieses abgekürzt (z.B. **A.sorgane** im Artikel **Atmung**).

Sachgebietsbezeichnungen beim Stichwort sind g e s p e r r t - k u r s i v gedruckt. Sachgebiete sind in der Regel immer dann mit angegeben, wenn es für gleichlautende Begriffe Bedeutungsunterschiede gibt und das Sachgebiet aus dem Artikel nicht eindeutig hervorgeht.

G e s p e r r t e r Druck dient der Gliederung und besseren Übersicht.

*Kursiv*-Setzung erfolgt in den folgenden Fällen:

1. zur Wiedergabe der Synonyma (sie stehen hinter dem Hauptstichwort),
2. zur Unterscheidung von Unterstichwörtern im Text,
3. zur Hervorhebung von wesentlichen Begriffen und Namen

**Schreibweise der Stichwörter**

Sind für ein und dasselbe Stichwort unterschiedliche Schreibweisen geläufig, so ist für das BERTELSMANN UNIVERSAL LEXIKON jene Form gewählt, von der anzunehmen ist, daß der Leser hier zuerst nachschlagen wird; andere Schreibweisen stehen *kursiv* hinter dem Hauptstichwort.

Namen aus Sprachen, die die Lateinschrift verwenden, werden in der Regel in der landesüblichen Form, mit allen eventuellen Sonderzeichen, wiedergegeben. Bei Namen und Begriffen aus fremden Schriftsystemen ist diejenige Umschrift gewählt, von der angenommen werden kann, daß sie dem Leser am ehesten vertraut ist. Chinesische Namen werden grundsätzlich in der Pinyin-Umschrift gebracht, die seit 1979 auch in der westlichen Welt allgemein angewandt wird.
Wo immer sich eine vom gewählten Umschriftsystem abweichende Schreibweise so weit durchgesetzt hat, daß sie als allgemein üblich gelten kann, wird ihr der Vorzug gegeben.

Chemische und biochemische Begriffe werden einheitlich so geschrieben, wie es dem wissenschaftlichen Gebrauch entspricht, auch wo dieser von der allgemein üblichen Schreibweise abweicht. Beispiel: *Ethanol*, nicht *Äthanol*, *Calciumoxid*, nicht *Kalziumoxyd*.

In allen Zweifelsfällen wird das Auffinden eines Artikels wiederum durch Verweise erleichtert. Stichwörter, die man unter C vermißt, suche man unter K oder Z, und umgekehrt; ähnlich bei Č, Ch und Tsch, bei V und W, bei J und I, bei J und Dsch, bei Ae und Ä, bei F und Ph, bei Y und J.

**Aussprache und Betonung**

Die A u s s p r a c h e eines Stichworts steht, wo nötig, in eckigen Klammern [ ] hinter dem Stichwort und wird nach den Regeln der *Association Phonétique Internationale* angegeben. Dazu wird ein für deutsche Verhältnisse vereinfachtes System verwendet (vgl. die Übersicht der Aussprachezeichen). Wird nur für einen Teil des Stichworts die Aussprache angegeben, dann steht vor und/oder hinter der Aussprachebezeichnung ein Trennstrich.

Die B e t o n u n g eines Stichworts wird in möglichen Zweifelsfällen durch einen Punkt unter dem zu betonenden Selbstlaut (z.B. **Elephantịasis**), bei zwei Buchstaben, die als ein Laut zu sprechen sind (z.B. ae, oe, ue als Umlaute ä, ö, ü oder ie als langes i), und bei einem Doppelselbstlaut (ai, au, ei, eu, oi, ey) durch einen Punkt mit daruntergesetztem Bogen gekennzeichnet (z.B. **Alka͜ios**). Innerhalb der Lautschrift wird die Betonung durch einen Akzent vor der zu betonenden Silbe angegeben.

**Die Lautschrift**

Für die Lautschrift werden folgende Buchstaben und Zeichen verwendet:

Selbstlaute und Doppelselbstlaute

| | |
|---|---|
| : | bezeichnet die Länge eines Selbstlauts |
| ' | bezeichnet Betonung und steht vor der betonten Silbe |
| a | kurzes a (wie in *kann*) |
| a: | langes a (wie in *Magen*) |
| æ | sehr offenes kurzes ä (wie in engl. *Gangway* ['gænwei]) |
| ʌ | kurzes dumpfes a (wie in *Butler* ['bʌtlə]) |
| ã | nasaliertes a (wie in *Mont Blanc* [mõ 'blã]) |
| ai | Doppelselbstlaut (wie in *Mai, Brei*) |
| au | Doppelselbstlaut (wie in *Baum*; engl. *Mount* [maunt]) |
| e | halblanges geschlossenes e (wie in *gebt*) |
| e: | langes geschlossenes e (wie in *Kehllaut, Beere*) |
| ə | kurzes dumpfes e (wie in *Masse, Linie*) |
| ə: | langes dumpfes e (wie in *Churchill* ['tʃə:tʃil]) |
| ɛ | kurzes offenes e (wie in *Fest, Gänse*) |
| ɛ: | langes offenes e (wie in *ordinär*; frz. *Molière* [mɔl'jɛ:r]) |
| ɛi | Doppelselbstlaut (wie in brasil. *Rio de Janeiro* ['riu di ʒa'nɛiru], ndl. *IJmuiden* [ɛi'mœidə:]) |
| ɛ̃ | nasaliertes e (wie in frz. *jardin* [ʒar'dɛ̃]) |
| i | kurzes i (wie in *bin*; engl. *Wilson* ['wilsən]) |
| i: | langes i (wie in *Bibel, Lied*; engl. *Leeds* [li:dz]) |
| ɔ | kurzes offenes o (wie in *Roß*) |
| ɔ: | langes offenes o (wie in engl. *Wallstreet* ['wɔ:lstri:t]) |
| õ | nasaliertes o (wie in *Mont Blanc* [mõ 'blã]) |
| ɔi | Doppelselbstlaut (wie in *heute*) |
| ɔu | Doppelselbstlaut (wie in engl. *Bowling* ['bɔuliŋ]), *Cold Cream* [kɔuld kri:m]) |
| o | halblanges geschlossenes o (wie in *Obst*; frz. *Barrault* [ba'ro]) |
| o: | langes geschlossenes o (wie in *Moos*; frz. *de Gaulle* [də 'go:l]) |
| œ | kurzes offenes ö (wie in *Köln*; frz. *Châteauneuf* [ʃato'nœf]) |
| ø | halblanges geschlossenes ö (wie in *Fischöl*) |
| ø: | langes geschlossenes ö (wie in *nervös*; frz. *Chartreuse* [ʃar'trø:z]) |
| œ̃ | nasaliertes ö (wie in frz. *Verdun* [vɛ'dœ̃]) |
| u | kurzes u (wie in *kurz*) |
| u: | langes u (wie in *Gruß*) |
| y | kurzes ü (wie in *schützen*; frz. *Tartuffe* [tar'tyf]) |
| y: | langes ü (wie in *führen, lyrisch*; frz. *Saussure* [so'sy:r]) |

Für M i t l a u t e werden neben b, d, g, p, t, k, l, r, m, n und f noch folgende Zeichen verwendet:

| | |
|---|---|
| ç | ch (wie in *ich*; grch. *Chíos* ['çı]) |
| x | ch (wie in *machen*; span. *Junta* ['xunta]) |
| ŋ | ng (wie in *Klang, Bank*) |
| s | stimmloses s (wie in *essen, weiß*) |
| z | stimmhaftes s (wie in *Saal, Waise*; engl. *Elizabeth* [i'lizəbəθ]) |
| ʃ | stimmloser sch-Laut (wie in *schaffen*; engl. *Shakespeare* ['ʃeikspiə]) |
| ʒ | stimmhafter sch-Laut (wie in *Journal* [ʒur'na:l], *Etage* [e'ta:ʒə]) |

dʒ  stimmhafter dsch-Laut (wie in indones. *Jakarta* [dʒa'karta])
θ   stimmloser Lispellaut (wie in engl. *Commonwealth* ['kɔmənwɛlθ])
ð   stimmhafter Lispellaut (wie in engl. *father* ['fa:ðə])
v   w (wie in *Wasser, Venedig*)
w   mit stark gewölbten Lippen gesprochenes w (wie in engl. *Wells* [wɛlz])

## Datenangaben

Für neuzeitliche Daten gilt, wie üblich, in der Regel der Gregorianische Kalender. Geburtsdaten sind durch ein *, Sterbedaten durch ein † gekennzeichnet. Biographische Daten ohne diese Zeichen beziehen sich auf Regierungs- oder Amtszeiten. Ein Zeitraum von mehreren Jahren wird mit Bindestrich in der Form 1870–75 angegeben; nur bei zwei aufeinanderfolgenden Jahren desselben Jahrhunderts ist die Form mit Schrägstrich gewählt: 1870/71. Eine Angabe *1470/80 bedeutet, daß das Geburtsdatum nicht genau bekannt ist und zwischen den beiden genannten Jahren liegt.

Statistische Angaben wie Bevölkerungs- und Wirtschaftszahlen sind, sofern verfügbar, der amtlichen Statistik entnommen und im Lexikon gerundet wiedergegeben. Gesicherte und zuverlässige Daten hierzu können in der Regel nur für einen Zeitpunkt angegeben werden, der zwei und mehr Jahre vor der Veröffentlichung des Lexikons liegt. Die meisten Länder verfügen über keine amtlichen Statistiken; hier mußte auf Schätzungen zurückgegriffen werden.

## Verweise

Neben den Verweisen (→) zum Auffinden eines Stichworts, dessen Schreibweise oder alphabetische Einordnung fraglich sein könnte, werden Verweise von einem Stichwort auf ein anderes noch verwendet, um anzudeuten, daß der Gedankengang eines Artikels unter dem so gekennzeichneten Stichwort weitergeführt oder abgegrenzt wird oder daß dort zusätzliche Informationen zu der angeschnittenen Thematik zu finden sind. Der Verweispfeil fordert also auf, bei dem Stichwort nachzuschlagen.

Der Bildverweis B und der Kartenverweis K bedeuten, daß an anderer Stelle des Lexikons die zum Stichwort zugehörige Abbildung abgedruckt ist. Hiervon wurde immer dann Gebrauch gemacht, wenn die Abbildung aus technischen Gründen nicht auf derselben Doppelseite wie das dazugehörige Stichwort steht.

## Abkürzungen

Abkürzungen werden im Bertelsmann Universal Lexikon nur so verwendet, daß der Lesefluß und das Verständnis nicht beeinträchtigt werden. Im allgemeinen ist das Stichwort, wenn es im selben Artikel wiederholt wird, mit seinem ersten Buchstaben abgekürzt. Flexionsendungen beim abgekürzten Stichwort und bei Abkürzungen sind in der Regel weggelassen, dagegen sind Pluralendungen immer dann angegeben, wenn Mißverständnisse denkbar sind.

Besteht das Stichwort aus zwei Wörtern, die mit Bindestrich verbunden sind, so wird das Stichwort nur mit dem ersten Buchstaben abgekürzt; besteht ein Stichwort aus mehreren selbständigen Wörtern, so ist jedes Wort für sich abgekürzt. Gibt es für ein Stichwort eine allgemein übliche Abkürzung, so wird diese im Text benutzt.

Die Endung -*isch* ist oft weggelassen, die Endung -*lich* durch -*l.* abgekürzt. Abkürzungen werden in Zusammensetzungen durch Bindestrich abgetrennt, z.B. O-Afrika, Staats-Präs., Außen-Min.

## Abkürzungsverzeichnis

In diesem Lexikon werden folgende allgemein übliche Abkürzungen verwendet.

| | |
|---|---|
| afrik. | afrikanisch |
| Abb. | Abbildung |
| Abg. | Abgeordneter |
| Abk. | Abkürzung |
| Abs. | Absatz |
| Abt. | Abteilung |
| Adj. | Adjektiv |
| afgh. | afghanisch |
| Aggl. | Agglomeration |
| ahd. | althochdeutsch |
| AK | Autonomer Kreis |
| akad. | akademisch |
| Akad. | Akademie |
| alb. | albanisch |
| allg. | allgemein |
| amerik. | amerikanisch |
| angl. | anglikanisch |
| AO | Autonome Oblast |
| Apg. | Apostelgeschichte |
| aram. | aramäisch |
| argent. | argentinisch |
| Art. | Artikel |
| assoz. | assoziiert |
| a. St. | alter Stil |
| AT | Altes Testament |
| ausschl. | ausschließlich |
| babyl. | babylonisch |
| ba.-wü. | baden-württembergisch |
| Ba.-Wü. | Baden-Württemberg |
| bay. | bayerisch |
| Bay. | Bayern |
| Bd. | Band |
| Bde. | Bände |
| bed. | bedeutend |
| Bed. | Bedeutung |
| begr. | begründet(e) |
| Begr. | Begründer |
| bek. | bekannt(e) |
| ben. | benannt |
| bes. | besonders, besondere |
| best. | bestimmt(e) |
| betr. | betreffend |
| Bev. | Bevölkerung |
| Bez. | Bezirk |
| Bibliogr. | Bibliographie |
| biol. | biologisch |
| Biol. | Biologie |
| birm. | birmanisch |
| boliv. | bolivianisch |
| Bot. | Botanik |
| brasil. | brasilianisch |
| BR Dtld. | Bundesrepublik Deutschland |
| bzw. | beziehungsweise |
| ca. | circa |
| charakt. | charakteristisch |
| chem. | chemisch |
| chin. | chinesisch |
| d. Ä. | der Ältere |
| Darst. | Darstellung |
| demokr. | demokratisch |
| Dep. | Departamento |
| Dép. | Département |
| dgl. | dergleichen; desgleichen |
| d. Gr. | der Große |
| d. h. | das heißt |
| d. i. | das ist |
| Diss. | Dissertation |
| Distr. | Distrikt |
| d. J. | der Jüngere |
| dt. | deutsch |
| Dtld. | Deutschland |
| EG | Europäische Gemeinschaft |
| ehem. | ehemalig, ehemals |
| eig. | eigen |
| eigtl. | eigentlich |
| einschl. | einschließlich |
| entspr. | entsprechend |
| eskim. | eskimoisch |
| europ. | europäisch |
| ev. | evangelisch |
| ev.-luth. | evangelisch-lutherisch |
| ev.-reform. | evangelisch-reformiert |
| evtl. | eventuell |
| Ew. | Einwohner |
| f., ff. | folgend(e) |
| Fa. | Firma |
| Fam. | Familie |
| FHS | Fachhochschule |
| Fin. | Finanz- |
| fr. | früher |
| Frhr. | Freiherr |
| frz. | französisch |
| Gatt. | Gattung |
| geb. | geboren |
| gegr. | gegründet |
| Gem. | Gemeinde |
| gen. | genannt |
| Gen. | Genesis |
| germ. | germanisch |
| Ges. | Gesetz |
| Gesch. | Geschichte |
| Gew. | Gewicht |
| Gft. | Grafschaft |
| GG | Grundgesetz |
| ggf. | gegebenenfalls |
| ggs. | gegensätzlich |
| Ggs. | Gegensatz |
| gleichn. | gleichnamig |
| grch. | griechisch |
| Großbrit. | Großbritannien |
| h | Stunde |
| Hdb. | Handbuch |
| hebr. | hebräisch |
| hind. | hindustanisch |
| hl. | heilig |
| holl. | holländisch |
| Hpt. | Haupt- |
| hpts. | hauptsächlich |
| Hptst. | Hauptstadt |
| Hptw. | Hauptwerk |
| hrsg. | herausgegeben |
| Hrsg. | Herausgeber |
| HS | Hochschule |
| Hz | Hertz |
| Hzgt. | Herzogtum |
| i.e.S. | im engeren Sinn |
| i. M. | im Mittel |
| Ind. | Industrie |
| Ing. | Ingenieur |
| insbes. | insbesondere |
| insges. | insgesamt |
| Inst. | Institut |
| internat. | international |
| isl. | isländisch |
| isr. | israelisch |
| ital. | italienisch |
| i. U. | im Unterschied |
| i.w.S. | im weiteren Sinn |
| i.ü.S. | im übertragenen Sinn |
| J. | Jahr |
| jap. | japanisch |
| jav. | javanisch |
| Jb. | Jahrbuch |
| Jer. | Jeremias |
| Jes. | Jesaja |
| Jg. | Jahrgang |
| Jh. | Jahrhundert |
| Jt. | Jahrtausend |
| jur. | juristisch |
| kath. | katholisch |
| Kfz | Kraftfahrzeug |
| kg | Kilogramm |
| KG | Kommanditgesellschaft |
| Kgr. | Königreich |
| Kl. | Klasse |
| km | Kilometer |
| km/h | Kilometer je Stunde |
| kolumb. | kolumbianisch |
| kons. | konservativ |
| konstit. | konstitutionell |
| Kr. | Kreis |
| krfr. | kreisfrei(e) |
| Krst. | Kreisstadt |
| Kt. | Kanton |
| kW | Kilowatt |
| kWh | Kilowattstunde |
| KZ | Konzentrationslager |
| l. Nbfl. | linker Nebenfluß |
| landw. | landwirtschaftlich |
| Landw. | Landwirtschaft |
| lat. | lateinisch |
| Ldkr. | Landkreis |
| Ldsch. | Landschaft |
| lib. | liberal |
| lit. | litauisch |
| Lit. | Literatur |
| luth. | lutherisch |
| m | Meter |
| MA | Mittelalter |

| | | | | | |
|---|---|---|---|---|---|
| mal. | malaiisch | phön. | phönizisch | u. | und |
| Masch. | Maschine(n) | physik. | physikalisch | u. a. | unter anderem; und andere(s) |
| math. | mathematisch | Pl. | Plural | u. ä. | und ähnliche(s) |
| Math. | Mathematik | polyn. | polynesisch | ugs. | umgangssprachlich |
| MdB | Mitglied des Bundestages | port. | portugiesisch | ukr. | ukrainisch |
| MdL | Mitglied des Landtages | Präs. | Präsident | u. M. | unter dem Meeresspiegel |
| MdR | Mitglied des Reichstages | Prem.-Min. | Premierminister | ü. M. | über dem Meeresspiegel |
| med. | medizinisch | Prof. | Professor(in) | unabh. | unabhängig |
| Med. | Medizin | prot. | protestantisch | ung. | ungarisch |
| mehrf. | mehrfach | Prov. | Provinz | Univ. | Universität |
| melan. | melanesisch | Prov.-Hptst. | Provinzhauptstadt | unterh. | unterhalb |
| mex. | mexikanisch | PS | Pferdestärke | urspr. | ursprünglich |
| MEZ | Mitteleuropäische Zeit | Ps. | Psalm | usw. | und so weiter |
| mhd. | mittelhochdeutsch | Pseud. | Pseudonym | u. U. | unter Umständen |
| min., Min. | Minute(n) | psychol. | psychologisch | u. v. a. m. | und vieles andere mehr |
| Min. | Minister(ium) | Psychol. | Psychologie | | |
| Min.-Präs. | Ministerpräsident | | | v. a. | vor allem |
| Mio. | Million(en) | r. Nbfl. | rechter Nebenfluß | v. Chr. | vor Christus |
| Mitgl. | Mitglied | rätorom. | rätoromanisch | venezol. | venezolanisch |
| mlat. | mittellateinisch | rd. | rund | Verf. | Verfassung |
| mohamm. | mohammedanisch | reform. | reformiert | verh. | verheiratet |
| Mon. | Monat | Reg. | Regierung | veröff. | veröffentlicht(e) |
| Mrd. | Milliarde(n) | Reg.-Bez. | Regierungsbezirk | Veröff. | Veröffentlichung |
| Mt. | Mount (Berg) | rel. | relativ | versch. | verschieden |
| m. V. | mit Vororten | Rep. | Republik | Verw. | Verwaltung |
| MW | Megawatt | Rhld.-Pf. | Rheinland-Pfalz | Verw.-Bez. | Verwaltungsbezirk |
| Myth. | Mythologie | röm.-kath. | römisch-katholisch | v. H. | vom Hundert ( %) |
| | | | | Vizepräs. | Vizepräsident |
| N | Nord(en) | | | VO | Verordnung |
| n. a. A. | nach anderen Angaben | s | Sekunde(n) | vollst. | vollständig |
| Nachf. | Nachfolge, Nachfolger(in) | S | Süd(en) | Vors. | Vorsitz, Vorsitzender |
| Nachr. | Nachrichten | S. | Seite | vorw. | vorwiegend |
| nat. | national | sanskr. | sanskritisch | VR | Volksrepublik |
| nat.-soz. | nationalsozialistisch | s. Br. | südliche Breite | | |
| Nat.-Soz. | Nationalsozialismus | Schl.-Ho. | Schleswig-Holstein | W | West(en) |
| Nbfl. | Nebenfluß | Schriftst. | Schriftsteller(in) | w. | westlich |
| n. Br. | nördliche Breite | schweiz. | schweizerisch | waagr. | waagerecht |
| n. Chr. | nach Christus | Sek. | Sekunde | wahrsch. | wahrscheinlich |
| ndl. | niederländisch | selbst. | selbständig | Westf. | Westfalen |
| Ndl. | Niederlande | senkr. | senkrecht | wirtsch. | wirtschaftlich |
| Nds. | Niedersachsen | serbokr. | serbokroatisch | Wirtsch. | Wirtschaft |
| ndt. | niederdeutsch | Sg. | Singular | wiss. | wissenschaftlich |
| ngrch. | neugriechisch | singhal. | singhalesisch | Wiss. | Wissenschaft(en) |
| nhd. | neuhochdeutsch | skand. | skandinavisch | w. L. | westliche Länge |
| nlat. | neulateinisch | Slg. | Sammlung | Wz. | Warenzeichen |
| NO | Nordost(en) | SO | Südost(en) | | |
| Nobelpr. | Nobelpreis | sö. | südöstlich | zahlr. | zahlreich |
| norw. | norwegisch | sog. | sogenannt(e) | z. B. | zum Beispiel |
| NRW | Nordrhein-Westfalen | sowj. | sowjetisch | zeitw. | zeitweise |
| n. St. | neuer Stil | Sowj. | Sowjetunion | ZK | Zentralkomitee |
| NT | Neues Testament | soz. | sozial | z. T. | zum Teil |
| NW | Nordwest(en) | Spr. | Sprüche Salomos | Ztg. | Zeitung |
| nw. | nordwestlich | St. | Sankt, Saint | Ztschr. | Zeitschrift |
| | | Std. | Stunde | zus. | zusammen |
| O | Ost(en) | stellv. | stellvertretend | zw. | zwischen |
| ö. | östlich | SW | Südwest(en) | z. Z. | zur Zeit |
| o. ä. | oder ähnlich | sw. | südwestlich | | |
| oberh. | oberhalb | | | | |
| Offb. | Offenbarung des Johannes | Tab. | Tabelle | | |
| ö. L. | östliche Länge | teilw. | teilweise | | |
| op. | Opus | Temp. | Temperatur | | |
| orient. | orientalisch | TH | Technische Hochschule | | |
| orth. | orthodox | theol. | theologisch | | |
| östr. | österreichisch | Theol. | Theologie | | |
| Östr. | Österreich | tibetochin. | tibetochinesisch | | |
| Oz. | Ordnungszahl | tradit. | traditionell | | |
| | | tschechosl. | tschechoslowakisch | | |
| Pädag. | Pädagogik | Tschechosl. | Tschechoslowakei | | |
| philos. | philosophisch | TU | Technische Universität | | |
| Philos. | Philosophie | turktat. | turktatarisch | | |

**Zeichen:**

* \* geboren
* † gestorben
* § Paragraph
* & und
* ° Grad (Temperaturgrad, Winkelgrad)
* % Prozent
* ‰ Promille
* K̲ Karte
* W̲ weithin bekanntes Werk
* B̲ Abbildung
* T̲ Tabelle

**a, A,** erster Buchstabe des Alphabets; griech. Alpha (α, A).

**a,** ursprüngl. der 1. Ton der Grundskala, dann 6. Stufe der C-Dur-Tonleiter (a-Moll ist deren Paralleltonart). Das eingestrichene a (a') ist der → Kammerton.

**à** [frz.], je, zu (je), für (je); vor Preisangaben.

**a** ... [grch.], Vorsilbe, die eine Verneinung ausdrückt; wird vor Vokalen u. h zu *an* ...; Beispiele: amorph, asozial, apathisch, Anastigmat.

**A, 1.** Münzbuchstabe der Münzstätten Berlin, Paris u. Wien; vorwiegend für neuere Münzen zutreffend. – **2.** Zeichen für → Ampere.

**Å,** Zeichen für → Ångströmeinheit.

**Aa,** *Ach, Ache,* Name vieler Flüsse in Mitteleuropa; auch in Zusammensetzungen.

**Aachen,** Stadt in NRW, an der ndl.-belg. Grenze (Dreiländereck), 245 000 Ew.; Heilbad (Schwefeltherme, bis 75 °C); Wallfahrtsort, Bischofssitz; Techn. Hochschule (mit medizin. Fakultät), Klinikum; bed. Ind., Süßwaren (**A.er Printen**); Steinkohlengewinnung im A.er Becken. **A.er Münster** (mit der Pfalzkapelle *Karls d. Gr.* [792–805 von

*Aachen: Thron Karls des Großen im Oktogon des Aachener Münsters*

Odo von Metz erbaut]; bis 1531 Krönungskirche der dt. Könige) mit kostbarer Ausstattung u. Schatzkammer; röm. Gründung *(Aquisgranum)*; Verleihung des *Karlspreises.* – Der **1. A.er Friede** beendete am 2.5.1668 den Devolutionskrieg; der **2. A.er Friede** beendete am 18.10.1748 den Österr. Erbfolgekrieg. Auf dem **A.er Kongreß** (29.9.–21.11.1818) erreichte Frankreich den sofortigen Abzug der alliierten Besatzungstruppen aus seinem Territorium u. Ermäßigung der restl. Kriegsschulden.

**Aachen,** *Aken, Achen,* Johann (Hans) von, *1552, †1615, dt. Maler des Manierismus.

**Aaiun,** *Al A.,* Hauptort der Westsahara, am Trockental Saguia al- Hamra, 30 000 Ew.; Phosphatabbau.

**Aakus,** *Aiakos,* grch. Heros, König der Myrmidonen, später Richter in der Unterwelt.

**Aale,** *Echte Aale, Flußaale, Anguillidae,* Fam. der Aalfische, schlangenförmige räuberische Knochenfische. Die bekanntesten u. wirtschaftl. bed. Arten sind: *Europ. Aal, Jap. Aal.* Die Männchen sind bedeutend kleiner (europ. Flußaal bis 42 cm) als die Weibchen (bis über 1 m). Das Laichgebiet der europ. A. ist die Sargasso-See. Hier schlüpfen die weidenblattförmigen, gläsern-durchsichtigen Aal-

larven. Sie werden mit dem Golfstrom in 3 Jahren bis zu den europ. Küsten transportiert u. wandeln sich hier in die eigentl. Aalform um. Diese zunächst noch durchsichtigen, als *Glasaale* bezeichneten Jungaale wandern in großen Schwärmen in die Flußmündungen ein u. färben sich auf ihrer weiteren Stromaufwanderung dunkel. In unseren Gewässern werden sie mit 7–12 Jahren (vom Glasaal an gerechnet) geschlechtsreif; sie wandern ins Meer zu den Laichplätzen ab. – Der Aal ist ein hochbezahlter Speisefisch.

**Aalen,** Stadt in Ba.-Wü. am Kocher, 62 800 Ew.; Verw.-Sitz des *Ostalbkreises;* bed. Industrie.

**Aalmutter,** ein Küstenfisch aus der Familie der *Gebärfische,* der bis 300 lebende Junge zur Welt bringt.

**Aalst,** frz. *Alost,* Stadt in der belg. Prov. Ostflandern, an der schiffbaren Dender, 78 100 Ew.; Textilindustrie.

**Aalstrich,** dunkler schmaler Längsstreifen auf dem Rücken bei Pferden, Rindern, Ziegen u.a. Säugetieren.

**Aaltierchen,** Gruppe von *Fadenwürmern,* die meist in Pflanzen, aber auch in Tieren schmarotzend leben.

**Aalto,** (Hugo Henrik) Alvar, *1898, †1976, finn. Architekt; führender Vertreter des *organischen Bauens.* Dieses architekton. Konzept besteht darin, Baukörper ihrer landschaftl. Umgebung anzugleichen; 🅦 Hansaviertel in Berlin, Opernhaus in Essen.

**Aaltonen,** Wäinö, *1894, †1966, finn. Bildhauer; 🅦 Bronzestandbild des Läufers P. Nurmi (Helsinki, Ateneum).

**Aar,** dichter. für Adler.

**Aarau,** Hptst. des schweiz. Kantons Aargau, an der Aare, 16 000 Ew.; bed. Industrie.

**Aare,** längster Fluß der nördl. Schweiz, 295 km; mündet bei Waldshut in den Rhein. Die *Aare-Schlucht* südöstlich von Meiringen ist 1400 m lang, bis 120 m tief.

**Aargau,** Kanton der → Schweiz.

**Aarhus** [ˈɔːr-] → Århus.

**Aaron,** *Aron,* heb. *Aharon,* Bruder des *Mose;* im AT Ahnherr der Opferpriesterschaft des Jerusalemer Tempels.

**Aas,** *Kadaver,* verwesende Tierleiche.

**Aasblume,** *Ordenskaktus, Stapelia,* südafrik. *Seidenpflanzengewächs* mit typ. Aasgeruch.

**Aasfliegen** → Schmeißfliegen.

**Aasgeier,** *Schmutzgeier,* im Alter weißer → Geier des Mittelmeergebiets.

**Aaskäfer,** *Silphidae,* Familie mittelgroßer Käfer, die ihre Eier vor allem an verwesenden Stoffen ablegen; hierzu die europ. Gattungen *Totengräber* u. *Rübenaaskäfer* (Pflanzenschädlinge).

**Aba,** *Abâjeh,* ärmelloser, weiter Oberrock der Araber aus Schafwolle oder Kamelhaar.

**Abadan,** bed. ehem. Erdölausfuhrhafen Irans am Pers. Golf.

**Abakan,** Hptst. der Chakass. AO in der RSFSR, nahe der Mündung des gleichn. Flusses in den Jenissej, 143 000 Ew., Industriezentrum.

**Abakus, 1.** brettartiges oberes Glied des *Kapitells.* – **2.** aus dem Altertum stammendes Rechenbrett, als *Soroban* heute noch in Gebrauch (Japan).

**Abälard** [abeˈlaːr], *Abélard, Abaelard, Abaillard,* Peter (Pierre), *1079, †1142, frz. Philosoph u. Theologe der Frühscholastik; hielt Gesinnung u. Gewissen für die ausschlaggebenden ethischen Kriterien. Er wurde wegen der Liebschaft zu seiner Schülerin *Héloïse* (*1101, †1164) entmannt.

**Abandon** [abãˈdɔ̃], freiwillige Preisgabe der Mitgliedschaft (mit haftungsbefreiender Wirkung) in bestimmten Unternehmensgesellschaften. – **abandonnieren** [abadɔˈniː-], verzichten, preisgeben, abtreten.

**Abano Terme,** ital. Bad südwestl. von Padua, 12 000 Ew.; radioaktive Thermen, Schlammbäder.

**Abasie,** psych. bedingte, krankhafte Unfähigkeit zu gehen; meist verbunden mit *Astasie* (Unfähigkeit zu stehen).

**Abbado,** Claudio, *26.6.1933, ital. Dirigent.

**Abbagnano** [abbaˈnjaːno], Nicola, *1901, †1990, bed. ital. Existenzphilosoph.

**Abbas, 1.** *A. I., A. d. Gr.,* *1571, †1629, Schah von Persien aus der Safawiden-Dynastie 1587–1629. – **2.** *A. II. Hilmi,* *1874, †1944; Vizekönig (Khedive) von Ägypten 1892–1914.

**Abbasiden,** Kalifendynastie 750–1258 in Bagdad u. bis 1517 noch als Scheinkalifen in Kairo; Nachkommen von *Abbas* (*um 565, †um 653), dem Oheim Mohammeds.

**Abbate,** ital. Titel: Abt, Weltgeistlicher.

**Abbau, 1.** Gewinnung nutzbarer Mineralien, → Bergbau. – **2.** biol., chem. oder physik. Zerlegung von chem. Verbindungen.

**Abbe,** Ernst, *1840, †1905; dt. Physiker u. Sozialreformer; übernahm 1867 die wissenschaftl. Leitung der opt. Werkstätten von Carl *Zeiss* u. begr. die moderne opt. Technik, wurde 1875 Mitinhaber u. verwandelte nach dem Tod von Zeiss die Firma in die *Carl-Zeiss-Stiftung.*

**Abbé,** frz. Titel: Abt, Weltgeistlicher.

**Abbeville** [-ˈviːl], nordfrz. Stadt im Dép. Somme, alte Hptst. des *Ponthieu,* 24 900 Ew.

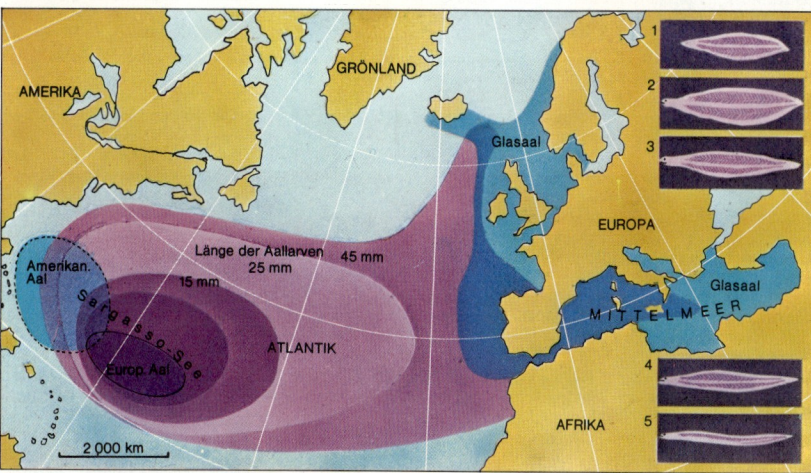

*Aale: Wanderung des europäischen Aals; 1–5 Wandlung der weidenblattförmigen Leptocephalus-Larve (1–4) zum kleineren, kompakten Glasaal (5)*

**Abbevillien** [-vi':ljɛ̃], die älteste, durch grob behauene Faustkeile gekennzeichnete Stufe der Altsteinzeit Westeuropas; ben. nach der Fundstelle *Abbeville*.

**Abbildung, 1.** bildl. Wiedergabe. – **2.** *Math.*: eine Vorschrift, die jedem Element *a* einer Menge *A* ein Element *a'* einer Menge *A'* zuordnet. Zu den geometr. A.en gehören *Kongruenz-A.en* u. *Ähnlichkeits-A.en*. In der *Analyse* spricht man statt von A. von → Funktion (2). – **3.** *Optik*: Vereinigung der von einem leuchtenden Gegenstand ausgehenden Strahlen durch eine Linse, gekrümmten Spiegel oder Lochblende.

**Abblendlicht**, Betriebsart des Kfz-Scheinwerfers, die eine Fahrbahnbeleuchtung ohne Blendung des Gegenverkehrs möglich macht. Bei asymmetr. Abblendung wird bei Rechtsverkehr die rechte Fahrbahnseite weiter ausgeleuchtet als die Fahrbahnmitte.

**Abbreviatur**, Abkürzung, Kurzzeichen, Siegel; bes. in der musikal. Notation.

**Abchasische ASSR**, Autonome Sowjetrepublik der Grusinischen SSR, das Schwarzmeerküstenland der Südseite des Kaukasus, 8600 km², 535 000 Ew., Hptst. *Suchumi*; 1921 errichtet.

**ABC-Kampfmittel**, zusammenfassende Bez. für → atomare Kampfmittel, → biologische Kampfmittel u. → chemische Kampfmittel.

**ABC-Schutzmaske**, eine Weiterentwicklung der *Gasmaske*, die gegen das Einatmen atomarer (radioaktiver), biol. u. chem. Kampfstoffe schützt.

**ABC-Staaten**, die drei südamerikan. Staaten Argentinien, Brasilien u. Chile.

**Abdachung**, die Neigung einer Geländefläche zur Horizontalen.

**Abd al-Ilah**, *1913, †1958 (bei einem Staatsstreich), Regent des Irak 1939–1953 als Vormund König Feisals II.

**Abd al-Kader**, *1808, †1883, Führer der Araber in Algerien; einigte die alger. Stämme zum Kampf gegen die Franzosen 1835–1847.

**Abd al-Krim**, Mohammed, *1882, †1963, Führer des Rifkabylen-Aufstands 1921 in Span.-Marokko; 1922 Emir des Rif.

**Abdallah as-Salim as-Sabah**, *1905, †1965, Scheich von Kuwait 1950–1965; unumschränkter Herrscher.

**Abdallah ibn Hussain**, *1882, †1951 (ermordet), Emir von Transjordanien seit 1921, König von Jordanien seit 1946; versuchte zeitweilig einen Ausgleich mit Israel.

**Abd al-Malik**, *646 oder 647, †705, Omajjaden-Kalif 685–705; besiegte 692 den Gegenkalifen *Abdullah ibn az-Zubair* u. stellte die Einheit des islam. Reichs wieder her.

**Abd-al-Mumin**, *1094, †1163, 1. Kalif (1130–1163) u. Begründer der Almohaden-Dynastie; dehnte sein Reich über Nordafrika u. nach Spanien aus.

**Abdampf**, nach der Arbeitsleistung in Industrieanlagen oder Dampfkraftmaschinen frei verfügbarer Dampf; in *Abdampfturbinen* sowie zu Heizungs- u. Warmwasserbereitungszwecken verwertet.

**Abdankung**, *Abdikation*, Niederlegung eines öffentl. Amts, bes. der Verzicht eines Herrschers auf die Krone (*Thronentsagung*).

**Abd ar-Rahman** [-rax-], **1.** arab. Statthalter in Spanien 730–732; 732 in der Schlacht von Tours u. Poitiers von *Karl Martell* besiegt. – **2. A. I.**, *um 731, †788, Omajjaden-Prinz; brachte nach dem Sturz der Omajjaden-Kalifen durch die Abbasiden seine Dynastie im arab. Spanien wieder an die Macht u. herrschte 756–788 in Córdoba. – **3. A. III.**, *889, †961, bedeutendster Omajjaden-Herrscher des arab. Spanien (seit 912); legte sich 929 den Titel Kalif zu.

**Abdeckerei**, Betrieb für die gewerbsmäßige Beseitigung von Tierleichen u. ihre Verarbeitung zu Knochenmehl, Leim, Kraftfutter, Schmierfett u.a.

**Abdera**, altgrch. Stadt in Thrakien. Die Bewohner (*Abderiten*) galten seit dem 3. Jh. v. Chr. als »Schildbürger«.

**Abderhalden**, Emil, *1877, †1950, schweiz. Physiologe u. Chemiker; entdeckte Abwehrfermente gegen körperfremde Eiweißkörper, auf deren Nachweis die *A.sche Schwangerschaftsreaktion* beruht.

**Abdikation** → Abdankung.

**Abdingbarkeit**, die Möglichkeit zur Abweichung von Bestimmungen, bes. im *Tarifrecht*.

**Abdomen**, Bauch, Unterleib; der Hinterleib der *Gliederfüßer*, bes. der Insekten u. Krebstiere.

**Abdominalgravidität**, fachl. Bez. für Bauchhöhlenschwangerschaft.

**Abdrift** → Abtrift.

**Abdülhak Hamit**, Tarhan, *1852, †1937, türk. Schriftsteller; begründete die neue osman. Dichterschule nach europ., nicht mehr pers. Vorbildern.

**Abdullah**, *Abdallah*, Mohammed Scheich, *1905, †1982, Politiker in Kaschmir; 1947–1953 Regierungschef u. seit 1975 Chef-Min. des ind. Unionsstaates Jammu u. Kaschmir.

**Abd ur-Rahman** [-rax-], **1.** *um 1844, †1901, Emir von Afghanistan 1880–1901. – **2.** *Abdul Rahman*, Tunku (»Prinz«), *8.2.1903, malaiischer Politiker; 1955 Min.-Präs. u. Mitbegr. der Malaiischen Föderation; 1963–1970 Min.-Präs. Malaysias.

**Abecedarium**, im MA Aufzeichnungen in alphabet. Folge, rechtl. Inhalts.

**Abélard** [abe'la:r], Pierre → Abälard.

**Abendland**, *Okzident*, allg. der europ. Kulturkreis auf der Grundlage der Verbindung von Christentum u. antikem Erbe u. ihrer Aufnahme u. Weiterentwicklung durch die westeurop. Völker. Ggs.: Morgenland (Orient).

Seit der Aufklärung gelten als Grundideen der abendländ. Kultur: Freiheit u. Selbstverantwortung des Menschen, Humanität u. Bindung an das Recht als Richtschnur für soziales Verhalten u. die Autonomie des wissenschaftl. Denkens. Mit dem Aufkommen der Nationalstaaten wurde der Begriff A. durch den Begriff *Europa* verdrängt.

**Abendmahl**, die im Christenheit nach der Überlieferung (Matth. 26, 26–30; Mark. 14, 17–26; Luk. 22, 14–20; 1. Kor. 11, 23–25) von Jesus anläßlich seines letzten Mahls mit seinen Jüngern gestiftete Kulthandlung, bei der Brot u. Wein, als Leib u. Blut Jesu gedeutet, gereicht werden. Für die kath. Lehre ist zweierlei wesentlich: Das A. wird als Meßopfer gefeiert, d.h. der Opfertod Christi wird vergegenwärtigt, indem er in der liturg. Handlung des Priesters auf unblutige Weise erneuert wird; u. die reale Gegenwart Christi (*Realpräsenz*) im A. ist gegeben durch die *Transsubstantiation*, d.h. durch die Kraft der Konsekrationsworte sich vollziehende Verwandlung der Substanzen Brot u. Wein in den Leib u. das Blut Jesu unter Verbleiben der äußeren Gestalten. Aus ehrfürchtiger Scheu, vom Wein etwas zu verschütten, wird dem Gläubigen in der Kommunion in allg. nur das Brot gereicht (*communio sub una specie*). – Die luth. Dogmatik lehrt ebenfalls die leibhaftige Gegenwart Christi im A., lehnt aber die Verwandlung der Elemente ab; Leib u. Blut Jesu werden als »in, mit und unter« Brot u. Wein gegenwärtig (*Konsubstantiation*) verstanden. Den Kommunizierenden werden Brot u. Wein gereicht (*sub utraque specie*). – Die reform. Kirche spricht dem A. nur eine geistl. Wirkung zu, die darin besteht, daß der Heilige Geist den Glaubenden im A. seines Glaubens gewiß macht u. ihn zu Christus in seiner verherrlichten Leibhaftigkeit erhebt.

**Abendrot**, durch Beugung des Sonnenlichts entstehende Rotfärbung des Himmels u. ggf. der Wolken kurz vor oder nach Sonnenuntergang.

**Abendsegler**, *Nyctalus*, Gattung der *Glattnasen-Fledermäuse* Eurasiens; Waldbewohner, bereits in der Dämmerung aktiv; hält Winterschlaf in Höhlen.

**Abendstern**, *Hesperos*, volkstüml. Bez. für den Planeten Venus, wenn er am Abendhimmel erscheint.

**Aberdeen** [æbəˈdi:n], Hafenstadt in Schottland, an der Nordsee, 180 000 Ew.; Univ. (gegr. 1494), Schiffbau, Gewinnung u. Verarbeitung von Erdöl u. Erdgas.

**Aberglaube**, eine Glaubenshaltung, in der Reste frühzeitl. relig. Denkens bewahrt werden, durch die ein magischer Zusammenhang aller Dinge angenommen wird, so daß die verschiedenartigsten Dinge u. Ereignisse in einen Kausalzusammenhang gebracht werden (z.B. der morgens begegnende Schornsteinfeger u. das Glück des betr. Tages); → Volksglaube.

**Abernathy** [æbəˈnæθi], Ralph David, *1926, †1990, amerik. Baptist, führender farbiger Bürgerrechtler.

**Aberration, 1.** *Astronomie*: die Tatsache, daß die Richtung, in der ein Gestirn durch ein Fernrohr gesehen wird, von der wahren Richtung abweicht, hervorgerufen durch die zwischenzeitl. Bewegung der Erde in Verbindung mit der Fortpflanzungsgeschwindigkeit des Lichts. – **2.** *Optik*: bei Linsen (Linsensystemem) auftretender Fehler, wobei die von einem Dingpunkt ausgehenden Lichtstrahlen sich nicht in einem Bildpunkt vereinigen (*sphärische A., Kugelabweichung*); infolge Dispersion des weißen Lichts haben die Bilder farbige Ränder (*chromat. A., Farbabweichung*).

**Aberystwyth** [æbərˈistwiθ], Hafenstadt u. Seebad in Wales, 11 000 Ew.

**Abessinien**, veralteter Name für Äthiopien.

**Abfahrtslauf**, Ski-Schnelligkeitswettbewerb über Strecken mit Höhenunterschieden für Männer 800–1000 m, für Frauen 600–700 m.

**Abfangjäger**, engl. *Interceptor*, Jagdflugzeug mit bes. guten Steig- u. Geschwindigkeitsleistungen zum Abfangen gegnerischer Flugzeuge.

**Abfindung**, einmalige Geldleistung zur Abgeltung von wiederkehrenden oder nicht überschaubaren Ansprüchen (Unterhalt, Schadensersatz, sozial ungerechtfertigter Kündigung usw.).

**Abführmittel**, *Purgantia, Purgativa, Pugiermittel, Laxantia, Laxativa*, Mittel gegen Verstopfung (Darmträgheit). Sie wirken osmotisch, durch Erweichen u. Gleitfähigmachen der Kotmassen u. durch Anregung der Darmbewegung. Mittel sind Paraffin u. pflanzl. Öle (z.B. Leinöl), Mineralsalze, Rizinusöl u. a. A. beeinträchtigen die normale Darmtätigkeit. Bei Neigung zur Darmträgheit wird heute eine ballaststoffreiche Ernährung empfohlen.

**Abgaben**, Leistungen, die von einem öffentl. Körperschaft Kraft ihrer Finanzhoheit erhoben werden können, z.B. Steuern, Zölle, Gebühren, Beiträge u.a. – Die **A.ordnung** (AO), fr. *Reichsabgabenverordnung* (seit 1919) ist in der Fassung vom 1.1.1977 das wichtigste Verfahrensgesetz für die Finanzverw. der BR Dtld.

**Abgeordnete**, *Abg.*, durch Wahl bestellte Mitglieder eines *Parlaments*. → Bundestag, → Diäten, → Fraktion, → Immunität, → Indemnität.

**Abgottschlange**, *Boa constrictor*, Königsschlange, bis 4 m lange Riesenschlange, von Mexiko bis Südbrasilien; kann bis 18 Jahre alt werden.

**abhängige Gebiete**, engl. *non-self-governing territories*, Territorien, die treuhänderisch unter Aufsicht der Vereinten Nationen von Mitgliedstaaten bis zur Unabhängigkeit verwaltet werden.

**Abhängigkeit** → Hörigkeit.

**Abhörverbot**, das strafrechtliche Verbot (§ 201 StGB), das nicht öffentlich gesprochene Wort eines anderen mit einem Abhörgerät abzuhören (z.B. mit einem versteckt angebrachten Mikrophon mit drahtlosem Sender, ugs. *Wanze*, oder durch »Anzapfen« eines Telefonanschlusses). Aufgrund des Gesetzes zu Art. 10 GG vom 13.8.1968 haben nur die Strafverfolgungs- u. Verfassungsschutzbehörden die Befugnis, Telefongespräche abzuhören (bei Verdacht schwerer Straftaten oder verfassungsfeindl. Betätigung).

**Abidjan** [-'dʒa:n], ehem. Hptst. der Rep. Côte d'Ivoire (Elfenbeinküste) in W-Afrika, See- u. Flughafen, modernes Wirtschaftszentrum, rd. 1,5 Mio. Ew.; Univ. (gegr. 1963).

**Abigail**, im AT die Gemahlin Davids.

**Abitur**, *Reifeprüfung*, in der BR Dtld. die Abschlußprüfung der gymnasialen Oberstufe; in Österr. u. Schweiz *Matura*.

**Abjudikation**, die gerichtl. Aberkennung eines Rechts.

**Abjuration**, Abschwörung.

**Abkömmlinge** *Deszendenten*, Verwandte in absteigender Linie, Kinder, Enkel usw.

**Ablagerung**, *Sediment*, durch Wasser (aquatisch, marin, limnisch, fluviatil), Eis (glazial) oder Wind (äolisch) transportierte u. abgesetzte Verwitterungsprodukte der Erdkruste; auch chem. (Salzlager), vulkan. (Tuffe u. ä.) u. biogene (Pflanzen, Tiere) A.en.

**ablandig**, bei Winden: vom Land her wehend; Ggs.: auflandig.

**Ablaß**, in der kath. Kirche seit dem 6. Jh. der Nachlaß öffentl. Kirchenbußen, seit dem 11. Jh. auch die Tilgung zeitl. Sündenstrafen bei vorangehender Bußgesinnung des Sünders. Im Spät-MA trat an die Stelle einer Bußstrafe in Form einer Almosenspende, die dann von der Kirche als Geldquelle mißbraucht u. theol. mißdeutet wurde (**A.handel**). Von Papst Paul VI. 1967 neu geregelt.

**Ablatio retinae**, *Amotio retinae*, die → Netzhautablösung.

**Ablativ**, der 5. Fall in der lat. u. in anderen Sprachen.

*Aborigines, die australischen Ureinwohner, vor einer Höhlenwohnung*

**Ablaut,** *Grammatik:* der systemat. Wechsel *(Alternieren)* einer Reihe von Vokalen *(Ablautreihe)* in sonst ident. Morphemen (Stamm oder Ableitungssilben). Im Deutschen beschränkt sich der A. auf die Stammsilben u. ist das Hauptmerkmal der »starken« Verben (z. B. springen, sprang, gesprungen).
**Ableger,** eine junge Pflanze, die sich durch vegetative Fortpflanzung aus Brutknospen oder Brutsprossen der Mutterpflanze entwickelt.
**Ableitung,** *Math.:* → Differentialrechnung.
**abnorm,** von einer Regel abweichend; krankhaft. – **Abnormität,** Mißbildung.
**Åbo** ['oːbu], schwed. Name der finn. Stadt *Turku.*
**Abodriten** → Obodriten.
**Abolition,** die Niederschlagung anhängiger oder bevorstehender Strafverfahren durch die obersten polit. Organe: → Amnestie, → Begnadigung, → Einstellung.
**Abolitionismus,** eine US-amerikan. Bewegung 1831–1865, die die Negersklaverei abschaffen wollte.
**Abomey** [abɔˈmɛ], Stadt in der Rep. Benin, in Westafrika, 31 000 Ew.; bis 1900 Hptst. des Negerkönigreichs Dahomey.
**Abonnement** [-'mã], der Bezug von Zeitungen, Zeitschriften u. Büchern über einen größeren Zeitraum, meist gegen Vorauszahlung; auch die Miete von Theater-, Konzert- u. Kinoplätzen. – **Abonnent,** Inhaber eines A.s. – **abonnieren,** im A. beziehen.
**Aborigines** [æbəˈridʒiniːz], engl. Bez. für die Ureinwohner Australiens; → Australier.
**Abort,** *Abortus,* → Fehlgeburt (i. e. S. innerhalb der ersten 3 Monate); → Abtreibung.
**Abplattung,** durch Rotationskräfte hervorgerufene Abweichung eines Planeten von der Kugelgestalt; für die Erde 1/298.
**Abraham,** *Ibrahim,* der dem Stammvater Israels von Jahwe verliehene Ehrenname (Genesis 17); der erste der 3 Erzväter. Er wanderte nach dem AT von Ur (Babylonien) oder Haran (Mesopotamien) nach Kanaan (Genesis 12 – 25).
**Abraham,** Paul, *1892, †1960, ungar. Komponist; Operetten (»Die Blume von Hawaii«,) u. Filmmusik.
**Abraham a San(c)ta Clara,** eigtl. Johann Ulrich Megerle, *1644, †1709, dt. freimütiger Kanzelredner u. Volksschriftsteller; Augustiner-Barfüßer, seit 1677 Hofprediger in Wien.
**Abrakadabra,** antikes Wort unbekannter Herkunft; im 16. Jh. Amulettaufschrift; heute oft Zauberwort bei Variété u. Zirkus.
**Abrasion,** die »Abhobelung« der Küsten durch das Meer.
**Abrassimow** [-mɔf], Pjotr Andrejewitsch, *16.5.1912, sowj. Diplomat; Botschafter in Polen, DDR, Frankreich.
**Abraum,** *Bergbau:* wertlose Gesteinsschichten über oberflächennahen Lagerstätten. – **A.salze,** bitterschmeckende *Kalisalze,* die fr. beim Steinsalz-Abbau auf die Halde gekippt wurden.

**Abraxas,** *Abrasax,* göttl. Geheimname im gnost. System des *Basilides* (2. Jh. n. Chr.). – **A.-Stein,** magische Gemme der *Gnostiker;* als Amulett genutzt. Die Wirkungskraft des Wortes A. beruht insbes. auf Zahlenmagie: 7 Buchstaben, Zahlenwert 365 Tage des Jahres.
**abreagieren,** innere Spannungen zur Auflösung bringen, angestaute Affekte plötzl. entladen.
**Abrogans,** ein alphabet. geordnetes, latein.-ahd. Glossar, so benannt nach dem ersten Stichwort; um 765 in Freising entstanden.
**Abrogation,** die Aufhebung eines Gesetzes im ganzen durch ein späteres Gesetz.
**Abrüstung,** engl. *disarmament,* die Abschaffung oder Beschränkung von Streitkräften u. Rüstung als ein Weg, die Anwendung oder Androhung militär. Gewalt zwischen Staaten zu verhindern. Wichtige internationale A.sverhandlungen u. a.: Atomteststoppabkommen, Atomsperrvertrag, SALT-Gespräche, Genfer-Abrüstungskonferenz, MBFR-Gespräche, START-Verhandlungen, Verhandlungen über konventionelle Streitkräfte in Europa, INF-Verhandlungen.
**Abruzzen, 1.** höchste Gebirgskette des Apennin, zwischen den Flüssen Tronto u. Sangro, verkarstet, im *Gran Sasso d'Italia* 2914 m. – **2.** Region in → Italien.
**Abs,** Hermann Josef, *15.10.1901, dt. Bankier; 1967–1976 Aufsichtsrats-Vors. der Dt. Bank AG.
**Absalom,** dritter Sohn Davids, empörte sich gegen seinen Vater u. wurde auf der Flucht, als sich sein Haupthaar in Baumästen verfing, von Joab erschlagen (2. Sam. 13–18).
**Absatz,** die Menge der von einem Unternehmen innerhalb eines Zeitraums verkauften Güter. Multipliziert man diese Menge mit ihrem Verkaufspreis, so ergibt sich der Umsatz.
**Abscheider,** Bestandteile von Anlagen zur Haus- u. Grundstücksentwässerung, in denen Stoffe zurückgehalten werden, die nicht in die Kanalisation eingeleitet werden dürfen: Benzin-, Öl-, Fett-A.
**Abschirmung, 1.** Militärischer Abschirmdienst. – **2.** physikal. Effekte oder Anordnungen, die das Eindringen eines elektr. oder magnet. Feldes oder einer Strahlung in einen Raumbereich verhindern.
**Abschlag, 1.** Sonderart der *Auktion,* bei der von einem hohen Preis ausgegangen wird, der so lange herabgesetzt wird, bis sich ein Käufer findet; üblich für die Versteigerung von Gemüse, Obst, Blumen u. Fischen. – **2.** *bürgerl. Recht:* 1. *Teilzahlung (Ratenzahlung)* für gelieferte Waren oder geleistete Dienste. Sie unterbricht die Verjährung, womit eine neue Verjährungsfrist in Lauf gesetzt wird (§ 208 BGB). – 2. *Vorauszahlung auf die Dividende.* – 3. *vorläufige Zahlung bei der Auseinandersetzung zwischen Gesellschaftern bei der Liquidation einer Gesellschaft oder beim Ausscheiden eines Gesellschafters.* – **3.** Werkzeug der Steinzeit.
**Abschlußprüfung,** fr. Bilanzprüfung, die für Aktiengesellschaften, Genossenschaften, Kreditinstitute anderer Rechtsform u. kommunale Eigenbe-

*Abraham: Um seinen Gehorsam zu prüfen, befiehlt Gott ihm die Opferung seines Sohnes Isaak; Radierung von Rembrandt; London, Britisches Museum*

triebe gesetzl. vorgeschriebene Prüfung des aus Bilanz u. Gewinn- u. Verlustrechnung bestehenden *Jahresabschlusses* durch einen *Abschlußprüfer* (öffentl. bestellter *Wirtschaftsprüfer*).
**Abschreibung,** die Erfassung des *Aufwands,* der durch die Entwertung von Gegenständen, bes. des Anlagevermögens, eintritt. Die A. vermindert den zu versteuernden Betrag. *Abschreibungsgründe:* Verschleiß (z. B. Abnutzung von Maschinen), Substanzabbau (bei Bodenschätzen), Zeitablauf (z. B. bei Patenten), wirtschaftl. Überholung u. a. Für die einkommensteuerl. Bilanz ist die Höhe der A. *(Absetzung für Abnutzung [AfA])* durch Richtlinien in Prozentsätzen vom Anschaffungswert *(lineare A.)* oder vom jeweiligen Restwert *(degressive A.)* festgelegt.
**abseits,** engl. *offside,* regelwidrige Stellung eines angreifenden Spielers bei Fußball, Hockey, Eishockey u. Rugby; durch Freistoß bzw. Freischlag für den Gegner bestraft. Beim *Fußball* ist jeder Spieler abseits, der sich bei der Ballabgabe näher an der gegnerischen Torlinie befindet als der Ball u. weniger als zwei Gegner vor sich hat; beim *Hockey,* wenn sich weniger als drei Gegner zwischen ihm u. der Torlinie befinden; beim *Eishockey,* wenn ein Spieler vor dem Puck oder vor einem den Puck führenden Mitspieler über die blaue Linie ins gegnerische Verteidigungsdrittel läuft.

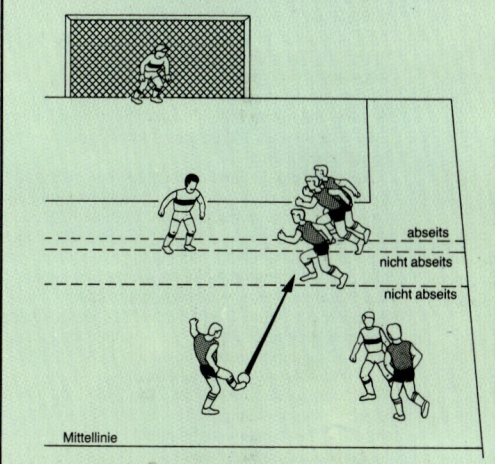

*abseits: Beim Fußball steht ein Spieler abseits, der sich im Moment der Ballabgabe näher an der Torlinie befindet als der Ball und dabei weniger als zwei gegnerische Abwehrspieler vor sich hat (»gleiche Höhe« gilt nicht mehr als abseits)*

**Absence** [apˈsãs], *Abwesenheit,* meist nur sekundendauernde Bewußtseinstrübung; Symptom der Epilepsie.
**Absinth,** *Wermut, Artemisia absinthium,* ein *Korbblütler,* Heilpflanze; alkohol. Getränk daraus ist gesundheitsschädlich.
**absolut,** unabhängig, unbedingt, losgelöst, abgeschlossen, in seiner Art vollkommen; auch Bez. für Flüssigkeiten, möglichst hoher Reinheit, z. B. *a.er Alkohol, a.er Äther;* in der Philosophie zuerst bei Nikolaus von Kues Bez. für Gott als das Unbedingte im Ggs. zum Bedingten. G.W.F. Hegel nannte den »Weltgeist« das *Absolute (a.er Geist).* – **a.e Kunst** → abstrakte Kunst. – **a.e Mehrheit** → Abstimmung. – **a.e Monarchie,** die v. a. im Zeitalter des → Absolutismus (17./18. Jh.) ausgeprägte Form der *Monarchie* als unbeschränkte Alleinherrschaft des Monarchen. – **a.e Musik,** die nicht an das Wort oder an außermusikal. Vorstellungen gebundene Instrumentalmusik, Ggs.: Programmusik, Lied, Oper. – **a.er Betrag,** *Math.:* der positive Wert einer reellen Zahl: Zeichen: |a|; $|a| = \sqrt{a^2}$, z. B. |−4| = +4, |+4| = +4. – **a.es Gehör,** die Fähigkeit, einen gehörten Ton ohne Hilfsmittel seiner Höhe u. Benennung nach anzugeben. – **a.es Maßsystem,** Maßsystem der Physik auf der Grundlage von nur drei Grundeinheiten, Zentimeter(cm)-Gramm(g)-Sekunde(s), meist auch *CGS-System* genannt. – **a.e Temperatur,** die von −273,16 °C, dem *a.en Nullpunkt* (0 K) aus gerech-

**Absolution**

nete Temperatur der thermodynam. Temperaturskala, in K (Kelvin) gemessen.

**Absolution,** Lossprechung von der Sünde nach einem (öffentl. oder privaten) Bekenntnis (→ Beichte). In der kath. Kirche ist die A. Teil des Bußsakraments u. kann nur durch einen Priester erteilt werden. Die luth. Kirche kennt die A. als vollmächtigen Zuspruch der Vergebung nach einem Beichtgespräch mit dem Seelsorger oder mit einem anderen Mitchristen u. im Zusammenhang mit dem Sündenbekenntnis beim Abendmahl.

**Absolutismus,** *absolute Monarchie,* vorherrschende Regierungsform in Europa des 17./18. Jh. entstand als Reaktion auf die Schrankenlosigkeit der Adels- u. Ständeherrschaft; er bezweckte die straffere Zusammenfassung des Staates in Notzeiten u. war Voraussetzung für die Entstehung der *Nationalstaaten.* Seine schärfste Ausprägung mit Gottesgnadentum, Polizeistaat, stehendem Heer u. Staatswirtschaft (→ Merkantilismus) fand er unter *Ludwig XIV.* von Frankreich.
Im 18. Jh. milderten viele Fürsten die Willkür des A. zu einem *aufklärenden A.,* wie ihn bes. *Friedrich d. Gr.* in Preußen verkörperte. Überall wurde das Strafrecht humanisiert (Folter abgeschafft), Schul- u. Bildungswesen gehoben, Toleranz gefordert, aber keine Mitbestimmung der Untertanen im Staat geduldet.
In Frankreich wurde der A. durch die Franz. Revolution von 1789, im übrigen Europa im Lauf des 19. Jh. in z. T. schweren Verfassungskämpfen beseitigt. In Rußland hielt er sich bis 1905.

**Absolutorium,** *Östr.:* Bescheinigung über Hochschulabschluß.

**Absolvent,** jemand, der eine Schule, Studium, Lehrgang bis zur Prüfung erfolgreich durchlaufen hat **(absolvieren).**

**Absonderung, 1.** *Geologie:* bei Abkühlung von Magmen oder Laven durch Schrumpfung entstehende Gesteinsstücke. Bei Sedimentgesteinen entsteht A. durch Austrocknen u. Verwitterung. – **2.** *Konkursrecht:* die vorzugsweise Befriedigung von Konkursgläubigern, die an Gegenständen der Konkursmasse ein Pfandrecht (auch Grundpfandrecht), ein kaufmännisches Zurückbehaltungsrecht, ein Recht auf Verwendungsersatz oder das Sicherungseigentum besitzen (§§ 47 ff. KO). – **3.** *Physiologie:* → Sekret.

**Absorber,** ein Körper, der eine Strahlung absorbieren (verschlucken) soll, v. a. bei *Kernreaktoren (A.stab).* Die vom A. aufgenommene Energie wird meist in Wärme umgewandelt.

**absorbieren,** aufsaugen, aufzehren; jemanden völlig in Anspruch nehmen.

**Absorption, 1.** die Verminderung der Energie eines Strahls (Licht, Elektronen u.a.) beim Durchgang durch Materie. Die abgegebene Energie wird dabei in andere Energieformen, z.B. Wärme, umgewandelt. Der **A.skoeffizient** gibt die Änderung des Energie- oder des Teilchenstroms beim Durchgang durch 1 cm Materie an. – **2.** die Bindung von Gasen oder Feuchtigkeit durch Flüssigkeiten oder feste Stoffe; zu unterscheiden von der → Adsorption.

**Absorptionslinien,** dunkle Linien im kontinuierl. Spektrum einer Lichtquelle, die infolge Absorption des Lichts durch Materie der Umgebung entstehen; A. ermöglichen Aussagen über die Gase auf der Sonne.

**Abstammungslehre,** *Deszendenztheorie, Evolutionstheorie,* Theorie, nach der (im Ggs. zur übernatürl. *Schöpfungslehre*) eine Höherentwicklung aller Lebewesen durch Umbildung der Arten stattgefunden hat. Die Höherentwicklung u. Spezialisierung geht dabei wie ein verzweigter Stammbusch von wenigen Stammformen aus. Beweise für die A. sind unter vielen anderen die Auffindung von *Entwicklungsreihen,* die die allmähl. Umbildung von Merkmalen im Lauf der geolog. Zeitalter zeigen (z. B. Pferdereihe) u. die *Zwischenformen,* die zw. Eidechsen u. Vögeln (→ Archaeopteryx), Fischen u. Amphibien u. einigen anderen Tiergruppen vermitteln. Wichtige Impulse erhielt die A. von J.-B. *de Lamarck,* der die treibenden Kräfte jedoch noch nicht richtig erkannte (→ Lamarckismus). Grundlegend bis heute war hingegen die Evolutionstheorie Ch. *Darwins* (→ Darwinismus).
Die wichtigsten Evolutionsfaktoren, die eine Veränderung u. Aufspaltung der Arten zur Folge haben, sind *Mutation, Selektion, Isolation* u. *Zufallswirkungen.* Ein bes. Problem der A. betrifft die Frage, ob die von der Evolutionsgenetik an den lebenden Arten festgestellten Entwicklungsvorgänge *(Mikroevolution, intraspezif. Evolution)* ausreichen, um den Gesamtablauf der Stammesgeschichte *(Makroevolution, transspezif. Evolution)* zu erklären. Heute herrscht die Annahme vor, daß die bekannten Evolutionsmechanismen sowohl für die Erklärung der Höherentwicklung *(Anagenese)* zu neuen Bauplänen wie für die Artbildung im Rahmen der bestehenden Baupläne *(Kladogenese, Stammverzweigung)* ausreichen u. daß in beiden Fällen nur die Entwicklungsgeschwindigkeiten verschieden sind. Die heutige A. ist durch die Berücksichtigung von Erkenntnissen der *Immunbiologie, Verhaltensforschung* u. *Kybernetik* gekennzeichnet.

**abständig,** Bez. für einen Baum, der abzusterben beginnt.

**Abstich,** das Ablaufenlassen des flüssigen Metalls oder aus Hochöfen; Verb: *abstechen.*

**abstimmen,** *Funktechnik:* Schwingkreise (z.B. eines Rundfunkempfängers) auf eine bestimmte Frequenz einstellen: durch Verändern von Kapazität (Kondensator) u. Induktivität (Spule).

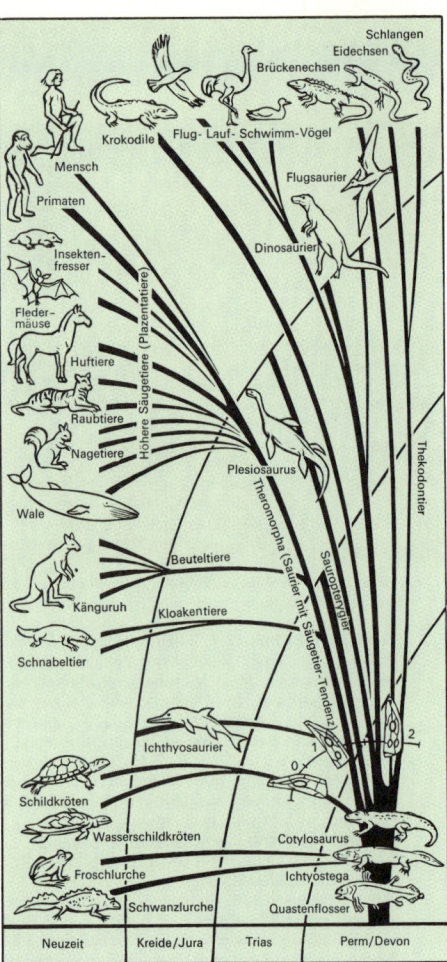

*Abstammungslehre: Entfaltung der Landwirbeltiere vom Quastenflosser bis zu den Säugetieren (nach Hölder, 1968). Saurier ursprünglich mit 0 = keiner, 1 = einer und 2 = zwei Schädelöffnungen*

**Abstimmung,** Verfahren, in dem Willensbildungsprozesse in polit. oder sozialen Vertretungskörperschaften, die auf der Grundlage des Mehrheitsprinzips entscheiden, ihren Ausdruck u. Abschluß finden. In der A. äußert sich der dann auch die Minderheit bindende Wille der Mehrheit. Bei der *offenen A.* treten die Stimmberechtigten mit ihrem Willen offen hervor, bei der *geheimen A.* wird ihre Anonymität geschützt. Es entscheidet die Mehrheit der abgegebenen Stimmen (einfach oder relativ bzw. absolute Mehrheit). Stimmengleichheit bedeutet Ablehnung. Stimmenthaltungen gelten als nichtabgegebene Stimmen.

**Abstinenz,** »Enthaltsamkeit«, Enthaltung von bestimmten Genüssen.

**abstrakt,** unanschaulich; nur mit Gedanken, nicht mit der Vorstellungskraft zu erfassen; losgelöst von allen greifbaren Details; Ggs.: konkret.

**abstrakte Kunst,** *absolute Kunst, ungegenständl. Kunst,* frz. *art non figuratif,* engl. *non-objective art,* eine Stilrichtung der modernen Kunst, deren Werke auf die Darstellung der gegenständl. Wirklichkeit, auf Illusionismus u. auf die Imagination von Gegenständen verzichten u. ihre Wirkung ausschl. durch Farben u. Formen anstreben; i. w. S. auch jede vom Wirklichkeitsvorbild abstrahierende ältere bildkünstler. Schöpfung, bes. aus archaischen Stilepochen.
In der europ. Malerei gelangte die a. K. nach 1910 in Werken von W. *Kandinsky,* F. *Marc,* R. *Delaunay,* P. *Klee* u. a. zum Durchbruch. Sonderströmungen waren die niederl. Bewegung »De Stijl« u. die von russ. Künstlern entwickelten Richtungen *Rayonismus, Suprematismus* u. *Konstruktivismus.* Die 1931 in Paris gegr. internationale Gruppe »Abstraction-Création« übernahm bis zum Beginn des 2. Weltkriegs die Führung. Abstrakte Nachkriegsmalerei: in Dtld. vor allem Arbeiten von W. *Baumeister,* E.W. *Nay,* H. *Trier* u. T. *Werner,* in ande-

*abstrakte Kunst: Wassily Kandinsky, Träumerische Improvisation; 1913. München, Staatsgalerie moderner Kunst*

ren Ländern Werke der geometr.-konstruktiven Richtung; *Action Painting* u. *Tachismus* führten zu einer Erweiterung der Darstellungsmittel. In neuerer Zeit folgte in der *Op-art* wieder eine Hinwendung zur Geometrisierung.
Parallel zur Entwicklung der abstrakten Malerei verliefen in der modernen Plastik Bestrebungen, gegenständl. Motive aus dem bildhauerischen Gestalten auszuschließen u. dafür »reine« eigengesetzliche Formen zu schaffen: H. *Arp*, M. *Bill*, C. *Brancusi*, E. *Chillida*, N. *Gabo*, Z. *Kemeny*, H. *Uhlmann* u. a. In totalitär regierten Staaten wird die a. K. entweder offiziell abgelehnt u. als »formalistisch« oder nur widerstrebend geduldet. Die nationalsozialist. Kulturpolitik erklärte Werke abstrakt gestaltender Künstler für »entartet«.

**Abstraktion,** das Absehen vom Besonderen, Einzelnen, Sinnlichen, um das (nur noch begrifflich faßbare) Allgemeine zu erhalten.

**Abstrich,** die Entnahme von Absonderungen oder Zellen für bakteriolog. Untersuchungen.

**Absud,** aus Pflanzen- oder Tierteilen durch Auskochen gewonnene Flüssigkeit.

**absurd,** sinn- u. vernunftwidrig, ungereimt, unlogisch. – *Ad absurdum führen:* eine Sinnwidrigkeit aufdecken oder verursachen (z. B. eine Behauptung durch den Nachweis unsinniger Konsequenzen widerlegen; ein vernünftiges Prinzip oder eine nützl. Einrichtung durch Übertreibung um ihren Sinn bringen). – In der neuzeitl. Philosophie ist *absurd* der Begriff für die Sinnlosigkeit des Daseins.

**absurdes Theater,** eine Form des modernen Theaters, die in der Gestaltung von Handlung, Figuren u. Dialog des Dramas mit den Schockmitteln der Absurdität u. Alogik arbeitet, um die heutige Sinn- u. Auswegslosigkeit von Mensch u. Gesellschaft unmittelbar wiederzugeben. Als Vater des a.T. gilt A. *Jarry*; Hauptvertreter sind in Frankreich E. *Ionesco*, S. *Beckett*, A. *Adamov*, G. *Schehadé*, J. *Audiberti* u. J. *Tardieu*, in Spanien F. *Arrabal* sowie in Dtld. G. *Grass* u. W. *Hildesheimer*.

**Abszeß,** *Abscheidung,* umschriebene u. gegen das gesunde Gewebe abgegrenzte Eiterung (Gewebseinschmelzung) im Körpergewebe.

**Abszisse** → Koordinaten.

**Abt,** seit *Benedikt von Nursia* der Vorsteher einer Mönchsgemeinschaft.

**Abt,** Franz, *1819, †1885, dt. Komponist; Lieder u. Chorwerke.

**Abtei,** selbständiges Kloster von Regularkanonikern, Mönchen oder Nonnen unter einem *Abt* oder einer *Äbtissin*.

**abteufen,** *niederbringen,* einen Schacht oder ein Bohrloch herstellen.

**Abtragung,** der Massenverlust des festen Landes durch Erosion (insbes. Wasser, Wind); Ergebnis ist die Einebnung der Oberfläche.

**Abtreibung,** *Schwangerschaftsabbruch, Schwangerschaftsunterbrechung, Interruptio graviditatis,* vorsätzl. Abtöten der Leibesfrucht. z. B. durch Einleitung einer Fehlgeburt; bis 1974 fast ausnahmslos, heute grundsätzlich strafbar, es sei denn, es liegt einer der vier gesetzlich anerkannten Rechtfertigungsgründe *(Indikationen)* vor (§§ 218ff StGB). Im einzelnen ist die A. straflos: a) wenn sie zur Abwendung einer Gefahr für das Leben oder schwerwiegender Gesundheitsbeeinträchtigung der Schwangeren angezeigt u. die Gefahr auf andere zumutbare Weise nicht abwendbar ist *(medizin. Indikation),* b) binnen 22 Wochen seit der Empfängnis zur Verhütung erbkranken Nachwuchses *(eugen. Indikation),* c) binnen 12 Wochen nach der Empfängnis, wenn dringende Gründe dafür sprechen, daß die Schwangerschaft auf einer Sexualstraftat beruht *(eth. Indikation),* d) in der gleichen Frist zur Abwendung einer auf andere zumutbare Weise nicht abwendbaren Notlage der Schwangeren (z. B. außergewöhnl. familiäre oder wirtschaftl. Belastungen; *soz. Indikation*).
Für die neue *Frauenbewegung* hatte der Kampf gegen die strafrechtl. Verfolgung der A. (»Aktion § 218«) einigende Wirkung u. erreichte einen hohen publizist. Wirkungsgrad. – Nach der *kath. Morallehre* gilt eine willentlich vorgenommene A. als schwerer Verstoß gegen das Gebot »Du sollst nicht töten«.

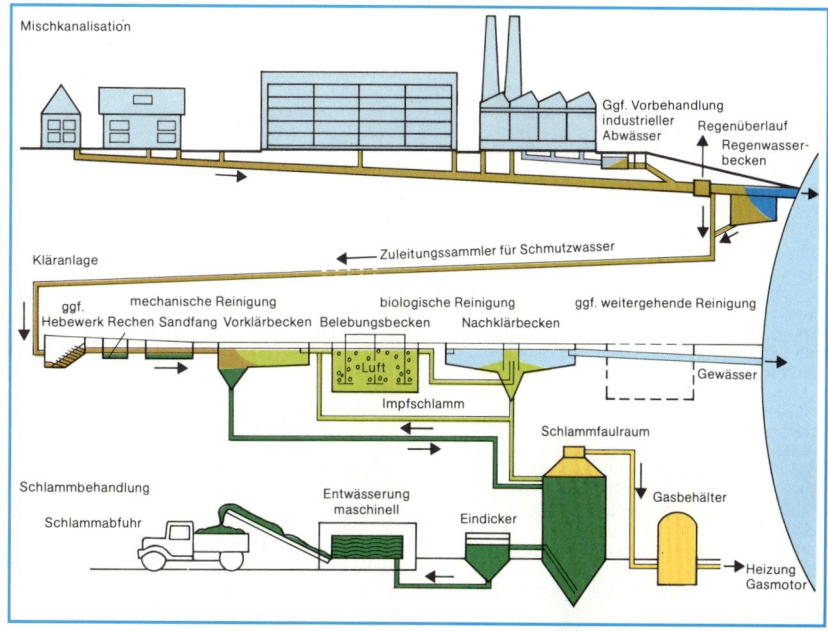

*Schema der Abwasserreinigung in einer mechanisch-biologischen Kläranlage*

**Abtretung,** *Zession,* **1.** die vertragl. Übertragung einer Forderung durch den bisherigen Gläubiger *(Zedent)* auf einen neuen Gläubiger *(Zessionar)*. – **2.** die aufgrund eines völkerrechtl. Vertrags – meist eines Friedensvertrags – durchgeführte Übertragung der *Gebietshoheit* von einem Staat auf einen anderen Staat.

**Abtrieb, 1.** *Abtrift,* das Abtreiben des Viehs von der Sommerweide. – **2.** *Kahlschlag,* Abholzung.

**Abu,** Vater; Teil arab. Personennamen.

**Abu Bakr,** *um 573, †634, erster der legitimen Kalifen (632–634); Nachfolger Mohammeds u. dessen Schwiegervater durch *Aïscha*.

**Abu Dhabi,** Hptst. des gleichn. arab. Scheichtums (75 000 km², 236 000 Ew.) am Pers. Golf, 150 000 Ew.; reiche Erdölvorkommen; moderne Stadtarchitektur u. Verkehrsinfrastruktur, Meerwasser-Entsalzungsanlagen. Seit 1971 Mitgl. der *Vereinigten Arabischen Emirate*.

**Abu Firas** *al-Hamdani,* *932, †968, arab. Dichter; Liebes- u. Jagdgedichte.

**Abuja** [abudʒa], künftige Hptst. Nigerias, im Landesinnern an der Mündung des Benue in den Niger gelegen.

**Abukir** → Abu Qir.

**Abulie** [grch.], krankhafte Willensschwäche.

**Abu Markub,** *Schuhschnabel,* ein Storch mit schuhförmigem Schnabel; lebt an den Sümpfen des oberen Nil.

**Abundanz** [lat.], Überfluß, große Fülle.

**Abu Qir,** *Abukir,* ägypt. Seebad bei Alexandria, 7100 Ew. – Der Sieg des brit. Admirals H. *Nelson* bei A. Q. über die frz. Flotte (1.8.1798) machte England zur vorherrschenden Macht im Mittelmeer; er führte zum 2. Koalitionskrieg.

**Abu Simbel,** ägypt. Ort am Nil, nördl. der sudan. Grenze; auf dem linken Nil-Ufer zwei Tempel Ramses' II., die in den Fels gehauen sind, der größere mit 4 Kolossalstatuen des Königs (über 20 m hoch). Die Felsentempel wurden landeinwärts verlegt u. so vor der geplanten Überflutung (Assuan-Staudamm) gesichert.

**Abwärme,** *Abhitze,* die bei einem wärmetechn. Vorgang abgehende, im eigtl. Arbeitsprozeß nicht verbrauchte Wärmeenergie; A. führt zur Belastung von Gewässern u. Atmosphäre, sollte daher genutzt werden (**A.verwertung**), z. B. für Heizzwecke.

**Abwasser,** in Ind., Gewerbe u. Haushalt verunreinigt abfließendes Wasser, das in Menge u. Zusammensetzung starken Schwankungen unterliegt. Vor der Einleitung in ein Gewässer müssen die Abwässer in der Regel einer → Abwasserreinigung unterworfen werden.

**Abwasserreinigung,** Maßnahmen zur Verringerung der Schmutzfracht des Abwassers, die in der Regel in A.sanlagen (Kläranlagen) durchgeführt werden.

**Abwehr,** Sicherung vor geheimdienstl. Tätigkeit, → Spionage, auch der Geheimdienst selbst.

**Abwehrmechanismus,** von S. *Freud* geprägter Begriff für unbewußte Verhaltensformen, zur Vermeidung von Konflikten aus triebhaften Regungen heraus; z. B. *Verdrängung* (das Nicht-Wahrhaben-Wollen eines Erlebnisses).

**Abwerbung,** die Unterstützung der Abwanderung von Arbeitskräften aus einem Betrieb in einen anderen.

**Abwertung,** *Devalvation,* die Herabsetzung des Wertes (Parität) einer Währung gegenüber anderen

*Tempel von Abu Simbel*

## 14 Abydos

Währungen, meist zur Anpassung an den schon vorher im freien Handel gesunkenen Wert; Änderung des Wechselkurses. Die A. dient v. a. dem Abbau eines Defizits in der Leistungsbilanz; Ggs.: *Aufwertung.*

**Abydos, 1.** antike Hafenstadt in Mysien, an der engsten Stelle der Dardanellen; bekannt durch Xerxes' Brückenanbau (480 v.Chr.). – **2.** grch. Name einer Ruinenstätte (altägypt. *Abodu*) in Ägypten, bei Luxor; bed. Verehrungsstätte des Gottes *Osiris;* Königsgräber.

**Abyssalzone,** der licht- u. pflanzenlose Lebensraum der Tiefsee in 3000–6000 m Tiefe. – **abyssal,** *abyssisch,* in der Tiefsee gebildet, dazu gehörend.

**Abzahlung,** *Ratenzahlung,* Zahlung eines Entgelts in Teilbeträgen. Das *A.sgeschäft* ist ein Kaufvertrag u. erfordert eine schriftl. Vereinbarung, in der Barzahlungspreis, Teilzahlungspreis, Betrag, Zahl u. Fälligkeit der Teilzahlungen sowie effektive Jahreszinsen enthalten sein müssen. Bei allen A.sgeschäften gibt es ein Rücktrittsrecht (*Reuerecht*) durch schriftl. Widerruf binnen einer Woche.

**Abzehrung,** *Auszehrung,* rasch fortschreitende Abmagerung bei zehrenden Krankheiten (Tuberkulose, Geschwülste u. a.); *Marasmus,* allg. Kräfteverfall (Kachexie), bes. im hohen Alter.

**Abzeichen,** allg. Kennzeichnung zum Zwecke der Zugehörigkeit. *Biol.:* Haut- u. Haarflecken bei Säugetieren; meist heller als das Deckhaar; z. B. *Blume, Blesse.*

**Abzug, 1.** *Rauch-A.,* Einrichtung zum Abführen von Gasen oder Dämpfen, z. B. für Öfen, auch für Entlüftungsanlagen. – **2.** Fotokopie; Kopie eines Negativs. – **3.** bei Schußwaffen Vorrichtung zum Auslösen des Schusses.

**Académie Française** [-frã'sɛːz], staatl. frz. Gesellschaft für die Pflege der frz. Sprache u. Literatur (»die 40 Unsterblichen«), 1629 als private Vereinigung gegr.; Hauptaufgaben damals: Abfassung des »Dictionnaire de l'Académie«. Die A. F. ist seit 1803 ein Teil des *Institut de France.*

**Acajoubaum** [-'ʒu-], trop. Baum mit eßbaren Fruchtstielen (*Acajouäpfel*) u. Früchten (*Cashewnüsse, Elefantenläuse*), die hpts. geröstet verzehrt werden.

**a cappella,** mehrstimmiger Gesang ohne Instrumente.

*Acetylen: Stammbaum der gewonnenen Stoffe*

**Acapulco,** amtl. *A. de Juárez* [-xu'ares], mex. Hafenstadt sowie Seebad an der pazif. Küste. 300 000 Ew.; günstiges Klima von Oktober bis Mai.

**accelerando** [atʃe-; ital.], Abk. *accel.,* musikal. Vortragsbez.: allmählich schneller werdend.

**Accent aigu** [ak'sɛtɛ'gy] → Akzent (2).

**Accent circonflexe** [ak'sã sirkɔ̃ 'flɛks] → Akzent (2).

**Accessoires** [aksɛ'swaːrs,frz.], mod. Zubehör zu Kleidungsstücken.

**Accompagnato** [-pa'njaːto], *recitativo accompagnato,* → Rezitativ.

**Accra,** *Akkra,* Hptst. u. wichtigster Handelsplatz von Ghana, W-Afrika, rd. 1. Mio. Ew.; Univ. (gegr. 1948); internat. Flughafen, Hafen.

**Aceraceae,** die Ahorngewächse.

**Acetaldehyd,** *Ethanal,* »Aldehyd«, ein aliphat. Aldehyd, $CH_3$-CHO; farblose Flüssigkeit mit betäubendem Geruch; bed. zur Herstellung von Essigsäure; ein häufiges Lösungsmittel.

**Acetale,** Verbindungen von Aldehyden oder Ketonen mit Alkoholen.

**Acetate,** die Salze der Essigsäure, die entstehen, wenn man den Carboxylwasserstoff der Essigsäure durch Metallatome ersetzt. Bekannt ist Aluminiumacetat als adstringierendes Mittel (essigsaure Tonerde).

**Acetessigester,** die Ester der → Acetessigsäure; farblose Flüssigkeit, für chem. Synthesen.

**Acetessigsäure,** *3-Oxobuttersäure, Acetylessigsäure,* $CH_3$-CO-$CH_2$-COOH, eine ß-Ketobuttersäure, die durch Oxidation aus 3-Hydroxybuttersäure entsteht. Sie findet sich im Harn von Zuckerkranken; zerfällt in Aceton u. Kohlendioxid.

**Aceton,** *Dimethylketon, Propanon,* $CH_3$-CO-$CH_3$, das einfachste aliphat. Keton; eine farblose, angenehm riechende, leicht entzündbare Flüssigkeit (Flammpunkt –15°C); für viele organ. Synthesen (z. B. Sulfonsynthese) verwendet; Lösungsmittel für Acetylen (*Dissous-Gas*); löst ferner Lacke, Fette, Harze, Asphalt, Kunstfasern, Acetylcellulose u.a.

**Acetonämie,** eine Kohlenhydratstoffwechselstörung; das Auftreten von *Aceton* im Blut oder im Harn (*Acetonurie*).

**acetonämisches Erbrechen,** eine bei Kindern bes. zwischen dem 2. u. 8. Lebensjahr vorkommende Störung des Zuckerstoffwechsels, die sich vor allem in anfallsweisem heftigen, schwer stillbarem Erbrechen äußert.

**Acetonurie,** das Ausscheiden von *Aceton* im Harn infolge gestörten Kohlenhydratstoffwechsels, z B. bei Zuckerkrankheit (Diabetes mellitus), Hunger.

**Acetylcellulose,** *Celluloseacetat,* ein Gemisch von Essigsäureestern der Cellulose; Ausgangsprodukt für die Herstellung von Chemiefasern, Lakken u. schwer brennbaren Filmen (Sicherheitsfilmen).

**Acetylcholin,** chem. Überträgerstoff; wird in Spuren auf enzymat. Wege im Organismus gebildet u. ist für die Reizleitung innerhalb des vegetativen Nervensystems unerläßlich; wirkt blutdrucksenkend.

**Acetyle,** von der *Essigsäure* abgeleitete chem. Verbindungen, die die Gruppierung $CH_3$CO- (*Acetylgruppe*) tragen.

**Acetylen,** *Äthin, Ethin,* ein ungesättigter aliphat. Kohlenwasserstoff mit dreifacher Kohlenstoff-Kohlenstoff-Bindung, Formel: HC≡CH; erstes Glied aus der Reihe der *Acetylene* u. eine der wichtigsten Substanzen der techn. Chemie.

**Acetylsalicylsäure** → Aspirin.

**Acetylsäure** → Essigsäure.

**Achäer,** *Achaier, Achaioi, Achiver,* frühgriech. Volksstamm (bei Homer u. im lat. Sprachgebrauch die Gesamtheit der Griechen) in Thessalien u. Peloponnes; Träger der *myken.* Kultur.

**Achaïa,** alte Bez. *Ägialos,* grch. Landschaft u. Bez. an der Nordküste des Peloponnes, Hauptort *Patras;* im MA einer der *Kreuzfahrerstaaten.*

**Achäischer Bund,** 280 v. Chr. gegen die Diadochen *Antigonos Gonatas* gegr. Vereinigung von Städten in Achaia (Peloponnes); bes. ab 251 v. Chr. (Beitritt Sikyons) erfolgreich gegen Sparta; 243 v. Chr. auch Beitritt Korinths.

**Achalm,** frei stehender Bergkegel in der Schwäbischen Alb, östl. von Reutlingen, 705 m.

**Achämeniden,** *Achaimeniden,* ein altpers. Herrschergeschlecht, das sich auf den sagenhaften Stammvater *Achaimenes* (Hachamanisch) zurückführte. Es herrschte etwa 700 v.Chr. bis 330 v.Chr. Die bed. Herrscher waren Kyros II. u.

*achämenidische Münze. London, Britisches Museum*

Dareios I. Dareios III. wurde von *Alexander d. Gr.* 331 v.Chr. in der Schlacht bei Gaugamela (W-Türkei) vernichtend geschlagen, u. das Reich der A. ging in das Weltreich Alexander d. Gr. über.

**Achäne,** *Achene,* einsamige, nußähnl. Schließfrucht der Korbblütler.

**Achard** [a'ʃaːr], **1.** Franz Karl, *1753, †1821, dt. Chemiker; führte die Herstellung von Zucker aus Zuckerrüben ein u. gründete 1801 die erste Rübenzuckerfabrik in Kunern (Schlesien). – **2.** Marcel, *1899, †1974, frz. Schriftsteller; schrieb zahlreiche charmante Komödien.

**Achat,** ein Schmuckstein; aus dünnen Lagen wechselnder Färbung bestehendes Mineral (amorphe Kieselsäure), Abart des Chalcedons; als *A.mandeln* in Hohlräumen von Ergußgesteinen. Sonderform *Onyx* (schwarz-weiße Bänderung).

**Achatschnecken,** *Achatina,* große Landschnecken des trop. Afrika; zu den *Lungenschnecken* gehörig.

**Achebe** [a'tʃɛbɛ], Chinua, *15.11.1930, nigerian. Schriftsteller; Romane, Erzählungen.

**Achen,** ein Abfluß des *A.sees* nach N, heißt auf bayer. Gebiet *Walchen;* fließt in die Isar.

**Achen,** Johann von → Aachen.

**Achenbach,** Andreas, *1815, †1910, dt. Maler u. Graphiker; malte Landschaften u. Meeresbilder nach dem Vorbild der niederländ. Landschaftsmaler des 17. Jh.; Vertreter der Düsseldorfer Schule.

**Achensee,** mit 7,3 km² der größte See in Tirol (Östr.), 929 m ü. M., zwischen Karwendel im W u. Sonnwendgebirge (Rofangruppe) im O; seit 1927 Stausee (66 Mio. m³) für das *A.-Kraftwerk* (220 Mio. kWh).

**Achern,** Stadt in Ba.-Wü., am nördl. Schwarzwald (Hornisgrinde), an der Acher (zum Rhein) 20 500 Ew.; Glashütte.

**Acheron,** grch. Fluß im südl. Epirus; in der grch. Sage ein die Unterwelt umströmender Fluß.

**Acheson** [ˈætʃɪsən], Dean Gooderham, *1893, †1971, US-amerikan. Politiker (Demokrat); unterstützte F.D. Roosevelts gegen die Achsenmächte gerichtete Politik, bes. seit 1939 (*Lend-Lease-Abkommen*); 1949–53 Außenmin.

**Acheuléen** [aʃøle'ɛ̃], Kulturstufe der Altsteinzeit, benannt nach *Saint-Acheul* bei Amiens.

**Achilles** [lat.], grch. *Achilleus, Achill,* Held der *Ilias,* der grch. Sage vor Troja, Sohn des Myrmidonenkönigs Peleus (danach der »Pelide«) u. der Meergöttin Thetis. Er schlug Hektor, weil dieser seinen Freund Patroklos getötet hatte, u. fiel durch einen von Apoll gelenkten Pfeil des Paris, der ihn in die einzig verwundbare Stelle seines Körpers, die Ferse (**A.ferse**) traf. → Penthesilea.

**Achillessehne,** die für die Fußbewegung wichtige Sehne der Wadenmuskulatur.

**Achim,** Stadt in Nds., an der Weser südöstl. von Bremen, 27 200 Ew.; Brotfabrik.

**Achmatowa,** Anna, eigtl. Anna Andrejewna *Gorenko,* *1889, †1966, russ. Schriftst. (v. a. persönl. gehaltene Gedichte); Vertreterin des Akmeismus.

**Achmed** → Ahmed.

**Acholie,** Mangel an Galle.

**Achromat,** eine Linsenkombination aus verschiedenen Glassorten unterschiedl. Brechkraft (Kron- u. Flintglas) zur Behebung von Farbabweichungen.

**Achromatosis,** Pigmentmangel der Haut.

**Achse, 1.** eine gedachte Gerade, um die sich ein Körper dreht (*Rotations-A.*). – **2.** die gedachte Mittellinie von langgestreckten Bauwerken (Straßen, Kanäle u. ä.). – **3.** ein feststehendes Maschinenteil (Stab), um das ein anderes Teil rotiert. – **4.** *Math.:* → Koordinaten. – **5.** *Optik:* eine Gerade mit bes. Symmetrie-Eigenschaften (z. B. die

Gerade durch die Linsenmittelpunkte eines opt. Systems).

**Achsel,** die Schulter des Menschen; *i. e. S.* die *A.höhle* zwischen seitl. Brustwand, Oberarm u. Schulterblatt mit Schweiß- u. Talgdrüsen.

**Achsenmächte,** das nat.-soz. Dtld. u. das faschist. Italien *(Achse Berlin-Rom;* Ausdruck von Mussolini); 1940 mit Japan zur Achse Berlin-Rom-Tokio erweitert.

**Achslast,** der Teil des Fahrzeuggewichts, der bei Stillstand auf waagerechter Unterlage von einer Achse auf die Fahrbahn oder Schiene übertragen wird.

**Achsstand,** *Radstand,* der Abstand der Fahrzeugachsen.

**Acht,** Strafe des altdt. Rechts bei schwerem Friedensbruch (schwerwiegenden Verbrechen). Der *Geächtete* wurde friedlos, rechtlos u. vogelfrei; er verlor den Sittenschutz u. sollte von jedermann getötet, von niemandem unterstützt werden. Er verlor auch sein Vermögen; seine Frau wurde Witwe, seine Kinder Waisen. Die A. kam einem Todesurteil gleich. – **A. u. Bann,** die mit der weltl. A. verbundene kirchl. Exkommunikation, widerfuhr M. Luther 1521.

**Achter,** mit 8 Ruderern u. einem Steuermann besetztes Rennruderboot; Länge bis 18 m, Breite 70 cm.

**Achtermannshöhe,** dritthöchster Berg im Harz, nördl. von Braunlage, 926 m.

**achtern** [seemänn.], hinten.

**Achternbusch,** Herbert, *23.11.1938, Filmemacher u. Schriftst.; sozialkrit. mit Neigung zum Surrealen.

**Achtundvierziger,** die Teilnehmer der Märzrevolution von 1848 in Dtld. u. Österr., bes. die Mitgl. der Frankfurter Nationalversammlung.

**Acidität,** *Azidität,* die Säurewirkung (Säuregrad) eines Stoffs; bes. die A. des Magensafts.

**Acidose,** *Acidosis,* Blutübersäuerung, sog. Säurevergiftung: Anhäufung von sauren Stoffen im Körper als Folge von Stoffwechselstörungen.

**Acidum,** Abk. *Acid.*, Säure.

**Acier** [a'sje], Michel-Victor, *1736, †1795, frz. Bildhauer u. Porzellanmodelleur; 1764–80 Modellmeister an der Porzellanmanufaktur Meißen.

**Acireale** [atʃi-], ital. Hafenstadt auf Sizilien, Seebad u. Luftkurort am Fuß des Ätna, 48 000 Ew.

**Acker,** früheres dt. Feldmaß wechselnder Größe, zwischen 23,87 a (Kurhessen) u. 64,43 a (Sachsen-Altenburg).

**Ackerbürger,** Stadtbürger, die ihren Landsitz in der Stadtgemarkung als Landwirte bewirtschafteten; in kleinen Landstädten früher die Mehrzahl der Bürger.

**Ackerdistel,** ein *Korbblütler;* Unkraut.

**Ackergare,** *Bodengare,* optimaler Bodenzustand für das Wachstum der Pflanzen; zu erreichen durch richtige Bodenbearbeitung, zweckmäßige Fruchtfolge u. ausreichende Versorgung mit Humus u. Nährstoffen.

**Ackerkrume,** die regelmäßig von Pflug oder Spaten gewendete Bodenschicht (15–25 cm), reich an Bakterien u. Kleinlebewesen u. meist von dunkler Färbung (Humusgehalt).

**Ackersenf,** gelbblühender *Kreuzblütler;* Unkraut.

**Ackerwinde,** ein *Windengewächs;* ein sog. Wurzelunkraut. Jedes abgerissene u. im Boden verbleibende Wurzelstück kann neue Pflanzen bilden.

*Der Kampf zwischen Hektor und Achilles, dargestellt auf einem antiken Gefäß (um 500 v. Chr.). London, Britisches Museum*

**Aconcagua,** *Cerro de A.,* erloschener Vulkan, höchster Berg Amerikas, in den argentin. Anden nahe der chilen. Grenze, 6960 m; 1897 erstmalig durch den Schweizer M. *Zurbriggen* erstiegen.

**a conto,** *a c.,* auf Rechnung, auf Konto. – **Akontozahlung,** Zahlung auf Abschlag (meist im voraus), Teilzahlung.

**Acosta,** *da Costa,* Gabriel, *um 1585, †1640 (Selbstmord), jüd.-portug. Religionsphilosoph. Die Kritik, die er am Judentum übte, führte zum Bannfluch (in Amsterdam).

**Acquit** [a'ki], Empfangsbescheinigung, Quittung.

**Acqui Terme** ['eikə], ital. Bad in Piemont, 18 000 Ew.

**acre** ['eikə], engl. u. amerik. Flächenmaß: 1 acre = 4046,8 m².

**Acre,** Staat in → Brasilien.

**Acrylfarben,** schnelltrocknende Dispersionsfarben; werden häufig in der zeitgenöss. Malerei verwendet.

**Acrylharze,** *Methacrylharze,* eine Gruppe von Kunststoffen, die durch Polymerisation von Derivaten der *Acrylsäure* $CH_2 = CH$-$COOH$ oder der *Methacrylsäure* $CH_2 = C(CH_3)$-$COOH$ gewonnen werden. A. sind klar durchsichtig, thermoplastisch, wetterfest u. leicht spanabhebend zu bearbeiten; vielseitig einsetzbar.

**Acrylnitril,** *Vinylcyanid,* $CH_2 = CH$-$CN$, das Nitril der Acrylsäure; u. a. aus Acetylen u. Blausäure gewonnen; Ausgangsprodukt für Kunststoffe u. -fasern; auch ein Insektengift; als krebserzeugender Arbeitsstoff eingestuft.

**Acrylsäure,** *Propensäure, Vinylcarbonsäure,* eine ungesättigte, zur Ölsäurereihe gehörende Monocarbonsäure, $CH_2 = CH$-$COOH$. Sie polymerisiert, wie ihre Ester, leicht zu glasartigen Kunststoffen; wird zu Lacken u. Bindemitteln verarbeitet.

**Act** [ækt], dt. *Akte,* in angelsächs. Ländern verwendetes Wort für »Gesetz«; z. B. *Act of Settlement, Navigationsakte.*

**Acta Apostolicae Sedis,** bis 1909 *Acta Sanctae Sedis,* offizielles Gesetzblatt u. amtl. Publikationsorgan des Hl. Stuhls.

**ACTH,** Abk. für *Adrenocorticotropes Hormon (Adrenocorticotropin),* ein von den basophilen Zellen des Hypophysenvorderlappens gebildetes, eiweißhaltiges Hormon (Proteohormon), das die Tätigkeit der Nebennierenrinde anregt.

**Actinoide,** *Actinide,* die im Periodensystem der Elemente auf das *Actinium* folgenden Elemente mit den Ordnungszahlen bis 103.

**Actinomycetales,** Ordnung stäbchenförmiger, unbeweglicher Bakterien, z. B. die *Strahlenpilze.*

**Action française** [ak'sjɔ̃ frɑ̃'sɛ:z], eine frz. monarchist.-nationalist. Bewegung, die 1898 im Anschluß an die Dreyfus-Affäre unter Führung von Charles *Maurras* entstand; 1945 aufgelöst.

**Action Painting** ['ækʃən'peintiŋ], in der modernen Malerei eine Richtung des *abstrakten Expressionismus,* die die spontane schöpfer. Niederschrift auf zumeist großen Malfeldern betont, mit Erweiterung der Ausdrucksformen durch Spritzen, Gießen u. Tröpfeln der Farben. Hauptvertreter u. a. J. *Pollock,* W. de *Kooning,* M. *Tobey.*

**Act of Settlement** [ækt ɔv 'setlmənt], das 1701 zur Sicherung der prot. Thronfolge in England erlassene Gesetz, das die Stuarts ausschloß u. 1704 die hannoversche Linie auf den engl. Thron brachte.

**acyclische Verbindungen** → aliphatische Verbindungen.

**ad absurdum** → absurd.

**ADAC** → Allgemeiner Deutscher Automobil-Club.

**ad acta** [lat.], »zu den Akten« (legen); erledigt.

**adagio** [a'da:dʒo, ital.], *Musik:* langsam, getragen, ruhig.

**Adalbert, 1.** *956, †997, Bischof von Prag seit 983; von heidn. Pruzzen erschlagen; Heiliger (Fest: 23.4. u. 25.8.). – **2.** *um 1000, †1072, Erzbischof von Hamburg-Bremen 1043–72; zeitweise Vormund des jungen *Heinrich IV.*

**Adam** [hebr., »Mensch«], Name des 1. Menschen im bibl. Schöpfungsbericht (1. Mose 1–2); mit *Eva* Stammeltern des Menschengeschlechts.

**Adam** [a'dã], Adolphe Charles, *1803, †1856, frz. Komponist; W Oper »Der Postillon von Longjumeau«, Ballett »Giselle«.

**Adamaoua** [-'maua], hochgelegene Landschaft im N Kameruns; welige Trockensavanne.

**Adam de la Halle** [a'dadla'al], *um 1237, †1286 oder 1287, frz. Komponist u. Dichter (ein *Trouvère*); Schöpfer des ersten Singspiels »Le Jeu de Robin et de Marion«).

**Adamello,** vergletscherte Gebirgsgruppe östl. der Bergamasker Alpen; *Monte A.* 3554 m.

**Adamov,** Arthur, *1908, †1970, frz. Schriftst. russ. Herkunft; Verfasser avantgardist. Theaterstücke.

**Adams** ['ædmz], **1.** Ansel, *1902, †1984, US-amerikan. Photograph; schuf monumental wirkende Landschaftsaufnahmen. – **2.** John, *1735, †1826, US-amerikan. Politiker (Federalist); 2. Präsident der USA (1797–1801), Mitunterzeichner der Unabhängigkeitserklärung; führte einen »unerklärten Krieg« gegen Frankreich. – **3.** John Quincy, Sohn von 2), *1767, †1848, US-amerikan. Politiker; 6. Präsident der USA (1825–29), Jefferson-Republikaner.

**Adamsapfel,** vorragender Schildknorpel am Hals des Mannes.

**Adam-Schwaetzer,** Irmgard, *5.4.1942, dt. Politikerin (FDP); Staats-Min. im Auswärtigen Amt u. stellvertr. Vors. der FDP.

**Adam's Peak** ['ædəmz pi:k], *Samanalakanda,*

*Adam's Peak: Blick auf Pilgerweg und Dagoba*

»heiliger« Berg Sri Lankas, 2243 m; Wallfahrtsort für Hindus, Buddhisten, Moslems u. Christen (angebl. Fußabdruck Shivas, Buddhas oder Adams).

**Adams-Stokes-Syndrom** ['ædəmz stouks-], *Adams-Stokesscher Anfall,* anfallsartig auftretende Ohnmacht, Herzschlagverlangsamung u. manchmal Krämpfe infolge einer Minderdurchblutung des Gehirns; Ursache sind Störungen des Reizleitungssystems des Herzens.

**Adam von Bremen,** †nach 1081, dt. Geschichtsschreiber u. Geograph; schrieb die Geschichte der Hamburg-Bremer Erzbischöfe. Das 4. Buch gibt die erste ausführl. Beschreibung der Länder des Nordens im MA.

**Adana,** türk. Prov.-Hptst. südl. des Taurus am Seyhan Neri (Wasserkraftwerk); 570 000 Ew.; Univ. (gegr. 1947), Moscheen; vielseitige Industrie.

**Adapazari** [-zari], *Sakarya,* türk. Prov.-Hptst. östl. von Istanbul, 105 000 Ew.; Industrie.

**Adaptation,** *Adaption* → Anpassung. – **adaptieren,** (sich) anpassen.

**Adapter,** Zusatzstück zur Anpassung zweier Geräteteile aneinander.

**adäquat** [lat.], angemessen, entsprechend.

**Adda,** l. Nbfl. des Po, 313 km; durchfließt das Veltlin u. den Comer See.

**Addams** ['ædəmz], Jane, *1860, †1935, US-amerikan. Sozialpolitikerin; führend in der sog. Settlementsarbeit; Pazifistin; Friedensnobelpreis 1931.

**addieren,** zusammenzählen.

**Addis Abeba** [amhar. »Neue Blume«], seit 1898 Hptst. u. wirtschaftl. Zentrum von Äthiopien, rd. 2400 m ü. M., 1,5 Mio. Ew.; 1887 von *Menelik II.* gegr.; Univ. (1961); Sitz der OAU u. der UN-Wirtschaftskommission für Afrika (ECA); internat. Flughafen.

**Addison** ['ædisən], **1.** Joseph, *1672, †1719, engl. Schriftst.; schrieb gesellschaftskrit. Essays in den ersten moralischen Wochenschriften (»The Tatler«, »The Spectator«). – **2.** Thomas, *1793, †1860, brit. Arzt; beschrieb 1855 erstmals die nach ihm benannte **A.sche Krankheit,** beruht auf einer Unterfunktion der Nebennieren, bes. der Neben-

# Addition

nierenrinden; Anzeichen: Muskelschwäche, Gewichtsabnahme, Kräfteverfall, abnorme Braunfärbung von Haut u. Schleimhäuten (»Bronzehaut«).

**Addition**, *Summation*, das Zusammenzählen gleichartiger Größen, erste Grundoperation der Arithmetik. Das Ergebnis heißt *Summe*.

**Additive** ['ædɪti:v], ein Zusatz, der Motorenschmierstoffe (Öle) veredelt.

**Adduktor**, Muskel zum Heranziehen *(Adduktion)* eines Körperglieds; Gegenspieler ist der *Abduktor*.

**Adebar**, Name des Storches.

**Adel**, ein aufgrund von Geburt, Besitz oder Verdienst erworbener Stand mit erbl. Privilegien; in allen Hochkulturen eine Form der polit., militär. u. kulturellen Führungs- u. Herrschaftsschicht. In Europa fand der A. seine entscheidende Ausprägung im MA (Lehnswesen); er bestimmte bis ins 18. u. 19. Jh. das polit., militär. u. weitgehend auch das kulturelle Leben. Im Frankenreich verschmolz der *Ur-A.* mit dem *Stammes-A.* (beides: *Hoch-A.*), hierzu: Kurfürsten, Reichsfürsten u. -grafen. Im Hochmittelalter bildete sich dazu aus den freien Rittern u. Ministerialen der *niedere A.*, der zum Träger der ritterl. Kultur wurde. Der *Brief-A.* wurde seit dem 16. Jh. durch kaiserl. *A.sdiplom* (*A.sbrief*) verliehen, im 17. u. 18. Jh. auch erkauft. Neben dem erbl. A. gab es den *Personen-* oder *Verdienst-A.*, der oft an bestimmte Ämter u. Auszeichnungen gebunden war.
Bis ins 18. u. 19. Jh. genoß der A. polit. u. soziale Vorrechte (polit. Mitwirkung, Steuerfreiheiten, Anspruch auf Dienste u. Abgaben seiner Bauern, Anspruch auf die höheren Beamten- u. Offiziersstellen) u. schloß sich in vielen Ländern durch Heiratsvorschriften von anderen Ständen ab. In Dtld. ist das Führen des A.titels als Bestandteil des Namens erlaubt, in Östr. ist der A. abgeschafft.

**Adelaide** ['ædəlid], Hptst. des Bundesstaats Südaustralien, östl. vom St.-Vincent-Golf, 883 000 Ew.; 2 Univ. (gegr. 1874 u. 1966); Außenhafen *Port-A.*

**Adelboden**, Kurort u. Wintersportplatz im Engstligental (Berner Oberland, Schweiz), 1353 m ü. M., 3000 Ew.

**Adelgunde**, †695 oder 700, Gründerin u. erste Äbtissin des Klosters Maubeuge, N-Frankreich; Heilige (Fest: 30.1.).

**Adelheid**, *931, †999, röm.-dt. Kaiserin; Frau König Lothars II. von Italien (†950) u. seit 951 Ottos d. Gr.

**Adelheid von Vilich**, †1008 oder 1021, erste Äbtissin des Kanonissenstifts Vilich bei Bonn, später Äbtissin von St. Maria im Kapitol zu Köln; Heilige (Fest: 5.2.).

**Adélieland**, antarkt. Gebiet südl. von Tasmanien, 390 000 km²; seit 1924 frz. Interessengebiet.

**Adelsberg**, Stadt in Slowenien (Jugoslawien), 4900 Ew.; in der Nähe die *A.er Grotten* (Tropfsteinhöhlen), 22 km lang.

**Adelung**, Johann Christoph, *1732, †1806, dt. Aufklärungsphilosoph u. Sprachforscher; W »Versuch eines vollständigen grammat.-krit. Wörterbuchs der hochdt. Mundart« 5 Bde. 1774 - 86.

**Aden** [ɛɪdn], führende Hafen-, Industrie- u. Handelsstadt in Südjemen, an der Südwestspitze der Arab. Halbinsel, 343 000 Ew. – Gesch.: 1839 - 1963 mit Hinterland brit. Kronkolonie (194 km²) u. Seefestung. Aus A. u. dem Protektorat Südarabien (aus 26 Sultanaten, Emiraten u. Scheichtümern) entstand 1967 die unabhängige Republik Südjemen (1970–90 Demokrat. Volksrepublik Jemen, Hptst. A.).

**Adenau**, Stadt in Rhld.-Pf., in der Hohen Eifel, 3100 Ew.; in der Nähe der *Nürburgring* (Rennstrecke).

**Adenauer**, Konrad, *1876, †1967, dt. Politiker; erster Kanzler der BR Dtld.; 1917–33 Oberbürgermeister der Stadt Köln, 1920–33 Präs. des preuß. Staatsrats; 1933 von den Nationalsozialisten seines Bürgermeisteramts enthoben. 1934 u. 1944 vorübergehend inhaftiert; Mai – Okt. 1945 erneut Kölner Oberbürgermeister, Gründungs- u. Vorstandsmitgl. der CDU, 1946 deren Vors. in der brit. Zone. 1950–66 Bundesvors.; 1948/49 Präs. des Parlamentar. Rats, 1949–67 MdB; 1949–63 Bundeskanzler. – Unter dem Eindruck der Isolierung, überzeugt von der Bedrohung durch die Sowjetunion betrieb er, 1951–55 zugleich Außen-Min., eine *Politik der Westintegration* (1951 Montanunion u. Europarat; 1952 Dtld.-Vertrag;

*Konrad Adenauer: Als Vorsitzender des Parlamentarischen Rates unterzeichnet Adenauer das Grundgesetz, die Verfassung der BR Deutschland*

1954/55 WEU u. NATO, Wiedererlangung der Souveränität; 1957/58 EWG u. Euratom). Das Kernstück dieser Politik war die *Aussöhnung mit Frankreich* (1963 dt.-frz. Freundschaftsvertrag mit Ch. de Gaulle). Mit der Sowjetunion vereinbarte er 1955 die Aufnahme diplomat. Beziehungen u. erreichte dabei die Freilassung 10 000 dt. Kriegsgefangener. Innenpolit. war die »Ära A.« gekennzeichnet von der Errichtung eines demokrat. Staatswesens, in dem sich die Persönlichkeit des Kanzlers deutlich ausprägte (»Kanzlerdemokratie«), sowie vom Wiederaufbau u. »Wirtschaftswunder« (hauptsächl. Ludwig *Erhard* zu verdanken). A., der dreimal (1953, 1957 u. 1961) zum Kanzler wiedergewählt wurde u. 1957 mit der CDU/CSU die absolute Mehrheit im Bundestag errang, trat am 15.10.1963 zurück, auf Drängen des Koalitionspartners FDP, aber auch starker Kräfte seiner eigenen Partei.

**adenoid**, drüsenähnlich, lymphknotenähnlich. – **a.e Wucherungen**, Vergrößerungen des Mandelgewebes des Nasen-Rachen-Raums.

**Adenom**, eine gutartige Drüsengeschwulst, die dem normalen Drüsengewebe weitgehend gleicht.

**Adenosin**, ein *Nucleosid*, in der Natur als glykosidartige Adeninzuckerverbindung vorkommen u. als Pharmazeutikum verwendet.

**Adenosintriphosphat**, Abk. *ATP*, ein *Nucleotid*, aufgebaut aus Adenin, Ribose u. 3 Molekülen Phosphorsäure. ATP ist eine Speicherform von Energie in der Zelle: Die beim Abbau der Nahrungsstoffe freiwerdende Energie wird für die Bildung von ATP aus Adenosindiphosphat (ADP) u. anorganischem Phosphat (P) benutzt (→ Phosphorylierung): ADP+P+Energie → ATP. Diese in der geknüpften Phosphatbindung enthaltene Energie steht der Zelle für ihre Arbeit zur Verfügung u. kann entweder zur Synthese zelleigener Bestandteile verbraucht werden oder in andere Energieformen (z. B. in mechan. Energie bei der Muskelkontraktion) umgewandelt werden. Dabei wird ATP wieder hydrolytisch gespalten in ADP u. P unter Freisetzung von 20–32 kJ/Mol.

**Adeps**, Fett; *A. lanae,* Wollfett; Salbengrundlage.

**Adept**, Eingeweihter, Jünger, bes. bei Mysterien u. in der Alchemie.

**Aderlaß**, Blutentziehung (150 – 300 cm³) durch Einstich *(Punktion)* oder Einschneiden *(Venaesectio)* einer Ellenbogenvene; eines der ältesten ärztl. Heilverfahren; heute selten zur Kreislaufentlastung u. Blutentgiftung.

**Adern, 1.** *Blutgefäße,* das Gerüst des Blutgefäßsystems: Röhren, in denen das Blut vom Herzen zu den Organen u. Geweben fließt *(Schlagadern, Arterien)* u. von dort zum Herzen zurückkehrt *(Blutadern, Venen).* – **2.** die ein Gestein durchsetzenden feinen Risse anderer Gesteins, Erzes oder Minerals. – **3.** *Blattrippen,* von außen sichtbare Leitbündel der Blätter. – **4.** isolierte Leiter in Kabeln. – **5.** unterird. Wassergänge.

**Adhäsion**, das Haften der Moleküle verschiedener flüssiger u. fester Stoffe aneinander; Ggs.: *Kohäsion*.

**ad hoc** [lat.], zu diesem Zweck.

**ad honorem** [lat.], ehrenhalber.

**adiabatisch**, Bez. für physikal. Vorgänge (z. B. Ausdehnung von Gasen), bei denen keine Wärme aufgenommen oder nach außen abgegeben wird.

**Adiantum**, im trop. Amerika heim. Gattung der Farne; hierzu *Venus-* oder *Frauenhaar*.

**Adiaphora**, Dinge oder Handlungen, die von einem ethischen oder religiösen Standpunkt aus weder zu verurteilen noch zu empfehlen sind.

**Adige** ['adidʒe], ital. für → Etsch.

**Adi Granth**, das hl. Buch der Sikhs; verehrt im »Goldenen Tempel« in Amritsar (Indien).

**Ädikula**, architekton. gegliederte Nische, Schrein, kleine Kapelle.

**Ädil** → Aedil.

**ad infinitum** [lat.], bis ins Unendliche.

**adipös**, fett, verfettet, an Fettsucht leidend.

**Adipositas**, *Obesitas,* Fettsucht, krankhafte Körperfettansammlung.

**Adirondack Mountains** [ædɪ'rɔndæk 'mauntɪnz], *Adirondacks,* nordöstl. Ausläufer der Appalachen im Staat New York, im *Mt. Marcy* 1629 m; Olympiaort *Lake Placid.*

**Adjektiv**, *Adjectivum, Eigenschaftswort, Beiwort,* Wortart zur Bez. der Eigenschaft einer Person oder Sache; kann gesteigert werden.

**Adjman** ['adʒ-], Scheichtum der → Vereinigten Arabischen Emirate.

**Adjudikation, 1.** gerichtl. Zuerkennung eines Rechts; in der *Zwangsversteigerung:* → Zuschlag. – **2.** *Völkerrecht:* die Zuerkennung von Gebieten durch Entscheidungen internat. Gerichte, Schiedsgerichte, Vergleichskommissionen u. a.

**Adjunkt**, (Amts-)Gehilfe, bes. von ev. Geistlichen; *östr.:* Titel für jüngere Beamte.

**adjustieren**, einpassen, zurichten, (fein) einstellen (von Werkstücken, Instrumenten).

**Adjutant**, bis 1945 Hilfsoffizier der Kommandeure; in der Bundeswehr Begleitoffizier höherer Generäle.

**Adlatus** [lat.], Helfer, Gehilfe, Beistand.

**Adler, 1.** meist große Greifvögel mit bes. kräftigem Hakenschnabel u. starken Krallen. Einheim. sind: *Stein-, Schrei-, Schlangen-, See-* u. *Fisch-A.;* bekannt sind ferner: der altweltliche *Gleitaar;* der afrikan.-asiat. *Kaiser-A.;* der ostasiat. *Riesensee-A.;* der *Weißkopfsee-A,* das Wappentier der USA; der kurzschwänzige *Gaukler* aus Afrika; der *Affen-A.* aus Inselindien. – **2.** Sternbild der Äquatorialzone des Himmels; hellster Stern *Ataïr* (*Altair,* α Aquilae). – **3.** häufig vorkommendes Wappenbild, z. B. der → Doppeladler.

**Adler**, *Erlitz,* tschech. *Orlice,* Nbfl. der Elbe in Böhmen, 82 km; mündet bei Königgrätz.

**Adler, 1.** Alfred, *1870, †1937, östr. Psychiater u. Psychologe; Schüler S. *Freuds;* begr. die *Individualpsychologie.* – **2.** Friedrich, *1879, †1960, östr. Sozialist; ermordete 1916 Min.-Präs. Graf *Stürgkh;* zum Tod verurteilt, 1918 freigelassen; 1923–40 Sekr. der Sozialist. Arbeiter-Internat.

**Adlerfarn**, verbreiteter, bis 2 m hoher *Farn.* Der Blattstiel zeigt im Querschnitt eine adlerähnliche Figur.

**Adlergebirge**, tschech. *Orlické hory,* Teil der Ostsudeten, in der *Deschneyer Großkoppe* 1115 m.

**Adlerorden, 1.** *Schwarzer A.,* höchster Orden der ehem. preuß. Monarchie, gestiftet 1701; verbunden mit erbl. Adel. – **2.** *Roter A.,* zweithöchster Orden der ehem. preuß. Monarchie, gestiftet 1705.

**Adlerrochen**, *Flügelrochen,* Meeresbewohner

*Schlangenadler*

mit spitzen u. flügelartig verlängerten Brustflossen; Schwanz oft mit Giftstachel; häufig im Mittelmeer.
**ad libitum** [lat.], nach Belieben.
**Adliswil,** schweizer. Dorf im Sihltal, südl. von Zürich, 16 000 Ew.
**ad maiorem Dei gloriam** [lat.], Abk. A.M.D.G., »zum größeren Ruhme Gottes«, latein. Wahlspruch der Jesuiten.
**Administration,** die staatl. Verwaltung. – **administrativ,** auf dem Verwaltungsweg.
**Admiral, 1.** bei der Marine ein Offizier im

*Admiral*

Dienstgrad eines Generals. - **A.stab,** Gruppe von bes. ausgebildeten Marineoffizieren. – **2.** *Vanessa atalanta,* Tagschmetterling mit rotem Band u. weißen Flecken auf schwarzen Flügeln.
**Admiralität,** oberste Kommando- u. Verwaltungsbehörde einer Marine.
**Admiralitätsinseln, 1.** *Admiralty Islands,* amtl. *District of Manus,* Inselgruppe des Bismarckarchipels, 2076 km², 31 000 Ew. (Melanesier); Hauptinsel ist *Manus* mit dem Hauptort *Lorengau.* 1885–1919 dt. Kolonie, gehört seit 1975 zu Papua-Neuguinea. – **2.** → Amiranten.
**Admont,** östr. Markt an der Enns, in der nördl. Steiermark, 3100 Ew.; berühmte Benediktinerabtei (mit Bibliothek).
**ADN,** Abk. für *Allgemeiner Deutscher Nachrichtendienst.*
**Adnex,** Eierstock u. Eileiter des weibl. Organismus, die »Anhängsel« der Gebärmutter.
**Adobe,** luftgetrockneter (nicht gebrannter) Ziegelstein; in Trockengebieten verbreitet.
**Adobra,** ein *Kürbisgewächs;* in Südamerika heimisch.
**Adoleszenz,** der Übergang vom Jugendalter zum Erwachsenenalter; → Pubertät.
**Adolf, 1.** *A. von Nassau,* \*um 1255, †1298, dt. König 1292-98; anstelle des Habsburgers *Albrecht I.* zum Nachfolger Rudolfs von Habsburg gewählt, 1298 von den Kurfürsten abgesetzt; fiel im Kampf gegen Albrecht von Österreich bei Göllheim. – **2.** *Adolph,* \*1817, †1905, Großherzog von Luxemburg 1890–1905. – **3.** *A. Friedrich,* \*1873, †1969, Herzog zu Mecklenburg (-Schwerin); Afrika-Reisender u. Kolonialpolitiker, 1912–14 Gouverneur von Togo; 1949–51 Präs. des Dt. Olymp. Komitees. – **4.** *A. Friedrich,* \*1710, †1771, 1727 Bischof von Lübeck; auf Betreiben der Zarin Elisabeth König von Schweden 1751–71.
**Adolf-Grimme-Preis,** Auszeichnung für hervorragende Fernsehproduktionen der Gattung Bericht, Dokumentation u. Spiel; 1961 vom Dt. Volkshochschulverband gestiftet.
**Adonaj,** »mein(e) Herr(en)«, Gottesbezeichnung im AT für *Jahwe.*
**Adonis,** ein vorderasiat. Mysteriengott, dessen Tod u. Auferstehung alljährl. in kult. Darstellung gefeiert wurden; der Geliebte der Aphrodite, der von Ares durch einen Eber getötet u. von Zeus wieder zum Leben erweckt wurde.
**Adonisröschen,** *Adonis vernalis,* ein *Hahnenfußgewächs;* Heilpflanze (Herztonikum).
**Adonius,** *adonischer Vers,* Abschlußvers der Strophe in der antiken Lyrik.
**Adoptianismus,** eine frühchristl. theolog. Anschauung.
**Adoption,** *Annahme als Kind,* vormundschaftsgerichtl. Festsetzung eines ehel. Kindschaftsverhältnisses zw. dem *Annehmenden* (über 25 Jahre alt) und dem *Adoptivkind* (minderjährig). Die leibl. Eltern verlieren mit der A. die elterl. Gewalt über das Kind.
**Adoptivkaiser,** die durch Adoption auf den Thron gekommenen röm. Kaiser *Trajan, Hadrian, Antoninus Pius, Marc Aurel* u. *L. Verus.*

**Ador,** Gustave, \*1845, †1928, schweizer. Politiker; erreichte die Anerkennung der schweizer. Neutralität; 1917–20 Bundesrat; 1914–28 Präs. des Internationalen Roten Kreuzes.
**Adorant,** anbetende, kniende Gestalt (in Kunstwerken). – **Adoration,** Anbetung.
**Adorno,** Theodor W., \*1903, †1969, dt. Philosoph, Soziologe, Musiktheoretiker; seit 1930 am Frankfurter *Institut für Sozialforschung,* (1934–49 Emigration), Vertreter der »Kritischen Theorie«. »Negative Dialektik«, »Ästhet. Theorie«.
**Adour** [a'du:r], Fluß in SW-Frankreich, 335 km; mündet in den Golf von Biscaya.
**Adrar des Iforas,** rd. 800 m hohes, granit. Hochland im westl. Sudan (NO der Rep. Mali).
**Adrema,** Kurzwort für *Adressiermaschine(nabteilung).*
**Adrenalin,** *Epinephrin,* ein Hormon des Nebennierenmarks; erhöht den Blutzuckerspiegel, steigert den Blutdruck, verengt die Blutgefäße (dadurch blutstillende Wirkung).
**Adressat** [frz.], Empfänger einer Postsendung.
**Adresse, 1.** Postanschrift. – **2.** entrichtl. Kundgebung (Botschaft). – **3.** *Datenverarbeitung: Speicheradresse,* bei der Rechenanlage die Nummer einer bestimmten Speicherzelle; zum Identifizieren der gespeicherten Daten.
**Adressiermaschine,** Kurzwort *Adrema,* mechan. arbeitende Büromaschine zum fortlaufenden Drucken wechselnder, mehrfach wiederkehrender Serien von Anschriften oder Kurztexten mit Hilfe von beschrifteten oder geprägten Schablonen.
**adrett** [frz.], hübsch u. zugleich sauber; geschickt, ordentlich.
**Adria,** Kurzwort für Adriatisches Meer.
**Adrian** ['ɛdriən], Edgar Douglas, \*1889, †1977, engl. Anatom u. Physiologe; arbeitete bes. über Neurophysiologie; Nobelpreis für Medizin 1932.
**Adrianopel,** türk. Stadt, das heutige Edirne. Der *Friede von A.* beendete 1829 den russisch-türkischen Krieg.
**Adriatisches Meer,** *Adria,* Teil des Mittelmeers zwischen Italien u. der Balkan-Halbinsel, 132 000 km², bis 1260 m tief, 25–39 ‰ Salzgehalt; bed. Küstentourismus; Häfen: Venedig, Triest, Ancona, Bari, Rijeka, Split.
**Adscharen,** islam. Stamm der *Georgier* im Kaukasus.
**Adscharische ASSR,** autonome Sowjetrepublik in der Grusin. SSR, am Schwarzen Meer, an der türk. Grenze, 3000 km², 390 000 Ew., Hptst. *Batumi;* 1921 errichtet.
**adsorbieren** [lat.], an-(auf-)saugen, anlagern.
**Adsorption,** die Anlagerung von Gasen, Dämpfen oder gelösten Stoffen an feste Körper.
**Adstringenzien,** Sg. *Adstringens,* Mittel mit »zusammenziehender« Wirkung; in der Kosmetik z. B. zur Herstellung von schweißhemmenden Artikeln benutzt. In Arzneimitteln wirken A. blutstillend.
**Adua,** Stadt im nördl. Äthiopien, 1900 m ü. M., 22 000 Ew. – 1896 Sieg Kaiser *Meneliks II.* über die Italiener, wodurch Äthiopiens Unabhängigkeit gewahrt wurde.
**Adula-Alpen,** Gruppe der Westalpen, zwischen Graubünden u. Tessin; *Rheinwaldhorn* 3402 m.
**Adular,** ein → Mineral.
**ad usum** [lat.], zum Gebrauch; *a. u. proprium,* (auf ärztl. Rezepten) zum eigenen Gebrauch.
**Adveniat** [lat.], seit 1961 in der Adventszeit durchgeführte Kollekte in den *kath.* Kirchen Deutschlands für die religiösen Bedürfnisse Lateinamerikas.
**Advent** [lat. »Ankunft«], die 4 Wochen vor Weihnachten. Der liturg. Charakter dieser Zeit, mit der das Kirchenjahr beginnt, ist durch Vorfreude wie durch ernste Vorbereitung bestimmt. Der Brauch des Adventskranzes ist vermutl. im »Rauhen Haus« in Hamburg im 19. Jh. erstmals ausgeübt worden.
**Adventisten,** eine Glaubensgemeinschaft, die der von William *Miller* (\*1782, †1849) seit 1831 in den USA verkündigten Endzeitbotschaft entsprang. Als die für 1844 angekündigte Wiederkunft Christi ausblieb, zersplitterten sich die Anhänger. Ein Teil sammelte sich um die Visionen der Prophetin G. *White* (\*1827, †1915); Lehrelemente: Erwartung der nahen Wiederkunft, Heiligung des Sabbats statt des als heidnisch-antichristlich bezeichneten Sonntags (»Siebenten-Tags-Adventisten«, engl. *Seventh-Day-Adventists*), Vegetarismus u. Gesundheitspflege; z. Z. rd. 2 Mio. Anhänger, in BR Dtld. ca. 30 000.
**Adverb,** *Umstandswort,* eine unflektierbare Wortart zur näheren Bestimmung des Prädikats oder eines Adjektivs. Man unterscheidet u. a. *lokale* (hier, dort), *temporale* (heute, jetzt) u. die Adverbien der *Art und Weise* (sehr).
**Adverbialbestimmung,** ein das Prädikat näher bestimmender Satzteil.
**Advocatus diaboli** [lat. »Anwalt des Teufels«], der Generalglaubensanwalt, der im kath. Selig- u. Heiligsprechungsverfahren in Rom alle Argumente anzuführen hat, die gegen eine Selig- bzw. Heiligsprechung geltend gemacht werden könnten. Ggs.: **Advocatus dei** (»Anwalt Gottes«), Fürsprecher.
**Advokat,** schweiz. Bez. für *Rechtsanwalt.*
**Ady** ['ɔdi], Endre, \*1877, †1919, ung. Dichter von starker Ausdruckskraft.
**Adyge,** eigener Name der Tscherkessen.
**Adygische AO,** autonomes Gebiet der Tscherkessen (Adyge) in der UdSSR, im NW des Kaukasus, 7600 km², 413 000 Ew., Hptst. *Majkop.*
**Adynamie,** Kraftlosigkeit, Muskelschwäche.
**Adyton,** das Allerheiligste im grch. Tempel.
**Aedil,** *Ädil,* röm. Beamter, dem Rang nach zw. *Quaestor* u. *Praetor,* auf 1 Jahr gewählt; A.en hatten Polizeigewalt, Aufsicht über Tempel, Straßen, Getreideeinfuhr u. -verteilung u. öffentl. Spiele.
**Aero ..., aero ...,** [a:ero:; grch.], Wortbestandteil mit der Bedeutung »Luft, Gas«.
**Ærö** ['ɛ:rø], dän. Insel südl. von Fünen, 88 km², 10 000 Ew.; Landwirtschaft.
**Aerobier** [a:e'ro:biər], *Aerobionten, Oxybionten,* vom Sauerstoff der Luft lebende Mikroorganismen. Ggs.: *Anaerobier.*
**Aerodynamik,** die Lehre von den Kräften, die auf in Luft bewegte Flugkörper einwirken.
**Aeroflot,** 1923 gebildete staatl. Organisation für den gesamten zivilen Luftverkehr der Sowjetunion.
**Aerologie,** *Höhenwetterkunde,* ein Zweig der Meteorologie, untersucht den Zustand der Atmosphäre bis 80 km Höhe; *Aerosonden* senden Meßwerte (Luftdruck, -feuchtigkeit, -temperatur) zur Erde.
**Aeronautik,** die Luftfahrt.
**Aeronomie,** die Wissenschaft von der Physik der höchsten Atmosphäre über etwa 80 km Höhe.
**Aerophagie,** Luftschlucken bei seel. u. nervl. Labilität, auch bei Magenkrankheiten.
**Aerophon,** jedes Instrument, das Luft in period. Schwingung versetzt u. dadurch zum Klangträger macht, z. B. Blasinstrumente.
**Aerosol,** feinste Verteilung von flüssigen oder auch festen Teilen in Gasen, zumeist in Luft; umweltbelastend, die A.e in Atmungsorgane gelangen können. Medizin: → Desinfektion, → Inhalation.
**Aerotherapie,** medizin. Luft- u. Lichtbehandlung.
**Aertsen** ['a:rt-], Pieter, \*1509, †1575, ndl. Maler; schuf die Gattung des Markt- u. Küchenstücks, damit Einfluß auf fläm. Stillebenmalerei.
**Aeta,** *Negritos,* Zwergvolk in N-Luzon (Philippinen).
**Aetius,** Flavius, \*um 390, †454 (ermordet), weström. Feldherr; siegte 451 mit Hilfe der Franken u. Westgoten auf den *Katalanischen Feldern* über den Hunnenkönig *Attila.*

*Plakat für die Adveniat-Kollekte*

*Brüllaffe*

*Bartaffe*

*Mantelpaviane*

**Afar,** Volksstamm in O-Afrika, vor allem in Djibouti; Viehzüchter; Moslems.
**Affäre** [frz.], Angelegenheit, (unangenehmer) Vorfall, Liebesverhältnis.
**Affekt** [lat.], starke Gemütsbewegung von kurzer Dauer, z. B. ein Haß-, Liebes-, Wut- oder Zornausbruch.
**Affen,** *Anthropoidea, Simii,* höchstentwickelte Säugetiere mit Greifhänden u. -füßen, mit gut aus-

| Affen: Gliederung | |
|---|---|
| Neuwelt- oder Breitnasenaffen: | *Kapuzinerartige;* z. B. Nachtaffe, Springaffen |
| | *Krallenaffen;* z. B. Weißbüscheläffchen, Kaiserschnurrbarttamarin |
| Altwelt- oder Schmalnasenaffen: | *Meerkatzenartige; Schlankaffen;* z. B. Mantelpavian, Magot, Rotgesichtsmakak, Ceylon-Hutaffe, Meerkatzen, Roter Stummelaffe, Hulman |
| | *Menschenaffen;* z. B. Gorilla, Schimpanse, Bonobo, Orang-Utan |
| | *Gibbons* |
| | *Menschen* |

gebildeten Augen, Gehör u. Geruchsvermögen; bilden zus. mit den *Lemuren* oder *Halb-A.* die Ordnung der *Primaten (Herrentiere)* mit zahlreichen Arten in der Alten u. Neuen Welt. Viele A. sind gesellig lebende Herdentiere mit großem Mitteilungsbedürfnis (Gebärdensprache). Nahrung: Früchte, Insekten, Vögel, Eier, Pflanzenteile. Die meisten A. leben in Vielehe. Die geistigen Leistungen sind oft erstaunl. hoch entwickelt. Die gemeinsame Wurzel der Vorfahren von Affen u. Menschen ist wiss. gut gestützt u. wird allg. anerkannt. A. haben Gemeinsamkeiten mit dem Menschen bes. in Behaarung, Knochenbau, Blutgruppen, Bau der Geschlechtszellen, Gehirn u. Nervensystem. Viele Arten können sich zumindest zeitweise aufrecht bewegen. 3 Überfamilien: *Breitnasen, Schmalnasen* u. *Menschenartige.*
**Affenbrotbaum,** *Baobab,* zu den Bombaxgewächsen gehörender großer Baum in Afrika (Savanne), Madagaskar u. N-Australien; weiches Holz, eßbare Früchte.
**afferent** [lat.], aufsteigend, hinführend; **a.e. Nerven** führen von einem Sinnesorgan zum Zentralnervensystem.
**affettuoso** [ital.], musikal. Vortragsbez., empfindungsstark, leidenschaftlich.
**Affiche** [a'fiʃ; frz.], Anschlag, Plakat.

**Affidavit,** im anglo-amerikan. Recht die eidesstattl. Erklärung; bekannt als Bürgschaftserklärung eines US-Bürgers für den Unterhalt eines Einwanderers.
**Affinität,** *Chemie:* Maß für die Neigung der Elemente, miteinander zu reagieren.
**Affix** [lat.], »angefügte« Silbe, Sammelbegriff für *Präfix, Suffix* u. *Infix.*
**Affront** [aˈfrɔ̃ː; frz.], Kränkung, Beleidigung.

**Afghan,** turkistan. Knüpfteppich mit geometr. Muster, in sattroten Farben.
**Afghane,** ein Windhund von 65–72 cm Schulterhöhe; *Tiefland-A.* (weiches Langhaar, sensibel), *Hochland-A.* (robust).
**Afghanen,** eig. Name *Paschtun,* größtes Volk Afghanistans (9 Mio.), als *Pathan* (6 Mio.) in Pakistan; urspr. Moslems mit eig. Sprache *Paschto;* Nomaden.
**Afghanistan,** Staat in Asien, zw. Iran u. Pakistan, 652 000 km² u. 14,7 Mio. Ew., Hptst. *Kabul.*
L a n d e s n a t u r. Hochgebirge (*Hindukusch,* bis 6000 m hoch) breiten sich von NO fächerförmig nach SW aus. Die Flüsse enden meist in abflußlosen Seen oder Salzsümpfen. Kalte Winter u. trockenheiße Sommer; im Gebirge dürftige Vegetation, sonst Wüste u. Steppe.
B e v ö l k e r u n g. 60 % iran. Afghanen, 25 % Tad-

*Afghanistan*

schiken, 3 % mongol. Hesoreh (Schiiten) u.a.; 90 % sind sunnit. Moslems; 80 % Analphabeten, Schulpflicht seit 1978.
W i r t s c h a f t. Über 1 Mio. Nomaden betreiben Zucht von Schafen u. Ziegen, Ackerbau (Getreide, Baumwolle u. Obst) auf bewässertem Land. – Bodenschätze: Erdgas, versch. Erze, Kohle, Salz u. Lapislazuli. – Eine Straße über den 1030 m hohen *Khaibarpaß* verbindet Kabul mit dem pakistan. Peshawar; Flughäfen in Kabul u. Kandahar.
G e s c h i c h t e. Im Altertum u. MA unterstand A. meist fremden Herrschern (Persern, Indern, Mongolen). Die nat. Gesch. beginnt mit *Ahmed Schah,* der 1747 Emir der Afghanen wurde. Im 19. Jh. wurde A. zum Pufferstaat zw. Rußland u. Brit.-Indien. Volle Unabhängigkeit erlangte es 1921 unter *Aman Ullah* (1926 König). 1973 wurde König *Zahir Schah* von M. *Daud* gestürzt, der als Präs. diktator. regierte. 1978 kamen durch Militärputsch die Kommunisten an die Macht. Gegen sie erhob sich islamisch geprägter Widerstand. Nach blutigen Machtkämpfen in der kommunist. Führung rückten

1979 sowj. Truppen ein. Die Widerstandsbewegung gewann durch ausländ. Waffenlieferungen militär. Gewicht. 5 Mio. Afghanen flohen nach Pakistan u. Iran. 1989 zog die UdSSR ihre Truppen ab. Die in sich gespaltene Widerstandsbewegung setzte den Bürgerkrieg gegen das kommunist. Regime fort.
**AFL/CIO** [ˈɛi ˈɛf ˈɛl ˈsi ˈai ˈɔu], Abk. für *American Federation of Labor, Congress of Industrial Organizations,* Zusammenschluß der US-amerikan. Gewerkschaftsorganisationen.
**AFN** [ˈɛi ˈɛf ˈɛn], Abk. für *American Forces Network,* amerikan. Rundfunkeinrichtung für US-Soldaten; Sitz: Frankfurt a. M.
**AFP,** Abk. für *Agence France Presse,* frz. Nachrichtenagentur, gegr. 1944, Sitz: Paris.
**Afra,** Heilige, Märtyrin in Augsburg um 304 (?); Fest: 7.8.
**African National Congress** [ˈæfrikən ˈnæʃnl ˈkɔŋgrəs], ANC, Afrikanischer Nationalkongreß, 1912 gegr. Bewegung, die den Freiheitskampf der Schwarzen in Südafrika organisiert; 1960–90 von

# AFRIKA

*Nubisches Dorf bei Assuan (Ägypten)*

*Affenbrotbaum mit Früchten*

*Eisenerzabbau in Liberia*

der südafrik. Regierung verboten; führende Persönlichkeiten sind O. *Tambo* u. N. *Mandela.*

**Afrika,** mit 30,4 Mio. km² drittgrößter Kontinent (nach Asien u. Amerika); von Europa durch das Mittelmeer, von Asien durch das Rote Meer getrennt, vom Atlantischen u. Indischen Ozean umgeben. Von N nach S 8000 km lang u. von O nach W 7600 km breit, umfaßt A. etwa 20% der Landfläche der Erde, aber mit 560 Mio. Ew. nur 11% der Erdbevölkerung. A. ist der Kontinent mit dem höchsten Bevölkerungswachstum (im Durchschnitt 3,3% pro Jahr). Der Anstieg der Nahrungsmittelproduktion (1980–85 um 0,9%) kann damit nicht Schritt halten. Ein Großteil der afrik. Staaten gehört zur Gruppe der Entwicklungsländer. Eine Ausnahmestellung nimmt Südafrika ein. Zu A. gehören nur wenige Inseln u. Inselgruppen: Madagaskar, Seychellen, Komoren, Kanarische u. Kapverdische Inseln u.a.

Landesnatur. Der höchste Gipfel ist der *Kilimandscharo* mit 5895 m, dagegen liegt der Assalsee in Djibouti 173 m unter dem Meeresspiegel. Charakteristisch ist der Aufbau in Form großer Beckenlandschaften, die durch flache Schwellen voneinander u. von den Küsten getrennt werden:

### Afrika: Staaten

| Staat | Hauptstadt | Staat | Hauptstadt | Staat | Hauptstadt |
|---|---|---|---|---|---|
| Ägypten | Kairo | Kenia | Nairobi | Senegal | Dakar |
| Algerien | Algier | Komoren | Moroni | Seychellen | Victoria |
| Angola | Luanda | Kongo | Brazzaville | Sierra Leone | Freetown |
| Äquatorialguinea | Malabo | Lesotho | Maseru | Simbabwe | Harare |
| Äthiopien | Addis Abeba | Liberia | Monrovia | Somalia | Mogadischo |
| Benin | Porto-Novo | Libyen | Tripolis | Südafrika | Pretoria/ |
| Botswana | Gaborone | Madagaskar | Antananarivo | | Kapstadt |
| Burkina Faso | Ouagadougou | Malawi | Lilongwe | Sudan | Khartum |
| Burundi | Bujumbura | Mali | Bamako | Swasiland | Mbabane |
| Djibouti | Djibouti | Marokko | Rabat | Tansania | Dodoma/ |
| Elfenbeinküste | Yamoussoukro | Mauretanien | Nouakchott | | Daressalam |
| Gabun | Libreville | Mauritius | Port Louis | Togo | Lomé |
| Gambia | Banjul | Moçambique | Maputo | Tschad | N'Djaména |
| Ghana | Accra | Namibia | Windhuk | Tunesien | Tunis |
| Guinea | Conakry | Niger | Niamey | Uganda | Kampala |
| Guinea-Bissau | Bissau | Nigeria | Lagos | Zaire | Kinshasa |
| Kamerun | Yaoundé | Rwanda | Kigali | Zentralafrikan. | |
| Kap Verde | Praia | Sambia | Lusaka | Republik | Bangui |
| | | São Tomé u. Principe | São Tomé | | |

Niger-, Tschad-, Weißnil-, Kongo- u. Kalaharibecken, Zentralsaharische, Ober- u. Niederguinea, Asande- u. Lundaschwelle. Die Schwellen, die nur in Südafrika in mächtigen, steilen Stufen zum Meer abfallen, sind im allg. nur von schmalen Küstenebenen gesäumt. Im Bereich der höchsten Schwellenerhebung ist O-Afrika in ein System von Schollen zerbrochen. Junge Vulkane (Kilimandscharo, Meru, sowie die Mount-Virunga-Vulkane, Mount Kenia u. Elgon) begleiten die vorwiegend N-S-gerichteten Bruchzonen. Im jüngeren Erdaltertum wurde im äußersten S Afrikas das *Kapgebirge* aufgefaltet, während der *Atlas* im NW zum tertiären europäisch-asiatischen Faltengebirgsgürtel gehört. – Die längsten Ströme sind *Nil, Kongo, Niger* u. *Sambesi.* Die höchsten Wasserfälle sind Kalambofälle (420 m) u. Livingstonefälle (274 m) des Kongo. Die größten Seen sind *Victoriasee, Tanganjikasee* u. *Malawisee.* – Klima: A. ist überwiegend ein Tropenkontinent, doch reicht es im N u. S in die Subtropen hinein. Um das trop.-feuchtheiße Kerngebiet des Kongobeckens u. der Oberguineaküste legt sich im N, O u. S ein Gürtel wechselfeuchten, heißen Savannenklimas mit Regen- u. Trockenzeiten. Die Niederschläge fallen hier zur Zeit des Sonnenhöchststandes. Im N u. S schließen sich die großen Trockengebiete der Sahara bzw. der Namib u. Kalahari mit episodischen Niederschlägen u. großen täglichen Temperaturschwankungen an. Sommertrockenes Klima von mediterranem Typus tritt im Kapland u. in größerem Umfang im Atlasgebiet auf. – Pflanzen- u. Tierwelt: Der immergrüne trop. Regenwald kommt im Kongobecken u. in Oberguinea vor. Im Sudan, in Ostafrika, im nördl. u. östl. Südafrika wird er von einem breiten Savannengürtel umgeben, der in der Sahara u. Namib in vegetationslose Kernwüste übergeht. Der NW Afrikas u. das Kapland weisen Hartlaubvegetation auf. – Im Regenwald herrscht ein großer Formenreichtum. Fliegende Formen (Fledermäuse, Vögel, Insekten), Klettertiere (Affen u. Halbaffen, Flughörnchen u. Baumschlangen) u. Zwergformen. In der Savanne herrschen dagegen die Läufer vor, z. B. Huftiere (Büffel, Zebras, Antilopen, Giraffen), Laufvögel (Strauße, Trappen), Raubkatzen (Löwe, Gepard) u. Hyänen. Häufig trifft man gemischte Herden an. In der Savanne sind daher die größten

*Pygmäen*

*Felsbild der Buschmänner (Detail): Herde gelbbrauner Böcke, Oranjefreistaat*

*Brettmasken der Bobo, Sudan*

*Sand- und Felswüste in der südlichen Sahara*

## 20 Afrikaans

Landsäugetiere zu finden: Elefanten, Nashörner, Giraffen u. Büffel.

Bevölkerung. Der Lebensraum der negriden Völker beginnt südl. der Sahara, während der N von hellhäutigeren Völkern besiedelt ist. Man spricht deshalb von »Weiß-A.« u. »Schwarz-A.« Als Weiße gelten neben Arabern die *Berber* des Atlasgebiets u. Teile der *Tuareg* in der Sahara. Die vorarab. *Ägypter, Nubier, Äthiopier, Somal, Haussa* u. *Fulbe* nehmen eine Zwischenstellung ein. Die Negriden lassen sich in Sudan- u. Bantuneger trennen. In kleinen Gruppen leben *Pygmäen* u. *Buschmänner*.

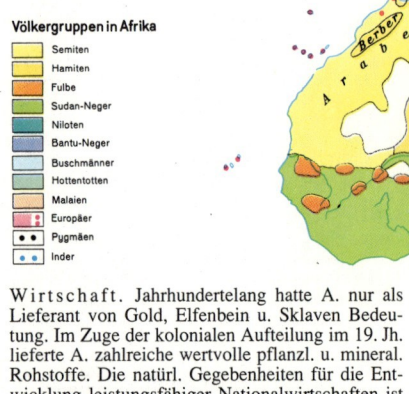

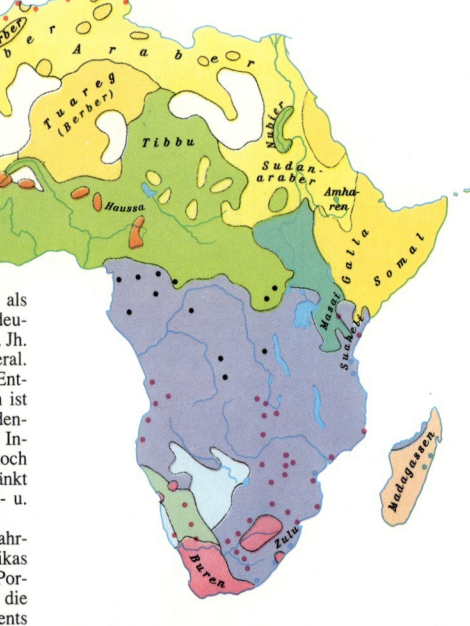

Wirtschaft. Jahrhundertelang hatte A. nur als Lieferant von Gold, Elfenbein u. Sklaven Bedeutung. Im Zuge der kolonialen Aufteilung im 19. Jh. lieferte A. zahlreiche wertvolle pflanzl. u. mineral. Rohstoffe. Die natürl. Gegebenheiten für die Entwicklung leistungsfähiger Nationalwirtschaften ist in vielen Ländern gut. A. gehört bei vielen Bodenschätzen zu den führenden Welterzeugern. Die Industrie ist gegenüber Landwirtschaft allg. noch wenig entwickelt. In vielen Gebieten beschränkt sich die Produktion auf die Verarbeitung land- u. forstwirtschaftl. Erzeugnisse.

Entdeckungsgeschichte. Ägypter (2. Jahrtausend v.Chr.) leiteten die Entschleierung Afrikas ein. Im 15. Jh. wurde die afrikan. Küste durch Portugiesen erkundet. Ende des 18. Jh. begann die wissenschaftliche Erforschung des Kontinents durch Mungo Park, H. Clapperton, R.F. Burton, J.H. Speke, M.H. Stanley, D. Livingstone, H. Barth, E. Vogel, G.F. Rohlfs, G. Nachtigal, G. Schweinfurth, H. v. Wissmann, P. Brazza, Serpa Pintgo, T. Monod.

**Afrikaans**, *Kapholländisch*, aus dem *Niederländischen* entwickelte Sprache der Buren in Südafrika.

**afrikanische Kunst** Als älteste Kunst Afrikas sind die Felsbilder (großartige Tierbilder) der Sahara zw. 8000–6000 v.Chr. u. 1200 v.Chr. nachgewiesen. Im S des Kontinents entstanden von den kleinwüchsigen Buschmännern Felsbilder von erstaunl. Naturalismus (Jagd- u. Schlachtszenen u. Landschaften). Die bed. Steinbauten Schwarzafrikas entstanden in der Zeit zw. dem 11. u. 18. Jh. Den Höhepunkt bildeten die Bauten von Zimbabwe. Die ältesten figuralen Plastiken (aus gebranntem Ton), die realist. Nok-Skulpturen von der Bauchi-Hochebene in N-Nigeria, sind etwa 2000 Jahre alt. Diese fast lebensgroßen menschl. Gesichter scheinen auf rätselhafte Weise mit den aus dem gleichen Material (Ife, 14. Jh.) geformten u. aus Messing gegossenen Figuren der Hofkunst S-Nigerias verwandt zu sein. In Benin wurden im Gelbgußverfahren nicht nur Porträts von Mitgliedern der königl. Familie, sondern auch als Pfeilerschmuck dienende Platten mit Darst. von Szenen aus der Gesch. Benins u. von Europäern, die als Händler im 16. u. 17. Jh. das Königreich besuchten, hergestellt. Die schönsten Beispiele der Elfenbeinschnitzerei stammen wahrsch. von der Elfenbeinküste. Die am weitesten verbreitete Kunstform Afrikas, die Holzschnitzerei, ist für die Ackerbau treibenden Völker West- u. Zentralafrikas charakteristisch. Die Form ist v.a. durch eine strenge Stilisierung, erreicht durch eine Reduzierung auf die wesentl. Merkmale, bestimmt. Zu den charakterist. Merkmalen der a.K. muß die anatom. Verzerrung der Figuren gezählt werden, bei denen der Kopf zu groß, die Beine zu klein, Hände u. Füße dagegen überproportioniert sind. Die Kunst der afrikan. Völker wurde erst im 20. Jh. als bes. Ausdruck ästhet. Empfindens entdeckt.

**Afrikanisch-Madagassische Union**, Abk. *UAM*, Union afrikan. Staaten; auf einer Konferenz von 12 Staatschefs 6.–12.9.1961 in Tananarive gegründet, 1964 aufgelöst.

**Afrikanistik**, die Wissenschaft von den Sprachen u. Kulturen Afrikas.

**After**, lat. *Anus*, der Ausgang des *Darms*. – **A.schließmuskel**, der die A.öffnung verschließende Ringmuskel.

**Afterklauen**, beim Hund oberhalb der vier Zehen der Hinterbeine sitzende Klauen, die der fünften Zehe entsprechen.

**Afterlehen**, ein Lehen, das von einem Lehnsträger an einen Untervasallen ausgegeben wurde.

**After shave** [ˈaːftə ˈʃeiv; engl. »nach der Rasur«], Rasierwasser.

**Afterskorpione**, *Bücherskorpione*, Ordnung der *Spinnentiere*, mit 1300 bis 7 mm langen Arten.

**Afzelia**, trop. Laubholz (afrikan. Guinea-Küste).

**AG**, Abk. für *Aktiengesellschaft*.

**Aga**, *Agha*, Titel der unteren Offiziersränge in der osman. Türkei.

**Agadès** [-ˈdɛʃ], Hauptort im wüstenhaften Hochland Aïr (Rep. Niger), 524 m ü. M., 10 000 Ew.

**Agadîr**, Hafenstadt in Marokko, in den Ausläufern des Hohen Atlas, 61 000 Ew.; 1960 schweres Erdbeben.

**Ägadische Inseln**, ital. *Isole Egadi*, ital. Inselgruppe westl. von Sizilien, 44 km², 7500 Ew.

**Agagianian**, Gregor, *1895, †1971, Kurienkardinal georg. Herkunft; 1937 armen.-unierter Patriarch von Kilikien, 1946 Kardinal.

**Ägäis**, Kurzwort für Ägäisches Meer.

**ägäische Kultur**, die bronzezeitl. Kulturen im 3. u. in der 1. Hälfte des 2. Jt. v.Chr. rings um das Ägäische Meer; die *helladische Kultur* auf dem grch. Festland, die *minoische Kultur* auf der Insel Kreta, die *Kykladen-Kultur* auf den übrigen grch. Inseln u. die *westkleinasiat. Kultur*. Träger war eine einheitl. ägäische Urbevölkerung. Die ä.K. wurde von dem um 1900 v.Chr. auf den Peloponnes eingewanderten Achäern fortgeführt *(mykenische Kultur)*.

**Ägäisches Meer**, kurz *Ägäis*, Teil des Mittelmeers zwischen Griechenland u. Kleinasien, rd. 106 000 km², bis 2524 m tief; viele grch. Inseln (*Ägäische Inseln*: Kykladen, Sporaden, Kreta).

**Aga Khan**, das Oberhaupt der islam. *Hodschas* (Zweig der Ismailiten, schiit. Sekte), als *Imam* verehrt. Der 3. A.K. als Sir Sultan Mohammed Schah (*1877, †1957) war eine internationale Berühmtheit; der 4. A.K. ist sein Enkel Karim als Husaini Schah (*13.12.1937).

**Agamemnon**, sagenhafter König von Mykene, Sohn des Atreus (daher »Atride«): Feldherr der Griechen vor Troja, nach der Rückkehr von Aigisthos, dem Geliebten seiner Frau Klytämnestra, erschlagen. Seine Kinder waren Orestes, Iphigenie u. Elektra. B → S. 22

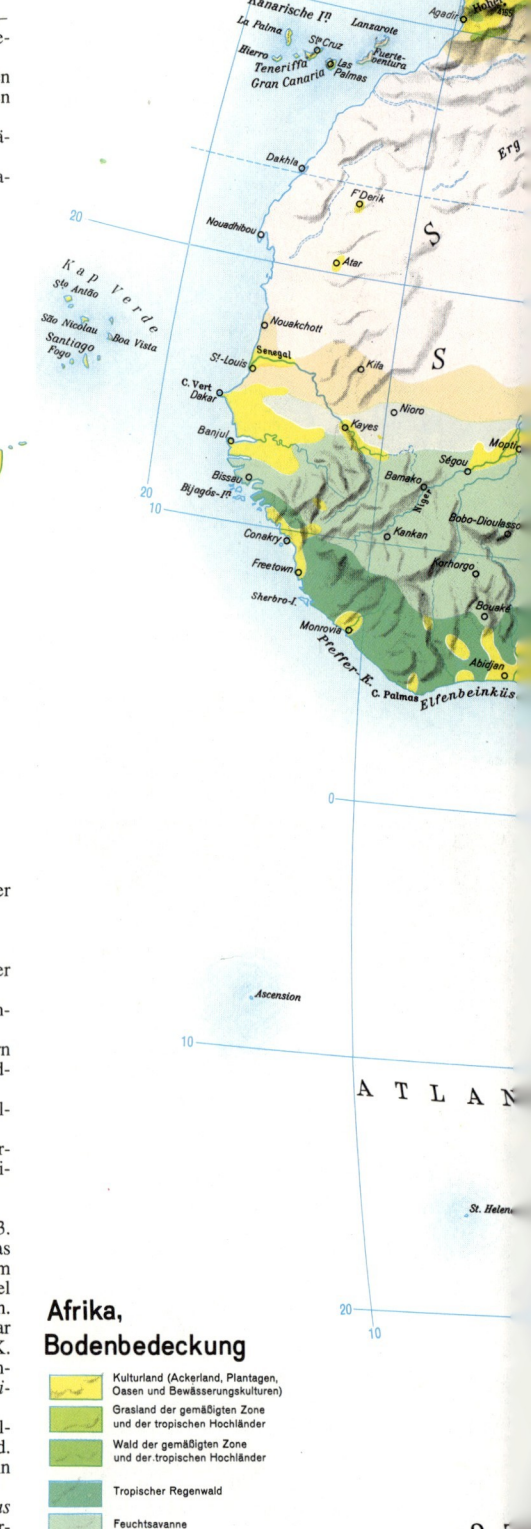

Afrika, Bodenbedeckung

## 22 Agamen

*Agamemnon: goldene Gesichtsmaske eines Fürsten aus einem der Schachtgräber von Mykene. Athen, Nationalmuseum*

**Agamen,** *Agamidae,* Fam. von meist sehr hochbeinigen u. langschwänzigen *Echsen;* nur in den trop. Regionen der Alten Welt; hierher: *Flugdrache, Blutsauger, Hardun, Bartagame, Wasseragame, Kragenechse, Dornschwanz* u. *Moloch.*
**Agape, 1.** lat. *caritas,* im NT jene Liebe, die Hingabe hat (Nächstenliebe). – **2.** *Liebesmahl,* urchristl. Tischgemeinschaft zwischen arm u. reich, in der das *Abendmahl* gefeiert wurde.
**Agar-Agar,** getrocknete Schleimsubstanz aus den Zellwenden mariner Rotalgen zur Herstellung von → Nährböden.
**Agathenbrot,** im Schwäb.-Alemannischen ein Brot, das am *Agathentag* (5. Febr.) geweiht u. als Schutzmittel, vor allem gegen Feuer, im Haus aufbewahrt wird.
**Agathokles,** *361 v. Chr., †298 v. Chr., einer der mächtigsten Herrscher der hellenist. Welt; 317 v. Chr. Herrscher (Tyrannos) von Syrakus.
**Agave** [grch.], Gattung der *Agavengewächse, Agavaceae;* vor allem in Mexiko u. den angrenzenden Gebieten der USA heimisch. In Europa Zierpflanze. A.n sterben nach der Blüte. Aus dem vergorenen Saft werden in Mexiko alkohol. Getränke wie Pulque u. Mescal gewonnen. Aus den Blättern versch. A.n gewinnt man Hartfasern **(A.fasern),** hpts. *Sisalhanf.*
**Agenda** [lat., Pl. *Agenden*], Merkbuch, Tagebuch, Tagesordnung; in der ev. Kirche das Buch *(Agende),* das die Gottesdienstordnung mit den liturg. Texten enthält.
**Agenor,** König von Tyros oder Sidon, angebl. Stammvater der Phönizier.
**Agens** [lat., Pl. *Agenzien*], wirksame Kraft; bes. auf chemische oder physikal. Vorgänge angewandt.
**Agent, 1.** [lat.], *polit. A., Geheim-A.,* Verbindungsmann, im geheimen Nachrichtendienst Tätiger; **Agent provocateur** [aʒã prɔvɔkat'œr, frz.], »Lockspitzel«. – **2.** Vermittler, Beauftragter, Vertreter; selbständiger Kaufmann *(Handels-A.).*

*Siedleragame*

*Agave: Plantage zur Sisalgewinnung in Mexiko*

**Agentur** [lat.], Geschäftsnebenstelle, Vermittlungsbüro für Künstler.
**Agesander,** *Hagesandros,* grch. Bildhauer aus Rhodos, tätig um 40 v. Chr.; arbeitete an → Laokoon.
**Agesilaos II.,** *um 444 v. Chr., †um 360 v. Chr., König von Sparta etwa ab 400 v. Chr.
**Agger,** r. Nbfl. der Sieg, 80 km. – **A.-Talsperre** im Bergischen Land, 1927–1929 errichtet, Höhe der Staumauer 43 m, 19,3 Mio. m³ Inhalt.
**Agglomerat** [lat.], Zusammenballung, Anhäufung (z.B. grober Gesteinstrümmer). – **Agglomeration,** Bevölkerungsballung.
**Agglutination** [lat.] Zusammenballung einer organismusfremden organ. Verbindung *(Antigen),* z.B. Eiweiß, mit dem vom Körper dagegen produzierten Schutzeiweiß aus der Gruppe der Globuline (→ Antikörper). Bedeutsam bei Organtransplantationen u. Bluttransfusionen.
**agglutinierende Sprachen** → Sprache.
**Aggregat** [lat.] äußerl. (zufällige oder absichtliche) Zusammenfassung mehrerer (gleich- oder verschiedenartiger) Dinge.
**Aggregatzustand,** die physik. Erscheinungsform der Materie: gasförmig, flüssig, fest. B → S. 24
**Aggression, 1.** feindselige Haltung, affektbedingtes Angriffsverhalten. Eine A. kann offen (körperlich, verbal) oder verdeckt (phantasiert) sein; sie kann positiv (von der Kultur gebilligt) oder negativ (mißbilligt) sein. Die Psychoanalyse setzt einen bes. *Aggressionstrieb* voraus. – Bei Tieren unterscheidet man die *interspezifische* A. zwischen verschiedenen Arten u. die *intraspezifische* A. zwischen Angehörigen derselben Art. – **2.** *Völkerrecht:* das gewaltsame, meist militär. Vorgehen eines Staates gegen einen anderen.
**aggressiv,** streitsüchtig, angriffslustig, herausfordernd.
**Aghlabiden,** *Aglabiden,* islam. Dynastie in N-Afrika, 800–909.
**Aghulen,** ein Stamm der kaukas. *Lesghier.*
**Ägide** [grch. aigis »Schild des Zeus«], Obhut, Schutz, Leitung.
**agieren** [lat.], handeln, Rolle darstellen.
**agil** [lat.], flink, gewandt, beweglich.
**Agilofinger,** ältestes bayer. Herzogsgeschlecht. *Tassilo III.,* der letzte Herrscher dieser Dynastie, wurde von Karl d. Gr. abgesetzt (788).
**Agilulf,** König der Langobarden 590–616. Unter ihm fand die langobard. Eroberung in Italien ihren Abschluß.
**Ägina,** grch. *Aigina,* grch. Insel im Saronischen Golf, 83 km², 10 000 Ew.; bed. Fremdenverkehr, *Aphaia-Tempel* (Giebelfiguren, *Ägineten,* in Glyptothek, München).
**Agio** ['aːdʒoː, ital.], *Aufgeld,* Differenz zw. Nennwert u. Ausgabe-(Kurswert) eines Wertpapiers oder einer Währung; Ggs.: *Disagio (Abschlag).*
**Agiotage** [aːdʒoˈtaːʒə], Spekulationsgeschäft unter Ausnutzung von Kursschwankungen.
**Agis,** Name spartan. Könige.
**Ägis,** Schild des Zeus, mit dem Haupt der Gorgo, bes. Attribut der *Athene.*
**Ägisthus,** grch. *Aigisthos.*
**Agitation** [lat.], aggressive Werbung (Propaganda) für eine polit. Gruppe oder Weltanschauung.
**agitato** [adʒ-; ital.], sehr bewegt.

**Agitprop,** im kommunist. Sprachgebrauch Kurzwort für *Agitation* u. *Propaganda.* – **A.-Theater,** propagandist. verschärfte Form des *Lehrtheaters.*
**Agnaten, 1.** *germ. Recht:* die Männer der Verwandtschaft von der Vaterseite *(Schwertmagen);* Ggs.: *Kognaten (Kunkelmagen),* Verwandtschaft durch die Mutter u. weibl. Verwandte der Vaterseite. – **2.** *röm. Recht:* die unter gleicher väterlicher Gewalt *(patria potestas)* lebende Hausgemeinschaft; Ggs.: *Kognaten.*
**Agnes von Poitou** [-pwaˈtu], *Agnes von Poitiers,* *um 1025, †1077, röm.-dt. Kaiserin; seit 1043 Frau *Heinrichs III.,* 1056–1062 Regentin für ihren unmündigen Sohn *Heinrich IV.*
**Agnon,** Samuel Josef, eigtl. S.J. Czaczkes, *1888, †1970, hebr. Schriftst. Seine Werke schildern das Milieu der ostjüd. Kleinstadt u. die Pionierzeit in Palästina. Nobelpreis 1966.
**Agnosie,** das Unvermögen, das mit den Sinnesorganen Wahrgenommene sich bewußt zu machen u. dadurch zu erkennen.
**Agnostizismus,** philos. Lehre von der Unerkennbarkeit der Dinge u. der Wirklichkeit, des Absoluten. Der A. läßt das Dasein Gottes als Möglichkeit zu u. wird daher vom konsequenten Atheismus angefeindet.
**Agnus Dei** [lat. »Lamm Gottes«], im Anschluß an Joh. 1,29 (Bez. Christi durch Johannes den Täufer) entstandener Bittruf, Gebet vor der Kommunion.
**Agogik** [grch.], *Musik:* die Gestaltung des vorgeschriebenen Tempos als Ausdrucksmittel.
**Agon, 1.** im antiken Griechenland: Festversammlung, Kampfplatz, sportl. oder musischer Wettbewerb. – **2.** der Haupttitel der attischen Komödie u. Tragödie. – **3.** in England übliches Brettspiel.
**Agonie** [grch.], Todeskampf.
**Agora,** Versammlung des Heeres oder Volkes, auch der Marktplatz altgriech. Städte.
**Agoraphobie** → Platzangst.
**Agoult** [aˈgu], Marie Gräfin d', Pseudonym: Daniel *Stern,* *1805, †1876, frz. Schriftst.; lebte 1835–1839 mit F. Liszt zusammen. Dieser Verbindung entstammte Cosima → Wagner.

# Agra

**Agra,** Industriestadt in Indien, südl. von Delhi, 694 000 Ew.; nahebei das Grabmal *Tadsch-Mahal*.
**Agraffe,** Schmuckspange zum Zusammenraffen eines Kleidungsstücks.
**Agram,** dt. Name für → Zagreb.
**Agranulozytose,** Mangel an weißen Blutkörperchen.
**Agraphie,** Unfähigkeit zu schreiben.
**agrar..., Agrar...** [lat. *agrarius* = zu den Feldern gehörig], landwirtschaftlich, Landwirtschafts... (in Zusammensetzungen); **agri..., Agri...** [lat. *ager* = Feld, Acker].
**Agrarpolitik,** staatl. Maßnahmen im Hinblick auf die Landwirtschaft, sowohl im sozialen (Erhaltung eines selbständigen Bauernstands) als auch auf rein wirtschaftl. Gebiet (Sicherung der Selbstversorgung mit Nahrungsmitteln, Sicherung gerechter Preise u. a.); Mittel der A.: Saatenkontrolle, Bodenmelioration, Flurbereinigung, Körung von Zuchttieren, Preisgestaltung, Agrarschutzzölle u.a.
**Agrarreform** → Bodenreform.
**Agrarstaat,** ein Staat mit vorwiegend landwirtschaftl. Erzeugung.
**Agreement** [əˈgriːmənt; engl.], formlose, aber bindende Übereinkunft, Vereinbarung auf Treu u. Glauben *(Gentlemen's A.);* zivilrechtl. Vergleich.
**Agrégation** [agregaˈsjɔ̃], auf der Licence aufbauender akademischer Grad in Frankreich; berechtigt zur Lehrtätigkeit an höheren Schulen u. Universitäten.
**Agrément** [agreˈmã; frz.] die Erklärung eines Staats, daß ein diplomat. Vertreter, den ein anderer Staat zu ihm zu entsenden beabsichtigt, genehm sei.
**Agricola,** Gnaeus Iulius, *40 n. Chr., †93, römischer Feldherr; 77–84 Statthalter von Britannien; Schwiegervater des *Tacitus*.
**Agricola, 1.** eigtl. *Bauer,* Georg, *1494, †1555, dt. Arzt u. Naturforscher; begründete die mineralog.-paläontolog. Forschung. – **2.** eigtl. *Schneider,* Johannes, *um 1499, †1566, dt. luth. Theologe u. Humanist; Freund u. Schüler *Luthers*; lehrte die Unverbindlichkeit des mosaischen Gesetzes. – **3.** Mikael, *1508, †1557, Reformator Finnlands; Begründer der finn. Schriftsprache. – **4.** Rudolf, eigtl. Roelof *Huysman,* *1444, †1485, Heidelberger Humanist aus Holland.
**Agrigento** [-ˈdʒɛn-], *Agrigent,* bis 1927 *Girgenti,* Stadt in Italien nahe der Südküste Siziliens, 51 300 Ew.; Schwefelvorkommen; Tempelruinen; Ausfuhrhafen *Porto Empèdocle.* – Im Altertum grch. Kolonie; um 580 v.Chr. als *Akragas* gegründet; Heimat des Philosophen *Empedokles*.
**Agrikultur,** Ackerbau.
**Agrikulturchemie,** Teil der angewandten Chemie, der sich speziell mit der Landwirtschaft befaßt, z.B. Tier- u. Pflanzenernährung, Dünge- u. Futtermitteln, Schädlingsbekämpfung u. Bodenanalyse. Auf den Erkenntnissen der A. baut bes. die künstl. Düngung auf. Begründer der A.: *J. von Liebig.*
**Agrippa,** Marcus Vipsanius, *63, †12 v.Chr., röm. Feldherr; Freund des Kaisers *Augustus*, besiegte 31 bei Aktium Antonius; Erbauer des Pantheons in Rom; ließ eine Weltkarte anfertigen, die allen späteren röm. Landkarten zugrunde lag.
**Agrippa von Nettesheim,** eigtl. Heinrich *Cornelius,* *1486, †1535, Arzt, Theologe u. Philosoph der Reformationszeit; Anhänger des Neuplatonismus u. der Kabbala, kämpfte gegen den Hexenglauben.
**Agrippina, 1.** *A. die Ältere,* *14 v.Chr., †33 n. Chr. (Selbstmord), Tochter des M.V. *Agrippa,* Frau des *Germanicus,* Mutter des *Caligula;* von *Tiberius* auf die Insel Pandateria verbannt. – **2.** *A. die Jüngere,* Tochter von 1), *15, †59 n. Chr., röm. Kaiserin (Augusta) 50 n. Chr.; von ihrem Bruder *Caligula* verbannt, von Kaiser *Claudius* zurückgerufen u. geheiratet; erreichte die Adoption ihres Sohnes *Nero,* vergiftete ihren Mann, ließ Nero zum Kaiser ausrufen u. wurde auf dessen Betreiben ermordet.
**Agronom,** wissenschaftl. ausgebildeter Landwirt.
**Agronomie,** die Ackerbaulehre.
**Agrumen** [ital.], veralteter Sammelname für die Zitrusfrüchte; z.B. Zitronen, Apfelsinen, Grapefruits.
**Aguascalientes,** Hptst. des gleichn. mexikan. Bundesstaats im Hochland, 1900 m ü.M., 240 000 Ew.; Flughafen.
**Agudat Israel** [hebr. »Vereinigung Israels«], weltweit jüd. religiöser u. antizionist. Verband; strebt die Durchsetzung relig. Grundsätze im polit. Leben an.
**Aguirre** [aˈgirɛ], Domingo de, *1865, †1920, bask. Schriftst.; bedeutendster der modernen bask. Erzähler.
**Agulhas** [aˈguljas], *Kap A., Nadelkap,* die 139 m hohe Südspitze Afrikas (34° 51' s.B.). –
**A.-Strom,** warme Meeresströmung an der Ostseite Südafrikas.
**Agung,** höchster Gipfel auf Bali (Indonesien), 3124 m; schwere Vulkanausbrüche 1963.
**Aguti,** *Goldhase, Dasyprocta,* Nagetier von etwa Kaninchengröße; in den Uferwäldern süd- u. mittelamerikan. Flüsse.
**Ägypten,** arab. *Misr,* Staat in N-Afrika, am Unterlauf des Nil, 1 001 449 Mio. km², (davon rd. 96 % Wüste), 50,7 Mio. Ew., Hptst. *Kairo.*

*Agra: Tadsch Mahal (1630–1648 erbaut)*

*Ägypten*

Landesnatur. Mit Ausnahme der Stromoase des Nils u. einiger Oasen ist das Land wüstenhaft. In der *Libyschen Wüste* (felsiges Tafelland, von Sanddünen durchzogen) hat Ä. Anteil an der Sahara. Östl. des Nils fällt die *Arabische Wüste* (bis 2187 m hoch) zum Roten Meer ab. Höchste Erhebung: *Gebel Katerina,* 2637 m (Sinai-Halbinsel). – Klima: im Sommer heiß u. trocken, Winter mild, geringe Niederschläge; starke Temperaturschwankungen.
Bevölkerung. Die überwiegend islam. Bev. ist sehr stark gemischt: überwiegend arab. Fellachen u. Beduinen, Nubier u. Sudanneger, im S negride christl. Kopten.
Wirtschaft. Das fruchtbare Kulturland nimmt nur 4 % der Landfläche ein. Es gestattet bis zu drei Ernten im Jahr. Die Bewässerung u. Energieversorgung ist v.a. durch den Staudamm bei *Assuan* gesichert. Es werden bes. Baumwolle, die 38 % des Außenhandels deckt, Getreide u. Zuckerrohr angebaut. Verbreitet ist noch die nomad. Viehzucht. Bodenschätze (Erdöl, -gas, Eisen-, Kupfererz, Phosphat) werden erst z.T. gefördert. – Die Industrie ist verstaatlicht, sie erzeugt Baumwollwaren, Nahrungs- u. Genußmittel, Düngemittel sowie Maschinen u. Fahrzeuge. - Eisenbahnen u. Straßen erschließen das Niltal bis nach Assuan, die Nildelta u. die Mittelmeerküste. Von internat. Bed. ist der *Suezkanal.* Internat. Flughäfen sind Kairo u. Alexandria. Seehäfen: Alexandria, Port Said u. Suez.
Geschichte. *Altertum:* In Ä. entwickelte sich eine der ältesten Hochkulturen der Menschheit.

### Perioden der altägyptischen Geschichte

(Die Jahreszahlen beziehen sich auf die Zeit v. Chr. Sie können erst ab 664 v. Chr. als feststehend gelten.)

| | |
|---|---|
| um 3000 | Reichseinigung |
| 2955–2665 | Frühzeit (1.–2. Dynastie) |
| 2665–2155 | Altes Reich (3.–6. Dynastie) |
| 2155–1994 | 1. Zwischenzeit (7.–11. Dynastie) |
| 1994–1650 | Mittleres Reich (12.–14. Dynastie) |
| 1650–1550 | 2. Zwischenzeit (15.–17. Dynastie) |
| 1550–1080 | Neues Reich (18.–20. Dynastie) |
| 1080– 664 | 3. Zwischenzeit (21.–25. Dynastie) |
| 664– 332 | Spätzeit (26.–31. Dynastie) |

Um 3000 v.Chr. wurden Unter-Ä. (das Nildelta) u. Ober-Ä. (das Niltal von Kairo bis Assuan) zu einem Reich zusammengelegt. Etwa gleichzeitig wurden Schrift u. Kalender ausgebildet, wenig später die Steinbaukunst, Plastik u. Malerei entwickelt. Es bestand ein absolutes Gottkönigtum mit einer straff organisierten Beamtenschaft. Wichtigste Residenzstädte waren Memphis (bei Kairo) u. Theben (bei Luxor). Im Alten Reich (4. Dynastie) wurden die Pyramiden von Gizeh errichtet. Das Mittlere Reich unterhielt Handelsbeziehungen im östl. Mittelmeerraum u. trieb Expansionspolitik nach S u. NO. Im Neuen Reich wurde Ä. Großmacht; es unterwarf Palästina u. Syrien u. eroberte Teile des heutigen Sudan. Bedeutende Herrscher dieser Zeit, die auch eine kulturelle Blüte hervorbrachten, waren *Thutmosis III.* (1490–36 v.Chr.), *Echnaton* (1364–47) u. *Ramses II.* (1290–24). Die drei Zwischenzeiten u. die Spätzeit waren gekennzeichnet durch soziale Unruhen, Zerfall der Reichseinheit u. Fremdherrschaft. 332–30 v.Chr. herrschten in Ä. die grch. Ptolemäer, 30 v.Chr.–395 n. Chr. die Römer, dann kam es zum Byzantin. Reich. Seit dem 4. Jh. war Ä. größtenteils christl.
*Mittelalter.* 640/41 eroberten die Araber Ä., führten den Islam ein u. machten es zur Prov. des Kalifenreichs. Seit dem 9. Jh. war Ä. faktisch unabh.

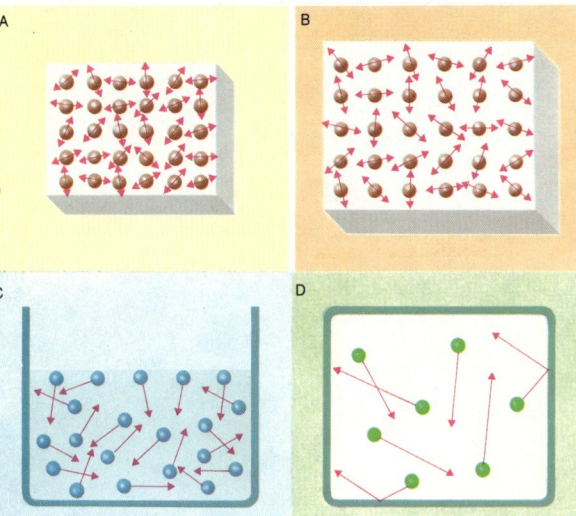

*Aggregatzustand: Die Atome eines Feststoffes (A) führen aufgrund ihrer Bewegungsenergie ständig kleine Schwingungen um ihre Plätze im Kristallgitter aus. Erhitzt man den Stoff (B), so nehmen die Schwingungen zu und verursachen eine Volumenvergrößerung. In einer Flüssigkeit (C) bewegen die Atome sich frei. Auf sie wirken nur noch zwischenmolekulare Kräfte ein. In Gasen (D) bewegen sich die Atome äußerst rasch, ihre Zusammenstöße mit den Gefäßwänden verursachen einen bestimmten Gasdruck. Im Gegensatz zu Flüssigkeiten füllen Gase jeden angebotenen Raum gleichmäßig aus*

Mehrere Dynastien folgten aufeinander: 868–905 Tuluniden, 935–969 Ichschididen, 969–1171 Fatimiden, 1171–1250 Ajjubiden, 1250–1517 Mamluken. Mit der 970 gegr. Univ. Al Azhar in Kairo wurde Ä. ein religiöses Zentrum des Islam. 1517 wurde es von den Osmanen erobert. Die Verw. blieb in den Händen der Mamluken. Ä. sank zur Prov. des Osman. Reichs herab.

*Neuzeit.* 1805 wurde der in osman. Diensten stehende Offizier *Mohammed Ali* erbl. Statthalter u. damit Begr. der bis 1952 regierenden Dynastie. Er brach die Macht der Mamluken u. rief europ. Berater u. Techniker ins Land. 1859–69 wurde der Suezkanal gebaut. Nach anti-europ. Unruhen besetzten 1882 brit. Truppen das Land, das formal unter osman. Oberhoheit blieb. 1914–22 war Ä. brit. Protektorat, danach unabh., aber weiter unter starkem brit. Einfluß. 1952 wurde König *Faruk* von Offizieren gestürzt. Oberst *Nasser* übernahm die Macht, seit 1954 als diktator. herrschender Präs. Er verstaatlichte 1956 den Suez-Kanal, was zu krieger. Auseinandersetzungen mit Großbrit., Frankreich u. Israel führte. Ä. knüpfte enge Beziehungen zur UdSSR. 1967 erlitt es im Sechstagekrieg gegen Israel eine schwere Niederlage. Nassers Nachf. *Sadat* (1970–81) lockerte das diktator. Regime, wandte sich dem Westen zu, führte 1973 gegen Israel den Oktoberkrieg, der Ä. einen Teilerfolg brachte u. schloß 1979 als erster arab. Staatschef Frieden mit Israel. Präs. *Mubarak* (seit 1981) setzte die innere Liberalisierung u. die Zusammenarbeit mit dem Westen fort u. war gleichzeitig bemüht, die durch den Friedensschluß mit Israel herbeigeführte Isolierung Ä.s im arab. Lager zu überwinden. Nach sechsjähriger Amtszeit wurde Mubarak 1987 mit großer Mehrheit wiedergewählt.

**ägyptische Augenentzündung** → Trachom.

**ägyptische Kunst** Architektur, Plastik, Malerei u. Kunsthandwerk Altägyptens standen in engem Zusammenhang mit religiösen Vorstellungen u. hatten bes. dem sehr komplizierten Totenkult zu dienen. Gewisse Stileigentümlichkeiten, z.B. das Fehlen der Perspektive, gehen auf traditionell gebundene Gedankengänge u. magische Vorstellungen zurück, die eine andere als die durch die Überlieferung geheiligte Gestaltung unmöglich machten.

**ägyptische Religion** Frühe Formen religiöser Vorstellungen sind erkennbar als Verehrung von Ahnen, Tieren u. Naturerscheinungen. Lokalkulte gewinnen Anerkennung für ganz Ägypten: Isis, Osiris, Horus, Re, Ptah, Amun, Hathor u.a.. Die ä. R. durchdringt alle Bereiche des Lebens. Ein bedeutsamer Zug ist die Selbstdarstellung durch Dualismen u. Antithesen (z.B. Horus u. Seth, Chaos u. geschaffene Welt). Jenseitstexte des Neuen Reiches vereinen so im Sonnengott Re Naturerschei-

# ÄGYPTEN

*Siedlungen und Felder im Nildelta*

*Kairo*

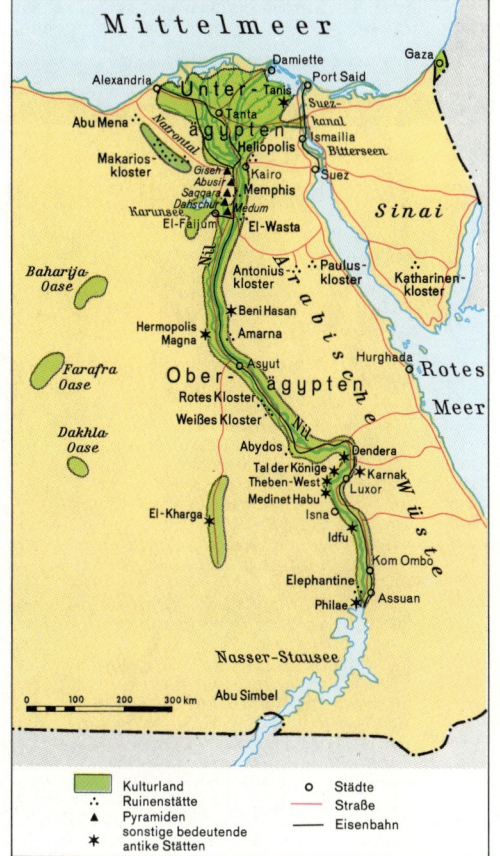

*historische Stätten*

*Terrassentempel der Königin Hatschepsut; 18. Dynastie: Dêr Al Bahari*

## Ägyptologie

nung u. Personenhaftigkeit, Himmel u. Unterwelt, vergangenes diesseitiges Leben u. Existenz als Toter vermittels des Jenseitsgerichts. Die Mehrzahl der bisher bekannten Texte behandelt das Jenseits u. die Existenz des Individuums nach dem Tode: Pyramidentexte, Sargtexte u.a. Der Glaube an das Fortleben nach dem Tode hatte ferner die Praxis der Mumifizierung, umfangreichen Totenkult, Fertigung von Särgen u. Grabanlagen zur Folge. Oberste Norm für Natur, Götter u. Menschen ist die → Maat. Auf den Eingottglauben bewegte sich vielleicht die Lehre Amenophis' IV. vom Sonnengott Aton zu.

**Ägyptologie,** die Wissenschaft von der Sprache, Geschichte, Kunst u. Kultur des ägypt. Altertums bis zum Beginn der Römerherrschaft.

**Ahaggar,** *Hoggar,* Gebirge in der südalger. Sahara, im *Tahat* 3005 m hoch; von *Tuareg* bewohnt, Hauptort *Tamanrasset.*

**Ahasver,** *Ahasveros,* hebr. *Achaschwerosch,* Sagengestalt vom unerlösten »ewigen Juden«. A. soll Jesus auf dem Weg nach Golgatha roh abgewiesen haben, worauf er verflucht wurde, so lange ruhelos zu wandern, bis Jesus wiederkehre.

**Ahaus,** Ind.-Stadt im Münsterland (NRW) nahe der ndl. Grenze, 29 000 Ew.

**Ahimsa,** das Verbot, Lebewesen gleich welcher Art zu töten; eines der sittl. Gebote des Buddhismus.

**Ahlbeck,** Ostseebad auf Usedom, 5700 Ew.

**Ahle,** *Pfriem,* nadelartiges Werkzeug zum Stechen von Löchern (Schuhmacher, Sattler).

**Ahlen,** Ind.-Stadt in NRW, nordöstl. von Hamm, 55 000 Ew.; Bundeswehrstandort, Steinkohlenbergbau.

**Ahlsen,** Leopold, *12.1.1927, dt. Schriftsteller (Dramen, Fernseh- u. Hörspiele).

**Ahmadabad** → Amdabad.

**Ahmadi,** Al A., in Kuwait, 230 000 Ew.; *Mina al-A.,* bed. Umschlagshafen für Rohöl.

**Ahmed al-Badawi** [ax-], Sidi, *um 1200, †1276, bed. islam. Heiliger Ägyptens.

**Ahmedi** [ax-], eigtl. *Taccedin Ibrahin,* *1334, †1413, türk. Dichter; schrieb das Heldenepos »Iskandername« (Alexander-Buch) 1390.

**Ahnen,** die Eltern u. Voreltern eines Menschen. – **A.forschung** → Genealogie. - **A.kult** (*A.verehrung, Manismus*), die relig. Verehrung der Vorfahren, die als Träger u. Sicherer des Lebens der Sippe oder des Stammes angesehen werden. Bei Naturvölkern, Chinesen (*A.tempel*), Japanern verbreitet. - **A.probe** (*Adelsprobe*), Nachweis adeliger Abstammung bis zur 4. oder 5. Generation. - **A.tafel,** schemat. Aufzeichnung der A. eines Menschen.

**Ähnlichkeit,** *Math.:* Zeichen ~, gleiche Gestalt bei verschiedener Größe, eine Eigenschaft geometr. Figuren.

**Aho,** Juhani, eigtl. *Johan Brofeldt,* *1861, †1921, finn. Schriftst. (kulturhistor. Erzählungen u. Romane).

**Ahorn,** *Acer,* einzige Gattung der *A.gewächse (Aceraceae),* Laubbäume, nur auf der nördl. Halbkugel verbreitet; hierzu *Spitz-A., Berg-A., Feld-A., Eschen-A., Zucker-A.* (Zierbaum).

**Ahr,** l. Nbfl. des Rhein aus der Eifel, 89 km; Weinanbau im unteren *A.tal.*

**Ähre,** ein Blütenstand mit ungestielten Einzelblüten an der verlängerten Hauptachse.

**Ahrensburg,** Stadt in Schl.-Ho., nordöstl. von Hamburg, 25 000 Ew.; Wohnstadt im Hamburger Ballungsraum; Renaissanceschloß (Museum, Herrenhauskultur), Großdruckerei, Ind.; i.d.N. archäologische Funde einer Rentierjäger-Siedlung (9000–8000 v.Chr., **A.er Kultur**).

**Ahriman,** *Angra Mainyu,* der böse Geist, teuflischer Widersacher des *Ahura Mazda* (»der weise Herr«) in der Religion des *Zarathustra.*

**Ahura Mazda,** neupers. *Ormuzd,* in der Lehre *Zarathustras* der Gott des Lichts u. des Guten, der über allen göttl. Wesen steht.

**Ahvas** [ax'vas], Prov.-Hptst. im Iran, 406 000 Ew.; Eisen- u. Stahlind., Verkehrsknotenpunkt, Erdölleitungen; Hafen am Karun.

**Ai,** das dreizehige → Faultier.

**Ajas,** *Ajax,* zwei Helden von Troja; 1. Sohn des *Telemon,* gab sich selbst den Tod; 2. Sohn des *Oïleus,* ging mit seinem Schiff unter.

**Aibling,** *Bad A.,* Stadt in Oberbayern an der Glonn, 12 000 Ew.; Moorbad.

*Ailanthusspinner*

**Aichach,** Kreisstadt in Oberbayern, an der Paar, 15 000 Ew.; Textilindustrie.

**Aichinger,** Ilse, *1.11.1921, östr. Schriftst. (lyr. Prosa); gehörte zur »Gruppe 47«.

**Aide-mèmoire** [ɛ:dme'mwa:r], »Gedächtnisstütze«, diplomat. Schriftstück zur Bestätigung mündl. Besprechungen oder Abreden.

**Aids,** Abk. für engl. *acquired immune deficiency syndrome,* erworbenes Abwehrschwäche-Syndrom, erstmals 1979 in den USA festgestellte schwere Infektionskrankheit (durch Viren), die zum Zusammenbruch des körpereigenen menschl. Abwehrsystems führt. Übertragung auf dem Blutwege, durch kleinste Verletzungen. Das Virus ist außerhalb der Körperflüssigkeit nicht beständig.

**Aigues-Mortes** [ɛ:g'mɔrt], südfrz. Stadt in der *Carmarque,* zw. Lagunen u. trockengelegten Sümpfen, 3700 Ew.; Fremdenverkehr, mittelalterl. Festungsanlage; Ausgangspunkt der Kreuzzüge nach Ägypten (1248–54) u. Tunis (1270).

**Aiguille** [ɛ'gi:jə], häufige Bez. für steile Berggipfel in den Westalpen.

**Aikido** [das; jap.], gewaltlose Form der Selbstverteidigung; nach Ausweich-, Dreh- u. Zugbewegungen wird dem gegner. Angriff durch eigene Wurf- u. Hebeltechniken begegnet. Der jap. Begründer des A., Morihei *Uyeshiba* (*1882, †1969), verstand darunter einen Weg (*do*) zur menschl. Vervollkommnung u. zur Harmonie (*ai*) des Geistes (*ki*).

**Ailanthusspinner,** zu den *Nachtpfauenaugen* gehörender Schmetterling, dessen Kokons in Japan u. China zur Seidengewinnung verwendet werden.

**Aimará** → Aymará.

**Aimoré** → Botokuden.

**Ain** [ɛ̃], r. Nbfl. der Rhône in O-Frankreich, 200 km.

**Aïn** [arab. »Auge, Quelle«], häufiger Bestandteil von Ortsnamen.

**Ainu,** *Aino* [»Menschen«], urspr. ein Volk von Wildbeutern (17 000), heute mit Hackbau, auf Hokkaido, den Kurilen u. Sachalin; z.T. stark japanisiert.

**Air** [ɛ:r], **1.** Haltung, Aussehen. – **2.** liedhaftes Vokal- u. Instrumentalstück.

**Aïr,** *Azbine,* bis 2000 m (Mt. Greboun) hohe Gebirgslandschaft in der südl. Sahara (Rep. Niger), von Tuareg bewohnt; Hauptoase *Agadèz;* Uranabbau.

**Airbus** ['ɛəbus], Großraum-Passagierflugzeug für Kurz- u. Mittelstrecken, unter Beteiligung frz., dt., brit., span., niederl. u. belg. Firmen gebaut; seit 1974 im Einsatz.

**Air-conditioning** ['ɛəkən'dɪʃən(in)], *Air condition,* Klimaanlage.

**Aire** [ɛə], Fluß im nordöstl. England, 115 km; durchfließt das kohlen- u. industriereiche *Airedale.*

**Airedale-Terrier** ['ɛədɛil-], mittelgroßer, kräftiger, drahthaariger Gebrauchshund.

**Air Force** [ɛ:r'fɔ:s], Bez. der brit. Luftwaffe.

**Air France** [ɛ:r 'frãs; frz.], staatl. frz. Luftverkehrsgesellschaft.

**Air mail** [ɛə'mɛil; engl.], Luftpost.

**Airolo,** dt. *Eriels,* Dorf im Kt. Tessin (Schweiz) am Südausgang des Gotthard-Tunnels, 1175 m ü. M., 2000 Ew.; Fremdenverkehr.

**Aïscha,** *um 613, †678, Mohammeds jüngste u. Lieblingsfrau, Tochter *Abu Bakrs.*

**Aischylos** ['aiscy-] → Äschylus.

**Aisne** [ɛ:n], l. Nbfl. der Oise in NO-Frankreich, 300 km.

**Aistulf,** König der Langobarden 749 - 756; eroberte das Exarchat von Ravenna; bekriegt u. zur Abtretung des Exarchats gezwungen, das Pippin dem Papst überwies (*Pippinische Schenkung*).

**Aitmatow,** Tschingis, *2.12.1928, kirgis.-sowjet. Schriftst.; schreibt lyrisch getönte Romane u. Erzählungen.

**Aitolien** → Ätolien.

**Aix-en-Provence** ['e:ksãpro'vãs], Stadt in S-Frankreich, alte Hptst. der *Provence,* 121 000 Ew.; Erzbischofssitz, Universität; Festspiele. - Röm. Badeort *Aquae Sextiae;* 102 v.Chr. Sieg des Marius über die Teutonen.

**Aix-les-Bains** ['ɛ:ksle:'bɛ̃], Stadt in Savoyen (SO-Frankreich), am Ostufer des *Lac du Bourget* (45 km²), 21 000 Ew.; Schwefelthermalquellen.

**Aja,** Kinderfrau, Erzieherin. - *Frau Aja,* Mutter der 4 Haimonskinder; auch Beiname der Mutter *Goethes.*

**Ajaccio** [a'jatʃo], Hptst. der frz. Insel Korsika, Hafenstadt an der Westküste, 54 000 Ew.; Geburtsort Napoleons I.

**Ajanta** [a'dʒanta], *Adschanta,* Dorf in Maharashtra (Indien); monumentale Wandmalereien in Felsentempeln (2. Jh. v. u. 5.–7. Jh. n. Chr.).

**Ajatollah,** *Ayatollah* [pers. »Zeichen Gottes«], im schiit. Islam akadem. Titel für geistl. Würdenträger mit herausragendem Wissen.

**Ajax** → Aias.

**Ajjubiden,** *Aijubiden, Ayyubiden,* Herrscherdynastie in Ägypten, Syrien u. Jemen, 1171 begründet durch *Saladin.*

**Ajmer** ['adʒ-], *Adschmir,* Ind.-Stadt in Rajasthan (Indien), am Aravalligebirge, 376 000 Ew.; Handelszentrum; islam. Wallfahrtsort.

**Ajodhya,** Ort in der Nähe von Faizabad in Uttar Pradesh, eine der sieben heiligsten Hindu-Städte Indiens.

**à jour** [a'ʒu:r; frz.], »bis zu dem [heutigen] Tage«, auf dem laufenden sein.

**Akademgorodok,** Stadt in Sibirien (UdSSR), am Südrand von Nowosibirsk, 30 000 Ew.; Wissenschaftszentrum.

**Akademie** [grch.], ursprüngl. der Name für die philosoph. Schule *Platons* in den Gärten des Heros *Akademos,* Vorbild aller grch. Philosophenschulen; im späteren Altertum Bez. für Zusammenkünfte von Gelehrten, im MA für von Fürsten geförderte Gelehrtenvereinigungen. In der Barockzeit blühten diese auf u. standen wegen ihrer fortschrittl. Einstellung häufig im Gegensatz zu den im mittelalterl. Denken verankerten Universitäten. Der Begriff A. im modernen Sinn geht zurück auf die *Preußische A. der Wissenschaften.* Heute versteht

*Akbar d. Gr. mit seinem Sohn Dschahangir und seinem Enkel Schah Dschahan; Miniatur, um 1630. Dublin, Chester Beatty Library*

*Kaiser Akihito und seine Frau Mitschiko*

man unter A. auch Fachhochschulen wissenschaftl. u. künstlerischer Art.

**Akademiker,** Personen mit einem akadem. Grad oder Abschlußexamen sowie Studierende einer Universität oder Hochschule.

**akademische Freiheit,** bes. Rechte der Hochschullehrer u. -studenten; sie betreffen speziell die Lehr- u. Lernfreiheit, die akadem. Freizügigkeit (d. h. das Recht, die Hochschule zu wechseln; durch Zulassungsbeschränkung heute eingeschränkt möglich) u. die akadem. Gerichtsbarkeit.

**akademische Grade,** von einer Hochschule nach bestandener Prüfung verliehene Titel, → Doktor, → Magister, → Diplom, → Lizentiat.

**Akademischer Rat,** eine Lehrkraft des akadem. Mittelbaus an wissenschaftl. Hochschulen.

**akademisches Viertel,** der Brauch, Vorlesungen oder andere akadem. Veranstaltungen 1/4 Stunde später als angegeben, also c. t. (*cum tempore,* »mit Zeit«) zu beginnen; dagegen: s. t. (*sine tempore,* »ohne Zeit«), pünktlich.

**Akadien,** histor. Bez. für den Südteil des atlant. Küstengebiets von Kanada.

**Aka Gündüz,** Pseudonym: *Enis Arni,* *1886, †1958, türk. Schriftst. (patriot. Lieder, Romane, Schauspiele).

**Akanthus,** mehrjährige Staude (Bärenklau) mit geteilten Blättern u. Blüten in langen Ähren. – Das A.blatt tritt als Zierform an den Kapitellen der korinth. Säulen auf; Ursprungsform ist jedoch die grch. → Palmette.

**Akashi,** jap. Stadt an der Inlandsee, 225 000 Ew., Flugzeugbau.

**Akazie,** Gattung der *Mimosengewächse,* mit zahlreichen Bäumen u. Sträuchern in den wärmeren Klimazonen. Die *Schirmakazien* Afrikas verleihen der Landschaft einen bes. Charakter. Zahlreiche Arten liefern wertvolles Holz. Von den afrikan. A. stammt der größte Teil des → Gummiarabikums. – *Falsche A.* → Robinie.

**Akbar,** *1542, †1605, indischer Mogulkaiser 1556–1605; führte das Mogulreich zur wirtschaftl. u. kulturellen Blüte.

**Akelei,** Gatt. der *Hahnenfußgewächse;* in Dtld. die *Gewöhnl. A.* mit violett-blauen, rosa oder weißen Blüten; giftig; auf Waldwiesen u. in lichten Gehölzen.

**Aken,** Piet van, *1920, †1984, fläm. Schriftst.; schildert das harte Leben heimischer Arbeiter.

**Akiba,** Ben Joseph, *50 n. Chr., †136 (als Märtyrer nach dem Scheitern des *Bar-Kochba-Aufstands*), jüd. Schriftgelehrter; begründete die erste umfassende Mischna-Sammlung.

**Akihito,** persönl. Name des Kaisers von Japan, *23.12.1933 Tokio, ältester Sohn des Kaisers *Hirohito;* übernahm 1989 die Regentschaft.

**Akinesie, 1.** *Akinesis, Akinese,* Bewegungsarmut u. -hemmung, Ausdruck einer Erkrankung des Stammhirns. – **2.** das Sich-Totstellen (*Thanatose*) von Tieren bei Gefahr.

**Akita,** *Kubota,* jap. Hafenstadt am Jap. Meer, im NW der Insel Honshu, 287 000 Ew.

**Akkad,** Hptst. u. Zentrum des mächtigen *Reichs von A.,* des ersten semit. Großreichs auf mesopotam. Boden; im nördl. Babylonien gelegen, genaue Lage unbekannt. Das Reich von A. wurde um 2350 v. Chr. von *Sargon I.* gegr. u. von den *Gutäern* um 2150 v. Chr. zerstört.

**akkadische Sprache,** eine semit. Sprache, die das Sumerische im 3. Jt. v. Chr. in Mesopotamien ablöste; in sumer. Keilschrift überliefert.

**Akklamation, 1.** Beifall, Zustimmung(säußerung). – **2.** Wahl u. Abstimmung durch bestimmenden Zuruf der versammelten Stimmberechtigten ohne Einzelabstimmung.

**Akklimatisation,** *Akklimatisierung,* allg. Anpassung eines Lebewesens an einen neuen Standort, beim Menschen vor allem Gewöhnung an fremde Klimabedingungen.

**Akko,** *Akka,* engl. *Acre,* israel. Stadt am Nordende der Haifa-Bucht, 40 000 Ew.; in den Kreuzzügen häufig umkämpft, 1104–1291 Kreuzfahrerstützpunkt; 1198 Entstehung des Deutschherrenordens; 1799 von Napoleon I. vergeblich belagert.

**Akkomodation,** die Fähigkeit des Auges, verschiedene Gegenstandsweiten auszugleichen u. ein scharfes Bild auf der Netzhaut zu erzeugen.

**Akkordeon,** eine Ziehharmonika, bei der 1. auf Zug u. Druck bei gleicher Taste derselbe Ton erklingt u. 2. für die Begleitung Knöpfe vorhanden sind, deren jeder einen vollständigen *Akkord* (daher der Name) erklingen läßt.

**Akkordlohn,** der nach der Arbeitsleistung bemessene Lohn. Beim *Stückzeitakkord* wird je Leistungseinheit eine bestimmte Bearbeitungszeit vorgegeben, die vergütet wird. Beim *Stückgeldakkord* wird je Leistungseinheit ein bestimmter Geldbetrag vereinbart.

**Akkra** → Accra.

**akkreditieren,** einen diplomat. Vertreter bei einem fremden Staat beglaubigen.

**Akkreditiv,** urkundl. Anweisung an eine Bank, an einen Dritten (*Akkreditierten*) innerhalb einer bestimmten Frist einen bestimmten Geldbetrag zu zahlen; bes. im Außenhandel verbreitet.

**Akku,** Kurzwort für Akkumulator.

**Akkumulation,** Anhäufung, Aufschüttung, Ansammlung.

**Akkumulator,** Kurzwort *Akku,* eine Stromquelle; Gerät, das elektr. Energie (Gleichstrom) chemisch speichert. Der *Blei-A.* enthält Elektroden aus Blei, die von verdünnter Schwefelsäure umgeben sind. Beim Laden wird die Oberfläche der positiven Platte (Anode) zu Bleidioxid oxidiert, die der negativen (Kathode) zu metallischem Blei reduziert; beim Entladen gehen beide Elektroden in Bleisulfat über.

**Akkusativ,** *Wenfall* oder 4. Fall, antwortet auf die Frage: wen oder was?; bes. nach transitiven Verben (z. B. »ich esse Brot«).

**Akne,** *Acne vulgaris, Hautfinnen,* eine von den Talgdrüsen ausgehende, bes. in den Entwicklungsjahren vorkommende, eitrige Hauterkrankung; meist hormonell bedingt. Die A.pusteln heilen meist narbenlos ab. Auch → Mitesser.

**AKP-Staaten,** Bez. für die mit der EG assoziierten Staaten in *Afrika,* in der *Karibik* u. im *Pazifik.*

**Akquisiteur** [-'tør; frz.], Kundenwerber.

**Akribie** [grch.], größtmögl. [wissenschaftl.] Genauigkeit. Adj.: **akribisch.**

**akro ..., Akro ...** [grch.], Wortbestandteil mit der Bedeutung: »steil, hoch, spitz«.

**Akrobat,** Artist, Turnkünstler.

**Akron** ['ækrən], Ind.-Stadt in Ohio (USA), am Ohio-Kanal, 237 000 Ew.; »Stadt der Autoreifen« (seit 1869/70 Gummiindustrie).

**Akronym** [grch.], Kurzwort aus den Anfangsbuchstaben mehrerer Wörter, z. B. NATO, UNO.

**Akropolis,** die befestigte Oberstadt (Burg) altgrch. Städte, insbes. die A. von Athen, ferner von Korinth (*Akrokorinth*), Lindos auf Rhodos, Selinunt u. a.

**Akrostichon,** ein Gedicht, in dem die Anfangsbuchstaben der Verszeilen ein Wort, einen Namen oder Sinnspruch ergeben.

**Aksu,** *Wensuh,* Oasenstadt, Handels- u. Karawanenzentrum in Xinjiang (China), im Tarim-Becken, 40 000 Ew.

**Aksum,** *Axum,* Stadt in N-Äthiopien, 12 000 Ew.; vom 1. bis 5. Jh. n. Chr. Hptst. des *Reiches A.;* Krönungsort der äthiop. Kaiser.

**Akt, 1.** Vorgang, Handlung, Vollzug. – **2.** Wiedergabe des unbekleideten menschl. Körpers (Nacktdarstellung). Die Griechen erhoben ihn zum selbständigen, in Formen u. Maßverhältnissen idealisierten Gegenstand ihrer Kunst. Zu christl. A.-Themen (Adam u. Eva, Taufe, Selige u. Verdammte) traten in der Renaissance die weltl., antiken Vorbildern folgend häufig mit allegor. u. mythol. Bedeutung (Apoll, Venus, die drei Grazien). Im 19. Jh wurde das Zeichnen nach weibl. Modellen allg. üblich. Realismus u. Impressionismus pflegten die weibl. Aktdarstellung als eigenständiges Genre. Der Symbolismus u. der Jugendstil bevorzugten mehr die Allegorie. – **3.** *Aufzug,* eine Handlungseinheit des Dramas im Theater.

**Aktaion,** *Aktäon,* Jäger der grch. Sage, von *Artemis,* weil er sie im Bade gesehen hatte, in einen Hirsch verwandelt u. von Hunden zerrissen.

**Akten,** geordnete Sammlung von Schriftstücken; bes. bei Behörden u. Gerichten, in der Wirtschaft.

*Die Akropolis von Athen*

**Akteneinsicht,** im Bereich der Verwaltung u. Gerichtsbarkeit gesetzlich gewährtes Recht; im Strafprozeß neben dem Staatsanwalt nur dem Verteidiger u. dem Anwalt des Privatklägers gestattet.

**Aktie,** ein Wertpapier, das das Anteilsrecht an einer *Aktiengesellschaft* verbrieft. In der BR Dtld. lautet die A. auf einen bestimmten *Nennbetrag;* der Mindestnennbetrag ist 50 DM (§ 8 AktG). Im Ausland ist die *nennwertlose A. (Quotenaktie)* verbreitet. In beiden Fällen verkörpert die A. einen Bruchteil am Reinvermögen der Aktiengesellschaft, einen Anteil am ausgewiesenen Jahresgewinn *(Dividende)* u. gegebenenfalls am Liquidationserlös. Gewöhnl. gewährt die A. außerdem das *Stimmrecht* in der Hauptversammlung (§ 12 AktG). Der augenblickl. tatsächl. Wert *(Kurs)* der A. bildet sich bei den A., die an der Börse zugelassen sind, aus Angebot u. Nachfrage.

**Aktiengesellschaft,** Abk. *AG,* eine Handelsgesellschaft mit eigener Rechtspersönlichkeit (juristische Person), deren Gesellschafter *(Aktionäre)* mit Kapitalanlagen *(Aktien)* beteiligt sind, ohne persönlich für die Verbindlichkeiten der Gesellschaft zu haften. Die Aktionäre erhalten Gewinnanteile in Form der *Dividende.* Die AG ist die Hauptform der → Kapitalgesellschaft. Sie wird in der BR Dtld. hauptsächl. für Großunternehmen gewählt. Die AG handelt durch mehrere Organe: den *Vorstand* (Vertretung u. Geschäftsführung), den *Aufsichtsrat* (Überwachung des Vorstandes sowie Bestellung u. Abberufung seiner Mitglieder) u. die *Hauptversammlung (Generalversammlung;* Wahl u. Abberufung der Aufsichtsratsmitglieder u. Beschlüsse über die Satzung sowie über die Gewinnverteilung u. die Entlastung von Vorstand u. Aufsichtsrat. Eine AG kann nur durch mindestens 5 Personen gegründet werden. Der Jahresabschluß der AG muß veröffentlicht werden.

**Aktienindex,** Meßzahl für den durchschnittl. Börsenkurs der Aktien der bed. Aktiengesellschaften; z. B. der *Dow-Jones-Index* der New Yorker Aktienkurse.

**Aktin,** ein Eiweißstoff; gemeinsam mit *Myosin* als komplexes Protein *(Aktomyosin)* im Muskel.

**Aktinien,** *Seeanemonen,* Ordnung der Korallentiere; festsitzende, einzeln lebende Polypen des Meeres, mehr als 1000 Arten, z. B. die *Gewöhnl. Seerose* oder *Pferderose.*

*Aktinien: Pferdeseerose*

**Aktinolith,** *Strahlstein,* ein → Mineral.

**Aktinometrie,** Strahlungsmessung; auch Bez. für Sternkataloge mit genauer Angabe der Helligkeiten (z. B. *Göttinger A., Yerkes-A.*).

**Aktinomykose,** eine Strahlenpilzkrankheit, geschwulstähnliche Bindegewebswucherungen mit zentraler Erweichung.

**Aktionär,** Gesellschafter einer Aktiengesellschaft.

**Aktionismus,** abwertende Bez. für unüberlegtes, ergebnisloses Handeln aus polit. Engagement heraus.

**Aktionskunst,** Kunstform, die das Publikum in den Gestaltungsprozeß einbezieht; vor allem im Neodadaismus von Fluxus u. Happening praktiziert. Vertreter in den USA: J. Cage u. A. Kaprow, in Dtld. J. Beuys u. W. Vostell.

**Aktionsradius,** Wirkungsbereich; Fahrbereich.

**Aktionsstrom,** bei allen physiol. Vorgängen in lebenden Organismen auftretender schwacher elektr. Strom; im Elektrokardiogramm (EKG) u. Elektroenzephalogramm gemessen.

**Aktium,** neugrch. *Punta,* Landzunge im NW der grch. Landschaft Akarnanien; 31 v. Chr. Seesieg des Octavian über Antonius.

**aktiv,** handelnd, teilnehmend, wirksam, tätig; Ggs.: *passiv.*

**Aktiv,** *Grammatik: Tätigkeitsform,* die Gesamtheit der Verbformen, die das grammat. Subjekt eines Satzes als den Ausführenden der bezeichneten Handlungen hinstellen.

**Aktiva,** Pl. *Aktiven,* die laut Bilanz einem Geschäftsbetrieb zur Verfügung stehenden Vermögenswerte (*Anlagevermögen* u. *Umlaufvermögen*); im Ggs. zum *Passiva,* Pl. *Passiven (Schulden).*

**aktive Sicherheit,** beim Kfz die Sicherheit, die auf die guten Fahreigenschaften zurückgeht; im Ggs. zur *passiven Sicherheit,* die durch Milderung der Unfallfolgen für die Insassen gegeben ist.

**aktives Wahlrecht** → Wahlrecht.

**Aktivgeschäfte,** die Kreditgewährung durch Kreditinstitute.

**aktivieren, 1.** zur Wirksamkeit bringen. – **2.** Vermögensgegenstände eines Unternehmens mit einem bestimmten Wert auf der Aktivseite der Bilanz ansetzen. – **3.** einen chem. Stoff in einen energiereicheren, reaktionsfähigeren Zustand bringen. – **4.** ein stabiles Element durch Bestrahlung, z. B. mit Neutronen, künstlich *radioaktiv* machen.

**Aktivist,** eine Person, die sich durch bes. Einsatz für eine Sache oder Bewegung hervortut; in polit. Bewegungen jemand, der sich vorbehaltlos hinter seine Führung stellt u. persönl. Nachteile nicht scheut; in sozialist. Ländern eine Person mit überdurchschnittl. Arbeitsleistungen (»Verdienter A.«, »Held der Arbeit«, »A. des Fünfjahresplans«).

**Aktivkohle,** durch Verkohlen von Holz *(Holzkohle),* Knochen *(Knochenkohle)* oder Tierblut *(Blutkohle)* gewonnenes Adsorptionsmittel zur Reinigung von Dämpfen, Gasen, Flüssigkeiten.

**Aktjubinsk,** Ind.-Stadt u. Gebiets-Hptst. im NW der Kasach. SSR (Sowjetunion), südl. des Ural, am Ilek, 671 000 Ew.

**Aktomyosin,** ein Protein aus den Eiweißstoffen *Aktin* u. *Myosin;* die treibende Kraft der Muskelkontraktion.

**Aktualität,** Neuigkeit u. Wichtigkeit eines Ereignisses u. der Nachricht darüber, gemessen am zeitl. Abstand, aber auch an der »geistigen Neuigkeit«; Wesensmerkmal publizist. Aussagen u. Medien, z. B. der Zeitung.

**aktuell,** zeitnah, von Bedeutung für die gegenwärtige Wirklichkeit.

**Akupressur,** Behandlungsverfahren, bei dem bestimmte Punkte der Körperoberfläche durch leichten Druck u. Massage stimuliert werden.

**Akupunktur,** ein jahrtausendealtes chin. Heilverfahren, bei dem durch Einstich von Metallnadeln an lehrmäßig festgelegten Hautpunkten erkrankte innere Organe beeinflußt werden.; bes. bei rheumat. u. Nervenerkrankungen angewendet.

**Akustik,** die Lehre vom Schall.

**Akustikkoppler,** Gerät zur Umwandlung von Datensignalen in akust. Schwingungen, die über Fernsprechleitungen zwischen EDV-Einrichtungen übertragen werden. Dazu wird der Telefonhörer auf den A. gelegt.

**akut,** heftig, brennend; dringlich; plötzl. einsetzend u. schnell verlaufend (von Krankheiten); Ggs. in der Medizin: *chronisch.*

**Akutagawa,** *A. Rjunosuke,* \*1892, †1927 (Selbstmord), jap. Schriftst.; schilderte v.a. in Kurzgeschichten Widersprüchlichkeit u. Ausweglosigkeit der jap. Gesellschaft; W »Raschomon«.

**Akzeleration,** Beschleunigung, immer kürzere Aufeinanderfolge von Epochen oder Generationen; Ggs: *Retardation.* – Entwicklungs- u. Reifungsbeschleunigung beim jungen Menschen, bes. festzustellen in den letzten Jahrzehnten gegenüber früher.

**Akzent, 1.** *Schrift:* diakrit. Zeichen über einem Vokal zur Angabe von Betonung, Länge, offener oder geschlossener Aussprache: 1. *Akut (Accent aigu),* Zeichen ´; 2. *Gravis (Accent grave),* Zeichen `; 3. *Zirkumflex (Accent circonflexe),* Zeichen ˆ. – **2.** *Sprache:* 1. eine Veränderung der Tonstärke *(dynam. A.)* oder der Tonhöhe *(musikal. A.),* die eine Silbe aus einer Abfolge mehrerer Silben heraushebt. – 2. der Gesamteindruck der von der Norm abweichenden Aussprachenuancen fremdsprachlicher Sprecher (»fremder A.«).

**akzentuieren,** mit Nachdruck betonen, genau aussprechen.

**Akzept,** der angenommene *(akzeptierte)* Wechsel; Annahmevermerk auf einem gezogenen Wechsel.

**Akzidens,** im Ggs. zur *Substanz* ein zufälliges Merkmal. – **akzidentiell,** zufällig, unwesentlich.

**Akzidenzen,** Druckarbeiten, wie z. B. Prospekte oder Anzeigen, die eine Vielfalt von Schriftarten u. -graden umfassen; Ggs.: *Werkdruck.* – **Akzidenzschrift,** Schrifttypen für den Satz von A.

**Akzise,** *Ziese, Zeiße,* bis ins 19. Jh. Bez. für Steuern, die für Umsatz u. Verbrauch von Lebensmitteln, Ein- u. Ausfuhr, Vieh u.a. an den Stadttoren erhoben wurden.

**Al,** chem. Zeichen für *Aluminium.*

**à la …** [frz.], nach Art, auf die Art von …

**Alabama** [ælə'bæmə], Gliedstaat der → Vereinigten Staaten.

**Alabama River** [ælə'bæmə 'rivə], Fluß im SO der USA, 1400 km; mündet bei Mobile.

**Alabaster,** weißer, auch gelber, durchscheinender

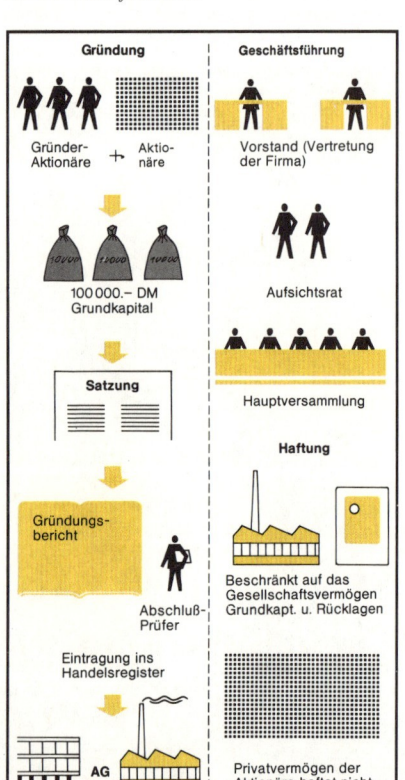

*Aktiengesellschaft: schematische Darstellung*

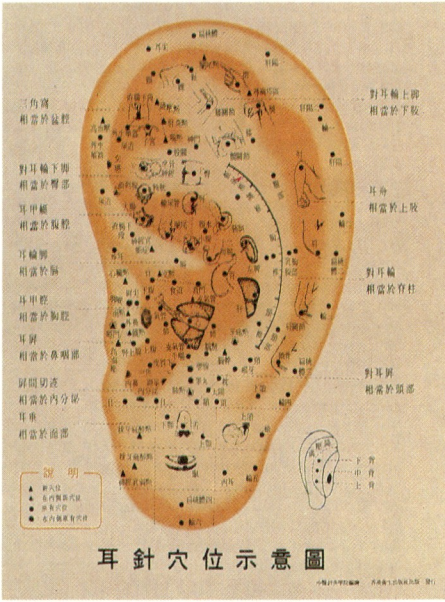

*Akupunktur: Die Punkte entsprechen verschiedenen Organen und ihren Erkrankungen*

Werkstoff für Schalen, Vasen u.a., marmorähnliche, feinkörnige Abart des Gipses *(Kalk-, Onyxalabaster, Onyxmarmor).*
**Alabastron,** zylindr. Salbengefäß der Antike.
**à la carte** [-'kart, frz.], nach der (Speise-)Karte, nach Wahl.
**Alagón,** r. Nbfl. des Tajo in W-Spanien, 209 km.
**Alai,** Kettengebirge im sowj. Mittelasien, 750 km lang, bis 5880 m hoch, stark vergletschert.
**Alain** [a'lɛ̃], eigtl. Auguste *Chartier,* \*1868, †1951, frz. Philosoph; vertrat eine positivist. u. pazifist. Philosophie.
**Alain-Fournier** [a'lɛ̃fur'nje], eigtl. Henri-Alban *Fournier,* \*1886, †1914 (gefallen), frz. Schriftst. (»Der große Kamerad«).
**Alamein,** *El A.,* Oase in Ägypten, zwischen Qattara-Senke u. Mittelmeer. – Vom 1.–6.7.1942 verhinderte die brit. Armee unter Sir Claude *Auchinleck* den Einbruch des dt. Afrikakorps unter E. *Rommel* nach Ägypten. 23.1.–3.11.1942 entscheidender Durchbruch der Briten unter B. L. *Montgomery.*
**Alamgir I.,** → Aurangseb.
**Alamo** [ˈæləmo], Missionsstation von San Antonio (Texas); Symbol des texan. Unabhängigkeitskampfs der Angloamerikaner gegen Mexiko.
**à la mode** [-'mɔd; frz.], nach der Mode, modisch.
**Alamogordo** [æləmə'gɔ:do], Stadt in der Wüste von New Mexico (USA), 30 000 Ew.; nahebei das Atom- u. Raketenversuchsgelände *White Sands.* Hier fand am 16.7.1945 die erste Atombombenexplosion statt.
**Åland** ['o:land], finn. *Ahvenanmaa, A.inseln,* autonome finn. Prov. (Lääni) u. Inselgruppe (über 6500 Schären) im Bottn. Meerbusen; von Schweden durch das *Ålandstief* (40 km breit, 70 – 300 m tief) getrennt; 1481 km², 23 000 Ew. (meist Fischer schwed. Herkunft u. Sprache; größte Insel: Å, 640 km², 15 000 Ew., Hptst. *Mariehamn* (10 000 Ew.).
**Alanen,** ein iran. Steppenvolk nördl. des Kaukasus, das in den ersten nachchristl. Jahrhunderten Raubzüge nach Armenien u. Kleinasien unternahm; um 370 von den Hunnen unterworfen, von Byzanz aus christianisiert u. im 13. Jh. von den Mongolen z. T. nach Ungarn abgedrängt. Ihre Nachkommen sind die *Osseten.*
**Alanin,** bed., in Eiweißkörpern vorkommende Aminosäure.
**Alant,** *Inula,* Gattung aus der Fam. der *Korbblütler.* Vom *Helenenkraut, Inula helenium,* werden die Wurzelstöcke als Volksheilmittel gebraucht.
**Alaotrasee,** größter See Madagaskars, nordwestl. von Tamatave, 750 m ü. M., 40 km lang, 10 km breit, 1 bis 2 m tief; im *Alaotragraben.* Das umgebende Sumpfland ist kultiviert; Reisanbau.
**Alarcón y Ariza** [-a'riθa], Pedro Antonio de, \*1833, †1891, span. Schriftst. (»Der Dreispitz«); zwischen Romantik u. Realismus.
**Alarich I.,** König der Westgoten, \*um 370, †410, fiel 391 in Thrakien ein, eroberte 410 Rom, das er plündern ließ; wurde im Flußbett des Busento bei Cosenza (S-Italien) begraben (Gedicht von Platen).
**Alarm,** Gefahrmeldung, -signal, meist durch Sirenen.
**Alaska,** Abk. *Alas.,* flächenmäßig der größte Gliedstaat der USA, im NW Nordamerikas durch die Beringstraße von Asien getrennt, räuml. durch Kanada vom übrigen geschlossenen Staatsgebiet der USA getrennt, 1 530 700 km², 405 000 Ew. (20 % Indianer u. Eskimo), Hptst. *Juneau;* größte Stadt *Anchorage.* Süd-A. ist ein Gebirgsland (Mt. McKinley 6194 m) mit fjordreicher Küste; Nord-A. ist ein Berg- u. Hügelland mit Flachküsten; Stromgebiet des Yukon; Klima: arktisch-kontinental mit großen Temperaturschwankungen; Dauerfrostboden. Reiche Bodenschätze: Gold (1896 – 1945 im Klondike-Gebiet gewonnen), Erdöl (seit 1977 von der Prudhoe Bay durch die *A.-Pipeline* nach Valdez); Lachs-Fischerei, Pelztierjagd; dichtes Luftverkehrsnetz; *A.-Highway,* 1942 erbaut, 2451 km lang, wichtigste Landverbindung. – A. wurde 1867 von den USA für 7,2 Mio. Dollar den Russen abgekauft u. ist seit 1959 der 49. Staat der USA.
**Alássio,** ital. Seebad u. Winterkurort in Ligurien, an der westl. Riviera, 14 000 Ew.
**Alaun,** natürl. vorkommendes Kalium-Aluminium-Sulfat; als Beizmittel in der Gerberei u. Färberei, zur Leimung von Papier u. als blutstillendes Mittel *(A.stift)* verwendet.
**Alb,** *Alp, Rauhe A.* → Schwäbische Alb.
**Alba,** Fernando *Álvarez de Toledo,* Herzog von A., \*1507, †1582, span. Feldherr; 1537 Oberbefehlshaber der Heere Kaiser Karls V.; entschied 1547 den *Schmalkaldischen Krieg* durch Sieg bei Mühlberg/Elbe; 1567–73 Statthalter *Philipps II.* in den Niederlanden, wo er eine strenge Militärdiktatur ausübte u. gegen Protestantismus vorging. Sein Regiment führte zum Abfall der Niederlande unter Wilhelm von Oranien. Eroberte 1580 Portugal.
**Albacete** [-'θɛ:tə], Prov.-Hptst. auf der Hochfläche Neukastiliens (SO-Spanien), 117 000 Ew., Handelszentrum.
**Alba Iulia,** dt. *Karlsburg,* fr. *Weißenburg,* Stadt in Rumänien an der Mureș, in Siebenbürgen, 53 000 Ew.
**Albaner,** eigtl. Name *Shqiptar, Skipetaren,* Volk mit indoeurop. Sprache *(Albanisch)* in Albanien, Jugoslawien u. Griechenland; 3,6 Mio.
**Albaner Berge,** ital. *Monti Albani,* vulkan. Ringgebirge südöstl. von Rom; in der *Maschio di Faete* 956 m; zwei mit Wasser gefüllte Krater: *Albaner See* u. *Nemisee.*
**Albani,** eine röm. Adelsfamilie, der 5 Kardinäle u. Papst Klemens XI. entstammten.
**Albanien,** Staat auf der Balkanhalbinsel an der Adria, 28 748 km², 3,1 Mio. Ew. (Albaner, über 50 % Moslems), Hptst. *Tirana.*

*Albanien*

Hafenarme Flachküste, überwiegend zerklüftetes Kalksteingebirge *(Nordalban. Alpen* bis 2693 m). In hügeligen Gebieten u. Beckenlandschaften Weidewirtsch. u. Ackerbau. Angebaut werden Tabak, Obst, Wein, Oliven, Gemüse u. Baumwolle. An Rohstoffen gibt es v.a. Braunkohle, Erdöl (bei Qytet Stalin), Chromerz; Industrie u. Energieerzeugung gewinnen an Bedeutung. –Die wichtigsten Häfen sind Durrës u. Vlorë.
G e s c h i c h t e. Seit dem Altertum stand A. unter Fremdherrschaft (u.a. Römer, Byzantiner, Bulgaren). Nach vorübergehender Selbständigkeit unter *Skanderberg* (1443–68) war es türk. Provinz. Erst 1912 wurde es unabh. 1922–39 regierte A. *Zogu,* seit 1928 als König. 1939 wurde A. von Italien annektiert. 1946 wurde A. kommunist. Volksrepublik unter Parteichef E. *Hoxha,* der eine stalinist. Politik betrieb. 1960 brach A. mit der UdSSR, 1978 auch mit China. Nach Hoxhas Tod 1985 wurde R. *Alia* Parteichef. Unter dem Eindruck des polit. Umsturzes in Osteuropa 1989 setzte 1990 eine vorsichtige Öffnungs- u. Reformpolitik ein. Im Sommer 1990 flüchteten einige tausend Albaner in ausländ. Botschaften u. erzwangen dadurch die Ausreise.
**Albano Laziale,** ital. Stadt in Latium, am Fuß der Albaner Berge, 28 000 Ew.; das altröm. *Alba longa,* religiöser Mittelpunkt Latiums.
**Albany** ['ɔlbəni], Hptst. des US-Staats New York, am Hudson, 102 000 Ew.; vielseitige Ind., Binnenhafen am Eriekanal.
**Albategnius,** *(Al-) Battâni,* \*858, †929, bed. arab. Astronom.
**Albatrosse,** *Diomedeidae,* Fam. der *Sturmvögel:* ausdauernde Segelflieger der Südozeane. Der *Wanderalbatros* erreicht über 3 m Flügelspannweite.
**Albay,** *Mayón,* tätiger Vulkan auf der Philippinen-Insel Luzón, 2520 m.
**Albe** (die), bis zu den Knöcheln reichendes weißes Meßgewand der kath. Kirche.
**Albedo,** *Rückstrahlvermögen,* das Verhältnis des von einer nicht spiegelnden Fläche abgestrahlten Lichts zum insgesamt auf sie auffallenden Licht; z. B. für eine frische Schneedecke rd. 85 %.
**Albee** ['ɔ:lbi:], Edward, \*12.3.1928, US-amerik. Schriftst.; analysiert in psycholog. Dramen die Krisenerscheinungen von Mensch u. Gesellschaft; Ⓦ »Wer hat Angst vor Virginia Woolf?«
**Albéniz** [al'beniθ], Isaac, \*1860, †1909, span. Komponist u. Pianist; Begr. des span. musikal. Nationalstils.
**Alberich,** *Elberich,* listiger Zwerg der dt. Heldensage, Elfenkönig, Wächter des Nibelungenhorts, von *Siegfried* besiegt; → Oberon.
**Albers,** Hans, \*1891, †1960, dt. Schauspieler; bes. populär in Seemanns- u. Abenteuerrollen.

*Albatros*

**Albert** [al'bɛ:r], Eugen d', \*1864, †1932, dt. Komponist u. Pianist frz.-engl. Herkunft; Schüler von F. *Liszt;* Ⓦ Oper »Tiefland« 1903.
**Alberta** [æl'bɑ:tə], Prov. in → Kanada.
**Alberti, 1.** Domenico, \*um 1710, †1740, ital. Komponist; schrieb Opern u. Klaviersonaten. – **2.** Leon Battista, \*1404, †1472, ital. Architekt, Maler, Bildhauer, Kunstschriftst. u. Philosoph; führender Theoretiker der Renaissance.
**Albertina,** staatl. Graphik-Sammlung in Wien, benannt nach Herzog *Albert Kasimir von Sachsen-Teschen.*
**Albertiner,** *Albertinische Linie,* jüngerer Zweig der *Wettiner;* 1485 entstanden durch Aufteilung der wettin. Länder unter die Söhne des Kurfürsten Friedrich II., Ernst *(Ernestiner)* u. *Albrecht der Beherzte.*
**Albertinum,** Skulpturensammlung in Dresden.
**Albert-Kanal,** Schiffahrtsweg in NO-Belgien, rd. 120 km, mit sieben Schleusen; führt (seit 1938) von der Maas zur Westerschelde u. verbindet Lüttich mit Antwerpen.
**Albertnil,** Name des Weißen Nil zwischen dem Albertsee u. der S-Grenze des Sudan.
**Albertsee,** *Mobutu-Sese-Seko-See,* See im Zentralafrikan. Graben (Grenze zw. Uganda u. Zaire), 620 m ü. M., 5300 km², 48 m tief; vom Weißen Nil durchflossen.
**Albertus Magnus,** *Albert (Graf) von Bollstädt,* \*1193 ?, †1280, dt. Theologe der Hochscholastik; Dominikaner, Lehrer des *Thomas von Aquin;* nahm als erster die Aristotelischen Schriften vollständig in den theolog. Unterricht auf; auch Naturforscher. – Heiligsprechung 1931 (Fest: 15.11.).
**Albertz,** Heinrich, \*22.1.1915, dt. Politiker (SPD) u. ev. Pfarrer; 1961–66 Innensenator in Berlin (West), 1966/67 Regierender Bürgermeister, in der Friedensbewegung aktiv.
**Albi,** Stadt in S-Frankreich, am Tarn, alte Hptst. des *Albigeois,* 46 000 Ew.; gotische Kathedrale (13.–15. Jh.).
**Albigenser,** frz. Sekte aus Albi, Gruppe der → Katharer, übten strengste Askese, verwarfen die

*Hans Albers als Münchhausen in dem gleichnamigen Film (1943; der erste Farbfilm der UFA)*

## Albinismus

kirchl. Sakramente, Altäre, Kreuze u. Bilder, Heiligen- u. Reliquienverehrung. Zu den *A.-Kriegen* (1209–29) hatte Papst Innozenz III. aufgerufen; die Bewegung wurde um 1330 durch die Inquisition ausgerottet.

**Albinismus,** ein erbl. Mangel an Pigmenten in der Körperbedeckung (Haut, Haar, Augen). Träger von A. nennt man **Albinos,** in Europa 1 : 100 000 bis 1 : 200 000. Ggs.: *Melanismus.*

**Albinoni,** Johann Tommaso, *1671, †1750, ital. Komponist; bed. Zeitgenosse J. S. Bachs.

**Albion,** alter keltischer (?) Name für England.

**Albit,** ein → Mineral.

**Alboin** [-bo:in], *Albuin,* *572, †573 (ermordet), König der Langobarden um 560/65–572/73; führte sein Volk aus dem Donauraum 568 nach Oberitalien, wo er das Langobardenreich begründete.

**Ålborg** [ˈɔ:lbɔr], *Aalborg,* Hafenstadt in Dänemark, am Limfjord, 155 000 Ew., vielseitige Ind.

**Albrecht,** Fürsten.

Deutsche Könige:

**1. A. I.,** *1255, †1308, König 1298–1308; Herzog von Österreich u. Steiermark, ermordet von seinem Neffen *Johann Parricida* (*1290, †1313). –
**2. A. II.,** *1397, †1439, König 1438/39; Herzog von Österreich *(A. V.),* König von Böhmen u. Ungarn 1437–39; Vater des Ladislaus V. Posthumus.

Brandenburg:

**3. A. der Bär,** *um 1100, †1170, Graf von Ballenstedt, erster Markgraf von Brandenburg, vorübergehend (1138–42) Herzog von Sachsen; mit Heinrich dem Löwen wichtigster Wegbereiter der dt. Ostsiedlung. – **4. A. Achilles,** *1414, †1486, Kurfürst 1470–86; Markgraf im fränk. Unterland ab 1440 (Residenz seit 1456; Ansbach) u. von Kulmbach ab 1464; wegen Annäherung an den Böhmenkönig Podiebrad zeitweise im Bann; seit 1470 durch Verzicht seines Bruders *Friedrich II.* Kurfürst von Brandenburg.

Braunschweig:

**5. A. I.,** *A. der Große, A. der Lange,* *1236, †1279, Herzog von Braunschweig u. Lüneburg seit 1252, von Braunschweig allein 1267–79.

Mainz:

**6. A. von Brandenburg,** *1490, †1545, Kurfürst u. Erzbischof von Mainz 1514–45, Erzbischof von Magdeburg u. Administrator des Bistums Halberstadt seit 1513, Kardinal seit 1518; verkörperte den Typ eines Renaissancefürsten. Der in seinen Landen betriebene Ablaßhandel forderte *Luthers* Thesenanschlag heraus.

Österreich:

**7. A. I.** → Albrecht (1). – **8. A. V.** → Albrecht (2). –
**9. A. VI.,** *1418, †1463, Herzog 1462/63; Herzog der Vorlande seit 1446; erkämpfte sich von seinem Bruder Friedrich (später Kaiser *Friedrich III.*) Österreich unter der Enns mit Wien. – **10. A. VII.,** *A. der Fromme, Albertus Pius,* *1559, †1621, seit 1585 Erzherzog von Österreich; Vizekönig von Portugal, 1596 Statthalter der Niederlande; heiratete die einzige Tochter Philipps II., Isabella (*1566, †1633). – **11. A. (Albert) Kasimir,** *1738, †1822, Herzog von Sachsen-Teschen; verh. mit Erzherzogin Maria Christine von Österreich (*1742, †1798), der jüngsten Tochter Kaiserin Maria Theresias; 1765–80 Statthalter von Ungarn, 1780–92 Generalgouverneur der östr. Niederlande.

Preußen:

**12.** *1490, †1568, Herzog in Preußen seit 1525, seit 1510 (letzter) Hochmeister des Dt. Ordens; nahm das Ordensland *Preußen* vom poln. König als ein weltliches Herzogtum zu erblichem Lehen u. machte es zum ersten prot. Territorium. – **13.** *1837, †1906, Prinz von Preußen, Regent des Herzogtums Braunschweig 1885–1906; General im Krieg gegen Österreich 1866 u. Frankreich 1870/71.

Sachsen:

**14. A. der Beherzte,** *1443, †1500, regierender Herzog gemeinsam mit seinem Bruder Kurfürst *Ernst* seit 1464. Durch die Teilung der sächs. Lande mit seinem Bruder (1485) wurde er Begründer der *Albertin.* Linie der Wettiner (Meißen mit Residenz Dresden).

Schweden:

**15. A. (III.),** *um 1340, †1412, König 1364–89; Herzog von Mecklenburg, von den schwed. Ständen gewählt, aber von seiner Rivalin, Margarete von Dänemark in Norwegen, besiegt.

**Albrecht,** Ernst, *29.6.1930; seit 1979 stellv. Vorsitzender der CDU; dt. Politiker (CDU); 1976–90 Min.-Präs. von Nds.

**Albrechtsberger,** Johann Georg, *1736, †1809, östr. Komponist u. Musiktheoretiker; Lehrer von *Beethoven* u. J.N. *Hummel.*

**Albstadt,** Stadt in Ba.-Wü., 47 200 Ew.; entstand 1975 durch Zusammenschluß der Städte Ebingen u. Tailfingen u. 2 weiterer Gemeinden.

**Albuch,** *Aalbuch,* östl. Teil der Schwäb. Alb, im *Bärenberg* 755 m.

**Albufeira,** Küstenstadt in S-Portugal, an der Algarve, 15 000 Ew.; Touristenzentrum.

**Albula, 1.** Gebirgsgruppe in Graubünden (Schweiz), mit dem *Piz Kesch* (3417 m), *A.tunnel* (5,9 km lang, Eisenbahnverbindung Thuis-St. Moritz). – **2.** r. Nbfl. des Hinterrhein, 36 km; entspringt am *A.paß* (2312 m ü. M., Straßenübergang), mündet nördl. von Thusis.

**Albumine,** schwefelreiche Eiweißgruppe. A. gerinnen beim Erhitzen (denaturieren), bilden kristallisierbare Salze u. sind im Hühnereiweiß, in Milch, Blutserum u. verschiedenen Pflanzen (z. B. Leguminosen) enthalten.

**Albuquerque** [ˈælbəkəːki], größte Stadt im USA-Staat New Mexico, am oberen Rio Grande, 342 000 Ew.; Univ. (1892), Wirtschaftszentrum, Atomforschungszentrum, Kulturzentrum der Pueblo-Indianer; 1706 von Spaniern gegr.

**Albuquerque** [-ˈkɛrkə], Alfonso de, *1453, †1515, port. Vizekönig in Ostindien 1509–15.

**Alcalá de Henares,** Stadt in Spanien am N-Ufer des Henares, 137 000 Ew.; Geburtsort von *Cervantes.*

**Alcalde** → Alkalde.

**Alcántara,** Stadt in Spanien nahe der port. Grenze, in Estremadura, 2300 Ew.; Stammsitz des *Ordens von A.* (um 1171 gegr. geistl. Ritterorden).

**Alcantariner,** der von Petrus von Alcántara 1555 gegr. strengste Zweig des Franziskanerordens.

**Alcázar** [-θar], Name span. Festungen u. Schlösser.

**Alchemie,** *Alchimie,* die Chemie des Altertums u. des MA. Große, vergebl. Mühe wurde darauf verwendet, unedle Metalle in Gold zu verwandeln. Weitere Bemühungen zielten dahin, den Stein der Weisen u. ein Elixier für die unbegrenzte Verlängerung des Lebens zu finden.

**Al Chwarismi** [-xva-], Mohammed Ibn Musa, *um 780, †nach 846, arab. Mathematiker (Lösungsverfahren für mathemat. Gleichungen).

**Aldabra-Inseln,** Inseln im Indischen Ozean, nördl. von Madagaskar, gehören zur *Rep. Seychellen;* Vorkommen von Riesenschildkröten.

**Aldan,** r. Nbfl. der mittleren Lena in O-Sibirien, 2220 km.

**Aldanow** [-nɔf], Mark, eigtl. M. Alexandrowitsch *Landau,,* *1886, †1957, russ. Schriftst. (histor.-philosoph. Romane); emigrierte 1919 nach Frankreich.

**Aldebaran,** α Tauri, hellster Stern im Stier; strahlt rötlich.

**Aldegrever,** eigtl. *Trippenmeker,* Heinrich, *um 1502, †zw. 1555 u. 1561, dt. Kupferstecher (Ornamentstiche).

**Aldehyde,** aliphat. u. aromat. Verbindungen, die die *Aldehydgruppe* -CHO enthalten; *niedere A.* sind flüchtig u. haben stechenden Geruch; *höhere A.* riechen z. T. obstartig u. sind meist flüssig; darstellbar aus den entspr. Alkoholen durch Wasserstoffentzug oder durch Reduktion der Carbonsäuren. Wichtige A. sind Formaldehyd, Acetaldehyd, Benzaldehyd, Vanillin u. Chloral.

**Alder,** Kurt, *1902, †1958, dt. Chemiker; fand zusammen mit Otto *Diels* die *Diensynthese;* Nobelpreis 1950.

**Alderman** [ˈɔːldəmən], **1.** in angelsächs. Ländern: Ratsherr, Stadtrat, Friedensrichter. – **2.** in England vor der normann. Eroberung (1066): Herrscher über eine Grafschaft (später *Earl*).

**Alderney** [ˈɔːldəni], frz. *Aurigny,* nördlichste der brit. Kanalinseln vor der frz. Küste, 8 km², 2100 Ew.; einzige Stadt: *Saint Anne.*

**Aldington** [ˈɔːldiŋtən], Richard, *1892, †1962, engl. Schriftst.; gehörte als Lyriker der Gruppe der *Imagisten* an.

**Aldosteron,** Hormon der Nebennierenrinde, beeinflußt den Mineralstoffwechsel.

**Ale** [eil], starkes, helles engl. Bier; obergärig.

**alea iacta est** [lat. »der Würfel ist geworfen«], angeblich Ausspruch Cäsars, i. S. von »die Entscheidung ist gefallen«.

**Aleator,** Würfelspieler, leichtsinniger Spieler. – **aleatorisch,** vom Zufall bestimmt.

**Aleatorik,** in der »Neuen Musik« eine Kompositionsart, die den Interpreten eine gewisse Freiheit gibt, vom Komponisten angegebene Formteile beliebig aneinanderzureihen, u. a. Cage, Stockhausen.

**Aleixandre** [aleikˈsandre], Vincente, *1898, †1984, span. Schriftst. (surrealist. Lyriker); Nobelpreis 1977.

**Alemán,** Mateo, *1547, †1614 (in Mexiko verschollen), span. Schriftst.; Vollender des span. Schelmenromans; W »Guzmán de Alfarache« 1599–1604.

**Alemannen,** *Alamannen* [»alle Männer«], westgerman. Völkerschaften suebischer Herkunft. Sie dehnten ihr Gebiet in der Völkerwanderungszeit vom Main bis in die Alpen hinein aus (bes. ins Elsaß u. in die Schweiz). Um 500 von den Franken unterworfen. Seit dem 9. Jh. ersetzte nach u. nach der alte Name Schwaben die Bez. A.

**Alembert** [alãˈbɛːr], Jean le Rond d', *1717,

*Alchemie: Labor im 16. Jahrhundert*

*Aleuten: Haupthafen Dutch Harbor auf Unalaska*

*Alexander der Große*

† 1783, frz. Mathematiker, Physiker u. Philosoph; Mithrsg. der »Encyclopédie« (bis 1759). Als Physiker ist A. durch seine »Abhandlung über Dynamik« (1743) u. das darin enthaltene, später nach ihm benannte *D'Alembertsche Prinzip* berühmt geworden, das dynam. Probleme auf leichter zu lösende statische zurückführt. In der Philos. vertrat er einen antimetaphys. phänomenalist. Standpunkt.

**Alencar**, José Martiniano de, Pseudonym *Sênio*, *1829, † 1877, brasil. Schriftst.; Begr. des brasil. histor. Romans.

**Alençon** [alã'sõ], Stadt in N-Frankreich, am Zusammenfluß von Sarthe u. Briante, 33 000 Ew.; Spitzenherstellung.

**Alentejo** [alẽte:ʒu], histor. Landschaft S-Portugals, zwischen Atlantik u. span. Grenze, südl. Tejo.

**Aleppo**, arab. *Haleb*, Stadt in N-Syrien, zw. den Ausläufern des Taurus u. des Libanon, 1,2 Mio. Ew.; dynam. Industriestadt, Univ., Flughafen. A. gilt als eine der ältesten ständig bewohnten Siedlungen der Welt, im 2. Jh. Hptst. des Staates *Jamhad*, in hellenist.-röm. Zeit als *Beroia* bekannt, 637 arab.

**Aleppobeule**, *Orient-, Delhi-, Bagdad-, Biskra-, Pandschabbeule, Sahara-, Taschkentgeschwür, Leishmaniosis furunculosa,* eine ansteckende, in den Tropen u. Subtropen endemisch auftretende Infektionskrankheit; Erreger *Leishmania tropica*; Übertragung durch bes. Stechmücken *(Phlebotomus)*.

*Aleppokiefer*

**Aleppokiefer**, Kiefernart aus den Küstengebieten des Mittelmeers; mit schirmförmiger Krone.

**Alès** ['alɛ], fr. *Alais*, Stadt in S-Frankreich, am Cevennen-Rand, 43 000 Ew.; Industrie.

**Alessàndria**, ital. Bad südwestl. von Padua, 12 000 Ew.; radioaktive Thermen, Schlammbäder.

**Ålesund** ['o:ləsyn], westnorweg. Hafenstadt am Storfjord, 35 000 Ew.; Fischerei.

**Aletschgletscher**, der mächtigste u. längste Gletscher der Alpen, 87 km²; am S-Abfall der Berner Alpen, westl. das **Aletschhorn** (4195 m).

**Aleuron**, Reserveeiweiß in Früchten, z.B. in Getreidekörnern, Erbsen, Bohnen.

**Aleuten**, großer Inselbogen in Fortsetzung der Alaska-Halbinsel zw. Beringmeer u. Pazifik, mit etwa 150 Inseln, 37 850 km², rd. 6000 Ew.; gehören seit 1867 zu den USA; Militärstützpunkt. – Südlich der A. der bis 7822 m tiefe **A.graben**.

**Alexander**, Päpste:

**1. A. III.**, † 1181, Papst 1159–81; eigtl. Roland *Bandinelli*. Gegen den Kaiser Friedrich I. Barbarossa u. vier Gegenpäpste führte er einen langen, schließl. erfolgreichen Kampf um die Unabhängigkeit des Papsttums u. der Kirche (Frieden von Venedig 1177). Auf dem 3. Laterankonzil 1179 verbot er die Eigenkirchen u. änderte das Papstwahlrecht (fortan Wahl nur durch die Kardinäle). – **2. A. VI.**, *1431/32, † 1503, Papst 1492–1503; eigtl. Rodrigo de *Borgia*, Neffe von Papst Kalixt III., durch Bestechung zum Papst gewählt; verfolgte skrupellos seine Pläne nach Macht u. Besitz; förderte Kunst u. Wissenschaft.

**Alexander**, Fürsten:

Altertum:

**1. A. III., A. der Große**; *356 v. Chr., † 323 v. Chr., König von Makedonien 336–323 v. Chr.; Sohn *Philipps II.* von Makedonien u. *Olympias* von Epirus, von *Aristoteles* erzogen. 336 v. Chr. ließ er sich in Korinth als *Hegemon (Hegemon)* eines makedon.-grch. Heeres für den Rachefeldzug gegen die Perser ausrufen, besiegte das Heer des pers. Großkönigs *Dareios III.* in den Schlachten am *Granikos* 334 v. Chr., bei *Issos* 333 v. Chr. u. bei *Gaugamela* 331 v. Chr., eroberte 332/331 v. Chr. Ägypten. 330–327 v. Chr. die ostiran. Provinzen, stieß bis über den Iaxartes (Syrdarja) vor u. führte sein Heer 327–325 v. Chr. bis nach Indien. Die erschöpften Truppen verweigerten am *Hyphasis* (Bias, Fluß im Pandschab-Gebiet) den Weitermarsch. A. starb 323 v. Chr. in Babylon an Fleckfieber. A. Feldzüge hatten die Entstehung eines Welthandels u. -verkehrs ermöglicht. Er veranlaßte Massenheiraten zw. Makedoniern u. Perserinnen; durch Gründung von über 80 *A.-Städten* in Asien wurden grch. Kultur u. Sprache verbreitet. A. war verheiratet mit der baktr. Prinzessin *Roxane*. Er hinterließ das größte Reich in der Geschichte der Alten Welt, das jedoch schon nach kurzer Zeit in die Reiche der → Diadochen zerfiel.

Bulgarien:

**2. A. I.**, *A. von Battenberg*, *1857, † 1893, Fürst von Bulgarien 1879–86; mit Unterstützung der Russen gewählt, dann aber von ihnen gestürzt. Seine Verlobung mit Kaiser Wilhelms II. Schwester *Viktoria* (»Battenberg-Affäre«) verhinderte O. von Bismarck.

Jugoslawien:

**3. A. I.**, *1888, † 1934 (ermordet), König 1921 bis 1934; versuchte mit diktator. Mitteln, aus dem Königreich der Serben, Kroaten u. Slowenen einen Einheitsstaat zu schaffen.

Rußland:

**4. A. Newskij**, *um 1220, † 1263, seit 1236 Fürst von Nowgorod, siegte über die Schweden u. den Dt. Orden, seit 1252 Großfürst von Wladimir; festigte die russ.-orth. Kirche; Heiliger u. Nationalheld. – **5. A. I.** *Pawlowitsch*, *1777, † 1825, Zar 1801–25; reformierte den Staatsapparat, siegte über Napoleon I. (1812/13); unter dem Einfluß mystisch-konservativer Strömungen (Frau von *Krüdener*, *1764, † 1824) wurde er zum Initiator der 1815 in Paris geschlossenen reaktionären *Heiligen Allianz*. – **6. A. II.** *Nikolajewitsch*, *1818, † 1881 (Attentat), Zar seit 1855; 1861 Aufhebung der Leibeigenschaft u.a. Reformen; unterdrückte den poln. Aufstand (1863); 1877/78 Krieg gegen die Türkei; erweiterte das Reich im Kaukasus u. in Zentralasien. – **7. A. III** *Alexandrowitsch*, Sohn von A. II., *1845, † 1894, Zar seit 1881; verfolgte unter dem Einfluß K. *Pobedonoszews* eine Politik der Erhaltung der Autokratie u. der Russifizierung.

**Alexander** [ælig'za:ndə], 1. Harold, Earl A. *of Tunis*, *1891, † 1969, kommandierte den Feldzug in Libyen 1943/44, den Angriff in Sizilien u. Italien; 1945 Oberkommandierender im Mittelmeer; 1952–54 Verteidigungs-Min. – **2.** Peter, eigtl. P. A. *Neumayer*, *30.6.1926, östr. Schlagersänger, Filmschauspieler u. Entertainer.

**Alexandra**, *1844, † 1925; Königin von Großbrit. u. Irland; Frau König *Eduards VII*.

**Alexandrette**, türk. Stadt → Iskenderun.

**Alexandria**, *Alexandrien*, arab. *Al Iskandariya*, wichtigster Hafen, Ind.- u. Handelsstadt Ägyptens westl. des Nildeltas, 2,7 Mio. Ew.; Univ., Flughafen, Baumwollhandel. 331 v. Chr. von *Alexander d. Gr.* gegr.; als Residenz der Ptolemäer wurde A. zum Mittelpunkt des hellenist. Geisteslebens (berühmte *Alexandrinische Bibliothek, Museion, Serapeum*). – Auf der A. vorgelagerten Insel *Pharos* ließ *Sostratos von Knidos* einen Leuchtturm bauen (Weltwunder).

**Alexandriner**, zwölf- oder dreizehnsilbiger Vers aus sechs Jamben mit Pause (Zäsur) nach der 3. Hebung; v.a. in der Klass. Dichtung.

**Alexandrinische Bibliothek**, berühmteste Bücherei des Altertums, von *Ptolemaios I.* († 283 v. Chr.) in Alexandria (Ägypten) gegr.; umfaßte zu Cäsars Zeiten 700 000 Bücherrollen u. ging im alexandrin. Krieg 47 v. Chr. zugrunde.

**Alexianer**, *Alexiusbrüder, Celliten, Lollarden,* kath. Brüdergenossenschaften, die seit dem 15. Jh. nach der Augustinerregel leben.

**Alexie**, *Wortblindheit, Buchstabenblindheit, Leseblindheit,* die Unfähigkeit, das Gelesene aufzufassen; → Agnosie.

**Alexij**, eigtl. Sergej *Simanskij*, *1877, † 1970, Patriarch von Moskau u. ganz Rußland seit 1945.

**Alexis**, Willibald, eigtl. Wilhelm *Häring*, *1798, † 1871, dt. Schriftst. histor. Romane: »Ruhe ist die erste Bürgerpflicht«, »Die Hosen des Herrn Bredow«.

**Alfano**, Franco, *1876, † 1954, ital. Komponist; vollendete G. *Puccinis* »Turandot« u. schrieb eig. Opern u. Sinfonien.

**Al-Fatah** [-'fatax], *al-Fath*, die größte militante arab. Untergrundbewegung zur »Befreiung« Palästinas, 1956 in Syrien gegr.; führt seit dem 6-Tage-Krieg unter J. *Arafat* Guerilla-Aktionen gegen Israel; seit 1983 gespalten.

**Alfeld (Leine)**, Industriestadt in Nds., 23 300 Ew.

**Alfieri**, Vittorio Graf, *1749, † 1803, ital. Dichter (Tragödien nach klass. Vorbild); lebte seit 1780 zus. mit der Gräfin Luisa von *Albany* (*1753, † 1824).

**Alföld**, von der mittleren Donau u. der Theiß durchflossene ung. Tiefebene.

**Alfons**, Fürsten:

Aragón:

**1. A. V., A. der Großmütige**, *1396, † 1458, König 1416–58; eroberte 1443 Neapel; Begr. des Königreichs beider Sizilien (als König von Neapel u. Sizilien: *A. I.*).

Kastilien u. León:

**2. A. VI.**, *1040, † 1109, König von León 1065–1109, 1072–1109 auch von Kastilien; nannte sich »Kaiser von ganz Spanien«; bekämpfte seinen mächtigsten Vasallen, den *Cid*. – **3. A. X.**, *der Weise*, *1221, † 1284, König 1252–84; 1257 auch zum dt. König gewählt (Enkel Philipps von Schwaben), gelangte aber weder in Dtld. noch in Italien zur Herrschaft; förderte Kunst u. Astronomie.

Portugal:

**4. A. I., A. der Eroberer**, *1110, † 1185, König 1139–85; Begr. der portug. Monarchie; erfocht Siege gegen die Mauren (Ourique 1139) u. gegen König Alfons VII. von León. – **5. A. V., A. der Afrikaner**, *1432, † 1481, König 1438–81; führte die Entdeckungen Heinrichs des Seefahrers in Afrika (u.a. Tanger) fort.

Spanien:

**6. A. XII.**, *1857, † 1885, König 1874–85; beendete die *Karlisten-Kriege* (1876); zwang den Karlisten *Don Carlos* zur Emigration. – **7. A. XIII.**, *1886, † 1941, König 1886–1931; nachgeborener Sohn von A. XII., stand bis 1902 unter der Regentschaft seiner Mutter Maria Christine von Östr. (*1858, † 1929); ging nach dem Wahlsieg der Republikaner 1931 ins Exil, ohne abzudanken. Spanien wurde Republik.

**Alfonsín**, Raul, *12.3.1927, argentin. Politiker; 1983–89 Staats-Präs.

**Alfred der Große**, *849, † 899, angelsächs. Kö-

*Alexandria: Fort Kait Bey; wurde im 15. Jh. aus den Steinen des antiken Leuchtturms von Pharos errichtet*

nig von Wessex 871–99; vertrieb nach jahrelangen Kämpfen die Dänen aus Wessex u. gewann London zurück; bed. Gesetzgeber.

**Alfrink,** Bernard Jan, *5.7.1900, ndl. Kardinal (seit 1960); 1955–75 Erzbischof von Utrecht.

**Alfvén** [al'veːn], Hannes, *30.5.1908, schwed. Physiker; beschäftigte sich mit Plasmaphysik; begr. die Magneto-Hydrodynamik; Nobelpr. 1970.

**Algardi,** Alessandro, *1595, †1654, ital. Bildhauer u. Architekt; neben G. L. *Bernini* Hauptmeister der röm. Barockplastik.

**Algarve,** [arab. al-Gharb »Westen«], die südlichste Landschaft Portugals; Bewässerungskulturen (Früchte, Gemüse), Thunfisch- u. Sardinenfischerei; reger Fremdenverkehr.

**Algebra,** ein Gebiet der Mathematik; ursprüngl. die Lehre von den algebraischen Gleichungen u. deren Lösungen. Heute behandelt die A. auch die *algebraischen Strukturen.* Bes. Gebiete sind die *Mengenlehre,* die *Gruppentheorie* u. die *Invariantentheorie,* ferner Begriffe wie *Ringe, Körper, Ideale, Polynome, Verbände, Boolésche A.*

**Algeciras** [alxɛ'θiːras], span. Hafen- u. Garnisonsstadt, 86 400 Ew.; westl. von Gibraltar.

**Algen,** *Phycophyta,* sehr arten- u. formenreiche Gruppe niederer Pflanzen. A. enthalten immer Chlorophyll, das aber bei den nicht grüngefärbten A. durch rote, braune u. blaue Farbstoffe überdeckt sein kann. Ihr Vegetationskörper ist ein *Thallus.* Sie vermehren sich geschlechtl. u. ungeschlechtl. u. bewohnen den Grund der Gewässer als *Benthos* oder schweben im Wasser als *Plankton.* Die wichtigsten A.-Gruppen sind: *Kiesel-A. (Diatomeen), Grün-A., Joch-A., Armleuchter-A., Braun-A.* u. *Rot-A.*

**Algenpilze,** *niedere Pilze,* mikroskop. kleine Pilze; hierher zahlr. Parasiten- u. Moderpflanzen (z. B. Schimmelpilze).

**Algerien,** Staat in N-Afrika, 2 381 741 km², 23,1 Mio. Ew., Hptst. *Algier.*

*Algerien*

Landesnatur. Hinter der Küstenregion (bis 100 km breit) erhebt sich der Tellatlas, an den sich südlich die Hochebene der Chotts anschließt (400–1000 m ü.M.). Darauf folgt der Saharaatlas (im *Djebel Chélia* 2328 m), der steil zur Sahara (85 % der Fläche von A.) abfällt. Das Atlasgebiet hat Mittelmeerklima mit Winterregen.

Die Bevölkerung besteht vorw. aus Arabern u. aus Berberstämmen (Kabylen, Tuareg, Mzabiten). Der Islam sunnit. Richtung ist Staatsreligion. Größte Städte sind Algier, Oran, Constantine, Annaba.

Wirtschaft. Nur die Küstenregion wird landwirtschaftl. genutzt; Frühgemüse, Wein, Getreide, Früchte u. Tabak werden exportiert; Dattelpalmen in den Oasen; im Gebirge großflächige Wiederaufforstungen (»Grüne Mauer«, 5 bis 20 km breit). – Umfangreiche Erdölvorkommen in der Sahara; das Gebiet von Hassi R'Mel ist eines der größten Erdgasfelder der Erde; hochwertiges Eisenerz, Phosphat, Zink-, Blei- u. Kupfererze, Schwefelkies, Salz werden abgebaut. – Die Industrie verarbeitet v.a. die Bergbauprodukte u. die Erzeugnisse der Landwirtschaft u. Fischerei. Sehr verbreitet ist das Handwerk: Teppichweberei, Verarbeitung von Leder, Keramik u.a. Haupthandelspartner: Frankreich, BR Dtld. – Im N dichtes Eisenbahn- u. Straßennetz. Das alger. Teilstück der Transsaharastraße ist durchgehend befahrbar. Die wichtigsten Häfen sind Algier, Annaba, Oran, der Erdölhäfen Bejaïa u. die Erdgashäfen Arzew u. Skikda. Internat. Flughäfen sind in Algier, Oran, Annaba u. Constantine.

Geschichte. A., das alte *Numidien,* bildete bis zum 16. Jh. keine polit. Einheit. 1519 wurde es Teil des Osman. Reichs. 1830 besetzten frz. Truppen Algier, 1847 wurde ganz A. frz. Zahlreiche Franzosen siedelten sich an. Den erwachenden alger. Nationalismus unterdrückte Frankreich; auch nach dem 2. Weltkrieg gewährte es A. keine Autonomie. 1954 begann der Aufstand der »Nat. Befreiungsfront« (FLN). Nach vergebl. Versuchen, ihn militär. niederzuschlagen, begann Frankreich 1961 Verhandlungen mit der 1958 gebildeten alger. Exil-Reg. 1961 wurde die unabh. Rep. A. ausgerufen; die FLN wurde Staatspartei. 1 Mio. Europäer verließen das Land. Der erste Staats-Präs. A. *Ben Bella* betrieb eine sozialist. Politik unter Hinwendung zur UdSSR. 1965 wurde er von Armeechef H. *Boumedienne* gestürzt, der den kommunist. Einfluß verringerte u. ein aus Erdölerträgen finanziertes Industrialisierungsprogramm in Angriff nahm. Ihm folgte 1979 B. *Chadli.* Er leitete eine soziale Unruhen eine Liberalisierung des polit. Systems ein.

**Alghero,** Seebad u. Hafen an der W-Küste Sardiniens (Italien), 38 000 Ew.

**Algier** ['alʒiːr], frz. *Alger,* arab. *El Djezair,* Hptst. u. wichtigster Handelshafen von Algerien, 2,17 Mio. Ew. (Aggl.), wirtschaftl. u. kulturelles Zentrum; arab. Altstadt, sonst modernes Stadtbild europ. Art; Univ. (gegr. 1879), internat. Flughafen in El Beida.

**Alginsäure,** aus Braunalgen gewonnener, stärkeähnl., wenig wasserlösl. Stoff; die Salze der A. *(Alginate)* werden u. a. für Kosmetika verwendet.

**ALGOL** [Kw. aus engl. *algorithmic language*], in der elektron. Datenverarbeitung angewandte Symbol-Sprache zum Programmieren u. a. techn.-wissenschaftl. Aufgaben.

**Algol,** *β Persei,* heller Doppelstern im *Perseus;* Hauptvertreter der *Algosterne* in der Gruppe der *Bedeckungsveränderlichen,* die aus zwei nahezu gleichgroßen Komponenten bestehen, von denen die eine aber erhebl. lichtschwächer ist als die andere, u. die sich in fast drei Tagen umeinander bewegen.

**Algonkin,** weitverbreitete indian. Sprachfamilie in N-Amerika; hierzu Cree, Micmac, Mahican (Mo-

*Algerien: Oasenstadt Ghardaia in der Sahara*

hikaner), Delaware (Lenape), Menomini, Sauk u. Fox, Shawnee, Arapaho, Cheyenne, Blackfeet, Gros Ventres, Wiyot u. Yurok.

**Algonkium,** *Eozoikum,* zweitälteste geolog. Epoche: → Erdzeitalter.

**Algorithmus,** allg. jedes Rechenverfahren, das zur Lösung von (mathemat.) Aufgaben in genau festgelegten Schritten vorgeht.

**Algren** ['ɔːlgrin], Nelson, *1909, †1981, US-amerik. Schriftst.; verfaßte eindrucksvolle Schilderungen vom Leben in den Slums; W »Der Mann mit dem goldenen Arm« .

**Alhambra** [arab. »die Rote«], Palast der islam. Herrscher (Nasriden) in Granada; im 13. u. 14. Jh. errichtet; Baukomplex ist 720 m lang, 220 m breit, hohe Mauern, 23 Türme; Räume sind um Höfe angeordnet; besteht aus Alcazaba, Palacio Arabe (mit Audienzsaal u. Thronsaal), Palast Karls V. (jetzt A.-Museum), prachtvollen Innenhöfen (Myrtenhof, Löwenhof mit Löwenbrunnen). Kostbare Fayencemosaiken, Mukarnaskuppeln, Stuckarbeiten.

**Alhidade,** bewegl. Ablesevorrichtung (Zeiger, Nonius) an Winkelmessern, Sextanten, Oktanten.

**Alia,** Ramiz, *18.10.1925, alban. Politiker; seit 1982 Staatsoberhaupt u. seit 1985 Erster Sekretär des ZK der Partei der Arbeit.

**alias** [lat. »anders«], eigentlich; auch … genannt.

**Ali Baba und die 40 Räuber,** Märchen aus Tausendundeiner Nacht. Hieraus stammt das Zauberwort »Sesam, öffne Dich!«

**Alibi** [lat. »anderswo«], Nachweis eines einer Straftat Verdächtigen über seine Abwesenheit vom Tatort zur Tatzeit.

**Alicante,** röm. *Lucentum,* arab. *Al Lukant,* Hafenstadt u. Seebad an der SO-Küste Spaniens an der *Bahia de A.,* 251 000 Ew.; Altstadt wird überragt von der Festung Castillo de Santa Barbara; von 718–1265 maurisch.

**Alice Springs** ['ælis sprinŋ], Siedlung im Zentrum Australiens, 18 400 Ew., Eisenbahnendpunkt.

**alicyclische Verbindungen,** organ.-chem. Ver-

*Algarve: Küste bei Portimão*

*Algen: Starkes Algenwachstum verschmutzt die Nordseeküsten mit Schaumteppichen*

*Alhambra: Löwenhof*

**Alkane** → Paraffine.

**Alken,** *Alcidae,* Vogelfamilie der *Regenpfeiferartigen;* ausgezeichnete Schwimmvögel; an der Nordsee: *Tordalk, Trottellumme, Gryllteiste, Krabbentaucher, Papageitaucher.* Der flugunfähige *Riesenalk, Alca impennis,* ist 1844 ausgerottet worden.

**Alkene,** *Alkylene, Olefine,* zweifach ungesättigte aliphat. Kohlenwasserstoffe der allg. Form $C_nH_{2n}$. Bedeutung in der chem. Ind.

**Alkestis,** *Alkeste, Alceste,* grch. Königin, die nach der Sage ihr Leben für ihren von Artemis zum Tod verdammten Gemahl *Admetos* opferte; von Herakles dem Tod wieder entrissen.

**Alkibiades,** *um 450 v.Chr., †404 v.Chr. Melissa; athen. Staatsmann u. Feldherr, befreundet mit *Sokrates;* überredete die Athener zur Sizil. Expedition; mußte, nach Auslaufen der Flotte des Religionsfrevels angeklagt, die Führung des athen. Heeres aufgeben; floh nach Sparta u. gewann dort rasch an Einfluß. Die Entzweiung mit dem spartan. König *Agis II.* führte zu einer Aussöhnung des A. mit Athen, wo er unter Ausnutzung polit. Gegensätze erneut Feldherr wurde. Aber die Niederlage eines Unterfeldherrn 407 v. Chr. verursachte seinen Sturz; erneut angeklagt, floh A. nach Kriegsende zu dem pers. Satrap *Pharnabazos,* der ihn jedoch auf Betreiben des spartan. Feldherrn *Lysander* u. der *Dreißig Tyrannen* von Athen ermorden ließ.

**Alkinoos** [-ɔːɔs], in der grch. Sage König der Phäaken, Vater Nausikaas; nahm den schiffbrüchigen Odysseus auf.

**Alkmaar,** ndl. Stadt, nördl. von Amsterdam, 71 000 Ew., Käsemarkt.

**Alkman,** grch. Dichter aus Sardes, 2. Hälfte des 7. Jh. v. Chr.; lebte in Sparta u. begründete dort die Chorlyrik.

**Alkmäoniden,** *Alkmaioniden, Alkmeoniden,* vornehmes Geschlecht des alten Athen, mehrfach verbannt. Der Alkmäonide *Kleisthenes* gründete die Demokratie in Athen (507 v. Chr.).

**Alkmene,** Gattin des *Amphitryon,* durch Zeus Mutter des *Herakles.*

**Alkohol,** *Weingeist, Spiritus,* chem.: Ethylalkohol, Ethanol $C_2H_5OH$, der wichtigste der → Alkohole; eine wasserhelle Flüssigkeit, Siedepunkt 78,3 °C. Der Flammpunkt des reinen, flüssigen A. beträgt +13 °C, der des gasförmigen A. 400–500 °C (Streichholztemperatur). A. für Genußzwecke wird durch alkohol. → Gärung gewonnen, für techn. Zwecke durch Wasseranlagerung an Acetylen u. anschließende Reduktion des entstandenen Acetaldehyds, auch durch Wasserdampfbehandlung des aus dem Crackprozeß gewonnen Ethylens.

**Alkohole,** organ.-chem. Verbindungen der aliphat. oder aromat. Reihe, in denen ein *(Alkanole)* oder mehrere Wasserstoffatome durch ein oder mehrere Hydroxid-(OH)-gruppen ersetzt sind. Man spricht von *einwertigen* (Alkohol), *zweiwertigen* (Glykole), *dreiwertigen* (Glycerin) u. von vier- bis sechswertigen A. Bekanntester Alkohol ist der *Ethylalkohol* (»Alkohol« i. e. S.).

**alkoholische Getränke,** *geistige Getränke (Weingeist),* enthalten neben Ethanol auch Extrakt-, Farb- u. Riechstoffe, Glycerin, Gerbstoffe u. a. A. G. wirken in kleinen Mengen anregend, in größeren Mengen berauschend, reiner Alkohol ist ein starkes Gift. (→ Alkoholvergiftung.) Der normale Alkoholgehalt des Bluts (0,3 ‰) wird nach dem Genuß von 1 Liter Bier auf etwa 0,6 ‰ verdoppelt (berechnet für einen ca. 75 kg schweren Mann); bei 0,8 ‰ (strafrechtl. Grenze) sind viele Menschen nur noch bedingt fahrtüchtig, bei 1,3 ‰ die meisten fahruntüchtig. Schwere Trunkenheit liegt bei etwa 2 ‰ vor.

| Alkoholgehalt | Gewichts-% Alkohol |
|---|---|
| Bier | 1,3–5,3 |
| Apfelwein durchschnittlich | 5,1 |
| Weißwein durchschnittlich | 8,4 |
| Rotwein durchschnittlich | 9,3 |
| Süßwein | 12–16 |
| Schaumwein | 9–12 |
| Branntwein | 20–55 |
| Likör | 24–32 |

**Alkoholisierung,** das Einbringen von Alkohol in den Gärsaft, wodurch die Gärung in jedem beliebigen Stadium unterbrochen werden kann.

**Alkoholismus,** *krankhafte Trunksucht,* chron. *Alkoholvergiftung,* durch regelmäßigen u. übermäßigen Genuß von alkohol. Getränken hervorgerufene körperl.-psychische Abhängigkeit, die im fortgeschrittenen Stadium oft zum sozialen Abstieg des Kranken führt u. schwere psychische u. körperl.-organ. Schäden (Entzündungen u. Funktionstörungen der Verdauungsorgane, Kreislauf- u. Nierenschäden, Leberschäden bishin zur Leberzirrhose, Entzündungen u. Abbauprozesse am Nervensystem) verursacht. Neben einer persönl. Prädisposition können bes. soziale Konflikte Ursache eines regelmäßigen Alkoholmißbrauchs sein, der in ein Abhängigkeitsverhältnis führen kann. Daher werden auch bei der A.behandlung neben der eigtl. Entziehungskur begleitende psychotherapeut. Maßnahmen eingesetzt. → Anonyme Alkoholiker.

**Alkoholvergiftung,** akute A., Schädigung des Organismus durch übermäßigen Alkoholgenuß. Kleine Mengen Alkohol machen ihre Wirkung zunächst nur auf das Nervensystem geltend: Es kommt zu einem Schwinden der Hemmungen, was sich in Redseligkeit, Kritiklosigkeit u. Auftreten von Sinnestäuschungen äußert *(alkohol. Rausch);* später folgen Lähmungserscheinungen mit Unsicherheiten der Sprache u. des Gangs sowie v. a. herabgesetztes Reaktionsvermögen *(Trunkenheit).* Schwere, akute A. führt zu Erregungszuständen. Körperl. äußert sich die A. in Nachlassen der Leistungsfähigkeit, Erregung u. Lähmung des Kreislaufs u. Reizung der Magenschleimhaut *(Katarrh, Kater).* → Alkoholismus.

**Alkor,** *Alcor,* Stern 4. Größe im Großen Bären, dem hellen Stern *Mizar* (mittlerer Schwanzstern) eng benachbart; im Volksmund als *Reiterchen* bekannt.

**Alkoven,** kleine, fensterlose Bettnische.

**Alkuin,** *Alcuinus,* um *730, †804, angelsächs.-fränk. Gelehrter, Dichter u. Theologe; traf 781 *Karl d. Gr.* in Parma, der ihn für die Leitung seiner Hofschule gewann; 796 Abt von St. Martin in Tours.

**Alkydharze,** dickölige bis zähplastische Kunstharze, Grundstoff der Lackind.

**Alkyl,** *Alkylgruppe,* einwertiger aliphat. Kohlenwasserstoffrest der allg. Form $C_nH_{2n+1}$. Bed. bausteinorgan. Verbindungen.

**Alkyone,** 1. *Alcyone, Halkyone,* in der grch. Sage Gattin des *Keyx.* Als dieser im Meer ertrank, stürzte sich auch A. nach übermäßiger Klage ins Meer; beide wurden von Zeus in Eisvögel verwandelt. – 2. η *Tauri,* hellster Stern in den Plejaden, im Sternbild Stier.

**All,** die gesamte gegenständl. u. geistige Welt, Weltall, Weltraum, Kosmos, Universum.

---

bindungen mit ringförmig angeordneten Kohlenstoffatomen; hierzu die *Cycloparaffine* u. *Cycloolefine;* dritte wichtige Gruppe neben den aromat. u. aliphat. Verbindungen. → Kohlenwasserstoffe.

**Aliden,** die Nachkommen der (4.) Kalifen *Ali ibn Abi Talib.* Eine alid. Herrscherdynastie sind die *Zaiditen* u. waren die *Fatimiden.*

**Aligarh,** *Kol,* Stadt in Indien, sö. von Dehli, 320 000 Ew.; Handels- u. Verarbeitungszentrum für landwirtschaftl. Produkte.

**Alighieri** [-'gjɛri] → Dante Alighieri.

**Ali ibn Abi Talib,** *um 600, †661 (ermordet), Grab in Kufa, 4. Kalif 651–661; Vetter des Propheten *Mohammed,* verheiratet mit dessen Tochter *Fatima,* schlug 656 im Irak einen Aufstand nieder, den Mohammeds Witwe *Aïscha* gegen ihn angestiftet hatte. Die Schiiten erkennen nur ihn u. seine Nachkommen *(Aliden)* als legitime Herrscher *(Imame)* an.

**Alimente** (lat. »Nahrungsmittel«), gesetzl. Unterhaltsleistungen, insbes. die auf Unterhaltspflicht beruhenden Beiträge des Vaters an sein nichtehel. Kind.

**aliphatische Verbindungen,** *acyclische Verbindungen,* organ.-chem. Verbindungen mit in geraden oder verzweigten offenen Ketten angeordneten Kohlenstoffatomen, z. B. Benzin, Fette, Öle, Zucker. Ggs.: *aromatische* u. *alicyclische Verbindungen.*

**Alizarin,** in der Krappwurzel vorkommender, ältester Naturfarbstoff; ergibt leuchtendrote Färbungen.

**Aljechin** [a'ljɔxin], Alexander Alexandrowitsch, *1892, †1946, russ. Schachspieler; emigrierte 1921 nach Frankreich; 1927–35 u. 1937–46 Schachweltmeister.

**Alkaios,** *Alcaeus, Alkäus,* grch. Lyriker aus Lesbos, um 600 v. Chr.; neben *Sappho* Hauptvertreter der äol. Lyrik.

**Alkalde,** *Alcalde,* Bürgermeister oder Ortsrichter in Spanien u. Südamerika; auch Anführer von Tänzen.

**Alkalien,** *Alkali,* die Hydroxide der *Alkalimetalle,* ferner das Ammoniumhydroxid. Ihre wäßrigen Lösungen reagieren alkalisch (basisch). Meist Bez. für Natrium- oder Kaliumhydroxid, deren wäßrige Lösungen *Alkalilaugen* heißen. Konzentrierte wäßrige Lösungen reagieren stark ätzend.

**Alkalimetalle,** die in der ersten Gruppe des Periodensystems stehenden Elemente *Lithium, Natrium, Kalium, Rubidium, Cäsium* u. *Francium.* Reagieren schnell mit Wasser u. Luft.

**Alkalireserve,** das Säurebindungsvermögen des Bluts, d. h. sein Vorrat an alkal. Wertigkeiten, der zur Bindung überschüssiger Säuren zur Verfügung steht, um so die normale Blutreaktion (pH = 7,31–7,45) aufrechtzuerhalten.

**alkalische Erden,** die Oxide der Elemente der II. Gruppe des Periodensystems: *Beryllium, Magnesium, Calcium, Strontium, Barium* u. *Radium.*

**Alkaloide,** basische, meist giftige, in Pflanzen vorkommende Naturstoffe mit physiolog., toxischen u. pharmakolog. Eigenschaften; heute z. T. auch synthet. hergestellt. Die wichtigsten A. sind: → Coffein, → Chinin, → Morphin, → Cocain u. → Nicotin.

**Alkamenes,** athen. Bildhauer, tätig in der 2. Hälfte des 5. Jh. v. Chr.

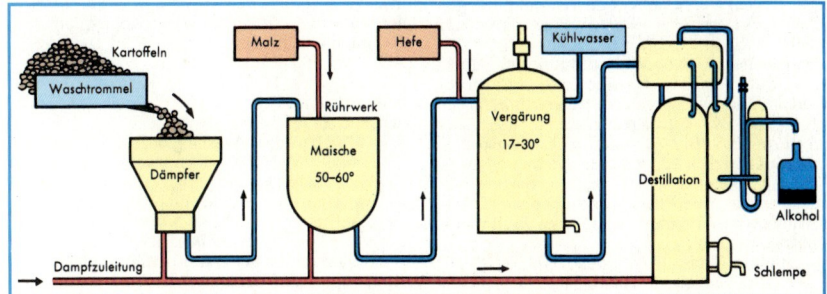

*Alkohol (Ethylalkohol): Gewinnung von Primasprit aus Kartoffeln*

**Allah** [arab., al-ilah »der Gott«], im Islam die einzige Gottheit.

**Allahabad**, ind. Stadt am Zusammenfluß von Yamuna u. Ganges, einer der heiligsten Wallfahrtsorte der Hindu, 642 000 Ew.; Ind., Univ.

**Alle**, poln. *Lyna*, russ. *Lawa*, l. Nbfl. des Pregel (Masuren), 289 km; bei Friedland, 1924 erbaut.

**Allee** [frz.], von Baumreihen begleitete Straße.

**Allegheny** [ælɪˈgɛni], **1.** Quellfluß des Ohio, 465 km. – **2.** *A. Mountains*, stark zerschnittener Gebirgszug der Appalachen (im O der USA) im *Spruce Knob*, 1487 m.

**Allegorie**, die ausschmückende Verbildlichung eines abstrakten Begriffs wie Tugend, Poesie, Gerechtigkeit oder eines Denkvorgangs, bes. durch *Personifikation* (z. B. Fortuna mit dem Füllhorn für »Glück«).

**allegretto**, musikal. Tempobezeichnung: ziemlich bewegt.

**allegro**, musikal. Tempobezeichnung: schnell, lebhaft; gesteigert: *piu a., a. assai, a. molto*; gemäßigt: *a. moderato, a. ma non troppo, a. ma non tanto*.

**Allemagne** [-ˈmanjə], frz. für Deutschland.

**Allemande** [aləˈmãd], von mehreren Paaren meist im ⁴/₂-Takt ausgeführter Schreittanz; auch Gattungsname für Tanzsätze mit langsamem ⁴/₄-Takt.

**Allen** [ˈælən], Woody, eigtl. A. Stewart *Konigsberg*, *1.12.1935, US-amerik. Regisseur, Filmschauspieler u. -autor; Ⓦ »Mach's noch einmal, Sam«, »Der Stadtneurotiker«, »Manhattan«, »Zelig«.

**Allende** [aˈljende], **1.** Isabel, Nichte von 2), *2.8.1942, chilen. Schriftst.; Ⓦ Roman »Das Geisterhaus«, »Eva Luna«. – **2.** *Gossens,* Salvador, *1908, †1973, chilen. Politiker (Linkssozialist); Gründer der Sozialist. Partei (1943), Führer der vereinigten Linksparteien FRAP (»Frente de Acción Popular«); seit 1970 Staats-Präs.; 1973 durch Militärputsch gestürzt.

**Allenstein**, poln. *Olsztyn*, Stadt in Ostpreußen, an der Alle, 143 000 Ew.

**Aller**, größter r. Nbfl. der Weser, 262 km; mündet bei Verden.

**Allergie**, abnorm verstärkte, teils angeborene, teils erworbene Abwehrreaktion (Überempfindlichkeitsreaktion) des Körpers gegen gewisse *Allergene* (Reizstoffe), z. B. Gräser, Katzenhaare oder Staub (durch Berühren oder Einatmen), Nahrungsmittel, z. B. Erdbeeren, Fisch, Fleischsorten oder Chemikalien. Die allerg. Reaktion besteht in einer Entzündung des betroffenen Gewebes oder Organs. Zu den so entstehenden allerg. Krankheiten (*Allergosen*) zählt man *Heuschnupfen, Asthma, Nesselsucht, Ekzeme, Buchweizenausschlag* u. a.

**Allerheiligen**, kath. Fest aller Heiligen u. Seligen, seit dem 9. Jh. am 1. 11. gefeiert.

**Allerheiligstes**, im nachexilischen Judentum der 10 x 10 m große Tempelraum, der als Wohnung Gottes galt. Nur der Hohepriester durfte an einem Tag des Jahres (Versöhnungstag) das A. betreten. – In der kath. Kirche heißt das aufbewahrte Altarsakrament (die konsekrierte Hostie) A.

**Allerseelen**, am 2. 11. gefeierter kath. Gedächtnistag für alle Verstorbenen, eingeführt von Abt *Odilo von Cluny* um 995.

**Allesfresser**, *Gemischtköstler, Omnivoren,* Lebewesen, die sich von pflanzl. u. tier. Kost ernähren; z. B. das Schwein.

**Allgäu**, gebirgige Landschaft im südl. Schwaben u. in den angrenzenden Teilen von Oberschwaben, Tirol u. Voralberg, zw. Bodensee u. Lech; Hauptort Kempten; i. e. S. nur das *Bay. A.*; im S die *Allgäuer Alpen* (bis über 2650 m); Fremdenverkehr, Milchwirtschaft.

**Allgemeine Geschäftsbedingungen**, Abk. *AGB,* formularmäßig bereitliegende Vertragsbestandteile, die die von einem Unternehmer abgeschlossenen Einzelverträge ergänzen u. vereinheitlichen sollen, z. B. Lieferungs- u. Zahlungsbedingungen. Gültigkeit der Einzelvertrag erlangen AGB nur, wenn ausdrückl. auf sie hingewiesen wurde u. die Möglichkeit zur vorherigen Kenntnisnahme (im einzelnen) am Ort des Vertragsabschlusses bestand.

**Allgemeine Ortskrankenkasse**, Abk. *AOK*, die allg. → Krankenkasse für alle Versicherungspflichtigen eines örtl. Bezirks, die nicht einer anderen gesetzl. Krankenkasse angehören; gegr. 1883.

**Allgemeiner Deutscher Arbeiterverein**, 1863 von F. *Lassalle* gegr. Arbeitervereinigung mit gewerkschaftl. u. polit. Zielen; Vorläufer der dt. Gewerkschaften u. der Sozialdemokrat. Partei; → Sozialdemokratie.

**Allgemeiner Deutscher Automobil-Club**, Abk. *ADAC,* Sitz: München; gegr. 1903 in Stuttgart als *Deutsche Motorradfahrer-Vereinigung* (DMV); rd. 8,9 Mio. Mitgl. Arbeitsgebiete: Verkehrs- u. Kraftfahrzeugwesen, Motorsport, Touristik.

**Allgemeiner Deutscher Gewerkschaftsbund**, Abk. *ADGB,* 1919 gegr. Spitzenorganisation der freien Gewerkschaften Dtld.; 1933 aufgelöst.

**Allgemeiner Deutscher Nachrichtendienst**, Abk. *ADN,* staatl. Nachrichtenagentur der DDR, 1946 gegr.

**Allgemeines Bürgerliches Gesetzbuch für Österreich**, Abk. *ABGB,* vom 1. 6. 1811, brachte den Erbländern der östr. Monarchie ein einheitl. Privatrecht; hat sich mit nur 1502 Paragraphen als anpassungsfähig u. wandlungsfähig erwiesen u. gilt noch heute in Östr.

**Alliance française** [-ˈljãs fräsˈɛːz], älteste Einrichtung zur Verbreitung der frz. Sprache u. Kultur unter Ausländern, weltweit tätig, 1884 gegr.

**Allianz**, *Alliance,* Bündnis, Zusammenschluß von Staaten; z. B. die *Heilige A.*

**Allianz für Deutschland**, Wahlbündnis der Parteien Christl.-Demokrat. Union (CDU), Deutsche Soziale Union (DSU) u. Demokrat. Aufbruch (DA) für die Volkskammerwahl in der DDR am 18.3.1990.

**Allianzwappen**, Ehewappen; gegeneinander geneigt; das Wappen des Ehemannes steht auf der (heraldisch gesehen) rechten Seite.

**Allier** [aˈlje], l. Nbfl. der Loire in Frankreich, 410 km; mündet im SW von Nevers.

**Alligatoren**, Fam. der *Krokodile;* die Schnauzen sind relativ kurz; die Zähne des Oberkiefers greifen über die des Unterkiefers. 7 süßwasserbewohnende Arten in Amerika u. China: Hecht-A., China-A., Brillenkaiman u. a.

**Alliierte**, allg. Verbündete; bes. die 5 führenden unter den 27 im 1. Weltkrieg gegen Dtschl. verbündeten Mächte: England, Frankreich, Italien, Rußland, USA. Im 2. Weltkrieg galten alle gegen Dtschl. kämpfenden Staaten als A.; ihre Streitkräfte, die *Allied forces,* standen unter zusammengesetzten Kommandos.

**Alliierte Hohe Kommission** → Hohe Kommission.

**Alliierter Kontrollrat** → Kontrollrat.

**Alliteration** → Stabreim.

**Allium** → Lauch.

**Allmende**, das Gemeinschaftseigentum der Bewohner einer Dorfgemeinde an der landwirtschaftl. Kulturfläche. Die A. wurde meist gemeinschaftl. genutzt u. war Merkmal einer fast 1000jährigen Bodenordnung von der Zeit der Germanen bis ins 19. Jh.

**Allobroger**, kelt. Volk in Gallien, zw. Genfer See, Rhône, Isère u. Alpen; 121 v.Chr. von den Römern unterworfen.

**allochthon**, nicht an Ort u. Stelle entstanden; Ggs.: *autochthon.*

**Allokution**, päpstl. Ansprache.

**Allongeperücke** [aˈlõʒ-], langlockige, von Ludwig XIV. eingeführte Perücke.

**Allopathie**, die »Schulmedizin« im Ggs. zur *Homöopathie.*

**Allopezie**, *Fuchsräude,* krankhafter Haarausfall; Ursachen sind hormonale Störungen, Giftwirkungen (z.B. Pilze) oder gestörte Nervenversorgung.

**Allotria**, Spaß, Unfug.

**Allotropie**, das Vorkommen eines chem. Elements in mehreren verschiedenen Zustandsformen, den *allotropen Modifikationen;* Kohlenstoff z.B. als Graphit u. Diamant.

**Allschwil**, Stadt im schweiz. Kanton Basel-Land, an der schweiz.-frz. Grenze, 18 000 Ew.

**Allstedt**, Landstadt im Bez. Halle, in der Goldenen Aue, 4300 Ew.

**Allston** [ˈɔːlstən], Washington, *1779, †1843, US-amerik. Maler; schuf mytholog. Szenen u. sinnbildl. Landschaften.

**Allüre**, Gangart (bes. bei Pferden); **A.,n**, Benehmen, Auftreten; (abwertend) *Starallüren.*

**Alluvium**, heute *Holozän* genannt, die jüngste geol. Epoche nach der Eiszeit; →Erdzeitalter.

**Alm**, *Alp, Alpe,* hochgelegene Sommerweide im Gebirge mit einfacher Stallung (Sennereibetrieb); vom Frühjahr bis Herbst bezogen.

**Alma-Ata**, Hpst. der Kasach. SSR (Sowjetunion), am Nordhang des Kungej-Alatau, 1,02 Mio. Ew.; kultureller u. wirtschaftl. Mittelpunkt; Hochgebirgs-Eislaufbahn (1680 m ü.M.).

**Almadén**, südspan. Bergbaustadt im N der Sierra Morena, 9700 Ew.; reichste Quecksilbergrube der Erde; schon von Griechen, Römern u. Mauren ausgebeutet.

**Almagro**, Diego de, *1475, †1538, span. Konquistador; eroberte mit Francisco *Pizarro* Peru.

**Alma mater**, »nährende Mutter«, segenspendende altröm. Gottheit; auch Bez. für *Universität.*

**Almanach**, urspr. astronom. Tafelwerk für die astrolog. Praxis; seit dem 16. Jh. regelmäßig erscheinend (Jahrbuch), seit dem 18. Jh., mit Beigaben zeitgenöss. Dichtung verschiedener Verfasser.

# ALPEN

*Die Dolomiten in den Südlichen Kalkalpen bieten ein eindrucksvolles Gebirgspanorama; im Bild der Ort Corvara im Gadertal mit dem Sass Songher*

*Die Hohen Tauern sind der größte Gebirgszug der Ostalpen; Blick von der Großglockner-Hochalpenstraße auf das Große Wiesbachhorn*

*Der Südrand der Alpen wird von zahlreichen Seen begrenzt; im Bild eine Ansicht des Gardasees bei Malcesine*

**Almelo,** ndl. Industriestadt, 63 300 Ew.
**Almemor,** die Tribüne, von der aus in der Synagoge die Lesung vorgetragen wird.
**Almenrausch,** volkstüml. Name für die Alpenrose *(Rhododendron).*
**Almería,** röm. *Portus Magnus,* südspan. Hafenstadt in Andalusien, am *Golf von A.,* 97 000 Ew.; Seebad; Altstadt in maur. Bauweise.
**Almohaden,** islam. Sekte u. Herrscherdynastie (1147–1269), begründet von *Abd al-Mumin* (1130–1163), der NW-Afrika bis Tunis sowie das arab. Spanien eroberte.
**Almoraviden,** islam. Sekte u. Herrscherdynastie (1036–1147); herrschten in Spanien u. Marokko; 1147 von den *Almohaden* gestürzt.
**Almosen,** mildtätige Gabe.

**Almosenier,** frz. *Aumônier,* engl. *Almoner,* kirchl. o. weltl. Almosenpfleger, bei Fürsten oft der *(einflußreiche)* Beichtvater, *Aumônier* heute Titel für Militär- u. Anstaltsseelsorger.
**Aloe** [ˈaːloːe], Gatt. der *Liliengewächse,* über 200 Arten, hpts. in den Steppen S-Afrikas. Die *A.faser* wird von der *Scheinagave (Fourcroya)* gewonnen.
**Alofi,** polyn. Insel, → Wallis u. Futuna.
**Alonso,** Alicia, eigentlich Alicia *Martínez,* *21.12.1921, kuban. Tänzerin; gründete 1948 ein eig. Ensemble.
**Alor,** indones. Kleine Sunda-Insel nördl. von Timor, 2098 km², 100 000 Ew.
**Alor Setar,** Hpst. des Teilstaats *Kedah* im N von Malaysia, 80 000 Ew.

# Alpen 35

**Alp, 1.** *Alpe* → Alm. – **2. Alb,** *Nachtmahr,* niederdt. *Mahr,* oberdt. *Drud,* im Volksglauben ein Schreckgeist, der dem Schlafenden auf der Brust sitzt u. Angstzustände **(Alpträume)** verursacht.
**Alpaka,** eine Rasse des → Lamas u. dessen Wolle.
**Alpen,** das größte u. höchste Gebirge Europas, an dem Österreich, die BR Deutschland, Frankreich, die Schweiz, Italien u. Jugoslawien Anteil haben; Klima- u. Wasserscheide zwischen Mittel- u. Südeuropa. Die A. schließen nördl. vom Golf von Genua an den Apennin an u. umfassen in weitem Bogen nach W die Po-Ebene, verzweigen sich beim Lac du Bourget in den Französischen u. Schweizer

*Zahlreiche Bergbahnen dienen ausschließlich dem Fremdenverkehr; im Bild die Schynige-Platte-Bahn im Berner Oberland (links). – Der Aletschgletscher in den Berner Alpen ist der größte und längste Gletscher der Alpen (Mitte). – Die negativen Auswirkungen der Anlage von Skipisten auf den Naturraum werden immer offensichtlicher. Die Zerstörung der Landschaft und Vegetation durch Einplanierung tritt hier deutlich zutage. Die Folgen sind Erosionen und Erdrutsche (rechts)*

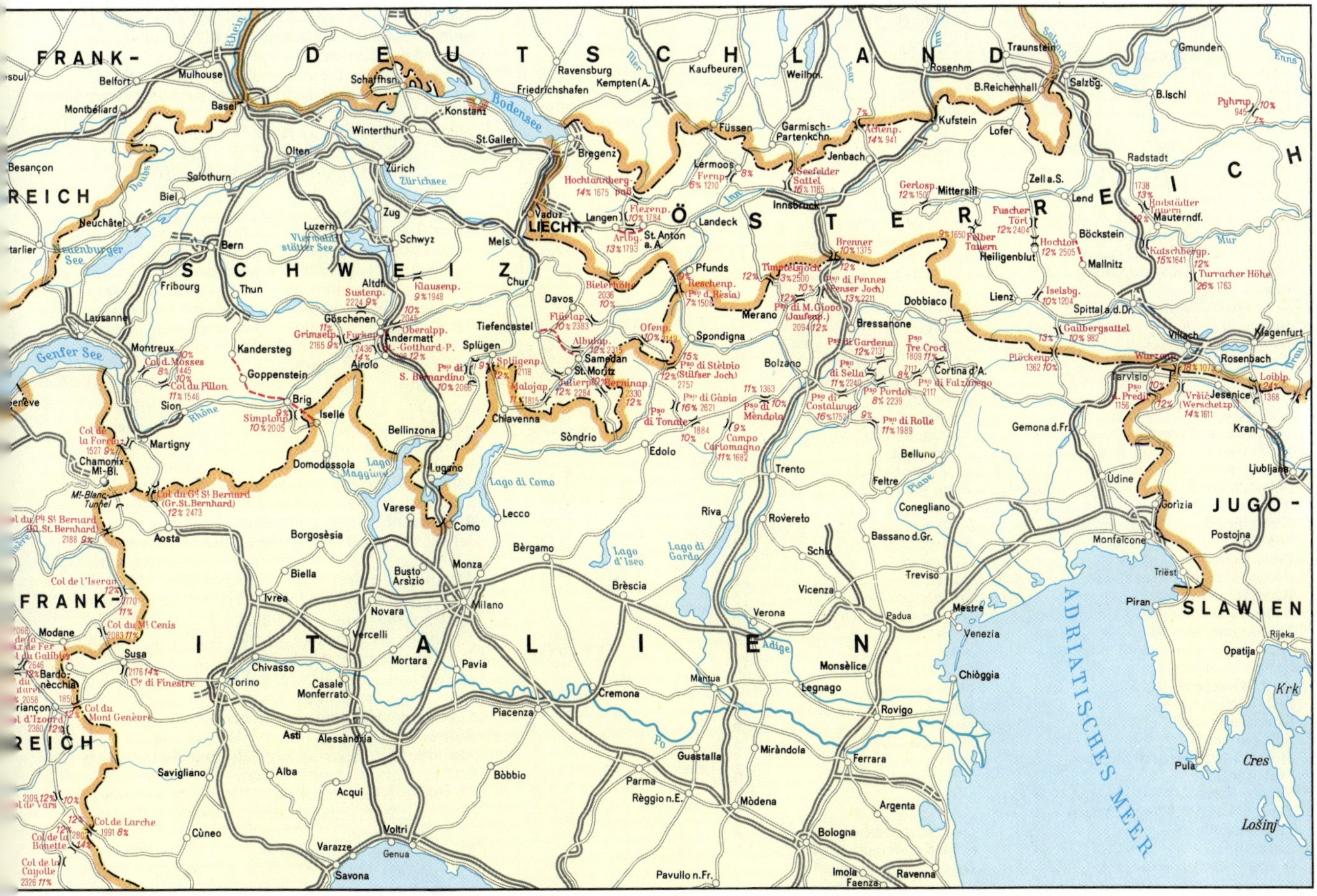

*Verkehrswege*

# Alpendohle

Jura u. enden fächerförmig im O vor dem westpannonischen Berg- u. Hügelland an der Donau bei Wien. Gesamtlänge der A. von Genua bis Wien etwa 1200 km; Breite 150–200, im O bis 300 km; Mehrzahl der Gipfel zwischen 3000 u. 4300 m; höchster Gipfel *(Mont Blanc)* 4807 m. Die A. sind ein durch Gletschereis, hpts. während der Eiszeit überformtes Faltengebirge aus der Tertiärzeit; die gebirgsbildenden Kräfte sind noch nicht zur Ruhe gekommen. Noch vor 130 Mio. Jahren befand sich anstelle der heutigen A. ein gewaltiges Meer *(Tethys)*. Im Tertiär wurde der bes. aus Kalkalgen u. Korallen bestehende ehem. Meeresboden allmähl. angehoben u. zum Hochgebirge herausgebildet.
Gliederung: *Voralpen* bis zur oberen Waldgrenze (1500–2000 m), *Mittelalpen* bis zur Schneegrenze (2400–3100 m), darüber die *Hochalpen*. – Die Linie Rheintal-Splügen-Comer See gilt als Grenze zwischen Ost- u. Westalpen. Die *Ostalpen* beherrscht ein zentrales kristallines Massiv (Rätische, Bernina-, Ortler-, Ötztaler, Stubaier, Zillertaler A., Hohe u. Niedere Tauern, Norische, Cetische u. Eisenerzer A.), das durch große Tälerlinien von den *Nördl. Kalkalpen* (Allgäuer, Nordtiroler, Bayerische, Salzburger u. Österr. A.) u. den *Südl. Kalkalpen* (Bergamasker, Trienter A., Dolomiten, Karnische, Julische A. u. Karawanken) getrennt wird. In den *Westalpen* wird ein Zug hoher Zentralmassive (Mercantour, Pelvoux, Belledonne, Grandes Rousses, Mont Blanc, Finsteraarmassiv, Gotthard) durch Tälerlinien mehr oder weniger scharf von einer äußeren Gneis- sowie einer nördl. Kalkzone geschieden. Nördlich der Meer-, Cottischen, Grajischen, Walliser u. Tessiner A. liegen hier die Berner u. Glarner A.

*Alpendohle*

*Alpenmolch*

K l i m a : im N u. O mitteleurop. Klima mit Niederschlägen zu allen Jahreszeiten; im S mildes Mittelmeerklima mit Sommertrockenheit. Temperaturen nehmen mit der Höhe ab (im Mittel 0,58 °C auf 100 m). Häufig tritt **A.-Föhn**, ein warmer u. trockener Fallwind, auf.
G e w ä s s e r  u.  G l e t s c h e r : Flüsse entwässern zu Donau, Rhein, Rhône u. Po. Seen liegen oft in den Becken ehem. Gletscher: Bodensee, Zürichsee, Gardasee. Die heute längsten Gletscher: Aletsch- u. Gornergletscher, Mer de Glace, Pasterze.
W i r t s c h a f t : überw. Vieh-(Rinder) u. Holzwirtsch. Der Reichtum an Wasserkraft wird in Talsperren u. Kraftwerken genutzt. Der starke Fremdenverkehr (Mineralquellen, Wintersport, Heilklima) stellt den Alpenraum vor schwerwiegende ökolog. Probleme. Bekannte Fremdenverkehrsorte sind Chamonix, Zermatt, Sankt Moritz, Davos, Kitzbühel, Innsbruck, Garmisch-Partenkirchen, Berchtesgaden, Meran.

**Alpendohle**, gelbschnäbliger *Rabenvogel* der höchsten Lagen der euras. Gebirge.
**Alpenglöckchen**, *Soldanella, Troddelblume,* Gatt. der *Primelgewächse;* geschützt.
**Alpenglühen**, der Widerschein des abendl. oder morgendl. Purpurlichts von Schnee- u. Kalkgipfeln der Berge.
**Alpenkrähe**, rotschnäbliger *Rabenvogel* der west- u. südeurop., nordafrik. u. asiat. Gebirge; im Alpengebiet heute selten.
**Alpenmolch**, *Bergmolch,* ein *Schwanzlurch* der mittel- u. südosteurop. Gebirge.
**Alpenrose** → Rhododendron.
**Alpensalamander**, etwa 15 cm langer, schwarzer Schwanzlurch der Alpen, Verwandter des *Feuersalamanders;* unter Naturschutz.
**Alpensegler**, größerer, hellerer Verwandter des *Mauerseglers.*
**Alpenveilchen**, ein *Primelgewächs* mit immergrünen Blättern u. karminroten Blüten; unter Naturschutz; beliebte Zimmerpflanze.
**Alphabet**, *Abc,* die Buchstabenfolge einer Schrift u. Sprache; benannt nach *Alpha* u. *Beta,* den ersten beiden Buchstaben im grch. A.
**alphanumerisch**, *Datenverarbeitung:* Bez. für einen Zeichenvorrat, der sich sowohl aus Ziffern wie auch Buchstaben zusammensetzt.
**Alphastrahlen**, α-Strahlen, beim natürl. radioaktiven Zerfall aus α-Teilchen (doppelt positiv geladenen Heliumkernen, 2 Protonen u. 2 Neutronen) bestehende Strahlenart; zuerst 1896 beim Zerfall des Radiums entdeckt; → Radioaktivität.
**Alphorn**, Hirtenhorn von 2–5 m Länge aus einem längsseits aufgeschnittenen Holzstamm, dessen Teile ausgehöhlt, wieder zusammengefügt u. mit Wachs u. Rindenumwicklung fest verbunden sind; in den Schweizer Alpen.
**Alpinismus**, *Alpinistik,* die bergsteiger. Erschließung der Alpen u.a. Hochgebirge aus sportl., wissenschaftl. u. künstler. Interessen; erst gegen Ende des 18. Jh. aufgekommen.
**alpinotyp**, Bez. für eine Art der Gebirgsbildung durch Faltung u. Überschiebung von abgelagerten Sedimenten; Ggs.: *germanotyp.*
**Alpirsbach**, Stadt u. Luftkurort in Ba.-Wü., an der Kinzig, 6600 Ew.; ehem. Benediktinerkoster (1095 gegr.).
**Alraune**, *Alraun-* oder *Erdmännchen, Mandragora officinarum,* stengellose Kräuter der Fam. der *Nachtschattengewächse;* möhrenförmige Wurzeln, die früher arzneilich verwendet wurden, wegen ihres oft menschenähnl. Aussehens als Amulette getragen oder als Zaubermittel verwendet wurden.
**Als**, dän. Insel im Kleinen Belt, 315 km², 52 000 Ew.; Hauptort: *Sonderburg.*
**Alsace** → Elsaß.
**Alsfeld**, hess. Stadt an der Schwalm, 18 000 Ew.; Stadtkern mit Fachwerkhäusern (15.–19. Jh.).
**Alster**, r. Nbfl. der Elbe, 52 km; in Hamburg künstl. zu 2 seeartigen Becken *(Außen-* u.*Binnenalster)* aufgestaut.
**Alt**, *Altstimme* → Stimmlage.
**Alt**, rumän. *Olt,* l. Nbfl. der Donau, 706 km.
**Alt**, Rudolf von, *1812, †1905, östr. Maler; einer der Hauptmeister der Vedutenmalerei in Östr.

| Bekannte Pässe und Tunnel in den Alpen | | | |
|---|---|---|---|
| Name | Land | größte Steigung in % | Höhe (m) bzw. Länge (km) |
| Albula | Schweiz | 12 | 2312 m |
| Albula-Tunnel* | Schweiz | | 5,86 km |
| Arlberg | Österreich | 13 | 1800 m |
| Arlberg-Tunnel | Österreich | | 13,972 km |
| Bernina | Schweiz | 12 | 2328 m |
| Bonette | Frankreich | 17 | 2802 m |
| Brenner-Autobahn | Österreich/Italien | 6 | 1380 m |
| Falzaregopaß | Italien | 11 | 2117 m |
| Felbertauern-Tunnel | Österreich | | 5,2 km |
| Fernpaß | Österreich | 8 | 1209 m |
| Flexenpaß | Österreich | 10 | 1773 m |
| Flüela | Schweiz | 11 | 2383 m |
| Furka | Schweiz | 14 | 2431 m |
| Furka-Basistunnel* | Schweiz | | 15,442 km |
| Gerlos | Österreich | 17 | 1507 m |
| Grimsel | Schweiz | 11 | 2165 m |
| Grödner Joch (Gardena) | Italien | 12 | 2137 m |
| Großer Sankt Bernhard | Schweiz/Italien | 11 | 2469 m |
| Großer Sankt Bernhard-Tunnel | Schweiz/Italien | | 5,828 km |
| Großglocknerstraße (Hochtor) | Österreich | 12 | 2505 m |
| Hohentauern (Rottenmanner Tauern) | Österreich | 20 | 1265 m |
| Col de l'Iseran | Frankreich | 12 | 2770 m |
| Jaufenpaß (Monte Giovo) | Italien | 12 | 2094 m |
| Julierpaß | Schweiz | 13 | 2284 m |
| Klausenpaß | Schweiz | 10 | 1948 m |
| Kleiner Sankt Bernhard | Frankreich/Italien | 9 | 2188 m |
| Loibl-Tunnel | Österreich/Jugoslawien | | 1,59 km |
| Lukmanierpaß | Schweiz | 10 | 1972 m |
| Malojapaß | Schweiz | 15 | 1815 m |
| Mont-Blanc-Tunnel | Frankreich/Italien | | 11,690 km |
| Mont Cenis | Frankreich | 11 | 2083 m |
| Mont Cenis* | Frankreich/Italien | | 13,655 km |
| Mont Genèvre | Frankreich/Italien | 12 | 1850 m |
| Nufenen | Schweiz | 10 | 2478 m |
| Oberalppaß | Schweiz | 10 | 2044 m |
| Ofenpaß | Schweiz | 14 | 2149 m |
| Plöckenpaß | Österreich | 13 | 1360 m |
| Pordoi Joch (Passo di Pordoi) | Italien | 8 | 2238 m |
| Radstädter Tauern | Österreich | 15 | 1738 m |
| Reschenpaß | Österreich/Italien | 9 | 1504 m |
| San Bernardino | Schweiz | 12 | 2065 m |
| San-Bernardino-Tunnel | Schweiz | | 6,596 km |
| Sankt Gotthard | Schweiz | 10 | 2108 m |
| Sankt-Gotthard-Tunnel | Schweiz | | 16,320 km |
| Sella Joch | Italien | 11 | 2240 m |
| Semmering | Österreich | 6 | 985 m |
| Splügenpaß | Schweiz | 13 | 2113 m |
| Stilfser Joch (Passo di Stelvio) | Italien | 15 | 2757 m |
| Sustenpaß | Schweiz | 9 | 2224 m |
| Tauern-Tunnel | Österreich | | 6,4 km |
| Tauern-Tunnel* (Hohe Tauern) | Österreich | | 8,5 km |
| Timmelsjoch | Österreich/Italien | 13 | 2497 m |
| Umbrailpaß | Schweiz/Italien | 11 | 2501 m |
| Wurzenpaß | Österreich/Jugoslawien | 18 | 1073 m |
| * Eisenbahntunnel mit Autoverladung | | | |

| Hebräisch | | Griechisch | | Lateinisch | | Russisch | | | | Arabisch | | | |
|---|---|---|---|---|---|---|---|---|---|---|---|---|---|
| א | aleph | Α α | Alpha | A | a | А а | A | Ф ф | Äf | ا | Alif | ض | Dhad |
| ב | beth | Β β | Beta | B | b | Б б | Bjä | Х х | Cha | ب | Ba | ط | Tha |
| ג | gimel | Γ γ | Gamma | C | c | В в | Wjä | Ц ц | Tßä | ت | Ta | ظ | Dsa |
| ד | daleth | Δ δ | Delta | D | d | Г г | Gjä | Ч ч | Tschä | ث | Tsa | ع | Ain |
| ה | he | Ε ε | Epsilon | E | e | Д д | Djä | Ш ш | Scha | ج | Dschim | غ | Ghain |
| ו | waw | Ζ ζ | Zeta | F | f | Е е | Jä | Щ щ | Schtscha | ح | Ha | ف | Fa |
| ז | sajin | Η η | Eta | G | g | Ж ж | Schjä | Ъ ъ | Twjordü snak | خ | Cha | ق | Qaf |
| ח | cheth | Θ ϑ | Theta | H | h | З з | Sjä | Ы ы | Järrü | د | Dal | ك | Kaf |
| ט | teth | Ι ι | Jota | I | i | И и | I | Ь ь | Mjakji snak | ذ | Dsal | ل | Lam |
| י | jod | Κ κ | Kappa | (J | j) | Й й | I s kratkoj | Э э | Ä | ر | Ra | م | Mim |
| כ | kaph | Λ λ | Lambda | (K | k) | К к | Ka | Ю ю | Ju | ز | Sa | ن | Nun |
| ל | lamed | Μ μ | My | L | l | Л л | Äl | Я я | Ja | س | Ssin | ه | Ha |
| מ | mem | Ν ν | Ny | M | m | М м | Äm | | | ش | Schin | و | Waw |
| נ | nun | Ξ ξ | Xi | N | n | Н н | Än | nicht mehr gebraucht: | | ص | Ssad | ى | Ja |
| ס | samech | Ο ο | Omikron | O | o | О о | O | | | | | | |
| ע | ajin | Π π | Pi | P | p | П п | Pjä | Θ ѳ | Fita | | | | |
| פ | pe | Ρ ρ | Rho | Qu | qu | Р р | Ärr | I i | I | | | | |
| צ | zade | Σ σ ς | Sigma | R | r | С с | Äß | V v | Ischjitßa | | | | |
| ק | koph | Τ τ | Tau | S | s | Т т | Tjä | Ѣ ѣ | Jatj | | | | |
| ר | resch | Υ υ | Ypsilon | T | t | У у | U | | | | | | |
| ש | sin | Φ φ | Phi | (U | u) | | | | | | | | |
| ש | schin | Χ χ | Chi | V | v | | | | | | | | |
| ת | taw | Ψ ψ | Psi | (W | w) | | | | | | | | |
| | | Ω ω | Omega | X | x | | | | | | | | |
| | | | | (Y | y) | | | | | | | | |
| | | | | (Z | z) | | | | | | | | |

*Alphabete*

**Altai,** rd. 2500 km langes Randgebirge Innerasiens zw. Mongolei u. Dsungarei, in NW-SO-Richtung ziehend; *Russischer A. (Belucha* 4506 m) u. *Mongolischer A. (Mönkh Khairkhan Uul* 4321 m), der im *Gobi-A.* ausläuft.

**altaische Sprachfamilie,** Zweig der ural-altaischen Sprachen: 3 Untergruppen: *Turk-, mongol. u. tungus. Sprachen.*

**altamerikanische Kulturen,** die vorkolumb. Kulturen Mittel- u. Südamerikas, deren bed. u. letzte die der *Maya* in Mittelamerika, der *Azteken* in Mexiko u. der *Inka* in Peru waren.

**Altamira,** Höhle mit altsteinzeitl. Malereien u. Gravierungen, bei Santillana del Mar (Spanien); 1879 entdeckt; im sog. *Bisonsaal* farbige Tierfiguren.

**Altamirano,** Ignacio Manuel, *1834, †1893, indian. mexikan. Schriftsteller.

**Altar,** in allen Religionen ein block- oder tischartiger Platz für die Darbringung von Opfern. Im Christentum entwickelte sich ein A. erst allmähl. aus dem für Liebesmahle (Agapen) u. Eucharistiefeiern gebrauchten Tisch; seit dem 11. Jh. mit verziertem Aufsatz, der sich im 14.–16. Jh. zum Flügel-A. ausbildete. Das vom A. aus gespendete Abendmahl ist das **A.sakrament.**

**Altbier** → Bier.

**Altdorf, 1.** Hauptort des schweiz. Kt. Uri, im Reußtal, 8500 Ew.; Tell-Festspiele. – **2.** *A. bei Nürnberg,* Stadt in Bayern an der Schwarzach, 11 000 Ew.; 1623–1809 prot. Univ.

**Altdorfer,** Albrecht, *um 1480, †1538, dt. Maler, Kupferstecher, Holzschneider u. Baumeister; Hauptmeister der *Donauschule;* von ihm stammen zahlreiche histor. u. bibl. Szenen; schuf als erster europ. Künstler stimmungshafte Landschaftsbilder (Donaulandschaft bei Regensburg).

**Altena,** Stadt in NRW im Sauerland an der Lenne, 22 000 Ew.; 1100 erbaute Burg (Jugendherberge, Gründungsstätte des dt. Jugendherbergswesens), Dt. Drahtmuseum, Dt. Schmiedemuseum.

**Altenberg,** ehem. Zisterzienserabtei in *Odenthal,* nö. von Köln, 1133–1803; die heutige, hochgot. Kirche (»Bergischer Dom«) ist 1255 begonnen worden, 1379 eingeweiht.

**Altenburg,** Krst. in Thüringen, am Südrand des Braunkohlenreviers von Leipzig, 55 000 Ew.; Schloß (18. Jh.), Herstellung von Spielkarten (Museum).

**Altenteil,** *Ausgedinge, Auszug, Austrag, Leibzucht,* Leistungen (Wohnrecht, Unterhalt u.a.) eines landw. Betriebs an den von der Bewirtschaftung ausscheidenden Bauern *(Altsitzer, Austrägler, Auszügler)* bis zum Lebensende.

**Alter,** der Zeitraum, der seit der Entstehung eines Organismus verflossen ist; Altersstufen.

**altera pars,** der andere Teil, die Gegenpartei.

**Alteration,** Abänderung, Änderung.

**Alter Dessauer** → Leopold I., Fürst von Anhalt-Dessau.

**alter ego,** »das andere Ich«, vertrauter Freund.

**altern,** alt werden; lebenslang anhaltende Veränderung von Organen. Die einzelnen Organe des Körpers a. sehr unterschiedl. Äußere Alterszeichen sind Körpergröße, Haltung, Gang, Elastizität der Haut, Haut- u. Haarfarbe. Zu den Alterserscheinungen der Organe gehören Abnahme der Elastizität der Blutgefäße u. der Leistung des Herzens, die Kreislaufveränderungen verursachen, Versteifung von Geweben durch Ablagerung von Schlacken, Veränderungen an den Sinnesorganen. Das Endstadium des Alterns ist der Tod. Am wenigsten a. Tiere, die eine große Regenerationsfähigkeit der Zellen besitzen. – Den Wissenschaftszweig, der sich mit den Vorgängen des Alterns befaßt, nennt man *Alters-* bzw. *Altersforschung* oder *Gerontologie,* während *Geriatrie* die Altersheilkunde ist.

**Alternanz,** *Ertragswechsel,* das Abwechseln reicher Ernten mit Ausfällen.

**Alternative,** Wahl; Entscheidung zw. zwei Möglichkeiten.

**alternative Bewegung,** Sammelbez. für verschiedenartige soziale, politische u. weltanschauliche Strömungen, denen eine bestimmte, inhaltliche Kritik an der westl. Industriegesellschaft sowie ein darauf bezogenes Streben nach Selbstbefreiung u. Entwicklung eines neuen Lebensstils gemeinsam ist. Beispiele: alternative Lebensformen, Bürgerinitiativen, Bürgerrechtsbewegung, Friedensbewegung, Frauenbewegung, Neue Linke, Ökologiebewegung, Spontigruppen.

**alternierend,** abwechselnd.

**alternierender Vers,** ein Vers, in dem Hebung u. Senkung regelmäßig wechseln (z.B. Jambus).

**Alter Rhein,** *Oude Rijn,* kanalisierter Mündungsarm des Rhein, verbindet Utrecht mit Leiden u. Katwijk aan Zee.

**Altersaufbau,** die Gliederung der Bevölkerung nach Altersjahrgängen; in der *Alterspyramide* dargestellt.

**Altersbestimmung,** Feststellung des Alters von Organismen: z.B. bei Säugetieren am Verknöcherungszustand des Skeletts, durch das Zahnalter bei Pferd, Rind u. Hund. Das Alter von Bäumen wird durch Zählen der → Jahresringe auf einem Stammquerschnitt bestimmt.

**Altersblödsinn,** *senile Demenz, seniles Irresein,* in höherem Alter, meist nach dem 70. Lebensjahr, auftretende Rückbildung von Hirngewebe.

**Altersfreibetrag,** einkommensteuerfreier Betrag für Steuerpflichtige, die vor Beginn des Kalenderjahrs das 64. Lebensjahr vollendet haben.

**Altersgrenze,** Begrenzung der aktiven Berufstätigkeit; in der Regel bei Vollendung des 65. Lebensjahrs, bei Beamten des Polizeivollzugsdienstes u. bei Berufssoldaten am Ende des 60., bei Hochschullehrern des 68. Lebensjahrs.

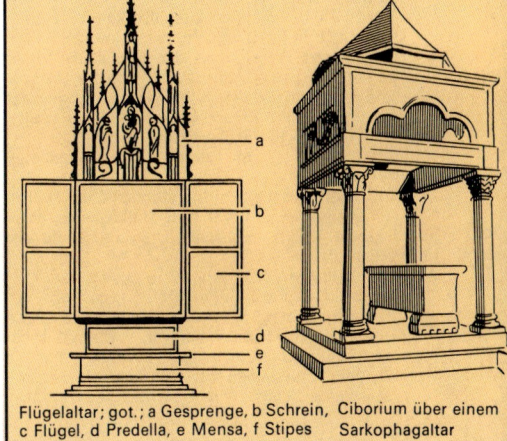

Flügelaltar; got.; a Gesprenge, b Schrein, c Flügel, d Predella, e Mensa, f Stipes Ciborium über einem Sarkophagaltar

*Altarformen*

Die *flexible A.* der Arbeiter- u. Angestelltenversicherung bietet die Möglichkeit, auf Antrag bereits nach Vollendung des 63. Lebensjahrs (bei Frauen 60., auch bei Schwerbeschädigten 60.) die Altersrente zu erhalten. → Altersruhegeld.

**Altersheim,** *Altenheim,* eine Anstalt, die gegen Entgelt oder als Wohlfahrtseinrichtung alten Leuten Unterkunft u. Verpflegung bis ans Lebensende gewährt.

**Alterspräsident,** verhandlungsführendes ältestes Mitgl. einer Körperschaft bis zur Wahl des Präsidenten.

**Alterspyramide** → Altersaufbau.

**Altersruhegeld,** Rente nach Erreichung der Altersgrenze aus der Angestellten- u. Arbeiterrentenversicherung; in der Knappschaftsrentenversicherung *Knappschaftsruhegeld* genannt.

**Altersschwäche,** durch den fortschreitenden Altersprozeß bedingter körperl. u. geistiger Kräfteverfall.

**Alterssichtigkeit,** *Presbyopie,* Übersichtigkeit aufgrund altersbedingter Abnahme der *Akkomodationsfähigkeit* durch Elastizitätsverlust der Augenlinse.

**alter Stil,** Abk. *a. St.,* Zeitrechnung nach dem *Julianischen Kalender;* in Rußland bis Febr. 1918 gültig.

**Altersversorgung,** Versorgung im Alter durch soziale oder private *Altersversicherung,* betriebl. *Ruhegeld* oder *Pension.*

**Altertum,** *i.e.S.* die Welt des antiken Griechenland

| **Altersstufen im deutschen Recht** (nach vollendeten Lebensjahren) | |
|---|---|
| Geburt | Beginn der Rechtsfähigkeit |
| 6. Lebensjahr | Beginn der Schulpflicht |
| 7. Lebensjahr | beschränkte Geschäftsfähigkeit, bedingte Deliktsfähigkeit |
| 12. Lebensjahr | Zustimmungserfordernis (beschränkte Religionsmündigkeit) zum Bekenntniswechsel |
| 14. Lebensjahr | Jugendstrafmündigkeit, uneingeschränkte Religionsmündigkeit |
| 16. Lebensjahr | Eides- und Testierfähigkeit |
| 18. Lebensjahr | Volljährigkeit und Ehemündigkeit; unbeschränkte Geschäftsfähigkeit; regelmäßig volle Strafmündigkeit (Ende des Jugendstrafrechts); volle bürgerlich-rechtliche Deliktsfähigkeit; aktives und passives Wahlrecht |
| 21. Lebensjahr | volle Strafmündigkeit (absolutes Ende des Jugendstrafrechts) |
| 25. Lebensjahr | regelmäßiges Mindestalter für Adoptiveltern |
| 60. Lebensjahr | Berechtigung zur Ablehnung einer Vormundschaft |

u. Rom *(klass. A., → Antike);* i.w.S. die Epoche von den Anfängen der geschichtl. Überlieferung, deren Beginn in Asien schon zw. 4000 u. 3000 v.Chr. liegt (Indus-Kultur, frühe Kulturen Ägyptens, Mesopotamiens u. Kleinasiens), bis zum Untergang der antiken Mittelmeerkulturen zw. dem 4. u. 7. Jh. n. Chr.

**Altes Land,** fruchtbare Flußmarsch an der Unterelbe, zw. Hamburg u. Stade; Obst- u. Gemüsebau.

**Altes Testament,** Abk. *AT, Alter Bund,* in den christl. Kirchen übl. Bez. für kanon. Schriften, die den Bund Gottes mit Israel bezeugen. – Die Schriften des AT sind in einem Zeitraum von rd. 1000 Jahren entstanden. Gliederung: → Bibel.

**Alte Welt,** der asiat.-europ. Landblock, im Ggs. zur *Neuen Welt* (Amerika).

**altfränkisch,** altmodisch.

**Altfrid,** *vor 800, †874, Bischof von Hildesheim seit 851, Patron der Diözese Hildesheim (nicht heiliggesprochen).

**Altgläubige,** russ.-orth. Kirche, → Raskolniki.

**Althaea,** *Stockmalve, Stockrose, Eibisch, Samtpappel, Heilwurz,* Gatt. der *Malvengewächse.*

**Althing** [álθiŋ], das isl. Parlament (seit 930).

**Althochdeutsch,** Abk. *ahd.,* ältester Abschnitt der hochdt. Sprachentwicklung (750–1050); → deutsche Sprache.

**Altig,** Rudi, *18.3.1937, dt. Radrennfahrer; 1966 Straßenweltmeister.

**Altiplano,** das boliv. Hochland zw. den Ketten der Anden, 3600–4000 m hoch.

**Altkastilien,** span. *Castilla la Vieja,* histor. Landschaft im nördl. Spanien, alte Hpst. *Valladolid.*

**Altkatholiken.** Gegen die auf dem 1. Vatikan. Konzil 1870 verkündete Unfehlbarkeit des Papstes erhob sich in Dtld., Östr. u. der Schweiz eine Bewegung des Protests, aus der die altkath. Kirche hervorging. Die A. lehnen auch Beichte und Priesterzölibat ab. 1889 schlossen sich die meisten altkath. Kirchen in der *Utrechter Union* zusammen. In der Schweiz: *Christkath. Kirche.*

**Altkönig,** Berg im Taunus, sö. des Feldbergs, 798 m.

**Altlasten,** die vor dem Inkrafttreten des Abfallbeseitigungsgesetzes (1986) auf Mülldeponien abgelagerten Abfälle, von denen Umweltgefahren ausgehen können.

**Altlutheraner,** luth. Kirchen, die sich im 19. Jh. in den »altpreuß.« Provinzen gegenüber den Unionsbestrebungen des Staats bildeten. Zugleich entstanden in Hessen, Hannover, Sachsen u. Hamburg freikirchl. Gemeinden. 1972 schlossen sich alle luth. Freikirchen zur *Selbständigen Evangelisch-Lutherischen Kirche* (SELK) zusammen.

*Altsteinzeit: weibliche Specksteinfigur, eine sog. »Venusstatuette« aus Haćilar; 6000 v.Chr. Berlin, Museum für Vor- und Frühgeschichte*

Diese gehört nicht der EKD u. nicht dem Luther. Weltbund an.

**Altman** [ɔ:ltmən], Robert, *20.2.1925, US-amerik. Filmregisseur, -autor u. -produzent.

**Altmark,** westl. der Elbe gelegene Landschaft im Bez. Magdeburg, Zentrum *Stendal;* Kernland der Mark Brandenburg.

**Altmeier,** Peter, *1899, †1977, dt. Politiker, Mitgr. der CDU, 1947–69 Min.-Präs. von Rhld.-Pf.

**Altmetall** → Schrott.

**Altmühl,** l. Nbfl. der Donau in Mittelfranken, 230 km; im Unterlauf Teilstück des Rhein-Main-Donau-Kanals.

**altnordische Literatur,** die Lit. des nördl. Zweigs der altgerm. Sprachstamms. Sie deckt sich in der Frühzeit (etwa bis ins 13. Jh.) weitgehend mit der *isl. Literatur.* Nach einer noch älteren Stufe, der nur in spärl. Überresten erhaltenen *Runenliteratur* (etwa bis ins 8. Jh.), ist die a. L. die einzige der germ. Literaturen überhaupt, die das Leben u. die Anschauungen des nord. Heidentums widerspiegelt.

**Altokumulus** → Wolken.

**Altöl,** mineralölhaltige Rückstände, die nicht mehr für den urspr. Zweck eingesetzt werden können. A. zählt zu den wassergefährdenden Stoffen. Die ordnungsgemäße A.-Beseitigung ist gesetzlich geregelt.

**Altona,** westl. Stadtteil von Hamburg; seit 1640 dän. (Stadtrecht 1664), erster Freihafen N-Europas; 1867 zu Preußen, 1937 in *Groß-Hamburg* eingemeindet.

**Altostratus** → Wolken.

**Altötting,** oberbay. Krst. im Inntal, 11 000 Ew.; Wallfahrtsort.

**Altphilologie,** *klassische Philologie,* die Wissenschaft von den klass. Sprachen (Latein u. Griechisch) u. Literaturen.

**Altpreußen,** das eigtl. Preußenland (Ost- u. Westpreußen) u. dessen Bewohner balt. Sprachgruppe *(Pruzzen* mit Unterstämmen).

**altpreußische Sprache,** *Pruzzisch, Prußisch,* ausgestorbene Sprache; in Ostpreußen bis ins 17. Jh. gesprochen.

**Altpreußische Union,** Abk. *APU,* die Unionskirche im preuß. Staat, die seit 1817 Lutheraner u. Reformierte zusammenschloß, seit 1953 »Ev. Kirche der Union« (Abk. *EKU).*

**Altrhein,** alle stillgelegten Arme des Rhein.

**Altruismus,** dem *Egoismus* entgegengesetzte Handeln aus Solidarität.

**Altsächsisch,** *Altniederdeutsch,* ältester Abschnitt (9.–11. Jh.) der niederdt. Sprachentwicklung. → Heliand.

**Altsilber,** durch chem. Mittel künstl. gedunkeltes Silber.

**Altsteinzeit,** *Paläolithikum,* die älteste, das gesamte Eiszeitalter umfassende Epoche der Menschheitsgeschichte (in Europa um 600 000 bis 8000 v.Chr.). Gliederung in *Alt-, Mittel-* u. *Jungpaläolithikum* (durch Radiocarbonmessungen mit 30 000 u. 8000 v.Chr. datiert).
Das die älteste Stufe umfassende *Abbevillien* ist durch roh behauene, meist dicke Faustkeile gekennzeichnet. Im *Acheuléen,* der 2. Stufe, sind die Faustkeile regelmäßig geformt; der Gebrauch des Feuers ist nachzuweisen. Träger der mittelpaläolith. Kultur war der *Neandertaler,* der seine Toten erstmalig bestattete. Kennzeichnend sind die Funde aus Le Moustier (danach *Moustérien).* Im Jungpaläolithikum tritt mit der Cro-Magnon-Rasse der erste heutige Menschentypus *(Homo sapiens)* auf. Steingeräte werden durch Geräte aus Knochen, Elfenbein u. Rengeweih ergänzt.

**Altvater,** tschech. *Praděd,* höchster Berg (1492 m) des *A.-Gebirges* (Hohes Gesenke) in den SO-Sudeten.

**Altwasser,** abgeschnittene Flußschlinge mit stehendem Wasser.

**Altweibersommer,** 1. Schönwetterperiode Ende Sept.-Okt., bes. im östl. Mitteleuropa u. N-Amerika. – **2.** *fliegender Sommer, Flug-, Frauensommer, Marien-, Sommer-, Herbstfäden,* Spinnfäden, die im Frühjahr u. Herbst umherwehen.

**Altweltaffen** → Schmalnasen.

**Aluminium** (lat. *alumen,* »Alaun«), ein → chem. Element; silberweißes Leichtmetall; wird elektrolytisch aus Bauxit gewonnen. Wichtigstes Gebrauchsmetall (Fahrzeug- u. Flugzeugbau, Elektrotechnik u.a.) mit guten Festigkeitseigenschaften.

**Alumnat,** heute unübliche Bez. für das mit einem Gymnasium verbundene Schülerheim.

**Alunit,** *Alaunstein,* ein Mineral.

**Alvarado,** Pedro de, *um 1485, †1541, span. Konquistador; eroberte 1542 Guatemala u. El Salvador.

**Alvarez,** Luis, *1911, †1988, US-amerikan. Physiker; Arbeiten über Elementarteilchen; Nobelpreis 1968.

**Alvensleben,** niedersächs. Adelsgeschlecht (seit 1163); Gustav von, *1803, †1881, Generaladjutant König Wilhelms I. von Preußen; schloß 1863 die *A.sche Konvention,* eine Vereinbarung zw. Preußen u. Rußland zu gemeinsamer Unterdrückung der poln. Revolution von 1863.

**Alveolar,** ein am Gaumen über den Oberzähnen gebildeter Laut, z.B. »s«.

**Alveole, 1.** Zahn-A., Zahnfach des Kiefers, in dem der Zahn mit der Wurzel eingekeilt ist. – **2.** Lungen-A., Lungenbläschen.

**Alverdes,** Paul, *1897, †1979, dt. Schriftsteller.

**Alweg-Bahn,** eine Einschienenbahn für hohe Geschwindigkeiten; 1952 entwickelt nach Plänen des schwed. Industriellen A. L. *Wenner-Gren.*

**Alz,** r. Nbfl. des Inn, 45 km; Abfluß des Chiemsees.

**Alzette** [-'zɛt], r. Nbfl. der Sauer, 72 km; durchfließt S-Luxemburg.

**Alzey,** Krst. in Rhld.-Pf., an der Selz, 15 000 Ew.; Weinanbau.

**Alzheimer Krankheit** [ben. nach dem dt. Neurologen Alois Alzheimer, *1864, †1915], *präsenile Demenz,* altersbedingtes Nachlassen der geistigen Fähigkeiten bis zur Verblödung durch Hirngewebsschwund.

**amabile,** Vortragsbez.: lieblich.

**Amadinen,** Gatt. von südasiat. u. austral. *Prachtfinken;* beliebte Käfigvögel.

**Amadis,** Idealgestalt des europ. Ritters; seine Ritterfahrten zu Ehren seiner Geliebten *Ariana* bilden den Inhalt zahlreicher *A.-Romane* (älteste bekannte Fassung von Rodriguez de Montalvo: »Amadís de Gaula« 1508).

**Amado,** Jorge, *10.8.1912, brasil. Schriftsteller.

**Amagasaki,** jap. Industrie- u. Hafenstadt auf Honshu, nördl. von Osaka, 555 000 Ew.

**Amal** [arab.»Hoffnung«], polit. u. militär. Organisation der Schiiten im Libanon; 1975 von dem Imam *Musa Sadr* gegr. Die A.-Miliz engagierte sich seit 1982 zunehmend im libanes. Bürgerkrieg.

**Amaler,** *Amelungen,* ostgot. Königsgeschlecht, dem *Theoderich d. Gr.* entstammte.

**Amalfi,** ital. Hafenstadt u. Seebad, am Golf von Salerno, 7200 Ew.

**Amalgam,** Legierung des Quecksilbers mit anderen Metallen (Silber, Zinn u.a.); *Zahn-A.* wird für Zahnfüllungen (Plomben) verwendet.

**Amalthea,** *Amaltheia,* in der grch. Mythologie eine Ziege oder Nymphe, die den kleinen Zeus nährte; Zeus füllte ein »Horn der A.« mit Segenskraft.

**Amami-Inseln,** nordöstl. Gruppe der jap. Ryukyu-Inseln, 718 km², Hptst. *Naze;* 1945–53 von den USA besetzt.

**Amandus,** †679 oder 684, Missionar in Friesland u. Flandern; Heiliger, Patron von Flandern (Fest: 6.2.).

**Aman Ullah,** *1892, †1960, afghan. Emir u. König. Unter seiner Herrschaft erlangte Afghanistan die Unabhängigkeit; wurde später zum Thronverzicht gezwungen.

**Amapá,** Territorium in → Brasilien.

**Amarelle,** Sorte der Sauerkirsche.

**Amarna,** *Al A., Tell el A.,* Ruinenstätte in Mittelägypten; Pharao *Amenophis IV. (Echnaton)* erbaute hier um 1370 v.Chr. seine dem Kult des Sonnengott *Aton* gewidmete Residenz *Achat Aton;* Paläste, Felsgräber u. Tempel *(Atontempel);* bed. Funde (u.a. *Nofretete).*

**Amaryllis,** Gatt. der *Amaryllisgewächse;* hierzu die *Primadonna-Lilie* mit großen rosenroten Blüten; Zierpflanzen mit vielen Zuchtrassen.

**Amaterasu** [jap., »vom Himmel leuchtend«], *A. Omikami,* jap. Sonnengöttin; angebl. Stammmutter des Kaiserhauses.

**Amateur** [-'tø:r], »Liebhaber«, jemand, der eine Tätigkeit aus Liebhaberei ausübt, ohne einen Beruf oder Gelderwerb daraus zu machen; im Sport durch A.regel festgelegt.

**Amati,** ital. Geigenbauerfamilie in Cremona: **1.** Andrea, *um 1500/1505, †vor 1580; Begr. der Cremoneser Schule. – **2.** Nicola, *1596, †1684, größter Künstler seiner Familie, Lehrmeister von A. Stradivari u. A. Guarneri.

**Amazonas, 1.** längster Strom Südamerikas

*Amazonas: Brandrodungsinseln an einem Seitenarm*

(6437 km); wasserreichster Strom der Erde; Einzugsbereich 7 Mio. km²; entsteht aus den von den Anden kommenden Hauptquellflüssen *Marañón* u. *Ucayali;* bis zur Mündung des Rio Negro *Rio Solimões* gen.; mündet mit 3 Hauptarmen in den Atlantik; durchfließt das A.tiefland u. ist an der Mündung 250 km breit; Gezeiten sind bis 800 km landeinwärts spürbar (Flutwelle heißt *Pororoca);* für Seeschiffe befahrbar. – **2.** Bundesstaat in → Brasilien; im Regenwaldgebiet des westlichen u. mittleren A.

**Amazonen, 1.** ein sagenhaftes krieger. Frauenvolk Asiens. Unter ihrer Königin → Penthesilea kämpften sie im Trojan. Krieg auf seiten der Trojaner. – **2.** südamerik. Papageiengattung; überwiegend grüngefärbte Großpapageien, beliebte Stubenvögel.

**Ambassadeur** [ãbasa'dœːr], Gesandter, Botschafter.

**Amberbaum,** *Ambrabaum,* platanenähnl. Gatt. der *Hamamelisgewächse.*

**Amberg,** bay. Stadt in der Oberpfalz, an der Vils, 43 000 Ew.; mittelalterl. Stadtbefestigung.

**Amberger,** Christoph, *um 1500, †1562, dt. Maler; hpts. Porträt- u. Altarbilder in Augsburg.

**Ambesser,** Axel von, eigtl. Axel Eugen von Oesterreich, *1910, †1988, dt. Schauspieler, Regisseur u. Schriftst.

**Ambiente,** persönl. oder räuml. Umgebung (Milieu), die bes. Ausstrahlung verleiht.

**Ambition,** Ehrgeiz, Streben nach Höherem.

**Ambitus,** Chorumgang.

**Ambivalenz,** Doppelwertigkeit; in der Psych. das gleichzeitige Bestehen von widersprechenden Gefühlen, Regungen u. Willensvorstellungen (z.B. Haßliebe, Gehorsam u. Auflehnung).

**Amboise** [ã'bwaːz], frz. Stadt an der Loire, 11 000 Ew.; bed. Schloß (15. Jh.); Residenz der Valois.

**Ambon,** *Amboina,* indones. Molukken-Insel, 761 km², 120 000 Ew. *(Ambonesen* u. *Alfuren);* Hptst. A.

*Ameisen: Weibchen (»Königin«) der Roßameise bei der Aufzucht ihrer ersten Brut*

**Amboß, 1.** ein Stahlblock mit gehärteter Arbeitsfläche, zum Schmieden. – **2.** *Incus,* das mittlere Gehörknöchelchen der Säugetiere; → Ohr.

**Ambras,** amtl. *Amras,* Schloß in Tirol, sö. von Innsbruck; im 16. Jh. im Renaissancestil ausgebaut, jetzt Museum; bis 1806 Aufbewahrungsort des **A.er Heldenbuchs,** einer um 1510 aufgeschriebenen Sammlung mhd. Heldenepen.

**Ambrosia,** in der grch. Mythologie Speise der Götter, die ihnen Unsterblichkeit verlieh.

**Ambrosiana,** 1609 in Mailand gegr. Bibliothek mit angegliederter Gemäldegalerie.

**ambrosianischer Lobgesang,** *Tedeum,* Gesang nach den lat. Anfangsworten »Te Deum laudamus« (»Dich, Gott, loben wir«); *Ambrosius* zugeschrieben.

**Ambrosius,** *339, †397, Kirchenlehrer, Bischof von Mailand seit 374; bekämpfte den Arianismus u. verschaffte dem Nicänischen Glaubensbekenntnis im Abendland Geltung. Heiliger (Fest: 7.12.).

**ambulant,** wandernd, umherziehend; a.e *Behandlung,* die Krankenbehandlung in der Sprechstunde des Arztes (im Ggs. zur stationären Krankenhausbehandlung).

**Ambulanz,** bewegl. Rettungsstelle (Krankenwagen); Krankenhaus(abt.) für ambulante Behandlung *(Poliklinik).*

**Amdabad,** Stadt im ind. Bundesstaat Gujarat, 2,1 Mio. Ew., Altstadt (1411 gegr.), viele Tempel u. Moscheen (Elfenbeinmoschee); Baumwollzentrum.

**Ameisen,** *Emsen, Formicoidea,* über die ganze Erde verbreitete, zu den *Hautflüglern* gehörende

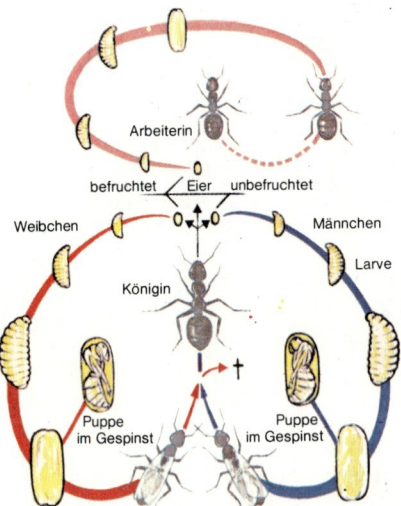

*Waldameisen: Entwicklung der Roten Waldameise*

Überfam. staatenbildender Insekten mit mindestens dreierlei Individuentypen: geflügelte, nur zur Schwarmzeit vorhandene Männchen; Weibchen, zur Schwarmzeit (Begattung) ebenfalls mit Flügeln versehen, die sie aber danach abwerfen; ungeflügelte Weibchen mit rückgebildeten Geschlechtsorganen *(Arbeiterinnen).* Bei einigen Formen sind die Arbeiterinnen als »Soldaten« mit bes. vergrößerten, beißenden Mundwerkzeugen entwickelt. Die etwa 6000 Arten verteilen sich auf 8 Fam. *Weber-A.* benutzen ihre mit Spinndrüsen versehenen Puppen als Webeschiffchen u. nähen damit Blätter zum Nest zus. Trop. *Wander-A.* bauen fast jeden Abend ein neues Nest. Vorliebe für süße Stoffe führt zum Besuch der Blattläuse, die die A. zur Abgabe ihres zuckerhaltigen Kotes veranlassen. *»A.straßen«* sind durch Geruchsstoffe für jede staatsangehörige A. markiert. A. können polarisiertes Licht wahrnehmen u. Nachrichten durch »Fühlersprache« (Austausch von Tastreizen) übermitteln.

**Ameisenbär,** zahnloses Säugetier S-Amerikas mit röhrenförmig verlängerter Schnauze, langer, klebriger Zunge und fast körperlangem Schwanz; Ameisen- u. Termitenfresser; *Großer A. (Yurumi)* über 2 m Körperlänge.

**Ameisenhege,** Ansiedlung u. Förderung von *Waldameisen* zur biol. Schädlingsbekämpfung im Forstbereich. Brauchbar ist v.a. die *Kleine Rote Waldameise, Formica polyctena,* wegen ihrer hohen Vermehrungsfähigkeit (bis 5000 Weibchen

## Amerika

pro Nest können bis zu 1,5 Mio. Tiere Nachwuchs im Monat erzeugen).

**Ameisenigel,** *Schnabeligel, Echidnidae,* Fam. der *Kloakentiere,* von plumper Gestalt, mit Grabkrallen. Die wurmförmige Klebzunge dient zum Fang von Insekten; verbreitet in Australien.

**Ameisenjungfern,** *Myrmeleonidae,* Fam. der *Netzflügler;* libellenähnl. Tiere. Die Larven sind

*Ameisenjungfer*

die **Ameisenlöwen,** die im Sand trichterförmige Gruben anlegen, an deren Grund sie sich eingraben u. auf hineinfallende Ameisen lauern.

**Ameisensäure,** *Formylsäure,* H-COOH, eine sehr starke organ. Säure, die im Bienen- u. Ameisengift sowie in Brennesseln vorkommt; in der BR Dtld. zugelassener Konservierungsstoff für Lebensmittel.

**Ameland,** eine der Westfries. Inseln vor der niederl. Nordseeküste, 57 km², rd. 3000 Ew.; Seebäder, Fähre von Holwerd.

**Amelungen,** in der dt. Heldensage die Mannen *Dietrichs von Bern,* der ein ostgot. *Amaler* war.

**Amen** [hebr., »gewiß, wahrlich«], Gebetsschluß u. Zustimmungsformel, womit die Gemeinde das Verlesene für sich anerkennt; aus der israelit. Rechtsordnung in die christl. u. islam. Gebets- u. Gottesdienstordnung übergegangen.

**Amenemhet,** grch. *Ammenemes,* 4 ägypt.Könige der 12. Dynastie, – **A. III.,** *Marres,* 1842–1798 v.Chr.; kolonisierte die mit dem Niltal verbundene Oasenlandschaft Faiyum, wo er einen Tempel, das *Labyrinth,* erbaute.

**Amenophis,** ägypt. *Amen-hotep,* 4 ägypt. Könige der 18. Dynastie. – **A. III.,** um 1400–1364 v.Chr., war ein prachtliebender Herrscher, erbaute den Tempel von Luxor. Sein u. seiner Frau *Teje* Sohn war *A. IV.* (→ Echnaton).

**Amenorrhöe,** Ausbleiben der Menstruation bei der geschlechtsreifen Frau; normal bei Schwangerschaft u. Wochenbett.

**American Express Company,** Abk. *AMEXCO,* Reise- u. Transportunternehmung, gegr. 1850; führte 1891 den »Traveller Cheque« (Reisekreditbrief) ein; → Kreditkarte.

**American Federation of Labor** [əˈmerɪkən fedəˈreɪʃən ɒv ˈleɪbə], *AFL,* 1881 gegr. Spitzenverband US-amerik. Gewerkschaften. 1955 schloß sich die AFL mit der *CIO* (Congress of Industrial Organizations) zur *AFL/CIO* zus.

**American Football** [əˈmerɪkən ˈfʊtbɔːl], amerik. Variante des Rugby; → Football.

**Americium,** ein → chem. Element.

**Amerika,** Doppelkontinent aus Nord- u. Süd-A. Beide Teile sind durch die zentralamerik. Landbrücke miteinander verbunden. Mit 42 Mio. km² ist der Doppelkontinent nur wenig kleiner als Asien u. umfaßt rd. 28 % der Landoberfläche der Erde. A. erstreckt sich von N nach S über 16 000 km u. ist damit der Kontinent mit der größten N-S-Ausdehnung. Sowohl auf der N-Halbkugel als auch auf der S-Halbkugel hat er Anteil an allen Klimazonen der Erde. A. beherbergt mit 689 Mio. Ew. nur 14 % der Erdbevölkerung. Der Kontinent A., der nach dem Seefahrer *Amerigo Vespucci* benannt worden ist u. wegen der relativ späten Entdeckung durch die Europäer auch als »Neue Welt« bezeichnet wird, gliedert sich im einzelnen in *Nordamerika* (inklusive Grönland u. Mexiko, 23,5 Mio. km² u.

# Amerika

## Nordamerika, Bodenbedeckung

- Kulturland (Ackerland, Plantagen und Bewässerungskulturen)
- Grasland und Grünlandwirtschaft der gemäßigten Zone
- Wald der gemäßigten Zone
- Tropischer Wald
- Savanne
- Steppe (Strauch- und Grassteppe)
- Halbwüste und Wüste
- Waldtundra
- Tundra
- Fels-, Schnee- und Eisregion der Hochgebirge und Polargebiete

0 200 400 600 800 1000 Kilometer

Südamerika, Staaten

## Amerikanisches Mittelmeer

332 Mio. Ew.), in *Mittelamerika* (ohne Mexiko, 761 000 km², 62 Mio. Ew.) u. in *Südamerika* (17,8 Mio. km², 279 Mio. Ew.). Nach sprachl.-kulturellen Gesichtspunkten wird der Kontinent in das überwiegend englischsprachige *Anglo-A.* (USA, Kanada) u. das überwiegend spanisch- oder portugiesischsprachige *Latein-A.* unterteilt. Mit den USA beherbergt A. das wirtschaftl. bedeutendste Land der Erde.
Landesnatur. A. weist in seinem Oberflächenaufbau eine einheitl. Dreigliederung auf. Im W erstreckt sich das junge, vulkan. rege Hochgebirge der Kordilleren *(Rocky Mountains, Anden).* Im Innern schließen sich endlose, von breiten Strömen durchflossene Ebenen an. Den O bilden Mittelgebirge *(Appalachen, Bergland von Guyana, Brasilian. Berg- u. Tafelland).* Der Mississippi entwässert mit seinen Nebenflüssen Missouri u. Ohio rd. 15% Nord-A. Die Großen Seen südl. des Kanad. Schilds sind mit 245 212 km² die größte Süßwasserfläche der Erde. Sie sind durch den St.-Lorenz-Strom, einer der verkehrsreichsten Wasserstraßen der Erde, mit dem Atlantik verbunden. Längster Strom Süd-A.s u. wasserreichster der Erde (180 000 m/s) ist der 6437 km lange Amazonas. – Klima: Nord-A. erstreckt sich von der Zone ewigen Eises in der Arktis u. dem subpolaren Klima im N Kanadas durch die gemäßigte Zone bis zu den Subtropen u. Tropen Mittel-A. Das Fehlen von ostwestl. verlaufenden Gebirgszügen ermöglicht den ungehinderten Austausch von kalten arkt. u. heißen trop. Luftmassen. Die Folge sind plötzliche Temperaturänderungen u. das häufige Auftreten von Wirbelstürmen. Süd-A. liegt größtenteils im Bereich der Tropen u. Subtropen u. hat nur im S Anteil am gemäßigten u. an der S-Spitze auch am subpolaren Klima. Im Bereich der Anden wechseln die klimat. Verhältnisse in Abhängigkeit von der Höhenlage. – Pflanzen- u. Tierwelt: An die Tundrazone im N schließt sich nach S die Nadelwaldzone an. Die baumlosen Prärien dienen im feuchteren O-Teil dem Getreideanbau, im trockeneren W-Teil der Viehzucht. Die Appalachen sind mit sommergrünen Laubwäldern, die Kordilleren mit Nadelwäldern bedeckt. In der trop. u. subtrop. Zone Nord- u. Mittel-A. bestimmen je nach Niederschlagsverhältnissen u. Höhenlage trop. Regenwälder, trockene Savannen u. Dornbuschlandschaften das natürl. Pflanzenkleid. In Süd-A. beherbergt das Amazonastiefland das größte trop. Regenwaldgebiet der Erde. Durch raubbauartige Abholzungen u. Brandrodung ist jedoch der Bestand stark zurückgegangen. Nach N u. S gehen die Regenwälder in Savannen *(Llanos, Campos)* über. Laubabwerfende Trockenwälder *(Caatingas)* sind im östl. Brasilien verbreitet, Trockensavanne im Gran Chaco. Der außertrop. S wird von offenen Strauch- u. Graslandschaften eingenommen. Im äußersten S herrschen subantarkt. Pflanzenarten vor. In Nord-A. sind u.a. Puma, Opossum u. Klapperschlange, in Süd-A. Lama, Alpaka, Jaguar, Ameisenbär u.a. typ. Vertreter, die nur hier verbreitet sind. Die Fauna Nord-A. weist viele Parallelen zur nordeurop. u. nordasiat. Tierwelt auf (Hirsche, Wölfe, Nagetiere u.a.).
Bevölkerung. Die Bevölkerungsverteilung ist äußerst ungleich: Den fast menschenleeren Räumen im N Kanadas u. in Amazonien stehen äußerst dichtbesiedelte Landstriche, v.a. an der Atlantikküste, gegenüber. Die Bewohner Anglo-A.s sind zu 80% Weiße. Es sind Nachkommen europ. Einwanderer, die in den USA vorw. engl., irischer, dt. u. skandinav., in Kanada zu einem Drittel auch frz. Herkunft sind. Der N Kanadas wird von Eskimos bewohnt. Die US-amerik. Bevölkerung besteht zu 83% aus Weißen u. zu 12% aus Schwarzen, den Nachkommen der als Sklaven ins Land geholten Afrikaner. Daneben gibt es noch Minderheiten von Indianern, den Ureinwohnern, Chinesen u. Japanern. In jüngerer Zeit sind noch Einwanderungsgruppen aus Mexiko, Indochina, Korea u. den Philippinen dazugekommen. Rd. die Hälfte der südamerik. Bevölkerung sind Weiße (zumeist Nachfahren der span. u. portug. Einwanderer). Eine knappe indian. Mehrheit haben noch Bolivien u. Peru. Ansonsten ist eine starke Mischbevölkerung aus Weißen, Indianern u. Schwarzen entstanden (Mestizen, Mulatten, Zambos).
Wirtschaft. Die Landwirtschaft Nord-A. ist marktorientiert u. so stark industrialisiert wie in keinem anderen Teil der Erde. Die Industrie, deren Stellenwert sich schon daran ablesen läßt, daß die USA den höchsten Pro-Kopf-Verbrauch an Energie haben, ist ausgesprochen vielseitig. Nord-A. kann sich mit den wichtigsten Bodenschätzen selbst versorgen u. gehört zu den bed. Förderern von Magnesium, Nickel u. Phosphat. Im krassen Gegensatz zum hochentwickelten Anglo-A. steht die wirtschaftl. Lage Süd- u. Mittel-A.s. Haupterwerbszweig ist hier zumeist noch die Landwirtschaft. Wichtigste Anbauprodukte für den Export sind Kaffee, Zuckerrohr, Tabak, Kakao u.a. Die Viehzucht ist in Süd-A. von erhebl. Bedeutung. An wichtigen Bodenschätzen gibt es außer Edelmetallen, Eisen-, Zinn-, Kupfer- u.a. Erzen Erdöl, Salpeter, Guano u. Kohle sowie Edelsteine. Die Industrie ist regional äußerst unterschiedl. entwickelt. Einige Länder gelten wegen ihrer schon weit fortgeschrittenen Industrialisierung schon nicht mehr als Entwicklungsländer (z.B. Argentinien, Brasilien), sind aber aufgrund ihrer extrem hohen Auslandsverschuldung in ihrer weiteren wirtschaftl. Entwicklung stark behindert. Es bestehen oft tiefe soz. Gegensätze sowohl innerhalb der einzelnen Staaten als auch zw. den Staaten.
Entdeckungsgeschichte. Wikinger unter *Leif Eriksson* erreichten um 1000 der Küste vor Labrador u. Neufundland. *Kolumbus* betrat am 12.10.1492 die Bahamainsel San Salvador u. später die Küsten Mittel-A. G. *Gaboto* entdeckte 1497 die Ostküste Nord-A. Im 16. Jh. eroberten v.a. Spanier weite Gebiete Süd- u. Mittel-A. In Nord-A. drangen zunächst Holländer u. Franzosen, später Engländer weiter ins Innere vor.
**Amerikanisches Mittelmeer,** Nebenmeer des Atlantik, umfaßt den Golf von Mexiko, das Yucatán-Meer u. das Karib. Meer.
**Amerikanisch-Samoa** → Samoa.

### Amerika: Staaten

| Staat | Hauptstadt | Staat | Hauptstadt | Staat | Hauptstadt |
|---|---|---|---|---|---|
| Antigua und Barbuda | St. John's | Ecuador | Quito | Paraguay | Asunción |
| Argentinien | Buenos Aires | El Salvador | San Salvador | Peru | Lima |
| Bahamas | Nassau | Grenada | St. George's | St. Christopher Nevis | Basseterre |
| Barbados | Bridgetown | Guatemala | Guatemala | Saint Lucia | Castries |
| Belize | Belmopan | Guyana | Georgetown | Saint Vincent | Kingstown |
| Bolivien | Sucre/La Paz | Haiti | Port-au-Prince | Suriname | Paramaribo |
| Brasilien | Brasília | Honduras | Tegucigalpa | Trinidad und Tobago | Port of Spain |
| Chile | Santiago de Chile | Jamaika | Kingston | Uruguay | Montevideo |
| Costa Rica | San José | Kanada | Ottawa | Venezuela | Caracas |
| Dominica | Roseau | Kolumbien | Bogotá | Vereinigte Staaten | Washington |
| Dominikanische Republik | Santo Domingo | Kuba | Havanna | | |
| | | Mexiko | México | | |
| | | Nicaragua | Managua | | |
| | | Panama | Panamá | | |

## AMERIKA

*Teilstück der Trans-Alaska-Pipeline*

*Weizenfelder in Kanada*

*Der Grand Canyon in den USA*

**Amerikanismus,** Spracheigentümlichkeit des in den USA gesprochenen Englisch (»Amerikanisch«), z.B. Aufnahme indian., dt., frz. u. span. Wörter, Bedeutungswandel engl. Wörter, Unterschiede in der Schreibweise u. Aussprache.

**Amerikanistik,** die Wiss. von den vorkolumb. Indianervölkern Amerikas u. ihren Kulturen; auch Wiss. von der Literatur, Sprache u. Kultur der USA.

**Amerling,** Friedrich von, *1803, † 1887, östr. Maler. Historienbilder; Bildnisse der Wiener Aristokratie.

**Amersfoort,** ndl. Stadt bei Utrecht, 92 000 Ew.

**Amery,** Carl, eigtl. Christian Anton *Mayer,* *9.4.1922, dt. Schriftst.

**Améry,** Jean, eigtl. Johannes *Mayer,* *1912, † 1978, östr. Schriftst.; W »Charles Bovary, Landarzt«.

**Amethyst,** violetter Bergkristall, Abart des → Quarzes; ein Schmuckstein.

**Amfortas,** *Anfortas,* Gralskönig; von einem vergifteten Speer verwundet, durch *Parzival* vom Leiden erlöst.

**Amhara,** die eigtl. *Äthiopier,* das vorwiegend hamit. Staatsvolk Äthiopiens mit semit. Sprache *(Amharisch);* gehören zur kopt. Kirche.

**Amiens** [a'mjɛ̃], nordfrz. Stadt an der Somme, alte Hptst. der *Picardie,* 123 000 Ew., got. Kathedrale (13. Jh.).

**Amin,** Dada (Idi), *1.1.1928, afrik. Politiker in Uganda; seit 1971 diktator. regierender Staats-Präs., wurde 1979 gestürzt u. ging ins Exil.

**Amindiven,** niedrige Koralleninseln sw. der Malabarküste (Indien); zus. mit den *Lakkadiven* u. der Insel *Minikoy* ein Territorium der Ind. Union.

**Amine,** organ. Verbindungen; bas. Abkömmlinge des Ammoniaks, in denen Wasserstoffatome durch Alkyle oder Aryle ersetzt sind.

**Aminosäuren,** organ. Säuren, bei denen ein Wasserstoff der Kohlenstoffkette durch die Aminogruppe $-NH_2$ ersetzt ist; man unterscheidet $\alpha$-, $\beta$-, $\gamma$-... A.; A. sind Bausteine der Eiweiße (Proteine). Im menschl. Körper wurden 25 A. nachgewiesen. Zehn von ihnen sind *essentiell,* d.h. diese kann der Organismus nicht selbst herstellen, u. sie müssen daher durch die Nahrung zugeführt werden.

**Amiranten,** *Admiralitätsinseln,* Gruppe von Koralleninseln im westl. Ind. Ozean, Teil der *Seychellen,* zus. 83 km²; 1502 entdeckt, 1814–1976 zu Großbritannien.

**Amman,** Hptst. von Jordanien, in der Gebirgslandschaft Ammon, 780 000 Ew.; moderne Handels- u. Industriestadt, internat. Flughafen; Univ.; Altstadt.

**Ammann,** der Bezirks- u. Gemeindevorsteher in der Schweiz.

**Amme,** eine Mutter, die ein fremdes Kind zum Stillen annimmt.

**Ammenhaie,** *Orectolobidae,* Fam. der *Echten Haie* in den Küstengewässern der warmen Zonen (nicht im Mittelmeer); hierzu der bis 4,50 m lange *Atlant. Ammenhai* u. die *Wobbegongs* der austral. Küste, die Schwimmern gefährl. werden.

**Ammenmärchen,** unglaubwürdige Geschichte.

**Ammer,** l. Nbfl. der Isar, 186 km; entspringt als *Amber* im **A.gebirge** (Bay. Alpen, Kreuzspitze 2185 m), fließt durch den **A.see** (47,6 km²), den er als *Amper* verläßt.

**Ammern,** *Emberizinae,* Unterfam. der *Finkenvögel,* mit rd. 170 Arten weltweit verbreitet. In Dtld. sind heim.: *Gold-, Grau-, Rohr-A., Ortolan.*

**Ammon,** altägypt. Gott, → Amun.

**Ammoniak,** ein farbloses, stechend riechendes, in Wasser gut lösl. Gas; Formel: $NH_3$; entsteht bei Fäulnis durch Zersetzung der Eiweißstoffe; natürl. kommt es auch in Form von Ammonsalzen vor.

*Amman mit Hussain-Moschee*

Die wässerige Lösung ist *Salmiakgeist.* A. wird nach dem *Haber-Bosch-Verfahren* (seit 1913) gewonnen, bei dem aus der Luft gewonnener Stickstoff mit Wasserstoff unter erhöhtem Druck u. erhöhter Temp. bei Anwesenheit von Katalysatoren reagiert. Verwendung: als Kühlmittel in Kältemaschinen, zur Herstellung von Kunstdünger u. von Salpetersäure, für Kunststoffe, verdünnt als Haushaltsreinigungsmittel. – **A.vergiftung,** Verätzungen der Mund-, Nasen-Rachenschleimhäute, entsteht durch Trinken von Salmiakgeist oder Einatmen von A.dämpfen. Erste Hilfe: Trinken von Milch oder schwachsauren Flüssigkeiten (Zitronensaft, verdünnter Essig).

**Ammoniten,** *Ammonshörner,* eine ausgestorbene Gruppe der *Kopffüßer* mit zumeist großen spiraligen Kalkgehäusen; hervorragende *Leitfossilien,* (Jura-Kreide).

**Ammoniter,** semit. Volk des AT im Ostjordanland.

**Amnesie,** Störung oder Ausfall der Erinnerung, zeitl. begrenzter Gedächtnisausfall.

**Amnestie,** allg. Straferlaß bzw. Gewährung von Straffreiheit; im Unterschied zur → Begnadigung.

**Amnesty International** [ˈæmnəsti intəˈnæʃnəl], Abk. *ai,* eine 1961 gegr. internat. Organisation, die sich für die Freilassung polit. Gefangener einsetzt. Sitz: London, dt. Sektion Bonn. Friedensnobelpreis 1977. B → S. 46

**Amnion,** *Schafhaut,* die Embryonalhülle der höheren Wirbeltiere.

**Amnioskopie,** Untersuchungsverfahren zur vorbeugenden Überwachung der Leibesfrucht vor der Geburt. Mit einem bes. Endoskop, dem **Amnioskop,** wird das Fruchtwasser besichtigt.

**Amniozentese,** Entnahme von Fruchtwasser zur Feststellung von Stoffwechselstörungen u. Blutschäden beim Kind im Mutterleib. Bei der A. werden die Eihäute durch die Bauchdecke hindurch punktiert u. so Fruchtwasser angesogen, dessen Zellen mit Hilfe einer Zellkultur untersucht werden. Nur bei Risikoschwangerschaften notwendig.

**Amöben,** *Wechseltierchen,* zu den *Wurzelfüßern,* gehörende Gruppe der *Protozoen;* A. verändern dauernd ihre Gestalt, indem ihr Protoplasma nach allen Richtungen fließen kann. So werden die sog. Scheinfüßchen *(Pseudopodien)* ausgebildet. Die Nahrung wird durch Umfließen der Beute (Algen, organ. Material) aufgenommen.

**Amoklauf,** *Amok* [mal. amuk', »Wut«], wutartige, wahllose Tötungsabsicht; Geistesstörung.

**Amöneburg,** hess. Stadt auf einem Basaltkegel, 4500 Ew.; als Kloster 722 von *Bonifatius* gegründet.

**Amor** → grch. Religion.

**Amorbach,** Stadt u. Luftkurort in Unterfranken (Bayern), im östl. Odenwald, 4000 Ew.; ehem. Benediktinerabtei.

**Amoretten,** *Eroten,* in der bildenden Kunst seit hellenist. u. röm. Zeit geflügelte Knaben.

*Straße in den kolumbianischen Anden*

*Indiofrauen auf einem Markt in Peru*

*Argentinischer Gaucho bei der Arbeit*

*Kaieteur-Wasserfälle des Potaro in Guyana*

## 46 Amoriter

*Amnesty International (ai): Die Gefangenenhilfsorganisation setzt sich seit mehr als 20 Jahren für die Beachtung der Menschen- und Grundrechte ein*

**Amoriter, 1.** *Amurru,* nach 2000 v. Chr. nach Mesopotamien eingedrungene semit. Nomaden; bed. vor allem unter ihrem Herrscher *Hammurapi* (1728–1686 v. Chr.). – **2.** Volk in Kanaan (um 1300 v. Chr.).

**amorph,** gestaltlos.

**Amortisation,** allmähl. Abtragung *(Tilgung)* einer Schuld nach festem Plan.

**Amos,** einer der Kleinen Propheten des AT, um 750 v. Chr.

**Amoy** → Xiamen.

**Ampere** [ã'pɛ:r], Einheitenzeichen A, nach A.M. *Ampère* ben. Einheit der *elektrischen Stromstärke*.

**Ampère** [ã'pɛ:r], André Marie, *1775, †1836, frz. Mathematiker u. Physiker; entdeckte die magnet. Wirkungen in der Umgebung stromdurchflossener Drähte.

**Ampex-Verfahren,** magnet. Aufzeichnungsverfahren für Bildsignale bis 5 MHz; bes. beim Fernsehen.

**Ampfer,** *Rumex,* artenreiche Gatt. der *Knöterichgewächse;* hierzu der *Sauer-, Feld-* u. *Garten-* oder *Gemüse-A.*

**Amphibien** → Lurche.

**Amphibienfahrzeuge,** Fahrzeuge, die sich auf dem Land fahrend u. auf dem Wasser schwimmend fortbewegen können.

**Amphibole,** Gruppe weitverbreiteter gesteinsbildender Minerale mit komplizierter Kristallchemie, z.B. → Hornblende.

**Amphibolie,** Mehrdeutigkeit, Doppelsinn.

**Amphitheater,** altröm. Theater mit meist ovaler Arena u. rings umlaufenden, ansteigenden Sitzreihen; für Gladiatoren- u. Wasserspiele, Fecht- u. Tierkämpfe. Das älteste erhaltene A. wurde 70 v. Chr. in Pompeji gebaut, das größte wurde 80 n. Chr. in Rom *(Kolosseum)* eingeweiht.

**Amphitrite** → griechische Religion.

**Amphitryon,** theban. Sagenheld, Gemahl der *Alkmene.* Zeus näherte sich ihr in Gestalt des A. u. zeugte mit ihr den *Herakles.*

**Amphora,** *Amphore,* bauchiges Ton- oder Bronzegefäß mit zwei Henkeln; ab 15. Jh. v. Chr.; zur Aufbewahrung von Wein u. Öl.

**Amplitude,** die Differenz zw. dem höchsten u. dem niedrigsten Meßwert; größter Ausschlag eines Schwingungsvorgangs, z.B. beim Pendel.

**Ampulle,** kleines zugeschmolzenes Glasfläschchen mit sterilen Lösungen zum Einspritzen.

**Amputation,** chirurg. Abtrennung eines Körperteils.

**Amritsar,** Stadt in Indien, am Fuß des Himalaya, 600 000 Ew.; »Goldene Tempel« (Haupttheiligtum der Sikhs).

**Amrum,** eine der Nordfries. Inseln, 20 km²; mit den Bädern Wittdün, Nebel u. Norddorf, 2700 Ew.

**Amsberg** → Claus, Prinz der Niederlande.

**Amsel,** *Merle,* einheim. *Singvogel;* Männchen schwarz mit gelbem Schnabel (daher auch *Schwarzdrossel);* Weibchen graubraun.

**Amselfeld,** serbokr. *Kosovo polje,* von Gebirgen umgebene, fruchtbare Ebene im südl. Serbien; am 15.6.1389 entscheidender Sieg der Türken über die Serben, am 19.10.1448 über die Ungarn.

**Amsterdam,** Hptst., größte Stadt u. zweitgrößter Hafen der Ndl., 675 000 Ew.; von Grachten durchzogene Altstadt; Museen *(Rijksmuseum);* 2 Univ., Kunstakad.; Diamantenschleiferei, Flughafen Schiphol; eine der führenden Handelsstädte Europas.

**Amsterdam-Rhein-Kanal,** 72 km langer, 100 m breiter, 6 m tiefer Schiffahrtsweg mit 4 Schleusen; verbindet Amsterdam mit den Rheinarmen Lek u. Waal; bed. Kanal W-Europas.

**Amstetten,** Bez.-Stadt in Niederöstr., an der Ybbs, 22 000 Ew.

**Amt,** fester, dauernder Aufgabenkreis, kann hauptamtl. (gegen Entgelt), nebenamtl. oder ehrenamtl. (unentgeltl.) ausgeübt werden; *öffentl. Ämter* umfassen Aufgaben der Staatsgewalt oder Selbstverwaltung; staatl. Behörde oder Dienstgebäude; Gemeindeverband *(Amtsbezirk).*

**Amtmann,** Amtsbezeichnung für Beamte des gehobenen Dienstes; oberste Stufe **Amtsrat.**

**Amtsanmaßung,** unbefugte Ausübung eines öffentl. Amts.

**Amtsanwalt,** Beamter der Staatsanwaltschaft beim Amtsgericht.

**Amtsarzt,** der Leiter des Gesundheitsamts eines Kreises *(Kreisarzt)* oder Bezirks *(Bezirksarzt).*

**Amtseid,** vom Bundes-Präs., Bundeskanzler u. den Bundes-Min. zu leistendes feierl. Gelöbnis, die Verf. zu achten u. die Amtspflichten treu zu erfüllen.

**Amtsgeheimnis,** *Dienstgeheimnis, Amtsverschwiegenheit,* eine öffentl. Angelegenheit, über die der mit ihr befaßte Personenkreis Stillschweigen zu bewahren hat; Verletzung u.U. strafbar.

**Amtsgericht,** unterste Instanz der ordentl. Gerichtsbarkeit mit weitreichender Zuständigkeit; entscheidet durch *Einzelrichter.* – B → Recht.

**Amtshaftung** → Beamtenhaftung.

**Amtshilfe,** die v.a. in der Form der *Rechtshilfe* von den Organen der Justiz gegenseitig zu gewährende Hilfe.

**Amtsverschwiegenheit** → Amtsgeheimnis.

**Amtsvormundschaft,** die → Vormundschaft des Jugendamts.

**Amudarja,** der *Oxus* der Antike, Strom in sowj. Mittelasien, 2620 km lang; enspringt zw. Pamir u. Karakorum, bildet als *Pjandsch* die Grenze zu Afghanistan, mündet in den Aralsee.

*Amundsen auf dem Rückweg vom Südpol zum Lager*

**Amulett,** Anhänger, der die eigene Lebenskraft stärken u. schädigende Einflüsse abwehren soll.

**Amun,** *Amon, Ammon,* altägypt. Gott, der mit Beginn der 11. Dynastie (um 2050 v. Chr.) in Theben als göttl. Wahrer der Reichseinheit galt; dem Sonnengott *Re* gleichgesetzt. Die Griechen u. Römer verehrten ihn als *Zeus-(Jupiter-)A.;* Alexander der Gr. besuchte sein Orakel in der libyschen Oase Siwah (Ammonsorakel).

**Amundsen,** Roald, *1872, †1928, norw. Polarforscher; durchfuhr als erster die NW-Passage (1903–06), erreichte am 15.12.1911 als erster den Südpol, überflog 1926 zus. mit U. *Nobile* u. L. *Ellsworth* den Nordpol; bei einem Rettungsflug für die Nobile-Expedition verunglückte er.

**Amur,** chin. *Heilongjiang,* ostasiat. Strom, entsteht aus *Argun* u. *Schilka* (Quellgebiet in der Mongolei), 4416 km lang, 1 855 000 km² Einzugsgebiet, 500–2000 m breit, im Überschwemmungsgebiet bis 30 km, mündet in das Ochotsk. Meer *(A.-Golf).*

**Amygdalin,** ein blausäurehaltiges Glucosid; in den Kernen von bitteren Mandeln, Aprikosen u.a.

*Amsterdam: Grachten und prachtvolle Handels- und Patrizierhäuser der Altstadt bieten den Eindruck einer wohlbewahrten Idylle; gleichzeitig ist die Hauptstadt aber ein bedeutender Handelsplatz mit dem zweitgrößten Hafen der Niederlande*

**Amylalkohole,** fachsprachl. *Pentylalkohole* oder *Pentanole,* aliphat. Alkohole; vorw. aus Fuselöl gewonnen; Lösungsmittel u. Fruchtessenz.

**Amylasen,** verbreitete Enzyme, die Stärke zu Malzzucker spalten.

**Amylnitrit,** eine gelbl., fruchtartig riechende Flüssigkeit; bewirkt Blutdrucksenkung infolge Gefäßerweiterung.

**Amyloid,** ein eiweißartiger, unlösl. Stoff, der sich im Bindegewebe u. Gefäßen der Milz, Niere u. Leber bei schweren Ernährungsstörungen, chron. Eiterungen, Tumoren u.a. findet.

**Amylum** → Stärke.

**Amyntas,** mehrere makedon. Könige; so **A. III.,** 393–370 v.Chr., Vater *Philipps II.,* Großvater *Alexanders d. Gr.*

**Anabaptisten** → Wiedertäufer.

**Anabiose,** »Wiederaufleben«, die Fähigkeit vieler Tiere u. Pflanzenkeime, nach einem Zustand äußerl. völliger Leblosigkeit wieder zum aktiven Leben zurückzukehren; bes. bei Wasserzutritt.

**Anabolika,** Steroidhormone bzw. von den Androgenen abgeleitete Substanzen, die den Aufbaustoffwechsel **(Anabolismus)** fördern; med. Anwendung bei schweren Erschöpfungszuständen, allg. Verfall u.a.; im Hochleistungssport Mißbrauch als Dopingmittel.

**Anachoret,** frühchristl. Einsiedler, Eremit.

**Anachronismus,** Zeitwidrigkeit; nicht mehr zeitgemäße Erscheinung; — **anachronistisch,** zeitl. falsch eingeordnet, zeitwidrig.

**Anadyr,** Strom in NO-Sibirien, 1120 km; mündet in den *A.-Golf* des Bering-Meers.

**anaerob** [-a:e-], ohne Sauerstoff lebend.

**Anagramm,** Wortumbildung durch Buchstaben- oder Silbenversetzung; Wortspiele, Pseudonyme.

**Anaheim** [ˈænəhaim], Industriestadt in California (USA), südl. von Los Angeles, 280 000 Ew.; Vergnügungspark »Disneyland«. – 1857 von dt. Einwanderern gegr.

**Anakonda,** bis 10 m lange *Riesenschlange* an den Gewässern des nördl. S-Amerika; längstes lebendes Reptil.

**Anakreon,** \*um 580 v.Chr., † nach 495 v.Chr., grch. Lyriker; besang in graziösen Liedern Liebe, Freundschaft u. Wein. – **Anakreontiker,** dt. Rokokodichter des 18. Jh., Fritz von *Hagedorn,* J. W. L. *Gleim* u.a.

**anal,** den After *(Anus)* betreffend, am After gelegen, zum After gehörig.

**Analeptika,** *Stimulantia,* Anregungsmittel für den Kreislauf, z.B. Alkohol, Campher, Coffein.

**Analgetika,** schmerzstillende oder schmerzlindernde Mittel.

**analog,** ähnlich, entsprechend. – **a.e Organe,** Körperteile u. Organe, die bei gleicher Funktion auf verschiedene Anlagen zurückgehen, z.B. Vogelflügel (Gliedmaßen) u. Flügel der Insekten (Hautfalten); Ggs.: *homologe Organe.*

**Analogie,** Ähnlichkeit, Entsprechung, Übereinstimmung gewisser Merkmale. *Analogia entis* ist die Entsprechung alles Wirkl. u. die Entsprechung zw. Gott u. seiner Schöpfung hinsichtl. des Seins (ein Grundbegriff der ma. Phil.). – **A.schluß,** log. Schlußfolgerung, bei der von der Übereinstimmung einiger Merkmale zweier Dinge auf die Übereinstimmung anderer geschlossen wird; häufig im tägl. Leben u. in der Wissenschaft.

**Analogrechner,** in der Datenverarbeitung eine Maschine, die v. a. der Bearbeitung kontinuierlicher Vorgänge dient. Die gegebenen Größen (z. B. mathemat. Zusammenhänge) werden in geeignete physikal. Größen umgesetzt. Das Ergebnis liegt anschaulich in Kurvenform vor. Ggs. *Digitalrechner,* → Computer.

**Analphabetismus,** Unfähigkeit des Lesens u. des Schreibens. Etwa die Hälfte der Weltbevölkerung sind *Analphabeten,* bes. in Afrika (80%) u. Asien (50%).

**Analyse, 1.** Zerlegung, Auflösung eines Zusammengesetzten in seine Bestandteile; Ggs.: *Synthese.* – **2.** *Chemie:* Bestimmung der Zusammensetzung eines Stoffs oder Gemisches hinsichtl. der Art *(qualitative A.)* oder der Menge *(quantitative A.)* seiner Bestandteile durch chem. oder physik. Methoden: Elementar-A., Elektro-A., Gewichts-A., Kolorimetrie, Spektral-A. – **3.** *Math.:* → Analysis. – **4.** *Psych.:* → Psychoanalyse.

**Analysis,** Teilgebiet der Math., in dem mit Grenzwerten gearbeitet wird; → Differentialrechnung u. Integralrechnung, Variationsrechnung u.a.

**analytische Chemie,** der Teil der Chemie, der die → Analyse (2) zum Gegenstand hat.

*Anakonda*

**analytische Geometrie,** Teilgebiet der Math., das geometr. Gebilde wie Kurven u. Flächen mit Hilfe von Gleichungen darstellt.

**Anämie,** *Blutarmut,* Verminderung der roten Blutkörperchen oder ihres Blutfarbstoffgehalts; Folge von Blutverlusten, von verminderter Blutfarbstoffbildung durch Mangel an Spurenelementen (z.B. Eisen u. Kobalt), von verminderter Blutkörperchenbildung durch Erkrankungen des Knochenmarks, von vermehrtem Blutkörperchenzerfall durch allg. Vergiftungen u. Stoffwechselstörungen. Die *perniziöse* »gefährliche« A. beruht auf einer Störung der blutbildenden Fermente im Magen u. Leber u. auf einem Mangel an Vitamin $B_{12}$.

**Anamnese,** »Wiedererinnerung«, Vorgeschichte der Erkrankung eines Patienten oder seiner Lebensentwicklung.

**Ananas,** die Frucht der *Ananasstaude,* Kulturpflanze, die heute in allen warmen Zonen in Plantagen angebaut wird. – **A.gewächse** → Pflanzen.

**Anapher,** Beginn mehrerer Sätze (Satzteile) mit dem gleichen Wort.

**Anaphylaxie,** eine Allergie gegen eingespritztes artfremdes Eiweiß; als *anaphylaktischer Schock* mit häufig tödl. Ausgang.

**Anarchie,** eigtl. der *(anarchische)* gesellschaftl. Idealzustand, daß alle Herrschaft von Menschen über Menschen aufgehoben ist; jedoch meist mißverstanden als *(anarchistischer)* polit. Zustand, in dem Verfassung, Recht u. Gesetz ihre Geltung verloren haben.

**Anarchismus,** eine polit. Lehre, die jede staatl. Gewalt u. Ordnung ablehnt u. das menschl. Zusammenleben rein vom Willen u. der Einsicht des einzelnen her bestimmt. – **Anarchist,** Anhänger des A.

**Anasazi-Kultur,** Indianerkultur im SW Nordamerikas zw. dem 9. u. 13. Jh.; *Cliffdwellings* (natürl. Höhlungen).

**Anastasija,** \*1901, jüngste Tochter des Zaren *Nikolaus II.;* wahrsch. am 16.7.1918 in Jekaterinburg von den Bolschewisten ermordet. Anna *Anderson* († 1984) behauptete, A. zu sein.

**Anästhesie,** Schmerzausschaltung durch Unterbrechung der schmerzleitenden Nervenbahnen; künstl. durch *Anästhetika* oder durch Ausschalten des Bewußtseins bei der *Narkose.* – Lokal-A. örtl. Betäubung. – **Anästhesist,** Facharzt für A.

**Anastigmat,** eine Linsenkombination für Photoobjektive, die von allen Abbildungsfehlern weitgehend frei ist.

**Anatexis,** das Wiederaufschmelzen eines Gesteins in großer Tiefe zu flüssigem Magma.

**Anathema,** das der Gottheit Geweihte, auch das ihr Preisgegebene; im kath. Kirchenrecht heute gleichbedeutend mit *Exkommunikation.*

**Anatolien,** türk. *Anadolu, Kleinasien,* das trokkene, z.T. abflußlose Hochland zw. Pontus u. Taurus, Kerngebiet der Türkei.

**Anatomie,** die Lehre vom Bau tier. u. pflanzl. Körper, deren Aufbau aus Organen, Geweben u.a. sie beschreibt u. durch das System aller Lebewesen verfolgt; eine Grundwiss. der Medizin. Teil der A. ist die *mikroskop. A. (Histologie),* die Lehre vom Aufbau der Organe aus Geweben.

**Anaxagoras,** \*499 v.Chr., † 427 v.Chr., grch. Phil.; unterschied als erster zw. Geist u. Materie.

**Anaximander,** \*um 610 v.Chr., † um 546 v.Chr., grch. Phil. aus Milet; Prinzip alles Seienden sei das Grenzenlose *(Apeiron).*

**Anaxmenes,** \*um 585 v.Chr., † um 525 v.Chr., grch. Phil. aus Milet; erklärte die Luft als Prinzip des Werdens u. Vergehens.

**Anchorage** [ˈæŋkərɪdʒ], größte Stadt Alaskas, am Cook Inlet, 230 000 Ew.

**Anchovis, 1.** → Sardellen. – **2.** Handelsbez. für fette *Sprotten.*

**Ancienität** [ãsjɛn-], Dienstalter, Dienstalterfolge.

**Ancien régime** [ãˈsjɛrəˈʒiːm], »alte Regierungsform«, der frz. Absolutismus vor der Frz. Revolution (1789).

**Ancona,** Hptst. der mittelital. Region *Marken,* 108 000 Ew.; Hafen am Adriat. Meer.

**Anda** [ˈɔndɔ], Géza, \*1921, † 1976, schweiz. Pianist ung. Herkunft.

**Andalusien,** span. *Andalucía,* histor. Ldsch. S-Spaniens, umfaßt die 8 Prov. *Almería, Cádiz, Córdoba, Granada, Huelva, Jaén, Málaga* u. *Sevilla,* zus. 87 268 km², 6,2 Mio. Ew., Hptst. *Sevilla;* im NW das durch die *Sierra Morena* im N abgeschlossene u. vom *Guadalquivir* durchströmte *Andalus. Tiefland,* im SO das Andalus. Gebirgsland oder der *Betische Kordillere;* Anbau von Oliven, Wein, Südfrüchte, Weizen; Korkeichenwälder; Viehzucht (u.a. Kampfstiere); Bergbau. – 711 von den Arabern erobert, 1492 mit dem Fall Granadas an Kastilien angeschlossen.

**Andamanen,** engl. *Andaman Islands,* Inselkette im O des Golfs von Bengalen, zus. mit den *Nikobaren* ein ind. Unionsterritorium, Hptst. *Port Blair;* 1858–1945 ind. Strafkolonie.

**Andamanensee,** Nebenmeer des Ind. Ozeans zw. der Malakka-Halbinsel u. den Andamanen, im W im Andamanenbecken bis 4198 m tief.

**andante,** musikal. Tempobez.: mäßig bewegt.

**Andechs** [ˈandɛks], oberbay. Wallfahrtsort am Ammersee, 2700 Ew.; Benediktinerkloster, bek. Klosterbrauerei.

**Anden,** span. *Cordilleras de los Andes,* auch *Kordilleren,* junges, mächtiges Gebirge am Westrand des südamerik. Kontinents, von Kap Hoorn bis Trinidad 7300 km lang, 200 bis 700 km breit, im *Aconcagua* 6960 m hoch; zahlr. Vulkane; zw. parallelen Bergketten steppenhafte Hochtäler u. -flächen *(Punas* oder *Páramos);* reiche Erzlager: Gold, Silber, Kupfer, Zinn; Siedlungen bis 5000 m, Landw. bis über 4000 m; klimat. bedingte Höhenstufen (Tierra caliente, Tierra templada, Tierra fría, Tierra helada).

**Anderkonto,** ein Treuhandkonto, das bes. Rechtsanwälte, Notare u. Wirtschaftsprüfer zugunsten von Dritten (z.B. bei Vormundschaften oder Konkurs) bei Kreditinstituten unterhalten.

**Anderlecht,** Industrievorort südwestl. von Brüssel, 95 000 Ew.

**Andermatt,** schweiz. Luftkurort u. Wintersportort nördl. des St. Gotthard, Hauptort des *Userentals,* 1447 m ü.M., 2000 Ew.

**Andernach,** Stadt in Rhld.-Pf. am Rhein, 27 300 Ew.; als röm. Kastell gegründet.

**Anders,** Peter, \*1908, † 1954, dt. Opernsänger (lyr. Tenor).

**Andersch,** Alfred, \*1914, † 1980, dt. Schriftst. (Romane u. Hörspiele); schildert in »Sansibar oder

*Anden: Scheitelpunkt (4781 m ü. M.) der Eisenbahnlinie Lima-Huancavelica, die die höchstgeführte Adhäsionsbahn der Welt ist*

der letzte Grund« seine Flucht aus dem nat.-soz. Dtld.
**Andersen, 1.** Hans Christian, *1805, †1875, dän. Dichter; weltberühmt durch seine Märchen (Prinzessin auf der Erbse, Standhafter Zinnsoldat, Häßliches Entlein u.a.). – **2.** Lale, *1908, †1972, dt. Sängerin; wurde bek. durch das Lied »Lilli Marleen«. (Musik: N. Schultze).
**Andersen-Nexö,** Martin, *1869, †1954, dän. Schriftst.; behandelt die Arbeiterbewegung u. das soz. Elend, W»Pelle der Eroberer«.
**Anderson** ['ændəsən], **1.** Carl David, *3.9.1905, US-amerik. Physiker; entdeckte das Positron u. die Müonen; Nobelpreis 1936. – **2.** Maxwell, *1888, †1959, US-amerik. Schriftst. (Versdramen, histor. Stücke). – **3.** Philip Warren, *13.12.1923, US-amerik. Physiker; Festkörperphysik; Nobelpreis 1977. – **4.** Sherwood, *1876, †1941, US-amerik. Schriftst.; beschrieb die Enge u. Sterilität des amerik. Kleinstadtlebens.
**Andhra Pradesh** [-dɛʃ], Bundesstaat im SO → Indiens.
**Andilly** [ãdij'i], frz. Ort nördl. von Toul; größter dt. Soldatenfriedhof in Frankreich.
**Andischan,** sowj. Gebiets-Hptst. im O der Usbek. SSR, im Fergana-Tal, 270 000 Ew.; Industrie.
**Andorra,** Staat in Europa, in den östlichen Pyrenäen, 453 km², 48 000 Ew.; Hptst. *A. la Vella* (15 600 Ew.). Von hohen Felsgebirgen umgebene Hochtäler; kühle u. feuchte Sommer, milde Winter. Die Bevölkerung (Spanier, Andorraner, Franzosen) ist kath. u. spricht vorw. Katalanisch; Viehwirtschaft (v.a. Schafzucht); Fremdenverkehr.

*Andorra*

Geschichte. Die heutige Stellung A.s geht auf einen Vertrag aus dem Jahre 1278 zurück, in dem sich der Graf von Foix u. der Bischof von Seo de Urgel (Spanien) die Herrschaft über das Fürstentum teilten. Rechtsnachfolger der Grafen ist das frz. Staatsoberhaupt. 1981 erhielt A. erstmals in seiner Gesch. eine Verfassung. Die Staatsverwaltung führt ein gewählter Generalrat von 24 Mitgliedern; Steuerfreiheit; A. ist ein Co-Fürstentum mit republikan. Autonomie. Die Unabhängigkeit von A. geht auf das MA zurück. Seit 1278 steht das neutrale Land unter dem gemeinsamen Schutz Frankreichs u. des Bischofs von Urgel (Spanien).
**Andøy,** norw. Insel, die nördl. der Vesterålen, 489 km², 7500 Ew.
**Andrade,** Mário Raúl de *Morais,* *1893, †1945, brasil. Schriftst.; Lyriker, Hauptvertreter des brasil. Modernismus.
**Andrássy** ['ɔndra:ʃi], ung. Adelsgeschlecht; Gyula (Julius) d.Ä. Graf, *1823, †1890, östr.-ung. Politiker; nahm 1848 am ung. Freiheitskampf teil; trat für die Aussöhnung mit Wien ein (östr.-ung. *Ausgleich*); 1867 ung. Min.-Präs., 1871–79 östr.-ung. Außen-Min.; schloß das *Dreikaiserabkommen* (1873) u. das dt.-östr. Bündnis *(Zweibund* 1879).
**Andreas,** Apostel, Bruder des Petrus; Patron Rußlands, soll den Kreuzestod erlitten haben (daher *A.kreuz).* (Fest: 30.11.)
**Andreasorden,** bis 1917 höchster russ. Orden.
**Andreas-Salomé,** Lou, Pseudonym: Henry *Lou,* *1861, †1937, dt. Schriftst.; Freundin von F. *Nietzsche,* R. M. *Rilke* u. S. *Freud.*
**Andrée,** Salomon, *1854, †1897, schwed. Ing. u. Polarforscher; erfror bei dem Versuch, den Nordpol im Freiballon zu erreichen.
**Andreotti,** Giulio, *14.1.1919, ital. Politiker (Democrazia Cristiana); mehrf. Min. (Innen-, Fin.-, Schatz-, Verteidigungs-, Außen-Min.), mehrf. Min.-Präs., zuletzt seit 1989 Min.-Präs.
**Andres,** Stefan, *1906, †1970, dt. Schriftst.; behandelte moral. u. religiöse Fragen der Zeit; W»Wir sind Utopia«.
**Andrić** [-dritɕ], Ivo, *1892, †1975, serb. Schriftst.; Erzähler seiner bosn. Heimat, W u.a. »Wesire u. Konsuln«; »Die Brücke über die Drina«; Nobelpreis 1961.

*Andromedanebel*

**Androclus,** ein röm. Sklave, der in die Wüste geflohen war u. dort einem Löwen einen Dorn auszog; später in der Arena wurde A. einem Löwen vorgeworfen, der ihn wiedererkannte u. verschonte.
**Androgene,** die männl. Sexualhormone; im Hoden gebildet (→ Testosteron).
**Androgynie,** Zwitterbildung; das Vorhandensein männl. Keimdrüsen bei gleichzeitiger Ausbildung aller übrigen weibl. Geschlechtsmerkmale.
**Andromache,** in der grch. Myth. die Frau *Hektors.*
**Andromeda, 1.** in der grch. Myth. die Frau des *Perseus,* der sie von einem Meerungeheuer befreit hatte. – **2.** Sternbild des nördl. Himmels. – **A.nebel,** großer Spiralnebel im Sternbild A., mit bloßem Auge sichtbar; Entfernung etwa 2,5 Mio. Lichtjahre.
**Andropow** [-pɔf], Jurij Wladimirowitsch, *1914, †1984, sowj. Politiker; Mitgl. des Politbüros; seit 1982 Generalsekretär des ZK der KPdSU (Parteichef), 1983 Staatsoberhaupt.
**Andros,** gebirgige grch. Insel der Kykladen, 380 km², 9000 Ew.
**Androsch,** Hannes, *18.4.1938, östr. Politiker (SPÖ); 1970–81 Finanz-Min., 1976–81 auch Vizekanzler.
**Äneas,** in der grch. Myth. Sohn des Anchises u. der Aphrodite, in der *Ilias* als Führer der *Dardaner* einer der tapfersten trojan. Helden; Hauptgestalt des Epos »Äneis« von *Vergil;* rettete nach der Zerstörung Trojas seinen Vater u. seinen Sohn *Ascanius* u. gelangte nach vielen Irrfahrten nach Italien.
**Aneignung,** Eigentumserwerb an sog. *herrenlosen Sachen.*
**Anekdote,** unterhaltende (witzige) oder belehrende Kurzerzählung über histor. Ereignisse, bezeichnende Taten oder Worte geschichtl. Persönlichkeiten.
**Anemogamie,** *Windblütigkeit,* Übertragung von Pollenkörner durch den Wind.
**Anemometer,** Windgeschwindigkeitsmesser.
**Anemone,** *Kuhschelle, Küchenschelle, Windröschen, Wolfspfote,* Gatt. der *Hahnenfußgewächse;* viele im Frühjahr blühende Pflanzen; verbreitet sind *Leberblümchen* u. *Buschwindröschen.*
**Anemonenfische,** *Clownfische, Harlekinfische,* Unterfam. der *Korallenbarsche,* leben im Schutz von Riesen-Seeanemonen.
**Anerbenrecht,** vom allg. Erbrecht abweichende From in der gesetzl. Erbfolge im bäuerl. Grundbesitz: Der Hof geht ungeteilt auf den *Anerben* über, dessen Geschwister nur eine Abfindung im Rahmen der Leistungsfähigkeit des Hofs erhalten.
**Anerkennung,** *Völkerrecht:* 1. A. von Staaten zum Zweck der Aufnahme völkerrechtl. (diplomat.) Beziehungen, meist bei neugegr. Staaten; 2. A. von Regierungen, meist bei Regierungswechsel, Revolutionen u.a.; 3. A. von Aufständischen, einer kriegführenden Partei.
**Aneroidbarometer** → Barometer.
**Anet** [a'nɛ], Claude, eigtl. Jean *Schopfer,* *1868, †1931, frz.-schweiz. Schriftst. (Reiseberichte, Roman »Ariane«).
**Aneto,** Pico de A., frz. *Pic de Néthou,* der höchste Berg der Pyrenäen, 3404 m.
**Aneurysma,** Erweiterung von Blutgefäßen oder anomale Verbindungen von Schlag- u. Blutadern (*arterio-venöses A.).*
**Anfechtung,** im Recht Herbeiführen der Nichtigkeit einer Willenserklärung durch Erklärung.

**Anfinsen,** Christian Boehmer, *26.3.1916, US-amerik. Biochemiker; Arbeitsgebiet: Struktur u. Funktion der Ribonucleasen; Nobelpreis für Chemie 1972.
**Angara,** im Unterlauf auch *Obere Tunguska,* r. Nbfl. des Jenissei in Mittelsibirien, 1779 km; Abfluß des Baikalsees.
**Angaria,** *Angaraland,* Urkontinent seit Beginn des Präkambriums, umfaßte das heutige N-Sibirien.
**Angebot,** alle Güter u. Leistungen, die auf einem Markt zum Verkauf angeboten werden; Ggs.: *Nachfrage.* A. u. Nachfrage bilden zus. den → Markt.
**Angehörige,** die Verwandten u. Verschwägerten auf- u. absteigender Linie, Adoptiv- u. Pflegeeltern u. -kinder, Ehegatten u. deren Geschwister, Verlobte, Geschwister u. deren Ehegatten.
**Angeklagter,** im Strafprozeß der Beschuldigte, gegen den das Hauptverfahren eröffnet wird.
**Angel,** Gerät zum Fang von Fischen.
**Angelico** [an'dʒɛ:-], Fra A., eigtl. *Giovanni da Fiesole,* *1387, †1455, ital. Maler der Frührenaissance (Altarbilder u. Fresken, u.a. im Kloster S. Marco, Florenz); Dominikanermönch.
**Angeln,** nach dem gleichn. germ. Volksstamm benannte Ldsch. im östl. Schl.-Ho., Hauptort *Kappeln.*
**Angelot** ['ɛindʒəlɔt], 1427 erstmals geprägte engl.-frz. Goldmünze mit Engelsbrustbild.
**Angelsachsen, 1.** Bez. für die vorw. aus Angeln, Jüten und Sachsen bestehenden Eroberer Britanniens, die sich seit der Mitte des 5. Jh. auf der Insel festsetzten; herrschten bis zur Eroberung durch die Normannen. – **2.** die engl. sprechenden Bewohner des Commonwealth u. der USA.
**Angelus,** *Engel,* Bote Gottes; auch die Botschaft an Maria (»Ave Maria«), daher: *A.-Läuten,* Läuten zur Stunde des Ave Maria.
**Angelus Silesius,** eigtl. Johann *Scheffler,* *1624, †1677, schles. Barockdichter; formte myst. Gedankengut in Sinnsprüchen (»Cherubinischer Wandersmann«).
**Anger,** Gemeindeweide in oder bei einem Dorf. Der *Schind-A.* war Richt- u. Abdeckplatz.
**Angerapp,** Abfluß des Mauersees, Ostpreußen, 169 km; vereinigt sich bei Insterburg mit der Inster zum *Pregel.*
**Ångermanälven** ['ɔŋərmamɛlvɛn], Fluß im mittleren Schweden (Norrland), 450 km; durchfließt ein wald- u. seenreiches Bergland (Ångermanland), mündet in den Bottn. Meerbusen.
**Angermünde,** Krst. in Brandenburg, in der Uckermark, 11 700 Ew.
**Angers** [ã'ʒe], frz. Stadt an der Maine, alte Hptst. des *Anjou,* 140 000 Ew.; Univ., Kathedrale (12./13. Jh., Glasfenster), Schloßanlage (13. Jh.).
**Angestellte,** Arbeitnehmer in abhängigem Beschäftigungsverhältnis; z.T. bestehen noch trennende Merkmale zum Arbeiter: monatl. Gehaltsabrechnung, geistige Arbeit, Kündigungsfristen, Tarifverträge. Der A.nbegriff hat eine große berufsqualifikator. Breite. Es gibt kaufmänn., techn. und wiss. u.a. A.
**Angestelltenversicherung,** öffentlich-rechtliche Zwangsversicherung für Angestellte, Teil der dt. → Sozialversicherung; Aufgabe: Versorgung der Angestellten im Alter u. im Erwerbs- u. Berufsunfähigkeit sowie Sicherstellung der Hinterbliebenen, ferner Gesundheitsfürsorge zur Erhaltung u. Wiederherstellung der Erwerbsfähigkeit. Träger der A. ist seit 1953 die *Bundesversicherungsanstalt für Angestellte* mit Sitz in Berlin.
**Angina,** mit Schluckschmerz u. Rötung einhergehende entzündl. Erkrankung der Mandeln u. des Rachenrings. – **A. pectoris,** *Stenokardie,* unzureichende Durchblutung des Herzmuskels durch Krämpfe oder Verengung der Herzkranzgefäße; äußert sich in anfallsweise auftretenden Schmerzzuständen u. Beengungsgefühlen hinter dem Brustbein. → Herzinfarkt.
**Angiographie,** Verfahren zur Sichtbarmachung von Blutgefäßen im Röntgenbild durch Einspritzung von Röntgenkontrastmitteln, bes. der Herzinnenräume u. herznahen Gefäßstämme *(Angiokardiographie); Arteriographie,* röntgenolog. Darstellung der Schlagadern; *Phlebographie,* Darstellung der Blutadern.
**Angiom,** Gefäßgeschwulst.
**Angiospermen,** die bedecktsamigen → Blütenpflanzen.
**Angkor,** Residenz- u. Tempelstadt der Khmer-Könige von Kambodscha; um das Jahr

*Angola: angolanischer Soldat mit einer Kalaschnikow vor sowjetischen Boden-Luft-Raketen*

1000 mit über 1 Mio. Ew. die größte Stadt der Welt; 1117 von den Tscham zerstört. Unter *Surjavarman II.* (1113–50) entstand mit der Klosteranlage *A. Vat* das größte Bauwerk SO-Asiens; A. 1431 von den Thai zerstört.

**Angler,** *Seeteufel,* zu den *Anglerfischen* gehöriger Seefisch mit köderartiger Rückenflosse; eßbar (Filetfisch); geräuchert: *Forellenstör.*

**Anglesey,** *Anglesea* ['æŋlsi], walis. Insel in der Irischen See, 715 km², 65 000 Ew., Hptst. *Llangefni.* Vorgeschichtl. Steindenkmäler.

**Anglikanische Kirche,** *Anglican Chruch, Church of England, Established Church,* die engl. Staatskirche; in Schottland: *Church of Scotland,* in N-Irland: *Church of Ireland. –* Im 16. Jh. (Heinrich VIII.) brach die engl. Kirche mehr aus polit. als aus religiösen Gründen mit Rom u. wurde unabhängig. Unter der Herrschaft der Königin Elisabeth I. entstand die A. K. dann so, wie sie in ihrer Grundverfassung noch heute vorhanden ist. Zw. 1650 u. 1660 kam die prot. Partei der Puritaner zur Herrschaft u. setzte in der A. K. eine presbyterian.-republikan. Herrschaftsform durch. – Man kann in der A. K. drei Gruppen unterscheiden: 1. die hochkirchl. Gruppe *(High Church),* stark kath. mit aristokrat. Element; 2. die niederkirchl. Gruppe *(Evangelicals,* früher *Low Church),* vom Methodismus beeinflußt, legt bes. Gewicht auf tätige Frömmigkeit; 3. die breitkirchl. Gruppe (modernist. Richtung, früher *Broad Church),* die der krit. Bibelforschung u. soz.ethischen Fragen bes. offen ist. – 1888 formulierte die Bischöfe der A. K. die Grundlagen der A. K.: 1. die Bibel, 2. das Nicänische Glaubensbekenntnis, 3. die ev. Sakramente Taufe u. Abendmahl u. 4. der histor. Episkopat. Die A. K. ist auch heute noch die engl. Volkskirche. Der Erzbischof von Canterbury ist Primas der gesamten A. K. Es gibt auf der Erde ca. 368 Diözesen u. 19 Nationalkirchen.

*Nordtor von Angkor Thom*

**Anglistik,** die Wiss. von der engl. Sprache u. Literatur.

**Anglizismus,** engl. Spracheigentümlichkeit, bes. deren Vorkommen in einer anderen Sprache.

**Angloamerika,** der engl. sprechende Teil Amerikas: USA u. Kanada; Ggs.: *Lateinamerika.*

**Angola,** Staat im S der Küste W-Afrikas, 1 246 700 km², 9,2 Mio. Ew., Hptst. *Luanda.* Zu A. gehört die Exklave *Cabinda* (nördl. der Kongomündung, 7270 km², 108 000 Ew.).
L a n d e s n a t u r. Überwiegend Hochland (im Zentrum Hochland von Bie, im NO Lundaschwelle), das an den Rändern zum schmalen Küstentiefland u. zu den umgebenden Becken abfällt. An der Küste Regenwald, sonst v.a. Trockenwald u. Savanne.
B e v ö l k e r u n g. Die Bev. besteht überwiegend aus Bantuvölkern (120 Stämme), einzelnen Gruppen von Buschmännern u. Mulatten.
W i r t s c h a f t. Die Landwirtschaft liefert Kaffee,

*Angola*

Sisal, Baumwolle, Palmprodukte u. Mais. Bodenschätze: Erdöl, Diamanten, Mangan, Kupfer, Gold, Silber u. Eisen. Die Industrie verarbeitet v.a. die Produkte der Landwirtschaft. – Verkehr: Benguelabahn von Lobito nach Shaba mit Verbindung über Sambia u. Simbabwe bis nach Moçambique. Haupthäfen sind Luanda, Lobito, Moçamedes.
G e s c h i c h t e. Im 15. Jh. erreichten port. Seefahrer die Küste des heutigen A. Die port. Kolonialherrschaft verlagerte sich erst im 19. Jh. von der Küste ins Landesinnere. 1951–1975 war A. port. Übersee-Prov. Im Bürgerkrieg zwischen 3 Befreiungsbewegungen setzte sich die prosowjet. *MPLA* durch. Am 11.11.1975 wurde A. unabhängig. Die MPLA rief die Volksrepublik aus u. konnte sich mit kuban. Truppenunterstützung gegen die von Südafrika unterstützte *UNITA*-Guerilla behaupten. 1988 einigten sich A., Kuba u. Südafrika auf eine Beendigung des angolan. Bürgerkriegs. Staats-Präs. u. Regierungschef ist seit 1979 José Eduardo dos Santos.

**Angora, 1.** alter Name der türk. Hptst. → Ankara. – **2.** Bez. für Haustierrassen mit langem, seidigem Haar; hierzu: **A.kaninchen,** deren Haar zu **A.wolle** verarbeitet wird; **3.** **A.ziege,** deren Wollhaar *(Kämelwolle)* als *Mohair* im Handel ist.

**Angosturabaum,** südamerik. Art der *Rautengewächse,* Rinde enthält Bitterstoffe; Rohstoff für den Likör Angosturabitter.

**Angoulême** [ãgu'lɛ:m], westfrz. Stadt über der Charente u. Anguienne, alte Hptst. des *Angoumois,* 51 000 Ew.; roman. Kathedrale.

**Angra do Heroismo** [-ðu iru'iʒmu], Hafenstadt u. Hauptort der port. Azoren-Insel *Terceira,* 16 000 Ew.

**Angst,** unbestimmtes, oft grundloses Gefühl des Bedrohtseins. In der Psychoanalyse wird A. als *Trennungs-A.* (des Säuglings von der Mutter) bestimmt. A. kann – wie andere Affekte – ins Gegenteil umschlagen, z.B. in Aggression. A. wird auch als ein »Gefahrenschutzinstinkt« erklärt. Bei der Mannigfaltigkeit der A.zustände, von der *schleichenden* bis zur *panischen* A. ist eine eindeutige Erklärung alle Phänomene der A. nicht möglich.

**Ångström** ['ɔŋ-], Anders Jonas, *1814, †1874, schwed. Physiker; untersuchte die Spektren der Elemente u. das Sonnenspektrum.

**Ångström-Einheit,** Zeichen Å, altes Längenmaß (1 Å = 10⁻¹⁰m) für Wellenlänge des Lichts; amtl. nicht mehr zulässige Einheit, ersetzt durch → Nanometer.

**Anguilla** [aŋ'gilja], westind. Insel in der Gruppe der Leeward Islands (Kleine Antillen), 91 km², 7000 Ew., Hauptort *Valley;* brit. Kolonie, seit 1976 mit innerer Selbstverwaltung.

**Anhalt,** histor. Territorium zw. Unterharz u. Fläming, rd. 2320 km², 430 000 Ew. (1939), Hptst. *Dessau;* 1945–52 Teil des Landes *Sachsen-A.,* fr. Besitz der → Askanier; → Dessau.

**Anhui,** Prov. in → China.

**Anhydride,** chem. Verbindungen, die durch Abspaltung von Wasser aus den Molekülen eines Stoffs entstehen. Bei Zugabe von Wasser werden die Ausgangsprodukte zurückgebildet.

**Anhydrit,** *Calciumsulfat,* wasserfreier Gips, typ. Mineral der Salzlagerstätten.

**Ani,** türk. Ruinenstadt im NO Anatoliens; Hptst. der Bagratiden im 10. Jh.

**Ani,** *Madenhacker,* Gatt. elstergroßer Kuckucke.

**Aniene,** der antike *Anio,* l. Nbfl. des Tiber, 110 km; bei Tivoli 108 m hohe Wasserfälle.

**Anilin,** *Aminobenzol,* chem. Formel $C_6H_5$-$NH_2$, in reinem Zustand farblose Flüssigkeit (Kohlenwasserstoff) der aromat. Reihe; als Bestandteil des Steinkohlenteers der erste techn. hergestellte Grundstoff für Teerfarben **(A.farben).** Die Dämpfe sind giftig. Rohstoff für elektro-techn. Produkte, Farbstoffe **(A.blau),** Kunststoffe u. Arzneimittel. – **A.leder,** mit wasserlösl. Farbstoffen gegerbtes Leder (z.B. Schuhe).

**anima,** die Seele; nach Aristoteles *a. vegetativa, sensitiva* u. *rationalis,* gemäß den Körper-, Sinnes- u. Verstandesfunktionen der Seele.

**animalisch,** tierisch; leiblich.

**Animation,** eine Freizeitgestaltung des modernen Massentourismus; **Animateure** bieten dazu vielfältige Möglichkeiten (Sport, Spiel, Unterhaltung, Kunst) an.

**animieren,** anregen, in Stimmung bringen.

**Animismus,** Seelenglaube bei Naturvölkern: Alle Gegenstände sind »beseelt«, d.h. einem beliebig willkürl. wirkenden, der Beschwörung zugängl. Mächte.

**Animosität,** Gereiztheit, Feindseligkeit.

**Anion,** ein negativ geladenes Teilchen (Ion).

**Anis** [auch 'a:nis], *Pimpinella anisum,* ein weißblütiges *Doldengewächs,* dessen Samen als Gewürz u. als hustenlösendes Mittel verwendet werden. Wirkstoff ist das *A.öl.* Im Mittelmeerraum Herstellung von A.branntwein (grch. *Ouzo,* türk. *Raki,* arab. *Zibib).*

*Ankara: Genclik-Park*

**Anisotropie,** die Eigenschaft vieler Kristalle, nach versch. Richtungen unterschiedl. physikal. Eigenschaften aufzuweisen (z.B. Lichtbrechung); Ggs.: *Isotropie.*

**Anjou,** histor. Ldsch. im NW Frankreichs, an der unteren Loire, alte Hptst. *Angers.* – A. wurde im 10. Jh. selbständige Gft. (bed. Feudalstaat), seit 1382 Herzogtum u. fiel 1480 an die frz. Krone. – **A.-Plantagenet** [ãʒu plæn'tædʒinit], engl. Königshaus 1154–1399. Stammvater war König Heinrich II. (1154–89), Sohn des Grafen von A., Gottfried *Plantagenet* (*1113, †1151), u. seiner Frau Mathilde, Tochter König Heinrichs I. von England. Aus der Vereinigung der engl., normann. u. frz. Erbschaften entstand 1154 (bis 1204) das *Angevinische Reich* von Schottland bis zu den Pyrenäen. Nach sechs Generationen teilte sich die Dynastie in die Häuser *Lancaster* u. *York.*

**Anjouan** [ãʒu'ã] → Ndzuwani.

**Ankara,** Hptst. der Türkei (seit 1923) in Anatolien, 851 m ü.M., m.V. 2,2 Mio. Ew.; Verwaltungs-, Bildungs-u. Verkehrszentrum; vielseitige Ind.; internat. Flughafen (Esenboga).- Im Altertum *Ankyra* (Hptst. der Phryger).

**Anker, 1.** schwerer eiserner Doppelhaken zum Festhalten von schwimmenden Körpern im Wasser. Der A. gräbt sich in den Boden u. wird mit einer Winde **(A.spill)** hochgezogen. – **2.** Bauelement aus Stahl zum Zusammenhalt von Bauteilen. – **3.** bei elektr. Maschinen (Motor, Generator) ein mit Nuten versehenes Blechpaket, das die **A.wicklung** aufnimmt, in die vom magnet. Feld eine Spannung induziert wird. – **4.** ein Teil von Elek-

## Anklage

tromagneten, der bei stromdurchflossener Erregerspule (Feldspule) angezogen wird u. dabei eine Arbeit verrichten kann, z.B. bei Relais u. Hubmagneten. – **5.** Teil der Steigradhemmung bei Uhren. – **6.** Stahlbolzen zum Befestigen von Maschinen in Grundmauern, an Mauern oder Decken. – **7.** altes Flüssigkeitsmaß (Wein), je nach Land rd. 33 bis 45,4 l.

**Anklage,** Einleitung eines strafgerichtl. Verfahrens.

**Anklam,** Kreis- u. Hafenstadt in Mecklenburg, an der schiffbaren Peene, 20 000 Ew.

**Ankogel,** Gipfel im östl. Teil der *Hohen Tauern* (Östr.), 3246 m.

**Ankylostomiasis,** *Hakenwurm-, Gruben-, Bergmannskrankheit, Bergarbeiteranämie, ägyptische Bleichsucht,* Erkrankung des Menschen durch den etwa 1 cm langen Hakenwurm, der sich im Dünndarm festsetzt u. durch Saugen große Blutverluste verursacht.

**Anlage, 1.** Fähigkeit, Neigung *(Veranlagung);* in der *Genetik* die *Erb-A.,* deren Träger die Chromosomen sind; in der *Psych.* die Gesamtheit der bei der Geburt bestehenden, ererbten Dispositionen. Die Unterschiede zw. Individuen erklärt man heute aus den Wechselwirkungen von A. u. Umwelteinflüssen. – **2.** Grünfläche, Park. – **3.** Vorrichtung, Einrichtung. – **4.** nutzbringende, langfristige Verwertung von Vermögen.

**Anlagevermögen,** *Anlagekapital,* die Teile des Vermögens (Gebäude, Wertpapiere, Patente u.a.) eines Betriebs, die zur dauernden Nutzung, nicht aber zum Verbrauch oder zum Verkauf bestimmt sind.

**Anlasser,** regelbarer Widerstand in Elektromotoren, der zu hohe Ströme, die beim Einschalten entstehen u. Motor u. Stromnetz gefährden, verhindert.

**Anleihe,** langfristige u. meist festverzinsl. Geldbeschaffung durch Staaten, Gemeinden u. andere öffentl.-rechtl. Körperschaften *(öffentl. A.)* oder durch Aktiengesellschaften u.ä. *(Industrieanleihe, Industrieobligation).*

**Anlieger,** Eigentümer oder Nutzungsberechtigter eines Hauses (Grundstücks) an öffentl. Straßen oder oberird. Gewässern. – **A.beitrag,** der *Erschließungsbeitrag,* den Grundstückseigentümer zum Ausbau der Straßen bezahlen müssen, an die ihre Grundstücke grenzen.

**Anna,** Heilige, Mutter Marias, der Mutter Jesu; in der Bibel nicht erwähnt (Fest: 26.7.).

**Anna, 1. A. Amalia,** *1739, †1807; Herzogin; führte für ihren Sohn Karl August 1758–75 die Regentschaft; machte Weimar in der Goethezeit zu einem kulturellen Mittelpunkt. – **2. A. Amalie,** *1723, †1787; Prinzessin; Schwester Friedrichs d. Gr.; 1745 Äbtissin von Quedlinburg; umfangreiche Sammlung von Musikhandschriften (u.a. Bach). – **3. A. Boleyn,** *1507, †1536; Geliebte u. 1533 zweite Frau *Heinrichs VIII.,* Mutter der späteren Königin Elisabeth I.; vermutl. zu Unrecht des Ehebruchs angeklagt u. enthauptet. – **4. A. Maria** *(A. von Österreich),* *1601, †1666; seit 1615 Frau Ludwigs XIII.; führte nach dessen Tod 1643–51 die Regentschaft für ihren Sohn Ludwig XIV. – **5. A. Stuart,** *1665, †1714; Königin von Großbritannien u. Irland 1702–14.

**Annaba,** bis 1963 *Bône,* Hafenstadt an der alger. Küste, 315 000 Ew.

**Annaberg-Buchholz,** Krst. im Erzgebirge, 25 600 Ew.; fr. Bergbau (Silber, Uran); bek. durch Spitzenklöppelei u. Posamentiergewerbe.

**Annahme als Kind** → Adoption.

**Annalen,** *Jahrbücher,* geschichtl. Aufzeichnungen auf der Grundlage des Kalenderjahrs.

**Annam,** schmaler Landstreifen an der Küste Vietnams, Haupthafen *Da Nang,* ehem. Hptst. *Hué.* – Von 1802 an Kaiserreich, 1883–1946 frz. Protektorat.

**Annamiten,** Hauptvolk der Vietnamesen.

**Annapolis** [ə'næpəlis], Hptst. des USA-Staats Maryland, an der Chesapeake-Bucht, 30 000 Ew.; internat. Flughafen für Washington u. Baltimore; Marineakademie.

**Annapurna I,** Berg im Himalaya, Nepal, 8091 m; 1950 erstmals bestiegen.

**Annaten,** fr. die Abgaben aus einem vom Papst verliehenen Amt an die röm. Kurie.

**Annexion,** die einseitige (d.h. nicht vertragl.) Eingliederung fremder Territorien.

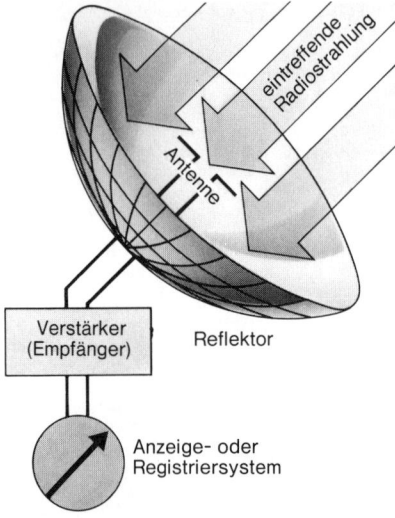

*Antenne: Aufbau einer Parabolantenne (Schema)*

**anno,** im Jahre; **a. Domini,** im Jahre des Herrn (n. Chr. Geburt); **a. Tobak,** i.ü.S. in alter Zeit.

**Annobón** → Pagalú.

**Annonce,** Anzeige.

**Anno von Köln,** *Anno II.,* *um 1010, †1075, Erzbischof von Köln seit 1056; – Heiliger (Fest: 4.12.).

**Annuität,** die Jahresrate der Tilgung u. Verzinsung einer Schuld.

**annullieren,** für ungültig erklären.

**Annunziaten,** kath. Frauenorden, gegr. 1501 (Belgien, Frankreich), in 1604 (Italien, Frankreich), die sich der Verkündigung Mariens weihen; – **A.orden,** bis 1950 höchster ital. Verdienstorden, gestiftet 1362 als »Orden vom Halsband«.

**Annunzio,** Gabriele d', *1863, †1938, ital. Schriftst., nationalist. Pathetiker u. Idol der Faschisten.

**Anode,** der positive Pol jeder elektr. Stromquelle oder elektr. Gerätes, zu dem hin die Elektronen, die vom negativen Pol, der *Kathode,* herkommen, fließen.

**anomal,** von der Regel abweichend, abartig; seel. oder körperl. gestört. – **Anomalie,** Regelwidrigkeit, Unregelmäßigkeit.

**Anomalie des Wassers** Während bei den meisten Stoffen die Dichte mit abnehmender Temperatur stets zunimmt, ist dies bei Wasser nur oberhalb von +4 °C der Fall. Wird Wasser unter 4 °C weiter abgekühlt, so nimmt die Dichte wieder ab. Infolge dieser Eigenschaft gefriert in stehenden Gewässern im Winter das Wasser zunächst an der Oberfläche; unter der Eisdecke bleibt das Wasser flüssig, die Temperatur nimmt mit der Wassertiefe zu u. beträgt in der Schicht am Boden 4 °C. Für das pflanzl. u. tier. Leben im Wasser ist diese Tatsache von entscheidender Bedeutung.

**anonym,** ohne Namen, ohne Unterschrift.

**anonyme Alkoholiker,** engl. *Alcoholica Anonymous,* Abk. *AA,* Selbsthilfeorganisation von Alkoholkranken; 1935 in den USA gegr.

**Anopheles,** *Fiebermücken,* auch in Mitteleuropa häufige Gattung der *Stechmücken;* Überträger der Malaria.

**Anorak,** wind- u. wasserdichte Jacke.

**Anorexie,** (krankhafte) Appetitlosigkeit.

**anorganische Chemie,** der Teil der Chemie, der die Erforschung jener Stoffe zum Gegenstand hat, die keinen Kohlenstoff enthalten; Ggs.: *organische Chemie.*

**Anouilh** [a'nuj], Jean, *23.6.1910, frz. Dramatiker; brachte mehr. antike Themen mit pessimist. Weltsicht auf die Bühne. W »Antigone«, »Becket oder die Ehre Gottes«.

**Anpassung,** *Adaption,* die Fähigkeit von Lebewesen, sich veränderten Umweltbedingungen durch Änderung in Verhaltens- u. Lebensweise u. z.T. auch in Körperbau, -funktionen einzufügen.

**anreichern,** durch physik. u. chem. Vorgänge (Aufbereitung, Extraktion, Destillation) einen Stoff hochkonzentrieren.

**Anrufbeantworter,** *automatischer A.,* eine Zusatzeinrichtung (Tonbandgerät) zum Fernsprechanschluß, mit der der Anschlußinhaber während seiner Abwesenheit den Anrufern eine kurze Nachricht mitteilen kann. Bei vielen A. kann danach der Anrufende eine Nachricht auf Band sprechen.

**Ansbach,** Hptst. des bay. Reg.-Bez. *Mittelfranken,* an der Rezat, 37 000 Ew.; Schloß (18. Jh.), vielseitige Industrie.

**Anschlußwert,** bei elektr. Geräten u. Maschinen die Leistungsaufnahme in Watt (W), Kilowatt (kW), oder Summe der Nennleistungen (installierte elektr. Leistung) in der Anlage eines Abnehmers.

**Anschütz,** Heinrich, *1785, †1865, östr. Schauspieler dt. Herkunft.

**Anselm von Canterbury** [-'kæntəbəri], *1033, †1109, ma. Theol., »Vater« der Scholastik, Benediktiner, seit 1093 Erzbischof von Canterbury. Er entwickelte den *ontolog. Gottesbeweis.* Sein Glaubensbegriff (der Glaube verlange nach vernünftiger Einsicht) wurde bedeutsam für die Entwicklung der scholast. Theol. – Heiliger (Fest: 21.4.); Erhebung zum Kirchenlehrer 1720.

**Ansermet** [ãsɛr'mɛ], Ernest, *1883, †1969, schweiz. Dirigent u. Komponist.

**Ansgar,** *um 801, †865, seit 831 erster Erzbischof von Hamburg, später mit Sitz in Bremen; missionierte 827–830 in Dänemark u. Schweden (»Apostel des Nordens«). – Heiliger (Fest: 3.2.).

**Anshan,** chin. Stadt in der südl. Mandschurei, etwa 1,2 Mio. Ew.; Zentrum der Schwerindustrie.

**Anstalt des öffentlichen Rechts,** Einrichtung zur Erfüllung best. öffentl. Aufgaben mit eig. Rechtsfähigkeit (z.B. Rundfunkanstalten) oder als Teil der Staatsverw. (z.B. Schulen).

**Anstand, 1.** eine Jagdart, bei der der Jäger dem Wild von einer verdeckten Stelle aus auflauert, z.B. auf einem Hochsitz (Wildkanzel). – **2.** gutes Benehmen.

**Ansteckung** → Infektion.

**Anstiftung,** vorsätzl. Verleitung zu einer mit Strafe bedrohten Handlung; strafbar.

**Antagonismus,** (unaufhebbarer) Gegensatz. – **Antagonist,** Gegner, Widersacher.

**Antaios,** *Antäus,* Riese der grch. Myth. in Libyen, Sohn des Poseidon u. der Gäa; von Herakles in der Luft erwürgt.

**Antakya,** das alte *Antiochia,* türk. Stadt am Orontes, 67 000 Ew.

**Antall** ['ɔntɔl], József, *7.4.1932, ung. Politiker (Demokrat. Forum); seit 1990 Min.-Präs.

**Antalya,** türk. Hafenstadt an der Mittelmeerküste *(Golf von A.),* 130 000 Ew.

**Antananarivo,** bis 1976 frz. *Tananarive,* Hptst. von Madagaskar, 800 000 Ew.; Verkehrs- u. Verwaltungszentrum; internat. Flughafen.

**Antapex,** Gegenpunkt des → Apex.

**Antares,** α Scorpii, Hauptstern im *Skorpion.*

**Antarktis,** das Südpolargebiet etwa südl. von 55 ° südl. Breite, bestehend aus dem antarkt. Kontinent *(Antarktika),* Inseln u. Schelfeis-Meeren; umfaßt einschl. vorgelagerter Inseln (Südgeorgien, Südsandwich, Südorkney, Südshetland) eine Fläche von knapp 14 Mio. km². Abgesehen von Forschungsstationen unbewohnt. Das Festland ist gebirgig (bis 5140 m) u. von einer mächtigen Inlandeismasse (mittlere Dicke 2000–2500 m, max. 4500 m) überzogen. Das Klima ist extrem kalt (tiefste bisher gemessene Temp. –88 °C) u. trocken. Es finden sich Moose, Flechten, Gräser u. einige Blütenpflanzen auf den subantarkt. Inseln, an Tieren Pinguine, Robben u. Wale. Auf die A. erheben Argentinien, Australien, Chile, Frankreich, Großbritannien, Neuseeland u. Norwegen territoriale Ansprüche; die USA u. UdSSR erkennen Ansprüche anderer Staaten nicht an.

**Antarktische Halbinsel,** *Grahamland,* die größte Halbinsel von Antarktika, zw. Weddell- u. Bellingshausen-Meer, 1200 km lang.

**Antelami,** Benedetto, ital. Bildhauer, tätig von ca. 1177 bis 1200; Hauptmeister der ital. Plastik des roman. MA.

**Antenne, 1.** als *Sende-A.* (meist *Rund-* oder *Richtstrahler)* zur Ausstrahlung größerer Leistungen in Form wechselnder elektr. u. magnet. Felder (Wellen), die in der *Empfangs-A.* die Elektronen zum Schwingen anregen u. damit drahtlos Leistungen übertragen. Die Sendeenergie wird den Strahlern durch Hochfrequenzkabel spezieller Bauart zugeführt. Für den Nachrichtenverkehr im Dezimeter- u. Mikrowellenbereich verwendet man A. mit bes. starker Richtwirkung, z.B. *Parabol-A.* (Wirkung wie beim Scheinwerfer) u. *Trichterstrahler.* Zum Empfang von Lang-, Mittel- u. Kurzwellen eignen sich Drähte oder Stäbe versch. Länge, während für den UKW- u. Fernsehempfang abgestimmte (halbe Wellenlänge) Dipole mit Zusatzelementen zur Bündelung der Empfangsenergie (*Yagi-A.*) verwendet werden. A. mit Richtwirkung (*Peil-A.*) für längere Wellen sind z.B. *Rahmen-A.* oder *Ferrit-A.* – **2.** die Fühler am Kopf der Krebse, Tausendfüßlern u. Insekten; außerdem bei Stummelfüßern; Träger des Tast-, Geruchs- u. Geschmackssinns.

**Antependium,** *Frontale,* Verkleidung des Altars durch einen herabhängenden Stoffbehang; i.w.S. auch die als *Altarvorsatz* bezeichnete Bekleidung aus Metall, Holz, Elfenbein, Textilien u.a.

**Antes,** Horst, *28.10.1936, dt. Maler u. Graphiker; Schüler von HAP Grieshaber.

**Antheil** [′æntil], George, *1900, †1959, US-amerik. Komponist (Avantgardist).

**Anthologie,** »Blütenlese«, Sammlung von Dichtungen, Artikeln versch. Verfasser.

**Anthologion,** ein liturg. Buch, das Texte der Messe nach dem Ritus der Ostkirchen enthält.

**Anthracen,** aromat. Kohlenwasserstoff, der im Steinkohlenteer vorkommt; Ausgangspunkt bes. für Farbstoffe (*Alizarin* u. *Indanthren*).

**Anthrakose,** *Kohlenstaublunge,* Schwarzfärbung der Lungen- u. Lungenlymphgewebe durch Eindringen u. Ablagerung von Ruß und Kohlenstaub auf dem Atemweg.

**Anthrazit,** *Glanzkohle,* harte, hochwertige Steinkohle, mit 90% Kohlenstoff.

**anthropo** ... [grch.], Mensch...; **anthropogen,** durch Menschen verursacht.

**Anthropoide,** die Menschenaffen: Orang-Utan, Gorilla, Schimpanse.

**Anthropologie, 1.** *naturwiss. A.:* die Wiss. von der Abstammung des Menschen, von der Entwicklung, Differenzierung u. Ausbreitung seiner Art; umfaßt die menschl. Abstammungslehre, Erblehre (→ Humangenetik) u. Rassenkunde (→ Menschenrassen). Außer dieser biol. A. gehört zur A. auch die → Ethnosoziologie u. im Sprachgebrauch auch die → Völkerkunde, die in den USA in *Kultur-A.* u. *Sozial-A.* unterschieden wird. – **2.** *geisteswiss. A.:* die phil. u. theol. Frage nach der

## ANTARKTIS

*Forschungsschiff im Treibeis*

*Pinguine in der Antarktis*

*Edmund Hillary und Vivian Fuchs 1958 am Südpol*

*Die Georg-von-Neumayer-Station ist ganzjährig mit Wissenschaftlern besetzt*

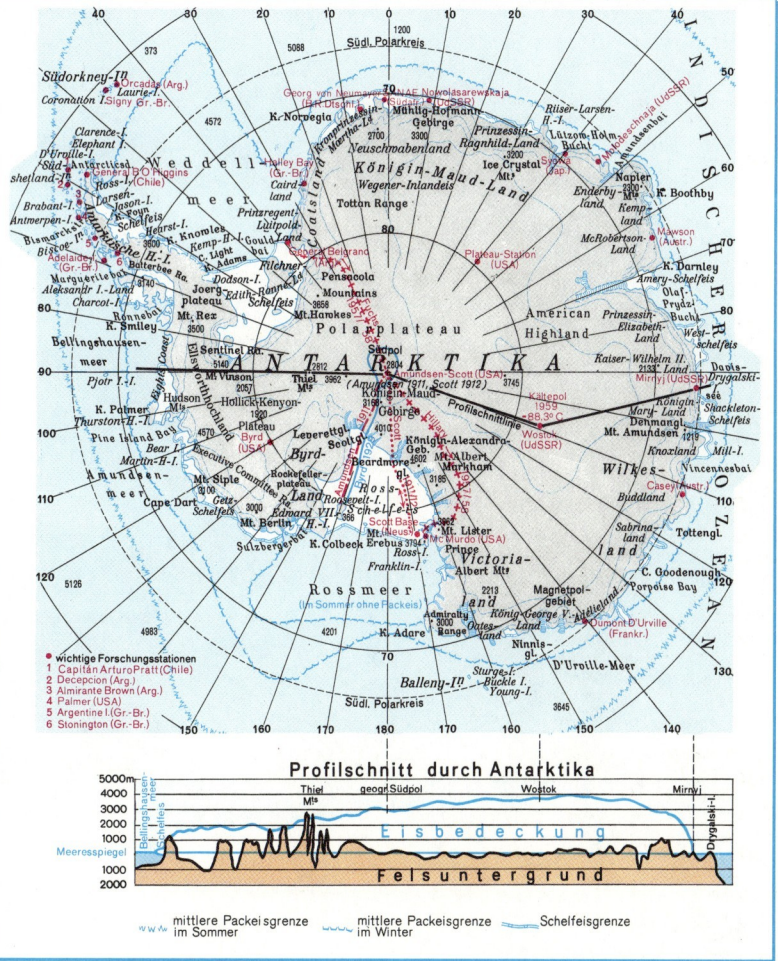

# Anthropometrie

»Stellung des Menschen im Kosmos« sowie seinen Eigenschaften u. Verhaltensweisen. Der Mensch wird als Einheit verstanden, wobei heute die Beziehung zum Mitmenschen, Sprache, Psych., Soziologie, Kultur u. Politik bes. wichtig sind.
**Anthropometrie,** eine Methode der naturwiss. *Anthropologie,* die auf zahlenmäßigem Erfassen u. Vergleichen menschl. Körpermerkmale beruht.
**Anthropomorphismus,** *Vermenschlichung,* **1.** die Beurteilung tierischer Verhaltensweisen aus menschl. Blickwinkel. – **2.** die Übertragung menschl. Eigenschaften auf die Gottheit oder Gottheiten.
**Anthropophagie** → Kannibalismus.
**Anthroposophie,** von dem Österreicher R. *Steiner* (*1861, †1925) begr. Lehre, die die geistigen Kräfte des Menschen fördern u. seine Erkenntnisfähigkeit zum Übersinnlichen erweitern möchte. Steiner gründete die *Anthroposoph. Gesellschaft* u. als Mittelpunkt der anthroposoph. Bewegung das Goetheanum (Dornach b. Basel). Von den Auswirkungen der A. sind bes. bekannt die pädagog. (*Waldorfschulen,* die die Ausbildung der Persönlichkeit auf allen Gebieten fördern wollen), heilpädagog., soz., med. u. die künstler. (*Eurhythmie,* Bewegungskunst, um geistige Inhalte durch harmon. Leibesbewegungen auszudrücken), die Begr. der Christengemeinschaft u. die biolog.-dynam. Wirtschaftsweise in der Landwirtschaft.
**anthropozentrische Weltanschauung,** die Auffassung, nach der der Mensch Mittelpunkt der Welt sei.
**Anthurium,** Schweif-, Schwanz-, Flamingoblume, Gatt. der *Aronstabgewächse* im trop. Amerika.

**anti** [grch.], gegen.
**antiautoritär,** gegen den Einsatz von Autorität.
**antiautoritäre Bewegungen,** seit Ende der 1960er Jahre Bez. für polit. Gruppierungen von meist Jugendlichen, die den Anpassungszwängen der Gesellschaft entgehen wollen u. überzeugt sind, daß eine Gesellschaft ohne Zwänge u. Repressionen geschaffen werden könne u. müsse, auch wenn es bisher kein Vorbild dafür gibt. Eher unpolitisch motiviert sind neuere Gruppierungen, die sich gegen bestimmte Verhaltensmuster der Konsumgesellschaft (*Aussteiger, Punker*) richten.
**antiautoritäre Erziehung,** *nichtrepressive, zwangsfreie Erziehung,* eine von A. *Neill* u. W. *Reich* in den 1920er Jahren begr., Ende der 1960er Jahre wieder aufgegriffene Erziehungsmethode, die ohne Triebunterdrückung, Repression u. autoritärem Verhalten der Erzieher auszukommen sucht, um selbstbewußte, krit., nicht-aggressive Persönlichkeiten heranzubilden. Die a.E. verzichtet nicht auf Führung, sondern nur auf repressive Führung, da diese zu autoritätsfixierten Persönlichkeitsstrukturen führt. Sie ist in ihren Konsequenzen umstritten.
**Anti-Baby-Pille,** umgangssprachl. Bez. für orale Ovulationshemmer; → Empfängnisverhütung.
**Antibes** [ã'tib], südfrz. Stadt u. Seebad an der Côte d'Azur, zw. Cannes u. Nizza, 56 000 Ew.; Badeorte *Cap d'A.* u. *Juan-les-Pins;* Museum (Picasso-Sammlung), Spielcasino.
**Antibiotika,** natürl. oder chem. veränderte Stoffwechselprodukte von Bakterien oder niederen Pilzarten, die auf bestimmte Krankheitserreger wachstumshemmend oder abtötend wirken. Wichtige A. sind *Penicilline, Streptomycine, Chloramphenicol, Chlortetracyclin, Tetracycline.*
**Anti-Blockier-System,** Abk. *ABS,* ein mit Sensoren u. einem elektron. Steuergerät arbeitendes Bremssystem, das das Blockieren der Räder verhindert u. den Bremsweg verkürzt.
**antichambrieren** [-∫āb-; frz. antichambre, Vorzimmer], ein Anliegen durch mehrmalige Vorsprachen bei einer Behörde durchzubringen versuchen; einflußreichen Leuten schmeicheln.
**Antichrist,** *Widerchrist,* der teufl. Widersacher des Messias.
**Antifaschist,** Gegner des *Faschismus.*
**Antigen,** eine Substanz, die im Blut oder Gewebe die Bildung von *Antikörpern* hervorruft, z.B. Schlangen-, Bakteriengifte. Die Verbindung eines A. mit dem Antikörper ist einer der wichtigsten Abwehrmechanismen des Organismus u. Grundlage der *Immunität.*
**Antigone,** in der grch. Myth. Tochter des *Ödipus* u. der Iokaste; durch König Kreon lebendig in ein Felsengrab eingeschlossen, weil sie ihren Bruder Polyneikes, der gegen seine Vaterstadt Theben kämpfte, bestattete u. sich damit gegen das Gebot des Königs für das Gesetz der Menschlichkeit einsetzte u. den Göttern gehorchte. Zahlr. lit. Bearbeitungen; Tragödien von Sophokles, Hasenclever, Cocteau, Anouilh, Brecht u.a.
**Antigonos,** Name makedon. Könige: **A. I.,** *A. Monophthalmos* [»der Einäugige«], *um 382 v.Chr., †301 v.Chr., Nachfolger *Alexanders d. Gr.;* fiel im Verlauf der Diadochenkämpfe 301 v.Chr. in der Schlacht bei Ipsos. Sein Reich wurde unter den Siegern aufgeteilt.
**Antigua,** ehem. Hptst. Guatemalas, 15 700 Ew. (im 18. Jh. 80 000 Ew.); 1773 u. 1874 durch Erdbeben zerstört.
**Antigua und Barbuda,** Staat in der Karibik, im Norden der Kleinen Antillen, umfaßt die Inseln *Antigua* (280 km², 80 000 Ew.), *Barbuda* (161 km²,

*Antigua und Barbuda*

1500 Ew.) u. *Redonda* (1 km², unbewohnt), zus. 442 km², 81 500 Ew., Hptst. *St. John's.* Im SW tief zerschnittenes Bergland, ansonsten flache Tafelländer; Zuckerrohranbau, Fremdenverkehr.
Geschichte. Ab 1632 wurde A. u. B. durch die Engländer kolonialisiert. 1967 erhielt A. u. B. innere Autonomie. Seit dem 1.11.1981 ist A. u. B. unabhängig.
**Antihistaminika,** Arzneimittel, die der Wirkung von *Histamin* entgegenwirken u. z.B. zur Behandlung von Allergien angewendet werden.
**antik,** alt; aus der Antike stammend.
**Antike,** das grch.-röm. Altertum, Bildungsinhalt des Humanismus; insbes. die hohen Leistungen der Kunst u. Literatur wurden als Vorbild verstanden.
**Antiklopfmittel,** chem. Verbindungen (meist giftige Bleiverbindungen wie Bleitetraethyl), die bei bestimmten Kraftstoffsorten das im Otto-Motor auftretende »Klopfen« verhindern sollen. Die A. zerfallen beim Verbrennungsvorgang; der sehr feine Metallstaub wirkt als Katalysator. Bleihaltige A. werden zunehmend durch andere Substanzen ersetzt. In der BR Dtld. seit 1988 nur noch im Superbenzin erlaubt.
**Antikominternpakt,** am 25.11.1936 zw. Dtld. u. Japan geschlossener Pakt gegen »die Zersetzung u. Vergewaltigung der bestehenden Staaten« durch die *Kommunist. Internationale (Komintern).*
**antikonzeptionelle Mittel,** empfängnisverhütende Mittel; → Empfängnisverhütung.
**Antikörper,** im Organismus erzeugte Eiweißverbindungen aus der Gruppe der *Immunglobine.* Sie verkleben (*Agglutination*) mit eingedrungenen fremden organ. Verbindungen (*Antigene*) zu einem ungefährl. Komplex. A. werden in den Lymphknoten der höherentwickelten Tiere u. des Menschen gebildet. Bei der *Immunität* sind genügend A. vorhanden oder werden beschleunigt hergestellt. Sind zu viele A. vorhanden, kann es bei plötzlicher Agglutination zu Erscheinungen der *Allergie* kommen.
**Antilibanon,** Gebirge im syrisch-libanes.-israel. Grenzgebiet, im *Hermon* 2814 m.
**Antillen,** die Inselwelt Mittelamerikas (mit Ausnahme der Bahamas), begrenzen die Karib. See nach N u. O; ozean.-trop. Klima; *Große A.:* Kuba,

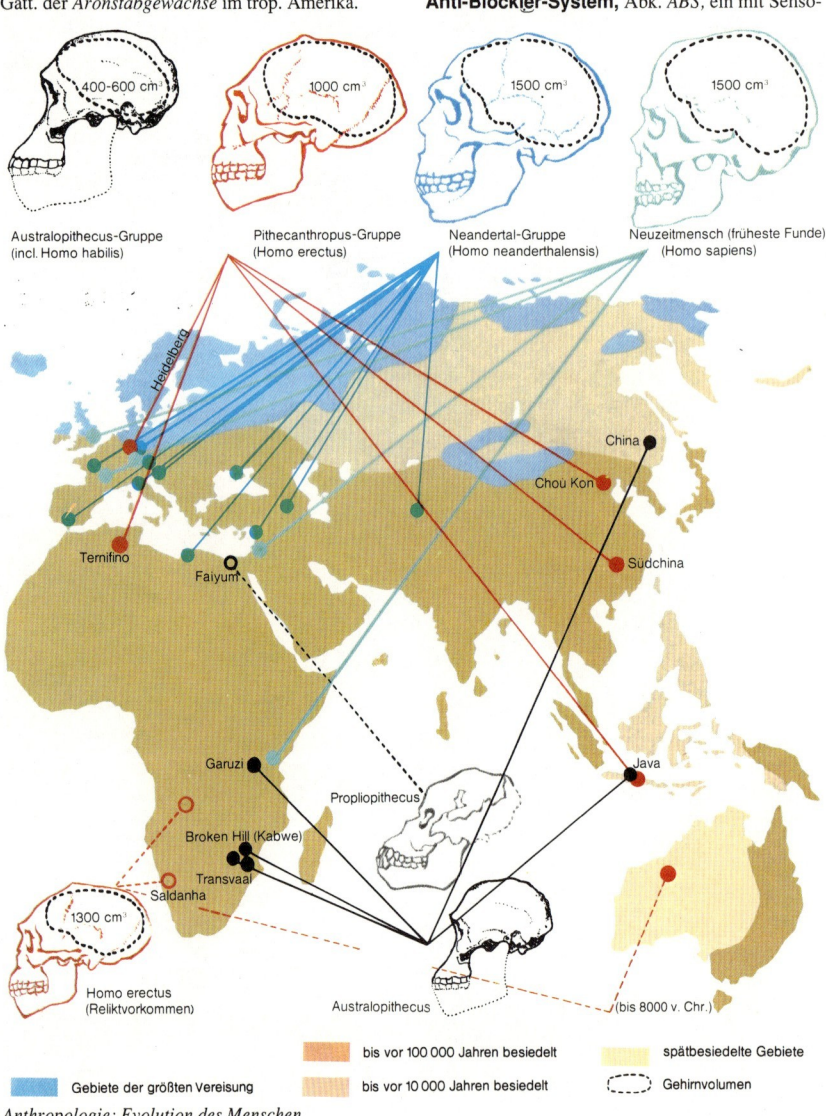

*Anthropologie: Evolution des Menschen*

*Bongo-Antilope*

Hispaniola, Jamaika, Puerto Rico; *Kleine A.:* eine Kette kleiner Inseln zw. Puerto Rico u. Venezuela (→ Inseln über dem Winde u. → Inseln unter dem Winde); → Westindien.

**Antilopen,** horntragende Huftiere, bes. in Afrika u. S-Asien; 25–180 cm hoch; Wiederkäuer; leben gesellig; hierzu: *Gazellen, Kuh-A., Böckchen, Saigas, Oryx, Impalas, Kudus, Gnus* u.v.a.

**Antimaterie,** Atome, die aus *Antiprotonen* u. *Antineutronen* im Kern u. *Positronen* in der Hülle aufgebaut sind; zerstrahlt in Gegenwart normaler Materie mit dieser zusammen.

**Antimon,** ein → chem. Element; silberweißes, sprödes Halbmetall, das bes. zur Härtung von Blei- u. Zinnlegierungen u. zur Herstellung von Halbleitern verwendet wird.

**Antimonit,** *Antimonglanz, Grauspießglanz, Stibnit,* ein → Mineral.

**Antineutron,** ein → Elementarteilchen.

**Antinomie,** Widerspruch zw. zwei scheinbar richtigen, doch einander ausschließenden Sätzen.

**Antinoos,** *Antinous,* schöner Jüngling u. Liebling des röm. Kaisers *Hadrian,* ertrank 130 im Nil; wurde danach göttl. verehrt.

**Antiochia,** *Antiocheia,* das heutige → Antakya, 300 v. Chr. gegr. Hptst. des Seleukidenreichs; unter den röm. Kaisern als Hptst. der Prov. Syrien eine der bed. Städte des Altertums.

**Antioxidans,** eine organ.-chem. Verbindung, die oxidationsempfindlichen Produkten wie Gummi, Kunststoffen u.a. zugesetzt wird.

**Antipasti,** Vorspeisen, z.B. Oliven, Sardellen, Schinken.

**Antipathie,** Abneigung, Widerwille; Ggs.: *Sympathie.*

**Antipode,** »Gegenfüßer«, Bewohner des gegenüberliegenden Punkts der Erdoberfläche; auch ein Mensch, der eine gegenteilige Meinung vertritt.

**Antipyrin,** *Phenazon,* ein synthet. Mittel zur Fieberbsenkung.

**Antiqua** → Schrift.

**Antiquariat,** Handel mit sehr alten oder gebrauchten Büchern sowie solchen, für die der Ladenpreis aufgehoben ist *(modernes A.).*

**Antiquitäten,** alte Kunst- oder Kulturdenkmäler von dokumentar. oder künstler. Wert; i.e.S. kunsthandwerkl. Arbeiten, alte Bücher u. Graphiken.

**Antisemitismus,** Feindschaft gegen die Juden, inbes. aus sog. rass. Gründen. Die 1879 von W. *Marr* geprägte Bez. ist irreführend, da die Antisemiten nicht die Angehörigen der semit. Sprachfam. (Bewohner NO-Afrikas u. Vorderasiens) bekämpfen, sondern allein die Anhänger der jüd. Religion u. Nachkommen von solchen, die die Religion nicht mehr praktizieren. Diese Menschen werden fälschl. als einheitl. Rassengruppe betrachtet, u. die so konstruierte »jüd. Rasse« wird als minderwertig bez. Von den anderen Formen der Judenfeindschaft, die seit frühchristl. Zeiten anzutreffen sind, unterscheidet sich der Rassen-A. dadurch, daß die behaupteten negativen Eigenschaften der Juden als unaufhebbar ansieht. Auf den Werken J.A. de Gobineaus, H.S. Chamberlains, R. Wagners fußend, erhielt der A. durch E. *Drumont,* W. *Marr,* E. *Dühring,* Th. *Fritsch* u.a. publizist. u. durch antisemit. Organisationen u. Parteien polit. Gewicht. Im Dt. Reichstag saßen 1893 erstmals antisemit. Abgeordnete; in Rußland kam es seit 1881 zu Pogromen; die Verfolgung des Juden A. *Dreyfus* erschütterte ab 1894 Frankreich u. hatte weltweites Echo; bes. starke antisemit. Strömungen gab es in O-Europa. In Dtld. fand der A. im *Nationalsozialismus* seine konsequenteste Ausprägung. Unter *Hitlers* Einfluß steuerte die NSDAP einen scharf antisemit. Kurs. Nach der Machtergreifung 1933 nahm sie die Verwirklichung ihres judenfeindl. Programms sofort in Angriff. Die Judenverfolgung durch Boykott u. Sondergens. (u.a. *Nürnberger Gesetze*) erreichte schließl. ihren Höhepunkt mit der systemat. Massenvernichtung aller Juden Europas, deren die Nationalsozialisten habhaft werden konnten.

Auch nach 1945 lebt der A. fort, allerdings kaum als offen propagierte Ideologie. Meist äußert er sich verdeckt u. indirekt: in der UdSSR u. anderen Ostblockstaaten in Form von Benachteiligungen, in Dtld. in Form von Vorurteilen u. gelegentl. Schmiereien, in den angelsächs. Ländern durch zeitweilige gesellschaftl. Diskriminierung u.a. Tradit. antisemit. Stereotype finden sich auch in manchen Äußerungen des sog. *Antizionismus,* der das Existenzrecht des Staates Israel in Frage stellt.

**Antisepsis,** die Anwendung von keimtötenden chem. Mitteln zur Vernichtung von Krankheitserregern bei der Wundbehandlung u. Operationsvorbereitung.

**Antiteilchen,** zu jedem Elementarteilchen das komplementäre (paarweise zugeordnete) Teilchen von gleicher Masse, aber entgegengesetzter elektr. Ladung u. entgegengesetztem magnet. Moment; → Antimaterie.

**Antithese,** ein Satz, der zu einem anderen, der *These,* in Ggs. steht.

**Antitoxine,** Gegengift; im Blut von Mensch u. Tier vorkommende *Antikörper,* die Toxine pflanzl., tier. u. bakterieller Herkunft binden u. unschädl. machen.

**antizyklische Wirtschaftspolitik,** wirtschaftspolit. Maßnahmen, die das Ziel haben, konjunkturelle Schwankungen zu dämpfen bzw. zu verhindern. Dazu gehören geld- u. kreditpolit. Maßnahmen, z.B. Diskontpolitik, u. fiskal. Maßnahmen wie Steuererhöhungen bzw. -senkungen.

**Antofagasta,** Hafenstadt in N-Chile, 155 000 Ew.; Univ., Ind., Seebad; 1884 von Bolivien an Chile abgetreten.

**Antonello da Messina,** *1430, †1479, ital. Maler; religiöse Szenen u. Bildnisse; führte die Ölmalerei in die oberital. Kunst ein.

**Antonescu,** Ion, *1882, †1946, rumän. Offizier u. Politiker; 1940 zum »Staatsführer« Rumäniens ausgerufen; führte an der Seite Hitlers 1941–44 Krieg gegen die Sowj.; 1944 gestürzt u. als Kriegsverbrecher verurteilt.

**Antoninus Pius** [»A. der Fromme«], Titus Aurelius, *86, †161, röm. Kaiser 138–61; von *Hadrian* adoptiert; erhob 146 *Marc Aurel* zum Mitregenten.

**Antonioni,** Michelangelo, *29.9.1912, ital. Filmregisseur; W »La notte« (»Die Nacht«); »Blow up«.

**Antonius,** Marcus, *82 v.Chr., †30 v.Chr. (Selbstmord), röm. Staatsmann; Anhänger *Cäsars;* schloß mit *Lepidus* u. *Octavian* das *2. Triumvirat* zur Neuordnung des Staates, beherrschte seit 42 v. Chr. den Osten des Reichs; vermählte sich mit der ägypt. Königin *Kleopatra;* wurde 31 v. Chr. von Octavian in der Schlacht bei Aktium geschlagen.

**Antonius der Große,** *251/252, †356, einer der ersten christl. Einsiedlermönche in Ägypten (»Vater des Mönchtums«); galt den Eremiten als Vorbild. – Heiliger (Fest: 17.1.).

*Antisemitismus: Grabbeschmierungen auf dem Friedhof einer jüdischen Gemeinde*

*Antonius von Padua; Tempera auf Holz, von Alvise Vivarini (Detail), um 1480. Venedig, Museum Correr*

**Antonius von Padua,** *1195, †1231, ital. Franziskaner; Kirchenlehrer; bek. als Wundertäter (*St.-Antonius-Brot,* Gabe für die Armen). – Heiliger (Heiligsprechung bereits 1232; Fest: 13.6.)

**Antonym,** ein Wort, das das Gegenteil eines anderen bedeutet.

**Antragsdelikt,** eine Straftat, die nicht von Amts wegen, sondern nur auf Antrag hin verfolgt wird (z.B. Hausfriedensbruch, Beleidigung).

**Antsirabé,** Stadt im inneren Madagaskar, 1500 m ü.M., 40 000 Ew.; Thermalbad.

**Antsiranana,** fr. *Diégo-Suarez,* Hafenstadt im N Madagaskars, 10 000 Ew.

**Antwerpen,** frz. *Anvers,* Wirtschaftsmetropole, Haupthafen u. zweitgrößte Stadt Belgiens, am Ostufer der Schelde, 200 000 Ew.; got. Kathedrale, Renaissance-Rathaus, königl. Palast (Rokoko), Kunstakademie; kultureller Mittelpunkt des Flamentums; kath. Bischofssitz; bed. Ind.: Metall, Nahrungsmittel, Chemie, Elektrotechnik, Raffinerien, Werften, Diamantenschleifereien.

**Anu,** sumer.-babylon. Hauptgott.

**Anubis,** ägypt. Gott, Schützer der Totenstädte; in Gestalt des Schakals verehrt.

**Anuradhapura,** Stadt im Norden Sri Lankas, 30 000 Ew., rd. 1250 Jahre lang Hptst. des singhales. Kgr. Ceylon (250 v. Chr. – 1017 n. Chr.); buddhist. Heiligtum (Bo-Baum).

**Anus,** der After; *A. praeter,* ein künstl. After (Ausgang).

**Anwalt,** Sachwalter, Parteivertreter vor Gericht oder Behörden, bes. Rechts-A., Patent-A. usw. – **A.sprozeß,** ein gerichtl. Verfahren, in dem sich die Prozeßparteien kraft Gesetzes durch einen *Rechtsanwalt* vertreten lassen müssen *(A.szwang).*

**Anzeige, 1.** *Annonce, Inserat,* eine Bekanntmachung (häufig werbender Art), die gegen Bezahlung im A.nteil von Ztg. u. Ztschr. veröffentlicht wird. Das A.ngeschäft ist die wichtigste Einnahmequelle der meisten Ztg. u. Ztschr. – **2.** Mitteilung (bes. als Straf-A.) gegenüber einer Verwaltungsbehörde. – **A.pflicht** besteht als 1)*gesundheitspolizeil.* A. von Tierseuchen u. Infektionskrankheiten (→ Meldepflicht); 2) *strafrechtl.* A.pflicht hinsichtl. geplanter schwerer Verbrechen; 3) *standesamtl.* A.pflicht von Geburten u. Sterbefällen.

**Anzengruber,** Ludwig, *1839, †1889, östr. Schriftst.; bäuerl. Volksstücke (»Der Meineidbauer«) u. Romane (»Der Sternsteinhof«).

**Anziehung,** *A.skraft,* eine Kraft, die den Abstand zweier Körper zu verkleinern sucht; → Gravitation, → Elektrizität, → Magnetismus.

**ANZUS-Pakt,** *Pazifik-Pakt,* zw. **A**ustralien, **N**ew **Z**ealand u. den **US**A 1952 geschlossenes Bündnis zur Sicherung des pazif. Raums; erweitert durch den *Südostasien-Pakt.*

**a.o.,** Abk. für *außerordentlich.*

**AOK,** Abk. für *Allgemeine Ortskrankenkasse.*

**Äoler,** *Aioler,* im Altertum die Griechen NW-Kleinasiens u. der vorgelagerten Inseln.

## 54 äolisch

**äolisch, 1.** durch den Wind abgetragen, vom Wind abgelagert. – **2.** eine der 12 Kirchentonarten (auf a).
**Äolische Inseln** → Liparische Inseln.
**Aomen,** chin. Name für *Macau*.
**Aomori,** jap. Hafenstadt an der Nordküste von Honshu, 280 000 Ew.; Eisenbahnfähre.
**Äon,** *Aion,* meist Pl. **Äonen,** Ewigkeit, Zeitalter, Weltzeitalter.
**Aorta,** die Hauptschlagader; führt sauerstoffreiches Blut von der (linken) Herzkammer zu den Körperorganen; von ihr zweigen alle Schlagadern *(Arterien)* ab. → Blutkreislauf.
**Aosta,** Hptst. der autonomen Region *Valle d'A. (Aostatal)* in N-Italien, 40 000 Ew.
**AP** [εi pi:], Abk. für die US-amerik. Nachrichtenagentur → **A**ssociated **P**ress.
**Apachen,** Indianerstamm der Athapasken im SW der USA, einst ein krieger. Jäger- u. Reitervolk; heute in Reservationen.
**Apanage** [-'na:ʒə], Unterhalt (Abfindung) für nichtregierende Mitgl. der Herrscherfamilien.
**Apartheid,** polit., soz., wirtsch. u. räuml. Trennung der Rassen. Die südafrik. Politik der A. wird nahezu auf der ganzen Welt angefochten, da ihre Auswirkungen zu einer Diskriminierung der Farbigen führen; die A. verursachte die außenpolit. Isolierung der Südafrik. Rep.
**Apartment** [ə'pa:tmənt] → Appartement.
**Apathie,** Empfindungslosigkeit, Teilnahmslosigkeit.
**Apatit,** ein → Mineral.
**Apel,** Hans, *25.2.1932, dt. Politiker (SPD); 1974–78 Bundesmin. der Finanzen, 1978–82 Bundesmin. für Verteidigung.
**Apeldoorn,** Stadt in der ndl. Prov. Gelderland, 140 000 Ew.; königl. Schloß *Het Loo*.
**Apelles,** bed. grch. Maler, tätig um 330 v. Chr.; Hofmaler Alexanders d. Gr.
**Apennin,** ital. *Appennini,* die ital. Halbinsel durchziehendes Gebirgssystem, 1500 km lang; im *Gran Sasso d'Itàlia* 2914 m, mittlere Höhe 1200 m; Spuren ehem. Vergletscherung, Karsterscheinungen, stark entwaldet.
**Apenrade,** dän. *Abenrå,* dän. Hafenstadt in N-Schleswig, an der A. Förde, 20 500 Ew.; 1920 vom Dt. Reich an Dänemark abgetreten.
**aper,** schneefrei. – *Aperwind,* Tauwind in den Alpen.
**Aperçu** [apεr'sy], geistreiche Bemerkung; kurze Übersicht.
**Aperitif,** alkohol. Getränk vor dem Essen, z.B. Vermouth, Sherry, Portwein.
**Apex,** Zielpunkt der Sonnenbewegung in bezug auf das System der Fixsterne; liegt in der Milchstraße zw. Leier u. Herkules. → Antapex.
**Apfel,** *Apfelbaum, Pirus malus,* verbreitete Gatt. der *Rosengewächse.* Der Speise- oder Kultur-A. ist aus Arten entwickelt worden, die ihre Heimat u.a. in W- u. Zentralasien haben. Blätter: eiförmig, gekerbt-gesägt, kurzgestielt; Blüten: rötl.-weiß mit gelben Staubblättern, sitzen in Büscheln, erscheinen im Mai vor den Blättern. Früchte werden als

*Apokalypse: Albrecht Dürer, Die vier Reiter; Holzschnitt, 1498*

Tafelobst zu Getränken (A.saft), vergoren als *A.wein,* als *A.most (Süßmost,* unvergorener Fruchtsaft; in S-Dtld. leicht alkohol.; in Frankreich *Cidre),* gedörrt als Dörrobst, als Fruchtgallert (A.kraut, A.gelee) verwendet. Kulturapfelsorten sind: *Klar-A., Gravensteiner, Goldparmäne, Cox' Orangenrenette, Laxtons Superb, Schöner von Boskoop, Ontario-A.* u.a. Symbol. Bedeutung als *Reichs-A.* (Machtvollkommenheit der Herrscher) u. des Sündenfalls (AT).
**Apfelbaumgespinstmotte,** schädl. Kleinschmetterling aus der Fam. der *Gespinstmotten*.
**Apfelblattfloh,** *Apfelsauger,* bis 3,5mm lange *Schnabelkerfe* aus der Gruppe der *Blattflöhe*.
**Apfelblütenstecher,** zu den *Rüßlern* gehöriger, rostroter Käfer, der in Apfelblüten seine Eier ablegt.
**Apfelschimmel,** graugeflecktes weißes Pferd.
**Apfelsine** [ndl. »Apfel aus China«], süße *Orange,* beliebte Frucht der Gatt. *Citrus* aus der Fam. der *Rautengewächse,* wahrsch. chin. Herkunft; Hauptanbaugebiete: Mittelmeerländer, Kapland, Westindien u. Kalifornien. *Blutorangen* sind A. mit dunkelrotem Fleisch u. mehr oder weniger roter Schale.
**Apfelwickler,** zu den *Wicklern* gehöriger Kleinschmetterling, dessen Raupen das Kernhaus der Äpfel zerfressen.
**Aphasie,** die Unfähigkeit, zu sprechen *(motor. A., Wortstummheit),* Gesprochenes zu verstehen *(sensor. A., Worttaubheit)* oder ein gesuchtes Wort zu finden *(amnest. A.);* Folge von Hirnerkrankungen.
**Aphel,** *Aphelium,* der sonnenfernste Punkt der ellipt. Bahn eines Himmelskörpers; Ggs.: *Perihel*.
**Aphorismus,** schlagkräftig zugespitzter Denkspruch, geschliffen formulierter Gedankensplitter.
**Aphrodisiaka,** Mittel zur Anregung u. Steigerung des Geschlechtstriebs.
**Aphrodite** → grch. Religion.
**Aphthen,** geschwürförmiger Ausschlag an der Mundschleimhaut, gelbl.-weiße Flecken; Erreger: Herpesvirus.
**Apia,** Hptst. u. Hafenstadt der Rep. Samoa, auf Upolu, etwa 33 000 Ew.
**Apis,** altägypt. Stiergott in Memphis.
**APN,** Abk. für *Agenstwo Petschati Nowosti* [russ., »Pressenachrichtenagentur«], (neben *TASS)* Nachrichtenagentur der UdSSR.
**Apnoe,** Atemstillstand, Atemlähmung.
**APO,** Abk. für *Außerparlamentar. Opposition*.
**apodiktisch,** unwiderleglich, unumstößlich.
**Apoida,** Kr.- u. Ind.-Stadt in Thüringen, nö. von Weimar, 28 500 Ew.
**Apokalypse,** »Geheime Offenbarung«, das letzte Buch der Bibel (Ende des 1. Jh. n. Chr.), als Autor galt lange der Apostel Johannes. Es enthält hpts. visionäre Enthüllungen über die »letzten Dinge« am Ende der Tage; sie möchte die Christenheit ihrer Zeit auf das Ende der Gesch., das als nahe bevorstehend erscheint, seelsorger. vorbereiten. –

**Apokalyptik,** die Literatur über die Geheimnisse am Ende der Weltzeit in den versch. Religionen. In phantast. Bildern wird das Weltende ausgemalt. – **apokalypt. Reiter,** sinnbildl. Gestalten, die meist als Pest, Krieg, Hungersnot u. Tod gedeutet werden; künstler. u.a. von A. Dürer dargestellt.
**Apokryphen,** im hebr. AT fehlende Schriften, die in den grch. u. lat. Übers. vorhanden sind, darunter die *Makkabäer-Bücher, Judith, Tobias, Jesus Sirach* u. die *Weisheit Salomos.* Die röm.-kath. Kirche wertet sie in ihrer Mehrzahl seit dem Tridentinum als kanonisch. Analog zu den A. des AT spricht man auch von A. des NT (Evangelien, Briefe, Apostelgeschichten u. Apokalypsen).
**Apollinaire** [-'nε:r], Guillaume, eigtl. Wilhelm *Apollinaris de Kostrowitski,* *1880, †1918, frz. Dichter u. Maler; Vorkämpfer des Kubismus u. Surrealismus.
**apollinisch und dionysisch,** von den Gottheiten *Apollon* u. *Dionysos* abgeleitetes, aus der Romantik stammendes Begriffspaar für zwei ggs. Kunst- u. Lebensauffassungen: harmon.-zuchtvoll-geistig bzw. rauschhaft-leidenschaftl.
**Apollo, 1.** der grch. Gott → Apollon. – **2.** weißer Tagfalter mit schwarzroten Flügelflecken; unter Naturschutz.
**Apollodores,** *Apollodor,* **1.** grch. Maler, tätig um 415 v.Chr.; gilt als der erste Tafelmaler des grch. Altertums. – **2.** *A. von Damaskus,* röm. Architekt, tätig in der 1. Hälfte des 2. Jh. n. Chr.; genialer Baumeister der röm. Kaiserzeit; W Donaubrücke beim »Eisernen Tor«; Trajansforum in Rom.
**Apollon,** röm. *Apollo, Apoll,* grch. Gott, mit Bei-

*Apollofalter (Männchen)*

namen auch *Phoibos* oder *Phöbus* (»der Reine, Strahlende«); Sohn des Zeus u. der Leto, Zwillingsbruder der Artemis. In ihm verehrten die Griechen die geistige Macht von Ordnung, Maß u. Einsicht. A. ist der Gott des Lichts, der Jugend, der Dichtung u. der Musik, der Heilkunde u. der Weissagung; Schutzherr der Musen (Beiname *Musagetes),* der Herden, der Schiffahrt. Hauptheiligtümer waren Delos u. die Orakelstätte Delphi.
**Apollonios von Perge,** grch. Mathematiker in Alexandria, um 265–190 v.Chr.; stellte als erster die *Epizykel-Theorie* der Planetenbewegung auf, berechnete die Zahl π.
**Apollo-Programm,** Raumfahrtprogramm der USA mit dem Ziel, bemannte Mondflüge zu realisieren. Die Mondflüge wurden mit der »Saturn 5«,

*Apolloprogramm: die Rückkehrstufe der Mondfähre von »Apollo 11« über dem Mare Smythii*

*Apennin: Gran Sasso d'Itàlia in den Abruzzen*

einer dreistufigen Rakete, durchgeführt. Das Apollo-Raumfahrzeug bestand aus drei Teilen: Kommandokapsel, Versorgungs- u. Geräteteil u. Mondlandefähre. Mit der Fähre konnten jeweils 2 Astronauten landen, während einer in der Kommandokapsel weiter den Mond umkreiste. Zur Erde kehrte nur die Kapsel zurück. Mit *Apollo 11* (Start 16.7.1969, Landung 24.7.1969; Astronauten: N. A. Armstrong, E. E. Aldrin, M. Collins) landeten die ersten Menschen auf dem Mond (am 21.7. N. Armstrong; ihm folgte E. Aldrin). Mit *Apollo 17* endete 1972 das A.

**Apologeten,** frühchristl. Autoren des 2.–4. Jh., die das Christentum gegen nichtchristl. Polemik u. Unkenntnis verteidigten. – **Apologetik,** Rechtfertigung der christl. Lehre; wiss. Zweig der Theologie.

**Apologie,** Verteidigungsrede oder -schrift.

**Apoplexie,** der → Schlaganfall. – **apoplektisch,** zum Schlaganfall neigend oder gehörend.

**Apostasie,** Preisgabe eines bestimmten Glaubens, auch des Ordensgelübdes u. des geistl. Standes. – **Apostat,** der Abgefallene.

**Apostel,** von Jesus selbst zur Verkündigung des Evangeliums »Ausgesandte«, seine 12 »Jünger«: *Petrus, Andreas, Jakobus Zebedäi, Johannes, Jakobus Alphäi, Philippus, Bartholomäus, Matthäus, Thomas, Thaddäus, Simon* u. *Matthias* (an Stelle von *Judas Ischariot*), ferner auch *Paulus.* – **A.briefe, A. geschichte** → Bibel. **A.lehre,** grch. *Didache,* älteste urchristl. Kirchenordnung.

**a posteriori** [lat., »aus dem Späteren«], aus der Erfahrung gewonnen, empirisch; Ggs.: *a priori.*

**Apostolat,** von den Aposteln herleitende Sendung der Bischöfe zur Leitung, Verkündigung u. Sakramentenspendung; auch der missionar. Dienst aller Christen, z.T. in der bes. Form des *Laien-A.*

**apostolisch,** von den Aposteln herrührend; mit päpstl. Vollmacht ausgestattet. – **A.e Gemeinden,** religiöse Gemeinden, denen der Gedanke von der Wiederbelebung des Apostelamts (teilweise mit heilsvermittelnder Vollmacht) gemeinsam ist. – **A.er Delegat,** ständiger Gesandter des Papstes ohne diplomat. Charakter; auf Lebzeit über das kirchl. Leben in einem Land. – **A.er Legat,** Ehrentitel mancher Bischöfe aufgrund der Bedeutung ihrer Bischofssitze (z.B. Köln, Salzburg, Prag). – **A.er Nuntius,** diplomat. Vertreter des Hl. Stuhls im Rang eines Botschafters. – **a.er Segen,** *päpstl. Segen,* vom Papst oder vom Papst bevollmächtigten Klerikern erteilter Segen, mit dem ein Ablaß verbunden ist. – **A.er Stuhl,** *Heiliger Stuhl,* der Bischofssitz in Rom, Amt des Papstes. – **A.es Glaubensbekenntnis,** *Apostolikum,* das auf Traditionen des 2. Jh. zurückgehende dreigliedrige christl. Bekenntnis *(Credo),* das sich seit dem 8. Jh. im Abendland allg. durchgesetzt hat. Die Kirchen des Ostens kennen es nicht.

**Apostroph,** Auslassungszeichen für Laute, z.B. 's ist (statt: es ist).

**Apotheke,** Gewerbebetrieb für die Zubereitung u. den Verkauf von Arzneien nach ärztl. Verordnung (bei Rezeptpflicht), aber auch im Handverkauf. Der Arzneimittelverkehr ist in allen Kulturländern gesetzl. geregelt. Der Leiter einer A. muß ein staatl. geprüfter *Apotheker* mit abgeschlossenem Universitätsstudium sein. A. sind in Dtld. seit 1215 nachweisbar.

**Apotheose,** Vergöttlichung, Verherrlichung; wirkungsvoller Schluß eines Bühnenwerks oder Tonstücks.

**Appalachen,** engl. *Appalachians,* waldreiches Gebirge im östl. N-Amerika, vom St.-Lorenz-Strom bis fast an den Golf von Mexiko, bis 600 km breit; umfaßt das *Piedmont-Plateau,* die A. i.e.S. (im Mt. Mitchell 2037 m), das *A.-Längstal,* das *A.-Plateau;* reich an Bodenschätzen.

**Apparat, 1.** die Gesamtheit planmäßiger Hilfsmittel zur Durchführung einer Aufgabe in Wirtschaft, Politik, Heerwesen u.a. – **2.** aus vielen Einzelteilen zusammengesetztes techn. Werkzeug.

**Apparatschik,** abfällige Bez. für kommunist. Funktionäre, die Weisungen ihrer vorgesetzten Dienststellen (des sog. Apparats) mit bürokrat. Mitteln ohne Rücksicht auf bes. Umstände u. unter Mißachtung der Interessen der Bevölkerung durchsetzen.

**Appartement** [apart(ə)'mã], gut ausgestattetes Zimmer, kleine Wohnung (oft in *A.häusern);* Hotel-Suite.

**appassionato,** musikal. Vortragsbez.: leidenschaftlich.

**Appeasement** [ə'pi:smənt], »Beschwichtigung«,

*Apulien: Trullo-Häuser in Alberobello*

der Grundsatz der Politik des engl. Kabinetts *Chamberlain* vor dem 2. Weltkrieg, Hitler durch Gewährung eines Teils seiner Forderungen für eine Friedensordnung in Europa zu gewinnen.

**Appell, 1.** Aufruf, Mahnruf. – **2.** Antreten militär. Einheiten aus bes. Anlaß.

**Appellation,** Berufung. – **appellieren,** anrufen, sich an jemanden wenden.

**Appendektomie,** die Wurmfortsatzentfernung (fälschl. *Blinddarmoperation);* chirurg. Entfernung der entzündeten (vereiterten) *Appendix.*

**Appendix, 1.** [der], Anhang. – **2.** [die], *Wurmfortsatz, (A. vermicularis)* des Blinddarms. – **Appendizitis,** die Wurmfortsatzentzündung, fälschl. *Blinddarmentzündung.*

**Appenzell,** Kt. der → Schweiz.

**Appetit,** Eßlust, Wunsch nach bestimmter Speise. – **A.zügler,** appetithemmende, stoffwechselwirksame Mittel zur ärztl. Fettsuchtbehandlung.

**Appische Straße,** *Via Appia,* alte Römerstraße von Rom über Terracina nach Capua, 312 v.Chr. von dem röm. Zensor Appius *Claudius Ceacus* begonnen.

**Appleton** ['æpltən], Sir Edward Victor, *1892, †1965, engl. Physiker; arbeitete auf dem Gebiet der Radiotelegraphie. Nobelpreis 1947 (für die Erforschung der Ionosphäre, **A.-Schichten**).

**Applikation, 1.** Anwendung, Zuwendung; in der kath. Kirche: Darbringung des Meßopfers für bestimmte Personen oder Anliegen. – **2.** Verabreichung von Arzneimitteln, z.B. intravenöse A. – **3.** eine Aufnäharbeit, bei der aus Stoff geschnittene oder aus Filz, Perlen, Leder u.ä. gefertigte Ornamente aufgenäht werden.

**apportieren,** (vom Hund) das erlegte Wild herbeibringen.

**Apposition,** *Grammatik: Beisatz, Beifügung,* zur näheren Bestimmung des Substantivs, z.B. »*ein Glas* Wasser«, »*Karl der Große*«.

**Appretur,** engl. *Finish,* Zurichten von Geweben u. Papieren für den gebrauchs- u. verkaufsfertigen Zustand, z.B. durch Bleichen, Aufrauhen, Walken, Glätten, Behandeln mit Leim oder Stärke. –Zeitwort: *appretieren.*

**Approbation, 1.** die Ermächtigung durch kirchl. Vorgesetzte zur Ausübung kirchl. Tätigkeiten; auch die kirchl. Genehmigung zur Drucklegung eines theolog. Werks. – **2.** amtl. *Bestallung,* die staatl. Genehmigung zur Ausübung eines akad. Heilberufs.

**Approximation,** Annäherung, Näherung.

**Après-Ski** [aprɛ:'ʃi], die mod. Kleidung u. das gesellige Beisammensein im Winterurlaub.

**Aprikose,** *Prunus armeniaca, Marille,* Obstbaum aus der Fam. der *Rosengewächse* mit großen hellrosa Blüten u. orangegelber, wohlschmeckender Steinfrucht, aus Turkistan u. der Mongolei stammend, verlangt mildes Klima.

**a prima vista** [ital., »auf den ersten Blick«], Stücke vom Blatt spielen oder singen.

**a priori** [lat. »vom Früheren«, unabhängig von aller Erfahrung], nach Kant Begriffe (Urteile, Grundsätze) von strenger Allgemeingültigkeit.

**à propos,** nebenbei bemerkt, übrigens...

**Apscheron,** Halbinsel des Kasp. Meers, große Erdöl- u. Erdgasvorkommen.

**Apsiden,** die Punkte der ellipt. Bahn eines Himmelskörpers, in denen er am entferntesten bzw. nächsten zum Zentralstern steht. Im Fall der Planeten sind dies das *Perihel* u. das *Aphel.*

**Apsis,** halbrunder oder vieleckiger nischenartiger Anbau, Chorabschluß in röm. Basiliken (Sitz des Kirchenvorstands) u. christl. Kirchenbauten.

**Apuleius,** Lucius, *um 125, †um 180, röm. Dichter. Ⓦ satir.-erot. Roman »Metamorphosen« (mit der Novelle »Amor u. Psyche«).

**Apulien,** ital. *Pùglia,* Region in → Italien.

**Aqaba,** *Al A.,* jordan. Hafenstadt am Roten Meer, 27 000 Ew.; einziger Hafen Jordaniens, dem israel. *Elat* benachbart.

**Aqsu** → Aksu.

**Aqua destillata,** Abk. *aq. dest.,* destilliertes, chem. reines Wasser.

**Aquädukt,** vielbogige Steinbrücke aus röm. Zeit als Teil der Wasserleitung für die Städte (z.B. bei Nîmes u. bei Segovia).

**Aquakultur,** die Zucht von nutzbaren Wasserorganismen unter möglichst kontrollierten Umweltbedingungen; hierher gehören die Zucht von Algen (für Algenmehl), tier. Plankton, Großkrebsen, Muscheln u. Fischen.

**Aquamarin,** ein Schmuckstein: meergrün-blauer Beryll.

**Aquaplaning,** das unkontrollierbare Gleiten eines Autoreifens auf einer Wasserschicht.

**Aquarell,** mit wasserlösl. Lasurfarben (*A.farben*) gemaltes Bild. Die Farben werden mit Pinsel oder Schwämmchen dünn aufgetragen, so daß der Grund (meist Papier) durchscheint. A.malerei gibt es seit dem 2. Jt. v. Chr. (ägypt. Totenbücher). Bed. Maler: Dürer, Turner, Nolde, Macke u.a. Ⓑ → S. 56

**Aquarienfische,** Süß- oder Seewasserfische von meist wärmeren Regionen, die sich zur Haltung in einem *Aquarium* eignen; aus dem Süßwasser: Ährenfische, eierlegende Zahnkarpfen, Salmler, Barben, Buntbarsche u.a.; aus dem Seewasser: Borstenzähner, Demoiselles, Drückerfische, Feuerfische u.a.

**Aquarium,** ein Wasserbehälter mit durchsichtigen Wänden, in dem man lebende Wassertiere (Fische, Krebse, Schnecken, Insektenlarven u.a.) u. Wasserpflanzen halten kann; auch die in bes. Gebäuden zusammengefaßten, meist an zoolog. Gärten angeschlossenen Sammlungen lebender A.- u. Terrarien-Tiere. Man unterscheidet: Kalt- u. *Warmwasser-, Süß-* u. *Seewasser-A.*

**Aquatinta,** eine Art der *Radierung* mit feiner Tonabstufung u. maler. Wirkung, bes. zur Wieder-

*Die vier Apostel (Johannes, Petrus, Paulus, Markus) von A. Dürer, 1526. München, Alte Pinakothek*

gabe von Tuschzeichnungen. Bed. Künstler: Goya, Picasso.

**Äquator,** die Verbindungslinie derjenigen Punkte der Oberfläche eines rotierenden Himmelskörpers, die von den Polen gleich weit entfernt sind. Der *Erd-Ä.* (40 075 km) ist die Teilungslinie zw. nördl. u. südl. Halbkugel. Er bildet den größten Kugelkreis der Erde, dessen Ebene senkrecht zur Erdachse steht. Der *Himmels-Ä.* ist der entsprechende Kreis des Himmelsgewölbes.

**Äquatorialguinea** [-gi-], Staat in W-Afrika, besteht aus dem Festlandsteil *Mbini* u. den vulkan. Inseln *Bioko* u. *Pagalu,* 28 051 km², 410 000 Ew. (Bantuneger), Hptst. *Malabo* auf Bioko. Feuchtheißes Klima mit Regenwäldern. Die Landwirtschaft erzeugt Kakao (auf Bioko), Kaffee, Bananen, Zuckerrohr, Sisal, Baumwolle u. Palmprodukte; Gewinnung von Edelhölzern, Fischfang.

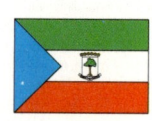 

Äquatorialguinea

Geschichte. Die Insel Fernando Póo (Bioko), seit etwa 1500 portugies., wurde 1778 span. Mbini wurde 1900 von Spanien kolonisiert. Seit 1963 Autonomie; Unabhängigkeit am 12.10.1968. Der seit 1968 regierende Diktator F. *Macias Nguema* wurde 1979 gestürzt u. hingerichtet. Seitdem regiert das Militär unter Oberst T. *Obiang Nguema Übasogo.*

**Äquatortaufe,** *Linientaufe,* Zeremonien der Seeleute, bei denen alle, die erstmals den Äquator passieren, mit oft derben Scherzen traktiert werden.

**Aquavit** [lat., »Lebenswasser«], Kartoffel- oder Kornbranntwein mit Kümmeldestillat u. a. Aromastoffen.

**Aquileia,** ital. Stadt nahe der nördl. Adriaküste, 3400 Ew.; bis in die Spätantike Handelsstadt (Ausgrabungen) mit etwa 100 000 Ew., 452 durch *Attila* zerstört.

**Äquilibrist,** Gleichgewichtskünstler, z.B. Seiltänzer, Jongleur.

**Aquino,** Corazón, *25.1.1933. philippin. Politikerin; Witwe des 1983 ermordeten Oppositionspolitikers Benigno A.; wurde nach dem Sturz von F. *Marcos* 1986 Präsidentin.

*Aquarell: August Macke, Markt in Tunis I; 1914. Bonn, Privatbesitz*

**Äquinoktialstürme,** mit starken Gewitterregen *(Äquinoktialregen)* verbundene Stürme in den Tropen zur Zeit der Tagundnachtgleiche **(Äquinoktium).**

**Äquinoktium,** *Tagundnachtgleiche,* die Zeit des Durchgangs der Sonne durch die beiden *Äquinoktialpunkte:* Frühlingspunkt (20. oder 21. März) u. Herbstpunkt (22. oder 23. September).

**Aquitan,** *Aquitanien, Aquitanium,* Geologie: nach der frz. Ldsch. Aquitanien ben. Stufe im Miozän.

**Aquitanien,** frz. *Guyenne,* frz. Ldsch. u. Region zw. Pyrenäen, Cevennen u. Loire; um 418 Kerngebiet des westgot. Reichs um Toulouse; 507 erstmalig von den Franken erobert, jedoch selbständiges Herzogtum bis 771, seit 1154 zur engl. Krone, 1453 zu Frankreich.

**äquivalent,** gleichwertig. – **Ä.gewicht,** die Menge (in g) eines Elements, einer Verbindung oder einer Atomgruppe, die ein Mol Wasserstoff (= 1,008 g) oder Sauerstoff (= 8,0 g) oder Elektronen (= 96 494 Coulomb = Faradaysche Zahl) ersetzen oder abgeben kann; entspricht der durch die jeweilige Ä.zahl dividierten Atom- bzw. Molekularmasse.

**Äquivalenz,** Gleichwertigkeit.

**äquivok** [lat.], doppelseitig; Wörter oder Ausdrücke mit mehr. Sinn betreffend.

**Ar, 1.** Einheitenzeichen *a,* metr. Flächenmaß: 1 a = 100 m²; 100 Ar = 1 Hektar. – **2.** chem. Zeichen für Argon.

**Ara,** *Aras, Arara,* große, langschwänzige *Papageien* des trop. Amerika; beliebte Käfigvögel.

**Ära,** *Zeitalter, Epoche;* Zeitrechnung von einem bestimmten Geschichtsereignis an (z.B. christl. Ä.) oder nach einer Person benannt (z.B. Ä. Bismarcks).

**Araber,** vorderasiat. Volk semit. Sprache (mit verwandten u. arabisierten Stämmen ca. 115 Mio.), das sich von der Arab. Halbinsel nach N, NO u. N-Afrika ausbreitete; meist Anhänger des Islam (Sunniten). Sie gliedern sich in tradit. Stammesverbände unter Oberhäuptlingen, Stämme mit Häuptlingen (Scheich), vaterrechtl. Clans u. Familien. Sie kennen Kinderverlobung, Brautpreis u. -raub, Beschneidung von Knaben u. Mädchen. Zur Männerkleidung gehören das lange weiße Hemd mit Gürtel u. ein farbiges Kopftuch, zur Frauenkleidung langes blaues Hemd mit Gürtel, Haube u. Kopftuch. Der tradit. Wirtschaftsform nach werden getrennt: die echten Nomaden (Beduinen), die halbnomad. Halbfellachen (mit Rinderzucht) u. Ziegenhirten *(Maa'âz)* u. die seßhaften *Fellachen* (Bauern, Händler, Handwerker in den Oasen).

Im 7. Jh. gründeten die A. ein Weltreich, dessen Wurzel ebenso wie die der arab. Kultur der *Islam* war. Das Islam. Reich erstreckte sich über N-Afrika u. S-Europa bis nach Zentralasien. Bis ins 8. Jh. hinein waren die A. führend. Nach seinem Zerfall u. nach einer Zeit der Vorherrschaft der europ. Kolonialmächte in den arab. Ländern bildeten sich – v.a. nach dem 2. Weltkrieg – die arab. Nationalstaaten. Alle Bemühungen um einen (Teil-)Zusammenschluß arab. Staaten scheiterten bisher.

**Araber** → Pferde.

**Arabeske,** *Kunst:* Bandmuster aus stilisierten Ranken u. Blättern.

**Arabien,** größte Halbinsel Asiens u. der Erde, etwa 3 Mio. km², 24 Mio. Ew.; wüstenhaftes, bis über 3000 m ansteigendes Tafelland mit trockenliegenden Flußtälern (Wadis); trocken- bis (Küste) feuchtheißes Klima mit starken Temperaturunterschieden zw. Tag u. Nacht. Nomaden-Viehzucht; Oasenwirtschaft; im SW u. SO Regenfeldbau mit Anbau von Kaffee u. Getreide; Erdölgewinnung v.a. am Pers. Golf; polit. gehört der größte Teil A. zu Saudi-A.

Geschichte: Erstmals 854 v. Chr. traten *Araber* als Gegner der Assyrer auf. In der Folgezeit bildeteten sich verschiedene selbständige arab. Reiche, vor allem in S-A. Im von Nomaden (Beduinen) bevölkerten N-A. kam es zu keinerlei dauerhaften Staatengründungen. Um 635 war A. unter islam. Herrschaft. Mit den Eroberungszügen der Kalifen drangen Araber aus allen Ländern des Vorderen Orients, nach N-Afrika u. Europa (Spanien) vor. Um 895 gründeten die *Karmaten* in NO-A. einen Staat. Inner-A. zerfiel danach wieder in Teildynastien. Der arab. N. mit Mekka u. der Jemen kamen im 16. Jh. unter osman. Herrschaft, die erst im 1. Weltkrieg endete. Mit engl. Unterstützung entstand 1916 das Kgr. Hedjas, das später im Kgr. Saudi-Arabien aufging. Alle übrigen unter brit. Verwaltung stehenden Gebiete A.s erhielten zwischen 1961 u. 1971 ihre Unabhängigkeit.

**Arabische Liga,** loser polit. Zusammenschluß arab. Staaten, gegr. am 22.3.1945; heute 21 Mitgl.

**arabische Sprache,** eine semit. Sprache, die sich mit dem Islam von der arab. Halbinsel bis zum Irak sowie in ganz N-Afrika verbreitete; viele Mundarten mit einer recht einheitl. Schrift, die aus 28 Zeichen für die Konsonanten besteht u. von rechts nach links gelesen wird.

**Arabische Wüste,** zw. dem Nil u. dem Roten Meer gelegene Gebirgswüste (bis 2187 m hoch) in Ägypten.

**arabische Ziffern,** die urspr. ind. Zahlzeichen für 1, 2, ..., 0; in Europa seit Ende des MA statt der röm. Zahlzeichen in Europa verwendet.

**Arad,** Ind.-Stadt in Rumänien an der Mureș, 185 000 Ew.; bis 1920 zu Ungarn.

**Arafat,** Jasir, *21.3.1929, Gründer u. Führer der arab. Partisanen-Organisation *Al-Fatah;* seit 1969 Vors. der Palästinens. Befreiungsorganisation (PLO).

**Aragón,** *Aragonien,* histor. Ldsch. im nordöstl. Spanien, alte Hptst. *Saragossa;* hpts. das Ebro-Becken. Seit etwa 1000 Kgr.; 1479 Vereinigung mit Kastilien.

**Aragon** [-'gɔ̃], Louis, *1897, frz. Schriftst. u. Publizist (Lyrik u. revolutionäre Romane).

**Aralie,** beliebte Zierpflanze aus Japan, ein *Efeugewächs.*

**Aralsee,** viertgrößter Binnensee der Erde, in den Wüsten Kasachstans u. Usbekistans (Sowj.); vom Austrocknen bedroht: durch starke Wasserentnahme aus seinen Zuflüssen Amu- u. Syrdarja für Bewässerung schrumpfte die Fläche um rd. 27 000 km² auf heute 41 000 km², der Wasserspiegel sank um 12 m, der Salzgehalt stieg um 2,7%. Folge sind beträchtl. ökolog. u. klimat. Änderungen.

**Aramäa,** *Aram,* das Siedlungsgebiet der *Aramäer* im Raum Syriens u. NW-Mesopotamiens. Diese semit. Bewohner waren seit der Mitte des 2. Jt. v.Chr. aus der nordarab. Wüste eingewandert u. bildeten seit 1000 v. Chr. kleine Staaten. Ihre Sprache wurde in Vorderasien seit dem 8. Jh. v.Chr. Verkehrssprache. Aram. Texte finden sich im AT; Jesus sprach einen aram. Dialekt. Seit 650 wurde die aramäische Sprache vom *Arabischen* verdrängt.

**Araninseln** ['ærən-], Inselgruppe an der NW-Küste Irlands, 47 km², 1600 Ew.

**Aranjuez** [-'xu'eθ], span. Stadt auf der Hochfläche Neukastiliens, im Tal des Tajo, 35 000 Ew.; einst Sommerresidenz der span. Könige.

**Arany** ['ɔrɔnj], János, *1817, †1882, ungarischer Schriftst.; Meister der Ballade, W »Toldi-Trilogie«.

**Aräometer,** Meßgerät zur Bestimmung der Dichte von Flüssigkeiten (Skalen-A.) u. festen Stoffen *(Gewichts-Ä., Senkwaage).*

**Arapaima,** größter Süßwasserfisch des trop. Amerika, bis 250 cm lang u. 200 kg schwer, im Fanggebiet wichtiges Nahrungsmittel.

**Arara** → Ara.

**Ararat,** türk. *Büyük Ağri Daği,* armen. *Masis,* erloschener Vulkan im Hochland von Armenien (östl. Türkei); *Großer A.* 5165 m, *Kleiner A.* 3925 m. In der Umgebung des A. soll die Arche Noah gelandet sein.

**Aras,** *Araks,* armen. *Erasch,* im Altertum *Araxes,* größter r. Nbfl. der Kura in Transkaukasien, 1070 km.

**Araukaner,** indian. Bevölkerung in Chile, seit dem 18. Jh. auch in der argent. Pampa.

**Araukarie,** Gatt. der *Araukariengewächse;* Nadelbäume der südl. Erdhälfte, bis 60 m hoch; von unterschiedl. Wuchs; Nutzholzlieferanten; hierzu: *Norfolk-Tanne* (bei uns als Zimmertanne bek.), *Brasil Tanne, Chilen. Tanne,* auch *Schuppentanne* oder *Andentanne.*

**Arbeit, 1.** jede meist zweckgerichtete Tätigkeit zur Befriedigung materieller oder geistiger Bedürfnisse. A. ist auch Ausdruck der menschl. Persönlichkeit; ihr Wert liegt in dem Beitrag, den der einzelne mit ihr für die Allgemeinheit leistet.

Die Ansichten über Sinn u. Wert der A. haben sich im Lauf der Gesch. geändert. Im AT wird die A. als Strafe für die Sünde dargestellt. In den alten Kulturen des Mittelmeerraumes galt Hand-A. als verächtl. u. wurde den Sklaven aufgebürdet. Im NT aber wird die A. als Dienst am Reiche Gottes anerkannt. Diese Auffassung blieb lange Zeit bestimmend. Erst unter dem Einfluß des Calvinismus entwickelte sich allmähl. der Berufsbegriff u. das

Berufsethos im heutigen Sinne. A. ist im wirtsch. Sinn ein *Produktionsfaktor,* d.h. neben Boden u. Kapital eine unerläßl. Grundlage jeder Gütererzeugung. Die Ergiebigkeit (Produktivität) der A. ist durch fortschreitende A.steilung, aus der sich auch eine berufl. Gliederung herausbildete, außerordentl. gesteigert worden. Die fortschreitende Mechanisierung der A. führte schließl. zur *A.szerlegung,* zur Beschränkung der Tätigkeit des Arbeitenden auf ganz bestimmte Arbeitsverrichtungen. Der Gefahr der Monotonie, der phys. u. psych. Überforderung am A.splatz versucht man in neuerer Zeit durch Bemühungen zur *Humanisierung der A.* zu begegnen, d.h. durch betriebl. Maßnahmen die A.splätze menschengerecht gestalten. Die Unterscheidung zw. *geistiger* u. *körperl. A.* kennzeichnet nur das Überwiegen der geistigen oder der körperl. Tätigkeit, eine strenge Trennung beider Tätigkeiten ist nicht möglich. Außerdem unterscheidet man zw. *leitender (dispositiver)* u. *ausführender (exekutiver) A.,* zw. *selbständiger* (Gewerbetreibende, Freischaffende) u. *unselbständiger A.* (Arbeiter, Angestellte, Beamte) sowie entspr. der Ausbildung zw. *gelernter, angelernter,* u. *ungelernter A.* – **2.** *Physik:* das Produkt aus Kraft u. dem in Kraftrichtung zurückgelegten Weg; in Joule gemessen (1 Joule = 1 Newtonmeter = 1 Wattsekunde).

**Arbeiter,** jeder berufl. tätige Mensch; i.e.S. der Lohn-A. im Ggs. zum Angestellten. – **A.bewegung,** der Machtkampf der ind. A. zur Umgestaltung der gesellschaftl. u. staatl. Ordnung. Ausgangspunkt waren die schnelle wirtsch. Entwicklung, das schnelle zahlenmäßige Anwachsen der A. u. ihre völlig unzureichende wirtsch. u. soz. Lage zu Beginn des 19. Jh. Im Zusammenhang mit den Revolutionen 1830 u. 1848 gewann die A.bewegung polit. u. wirtsch. eine feste Zielrichtung u. auf der Grundlage des theoret. *Sozialismus* u. des *Kommunistischen Manifests* von 1848 auch eine ideol. Grundlage, die im grundsätzl. Widerspruch zum herrschenden Liberalismus des Bürgertums stand. Zur Durchsetzung ihrer wirtsch. Bestrebungen, v.a. zum Ausgleich ihrer wirtsch. Unterlegenheit gegenüber dem Arbeitgeber, schlossen sich die A. zu *Gewerkschaften* zus. Auch das *Genossenschaftswesen,* bes. die *Konsumgenossenschaften,* war ihnen Mittel zur Besserung ihrer Lage. In der 2. Hälfte des 19. Jh. kam es zur Bildung von *A.parteien.* 1875 schlossen sich die versch. sozialist. beeinflußten Parteien zur *Sozialistischen Arbeiterpartei Deutschlands* (seit 1890 *SPD*) zus. Nach dem 1. Weltkrieg übernahmen die A.parteien in vielen Ländern, z.T. allein, z.T. in Koalitionen mit bürgerl. Parteien, die Regierungsgewalt. Nach der bolschewist. Revolution 1917 in Rußland spaltete sich die polit. A.bewegung in sozialist. u. kommunist. A.parteien. – **A.dichtung,** Literatur die den A. u. seine Welt zum Gegenstand hat, insbes. die seit dem Anfang des 20. Jh. aus den Reihen der Fabrik. selbst geschaffene u. auf deren Lebensprobleme bezogene Lit.; Hpt.vertreter: M. *Barthel,* K. *Bröger,* G. *Engelke,* H. *Lersch,* A. *Petzold,* nach 1945 die »Gruppe 61« (Max von der Grün), um 1970 der »Werkkreis Literatur der Arbeitswelt« hervorging.

**Arbeiterrentenversicherung,** Teil der → Sozialversicherung. – 1889 als Invaliditäts- u. Altersversicherung eingeführt. Träger sind die → Landesversicherungsanstalten.

**Arbeiter- und Soldatenräte,** *Sowjets,* gewählte Organe der revolutionären Bewegung v.a. in Rußland; traten erstmals 1905 in St. Petersburg auf u. übernahmen 1917 in Rußland die Macht.

**Arbeiterwohlfahrt,** Spitzenorganisation (gegr. 1919, Sitz: Bonn) der freien Wohlfahrtspflege.

**Arbeitgeber,** jeder, in dessen Diensten ein Arbeitnehmer tätig ist. – **A.verbände,** Zusammenschlüsse von A.n zum Zweck der Beeinflussung der Arbeitsbedingungen, bes. beim Abschluß von Tarifverträgen. Ihnen obliegt zus. mit den *Gewerkschaften* als den *Sozialpartnern* die Selbstverwaltung im Bereich des Arbeitsrechts. Dachverband ist die *Bundesvereinigung der Dt. A.verbände* (Abk. *BDA*), Köln.

**Arbeitnehmer,** jeder, der aufgrund eines privatrechtl. Vertrags zur Leistung von Arbeit in fremden Diensten (des Arbeitgebers) verpflichtet ist (*unselbständige Arbeit*). **A.verbände** sind die → Gewerkschaften.

**Arbeitsamt,** Behörde der Arbeitsverwaltung; ihm obliegen Arbeitsvermittlung, Berufsberatung u. -förderung, Arbeitslosenversicherung.

**Arbeitsbeschaffung,** *Arbeitsbeschaffungsmaßnahmen (Abk. ABM),* alle Maßnahmen u. Einrichtungen, die der Wiedereingliederung von Arbeitslosen in den Wirtschaftsprozeß dienen. Die Förderung steht im Ermessen der Bundesanstalt für Arbeit.

**Arbeitsdienst,** Organisation männl. u. weibl. Jugend zur freiwilligen oder pflichtmäßigen Ableistung öffentl. oder im öffentl. Interesse liegender Arbeiten ohne die übl. Entlohnung. Zwecke: Bekämpfung der Arbeitslosigkeit, stärkere Lenkung der Jugendlichen, Bewältigung großer öffentl. Arbeitsvorhaben wie Kultivierung von Ödland, Bau von Straßen. In Dtld. entstand in den 1920er Jahren ein *freiwilliger A.,* der von versch. Verbänden, später auch von den Kirchen gefördert wurde. Das nat.-soz. Regime schuf 1935 den halbmilitär. *Reichs-A.*

**Arbeitsgericht,** die erste Instanz innerhalb der *Arbeitsgerichtsbarkeit* zur Entscheidung von bürgerl. Rechtsstreitigkeiten arbeitsrechtl. Natur, v.a. zw. Arbeitgebern u. Arbeitnehmern aus dem Arbeitsverhältnis. Zweite Instanz ist das *Landes-A.* (LAG), dritte Instanz des *Bundes-A.* (BAG) in Kassel.

**Arbeitslohn** → Lohn.

**Arbeitslosengeld,** Versicherungsleistung der Arbeitslosenversicherung. Anspruch auf A. hat, wer arbeitslos ist, der Arbeitsvermittlung zur Verfügung steht, die *Anwartschaftszeit* erfüllt (d.h. versicherungspflichtige Tätigkeit von mindestens 360 Kalendertagen während der letzten 3 Jahre), sich beim Arbeitsamt arbeitslos gemeldet u. beantragt hat. Das A. beträgt für Arbeitslose mit mindestens einem Kind 68 %, für die übrigen Arbeitslosen 63 % des letzten Nettoentgelts. Die Dauer des Anspruchs hängt von der Länge der versicherungspflichtigen Beschäftigung u. vom Alter ab u. beträgt zw. 156 u. 832 Tagen. Nach Erschöpfung *(Aussteuerung)* entsteht ein Anspruch erst, wenn die Anwartschaft von neuem erfüllt ist. Der Arbeitslose erhält dann Fall *Arbeitslosenhilfe.*

**Arbeitslosenhilfe,** Unterstützung für arbeitsfähige u. -willige bedürftige Arbeitslose, deren Eigenschaft als Arbeitnehmer erwiesen ist, die entweder die Voraussetzungen für die Gewährung des *Arbeitslosengelds* nicht erfüllen oder den Anspruch aus der *Arbeitslosenversicherung* erschöpft haben. Die A. beträgt für Arbeitslose mit mindestens einem Kind 58 % des letzten Nettoentgelts, für die übrigen Arbeitslosen 56 %; keine Rückzahlungspflicht; Finanzierung aus allg. Steuermitteln.

**Arbeitslosenversicherung,** Teil der Sozialversicherung, in der BR Dtld. durch das *Arbeitsförderungsgesetz (AFG)* geregelt. Träger ist die *Bundesanstalt für Arbeit* (BA) in Nürnberg. Leistungen der A. sind *Arbeitslosengeld* u. *Arbeitslosenhilfe.* Zur Aufbringung der Mittel erhebt die BA Beiträge von Arbeitnehmern u. Arbeitgebern.

**Arbeitslosigkeit,** Mangel an Erwerbsgelegenheit für arbeitsfähige Personen, bes. Arbeitnehmer. Die Höhe des Beschäftigungsstandes ergibt sich aus dem Verhältnis von Arbeitslosen zur arbeitsfähigen Bevölkerung *(Arbeitslosenquote).* Ursachen der A.: *konjunkturelle A.* wird durch eine allg. Schwäche der wirtschaftl. Entwicklung bestimmt; *strukturelle A.* hat ihre Ursache in Veränderungen der Wirtschaftsstruktur, z.B. dem nachlassenden Arbeitskräftebedarf eines Wirtschaftszweiges (z.B. Bergbau, Landwirtschaft); *saisonale A.* beruht auf dem regelmäßig wiederkehrenden Unterschied des Arbeitskräftebedarfs eines Wirtschaftszweiges (z.B. Bau, Fremdenverkehr); *friktionelle A.,* die bedingt ist durch den permanenten Wechsel von Arbeitskräften u. die Übergangsphase, die diesen Wechsel umfaßt.

**Arbeitsmarkt,** der Markt für den Produktionsfaktor *Arbeit;* gekennzeichnet durch das Verhältnis von Arbeitsuchenden u. nicht besetzten Arbeitsplätzen.

**Arbeitsrecht,** das Sonderrecht der Arbeitnehmer u. Arbeitgeber: 1. das *Arbeitsvertragsrecht,* d.h. die Regelung des Rechtsverhältnisses zw. dem einzelnen Arbeitnehmer u. dem einzelnen Arbeitgeber; 2. das *Betriebsverfassungsrecht,* die rechtl. Ausgestaltung der betriebl. Ordnung, bes. der Stellung u. Aufgabe des Betriebsrats; 3. das *Tarifvertragsrecht,* die vertragl. Gestaltung der Arbeitsbedingungen durch die Verbände der Arbeitnehmer u. Arbeitgeber; 4. das *Schlichtungsrecht,* das Recht der staatl. Hilfe zum Abschluß von Kollektivvereinbarungen, v.a. von Tarifverträgen; 5. das *Arbeitskampfrecht,* das Recht des Arbeitskampfes, insbes. der Aussperrung u. des Streiks; 6. das *Koalitionsrecht,* das Recht der Gewerkschaften u. der Arbeitgeberverbände; 7. die *Arbeitsgerichtsbarkeit;* 8. das *Arbeitsschutzrecht,* d.h. öffentl.-rechtl. Vorschriften zum Schutz der Arbeitnehmer. Auch das Sozialversicherungsrecht wird dazu gerechnet, v.a. das Recht der Arbeitsvermittlung u. Arbeitslosenversicherung.

**Arbeitsteilung, 1.** die v.a. körperl., charakterl. u. kulturgeschichtl. bedingte, durch die jeweilige Überlieferung verankerte u. zuweilen religiös untermauerte Aufteilung der Arbeiten u. Fertigkeiten auf Mann u. Frau. – **2.** das bes. Merkmal des Aufbaus der entwickelteren Gesellschaften; Gliederungsprinzip ihrer Wirtsch.- u. Sozialordnung. Die *gesellschaftl. A. (soz. A.)* besteht hpts. in der Ausbildung von spezif. *Berufen.* Die ökonom. A. kann als *Produktionsteilung* (A. in Urproduktion, Gewerbe, Ind., Handel, Verkehr u.a.), als *internat. A.* (z.B. Herausbildung von Agrar- u. Ind.staaten) u. als *techn. A.* gesehen werden. Die techn. A. ist primär aus dem Interesse erwachsen, mehr u. rationeller zu produzieren (Erhöhung der Produktivität).

**Arbeitsvermittlung,** Hilfe zur Erlangung eines Arbeitsplatzes, v.a. durch Nachweis eines solchen, aber auch durch Beratung; in der BR Dtld. nach dem Arbeitsförderungsgesetz (AFG) Aufgabe der Bundesanstalt für Arbeit.

**Arbeitsvertrag,** vertragl. Vereinbarung zw. dem einzelnen Arbeitnehmer u. dem einzelnen Arbeitgeber über die Begründung eines Arbeitsverhältnisses. Der Inhalt des A. wird außer durch das Gesetz durch Tarifvertrag u. durch Betriebsvereinbarung bestimmt.

**Arbeitszeit,** durch Tarifvertrag oder Betriebsvereinbarung geregelte Zeit der Anwesenheit des Arbeitnehmers im Betrieb. Grundsatz in beinahe allen Ländern ist heute der *8-Stunden-Tag,* in Auswirkung eines Washingtoner Abkommens von 1919. In der BR Dtld. ist aufgrund von Tarifverträgen in fast allen Wirtschaftszweigen die A. auf die 40-Stunden-Woche gesenkt worden. Seit Mitte der 1980er Jahre wird bes. von den Gewerkschaften die 35-Stunden-Woche angestrebt, insbes. als Mittel zum Abbau der Arbeitslosigkeit. Vielfach

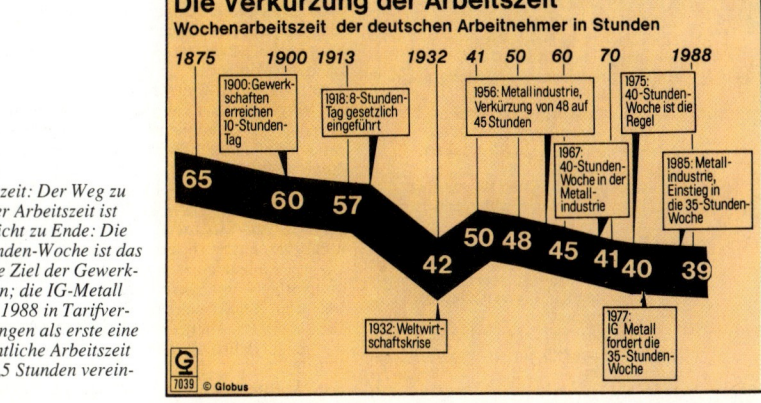

*Arbeitszeit: Der Weg zu kürzerer Arbeitszeit ist noch nicht zu Ende: Die 35-Stunden-Woche ist das erklärte Ziel der Gewerkschaften; die IG-Metall konnte 1988 in Tarifverhandlungen als erste eine wöchentliche Arbeitszeit von 37,5 Stunden vereinbaren.*

wurde eine *gleitende A.* eingeführt, bei der man Beginn u. Ende der tägl. A. in bestimmten Grenzen selbst festlegen kann.

**Arber,** höchster Berg des Böhmerwalds, bei Bayerisch-Eisenstein; *Großer A.* 1456 m, *Kleiner A.* 1384 m; dabei 2 Karseen *(Großer u. Kleiner Arbersee).*

**Arbitrage** [-'traːʒə], Spekulationsgeschäft (meist an versch. Börsenplätzen) durch zu gleicher Zeit vorgenommenen Einkauf zu niedrigeren u. Verkauf zu höheren Marktpreisen.

**Arboretum,** Parkanlage mit einem ausgesuchten Bestand versch. Baum- u. Straucharten.

**Arbuthnot** [aːˈbʌθnət], John, *1667, †1735, schott. Satiriker; schuf in der gegen die Whigs geschriebenen »History of John Bull« 1712 die Gestalt des *John Bull.*

**Arcachon** [-kaˈʃɔ̃], frz. Stadt u. Seebad am *Bassin d'A.* (155 km², Austernzucht), südwestl. von Bordeaux, 15 000 Ew.

**Arcadelt,** Jakob, *um 1514, †zw. 1562 u. 1572, ndl. Komponist (Madrigale).

**Archaebakterien** → Bakterien.

**Archaeopteryx,** *Urvogel,* taubengroßes Verbindungsglied zw. *Vögeln* (u.a. Federkleid) u. *Reptilien* (u.a. bezahnte Kiefer). Im Solnhofener Schiefer als Abdruck gefunden.

**Archaikum,** *Altproterozoikum,* älteste geolog. Zeitalter (→ Geologie).

**archaisch,** einer frühen Entwicklungsstufe angehörig.

**Archangelsk,** Hafenstadt im NW der Sowj., an der Mündung der Sewernaja Dwina ins Weiße Meer, 415 000 Ew.; Hafen sechs Monate eisfrei; Holzausfuhr.

**Archäologie,** *Altertumskunde,* die Wiss. von dem aus Kulturdenkmälern u. Bodenfunden erschlossenen Altertum; entstand als Zweig der Altertumswiss. aus dem Interesse an den Kultur- u. Kunstdenkmälern der grch. u. röm. Antike. Der eigtl. Begründer dieser *klassischen A.* war J. J. Winckelmann. Neue Formen sind u.a. *Unterwasser-* u. *experimentelle A.*

**Archäopteryx** → Archaeopteryx.

**Archetypus,** Urform, Urbild, Urtypus.

**Archilochos von Paros,** grch. Lyriker, um 650 v. Chr.; entwickelte den Jambus.

**Archimedes,** *um 287 v.Chr., †212 v.Chr., grch. Mathematiker u. Physiker in Syrakus; lehrte die Berechnung von Quadratwurzeln, bestimmte den Kreisumfang beliebig genau, ermittelte Näherungswerte der Zahl π, löste kub. Gleichungen mit Hilfe von Kegelschnitten; baute Brennspiegel, Wurfmaschinen, Flaschenzüge u. eine mechan. Bewässerungsanlage *(archimed. Schraube);* fand die Gesetze des Schwerpunkts, der schiefen Ebene, des Hebels u. des Auftriebs **(Archimed. Prinzip** → Auftrieb).

**Archipel,** urspr. die grch.-kleinasiat. Inselwelt; heute allg. Inselgruppe.

**Archipenko,** Alexander, *1887, †1964, amerik. Bildhauer russ. Herkunft; vom Kubismus angeregt, suchte durch die »Skulptomalerei« (Einbeziehung von Hohlformen) neue plast. Ausdrucksmöglichkeiten.

**Architektur,** *Baukunst,* die profanen wie sakralen Zwecken dienende, älteste aller bildenden Künste. Höhle, Hütte u. Zelt sind entwicklungsgeschichtl. Urformen der A. Das Bestreben, Bauwerke außer nach Zweckbestimmung sowie materiellen u. klimat. Gegebenheiten auch nach ästhet. Grundsätzen zu gestalten, zeichnet sich in den Baustilen aller Länder u. Völker ab. In der Ausbildung ihrer Formen folgt die A. weitgehend den jeweiligen sozialen, gesellschaftl. u. religiösen Verhältnissen, dem Wandel der Schönheitsideale u. der Erfindung neuer techn. Mittel. Neben dem Wohnhaus traten, durch architekton. Besonderheiten hervorgehoben, das in mannigfachen Formen als göttl. Wohn- oder Verehrungsstätte gedachte Kulthaus u. das Grabgebäude auf *(Sakral-A.).* Eine Zwischenstellung nimmt der Palastbau ein, bei dem sich als Wohnsitz u. Residenz eines Herrschers, zumal im Altertum, religiös-mythische Vorstellungen mit weltl. Macht- u. Repräsentationsgedanken verbinden.

Die A. ist im Altertum wesentl. beeinflußt durch die grch. Baustile. Hauptsächl. Stilepochen des MA: Romantik, Gotik; der Neuzeit: Renaissance, Barock, Rokoko, Klassizismus.

Neue Aufgaben stellten sich der A. um die Wende zum 20. Jh., als nach dem Rückgriff auf histor. Baustile u. mit der Verwendung neuer Konstruktionsmittel, wie Stahl u. Stahlbeton, die Neigung zum baustoffgerechten u. ornamentlosen Gestalten wuchs. Bed. Anregungen kamen von Gropius u. Mies van der Rohe (Bauhaus), aus dem Ausland von Le Corbusier, Aalto, Neutra, Wright u.a. Bis etwa 1940 setzte sich die neue Richtung (Flachdach, Kragplatte, Glaswand usw.) in der ganzen Welt durch. Seit 1950 zeichnen sich klarer als bisher 2 Hauptrichtungen ab: die Vertreter des *anorgan. Bauens* wenden rein geometr. Formen an im bewußten Gegensatz zur Natur (Le Corbusier); unter *organ. Bauen* verstehen seine Anhänger (Wright, Aalto) in der Hauptsache die Verbindung des Baues mit der Landschaft.

**Architrav,** *Epistyl,* auf Säulen oder Pfeilern waagr. aufliegender Balken, der den Oberbau trägt.

**Archiv,** geordnete Sammlung von Schrift-, Bild- u. Tonwerken.

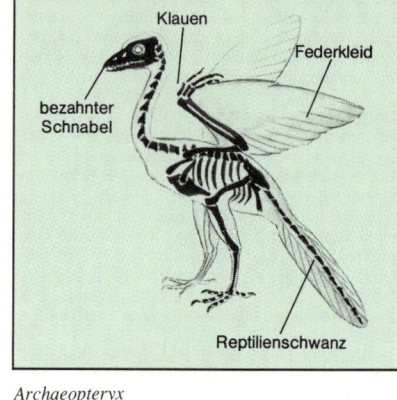

*Archaeopteryx*

| Wichtige Daten zur Geschichte der Archäologie | |
|---|---|
| 1748 | Beginn der Ausgrabungen in Pompeji durch J. de Alcubierre |
| 1764 | Veröffentlichung von J. Winckelmanns „Geschichte der Kunst des Altertums" |
| 1799 | Entdeckung des Rosette-Steins in Ägypten durch Soldaten Napoléons |
| 1809–22 | Veröffentlichung der 30bändigen „Description de l'Egypt", erste Gesamtgeschichte Ägyptens |
| 1820 | Die Venus von Milo wird in Melos auf einem Feld gefunden |
| 1824 | Entzifferung der ägypt. Hieroglyphen durch J. Champollion |
| 1835 | H. Rawlinson kopiert die Felsinschriften von Bisutun und beginnt mit der Entzifferung der Keilschrift |
| 1839–42 | J. Stephens u. F. Catherwood erforschen die Mayastädte Copán, Palenque, Uxmal und das südamerikanische Chichén Itzá |
| 1845–47 | A. Layard gräbt in Nimrud |
| 1846 | Entdeckung des keltischen Friedhofs von Hallstatt (Österreich) |
| 1856 | Entdeckung des Schädelfragments von Neandertal |
| 1869–73 | Troja-Grabung H. Schliemanns |
| 1875 | Beginn der Grabungen in Olympia durch E. Curtius |
| 1876 | Grabung Schliemanns in Mykene |
| 1879 | Entdeckung der Höhlenmalereien in Altamira |
| 1899–1917 | R. Koldewey gräbt große Teile Babylons aus |
| 1900–25 | Ausgrabung des Palastes von Knossos durch A. Evans |
| 1922 | H. Carter entdeckt das Grab Tutanchamuns |
| 1922–34 | L. Wooley legt die Stadt Ur frei |
| 1928 | Entdeckung des Poseidons von Kap Artemision durch Taucher |
| 1947 | T. Heyerdahl fährt mit dem Floß Kon-Tiki von Südamerika nach Polynesien |
| 1958 | Entdeckung von Çatal Hüyük durch J. Mellaart |
| 1960 | Nobelpreis für W. Libby für die Entwicklung der C-14-Datierung (bereits 1947 veröffentlicht) |
| 1963–68 | Versetzen des Tempels von Abu Simbel |
| 1972 | Taucher finden zwei griechische Kriegerbronzen im Meer bei Riace |
| 1974 | Entdeckung des Grabes des chinesischen Kaisers Quin Shihuangdi bei Xi'an |
| 1978 | Entdeckung eines kelt. Fürstengrabs bei Hochdorf/Ludwigsburg |
| 1983 | In der südöstlichen Türkei bei Çayönü können Reste eines 9000 Jahre alten Dorfes mit Steinbauten gesichert werden |
| 1985 | In Schweden gelingt die Klonierung von Erbsubstanz einer altägyptischen Mumie |
| 1988 | Bei Wani in Georgien wird ein bronzener Jünglingstorso gefunden, der die Zugehörigkeit Georgiens zum europäischen Kulturkreis in antiker Zeit untermauert |
| 1989 | In Luxor werden fünf guterhaltene Statuen aus der 18. Dynastie ausgegraben |

| Architektur: bekannte Bauwerke (Höhe in m) | |
|---|---|
| Sears Tower in Chicago | 485 |
| World Trade Center in New York | 413 |
| Empire State Building in New York | 381 |
| Chrysler-Hochhaus in New York | 319 |
| Eiffelturm in Paris | 318 |
| Bank of Manhattan in New York | 282 |
| Woolworth-Hochhaus in New York | 241 |
| Golden Gate Bridge in San Francisco | 227 |
| Boulder-Staudamm in Arizona | 223 |
| Ulmer Münster | 161 |
| Washington-Obelisk | 160 |
| Kölner Dom | 159 |
| Kathedrale in Rouen | 148 |
| Kathedrale Notre-Dame in Paris | 142 |
| Straßburger Münster | 142 |
| Peterskirche in Rom | 138 |
| Cheops-Pyramide bei Gizeh | 137 |
| Stephansdom in Wien | 136,7 |
| Kathedrale in Antwerpen | 120 |
| Schwe-Dagon-Pagode in Rangun | 112 |
| Dom in Berlin | 110 |
| Invalidendom in Paris | 105 |
| Atomium in Brüssel | 102 |

**Archivolte,** *Baukunst:* die äußere Umrandung eines Bogens; beim ma. Portal oft mit *A.figuren* geschmückt.

**Archon,** in einigen altgrch. Stadtstaaten, bes. in Athen, die höchsten Staatsbeamten.

**Arcimboldi** [artʃimˈbɔldi], Giuseppe, *um 1527,

*Architektur: Verwaltungszentrum der Hypo-Bank in München*

† 1593, ital. Maler des Manierismus (skurrile Porträts aus Gegenständen, Früchten, Blumen u. Tieren).

**Arco,** Georg Graf von, *1869, †1940, dt. Funktechniker; Pionier der drahtlosen Telegraphie.

**Arcus** → Arkus.

**ARD,** Abk. für *Arbeitsgemeinschaft der öffentlich-rechtlichen Rundfunkanstalten der Bundesrepublik Deutschland,* 1950 gegr. Zusammenschluß von 12 Rundfunkanstalten der BR Dtld., die gemeinschaftl. das 1. Programm des Dt. Fernsehens betreiben.

**Ardabil,** iranische Stadt in Aserbaidschan, 150 000 Ew., islam. Wallfahrtsort; Teppichproduktion.

**Ardèche** [ar'dɛːʃ], r. Nbfl. der Rhône im südl. Frankreich, 120 km.

**Arden** [aːdn], **1.** Elizabeth, eigtl. Elizabeth Florence Nightingale *Graham,* *1891, †1966, USamerik. Kosmetikerin. – **2.** John, *26.10.1930, engl. Schriftst., schrieb Dramen, die sich durch eine reizvolle Verbindung realist. u. phantast. Elemente auszeichnen.

**Ardennen,** in Luxemburg *Ösling,* waldreiches welliges Mittelgebirge; von der Eifel durch SO-Belgien u. Luxemburg bis N-Frankreich; in der *Botrange* (Hohes Venn) 694 m.

**Areal,** Fläche, Grundstück.

**Arekapalme** → Betel.

**Arelat,** Kgr. in SO-Frankreich, um Arles (lat. Arelate), 879 gegr., 934 mit Hochburgund zum Kgr. Burgund vereinigt.

**Arena,** der Kampfplatz des röm. Amphitheaters, dann allg. Kampfstätte für (sportl.) Spiele, bes. für Zirkusveranstaltungen *(Manege).*

**Arendt, 1.** Hannah, *1906, †1975, amerik. Philosophin, Soziologin u. Politologin dt. Herkunft; Schülerin von Karl *Jaspers.* – **2.** Walter, *27.1.1925, dt. Politiker (SPD); 1969–76 Bundes-Min. für Arbeit u. Sozialordnung.

**Arengapalme,** *Sagwire, Zuckerpalme,* in Hinterindien u. im Malai. Archipel vorkommende Palme; Hauptlieferant für Palmsaft, Palmwein u. Palmzucker.

**Areopag,** Hügel westl. der Akropolis von Athen; in der Antike höchster Gerichtshof der Athener.

**Arequipa** [-'kipa], Stadt in SW-Peru, am Fuß des Misti-Vulkans, 500 000 Ew.; Handelszentrum.

**Ares** → griechische Religion.

**Aretino,** Pietro, *1492, †1556, ital. Schriftst.; geißelte in Komödien u. Schmähschriften boshaft-witzig u. einfallsreich die Sittenverderbnis seiner Zeit.

**Arezzo,** das altetrusk. *Arretium,* ital. Stadt in der östl. Toskana, 92 000 Ew.; Kirche San Francesco (14. Jh.); bed. Tonwarenind. (Arretin. Reliefkeramik) in röm. Zeit.

**Argentinien,** Staat in S-Amerika, zw. Anden u. S-Atlantik, 2 766 889 km², 31 Mio. Ew., Hptst. *Buenos Aires.* A. ist in 22 Provinzen, dem Bundesdistrikt Buenos Aires u. dem Nationalterritorium Feuerland gegliedert (vgl. Tabelle). A. beansprucht

*Argentinien*

die Malwinen (Falkland-Inseln), Südgeorgien, die südl. Orkneys, die südl. Sandwich-Inseln sowie rd. 1,2 Mio. km² der Antarktis.

L a n d e s n a t u r. Im W verläuft der Hochgebirgskamm der Anden (im Aconcagua 6960 m). Den wirtschaftl. Kern des Landes bildet die weite Tiefebene der *Pampa,* an die sich im S das Steppenhochland des *Chaco* u. im NO das Waldgebiet von *Misiones* anschließen. Hauptflüsse sind der Paraná u. der Uruguay. Das Klima ist im N warm-, im S kühl-gemäßigt.

B e v ö l k e r u n g. Die überwiegend kath. Bev. ist meist span. u. auch ital. Herkunft. Rd. 2 Mio. sind Mestizen.

W i r t s c h a f t. Hauptausfuhrgüter sind Getreide, Fleisch, Wolle, ferner Obst, Häute u. Pflanzenöle. Bed. Bodenschätze: Steinkohle, Eisenerz, Erdöl u. -gas. Industrie: Nahrungsmittel-, Textil-, Leder-, Holz-, Metall- u. Maschinenind., Fahrzeugbau. – Das Verkehrsnetz ist nur in der Pampa u. dem zentralen Andenvorland gut ausgebaut. Buenos Aires ist der einzige internat. bed. Hafen.

G e s c h i c h t e. 1515 entdeckte der Spanier Juan Díaz de Solís die La-Plata Mündung. 1776 wurde das span. Vize-Kgr. *Rio de la Plata* errichtet. Am 9.7.1816 wurde die Unabhängigkeit verkündet. Nach Bürgerkriegen entstand 1880 der heutige Einheitsstaat A. 1943 wurde die konservative Regierung mit Hilfe des Militärs durch Juan *Péron* gestürzt, der 1946 Präs. wurde u. eine populist. Politik zusammen mit seiner Frau Eva *(Evita)* betrieb. 1955 wurde Péron gestürzt, der nach seiner Rückkehr aus dem Exil 1973–1974 erneut Staats-Präs. war. 1976–1983 regierte eine Militärjunta, die durch die Niederlage im Falklandkonflikt 1982 gezwungen war, freie Wahlen auszuschreiben. 1983–1989 war R. *Alfonsín* Staats-Präs.; seit 1989 regiert Carlos Saul *Menem.*

**Argeş,** l. Nbfl. der Donau in der Walachei (Rumänien), 322 km.

**Arginin,** eine Aminosäure, die in fast allen Proteinen vorkommt u. für den menschl. Stoffwechsel bedeutsam ist.

**Argiver** → Argos.

**arglistige Täuschung,** im bürgerl. Recht die böswillige Erregung oder Aufrechterhaltung eines Irrtums durch Vorspiegelung falscher oder Unterdrückung wahrer Tatsachen.

**Argon** [grch. *anergos,* »träge«], ein → chem. Element; häufigstes Edelgas, das in der Luft zu rd. 0,93 Vol.-% enthalten ist.

**Argonauten,** in der grch. Myth. die nach ihrem Schiff **Argo** ben. Helden, darunter Herakles, die unter *Iasons* Führung nach Kolchis (am Schwarzen Meer) fuhren, um mit Medeas Hilfe das von einem Drachen bewachte → Goldene Vlies zu holen.

**Argonnen,** *Argonner Wald,* frz. *Argonne,* dicht bewaldeter u. stark zerschluchtetes Bergland in NO-Frankreich, 357 m; trennt das Maastal von der Champagne u. geht nach N in die *Ardennen* über; im 1. Weltkrieg heftig umkämpft.

**Argos,** *Argus,* grch. Sagengestalten; v.a. ein hundertäugiger, alles bemerkender Riese (danach *Argusaugen).*

**Argos,** zahlr. Orte in Griechenland, am bed. das peloponnes. A., alte Hptst. der **Argolis,** deren Bewohner **Argiver** hießen; im 2. Jt. v. Chr. zus. mit *Mykene* u. *Tiryns* Mittelpunkt der vorgeschichtl. Kultur Griechenlands.

**Argot** [-'go], frz. Bez. für die Sondersprache gewisser Gruppen; zunächst nur die Sprache soz. niedriger Schichten (Bettler, Gauner), später auch die von kultivierten Kreisen (Künstler, Studenten, Gelehrte), *Jargon.*

**Argumentation,** Beweisführung.

*Argentinien: Die barocke Kirche San Francisco in Salta, Hauptstadt der gleichnamigen Provinz*

## Argentinien: Verwaltungsgliederung

| Provinz | Fläche in km² | Einwohner in 1000 | Hauptstadt |
|---|---|---|---|
| Buenos Aires (Bundesdistrikt) | 200 | 2924 | Buenos Aires |
| Buenos Aires | 294 368 | 11 226 | La Plata |
| Catamarca | 100 967 | 230 | Catamarca |
| Chaco | 99 633 | 791 | Resistencia |
| Chubut | 224 686 | 316 | Rawson |
| Córdoba | 168 766 | 2629 | Córdoba |
| Corrientes | 88 199 | 724 | Corrientes |
| Entre Rios | 78 781 | 968 | Paraná |
| Formosa | 72 066 | 338 | Formosa |
| Jujuy | 53 219 | 487 | Jujuy |
| La Pampa | 143 440 | 231 | Santa Rosa |
| La Rioja | 89 680 | 183 | La Rioja |
| Mendoza | 148 827 | 1344 | Mendoza |
| Misiones | 29 801 | 690 | Posadas |
| Neuquén | 94 078 | 315 | Neuquén |
| Rio Negro | 203 013 | 477 | Viedma |
| Salta | 154 775 | 768 | Salta |
| San Juan | 89 651 | 520 | San Juan |
| San Luis | 76 748 | 234 | San Luis |
| Santa Cruz | 243 943 | 138 | Rio Gallegos |
| Santa Fé | 133 007 | 2675 | Santa Fé |
| Santiago del Estero | 135 254 | 660 | Santiago del Estero |
| Tucumán | 22 524 | 1112 | Tucumán |
| Feuerland (Nationalterritorium) | 21 263 | 50 | Ushuaia |

**Argun,** r. Quellfluß des Amur, Grenzfluß zw. Sowj. u. China, 1620 km.

**Argus** → Argos.

**Århus** ['ɔːr-], *Aarhus,* zweitgrößte Stadt Dänemarks an der Ostküste Jütlands (Kategat), 245 000 Ew.; Univ., Handelszentrum.

**Ariadne,** grch. Sagengestalt, Tochter des Königs *Minos.* Sie gab *Theseus* ein Garnknäuel *(A.faden),* mit dem er nach der Tötung des *Minotaurus* aus dem Labyrinth fand, und flüchtete mit ihm nach Naxos. Auf Naxos wurde sie dann Gattin des *Dionysos* (Bacchus).

**Ariane,** im Auftrag der europ. Weltraumorganisation ESA entwickelte Trägerrakete für den Start unbemannter Satelliten u. Raumsonden; erstmals am 24.12.1979 gestartet.

**Arianismus,** die Lehre des alexandrin. Priesters *Arius* (*um 260, †336), wonach Christus nicht wesensgleich mit dem Vater, sondern ein Ge-

*Ariane IV: die Europarakete bei ihrem Start in Kourou (Französisch-Guyana)*

**Arias Sánchez**

schöpf des Vaters aus dem Nichts sei; vom Konzil zu Nicäa 325 verurteilt.

**Arias Sánchez,** Oscar, *13.9.1941, costarican. Politiker; 1986–90 Staatspräsident; Friedensnobelpreis 1987.

**Arica,** Hafenstadt in N-Chile, 140 000 Ew.; Ausfuhr von Salpeter u. Erz, Transithandel für Bolivien u. Peru. – Bis 1883 zu Peru.

**arid,** dürr, Trocken; Ggs.: *humid.* – **a.es Klima,** der Klimabereich, in dem im Ablauf eines Jahres die Verdunstung größer ist als der Niederschlag.

**Arie,** Sologesang in Oper u. Oratorium mit Instrumentalbegleitung, auch selbst. als *Konzert-A.*

**Ariège** [ari'ɛːʒ], r. Nbfl. der Garonne in S-Frankreich, 170 km.

**Ariel** [-ie:l], **1.** bibl. Name für Jerusalem u. seinen Tempel (Jes. 29,1). – **2.** *Uriel,* Engel des Wassers u. des Winds bei den Juden; Geist der Lüfte in Shakespeares »Sturm« u. Goethes »Faust II«. – **3.** Mond des Uranus, entdeckt 1851.

**Arier,** *Indoiranier,* Bez. für Inder u. Iranier; im 18. Jh. sprachwiss. Ausdruck (z.T. ident. mit »Indogermane«). In der Rassenideologie des 19. Jh. wurde die arische Rasse der nord. Rasse gleichgesetzt; der Begriff A. erhielt einen antijüd. Akzent u. wurde schließl. in der nat.-soz. Rassenpolitik mißbraucht (A. = »Nichtjude«).

**Arioso,** arienartiger, kürzerer Sologesang; zw. Rezitativ u. Arie.

**Ariosto,** Ludovico, *1474, †1533, ital. Dichter; W Epos »Orlando furioso« (»Der rasende Roland«).

**Ariovist,** König der Sweben; 58 v. Chr. von Cäsar geschlagen.

**Arishima,** Takeo, *1878, †1923 (Selbstmord), jap. Schriftst.; behandelte in seinen Romanen soz. Probleme; geprägt vom christl. Humanismus.

**Aristarchos, 1.** *A. von Samos,* *um 320 v. Chr., †250 v. Chr., grch. Astronom, lehrte als erster die Bewegung der Erde um die Sonne. – **2.** *A. von Samothrake,* *um 217 v. Chr., *um 145 v. Chr., grch. Philologe; klärte die noch heute maßgebenden grammat. Begriffe u. Fachbez.

**Aristides,** *der Gerechte,* *nach 550 v. Chr., †um 467 v. Chr., athen. Staatsmann u. Feldherr; kämpfte bei Marathon u. Plataä gegen die Perser.

**Aristippos,** *Aristipp,* *um 435 v. Chr., †355 v. Chr., grch. Philosoph; Schüler des *Sokrates,* Begr. der Schule der *Kyrenaiker* u. der Ethik des *Hedonismus.*

**Aristokrat,** Angehöriger der *Aristokratie,* Adeliger.

## ARKTIS

*Weidenröschen überziehen im arktischen Sommer die Schotterfelder von Gletschern und Flüssen (links) – Pelztierjäger mit Schlittenhunden in Grönland (rechts)*

*Erdölbohrturm an der Prudhoe Bay in Alaska*

*Eskimokinder in Alaska*

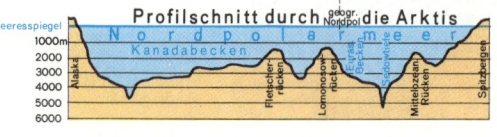

*Aristoteles: antike Skulptur. Rom, Museo Nazionale delle Terme*

**Aristokratie,** eine Staatsform, in der bestimmte Geburts-, Besitz- oder Bildungsstände Träger u. Ausüber der Staatsgewalt sind; auch die herrschenden Stände selbst, die Adelsherrschaft.

**Aristophanes,** *um 445 v. Chr., † um 385 v. Chr., grch. Komödiendichter in Athen; Hauptvertreter der att. Komödie. Von seinen Werken sind 11 erhalten, die hinter phantast. u. derbdrast. Handlungen handfeste polit., literar. u. moral. Zeitkritik erkennen lassen. – W »Die Vögel«, »Lysistrata«, »Die Wolken« (gegen *Sokrates*).

**Aristoteles,** grch. Philosoph, *384 v. Chr., †322 v. Chr.; Schüler Platons u. Erzieher Alexanders d. Gr.; begr. eine eig. phil. Schule *(Peripatetische Schule).* – A. war ein universaler Geist, der Weltoffenheit mit Geistesschärfe, Tiefsinn mit größter Verstandeshelle, Spekulation mit Erfahrung verband. Die überlieferten Werke sind v.a. Lehrschriften; sie umfassen Logik, Metaphysik, Naturphil., Ethik, Politik, Psych., Poetik u. Kunsttheorie. A. war Fort- u. Umbildner des platon. Idealismus, größter Systematiker der abendländ. Geistesgesch. Seine Begriffsbildung beherrscht die Schulphil. bis zur Gegenwart. Seine Metaphysik ist wesentl. Lehre von den Seinsprinzipien Form u. Stoff, Möglichkeit u. Verwirklichung. Die *Analogie* wurde für A. zu einem grundlegenden Erkenntnismittel. Die aristotel. *Theorie der Bewegung,* die vier Arten unterscheidet (Entstehen-Vergehen, Zunehmen-Schwinden, qualitative Veränderung u. Ortsbewegung), ist schließl. die spekulative Krönung seiner Phil. u. mündet mit dem Begriff »des unbewegten Bewegenden« in eine *Theologie:* Der Gott bewegt alles »wie das Geliebte«.

**Arithmetik,** ein Teilgebiet der Math., das das Rechnen mit Zahlen u. die Zahlentheorie umfaßt.

**arithmetische Reihe** → Reihe.

**arithmetisches Mittel,** der Durchschnittswert aus der Summe einer Anzahl von Zahlen, dividiert durch ihre Anzahl.

**Arius** → Arianismus.

**Arizona** [engl. æriˈzounə], Abk. *Ariz.,* postal. *Az,* Gebirgsstaat im SW der USA, zw. California u. New Mexico, ausgedehnte Steppen (Weideland) u. Wüsten; bei Bewässerung Feldbau (Obst-, Baumwolle); 1848 von Mexico an die USA abgetreten. → Vereinigte Staaten.

**Arkade,** auf Pfeilern oder Säulen ruhender Bogen (offene Bogenstellung); auch eine Reihe von Bögen als einseitige Begrenzung eines Bogengangs.

**Arkadien,** grch. *Arkadia,* Gebirgsldsch. im Innern des Peloponnes, bis 1936 m; in der Dichtkunst als Land der Einfachheit u. Unschuld gepriesen.

**Arkansas** [engl. ˈaːkənsɔ], Abk. *Ark.,* postal. *AR,* Bundesstaat der USA am Westufer des unteren Mississippi, waldreich, Baumwoll- u. Reisanbau; 1803 von Frankreich an die USA verkauft. → Vereinigte Staaten.

**Arkansas River** [ˈaːkənsɔː ˈrivə], r. Nbfl. des Mississippi, 2333 km.

**Arkanum,** Geheimnis; geheime Lehren u. Kultübungen in religiösen Gemeinschaften mit der Pflicht zur Geheimhaltung *(Arkandisziplin).*

**Arkebuse,** urspr. eine Armbrust, seit dem 15. Jh. eine Handfeuerwaffe (Hakenbüchse) mit Luntenschloß. – **Arkebusier,** der mit einer A. bewaffnete Soldat.

**Arktis,** die Meere u. Landgebiete um den Nordpol jenseits der Baum- u. der südl. Treibeisgrenze. Das Nordpolargebiet schließt das *Arktische Meer* ein (19 Mio. km², bis 5000 m tief) u. umfaßt eine Landfläche von 11 Mio. km²; davon entfallen 5 Mio. km² auf Kanada, je 2,2 Mio. km² auf die Sowj. u. Grönland, 1,5 Mio. km² auf Alaska u. auf einige Inselgruppen, u.a. das norw. Svalbard (Spitzbergen). – Durch den Einfluß des Nordpolarmeeres ist das Klima gemäßigter als in der Antarktis. Ebenfalls im Gegensatz dazu ist die A. bewohnt, von Polarvölkern, *(Lappen, Eskimo* u. *nordasiat. Stämme)* u. von Zugewanderten aus gemäßigten Breiten, die bes. vom Bergbau, vom Fischfang u. von der Jagd leben bzw. die in den zahlr. Beobachtungs- u. Forschungsstationen sowie Flugstützpunkten u. Häfen arbeiten. Die eisfreien Gebiete sind von einer spärl. Vegetation bedeckt. Auf ihrer Grundlage leben z.B. Ren, Wolf u. versch. Vogelarten. An Bodenschätzen finden sich Kohle, Uran, Gold u.a.

**Arkus,** *Arcus,* Zeichen arc, das → Bogenmaß eines Winkels.

**Arkwright** [ˈaːkrait], Sir Richard, *1732, †1792, engl. Erfinder; baute Spinnereimaschinen u. begr. in England die Industrialisierung der Textilverarbeitung.

**Arlberg,** 1793 m hoher Paß an der Grenze zw. Vorarlberg u. Tirol (Österreich); → Alpen.

**Arlecchino** [-lɛˈkiːno], dt. *Harlekin,* Figur der ital. *Commedia dell'arte:* Hanswurst, gekennzeichnet durch ein mit bunten Flicken besetztes Trikot. Der A. trug eine dunkle Halbmaske.

**Arles,** *A.-sur-Rhône* [arlsyrˈroːn], südfrz. Krst. am Rhône-Delta, 51 000 Ew.: roman. Kathedrale, röm. Amphitheater.

**Arlon,** fläm. *Aarlen,* dt. *Arel,* Hptst. u. wirtsch. Zentrum der südostbelg. Prov. Luxemburg, 23 000 Ew.; maler. Altstadt.

**Arm,** bei Mensch u. Affen paarige obere Gliedmaße. Das Knochengrüst besteht aus dem Oberarmknochen, den beiden Unterarmknochen (Elle u. Speiche), 8 Handwurzelknochen, 5 Mittelhandknochen u. 14 Fingerknochen. Am Oberarm liegen die Muskeln, die den Unterarm bewegen: innen die Beuger (v.a. der *Bizeps*), außen die Strecker.

**Armada,** große Seekriegsflotte der Spanier, bestehend aus 130 Schiffen mit ca. 30 000 Mann Besatzung u. 2600 Kanonen. Die A. wurde von Philipp II. 1588 gegen England ausgesandt, durch die beweglicheren engl. Schiffe unter F. Drake angeschlagen, auf der Heimfahrt durch Orkane nahezu vernichtet. Die Niederlage bedeutete das Ende der span. Seeherrschaft; für England begann der Aufstieg zur Weltseemacht.

**Armagnac** [armaˈnjak], südfrz. Ldsch. in der *Gascogne,* Hauptort Auch; Weinbau (Weinbrand »A.«). – Die **Armagnaken** (dt. »Arme Gecken«) waren zügellose Söldner (seit 1410) des Grafen von A.

**Armaturen,** Zubehörteile von Maschinen; Ausrüstungsstücke für Kessel- u. Rohrleitungsanlagen, Schalttafeln u.ä., z.B. Hähne, Schalter. Um die Handhabung u. die Überwachung zu erleichtern, sind die A. auf einem **A.brett** übersichtl. angeordnet.

**Armbrust,** alte Schußwaffe aus der Zeit vor den Feuerwaffen, aus Bogen mit Sehne u. Schaft mit Kolben bestehend; als Geschosse dienten Pfeile u. Bolzen; heute Sportwaffe.

*Armbrustschütze*

### Arnhemland

**Armee,** i.w.S. die Landstreitkräfte, das Heer eines Staates; i.e.S. ein großer Verband des Heeres, der aus mehreren **A.korps** (Truppenverband aus mehreren Divisionen) besteht.

**Ärmelkanal** → Kanal.

**Armenbibel,** *Biblia pauperum,* seit 1300 verbreitete, meist illustrierte Handschrift mit ausgewählten, typolog. zusammengestellten Texten aus dem AT u. NT.

**Armenien,** zerklüftetes Hochland in Vorderasien, zw. Kaukasus u. Mesopotamien; rauhes Hochgebirgsklima; Viehzucht, Obst- u. Gemüsekulturen; heute polit. zur Türkei, zum Iran u. zur Sowj. (Armen. SSR) gehörig; Bev.: Armenier, Kurden (bes. im S, *Kurdistan),* Osmanen im W u. Tataren im O. – Sehr altes Siedlungsgebiet, seit 301 n. Chr. christl., sehr oft von Nachbarvölkern umkämpft.

**Armenier,** Volk mit indoeurop. Sprache u. christl. Religion im Kaukasus-Gebiet, im Iran u. weit verstreut als Kaufleute u. Handwerker über das östl. Mittelmeergebiet, ferner in den USA.

**Armenische SSR,** Unionsrep. der → Sowjetunion.

**Armenrecht,** alte Bez. für → Prozeßkostenhilfe.

**Armfüßer,** *Brachiopoden,* zu den *Tentakeltieren* zählende Klasse festsitzender Meerestiere; äußerl. den Muscheln ähnl. Schalen von A. sind wichtige Leitfossilien.

*Louis Armstrong*

**Armin,** *Arminius,* fälschl. *Hermann der Cherusker,* *18 v. Chr., †19 n. Chr., Cheruskerfürst; bekannteste Gestalt der germ. Frühgesch. Als Führer germ. Truppen in röm. Dienst erlernte er die röm. Kriegstechnik; befreite 9 n. Chr. durch Sieg im Teutoburger Wald über drei röm. Legionen unter dem Feldherrn Publius Quinctilius *Varus* Germanien von der Herrschaft der Römer. Das *Hermannsdenkmal* im Teutoburger Wald erinnert an die *Varusschlacht.*

**Arminianer,** *Remonstranten,* Anhänger des Predigers Jakob *Arminius* (*1560, †1609) in den Ndl.; sie wandten sich 1610 gegen die kalvinist. Prädestinationslehre u. trennten sich von der reformierten Kirche. Es bestehen noch heute, auch in England u. den USA, A.-Gemeinden.

**Armleuchteralgen,** mit den *Grünalgen* verwandte Organismen mit quirlförmigen Verzweigungen; bilden in Teichen u. Bächen »Wiesen«. → Pflanzen.

**Armorikanisches Gebirge,** der Westteil des alten varisk. Kettengebirges in N-Frankreich u. auf den südl. Brit. Inseln.

**Armstrong, 1.** Louis Daniel, »Satchmo« gen., *1900, †1971, afroamerik. Jazzmusiker (Trompeter u. Sänger); eine der zentralen Figuren der Jazzgeschichte. – **2.** Neil, *5.8.1930, US-amerik. Astronaut; betrat im Rahmen der Apollo-11-Mission als erster Mensch am 20.7.1969 den Mond.

**Armutszeugnis** → Prozeßkostenhilfe.

**Arndt,** Ernst Moritz, *1769, †1860, dt. Historiker, Politiker u. Schriftst.; wurde durch seine »Lieder für Teutsche« u. Flugschriften (»Der Rhein, Teutschlands Strom, aber nicht Teutschlands Grenze« 1813) zu einer Volksgestalt der Freiheitskriege; 1848 Mitgl. der Nationalversammlung.

**Arnheim,** ndl. *Arnhem,* Hptst. der ndl. Prov. Gelderland, 130 000 Ew.

**Arnhemland,** Halbinsel im N Australiens, bed. Uran- u. Bauxitvorkommen.

**Arni,** asiat. → Wasserbüffel.
**Arnika,** *Bergwohlverleih,* ein gelbblühender *Korbblütler,* Blüten u. Wurzel werden als Wunderheilmittel verwendet.
**Arnim, 1.** Achim von, eigtl. Ludwig Joachim von, *1781, †1831, dt. Dichter der Romantik; zus. mit C. *Brentano* Hrsg. von »Des Knaben Wunderhorn« (1806–08), der Sammlung alter dt. Volkslieder. – **2.** Bettina von, eigtl. Anna Elisabeth von, Frau von 1), *1785, †1859, dt. Schriftst.; Schwester von C. *Brentano;* mit Goethe befreundet; ihr »Goethes Briefwechsel mit einem Kinde« (1835) ist eine freie Umgestaltung der Originale; widmete sich später leidenschaftl. soz. Zeitfragen u. Frauenrechtsproblemen.
**Arno,** der antike *Arnus,* ital. Fluß, 241 km; mündet bei Pisa in das Ligur. Meer.
**Arnold, 1.** Karl, *1883, †1953, dt. Maler u. Karikaturist; seit 1907 sozialkrit. Mitarbeiter der Ztschr. »Simplicissimus«, »Jugend« u. »Lustige Blätter«. – **2.** Karl, *1901, †1958, dt. Politiker; 1945 Mitbegr. der CDU, 1947–56 Min.-Präs. von NRW.
**Arnold von Brescia** [-'brɛʃa], *um 1100, †1155, ital. Augustiner-Chorherr; trat gegen die Verweltlichung u. den Güterbesitz der Kirche auf.
**Arnolfo di Cambio,** *Arnolfo di Firenze,* *um 1240, †1302, ital. Bildhauer u. Architekt; Schüler von N. *Pisano.*
**Arnoux** [ar'nu], Alexandre, *1884, †1973, frz. Schriftst. (Novellen, Theaterstücke).
**Arnsberg,** Stadt in NRW im Sauerland, 75 000 Ew.; Luftkurort am *A.er Wald* (Naturpark, Möhnestausee), Verw.-Sitz des Reg.-Bez. A.
**Arnstadt,** Ind.-Stadt in Thüringen, an der Gera, 30 000 Ew.
**Arnulf, 1.** *A. von Kärnten,* *um 850, †899, ostfränk. König (887) u. Kaiser (896). – **2.** *A. »der Böse«,* †937, Herzog von Bayern 907–37; kämpfte als Vertreter einer erstarkten Herzogsgewalt gegen Konrad I. u. Heinrich I. – **3.** *A. von Metz,* *um 580, †640 (?), Bischof von Metz 614–29; Ahnherr der *Karolinger* (auch *Arnulfinger);* 629 zog er sich als Einsiedler in die Vogesen zurück; Heiliger (Fest: 19.8.).
**Arolsen,** Stadt westl. von Kassel in Hessen, 16 000 Ew.; Barockschloß, ehem. Hptst. des Fürstentums *Waldeck.*
**Aroma,** Wohlgeruch, Wohlgeschmack.
**aromatische Verbindungen,** *Aromate,* Kohlenwasserstoffe, die sich vom Benzol als dem einfachsten Vertreter ableiten; Ggs.: *aliphatische Verbindungen.*
**Aromunen,** *Makedorumänen, Walachen, Zinzaren, Kutzowalachen, Arnauti,* in Thessalien, Albanien, Makedonien u. im Epirus verstreut lebende rumän. Stämme mit eig. Dialekt **(Aromunisch);** meist seßhaft *(Karaguni).* Die *Farscherioten* sind z.T. noch nomad. oder halbnomad. Viehhirten.
**Aronstab,** Giftpflanze schattiger Laubwälder; scharlachrote Beeren. – **A.gewächse,** krautige Pflanzen, deren Blüten an einer verdickten Achse sitzen. Der Blütenstand ist von einer auffällig gefärbten Hülle umgeben; häufig in trop. Wäldern. Zimmerpflanzen: Philodendron, Calla. → Pflanzen.
**Arosa,** Höhenluftkur- u. Wintersportort in Graubünden (Schweiz), 1820 m ü.M., 4500 Ew.

*Arnika*

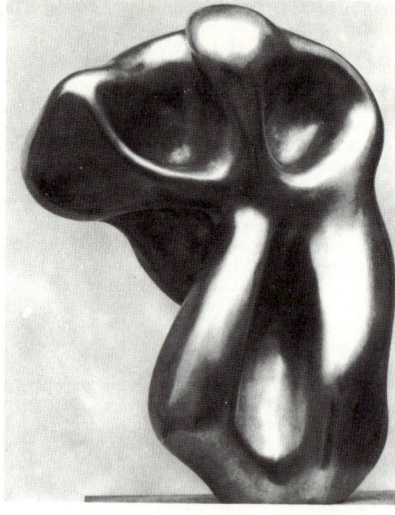

*Hans Arp: Evokation einer Form; 1950. Rio de Janeiro, Museo d'arte Moderna*

**Arp,** Hans (Jean), *1887, †1966, dt.-frz. Maler, Graphiker, Bildhauer u. Schriftst.; 1916 Mitbegr. des Dadaismus; farbige reliefartige Bilder, Vollplastiken.
**Árpád** ['a:rpa:d], Fürst der Magyaren ca. 890–907, die er 895/96 aus S-Rußland nach Ungarn führte; Begr. der ungar. Dynastie der *Árpáden* (1301 erloschen).
**Arpeggio** [ar'pɛdʒo], harfenähnliches Nacheinander-Erklingen der Töne eines Akkords auf Tasten- u. Saiteninstrumenten.
**Arrabal,** Fernando, *11.8.1932, span. Schriftst. (surrealist.-absurde Stücke in frz. Sprache).
**Arrak,** aus Rohrzuckermelasse oder Palmenzuckersaft u. Reis gewonnener starker Branntwein.
**Arrangement** [arãʒə'mã], **1.** Anordnung, Zusammenstellung; Übereinkunft. – **2.** die Einrichtung eines Musikstücks für eine andere als die originale Besetzung.
**Arras,** nordfrz. Stadt, alte Hptst. des *Artois,* 45 000 Ew., ma. Stadtbild.
**Arrau,** Claudio, *6.2.1903, chilen. Pianist.
**Arrest,** Haft bei Personen (z.B. militär. Disziplinarstrafe, Jugend-A.); Beschlagnahme bei Sachen.
**Arretierung, 1.** *Strafrecht:* Festnahme. – **2.** *Technik:* Anhalte- u. Feststellvorrichtung in u. an Geräten u. Maschinen.
**Arretium** → Arezzo.
**Arrhenius,** Svante August, *1859, †1927, schwed. Chemiker u. Physiker; stellte die Theorie der elektrolyt. Dissoziation auf; Nobelpreis für Chemie 1903.
**Arrhythmie,** Unregelmäßigkeit der Herzschlagfolge.
**Arrianus,** *Arrian,* Flavius, *95, †175, grch. Geschichtsschreiber; verfaßte die Gesch. des Feldzugs Alexanders d. Gr. nach Persien (»Anabasis«) u. eine Schrift über Indien.
**Ar Rijad** → Riad.
**Arroganz,** Anmaßung; **arrogant,** anmaßend, eingebildet.
**arrondieren,** abrunden; Grundstücke zwecks wirtsch. Nutzung zusammenlegen; z.B. bei Flurbereinigung.
**Arrondissement** [arɔ̃dis'mã], unterer Verw.Bez. in Frankreich, Teil eines Dép.
**Arrow** ['ærəu], Kenneth Joseph, *23.8.1921, US-amerik. Nationalökonom; beschäftigte sich mit Problemen der Wohlfahrts- u. Wachstumstheorie; Nobelpreis 1972.
**Arrowroot** ['ærərut], *Pfeilwurz(mehl),* versch. trop. Stärkearten, vorw. aus Knollen u. Wurzeln; Nahrungsmittel.
**ars,** lat. Begriff für Kunst u. schöngeistige Wiss.; im Unterschied zur *scientia,* der empir. Forschung (insbes. Naturwiss.).
**Ars antiqua,** »alte Kunst«, musikgeschichtl. die Epoche mensuraler Mehrstimmigkeit zw. 1230 u. 1320; mündete in die *Ars nova,* »neue Kunst«, dauerte bis 1420 u. war gekennzeichnet durch eine flexible Notation; isorhythm. Motette.
**Arsen,** ein → chem. Element; stahlgraues, glänzendes, sprödes Halbmetall, das meist in Mineralien gebunden ist. *Verwendung:* in der Halbleiterproduktion, als Legierungsbestandteil u. für zahlreiche Verbindungen, z.B. Schädlingsbekämpfungsmittel. Wichtige *Verbindungen:* A.-wasserstoff (AsH$_3$), sehr giftiges Gas; beim Ersatz des Wasserstoffs durch Metall erhält man die Arsenide (z.B. Zinkarsenid, Zn$_3$As$_2$); *A.-monosulfid* (Realgar, *Rauschrot,* As$_4$S$_4$) wird als Rotglas zur Enthaarung von Fellen verwendet; *A.-trisulfid* (Aurinpigment, Rauschgelb, As$_4$S$_6$) wird als Malerfarbe (Königsgelb) verwendet; *A.trioxid* (weißes *Arsenik,* A$_2$O$_3$), starkes Gift, dient der Konservierung von Häuten; die wäßrige Lösung ist die *arsenige Säure* (H$_3$AsO$_3$).
**Arsenal,** Gebäude zur Herstellung u. Lagerung von Waffen; Zeughaus.
**Arsenvergiftung,** Vergiftung mit Arsenverbindungen; meist durch die Verdauungswege, seltener über die Atemwege (Dämpfe, Staub). Akute A.: Übelkeit, Erbrechen, dünnwäßrige Durchfälle, Koliken, Angstgefühle, Krämpfe. Wiederholte Aufnahme kleiner Mengen führt zur *chron. A.,* die sich durch Magen-Darm-Störungen, Hautausschläge u. Lähmungen äußert. Nachweis geringster Spuren A. mit der *Marshschen Probe.*
**Art,** *Species, Spezies,* die grundlegende systemat. Kategorie der Biol.: die Gesamtheit aller Individuen, die in allen wesentl. Merkmalen untereinander u. mit ihren Nachkommen übereinstimmen.
**Artaud** [ar'to], Antonin, *1896, †1948, frz. Schriftst.; beeinflußte die zeitgenöss. Theater. begr. 1935 das »Theater der Grausamkeit«.
**Artaxerxes,** altpers. Könige aus dem Geschlecht der *Achämeniden:*
**1. A. I.,** *A. Longimanus,* König 464–424 v.Chr.; schloß mit Athen den *Kallias-Frieden* 449 v.Chr., der die Perserkriege beendete. – **2. A. II.,** *A. Mnemon,* König 404–359 v.Chr.; schloß den Frieden des *Antalkidas* (386 v.Chr.), der ihm weitgehende Einspruchsrechte in Griechenland sicherte. – **3. A. III.,** *A. Ochos,* Sohn von 2), König 359–38 v.Chr.; eroberte das seit 404 v.Chr. verlorene Ägypten für Persien zurück.
**Art Déco** [ar'de:ko], Abk. für frz. *art décoratif,* dekorative Kunst; auf die Ausstellung »Exposition Internationale des Arts Décoratifs et Industriels Modernes« 1925 in Paris anspielende Bez. für künstl. Produkte aus der Zeit zwischen den Weltkriegen mit Stilelementen aus Jugendstil, Futurismus u. Funktionalismus sowie ostasiat. Einflüssen.
**Artefakt,** allg. jedes künstl. Hergestellte; in der Urgesch. ein von Menschenhand hergestelltes Werkzeug.
**Artemis** → griechische Religion.
**Artemisia,** Beifußgewächse, Gatt. der Korbblütler; etwa 200 Arten; bek. als Gewürz- u. Heilpflanzen, z.B. *Absinth.*
**Artemision,** Heiligtum der Artemis.
**Artenschutz,** nach dem *Bundesnaturschutzgesetz* von 1987 Schutz, Erhaltung u. Pflege wildlebender Tiere u. wildwachsender Pflanzen, ihrer Entwicklungsformen, Lebensstätten *(Habitate),* Lebensräume *(Biotope)* u. Lebensgemeinschaften *(Biozönosen)* als Teile des Naturhaushalts. Unter bes. Schutz werden gefährdete einheim. u. europ. Pflanzen u. Tiere durch die *A.verordnung* von 1989 gestellt. Außerdem wurden internationale Verträge u. Abkommen geschlossen (z.B. das *Washingtoner A.übereinkommen)*
**Arterien,** Schlagadern. – **A.verkalkung,** *Arteriosklerose,* i. allg. nicht vor dem 40. Lebensjahr auftretende krankhafte Veränderung der A. durch nachlassende Elastizität der Gefäße, die starr werden u. in denen sich Fette u. Cholesterin einlagern, die verhärten u. die Gefäße verengen. Die Arteriosklerose in höheren Graden zu einer vermehrten Brüchigkeit der Gefäße u. zu Durchblutungsstörungen, erhöht den Blutdruck u. begünstigt das Auftreten von Schlaganfällen.
**Arteriosklerose** → Arterien.
**artesischer Brunnen,** eine künstl. geschaffene *Quelle,* bei der das Wasser infolge Überdrucks selbst. aufsteigt. Voraussetzung ist, daß sich das Grundwasser zw. zwei undurchlässigen, muldenförmig gelagerten Schichten sammelt und an einer Stelle angebohrt wird, die tiefer als der Zufluß liegt.
**Arthritis,** Gelenkentzündung; verursacht durch Krankheitserreger oder auch Gicht; jedes Gelenkleiden, das nicht auf Entzündung beruht, sondern infolge Abnutzung u. Knorpelabbau entsteht, wird als **Arthrose** bez.
**Arthropoden** → Gliederfüßer.
**Artikel, 1.** *Geschlechtswort,* der *bestimmte* A. (dt.:

*Äsche*

der, die, das) u. der *unbestimmte A.* (dt.: ein, eine). – **2.** Warensorte. – **3.** in einer Ztg. oder Ztschr. abgedruckter Beitrag, z.B. *Leit-A.* – **4.** Abschnitt eines Gesetzes Vertrags u.ä.

**artikulieren,** (deutl.) aussprechen; formulieren.

**Artillerie,** die mit Geschützen ausgerüsteten Teile des Heeres u. der Kriegsmarine.

**Artischocke,** ein distelähnl. *Korbblütler* des Mittelmeergebietes. Ein Feingemüse: Die Blütenhüllblätter u. die fleischigen Blütenböden werden gekocht oder roh gegessen.

**Artist,** Varieté- u. Zirkuskünstler.

**Artland,** Ldsch. im südwestl. Niedersachsen.

**Artois** [ar'twa], histor. Ldsch. in N-Frankreich, alte Hptst. *Arras;* kam als flandr. Gft. 1191 zu Frankreich, 1384 durch Heirat zu Burgund; 1493 habsburg., im 17. Jh. endgültig frz.

**Artus** [frz.; kelt. *Arthur*], sagenhafter walis. König, um 500 n. Chr., Vorbild tapferen Rittertums. Der Sagenkreis um A. wurde durch *Chrétien de Troyes* in den Mittelpunkt der höf. Epik gerückt. Zur *Tafelrunde* des A. gehören berühmte Helden: *Erek, Iwein, Lanzelot* u.a.; auch *Tristan, Parzival* u. *Lohengrin.*

**Aruak,** weit verbreitete indian. Sprachfam. in S-Amerika, bes. im westl. Amazonas-Gebiet u. im Orinoco-Tiefland, isoliert auch im Bergland von Guyana *(Wapishana).*

**Aruba** [a'ryba:], Insel der Ndl. Antillen vor der Nordküste Venezuelas, 190 km², 62 000 Ew. (meist Mestizen), Hptst. *Oranjestad;* seit 1986 polit. Sonderstatus, für 1996 Unabhängigkeit vorgesehen.

**Aru-Inseln,** *Aroe-Inseln,* indones. Archipel südl. von W-Neuguinea, 8600 km², 40 000 Ew., Hauptort *Dobo;* seit 1963 indones.

**Arunachal Pradesh** [-deʃ], Unionsterritorium in → Indien.

**Arusha** [-ʃa], Stadt in Tansania, am Meru, 1380 m ü.M., 55 000 Ew.

**Aruwimi,** r. Nbfl. des Kongo, 1300 km.

**Arve,** *Zirbelkiefer,* bis 20 m hohe u. im Alter mit unregelmäßiger Krone ausgestattete *Kiefer;* Samen sind bek. als *Zirbelnüsse.*

**Arzberg,** Stadt im Fichtelgebirge, 7000 Ew.; Porzellanindustrie.

**Arznei,** *Medikament, A.mittel,* aus der belebten oder unbelebten Natur gewonnene oder künstl. hergestellte Wirkstoffe, die in fester, flüssiger oder gasförmiger Form zur Heilung, Vorbeugung oder Diagnose angewendet werden. Abgabe, Herstellung u.ä. sind in der BR Dtld. gesetzl. geregelt durch das *A.mittelgesetz.* Stark wirkende A. sind *rezeptpflichtig,* d.h. sie dürfen nur bei Verordnung eines approbierten Arztes abgegeben werden. – **A.pflanzen,** *Heilkräuter,* → Heilpflanzen.

**Arzt,** Heilbehandler u. Sachverständiger auf dem Gebiet des Gesundheitswesens mit staatl. Approbation (Bestallung) nach abgeschlossenem Hochschulstudium. Die Tätigkeit als *prakt. A.* kann er erst ausüben, wenn er sich »niedergelassen« hat. Zur Ausübung der Tätigkeit bei den gesetzl. Krankenkassen benötigt er die Zulassung als *Kassen-A.* Der A. unterliegt in seiner ärztl. Tätigkeit der Schweigepflicht. Berufs- u. Standesvertretungen der Ärzte sind die Ärztekammern.

**As, 1.** röm. Gewichtseinheit (= 268 g) u. älteste Kupfermünze. – **2.** erfolgreicher Spitzenkönner. – **3.** die höchste Karte des frz. Kartenspiels; entspricht dem *Daus* der dt. Spielkarte. – **4.** ein unerreichbarer Aufschlag beim Tennis. – **5.** chem. Zeichen für Arsen.

**Asahikawa,** jap. Ind.-Stadt auf der Insel Hokkaido, 364 000 Ew.

**Asam,** Egid Quirin, *1692, †1750, dt. Bildhauer u. Stukkateur; führender Meister der süddt. Barockplastik; schuf mit seinem Bruder Cosmas Damian A. bed. spätbarocke Ausschmückungen von Kirchen (z.B. Einsiedeln, Weltenburg).

**Asande,** *Zande, Azande,* großes afrik. Volk (1,3 Mio.) im NO des Kongogebietes u. im Sudan; gründeten ein Großreich; Bodenbauern u. Jäger.

**Asbest,** feinfaseriges Mineral, das in der UdSSR, Kanada u. Südafrika gewonnen wird. *Langfaseriger A.* wird unter Zusatz organ. Tragfasern (z.B. Baumwolle) zu Garnen versponnen, aus denen Bänder, Gewebe u. Gewirke hergestellt werden. *Kurzfaseriger A.* wird zu Papier, Pappe, A.zement u. mit einem Bindemittel gemischt, zu Preßformteilen (Eternit) verarbeitet. A. wird wegen seiner Feuerbeständigkeit, Säurefestigkeit, seines Wärmedämmvermögens u. Isoliervermögens gegen Elektrizität in der Technik verwendet, allerdings eingeschränkt, seitdem der feine A.staub als krebserregender Stoff erkannt worden ist.

**Ascension** [ə'senʃən], *Himmelfahrtsinsel,* brit. Vulkaninsel im nördl. Südatlantik, 88 km², 1400 Ew., Hpt.ort *Georgetown.*

**Asch,** Schalom, *1880, †1957, jidd. Schriftst. aus Polen; seit 1914 in New York; schilderte in roman., lyr.-epischem Stil die jüd. Welt.

**Aschaffenburg,** Krst. in Unterfranken (Bay.), am Main, 59 000 Ew.; Renaissanceschloß, rom.-got. Stiftskirche.

**Aschanti** → Ashanti.

**Aschchabad,** Hptst. der Turkmenischen SSR (UdSSR), am Nordrand des Kopet Dagh, nahe der iran. Grenze, 360 000 Ew.; Kultur- u. Industriezentrum. – 1881 als russ. Festung *Poltorazk* gegr.

**Asche, 1.** bei der Verbrennung zurückbleibende unverbrennbare, vorwiegend anorgan. Stoffe. – **2.** *Vulkan-A.,* staubförmiges Lockerprodukt vulkan. Ausbrüche.

**Äsche,** mit den Lachsen verwandter Fisch, bis 1,5 kg schwer.

**Aschenbrödel,** *Aschenputtel, Aschengrittel,* Märchengestalt: ein geplagtes Mädchen in niederen Diensten, das als schönste Braut vom erlösenden Prinzen geheiratet wird.

**Aschermittwoch,** in der kath. Kirche der 7. Mittwoch vor Ostern; Beginn der Fastenzeit. Am A. wird den Gläubigen zum Zeichen ihrer Bußgesinnung mit geweihter Asche ein Kreuz auf die Stirn gezeichnet.

**Aschersleben,** Ind.-Stadt in Sachsen-Anhalt, nordöstl. vom Harz, 34 300 Ew.; nahebei Solbad *Wilhelmsbad.*

**Aschkenasim,** die Ostjuden, Nachkommen der Juden, die seit dem Spät-MA aus Dtld. nach O-Europa auswanderten. Ihre Sprache war *Jiddisch.*

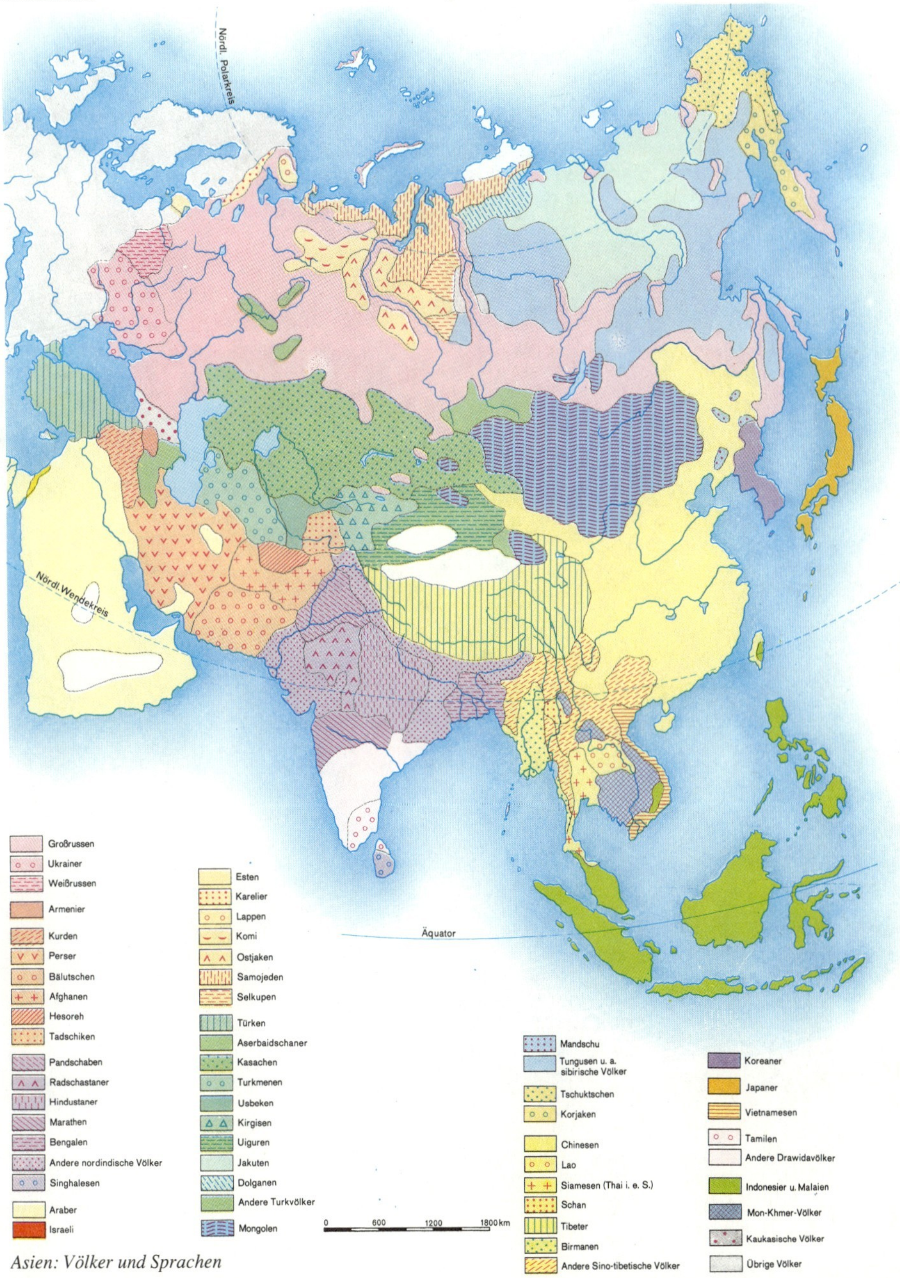

*Asien: Völker und Sprachen*

Asien, Bodenbedeckung

**Aschoka**, ind. Maurya-Kaiser etwa 273–236 v.Chr.; Enkel *Tschandraguptas*; förderte die buddhist. Mission; einigte Indien zum ersten Mal.

**Äschylus**, *Aischylos*, grch. Tragödiendichter, *525/24 v.Chr., †456/55 v.Chr.; seine Werke zeigen in kühner, bilderreicher Sprache die Gerechtigkeit der göttl. Weltordnung; 7 sind vollst. erhalten: »Orestie« (Trilogie), »Der gefesselte Prometheus«, »Die Perser«, »Sieben gegen Theben«, »Die Schutzflehenden«.

**Ascona**, schweiz. Luftkur- u. Badeort am Lago Maggiore, 5000 Ew.

**Ascorbinsäure** → Vitamin C.

**Ascot**, engl. Dorf südwestl. von Schloß Windsor; bek. durch die seit 1825 regelmäßig im Juni durchgeführten Pferderennen. (A.-Rennwoche).

**ASEAN**, Abk. für engl. *Association of South East Asian Nations*, 1967 gegr. Organisation asiat. Staaten (Indonesien, Malaysia, Philippinen, Singapur, Thailand, Brunei) zur Förderung gemeinsamer wirtsch., techn., kultureller u. soz. Interessen.

**Asen**, das von *Odin* geführte nord. Göttergeschlecht *(Frigg, Thor* u. *Tyr),* das in *Asgard* wohnt.

**äsen**, Nahrung aufnehmen (von Wildtieren).

**Asepsis**, das bei Wundbehandlung u. Operationen angewandte Verfahren, die Wunde u. alle Gegenstände, die mit ihr in Berührung kommen, weitgehend keimfrei zu machen, um das Eindringen von Krankheitserregern zu vermeiden; geht auf J.P. *Semmelweis* zurück.

**Aserbaidschan**, Aserbeidschan [-'dʒa:n], vorderasiat. Ldsch. südwestl. des Kasp. Meers, vom Turkvolk der *Aserbaidschaner* bewohnt; administrativ geteilt in A.ische SSR u. 2 iranische Prov. (*West-A.,* Hptst. Resa'iye; *Ost-A.,* Hptst. Täbris).

**Aserbaidschanische SSR**, Unionsrep. der Sowj., 86 600 km$^2$, 6,8 Mio. Ew., Hptst. *Baku*. Einbezogen sind die ASSR Nachitschewan u. das autonome Gebiet der Bergkarabachen. Das Gebiet umfaßt die Kura-Niederung mit dem Tiefland von Lenkoran, die Halbinsel Apscheron, den SO des Kaukasus u. in Nachitschewan einen Teil des Armenischen Hochlands; Erdöl- u. Erdgasvorkommen, Bewässerungsfeldbau (Baumwolle, Weizen, Früchte u.a.).

**Asgard**, in der germ. Myth. der Wohnsitz der Götter *(Asen)* über *Midgard* (Menschenwelt) u. *Utgard* (der Riesenwelt).

**Ashab**, in der islam. Religion die Begleiter des Propheten *Mohammed*.

**Ashanti** [-'ʃanti], *Aschanti,* ehem. krieger. Sudannegervolk (mit Mutterrecht) der Akan-Gruppe in Ghana, bek. für Goldschmiedearbeiten; ihr Kgr. an der Goldküste (seit dem 17. Jh.) wurde im 19. Jh. von England erobert u. brit. Protektorat (1901).

**Ashdod** [aʃ'dɔd], Hafenstadt in Israel, südl. von Tel Aviv, 65 000 Ew.; Großkraftwerk.

**Ashikaga**, eine jap. Fam., die das Amt des Schoguns (Militärstatthalter) von ca. 1338 bis ca. 1573 in Japan innehatte.

**Ashoka** → Aschoka.

**Ashqelon** [aʃke'lɔn], Hafenstadt in Israel, nördl. von Gaza, 55 000 Ew.; Askalon war eine der 5 Metropolen der Philister; 12./13. Jh. Kreuzfahrerstützpunkt.

**Ashram**, *Aschram,* urspr. Bez. für die dritte Lebensstufe des gläubigen Hindu, in der er sich aus dem Leben zurückzieht u. der Meditation widmet; heute auch das religiöse hinduist. oder buddhist. Zentrum mit kommunitärem Leben, auch außerhalb Indiens.

**Asien**, mit 44,7 Mio. km$^2$ der größte Kontinent der Erde. Er umfaßt fast ein Drittel der Landoberfläche der Erde. Von N nach S beträgt die Entfernung 8600 km, von W nach O 11 000 km. A. ist gegen Amerika durch die Beringstraße, gegen Australien durch die Molukken- u. Bandasee u. gegen Afrika durch die Landenge von Suez abgegrenzt. Gegen Europa fehlt eine deutliche natürl. Abgrenzung. Meist gilt das Uralgebirge, der Uralfluß u. die Manytschniederung als Grenze. A. beherbergt mit rd. 3 Mrd. Ew. mehr Menschen als alle anderen Kontinente zusammen. Allein in China, dem bevölkerungsreichsten Land der Erde, leben mit rd. 1 Mrd. Ew. mehr Menschen als im Doppelkontinent Amerika. Alle großen Religionen (Christentum, Judentum, Islam, Buddhismus, Hinduismus, Konfuzianismus) haben ihren Ursprung in A. A. ist ferner ein Kontinent der Superlative: Hier liegt der größte Berg der Erde (*Mt. Everest,* 8848 m), der tiefste See *(Baikalsee,* 1742 m) u. der größte Binnensee *(Kasp. Meer,* 371 000 km²).

Landesnatur. Tieflandcharakter herrscht v.a. in W-Sibirien u. Teilen O- u. S-Asiens, während in O- u. Mittelsibirien, in Arabien u. Indien Tafelländer u. Hochebenen das Landschaftsbild bestimmen. Eine ausgedehnte Gebirgszone durchzieht den Kontinent von W nach O. Sie schließt in Anatolien, Iran, Tibet u. der Mongolei weite Hochländer ein, bildet in Armenien, im Pamir u. östl. von Tibet mächtige Gebirgsknoten u. erreicht im Himalaya u. Karakorum ihre größten Höhen. In Hinterindien biegt sie nach S um u. setzt sich in den vulkan. Inselbögen SO-Asiens fort. – Zum Nördl. Eismeer ziehen die sibir. Ströme *Ob, Jenissej* u. *Lena.* In den Pazifik münden *Amur, Huang He* u. *Chang Jiang,* in den Ind. Ozean *Euphrat, Tigris, Indus, Ganges* u. *Brahmaputra* sowie der *Mekong.* Eine riesige Fläche im Innern A. hat keinen Abfluß zum Meer; ihre Flüsse enden in großen Binnenseen. – Klima: N- u. Zentral-A. besitzen ein ausgesprochen kontinentales Klima mit starken Temperaturgegensätzen zw. Sommer u. Winter. Von der Arab. Halbinsel bis zur Wüste Gobi zieht ein ausgedehnter Trockengürtel. Vorder- u. Hinterindien sowie weite Teile Chinas werden durch den Monsun beeinflußt, der im Sommer reich. Niederschläge bringt. – Pflanzen- u. Tierwelt: Vom Malaiischen Archipel bis nach Indien ist trop. Regenwald verbreitet, der oberhalb von 2000 m in Nebelwald übergeht. In diesem leben noch Elefanten, Nashörner, Tiger u. Menschenaffen. In S- u. SO-Asien gedeihen Monsunwälder, die während der Trockenzeit ihr Laub abwerfen; in den trockeneren Gebieten dieser Region herrschen Savannen vor. In Ost-A. sind teilw. noch Laub- u. Mischwälder mit großem Artenreichtum erhalten. Der innerasiat. Trockengürtel ist durch Steppe, Halbwüste u. Wüste gekennzeichnet. Hier leben Kamele, Wildesel, Antilopen u. Steppenvögel. In Sibirien dehnt sich das größte Waldgebiet der Erde, die Taiga, aus mit Birken- u. Nadelwald. Hirsche, Elche u. Pelztiere haben in den Wäldern noch eine weite Verbreitung. In dem breiten Küstenstreifen am Nördl. Eismeer erstreckt sich die karge, mit Moosen u. Flechten bedeckte Tundra, in der Rentier, Lemming u. Eisfuchs leben. Im dichtbevölkerten S, O u. SO des Kontinents mußte die urspr. Vegetation weiträumig Kulturflächen weichen. A. ist die Heimat der meisten Kulturpflanzen (Getreide, Obst, Wein, Tee u.a.) u. Haustiere (z.B. Pferd, Rind, Schaf).

Bevölkerung. A. gilt als Heimat der *Mongoliden.* Untergruppen sind die Tungiden, die jungmongoliden Siniden (Großteil der Chinesen u. Koreaner sowie ein Teil der Japaner) u. die Paläomongoliden (Teile der Koreaner, Japaner u. Chinesen, zahlreiche Völker Hinterindiens u. Indonesiens). Zu den *Europiden* zählen v.a. die slaw. Siedler in Sibirien u. die Indiden. In Vorder-A. sind *Armenide, Orientalide* u. *Mediterranide* vorherrschend. Die Bevölkerung ist sehr ungleich verteilt. Den fast menschenleeren Räumen im N-Sibiriens, der zentralasiat. Hochländer u. der Wüsten u. Halbwüsten der Arab. Halbinsel u. des Iran stehen v.a. im S u. O des Kontinents äußerst dicht besiedelte Gebiete gegenüber.

Wirtschaft. A. gehört zu den rohstoffreichsten Erdteilen. China u. die Sowj. haben ähnlich wie die USA große Reserven an fast allen wichtigen Rohstoffen. Bes. reich ist A. an Erdöl u. -gas (Vorder-A., W-Sibirien, Kaukasus, südl. Ural, Indonesien), Zinn (Malaysia, Indonesien), Mangan (Indien, Kaukasus) u. Wolfram (China, Hinterindien). Zu den wichtigsten Agrarprodukten zählen Reis (S- u. SO-Asien), Kautschuk (Malaysia, Sri Lanka, Indonesien), Jute (Bangladesch), Baumwolle (S-Asien, Westturkistan), Seide (O-Asien), Tee (S-Kaukasien, Indien, Sri Lanka, Indonesien, China, Philippinen) u. Weizen (SW-Sibirien, Pakistan, Indien, NO-China). Die wirtschaftl. Entwicklung A.s ist äußerst ungleich: Einem der reichsten Länder der Erde (Japan) steht mit Bangladesch eines der ärmsten gegenüber. Gemessen an europ. Verhältnissen sind die meisten Länder A.s noch immer wirtschaftl. unterentwickelt.

Entdeckungsgeschichte. Phöniz. Seefahrer stellten als erste eine Verbindung zw. der Mittelmeerkultur u. dem westl. A. her. Die Feldzüge *Alexanders* d. Gr. im 4. Jh. v.Chr. brachten eine starke Erweiterung der Kenntnisse von A. Im 13. Jh. kam es durch die Mongolen zur unmittelbaren Berührung zw. Europa u. A. Reisende wie *Marco Polo* schilderten den Glanz bisher unbekannter Kulturen. Ein Fortschritt war 1497/98 *Vasco da Gamas* Entdeckung des Seewegs nach Indien. Im 16. Jh. begann der russ. Vorstoß nach Sibirien. Erst spät, mit Beginn des 19. Jh., wurde Inner-A. erforscht (Gebr. *Schlagintweit,* N. *Przewalski,* F. v. *Richthofen,* S. *Hedin*).

**Asimov,** Isaac, *2.1.1920, amerik. Schriftst. russ. Herkunft; schreibt Science-Fiction-Romane u. naturwiss. Werke.

| Asien: Staaten | | | | | |
|---|---|---|---|---|---|
| Staat | Hauptstadt | Staat | Hauptstadt | Staat | Hauptstadt |
| Afghanistan | Kabul | Jemen | San'a | Nepal | Katmandu |
| Bahrain | Manama | Jordanien | Amman | Oman | Maskat |
| Bangladesch | Dhaka | Kambodscha | Phnom Penh | Pakistan | Islamabad |
| Bhutan | Thimbu | Katar | Doha | Philippinen | Manila |
| Birma | Rangun | Korea, | | Saudi-Arabien | Riad |
| Brunei | Bandar Seri | Demokratische | | Singapur | Singapur |
| | Begawan | Volksrepublik | Phyongyang | Sri Lanka | Colombo |
| China, | | Korea, Republik | Soul | Syrien | Damaskus |
| Volksrepublik | Peking | Kuwait | Kuwait | Taiwan | Taipeh |
| Indien | Delhi | Laos | Vientiane | Thailand | Bangkok |
| Indonesien | Jakarta | Libanon | Beirut | Vereinigte | |
| Irak | Bagdad | Malaysia | Kuala Lumpur | Arab. Emirate | Abu Dhabi |
| Iran | Teheran | Malediven | Male | Vietnam | Hanoi |
| Israel | Jerusalem | Mongolische | | | |
| Japan | Tokio | Volksrepublik | Ulan Bator | | |

**Asinius Pollio,** *76 v.Chr.; †5 n.Chr., röm. Feldherr; kämpfte im Bürgerkrieg auf Seite *Cäsars;* zog sich unter *Augustus* von der Politik zurück; stiftete die 1. öffentl. Bibliothek in Rom.

**Asir,** ehem. arab. Fürstentum am Roten Meer, nw. der Rep. Jemen, seit 1923 zu Saudi-Arabien.

**Askalon** → Ashqelon.

**Askanier,** mitteldt. Fürstengeschlecht, auf Adalbert von Ballenstedt (um 1000) zurückgehend, gen. nach der Burg Askanien bei Aschersleben. Vier Linien: 1. Grafen, später Herzöge von *Anhalt* (bis 1918); 2. Markgrafen von *Brandenburg* (bis 1319); 3. Herzöge von *Sachsen-Lauenburg* (bis 1689); 4.

# ASIEN

*Paßstraße im Hindukusch (Afghanistan). – Schulmädchen in der Tadschikischen SSR (Sowjetunion)*

*Blick von den Bergen des östlichen Negev über die Aravasenke (Wadi al-Araba) auf die Berge von Edom (links). – Da Bergdorf Linkou (Taiwan) mit terrassierten Reisfeldern. Dieser Agrarlandschaftstyp ist kennzeichnend für die*

Herzöge, später Kurfürsten von *Sachsen-Wittenberg* (bis 1422).
**Askenase,** Stefan, *1896, †1985, belg. Pianist poln. Herkunft.
**Asker,** Gemeinde in S-Norwegen, sw. von Oslo, 37 800 Ew.; Getreide-, Obst- u. Gemüseanbau.
**Askese,** strenge Enthaltsamkeit; körperl. u. geistige Selbstüberwindung zur Erlangung eth. Ziele, übersinnl. Fähigkeiten oder christl. Vollkommenheit.
**Asklepios,** *Äskulap,* grch.-röm. Gott der Heilkunde; Attribut: Stab mit Schlange **(Äskulapstab,** Abzeichen der Ärzte). In den Heiligtümern des A. **(Asklepieion,** entspricht dem heutigen Kurbad) spielte der Heilschlaf eine bed. Rolle.
**Äskulapnatter,** größte, bis 2 m lange Schlange Mittel- u. S-Europas; ungiftig; geschützt.
**Asmara,** Ind.-Stadt in Äthiopien, Hptst. von *Eritrea,* 2350 m ü.M., 280 000 Ew.; Univ.; Flugplatz.
**Asmodi,** Herbert, *30.3.1923, dt. Schriftst. (Schauspiele mit iron. Zeitkritik).
**Asmussen,** Hans Christian, *1898, †1968, dt. ev. Geistl., führend in der »Bekennenden Kirche«.
**Asnam,** Al A., fr. *Orléansville,* alger. Stadt, 115 000 Ew.; landwirtschaftl. Handelszentrum; 1980 schweres Erdbeben.
**Äsop,** *Aisopos,* nach Herodot ein grch. Sklave auf Samos, um 550 v.Chr.; dichtete Fabeln, die, in späteren Sammlungen, Bearbeitungen u. mit vielen Ergänzungen überliefert, seit dem MA auch die dt. Dichtung befruchteten.
**Asowsches Meer,** bis 15 m tiefe Bucht im N des *Schwarzen Meers,* in die Don u. Kuban münden; durch die *Straße von Kertsch* mit dem Schwarzen Meer verbunden.
**asozial,** gemeinschaftsfremd, gemeinschaftsunfähig; die Gemeinschaft schädigend. – Unter den Asozialen i.e.S. versteht man die *Nichtseßhaften,* d.h. Land- oder Stadtstreicher ohne festen Wohnsitz u. ohne regelmäßige Arbeit.
**Aspartame,** Süßstoff; zum Süßen von diätet. Lebensmitteln.
**Aspekt, 1.** Ansicht, Gesichtspunkt, Anblick. – **2.** in der Astrologie bes. ausgezeichnete Stellungen (Konstellationen) der Planeten, der Sonne u. des Mondes zueinander.
**Aspern,** Stadtteil von Wien. In der *Schlacht von A.* am 21./22.5.1809 erlitt der bis dahin unbesiegte Napoleon I. seine erste Niederlage (durch Erzherzog Karl).
**Asphalt** [auch -'as], Gemische von → Bitumen u. Mineralstoffen, die vorw. techn. hergestellt u. meist für Straßenbauzwecke verwendet werden (z.B. *A.beton*). Als Mineral kommt A. vereinzelt in der Natur vor (Trinidad, Kalifornien u.a.) u. war als *Erdpech* schon im Altertum bek.
**Asphyxie,** Atemstillstand bei Ohnmacht, Scheintod oder drohender Erstickung; häufig beim Neugeborenen.
**Aspik,** gallertartige, durchsichtige Masse aus Gelatine u.ä. zum Überziehen von Speisen.
**Aspirant,** Anwärter auf eine berufl. Position, Bewerber.
**Aspiration,** Erwartung, Hoffnung, Ehrgeiz.
**Aspirator,** Apparat zum Absaugen gasförmiger Stoffe oder (med.) krankhafter Ergüsse.

**assignierte Streitkräfte** 67

**Aspirin,** *Acetylsalicylsäure,* Warenzeichen für ein antirheumat., fiebersenkendes u. schmerzstillendes Arzneimittel.
**Aspisviper,** bis 75 cm lange *Viper* S-Europas, mit dunklen Querbinden; giftig.
**Assad,** Hafez Al, *6.10.1930, syr. Offizier u. Politiker; seit 1971 Staats-Präs.
**Assam,** Bundesstaat im NO → Indiens.
**Assekuranz** [lat.], veraltete Bez. für Versicherung.
**Asseln,** *Isopoda,* Ordnung der *Höheren Krebse* mit ca. 4000 Arten, darunter *Wasser-, Höhlen-, Mauer-, Keller-, Roll-, Fisch-, Bohr-A.,* Landtiere; die Hinterleibsgliedmaßen sind meist blattförmig u. dienen der Atmung.
**Assembler** [ə'sɛmblər] → Programmiersprachen.
**Assen** ['asə], Hptst. der ndl. Prov. Drenthe, 43 000 Ew.; Motorrad-Rennstrecke (7,675 km).
**Assessor** [lat., »Beisitzer«], Amtsbez. für Beamtenanwärter des höheren Dienstes nach Ablegen der 2. Staatsprüfung (*A.-Examen*): Gerichts-, Regierungs-, Studien-A. u.a.
**Assignaten,** urspr. Anweisungen auf Staatsgüter, eine Art Papiergeld, das 1790–97 vom frz. Staat ausgegeben wurde u. zur Inflation u. wirtsch. Zerrüttung führte; danach allg.: wertloses Papiergeld.
**assignierte Streitkräfte,** engl. *assigned forces,* jederzeit einsatzbereite militär. Verbände, die der NATO von den Mitgliedsstaaten unterstellt werden.

*Straßenszene in Kaschmir*

*Die Koralleninseln der Malediven sind von dichten Kokosbaumwäldern bedeckt*

...andregionen des Gebirges (Mitte). – *Japanische Geisha beim Koto-Spiel (rechts).* – *Chinesische Mauer nördlich von Peking; sie diente in vergangener Zeit der Abwehr von Mongolenstürmen (rechts außen)*

Asien, Staaten

**Assimilation, 1.** *allg.:* Angleichung, Anpassung, Verschmelzung (an Umweltbedingungen); Verb: **assimilieren.** – **2.** *Biol.:* chem. Vorgang, bei dem Nahrungsstoffe innerhalb lebender Zellen zu körpereig. Stoffen umgewandelt werden *(Stoffwechsel).* Bei Pflanzen das Umwandeln von Kohlensäure u. Wasser in Zucker, Stärke u. Zellstoff, wobei Sauerstoff freigesetzt wird (→ Photosynthese). – **3.** *Phonetik:* Lautangleichung, die artikulator. Angleichung oder Annäherung zweier benachbarter Laute. – **4.** *Psych.:* angleichende Verschmelzung neuer Bewußtseinsinhalte mit den bereits vorhandenen zu einem neuen Ganzen. – **5.** *Soziologie:* jede Verähnlichung im gesellschaftlichen Leben, z.B. das Durchdringen bzw. Aufgehen von (rass., sprachl., konfessionellen) Gruppen in andere bisher fremde Gruppen.
**Assiniboin,** Stamm von Siouxindianern in der kanad. Prärie; Büffeljäger, Maisbauern.
**Assise,** Schwurgericht bzw. Schwurgerichtssitzung *(A.ngericht)* in Frankreich u. Schweiz.
**Assisi,** ital. Stadt in Umbrien, 25 000 Ew.; Geburtsort des röm. Dichters *Properz* u. des hl. *Franz von A.;* Hauptkloster der Franziskaner; Wallfahrtsort.
**Assistent,** Gehilfe, Mitarbeiter im prakt. Bereich, bes. im wiss. u. techn. Bereich *(Med.-techn. A.in, Diät-A.in* u.a.), auch noch nicht fertig ausgebildeter Mitarbeiter (z.B. *Assistenzarzt).*
**Assiut** → Asyut.
**Assmannshausen,** Stadtteil von Rüdesheim, Fremdenverkehrsort am Rhein, Weinbau.
**Assoziation,** Vergesellschaftung, Beigesellung, Verbindung. – In der Psych. die Verknüpfung von Gedanken u. Gefühlen miteinander; Grundlage für Gedächtnis- u. Lernvorgänge (z.B. kann ein Geruch ein bestimmtes Erlebnis oder Gefühl *assoziieren).* – **assoziativ,** (gedankl.) verknüpfend; verbindend, vereinigend. – **assoziiert,** zugesellt, verbündet.
**Assoziativgesetz,** ein Grundges. der Arithmetik, nach dem man sowohl Summanden als auch Faktoren in beliebiger Reihenfolge zusammenfassen kann, ohne das Ergebnis zu verändern.
**assoziierte Staaten,** Staaten mit einer losen Angliederung an eine Gemeinschaft ohne volle Mitgliedschaft.
**ASSR,** Abk. für *Autonome Sozialistische Sowjetrepublik,* in der Sowj. das Territorium einer größeren nat. Minderheit mit einer eig. Verfassung, die den nat. u. kulturellen Besonderheiten Rechnung trägt; einer *Unionsrepublik* untergeordnet.
**Assuan,** *Aswan,* in der Antike *Syene,* ägypt. Stadt am Nil, 170 000 Ew.; bei *Philae* 2 km langer Staudamm mit großem Stausee (1892–1902 erbaut); südl. davon staut der 1960–70 gebaute 3,6 km lange Staudamm »Sadd al-Ali« den Nassersee: Kraftwerk.
**Assumptionisten,** ein geistl. → Orden.
**Assunta,** die in den Himmel aufgefahrene Maria.
**Assur,** im 2. Jt. v.Chr. die Hptst. Assyriens, am Westufer des Tigris, 614 v.Chr. von den Medern zerstört; heute Ruinenstätte *Kalat Schergat* mit freigelegten Denkmälern der assyr. Gesch. u. Kunst (u.a. Tempel der Ischtar u. des A., Reichsgott von Assyrien).

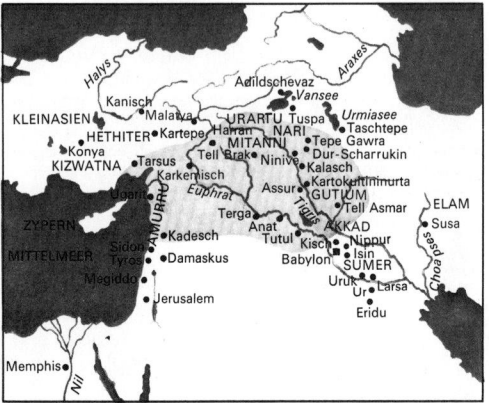

*Assyrien: das Neuassyrische Reich unter Assurnasirpal II. und Salmanassar III.*

*Fred Astaire mit seiner Partnerin Ginger Rogers in dem Film »Shall we dance«*

**Assurbanipal,** assyr. König 668–631 v.Chr.; legte in seinem Palast in *Ninive* die größte babylon.-assyr. Bibliothek (Keilschrifttexte) an, heute im Brit. Museum in London.
**Assyrien,** assyr. *Aschschur,* Stadtstaat *(Assur)* am mittleren Tigris in N-Mesopotamien seit dem 3. Jt. v.Chr.; durch Eroberungen Weltmacht der damaligen Zeit, reichte von der pers.-irak. Grenze u. dem Pers. Golf bis ans Mittelmeer u. nach Ägypten. Durch Vermischung der Urbevölkerung mit semit. Eindringlingen *(Akkader)* um 2400 v.Chr. entstand das assyr. Volk. A. kämpfte mit wechselndem Erfolg gegen Babylonien um den Vorrang. *Asarhaddon* (680–631 v.Chr.) erreichte mit der Eroberung Ägyptens den Gipfel der assyr. Macht. Der Verfall begann unter *Assurbanipal* (668–631 v.Chr.), der das Reich durch den Streit mit seinem Bruder um den Thron schwächte. Unter seinen Söhnen wurde A. von den Babyloniern u. Medern vernichtet.
**AStA,** Abk. für *Allgemeiner Studenten*a*usschuß,* Selbstverwaltungsorgan zur Vertretung student. Interessen.
**Astaire** [ə'stɛːr], Fred, eigtl. Frederick Austerlitz, *1899, †1987, US-amerik. Revuetänzer u. Filmschauspieler.
**Astarte,** hebr. *Aschtoret,* aram. *Attar,* westsemit. Göttin der Fruchtbarkeit u. der Liebe, gleich der babyl. *Ischtar.*
**Aster,** Gatt. der *Korbblütler,* typ. ist Strahlenblüte; vorw. in Amerika heimisch; in Mitteleuropa: *Gold-, Berg-, Alpen-, Garten-A.*
**Asterix,** Titelheld seit 1961 erscheinenden frz. Comic-Serie, die den Kampf eines gall. Dorfs gegen die Römer schildert.
**Asteroiden** → Planetoiden.
**Astheniker,** ein Mensch von schmächtigem Körperbau.
**Ästhetik,** urspr. Lehre von der sinnl. Wahrnehmung (grch. aisthesis), dann Lehre vom Schönen, bes. in der Kunst. – **Ästhet,** Mensch mit ausgeprägtem Schönheitssinn. – **ästhetisch,** »wohlgeformt«, schön, geschmackvoll. – **Ästhetizismus,** *i.w.S.* eine an der Kunst orientierte Lebenshaltung u. Weltanschauung, bes. ausgeprägt in der dt. Romantik.
**Asthma,** Anfälle von Atemnot: **1.** *Bronchial-A.,* Krampf der kleinen Bronchien mit Schwellung u. Absonderung zähen Schleims, Lungenblähung durch erschwerte Ausatmung. A.anfall oft allerg. bedingt. – **2.** *Herz-A.,* durch plötzl. auftretende Herzschwäche oder Lungenstauungen bei Herzerkrankungen hervorgerufen.
**Asti,** ital. Stadt in Piemont, 80 000 Ew.; Weinbau, bes. Schaumwein *(A. spumante).*
**Astigmatismus, 1.** *Stabsichtigkeit,* auf unregelmäßiger Krümmung der Hornhaut beruhender Brechungsfehler des Auges. – **2.** ein Abbildungsfehler bei Linsen, bei dem z.B. als schärfstes Bild eines Punkts ein Strich erscheint u. die beiden senkrecht aufeinander stehenden Linien eines Kreuzes in zwei versch. Ebenen scharf abgebildet werden.
**Aston** ['æstn], Francis William, *1877, †1945, engl. Physiker; trennte 1919 als erster Isotope mit *Massenspektrographen;* Nobelpreis für Chemie 1922.
**Astor** [engl. 'æstə:], **1.** John Jacob, *1763, †1848, US-amerik. Großkaufmann dt. Herkunft; erwarb durch Pelz- u. Grundstückshandel großen Reichtum. – **2.** Lord Vincent William *Waldorf A.,* später Viscount *A. of Haver Castle,* *1879, †1952, brit. Politiker u. Zeitungsverleger.
**Astrachan,** sowj. Hafenstadt im Wolga-Delta, 450 000 Ew.; Fischverarbeitung (Kaviar).
**Astragalus,** *Astragalos,* **1.** das *Sprungbein,* Fußwurzelknochen an der Ferse. – **2.** *Perlstab,* bes. an ionischen Säulen ein schmales Trennglied, meist aus Perlen.
**astral,** auf die Sterne bezogen.
**Astralon,** ein thermoplast. Kunststoff aus Vinylmischpolymerisaten; unbrennbar.
**Astralreligion,** *Astralkult,* relig. Verehrung u. Deutung der Gestirne als göttl. Erscheinungsformen; ihre Bewegungen werden als Willenskundgebungen der Götter u. als Lenkung der ird. Geschicke gedeutet.
**astro ..., Astro ...** [grch.], Wortteil mit der Bed. »Stern«, »Weltraum«.
**Astrolabium,** Instrument zur Messung von Gestirnshöhen u. zur Lösung von sphär. Aufgaben.
**Astrologie,** *Sterndeutung,* die im Altertum u. im MA von Priestern u. Gelehrten ausgeübte Kunst, aus der Stellung der Gestirne (bes. Sonne, Mond, Planeten) den Charakter eines Menschen sowie Schicksal u. Zukunft vorauszusagen, wobei Entsprechungen zw. den Vorgängen im Makrokosmos u. denen im Mikrokosmos angenommen wurden. Auch heute ist die A. weit verbreitet, wird aber von der Naturwiss. abgelehnt. → Horoskop.
**Astronaut,** Weltraumfahrer, in der UdSSR auch *Kosmonaut* genannt.
**Astronautik,** die Technik u. Wiss. der → Weltraumfahrt.
**Astronomie,** *Himmelskunde, Sternkunde,* die Wiss. von den Gestirnen u. vom Bau des Weltalls. Bis zum 17. Jh. war fast ausschl. das Sonnensystem Gegenstand der A., seit dem Ende des 18. Jh. die Erforschung des Systems der Fixsterne (→ Milchstraßensystem); erst im 20. Jh. ist die astronom. Forschung bis zu den Grenzen des sichtbaren Weltalls (System der → Spiralnebel) vorgedrungen. A. wird heute nicht mehr nur von Erdobservatorien aus betrieben, sondern häufig auch von Satelliten. Die A. gliedert sich in wichtige Teilgebiete: Die *Himmelsmechanik* ist die Lehre von der Bewegung der Himmelskörper. Grundlagen sind die drei Keplerschen Gesetze bzw. das Newtonsche Gravitationsgesetz; sie dienen u.a. zur Bestimmung der Planetenbahnen oder zur Massebestimmung von Himmelkörpern. Die *Astrometrie,* auch Positions-A., bestimmt die Positionen (Örter) der Gestirne. Die *Stellar-A.* erforscht den Aufbau u. die Bewegungsverhältnisse von Sternsystemen. Die *Astrophysik,* häufig als eigenständige Wiss. angesehen, beschäftigt sich u.a. mit der Atmosphäre, dem inneren Aufbau u. der Entwicklung von Sternen. Hierbei benutzt sie die *Astrospektroskopie* (Analyse des Sternlichtes) u. die *Astrophotometrie* (Helligkeitsmessung). Die *Radio-A.* untersucht die aus dem Weltall einfallende Radiostrahlung, die von versch. Objekten (z.B. Pulsaren, Galaxien u.a.) ausgesandt wird; die Röntgen- u. Gammastralen-A. befaßt sich mit extrem kurzwelliger Strahlung aus dem Weltraum. – T → S. 72
**Ästuar,** Mündungstrichter eines Flusses mit Gezeiteneinfluß; durch Meeresspiegelanstieg oder Landsenkung ertrunkene Talabschnitte; z.B. Elbe, Themse, Garonne.
**Asturias,** Miguel Ángel, *1899, †1974, guatemaltek. Schriftst.; polit., sozialkrit. u. der Maya-Kultur verpflichtete Romane; Nobelpr. 1967.
**Asturien,** span. *Asturias,* histor. Ldsch. in nordwestl. Spanien, die heutige Prov. *Oviedo;* im 5. Jh. Teil des Westgotenreichs; 8. Jh. bis 910 Kgr. A., Ausgangsland der Reconquista; seit 924 Teil des Kgr. León, 1230 mit Kastilien vereinigt.
**ASU,** Abk. für *Abgas-Sonderuntersuchung,* der sich jährl. einmal alle Kraftfahrzeuge mit Ottomotor unterziehen müssen mit dem Ziel, die Schadstoffemissionen zu reduzieren.
**Asunción** [asun'θjɔn], Hptst. von Paraguay, 475 000 Ew.; bed. Handels- u. Industriezentrum, Hafen am Paraguay, Flughafen, Univ.
**Asyl,** fr. Freistätte, Zufluchtsort für Verfolgte (Tempel, Kirchen, Klöster u.ä.); heute Zufluchtsstätte für Notleidende oder Schutzbedürftige. In der BR Dtld., Österreich, Schweiz u.a. Staaten genießen polit. oder religiös Verfolgte einen Rechtsanspruch auf A., d.h. u.a. Schutz vor Ausweisung u. Auslieferung an den Heimatstaat.
**Asymmetrie,** Ungleichmäßigkeit.
**Asymptote,** *Math.:* eine Gerade, die einer Kurve beliebig nahe kommt, sie aber nicht er-

# ASTRONOMIE

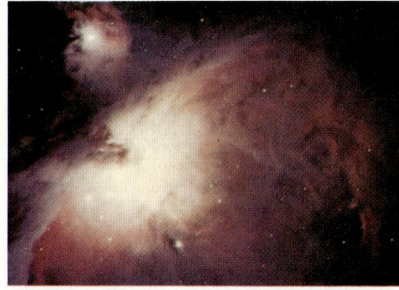 

*Der große Orionnebel ist das bekannteste Beispiel eines Emissionsnebels. Die intensive Ultraviolettstrahlung sehr heißer Sterne regt ihn zu eigenem Leuchten an (links). – Der Crabnebel (Krebsnebel) im Sternbild Taurus steht an der Stelle einer im Jahr 1054 aufgeleuchteten Supernova. Er dehnt sich noch heute mit einer Geschwindigkeit von rund 1100 km/s aus (rechts)*

*Arabisches Astrolabium geschlossen (links), geöffnet (rechts); 1086*

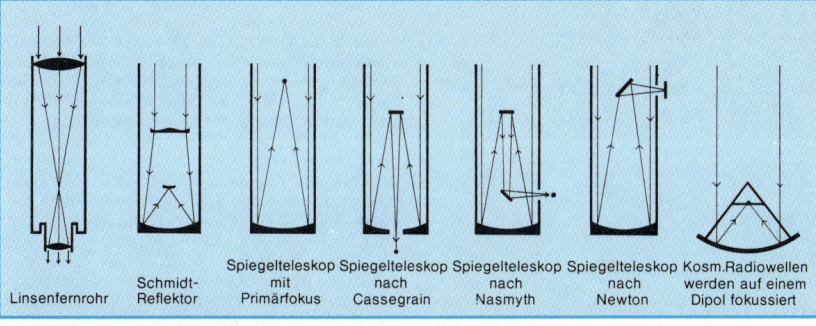

*Astronomische Fernrohre*

*Arbeitsplatz in einem Teleskop in La Silla, Chile*

*2,2-m-Teleskop auf dem Calar Alto*

reicht. Eine *asymptotische Kurve* hat dieselbe Eigenschaft.
**asynchron,** nicht gleichzeitig.
**Asyụt,** *Assiut,* größte Stadt Oberägyptens, am Nil, 250 000 Ew.; Kunstgewerbe; islam. Hochschule, Univ.; Nilstaudamm.
**Aszendẹnt, 1.** *Astrologie:* das Tierkreiszeichen, das bei der Geburt eines Menschen an seinem Geburtsort erscheint. – **2.** *Genealogie:* Verwandter in aufsteigender Linie (Eltern, Großeltern usw.); Ggs.: *Deszendent.*
**at,** Kurzzeichen für die techn. Einheit des Drucks von 1 kp auf 1 cm² *(techn. Atmosphäre);* keine gesetzl. Einheit.
**Atacama,** Wüste in N-Chile, mit Salzseen *(Salar de A.);* Abbau von Borax, Salpeter, Silber- u. Kupfererzen.
**Atahualpa,** *nach 1500, †1533, 13. u. letzter Inka-Herrscher von Peru 1525–33; am 16.11.1532 in Cajamarca von F. *Pizarro* gefangengenommen u. trotz Zahlung eines gewaltigen Lösegelds hingerichtet.
**Atalạnte,** Gestalt der grch. Myth.: vom Vater ausgesetzte u. von einer Bärin ernährte Jägerin in Arkadien oder Böotien; besiegte alle Freier im Wettlauf. Die Unterlegenen wurden getötet, bis A. von *Hippomenes* überlistet wurde. Sie wurde später zus. mit diesem in Löwen verwandelt.
**Atạmi,** japan. Hafenstadt südwestl. von Tokio, 55 000 Ew.; Erholungs- u. Badeort.
**Atatürk,** Kemal, bis 1934 *Mustafa Kemal,* *1881, †1938, türk. Offizier u. Politiker, Schöpfer der modernen Türkei; stellte sich 1919 an die Spitze der nat. Erhebung; vertrieb 1921/22 die Griechen aus Kleinasien u. erhielt den Ehrentitel *Gazi* [»siegreicher Kämpfer«]; beseitigte das Sultanat u. das Kalifat; seit 1923 Präs. der Rep., führte Reformen nach europ. Vorbild durch.
**Atavismus,** das Wiederauftreten von stammesgeschichtl. ursprünglicheren Körpermerkmalen; auch übertragen: Rückkehr zu überholten Anschauungen.
**Ataxie,** Störung der geordneten Bewegung bei versch. Erkrankungen des Zentralnervensystems.
**Ạtbara,** r. Nbfl. des Nil, 1100 km; mündet bei der Stadt A. (Sudan).
**Ạte,** im grch. Mythos Tochter des Zeus, Unheilstifterin.
**Atelier** [atəlj'e:], Werkstatt für Künstler.
**Ạtem,** *Odem,* der ausgeatmete Luftstrom. – **A.not,** *Kurzatmigkeit, Dyspnoe,* ein Zustand, bei dem den Lungen weniger Luft zugeführt wird, als der Körper braucht; normal z.B. beim schnellen Laufen. – **A.schutzgeräte,** Masken mit oder ohne Frischluft- bzw. Sauerstoffzufuhr, die dem Träger das Vordringen in nicht atembare Umgebung ermöglichen; schützen gegen Staub, Rauch u. Giftgase. – **A.wurzeln,** *Pneumatophoren,* aus dem Boden herausragende Wurzeln, dienen (z.B. bei Mangroven) zur Sauerstoffversorgung. – **A.zentrum,** zw. Rückenmark u. Gehirn gelegenes Organ aus Nervenzentren, von dem aus die A.tätigkeit gesteuert wird. Bei Verletzung tritt sofort der Tod durch A.stillstand ein.
**à tempo,** *Musik:* wie vorher, im alten Zeitmaß.
**Athabạsca** [æθə'bæskə], Fluß im westl. Kanada, 1240 km; mündet in den *A.-See* (7917 km²).
**Athanasiạnisches Glaubensbekenntnis,** *Symbolum Quicumque,* das letzte der drei ökumenischen Bekenntnisse, die von allen Konfessionen anerkannt sind. In begriffl.-lehrhafter Sprache legt es die Lehre von der Trinität u. von den zwei Naturen Jesu fest. Seine geistigen Väter sind *Ambrosius* u. *Augustinus.*
**Athanạsius,** *295, †373, grch. Kirchenlehrer, Patriarch von Alexandria; Hauptverteidiger der Wesensgleichheit Christi mit dem Vater gegen die Arianer; trug zur Verbreitung der Mönchsidee im Abendland bei. – Heiliger (Fest: 2.5.).
**Athapạsken,** *Dene,* weit verbreitete indian. Sprachfam., u.a. Navaho u. Apachen im SW der USA.
**Athaulf,** †415, König der Westgoten 410–15; führte sein Volk 412 aus Italien nach Gallien; verh. mit der röm. Kaisertochter Galla Placidia.
**Atheịsmus,** Leugnung jeder göttl. Wirklichkeit. – **Atheịst,** Gottesleugner.
**Athẹn,** grch. *Athenai,* Hptst. von Griechenland am Saron. Golf, 885 000 Ew. (m.V. 3,1 Mio. Ew.); Mittelpunkt des polit., wirtsch. u. geistigen Lebens

Griechenlands; Hafen → Piräus; Sitz eines kath. Erzbischofs u. grch.-orth. Metropolit. Denkmäler der grch. Kultur (→ Akropolis), reger Fremdenverkehr. – Im Altertum bed. Stadtstaat (neben Sparta) mit demokrat. Regierungsform (u.a. Souveränität der Volksversammlung), begr. den *Attischen Seebund;* nach den Perserkriegen erlebte A. um 450 v.Chr. unter Perikles seine höchste Kulturblüte. Mit der Niederlage im Peloponnes. Krieg (431–404 v.Chr.) durch die Spartaner begann der Niedergang. Nach Zerfall des Byzantin. Reichs stand A. wie das übrige Griechenland lange unter türk. Herrschaft u. ist seit 1833 Hptst. des neuen grch. Staats.

**Athenäum,** grch. *Athenaion,* urspr. Heiligtum der Göttin *Athene;* dann Akademie zur Pflege von Dichtkunst u. Beredsamkeit unter Kaiser Hadrian.

**Athene,** grch. Göttin, Lieblingstochter des *Zeus,* dessen Stirn sie gerüstet entstieg; der röm. *Minerva* gleichgesetzt; Göttin der Weisheit, der Kunst, der Handfertigkeit u. des Ackerbaus; Beinamen *Pallas* (»Mädchen«) u. *Parthenos* (»Jungfrau«).

**Äther, 1.** organ.-chem. Verbindungen, → Ether. – **2.** Licht-Ä., Welt-Ä., überholte Auffassung von einem das Weltall ausfüllenden elast. Stoff, dessen mechan. Schwingungen die Lichtwellen u. dessen innere Spannungen die elektr. u. magnet. Felder sein sollten; ugs. »Wellen aus dem Ä. empfangen«.

**ätherische Öle,** flüchtige, meist angenehm riechende Duftstoffe der Pflanzen, z.B. Pfefferminz-, Eukalyptus-, Fichtennadelöl; für Parfüms u.a.

**Atherom,** *Grützbeutel,* durch Verstopfung der Hautöffnung gestauter Ausführungsgang einer Talgdrüse, bes. am behaarten Kopf.

**Äthiopien,** Staat in O-Afrika, 1 221 900 km², 34,5 Mio. Ew., Hptst. *Addis Abeba.*
Landesnatur. Ä. besteht aus einem Hochgebirge, dessen einzelne Massive mehr als 4000 m Höhe erreichen *(Ras Daschan* 4620 m). Das Hochland hat reichl. Niederschläge, verhältnismäßig niedrige Temperaturen u. z.T. üppigen Waldwuchs. Flüsse: *Atbara, Blauer Nil* (mit *Tanasee).* Die Tiefländer haben geringe Niederschläge u. lange Trockenzeiten bei hohen Temperaturen; ihre Vegetation reicht von laubabwerfenden Trockenwäldern über Trockensavannen bis zu Wüsten.
Bevölkerung. Dem kopt. Christentum *(äthiopische Kirche)* hängen etwa 60% der Bev. an, der Rest ist überwiegend islamisch. 40% der Bewohner stellen die semit. *Amharen,* deren Sprache Staatssprache *(Amhara)* ist, u. *Tigre;* 40% sind hamit. *Galla,* der Rest *Danakil, Somal.*
Wirtschaft. Haupterwerb ist die Landw.: Anbau von Getreide, Baumwolle, Tabak u. Wein. Exportiert werden u.a. Kaffee u. Viehzuchtprodukte. Die Bev. in den N-Prov. ist bei Dürre von Hungerkatastrophen bedroht.
Geschichte. Ä. stand unter dem Einfluß der ägypt., dann der grch. Kultur. Im 1. Jh. n. Chr. entstand das Reich von *Aksum,* das im 4. Jh. christl. wurde. Seit dem 13. Jh. war Ä. ein Gesamtstaat unter dem *Negus Negesti.* Im Laufe der Zeit verfiel die Macht der Negusse. Erst im 19. Jh. bildete sich wieder eine starke Zentralgewalt. 1930 ließ sich Kaiser *Haile Selassie I.* krönen. Ä. wurde 1935/36 durch Italien erobert. 1941 kehrte Haile Selassie aus dem Exil zurück. Nach einem Militärputsch wurde der Kaiser 1974 abgesetzt u. 1975 Ä. zur Demokrat. Volksrepublik erklärt. 1987 wurde eine Verf. nach sowjet. Vorbild verabschiedet. In Eritrea kämpft eine Unabhängigkeitsbewegung gegen die Zentralregierung. Die Staatsführung hat seit 1977 *Mengistu Haile Mariam.*

**äthiopische Kirche,** die größte der morgenländ. Kirchen monophysit. Bekenntnisses, seit ihrer Entstehung im 4. Jh. bis zur Entmachtung Kaiser Haile Selassies Staatskirche nach byzantin. Vorbild; unter einem eigenen »Haupt der Erzbischöfe u. Patriarchen von Äthiopien« (Sitz: Addis Abeba) in lockerer Verbindung mit den kopt. Patriarchen selbständig. – Mit Rom unierte »Katholiken des äthiop. Ritus« unterstehen einem in Addis Abeba residierenden Erzbischof.

**Athlet,** Wettkämpfer, muskelstarker Mensch; in der sportl. Athletik unterscheidet man *Leicht-* u. *Schwerathletik.*

**Athletiker,** ein Mensch mit kräftig-sportl. Körperbau.

**Athos,** neugrch. *Hagion Oros,* östl. Landzunge der grch. Halbinsel *Chalkidhiki,* im Ägäischen Meer, Hauptort *Karyai.* Auf dem *Berg A.* (2033 m

*Athos: Kloster Panteleimon an der Westküste*

*Äthiopien*

*Äthiopien: von der Hungersnot betroffene Mütter und Kinder in einem Lager*

| Wichtige Daten zur Geschichte der Astronomie | |
|---|---|
| v. Chr. | |
| um 500 | Die Pythagoreer lehren den Umlauf der Erde um einen zentralen Himmelskörper |
| um 430 | Kalenderreform des Meton (Lunisolarjahr) |
| 382 | Demokrit erklärt die Milchstraße als eine Anhäufung von Sternen |
| 374 | Mathematisch-astronomische Schule des Eudoxos |
| 289 | Aristarch ermittelt Entfernung und Größe von Sonne und Mond |
| 288 | Eratosthenes berechnet den Erdumfang recht genau auf 39 816 km |
| 131 | Hipparch stellt 1008 Fixsterne in einem Sternkatalog zusammen |
| n. Chr. | |
| 153 | Geozentrisches Weltsystem des Claudius Ptolemäus |
| 1250 | Planetentafeln des Alfons X. von Kastilien |
| 1460 | Erste deutsche Sternwarte in Nürnberg (Regiomontanus) |
| 1543 | Begründung des heliozentrischen Planetensystems durch N. Kopernikus |
| 1572 | Tycho Brahe beobachtet eine Supernova |
| 1582 | Papst Gregor XIII. verbessert den Kalender (Gregorianischer Kalender) |
| 1609 | J. Kepler stellt die 1. und 2. Keplersche Gesetz auf; 1618 folgte das 3. Gesetz |
| 1610 | Entdeckung der Jupitermonde, der Sonnenflecken und des Phasenwechsels der Venus durch G. Galilei |
| 1647 | Mondkunde („Selenographia") von J. Hevelius |
| 1655 | Ch. Huygens erklärt den Bau des Saturnringes und entdeckte den ersten Saturnmond |
| 1676 | Berechnung der Lichtgeschwindigkeit aus einer Verfinsterung der Jupitermonde (O. Römer) |
| 1679 | Erstes Sternverzeichnis des Südhimmels von E. Halley |
| 1687 | Gravitationsgesetz von I. Newton |
| 1728 | Entdeckung der Aberration des Lichtes (J. Bradley) |
| 1755 | Theorie über die Entwicklung des Sonnensystems von I. Kant |
| 1781 | Entdeckung des Uranus durch F. G. Herschel |
| 1796 | Theorie der Entstehung des Sonnensystems von P. S. Laplace |
| 1821/35 | Begründung der Fixsternastronomie durch F. W. Bessel |
| 1843 | Periodizität der Sonnenflecken (H. Schwabe) |
| 1846 | Entdeckung des Neptun durch J. G. Galle aufgrund von Angaben Leverriers |
| 1852/62 | „Bonner Durchmusterung" (F. W. Argelander) |
| 1877 | Entdeckung der „Marskanäle" durch G. V. Schiaparelli |
| 1913 | Veröffentlichung des Hertzsprung-Russell-Diagramms |
| 1917 | Bestimmung der Entfernung des Andromedanebels durch H. D. Curtis |
| 1919 | Ablenkung eines Lichtstrahls durch die Sonne (Bestätigung der Allgemeinen Relativitätstheorie, A. Eddington) |
| 1929 | Nachweis der Ausdehnung des Weltalls aus der Flucht der Spiralnebel (E. P. Hubble) |
| 1930 | Entdeckung des Planeten Pluto durch C. Tombaugh |
| 1931 | Messung von Radiostrahlen aus dem Weltall (K. G. Jansky) |
| 1946 | Beginn der großartigen Entwicklung der Radioastronomie |
| 1952 | J. H. Oort stellt die Spiralstruktur eines Teiles der Milchstraße fest |
| 1958 | Entdeckung des Strahlengürtels, der die Erde umgibt (Van Allen) |
| 1962 | Die US-amerikanische Venussonde Mariner 2 erreicht die Venus am 14. Dezember |
| 1963 | Entdeckung der Quasare |
| 1965 | Die US-amerikanische Marssonde Mariner 2 übermittelt Einzelheiten der Marsoberfläche |
| 1966 | Sowjetische Sonde Luna 10 als erster künstlicher Mondsatellit |
| 1967 | Entdeckung des ersten Pulsars durch A. Hewish |
| 1969 | Die Mondfähren von Apollo 11 und 12 landen auf dem Mond |
| 1975 | Start der Raumschiffe Viking 1 und 2, die auf dem Mars landen |
| 1977 | Start der Sonde Voyager 1 und 2, deren Flug über Jupiter (1979) und Saturn (1980) zu Uranus (1986) führt; Entdeckung von neun Uranusringen |
| 1978 | Entdeckung des Pluto-Mondes Charon durch J. W. Christy |
| 1979 | Entdeckung eines schwachen Rings um Jupiter |
| 1986 | Erforschung des Halleyschen Kometen durch die europäische Sonde Giotto; Entdeckung einer Supernova in der Magellanschen Wolke |
| 1988 | US-amerikanische Astronomen entdecken ein 15 Mrd. Lichtjahre entferntes Sternsystem, das damit die bis dahin fernste bekannte Galaxis ist |
| 1989 | Start des Astronomiesatelliten Hipparcos, der die Positionen von 120 000 Sternen präzise vermessen soll |
| | Voyager 2 sendet Bilder von Neptuns Ringsystem und verläßt nach zwölfjähriger Reise unser Planetensystem |
| 1990 | Das Hubble-Weltraumteleskop und der Röntgensatellit ROSAT werden auf Umlaufbahnen gebracht |

*Atlanta; vorn das »Atlanta Fulton County Stadium«*

hoch) Ansiedlung einer berühmten grch.-orth. Mönchsgemeinde, die sich selbst verwaltet; 20 Klöster, bed. Denkmäler der byzantin. Kunst.

**Äthyl** → Ethyl. – **Ä.alkohol**, *Äthanol* → Alkohol.
**Äthylen** → Ethylen.
**Ätiologie**, die Lehre von den Krankheitsursachen.
**Atitlán**, Vulkan in Guatemala, 3524 m.
**Atlant**, Stützpfeiler in Form einer herkulischen Männergestalt (entspr. der weibl. Karyatide).
**Atlanta** [ət'læntə], Hauptstadt des USA-Staats Georgia, 422 000 Ew.; mehrere Univ., Wirtschaftszentrum, Flughafen.
**Atlantik** → Atlantischer Ozean.
**Atlantik-Charta**, **1.** die am 14.8.1941 von F. D. *Roosevelt* u. W. *Churchill* an Bord des Schlachtschiffs »Prince of Wales« verkündeten Ziele der Nachkriegspolitik der westl. Alliierten, u.a. Verzicht auf Annexionen; Grundlage der UN-Charta. – **2.** Erklärung vom 26.6.1974 der NATO-Staaten, in der u.a. die gemeinsame Verteidigung der Bündnispartner als unteilbar bezeichnet wird.
**Atlantikpakt**, → Nordatlantikpakt, → NATO.
**Atlantikwall**, Befestigungsanlagen entlang der ndl., belg. u. frz. Küste; von der dt. Armee zw. 1942 u. 1944 erbaut, von amerik.-brit. Truppen 1944 in der Normandie durchbrochen.
**Atlantis**, sagenhafter Inselkontinent »jenseits der Meeresenge« (Gibraltar?), der nach *Platon* in einer Naturkatastrophe untergegangen sein soll.
**Atlantischer Ozean**, kurz *Atlantik*, das zweitgrößte Weltmeer, zw. Europa/Afrika u. Amerika, Gesamtfläche 106 Mio. km², einschl. der Nebenmeere. Das untermer. Relief wird durch den *Nord-* u. *Südatlant. Rücken* geprägt, der den Ozean von Island bis zur Bouvet-Insel zu gleichen Teilen in eine West- u. eine Ostatlant. Mulde trennt. Die größten Tiefen liegen in den beiden wichtigsten Gräben: *Milwaukee-Tiefe* im Puerto-Rico-Graben - 9219 m, *Meteor-Tiefe* im Südsandwich-Graben - 8264 m. Der *Golfstrom* beherrscht die Strömungsverhältnisse im nördl. Atlantik mit seinem Warmwasser. Klimat. zeichnet sich der Atlantik durch die Eisfreiheit seiner Ostseite bis weit nördl. des Polarkreises aus. – Der Atlantik ist der verkehrsmäßig wichtigste der drei Ozeane. Das Wirtschaftspotential Amerikas u. Europas bedingt einen starken Schiffsverkehr u. große Welthäfen in seinem Bereich. Wirtsch. wertvoll sind seine reichen Fischgründe auf der Neufundlandbank, im Europ. Nordmeer u. in der Nordsee.
**Atlas**, **1.** in der grch. Sage ein Titan (Riese), der das Himmelsgewölbe trägt. – **2.** der oberste Halswirbel, der den Schädel trägt. – **3.** Pl. *Atlanten*, Sammlung von Land-, See- u. Himmelskarten. – **4.** Pl. *Atlasse* (Satin), ein glänzendes Gewebe in *A.bindung* (→ Bindung), das auf einer oder auf beiden Seiten eine glatte Fläche aufweist.
**Atlas**, *A.gebirge*, im nordwestl. Afrika; im Jbel Toubqal 4165 m hoch; in mehrere gleichlaufende Gebirge gegliedert: *Kleiner* oder *Tell-A., Mittlerer, Hoher, Sahara-, Anti-A.* In den Tälern häufig Salzsümpfe (Schotts).
**Atlasgarn**, ein sechsfacher Nähzwirn.
**Atlasländer**, die drei nordafrik. Staaten Marokko, Algerien u. Tunesien, heute vielfach als *Maghreb* bezeichnet.

**Atlas-Rakete**, US-amerik. Trägerrakete, u.a. für die Mars- u. Venus- *(Mariner)* sowie für die Mondsonden *(Surveyor)* verwendet.
**Atlasspinner**, großer Schmetterling (Familie Nachtpfauenauge) mit ca. 24 cm Flügelspannweite; SO-Asien.
**Atman** [sanskrit], Hauptbegriff der brahman. Lehre: das ewige, göttl. Selbst des Menschen, das wesensgleich mit der Weltseele ist u. in der Seelenwanderung fortdauert.
**Atmosphäre**, **1.** *allg.:* Umgebung, Ausstrahlung, Stimmung. – **2.** die Lufthülle der Erde, i.w.S. allg. die Gashülle der Planeten. Der mittlere Druck der Erd-A. beträgt 1013,25 mbar bzw. hPa (Luftdruck), ihre Gesamtmasse wiegt $5,3 \cdot 10^{15}$ t. Sie breitet sich als ein dünner, unsichtbarer Mantel um den Erdball aus. Dieser Mantel besteht aus einem Gasgemisch, an dessen Zusammensetzung an der Erdoberfläche sich die Tier- u. die Pflanzenwelt angepaßt haben (in trockenem Zustand 78 % Stickstoff, 21 % Sauerstoff, 0,9 % Argon, 0,03 % Kohlendioxid sowie Spuren versch. weiterer Edelgase u. Gasverbindungen). Luftdruck u. Dichte der Luft nehmen mit der Höhe rasch ab.
**Atmung**, lebensnotwendiger Vorgang der Sauerstoffaufnahme u. Kohlendioxidabgabe; erfolgt bei Mensch u. Tier grundsätzl. in derselben Weise wie bei den Pflanzen. Immer wird Sauerstoff ($O_2$) aufgenommen (aus der Luft oder dem Wasser) u. Kohlensäure (Kohlendioxid, $CO_2$) als gasförmiges Endprodukt der im Körper ablaufenden Verbren-

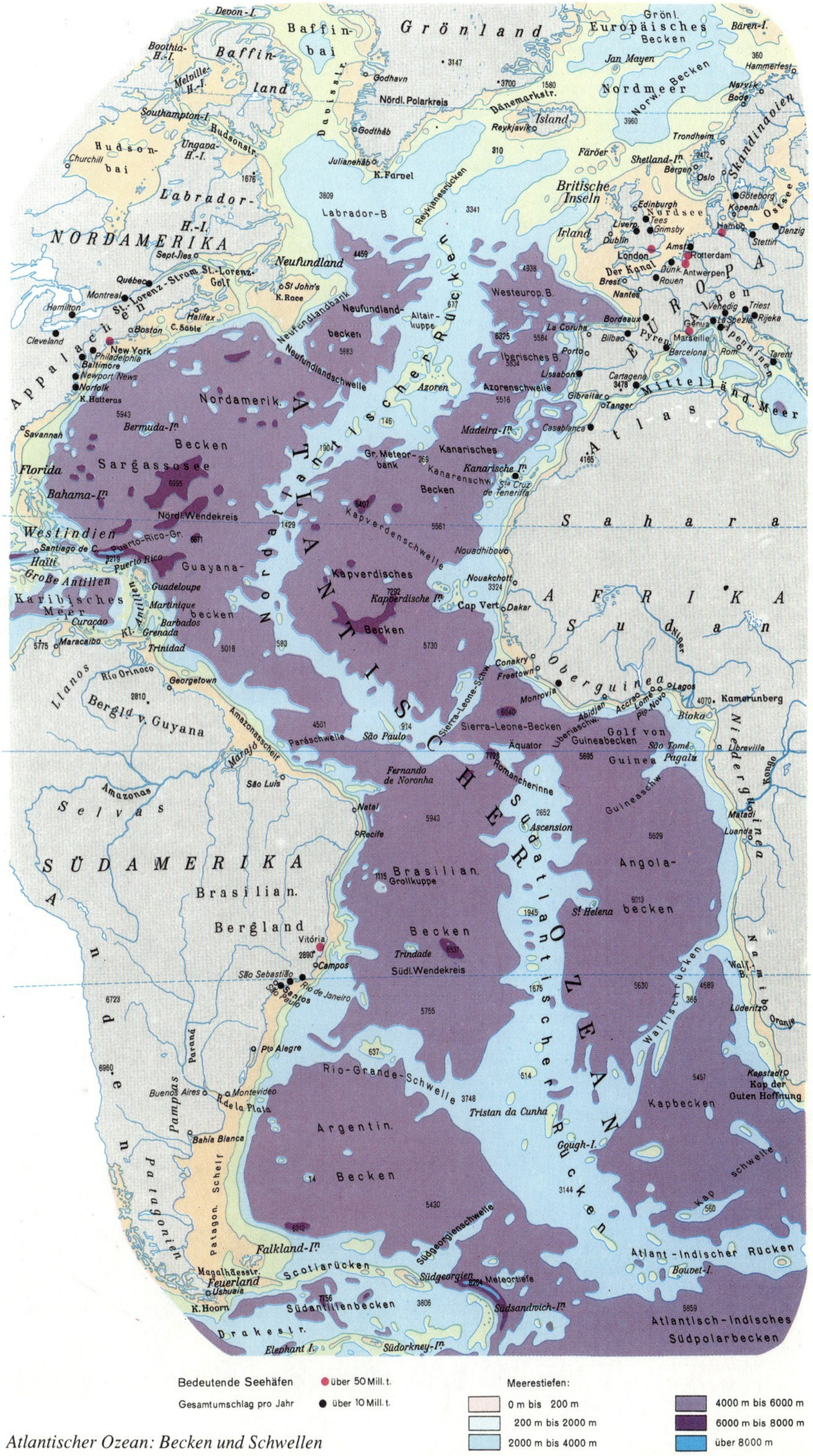

*Atlantischer Ozean: Becken und Schwellen*

nung (→ Stoffwechsel) abgegeben. Der Gasaustausch wird durch Ein- u. Aus-A. vollzogen *(äußere A.)*. Ihr gegenüber steht die *innere* oder *Gewebe-A.* (biol. Oxidation), ein Stoffwechselvorgang, bei dem Energie freigesetzt wird. – **A.sorgane:** Einzeller u. viele andere kleine Tiere nehmen den Sauerstoff nur durch die Körperoberfläche auf, ebenso die Pflanzen. Ein einheitl. in sich geschlossenes Organsystem für die A. haben nur die höheren Tiere (Wassertiere haben *Kiemen,* Landtiere *Lungen,* Insekten atmen durch *Tracheen*) u. der Mensch (→ Lungen). Beim Menschen werden die Atembewegungen durch die abwechselnde Erweiterung u. Verengung des Brustkorbes u. durch das Auf- u. Absteigen des Zwerchfells hervorgebracht. Die Zahl der Atemzüge beträgt beim Erwachsenen 12–20 in der Minute. Mit einem normalen Atemzug werden etwa 0,5 *l* Luft befördert. Die Steuerung der A. erfolgt über Nervenbahnen durch das Atemzentrum im Gehirn.

**Ätna,** ital. *Monte Etna,* höchster noch tätiger Vulkan Europas, im O Siziliens, 3340 m.

**Ätolien,** grch. *Aitolia,* gebirgige, waldreiche Ldsch. in Mittelgriechenland, Hauptort *Mesolongion.*

**Atoll,** ringförmig um eine (meist seichte) Lagune angeordnete Koralleninsel; im Pazifik u. im Ind. Ozean häufig. Das größte geschlossene Atoll ist Rangiroa (Tuamotu-Archipel, Französisch-Polynesien), die Lagune mißt 80 x 30 km.

**Atom** [grch., »unteilbar«, von *Demokrit*], das kleinste, mit chem. Mitteln nicht weiter spaltbare Teilchen eines chem. Elements. Die A.e haben Durchmesser von etwa $10^{-8}$ cm u. bestehen aus einem positiv elektr. *A.kern* aus *Protonen* u. *Neutronen* u. einer Hülle aus negativ elektr. *Elektronen.* Der Kern ist etwa $10^{-12}$ cm groß u. enthält nahezu die gesamte Masse des A.s. Das A. ist nach außen elektr. neutral; die positive Kernladung ist ein ganzzahliges Vielfaches der → Elementarladung u. gleich der negativen Ladung der Elektronenhülle. Kern u. Hülle werden durch die elektr. Anziehungskräfte zw. den ungleichnamigen Ladungen zusammengehalten. Innerhalb der Hülle sind die Elektronen in einzelnen »Schalen« angeordnet, die von innen nach außen 2, 8, 18, 32 usw. Elektronen nach der Formel $2n^2$ [n = Nummer der Elektronenschale] aufnehmen können. Nach dem anschaul. **A.modell** von E. Rutherford u. N. Bohr (1912) kreisen die Elektronen auf Ellipsenbahnen um den Kern. Dieses Modell erklärt jedoch nicht alle experimentellen Tatsachen. Nach der → Quantentheorie kann man sich die Elektronen als Ladungswolken um den Kern verteilt denken. Heutzutage sind 109 Atomarten (chem. Elemente) bekannt. Das einfachste u. leichteste A. ist das Wasserstoff-A. (1 Proton als Kern, 1 Elektron als Hülle). Eine **A.spaltung** (Kernspaltung) gelang erstmalig Hahn u. Straßmann 1938, als beim Beschuß von Uran 235 sich der Kern spaltete u. dabei die im Kern gespeicherte Energie z.T. frei wurde. Freie Neutronen können wieder neue Kerne spalten, so daß die Reaktion lawinenförmig fortschreitet. Die Steuerung dieser Kettenreaktion war Voraussetzung, → Kernenergie techn. zu erzeugen u. zu verwerten.

**Atombombe,** *A-Bombe,* eine im 2. Weltkrieg in den USA entwickelte u. zum ersten Mal im August 1945 gegen die jap. Städte Hiroshima u. Nagasaki eingesetzte Waffe. Sie wirkt durch sehr hohe Temperaturen, starke Druckwelle u. radioaktive Strahlung. Die zerstörer. Kraft beruht auf der Kernspaltung von Uran oder Plutonium 239. Dabei wird Energie freigesetzt, die unkontrolliert zur Explosion führt. Bei der Detonation entsteht ein sog. Atompilz.

**Atomenergie** → Kernenergie.

**Atomistik,** *Atomismus,* urspr. die Lehre des *Demokrit* u.a. grch. Naturphilosophen, später zusammenfassende Bez. für alle physik. u. chem. Theorien, nach denen die Materie aus kleinsten, nicht zerlegbaren Teilchen aufgebaut ist.

**Atomkern,** der elektr. positiv geladene Zentralkörper des *Atoms,* der fast die ganze Masse des Atoms in sich vereint. Der A. ist zusammengesetzt aus *Neutronen* u. *Protonen.* Die *Ordnungszahl* oder *Kernladungszahl* gibt die Zahl der Protonen im A. an u. damit seine Ladung. Die *Massenzahl* gibt die Zahl der Protonen u. Neutronen an. Diese beiden Kernteilchen, zusammenfassend *Nukleonen* gen., sind etwa gleich schwer u. rd. 1836mal schwerer als die *Elektronen* (→ Kernphysik). Instabile A.e zerfallen unter Aussendung von Energie *(Alpha-, Beta-, Gammastrahlen),* sie sind radioaktiv. Zur Kernumwandlung stabiler Elemente sind große Kräfte nötig. Hier kommen sog. *Teilchenbeschleuniger* zur Anwendung.

**Atommasse,** *atomare Masseneinheit,* das Verhältnis der Masse eines Atoms oder Atomkerns zur Masse des Kohlenstoff-Isotops 12. Bei dem leichtesten Element, dem Wasserstoff, ist die A. 1,0078; bei dem schwersten natürl. vorkommenden Uran ist die A. 238,2.

**Atommüll,** radioaktiver Abfall.

**Atomreaktor** → Kernreaktor.

**Atomteststopabkommen** → Abrüstung.

**Atomuhr,** ein Gerät zur sehr genauen Zeitmessung auf der Basis der Eigenschwingung eines Atoms oder Moleküls.

**Atomwaffen,** *Kernwaffen, nukleare Waffen,* Kampfmittel (Raketen, Bomben, Granaten, Minen u.a.) mit Sprengladungen aus Kernspreng- oder radioaktiven Stoffen.

**Atomwaffensperrvertrag,** 1968 unterzeichneter u. 1970 in Kraft getretener *Vertrag über die Nichtweiterverbreitung von Kernwaffen.* Im A. verpflichten sich einerseits die Atommächte USA, UdSSR, Großbrit. (nicht aber Frankreich, China u. Indien), Kernwaffen oder die Verfügungsgewalt darüber nicht weiterzugeben u. verzichten gleichzeitig auf die Androhung u. Anwendung nuklearer Gewalt gegen kernwaffenlose Staaten. Die beigetretenen nichtnuklearen Staaten andererseits verzichten auf Herstellung, Erwerb u. Verfügungsgewalt.

**Atomwärme,** *atomare Wärmekapazität,* Wärmemenge in J, die notwendig ist, um 1 Mol eines Elements um 1 °C zu erwärmen.

**Aton** [auch a'to:n], in der ägypt. Religion die Sonnenscheibe; von *Amenophis IV. (Echnaton)* zum alleinigen Gott erklärt.

**atonale Musik,** *Atonalität,* Musik, bei der die Beziehung auf eine *Grundtonart* fehlt u. die herkömml. Dissonanzen als reinen Klangwert benutzt. Die Atonalität als musikhistor. Epoche umfaßt i.e.S. die expressionist. Werke der *Wiener Schule* (A. Schönberg, A. Webern, A. Berg), von 1908–14, i.w.S. ist ein großer Teil der Kompositio-

## ATOM

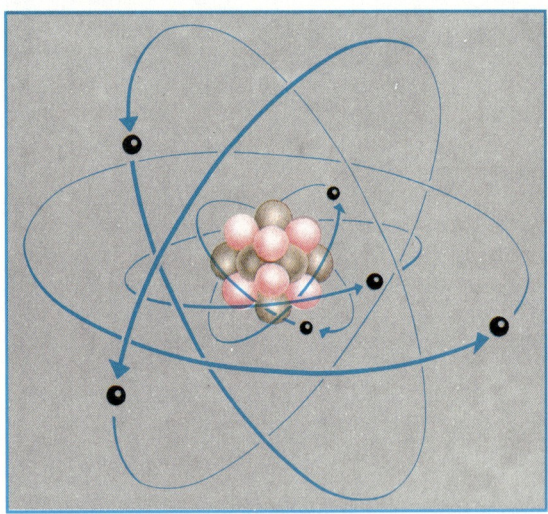

*Der Aufbau eines Atoms wird an diesem vereinfachten Modell verdeutlicht. Der Kern besteht aus Protonen (rot) und Neutronen (braun), der von Elektronen (schwarz) auf bestimmten Bahnen umkreist wird*

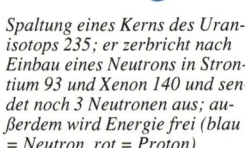

*Spaltung eines Kerns des Uranisotops 235; er zerbricht nach Einbau eines Neutrons in Strontium 93 und Xenon 140 und sendet noch 3 Neutronen aus; außerdem wird Energie frei (blau = Neutron, rot = Proton)*

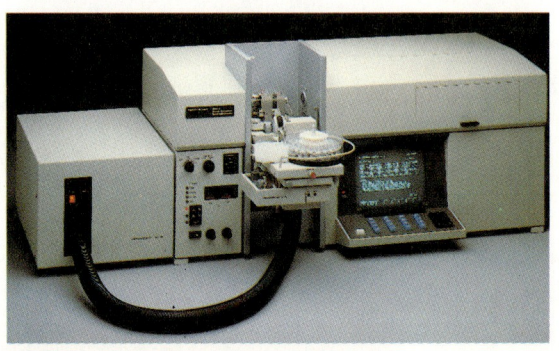

*Analysegerät (Atomabsorptionsspektrometer) mit eingebautem Computer zur einfacheren Gerätebedienung und Verarbeitung der Analysedaten (links)*

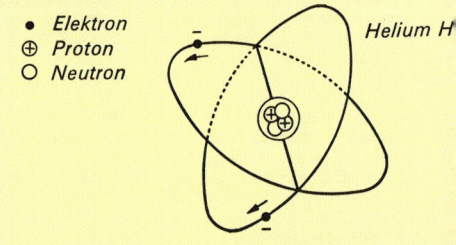

*Atomschichten in einem dünnen Goldkristall bei einer 25millionenfachen Vergrößerung. Obwohl die Atome hier a massive Gebilde erscheinen, bestehen sie in Wirklichkeit nur aus einem winzigen Atomkern und einer im weiten A*

nen des 20. Jh. atonal. Aus der a. M. entstand um 1920 u.a. die → Zwölftonmusik.

**Atonie,** Erschlaffung oder verminderte Erregbarkeit der (Muskel-)Gewebe.

**Atout** [a'tu], Trumpf im Kartenspiel.

**à tout prix** [atu'pri, frz.], um jeden Preis.

**ATP,** Abk. für *A*denosin*t*ri*p*hosphat.

**Atreus** [-trɔis], in der grch. Myth. König von Mykene, Vater des *Agamemnon* u. *Menelaos,* der **Atriden.**

**Atrium, 1.** nach oben offener Mittelraum des altröm. Wohnhauses. – **2.** von Säulenhallen umgebener Vorhof *(Paradies)* der Basilika.

**Atriumhaus,** eingeschossiges Wohnhaus, dessen Wohnräume einen kleinen Innenhof umschließen.

**Atrophie,** Gewebeschwund meist bei Ernährungsstörungen oder Nichtgebrauch.

**Atropin,** ein sehr giftiges Alkaloid versch. Nachtschattengewächse, bes. der Tollkirsche; in geringer Dosierung therapeut. Anwendung (krampflösend).

**Atropos,** eine der drei grch. Schicksalsgöttinnen (neben *Klotho* u. *Lachesis),* durchschneidet den Lebensfaden; → Moira.

**Attaché** [-'ʃe], Anwärter für den höheren auswärtigen Dienst; Sachverständiger im diplomat. Dienst *(Militär-, Handels-, Kultur-A.).*

**Attacke,** Angriff (zu Pferde); (Herz-)Anfall.

**Attendorn,** Stadt in NRW, an der Bigge, 22 000 Ew.; *Attahöhle* (größte dt. Tropfsteinhöhle).

**Attentat,** ein Mordanschlag, bes. aus polit. Gründen.

**Atterbom,** Per Daniel Amadeus, *1790, †1855, schwed. Schriftst. der Romantik; Märchenspiel »Die Insel der Glückseligkeit«.

**Attersee,** *Kammersee,* mit 46,7 km² der größte See des Salzkammerguts (Östr.); 171 m tief.

**Attest,** schriftl. ärztl. Bescheinigung einer Krankheit, Arbeitsunfähigkeit u.a.

**Attika,** Brüstungsmauer über einem Gesims oder einer Säulenstellung.

**Attika,** wasserarme, wenig fruchtbare Ldsch. auf der südöstl. Halbinsel Mittelgriechenlands; Marmorvorkommen; Hauptort Athen.

**Attila,** mit Schnüren besetzter Husarenrock.

**Attila,** †453/454, König der mongol. Hunnen seit 434; beherrschte ein Reich vom Kaukasus bis W-Europa; stieß bis S-Frankreich vor, wurde dort von Römern u. Westgoten 451 auf den *Katalaunischen Feldern* geschlagen, zog dann nach Italien, kehrte aber vor Rom um; starb in seinem Stammland Pannonien. In der germ. Sage (Nibelungenlied) ging er als *Etzel* ein.

**Attischer Seebund,** Bündnis grch. Staaten, 478/77 v.Chr. zur Vertreibung der Perser unter dem Oberbefehl Athens gegr.; bestand bis 404 v.Chr.

**Attitüde,** ausdrucksvolle Pose oder Gebärde; auf Wirkung angelegtes Verhalten.

**Attlee** ['ætli:], Clement, Earl (1955), *1883, †1967, brit. Politiker; 1935–55 Vors. der Labour Party; 1945–51 Prem.-Min.

**Attraktion,** Anziehungskraft; (Zirkus-)Glanznummer.

**Attrappe,** täuschende Nachbildung.

**Attribut, 1.** Kennzeichen zur Charakterisierung myth. oder histor. Personen. – **2.** *Beifügung,* die nähere Bestimmung eines Substantivs.

**Atwood** ['ætwud], Margaret, *18.12.1938, kanad. Schriftst. (psych. Romane, oft über die Selbstverwirklichung von Frauen).

**ätzen,** chem. hochaktiver Vorgang, bei dem die Oberfläche von Stoffen (Metall, Glas, Gewebe) durch Ätzmittel (u.a. Säuren u. Laugen) angegriffen u. verändert wird; Anwendung u.a. im graph. Gewerbe.

**Ätzstift,** *Kaustikum, Höllenstein,* Stift aus Ätzmitteln zur Entfernung von Gewebsschichten (»wildes Fleisch«, Warzen, Polypen).

**Au,** chem. Zeichen für Gold (lat. aurum).

**AUA,** Abk. für *A*ustrian *A*irlines, östr. Luftverkehrsgesellschaft.

**Aube** [o:b], r. Nbfl. der Seine im NO Frankreichs, 248 km.

**Auber** [o'bɛ:r], Daniel François Esprit, *1782, †1871, frz. Komponist; Opern »Die Stumme von Portici« 1828; »Fra Diavolo« 1830.

**Aubergine** [obɛr'ʒi:nə], *Albergine,* die eßbare Frucht der → Eierpflanze.

**Aubert** [o'bɛ:r], Pierre, *3.3.1927, schweiz. Politiker (Soz.demokrat); 1983 Bundes-Präs.

**Aubusson** [oby'sɔ̃], Stadt in Zentralfrankreich, 6800 Ew.; bed. Gobelin- u. Teppichmanufaktur.

**Auch** [o:ʃ], Stadt in SW-Frankreich, alte Hptst. der *Gascogne,* 23 700 Ew.; Erzbischofssitz; spätgot. Kathedrale.

**Auckland** ['ɔ:klənd], größte Stadt u. Hpt.hafen Neuseelands, auf der Nordinsel, 848 000 Ew.; Handelszentrum; Univ., kath. u. angl. Bischofssitz.

**Aude** [o:d], Fluß in S-Frankreich, 224 km; mündet nordöstl. von Narbonne ins Mittelmeer.

**Auden** [ɔ:dn], Wystan Hugh, *1907, †1973, engl. Schriftst.; lebte seit 1939 in den USA; zeitkrit. Lyrik (»Das Zeitalter der Angst« 1948).

**audiatur et altera pars** [lat.], Rechtsgrundsatz; »man höre auch den anderen Teil« (ehe man urteilt).

**Audiberti** [odi-], Jacques, *1899, †1965, frz. Schriftst. (bühnenwirksame Dramen).

**Audienz,** feierl. offizieller Empfang; Unterredung (mit Würdenträgern).

**Audio** [lat. audire, »hören«], Sammelbegriff für den gesamten hörbaren Tonbereich.

**audiovisuelle Medien** [lat. audire, »hören«; videre, »sehen«; medium, »Mittel«], kurz *AV-Medien,* Verfahren u. Geräte, die Töne u. Bilder übermitteln; Tonfilm, Fernsehen, Bildplatte u. Videokassette.

**auditiv,** vorw. auf das Gehör ausgerichtet; Hör...

**Auditor,** ital. *Uditore,* Untersuchungsrichter am Bischofsgericht der kath. Kirche.

**Auditorium, 1.** Zuhörerschaft. – **2.** Hörsaal, *A. maximum,* der größte Hörsaal einer Hochschule, Festaula.

**Aue,** der bei Hochwasser überflutete Teil des Talbodens.

**Aue,** Krst. in Sachsen, im Erzgebirge, 31 000 Ew.; Metall- u. Textilindustrie; Bergbaugründung des MA.

**Auer,** Carl Frhr. A. *von Welsbach,* *1858, †1929, östr. Chemiker; erfand das Gasglühlicht (*A.-Licht*).

**Auerbach,** amtl. *A./Vogtl.,* Stadt in Sachsen, 16 700 Ew.; Maschinenbau.

**Auerbach,** Berthold, eigtl. Moses Baruch *A.er,* *1812, †1882; dt. Schriftst.; schrieb bäuerl. Dorfgesch. (»Barfüßele«).

**Auerbachs Keller,** durch eine Szene in Goethes Faust I bekannt gewordener Weinkeller in Leipzig, 1530 erbaut.

*Das Atomium in Brüssel*

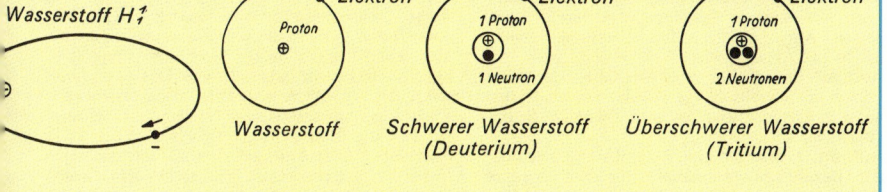

und darum verlaufenden Elektronenhülle; über 99% des Atoms sind leer (links). – Modelle von Helium- und Wasserstoff-Atom, sowie Wasserstoff-Isotope (rechts)

**Auerhuhn,** größtes europ. *Rauhfußhuhn* mit 1,5 m Flügelspannweite; Balz: März-Mai; gefährdet.

**Auerochse,** *Ur,* 1627 ausgestorbenes europ. Wildrind; Stammform unseres Hausrinds.

**Auersperg,** östr. Adelsgeschlecht aus der Krain.

**Auerstedt,** Dorf bei Apolda (Bez. Erfurt); am 14.10.1806 Niederlage der Preußen (bei *Jena* u. *A.*) gegen die Franzosen.

**Aufenthaltsgenehmigung,** die behördl. Erlaubnis zum Aufenthalt in einem bestimmten Gebiet; in der BR Dtld. für Ausländer in bestimmten Fällen erforderl., etwa wenn der Aufenthalt länger als 3 Monate dauert.

**Auferstehung, 1.** *A. der Toten, A. des Fleisches,* bes. seit dem 2. Jh. v. Chr. eine der jüd. Erwartungen für die Endzeit. Die christl. Gemeinde übernahm diese jüd. Erwartung in der Form einer A. der Toten zum Gericht, das zum Ewigen Leben oder aber zu endgültiger Verdammnis führt. Die A. der Toten gehört auch zu den Grundlehren des Islams. – **2.** *A. Jesu* nennt die urchristl. Gemeinde das als Anfang der Erfüllung der erwarteten A. der Toten verstandene Widerfahrnis des Petrus am Ostermorgen, das Paulus 1. Kor. 15,5 mit den Worten umschreibt: »und daß er gesehen worden ist von Kephas«. Die Überzeugung von der A. Jesu wird im NT auf vielfältige Weise ausgedrückt: in Glaubensformeln (1. Thess. 4,14; Röm. 4,25), in theolog. Argumentationen (1. Kor. 15), in ausführl. Erzählungen vom leeren Grab (z.B. Mark. 16,1–8) u. von den Erscheinungen der Auferstandenen (Matth. 28; Luk. 24; Joh. 20f.). Was am Ostermorgen im einzelnen geschehen ist, kann histor. nicht mehr nachgeprüft werden. Theolog. ist die A. Jesu zus. mit dem Kreuz das zentrale Heilsereignis der christl. Botschaft.

**Aufgebot,** *Recht:* förml. Verfahren der öffentl. Bekanntgabe oder Aufforderung zur Mitteilung von Tatsachen oder zur Anmeldung von Rechten.

**Aufklärung, 1.** i.w.S. die Erklärung »dunkler«, als geheimnisvoll geltender Vorgänge, Einrichtungen u. Überlieferungen durch Rückführung auf ihren natürl., wirkl., vernünftigen Kern; i.e.S. eine geistige Strömung des 18. Jh., die ihre bes. geistesgeschichtl. Wurzeln hatte: die moderne Wiss., den Protestantismus u. den Rationalismus in der Philosophie. Die A. des 18. Jh. ergriff das ganze soz. Leben u. zog nicht nur ideell, sondern auch prakt.-polit. die letzten Konsequenzen (in der Frz. Revolution).

Die Philosophie der A. hatte eine große Breitenwirkung u. verursachte eine radikale Abkehr von aller Tradition: Die Welt ist ein der göttl. Hilfe nicht mehr bedürftiger Kosmos, ein gesetzmäßiger Zusammenhang von Atomen, Substanzen u. Kräften *(Newtonismus,* durch *Voltaire* in Frankreich eingeführt); sie ist berechenbar, eine zweckmäßige Maschine; alles ist nützl., hat einen vernünftigen Grund; alle Lebens- u. Erkenntnisgebiete werden durch analoge Gesetze beherrscht. Alles ist auf den Menschen bezogen, der wiederum die Gebote des Handelns von der »Natur« empfängt: naturgemäßes Leben u. Denken, naturgemäße Erziehung, natürl. Recht, natürl. Religion u.a. Der Gegensatz zu den überlieferten Verhältnissen brachte die Schlagworte Natur, Mensch u. Menschenrechte, Vernunft als Prinzip der Wissenschaft hervor. Die Vernunft ist Quelle aller Erkenntnis, Richtschnur menschl. Handelns u. Maßstab aller Werte. *Kant* definierte A. als »Ausgang des Menschen aus seiner selbstverschuldeten Unmündigkeit«.

Die engl. A.s-Phil. wurde einerseits durch J. *Locke* u. D. *Hume,* andererseits durch die Utilitaristen J.St. *Mill* u. J. *Bentham,* die frz. A. durch *Voltaire,* J. *d'Alembert,* D. *Diderot* (Enzyklopädisten) u. E.B. de *Condillac,* die dt. A. durch C. *Wolff,* literar. bes. durch *Lessing* vertreten; sie wurde durch I. *Kant* zum Abschluß gebracht. Ihre größte Wirksamkeit hatte die A. in Frankreich, wo *Montesquieu* z.B. die Idee der Gewaltenteilung unter dem Dach einer konstitutionellen Monarchie vertrat, während *Rousseau* Volkssouveränität u. Abkehr von den Zwängen der feudalen Gesellschaft forderte (»Zurück zur Natur«). – **2.** *geschlechtl. A., Sexual-A.,* die Unterweisung heranwachsender Kinder u. Jugendlicher über alle mit der Geschlechtlichkeit (→ Sexualität) zusammenhängenden biol., soz. u. psych. Fragen.

**Auflage,** die Gesamtzahl der gleichzeitig hergestellten Exemplare eines Druckwerks (Buch, Broschüre, Zeitschr., Ztg. u.ä.).

**Auflassung,** *bürgerl. Recht:* die zur Übertragung des Eigentums erforderl. Einigung zur Übereignung eines Grundstücks. Zur Entgegennahme der A. ist jeder Notar zuständig.

**Auflauf, 1.** ein in feuerfestem Behälter im Ofen überbackenes Gericht. – **2.** Menschenansammlung auf öffentl. Straßen und Plätzen.

**Auflösung,** die Aufhebung eines Vorzeichens (♯, ♭) durch das A.szeichen ♮; das Hinüberleiten eines dissonanten Akkords in einen konsonanten Akkord.

**Auflösungsvermögen, 1.** das Vermögen eines opt. Geräts (z.B. Mikroskop, Spektralapparat), zwei eng benachbarte Objektpunkte gerade noch getrennt wiederzugeben; das A. ist ein Maß für die Grenze der Leistungsfähigkeit opt. Geräte. – **2.** die Fähigkeit einer lichtempfindl. Schicht, benachbarte feinste Bildelemente getrennt wiederzugeben.

**Aufrechnung,** *Kompensation,* die Verrechnung gleichartiger sich gegenüberstehender Forderungen, mit dem Ergebnis ihrer wechselseitigen Tilgung, soweit sie sich decken.

**Aufriß,** die Vorderansicht eines Gegenstands, entsteht durch senkr. Projektion seiner Punkte auf die vertikale A.ebene; bes. die Darstellung der Vorderseite eines Bauwerks.

**Aufruhr,** Teilnahme an einer öffentl. Zusammenrottung, bei der mit vereinten Kräften Widerstand gegen die Staatsgewalt geleistet oder eine Beamtennötigung begangen wird.

**Aufsichtsbeschwerde,** *Dienst-A.,* in der Verw. ein formloser Rechtsbehelf gegen eine behördl. Maßnahme.

**Aufsichtspflicht,** im Interesse Dritter bestehende bügerl.-rechtl. Verpflichtung von Eltern, Vormund, Pfleger u.a. Erziehungs- u. Sorgeberechtigten zur Beaufsichtigung von Personen, die wegen Minderjährigkeit oder wegen ihres geistigen oder körperl. Zustands der Beaufsichtigung bedürfen.

**Aufsichtsrat,** Organ der wichtigsten Handelsgesellschaften (AG, Kommanditgesellschaft auf Aktien, GmbH) u. der Erwerbs- u. Wirtschaftsgenossenschaften zur Überwachung der Tätigkeit ihres *Vorstands* sowie zur Bestellung u. Abberufung von dessen Mitgl.; aktienrechtl. Regelung gemäß §§ 95–117 Aktiengesetz.

**Auftakt,** der Beginn einer Melodie oder einer Phrase mit unvollständigem Takt; am häufigsten mit dem letzten, also unbetonten Taktteil (z.B. Beginn vieler Volkslieder).

**Auftrag,** *Mandat,* eine Vereinbarung, nach der der Beauftragte *(Mandatar)* für den A.geber *(Mandant)* unentgeltl. ein Geschäft zu besorgen hat. Im allg. Sprachgebrauch werden auch Dienstvertrag, Werkvertrag u. Maklervertrag als A. bez. – **2.** *Order, Ordre,* im Geschäftsverkehr ein Vertragsabschluß, Bestellung von Waren oder Leistungen.

**Auftrieb,** eine entgegen der Schwerkraft wirkende Kraft auf einen in eine Flüssigkeit oder ein Gas gebrachten Körper *(stat. A.).* Der Körper verliert dann scheinbar so viel an Gewicht, wie die von ihm verdrängte Flüssigkeits- oder Gasmenge wiegt *(Archimedisches Prinzip).* – Ein *dynam. A.* entsteht, wenn sich ein Körper gegenüber dem umgebenden Medium bewegt (z.B. bei Flugzeugen).

**Aufwand,** *Aufwendungen,* der Verbrauch an Dienstleistungen u. Sachgütern eines Unternehmens zur Herstellung einer bestimmten Gütermenge.

**Aufwandsentschädigung,** *Dienst-A.,* Zahlungen an Angehörige des öffentl. Dienstes als Ersatz für bes. dienstl. Aufwendungen. → Diäten.

*Auerochsen; Rückkreuzung aus Hausrinderrassen; (vorn Stier, hinten Kuh)*

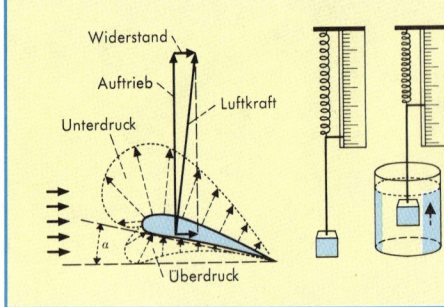

*Auftrieb: Druckverteilung am Tragflügel (a = Anstellwinkel)*

**Aufwertung,** *Revalvation,* die gegenüber dem Ausland vorgenommene Heraufsetzung der Währungsparität zwecks Angleichung an die realen weltwirtsch. Austauschverhältnisse. Die A. ist seltener als die *Abwertung (Devalvation),* da sie durch Verteuerung der eig. Währung die Einfuhr fördert u. die Ausfuhr hemmt. Die A. ist eine wirksame wirtschaftspolit. Maßnahme zum Abbau dauernder Exportüberschüsse.

**Aufzug,** eine Kabine für Personen oder Lasten, die meist elektr. gehoben u. gesenkt u. von der Kabine aus gesteuert werden kann. Die Kabine hängt an Drahtseilen, die über eine Scheibe oder eine Trommel geführt sind u. am Ende ein Gegengewicht haben. Geschwindigkeit: beim *Personen-A.,* 0,5–8 m/s, beim *Lasten-A.* 0,25–1 m/s. Der *Umlaufzug (Paternoster)* fährt, an einer umlaufenden Kette hängend, dauernd mit 0,3–0,45 m/s; er ist in der BR Dtld. neu nicht mehr zugelassen. Sonderformen: *Schräg-* u. *Treppen-A.* (Rolltreppe).

**Auge,** Lichtsinnesorgan von Mensch u. Tier. Insekten besitzen meist ein sog. *Facetten-A.,* das ein Mosaikbild erzeugt; niedere Tiere können nur Helligkeitsunterschiede wahrnehmen. Das sog. *Linsen-A.* der Wirbeltiere u. des Menschen besteht aus einem Linsenapparat u. einer Netzhaut mit Sehzellen. Der kugelförmige *Augapfel* wird von der weißen, derben *Lederhaut,* die vorn als durchsichtige *Hornhaut* ausgebildet ist, eingeschlossen. Innen liegt der Lederhaut die gefäßreiche *Aderhaut* auf, die an der Hornhautgrenze die ringförmige *Regenbogenhaut (Iris)* bildet. Durch die Regenbogenhaut hindurch gibt das *Sehloch (Pupille)* die Sicht frei.

*Aufklärung: die Enzyklopädisten d'Alembert (oben), Diderot u.a. Vertreter des Kreises; Kupferstich von A. de Saint-Aubin*

Der Aderhaut liegt innen die *Netzhaut (Retina)* auf, die aus den Sehzellen (7 Mio. Zapfen für das Farbensehen, 120 Mio. Stäbchen für das Hell-Dunkel-Sehen) besteht u. die Lichtempfindungen aufnimmt, verarbeitet u. über den Sehnerv dem Gehirn zuleitet, das das Bild wahrnimmt. Das Innere des A. ist mit dem durchsichtigen *Glaskörper* ausgefüllt. Hinter der Regenbogenhaut u. der Pupille ist die Linse ausgespannt, die durch bes. glatte Muskeln gewölbt oder abgeflacht werden kann. Durch andere Muskeln kann die Pupille erweitert oder verengt werden. Die Stelle des schärfsten Sehens in der Netzhaut ist der → Gelbe Fleck. Als *Blinder Fleck* wird der Eintritt des Sehnervs in die Netzhaut bez., weil hier keine Lichtreize verarbeitet werden können.

**Augendiagnose,** ein wiss. umstrittenes Verfahren, nach dem aus Veränderungen der Regenbogenhaut (Iris) durchgemachte u. bestehende Krankheiten erkannt werden sollen.

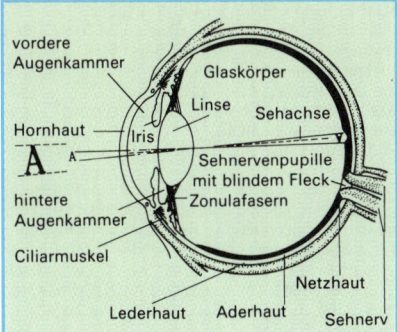

*Schnitt durch das Auge*

*Augenfalter: Augenflecke des Braunauges*

**Augenfalter,** Fam. mittelgroßer *Tagfalter* mit schwarzen oder bunten Augenflecken auf den Flügeln u. rückgebildeten Vorderbeinen.

**Augenflimmern,** Sehstörungen bei Überreizung u. Übermüdung des Auges, bei versch. Augenkrankheiten u. bei nicht passenden Augengläsern.

**Augenschein,** *Autopsie,* Besichtigung; im Recht die sinnl. Wahrnehmung beweiskräftiger Tatsachen durch den Richter.

**Augenspiegel,** *Ophthalmoskop,* 1851 von H. von *Helmholtz* erfundener, im Mittelpunkt durchlöcherter Konkavspiegel zur Untersuchung bes. des Augenhintergrundes (Netzhaut).

**Augias,** sagenhafter König von Elis. Herakles säuberte seinen verschmutzten Viehstall **(A.-Stall,** große Unordnung) durch Hindurchleiten eines Flusses.

**Augit,** Mineral, Gruppe gittermäßig gleich gebauter schwarzglänzender Silikate.

**augratin** [ograˈtɛ̃; frz.], mit Kruste, überbacken.

**Augsburg,** Hptst. des bay. Reg.-Bez. Schwaben, zw. Lech u. Wertach, 247 000 Ew.; got. Dom, Rathaus, Fuggerhaus, soz. Kleinsiedlung »Fuggerei«; Univ. (1970), Bischofssitz (seit dem 6. Jh.); bed. Ind., Verkehrsknotenpunkt. – Als *Augusta Vendelicum* von Römern gegr., im 15./16. Jh. reiche Handelsstadt, 1276–1805 Reichsstadt, bedeutende Reichstage der Reformation (1530, 1548); 1555 **A.er Religionsfriede** (das Luthertum wurde als Konfession anerkannt; der Untertan hatte der Konfession des Landesherrn zu folgen, »cuius regio, eius religio«), zw. König Ferdinand I. u. den Reichsständen geschlossen. – **A.isches Bekenntnis,** *A.ische Konfession,* lat. *Confessio Augustana,* von prot. Reichsständen anläßl. des A.er Reichstags 1530 Kaiser Karl V. vorgelegtes Bekenntnis ihres Glaubens, hpts. von *Melanchthon* verfaßt.

**Augstein,** Rudolf, *5.11.1923, dt. Publizist; Mitgr. (1946) u. Hrsg. des Nachrichtenmagazins »Der Spiegel«.

**Auguren,** altröm. Priester, die den Willen der Götter aus dem Vogelflug, Vogelschrei u.ä. deuteten. – **A.lächeln,** das wissende Lächeln Eingeweihter über naive Gläubigkeit.

**August, 1.** *A. der Jüngere,* *1579, †1666, Herzog von Wolfenbüttel 1635–66; galt als gelehrtester Fürst seiner Zeit; gründete 1604 die ber. Wolfenbütteler Bibliothek. – **2. A. II., A. der Starke,** *1670, †1733, König 1697–1733; Kurfürst von Sachsen seit 1694 als *Friedrich A. I.;* in Sachsen absoluter Herrscher; trat 1697 zum Katholizismus über u. wurde König von Polen; wurde im Nord. Krieg von Karl XII. von Schweden besiegt; machte Dresden zur berühmten Barockresidenz. – **3. A. III.,** Sohn von 2), *1696, †1763, König 1733–63; Kurfürst von Sachsen als *Friedrich A. II.,* seit 1733 König von Polen. – **4.** »Vater A.«, *1526, †1586, Kurfürst von Sachsen 1553–86; auf dem Augsburger Reichstag 1555 Führer der dt. Protestanten.

**Augusta,** *1811, †1890, dt. Kaiserin u. Königin von Preußen; Prinzessin von Sachsen-Weimar, seit 1829 verh. mit dem späteren Kaiser *Wilhelm I.*

**Augusteisches Zeitalter** → Augustus.

**Auguste Viktoria,** *1858, †1921, letzte dt. Kaiserin u. Königin von Preußen; seit 1881 verh. mit dem späteren Kaiser *Wilhelm II.*

**Augustiner,** kath. Ordensgemeinschaft (männl. u. weibl. Zweige), die nach der Regel des hl. *Augustinus* leben; bek. sind v.a. die **A.-Eremiten** (Bettelorden) u. die **A.-Chorherren.** → Orden.

**Augustinus,** Aurelius, *354, †430, Kirchenlehrer aus Tagaste (N-Afrika), seit 395 Bischof von Hippo. Seine Hauptwerke »De Civitate Dei« (»Vom Gottesstaat«), »De Trinitate Dei« (»Über die Dreifaltigkeit«), »Confessiones« (»Bekenntnisse«) beeinflußten die christl. Theologie u. Ethik bis in die Gegenwart. – Heiliger (Fest: 28.8.).

**Augustus** [lat., der »Erhabene«], Ehrentitel röm. Kaiser seit 27 v.Chr.

**Augustus,** eigtl. *Gaius Octavius, Octavianus,* *63 v.Chr., †14 n.Chr., röm. Kaiser; Großneffe *Cäsars,* von diesem im Testament adoptiert u. zum Erben eingesetzt; errang vereint mit *Antonius* (43 v.Chr.) durch einen Marsch auf Rom das Konsulat u. schloß mit *Lepidus* u. Antonius im gleichen Jahr ein Triumvirat zur Neuordnung des Staates: Antonius erhielt den Osten, A. den Westen, Lepidus Afrika. In der Schlacht bei Aktium 31 v.Chr. wurden Antonius u. Kleopatra vernichtend geschlagen. 27 v.Chr. verlieh man ihm den Ehrentitel »A.«, der zum Eigennamen wurde. Seine Reg. brachte dem Reich eine lange Zeit kultureller u. wirtsch. Blüte *(Augusteisches Zeitalter).*

*August der Starke; Gemälde von L. de Silvestre d. J. Moritzburg, Barockmuseum*

**Auktion,** Versteigerung durch einen A.ator (Versteigerer). Der meistbietende Kaufinteressent erhält nach Zuruf den *Zuschlag.*

**Aula, 1.** der offene, von Wohnräumen u. Säulenhallen umgebene Innenhof des grch. Wohnhauses; bei den Römern die Palastgebäude des Kaiserhofs; im frühen MA die Pfalz. – **2.** Festsaal in Schulen u. Universitäten.

**Aulis,** altgrch. Hafenort an der Ostküste Böotiens, heute *Valthy,* wo sich die grch. Flotte vor der Ausfahrt gegen Troja versammelt haben soll.

**Aulos,** altgrch. Schalmei; meist als Doppel-A. geblasen.

**au pair** [oˈpɛːr], Leistung gegen Leistung (ohne Bezahlung). *Au-pair-Mädchen,* hilft im Haushalt ausländ. Fam., erhält freie Verpflegung u. Unterkunft, Gelegenheit zu Sprachstudien u. ggf. Taschengeld.

**Aura, 1.** die Gesamtheit der Wirkungen, die von einem Menschen ausgehen. In Okkultismus u. Anthroposophie die Strahlungserscheinungen, die den menschl. Körper umgeben. – **2.** Sinnesempfindungen versch. Natur, die Anfallserkrankungen (Epilepsie, Asthma), auch dem Ausbruch von See- u. Luftkrankheiten vorangehen.

*Augustus; Statue, um 20 v.Chr. Rom, Vatikanische Museen*

**Aurangabad,** ind. Stadt im NW von Maharashtra, 30 000 Ew.; benachbart die Bergfeste *Daulatabad* mit dem Grab des Großmogul *Aurangseb,* weiter entfernt die buddhist. Höhlentempel (7. Jh.) von *Eluru.*

**Aurangseb** [-ˈseːb], Beiname *Alamgir I.,* *1618, †1707; letzter Großmogul in Indien 1658–1707. Unter ihm erreichte das Mogulreich die größte Ausdehnung. Er verbreitete fanat. den Islam.

**Aurbacher,** Ludwig, *1784, †1847, dt. Volksschriftst.; erneuerte alte Fabeln, Schwänke u. geistl. Lieder im spätromant. Geschmack.

**Aurelian,** *Lucius Domitius Aurelianus,* *214, †275, röm. Kaiser 270–75; festigte das Reich durch Verwaltungs- u. Wirtschaftsreformen; ließ Rom mit einer Mauer umgeben (*A.ische Mauer*).

**Aurelische Straße,** lat. *Via Aurelia,* altröm. Heerstraße von Rom nach Pisa längs der Küste.

**Aureole, 1.** *Hof,* Lichterscheinung in engem Kreis um Sonne, Mond u. Sterne, hervorgerufen durch Beugung des Lichts an Wassertröpfchen. – **2.** Heiligenschein oder Strahlenkranz, umgibt im Unterschied zum *Nimbus* als Kennzeichen göttl. Personen die ganze Gestalt.

**Auric** [oˈrik], Georges, *1899, †1983; frz. Komponist; gehörte zur Gruppe der »Six«; Opern-, Ballett- u. Filmmusik.

**Aurich,** Krst. in Ostfriesland (Nds.), am Ems-Jade-Kanal, 35 000 Ew.; Großviehmarkt; 16.–18. Jh. Residenz der Fürsten von Ostfriesland.

# Auriga

**Auriga,** 1. im alten Rom der Wagenlenker, bes. bei Zirkusspielen. – 2. das Sternbild Fuhrmann.

**Aurignacien** [orinja'sjɛ̃], altsteinzeitl. Kulturstufe, ben. nach der Höhle *Aurignac* im südfrz. Pyrenäenvorland; etwa 45 000–20 000 v. Chr.; erstes Auftreten des *Homo sapiens;* erste Siedlungen; früheste Kleinplastiken.

**Aurikel** → Primel.

**Aurillac** [ori'jak], frz. Stadt in der Auvergne, 33 000 Ew.

**Auriol** [o'rjol], Vincent, *1884, †1966, frz. Politiker; 1947–54 Präs. der 4. Rep.

**Auripigment,** *Rauschgelb,* ein Arsen-Mineral; diente im Altertum als Schminke.

**Aurora,** Göttin, → griechische Religion.

**Aurum,** lat. Name für Gold.

**Ausbeutung,** nach der marxist. Theorie das Mißverhältnis von Arbeitslohn u. Arbeitsleistung: Die Gewinnspanne zw. Lohn u. Leistung, den sog. »Mehrwert«, eigne sich der Kapitalist in ausbeuter. Weise an.

**Ausbildungsförderung,** in der BR Dtld. durch das *Bundesausbildungsförderungsgesetz* geregelte staatl. Förderung (als Darlehen oder Zuschuß) der Ausbildung an weiterführenden allgemeinbildenden Schulen, Fach- u. Hochschulen.

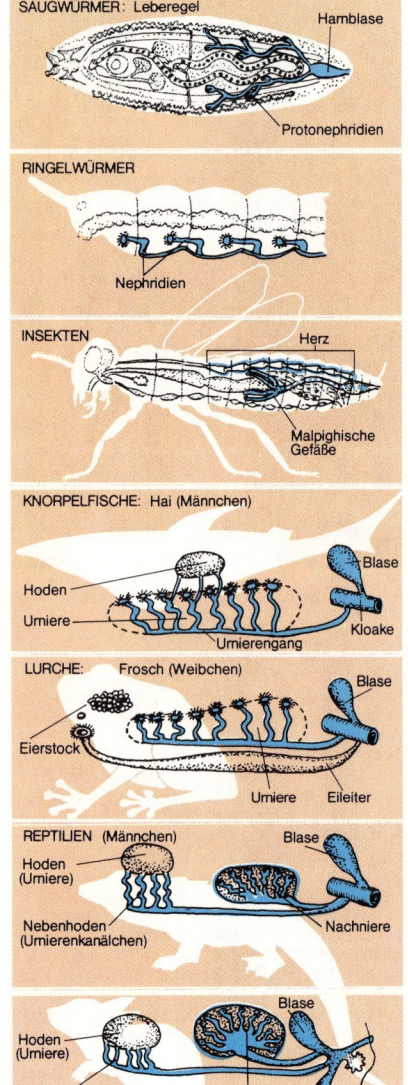

*Ausscheidungsorgane der verschiedenen Tiergruppen, entsprechend dem Fortschreiten der zoologischen Systematik; die unteren vier Felder sind Urogenitalsysteme*

**Ausblühung,** *Effloreszenz,* die Bildung von Mineralen durch Stoffausscheidung aus aufsteigenden Lösungen (Salpeter, Glaubersalz); auch bei Austrocknung von Mauerwerk oder durch Eindringen von Grundwasser u.a. (*Mauersalpeter*).

**ausbluten,** auslaufen (von Färbungen auf Textilien bei Naßbehandlung).

**Ausbürgerung,** Aberkennung der Staatsbürgerschaft.

**Auschwitz,** poln. *Oświęcim,* Stadt in Polen, an der Weichsel, 45 000 Ew.; in der Nähe ab 1940 ein nat.-soz. Konzentrationslager, das ab 1941 zum Vernichtungslager ausgebaut wurde. In den Einzellagern (darunter *Birkenau*) des rd. 40 km² großen KZ-Bereichs starben mindestens rd. 1,5 Mio. Menschen (Juden, Zigeuner, Polen u. sowj. Kriegsgefangene).

**Ausdehnung,** Volumenvergrößerung der Materie bei Temperaturerhöhung; beruht auf der größeren Raumbeanspruchung der Moleküle bei höheren Temperaturen.

**Ausdruck,** körperl. oder gegenständl. Darstellung als Äußerung inneren Erlebens. Forschungsgegenstand der **A.skunde,** *A.spsychologie,* sie umfaßt: *Mimik* (Muskelbewegungen im Gesicht, Mienenspiel), *Gestik* (Bewegung der Hände), *Pantomimik* (Bewegungen des Gesamtkörpers), *Phonognomik* (Ausdruck der Stimme) u. *Graphologie* (Handschrift). – **A.stanz,** *expressionist. Tanz,* engl. *German dance,* eine seit 1918 bes. in Dtld. verbreitete Richtung der Tanzkunst, die gegenüber dem klass. Ballett den seel. Ausdruck der tanzenden Persönlichkeit betonte. Zum A. gehört die Gefühlspantomime. Bek. Vertreter des A.stanz waren: Mary *Wigman,* H. *Kreutzberg,* Dore *Hoyer.*

**ausfällen,** *Chemie:* gelöste Stoffe in unlösl. Stoffe überführen, mit Hilfe chem. Reaktionen oder durch Zugabe von Mitteln.

**Ausfluß,** *Fluor vaginalis,* vermehrte u. abnorme Scheidenabsonderung bei der Frau; Zeichen von organ. Erkrankungen der inneren weibl. Genitalien oder allg. Krankheiten u. Schwäche.

**Ausfuhr,** *Export,* → Außenhandel.

**Ausführungsbestimmungen,** *Ausführungsverordnungen, Ausführungsvorschriften,* Rechts- oder Verwaltungsvorschriften zur Aus(Durch-)führung von Gesetzen.

**Ausgabekurs,** *Emissionskurs,* der Preis, zu dem festverzinsl. Wertpapiere oder Aktien erstmalig dem Publikum angeboten werden. Bei festverzinsl. Wertpapieren liegt der A. meist unter dem Nennwert; das dadurch entstehende *Disagio* zum Rückzahlungskurs erhöht die Effektivverzinsung.

**Ausgleichsabgabe,** 1. eine Abgabe, die zugunsten der *Schwerbehindertenfürsorge* von solchen Betrieben erhoben wird, die nicht eine Pflichtanzahl von Schwerbehinderten beschäftigen. – 2. zur Finanzierung des Lastenausgleichs erhobene Abgaben: Vermögensabgabe, Hypothekengewinnabgabe, Kreditgewinnabgabe.

**Ausgleichsgetriebe,** → Differential.

**Ausgrabung,** das Freilegen, Untersuchen u. Bergen von Bodendenkmälern als den Zeugnissen vergangener Kulturen mit wiss. Methoden; die ersten wiss. A.en waren Pompeji u. Babylon zu Beginn des 19. Jh. → Archäologie.

**Aushieb,** *F o r s t w i r t s c h a f t :* im Gegensatz zur *Durchforstung* der Einschlag von dürren, kranken oder im Bestandsaufbau unerwünschten Waldbäumen.

**Auskultation,** *Abhorchen,* das Abhören des Körpers auf krankhafte Atem-, Herz- u. Darmgeräusche mit bloßem Ohr oder schallverstärkendem Gerät (Hörrohr, Stethoskop).

**Ausländer,** Staatsangehörige fremder Staaten; Ggs.: Inländer u. Staatenlose. Die A. unterliegen rechtl. vielfach Sonderbestimmungen; in der BR Dtld. enthalten das *Gesetz über die Rechtsstellung heimatloser A. im Bundesgebiet* von 1951, das *A.gesetz* von 1965 u. das *Asylverfahrensgesetz* von 1982 Regelungen über die Rechtsstellung von A.

**Ausländer,** Rose, *1907, †1988, Lyrikerin (Themen: Verfolgung, Leid, Einsamkeit).

**Ausläufer,** *Stolon,* ein der Fortpflanzung der Pflanzen dienender unterird. (Kartoffel, Quecke) oder oberird. (Erdbeere, Weißklee) Seitensproß.

**Auslaut,** letzter Laut einer Silbe oder eines Wortes.

**Ausleger,** 1. über die Unterstützung hinausragender Träger (z.B. bei Brücken u. Kranen). – 2. seitl. über die Bordwand eines schmalen Boots hinausragende Konstruktion, z.B. zum Auflegen der Riemen eines Ruderboots oder als stabilisierende Schwimmbalken bei den A.booten SO-Asiens u. Ozeaniens.

**Auslegung** → Interpretation.

**Auslese,** die Auswahl der Besten (*Elite*). 1. *B i o l . : Selektion,* wichtiger Vorgang der Evolution. Unter A. versteht man sowohl die züchter. Selektion von bestimmten erbl. Merkmalen u. Leistungen (*künstl. A.*) als auch die *natürl. A.* der lebenstüchtigen Individuen. – 2. *P ä d a g . :* Auswahlverfahren als *Begabten-A.* aufgrund von Intelligenztests oder Aufnahmeprüfungen. – 3. Wein aus voll- bzw. überreifen (*Beeren-A.*) u. edelfaulen Trauben; geringer Alkoholgehalt, große Süße.

**Auslieferung,** die Übergabe einer Person von den Behörden des einen Staats an die eines anderen Staats zum Zweck der Bestrafung. Die A. ist ein Akt internat. Rechtshilfe, die vielfach in bes. zwischenstaatl. Verträgen geregelt ist. Ein Deutscher kann nach Art. 16 GG aus der BR Dtld. nicht ausgeliefert werden.

**Auslobung,** im bürgerl. Recht das Aussetzen einer *Belohnung* durch öffentl. Bekanntmachung, v.a. für Verbrechensaufklärung.

**Auslöser,** *V e r h a l t e n s f o r s c h u n g : Schlüsselreiz,* ein Reiz der Außenwelt, der ein bestimmtes Verhalten hervorruft, indem er die hemmenden Faktoren beseitigt (sog. angeborener Auslösemechanismus). A. können Farb-, Form- u. Duftmerkmale oder Verhaltensweisen sein. A. dienen ferner der Verständigung zw. versch. Arten.

**Ausnahmegesetze,** *Ausnahmerecht,* die für bes. Notstandsfälle des Staates (*Belagerungszustand, Ausnahmezustand, Naturkatastrophen*) geltende Rechtsetzung. Sie äußert sich v.a. in der Beschränkung der Grundrechte u. sonstiger Individualrechte (Versammlungsfreiheit, Pressefreiheit, aber auch Eigentum u.a.), in der teilweisen Außerkraftsetzung des Grundsatzes der Gewaltenteilung, oft auch in der Übernahme der vollziehenden Gewalt durch das Militär, in der Zentralisierung der Verwaltungsbefugnisse, in der Ermächtigung zur vereinfachten Rechtsetzung (Verordnungen) u. in der Übernahme polizeil. Befugnisse durch das Militär. Prakt. bedeutet die Regelung des Ausnahmezustands eine zeitl. begrenzte Form autoritärer Staatsführung.

**Ausonius,** Decimus Magnus, *um 310, †nach 393, lat. Dichter (Poem »Mosella«).

**Auspizien,** Vorzeichen; in der altröm. Religion

Australien, Bodenbedeckung

die Erkundung des göttl. Willens aufgrund der Besonderheiten des Vogelflugs; wurde durch die *Auguren* betrieben.
**Auspuff,** bei Verbrennungsmotoren u. Dampfmaschinen der Ausstoß von Abgasen oder Abdämpfen u. die Vorrichtung dafür.
**Aussatz** → Lepra.
**Ausschabung,** *Auskratzung,* frz. *Curettage,* lat. *Abrasio,* in der Gynäkologie die Entnahme der Gebärmutterschleimhaut mit einem bes., *Kürette* gen. Instrument.
**Ausscheidung, 1.** bei Mensch u. Tier das Entleeren von unverwertbaren oder schädl. Stoffwechselprodukten *(Exkrete)* aus Niere u. Darm. – **2.** im Sport werden in A.swettkämpfen die Besten für die Endkämpfe ermittelt.

**Ausschlag,** *Medizin:* grch. *Exanthem,* mehr oder weniger ausgedehnte krankhafte Veränderung der Haut: Rötungen, Hauterhebungen, Flecken, Knötchen, Bläschen, Eiterpusteln, Schorf, Schuppen u.ä.; A. ist das Zeichen der meisten Hauterkrankungen, tritt aber auch bei Infektionskrankheiten (Masern, Scharlach, Windpocken, Röteln u.a.) sowie bei Überempfindlichkeitsreaktionen u. Allergien auf.

**ausschließliche Gesetzgebung,** im bundesstaatl. Verfassungsrecht die Befugnis des Bundes zur alleinigen Ges.gebung auf bestimmten Gebieten, z.B. für auswärtige Angelegenheiten, Staatsangehörigkeit, Währung, Verkehrswesen.

**Ausschlußfrist,** die Frist, nach deren Ablauf die Geltendmachung eines Anspruchs oder ein Recht erlischt.

**Ausschreibung,** die Bekanntgabe des Gegenstands u. der Bedingungen einer beabsichtigten Beschaffung von Sachgütern mit der Aufforderung, Lieferangebote abzugeben; Form der Vergabe öffentl. Aufträge durch Behörden. Ggs.: *freihändige Vergabe.*

**Ausschüsse,** Unterorgane polit. u.a. Körperschaften, die deren Entscheidungen z.T. beratend vorzubereiten, z.T. selbst zu fällen haben; z.B. als Haushalts-, Rechts-, Untersuchungs-A.

**Ausschüttung,** im *Gesellschaftsrecht* die Aushändigung des Gewinns an die Gesellschafter; bei der Liquidation einer Gesellschaft die Verteilung des Vermögens an die Gesellschafter; im *Konkursverfahren* die Verteilung der Konkursmasse an die Konkursgläubiger.

**Aussegnung,** in der ev. Kirche die Segnung des Toten beim Verlassen des Sterbehauses; in der kath. Kirche der Muttersegen beim ersten Kirchgang nach einer Geburt.

**Außenbordmotor,** außen an der Bordwand befestigte Antriebseinheit (meist Zweitakt-Ottomotor) für kleinere Boote; besteht aus Motor, senkrecht stehender Kurbelwelle, Antriebswelle, Getriebe, Schraube u. oft auch Kraftstofftank; meist drehbar zum Steuern u. hochschwenkbar.

**Außenhandel,** wichtigster Bestandteil der *Außenwirtschaft;* der Warenverkehr über die Staatsgrenzen, sowohl *Einfuhr (Import),* als auch *Ausfuhr (Export).* Er hat die Aufgabe, den Ausgleich von Angebot u. Nachfrage auf dem Weltmarkt herbeizuführen u. so einer den Weltwohlstand hebenden intern. Arbeitsteilung den Weg zu ebnen.
Im *Merkantilismus* war man der Ansicht, daß die aktive *Handelsbilanz* u. *Zahlungsbilanz* Quelle des nat. Reichtums wären; die A.spolitik war deshalb protektionist., d.h. die Einfuhr wurde gehemmt, die Ausfuhr gefördert. In der Mitte des 19. Jh. war in Europa der *Freihandel* weitgehend verwirklicht; doch schon in den 1870er Jahren ging man zum *Schutzzoll* über. Nach dem 1. Weltkrieg führte die zerrüttete Weltwirtschaftslage im A. zu einem Protektionismus, der durch Kontingentierungsvorschriften u. Präferenzsysteme gekennzeichnet war. Nach 1945 versuchte man, die protektionist. Maßnahmen abzubauen, zunächst durch die auf der Welthandelskonferenz in Havanna 1947/48 beschlossene *Havanna-Charta,* v.a. aber durch die Gründung des *GATT,* das in Zollkonferenzen weitgehende Zollermäßigungen zu verwirklichen u. damit eine Liberalisierung des A. herbeizuführen versuchte.

**Außenministerium** → Auswärtiges Amt.

**Außenpolitik,** *auswärtige Politik,* der Teil der Politik, der sich mit der Regelung der zwischenstaatl. Beziehungen befaßt, fr. oft als Politik schlechthin verstanden (nach Bismarck »die Kunst des Möglichen«). Aufgabe der A. ist insbes. die Pflege u. Aufrechterhaltung der diplomat. Beziehungen, der Abschluß von Verträgen u. Bündnissen u. die Vertretung der Interessen einzelner Staatsbürger u. Unternehmungen im Ausland. Die A. eines Staates wird wahrgenommen von bes. Organen u. von Diplomaten (dem Außen-Min., dem Auswärtigen Amt, den Auslandsmissionen (Botschaften, Gesandtschaften, Konsulate).

**Außenseiter,** engl. *outsider* [autsaidə], Sportler u. Rennpferd mit eigtl. geringen Gewinnchancen; Eigenbrötler.

**Außenstände,** lat. *Debitoren,* noch unbezahlte Geldforderungen für Warenlieferungen oder Dienstleistungen.

| Ausgestorbene Tiere | |
|---|---|
| Tierart (bzw.-gruppe) | ausgestorben |
| Panzerfische | vor 400 Mio. Jahren |
| Riesenkrebse, Eurypterida | vor 350 Mio. Jahren |
| Graptolithen | vor 325 Mio. Jahren |
| Riesenlibelle, Meganeura | vor 285 Mio. Jahren |
| Trilobiten | vor 235 Mio. Jahren |
| Ammoniten | vor 65 Mio. Jahren |
| Dinosaurier | vor 65 Mio. Jahren |
| Flugsaurier | vor 65 Mio. Jahren |
| Riesengürteltiere | vor 12 000 Jahren |
| Mammuts | vor 10 000 Jahren |
| Mastodonten | vor 10 000 Jahren (bis ins 15. Jh. n. Chr. in Mittelamerika?) |
| Riesenhirsch | vor 10 000 Jahren |
| Säbelzahntiger | vor 10 000 Jahren |
| Auerochse* | 1627 n. Chr. |
| Dronte* | bis Ende 17. Jh. |
| Riesenalk* | bis Mitte 18. Jh. |
| Madagaskar-Riesenstrauß* | bis Ende 18. Jh. |
| Stellersche Seekuh* | 1854 |
| Moas* | bis Anfang 20. Jh. |
| Beutewolf* | 1933 |
| * = durch den Menschen ausgerottete Tiere | |

**Außenwirtschaft,** die Wirtschaftsbeziehungen eines Staates mit dem Ausland. Die A. umfaßt den Zu- u. Abgang von Waren (→ Außenhandel), Dienstleistungen (Verkehr, Versicherung u.a.) u. den Kapitalverkehr über die Grenzen eines Staates. Der freie Warenverkehr (mit dem Vorbehalt der Beschränkungsmöglichkeit), die Verfahren zur Ein- u. Ausfuhr sind im A.sgesetz geregelt.

**außereheliche Kinder** → nichteheliche Kinder.

**Äußere Mongolei,** Teil der Mongolei zw. der Sowj. (Sibirien) u. der Wüste Gobi; deckt sich weitgehend mit dem Gebiet der → Mongolischen Volksrepublik.

**außerirdische Intelligenz,** aus naturwiss. u. phil. Betrachtungsweise heraus angenommene Existenz intelligenten Lebens auf Sternen außerhalb unseres Milchstraßensystems. Die Entdeckung versch. Grundbausteine der Aminosäuren (Alkohol, Ammoniak u. Ameisensäure) im freien Weltraum lieferte ein Indiz für die Wahrscheinlichkeit außerird. Lebens. Die USA u. die UdSSR führen hierzu versch. Projekte durch.

**Außerparlamentarische Opposition,** Kurzwort *APO,* zusammenfassende Bez. für polit. Oppositionsbewegungen der Linken (bes. Studenten u. ihre polit. Verbände) in der BR Dtld., die in der Zeit der »Großen Koalition« (ab 1966) im Streit um Notstandsgesetze, Hochschulreform u. Pressekonzentration entstanden. Ihre polit. Mittel waren bes. Kundgebungen u. Demonstrationen, Flugschriften u. Wandzeitungen. Die APO zerfiel 1969 nach dem Reg.swechsel.

**außersinnliche Wahrnehmung,** Abk. *ASW,* engl. *extrasensory perception,* Abk. *ESP,* zusammenfassende Bez. für die parapsych. Erscheinungen → Telepathie u. → Hellsehen.

**Aussetzung,** 1. vorsätzl. Verlassen einer wegen jugendl. Alters oder Krankheit hilflosen Person. — 2. → Strafaussetzung. — 3. Stillegung eines Prozeßverfahrens.

**Aussiedler** → Heimatvertriebene.

**Aussig,** tschech. *Ústí nad Labem,* Ind.-Stadt in N-Böhmen (ČSFR), an der Elbe, 95 000 Ew.; südöstl. von A. die Burgruine *Schreckenstein.*

**Aussperrung,** Kampfmaßnahme der Arbeitgeber im Arbeitskampf (Gegenstück zum → Streik): zeitw. Aufhebung der Arbeitsverträge oder Massenentlassung von Arbeitnehmern.

**Ausstand** → Streik.

**Ausstattung,** elterl. Zuwendungen zur Begründung oder Förderung der selbst. Lebensstellung eines Kindes; die *Aussteuer* (Zuwendung zur Einrichtung des Haushalts) bei Verheiratung einer Tochter war fr. klagbar. Das östr. Recht kennt neben der A. noch das *Heiratsgut,* das meist aus Vermögen besteht u. das der Ehemann zur Erleichterung des mit der ehel. Gemeinschaft verbundenen Aufwands erhält. Das schweiz. Recht kennt nur eine Unterstützungspflicht.

**Aussteiger,** Personen, die sich bewußt den trad., stark leistungs- u. erfolgsorientierten Arbeitsformen u. Lebensplänen entziehen.

**Ausstellung,** eine Veranstaltung, die über den Stand u. die Ergebnisse gewerbl., künstler., wiss. u.a. Tätigkeiten unterrichten soll. Die erste Gewerbe-A. fand 1763 in Paris, die erste dt. 1790 in Hamburg statt. Die erste internat. A. wurde 1851 in London veranstaltet; in kurzen Zeitabständen folgten Welt-A. in vielen anderen Ländern; auch → Messe.

**Aussterben,** das gänzl. Verschwinden von Tier- u. Pflanzenarten infolge mangelnden Anpassungsvermögens an veränderte Umweltbedingungen oder Ausrottung durch den Menschen.

**Aussteuer** → Ausstattung.

**Aussteuerung,** das Erlöschen der Ansprüche in der Sozialversicherung nach Gewährung der höchstzulässigen Leistungen; v.a. in der *Arbeitslosenversicherung,* auch in der *Krankenversicherung* hinsichtl. des Krankengelds.

**Ausstrich,** eine Präparationstechnik zur mikroskop. Untersuchung.

**Austen** [ˈɔːstin], Jane, *1775, †1817, engl. Schriftst.; Romane über die Kleinwelt des ländl. Adels u. Mittelstands.

**Austerity** [ɔːˈsterɪti], »strenge Selbstbeschränkung«, Schlagwort für Sparsamkeit u. Einfachheit im öffentl. u. privaten Leben; i.e.S. die der brit. Nation nach dem 2. Weltkrieg auferlegte Sparsamkeit.

**Austerlitz,** tschech. *Slavkov u Brna,* Stadt in S-Mähren (ČSFR), bei Brünn, 6000 Ew.; in der Nähe entscheidender Sieg *Napoleons I.* gegen die vereinigten Österreicher u. Russen am 2.12.1805 *(Dreikaiserschlacht).*

**Austern,** *Ostrea,* eine eßbare Muschel, mit der Schale am Meeresboden festgewachsen. Massen-

*Auster*

vorkommen auf *A.bänken* in 10–40 m Meerestiefe. *A.zucht* wird in Europa in Frankreich, England, Holland, Belgien u. Jugoslawien betrieben. Die frei umher schwimmenden Larven setzen sich auf geeignetem Untergrund fest. Nach etwa 1 Jahr kommen die *Saat-A.* für mindestens ein weiteres Jahr in Zuchtparks u. dann in Mastparks (frz. »Claires«). Die A. brauchen insgesamt $2\frac{1}{2}$–4 Jahre bis zur Marktreife.

**Austernfischer,** eine Vogelfam. der *Regenpfeiferartigen.* Einheimisch ist der *Europ. A.,* ein schwarzweiß gefärbter, etwa taubengroßer Wattvogel der Meeresküsten mit langem roten Schnabel.

**Austernseitling,** wohlschmeckender *Blätterpilz.*

**Austin** [ˈɔːstin], Hptst. des USA-Staats Texas, am Colorado, 350 000 Ew.; Univ.

**Austin** [ˈɔːstin], Mary (Hunter), *1868, †1934, US-amerik. Schriftst.; verherrlichte in Erzählungen das naturnahe Leben des amerik. Westens, dessen indian. Überlieferungen sie erforschte.

**Australien,** kleinster Kontinent der Erde, bildet als einziger Erdteil ein einheitl. Staatswesen *(Austral. Bund),* 7 686 848 km², 16 Mio. Ew.; Hptst. *Canberra.* A. ist gegliedert in 6 Bundesstaaten, Nordterritorium u. Hauptstadtterritorium Canberra

*Australien*

(vgl. Tabelle). Außer dem Festland umfaßt der Austral. Bund Tasmanien, die Furneauxgruppe, Kings, Hunter Island u. die westaustral. Inseln, ferner Lord Howe Island u. Macquarie Island.
Landesnatur. A. hat eine wenig gegliederte Küste. Die Oberflächenformen sind überwiegend

flach (Tafelländer) u. werden nur von Inselbergen u. einzelnen Mittelgebirgen überragt. An der O-Küste verläuft das 3000 km lange Faltengebirge der *Great Dividing Range* (im Mt. Kosciusko 2231 m), das nur im S streckenweise Hochgebirgscharakter hat. A. ist äußerst gewässerarm; Murray u. Darling bilden das einzige größere Flußsystem des Kontinents. – Im N bei feuchtheißem Klima trop. Baum- u. Grassavannen, an der Küste Regen- u. Mangrovewälder. Außer dem SW u. SO erhält nur noch der O ausreichend Niederschlag. Das gesamte Innere u. der W sind Trockenräume, die von Wüste, Halbwüste u. Trockenbusch eingenommen werden. A. zeichnet sich durch eine einzigartige Pflanzen- (Eukalyptus, Kasuarinen, Flaschen- u. Grasbäume) u. Tierwelt (Beuteltiere, Schnabeltier, Emu) aus.

Bevölkerung. Die Bev. besteht aus Weißen meist brit. Herkunft. Daneben gibt es rd. 160 000 Ureinwohner *(Aborigines)*. 74% gehören der anglikan. u. 25% der kath. Kirche an.

Wirtschaft. A. ist der größte Wollerzeuger der Erde. Andere bed. Agrarprodukte sind Weizen, Fleisch, Butter u. Käse. Bodenschätze: Eisenerz, Braun- u. Steinkohle, Bauxit, Kupfer, Blei, Zink, Nickel, Titan, Cadmium, Uran, Zinn, Gold, Silber u. Opale. Erdöl u. -gas decken den Eigenbedarf. Vielseitige u. leistungsfähige Industrie. Die wichtigsten Industriegebiete liegen in Neusüdwales u. Victoria. – Eisenbahn- u. Straßennetz verdichten sich nur im SO u. SW. In weiten Teilen ist hier das Flugzeug einziges Verkehrsmittel. Die wichtigsten Häfen sind Sydney u. Melbourne.

## AUSTRALIEN

*Ayers Rock, der aus Sandstein bestehende Inselberg, liegt ziemlich genau im Zentrum des Kontinents (links). – Australischer Ureinwohner mit Bumerang und Blasinstrument (Mitte). – Graue Riesenkänguruhs in einer typischen Eukalyptus-Parklandschaft (rechts)*

*Weingärten im Barossa Valley*   *Uranabbau in Queensland*

*Dornbuschsteppe in der fast baumlosen Nullarbor Plain, Süd- und Westaustralien (links). – Gold Coast, Touristenzentrum Surfers Paradise an der Küste von Queensland (rechts)*

Australien und Ozeanien, Staaten

**Australier**

| Australien: Verwaltungsgliederung | | | |
|---|---|---|---|
| Bundesstaat/<br>Bundes-<br>territorium | Fläche<br>in km² | Ein-<br>wohner<br>in 1000 | Hauptstadt |
| Neusüdwales | 801 600 | 5 581 | Sydney |
| Queensland | 1 727 200 | 2 616 | Brisbane |
| Südaustralien | 984 000 | 1 379 | Adelaide |
| Tasmanien | 67 800 | 449 | Hobart |
| Victoria | 227 600 | 4 188 | Melbourne |
| Westaustralien | 2 525 500 | 1 459 | Perth |
| Nordterritorium | 1 346 200 | 150 | Darwin |
| Hauptstadt-<br>Territorium | 2 400 | 268 | Canberra |

Geschichte. A. wurde Anfang des 17. Jh. entdeckt (W. *Janszoon*, L. V. de *Torres*). 1642–44 umsegelte Abel *Tasman* A. 1770 nahm James *Cook* Neusüdwales für Großbritannien in Besitz. Bis 1865 wurden Sträflinge nach A. geschickt; 1793 landeten die ersten freien Kolonisten bei Sydney. Es bildeten sich 6 engl. Kolonien, die sich am 1.1.1901 zu einem Bundesstaat (*Commonwealth of Australia*) im Brit. Empire zusammenschlossen. Am 1. u. 2. Weltkrieg nahm A. auf engl. Seite teil. 1951 wurde A. Mitgl. des ANZUS-Paktes, 1954 erfolgte der Beitritt zur SEATO. 1949–1972 sowie 1975–1983 regierte der Bürgerblock. Seit 1983 stellt die Arbeiterpartei mit R. J. L. *Hawke* den Prem.-Min.

**Australier,** die Bewohner Australiens; i.e.S. die austral. Ureinwohner (engl. *Aborigines*), heute rd. 160 000 Menschen, die zum großen Teil in Reservationen, auf Missionsstationen oder Viehfarmen (v.a. im Nordterritorium u. im W) leben; Angehörige einer sehr altertüml. Gruppe der Menschheit, in mehreren Schüben eingewandert. Sie gehören der *australiden* Rasse an und gliedern sich in viele Stämme. Sie streifen, wo unbeeinflußt, in Horden von 20–200 Menschen unter Führung der Ältesten als Wildbeuter umher. Bumerang u. Speer sind typ. Waffen, als Wohnung dienen meist Höhlen. Sie haben einen ausgeprägten Totemismus u. reichen Mythenschatz. Viele Stämme haben ihr Stammesleben allerdings aufgegeben.

**Australopithecus,** eine Vormenschenform, bek. aus vielen Funden in S- u. O-Afrika. Die Hauptlebenszeit war vor 2,5–1 Mio. Jahren. Alle A. gingen aufrecht.

**Austria,** lat. Name für *Österreich*.

**Austrofaschismus,** die klerikal-ständ. Diktatur der Regierungen *Dollfuß* u. *Schuschnigg* in Östr. 1934–38 sowie die antidemokrat. Ideologie der östr. Heimwehr.

**Austromarxismus,** seit 1904 von O. *Bauer*, M. *Adler*, K. *Renner*, u. R. *Hilferding* entwickelte östr. Richtung des Marxismus; neben dem *Revisionismus* u. dem *Kommunismus* Leninscher Prägung die wichtigste Form des Marxismus Anfang des 20. Jh.

**Ausverkauf,** Verkauf von Warenbeständen zu herabgesetzten Preisen aus bes. Grund; zum Schutz gegen Mißbrauch gesetzl. geregelt; *Saison-Schlußverkauf*.

**Auswanderung,** freiwilliges, dauerndes oder zeitw. Verlassen des Heimatstaats aus polit., wirtsch., religiösen oder anderen Gründen. Große A.sbewegungen der Gesch. waren die *Völkerwanderung*, die Besiedlung O- u. SO-Europas, die Besiedlung überseeischer Gebiete bes. aus Europa, Japan u. China. Von 1830–1930 sind etwa 6 Mio. Deutsche nach Übersee ausgewandert.

**Auswärtiges Amt,** Abk. *AA*, im Dt. Reich u. in der BR Dtld. Bez. für das *Außenministerium*, entspr. dem brit. *Foreign Office*.

**Ausweisung, 1.** Entfernung von *Ausländern* aus dem Staatsgebiet aus polizeil. oder polit. Gründen, meist durch Entziehung der *Aufenthaltserlaubnis*. → Auslieferung. – **2.** Vertreibung von *Inländern* aus polit., ideolog., rass. oder religiösen Gründen.

**auswuchten,** die Schwerachse bei umlaufenden Maschinenteilen »einmitten«, d.h. mit der Drehachse zusammenlegen, um gefährl. Drehschwingungen zu verhindern.

**Auswurf,** *Sputum*, durch Hustenstöße aus den Atemwegen ausgeworfene Ausscheidung der Schleimhäute; vorw. Schleim, dem auch Eiter, Blut, Fremdkörper u. Krankheitserreger beigemischt sein können.

**Auszubildender,** nach dem Berufsbildungsgesetz Bez. für eine Person, die sich in Berufsausbildung (Lehre), berufl. Fortbildung oder berufl. Umschulung befindet, fr. Bez. *Lehrling*.

**Auszug** → Extrakt.

**Autarkie,** »Selbstgenügsamkeit«, v.a. wirtsch.; A. ist gegeben, wenn ein Land alles selbst erzeugt, was es (an Rohstoffen, Lebensmitteln u.a.) braucht, u. auf jede Ein- u. Ausfuhr verzichten kann. A. behindert die internat. Arbeitsteilung u. wurde in Dtld. nach 1933 angestrebt.

**authentisch,** echt, aus glaubwürdiger Quelle stammend, vom Urheber selbst, zuverlässig. – **Authentizität,** Echtheit.

**Autismus,** *frühkindl. A.*, eine schwere psych. Fehlentwicklung im Kindesalter: das Verharren in einer intellektuellen u. emotionalen Eigenwelt, das Kontaktunfähigkeit u. eine verzögerte Persönlichkeitsentwicklung zur Folge hat. Die Ursachen sind unbekannt; **autistisch,** nur auf sich selbst Bezug nehmend, in seiner eig. Wahnwelt verharrend.

**auto..., Auto...** [grch.], Wortbestandteil: selbst..., eigen...

**Auto,** Kurzwort für *Automobil*; → Kraftwagen.

**Autobahnen,** in den USA *Highway*, mehrbahnige, kreuzungsfreie Straßen, die dem Schnellverkehr (mindestens 60 km/h) mit Kfz vorbehalten sind. Auf der A. der BR Dtld. (*Bundesautobahnen*) gilt seit 1974 eine Richtgeschwindigkeit von 130 km/h, in den meisten Ländern gibt es absolute Geschwindigkeitsbegrenzungen. – Gesch.: 1913–21 Bau der *Avus* in Berlin; 1928–32 Bau der ersten europ. A. (Köln–Bonn); 1935 Eröffnung der ersten Reichs-A. (Frankfurt a.M. – Darmstadt).

**Autobiographie,** *Selbstbiographie*, lit. Darst. des eig. Lebens (Lebenserinnerungen, Memoiren).

*Stadt-Autobahn in Frankfurt am Main*

*Autobahnnetz in Deutschland*

**autochthon,** eingeboren, ureingesessen; an Ort u. Stelle heimisch oder entstanden. Ggs.: *allochthon.*
**Autodidakt,** jemand, der seine Kenntnisse oder seine Bildung durch Selbstunterricht, nicht durch Schulen oder Lehrer, erworben hat.
**autogen,** aus sich selbst entstanden, ursprüngl. – **a.es Training,** psychotherapeut. Methode der »konzentrativen Selbstentspannung«, durch erlernbare Übungen die Beherrschung von sonst nicht willkürl. beeinflußbaren körperl. u. seel. Funktionen zu erlangen, wodurch psych.-vegetative Störungen (z.B. Verkrampfungszustände, Schlaflosigkeit) behoben werden können.
**Autogramm,** eigenhändige Unterschrift.
**Autoinfektion,** *Selbstansteckung,* die Übertragung von Krankheitserregern an andere Stellen des Körpers.
**Autointoxikation,** die *Selbstvergiftung* des Körpers durch körpereig. Stoffwechselgifte, z.B. bei Nierenerkrankungen.
**Autokephalie,** die Unabhängigkeit der orth. Landeskirchen, indem sie ihren leitenden Bischof selbst wählen.
**Autoklav,** ein verschließbarer Metallreaktor für Laborarbeiten unter hohem Druck u. bei hoher Temp.; auch mit mehreren m³ Fassungsvermögen für verfahrenstechn. Nutzungen.
**Autokratie,** »Selbstherrschaft«, eine Staatsform, in der der Herrscher *(Autokrat)* seine Herrschaft unumschränkt in seiner Person vereinigt u. ausübt. Sie kann *monarchisch* (Zarentum in Rußland), *caesaristisch* (Napoleon I. u. III.) mit scheindemokrat. Zustimmung oder *diktatorisch* (Faschismus, Nat.-Soz.) sein.
**Automat,** allg. jede Vorrichtung, die selbsttätig einen oder mehrere Arbeitsvorgänge in gleichmäßiger Wiederholung ausführt. Bei *automat. Bearbeitungsmaschinen* wird die Reihenfolge der Arbeitsvorgänge durch geeignete Schaltvorrichtungen gesteuert, ähnl. bei *Wasch-* u. *Verpakkungs-A.en* u.a. Ein *Waren-A.* gibt Waren, Briefmarken, Zigaretten u.a. nach Einwurf einer Geldmünze ab.
**Automatik,** Vorrichtung zur Selbststeuerung eines Vorgangs; beim Kfz insbes. das *automat. Getriebe.*
**Automatisierung,** *Automation,* die Schaffung techn. Einrichtungen, die ständig wiederkehrende gleichartige Verrichtungen selbst. ausführen, wird bes. in der ind. Fertigung angewandt. Durch A. wird die Produktion schneller, genauer u. wirtschaftlicher. Automat. Anlagen arbeiten nach einem *Programm,* dessen Ablauf heute weitgehend elektron. geregelt (gesteuert) wird *(Regeltechnik).* Der Mensch entwirft das Programm, stellt die Maschinen darauf ein u. nimmt das fertige Erzeugnis entgegen. Infolge der hohen Investitionskosten ist die A. im allg. erst bei Massenfertigung rentabel. A. führt in manchen Wirtschaftszweigen zum Verlust von Arbeitsplätzen.
**Automatismus,** zumeist unbewußtes Verhalten, z.B. Hypnotisierter oder Geisteskranker; vom zentralen Nervensystem gesteuerte Bewegungen, z.B. der Atmung, des Herzschlags; auch krankhafte dauernde Wiederholung derselben Bewegung u. Gedanken *(Stereotypie).*
**autonom,** selbständig, eigengesetzlich. – **Autonomie,** das Recht der Selbstverwaltungskörperschaften zur Regelung ihrer eig. Angelegenheiten; das Recht nat. Minderheiten, einen Teil ihrer Angelegenheiten selbst zu regeln.
**Autopsie,** *Leichenschau,* →Leichenöffnung.
**Autor,** Verfasser, Urheber, Schriftsteller.
**autorisieren,** ermächtigen, jemandem Vollmacht geben.
**autoritärer Staat,** ein Herrschaftssystem, in dem die Reg. keiner wirksamen Kontrolle durch die Volksvertretung unterworfen ist. Es kann leicht umschlagen in die totalitäre →Diktatur (Hitler, Mussolini), aber auch rechtsstaatl.-demokrat. Formen haben wie der V. Rep. Frankreichs unter C. de Gaulle. – Nach dem Verständnis des *Anarchismus* ist jede Staatsform autoritär.
**Autorität,** Ansehen, Einfluß, Geltung; urspr. der Ausdruck sachl. Überlegenheit u. persönl. Größe. Soziolog. gesehen ist A. eine Form der *Macht,* die nicht auf Gewalt, sondern auf der Anerkennung von Werten oder Funktionen beruht. A. besitzt die Persönlichkeit im ganzen oder auf einzelnen Gebieten (daher »A.« auch: *maßgebl. Fachmann*). Wo immer A. nicht oder nicht mehr durch sachl. Überlegenheit oder Notwendigkeit oder durch persönl. Größe begr. ist, ist »A.« nach heutigem Verständnis nur ein beschönigendes Wort für Gewalt u. Unterdrückung *(autoritäre* Form der A.). Aber auch die begr. A., die *autoritative* Form von A., wird heute gelegentl. abgelehnt, weil jede A. die Gefahr in sich berge, zu einem unantastbaren Leitbild zu werden, das die ihm Nachfolgenden in autoritätsgläubiger Unmündigkeit beläßt.
**Autosuggestion,** bewußte oder unbewußte Beeinflussung eig. psych. Funktionen (Wahrnehmungen, Urteile u.a.) sowie Verhaltensweisen.
**autotroph,** Bez. für Organismen (fast alle Pflanzen), die die Energie der Sonneneinstrahlung mit Hilfe des Blattgrüns Chlorophyll in der *Photosynthese* zu chem. Energie umwandeln.
**Autoxidation,** die langsame Oxidation organ. Stoffe durch den Luftsauerstoff. Auf A. beruhen z.B. das Trocknen des Leinöls, die Alterung von Gummi u. das Verharzen von Schmierölen.
**Autun** [oˈtœ̃], frz. Stadt in Burgund, 20 000 Ew.; Reste röm. Bauten.
**Auvergne** [oˈvɛrnjə], histor. Ldsch. im südl. Mittelfrankreich, alte Hptst. *Clermont-Ferrand;* das waldarme Kernland des frz. Zentralplateaus mit erloschenen Vulkanen: Mont Dore (1886 m), Cantal (1858), Puy de Dôme (1465 m); viele Heilbäder.
**Auxerre** [oˈsɛr], frz. Stadt in Burgund, an der Yonne, 38 000 Ew.; got. Kathedrale.
**Auxine,** pflanzl. Wuchsstoffe.
**AV,** Abk. für *audiovisuelle Medien, Audiovision.*
**Avantgarde** [avã], »Vorhut«, eine Richtung in Kunst, Wiss. u. Politik, die kämpfer. für neue Ideen eintritt. – **Avantgardist,** Vorkämpfer.
**avanti** [ital.], vorwärts.
**AvD,** Abk. für *Automobilclub von Deutschland;* gegr. 1899.
**Ave** [lat., »sei gegrüßt!«, »Heil!«], röm. Gruß.
**Aveiro** [aˈveiru], alte port. Lagunenstadt an der fischreichen *Ria de A.,* 60 000 Ew.; Hafen.
**Ave Maria,** »Gegrüßet seist du, Maria«, in der kath. Kirche das Hauptgebet zur Marienverehrung; Gruß des Erzengels Gabriel an Maria (Luk. 1,28), daher auch *Englischer Gruß* genannt.
**Avenarius,** Ferdinand, *1856, †1923, dt. Schriftsteller; versuchte u.a. durch Ztschr. u. Kalender, den Geschmack breiter Kreise zu bilden.
**Avenida,** breite Prachtstraße span., port. u. lateinamerik. Städte.
**Aventin,** einer der 7 Hügel Roms, im S der Stadt.
**Aventiure** [-ˈtyːrə], in der mhd. Dichtung das Abenteuer, das der Ritter bestehen muß; personifiziert als »Frau A.«: die Erzählkunst.
**Avenue** [-nü], breite, baumbestandene Straße.
**Avercamp,** Hendrick (van), *1585, †1634, ndl. Maler (weiträumige Landschaften, bes. Winterbilder mit reicher Figurenstaffage).
**Averroës,** arab. *Ibn Roschd,* *1126, †1198, arab. Philosoph; lebte als Arzt in Spanien. Sein Beiname »der Kommentator« bezieht sich auf sein enges, interpretierendes Verhältnis zu den Werken des Aristoteles.
**Avers,** Vorderseite einer Münze.
**Aversion,** gefühlsmäßige Abneigung, Widerwille.

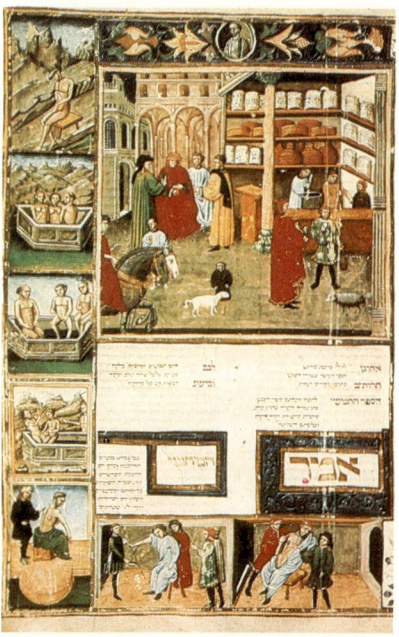

*Avicenna: Miniatur aus dem »Canon Maggiore«, des großen medizinischen Werkes des islamischen Philosophen. Bologna, Universitätsbibliothek*

**Avesta** →Awesta.
**Aveyron** [avɛˈrɔ̃], r. Nbfl. des Tarn in Frankreich, 250 km.
**Avicenna,** arab. *Ibn Sina,* *980, †1037, arab. Arzt u. Philosoph; Vermittler grch. Denkens im Orient. Sein med. Hauptwerk »Canon medicinae« beherrschte im MA die ärztl. Anschauungen.
**Avignon** [aviˈnjɔ̃], südfrz. Stadt an der Rhône, 90 000 Ew.; in der Antike als *Avenio* bekannt, 1309–76 Residenz der Päpste (»Babyl. Gefangenschaft« der Kirche), päpstl. Residenzschloß, Stadtmauer; Univ., Fremdenverkehr; berühmte Rhônebrücke.
**Avila,** röm. *Abela,* span. Stadt am Nordfuß des Kastil. Scheidegebirges, 40 000 Ew.; befestigte Kathedrale, Stadtmauer; Wallfahrtsort.
**Avion** [aviɔ̃], Flugzeug; *par a.,* mit Luftpost.
**Avionik,** die Wissenschaft u. Technik der elektron. Luftfahrtgeräte.
**Avis,** östr. *Aviso,* Anzeige, Benachrichtigung. – Ztw. **avisieren.**
**Avocado,** kleiner Baum aus der Fam. der *Lor-*

*Automatisierung: Industrieroboter zum Be- und Entladen eines Magazins an einer Montageanlage*

*Avignon: Blick auf den Papstpalast und die durch das Lied berühmte Brücke über der Rhône*

**Avogadro**

*beergewächse,* in den Tropen kultiviert; eßbare Früchte.
**Avogadro,** Amadeo, *1776, †1856, ital. Physiker; von ihm stammt das für die Molekulartheorie wichtige *A.sche Gesetz,* nach dem bei gleichem Druck u. gleicher Temp. gleiche Volumina aller Gase die gleiche Anzahl von Molekülen enthalten. Bei 0°C u. $1,013 \cdot 10^5$ Pa Druck befinden sich in 1 cm eines Gases $2,687 \times 10^{19}$ Moleküle *(A.sche Zahl).*
**Avon** [ˈɛivən], l. Nbfl. des Severn, 155 km; durchfließt u.a. *Stratford-on-A.,* in S-England.
**Avus,** Abk. für *Auto-, Verkehrs- u. Übungsstraße,* 2 x 9,8 km lange Auto-(Renn-)Straße in Berlin, am Rand des Grunewalds, Teil der Stadtautobahn. 1921 fertiggestellt; bis 1938 Schauplatz vieler *A.rennen.*
**AWACS,** Abk. für engl. *Airborne Warning and Control System,* ein Frühwarn- u. Leitsystem der US-amerik. Luftwaffe; ist in Großraumflugzeugen mit aufwendiger Elektronik untergebracht.
**Awaji,** dichtbevölkerte jap. Insel in der Inlandsee.
**Awami-Liga,** polit. Partei in → Bangladesch.
**Awaren,** *Avaren,* turkvölk. Reiternomaden, die ab Mitte des 6. Jh. ein *awarisches Großreich,* von der Elbe bis in den Kaukasus beherrschten. Die Feldzüge Karls d. Gr. zw. 791 u. 803 bereiteten dem Awarenreich ein Ende; die A. wurden von den umwohnenden Slawen u. den einwandernden Ungarn völlig assimiliert.
**Awesta,** *Avesta,* das hl. Buch des *Parsismus;* Reste der hl. Schriften der von *Zarathustra* gestifteten pers. Religion, in altiran. Sprache. Das A. enthält in seinen 5 Teilen liturg. Texte, Sagen, Opferlieder u. Andachtsleitungen. Der Ausdruck *Zend-A.* bedeutet »kommentiertes A.«.
**Axakow** [-kɔf], Sergej Timofejewitsch, *1791, †1859, russ. Schriftst. (kulturhistor. Erinnerungsbücher).
**Axenberg,** *Axenfels,* schweiz. Bergstock am Ostufer des Vierwaldstätter Sees, 1022 m. Am Seeufer die **Axenstraße** (12 km) mit vielen Tunneln u. Galerien.
**axial,** in Achsenrichtung, auf die Achse bezogen.
**Axiom,** ein unbeweisbarer, in sich einsichtiger u. unbestreitbarer Grundsatz, der als Ausgangspunkt für deduktive Systeme dient; so die log. Axiome (Satz der Identität, des Widerspruchs, des ausgeschlossenen Dritten) oder die geometr. Axiome Euklids. – In der modernen Grundlagenforschung heißt A. jeder beliebige Satz, der in einem System als absolute *Prämisse* verwendet wird.
**Ayacucho** [-kutʃo], Stadt in Peru, 2560 m ü.M., 80 000 Ew., Univ. (1677); 1824 Entscheidungsschlacht im Unabhängigkeitskampf Südamerikas.
**Ayatollah,** im schiit. Islam Titel für einen Gelehrten, der an einer theolog. Hochschule großes religiöses Wissen durch eine Prüfung nachgewiesen hat. Der Titel wurde 1979 durch den A. Chomeini, der die Revolution in Iran anführte, bes. bekannt.
**Ayers Rock** [ˈɛəs ˈrɔk], einzeln stehender Berg südwestl. von Alice Springs (Australien), 335 m hoch, 2,5 km lang; Höhlenmalereien, Touristenziel.
**Aylwin** [ˈɛlwin], Patricio, *26.11.1918, chilen. Politiker (Christdemokrat); seit 1990 Staats-Präs.
**Aymará,** *Kolla,* altes indian. Kulturvolk mit eig. Sprache; heutige Nachkommen auf dem Hochland von S-Peru u. Bolivien; bes. am Titicacasee.
**Aymé** [ɛˈme], Marcel, *1902, †1967, frz. Schriftst. (phantast., z.T. groteske Romane u. Theaterstücke).
**Ayr** [ɛə], Stadt u. Seebad in SW-Schottland, 47 000 Ew.
**Ayrer,** Jakob, *um 1543, †1605, dt. Schriftst., verfaßte nach dem Vorbild von H. Sachs u. der engl. Komödianten ca. 100 Stücke (69 erhalten), bes. Dramen, Fastnachts- u. Singspiele.
**Ayurveda,** altind. Gesundheitslehre; es wird hpts. mit pflanzl. Arzneien behandelt.
**Ayutthaya,** *Krung-Kao,* thailänd. Stadt am Menam, nördl. von Bangkok, 55 000 Ew.; 1350–1767 Hptst. von Siam.
**Azalee,** *Azalie, Azalea,* Sträucher aus der Gatt. → Rhododendron.
**Azhar,** *Al A.,* Moschee u. Univ. in Kairo, gegr. 970.
**Azide,** die Salze der Stickstoffwasserstoffsäure, $HN_3$. *Bleiazid* $Pb(N_3)_2$ wird als Initialsprengstoff verwendet.
**Azimut,** *Astronomie:* der Winkel zw. dem Ortsmeridian u. dem Vertikalkreis eines Gestirns.
**Azincourt** [azɛ̃ˈkuːr], frz. Ort bei Arras, im Dép. Pas-de-Calais; am 25.10.1415 besiegten die Engländer unter Heinrich V. das frz. Heer (Hundertjähriger Krieg).
**Aznavour** [aznaˈvur], Charles, *22.5.1924, frz. Chansonier; auch Filmschauspieler.
**Azo ...,** [frz. azote, »Stickstoff«], Wortbestandteil mit der Bedeutung »Stickstoff«.
**Azofarbstoffe,** umfangreiche Gruppe synthet. Farbstoffe, auf der Basis aromat. Stickstoffverbindungen *(Azobenzole);* zur Färbung von Baumwolle, Wolle, Seide, Papier, Holz u.a.
**Azoren,** port. *Açores,* 9 port. Inseln im Atlantik: *São Miguel, Santa Maria, Terceira, Pico, Faial, São Jorge, Graciosa, Flores* u. *Corvo,* zus. 2335 km², 245 000 Ew.; Hauptorte: *Ponta Delgada, Angra do Heroísmo* u. *Horta,* zugl. die wichtigsten Häfen. Inseln sind vulkan. Ursprungs, Klima ist subtrop., üppige Vegetation; Fremdenverkehr, Flotten- u. Luftstützpunkt. – Schon im Altertum bek. (Karthager, Normannen, Araber); seit 1439 von den Portugiesen besiedelt.
**Azoren-Hoch,** häufig über den Azoren liegender,

*Azoren: terrassenförmig angelegte Felder auf der Insel São Miguel*

in Europa wetterbestimmender hoher Luftdruck (maritime Tropikluft).
**Azorín** [aθoˈrin], eigtl. José *Martínez Ruiz,* *1874, †1967, span. Schriftst.; Wortführer der »Generation von 1898«, die eine traditionsbewußte Selbstbesinnung Spaniens anstrebte.
**Azotämie,** krankhafte Vermehrung des Reststickstoffs im Blut.
**Azoturie,** Vermehrung der Stickstoffausscheidung im Harn, bes. in Form von Harnstoff.
**Azteken,** bed. Indianerstamm in Mexiko, gehört zur Sprachfam. Nahua; wanderte zu Beginn des 2. Jt. in Mexiko ein u. wurde, umgeben von Stadtstaaten älterer u. höherer Kultur, durch geschickten Handel u. siegreiche Kriege innerhalb eines Jh. zum beherrschenden Kulturvolk u. Träger eines mächtigen Reichs im Hochtal von Mexiko. – 1325 gründeten die A. ihre Hptst. *Tenochtitlán* (Mexico) u. bauten sie mit Tempelpyramiden, Palästen, Aquädukten, Brücken, großen Plätzen u. einem System sich kreuzender Straßen aus. Der Staat der A. war lose gefügt, die eroberten Gebiete wurden nur militär. besetzt u. zu Tributzahlungen verpflichtet. Die Grundlage der aztek. Wirtsch. bildete der Feldbau mit Terrassenanlagen, künstl. Bewässerung u. schwimmenden Gärten. Sie kannten Kalender, Schrift u. Papierherstellung u. hatten ein hochstehendes Kunsthandwerk, dessen Qualität Masken mit Mosaik aus Türkis, Perlmutter u. verschiedenenfarbigen Muschelschalen, Keramik mit schwarzen Mustern auf farbigem Grund, Zeremonialgewänder, Schnitzwerke, Zeremonialwaffen u. Speerschleudern beweisen. Ihre Kultur war von *Tolteken* u. *Mixteken* geprägt. Ihrem Sonnen- u. Kriegsgott *Huitzilopochtli* brachten die A. Menschenopfer dar. Die Verehrung des toltek. Kulturheros *Quetzalcoatl,* der nach aztek. Glauben einstmals aus dem O wiederkehren sollte, wurde den A. zum Verhängnis: *Motecuzoma II.* sah in der Ankunft der Spanier die alten Weissagungen bestätigt u. behandelte H. *Cortez* als Gott, so daß dieser sich Motecuzomas ohne Kampf bemächtigen konnte. Cortez vernichtete das Reich 1519–21 mit Hilfe der von den A. unterjochten Stämme. Die letzten Herrscher *Motecuzoma II., Cuitlahuac* u. *Quauhtemoc* fanden 1520 bzw. 1524 den Tod; Tenochtitlán wurde 1521 völlig zerstört. – Die Nachkommen der alten A. bilden heute einen großen Teil der mexikan. Bevölkerung.
**Azulen,** ein entzündungshemmender Stoff, der in äther. Ölen, bes. in der Kamille, vorkommt.
**Azur,** das Himmelsblau.
**Azureelinien** [Pl.], waagerechtes, meist wellenförmiges Linienmuster auf Vordrucken u. auf Wertpapieren (gegen Fälschungen).

*Azteken: Schild aus Rohr mit Federmosaik (links). – Steinplastik des Regengottes Tlaloc (rechts)*

# B

**b, B,** 2. Buchstabe des dt. Alphabets, entspr. dem grch. Beta (β, B)
**B,** *Chemie:* chem. Zeichen für *Bor.*
**Ba,** chem. Zeichen für *Barium.*
**Baade, 1.** Fritz, *1893, †1974, dt. Nationalökonom u. Politiker (SPD); 1935–39 Berater der türk. Regierung in Ankara; 1948–61 Prof. u. Leiter des Instituts für Weltwirtschaft in Kiel. – **2.** Wilhelm Heinrich Walter, *1893, †1960, dt. Astronom; erforschte die Struktur des Weltalls.
**Baader-Meinhof-Gruppe,** Selbstbez. *Rote Armee Fraktion/RAF,* eine linksextremist. Gruppe, die Terroranschläge gegen die bestehende Gesellschaftsordnung in der BR Dtld. verübt. Ulrike *Meinhof* beging 1976, Andreas *Baader* 1977 in der Haft Selbstmord. Es entstanden versch. Nachfolgeorganisationen. Mehrere Mitgl. der RAF fanden seit ca. 1980 in der DDR Unterschlupf.
**Baal,** Gott der Westsemiten, urspr. der Gott der heim. Scholle, dann Gewitter-, Himmels- u. Sonnengott. Sein Kult hatte ekstat. Charakter.
**Baalbek, 1.** *Balbek,* im Altertum syr. Stadt in der Ebene zw. Libanon u. Antilibanon, seit der Seleukiden-Zeit grch. *Heliopolis;* monumentaler Tempelbezirk aus dem 1.–3. Jh. – **2.** Stadt im Libanon el Beqa, 25 000 Ew., in der Nähe der Ruinen des antiken B.
**Baath-Partei,** nationalist. Partei der »arab. Auferstehung«, eine 1943 in Syrien gegr. panarab.-sozialist. Partei (seit 1947 unter dem Namen B.).
**Babbage** ['bæbidʒ], Charles, *1792, †1871, engl. Mathematiker u. Nationalökonom; versuchte 1822 als erster, das Modell einer programmgesteuerten Rechenmaschine zu bauen.
**Babbitt** ['bæbit], Bez. für den US-amerik. Spießbürger, nach dem Roman »B.« (1922) von H. S. Lewis.

**Babel** → Babylon.
**Babenberger,** Markgrafen- u. Herzogsgeschlecht in der bay. Ostmark u. im Hzgt. Österreich 976–1246, 1192–1246 auch Herzöge der Steiermark. Unter den B. erlebte Österreich seine erste wirtschaftl. u. kulturelle Blütezeit.
**Babenhausen,** Stadt in Hessen nördl. des Odenwalds, 14 000 Ew.; Schleifmaschinen.
**Babesien,** Blutparasiten bei Säugetieren, Erreger des in der ganzen Welt verbreiteten *Texasfiebers* der Rinder.
**Babeuf** [ba'bœf], François Noël, *1760, †1797, frz. Revolutionär; Jakobiner. Seine »Verschwörung der Gleichen« gegen das Direktorium (1796) wurde aufgedeckt. B. wurde hingerichtet.
**Babinski,** Joseph François Felix, *1857, †1932, frz. Neurologe. Nach ihm benannt ist der *Babinskische Reflex,* der bei Schädigungen des Rückenmarks oder Gehirns auftritt.
**Babismus,** urspr. islam. Sekte, gegr. von *Mirza Ali Mohammed* (*1820, 1850 hingerichtet), der 1844 mit seiner Offenbarung hervortrat u. sich *bab* (»Tor«) nannte, durch das man in die Erlösung eingehen werde. Aus dem B. entwickelte sich der *Bahaismus.*
**Babits** ['bɔbit∫], Mihály, *1883, †1941, ung. Schriftst.; sein Roman »Die Todgeweihten« 1927 zeichnet ein umfassendes Bild von Kleinadel u. Intelligenz um 1900.
**Babybonds** ['beibi-], Anleihen mit sehr kleiner Stückelung, z. B. zu 10 DM
**Babylon,** *Babilu, Babel,* Ruinenstadt am Euphrat, 80 km südl. von Bagdad; seit 1700 v. Chr. Hptst., Kultur- u. Kultmittelpunkt *Babyloniens;* seit 1250 v. Chr. mehrfach von den Assyrern zerstört, immer wieder neu aufgebaut, am prächtigsten durch *Nebukadnezar II.* (605–562 v. Chr.). 539 v. Chr. von *Kyros II.,* 522 v. Chr. von *Dareios II.,* 331 v. Chr. von *Alexander d. Gr.* erobert, verfiel es unter den *Seleukiden.*
**Babylonien,** fruchtbares Tiefland am Unterlauf der Flüsse Euphrat u. Tigris. Hier entstand eine der ersten Kulturen der Weltgeschichte. Die Urbevölkerung läßt sich nur archäolog. nachweisen. Geschichtl. faßbar sind erstmals zu Beginn des 3. vorchristl. Jt.s die Stadtstaaten der *Sumerer.* Bedeutende, miteinander rivalisierende Städte waren *Uruk, Ur, Kisch* u. *Lagasch.* Nachdem der König *Lugalzaggesi von Umma* (um 2365–2340 v. Chr.) kurze Zeit ein sumer. Großreich regiert hatte, ging die Macht an das semit. Reich von *Akkad* (um 2350–2150 v. Chr.) über. Am Ende der Akkad-Zeit drangen wilde Bergstämme *(Gutäer)* ins Land ein, dennoch konnte *Gudea von Lagasch* seinem Volk Ruhe u. wirtsch. Blüte sichern. *Utuchengal von Uruk* (um 2070 v. Chr.) vertrieb die Gutäer, wurde aber von *Urnammu von Ur* (2062–2045 v. Chr.) entthront; unter seinen Nachfolgern erlebte das Sumerertum eine Renaissance. Das semit. Element wurde aber durch die Einwanderung der *Amoriter* immer stärker u. führte seit etwa 1950 v. Chr. zum allmähl. Zerfall des Staatswesens.
Im 18. Jh. v. Chr. entstand um die Stadt *Babylon* der semit. Staat B., dessen bedeutendster Herrscher, *Hammurapi* (1728–1686 v. Chr.), das gesamte Gebiet bis nach Assyrien vereinigte. Um 1530 v. Chr. wurde Babylon bei einem Vorstoß der Hethiter unter König Mursili völlig zerstört. Das zusammengebrochene Reich übernahmen die *Kassiten.* Durch den Einfall der *Elamiter* kam es 1160 v. Chr. zum Ende der Kassiten-Herrschaft. Es folgten die einheim. Herrscher der Dynastie von Isin. Im 1. Jt. v. Chr. geriet B. zeitweise unter assyr. Herrschaft, bis schließl. der chaldäische Fürst *Nabupolassar* (625–606 v. Chr.) mit Hilfe der Meder Assyrien vernichten konnte u. damit zum Begründer des Neubabylon. Reiches wurde. Unter seinem Sohn *Nebukadnezar II.* (605–562 v. Chr.) wurde B. noch einmal Großmacht. Doch schon

539 v. Chr. fiel es fast kampflos dem Perserkönig *Kyros II.* in die Hände, kam 331 v. Chr. zum Weltreich *Alexanders d. Gr.,* 321 v. Chr. an die *Seleukiden,* 140 v. Chr. an die *Parther,* 228 n. Chr. an die *Sassaniden* u. 635 an die *Araber.* Der heutige Südirak war das alte B., der Nordirak Assyrien.
**Babylonisch** → akkadische Sprache.
**Babylonische Gefangenschaft,** *Babylonisches Exil,* **1.** Zwangsaufenthalt der durch *Nebukadnezar II.* verschleppten judäischen Oberschicht in Babylonien (597/587–538 v. Chr.). – **2.** *B. G. der Kirche,* Aufenthalt der Päpste in Avignon 1309–76; → Papsttum.
**babylonische Kunst** Die Freilegung des bed. Zeugnisses altbabylon. Architektur, eines ca. 300 Räume umfassenden Königspalasts, gelang auf dem Gelände der alten Stadt *Mari* am Euphrat. Als Tempeltyp herrschte in der babylon. Baukunst die *Zikkurat* vor, ein auf künstl. Erdaufschüttungen errichteter *Hochtempel.* Berühmt wurde der unter Nabupolassar begonnene u. unter Nebukadnezar II. vollendete Wiederaufbau des Tempelturms in Babylon *(babylonischer Turm).* Unter Nebukadnezar II. entfaltete sich eine reiche Bautätigkeit (Umbau der Burg von Babylon, Schaffung der *Hängenden Gärten,* Neubau der Prozessionsstraße mit dem *Ischtar-Tor).*
Bei Grabungen in Mari wurden bes. Wandmalereien in schwarzen, hellblauen u. rötl.-braunen Farben auf Lehmputz (18. Jh. v. Chr.) gefunden. Aus neubabylon. Zeit ist bes. die polychrome Ziegelausstattung des Ischtar-Tors (weiße u. gelbe Stiere auf leuchtend blauem Grund), der Prozessionsstraßenwände (gelbe Löwen auf dunkelblauem oder türkisfarbenem Grund) u. des Thronsaals der Burg (schreitende Löwen) in Babylon bekannt geworden.

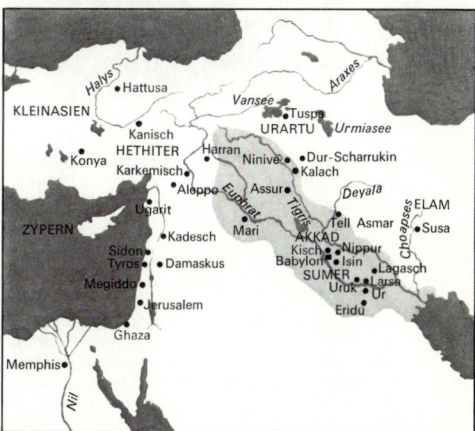

*Babylonien: Babylonisches Reich unter Hammurapi um 1700 v. Chr.*

**babylonische Literatur,** in Keilschrift auf Tontafeln aufgezeichnete Epen, Mythen, Zaubersprüche. Bedeutendstes Werk ist das *Gilgamesch-Epos.*
**babylonische Religion,** Religion der Vielgötterei; wurde von den Assyrern übernommen u. umgestaltet. Grundgedanke war, daß die Himmelswelt das Urbild der ird. Welt wäre. Die Sterne u. ihre Konstellationen galten als Erscheinungsformen der Götter u. als Ausdruck ihres Willens. Beobachtung der Sterne zur Erforschung des Willens der Götter u. des Schicksals der Menschen bildete die Grundlage späterer Astronomie u. Astrologie.
**Babylonischer Turm,** Turmbau, der nach 1. Mose 11 bis zum Himmel reichen sollte (»Turmbau zu Babel«), dessen Ausführung Gott aber durch die »Babylon. Sprachverwirrung« vereitelte. Die Sage geht auf den mehrfach, bes. unter *Nebu-*

*Baal, der blitzeschleudernde Gott, mit ägyptischer Krone; Bronzefigur, um 1350 v. Chr. Paris, Louvre*

kadnezar II. erneuerten Stufentempel (Zikkurat) in *Babylon* zurück.
**Babylonisches Exil** → Babylonische Gefangenschaft.
**Bacall** [ˈbækəl], Laureen, eigtl. Betty Joan *Perske*, *10.9.1924, US-amerik. Film- u. Theaterschauspielerin.
**Bacchanal** [baxa-], *Bachanal,* in der grch.-röm. Antike seit dem 5. Jh. v. Chr. Gelage zu Ehren des Weingotts *Bacchus* (Dionysos); allg. Trinkgelage, Orgie.
**Bacchanten** [baˈxan-], *Bachanten,* **1.** Anhänger des Gottes *Bacchus* (Dionysos); insbes. die »rasenden« Teilnehmerinnen *(Bacchantinnen, Mänaden)* an den Bacchanalen. – **2.** Im späten MA Bez. für fahrende Schüler, die von einer Lateinschule zur anderen wanderten.
**Bacchus** [ˈbaxus] → Dionysos.
**Bach, 1.** Carl Philipp Emanuel, Sohn von 4), der *Berliner* oder *Hamburger B.,* *1714, †1788, dt. Komponist; 1740 Kammercembalist Friedrichs II. in Berlin, 1767 Nachfolger G. Ph. Telemanns in Hamburg. Seine Musik spiegelt den Übergang vom galantempfindsamen zu einem sehr persönl. Stil. – **2.** Johann Christian, Sohn von 4), der *Mailänder* oder *Londoner B.,* *1735, †1782, dt. Komponist; erfolgreicher Repräsentant des galanten Stils; betreute den jungen *Mozart* 1764 auf dessen Londoner Reise. – **3.** Johann Christoph Friedrich, Sohn von 4), der *Bückeburger B.,* *1732, †1795, dt. Komponist; 1758 Kapellmeister des Grafen Wilhelm zu Bückeburg; Zusammenarbeit mit J. G. *Herder.* – **4.** Johann Sebastian, *1685, †1750, dt.

*Johann Sebastian Bach*

Komponist u. Musiker; bed. kammermusikal. Werke (»Brandenburgische Konzerte«, »Wohltemperiertes Klavier« u.a.), 1723–50 Thomaskantor in Leipzig; Leipziger Werke: u.a. Magnificat, Motetten, Umarbeitung der Johannespassion, Matthäuspassion 1729, »Clavierübung« in 4 Teilen, Messe in h-Moll, Weihnachtsoratorium 1734/35, Osteroratorium 1736, »Musikalisches Opfer« 1747, Kunst der Fuge 1749/50 (unvollendet), zahlr. Kantaten (auch einige weltliche). Bachs erster Ruhm gründete sich auf sein außergewöhnl. Cembalo- u. Orgelspiel, bes. auf seine hohe Improvisationskunst im polyphonen Stil. Diesen Stil, bes. die *Fuge,* die höchste Kunstfom der Barockmusik, führte B. an die Grenze des Möglichen. In seinen Werken verbindet sich eine höchst dynam. Melodik mit einer überaus farbigen, feinste Ausdrucksnuancierungen ermöglichenden Harmonik u. einer den heutigen Menschen bes. ansprechenden »motor.« Rhythmik. B. darf nicht einseitig als prot. Kirchenmusiker gesehen werden; er beherrschte alle musikal. Möglichkeiten seiner Zeit mit Ausnahme der Oper, die ihm fremd blieb. – **5.** Wilhelm Friedemann, ältester Sohn von 4), *1710, †1784, dt. Komponist; von seinen Zeitgenossen als der größte Orgelspieler nach seinem Vater gerühmt. Er hat von allen Söhnen Bachs wohl am konsequentesten u. am längsten Stilmittel des Vaters verwendet u. wurde doch einer der markantesten musikal. Vertreter der Genie-Epoche.
**Bacharach,** Stadt in Rhld.-Pf. am Rhein, nördl. von Bingen, 2600 Ew.; Weinbau, Schieferbrüche.
**Bache,** Bez. für das weibl. *Wildschwein.*
**Bachelor** [ˈbætʃələr], lat. *baccalaureus,* niederster akad. Grad in angelsächs. Ländern, als *B. of Arts*

*Francis Bacon (1); Bildnis von W. Marshall, 1640*

(B. A.) in den geisteswiss., als *B. of Science* (B. S.; B. Sc.) in den naturwiss. Fächern.
**Bachem, 1.** Bele, *17.5.1916, dt. Malerin u. Graphikerin (Buch- u. Porzellanmalereien, kunstgewerbl. Arbeiten). – **2.** Hans, *1897, †1973, dt. Organist; bekannt durch Aufführungen der Orgelwerke M. *Regers.*
**Bachmann,** Ingeborg, *1926, †1973, östr. Schriftstellerin; Mitgl. der »Gruppe 47«, schrieb Verse u. Prosa chiffrierter Daseinsnot von klangstarker Spracheigenart.
**Bachofen,** Johann Jakob, *1815, †1887, schweiz. Rechtshistoriker u. Kulturphilosoph; Begründer der Theorie vom *Mutterrecht.*
**Bachstelze,** *Motacilla alba,* einheim. Singvogel mit schwarz-weißer Zeichnung u. langem, wippendem Schwanz.
**Bachtaran,** Prov.-Hptst. in Iran, 531 000 Ew.; Erdölraffinerie, Textilind.
**Back,** *seemänn.:* **1.** Tisch, Tischgemeinschaft an Bord. – **2.** über die ganze Schiffsbreite u. bis zum Bug reichender Aufbau auf dem Vorschiff.
**Backbord,** die linke Schiffsseite; bei Dunkelheit durch rotes Licht gekennzeichnet. Die rechte Seite heißt *Steuerbord* (grünes Licht).
**Backen,** verstellbare Spannteile an Werkzeugen u. Maschinen, um Arbeitsstücke festzuklemmen.
**Backenbremse,** eine Bremse aus einem oder mehreren Bremsklötzen *(Backen),* die entweder am Laufrand *(Außen-B.)* oder am Innenrand *(Innen-B.)* oder an der Seite *(Scheiben-B.)* eines Rads oder einer Scheibe angreifen.
**Backenhörnchen,** *Streifenhörnchen, Tamiini,* kleinere Verwandte des *Eichhörnchens,* dem sie in Aussehen u. Lebensweise ähneln. Große Backentaschen dienen dem Sammeln von Vorräten. Vorkommen: N-Eurasien u. N-Amerika.
**Backgammon** [ˈbækɡæmən], *Puffspiel;* engl.], *Puffspiel,* ein Würfel-Brettspiel für 2 Personen; seit über 2000 Jahren in zahlr. Variationen in vielen Ländern verbreitet. Das Spielbrett zeigt zwei sich gegenüberstehende Reihen von Spitzen (Zacken), über die mit Hilfe von 2 Würfeln je 15 Steine zu führen sind.
**Backhaus,** Wilhelm, *1884, †1969, dt. Pianist; insbes. Beethoven- u. Brahms-Interpret.
**Backnang,** Stadt in Ba.-Wü., an der Murr gelegen, 30 600 Ew.; Leder-, Textil-, Elektro- u. Maschinenind.
**Backofen,** *Backoffen,* Hans, *1450, †1519, dt. Bildhauer; neben H. *Leinberger* Hauptmeister des sog. spätgot. Barocks.
**Backstein** → Ziegel. – **B.bau,** Bauwerk mit unverputztem, ausgefugtem Mauerwerk aus *B.en* (Ziegeln u. Klinkern); bereits in der altvorderasiat. (Mesopotamien) u. in der etrusk. u. röm. Baukunst bekannt. – **B.gotik,** Gattungs- u. Stilbez. für die aus Backstein errichteten Bauwerke der Gotik, bes. die Profan- u. Sakralbauten des 14./15. Jh. im nord- u. ostdt. Raum (Schleswig, Mecklenburg, Pommern, Mark Brandenburg, Ordensland Preußen) u. in Skandinavien.
**Bacon** [ˈbeɪkən], magerer Speck, der vor dem Räuchern gepökelt wird; bes. in England u. Dänemark.
**Bacon** [ˈbeɪkən], **1.** Francis, *1561, †1626, engl. Renaissancephilosoph u. Staatsmann; stieg zum Lordkanzler auf; wurde 1621 wegen Bestechlichkeit verurteilt u. später von Jakob I. begnadigt; Begründer des engl. *Empirismus* u. Theoretiker der Induktion, scharfsinniger Kritiker der Scholastik u. glänzender Essayist. Hptw.: »Novum Organon Scientiarum«. – **2.** Francis, *1909, engl. Maler (alptraumhafte Porträts, die den Menschen wie in einem Zerrspiegel erscheinen lassen). – **3.** Roger, lat. R. *Baco,* *1214, †1294, engl. Franziskaner; wegen seiner umfassenden Kenntnisse *doctor mirabilis* genannt; Kritiker der theolog. Methodik seiner Zeit, die er unter Zugrundelegung naturwiss. Erkenntnisse zu reformieren suchte.
**Bad, 1.** Einwirkung von Wasser, Dampf, Sand, Luft, Sonne u.a. auf den Körper zur Reinigung. – **2.** Ort mit Heilbadcharakter. Die Verleihung der Bez. B. als Badeort ist an das Vorhandensein natürl. Heilkräfte u. bestimmter Einrichtungen gebunden.
**Badajoz** [baðaˈxoθ], span. Prov.-Hptst. in Estremadura, alte Grenzfestung gegen Portugal, am Guadiana, 126 000 Ew.; Fayence-Ind.
**Badakhschan** [-dax-], afghan. NO-Prov., 521 000 Ew., Hptst. *Faisabad;* reich an Erzen u. Edelsteinen; Viehzucht.
**Badalona,** Ind.-Vorstadt von Barcelona, an der span. Mittelmeerküste, 230 0000 Ew.; Textil-, Glas- u. chem. Ind.
**Baden, 1.** ehem. Land des Dt. Reiches, im SW am Rhein gelegen, alte Hptst. *Karlsruhe.* Heute Westteil von Ba.-Wü. mit den Reg.-Bez. *Karlsruhe* u. *Freiburg.* – Gesch.: Seit dem 12. Jh. war B. Markgsft. unter den *Zähringern.* Nach Gebietserwerbungen (Heidelberg, Mannheim, Breisgau, Baar, Konstanz u.a.) wurde es 1806 Großhzgt.; 1818 liberale Verf.; 1848/49 kam es zu Aufständen, die durch preuß. Truppen unterdrückt wurden; 1918 Freistaat; 1945 wurde Südbaden zur frz., Nordbaden zur amerik. Besatzungszone geschlagen; 1952 Vereinigung zum Bundesland Ba.-Wü. – **2.** *B. bei Wien,* östr. Stadt südl. von Wien, am Ostrand des Wienerwalds, 28 000 Ew.; bed. Schwefelbad Östr. – **3.** schweiz. Stadt an der Limmat, im Kanton Aargau, 14 000 Ew.; alte Bäderstadt, heiße Schwefelquellen (bis 48 °C); Elektroind.
**Baden-Baden,** Stadt u. internat. Badeort im Tal der Oos, am Westhang des nördl. Schwarzwalds, 49 200 Ew.; Kochsalzthermen (44–60 °C) gegen Gicht, Rheuma u. Katarrhe; Spielbank; Pferderennen in *Iffezheim.*
**Baden-Powell** [beɪdn ˈpoʊəl], Sir Robert Stephenson Smyth, *1857, †1941, engl. Offizier; seit 1907 Organisator u. Leiter der engl. Pfadfinderbewegung.
**Badenweiler,** ba.-wü. Kurort im südl. Schwarzwald, an der Blauen, 427 m ü. M., 3600 Ew.; radioaktive Thermalquellen.
**Baden-Württemberg,** Land der BR Dtld., entstanden 1952 als Ergebnis der Bemühungen um

| Baden-Württemberg: Regierungsbezirke | | |
|---|---|---|
| Regierungs-bezirk | Fläche in km² | Einwohner in 1000 |
| Freiburg | 9357 | 1870 |
| Karlsruhe | 6919 | 2396 |
| Stuttgart | 10558 | 3494 |
| Tübingen | 8917 | 1531 |

einen Südweststaat aus Baden, Württemberg-Baden u. Württemberg-Hohenzollern, 35 751 km², 9,29 Mio. Ew, Hptst. *Stuttgart.* Das im W u. S bis an den Rhein reichende Land umfaßt einen großen Teil des Oberrhein. Tiefebene, den Schwarzwald, den südl. Odenwald, im O einen Teil des Schwäb.-Fränk. Stufenlands mit der Schwäb. Alb u. reicht mit dem »Oberland« südl. der Donau

*Backgammon: Brett, Spielsteine und Würfel*

*Baden-Württemberg: Staustufe des Neckar bei Gundelsheim*

schon ins Alpenvorland, im württemberg. Allgäu sogar bis in die Alpen. – Bodenverhältnisse u. Klima begünstigen Land- u. Forstwirtschaft. Die Fertigwarenind. (Metall-, Leder-, Textilwaren, Autos, elektr. u. feinmechan. Geräte, Papier u. Druckerzeugnisse) konzentriert sich auf die städt. Zentren Freiburg i. Br., Heidelberg, Heilbronn, Karlsruhe, Mannheim, Pforzheim, Reutlingen, Stuttgart u. Ulm.

**Bader,** volkstüml. Bez. für *Barbier*.

**Badgastein,** östr. Kurort im südl. Salzburg, im oberen *Gasteiner Tal,* 1013 m ü. M., 5750 Ew.; radioaktive Thermalquellen (bis 47 °C); Spielbank; zwei 63 u. 85 m hohe Wasserfälle der *Gasteiner Ache* im Ort.

**Badische Schule,** *Südwestdeutsche Schule,* auf W. *Windelband* zurückgehende, lange Zeit von H. *Rickert* repräsentierte werttheoret. Richtung des *Neukantianismus*.

**Badlands** ['bædlændz], Gebiete im wechselfeuchten Klima, die durch verstärkte, auch vom Menschen verursachte Erosion ihrer Bodenkrume u. Pflanzendecke beraubt u. einer wirtschaftl. Nutzung entzogen wurden.

**Badminton** ['bædmɪntn], *Federballspiel,* ein Rückschlagspiel mit einem leichten Federball über ein Netz hinweg.

**Badoglio** [ba'dɔljo], Pietro, *1871, †1956, ital. Offizier; 1912–22 u. 1925–28 Chef des Generalstabs, 1928–1933 Gouverneur von Libyen; leitete den Feldzug gegen Äthiopien 1935/36, Vizekönig von Ital.-Ostafrika, schied 1940 aus; nach dem Sturz Mussolinis 1943/44 Min.-Präs.

**Baeck,** Leo, *1873, †1956, reformjüd. Rabbiner; 1913 Dozent für Homiletik u. Religionsgesch. an der Hochschule für die Wiss. des Judentums u. Rabbiner in Berlin, 1943 nach Theresienstadt verschickt, seit 1945 in London.

**Baedeker,** Karl, *1801, †1859, dt. Buchhändler; verfaßte weit verbreitete Reisehandbücher u. gründete 1827 einen Verlag in Koblenz, heute in Freiburg i. Br.; bekannt durch seine Reiseführer.

**Baer,** Karl Ernst von, *1792, †1876, dt. Zoologe; begr. die moderne Embryologie u. entdeckte das Säugetierei.

**Baeyer** ['baɪər], Adolf von, *1835, †1917, dt. Chemiker; arbeitete über Farbstoffe, bes. über die Indigosynthese; Nobelpreis 1905.

**Baez** [ba'ez], Joan, *9.1.1941, US-amerik. Sängerin; die polit. engagierte Sängerin gilt seit ihrem ersten Erfolg 1959 als wichtigste Vertreterin des Folksongs.

**Baffin** ['bæfin], William, *1584, †1622, engl. Seefahrer; entdeckte 1616 die nach ihm benannte **B.-Bai,** ein Nebenmeer des Atlantik zw. Grönland u. **B.-Land,** der größten Insel des kanad.-arkt. Archipels (rd. 507 450 km²).

**BAföG** → Ausbildungsförderung.

**BAG,** Abk. für *Bundesarbeitsgericht*.

**Bagatelle** [die], Kleinigkeit, Geringfügigkeit.

**Bagatellsachen,** geringfügige Rechtsverstöße, bei denen von einer Verfolgung abgesehen werden kann: a) vermögensrechtl. Ansprüchen unter 50 DM, im Strafrecht bei geringer Schuld des Täters u. bei geringem öffentl. Interesse.

**Bagdad,** Hptst. des Irak, am Mittellauf des Tigris, wo er sich dem Euphrat am meisten nähert, in fruchtbarer Umgebung, 1,5 Mio. Ew. (m.V. 4,6 Mio. Ew.); Verkehrs- u. Handelszentrum; Universitäten; Metall- u. Textilind., Zitrusfrucht-, Baumwoll- u. Dattelkulturen; Ölraffinerie; Flughafen. – Gesch.: 762 von *Al-Mansur* gegr. als Kalifensitz u. Hptst. des Islam. Reichs. Unter *Harun Ar Raschid* (9. Jh.) nahm die Stadt an Bedeutung zu; kultureller u. wirtschaftl. Höhepunkt im 10./11. Jh.; 1638–1917 türk.; seit 1920 Hptst. des Irak.

**Bagdad-Bahn,** über 2400 km lange Bahnlinie (Istanbul-)Konya – Adana-Mosul – Bagdad – Basra (Pers. Golf); 1903 unter dt. Beteiligung begonnen, 1918 zu ²/₃ fertig; das letzte Stück 1940 gebaut.

**Bagdad-Pakt** → CENTO.

**Bagger,** Gerät zum Ausheben von Erdmassen. Man unterscheidet: Trocken- u. Naß-, Hoch-, Flach- u. Tief-B. (vom Führerhaus aus gesehen), Eimerketten-, Greif-, Löffel-, Pumpen-, Schaufelrad-B. u. a.

**Bahaismus,** aus dem *Babismus* hervorgegangene Religionsgemeinschaft, 1863 von Baha'u'llah (*1817, †1892) gegr. Ihre Lehre beruht auf islam. Tradition, besteht aber aus Elementen aller Weltreligionen.

**Bahamas,** Staat in W-Indien, 13 878 km², 240 000 Ew. (85 % Schwarze u. Mulatten, 15 % Weiße u. Mestizen), Hptst. *Nassau* auf New Providence Island. – Die B. bestehen aus 20 größeren bewohnten u. 3000 kleineren u. kleinsten Inseln, Riffen u. Klippen, die sich über 1200 km von der

*Bahamas*

Ostküste Floridas bis zur Insel Haiti erstrecken. Subtrop., mäßig feuchtes Klima. Wichtigster Wirtschaftszweig ist der Fremdenverkehr. – Geschichte: Seit 1729 waren die Inseln eine brit. Kronkolonie. 1964 erhielten die B. innere Selbstverwaltung. Am 10.7.1973 wurden die B. unabhängig.

**Bahasa Indonesia** [»Sprache Indonesiens«], die auf der *malaiischen* Sprache aufgebaute Staatssprache Indonesiens.

**Bahia,** NO-brasil. Staat, steigt von der Küste zum Brasilian. Bergland hin an, 561 026 km², 9,3 Mio. Ew., Hafen u. Hptst. *Salvador;* Anbau von Kakao, Kaffee u. Baumwolle; Förderung von Mangan, Blei, Chrom, Erdöl, Kupfer u. Uran.

**Bahia Blanca,** argent. Hafenstadt sw. von Buenos Aires, 195 000 Ew.; Univ.; Nahrungsmittelind., Erdölraffinerie; Flughafen.

**Bahnbestimmung,** die Ermittlung der geometr. Gestalt des Weges eines Himmelskörpers aufgrund von Beobachtungen seines scheinbaren Ortes an der Himmelskugel zu versch. Zeiten.

**Bahnhof,** ortsfeste Anlagen für den Verkehr u. den Betrieb der Eisenbahn, planmäßige Haltestelle der Züge zum Ein- u. Aussteigen der Reisenden u. zum Verladen von Gepäck u. Expreßgut.

**Bahnhofsmission,** 1897 in Berlin auf Anregung von Pastor J. *Burckhardt* (*1853, †1914) ins Leben gerufene (ev. u. kath.) Organisation, zunächst zur Betreuung reisender Mädchen, dann aller Reisenden, die Hilfe brauchen.

**Bahnpolizei,** bes. Polizei zur Aufrechterhaltung der Sicherheit u. Ordnung des Bahngebiets u. Bahnverkehrs.

**Bahr, 1.** Egon, *18.3.1922, dt. Politiker (SPD); 1969–72 Staatssekretär im Bundeskanzleramt; entscheidend am Zustandekommen des dt.-sowj. Vertrags (1970) u. des Grundlagenvertrags beteiligt; 1972–74 Bundesmin. für bes. Aufgaben, 1974–76 für wirtschaftl. Zusammenarbeit; 1976–81 Bundesgeschäftsführer der SPD; seit 1984 Leiter des Inst. für Friedensforschung u. Sicherheitspolitik in Hamburg. – **2.** Hermann, *1863, †1934, östr. Schriftst. (Romane u. Dramen); wandlungsreicher Kritiker mit Spürsinn für geistige u. künstler. Strömungen.

**Bähr,** *Baehr,* Georg, *1666, †1738, dt. Baumeister; baute mehrere sächs. Barockkirchen, am bekanntesten die Frauenkirche in Dresden (1945 zerstört).

**Bahrain,** Staat im Pers. Golf, vor der Ostküste Saudi-Arabiens, 678 km², 430 000 Ew., Hptst. *Manama*. – Die Inselgruppe hat Wüstenklima. Die Bewohner sind vorw. Araber. Hauptwirtschaftszweig ist die Erdölförderung u. -verarbeitung. An-

*Bahrain*

dere wichtige Industriezweige sind die Aluminium-, Bau- u. chem. Ind. sowie die Verarbeitung der landwirtschaftl. Produkte (Datteln, Zitrusfrüchte, Gemüse). – Geschichte: Um 1520 von Portugiesen besetzt, 1602 von den Persern; später selbständiges Fürstentum, das sich seit dem 19. Jh. an Großbritannien anlehnte; bis 1971 brit. Protektorat; seither unabhängiges Emirat.

**Bahr Al Ghazal** [baxr ɛlga'za:], *Gazellenfluß,* l. Nbfl. des Nils im SW der Rep. Sudan.

**Bahro,** Rudolf, *18.11.1935, dt. Journalist u. Wirtschaftsfunktionär, marxist. Theoretiker u. Systemkritiker in der DDR; wurde 1977 verhaftet u. 1979 in die BR Dtld. entlassen; 1980–85 Mitgl. der Partei »Die Grünen«; forderte einen ökolog. Humanismus u. glaubte an die notwendig folgende Kulturrevolution.

**Baht,** Währungseinheit in Thailand.

**Baia Mare,** Hptst. des rumän. Kreises Maramures, im nördl. Siebenbürgen, 140 000 Ew.; Gold- u. Silber-, Blei- u. Kupferbergbau, chem.-metallurg. Ind.

**Baiersbronn,** Luftkurort u. Wintersportplatz in Ba.-Wü., im nördl. Schwarzwald, 14 700 Ew.; Textil- u. Metallind.

**Baikal-Amur-Magistrale,** Abk. *BAM*, 1984 fertiggestellte Eisenbahnlinie in O-Sibirien zw. Ust-Kut an der Lena u. der Industriestadt Komsomolsk am Amur, nördl. der Transsibir. Eisenbahn; 3145 km lang. Dient der Erschließung der reichen Holzbestände u. Bodenschätze.

**Baikalsee,** von Gebirgen umgebener See im mittleren S-Sibirien, 31 500 km², 650 km lang, bis 74 km breit; tiefster See der Erde (1620 m; 455 m ü. M.)

**Baikonur,** Raketenstartplatz in Zentralkasachstan (UdSSR).

**Bairam,** *Bayram, Beiram,* zwei islam. Feste: *großer B.,* auch *Kurban-B.* (»Opferfest«), u. *kleiner B.* (»Zuckerfest«).

**Baiser** [bɛ'ze; das; frz., »Kuß«], weiches Schaumgebäck aus geschlagenem Eiweiß, Zucker u. Gelatine.

**Baisse** [bɛːs; frz.], Börsenausdruck für das Sinken von Preisen oder Wertpapierkursen; Ggs.: *Hausse*.

**Bajadere,** portug. Bez. für die ind. Tänzerin u. Sängerin, die als *Dewadasi* von Kind an dem Dienst der Gottheiten geweiht ist (mit religiöser Prostitution) oder als *Natschni* ihren Beruf gewerbsmäßig (profan) betreibt.

**Bajazzo** [ital., »Strohsack«], die lustige Figur des ital. Volkslustspiels. – *Der B.,* Oper von Ruggiero *Leoncavallo* (1892).

*Bagdad: Denkmal und Moschee am Platz des Unbekannten Soldaten*

**Bajer,** Frederik, *1837, †1922, dän. Politiker; Gründer des Intern. Friedensbüros in Bern 1891; 1908 Friedensnobelpreis.

**Bajezid I.,** *Bajesid, Bajezet, Beyazit,* gen. *Yíldírím* [»Blitz«] *1360, †1403, osman. Sultan 1389–1402; eroberte 1354 Serbien, schlug 1396 bei Nikopolis ein Kreuzzugsheer. In der Schlacht von Ankara am 20. 7. 1402 geriet er in die Gefangenschaft Timurs u. starb kurze Zeit später.

**Ba Jin** *1904, chin. Schriftst.; behandelt in seinen Romanen u. Novellen den Gegensatz zw. alter Familientradition u. moderner Jugend.

**Bajonett,** eine seit Mitte des 15. Jh. verwendete Klinge, die zum Nahkampf am oberen Ende des Gewehrs befestigt wird, um dieses in eine Stoßwaffe zu verwandeln.

**Bajonettverschluß,** *Renkverschluß,* leicht lösbare Verbindung zwischen Hülsen u. Rohren, bei der sich Stifte in Führungsschlitzen der Hülse bewegen können; verwendet für Schlauchverbindungen, Lampenfassungen, opt. Geräte u.a.

**Bajuwaren,** *Baioaren, Baiovaren, Baiwaren, Baiern,* westgerm. Volksstamm, Vorfahren der heutigen Bayern; seit der Mitte des 6. Jh. nachgewiesen; Herkunft ungewiß.

**Bakchylides,** *Bacchylides,* *um 505 v.Chr., †450 v.Chr., grch. Dichter aus Keos.

**Bake, 1.** im Eisenbahnverkehr Tafel zur Ankündigung eines Vorsignals. – **2.** in der Schiffahrt feststehendes Seezeichen; meist im Küstengewässer zur Kennzeichnung der Fahrrinne. – **3.** im Straßenverkehr zur Warnung aufgestellter Pfahl vor einem Bahnübergang.

**Bakelit,** zu den Phenolharzen gehörender Kunststoff, 1905 von L. H. *Baekeland* erfunden.

**Baker** ['beɪkə], **1.** James Addison, *28.4.1930, US-amerik. Politiker (Republikaner); 1985–88 Finanz-Min., entwarf einen Plan *(B.-Plan)* zur Lösung des Schuldenproblems der Dritten Welt; seit 1989 Außen-Min. – **2.** Josephine, *1906, †1975, US-amerik. Revue-Tänzerin; Gründerin eines Kinderdorfs. – **3.** Sir Samuel White, *1821, †1893, engl. Afrika-Reisender; eroberte 1870–73 die Länder am Weißen Nil für Ägypten.

**Baker-Eddy** ['beɪkə 'edi], Mary, *1821, †1910, US-amerik. Gründerin der Glaubensgemeinschaft *Christian Science.*

**Bakkalaureus** [-reːus], im MA vor der Gründung der Univ. ein junger Edelmann oder ein einfacher Geistlicher; dann der erste akadem. Grad; heute in Dtld. nicht mehr gebräuchl. In angelsächs. Ländern ist *bachelor* der niederste akadem. Grad. In Frankreich ist der *bachelier* der Inhaber des *baccalauréats* (etwa der dt. Reifeprüfung entspr.).

**Bakkarat** [-'ra], *Baccarat,* ein Kartenglücksspiel, bei dem zwei Spieler u. der Bankhalter gegeneinander spielen u. weitere mitwetten können.

**Bakonywald** ['bɔkonj-], Mittelgebirgszug nördl. vom Plattensee, W-Ungarn.

**Bakschisch,** Almosen, Trinkgeld, Bestechungsgeld.

**Bakterien** [Pl., Sg. das Bakterium oder die Bakterie], *Eubakterien, Bacteria, Spaltpilze, Schizomycetes,* mikroskop. kleine einzellige Organismen von kugeliger, stäbchenförmiger oder schraubiger Gestalt; ohne abgegrenzten Zellkern. Sie sind unbewegl. oder führen mit Hilfe von Geißeln schnelle Schwimmbewegungen aus. Eine Vermehrung erfolgt durch Querteilung. B. sind überall in der Luft, im Wasser u. im Boden verbreitet. Bestimmte B. *(Bazillen)* können unter ungünstigen Bedingungen Dauerformen (Sporen) bilden. B. haben ungeheure Bed. für den Abbau organ. Substanz. Wirtschaftl. Bed. haben z.B. die Gewinnung von Alkohol, Essig u. Antibiotika, die Säuerung von Milch u. die Käseherstellung. Unter den B. finden sich aber viele Erreger ansteckender Krankheiten, z.B. Keuchhusten, Diphtherie, Scharlach, Cholera, Typhus, Tuberkulose u.a. Als Relikte aus der Urzeit des Lebens werden die *Archaebakterien* angesehen, die von den »Echten B.« abgegrenzt werden. Archae-B. haben sich an extreme ökolog. Bedingungen angepaßt u. zeigen einen andersartigen Zellwand- u. Lipid-Aufbau. Zu den Archae-B. zählen u.a. *Methan-B., schwefeloxidierende B.* u. *Halo-B.* In der Biotechnologie werden B. u.a. wegen ihrer vielseitigen Stoffwechselleistungen, z.T. nach Veränderungen ihrer genet. Eigenschaften (→ Gentechnik) eingesetzt.

**Bakteriologie,** ein Teilgebiet der Mikrobiologie, das sich nur mit den *Bakterien* befaßt: die *mediz.B.* mit den krankheitserregenden Bakterien, die *techn.B.* mit den industriell nutzbaren Bakterien. Begründer der B. waren L. *Pasteur* u. R. *Koch* Mitte des 19. Jh.

**Bakteriophagen,** [»Bakterienfresser«], *Phagen, Viren,* die Bakterien befallen u. zerstören.

**bakterizid,** bakterientötend, keimtötend.

**Baktrien,** altpers. Ldsch. nördl. des Hindukusch, Teil des heutigen Afghanistans. Hptst. war *Baktra,* das heutige *Balch* im NO Afghanistans.

**Baku,** Hptst. der Aserbaidschan. SSR, Sowjetunion, auf der Halbinsel Apscheron am W-Ufer des Kasp. Meers; m. V. 1,69 Mio. Ew.; Zentrum eines Erdölgebiets; Univ.; Erdöl-, Maschinen-, Textilind., Werften; Hafen, Flughafen.

**Bakunin,** Michail Alexandrowitsch, *1814, †1876, russ. anarchist. Sozialist; beteiligte sich an fast allen revolutionären Bestrebungen W-Europas seiner Zeit. 1864 wurde er Mitgl. der 1. *Internationale,* jedoch 1872 auf Betreiben von *Marx* ausgeschlossen.

**Balakirew** [-rɛf], Milij Alexejewitsch, *1837, †1910, russ. Komponist; Begründer der jungruss. Schule.

**Balalaika,** russ. Zupfinstrument mit langem Hals, 3 Saiten u. dreieckigem Schallkörper; wird meist mit Plektron gespielt.

**Balance** [-'lãsə], Gleichgewicht.

**Balanchine** [balã'ʃiːn], Georges, eigtl. Georgi Balanchiwadze, *1904, †1983, russ. Tänzer u. Choreograph; seit 1948 Leiter des »New York City Ballet«; Begründer des tänzer. Neoklassizismus.

**Balata,** kautschukähnl. Milchsaft des in Guyana u. Venezuela heim. *B.baums.*

**Balaton** ['bɔlɔ-], ungar. Bez. für den → Plattensee.

**Balboa,** Hafenstadt am pazif. Ende des Panamakanals, in der Kanalzone, 5000 Ew.

**Balboa,** Vasco Núnez de, *um 1475, †1517, span. Konquistador; erreichte 1513 als erster Europäer über die Landenge von Darién (Panama) die Küste des Pazifik.

**Balch** [bɔːltʃ], Emily Greene, *1867, †1961, Präsidentin der USA-Sektion der Internat. Frauenliga für Frieden u. Freiheit seit 1922; Friedensnobelpreis 1946.

**Balchaschsee,** *Balkaschsee,* kasak. *Tengis,* abflußloser flacher See (27 m tief) in der Wüstensteppe O-Kasachstans, 620 km lang, wechselnde Größe (17 000–22 000 km²).

**Baldachin,** urspr. ein kostbarer, golddurchwirkter Seidenstoff aus dem Orient, später der daraus gefertigte Prunkhimmel über Thron, Bischofssitz, Kanzel, Bett u.a. sowie der bei Prozessionen verwendete Traghimmel auf vier Stangen; auch steinernes Schutzdach auf drei oder vier Säulen über Statuen, Grabmälern u. Altären.

**Baldeneysee,** Stausee der Ruhr südl. von Essen, 1926–33 errichtet.

**Balder,** *Balder, Baldur,* altgerman. Gott, Sohn Odins u. der Frigg; nach der Edda der Liebling der Götter, schön u. tapfer.

**Baldrian,** *Valeriana,* Gatt. krautiger Pflanzen oder Halbsträucher aus der Familie der *Baldriangewächse* mit fiederteiligen Blättern u. gipfelständigen, trugdoldigen Blütenständen. Der Gewöhnl. *B., Katzenkraut, Valeriana officinalis,* wächst bei uns an Waldrändern, Wiesen u. Ufern. Das in der Wurzel enthaltene **B.öl** wirkt beruhigend u. krampflindernd.

**Balduin, 1. B. I.,** *1171, †1206, Graf von Flandern u. Hennegau, 1204/05 lat. Kaiser; kam nach der Eroberung Konstantinopels im 4. Kreuzzug auf den Thron. – **2. B. I.,** *1058, †1118, König von Jerusalem 1100–18; nahm am 1. Kreuzzug teil.

**Balduin von Luxemburg,** *1285, †1354, Erzbischof von Trier 1308–54; verhalf seinem Bruder *Heinrich VII.* zur dt. Krone, unterstützte gegen Ludwig den Bayern das Gegenkönigtum *Karls IV.*

**Baldung,** Hans, gen. *Grien,* *1484/85, †1545, dt. Maler u. Zeichner für den Holzschnitt; seit 1502/03 Geselle in *Dürers* Werkstatt, 1512–16 Freiburg i. Br., seit 1517 in Straßburg; Hptw.: Hochaltar im Freiburger Münster.

**Baldur** → Balder.

**Baldwin** ['bɔːldwin], **1.** James, *1924, †1987, afroamerik. Schriftsteller; analysiert in Romanen u. Essays die Folgen von Rassen- u. Moralvorurteilen. – **2.** James Mark, *1861, †1934, US-amerikan. Psychologe; Evolutionist, Verf. einer umfassenden Entwicklungspsychologie. – **3.** Stanley Earl (seit 1937) *B. of Bewdley,* *1867, †1947, brit. Politiker (konservativ); 1923–29 u. 1935/36 Premiermin.

**Baleāren,** span. *(Islas) Baleares,* Inselgruppe u. Prov. Spaniens im westl. Mittelmeer, besteht aus den eigtl. B. mit *Mallorca* u. *Menorca* u. den als *Pityusen* bekannten Inseln *Ibiza* u. *Formentera,* zusammen 5014 km², 755 000 Ew.; bes. wintermildes Klima u. subtrop. Vegetation; Anbau von Mandeln, Feigen, Wein, Oliven u. Südfrüchten; bed. internat. Fremdenverkehr; Flugstützpunkt u. Haupthafen ist die Hptst. *Palma.*

*Hans Baldung, genannt Grien: Mucius Scaevola. Dresden, Gemäldegalerie*

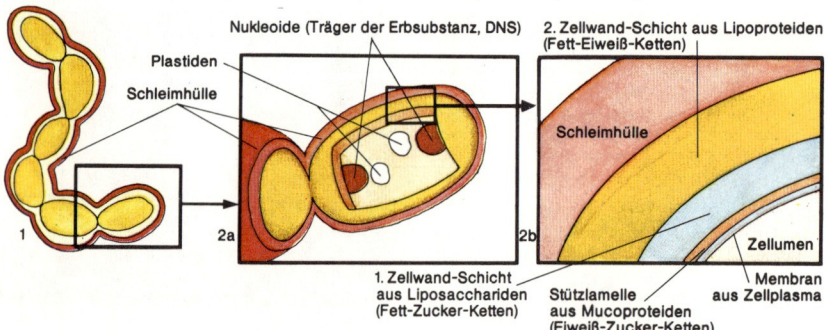

*Bakterien: 1) Schleimkolonie von Stäbchenbakterien 2) Feinstruktur der Bakterienzelle: a) Zellumen, aufgeschnitten; b) Zellwand*

**Balfour** ['bælfə], Arthur James Earl of (seit 1922), *1848, †1930, brit. Politiker (konservativ); 1902–05 Premiermin.; 1916–19 Außenmin.; gab 1917 die **B.-Deklaration** ab, in der er dem Juden »eine nationale Heimstätte« in Palästina versprach.

**Balg,** das abgezogene Fell oder Federkleid von Säugern oder Vögeln mit Schnabel, Füßen, Krallen u.ä.

**Balhorn,** *Ballhorn,* Johann, *1528, †1603, dt. Buchdrucker aus Lübeck. Ihm wurden zu Unrecht Drucke zugeschrieben, die viele fehlerhafte Korrekturen enthielten, daher *ballhornisieren, verballhornen.*

**Bali,** die westl. der indones. Kleinen Sundainseln, 5561 km², 2,65 Mio. Ew.; tradit. Zentrum des Hinduismus; bed. Fremdenverkehr; Hptst. *Denpasar.*

**Balingen,** Krst. in Ba.-Wü. an der Eyach, am Fuß der Schwäb. Alb, 518 m ü. M., 30 000 Ew.; Zollernschloß; Herstellung von Waagen, Metall-, Textil- u. Möbelind.

**Balk,** *Balke,* Hermann, †1239, erster Landmeister des Dt. Ordens in Preußen; gründete u.a. Thorn, Kulm, Marienwerder u. Elbing.

**Balkan, 1.** *Balkangebirge,* bulgar. *Stara Planina,* westöstlich verlaufender Gebirgszug in Bulgarien, 600 km lang, im Botew 2376 m; mittelgebirgsartig abgerundete Bergformen; zahlr. Pässe. – **2.** *Balkanhalbinsel,* gebirgige Halbinsel im SO Europas, in N durch die Save-Donau-Linie begrenzt; Dinarische Alpen in NW, Pindosgebirge im S u. Balkan im O; Küste stark zerrissen u. in viele Halbinseln u. Inseln aufgelöst; polit. aufgeteilt in Albanien, Bulgarien, Griechenland, Jugoslawien, Rumänien u. den europ. Teil der Türkei.

**Balkanbund,** der zw. Serbien, Bulgarien, Montenegro u. Griechenland zur Aufteilung der europ. Türkei 1912 geschlossene Bund, der im Okt. 1912 den 1. Balkankrieg eröffnete.

**Balkanisierung,** Zerfall eines größeren Herrschaftsgebiets in instabile oder miteinander verfeindete Kleinstaaten; abgeleitet von den Zuständen auf dem Balkan nach der Auflösung des Osman. Reichs u. der Donaumonarchie.

**Balkankriege,** 1912/13 gegen die Türkei unter Beteiligung von Serbien, Bulgarien, Griechenland u. Montenegro; 2. Krieg Serbiens, Griechenlands u. Rumäniens gegen Bulgarien 1913.

**Balkanpakt,** am 28.2.1953 zw. der Türkei, Griechenland u. Jugoslawien geschlossenes Freundschaftsbündnis.

**Balkon** [-'kɔ̃ oder -'koːn], offener Vorbau an der Außenwand oder im Innern (Theater, Saal) eines Gebäudes, meist eingefaßt von einem Geländer.

**Ball,** Hugo, *1886, †1927, dt. Schriftsteller; 1916 in Zürich Mitbegründer des *Dadaismus;* Verfasser von »Lautgedichten«; pazifist. Kulturkritiker.

**Ballade, 1.** episches Gedicht, das eine handlungsreiche u. spannungsgeladene, oft erschütternde Begebenheit behandelt. – **2.** ursprüngl. im MA einstimmiges Tanzlied; im 14./15. Jh. frz. Kunstlied mit Instrumentalbegleitung. Die B. als Vertonung eines epischen Gedichts kam in Dtld. in der Romantik auf.

**Ballast** [[auch -'last]], tote Last (im Unterschied zur *Nutzlast*).

**Ballaststoffe,** Bestandteile der Nahrung, die

*Bali: Tempeltänzerinnen*

durch Verdauungsenzyme nicht aufgespalten u. vom Körper daher nicht verwertet werden können, die aber für die normale Darmtätigkeit unentbehrl. sind; u.a. enthalten in Gemüse, Obst u. Vollkornprodukten.

**Ballei,** Ordensprov. (Verw.-Bez.) der Ritterorden.

**Ballen, 1.** Frachtstück in Leinwand, Jutegewebe. – **2.** Papierzählmaß: 1 B. = 10 Ries = 10 000 Boden (seit 1877). – **3.** bes. kräftig ausgebildete Muskelwülste an den Seiten der Innenflächen von Hand u. Fuß; auch stark entwickelte Druckstellen an den Fußflächen u. die Schwielen an den Schalen des Schalenwilds.

**Ballenstedt,** Stadt u. Luftkurort im Krs. Quedlinburg, in Sachsen-Anhalt, 9900 Ew.; Schloß.

**Ballerina,** Ballettänzerin. – **Prima-B.,** erste Solotänzerin im Ballett.

**Ballett** [das; ital. *ballo,* »Tanz«], die klass. Form des Bühnentanzes, auch das Bühnenensemble, das diesen Tanz aufführt. Das B. entwickelte sich Ende des 15. Jh. aus Tanzeinlagen bei Festessen an ital. Fürstenhöfen. Erstmals 1581 wurde am Pariser Hof ein abendfüllendes »Ballet comique de la Reine« von *Balthasar de Beaujoyeux* aufgeführt, in dem sich Tanz, Dichtung, Musik u. Ausstattung miteinander zu einem einheitl. Werk verbanden. Es bestimmte die prächtigen Aufführungen der europ. Fürstenhöfe km 17. Jh.

In Frankreich entwickelten die Komponisten J. B. *Lully* u. J. P. *Rameau* u. der Operndichter P. *Quinault* das B. zu einem wichtigen, von Berufstänzern bestrittenen Bestandteil der frz. Oper. Der Choreograph P. *Beauchamp,* der Gründer der Pariser Königl. Tanzakademie, ließ 1681 auch Tänzerinnen auftreten. Sein Schüler R. R. *Feuillet* schuf 1701 mit der Erfindung der Tanzschrift *(Choreographie)* die Grundlage für die Technik des B.tanzes, die durch J. G. *Noverre* mit dramat. Handlungsfolgen u. lebensnaher Gestik neue Anregungen empfing. Um 1830 begann die Zeit des romant. B. u. des *Spitzentanzes* (»Giselle« von A. Adam).

Eine Blüte erlebte das B. in Rußland, namentl. durch die Choreographien von M. *Petipa,* darunter Tschaikowskijs »Schwanensee« u. »Dornröschen«. Berühmtheit erlangte die B.schule von S. *Diaghilew,* dessen Choreographen u. Tänzer die Grundlagen für die B.entwicklung im 20. Jh. schufen.

Die Bewahrer der klass. Stils sind heute das Londoner *Royal Ballet,* das Moskauer *Bolschoj-Ballett* u. das Leningrader *Kirow-Ballett.* In Amerika, wo mit dem *American Ballet Theatre* u. dem *New York City Ballet* ein neues B.zentrum entstand, erlebte der klass. Stil durch G. *Balanchine* u. J. *Robbins* im Neoklassizismus (Vereinfachung zugunsten der großen Linie) seine Weiterentwicklung. Zentren des modernen B.stils, der Elemente des klass. wie des Freien Tanzes *(Modern Dance)* mischt, wurden neben New York insbes. Paris (M. *Béjart,* R. *Petit*) u. London mit einigen privaten B.kompanien, aber auch Berlin (T. *Gsovsky*). Anschluß an das internat. Niveau fand in Dtld. das *Stuttgarter Ballett* J. *Crankos,* das *Ballett der Hamburgischen Staatsoper* unter J. *Neumeier* u. das *Wuppertaler Ballett* unter Pina *Bausch.* Die anspruchsvollen B.musiken Strawinskys, Ravels, Egks, Henzes u.a. sichern dem B. auf der Bühne einen selbständigen Wirkungskreis neben Oper, Operette u. Musical.

**Ballhaus,** allg. Gebäude für das Ballspiel; bes. verbreitet im 15.–18. Jh. Berühmt wurde das B. in

*Ballett: Igor Strawinskys »Jeu de Cartes«, in John Crankos Choreographie vom Stuttgarter Ballett getanzt*

Versailles durch den **B.-Schwur** der Abgeordneten des 3. Stands am 20. 6. 1789, sich nicht eher zu trennen, als bis Frankreich eine Verfassung bewilligt worden sei.

**ballhornisieren,** *verballhornen,* »verschlimmbessern«.

**Balliste,** antikes Wurfgeschütz zum Schleudern von Steinen u. steinernen Kugeln.

**Ballistik,** Lehre von der Bewegung geschleuderter oder geschossener Körper.

**ballistische Kurve,** Darstellung der Flugbahn eines Geschosses; eine verwickelte Raumkurve, die von der idealen Wurfparabel erhebl. abweicht. Sie berücksichtigt die Einflüsse des Luftwiderstands u. den Geschoßdrall.

**Ballon** [-'lɔ̃ oder -'loːn], **1.** Luftfahrzeug, das leichter ist als Luft, bestehend aus einer gasdichten Hülle aus Seidengewebe *(B.stoff)* oder Kunststoffolie, die mit einem Traggas wie Wasserstoff, Helium oder Leuchtgas **(Gas-B.)** oder erhitzter Luft **(Heißluft-B.)** gefüllt ist u. durch den Dichteunterschied zwischen Traggas u. Luft einen statischen Auftrieb liefert. **Frei-B.** sind beschränkt steuerbar u. werden bemannt im B.sport (bes. Ziel- u. Weitfahrten) eingesetzt. **Fessel-B.** sind mit Seilen am Boden verankert u. werden für meteorolog. Mes-

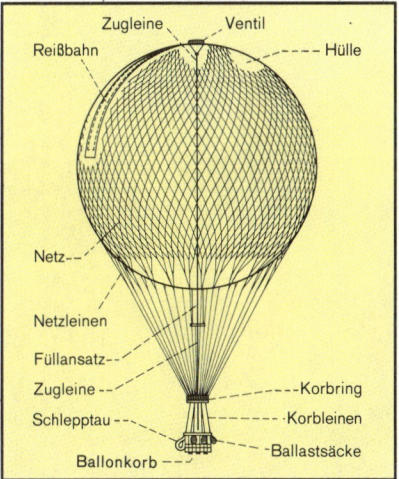

*Ballon: Heißluftballons beim Start (links). – Konstruktion und Bestandteile eines Gasballons (rechts)*

**Ballotage**

sungen verwendet. – **2.** kugelförmiger Glasbehälter u.ä. für Flüssigkeiten oder Gase.

**Ballotage** [-'ta:ʒə], geheime Abstimmung mit verschiedenfarbigen Kugeln.

**Ballymena** [bæli'mi:nə], Verwaltungssitz u. Distrikt in N-Irland in der Prov. Ulster, nördl. des Lough Neagh, 15 000 Ew.; Marktort, Textil- u. Tabakind.

**Balmer,** Johann Jakob, *1828, †1898, schweiz. Mathematiker; drückte 1885 als erster die Gesetzmäßigkeit zwischen den Spektrallinien von angeregtem Wasserstoff (*B.-Serie*) in einer Formel (*B.-Formel*) aus.

**Balmoral Castle** [bæl'mɔrəl 'ka:sl], Schloß in der schott. Grampian Region, Sommerresidenz der engl. Könige.

**Balmung,** in der deutschen Sage das bei der Teilung des Nibelungenhorts von *Siegfried* gewonnene Schwert.

**Balneologie,** *Bäderkunde,* die Wiss. von den natürl. Heilkräften der Bade- u. Kurorte (Mineralquellen, Meerwasser, Klima).

**Bal paré** [frz.], bes. festl. Tanzveranstaltung.

**Balsa** [die; span. »Floß«], **1.** floßartiges Boot aus Binsenbündeln mit Mattensegeln der Indianer des westl. Südamerikas, z.T. auch Mexikos u. Kaliforniens. – **2.** *Balsaholz,* Holz des trop. *Balsabaums (Hasenpfotenbaum)* aus Westindien, Südamerika, auch Afrika u. Asien; leichter als Kork.

**Balsam,** Mischung aus Harzen u. äther. Ölen, die in vielen Bäumen vorkommt; verwendet als Riechu. Heilmittel u. als techn. Rohstoffe für die Firnisu. Lackbereitung.

**Balsaminengewächse** → Pflanzen.

**Balser,** Ewald, *1898, †1978, dt. Schauspieler; seit 1928 Mitgl. des Wiener Burgtheaters, Charakterdarsteller.

**Balten,** Völkergruppe im *Baltikum:* i. w. S. Esten, Litauer, Letten, Pruzzen, Kuren, Liven, Semgallen u. Selen; i. e. S. Angehörige der baltischen Sprachengruppe (Litauisch, Lettisch, Altpreußisch oder Pruzzisch); auch seit Mitte des 19. Jh. Bez. für die Deutschen in den russ. Ostseeprov.; später auch die Bez. *Deutsch-B., B.-Deutsche.*

**Balthasar,** *Belsazar,* einer der legendären Hl. Drei Könige.

**Baltikum,** *balt. Staaten,* Bez. für das Gebiet der Länder Estland, Lettland u. Litauen, die nach dem 1. Weltkrieg unabhängig wurden u. 1940 in die UdSSR eingegliedert wurden.

**Baltimore** ['bɔ:ltimɔ:], Hafenstadt an der nordamerik. Atlantikküste, am Ende der Chesapeake-Bucht, 746 000 Ew., größte Stadt von Maryland (USA); in *Sparrows Point* größtes Stahlwerk der Welt; Schiff-, Flugzeug-, Maschinenbau, Elektro- u. chem. Ind.; Univ.; bed. Verlage.

**Baltimore** ['bɔ:ltimɔ:r], David, *7.3.1938, US-amerik. Biochemiker u. Virologe; erhielt für Untersuchungen über Interaktionen des Tumorvirus mit der Erbmasse der Zelle zus. mit H. *Termin* u. R. *Dulbecco* den Nobelpreis für Medizin u. Physiologie 1975.

**Baltischer Landrücken,** poln. *Bałtyckie Pojezierze,* ein aus Moränenhügeln gebildeter Höhenzug mit zahlr. Seen, der in weitem Bogen von Jütland u. Holstein bis Estland den S-Rand der Ostsee umschließt; durch Oder, Weichsel u. Memel gegliedert in: *Mecklenburgische, Pommersche* u. *Masurische (Ostpreußische) Seenplatte.*

**Baltrum,** eine der Ostfries. Inseln, 6,5 km², 5 km lang, 800 Ew., Nordseeheilbad.

**Balustrade,** Brüstung u. Geländer aus einer Reihe niedriger Säulen, sog. *Baluster.*

**Balz,** der Teil des tier. Fortpflanzungsverhaltens, bei dem durch die verschiedenartigsten Werbezeremonien Kontakt zw. den Geschlechtspartnern aufgenommen wird, indem der Partner angelockt, seine Kontaktscheu abgebaut u. das Verhalten derart abgestimmt wird, daß eine Begattung mögl. ist; häufig durch Zurschaustellung auffälliger Körpermerkmale o.ä.

**Balzac** [-'zak], Honoré de, *1799, †1850, frz. Schriftst.; Schöpfer des frz. realist. Romans; ein scharfer Beobachter der menschl. Gesellschaft in all ihren Erscheinungen; W die unvollendete, 40 Bände umfassende Romanreihe »Die menschliche Komödie« (»La comédie humaine«) 1829–54.

**Bamako,** Hptst. der westafrik. Rep. Mali, am Oberlauf des Niger, 250 000 Ew.; Handels- u. Industriezentrum; Flughafen.

**Bamberg,** Krst. in Oberfranken (Bayern), nahe der Mündung der Regnitz in den Main, 69 000 Ew.; viele Baudenkmäler fast aller Epochen; Bamberger Dom (1237 geweiht; mit berühmten Steinplastiken: *Bamberger Reiter* u.a.), Klosterkirche St. Michael (12. Jh.); Altes Rathaus (18. Jh.); Naturkunde-Museum, Diözesan-Museum, Staatsbibliothek; Bamberger Symphoniker; Erzbischofssitz; Textil-, Elektro-, Maschinen- u. chem. Ind.; Brauereien; Binnenhafen am Europakanal Rhein-Main-Donau.

**Bambi, 1.** Name eines Rehkitzes im gleichnamigen Tierbuch (1923) von F. *Salten* u. im hiernach gedrehten Zeichentrickfilm (1942) von W. *Disney.* – **2.** Filmpreis, der aufgrund einer Publikumsbefragung von der Burda Druck u. Verlag GmbH jährl. verliehen wird; gestiftet 1948.

**Bambus,** *Bambusrohr,* mehrere Gattungen u. die größten Formen der *Süßgräser;* Hauptverbreitung in den trop. Gebieten. Die Arten mit dicken, verholzten Stämmen werden techn. genutzt.

**Bambusbär,** *Großer Panda, Riesenpanda,* der größte *Kleinbär* (nach anderer Auffassung gehört er zu den Katzenbären), auffällig schwarzweiß gezeichnet, 1,50 m lang. Er lebt in den Gebirgen O-Tibets u. in Höhen von über 2000 m ausschl. von Bambussprossen u. gehört zu den seltensten u. gefährdetsten Tieren der Erde. Er ist das Wappentier des *World Wildlife Fund* (WWF).

**Bambuspalme,** *Raphia,* Palmengattung im trop.-afrikan. Waldgebiet; Lieferant für → Raffiafaser u. → Piassava.

**Bamm,** Peter, eigtl. Curt *Emmrich,* *1897, †1975, dt. Schriftsteller; erzählte, zuerst meist im Rundfunk, als Humanist von seinen Reisen u. aus der Geschichte. W »Die unsichtbare Flamme«, »Frühe Stätten der Christenheit«, »Eines Menschen Zeit« u.a.

*Bambusbären oder Große Pandas*

**banal,** alltäglich, nichtssagend.

**Banane,** *Paradiesfeige, Pisang, Musa,* trop. Pflanzengattung bis 5 m hoher Stauden. Die Früchte werden v.a. von der *Obst-B.* geerntet, die *Mehl-* oder *Koch-B.* liefert Stärkemehl u. die *Faser-B.* Textilfasern, vor allem *Manilahanf.*

**Banat,** rumän.-jugoslaw. Ldsch. zw. Mures, Theiß, Donau u. S-Karpaten, schließt sich sö. an das Alföld an; im W flach mit fruchtbaren Böden, im O das **B.er Gebirge** (im Vîrful Gozna 1445 m). – G e s c h.: Das B. mit seiner Hptst. *Temesvar* kam 1718 zu Östr. u. wurde unter Maria Theresia mit Kolonisten, darunter vielen Deutschen (**B.er Schwaben**), besiedelt. Das nördl. B. kam 1779 zu Ungarn; der östl. Teil mit Temesvar fiel 1920 an Rumänien, der Rest an Jugoslawien.

**Banause,** Mensch ohne Kunstverständnis, Spießer.

**Band, 1.** A n a t o m i e: *Ligament,* derber Bindegewebsstrang zur Festigung der Gelenke oder zum Halt von Organen. – **2.** E l e k t r o t e c h n i k: Kurzform für *Tonband* oder *Magnetband.* – **3.** F u n k - t e c h n i k: *Frequenzband,* begrenzter Bereich im elektromagnet. Spektrum; die **B.breite** ist die Breite des Frequenzbereichs, der von einem elektron. Gerät verhältnismäßig ungeschwächt übertragen wird; ein **B.filter** läßt von einem breiten Frequenzspektrum einen bestimmten schmalen Frequenzbereich durch. – **4.** [bænd], Musikkapelle, bes. Jazz-, Rock- u. Pop-Ensemble.

**Banda,** Hastings Kamuzu, *1902, afrikan. Politiker in Malawi; seit 1963 Premier-Min. von Nyasaland, das als Malawi 1964 unabhängig wurde; seit 1966 Staats-Präs. (seit 1971 auf Lebenszeit).

**Bandage** [-'da:ʒə], Binde zum Stützen oder zum Schutz schwacher, verletzter oder empfindl. Körperteile.

**Bandainseln,** kleine indones. Vulkaninseln in der östl. Bandasee, 44 km², 15 000 Ew.

**Bandaranaike, 1.** Sirimavo, Witwe von 2), *1916, srilank. Politikerin; Nachfolgerin ihres Mannes im Parteivorsitz, 1960–65 u. 1970–77 Min.-Präs. – **2.** Solomon, *1899, †1959 (Attentat), srilank. Politiker; gründete 1951 die linksgerichtete *Sri Lanka Freedom Party* (SLFP), 1956–59 Min.-Präs.

**Bandar Lampung,** Hafenstadt in SO-Sumatra (Indonesien), an der Sunda-Straße, 300 000 Ew.; umfaßt die ehem. selbst. Städte *Telukbetung* u. *Tanjungkarang.*

**Bandbreite, 1.** → Band (3). – **2.** in einem System fester Wechselkurse der Spielraum zwischen der Ober- u. der Untergrenze (den *Interventionspunkten),* in dem die Kurse frei schwanken können, ohne daß die Notenbank kursregulierend Einfluß auf Devisenangebot oder -nachfrage ausübt.

**Bande, 1.** Einfassung der Reitbahn, des Eishockeyspielfelds u. des Billardtisches. – **2.** Zusammenschluß von Kriminellen oder verwahrlosten Jugendlichen.

**Bandeira** [ban'dɐira], Manuel *Carneiro de Sousa,* *1886, †1968, brasil. Schriftsteller u. Literaturhistoriker; bek. Lyriker der Gegenwart.

**Bandello,** Matteo, um *1485, †1562, neben G. *Boccaccio* der bed. Novellist der ital. Renaissance mit Wirkung auf *Lope de Vega, Shakespeare,* A. de *Musset* u.a.

**Bandenspektrum** → Spektrum.

**Banderilla** [-'rilja], mit Bändern u. Fähnchen ge-

*Bamberg: Altstadt mit Dom (links) und Altem Rathaus (rechts)*

schmückter u. mit Widerhaken versehener Speer, vom *Banderillero* im Stierkampf gebraucht.
**Banderole, 1.** Spruchband auf Gemälden, Skulpturen u.ä. – **2.** *Steuerbanderole, Steuerband,* ein Steuerzeichen (Streifband), mit dem Schaumweine u. Tabakwaren zur Kontrolle versehen sein müssen. Die Steuer wird durch den Erwerb der B. entrichtet.
**Bandfilter** → Band (3).
**Bandgenerator,** Maschine zur Erzeugung sehr hoher Spannungen (bis rd. 3 Mio. Volt) für kernphysikal. Untersuchungen (zur Teilchenbeschleunigung). Infolge → Influenz wird auf einem Band aus Isolierstoff Elektrizität erzeugt, womit große Metallkugeln aufgeladen werden.
**Bandkeramik,** älteste Ackerbauern-Kultur der *Jungsteinzeit* in Mitteleuropa (5.–3. Jt. v.Chr.), benannt nach der mit bandartigen Mustern verzierten Keramik.
**Bandoneon,** *Bandonion,* eine *Konzertina* mit mehr als 88 Tönen, die der Krefelder Händler *H. Band* (*1821, †1860) seit etwa 1845 herstellen ließ.
**Bandsäge,** über Rollen laufendes, endloses Sägeband.
**Bandscheibe,** *Zwischenwirbelscheibe,* knorpelige, elast. Scheibe zw. den Wirbelkörpern. – **B.nschaden,** Bez. für alle Veränderungen der B. durch natürl. Gewebealterung u. vorzeitigen Verschleiß. – **B.nvorfall,** Vorfall des B.nkerns, meist im Bereich der Lendenwirbelsäule. Die Anzeichen eines B.nvorfalls (Schmerzen, Bewegungs- u. Empfindungsstörungen, Lähmungen u.a.) entstehen durch den Druck des vorgefallenen B.nkerns auf das Rückenmark oder die Rückenmarknerven.
**Bandung,** *Bandoeng,* Hptst. von Westjava (Indonesien), 700 m ü. M., 1,6 Mio. Ew.; Univ.; Flughafen. – **B.-Konferenz,** 1955 in B. abgehaltene erste Konferenz von 29 unabhängigen afrikan. u. asiat. Staaten (*B.-Staaten*) mit Ausnahme Israels, Koreas u. Südafrikas. Die Mitgl. der B.-Konferenz einigten sich unter Führung von *J. Nehru* u. *Zhou Enlai* unter ersten Anzeichen einer Ost-West-Entspannung trotz Differenzen auf eine neutrale Haltung zwischen Ost u. West.
**Bandura,** ukrain. Zupfinstrument von birnenförmigem Umriß mit kurzem Hals; Tonumfang 3 bis fast 5 Oktaven.
**Bandurria,** *Bandola,* gitarreähnl. Saiteninstrument aus Spanien, mit birnenförmigem Korpus u. einem kurzen, breiten Hals.
**Bandwürmer,** *Cestodes,* parasit. lebende Klasse der *Plattwürmer.* Die B. leben im Darm von Wirbeltieren. Das Vorderende *(Skolex)* ist mit Befestigungseinrichtungen (Hakenkranz, Saugnäpfe, Sauggruben) versehen, mit denen sich die B. an die Darmwand des Wirts heften. Der Körper ist in viele Abschnitte gegliedert *(Proglottiden),* die jeder einen zwittrigen Geschlechtsapparat enthalten. Die ältesten Glieder am Ende der bis zu 30 m langen B. werden abgestoßen u. gelangen mit dem Kot des Wirts nach außen, wo sie die Eier (mehrere Mio.) freigeben. Diese werden von Tieren, die als Zwischenwirte dienen, mit der Nahrung aufgenommen, bohren sich durch die Darmwand u. wandern in bestimmte Organe, in denen sie sich zu *Finnen* entwickeln. Der Verzehr solch finnigen Fleisches, roh oder ungenügend gebraten, stellt die hauptsächl. Gefahrenquelle für eine Infektion mit B. dar. Gefährl. für den Menschen sind Fisch-, Rinder-, Schweine- u. Hundebandwurm, auch Blasenwurm gen. Für den letzteren dient der Mensch als Zwischenwirt.
**Bandy** ['bændi], dem *Eishockey* ähnliches Spiel; wird jedoch mit einem Ball gespielt.
**Banff-Nationalpark** ['bæmf-], ältester kanad. Nationalpark, in den Rocky Mountains, bei Banff, 6640 km²; 1885 eingerichtet.
**Bang,** Herman Joachim, *1857, †1912, dän. Schriftsteller; vollendete den Stil des überfeinerten Impressionismus.
**Bangalore** [-'lɔːr], *Bengaluru.* Hptst. des ind. Bundesstaates Karnataka, 2,91 Mio. Ew.; Univ.; Textil-, Elektro-, Maschinenind.; Flughafen.
**Bangemann,** Martin, *15.12.1934, dt. Politiker (FDP); 1974/75 Generalsekretär der FDP; 1979–84 Vors. der liberalen Fraktion im Europ. Parlament; 1984–88 Bundes-Min. für Wirtsch.; 1985–88 Vors. der FDP; seit 1989 EG-Kommissar.
**Bangkok,** Hptst. von Thailand, am Menam (Tschao Phraya), 5,6 Mio. Ew.; buddhist. Klöster, Tempel, Paläste; Univ.; Handelshafen (Reis, Teakholz); wichtigster Flughafen SO-Asiens.
**Bangladesch,** Staat in Südasien, im Delta von Ganges u. Brahmaputra, 143 998 km², 103 Mio. Ew., Hptst. *Dhaka.* – Fruchtbares Tiefland mit hohen Niederschlägen (Monsun) u. häufigen Über-

*Bandkeramik: Gefäße aus der Rössener Kultur der Jungsteinzeit*

*Bangladesch*

schwemmungen. Die Bevölkerung spricht Bengali u. ist überwiegend islam.; 10 % Hindus. B. gehört zu den Staaten mit der höchsten Bevölkerungsdichte. Die Landw. erzeugt Reis für den Eigenverbrauch u. Jute, Tee u. Tabak für den Export. Hauptverkehrswege sind die Binnenwasserstraßen. Geschichte. Nach einer einseitigen Unabhängigkeitserklärung Ostpakistans 1971 konstituierte sich 1972 mit ind. Hilfe der Staat B., der dann auch internat. anerkannt wurde. Seit 1982 wird B. von General H.M. *Ershad,* der durch einen Putsch an die Macht kam, diktator. regiert.
**Bangsche Krankheit,** im allg. gutartig verlaufende, fieberhafte Infektionskrankheit, von Rindern auch auf den Menschen übertragen.
**Bangui** [bã'gi], Hptst. der Zentralafrikan. Republik, am Ubangi, 597 000 Ew.; Binnenhafen, Flughafen.
**Bani-Sadr,** Abolhassan, *1933 (?), iran. Politiker; vertritt einen »islam. Sozialismus«; 1963–79 im Exil; 1979 Rückkehr mit *R. Chomeini*; versch.

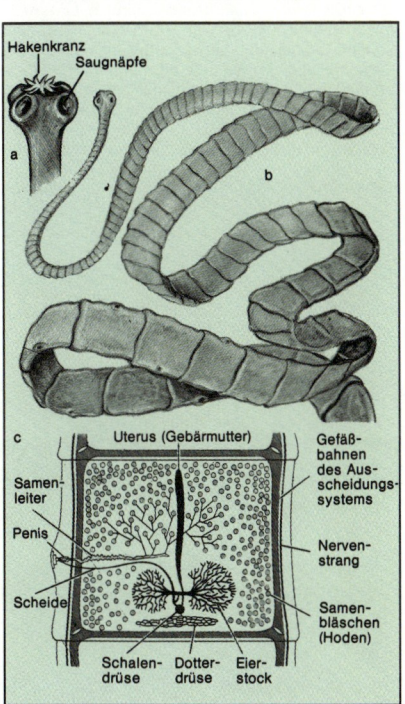

*Bandwürmer: Schweinebandwurm; a) Kopf oder Scolex, mit dem sich der Bandwurm in der Darmwand verankert, b) Habitusbild, c) Bandwurmglied (Proglottide)*

### Bank für Gemeinwirtschaft AG    93

Min.-Posten, 1980/81 Staats-Präs.; auf Betreiben Chomeinis gestürzt, seit 1981 im frz. Exil.
**Banja Luka,** jugoslaw. Stadt in Bosnien, in einer fruchtbaren Talweitung des Vrbas, 124 000 Ew.; Ind.- u. Handelszentrum.
**Banjarmasin** [banʒar-], indones. Distrikt-Hptst. auf Borneo, 437 000 Ew; Hafenstadt, (Umschlagplatz für Steinkohle), Flughafen.
**Banjo,** 5–7saitiges Zupfinstrument mit trommelförmigem Schallkörper.
**Banjul,** bis 1973 *Bathurst,* Hptst. u. Hafen der westafrik. Rep. Gambia, an der Gambiamündung, 80 000 Ew.; Erdnußverarbeitung.
**Bankausweis,** in regelmäßigen Abständen von der Notenbank eines Landes veröffentl. Übersicht ihrer Bilanz.
**Bankbeamte,** Angestellte einer Bank; keine Beamten im Rechtssinn, sondern Handlungsgehilfen im Sinn des HGB.
**Bank deutscher Länder,** Abk. *BdL,* 1948–57 die Zentralnotenbank der BR Dtld.; Nachfolgeinstitut ist die *Deutsche Bundesbank.*

*Bangladesch: von einer Überschwemmungskatastrophe betroffene Kinder*

**Bänkelsang,** durch große Bildertafeln erläuterte, balladenartige Gedichte über aufsehenerregende Begebenheiten *(Moritaten),* von wandernden Schaustellern dem Jahrmarktpublikum vorgesungen u. als »Fliegende Drucke« verkauft.
**Banken,** Unternehmungen, die mit relativ geringem Eigenkapital gewerbsmäßig Geld-, Kapital- u. Kreditgeschäfte betreiben; sie unterliegen der staatl. *B.aufsicht.* Der Rechtsform nach werden unterschieden: *Privat-B.,* öffentl.-rechtl. B. (Staats-, Landeszentral-, Landes-, Gemeinde-B. u. Sparkassen) u. *Kreditgenossenschaften.* Nach dem (überwiegenden) Geschäftszweig gliedern sich die B. in: 1. *Noten-B.* mit dem Recht, Banknoten auszugeben (Banknotenmonopol); 2. *Universal-B.,* die Bankgeschäfte des Geld- u. Effektenmarkts betreiben; 3. *Depositen-B.,* die sich vorwiegend auf die verzinsl. Annahme u. Verwaltung von Kundschaftsgeldern beschränken; 4. *Effekten-B.,* die sich mit der Finanzierung von Unternehmungen, Anleihe-Emissionen, Gründungen u. mit dem Effektenverkehr befassen; 5. *Hypotheken-* u. *Pfandbrief-B.,* die gegen Sicherung durch Grundstücksrechte langfristige Kredite einräumen u. sich das hierfür notwendige Kapital durch Ausgabe von Pfandbriefen beschaffen. – Im Mittelpunkt des Bankbetriebs steht das *Kreditgeschäft,* d.h., die Bank leiht Geld auf bestimmte Fristen an andere aus *(Aktivgeschäft)* u. beschafft sich die hierfür erforderl. Mittel, indem sie ihrerseits von Dritten Geld leihweise hereinnimmt *(Passivgeschäft).*
**Bankett, 1.** Schutzstreifen beiderseits der Fahrbahn zur Sicherung der Fahrbahnränder. – **2.** festl. Mahl. – **3.** verbreiterter unterster Mauerabsatz eines Gebäudes.
**Bankfeiertage,** Werktage, an denen die Banken geschlossen sind.
**Bank für Gemeinwirtschaft AG,** Abk. *BfG,* → Gemeinwirtschaftsbanken.

**Bank für Internationalen Zahlungsausgleich,** Abk. *BIZ,* Sitz: Basel, 1930 gegr. internat. Bank zur Förderung der Zusammenarbeit der Notenbanken sowie zur Regelung der dt. Reparationen. Nach dem 2. Weltkrieg gewann sie durch die Zusammenarbeit mit der *Weltbank* u. als Bank u. Treuhänder der *Europ. Zahlungsunion* wieder stark an Bedeutung.

**Bankgeheimnis,** Verpflichtung der Banken, keine Auskunft über die Vermögensverhältnisse ihrer Kunden u. deren Geschäftsbeziehungen zu geben; durch die Abgabenordnung zur Verhütung von Steuerhinterziehungen gelockert. – In der S c h w e i z gilt das B. fast uneingeschränkt.

**Bankhalter,** Spielleiter beim Glücksspiel, der die *Bank* (Kasse der Einsätze) hält u. gegen den die anderen spielen.

**Bankier** [-'kje], leitender Inhaber oder Mitinhaber einer als Personenunternehmen (Einzelkaufmann, OHG, KG) betriebenen Bank; im Gegensatz zu den Vorstandsmitgl. von Aktienbanken.

**Bankivahuhn,** *Gallus gallus,* in Vorder- u. Hinterindien beheimatete Stammform aller Haushuhnrassen.

**Bankleitzahl,** auf Formularen des bargeldlosen Zahlungsverkehrs anzugebende achtstellige Zahl zur Kennzeichnung des Bankplatzes, der Bankengruppe u. der Bankfiliale.

**Banknote,** Papiergeld, das nur von privilegierten Staatsbanken in Verkehr gebracht werden darf *(Notenbank).*

**Bankplatz,** eine Stadt, in der sich eine Niederlassung der *Landeszentralbank* befindet.

**Bankrate** → Diskont.

**Bankrott,** Zahlungsunfähigkeit oder Konkurs eines Schuldners.

**Banks** [bæŋks], Joseph, *1743, †1820, engl. Naturwissenschaftler; begleitete 1768–71 James *Cook* auf seiner ersten Reise.

**Banksatz** → Diskont.

**Bann, 1.** im MA das Recht des Königs (oder das Recht seiner Amtsträger im Namen des Königs) zu gebieten u. zu verbieten. – **2.** sachl. oder persönl. Geltungsbereich des B. (1). – **3.** Strafe bei Zuwiderhandlung gegen den B. (1). – **4.** → Kirchenbann.

**Banner,** *Panier,* im MA Bez. für Fahnen u. Flaggen; heute an einer Querstange befestigte *Fahne.*

**Bannmeile,** im MA Schutzbezirk um einen Ort bis zur Entfernung einer Meile, innerhalb dessen kein Fremder Handel oder Gewerbe treiben durfte.

**Bannwald,** im MA eine Waldung, in der das Recht der Nutzung dem Landesherrn vorbehalten war; heute ein Wald, dessen Bewirtschaftung z. B. zur Vermeidung von Lawinen-, Erdrutsch- oder Erosionsgefahr im Sinn der Forstgesetze behördl. geregelt ist *(Schutzforst).*

**Bannware, 1.** Gegenstände u. Stoffe, die unmittelbar militär. Zwecken dienen u. für die gegner. Streitmacht oder das gegner. Gebiet bestimmt sind *(Kriegskonterbande).* – **2.** Gegenstände, deren Einfuhr, Ausfuhr oder Durchfuhr zollrechtl. verboten ist.

**Banská Bystrica** ['banska: 'bistritsa] → Neusohl.

**Bantamgewicht,** eine der → Gewichtsklassen in der Schwerathletik.

**Bantang,** *Bos (Bibos) javanicus,* ein Wildrind von 1,50 m Schulterhöhe; domestiziert als *Balirind* bezeichnet; in Hinterindien u. auf den Sunda-Inseln beheimatet.

**Banting** ['bæntiŋ], Sir Frederick Grant, *1891, †1941, kanad. Physiologe; entdeckte 1921 gemeinsam mit Ch. H. *Best* u. J. J. R. *Macleod* das Insulin; Nobelpreis 1923.

**Bantu,** der B.sprachgruppe gehörige, verhältnismäßig einheitl. Negerbevölkerung Mittel- u. Südafrikas, 90 Mio. mit über 130 Stämmen u. Stammesgruppen.

**Banz,** ehem. Benediktinerabtei (bis 1803) in Oberfranken, am Main, 1710–18 von J. *Dientzenhofer* erbaut; seit 1933 Sitz der Gemeinschaft von den Hl. Engeln.

**Baobab** → Affenbrotbaum.

**Baoding,** *Paoting,* chin. Stadt in der Prov. Hebei, rd. 548 000 Ew.; Textil- u. Nahrungsmittel-Ind.

**Baotou** [bao'dəu], chin. Stadt am Huang He in der Inneren Mongolei, 1,1 Mio. Ew.

**Baptisten,** »Täufer«, freikirchl. Calvinisten, die aus Gemeindegründungen des 17. Jh. in England entstanden; jetzt vor allem in den USA verbreitet. Sie lehnen die Kindertaufe ab u. taufen nur Erwachsene (durch Untertauchen).

**Baptisterium,** Taufkapelle.

**Bar, 1.** Nachtlokal, Kleingaststätte, Trinkstube mit erhöhter Theke zur Einnahme von Getränken. – **2.** Zeichen *bar,* Einheit des Druckes; 1 bar = $10^5$ Pa. Gebräuchl. ist auch *Millibar:* 1 mbar = $^1/_{1000}$ bar = 100 Pa = 1 hPa (Hektopascal). → Pascal, → Millibar.

**Bär, 1.** *Z o o l o g i e :* 1. Raubtier, → Bären; 2. Schmetterling, → Bärenspinner. – **2.** zwei Sternbilder des nördl. Himmels: *Großer B.* u. *Kleiner B.,* auch bekannt als *Großer u. Kleiner Wagen.* Hellster Stern im Kleinen B. ist der Polarstern.

**Baracke,** in Serie hergestellte, eingeschossige, zerlegbare Behelfsunterkunft.

**Baragansteppe** [bərə-], rumän. Landschaft im SO der Walachei.

**Bárány** ['ba:ra:nj], Robert, *1876, †1936, östr. Ohrenarzt; erhielt für grundlegende Untersuchungen des Gleichgewichtssinns u. seiner Störungen den Nobelpreis für Medizin 1914.

**Baranya** ['bɔrɔnjɔ], Ldsch. in S-Ungarn, zw. Drau u. Donau, Hptst. *Pécs;* Anbau von Weizen, Mais, Tabak, Hafer; Schweinezucht.

**Barbados,** Inselstaat in der Karibik, im O der Kleinen Antillen, 430 km², 250 000 Ew. (zu 90 %

*Barbados*

Schwarze), Hptst. *Bridgetown.* Anbau von Zuckerrohr; Textil-, elektron. u. pharmazeut. Ind.; Fremdenverkehr. – G e s c h i c h t e : Im 16. Jh. von Spanien entdeckt; 1652 brit. Kronkolonie; seit 1966 unabhängig.

**Barbar,** im alten Griechenland urspr. der nicht Griechisch Sprechende, bei den Römern der nicht griech.-röm. Gebildete; später: unkultivierter, roher Mensch.

**Barbara,** †306 (?), Heilige; eine der 14 Nothelfer; Fest: 4. 12.

**Barbarossa,** »Rotbart«, Beiname Kaiser Friedrichs I. – **B. höhle,** *Falkenburger Höhle,* an der S-Seite des Kyffhäusergebirges liegende, 1300 m lange Karsthöhle, in der nach der Sage Kaiser *Friedrich I. Barbarossa* auf seine Rückkehr wartet.

**Barbecue,** Gartenfest, bes. in den USA, bei dem Fleisch am Spieß gebraten wird.

**Barben,** *Barbinae,* artenreiche Unterfam. der *Karpfenartigen,* in trop., subtrop. u. gemäßigten Süßgewässern heim.; in Dtld. vertreten durch die bis zu 90 cm große *Flußbarbe.* Viele kleine, trop. Arten sind Aquarienfische.

**Barber** ['ba:bə], **1.** Chris, *17.4.1930, engl. Jazzmusiker (Posaune); spielt bes. Dixieland-Jazz. – **2.** Samuel, *1910, †1981, US-amerik. Komponist; von der Spätromantik, später von I. Strawinskys Klassizismus beeinflußt. [W] Oper »Vanessa«, Ballett »Medea«.

**Barberina** *La B.,* eigtl. Barbara *Campanini,* *1721, †1799, ital. Ballett-Tänzerin; 1744–48 in Berlin.

**Barbey d'Aurevilly** [bar'bɛ dɔrvi'ji], Jules, *1808, †1889, frz. Schriftsteller; Spätromantiker.

**Barbier,** Bartscherer, Haarschneider.

**Barbirolli,** Sir John, *1899, †1970, brit. Dirigent; bed. Orchestererzieher.

**Barbitursäure,** Kondensationsprodukt aus Harnstoff u. Malonsäure (Malonylharnstoff); Ausgangsstoff für zahlr. Schlafmittel *(Barbiturate).*

**Barbizon** [barbi'zɔ̃], *Schule von B.,* frz. Malerkolonie im Dorf B., am Wald von Fontainebleau, 1830 gegr. Sie pflegte eine schlichte, verinnerlichte Landschaftsmalerei, die wegbereitend für den Impressionismus wurde. Hauptvertreter: C. *Corot,* Ch.-F. *Daubigny,* J. *Dupré,* Th. *Troyon.*

**Barbuda** → Antigua u. Barbuda.

**Barbuss** [-'bys], Henri, *1873, †1935, frz. Schriftsteller; sein Antikriegsroman »Das Feuer« 1916 erlangte Weltgeltung.

**Barcellona Pozzo di Gotto** [bart∫ɛl-], ital. Handelsstadt auf Sizilien, bei Messina, 36 000 Ew.

**Barcelona** [barθe-], wichtigste Handels-, Ind.- u. Hafenstadt Spaniens, alte Hauptstadt *Kataloniens,* geistiger Mittelpunkt des Katalanentums, 1,86 Mio. Ew.; got. Kathedrale, zahlr. Kirchen u. Paläste; Univ. (gegr. 1430), TH; Textilind., Eisenverarbeitung, Schiffbau, Leder-, Holzind.; internat. Mustermesse; Flughafen.

**Barchent,** auf der Rückseite aufgerauhtes Baumwollgewebe.

**Barches,** *Sabbatbrot,* geflochtenes Weißbrot im jüd. Kult- u. Hausgebrauch.

**Barde,** kelt. Dichter u. Heldensänger des MA; im 18. Jh. fälschl. als Bez. für den altgerman. Sänger (den *Skalden*) verstanden. So entstand die »Dichtung« von H. W. von *Gerstenberg* u. insbes. F. G. *Klopstock,* der relig. u. krieger. Dichtungen in der Art german. Dichtungen *Bardiete* nannte.

**Bardeen** [-din], John, *23.5.1908, US-amerik. Physiker; arbeitete an der Entwicklung von Transistoren u. an einer Theorie der Supraleitung; Nobelpreis 1956 u. 1972.

**bardieren,** das Belegen von Fleisch mit dünnen Speckscheiben, damit es saftig bleibt.

**Bardiet** → Barde.

**Bardot** [bar'do:], Brigitte, *28.9.1934, frz. Filmschauspielerin; wurde mit ihrem erotisch-kindl. Darstellungsstil typbildend für die 1950er Jahre; u. a. in »Und immer lockt das Weib«, »Viva Maria«; heute engagierte Tier- u. Naturschützerin.

**Bären,** *Ursidae,* Fam. großer, plumper *Landraubtiere,* einheitl. Fam. mit gestreckter Schnauze, kleinen Ohren u. kurzem Schwanz; fünfzehige Sohlengänger; stellen mit dem *Kodiakbären* das größte fleischfressende Säugetier der Erde (Braunbär); Allesfresser mit breitkronigen Backenzähnen; meist Einzelgänger. Hierzu gehören: *Braunbär, Baribal, Eisbär, Brillenbär, Kragenbär,* Lippen-

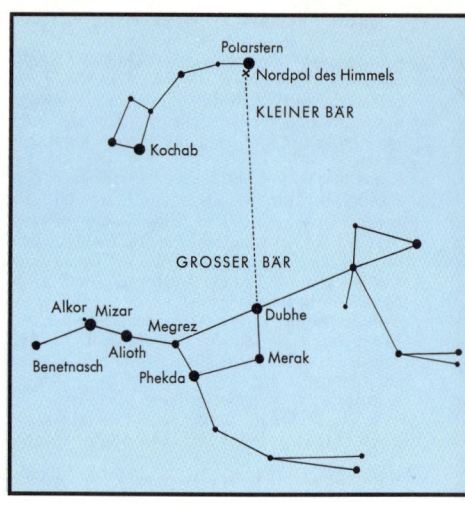

*Großer und Kleiner Bär*

*Barcelona: Stadtansicht mit Kolumbusdenkmal*

**bär,** *Malaienbär* u. der ausgestorbene *Höhlenbär.* B. bewohnen mit Ausnahme des Eisbären die großen, zusammenhängenden Wälder der Nordhalbkugel u. in einigen Fällen der Südhalbkugel.

**Barenboim,** Daniel, *15.11.1942, israel. Pianist u. Dirigent.

**Bärenhöhle,** fr. *Karlshöhle,* Tropfsteinhöhle bei Undingen in der Schwäb. Alb, fast 300 m lang.

**Bäreninsel,** norweg. Insel im Nördl. Eismeer, südl. von Spitzbergen, 178 km²; Wetterstation.

**Bärenklau,** *Herkuleskraut, Heracleum,* Gattung der *Doldengewächse;* verbreitet ist der *Wiesen-B.* mit weißen Blüten.

**Bärenlauch,** *Bärlauch,* zu den *Liliengewächsen* gehörende Pflanze mit weißen Blüten; riecht stark nach Knoblauch.

**Bärenspinner,** *Arctiidae,* Fam. oft sehr bunter Falter, heute in die nähere Verwandtschaft der *Eulen* gestellt. Hierher gehören: *Brauner Bär, Spanische Flagge, Weißer B.*

**Bärentraube,** *Wolfsbeere,* Gattung der *Heidekrautgewächse;* Blätter wirken als Aufguß gegen Blasen- u. Nierenentzündungen.

**Barents,** *Barendsz,* Willem, *1550, †1597, ndl. Seefahrer; suchte die Nordöstl. Durchfahrt im Nördl. Eismeer, entdeckte die Bäreninsel u. Spitzbergen; nach ihm benannt ist die *B.see,* östl. von Spitzbergen.

**Barett,** flache, runde oder eckige Kopfbedeckung, verbreitet seit dem 15. Jh.; heute vielfach Bestandteil der Amtstracht von Geistlichen, Richtern.

**Barfüßer,** mehrere kath. Ordensgemeinschaften, deren Mitgl. zeitw. barfuß oder in Sandalen gehen; z.B. Franziskaner, Karmeliter, Mercedarier, Passionisten, Serviten u. Trinitarier.

**bargeldloser Zahlungsverkehr,** Zahlung von Geldschulden nicht in *bar* (mit Münzen, Banknoten u.ä.), sondern durch *Scheck* oder durch *Überweisung* von einem Konto auf ein anderes.

**Bargello** [bardʒˈɛllo], Nationalmuseum in Florenz.

**Bari,** ital. Hafenstadt an der Adria, Hauptort von *Apulien,* 366 000 Ew.; Kathedrale u. Basilika (11. Jh.), Kastell Friedrichs II. (13. Jh.); Univ.; bed. Handelszentrum; Fahrzeugbau, metallverarbeitende u. petrochem. Ind., Ölraffinerie.

**Baribal,** *Schwarzbär* bis 2 m langer *Bär* Nordamerikas; wohnt in natürl. Höhlungen u. hält Winterruhe. Aus seinem Fell werden die Mützen der brit.-königl. Leibgardisten hergestellt u. ist deshalb von der Ausrottung bedroht.

**barisches Windgesetz** → Buys-Ballot.

**Bariton,** eine → Stimmlage.

**Barium,** ein → chem. Element.

**Bark,** ursprüngl. ein Dreimastsegler: Fock- u. Großmast mit Rahsegeln, Besanmast (hinten) mit Gaffelsegel; später auch 4- u. 5-Mast-Barken.

**Barkarole,** Schifferlied im ⁶/₈-Takt.

**Barkasse,** urspr. größtes Beiboot (meist Motorboot) von Kriegsschiffen; heute auch ein ziviles Hafenverkehrsboot.

**Barke,** seegängiges Boot im Mittelmeerraum.

**Barkhausen,** Heinrich Georg, *1881, †1956, dt. Physiker; entdeckte die bei Magnetisierung eines Ferromagneten auftretende sprunghafte Zunahme des Magnetismus *(B.-Effekt, B.-Sprünge).*

**Barkla** [ˈbɑːklə], Charles Glover, *1877, †1944, brit. Physiker; begr. die Röntgenspektroskopie, entdeckte die Polarisation der Röntgenstrahlung; Nobelpreis 1917.

**Bar Kochba,** Beiname des Simeon ben. *Koziba,* Führer des jüd. Aufstands 132–135 gegen die Römer; eroberte Jerusalem, stellte den jüd. Kult wieder her u. trat selbst als Messias auf.

**Barlaam und Josaphat,** mittelalterl. vorchristl. Form der Buddha-Legende (Bekehrung eines Prinzen durch einen Einsiedler).

**Barlach,** Ernst, *1870, †1938, dt. Bildhauer, Graphiker u. Schriftsteller; fand zu einer eigenwilligen expressiven Gestaltungsform, bes. ausgeprägt in Keramik-, Holz- u. Metallplastiken. Religiosität u. starkes Mitgefühl mit menschl. Not bestimmen als eth. Grundzüge seine Kunst u. führten mit gleichzeitiger blockhafter Vereinfachung des Formalen zu zunehmender Verinnerlichung des Ausdrucks. – Als Dramatiker u. Epiker war B. ein Hauptvertreter des literar. Expressionismus.

**Bärlappgewächse** → Pflanzen.

**Bar-le-Duc** [-ˈdyk], Stadt in NO-Frankreich am Rhein-Marne-Kanal, alte Hptst. des ehem. Herzogtums *Bar,* Sitz des Dép. Meuse, 20 400 Ew.

**Barlog,** Boleslaw, *28.3.1906, dt. Intendant u. Regisseur; 1945–72 Intendant des Schloß-park-Theaters in Berlin-Steglitz, 1951–72 auch des Schillertheaters in Berlin.

**Barmbek,** *B.-Uhlenhorst,* seit 1894 Stadtteil von Hamburg.

**Barmen,** seit 1930 Stadtteil von Wuppertal.

**Barmer Synode,** 1934 in Barmen-Gemarke tagende Synode der *Bekennenden Kirche* (Auseinandersetzung mit dem nat.-soz. Kirchenregiment u. dem Anspruch des totalen Staats).

**Barmherzige Brüder, Barmherzige Schwestern,** kath. Genossenschaften, die sich der Krankenpflege widmen.

**Bar Mizwa,** der junge Jude nach seinem 13. Geburtstag, nach dem er religiös mündig ist. Auch Bez. für das Fest zum 13. Geburtstag.

**Barnabas,** zeitw. Mitarbeiter des Apostels *Paulus;* Heiliger; Fest: 11. 6.

**Barnabiten,** *Paulaner,* kath. Ordensgemeinschaft von Regularklerikern, 1530 in Mailand gegr.; bes. in Schule u. Volksmission tätig.

**Barnard, 1.** Christiaan Neethling, *8.11.1922, südafrik. Chirurg; nahm am 3.12.1967 in Kapstadt die erste erfolgreiche Herztransplantation von Mensch zu Mensch vor. – **2.** [ˈbɑːnəd], Edward Emerson, *1857, †1928, US-amerik. Astronom; entdeckte mehrere Kometen u. (1892) den 5. Jupitermond. – *Barnards Stern* hat die schnellste bisher beobachtete Eigenbewegung.

**Barnaul,** Hptst. u. Ind.-Zentrum des Kraj Altai (Sowj.), am Kamener Stausee des Ob, 530 000 Ew.; FHS; Traktorenwerk, Maschinenbau, Kunstfaserherstellung.

**Barnim,** Ldsch. nördl. von Berlin zw. Oder, Berliner Urstromtal, Havel u. Oder-Havel-Kanal; westl. von Wriezen die *Märk. Schweiz.*

**Barnsley** [ˈbɑːnzli], Stadt u. Distrikt in N-England, in der Gft. South Yorkshire, 76 000 Ew.; Leinen- u. Maschinenind., Kohlenbergbau.

# Barock 95

**Barocci** [-tʃi], *Baroccio,* Federico, *um 1535, †1612, ital. Maler; am Übergang vom Manierismus zum Barock.

**Barock,** europ. Kulturepoche zw. etwa 1600 u. 1750, hervorgegangen aus der Renaissance u. dem Manierismus, geht über in das Rokoko (etwa ab 1720); die Zeit des *Absolutismus,* zw. Humanismus u. Aufklärung. – Architektur: Das B. ist vom Repräsentationswillen der weltl. u. geistl. Fürsten bestimmt. Typisch sind das von Parks umgebene Fürstenschloß, die durchgeplante, auf das Schloß ausgerichtete Stadtanlage u. der als künstler. Einheit gestaltete Kirchenbau. Im Gegensatz zum ruhigen Gleichmaß der Hochrenaissance strebte das B. nach dynam. Wirkung durch Reichtum des plast. u. maler. Schmucks, durch kühne, leidenschaftl. Bewegtheit oder gewaltige Ausmaße der Bauten. Führend als Baumeister waren in Italien L. *Bernini,* F. *Borromini,* G. *Guarini* u. B. *Longhena,* in Frankreich J. *Lemercier,* F. *Mansart,* Ch. *Lebrun* u. J. *Hardouin-Mansart* u. in Dtschld. *Fischer von Erlach, Schlüter, Pöppelmann,* L. von *Hildebrandt,* die *Dientzenhofer,* B. *Neumann,* die Brüder *Asam* u. D. *Zimmermann.* – Die Plastik suchte in freier Gebärde den Raum nach möglichst vielen Seiten hin zu erschließen u. erreichte eine ekstatische Gesamtwirkung. Ihre volle Entfaltung fand die barocke Plastik in den Werken G. L. *Berninis.* Von Italien aus verbreitete sich ihre Formensprache über Europa u. wurde in Frankreich von P. *Puget,* F. *Girardon,* in Spanien von G. *Hernández,* in den Niederlanden von A. de *Vries* u. A. *Quellinus,* in Österreich von R. *Donner* u. in Dtschld. von B. *Permoser,* A. *Schlüter* u. I. *Günther* vertreten. – Auch die Malerei (Wand- u.

*Bären: Kragenbär (links). – Braunbärin mit Jungtieren (rechts)*

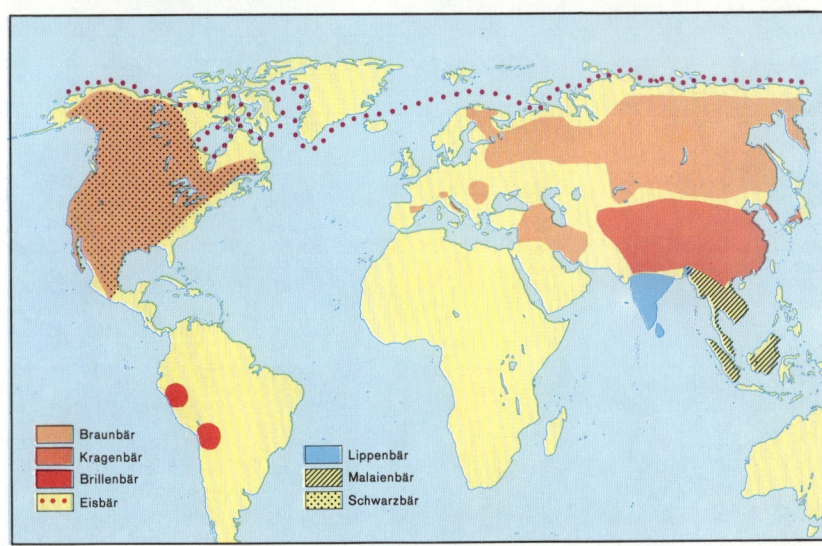

*Verbreitung der Bären: Sie bewohnen hauptsächlich große zusammenhängende Wälder der Nordhalbkugel (Ausnahmen sind Eisbär, Brillenbär und Malaienbär). Aus Afrika sind fossile Reste bekannt*

Deckengemälde, Tafelbilder) entsprach in ihrer Farbigkeit, in einem gebärdenreichen Figurenstil sowie in ihrer räuml. Tiefenwirkung dem barocken Lebensgefühl. Die bed. Maler waren in Italien *Carracci, Caravaggio,* G. *Reni, Domenichino* u. G. B. *Tiepolo,* in Spanien *El Greco,* J. *Ribera,* D. *Velázquez* u. B. E. *Murillo,* in den Niederlanden P. P. *Rubens* u. *Rembrandt,* in Frankreich *Poussin, Lorrain, Lebrun* u. *Watteau.* – In der Musik entstand als neue Gattung die Oper, die eine Form des meist akkordisch baßbegleiteten Sologesangs schuf, die »Monodie«. Die Funktion der Begleitung übernahm später der *Generalbaß.* In der Folge wurde die Generalbaßbegleitung für das B. so typisch, daß man diese Epoche auch das »Generalbaß-Zeitalter« genannt hat. Bed. Opernkomponisten waren G. *Carissimi,* P. A. *Cesti,* A. *Scarlatti,* J.-B. *Lully,* H. *Purcell,* J.-P. *Rameau,* G. F. *Händel* u. W. *Gluck.* In der Orgelmusik verband G. *Frescobaldi* überkommene Polyphonie mit neuen barocken Stilelementen (Chromatik, neue Harmonik). Es entstand ein neuer selbst. Instrumentalstil, der über seinen Schüler J. J. *Froberger* nach Dtschld. vermittelt wurde u. über J. *Pachelbel,* D. *Buxtehude* u. G. F. *Händel* bis. J. S. *Bach* maßgebend blieb. Auf dem Gebiet der Kammermusik entstanden die ersten Triosonaten u. Solosonaten. Mit M. *Praetorius* u. H. *Schütz* begann das musikal. B. in Dtschld. Den Höhepunkt bildeten hier die Oratorien G. F. *Händels* u. die Orgelkunst J. S. *Bachs.* – Die Literatur ist geprägt durch ein Lebensgefühl der starken Gegensätze, Diesseitsfreude einerseits, Jenseitshoffnung andererseits. Ein Grunderlebnis ist die Unbeständigkeit u. Fragwürdigkeit alles Irdischen. Der Stil der Darstellung ist häufig übersteigert, schwülstig. Ihren Ausgang nimmt die B.literatur in Italien (G. *Marino*) u. Spanien (*Lope de Vega, Calderón*). Beginn in Dtschld. mit M. *Opitz* u. seiner Poetiklehre. Bed. Dichter: A. *Gryphius,* H. J. Ch. von *Grimmelshausen,* P. *Gerhardt,* R. *Fleming,* Ch. *Hofmann von Hofmannswaldau, Angelus Silesius.*

**Baroja y Nessi** [-'rɔxa i-], Pío, *1872, †1956, span. Schriftst. der »Generation von 1898«; schrieb rd. 70 Romane, in denen er die span. Welt

## BAROCK

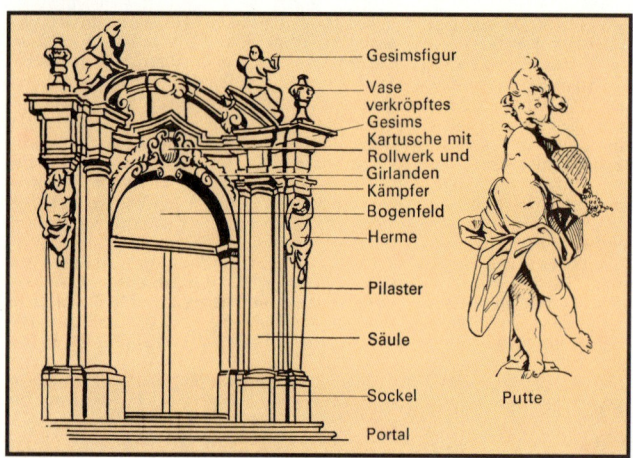

*Ihren stärksten Ausdruck fand die Barockkunst in der Architektur: verschiedene Stilelemente (links). – Georg Raphael Donner, Die March vom Brunnen auf dem Mehlmarkt; Blei, 1737–1739. Wien, Österreichische Galerie (rechts)*

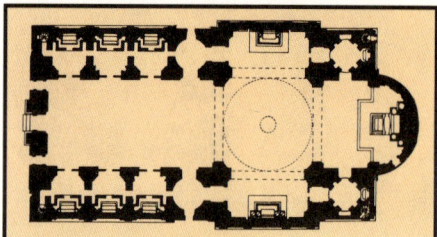

*Grundriß von Il Gesù in Rom*

*Balthasar Neumann, Treppenhaus der Residenz Würzburg (links). – Peter Paul Rubens, Raub der Töchter des Leukippos; um 1610. München, Alte Pinakothek (rechts)*

mit einer pessimist. Grundhaltung realist.-satir. u. abenteuerl.-phantast. schildert.

**Barometer,** Luftdruckmesser. Beim *Quecksilber-B.* (von E. *Torricelli* 1643 erfunden) wird die Höhe einer Quecksilbersäule in einem etwa 1 m langen, oben geschlossenen, luftleeren Glasrohr gemessen, dessen unteres, offenes Ende in ein Glasgefäß mit Quecksilber taucht *(Gefäß-B.)* oder das U-förmig gebogen ist *(Heber-B.).* Quecksilbersäule u. der auf dem offenen Ende lastende Luftdruck halten sich jeweils das Gleichgewicht. – Beim *Aneroid-B. (Metall-B.)* wird die durch den Luftdruck bewirkte Deformation einer luftleeren, flachen Metalldose über einen Winkelhebel auf einen Zeiger übertragen. – Ein **Barograph** zeichnet die Messungen fortlaufend mit Hilfe eines Schreibgeräts auf.

**Baron,** seit dem 16. Jh. in Dtld. Anrede für Freiherrn (kein selbständiger Adelstitel). – **Baronin,** Freifrau. – **Baronesse,** Freifräulein.

**Baronet** ['bærənət], Abk. *Bart.* (hinter dem Familiennamen), Titel des niederen engl. Adels. Anrede: Sir, Lady.

**Barquisimeto** [-ki-], Hptst. des nw. venezolan. Bundesstaats Lara, 504 000 Ew.; Ind.- u. Handelsstadt.

**Barracudas,** *Pfeilhechte,* Unterordnung der *Meeräschenartigen;* in trop. Breiten weitverbreitete Raubfische.

**Barranquilla** [-'kilja], wichtigster Handelshafen u. Hptst. des Dep. Atlántico in Kolumbien, 1,12 Mio. Ew.; 2 Univ.; vielseitige Ind.

**Barras** [ba'ra], Paul Jean Vicomte de, *1755, †1829, frz. Revolutionär; Mitgl. des Direktoriums seit 1795, 1799 von Napoleon gestürzt.

**Barrault** [ba'ro], Jean-Louis, *8.9.1910, frz. Schauspieler u. Regisseur; Leiter des »Théâtre de France«.

**Barre, 1.** Mohammed Siyad, *1919; somal. Politiker; seit 1969 Staats-Präs. – **2.** [ba:r], Raymond, *12.4.1924, frz. Wissenschaftler u. Politiker; Prof. für Recht u. Wirtsch., 1967–73 Vize-Präs. der EG-Kommission, 1976–81 Prem.-Min. u. zugleich (bis 1978) Wirtsch.- u. Finanz-Min.

**Barrel** ['bærəl; das], *Faß*«, US-amerik. Volumeneinheit für Petroleum u.a. Es gilt: 1 b = 0,158987 m³. – *dry barrel:* US-amerik. Volumeneinheit für Trockensubstanzen, Kurzzeichen bbl. Es gilt: 1 bbl = 0,115627 m³.

**Barren, 1.** gegossenes, heute meist quaderförmiges Metallstück, größtenteils mit Geldcharakter. – **2.** von F. L. *Jahn* eingeführtes Turngerät mit zwei parallelen Holmen. Der *Stufen-B.* beim Frauenturnen hat zwei unterschiedl. hohe Holme.

**Barrès** [-'rɛːs], Maurice, *1862, †1923, frz. Schriftsteller, Publizist u. Politiker; Vertreter des Ichkults u. des Nationalismus.

**Barrett-Browning** ['bærit 'brauniŋ], Elizabeth, *1806, †1861, engl. Lyrikerin von starker Innerlichkeit, Sozialgefühl u. religiöser Empfindungskraft.

**Barrie** ['bæri], Sir James Matthew, *1860, †1937, schott.-engl. Schriftsteller; Ⓦ Märchen- u. Kinderstück »Peter Pan oder der Junge, der nicht groß werden wollte« 1904.

**Barriere,** Schranke, Schlagbaum, Sperre.

**Barrikade,** improvisierte Sperre aus Steinen, Bäumen, Wagen u.ä. an engen Stellen (Straßen, Brücken u.ä.).

**Barrow** ['bærou], *Point B., B.spitze,* Nordkap des amerik. Festlands in Alaska. – **B.straße,** Meeresstraße im kanad.-arkt. Archipel.

*Bartholomäusnacht; Kupferstich des 17. Jahrhunderts*

*Bart- oder Lämmergeier*

**Barsche,** *Percidae,* Fam. der Knochenfische; Süßwasserfische der nördl. Halbkugel; einheim. der *Barsch* oder *Flußbarsch, Zander, Kaulbarsch.*

**Barscheck,** bar auszuzahlender Scheck.

**Barschel,** Uwe, *1944, †1987, dt. Politiker (CDU); 1982–87 Min.-Präs. von Schl.-Ho. Nach zutreffenden Vorwürfen wegen rechtswidrigen Verhaltens im Wahlkampf trat B. zurück u. nahm sich kurz darauf das Leben.

**Barsortiment,** eine Art des (Zwischen-) Buchhandels, die dem Einzelhandel den gleichzeitigen Bezug von Büchern aus mehreren Verlagen ermöglicht; Lieferung früher nur gegen bar.

**Barteln,** mit Tast- u. Geschmackssinnesorganen besetzte Fäden am Mund vieler Fische, z.B. beim Wels.

**Bartenwale,** *Mysticeti,* 6–30 m lange Meeressäugetiere. Anstelle von Zähnen haben die B. lang herabhängende, gefranste Hornplatten **(Barten)** im Maul, mit denen sie kleine Nahrungsteile aus dem Wasser filtern.

**Bartflechte, 1.** meist von den Ästen oder am Stamm hängende oder niederliegende Strauchflechte. – **2.** *Bartfinne, Bartgrind, Sykose,* hartnäckige, ansteckende Entzündung der Haarbalgdrüsen, bes. der Barthaare; in einfachen Formen durch Eitererreger, in schweren Fällen durch Hautpilze hervorgerufen.

**Bartgeier,** *Lämmergeier,* großer *Greifvogel* (Spannweite um 2,50 m); ernährt sich hpts. von Knochen, jagt aber auch kleinere Säugetiere; kommt in Hochgebirgen Eurasiens u. Afrikas vor.

**Barth,** Hafenstadt im Bez. Rostock, am *B.er Bodden,* 12 000 Ew.; Schiffbau, Fischverarbeitung; Flughafen.

**Barth, 1.** Heinrich, *1821, †1865, dt. Afrikareisender; Begr. der Völkerkunde des Sudan. – **2.** Karl, *1886, †1968, schweiz. reform. Theologe; seit 1935 Prof. in Basel. In Ablehnung des neuprot. Religionsbegriffs faßte B. Religion u. christl. Offenbarung als Gegensätze auf.

**Bartholomäus,** einer der 12 Apostel Jesu, der nach der Legende in Indien u.a. Ländern des Ostens missioniert hat u. als Märtyrer gestorben sein soll; Heiliger (Fest: 24.8.). - **B.nacht,** *Pariser Bluthochzeit,* die Nacht vom 23. zum 24.8. **(B.tag)** 1572, in der in Paris etwa 2000, in der Prov. anschließend 10 000 – 20 000 Hugenotten auf Geheiß der Königinmutter *Katharina von Medici* ermordet wurden.

**Bärtierchen,** *Tardigrada,* mikroskop. kleine *Gliedertiere* in Moospolstern, feuchter Erde u. im Wasser.

**Bartmeise,** einzige in Europa vorkommende *Timalie* (keine Meise); Bewohner von Schilfbeständen.

**Bartning,** Otto, *1883, †1959, dt. Architekt; baute in konstruktivist. Formen unter weitgehender Verwendung von Stahl, Beton u. Glas.

**Bartók** ['bɔrtoːk], Béla, *1881, †1945, ungar. Komponist; neben I. Strawinsky u. A. Schönberg führend in der Entwicklung einer neuen Tonsprache. Das Sammeln und Erforschen von Volksmusik u. Folklore führte ihn zur Verwendung national gefärbter Melodik u. zur Betonung des rhythm. Elements. Ⓦ Orchesterwerke (u.a. »Musik für Saiteninstrumente, Schlagzeug u. Celesta«), Klavier- u. Violinkonzerte, »Mikrokosmos« (Slg. von 153 Klavierstücken).

**Bartolommeo,** Fra B., eigtl. Baccio della Porta, *1472, †1517, ital. Maler (Andachtsbilder von ruhigem u. feierl. Aufbau); von nachhaltiger Wirkung auf die ital. Malerei der Hochrenaissance.

**Barton** ['baːtn], Derek Harold Richard, *8.9.1918, engl. Chemiker; Untersuchungen zur räuml. Anordnung der Atome in den Molekülen u. der Reaktionsweise der entsprechenden Verbindungen; 1969 Nobelpreis zus. mit O. *Hassel*.

**Bartoszewski** [-'ʃɛf-], Władysław, *19.2.1922, poln. Historiker u. Schriftst.; schrieb zahlr. Arbeiten zur jüngsten poln. Geschichte; erhielt 1986 den Friedenspreis des Dt. Buchhandels.

**Baruch,** Schüler des Propheten *Jeremia.*

**Baruch** [ba'ruːk], Bernard Mannes, *1870, †1965, US-amerik. Wirtschaftspolitiker; reorganisierte 1939 die amerik. Rüstungsind., im 2. Weltkrieg kriegswirtschaftl. Berater F. D. *Roosevelts;* arbeitete 1946 den *B.-Plan* zur internat. Kontrolle der Atomenergie aus.

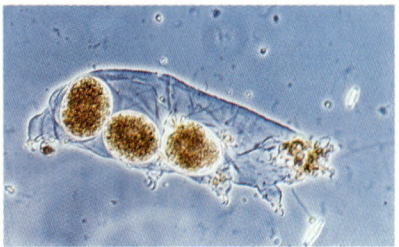
*Bärtierchen*

**Baryonen,** schwere u. überschwere Elementarteilchen, Sammelname für Nukleonen u. Hyperonen.

**Baryt,** Schwerspat, $BaSO_4$, helles, schweres Mineral.

**Baryzentrum,** Schwerpunkt.

**Barzel,** Rainer, *20.6.1924, dt. Politiker (CDU); 1962/63 Bundes-Min. für gesamtdt. Fragen; 1964–73 Vors. der CDU/CSU-Bundestagsfraktion, 1871–73 Partei-Vors.; 1972 (erfolgloser) Kanzlerkandidat; 1983/84 Bundestags-Präs.

**Basalt,** magmat. Ergußgestein, grauschwarz bis schwarz, häufig eckig-säulig zergliedert.

**Basaltemperatur,** *Morgen-, Aufwachtemperatur,* morgens vor dem Aufstehen gemessene Körpertemperatur der Frau zur Bestimmung des Eisprungs.

**Basar, 1.** *Bazar,* Warenmarkt oder Marktviertel im Orient. – **2.** Warenverkauf auf Wohltätigkeitsfesten.

**Baschkiren,** *Baschkurt,* ugr. Volk (1,24 Mio.) im südl. Ural; turkisiert, Moslems.

**Baschkirische ASSR,** *Baschkirien,* seit 1919 Autonome Sowjetrepublik innerhalb der RSFSR, umfaßt den südl. Ural u. sein westl. Vorland, 143 600 km², 3,85 Mio. Ew., Hptst. *Ufa.*

**Baseball** [ˈbeɪsbɔːl], in den USA u. Japan beliebtes u. verbreitetes Schlagballspiel zw. 2 Mannschaften von je 9 Spielern.

**Basedow** [-do], Johannes Bernhard, *1723,

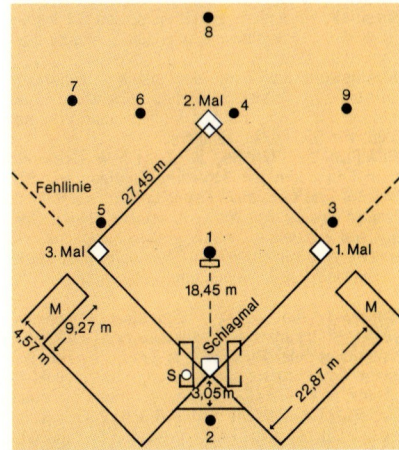
*Baseball: Spielfeld und Mannschaftsaufstellung; S = Schlagmann (Mannschaft A), 1 = Werfer, 2 = Fänger, 3–5 = Malspieler, 6–9 = Feldspieler (alle Mannschaft B), M = Mannschaftsbetreuer*

## Basedowsche Krankheit

† 1790, dt. Pädagoge; gründete in Dessau 1774 das *Philanthropin(um)*, eine Erziehungsanstalt, die Ideen der Aufklärung u. J. J. Rousseaus verwirklichen sollte.

**Basedowsche Krankheit** [-doʃə-], benannt nach dem dt. Arzt K. A. von Basedow, *1799, † 1854; auf einer Schilddrüsenüberfunktion beruhende Erkrankung, die sich neben einer Steigerung des Stoffwechsels u.a. durch glänzende, aus den Augenhöhlen hervortretende Augäpfel, Kropf u. Pulsbeschleunigung auszeichnet u. mit nervösen u. seel. Störungen (Übererregbarkeit) einhergeht.

**Basel,** zweitgrößte Stadt der Schweiz, beiderseits des Rheins, 172 000 Ew., meist deutschsprachig; Münster (etwa 1185–1225) u. viele histor. Bauten; älteste Univ. der Schweiz (1460), größte Bibliothek des Landes; wichtiger Handelsplatz; chem., pharmazeut. Seiden- u. Metallind.; Hafen, Flughafen. – G e s c h.: Ehem. röm. Lagerposten *Basilea*; 1006 zum Dt. Reich; im 14. Jh. Freie Reichsstadt; 1501 zur Eidgenossenschaft; kulturelle Blüte im 15./16. Jh.; 1833 Trennung in *B.-Stadt* u. *B.-Land* (Halbkantone) mit der Hptst. *Liestal*.

**Basen,** *Laugen*, in herkömml. Sinn Stoffe, die in wäßriger Lösung alkal. reagieren (durch Bildung von Hydroxid-[OH-]Ionen u. mit Säuren unter Wasserabspaltung Salze bilden. Nach der allg. Definition von J. N. *Brønsted* sind B. Stoffe, die Wasserstoff-Ionen *(Protonen)* aufnehmen können. Starke B. färben Lackmuspapier blau, Phenolphthalein rot.

**BASF Aktiengesellschaft,** *BASF AG,* bis 1973 *Badische Anilin- & Soda-Fabrik AG,* Ludwigshafen, Unternehmen der chem. Ind., gegr. 1865.

**Basic** ['beisik], Abk. für *b*eginners *a*ll purpose *s*ymbolic *i*nformation *c*ode, leicht erlernbare, dialogorientierte Programmiersprache, insbes. zur Textverarbeitung.

**Basic English** ['beisik 'iŋliʃ], ein aus 850 ausgewählten engl. Wörtern u. einfachen Regeln als internationale Hilfssprache geschaffenes Sprachsystem.

**Basidie,** sporenbildendes Fortpflanzungsorgan der *Ständerpilze,* → Pflanzen.

**Basie** ['beizi], William »Count«, *1904, † 1984, afro-amerik. Jazzpianist u. Big-Band-Leader (Prototyp des Big-Band-Swing).

**Basileios,** byzantin. Kaiser: **1.** *B. I.,* Kaiser 867–886; führte die makedon. Dynastie; bed. Herrscher. – **2.** *B. II. Bulgaroktonos* [»Bulgarentöter«], *957, † 1025; vernichtete 971–1018 das Bulgarenreich u. führte Byzanz auf den Höhepunkt der äußeren Macht.

**Basilicata,** 1932–45 *Lukanien,* Region in → Italien.

**Basilika,** »Königshalle«, ein drei- oder mehrschiffiger Hallenbau mit einem überhöhten Mittelschiff, das sein Licht aus der die Dächer der Seitenschiffe überragenden Fensterzone (Lichtgaden) erhält. Das Mittelschiff endet in der Apsis.

**Basilikum,** *Hirnkraut, Basilienkraut,* zu den *Lippenblütlern* gehörendes Kraut aus Vorderindien; Küchengewürz.

**Basilisk,** ein antikes Fabeltier, dessen Blick tötet *(B.enblick);* gekröntes Wesen aus Schlange oder Drache u. Hahn.

**Basilisken,** zur Fam. der *Leguane* gehörende Echsen; auffallendes Merkmal: aufrichtbare Hautkämme auf Kopf, Rücken u. Schwanz; Vorkommen: von Mexiko bis Ecuador.

**Basilius der Große,** *Basileios von Caesarea,* *um 330, † 379, Kirchenlehrer, Heiliger; seit 370 Bischof von Caesarea (Kappadokien); mit seinem Bruder *Gregor von Nyssa* u. seinem Freund *Gregor von Nazianz* (»die drei großen Kappadokier«) wegweisend für die griech. Theologie; Förderer u. Organisator des Mönchtums *(Basilianer).* Fest: 2. 1.

**Basis, 1.** *Base, allg.:* Grundlage, Ausgangspunkt, Stützpunkt. – **2.** *Baukunst:* Fuß einer Säule oder eines Pfeilers. – **3.** *Elektronik:* Teil eines *Transistors* zur Steuerung des Kollektorstroms. – **4.** *Mathematik:* 1. Grundlinie eines Dreiecks; Grundfläche eines Körpers; 2. Grundzahl eines Zahlensystems (z.B. 10 bei den Dezimalzahlen); 3. Grundzahl a einer Potenz $a^n$; 4. Grundzahl von Logarithmen (z.B. e bei den natürl. Logarithmen).

**Basisdemokratie,** Modell einer Herrschaftsform, in der – im Gegensatz zur repräsentativen Demokratie – alle wichtigen polit. Entscheidungen durch direkte Volksbeteiligung getroffen werden.

**Basiseinheiten,** *Grundeinheiten, Ausgangseinheiten,* Einheiten für physikal. Größen, die auf keine anderen Größen zurückgeführt werden können: die Längeneinheit Meter (m), die Masseneinheit Kilogramm (kg), die Zeiteinheit Sekunde (s), die Einheit der elektr. Stromstärke Ampere (A), die Temperatureinheit Kelvin (K), die Lichtstärkeeinheit Candela (cd) u. die Stoffmenge Mol (mol). Von den B. werden alle anderen physikal. Einheiten abgeleitet.

**Basken,** span. *Vascos,* frz. *Basques,* eigener Name *Euskaldunak,* Volk in den W-Pyrenäen mit eigener Sprache u. Kultur: 700 000 Zugehörige in den Baskischen Prov. Spaniens, 130 000 in Frankreich; ferner 125 000 in Übersee. Das span. *B.land* erhielt 1979 ein Autonomiestatut; 1980 wurde ein Regionalparlament gewählt. Die extremen Separatisten sind in der *ETA* organisiert u. treten zeitweise mit Terrorakten hervor.

**Basketball,** Korbballspiel, bei dem zwei Mannschaften von je 5 Spielern u. bis zu 7 Auswechselspielern versuchen, den Ball in den gegnerischen Korb einzuwerfen.

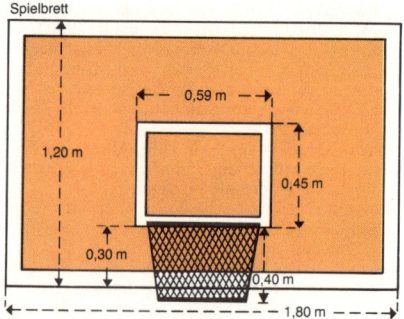

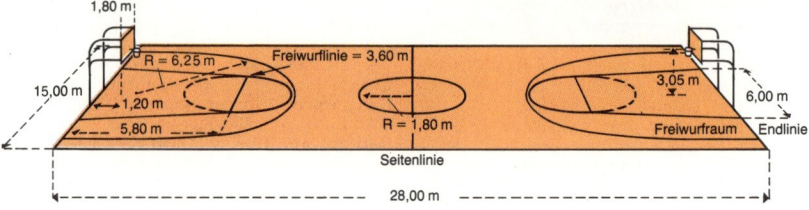

*Basketball: Spielbrett und Spielfeld*

**baskische Provinzen,** span. *Vascongadas,* die nordspan. Prov. *Guipúzcoa, Vizcaya* u. *Alava,* → Spanien.

**baskische Sprache,** von den Basken *Euskara, Eskuara* genannt, Ursprung bisher noch ungeklärt, Zugehörigkeit zur hamit.-semit. Sprachfamilie wird vermutet.

**Basküleverschluß,** *Treibriegelverschluß,* Verschluß an Fenstern u. Türen, bei dem durch einen Handgriff mehrere Riegel oder Stangen in versch. Richtungen getrieben werden.

**Basler Friede,** 1795 zw. Frankreich u. Preußen geschlossener Friede, in dem Preußen seine linksrhein. Beziehungen an Frankreich abtrat.

**Basler Konzil,** Reformkonzil 1431–37; endete mit dem Sieg des Papsttums über den Konziliarismus.

**Basrah,** *Bassora,* wichtigster Seehafen des Irak, am Mündungsarm von Euphrat u. Tigris (Shatt Al Arab), 300 000 Ew.; Dattelanbaugebiet; im irak.-iran. Krieg stark zerstört.

**Basrelief** [baʀəlˈjɛf], *Flachrelief,* → Relief.

**Baß,** **1.** eine → Stimmlage. – **2.** Grundstimme eines musikal. Satzes; z.B. *Basso continuo; Basso ostinato,* → Ostinato. – **3.** einem anderen Instrumentennamen vorgesetzte Bez. für die tiefe Bauform eines Typus, z.B. B.-Gitarre, B.-Klarinette. Noch größere u. tiefer reichende Instrumente werden als *Kontrabaßinstrumente* bezeichnet.

**Baßbariton,** eine → Stimmlage.

**Bassermann,** Albert, *1867, † 1952, dt. Theaterschauspieler; berühmt zunächst in Ibsen-, später in klass. Charakterrollen.

**Basset** ['bæsət], niedriger, krummbeiniger Jagdhund mit ausgeprägten Hängeohren; von kräftigem Körperbau.

**Basseterre** [bas'tɛr], Hptst. des karib. Staates Saint Kitts-Nevis, auf der Antilleninsel Saint Kitts, 16 000 Ew.

**Bassethorn,** eine Alt-Klarinette in F oder Es.

**Bassin** [basɛ̃], Wasserbecken, Schwimmbecken.

**Basso continuo** → Generalbaß.

**Basso ostinato** → Ostinato.

**Bassow,** *Basov,* Nikolaj Gennadijewitsch, *14.12.1922, sowj. Physiker; Arbeiten über Maser u. Laser; Nobelpreis 1964 zus. mit A. M. *Prochorov* u. C. *Townes*.

**Baßschlüssel,** in der Notenschrift der F-Schlüssel auf der zweitobersten Linie des 5-Linien-Systems.

**Bast, 1.** *sekundäre Rinde,* alles Gewebe, das beim sekundären Dickenwachstum von Stämmen oder Stengeln nach außen hin neu gebildet wird. – **2.** die das wachsende Geweih der Hirscharten umschließende behaarte Haut, die vor der Brunft abgescheuert *(gefegt)* wird.

**Bastard, 1.** *allg.:* unehel. Kind, bes. von Eltern versch. Gesellschaftsschichten. – **2.** *Anthropologie:* Mischling. – **3.** *Biologie: Hybride,* Individuum, das aus der Vereinigung zweier Geschlechtszellen mit versch. Erbgut hervorgegangen ist.

**Bastei** → Bastion.

**Bastia,** Haupthafen an der NO-Küste Korsikas, Verw.-Sitz des Dép. Haute-Corse, 44 000 Ew.; Zitadelle; Flughafen.

**Bastian,** Adolf, *1826, † 1905, dt. Ethnologe; Begr. der modernen Völkerkunde.

**Bastille** [-'tiːjə], Burg in Paris, später Gefängnis, bes. für polit. Vergehen, Symbol fürstl. Willkür u. Tyrannei. Der *Sturm auf die B.* am 14.7.1789 leitete die Frz. Revolution ein; wurde dem Erdboden gleichgemacht.

**Bastion,** *Bastei, Bollwerk,* im Festungsbau ein bes. widerstandsfähig gemachter, vorspringender Teil des Hauptwalls.

**Bastonade,** *Bastonnade,* oriental. Stockprügelstrafe auf die Fußsohlen; später auch in Rußland.

**Basuto,** Volk der Sotho-Tswana-Gruppe der Südostbantu; heute vor allem in Lesotho.

**Basutoland,** fr. Name (bis 1966) für → Lesotho.

**BAT,** Abk. für *Bundes-Angestelltentarifvertrag* vom 23.2.1961, in Kraft getreten am 1.4.1961; gilt für Angestellte des Bundes (außer Bundesbahn u. Bundespost), der Länder, Landkreise u. Gemeinden u. regelt die materiellen Arbeitsbedingungen (Arbeitszeit, Urlaub u. die allg. Vergütungsordnung).

**Bataillon** [-ta'ljoːn], seit dem 15. Jh. jeder selbständige Verband der Infanterie; in der Bundeswehr kleinster *Verband:* in der Regel 4 Kompanien u. 1 Stabskompanie.

**Batak,** altindones. Volk (1,5 Mio.) im nördl. Sumatra; Reisanbau, Tierhaltung; berühmte Pfahlbauten.

**Batalha** [-'talja], port. Ort im Distrikt Leiria, 7500 Ew.; bed. Kloster Mosteiro de Santa Maria de Vitória (14. Jh.), Nationaldenkmal der Portugiesen.

**Batate,** *Süßkartoffel,* in den warmen Gegenden der ganzen Welt anstelle der Kartoffel angebautes, stärkereiches Nahrungsmittel.

**Bataver,** german. Stamm an der Rhein-Mündung; seit dem Ende des 1. Jh. v.Chr. unter röm. Herrschaft; empörte sich 69/70 n. Chr. gegen Rom *(B.aufstand)* u. ging im 4. Jh. in den Franken auf.

**Batavia,** früherer Name der indones. Hptst. → Jakarta.

**Batavische Republik,** 1795–1806 Name der nach frz. Vorbild als Tochterrepublik organisierten Niederlande; benannt nach den *Batavern.*

**Bath** [baːθ], Stadt u. Heilbad im SW Englands, am Lower Avon, sö. von Bristol, 85 000 Ew.; warme Mineralquellen, röm. Bäder.

**Batholith,** großer magmat., in Sedimente eingedrungener Gesteinsstock von unbekannter Unterlage.

**Báthory,** siebenbürg. Fürstengeschlecht bis 1613. *Stephan (István) IV.* war 1576–86 König von Polen.

**Bathurst** [′bæθə:st], **1.** Hptst. von Gambia, → Banjul. – **2.** Stadt in Neusüdwales (Australien), westl. von Sydney, 17 000 Ew.

**Bathyal,** Lebensbereich des Meeresbodens unterhalb von 200 m Tiefe.

**Bathyscaph,** von A. *Piccard* entwickeltes u. gebautes Tiefseetauchboot.

**Bathysphäre** → Tiefseeforschung.

**Batik** [mal., »gesprenkelt«], Färbverfahren für Stoffe (urspr. in Java heim.), bei dem heißes Wachs auf Stoff gegossen u. je nach Muster auf die Stellen verteilt wird, die beim anschließenden Färben »reserviert«, d.h. nicht eingefärbt werden sollen.

**Batist,** sehr feinfädiges Gewebe in Leinwandbindung.

**Baton Rouge** [′bætən ru:ʒ], Hptst. des USA-Staats Louisiana, 242 000 Ew.; Univ.; Erdölraffinerien, chem. u. Aluminium-Ind.

**Batschka,** ungar. *Bácska,* serbokroat. *Bačka,* Teil der Ungar. Tiefebene zw. Donau u. Theiß; seit 1919 jugoslaw., heute Teil der Vojvodina.

**Battelle-Institut** [-′tɛl-], gemeinnütziges US-amerik. Forschungsinstitut.

**Battenberg,** 1314 ausgestorbenes hess. Grafengeschlecht; seit 1858 Titel der Nachkommen Alexanders Prinz von Hessen; die engl. Linie nahm 1917 den Namen *Mountbatten* an.

**Batterie, 1.** unterste takt. Einheit bei der Artillerie, entsprechend der *Kompanie* in anderen Waffengattungen. – **2.** Zusammenschaltung von mehreren galvanischen Elementen, Akkumulatoren oder Kondensatoren.

**Batteriehaltung,** Form der landw. Nutztierhaltung, bei der auf kleinstem Raum bei geringem Arbeitsaufwand Tiere in großen Mengen gehalten werden können; wird von Tierschutzverbänden entschieden abgelehnt.

**Batumi,** *Batum,* Hptst. der Adschar. ASSR (Sowjetunion), am Schwarzen Meer, nahe der türk. Grenze, 120 000 Ew.; Raffinerien; Überseehafen.

**Batzen,** früher in Dtld. u. in der Schweiz verbreitete Silbermünze zu 4 Kreuzer.

*Batzen:* Avers und Revers einer ½-Batzen-Münze; Helvetische Republik, 1799

**Bauaufsichtsbehörde,** *Baupolizei,* hat die Aufgabe, die Einhaltung der gesamten Vorschriften des öffentl. Baurechts zu gewährleisten.

**Bauch,** lat. *Abdomen, Venter,* in der menschl. Anatomie der untere Teil des Rumpfes zw. Zwerchfell u. Beckeneingang. Sein Hohlraum, die *B.höhle,* ist mit dem *B.fell* ausgekleidet. Die B.höhle enthält die Verdauungsorgane.

**Bauchhöhlenschwangerschaft** → Extrauteringravidität.

**Bauchpilze,** *Gastromycetes,* Pilze mit geschlossenen, rundl. Fruchtkörpern, die sich erst nach der Sporenreife öffnen: Boviste, Erdstern, Stinkmorchel u.a.

**Bauchreden,** Sprechtechnik, bei der der Mund nicht bewegt wird u. durch extreme Resonanzverminderung der Klang der Stimme so verändert wird, als käme sie aus dem Bauch.

**Bauchspeicheldrüse,** *Pankreas,* Anhangdrüse des Mitteldarms bei den Wirbeltieren; liefert Verdauungssäfte u. bildet in den *Langerhansschen Inseln* das *Insulin* zur Regulierung des Zuckerstoffwechsels.

**Bauchtanz,** ein urspr. nur in N-Afrika, W- u. S-Asien geübter Frauentanz, durch rhythm. Bewegungen der Hüft- u. Bauchmuskeln der Tänzerin charakterisiert; einst Bestandteil des Fruchtbarkeitskults, heute meist erot. Schautanz.

**Baucis** → Philemon und Baucis.

**Baud** [bo:d], Abk. *Bd,* Einheit der Telegraphiergeschwindigkeit: 1 Bd entspricht 1 Zeichen pro Sekunde.

*Bauernkrieg: Aufständischer Bauer; Holzschnitt von einem unbekannten Meister; 1522*

**Baude,** Unterkunftshütte, auch Berggasthof im Riesengebirge.

**Baudelaire** [bodlɛ:r], Charles, *1821, †1867, frz. Dichter; seine Gedichtsammlung »Les Fleurs du mal« 1857 (»Die Blumen des Bösen«) leitete den frz. Symbolismus ein.

**Baudouin** [bodu′ɛ̃], *7.9.1930, König der Belgier seit 1951; verh. mit Fabiola de Mora y Aragón (seit 1960).

**Baudouin** [bodu′ɛ̃], Pierre-Antoine, *1723, †1769, frz. Maler (galante Sittenschilderungen, Bildnisse u. mytholog. Gemälde, meist in Deckfarbenmalerei; malte die Marquise von Pompadour.

**Bauer,** *Landwirt,* der hauptberufl. Bewirtschafter von landwirtschaftl. genutzten Grundstücken in Verbindung mit einem Hof (Wirtschaftsgebäude), oft eingeschränkt auf kleinere oder mittelgroße Betriebe. Darüber liegen der *Großgrundbesitz.* Der B. repräsentiert den auf den Wildbeuter folgenden, ein kulturell höheres Niveau erreichenden Kulturtypus. Dabei erwächst erst aus der Vereinigung des primitiven vorbäuerl. Pflanzertums mit nomad. Großviehhirten die neue Wirtschaftsform des Pflugbaus als wesentl. Voraussetzung für die Existenz der seßhaften, einen wirtschaftl. Überschuß erzeugenden Feldbauerngemeinden. Diese Wirtschafts- u. Lebensweise des B.ntums führte zur Ausprägung bestimmter, oft landschaftl. bedingter Lebensformen u. Gebräuche (Hausform, Kleidung u.a.).

Im Zeitalter des Feudalismus verlor der B. vielerorts seine Freiheit u. wurde einem Grund- oder Gutsherrn hörig u. abgabenpflichtig. Auflehnung hiergegen (z.B. in den *B.nkriegen*) führte selten zum Erfolg. So wurde der B. erst frei mit dem Ende der Ständeordnung u. dem Eindringen liberaler Grundsätze (in Dtld. 18./19. Jh.); *Stein* u. *Hardenberg* lösten offiziell das bäuerl.-gutsherrl. Verhältnis). Die liberalist.-kapitalist. Wirtschaftsordnung u. der Anschluß an den Weltmarkt haben den B. zunehmend zu rationellem Wirtschaften u. zur Produktion für den Markt gezwungen, wobei v.a. die Genossenschaften halfen.

Zahlenmäßig u. hinsichtl. seiner gesamtwirtschaftl. Bedeutung ist das B.ntum in den meisten industriell entwickelten Ländern stark zurückgegangen.

**Bauer, 1.** Gustav, *1870, †1944, dt. Politiker (SPD); 1919/20 Reichskanzler *(Versailler Vertrag),* 1921/22 Schatz-Min. – **2.** Josef Martin, *1901, †1970, dt. Schriftsteller; schilderte die niederbayer. Bauern- u. Kleinstadtwelt sowie Kriegserlebnisse in Rußland. – **3.** Karl Heinrich, *1890, †1978, dt. Chirurg; Hauptarbeitsgebiete: Unfallchirurgie u. Krebsforschung. – **4.** Walter, *1904, †1976, dt. Schriftsteller; Lyriker u. Erzähler proletar. Schicksals. – **5.** Wilhelm, *1822, †1875, dt. Ingenieur; baute 1851 das erste betriebsfähige Unterseeboot.

**bäuerliches Erbrecht** → Anerbenrecht.

**Bauernbefreiung,** Befreiung der Bauern von persönl. Unfreiheit (Leibeigenschaft, Erbuntertänigkeit) u. Befreiung der bäuerl. Grundstücke von lastenden Abgaben u. sonstigen Verpflichtungen (Fronden, Zehnten); zum Durchbruch gekommen durch den Sieg liberaler Auffassungen im 18. u. 19. Jh. Den Anfang machte in Preußen *Friedrich Wilhelm I.* 1718/19 auf den Domänen. 1848 vollendete die Revolution in Dtld. den Prozeß der Liberalisierung u. rechtl. Gleichstellung der Bauern.

**Bauernhaus,** das den natürl. (Witterung, Baumaterialien), den ökonom.-landwirtschaftl. (Ackerbau, Viehzucht) u. den rechtl.-sozialen Bedingungen (Erbsitten, Besitzgröße, Reichtum) u. der bäuerl. Kultur u. Lebensweise angepaßte Wohn- u. Wirtschaftsgebäude des Bauern, im Unterschied zum städt. Bürgerhaus. Man unterscheidet eine Reihe von Konstruktionsbesonderheiten: z.B. Dach- oder Wandhaus, Ein- oder Vielhaus, Block- oder Fachwerkbau.

Größe u. Schmuckformen des B.es wechseln je nach landschaftl. Besonderheiten sowie nach Wohlstand u. Traditionsempfinden ihrer Besitzer. Neben Fachwerkverzierungen waren Freskobemalungen der Fassaden (Tirol, Oberbayern), Sgraffitoschmuck (Österreich) u. volkskünstler. Raumdekorationen üblich.

**Bauernkrieg,** Aufstand der um Wiederherstellung ihrer alten Rechte u. um wirtschaftl. Besserstellung kämpfenden süd- u. mitteldt. Bauern 1524/25. Schon seit dem 14. Jh. hatte es *Bauernaufstände* gegeben, die meist blutig unterdrückt wurden. So scheiterten der »Bundschuh« unter Joß Fritz 1502, 1513, 1517 u. der »Arme Konrad« 1514. Führer des B. waren u.a. Thomas *Müntzer,* Götz von *Berlichingen,* Georg *Metzler,* Wendel *Hipler* u. Michael *Gaismair.* Uneinigkeit, fehlende Zusammenarbeit u. mangelndes militär. Können der Bauern machten es dem Adel leicht, die Bauernhaufen getrennt zu unterwerfen.

**Bauernlegen,** Einziehung unbebauter gutsherrl. Bauernstellen *(Wüstungen)* zur Nutzung als Gutsland oder der Aufkauf freier Bauernhöfe, oft unter Druck, zu gleichem Zweck, vor allem nach der Landabgabe bei der *Bauernbefreiung.*

**Bauernregel,** Merksprüche über das Wetter u. seine Auswirkung auf die Landwirtschaft.

**Bauersfeld,** Walther, *1879, †1959, dt. Ingenieur; erfand die Stereoplanigraphen zur Herstellung von Landkarten aus photograph. Luftaufnahmen; Begr. der Schalenbauweise großer freitagender Kuppeln.

*Schwarzwaldhaus*

*Ammerländer Bauernhaus*

## Baugenehmigung

**Baugenehmigung,** *Bauerlaubnis,* schriftl. Bestätigung der Bauaufsichtsbehörde, daß ein bestimmtes Bauvorhaben öffentl.-rechtl. Vorschriften entspricht.

**Baugesetzbuch,** Vorschriften des öffentl. Baurechts, für die der Bund zuständig ist; das B. löste das Bundesbaugesetz u. das Städtebauförderungsgesetz ab.

**Bauhaus,** von W. *Gropius* 1919 in Weimar gegr. Kunstinstitut 1925; nach Dessau verlegt; seit 1926 trug es die Bez. »Hochschule für Bau u. Gestaltung«; 1932 Übersiedlung nach Berlin; 1933 Auflösung. Das B. sammelte in Dtld. die wichtigsten künstler. Kräfte des Nachexpressionismus. Als Ziel wurde die Versöhnung von Technik u. Kunst angestrebt. Gepflegt wurden sämtl. Kunstgattungen. Meister am B. waren neben Gropius u.a. L. *Mies van der Rohe,* L. *Feininger,* P. *Klee,* W. *Kandinsky,* O. *Schlemmer,* G. *Marcks,* L. *Moholy-Nagy.* Nach der Emigration vieler B.-Künstler in die USA lebten dort die B.-Ideen weiter. L. *Moholy-Nagy* gründete 1937 in Chicago ein »New B.«, das heutige *Institute of Design.*

**Bauherrenmodell,** Anfang der 1970er Jahre entwickelte Gestaltungsform der Bildung von Wohneigentum, bei der die Kapitalanleger über einen Treuhänder/Baubetreuer zu einer Bauherrengemeinschaft zusammengeschlossen werden; verfolgt das Ziel, den Kapitalanleger wirtsch. wie einen Bauherren zu stellen u. ihm steuerl. Vorteile zu verschaffen.

**Bauhütte,** seit dem MA Vereinigung von Steinmetzen u. Werkleuten zur Nachwuchserziehung, Weiterbildung, Standesvertretung, Pflege der Tradition u. Überlieferung von techn. u. künstler. Berufsgeheimnissen. Die Hütten entstanden in der Nachfolge mönchischer Organisationen seit dem 13. Jh.; ihre Blüte erlebten sie im 14. Jh.

**Baukastensystem,** Konstruktionsmethode der Technik, bei der aus genormten, in größerer Zahl, aber wenigen Typen hergestellten u. vorrätig gehaltenen Elementen Geräte, Bauwerke oder Gebrauchsgegenstände zusammengebaut werden.

**Baukeramik,** Erzeugnisse der Keramik, die dem Schmuck von Bauwerken dienen u. mit diesen fest verbunden sind.

**Baukostenzuschuß,** Geld-, Sach- oder Arbeitsleistungen des Mieters an den Vermieter zur teilw. Deckung von Baukosten.

**Bauland,** Muschelkalklandschaft im nö. Baden, 300–350 m ü. M; zerschnitten von Jagst, Kocher, Neckar u. Tauber.

**Bauland, 1.** Grundstücke, für die eine Bebauung geplant ist oder demnächst eine Baugenehmigung erteilt werden kann. – **2.** gesetzl. Verpflichtung des Eigentümers, seine Gebäude ordnungsgemäß zu unterhalten u. instandzuhalten.

*Baumfarne*

**Baum, 1.** Holzgewächs mit mehr oder weniger hohem *Stamm* u. einer *Krone,* die entweder aus beblätterten Zweigen *(Wipfel-B.)* oder aus großen Blättern, sog. Wedeln *(Schopf-B.;* z.B. *B.farne, Palmen, Gras-B.),* besteht. – **2.** *S e e f a h r t:* Rundholz, Spiere, meist waagerecht schwingende Stange, die der Unterkante eines Schratsegels Halt gibt. – **3.** *W e b e r e i:* Teil des Webstuhls, unterschieden in *Kett-* u. *Waren-B.* Walzen, die die Kette bzw. den bereits gewebten Stoff aufnehmen.

**Baum, 1.** Gerhart Rudolf, *10.10.1932, dt. Politiker (FDP); 1978–82 Bundes-Min. des Innern. – **2.** Vicki, *1888, †1960, östr. Schriftstellerin (Gesellschaftsromane).

**Baumeister,** Willi (Will), *1889, †1955, dt. Maler, Graphiker u. Bühnenbildner; schuf 1919–22 konstruktivist. »Mauer-Bilder«, verband seit 1945 den Konstruktivismus mit surrealist. elementen u. Anregungen prähistor. Höhlenmalereien.

**Bäumer,** Gertrud, *1873, †1954, dt. Schriftstellerin u. Politikerin; führend in der Frauenbewegung, demokrat. Reichstagsabgeordnete; schrieb u.a. bes. Geschichtsromane aus dem MA.

**Baumfarne,** trop. u. subtrop. Farne; bis 15 m hoch, mit holzigem, etwa armdickem Stamm, der am Ende eine Rosette bis übe 3 m langer, mehrfach gefiederter Blätter trägt.

**Baumgarten,** Alexander Gottlieb, *1714, †1762, dt. Philosoph; führender Systematiker der dt. Aufklärungsphilosophie, begr. die Ästhetik als Wissenschaft.

**Baumgrenze,** Grenzlinie am Berg oder polwärts, bis zu der ein normales Baumwachstum noch möglich ist.

**Baumheide,** 2–6 m hoher Strauch aus der Familie der *Heidekrautgewächse;* im Mittelmeergebiet, im trop. Afrika u. auf den Kanar. Inseln heimisch.

**Baumläufer,** *Certhiidae,* Fam. der *Singvögel;* kleine Vögel mit dünnem, leicht gebogenem Schnabel, die spechtartig an Baumstämmen klettern; Insektenfresser; in fünf Arten die Wälder Eurasiens u. Nordamerikas bewohnend.

**Bäumler,** Hans-Jürgen, *29.1.1942, dt. Eiskunstläufer; als Partner von Marika *Kilius* mehrfacher Welt- u. Europameister u. zweimal (1960 u. 1964) Olympiazweiter im Paarlauf; später im Showgeschäft, auch Fernsehen.

**Baumsarg,** bei Naturvölkern ein als Sarg dienender ausgehöhlter Baumstamm, vorwiegend während der Bronzezeit in N-Europa.

**Baumschule,** Grundstück, auf dem Forstpflanzen, Obst- u. Ziergehölze aus Samen, Ablegern oder Stecklingen unter mehrmaligem Umpflanzen *(Verschulen)* gezogen werden.

**Baumwolle,** bis 5 cm lange, weiche Samenhaare der Baumwollpflanzengattung *Gossypium* aus der Fam. der *Malvengewächse.* Die Pflanzen bilden 1–2 m hohe Sträucher u. sind sehr kälteempfindl. Die B. wird heute vielfach mit Pflückmaschinen geerntet u. nach Güte u. Reinheit sortiert. Gehandelt wird B. v.a. an bestimmten »B.börsen«, verarbeitet bes. in Spinnereien u. Webereien Großbritanniens u. Dtlds.

**Bauopfer,** die früher bei vielen Völkern verbreitete Sitte, bei einem Neubau Gegenstände u. Lebewesen einzumauern oder unter den Hauspfahl oder die Türschwelle zu legen, um dem Haus das »Leben« (Festigkeit) zu sichern u. seine Bewohner vor bösen Mächten zu schützen.

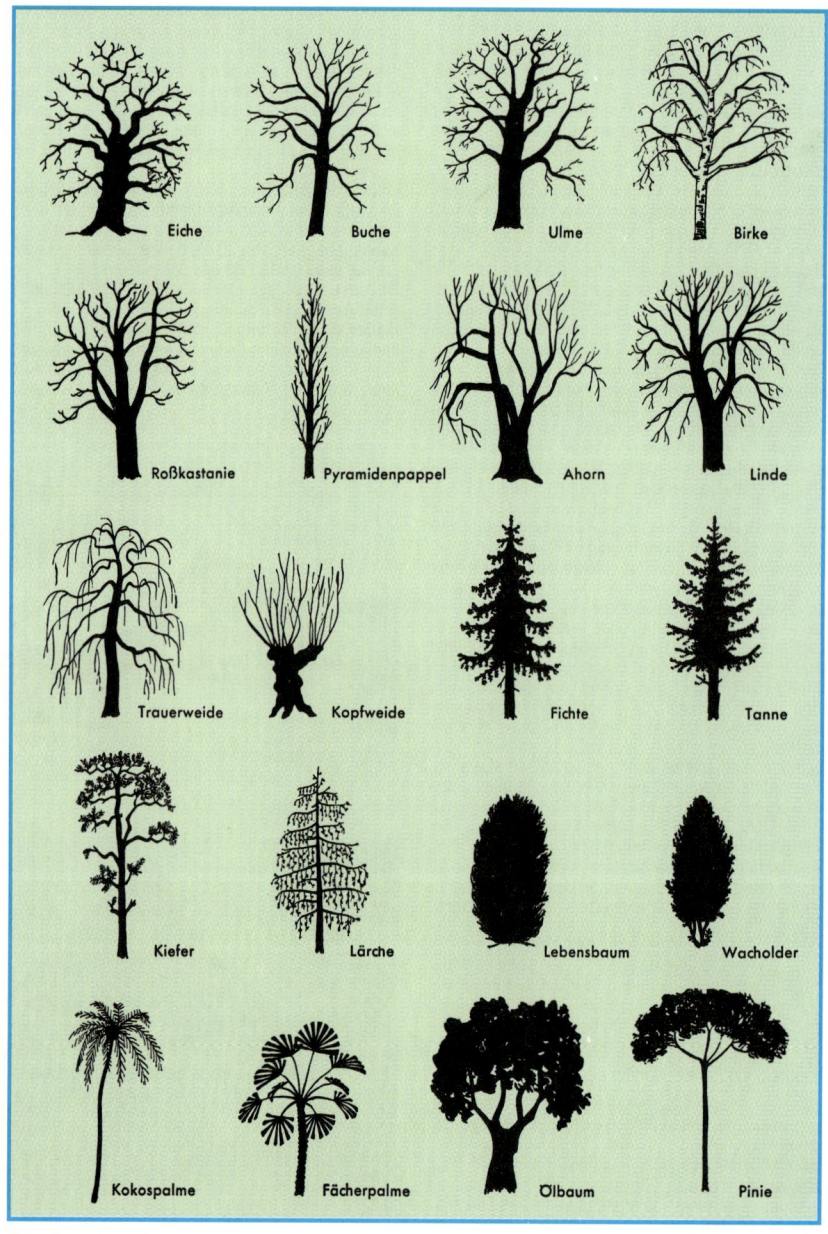

*Baumformen*

**Baupolizei** → Bauaufsichtsbehörde.
**Baur, 1.** Erwin, *1875, †1933, dt. Vererbungsforscher u. Pflanzenzüchter; beschäftigte sich mit der züchter. Bearbeitung landw. Kulturpflanzen. – **2.** Ferdinand Christian, *1792, †1860, dt. ev. Theologe; Begründer der Tübinger theolog. Schule.
**Bausch,** Pina, *27.7.1940, Tänzerin u. Choreographin; leitet seit 1973 das Tanztheater Wuppertal, mit dem sie neuartige Formen des Tanzschauspiels entwickelt.
**Bausparkassen,** Kreditinstitute, die aufgrund eines Bausparvertrags dem *Bausparer* nach Ansparen eines bestimmten Eigenkapitals ein zinsgünstiges *Baudarlehen* gewähren.
**Bautasteine,** hohe, aufrecht u. frei stehende, unbearbeitete u. inschriftlose Steine in Skandinavien; in der Völkerwanderungs- u. Wikingerzeit als Gedenksteine für die in der Fremde gefallene Krieger errichtet.
**Bautzen,** Krst. in Sachsen, in der sächs. Oberlausitz, auf einer Granithöhe am Oberlauf der Spree,

*Baumwollpflanze*

von der *Ortenburg* (957 m) überragt, 52 700 Ew.; schönes mittelalterl. Stadtbild mit vielen Türmen; Zentrum der Lausitzer Wenden (Sorben).
**Bauxit** [der], weißes, graues, braunes, gelbes oder rotbraunes Sedimentgestein aus unterschiedl. Anteilen Aluminiumhydroxid u. Aluminiumoxid mit versch. Beimengungen; wichtigster Rohstoff für die Aluminiumgewinnung.
**Bavaria, 1.** lat. für *Bayern*. – **2.** allegor. Kolossalstandbild (20,5 m hoch) vor der Ruhmeshalle in München.
**Bavink,** Bernhard, *1879, †1947, dt. Naturphilosoph; erstrebte eine Verbindung von Naturwiss. u. Religion.
**Bayar,** Celâl, *1883, †1986, türk. Politiker; 1937–39 Min.-Präs.; Vors. der 1946 gegr. Demokrat. Partei, nach deren Wahlsieg 1950 Staats-Präs.; 1960 von der Armee gestürzt.
**Bayer AG,** Leverkusen, bis 1972 *Farbenfabriken Bayer AG,* Unternehmen der chem. Industrie, 1925 eine der Gründerfirmen der *IG Farbenindustrie AG.*
**Bayerische Alpen,** Teil der Nördl. Kalkalpen zw. Bodensee u. Salzach (Allgäuer Alpen, Oberbayer. Alpen mit Wetterstein-, Karwendel- u. Mangfallgebirge, Berchtesgadener Alpen).
**Bayerischer Erbfolgekrieg,** 1778/79 von Friedrich d. Gr. gegen Österreich geführter Feldzug in Böhmen, da Kaiser Joseph II. nach dem Aussterben der bayer. Wittelsbacher Niederbayern u. die Oberpfalz zu gewinnen hoffte.
**Bayerischer Rundfunk,** 1948 gegr. öffentl.-rechtl. Rundfunkanstalt mit Sitz u. Funkhaus in München.
**Bayerischer Wald,** zw. Mittelgebirge, Böhmerwald u. Donau, i.w.S. die bayer. Seite des Böhmerwalds; Hauptfluß ist der *Regen;* Holzwirtsch., Glasind., Fremdenverkehr; seit 1970 *Nationalpark B. W.,* (12 000 ha).
**Bayerische Volkspartei,** Abk. *BVP,* 1918 gegr. Partei mit christl., agrar., monarchist. u. stark föderalist. Bestrebungen; 1920–33 stärkste Partei in Bayern; stellte 1924–33 den Min.-Präs.; 1933 aufgelöst.
**Bayern,** das größte Land der BR Dtld., 70 553 km², 11,03 Mio. Ew., Hptst. *München;* Großlandschaften: der dt. Teil der Nördl. Kalkalpen, Teile von Spessart u. Rhön, fränk. Schichtstufenldsch., Fichtelgebirge u. Böhm.-Bayer. Wald; im Alpengebiet Forst- u. Viehwirtsch., im nördl. Alpenvorland u. in den Becken an Naab, Rednitz

| Bayern: Regierungsbezirke | | | |
|---|---|---|---|
| Regierungsbezirk | Fläche in km² | Einwohner in 1000 | Hauptstadt |
| Mittelfranken | 7 246 | 1 523 | Ansbach |
| Niederbayern | 10 331 | 1 028 | Landshut |
| Oberbayern | 17 529 | 3 603 | München |
| Oberfranken | 7 231 | 1 037 | Bayreuth |
| Oberpfalz | 9 691 | 970 | Regensburg |
| Schwaben | 9 993 | 1 547 | Augsburg |
| Unterfranken | 8 532 | 1 204 | Würzburg |

u. Main überwiegend Ackerbau; Fremdenverkehr; vielseitige Ind. in München, Augsburg, Nürnberg u.a. Städten.
Geschichte: Besiedlung durch die Bajuwaren; bayer. Stammesherzogtum mit den *Agilolfingern* im 6. Jh. Ihre Herrschaft wurde 788 durch Karl d. Gr. beendet. 1070 kam B. an die *Welfen,* 1180 an die *Wittelsbacher. Maximilian I.* erwarb 1623 die Kurwürde u. 1628 die Oberpfalz. 1777 erlosch die bayer. Linie der Wittelsbacher *(Bayerischer Erbfolgekrieg);* die pfälz. Linie trat das Erbe an. In den Revolutions- u. Kriegen stand B. nach Abtretung der linksrhein. Gebiete an Frankreich auf Napoleons Seite. *Maximilian IV. Joseph* konnte bei Eintritt in den Rheinbund den *Königstitel* erwerben. 1918 mußten die Wittelsbacher abdanken. B. wurde Freistaat. Durch die Rätediktatur (1919), die Gegenrevolution u. den Hitlerputsch (1923) erlebte B. schwere Erschütterungen. Nach 1945 kam die Pfalz zu Rhld.-Pf.
**Bayernpartei,** Abk. *BP,* 1947 von Josef *Baumgartner* aus dem abgesplitterten, extrem föderalist. u. partikularist. Flügel der *CSU* gegr. Partei.
**Bayeux** [ba'jø:], frz. Stadt in der Normandie, 14 700 Ew.; Teppichmuseum, Spitzen- u. Porzellanherstellung. – **B.teppich,** *Tapisserie de B.,* friesartiger, 70 m langer Bildteppich mit Darstellungen in farbiger Wollstickerei, entstanden im letzten Drittel des 11. Jh., aufbewahrt in B. Die Bildstickereien schildern die Vorbereitungen zum Eroberungszug Herzog Wilhelms von der Normandie nach England, die Überfahrt u. den Sieg über König Harald bei Hastings (1066).
**Bayle** [bɛ:], Pierre, *1647, †1706, frz. Schriftsteller u. Philosoph; verfaßte ein krit. Nachschlagewerk, das für die europ. Aufklärung im 18. Jh. bahnbrechend wirkte: *Dictionnaire historique et critique*» 2 Bde. 1695–97, dt. von J. Chr. *Gottsched* 1741–44.
**Bayonne** [ba'jɔn], Hafenstadt im SW Frankreichs an der Mündung des Adour, 41 400 Ew.; Kathedrale (13.–16. Jh.), Baskenmuseum; Eisenverarbeitung, chem. Ind., Nahrungsmittelerzeugung.
**Bayreuth,** Hptst. von Oberfranken, in einer Talweitung des Roten Mains zw. Fränk. Jura u. Fichtelgebirge, 72 000 Ew.; Kirche (15. Jh.), Schloß (17. Jh.), barockes Opernhaus, *Richard-Wagner-Festspielhaus* (1872–76); Univ.; Textil-, Maschinen-, Elektroind. u. opt. Geräte.

**Bayrischzell,** Luftkurort u. Wintersportplatz in Oberbayern am Fuß des Wendelstein, 800 m ü. M., 1750 Ew.
**Bazaine** [ba'zɛ:n], **1.** François Achille, *1811, †1888, frz. Marschall; Oberbefehlshaber der Rheinarmee; verantwortl. für die Übergabe von Metz. – **2.** Jean, *21.12.1904, frz. Maler (ungegenständl. Gemälde, Glasfenster u. Wandkeramiken).
**Bazillen** [Pl., Sg. *Bazillus*], Fam. sporenbildender *Bakterien.* – Im allg. Sprachgebrauch werden krankheitserregende Bakterien insges. als B. bezeichnet.
**Baía** [ba'i:a], Bestandteil von geograph. Namen: Bucht, Bai.
**BBC** [bi bi si], Abk. für *British Broadcasting Corporation.*
**BBU,** Abk. für *Bundesverband Bürgerinitiativen Umweltschutz.*
**BDA, 1.** Abk. für *Bundesvereinigung der Dt. Arbeitgeberverbände.* – **2.** Abk. für *Bund Dt. Architekten.*
**BDJ,** Abk. für *Bundesverband der Dt. Industrie.*
**BDM,** Abk. für *Bund Dt. Mädel,* → Hitlerjugend.
**Beadle** [bi:dl], George Wells, *22.10.1903, US-amerikan. Biologe u. Biochemiker; erhielt für biochem. Erbforschungen den Nobelpreis für Medizin 1958, zus. mit J. *Lederberg* u. E. L. *Tatum.*
**Beagle** ['bi:gl], ursprüngl. zur Kaninchenjagd in England gezüchteter, etwa 40 cm hoher Meutehund aus der Gruppe der Bracken.
**Beamte,** Personen, die zum Staat (Bund, Land) oder zu einer sonstigen Körperschaft (z.B. Gemeinde) oder Anstalt des öffentl. Rechts in einem bes. öffentl.-rechtl. Dienst- u. Treueverhältnis stehen. Das B.nverhältnis wird durch eine *Ernennungsurkunde* begründet und gilt regelmäßig auf Lebenszeit, u.U. aber auch auf Zeit, auf Probe, auf Widerruf oder zum Ehren-B.n: – **B.nhaftung,** *Amtshaftung,* bürgerl.-rechtl. Haftung eines B. bei schuldhafter Verletzung einer ihm gegenüber Dritten obliegenden *Amtspflicht.* Hat der B. in Ausübung hoheitl. Gewalt gehandelt, so tritt an die Stelle seiner Eigenhaftung die *Staatshaftung.*
**Beardsley** ['biədzli], Aubrey, *1872, †1898, engl. Zeichner; er beeinflußte die Graphik u. die Plakatkunst des *Jugendstils* (Buchillustrationen zu O. *Wilde,* E. A. *Poe* u.a.).
**Beat** [bi:t], im *Jazz* ein harter Schlagrhythmus, auch ein bes. betonter Taktteil; weiteste Verwendung in der B.musik.
**Beat Generation** [bi:t dʒenə'reɪʃn], »geschlagene Generation«, die 1930–40 geborene US-amerik. Nachkriegsgeneration, die, von der Leere des Zivilisationsgetriebes angewidert, zu einem eigenen anarch.-nonkonformist. Lebensstil gelangte (*Beatniks*). Literar. Vertreter sind u.a. J. *Kerouac,* L. *Ferlinghetti,* A. *Ginsberg.*
**Beatles** [bi:tlz], internat. bekannte Beatgruppe aus Liverpool in den 1960er Jahren: Paul *McCartney,* *18.6.1942 (Baßgitarre); Ringo *Starr,* eigtl. Richard Starkey, *7.7.1940 (Schlagzeug); John *Len-

*Bayern: Werdenfelser Land mit Zugspitze*

non, *1940, †1980 (Rhythmusgitarre); George Harrison, *25.2.1943 (Melodiegitarre). Nach einzigartigen Erfolgen u. Schallplattenrekorden löste sich das Quartett 1970 auf.

**Beatrice** [-'tri:tʃɛ], in seiner »Vita nuova« besungene Jugendliebe *Dantes.*

**Beatrix, 1.** *B. von Burgund,,* *um 1140, †1184, seit 1156 die 2. Frau Kaiser Friedrichs I. – **2.** *B. Wilhelmina Armgard,* *31.1.1938, seit 1980 Königin der Niederlande; seit 1966 mit *Claus von Amsberg* verheiratet.

**Beatty** ['bi:ti], Warren, *30.3.1937, US-amerik. Filmschauspieler; spielte u.a. in »Bonnie u. Clyde«, »Der Millionenraub«, »Dick Tracy«.

**Beau** [bo:], Stutzer, schöner Mann.

**Beauce** [bo:s], dünnbesiedelte frz. Bördenlandschaft sw. von Paris, Weizenanbau; größter Ort *Chartres.*

**Beaufortskala** ['boufət-], Skala der Windstärke, von 0 (Windstille) bis 12 (Orkan); von dem engl. Admiral Sir Francis *Beaufort* 1806 aufgestellt.

**Beauharnais** [boar'nɛ], frz. Adelsgeschlecht: **1.** Eugen, *1781, †1824, Vizekönig von Italien 1805, Herzog von *Leuchtenberg* u. Fürst von Eichstätt 1817, Sohn Alexandre Vicomte de B. u. 3); 1807 von seinem Stiefvater, Napoleon I., adoptiert. – **2.** Hortense, *1783, †1837, Königin von Holland, Tochter von Alexandre Vicomte de B. u. 3). Aus ihrer Ehe mit Ludwig Bonaparte, dem König von Holland, entstammte Napoleon III. – **3.** Josephine *Tascher de La Pagerie,* *1763, †1814, in erster Ehe verh. mit Alexandre Vicomte de B., in zweiter Ehe mit Napoleon I., Mutter von 1) u. 2).

**Beaujolais** [boʒɔ'lɛ], die in der Gegend von Beaujolais gewonnenen Burgunderweine.

**Beaujolais** [boʒɔ'lɛ], Bergland in Frankreich zw. Loire u. Saône, bis 1012 m hoch, größter Ort *Beaujeu.*

**Beaumarchais** [bomar'ʃɛ], Pierre Augustin *Caron de B.*, *1732, †1799, frz. Dramatiker; verspottete in seinen Dramen auf scheinbar harmlose Art Adel u. Rechtswesen; bes. erfolgreich mit den Lustspielen »Der Barbier von Sevilla« 1775 u. »Der tolle Tag oder Die Hochzeit des Figaro« 1783 (Opern von G. *Rossini* u. W. A. *Mozart*).

**Beaumont** ['boumənt], Hafenstadt im SO Texas (USA), 125 000 Ew.; Univ.; Erdölraffinerien, petrochem. Ind., Werften.

**Beaune** [bo:n], Stadt in Frankreich, in der Ldsch. Burgund, 20 000 Ew.; mittelalterl. Stadtbild; Zentrum des burgund. Weinbaus u. Weinhandels.

**Beauvais** [bo'vɛ], Stadt in Frankreich, in N der Île-de-France, alte Hptst. der Ldsch. *Beauvaisis,* Verw.-Sitz des Dép. Oise, 49 300 Ew.; Maschinenbau, chem. u. keram. Ind.

**Beauvoir** [bo'vwa:r], Simone de, *1908, †1986, frz. Schriftst.; Lebensgefährtin von J.-P. *Sartre*; schrieb mehrere existentialist. Romane sowie ein Werk zur radikalen Frauenemanzipation (»Das andere Geschlecht«).

**Beaverbrook** ['bi:vəbruk], William Maxwell *Aitken,* Baron B., *1879, †1964, brit. Politiker (konservativ) u. Zeitungsverleger; baute nach dem 1. Weltkrieg aus »Daily Express«, »Sunday Express« u. »Evening Standard« einen der größten engl. Zeitungskonzerne auf.

**Bebel,** August, *1840, †1913, dt. Sozialdemokrat; 1869 Mitgr. u. Führer der Sozialdemokrat. Arbeiterpartei; 1867–81 u. 1883–1913 MdR; 1875 setzte er den Zusammenschluß der Sozialdemokrat. Arbeiterpartei mit dem Allg. Dt. Arbeiterverein zur Sozialist. Arbeiterpartei, der späteren SPD, durch.

**Bebop** ['bi:bɔp], Stilart des *Jazz,* entstanden zu Anfang der 1940er Jahre in Harlem als Reaktion farbiger Musiker gegen den verkommerzialisierten *Swing.*

**Bebra,** Stadt in Hessen, an der Fulda, 15 700 Ew.; wichtiger Bahnknotenpunkt.

**Béchamel** [beʃa'mɛl], Marquis von *Naintal,* †1703, frz. Koch, Haushofmeister Ludwigs XIV.; erfand die nach ihm benannte *B.soße.*

**Becher,** Johannes Robert, *1891, †1958, dt. Schriftst. u. Kulturpolitiker; wandelte sich vom ekstat. expressionist. Lyriker zum Vertreter eines sozialist. Realismus u. zum Verfasser polit. Gebrauchsdichtung (z.B. »Nationalhymne« der DDR).

**Bechstein, 1.** Carl, *1826, †1900, dt. Klavierbauer; gründete eine Klavierfabrik in Berlin. – **2.**

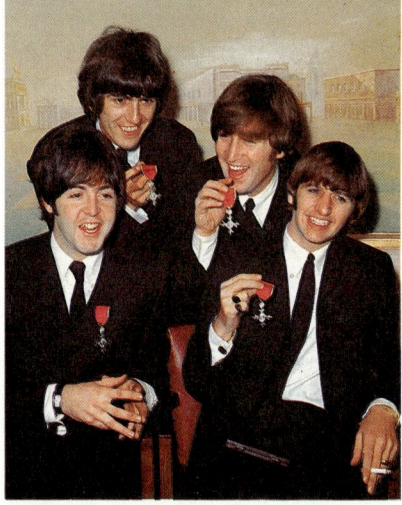

*Die Beatles mit dem Orden of the British Empire*

Ludwig, *1801, †1860, dt. Schriftst. u. Märchensammler.

**Bechterew** [-rɛf], Wladimir von, *1857, †1927, russ. Neurologe u. Psychiater. Nach ihm benannt ist die *B.-Krankheit,* eine chronisch entzündl. Erkrankung der Wirbelsäule mit Versteifung.

**Beck,** Ludwig, *1880, †1944, dt. Offizier; 1935–38 Chef des Generalstabs des Heeres; wandte sich 1938 in mehreren Denkschriften gegen Hitlers Aggressionspolitik, nahm seinen Abschied u. wurde führend in der militär. Widerstandsbewegung; nach Scheitern des Hitler-Attentats am 20.7.1944 u. nach Selbstmordversuch erschossen.

**Becken, 1.** *Anatomie:* hinterer (beim Menschen: unterer) Knochengürtel des Wirbeltierskeletts, bestehend aus dem *Kreuzbein* mit *Steißbein* sowie einem *Darmbein, Schambein* u. *Sitzbein* auf jeder Seite, die zu einem starren Ring zusammengefügt sind, der an den Seiten die großen Gelenkpfannen für die Aufnahme des Oberschenkelkopfs (Hüftgelenk) trägt. – **2.** *Geowissenschaften:* 1. schüsselförmig lagernde Gesteinsschichten, deren Mittelteil mit Verwitterungsschutt erfüllt ist; 2. größere Hohlform mit weitgehender randl. Umschließung durch Höhen; 3. *Tiefsee-B., ozean. B.,* mehr oder weniger ausgedehnte Hohlform des Meeresbodens. – **3.** *Musik:* Schlaginstrument aus gehämmerter Bronze in Form eines schwach gewölbten Tellers; gegeneinander geschlagen oder einzeln mit *Schlegeln.*

**Beckenbauer,** Franz, *11.9.1945, dt. Fußballspieler u. -trainer; mit Bayern München mehrfach dt. Meister u. Europapokalsieger, 1972 Europameister, 1974 Weltmeister; 1984–90 Team-Chef der dt. Fußball-Nationalmannschaft, mit der er 1990 Weltmeister wurde.

**Becker, 1.** Boris, *22.11.1967, dt. Tennisspieler; gewann als erster Deutscher u. jüngster Spieler überhaupt das Wimbledon-Turnier 1985, auch 1986 u. 1989. – **2.** Jurek, *30.9.1937, dt. Schriftst.; erlebte seine Kindheit im Ghetto u. KZ; schrieb Filmdrehbücher, Fernsehspiele u. Romane; W »Jakob der Lügner«, »Bronsteins Kinder«.

**Becket** ['bɛkit], Thomas, *1118, †1170, Erzbischof von Canterbury 1162–70; Kanzler *Heinrichs II.;* trat für die kirchl. Freiheiten u. die Rechte des Papstes u. der Geistlichkeit ein, geriet mit seinen Forderungen in Gegensatz zum König u. wurde von königstreuen Rittern in seiner Kathedrale erschlagen; 1173 heiliggesprochen.

**Beckett** ['bɛkit], Samuel, *1906, †1989, ir. Dramatiker u. Erzähler; stellt in seinen nihilist. Dramen u. Romanen die Absurdität u. Auswegslosigkeit des menschl. Daseins dar; W Dramen »Warten auf Godot«, »Endspiel«. – Nobelpreis 1969.

**Beckmann, 1.** Ernst, *1853, †1923, dt. Chemiker; entwickelte Methoden zur Molekulargewichtsbestimmung, Kryoskopie u. Ebullioskopie. Das *B.-Thermometer* erlaubt die Messung kleiner Temperaturdifferenzen auf 1/1000° genau. – **2.** Max, *1884, †1950, dt. Maler u. Graphiker; fand unter dem Einfluß des 1. Weltkriegs zu einer Gestaltung, die die Vereinzelung des modernen Menschen zum Thema hat; ein Hauptmeister des dt. Expressionismus.

**Beckmesser,** Sixt, Nürnberger Meistersinger des 16. Jh.; in R. *Wagners* Oper »Die Meistersinger von Nürnberg« (1868) als kleinl. Kunstrichter dargestellt u. so zu einem Urbild philisterhafter Kritik geworden.

**Beckum,** Ind.-Stadt in NRW, östl. von Hamm, 36 500 Ew.; Kalk- u. Zementind., Maschinenbau, Möbelfabriken.

**Becquerel** [bɛkə'rɛl; nach A. H. *Becquerel*], Maßeinheit für die Aktivität eines radioaktiven Stoffes, Abk.: Bq.; 1 Bq. = 1 Zerfall/Sekunde.

**Becquerel** [bɛkə'rɛl], Antoine Henri, *1852, †1908, frz. Physiker; entdeckte 1896 die vom Uran ausgesandten radioaktiven Strahlen; Nobelpreis 1903 zus. mit M. u. P. *Curie*.

**Beda Venerabilis,** *672/73, †735, engl. Mönchstheologe, Heiliger; Verfasser der ersten engl. Kirchengeschichte; Erhebung zum Kirchenlehrer 1899 (Fest: 25.5.).

**Bedecktsamer,** *Angiospermen,* → Blütenpflanzen.

**Bedford** [-fəd], Verw.-Sitz der mittelengl. Gft. *B.shire,* an der Ouse, 75 000 Ew.; B.-Schule (gegr. 1574); Maschinenindustrie.

**bedingte Reflexe,** nicht angeborene, sondern erst nach der Geburt erlernte Reaktionen auf einen Reiz.

**bedingte Strafaussetzung** → Strafaussetzung zur Bewährung.

**bedingte Verurteilung,** Verurteilung im Strafprozeß, bei der die Entscheidung über die Strafe für eine bestimmte Bewährungsfrist ausgesetzt wird; in der BR Dtld. nur im Jugendstrafrecht.

**Bedlington-Terrier** [-tən-], leicht gebaute Jagdhundrasse von schafsähnlichem Aussehen.

**Bednorz,** Johannes Georg, *16.5.1950, dt. Mineraloge; erhielt 1987 zus. mit K.A. *Müller* den Nobelpreis für Physik für Forschungsarbeiten auf dem Gebiet der Hochtemperatur-Supraleiter.

**Beduinen,** arab. Nomadenvölker in N-Afrika, Arabien u. Syrien; Kamel-, Schaf- u. Ziegenzüchter.

**Beebe** [bi:b], William, *1877, †1962, US-amerik. Zoologe, Forschungsreisender u. Tiefseeforscher; entwickelte ein Tauchgerät.

**Beecham** ['bi:tʃəm], Sir Thomas, *1879, †1961, engl. Dirigent; gründete 1932 das London Philharmonic Orchestra, 1947 das Royal Philharmonic Orchestra.

**Beecher-Stowe** ['bi:tʃə'stou], Harriet, *1811, †1896, US-amerik. Schriftst. Ihr Roman »Onkel Toms Hütte« 1852 stärkte durch die gefühlvolle Darstellung des Sklavenelends die Antisklavereibewegung in den USA.

**Beefsteak** ['bi:fste:k], gebratene Rinderlendenscheibe; *Deutsches B.* → Bulette; *Tartar-B.,* mit Ei u. Gewürz angerichtetes, rohes, gehacktes Rindfleisch.

**Beelzebub,** Gottheit der Philisterstadt Ekron (2. Kön. 1,2 ff.); im NT ein Dämonenfürst im Dienst des Satans.

*Boris Becker bei seinem Wimbledonsieg 1985*

**Beerbohm** ['biəboum], Sir Max, *1872, †1956, engl. Schriftst., Kritiker u. Karikaturist.
**Beere,** eine Frucht mit fleischiger Fruchtwand.
**Beer-Hofmann,** Richard, *1866, †1945, östr. Schriftsteller; entwickelte sich vom schwermütigen Neuromantiker zum Zionisten u. Dichter seines jüd. Volks.
**Beernaert** ['be:rna:rt], Auguste Marie François, *1829, †1912, belg. Politiker (kath. Partei); vertrat 1899 u. 1907 sein Land auf den Haager Friedenskonferenzen; Friedensnobelpreis 1909.
**Beer Sheva** [be:'ɛr'ʃeva], *Beerseba, Bersabee,* arab. *Bir es Saba,* Stadt in Israel, im nördl. Negev, 100 000 Ew.; altjüd. Kultstätte (Niederlassung *Abrahams);* Hochschule, Inst. für Wüstenforschung; chem., metallverarbeitende Ind.
**Beethoven,** Ludwig van, *1770, †1827, dt. Komponist; erster Unterricht beim Vater dann Schüler von C. G. *Neefe;* 1787 erste Reise nach Wien (Bekanntschaft mit *Mozart),* 1792 Übersielung nach Wien, Schüler von J. *Haydn,* J. *Schenk,* J. G. *Albrechtsberger* u. A. *Salieri.* Ein 1795 auftretendes Gehörleiden führte bis 1819 zu völliger Ertaubung. – B.s großes Verdienst besteht darin, die Ausdrucksmöglichkeiten der Musik in vor ihm ungeahnter Weise gesteigert zu haben. Sein per-

*Ludwig van Beethoven*

sönl. Stil ist geprägt von starken Ausdruckswillen u. tiefer Empfindung. W 9 Sinfonien, darunter Nr. 3 »Eroica« 1805, Nr. 5 »Schicksalssinfonie« 1808, Nr. 6 »Pastorale« 1808, Nr. 9 mit Schlußchor »An die Freude«; 1 Violinkonzert; 5 Klavierkonzerte; 16 Streichquartette u. andere Kammermusik. 32 Klaviersonaten, 10 Violinsonaten, 5 Cellosonaten; die Oper »Fidelio«, die Ouvertüren zu »Egmont«, »Coriolan« u. die »Leonoren-Ouvertüre Nr. 3«, das Oratorium »Christus am Ölberg«, die »Missa solemnis«, der Liederkreis »An die ferne Geliebte« u.a.
**Befangenheit,** Voreingenommenheit, Parteilichkeit, bes. von Gerichtspersonen.
**Befeuerung,** Kennzeichnung von Küsten, Fahrwasser, Flugstrecken u.ä. durch Leuchtfeuer.
**Beffchen,** *Bäffchen,* zwei viereckige Stoffstücke, als Rest des früheren Spitzenkragens von den christl. Geistl. vorn am Hals über dem Amtskleid getragen; in Form eines Doppelstreifens auch am Talar von Professoren, Richtern u.a.
**Befreiungskriege,** *Freiheitskriege,* 1813–15 die Erhebung der europ. Völker gegen Napoleon I., nachdem dessen »Große Armee« 1812 in Rußland untergegangen war. 1813 schlossen Preußen u. Rußland ein Militärbündnis. Trotz anfängl. Erfolge schloß Napoleon mit den Preußen u. Russen einen Waffenstillstand. Doch nun schlossen sich auch Östr., England u. Schweden den Verbündeten an. Diese, nunmehr zahlenmäßig überlegen, führten in der *Völkerschlacht bei Leipzig* die Entscheidung herbei. Die Verfolgung Napoleons ging bis nach Frankreich hinein; 1914 wurde Paris besetzt u. Napoleon nach Elba verbannt. – Als Napoleon 1815 von seinem Verbannungsort Elba nach Frankreich zurückkehrte, wurde ein neuer Kriegszug unternommen; Napoleon unterlag schließl. bei *Waterloo.* – Die auf die B. folgende Neuordnung Europas auf dem *Wiener Kongreß* ließ die durch die B. genährte Hoffnung der Deutschen auf nationale Einheit u. auf die Gewährung von Verfassungen noch unerfüllt.
**Befreiungstheologie,** neuere theolog. Bewegung in der kath. Kirche Lateinamerikas, die sich für eine Befreiung der Armen aus polit. u. sozialer Unterdrückung einsetzt.
**Befruchtung,** Vereinigung verschiedengeschlechtl. Keimzellen, d.h. einer männl. (Samenzelle) u. einer weibl. Geschlechtszelle (Eizelle); grundlegender Vorgang bei der geschlechtl. (sexuellen) Fortpflanzung, der den Sinn hat, die elterl. Erbanlagen zu vermischen u. neu zu verteilen. Aus der befruchteten Eizelle entwickelt sich der Embryo. Man unterscheidet *innere* u. *äußere* B. Bei der inneren B. entwickelt sich die Eizelle im weibl. Körper, so daß der Samen durch *Begattungsorgane* (Penis, Zirrus) in den weibl. Körper eingeführt werden muß (*Begattung, Kopulation);* v.a. bei Säugetieren, Vögeln, Reptilien, Insekten). Bei der äußeren B. werden Ei- u. Samenzellen ins Wasser abgegeben u. vereinigen sich dort (v.a. bei Fischen, manchen Amphibien). Bei den Blütenpflanzen geht der B. eine Bestäubung voraus, durch die der Samen auf die Narbe gelangt. Von hier wächst ein Pollenschlauch bis zur Eizelle im Fruchtknoten aus, wo die B. erfolgt. – Künstl. B. → Besamung.
**Begas,** Reinhold, *1845, †1911, dt. Bildhauer; Hauptvertreter des Neubarocks.
**Begattung** → Befruchtung.
**Begin,** Menachem, *16.8.1913, israel. Politiker; 1948 Mitgründer u. bis 1983 Vors. der rechtsgerichteten *Cherut*-Partei; nach dem Wahlsieg des Likud-Blocks 1977–83 Min.-Präs.; unterzeichnete 1979 den Friedensvertrag mit Ägypten; Friedensnobelpreis 1978 zus. mit Sadat.
**Beginen,** *Beguinen, Beghinen,* Frauen, die ein asketisches, klosterähnl. Gemeinschaftsleben führen. Sie haben keine Klausur u. legen keine Gelübde ab. Entstehung um 1200 in S-Brabant; Resten begegnet man heute noch in Belgien u. Holland. – Die *Begharden* (Begarden) waren die männl. Entsprechung zu den B.
**Beglaubigung,** Bescheinigung der Richtigkeit der Abschrift einer Urkunde oder der Unterschrift unter einer Urkunde durch eine dafür zuständige Urkundsperson (Notar, Rechtspfleger).
**Begnadigung,** Erlaß, Verkürzung oder sachl. Erleichterung der Vollstreckung einer Strafe oder Sicherungsmaßnahme. Die B. wird in der Regel durch das Staatsoberhaupt ausgesprochen u. steht in dessen Ermessen. Der Verurteilte hat keinen Rechtsanspruch auf B., kann aber ein *Gnadengesuch* einreichen.
**Begonie,** *Schiefblatt, Begonia,* artenreiche, über die Tropen verbreitete Pflanzengatt. aus der Fam. der *Begoniengewächse* mit asymmetrisch gebauten Blättern; bei uns nur als Zierpflanzen bekannt.
**Begriff,** Gesamtheit der unveräußerl. Merkmale einer Sache oder eines Sachverhalts (das Wesen, das Wesentl., das Allgemeine); die mit einem Wort als gültig gesetzte Einheit dieser Merkmale; der aussagbare, definierte Bedeutungsinhalt eines Wortes.
**Begum,** *Begam,* ind. Titel für Fürstinnen.
**Begünstigung,** Beistand, der einem Straftäter erst nach Begehung eines Verbrechens oder Vergehens geleistet wird, in der Absicht, ihm die Vorteile seiner Tat zu sichern *(sachl. B.);* strafbar nach § 257 StGB mit Freiheitsstrafe bis zu 5 Jahren oder mit Geldstrafe. *Persönl. B.* → Strafvereitelung.
**Behaghel,** Otto, *1854, †1936, dt. Germanist.
**Behaim,** Martin, *1459, †1507, dt. Kosmograph u. Seefahrer; Hofastronom in Portugal; schuf den ersten Globus, den »Erdapfel« (1492).

**Beham, 1.** Barthel, *um 1502, †1540, dt. Maler u. Kupferstecher; vermutl. Schüler von A. *Dürer;* zw. ital. u. dt. Renaissance. – **2.** Hans Sebald, Bruder von 1), *1500, †1550, dt. Maler, Kupferstecher u. Holzschneider; einer der vielseitigsten Kleinmeister.
**Behan** [bi:ən], Brendan, ir.: Breandan O'Beachain, *1923, †1964, ir. Schriftst.; seit 1937 Angehöriger der Untergrundorganisation »Ir. Republikan. Armee«. Seine Werke beschäftigen sich v.a. mit dem ir. Freiheitskampf.
**Behaviorismus** [bi'heivjə-], engl. *behaviorism,* vorw. amerik. Richtung der Psychologie mit dem Ziel, Verhalten von Tieren u. Menschen objektiv zu betrachten. Er beschränkt sich daher auf das direkt zu beobachtende oder mit Instrumenten zu messende Verhalten.
**Behinderte,** Personen, die infolge von angeborenen Leiden, Geburtsfehlern, Krankheiten, Unfällen oder aus sonstigen Gründen dauernd oder langfristig an körperl. oder geist. Gebrechen oder seel. Störungen leiden u. deshalb nicht ohne bes. Hilfen voll am Leben der Gemeinschaft teilhaben können. – **B.nsport,** alle geeigneten sportl. Übungen Körper-B. zum Zweck der Wiederherstellung oder Leistungsfähigkeit, der Erhaltung der Gesundheit u. der sozialen Wiedereingliederung.
**Behörde,** organisator. verselbständigte Handlungseinheit des Staates oder eines anderen Trägers öffentl. Verwaltung mit der Befugnis zur eigenständigen, wenn auch z.T. weisungsgebundenen Wahrnehmung von Verwaltungs- u. Rechtsprechungsfunktionen nach außen.
**Behrens,** Peter, *1868, †1940, dt. Architekt, Maler, Graphiker u. Kunstgewerbler; entwarf die ersten Glaseisenbauten in Dtld.; bevorzugte einen monumentalen Klassizismus.
**Behring,** Emil Adolph von, *1854, †1917, dt. Bakteriologe, Serologe u. Hygieniker; entwickelte 1890 das Diphtherie-Heilserum u. wurde zum Begr. der Serumtherapie; Nobelpreis für Medizin 1901.
**Beichte,** öffentl. oder geheimes Bekennen von Sünden zum Zweck ihrer Tilgung; in der kath. Kirche innerhalb des Sakraments der Buße vor dem zum *Beichtgeheimnis* verpflichteten Priester *(Beichtvater),* der allein die Absolution spenden kann. – **Beichtgeheimnis,** *Beichtsiegel,* strenge Verpflichtung des die Beichte hörenden Geistlichen, über alles in der B. Gehörte gegen jedermann Schweigen zu bewahren. Geistliche sind danach von der Anzeige u. der Zeugenpflicht über das in der B. Gehörte entbunden. – **Beichtspiegel,** eine die gewöhnl. vorkommenden Sünden enthaltende Fragensammlung, die der Gläubige vor der B. zur Erforschung seines Gewissens gebrauchen kann.
**Beifügung, 1.** → Apposition. – **2.** → Attribut.
**Beifuß,** *Edelraute, Artemisia,* Gatt. der *Korbblütler,* Kräuter u. Sträucher von meist aromat. Geruch. Heimisch in Dtld. ist der *Gewöhnl. B.* (Gänsekraut, Johanniskraut), dessen Blätter als Aromaticum u. als Gewürz verwendet werden. Angebaut werden in Dtld. als Gewürzpflanzen *Estragon* (Dragon) u. *Eberraute* (Eberreis). → auch Absinth.
**beige** [bɛ:ʒ, auch be:ʃ], naturfarben, gelblichgrau, sandfarben.

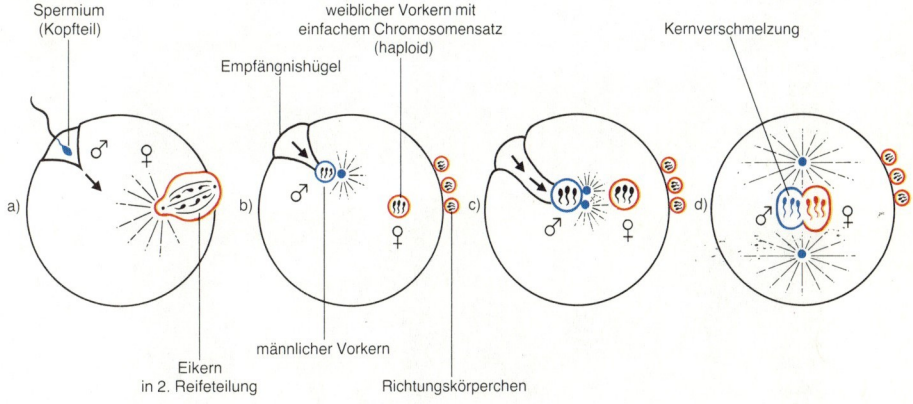

*Befruchtung: Schema des Besamungs- (a) und des Befruchtungsvorganges (b–d) einer Eizelle*

**Beigeordneter,** leitender Kommunalbeamter mit eigenverantwortl. Aufgabenbereich *(Dezernent).*
**Beignet** [bɛn'je:; frz.], gefüllter oder ungefüllter, in Fett ausgebackener Krapfen.
**Beihilfe, 1.** finanzielle Unterstützung; Anspruch auf B. haben Beamte weitgehend auch Angestellte des öffentl. Dienstes z.B. bei Krankheit. – **2.** wissentl. Hilfeleistung bei einem Verbrechen oder Vergehen; wird milder bestraft als die Haupttat.
**Beijing** [bɛidʒiŋ] → Peking.
**Beil,** kurzstieliges Schlagwerkzeug mit einseitiger Schneide zum Behauen von Holz, Knochen.
**Beilbauchfische,** Fam. der *Salmler* des Amazonasgebiets mit seitl. zusammengedrücktem Körper u. beilförmig vergrößertem Brustbein. Die dort ansetzenden Muskeln befähigen bei Gefahr oder Austrocknung zum Schwirrflug mit den flügelartig ausgezogenen Brustflossen.
**Beilstein,** Friedrich Konrad, *1838, †1906, russ.-dt. Chemiker; Hrsg. des »Handbuchs der organ. Chemie«, heute das umfassendste Handbuch der organ. Chemie der Welt.
**Beinhaus,** auf Friedhöfen Aufbewahrungsstätte für ausgegrabene Gebeine u. Schädel.
**Beinhorn,** Elly, *30.5.1907, dt. Fliegerin u. Schriftst.; 1931/32 Weltflug über Asien u. Australien nach S-Amerika (37 000 km).
**Beinum,** Eduard van, *1900, †1959, ndl. Dirigent.
**Beinwell,** *Beinheil, Wallwurz, Schwarzwurz, Beinwurz, Symphytum,* Gatt. der *Rauhblattgewächse.* Der *Gewöhnl. B.* ist ein Volksheilmittel gegen Lungenleiden. Der *Rauhe B.* wird als Zierpflanze in Gärten gezogen u. ist (angebaut) ein gutes Grünfutter.
**Beira** ['beira], histor. Landschaft N-Portugals zw. Atlantik u. span. Grenze.
**Beirut,** *Beyrout,* Hptst. u. größter Hafen des Libanon, 700 000 Ew.; Univ.; Flughafen. – Seit Ausbruch des libanes. Bürgerkriegs 1975 hat B. erhebl. an Bedeutung verloren. Die Innenstadt wurde verwüstet, das Wirtschaftsleben kam nahezu zum Erliegen.
**Beischlaf** → Geschlechtsverkehr.
**Beisitzer,** Mitgl. eines kollegialen Organs (Gericht, Prüfungskommission, Vorstand), das nicht dessen Vorsitz führt.
**Beitel,** *Stechbeitel,* Stemmeisen für die Holzbearbeitung, zum Herstellen von eckigen Löchern u. Vertiefungen.
**Beitragsbemessungsgrenze,** in der Sozialversicherung die Höhe des Bruttoarbeitsentgelts, bis zu der es der Berechnung für die Höhe der Beiträge zugrunde gelegt wird. In der *Rentenversicherung* errechnet sich die B. nach bestimmten Faktoren u. wird jährl. vom Bundesmin. für Arbeit u. Sozialordnung bekanntgegeben.
**Beitreibung,** zwangsweise Herbeischaffung einer geschuldeten Geldleistung.
**Beize, 1.** *Gerberei:* Enzyme, mit der die Haut bearbeitet wird zwecks Lockerung u. Aufschluß

*Gestreifter Beilbauch*

des Hautfasergefüges. – **2.** *Jagd: Beizjagd,* → Falknerei. – **3.** *Kochkunst:* Mischung aus Essig, Wasser, Salz u. Gewürzen zum vorübergehenden Haltbarmachen von rohem Fleisch u. Fisch. – **4.** *Pflanzenzucht:* chem. Wirkstoffe gegen Insekten- u. Pilzbefall vor der Aussaat zugesetzt werden. – **5.** *Technik:* Lösung zur Oberflächenbehandlung: *Metallbeizen* schützen Metalle gegen Korrosion. *Holzbeizen* färben die Oberfläche von Holz u. heben die Maserung vor.
**Béjart** [be'ʒa:r], eigtl. *Berger,* Maurice, *1.1.1927, frz. Choreograph u. Tänzer; Wegbereiter des neuen Balletts, bek. durch seine freien Tanzkompositionen; gründete (1961) u. leitet seitdem das Brüsseler »Ballett des 20. Jh«.
**Bekassine,** *Sumpfschnepfe,* einheim. *Schnepfenvogel,* der Sümpfe, Moore u. Feuchtgebiete bewohnt. Beim Balzflug erzeugt das Männchen mit den gespreizten Schwanzfedern ein brummendes Meckern; daher auch der Name *Himmelsziege.*
**Bekennende Kirche,** gegen das Totalitätsstreben des nat.-soz. Staates u. gegen die *Dt. Christen* gerichtete Bewegung in der ev. Kirche seit 1934.
**Bekenntnis, 1.** einerseits der Akt des Sich-Bekennens zu einer Religion; andererseits der formelhafte symbol. Ausdruck eines bestimmten religiösen Glaubens. – **B.schriften,** die in einer Kirche gültigen B.se. Die drei allgemein-gültigen der christl. Kirche sind das Apostolische, das Nicänische u. das Athanasianische Glaubens-B. – **B. schule,** *Konfessionsschule,* Schulform, in der Lehrer u. Schüler derselben Konfession angehören u. nach den Grundsätzen dieses B.ses so arbeiten, daß es der ganzen Unterricht durchdringt (Ggs.: *Gemeinschaftsschule*).
**Békéscsaba** ['be:ke:tʃɔbɔ], Hptst. des Komitats Békés in SO-Ungarn, 65 400 Ew.; Textilind.
**Békésy** ['be:ke:ʃi], George van, *1899, †1972, US-amerik. Physiker u. Audiologe ungar. Herkunft; erforschte die physikal. Vorgänge im Innenohr beim Hören; 1961 Nobelpreis für Medizin.
**Bel,** Maßeinheit, → Dezibel.
**Belafonte,** Harry, eigtl. *Harold George B.,* *1.3.1927, US-amerik. Pop-Sänger u. Schauspieler; machte in den 1950er Jahren die Calypso-Musik der Karibischen Inseln populär.

**belasten,** einen Betrag auf der Sollseite des Kontos buchen.
**Belastung, 1.** *bürgerl. Recht:* ein das Eigentum beschränkendes Recht (z.B. Erbbaurecht, Hypothek, Grundschuld) an einem Grundstück. – **2.** *Bauwesen:* auf den Baugrund oder ein Bauwerk wirkenden Kräfte.
**Belau,** *Palau-Inseln,* Inselstaat in Mikronesien (Ozeanien), größte Insel *Babelthuap,* 487 km², 13 000 Ew.; Hptst. *Koror;* Abbau von Phosphat u. Bauxit; seit 1981 unabhängig »in freier Assoziation« mit den USA.
**Belcanto,** eine Art des Singens, bei der Ausgeglichenheit der Stimme u. Schönheit des Klangs angestrebt werden.
**Belchen, 1.** dritthöchster Berg im Schwarzwald, 1414 m. – **2.** *Großer B., Sulzer B., Gebweiler B.,* frz. *Grand Ballon,* höchster Berg der Vogesen, nw. von Mülhausen, 1426 m; am Nordhang der *B.see.* – **3.** *Kleiner B.,* frz. *Petit Ballon,* Berg in den Vogesen, nw. von Gebweiler, 1267 m.
**Belegschaft,** Gesamtheit der Betriebsangehörigen (Arbeiter u. Angestellte). **B.saktien,** Aktien einer Gesellschaft, die diese an ihre B.smitgl. ausgibt, gewöhnl. zu einem unter dem Börsenkurs liegenden *Vorzugskurs.*
**Beleidigung,** Angriff auf die Ehre durch Kundgabe von Miß- oder Nichtachtung; strafbar nach § 185 StGB mit Geldstrafe oder Freiheitsstrafe bis zu einem Jahr, bei *tätlicher B.* mit Geldstrafe oder Freiheitsstrafe bis zu zwei Jahren.
**Belém** [be'lẽ], **1.** Vorstadt von Lissabon mit Schlössern, Gärten u. ehem. Kloster. – **2.** Hptst. des brasil. Staates Pará, am Mündungstrichter des Rio do Pará, 1,1 Mio. Ew.; Handelshafen u. -zentrum des Amazonasgebiets; Universität.
**Belemniten,** ausgestorbene Gruppe der *Kopffüßer,* mit innerem, kalkigem, aus mehreren Anteilen bestehendem Gehäuse. Verbreitung: Oberkarbon bis Eozän.
**Beletage** [bɛle'ta:ʒə], veraltete Bez. für das erste Obergeschoß eines Gebäudes.
**Beleuchtungsstärke,** photometr. Begriff: der Quotient aus dem Lichtstrom u. der von ihm beleuchteten Fläche. Die Einheit der B. ist das *Lux* (bzw. das *Lumen pro Quadratmeter*).
**Belfast** ['bɛlfa:st], Hptst. von N-Irland an der Mündung des Lagan in den *Belfast Lough* (Meeresbucht; Hafen), 304 000 Ew.; Univ.; Schiffbau, Textil- u. Maschinenind.
**Belfort** [bɛl'fɔ:r], Stadt in O-Frankreich, im Hügelland der Burgundischen Pforte, Verw.-Sitz des Dép. *Territoire de B.,* 51 200 Ew. Textil-, Elektro- u. Metallind.
**Belgard,** poln. *Białogard,* Stadt in Pommern, in der poln. Wojewodschaft Koszalin, an der Persante, 20 000 Ew.; elektrotechn., Lebensmittel- u. Holzind.
**Belgien,** Staat in W-Europa, 30 513 km², 9,9 Mio. Ew., Hptst. *Brüssel.* B. ist gegliedert in 3 Regionen (Flandern, Wallonien, Brüssel) u. 9 Provinzen (vgl. Tabelle).
*Landesnatur.* Im W u. N breitet sich Tiefland, in der Mitte fruchtbares Hügelland aus, östl. der

*Belgien: Lastkähne auf der Maas bei Lüttich*

*Belgien: Sprachgebiete*

*Belgien*

Maas erstreckt sich das überwiegend bewaldete Mittelgebirge der Ardennen (694 m). Feuchtgemäßigtes ozean. Klima mit vorherrschenden Westwinden.
Die Bevölkerung ist überwiegend kath. u. lebt zu 60% im Umkreis von Brüssel; 56% sprechen Fläm., 33% Wallon. Die Sprachgrenze durchzieht das Land in OW-Richtung. Brüssel ist zweisprachig.
Wirtschaft. Die hochentwickelte Landw. bringt reiche Erträge an Weizen, Kartoffeln, Zuckerrüben, Flachs, Gemüse u. Obst. Die Viehzucht wurde durch die Brabanter Pferde berühmt. In den Ardennen herrschen Forstwirtsch., Schafzucht u. Futtermittelanbau vor. – Im Kohlenrevier an Maas u. Sambre entwickelte sich eines der größten Zentren der Schwer-, Metall-, Glas- u. chem. Ind. in Europa. Flandern ist durch die Leinen- u. Baumwollind. berühmt, Brabant durch Spitzen u. Wollstoffe. – Das Eisenbahnnetz ist das dichteste der Erde. Brüssel International u. Ostende sind die Hauptflughäfen. Der wichtigste Seehafen ist Antwerpen.

| Belgien: Verwaltungsgliederung | | | |
|---|---|---|---|
| Provinz | Fläche in km² | Einwohner in 1000 | Hauptstadt |
| Antwerpen | 2867 | 1588 | Antwerpen |
| Brabant | 3358 | 2222 | Brüssel |
| Hennegau | 3787 | 1272 | Mons |
| Limburg | 2422 | 737 | Hasselt |
| Lüttich | 3862 | 992 | Lüttich |
| Luxemburg | 4441 | 226 | Arlon |
| Namur | 3665 | 415 | Namur |
| Ostflandern | 2982 | 1329 | Gent |
| Westflandern | 3134 | 1035 | Brügge |

Geschichte. Die kelt. *Belgae*, 51 v. Chr. von Cäsar unterworfen, gaben B. den Namen. Im 5. Jh. wurde das Gebiet Kernstück des Reichs der sal. Franken. Im 15. Jh. kam es zum Reich, 1797 dann an Frankreich; auf dem Wiener Kongreß ging es im *Königreich der Vereinigten Niederlande* auf. Der Brüsseler Aufstand vom 25.8.1830 leitete die Unabhängigkeit B.s ein. Ein Nationalkongreß erließ 1831 eine Verfassung u. wählte *Leopold I.* zum König. In beiden Weltkriegen war B. von dt. Truppen besetzt. Der fortwährende Sprachenstreit bewirkte 1980 die Einteilung in 4 Sprachgebiete (ndl., frz., dt., zweisprachig) u. 1988 die Einführung einer bundesstaatl. Ordnung. Seit 1951 ist Baudouin I. König. Min.-Präs. ist W. *Martens*.
**Belgier,** Belg. *Kaltblutpferd*, schwere Kaltblutpferderasse; gilt als schwerstes u. bestes Zugpferd der Welt.
**Belgisch-Kongo,** ehem. Kolonie Belgiens in Afrika, das heutige Zaire (Kongo-Kinshasa); seit 1960 unabhängig.
**Belgrad,** serbokroat. *Beograd*, Hptst. von Jugoslawien, Landes-Hptst. von *Serbien*, am Zusammenfluß von Save u. Donau, 1,47 Mio. Ew.; kulturelles Zentrum Jugoslawiens: Univ., Akademie, Museen; alte Festung, Schloß; Maschinen- u. Fahrzeugbau, Elektro-, Textil-, Nahrungsmittel- u. chem. Ind.; internat. Flughafen.
**Belichtung,** Vorgang, bei dem eine lichtempfindl. Schicht einer Lichteinwirkung ausgesetzt wird; das Produkt aus Beleuchtungsstärke (→ B.swert) u. B.szeit.
**Belichtungswert,** früher *Lichtwert*, Lichtintensität, durch die ein Film bestimmter Lichtempfindlichkeit richtig belichtet wird. Zu jedem B. gehören bestimmte Zeit/Blenden-Paare, die wahlweise einstellbar sind u. jeweils die gleiche Lichtmenge auf den Film gelangen lassen.
**Belisar,** *um 500, †565, oström. Heerführer; zerstörte 533/34 das Wandalenreich in N-Afrika, kämpfte gegen die Ostgoten in Italien u. gegen die Perser in Syrien.
**Belitung,** *Billiton, Bilitong*, indones. Insel zw. Bangka u. Borneo, 4595 km², 164 000 Ew.; Hauptort *Tanjungpandan*; Zinnbergbau; Flughafen.

**Belize** [engl. bə'li:z; span. be'liθe], **1.** Staat in Mittelamerika, im SO der Halbinsel Yucatán, 22 965 km², 171 000 Ew., Hptst. *Belmopan.* – Überwiegend eben bis flachwellig, im Innern bis 1122 m hoch *(Maya Mountains)*. Feuchttrop. Klima mit Regen- u. Sumpfwäldern, Kiefernsavannen. Die Bev. ist stark gemischt: Schwarze, Mulatten, Mestizen, Indianer, Kariben, Weiße, Chinesen u.a. Asiaten. Hauptausfuhrprodukte sind

*Belize*

Edelhölzer sowie Zuckerrohr, Bananen, Kakao u. Kokosnüsse. – Geschichte: Seit dem 17. Jh. brit. besiedelt; als Britisch-Honduras 1862 Kolonie, 1871 Kronkolonie; 1973 Umbenennung in B.; seit 1981 unabhängig. – **2.** Hafenstadt u. ehem. Hptst. von B. (1), 40 000 Ew.; 1961 durch einen Hurrikan zerstört; Holz- u. Textilind.
**Bell,** Alexander Graham, *1847, †1922, US-amerik. Physiologe u. Erfinder schott. Herkunft; führte 1876 auf der Weltausstellung in Philadelphia das erste brauchbare *Telefon* vor.
**Bellarmin,** Robert, *1542, †1621, ital. Theologe; Jesuit, 1599 Kardinal; Heiligsprechung 1930 (Fest: 17.9.), Erhebung zum Kirchenlehrer 1931.
**Belle-Alliance** [bɛla'ljãs], Gehöft in der Nähe von Brüssel, nach dem von den Preußen die Schlacht bei *Waterloo* (1815) benannt wurde.
**Bellerophon,** *Bellerophontes*, in der grch. Sage Sohn des Korintherkönigs Glaukos oder des Poseidon, tötete die *Chimära* u. besiegte die *Amazonen*; wurde von seinem geflügelten Roß *Pegasos* abgeworfen, als er sich wie ein Unsterbl. in den Olymp schwingen wollte.
**Belletristik,** *Schöne Literatur*, seit dem 18. Jh. nicht genau abgrenzbare Bez. für die Dichtung i.e.S. u. die Unterhaltungsliteratur.
**Bellevue** [bɛl'vy] → Belvedere.
**Belle Île,** *B. Î. en Mer* [bɛli:la'mɛ:r], breton. *Inis er Gerveur*, frz. Insel (Dép. Morbihan) vor der S-Küste der Bretagne, 84,6 km², 6500 Ew.; größter Ort *Le Palais*; Landw., Fischerei u. Fremdenverkehr.
**Belling,** Rudolf, *1886, †1972, dt. Bildhauer; schuf expressionist. Holz- u. Metallplastiken.
**Bellini, 1.** Gentile, Sohn u. Schüler von 3), *1429, †1507, ital. Maler; 1479/80 am Hof von Mohammed II. in Konstantinopel tätig. – **2.** Giovanni, Sohn u. Schüler von 3), *um 1430, †1516, ital. Maler; Begr. der venezian. Renaissance-Malerei, Lehrer *Giorgiones* u. *Tizians*; ersetzte den harten Linearstil der Frührenaissance durch weiche Modellierung u. leuchtende, hell gebrochene Farbgebung. – **3.** Jacopo, Vater von 1) u. 2), *um 1400, †um 1470, ital. Maler; Schüler des G. da *Fabriano*. – **4.** Vincenzo, *1801, †1835, ital. Komponist; W Opern »Die Nachtwandlerin«, »Norma«, »Die Puritaner«.
**Bellinzona,** dt. *Belenz*, Hptst. des schweiz. Kt. Tessin, nö. des Lago Maggiore, 17 000 Ew.; mittelalterl. Wehranlagen u. Burgen; Verkehrszentrum, Zugang zu den Alpenpässen St. Gotthard, Lukmanier, San Bernardino u. Nufenen, Station der Gotthardbahn.
**Bellman,** Carl Mikael, *1740, †1795, schwed. Schriftst.; schrieb u. komponierte Natur-, Liebes- u. Trinklieder, in denen der Lebensfreude oft Todesvisionen gegenüberstehen.
**Bellow** ['bɛloʊ], Saul, *10.7.1915, US-amerik. Schriftst.; schrieb Romane über soziale u. psycholog. Probleme der amerik. Juden; 1976 Nobelpreis für Literatur.
**Belluno,** ital. Stadt in Venetien, an der Piave, Hptst. der gleichn. Prov., 34 000 Ew.; Renaissancedom (16. Jh.); Möbelindustrie, Fremdenverkehr.
**Belmondo,** Jean-Paul, *9.4.1933, frz. Filmschauspieler; Darsteller in zahlr. Unterhaltungsfilmen u.a. in »Borsalino«, »Das As der Asse«, »Der Boß«.
**Belo Horizonte** [bɛlori'zɔnti], Hptst. des brasil. Staats Minas Gerais, 2,1 Mio. Ew.; Univ.; Stahl-, Eisen-, chem. u. Textilind., Versuchs-Kernreaktor, Flughafen.
**Belsazar,** letzter Kronprinz von Babylon, Sohn Nabonids, 539 v. Chr. von den Persern geschlagen.
**Belt,** zwei Meeresstraßen, die zus. mit dem *Öre-*

sund die Verbindung zw. Ost- u. Nordsee bilden: *Großer B.* (dän. *Store Bælt*) zw. Seeland u. Fünen; *Kleiner B.* (dän. *Lille Bælt*) zw. Fünen u. Jütland.
**Belucha,** höchster Berg im sowj. Altai, 4506 m.
**Beluga, 1.** *Weißwal*, 4–6 m langer Wal aus der Fam. der *Gründelwale*. – **2.** die Stör-Art Hausen. – **3.** großkörniger (3,5 mm), silbergrauer Kaviar vom Hausen.
**Belutschistan,** Gebirgslandschaften im SO des Hochlandes von Vorderasien, der W gehört zu Iran, der O zu Pakistan, der N zu Afghanistan; von dem iran. Volk der Belutschen bewohnt; Weidewirtschaft.
**Belvedere** [ital.], frz. *Bellevue*, »schöne Aussicht«, Name landschaftl. schön gelegener Schlösser, Hotels, Aussichtspunkte, Promenaden u.a.
**Ben** [hebr., arab. »Sohn«], mit anschließendem Vatersnamen häufiger Bestandteil von jüd. Familiennamen.
**Benares** → Varanasi.
**Benatzky,** Ralph, *1884, †1957, östr. Komponist; W Operette »Im weißen Rößl«.
**Benavente,** Jacinto, *1866, †1954, span. Bühnendichter; um die Jahrhundertwende führend in Spanien, schrieb Gesellschaftssatiren mit spritziger Dialogführung; Nobelpreis 1922.
**Ben Bella,** Ahmed, *25.12.1916, alger. Politiker; baute nach 1946 für eine nationalist. Partei bewaffnete Geheimverbände auf, gehörte zu den Organisatoren des alger. Aufstands u. zu den Gründern der Nationalen Befreiungsfront *(FLN)*; 1956–62 in frz. Haft. Nach der Unabhängigkeit Algeriens (3.7.1962) Min.-Präs. u. Staats-Präs., 1965 gestürzt.
**Benda,** Ernst, *15.1.1925, dt. Politiker (CDU); 1968/69 Bundes-Min. des Innern, 1971–83 Präs. des Bundesverfassungsgerichts.
**Bender, 1.** Hans, *5.2.1907; dt. Psychologe; Leiter des Instituts für Grenzgebiete der Psychologie u. Psychohygiene in Freiburg. – **2.** Hans, *1.7.1919, dt. Schriftst.; Hrsg. der Zeitschriften »Konturen« u. »Akzente« u. von Lyriksammlungen; schrieb Romane u. Erzählungen.
**Benedictus,** in der kath. Messe u. der ev. Abendmahlsliturgie ein liturg. Lobgesang, mit dem *Sanctus* verbunden; auch der Lobgesang des *Zacharias* (Luk. 1,68ff.).
**Benediktbeuern,** Gem. in Oberbayern am Fuß der *Benediktenwand* (1801 m), 2250 Ew.; ehem. Benediktinerabtei (740–1803).
**Benediktenkraut,** *Bitterdistel*, Korbblütler, distelähnl., im Mittelmeergebiet heimisch.
**Benediktiner,** *D. O. M. Bénédictine*, frz. Kräuterlikör.
**Benediktiner,** lat. *Ordo Sancti Benedicti*, Abk. *OSB*, ältester kath. Mönchsorden im Abendland. Die B. leben nach der von *Benedikt von Nursia* verfaßten Regeln; regelmäßige Arbeit wird zur Pflicht gemacht u. steht neben dem Chordienst. Grundsatz: ora et labora (lat., »bete u. arbeite«).
**Benedikt von Nursia,** Heiliger, *um 480, †547; Gründer (um 529) u. erster Abt des Klosters auf dem Monte Cassino; gab durch seine Ordensregeln dem Mönchtum feste Form *(Benediktiner);* wurde 1964 von Paul VI. zum »Schutzpatron Europas« proklamiert (Fest: 11.7.).
**Benefizium, 1.** *kirchl. B.*, das mit einer *Pfründe* bleibend verbundene Kirchenamt. – **2.** → Lehen.

*Belgrad: Parlamentsgebäude*

## 106 Benelux-Staaten

**Benelux-Staaten,** die in einer Wirtschaftsunion gefaßten Länder **Be**lgien, Niederlande (**Ne**derlands) u. **Lux**emburg.

**Beneš** [ˈbɛnɛʃ], *Benesch,* Eduard, *1884, †1948, tschechosl. Politiker; Mitbegr. der Tschechoslowakei; 1918–35 Außen-Min., 1935 Staats-Präs., im Herbst 1938 nach dem *Münchner Abkommen* u. der Abtretung des Sudetenlands zurückgetreten; 1940–45 Chef der tschechosl. Exilregierung, 1945 wieder Staats-Präs.; 1948 durch die kommunist. Umwälzung zum Rücktritt gezwungen.

**Benevento,** dt. *Benevent,* Stadt in Italien, östl. von Neapel, Hptst. der gleichn. Prov., 65 600 Ew.; viele altröm. Bauten (Dom, Trajansbogen).

**Bengalen,** Ldsch. am Unterlauf von Ganges u. Brahmaputra; polit. zu Indien (W-Bengalen) u. Bangladesch gehörend; feuchtheiß, stark beregnet u. häufig überschwemmt; sehr fruchtbar; das am dichtesten besiedelte Gebiet Indiens.

**Bengali,** von ca. 120 Mio. Menschen gesprochene neuind. Sprache in Bengalen, Bangladesch u. um Calcutta.

**bengalisches Feuer,** Buntfeuer, entsteht beim Abbrennen von Gemengen aus Schwefel u. den Nitraten u. Chloraten von Alkali- u. Erdalkalimetallen.

**Bengasi,** *Ben Gházi,* Hafenstadt in Libyen, N-Afrika, 327 000 Ew.; Univ.; Seiden-, Teppichu. andere Ind., Ölraffinerie.

**Ben-Gavriël,** Moscheh Ya'akov, eigtl. Eugen *Hoeflich,* *1891, †1965, isr. Schriftst. östr. Herkunft; zog nach dem 1. Weltkrieg nach Palästina; erzählte in humorist. u. erschütternden Romanen u. Novellen aus dem Orient u. von jüd. Schicksalen. »Das Haus in der Karpfengasse«.

**Bengsch,** Alfred, *1921, †1979, dt. kath. Theologe; seit 1962 Erzbischof von Berlin (Residenz in O-Berlin), 1967 Kardinal, 1976 Vors. der Berliner Bischofskonferenz für das Gebiet der DDR.

**Benguela,** Hafenstadt u. Distr.-Hptst. in Angola, 155 000 Ew.; Fischerei u. Fischverarbeitung, Werften. – **B.bahn,** Eisenbahnlinie, die Angola in westöstl. Richtung durchquert; über Zaire, Sambia u. Simbabwe besteht Anschluß nach Moçambique. – **B.strom,** Meeresstrom mit kaltem u. fischreichem Auftriebwasser, vom Kap der Guten Hoffnung entlang der afrik. W-Küste bis zum Äquator.

**Ben Gurion,** David, eigtl. *D. Grün,* *1886, †1973, isr. Politiker poln. Herkunft; Mitgründer u. Führer der *Mapai*-Partei (1930–65); 1948–53 erster Min.-Präs. u. Verteidigungs-Min., 1955–63 wieder Min.-Präs. Nach seinem Austritt aus der Mapair gründete er die neue Partei *Rafi* (1965).

**Benidorm,** Fremdenverkehrsort an der span. Costa Blanca, nördl. von Alicante, 25 000 Ew.

**Benin, 1.** Staat in W-Afrika, am Golf von Guinea, 112 622 km², 4 Mio. Ew. (Sudanneger), Hptst. *Porto Novo.* – Die S sumpfige feuchttrop. Küstenebene, im N ein niedriger Teil der Oberguineaschwelle, der mit Baumsavanne bestanden ist. Über 50 % der Bevölkerung stellen die *Fon,* ge-

*Benin*

folgt von den *Yoruba.* Die Landw. liefert die Hauptausfuhrprodukte (Ölpalmprodukte, Erdnüsse, Baumwolle, Kaffee, Kakao). Einziger Ausfuhrhafen ist Cotonou. – Geschichte: Im 17. Jh. Entstehung des Kgr. *Dahomey,* das 1899 Teilkolonie Frz.-Westafrikas wurde. 1960 wurde das Land als Rep. Dahomey unabhängig. 1975 wurde die Rep. Dahomey zur VR B. erklärt; 1990 wurde die Abhaltung eines Verfassungsreferendums beschlossen. – **2.** westafrik. Ldsch. in SW-Nigeria, westl. des Nigerdeltas an der Bucht von B.; fr. ein mächtiges Reich der Edo (seit 12. Jh.).

**Benn,** Gottfried, *1886, †1956, dt. Dichter (Lyrik u. Essays) u. Arzt; begann als Expressionist. Mit einer bis zum Nihilismus reichenden Skepsis verband er den strengen Willen zu einer vom Künstlergeist geschaffenen Ausdruckswelt, durch die das Dasein als ästhet. Phänomen gerechtfertigt sei.

**Bennett, 1.** Enoch Arnold, *1867, †1931, engl.

*David Ben Gurion*

Schriftsteller; Meister des realist. Stils in Romanen, Novellen u. Essays. – **2.** James Gordon, *1795, †1872, US-amerik. Publizist u. Verleger; gründete 1835 den »New York Herald«.

**Bennigsen,** Rudolf von, *1824, †1902, dt. Politiker; 1866 Mitbegründer der Nat.-lib. Partei u. von 1867–83 sowie von 1887–98 deren Vors.

**Benno,** †1106, Heiliger, Bischof von Meißen seit 1066; Missionar der Wenden; Stadtpatron von München (Fest: 16.6.).

**Benrath,** Henry, eigtl. Albert Heinrich *Rausch,* *1882, †1949, dt. Schriftst. (Romane, Erzählungen, Lyrik).

**Benrather Linie,** Grenze zw. den niederdt. und den oberdt. Mundarten. Sie kreuzt den Rhein bei *Benrath.*

**Bensheim,** Stadt in Hessen, am W-Hang des Odenwalds, 33 000 Ew., maler., alter Stadtkern mit Fachwerkbauten; Obst- u. Weinbau; Metall-, Textil-, Papierind.; Spezialklinik für Rheumaerkrankungen.

**Benthal,** Bodenregion eines Gewässers.

**Bentham** [ˈbenθəm], Jeremy, *1748, †1832, engl. Moralphilosoph; Vater des *Utilitarismus;* legte aller moral. Beurteilung das »Prinzip des größten Glücks der größten Zahl« zugrunde (sozialer *Eudämonismus*).

**Bentheim,** *Bad B.,* Stadt in Nds., an der niederl. Grenze, 15 800 Ew.; Schwefelheilbad; Burganlage *B.schloß* (15./16. Jh.).

**Benthos,** Pflanzen- u. Tierwelt am Boden der Gewässer.

**Bentonit,** stark quellfähiger Ton; findet Verwendung als Adsorptionsmaterial, als Zusatz zu Toilettenseifen u. Zahnpasta sowie im Bauwesen.

**Benue** [-nu:e], größter l. Nbfl. des Niger in W-Afrika, 1400 km.

**Benxi** [benxi], *Penki,* chin. Ind.-Stadt in der Prov. Liaoning, 839 000 Ew.; Abbau von Bauxit u. Steinkohle.

**Benz,** Carl Friedrich, *1884, †1929, dt. Ingenieur; mit G. *Daimler* Bahnbrecher in der Entwicklung des neuzeitl. Kraftwagens; konstruierte 1878 einen Zweitakt-Gasmotor u. 1885 ein dreirädriges Kraftfahrzeug mit Viertakt-Verbrennungsmotor u. elektr. Zündung; gründete 1883 die Firma *B. & Cie,* heute *Daimler Benz AG.*

**Benzaldehyd,** *Bittermandelöl,* nach bitteren Mandeln riechender, flüssiger Aldehyd der aromat. Reihe.

**Benzin,** Gemisch von kettenförmigen Kohlenwasserstoffen; farblose, feuergefährl. Flüssigkeit; gewonnen u. a. aus Erdöl durch Destillation; verwendet als Motorentreibstoff unter Zusatz von Antiklopfmitteln u.a. Beim bleifreien B. werden die umweltschädigenden bleihaltigen Antiklopfmittel durch andere Substanzen ersetzt. Normal-B. hat mindestens eine Research-Oktanzahl (ROZ) von 91,0 u. eine Motor-Oktanzahl (MOZ) von 82,0, Super-B. eine ROZ von 97,4 u. eine MOZ von 87,2. Daneben wird B. auch als Lösungsmittel für Fette u. Öle verwendet (z.B. Reinigungsmittel).

**Benzoe** [-tso:e], vanilleartig duftendes Gummiharz von Bäumen der Gatt. *Styrax* (Sumatra, Thailand).

**Benzoesäure** [-tso:e:-], einfachste aromat. Carbonsäure; als Konservierungsmittel zugelassen.

**Benzol,** einfachster aromat. Kohlenwasserstoff ($C_6H_6$-Ring); leicht entzündbare, mit Wasser nicht mischbare Flüssigkeit. B. kommt im Steinkohlenteer vor u. ist Nebenprodukt der Kokereien u. Gasanstalten. B. wird verwendet zur Herstellung von Farbstoffen, Arzneimitteln, Sprengstoffen, Kunststoffen, als Lösungsmittel u. als Zusatz zu Motorentreibstoffen.

**Benzpyren,** aromat. Kohlenwasserstoff, ist im Steinkohlenteer enthalten, wirkt krebserregend. B. ist auch im Zigarettenrauch, in Industrie- u. Autoabgasen, in geräucherten Waren u. gegrilltem Fleisch nachgewiesen worden.

**Ben Zwi,** Itzhak, eigtl. Isaac *Schimschelewitz,* *1884, †1963, isr. Politiker; 1931–48 Präs. des jüd. Nationalrats *(Vaad Leumi),* 1952–63 Staats-Präs.

**Beo,** 23–36 cm großer, glänzend schwarzer *Star* SO-Asiens; bester Nachahmer menschl. Stimmen unter den Käfigvögeln.

**Beowulf,** stabreimendes altengl. Epos aus dem 8. Jh., das vom Kampf des Gautenhelden B. gegen das Meerungeheuer Grendel berichtet.

**Béranger** [berɑ̃ˈʒe], Pierre Jean de, *1780, †1857, frz. Dichter (polit. Chansons, volkstüml. Lieder); Mitbegr. des Napoleon-Mythos.

**Berber,** hamit. Bevölkerung (ca. 11 Mio.) NW-Afrikas; Moslems, z.T. arabisiert (v.a. *Kabylen, Schelluh, Tekna*); Pflugbauern, die auch Viehzucht betreiben.

**Berbera,** Hafenstadt im NW Somalias, am Golf von Aden, 65 000 Ew.

**Berberitze,** *Sauerdorn, Berberis,* Gatt. der *Sauerdorngewächse;* in Dtld. der *Gewöhnl. Sauerdorn;* Strauch mit Dornen, gelben Blüten u. roten Beeren.

**Berbersprachen,** Zweig der semit.-hamit. Sprachfam.: *Tuareg, Kabylisch, Zenaga* u. das ausgestorbene *Libysche.*

**Berceuse** [bɛrˈsøːzə], Wiegenlied.

**Berchtesgaden,** Kurort u. Wintersportplatz in Oberbayern, am Fuß des Watzmann, 550–1500 m ü. M., 8700 Ew.; Solbad; Salzbergwerk; 1102 als Augustiner-Chorherrenstift gegr.

**Berchtold,** Leopold Graf, *1863, †1942, 1912–15 Außen-Min.; richtete im Juli 1914 das Ultimatum an Serbien, das den 1. Weltkrieg auslöste.

**Berdjajew** [-jɛf], Nikolaj Alexandrowitsch, *1874, †1948, russ. Geschichts- u. Religionsphilosoph; Hauptvertreter der russ. Emigrantenphilosophie, knüpfte an die Tradition der ostkirchl. Mystik u. der st. Gnosis an.

**Berdjansk,** Hafenstadt in der Ukrain. SSR, am Asowschen Meer, 131 000 Ew., See- u. Heilbad; Maschinenbau, Erdölraffinerie.

**Bereitschaftspolizei,** seit Mitte 1951 in den einzelnen Ländern der BR Dtld. aufgestellte kasernierte Sonderpolizei zur Abwehr von Gefahren für den Bestand oder die freiheitl.-demokrat. Grundordnung des Bundes oder eines Landes. Obwohl Landespolizei, unterliegt die B. in Organisation u. Ausbildung einem weitgehenden Einfluß des Bundes.

**Berengar I.,** †924 (ermordet); Markgraf von Friaul, seit 888 König in Italien, 915 zum Kaiser gekrönt.

**Berengar von Tours** [-tu:r], *um 1000, †1088, frz. Philosoph u. Theologe; verfocht den Vorrang der Vernunft vor der Autorität; geriet wegen seiner Abendmahlslehre in Konflikt mit der Kirche.

**Beresina,** r. Nbfl. des oberen Dnjepr, 613 km.

**Beresniki,** Stadt in der Sowjetunion, am Kama-

*Berchtesgaden mit Blick gegen den Watzmann*

*Beo*

stausee, 200 000 Ew.; Chemiekombinat, Magnesiumwerk, Maschinenbau.

**Berg,** ehem. rechtsrhein. Herzogtum (seit 1380) mit der Hptst. *Düsseldorf.*

**Berg, 1.** Alban, *1885, †1935, östr. Komponist; Schüler A. *Schönbergs.* Seine 3 Orchesterstücke 1914 u. bes. die Oper »Wozzeck« (nach G. *Büchners* »Woyzeck«) sind Höhepunkte des musikal. *Expressionismus.* Die »Lyrische Suite« für Streichquartett ist z.T., die unvollendete Oper »Lulu« (nach F. *Wedekind*) ganz in der Zwölftontechnik geschrieben. – **2.** Bengt, *1885, †1967, schwed. Schriftst. u. Tierphotograph; unternahm Expeditionen nach Afrika u. Asien; schrieb zahlr. Tierbücher. – **3.** Claus, *um 1475, †1532/35, dt.-dän. Bildschnitzer; nach B. *Notke* einer der bed. Künstler im Ostseegebiet; schuf den Altar in Odense (Dänemark). – **4.** Paul, *30.6.1926, US-amerik. Biochemiker; 1980 zus. mit W. *Gilbert* u. F. *Sanger* Nobelpreis für Chemie.

**Bergama,** das antike → Pergamon, türk. Stadt, 25 000 Ew.

**Bergamo,** Stadt in Italien, am S-Rand der Bergamasker Alpen, Hptst. der gleichn. Prov., 127 000 Ew.; kunsthistor. bed. Bauwerke des MA, Dom (15. Jh.), Donizettimuseum; Zementind., Maschinen- u. Fahrzeugbau.

**Bergamotte,** *Bitterorange,* ein *Rautengewächs,* Pomeranzenart; liefert das B.öl für Parfüms, Liköre u.a.

**Berganza,** Teresa, *16.3.1935, span. Sängerin (Mezzosopran); Opern- u. Konzertsängerin, bes. bekannt als Interpretin span. Lieder.

**Bergbau,** Aufsuchung, Gewinnung i.w.S. auch Aufbereitung mineral. Rohstoffe (Kohle, Erze, Erdöl, Salze, Steine u. Erden); mit bes. Gesetzgebung *(Bergrecht).* Die *Lagerstätten* werden durch geolog. u. geophysikal. Arbeiten u. durch *Schürfen* u. *Bohren* aufgesucht u. erforscht. Die Ausbeutung erfolgt bei oberflächennahen Lagerstätten im *Tagebau* u. bei tiefer liegenden im *Tiefbau* (Untertagebau). Beim *Tagebau* müssen zunächst die über der Lagerstätte liegenden Erd- u. Gesteinsschichten *(Abraum)* abgetragen werden. Der Abbau weichen Materials (z.B. Braunkohle) erfolgt mit Schaufelrad- u. Eimerkettenbaggern, hartes Gut (z.B. Eisenerz) wird meist gesprengt u. mit Hochlöffelbaggern geladen. Beim *Tiefbau* werden die Lagerstätten durch *Schächte* u. durch in mehreren Höhenlagen *(Sohlen)* von ihnen ausgehende horizontale *Strecken,* die *Querschläge,* zugängl. gemacht. Die in nicht standfestem Gestein stehenden Schächte, Strecken u. Abbaue müssen durch Abstützung am Zusammenbrechen gehindert werden. Das Zutagepumpen des den Gruben von der Tagesoberfläche u. aus dem Grundwasser zulaufenden Wassers ist Aufgabe der *Wasserhaltung.* Zweck der *Wetterführung* ist die Versorgung der Gruben mit frischer Luft u. die Verdünnung u. Fortführung schädl. Gase durch einen natürl. oder künstl. erzeugten Luftzug. Über Fördereinrichtungen (Förderbänder, Grubenbahnen, Transportfahrzeuge) wird das gewonnene Mineral nach über Tage transportiert.

**Bergdama,** negrides Restvolk mit Hottentottensprache in Namibia; Wildbeuter oder Ziegenhirten.

**Bergell,** ital. *Val Bregaglia,* schweiz.-ital. Hochalpental mit ital. sprechender Bev.; zw. Malojapaß u. Chiavenna.

**Bergen, 1.** Stadt in Nds., in der Lüneburger Heide, 12 000 Ew.; in der Nähe liegt das ehem. Konzentrationslager *B.-Belsen.* – **2.** Hafenstadt in SW-Norwegen, zweitgrößte Stadt des Landes, 215 000 Ew.; Festung *B.hus* (16. Jh.); Univ.; Schiffbau, Fischfang u. -verarbeitung; Blütezeit im 14.–16. Jh. als Hansestadt.

**Bergengruen** [-gry:n], Werner, *1892, †1964, dt. Schriftst.; vertrat in seinem vielseitigen Werk einen christl. Humanismus; W »Der Großtyrann u. das Gericht«, »Am Himmel wie auf Erden«.

**Bergen-op-Zoom** ['bɛrxəɔp zo:m], Industrie- u. Handelsstadt in den Ndl., an der Osterschelde, 42 800 Ew.; Gemüseanbau, Küstenfischerei, Maschinenfabriken.

**Berger, 1.** Erna, *1900, †1990, dt. Sängerin (Koloratursopran); sang u.a. an den Staatsopern von Dresden u. Berlin, wodurch sie weltbekannt wurde. – **2.** Senta, *13.5.1941, östr. Schauspielerin u.a. in: »Die Sieger«, »Kir Royal«.

**Bergfried,** *Berchfrit, Belfried,* Hauptturm der mittelalterl. Burg; letzte Zufluchts- u. Verteidigungsstätte.

**Berghaus** Ruth, *2.7.1927, dt. Regisseurin; 1971–77 Leiterin des Berliner Ensemble.

**Bergheim,** Stadt in NRW, an der Erft, westl. von Köln, 52 600 Ew.; Braunkohlengruben; Großkraftwerke; Glas- u. chem. Industrie.

**Bergisches Land,** der W-Abfall des Sauerlands zw. Ruhr u. Sieg; zahlr. Talsperren; Kleineisen- u. Textilind., Maschinen- u. Fahrzeugbau, Elektrotechnik, Feinmechanik, Optik.

**Bergisch Gladbach,** Stadt in NRW am Rand des Berg. Landes, östl. von Köln, 100 000 Ew.; Papier-, Elektroind., Maschinen- u. Apparatebau, Kernenergie-Forschungszentrum.

**Bergius, 1.** C.C., eigtl. Egon-Maria Zimmer, *2.7.1910, dt. Schriftst.; schrieb spannende Tatsachenromane u. Biographien. – **2.** Friedrich, *1884, †1949, dt. Chemiker; erfand das *B.-Verfahren* zur Benzinsynthese u. ein Verfahren zur Holzverzuckerung; Nobelpreis 1931 zus. mit C. *Bosch.*

**Bergkamen,** Stadt in NRW, 46 000 Ew.; chem. Ind., Steinkohlenbergbau, modernste Zechenanlage der BR Dtld.; Steinkohlenkraftwerk.

**Bergkarabachen-AO,** russ. *Nagorno-Karabachskaja AO,* Autonome Oblast in der Aserbaidschan. SSR, im östl. Kleinen Kaukasus. 4400 km², 155 000 Ew. (hauptsächl. Armenier), Hptst. *Stepanakert.* – Seit 1988 kam es wiederholt zu blutigen Unruhen; die Armenier fühlen sich von den aserbaidschan. Behörden diskriminiert u. fordern den Anschluß an die Armen. SSR.

**Bergkrankheit** → Höhenkrankheit.

**Bergkristall,** farblose, wasserklare Varietät des Quarz.

**Bergman, 1.** Bo Hjalmar, *1869, †1967, schwed. Schriftst.; Zeitsatiriker (Lyrik, Novellen über Natur- u. Großstadtleben). – **2.** Hjalmar Fredrik, *1883, †1931, schwed. Erzähler u. Dramatiker; der »schwed. Dickens«. – **3.** Ingmar, *14.7.1918, schwed. Theater- u. Filmregisseur u. Drehbuchautor; W Filme: »Das Schweigen«, »Szenen einer Ehe«, »Fanny und Alexander«. – **4.** Ingrid, *1915, †1982, schwed. Filmschauspielerin; W Filme: »Casablanca«, »Wem die Stunde schlägt«, »Herbstsonate«, »Golda Meir«.

**Bergmann,** Ernst von, *1836, †1907, dt. Chirurg; führte die Asepsis allg. ein, förderte die Wiederherstellungs- u. Hirnchirurgie.

**Bergmann-Pohl,** Sabine, *20.4.1946, dt. Politi-

*Bergbau: Walzenschrämlader (links). – Streckenvortrieb mit dem Großlochbohrwagen (rechts)*

*Bergbau: Schachtanlage für Steinkohlenbergbau*

kerin (CDU); 1990 Präsidentin der Volkskammer, Staatsoberhaupt der DDR, nach der dt. Wiedervereinigung Bundes-Min. für bes. Aufgaben.
**Bergner,** Elisabeth, *1897, †1986, östr. Schauspielerin; bis 1933 (Emigration) große Erfolge am Dt. Theater in Berlin.
**Bergpartei,** frz. *Montgnards,* während der Frz. Revolution die im Konvent (1792–95) auf den oberen Rängen sitzende Gruppe von radikalen Abgeordneten; berühmte Führer *Danton, Marat* u. *Robespierre.*
**Bergpredigt,** urchristl. Zusammenstellung von ursprüngl. selbständigen Sprüchen Jesu zu einer großen Rede (Matth. 5–7), worin Jesus zentrale Fragen der christl. Lebensführung zusammenhängend erörtert.
**Bergrecht,** Regelung der Rechtsverhältnisse des Bergbaus, bundeseinheitl. im *Bundesberggesetz* (BBergG) geregelt. Unterschieden wird zw. grundeigenen Bodenschätzen (z.B. Bauxit, Quarz), die dem Grundeigentümer gehören, u. den wichtigeren bergfreien Bodenschätzen (z.B. Kohle, Eisen, Gold, Platin, Kupfer). Wer bergfreie Bodenschätze aufsuchen will, bedarf der behördl. Erlaubnis *(Bergämter* u. *Oberbergämter),* wer sie gewinnen will, der Bewilligung oder des Bergwerkseigentums.
**Bergschule,** Fachschule für die Ausbildung zum *staatl. geprüften Techniker im Bergbau.*
**Bergson** [bεrg'sõ], Henri, *1859, †1941, frz. Philosoph. Seine *Philosophie des Lebens* war der Höhepunkt der frz. Metaphysik um die Jahrhundertwende.
**Bergstraße,** die nach der Straße zw. Darmstadt u. Heidelberg benannte Ldsch. am W-Rand des Odenwalds; durch fruchtbare Lößböden u. mildes Klima eines der wichtigsten Obst-, Gemüse- u. Weinbaugebiete Dtlds.

*Bergwacht-Symbol*

**Bergström** ['bærjstrœm], Sune K., *10.1.1916, schwed. Biochemiker; bahnbrechende Arbeiten über Prostaglandine; zus. mit J.R. *Vane* u. B.J. *Samuelsson* Nobelpreis für Medizin 1982.
**Bergwacht,** Organisation zur Hilfeleistung bei Unfällen im Gebirge, zum Schutz der Natur u. zur Verhütung negativer Beeinflussung der Hochgebirgsregion.
**Bergwerk,** *Bergbaubetrieb, Grube, Zeche,* die Gesamtheit der über- u. untertägigen Anlagen zur Gewinnung, Förderung u. Aufbereitung aller bergbaul. gewonnenen Materialien.
**Beriberi,** Vitamin-$B_1$-Mangelkrankheit mit Nervenschädigungen, Wassersucht u. allg. Kräfteverfall; bes. bei ostasiat. Völkern, die vorw. von geschältem bzw. poliertem Reis leben.
**Bering,** Vitus, *1680, †1741, dän. Asienforscher; umfuhr als russ. Seeoffizier im Auftrag *Peters d. Gr.* die Ostspitze Asiens u. fand dabei die nach ihm ben. **B.straße,** eine flache Meerenge zw. Sibirien u. Alaska; ebenfalls nach ihm ben. **B.meer,** ein Randmeer des Pazifik, zw. Sibirien, Alaska u. den Aleuten.
**Berkeley** ['bə:kli], Stadt in California (USA) an der O-Küste der San Francisco Bay, 122 000 Ew.; Univ.; Maschinen-, chem., Lebensmittelind.
**Berkeley** ['ba:kli], George, *1685, †1753, ir. Philosoph u. Theologe; Bischof von Cloyne, Vertreter des engl. *Empirismus;* leugnete eine von der Wahrnehmung u. vom Denken unabhängige Existenz der realen Außenwelt.
**Berkelium,** ein → chemisches Element.

| Berlin (West): Verwaltungsgliederung | |
|---|---|
| Bezirk | Einwohner |
| Charlottenburg | 180 500 |
| Kreuzberg | 148 100 |
| Neukölln | 298 700 |
| Reinickendorf | 244 900 |
| Schöneberg | 151 400 |
| Spandau | 210 200 |
| Steglitz | 186 400 |
| Tempelhof | 183 700 |
| Tiergarten | 91 400 |
| Wedding | 157 900 |
| Wilmersdorf | 143 600 |
| Zehlendorf | 97 200 |

| Berlin (Ost): Verwaltungsgliederung | |
|---|---|
| Bezirk | Einwohner |
| Friedrichshain | 115 400 |
| Hellersdorf | 83 900 |
| Hohenschönhausen | 112 600 |
| Köpenick | 114 800 |
| Lichtenberg | 177 200 |
| Marzahn | 174 300 |
| Mitte | 80 000 |
| Pankow | 113 100 |
| Prenzlauer Berg | 152 600 |
| Treptow | 105 860 |
| Weißensee | 54 900 |

**Berkshire** ['ba:kʃiə], Gft. in England, westl. von London, an der mittleren Themse, 1256 km², 673 000 Ew., Hptst. *Reading.*
**Berlage** [-la:xə], Hendrik Petrus, *1856, †1934, ndl. Architekt u. Kunstgewerbler; entwickelte eine neue Architektur des stereometr. Körper u. weiten Flächen; Hptw.: Amsterdamer Börse.
**Berleburg,** *Bad B.,* Stadt in NRW am Rothaargebirge, 20 500 Ew.; ehem. Residenzstadt; Schloß (16. Jh.); Kneippheilbad.
**Berlichingen,** Götz von, der *»Ritter mit der eisernen Hand«,* *1480, †1562, übernahm im *Bauernkrieg* 1525 die Führung der Aufständischen im Odenwald, um den Aufstand in gemäßigte Bahnen zu lenken. – »Götz von B. mit der eisernen Hand«, Schauspiel von *Goethe* (1771 »Urgötz 1773 veröffentl. Fassung).
**Berlin,** Hptst. u. Land der BR Dtld.; größte dt. Stadt; 883 km², 3,34 Mio. Ew.; 1948–90 geteilt in B. (West), 480 km², 2,09 Mio. Ew., u. B. (Ost), 403 km², 1,25 Mio. Ew. – *B. (West)* unterstand der obersten Regierungsgewalt der drei westl. Besatzungsmächte USA, Großbrit. u. Frankreich. Die Veränderung dieses Zustandes wurde mit dem Prozeß der dt. Wiedervereinigung verknüpft. Die Volksvertretung, das Abgeordnetenhaus, wählt den Senat mit dem Regierenden Bürgermeister an der Spitze. B. (West) entwickelte sich zu einem wirtschaftl. u. kulturellen Zentrum mit Univ., TU, Staatl. Hochschule der Künste, Akademie der Künste, Kirchl. Hochschule, Dt. Film- u. Fernsehakademie, Forschungsinstituten (z.B. Max-Planck-Inst.) mehreren Bibliotheken, Museen u. Theatern; bed. Bauwerke: Kaiser-Wilhelm-Gedächtniskirche, Schloß Bellevue, Schloß Charlottenburg, Reichstagsgebäude, Philharmonie, Hansaviertel, Kongreßhalle. – *B. (Ost)* wurde im Widerspruch zum Viermächtestatus B.s die Hptst. der DDR u. darüber hinaus das Verwaltungs-, polit., wirtschaftl., wiss. u. kulturelle Zentrum der DDR mit Univ., zahlr. Hoch-, Fach- u. Ingenieurschulen, Akademie der Künste, Bauakademie, wiss. Institute, zahlr. Museen, Bibliotheken u. Theatern; bed. Bauwerke: Dt. Staatsoper, Marienkirche, Brandenburger Tor, Palast der Republik. W i r t s c h.: Elektrotechnik u. Elektronik, Geräte- u. Maschinenbau, Bekleidung, opt., pharmazeut. u. chem. Erzeugnisse, Druckerzeugnisse, Nahrungs- u. Genußmittel. B. hat mehrere Flughäfen (Tegel, Tempelhof [West], Schönefeld [Ost]).
G e s c h i c h t e. Die Stadt nahm unter Friedrich Wilhelm I., dem Großen Kurfürsten, einen kräftigen Aufschwung (beginnende Industrialisierung, Hugenotteneinwanderung), der noch gesteigert wurde, als König Friedrich I. 1709, unter Hinzuziehung anderer Gemeinden, die Vereinigung mit *Cölln* endgültig herstellte. Der Ausbau der Industrie sowie die Förderung der Akademien der Künste (gegr. 1696) u. der Wissenschaften (1700) unter König Friedrich Wilhelm I. u. Friedrich d. Gr. sowie die Gründung der Univ. (1810) machten die Stadt nicht nur zu einem wirtschaftl., sondern auch zu einem geistig-kulturellen Zentrum. 1871–1945 war B. Hptst. des Dt. Reichs. Im 2. Weltkrieg wurde die Stadt weitgehend zerstört u. nach Kriegsende in vier Besatzungssektoren geteilt u. unter Viermächtekontrolle gestellt. 1948 verhängte die UdSSR die *B.er Blockade,* die durch die Luftbrücke überwunden wurde. Gleichzeitig führte sie die Spaltung der Stadt in B. (Ost) (sowj. Sektor) u. B. (West) (die 3 westl. Sektoren) herbei. 1961 kam es zum Bau der *B.er Mauer* zw. B. (Ost) u. B. (West), um den Fluchtweg nach Westen abzuriegeln. Einen bed. Schritt zur Normalisierung brachte 1971 das **B.-Abkommen** (Viermächte-Abkommen) zur Regelung von prakt. Fragen in bezug auf B., die seit 1948/49 strittig waren. Es bestätigte den Fortbestand der Viermächte-Verantwortung für B. u. stellte fest, daß B. kein Bestandteil der BR Dtld. ist, daß jedoch bes. Bindungen zw. B. (West) u. der BR Dtld. bestehen. Durch die 1989 einsetzenden revolutionären Veränderungen in der DDR kam es 1990 zum Abbau der B.er Mauer u. zur Wiedervereinigung B.s. Mit dem Einigungsvertrag vom 31.8.1990 erhielt B. wieder den Status der dt. Hptst. u. außerdem Länderstatus. – K → S. 110
**Berlin** ['bə:lin], Irving, *1888, †1989, US-amerik. Komponist russ. Herkunft. (Schlager, Operetten, Musical); W »Annie get your gun«.
**Berliner Blau,** lichtechte Malerfarbe; durch Versetzen einer Eisen(III)-Salzlösung mit einer Lösung von gelbem Blutlaugensalz erzeugt.
**Berliner Ensemble** → Brecht.
**Berliner Kongreß,** Zusammenkunft der Vertreter der europ. Großmächte, um nach dem Russ.-Türk. Krieg die staatl. Zugehörigkeiten auf der Balkanhalbinsel festzulegen. Der russ. Einfluß wurde verringert, der östr. verstärkt.

# BERLIN

*Märkisches Viertel*

*Unter den Linden*

*Bermuda-Inseln: Hotelanlage am Strand*

**Berliner Mauer,** die Sperranlagen, die von der DDR seit dem 13.8.1961 entlang der rd. 45 km langen Sektorengrenze zw. Ost- u. Westberlin u. dem umgebenden Gebiet der DDR errichtet wurden, um die Flucht von DDR-Bürgern nach Westberlin zu unterbinden. Die B. M. wurde zu einem nahezu unüberwindl., tiefgestaffelten Sperrsystem (Betonmauer, Stacheldrahthindernisse, Selbstschußanlagen u.a.) ausgebaut. Erst nach dem polit. Umsturz in der DDR 1989 wurde die B. M. wieder geöffnet u. abgebaut.
**Berliner Weiße,** obergäriges Bier aus Gerste u. Weizenmalz; kann mit Waldmeisteressenz oder Himbeersaft gemischt werden: Weiße mit Schuß.
**Berlioz** [bɛr'ljoːz], Hector, *1803, †1869, frz. Komponist (Opern, Sinfonien, Chorwerke); begr. die *Programmusik.*

**Berlitzschulen** [-bə:-], private Fremdsprachenschulen mit ausländ. Lehrkräften u. ausschl. Verwendung der betreffenden Fremdsprache; gegr. 1878 von Maximilian David *Berlitz* (*1852, †1921) in New York.
**Berlocke,** zierl. Schmuckanhänger an Uhrketten, bes. im 18. u. 19. Jh.
**Bermuda,** Inselgruppe (320 Inseln, davon 20 bewohnt) im Atlantik, östl. von Kap Hatteras (USA), 53 km², 59 000 Ew., davon 70 % Schwarze u. Mulatten, 30 % Weiße; Hptst. *Hamilton*; Anbau von Bananen, Gemüse, Blumen; Fremdenverkehr. – Seit 1684 brit. Kronkolonie, seit 1968 mit Selbstverwaltung.
**Bermuda-Dreieck,** Gebiet des Atlant. Ozeans zw. Florida, Bermuda u. Puerto Rico, in dem wiederholt Flugzeuge u. Schiffe nebst Besatzung unter mysteriösen Umständen verunglückt bzw. spurlos verschwunden sein sollen.
**Bern,** Bundes-Hptst. der Schweiz u. Hptst. des Kantons B. (→ Schweiz), an der Aare, 540 m ü.M., 145 000 Ew.; maler. mittelalterl. Altstadt; charakt. Laubengassen, spätgot. Münster (15./16. Jh.), Rathaus (15. Jh.), Univ., Museen; Apparatebau, graph. u. Nahrungsmittelind.; wichtiger Eisenbahn- u. Straßenknotenpunkt, Flughafen. – B → S. 110
**Bernadette** [-'dɛt] → Heilige.
**Bernadotte** [-'dɔt], Name des regierenden schwed. Königshauses, Nachkommen des frz. Marschalls Jean-Baptiste B., der 1818 als Karl XIV. Johann König von Schweden u. Norwegen wurde. – *Graf Folke B.* (*1895, †1948 [ermordet]) war Leiter des schwed. Hilfswerks im 2. Weltkrieg. Er übernahm im Mai 1948 im Auftrag der UN die Vermittlung im Palästina-Konflikt u. wurde von israel. Terroristen ermordet.
**Bernanos,** Georges, *1888, †1948, frz. Schriftst.; streitbarer Katholik. Die Welt war ihm ein Kampfplatz zw. Gott u. dem Teufel.
**Bernauer,** Agnes, angebl. Tochter eines Baders aus Augsburg, mit Herzog *Albrecht III.* von Bayern seit 1432 heiml. verheiratet; vom Vater des Herzogs als Zauberin verhaftet u. 1435 in der Donau ertränkt.
**Bernburg/Saale,** Krst. in Sachsen-Anhalt, 43 200 Ew.; Sol- u. Moorbad; Hochschule für Landwirtschaft; Kali- u. Steinsalzbergbau, Landmaschinenbau, Zementwerk.
**Berneck,** *Bad B. im Fichtelgebirge,* Stadt in Oberfranken (Bayern), am Weißen Main, 5000 Ew.; Kneippheilbad u. Luftkurort.
**Berner Alpen,** *Berner Oberland,* Teil der Westalpen zw. Rhône u. Aare.
**Berner Konventionen,** versch. internat. Abkommen: über die Gründung des Weltpostvereins; über das Eisenbahnwesen; über Urheberrecht.
**Berneuchener Kreis** [nach einem Rittergut in der Neumark], 1923 entstandene Bewegung in der luther. Kirche zur Erneuerung der Liturgie u. des kirchl. Lebens.
**Bernhard, 1.** *29.6.1911, Prinz der Ndl., aus dem Haus Lippe-Biesterfeld, verh. mit der ndl. Königin *Juliana.* – **2.** *1604, †1639, Herzog von Sachsen-Weimar, Heerführer im Dreißigjähr. Krieg.
**Bernhard,** Thomas, *1931, †1989, östr. Schriftsteller.
**Bernhardiner** → Zisterzienser.
**Bernhardiner,** den *Doggen* verwandte Hunderasse von massigem Körperbau; seit etwa 1665 im Kloster auf dem Großen St. Bernhard planmäßig gezüchtet.

*Charlottenburger Schloß*

*Erholung an der Havel; in der Bildmitte der Grunewaldturm*

*Alexanderplatz mit Weltzeituhr*

*Palast der Republik, bis 1990 Sitz der Volkskammer der DDR*

## 110 Bernhardt

**Bernhardt** [-'naːr], Sarah, eigtl. Henriette-Rosine *Bernard,* *1844, †1923, frz. Schauspielerin; übernahm 1899 das »Théâtre des Nations«, das heutige »Théâtre Sarah B.«.

**Bernhard von Clairvaux** [-klɛr'vo], *um 1090, †1153, seit 1115 erster Abt des Zisterzienserklosters Clairvaux-sur-Aube; Begr. der mittelalterl. Mystik; gewann 1146 Kaiser Konrad III. zur Teilnahme am 2. Kreuzzug. – Heiligsprechung 1174 (Fest: 20.8.), Erhebung zum Kirchenlehrer 1830.

**Bernina,** stark vergletscherte Berggruppe der Alpen im schweiz. Kt. Graubünden. Der Kamm bildet die schweiz.-ital. Grenze. Gipfel: *Piz B.* (4049 m), *Piz Palü* (3905 m).

**Bernini,** Giovanni Lorenzo, *1598, †1680, ital. Bildhauer u. Architekt; einer der einflußreichsten Barockkünstler Italiens; schuf Plastiken, Grabmäler, Paläste u.a.; Hptw.: Kolonnaden auf dem Petersplatz in Rom.

**Bernkastel-Kues** [-kuːs], Stadt in Rhld.-Pf., an der Mosel, 7300 Ew.; Weinbau u. -handel.

**Bernoulli** [-'nuli], seit 1622 in der Schweiz ansässige Gelehrtenfamilie: **1.** Daniel, Sohn von 3), *1700, †1782, Mathematiker u. Physiker; arbeitete über hydrodynam. Probleme u. schuf die Anfänge der kinet. Gastheorie. – **2.** Jakob, Bruder von 3), *1654 a. St. (1655 n. St.), †1705, Mathematiker; hinterließ eine Darstellung der Wahrscheinlichkeitsrechnung. – **3.** Johann, *1667, †1748, Mathematiker; förderte die Variationsrechnung u. die Theorie der Differentialgleichung. – **4.** Karl Albrecht, *1868, †1937, Theologe u. Schriftsteller.

**Bernstein,** *Brennstein,* fossiles Harz ausgestorbener Nadelbäume, oft mit Einschlüssen von Insekten; durchsichtig, honiggelb bis rötl.-braun oder trübe weißl.; B. bildet rundl. geflossene oder getropfte Formen; Fundorte: Samlandküste *(B.küste),* Livland, Kurland, Sizilien, Spanien; Verwendung zu Schmuck u. techn. Zwecken.

**Bernstein, 1.** Eduard, *1850, †1932, dt. Publizist u. Politiker; begr. den *Revisionismus* in der dt. Sozialdemokratie. – **2.** [ˈbəːnstain], Leonard, *1918,

*Bern: Altstadt mit Aareschleife*

†1990, US-amerik. Dirigent, Komponist u. Pianist; 1958–69 Leiter der New Yorker Philharmoniker; Ⓦ Musical »West Side Story«, »Chichester Psalms«.

**Bernstorff, 1.** Andreas Peter Graf, Neffe von 2), *1735, †1797, dän. Politiker; 1773–80 u. 1784–97 Außen-Min. u. Präs. der Dt. Kanzlei; setzte die von seinem Onkel begonnene Friedens- u. Neutralitätspolitik fort. – **2.** Johann Hartwig Ernst Graf, *1712, †1772, dän. Politiker; Außen-Min. des dän.-norweg. Gesamtstaats u. Leiter der Dt. Kanzlei 1751–70. Ihm gelang es, Dänemark-Norwegens Neutralität in allen europ. Kriegen zu erhalten.

**Bernward,** *um 960, †1022, Bischof von Hildesheim seit 993; Erzieher *Ottos III.* – Heiliger (Fest: 20.11.).

**Beromünster,** bis 1934 *Münster,* Ort in der

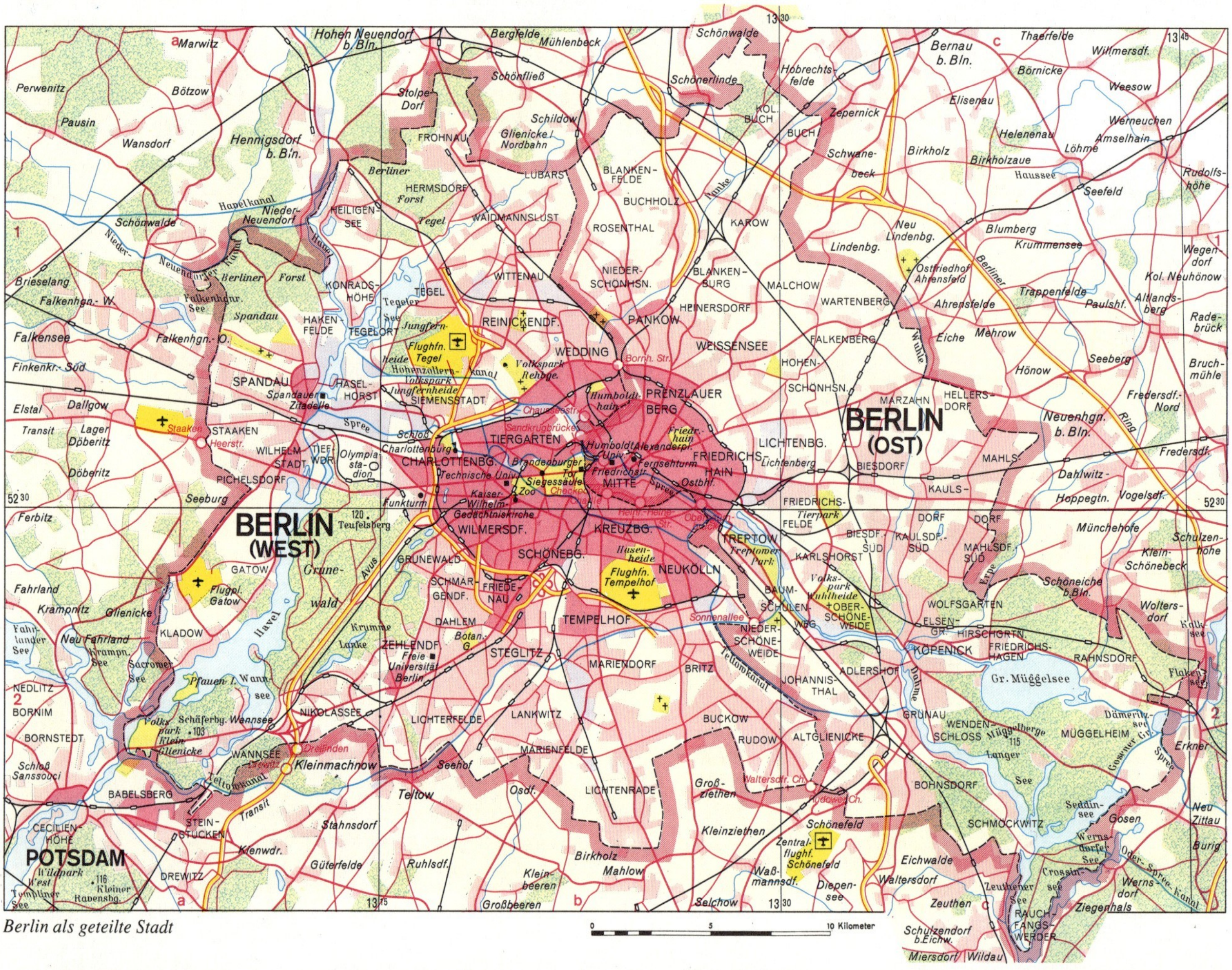

*Berlin als geteilte Stadt*

Schweiz, im Kt. Luzern, 1500 Ew.; schweiz. Landessender.

**Berruguete** [-'gɛtɛ], Alonso, *um 1490, † 1561, span. Bildhauer; in der Nachfolge *Michelangelos.*

**Berry** [bɛ'ri], histor. Prov. (ehem. Hzgt.) in Mittelfrankreich, südl. der mittleren Loire; alte Hptst. *Bourges.*

**Berry,** Walter, *8.4.1929, östr. Sänger (Bariton); bekannt als Mozart-, R. Strauss- u. Liederinterpret.

**Berserker,** bes. im nord. Altertum ein Mann, der durch Anlegen eines Bärenfells in ekstat. Wildheit gerät u. auf echte oder vermeintl. Gegner losgeht; *übertragen:* hemmungslos wütender Mensch.

**Bertelsmann AG,** Medienkonzern mit Sitz in Gütersloh, hervorgegangen aus dem 1835 von Carl *Bertelsmann* (*1791, † 1850) gegr. *C. Bertelsmann Verlag.* Die Entwicklung zum internat. tätigen Medienunternehmen begann nach dem 2. Weltkrieg unter der Leitung von R. *Mohn.* Zur B. gehören heute Buch- u. Zeitschriftenverlage (u.a. *Gruner & Jahr),* Buch- u. Schallplattengemeinschaften, Musik *(BMG),* Film *(UFA),* Fernsehen *(RTL plus),* Druck- u. Industriebetriebe u. Dienstleistungsunternehmen.

**Berthold von Henneberg,** *1442, † 1504, Erzbischof u. Kurfürst von Mainz 1484–1504; versuchte, in der Reichsverfassung die Macht der Stände, bes. der Kurfürsten, zu verankern.

**Berthold von Regensburg,** *um 1210, † 1272, dt. Franziskaner; bed. Prediger des MA.

**Berthollet** [-'lɛ], Claude Louis Graf von, *1748, † 1822, frz. Chemiker u. Physiker; führte Studien über chem. Affinität u. Massenwirkung durch.

**Bertillon** [bɛrti'jɔ̃], Alphonse, *1853, † 1914, frz. Anthropologe; führte anthropometr. Methoden zur Erkennung von Verbrechern ein, die *Bertillonage,* die später durch das Fingerabdruckverfahren ersetzt wurde.

**Bertoldo di Giovanni** [-dʒɔ'vanni], *um 1420, † 1491, ital. Bildhauer; Schüler *Donatellos* u. Lehrer *Michelangelos.*

**Bertolucci** [-'lutʃi], Bernardo, *16.3.1941, ital. Filmregisseur; W »Der letzte Tango in Paris«, »Der letzte Kaiser«.

**Bertram** → Meister Bertram.

**Bertran de Born** [-'trã-], Vicomte de *Hautefort,* *um 1140, † 1215, provençal. Troubadour (Minnelieder u. polit. Kampflieder).

**Bertrich,** *Bad B.,* Gem. in Rhld.-Pf., in der S-Eifel, 1000 Ew.; Heilbad, Glaubersalzquelle.

**Berufsaufbauschule,** meist nach Fachrichtungen gegliederte Schule der berufl. Ausbildung, v.a. für Hauptschulabsolventen neben oder nach einer Berufsausbildung; vermittelt die Fachschulreife.

**Berufsberatung,** Erteilung von Rat u. Auskunft in Fragen der Berufswahl einschl. des Berufswechsels; wahrgenommen von der *Bundesanstalt für Arbeit.*

**Berufsbild,** Beschreibung eines Berufs mit möglichst vollständiger Darstellung des Arbeitsgebiets, der Anforderungen, des Ausbildungsgangs, der Aufstiegsmöglichkeiten.

**Berufsfachschule,** bereitet auf einen handwerkl., kaufmänn., hauswirtsch. Beruf vor, ohne eine prakt. Berufsausbildung vorauszusetzen; ersetzt vielfach eine Ausbildung im Betrieb sowie die *Berufsschule;* Abschluß berechtigt zum Besuch der *Fachoberschule.*

**Berufsgeheimnis,** Pflicht der Rechtsanwälte, Wirtschaftsprüfer, Steuerberater, Eheberater, Sozialarbeiter, Ärzte, Apotheker u.a. sowie deren Gehilfen, die ihnen kraft ihres Amtes bzw. Berufs anvertrauten Privatgeheimnisse zu bewahren *(Schweigepflicht).*

**Berufsgenossenschaften,** als öffentl.-rechtl. Körperschaften die Träger der sozialen Unfallversicherung.

**Berufskrankheiten,** melde- u. entschädigungspflichtige Krankheiten, die bei bestimmten Berufen gehäuft auftreten u. durch Gesetz den Betriebsunfällen gleichgesetzt sind. Zu den B. gehören durch ehem., physikal. u. gemischte Einwirkungen, durch Infektionserreger, Parasiten u. verschiedenartige Einwirkungen verursachte Krankheiten sowie Hauterkrankungen.

**Berufsschule,** Pflichtschule für Absolventen allgemeinbildender Schulen, die in einem Ausbildungs- oder Arbeitsverhältnis stehen oder arbeitslos sind (im Rahmen der Schulpflicht, die bis zum 18. Lebensjahr besteht).

**Berufsunfähigkeit,** *Standesinvalidität,* Unfähigkeit, seinen Beruf auszuüben; liegt vor, wenn die Arbeitsfähigkeit auf weniger als die Hälfte der eines körperl. u. geistig Gesunden von ähnl. Ausbildung, Fähigkeit u. Kenntnis herabgesunken ist; begr. in der sozialen Rentenversicherung einen Rentenanspruch.

**Berufung,** Rechtsmittel, durch dessen Einlegung von einem (höheren) zweitinstanzl. Gericht begehrt wird, ein erstinstanzl. gerichtl. Urteil aufgrund tatsächl. u. rechtl. Nachprüfung aufzuheben oder abzuändern.

**Beruhigungsmittel** → Sedativa.

**Beryll** → Mineralien.

**Beryllium** → chem. Elemente.

**Berzelius,** Jöns Jacob Frhr. von, *1779, † 1848, schwed. Chemiker; begr. die dual. Hypothese der chem. Bindung, entdeckte u.a. das Selen, führte die Begriffe *Isomerie* u. *Katalysator* u. die heute gebräuchl. chem. Zeichensprache ein.

**Besamung,** der Befruchtung vorangehendes Heranbringen der männl. Geschlechtszellen (Samen) an die weibl. Geschlechtszellen; entweder als freie B. im Wasser oder als Begattung *(Kopulation).* – *Künstl. B., künstl. Befruchtung,* durch den Menschen vorgenommene Übertragung von Samenflüssigkeit in die weibl. Geschlechtsorgane; wird bei der Zucht von Haustieren u. Nutzpflanzen angewendet; wird heute auch beim Menschen durchgeführt, wenn Zeugungsunfähigkeit des Mannes oder Sterilität der Frau besteht.

**Besan,** *Besahn,* Gaffelsegel am achtersten Mast *(B.mast)* eines Segelschiffs.

**Besançon** [bəzã'sɔ̃], Stadt u. Festung in O-Frankreich, am Doubs, 119 500 Ew., Reste röm. Bauten, roman.-got. Kathedrale; Univ.; Fremdenverkehr.

**Besatzungsstatut,** nach dem 2. Weltkrieg von den drei Westmächten (USA, Großbrit., Frankreich) 1949 vereinbarte Regelung, die das Besatzungsregime auf eine vertragl. Grundlage stellte u. die Befugnisse der Alliierten gegenüber der BR Dtld. regelte. Mit dem Wirksamwerden des Deutschlandvertrags 1955 trat das B. außer Kraft, wobei einige Vorbehaltsrechte der Alliierten bestehenblieben.

**Beschälseuche,** *Donrine,* meldepflichtige Geschlechtskrankheit der Pferde, hervorgerufen durch das Geißeltierchen *Trypanosoma equiperdum.*

**Beschlagnahme,** amtl. Sicherstellung von Gegenständen, bes. in der Zwangsvollstreckung (z.B. Arrest, Pfändung), Zwangsversteigerung u. Zwangsverwaltung, sowie als B. von Beweismitteln im Strafprozeß; auch amtl. Sicherstellung u. Einziehung sämtlicher Exemplare eines Buchs, einer Zeitungs- oder Zeitschriftenausgabe u.ä.

**Beschleuniger,** *Beschleunigungsanlage* → Teilchenbeschleuniger.

**Beschleunigung,** Zunahme der *Geschwindigkeit* in der Zeiteinheit; Einheit $m/s^2$.

**Beschluß,** nicht in Urteilsform ergehende, in der Regel nur Verfahrensfragen betreffende gerichtl. Entscheidung, die keine vorherige mündl. Verhandlung erfordert.

**Beschneidung,** ritueller Brauch mancher Völker, den Knaben in einem bestimmten Alter die Vorhaut abzuschneiden *(Zirkumzision)* oder einzuschneiden *(Inzision),* zuweilen auch den Mädchen die Klitoris zu entfernen; Teil der Reifeweihen, der *Initiation,* bei vielen Völkern im semit. Asien, in Ozeanien, Afrika u. in Teilen Amerikas.

**Beschwerde,** Rechtsmittel gegen gerichtl. Beschlüsse u. Verfügungen.

**Besenginster,** Gatt. der *Schmetterlingsblütler;* in Dtld. gelbblühender Strauch.

**Besenheide** → Heidekraut.

**Besetzung, 1.** Verteilung der Rollen eines Theaterstücks auf die Darsteller. – **2.** → Okkupation.

**Besitz,** tatsächl. Herrschaft einer Person über eine Sache; zu unterscheiden vom → Eigentum.

**Besitzsteuern,** Steuern auf den Besitz (Vermögen u. Erbschaft), i.w.S. auch auf Einkommen u. Ertrag.

**Beskiden,** stark bewaldetes Mittelgebirge in Polen u. der ČSFR; Teil der Karpaten.

**Besoldung,** Arbeitseinkommen der Beamten, Richter u. Soldaten.

**Bessarabien,** fruchtbare Ldsch. im östl. Karpatenvorland zw. Pruth u. Dnjestr in der UdSSR; im N z.T. bewaldetes Hügelland, im S Steppe; 44 400 $km^2$; Bev.: Rumänen, Ukrainer; bis zur Aussiedlung 1940 auch Deutsche. Seit Ende des 15. Jh. war B. unter türk. Herrschaft, seit 1812 russ., 1918–40 rumän.; 1940 wurde B. von Rumänien an die UdSSR abgetreten; 1941–44 vorübergehend wieder rumänisch.

**Bessel,** Friedrich Wilhelm, *1784, † 1846, dt. Astronom u. Mathematiker; seit 1810 Direktor der neuen Königsberger Sternwarte. 1837/38 gelang es ihm, erstmals die Entfernung eines Fixsterns zu messen.

**Bessemer,** Sir Henry, *1813, † 1898, engl. Ingenieur; erfand das für die Stahlerzeugung bahnbrechende Windfrischverfahren **(B.-Verfahren),** bei dem in birnenförmigen, feuerfest ausgekleideten Stahlbehältern **(B.-Birnen)** schmelzflüssiges Roheisen durch Hindurchblasen von Luft vom Kohlenstoff u. von anderen Beimengungen befreit u. in schmiedbaren Stahl verwandelt wird.

**Best,** Charles Herbert, *1899, † 1978, kanad. Physiologe US-amerikan. Herkunft; entdeckte gemeinsam mit F. *Banting* u. J. J. R. *MacLeod* 1921 das Insulin.

**Bestallung,** staatl. Berufszulassung für Ärzte u. Apotheker *(Approbation).*

**Bestäubung,** Übertragung des Blütenstaubs *(Pollen);* bei nacktsamigen Pflanzen direkt auf die freiliegende Samenanlage, bei bedecktsamigen auf die Narbe des Fruchtknotens; bei *Selbstbestäubung (Autogamie)* findet B. innerhalb einer Blüte durch deren eigenen Pollen statt; meist jedoch zw. verschiedenen Blüten, entweder als *Nachbarbestäubung (Geitonogamie)* zw. Blüten derselben Pflanze oder als *Fremdbestäubung (Xenogamie)* zw. Blüten verschiedener Pflanzen derselben Art. Die B. erfolgt durch Wind, Wasser, vorwiegend jedoch durch Tiere, v.a. Insekten.

**Bestechung,** Vorteilsangebot gegenüber einem Amtsträger (Beamter, Richter), um eine gewünschte Amtshandlung zu erwirken (aktive B.) sowie Vorteilsannahme durch einen Amtsträger (passive B.); wird mit Freiheitsstrafen bis zu 5 Jahren geahndet.

**Besteck, 1.** ärztl. Instrumentarium, z.B. Operations-B. – **2.** der jeweilige Schiffsort auf See; bestimmt nach geograph. Länge u. Breite durch Messen der Gestirnhöhen mit naut. Instrumenten u. durch Beobachten von Kurs u. Geschwindigkeit mit dem Kompaß sowie der Ortszeit mit dem Chronometer.

**Bestiarium,** Titel mittelalterl. Tierbücher.

**Bestrahlung,** die Anwendung von natürl. oder künstl. erzeugten Strahlungen sämtl. Wellenbereiche zu Heilzwecken oder zur Diagnostik.

**Bestseller,** ein Buch, das einen sehr großen Verkaufserfolg erzielt.

**Beta-Blocker,** Abk. für *Beta-Rezeptoren-Blocker,* Arzneimittel, die die Wirkung einer Erregung des vegetativen Nervensystems auf das Herz hemmen; Anwendung bei Herzrhythmusstörungen, Bluthochdruck, Angina pectoris u.ä.

**Betastrahlen,** aus schnellen Elektronen bestehende radioaktive Strahlung.

**Betatron,** Kreisbeschleuniger für Elektronen: eine Art Transformator, bei dem Elektronen durch ein zeitl. anwachsendes Magnetfeld auf einer Kreisbahn geführt u. durch ein elektr. Feld beschleunigt werden; spielt in der Medizin eine Rolle bei der Tumorbehandlung.

**Betäubung,** teilw. Ausschaltung des Bewußtseins durch Stoß, Gifteinwirkung oder Sauerstoffmangel; i.e.S. Ausschaltung der Schmerzempfindung. Dabei werden bei der *Anästhesie* die anderen Bewußtseinseigenschaften erhalten, während bei der *Narkose* das Gesamtbewußtsein ausgeschaltet wird. – **B.smittel,** Arzneimittel, die die Schmerzempfindung herabsetzen oder aufheben; viele können suchterregend wirken u. als Rauschgift mißbraucht werden (Opium, Morphin u.a.); daher sind sie meist rezeptpflichtig u. unterliegen dem *B.smittelgesetz.*

**Betazerfall,** radioaktiver Zerfall, bei dem ein Atomkern seine Kernladungszahl um eine Einheit, seine Massenzahl aber nicht ändert; dabei werden Betateilchen (Elektronen oder Positronen) frei.

**Beteigeuze,** Riesenstern von 500 Mio. km Durchmesser; hellster, rötl. gefärbter Stern des *Orion.*

**Beteiligung,** dauernde oder vorübergehende Kapitaleinlage einer Person oder Personenmehrheit bei einer Handelsgesellschaft (z.B. OHG, KG, AG), verbunden mit Gewinn- u. Risikobeteiligung.

**Betel,** süd- u. südostasiat. Genußmittel aus der Frucht der *Arekapalme,* die in Scheiben geschnitten, mit Kalk bestrichen u. mit Blättern des *Betelpfeffers* umhüllt u. gekaut wird.

**Bethanien,** bibl. Ort zw. Jerusalem u. Jericho, östl. des Ölbergs; Wohnort des *Lazarus* (Joh. 11), daher häufiger Name für Krankenhäuser, Missionsstationen u.ä.

**Bethe,** Hans Albrecht, *2.7.1906, dt. Physiker; seit 1935 in den USA; entwickelte eine Theorie über die Entstehung der Energiestrahlung der Sterne *(B.-Weizsäcker-Zyklus);* Nobelpreis 1967.

**Bethel, 1.** bibl. Stadt nördl. von Jerusalem, alte israelit. Kultstätte. – **2.** heute *von Bodelschwinghsche Anstalten* in Bielefeld, nach ihrem Gründer Friedrich von *Bodelschwingh;* zahlr. Kliniken, Schulen u. Ausbildungsstätten, Epilepsiezentrum, Heime für Nichtseßhafte u. schwer erziehbare Jugendliche.

**Bethesda,** *Bethsaida,* große baul. Anlage in Jerusalem mit fünf Säulenhallen um einen Doppelteich, dessen Wasser als heilkräftig galt.

**Bethe-Weizsäcker-Zyklus,** von H. A. *Bethe* u. C. F. von *Weizsäcker* 1938 gefundener atomarer Prozeß, der die Energieerzeugung in der Sonne u. in vielen anderen Sternen erklärt: 4 Wasserstoffatomkerne (Protonen [H]) lagern sich zu 1 Heliumatomkern (He) zusammen (Kernfusion). Dabei wird ein winziger Teil der Masse der ursprüngl. Protonen in Energie verwandelt.

**Bethlehem,** arab. *Beit Lahm,* Stadt in Judäa, südl. von Jerusalem, 35 000 Ew.; nach der Überlieferung Geburtsort *Jesu;* Geburtskirche, 325 von Konstantin gegr.

**Bethmann,** Frederike, geb. *Flittner,* *1768, †1815, dt. Schauspielerin u. Sängerin; gefeierte Künstlerin der Romantik.

**Bethmann Hollweg,** Theobald von, *1856, †1921, dt. Politiker; Reichskanzler 1909–17; um eine Verständigung mit England bemüht; von der Heeresleitung zum Rücktritt gezwungen.

**Beton** [be'tõ], Baustoff aus *Zuschlagstoffen* (Sand, Kies), *Bindemitteln* (Zement, Kalk, Asphalt) u. Wasser, der im frischen Zustand breiig u. formbar ist u. nach kurzer Zeit zu einem festen, steinartigen Körper erstarrt. Nach den Zuschlagstoffen u. der daraus resultierenden Rohdichte unterscheidet man *Leicht-B.* u. *Schwer-B.;* **Stahl-B.** ist mit Stahleinlagen versehener B.; **Spann-B.** enthält ebenfalls Stahleinlagen, die aber mit sehr starken Zugkräften vorgespannt werden, so daß der B. biegsam u. elastisch wird.

**Betrieb,** jedes einheitl. geleitete Wirtschaftsunternehmen zur Hervorbringung von Güter u. Leistungen.

**Betriebsgeheimnis,** Tatsachen, die wirklich geheim, für den Betrieb von Wichtigkeit u. dem Arbeitnehmer als geheimzuhalten erkennbar sind, z.B. techn. Verfahren, Herstellungsarten, Absatzgebiete u.a.; Verrat zu Wettbewerbszwecken oder in Schädigungsabsicht ist strafbar.

**Betriebskapital,** i.w.S. das zur Durchführung des Betriebszwecks erforderl., meist in Anlagen, Forderungen, Vorräten u.ä. gebundene Kapital; i.e.S. nur das *Umlaufvermögen* oder sogar nur die liquiden Mittel.

**Betriebsklima,** Gesamtausdruck der seel. Einstellungen und sozialen Verhaltensweisen der Angehörigen eines Betriebs.

**Betriebskrankenkassen,** Träger der Krankenversicherung für einzelne Betriebe; sie treten an die Stelle der *Allg. Ortskrankenkasse.* Ihre Errichtung ist zulässig für gewerbl. Betriebe mit regelmäßig mindestens 450 Versicherungspflichtigen.

**Betriebsprüfung,** steuerl. Überprüfung der Buchführung eines Betriebes.

**Betriebsrat,** Vertretungsorgan der Belegschaft eines Betriebs mit dem Recht zur innerbetriebl. Mitbestimmung in sozialen, personellen u. teilw. auch wirtschaftl. Angelegenheiten; geregelt im Betriebsverfassungsgesetz von 1972.

**Betriebsvereinbarung,** Vertrag zw. Arbeitgeber u. Betriebsrat im Rahmen des Mitwirkungs- u. Mitbestimmungsrechts des Betriebsrats über betriebl. Fragen bes. im sozialen Bereich.

**Betriebsverfassungsgesetz,** Abk. BetrVg, in der Fassung von 1972, regelt die Mitbestimmungsrechte der Arbeitnehmer in den Betrieben, indem es Stellung u. Aufgaben der Arbeitnehmervertretung (Betriebsrat) festlegt.

**Betriebsversammlung,** Versammlung aller Arbeitnehmer eines Betriebs, das betriebsverfassungsrechtl. Organ der Belegschaft. Ihr hat der Betriebsrat einen Tätigkeitsbericht zu geben; sie darf nur Fragen behandeln, die zum Aufgabenbereich des Betriebsrats gehören.

**Betriebswirtschaftslehre,** Teil der *Wirtschaftswiss.,* der sich mit dem wirtschaftl. Geschehen in den einzelnen Betrieben u. deren Beziehungen untereinander befaßt.

**Betrug,** Schädigung eines anderen durch Täuschung, um sich oder einen Dritten rechtswidrig zu bereichern.

**Betschuanaland** → Botswana.

**Bettelheim,** Bruno, *1903, †1990, östr.-US-amerik. Psychologe; zahlr. Werke zur Sozialpsychologie, pädagog. Psychologie u. Therapie verhaltensgestörter Kinder. W »Liebe allein genügt nicht«, »Die Geburt des Selbst«, »Kinder brauchen Märchen«.

**Bettelorden,** *Mendikanten,* im 13. Jh. entstandene Form des Mönchtums, die das Gebot der Armut in den Vordergrund stellt. Unter den »vier B.« des MA versteht man die *Dominikaner, Franziskaner, Karmeliter* u. *Augustiner-Eremiten.*

**Betti,** Ugo, *1892, †1953, ital. Schriftst.; neben L. *Pirandello* bed. ital. Dramatiker der Moderne.

**Beugung, 1.** *Grammatik:* → Flexion. – **2.** *Physik:* Abweichung von der geradlinigen Ausbreitung bei Wellen (Wasser-, Schall-, Lichtwellen, Elektronenstrahlen u.ä.). Eine B. tritt deutl. in Erscheinung, wenn die Welle auf einen kleinen Gegenstand trifft oder durch eine Öffnung hindurchgeht, deren Ausdehnung kleiner ist als die Wellenlänge.

**Beule,** umschriebene, meist schmerzhafte Schwellung an der Körperoberfläche als Folge stumpfer Verletzungen u. dadurch bedingter Gewebszerreißungen u. -blutungen *(Blut-B.)* oder umschriebener Eiteransammlungen *(Eiter-B.).*

**Beurkundung,** schriftl. Niederlegung rechtl. erhebl. Willenserklärungen durch eine Urkundsperson (Notar); vielfach gesetzl. vorgeschrieben.

**Beuron,** Wallfahrtsort in Ba.-Wü. am Durchbruch der Donau durch die Schwäb. Alb., nördl. von Tuttlingen, 1200 Ew.; Benediktinerabtei 1863 gegr., Mittelpunkt der liturg. Bewegung.

**Beuteltiere,** *Marsupialia,* urtüml. Säugetiere, die noch unvollkommen entwickelte Junge gebären,

*Joseph Beuys*

welche ihre Entwicklung im Brutbeutel der Mutter vollenden; dabei verwächst der Mundrand der Jungen mit der Zitze, die die Milch reflektor. entleert. – Die Blütezeit der B. lag in der Kreidezeit u. im frühen Tertiär; heute kommen sie, bis auf die amerik. Beutelratten, nur noch in Australien u. auf den umliegenden Inseln vor. Die B. umfassen die (Über-)Fam. der *Beutelratten, Raubbeutler, Beutelmaulwürfe, Beuteldachse, Opossummäuse, Kletterbeutler, Plumpbeutler* u. *Känguruhs* mit insges. 71 Gatt. u. rd. 240 Arten.

**Beuthen,** poln. *Bytom,* Industriestadt in Oberschlesien, in der poln. Wojewodschaft Katowice, 240 000 Ew.; Kohlen-, Zink- u. Bleibergbau, Eisenhütten, Maschinen- u. chem. Ind.

**Beuys** [bɔis], Joseph, *1921, †1986, dt. Objektkünstler; vertrat einen »erweiterten Kunstbegriff«, der auch Engagement für Politik u. Umweltfragen einschloß; inszenierte zahlr. spektakuläre Aktionen; verwendete für seine Objekte Materialien wie Fett, Filz, Honig, Wachs, Schokolade u. Blut.

**Bevan** ['bevən], Aneurin, *1897, †1960, brit. Politiker (Labour Party); führte die Sozialisierung des Gesundheitswesens durch.

**Beveridge** ['bevəridʒ], William Henry Baron, *1879, †1963, brit. Sozialpolitiker; schuf 1941/42 den nach ihm benannten **B.-Plan,** der zur Grundlage bed. Sozialreformen in Großbrit. wurde: anstelle der karitativen Fürsorge trat ein staatl. Versicherungssystem.

**Bevin** ['bevin], Ernest, *1881, †1951, brit. Politiker (Labour Party); seit 1937 Vors. des Generalrats der Gewerkschaften, 1940–45 Arbeits-Min., 1945–51 Außen-Min.

**Bevölkerung,** Gesamtheit der in einem bestimmten geograph. oder polit. Gebiet lebenden Menschen. Die B. der Erde hat sich von 1920–86 von 1,8 auf 4,92 Mrd. vermehrt; davon leben 58,2 % in Asien, 10,5 % in Europa (jeweils ohne Sowjetunion), 13,9 % in Amerika, 11 % in Afrika, 5,8 % in der Sowjetunion u. 0,5 % in Australien u. Ozeanien. Wie sich die B. der Erde weiterentwickeln wird, ist schwer vorauszusagen. Die Schätzungen differieren stark (für das Jahr 2000 zw. 6 u. 10 Mrd.). – **B.sdichte,** Verhältnis der Zahl der Einwohner eines Gebiets zur Gebietsfläche in km². – **B.spolitik,** alle Maßnahmen des Staates zur Änderung der B.sstruktur: familiengerechte Besteuerung (Kindermäßigungen), Kinderprämien, Ehestandsdarlehen u.a.

**Bewährungsfrist** → Strafaussetzung.

**Bewährungshelfer,** überwacht u. berät bei der *Strafaussetzung* zur Bewährung die Lebensführung des Verurteilten während der *Bewährungszeit.*

**Bewegung,** Lageänderung eines Körpers in bezug auf ein als ruhend angenommenes Koordinatensystem (Bezugssystem). Hierzu wird immer Zeit benötigt. Die B. heißt *gleichförmig,* wenn der Körper sich gradlinig mit konstanter Geschwindigkeit bewegt; eine *gleichmäßig beschleunigte* (oder verzögerte) B. liegt vor, wenn die Beschleunigung stets den gleichen Betrag u. die gleiche Richtung hat.

**Beweis, 1.** Nachweis der Richtigkeit eines Satzes

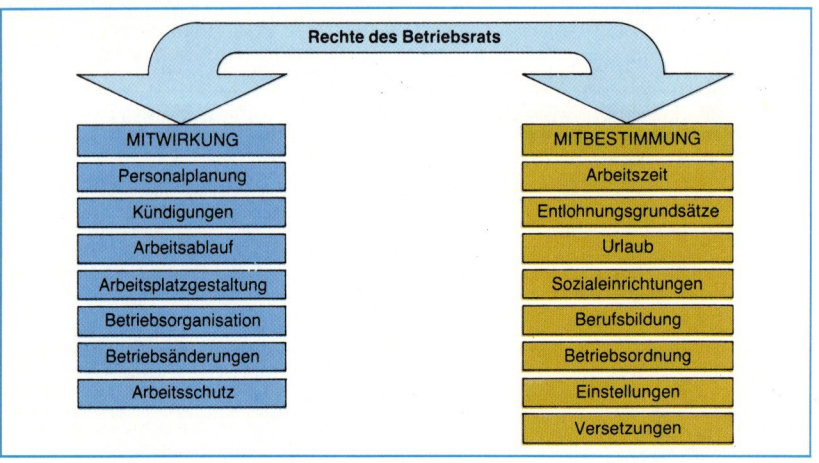

aus den (zugestandenen) Voraussetzungen in Form einer *Schlußverknüpfung*. – **2.** vor Gericht das Herbeiführen der Überzeugung von der Wahrheit der Behauptungen der Prozeßbeteiligten durch Zeugen, Sachverständige, Urkunden, Geständnis, Parteivernehmung u. Augenschein *B.mittel*). –
**B.last**, im *Zivilprozeß* die einer Partei obliegende Verpflichtung, die ihr günstigen, aber bestrittenen Behauptungen zu beweisen. Kann das Gericht die Wahrheit einer Behauptung nicht feststellen, so ist gegen die Partei zu entscheiden, die ihrer B.last nicht nachgekommen ist.
**Bewerbung**, Bekundung des Interesses einer Person an einem Arbeitsplatz, einem Amt oder einer sonstigen Tätigkeit, in der Regel in schriftl. Form. Ein **B.sschreiben** besteht aus dem Anschreiben, in dem der Bewerber sein Interesse u. seine Qualifikationen für die angestrebte Tätigkeit angibt, dem Lebenslauf u. Zeugnissen.
**Bewußtlosigkeit**, *Besinnungslosigkeit*, völlige Ausschaltung des Bewußtseins; kurzdauernd bei Ohnmacht, sonst als Folge von Verletzungen, Erschütterungen u. Erkrankungen des Gehirns, bei Vergiftungen, auch solchen des inneren Stoffwechsels, bei schweren Infektionskrankheiten u. bei Einschränkung oder Absperrung der Sauerstoffzufuhr zum Gehirn.
**Bewußtsein**, *i.e.S.* das verstandesmäßige Gegenwärtig-Haben von Gegenständen, Zuständen, Erlebnissen; *i.w.S.* der Gesamtinhalt des seel. u. geistigen Erlebens.
**Bey** [bɛi], *Bei, Beg*, in der osman. Türkei Titel für Adlige u. höhere Offiziersränge; später als höfl. Anrede gebraucht (nachgestellt); amtl. heute *Bay.*
**Beyle** [bɛ:l] → Stendhal.
**Beza** [ˈbeːza], eigtl. *de Bèze*, Theodor, *1519, †1605, schweiz. Theologe; nach *Calvin* Führer der reform. Kirche.
**bezahlt**, Abk. *bez, bz* oder *b*, hinter einer Kursnotierung Bez. dafür, daß zu diesem Kurs Umsätze gemacht worden sind; *bezahlt u. Geld (bez G, bG)*: Umsätze bei überwiegender Nachfrage; *bezahlt u. Brief (bez B, bB)*: Umsätze bei überwiegendem Angebot.
**Béziers** [beˈzje], Krst. in S-Frankreich im Dép. Hérault, an der Orb u. am Canal du Midi, 82 300 Ew.; Wein- u. Branntweinhandel.
**Bezoarziege**, Wildziege mit großen, säbelförmigen Hörnern von fast 100 cm Schulterhöhe; lebt in den Bergen Kretas u. W-Asiens.
**Bezogener**, derjenige, der laut Wechseltext einen gezogenen Wechsel bezahlen soll.
**Bezugsrecht**, Anspruch des Aktionärs auf einen bestimmten Anteil der bei einer Kapitalerhöhung herausgegebenen neuen Aktien.
**BfA**, Abk. für *Bundesversicherungsanstalt für Angestellte.*
**BFBS** [bi ɛf bi ɛs], Abkürzung für *British Forces Broadcasting Service*, bis 1964 *British Forces Network*, Abk. *BFN*, seit 1945 in Dtld. tätige Rundfunkeinrichtung mit Sitz in Köln, die über UKW-Sender in der ehem. brit. Zone u. in Berlin ein Programm für brit. Soldaten in Dtld. ausstrahlt.
**BFD**, Abk. für *Bund Freier Demokraten.*
**BGB**, Abk. für *Bürgerl. Gesetzbuch.*
**Bhagalpur**, Stadt in NO-Indien, am Ganges, 221 000 Ew.; Univ.; landw. Zentrum; Flugplatz.
**Bhagawadgita**, ind. Lehrgedicht im 6. Buch des *Mahabharata*, im Kern aus dem 2. Jh. v. Chr. Die B. empfiehlt als Heilsweg die persönl. Gottesliebe *(Bhakti)* u. gehört zu den meistgelesenen Schriften der Hindu aller religiösen Richtungen.

*Bezoarziege*

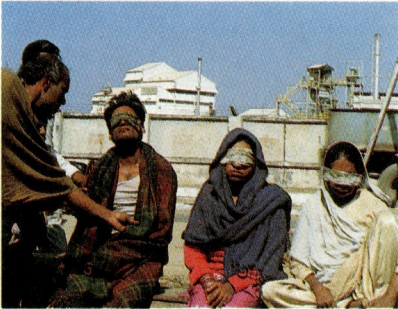

*Bhopal: Viele Einwohner der Stadt sind infolge der Giftgaskatastrophe von 1984 erblindet*

**Bhagwan-Rajneesh-Bewegung** [-radʒniːʃ-], *Neo-Sannyas-Bewegung*, Anhängerschaft des ind. Guru Bhagwan *Rajneesh*, der 1974–81 ein Meditations- u. Therapiezentrum leitete, das v.a. westl. Jugendliche u. Intellektuelle anzog.
**Bhakti**, gläubige Liebeshingabe an eine der hinduist. Gnadengottheiten (Schiwa, Wischnu, Kali), zugleich einer der drei Erlösungswege neben dem Weg des Werkes u. dem der Erkenntnis.
**Bharat**, amtl. Name der Rep. Indien.
**Bhavnagar**, Hafenstadt u. Distrikt-Hptst. in Gujarat (Indien), am Golf von Khambhat, 308 000 Ew.; Baumwollanbau; Textilind.
**Bhawabhuti**, ind. Dramatiker, um 700 n. Chr.
**BHE**, Abk. für *Bund der Heimatvertriebenen u. Entrechteten.*
**Bhopal**, Hptst. des ind. Bundesstaats Madhya Pradesh, 671 000 Ew.; Flughafen; 1984 Giftgaskatastrophe, ausgelöst durch die amerik. Fa. Union Carbide (über 2000 Tote, viele Opfer erblindet).
**Bhubaneshwar** [-ˈneʃ-], Hptst. des ind. Bundesstaats Orissa, 219 000 Ew.; Univ.; hinduist. Tempel u. Schreine (6. - 15. Jh.); Agrarzentrum.
**Bhutan**, amtl. *Drug Yul*, Staat im Himalaya, 47 000 km², 1,4 Mio. Ew., Hptst. *Thimbu*. – Stark gebirgiges, schwer zugängl. Land. Die buddhist. Bewohner sind meist tibet. Einwanderer *(Bhotiyas)*. Geringer Außenhandel mit Indien (Ausfuhr von Agrarprodukten). – Geschichte: Die urspr. ind. Fürsten wurden im 9. Jh. von Tibetern vertrieben. Seit 1907 wird B. von einem (Erb-)Maharadscha regiert. Herrschende Religion ist der lamaist. Buddhismus. 1949 übertrug B. Indien die Führung seiner auswärtigen Angelegenheiten. Seit 1971 ist B. UNO-Mitgl.

*Bhutan*

**Bhutto, 1.** Benazir, Tochter von 2), *21.6.1953, pakistan. Politikerin; 1988–90 Prem.-Min. – **2.** Zulfikar Ali Khan, *1928, †1979 (hingerichtet), pakistan. Politiker; 1971 Staats-Präs., 1973–77 Prem.-Min.; 1977 gestürzt, 1978 zum Tod verurteilt.
**Biafra** → Nigeria.
**Białas**, Günter, *19.7.1907, dt. Komponist; expressiver Klassizist.
**Bialik**, Chajim Nachman, *1873, †1934, hebr. Schriftst.; förderte mit Lyrik, Epik u. Übersetzungen das Hebräische als Literatursprache.
**Biarritz**, Seebad in SW-Frankreich, am Golf von Biscaya, 27 000 Ew.
**Biathlon**, »Doppelwettkampf«, Verbindung von Skilanglauf u. Schießübungen; Einzelwettbewerbe u. Staffeln.
**Białystok** [bjauˈistɔk], Hptst. der gleichn. Wojewodschaft in N-Polen, 200 000 Ew.; Elektro-, Textil- u. Holzindustrie.
**Bibel**, *Buch der Bücher, Heilige Schrift,* die als Offenbarung Gottes u. daher von allen christl. Kirchen u. Gruppen als normativ anerkannten Schriften des (hebr. geschriebenen) *Alten Testaments* (AT) u. des (griech. geschriebenen) *Neuen Testaments* (NT). – Die Schriften des AT werden in den meisten neueren Übersetzungen, allerdings nicht ganz einheitlich, in drei Gruppen eingeteilt, wobei nicht unerhebl. Unterschiede in der Einteilung,

**Bibernelle** 113

Zählung u. Benennung sowohl gegenüber dem im Judentum geltenden hebr. Text des AT als auch gegenüber den alten griech. *(Septuaginta* u.a.) u. latein. *(Vulgata* u.a.) Übersetzungen des AT festzustellen sind. Die *Lutherbibel* teilt folgendermaßen ein: 1. die Geschichtsbücher, II. die Bücher der Geschichte im Land, III. Lehrbücher, IV. prophet. Bücher. Das NT umfaßt: I. die Evangelien, II. die Apostelgeschichte, III. die Lehrbücher, IV. die Offenbarung des Johannes *(Apokalypse).* T → S. 114. – **B.gesellschaften**, gemeinnützige Vereinigungen zur Verbreitung der B.
**Biber**, Nagetier mit plattem Schuppenschwanz u. Schwimmfüßen; kommt in Eurasien u. Nordamerika vor; fällt Baumstämme u. legt damit kunst-

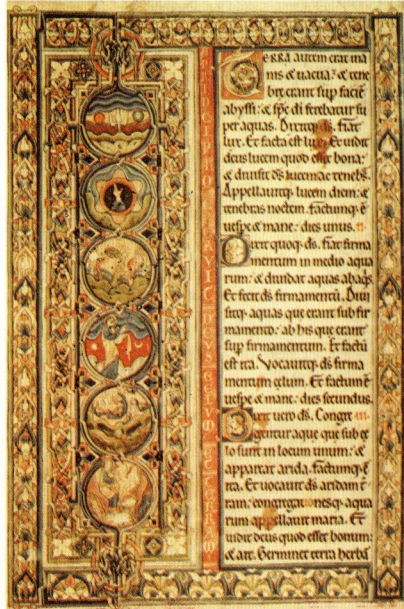

*Bibel-Fragment aus Pontigny, Initiale mit dem Sechstagewerk; Anfang 13. Jahrhundert. Paris, Bibliothèque Nationale*

volle Dammbauten an; im 19. Jh. bis auf kleine Restbestände ausgerottet; heute auch in der BR Dtld. wieder angesiedelt.
**Biberach an der Riß**, Krst. in Ba.-Wü., in Oberschwaben, 28 600 Ew.; Altstadt mit Giebelhäusern des 15. u. 16. Jh.; Kneippkuranstalt.
**Bibernelle**, *Pimpinella*, ein Doldengewächs. Die Wurzeln von *Pimpinella saxifraga* u. *Pimpinella*

*Bhutan: Kloster Paro Dsong*

*major* werden bei Verdauungsstörungen, gegen Husten u. als Wundmittel verwendet. *Pimpinella anisum* liefert das Gewürz Anis.

**Biberratte** → Sumpfbiber.

**Bibiena,** *Galli da B.,* ital. Künstlerfamilie des 17. u. 18. Jh., tätig insbes. auf dem Gebiet der hoch- u. spätbarocken Theaterarchitektur u. -dekoration.

**Biblia pauperum** → Armenbibel.

**Bibliographie,** »Bücherverzeichnis«, Verzeichnis oder Katalog von Buchtiteln u.a. Veröffentlichungen, zusammengestellt u. geordnet nach bestimmten Gesichtspunkten.

**Bibliographisches Institut AG,** Mannheim, Wien, Zürich, gegr. 1826 von J. Meyer in Gotha, 1828 nach Hildburghausen, 1874 nach Leipzig verlegt, seit 1915 AG, 1946 enteignet (VEB), 1953 Verlegung nach Mannheim; 1984 Fusion mit *F. A. Brockhaus;* Verlagsgebiete u.a.: Lexika, Wörterbücher *(Duden)* u.a. Nachschlagewerke, Atlanten u. wiss. Lehrwerke.

**Bibliomanie,** krankhafter Drang, Bücher u. Handschriften zu sammeln, u.U. auch durch Betrug u. Diebstahl.

**Bibliophilie,** Liebhaberei für bes. wertvolle, seltene Bücher.

**Bibliothek,** Bücherei; nach bestimmten Ordnungsprinzipien angelegte Büchersammlung u. das Gebäude dafür; öffentl. B.en verleihen befristet zur Mitnahme, verfügen aber meist auch über eine Präsenzbücherei; unmittelbaren Zugang zu den Beständen bietet die Freihandbücherei. In den großen B. unterrichtet man sich an den *Katalogen* über die vorhandenen Bücher, die dann nach Bestellung aus den Magazinen geholt werden.
Nach Sammelaufgabe u. Buchbestand kann man unterscheiden: wiss. Allgemein-B.en wie z.B. *National-B.en, Staats-, Universitäts-, Landes-, Stadt-B.en.* Ferner gibt es spezielle B.en, die z.B. von Kirche, Industrie u. Wirtschaft getragen werden. Neben den wiss. Stadt-B.en haben die *öffentl. B.en* (früher: Büchereien) zunehmend an Bedeutung gewonnen, während die *Leih-B.en* privater u. gewerbl. Art kaum noch von Bedeutung sind.

Biedermeier: Carl Spitzweg, *Der Schmetterlingsfänger; um 1840.* Wiesbaden, Städtisches Museum

**Biblis,** Gem. in Hessen, nördl. von Mannheim, 8200 Ew.; Kernkraftwerk.

**Bichsel,** Peter, *24.3.1935, schweiz. Schriftst.; schrieb Geschichten, hinter deren äußerer Schlichtheit sich Abgründiges verbirgt.

**Bickbeere** → Heidelbeere.

**Bidault** [bi'do], Georges, *1899, †1983, frz. Politiker; 1946 u. 1949/50 Min.-Präs.; bekämpfte die Algerienpolitik de Gaulles; ging 1963 nach Brasilien ins Exil, 1968 amnestiert.

**Bidermann,** Jakob, *1578, †1639, dt. Dichter; Bahnbrecher des *Jesuitendramas.*

**Bidet** [-'de], kleine, längl. Sitzbadewanne.

**Biedenkopf,** Stadt in Hessen, an der oberen Lahn, 15 000 Ew., Luftkurort; Eisen-, Kunststoff-, Textilindustrie.

**Biedenkopf,** Kurt Hans, *28.1.1930, dt. Rechtswissenschaftler u. Politiker (CDU); 1973–77 Generalsekretär der CDU, 1986/87 Vors. des CDU-Landesverbands NRW; seit Nov. 1990 Min.-Präs. in Sachsen.

**Biedermeier,** Stilbez. für Formen der dt. Wohnkultur, Malerei u. Literatur zw. 1815 u. 1848. Klar u. zweckmäßig gebaute, leichte, zierl. u. handwerkl. vorzügl. gearbeitete Möbel, helle, geblümte Stoffe u. weich geschwungene Linien bestimmen den Eindruck des Raums. Der behagl. Wohnraum des B. ist typisch für die friedl. kleinbürgerl. Atmosphäre der vorrevolutionären Zeit. Auch in der Malerei wird diese Stimmung faßbar; dargestellt werden das bürgerl. Kleinstadt- u. Wohnmilieu, idyll. Landschaften u. unpathet., einfache Menschen. Hauptmeister: C. *Spitzweg* (Frühwerk), F. G. *Waldmüller,* J. P. *Hasenclever,* J. *Oldach.* – Vertreter des literar. B.: F. *Grillparzer,* A. *Stifter,* E. *Mörike.*

**Biel,** frz. *Bienne,* Industriestadt in der Schweiz, im Kt. Bern, am *B.er See,* 58 000 Ew.; mittelalterl. Stadtkern; Uhren- u. Werkzeugmaschinenind.

**Bielefeld,** Stadt in NRW, am Teutoburger Wald, zu Füßen der *Sparrenburg,* 315 000 Ew.; Univ., Fachhochschulen; Textilind. (Leinen), Nähmaschinen, Werkzeuge, Lebensmittelherstellung. – Bei B. Heil- u. Pflegeanstalt *Bethel.*

**Bieler,** Manfred, *3.7.1934, dt. Schriftst. (Hörspiele, Erzählungen, Romane, Filme); parodist.-satir. Kritik an Menschen u. polit. Zuständen.

**Bienek,** Horst, *7.5.1930, dt. Schriftst. (Lyrik, Prosa).

**Bienen,** *Apoidea,* Überfam. der *Stechimmen,* bei der die Weibchen die Brut mit Honig u. Pollen versorgen, der mit bes. Sammelapparaten eingetragen wird (Ausnahme Schmarotzer-B.); unterschieden werden *solitäre Sammel-B., einzeln lebende* u. *Schmarotzer-B.* u. *soziale B.* die z.T. hochorganisierte Staaten bilden. – Die **Honigbiene** gehört zu den sozialen B. Ihre Staaten bestehen aus der *Königin* (Weisel; mit voll ausgebildeten Geschlechtsorganen), 30 000–75 000 *Arbeiterinnen* (Geschlechtsorgane rückgebildet) u. *Drohnen* (männl. Bienen). Die Königin wird während eines Hochzeitsflugs durch mehrere Drohnen begattet. Aus den befruchteten Eiern werden weibl. Bienen, entweder zu Arbeiterinnen oder, durch bes. »Königinnenfutter« (Weiselsaft, Gelée royale), zu Königinnen herangefüttert. Aus unbefruchteten Eiern entstehen Drohnen, die am Ende des Sommers durch die Arbeiterinnen vertrieben oder getötet werden *(Drohnenschlacht).* Die Arbeit u. Brutpflege verrichten die Arbeiterinnen in Arbeitsteilung. Sie sammeln Nektar, der im Honigmagen in Honig umgewandelt u. im Stock wieder herausgewürgt wird u. in den Waben abgelagert wird. Mit den Hinterbeinen *(Körbchen)* sammeln sie Blütenstaub, der zur Nahrung für die Larven verarbeitet wird. Das Wachs für die Waben entsteht in Drüsen an der Bauchseite. Die Lage ergiebiger Futterquellen wird den Stockgenossinnen durch charakterist. Tänze *(B.sprache)* mitgeteilt. Honig-B. sind wirtschaftl. bedeutend als Honig- u. Wachslieferanten u. als Blütenbestäuber.

**Bienenameisen,** Spinnenameisen, Ameisenwespen, Fam. der *Stechimmen* von ameisenartigem Aussehen. Die Weibchen dringen in Bienen- u. Hummelbauten ein, um dort ihre Eier abzulegen.

**Bienenfresser,** *Meropidae,* Fam. der *Rackenvögel;* prächtig bunt gefärbte Vögel mäßig warmer bis trop. Gebiete, die sich ausschließl. von Insekten ernähren; in S-Europa der *Europ. Bienenfresser.*

**Bienenhonig,** Produkt der *Honigbienen;* hauptsächl. ein Gemisch von *Glucose, Fructose* mit wenig *Dextrinen* u. *Saccharose.*

**Bienenkäfer,** *Bienenwolf,* ein *Buntkäfer.* Die Larven schmarotzen oft in den Nestern von solitären oder in ungepflegten Stöcken von sozialen Bienen.

**Bienenstich,** Gebäck aus Hefeteig mit Belag aus Butter, Zucker, Mandeln oder Nüssen.

**Bienenwachs,** tier. Wachs, in dem gesättigte höhere Fettsäuren mit gesättigten höheren Alkoholen verestert sind; ein Ausscheidungsprodukt aus den Drüsen der *Honigbiene;* dient zum Aufbau der Honigwaben.

**Bienenwolf,** eine *Grabwespe,* die Honig- u. Erdbienen raubt u. als Futter für ihre Jungen einträgt.

**Biennale** [biɛˈnaːlə], alle 2 Jahre stattfindende Veranstaltung; z.B. die Festwochen in Venedig (Film, moderne Kunst).

**Bier,** alkohol- u. kohlensäurehaltiges Getränk aus Malz, Hopfen, Hefe u. Wasser; Alkoholgehalt je nach B.sorte 3–7%; je nach Hefe unterscheidet

### Die Bücher der Bibel

A: Bezeichnung in der Lutherbibel
B: Bezeichnung nach den Loccumer Richtlinien von 1981 (Ökumenisches Verzeichnis der biblischen Eigennamen)

| Altes Testament | | Neues Testament | |
|---|---|---|---|
| A | B | A | B |
| Das 1. Buch Mose | Genesis | Das Evangelium des Matthäus | Das Evangelium nach Matt(h)äus |
| Das 2. Buch Mose | Exodus | Das Evangelium des Markus | Das Evangelium nach Markus |
| Das 3. Buch Mose | Levitikus | Das Evangelium des Lukas | Das Evangelium nach Lukas |
| Das 4. Buch Mose | Numeri | Das Evangelium des Johannes | Das Evangelium nach Johannes |
| Das 5. Buch Mose | Deuteronomium | Die Apostelgeschichte des Lukas | Die Apostelgeschichte |
| Das Buch Josua | Das Buch Josua | Der Brief des Paulus an die Römer | Der Brief an die Römer |
| Das Buch der Richter | Das Buch der Richter | Der 1. und 2. Brief des Paulus an die Korinther | Der 1. und 2. Brief an die Korinther |
| Das Buch Ruth | Das Buch Rut | Der Brief des Paulus an die Galater | Der Brief an die Galater |
| Das 1. und 2. Buch Samuel | Das 1. und 2. Buch Samuel | Der Brief des Paulus an die Epheser | Der Brief an die Epheser |
| Das 1. und 2. Buch von den Königen | Das 1. und 2. Buch der Könige | Der Brief des Paulus an die Philipper | Der Brief an die Philipper |
| Das 1. und 2. Buch der Chronik | Das 1. und 2. Buch der Chronik | Der Brief des Paulus an die Kolosser | Der Brief an die Kolosser |
| Das Buch Esra | Das Buch Esra | Der 1. und 2. Brief des Paulus an die Thessalonicher | Der 1. und 2. Brief an die Thessalonicher |
| Das Buch Nehemia | Das Buch Nehemia | Der 1. und 2. Brief des Paulus an Timotheus | Der 1. und 2. Brief an Timotheus |
| Das Buch Esther | Das Buch Ester | Der Brief des Paulus an Titus | Der Brief an Titus |
| Das Buch Hiob | Das Buch Ijob | Der Brief des Paulus an Philemon | Der Brief an Philemon |
| Der Psalter | Die Psalmen | Der Brief an die Hebräer | Der Brief an die Hebräer |
| Die Sprüche Salomos | Das Buch der Sprichwörter | Der Brief des Jakobus | Der Brief des Jakobus |
| Der Prediger Salomo | Das Buch Kohelet | Der 1. und 2. Brief des Petrus | Der 1. und 2. Brief des Petrus |
| Das Hohelied Salomos | Das Hohelied | Der 1., 2. und 3. Brief des Johannes | Der 1., 2. und 3. Brief des Johannes |
| Jesaja | Jesaja | Der Brief des Judas | Der Brief des Judas |
| Jeremia | Das Buch Jeremia | Die Offenbarung des Johannes | Die Offenbarung des Johannes |
| Klagelieder Jeremias | Die Klagelieder des Jeremia | | |
| Hesekiel | Das Buch Ezechiel | | |
| Daniel | Das Buch Daniel | | |
| Hosea | Das Buch Hosea | | |
| Joel | Das Buch Joel | | |
| Amos | Das Buch Amos | | |
| Obadja | Das Buch Obadja | | |
| Jona | Das Buch Jona | | |
| Micha | Das Buch Micha | | |
| Nahum | Das Buch Nahum | | |
| Habakuk | Das Buch Habakuk | | |
| Zephanja | Das Buch Zefanja | | |
| Haggai | Das Buch Haggai | | |
| Sacharja | Das Buch Sacharja | | |
| Maleachi | Das Buch Maleachi | | |

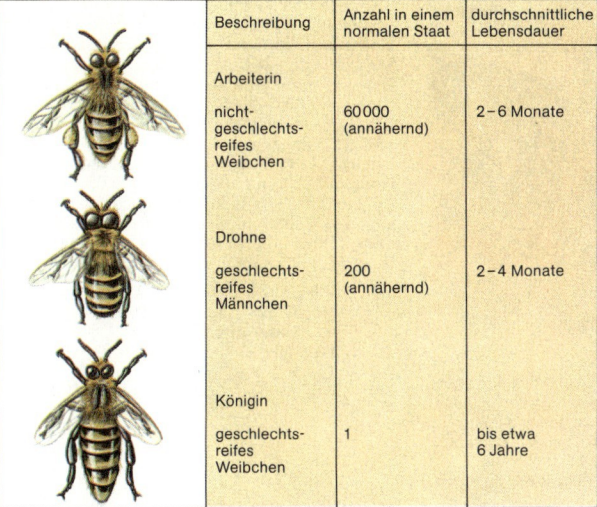

| Beschreibung | Anzahl in einem normalen Staat | durchschnittliche Lebensdauer |
|---|---|---|
| Arbeiterin nichtgeschlechtsreifes Weibchen | 60000 (annähernd) | 2–6 Monate |
| Drohne geschlechtsreifes Männchen | 200 (annähernd) | 2–4 Monate |
| Königin geschlechtsreifes Weibchen | 1 | bis etwa 6 Jahre |

*Bienen:* Der Staat der Honigbienen besteht aus Arbeiterinnen, Drohnen und der Königin. Die Königin sorgt für den Zusammenhalt des Stockes und legt täglich 1500 bis 2000 Eier. Drohnen befruchten die Königin, und die Arbeiterinnen suchen Nahrung, stellen die Waben her und führen auch alle übrigen Tätigkeiten im Stock aus

man *untergärige B.e* (die Hefe setzt sich nach dem Gärprozeß am Boden ab), z.B. Lager-B., Export, Pils, Märzen-B., Bock-B., Doppelbock, u. *obergärige B.e* (die Hefe schwimmt an der Oberfläche), z.B. Alt-B., Kölsch, Weizen-B., Berliner Weiße, Ale, Stout, Porter. Herstellung: Gerstenmalz wird nach Zerkleinerung (schroten) mit Wasser vermengt *(Maische),* unter Zusatz von Hopfen gekocht u. durch Hefe zur Gärung gebracht. Der Hopfen verleiht dem B. den etwas bittern Geschmack u. ein typisches Aroma. Die Herstellung regelt in der BR Dtld. das *Biersteuergesetz,* in dem das *Reinheitsgebot* enthalten ist, das erstmals 1516 Herzog Albrecht IV. in Bayern erließ.

**Bier,** August Karl Gustav, *1861, †1949, dt. Chirurg; begr. 1899 die Lumbalanästhesie u. entwickelte die Stauungsbehandlung (Hyperämiebehandlung, *B.sche Stauung*) bei Entzündungen.

**Bierbaum,** Otto Julius, *1865, †1910, dt. Schriftsteller (Romane, Lyrik).

**Biermann,** Wolf, *15.11.1936, dt. Schriftst., Kabarettist u. Protestsänger; schreibt, komponiert u. singt bänkelliederartige Balladen, Lieder u. Gedichte meist polit. Inhalts; wurde 1976 aus der DDR ausgebürgert.

**Biermer,** Anton, *1827, †1892, dt. Internist; beschrieb als erster (1868) die *perniziöse Anämie,* nach ihm auch *B.sche Krankheit* genannt.

**Biesfliegen,** Fam. großer *Fliegen,* deren Larven in Säugetieren schmarotzen; u.a. *Dasselfliegen, Nasenbremsen* u. *Magenbremsen.*

**Bietigheim-Bissingen,** Ind.-Stadt in Ba.-Wü., an der Enz, 34 000 Ew.; mittelalterl. Stadtbild mit Fachwerkhäusern; Linoleumwerke.

**Bifokalgläser** → Brille.

**Bigamie,** *Doppelehe,* das Eingehen einer weiteren Ehe durch eine bereits verheiratete Person.

**Big Band** [-bænd], große Besetzung einer Jazz-Band, bei der die Melodie-Instrumente mehrfach besetzt sind. Die führende Stimme einer Instrumentengruppe spielt der *Leader.*

**Big Ben,** Glocke der Turmuhr im Londoner Parlamentsgebäude; $13\tfrac{1}{2}$ t schwer.

**Bihar,** *Behar,* Bundesstaat in → Indien.

**Bihari,** Volks- u. Sprachgruppe (ca. 60 Mio.) im NO Indiens, bes. in *Bihar.*

**Bijouterie** [biʒu-], urspr. das Juwelengeschäft oder eine kunsthandwerkl.-modische Arbeit aus Edelsteinen; heute Schmuck aus weniger wertvollem Material.

**Bikaner,** ind. Oasenstadt in der Wüste Thar, 280 000 Ew.; Teppich-, Wollwarenherstellung.

**Bikini,** Atoll von 10 Inseln nw. der Marshallinseln (Ralikgruppe); verseucht durch Atom- u. Wasserstoffbombenversuche der USA 1946–58.

**bikonkav,** beiderseits nach innen hohl (bei Linsen).

**bikonvex,** beiderseits nach außen gewölbt (bei Linsen).

**Bilanz,** Gegenüberstellung der durch eine Inventur festgestellten Gegenstände des *Anlage-* u. *Umlaufvermögens* u. der *Verbindlichkeiten* eines Unternehmens.

**bilateral,** zwei-, beiderseitig; zw. zwei Ländern; Ggs.: multilateral.

**Bilbao,** Prov.-Hptst. in N-Spanien, 421 000 Ew.; got. Kathedrale (14. Jh.); Univ.; Eisen- u. Stahlerzeugung, Maschinen- u. Motorenbau, Hafen.

**Bilche,** *Schlafmäuse, Schläfer, Gliridae,* sehr alte Fam. der *Nagetiere;* von mausartiger Gestalt, meist nachtaktiv; B. der gemäßigten Breiten halten Winterschlaf; u.a. *Baumschläfer, Gartenschläfer, Haselmaus* u. *Siebenschläfer.*

**bildende Kunst,** im 19. Jh. aufgekommene Sammelbez. für Baukunst, Bildhauerkunst, Malerei, Graphik u. Kunstgewerbe; heute nur noch für die vier letztgenannten Gattungen verwendet; kurz auch *Kunst* genannt.

**Bilderbogen,** ein Einblattdruck, bei dem ein Bild im Mittelpunkt steht; seit dem 16. Jh.

**Bilderrätsel,** *Rebus,* Zusammenstellung von Bildern u. Zeichen, aus deren Wortlaut z.B. ein Sprichwort erraten werden soll.

**Bilderschrift,** *Piktographie,* die Anfangsstufe aller Schrift, bei der eine Mitteilung durch Aufzeichnung von Abbildungen natürl. Gegenstände erfolgt. Wird mit dem Bild nur dessen unmittelbarer Sinn verbunden, spricht man von *Ideenschrift* oder *Begriffsschrift.* Einen Schritt weiter führt die *Wortbildschrift,* bei der das Bild ein ganz bestimmtes Wort einer Sprache bedeutet u. zus. mit Nebenzeichen auch zur Niederschrift lautgleicher Wörter benutzt wird, so um 3000 v.Chr. in Ägypten u. Mesopotamien, in jüngerer Zeit bei den Chinesen. Von hier aus entwickelte sich die *Silben-* u. *Buchstabenschrift* (z.B. altägypt. *ro,* »der Mund«; das Bild eines Mundes steht dann für »r«).

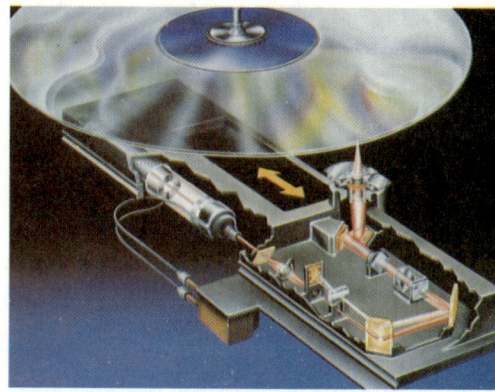

*Bildplatte: Strahlenverlauf im Laserabtastsystem*

**Bilderstreit,** *Ikonoklasmus,* in der byzantin. Geschichte der Streit um die Rechtmäßigkeit der Verehrung christl. Bilder. Der B. begann 726 mit dem von Kaiser *Leo III.* verkündeten Bilderverbot. Den Bilderverehrern *(Ikonodulen)* wurde von der Gegenpartei Abgötterei u. Häresie vorgeworfen. Der B. wurde 843 auf der Synode von Konstantinopel endgültig zugunsten der Bilderverehrer entschieden.

**Bilderstürmer,** Gegner kirchl. Kunstwerke, bes. jene Anhänger der *Reformation,* die bei unkontrollierten Volksaufläufen im 16. Jh. gewaltsam Bilder aus Kirchen entfernten.

**Bildplatte,** *Photogrammetrie,* Speichermedium zur Wiedergabe von bewegten Bildern u. Begleit-

*Bienenfresser: Weißstirnspint*

*Bier: Brauer am Bierkessel*

*Bilche: Siebenschläfer mit Jungen*

**Bildröhre**

ton; transparente Platte aus metallisierter PVC-Folie, auf der die Informationssignale digital so gespeichert sind, daß sie mit einem Laserstrahl abgetastet werden können.

**Bildröhre** → Braunsche Röhre; auch → Fernsehen.

**Bildschirmtext,** *Btx,* Form der Informationsübertragung, bei der Textnachrichten u. einfache Graphiken über das Fernsprechnetz übertragen u. auf dem Bildschirm eines Farbfernsehgerätes sichtbar gemacht werden. B.empfänger benötigen ein Telefon, ein Fernsehgerät mit *B.-Decoder* u. ein *Modem,* das das Gerät an das Fernsprechnetz anpaßt.

**Bildstock,** *Marterl,* ein an (Kreuz-)Wegen, auf Bergen oder an Häusern errichtetes Kreuz, oft auch eine auf einer Säule oder in einer Nische angebrachte Darstellung von Heiligen; Ausdruck der Volksfrömmigkeit, zur Mahnung oder als Dank.

**Bildtelefon,** *Video-Telefon,* Fernsprecher mit Bildschirm u. elektron. Kamera. Da der Informationsgehalt eines Bildes etwa hundertmal so groß ist wie der eines Gesprächs, braucht man bes. aufwendige Übertragungseinrichtungen.

**Bildtelegraphie,** Verfahren zur Übertragung von Bildern über Leitungen u. Funkwege: Die Vorlage wird photoelektr. Punkt für Punkt abgetastet u. im Empfänger wird eine Lichtquelle so gesteuert, daß das Photopapier entspr. belichtet wird.

**Bildteppich,** *Gobelin, Bildwirkerei,* ein der Wandbekleidung u. ähnl. Zwecken dienender Teppich mit bildl. Darstellungen; ein Erzeugnis der Textilkunst. Der echte B. wird mit der Hand am Wirkstuhl (*Hautelisse-* u. *Basselisse-Stuhl*) hergestellt. Sie dienten meist zur Ausstattung von Kirchen u. Wohnräumen.

Die Technik der Bildwirkerei war bereits im ägypt. Altertum bekannt. Zu den frühesten erhaltenen mittelalterl. Werken der B.-Kunst gehören der Bayeuxteppich aus dem 11. Jh. (ein 70 m langer Gobelin), drei Wirkteppiche aus dem Dom zu Halberstadt (12. Jh.) u. Teppiche der Kathedrale von Angers (14. Jh.).

**Bildung,** bewußte Formung der Kräfte des Menschen durch Aneignung kultureller Werte u. ihre Verarbeitung zu einer persönlichen Ganzheit; auch der durch diese Formung erreichte Zustand. Logisches Denken, Ausdrucksfähigkeit, Tiefe der Empfindung u. Willensstärke sollen im selbsttätigen Umgang mit den B.sgütern entwickelt werden. – Die B.spolitik umfaßt alle polit. Maßnahmen zur Gestalt. des B.swesens, aller Einrichtungen u. Institutionen, die B. vermitteln.

**Bildungsgewebe,** *Meristem,* pflanzl. Gewebe, das im Gegensatz zum *Dauergewebe* noch teilungsfähig ist; z.B. die Zellverbände an den Sproß- u. Wurzelspitzen.

**Bildungsroman,** Sonderform des *Entwicklungsromans,* in dem der Bildungsweg des Menschen auf ein bestimmtes Entwicklungsziel hin dargestellt wird; z.B. Goethe »Wilhelm Meister«, H. Hesse »Das Glasperlenspiel«, G. Keller »Der grüne Heinrich«.

**Bildwandler,** elektronenopt. Gerät, das die von Gegenständen ausgesandten lichtschwachen oder nicht sichtbaren (z.B. infraroten oder ultravioletten) Strahlen in sichtbare umwandelt.

**Bildwerfer** → Projektor.

*Bildschirmtext: Kombination aus Telefon und Btx-Terminal mit einem Thermodrucker*

**Bilge,** Kielraum eines Schiffs.

**Bilharziose** [nach dem dt. Arzt Th. Bilharz, *1825, †1862], *Schistosomiasis,* durch Saugwürmer hervorgerufene chron. Infektionskrankheit des Menschen u.a. Säugern in den Tropen u. Subtropen; befällt Blase, Darm u. Leber.

**Bilingue,** Inschrift oder Handschrift mit zweisprachigem Text gleichen Inhalts.

**Bilinguität,** Zweisprachigkeit.

**Bill,** engl. Bez. für Gesetzentwurf, Gesetzesvorlage, jurist. Schriftstück. – **B. of Rights,** engl. Staatsgrundgesetz (1689), mit dem das Parlament die Grundlagen der Verfassung bestimmte u. das Gesetz über Krone u. Dynastie stellte.

**Bill,** Max, *22.12.1908, schweiz. Architekt, Bildhauer u. Maler; 1927–29 als Architekt am Bauhaus; baute u.a. die Ulmer Hochschule.

**Billard** ['biljard], Kugelspiel auf einem rechteckigen, ebenen, mit grünem Tuch überzogenen Tisch, ringsum begrenzt von einem elast. Gummirand (*Bande*). Gespielt wird mit drei gleich großen Kugeln, die mit etwa 1,45 m langen Stöcken (*Queues*) gestoßen werden. Dabei muß mit dem (weißen) Spielball der andere weiße u. der rote Ball getroffen werden (*Karambolage-* oder *Franz. B.*).

**Billiarde,** Zahl: 1 B. = $10^{15}$ = 1000 Billionen.

**Billinger,** Richard, *1893, †1965, östr. Schriftst.; schrieb naturmag. Gedichte u. Dramen aus dem bäuerl. Leben.

*Schwarzes Bilsenkraut*

**Billion,** Zahl: 1 B. = $10^{12}$ = 1000 Milliarden; in den USA u. in Frankreich jedoch: 1 B. = $10^9$ = 1 Milliarde.

**Billiton** → Belitung.

**Billroth,** Christian Albert Theodor, *1829, †1894, dt. Chirurg; entwickelte zwei Formen der Magenresektion (*B.sche Operation*).

**Bilsenkraut,** Gatt. der *Nachtschattengewächse.* Das *Schwarze B.,* enthält in den Blättern Alkaloide (*Hyoscyamin* u. *Scopolamin*) u. wird als Arzneipflanze verwendet.

**Biluxlampe,** Handelsname für Scheinwerferlampen mit zwei getrennt schaltbaren Glühfäden. Der Glühfaden für *Fernlicht* liegt im Brennpunkt; der für *Abblendlicht* ist darüber in einer Kappe so angebracht, daß das Licht nur auf den oberen Teil des Scheinwerfers trifft.

**Bimetall,** ein aus zwei Metallen mit verschiedenen Ausdehnungskoeffizienten zusammengeschweißter Metallstreifen, der sich bei Erwärmung nach der Seite des Metalls mit dem kleineren Ausdehnungskoeffizienten hin krümmt; verwendet z.B. als elektr. Schutzschaltung u. zur Temperaturmessung.

**Bimsstein,** blasiges, hellgraues, glashartes vulkan. Gestein; aus Vulkanen durch Freiwerden der Gase explosionsartig herausgeschleudert; dient v.a. zur Baustoffherstellung u. als Schleifmittel.

**binär,** aus zwei Informationseinheiten bestehend; z.B. die Dualzahlen.

**Binärsystem,** *Dualsystem,* Ziffernsystem mit der Grundzahl 2; baut mit 2 Ziffern (1 u. 0) alle Zahlen aus Potenzen von 2 auf; hauptsächl. zur Darstellung von Zahlen in elektron. Rechenanlagen benutzt; Ziffer 1 durch best. Spannungszustand, 0 durch das Fehlen von Spannung dargestellt.

$$15 = 8 + 4 + 2 + 1$$
$$= 1 \cdot 2^3 + 1 \cdot 2^2 + 1 \cdot 2^1 + 1 \cdot 2^0$$
$$= 1111 \text{ (oder auch LLLL)}$$

| Dezimalzahl | | Dualzahl |
|---|---|---|
| 1 = | $1 \cdot 2^0$ | 1  L |
| 2 = | $1 \cdot 2^1 + 0 \cdot 2^0$ | 10  L0 |
| 3 = | $1 \cdot 2^1 + 1 \cdot 2^0$ | 11  LL |
| 4 = | $1 \cdot 2^2 + 0 \cdot 2^1 + 0 \cdot 2^0$ | 100  L00 |
| 5 = | $1 \cdot 2^2 + 0 \cdot 2^1 + 1 \cdot 2^0$ | 101  L0L |
| 6 = | $1 \cdot 2^2 + 1 \cdot 2^1 + 0 \cdot 2^0$ | 110  LL0 |
| 7 = | $1 \cdot 2^2 + 1 \cdot 2^1 + 1 \cdot 2^0$ | 111  LLL |
| 8 = | $1 \cdot 2^3 + 0 \cdot 2^2 + 0 \cdot 2^1 + 0 \cdot 2^0$ | 1000  L000 |
| 9 = | $1 \cdot 2^3 + 0 \cdot 2^2 + 0 \cdot 2^1 + 1 \cdot 2^0$ | 1001  L00L |
| 10 = | $1 \cdot 2^3 + 0 \cdot 2^2 + 1 \cdot 2^1 + 0 \cdot 2^0$ | 1010  L0L0 |

**Bindegewebe,** die Organe umhüllendes, verbindendes u. stützendes Gewebe, bestehend aus gallert. Grundmasse u. 3 Arten von Fasern, Retikulin-, elast. u. kollagenen Fasern; die versch. Arten von B. füllen Zwischenräume aus, bilden Sehnen u. Bänder u. Teile der Haut (Lederhaut).

**Bindegewebsmassage,** tiefgreifende Massage des Unterhautbindegewebes mit den Fingerkuppen; soll die inneren Organe, denen best. Hautregionen zugeordnet sind, reflektor. beeinflussen.

**Bindehaut,** *Conjunctiva,* im Wirbeltierauge die Schleimhaut, die den von den Augenlidern u. der Augenvorderseite gebildeten Bindehautsack auskleidet. – **B.entzündung,** *Konjunktivitis,* Reiz- u. Entzündungszustand der Bindehaut.

**Bindewort** → Konjunktion.

**Binding, 1.** Karl, *1841, †1920, dt. Rechtswissenschaftler; Hauptvertreter der klass. Strafrechtsschule (Strafe sei vorwiegend Vergeltung). – **2.** Rudolf Georg, Sohn von 1), *1867, †1938, dt. Schriftst.; vom Ideal männl. Ritterlichkeit geprägte u. um schöne Form bemühte Werke.

**Bindung, 1.** Zusammenhalt von Atomen in Molekülen u. Kristallgittern durch gemeinsame Elektronenpaare zw. 2 Atomen, durch elektrostat. Kräfte zw. Ionen, durch gemeinsame Gitterelektronen eines Kristalls u.a. – **2.** Teil des Skis. – **3.** Art u. Weise, in der in einem Gewebe die beiden senkrecht zueinander stehenden Fadensysteme, *Kette u. Schuß,* miteinander verbunden sind.

**Binet** [bi'ne], Alfred, *1857, †1911, frz. Psychologe; arbeitete zuerst ein Testverfahren für Intelligenzprüfungen von Kindern u. Jugendlichen aus (*B.-Simon-System*).

**Bingen,** Stadt in Rhld.-Pf. an der Mündung der Nahe in den Rhein. 24 000 Ew.; auf einer Rheininsel der *Mäuseturm* (um 1000 erbauter Zollturm); im Rhein das »Binger Loch« mit gefährl. Stromschnellen.

**Bingo,** Glücksspiel aus Großbrit.

**Binh Dinh,** *An Nhon,* Stadt an der Küste von Annam, Vietnam, 200 000 Ew.; Seiden-Ind.

**Binnenhandel,** der Teil des Handels, der sich innerhalb der Zollgrenzen eines Landes vollzieht, im Unterschied zum *Außenhandel.*

**Binnenmeer,** von Land umgebener Meeresteil, durch enge Zugänge mit dem offenen Meer verbunden; z.B. die Ostsee.

**Binnenreim,** der Reim zweier Wörter innerhalb derselben Verszeile.

**Binnenschiffahrt,** Beförderung von Personen u. Gütern auf Binnengewässern (Binnensee-, Fluß- u. Kanalschiffahrt); Ggs.: *Seeschiffahrt.*

**Binnenwanderung,** Bevölkerungsverschiebung innerhalb der Staatsgrenzen.

**Binnig,** Gerd, *20.7.1947, dt. Physiker; entwickelte zus. mit H. *Rohrer* das Rastertunnelmikroskop; dafür erhielten beide 1986 den Nobelpreis für Physik (zus. mit E. *Ruska*).

**Binokel, 1.** [das], *Binokular,* Vorrichtung an einem opt. Gerät, die ein Sehen mit beiden Augen erlaubt, z.B. beim Mikroskop; auch Bez. für einen Feldstecher. – **2.** [der], *Binagel, Pinnagel,* ein Kartenspiel.

*Billardspieler bei einer Cadre-Partie*

**Binom,** zweigliedr. mathemat. Ausdruck a + b oder a - b.
**binomischer Lehrsatz,** Gesetzmäßigkeit für die Darstellung der Potenz eines *Binoms* durch die Summe von Potenzen u. Produkten; z.B.: $(a + b)^3 = a^3 + 3a^2b + 3ab^2 + b^3$.
**Binse,** *Juncus,* Gatt. der *Binsengewächse;* grasähnl., windblütige Pflanzen an feuchten Standorten.
**Binsenwahrheit,** allg. Bekanntes, Gemeinplatz.
**Binswanger,** Ludwig, *1881, †1966, schweiz. Psychiater; Begründer der *Daseinsanalyse.*
**Binz,** Seebad auf Rügen, 6400 Ew.
**Biochemie,** *physiolog. Chemie, chem. Physiologie,* Wiss. von den molekularen Grundlagen der Lebenserscheinungen; erforscht die chem. Natur der Zellbestandteile, deren Synthese- u. Abbauprozesse u. Stoffwechselvorgänge.
**biochemischer Sauerstoffbedarf,** Abk. *BSB,* Maßzahl zur Beurteilung der Wasserverschmutzung; sie gibt an, wie hoch der Verbrauch an gelöstem Sauerstoff durch die Lebensvorgänge der im Wasser aktiven Mikroorganismen beim Abbau von organ. Stoffen ist.
**Biofeedback-Therapie** [biofi:d'bæk-], psychosomat. Behandlungsverfahren, bei dem autonome Körperfunktionen, die der Mensch sonst kaum wahrnimmt (Blutdruck, Herzfrequenz) bewußt gemacht u. kontrollierbar werden.
**Biogas,** Gemisch aus bis zu 70 % Methan u. Kohlendioxid, das bei der bakteriellen Zersetzung von organ. Materie unter Luftabschluß gewonnen wird; zur Energiegewinnung verwendbar.
**biogenetische Grundregel,** *biogenet. Grundgesetz, Rekapitulationstheorie,* von E. *Haeckel* (1866) formulierte Gesetzmäßigkeit, wonach die Einzelentwicklung eines Lebewesens eine abgekürzte Wiederholung der Stammesentwicklung ist.
**Biogeographie,** die Zweige der Geographie, die sich mit dem Leben auf der Erde, mit seiner Verteilung u. mit der Wechselwirkung zw. Lebewesen u. Landschaft befassen.
**Biographie,** *Lebensbeschreibung,* Aufzeichnung des äußeren Lebensweges u. der inneren Entwicklung einer Person, unter Einbeziehung ihrer Werke u. Leistungen u. ihrer Beziehungen zu Zeitgenossen sowie ihrer Stellung innerhalb des Geschichtsverlaufs.
**Biokatalysator** → Enzyme.
**Bioklimatologie,** *Bioklimatik,* Lehre von den Zusammenhängen zw. Witterungs- u. Lebensvorgängen.
**Bioko,** früher *Fernando Póo,* Vulkaninsel im Golf von Biafra, gehört zu Äquatorialguinea, 2017 km², 105 000 Ew.; u. Hafen: *Malabo* (Santa Isabel); feuchtheiße Küstengebiete.
**Biolithe,** *biogene Sedimente,* vorwiegend aus Hartteilen von Lebewesen aufgebaute Absatzgesteine: Korallen- u. Muschelkalk, Diatomeenerde.
**Biologie,** Lehre vom Leben; befaßt sich mit den *Organismen* (Mensch, Tiere, Pflanzen) u. den sich in ihnen abspielenden Vorgängen.
**biologische Kampfmittel,** Krankheitserreger (Bakterien, Viren) oder Schädlinge für Pflanzen oder Tiere zur Erzeugung von Seuchen oder Hungersnot beim Feind. Die Verwendung von b. K. ist völkerrechtl. verboten.
**biologische Schädlingsbekämpfung,** Maßnahmen zur Bekämpfung von tier. u. pflanzl. Schädlingen mit Hilfe ihrer natürl. Feinde: krankheitserregende Mikroorganismen (z.B. Viren, Bakterien), Parasiten (z.B. Schlupfwespen) u. Räuber (z.B. Ameisen, Vögel).
**Biologismus,** meist abwertend gebrauchte Bez. für die Verwendung biolog. Begriffe u. Vorstellungen in anderen Wissenschaftsgebieten oder auch für den Anspruch, eine Metaphysik von der Biologie aus zu begründen.
**Biolumineszenz,** Fähigkeit mancher Bakterien, Pilze u. Tiere, Licht zu erzeugen mittels Leuchtzellen, komplizierter Leuchtorgane oder symbiotischer Bakterien.
**Biomasse,** Gesamtmenge von lebenden u. toten Organismen u. die von ihnen stammende organ. Substanz in einem best. Lebensraum.
**Biometrie,** *Biometrik, Biostatistik,* Lehre von den Meß- u. Zahlenverhältnissen der Lebewesen u. ihrer Einzelteile sowie der Lebensvorgänge.
**Bionik,** Wiss.-Zweig der Kybernetik, der sich mit dem Studium biolog. Systeme u. ihrer techn. Nachahmung befaßt; hpts. auf dem Gebiet der Informationsaufnahme u. -verarbeitung.
**Biophysik,** Untersuchung der Eigenschaften u. Funktionen lebender Systeme mit physikal. Methoden; behandelt u.a. opt. u. akust. Vorgänge in der Biologie, die B. des Blutstroms u. der Muskeln, physikal. Eigenschaften der Zelle, Strahlenbiologie u. Thermodynamik der Lebensvorgänge.
**Biopsie,** med. Untersuchung (bes. mikroskop.) von Gewebsproben, die dem Patienten entnommen werden.
**Biorhythmik,** *Periodizität,* period. Schwankungen von Lebensvorgängen als Anpassung des Organismus an die zeitl. Ordnung der Umgebung. Die Grundlage der B. bilden angeborene period. Stoffwechselvorgänge (»innere Uhr«, endogener Rhythmus).
**Biosphäre,** der gesamte von Lebewesen bewohnte Raum.
**Biot** [bi'o], Jean Baptiste, *1774, †1862, frz. Physiker; begr. die opt. Saccharimetrie; stellte mit S. *Savart* das *B.-Savartsche Gesetz* zur Bestimmung des durch einen elektr. Strom hervorgerufenen Magnetfelds auf.
**Biotechnologie,** ursprüngl. die techn. Anwendbarkeit biolog. Prozesse u. Funktionsprinzipien; i.e.S. die Nutzung der Stoffwechselleistungen lebender Organismen, v.a. Mikroorganismen, für techn. Prozesse, z.B. bei der Abwasserreinigung, bei Gärprozessen, zur Herstellung von Antibiotika, Enzymen, Steroiden u.a.
**Biotit,** ein → Mineral.
**Biotop,** Lebensraum einer Lebensgemeinschaft von Pflanzen u. Tieren oder einer bestimmten Organismenart; durch rel. einheitl. Lebensbedingungen gekennzeichnet.
**Biozide** → Pestizide.
**Biozönose,** Lebensgemeinschaft von Pflanzen u. Tieren in einem bestimmten Lebensraum.
**Biquadrat,** 4. Potenz einer Zahl.
**Bircher-Benner,** Maximilian Oskar, *1867, †1939, schweiz. Arzt u. Ernährungsforscher; er-

### Wichtige Daten zur Geschichte der Biologie

| Zeit/Lebensdaten | Name | Hypothese bzw. Erkenntnis, Forschung |
|---|---|---|
| **Altertum** | | |
| 610–547 v. Chr. | Anaximander von Milet | Zoogonie (Lebensentstehung) aus dem Wasser |
| 492–430 v. Chr. | Empedokles von Agrigent | Zoogonie aus der Erde |
| 500–425 v. Chr. | Anaxagoras von Klazomenai | Leben entsteht aus Zusammenwirken von Geist und Materie |
| 460–370 v. Chr. | Demokrit | Zoogonie durch Zufall aus Atomen |
| 384–322 v. Chr. | Aristoteles | Entelechielehre: Der Antrieb jeden Fortschritts in der Natur ist Streben nach größerer Vollkommenheit und Harmonie gegenüber der toten Materie |
| 95–53 v. Chr. | Lukrez | Zufälligkeit der Zoogonie, Überleben des Vollkommensten; Übergang zur Evolutionstheorie wird nicht vollzogen |
| **Neuzeit** | | |
| 15.–Anfang 17. Jh. | K. Gesner, U. Aldrovandi, O. Brunfels, L. Fuchs, H. Bock, C. Clusius u. a. | Erforschung der Tiere und Pflanzen der Heimat und fremder Länder, Sammelwerke über Floren und Faunen |
| 15./16. Jh. | Leonardo da Vinci, Andreas Vesal | menschliche Anatomie |
| 16./17. Jh. | P. Belon, L. Rauwolf, K. Bauhin | Morphologie und Anatomie der Pflanzen |
| 2. Hälfte 17. Jh. | A. van Leeuwenhoek, M. Malpighi | Erfindung des Mikroskops, Beginn der Zyto- und Histologie |
| 1637–1680 | I. Swammerdam | Untersuchung zur Systematik der Insekten |
| 17./18. Jh. | A. von Haller, L. Spallanzani, C. Bomet, C. F. Wolff | *Präformation* und *Epigenese* (Wolff) als Hypothesen der Embryologie |
| 17./18. Jh. | J. Ray, Th. Klein | Versuch einer Systematik der Organismen |
| 1707–1778 | Carl von Linné | fordert ein „natürliches System" der Pflanzen- und Tierarten, schuf dafür die *binäre Nomenklatur* aus Gattungs- und Artnamen |
| 1744–1829 | J.-B. de Monet, Chevalier de Lamarck | begründet den Transformismus, die Entstehung der Arten durch Neuanpassung und Wandlung früher bestehender; vertritt die Vererbung erworbener Eigenschaften |
| 1769–1832 | Georges Cuvier | legt durch anatomische, paläontologische und systematische Studien die Grundlage zur modernen Evolutionstheorie |
| 1809–1882 | Ch. R. Darwin | begründet die moderne Abstammungslehre und Evolutionstheorie der „Entstehung der Arten durch natürliche Zuchtwahl" und „das Überleben der Bestangepaßten" |
| 2. Hälfte 19. Jh. | Th. Huxley, E. Haeckel | erweitern Darwins Lehre zur allgemeinen Evolutions- bzw. speziellen Deszendenztheorie (Entwicklungs- und Abstammungslehre) |
| 1822–1884 | G. J. Mendel | entdeckt die Mendelschen Gesetze der Vererbung |
| um 1900 | C. E. Cortens, E. Tschermak, H. de Vries | entdecken unabhängig voneinander die Mendelschen Gesetze neu; de Vries deutet Mutationen als Mittel der Evolution (Mutationstheorie) |
| ab Mitte 19. Jh. | | rasche Fortschritte auf allen Gebieten der modernen Biologie in aller Welt |
| 1856 | J. C. Fuhlrott | Fund des Neandertalers |
| 1878–1894 | W. Kühne, E. Fischer | Enzymforschung, Spezifität der Enzyme |
| 1901 | K. Landsteiner | Blutgruppen des Menschen |
| 1903–1989 | K. Lorenz | begründet zusammen mit N. Tinbergen die vergleichende Verhaltensforschung |
| 1954 | J. D. Watson, F. H. C. Crick | klären die chem. Struktur der Nucleinsäuren auf (Doppel-Helix) |
| 1960 | R. B. Woodward | Totalsynthese des Chlorophylls (Blattgrüns) |
| 1961–1966 | M. W. Nirenberg, S. Ochoa, H. G. Khorane | Entzifferung des genetischen Codes |
| um 1970 | | die Ökologie (Lehre von den Wechselbeziehungen zwischen den Organismen und ihrer Umwelt) gewinnt zunehmend an Bedeutung und dringt ins Bewußtsein einer breiten Öffentlichkeit |
| 1976 | R. Dawkins | sein Buch „The Selfish Gene" macht die Soziobiologie, einen neuen Zweig der Verhaltensforschung, einer breiten Öffentlichkeit zugänglich und gibt dieser wissenschaftlichen Richtung starke Impulse |
| 1976 | H. Boyer | Übertragung eines künstlichen Gens in Bakterien, Beginn der Gentechnologie |
| 1988 | | Gründung der Human Genome Organization (Abk. HUGO) mit dem Ziel, das gesamte menschliche Genom zu entschlüsseln |

*Birkhuhn (balzender Hahn)*

kannte die Bedeutung von Rohkosternährung *(Bircher-Müsli)*.
**Birch-Pfeiffer,** Charlotte, *1800, †1868, dt. Schauspielerin u. Schriftst. (rührselige Erzählungen u. Bühnenstücke).
**Birdie,** ein von der Dt. Bundespost Telekom 1990 versuchsweise eingeführter Telefondienst, bei dem es im Umkreis von 100 m um sog. B.-Funkstationen mögl. ist, sich mit einem schnurlosen Handtelefon in das Telefonnetz einzuwählen. B. ist u.a. eine Ergänzung zu *Eurosignal* u. *Cityruf*, da das Handgerät keine Anrufe empfangen kann.
**Birett,** flache, vierkantige Mütze mit hochstehenden Eckkanten; Kopfbedeckung der röm.-kath. Geistlichen.
**Birgel,** Willy, *1891, †1973, dt. Schauspieler.
**Birgitta von Schweden,** *Birgitta von Schweden,* *um 1303, †1373, schwed. Ordensstifterin *(Birgittenorden)*. Heiligsprechung 1391 (Fest: 23.7.).
**Birke,** *Betula,* artenreiche Gatt. der *Birkengewächse;* baumförmige Arten mit weißer, abblätternder Rinde; in der gemäßigten u. arkt. Zone heim.; wächst auf sandigen u. moorigen Böden.
**Birkengewächse** → Pflanzen.
**Birkenhead** ['bə:kənhed], Hafenstadt in W-England am Mersey, 142 000 Ew.; Unterwassertunnel nach Liverpool; Schiffbau, Maschinen- u.a. Ind.
**Birkenpilz,** *Birkenröhrling, Kapuzinerpilz, Graukappe, Boletus scaber,* gut eßbarer *Röhrenpilz,* v.a. unter Birken.
**Birkhuhn,** *Lyrurus tetrix,* eurasiat. *Rauhfußhuhn;* Hahn mit blauschwarzem Gefieder u. leierförmigem Schwanz; characterist. Balzspiele; bevorzugt Heide u. Moore; durch Moorkultivierungen u. Aufforstungen sehr selten geworden.
**Birma,** engl. *Burma,* amtl. *Myanmar,* Staat in Hinterindien, 676 552 km², 39,8 Mio. Ew., Hptst. *Rangun* (Hauptsee- u. -flughafen).
Landesnatur. Zw. den Randgebirgen im W u.

*Birma*

dem Schanhochland im O liegen die fruchtbaren Tiefländer des *Irrawaddy*. In den vom Monsun beregneten Landschaften u. an den Berghängen wächst Regenwald, im Regenschatten der Gebirge Trockenwald u. Steppe.
Bevölkerung. Die Bevölkerung sind v.a. Birmanen, daneben auch Karen, Schan, Tschin, Katschin, Kaya u.a. ²/₃ sind Buddhisten.
Wirtschaft. B. ist neben Thailand u. den USA der größte Reisexporteur der Welt. An Bodenschätzen gibt es Erdöl, Blei, Zink, Kupfer, Zinn, Wolfram, Edelsteine u.a.
Geschichte. Seit dem 11. Jh. existieren auf dem Gebiet versch. Reiche der *Birmanen*. 1886 wurde B. brit. Prov., die Brit.-Indien angegliedert wurde. 1937 erhielt B. Selbstverwaltung u. wurde 1948 unabhängig. 1974 wurde das Land sozialist. Rep. u. erhielt eine neue Verfassung. Unter dem seit 1988 regierenden General *Saw Maung* wurde der Staatsname B. in *Union von Myanmar* geändert. Die 1990 abgehaltenen Wahlen gewann die bis dahin unterdrückte Opposition.

*Birma: Tempelbezirk der Schwe-Dagon-Pagode*

**Birmanen,** tibeto-birman. Hauptvolk (ca. 32 Mio.) Birmas, ferner in Pakistan, Thailand u. Indien verbreitet; unter ind. Einfluß entstandenes Kulturvolk mit Buddhismus.
**Birmingham** ['bəmiŋəm], **1.** zweitgrößte Stadt Großbrit., 1 Mio. Ew.; durch Eisen- u. Kohlenlager Schwerpunkt der engl. Metall-Ind.; bes. Kraftfahrzeugbau; Univ.; Flughafen. – **2.** größte Stadt von Alabama (USA), im SW der Appalachen, 330 000 Ew.; Univ.; Zentrum eines Eisen- u. Stahlindustriegebiets.
**Birnau,** am Bodensee gelegener Wallfahrtsort mit Barockkirche (1747–50).
**Birne,** *Pirus,* zu den *Rosengewächsen* zählende Kernobstart; die Kultur-B. wurde aus der dornigen Wild-B. (Holz-B.) gezüchtet u. kommt in zahlr. Sorten vor.
**Bisam, 1.** Ausscheidung des *Moschusochsen;* → Moschus. – **2.** Fell der *Bisamratte*.
**Bisamratte,** *Ondatra zibethica,* zu den *Wühlmäusen* gehörendes *Nagetier* Nordamerikas, Pflanzenfresser; als Pelztier gehalten u. auch in Dtld. vielfach verwildert.
**Biscaya,** *Golf von B.,* weite Meeresbucht des Atlant. Ozeans zw. der steilen N-Küste Spaniens u. der flachen Küste SW-Frankreichs; wegen heftiger Stürme (bes. im Winter) gefürchtet.
**Bischof,** leitender Geistl., Vorsteher eines bestimmten Gebiets *(Bistum, Diözese);* nach heutiger *kath. Lehre* umfaßt das Bischofsamt aufgrund der Weihe das *Priesteramt,* aufgrund der Sendung das *Lehramt* u. *Hirtenamt;* im Priesteramt haben die Bischöfe den höchsten Rang; der kath. B. ist maßgebender Glaubenslehrer in seiner Diözese, ihr Leiter in geistl. u. vermögensrechtl. Belangen u. hat gesetzgebende, richterl. u. Strafgewalt; er wird vom Papst ernannt. Eine große Zahl der reformator. Kirchen, auch die *ev. Kirche,* kennen das Bischofsamt als Amt der Ordnung u. Leitung, ohne ihm jedoch eine bes. geistl. Qualität zuzusprechen.
**Bischofskonferenz, 1.** *ev. Kirche:* 1. seit 1948 die unregelmäßig stattfindende Zusammenkunft der Bischöfe der VELKD. 2. seit 1969 die Zusammenkunft der 8 leitenden Geistl. innerhalb des Bundes der Ev. Kirchen in der DDR. – **2.** *kath. Kirche:* Zusammenschluß der kath. Bischöfe eines best. Landes oder Gebietes mit eigenen Gesetzgebungs-, Verwaltungs- u. Rechtsprechungsbefugnissen.
**Bischofsmütze,** *Mitra,* Teil der bischöfl. Insignien.
**Bischofsstab,** *Krummstab,* Teil der bischöfl. Insignien, Symbol des Hirtenamtes.

*Biotechnologie: Wichtige Arbeitsphasen, die mit der Suche nach geeigneten Organismen (Screening) beginnen und beim fertigen Produkt enden. Hochgezüchtete Mikroorganismen verlieren häufig ihre Eigenschaften. Deshalb muß ihre Stabilität ständig überprüft werden. Der letzte Schritt in einem biotechnologischen Prozeß beinhaltet die Reinigung der Produkte. Sie müssen von den Nährmedien und den Produzentenzellen abgetrennt werden*

**Bischofssynode,** beratendes Organ des Papstes (Bischofsrat), von *Paul VI.* 1965 errichtet.

**Bischofswerda,** Krst. in Sachsen, 12 000 Ew.; Landmaschinenbau, Textil-, Glas- u. Keramik-Industrie.

**Bisexualität,** Zweigeschlechtlichkeit.

**Bishop** ['biʃɔp], Michael J., *22.2.1936, US-amerik. Mediziner; arbeitete über Onkogene, die an der Krebsentstehung beteiligt sind; erhielt 1989 den Nobelpreis für Medizin zus. mit H. E. *Varmus.*

**Biskaya** → Biscaya.

**Biskra,** Palmenoase u. Winterkurort in Algerien. 259 000 Ew.; Schwefelquellen.

**Biskuit** [-'kvit], Kuchen, Tortenböden, Rollen u. Kleingebäck aus einem schaumigen Rührteig aus Eigelb, Zucker, Eischnee u. Mehl.

**Bismarck** ['bizma:k], Hptst. von North Dakota (USA), am Missouri. 35 000 Ew.; Zentrum eines Weizen- u. Viehzuchtgebiets.

**Bismarck, 1.** Herbert Fürst von, Sohn von 2) u. 3), *1849, †1904, Staatssekretär des Auswärtigen 1886–90.. – **2.** Otto von, *1815, †1898, 1865 Graf, 1871 Fürst von *B.-Schönhausen.* 1890 Herzog von *Lauenburg;* Gründer u. erster Kanzler des Dt. Reichs von 1871; 1851–59 preuß. Gesandter am Bundestag in Frankfurt a.M., 1859 in St. Petersburg, 1862 in Paris; 1862–90 preuß. Min.-Präs., 1867–71 zugleich Bundeskanzler des Norddt. Bunds. 1871–90 Reichskanzler. – B. strebte die Vorherrschaft Preußens an, die durch den preuß. Sieg im *Dt. Krieg* 1866 geg. Östr. u. die Gründung des *Norddt. Bundes* 1867 auch erreicht wurde. Die dt.-frz. Gegensätze gipfelten 1870/71 im *Dt.-Frz. Krieg.* Der Sieg Preußens führte 1871 zur Gründung des *Dt. Reichs* unter Kaiser Wilhelm I. Eine ausgefeilte Bündnispolitik sollte das neue Kräfteverhältnis in Europa sichern: 1878 *Berliner Kongreß,* 1879 dt.-östr. *Zweibund,* 1887 Beitritt Italiens 1882 *Dreibund,* 1887 *Rückversicherungsvertrag* mit Rußland. In der Innenpolitik führte er vergebl. einen *Kulturkampf* (1872–78) geg. die Zentrumspartei. Der Kampf geg. die Sozialdemokratie (Sozialistengesetz 1878) hat diese eher gefestigt. Die große Leistung der Sozialgesetzgebung konnte Arbeitertum u. Staat nicht versöhnen. – B. wurde am 20.3.1880 durch Kaiser Wilhelm II. entlassen.

**Bismarckarchipel,** seit 1975 zu dem unabhängigen Staat Papua-Neuguinea gehörende Inselgruppe, 1884–1919 dt. Kolonie, 47 370 km², 330 000 Ew.; Hauptorte: *Rabaul* u. *Kavieng;* Export von Kokospalmenprodukten, Kakao, Perlmutt.

**Bismarckhering,** in einer Marinade eingelegter, entgräteter Hering.

**Bismillah,** »im Namen Allahs«, formelhafter Ausruf am Beginn vieler Unternehmen, Schriftstücke u. Bücher der Moslems.

**Bison,** *Bison bison,* in Prärien u. Wäldern Nordamerikas lebendes Wildrind, nahe verwandt mit dem euras. Wisent; Ende des 19. Jh. durch massenweise Abschüsse nahezu ausgerottet; heute vielfach aus Zuchtanlagen wieder eingebürgert u. in Nationalparks geschützt.

**Bissau,** *São José de B.,* Hptst. von Guinea-Bissau, W-Afrika, 125 000 Ew.

*Otto von Bismarck; Gemälde von F. von Lenbach. Berlin, Nationalgalerie*

*Bison*

**Bissier** [bisi'e:], Julius, *1893, †1965, dt. Maler u. Graphiker (ungegenständl. Werke).

**Bissière** [-'sjɛ:r], Roger, *1888, †1964, frz. Maler; entwickelte unter dem Einfluß P. *Klees* einen träumer.-poet. Stil.

**Bistriţa** ['bistritsa], **1.** dt. *Bestritz,* Stadt in N-Siebenbürgen (Rumänien), an der Bistriţa, 77 300 Ew.; Lebensmittel- u. Holz-Ind. – **2.** rechter Nebenfluß des Sereth in den O-Karpaten, 288 km; Stausee bei *Bicaz* (Kraftwerk).

**Bistum,** *Diözese,* Amtsbereich eines Bischofs (auch *Bischofssprengel*).

**Bit,** *bit* [kurz für engl. *binary digit,* »Binärzahl, Dualziffer, Zweierschritt«], Maßeinheit für den Informationsgehalt einer geschriebenen und signalisierten Nachricht: Werden die Buchstaben des Nachrichtenalphabets durch *Binärzeichen* (z.B. 0 u. 1 oder »aus« u. »ein«) dargestellt, so ist der durch ein solches Binärzeichen gegebene Informationsgehalt gleich 1 bit.

**Bitburg,** Krst. in Rhld.-Pf. auf der Hochfläche der westl. Eifel, 10 500 Ew.; Brauerei; Garnison u. Militärflugplatz.

**»Biterolf und Dietleib«,** Spielmannsgedicht eines unbekannten Autors, in Reimpaaren (um 1260), verbindet Sagen um *Dietrich von Bern* mit denen von *Siegfried.*

**Bithynien,** antike Ldsch. in Kleinasien, östl. des Bosporus, Hptst. *Nikomedia* (heute *Izmit*).

**Bitola,** serbokroat. *Bitolj,* türk. *Monastir,* Stadt in Makedonien (Jugoslawien), 81 000 Ew.; bed. Handelszentrum; Zuckerfabrik, Textil-Ind.

**Bittel,** Kurt, *5.7.1907, dt. Archäologe u. Prähistoriker; Leiter der Ausgrabungen in Boghazkoy-Hattusa.

**Bitterfeld,** Krst. in Sachsen-Anhalt, nördl. von Leipzig, 25 000 Ew.; elektro-chem. u. Baustoff-Ind., Braunkohlegruben; Wärmekraftwerk.

**Bittermandelöl,** aus Aprikosen- und Bittermandelkernen gewonnenes Öl; giftig; Hauptbestandteil ist Benzaldehyd.

**Bittersalz,** chem.: Magnesiumsulfat mit Kristallwasser, $MgSO_4 \cdot 7H_2O$; starkes Abführmittel.

**Bittersüß,** ein *Nachtschattengewächs* mit violetten Blüten u. roten, giftigen Beeren.

**Bitumen,** halbfeste bis harte Kohlenwasserstoffgemische; bei der aufbereitung von Erdöl gewonnen u. in natürl. Asphalten enthalten.

**Biwak,** Lager unter freiem Himmel oder in Zelten.

**Biwasee,** *Omisee,* größter Binnensee Japans, auf Honshu, 675 km², 96 m tief.

**Bizeps,** aus zwei großen Bündeln (Köpfen) bestehender Beugemuskel des Unterarms.

**Bizerte** [bi'zɛrt], Hafenstadt in N-Tunesien, 105 000 Ew.

**Bizet** [bi'ze], Georges, *1838, †1875, frz. Komponist; W Opern »Die Perlenfischer«, »Carmen«.

**Bjørnson** ['bjø:rnsɔn], Bjørnstjerne, *1832, †1910, norweg. Schriftsteller; schrieb Bauerngeschichten, Dramen zu Zeitfragen, polit. Tendenzromane sowie die norweg. Nationalhymne; Nobelpreis 1903.

**BKA,** Abk. für *Bundeskriminalamt.*

**Blacher,** Boris, *1903, †1975, dt. Komponist balt. Herkunft (Opern, Orchesterwerk, Ballettmusik).

**Blackburn** ['blæk bə:n], mittelengl. Stadt in Lancashire, 100 000 Ew.; Textil-, Masch.-, Elektro-Ind.

**Blackett** ['blækit], Patrick Maynard Stuart, *1897, †1974, engl. Physiker; entdeckte die Bildung eines Elektron-Positron-Paars durch ein Gammaquant. Nobelpreis 1948.

**Black Hills** [blæk hilz], waldreiches Bergland der N-amerik. Prärie, im *Harney Peak* 2207 m hoch.

**Black Muslims** [blæk 'mʌzlimz], 1932 gegr. radikale Moslem-Organisation der farbigen Bürgerrechtsbewegung in den USA; lehnt jede Zusammenarbeit mit den Weißen ab u. beruft sich auf die Grundsätze der *Black Power.*

**Black Panther** [blæk 'pænθə], kleine, militante Partisanenorganisation der schwarzen Bürgerrechtsbewegung in den USA; bildete sich Ende der 1960er Jahre unter dem Einfluß von Stokely *Carmichael* u. zerfiel rasch in einander bekämpfende Richtungen.

**Blackpool** ['blækpu:l], engl. Seebad an der Irischen See, 147 000 Ew.

**Black Power** [blæk 'pauə], »Schwarze Macht«, Schlagwort der schwarzen Bürgerrechtsbewegung in den USA, die in Teilen einen Separatstaat für Farbige in den USA anstrebt.

**Blagoweschtschensk** [-gavje-], Hptst. des Amur-Gebietes in O-Sibirien UdSSR, 190 000 Ew.; Ind.-Zentrum; Hafen, Flugplatz.

**Blähungen,** *Flatulenz, Meteorismus,* Aufblähung von Magen u. Darm durch Gasbildung.

**Blake** [bleik], **1.** Robert, *1599, †1657, engl. Admiral; Anhänger O. *Cromwells;* vernichtete 1657 die span. Flotte. – **2.** William, *1757, †1827, engl. Maler, Graphiker u. Schriftst.; einer der Hauptmeister der engl. Romantik, dessen visionäre, vom myst. Erleben geprägte Kunst dichter. Inhalte in eigenwillige, von der Realität entfernte sinnbildl. Darstellungen umsetzte u. den *Präraffaelismus* vorbereiten half.

**Blanc** [blã], Louis, *1811, †1882, frz. Sozialist; forderte die Einrichtung von Arbeiter-Produktivgenossenschaften, Staatshilfe u. Nationalwerkstätten zur Überwindung der sozialen Folgen des Kapitalismus.

**blanchieren** [blã'ʃi:-], abbrühen.

**Blankenburg, 1.** *B./Harz,* Stadt u. Luftkurort im N-Harz (Sachsen-Anhalt), 18 000 Ew.; Schloß (18. Jh.); Metall- u. Holzverarbeitung. – **2.** *Bad B.,* Stadt u. Luftkurort in Thüringen, 10 700 Ew.; Rundfunk- u. Fernmeldetechnik.

**Blankenese,** Villenvorort von Hamburg an der Unterelbe, 15 000 Ew.

**blanko,** unbegrenzt, unausgefüllt. – **B.vollmacht,** unbegrenzte Befugnis, insbes. eine vom Empfänger noch auszufüllende oder zu vervollständigende Urkunde, die der Aussteller bereits rechtswirksam unterzeichnet hat.

**Blankvers,** fünffüßiger *Jambus* ohne Zäsur u. Reim; in England als Schauspielversmaß ausgebildet, in Dtschld. seit G. E. *Lessing* das klass. Schauspielversmaß.

**Blantyre** ['blæntaiə], größte Stadt des ostafrik. Malawi, 355 000 Ew.; Handelszentrum; Flughafen.

**Blase,** mit Flüssigkeit gefüllter Hohlraum, von Deckzellschichten *(Epithelzellen)* der Haut umgeben; z.B. *Harnblase* u. *Gallenblase.*

**Blasebalg,** Gerät, mit dem durch Zusammendrücken eines ziehharmonikaartig gefalteten Balges ein Gebläsewind erzeugt wird.

**Blasenkammer,** kernphysikal. Gerät zum Sichtbarmachen der Bahnen elekt. geladener Teilchen; zuerst konstruiert von D. *Glaser* 1952.

**Blasenmole,** Erkrankung des *Mutterkuchens* aus unbekannter Ursache, wobei dessen Zotten zu flüssigkeitsgefüllten Bläschen entarten u. der Embryo abstirbt.

**Blasensprung,** selbständiges Zerreißen der Eihäute (Fruchtblase) u. Abfluß des Fruchtwassers bei Beginn der Geburt.

**Blasensteine,** feste, aus Harnsalzen entstandene Körper; meist herabgewanderte Nierensteine, aber auch Bildungen in der Blase selbst.

**Blasenstrauch,** *Colutea,* Gatt. der *Schmetterlingsblütler* aus dem Mittelmeergebiet u. Vorderasien; der *Gelbe B., C. arborescens,* bei uns häufig in Anlagen angepflanzt.

**Blasentang,** *Fucus vesiculosus,* bis 1 m große *Braunalge.*

**Blasenwurm** → Bandwürmer.

**Blasinstrumente,** Musikinstrumente, bei denen vom Spieler durch mittelbare (Sackpfeife) oder unmittelbare Einwirkung seines Atemstroms die vom Instrumentenkörper umgrenzte Luft in period. Schwingung versetzt u. damit zum Klingen gebracht wird. Je nach der Art des Blasvorgangs unterscheidet man *Flöteninstrumente, Zungeninstrumente,* Trompeten- u. Horninstrumente. Die Einteilung in *Holzblasinstrumente* u. *Blechblasinstrumente* ist sachl. unzutreffend, jedoch in der Musikpraxis gebräuchlich.

*Bläßhuhn*

*Große Pappelblattkäfer bei der Paarung*

*Blattläuse: Geburt eines Jungtiers*

**Blasius,** Bischof von Sebaste (Armenien) zu Beginn des 4. Jh.; Märtyrer einer der 14 *Nothelfer;* Patron geg. Halsleiden. Fest: 3.2.
**Blasphemie,** Gotteslästerung.
**Blasrohr,** bis 2 m langes Rohr aus Holz, Bambus u.ä., aus dem Geschosse, z.B. Pfeile (meist vergiftet) u. Tonkugeln, geblasen werden; Jagd- u. Kriegswaffe bei Naturvölkern.
**Blaß,** Ernst, *1890, †1939, dt. Schriftst.
**Bläßhuhn,** *Bleßhuhn, Fulica atra,* große, schwarze Art der *Rallen* mit weißem Stirnschild u. weißem Schnabel; bewohnt die meisten europ. Gewässer.
**Blastula,** Hohlkeim, Bläschenkeim; → Embryonalentwicklung.
**Blatt, 1.** neben Stengel u. Wurzel das Hauptorgan der höheren Pflanzen, das der Assimilation, dem Gaswechsel u. der Transpiration dient; flächig (Laubblatt) od. nadelförmig (Nadelblatt) ausgebildet. – **2.** Schulter, Umgebung des *Schulterblatts* über dem Vorderlauf des Wildes. – **3.** breiter, flacher Teil des Ruders.
**Blättermagen,** *Psalter,* Teil des Magens bei *Wiederkäuern;* dritter Vormagen.
**Blattern** → Pocken.
**Blätterpilze,** *Agariaceae,* Pilze, bei denen das sporenbildende Gewebe aus radialen Blättern (Lamellen) aufgebaut ist.
**Blätterteig,** feiner, ohne Treibmittel hergestellter Teig, bei dem durch Verdampfen des Wassers bei starker Backofenhitze blättrige Schichten entstehen.
**Blattflöhe,** *Blattsauger, Psyllina,* Gruppe der *Pflanzensauger,* mehr als 1000 Arten; Pflanzensaft saugende Schädlinge, z.B. *Apfelblattfloh, Birnenblattfloh.*
**Blattfußkrebse,** *Phyllopoda,* Klasse der *Krebse;* meist im Süßwasser; hierzu gehören u.a. die *Wasserflöhe.*
**Blattgold,** zu dünnen Folien ausgeschlagenes Gold, 1/2000 bis 1/9000 mm Schichtdicke.
**Blattgrün** → Chlorophyll.
**Blatthornkäfer,** *Lamellicornia,* Überfam. der *Käfer;* Fühler mit blattartig verbreiterten Endgliedern; hierzu die Fam. *Hirschkäfer* u. *Skarabäen.*
**Blattkäfer,** *Chrysomelidae,* Fam. kleiner, meist auffällig bunter, metallisch glänzender *Käfer;* viele Pflanzenschädlinge, z.B. Kartoffelkäfer.

**Blattläuse,** *Aphidina,* Gruppe der *Pflanzensauger;* bis 3 mm lang; scheiden zuckerhaltige Exkremente *(Honigtau)* aus, die von Ameisen gefressen u. von Bienen zu Waldhonig verarbeitet werden; viele Pflanzenschädlinge.
**Blattschneiderameisen,** fast ausschl. in Amerika lebende Ameisen der Gatt. *Acromyrmex* u. *Atta,* die auf einer »Kompostmasse« von abgeschnittenen Blättern Pilzzuchten anlegen.
**Blaualgen** → Cyanobakterien.
**Blaubart,** Märchenritter, der seine Frauen, die eine verbotene Kammer betreten haben, tötet.
**Blaubeere** → Heidelbeere.
**Blaubeuren,** Stadt in Ba.-Wü. an der Schwäb. Alb, 11700 Ew.; altes Benediktinerkloster (1095 gegr.), jetzt ev.-theolog. Seminar.
**Blaue Blume,** Symbol der Romantik, Inbegriff aller unerfüllbaren romant. Sehnsucht; aus *Novalis'* Roman »Heinrich von Ofterdingen«.
**Blaue Division,** span. *División Azul,* span. Freiwillige, die mit Dtschld. 1941–43 bes. am Wolchow u. am Ilmensee gegen die UdSSR kämpften.
**Blaue Grotte,** ital. *Grotta Azzura,* 54 m lange, teilw. untergetauchte Höhle auf Capri mit azurblauen Lichteffekten.
**Blauer Nil,** rechter Quellfluß des Nil; entspringt nw. Äthiopien; vereinigt sich bei Khartum mit dem *Weißen Nil* zum eigentl. *Nil.*
**Blauer Reiter,** 1911 in München von W. *Kandinsky* u. F. *Marc* Vereinigung expressionist., später auch abstrakter Maler, der sich in den folgenden Jahren P. *Klee,* A. *Kubin,* A. *Jawlensky,* A. *Macke,* G. *Münter* u.a. anschlossen.
**Blaues Band,** Auszeichnung für das schnellste Passagierschiff auf der Nordatlantik-Route. Als Meßstrecke gilt die Entfernung von Bishop's Rock Leuchtturm (Scilly-Inseln) bis Ambrose-Feuerschiff vor New York.
**Blaues Kreuz,** prot. Verein zur Rettung Trunksüchtiger; 1877 von dem Genfer Pfarrer L. L. *Rochat* (*1849, †1917) gegr.
**Blaufelchen,** *Coregonus lavaretus wartmanni,* zu den *Maränen* gehöriger *Lachsfisch;* Vorkommen: z.B. im Bodensee.
**Blaukehlchen,** *Luscinia svecica,* zu den *Drosseln* gehörender einheim. Vogel; lebt in Tundren, Sumpf- u. Moorgebieten u. buschreichen Uferlandschaften.

**Bläulinge,** *Lycaenidae,* Fam. kleiner bis mittelgroßer Tagfalter; Männchen mit blauen, braunen oder roten Flügeloberseiten.
**Blauracke,** *Coracias garrulus,* prächtig grünblau u. braun gefärbter *Rackenvogel;* in S- u. O-Europa beheimatet.
**Blausäure,** *Cyanwasserstoff,* HCN, schwache, bittermandelartig riechende, sehr giftige Säure; in Form von *Amygdalin* in den Kernen von Aprikosen, bitteren Mandeln u.a.; ihre Salze sind die ebenfalls sehr giftigen *Cyanide,* z.B. Kaliumcyanid *(Cyankali).*
**Blaustrumpf,** aus England stammender Spottname für emanzipierte Frauen oder Mädchen mit einseitig schöngeistigen oder wissenschaftl. Neigungen.
**Blausucht,** *Zyanose,* blaurote Verfärbung der Haut, bes. der Lippen u. Fingernägel, bei ungenügender Sauerstoffsättigung des Bluts; ein Zeichen für Kreislaufinsuffizienz, Lungenkrankheiten oder Gasvergiftungen.
**Blauwal,** *Balaenoptera musculus,* in allen Weltmeeren vorkommender *Finnwal;* mit über 30 m Körperlänge das größte Tier der Erde; fr. der Hauptlieferant von Walöl; vom Aussterben bedroht. Das Höchstalter der B. wird auf 20–40 Jahre geschätzt.

*Blaue Grotte auf Capri*

**Blazer** ['blɛizə], engl. Klubjacke mit Abzeichen u. Metallknöpfen.
**Blech,** zu dünnen Tafeln, Platten, Bändern oder Streifen ausgewalztes Metall.
**Blech,** Leo, *1871, †1958, dt. Dirigent u. Komponist (Opern, Sinfon. Dichtungen, Lieder, Chorwerke).
**Blechen,** Karl, *1798, †1840, dt. Maler u. Graphiker; wegweisend für die Entstehung des *Realismus* u. des *Impressionismus* in der dt. Malerei.
**Blei, 1.** → chem. Elemente. – **2.** Karpfenfisch, → Brachsen.
**bleichen,** Materialien (z.B. Textilien, Papierbrei) durch Einwirkung oxidierender (Chlor, Chlorkalk, Hypochlorite, Wasserstoffperoxid, Natriumperoxid, Perborate) oder reduzierender Chemikalien (Schwefeldioxid) entfärben.
**Bleicherde,** nährstoffarmer Boden, → Podsol.
**Bleichsucht,** *Chlorose, Grünsucht,* Form der *Blutarmut,* hervorgerufen durch Eisenmangel.
**bleifreies Benzin** → Benzin.
**Bleiglanz,** grauglänzendes Bleierz, PbS, mit 86,6 % Bleigehalt.

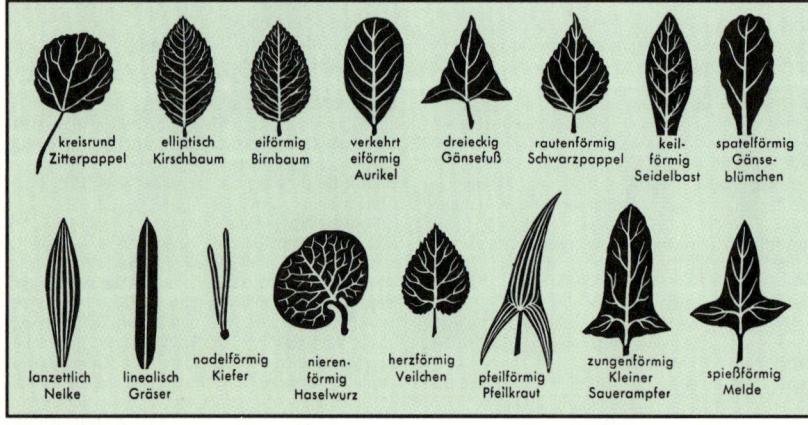
*Blattformen*

**Bleiglas,** auch *Bleikristall,* aus Kieselsäure (Quarzsand), Pottasche u. Bleioxid erschmolzenes Glas; für Schmuckgeräte *(Straß, Edelsteinimitationen)* u. Geschirre *(Kristallglas).*
**Bleikammern, 1.** die mit Bleiplatten ausgekleideten Reaktionsräume der nach dem *Bleikammerverfahren* arbeitenden Schwefelsäurefabriken. – **2.** berüchtigtes venezian. Staatsgefängnis, unter einem Bleidach; 1797 zerstört.
**Bleikristall** → Bleiglas.
**Bleilochtalsperre,** Saaletalsperre im unteren Vogtland, Thüringen; 1926–32 erbaut, 9,2 km², 215 Mio. m³, 59 m Stauhöhe.
**Bleistift,** in einen Holzstift eingebettete Schreibmine (Graphit-Ton-Mischung).
**Bleivergiftung,** *Bleikrankheit, Saturnismus, akute B.,* durch einmalige, *chronische B.* durch anhaltende Aufnahme von bleihaltigen Verbindungen. In beiden Fällen beginnt die Krankheit mit Verdauungsstörungen *(Bleikoliken).* Nach wiederholter Aufnahme von Blei treten ferner Blutarmut mit charakterist. fahler Haut *(Bleikolorit)* u. Verfärbung der Zahnfleischränder *(Bleisaum)* auf; ferner kann es zu Nervenlähmungen u. Gelenkveränderungen kommen.
**Bleiweiß,** weißer Farbstoff aus basischem Bleicarbonat, auch für Kitte u. Dichtungen.
**Blekinge,** fruchtbare Küstenebene u. Prov. (Län) in S-Schweden, 155 000 Ew.; Hptst. *Karlskrona.*
**Blende, 1.** Vertiefung in einer Mauerfläche zur Gliederung u. Belebung (Blendbogen, Blendarkaden u. ä.). – **2.** Loch, das den Strahlengang eines Photoobjektivs einengt u. damit die Randstrahlen abschneidet, aber auch die durchgehende Lichtmenge verringert (»abblenden«); je kleiner die B., desto größer die Schärfe u. desto länger die Belichtungszeit. – **3.** stark glänzende, oft durchscheinende Schwefelverbindung (Sulfid); z.B. Zinkblende.
**Blennorrhoe,** eitrige Bindehautentzündung, bes. bei Gonorrhoe.
**Blériot** [bleri'o], Louis, *1872, †1936, frz. Pilot u. Flugzeugkonstrukteur; überflog am 25.7.1909 als erster den Ärmelkanal.
**Blesse,** weißes Abzeichen vorne am Kopf bei Tieren.
**Bleßhuhn** → Bläßhuhn.
**Blida,** Stadt in Algerien, in der fruchtbaren Mitidja-Ebene. 160 000 Ew.; landw. Handelszentrum.
**Blies,** rechter Nebenfluß der Saar, 74 km, entspringt im Hunsrück.
**Blinddarm,** blind endender Darmteil an der Mündung des Mitteldarms (Dünndarm) in den Enddarm (Dickdarm); setzt sich am unteren Ende im *Wurmfortsatz (Appendix)* fort. – **B.entzündung,** fälschl., aber üblicherweise gebraucht für die Wurmfortsatzentzündung *(Appendizitis);* Anzeichen sind Übelkeit, Erbrechen, Schmerzen im Mittelbauch, erst allmähl. im rechten Unterbauch, leichtes Fieber; gefürchtete Komplikation: Durchbruch u. Vereiterung der Bauchhöhle; einzig sichere Behandlung ist die Operation.
**Blindenabzeichen,** gelbe Binde mit 3 schwarzen Punkten u. weißer Stock.
**Blindenschrift,** aus erhabenen Punkten gebildete Schrift, die durch Abtasten vom Blinden gelesen werden kann (Punktschrift).
**Blinder Fleck,** runder lichtunempfindl. Bezirk der Netzhaut, wo der Augennerv in den Augapfel eintritt.
**Blindflug,** Fliegen ohne Sicht der Erde oder des Horizonts mit Hilfe von Bordinstrumenten, die Kurs u. Fluglage anzeigen.
**Blindgänger,** Artilleriegeschosse (Granaten) oder Fliegerbomben, die am Ziel nicht detoniert sind.
**Blindschleiche,** *Anguis fragilis,* einzige beinlose *Echse* Mitteleuropas; oft mit Schlangen verwechselt; harmlos; geschützt.
**Blindwühlen,** *Gymnophiona, Apoda,* wurmförmige, bis 1 m lange, unterird. lebende *Amphibien* ohne Gliedmaßen u. Schwanz, Augen verkümmert; nur in den Tropen.
**Blitz,** elektr. Entladung zw. Wolke u. Erde oder zw. Wolken; die Spannung des elektr. Felds erreicht 1000 Volt/cm, die Stromstärke 100 000 Ampere. Die Gesamtdauer der Entladung beträgt den Bruchteil einer Sekunde. Infolge der hohen Temperatur wird die Luft in der Strombahn stark erwärmt; die plötzl. Ausdehnung (Druckwelle) wird als Donner wahrgenommen. – **B.ableiter,** gut geerdeter Leiter, zum Gebäudeschutz meist auf Dächern, um Blitze unschädl. abzuleiten.
**Blitzlicht,** Vorrichtung für kurzfristige (blitzar-

*Blindschleichen*

tige) Lichtgabe beim Photographieren; heute durch Blitzlampen hervorgerufen u. synchron mit dem Verschluß gekoppelt.
**Blixen** ['blegsən-], Tania, eigtl. Baronin Karen Christence B.-Finecke, *1885, †1962, dän. Schriftst.; lebte lange in Kenia; schrieb Erzählungen, die Phantastik u. Wirklichkeit zu hoher Kunst vereinen; Ⓦ »Afrika, dunkel lockende Welt«, »Schatten wandern übers Gras« u.a.
**Blizzard** ['blizəd], eisiger Schneesturm in N-Amerika aus NW bis N, oft weit nach S vorstoßend, mit verheerender Wirkung.
**Bloch, 1.** Ernest, *1880, †1959, schweiz.-amerik. Komponist; bemühte sich um die Schaffung einer nationaljüd. Musik. – **2.** Ernst, *1885, †1977, dt. Philosoph; seine Philosophie ist v.a. von K. *Marx* u. G. W. F. *Hegel* beeinflußt; im Mittelpunkt steht die Hoffnung auf eine künftige Aufhebung aller Widersprüche; Ⓦ »Das Prinzip Hoffnung« u.a. – **3.** Felix, *1905, †1983, schweiz. Physiker; arbeitete über Bremsung geladener Elementarteilchen u. Ferromagnetismus; Nobelpreis 1952. – **4.** Konrad E., *21.1.1912, US-amerik. Biochemiker (Arbeiten über Cholesterinstoffwechsel); Nobelpreis 1964 zus. mit F. F. K. *Lynen.*
**Blockade, 1.** i.w.S. wirtschaftl. Absperrung eines Landes durch internationale Handels- u. Wirtschaftsmaßnahmen *(Wirtschaftsblockade); i.e.S.* als *Seeblockade* das Unterbinden der Zufuhr für ein best. Gebiet durch Absperren seiner Häfen u. Küsten durch Kriegsschiffe. – **2.** im Schriftsatz durch *Blockieren* gekennzeichnete Stelle.
**Blockflöte,** *Labialinstrument* aus der Gatt. der *Schnabelflöten;* mit kon., vom Mundstück ab sich verengender Bohrung; in Sopran-, Alt-, Tenor- u. Baßlage gebaut; weicher, farbloser Klang; im 18. Jh. von der Querflöte verdrängt; heute v.a. als Volks- u. Jugendinstrument.
**blockfreie Staaten,** neutrale, keinem multilateralen Militärbündnis angeschlossene Staaten: die meisten afrik. u. asiat. sowie einige lateinamerik. Staaten u. Jugoslawien.
**Blockhaus,** Bauart bei der rohe oder behauene Baumstämme aufeinandergelegt u. an den Ecken verkämmt, überplattet oder verzinkt werden; Tür- u. Fensteröffnungen werden ausgeschnitten.
**blockieren,** in einem Schriftsatz fragliche oder zu ergänzende Textstellen durch schwarze, auffällige Flecke kennzeichnen.
**Blockparteien,** in der DDR bis 1989 die Parteien CDU, DBD, LDPD u. NDPD, die mit der SED im *Demokrat. Block* zusammengeschlossen waren. CDU u. LDPD (beide 1945 gegr.) waren zunächst unabh.; DBD u. NDPD wurden 1948 von der sowj. Besatzungsmacht u. der SED geschaffen. Seit 1949/50 ordneten sich auch CDU u. LDPD der SED unter. Die B. waren in Reg. u. Parlament der DDR vertreten, aber polit. einflußlos.
**Blocksberg,** in der Sage Name mehrerer dt. Berge, bes. des *Brocken,* als Tanzplatz der Hexen in der Walpurgisnacht.
**Blockschrift,** Lateinschrift aus gleichmäßig starken Strichen: **BLOCKSCHRIFT.**
**Blocksystem,** im Eisenbahnsignaldienst die Einrichtungen zur Sicherung der ungefährdeten Zugfolge; Schienennetz ist in *Blockstrecken* unterteilt, die durch *Blocksignale* gekennzeichnet u. abgegrenzt sind; der in eine Blockstrecke eingefahrene Zug sperrt diese für den nachfolgenden Zug u. auf eingleisigen Strecken gleichzeitig für die Gegenrichtung.
**Bloemfontein** ['blu:mfɔntein], Hptst. der Prov. *Oranjefreistaat* (Rep. Südafrika), 1392 m ü.M., 233 000 Ew.; Univ.; vielseitige Ind.
**Blohm & Voss AG,** 1877 in Hamburg gegr., bed. Schiffswerft.
**Blois** [blwa], Stadt in Mittelfrankreich, an der Loire, 47 200 Ew.; Schloß, Kathedrale (17. Jh.); Ind.; Fremdenverkehr.
**Blok,** Alexander Alexandrowitsch, *1880, †1921, russ. Schriftst. u. Literaturkritiker; Hauptvertreter des russ. *Symbolismus;* Ⓦ »Die Verse von der schönen Dame«.
**Blomberg,** Werner von, *1878, †1946, dt. Offizier; 1933–38 Reichswehr-Min. bzw. (seit 1935) Reichskriegs-Min. u. Oberbefehlshaber der dt. Wehrmacht.
**Blomdahl** ['blu:m-], Karl-Birger, *1916, †1968, schwed. Komponist (Opern, Sinfonien, Oratorien).
**Blondel** [blɔ̃'dɛl], Maurice, *1861, †1949, frz. kath. Religionsphilosoph; Vertreter einer christl. Existenzphilosophie.
**Bloy** [blwa], Léon, *1846, †1917, frz. Schriftst.; Vorläufer der kath. Erneuerung in Frankreich.
**Blücher,** Gebhard Leberecht von, Fürst von

*Gebhard Leberecht von Blücher*

*Wahlstatt* (ab 1814), *1742, †1819, preuß. Heerführer; »Marschall Vorwärts«; besiegte mit Gneisenau die Franzosen an der *Katzbach,* trug entscheidend zum Sieg in der *Völkerschlacht bei Leipzig* bei, überschritt in der Neujahrsnacht 1813/14 den Rhein bei *Kaub* u. siegte zusammen mit Wellington bei *Waterloo* 1815.
**Bludenz,** östr. Bez.-Hptst. in Vorarlberg, im Ill-Tal, 12 500 Ew.; histor. Stadtbild; Textil- u. feinmechan. Ind.
**Blue Jeans** [blu: dʒi:nz], um 1860 in den USA aufgekommene Arbeitshose aus grobem, blauem Baumwollstoff; um 1955 in Europa eingeführt.
**Blue Mountains** [blu: 'mauntinz], **1.** *Blaue*

*Blindenschrift*

**Berge,** Plateau in der südaustral. Great Dividing Range westl. von Sydney, 600–1066 m hoch, 246 km². – **2.** Gebirge auf Jamaika (Große Antillen), 2292 m. – **3.** Bergland im NO von Oregon u. SO von Washington (USA), im *Rock Creek Butte* 2776 m; reich an Bodenschätzen.

**Blues** [blu:z], **1.** weltl. Gegenstück der amerik. Negermusik zum *Spiritual;* behandelt Heimweh, Geldnöte, Naturkatastrophen, Liebeskummer, Rassendiskriminierung; ursprüngl. nur gesungen, später mit instrumentaler Begleitung; bildete eines der wesentl. Elemente bei der Entstehung des Jazz; heute Allgemeingut der Jazzmusiker in der ganzen Welt. Eine Sonderform ist der *Boogie-Woogie.* – **2.** langsamer Tanz im 4/4-Takt.

**Blüm,** Norbert, *21.7.1935, dt. Politiker (CDU); 1977–87 Bundes-Vors. der Sozialausschüsse der Christl.-Demokrat. Arbeitnehmerschaft; seit 1982 Bundes-Min. für Arbeit u. Sozialordnung; seit 1987 Vors. des CDU-Landesverbands NRW.

**Blum, 1.** Léon, *1872, †1950, frz. Politiker; zus. mit J. *Jaurès* 1902 Gründer der frz. sozialist. Partei, seit 1919 deren Führer; 1936/37 u. 1938 Min.-Präs. der Volksfront-Reg., 1946 nochmals Min.-Präs. – **2.** Robert, *1807, †1848, dt. Politiker; Journalist u. Literat, 1848 Führer der sächs. Demokraten, rief die »Vaterlandsvereine« ins Leben; Vizekanzler im *Vorparlament* u. Führer der gemäßigten Linken in der *Frankfurter Nationalversammlung;* kämpfte während der Wiener Revolution auf den Barrikaden, wurde gefangengenommen u. trotz seiner Mitgliedschaft im Parlament standrechtl. erschossen.

**Blumberg** ['blu:bə:rg], Baruch Samuel, *28.7.1925, US-amerik. Mediziner; arbeitete über Hepatitis; erhielt zus. mit D. C. *Gajdusek* den Nobelpreis für Med. 1976.

**Blumenau,** Stadt in S-Brasilien, am Itajai Açu, mit starkem Anteil deutschsprachiger Bevölkerung, 133 000 Ew.; Nahrungsmittel-, Textil- u.a. Ind. – 1852 von Hermann B. (*1819, †1899) als Privatkolonie gegr.

**Blumenbach,** Johann Friedrich, *1752, †1840, dt. Anatom, Physiologe u. Anthropologe; Wegbereiter der vergleichenden Anatomie u. modernen Anthropologie; schrieb u.a. »Handbuch der vergleichenden Anatomie u. Physiologie«.

**Blumenfliegen,** *Anthomyidae,* weltweit verbreitete Fam. kleiner, unscheinbarer *Fliegen;* die Larven vieler Arten werden an versch. Gemüsearten schädl., z.B. die der *Kohlfliege, Rübenfliege, Zwiebelfliege.*

**Blumenkohl** → Kohl (2).

**Blumenrohr,** *Canna,* Gatt. der *Blumenrohrgewächse* aus den trop. Amerika; bis 2 m hohe Stauden mit meist knolligem Wurzelstock; Blütenstände mit asymmetr. Blüten; *Eßbare B., C. edulis,* wird in Westindien, Peru, Ecuador u. Queensland zur Stärkegewinnung angebaut; das ehem. in Westindien heim. *Indische B., C. indica,* ist heute als Zierpflanze über die ganze Erde verbreitet.

**Blumenthal,** nördl. Stadtteil von Bremen, bis 1939 zur Prov. Hannover gehörig.

**Blumenthal, 1.** Hermann, *1905, †1942, (gefallen), dt. Bildhauer (stilisiert-archaische männl. Akte). – **2.** Oskar, *1852, †1917, dt. Kritiker, Theaterleiter u. Possenschreiber.

**Blumentiere,** *Anthozoa,* Klasse der *Nesseltiere;* festsitzende, oft koloniebildende Meerestiere, die nur in Gestalt der Polypen auftreten; hierher u.a.: *Seerosen, Steinkorallen, Zylinderrosen, Seefedern, Lederkorallen.*

**Blumhardt, 1.** Christoph Friedrich, *1842, †1919, dt. ev. Theologe; Vertreter des beginnenden religiösen Sozialismus. – **2.** Johann Christoph, *1805, †1880, dt. ev. Theologe, Vater von 1); heilte Kranke durch Handauflegen.

**Blunck,** Hans Friedrich, *1888, †1961, dt. Schriftst.; vertrat völk. u. nationalist. Anschauungen; 1933–35 Präs. der Reichsschrifttumskammer; schrieb geschichtl. Romane aus der Vorzeit, niederdt. Märchen, Sagen u.a.

**Bluntschli, 1.** Alfred Friedrich, *1842, †1930, schweiz. Architekt; Schüler von G. *Semper.* – **2.** Johann Kaspar, *1808, †1881, schweiz. Rechtswissenschaftler; Begr. einer empir.-organ. Staatsauffassung, auch von maßgebendem Einfluß auf die Entwicklung des schweiz. Zivilrechts.

**Blut,** die in einem geschlossenen Röhrensystem (B.gefäßsystem) zirkulierende, von einem Motor (Herz) bewegte Körperflüssigkeit; F u n k t i o n e n : Transport von Sauerstoff, Kohlendioxid, Nähr-, Exkret- u. Wirkstoffen; Wärmetransport (bes. bei Warmblütern); Abwehr (Phagozytose, Antikörperbildung); Wundverschluß; Erhaltung des hydrostat. Binnendrucks. Z u s a m m e n s e t z u n g : B. ist eine wäßrige Lösung, in der B.zellen (*B.körperchen*) suspendiert sind. Die *B.flüssigkeit (B.plasma)* enthält 90% Wasser, kolloidal gelöste Eiweiße u. Salze. Die B.körperchen setzen sich zus. aus roten (*Erythrozyten*) u. weißen B.körperchen (*Leukozyten*) u. B.plättchen (*Thrombozyten*); rote B.körperchen enthalten roten B.farbstoff (*Hämoglobin*) u. dienen dem Sauerstoff- u. Kohlendioxidtransport; weiße B.körperchen sorgen für die Vernichtung von Fremdkörpern u. Bakterien (Eiterbildung), B.plättchen für B.gerinnung u. Wundverschluß. Die *B.bildung* erfolgt im Knochenmark (rote u. weiße B.körperchen) u. im lymphat. Gewebe (weiße B.körperchen). Die *B.menge* beträgt beim erwachsenen Menschen 5–6 l.

**Blutadern,** veraltete Bezeichnung für → Venen.

**Blutalgen,** mikroskop. kleine Algen, die bei massenhaften Auftreten Gewässer oder Schneeflächen rot färben.

**Blutarmut** → Anämie.

**Blutbank,** med. Einrichtung, in der von Blutspendern entnommenes Blut gesammelt, konserviert u. aufbewahrt wird.

**Blutbann,** im MA. die Befugnis zu jener Gerichtsbarkeit, die Todes- oder Verstümmelungsstrafe verhängen konnte.

**Blutbild,** Messung des Blutfarbstoffgehalts (Hämoglobingehalts), Zählung der roten u. weißen Blutkörperchen u. Ermittlung des Verhältnisses der versch. weißen Blutkörperchen zueinander.

**Blutbrechen,** *Hämatemesis,* Erbrechen von im Magen angesammeltem Blut. Dieses kann aus Blutungen im Magen oder in der Speiseröhre stammen (Geschwüre, Krebs u.a.).

**Blutdruck,** im arteriellen Teil des Blutgefäßsystems herrschender Druck; abhängig von der Schlagkraft des Herzens, der Elastizität der Gefäße u. dem Strömungswiderstand in den Blutgefäßen; meist an der Arterie des Oberarms gemessen, mit dem *B.apparat* (Sphygmomanometer) oder elektron. Unterschieden werden; *systolischer Druck* (100–140 mm Quecksilbersäule) u. *diastolischer Druck* (60–90 mm) zw. 2 Kontraktionen des Herzens. – Der B. ist nach Alter, Geschlecht, Stoffwechsel u. Kreislaufbeschaffenheit verschieden. Im mittleren Alter beträgt er im Durchschnitt 130/85 mm; systolisch gilt er als erhöht, wenn die Summe 100 + Alter überschritten ist.

**Blüte, 1.** bei Pflanzen Sproß mit begrenztem Wachstum, dessen Blätter der geschlechtl. Fortpflanzung dienen u. entsprechend umgestaltet sind; die Blütenhülle (*Perianth*) schützt die inneren Blütenteile u. lockt Bestäuber an; die Blütenhüllblätter können alle gleich gestaltet sein oder einen grünen Kelch (*Kalyx*) u. eine farbige Blumenkrone bilden (*Korolle*); die Staubblätter (*Stamina*) tragen Pollensäcke, die den Blütenstaub erzeugen, u. bilden die männl. Geschlechtsorgane; die Fruchtblätter (*Karpelle*) tragen die Samenanlagen u. bilden die weibl. Geschlechtsorgane. Die Fruchtblätter können frei stehen oder zu einem Stempel verwachsen sein; er bildet im unteren Teil den Fruchtknoten, der die Samenanlagen umschließt, u. im oberen Teil Griffel und Narbe. – **2.** gefälschte Banknote.

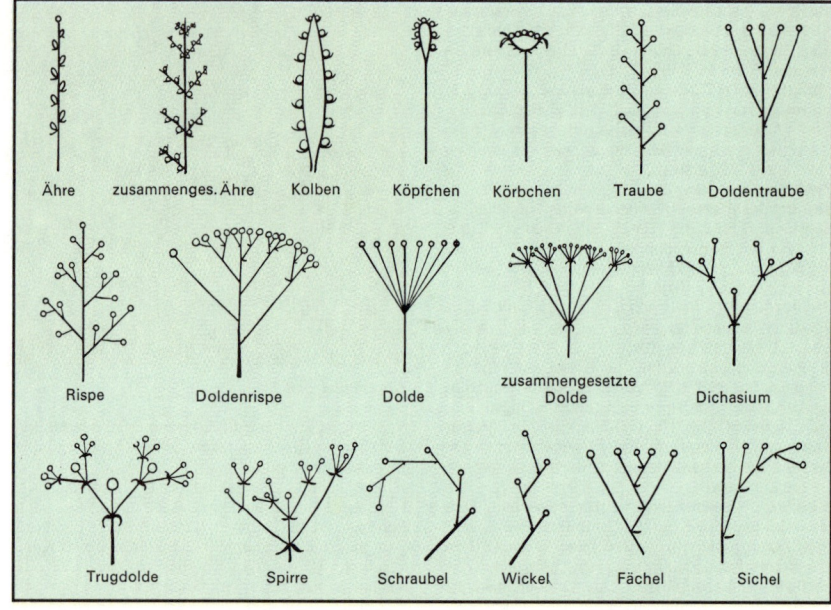

*Blüte: schematische Darstellungen von Blütenständen*

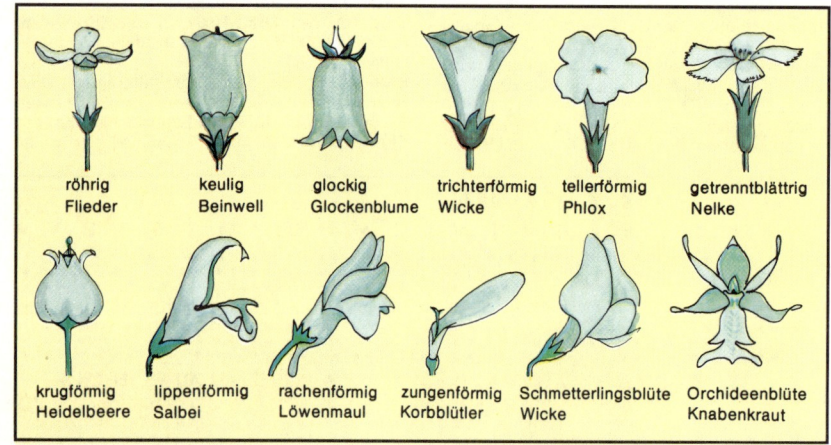

*Blütenformen*

**Blutegel,** Medizin. B., Hirudo medicinalis, 10–15 cm langer *Egel* des Süßwassers, Blutsauger, in Dtld. selten geworden; med. zum Blutschröpfen verwendet.

**Blütenpflanzen,** *Samenpflanzen, Spermatophyta,* hochentwickelte, an das Landleben vollständig angepaßte Sproßpflanzen, die sich durch Blüten u. die Bildung von Samen auszeichnen. Nach der Stellung der Samenanlagen unterscheidet man: 1. *Nacktsamer (Gymnospermae),* deren Samenanlagen offen auf den Fruchtblättern liegen (v.a. Nadelhölzer); 2. *Bedecktsamer (Angiospermae),* deren Samenanlagen in einem Fruchtknoten eingeschlossen sind, der aus den verwachsenen Fruchtblättern gebildet wird. Die Bedecktsamer werden nochmals unterteilt in die *einkeimblättrigen Pflanzen (Monokotyledonen),* mit nur einem Keimblatt, meist parallelnervigen Blättern u. dreizähligen Blüten, u. die *zweikeimblättrigen Pflanzen (Dikotyledonen);* mit zwei Keimblättern, netznervigen Blättern sowie vier- u. fünfzähligen Blüten.

**Blütenstand,** *Infloreszenz,* gesetzmäßige Anordnung von mehreren Blüten zu einer Blütengemeinschaft; man unterscheidet: 1. *razemöse* oder *monopodiale* Blütenstände, die eine durchgehende, allen Seitentrieben übergeordnete Hauptachse haben: Traube, Ähre, Kolben, Köpfchen, Körbchen, Dolde (ohne oder mit einfachen Seitenachsen), Rispe, Doppeldolde (mit verzweigten Seitenachsen); 2. *zymöse* oder *sympodiale* Blütenstände, bei der die Hauptachse vorzeitig die Entwicklung einstellt u. die Seitenzweige die Führung übernehmen. Entsteht durch Weiterentwicklung nur einer Seitenachse eine scheinbare Hauptachse, spricht man von einem *Monochasium* (Wickel, Schraubel, Fächel); setzen zwei oder mehr Seitenachsen die Entwicklung fort, spricht man von einem *Dichasium* oder *Pleiochasium* (Trugdolde).

**Blütenstecher,** *Anthonominae,* Unterfam. der *Rüsselkäfer,* deren Larven sich in Blüten entwickeln u. sich von diesen ernähren, z.B. *Apfelblütenstecher, Baumwollkapselkäfer, Himbeerstecher.*

**Bluterguß,** *Hämatom,* Blutaustritt aus abnorm durchlässigen oder verletzten Gefäßen ins Körpergewebe.

**Bluterkrankheit,** *Hämophilie,* erbl. Neigung zu schweren unstillbaren Blutungen oder bereits bei geringen Verletzungen; Ursache: Störung der Blutgerinnung. Die B. wird durch die nicht erkrankenden Frauen der Bluterfamilie auf die Söhne vererbt.

**Blutfarbstoff** → Hämoglobin.

**Blutfleckenkrankheit,** *Purpura,* Auftreten von Blutflecken u. -bläschen der Haut u. Schleimhäute bei versch. Krankheiten.

**Blutgefäße,** *Adern* → Arterien; → Haargefäße; → Venen.

**Blutgerinnung,** *Koagulation,* komplizierter fermentativer Vorgang, der zur Erstarrung des Blutes nach Austritt aus einem Blutgefäß führt: zunächst zerfallen die *Blutplättchen,* wobei das Ferment *Thrombokinase* freiwird; dieses wandelt in Gegenwart von Calcium-Ionen das im Blut vorhandene *Prothrombin* in das Ferment *Thrombin* um; dieses bildet aus dem im Blut gelösten *Fibrinogen* den Faserstoff *Fibrin;* mit den Blutzellen bildet sich daraus in der Blutkuchen *(Thrombus),* der sich langsam zus.zieht u. das *Blutserum* auspreßt.

**Blutgruppen,** erbl. Merkmale des Blutes, die jedem Menschen Blutindividualität verleihen; bedingt durch Antigene der roten Blutkörperchen u. entgegengesetzte Antikörper im Blutserum; heute werden über 10 versch. B.systeme unterschieden, dabei finden mehr als 100 Antigen-B.merkmale Beachtung. Bei B.unverträglichkeit verklumpen die roten Blutkörperchen eines Menschen, wenn man sie mit dem Serum eines anderen mischt. Haupt-B.-System ist das ABO-System mit 4 B., je nachdem, ob in den roten Blutkörperchen der beiden Faktoren A u. B. einzeln, zus. oder gar nicht vorhanden sind (A, B, AB, O) sowie die jeweils entgegengesetzten Antikörper im Serum Anti-A (α) u. Anti-B (ß).

**Bluthochdruck** → Hypertonie.

**Bluthochzeit,** *Pariser B.* → Bartholomäusnacht.

**Bluthund,** engl. Jagdhundrasse.

**Bluthusten,** *Blutspucken, Hämoptoe,* Beimengung von hellrotem, schaumigem Blut im Auswurf; öfter Zeichen von Lungentuberkulose, aber auch bei Tumoren, Entzündungen, Verletzungen der Lunge u.a.

**Blutiger Sonntag,** Beginn der bürgerl.-sozialist. Revolution in Rußland am 22.1.1905, als Garde-

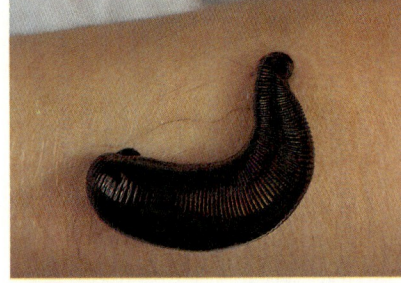

*Blutegel*

truppen in St. Petersburg einen friedl. Bitt-Demonstrationszug unter Anführung des Priesters G. *Gapon* zusammenschossen.

**Blutjaspis** → Heliotrop.

**Blutkonserve,** ungerinnbar gemachtes, auf Blutgruppen geprüftes, serolog. u. bakteriolog. einwandfreies Blut, das durch Blutspenden gewonnen, in *Blutbanken* aufbewahrt u. bei Bedarf für Bluttransfusionen ausgegeben wird.

**Blutkreislauf,** *Blutzirkulation,* Blutumlauf in den Blutgefäßen, der dem Transport von Nahrungs- u. Abfallstoffen sowie von Atemgasen dient; Antriebsorgan ist das Herz. Bei den höheren Wirbeltieren kommt es zu einem *doppelten B.:* dem *kleinen* oder *Lungen-Kreislauf* u. dem *großen* oder *Körper-Kreislauf.* Beim Menschen fließt das Blut aus der l. Herzkammer durch Arterien in den Körper, wo in feinsten Haargefäßen (Kapillaren) der Stoffaustausch erfolgt; durch Venen fließt das Blut zum r. Vorhof, in die r. Herzkammer u. von da in die Lunge, wo es Kohlendioxid abgibt u. Sauerstoff aufnimmt, u. wieder zum l. Vorhof. Beim Erwachsenen beträgt die Umlaufzeit des Blutes etwa 1 Min.

**Blutlaugensalze,** Kaliumsalze der Hexacyano-Komplexe des Eisens: 1. *gelbes Blutlaugensalz,* Kaliumhexacyanoferrat(II), Kaliumferrocyanid, $K_4[Fe(CN)_6] \cdot 3 H_2O$; 2. *rotes Blutlaugensalz* Kaliumhexacyanoferrat(III), Kaliumferricyanid, $K_3[Fe(CN)]$.

**Blutlaus,** *Eriosoma lanigerum,* 2 mm große schädl. *Blattlaus* mit rotbrauner Körperflüssigkeit, saugt an Apfelbäumen.

**Blutplasma** → Blut.

**Blutplättchen,** *Thrombozyten* → *Blut.*

**Blutprobe,** 1. mikroskop., spektroskop. oder chem. Blutnachweis in Auswurf, Harn, Kot sowie an Kleidern. – 2. → Alkoholnachweis.

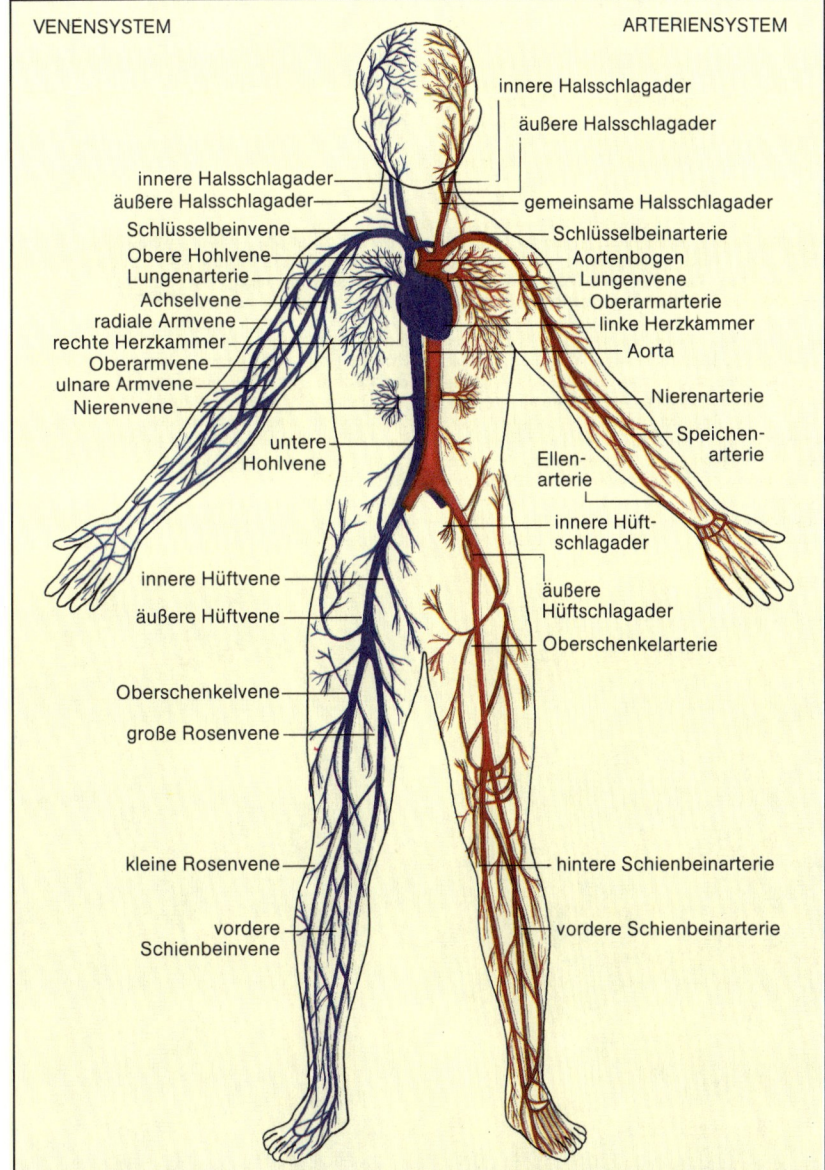

*Blutkreislauf:* Die Blutgefäße verzweigen sich in alle Körperregionen. Über die Arterien pumpt das Herz sauerstoff- und nährstoffreiches Blut in die Kapillaren. Dort kommt es zum Stoffaustausch, und mit Kohlendioxid und Stoffwechselabfällen beladen gelangt das Blut über die Venen zurück zum Herzen

**Blutrache,** die Sitte, daß ein Mord oder Totschlag nur durch die Tötung des Täters oder eines seiner Sippenangehörigen gesühnt werden kann. Bei vielen Völkern war sie Pflicht für alle Verwandten. Sie bildete den Ausgangspunkt für das Strafrecht.

**Blutregen,** *Blutschnee,* durch feinen rötl. Staub (in Mitteleuropa aus der Sahara herantransportiert) verursachte Rotfärbung von Regen u. Neuschnee; bei Altschnee auch durch Algen *(Blutalgen)* verursachte Rotfärbung.

**Blutsbrüderschaft,** eine Verbindung auf Leben u. Tod, die zwei nicht miteinander verwandte Menschen meist durch gegenseitiges Trinken vom Blut des andern eingehen.

**Blutschande,** *Inzest,* Beischlaf zw. Verwandten auf- u. absteigender Linie sowie zw. Geschwistern; strafbar nach § 173 StGB mit Freiheitsstrafe bis zu zwei Jahren.

**Blutsenkung,** med. Untersuchungsverfahren, bei dem die Geschwindigkeit des Absinkens der Blutkörperchen im Blutplasma festgestellt wird. Bei Gelenkrheumatismus, bösartigen Geschwülsten u. Entzündungen treten Veränderungen der Plasma-Eiweiße des Bluts auf, was zu Änderungen der B. führt.

**Blutserum,** ungerinnbares Blutplasma, aus dem das Fibrinogen entfernt wurde. → Blutgerinnung.

**Blutstein,** roter Glaskopf, ein Mineral.

**blutstillende Mittel,** *Hämostyptika,* Arzneimittel, die durch Zus.ziehung der Gefäße oder durch Förderung der Gerinnungsvorgänge Blutungen zum Stehen bringen; z.B. Suprarenin, Eisenchlorid, Gerbstoffe, Adstringentien, Gelatine, Pektine.

**Blutstillung,** *Hämostase,* 1. spontane *B.* durch Blutgerinnung u. Bildung eines Thrombus; 2. *vorläufige B.* durch Abbinden, manuelle Kompression, Ausstopfen der Wunde, Hochlagerung des blutenden Körperabschnitts; 3. *endgültige B.* durch chirurg. Maßnahmen oder blutstillende Mittel.

**Bluttröpfchen,** Schmetterlinge aus der Fam. der *Widderchen,* deren Vorderflügel 6 karminrote Flecken tragen; über 10 Arten in Mitteleuropa.

**Bluttransfusion,** *Blutübertragung,* Übertragung von Blut eines Blutspenders auf einen Kranken als Ersatz für verlorengegangenes Blut bei großen Blutverlusten, Blutkrankheiten, Vergiftungen u.a.; Voraussetzung ist Übereinstimmung oder Verträglichkeit der Blutgruppen. Bei der *direkten B.* wird das Blut vom Arm des Spenders unmittelbar übertragen; bei der *indirekten B.* wird das Blut vom Spender abgenommen, ungerinnbar gemacht *(Blutkonserve)* u. später dem Kranken übertragen.

**Blutung,** *Hämorrhagie,* Austritt von Blut bei Gefäßverletzungen u. versch. Krankheiten; flächenförmig aus den Haargefäßen, langsam sickernd aus den Venen oder stark fließend u. rhythm. spritzend aus den Arterien; kann durch Gerinnung u. Blutpfropfbildung von selbst zum Stillstand kommen; B. in den Körper führt zu Blutergüssen.

**Blutvergiftung,** *Sepsis,* Überschwemmung des Bluts mit virulenten Mikroorganismen oder deren Giften; Erreger sind *Strepto-, Staphylo-, Pneumo-* u. *Gonokokken* u.a.

**Blutzucker,** im Blut gelöster Traubenzucker *(Glucose),* Hauptenergiequelle für alle Körperleistungen; seine Konzentration beträgt normalerweise 70–120 mg in 100 cm$^3$ Blut *(B.spiegel);* dieser wird hormonal gesteuert, bes. durch das Insulin. Zuviel Insulin senkt den B.spiegel; *Hypoglykämie:* (Ohnmacht, Krämpfe). Der B.gehalt steigt, wenn die Insulinproduktion, z.B. bei Zuckerkranken, herabgesetzt ist: *Hyperglykämie* (Symptom: Zucker im Harn).

**Blyton** ['blaitən], Enid, *1896, †1968, engl. Jugendschriftst.; schrieb mehrere hundert abenteuerl. Kinderbücher.

**BND,** Abk. für *B*undes*n*achrichten*d*ienst.

**Bö,** *Böe,* Windstoß, kurze Schwankung von Geschwindigkeit u. Richtung des Winds, bes. in Kaltluftmassen.

**Boa,** 1. langer, schmaler Schal aus Pelz oder Straußenfedern. – 2. → Boaschlangen.

**Boaschlangen,** *Boinae,* Unterfam. der *Riesenschlangen;* vorw. in Amerika, aber auch Afrika, S-Asien, Papua-Neuguinea; ungiftige Schlangen, die ihre Beute durch Umschlingen erwürgen; lebendgebärend; darunter *Anakonda, Abgottschlangen, Wüstenschlangen.*

**Bob,** Abk. für *Bobsleigh,* lenkbarer Sportschlitten für 2 oder 4 (seltener 6) Fahrer.

**Bobby,** Slangausdruck für den engl. Polizisten.

**Bober,** l. Nebenfluß der Oder in Schlesien, 272 km; *B.talsperren:* bei Mauer, 2,4 km$^2$, 62 m Stauhöhe, u. bei Deichow.

**Böblingen,** Krst. in Ba.-Wü., sw. von Stuttgart, 40 500 Ew.; elektron., Textil-, Möbel- u. Metall-Ind.

**Bobo-Dioulasso** [-diu-], zweitgrößte Stadt in Burkina Faso, 231 000 Ew.; Wirtschaftszentrum u. Verkehrsknotenpunkt.

**Bobrowski,** Johannes, *1917, †1965, dt. Schriftst. (v.a. Lyrik).

**Bobsleigh** [-slɛi] → Bob.

**Bobtail** [-tɛil], mittelgroßer, altengl. Schäferhund.

**Boccaccio** [-'kattʃo], Giovanni, *1313, †1375, ital. Dichter; Hauptwerk ist das nach der Pestjahr 1348 entstandene »Decamerone«, 100 durch eine Rahmenerzählung verbundene Novellen, in denen zahlr. Stoffe weitverstreuter Herkunft prägnante Form fanden.

**Boccherini** [boke'ri:ni], Luigi, *1743, †1805, ital. Komponist u. Cellist (Sinfonien, Oratorien, Kammermusik).

*Viererbob beim Start*

**Boccia** ['bɔtʃa], ursprüngl. vor allem in Italien u. S-Frankreich verbreitetes Spiel, bei dem Holz- oder Kunststoffkugeln (8–10 cm Durchmesser) möglichst nahe an eine kleinere Zielkugel zu werfen sind.

**Boccioni** [bɔt'tʃo:ni], Umberto, *1882, †1916, ital. Maler, Bildhauer u. Kunstschriftst.; Hauptmeister des ital. *Futurismus.*

**Boche** [bɔʃ], bes. seit dem 1. Weltkrieg frz. Schimpfname für den Deutschen.

**Bocholt,** Stadt in NRW, nahe der ndl. Grenze, 65 000 Ew.; St. Georgskirche (15. Jh.), Rathaus in ndl. Backsteinrenaissance; Textil- u.a. Ind.

**Bochum,** Ind.-Stadt in NRW, im Ruhrgebiet, 410 000 Ew.; Fachhochschule für Bergbau, Ruhr-Universität (1965); Sternwarte; chem., Eisen- u. Metall-Ind., Kraftfahrzeugbau.

**Bockbier,** süßes Starkbier mit mind. 16% Stammwürze; *Doppelbock* hat mind. 18% Stammwürze.

**Bockelmann,** Rudolf, *1892, †1958, dt. Sänger (Bariton).

**Böckh,** August, *1785, †1867, dt. Altphilologe u. Kulturhistoriker; führte kulturgeschichtl. Betrachtungsweise in die philolog. Forschung ein.

**Bockkäfer,** *Cerambycidae,* Fam. der *Käfer,* mit sehr langen Fühlern (»Hörnern«); Larven leben meist in Holz u. unter Baumrinde; bed. Holzschädling ist der *Hausbock.*

**Böckler,** Hans, *1875, †1951, dt. Gewerkschaftsführer; 1949 Vors. des *Dt. Gewerkschaftsbunds* u. Vizepräs. des *Internationalen Bundes Freier Gewerkschaften.*

**Böcklin,** Arnold, *1827, †1901, schweiz. Maler u. Bildhauer; einer der Hauptvertreter des Idealismus in der dt. Malerei des 19. Jh.; begann mit spätromant. Landschaften, fand dann zu einem monumental-pathet. Stil u. mytholog. Themen.

**Bocksbart,** *Tragopogon,* Gatt. der *Korbblütler;* hierzu der *Wiesen-B., T. pratensis,* mit großen, gelben, sternförmigen Blüten, die sich nur vormittags öffnen.

**Bocksbeutel,** abgeplattete, bauchige Flasche für *Frankenweine.*

**Bodden,** seichte Bucht mit unregelmäßigen Umriß, bes. an der Ostseeküste (Mecklenburg, Pommern).

**Bode,** l. Nbfl. der Saale aus dem Harz, 169 km, mehrere Talsperren (Rappbode- u. Wendefurthtalsperre).

**Bode,** Arnold Wilhelm von, *1845, †1929, dt. Kunsthistoriker; um Aufbau u. Förderung der Berliner Museen verdient.

**Bodega,** span. Weinstube.

**Bodelschwingh,** 1. Friedrich von, *1831, †1910, dt. ev. Geistlicher; führend in der Inneren Mission; übernahm 1872 die 1867 gegr. u. später nach ihm benannten Anstalten in *Bethel* bei Bielefeld (ursprüngl. nur für Epileptiker); bemühte sich um Resozialisierung der »Brüder von der Landstraße« u. gründete Arbeiterkolonien u.a. bei Berlin. – 2. Friedrich von, Sohn von 1), *1877, †1946, dt. ev. Geistlicher; Nachfolger seines Vaters in der Leitung der Bethelschen Anstalten; verhinderte die Durchführung der Euthanasie in Bethel.

**Boden,** mit Wasser, Luft u. Lebewesen durchsetzte oberste Schicht der Erdoberfläche; entstanden durch bodenbildende Prozesse wie Verwitte-

*Arnold Böcklin: Spiel der Wellen; 1883. München, Neue Pinakothek*

rung, Verwesung, Humusbildung u.a.; Einflüsse, die zur B.bildung führen, sind Klima, Vegetation, Gestein, Relief sowie menschl. Bearbeitung; sie erzeugen verschiedene B.arten, z.B. Sand-, Lehm-, Kalk-B.

**Boden,** schwed. Handelsstadt am Lule Älv, 27 000 Ew.

**Bodenanzeiger,** *Indikatorpflanzen,* auf eine bestimmte Bodenart hinweisende Pflanzen.

**Bodendruck,** Druck, den eine Flüssigkeit auf den Boden eines Gefäßes ausübt; hängt nur von der Höhe der Flüssigkeitssäule, nicht von der Form des Gefäßes ab *(hydrostat. Paradoxon).*

**Bodeneffektgeräte,** Fahrzeuge, die sich infolge der Erhöhung des Auftriebs von Tragflächen in Bodennähe (Bodeneffekt) fortbewegen; z.B. das *Luftkissenfahrzeug.*

**Bodenerosion,** Zerstörung der Bodendecke durch Abtragung (Deflation, Erosion, Schichtfluten) u. Wegführung fruchtbarer Bestandteile, auch durch Überschüttung mit unfruchtbarem Material; häufig durch den Menschen hervorgerufen. Oft kommt es nach Regen zur B.

**Bodenkunde,** *Pedologie,* naturwiss. Disziplin; beschäftigt sich mit Entstehung, Entwicklung u. Eigenschaften der Böden, ihre räuml. Verbreitung u. ihre Nutzung.

**Bodenorganismen,** Lebewesen im Erdboden, unterteilt in Bodenflora u. -fauna; wichtig v.a. für den Abbau organ. Substanz u. die Bildung von Humus.

**Bodenreform,** zwangsweiser Eingriff in die Eigentumssituation von Grund u. Boden aus sozialen, wirtsch. u. polit. Gründen. Die aus sozialist. u. kommunist. Ideen hervorgegangene Bestrebung, den gesamten Grund u. Boden in *Gemeineigentum* zu überführen, sieht hierin die Voraussetzung für eine gerechte (sozialist.) Gesellschaftsordnung. Die *Bodenreformer* dagegen (bes. J. St. *Mill,* Henry *George,* Franz *Oppenheimer* u. Adolf *Damaschke)* sehen nicht gegen die private Eigentum, sondern fordern nur vom Staat scharfe Maßnahmen gegen die aus einer Monopolsituation entsprungene (ungerechtfertigte) Bereicherung der Bodenbesitzer durch die Grundrente; sie sind hauptsächl. Vertreter der städtischen B., die sich gegen die *Bodenspekulation* wendet. – Von größerer Bedeutung ist heute die *ländl. B. (Agrarreform),* die gegen den Großgrundbesitz gerichtet ist. In den sozialist. Ländern Europas wurde nach 1945 der Großgrundbesitz (ab 100 ha) ohne Entschädigung enteignet u. auf etwa 400 000 Neubauernstellen von 4–8 ha Größe aufgeteilt *(Agrarrevolution).*

**Bodenrente** → Grundrente.

**Bodenschätzung,** Klassifizierung der land- u. forstwirtsch. genutzten Böden nach Bodenzusammensetzung u. Alterserscheinungen als Grundlage der Besteuerung.

**Bodensee,** *Schwäbisches Meer,* größter dt. See u. zweitgrößter Alpensee, 539 km², bis 252 m tief; im NW in 2 Einzelbecken geteilt: den Überlinger See (mit Insel Mainau) u. den durch einen 4 km langen Rheinarm mit dem eigtl. B. verbundenen Untersee (mit Insel Reichenau) mit Gnadensee u. Zellersee; mildes Klima; an den Ufern Wein- u. Obstanbau; reger Fremdenverkehr.

**Bodenstedt,** Friedrich von, *1819, †1892, dt. Lyriker u. Übersetzer; virtuoser Vermittler engl., russ. u. oriental. Dichtungen; bes. erfolgreich mit seinen »Liedern des Mirza Schaffy«.

**Bodenturnen,** *Bodengymnastik,* alle Körperübungen am Boden, die im Sitzen, Knien, Liegen u. Stehen ausgeführt werden; Disziplin beim Kunstturnen.

**Bodenwellen,** elektromagnet. Wellen eines Senders, die geradlinig zum Empfänger gelangen; je nach Wellenlänge von unterschiedl. Reichweite.

**Bodhisattva,** zukünftiger Buddha; Mensch, der das Gelübde abgelegt hat, Buddha zu werden; im ursprüngl. Buddhismus in erster Linie Bez. des Gautama Buddha vor seiner Erleuchtung.

**Bodin** [-'dɛ̃], *Bodinus, Bodinus,* Jean, *1530, †1596, frz. Staatsrechtler; Begr. der Lehre von der Souveränität u. erster Theoretiker der absoluten Monarchie.

**Bodmer,** 1. Johann Jakob, *1698, †1783, schweiz. Gelehrter u. Schriftsteller; vertrat gegen die verstandesmäßige Auffassung der Dichtung (J. Ch. *Gottsched)* die Auffassung von der schöpfer. Phantasie als der wirkenden Kraft; entdeckte die dt. Dichtung des MA neu. – 2. Walter, *1903, †1973, schweiz. Maler (abstrakte Bilder, Drahtreliefs, Draht- u. Metallskulpturen).

*Bogenschießen*

**Bodø,** Hafen u. Hptst. der norweg. Prov. Nordland, am Saltfjord, 30 000 Ew.; Handelszentrum, Fischverarbeitung.

**Bodybuilding** ['bɔdi'bildiŋ], »Körperbildung«, auf der Grundlage schwerathlet. Übungsformen entwickeltes Trainingssystem zur Entwicklung der Muskulatur.

**Böe** → Bö.

**Boegner,** Marc, *1881, †1970, frz. reform. Theologe; 1948–54 einer der Präs. des Ökumen. Rats der Kirchen.

**Boeing Company** ['bɔiŋ 'kʌmpəni], US-amerik. Unternehmen der Luft- u. Raumfahrt.

**Boerhaave** ['bu:rha:fə], Herman, *1668, †1738, ndl. Arzt und Naturforscher; begr. die moderne klin. Krankenbeachtung u. den akadem. Med.-Unterricht.

**Boëthius,** Anicius Torquatus Severinus, *um 480, †524, röm. Philosoph u. Politiker; erster Min. am Hof *Theoderichs d. Gr.,* wurde der Verschwörung gegen Theoderich bezichtigt u. hingerichtet; wichtigster Vermittler antiker Tradition an das MA. – W »Vom Trost der Philosophie« (im Gefängnis geschrieben).

**Bogart** ['bouga:t], Humphrey, *1899, †1957, US-amerik. Schauspieler; machte Filmgeschichte durch seine Verkörperung der Helden der »schwarzen Serie«; bed. Filme: »Casablanca«, »Die Caine war ihr Schicksal« u.a.

**Boğazköy** [bɔ:'azkœi], *Boğazkale,* Dorf in der Türkei, ö. von Ankara; nahebei die Ruinen von Hattusa, der Hptst. der Hethiter.

**Bogen,** 1. allg. Teil einer gekrümmten Linie. – 2. kreis-, ellipsen- oder parabelförmig gewölbtes Tragwerk, das eine Öffnung überspannt u. beiderseits auf Widerlagern ruht. – 3. neben der *Schleuder* älteste Kriegs- u. Jagdwaffe; bei Naturvölkern heute noch in Gebrauch, vor allem als Jagdwaffe, häufig mit vergiftetem Pfeil. – 4. Gerät, mit dem die Saiten der Streichinstrumente zum Klingen gebracht werden.

**Bogen,** 1. Stadt in Niederbayern an der Donau sö. von Regensburg, 5200 Ew.; auf dem B.berg spätgot. Wallfahrtskirche. – 2. *Hoher B.,* Berg im Böhmerwald (Hinterer Bayer. Wald). 1072 m.

**Bogengänge,** Teil des inneren Ohrs der Wirbeltiere; Gleichgewichtssinnesorgane. → auch Ohr.

**Bogenlampe,** elektr. Lichtquelle nach dem Prinzip der selbständigen *Gasentladung.* Die starke Elektronenemission der sehr heißen Kathode (4000–4800 °C) hält den Ionenentladungsstrom aufrecht.

**Bogenmaß,** beim Winkel die Maßzahl der Länge seines zugehörigen Bogens im *Einheitskreis.* Der rechte Winkel (90°) mißt im B.: π/2.

**Bogenschießen,** sportl. Wettbewerb mit Pfeilen u. Bogen, bei dem aus einer Entfernung von 30–90 m auf eine Scheibe geschossen wird.

**Bogenspektrum,** Spektrum des Lichts eines elektr. *Lichtbogens.* → auch Spektrum.

**Bogomilen,** »Gottesfreunde«, Angehörige einer Sekte, die im 10. Jh. auf dem Balkan entstand; verstanden die Welt als Schöpfung des Teufels u. predigten einen asket. Rigorismus.

**Bogomoletz,** Alexander Alexandrowitsch, *1881, †1946, russ. Physiologe; entwickelte das »Verjüngungsserum« ACS (Antiretikular-Cytotoxisches Serum).

**Bogor,** fr. *Buitenzorg,* Stadt in Java (Indonesien); 274 000 Ew.; Univ., Landwirtschaftl. HS; bed. botan. Garten.

**Bogotá,** Hptst. von Kolumbien, auf einer Hochfläche der östlichen Kordilleren, 2640 m ü. M., 3,97 Mio. Ew.; Kulturzentrum mit Akademien, Museen, mehreren Univ.; bed. Ind.-Standort; Flughafen. – 1598 von den Spaniern gegr.

**Bohème** [bɔ'ɛːm], »Zigeunertum«, lockere, unbürgerl. Welt der Künstler u. Literaten. *»La Bohème«,* Opern von G. *Puccini* u. R. *Leoncavallo.*

**Bohemien** [bɔeˈmjɛ̃], Angehöriger der *Bohème.*

**Bohley,** Bärbel, *24.5.1945, dt. Bürgerrechtlerin; 1989 Mitgründerin der Bürgerrechtsbewegung *Neues Forum.*

**Bohm,** Hark, *18.5.1939, dt. Filmregisseur u. Schauspieler; führte Regie bei »Nordsee ist Mordsee«, »Herzlich Willkommen« u.a.

**Böhm,** 1. Dominikus, *1880, †1955, dt. Architekt; Erneuerer der kath. Sakralarchitektur. – 2. *Behem,* Hans, auch unter dem Namen *Pfeifer (Pauker) von Niklashausen* bekannt, religiöser Schwärmer mit sozialrevolutionärer Tendenz; als Ketzer verbrannt. – 3. Karl, *1894, †1981, östr. Dirigent

**Böhme,** Jakob, *1575, †1624, dt. Mystiker u. Philosoph; verband Elemente des reform. Christentums mit myst. Anschauungen.

**Böhmen,** Beckenldsch. in der Tschechoslowakei, 52 764 km²; von Erzgebirge, Sudeten, Böhmerwald u. Böhm.-Mähr. Höhe umgrenzt, von Elbe u. Moldau entwässert; Landw. stark entwickelt (Getreide-, Zuckerrüben-, Hopfen-, Gemüse- u. Obstanbau); Forstwirtschaft; Braun- u. Steinkohlenabbau; Verkehrs- u. Handelsmittelpunkt ist die Hptst. *Prag.* – Gesch.: Kelt. *Bojer* gaben dem Land den Namen; es folgten german. *Markomannen* u. darauf im 6./7. Jh. *Slawen;* im 9. Jh. abhängig vom Frankenreich, anschließende Zersplitterung; Einigung unter den Přemysliden u. seit 1198 erbl. Kgr.; »goldenes Zeitalter« unter den *Luxemburgern* (1310–1437), bes. unter Karl IV., das mit den Hussitenkriegen endete; 1526–1918 Herrschaft der *Habsburger;* im 19. Jh. Erstarken des tschech. Nationalbewußtseins; 1918 wurde die Unabhängigkeit der Tschechoslowakei proklamiert u. B. integriert.

**Böhmerwald,** im SW Böhmens sich erstreckendes Grenzgebirge zw. der BR Dtld., Östr. u. der ČSFR; 250 km lang, im *Großen Arber* 1457 m; dt. Anteil wird auch als *Hinterer Bayer. Wald* bezeichnet.

**Böhmische Brüder,** *Mährische Brüder,* 1467 in Böhmen gegr. Gemeinschaft, die in einer Verbindung hussit. Kreise mit Resten der Waldenser bestand; ging in der Brüdergemeine auf.

**Böhmisches Mittelgebirge,** vulkan. Gebirge im N Böhmens, im *Milleschauer* 837 m; an den S-Hängen Gemüse-, Hopfen- u. Obstbau.

**Bohne,** *Phaseolus,* Gatt. der *Schmetterlingsblütler;* wichtigste Art ist die *gewöhnl.* Garten-B., *P. vulgaris,* als bed. Gemüsepflanze, aus dem trop. Amerika stammend.

**Bohnenkraut,** *Satureja hortensis,* Küchengewürz aus der Fam. der *Lippenblütler.*

**Bohr,** 1. Aage, *1922, dän. Physiker; Sohn von 2), Arbeiten über die Struktur der Atomkerne; Nobelpreis 1975. – 2. Niels Henrik David, *1885,

*Bodensee: Frühbeetkulturen auf der Insel Reichenau*

# Bohrinsel

† 1962, dän. Physiker; entwickelte 1912 das erste Atommodell. In diesem *Bohrschen Atommodell* vereinigte er die Plancksche Quantentheorie mit Rutherfords Atommodell; Nobelpreis 1922.

**Bohrinsel,** stählerne Plattform mit Einrichtungen zum Bohren u. zum Fördern von Erdöl u. Erdgas unter Wasser.

**Bohrmuscheln,** *Pholadidae* gestreckte *Muscheln,* die sich in Holz u. Steine einbohren u.a. der *Schiffsbohrwurm,* der Nutzholz gefährl. werden kann.

**Bohrsches Atommodell** → Atommodelle.

**Bohrturm,** Einrichtung zum Bohren sehr tiefer senkrechter Gesteinsbohrlöcher: ein über dem Bohrloch stehendes, bis 60 m hohes Gerüst, meist aus Stahl, in dem u.a. Flaschenzug untergebracht ist, mit dem das *Gestänge* u. die *Verrohrung* in das Bohrloch eingelassen oder aus ihm herausgezogen werden.

**Bohus** ['bu-], insel- u. fjordreiche Küstenldsch. in SW-Schweden, nördl. von Göteborg.

**Boie,** Heinrich Christian, *1744, †1806, dt. Liederdichter u. Publizist; einer der Führer des *Göttinger Hains.*

**Boieldieu** [bɔjɛl'djø], François Adrien, *1775, †1834, ; schrieb u.a. Opern im Stil der frz. Komponist; schrieb u.a. Opern im Stil der frz. romant. Opéra comique; W »Der Kalif von Bagdad«, »Die weiße Dame«. B. schrieb daneben kammermusikal. Werke.

**Boileau-Despréaux** [bwa'lodɛpre'o], Nicolas, *1636, †1711, frz. Dichter; seine »Art poétique« (»Die Dichtkunst«) faßte die Kunstgesetze der Klassik zus. u. wirkte bes. auf den frz. Klassizismus.

**Boiler,** Warmwasserbereiter.

**Bois de Boulogne** [bwadəbu'lɔɲə], über 850 ha großer Erholungspark engl. Stils westl. der City von Paris; Pferderennbahnen Longchamp u. Auteuil.

**Boise** ['bɔisi], Hptst. u. größte Stadt von Idaho (USA), 75 000 Ew.; Lebensmittel-, Konserven- u.a. Ind., Holz-Wirtsch.

**Boisserée** [bwasə're], Melchior, *1786, †1851, Kunstgelehrter; erforschte die mittelalterl. Kunst in Dtld.; förderte maßgebl. den Weiterbau des Kölner Doms.

**Boito,** Pseudonym: Tobia *Gorrio,* *1842, †1918, ital. Komponist u. Schriftsteller; schrieb Opern im Stil Richard Wagners u. verfaßte die Textbücher zu G. Verdis »Othello« u. »Falstaff«.

**Boizenburg/Elbe,** Stadt in Mecklenburg, 12 500 Ew.; Schiffbau, Fliesenwerk, metallverarbeitende Ind.

**Bojar,** fr. Titel des hohen Adels in Rußland, auch in Bulgarien, Rumänien u. Litauen.

**Boje,** *Tonne,* verankerter Schwimmkörper zum Kennzeichen des Fahrwassers oder von Gefahrenstellen; *Leuchtbojen* senden Licht-Blinksignale, *Heul-* u. *Glockenbojen* geben Tonsignale.

**Bojer,** latein. *Boii,* einer der bed. kelt. Stämme, ursprüngl. in SW-Dtld. ansässig; wanderten im 4. Jh. v.Chr. in das nach ihnen benannte *Böhmen* u. in die Po-Ebene, wo sie 191 V. Chr. von den Römern unterworfen wurden.

**Bojer,** Johan, *1872, †1959, norw. Schriftsteller; schrieb v.a. Romane, in denen er sozialkrit. das Leben des Volkes schilderte; W »Die Lofotfischer« u.a.

**Bokassa,** Jean Bedel, *1921, afrik. Politiker u. Offizier in der Zentralafrik. Republik; 1966 Staats-Präs. durch Staatsstreich; ernannte sich 1976 zum Kaiser B. I.; 1979 gestürzt; 1987 zum Tode verurteilt u. zu lebenslängl. Haft begnadigt.

*Bolivien: Frauen beim Reinigen von Zinnerz*

**Bol** → Bolus.

**Bola,** Schleuderriemen, deren Enden mit Steinen oder mit gefüllten Ledersäckchen beschwert sind; Jagdwaffe der Pampas-Indianer u. Patagonier.

**Bolero,** 1. kurzes, vorn offenes Jäckchen; ursprüngl. Bestandteil der span. Volkstracht. – 2. span. Tanz im mäßig bewegten ³/₄- (²/₄) Takt.

**Bolesław** [bɔ'lɛsuaf], 1. poln. Fürsten: *B. I. Chrobry* [»der Tapfere«], *967, †1025; Herzog 992–1025, König 1025; führte 1002–18 erfolgreiche Kämpfe gegen Kaiser Heinrich II., in denen er die Lausitz u. Mähren gewann. – **2.** *B. II. Szczodry* oder *Smialy* [»der Kühne«], *1039, †1081; Herzog 1058–76, König 1076–79; betrieb eine erfolgreiche Machtpolitik gegenüber dem Kiewer Reich u. Ungarn. – **3.** *B. III. Krzywousty* [»Schiefmund«], *1085, †1138; Herzog 1102–38; schlug 1109 Kaiser Heinrich V. bei Breslau zurück.

**Bolesławiec** [-su'awjɛts], → Bunzlau.

**Boleyn** ['bulin], Anna → Anna (5).

**Boliden,** sehr helle Meteore in Form von Feuerkugeln.

**Bolingbroke** ['bɔlinbruk], Henry St. John, Viscount B., *1678, †1751, engl. Politiker; 1704–08 Kriegs-Min., 1710–14 Außen-Min.; maßgebl. an der Beendigung des span. Erbfolgekriegs beteiligt; 1715–23 im frz. Exil.

**Bolívar,** Simón, *1783, †1830, südamerik. Unabhängigkeitskämpfer u. Nationalheld; befreite Venezuela, Kolumbien, Panama, Ecuador, Peru u. Bolivien von der span. Herrschaft; 1819 Präs. von Kolumbien; 1827 Diktator von Peru.

**Bolivien,** Staat in Südamerika, 1 098 581 km², 6,8 Mio. Ew., formelle Hptst. *Sucre,* Reg.-Sitz *La Paz.*

*Bolivien*

Landesnatur. Die Gebirgsketten der bolivian. Anden (bis 6800 m hoch) schließen das 3000 bis 4000 m hohe Hochland *(Altiplano)* mit dem Titicacasee u. dem Poopósee ein. Nach O fallen sie zum Gran Chaco, nach NO zum Amazonastiefland ab. Im O ist es heiß u. z.T. sehr feucht, im Hochland dagegen trocken u. kühl.

Bevölkerung. 42% Indianer, 31% Mestizen, 14% Weiße. Die Bewohner sind vorw. kath. u. sprechen Spanisch.

Wirtschaft. Im Hochland Viehzucht (Lamas, Rinder, Schafe) u. Ackerbau für den Eigenbedarf. Die Plantagen im Tiefland liefern Kautschuk, Kakao, Zuckerrohr, Früchte, Reis u. die Wälder Edelhölzer für den Export. Die wichtigsten Bodenschätze sind Erdgas u. Zinn (13% der Weltförderung); daneben gibt es Blei, Zink, Kupfer u.a. Die Industrie ist wenig entwickelt. – Das Straßen- u. Eisenbahnnetz stellt den Anschluß zu den Pazifikhäfen in Peru u. Chile her; Freihandelszone in Rosario (Argentinien).

Geschichte. Seit der Unabhängigkeit 1825 erlebte B. über 150 Putsche. 1982 ging die Regierungsgewalt von den Militärs auf gewählte Organe über. Staats-Präs. ist seit 1989 der Sozialdemokrat J. *Paz Zamora.*

**Böll,** Heinrich, *1917, †1985, dt. Schriftsteller; schildert die Alltagswirklichkeit des Kriegs, der Nachkriegsjahre, des Wirtschaftswunders u. der Staats- u. Kircheninstitutionen, wobei ihn sein kath. Glaube nicht zu radikaler Kritik hindert; W »Billard um halb zehn«, »Ansichten eines Clowns«, »Gruppenbild mit Dame«, »Die verlorene Ehre der Katharina Blum«; Nobelpreis 1972; 1971–74 Präs. des Internat. PEN-Clubs.

**Bollandisten,** Gelehrtengruppe aus dem Jesuitenorden, die im 17. Jh. begann, die Nachrichten über die Heiligen der kath. Kirche herauszugeben *(Acta Sanctorum);* ben. nach J. *Bolland* (*1596, †1665).

**Böller,** im 16. Jh. Mörser für Steinkugeln u. Brandkörper; heute Kleingeschütz für Freudenschüsse.

**Bolletbaum,** aus Guyana stammendes *Seifenbaumgewächs* (Sapurdaceae).

**Bölling,** Klaus, *1928, dt. Journalist u. Diplomat; 1974–80 sowie 1982 Leiter des Bundespresse- u. Informationsamts, 1981 Leiter der Ständigen Vertretung bei der DDR.

*Heinrich Böll*

**Bollnow** [-no], Otto Friedrich, *1903, dt. Philosoph; Vertreter der Lebensphilosophie.

**Bollwerk,** 1. Stützwand aus Bohlen u. Pfählen (Bohlwerk) für Baugruben u.ä. – **2.** → Bastion.

**Bologna** [-'lɔnja], Hptst. der nord-ital. Region *Emilia-Romagna* u. der Prov. B., 427 000 Ew.; älteste Univ. Europas (gegr. 1119); Kunstakad.; die (schiefen) *Geschlechtertürme* sind das Wahrzeichen der Stadt.

**Bologna,** [-'lɔnja], Giovanni da, eigtl. Jean de *Boulogne,* *1529, †1608, ital. Bildhauer fläm. Herkunft; schuf in einem manierist. bewegten, aber noch klass. maßvollen Stil Marmor- u. Bronzeplastiken.

**Bolometer,** Instrument zum Messen der Energie von Infrarot- oder Lichtstrahlen.

**Bolschewik,** *Bolschewist,* Anhänger des *Bolschewismus.*

**Bolschewismus,** von W. I. *Lenin* u. J. W. *Stalin* aus dem Marxismus entwickeltes System polit. Ideen u. Strategien; bis zum Tod Stalins (1953) übl. Bez. für den Sowjetkommunismus; Begriff geht zurück auf die Spaltung der russ. Sozialdemokratie auf dem Parteitag 1903 in *Bolschewiki* (»Mehrheitler«), die radikalen, revolutionären Anhänger Lenins, u. die gemäßigten *Menschewiki* (»Minderheitler«); die *Bolschewiki* setzten sich in der Oktoberrevolution 1917 durch.

**Bolschoj-Ballett,** Ballettensemble des Bolschoj-Theaters in Moskau, neben dem *Kirow-Ballett* in Leningrad führend in der UdSSR.

**Bolsenasee,** ital. *Lago di Bolsena,* ital. Kratersee im nördl. Latium, 115 km², 146 m tief.

**Bolton** ['bɔultən], engl. Stadt nw. von Manchester, 153 000 Ew.; Kohlengruben, Eisen-Ind.

*Giovanni da Bologna: Merkur; 1564. Florenz, Museo Nazionale (Bargello)*

*Taufe und Märtyrertod des Bonifatius; Sacramentarium von Udine, 11. Jahrhundert*

**Boltzmann,** Ludwig Eduard, *1844, †1906, östr. Physiker; einer der Begr. der kinetischen Gastheorie. – **B.-Statistik,** *klass. Statistik,* von L. *Boltzmann* in Verbindung mit der kinet. Gastheorie entwickelte Statistik; zur statist. Behandlung sehr vieler Teilchen, die sich nach den Gesetzen der klass. Mechanik bewegen.
**Bolus,** *Bol,* feiner, fetter Ton unterschiedl. Farbe u. Zusammensetzung; *Terra di Siena* als Malerfarbe, *B. alba (weißer B.)* als Adsorptionsmittel bei Darmerkrankungen.
**Bolyai** ['bojoi], János (Johann), *1802, †1860, ungar. Mathematiker; Begr. einer nichteuklid. Geometrie.
**Bolzano** → Bozen.
**Bolzano,** Bernhard, *1781, †1848, tschech. kath. Theologe, Philosoph u. Mathematiker ital. Herkunft; bed. Logiker in Leibniz-Nachfolge u. Gegnerschaft zu Kant.
**Bolzen, 1.** runder Metallstift zum lösbaren Verbinden von Maschinenteilen. – **2.** Geschoß der Armbrust.
**Bombage** [-'ba:ʒə], das Auftreiben des Deckels bei Lebensmittelkonserven infolge Zersetzung des Inhalts.
**Bombarde,** Geschütz des 14./15. Jh.
**Bombardierkäfer,** *Brachyninae,* Unterfam. der Laufkäfer, die zur Feindabwehr aus Afterdrüsen ein Sekret ausscheidet, das an der Luft explosionsartig verpufft.
**Bombardon** [-'dɔ̃], Baß- oder Kontrabaßtuba.
**Bombay** [-bei], ind. *Mumbai,* zweitgrößte Stadt Indiens, in N der ind. Westküste, 8,3 Mio. Ew.; Univ.; Museen; wichtigster ind. Hafen, Handels- u. Wirtschaftszentrum; Maschinenbau u. Metallverarbeitung, Nahrungsmittel-, Textil- u. a. Ind.
**Bombe, 1.** mit Sprengstoff geladener, mit einem Zünder versehener Hohlkörper als Abwurfmunition aus Flugzeugen; auch zu Attentatszwecken hergestellte Sprengkörper, die entweder zur sofortiger Wirkung geschleudert oder, mit Zeitzünder versehen, versteckt angebracht werden. – **2.** aus einem Vulkan ausgeschleuderte Lava, die im Flug während des Erkaltens eine aerodynam. Form angenommen hat.
**Bomhart,** *Pommer,* Holzblasinstrument des 16. Jh.
**Bon,** Gutschein, Abschnitt.
**bona fide** [»in gutem Glauben«], in der Rechtssprache Bez. für ein Handeln in gutem Glauben.
**Bonaparte,** *Buonaparte,* kors. Fam., durch *Napoleon B.* bedeutungsvoll für die europ. Gesch.: **1.** Elisa (Maria-Anna) *1777, †1820; Schwester Napoleons I., Großhzgn. von Toskana. – **2.** Jérôme, *1784, †1860; Bruder Napoleons I., Kg. von Westf. 1807–13. – **3.** Joseph *1768, †1844; Bruder Napoleons I., Kg. von Neapel 1806–08, Kg. von Spanien 1808–13. – **4.** Letizia (Lätitia) *1750, †1836; Mutter Napoleons I. – **5.** Louis *1778, †1846; Bruder Napoleons I., Vater Napoleons III., Kg. von Holland 1806–10. – **6.** Louis Napoleon → Napoleon III. – **7.** Lucien *1775, †1840; Bruder Napoleons I.; verhalf diesem beim Staatsstreich zur Macht. – **8.** Maria Annunziata (Karoline) *1782, †1839; Schwester Napoleons des I., Kgn. von Neapel. – **9.** → Napoleon I. – **10.** Pauline (Marie Paulette) *1780, †1825; Schwester Napoleons I., Hzgn. von Guastalla; begleitete Napoleon nach Elba.
**Bonapartisten,** im 19. Jh. polit. Richtung in Frankreich, die für die Herrschaftsansprüche der Familie *Bonaparte* eintrat.

**Bonaventura,** eigtl. Johannes *Fidanza,* *1221, †1274, ital. Theologe der Hochscholastik; Franziskaner, seit 1257 Ordensgeneral; verteidigte Platons christl. umgedeutete Ideenlehre gegen Aristoteles, dessen Philosophie er mit der augustin. Lehre zu verknüpfen suchte. – Heiligsprechung 1482 (Fest: 15.7.), Erhebung zum Kirchenlehrer 1587.
**Bond,** in den angelsächs. Ländern eine verzinsbare, langfristige *Schuldverschreibung* auf den Inhaber; *Baby-B.*s haben sehr kleinen Nennwert.
**Bond,** Eduard, *18.7.1934, engl. Dramatiker; in seinen Stücken spielen Brutalität, Terror u. Schockwirkungen eine große Rolle.
**Bône** [bo:n] → Annaba.
**Bonebed** ['bəʊnbed], geolog. Schichten im *Keuper,* die fast nur aus Zähnen u. Schuppen von Fischen, Knochenresten von Sauriern u.ä. bestehen.
**Bongo,** zwei miteinander verbundene Trommeln afrokuban. Herkunft, auf einer Seite mit Fell bespannt, auf der anderen Seite offen.
**Bongo,** Omar (vor 1973 Albert-Bernard), *30.12.1935, afrik. Politiker; seit 1967 Staats-Präs. von Gabun.
**Bonhoeffer,** Dietrich, *1906, †1945 (im KZ Flossenbürg hingerichtet), dt. ev. Geistlicher; versuchte im Ausland Rückhalt für den Widerstand geg. Hitler zu finden.
**Bonhomie** [bɔnɔ'mi], Gutmütigkeit.
**Bonifacio** [-tʃo], befestigte Hafenstadt unweit des S-Kaps von Korsika, in einer fjordähnl. Bucht gelegen, 2500 Ew.; große Zitadelle; Fremdenverkehr.
**Bonifatius,** eigtl. *Wynfrith, Winfrid* *um 675, †754, angelsächs. Benediktinermönch u. Missionar; 718 von Papst Gregor II. mit der Mission auf dem Gebiet des späteren Dtld. beauftragt. – Heiliger (Fest: 5.6.).
**Bonifatius** → Päpste.
**Bonifatiuswerk der deutschen Katholiken** (bis 1967 *Bonifatiusverein),* 1849 in Regensburg gestifteter Verein zur Förderung des kath. religiösen Lebens in der Diaspora Dtld.s.
**Bonifikation,** Vergütung, Rückvergütung.
**Bonität,** Güte, Zahlungsfähigkeit.
**Bonitierung,** Feststellung der Qualität landw. genutzter Böden.
**Bonito,** *Echter Bonito, Katzuwonus pelamis,* Thunfischart trop. Gewässer; bis 80 cm lang; Speisefisch; auch als Sammelbez. für versch. Thunfischarten.
**Bonmot** [bɔ̃'mo:], geistreiche Bemerkung.
**Bonn,** Stadt in NRW, am Rhein, 291 000 Ew.; Amtssitz der Bundes-Reg., des Bundes-Präs., der Ministerien u.a. Bundesbehörden; Univ. (neugegr. 1818), roman. Münster, Stadtschloß, Geburtshaus Beethovens, Beethovenhalle, Landesmuseum; zahlr. Ind.; Rheinhafen, Flughafen Köln-Bonn. – Gesch.: Ehemals röm. Militärlager *Castra Bonnensia* (um 50 gegr.); nach fränk. Eroberung Siedlungsgründung, 1949 zur vorläufigen Hauptstadt erklärt; durch den Staatsvertrag vom 31.8.1990 ging der Status der Hptst. von B. auf Berlin über; die Frage des Reg.-Sitzes wird vom ersten gesamtdt. Parlament entschieden.
**Bonnard,** Pierre, *1867, †1947, frz. Maler u. Graphiker; Mitgründer der Künstlergruppe *Nabis* (1889); ihm gelang Überwindung des Impressionismus unter Beibehaltung differenzierter Farbigkeit.
**Bonsai,** jap. Kunst, aus Samen oder Stecklingen normaler Bäume bizarre Zwergformen zu gestalten durch Umpflanzen, Beschneiden u.a. Reguliermaßnahmen. B → S. 128
**Bonsels,** Waldemar, *1880, †1952, dt. Schriftsteller (Reiseerzählungen, märchenhafte Naturdichtungen); W »Die Biene Maja u. ihre Abenteuer«.
**Bonus,** Sondervergütung, z.B. neben der Dividende an Aktionäre.
**Bonvivant** [bɔ̃vi'vã], eleganter Lebemann.
**Bonze,** ursprüngl. europ. Bez. für den buddhist. Mönch; später Spottname für Partei-, Gewerkschafts- u.a. Funktionäre.
**Boogie-Woogie** ['bugi 'wugi], lautmaler. Beschreibung für eine best. Klavierbegleitung im Jazz, meist punktierte Achtel (»rollendes Rhythmus«) in der linken Hand; in den 1920er Jahren im amerik. Mittelwesten entstanden; basierend auf dem Blues; schließl. als Tanz verkommerzialisiert.
**Boötes,** *Ochsentreiber, Bärenhüter,* Sternbild am nördl. Himmel; hellster Stern: *Arkturus.*
**Bootgrab,** *Schiffsgrab,* die Beisetzung des Toten in einem Boot oder Schiff, das von einem Grabhügel überwölbt ist; in N-Europa vom Ende der Jungsteinzeit bis in die Wikingerzeit.
**Booth** [bu:θ], William, *1829, †1912, Gründer u. erster General der *Heilsarmee.*

*Bonn: Regierungsviertel*

**Boothiahalbinsel** [ˈbuːθɪə-], früher *Boothia Felix,* kanad.-arkt. Halbinsel mit dem Nordkap des Festlands (Kap Murchison), rd. 31 800 km².

**Böotien,** grch. *Boiotia,* fruchtbares Becken in Mittelgriechenland, Hauptort *Lewadhia;* im Altertum nächst Attika die bedeutendste Ldsch. Mittelgriechenlands (Hptst. *Theben*).

**Bootsmann,** für den Decksbereich verantwortl. seemänn. Unteroffizier; in der Marine Unteroffizier im Range eines Feldwebels.

**Bop,** Kurzform für → Bebop.

**Bophuthatswana,** ehem. Homeland der Tswana innerhalb der Rep. S-Afrika, 40 430 km² in 6 Gebietsteilen, 1,66 Mio. Ew.; Reg.-Sitz ist *Mmabatho;* erhielt 1977 die Unabhängigkeit, jedoch internat. nicht anerkannt; Viehzucht, Bergbau.

**Boppard,** Stadt in Rhld.-Pf., am Mittelrhein, 17 000 Ew.; Kneipp-Kurort; Römerkastell; Reste der ma. Stadtbefestigung; Wein- u. Obstbau; pharmazeut. u. chem. Ind.

**Bora,** stürm., im Winter kalter Fallwind, bes. an der dalmatin. Küste.

**Borås** [ˈburoːs], Stadt in S-Schweden, östl. von Göteborg, 101 000 Ew.; Textil-Ind.

**Borax** *Natriumtetraborat, Tinkal,* Mineral, das zur Herstellung temperaturbeständiger Glassorten (Jenaer Glas), zum Glasieren u. Emaillieren von Steingut u. a. verwendet wird.

**Borchardt,** Rudolf, *1877, †1945, dt. Lyriker, Essayist u. Übersetzer; konservativer Humanist, der dichter. Schaffen mit gelehrter Forschung verband.

**Borchert,** Wolfgang, *1921, †1947, dt. schriftsteller; Sprecher einer entwurzelten Kriegsjugend; schilderte die dt. Nachkriegswirklichkeit; Ⓦ »Draußen vor der Tür«.

**Börde,** fruchtbare, lößbedeckte Tieflandsbucht.

**Bordeaux** [-ˈdoː], Haupthandels- u. Hafenstadt SW-Frankreichs, an der unteren Garonne, 640 000 Ew.; Univ.; Erzbischofssitz; Schiff-, Flugzeug- u. Maschinenbau, Metall-, Textil-, Holz-, Leder- u. a. Ind.; Raffinerien; Flughafen.

**Bordeauxweine** [-ˈdoː], Rot- u. Weißweine der Umgebung von Bordeaux; dazu gehören die *Médocs, Graves, Palus, Sauternes, Côtes* u. *Entre-Deux-Mers.*

**Bordell,** *Freudenhaus,* Unternehmen, dessen Räume der *B.halter* Dirnen, die von ihm wirtschaftl. abhängig sind, zur Ausübung der Prostitution überläßt, um daraus Gewinn zu erzielen.

**bördeln,** die Ränder bei Teilen aus Blech umbiegen.

**Bordet** [-ˈdɛ], Jules Jean-Babtist Vincent, *1870, †1961, belg. Hygieniker, Bakteriologe u. Serologe; entdeckte 1906 gemeinsam mit dem belg. Bakteriologen Octave *Gengou* (*1875, †1957) den Keuchhustenerreger; Nobelpreis 1919.

*Bordeaux: La Grosse Cloche, ein Torbau aus dem 13. und 15. Jahrhundert mit der Stadtglocke, befindet sich am Rand der Altstadt*

**Bordighera** [-ˈgɛː-], ital. Seebad u. Winterkurort in Ligurien, 12 000 Ew.

**Bordone,** Paris, *1500, †1571, ital. Maler; Vertreter des venezian. Manierismus, in der Nachfolge Tizians (bes. Altarwerke).

**Bordun,** 1. *Bourdon,* im MA allg. für eine tiefe Stimme, dann auch tiefe Stimme eines Musikstücks. – 2. gedacktes Orgelregister von dunklem Klang.

**boreal,** nördl., kalt gemäßigt.

**Boreal,** *Borealzeit,* rel. warme u. trockene Periode der Nachweiszeit *(Holozän)*, in der in N-Dtld. die Laubbäume einwanderten.

**Boreas,** in der grch. Sage der Gott des Nordwinds.

**Borg,** 1. Björn, *6.6.1956, schwed. Tennisspieler; Wimbledonsieger 1976, 1977, 1978, 1979, 1980. – 2. Kim, *7.8.1919, finn. Sänger (Baß).

**Borgen,** Johan, *1902, †1979, norweg. Schriftsteller u. Literaturkritiker.

**Borges** [ˈbɔrxɛs], Jorge Louis, *1899, †1986, argent. Schriftsteller; einer der führenden Vertreter der iberoamerik. Kultur (Lyrik, Erzählungen, Essays).

**Borgese** [-ˈdʒeː-], Giuseppe Antonio, *1882, †1952, italien. Schriftsteller u. Literaturwissenschaftler (zeitkrit. Romane, Novellen, Schauspiele, Gedichte).

**Borghese** [-ˈgeːzə], einflußreiche röm. Adelsfamilie, aus der u. a. Papst *Paul V.* (1605–21) stammte; weltberühmt durch ihre Sammlung antiker Kunstwerke u. neuzeitl. Gemälde; heute Staatsbesitz u. in das Casino der Villa B. übergeführt.

**Borgia** [ˈbɔrdʒa], *Borja,* span. Adelsgeschlecht, das zu Beginn des 15. Jh. in Italien Macht erlangte. – **1.** Alonso, Papst → Kalixt III. – **2.** Cesare, Sohn von 4), *1475, †1507, Erzbischof von Valencia 1493, Kardinal 1493–1498, Herzog der Romagna 1501; skrupelloser Renaissance-Fürst. – **3.** Lucrezia, Tochter von 4), *1480, †1519, zuletzt in 3. Ehe mit Alfonso I. d'Este von Ferrara verh., als Opfer der skrupellosen Familienpolitik von ihren Zeitgenossen (wohl zu Unrecht) einer unsittl. Lebensführung beschuldigt. – **4.** Rodrigo, Neffe von 1), Papst → Alexander VI.

**Borgis,** *Schriftgrad* von 9 Punkt.

**Borinage** [bɔriˈnaːʒ], Westteil des Steinkohlen- u. Industriebeckens des Hennegaus in Belgien.

**Boris,** Fürsten: **1.** *B. I.,* †907, erster christl. Fürst der Bulgaren 852–89; zog sich am Ende seines Lebens ins Kloster zurück. – **2. B. III.,** *1894, †1943, König von Bulgarien 1918–43; regierte seit 1934 autoritär; schloß sich 1941 den Achsenmächten an. – **3. B. Godunow,** *um 1551, †1605, Zar von Rußland 1598–1605; leitete 1584–98 die Reg. für seinen Schwager, den Zaren *Fjodor I.* Soziale Spannungen führten zu Aufständen mit falschen Thronprätendenten.

**Borke,** **1.** bei Holzgewächsen das außen auf die Rinde folgende abgestorbene Gewebe. – **2.** → Schorf.

**Borken,** Krst. in NRW, nahe der niederl. Grenze, 33 000 Ew.; St. Remigiuskirche (9. Jh.), Wasserburgen; Textil-, Glas-, chem.-metallurg. Ind.

**Borkenflechte,** *Räude, Impetigo contagiosa,* ansteckender Hautausschlag mit Eiterblasen u. Borkenbildung.

**Borkenkäfer,** *Scolytidae, Ipidae,* Käfer, deren Weibchen unter der Rinde von Bäumen (*Rindenbrüter*) oder tiefer im Holz (*Holzbrüter*) einen »Muttergang« nagen, an dessen Seiten die Eier abgelegt werden. Die Larven fressen typ. Gangsysteme in das Holz.

**Borkum,** westlichste der Ostfries. Inseln, vor der Mündung der Ems, 31 km², 8300 Ew.; mit Nordseebad *B.;* Flughafen.

**Borlaug** [ˈbɔːlɔːg], Norman Ernest, *25.3.1914, US-amerik. Agrarwissenschaftler; Friedensnobelpreis 1970.

**Borman** [ˈbɔːmən], Frank, *14.3.1928, US-amerik. Astronaut; führte 1969 als Kommandant von »Apollo 8« die erste Mondumkreisung durch.

**Born,** Max, *1882, †1970, dt. Physiker; Wegbereiter der modernen theoret. Physik; formulierte eine Theorie des Kristallgitters u. erarbeitete Grundlagen der Quantenmechanik; Nobelpreis zus. mit W. *Bothe* 1954.

**Borna,** Krst. in Sachsen, 21 900 Ew.; Braunkohlentagebau, Brikettfabrik.

**Börne,** Ludwig, eigentl. Löb *Baruch,* *1786, †1837, dt. Publizist; leidenschaftl. Führer der Jungdeutschen, Agitator für geistige u. soziale Freiheit.

**Borneo,** *Kalimantan,* größte der südostasiat. Inseln, drittgrößte Insel der Welt, 746 950 km², 9 Mio. Ew., meist Dajaker, Malaien u. Chinesen; zw. Gebirgszügen fruchtbare, dichtbesiedelte Schwemmlandebenen, trop. Vegetation; wirtschaftl. wenig erschlossen, zahlr. Bodenschätze (Gold, Diamanten, Silber, Platin, Kupfer u.a.), bisher aber nur Erdöl- u. Steinkohleförderung; Anbau von Reis, Zuckerrohr, Baumwolle, Kautschuk, Tabak, Kokos- u. Sagopalmen. – Der umfangreiche S gehört zur Rep. Indonesien, im N gehören Teile zu Malaysia u. Brunei.

**Börner,** Holger, *7.2.1931, dt. Politiker (SPD); 1976–87 Min.-Präs. von Hessen.

**Bornheim,** Stadt in NRW, am Ostabhang der Ville, 36 000 Ew.; Obst- u. Gemüseanbau.

**Bornholm,** dänische Ostsee-Insel, 588 km², 48 000 Ew.; Steilküste im NW u. NO; Ackerbau, Viezucht, Fischerei; reger Fremdenverkehr.

**Bornholmer Krankheit,** meist gutartig verlaufende Virusinfektionskrankheit mit Fieber, Schmerzen im Brust- u. Bauchbereich.

**borniert,** geistig beschränkt, dumm.

**Bornit,** *Buntkupfererz,* ein Mineral.

**Borobudur,** buddhist. Kultstätte in Indonesien (Java), abgestumpfte Pyramide mit 9 Terrassen.

**Borodin,** Alexander Porfirjewitsch, *1833,

*Bonsai: Ginkgo*

*Borneo: Pfahldorf*

*Wertpapierbörse in Frankfurt am Main*

† 1887, russ. Komponist; Hauptvertreter der jung-russ. Schule, brachte das nationale Element zum Ausdruck; W Oper »Fürst Igor«.

**Borretsch,** *Borago,* Gatt. der *Rauhblattgewächse;* hierzu der *Gewöhnl. B.* (Gurkenkraut) mit gurkenartig schmeckenden Blättern, als Salatgewürz verwendet.

**Borromäische Inseln,** ital. *Ísole Borromee,* 4 ital. Inseln im W-Zipfel des Lago Maggiore: Isola Bella, Isola Madre, Isola dei Pescatori, Isolino di San Giovanni; ben. nach der Mailänder Fam. *Borromeo,* die hier im 17. u. 18. Jh. herrl. Parkanlagen schuf.

**Borromäus,** Karl, *1538, †1584, Erzbischof von Mailand u. Kardinal; bemühte sich um die Durchführung der Reformbestimmungen des Trienter Konzils; Heiliger (Fest: 4.11.).

**Borromini,** Francesco, *1599, †1667 (Selbstmord), ital. Baumeister u. Bildhauer; Vertreter des röm. Spätbarocks in der Nachfolge Bramantes u. Michelangelos.

**Borsalbe,** milde keimtötende Salbe aus Vaseline mit 10% Borsäure, zur Behandlung oberflächl. Hautwunden.

**Borsäure,** $H_3BO_3$, weiße Kristalle; wirkt in Wasser gelöst (*Borwasser* 3%ig) keimtötend.

**Borsche,** Dieter, *1909, †1982, dt. Schauspieler (Theater u. Film); u.a. in »Königl. Hoheit«.

**Borschtsch,** poln. u. russ. Nationalgericht: Suppe aus Fleischbrühe, Zwiebeln, Knoblauch, Kohl, roten Rüben, Bohnen, Gewürzen u.a.

**Börse,** Markt für vertretbare Güter; das sind solche, die nach Art, Güte, Beschaffenheit u. Menge genau bestimmt sind: Massengüter (Metalle, Getreide, Baumwolle, Gummi) u. Effekten; danach werden *Waren-* oder *Produkten-* u. *Effekten-* oder *Fonds-B.* unterschieden; Abwicklung erfolgt nach *B.recht* u. *B.nordnung;* Aufgabe ist die Preis- oder Kursbildung, die von den *B.nmaklern (Kursmaklern)* gerecht vorgenommen werden kann, weil das gesamte Angebot u. die gesamte Nachfrage bei ihnen zusammenläuft (»Markt der Märkte«); Kauf- oder Verkaufsaufträge werden *limitiert* (bestimmte Preisgrenze) oder *unlimitiert* (bei Käufen »billigst«, bei Verkäufen »bestens«) gegeben.

**Börsenverein des Deutschen Buchhandels eV,** Spitzenorganisation des Buchhandels in der BR Dtld., Sitz: Frankfurt a. Main; gibt das »Börsenblatt für den Dt. Buchhandel, Frankfurter Ausgabe« heraus.

**Borsig,** Johann Friedrich A., *1804, †1854, dt. Industrieller; gründete 1837 eine Maschinenfabrik in Berlin, baute 1841 die erste dt. Lokomotive.

**Borstenigel,** *Tenrecinae,* Unterfam. der *Tanreks;* altertüml. Säugetiere, die durch Rüssel u. Stachelfell igelähnl. wirken; Verbreitungsgebiet: Madagaskar u. umliegende Inseln; am bekanntesten ist der *Große Tanrek.*

**Borstenwürmer,** Sammelbez. für borstentragende *Ringelwürmer;* man unterscheidet *Vielborster (Polychäten),* meist im Meer lebend, u. *We-* *nigborster (Oligochäten),* zu denen der *Regenwurm* gehört.

**Borten,** Per, *3.4.1913, norweg. Politiker (Zentrum); 1965–71 Min.-Präs.

**Borussia,** lat. Name für *Preußen.*

**Borwasser,** 3%ige wäßrige Lösung von Borsäure; mit milder antisept. Wirkung.

**Bosch, 1.** Carl, Neffe von 3), *1874, †1940, dt. Chemiker; ab 1925 Direktor der I. G. Farbenind. AG; führte die von F. *Haber* entwickelte Synthese von Ammoniak in großtechn. Maßstab durch u. machte sich um die Entwicklung der Kohlehydrierung verdient; Nobelpreis zus. mit F. *Bergius* 1931. – **2.** Hieronymus, eigentl. H. van *Aeken,* *um 1450, †1516, niederl. Maler; schilderte alptraumhaft u. mit unerschöpfl. Phantasie Versuchungen des Fleisches u. Höllenstrafen. Dämon. Wesen versammeln sich in oft schwer deutbaren Allegorien zur Peinigung der Menschheit. – **3.** Robert, *1861, †1942, dt. Elektrotechniker; Pionier im Bau elektr. Ausrüstungen von Kraftfahrzeugen; gründete 1886 in Stuttgart eine elektro-techn.-feinmechan. Werkstatt, aus der die *Robert Bosch GmbH* hervorging; brachte 1902 die Hochspannung-Magnetzündung für Kraftfahrzeuge heraus (*B.-Zünder*).

**Bosco,** Don Giovanni, *1815, †1888, ital. Ordensgründer *(Salesianer;)* wirkte als Erzieher der verwahrlosten Jugend durch Präventiverziehung. Heiligsprechung 1934 (Fest: 31.1.).

**böser Blick,** vermutete Fähigkeit, anderen durch bloßes Ansehen Schaden zuzufügen.

**Bosna,** r. Nbfl. der Save, größter Fluß Bosniens, 271 km.

**Bosniaken,** im 18. Jh. Bez. für poln. u. preuß. Reiter slaw. Herkunft.

**Bosnien und Herzegowina,** serbokroat. *Bosna i Hercegovina,* Teil-Republik im sw. Jugoslawien, 51 129 km², 4,3 Mio. Ew., Hptst. *Sarajevo;* im SW verkarstetes, waldarmes Gebirge, im N erzreiches, dichtbewaldetes Bosnisches Erzgebirge, fruchtbare u. dichtbesiedelte Savniederung; Anbau von Getreide, Zuckerrüben, Obst, Tabak; Bergbau; Hütten-Ind. – Gesch.: Im 7. Jh. von Slawen besiedelt; im 13. Jh. als Banat Bosnien, dem sich im 14. Jh. das Fürstentum Herzegowina (bis 1448) anschloß; 1463 bzw. 1482 türk.; 1878 unter östr. Verwaltung, 1908 von Österr. annektiert *(Bosnische Krise);* seit 1918 jugoslaw.

**Bosporus,** türk. *Karadeniz bogazi, Straße von Istanbul,* Meeresstraße zw. Europa u. Asien, verbindet Schwarzes u. Marmarameer, 30 km lang; 600–3000 m breit, 30–120 m tief; am Ausgang liegt *Istanbul* mit dem *Goldenen Horn* (Naturhafen); seit 1973 Autobahnbrücke zw. europ. u. asiat. Teil Istanbuls.

**Boß,** amerik. Bez. für Arbeitgeber, Vorgesetzter, auch Parteiführer.

**Bosseln,** bes. in N-Dtld. betriebenes Spiel mit Kugeln aus Hartgummi bzw. Holz, die möglichst weit geworfen werden müssen.

**Bossen,** roh bearbeitete, unregelmäßig gelassene Vorderseite von Naturstein-Werkstücken. – **B.mauerwerk,** Mauerwerk aus grob behauenen Natursteinquadern mit hervorgehobenen Fugen.

**bossieren, 1.** roh gebrochene Mauersteine grob behauen. – **2.** in Ton, Wachs usw. modellieren.

**Bossuet** [bɔsy'ɛ], Jaques Bénigne, *1627, †1704, französ. Geistlicher; 1669–71 Bischof von Condom, dann Erzieher des Dauphin, seit 1682 Bischof von Meaux; Schöpfer der »gallikan. Freiheiten«, Gegner des päpstl. Primats u. Anhänger des Konziliarismus.

**Boston** [ˈbɔstən], **1.** [der], langsamer amerikan. Schrittwalzer. – **2.** [das] in den USA, England u. Frankreich beliebtes Kartenspiel unter 4 Spielern mit 104 Whistkarten.

**Boston** [ˈbɔstən], Hauptst. von Massachusetts (USA), an der Mündung des Charles River in die *B.-Bai.* 571 000 Ew.; neben New York wichtigster Einfuhrhafen der USA, bed. Ausfuhr- u. Fischereihafen; Maschinen-, Textil-, Möbel-, Lederwaren-Ind. – 1630 gegr., Ausgangspunkt der amerik. Unabhängigkeitsbewegung, einstiges Zentrum des neuengl. Puritanismus.

**Boström** [ˈbuː-], Christoffer Jakob, *1797, †1866, schwedischer Philosoph; lehrte in Anlehnung an Platon u. Hegel einen Persönlichkeitsidealismus.

**Boswell** [ˈbɔzwəl], James, *1740, †1795, schott.-engl. Schriftsteller; schrieb Biographie von S. *Johnson.*

**Botanik,** *Pflanzenkunde,* Wiss. von den Pflanzen, heute in zahlr. Teilgebiete gegliedert: *Pflanzenmorphologie* (Lehre vom Bau) einschl. *Anatomie* (Organlehre), *Histologie* (Gewebelehre) u. *Zytologie* (Zellenlehre); *Pflanzenphysiologie* (Lehre von den Funktionen); *Ontogenie* (Entwicklungsgeschichte); *Genetik* (Vererbungslehre); *Pflanzensystematik,* ordnet, das Pflanzenreich aufgrund natürl. Verwandtschaftszusammenhänge; *Pflanzenökologie,* untersucht die Umweltbeziehungen der Pflanzen sowie ihre Anpassung an bestimmte Lebensräume; *Pflanzengeographie (Geobotanik),* untersucht die Gesetzmäßigkeiten der Pflanzenverbreitung; sie umfaßt die *Floristik,* die die Artenverteilung untersucht, u. die *Pflanzensoziologie,* die die Pflanzengesellschaften erforscht; *angewandte B.,* befaßt sich mit der *Pflanzenzüchtung,* der *Phytopathologie* (Lehre von den Pflanzenkrankheiten) u. der *Pharmakognosie* (Lehre von den Heilpflanzen); *Paläobotanik,* erforscht die Pflanzenwelt früherer Erdperioden.

**botanischer Garten,** Anlage zur Kultivierung von Pflanzen im Freiland u. in Gewächshäusern; dient u.a. zur Forschung.

**Botero,** Fernando, *19.4.1932, kolumbian. Maler; malt in altmeisterl. Manier ballonartig aufgeblasene Dinge u. monströs aufgeschwemmte Figuren mit winzigen, kindl. aufgesetzten Köpfen u. Händen.

**Botew,** höchste Erhebung des zentralen Hohen Balkan (Bulgarien), 2376 m.

**Botha, 1.** Louis, *1862, †1919, südafr. Offizier u. Politiker; einer der Burenführer, 1910–19 Min.-Präs. der Südafrik. Union. – **2.** Pieter Willem, *12.1.1916, südafrik. Politiker (Nationalpartei); 1978–84 Premier-Min.; 1984–89 Staats-Präs.

**Bothe,** Walther, *1891, †1957, dt. Physiker; arbeitete über kosm. Strahlung, Elektronenstreuung u. Kernspektroskopie; Nobelpreis 1954.

**Bothwell** [ˈbɔθwəl], James Hepburn, Duke of Orkney and Shetland, *um 1536, †um 1578; Vertrauter der *Maria Stuart;* schmiedete das Mordkomplott gegen ihren zweiten Gatten, Henry *Darnley,* u. wurde ihr dritter Gatte. Die Ehe wurde 1570 vom Papst annulliert.

*Hieronymus Bosch: Der heilige Johannes Evangelist auf Patmos. Berlin, Staatliche Museen Preußischer Kulturbesitz, Gemäldegalerie*

**Botschaft, 1.** allg. wichtige Mitteilung; bes. feierl. polit. Verlautbarung. – **2.** ständige diplomat. Vertretung bei fremden Staaten oder auch bei internat. Organisationen; heute übl. Form der diplomat. Vertretung, der sog. Mission; der Missionschef besitzt in der Regel B.erang. Der B.er ist beim Staatsoberhaupt beglaubigt u. genießt, ebenso wie sein »diplomat. Personal«, Immunität u. die sog. *diplomat. Vorrechte.*

**Botswana**, *Botsuana,* fr. *Betschuanaland.* Staat in S-Afrika, 581 730 km², 1,2 Mio. Ew. (aus dem Bantuvolk der *Tswana),* Hptst. *Gaborone.*

*Botswana*

Landesnatur. Abflußloses, 900–1100 m hohes Hochland mit dem sumpfigen Okawangobecken im NW u. Salzpfannen (Makarikaripfanne) im NO; geringe Niederschläge im Sommer. Im SW wachsen lockere Grasfluren, die nach NO über Trokkensavannen in laubabwerfende Trockenwälder übergehen.
Wirtschaft. Hauptausfuhrgüter sind Felle, Häute u. Molkereiprodukte aus der Viehzucht sowie die Bodenschätze Mangan, Diamanten u. Gold. Die von einer Autostraße begleitete Eisenbahnlinie Kapstadt-Gaborone-Bulawayo-Harare ist der wichtigste Verkehrsweg.
Geschichte. Das Land wurde 1885 als *Betschuanaland* brit. Protektorat. Seit 1966 ist es als B. unabhängige Rep. Staats-Präs. ist seit 1980 J. *Masire.*

**Böttcher**, *Küfer, Holzküfer, Binder, Schäffler, Fäßler, Faßbinder,* handwerkl. Ausbildungsberuf für die Herstellung von Holzgefäßen (Bottiche, Kübel, Fässer).

**Böttger**, *Böttiger,* Johann Friedrich, *1682, †1719, dt. Alchimist; ihm gelang 1707 die Herstellung des nach ihm benannten *B.-Steinzeugs* u. 1708 mit E. W. von *Tschirnhausen* des europ. Hartporzellans; bis zu seinem Tod Leiter der Porzellanmanufaktur Meißen.

**Botticelli** [-'tʃelli], Sandro, eigentl. Alessandro di Mariano *Filipepi,* *1444/45, †1510, ital. Maler; einer der Hauptmeister der florentin. Renaissancemalerei, tätig in Florenz u. Rom (religiöse, allegor. u. mytholog. Darstellungen); W »Der Frühling«, »Die Geburt der Venus«.

**Böttiger**, Hans → Ringelnatz, Joachim.

**Bottnischer Meerbusen**, durch Åland abgetrennter N-Teil der Ostsee zw. Finnland u. Schweden, 675 km lang, bis 240 m breit.

**Bottrop**, Ind.-Stadt in NRW, im Ruhrgebiet, 116 000 Ew.; Elektro-, Textil-, Stahl- u.a. Ind.

**Botulismus**, *Wurst-, Fleischvergiftung,* bes. nach dem Genuß von Fleisch-, Wurst-, Fisch- oder Gemüsekonserven auftretende anzeigepflichtige bakterielle Lebensmittelvergiftung; hervorgerufen durch das Bazillus *Clostridium botulinum* während der Lagerung.

**Botwinnik**, Michail Moisejewitsch, *17.8.1911, sowj. Schachspieler; Schachweltmeister 1948–57, 1958–60 u. 1961–63.

**Bouaké** [bua'ke], Stadt in der Rep. Elfenbeinküste. 275 000 Ew.; Ind.- u. Handelszentrum; Flughafen.

**Boucher** [bu'ʃe], François, *1703, †1770, frz. Maler u. Graphiker; einer der Hauptmeister der frz. Rokokomalerei, typ. Repräsentant der Salonkultur des 18. Jh.

**Bouclé** [bu'kle], Garne u. Stoffe mit noppenartiger Oberfläche.

**Boudoir** [bu'dwar], kleines behagl. Damenzimmer mit Tapeten, Spiegeln, Sofas.

**Bougainville** ['bu:gɛn'vi:l], größte Insel der Salomonen 8754 km², 72 000 Ew.; Zentrum ist der Hafen *Kieta.* Verw.-Sitz *Sohana;* Kupfervorkommen.

**Bougainville** [bugɛ̃'vi:l], Louis Antoine de, *1729, †1811, frz. Seefahrer; leitete 1766–69 die erste frz. Weltumsegelung; Wiederentdecker der Salomonen.

**Bougainvillea** [bugɛ̃-], *B. spectabilis,* in der Südsee heim. Kletterstrauch mit violetten Hochblät-

tern; Blüten selbst unscheinbar; als Zierpflanze bes. im Mittelmeergebiet.

**Bouillabaisse** [buja'bɛːs], Marseiller Fischsuppe aus Fischen, Krusten- u.a. Meerestieren.

**Bouillon** [bu'ljɔ̃], Fleisch- oder Kraftbrühe.

**Bouillon** [bu'jɔ̃], Stadt im SW der belg. Prov. Luxemburg, 6000 Ew.; Stammburg der Herzöge von B.; 1795 frz., 1814 ndl., seit 1837 belg.

**Boulanger** [bulɑ̃'ʒe], Georges, *1837, †1891, frz. Offizier; 1886/87 Kriegs-Min.; erstrebte den Revanchekrieg gegen Dtld.

**Boule** [bu:l], frz. Form des *Boccia,* meist mit Metall- oder Holzkugeln gespielt.

**Boulevard** [bul'va:r], breite, schöne Straße.

**Boulevardpresse** [bul'va:r], sensationell aufgemachte Zeitungen, die fast ausschl. im Straßenverkauf vertrieben werden; z.B. die »Bild-Zeitung«.

**Boulez** [bu'lɛːs], Pierre, *26.3.1925, frz. Komponist u. Dirigent; Vertreter der seriellen Kompositionstechnik.

**Boulle** [bu:l], André Charles, *1624, †1732, frz. Möbelkünstler; schuf barocke Prunkmöbel mit Einlegearbeiten in die Oberfläche.

**Boulogne-Billancourt** [bu'lɔnjə bijã'ku:r], Villen- u. Ind.-Vorstadt am SW-Rand von Paris, 110 000 Ew.; nördl. davon der *Bois de Boulogne.*

**Boulogne-sur-Mer** [bu'lɔnjə syr 'mɛːr], Hafenstadt in N-Frankreich an der Kanalküste, 50 000 Ew.; Schiffsverkehr nach Großbrit. u. Amerika; bed. Fischereihafen; Schiffbau.

**Boumedienne** [bumə'djɛn], Houari, *1925, †1978, alger. Offizier u. Politiker; kämpfte in der Guerilabewegung gegen Frankreich; 1965–78 Staatschef.

**Bouquinist** [buki-], frz. Bez. für den Antiquar; bes. an den Ufermauern der Seine in Paris.

**Bourbaki** [bur-], Nicolas, Pseudonym für eine Gruppe frz. u. US-amerik. Mathematiker, die das Gesamtgebiet der Mathematik seit 1938 unter dem modernen Gesichtspunkt der Strukturen neu ordnet u. in Einzelschriften behandelt.

**Bourbonen** [bur-], frz. Königsgeschlecht, Zweig der *Kapetinger,* seit 1272 Herzöge von *Bourbon;* herrschten 1589–1792 u. 1814–30 in Frankreich; auch in Neapel-Sizilien 1734–1860, in Parma-Piacenza 1748–1802 u. 1847–60 u. in Spanien 1700–1931, wo die B. 1975 erneut auf den Thron kamen.

**Bourbonnais** [burbɔ'nɛ], histor. Prov. in Mittelfrankreich, Stammland der *Bourbonen,* Hptst. *Moulins.*

**Bourdelle** [bur'dɛl], Émile Antoine, *1861, †1929, frz. Bildhauer, Maler u. Graphiker; Mitarbeiter von A. *Rodin;* schuf monumentale Bildnisbüsten, Denkmäler, Reliefs u. Gemälde.

**Bourgeois** [bur'ʒwa], der »Bürger« als Träger der Frz. Revolution 1789, der als wohlhabender *Besitzbürger* im 19. Jh. zur polit. Herrschaft in den europ. Staaten kam.

**Bourgeoisie** [burʒwa'zi] → Bürgertum.

**Bourges** [burʒ], Stadt in Mittelfrankreich, 74 000 Ew.; Erzbischofssitz; gotische Kathedrale (13./14. Jh.); Militär-Akademie; Rüstungs-Ind.; Masch.- u. Flugzeugbau.

**Bourget** [bur'ʒe], Paul, *1852, †1935, frz. Schriftsteller; bed. für die Entwicklung der modernen frz. Lit.; schrieb etwa 50 psycholog. u. zeitkrit. Romane, meist aus der mondänen Gesellschaft.

**Bourguiba** [bur-], *Burgiba,* Habib, *3.8.1903, tunes. Politiker; 1957–87 Staats-Präs.

**Bournemouth** ['bɔ:nmɔθ], Seebad in S-England, am Kanal, 150 000 Ew.

**Bourrée** [bu're], altfrz. Volkstanz; seit etwa 1560 am frz. Hof; später auch in der Suite des Barock.

**Bourtanger Moor** ['bur-], Hochmoor westl. der Ems, an der dt.-ndl. Grenze, 3000 km².

**Boutique** [bu'tik], kleiner Laden für mod. Kleidung u. Zubehör.

**Bouts** [bɔuts], Dirk (Dieric) d. Ä., *um 1415, †1475, ndl. Maler; einer der Hauptmeister der altndl. Kunst in der Nachfolge der Brüder van Eyck u. R. van der Weydens.

**Bouzouki** [buz'uki], Saiteninstrument der grch. Unterhaltungsmusik.

**Bovet** [-'ve], David, *23.7.1907, ital. Pharmakologe schweiz. Herkunft; arbeitete bes. über Mutterkorn, Antihistaminika u. das Pfeilgift Curare; Mitentdecker der Sulfonamide; Nobelpreis für Med. 1957.

**Boviste**, Gatt. der → Bauchpilze.

**Bowdenzug** ['bau-], in Rohren, Spiralen oder Schläuchen geführte Drahtkabel zum Übertragen von Zug- u. Druckkräften; bes. an Kfz.

**Bowiemesser** ['bɔui-], langes Jagdmesser.

**Bowle** ['bo:lə], alkohol. Getränk aus Wein, Früchten, Zucker, mit Zusatz von Sekt oder Mineralwasser.

**Bowling** ['bo:uliŋ], aus Amerika stammende Art des Kegelns.

**Box, 1.** Schachtel, Behältnis. – **2.** Abteil im Pferdestall oder in der Garage. – **3.** einfachste photograph. Kamera in Kastenform.

**Boxen**, sportl. Faustkampf nach festen Regeln mit gepolsterten Boxhandschuhen in einem Boxring, nach Gewichtsklassen getrennt u. über eine vereinbarte Rundenzahl (je 3 min., 1 min. Pause); Entscheidung fällt durch Aufgabe, durch Punktwertung oder durch Knockout (k. o.); die wichtigsten Boxschläge: *Gerade* (Stoß), *Haken* (mit gebeugtem Arm), *Schwinger* (mit fast gestrecktem Arm).

**Boxer** → Haustiere.

**Boxeraufstand**, fremdenfeindl. Aufstand in China 1899, der von der Geheimsekte der *Boxer* entfacht wurde; 1901 von einem Expeditionskorps der europ. Großmächte niedergeworfen.

**Boxermotor**, Verbrennungsmotor mit gegenüberliegenden Zylindern u. gegenläufig auf einer gemeinsamen Kurbelwelle arbeitenden Kolben.

**Box Kalf** [-ka:f], *Boxkalb,* chromgegerbtes, schwarzes oder farbiges Schuhoberleder aus Kalbfellen.

**Boy** [bɔy], (Lauf)junge, Diener, Bote.

**Boyd Orr** [bɔid ɔr], Sir John, seit 1949 Lord *Brechin,* *1880, †1971, brit. Politiker u. Ernährungsphysiologe; 1945/46 Generaldirektor der FAO; Friedensnobelpreis 1949.

**Boyen**, Hermann von, *1771, †1848, preuß. Offizier; 1814–19 u. 1840–47 Kriegs-Min.; setzte 1814/15 das Wehrgesetz, die allgem. Wehrpflicht u. die Landwehrordnung durch.

**Boykott**, wirtsch., soziale u. polit. Ächtung, durch die eine Person, ein Unternehmen oder ein Staat vom Geschäftsverkehr ausgeschlossen wird.

**Boyle** [bɔil], Robert, *1627, †1691, engl. Naturwissenschaftler; fand 1662 das *B.-Mariottesche-Gesetz,* das die Volumenänderung eines idealen Gases bei Druckänderung beschreibt, wenn die Temp. konstant bleibt: $p \cdot V$ = konstant, $p$ = Druck, $V$ = Volumen.

**Boyne** [bɔin], ostir. Fluß, 105 km.

**Boy Scouts** [bɔi skauts; engl., »junge Späher«], engl. *Pfadfinder.*

**Boysenbeere**, *Rubus hybr.,* durch Kreuzung von Brombeeren mit Himbeeren u. Loganbeeren gezüchtete Pflanze mit schmackhaften Beeren.

**Bozen**, ital. *Bolzano,* ital. Prov.-Hptst. in Trentino-Südtirol, 103 000 Ew.; Altstadt mit Laubengängen u. mittelalterl. Bauwerken; internat. Messe; Wein- u. Obstbau; Fremdenverkehr.

**Bozzano**, Ernesto, *1862, †1943, ital. Schriftsteller; Studien zur Parapsychologie.

**Bozzetto**, kleines, aus Wachs, Ton, Gips u.ä. gefertigtes Modell als Vorstudie für die Großplastik.

**Bq.,** Abk. für → Becquerel.

**Brabançonne** [brabã'sɔn], belg. Nationalhymne.

**Brabant**, ehem. Herzogtum im belg.-ndl. Raum; nördl. Teil wurde 1648 von den Ndl. erobert; Süd-B. wurde 1555 span., 1714 östr. u. wurde 1830 Kerngebiet des Kgr. Belgien. **1.** *B.* (*Süd-B.*), zentrale Prov. Belgiens, mit der Prov.-Hptst. *Brüssel;* 3371 km², 2,2 Mio. Ew. (im N Flamen, im S Wallonen); Landw., Steinkohlenbergbau, Eisen-, Textil-, Elektro-Ind. – **2.** ndl. Prov. *Nord-B.,* 5106 km², 2,14 Mio. Ew., Hptst. *Herzogenbusch.*

**Brabham** ['bræbəm], Jack, *2.4.1926, austral. Autorennfahrer; Automobil-Weltmeister 1959, 1960, 1966; auch erfolgreicher Rennwagenkonstrukteur.

**Brač** [bratʃ], ital. *Brazza,* jugoslaw. Insel in der Adria, südl. von Split, 396 km², 21 000 Ew.; Viehzucht, Wein-, Obst-, Olivenanbau.

**Brache**, nicht bestellte Ackerfläche; Anbaupause zur Erholung u. Wiederanreicherung des Bodens mit natürl. Nährstoffen.

**Bracher**, Karl Dietrich, *13.3.1922, dt. Historiker u. Politologe; behandelt v.a. zeitgesch. Themen.

**Brachialgewalt**, rohe Gewalt.

**Brachiopoden** → Armfüßer.

**Brachschwalbe**, *Glareola pratincola,* seeschwalbenähnl., bräunl. Vogel der *Regenpfeiferartigen;* besiedelt brachliegende Ufer u. Überschwemmungsgebiete von S-Europa bis SW-Asien.

**Brachsen**, *Blei, Brassen, Abramis brama,* bis 70 cm langer *Karpfenfisch* in Flüssen u. Seen Mitteleuropas; bed. Wirtschaftsfisch.

**Brachsenkräuter** ['braksən-], *Isoetales*, zu den *Bärlappgewächsen* gehörige, teils unter Wasser, teils auf feuchtem Boden lebende, ausdauernde Kräuter.
**Brachvogel**, *Großer B.*, *Numenius arquata*, einheim., hochbeiniger *Schnepfenvogel* mit langem, charakterist. abwärts gebogenem Schnabel; lebt in Tundren, Mooren, sumpfigen Wiesen.
**Brachvogel**, Albert Emil, *1824, †1878, dt. Bildhauer u. Schriftsteller (Romane, Novelle, Dramen).
**Bracke**, leichte, hochläufige, selten gewordene Jagdhunderasse.
**Brackwasser**, mit Meerwasser vermischtes Süßwasser, bes. in Flußmündungen u. Haffen.
**Bradbury** ['brædbəri], Ray Douglas, *22.8.1920, US-amerik. Schriftst. (utop. Romane u. Erzählungen).
**Bradford**, Ind.-Stadt in NO-England, 293 000 Ew.; Kathedrale (15.Jh.); TH; Hauptsitz der engl. Woll-Ind.
**Bradley** ['brædli], **1.** Francis Herbert, *1846, †1924, engl. Philosoph; Hauptvertreter des sich auf *Hegel* beziehenden engl. Neuidealismus. – **2.** James, *1693, †1762, engl. Astronom; entdeckte 1728 die Aberration des Lichts der Fixsterne.
**Bradykardie**, Verlangsamung der Schlagfrequenz des Herzens.
**Braga**, Stadt im nördl. Portugal, 63 000 Ew.; Kathedrale (12. Jh.), Wallfahrtskirche.
**Bragança** [-'gãsa], portug. Stadt u. ehem. Festung unweit der portug.-span. Grenze, 14 000 Ew.; Kathedrale; Textil-Ind.
**Bragança** [-gãsa], das Geschlecht, aus dem die Könige von Portugal 1640–1853 u. die Kaiser Peter I. u. II. von Brasilien (1822–89) stammten. Bis zum Ende der portug. Monarchie (1910) herrschte das Haus *B.-Coburg*.
**Bragg** [bræg], Sir William Henry, *1862, †1942, engl. Physiker; bestimmte mit seinem Sohn *William Lawrence B.* (*1890, †1971) den Gitterabstand der Atome im Kristall durch Messung der Reflexion von Röntgenstrahlen; 1915 Nobelpreis für beide.
**Bragi**, *B. Boddason*, um 800, gilt als ältester nord. Skalde in Norwegen; später als Gott der Dichtkunst unter die Asen versetzt.
**Brahe**, Tyge, gen. *Tycho*, *1546, †1601, dän. Astronom; seine Planetenbeobachtungen verhalfen seinem Gehilfen J. *Kepler* zur Entdeckung der Gesetze der Planetenbewegung.
**Brahm**, Otto, *1856, †1912, dt. Theaterleiter u. -kritiker; Wegbereiter des Naturalismus auf der Bühne.
**Brahman**, *Brahma*, Grundbegriff der brahman.-hinduist. Religion, Urgrund alles Seins oder Weltseele; auch personifiziert u. zeitw. als höchste Gottheit verehrt.
**Brahmanas**, Sammlung altind. heiliger Texte.
**Brahmane**, Angehöriger der obersten Kaste der Hindu, hervorgegangen aus der alten Priesterkaste.
**Brahmanismus**, i.e.S. die ind. Religion der Epoche, in der *Brahman* als Weltprinzip u. teilw. auch als höchster persönl. Gott verehrt wurde; i.e.S. aus dem Namen der Priesterkaste der Brahmanen hergeleitete Bez. für den *Hinduismus*.
**Brahmaputra**, Fluß im nö. Indien u. Bangladesch; fließt als *Tsangpo* im Längstal zw. Transhimalaya u. Himalaya, durchbricht diesen als *Dihang* u. fließt als *B.* zum gemeinsamen Mündungsdelta mit dem Ganges (Bengalen); 2900 km, 1100 km schiffbar.
**Brahms**, Johannes, *1833, †1897, dt. Komponist; Spätromantiker, jedoch ohne theatralische Elemente; ein lyr. Grundton wird zu strenger Form gebändigt, ernste u. leidenschaftl. Melodik, aber auch volkstüml. Elemente kennzeichnen seinen Stil. W 4 Sinfonien, 1 Violinkonzert, 2 Klavierkonzerte, Kammermusik, Lieder, Chorwerke (»Ein Dt. Requiem«).
**Braid** [breid], James, *1795, †1860, brit. Chirurg; stellte systemat. Untersuchungen über den »Mesmerismus« (Heilmagnetismus) an; prägte 1843 den Begriff *Hypnose*.
**Brăila** [brə'ila], rumän. Hafenstadt am l. Ufer der unteren Donau, 243 000 Ew; für Seeschiffe zugängl. Hafen; Holz- u. Getreideumschlag; Schiffswerft, Zement- u. Maschinenfabrik, Holzverarbeitung u.a.
**Braille** [braj], Louis, *1809, †1852, frz. Blindenlehrer; schuf 1829 die intern. gültige Form der Blindenschrift (*B.-Schrift*).
**Brainstorming** ['brεinstɔːmiŋ], Lösung von Problemen durch Befragung einer Gruppe von Personen, die möglichst spontan Einfälle zur Problemlösung äußern.
**Brain Trust** [brein trʌst], urspr. die Berater des US-Präs. Franklin D. *Roosevelt*, die seit 1933 das *New Deal* planten u. vorwärtstrieben; danach allg.: polit. Berater- u. Fachgremium.
**Brake**, *B. (Unterweser)*, Krst. in Niedersachsen, 17 900 Ew.; Schiffahrtsmuseum; Reedereien.
**Bräker**, Ulrich, *1735, †1798, schweiz. Schriftst., nach seiner Flucht aus preuß. Heeresdienst Weber in seiner Heimat, weitverbreitete Autobiographie »Lebensgesch. u. natürl. Ebentheuer des Armen Mannes im Tockenburg«.
**Brakteat**, *Hohlpfennig*, einseitig geprägte Münze; zuletzt im 17. Jh.
**Bramante**, Donato, *1444, †1514, ital. Architekt u. Maler; führender Baumeister der ital. Hochrenaissance (Pläne für den Neubau des Vatikans u. von St. Peter; nur z.T. ausgeführt); als Maler in der Nachfolge von V. *Foppa* u. A. *Mantegna*.
**Bramarbas**, seit 1710 bek. Bez. für die Bühnenfigur des Großsprechers u. Prahlers. – **bramarbasieren**, prahlen, »angeben«.
**Bramsche**, Stadt in Nds. 24 000 Ew.; Textil-, Lebensmittel-, Metall- u. Glas-Ind.
**Bramstedt**, *Bad B.*, Stadt in Schl.-Ho., Moor- u. Solbad, 8100 Ew.
**Branche** ['brãʃə], Fach, Geschäftszweig, Wirtschaftszweig.
**Branco**, **1.** → Castelo Branco. – **2.** *Rio B.*, l. Nbfl. des Rio Negro, im Amazonas-Gebiet, 1300 km.
**Brâncuşi** [brən'kuʃi], Constantin, *1876, †1957, frz. Bildhauer rumän. Herkunft; bed. Vertreter der abstrakten Kunst.
**Brand**, **1.** *Faulbrand, Nekrose, Gangrän*, Gewerbstod, Absterben von Organen u. Geweben nach mangelhafter Gewebsernährung, Verätzung, Quetschung, Verbrennung, Erfrierung, Vergiftung, Verschluß der versorgenden Blutgefäße bei Arteriosklerose u. Zuckerharnruhr. – **2.** durch *Brandpilze* hervorgerufene krankhafte Veränderungen an pflanzl. Organen, die Ähnlichkeit mit einer äußeren Verbrennung haben.
**Brandauer**, Klaus Maria, *22.6.1944, östr. Schauspieler; Filmhauptrollen u.a. in: »Mephisto«, »Oberst Redl«, »Das Spinnennetz«, »Georg Elser« (auch Regie).
**Brandbinde**, mit Wismutverbindungen präparierte Mullbinde.
**Brandblase**, durch Verbrennung 2. Grades entstandene Blase der Haut.
**Brandenburg**, **1.** Land der BR Dtld.; breites Becken mit vielen Seen u. Wasserstraßen, karge, sandige Böden mit Kiefernwald. – Gesch.: Mitte des 12. Jh. erwarb der Askanier *Albrecht der Bär* das Havelland u. nannte sich *Markgraf von B.* Nach dem Aussterben der Askanier kam die Mark an die *Wittelsbacher* (1320–1373), dann an die *Luxemburger* (1373–1415). Seit der Herausbildung des Kurfürstenkollegs Mitte des 13. Jh. zählte der Markgraf von B. zu den Kurfürsten. 1415 belehnte Kaiser Sigismund den Nürnberger Burggrafen *Friedrich VI.* von Zollern *(Hohenzollern)* mit der Mark B.; 1618 kam das Hzgt. (Ost-)Preußen dazu, u. die Mark B. wurde zum Kernland des entstehenden Staates *Preußen*. 1945–52 Landesteil der DDR, wurde 1952 auf die Bez. Potsdam, Frankfurt u. Cottbus aufgeteilt. 1990 wurde das Land wiederhergestellt. B. hatte bei der Auflösung 26 976 km², 2,5 Mio. Ew. – **2.** *Brandenburg/Havel*, Krst. in Brandenburg, 93 000 Ew.; zahlr. mittelalterl. Bauten; Stahl- u. Walzwerk, Schiffswerft, Masch.- u. Fahrzeugbau.
**Brandenburger Tor**, Berliner Stadttor am westl. Abschluß der Straße Unter den Linden; 1788–91 von C. G. *Langhans* erbaut (den *Propyläen* nachgeahmt): 62 m breit, 11 m tief, 20 m hoch; trägt eine 5 m hohe Quadriga, den von vier Pferden gezogenen Wagen der Siegesgöttin Viktoria. Seit 1961 war es durch die Mauer für den Durchgangsverkehr gesperrt, am 22.12.1989 wurde es wieder geöffnet.
**Brandes**, Georg, eigtl. Morris *Cohen*, *1842, †1927, dän. Kritiker, Literarhistoriker u. Biograph; Wegbereiter der realist. skand. Literatur.
**Brandgans**, *Brandente*, weißer *Entenvogel* mit schwarzen u. rotbraunen Abzeichen; Brutvogel an mittel- u. nordeurop. Küsten.
**brandmarken**, durch Aufdrücken eines *Brandmals* auf die Haut kennzeichnen; im MA übliche Strafe für Verbrecher.
**Brandmauer**, *Brandwand, Feuermauer*, Wand aus feuerbeständigen Baustoffen zw. aneinanderstoßenden Gebäuden, um das Übergreifen eines Brands zu verhüten.
**Brando** ['brændoʊ], Marlon, *3.4.1924, US-amerik. Theater- u. Filmschauspieler; u.a. in »Endstation Sehnsucht«, »Der Pate«.

*Johannes Brahms*

*Tycho Brahe in seiner Sternwarte Uranienburg*

*Bramante: Tempietto; 1500–1502. Rom*

## 132 Brandpilze

**Brandpilze,** parasit. Pilze, die an den befallenen Teilen der Wirtspflanze braune Sporen in solcher Menge bilden, daß diese Teile wie verbrannt aussehen; Erreger vieler Getreidekrankheiten.
**Brandrodung,** ältere Form der Landwirtsch., bei der ein Stück Urwald abgeholzt u. abgebrannt wird, bevor es bepflanzt wird. Der Boden ist bald erschöpft, was meist zur Neurodung u. zur Verlegung der Siedlung führt.
**Brandsohle,** innere Sohle des Schuhs, an der der Schuhschaft befestigt wird.
**Brandstiftung,** vorsätzl. oder fahrlässiges Inbrandsetzen best. Gegenstände, insbes. von Bauwerken; strafbar.
**Brandstoffe,** chem. Kampfmittel, die durch ihre Brandwirkung Menschen verletzen oder töten u. Sachwerte beschädigen oder vernichten.
**Brändström,** Elsa, *1888, †1948, schwed. Mitgl. des Roten Kreuzes; als »Engel von Sibirien« tatkräftige Helferin in der dt. Kriegsgefangenenfürsorge des 1. Weltkriegs.
**Brandt,** Willy, urspr. Herbert Karl *Frahm*, *18.12.1913, dt. Politiker (SPD); emigrierte 1933 nach Skandinavien, wo er nach Ausbürgerung die norw. Staatsbürgerschaft erwarb, den Namen Willy B. annahm u. als Journalist sowie in der norw. Widerstandsbewegung tätig war; 1957–66 Regierender Bürgermeister von Berlin, 1964–87 Vors. der SPD; 1966–69 Außen-Min. einer Großen Koalition mit der CDU; 1969–74 Bundeskanzler einer SPD-FDP-Koalition. B. intensivierte die Ostpolitik

*Willy Brandt*

(1970 Verträge mit der UdSSR u. Polen) u. suchte im Verhältnis zur DDR ein »geregeltes Nebeneinander« herbeizuführen (Grundvertrag 1972). 1974 trat B. im Zusammenhang mit einer DDR-Spionage-Affäre als Bundeskanzler zurück. 1976 wurde er Präs. der Sozialist. Internationale. – Friedensnobelpreis 1971 für seine »Politik der Versöhnung zwischen alten Feindländern«.
**Brandung,** das Brechen der in flachem Wasser zur Küste voreilenden Wellenkämme u. ähnl. unregelmäßige Wellenbewegungen an Klippen.
**Brandy** [ˈbrændi], Branntwein.
**Brandzeichen,** Brandmale bes. bei Pferden, seit uralter Zeit benutzt als Eigentumsbrand oder Zuchtbrand.
**Branntwein,** alkoholhaltiges Getränk; Alkoholgehalt mind. 32 Vol. %; entsteht durch Vergärung von zuckerhaltigen Getreidearten u. Früchten u. wird durch nachfolgende Destillation (Brennen) verstärkt; Sorten: Weinbrand (z.B. Cognac), Obstwasser, Wacholder, Korn, Rum, Arrak, Whisky u.a.
**Brant,** Sebastian, *1457, †1521, dt. satir. Schriftst.; W »Das Narrenschiff« (einer der größten Bucherfolge vor M. Luther).
**Branting,** Karl Hjalmar, *1860, †1925, schwed. Politiker; sozialdemokrat. Parteiführer, 1920–25 mehrmals Min.-Präs.; Friedensnobelpreis 1921.
**Braque** [brak], Georges, *1882, †1963, frz. Maler u. Graphiker; fand 1905 Anschluß an die Gruppe der »Fauves«, wurde 1907 mit P. *Picasso* bekannt u. begründete mit diesem unter dem Einfluß der Spätwerke P. *Cézannes* den *Kubismus*.
**Brasch,** Thomas, *19.2.1945, Schriftst.; ab 1947 in der DDR, seit 1976 in der BR Dtld.; schrieb Prosatexte, Bühnenstücke, Gedichte; W »Vor den Vätern sterben die Söhne«.
**Brasília,** seit 1960 anstelle von *Rio de Janeiro* die Bundes-Hptst. Brasiliens; hochmodern geplant (von Lúcio Costa) u. seit 1957 gebaut (Leitung

# BRASILIEN

*Vernichtung des tropischen Regenwalds durch Brandrodung*

*Viehzucht im Staat Mato Grosso*

*Rio de Janeiro (links). – Körperbemalung bei Indianern in Zentralbrasilien (rechts)*

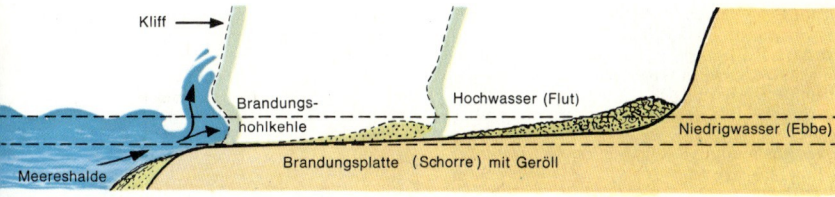

*Brandung (Schema)*

O. Niemeyer); 1,7 Mio. Ew. (Bundesdistrikt). B. soll die Erschließung Innerbrasiliens anregen.
**Brasilien**, flächenmäßig der größte Staat Südamerikas, an der Atlantikküste, 8 511 965 km², 141,5 Mio. Ew., Hptst. *Brasília*. B. ist gegliedert in 23 Bundesstaaten, 3 Bundesterritorien, 1 Bundesdistrikt (vgl. Tabelle).

*Brasilien*

**Landesnatur.** Das feuchtheiße, von dichtem Regenwald bestandene *Amazonastiefland* ist das größte trop. Waldgebiet der Erde. Nach S hebt sich das Land zum mäßig feuchten *Brasilian. Berg- u. Tafelland*, das von Savannen u. Trockenwäldern bestanden ist u. Höhen bis 1000 m aufweist.

*Kaffeeplantage bei Sao Paulo*

*Zentrum und Strand von Santos*

**Bevölkerung.** 53 % Weiße, 34 % Mischlinge, 11 % Schwarze, asiat. u. indian. Minderheiten. Die Bewohner sind überwiegend kath. u. sprechen portugiesisch. Fast ²/₃ leben in den Küstenstaaten des S u. SO.
**Wirtschaft.** Wichtigster Wirtschaftszweig ist die Landw., die für die Ausfuhr v.a. Kaffee (30 % der Weltproduktion), Kakao, Baumwolle, Sisal, Zuckerrohr u. Tabak liefert. Aus den Wäldern werden Hölzer, Kautschuk, Nüsse, Harze, pflanzl. Wachse u. Öle gewonnen. Die Viehzucht (v.a. Rinder) ist ebenfalls von Bedeutung. Die reichen u. vielfältigen Bodenschätze sind erst z.T. erschlossen. Erdöl u. Kohle werden in steigendem Maß gefördert u. exportiert. Wichtig sind die Metall- u. Masch.-, chem., Textil-, Leder-, Papier-, Nahrungsmittel- u. Tabakind. – Das Eisenbahn- u. Straßennetz ist nur in den Küstenstaaten des N u. O sowie im S ausreichend dicht. Im Innern spielt das gut ausgebaute Flugnetz eine wichtige Rolle.
**Geschichte.** B. wurde 1500 von P. A. *Cabral* für Portugal in Besitz genommen. 1822 erklärte sich B. unter dem port. Kronprinzen *Dom Predro (Pedro I.)* für unabhängig von Portugal. Die Abschaffung der Sklaverei führte 1889 zum Sturz des Kaisertums u. zur Einführung der Rep. 1942 trat B. auf alliierter Seite in den 2. Weltkrieg ein. Unter der Präsidentschaft von J. *Kubitschek* (1956–61) wurde die neue Hptst. Brasília gebaut. Von 1964–85 regierte das Militär. 1988 wurde eine neue sozialstaatl. geprägte Verf. verabschiedet. 1989 wurde F. *Collor de Mello* zum Staats-Präs. gewählt.
**Brașov** [braˈsɔv], dt. *Kronstadt*, Stadt in Siebenbürgen (Rumänien), 351 000 Ew.; mittelalterl. Stadtbild, Schloßberg mit Burg, spätgot. Schwarze Kirche; Univ.; Erdölraffinerie, Textil-, Metall-, Zement-Ind.
**Brasse**, laufendes Tau, mit dem die Rah mit oder ohne Segel horizontal um den Mast oder die Stenge geschwenkt (*gebraßt*) werden kann.
**Brassen**, *Meer-B.*, Sparidae, Fam. barschartiger, meist sehr auffällig gefärbter Meeresfische; schnelle Schwimmer u. ausdauernde Jäger; wirtschaftl. bedeutend.
**Brasseur** [-ˈsøːr], Pierre, *1905, †1972, frz. Schauspieler u. Autor; Charakterdarsteller u.a. in »Kinder des Olymp«.
**Brătianu** [brəˈ-], liberale rumän. Politiker: **1.** Ion d.Ä., *1821, †1891, 1876–88 fast ununterbrochen Min.-Präs.; erreichte 1878 die Unabhängigkeit Rumäniens von der Türkei. – **2.** Ion d.J., Sohn von 1), *1864, †1927, 1908–27 mehrfach Min.-Präs.; schuf Großrumänien.
**Bratislava** → Preßburg.
**Brätling** → Milchbrätling.
**Bratsche**, *Viola*, Streichinstrument, etwas größer als die Geige, eine Quinte tiefer gestimmt.
**Bratsk**, sowj. Industriestadt in Mittelsibirien, unterhalb des *B.er Stausees*, 270 000 Ew.; Wasserkraftwerk, Aluminiumhütte, holzverarbeitende Ind., Maschinenbau.
**Brattain** [ˈbrætɛin], Walter Houser, *10.2.1902, US-amerik. Physiker; arbeitete über Transistoren; Nobelpreis 1956 zus. mit J. *Bardeen* u. W. *Shockley*.
**Brauchitsch**, Walter von, *1881, †1948, dt. Offizier; 1938–41 Oberbefehlshaber des Heeres.
**Brauerei**, Unternehmen zur Herstellung von Bier.
**Braun, 1.** Eva, *1912, †1945, Gefährtin A. *Hitlers*; beging zus. mit ihm Selbstmord. – **2.** Felix, *1885, †1973, öst. Schriftst. (Romane, Essays, Dramen, Lyrik). – **3.** Karl Ferdinand, *1850, †1918, dt. Physiker; erfand 1897 die *B.sche Röhre* u. den Knallfunkensender; Nobelpreis 1909 zus. mit G. *Marconi*. – **4.** Lily, *1865, †1916, dt. Schriftst. u. Frauenrechtlerin. – **5.** Mattias, *4.1.1933, dt. Dramatiker; W »Die Troerinnen«, »Medea«. – **6.** Otto, *1872, †1955, dt. Politiker (SPD); 1920–32 preuß. Min.-Präs. – **7.** Volker, *7.5.1939, dt. Schriftst. (Lyrik, Dramen, Erzählungen). – **8.** Wernher von, *1912, †1977, dt. Raketenforscher; leitete während des 2. Weltkriegs die Raketenversuchsanstalt *Peenemünde* u. konstruierte die V1 u. V2; seit 1945 in den USA, verantwortl. für Bau u. Start des ersten amerik. Erdsatelliten (*Explorer 1*) sowie für die Entwicklung der Saturn-Raketen.
**Braunalgen** → Algen.
**Braunau**, *B. am Inn*, Grenzstadt in Oberöstr., 17 000 Ew.; alte Festungsstadt mit mittelalterl. Stadtbild; Geburtsort A. *Hitlers*; Maschinen- u. Textil-Ind.
**Braunbär** → Bären.
**Brauneisenstein**, wichtiges Eisenerz, → Limonit.
**Braunelle, 1.** *Brunelle, Braunheil*, ein *Lippenblütler* mit in Scheinähren stehenden blauen Blüten. – **2.** → Kohlröschen.
**Braunellen**, unauffällige finkenähnl. Singvögel mit spitzem Insektenfresserschnabel; in Dtld. heim. die *Hecken-B.* u. die *Alpen-B.*
**Braunerde**, Bodentyp des gemäßigten, ozean. bis subkontinentalen Laubwaldklimas; gute Ackerböden.
**Braunkohle**, braune bis schwarze, holzige bis erdige oder dichte, feste Kohle; im *Tertiär* entstanden, die jüngste aller Kohlen; Heizwert: 7300–29 000 kJ/kg; meist nicht tief liegend u. deshalb im Tagebau gewinnbar.
**Braunlage**, Stadt im Oberharz, 7100 Ew.; heilklimat. Kurort u. Wintersportplatz.
**Braunsberg**, poln. *Braniewo*, Stadt im Ermland (Polen), 16 000 Ew.; Katharinenkirche (z.T. Ruine), ehem. Deutschordensburg.
**Braunsche Röhre**, eine von K. F. *Braun* erfundene Elektronenstrahlröhre, in der ein feiner Elektronenstrahl beim Auftreffen auf einen Fluoreszenzschirm einen Leuchtfleck hervorruft. Der Strahl kann durch elektr. oder magnet. Felder in seiner Richtung abgelenkt werden; verwendet im *Oszillographen* zum Beobachten von Schwingungsvorgängen u. im Fernsehempfänger als *Bildröhre*. B→ S. 134
**Braunschweig, 1.** ehem. Land des Dt. Reichs. Aus welf. Besitz entstand 1235 das Hzgt. *B. u. Lüneburg*, das sich bald in mehrere Linien spaltete.

### Brasilien: Verwaltungsgliederung

| Bundesstaat/ Bundesdistrikt/ Bundesterritorium | Fläche in km² | Einwohner in 1000 | Hauptstadt |
|---|---|---|---|
| *Bundesstaaten:* | | | |
| Acre | 152 589 | 386 | Rio Branco |
| Alagoas | 27 731 | 2 303 | Maceió |
| Amazonas | 1 564 445 | 1 843 | Manaus |
| Bahia | 561 026 | 11 087 | Salvador (Bahia) |
| Ceará | 148 016 | 6 123 | Fortaleza |
| Espírito Santo | 45 597 | 2 382 | Vitória |
| Goiás | 642 092 | 4 639 | Goiânia |
| Maranhão | 328 663 | 4 865 | São Luis |
| Mato Grosso | 881 001 | 1 581 | Cuiabá |
| Mato Grosso do Sul | 350 548 | 1 674 | Campo Grande |
| Minas Gerais | 587 172 | 15 100 | Belo Horizonte |
| Pará | 1 248 042 | 4 587 | Belém |
| Paraíba | 56 372 | 3 105 | João Pessoa |
| Paraná | 199 554 | 8 530 | Curitiba |
| Pernambuco | 98 281 | 6 989 | Recife |
| Piauí | 250 934 | 2 518 | Teresina |
| Rio de Janeiro | 44 268 | 13 267 | Rio de Janeiro |
| Rio Grande do Norte | 53 015 | 2 195 | Natal |
| Rio Grande do Sul | 282 184 | 8 749 | Pôrto Alegre |
| Randônia | 243 044 | 982 | Pôrto Velho |
| Santa Catarina | 95 985 | 4 236 | Florianópolis |
| São Paulo | 247 898 | 30 943 | São Paulo |
| Sergipe | 21 994 | 1 345 | Aracajú |
| *Bundesterritorien:* | | | |
| Amapá | 140 276 | 232 | Macapá |
| Fernando de Noronha | 26 | 1 | Remédios |
| Roraima | 230 104 | 110 | Boa Vista |
| Brasília (Bundesdistrikt) | 5 814 | 1 684 | Brasília |

## 134 Braunstein

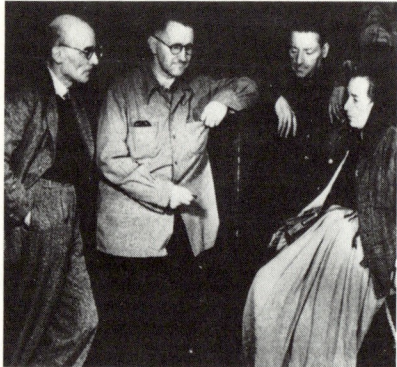
*Bert Brecht mit Erich Engel, Paul Dessau und Helene Weigel bei einer Probe des Berliner Ensembles*

Das spätere Hzgt. B. ging im 14./15. Jh. aus dem Teilfürstentum *B.-Wolfenbüttel* mit Bevern hervor. 1807–13 war B. Teil des napoleon. Kgr. *Westfalen*, dann wieder selbständig. Seit 1946 gehört es größtenteils zum Land Nds.; kleinere Teile kamen zum Bez. Magdeburg (DDR). – **2.** Hptst. des Reg.-Bez. B., an der Oker, im nördl. Harzvorland, 267 000 Ew.; Dom (von Heinrich dem Löwen begonnen), got. Rathaus, TU (1745), HS für Bildende Künste, Physikal.-Techn. u. Biol. Bundesanstalt; vielseitige Ind.

**Braunstein,** *Pyrolusit,* dunkelstahlgraues, seidenglänzendes Mineral.

**Brautkauf,** *Kaufheirat,* Zahlung eines Brautpreises durch den Bräutigam vor der Heirat; eigtl. keine Bezahlung, sondern ein Ausdruck der gesellschaftl. Achtung.

**Bravour** [bra'vu:r], Tapferkeit; Geschicklichkeit, Meisterschaft.

**Bray,** nordfrz. Ldsch. zw. Normandie u. Picardie.

**Brazzaville** [braza'vi:l], Hptst. der *VR Kongo*, 481 000 Ew.; Univ.; bed. Ind.-Zentrum des Landes; Fluß- u. Flughafen.

**BRD,** Abk. für *Bundesrepublik Deutschland;* amtl. nicht zulässig.

**Break** [breɪk], 1. beim *Boxen* das Kommando des Ringrichters, mit dem er beide Boxer trennt. – 2. beim *Eishockey* schneller Gegenangriff aus der Verteidigung heraus. – 3. im *Tennis* Gewinn eines Spieles, obwohl der Gegner den Aufschlag hat.

**Breakdance** ['breɪkdɑːns], Tanzformen jugendl. Rockfans; Anfang der 1980er Jahre in amerik. Großstädten entstanden; charakterist. sind die akrobat. Elemente wie Sprünge u. Drehungen auf dem Kopf oder auf dem Rücken.

**Brechdurchfall,** *Gastroenteritis,* schwere, mit Erbrechen, Durchfall u. Wasserverarmung des Gewebes einhergehende infektiöse Erkrankung.

**Brechnuß,** *Krähenaugen,* Samen des ostind. *Brechnußbaums,* enthalten Strychnin, das schon in kleinen Dosen tödl. wirkt.

**Brecht,** Bert(olt), *1898, †1956, dt. Schriftst.; marxist. Gesellschaftskritiker, der ein nichtaristotel. »episches Theater« anstrebte; leitete seit 1948 in O-Berlin ein eigenes Theater, das *Berliner Ensemble.* W »Die Dreigroschenoper«, »Aufstieg u. Fall der Stadt Mahagonny«, »Die heilige Johanna der Schlachthöfe«, »Mutter Courage u. ihre Kinder«, »Leben des Galilei«, »Herr Puntila u. sein Knecht Matti«, »Der kaukas. Kreidekreis«.

**Brechung,** *Refraktion,* Richtungsänderung eines Lichtstrahls (allg. einer ebenen Welle) beim Übergang von einem Stoff in einen anderen.

**Breda,** ndl. Handels- u. Ind.-Stadt in N-Brabant, 120 000 Ew.; Lebensmittelindustrie, Waffen- u. Munitionsfabriken.

**Bredouille** [brə'duljə], Bedrängnis, Schwierigkeit.

**Breeches** ['briːtʃiz], Reithose, die Unterschenkel u. Knie eng umschließt u. an den Oberschenkeln ballonförmig weit geschnitten ist.

**Breg,** Hauptquellfluß der Donau.

**Bregenz,** Hptst. der östr. Bundeslands *Vorarlberg,* am O-Ufer des Bodensees, 24 000 Ew.; Festspiele; versch. Ind.; Fremdenverkehr. – **B.er Wald,** Bergland in Vorarlberg, durchschnitten von der *B.er Ache.*

**Brehm, 1.** Alfred Edmund, *1829, †1884, dt. Zoologe u. Forschungsreisender; machte die Ergebnisse seiner Forschungen in volkstüml. Darstellung allen Bevölkerungsschichten zugängl.; W »Brehms Thierleben«. – **2.** Bruno, *1892, †1974, östr. Schriftst. (Trilogie vom Untergang der Donaumonarchie).

**Breisach am Rhein,** Stadt in Ba.-Wü. 5400 Ew.; Münster mit berühmtem Altar u. Fresken von M. *Schongauer.*

**Breisgau,** fruchtbare Ldsch. in S-Baden, zw. Rhein u. Schwarzwald; Hauptort *Freiburg i. Br.*

**Breit,** Ernst, *20.8.1924, Gewerkschaftsführer; 1985–90 Vors. des DGB.

**Breitbach,** Joseph, *1903, †1980, dt. Schriftst. (Erzählungen, Komödien).

**Breitbandantibiotika,** gegen zahlr. versch. Krankheitserreger wirksame Antibiotika.

**Breitbandkabel,** bes. Kabel, mit dem Frequenzbänder bis zu mehreren Millionen Hertz Breite übertragen werden können. – **Breitbandkommunikation,** gleichzeitige Übertragung von Fernschreiben, Ton- u. Fernsehfunk, Telefongesprächen u. Daten aller Art über ein Fernmeldenetz mit B.

**Breite,** *geograph. B.,* neben der *geograph. Länge* die zweite Bestimmungsgröße für die Lage eines Ortes auf dem Koordinatennetz der Erdkugel; nennt den Winkelbogen *(B.ngrad)* zw. der Lotlinie vom Bestimmungsort u. der Äquatorebene; wird vom Äquator aus 90° nach N *(nördl. B.)* u. nach S *(südl. B.)* gerechnet.

**Breitenkreis** → Gradnetz.

**Breitinger,** Johann Jakob, *1701, †1776, schweiz. Gelehrter u. Schriftst.; Mitarbeiter von J. J. *Bodmer;* stellte ihrer beider Kunstlehre dar, die gegenüber dem frz. bestimmten Regelzwang J. Ch. *Gottscheds* der Phantasie u. dem »Wunderbaren« Vorrang gab.

**Breitnasen,** neuweltl. *Affen* mit breiter Nasenscheidewand, Nasenlöcher seitwärts gerichtet; hierzu *Krallenaffen* (Löwenäffchen, Pinseläffchen, Tamarins) u. *Rollschwanzaffen* (Nachtaffen, Springaffen, Brüllaffen, Kapuzineraffen).

**Breitscheid,** Rudolf, *1874, †1944, dt. Politiker (SPD); Außenpolitiker der SPD-Reichstagsfraktion; 1933 emigriert, 1941 im KZ Buchenwald umgekommen.

**Breitschwanz,** noch ungelocktes Fell totgeborener Lämmer des Karakulschafs.

**Breitwand-Projektion,** *Panoramaverfahren,* Filmprojektion mit sehr breite, z.T. gebogene Bildwände, um die Illusion einer Raumwirkung zu erzielen.

**Bremen, 1.** kleinstes Land der BR Dtld., am Unterlauf u. Mündungstrichter der Weser, 326 km², 705 000 Ew.; umfaßt die Stadtgemeinden B. u. Bremerhaven; Senats-Präs. u. neunköpfiger Senat sind zugleich Bürgermeister u. Magistrat der Stadt B.; Legislative in der Hand der Bürgerschaft (100 Mitgl., davon 20 aus Bremerhaven). – **2.** Stadt an der Unterweser, zweitgrößter dt. Handelsstadt, 565 000 Ew.; Dom (1043), got. Rathaus mit Renaissancefassade; Rolandstatue, Böttcherstraße, Univ. (1971); Umschlag von Kaffee, Baumwolle, Wolle, Tabak, Reis u.a.; Schiffbau, Flugzeug-, Elektro-u.a. Ind. – G e s c h .: Das *Bistum B.* wurde 787 gegr. (845 *Erzbistum Hamburg-B.*) u. wurde im frühen MA Ausgangspunkt der Mission für N-Europa. Die Stadt wurde im 13. Jh. unabhängig vom Erzbischof u. gehörte seit 1358 zur *Hanse.* 1646 wurde B. im Kampf gegen Schweden *Freie Reichsstadt;* 1947 wurde das Land B. proklamiert.

**Bremerhaven,** Hafenstadt an der Wesermündung, 140 000 Ew.; Inst. für Meeresforschung, Schiffahrtsmuseum, Nordseeaquarium; Passagierverkehr nach Übersee, bed. Fischerei- u. Containerhafen; Reedereien, Werften, Fischverarbeitung, Maschinenbau.

**Bremer Stadtmusikanten,** Märchenstoff, erzählt von H. *Sachs,* G. *Rollenhagen* u. den Brüdern *Grimm;* Bronzebildwerk von G. *Marcks* am Bremer Rathaus.

**Bremervörde,** Stadt in Nds. an der Oste, 17 600 Ew.; Kunststoff-, Holz-, Textilind.

**Bremse,** eine Einrichtung, um eine Bewegung zu verlangsamen oder zu hemmen; beim Fahrzeug eine notwendige Anordnung, um es zu verzögern u. zum Halten an einer bestimmten Stelle zu bringen, um bei der Talfahrt die Geschwindigkeit zu begrenzen, u. um eine unbeabsichtigte Bewegung des haltenden Fahrzeugs zu verhindern. – Die verbreitetste u. wichtigste Bauform ist die *Reibungs-B.,* die als *Klotz-B.* unmittelbar am Radumfang angreifen kann. Bei allen luftbereiften Fahrzeugen u. bei Gleisketten werden nicht auf den Radumfang wirkende, aber mit dem Rad verbundene B.n verwendet. Man unterscheidet: *Trommel-B.n,* die nur mehr als *Innenbacken-B.n* gebaut werden, u. *Scheiben-B.n.* Die Innenbacken-B.n weisen in der Regel »Selbstverstärkung« auf, d.h., die erzeugte Bremskraft ist größer als die Kraft, die zum Anpressen der Backen an die Trommel nötig ist. Bei der Scheiben-B. werden die Reibungskräfte an der Oberfläche einer oder mehrerer Scheiben erzeugt. Die Scheiben-B. erlaubt eine bessere Wärmeabführung u. ein gleichmäßigeres Bremsen.

**Bremsen,** Fam. kräftiger *Fliegen,* deren Weibchen das Blut von Warmblütern saugen; teilw. gefährl. Krankheitsüberträger; in Dtld.: *Rinder-(Vieh-), Regen- (»blinde Fliegen«) u. Goldaugen-B.*

**Bremsstrahlung,** beim Auftreffen elektr. geladener Elementarteilchen (Elektronen) auf Materie entstehende elektromagnet. Strahlung; z.B. Röntgenstrahlen.

**Bremsweg,** der Weg, den z.B. ein Automobil vom Bremsbeginn bis zum Stillstand zurücklegt. Der B. ist von der erreichbaren Verzögerung u. vom Quadrat der Fahrgeschwindigkeit abhängig.

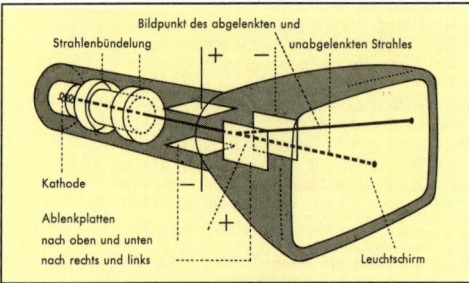
*Braunsche Röhre (Schema)*

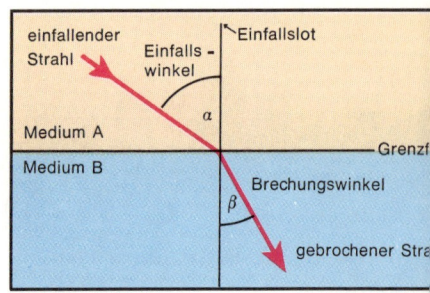
*Brechung eines Lichtstrahls*

*Bremen: Roland-Säule auf dem Marktplatz*

Eine mittlere Verzögerung von 2,5 m/s² u. eine Reaktionszeit von 1 s vorausgesetzt, ergibt sich der Anhalteweg = Brems- + Reaktionsweg für eine Geschwindigkeit von 30 km/h mit 22 m u. für 50 km/h mit 53 m.

**Brenner,** ital. *Brennero,* 1375 m hoher Alpenpaß an der östr.-ital. Grenze; niedrigster u. bequemster Übergang über die Alpen; B.-Bahn u. B.-Autobahn.

**Brenner,** Otto, *1907, †1972, dt. Gewerkschaftsführer; 1952–72 Vors. der IG Metall.

**Brennessel,** *Urtica,* Gatt. der *Brennesselgewächse;* Kräuter mit Brennhaaren; in Dtld. die *Kleine B.,* einjährig, bis 60 cm hoch u. die *Große B.,* bis 120 cm hoch, ausdauernd.

**Brennglas** → Linse.

**Brennhaare,** einzellige, borstenartige Haare an Pflanzen, deren Köpfchen bei Berührung leicht abbrechen. Die schräge Öffnung bohrt sich in die Haut ein, wobei der giftige Inhalt der Zelle in die Wunde eindringt (z.B. bei Nesselarten).

**Brennpunkt, 1.** Konstruktionspunkt bei Kegelschnitten. – **2.** *Fokus,* der Punkt, in dem achsenparallele Lichtstrahlen nach Durchgang durch Linsen (*Brennglas*) oder nach Reflexion an Hohlspiegeln (*Brennspiegel*) sich treffen. Der Abstand des B.s vom Linsenmittelpunkt heißt *Brennweite.*

**Brennspiritus,** durch Zusatz behördl. vorgeschriebener Stoffe (Methylalkohol, Pyridinbasen) ungenießbar gemachter, steuerbegünstigter Spiritus.

**Brennstoffe,** Stoffe zur Erzeugung von Wärme durch Verbrennung der Kernspaltung: *fossile B.* (Kohle, Erdöl, Erdgas, Torf), im Laufe der Erdgeschichte entstanden u. organ. Ursprungs, *Kern-B.* (Uran-Isotope, Plutonium).

**Brennstoffelement, 1.** *Brennstoffzelle,* Sonderform der galvan. Elemente: durch Oxidation versch. Brennstoffe wird unmittelbar elektr. Energie gewonnen, wobei kaum Wärme anfällt (*Kalte*

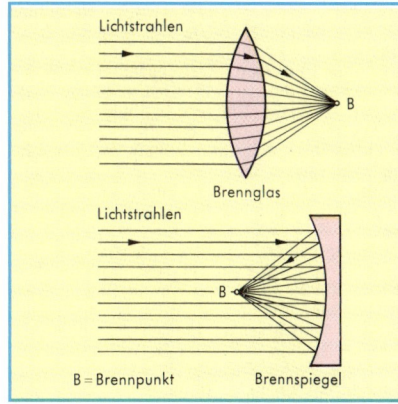
*Brennpunkt bei Brennglas und Brennspiegel*

*Breslau: Rathaus (rechts) und alte Tuchhallen*

*Verbrennung*); Energiedirektumwandler mit hohem Wirkungsgrad (70–90 %). – **2.** kugel- oder stabförmiger Körper, der den Kernbrennstoff (z.B. Uranoxid) für einen Kernreaktor enthält.

**Brennweite,** wichtigste Kenngröße einer Linse, eines Hohlspiegels oder opt. Systems: Abstand zw. Linsenmitte bzw. Spiegelscheitel u. Brennpunkt.

**Brenta, 1.** Gruppe der südl. Kalkalpen in S-Tirol, in der *Cima Tosa* 3173 m, in der *Cima B.* 3150 m. – **2.** oberital. Fluß, 174 km; mündet bei Chiòggia in das Adriat. Meer.

**Brentano, 1.** Bernhard von, *1901, †1964, dt. Schriftst.; Gesellschaftsromane. – **2.** Bettina → Arnim, Bettina von. – **3.** Clemens, Bruder von 2), *1778, †1842, dt. Schriftst. der Romantik; Lyriker von einzigartiger musikal. Sprachkraft u. unerschöpfl. Erfindungsgabe; Erneuerer von Dichtungen des 16. u. 17. Jh. u. Hrsg. (mit A. von Arnim) von »Des Knaben Wunderhorn«. – **4.** Franz, *1838, †1917, dt. Philosoph; verband die Philosophie mit der Psychologie, die er als philosoph. Grundwissenschaft verstand. – **5.** Heinrich von, Bruder von 1), *1904, †1964, dt. Politiker (CDU); 1955–61 Außen-Min. – **6.** Lujo, *1844, †1931, dt. Nationalökonom; Kathedersozialist, trat für das Gewerkschaftswesen nach engl. Vorbild ein.

**Brenz,** Johannes, *1499, †1570, dt. luth. Theologe; Organisator der württemberg. Landeskirche.

**Brenztraubensäure,** *Pyruvat,* CH₃-CO-COOH, eine essigsäure-ähnl. riechende Säure, die als Zwi-

schenprodukt bei der alkohol. Gärung u. beim biolog. Essigsäure-Abbau entsteht.

**Brera,** Gemäldegalerie in Mailand.

**Breschnew** [-ˈnjef], Leonid Iljitsch, *1906, †1982, sowj. Politiker; seit 1957 Mitgl. des Präsidiums bzw. Politbüros der KPdSU; 1960–64 u. seit 1977 Vors. des Präsidiums des Obersten Sowjets (Staats-Präs.); als Nachfolger N. *Chruschtschows* seit 1964 Erster Sekretär (1966 Generalsekretär) des ZK der KPdSU. – **B.-Doktrin,** in der westl. Welt verwendete Bez. für den anläßl. der Besetzung der Tschechoslowakei im August 1968 erhobenen Interventionsanspruch der Staaten des »sozialist. Lagers« gegenüber solchen sozialist. Staaten, deren Entwicklung »den Sozialismus gefährdet«.

**Bréscia** [ˈbreʃa], ital. Stadt in der Lombardei, 210 000 Ew.; Dom, Museen, Biblioteca Queriniana; bed. Industrie.

**Bresgen,** Cesar, *16.10.1913, östr. Komponist; (Märchen- u. Jugendopern; W »Der Igel als Bräutigam«; »Der Mann im Mond«.

**Breslau,** poln. *Wrocław,* Hptst. der poln. Wojewodschaft Wrocław an der Oder, 636 000 Ew.; wissenschaftl. u. kulturelles Zentrum; Rathaus (14./15. Jh.), Elisabethkirche (15. Jh.), Dom (1951 neu geweiht); Theater, Museen, Univ. (gegr. 1811), 8 HS; Masch.-, chem., Textil- u.a. Industrie. – Gesch.: seit 1163 Sitz von Piasten-Herzögen, 1335 zu Böhmen (1526 habsburg.), Hansestadt; kam im *B.er Frieden* (1742) an Preußen; im 2. Weltkrieg zu 70 % zerstört.

**Bressanone** → Brixen.

**Bresson** [brɔˈsɔ̃], Robert, *25.9.1907, frz. Filmregisseur (Filme in dokumentar. Stil).

**Brest, 1.** nordwestfrz. Stadt in der Bretagne, Handels- u. größter frz. Kriegshafen, 156 000 Ew.; Werften, Maschinenbau, elektr., chem. u.a. Ind. – **2.** bis 1940 *B.-Litowsk,* Hptst. der gleichn. Oblast in der Weißruss. SSR, 122 000 Ew. – Zw. Dtld., Östr. u. Rußland wurde 1918 der *Friede von B.-Litowsk* geschlossen.

**Bretagne** [-ˈtanjə], nach NW vorspringende, größte Halbinsel Frankreichs, 27 184 km², 2,76 Mio. Ew., größte Stadt *Rennes;* Viehzucht, Gemüse- u. Obstanbau; Fischerei; Fremdenverkehr.

**Breton** [brəˈtɔ̃], André, *1896, †1966, frz. Schriftst.; Mitbegründer u. Theoretiker des frz. Surrealismus.

**Bretonen,** kelt. Stamm auf der frz. Halbinsel *Bretagne,* 1,2 Mio., meist Fischer u. Bauern; kamen im 5./6. Jh. aus Britannien.

**Bretton Woods** [bretn wudz], Ort im USA-Staat New Hampshire; 1944 fand dort eine internat. Finanz- u. Währungskonferenz statt, die die Errichtung der Weltbank u. des Internat. Währungsfonds beschloß.

**Brettspiele,** Unterhaltungsspiele, die auf einem Brett (Spielplan) gespielt werden, z.B. Schach, Mühle, Go, Festungsspiel, Dame, Halma u.a.

**Breughel** → Bruegel.

**Breve,** päpstl. Urkunde mit kurzem Text.

**Brevier, 1.** liturg. Buch, welches das Stundengebet der kath. Kirche enthält, das die Kleriker u. Angehörige bestimmter Männer- u. Frauenorden tägl. zu verrichten haben; besteht u.a. aus Bibeltexten, Kirchenväterzitaten u. Hymnen. – **2.** Sammlung von Gedichten u. Worten eines Dichters.

**Brewster** [ˈbruːstə], Sir David, *1781, †1861,

## Brigade 135

schott. Physiker; entdeckte, daß reflektiertes Licht teilweise polarisiert ist.

**Briand** [briˈɑ̃], Aristide, *1862, †1932, frz. Politiker; mehrmals Min. u. Min.-Präs.; 1925–32 Außen-Min.; arbeitete mit G. *Stresemann* zus. an einer dt.-frz. Verständigung (Locarno-Vertrag); Friedensnobelpreis 1926 zus. mit Stresemann; Initiator des *B.-Kellogg-Pakts.*

**Bridge** [bridʒ], aus dem *Whist* entstandenes Kartenspiel mit 52 Karten zw. 4 Spielern.

**Bridgeport** [ˈbridʒpɔːt], Hafenstadt an der Atlantikküste in Connecticut (USA), nordöstl. von New York, 152 000 Ew.; Univ. (gegr. 1927); Metall-, Elektro-, Textilind.

**Bridgetown** [ˈbridʒtaun], Hptst. von Barbados, 12 000 Ew.; Hafen- u. Handelsplatz.

**Bridgman** [ˈbridʒmən], Percy William, *1882, †1961, US-amerik. Physiker; arbeitete auf dem Gebiet hoher Drücke; Nobelpreis 1946.

**Bridie** [ˈbraidi], James, eigtl. Osborne Henry *Mavor,* *1888, †1951, schott.-engl. Dramatiker (realist.-satir. Bühnenstücke).

**Brie,** frz. Ldsch. östl. von Paris; Milch- u. Käseerzeugung (*B.käse*).

**Briefadel** → Adel.

**Briefgeheimnis,** gesetzl. verankertes Verbot für jedermann, Briefe unbefugt zu öffnen.

**Briefmarken,** Postwertzeichen zur Erhebung postal. Beförderungsgebühren, die durch Postdienststellen oder postamtl. Verkaufsstellen vertrieben werden; dienen zur Freimachung von Postsendungen u. werden durch Stempel entwertet.

**Briefroman,** Form des *Romans,* die ganz oder vorw. aus Briefen des Helden an Personen seines Lebenskreises, z.T. auch aus ihren Antworten besteht; z.B. *Goethes* »Leiden des jungen Werthers«.

**Briefsteller,** urspr. eine Person, die für andere Briefe schrieb; dann ein Buch mit Mustern u. Anweisungen zum Briefschreiben. Der älteste dt. B. (1484) stammt von dem Buchdrucker A. *Sorg.*

**Brieftaube,** Rasse der *Haustaube* mit bes. gutem Heimfindevermögen; überwindet Entfernungen bis 1000 km mit Geschwindigkeiten um 60 km/h.

**Briefwahl,** mögl. Art der Stimmabgabe bei Wahlen; unabhängig von Wahltag, Wahlzeit u. Wahlort durch einen vorher von der Wahlbehörde ausgegebenen Wahlbrief.

**Brieg,** poln. *Brzeg,* Stadt in Schlesien (Polen), an der Oder, 31 000 Ew.; Piastenschloß (14.–16. Jh.); Masch.-, Lebensmittel- u. Lederind.

**Brienz** [ˈbriːɛnts], Ort im Kt. Bern, 3000 Ew.; am *B.er Rothorn* (2350 m) u. am *B.er See.*

**Bries,** *Thymusdrüse,* → Thymus.

**Brigach,** nördl. Quellfluß der Donau.

**Brigade, 1.** früher der größte nur aus einer Waffengattung bestehende Truppenverband, aus 2–3 *Regimentern* zusammengesetzt; heute der kleinste zu selbständiger Kampfführung geeignete, aus allen Waffengattungen zusammengesetzte Verband des Heeres. – **2.** in den kommunist. Ländern ein aus mehreren Arbeitern bestehendes *Kollektiv,* das

*Bretagne: Landschaft bei Carnac mit Alignements (parallelen Reihen von menhirartigen Steinen)*

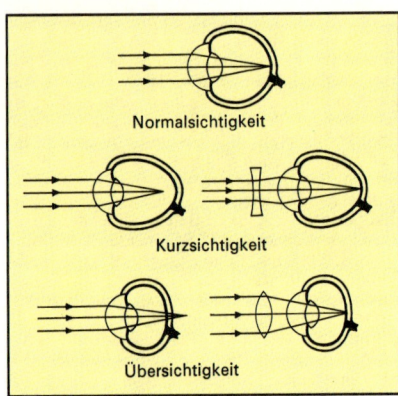

*Wirkungsweise von Brillen (Strahlenverlauf)*

nach produktionstechn. Gesichtspunkten zusammengestellt wird.

**Briggs,** Henry, *1561, †1630, engl. Mathematiker; entwickelte die dekad. Logarithmen *(B.sche Logarithmen).*

**Brighton** [braitn], engl. Seebad am Kanal, 163 000 Ew.; Univ. (gegr. 1961), Museen.

**Brikett,** unter hohem Druck aus feinkörniger Braun- oder Steinkohle hergestellter Quader oder Würfel.

**Brillant** [bril'jant], geschliffene Form des Diamanten.

**Brille,** Augengläser zur Korrektur von Augenfehlern oder zum Schutz; Zerstreuungslinsen (hohl, konkav) zur Korrektur von Weitsichtigkeit; Zylinderlinsen gleichen die Unsymmetrie des Auges (Astigmatismus) aus; bei *Bifokalgläsern* ist der obere Teil für Fernsicht, der untere für Nahsicht geschliffen. Die Stärke der Linsen wird in *Dioptrie* angegeben.

**Brilon,** Stadt in NRW, im nordöstl. Sauerland, 24 000 Ew.; Luftkurort, Wintersportplatz; Holzind., Glockengießerei.

**Brimborium,** Umschweife, Geschwätz.

**Brindisi,** ital. Hafenstadt in Apulien, 85 000 Ew.; Ölraffinerie, chem. Ind.; Fremdenverkehr. – Im Altertum *(Brundisium)* bed. Hafenstadt.

**Bringschuld,** eine Leistung, die am Wohnsitz des Gläubigers zu erfüllen ist; Ggs.: *Holschuld.*

**Brion** ['briɔn], Friederike, *1752, †1813, Tochter des Dorfpfarrers Johann Jakob B. in Sesenheim; *Goethes* Jugendliebe.

**Brioni,** *Brijuni,* klimat. begünstigte jugoslaw. Inselgruppe (13 Inseln) an der SW-Küste Istriens.

**Brisanz,** Sprengkraft eines Explosivstoffs oder Geschosses.

**Brisbane** ['brisbeɪn], Hptst. des austral. Bundesstaats Queensland, 960 000 Ew.; Univ. (gegr. 1909); Hafen, Werften, Raffinerien; Flughafen. 1824 als Strafkolonie gegr.

**Brise,** gleichmäßiger Wind von 2–10 m/s.

**Bristol** [bristl], engl. Hafenstadt u. Hptst. der engl. Grafschaft *Avon,* 384 000 Ew.; Kathedrale (12. Jh.); Univ. (gegr. 1909), TH; vielseitige Industrie.

**Bristolbai** ['bristlbeɪ], Meeresbucht im S Alaskas.

**Bristolkanal** [bristl-], 130 km lange Meeresbucht im SW Englands; geht in den Mündungstrichter des Severn über.

**Britannien,** lat. *Britannia,* vermutl. kelt. Name für England, Wales u. Schottland.

**Briten,** 1. *Britannier,* kelt. Einwohner des alten Britanniens. – 2. Einwohner Großbritanniens u. Nordirlands.

**Britisches Reich,** das ehem. brit. Weltreich *(Britisches Empire),* das zur Zeit seiner größten Ausdehnung (1921) rd. 38 Mio. km² mit 450 Mio. Bewohnern umfaßte. England wurde im 16. Jh. Seemacht u. betrieb seither Handels-, Siedlungs- u. Eroberungspolitik in Übersee, z.T. im Kampf gegen andere Kolonialmächte (Spanien, Frankreich, Niederlande). Im 17. u. 18. Jh. erwarb es Gebiete in der Karibik, in Nordamerika u. in Indien; seit Ende des 18. Jh. wurde Australien erschlossen; im 19. Jh. (Zeitalter des *Imperialismus)* kamen weitere Gebiete in Asien u. Afrika hinzu. Kolonien in Europa waren Gibraltar (1704) u. Malta (1800). Die USA befreiten sich bereits 1776 von der brit. Herrschaft. Die überwiegend von Weißen bewohnten Siedlungskolonien erhielten im 19. Jh. weitgehende Selbstverwaltung. Kanada, Australien, Neuseeland u. die Südafrik. Union (seit 1907 offiziell als *Dominions* bezeichnet) waren schon vor dem 1. Weltkrieg fakt. unabh. Staaten. Die anderen Kolonien standen in unterschiedl. Abhängigkeitsverhältnissen zum Mutterland. Seit 1926 nannte sich das B. R. *British Commonwealth of Nations.* Nach dem 2. Weltkrieg wurden fast alle brit. Kolonien unabh. (zuerst Indien 1947); die meisten verblieben im lockeren Verband des → Commonwealth of Nations. Brit. Besitzungen mit unterschiedl. Grad von Selbstverwaltung sind heute noch: Anguilla, Bermuda, Brit. Jungferninseln, Brit. Antarktis-Territorium, Brit. Territorium im Ind. Ozean, Cayman Islands, Falklandinseln, Gibraltar, Hongkong, Montserrat, Pitcairn, Sankt Helena, Südgeorgien u. Südl. Sandwichinseln, Turks- u. Caicosinseln.

**Britisch-Guayana** → Guyana.

**Britisch-Honduras** → Belize.

**British Antarctic Territory** ['britiʃ ænt'a:ktik 'teritəri], brit. Sektor in der Antarktis, 1962 gebildet, 388 500 km²; umfaßt die Antarkt. Halbinsel einschl. Südshetland u. Südorkney sowie das Weddellmeer.

**British Broadcasting Corporation** ['britiʃ'brɔ:dka:stiŋ kɔ:pə'reiʃən], Abk. *BBC,* die größte brit. öffentl.-rechtl. Rundfunkgesellschaft, 1927 gegr.; löste die private *British Broadcasting Company* (1922) ab.

**British Columbia** ['britiʃ kɔ'lʌmbjiə], *Britisch-Kolumbien,* Prov. im SW von → Kanada.

**Britten** ['britn], Edward Benjamin, *1913, †1976, engl. Komponist, Dirigent u. Klavierbegleiter; komponierte in einer gemäßigt modernen, gefälligen Tonsprache. 🎵 Oper »Peter Grimes«, Oratorium »War Requiem«.

**Britting,** Georg, *1891, †1964, dt. Schriftst. (Gedichte, Roman).

**Brixen,** ital. *Bressanone,* ital. Stadt in S-Tirol, am Eisack, 14 000 Ew.; Dom (13. Jh.), Kloster Neustift; Fremdenverkehr.

**Brjansk,** Stadt in der Sowj., an der Desna, 445 000 Ew.; Maschinenbau, Zementwerke; Wärmekraftwerk.

**Brno** → Brünn.

**Broadway** ['brɔ:dweɪ], Hauptgeschäftsstraße New Yorks mit zahlr. privaten Theatern; fast 25 km lang.

**Broccoli,** *Spargelkohl,* vorw. in Italien u. S-Schweden angebautes Gemüse; geschmackl. zw. Blumenkohl u. Spargel.

**Broch,** Hermann, *1886, †1951, östr. Schriftst.; moderner, von J. *Joyce* beeinflußter Epiker (Romane, Essays, Drama).

**Brockdorff-Rantzau,** Ulrich Graf von, *1869, †1928, dt. Diplomat; 1919 Reichsaußen-Min. u. Führer der dt. Friedensdelegation in Versailles; lehnte die Vertragsbedingungen ab u. trat nach Vertragsannahme zurück.

**Brocken,** *Blocksberg,* höchster Berg im *Harz* (1142 m), Schauplatz zahlr. Volkssagen.

**Brockes,** Barthold Hinrich, *1680, †1747, dt. Dichter (religiös-philos. Naturdichtung).

**Brockhaus,** Friedrich Arnold, *1772, †1823, dt. Verleger u. Lexikograph; gründete 1805 den späteren Verlag *F. A. Brockhaus,* seit 1817 Stammhaus in Leipzig (1953 verstaatlicht), seit 1945 in Wiesbaden; 1984 Fusion mit dem *Bibliograph. Inst.,* Mannheim; bek. durch Lexika u.a. Nachschlagewerke.

**Brod,** Max, *1884, †1968, östr. Schriftst. u. Kulturphilosoph; Nachlaßverwalter u. Biograph F. *Kafkas* (Romane, Lyrik).

**Brodsky,** Joseph (Jossif Alexandrowitsch), *24.5.1940, russ. Schriftst.; schreibt formstrenge Lyrik, auch Essayist, Dramatiker u. Übersetzer; 1972 aus der UdSSR ausgewiesen; 1987 Nobelpreis für Literatur.

**Broglie** [brɔj], Louis-Victor Duc de, *1892, †1987, frz. Physiker; begründete die *Wellentheorie der Materie;* Nobelpreis 1929.

**Brokat,** schwerer, fester, gemusterter Seiden- oder Reyonstoff, dem Gold- oder Silberfäden eingewebt sind *(Gold-* oder *Silber-B.).*

**Brokdorf,** Gem. in Schl.-Ho. an der Unterelbe, 800 Ew.; Kernkraftwerk.

**Broker** ['broukə], Börsenmakler in Großbrit. u. USA.

**Brom** → chem. Elemente.

**Brombeere,** artenreiche Gruppe der Gatt. *Rubus;* die *Gewöhnl. B.* mit glänzendschwarzen Früchten ist wild in Wäldern u. Gebüschen verbreitet; daneben werden bes. Sorten in Gärten kultiviert.

**Bromberg,** poln. *Bydgoszcz,* poln. Stadt an der Brahe, durch den *B.er Kanal* (25 km lang) mit Netze u. Oder verbunden, 300 000 Ew.; HS, Museen; Masch.-, Transportmittel- u.a. Industrie.

**Bromfield** [-fi:ld], Louis, *1896, †1956, US-amerik. Schriftst. (Romane, Essays).

**Bromide,** Salze der *Bromwasserstoffsäure.*

**Bronchialasthma** → Asthma.

**Bronchialkarzinom,** *Lungenkrebs,* von den Bronchien ausgehende bösartige Geschwulst.

**Bronchialkatarrh** → Bronchitis.

**Bronchien,** die beiden Äste der Luftröhre, die in die Lunge führen; spalten sich dort in kleinere *Bronchiolen* auf u. enden schließl. in den Lungenbläschen *(Alveolen).*

**Bronchitis,** *Bronchialkatarrh,* entzündl. Reizzustand der *Bronchien,* der sich durch Husten, zähen Auswurf u. Schmerzen hinter dem Brustbein äußert; kann durch Erkältung u. Infektion, chem. Reize, aber auch durch Lungenstauung bei Herzkrankheiten entstehen.

**Bronchopneumonie** → Lungenentzündung.

**Brontë** ['brɔnti], engl. Schriftst., Schwestern: 1. Anne, *1820, †1849, 2. Charlotte, *1816, †1855, 3. Emily Jane, *1818, †1848, schrieben Gedichte u. Romane, geprägt vom elterl. puritan. Pfarrhaus.

**Bronx,** nördl. Stadtteil von New York, 1,17 Mio. Ew. (11,5 % Schwarze).

**Bronze** ['brɔ̃sə], alle Legierungen des Kupfers mit anderen Metallen, v.a. mit Zinn.

**Bronzekrankheit** → Addisonsche Krankheit.

**Bronzekunst,** Bildwerke u. kunsthandwerkl. Gegenstände aus Bronze; im Abgußverfahren hergestellt, zuweilen auch getrieben.

**Bronzezeit** → Vorgeschichte.

**Brook** [bruk], Peter, *21.3.1925, engl. Theaterregisseur; bek. v.a. durch seine Shakespeare-Inszenierungen.

**Brooklyn** ['bruklin], südl. Stadtteil von New York, 2,23 Mio. Ew. (20 % Schwarze u. 20 % Italiener).

**Brosche,** [frz.], verzierte Vorstecknadel aus Metall.

**broschieren,** Hefte oder Bücher *(Broschüren)* ohne Einbanddecke heften als kleben.

**Brot,** aus aufgelockertem Teig durch Erhitzung bei 250–290 °C *(Backen)* bereitetes Nahrungsmittel. *Weiß-B.* wird aus feinem Weizenmehl, *Grau-B.* aus Roggenmehl, *Vollkorn-B.* aus ungeschälten Körnern hergestellt. *Schwarz-B.* (Pumpernickel) bereitet man aus mit Sauerteig gelockertem Roggenschrotteig durch etwa 12stündiges Backen bei 150–180 °C unter Einwirkung von Wasserdampf.

**Broteinheit,** Abk. *BE,* gebräuchl. Berechnungsgröße in der Diabetes-Diät für die (erlaubten) Mengen an Kohlenhydraten u. Zuckeraustauschstoffen; 1 BE entspricht 12 g Kohlenhydraten bzw. 20 g Weißbrot.

**Brotfruchtbaum,** in SO-Asien heim. Nutzbaum aus der Fam. der *Maulbeergewächse;* seine mehligen Früchte dienen gebacken als Nahrungsmittel.

**Brot für die Welt,** seit 1959 jährl. Sammlungsaktion der ev. Landes- u. Freikirchen in Dtld. für Ka-

*Landschaft in British Columbia*

*Brot für die Welt: Spendenaufruf*

tastrophenhilfe, Wirtsch.- u. Sozialmaßnahmen, Berufsausbildung, Gesundheitsfürsorge in der Dritten Welt.

**Brouwer** [ˈbrauər], **1.** Adriaen, *1605/06, †1638, fläm. Maler, derb-realist. Bilder des Bauernlebens. – **2.** Luitzen Egbertus Jan, *1881, †1966, ndl. Mathematiker; führte die Mathematik auf das intuitive Erlebnis der natürl. Zahlenfolge zurück.

**Brown** [braun], **1.** Herbert C., *22.5.1912, US-amerik. Chemiker; stellte bes. organ. Borane her, die für zahlr. organ. Synthesen bed. sind; 1979 Nobelpreis zus. mit G. Wittig. – **2.** Michael S., *13.4.1941, US-amerik. Mediziner; arbeitete über Arteriosklerose u. Cholesterin; Nobelpreis 1985 zus. mit H. C. Goldstern.

**Browning** [ˈbrau-], Robert, *1812, †1889, engl. Schriftst.; verh. mit Elizabeth *Barrett-B.;* Bekenntnisdichtung, dramat. Monologe.

**Brownsche Molekularbewegung** [ˈbraun-], von dem engl. Botaniker R. *Brown* 1827 entdeckte Zitterbewegung, die mikroskop. kleine Teilchen (z.B. Staub) in Gasen oder Flüssigkeiten ausführen. Sie beruht auf den unregelmäßigen Stößen der Moleküle des umgebenden Mediums.

**BRT,** Abk. für *Bruttoregistertonne,* → Schiffsvermessung.

**Brubeck,** Dave, *6.12.1920, US-amerik. Jazzpianist u. Combochef; Vertreter des Cool Jazz.

**Bruce** [bruːs], **1.** schott. Adelsgeschlecht; gewann 1306 mit Robert B. (*1274, †1329) den schott. Thron, verlor ihn aber schon 1371 wieder mit David II. B. (*1324, †1371) an das Haus Stuart. – **2.** Sir David, *1855, †1931, brit. Militärarzt; wies 1887 den Erreger des Maltafiebers, *Brucella melitensis,* nach.

**Brucellosen,** Sammelbez. für meldepflichtige Infektionskrankheiten bei Mensch u. Tier, die durch Bakterien der Gatt. *Brucella* hervorgerufen werden; Übertragung auf den Menschen nur durch Tiere.

**Bruch, 1.** → Verwerfung. – **2.** mit Erlen u. Weiden bestandenes Sumpfgelände. – **3.** Quotient zweier ganzer Zahlen; Schreibweise: $\frac{a}{b}$ bzw. a/b; a ist der *Zähler,* b der *Nenner,* der B.strich steht anstelle der Teilungspunkte; beim *echten B.* (*gemeinen B.*) ist der Zähler kleiner als der Nenner, beim *unechten B.* größer; beim *Dezimal-B.* ist der Nenner 10 oder eine Potenz von 10, z.B. $^5/_{10}$, $^2/_{100}$, geschrieben 0,5, 0,02. – **4.** → Knochenbruch. – **5.** *Eingeweide-B. (Hernie),* Vortreten von Eingeweiden aus der Bauchhöhle in eine abnorme Ausstülpung des Bauchfells, z.B. *Leisten-, Schenkel-, Lenden-, Nabel-B.* – **B.band,** Bandage zum Zurückhalten eines B.s.

**Bruch, 1.** Max, *1838, †1920, dt. Dirigent u. Komponist; Spätromantiker; 🅆 Violinkonzert g-Moll. – **2.** Walter, *1908, †1990, dt. Ing.; entwickelte das Farbfernsehsystem *PAL.*

**Bruchsal,** Stadt in Ba.-Wü., 38 000 Ew.; Schloß (18. Jh.), Barockkirche; Elektro-, Masch.-, Holz- u. Papier-Ind., Hopfen-, Tabak, u. Weinanbau.

**Bruchwald,** auf wasserreichem, saurem Humusboden stockender Wald aus Erlen u. Weiden.

**Bruck, 1.** *B. an der Leitha,* Bez.-Hptst. in Niederöstr., an der Grenze zum Burgenland, 6800 Ew.; Schloß Prugg. – **2.** *B. an der Mur,* östr. Bez.-Hptst. in der Steiermark, 16 500 Ew.; Ruinen der Festung *Landskron.*

**Brücke, 1.** Bauwerk zum Überführen von Straßen, Eisenbahnen u.ä. über Flüsse, Täler u.a. Hindernisse; bestehend aus *Unterbau* (Tragwerk). Nach dem stat. System des Tragwerks unterscheidet man: *Balken-B.n, Bogen-B.n, Rahmen-B.n, Hänge-B.n* u. mit *Schrägseilen;* feste u. bewegliche B.n (Klapp-, Dreh-, Hub- u. Roll-B.n); B.n mit der Fahrbahn oben (oberhalb des Tragwerks), in der Mitte oder unten.

Gesch.: Bereits im Altertum wurden beträchtl. Spannweiten überbrückt: z.B. die Rhein-B. Cäsars, die Trajan-B. über die Donau. Neben Holz-B.n entwickelte sich der Bau steinerner B.n bereits bei den Ägyptern u. Sumerern. Unter den Römern erreichte dann der B.nbau eine Höhe, die mehr als tausend Jahre lang nicht mehr übertroffen wurde. Im MA entstanden massive Wölb-B., oft mit Türmen, Toren u. Denkmälern. Im 12. Jh. entstanden u.a.: Donau-B. bei Regensburg (1135–46), Marien-B. bei Würzburg (1133), Rhône-B. bei Avignon (1177–85), London Bridge (1176–1209). Mit dem Emporkommen der Städte u. dem Aufschwung von Handel u. Verkehr entstanden immer mehr, darunter auch sehr bemerkenswerte B.n: Ponte Vecchio in Florenz (1345), Karls-B. Prag (1348–1507), Adda-B. bei Trezzo, 76 m Stützweite (1377), Rialto-B. Venedig (1587–91). Die erste ganz aus Eisen bestehende B. entstand 1779 in Wales. Rechner. u. zeichner. Verfahren für die Bemessung der Tragwerke wurden im 19. Jh. entwickelt. Um die Jahrhundertwende gewann durch Anwendung des Betons wieder der Massivbau an Bedeutung. Nach dem 2. Weltkrieg kam der Spannbeton dazu u. in den letzten Jahrzehnten auch noch der konstruktive Leichtbeton, der Leichtmetallbau, die Verbundbauweise aus Stahl u. Beton u. der Fertigteilbau. – **2.** im *Geräteturnen* eine Gesamtrückbeuge des Körpers, bei der die Hände, beim *Ringen* der Kopf den Boden erreichen. – **3.** → Zahnersatz.

**»Brücke«,** 1905 in Dresden von K. *Schmidt-Rotluff,* E. L. *Kirchner* u. E. *Heckel* gegr. Vereinigung (bis 1913) von expressionist. Künstlern, der sich später C. *Amiet,* A. *Gallen-Kallela,* E. *Nolde,* M. *Pechstein,* O. *Mueller* u.a. anschlossen; sie holten sich Anregungen bei P. *Gauguin,* V. van *Gogh* u. E. *Munch* u. erstrebten eine archaisierende Formgebung durch Flächenhaftigkeit u. hekt. Farbgebung.

**Brückenau,** Bad B., bay. Stadt in Unterfranken, am Fuß der Rhön, 6200 Ew.; Mineralquellen; Schwefel- u. Moorbad.

**Brückenechse,** bis 75 cm langer, einziger lebender Vertreter einer sonst ausgestorbener Kriechtierordnung; nur noch auf Inseln vor der Küste Neuseelands.

**Brückenkopf,** feindbesetztes Gebiet im erkämpften Geländestreifen, von dem aus das Übersetzen u. Vordringen weiterer eigener Truppen gesichert werden kann.

**Brückenwaage,** Hebelwaage mit breiter Plattform *(Brücke)* zur Aufnahme schwerer Lasten.

**Brückner,** Christine, *10.12.1921, dt. Schriftst.; 🅆 Romane »Jauche u. Levkojen«, »Nirgendwo ist Poenichen«.

**Bruckner, 1.** Anton, *1824, †1896, östr. Komponist; einer der gewaltigsten Sinfoniker, konnte

### Die größten Brücken

| Brücke | Ort | größte Stützweite (in m) | Fertigstellung |
|---|---|---|---|
| Minami-Bisan-Seto | Schikoku-Honschu | 1723 | 1987 |
| Humber | Kingston upon Hull | 1410 | 1980 |
| Verrazano-Narrows | New York | 1300 | 1965 |
| Golden Gate | San Francisco | 1277 | 1937 |
| Bosporus | Istanbul | 1074 | 1973 |
| Washington | New York | 1064 | 1931 |
| Tejo | Lissabon | 1013 | 1967 |
| Firth of Forth | Schottland | 1006 | 1964 |
| Severn | Severn | 988 | 1966 |
| Tacoma Narrows | Tacoma, Washington | 851 | 1950 |
| Transbay | San Francisco | 702 | 1936 |
| Bronx-Whitestone | New York | 698 | 1939 |
| Delaware Memorial | Wilmington, Del. | 654 | 1951 |
| Tancarville | Tancarville | 608 | 1959 |
| Kleine-Belt-Brücke | Kleiner Belt | 600 | 1970 |
| Ambassador | Detroit | 562 | 1929 |
| Quebec | Quebec | 547 | 1917 |
| Delaware River | Philadelphia | 532 | 1926 |
| Firth of Forth | Schottland | 520 | 1890 |
| Kill Van Kull | Bayonne, N. J. | 502 | 1931 |
| Sydney Harbour | Sydney | 502 | 1932 |

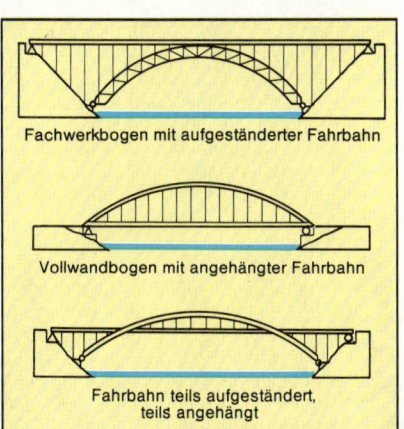

*Brücken: Bogenbrücken (links). – Ausbau einer Brücke: Neben der vorhandenen Brücke entstand die zweite rund 250 m lange Brückenhälfte in Spannbetonbauweise und im Taktschiebeverfahren (Mitte) – Die über 5000 m lange Seelandbrücke über die Osterschelde in den Niederlanden (rechts)*

## 138 Brüdergemeine

sich aber nur schwer durchsetzen. – W 9 Sinfonien, 3 große Messen, ein »Te Deum«, Chorwerke, ein Streichquintett. – **2.** Ferdinand, eigtl. Theodor Tagger, *1891, †1958, östr. Schriftst.; Repräsentant einer »neuen Sachlichkeit«, die sozialkrit. u. psychoanalyt. vorgeht (Dramen, Essays, Lyrik).

**Brüdergemeine,** *Brüderunität, Herrnhuter,* ev. Gemeinde, die aus Resten der Böhmischen Brüder u. dt. Pietisten um 1722 unter Leitung des Grafen N. von *Zinzendorf* auf dessen Gut Berthelsdorf (Oberlausitz) entstand, wo der Stammort *Herrnhut* gegr. wurde; gekennzeichnet durch heitere Frömmigkeit, arbeitsames Leben, Missions-, Erziehungs- u. Pflegetätigkeit.

**Bruderschaften,** in der kath. Kirche Vereine zur Förderung der Frömmigkeit u. Nächstenliebe; in der ev. Kirche ordensartige Zusammenschlüsse von Laien u. Theologen zur kirchl. Erneuerung.

**Brüder vom gemeinsamen Leben,** *Fraterherren,* um 1400 in den Ndl. entstandene weltzugewandte Bruderschaft.

**Bruegel** ['brœyɣəl], **1.** *Brueghel, Breughel* Malerfamilie: Jan d.Ä., gen. *Samt-* oder *Blumen-B.,* Sohn von 3), *1568, †1625, malte miniaturhaft feine Blumenstilleben u. Landschaften. – **2.** Jan d.J., Sohn von 1), *1601, †1678, malte in der Art seines Vaters Blumen- u. Landschaftsbilder. – **3.** Pieter d.Ä., gen. *Bauern-B.,* *um 1525/30, †1569, bed. ndl. Maler der 2. Hälfte des 16. Jh.; erschloß der Malerei als neues Darstellungsgebiet die Welt der Bauern (Genre- u. Landschaftsbilder). – **4.** Pieter d.J., gen. *Höllen-B.,* Sohn von 3), *1564, †um 1638, malte in der Art seines Vaters Winterbilder, Bauernfeste, phantast. Spukszenen u. nächtl. Brände.

**Brügge,** fläm. *Brugge,* frz. *Bruges,* Hptst. der belg. Prov. W-Flandern, 118 000 Ew.; bed. mittelalterl. Bauwerke, 85 m hoher Belfried (Wahrzeichen); Europakolleg; Masch.- u. Schiffbau, Textil-, Möbel-, Stahl-Ind., Fremdenverkehr. – Im 13.–15. Jh. bed. als Hansestadt, damals größter Welthandelshafen N-Europas.

**Brüggemann,** Hans, *um 1480, †um 1540, dt. Bildschnitzer der Spätgotik.

**Brüggen,** Frans, *30.10.1934, ndl. Flötist; wurde v.a. als Blockflötenspieler alter u. neuer Kompositionen bekannt.

**Brühl,** Stadt in NRW, südl. von Köln, 42 000 Ew.; Schloß *Augustusburg* (mit berühmtem Treppenhaus von B. *Neumann*).

**Brühl,** Heinrich Reichsgraf von, *1700, †1763, sächs. Min.; einflußreich am Hof Augusts des Starken u. Augusts III.; Gegner Friedrichs d. Gr.

**Brüllaffen,** Neuweltaffen in S-Amerika mit verstärkten Stimmorganen u. langem Greifschwanz; ihre melod. Brüllkonzerte dienen der Revierabgrenzung.

**Brumaire** [bry'mɛːr], »Nebelmonat«, der 2. Monat im frz. Revolutionskalender, 22.–24.10. bis 20.–22.11.

**Brundage** ['brʌndidʒ], Avery, *1887, †1975, US-amerik. Sportfunktionär; 1952–72 Präs. des Internat. Olymp. Komitees.

**Brunei** [-neːj], Sultanat in SO-Asien, im N Borneos, 5765 km², 233 000 Ew., Hptst. *Bandar Seri Begawan.* – B. besteht aus einer feuchtheißen Küstenebene, an das ein Hügelland angrenzt. Wichtigstes Wirtschaftsprodukt ist Erdöl. – Gesch.: 1888 wurde B. brit. Protektorat. 1971 erhielt es innere Autonomie. Seit 1984 ist es unabh. Sultanat.

*Brunei*

**Brunelleschi** [-'leski], *Brunellesco,* Filippo, *1377, †1446, ital. Baumeister u. Bildhauer der Renaissance; bahnbrechend bes. auf dem Gebiet des Kirchenbaus (kreuzförmige Zentralanlagen).

**Brunft** → Brunst.

**Brunhild,** *Brünhilde,* im Nibelungenlied eine nord. Königin, die durch Siegfrieds Hilfe mit Gunther vermählt wird u. Hagen zum Mord an Siegfried anstiftet. Das Vorbild war vermutl. die merowing. Königin Brunhilde.

**Brunhilde,** *Brunichilde,* †613, merowing. Königin westgot. Herkunft; Frau *Sigiberts I.* (561–575), seit 595 Regentin, von Chlothar II. hingerichtet.

**Brünigpaß,** 1007 m hoher schweiz. Paß zw. Luzern u. Interlaken.

**Brüning,** Heinrich, *1885, †1970, dt. Politiker (Zentrum); 1930–32 Reichskanzler; regierte ohne parlamentar. Mehrheit mit Notverordnungen, trieb eine rigorose Deflationspolitik; von Hindenburg entlassen.

**Brünn,** tschech. *Brno,* Gebiets-Hptst. in Mähren (ČSFR), 350 000 Ew.; Bischofssitz, Univ. (seit 1919), HS, got. Dom (15. Jh.), zahlr. got., barocke u. Renaissancegebäude; Textil-, Masch.-, holzverarbeitende Ind.; Verbraucher- u. Industriemesse.

**Brünne,** mittelalterl. Panzerhemd.

**Brunnen,** Anlage zur Gewinnung von Grundwasser für Trink- oder Nutzzwecke: *Schacht-B.,* runder, gemauerter Schacht bis ins Grundwasser; Wasser wird mit Schöpfeimer *(Zieh-B.)* oder Pumpe gehoben. *Rohr-B.,* Bohrloch wird durch ein Metallrohr ausgekleidet, das Wasser nach oben gepumpt. *Ramm-B.,* wird durch Einrammen eines Rohrs hergestellt; → artesischer Brunnen.

**Brunnenkresse,** *Echte B.,* an langsam fließenden Gewässern u. Quellen verbreitet, auch in Kultur; Blätter liefern schmackhaften Salat.

**Brunner,** Emil, *1889, †1966, schweiz. reform. Theologe; Mitbegründer der *Dialekt. Theologie.*

**Bruno, 1.** *Brun,* *925, †965, jüngster Sohn *Heinrichs I.;* 953 Erzbischof von Köln u. Herzog von Lothringen; Heiliger (Fest: 11.10.). – **2.** *um 1030, †1101, dt. Ordensgründer *(Karitäuser,* 1084); Heiliger (Fest: 6.10.).

**Bruno,** Giordano, *1548, †1600, (als Ketzer verbrannt), ital. Philosoph; bis 1576 Dominikaner, einer der großen Denker der Renaissance; vertrat einen metaphys. Pantheismus, der für das moderne Lebensbild (Herder, Goethe, Schelling) wegweisend wurde; vollzog die Trennung von Philosophie u. Theologie.

**Brunsbüttel,** Stadt in Schl.-Ho., an der Einmündung des Nord-Ostsee-Kanals in die untere Elbe, 12 300 Ew.; See- u. Ölhafen, Schiffswerft, Maschinenbau, chem. Ind., Kernkraftwerk.

**Brunst,** *Brunft,* period. auftretender Zustand der geschlechtl. Aktivität bei Säugetieren; geht häufig mit charakt. Verhaltensweisen einher.

**Brüssel,** fläm. *Brussel,* frz. *Bruxelles,* Hptst. u. Residenz des Kgr. Belgien, Hptst. der Prov. Brabant, 140 000 Ew.; fläm. Unterstadt (got. Rathaus, Barock- u. Renaissancegebäude), wallon. Oberstadt; Univ. (1834); B.er Seekanal nach Antwerpen, Flughafen; vielseitige Ind.: Kokereien, Eisengießereien, Maschinenbau, Elektro-, chem., Textil-Ind. B. ist Sitz der Kommission der EG sowie des NATO-Rats; 1958 Weltausstellung (Wahrzeichen *Atomium).*

**Brüsseler Pakt,** 1948 zw. Großbrit., Frankreich, Belgien, den Ndl. u. Luxemburg für 50 Jahre geschlossener Vertrag, der sich u.a. gegen eine erneute Bedrohung durch Dtld. richtete, mit dem Beitritt der BR Dtld. u. Italiens 1954 in die *Westeurop. Union* (WEU) umgewandelt.

**Brüsseler Spitzen,** geklöppelte oder genähte Spitzen, die in einzelnen Stücken hergestellt u. dann zusammengefügt werden.

**Brussilow** [bru'silɔf], Alexej Alexejewitsch, *1853, †1926, russ. Offizier; führte im 1. Weltkrieg 1916 die erfolgreiche »B.-Offensive« gegen die Österreicher in Galizien durch; 1917 russ. Oberbefehlshaber.

**Brust, 1.** i.w.S. die vordere bzw. obere Hälfte des Rumpfs der Wirbeltiere; gebildet durch den knöchernen *B.korb (Thorax),* der beim Menschen aus 12 B.wirbeln, 12 Rippenpaaren u. dem vorn liegenden *B.bein* besteht. Zw. den Rippen spannt sich die Zwischenrippenmuskulatur. Innen ist der B.korb vom *B.fell (Pleura)* ausgekleidet. Er enthält Lungen, Herz, Luft- u. Speiseröhre, Lymphknoten u.a. – **2.** i.e.S. die weibl. B. *(Mamma),* das beidseitig auf dem B.korb aufsitzende, aus Drüsen- (Milchdrüsen) u. Fettgewebe bestehende Organ, das der Nahrungsbereitung für den Säugling dient. Die Milchgänge der B.drüsen münden in die von einem pigmentierten runden Hof umgebenen *B.warzen (Mamillae).* Während der Schwangerschaft vergrößern sich die Brüste u. gegen Ende beginnt die Milchabsonderung unter dem Einfluß inkretor. Drüsen.

**Brustdrüsenentzündung** → Mastitis.

**Brustfell** → Brust (1).

**Brustkorb** → Brust (1).

**Brustkrebs,** *Brustdrüsenkrebs, Mammakarzinom,* bösartige Geschwulst der weibl. Brustdrüse(n).

**Bruststimme,** das tiefere der beiden Register der menschl. Stimme; auch → Kopfstimme.

**Brutalismus,** moderne Architektur, die durch rein geometr. Körper, durch Stahl u. Glas u. vor allem durch unkaschiertes Betonmaterial mit seinen Unebenheiten u. den Abdrücken der Schalung *(Beton brut)* bestimmt ist.

**Brutalität,** Roheit, Gewalttätigkeit, Gefühllosigkeit.

**brüten,** abgelegten Eiern die zur Entwicklung nötige Wärme zuführen, v.a. bei Vögeln; meist vom Weibchen, seltener vom Männchen oder von beiden abwechselnd; zum Brüten dient meist ein mehr oder weniger kunstvoll gebautes Nest. Die Brut-

*Pieter Bruegel d. Ä.: Heimkehr der Jäger. Wien, Kunsthistorisches Museum*

*Brunei: die Omar-Ali-Saifuddin-Moschee in Bandar Seri Begawan*

*Brüssel: Zunfthäuser an der Grand Place*

dauer ist unterschiedl. u. abhängig von der Größe der Eier.
**Brutfürsorge,** Vorsorge der Eltern für die Nachkommenschaft; setzt ein, wenn noch keine Eier gelegt sind u. endet mit der Eiablage.
**Brutkasten,** *Inkubator,* geschlossener »Kasten« zur Aufzucht von Frühgeburten, in dem Temperatur, Feuchtigkeits- u. Sauerstoffgehalt der Luft gleichmäßig gehalten werden.
**Brutknospen,** Knospen, die sich im Ggs. zu normalen Knospen von der Mutterpflanze ablösen u. zu neuen Pflanzen heranwachsen können: *Bulbillen, Brutzwiebeln* u. *Hibernakeln* (Überwinterungsknospen).
**Brutparasitismus,** bei Insekten u. Vögeln vorkommendes Verhalten, daß das Muttertier nicht selbst für die Brut sorgt, sondern Brutfürsorge u. Brutpflege einer anderen Tierart überläßt; z.B. bei Vögeln das Ausbrütenlassen eigener Eier durch fremde Eltern (*Kuckuck* u.a.).
**Brutpflege,** Verhaltensweisen zum Schutz, zur Ernährung u. zur Pflege von Eiern u. Jungen; setzt erst mit dem Ablegen der Eier oder dem Erscheinen der Jungen ein u. ist bes. unter höher entwickelten Tieren verbreitet.
**Brutreaktor,** *Brüter, Kernreaktor,* der nicht nur

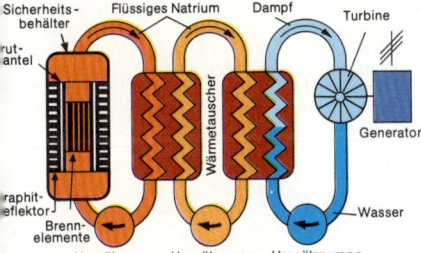
*Brutreaktor (Schema)*

Energie liefert, sondern während des Betriebs auch neues spaltbares Material (neuen Brennstoff aus einem *Brutstoff*) erzeugt, u.U. mehr, als er verbraucht. Brutstoffe sind: Uran 238, Thorium 232.
**Brutschrank,** Apparat zum Ausbrüten von Vogeleiern; mit einem Thermostat, der auf 38–39 °C eingestellt ist.
**brutto,** ohne Abzug; Ggs.: *netto.* – **B. einkommen, B. gehalt, B. lohn,** das Gesamteinkommen (-gehalt, -lohn) vor Abzug von Steuern u. Sozialabgaben. – **B. vertrag, B. gewinn,** der Gesamtertrag (-gewinn) ohne Abzüge u. Verluste. – **B. gewicht,** das Gewicht einer Ware einschl. Verpackung.
**Bruttoregistertonne,** Abk. *BRT,* → *Schiffsvermessung.*
**Bruttosozialprodukt,** Geldwert aller Güter u. Dienstleistungen, die in einer Volkswirtschaft in einer bestimmten Zeitspanne konsumiert, investiert u. exportiert werden u. die einen Marktpreis besitzen, vermindert um die Importe.
**Brutus, 1.** Lucius *Iunius B.,* der Sage nach der erste Konsul der röm. Republik. – **2.** Marcus *Iunius B.,* \*85 v.Chr., †42 v.Chr., einer der Mörder *Cäsars;* obwohl von Cäsar hochgeachtet, wurde B.

das Haupt der republikan. Verschwörung gegen ihn; gab sich, von *Antonius* bei Philippi besiegt, selbst den Tod.
**Brüx,** tschech. *Most,* Stadt in N-Böhmen (ČSFR), 60 000 Ew.; Braunkohlenbergbau, Hydrierwerk, Textil- u. Hütten-Ind.
**Bruxelles** [bry'sɛl] → Brüssel.
**Bruyèreholz** [bry'jɛːr], Holz aus den überaus harten Wurzeln der Baumheide; bes. für Tabakspfeifen.
**Bruyn** [brœin], **1.** ; Bartholomäus (Barthel) d.Ä., \*1493, †1555, dt. Maler (Altarwerke u. Bildnisse). – **2.** Günter de, \*1.11.1926, dt. Schriftst.; Mitgl. der Akad. der Künste der DDR; schildert krit.-iron. das Milieu der Intellektuellen in der DDR.
**Brynner** ['brynə], Yul, eigtl. Julius *Bryner,* \*1917, †1985, schweiz.-US-amerik. Filmschauspieler; bes. erfolgreich in »Der König und ich«.
**Bryozoen** → Moostierchen.
**Brzezinski** [bʒɛ'zinski], Zbigniew, \*28.3.1928, US-amerik. Politologe poln. Herkunft; 1977–81 Sicherheitsbeauftragter des Präs. J. Carter.
**Btx,** Abk. für *Bildschirmtext.*
**Buber,** Martin, \*1878, †1965, jüd. Religionsphilosoph u. Schriftst.; erforschte den *Chassidismus.*
**Bubikopf,** weibl. Haartracht der 1920er Jahre mit extrem kurzgeschnittenem, glattem Haar.
**Bucaramanga,** Prov.-Hptst. in Kolumbien, 494 000 Ew.; Univ.; TH; Tabak- u. Kaffeezentrum; in der Nähe der Ölfelder u. Raffinerien von *Barranca-Bermeja.*
**Bucchero-Vasen** [bu'kɛro-], etrusk. Keramik aus dem 8.–6. Jh. v.Chr., deren Ton im reduzierenden Feuer schwarz gebrannt ist; mit glänzender, oft reliefverzierter Oberfläche.
**Bucer,** *Butzer,* Martin, \*1491, †1551, dt. ev. Theologe; Dominikaner, für Luther gewonnen; Reformator Straßburgs u. Hessens.
**Buch,** zu einem Ganzen verbundene, beschriebene bedruckte Blätter oder Bogen. Das B. setzt das Vorhandensein der Schrift voraus, tritt also nur im Zusammenhang mit Hochkulturen auf. Die ältesten Vorläufer des B.s waren die assyr. u. babylon. *Tontafeln.* Mit Wachs bezogene *Schreibtafeln,* die es schon im 8. Jh. v.Chr. in Assyrien gab, wurden bei den Griechen gebündelt u. geheftet, so daß man in ihnen schon wie in einem B. blättern konnte. Ägypter, Griechen u. Römer schrieben auf zusammengeklebte, dann aufgerollte *Papyrusblätter.* Erst allmähl. ging man zum *Pergament* über, das sich in 4. Jh. n. Chr. endgültig durchsetzte. Die mittelalterl. *Codices* wurden mit der Hand geschrieben u. häufig mit Initialen verziert. Die Erfindung des Papiers (aus Lumpen) u. des *Buchdrucks* (→ drucken) führten zu einer Verbilligung u. damit zu einer größeren Verbreitung des B., eine Entwicklung, die durch die Erfindung der Schnellpresse noch weiter beschleunigt wurde. Mit der Erfindung der B.druckerkunst ging der B.schmuck nicht verloren. In Dtld. beteiligten sich am B.schmuck bed. Künstler wie A. Dürer u. L. Cranach. Im 18. Jh. dominierte der *Kupferstich.* Das bibliophile, mit Illustrationen u. kostbarem Einband versehene B. konnte seinen Platz auch im Zeitalter der massenhaften Produktion von preiswerten Taschenbüchern behaupten.
**Buchara,** *Bochard, Bokhard,* sowj. Gebiets-Hptst. in der Usbek. SSR, 220 000 Ew.; Baumwollanbau u. Karakulzucht, Textil- u. Leder-Ind., Pelzverarbeitung; ehemals bed. Teppichknüpferei.
**Bucharin,** Nikolaj Iwanowitsch, \*1888, †1938, sowj. Politiker; marxist. Theoretiker, enger Mitarbeiter *Lenins;* 1929 als Exponent der »rechten Opposition« ausgeschaltet u. später erschossen.
**Buchbinderei,** Zusammenfügen bedruckter Bogen zum fertigen Buch. Die Druckbogen werden zunächst gefalzt, dann werden alle Bogen in richtiger Reihenfolge zusammengetragen. Nach dem *Kollationieren,* d.h. dem Nachprüfen des nun erhaltenen losen Buchblocks auf Vollständigkeit, u. nach dem Einpressen zu einem festen Buchblock folgt das *Heften.* Durch Mitheften eines Leinenstreifens, der später an der Einbanddecke befestigt wird, u. durch Verleimen der Fadenenden (Fitzbunde) u. der Abschlußlitzen (Kapitalbänder) am oberen u. unteren Rand erhält der Buchblock seine Festigkeit. Hierauf wird er auf sein endgültiges Format zurechtgeschnitten. Durch Runden des Rückens u. Pressen erhält der Buchblock seine endgültige Form. Oft wird der Schnitt (die Blattkanten) eingefärbt (*Farbschnitt*) oder mit Blattgold beklebt (*Goldschnitt*). Zum Schluß wird der fertige Buchblock in den *Einband* gehängt.

**Buchdrucker,** gefährl. der mitteleurop. *Borkenkäfer;* bewirkt große Schäden v.a. an Fichten infolge von Massenvermehrung.
**Buche,** europ. Waldbaum aus der Fam. der *Buchengewächse;* bildet hohe, schlanke Stämme mit silbergrauer, glatter Rinde u. rötl. Holz; forstwirtsch. der bed. mitteleurop. Laubbaum.
**Buchen (Odenwald),** Stadt in Ba.-Wü., 15 000 Ew.; Erholungsort; mittelalterl. Stadtkern; Kunststoff-, Holz- u. Metall-Ind.
**Buchenwald,** 1937 gegr. nat.-soz. KZ nördl. von Weimar; bis 1945 rd. 240 000 Häftlinge, davon 56 000 Todesopfer. 1945–50 diente B. als sowj. Internierungslager; wurde 1958 *Nationale Mahn- u. Gedenkstätte* der DDR.
**Bücherei** → Bibliothek.
**Bücherläuse,** Sammelbez. für etwa 20 ungeflügelte Arten der *Staubläuse,* die in Wohnungen in feuchten Spalträumen mit Schimmelentwicklung leben.
**Bücherskorpione** → Afterskorpione.
**Buchfink,** häufigster einheimischer *Finkenvogel;* in Laubgehölzen, Parks u. Gärten Europas u. W-Asiens; früher Zugvogel, heute meistens Stand- u. Strichvogel.

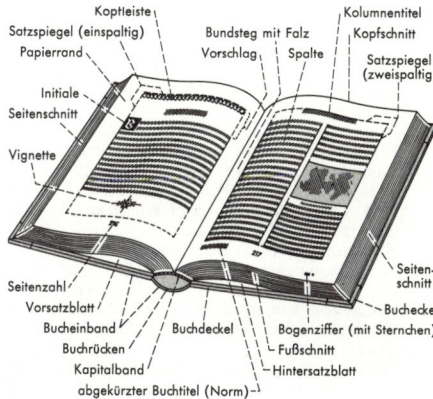
*Buch- und Schriftsatzteile*

**Buchführung, 1.** *Buchhaltung, kaufmänn. B.,* systemat. regelmäßige Aufschreibung aller Geschäftsvorfälle mit Wertangabe, beginnend mit der Eröffnungsbilanz. Bei der *einfachen B.* werden alle Zugänge u. Abgänge unabhängig voneinander auf einigen wenigen Konten verbucht. Die *doppelte B.* folgt dem Prinzip, daß jeder Geschäftsvorfall eine doppelte Wirkung hat, d.h. jede Minderung auf einem Konto eine Mehrung auf einem anderen Konto bedeutet. Bei gleichzeitiger Buchung auf beiden Konten bleibt die Gleichheit der Summen beider Seiten der *Bilanz* ständig erhalten. – **2.** *kameralist. B.,* das in Verw.-Betrieben gebräuchl. System der Einnahmen-Ausgaben-Rechnung bei einem festen Etat: Nicht das Vermögen selbst, nur die Veränderung der Vermögensbestandteile wird nachgewiesen.
**Buchgemeinschaften,** Unternehmen, die ausgewählte Literatur (eigene Werke oder Lizenzausgaben) herstellen u. an einen bestimmten Personenkreis, der sich durch Mitgliedschaft zu einer regelmäßigen Buchabnahme verpflichtet hat, direkt oder durch den Buchhandel verbreiten.
**Buchhaltung** → Buchführung.
**Buchhandel,** Wirtschaftszweig, der sich mit der Herstellung u. dem Vertrieb von Büchern, Zeitschriften, Noten, Bilderdrucken u.ä. befaßt; gliedert sich in Verlags-B.; (herstellender B.) u. vertreibenden B. (B. i.e.S.); zu letzterem gehören Sortiments-, Reise-, Versand-B., werbender Buch- u. Zeitschriftenhandel (Außendienstmitarbeiter bieten dem Kunden Bücher oder Zeitschriften-Abonnements an) u. der Kunst- u. Musikalienhandel, ferner der An- u. Verkauf gebrauchter Bücher im Antiquariat u. das Moderne Antiquariat, das zu herabgesetzten Preisen Auflagenreste vertreibt, sowie der Zwischen-B. (Barsortiment u. Kommissions-B.).
**Buchheim,** Lothar-Günther, \*6.2.1918, dt. Schriftst. u. Verleger; W »Das Boot«.
**Buchholz, 1.** Erich; \*1891, †1972, dt. Maler;

**Buchmacher**

ging vom Expressionismus aus u. wandte sich 1919–25 dem Konstruktivismus zu. – **2.** Horst, *4.12.1933, dt. Schauspieler; bes. bekannt durch die »Bekenntnisse des Hochstaplers Felix Krull«.
**Buchmacher**, gewerbsmäßiger Wettunternehmer.
**Buchmalerei** → Miniaturmalerei.
**Buchman** ['bʌkmən], Frank Nathan Daniel, *1878, †1961, US-amerik. luth. Geistlicher; rief nach dem 1. Weltkrieg die Oxford-Bewegung ins Leben. Aus ihr ging 1938 die Bewegung *Moralische Aufrüstung* hervor.
**Büchmann**, Georg, *1822, †1884, dt. Sprachforscher; Hrsg. des Zitatenschatzes »Geflügelte Worte« 1864.
**Buchmesse**, Großhandelsmarkt für Bücher; wurde 1949 neben der Leipziger B. in Frankfurt a.M. wieder ins Leben gerufen u. entwickelte sich seither zur größten internat. B. der Welt.
**Buchner**, Eduard, *1860, †1917, dt. Chemiker; wies nach, daß die Vergärung von Zuckern durch das in Hefezellen gebildete Ferment *Zymase* bewirkt wird; Nobelpreis 1907.
**Büchner**, Georg, *1813, †1837, dt. Schriftst.; 1834 in Gießen Hrsg. der ersten sozialist. Kampfschrift »Hessischer Landbote« u. Gründer einer geheimen »Gesellschaft für Menschenrechte«, nach seiner Flucht 1836 Dozent für Anatomie in Zürich. Sein Werk zeigt einen kühnen psycholog. u. histor. Realismus, bedrängt von Fragen nach dem Sinn der menschl. Existenz. Ⓦ Dramen: »Dantons Tod«, »Leonce u. Lena« (Lustspiel), »Woyzeck« (unvollendet).
**Buchprüfung** → Betriebsprüfung.
**Buchsbaum**, immergrüner Strauch oder kleiner Baum, im Mittelmeergebiet u. im atlant. Europa heim., mit ledrigen Blättern; bei uns zur Einfassung von Beeten. Das Holz eignet sich gut für Schnitz- u. Drechselarbeiten.
**Buchschuld**, **1.** offenstehender Rechnungsbetrag im Kontokorrentverkehr (beim Gläubiger: *Buchforderung*). – **2.** eine in mehr oder weniger ledrigen Verzeichnis (*Staatsschuldbuch*) eingetragene Staatsschuld, über die keine Schuldurkunde (Schuldverschreibung) ausgestellt ist.
**Büchse**, Jagdgewehr für den Kugelschuß (im Ggs. zur *Flinte* für den Schrotschuß).
**Buchstabe**, kleinste Einheit der *Buchstabenschrift*; ein mehr oder weniger genaues Zeichen für einen Sprachlaut.
**Buchstabenrechnung**, Teil der Arithmetik; das Rechnen mit allg. Größen anstelle von Zahlen, z.B. $(a+b)^2 = a^2+2ab+b^2$.
**Buchung**, in der Buchführung das Verbuchen von Belegen auf Konten.
**Buchweizen**, *Fagopyrum*, Gatt. der *Knöterichgewächse*; Körnerfrucht aus Mittelasien; das Mehl ist nicht backfähig, daher meist als Grütze gegessen.
**Buchwert**, Wert, mit dem Vermögensbestandteile oder Verbindlichkeiten in der *Bilanz* aufgeführt sind.

**Buck** [bʌk], Pearl Sydenstricker, *1892, †1973, US-amerik. Schriftst.; wuchs als Missionarstochter in China auf u. beschrieb in ihren Romanen v.a. das Leben der chin. Bauern. Ⓦ »Die gute Erde« u.a. Nobelpreis 1938.
**Bückeberge**, 20 km langer Bergzug des Wesergebirges, östl. von Bückeburg.
**Bückeburg**, Stadt in Nds., nördl. des Wesergebirges, ehem. Hptst. von Schaumburg-Lippe, 21 000 Ew.; Schloß (um 1550, Weserrenaissance), Stadtkirche; Kunststoff-, Masch. u. pharmazeut. Industrie.
**Buckel**, übermäßige Auswölbung der Wirbelsäule im Brustbereich nach hinten als Folge von Verletzungen, Entzündungen u.a. Wirbelerkrankungen. Beim *Rippen-B.*, *Kyphoskoliose*, ist die Wirbelsäule zugleich seitl. verkrümmt.
**Buckingham Palace** ['bʌkinəm 'pæləs], Residenz der engl. Könige in London seit 1837; 1705 für den Herzog von *Buckingham* erbaut, 1762 von König Georg III. erworben.
**Buckinghamshire** ['bʌkinəmʃir], engl. Grafschaft nördl. der Themse, 1885 km², 566 000 Ew., Hptst. *Aylesbury*.
**Bückling**, *Bücking*, gesalzener u. geräucherter Hering.
**Budapest** [ungar. -peʃt], Hptst. von Ungarn, 2,1 Mio. Ew.; auf dem rechten Ufer der bergige, kleinere Stadtteil *Buda* (dt. *Ofen*); auf dem flachen linken Ufer das moderne *Pest*; Vereinigung der ehem. selbständigen Städte 1872; Handels- u. Verkehrszentrum, kultureller Mittelpunkt; mehrere Univ. u. HS, Akad. der Künste u. der Wissenschaften, Museen; Bäderstadt mit zahlr. radioaktiven Mineralquellen; zahlr. Prachtbauten (Parlament, St.-Stephans-Kirche); vielseitige Ind. – Ofen wuchs seit der Mitte des 14. Jh. zur Hptst. Ungarns; Pest blieb Handelsstadt; 1541–1686 standen beide Städte unter türk. Herrschaft; der vorwiegend dt. Charakter verlor sich im 19. Jh.
**Buddha** [sanskr., »der Erleuchtete«], geistl. Titel des Begründers des *Buddhismus*, persönl. Name *Siddhartha Gautama*, *560 v.Chr., †um 480 v.Chr. Der Prinz Siddhartha verließ mit 29 Jahren die Heimat, um als Asket auf dem Weg äußerer Kasteiung die Erlösung zu suchen. Später wandte er sich jedoch von der gewaltsamen Askese ab u. der Meditation zu, um sich von innen her von der Welt zu lösen. Am Ende dieses Wegs ereignete sich in der »Hl. Nacht« des Buddhismus die Erleuchtung (*bodhi*), durch die der Asket zum »Buddha« wurde. In dieser erlösenden, jede weitere Wiedergeburt ausschließenden Erleuchtung wurden dem B. die »vier hl. Wahrheiten« offenbar: vom Leiden, von der Ursache des Leidens, von der Aufhebung u. vom Weg, der zur Leidensaufhebung führt.
**Buddhismus**, von *Buddha* gegr. Erlösungsreligion, basierend auf den »vier hl. Wahrheiten« (→ Buddha). Der Unerlöste wird durch Wiedergeburten im Daseinskreislauf festgehalten. Voraussetzung für die Erlösung ist die Überwindung der »Daseinsgier«. Heilsziel ist das Eingehen ins *Nirvana*, den außerweltl. Zustand absoluter Befreiung.

*Budapest: Blick auf das Parlamentsgebäude*

Zur Verwirklichung des Heilsweges gründete Buddha einen strengen Mönchsorden, daneben aber auch Laienanhänger. – Im 1. Jh. entstand in Indien das *Mahayana*, das einen erweiterten Heilsweg u. neue Heilsmittel lehrt. Diese prägen den B. Zentral- u. O-Asiens. Die alte Meditationstradition wird im chines. Chan u. japan. Zen fortgesetzt. Der tibet. B. wird als Lamaismus bezeichnet.
**Budget** [by'dʒe], Haushaltsplan oder Voranschlag öffentl. Körperschaften, d.h. die Veranschlagung von erwarteten Einnahmen u. beabsichtigten Ausgaben.
**Büdingen**, Stadt in Hessen, 17 000 Ew.; Luftkurort; mittelalterl. Stadtbild, Schloß.
**Budjonny**, Semjon Michailowitsch, *1883, †1973, sowj. Offizier; Marschall, Organisator einer Roten Reiterarmee im russ. Bürgerkrieg u. gegen Polen 1920; 1941 Oberbefehlshaber an mehreren Fronten im SW.
**Budweis**, tschech. *České Budějovice*, Stadt in S-Böhmen (ČSFR), 95 000 Ew.; Kirche (13. Jh.), Marktplatz mit Laubengängen; Binnenfischerei; Maschinenbau, Papierfabriken, Brauerei.
**Buenaventura**, Haupthafen von Kolumbien, an der pazif. Küste, 193 000 Ew.; Fischkonservierung, Erdölpipeline; Flughafen.
**Buenos Aires**, Hptst. von Argentinien, am Rio de la Plata, 2,9 Mio. Ew.; Prachtstraßen mit prunkvollen Bauten, Univ.; vielseitige Ind.; Verkehrsknotenpunkt, Überseehafen, Flughafen. – 1536 von den Spaniern gegr.; Neugründung 1580; 1776 Residenz der Vizekönige der Länder am La Plata; 1860 Hptst. der Rep. Argentinien.
**Büfett** [by'fe] → Buffet.
**Buff**, Charlotte, *1753, †1828, *Goethes* Freundin in Wetzlar, der er in seinem Roman »Leiden des jungen Werthers« ein Denkmal setzte.
**Buffa**, Posse, Schwank.

*Buddha: Gandhara, 2./3. Jahrhundert*

*Buddhistische Tempelanlage in Chiang Mai*

*Buenos Aires: Platz der Republik*

**Buffalo** [ˈbʌfəlou], Stadt im USA-Staat New York, nahe am Ausfluß des Niagara aus dem Eriesee, 533 000 Ew.; Univ.; größter Binnenhafen der USA; Eisen-, Masch.-, Flugzeug-Ind.
**Buffalo Bill** [ˈbʌfəlou bil], der US-amerik. Oberst William (Bill) Frederick *Cody* (*1846, †1917); berühmt als Büffeljäger (daher der Name *B. B.*); gründete den ersten Wildwest-Zirkus, mit dem er auch Europa bereiste.
**Büffel,** zusammenfassende Bez. für zwei Gatt. der Rinder in Asien u. Afrika, mit weit ausladenden Hörnern u. bis 1,80 m hohem, massigem Körper; hierzu *Anoa, Wasser-B.* u. *Kaffern-B.* – Indianer-B. → Bison.
**Buffet** [byˈfe], *Büfett,* Anrichte, Kredenz, Sideboard; auch die darauf bereitgestellten Speisen zur Selbstbedienung *(kaltes B.).*
**Buffet** [byˈfɛ], Bernard, *10.7.1928, frz. Maler u. Graphiker; arbeitet mit schwarzen, gradlinigen Konturen u. graph. Gesamtwirkung.
**Buffo,** im Musiktheater komische Partien vor allem der Männerstimmen. Die *Opera buffa* stand im Ggs. zur *Opera seria* (ernste Oper).
**Buffon** [byˈfɔ̃], Georges Louis *Leclerc,* Graf von B., *1707, †1788, frz. Naturforscher; Anhänger der Lehre von der Urzeugung; nahm eine Entwicklung der Organismen als Folge erdgeschichtl. Vorgänge, aber auch direkter Umwelteinflüsse an.
**Bug, 1.** Vorderteil des Schiffs. – **2.** zw. den Schultern liegende Körperpartie vierbeiniger Tiere.
**Bug, 1.** *Nördl. B.,* r. Nbfl. der Weichsel, 776 km; bildet im Mittellauf die poln.-sowj. Grenze; mündet nordwestl. von Warschau in die Narew. – **2.** *Südl. B.,* Fluß in der Ukraine, 835 km; mündet in den Dnjepr-Liman.
**Bugatti,** Ettore, *1881, †1947, ital. Erfinder u. Automobilkonstrukteur; baute ausgesprochen formschöne Automobile.
**Bugenhagen,** Johannes, gen. *Doctor Pomeranus,* *1485, †1558, dt. luth. Theologe; Freund u. Berater *Luthers;* Mitarbeiter bei der Bibelübersetzung, Wegbereiter der Reformation in Dänemark.
**Buggy** [ˈbʌgi], **1.** leichter, zwei- oder vierrädriger, ungedeckter Einspänner mit hohen Rädern. – **2.** aus den USA kommendes geländegängiges Freizeitauto mit offener Kunststoffkarosserie ohne Türen, mit überdimensionierten Reifen.
**bugsieren,** ins Schlepptau nehmen; mühsam an einen Ort befördern.
**Bugspriet,** über den Bug hinausragendes Rundholz bei Segelschiffen.
**Buhl,** Hermann, *1924, †1957 (abgestürzt), östr. Bergsteiger; 1953 Erstbesteigung des Nanga Parbat im Alleingang, 1957 des Broad Peak im Himalaya.
**Bühl,** Stadt in Ba.-Wü. am W-Rand des Schwarzwalds, 23 000 Ew.; Burgruine (12. Jh.), Obstanbau *(B.er Zwetschgen).*
**Bühler, 1.** Charlotte, geb. *Malachowski,* *1893, †1974, dt. Psychologin; arbeitete bes. über Kinder- u. Jugendpsychologie. – **2.** Karl, verh. mit 1), *1879, †1963, dt. Psychologe; arbeitete über Kinder- u. Wahrnehmungspsychologie.

*Büffel: Kaffernbüffel*

**Bühne,** gegenüber den Zuschauern abgegrenzte, meist erhöhte Spielfläche im Theater. – Im antiken Griechenland zunächst der runde Tanzplatz des Chors; im MA der Chorraum der Kirche, später der Marktplatz; hier *Simultan-B.,* mit mehreren gleichzeitig nebeneinander sichtbaren Spielplätzen; seit dem 13. Jh. daneben die *Wagen-B.,* bei der die Szenen auf mehreren aneinandergereihten Wagen aufgebaut waren; *Badezellen-B.* der Humanisten bestand aus einem flachen Podium mit einer Andeutung von Hausfassaden an der Rückwand; in England im 16./17. Jh. die *Shakespeare-B.,* ein dreistöckiges Spielgerüst; im 16. Jh. die *Winkelrahmen-B.* mit einer Vorderbühne als Spielplatz u. einer Hinterbühne mit perspektivisch bemalten Holzrahmen; *Guckkasten-B.* mit komplizierten Maschinerien u. durch einen Vorhang vom Zuschauerraum getrennt; *moderne B.* mit Seiten-, Hinter- u. Vor-B., B.nmaschinerie u. B.nbeleuchtung: *Dreh-B.,* kreisförmiger drehbarer Ausschnitt des B.nbodens; *Schiebe-B.,* größere Flächen des B.nbodens können seitl. oder nach vorn u. hinten bewegt werden; *Versenk-B.,* Spielfläche in heb- u. senkbare Flächen aufgeteilt; *Arena-B.,* Spielfläche rings von Zuschauerraum umschlossen. – **B.nbild,** künstler. Gestaltung der B.; informiert den Zuschauer über den Ort der Handlung.
**Buhurt,** Ritterkampfspiel des MA, bei dem 2 Reitergruppen mit stumpfen Waffen gegeneinander fochten.
**Buisson** [byiˈsɔ̃], Ferdinand, *1841, †1932, frz. Pädagoge; Vorkämpfer des Völkerbundgedankens; Friedensnobelpreis 1927.
**Bujumbura,** Hptst von Burundi in O-Afrika, Hafen am N-Ufer des Tanganjika-Sees, 273 000 Ew.; Kultur- u. Wirtschaftszentrum, Univ.; Flughafen.
**Bukanier,** *Flibustier,* Seeräuber im 17. Jh. in Mittelamerika.
**Bukarest,** rumän. *Bucureşti,* Hptst. von Rumänien in der Walachei, 2 Mio. Ew.; Univ. (gegr. 1864), Akad. der Wissenschaften, Museen; bed. Industrie- u. Handelszentrum: Maschinenbau, Elektro-, Textil-, chem. Ind. – 1459 erstmals erwähnt; im 19. Jh. starker wirtschaftl. Aufschwung; im 2. Weltkrieg z.T. zerstört.
**Bukett, 1.** Blumenstrauß. – **2.** der sich aus der *Blume* entwickelnde Duft von Weinen.

**Bukinist** → Bouquinist.
**bukolische Dichtung,** bes. bei Griechen u. Römern gepflegte Dichtungsart: Hirten- u. Schäferlieder u. -gespräche, oft in erzählender Umrahmung. Hauptvertreter: *Theokrit* u. *Vergil.*
**Bukowina,** histor. Ldsch. in den O-Karpaten, 10 440 km²; 1775–1918 zu Östr., dann zu Rumänien. Der N (6000 km²) kam 1940 zur Sowjetukraine (Zentrum *Tschernowitz);* gleichzeitig wurden die rd. 80 000 B.-Deutschen ausgesiedelt.
**Bukowski,** Charles, *16.8.1920, US-amerik. Schriftst.; schrieb – oft in rüdem Jargon – autobiograph. Erzählungen u. Romane über das Leben in der Unterwelt amerik. Großstädte.
**Bulawayo,** Stadt im SW von Simbabwe, 429 000 Ew.; Ind.-, Handels- u. Verkehrszentrum.
**Bülbüls,** *Haarvögel,* Fam. der *Singvögel,* in rd. 110 Arten über Afrika u. S-Asien verbreitet.
**Bulette,** gebratener Fleischkloß aus gehacktem Rind- u. Schweinefleisch; auch unter den Bez. *Dt. Beefsteak, Frikadelle* u. *Brisolette* bekannt.
**Bulgakow** [-kɔf], Michail Afanasjewitsch, *1891, †1940, russ. Schriftst.; schilderte in Dramen u. Romanen mit satir. Mitteln die nachrevolutionäre Epoche. W »Der Meister und Margarita«.
**Bulganin,** Nikolaj Alexandrowitsch, *1895, †1975, sowj. Politiker; Marschall, 1947–74 Verteidigungs-Min., 1955–58 Min.-Präs.; 1958 aus allen Partei- u. Regierungsämtern entlassen.
**Bulgarien,** Staat im NO der Balkanhalbinsel, 110 912 km², 9,0 Mio. Ew., Hptst. *Sofia.*
Landesnatur. An die lößbedeckte Kreidetafel südl. der Donau schließen sich der Balkan (bis 2376 m hoch) u. das fruchtbare Ostrumel. Becken an. Im S liegen die hochgebirgsartigen, dichtbewaldeten Rhodopen. Nördl. des Balkans herrschen warme Sommer u. kalte Winter vor, die im S ihre Wirkung verlieren.
Wirtschaft: Die Landwirtsch. liefert Tabak, Obst, Wein, Gemüse u. Rosenöl für den Export. Viehhaltung wird bes. in den Gebirgen betrieben. An Bodenschätzen gibt es v.a. Braunkohle, Eisen-

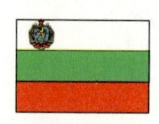
*Bulgarien*

erz, Blei u. Zink; Schwer-, Textil-, Lebensmittel-, Tabak- u. chem. Industrie. – Die Donau ist ein wichtiger Verkehrsträger, Schwarzmeerhäfen sind Warna u. Burgas.
Geschichte. 680 drang das Turkvolk der Bulgaren unter *Asparuch* auf den Balkan ein u. gründete das *Donaubulgar. Reich* (681–1018). Nach byzantin. Herrschaft entstand das *Zweite Bulgar. Reich von Tirnowo* (1186–1393), das dann an die Türken fiel. Der *Berliner Kongreß* 1878 errichtete ein Fürstentum B., das dem Sultan tributpflichtig blieb. *Ferdinand I.* erklärte 1908 die Lösung von der Türkei u. nahm den Zarentitel an. 1912 war B. im Balkanbund u. schloß sich im 1. Weltkrieg den Mittelmächten u. im 2. Weltkrieg den Achsenmächten an. 1944 wurde B. sowj. besetzt, 1946 Volksrepublik unter G. *Dimitroff.* Von 1954 bis 1989 stand T. *Schiwkow* an der Spitze der bulgar. KP (war 1971–89 auch Staatsoberhaupt). Er wurde aufgrund des durch die Reformpolitik der anderen Ostblockstaaten entstandenen Demokratisierungsdrucks zum Rücktritt gezwungen. Bei freien Wahlen 1990 siegte die in *Sozialist. Partei B.* umbenannte KP. Nach dem Rücktritt P. *Mladenows* wurde S. *Schelew* neuer Staats-Präs.
**Bulimie,** *Bulimia nervosa,* psychosomat. Erkrankung, bei der versucht wird, Heißhungerattacken mit unkontrollierter Nahrungsaufnahme durch künstl. herbeigeführtes Erbrechen zu korrigieren.
**Bullauge,** dickes, rundes Schiffsfenster.
**Bulldogge,** eine Hunderasse; in England aus dem Bullenbeißer gezüchtet; 40 cm hoch, von stämmiger Gestalt, mit eckigem Schädel u. verkürzter Schnauze.
**Bulle, 1.** [die], urspr. ein Siegel aus Metall (Gold, Silber bei Herrscherurkunden; Blei bei Papsturkunden), dann die Urkunde selbst: die feierlichste Form für päpstl. Erlasse u. für Rechtssetzungen. –

*Bulgarien: Kloster im Rila-Gebirge*

**Goldene B.** (1356), das Reichsgrundgesetz Kaiser Karls IV. – **2.** [der], *Stier,* geschlechtsreifes, unkastriertes männl. Rind.

**Bulletin** [byl'tɛ̃], Tagesbericht, amtl. Verlautbarung.

**Bullinger,** Heinrich, *1504, †1575, schweiz. Reformator; 1531 Nachfolger H. *Zwinglis* in Zürich, Urheber der kirchl. Verfassung der Schweiz.

**Bullock** ['bulək], Alan Louis Charles, *13.12.1913, brit. Historiker; in Dtld. bekanntgeworden durch seine Hitler-Biographie.

**Bullrichsalz,** NaHCO₃, Natriumhydrogencarbonat, doppeltkohlensaures Natron; Mittel gegen überschüssige Magensäure u. dadurch entstehende Magenbeschwerden.

**Bullterrier,** kräftige engl. Hunderasse, Kreuzung zw. *Bulldogge* u. *Terrier.*

**Bully,** beim *Hockey* u. *Eishockey* die Art u. Weise, den Ball bzw. Puck ins Spiel zu bringen (bei Spielbeginn, Halbzeit, nach einem Tor u. auf bes. Anordnung des Schiedsrichters).

**Bülow** [-lo], mecklenburgisch-preußisches Adelsgeschlecht, 1154 urkundlich erstmals erwähnt. – **1.** Bernhard Ernst von, *1815, †1879, dt. Diplomat; 1873–79 Staatssekretär des Auswärtigen Amtes, beteiligt am Aufbau des Bismarckschen Bündnissystems. – **2.** Bernhard Graf, seit 1905 Fürst von, *1849, †1929, dt. Politiker; 1900–09 Reichskanzler u. preuß. Min.-Präs.; außenpolit. führte er Dtld. durch »Weltmachtpolitik« in die Isolierung; 1909 gestürzt. – **3.** Friedrich Wilhelm Frhr. von, Graf von *Dennewitz* (1814), *1755, †1816 preuß. Offizier; siegte 1813 bei Großbeeren u. Dennewitz über die Franzosen. – **4.** Hans Guido Frhr. von, Sohn von 1), *1830, †1894, dt. Pianist, Dirigent u. Komponist; heiratete 1857 Cosima *Liszt,* die spätere Frau Richard *Wagners;* setzte sich als Dirigent für das Werk Wagners u. Liszts, später J. Brahms' ein.

**Bultmann,** Rudolf, *1884, †1976, dt. ev. Theologe; führender Vertreter der existentialist. Theologie; bemüht um eine dem Verstehen des modernen Menschen zugängl. Interpretation des NT.

**Bulwer,** Sir Edward George, seit 1866 Lord *Lytton of Knebworth,* *1803, †1873, engl. Schriftst.; W»Die letzten Tage von Pompeji«.

**Bumbry** ['bʌmbrɪ], Grace, *4.1.1937, afroamerik. Sängerin (Mezzosopran).

**Bumerang,** *Kehrwiederkeule,* knieförmige, hölzerne Wurfkeule mit schwacher Schraubenwindung, die beim Verfehlen des Ziels zum Werfer zurückkehrt; bes. aus Australien bekannt, heute auch als Sportgerät.

**Buna,** synthet., durch Polymerisation von *Butadien* hergestellter Kautschuk.

**Bunche** [bʌntʃ], Ralph Johnson, *1904, †1971, US-amerik. Diplomat; UN-Vermittler im Palästina-Konflikt 1948/49 u. in der Kongo-Krise 1960–63; Friedensnobelpreis 1950.

**Bund,** urspr. der Männerbund, im Unterschied zu den »natürl. Verbänden« Familie u. Sippe; eine Gruppe, für die die *bewußten Gefühlserlebnisse* konstitutiv sind.

**Bund, 1.** → Bundesstaat. – **2.** im AT das Gnaden- u. Treueverhältnis Gottes zu seinem Volk u. zur Welt.

**BUND,** Abk. für *Bund für Umwelt u. Naturschutz Dtld. e.V.*

**Bund der Heimatvertriebenen und Entrechteten,** *BHE, Gesamtdeutscher Block, Gesamtdeutsche Partei,* Anfang 1950 hpts. auf Initiative von W. *Kraft* gegr. polit. Partei in der BR Dtld. Sie errang bei der Landtagswahl in Schl.-Ho. 1950 einen sensationellen Erfolg. Seit 1952 nannte sich der BHE: *Gesamtdeutscher Block/BHE.* Der Versuch, durch Zusammenschluß mit der *Deutschen Partei* zur *Gesamtdeutschen Partei* bei der Bundestagswahl 1961 eine nat. Kraft zu bilden, mißlang. Hauptziel des BHE war die Wiedervereinigung Dtlds., möglichst unter Einschluß des Sudetenlandes u. des Memellands, u. die Rückführung der aus den früheren dt. Ostgebieten Vertriebenen in die Heimat.

**Bund der Steuerzahler,** Organisation zur Wahrung der Interessen der Steuerzahler in der BR Dtld., gegr. 1949; Sitz: Wiesbaden.

**Bund der Vertriebenen,** Abk. *BdV, Vereinigte Landsmannschaften u. Landesverbände e.V.,* Bonn, Spitzenverband der Heimatvertriebenen; hervorgegangen aus dem Zusammenschluß (1958)

---

**Bundesbehörden**

| Bundesministerium | Abkürzung | Gründungsjahr | Aufgabe/Arbeitsbereich | Zum Geschäftsbereich gehörende Bundesbehörden |
|---|---|---|---|---|
| der Finanzen | BMF | 1949 | Haushalts- u. Steuerpolitik, insbesondere Aufstellung des Bundeshaushaltsplanes, Rechnungslegung über Einnahmen u. Ausgaben, Vermögen u. Schulden des Bundes, Bund-Länder-Finanzen, Währungs-, Geld- u. Kreditpolitik, Finanzverwaltung, Lastenausgleich | Bundesfinanzverwaltung mit eigenem Behördenunterbau, Bundesamt für Finanzen, Bundesaufsichtsamt für das Versicherungswesen, Bundesaufsichtsamt für das Kreditwesen, Bundesschuldenverwaltung |
| der Justiz | BMJ | 1949 | Rechtswesen des Bundes, insbesondere Vorbereitung der Gesetzgebung auf den Gebieten: Bundesverfassungsgerichtsbarkeit, Gerichtsverfassung, ordentliche, Verwaltungs-, Finanz-, Patent-, Wehrstrafgerichtsbarkeit, bürgerl. Recht, Strafrecht, Handels- u. Wirtschaftsrecht | Bundesgerichtshof, Bundesverwaltungsgericht, Bundesfinanzhof, Bundespatentgericht, Bundesdisziplinargericht; ferner Generalbundesanwalt u. das Deutsche Patentamt |
| der Verteidigung | BMVg | 1955 | Unterstellung der Streitkräfte u. der militärischen Führung unter die Befehls- u. Kommandogewalt eines dem Parlament verantwortl. zivilen Bundesministers | Behörden der Bundeswehrverwaltung in bundeseigener Verwaltung |
| des Auswärtigen | AA | 1951 | Wahrnehmung der auswärtigen Angelegenheiten | Vertretungen der BR Dtschld. im Ausland; Botschaften, Gesandtschaften, Generalkonsulate, Konsulate; Vertretungen bei zwischen- u. überstaatl. Organisationen; Dt. Archäologisches Institut |
| des Innern | BMI | 1949 | Angelegenheiten der Innenpolitik u. der inneren Verwaltung des Bundes, die nicht besonderen Ministerien zugewiesen ist; insbesondere Verfassungsrecht, Staatsrecht, allg. Verwaltung, Verfassungsschutz, öffentl. Sicherheit, Bundesgrenzschutz, Personalrecht der Beamten, Angestellten u. Arbeiter des Öffentl. Dienstes, kulturelle Angelegenheiten des Bundes, Sportförderung, Zivilschutz u. Zivilverteidigung, Kommunalwesen, Lastenausgleich | Zahlreiche Bundesbehörden, wie Statistisches Bundesamt, Bundesamt für Verfassungsschutz, Bundeskriminalamt, Bundesarchiv, Bundesverwaltungsamt, Bundesamt für Zivilschutz |
| für Arbeit und Sozialordnung | BMA | 1949 | Arbeits- u. Sozialpolitik der Bundesregierung; insbesondere Arbeitsförderung u. Beschäftigungspolitik, Arbeitsrecht u. Arbeitsschutz, Sozialversicherung u. Sozialgesetzbuch, Gesundheit u. Krankenversicherung, Versorgung der Kriegsbeschädigten u. der Kriegshinterbliebenen, internationale Sozialpolitik; jährl. Sozialbericht der Bundesregierung | Bundesausführungsbehörde für Unfallversicherung, Bundesanstalt für Arbeitsschutz, Bundesversicherungsamt, Aufsicht über: Bundesarbeitsgericht, Bundessozialgericht, Bundesanstalt für Arbeit |
| für Bildung und Wissenschaft | BMBW | 1969 (einzeln ab 1955) | Bildungsplanung u. Bildungsforschung, Ausbildungsförderung u. Förderung des wissenschaftl. Nachwuchses, Berufl. Bildung u. Berufsbildungsforschung, Hochschulwesen u. Wissenschaftsförderung | Bundesinstitut für Berufsbildung |
| für Post und Telekommunikation | BMP | 1949 | Alle Angelegenheiten des Post- u. Fernmeldewesens | Zentrale Mittelbehörden u. 17 Oberpostdirektionen |
| für Ernährung, Landwirtschaft und Forsten | BML | 1949 | Land-, Forst-, Ernährungswissenschaft, Garten- u. Weinanbau, Fischerei, Holzwirtschaft, Naturschutz u. Landschaftspflege; Interessenausgleich zwischen Erzeugern u. Verbrauchern | Bundesamt für Ernährung u. Forstwirtschaft, Bundessortenamt; 12 Bundesforschungsanstalten, von denen die Biologische Bundesanstalt für Land- u. Forstwirtschaft gleichzeitig Aufgaben einer Bundesoberbehörde wahrnimmt; vier der Aufsicht des Ministeriums unterstehende, rechtlich selbständige Anstalten des öffentl. Rechts (z. B. Stabilisierungsfonds für Wein) |
| für Forschung und Technologie | BMFT | 1972 | Koordinierung der Forschungstätigkeit des Bundes, Grundlagenforschung, Förderung der technolog. Entwicklung, Kernforschung, Datenverarbeitung, Weltraum-, Luftraum-, Meeresforschung; Modernisierung | Deutsche Historische Institute in London, Paris, Rom u. Washington; Biologische Anstalt Helgoland |

**Bundesbehörden**

| Bundesministerium | Abkürzung | Gründungsjahr | Aufgabe/Arbeitsbereich | Zum Geschäftsbereich gehörende Bundesbehörden |
|---|---|---|---|---|
| | | | der Volkswirtschaft, Schaffung zukunftssicherer humaner Arbeitsplätze, Rohstoff- u. Energiesicherung, Verbesserung der Lebensbedingungen der Menschen | |
| für innerdeutsche Beziehungen | BMB | 1949 | Stärkung des Gedankens an die Einheit der Nation; Förderung der Beziehungen der beiden deutschen Staaten; Wahrnehmung der deutschlandpolit. Verantwortung der Bundesregierung; objektive Information über die Verhältnisse beider deutscher Staaten; soziale u. kulturelle Entwicklung des Zonenrandgebietes | Gesamtdeutsches Institut |
| für Jugend, Familie, Frauen und Gesundheit | BM-JFFG | 1969 (einzeln ab 1957) | Jugendfürsorge, Jugendschutz, Förderung der Ausbildung, polit. u. sonst. Bildung, Bau von Studentenwohnheimen u. Jugendbildungsstätten; Bundesjugendplan; Bericht über die Lage der Jugend; Ehe- u. Familienrecht, Kindergeldgesetzgebung, Bericht über die Lage der Familien; Gesundheitsvorsorge, Förderung des Krankenhausbaus | Bundesgesundheitsamt, Bundeszentrale für gesundheitliche Aufklärung, Dt. Institut für medizin. Dokumentation u. Information, Paul-Ehrlich-Institut – Bundesamt für Sera u. Impfstoffe, Bundesprüfstelle für jugendgefährdende Schriften, Bundesamt für den Zivildienst |
| für Raumordnung, Bauwesen und Städtebau | BM Bau | 1961 (einzeln ab 1949) | städtebaul. u. bautechn. Forschung, Baunormung, Modell-, Versuchs- u. Vergleichsbauvorhaben, Wohnungsbauprogramme, Länderfinanzhilfen zur Förderung städtebaul. Sanierungs- u. Entwicklungsmaßnahmen | Bundesbaudirektion, Bundesforschungsanstalt für Landeskunde u. Raumordnung |
| für Umwelt, Naturschutz und Reaktorsicherheit | BMU | 1986 | Koordinierung der bisher auf verschiedene Ressorts verteilten Arbeitseinheiten, die sich mit Umweltschutz, Reaktorsicherheit u. Naturschutz befassen, insbes.: Luftreinhaltung, Lärmbekämpfung, Gewässer- u. Grundwasserschutz, Wasserversorgung, Bodenschutz, Abfallwirtschaft, ökolog. Schutzziele, Artenschutz, Biotop- u. Gebietsschutz, Gesundheitl. Belange des Umweltschutzes, Chemikalienrecht, Schadstoffe in Lebensmitteln, Sicherheit kerntechn. Anlagen, Aufsicht über Genehmigung, Betrieb u. Entsorgung von Reaktoranlagen, Strahlenschutzrecht u. Strahlenhygiene | Umweltbundesamt, Bundesforschungsanstalt für Naturschutz u. Landschaftsökologie |
| für Verkehr | BMV | 1949 | Verkehrswesen in der BR Dtschld.; insbesondere Eisenbahnwesen, Straßenverkehr, Binnenschiffahrt, Seeverkehr, Luftfahrt, Straßenbau, Wasserstraßen, Wetterdienst | Wasser- u. Schiffahrtsverwaltung mit sechs Wasser- u. Schiffahrtsdirektionen, Dt. Hydrographisches Institut, Bundesamt für Schiffsvermessung, Bundesoberseeamt, Bundesanstalt für Gewässerkunde, Bundesanstalt für Wasserbau; Kraftfahrt-Bundesamt, Bundesanstalt für den Güterfernverkehr, Bundesanstalt für Flugsicherung, Luftfahrt-Bundesamt, Dt. Wetterdienst, Bundesanstalt für den Güterfernverkehr |
| für Wirtschaft | BMWi | 1949 | Alle Aufgaben des Bundes auf dem Gebiet der Wirtschaft, insbesondere: europ. wirtschaftl. Zusammenarbeit u. die gesamte Wirtschaftspolitik, Handel, Grundstoffindustrie, gewerbl. Wirtschaft, Außenwirtschaft, ERP-Sondervermögen | Physikal.-Techn. Bundesanstalt Braunschweig u. Berlin, Bundesamt für Wirtschaft, Bundesstelle für Außenhandelsinformation, Bundesanstalt für Materialforschung u. -prüfung, Bundeskartellamt, Bundesanstalt für Geowissenschaften und Rohstoffe, Filmförderungsanstalt, Erdölbevorratungsverband |
| für wirtschaftl. Zusammenarbeit | BMZ | 1961 | Zielkonzeption, Planung u. Koordination aller Maßnahmen der Entwicklungshilfe der BR Dtschld., Durchführung der Techn. Hilfe, Überwachung, Beratung, Betreuung u. Förderung privater Organisationen der Entwicklungshilfe | Dt. Gesellschaft für Techn. Zusammenarbeit |

## Bundeskanzler 143

der beiden Vertriebenenverbände »Bund der vertriebenen Deutschen« (BvD) u. »Verband der Landsmannschaften« (VdL).
**Bünde,** Stadt in NRW südl. des Wiehengebirges, 40 000 Ew.; Möbel- u. Zigarrenind.
**Bundes-Angestelltentarifvertrag** → BAT.
**Bundesanstalt für Arbeit,** 1952 gegr. Körperschaft des öffentl. Rechts mit Selbstverwaltung; Träger der Berufsberatung, der Arbeitsvermittlung, der Förderung der berufl. Bildung, der Arbeits- u. Berufsförderung Behinderter, der Gewährung von Leistungen zur Erhaltung u. Schaffung von Arbeitsplätzen u. der Gewährung von Arbeitslosengeld u. Arbeitslosenhilfe; Sitz: Nürnberg.
**Bundesanwalt,** Beamter der Staatsanwaltschaft beim Bundesgerichtshof.
**Bundesanzeiger,** Abk. *BAnz.,* seit 1949 herausgegebene Veröffentlichungsorgan für amtl. Nachrichten. Während Gesetze im *Bundesgesetzblatt* (BGBl.) zu veröffentlichen sind, können Verordnungen auch im BAnz., erscheinen.
**Bundesarbeitsgericht,** Abk. *BAG,* höchstes Gericht der Arbeitsgerichtsbarkeit in der BR Dtld.; Sitz: Kassel.
**Bundesarchiv,** 1952 gegr., dem Bundes-Min. des Innern unterstellte Bundesbehörde; verwaltet Archivgut der Bundesregierung sowie des ehem. Reichsarchivs; Sitz: Koblenz.
**Bundesausbildungsförderungsgesetz,** Abk. *BAföG,* sieht monatl. Beihilfen oder langfristige Darlehen an Schüler u. Studenten vor; nicht Begabtenförderung, sondern Herstellung von Chancengleichheit für wirtschaftl. Schwache.
**Bundesbahn** → Deutsche Bundesbahn.
**Bundesbank** → Deutsche Bundesbank.
**Bundesbaugesetz** → Baugesetzbuch.
**Bundesbehörden** → Tabelle S. 142, 143.
**Bundesfinanzhof,** Abk. *BFH,* oberste Bundesgericht der BR Dtld. für die Finanzgerichtsbarkeit; Sitz: München.
**Bundesgartenschau** → Gartenschau.
**Bundesgenossenkrieg,** Erhebung der minderberechtigten ital. Verbündeten Roms 91–89 v. Chr.; sie forderten Verleihung des röm. Bürgerrechts. Der B. wurde schließl. von *Sulla* beendet, u. alle Italiker südl. des Po erhielten das röm. Bürgerrecht.
**Bundesgerichte,** oberste Gerichte in der BR Dtld.: Bundesgerichtshof, Bundesarbeitsgericht, Bundessozialgericht, Bundesfinanzhof, Bundesverwaltungsgericht, Bundespatentgericht u. Bundesdisziplinargericht. Eine bes. Stellung nimmt das Bundesverfassungsgericht ein.
**Bundesgerichtshof,** Abk. *BGH,* oberstes Bundesgericht für die Zivil- u. Strafgerichtsbarkeit der BR Dtld.; Sitz: Karlsruhe; entscheidet über Revisionen in Zivilsachen u. best. Strafsachen; ihm obliegt in bes. Maße die Sicherung der Rechtseinheit u. die Fortbildung des Rechts. Die Staatsanwaltschaft am B. bilden der *Generalbundesanwalt* u. die *Bundesanwälte.* – B → Recht
**Bundesgesetzblatt,** Abk. *BGBl.,* Gesetz- u. Verordnungsblatt für die BR Dtld.; hrsg. vom Bundes-Min. der Justiz.
**Bundesgesundheitsamt,** Abk. *BGA,* 1952 errichtete selbst. Bundesoberbehörde; Sitz: Berlin; zuständig für die Zulassung von Arzneimitteln u. Registrierung von homöopath. Mitteln, anwendungsorientierte Forschung, Erstattung von Gutachten, medizinalstat. Arbeiten.
**Bundesgrenzschutz,** Abk. *BGS.,* 1951 errichtete Sonderpolizei des Bundes, dem Bundes-Min. des Innern unterstellt; über 22 000 Mann stark; sichert das Bundesgebiet gegen unbefugte Grenzübertritte u. sonstige Grenzgefährdung bis zu einer Tiefe von 30 km; kann auch in Fällen des inneren Notstands u. bei Katastrophen eingesetzt werden; Sondereinheit: Grenzschutzgruppe 9 (GSG 9); 1972 zur Bekämpfung des Terrorismus gebildet.
**Bundeshaus,** Gebäude des Dt. Bundestags in Bonn.
**Bundesjugendspiele,** fast ausschließl. von den Schulen durchgeführte Leistungswettkämpfe für Jugendl. zw. 8 u. 20 Jahren; *Sommer-B.:* Dreikampf in der Leichtathletik u. im Schwimmen; *Winter-B.:* Dreikampf im Geräteturnen; eine der größten jugendsportl. Veranstaltungen der Welt.
**Bundeskanzler, 1.** *BR Dtld.:* Chef der Bundesregierung, der die Richtlinien der Politik bestimmt u. dafür die Verantwortung trägt. Er wird

## Bundeskartellamt

auf Vorschlag des Bundespräsidenten vom Bundestag gewählt u. daraufhin vom Bundespräsidenten ernannt. Der Bundestag ist an den Vorschlag der Bundespräsidenten jedoch nicht gebunden. Der B. kann nur dadurch gestürzt werden, daß der Bundestag gleichzeitig mit dem Ausspruch des Mißtrauensvotums einen Nachfolger wählt *(konstruktives Mißtrauensvotum)*. – 2. *Östr.:* Vors. der Bundesregierung; er wird vom Bundespräsidenten ernannt. – 3. *Schweiz:* Vorsteher der Bundeskanzlei, von der Bundesversammlung für 4 Jahre gewählt.

**Bundeskartellamt,** seit 1958 im Rahmen des Gesetzes gegen Wettbewerbsbeschränkungen tätige selbst. Bundesoberbehörde im Geschäftsbereich des Bundes-Min. für Wirtsch.; Sitz: Berlin.

**Bundeskriminalamt,** Abk. *BKA,* zentrale Bundesbehörde zur Bekämpfung überregional arbeitender Verbrecher; Sitz: Wiesbaden.

**Bundeslade,** altisraelit. Heiligtum in Kastenform. Der Inhalt der B. ist unbekannt, laut später Tradition enthielt sie die steinernen Gebotetafeln (5. Mose 10). Als Symbol der Gegenwart Gottes bildete sie den kult. Mittelpunkt des Stämmeverbands.

**Bundesliga,** die höchsten Mannschaftssportklassen in der BR Dtld. in zahlr. Sportarten.

**Bundesliste,** in einigen Wahlsystemen ein von der Gebietsgröße her bestimmter Typ der *Liste,* der im Gegensatz zur *Landesliste* u. *Wahlkreisliste* das gesamte Wahlgebiet umschließt. In der Regel dient die B. in Systemen der *Verhältniswahl* zur Herstellung eines genaueren Proporzes von Stimmen u. Mandaten oder zur Reststimmenverwertung. → Listenwahl.

**Bundesministerien** → Tabelle, S. 142, 143.

**Bundesnachrichtendienst,** Abk. *BND,* Geheimdienst der BR Dtld., 1956 aus der *Organisation Gehlen* hervorgegangen; dient der Nachrichtenbeschaffung aus dem Ausland u. untersteht dem Bundeskanzleramt.

**Bundespost** → Deutsche Bundespost.

**Bundespräsident,** Staatsoberhaupt von Bundesstaaten; z.B. der BR Dtld., in Östr. u. in der Schweiz. – **1.** *BR Dtld.:* wird von der *Bundesversammlung* auf 5 Jahre gewählt; ihm obliegen die völkerrechtl. Vertretung des Bundes, die Ernennung u. Entlassung der Bundesbeamten u. -richter einschl. der Offiziere u. Beamten der Bundeswehr, die Repräsentation der BR Dtld. nach außen u. innen u. der Personalvorschlag für einen neuen Bundeskanzler. Seine Dienststelle ist das *Bundespräsidialamt.* – *2. Östr.:* der B. wird vom Bundesvolk auf 6 Jahre gewählt; er vertritt die Rep. nach außen, empfängt u. beglaubigt die Gesandten, schließt Staatsverträge ab, ernennt u. entläßt die Bundesreg., ernennt die Beamten u.a. Der B. ist der → Bundesversammlung verantwortlich. – **3.** *Schweiz:* der B. ist Vors. des Bundesrats u. wird von der Bundesversammlung für 1 Jahr gewählt; er vertritt den Staat nach außen u. führt den Vorsitz im Bundesrat, dessen Mitgl. er ist.

**Bundesrat, 1.** *allg.:* Verf.-Organ eines Bundesstaats zur Vertretung der Gliedstaaten-(Länder-)Interessen; in der Regel in erhebl. Ausmaß an der Bundesgesetzgebung beteiligt u. an die Weisungen der Länder gebunden. – **2.** *BR Dtld.:* föderatives Bundesorgan, bestehend aus den weisungsgebundenen Vertretern der Landesregierungen. Ein Bundesland kann je nach Bevölkerungszahl 3, 4, 5 oder 6 Vertreter im B. haben. Die Stimmen eines Landes können nur gemeinsam abgegeben werden. Durch den B. wirken die Länder an der Gesetzgebung u. Verw. des Bundes mit. – **3.** *Östr.:* Zweite Kammer der Rep. Östr., Vertretung der Bundesländer. – **4.** *Schweiz:* oberste vollziehende u. leitende Behörde u. Spitze der Bundesverw., mit 7 von der Bundesversammlung auf 4 Jahre gewählten Mitgliedern (Vorsteher der 7 eidgenöss. Departemente), von denen eines im jährl. Wechsel gleichzeitig *Bundespräsident* ist; kein B. im Sinn von 1), sondern der *eidgenöss. Regierung.* – **5.** *Dt. Reich:* 1871–1918 verfassungsrechtl. das oberste Organ, bestehend aus Vertretern der Mitgl. des Reichs (Bundesfürsten, Hansestädte) mit nach ihrer Gebietsgröße verschiedener Stimmenzahl.

**Bundesrechnungshof,** weisungsunabhängige oberste Bundesbehörde; Sitz: Frankfurt a.M.; prüft die gesamte Haushaltsführung des Bundes.

**Bundesregierung, 1.** *allg.:* Reg. eines Bundesstaats, bestehend aus dem Kabinettschef (Min.-Präs., Bundeskanzler) u. den Bundesministern. – **2.** *BR Dtld.:* aus dem Bundeskanzler u. den Bundes-Min. bestehende Reg.; letztere werden auf Vorschlag des Bundeskanzlers vom Bundespräsidenten ernannt u. entlassen. – **3.** *Östr.:* neben dem Bundespräsidenten das höchste Verw.-Organ des Bundes; setzt sich aus Bundeskanzler, Vizekanzler u. den Bundes-Min. zusammen. Die Mitgl. der B. sind dem Nationalrat verantwortlich. – **4.** *Schweiz:* → Bundesrat (4).

**Bundesrepublik Deutschland** → Deutschland.

**Bundessozialgericht,** eines der obersten *Bundesgerichte,* durch Gesetz von 1953 errichtet; Sitz: Kassel; letzte Instanz der → Sozialgerichtsbarkeit.

**Bundesstaat,** Staatsform, bei mehrere Gliedstaaten *(Länder, Kantone,* oft wieder als »B.« bezeichnet) zu einem souveränen Gesamtstaat *(Bund)* vereinigt sind, auf den sie einen Teil ihrer Staatsgewalt übertragen.

**Bundestag, 1.** *im Dt. Bund:* → Bundesversammlung (2). – **2.** *Deutscher B.,* in der BR Dtld. als Gesetzgebungsorgan des Bundes u. als Repräsentanz des Volkswillens das wichtigste Verfassungsorgan; Abgeordnete vom Volk in allg., unmittelbarer, freier, gleicher u. geheimer Wahl für 4 Jahre gewählt; Hauptaufgaben: Beschluß über Bundes-Ges., Verabschiedung des Haushalts, Wahl des Bundeskanzlers, Mitwirkung bei der Besetzung des Bundesverfassungsgerichts u. der anderen Bundesgerichte, Wahl des Wehrbeauftragten, Einsetzung von Untersuchungsausschüssen, Entscheidung über polit. Verträge, Feststellung über den Eintritt des Verteidigungsfalles, Möglichkeit der Präs.-Anklage.

**Bundesverband Bürgerinitiativen Umweltschutz eV.,** Abk. *BBU,* Sitz: Karlsruhe; Dachverband des in versch. Bereichen des Umweltschutzes tätigen *Bürgerinitiativen* in der BR Dtld.

**Bundesverband der Deutschen Industrie eV.,** Abk. *BDI,* fachl. Zentralorganisation der Industrie; Sitz: Köln.

**Bundesverdienstkreuz** → Verdienstorden.

**Bundesverfassungsgericht,** Abk. *BVerfG,* höchstes Gericht der BR Dtld.; Sitz: Karlsruhe; 2 Senate mit je 8 Richtern, die je zur Hälfte vom Bundestag u. vom Bundesrat gewählt werden. Das B. entscheidet u.a. über verfassungsrechtl. Streitigkeiten u. über die Vereinbarkeit von Bundes- u. Landesrecht mit dem Grundgesetz, über Anklagen gegen den Bundespräsidenten sowie über Bundes- u. Landesrichter, über Verfassungsbeschwerden, über die Verfassungswidrigkeit von Parteien u. über die Verwirkung von Grundrechten.

**Bundesversammlung, 1.** *BR Dtld.:* oberstes Bundesorgan, das nur zur Wahl des *Bundespräsidenten* zusammentritt. Es besteht aus den Mitgl. des Bundestags u. einer gleichen Zahl von Mitgl., die von den Volksvertretungen der Länder gewählt werden. – **2.** *Dt. Bund:* »Bundestag« genanntes einziges Organ, Gesandtenkongreß der 38 Bundesstaaten unter Vorsitz des östr. Präsidialgesandten; 1815–66 in Frankfurt a.M. – **3.** *Östr.:* gemeinsame Sitzung von Nationalrat u. Bundesrat; zuständig für die Angelobung des Bundespräsidenten, zur Beschlußfassung über die vorzeitige Absetzung des Bundespräsidenten sowie für die Entscheidung über Abgabe einer Kriegserklärung. – **4.** *Schweiz:* aus dem Nationalrat (Volksvertretung) u. dem Ständerat (Vertretung der Kantone) zusammengesetztes eidgenöss. Parlament.

**Bundesversicherungsanstalt für Angestellte,** Abk. *BfA,* seit 1953 Träger der gesetzl. Rentenversicherung der Angestellten; Sitz: Berlin; eine Körperschaft des öffentl. Rechts; Vorläufer war die *Reichsversicherungsanstalt für Angestellte.*

**Bundesverwaltungsgericht,** Abk. *BVerwG,* oberstes Bundesgericht der BR Dtld. für die (allg.) Verwaltungsgerichtsbarkeit; Sitz: Berlin.

**Bundeswehr,** Streitkräfte der BR Dtld.; gegliedert in Heer, Luftwaffe u. Marine; aufgrund der Pariser Verträge 1954/55 der NATO unterstellt; 1955 zunächst nur Freiwillige; seit 1956 allg. Wehrpflicht vom 18. Lebensjahr an; Befehlsgewalt hat der Bundes-Min. der Verteidigung, im Verteidigungsfall der Bundeskanzler; Kontrolle durch den *Verteidigungsausschuß* des Bundestages u. den *Wehrbeauftragten.*

**Bundeszentrale für politische Bildung,** 1952 unter dem Namen *Bundeszentrale für Heimatdienst* gegr.

**Bundeszentralregister,** in Berlin geführtes zentrales Strafregister, in dem alle in der BR Dtld. verhängten rechtskräftigen Haupt- u. Nebenstrafen, Sicherungsmaßregeln u. Schuldfeststellungen in Straf- u. Jugendgerichtsverfahren sowie alle Entmündigungen eingetragen werden.

**Bundeszwang,** in *Bundesstaaten* Maßnahmen, die die Bundesregierung treffen kann, um ein Land, das den ihm obliegenden *Bundespflichten* versäumt, zu deren Erfüllung anzuhalten.

**Bund Freier Demokraten,** *BFD,* Wahlbündnis der Parteien *Liberaldemokrat. Partei (LDP), Freie Demokrat. Partei (FDP)* u. *Deutsche Forumpartei (DFP)* für die Volkskammerwahl in der DDR am 18.03.1990. Nach der Wahl konstituierte sich die LDP neu als *BFD – Die Liberalen.* Diese Partei vereinigte sich im August 1990 mit der FDP der DDR, der FDP der BR Dtld. u. der DFP zur gesamtdeutschen FDP.

**Bund für Umwelt u. Naturschutz Dtld. eV.,** Abk. *BUND,* 1975 als bundesweite Organisation zur Aufklärung der Bevölkerung über Umweltprobleme gegr.

**bündig,** Bez. für zwei Flächen, die in ein- u. derselben Ebene liegen.

**bündische Jugend** → Jugendbewegung.

**Bündnis 90,** Wahlbündnis der Bürgerbewegungen *Neues Forum, Demokratie Jetzt* u. *Initiative Frieden u. Menschenrechte* für die Volkskammer- u. Kommunalwahlen in der DDR 1990.

**Bundschuh,** mit Riemen über dem Knöchel festgebundener Schuh des Bauern im MA; seit dem 13. Jh. volkstüml. Symbol u. Name versch. Bauernbünde; → Bauernkrieg.

**Bundsteg,** der nicht bedruckte Raum zw. 2 nebeneinanderstehenden Buchseiten auf einem Druckbogen, durch dessen Mitte nach dem Falzen gehefte wird.

**Bungalow** [-lo], eingeschossiges Haus leichter Bauart.

**Bunin,** Iwan Alexejewitsch, *1870, †1953, russ. Schriftst.; setzte in Erzählungen u. Romanen die Stilhaltung des krit. Realismus fort; Nobelpreis 1933.

**Bunker, 1.** Schutzraum, Unterstand. – **2.** Vorratsraum der Industrie u. bei Schiffen.

**Bunsen,** Robert Wilhelm, *1811, †1899, dt. Chemiker; entwickelte u.a. mit G. R. *Kirchhoff* die Spektralanalyse, stellte organ. Arsenverbindungen dar, machte sich um die Gasanalyse, die volumetr. Analyse u. die Elektrochemie *(B.-Element)* verdient u. erfand den **B.brenner,** einen Gasbrenner, bei dem das zugeführte Gas durch verstellbare Öffnungen Luft ansaugt.

**Buntbarsche,** *Cichlidae,* Fam. südamerik. u. mittelafrik. Süßwasserfische, über 700 Arten; beliebte Aquarienfische; hierzu die *Maulbrüter,* die *Diskusfische,* die *Segelflosser* u. die *Zwergbuntbarsche.*

**Buntkupfererz,** Buntkupferkies, Bornit, ein Mineral.

**Buntmetalle,** alle Schwermetalle außer Eisen u. Edelmetallen.

**Buntsandstein,** ältester Abschnitt der Triasformation; buntfarbige, meist rote Sandsteine, Schiefertone, Gips u. Steinsalz.

**Buntspecht** → Spechte.

**Buñuel** [bunju-], Luis, *1900, †1983, span. Filmregisseur u. -produzent; prägte den surrealist. Filmstil; W »Ein andalus. Hund«, »Belle de jour – Schöne des Tages«, »Der diskrete Charme der Bourgeoisie«.

**Bunzlau,** poln. *Bolesławiec,* Stadt in Schlesien, in der poln. Wojewodschaft Jelenia Góra, 40 000 Ew.; Tonwaren- *(B.er Steinzeug)* u. Glasind., Kupfererzbergbau.

**Burbage** ['bɜːbidʒ], Richard, *1567, †1619, engl. Schauspieler; gründete 1599 das *Globe Theatre.*

*Blaupunktbuntbarsche in Laichstimmung*

*Bürger- und Parteieninitiativen gegen den Bau der »Startbahn-West« des Frankfurter Flughafens*

**Burckhardt, 1.** Carl Jacob, *1891, †1974, schweiz. Historiker, Diplomat u. Schriftst.; 1937–39 Hoher Kommissar des Völkerbunds in Danzig, 1944–48 Präs. des Internat. Roten Kreuzes. – **2.** Jacob Christoph, *1818, †1897, schweiz. Kunst- u. Kulturhistoriker; einer der einflußreichsten Geisteswissenschaftler des 19. Jh.; geprägt von universalem Denken u. histor. Einfühlungsvermögen.

**Buren,** Nachkommen der seit 1652 von der Ndl.-Ostind. Kompanie im Kapland angesiedelten Holländer u. Rheinländer. Seit 1806 unter engl. Herrschaft, zogen 1835 etwa 10 000 B. nach N (»Großer Treck«) u. gründeten die B.-Republiken *Natal, Oranjefreistaat* u. *Transvaal.* Von diesen wurde Natal schon 1842–45 engl.; die beiden anderen Freistaaten wurden im *B.krieg* (1899–1902) von den Engländern unterworfen. Die B. erhielten jedoch 1910 durch die Bildung der *Südafrikanischen Union* ihren eigenen Staat im Rahmen des Brit. Empire, der 1961 aus dem Commonwealth ausschied u. sich zur Republik Südafrika erklärte.

**Büren,** Stadt in NRW, sw. von Paderborn, 17 500 Ew.; roman. Pfarrkirche.

**Bürette,** mit einem Abflußhahn u. einer Skala versehenes Glasrohr zum genauen Messen von Flüssigkeits- u. Gasvolumen.

**Burg,** mittelalterl. Wehranlage, die ihren Benutzern zugleich als Wohnung diente. Neben Befestigungsmauern, *Bergfried* (Wart- u. Wachturm, *Donjon*) u. *Palas* (Herrenhaus) waren *Kemenate* (Wohnhaus) u. Wirtschaftsgebäude die Hauptteile der mittelalterl. B., meist um den B.hof gelagert, zu dem man über eine Zugbrücke durch einen Vorhof (Zwinger, Parcham) gelangte.

**Burg, 1.** *B. auf Fehmarn,* Stadt in Schl.-Ho., Hauptort der Insel Fehmarn, 6000 Ew.; Ostseeheilbad, Hafen. – **2.** *B. b. Magdeburg,* Kreisstadt in Sachsen-Anhalt, am Elbe-Havel-Kanal, 28 000 Ew.; Leder-, Eisen-, Textil- u. Möbel-Ind.

**Burgas,** bulgar. Hafenstadt am Schwarzen Meer, 183 000 Ew.; Erdölraffinerie, Schiff- u. Waggonbau.

**Burgdorf, 1.** Stadt in Nds., 29 000 Ew.; Schloß (17. Jh.); Obst- u. Gemüseanbau; versch. Ind. – **2.** frz. *Berthoud,* schweiz. Bez.-Hptst. im Kt. Bern, 15 000 Ew.; Maschinenbau, Käseherstellung.

**Burgenland,** seit 1921 östr. Bundesland in O-Östr., 3965 km², 267 000 Ew., Hptst. *Eisenstadt;* Bev. überwiegend deutschsprachig, knapp 10 % Kroaten, 1,5 % Madjaren, einige Zigeuner; im N Flachland, in der Mitte u. im S Hügelland; Weizen-, Gemüse-, Obst- u. Weinbau, Viehzucht. – Gesch.: Gebildet aus den Östr. im Vertrag von Saint-Germain 1919 zugesprochenen deutschsprachigen Gebieten der ehem. ungar. Komitate Ödenburg, Eisenburg u. Wieselburg, Ödenburg verblieb nach Abstimmung bei Ungarn.

**Bürgenstock,** Kalkrücken am S-Ufer des Vierwaldstätter Sees; höchster Gipfel: *Hammetschwand,* 1128 m; Drahtseilbahn zum Kurort B.

**Burger,** *Schweiz:* die in einer Gem. Heimatberechtigten (im Unterschied zu den bloß dort Ansässigen).

**Burger,** Hermann, *1942, †1989, schweiz. Schriftst.; in seinen satir.-kunstvollen Romanen spielt die Allgegenwart des Todes eine große Rolle.

**Bürger** → Bürgertum.

**Bürger,** Gottfried August, *1747, †1794, dt. Schriftst.; erstrebte die Verbindung von Volks- u. Kunstdichtung u. trug bes. zur Entwicklung der dt. Ballade bei.

**Bürgerinitiativen,** Zusammenschlüsse von Bürgern mit gleichen Interessen oder Ideen außerhalb der Parteien, die – meist auf lokaler Ebene – Mißstände beseitigen bzw. Verbesserungen erreichen wollen.

**Bürgerkönig,** Beiname des frz. Königs Louis-Philippe von Orléans, der durch die bürgerl. Revolution von 1830 zur Regierung kam.

**Bürgerkrieg,** bewaffnete Austragung polit., religiöser oder sozialer Differenzen innerhalb derselben Staatsgemeinschaft.

**bürgerliche Ehrenrechte,** Aberkennung der *b. E.,* frühere Nebenstrafe, 1974 abgeschafft.

**Bürgerliches Gesetzbuch,** Abk. *BGB,* vom 18.8.1896 mit Einführungsgesetz vom gleichen Tag, mehrfach geändert u. ergänzt, in Kraft seit dem 1.1.1900, in fünf Büchern (Allg. Teil, Schuldrecht, Sachenrecht, Familienrecht u. Erbrecht) die Masse des dt. *bürgerl. Rechts.*

**bürgerliches Recht,** *Zivilrecht,* das allg. (jeden Bürger betreffende) Privatrecht, die Regelung der allg. Verhältnisse der Familien- u. Wirtschaftslebens. Das b. R. der BR Dtld. ist enthalten im Bürgerl. Gesetzbuch *(BGB)* sowie in zahlr. Nebengesetzen. Zum Bürgerl. Recht gehören auch die Bestimmungen des Internat. Privatrechts, das allg. in den Artikeln 3–38 EGBGB geregelt ist. In Östr. ist das b. R. im Allg. Bürgerl. Gesetzbuch *(ABGB)* niedergelegt, in der Schweiz hpts. im Zivilgesetzbuch u. im Obligationenrecht.

**Bürgermeister,** leitendes Organ einer Gemeinde; Rechtsstellung in den Gem.-Ordnungen der Länder verschieden. Entweder ist der B. Vors. des Gem.-Rats ohne bes. eigene Befugnisse (NRW, Nds.) oder ihm sind solche kraft Gesetz eingeräumt, so daß er als selbständiges Organ neben dem Gem.-Rat steht.

**Bürger-Prinz,** Hans, *1897, †1976, dt. Psychiater u. Sexualforscher; als Gerichtsgutachter auf dem Gebiet der Sexualpathologie bekannt geworden.

**Bürgerrechtsbewegung, 1.** polit. Gruppen in den USA, die für volle Gleichberechtigung der Schwarzen eintreten; Höhepunkt in den 1960er Jahren mit gewaltlosen Massendemonstrationen. – **2.** Gruppen in den kommunist. Ländern O-Europas, die sich für die Demokratisierung dieser Länder einsetzen. – **3.** in der BR Dtld. Gruppen der alternativen Bewegung, die sich gegen eine subjektiv empfundene Einschränkung von bürgerl. Rechten u. Freiheiten wenden.

**Bürgerschaft,** Volksvertretung (Landtag) in Bremen u. Hamburg.

**Bürgertum,** der ehem. *3. Stand,* im Unterschied einerseits zu Adel u. Geistlichkeit, andererseits zur unfreien Landbevölkerung u. zum lohnabhängigen städt. Proletariat (4. Stand). Seit dem 12. Jh. zählte zum B. allg. die Schicht der freien Gewerbetreibenden in der Stadtgemeinde *(Stadtbürger).* Sie waren genossenschaftl. in Gilden u. Zünften organisiert; ihre Merkmale waren: persönl. Freiheit (keine Hörigkeit oder Erbuntertänigkeit), wirtsch. Initiative u. kommunale Selbstverw. Nach Aufhebung der Zunftschranken (Gewerbefreiheit) wurde das B. zum Träger des industriellen Fortschritts. Doch erst mit der Zerschlagung der Ständegesellschaft in den *bürgerl. Revolutionen* (seit der Frz. Revolution 1789) hatte es die Möglichkeit, seine Ziele »Freiheit, Gleichheit, Brüderlichkeit« über den kommunalen Bereich hinaus als Staatsform durchzusetzen. Es entstand der parlamentar. Rechtsstaat, die *Demokratie* im Sinn des *Liberalismus;* die Unantastbarkeit der Privatsphäre (einschl. der Privatwirtsch.) wurde zum Inhalt der Staatsidee. Aus dem ehem. fortschrittl. Stand des B.s wurde im 19. Jh. eine konservative Klasse, die die Freiheit des liberalen Staats in erster Linie zur Vermehrung ihres Privatbesitzes benutzte: die *Bourgeoisie.* Im 20. Jh. hat die wirtschaftl. Entwicklung dazu geführt, daß große Teile des ehem. selbständigen B.s zu Lohn- u. Gehaltsempfängern geworden sind; seine soziale Stelle nimmt heute der Mittelstand ein.

**Burgfriede,** im MA die Abmachung, im Bezirk ummauerter Plätze (Burg, Stadt) Frieden zu halten; heute (im übertragenen Sinn) eine Vereinbarung zw. parlamentar. Parteien oder anderen polit. Gruppen, einander bei bes. Anlässen, nicht zu bekämpfen.

**Burggraf,** im MA ein Beamter des Stadtherrn, in erster Linie militär. Befehlshaber der Burg, zudem auch Führer des militär. Aufgebots einer Stadt; in manchen Städten zugleich Stadtgraf u. Richter.

**Burghausen,** Stadt in Oberbayern, 17 000 Ew.; größte dt. Burg; elektro-chem. Ind., Ölraffinerie.

**Burgiba** → Bourguiba.

**Burgkmair,** Hans d. Ä., *1473, †1531, dt. Maler u. Graphiker; vereinigte Farbigkeit, Dekorations- u. Architekturelemente der ital. Malerei mit nord. Ausdruckswillen.

**Burglengenfeld,** bay. Stadt in der Oberpfalz; 10 000 Ew.; Burganlage; Zement-, Beton- u. Stahl-Ind.

**Burgos,** nordspan. Prov.-Hptst. auf der Hochebene Altkastiliens, 156 000 Ew.; got. Kathedrale; Textil-, Papier- u. chem. Ind.; ehem. Krönungsstadt der Könige von Kastilien.

**Bürgschaft,** Vertragstyp des Schuldrechts: schriftl. Verpflichtung des *Bürgen* gegenüber dem Gläubiger eines Dritten, für die Erfüllung der Schuld des Dritten einzustehen.

**Burgstädt,** Stadt in Sachsen, 14 000 Ew.; Textil-Ind.

**Burgsteinfurt,** bis 1975 Name von → Steinfurt.

**Burgtheater,** östr. Bundestheater in Wien, 1741 von Maria Theresia gegr., 1776 von Joseph II. zum *Nationaltheater* erhoben; bis 1888 im Ballhaus, dann am Ring; 1944 ausgebrannt, 1955 wiedereröffnet.

**Burgund,** frz. *La Bourgogne,* histor. Ldsch. im östl. Frankreich, zw. Saône u. oberer Loire; Durchgangsland mit wichtigen Verkehrswegen zum Oberrhein (*B.ische Pforte*); Weinbaugebiet. – Gesch.: Das seit 461 bestehende Reich der *Burgunder* wurde 534 von den Franken unterworfen. Aus der Erbmasse des Fränk. Reichs entstanden die Kgr. Nieder-B. u. Hoch-B. Um 934 wurden beide zum *Königreich B.* oder *Arelat* vereinigt. 1032 nahm Kaiser *Konrad II.* das Land als Erbe in Besitz; 1156 heiratete Kaiser *Friedrich I. Barbarossa* Beatrix von B., 1178 wurde er in Arles zum König von B. gekrönt. Im späten MA kamen die westl. Teile von B. unter frz. Herrschaft, formal bestand jedoch die Lehnshoheit des Reichs weiter. – Das *Hzgt. B.* wurde unabhängig von den burgund. Kgr. gegr. 1032 fiel es an eine Nebenlinie der Kapetinger. *Philipp der Kühne* gewann durch Heirat Flandern, das Artois u. die Frei-Gft. B. dazu. Der spätere Kaiser *Maximilian I.,* der die Erbtochter

*Burg: Schloß Chillon am Genfer See (links). – Windsor Castle (rechts)*

## 146 Burgunder

Maria von B. geheiratet hatte, konnte die Herrschaft in den größten Teilen behaupten. Die Bourgogne u. einige weitere Gebiete fielen an Frankreich.

**Burgunder,** ostgerman., aus Skandinavien stammender Volksstamm, der nach 400 um Worms ein Reich gründete. Der größte Teil des Volkes wurde 436 durch Hunnen vernichtet, der Rest wurde zw. Genfer See u. Rhône angesiedelt; → Burgund.

**Burgunderweine,** frz. Weine hpts. aus den Bez. Hoch- u. Niederburgund (Côte d'Or u. Yonne) u. dem benachbarten *Beaujolais*.

**Burgundische Pforte,** bis 28 km breite Senke zw. den Vogesen im N u. dem Jura im S.

**Buridan** [byri'dä], Johannes, *um 1300, †nach 1358, frz. Philosoph u. Naturforscher; um Klärung des Problems der Willensfreiheit bemüht. — »B.s Esel«, fälschl. B. zugeschriebenes Beispiel vom Esel, der zw. zwei Heubündeln verhungert, weil er sich für keines entscheiden kann.

**Burjaten,** mongol. Volk (360 000), vorw. in der Burjat. ASSR (Sowj.) u. in der Mongolei.

**Burke** [bə:k], Edmund, *1729, †1797, engl. polit. Schriftst. u. Parlamentarier; Begr. der konservativen Staatsauffassung in der Neuzeit.

**Burkina Faso,** bis 1984 *Obervolta,* Binnenstaat in W-Afrika, 274 200 km², 8,3 Mio. Ew., Hptst. *Ouagadougou.* — Vorwiegend von Trockensavanne

*Burkina Faso*

bedecktes Hochland. Die Bevökerung (Mossi, Fulbe, Haussa, Tuareg) ist größtenteils islamisch. – Die Landwirtsch. liefert für den Export Baumwolle (über 50% der Gesamtausfuhr), Sesam, Erdnüsse u. Tabak. Die Viehzucht ist mit 11% am Gesamtausfuhrwert beteiligt. Die Flußfischerei spielt für die Ernährung eine große Rolle.

Geschichte. Das seit dem 15. Jh. bestehende Kaiserreich der *Mossi* wurde 1897 frz. besetzt. 1919 wurde die frz. Kolonie *Obervolta* gebildet. 1960 wurde das Gebiet unabh., 1984 in B.F. umbenannt. Seit 1980 regiert das Militär. Staatschef ist seit 1987 B. *Compaoré*.

**Burleske,** derb-kom. Lust- oder Possenspiel; in der Musik ein lustig-charakterisierendes Stück.

**Burma** → Birma.

**Burne-Jones** [bə:n dʒɔunz], Sir Edward, *1833, †1898, engl. Maler; von den Werken S. *Botticellis* beeinflußter Vertreter der *Präraffaeliten*.

**Burnet** [bə:nit], Sir Frank *MacFarlane B.,* *1899, †1985, austral. Biologe; erforschte die immunolog. Abwehrprozesse bei Gewebs- u. Organtransplantationen; Nobelpreis 1960.

**Burns** [bə:nz], Robert, *1759, †1796, schott.

*Burkina-Faso: Senufo-Dorf*

Schriftst. (volksliedhafte Natur- u. Liebeslieder); schon zu Lebzeiten als Nationaldichter gefeiert.

**Burnus,** wollener, meist weißer Mantel mit Kapuze der nordafrik. Beduinen.

**Bürokratie,** gesamter staatl., aus Beamten bestehender Verwaltungsstab. — **bürokratisch,** beamtenhaft, an Formen klebend. — **Bürokratismus,** »Verbeamtung« u. Aufblähung des Verwaltungsapparats im gesamten öffentl. Leben; gekennzeichnet durch die Unfähigkeit, von eingefahrenen Richtlinien abzugehen.

**Bursa,** in der kath. Liturgie die Tasche in Quadratform, in der das *Corporale* aufbewahrt wird.

**Bursa,** das antike *Prusa*, türk. Prov.-Hptst. in Kleinasien, nahe dem Marmarameer, 614 000 Ew.; viele Moscheen; Seiden-, chem. u.a. Ind.; Flughafen.

**Burscheid,** Ind.-Stadt in NRW., südl. von Solingen, 15 000 Ew.; Textil-, Metall-, Leder-Ind.

**Burschenschaft,** 1815 unter dem Eindruck der Befreiungskriege in Jena gegr. Organisation von Studenten u. z.T. auch Professoren, die für die dt. Einheit gegen Kleinstaaterei u. für die polit. Rechte des Bürgertums gegen die absolutist. Herrschaft eintraten; 1817 *Wartburgfest;* 1819 verboten; Weiterbestehen im Geheimen; 1832 beim *Hambacher Fest* wieder präsent; nach 1848 erneut verfolgt; 1874 Vereinigung versch. Richtungen u. ab 1902 Umbenennung in *Deutsche B.*

**Burse,** *Bursa*, mittelalterl. Bez. für Geldbörse, Säckel; danach: Kasse zum gemeinsamen Unterhalt, Studentenheim, Stiftung für unbemittelte Studenten.

**Burton** [bə:tn], Richard, eigentl. R. *Jenkins*, *1925, †1984, engl. Theater- u. Filmschauspieler; bek. Shakespeare-Darsteller; spielte u.a. in »Wer hat Angst vor Virginia Woolf?«

**Burundi,** Binnenstaat in O-Afrika, 27 834 km², 5,0 Mio. Ew., Hptst. *Bujumbura.* — B. ist ein mäßig warmes u. feuchtes Hochland, das vorw. von Sa-

*Burundi*

vannen eingenommen wird u. zu den dichtest besiedelten Gebieten Afrikas zählt. Rd. 85% der Bevölkerung gehören zum Bantuvolk der Hutu, die Ackerbau treiben. Das hamit. Hirtenvolk der Tussi (14% der Bevölkerung) bildet eine kleine Oberschicht. — Die Landwirtsch. dient fast ausschl. der Selbstversorgung. Kaffee, Baumwolle u. Tee werden ausgeführt. Der Außenhandel wird über den Hafen von Bujumbura am Tanganjikasee abgewickelt.

Geschichte. Nach 1600 entstand in B. der südlichste der *Hima*- oder *Tussi-Staaten.* B. kam 1890 zu Dt.-Ostafrika, 1919 zusammen mit Rwanda als Völkerbundsmandat unter belg. Herrschaft (seit 1946 UN-Treuhandgebiet). Am 1.7.1962 wurde B. unabh. Monarchie, 1966 erfolgte die Umwandlung in eine Republik. B. wird stark durch den Dauerkonflikt zwischen den Volksgruppen der Tussis u. Hutus belastet.

**Bürzel,** bei Vögeln die hinterste Rückenpartie; enthält auf der Oberseite die paarige *B.drüse,* die zum Einfetten des Gefieders ein öliges Sekret absondert (vor allem bei Wasservögeln).

**Burzenland,** Gebirgslandschaft im sö. Siebenbürgen; 1211–25 Besitz des Dt. Ordens; Zentrum ist Kronstadt.

**Busch,** 1. Adolf, Bruder von 2), *1891, †1952, dt. Geiger u. Komponist (im Stil von M. Reger). — 2. Fritz, Bruder von 1), *1890, †1951, dt. Dirigent. — 3. Wilhelm, *1832, †1908, dt. humorist. Schriftst., Zeichner u. Maler; schuf volkstüml. Bildergeschichten mit selbstgedichteten Versen in schwungvoll-bewegtem Zeichenstil u. knapper, treffender Charakterisierung, W »Max u. Moritz«, »Die fromme Helene« u.a.

**Buschklepper,** Strauchdieb, Räuber.

**Buschmänner,** kleinwüchsiges nomad. Wildbeutervolk S-Afrikas, die Urbewohner dieses Gebiets; teils ausgerottet, teils in die Kalahari abgedrängt.

**Buschmeister,** gefährl. *Grubenotter,* bis 3,75 m lang; von Panama bis ins trop. Brasilien verbreitet; Bodenbewohner.

*George Bush*

**Buschneger,** *Maroons, Maronen,* Nachkommen entlaufener mittel- u. südamerik. Neger, die sich zu neuen Stämmen vereinigt haben; bes. im Bergland von Guyana.

**Buschor,** Ernst, *1886, †1961, dt. Archäologe; Leiter der Ausgrabungen im Heraion von Samos, Direktor des Dt. Archäolog. Instituts in Athen 1921–30.

**Buschwindröschen** → Anemone.

**Busen,** die entwickelte weibl. Brust; *übertragen:* Ausbuchtung; z.B. Meer-B.

**Busento,** l. Nbfl. (25 km) des Crati im nördl. Kalabrien (Italien), in dem der Westgotenkönig Alarich begraben sein soll.

**Bush** [buʃ], George, *12.6.1924, US-amerik. Politiker (Republikaner); 1981–89 Vize-Präs. der USA; seit 1989 Präs. der USA.

**Bushehr,** *Bushir,* iran. Hafen- u. Prov.-Hptst. am Pers. Golf, 58 000 Ew.; Textil-Ind.

**bushel** ['buʃəl], Getreidemaß in Großbritannien (36,368 *l*) u. den USA (35,24 *l*).

**Bushido,** von den Samurai geprägte Kampfethik, die Treue bis zum Selbstopfer, Tapferkeit, Gerechtigkeit, Hilfsbereitschaft u. Güte gegen Schwache fordert.

**Busiris,** im Herakles-Mythos ein ägypt. König, Erbauer Thebens, der Zeus jährl. einen Fremden opferte.

**Busoni,** Ferruccio, *1866, †1924, dt.-ital. Komponist u. Pianist; erstrebte einen neuen klass. Stil; bekannt sind seine Bearbeitungen klass. Werke.

**Bussarde,** *Buteo,* Gatt. der *Greifvögel;* mit kräftiger Gestalt u. breiten Flügeln; häufigster einheim. Greifvogel ist der *Mäusebussard,* Wintergast ist bei uns der weißbäuchige *Rauhfußbussard*.

**Buße,** Abkehr von sittl.-religiösen Verfehlungen, um eine Störung des Verhältnisses zur Gottheit zu überwinden; in der kath. Kirche Sakrament der B., bestehend aus Gewissensforschung, Reue, Sündenbekenntnis (Beichte), Absolution u. Genugtuung.

**Büßerschnee,** durch kräftige Sonneneinstrahlung im trop. Hochgebirge aus Schnee u. Eis herausgeschmolzene spitze Pyramiden, die mitunter menschenähnl. Formen (»Büßer«) annehmen.

**Bußgeldverfahren,** Verfahren zur Verfolgung u. Ahndung von Ordnungswidrigkeiten. Die Ordnungswidrigkeit wird durch *Bußgeldbescheid* geahndet; bei Geringfügigkeit kann eine Verwarnung ausgesprochen u. ein Verwarnungsgeld in Höhe von 2–20 DM erhoben werden; bes. Bed. im Wirtschaftsrecht u. für Verkehrswidrigkeiten, bei denen die Geldbuße nach einem *Bußgeldkatalog* festgesetzt wird. Das B. ist kein *Strafverfahren*.

**Bussole,** mit Kreisteilung versehener Magnetkompaß.

**Buß- und Bettag,** bes. Bußtag der ev. Kirche am Mittwoch vor dem letzten Sonntag des Kirchenjahres; in der BR Dtld. gesetzl. Feiertag (in Bayern nur in Gemeinden mit überwiegend ev. Bevölkerung).

**Busta,** Christine, eigtl. Ch. *Dimt,* *1915, †1987,

östr. Lyrikerin; Gefühlserleben, Religiosität u. Menschlichkeit prägen ihre Dichtung.

**Büste,** rund- oder reliefplast. Teildarstellung eines Menschen (meist mit Bildnischarakter), nach unten durch Schulter, Brust oder Körpermitte begrenzt.

**Bustelli,** Franz Anton, *1723, †1763, ital. Bildhauer u. Porzellanmodelleur; seit 1754 an der Porzellanmanufaktur Nymphenburg; schuf figürl. Kleinplastik im Rokokostil.

**Büsum,** Nordseebad in Schl.-Ho., 6000 Ew.; Seehafen, Krabben- u. Hochseefischerei.

**Butadien,** $C_4H_6$, ungesättigter, gasförmiger Kohlenwasserstoff; bed. Ausgangsprodukt für die synthet. Kautschukherstellung.

**Butan,** gesättigter, gasförmiger Kohlenwasserstoff $C_4H_{10}$; aus Erdöl u. Erdgas gewonnen u. verflüssigt in Stahlflaschen; Verwendung für Heizzwecke, als Motorentreibstoff sowie für *Butadien*.

**Butenandt,** Adolf Friedrich, *24.3.1903, dt. Biochemiker; untersuchte die Sexualhormone; Nobelpreis 1939 zus. mit L. Ruzicka (überreicht 1949).

**Butjadingen,** fruchtbare oldenburg. Marschlandschaft zw. Jadebusen u. Unterweser; Hauptorte: *Brake, Nordenham*.

**Butler** ['bʌtlə], Leiter des Dienstpersonals in vornehmen Häusern.

**Butler** ['bʌtlə], **1.** Nicholas Murray, *1862, †1947, US-amerik. Pädagoge; wirkte publizist. für Völkerverständigung u. Frieden; Friedensnobelpreis 1931. – **2.** Richard Austen, *1902, †1982, brit. Politiker (kons.); mehrf. Min., seit 1961 Berater H. *Macmillans*; 1963/64 Außen-Min. – **3.** Samuel, *1612, †1680, engl. Schriftst.; antipuritan. Satiriker. – **4.** Samuel, *1835, †1902, engl. Schriftst.; Kritiker der bürgerl. Gesellschaft seiner Zeit.

**Butor** [by'tɔ:r], Michel, *14.9.1926, frz. Schriftst.; einer der Hauptvertreter des *Nouveau roman*.

**Butt,** *Plattfisch*, ndt. Bez. für *Flunder*, auch *Heilbutt, Steinbutt, Scholle*.

**Büttel,** bis ins 18. Jh. der unterste Gerichtsbeamte.

**Büttenpapier,** mit der Hand geschöpftes u. an der Luft getrocknetes Papier mit unregelmäßigen Rändern; heute auch maschinell herstellbar.

**Büttenrede,** scherzhafte Rede im rhein. Karneval, ursprüngl. aus einer Tonne (*Bütt*) gehalten.

**Butter,** Fetteile der Milch, die als *Rahm (Sahne)* durch Stehenlassen oder Zentrifugieren der Vollmilch von der zurückbleibenden *Magermilch* getrennt werden. Für die Gewinnung von 1 kg B. werden rd. 255 *l* Frischmilch benötigt. Der Butterungsvorgang besteht hpts. darin, die im Rahm vorhandenen Fettkügelchen anzureichern. Bestandteile: 84% Fett, 1% Eiweiß, 1% Kohlenhydrate, 0,2% Mineralstoffe, 14% Wasser, außerdem die Vitamine A, Carotin, $B_1$, $B_2$ u. D.

**Butterblume,** volkstüml. Name für viele gelb blühende Pflanzen, bes. für viele *Hahnenfußgewächse*, auch für den *Löwenzahn* u. die *Ringelblume*.

**Butterfly** ['bʌtəflai], **1.** Stilart beim *Schwimmen* (Schmetterlingsstil); wird wettkampfmäßig nicht mehr geschwommen. – **2.** Kürsprung beim Eiskunstlauf.

**Buttermilch,** bei der Verbutterung von Milch oder Sahne nach Abscheidung der Butter zurückbleibende, gesäuerte Flüssigkeit.

**Butterpilz,** wohlschmeckender Speisepilz aus der Fam. der *Röhrenpilze*.

**Buttersäure,** $C_3H_7COOH$, Fettsäure, die in starker Verdünnung einen üblen, ranzigen Geruch hat; verursacht den Geruch ranziger Butter.

**Butterschmalz,** reines Butterfett, bei dem durch Ausschmelzen Wasser, Eiweiß u. Milchzucker entfernt worden sind; bes. als Brat- u. Backfett geeignet.

**Butyrometer,** Gerät zur Bestimmung des Fettgehalts von Milch.

**Butzbach,** Stadt in Hessen, am NO-Hang des Taunus, 21 000 Ew.; altertüml. Stadt, Schloß (17. Jh.); versch. Ind.

**Butzenscheibe,** meist runde, in Blei gefaßte Scheibe aus grünl. Glas mit einer Verdickung (*Butze*) in der Mitte; seit dem 14. Jh. zur Fensterverglasung verwendet.

**Buxtehude,** Stadt in Nds., am S-Rand des Alten Lands, 33 000 Ew.; ehem. Hansestadt, Hafen; versch. Ind.

**Buxtehude,** Dietrich, *1637, †1707, dt. Komponist; seine Werke zeigen die ausdrucksvolle Phantastik des norddt. Barock; Einfluß auf J. S. *Bach*. W »Magnificat«.

*Lord Byron in albanischer Kleidung; Gemälde von T. Phillips*

**Buys-Ballot** [bœys 'balɔt], Christoph, *1817, †1890, ndl. Meteorologe; formulierte das *B.sche Windgesetz (bar. Windgesetz)*: 1. Wenn man in Richtung des Windes blickt, liegt auf der Nordhalbkugel der tiefe Luftdruck links vorn, der hohe rechts hinten, auf der Südhalbkugel der tiefe Luftdruck rechts vorn, der hohe links hinten. 2. Bei geringem Isobarenabstand ist die Windgeschwindigkeit groß.

**Buzău** [bu'zəu], **1.** r. Nbfl. des Sereth, 316 km; entspringt in den südl. O-Karpaten. – **2.** Hptst. des gleichnamigen rumän. Kreises, in der Walachei, 136 000 Ew.; Erdölvorkommen, Masch.-, chem.-, Textil-, Holz-Ind.

**Buzzati,** Dino, *1906, †1972, ital. Schriftst.; Surrealist mit pessimist. Lebensgefühl (Romane, Kurzgeschichten, Märchen, Theaterstücke).

**Byblos,** hebr. *Gebal*, heute *Djebeil*, Ort im Libanon, an der Küste nördl. von Beirut; ehem. bed. phöniz. Hafen- u. Handelsstadt, seit dem 4. Jt. v. Chr. besiedelt, Blütezeit zwischen 2000 u. 1500 v. Chr.; 332 v. Chr. von *Alexander d. Gr.* erobert u. hellenisiert. – *B.-Schrift*, zu einer Art Silbenschrift vereinfachte Hieroglyphen auf Bronzetafeln aus *B.* aus der 1. Hälfte des 2. Jt. v. Chr.; bisher ungedeutet.

**Bydgoszcz** ['bidgɔʃtʃ] → Bromberg.

**Bypass** ['baipa:s-], Umgehung eines krankhaft verengten Blutgefäßabschnitts durch Einpflanzen eines körpereigenen Venen- bzw. Kunststoffstücks.

**Byrd** [bə:d], **1.** Richard Evelyn, *1888, †1957, US-amerik. Flieger u. Polarforscher; überflog nach eigenen Angaben 1926 als erster den Nordpol, 1929 den Südpol. – **2.** *Bird*, William, *1543, †1623, engl. Komponist u. Organist (Kirchenmusik u. Madrigale).

## Byzanz

**Byron** ['baiərən], **1.** George Gordon Noel *Lord B.*, *1788, †1824, engl. Schriftst.; Romantiker; W »Childe Harold's pilgrimage«, »Don Juan« u.a. – **2.** John, Großvater von 1), *1723, †1786, engl. Südseeforscher.

**Byssus, 1.** von *Muscheln* in einer Fußdrüse erzeugte, zähe, hornartige Fäden, mit deren Hilfe sich die frei auf dem Untergrund liegenden Tiere anheften können. – **2.** alle durchsichtigen baumwollartigen Stoffe u. Schleiergewebe.

**Byte** [bait], Einheit in der Datenverarbeitung, umfaßt 8 Informationsbits.

**Bytom** → Beuthen.

**byzantinische Kunst,** entwickelte sich in Byzanz aus der kleinasiat. alexandrin. u. syr. Kunst u. stand fast nur im Dienste der Kirche; Höhepunkte in der Zeit Kaiser *Justinians* (526–65), unter den *Makedonen* u. *Komnenen* (9.–12. Jh.) u. in der Zeit der *Paläologen* (1258–1453). Für die Kirchenarchitektur wurde die Entwicklung zur Kuppelbasilika wichtig (bed. Beispiel: Hagia Sophia in Istanbul). Vorherrschender Bautyp in spätbyzantin. Zeit war die Kreuzkuppelkirche. Die byzantin. Malerei war vorwiegend Mosaik-, Ikonen- u. Miniaturmalerei, in späterer Zeit auch Wandmalerei. Hauptaufgabe der byzantin. Malerei war die Darstellung Christi (als Guter Hirt, Philosophentyp, Acheiropoietos).

**byzantinische Literatur,** das literar. Schaffen des Byzantin. Reichs in griech. Sprache nach dem Ausgang des Hellenismus, vom Anfang des 6. Jh. bis 1453 (Eroberung Konstantinopels durch die Türken); vorw. theol. Schrifttum.

**Byzantinisches Reich,** *Oströmisches Reich*, 395 n. Chr. nach der Teilung des Röm. Reichs entstandene griech.-oriental. Reichshälfte griech.-christl. Kultur, Hptst. *Byzanz (Konstantinopel)*; Blütezeit unter *Justinian I.* (527–565): Eroberung N-Afrikas u. Vernichtung der Ostgoten in Italien, Wiederherstellung der röm. Macht; wenig später jedoch Verlust größter Teile Italiens an die Langobarden; im 7. Jh. Verlust Ägyptens u. Syriens an die Araber; im 8. Jh. innere Krise durch den »Bilderstreit« (726–843); im 9. Jh. erneuter kultureller u. polit. Höhepunkt unter der *makedonischen Dynastie* (867–1056), den Arabern konnten große Teile Kleinasiens entrissen u. das Bulgarenreich erobert werden; anschließend erneuter Verfall: 1071 eroberten die Seldschuken Kleinasiens, Unteritalien fiel an die Normannen; 1204 Eroberung Konstantinopels durch die Kreuzfahrer u. Errichtung eines *Lat. Kaiserreichs*; 1261 Wiederherstellung des B. R.; 1453 jedoch erlag es endgültig dem Ansturm der osman. Türken.

**Byzantinismus,** würdelose Kriecherei gegenüber Höherstehenden, wie sie vom strengen Zeremoniell des byzantin. Hofs gefordert wurde.

**Byzanz,** *Konstantinopel*, das heutige Istanbul, Stadt am Bosporus, um 660 v. Chr. gegr.; 330 von *Konstantin d. Gr.* unter dem Namen *Nova Roma* (Neu-Rom) oder *Konstantinopolis* (Konstantinstadt) zur Hptst. des Röm. Reichs seit u. 395 Hptst. des Oström. (Byzantin.) Reichs.

*Byzantinisches Reich zur Zeit Justinians*

# C

**c, C,** der 3. Buchstabe des Alphabets; entspricht dem grch. *Gamma* (γ), wird auch altlateinisch wie g gebraucht.

**c, 1.** bei Maßeinheiten Abk. für *Zenti...* (= 0,01). – **2.** physik. Zeichen für *Lichtgeschwindigkeit*.

**C, 1.** röm. Zahlzeichen für 100. – **2.** chem. Zeichen für *Kohlenstoff*. – **3.** Zeichen für *Celsius*. – **4.** Zeichen für *Coulomb*.

**ca.,** Abk. für *circa*, ungefähr, rund.

**Ca,** chem. Zeichen für *Calcium*.

**Caballero** [kava'ljɛːro], span. Ritter; in der Anrede: Herr.

**Caballero** [kava'ljɛːro] → Largo Caballero.

**Cabet** [ka'bɛ], Étienne, *1788, †1856, frz. Schriftst.; schrieb den sozialist.-utop. Roman »Reise nach Ikarien«.

**Cabimas,** venezol. Stadt im Bundesstaat Zulia, am Maracaibo-See, 165 000 Ew.

**Cabinda,** *Kabinda,* Exklave von Angola nördl. der Kongomündung, rd. 7270 km², 110 000 Ew., Hptst. *C.;* Erdölförderung.

**Cabochon** [-bɔ'ʃɔ̃], ein nur oben *(einfacher C.)* oder auch unten *(doppelter C.)* rund geschliffener Edelstein.

**Caboclo,** Mischling *(Mestize)* zwischen Weißen u. Indianern in Brasilien.

**Cabora Bassa,** 160 m hoher u. 330 m langer Staudamm für 2 Wasserkraftwerken zur industriellen u. landwirtschaftl. Erschließung des Sambesitals in Moçambique, 150 km nw. von Tete; 1970 fertiggestellt, 1974 aufgestaut, Stromerzeugung seit 1979.

**Caboto,** engl. *Cabot,* ital. Seefahrer in engl. Diensten: **1.** Giovanni (John Cabot), *um 1425, †1498 oder 1499; entdeckte 1497, vor *Kolumbus,* das nordamerik. Festland (wahrsch. Labrador). – **2.** Sebastian, Sohn von 1), *1472 oder 1483, †um 1557; entwarf 1544 eine Weltkarte; seit 1547 Oberaufseher des engl. Seewesens.

**Cabral, 1.** Amilcar, *1924, †1973 (ermordet), afrik. Politiker in Port.-Guinea; Führer der *Afrikan. Unabhängigkeitspartei (PAIGC),* die 1963 mit bewaffneten Aufständen gegen die port. Herrschaft begann. – **2.** Pedro Alvarez, *um 1467/68, †um 1526, port. Seefahrer; entdeckte im April 1500 Brasilien.

**Caccini** [-'tʃiː-], Giulio, *um 1550, †1618, ital. Komponist; suchte den Stil des antiken Musikdramas wiederzubeleben.

**Cáceres** ['kaθe-], Stadt in W-Spanien, in der nördl. Estremadura, 79 000 Ew.; Hptst. der gleichn. Prov., von Mauern umgebene Altstadt mit mittelalterl. Adelspalästen u. Kirchen (16./17. Jh.).

**Cachucha** [ka'tʃutʃa], andalus. Volkstanz im ³/₄-Takt.

**Cäcilia** → Heilige.

**Caciocavallo** ['katʃoka'valo], *Reiterkäse,* halbfetter, schwach geräucherter Hartkäse.

*Cádiz*

**CAD,** Abk. für engl. *Computer Aided Design,* die Konstruktion techn. Erzeugnisse mit Hilfe eines Computers, der alle Routinearbeiten durchführt.

**Caddie** ['kædi], Schlägerträger beim Golfspiel.

**Cadenabbia,** ital. Kurort in der Lombardei, am Comer See, 300 Ew.

**Cadibona,** *Colle di C.,* Paß in N-Italien, 435 m; Grenze zw. Alpen u. Apennin.

**Cadillac** [kadi'jak], Antoine de la *Mothe,* frz. Kolonialpionier, *um 1656, †1730; gründete 1701 Detroit.

**Cádiz** ['kaðiθ], Prov.-Hptst. in S-Spanien (Andalusien), Handels- u. Kriegshafen auf einem Kalkfelsen im *Golf von C.,* durch eine schmale, 9 km lange Landzunge mit dem Festland verbunden, 167 000 Ew. – Um 1100 v.Chr. von Phöniziern gegr., seit 206 v.Chr. röm., 711–1262 unter arab. Herrschaft.

**Cadmium,** *Kadmium,* ein → chemisches Element.

**Cadolzburg,** *Kadolzburg,* bay. Marktflecken in Mittelfranken, 4800 Ew.

**Cadore,** Tal der oberen Piave in der ital. Region Venetien, Hauptort *Pieve di C.*

**Cadorna,** Luigi, *1850, †1928, ital. General; im 1. Weltkrieg Generalstabschef; nach der Niederlage von Karfreit 1917 amtsenthoben.

**Cadre** [ka:dr], beim *Billard* durch Längs- u. Querlinien gebildete quadrat. u. rechteckige Felder auf dem Billardtisch für *C.-Partien.*

**Caduff,** Sylvia, *7.1.1937, schweiz. Dirigentin, erste dt. Generalmusikdirektorin.

**Caecilia Metella** [tsɛː-], vornehme Römerin, bekannt durch ihr 45 v.Chr. errichtetes Grabmal an der Via Appia bei Rom.

**Caedmon** ['kɛː-], †um 680, ältester christl. angelsächs. Hymnendichter.

**Caelius** ['tsɛː-], ital. *Monte Cèlio,* einer der 7 Hügel Roms, innerhalb der Stadt.

**Caen** [kã], Handels- u. Industriestadt in N-Frankreich (Normandie), Hptst. des Dép. Calvados, 117 000 Ew.

**Caesalpinia** [tsɛː-], artenreiche Gattung der *Zäsalpiniengewächse;* liefert wertvolle Farbhölzer u. Gerbstoffe.

**Caesar** ['tsɛː-] → Cäsar.

**Caesarea** [tsɛː-], Name mehrerer antiker Städte, z.B. im heutigen Algerien u. Israel.

**Caetano** [kai'taːnu], Marcello, *1906, †1980, port. Politiker; 1968–74 als Nachfolger *Salazars* Min.-Präs., seit 1974 in Brasilien im Exil.

**Cage** [kɛidʒ], John, *5.9.1912, US-amerik. Komponist; experimentiert mit dem Zufallsprinzip u. der Einbeziehung von Alltagsgeräuschen.

**Càgliari** [ka'ljaːri], ital. Hafenstadt an der *Bucht von C.,* Hptst. von Sardinien, 220 000 Ew.; Univ. (1626).

**Cagliostro** [ka'ljɔs-], Alessandro Graf von, eigtl. Giuseppe *Balsamo,* *1743, †1795, ital. Abenteurer; gewann durch angebl. Geheimmittel u. Wunderkuren Zutritt zu hochgestellten Personen; starb im Gefängnis.

**Cahors** [ka'ɔːr], Handelsstadt in S-Frankreich, alte Hptst. des Quercy, Sitz des Dép. Lot, 20 900 Ew.

**Caicosinseln** → Turks- und Caicosinseln.

**Cairns** ['kɛənz], Hafenstadt im nördl. Queensland (Australien), 73 000 Ew.

**Cairn-Terrier** ['kɛən-], kleine, kurze, kräftige Hunderasse.

**Cairo** → Kairo.

**Caisson** [kɛ'sɔ̃] → Senkkasten.

**Caissonkrankheit** [kɛ'sɔ̃-] → Taucherkrankheit.

**Cajal** [-'xal], Santiago *Ramón y C.,* *1852, †1934, span. Anatom u. Neurohistologe (Untersuchungen über den Feinbau des Nervensystems); Nobelpreis für Medizin 1906.

**Cajamarca** [kaxa-], Dep.-Hptst. in Peru, 2814 m ü.M., in der W-Kordillere, 86 000 Ew.; Thermalquellen (»Bäder der Inka«). – In C. wurde 1533 der letzte Inka-Herrscher *Atahualpa* von den Spaniern hingerichtet. Kennzeichnend für die *C.-Kultur* ist eine weiße Keramik.

**Cajetan de Vio,** Thomas, *1469, †1534, ital. kath. Theologe, 1517 Kardinal; verhandelte als päpstl. Legat 1518 auf dem Augsburger Reichstag mit *Luther.*

**Cajus,** †296, Papst 283–296; Heiliger (Fest: 22.4.).

**Cakewalk** ['keikwɔːk], von Afroamerikanern um 1870 entwickelter Gesellschaftstanz im ²/₄-Takt.

**Calais** [ka'lɛ], Hafenstadt in N-Frankreich, nahe der engsten Stelle des Kanals *(Straße von C.),* gegenüber von Dover, 74 900 Ew.; Zentrum der frz. Tüll- u. Spitzenerzeugung. – 1347–1558 war C. in engl. Besitz.

**Calamus,** zugespitztes Schreibgerät des Altertums aus dem Zuckerrohr- oder Schilfhalm; später auch aus Metall.

**Calathea,** Gattung der *Pfeilwurzgewächse,* im wärmeren Amerika; Zierpflanze.

**Calatrava,** span. Festung in der Prov. Ciudad Real, nahe am Guadiana. Zur Verteidigung gegen die Mauren wurde 1158 der *Orden von C.* gegr.

**Calau,** *Kalau,* Krst. in Brandenburg, in der Niederlausitz, 6400 Ew.

**Calbe,** *C./Saale,* Stadt im Krs. Schönebeck, in Sachsen-Anhalt, an der Saale, 15 000 Ew.; Metall-Ind.

**Calciferol,** Vitamin D; → Vitamine (Tabelle).

**calcinieren,** feste Stoffe erhitzen *(brennen),* zur Entfernung von Kristallwasser oder zur Abspaltung von Kohlendioxid.

**Calcium,** *Kalzium* ein → chemisches Element; eines der 10 am häufigsten vorkommenden Elemente, tritt in vielen Verbindungen auf (Kalkstein, Kreide, Marmor, Gips). C. ist für zahlreiche Funktionen im Organismus unentbehrlich.

**Calculus,** altröm. kleinstes Gewicht, auch als Steinchen zum Rechnen benutzt.

**Calcutta** → Kalkutta.

**Caldara,** Antonio, *um 1670, †1736, ital. Komponist; schrieb Opern, Oratorien u. Kirchenmusik.

**Caldarium,** der Heißbaderaum der röm. Thermen.

**Calder** ['kɔːldə], Alexander, *1898, †1976, US-amerik. Bildhauer; schuf abstrakte Metallplastiken *(Stabiles)* u. bewegl. Konstruktionen *(Mobiles).*

**Caldera,** vulkan. Einsturzkrater, oft erosiv erweitert oder von einem Kratersee erfüllt.

*Calgary:* Szene vom alljährlich stattfindenden, weltberühmten Rodeo

**Caldera Rodriguez,** Rafael, *24.1.1916, venezol. Politiker; gründete 1946 die Christl. Soziale Partei; 1969–74 Staats-Präs.

**Calder Hall** [ˈkɔːldə hɔːl], erstes brit. Atomkraftwerk (1956), in Cumberland.

**Calderón de la Barca,** Pedro, *1600, †1681, span. Dramatiker; seit 1663 Kaplan des Königs in Madrid; Vollender des span. Barocktheaters; dem Geist der Gegenreformation verpflichtet. Erhalten sind rd. 120 Dramen (über religiöse, histor., philosoph., gesellschaftl., mytholog. Themen) u. 80 geistl. Festspiele.

**Caldwell** [ˈkɔːldwəl], **1.** Erskine, *1903, †1987, US-amerikan. Schriftst.; beschreibt das Leben der armen Weißen im S der USA. – **2.** (Janet) Taylor, Pseudonym: Max *Reiner,* *1900, †1985, US-amerikan. Schriftst. (Romane über die wirtsch. Expansion der USA).

**Caledon** [ˈkælidən], r. Nbfl. des Oranje (Südafrika), 480 km.

**Calenberg,** *Calenberger Land,* ehem. braunschweig. Teilfürstentum, Grundstock des Kurfürstentums *Hannover.*

**Calgary** [ˈkælgəri], Stadt im S von Alberta (Kanada), 650 000 Ew.; Industriezentrum; Reiterspiele.

**Calhoun** [kæˈluːn], John Caldwell, *1782, †1850, US-amerikan. Politiker; 1825–32 Vize-Präs. unter J. Q. *Adams* u. A. *Jackson.*

**Cali,** Hptst. des Dep. Valle del Cauca (Kolumbien), am oberen Cauca, 1,4 Mio. Ew.; Erzbischofssitz, 2 Universitäten, Industriezentrum. – 1538 von *Belalcázar* gegr.

**Caliban,** Gestalt in Shakespeares »Sturm«; danach allg.: halbtierischer Mensch.

**Calicut** [engl. ˈkælikət] → Kozhikode.

**Californium,** → chemisches Element.

**Caligula** [»Stiefelchen«], Beiname von *Gaius Julius Caesar Germanicus,* *12, †41, röm. Kaiser 37–41, Nachfolger des Tiberius; führte ein Schreckensregiment, verschwendete die Staatsfinanzen, wurde von den Prätorianern ermordet.

**Calina,** Lufttrübung in Spanien, verursacht durch Staub u. Flimmern heißer, aufsteigender Luft.

*Maria Callas*

**Calixtus,** *Kalixt,* → Päpste-Zeittafel.

**Callaghan** [ˈkæləhən], James, Baron *C. of Cardiff* (1987), *27.3.1912, brit. Politiker (Labour Party); 1967–70 Innen-Min.; 1974–76 Außen-Min., 1976–79 Premiermin.

**Callao** [kaˈjao], wichtigster Hafen von Peru u. Seebad, 14 km westl. von Lima, 535 000 Ew.

**Callas,** Maria, eigtl. M. *Kalogeropoulos,* *1923, †1977, grch. Sängerin (dramat. Sopran).

**Call-Girl** [ˈkɔːlgəːl], telefon. bestellbare Prostituierte.

**Call-money** [ˈkɔːlmʌni], *tägliches Geld,* Darlehen, das beiderseits jederzeit kündbar u. daher billig ist.

**Callot** [kaˈlo], Jacques, *1592, †1635, frz. Graphiker; radierte Serien mit Alltags- u. Kriegsszenen.

**Calmette** [-ˈmɛt], Albert Léon Charles, *1863, †1933, frz. Bakteriologe; führte 1926 die *BCG-Impfung* (Tuberkuloseschutzimpfung) ein.

**Caltagirone** [-dʒi], ital. Stadt auf Sizilien, sw. von Catània, 43 000 Ew.

**Caltanissetta,** ital. Prov.-Hptst. auf Sizilien, 65 000 Ew.; Schwefelbergbau; Sommerfrische.

**Calvados** [auch ˈkal-], Apfelbranntwein aus der Normandie.

**Calvin, 1.** Johannes, eigtl. Jean *Cauvin,* *1509, †1564, schweiz. Reformator; führte seit 1541 in Genf eine strenge, auf die Bibel gegr. Kirchenord-

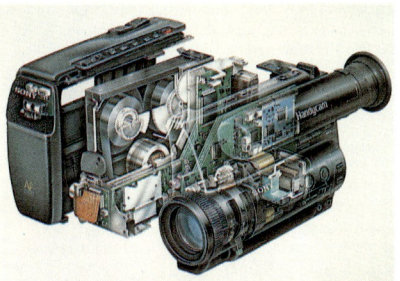

*Camcorder: Explosionszeichnung eines modernen Videoaufnahmegerätes*

nung ein. Seine Lehre (Calvinismus) unterscheidet sich vom Luthertum in der Auffassung des Abendmahls (Gegenwart Christi im Geiste) u. durch die Betonung der *Prädestination* (Erlösung oder Verdammung der einzelnen Menschen sind vorherbestimmt). Calvinist. Kirchen entstanden in W-Europa u. N-Amerika. – **2.** Melvin, *8.4.1911, US-amerikan. Biochemiker; erforschte die Photosynthese; Nobelpreis für Chemie 1961.

**Calvino,** Italo, *1923, †1985, ital. Schriftst., (Romane mit phantast. Zügen).

**Calw,** ba.-wü. Krst. u. Luftkurort an der Nagold, westl. von Stuttgart, 22 000 Ew.

**Calypso,** Volkstanz der Schwarzen auf Trinidad, seit 1957 in Europa Modetanz.

**CAM,** Abk. für engl. *Computer Aided Manufacturing,* die Steuerung von Fertigungsprozessen mit Hilfe von Computern.

**Camagüey** [-guˈɛi], Prov.-Hptst. in Zentralkuba, 261 000 Ew.

**Câmara,** Helder Pessoa, *7.2.1909, brasil. kath. Geistlicher; 1964–85 Erzbischof von Recife u. Olinda; trat für soz. Gerechtigkeit u. grundlegende polit. Reformen ein.

**Camargue** [kaˈmarg], dünnbesiedelte frz. Landschaft im W der Provence, zwischen den beiden Hauptmündungsarmen der Rhône u. der Mittelmeerküste, 750 km²; Weiden (Stier- u. Pferdezucht), Reisfelder; Wein- u. Obstbau; Naturpark, einziger europ. Flamingo-Standort.

**Camberg,** hess. Stadt im nördl. Taunus, 12 000 Ew.; Kneippheilbad.

**Cambrai** [kãˈbrɛ], fläm. *Kambrijk,* Stadt in N-Frankreich, rechts an der kanalisierten Schelde (Escaut), 35 000 Ew. – 1529 »Damenfriede« zwischen Spanien u. Frankreich.

**Cambrian Mountains** [ˈkæmbriən mauntinz], *Kambrisches Gebirge,* Bergland in Wales; im *Snowdon* im N 1085 m.

**Cambridge** [ˈkeimbridʒ], **1.** Hptst. der ostengl. Gft. *Cambridgeshire,* 90 000 Ew.; neben Oxford die älteste u. bedeutendste engl. Universität (um 1209 gegr.). – **2.** Stadt in Massachusetts (USA), grenzt an Boston, 93 000 Ew., Sitz der *Harvard University* u. des *Massachusetts Institute Technology.*

**Camcorder,** Kombination aus Videokamera u. Videorecorder in einem Gerät.

**Camelot** [kamˈloː], in der Artussage die Residenz des Königs.

**Camembert** [ˈkamãbɛːr], mindestens dreiviertelfetter Weichkäse mit leichtem Schimmelbelag u. champignonartigem Geschmack.

**Camera obscura,** *Lochkamera,* einfachste Form einer photograph. Kamera: ein lichtdichter Kasten mit kleiner runder Öffnung, durch die Lichtstrahlen eintreten u. auf der Rückwand ein umgekehrtes Bild erzeugen.

**Camerlengo,** der Kardinal, der die Vermögensverwaltung des Hl. Stuhls überwacht.

**Cameron** [ˈkæmərən], Verney Lovett, *1844, †1894, engl. Afrikaforscher; erforschte Zentralafrika.

**Cammin i. Pom.,** poln. *Kamień Pomorski,* Stadt in Pommern (seit 1945 poln. Wojewodschaft Szczecin), am *Camminer Bodden,* 9000 Ew.; Badeort.

**Camões** [-ˈmõiʃ], Luis *Vaz de C.,* *1524/25, †1580, port. Dichter; schrieb das Nationalepos »Die Lusiaden«, das die Fahrten u. Taten seiner Landsleute unter Vasco da Gama verherrlicht, sowie lyrische Dichtungen. 3 Komödien.

**Camorra,** terrorist. Geheimbund in S-Italien, unterstützte im 19. Jh. die Einigung Italiens, verfolgte später kriminelle Ziele.

**Camouflage** [kamuˈflaʒ], Tarnung, Verschleierung.

**Campagna di Roma** [-ˈpanja-], die hügelige, baumlose Landschaft um Rom; im Altertum fruchtbar, später fast unbewohnbar, jetzt wieder weitgehend kultiviert.

**Campanella,** Thomas, *1568, †1639, ital. Renaissance-Philosoph; schrieb die kommunist. Utopie »Der Sonnenstaat«.

**Campanile** → Glockenturm.

**Campari,** mit Chinarinde verbitterter Wermut.

**Campbell-Bannerman** [kæmbl ˈbænərmən], Sir Henry, *1836, †1908, engl. Politiker (Liberaler); 1905–08 Prem.-Min.

*Heinrich Campendonk: Stilleben mit zwei Köpfen; 1914. Bonn, Städtisches Kunstmuseum*

**Camp David** [kæmp dɛivid], Landsitz des US-amerikan. Präsidenten in Maryland bei Thurmont. Das **C.-D.-Abkommen** von 1978 bereitete den ägypt.-isr. Friedensschluß von 1979 vor.

**Campe,** Joachim Heinrich, *1746, †1818, dt. Pädagoge u. Schriftst.; bearbeitete D. *Defoes* »Robinson Crusoe« u. gab ein 5bändiges dt. Wörterbuch heraus.

**Campeche** [kamˈpɛtʃɛ], Hptst. des gleichn. mexikan. Bundesstaats, Hafen am *Golf von C.,* auf der Halbinsel Yucatán, 110 000 Ew.

**Campendonk,** Heinrich, *1889, †1957, dt. Maler u. Graphiker (poet. Bilder von starker Farbigkeit).

**Campher** → Kampfer.

**Campina Grande,** brasil. Stadt in Paraíba, 250 000 Ew.

**Campinas,** brasil. Stadt in São Paulo, 845 000 Ew.; kath. Univ., landwirtschaftl. Handelszentrum u. bed. Industriestandort.

**Camping** [ˈkæm-], das Leben in Zelten oder Wohnwagen während der Freizeit u. in den Ferien; heute meist auf bes. *C.-Plätzen.*

**Campobasso,** ital. Prov.-Hptst. im S der Region Molise, 50 000 Ew.

**Campo Fòrmio,** heute *Campoformido,* ital. Ort sw. von Udine. Der *Friede von C. F.* wurde 1797

*Camargue: Sumpflandschaft mit Flamingos*

**Campos**

zwischen Österreich u. Frankreich geschlossen: Österreich verlor Belgien, Mailand u. Mantua u. stimmte in einem geheimen Artikel der Abtretung des linken Rheinufers an Frankreich zu; es erhielt Dalmatien, Istrien u. Teile von Venetien.

**Campos,** weite, trockene Grasflächen (Savannen) in Brasilien; z.T. mit Buschgruppen u. Krüppelbäumen.

**Campos,** brasil. Stadt im Bundesstaat Rio de Janeiro, am Unterlauf des Paraíba, 350 000 Ew.

**Campo santo,** der häufig als architekton. Anlage gestaltete Friedhof in Italien.

**Campus** [engl. 'kæmpəs], das Universitätsgelände, bes. in den USA.

**Camus** [ka'my], Albert, *1913, †1960, frz. Schriftst.; geht aus von der »absurden« Existenz des Menschen, die aber in der Revolte Solidarität finden kann. Nobelpreis 1957. W »Die Pest« (Roman); »Belagerungszustand« (Drama); »Der Mensch in der Revolte« (Essay).

**Canadian River** [kə'neɪdɪən 'rɪvə], r. Nbfl. des Arkansas River (Mississippi-System), in den USA, 1460 km.

**Canal du Midi** [ka'nal dy mi'di], Schiffahrtskanal in S-Frankreich zw. der Garonne bei Toulouse u. dem Étang de Thau bei Sète; verbindet den Atlantik mit dem Mittelmeer.

**Canal du Nord** [ka'nal dy 'nɔ:r], Schiffahrtskanal in N-Frankreich, von der Oise bei Noyen über die Somme bei Peronne zur Sensée bei Arleux.

**Canaletto, 1.** eigtl. Antonio *Canal,* *1697, †1768, ital. Maler (atmosphär. erfüllte Stadtansichten von Venedig, Rom u. London). – **2.** Bernardo, eigtl. B. *Bellotto,* Neffe u. Schüler von 1), *1720, †1780, ital. Maler; einer der Hauptmeister der Architekturmalerei im 18. Jh.

**Canaris,** Wilhelm, *1887, †1945 (hingerichtet), dt. Admiral; 1935–44 Chef der militär. Abwehr, hatte im 2. Weltkrieg Verbindung zur Widerstandsbewegung; nach dem Attentat auf Hitler verhaftet.

**Canasta,** dem *Rommé* ähnl. südamerik. Kartenspiel.

**Canavalia,** Gatt. der *Schmetterlingsblütler.* Die eßbaren Samen von *C. ensiformis* werden als *Madagaskarbohnen* nach Europa exportiert.

**Canberra** ['kænbərə], Hptst. des Austral. Bunds, im Bundesterritorium (*Australian Capital Territory*) im SO von Neusüdwales, 286 000 Ew.; 1911 gegr.; planmäßig angelegte Gartenstadt.

**Cancan** [kã'kã], in Frankreich seit 1830 bekannter rascher Tanz; heute als Schautanz im Ballett, Varieté u. in Nachtlokalen.

**cand.,** Abk. für lat. **candidatus,** Kandidat, Prüfling.

**Candela,** Zeichen *cd,* internat. gültige Basiseinheit der Lichtstärke.

**Candide** [kã'did]; »der Arglose«, Titelgestalt einer philosoph. Erzählung von *Voltaire.*

*Canterbury: Blick auf die Kathedrale*

**Candolle** [kã'dɔl], Augustin Pyrame de, *1778, †1841, schweiz. Botaniker; begründete das *C.sche System* für eine natürl. Einteilung der Pflanzen.

**Canetti,** Elias, *25.7.1905, östr. Schriftst. span.-jüd. Herkunft; schrieb Romane, Dramen, philosoph. Studien u. Autobiographisches. Nobelpreis 1981.

**Canisius,** Petrus C., eigtl. Pieter *Kanijs,* *1521, †1597, ndl. Jesuit; Verfasser von 3 Katechismen; 1925 heiliggesprochen.

**Cannabis,** wiss. Bez. des → Hanf.

**Cannae,** antike Stadt in Apulien. In der *Schlacht bei C.* 216 v. Chr. besiegte der Karthager Hannibal vernichtend die Römer.

**Cannelloni,** ital. Teigware von längl. Form mit Fleischfüllung.

**Cannes** [kan], südfrz. Stadt an der Côte d'Azur, Seebad u. Winterkurort, 72 000 Ew.; Filmfestspiele.

**Canning** ['kænɪŋ], George, *1770, †1827, engl. Politiker; 1807–09 u. seit 1822 Außen-Min., 1827 Prem.-Min.; Gegner der Heiligen Allianz.

**Cannstatt,** *Bad C.,* östl. Stadtteil von Stuttgart, 1905 eingemeindet; Mineralbad.

**Cañon** ['kanjɔn], *Canyon,* schluchtartig verengtes, tiefeingeschnittenes, steilwandiges Tal.

**Canossa,** Stammburg der Markgrafen von C., sw. von Règgio nell'Emilia. Hier erreichte Kaiser Heinrich IV. durch seinen Bußgang 1077 die Aufhebung des Banns durch Papst Gregor VII.

**Canova,** Antonio, *1757, †1822, ital. Bildhauer; führender Meister der klassizist. Plastik.

**cantabile,** in der Instrumentalmusik: gesangartig.

**Cantal** [kã'tal], Vulkanruine im frz. Zentralplateau, im *Plomb du C.* 1858 m.

**Cantate,** 4. Sonntag nach Ostern.

**Canterbury** ['kæntəbəri], Stadt im SO Englands, 33 100 Ew.; ältestes engl. Bistum (seit dem 7. Jh.), Sitz des anglikan. Erzbischofs u. Primas der Anglikan. Kirche, got. Kathedrale.

**Canton, 1.** *Kanton, Guangzhou,* Hptst. der südchin. Prov. Guangdong, am Perlfluß, rd. 150 km vom offenen Meer, 2,6 Mio. Ew. – C. wurde im 16. Jh. für den europ. Handel geöffnet u. war bis Mitte des 19. Jh. der einzige Außenhandelsplatz Chinas. – **2.** ['kæntən], Stadt im NO von Ohio (USA), 95 000 Ew.

**Cantor,** Georg, *1845, †1918, dt. Mathematiker dän. Herkunft; Begr. der Mengenlehre.

**Cantus,** die melodieführende Stimme, in mehrstimmigen Gesängen meist die Oberstimme. – **C. firmus** [»feststehender Gesang«], im polyphonen Satz die Stimme, zu der die anderen Stimmen im Kontrapunkt hinzugesetzt werden.

**Cão** [kãu], *Cam(us),* Diego, † um 1486, port. Seefahrer; entdeckte 1482/83 die Kongomündung.

**Caodaismus,** eine 1926 in Indochina gegr. Sekte, die Elemente versch. Religionen verschmilzt.

**Capablanca,** José Raoul, *1888, †1942, kuban. Schachspieler; 1921–27 Weltmeister.

**Cape** [keɪp], über die Arme fallender Umhang, bes. als Wetterschutz.

**Cape Canaveral** [keɪp kə'nævərəl], Raketenversuchsgelände in Florida (USA); Startplatz für Weltraumflüge u. Astronautenausbildungszentrum.

**Čapek** ['tʃa-], Karel, *1890, †1938, tschech. Schriftst. (utop., satir. u. gesellschaftskrit. Romane, Dramen u. Erzählungen).

**Capillaren** → Haargefäße.

**Capitaine** [-'tɛ:n], frz. Offiziersdienstgrad, dem dt. *Hauptmann* entsprechend.

**Capitol,** einer der 7 Hügel Roms, in der Antike mit Tempeln u. Staatsbauten, in der Renaissance bauliche Gestaltung nach Entwürfen von *Michelangelo.* – C. heißen auch das Parlamentsgebäude in Washington u. in den Bundesstaaten der USA.

**Capone,** Alphonse, *1899, †1947, in den 1920er Jahren Chef einer Gangsterbande in Chicago.

**Capote** [kə'pouti], Truman, *1924, †1984, US-amerik. Schriftst. (Romane, Erzählungen, Dokumentarberichte).

**Cappa,** liturg. Gewand für kath. Geistliche, ärmelloser Umhang mit Kapuze.

**Capra, 1.** Frank, *19.5.1897, US-amerik. Filmregisseur u. Produzent (»Arsen u. Spitzenhäubchen«). – **2.** Fritjof, *1.2.1939, östr. Physiker u. Philosoph; Vertreter des *New Age;* bekämpft das rationalist. Weltbild.

**Caprera,** ital. Felseninsel vor der N-Küste Sardiniens, 16 km²; Grabstätte *Garibaldis.*

**Capri,** ital. Insel im Golf von Neapel, 11 km², 11 500 Ew.; höhlenreich (*Blaue Grotte* u.a.), im *Monte Solaro* 589 m; Städte: *C.* (7700 Ew.) u. *Anacapri* (3800 Ew.); Häfen: *Marina Grande* u. *Marina Piccola* (*Marina di Mulo*).

**Capriccio** [ka'prɪttʃo; das], launiges, übermütiges Tonstück.

**Caprivi,** Leo Graf von, *1831, †1899, dt. General; als Nachfolger *Bismarcks* 1890–94 Reichskanzler, bemühte sich um eine liberale Neuorientierung (»Neuer Kurs«).

**Capstan** ['kæpstən], Tonachse beim Tonbandgerät.

**Captain** ['kæptɪn], engl. u. US-amrikan. Offiziersdienstgrad, entspricht dem dt. *Hauptmann.*

**Captatio benevolentiae,** eine Redeformel, um die Gunst des Lesers (Hörers) zu erlangen.

**Càpua,** Stadt in der ital. Prov. Caserta, 18 000 Ew.; in der Antike berühmt durch Reichtum u. Luxus; Amphitheater-Reste.

**Caput mortuum,** braunrotes Eisen-III-oxid; als *Polier-* oder *Englischrot* zum Polieren von Glas u. Metallen verwendet, als *Venezianischrot* Malerfarbe.

**Carabinieri,** eine Truppe des ital. Heeres; versieht Polizeidienst nach Weisung des Innen-Min.

**Carabobo,** venezol. Bundesstaat in der Cordillera de la Costa, 4650 km², 1,3 Mio. Ew., Hptst. *Valencia.*

**Caracalla,** Marcus Aurelius Antoninus, *186, †217(ermordet); röm. Kaiser 211–217; verlieh allen Freigeborenen im Reich das röm. Bürgerrecht; baute in Rom große Thermen.

**Caracallabohne** → Bohne.

**Caracas,** Hptst. von Venezuela, in einem Längstal des Küstengebirges, 9 km südl. der Hafen *La Guaira*, 1,9 Mio. Ew.; Erzbischofssitz, mehrere Univ.; bed. Ind.-Standort.

**Caracciola** [kara'tʃola], Rudolf, *1901, †1959, dt. Autorennfahrer; erfolgreichster dt. Grand-Prix-Fahrer vor dem 2. Weltkrieg.

**Caragiale** [-'dʒa:lə], Ion Luca, *1852, †1912, rumän. Schriftst. u. Dramatiker; schilderte mit Vorliebe den bürgerl. Spießer.

**Carapax,** der knöcherne Hauptpanzer der Rückenseite der Schildkröten.

**Caravàggio** [-'vaddʒo], Michelangelo *Merisi da C.,* *1573, †1610, ital. Maler; Meister der frühbarocken Helldunkelmalerei.

**Carb..., Carbo...,** Wortbestandteil mit der Bedeutung »Kohle«.

**Carbide,** Verbindungen des Kohlenstoffs mit Metallen, Bor u. Silicium; z.B. das *Calciumcarbid,* das unter der Bez. *Carbid* (*Karbid*) im Handel ist.

**Carbin,** die dritte kristalline Modifikation (neben Diamant u. Graphit) des *Kohlenstoffs.*

**Carbol,** *Carbolsäure* → Phenol.

**Carbolineum,** braunes, schweres, carbolsäurehaltiges Öl, aus Steinkohlenteer hergestellt; Anstrichmittel für Holz gegen Fäulnis u. Schwamm.

**Carbonari,** ital. polit. Geheimbund im frühen 19. Jh., erstrebte die nationale Einigung Italiens.

**Carbonate,** die Salze der *Kohlensäure.*

**Carbonsäuren,** organ.-chem. Säuren, die eine oder mehrere Carboxyl-(COOH)-Gruppen enthalten; z.B. die *Ameisensäure.*

**Carborundum,** Handelsname für ein Schleifmittel aus Siliciumcarbid oder Aluminiumoxid.

**Carcassonne** [-'sɔn], Stadt in S-Frankreich (Languedoc), Hptst. des Dép. Aude, 46 300 Ew.; Altstadt mit Schloß u. 2 Mauerringen.

**Cardano,** *Cardanus,* Geronimo, *1501, †1576, ital. Naturphilosoph u. Mathematiker; beschrieb die → kardanische Aufhängung.

**Cardenal,** Ernesto, *20.1.1925, nicaraguan. Priester, Politiker u. Schriftst. (Lyrik u. Essays); Kultur-Min. der sandinist. Reg.

**Cardiff,** Hptst. von Wales u. der Grafschaft Glamorgan, am Bristol-Kanal, 280 000 Ew.; Schwerind., Kohlehafen.

**Cardinale,** Claudia, *15.4.1939, ital. Filmschauspielerin.

**Carducci** [-'duttʃi], Giosuè, *1835, †1907, ital. Literarhistoriker u. Dichter (patriot. u. antiklerikale Oden in klassizist. Form); Nobelpreis 1906.

**Care** [kɛə], 1946 gegr. US-amerikan. Wohltätigkeits-Organisation, die nach dem 2. Weltkrieg im Auftrag Privater C.-Pakete mit Lebensmitteln, Kleidern u.ä. nach Europa, später in die ganze Welt sandte.

**Cargokult,** Glaubensvorstellung in Melanesien, deren Anhänger die erlösende Ankunft einer Schiffsladung (engl. *cargo*) erwarten.

**Carillon** [kari'jɔ̃], frz. Bez. für → Glockenspiel.

**Carissimi,** Giacomo, *1605, †1674, ital. Komponist; der erste große Klassiker des Oratoriums.

**Caritas,** Gottes- u. Nächstenliebe, insbes. die prakt. geübte christl. Liebes-Hilfstätigkeit; in der kath. Kirche organisiert im *Dt. C.-Verband,* gegr. 1897, Sitz: Freiburg i. Br.; Zusammenschluß der intern. C.-Verbände in der *C. internationalis,* Sitz: Rom.

**Carlisle** [ka:'lail], Hptst. der N-engl. Grafschaft Cumberland, 71 100 Ew.

**Carlos, 1.** Könige von Spanien, → Karl. – **2.** *Don Carlos,* *1545, †1568, span. Kronprinz; Sohn *Philipps II.* aus 1. Ehe; psychisch krank, 1568 gefangengesetzt. *Schillers* Drama »Don Carlos« ist unhistorisch. – **3.** *Don Carlos Maria Isidora de Borbón,* *1788, †1855, span. Prinz; bestritt die Rechtmäßigkeit der Thronfolge *Isabellas* (1833) u. trat als *Karl V.* auf. Daraus entwickelten sich die → Karlistenkriege.

**Carlsbad** ['ka:lzbæd], Stadt in New Mexico (USA), am Rio Pecos, 26 000 Ew.; westl. davon die *C. Caverns,* die größten gekannten Tropfsteinhöhlen.

**Carlsson,** Ingvar, *9.11.1934, schwed. Politiker (Sozialdemokrat); seit 1986 Min.-Präs.

**Carl XVI. Gustaf,** König von Schweden, → Karl (39).

**Carlyle** [ka:'lail], Thomas, *1795, †1881, engl. Schriftst. u. Historiker; bekämpfte unter Berufung auf den dt. Idealismus den vermeintl. Kulturverfall seiner Zeit.

**Carmagnole** [karma'njɔl], ein Tanzlied der Frz. Revolution.

**Carmen Sylva,** Schriftstellername der Königin *Elisabeth* von Rumänien, *1843, †1916, (Gedichte, Romane).

**Carmina Burana,** im Kloster Benediktbeuern gefundene Sammelhandschrift mit lat. u. dt. Vagantenliedern aus dem 13. Jh.; in Auswahl als Chorwerk vertont von *C. Orff* 1937.

**Carmona,** António Oscar de Fragoso, *1869, †1951, port. Offizier u. Politiker; 1928–51 Staats-Präs.

**Carnaby-Look** ['ka:nəbiluk], 1967/68 von der *Carnaby Street* in London ausgehende Moderichtung (*Unisex-Mode*).

**Carnac,** frz. Seebad in der Bretagne, 3700 Ew.; in der Umgebung vorgeschichtl. Denkmäler (fast 3000 Menhire).

**Carnap,** Rudolf, *1891, †1970, dt.-amerik. Philosoph; Hauptvertreter des *Neopositivismus,* Logistiker.

**Carné,** Marcel, *18.8.1909, frz. Filmregisseur (»Kinder des Olymp« 1943/45).

**Carnegie** [-'negi], Andrew, *1835, †1919, US-amerik. Großindustrieller (Stahlindustrie); machte zahlreiche Stiftungen für wiss. u. soziale Zwecke.

**carnivor,** *karnivor,* fleischfressend.

**Carnot** [kar'no], **1.** Lazare Nicolas, *1753, †1823, frz. Politiker; organisierte seit 1793 die Revolutionsheere. – **2.** Marie François Sadi, Enkel von 1), *1837, †1894 (ermordet), frz. Politiker; 1887–94 Präs. der Republik. – **3.** Nicolas Léonard Sadi, Sohn von 1), *1796, †1832, frz. Physiker; bestimmte den theoret. größtmöglichen Wirkungsgrad von Wärmekraftmaschinen.

**Carnuntum,** röm. Ruinenstadt in Niederöstr., zwischen Petronell u. Deutsch Altenburg; Militärlager, Hauptfestung am pannonischen Donaulimes.

**Caro,** Heinrich, *1834, †1910, dt. Chemiker; stellte die ersten Anilinfarbstoffe fabrikmäßig her.

**Carol,** rumän. Könige, → Karl.

**Carolina** [kærə'lainə], zwei Bundesstaaten der USA: → North Carolina u. → South Carolina.

**Carossa,** Hans, *1878, †1956, dt. Schriftst. (christl.-humanist. geprägte Romane u. autobiograph. Schriften).

**Carothers** [kər'ʌðəz], Wallace Hume, *1896, †1937, US-amerik. Chemiker; entwickelte die synthet. Textilfaser *Nylon.*

**Carotinoide,** gelbe bis rote Farbstoffe des Pflanzen- u. Tierreichs; z.B. *Lykopin* (Farbstoff der Tomaten u. der Paprika), *Carotine* (bes. in Mohrrüben enthalten); gewisse Carotine sind das Provitamin des Vitamins A; bei den Pflanzen sind Carotine an der Photosynthese beteiligt. Zur Gruppe der *Xanthophylle* gehören das *Lutein,* der Maisfarbstoff *Zeaxanthin* u. das *Astaxanthin.*

**Carpaccio** [-'pattʃo], Vittore, *um 1465(?), †1525, ital. Maler (große Bildfolgen mit erzählendem Charakter).

**Carpentier** [karpɛn'tjɛr], Alejo, *1904, †1980, kuban. Schriftst. (Romane über Geschichte u. Gegenwart der Karibik).

**Carpini,** Giovanni de Piano, *um 1182, †1252, ital. Franziskanermönch; reiste 1245–47 im Auftrag des Papstes an den Hof des Großkhans nach Karakorum.

**Carrà,** Carlo, *1881, †1966, ital. Maler u. Kunstschriftst.; Mitbegründer des *Futurismus.*

**Carracci** [-'rattʃi], ital. Malerfamilie des 15. u. 16. Jh. in Bologna mit gemeinsamer Werkstatt, in der ein frühbarocker Klassizismus gepflegt wurde.

**Carrara,** ital. Stadt in der Toskana, 70 000 Ew.; Marmorbrüche.

**Carrel,** Alexis, *1873, †1944, frz.-amerik. Chirurg u. Pathologe (Gewebezüchtung, Gefäßchirurgie u. Organtransplantationen); Nobelpreis 1912.

**Carretera Panamericana,** engl. *Panamerican Highway,* seit 1924 geplante, z.T. bestehende Nord-Süd-Straßenverbindung durch den amerik. Kontinent.

**Carrillo** [ka'riljo], Santiago, *18.1.1915, span. Politiker; 1960–82 Generalsekretär der Kommunist. Partei; Vertreter des *Eurokommunismus.*

**Carrington** ['kæriŋtən], Peter Alexander Rupert, Baron of C., *6.6.1919, brit. Politiker (Konservativer); 1979–82 Außen-Min., 1984–88 Generalsekretär der NATO.

**Carroll** ['kærəl], Lewis, eigtl. Charles Lutwidge *Dodgson,* *1832, †1898, engl. Schriftst. (klass. Kinderbücher, »Alice im Wunderland«, »Alice im Spiegelreich«).

**Carrom,** vereinfachte Spielart des *Pool-Billard.*

**Carson City,** Hptst. des USA-Staats Nevada, östl. der Sierra Nevada, 35 000 Ew.

**Carstens, 1.** Asmus Jakob, *1754, †1798, dt.-dän. Maler u. Zeichner; einer der Hauptmeister der dt. klassizist. Malerei. – **2.** Karl, *14.12.1914, dt. Politiker (CDU); 1976–79 Bundestags-Präs., 1979–84 Bundes-Präs.

**Cartagena** [-'xena], **1.** Stadt u. Kriegshafen an der SO-Küste Spaniens, 169 000 Ew.; das antike *Carthago nova,* gegr. um 225 v. Chr. – **2.** Erdölhafen u. Hptst. des Dep. Bolivar im nördl. Kolumbien, an der atlant. Küste, 530 000 Ew.

**Carter** ['ka:tə], **1.** Howard, *1873, †1939, engl. Archäologe; entdeckte 1922 in Theben (Ägypten) das Grab des Tutanchamun. – **2.** James Earl (Jimmy), *1.10.1924, US-amerik. Politiker (Demokrat); 1977–81 Präs.; vermittelte den Frieden zwischen Ägypten u. Israel u. schloß mit der UdSSR das SALT-II-Abkommen.

**Cartesius** → Descartes.

**Cartoon** [-'tu:n], Karikatur mit Alltagshumor.

**Cartwright** ['ka:trait], **1.** Edmund, *1743, †1823, engl. Mechaniker; erfand den mechan. Webstuhl, die Wollkämmaschine u.a. – **2.** Thomas, *1535, †1603, engl. Theologe; Begr. des engl. Presbyterianismus.

*Don Carlos; Gemälde von Velázquez, um 1625*

*Gaius Iulius Cäsar; antike Skulptur. Rom, Vatikanische Museen*

**Carus,** Carl Gustav, *1789, †1869, dt. Naturphilosoph, Arzt u. Landschaftsmaler der Romantik; entdeckte den Blutkreislauf der Insekten; Begründer der Psychologie des Unbewußten.

**Caruso,** Enrico, *1873, †1921, ital. Sänger (Tenor), vollendeter Bühnensänger.

**Casablanca,** *Al Dâr Al Bayla,* wichtigste Hafenstadt u. Wirtschaftszentrum Marokkos, am Atlantik, 2,5 Mio. Ew. (über 100 000 Europäer). – 14.–26.1.1943 *C.-Konferenz,* auf der Churchill u. Roosevelt die Forderung nach bedingungsloser Kapitulation der Achsenmächte formulierten.

**Casals,** Pablo, *1876, †1973, span. Cellist, Komponist u. Dirigent.

**Casanova,** Giovanni Giacomo, Chevalier de *Seingalt* (selbstverliehener Adel), *1725, †1798, ital. Abenteurer u. Frauenheld; schrieb Kulturgeschichtl. wichtige Erinnerungen.

**Cäsar,** *Caesar,* Gaius Iulius, röm. Politiker u. Feldherr, *100 v. Chr., †44 v. Chr. (ermordet); eroberte 58–51 v. Chr. Gallien, drang 55/54 v. Chr. nach Britannien vor; führte 49–45 v. Chr. Bürgerkrieg gegen seinen früheren Bundesgenossen *Pompeius* u. wurde Alleinherrscher des Röm. Reiches; 44 v. Chr. zum Diktator auf Lebenszeit ernannt; fiel einem Attentat republikan. Verschwörer unter *Brutus* u. *Cassius* zum Opfer. W »Der Gallische Krieg«, »Der Bürgerkrieg«. – Der Name C. wurde später Bestandteil der röm. Kaisertitulatur. Daraus sind die Titel *Kaiser* u. *Zar* entstanden.

**Cäsarius von Heisterbach,** *um 1180, †um 1240, dt. Geschichtsschreiber; Mönch u. Prior im Zisterzienserkloster Heisterbach. W »Dialogus miraculorum« u.a.

**Cäsaropapismus,** die Vereinigung der höchsten weltl. u. kirchl. Gewalt in den Händen eines einzigen weltl. Machtträgers (*Staatskirchentum*).

**Casein,** *Kasein, Käsestoff,* phosphorhaltiges Proteid, das aus der Milch mit Säuren oder Fermenten ausgefällt werden kann (Quark); wird zur Herstellung von Käse, Kunststoffen, Klebestoffen u.a. verwendet.

**Casella,** Alfredo, *1883, †1947, ital. Komponist u. Dirigent (Opern, Sinfonien, Kammermusik).

**Casement** ['keis-], Sir Roger, *1864, †1916 (hingerichtet), irischer Politiker; organisierte von Dtld. aus die irische Unabhängigkeitsbewegung gegen England, wegen Hochverrats zum Tode verurteilt.

**Caserta,** ital. Prov.-Hptst. in Kampanien, nördl. von Neapel, 60 000 Ew.; Schloß der Könige von Neapel (18. Jh.).

**Cash** [kæʃ], Kasse, Bargeld. – **Cash-and-Carry-Betrieb** [-ənd 'kæri-], Großhandelsbetrieb mit Selbstbedienung u. Barzahlung.

**Cashewnüsse** [kæ'ʃu:-], die Früchte des *Acajoubaums,* in Brasilien. → S. 152

**Cash flow** [kæʃ fləʊ], Überschuß der Umsatzerlöse über die laufenden Betriebsausgaben.

## 152 Casiquiare

**Casiquiare** [-'kja:rə], Fluß in S-Venezuela, 400 km; zweigt vom Orinocco ab u. verbindet ihn mit dem Rio Negro (größte Bifurkation der Erde).
**Cäsium,** ein → chemisches Element.
**Caspar,** einer der Hl. → Drei Könige.
**Caspar,** Horst, *1913, †1952, dt. Schauspieler (jugendl. Held).
**Cassadó,** Gaspar, *1897, †1966, span. Cellist u. Komponist; gründete ein Klavier-Trio, in dem Yehudi *Menuhin* mitwirkte.
**Cassata,** ital. Eisspezialität.
**Cassin** [ka'sɛ̃], René, *1887, †1976, frz. Jurist, maßgebl. an der Menschenrechtserklärung der UNO beteiligt; Friedensnobelpreis 1968.
**Cassini,** Giovanni Domenico, *1625, †1712, frz. Astronom u. Mathematiker; entdeckte u.a. 4 Saturnmonde, eine Teilung des Saturnrings u. die Abplattung des Jupiter.
**Cassino,** das Kloster → Montecassino.
**Cassiodor,** *Flavius Magnus Cassiodorus,* *um 485, †nach 580, röm. Gelehrter u. Beamter im Dienst der Ostgotenkönige, schrieb eine Gesch. der Goten.
**Cassiopeia** → Kassiopeia.
**Cassirer, 1.** Ernst, *1874, †1945, dt. Philosoph; bildete den log. Idealismus der *Marburger Schule* weiter zur »Philosophie der symbol. Formen«. – **2.** Paul, *1871, †1926, dt. Verleger u. Kunsthändler; förderte bes. den Impressionisten.
**Cassius,** Gaius *C. Longinus,* †42 v.Chr.; mit seinem Schwager *Brutus* Führer der Verschwörung gegen *Cäsar* (44 v.Chr.).
**Cast** [ka:st], amerik. Bez. für die Gesamtheit der Mitarbeiter an einem Film.
**Castagno** [-'stanjo], Andrea del, *um 1423, †1457, ital. Maler (florentin. Frührenaissance).
**Castel del Monte,** Jagdschloß von Kaiser Friedrich II. in Apulien (um 1250).
**Castel Gandolfo,** ital. Stadt am Albaner See, 4400 Ew.; Sommerresidenz des Papstes, seit 1929 exterritorial.
**Castellammare di Stabia,** ital. Hafenstadt u. Seebad am Golf von Neapel, auf den Trümmern des antiken *Stabiae,* 70 000 Ew.
**Castelo Branco** [ka'ʃtelu 'braŋku], Distrikt-Hptst. im mittleren Portugal, Hauptort der früheren Prov. *Beira Baixa,* 15 000 Ew.
**Castelo Branco** [ka'ʃtelu 'braŋku], Humberto de Alencar, *1900, †1967, brasil. General u. Politiker; durch Militärputsch 1964–1967 Staats-Präs.
**Castiglione** [kasti'ljo:nə], Baldassare Graf, *1478, †1529, ital. Schriftst. u. Diplomat; W »Der Hofmann«, eine höfische Bildungslehre.
**Casting,** Ziel- u. Weitwerfen mit Angelruten.
**Castle** [ka:sl, engl.], Burg, Schloß.
**Castlereagh** ['ka:slrɛi], Robert *Stewart,* Viscount *C.,* Marquess of *Londonderry* (1821), *1769, †1822, brit. Politiker; 1812–22 Außen-Min.; trat für das Mächtegleichgewicht in Europa ein.
**Castor,** einer der → Dioskuren.
**Castra** → Castrum.
**Castro,** *C. Ruz,* Fidel, *13.8.1927, kuban. Politiker; stürzte 1959 den Diktator F. *Batista,* wurde Min.-Präs. u. errichtete eine kommunist. Diktatur mit enger Anlehnung an die UdSSR. 1965 wurde er Erster Sekretär der KP, 1976 zusätzl. Staatsoberhaupt (Vors. des Staatsrates).

*Cashewnüsse*

*Fidel Castro*

**Castro e Almeida** ['kaʃtru ɛ al'mɛiða], Eugénio, *1869, †1944, port. Schriftst. (Symbolist).
**Castrop-Rauxel,** nordrhein-westfäl. Stadt im Ruhrgebiet, am Rhein-Herne-Kanal, 80 000 Ew.
**Castrum,** Pl. *Castra,* Burg, Kastell; ursprüngl. das röm. Legionslager.
**Casus belli,** »Kriegsfall«, das Verhalten eines Staats, das nach Ansicht eines anderen Staats Anlaß zum Krieg gibt.
**Çatal Hüyük** [tʃa-], Stadt der Jungsteinzeit (7./6. Jt. v.Chr.) in S-Anatolien, im Bez. Konya.
**Catania,** ital. Hafenstadt u. Prov.-Hptst. auf Sizilien; südöstl. das Ätna; 410 000 Ew. – Im 8. Jh. v.Chr. als griech. Kolonie *Katane* gegr.
**Catanzaro,** ital. Stadt im mittleren Kalabrien. Hptst. der gleichn. Prov. u. der Region Kalabrien, 85 000 Ew.
**Catch-as-catch-can** [kætʃ æz kætʃ kæn], von Berufsringern *(Catchern)* ausgeübtes Freistilringen, wobei jeder Griff (außer wenigen lebensgefährlichen) erlaubt ist.
**Catchup** ['kætʃʌp] → Ketchup.
**Catechine,** organ.-chem. Verbindungen, Grundkörper natürlicher Gerbstoffe.
**Catgut** ['kætgʌt] → Katgut.
**Cathedra,** der Bischofsstuhl; → ex cathedra.
**Cather** ['kæθə], Willa Sibert, *1873, †1947, US-amerik. Schriftst.; beschrieb das Leben der Pioniere im Mittelwesten der USA.
**Catilina,** Lucius Sergius, *um 108 v.Chr., †62 v.Chr., röm. Adliger; Anführer einer Verschwörung gegen den Senat. Seine Pläne wurden von *Cicero* aufgedeckt.
**Cato, 1.** Marcus Pórcius *C. Censorius, C.d.Ä.,* *234 v.Chr., †149 v.Chr., röm. Politiker; Verfechter altröm. Tugenden, scharfer Gegner Karthagos. – **2.** Marcus Porcius *C. Uticensis, C.d.J.,* Urenkel von 1), *95 v.Chr., †46 v.Chr., röm. Politiker; entschiedener Republikaner, Gegner *Cäsars;* beging nach dessen Sieg bei Thapsus Selbstmord.
**Cattaro,** ital. Name von → Kotor.
**Cattenom** [kat'nɔ̃], frz. Gemeinde in Lothringen, 2200 Ew.; Kernkraftwerk.
**Cattleya,** Orchideengattung des trop. Amerika.
**Catull,** Gaius Valerius Catullus, *um 84 v.Chr., †um 54 v.Chr., röm. Dichter (erot. Gedichte, Elegien, Epigramme).
**Cauchy** [ko'ʃi], Augustin Louis, *1789, †1857, frz. Mathematiker; arbeitete u.a. über Funktionen- u. Zahlentheorie.
**Caudillo** [-'diljo], polit. Machthaber in Lateinamerika; in Spanien offizieller Titel des Diktators *Franco.*
**Causerie** [ko:sə'ri:], Plauderei. – **Causeur** [ko:'sø:r], Plauderer.
**Caux** [ko], schweiz. Kurort bei Montreux, 350 Ew.; ehem. europ. Zentrum der Bewegung für Moralische Aufrüstung.
**Cavaco Silva,** Aníbal, *15.7.1939, port. Politiker, Vors. der (liberalen) Sozialdemokr. Partei, seit 1985 Min.-Präs.
**Cavalcanti,** Guido, *um 1255, †1300, ital. Dichter; Begr. des »süßen neuen Stils« mit einer höf.-idealist. Liebesauffassung.
**Cavaliere,** der ital. Ritter (eines Ordens).
**Cavalieri,** Francesco Bonaventura, *1598, †1647, ital. Mathematiker u. Astronom; entdeckte das *Cavalierische Prinzip,* nach dem Körper, die in gleichen Höhen inhaltsgleiche Querschnitte haben, inhaltsgleich sind.
**cave canem** [lat.], »Hüte dich vor dem Hund!«
**Cavendish** ['kævəndiʃ], Henry, *1731, †1810, brit. Naturwissenschaftler; entdeckte das Kohlendioxid u. den Wasserstoff, bestimmte die Gravitationskonstante.
**Caventou** [-vã'tu], Josef, *1795, †1877, frz. Chemiker; entdeckte zusammen mit J. *Pelletier* die Alkaloide Chinin, Strychnin u. Brucin.
**Cavour** [ka'vu:r], Camillo Graf *Benso di C.,* *1810, †1861, ital. Politiker; seit 1852 Min.-Präs. von Piemont-Sardinien; führte mit Unterstützung Frankreichs 1861 die nationale Einigung Italiens herbei.
**Caxton** ['kækstən], William, *um 1421, †1491, erster engl. Buchdrucker.
**Cayapo,** Indianerstamm der Zentral-Ge am Araguaia-Tocantins.
**Cayenne** [ka'jɛn], Hptst. u. wichtigster Hafen von Frz.-Guyana (S-Amerika), 25 000 Ew.; früher Strafkolonie.
**Cayennepfeffer** [ka'jɛn-], *Capsicum frutescens,* scharfes Gewürz aus den gemahlenen Beerenfrüchten eines trop. *Nachtschattengewächses.*
**Cayman Islands** ['kɛimən 'ailəndz], *Cayman-Inseln,* brit. Inseln (Kronkolonie mit beschränkter Selbstverwaltung) im Karib. Meer, südl. von Kuba, 259 km$^2$, 17 000 Ew. (meist Mulatten), Hptst. *Georgetown* (3000 Ew.); Fischerei, Tourismus.
**Cayman-Rücken** ['kɛimən-], untermeer. Schwelle zwischen S-Kuba u. Belize.
**CB-Funk,** Abk. für engl. *Citizen Band,* »Bürgerwelle«, stationäre oder bewegl. Sprechfunkanlage mit kleiner Leistung u. geringer Reichweite, für die keine Funklizenz erforderlich ist.
**Cd,** chem. Zeichen für *Cadmium.*
**CD, 1.** Abk. für frz. *Corps diplomatique,* »diplomat. Korps«, Autokennzeichen für ausländ. Diplomaten. – **2.** Abk. für → Compact Disc.
**CD-ROM** → Compact Disc.
**CDU** → Christlich Demokratische Union.
**Ce,** chem. Zeichen für *Cer.*
**Ceauşescu** [tʃeau'ʃesku], Nicolae, *1918, †1989 (hingerichtet), rumän. Politiker (Kommunist); seit 1965 Parteichef, seit 1967 Staatsoberhaupt (1974 Präs.); 1989 gestürzt.
**Cebotari** [tʃebo'tari], Maria, *1910, †1949, östr. Sängerin (Sopran).
**Cebú** [tse'bu], 210 km lange, bis 800 m hohe philippin. Insel nördl. von Mindanao, 5088 km$^2$, 1,8 Mio. Ew., Hptst. *C.*
**Cédille** [se'dijə], Häkchen unter einem Buchstaben zur Kennzeichnung einer bes. Aussprache; z.B. frz. ç = [s], rumän. ş = [ʃ].

*Celebes: Dorf im zentralen Hochland*

**Cefalù** [tʃe-], ital. Hafenstadt an der N-Küste Siziliens, 13 000 Ew.
**Celan,** Paul, eigtl. P. *Antschel,* *1920, †1970 (Selbstmord), dt. Dichter u. Übersetzer; schrieb hermetische Lyrik. W »Todesfuge«.
**Celebes,** indones. *Sulawesi,* drittgrößte Insel Indonesiens, zwischen Borneo u. den Molukken, 189 035 km$^2$, 10,4 Mio. Ew.; Hafen- u. Handelsstädte: *Makasar, Manado* u. *Gorontalo.* – **C.-See,** zentraler Teil des Australasiat. Mittelmeers, zwischen Borneo, Mindanao u. C., bis -5520 m.
**Celesta** [tʃe-], Stahlplattenklavier auf hölzernen Resonanzkästen; mit Hämmerchen angeschlagen.
**Celibidache** [tʃelibi'dakɛ], Sergiu, *28.6.1912, rumän. Dirigent, leitete u.a. die Münchner Philharmoniker.
**Céline** [se'li:n], Louis-Ferdinand, eigtl. L.F. *Destouches,* *1894, †1961, frz. Schriftst. (naturalist. Prosa). Antisemit u. Kollaborateur.
**Cella,** das Innerste u. Allerheiligste des antiken Tempels mit dem Gottesbild.
**Celle,** niedersächs. Krst. an der Aller, nordöstl.

von Hannover, im S der Lüneburger Heide, 70 000 Ew.; herzogl. Schloß, Altstadt mit Fachwerkhäusern.
**Cellini** [tʃe-], Benvenuto, *1500, †1571, ital. Goldschmied u. Bildhauer. Seine Autobiographie (dt. von Goethe) ist ein bed. Zeugnis der Renaissance-Kultur.
**Cello** ['tʃɛ-] → Violoncello.
**Cellophan** → Zellglas.
**Celluloid**, *Zelluloid,* aus Dinitrocellulose u. Kampfer hergestellter, elast., durchsichtiger u. verformbarer Kunststoff; feuergefährlich; heute weitgehend durch andere Kunststoffe ersetzt.
**Cellulose**, *Zellulose,* aus Glucose aufgebautes Polysaccharid, die am häufigsten vorkommende or-

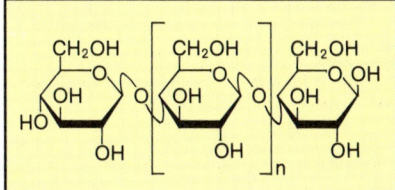

*Cellulose: Das kettenförmige Makromolekül setzt sich aus 1,4-β-glykosidisch gebundenen Glucoseeinheiten zusammen. Die Molekulargewichte schwanken nach Herkunft, Vorbehandlung oder Verarbeitung zwischen 50 000 und 500 000. Die Einheit n kann sich bis zu 3000mal wiederholen*

gan.-chem. Verbindung; Hauptbestandteil der pflanzl. Zellwände (z.B. im Holz, in Baumwollfasern). Aus Holz gewonnene C. ist *Zellstoff.*
**Celsius**, Anders, *1701, †1744, schwed. Astronom; schlug 1742 die 100°-Teilung des Thermometers vor *(C.-Skala).*
**Celsus**, Aulus Cornelius, röm. Schriftst., 1. Jh. n. Chr.; schrieb eine Enzyklopädie, aus der 8 Bücher über Heilkunst erhalten sind.
**Celtis**, Konrad, eigtl. K. *Bickel* oder *Pickel,* *1459, †1508, dt. Humanist u. nlat. Dichter (Gedichte, Festspiele, Lehrwerke).
**Cembalo** ['tʃɛm-], kurz für *Clavicembalo,* der bes. für die Musik des 16.–18. Jh. verwendete *Kielflügel* (→ Kielklavier); ab 1750 durch das *Hammerklavier* abgelöst.
**Cendrars** [sã'dra:r], Blaise, eigtl. Frédéric *Sauser,* *1887, †1961, frz. Schriftst. (surrealist. Lyrik, abenteuerl. Romane).
**Ceneri** ['tʃe-], *Monte C.,* Bergzug u. Paß (553 m) im südl. schweiz. Kt. Tessin; untertunnelt von der Gotthard-Bahn.
**Cent** [sɛnt], Münzeinheit in den USA (seit 1792: 100 C. = 1 Dollar) u. im Währungsgebiet des US-Dollars, in Kanada, Australien, Neuseeland, in vielen Ländern des Sterlingblocks, in den Ndl. (seit 1816: 100 C. = 1 Gulden) u. im Währungsgebiet des holländ. Gulden, in Äthiopien, Taiwan, Liberia u. Tansania.
**Centavo** [port. sɐ̃ta:vu; span. θen'ta:vɔ], Münzeinheit in Portugal u. im Währungsgebiet des port. Escudo, in den meisten süd- u. mittelamerik. Staaten sowie auf den Philippinen; 1/100 der jeweiligen Landeswährung.
**Centime** [sã'ti:m], Münzeinheit in Frankreich u. im Währungsgebiet des frz. Franc, in Belgien, Luxemburg, Haiti, Algerien u. Marokko; 1/100 der jeweiligen Landeswährung.
**Céntimo** ['θɛn-], Münzeinheit in Spanien u. im Währungsgebiet der span. Peseta, in Costa Rica, Paraguay u. Venezuela; 1/100 der Landeswährung.
**CENTO**, Abk. für engl. *Central Treaty Organization,* seit 1959 Name für den (1955 gegr.) *Bagdad-Pakt.* Diesem Verteidigungsbündnis gehörten der Iran, Großbritannien, die Türkei u. Pakistan an; bis 1959 Irak. 1979 aufgelöst.
**Cephalopoda** → Kopffüßer.
**Cepheiden**, *Kepheiden,* pulsierende Sterne, die sich infolge innerer Instabilitäten in regelmäßigen Rhythmus aufblähen u. zusammenziehen, wodurch ihre Leuchtkraft schwankt.
**Cer**, *Cerium,* ein → chemisches Element.
**Cerám**, C.W., eigtl. Kurt W. *Marek,* *1915, †1972, dt. Schriftst. (populärwiss. Darstellungen).
**Ceres**, 1. die der grch. Göttin *Demeter* entsprechende röm. Göttin der Feldfrüchte. – 2. der größte der → Planetoiden.
**Cerkarie**, *Zerkarie,* die geschwänzte Larve der digenetischen *Saugwürmer.*

**Cermets** ['sə:mɛts], Werkstoffe, die aus einem Metall u. einer keram. Komponente bestehen.
**CERN**, Abk. für frz. *Conseil* (auch *Centre) européen pour la recherche nucléaire,* das Europ. Kernforschungszentrum in Meyrin bei Genf; gemeinsam unterhalten von mehreren europ. Staaten; betreibt Forschungen zur Physik der Elementarteilchen (größter Teilchenbeschleuniger der Welt in 27 km langem Ringtunnel).
**Cerro de Pasco** ['θɛr-], Hptst. des peruan. Dep. Pasco, 4360 m ü.M. (höchstgelegene Stadt der Erde), 21 400 Ew.; Silber-Blei-Zink-Kupferminen.
**Cervantes Saavedra** [θɛr-], Miguel de, *1547, †1616, span. Schriftst.; sein Hptw., der Roman »Don Quijote«, urspr. als Parodie auf die Ritterromane angelegt, wurde zum Gesellschaftsbild u. zum überzeitl. Bild des Menschen, wobei sich Idealismus u. Realismus in den Gestalten des Ritters Don Quijote u. seines Stallmeisters Sancho Pansa gegenüberstehen. C.S. schrieb auch Novellen u. Komödien.
**Cervelatwurst** [sɛr-], Dauerwurst aus feingehacktem Schweine- u. Rindfleisch mit Speck.
**Césaire** [se'zɛ:r], Aimé, *25.6.1913, afrokarib. Schriftst.; prägte den Begriff *Négritude;* schreibt in frz. Sprache (Lyrik, Dramen, Prosa).
**Cesena** [tʃe-], ital. Stadt in der Region Emilia-Romagna, am Sàvio, 90 000 Ew.
**Cesti** ['tʃe-], Marc' Antonio, *1623, †1669, ital. Komponist; gab der Oper durch den größeren Anteil von Arien u. Chören stärkeres musikal. Gewicht.
**Cestius-Pyramide**, Grabmal des röm. Prätors u. Volkstribunen Gaius *Cestius* († 12 v.Chr.) vor der Porta S. Paolo in Rom.
**Cetan**, ein Kohlenwasserstoff. – Die **C.zahl,** Abk. *CZ,* kennzeichnet die Zündwilligkeit eines Dieselkraftstoffs.
**Cetinje**, jugoslaw. Stadt sö. von Kotor, 14 000 Ew.; 1851–1918 Hptst. des Fürstentums bzw. Königreichs Montenegro.
**Ceuta** ['θeuta], arab. *Sebta,* span. verwaltete Hafenstadt im nördl. Marokko, gegenüber von Gibraltar, 71 000 Ew.
**Ćevapčići** [tʃe'vaptʃitʃi], stark mit Knoblauch gewürzte gegrillte Hackfleischröllchen.
**Cevennen** [se-], der gebirgsartige, 1500 m hohe Abbruch des frz. Zentralplateaus zum Rhône-Becken; zw. Ardèche im N u. Herault im S; Klimascheide zw. dem atlant. W u. dem mediterranen O, mit dem Fallwind *Mistral.* – Der Aufstand der seit 1685 verfolgten Protestanten führte zum *C.krieg* 1702–10.
**Ceylon** ['tsailɔn] → Sri Lanka.
**Ceylongarn,** Garn aus Kokos für Teppiche, Matten u.ä. Gewebe.
**Cézanne** [se'zan], Paul, *1839, †1906, frz. Maler; zunächst Impressionist, wurde dann mit seinem eigenen Stil (Formverfestigung, flächiger Farbauftrag, Reduzierung des Räumlichen) zum Wegbereiter moderner Richtungen (Kubismus, Konstruktivismus).
**Cf**, chem. Zeichen für *Californium.*
**CGS-System** → absolutes Maßsystem.
**Chaban-Delmas** [ʃa'badɛl'mas], Jacques, *7.3.1915, frz. Politiker (Gaullist); 1969–72 Premiermin.
**Chabarowsk** [xa-], Kraj-Hptst. im Fernen Osten der RSFSR, an der Mündung des Ussuri in den Amur, 1,8 Mio. Ew.
**Chablis** [ʃa'bli], in Niederburgund gewachsener weißer Burgunderwein.
**Chabrol** [ʃa'brɔl], *24.6.1930, frz. Filmregisseur der »Neuen Welle«.
**Cha-cha-cha** ['tʃatʃatʃa], kuban. Tanz heiteren Charakters, lateinamerik. Gesellschaftstanz.
**Chaco** ['tʃako] → Gran Chaco.
**Chaco-Krieg** ['tʃako-], Krieg zwischen Bolivien u. Paraguay 1932–35. Bolivien, das im *Salpeterkrieg* seinen Zugang zum Meer verloren hatte, versuchte, sich durch das Gebiet des *Gran Chaco* nach SO auszudehnen. Im Frieden von Buenos Aires (1938) wurde der größte Teil des strittigen Gebiets Paraguay zugesprochen.
**Chaconne** [ʃa'kɔn], aus einem span. Reigentanz hervorgegangener Variationensatz der Barocksuite über einem Basso ostinato.
**Chadidscha**, † um 619, erste Frau *Mohammeds.*
**Chadli** [ʃa-], Bendjedid, *14.4.1929, alger. Politiker; seit 1979 Staats-Präs.
**Chadwick** ['tʃædwik], Sir James, *1891, †1974, engl. Physiker; entdeckte das *Neutron;* Nobelpreis 1935.

# Chaldäa 153

*Cervantes: Don Quijote und Sancho Pansa; Buchillustration von Honoré Daumier*

**Chagall** [ʃa'gal], Marc, *1887 oder 1889, †1985, frz. Maler russ. Herkunft; schuf visionäre, von russ. Folklore u. ostjüd. Glaubensmystik inspirierte Bilder; auch Gobelins u. Glasfenster.
**Chagas-Krankheit** ['tʃa-], in Mittel- u. Südamerika vorkommende Infektionskrankheit; Erreger: das von Wanzen übertragene *Trypanosoma cruzi.*
**Chagrinleder** [ʃa'grɛ̃-], Leder, dem Narbenmuster anderer Lederarten maschinell aufgeprägt sind (z.B. Eidechsnarben auf Rindsleder).
**Chain** [tʃein], Ernst Boris, *1906, †1979, brit. Biochemiker; Mitentdecker des Penicillins; Nobelpreis für Medizin u. Physiologie 1945 (mit A. *Fleming* u. H.W. *Florey).*
**Chaireddin Barbarossa** → Cheir ed-Din.
**Chairman** ['tʃɛəmən], Vorsitzender, Präsident.
**Chaironeia**, *Chäronea,* antike Stadt (heute Dorf) in Böotien; 338 v.Chr. Sieg *Philipps II.* von Makedonien über die Athener u. Thebaner.
**Chaiselongue** [ɛ:z'lɔ̃g], Ruhesofa ohne Rückenlehne.
**Chakassen,** Turkvölker (60 000) westl. des Jenissej, hierzu die *Katschiner, Beltyren, Sagajer* u. *Koibalen.* – **Chakassische AO,** autonomes Gebiet im S des Kraj Krasnojarsk (RSFSR), 61 900 km², 555 000 Ew., Hptst. *Abakan.*
**Chalcedon** [kaltse'do:n], *Chalzedon,* → Edelsteine.
**Chalcedon** [çal'tse:dɔn], antike Stadt am Bosporus (heute *Kadiköy);* Ort des *4. Ökumen. Konzils* (451), das die Lehre von den »zwei Naturen« Christi verkündete u. den Patriarchen von Konstantinopel für gleichrangig mit dem Bischof von Rom erklärte (von Rom nicht anerkannt).
**Chaldäa** [kal-], antiker Landschaftsname, urspr. nur für das südl. Mesopotamien, später für ganz Babylonien üblich. – **Chaldäer,** ein aramäisches Volk, das von 1000 v.Chr. an in Babylonien eindrang u. Staaten bildete. König *Nebukadnezar II.* (605–562 v.Chr.) errichtete das letzte babylon. Großreich. Der letzte König der C.-Dynastie, *Na-*

*Marc Chagall: Der Sturz des Engels. Basel, Öffentliche Kunstsammlung*

*bonid* (555–539 v. Chr.), unterlag dem Perser Kyros II.
**chaldäische Kirche** [kal-] → Nestorianer.
**Chalkidhiki,** *Chalkidike,* gebirgige Halbinsel in Grch.-Makedonien; löst sich im S in 3 schmale Arme auf: *Athos* (Mönchsrepublik), *Sithonia* u. *Kassandra;* Hauptort *Polygyros.*
**Chalkis,** Hptst. der grch. Insel *Euböa,* 45 000 Ew.
**Chalkogene** [çal-], die Elemente der VI. Hauptgruppe des Periodensystems der Elemente: Sauerstoff, Schwefel, Selen u. Tellur.
**Challenger** ['tʃælindʒə], US-amerik. Raumtransporter, der beim Start am 28.1.1986 explodierte; die 7 Astronauten starben.
**Challenger-Tiefe** ['tʃælindʒə-], vom engl. Vermessungsschiff »Challenger« im Marianengraben im Westpazif. Ozean gelotete Tiefe von 10 863 m.
**Châlons-sur-Marne** [ʃalɔ̃ syr 'marn], NO-frz. Stadt in der Champagne, Hptst. des Dép. Marne, 54 100 Ew.; das antike *Catalaunum,* nach dem die *Katalaunischen Felder* benannt sind.
**Chalon-sur-Saône** [ʃalɔ̃ syr 'soːn], O-franz. Ind.- u. Handelsstadt im Dép. Saône-et-Loire, 52 700 Ew.
**Chalosse** [ʃa'lɔs], SW-franz. Ldsch. in der *Gascogne,* Zentrum *Dax.*
**Cham** [kaːm], bay. Krst. in der Oberpfalz, am Regen, im nördl. Bay. Wald, 16 000 Ew.
**Chamäleon** [ka-], auf Bäumen lebende Echse, die ihre Beute mit der körperlangen klebrigen Zunge ergreift. Die Hautfarbe ist der Umgebung angepaßt u. ändert sich bei Erregung sehr rasch. Verbreitung: Mittelmeerländer, Afrika, Indien.
**Chamberlain** [tʃeɪmbəlin], **1.** Austen, Sohn von 3), *1863, †1937, brit. Politiker (Konservativer); 1924–29 Außen-Min., beteiligt am Abschluß des Locarno-Pakts; Friedensnobelpreis 1925 (mit C.G. *Dawes*). – **2.** Houston Stewart, *1855, †1927, engl.-dt. Schriftst.; Schwiegersohn R. *Wagners;* vertrat die Ideologie von der Überlegenheit der nord. Rasse. – **3.** Joseph, *1836, †1914, brit. Politiker (Liberaler, dann Konservativer); betrieb bes. als Kolonial-Min. (1895–1903) eine imperialist. Politik. – **4.** Neville, Sohn von 3), *1869, †1940, brit. Politiker (Konservativer); 1937–40 Premiermin., nachgiebig gegenüber den Forderungen Hitlers *(Appeasement),* schloß 1938 das Münchner Abkommen. – **5.** Owen, *10.7.1920, US-amerik. Physiker; wies die Existenz des Antiprotons nach; Nobelpreis 1959 (mit E. *Segrè*).
**Chambertin** [ʃãbɛr'tɛ̃], in Hochburgund gewachsener roter Burgunderwein.
**Chambéry** [ʃãbe'ri], SO-frz. Stadt, alte Hptst. *Savoyens,* Sitz des Dép. Savoie, 53 500 Ew.; Erzbischofssitz.
**Chambord** [ʃã'bɔːr], das größte der frz. Renaissance-Schlösser im Gebiet der Loire; von *Franz I.* 1519–37 erbaut.
**chambrieren** [ʃã-], Rotwein auf Zimmertemperatur bringen.
**Chamfort** [ʃã'fɔːr], Nicolas, *1741, †1794 (Selbstmord), frz. Schriftst. (kulturkritische Aphorismen); einer der *Moralisten.*
**Chamisso** [ʃa-], Adalbert von, *1781, †1838, dt. Schriftst. frz. Herkunft (Balladen, Märchennovelle »Peter Schlemihl«); nahm als Botaniker 1815–18 an der russ. Weltumsegelung unter O. von Kotzebue teil.
**Chamois** [ʃa'mwa], **1.** gelbbrauner Farbton. – **2.** → Sämischleder.
**Chamonix-Mont-Blanc** [ʃamɔ'ni mɔ̃'blã], südost-französ. Luftkurort in Savoyen, am Fuß der Mont-Blanc-Kette, 9000 Ew.
**Chamorro** [tʃa'mɔrro], *Barrios de C.,* Violeta, *18.12.1929, nicaraguan. Politikerin; Hrsg. der oppositionellen Zeitung »La Prensa«; wurde 1990 als Vertreterin des Oppositionsbündnisses UNO zur Staats-Präs. gewählt.
**Champagne** [ʃã'panjə], NO-frz. Ldsch. im Pariser Becken, in der westl. »trockenen C.« Weinbau (berühmte Wein- u. Sektkellereien in Epernay u. Reims).
**Champagner** [ʃã'panjər], Bez., die nur Schaumweine aus Weinen der *Champagne* führen dürfen.
**Champignon** ['ʃãpinjɔ̃], ein Blätterpilz, beliebter Speisepilz. Die wichtigsten Arten sind *Feld-* u. *Wald-C.* C.s werden auch in Kellern gezogen.
**Champion** ['tʃæmpjən], erfolgreicher Sportler, Meister einer Sportart.
**Champlain,** *Lake C.* [lɛik tʃæm'plɛin], 190 km

*Dreihorn-Chamäleon*

langer, schmaler See in den USA-Staaten New York u. Vermont, 1100 km².
**Champollion** [ʃãpɔ'ljɔ̃], Jean François, *1790, †1832, frz. Ägyptologe; entzifferte die Hieroglyphen (1822) u. begr. die Ägyptologie.
**Champs-Élysées** [ʃãzeli'ze], *Avenue des C.,* Prachtstraße in Paris, von der *Place de la Concorde* bis zur *Place Charles de Gaulle* mit dem Triumphbogen.
**Chamsin,** Wüstenwind aus S, bes. in Ägypten u. Arabien.
**Chan** [xaːn], **1.** *Han,* Karawanserei, Herberge im Orient. – **2.** → Khan.
**Chance** [ʃãs], günstige Gelegenheit.
**Chancellor** ['tʃɑːnsələ], Kanzler; *C. of the Exchequer,* der brit. Schatzkanzler (Finanz-Min.).
**Chanchan** [tʃan'tʃan], die größte Ruinenstätte des vorkolumb. Amerika, unweit der Stadt *Trujillo* in Peru, die ehem. Hptst. der *Chimú.*
**Chandigarh** [tʃan'diːgar], nach den Plänen *Le Corbusiers* entworfene Hptst. der ind. Staaten Panjab u. Haryana, zugleich Unionsterritorium, am Fuß des Himalaya, 380 000 Ew.
**Chandler** ['tʃɑːndlə], Raymond, *1888, †1959, US-amerik. Schriftst. (realist., psycholog. Kriminalromane).
**Chanel** [ʃa'nɛl], Gabrielle, gen. »Coco«, *1883, †1971, frz. Modeschöpferin.
**Changchun** [tʃaŋtʃyn], Hptst. der chin. Prov. Jilin (Mandschurei), 2 Mio. Ew.; Zentrum der chin. Filmproduktion, Maschinenbau (LKW-Fabrik). – 1932–45 als Sinking (Xinjing) Hptst. des ehem. Kaiserreichs *Mandschukuo.*
**Change** [ʃaʒ, frz.; tʃeindʒ, engl.], Veränderung, Wandel, Geldwechsel.
**Changeant** [ʃã'ʒã], in verschiedenen Farben schillerndes Gewebe.
**Chang Jiang** [tʃaŋ djiaŋ], *Jangtsekiang, Yangtze Kiang,* größter Fluß Chinas, 6300 km, entspringt in Osttibet, mündet nw. von Schanghai ins ostchines. Meer, 2700 km schiffbar.
**Changsha** [tʃaŋʃa], Hptst. der südchines. Prov. Hunan, am Xiang Jiang, 1,2 Mio. Ew., vielfältige Ind.
**Changzhou** [tʃaŋ'dʒou], 1912–49 *Wujin,* chin. Stadt nw. von Wuxi, 450 000 Ew.; vielfältige Ind., Hafen am Großen Kanal.
**Chania** ['ça-], das antike *Kydonia,* Hafenstadt an der N-Küste Kretas, 39 000 Ew.
**Chanson** [ʃã'sɔ̃], Sololied mit Begleitung, witzig-kabarettist., auch sentimental.
**Chantilly** [ʃãti'ji], nordfranzös. Stadt in der Île-de-France, nordöstl. von Paris, 11 000 Ew.
**Chanukka,** jüd. Fest zur Erinnerung an die Wiederherstellung des Jerusalemer Tempels (165 v. Chr.), im Dezember 8 Tage lang gefeiert.
**Chaos,** Durcheinander, Wirrwarr; urspr. der ungeordnete Anfangszustand der Welt. In der **Physik** die Erscheinung bei bestimmten Systemen, daß beliebig kleine Veränderungen der Ausgangsbedingungen das Endergebnis so stark beeinflussen, daß es nicht mehr berechenbar wird (z.B. atmosphär. Wetterbedingungen; System von harten Kugeln, mit denen Lottozahlen bestimmt werden).
**Chaoten,** abschätzige Bez. für nicht durch Parteidisziplin gebundene Linksextremisten.
**Chaplin** ['tʃæplin], Sir (1975) Charles (Charlie), *1889, †1977, engl. Filmschauspieler, -autor u. -regisseur; 1910–52 in den USA tätig; größter Komiker des Stummfilms. »Goldrausch«, »Lichter der Großstadt«, »Moderne Zeiten«, »Der große Diktator«, »Monsieur Verdoux«, »Ein König in New York«.

**chaptalisieren** [ʃap-], bei der Weinbereitung einem zuckerarmen Most Zucker zusetzen (Trokkenzuckerung).
**Charakter** [ka-], die seelisch-geistige Eigenart des Menschen, Inbegriff der typ. Merkmale der Persönlichkeit; daneben C. als durch Erziehung u. Selbsterziehung gebildete »Gestalt des Willens« (J.F. Herbart); hierauf beziehen sich Ausdrücke wie *C.stärke, C.schwäche, C.losigkeit.* Der Begriff C. wird meist abgelöst durch den der Persönlichkeit, der zusätzlich die spezifischen Wirkungen der Umwelt auf das Individuum umfaßt. – **Charakteristik,** Kennzeichnung, treffende Schilderung einer Person oder Sache. – **C.rolle,** Bühnengestalt mit bes. ausgeprägtem C. – **C.stück,** ein Schauspiel, dessen Handlung sich bes. aus dem C. der Hauptfigur entwickelt; z.B. Molières »Der eingebildete Kranke«. In der Musik eine Komposition mit einem einheitl. Ausdruck.
**Charcot** [ʃar'ko], Jean Martin, *1825, †1893, frz. Neurologe; arbeitete über Hysterie u. Hypnose; Mitbegründer der Psychotherapie.
**Chardin** [ʃar'dɛ̃], **1.** Jean-Baptiste Siméon, *1699, †1779, frz. Maler; unter dem Einfluß der Niederländer des 17. Jh. – **2.** → Teilhard de Chardin.
**Chardonnet** [ʃardɔ'nɛ], Louis-Marie-Hilaire Bernigaud, Graf de C., *1839, †1924, frz. Chemiker; erfand eine aus Nitrocellulose hergestellte Kunstseide.
**Charente** [ʃa'rãt], Fluß in W-Frankreich, 361 km; mündet westl. von Rochefort in den Atlantik.
**Charge** ['ʃarʒə], **1.** Amt, Würde, Rang, militär. Dienstgrad. – **2.** eine kleine, doch für die Gesamthandlung wichtige Bühnenrolle. – **3.** die Beschickung eines metallurg. Ofens, z.B. des Hochofens.
**Chargé d'affaires** [ʃar'ʒeda'fɛːr], diplomat. Geschäftsträger.
**Charidschiten,** extremist. religiös-polit. Richtung des Islam; geringe Reste noch in Algerien u. Oman unter dem Namen *Ibaditen.*
**Charisma** ['ça-], die persönl. Ausstrahlung eines Menschen, die ihn zur Führerschaft befähigt.
**Charité** [ʃa-], »Barmherzigkeit«, frz. Name von Krankenhäusern, z.B. in Berlin (Ost).
**Charkow** ['xarkɔf], Hptst. der gleichn. Oblast im O der Ukrain. SSR, 1,6 Mio. Ew.
**Charleroi** [ʃarl'rwa], belg. Ind.-Stadt in der Prov. Hennegau, an der Sambre, 24 000 Ew.
**Charles** [tʃaːlz], **1.** Könige von Großbritannien, → Karl. – **2.** C. Philip Arthur George, Prince of Wales, *14.11.1948, ältester Sohn Königin Elisabeths II., brit. Thronfolger, seit 1981 verh. mit Lady Diana Spencer.
**Charles,** **1.** [ʃarl], Jacques Alexandre, *1746, †1823, frz. Physiker; konstruierte 1783 einen Luftballon *(Charlière)* mit Wasserstoff als Traggas. – **2.** [tʃaːlz], Ray, eigtl. Ray C. *Robinson*, *23.9.1932, US-amerik. Jazzmusiker (Gesang, Klavier); als sechsjähriger erblindet; Welthit »What'd I say.«

*Charlie Chaplin in »The Gold Rush« (»Goldrausch«), USA, 1925*

*Chartres mit der berühmten Kathedrale*

**Charleston** ['tʃa:lstən], afroamerik. Tanz, seit 1926 Gesellschaftstanz im ⁴/₄-Takt in Europa.
**Charleston** ['tʃa:lstən], **1.** Stadt in South Carolina (USA), Atlantik-Hafen an der *C.-Bucht*, 85 000 Ew.; lange Zeit Metropole der Südstaaten. – **2.** Hptst. von West Virginia (USA), 60 000 Ew.; berühmtes Capitol (1932).
**Charleville-Mezières** [ʃarl'vi:l mɛ'zjɛ:r], NO-frz. Dep.-Hptst., an der Maas, 59 000 Ew.; metallurg. u. Textil-Ind.
**Charlotte** [ʃar'lɔt], *1896, †1985, Großherzogin von Luxemburg 1919–64.
**Charlottenburg** [ʃar-], Stadtbezirk in Berlin (West); Schloß (1698); 1705–1920 selbständige Stadt.
**Charme** [ʃarm], persönl. Anziehungskraft, Liebreiz.
**Charmeuse** [ʃar'mø:z], Gewebe mit glänzender Ober- u. stumpfer Unterseite.
**Charon** [ça-], in der grch. Myth. der Fährmann der Unterwelt. Er bringt die Verstorbenen über den Totenfluß *Acheron* oder *Styx*.
**Chäronea** → Chaironeia.
**Charta** ['kar-], grundlegende Urkunde im Staats- u. Völkerrecht, z.B. die *C. der Vereinten Nationen*, die → Atlantik-Charta u. die → Magna Charta. –
**Charta 77**, ein 1977 veröffentlichtes Manifest tschechosl. Bürger, die für die Anerkennung der Menschenrechte in ihrem Land eintreten.
**Charter** ['tʃartər], Urkunde, Freibrief.
**chartern** ['tʃar-], ein Schiff oder ein Flugzeug mieten.
**Chartisten** [tʃar-], revolutionärdemokrat. u. sozialist. Arbeiterbewegung *(Chartismus)* in England zw. 1838 u. 1850.
**Chartres** [ʃartr], N-frz. Stadt an der oberen Eure, Hptst. des Dép. Eure-et-Loir u. Mittelpunkt der *Beauce*, 36 900 Ew.; seit dem 4. Jh. Bischofssitz; got. Kathedrale (12./13. Jh.).
**Chartreuse**, Grande C. [grãd ʃar'trø:z], Mutterkloster des Kartäuserordens in den frz. Kalkalpen, gegr. 1084; auch der dort hergestellte Kräuterlikör.
**Charybdis**, Meeresstrudel, → Skylla.
**Chasaren**, Turkvolk im südl. Rußland, vom Ural her eingewandert; im 7.–9. Jh. bed. Reich mit jüd. Staatsreligion.
**Chassidismus**, eine religiöse Richtung im Judentum, begr. im 18. Jh. in O-Europa; myst. Gegenbewegung gegenüber der rationalist. Nüchternheit des Talmudismus.
**Chassis** [ʃa'si], das Fahrgestell eines Kraftfahrzeugs.
**Château** [ʃa'to:], Schloß, Burg; auch Weingut.
**Chateaubriand** [ʃatobri'ã], François René Vicomte de, *1768, †1848, frz. Schriftst. u. Politiker; 1823/24 Außen-Min.; führender Frühromantiker (weltschmerzl. Novellen).
**Châteauneuf-du-Pape** [ʃatonoef dy 'pa:p], S-frz. Weinort, südl. von Orange, 2100 Ew.
**Châteauroux** [ʃato'ru], mittelfrz. Ind.-Stadt im sw. Berry, Hptst. des Dép. Indre, 60 000 Ew.
**Chatham** [tʃɛtəm], S-engl. Hafenstadt an der Themse, östl. von London, 55 000 Ew.; Kriegshafen.
**Chatschaturjan** [xa-], *Khatschaturian*, Aram Iljitsch, *1903, †1978, armen.-sowj. Komponist; zeigt eine Vorliebe für Tanzformen u. armen. Folklore.
**Chattanooga** [tʃætə'nu:gə], Ind.-Stadt im USA-Staat Tennessee, am Tennessee, 162 000 Ew.; Univ. (1886); Verkehrsknotenpunkt.
**Chatten**, *Katten*, germ. Stamm zw. Fulda, Eder u. Schwalm. Nachkommen sind wahrsch. die *Hessen*.
**Chatterton** ['tʃætətən], Thomas, *1752, †1770 (Selbstmord), engl. Schriftst.; ahmte mittelalterl. Gedichte nach, die er als echt ausgab.
**Chaucer** ['tʃɔ:sə], Geoffrey, *um 1340, †1400, engl. Dichter. Seine Novellensammlung »Canterbury Tales« gilt als Höhepunkt der engl. Literatur des MA.
**Chaudeau** [ʃo'do:], Weinschaumsauce aus Wein, Eiern u. Zucker.
**Chauken** [ˈçau-], german. Stamm an der Nordseeküste zwischen Ems u. Elbe.
**Chauvinismus** [ʃovi-], **1.** die fanatische, meist krieger.-aggressive Steigerung des *Nationalismus*. – **2.** von der radikalen Frauenbewegung gebrauchte Bez. für das Verhalten von Männern, die sich Frauen grundsätzl. überlegen fühlen.
**Chaux-de-Fonds** → La Chaux-de-Fonds.
**Chavin-Kultur** [tʃa'vin-], vorgeschichtl. Kultur in N-Peru, 1200–400 v.Chr.; nach der Ruinenstätte *Chavin de Huántar* benannt.
**Checklist** ['tʃɛklist], die Liste, nach der vor jedem Flugstart Triebwerke, Steuerung u. Bordsysteme überprüft werden.
**Checkpoint** ['tʃɛkpɔint], Grenzkontrollstelle.
**Chef de cuisine** [ʃɛf də kyi'si:n], Küchenchef.
**Chef de rang** [ʃɛf də 'rã], Revierkellner.
**Chef d'œuvre** [ʃɛ 'dœ:vrə], Meisterwerk.
**Chefredakteur** ['ʃɛfredaktø:r], verantwortl. Leiter einer Redaktion.
**Cheir ed-Din** [xai-], *Chaireddin Barbarossa*, *um 1467, †1546, türk. Admiral; beherrschte 1515–35 Algerien; unterstützte mit seiner Flotte 1542/43 Franz I. von Frankreich gegen Karl V.
**Chełm** ['xɛum], O-poln. Stadt östl. von Lublin, 61 000 Ew.; Hptst. der gleichn. Wojewodschaft.
**Chełmno** ['xɛumnɔ], *Kulmhof*, poln. Dorf nw. von Lodz; 1941–44 nat.-soz. Vernichtungslager; 360 000 Todesopfer.
**Chelsea** ['tʃɛlsi], Stadtteil von London; im 18. u. 19. Jh. Künstlerviertel.

**Chemie** [çe-], die Lehre von den Stoffen u. Stoffumwandlungen. Sie befaßt sich mit dem Aufbau *(Synthese)*, der Zerlegung *(Analyse)* und den Veränderungen *(Reaktionen)* von Stoffen u. zählt zu den exakten Naturwiss. In klass. Weise unterscheidet man die *anorganische C.*, die alle Elemente außer Kohlenstoff umfaßt, die *organische C.*, die auch *C. der Kohlenstoffverbindungen* heißt, u. die *physikalische C.*, die sich mit den physikal. Gesetzen bei chem. Reaktionen beschäftigt. Darüber hinaus gibt es Spezialgebiete, bei denen alle drei Hauptformen vertreten sind, z.B. *analytische, physiologische, pharmazeutische, gerichtliche C., Nahrungsmittel-, Agrikultur-, Elektro-, Kunststoff-, Kolloid-C.*
**Chemiefasern** [çe-], Sammelbez. für Kunstfasern: die vollsynthet. Fasern *(Dralon, Nylon, Perlon, PeCe-Fasern u.a.)*, die halbsynthet. Fasern auf Cellulose-Basis u. die Zellwolle. Die C. werden aus Cellulose (Kunstseide, Zellwolle), Kasein (Lanital) oder vollsynthet. aus niedermolekularen Ausgangsstoffen (Synthesefasern) hergestellt; ihre Faserform wird beim Spinnen erhalten; dabei wird der verflüssigte Stoff duch feine Düsen hindurchgepreßt. Der feste Faden entsteht, indem die aus der Spinndüse austretende Flüssigkeit entweder in einem Fällbad fest wird *(Naßspinnen)* oder durch Verdunsten des Lösungsmittels, in dem der Stoff gelöst war *(Trockenspinnen)* oder durch Abkühlung des im geschmolzenen Zustand versponnen Fadens *(Schmelzspinnen)*.
**Chemigraphie** [çe-], Verfahren zur Herstellung von Druckstöcken für den Hoch- u. Flachdruck auf photochem. Wege.
**Chemikalien** [çe-], auf chem. Wege u. für chem. Zwecke hergestellte Stoffe.
**chemische Elemente**, kurz *Elemente*, die mit Hilfe chem. Methoden nicht weiter in einfachere Stoffe zerlegbaren Grundbestandteile der Materie; ihre Zahl beträgt gegenwärtig 108. Eine Anordnung der c. E. nach ihren chem. Eigenschaften ist das → *Periodensystem der Elemente*.
**chemische Formeln**, die symbol. Darstellung der chem. Verbindungen. Die *Bruttoformel (Summenformel)* zeigt, wieviel Atome welcher Ele-

| **Wichtige Daten zur Geschichte der Chemie** | | | |
|---|---|---|---|
| Vor Beginn der Zeitrechnung | Gold, Silber, Kupfer, Blei, Eisen, Zinn, Quecksilber, pflanzliche und mineralische Farbstoffe | 1861 | Kolloide (Th. *Graham*) |
| | | 1867 | Massenwirkungsgesetz (C. M. *Guldberg*, P. *Waage*) |
| 11. Jh. | Alkohol durch Destillation | 1867 | Dynamit (A. *Nobel*) |
| 13. Jh. | Mineralsäuren | 1868–1871 | Periodensystem der Elemente (D. *Mendelejew*, L. *Meyer*) |
| 14. Jh. | Schwarzpulver | | |
| 1530 | Begründung der wissenschaftl. Chemie *(Paracelsus)* | 1874 | Stereochemie (J. H. van't *Hoff*, J. A. *Le Bel*) |
| 1579 | Erstes Lehrbuch (A. *Libavius*) | 1884 | Kunstseide (L. B. *Chardonnet*) |
| 1642 | Einführung der Waage bei der Beobachtung chem. Vorgänge (J. *Jungius*) | 1887 | Dissoziationstheorie (S. *Arrhenius*) |
| | | 1894–1898 | Entdeckung der Edelgase (W. *Ramsay*) |
| 1648 | Trockene Destillation von Holz, Steinkohle u. Fetten (J. R. *Glauber*) | 1906 | Chromatographie (M. S. *Tswett*) |
| 1674 | Entdeckung des Phosphors (H. *Brand*) | 1907 | Bakelit (L. H. *Baekeland*) |
| | | 1908 | Ammoniaksynthese (Fr. *Haber*) |
| um 1700 | Phlogistontheorie (G. E. *Stahl*) | 1913 | Kohlehydrierung (F. *Bergius*) |
| 1750 | Schwefelsäure nach dem Bleikammerverfahren | 1913 | Atommodell (N. *Bohr*) |
| | | 1913 | Mikroanalyse (Fr. *Pregl*) |
| 1766 | Entdeckung des Wasserstoffs (H. *Cavendish*) | 1919 | Atomzertrümmerung (E. *Rutherford*) |
| 1771/72 | Entdeckung des Sauerstoffs (C. W. *Scheele*) | ab 1928 | Synthet. Waschmittel |
| | | 1935 | Nylon (W. H. *Carothers*) |
| 1774 | Entdeckung des Chlors (C. W. *Scheele*) | 1935 | Sulfonamide (G. *Domagk*) |
| | | 1938 | Atomkernspaltung (O. *Hahn*, Fr. *Straßmann*) |
| 1774 | Darstellung des Sauerstoffs (J. *Priestley*) | ab 1940 | Künstl. Elemente: Transurane |
| 1777 | Theorie der Verbrennung (A. L. *Lavoisier*) | 1954 | Synthet. Diamanten |
| | | 1960 | Chlorophyllsynthese (R. B. *Woodward*) |
| 1783 | Analyse der Luft (H. *Cavendish*) | | |
| 1798 | Begründung der Elektrochemie (J. W. *Ritter*) | ab 1964 | Energiegewinnung durch Atomkernspaltung |
| 1808 | Atomtheorie (J. *Dalton*) | 1964 | Element 104 (I. *Kurtschatow*) |
| 1818 | Dualistische Theorie (J. J. *Berzelius*) | 1968 | Synthese von Tetracyclinen (Antibiotika) |
| 1828 | Herstellung von Aluminium (Fr. *Wöhler*) | 1969 | Isolierung eines Bakterien-Gens |
| 1835 | Katalyse (J. J. *Berzelius*) | 1970 | Element 105 synthetisiert |
| 1839 | Vulkanisation des Kautschuks (J. *Goodyear*) | 1972 | Neuentwicklung der Elektronenspektroskopie u. Hochdruckflüssigkeits-Chromatographie |
| 1839 | Photographie (J. *Daguerre*) | | |
| 1842 | Gesetz von der Erhaltung der Energie (R. J. *Mayer*) | 1973 | Anwendung von Flüssigkristallen |
| | | 1973 | Kohlevergasung |
| ab 1856 | Teerfarben-Industrie | 1974 | Element 106 synthetisiert |
| 1858 | Organ. Strukturformeln (A. *Kekulé*) | 1979 | Laserfluorimetrie (R. *Zare* u. a.) |
| 1859 | Spektralanalyse (R. W. *Bunsen*, G. S. *Kirchhoff*) | 1981 | Totalsynthese eines Interferon-Gens (M. D. *Edge* u. a.) |

mente ein Molekül der betr. Verbindung enthält, z.B. $CO_2$ (Kohlendioxid). Die *Strukturformel* gibt die Art der Verknüpfung der einzelnen Atome innerhalb des Moleküls an, im vorliegenden Fall: O=C=O. Die *Skelettformel* ist eine graph. Abk. der Strukturformel.

**chemische Gleichung,** *Reaktionsgleichung,* die in Form einer Gleichung geschriebene symbol. Darstellung einer chem. Reaktion. So besagt z.B. die Gleichung $2H_2+O_2 \rightarrow 2H_2O$, daß sich zwei Moleküle Wasserstoff u. ein Molekül Sauerstoff zu zwei Molekülen Wasser verbinden.

**chemische Industrie,** die Ind., die sich mit der Umwandlung von natürl. u. mit der Herstellung von synthet. Rohstoffen befaßt; Produkte: anorgan. u. organ. Chemikalien, Pharmazeutika, Farben, Kunststoffe, Chemiefasern u. Waschmittel.

**chemische Kampfmittel,** chem. Stoffe, die als *Kampfstoffe* die feindl. Soldaten schädigen oder töten (nerven-, haut-, lungenschädigende Kampfstoffe, Augen-, Nasen- u. Rachenreizstoffe), als *Brandstoffe* Menschen u. Sachwerte vernichten (durch Magnesium, Phosphor, Napalm u.a.) oder als *Nebelstoffe* die eigene Truppe tarnen oder den Feind blenden sollen. – Trotz völkerrechtl. Verbote ist es wiederholt zum Einsatz von c. K. gekommen.

**chemische Keule,** von der Polizei verwendetes Gerät zum Versprühen von Tränengas.

**chemische Zeichen,** die für die chem. Elemente verwendeten Abkürzungen, z.B. *H* (grch.-lat. Hydrogenium) für Wasserstoff; 1814 von J.J. *Berzelius* eingeführt.

**chemisch rein,** Bez. für Chemikalien, in denen sich Verunreinigungen mit chem. Reaktionen nicht mehr nachweisen lassen.

**chemisch reinigen,** Textilien mit fett- u. schmutzlösenden organ.-chem. Lösungsmitteln behandeln.

**Chemisette** [ʃəmi'zɛt], gestärkte Hemdbrust an Frack- u. Smokinghemden; weißer Einsatz an Damenkleidern.

**Chemnitz,** 1953–90 *Karl-Marx-Stadt,* Stadt in Sachsen, Ind.-Zentrum im Steinkohlenrevier zw. C. u. Zwickau, 314 000 Ew.; TU; bed. Textil- u. chem. Ind., Maschinenbau.

**Chemosynthese,** bei Bakterien der Aufbau organ. Verbindungen (Zucker) aus anorgan. Stoffen (Wasser, Kohlendioxid) mit Hilfe von chem. Energie, die durch Oxidation anorgan. Substanzen gewonnen wird.

**Chemotherapie,** Behandlung von Infektionskrankheiten u. Krebs mit chem. Mitteln, die die Krankheitserreger bzw. Krebszellen schädigen, für den Wirtsorganismus bzw. die gesunden Zellen aber möglichst unschädlich sind.

**Cheney** ['tʃɛːni], Richard Bruce, *30.1.1941, US-amerik. Politiker (Republikaner); 1975–77 Stabschef im Weißen Haus; seit 1978 Abg. im Repräsentantenhaus; seit 1989 Verteidigungs-Min.

**Chengde** [tʃəŋ-], früher *Jehol,* chin. Stadt in der

## Chemische Elemente

| Elementname | Zeichen | Ordnungszahl | rel. Atom-Masse | Aggregatzustand | Dichte* | Schmelzpunkt °C | Siedepunkt °C | Halbwertszeit des längstlebigen instabilen Isotops | % Gewichtsanteil** | Entdecker und Entdeckungsjahr |
|---|---|---|---|---|---|---|---|---|---|---|
| Actinium | Ac | 89 | 227,0278 | fest | 10,07 | 1050 | 3300 | 21,8a [227] | minimal | Debierne, Giesel 1899 |
| Aluminium | Al | 13 | 26,9815 | fest | 2,7 | 660,4 | 2447 | $7,4 \cdot 10^5$ a [26] | 7,30 | Oersted 1825 |
| Americium | Am | 95 | [243] | fest | 11,7 | 994 | – | 7400a [243] | künstlich | Seaborg, James, Morgan 1945 |
| Antimon | Sb | 51 | 121,75 | fest | 6,68 | 630,5 | 1637 | 2,7a [125] | $3 \cdot 10^{-5}$ | seit dem Altertum bekannt |
| Argon | Ar | 18 | 39,948 | gasförmig | 1,784 | –189,4 | –185,9 | 265a [39] | minimal | Rayleigh, Ramsay 1895 |
| Arsen | As | 33 | 74,9216 | fest | 5,73 (grau); 2,0 (gelb); 4,7 (schwarz) | | 618 (grau) | 80,3 d [73] | 0,0003 | seit dem Altertum bekannt |
| Astat | At | 85 | [210] | fest | – | 302 | 377 | 8,3 h [210] | minimal | Corson, Mackenzie, Segré 1940 |
| Barium | Ba | 56 | 137,33 | fest | 3,76 | 710 | 1537 | 12,8 d [140] | 0,054 | Davy 1808 |
| Berkelium | Bk | 97 | [247] | fest | – | rd. 1000 | – | 1380 a [247] | künstlich | Seaborg, Thomson, Ghiorso 1949 |
| Beryllium | Be | 4 | 9,01218 | fest | 1,84 | 1286 | 2744 | $2,5 \cdot 10^6$ a [10] | $6 \cdot 10^{-4}$ | Vauquelin 1798 |
| Bismut (früher Wismut) | Bi | 83 | 208,980 | fest | 9,78 | 271 | 1560 | $3,7 \cdot 10^5$ a [208] | $3 \cdot 10^{-6}$ | 15. Jahrhundert |
| Blei | Pb | 82 | 207,2 | fest | 11,34 | 327,50 | 1751 | $1,4 \cdot 10^{17}$ a [204] | 0,002 | seit dem Altertum bekannt |
| Bor | B | 5 | 10,811 | fest | 2,33 | 2030 | 3925 | 0,76 s [8] | 0,003 | Gay-Lussac, Thénard 1808 |
| Brom | Br | 35 | 79,904 | flüssig | 3,119 | –7,2 | 58,8 | 57 h [77] | $1,6 \cdot 10^{-4}$ | Balard 1825 |
| Cadmium | Cd | 48 | 112,41 | fest | 8,64 | 321,11 | 765 | 450 d [109] | $10^{-5}$ | Stromeyer 1817 |
| Calcium | Ca | 20 | 40,08 | fest | 1,54 | 850 | 1487 | $8 \cdot 10^4$ a [41] | 2,79 | Davy 1808 |
| Californium | Cf | 98 | [251] | fest | 15,1; 13,7; 8,7 | rd. 900 | – | 900 a [251] | künstlich | Seaborg, Thomson u. a. 1950 |
| Cäsium | Cs | 55 | 132,9054 | fest | 1,87 | 28,64 | 685 | $3,0 \cdot 10^6$ a [135] | $7 \cdot 10^{-4}$ | Bunsen, Kirchhoff 1860 |
| Cer | Ce | 58 | 140,12 | fest | 6,773 | 798 | 3257 | 284,9 d [144] | 0,0043 | Klaproth 1803 |
| Chlor | Cl | 17 | 35,453 | gasförmig | 3,214 | –101,0 | –34,1 | $3 \cdot 10^5$ a [36] | 0,19 | Scheele 1774 |
| Chrom | Cr | 24 | 51,996 | fest | 7,2 | 1903 | 2642 | 27,8 d [51] | 0,019 | Vauquelin 1797 |
| Cobalt (früher Kobalt) | Co | 27 | 58,9332 | fest | 8,9 | 1494 | 2880 | 5,3 a [60] | $10^{-3}$ | Brandt 1735 |
| Curium | Cm | 96 | [247] | fest | 13,51; 19,3 | 1340±40 | 3110 | $1,6 \cdot 10^7$ a [247] | künstlich | Seaborg, James, Ghiorso 1944 |
| Dysprosium | Dy | 66 | 162,50 | fest | 8,559 | 1407 | 2335 | rd. $10^6$ a [154] | | Lecoq de Boisbaudran 1886 |
| Einsteinium | Es | 99 | [252] | fest | – | 860 | – | rd. 140 d [252] | künstlich | Thomson, Ghiorso u. a. 1954 |
| Eisen | Fe | 26 | 55,847 | fest | 7,87 | 1536 | 3070 | $3 \cdot 10^5$ a [60] | 3,38 | seit dem Altertum bekannt |
| Element 104 (Unnilquadium) | (Unq) | 104 | [261] | fest | – | – | – | 0,3 s [260] | künstlich | sowjet. Gruppe 1964 |
| Element 105 (Unnilpentium) | (Unp) | 105 | [262] | – | – | – | – | 40 s [262] | künstlich | US-amerikan. Gruppe 1970; UdSSR |
| Element 106 (Unnilhexium) | (Unh) | 106 | [263] | – | – | – | – | – | künstlich | UdSSR 1974; USA |
| Element 107 (Unnilseptium) | (Uns) | 107 | [264] | – | – | – | – | – | künstlich | sowjet. Gruppe 1976; Gesellschaft für Schwerionenforschung 1981 |
| Element 108 (Unniloctium) | (Uno) | 108 | [265] | – | – | – | – | – | künstlich | Gesellschaft für Schwerionenforschung 1984 |
| Element 109 (Unnilennium) | (Une) | 109 | [266] | – | – | – | – | – | künstlich | Gesellschaft für Schwerionenforschung 1982 |
| Erbium | Er | 68 | 167,26 | fest | 9,045 | 1522 | 2510 | 9,4 d [169] | $2,5 \cdot 6,5 \cdot 10^{-4}$ | Mosander 1843 |
| Europium | Eu | 63 | 151,96 | fest | 5,245 | 826 | 1439 | 16 a [154] | $10^{-6}$ | Demarçay 1896 |
| Fermium | Fm | 100 | [257] | fest | – | – | – | 80 d [257] | künstlich | Thomson, Ghiorso u. a. 1954 |
| Fluor | F | 9 | 18,9984 | gasförmig | 1,696 | –219,6 | –188,1 | 1,9 h [18] | 0,066 | Moissan 1886 |
| Francium | Fr | 87 | [223] | – | – | 20 | rd. 640 | 22 min [223] | minimal | Perey 1939 |
| Gadolinium | Gd | 64 | 157,25 | fest | 7,886 | 1312 | 3000 | $1,1 \cdot 10^{14}$ a [152] | $6,4 \cdot 10^{-4}$ | Marignac 1880 |
| Gallium | Ga | 31 | 69,72 | fest | 5,91 | 29,78 | 2227 | 78 h [67] | $1,5 \cdot 10^{-13}$ | Lecoq de Boisbaudran 1875 |
| Germanium | Ge | 32 | 72,61 | fest | 5,33 | 937,2 | 2830 | 287 d [68] | $6,7 \cdot 10^{-4}$ | Winkler 1886 |
| Gold | Au | 79 | 196,9665 | fest | 19,3 | 1064,4 | 2707 | 183 d [195] | $3 \cdot 10^{-7}$ | seit dem Altertum bekannt |
| Hafnium | Hf | 72 | 178,49 | fest | 13,36 | 2220 | 5200 | $2 \cdot 10^{15}$ a [174] | $2,8 \cdot 10^{-4}$ | Coster, de Hevesy 1923 |
| Helium | He | 2 | 4,0026 | gasförmig | 0,178 | –269,4 | –268,9 | 0,81 s [6] | $4,2 \cdot 10^{-7}$ | Ramsay 1895 |
| Holmium | Ho | 67 | 164,9304 | fest | 8,78 | 1461 | 2600 | $> 10^3$ a [163] | $1,1 \cdot 10^{-4}$ | Cleve 1879 |
| Indium | In | 49 | 114,82 | fest | 7,30 | 156,63 | 2047 | 2,81 a [111] | $10^{-5}$ | Reich, Richter 1863 |
| Iod (früher Jod) | I | 53 | 126,9045 | fest | 4,93 | 113,6 | 184,4 | $1,7 \cdot 10^7$ a [129] | $6,1 \cdot 10^{-5}$ | Courtois 1811 |
| Iridium | Ir | 77 | 192,22 | fest | 22,4 | 2447 | 4350 | 74 d [192] | $10^{-7}$ | Tennant 1804 |
| Kalium | K | 19 | 39,0983 | fest | 0,86 | 63,7 | 753,8 | $1,3 \cdot 10^9$ a [40] | 2,58 | Davy |
| Kohlenstoff | C | 6 | 12,011 | fest | 3,51 (D); 2,25 (G) | 3550 (D); 3600 (G) | 4200 (D); 4000 (G) | 5736 a [14] | 0,12 | seit dem Altertum bekannt |
| Krypton | Kr | 36 | 83,80 | gasförmig | 3,744 | –157,2 | –153,4 | $2,1 \cdot 10^5$ a [81] | minimal | Ramsay, Travers 1898 |
| Kupfer | Cu | 29 | 63,546 | fest | 8,96 | 1084,5 | 2595 | 62 h [67] | 0,01 | seit dem Altertum bekannt |
| Lanthan | La | 57 | 138,9055 | fest | 6,16 | 920 | 3470 | $6 \cdot 10^4$ a [137] | $4,4 \cdot 10^{-3}$ | Mosander 1839 |
| Lawrencium | Lr | 103 | [260] | fest | – | – | – | 180 s [260] | künstlich | US-amerikan. Gruppe 1961 |

Prov. Hebei, 1 Mio. Ew.; ehem. kaiserl. Sommerresidenz mit Palast u. lamaist. Tempel.
**Chengdu** [tʃəŋ-], Hptst. der chin. Prov. Sichuan, am Min Jiang, 2,6 Mio. Ew.; vielfältige Ind., Verkehrsknotenpunkt; im 3. u. 10. Jh. Hptst. Chinas.
**Chénier** [ʃe'nje], André, *1762, †1794 (hingerichtet), frz. Dichter; anfangs Anhänger, dann Gegner der Revolution. Oper »André C.« von U. Giordano (1896).
**Chenille** [ʃə'ni:j], *Raupenschnur,* ein Garn mit samtartigem Aussehen.
**Cheops-Pyramide** ['çe:-], Grabstätte des ägypt. Königs *Cheops (Chufu,* 4. Dynastie, um 2750 v. Chr.) bei Gizeh, die größte Pyramide Ägyptens, urspr. 146,6 m, jetzt noch 137 m hoch.
**Chephren-Pyramide** ['çe:-], Grabstätte des ägypt. Königs *Chephren (Cha'efrê,* 4. Dynastie, um 2700 v. Chr.) bei Gizeh, die zweitgrößte Pyramide Ägyptens, 136,4 m hoch.
**Cher** [ʃɛːr], l. Nbfl. der Loire in Mittelfrankreich, 350 km.

**Cherbourg** [ʃɛr'buːr], NW-frz. Hafenstadt (Militärhafen) auf der Halbinsel Cotentin, 40 300 Ew.
**Chéreau** [ʃe'ro:], Patrice, *2.11.1944, frz. Regisseur (avantgardist. Inszenierungen, Filme).
**Cherokee** ['tʃɛrəki:], *Tscherokesen,* Stamm der Irokesen-Indianer, urspr. Maispflanzer in den Appalachen, heute in Oklahoma.
**Cherry Brandy** ['tʃɛri'brændi], süßer Kirschlikör.
**Cherson** [xɛr-], Hptst. der gleichn. Oblast im S der Ukrain. SSR, 352 000 Ew.
**Chersones** [çɛr-], antiker Name mehrerer grch. Städte auf Halbinseln; bes. C. auf der Krim, Blütezeit im 3./2. Jh. v. Chr.
**Cherub**, im AT ein himml. Wesen; Wächter des Paradieses.
**Cherubini** [keru'bini], Luigi, *1760, †1842, ital. Komponist; ging 1788 nach Paris u. wurde dort der bedeutendste Vertreter der frz. Oper.
**Cherusker**, germ. Stamm nördl. vom Harz, zwischen Weser u. Elbe; von den Römern seit 4 n. Chr. unterworfen. Die C. besiegten 9 n. Chr. un-

ter ihrem Fürsten *Arminius* die Römer im Teutoburger Wald.
**Cherut**, isr. Rechtspartei, gegr. 1948; gehört seit 1973 zum *Likud-Block.*
**Chesapeake-Bucht** ['tʃɛsəpiːk-], Meeresbucht an der O-Küste der USA (Maryland/ Virginia), 320 km lang; Häfen: Baltimore, Washington u.a.
**Chester** ['tʃɛstə], **1.** Hptst. der mittelengl. Gft. *Cheshire,* am Dee; mittelalterl. Stadtbild; 117 000 Ew. – **2.** Hafenstadt an der Delaware-Bucht in Pennsylvania (USA), nahe Philadelphia, 63 000 Ew.
**Chesterfield** ['tʃɛstəfiːld], mittelengl. Ind.-Stadt in Derbyshire, 97 000 Ew.
**Chesterkäse** ['tʃɛstar-], 45–50 %iger Hartkäse aus süßer Vollmilch mit mildem, nußähnl. Geschmack.
**Chesterton** ['tʃɛstətn], Gilbert Keith, *1874,

## Chemische Elemente

| Elementname | Zeichen | Ordnungszahl | rel. Atom-Masse | Aggregatzustand | Dichte* | Schmelzpunkt °C | Siedepunkt °C | Halbwertszeit des längstlebigen instabilen Isotops | % Gewichtsanteil** | Entdecker und Entdeckungsjahr |
|---|---|---|---|---|---|---|---|---|---|---|
| Lithium | Li | 3 | 6,941 | fest | 0,53 | 180,55 | 1317 | 0,84 s [8] | $6 \cdot 10^{-3}$ | Arfvedson 1817 |
| Lutetium | Lu | 71 | 174,967 | fest | 9,8404 | 1652 | 3327 | $3,3 \cdot 10^{10}$ a [176] | $8 \cdot 10^{-5}$ | Urbain, Auer von Welsbach 1907 |
| Magnesium | Mg | 12 | 24,305 | fest | 1,74 | 650 | 1117 | 21,1 h [28] | 1,2 | Davy, Bussy 1831 |
| Mangan | Mn | 25 | 54,9380 | fest | 7,41 | 1244 | 2095 | $2 \cdot 10^6$ a [53] | 0,064 | Gahn 1774 |
| Mendelevium | Md | 101 | [258] | fest | – | – | – | 55 d [258] | künstlich | Seaborg, Ghiorso u. a. 1955 |
| Molybdän | Mo | 42 | 95,94 | fest | 10,22 | 2620 | 4800 | $3,5 \cdot 10^3$ a [93] | $10^{-4}$ | Hjelm 1790 |
| Natrium | Na | 11 | 22,98977 | fest | 0,97 | 97,82 | 889 | $2,6$ a [22] | 2,19 | Davy 1807 |
| Neodym | Nd | 60 | 144,24 | fest | 7,003 | 1016 | 3127 | $5 \cdot 10^{15}$ a [144] | 0,0024 | Auer von Welsbach 1885 |
| Neon | Ne | 10 | 20,179 | gasförmig | 0,900 | –248,6 | –246,1 | 3,4 min [24] | $5 \cdot 10^{-7}$ | Ramsay 1898 |
| Neptunium | Np | 93 | 237,0482 | fest | rd. 20 | 637 | rd. 3900 | $2,2 \cdot 10^6$ a [237] | $4 \cdot 10^{-17}$ | McMillan, Abelson 1940 |
| Nickel | Ni | 28 | 58,70 | fest | 8,91 | 1455 | 2800 | $7,5 \cdot 10^4$ a [59] | 0,015 | Cronstedt 1751 |
| Niobium (früher Niob) | Nb | 41 | 92,9064 | fest | 8,58 | 2468 | 4927 | $2 \cdot 10^4$ a [94] | $1,8 \cdot 10^{-3}$ | Hatchett 1801 |
| Nobelium | No | 102 | [259] | fest | – | – | – | 58 min [259] | künstlich | Nobel-Inst. Stockholm 1957 |
| Osmium | Os | 76 | 190,2 | fest | 22,48 | 2725 | 4400 | $2 \cdot 10^{15}$ a [186] | $10^{-7}$ | Tennant 1804 |
| Palladium | Pd | 46 | 106,4 | fest | 12,1 | 1554 | 3560 | $6,5 \cdot 10^6$ a [107] | $10^{-7}$ | Wollaston 1803 |
| Phosphor | P | 15 | 30,97376 | fest | 2,3 (rot); 1,82 (weiß) | 590 (rot); 44,2 (weiß) | 725 (rot); 281 (weiß) | 25 d [33] | 0,073 | Brand 1669 |
| Platin | Pt | 78 | 195,08 | fest | 21,5 | 1772 | 4300 | $7 \cdot 10^{11}$ a [190] | $5 \cdot 10^{-7}$ | De Ulloa 1735 |
| Plutonium | Pu | 94 | [244] | fest | 19,8 | 640 | 3327 | $7,6 \cdot 10^7$ a [244] | $2 \cdot 10^{-19}$ | Seaborg, McMillan u. a. 1940 |
| Polonium | Po | 84 | [209] | fest | 9,196 (α-Po); 9,398 (β-Po) | rd. 250 | 962 | 103 a [209] | $2 \cdot 10^{-14}$ | M. Curie 1898 |
| Praseodym | Pr | 59 | 140,9077 | fest | 6,475 | 935 | 3127 | 13,7 d [?] | $5,2 \cdot 10^{-4}$ | Auer von Welsbach 1885 |
| Promethium | Pm | 61 | [147] | fest | 7,22 | rd. 1068 | 2460 | 18 a [145] | minimal | Marinsky, Coryell 1945 |
| Protactinium | Pa | 91 | 231,0359 | fest | 15,34 (α-Pa); 12,13 (β-Pa) | 1845 | – | $3,25 \cdot 10^4$ a [231] | $9,0 \cdot 10^{-11}$ | Hahn, Meitner 1917 |
| Quecksilber | Hg | 80 | 200,59 | flüssig | 13,55 | –38,86 | 356,7 | 1,9 a [194] | $10^{-5}$ | seit dem Altertum bekannt |
| Radium | Ra | 88 | 226,0254 | fest | 5 | 700 | 1525 | 1620 a [226] | $7 \cdot 10^{-12}$ | M. Curie 1898 |
| Radon | Rn | 86 | [222] | gasförmig | 10 | –71,1 | –62,1 | 3,825 d [222] | minimal | Dorn 1900 |
| Rhenium | Re | 75 | 186,207 | fest | 21,04 | 3180 | 5600 | $7 \cdot 10^{10}$ a [187] | $10^{-7}$ | W. u. I. Noddack, Berg 1925 |
| Rhodium | Rh | 45 | 102,9055 | fest | 12,4 | 1970 | 3730 | 3,1 a [?] | $10^{-7}$ | Wollaston 1804 |
| Rubidium | Rb | 37 | 85,4678 | fest | 1,53 | 38,8 | 701 | $5 \cdot 10^{11}$ a [87] | 0,011 | Bunsen 1860 |
| Ruthenium (früher Ruthen) | Ru | 44 | 101,07 | fest | 12,3 | 2500 | 4110 | 367 d [106] | $< 10^{-7}$ | Claus 1844 |
| Samarium | Sm | 62 | 150,36 | fest | 7,536 | 1072 | 1804 | rd. $4 \cdot 10^{14}$ a [149] | $6 \cdot 10^{-4}$ | Lecoq de Boisbaudran 1879 |
| Sauerstoff | O | 8 | 15,9994 | gasförmig | 1,429 | –218,8 | –183,0 | 2,1 min [15] | 50,5 | Scheele 1771/72, Priestley 1774 |
| Scandium | Sc | 21 | 44,9559 | fest | 2,99 | 1538 | 2832 | 84 d [46] | $1,2 \cdot 10^{-3}$ | Nilson 1879 |
| Schwefel | S | 16 | 32,066 | fest | 2,07 | 119 | 444,6 | 88 d [35] | 0,055 | seit dem Altertum bekannt |
| Selen | Se | 34 | 78,96 | fest | 4,46 | 217,4 | 688 | $6,5 \cdot 10^4$ a [79] | $10^{-5}$ | Berzelius 1817 |
| Silber | Ag | 47 | 107,868 | fest | 10,5 | 961,9 | 2180 | 7,5 d [111] | $6 \cdot 10^{-6}$ | seit dem Altertum bekannt |
| Silicium | Si | 14 | 28,0855 | fest | 2,33 | 1423 | 2355 | rd. 650 a [32] | 27,5 | Berzelius 1823 |
| Stickstoff | N | 7 | 14,0067 | gasförmig | 1,25 | –210,0 | –195,8 | 10 min [13] | 0,33 | Scheele, Rutherford 1770 |
| Strontium | Sr | 38 | 87,62 | fest | 2,67 | 770 | 1367 | 28,5 a [90] | 0,014 | Crawford 1790, Davy 1808 |
| Tantal | Ta | 73 | 180,947 | fest | 16,6 | 2996 | 5400 | $> 10^{13}$ a [180] | 0,012 | Rose 1846 |
| Technetium | Tc | 43 | [98] | fest | 11,5 | 2140 ± 20 | 5030 | $2,6 \cdot 10^6$ a [97] | künstlich | Segré, Perrier 1937 |
| Tellur | Te | 52 | 127,60 | fest | 6,25 | 450 | 1390 | $1,24 \cdot 10^{13}$ a [123] | $10^{-5}$ | Müller 1783 |
| Terbium | Tb | 65 | 158,925 | fest | 8,229 | 1356 | 3123 | $1,2 \cdot 10^3$ a [158] | $8 \cdot 10^{-5}$ | Mosander 1843 |
| Thallium | Tl | 81 | 204,383 | fest | 11,85 | 303,5 | 1457 | 3,8 a [204] | $10^{-4}$ | Crookes 1861 |
| Thorium | Th | 90 | 232,0381 | fest | 11,7 | 1750 | 3850 | $1,4 \cdot 10^{10}$ a [232] | 0,001–0,002 | Berzelius 1828 |
| Thulium | Tm | 69 | 168,934 | fest | 9,318 | 1545 | 1727 | 1,92 a [171] | $10^{-6}$ | Cleve 1879 |
| Titan | Ti | 22 | 47,88 | fest | 4,51 | 1668 | 3280 | 48 a [44] | 0,43 | Klaproth 1795 |
| Uran | U | 92 | 238,0289 | fest | 19,1 | 1132,3 | 3818 | $4,51 \cdot 10^9$ a [238] | $3 \cdot 10^{-4}$ | Klaproth 1789 |
| Vanadium (früher Vanadin) | V | 23 | 50,9415 | fest | 6,12 | 1890 | 3400 | $6 \cdot 10^{15}$ a [50] | 0,014 | Sefström 1831 |
| Wasserstoff | H | 1 | 1,0079 | gasförmig | 0,090 | –259,2 | –252,8 | 12,3 a [3] | 1,02 | Boyle, Cavendish 1766 |
| Wolfram | W | 74 | 183,85 | fest | 19,27 | 3187 | rd. 5900 | 121 d [181] | $10^{-4}$ | de Elhuyar 1783 |
| Xenon | Xe | 54 | 131,29 | gasförmig | 5,896 | –111,8 | –108,1 | 36,4 d [127] | minimal | Ramsay, Travers 1898 |
| Ytterbium | Yb | 70 | 173,04 | fest | 6,972 | 816 | 1196 | 32 d [169] | $2,7 \cdot 10^{-4}$ | Marignac 1878 |
| Yttrium | Y | 39 | 88,9059 | fest | 4,472 | 1523 | 3337 | 106,6 d [88] | $3 \cdot 10^{-3}$ | Mosander 1843 |
| Zink | Zn | 30 | 65,39 | fest | 7,13 | 419,58 | 907 | 245 d [65] | 0,012 | in Europa seit 1600 bekannt |
| Zinn | Sn | 50 | 118,69 | fest | 7,30 | 231,97 | 2270 | $10^5$ a [126] | $4 \cdot 10^{-3}$ | seit dem Altertum bekannt |
| Zirkonium | Zr | 40 | 91,22 | fest | 6,50 | 1855 | 4400 | $1,5 \cdot 10^6$ a [93] | 0,014 | Berzelius 1824 |

[ ] = Radioaktives Element; Atommasse des längstlebigen Isotops
\* bei Gasen in g/l bei 0 °C und 1013,25 hPa, bei Flüssigkeiten und Feststoffen in g/cm³
\*\* in der 16 km dicken Erdkruste, einschl. Meere und Lufthülle
(D) = Diamant; (G) = Graphit

a = Jahre
d = Tage

h = Stunden
s = Sekunden
min = Minuten

**Chevalier**
† 1936, engl. kath. Schriftst. (Erzählungen über den Amateurdetektiv Pater-Brown).
**Chevalier** [ʃəva'lje], Maurice, *1888, †1972, frz. Chansonsänger u. Filmschauspieler.
**Chevallaz** [ʃəva'la], Georges-André, *7.2.1915, schweiz. Politiker (Freisinniger); 1974–83 Bundesrat (bis 1979 Finanz-, ab 1980 Militär-Dep.); 1980 Bundes-Präs.
**Cheviot Hills** ['tʃevjət-], Gebirgszug an der engl.-schott. Grenze, 816 m; Zucht des langwolligen *Cheviot-Schafs*.
**Chevreau** [ʃə'vro], auf Hochglanz zugerichtetes Schuhoberleder aus Ziegen- oder Zickelfellen.
**Cheyenne** [ʃai'ɛn], Algonkin-Indianerstamm der Prärie; heute in Reservaten.
**Cheyenne** [ʃai'ɛn], Hptst. von Wyoming (USA), 1850 m ü.M., 51 000 Ew.; Viehzuchtzentrum.
**Chiang Ching-kuo** [dji-], *1910, †1988, chin. Politiker, Sohn von *Chiang Kai-shek*; 1978–88 Präs. von Taiwan, leitete eine Liberalisierung ein.
**Chiang Kai-shek** [dji-], *1887, †1975, chin. General u. Politiker; Nachfolger *Sun Yatsens* als Führer der Guomindang, 1928–49 unter wechselnden Titeln Staatschef; unterlag im Bürgerkrieg gegen die Kommunisten u. floh nach Taiwan, dort 1950–75 Präs.
**Chiang Mai**, Stadt in N-Thailand, 155 000 Ew.; Erdölraffinerie, Teakholzhandel.
**Chianti** [ki-], *Monti del C.*, ital. Hügeldsch. in der Toskana; auch der dort erzeugte Rotwein.
**Chiapas** [tʃ'japas], der südl. Bundesstaat von → Mexiko.
**Chiasso** [ki-], Stadt im schweiz. Kt. Tessin, 9000 Ew.; Grenzstation der Gotthardbahn.
**Chiàvari** [ki'a:-], ital. Hafenstadt u. Seebad in Ligurien, an der Riviera di Levante, 28 000 Ew.
**Chiba**, jap. Präfektur-Hptst. östl. von Tokio, 800 000 Ew.; Metall- u. chem. Ind.
**Chibcha** ['tʃibtʃa], indian. Sprachfam. u. Völkergruppe im südl. Zentral- u. nw. S-Amerika.
**Chicago** [ʃi'ka:gəu], Stadt in Illinois (USA), am SW-Ufer des Michigansees; drittgrößte Stadt der USA, 3,01 Mio. Ew.; mehrere Univ.; zweitgrößtes Wirtschaftszentrum der USA (bes. Eisen- u. Stahlgewinnung, fleischverarbeitende Ind.), größter Eisenbahnknotenpunkt, Mittelpunkt des Luftverkehrs (*O'Hare Field*) u. einer der größten Binnenhäfen der Erde. – 1803 als *Fort Dearborn* gegr.
**Chicanos** [tʃi-], abwertende Bez. für die Menschen span.-mex. Herkunft im SW der USA.
**Chichen Itzá** [tʃi'tʃɛnit'sa], Ruinenstadt der *Maya* auf der Halbinsel Yucatán (Mexiko); zu Beginn des 6. Jh. gegr., Blütezeit im 11.–13. Jh.
**Chichester** ['tʃitʃistə], Hptst. der S-engl. Teilgrafschaft West Sussex, 21 000 Ew.; anglikan. Bischofssitz.
**Chicorée** ['ʃikore:], *Brüsseler Salat*, bleicher Wintertrieb von *Zichorie*, Verwendung als Gemüse u. Salat.
**Chiemsee** ['ki:m-], der größte oberbay. See, 80 km², 518 m ü.M.; Inseln: *Herreninsel* mit Schloß *Herrenchiemsee* (1878–85 für Ludwig II. von Bayern erbaut); *Fraueninsel*, Benediktinerinnenkloster; *Krautinsel*, unbewohnt.

*Chichen Itzá: El Castillo, um die Wende vom 12. zum 13. Jahrhundert errichtet*

**Chieti** [ki-], ital. Prov.-Hptst. in der Region Abruzzen, 55 000 Ew.; röm. Tempel.
**Chiffon** [ʃi'fɔ̃], schleierartiges Gewebe.
**Chiffre** [ʃifr], Zahl, Ziffer, Geheimzeichen; Zeichenkombination anstelle des Namens in Zeitungsanzeigen. – **chiffrieren**, verschlüsseln, in Geheimschrift schreiben.
**Chigi** ['ki:dʒi], Adelsfamilie in Rom.
**Chignon** [ʃi'njɔ̃], weibl. Haartracht: ein beutelähnl., mit Kamm befestigter Wulst im Nacken.
**Chihuahua** [tʃi'ua'ua], größter Bundesstaat → Mexikos.
**Childebert** ['ʃil-], Name mehrerer Frankenkönige aus dem Geschlecht der *Merowinger* (6. u. 7. Jh.).
**Childerich** ['ʃil-], Name mehrerer Frankenkönige aus dem Geschlecht der *Merowinger* (5.–8. Jh.).
**Chile**, Staat an der Pazifikküste S-Amerikas, 756 945 km², 12,7 Mio. Ew.; Hptst. *Santiago de C.*
C. ist gegliedert in 13 Regionen (vgl. Tabelle).

*Chile*

Landesnatur. Das in NS-Richtung 4275 km lange, aber nur 120–380 km breite Land nimmt den W-Abfall der Anden ein, die sich in eine Haupt- u. Küstenkordillere aufspalten u. das *Chilen. Längstal* einschließen. Im N herrscht Wüstenklima, in der Mitte ist es gemäßigt warm mit Winterregen, während der S äußerst regenreich, kühl u. dicht bewaldet ist.
Die Bevölkerung (70% Mestizen, 25% Weiße, 3% Indianer) ist vorw. kath. u. spricht Spanisch. Sie lebt vor allem im Chilen. Längstal, das den wirtsch. Kernraum bildet.
Wirtschaft. Grundlage des Außenhandels ist der Bergbau. C. liegt in der Weltförderung von Kupfer, Natursalpeter u. Jod an erster Stelle. Außerdem werden Eisen, Gold, Kohle u.a. gefördert. Nur 8% der Gesamtfläche können als Ackerland genutzt werden (Anbau von Getreide, Gemüse, Obst, Oliven, Wein). Der S dient der Schafzucht u. der Holzwirtschaft. Wichtig ist auch die Fischerei. – Sehr bedeutsam ist der Luftverkehr u. die Küstenschiffahrt. Die wichtigsten Häfen sind Valparaíso, San Antonio, Antofagasta, Coquimbo u. Iquique.
Geschichte. C., im 16. Jh. von Spanien erobert, wurde 1818 unabh. Rep. Inneren Wirren folgte 1831–71 eine Periode wirtsch. u. polit. Aufbaus. Im *Salpeterkrieg* gegen Bolivien u. Peru (1879–83) gewann C. durch Angliederung der Atacama-Wüste das Weltmonopol in Salpeter. Im 20. Jh. kam es mehrfach zu soz. Unruhen. Der christdemokrat. Präs. E. *Frei* (1964–70) führte soz. Reformen durch. Der Sozialist S. *Allende* (gewählt 1970) erstrebte eine sozialist. Umgestaltung auf parlamentar. Weg; er wurde 1973 vom Militär unter A. *Pinochet* (ab 1974 Präs.) gestürzt. Das anfangs sehr harte Militärregime liberalisierte sich allmählich. Für 1989 wurden Parlaments- u. Präs.-Wahlen angesetzt. 1990 übernahm der Christdemokrat P. *Aylwin* das Präsidentenamt von Pinochet. Dieser behielt das Amt des Oberbefehlshabers der Streitkräfte.
**Chilesalpeter** ['tʃi:le-], das in Chile u. Peru gewonnene *Natriumnitrat (Natronsalpeter)*; Verwendung u.a. als Düngemittel u. als Ausgangsprodukt von Salpetersäure.
**Chiliasmus** [çi-], die Erwartung eines Tausendjährigen Reichs messianischen Heils.

## CHINA Geographie und Geschichte

*Kegelkarstformen in Südchina*

*Auf dem Kaiserkanal in Wuxi verkehren die Schiffe in drangvoller Enge*

*Chicago: Der 1974 fertiggestellte Sears Tower (rechts) dominiert das Stadtbild*

| Chile: Verwaltungsgliederung | | | |
|---|---|---|---|
| Region | Fläche in km² | Einwohner in 1000 | Hauptstadt |
| Aisén del General Carlos Ibáñez del Campo | 108 997 | 74 | Coihaique |
| Antofagasta | 125 253 | 368 | Antofagasta |
| Atacama | 74 705 | 195 | Copiapó |
| Bío-Bío | 36 939 | 1618 | Concepción |
| Coquimbo | 40 656 | 456 | La Serena |
| La Araucanía | 31 946 | 750 | Tenuco |
| Libertator General Bernardo O'Higgins | 16 456 | 625 | Rancagua |
| Los Lagos | 68 247 | 900 | Puerto Montt |
| Magallanes y Antárctica Chilena | 132 034 | 144 | Punto Arenas |
| Maule | 30 662 | 800 | Talca |
| Metropolitana de Santiago | 15 549 | 4858 | Santiago |
| Tarapacá | 58 786 | 319 | Iquique |
| Valparaíso | 16 396 | 1325 | Valparaíso |

**Chili con carne** ['tʃi-], mex. Nationalgericht aus Rindfleisch, Tomaten u. Zwiebeln, scharf gewürzt.
**Chilperich** ['çil-], Name mehrerer Frankenkönige aus dem Geschlecht der *Merowinger* (6. u. 8. Jh.).
**Chimäre** [çi-], **1.** feuerschnaubendes Fabelwesen der grch. Myth., vorn Löwe, in der Mitte Ziege, hinten Drache; allg.: Hirngespinst *(Schimäre)*. – **2.** Pflanze mit genotyp. versch. Geweben; bedingt durch Plastidenspaltung, Mutation, irreguläre Reifeteilung u.a.
**Chimborazo,** *Chimborasso* [tʃimbo'raso], Vulkanmassiv in der W-Kordillere von Zentralecuador, 6272 m.
**China,** Staat in O-Asien, 9 560 980 km², 1,11 Mrd. Ew., Hptst. *Peking.* C. ist gegliedert in 21 Provinzen, 5 autonome Regionen, 3 Stadtprovinzen (vgl. Tabelle).

*China*

L a n d e s n a t u r . Das Land bricht vom innerasiat. Tibet. Hochland in mehreren steilen Stufen nach O zum Pazifik ab. Der O wird von Mittelgebirgen eingenommen, zwischen die die großen fruchtbaren Becken u. Tiefländer der Ströme *Huang He, Chang Jiang* u. *Xi Jiang* eingeschaltet sind. Im S liegt das verkarstete S-chines. Bergland, an das sich im NO das fruchtbare Rote Becken von Sichuan anschließt. Der N u. NW wird von wüstenhaften Tafelhochländern u. Hochbecken eingenommen. – Der NO hat feuchtwarme Sommer u. kalte trockene Winter; im SO herrscht z.T. subtrop. warmes u. feuchtes Klima. Der NW u. N ist dagegen sehr trocken mit extremen Temperaturgegensätzen zw. Sommer u. Winter.
B e v ö l k e r u n g . C. ist der volkreichste Staat der Erde. 94% sind Chinesen, die sich zum Buddhismus u. zur Lehre des Konfuzius bekennen, aber nach Sprache, Kultur u. Rasse ziemlich uneinheitlich sind. Sie leben vorw. im O des Landes (z.T. über 2000 Ew./km²).
W i r t s c h a f t . Die besten Ackerbaugebiete sind die großen Stromebenen im O des Landes. Hauptanbauprodukte sind Sojabohnen, Weizen, Hirse, Baumwolle, Erdnüsse, Reis, Tee u. Süßkartoffeln. In den westl. anschl. Gebieten dominiert die Viehwirtsch. Die Forstwirtsch. liefert Tungöl u. Teakholz. C. ist einer der kohlenreichsten Staaten der Erde. Außerdem besitzt es bed. Eisenerz-, Zinn-, Erdöl-, Mangan- u. Bauxitlagerstätten sowie die größten Wolfram-, Antimon u. Molybdänvorkommen der Erde. Die wichtigsten Ind.-Zweige sind Eisen- u. Stahlerzeugung, Maschinen- u. Fahrzeugbau, Kunstdüngerherstellung, Textil- u. Erdölind. – Das Eisenbahn- u. Straßennetz ist sehr schlecht ausgebaut, so daß dem weitverzweigten Netz von Binnenwasserstraßen um so größere Bedeutung zukommt. Der wichtigste Überseehafen ist Schanghai. Internat. Flughäfen gibt es in Schanghai, Canton u. Peking.
G e s c h i c h t e . Die Anfänge der chin. Staatsbildung liegen in der Tiefebene am mittleren Huang He. Histor. faßbar ist erstmals die *Shang*-Dynastie (17.–11. Jh. v. Chr.) mit ausgebildeter Schrift u. Bronzekunst. Unter der *Zhou*-Dynastie zerfiel C. seit dem 8. Jh. v. Chr. in einander bekämpfende Einzelstaaten. Im 5. Jh. v. Chr. entstanden die philosoph. Systeme des Konfuzianismus u. Daoismus. 221 v. Chr. einigte der Fürst von *Qin* als »Erster Kaiser« *(Shihuangdi)* das Reich. Unter der *Han*-Dynastie (206 v. Chr. – 220 n. Chr.) wurde C. zum zentralist. Beamtenstaat. Danach kam es mehrmals zu Zerfall u. Wiederherstellung der Reichseinheit. Der Buddhismus drang ein u. wurde zeitweise vorherrschend. Unter der *Tang*-Dynastie (618–906) wurde C. kosmopolit. Weltmacht u. erlebte eine kulturelle Blüte. Im 13. Jh. eroberten die Mongolen C. u. herrschten bis 1368. Die ihnen folgende *Ming*-Dynastie verlegte die Hptst. nach Peking u. erneuerte die Chin. Mauer (Anfänge im 3. Jh. v. Chr.). 1644 begann die Fremdherrschaft der Mandschu *(Qing*-Dynastie). Der größten Machtausdehnung C.s im 18. Jh. folgte im 19. Jh. der Verfall: Eindringen europ. Mächte, Taiping-Revolution, Niederlage gegen Japan.
Die demokrat. Revolution von 1911 unter *Sun Yat-*

*Landarbeiterinnen in einer Volkskommune*

*Wandzeitung an einer Kaserne*

   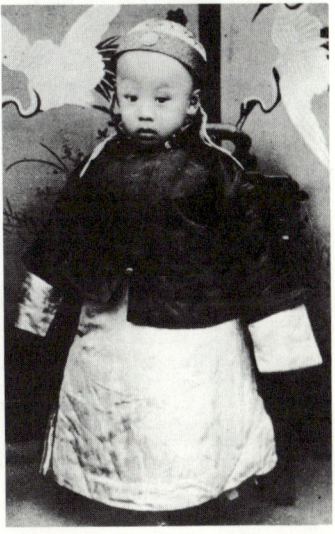

*Kaiser Ts'en Hsüanti; 6. Jahrhundert. Boston, Museum of Fine Arts (links). – Enthauptung eines Rebellen während des Boxeraufstandes (Mitte). – Pu Yi, der letzte Kaiser, der 1902 auf den Thron kam und 1912 gestürzt wurde (rechts)*

**Chinagras**

| China: Verwaltungsgliederung | | | |
|---|---|---|---|
| Provinzen/ Autonome Regionen/ Stadtprovinzen | Fläche in 1000 km² | Einwohner in Mio. | Hauptstadt |
| *Provinzen:* | | | |
| Anhui | 140 | 52,2 | Hefei |
| Fujian | 123 | 27,5 | Fuzhou |
| Gansu | 367 | 20,7 | Lanzhou |
| Guangdong | 231 | 63,5 | Canton |
| Guizhou | 174 | 30,1 | Guiyang |
| Hebei | 203 | 56,2 | Shijiazhuang |
| Heilongjiang | 464 | 33,3 | Harbin |
| Henan | 167 | 78,1 | Zhenghou |
| Hubei | 188 | 49,9 | Wuhan |
| Hunan | 211 | 57,0 | Changsha |
| Jiangsu | 103 | 62,7 | Nanjing |
| Jiangxi | 165 | 35,1 | Nanchang |
| Jilin | 187 | 23,2 | Changchun |
| Liaoning | 151 | 37,3 | Shenyang |
| Qinghai | 721 | 4,1 | Xining |
| Shaanxi | 196 | 30,4 | Xi'an |
| Shandong | 153 | 77,8 | Jinan |
| Shanxi | 157 | 26,3 | Taiyuan |
| Sichuan | 569 | 103,2 | Chengdu |
| Yunnan | 436 | 34,6 | Kunming |
| Zhejiang | 102 | 40,7 | Hangzhou |
| *Autonome Regionen:* | | | |
| Guangxi | 220 | 39,5 | Nanning |
| Innere Mongolei | 1178 | 20,3 | Hohhot |
| Ningxia | 66 | 4,2 | Yinchuan |
| Tibet | 1222 | 2,0 | Lhasa |
| Xinjiang | 1647 | 13,8 | Ürümqi |
| *Stadtprovinzen:* | | | |
| Peking | 17 | 9,8 | — |
| Schanghai | 6 | 12,3 | — |
| Tianjin | 11 | 8,2 | — |

sen (Gründer der Partei *Guomindang*) machte C. zur Rep. Nach langem Bürgerkrieg zw. lokalen Machthabern stellte *Chiang Kai-shek* 1928 die Einheit C.s wieder her. Die Kommunisten unter *Mao Zedong,* die seit 1927 Stützpunkte im S besaßen, zogen sich in den N zurück (»Langer Marsch« 1934/1935). Im chin.-jap. Krieg 1937–45 hielten Guomindang u. Kommunisten Burgfrieden. Im erneuten Bürgerkrieg siegten die Kommunisten. 1949 proklamierte Mao die Volksrep. C. u. leitete eine sozialist. Umgestaltung ein. Er brach mit der UdSSR u. steuerte einen extrem »linken« Kurs (1958 totale Kollektivierung im »Großen Sprung«, 1966 Kampf gegen Intellektuelle in der »Kulturrevolution«). Nach Maos Tod (1976) setzte sich *Deng Xiaoping* 1978 als fakt. Parteiführer durch. Er betrieb eine pragmat. Reformpolitik (wirtsch. »Öffnung« zum Westen, Zulassung privatwirtsch. Initiativen), unterdrückte jedoch gewaltsam (1979, 1986, 1989) die bes. von Studenten getragene Bewegung für eine polit. Demokratisierung.

Staat u. Gesellschaft. Nach der Verf. von 1982 ist die VR C. ein »sozialist. Staat der demokrat. Diktatur des Volkes«. Formell höchstes Staatsorgan ist der indirekt gewählte Nat. Volkskongreß; er wählt den Präs. u. die Reg. Die tatsächl. Macht liegt bei der Führungsspitze der Kommunist. Partei, dem Ständigen Ausschuß des Politbüros des ZK. Den über 40 Mio. Mitgl. der Partei sind die verantwortl. Positionen in Staat u. Wirtschaft vorbehalten. Der einzelne Bürger ist in hohem Maße abhängig von der »Einheit« *(danwei),* der er angehört (Wohnbezirk, Fabrik, ländl. Produktionsgruppe u.a.).

**Chinagras** → Ramie.

**Chinarinde,** *Fieberrinde,* die Rinde des *C.nbaums, Cinchona,* enthält das Alkaloid *Chinin,* das fiebersenkend wirkt (früher bes. gegen Malaria angewandt).

**Chinchilla** [tʃin'tʃila], *Hasenmaus,* südamerik. Nagetier mit wertvollem Pelz.

**Chinesen** [çi-], eigener Name *Han,* das Hauptvolk Chinas, über 1 Mrd. Etwa 23 Mio. Auslandschinesen sind über den SO-asiat. u. pazif. Raum bis nach Amerika verstreut. Die C. gehören zu den *Mongoliden.*

**chinesische Kunst.** Die bestimmenden Grundzüge der altchin. Baukunst waren mehr als zwei Jahrtausende hindurch wirksam. Für den ein-, selten zweigeschossigen Ständerbau auf erhöhter Plattform wurde bei Wohnbauten u. Tempeln vorw. Holz, für den Massivbau mit Tonnenwölbung bei Grabmälern, Brücken u. Ehrenpforten Stein, für Turmgebäude hpts. Stampflehm mit Ziegelverkleidung verwendet. Die Form des gestuften u. geschwungenen Dachs entwickelte sich erst während der Tang-Zeit. Typ. ist die axiale, nach S offene Ausrichtung der symmetr. Grundrisse bei Städte-, Tempel- u. Palastanlagen. In der frühen Ming-Zeit machten sich bes. im Pagodenbau ind. Einflüsse geltend. Europ. Vorbilder haben seit 1912 das Bild der neueren chin. Architektur zunehmend bestimmt.

Das chin. Kunsthandwerk ist am bekanntesten durch seine Keramik, insbes. die unerreichte Vollendung in der Herstellung von Porzellan, das im Ggs. zum europ. weicher u. durchsichtiger ist u. keine so hohen Temperaturen erfordert. In der späten Yuan-Zeit wurde die Schmelztechnik eingeführt. Die Emailmalerei auf Kupfergrund (Canton-Email) geht auf ind. u. europ. Anregung zurück. Außerordentl. Vollendung mit komplizierten Einlegetechniken erreichten Lackarbeiten. Edelseide war in China schon in der 2. Hälfte des 2. Jt. v. Chr. bekannt. Die ältesten Seiden in Köperbindungen stammen aus der Zhou-Zeit.

Die Plastik war von geringerer Bedeutung. Die aus Nebengruben des Mausoleums des ersten chin. Kaisers Qin Shihuangdi geborgenen z.T. überlebensgroßen Figuren einer unterird. tönernen Armee zeigen bereits eine realist. Wiedergabe. Für die Malerei ist die Verwendung von Wasserfarben u. Tusche auf Seide u. Papier kennzeichnend. Stimmungsvolle Landschaften u. abstrahierende Pflanzen-, Tier- u. Menschendarstellungen sind die auffälligen Themenkreise. Zu den frühen gesicherten Originalen zählen die Landschaftsbilder der Ma-Xia-Schule u. die Figurenbilder der Chan(Zen)-Maler Muxi u. Liang Kai. Für die Ming-Zeit sind aus alten chin. Kunstsammlungen Werke von mehr als tausend namentl. bekannten Meistern u. Kalligraphen erhalten, darunter auch von den in China am höchsten geschätzten Meistern der Song-traditionalist. Zhejiang u. Suzhou (oder Wu)-Schule. Im 17. Jh. trat mit den illustrierten, für Kunstsammler u. Literatenmaler entstandenen Mallehrbüchern u. Romanen der mehrfarbige Holzplattendruck hervor. Damals kam die chin. Malerei erstmals in Berührung mit der europ. Kunst. Neben zahllosen Malern, die das Kopieren alter Meisterwerke pflegten, traten individualist. »Mönchsmaler« auf.

**chinesische Literatur.** Die dreitausendjährige Gesch. der c. L. wird zunächst von der Lyrik bestimmt. Die Slg. »Buch der Lieder« von *Shi Jing* (6. Jh. v. Chr.) enthält über 300 Lieder. Unter der Tang-Dynastie (7.–10. Jh.) erlebte die Lyrik ihre Blüte. *Li Bai* zählt zu den genialsten Dichtern Chinas. Sein Freund *Du Fu* schilderte voller Anteilnahme die Leiden des Volkes, der Kaiser *Li Yu* gilt als größter Meister der Lieddichtung. *Bai Juyi* bevorzugte eine schlichte Sprache.

## CHINA Kultur

*Sakralgefäß 12./11. Jahrhundert v. Chr. San Francisco, Avery Brundage Collection (links). – Vergleich zwischen einem chinesischen und einem abendländischen Dachstuhl und ein Konsolenbündel (rechts)*

*Xiandongsi, Terrasse der fünf Pagoden; um 1600. Wutai Shan, Provinz Shaanxi (links). – Liang K'ai: der Dichter Langrollenbild des Malers Tiyuying (um 1522–1560).*

In der Song-Zeit (10.–13. Jh.) wurde die Erzählkunst durch volkstüml. Elemente bereichert u. bereitete den Boden für die Schöpfung der großen klass. Romane des 14.–18. Jh. (»Die Drei Reiche«, »Die Räuber von Liang-Shan-Moor«, »Jin Ping Mei«, »Der Traum der roten Kammer«). – Seit dem Anfang des 20. Jh. vollzog sich ein radikaler Bruch mit der Vergangenheit; Poesie u. Prosa näherten sich der Alltagssprache an; Führer dieser Richtung waren *Lu Xun*, die Erzähler *Mao Dun* u. *Ba Jin*. Während der »Kulturrevolution« 1966–76 konnte nur Propagandaliteratur veröffentlicht werden (eine »Narbenliteratur« schilderte die Schrekken). Eine wachsende Rolle in der c. L. spielen Frauen *(Zhang Jie, Zhang Kangkang)*.

**Chinesische Mauer,** *Große Mauer,* rd. 2500 km, mit Verzweigungen bis 6000 km lange Mauer in N-China, zur Abwehr von Nomaden seit dem 3. Jh. v. Chr. angelegt, heutige Gestalt aus dem 14./15. Jh.; durchschnittl. 7–8 m hoch, 5–6 m dick.

**chinesische Musik.** Die Gesetze der Musik, die auch in der Philosophie (Einteilung nach dem männl. [yang] u. dem weibl. [yin] Prinzip) eine Rolle spielt, regeln u. symbolisieren nach chin. Vorstellung Makro- u. Mikrokosmos, sie beeinflussen Charakterbildung u. jedes Geschehen im polit., sozialen u. eth. Bereich. Das System der klass. chin. Kunstmusik beruht auf einer pentaton. Skala, die im 2. Jh. v. Chr. zu zwölfstufigen chromat. Tonreichen (Lu) erweitert wurde. Die c. M. ist eine monod. Kunst, in Form u. Rhythmus streng geregelt, bes. was die kult. Musik betrifft. Die Klangfarben von Singstimme u. Instrumentarium wirken auf das europ. Ohr zunächst befremdlich. Die chin. Theoretiker teilen die Instrumente nach dem Material in acht Klangkategorien ein. Wichtigste Instrumente sind die Zither *Qin (Tjin),* die Laute *Pipa* u. die Mundorgel *Sheng.*

**chinesische Schrift,** eine Wortschrift, bei der jedes Schriftzeichen einem Wort bzw. Begriff entspricht. Es gibt rd. 50 000 Zeichen; für den Alltagsgebrauch genügen 3–4000. Die ältesten Dokumente der c. S. stammen von etwa 1500 v. Chr. Die Normalschrift ist seit dem 4. Jh. n. Chr. im wesentl. unverändert. Die Einführung des lat. Alphabets ist wegen der großen Dialektunterschiede der chin. Sprache vorerst nicht möglich.

**chinesisches Papier** → Japanpapier.

**chinesische Sprache,** eine sino-tibet. Sprache mit über 1 Mrd. Sprechern. Die c.S. hat 8 Hauptdialekte. Sie kennt keine Flexion u. ist eine Tonsprache, d.h. gleichlautende Silben haben je nach Tonlage unterschiedl. Sinn (im Hochchines. 4 Tonlagen).

**Chinin** → Chinarinde.

**Chinoiserie** [ʃinwazəˈriː], chin. Zierformen u. Bildmotive, die von der europ. Kunst des 17./18. Jh. abgewandelt übernommen wurden.

**Chinone,** organ.-chem. Verbindungen: Diketone, die u.a. aus zweiwertigen Phenolen durch Oxidation entstehen. Sie werden u.a. bei der Farbstoffherstellung verwendet.

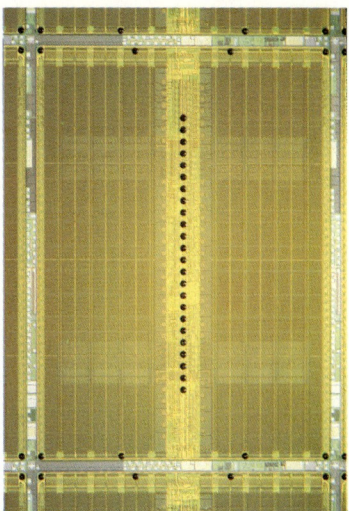

*Chip mit einer Speicherkapazität von 1 Million Bit (1 Megabit)*

**Chintz** [tʃints], buntbedruckter Baumwollstoff, mit einer Wachsschicht überzogen.

**Chios** [ˈçiɔs], türk. *Sakiz,* grch. Insel der Südl. Sporaden, 842 km², 60 000 Ew.; Haupt- u. Hafenstadt *C.* (türk. *Kastro*).

**Chip** [tʃip], **1.** dünne kleine Halbleiterscheibe (Siliciumkristall) als Träger elektron. Schaltkreise. – **2.** in heißem Fett knusprig gebackene Kartoffelscheibe. – **3.** Spielmarke.

**Ch'i Pai-shih** → Qi Baishi.

**Chippendale** [ˈtʃipəndeɪl], Thomas, *1718, †1779, engl. Kunsttischler; schuf den *C.-Stil,* eine Verbindung von Elementen des frz. Rokokos, des got. Maßwerks u. des O-asiat. Kunsthandwerks mit klassizist. Formengut.

**Chirac** [ʃiˈrak], Jacques, *29.11.1932, frz. Politiker (Gaullist); 1974–76 u. 1986–88 Prem.-Min., seit 1977 Bürgermeister von Paris.

**Chirico** [ˈkiː-], Giorgio de, *1888, †1978, ital. Maler (surreale Raum- u. Figurenarrangements).

**Chiromantie** [çi-], die Handlesekunst, die versucht, das Schicksal des Menschen aus den Handlinien zu deuten.

**Chiron** [ˈçi-], **1.** in der grch. Myth. ein Kentaur. – **2.** 1977 entdeckter größerer Planetoid.

**Chiropraktik** [çi-], das heilprakt. Zurechtrücken unvollständig verrenkter (subluxierter) Wirbelsäulengelenke.

**Chirurgie** [çi-], Behandlung von Krankheiten durch operative Eingriffe. In der Sprechstunde (ambulant) ausführbare Eingriffe gehören zur *kleinen C.* – **Chirurg,** Facharzt für C.

**Chitin** [çi-], ein stickstoffhaltiger Zuckerabkömm-

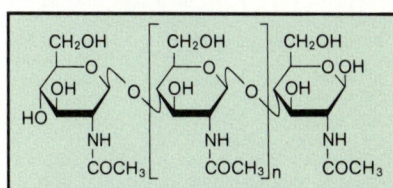

*Chitin: Die geraden Ketten bestehen aus N-Acetyl-D-glucosamin-Resten und haben ein Molekulargewicht von ca. 400 000*

ling (N-Acetylglucosamin); u.a. als Skelettsubstanz im Hautpanzer der Gliederfüßer.

**Chiton** [çiˈtoːn], altgrch. knie- oder fußlanges Hemdgewand aus einem Stück.

**Chittagong** [ˈtʃita-], Hafenstadt in Bangladesch, am Golf von Bengalen, 1,39 Mio. Ew.; Hptst. des gleichn. Verw.-Bezirks.

**Chiwa** [xi:-], Oasenstadt in der Usbek. SSR, 22 000 Ew.; 16. Jh.–1920 Hptst. eines selbständigen Khanats.

**Chladni** [ˈklad-], Ernst, *1756, †1827, dt. Physiker; untersuchte die Schwingungen von Stimmgabeln, Stäben u. Platten.

*China: lebensgroße Kriegerfiguren aus Ton als »unterirdische Totenwache« des ersten Kaisers Qin Shihuangdi († 210 v. Chr.) bei seinem Grab in der Nähe von Xi'an*

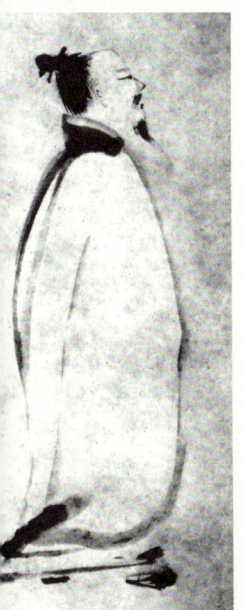

*um 1140–1210. Tokio, Nationalmuseum (Mitte). – Frühling im Kaiserpalast des Han; Ausschnitt aus einem*

*Frédéric Chopin*

**Chlodwig I.** [ˈkloːd-], *466, †511, Frankenkönig aus dem Geschlecht der *Merowinger;* wurde durch Siege über Römer, Alemannen u. Westgoten zum Begründer des Frankenreichs (Residenz: Paris); trat zum Christentum über.
**Chloe** [ˈkloːe], Beiname der *Demeter;* oft Name der Geliebten von Hirten in Schäferromanen.
**Chlor** [kloːr], ein → chemisches Element. C., ein gelbgrünes, die Schleimhäute stark reizendes Gas, verbindet sich mit fast allen anderen Elementen unter starker Wärmeentwicklung.
**Chloral** [klo-], $CCl_3$-CHO, durch Oxidation u. Chlorierung von Ethylalkohol mit Chlorkalk hergestellte Flüssigkeit. Das *C.hydrat* $CCl_3$-CH(OH)$_2$ wurde früher für Schlafmittel verwendet.
**Chloramin** [kloːr-], eine organ.-chem. Verbindung; zur Wunddesinfektion, zur Entkeimung von Räumen, Geräten u. Wasser u. zur Wollbleichung.
**Chloramphenicol** [kloːr-], synthet. → Chloromycetin.
**Chlorate** [klo-], die Salze der Chlorsäure $HClO_3$.
**Chloride** [klo-], die Salze der Salzsäure HCl, z.B. das *Natriumchlorid* (Kochsalz).
**Chlorite,** die Salze der *chlorigen* Säure $HClO_2$; stark oxidierend u. explosiv.
**Chlorkalk** [kloːr-], Bleich- u. Desinfektionsmittel, das durch die Einwirkung von Chlor auf gelöschten Kalk hergestellt wird.
**Chloroform** [klo-], $CHCl_3$, ein Halogenkohlenwasserstoff; früher bei Narkosen verwendet (herzschädigend).
**Chloromycetin** [kloː-], Breitspektrum-Antibiotikum, urspr. aus einer Strahlenpilzart, heute auch synthet. (*Chloramphenicol*) hergestellt.
**Chlorophyll** [klo-], *Blattgrün,* grüner Farbstoff in Blättern u.a. grünen Teilen der Pflanzen, dient der *Photosynthese.*
**Chlorose** [klo-], **1.** Gelbfärbung der Blätter infolge mangelnder Chlorophyllbildung. – **2.** → Bleichsucht.
**Chlorwasserstoffsäure** [ˈkloːr-] → Salzsäure.
**Chlothar** [ˈkloː-], Name mehrerer Frankenkönige aus dem Geschlecht der *Merowinger* (6./7. Jh.).
**Chlothilde** [klo-], *Chrodechilde,* *um 475, †544, burgund. Königstochter; Gattin des Frankenkönigs *Chlodwig I.,* an dessen Bekehrung sie Anteil hatte. – Heilige (Fest: 4.6.).
**Chmelnizkij** [xmɛl-], bis 1954 *Proskurow,* Hptst. der gleichn. Oblast in der Ukrain. SSR, 223 000 Ew. – Benannt nach dem Kosakenhetman Bohdan *Chmelnickij* (*um 1595, †1657), der die Ukraine von Polen losgelöst u. 1654 ihren Anschluß an Rußland vereinbarte.
**Choanen** [koː-], paarige innere Nasenöffnungen, Verbindungsgänge vom hinteren Nasenraum zur Mundhöhle.
**Choderlos de Laclos** [ʃɔdɛrˈlo də laˈklo] → Laclos.
**Chodowiecki** [xɔdɔˈvjɛtski], Daniel, *1726, †1801, dt. Maler u. Graphiker; schilderte in Buchillustrationen die Welt des Bürgertums.
**Chodschent** [xɔˈdʒɛnt] → Leninabad.
**Choke** [ʃɔuk], Luftklappe bei Kfz-Motoren, durch deren Betätigung beim Start die Luftzufuhr gedrosselt u. dem kalten Motor ein kraftstoffreicheres Gemisch zugeführt wird.
**Cholämie** [ko-], Übertritt von Galle ins Blut.
**Cholera** [ˈko-], anzeigepflichtige Infektionskrankheit mit heftigem Erbrechen, starkem Durchfall u. schnellem Kräfteverfall durch großen Flüssigkeitsverlust (Austrocknungserscheinungen); durch die von R. Koch 1883 entdeckten *C.*-Vibrionen hervorgerufen.
**Choleriker** [ko-], nach der antiken Temperamentenlehre ein leidenschaftl., jähzorniger Mensch.
**Cholesterin** [ko-], ein *Sterin,* unentbehrl. Bestandteil aller tier. Zellmembranen. Krankhaft ist das Auftreten in den Gefäßwänden (Arteriosklerose).
**Cholin** [ço-], Spaltprodukt der Lecithine, in tier. u. pflanzl. Organismen verbreitet; zur Behandlung von Arterienverkalkung, Krebs u. Leberleiden.
**Cholula** [tʃo-], *San Pedro C.,* mex. Ort westl. von Puebla, rd. 12 000 Ew.; in vorspan. Zeit bed. Zentrum (55 m hohe Pyramide).
**Chomeini** [xɔˈmɛini], Ruhollah, *1902, †1989, iran. Politiker u. schiit. Theologe (Ayatollah); als Gegner des Schahs 1964–79 im Exil; proklamierte 1979 die »Islam. Rep. Iran« u. errichtete als »herrschender Gottesgelehrter« eine theokrat. Diktatur.
**Chomjakow** [xʌmjaˈkɔf], Alexej Stepanowitsch, *1804, †1860, russ. Schriftst. u. Philosoph; Wortführer der *Slawophilen.*
**Chomsky** [ˈtʃɔmski], Noam, *7.12.1928, US-amerik. Sprachwissenschaftler; Begr. der *generativen Transformationsgrammatik.*
**Chondrom** [çɔn-], Knorpelgeschwulst.
**Chongqing** [tʃuŋtʃiŋ], *Tschungking,* chin. Stadt in der Prov. Sichuan, am Chan Jiang 2,7 Mio. Ew.; Univ.; Textil-, Eisen- u. Stahlind.; Verkehrsknotenpunkt. – 1937–45 Hptst. der Guomindang-Regierung.
**Chons** [xɔns], altägypt. Mondgott.
**Cho Oyu,** Gipfel im nepales. Himalaya, westl. des Mount Everest, 8189 m.
**Chopin** [ʃɔˈpɛ̃], Frédéric, *1810, †1849, poln. Pianist u. Komponist; Wegbereiter der romant. Tonsprache mit elegischer Melodik, berückendem Klangzauber u. schillernder Harmonik.
**Chor** [koːr], **1.** Gruppe von Singenden. – **2.** im antiken Drama eine Sänger- oder Sprechergruppe, die das Bühnengeschehen kommentierte. – **3.** in der Kirche der Raum für den Hochaltar, oft über das Langhaus erhöht, von diesem durch Altarschranken, Lettner oder Querschiff abgetrennt.
**Choral** [ko-], **1.** ev. Kirchenlied. – **2.** → Gregorianischer Choral.
**Chordaten** [kɔr-], *Chordatiere,* Tierstamm aus der Gruppe der *Rückenmarktiere.* Kennzeichen ist ein Achsenskelett, dem die *Chorda dorsalis* zugrunde liegt. Ein Unterstamm der C. sind die *Wirbeltiere.*
**Choreographie** [ko-], die Regieaufzeichnung u. Einstudierung des Tanzes.
**Choresm** [xɔ-], Oblast in der Usbek. SSR, am unteren Amudarja, 4500 km², 919 000 Ew., Hptst. *Urgentsch.* – C. (*Choresmien, Chwarizm*) war schon im 4. Jh. v. Chr. als selbst. Staat bekannt.
**Chorherren,** Mitgl. von Domkapiteln sowie bestimmter Ordensgemeinschaften u. Stifte.
**Chorin** [ko-], Ort in der südl. Uckermark, 1000 Ew.; ehem. Zisterzienserabtei.
**Chorioidea** [ko-], *Aderhaut* → Auge.
**Chorion** [ko-] → Zottenhaut.
**Chorschranken** [ˈkoːr-], in der Kirche Trennungsschranken aus Stein oder Holz, die den *Chor* seitl., bisweilen auch rückwärts umschließen.
**Chorumgang** [ˈkoːr-], *Ambitus,* der zunächst um den Altarraum, später um den ganzen *Chor* einer Kirche herumgeführte Gang.
**Chotjewitz** [ˈkɔ-], Peter O., *14.6.1934, dt. Schriftst. (zeitkrit. Romane, Hörspiele).
**Chott** [ʃɔt], *Schott,* Salzpfannen u. -seen in den Hochebenen des N-afrik. Atlasgebirges.
**Chow-Chow** [tʃauˈtʃau], chin. Spitzhundrasse, rot, braun oder schwarz mit blauer Zunge; guter Wachhund; schon vor 2000 Jahren in China.

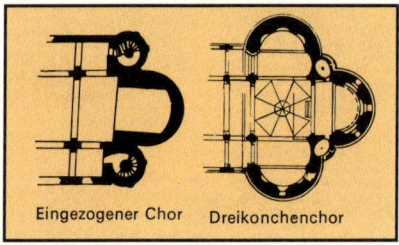

*Chorformen*

**Chrestomathie** [krɛs-], Sammlung von Prosaschrifttum, bes. für den Unterricht.
**Chrétien de Troyes** [kreˈtjɛ̃də ˈtrwa], *vor 1150, †vor 1190, frz. Dichter; bed. Vertreter der höf. Epik des MA. Ⓦ »Yvain« (dt. Nachdichtung von *Hartmann von Aue*); »Perceval«.
**Chrisma** [ˈxris-], *Chrisam,* das bei Taufe, Firmung, Priesterweihe u. Letzter Ölung in der kath. Kirche verwendete Salböl.
**Christchurch** [ˈkraisttʃəːtʃ], **1.** S-engl. Stadt an der Avonmündung, 33 000 Ew. – **2.** bed. Stadt der Südinsel Neuseelands, Hptst. der Prov. Canterbury, 320 000 Ew. (Aggl.); Univ. (1873), Hafen *Lyttelton,* Flughafen.
**Christengemeinschaft,** anthroposoph. christl. Bewegung für religiöse Erneuerung, gegr. 1922 von dem ev. Theologen Friedrich *Rittelmeyer*.
**Christentum,** auf dem Boden des Judentums in der Umwelt des Hellenismus entstandene Glaubensbewegung, die sich auf »Jesus als ihren Stifter beruft. Gemeinsamer Glaubensinhalt aller christl. Kirchen u. Sekten: Den israelit.-jüd. Glauben an die Majestät, Jenseitigkeit u. Unnahbarkeit Gottes erweiterte das C. zum Dreieinigkeitsglauben. Gott wird Mensch in Jesus von Nazareth u. durchdringt als Hl. Geist die Kirche. Zum AT trat das NT, das die Verkündigung über Leben u. Lehre Jesu u. über die Heilsbedeutung seines Kommens, seines Kreuzestodes u. seiner Wiederkunft am Jüngsten Tag enthält. Das C. entstand im 1. Jh. in der judenchristl. Gemeinde in Jerusalem. V.a. durch die Missionstätigkeit des *Paulus* breitete es sich rasch in der hellenist. Welt aus. Im Röm. Reich wurde es 380 Staatsreligion. In langen dogmat. Kämpfen formte sich die christl. Lehre. 1054 kam es zur endgültigen Trennung zw. der westl. (röm.-kath.) u. der östl. Kirche. Die mittelalterl. Einheit des abendländ. C. löste sich in der Reformation des 16. Jh. auf, die zur Entstehung eines ev. C. in unterschiedl. kirchl. Formen führte. Eine Annäherung der versch. Bekenntnisse erstrebt die ökumen. Bewegung. Für das C. der Neuzeit u. der westl. Welt ist kennzeichnend, daß C. u. Kirche nicht mehr in jedem Fall identisch sind.
**Christenverfolgung,** die vom röm. Staat seit *Nero* betriebene Verfolgung u. Bestrafung der Christen wegen ihrer Weigerung, dem Kaiser religiöse Ehren zu erweisen. Mit der Duldung des Christentums durch das Edikt von Mailand 313 beendete *Konstantin* die C. im Röm. Reich.
**Christian,** Fürsten.
Anhalt-Bernburg:
**1. C. I.,** *1568, †1630, Fürst von Anhalt seit 1586, von Anhalt-Bernburg seit 1603; seit 1592 kalvinist. Vorkämpfer des Protestantismus.
Braunschweig:
**2. C. der Jüngere,** *1599, †1626, Herzog von Braunschweig-Wolfenbüttel, Administrator von Halberstadt 1616–24; kämpfte im Dreißigjährigen Krieg auf prot. Seite.
Dänemark:
**3. C. I.,** *1426, †1481, König 1448–81, in Norwegen seit 1450, in Schweden seit 1457; Stammvater des noch heute regierenden Königshauses. – **4. C. II.,** Enkel von 3), *1481, †1559, König von Dänemark, Norwegen u. Schweden 1513–23. Das von ihm befohlene *Stockholmer Blutbad* 1520 löste die Freiheitsbewegung Schwedens u. dessen Trennung von Dänemark aus. 1523 wurde er vertrieben. – **5. C. III.,** *1503, †1559, König 1533–59; führte die Reformation 1536 in Dänemark u. 1542 in Schleswig u. Holstein ein. – **6. C. IV.,** Enkel von 5), *1577, †1648, König 1596–1648; suchte im Kampf gegen Schweden die dän. Herrschaft über die Ostsee zu erlangen. – **7. C. V.,** *1646, †1699, König 1670–99; führte zus. mit dem Großen Kurfürsten 1675–79 Krieg gegen Schweden.
**8. C. VIII.,** *1786, †1848, König 1839–48; wurde 1814 zum Erbkönig von Norwegen gewählt, mußte aber auf Verlangen der Großmächte ablehnen.
**9. C. IX.,** *1818, †1906, König 1863–1906; unterzeichnete die eiderdän. Verfassung, die den Krieg von 1864 auslöste. – **10. C. X.,** Enkel von 9), *1870, †1947, König 1912–47; führte 1915 die demokrat. Verfassung ein; nahm 1940 den dt. Einmarsch in Übereinstimmung mit der Reg. kampflos hin.
Mainz:
**11. C. von Buch,** *1130, †1183, Erzbischof von Mainz 1165–83; vertrat die kaiserl. Interessen in Dtld., Italien u. Byzanz.
Norwegen:
**12.** → Christian (3) u.(4).

*Christlich-Demokratische Union:* Parteivorsitzender Helmut Kohl mit dem CSU-Vorsitzenden Theodor Waigel und dem Fraktionsvorsitzenden Alfred Dregger während einer Sitzung der CDU/CSU-Bundestagsfraktion

Schweden:
**13.** → Christian (3) u.(4).
**Christian Science** [ˈkrɪstʃən ˈsaɪəns], *Christl. Wiss.,* eine von Mary *Baker-Eddy* 1875 begr. Erlösungslehre; betrachtet Krankheit als »Irrtum«.

**Christie** [ˈkrɪsti], Agatha, *1891, †1976, engl. Schriftst. (Kriminalromane mit dem Detektiv *Hercule Poirot* u. der Amateurdetektivin *Miss Marple*).
**Christine,** *1626, †1689, Königin von Schweden 1632–54; Tochter Gustavs II. Adolf; versammelte Künstler u. Gelehrte um sich; dankte ab u. wurde kath.
**Christkatholische Kirche,** die altkath. Kirche in der Schweiz.
**Christkönigsfest,** kath. Hochfest »Christus, König der Welt« am Sonntag vor dem Advent, 1925 von Pius XI. eingeführt.
**Christlich Demokratische Union,** *CDU,* polit. Partei, 1945 auf überkonfessioneller Grundlage in allen Besatzungszonen gegr. In der BR Dtld. vertritt die CDU die Integration in das westl. Bündnis u. das Konzept der sozialen Marktwirtschaft. Sie hat rd. 880 000 Mitgl. Im Bundestag bildet sie eine Fraktion mit der CSU. Sie war 1949–69 u. ist seit 1982 führende Regierungspartei der BR Dtld. Partei-Vors.: 1950–66 K. *Adenauer,* 1966/67 L. *Erhard,* 1967–71 K.G. *Kiesinger,* 1971–73 R. *Barzel,* seit 1973 H. *Kohl.* – Die CDU hat Parteiorganisationen in allen Ländern der BR Dtld. mit Ausnahme Bayerns; dort verfolgt die CSU ähnl. Ziele. Die CDU in der DDR (gegr. 1945) ordnete sich seit 1949/50 als Blockpartei der SED unter. Nach

*Christrose*

der Umwälzung in der DDR 1989 trat sie aus dem Demokr. Block aus u. nahm enge Kontakte zur CDU der BR Dtld. auf. Sie schloß sich mit der DSU u. dem DA das Wahlbündnis *Allianz für Deutschland,* wurde in der Volkskammerwahl am 18.3.1990 stärkste Partei u. stellte in der Reg. der DDR den Min.-Präs. (L. de *Maizière*) u. 10 Minister. Die Vereinigung mit der CDU der BR Dtld. wurde 1990 vollzogen.
**Christlichdemokratische Volkspartei,** *CVP,* bis 1970 *Konservativ-Christlichsoziale Volkspartei,* gegr. 1912 als *Schweizerische Konservative Volkspartei,* die zweitstärkste polit. Partei der Schweiz.
**Christliche Arbeiterjugend,** *CAJ,* 1947 gegr. dt. kath. Jugendorganisation; Unterorganisation des Bundes der Dt. Kath. Jugend.
**Christlicher Gewerkschaftsbund Deutschlands,** *CGB,* 1959 gegr. Zusammenschluß der christl. Gewerkschaften in der BR Dtld.; rd. 300 000 Mitgl.
**Christlicher Verein Junger Menschen** → CVJM.
**Christliche Wissenschaft** → Christian Science.
**Christlichsoziale Partei,** 1891 gegr. östr. Partei mit kleinbürgerl., demokr. u. antisemit. Tendenz, war 1919–34 führende Regierungspartei in der 1. Rep.
**Christlich-Soziale Union,** *CSU,* 1945 auf überkonfessioneller Grundlage gegr. Partei in Bayern, wo sie mit Ausnahme der Jahre 1954–57 führende Regierungspartei war. Die CSU hat rd. 180 000 Mitgl. Sie bildet seit 1949 im Bundestag mit der CDU eine gemeinsame Fraktion. Partei-Vors.: 1946–49 J. *Müller,* 1949–55 H. *Erhard,* 1955–61 H. *Seidel,* 1961–88 F.J. *Strauß,* seit 1988 T. *Waigel.*
**Christmas Island** [ˈkrɪsməs ˈaɪlənd], **1.** »Weihnachtsinsel«, Insel südl. von Java im Ind. Ozean, 135 km², 3700 Ew.; seit 1958 austral. Territorium. – **2.** *Kirimati,* zu Kiribati gehörende Insel der *Line Islands,* mit 577 km² das größte Korallenatoll des Pazifik.
**Christo** [ˈxri-], eigtl. Christo *Javacheff,* *13.6.1935, bulgar. Künstler; verpackt Gebäude u. Landschaften mit Plastikfolien.
**Christoff** [ˈxri-], Boris, *18.5.1919, bulgar. Sänger (Baß).
**Christologie,** die theolog. Lehre von Jesus Christus, über seine Person u. sein Wesen.
**Christophorus,** legendärer Märtyrer. Nach der Legende trug er das Jesuskind durch einen Fluß.
**Christrose,** ein in den O- u. S-Alpen heim. *Hahnenfußgewächs,* das im Winter weiß oder rötl. blüht.
**Christus,** grch. Übersetzung des hebr. *Messias* [»der Gesalbte«], Würdename für Jesus.
**Christusdorn,** ein *Wolfsmilchgewächs* (Euphorbiaceae), aus Trockengebieten Madagaskars; mit orange oder rot gefärbten Hochblättern u. Dornen; auch Zierpflanze.
**Christusmonogramm,** Zeichen, das die ineinander versetzten Anfangsbuchstaben X u. P [grch. Chi, Rho] des Titels *Christus* oder die Buchstaben IHS [grch. Jes(us)] enthält.
**Chrom** [kroːm], ein → chemisches Element. C., ein silberweißes, zähes Metall, kommt hpts. als *C.eisenstein* vor. Da C. nicht oxidiert, wird es für rostschützende Überzüge *(Verchromung)* u. zur Herstellung rostfreien Stahls verwendet.

### Wichtige Daten zur Geschichte des Christentums

| | | | |
|---|---|---|---|
| um 30 | Wirken Jesu | 1536 | Beginn der Reformation durch Calvin |
| 48 | Apostelkonvent | 1545-1563 | Trienter Konzil |
| 64 | Christenverfolgung unter Nero | 1549 | Common Prayer Book |
| 144 | Gegenkirche des Marcion | 1555 | Augsburger Religionsfriede |
| vor 200 | Kanon des NT abgeschlossen | 1559 | Index librorum prohibitorum |
| 203 | Origenes Leiter der alexandrin. Katechetenschule | 1562 | Edikt von Nantes |
| 249 | Christenverfolgung unter Decius | 1563 | Heidelberger Katechismus |
| um 280 | Antonius d. Gr., „Vater des Mönchtums" | 1620 | Auswanderung der Pilgerväter nach Nordamerika |
| 303 | Christenverfolgung unter Diocletian | 1675 | Anfänge des Pietismus |
| 311–383 | Wulfila | 1685 | Aufhebung des Edikts von Nantes |
| 313 | Mailänder Edikt durch Konstantin d. Gr.; Religionsfreiheit | 1732 | Ausweisung der Salzburger Lutheraner |
| 354–430 | Augustinus | um 1740 | Beginn der Erweckungsbewegung der Methodisten in England |
| 380 | Christentum wird Staatsreligion | | |
| nach 382 | Vulgata (nach Hieronymus) | 1773 | Auflösung des Jesuiten-Ordens |
| um 400 | Iroschottische Kirche | 1803 | Säkularisierung der geistlichen Fürstentümer |
| 480–547 | Benedikt von Nursia | | |
| 590–604 | Papast Gregor d. Gr. | 1814 | Wiedereinführung des Jesuiten-Ordens |
| 675–754 | Bonifatius | | |
| 726–843 | Bilderstreit in der byzantinischen Kirche | nach 1800 | Erweckungsbewegungen in Deutschland |
| 754 | Pippinische Schenkung | 1828 | Rheinische Missionsgesellschaft |
| um 850 | Kyrillos und Methodios, die „Slawenlehrer" | 1846 | Evangelische Allianz |
| | | 1848 | Wittenberger Kirchentag/Innere Mission |
| 910 | Gründung des Klosters Cluny | | |
| 988 | griechisch geprägtes Christentum Staatsreligion in Rußland | 1848 | 1. Katholikentag in Mainz |
| | | 1869/70 | 1. Vatikanisches Konzil |
| 1054 | Trennung zwischen Ost- und Westkirche | 1871 | Religionsgemeinschaft der Altkatholiken |
| 11./12. Jh. | Investiturstreit | 1883 | Gründung des CVJM |
| 1096–1270 | Kreuzzüge | 1910 | Weltmissionskonferenz in Edinburgh |
| 1119 | Gründung des Templerordens | 1917 | Codex Iuris Canonici |
| 1140 | Corpus juris canonici, 1. Teil | um 1920 | dialektische Theologie (Karl Barth) |
| 1193–1280 | Albertus Magnus | 1925 | Weltkirchenkonferenz in Stockholm |
| 1198–1216 | Innozenz III., Höhepunkt der polit. Macht des Papsttums | 1929 | Lateranverträge |
| | | 1933 | Reichskonkordat |
| 13. Jh. | Beginn der Inquisition | 1934 | Barmer Bekenntnis der ev. Kirche |
| 1209 | Gründung des Franziskaner-Ordens | 1940 | Communauté de Taizé |
| 1216 | Gründung des Dominikaner-Ordens | 1948 | 1. Vollversammlung des Ökumenischen Rates der Kirchen in Amsterdam |
| 1309–1377 | „Babylonische Gefangenschaft der Kirche" | | |
| 1320–1384 | John Wiclif | 1948 | Gründung der Evangelischen Kirche in Deutschland |
| 1378 | Schisma zwischen den Päpsten von Rom und Avignon | 1949 | 1. Deutscher Evangelischer Kirchentag in Hannover |
| 1400–1700 | Hexenverfolgungen | | |
| 1415 | Jan Hus in Konstanz verbrannt | 1950 | Dogma der leiblichen Himmelfahrt Mariens |
| 1498 | Savonarola verbrannt | | |
| 1517 | Thesenanschlag Luthers/Beginn der Reformation | 1962–1965 | 2. Vatikanisches Konzil |
| | | seit ca. 1959 | Theologie der Befreiung |
| 1521 | Reichstag zu Worms/Ächtung Luthers | 1966 | Holländischer Katechismus (kath.) |
| | | 1969 | Bund der Evangelischen Kirchen in der DDR |
| 1522 | Luther-Übersetzung des NT | | |
| 1523 | Reformation in Zürich durch Zwingli | 1974 | Jugendreligionen (Prägung des Begriffs) |
| 1525 | Hinrichtung Thomas Müntzers | | |
| 1529 | Marburger Religionsgespräch zwischen Luther und Zwingli | 1979 | Allgemeine Konferenz des Lateinamerikanischen Episkopats in Puebla |
| 1530 | Augsburgisches Bekenntnis | 1983 | Revision des Codex Iuris Canonici |
| 1534 | Gründung des Jesuiten-Ordens | 1984 | Revision der Lutherbibel im Auftrag der EKD |
| 1535 | Heinrich VIII. Oberhaupt der Kirche von England | | |
| | | 1985 | Außerordentliche Bischofssynode in Rom, die Reformen des 2. Vatikanischen Konzils zu überprüfen und weiterzuentwickeln |

**Chromate** [kro-], die Salze der in freier Form nicht beständigen *Chromsäure.*
**Chromatik** [kro-], **1.** → Farbenlehre. – **2.** in der Musik die Versetzung eines Tons um einen halben Ton nach unten. Die *chromatische Tonleiter,* eine Folge von 12 Halbtonschritten, ist, isoliert gesehen, nicht mehr an Dur oder Moll gebunden. Die 12 gleichwertigen Töne einer Skala im Rahmen einer Oktave bilden die Basis der *Zwölftonmusik.*
**Chromatographie** [kro-], analyt. Methode zur Trennung von Stoffen, bes. solcher, die chem. ähnlich sind. Alle chromatograph. Verfahren beruhen darauf, daß die zu untersuchenden Substanzgemische zwischen einer *stationären* (unbewegl.) u. einer *mobilen* (bewegl.) *Phase* durch Adsorptions-, Verteilungs- oder Austauschkräfte mehr oder minder aufgeteilt werden.
**Chromatophoren** [kro-], farbstofftragende Zellorganellen; tier. Pigmentzellen.
**Chromleder** ['kro:-], mit Chromsulfat gegerbtes Leder; leichter u. feuchtigkeitsbeständiger als pflanzl. gegerbtes Leder.
**Chromobakterien** [kro-], Bakterien der Ordnung *Pseudomonadales.* Sie bilden Farbstoffe.
**Chromosomen** [kro-], aus Nucleinsäuren (hpts. DNS = Desoxyribonucleinsäure) u. Proteinen bestehende Gebilde im Zellkern von Organismen; Träger der *Gene* (Erbfaktoren). Ihre Gestalt u. Zahl ist artspezifisch (z.B. Mensch 46, Löwenmaul 14, Fruchtfliege 8). Sie vermehren sich durch Verdoppelung.
**Chromosphäre** [kro:-], die obere Schicht der Sonnenatmosphäre.
**Chromsäure** [kro:-], in freier Form nicht beständige Säure des sechswertigen Chroms, $H_2CrO_4$.
**Chronik** ['kro:-], Bericht über geschichtl. Vorgänge in zeitl. Anordnung. – **C.bücher,** 2 Gesch.-Bücher des AT, den Büchern Samuel u. Könige weithin parallel. – **Chronist,** Verf. einer C.
**chronisch** ['kro:-], anhaltend, langwierig (von Krankheiten); Ggs: *akut.*
**Chronologie** [kro-], Zeitrechnung, zeitl. Aufeinanderfolge von Ereignissen.
**Chronometer** [kro-], Präzisionsuhr für astronom. Zwecke.
**Chruschtschow** [xru'ʃtʃɔf], Nikita Sergejewitsch, *1894, †1971, sowj. Politiker; seit 1953 Erster Sekretär des ZK der KPdSU (Parteichef), seit 1958 auch Min.-Präs.; leitete die »Entstalinisierung« ein, lockerte das despot. Herrschaftssystem, bemühte sich um eine Wirtschaftsreform u. betrieb Entspannungspolitik; wurde nach innen- u. außenpolit. Fehlschlägen 1964 gestürzt.
**Chrysalis** ['kry-], *Chrysalide,* die *Puppe* der Schmetterlinge, auch allg. der Insekten.
**Chrysantheme** [kry-] → Wucherblume.
**Chrysler** ['kraizlə], Walther Percy, *1875, †1940, US-amerik. Unternehmer, gründete 1923 den Automobilkonzern *Chrysler Corporation* in Detroit.
**Chrysopras,** ein Halbedelstein, → Edelsteine.
**Chrysostomos** → Johannes Chrysostomos.
**chthonische Gottheiten** ['çto-], in der grch. Myth. Erd- u. Unterweltgottheiten, z.B. *Demeter, Hades.*
**Chuquicamata** [tʃuki-], N-chilen. Stadt in der W-Kordillere, 3000 m ü.M., 29 000 Ew.; eine der größten Kupfererztagebauminen der Erde.
**Chur** [ku:r], frz. *Coire,* ital. *Coira,* rätoroman. *Cuera,* Hptst. des schweizer. Kt. Graubünden, 595 m ü. M., 33 000 Ew.; ältester Bischofssitz der Schweiz (5. Jh.).
**Churchill** ['tʃə:tʃil], **1.** Sir (1953) Winston Spencer, *1874, †1965, brit. Politiker; zunächst kons., 1904–24 lib., dann wieder kons. Abg.; 1904–29 mehrals Min.; leitete als Prem.-Min. 1940–45 die brit. Kriegführung gegen die Achsenmächte; 1951–55 erneut Prem.-Min. C. schrieb mehrere histor. Werke. Literatur-Nobelpreis 1953. – **2.** Winston, *1871, †1947, US-amerik. Schriftst. (histor. Romane).
**Churfirsten** ['ku:r-], Bergkette im schweiz. Kt. St. Gallen, im *Hinterrugg* 2306 m.
**Churriter** → Hurriter.
**Chutney** ['tʃʌtni], Würzpaste aus Tomaten, Äpfeln, Zwiebeln, Mangofrüchten u. Gewürzen.
**Chuzpe** ['xutspə], Dreistigkeit, Frechheit.
**Chwarismi** → Al Chwarismi.
**Chylus** ['çy-], die an emulgierten Fetten reiche Darmlymphe.

**CIA** [si ai ɛi], Abk. für *Central Intelligence Agency,* zentrale Geheimdienstorganisation der USA, 1947 gegr.
**Ciano** ['tʃa:no], Galeazzo, Graf, *1903, †1944 (hingerichtet), ital. Politiker (Faschist); Schwiegersohn Mussolinis, 1936–43 Außen-Min.; stellte sich 1943 gegen Mussolini u. wurde zum Tode verurteilt.
**Ciborium,** Gefäß (in Kelchform mit Deckel) für die geweihten Hostien.
**Cicero,** ein → Schriftgrad von 12 Punkt.
**Cicero,** Marcus Tullius, *106 v. Chr., †43 v. Chr., röm. Politiker u. Schriftst.; unterdrückte als Konsul 63 v. Chr. die Verschwörung des *Catilina;* Gegner der Alleinherrschaft *Cäsars;* wandte sich nach dessen Ermordung in scharfen Reden gegen *Antonius,* der ihn umbringen ließ. C. schuf die lat. Kunstprosa u. vermittelte den Römern das Gedankengut der grch. Philosophie.
**Cicisbeo** [tʃitʃis-], Begleiter, Gesellschafter, Liebhaber verheirateter Damen.
**Cicognani** [tʃikoˈnjaːni], Amleto Giovanni, *1883, †1973, ital. Kardinal; Kardinalstaatssekretär unter Johannes XXIII. u. Paul VI.
**Cid** [θid], arab. Beiname von *Rodrigo Diaz de Vivar,* *um 1043, †1099, span. Nationalheld; stand zeitweilig im Dienst der Mauren u. schuf sich 1094 ein eig. Reich um Valencia. Das *Poema del Cid* (um 1140) ist das älteste überlieferte span. Heldenlied.
**Cidre** ['sidrə], frz. Wein aus Apfelsaft, Alkoholgehalt 2 – 5 Vol. %.
**Cie.,** Abk. für *Compagnie* (Handelsgesellschaft).
**Cienfuegos** [siɛm-], Hafenstadt an der SW-Küste Kubas, 109 000 Ew.
**Cierva** ['θjɛrva], Juan de la, *1895, †1936, span. Ingenieur, erfand 1923 den *Tragschrauber.*
**cif,** Abk. für engl. *cost, insurance, freight,* Handelsklausel beim Überseekauf: Beförderungs-, Versicherungs- u. Frachtkosten bis zum Bestimmungshafen sind im Kaufpreis enthalten.
**Cilea** [tʃiˈlɛa], Francesco, *1866, †1950, ital. Opernkomponist.
**Ciliaten** → Wimpertierchen.
**Cima** [tʃi:-], Giovanni Battista, gen. *Cima da Conegliano,* *um 1459, †1517/18, ital. Maler (Andachtsbilder mit feiner Naturbeobachtung).
**Cimabue** [tʃimaˈbu:e], eigtl. *Cenni di Pepo,* *um 1240, †nach 1302, ital. Maler; ging von der byzantin. Formensprache aus; später von N. *Pisano* beeinflußt.
**Cimaltepec** [simalˈtɛpɛk], Gebirge in S-Mexiko, 3149 m.
**Cimarosa** [tʃimaˈrɔːza], Domenico, *1749, †1801, ital. Komponist; schrieb über 60 Opern, darunter »Die heiml. Ehe«.
**Cimbalom** → Hackbrett.
**Cincinnati** [sinsiˈnæti], Stadt im SW von Ohio (USA), am N-Ufer des Ohio, 380 000 Ew.; 2 Univ.; Verkehrsknotenpunkt u. Handelszentrum.
**Cincinnatus,** Lucius Quinctius, röm. Politiker, nach der Überlieferung 458 u. 439 v. Chr. Diktator; galt als sittenstreng u. uneigennützig.
**Cinecittà** [tʃinetʃiˈta], ital. Filmgelände bei Rom.
**CinemaScope** [sinəmaˈsko:p], ein Film-Breitwandverfahren.
**Cinemathek** [si-] → Filmothek.
**Cinerama** [si-], ein Breitwandverfahren, bei dem gleichzeitig 3 Filme nebeneinander auf eine halbkreisförmige Leinwand projiziert werden.
**Cingulum,** *Zingulum,* in der kath. Kirche Gürtel für liturg. Gewänder.
**Cinna,** Lucius Cornelius, *um 130 v.Chr., †84 v. Chr. (ermordet), röm. Politiker, 87–84 v. Chr. Konsul, Parteigänger des Marius gegen Sulla.
**Cinnamomum,** Gatt. der *Lorbeergewächse;* hierzu: *Kampferbaum, Ceylon-Zimtbaum, Chin. Zimtbaum.*
**Cinquecento** [tʃiŋkweˈtʃɛnto], kunstgeschichtl. Bez. für das 16. Jh. in Italien (Hochrenaissance).
**CIO,** Abk. für engl. *Congress of Industrial Organizations.*
**Circe** ['tsirtsə] → Kirke.
**Circuittraining** ['sə:kittrɛiniŋ], sportl. Trainingssystem: aufeinanderfolgende Übungen an versch. Geräten.
**Circulus vitiosus,** *Zirkelschluß,* ein Trugschluß, der das zu Beweisende als Beweisgrund bereits voraussetzt.
**Circus** → Zirkus.
**Cirebon** ['tʃirɛbɔn], Hafenstadt im N von W-Java (Indonesien), 273 000 Ew.; islam. Universität.
**Cirrocumulus,** *Lämmer-* oder *Schäfchenwolke,* → Wolken.
**Cirrostratus** → Wolken.
**Cirrus,** *Zirrus* → Wolken.
**Cirruswolken,** *Federwolken,* → Wolken.
**cisalpinisch,** auf der röm. Seite gelegen; z.B. *Gallia cisalpina,* die in der Antike von Kelten bewohnte Poebene.
**Ciskei** [tsis-], Bantu-Homeland der *Xhosa* in der Rep. S-Afrika, 7700 km², 798 000 Ew., Hptst. *Zwelitsha;* seit 1968 autonom, seit 1981 formell unabhängig; internat. nicht anerkannt.
**Cisleithanien,** *Zisleithanien,* nach dem östr.-ungar. Ausgleich 1867 die östr. Reichshälfte.
**Cissus,** *Klimme,* Klettersträucher der Tropen aus der Fam. der *Weinrebengewächse.*
**Cîteaux** [si'to], das Zisterzienser-Mutterkloster im frz. Dép. Côte-d'Or; 1098 gegr., 1790 aufgehoben, seit 1898 Trappistenabtei.
**citius, altius, fortius** ['tsi:-; lat., »schneller – höher – stärker (weiter)«], von P. de *Coubertin* genannter Grundsatz für das Streben im Sport. Wahlspruch der modernen Olymp. Spiele.
**Citlaltépetl** [θit-], aztek., »Sternberg«], span. *Pico de Orizaba,* höchster Berg Mexikos, 5700 m; Vulkan.
**Citoyen** [sitwa'jɛ̃; frz.], Bürger, Staatsbürger.
**Citrin,** ein Mineral; Quarzvarietät.
**Citronensäure,** dreibasische Oxytricarbonsäure, in vielen Früchten (Zitronen, Orangen) enthalten. Die Salze der C. heißen *Citrate.*
**Citrus,** *Agrume,* Gatt. der *Rautengewächse;* immergrüne Sträucher u. kleine Bäume; in zahlr. Kulturformen in allen warmen Ländern angebaut (u.a. Orange, Grapefruit, Pomeranze, Zitrone, Limone, Mandarine).
**City** ['siti], zentraler Stadtteil, Geschäftsviertel.
**Cityruf** ['siti-], ein 1989 von der Dt. Bundespost

*Winston Churchill*

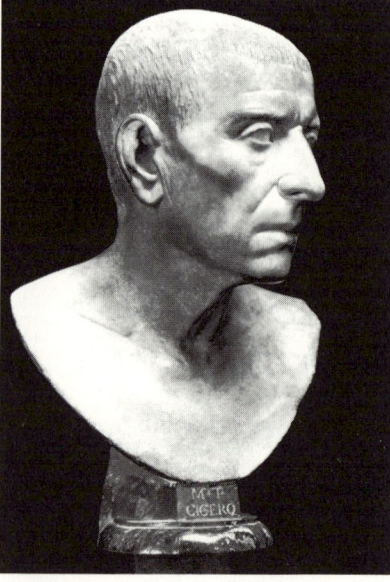

*Cicero: Marmorbüste. Florenz, Uffizien*

Telekom eingeführter Funkrufdienst, bei dem, innerhalb eines vom Kunden gebuchten Stadtgebietes, an ein ca. spielkartengroßes Empfangsgerät mit alphanumer. Anzeige bis zu 80 Zeichen lange Nachrichten übermittelt werden können.

**Ciudad de México** [sjuˈðað ðe ˈmexiko] → México.

**Ciudad Juárez** [sjuˈðað xuˈares], mex. Grenzstadt in Chihuahua, gegenüber El Paso (USA), 870 000 Ew.

**Ciudad Trujillo** [sjuˈðað truˈxijo] → Santo Domingo.

**Civis Romanus**, im Altertum der Inhaber des röm. Bürgerrechts.

**Civitas** [ˈtsiː], **1.** *C. Romana,* im alten Rom die Gesamtheit der freien Bürger *(cives).* – **2.** im MA Stadtstaat, Staat, Gemeinde. – **C. Dei,** der »Gottesstaat« auf Erden, dessen Idee *Augustinus* vertrat.

**Civitavècchia** [tʃivitaˈvɛkja], ital. Hafenstadt nw. von Rom, 50 000 Ew.; Seebad.

**Cizek** [ˈtʃiʒɛk], Franz, *1865, †1946, östr. Maler u. Kunstpädagoge; Initiator der Jugendkunst-Bewegung.

**Cl,** chem. Zeichen für *Chlor.*

**Claes** [klaːs], Ernest (André Jozef), *1885, †1968, fläm. Schriftst.; humorvoller Erzähler.

**Claesz** [klaːs], Pieter, Vater von N. *Berchem,* *1597/98, †1661, ndl. Maler (einfach aufgebaute Stilleben).

**Claim** [klɛim], Besitzanspruch, bes. auf eine Goldgräberparzelle; auch das Grundstück selbst.

**Clairvoyance** [klɛrvwaˈjɑ̃s], → Hellsehen.

**Clair** [klɛr], René, eigtl. R. *Chomette,* *1898, †1981, frz. Filmregisseur (»Unter den Dächern von Paris«, »Die Schönen der Nacht«).

**Clair-obscur-Zeichnung** [klɛːrɔbˈskyːr-] → Helldunkelmalerei.

**Clairon** [klɛˈrɔ̃], Bügelhorn, Signalhorn.

**Clairvaux** [klɛrˈvo], ehem. Zisterzienserkloster im N-frz. Dép. Aube, 1115 gegr. von → Bernhard von Clairvaux.

**Clan,** Sippenverband in Irland u. Schottland; allg. eine durch wirkl. oder vermeintl. Blutsverwandtschaft aneinander gebundene Gruppe von Menschen.

**Claque** [klak], Gruppe von bezahlten Beifallklatschern *(Claqueurs).*

**Clarino,** im 17./18. Jh. Bez. für die hochliegenden Trompetenstimmen.

**Clark** [klaːk], Jim, *1936, †1967 (verunglückt), schott. Autorennfahrer; 1963 u. 1965 Automobilweltmeister.

**Claß,** Heinrich, *1868, †1953, dt. Politiker; 1908–39 Vors. des rechtsradikalen *Alldt. Verbandes.*

**Claudel** [kloˈdɛl], Paul, *1868, †1955, frz. Schriftst.; führend in der kath. Erneuerungsbewegung. Ⓦ Drama »Der seidene Schuh«.

**Claude Lorrain** [kloːdlɔˈrɛ̃] → Lorrain.

**Claudianus,** Claudius, *um 355, †vor 408, röm. Dichter aus Alexandria.

**Claudius,** *Tiberius C. Nero Germanicus,* *10 v. Chr., †54 n. Chr., röm. Kaiser 41–54; verh. mit *Messalina* u. nach deren Hinrichtung mit *Agrippina d. J.,* die bei C. die Adoption ihres Sohns *Nero* durchsetzte u. C. anschließend vergiftete.

**Claudius, 1.** Eduard, eigtl. E. *Schmidt,,* *1911, †1976, dt. Schriftst. (Romane des »sozialist. Realismus«). – **2.** Hermann, Urenkel von 3), *1878, †1980, dt. Schriftst.; schrieb bes. in plattdt. Mundart. – **3.** Matthias, *1740, †1815, dt. Schriftst.; Hrsg. des »Wandsbecker Boten«; schrieb Lyrik (»Der Mond ist aufgegangen«) u. Prosa, die durch ihre Schlichtheit u. Frömmigkeit zum Hausgut wurden.

**Clauren,** Heinrich, eigtl. Carl Gottlieb *Heun,* *1771, †1854, dt. Schriftst. (seinerzeit vielgelesene sentimentale Romane).

**Claus,** Prinz der Niederlande, urspr. C. von *Amsberg,* *6.9.1926; 1957–65 dt. Diplomat; seit 1966 mit der ndl. Königin *Beatrix* verheiratet.

**Clausewitz,** Carl von, *1780, †1831, preuß. General, schuf in seinem Werk »Vom Kriege« eine umfassende Kriegstheorie.

**Clausius,** Rudolf, *1822, †1888, dt. Physiker; fand den 2. Hauptsatz der Wärmelehre u. führte den Begriff *Entropie* ein.

**Clausthal-Zellerfeld,** niedersächs. Stadt im Oberharz, 1924 aus den Orten *Clausthal* u. *Zellerfeld* gebildet, 16 300 Ew.; Techn. Univ.

**Claustrophobie,** *Phobie,* die krankhafte Angst, sich in geschlossenen Räumen aufzuhalten.

**Clausula rebus sic stantibus,** stillschweigender Vorbehalt in einem Vertrag, daß dieser nur gelten soll, solange die bei seinem Abschluß bestehenden grundlegenden Verhältnisse fortbestehen.

**Clavicembalo** [-ˈtʃɛm-] → Cembalo.

**Clay** [klei], **1.** Cassius → Muhammad Ali. – **2.** Lucius, *1898, †1978, US-amerik. General; 1947–49 Militärgouverneur der US-amerik. Zone in Dtld., Organisator der Luftbrücke nach Berlin.

**Clearing** [ˈkliː-], Ab-, Verrechnung, Zahlungsausgleich.

**Clematis** → Waldrebe.

**Clemenceau** [kləmɑ̃ˈso], Georges, *1841, †1929, frz. Politiker; 1906–09 u. 1917–20 Min.-Präs.; Verfechter harter Friedensbedingungen für Dtld. im Versailler Vertrag.

**Clemens,** Päpste → Klemens.

**Clementi,** Muzio, *1752, †1832, ital. Pianist, Komponist u. Musikpädagoge; bedeutendster Vertreter der ital. klass. Klaviermusik.

**Clementine,** Zitrusfrucht, die durch Kreuzungen von Sorten der *Mandarine* entstanden ist.

**Clerk** [klaːk], **1.** in England u. den USA: Schreiber, kaufmänn. Angestellter, Sekretär. – **2.** Geistlicher oder geistl. Beamter in der Anglikan. Kirche.

**Clermont-Ferrand** [klɛrmɔ̃fɛˈrɑ̃], Ind.-Stadt im südl. Mittelfrankreich, alte Hptst. der *Auvergne,* im fruchtbaren Becken der Limagne, 160 000 Ew.; Univ., got. Kathedrale.

**Clethra,** *Laubheide,* den *Heidekrautgewächsen* verwandte Gattung einer eigenen Familie, der *Clethraceae* (zu den *Bicornes*).

**Cleve, 1.** Joos van, eigtl. *Joos van der Beke,* *um 1485, †1540/41, fläm. Maler (religiöse Szenen u. Bildnisse). – **2.** Per Teodor, *1840, *1905, schwed. Chemiker u. Geologe; entdeckte die Elemente Holmium, Thulium u. (unabhängig von W. *Ramsay*) Helium.

**Cleveland** [ˈkliːvlənd], Stadt in Ohio, eine der größten Ind.- u. Handelsstädte der USA, am S-Ufer des Eriesees, 536 000 Ew.; 3 Univ., bed. Holzmarkt.

**Cleveland** [ˈkliːvlənd], Grover, *1837, †1908, US-amerik. Politiker (Demokrat); 1885–89 u. 1893–97 Präs.; Anti-Imperialist.

**clever** [ˈklɛvər], klug, geschickt, wendig.

**Cliburn** [ˈklaibɔːn], Van (Harvey Lavan), *12.7.1934, US-amerik. Pianist.

**Clichy** [kliˈʃi], nw. Ind.-Vorstadt von Paris, 48 000 Ew.

**Clinch** [klintʃ], beim Boxen: Umklammerung u. Festhalten des Gegners.

**Clique** [ˈklikə], durch gemeinsame (meist selbstsüchtige) Interessen verbundene Gruppe.

**Clitoris** → Kitzler.

**Clivage** [-ˈvaːʒ], Schieferung, Edelsteinspaltung.

**Clive** [klaiv], Robert, Baron *C. of Plassey,* *1725, †1774 (Selbstmord), engl. Kolonialpolitiker; Begr. der brit. Herrschaft in Indien.

**Clivia,** *Klivie, Riemenblatt,* Gatt. der *Amaryllisgewächse,* beliebte Zierpflanze.

**Clochard** [klɔˈʃaːr], Pariser Stadtstreicher.

**Cloppenburg,** Krst. in Oldenburg (Nds.), an der Soeste, 22 000 Ew.; Museumsdorf (alte Bauernhöfe, Heimatkunst); landwirtschaftl. Handel.

**closed shop** [klouzd ʃɔp], im US-amerik. Arbeitsrecht in Unternehmen, das nach dem Tarifvertrag nur Angehörige der tarifschließenden Gewerkschaft beschäftigen darf.

**Clostermann,** Pierre, *28.2.1921, frz. Flieger u. Schriftst.; erfolgreichster frz. Jagdflieger des 2. Weltkriegs.

**Clostridium,** Gatt. meist anaerober Bakterien; u.a. der Erreger des Wundstarrkrampfs.

**Clouet** [kluˈɛ], **1.** François, Sohn von 2), *um 1505–10, †1572, frz. Maler; einer der Hauptmeister der frz. Bildnismalerei im 16. Jh. – **2.** Jean, *vermutl. um 1480, †um 1540, frz. Maler; Hofmaler Franz' I.

**Clouzot** [kluˈzo], Henri-Georges, *1907, †1977, frz. Filmregisseur (»Lohn der Angst«).

**Clown** [klaun], Spaßmacher, Hanswurst.

**Club** [klʌb] → Klub.

**Club of Rome** [klʌb əv roum], 1968 in Rom gegr. internat. Zusammenschluß von Wissenschaftlern u. Industriellen zur Ermittlung der materiellen Lage der Menschheit (Rohstoffreserven, Bevölkerungsentwicklung, Umwelt u.ä.).

**Cluj-Napoca** [kluʒ-], dt. *Klausenburg,* ung. *Kolozsvár,* Stadt in Siebenbürgen (Rumänien), 310 000 Ew., Univ., versch. Ind. – Das antike *Napoca,* 1173 erstmals wieder erwähnt, 1405 ung. (Geburtsort von *Matthias Corvinus),* seit 1918 rumän., 1940–46 nochmals ung.

**Cocain** 165

**Cluniazensische Reform** [klyni-], von der Abtei *Cluny* im 10. Jh. ausgehende Bewegung zur Reform des Mönchtums: Ausschaltung des Laieneinflusses, enge Bindung an das Papsttum. Die C.R. war die Voraussetzung für den Machtanspruch des Papsttums im MA.

**Cluny** [klyˈni], frz. Städtchen in S-Burgund, 4500 Ew.; ehem. Benediktinerkloster, 910 gegr. Die 1089 errichtete 3. Abteikirche war der größte Kirchenbau der Zeit.

**Clusius,** Klaus, *1903, †1963, dt. Physicochemiker; entwickelte 1938 das *C.sche Trennrohr* zur Trennung gasförmiger Isotope.

**Clustermodell** [ˈklʌstə-], ein Atommodell zur Beschreibung des Kernaufbaus; eine Modifikation des Schalenmodells.

**Clyde** [klaid], größter Fluß in W-Schottland, 160 km, mündet in den *Firth of C.* (Sitz der schott. Werftind.).

**Clydebank** [ˈklaidbæŋk], W-schott. Hafenstadt bei Glasgow, am Firth of Clyde, 49 000 Ew.

**cm,** Kurzzeichen für *Zentimeter.*

**Cm,** chem. Zeichen für *Curium.*

**C-14-Methode** → radioaktive Altersbestimmung.

**Co.,** Abk. für *Compagnie, Company* (Handelsgesellschaft).

**c/o,** auf Briefen Abk. für engl. *care of,* »bei«, »zu Händen von«.

**Co,** chem. Zeichen für *Cobalt.*

**Coach** [koutʃ], Trainer, Sportlehrer.

**Cobalt,** *Kobalt,* ein → chemisches Element.

**Cobbler,** Mixgetränke aus Süß-, Rot- oder Weißwein, Weinbrand, Likör, Whisky oder Rum, Fruchtsäften u. gestoßenem Eis.

**Cobden** [-vaː], Richard, *1804, †1865, engl. Wirtsch.-Politiker; Hauptvertreter des Manchester-Liberalismus.

**COBOL,** eine Programmiersprache, die den Bedürfnissen von Handel u. Ind. angepaßt ist.

**Coburg,** Stadt in Oberfranken (Bayern), an der Itz, unterhalb der *Veste C.,* 45 000 Ew.; mittelalterl. Altstadt. – Seit 1248 Sitz der Grafen von *Henneberg;* 1826–1918 eine der beiden Hauptstädte des Herzogtums Sachsen-C.-Gotha; 1920 zu Bayern.

**Coburger Convent,** C.C., 1868 gegr. Zusammenschluß der *Landsmannschaften* unter den farbentragenden student. Verbindungen.

**Coca** → Koka.

**Coca-Cola,** *Coke,* Wz. eines alkoholfreien Erfrischungsgetränks aus Zuckersirup u. Extrakten der Frucht des Kolanußbaumes, mit Coffein-Zusatz.

**Cocain,** *Kokain,* ein Alkaloid der Blätter des *Kokastrauchs,* wirkt lokal schmerzstillend, gefäßkontrahierend u. schleimhautabschwellend; zentral

*Joos van Cleve: Anbetung der Könige. Prag, Narodni Galerie*

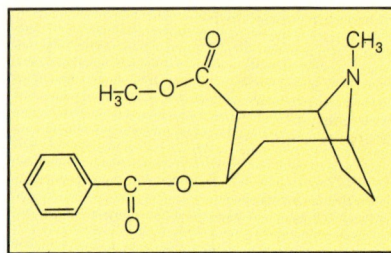
*Cocain*

steigert es die Gehirnfunktionen. C. führt zur Gewöhnung u. Sucht u. bewirkt schwere körperl. u. geistige Verfallserscheinungen.

**Cocceji** [kɔk'tseːji], Samuel Frhr. von, *1679, †1755, preuß. Minister; reformierte die Rechtspflege.

**Cochabamba** [kɔtʃa-], Hptst. des gleichn. zentralbolivian. Dep., 2560 m ü.M., 317 000 Ew.; 2 Univ.

**Cochem**, rhld.-pf. Krst. an der Mosel, 5300 Ew.; Reichsburg C. (11. Jh.); Weinbau, Fremdenverkehr.

**Cochenille** [kɔʃ'nij], roter Beizenfarbstoff aus den getrockneten u. zerriebenen Weibchen einer bes. in Mexiko gezüchteten Schildlausart *Koschenille*.

**Cochin** ['kɔutʃin], *Kochin,* südind. Distrikt-Hptst. u. Hafenstadt an der Malabarküste, 526 000 Ew.; wichtiger Ind.-Standort.

**Cochinchina,** *Kotschinchina,* heute *Nam Bô,* Ldsch. im S Vietnams (Mekong-Delta).

**Cochise-Kultur** [kɔ'tʃize-], steinzeitl. indian. Kultur im SW N-Amerikas ab 7500 v. Chr.

**Cochläus,** Johannes, eigtl. J. *Dobeneck,* *1479, †1552, dt. kath. Theologe, Gegner Luthers.

**Cockcroft** ['kɔkkrɔft], Sir John Douglas, *1897, †1967, engl. Atomphysiker; führte die ersten Kernzertrümmerungsversuche durch; Nobelpreis 1951.

**Cockerspaniel,** eine Jagdhundrasse.

**Cockney** [-ni], Angehöriger der Londoner Unterschicht; die Mundart dieser Schicht.

**Cockpit,** Führerraum eines Flugzeugs.

**Cocktail** ['kɔkteil], alkohol. Mixgetränk; 2 Grundarten: Manhattan-Art (Whisky als Grundlage) u. Martini-Art (Gin als Grundlage). – **C.kleid,** zur C.-Party am frühen Abend getragenes Gesellschaftskleid aus kostbarem Material.

**Coco,** *Rio C.,* längster Fluß Zentralamerikas, 750 km; Grenze von Honduras u. Nicaragua.

**Cocos Islands** ['kɔukɔs 'ailəndz] → Kokosinseln.

**Cocteau** [-'to], Jean, *1889, †1963, frz. Schriftst., Maler, Graphiker, Filmregisseur u. Komponist. W »Kinder der Nacht« (Roman), »Orphée« (Film).

**Coda,** Zusatz zum Sonett; Schlußteil eines Musikstücks.

**Code** [koːd], **1.** Schlüssel zum Übertragen von chiffrierten Texten in Klartext (u. umgekehrt); Regel zur Übertragung einer Folge von Signalen in eine andere Signalfolge. – **2.** Gesetzbuch; bes. die Gesetzbücher Napoleons I.: *C. Civil* oder *C. Napoléon* (bürgerl. Recht), *C. pénal* (Strafrecht) u.a.

**Codein,** *Kodein,* Teilalkaloid des *Opiums,* kann zur Sucht führen *(C.ismus)* u. untersteht dem Betäubungsmittelgesetz.

**Codex, 1.** bei den Römern urspr. die aneinandergebundenen Schreibtäfelchen; seit dem 1. Jh. das beschriebene Pergament, wenn es gefaltet statt gerollt wurde; im MA die gebundene Handschrift. – **2.** Sammlung von Gesetzen.

**Codex argenteus** [-te:us], »silbernes Buch«, Handschrift der got. Bibelübersetzung *Wulfilas* (6. Jh.) mit silbernen u. goldenen Buchstaben auf purpurrotem Pergament, in Uppsala aufbewahrt.

**Codex Iuris Canonici,** *CIC,* das Gesetzbuch der kath. Kirche, seit 1983 in Kraft.

**Codierer,** die Person, die beim Programmieren gegebene Daten in eine Folge von Befehlen überträgt.

**Codreanu,** Corneliu Zelea, *1899, †1938 (ermordet), rumän. Politiker; Führer der faschist. »Eisernen Garde«.

**Coelum,** *Zölom* → sekundäre Leibeshöhle.

**Coen** [kuːn], Jan Pieterszoon, *1587, †1629, ndl. Kolonisator; gründete das ndl. Kolonialreich in O-Indien.

**Coesfeld,** *Koesfeld* ['koːs-], Krst. in NRW, westl. von Münster, 31 000 Ew.; Textil- u. Maschinenind.; Stadtrecht seit 1197.

**Cœur** [køːr], Herz; im frz. Kartenspiel die Herzkarten.

**Coffein,** *Koffein, Thein,* ein Alkaloid, das in Kaffeebohnen, im getrockneten schwarzen Tee u. in Kolanüssen vorkommt; wirkt auf versch. Organsysteme anregend (Großhirn, Atemzentrum, Nieren, Kreislauf).

**Cogito, ergo sum** [lat.], »Ich denke, also bin ich«, von *Descartes* geprägter Grundsatz der neuzeitl. Philosophie.

**Cognac** ['kɔnjak], Weinbrand, durch Destillation natürl. Weine gewonnen. Die Bez. *C.* ist frz. Erzeugnissen aus der *Charente* vorbehalten.

**Cognac** [kɔ'njak], frz. Krst. im Dép. Charente, 22 000 Ew.; Weinanbau, Zentrum der frz. Weinbrandherstellung.

**Cohen, 1.** Hermann, *1842, †1918, dt. Philosoph; Begr. der Marburger Schule des log. *Neukantianismus.* – **2.** [ˈkoun], Leonard, *21.9.1934, kanad. Sänger; Interpret monoton-düsterer Lieder.

**Coiffeur** [kwaˈføːr], Friseur.

**Coimbatore** [kwinbəˈtoːr], *Koyampattur,* Distr.-Hptst. u. schnell wachsende Ind.-Stadt in S-Indien (Tamil Nadu), 900 000 Ew.

**Coimbra** ['kuim-], Distr.-Hptst. in Portugal, 80 000 Ew.; älteste Univ. des Landes (1290 gegr.), festungsartige Kathedrale; 1139–83 Residenz der port. Könige.

**Cointreau** [kwɛ̃ˈtroː], frz. Likör aus Pomeranzen, Orangenschalen u. Cognac.

**Coitus** → Geschlechtsverkehr.

**Cola,** *Kola,* → Kolanußbaum.

**Colani,** Luigi, *1929, Designer (futuristisch anmutende Entwürfe für Gebrauchsgegenstände).

**Colbert** [kɔlˈbɛːr], Jean-Baptiste, Marquis de *Seignelay,* *1619, †1683, frz. Minister; schuf durch staatl. Lenkung der Wirtschaft die materielle Grundlage für den frz. Absolutismus; Hauptvertreter des *Merkantilismus.*

**Colchester** ['koultʃistə], O-engl. Stadt in Essex, 134 000 Ew.; normann. Burg; Textilind.

**Cold Cream** [kould kri:m], fette Hautcreme mit kühlender Wirkung.

**Cole** [koul], Nat King, eigtl. Nathaniel Adams *Coles,* *1917, †1965, afroamerik. Jazzmusiker (Klavier, Gesang).

**Coleman** ['koulmən], Ornette, *19.3.1930, afroamerik. Jazzmusiker (Saxophon, Trompete).

**Coleridge** ['koulridʒ], Samuel Taylor, *1772, †1834, engl. Schriftst.; führend in der literar. Erneuerungsbewegung der engl. Romantik.

**Colerus,** Egmont, *1888, †1939, östr. Schriftst. (histor. Romane u. gemeinverständl. Bücher über Mathematik).

**Cölestin, 1.** *C. I.,* †432, Papst 422–32; trat für Augustinus u. dessen Lehre ein; bemühte sich um die Christianisierung Irlands. – Heiliger (Fest: 6.4.). – **2.** *C. III.,* eigtl. Hyazinth Bobo, *um 1106, †1198, Papst 1191–98; krönte *Heinrich VI.* zum Kaiser, geriet aber bald mit ihm in heftigen Konflikt. – **3.** *C. V.,* eigtl. *Pietro del Murrone,* *1215, †1296, Papst 1294; als frommer Einsiedler gegen seinen Willen gewählt, dankte nach fünfmonatiger Regierung freiwillig ab. Sein Nachfolger *Bonifatius VIII.* ließ ihn bis zu seinem Tod in Haft halten, weil er ein Schisma fürchtete. – Heiliger (Fest: 19.5.).

**Colette** [-ˈlɛt], Sidonie Gabrielle, *1873, †1954, frz. Schriftst. (Romane, Tiergeschichten).

**Coligny** [kɔliˈnji], Gaspard de, Seigneur de *Châtillon,* *1519, †1572, frz. Heerführer u. Admiral; trat 1557 zum Calvinismus über u. wurde Führer der Hugenotten; in der Bartholomäusnacht ermordet.

**Colima-Kultur,** indian. Kultur (figürl. geformte Keramik) der Zeit von 200 v.Chr. bis 400 im mex. Bundesstaat *Colima.*

**Collage** [kɔlaːʒ], *Klebebild,* ein Bild, das nicht gemalt, sondern aus Fremdmaterialen (Papier, Karton, Tapetenstücke u.ä.) zusammengesetzt ist; von *Picasso* u. *Braque* zur eigenständigen Technik ausgebildet.

**College** ['kɔlidʒ], **1.** in Großbrit. ein Haus, in dem die Studenten u. Dozenten zusammen wohnen; vielfach den Universitäten angegliedert, mit Stipendien u. Freistellen. – **2.** in den USA eine höhere Lehranstalt, die, auf der *High School* aufbauend, zur Universitätsreife führt.

**Collège** [kɔˈlɛːʒ], in Frankreich die städt. höhere Schule im Gegensatz zum staatl. *Lycée.*

**Colleoni,** Bartolomeo, *1400, †1475, ital. condottiere (Söldnerführer); meist im Dienst der Rep. Venedig.

**Collie,** Schott. Schäferhund, guter Nutz- u. Wachhund. Eine kleinere Züchtung ist der *Sheltie.*

**Collier** [kɔˈlje], Halsschmuck.

**Collins,** William Willkie, *1824, †1889, engl. Schriftst. (Kriminal- u. Sensationsromane).

**Collodi,** Carlo, eigtl. C. *Lorenzini,* *1826, †1890, ital. Schriftst.; schuf mit der Gestalt des *Pinocchio* eine der beliebtesten Kinderbuchfiguren.

**Collodium,** *Klebeether,* zähflüssige Lösung von C.-Wolle (Cellulosedinitrat) in einem Alkohol-Ether-Gemisch; feuergefährlich.

**Collor de Mello** [ˈkɔjɔr də ˈmɛljɔ], Fernando Alfonso, *12.8.1949, brasil. Politiker; gründete 1989 die Partei des nat. Wiederaufbaus (PRN); seit 1990 Staats-Präs.

**Colmar,** elsäss. Stadt in der Oberrheinebene, Hptst. des frz. Dép. Haut-Rhin, 67 000 Ew.; mittelalterl. Stadtkern, Musée d'Unterlinden mit Werken von M. *Schongauer* u. M. *Grünewald.* – 1226 Reichsstadt, seit 1672 frz.

**Colombes** [kɔˈlɔ̃b], Ind.-Vorstadt im Seine-Bogen nw. von Paris, 84 000 Ew.; Olympiastadion (1924).

**Colombey-les-deux-Églises** [kɔlɔ̃ˈbɛː leː døːze ˈgliːz], frz. Gemeinde im Dép. Haute-Marne, 400 Ew.; ehem. Landsitz (unter Denkmalschutz) u. Grab C. de *Gaulles.*

**Colombo,** Hptst. u. einzige Großstadt Sri Lankas an der mittleren W-Küste, 664 000 Ew.; einer der wichtigsten Hafenplätze Asiens.

**Colón,** Prov.-Hptst. u. Hafen am atlant. Ausgang des Panamakanals, Enklave in der Kanalzone, zweitgrößte Stadt Panamas, 70 000 Ew.

**Colonel** [kəːnl, engl.; kɔlɔˈnɛl, frz.], Oberst.

**Colonia,** im Altertum röm. Ansiedlung u. Militärstützpunkt in unterworfenen Gebiet; häufig Bestandteil röm. Städtenamen.

**Colonna,** röm. Adelsgeschlecht, dem u.a. der Papst *Martin V.* u. die Dichterin Vittoria C. (*1492, †1547) entstammten.

**Colorado,** Abk. *Colo., Col.,* Gliedstaat im W der → Vereinigten Staaten.

**Coloradokäfer** → Kartoffelkäfer.

**Colorado River** [-ˈrivə], Fluß im SW der USA, mündet mit einem Delta in den Golf von Kalifornien, 2334 km. Der Mittellauf zerschneidet in tiefen Canyons die bunten horizontalen Schichten des *Colorado Plateaus,* im 350 km langen *Grand Canyon* bis 1800 m tief.

**Colorados,** die liberalere der beiden traditionellen Parteien Uruguays.

**Colorado Springs** [kɔləˈraːdəu sprinʒ], Stadt in Colorado (USA), am Gebirgsrand, 271 000 Ew.; Heilquellen.

**Colt,** nach dem Erfinder u. Hersteller (Samuel C., *1814, †1862) genannter Revolver.

*Colorado River: Canyon im Colorado Plateau*

*Commedia dell'arte: Kupferstiche von einigen der bekanntesten Typengestalten; (von links nach rechts) Pantalone, Pulcinella, Colombina, Capitano, Dottore, Scaramuccio*

**Coltrane** ['koltrɛɪn], John William, *1926, †1967, afroamerik. Jazzmusiker (Saxophonist).
**Columbarium,** altröm. Grabstätte mit vielen, in Stockwerken angeordneten Nischen zur Aufnahme von Aschenurnen.
**Columbia** [kə'lʌmbiə], Hptst. von South Carolina (USA), 98 000 Ew.; Univ. (gegr. 1801).
**Columbia River** [kə'lʌmbiə 'rivə], nordamerik. Fluß, mündet bei Astoria in den Pazifik, 1954 km.
**Columbia-Universität** [kə'lʌmbiə-], Universität in New York, aus dem 1754 gegr. *King's College* entstanden.
**Columbus** [kə'lʌmbəs], Hptst. von Ohio (USA), 536 000 Ew.; 3 Univ. (gegr. 1850 u. 1870), Battelle-Inst.; Kohlen- u. Eisenerzbergbau.
**Columbus,** Entdecker Amerikas, → Kolumbus.
**Coma,** *Koma,* tiefe Bewußtlosigkeit.
**Comanchen** [-'mantʃən], *Komantschen,* Stamm der Shoshone-Indianer.
**Combo,** eine kleine Jazzgruppe.
**Comeback** [kʌm'bæk], Wiederauftreten eines Künstlers, Sportlers oder Politikers nach längerer Pause.
**COMECON,** Abk. für engl. *Council for Mutual Economic Aid,* im Westen übl. Bez. für *Rat für gegenseitige Wirtschaftshilfe,* Abk. *RWG,* wirtsch. Zusammenschluß der Ostblockstaaten, gegr. 1949. Mitgl. sind Bulgarien, DDR (bis 1990), Kuba, Mongol. Volksrep., Polen, Rumänien, Sowjetunion, Tschechoslowakei, Ungarn u. Vietnam. Albanien wurde 1962 ausgeschlossen. Durch die polit. Veränderungen in Osteuropa seit 1989 ergeben sich auch für das C. neue Perspektiven.
**Comédie Française** [-frãˈsɛːz], staatl. frz. Schauspielbühne in Paris, 1680 gegr.
**Comenius,** tschech. *Komenský,* Johann Amos, *1592, †1670, Theologe u. Pädagoge; 1632 Bischof der *Böhm. Brüdergemeine;* vertrat einen naturgemäßen Unterricht u. schrieb zahlreiche pädagog. Werke (»Didactica magna«, »Orbis pictus«).
**Comer See,** *Lago di Como, Làrio,* oberital. See, 146 km²; bei Bellàgio in 2 Arme geteilt.
**Comic strips** ['kɔmik strips], *Comics,* Bildstreifen, Geschichten in Abfolgen einfacher Zeichnungen mit beigefügten Kurztexten.
**Commedia dell'arte,** die ital. Stegreifkomödie, deren Typen u. Masken feststanden, während der Text der Improvisation überlassen blieb.
**comme il faut** [kɔmil'fo:, frz.], wie es sich gehört; beispielhaft, mustergültig.
**Commis** [kɔ'mi], veraltete Bez. für *Handlungsgehilfe.* – **C.voyageur,** Handlungsreisender.
**Commodus,** Lucius Aelius Aurelius, *161, †192 (ermordet), röm. Kaiser 180–192; Sohn *Marc Aurels* u. der *Faustina;* ließ sich als röm. Herkules feiern; führte das absolutist. Regiment eines mit oriental. Ideen erfüllten Herrschers.
**Common Law** ['kɔmən 'lɔ:], das durch Gerichtsgebrauch fortgebildete engl. Gewohnheitsrecht; Ggs.: *Statute Law,* »Gesetzesrecht«.
**common sense** ['kɔmən sɛns; engl.], gesunder Menschenverstand.
**Commonwealth** ['kɔmənwɛlθ], »Gemeinwesen«. Das **C. of Nations,** 1948 gegr., ist eine aus dem *Brit. Reich* hervorgegangene lockere Gemeinschaft unabh. Staaten, die die brit. Krone als Oberhaupt u. Symbol ihrer Vereinigung anerkennen. (Staatsoberhaupt ist die brit. Krone nur in den Staaten, die Monarchien sind.) Mitgl. sind: Großbritannien u. Nordirland, Antigua u. Barbuda, Australien, Bahamas, Bangladesch, Barbados, Belize, Botswana, Brunei, Dominica, Gambia, Ghana, Grenada, Guyana, Indien, Jamaika, Kanada, Kenia, Kiribati, Lesotho, Malawi, Malaysia, Malediven, Malta, Mauritius, Namibia, Nauru, Neuseeland, Nigeria, Pakistan, Papua-Neuguinea, Saint Christopher-Nevis, Saint Lucia, Saint Vincent, Salomonen, Sambia, Samoa, Seychellen, Sierra Leone, Simbabwe, Singapur, Sri Lanka, Swasiland, Tansania, Tonga, Trinidad u. Tobago, Tuvalu, Uganda, Vanuatu, Zypern.
**Communauté de Taizé** [kɔmyno'tedətɛ'ze], prot. Bruderschaft mit ordensähnl. Charakter, gegr. 1940 von Roger *Schutz,* Sitz: Taizé bei Cluny (Frankreich).
**Como,** ital. Prov.-Hptst. u. Luftkurort in der Lombardei, am Comer See, 93 000 Ew.
**Compact Disc,** *CD,* Platte von 12 cm Durchmesser, auf der digital verschlüsselt Musik gespeichert wird u. die berührungslos von einem Laser abgetastet wird. Die Weiterentwicklung zur Speicherung von 550 Megabyte-Daten (= 270 000 Seiten DIN A 4) heißt *CD-ROM* (C.D. Read Only Memory). Auf einer *CD-I* (C.D. Interactive) können gleichzeitig Bild, Ton u. Text gespeichert werden.
**Compiègne** [kõpjɛnj], N-frz. Krst. im Dép. Oise, 41 000 Ew. Im anschließenden *Wald von C.* wurde am 11.11.1918 im Salonwagen des Marschalls *Foch* der Waffenstillstand zw. Dtld. u. der Entente, an der gleichen Stelle am 22.6.1940 der Waffenstillstand zw. Dtld. u. Frankreich unterzeichnet.
**Compiler** [kɔmˈpailə], das Übersetzungsprogramm einer elektron. Datenverarbeitungsanlage.
**Compound-Maschine** [kɔm'paund-], eine Gleichstrommaschine, die im Haupt- u. im Nebenschluß gleichzeitig erregt wird.
**Comprehensive School** [kɔmpri'hɛnsiv sku:l], allgemeinbildende, auf die Grundschule aufbauende 4- oder 6jährige weiterführende Schule in Großbritannien; entspricht in etwa der Gesamtschule in Dtld.
**Compton** ['kɔmptən], Arthur Holly, *1892, †1962, US-amerik. Physiker; entdeckte den *C.-Effekt,* der die Teilchennatur der elektromagnet. Strahlen beweist; Nobelpreis 1927.
**Computer** [kɔm'pju:tə], Sammelbegriff für elektron., programmierbare Datenverarbeitungssysteme unterschiedl. Leistungsfähigkeit u. Techniken. Einen C. zeichnen drei Eigenschaften aus: 1. er kann rechnen, 2. er kann Programme u. Daten speichern, 3. er kann Entscheidungen fällen u. dadurch den Programmablauf steuern.
Ein arbeitsfähiger C., C.system genannt, besteht aus Hardware u. Software. Dabei versteht man unter *Hardware* die Zentraleinheit u. die Peripherie. Die Zentraleinheit besteht aus dem Steuerwerk, dem Rechenwerk u. dem internen Arbeitsspeicher, sie übernimmt die Ablaufsteuerung u. Koordination aller Aktivitäten des C. bei der Programmausführung. Größere Datenmengen werden meist in Speichern abgelegt: Disketten, Festplatten u.

*Compact Disc: Größenvergleich mit einer herkömmlichen Schallplatte*

Magnetbänder. Je nach Speicherkapazität u. anderen die Leistung beeinflussenden Faktoren unterscheidet man *Mikro-C.,* z.B. Heim- u. Personal-C., Geräte der sog. mittleren Datenverarbeitung, wie z.B. Abteilungsrechner, u. Großrechner. Die höchste Rechenleistung haben die Super-C. oder Parallelrechner, bei denen mehrere Zentraleinheiten parallel an einem Problem arbeiten. Die Peripheriegeräte eines C. sind die Datenein- u. -ausgabeeinheiten. Sie dienen der Mensch-Maschine-Kommunikation (z.B. Tastatur, Bildschirm, Klarschriftleser) u. der Ausgabe der computerermittelten Daten (z.B. Drucker, Plotter, Photosatzbelichter). Zur Peripherie werden auch Datenfernübertragungseinrichtungen gerechnet, die die Verbindung mit anderen C. u. Datenbanken erlauben. Zur Bedienerfreundlichkeit eines C. trägt entscheidend die *Software* bei, bei der man die Betriebssystem- u. die Anwendersoftware unterscheidet. Das Betriebssystem überwacht u.a. die Tastatureingaben, gibt Meldungen auf dem Bildschirm aus, verwaltet den Zugriff auf externe Speicher u. bei

| Wichtige Daten zur Geschichte der Datenverarbeitung | |
|---|---|
| 1614 | Lord J. *Napier* veröffentlicht eine komplette Logarithmentafel |
| 1623 | Konstruktion der ersten Rechenmaschine durch W. *Schickard* |
| 1642 | Konstruktion einer Rechenmaschine für achtstellige Additionen und Substraktionen mit automatischem Zehnerübertrag durch B. *Pascal* |
| 1673 | Konstruktion einer Staffelwalzen-Rechenmaschine für alle vier Grundrechenarten durch G. W. von *Leibniz* |
| 1679 | G. W. von *Leibniz* entwickelt das duale Zahlensystem |
| 1833 | Der britische Mathematiker C. *Babbage* entwirft den ersten programmgesteuerten Rechenautomaten |
| 1886 | Der US-amerikanische Ingenieur H. *Hollerith* konstruiert für die 11. amerikanische Volkszählung eine elektromechanische Lochkartenmaschine |
| 1941 | Erster programmgesteuerter Rechenautomat des deutschen Ingenieurs K. *Zuse* |
| 1944 | Der US-amerikanische Mathematiker H. *Aiken* entwickelt den ersten programmgesteuerten Rechenautomaten der USA, den MARK I |
| 1944 | Der US-amerikanische Mathematiker J. von *Neumann* beginnt mit der Konzeption des ersten speicherprogrammierten Rechenautomaten |
| 1945 | Der erste vollelektronische Großrechner der Welt, ENIAC, wird von den US-Amerikanern J. P. *Eckert* und J. W. *Mauchly* fertiggestellt |
| 1948 | Erfindung des Transistors durch die US-amerikanischen Physiker J. *Bardeen,* W. H. *Brattain* und W. *Shockley* |
| 1955 | Unter der Leitung von J. *Felker* wird in den Bell Laboratories/USA der erste mit Transistoren bestückte Computer (TRADIC) fertiggestellt |
| 1958 | Erfindung der ersten integrierten Schaltung durch J. *Kilby* |
| 1967 | Der zivile Verbrauch integrierter Schaltkreise erreicht erstmals den militärischen |
| 1970 | Entwicklung des Mikroprozessors |
| 1974 | Entwicklung der ersten programmierbaren Taschenrechner |
| 1977 | Bau des ersten Personal Computers (PC) |
| 1985 | Produktion von Chips mit 1 MBit Speicherkapazität |
| 1989 | In der Bundesrepublik Deutschland wird ein aus 256 Knotenrechnern bestehender Parallelrechner (Suprenum) gebaut. In Serienfertigung werden 4 MBit-Speicherchips hergestellt |
| 1990 | Erste funktionstüchtige optische Computer werden vorgestellt |

Mehrbenutzerrechnern die Rechenzeit. Die Anwendersoftware ist schließl. das Element, das dem C.system die reale Aufgabe mitteilt u. es dazu veranlaßt, das konkrete Problem zu lösen. Sie wird entweder selber erstellt oder im Handel bezogen. Am häufigsten verwendet werden Textverarbeitungs-, Kalkulations- u. Datenbankprogramme.

**Comte** [kɔ̃t], frz. Adelstitel: Graf. – **Comtesse** [kɔ̃'tɛs], Gräfin.

**Comte** [kɔ̃t], Auguste, *1798, †1857, frz. Philosoph; Begr. des Positivismus u. Mitbegr. der Soziologie.

**Conakry**, Hptst., See- u. Flughafen, Handels- u. Wirtschaftszentrum von Guinea, auf einer Insel, 800 000 Ew.

**Conant** ['kɔnənt], James Bryant, *1893, †1978, US-amerik. Chemiker u. Politiker (Republikaner); 1953–55 Hoher Kommissar, 1955–57 Botschafter in der BR Dtld.

**Concarneau** [kɔ̃kar'no], W-frz. Stadt an der S-Küste der Bretagne, 18 000 Ew.; Haupthafen des frz. Thunfischfangs.

**Concepción** [kɔnθɛp'θjɔn], Prov.-Hptst. in Mittelchile, am Biobio, 294 000 Ew.; Kultur-, Handels- u. Ind.-Zentrum.

**Concertgebouw** [kɔn'sɛrtcxəbɔu], Konzertgebäude in Amsterdam, eingeweiht 1888.

**Concertino** [kɔntʃer-], **1.** die Gruppe der Soloinstrumente innerhalb des *Concerto grosso*. – **2.** kleines Konzert für ein Soloinstrument mit Orchester (meist in kleiner Besetzung).

**Concerto grosso** [kɔn'tʃerto-], Kompositionsform der Barockzeit: für eine kleine Gruppe von Soloinstrumenten *(Concertino)* u. das ganze Orchester *(Ripieno)*.

**Concierge** [kɔ̃si'ɛrʒ], Hausmeister(in), Pförtner(in).

**Concord** ['kɔŋkɔːd], Hptst. von New Hampshire, im NO der USA, 36 000 Ew.

**Concorde** [kɔ̃kɔːrd], Name eines Überschall-Verkehrsflugzeugs (2600 km/h, rd. 2,2 Mach), in frz.-brit. Zusammenarbeit gebaut; Erstflug am 2.3.1969.

**Concordia**, röm. Göttin, Verkörperung der Eintracht.

**Condamine** [kɔ̃da'miːn] → La Condamine.

**Condé** [kɔ̃'de], Seitenlinie der frz. *Bourbonen:* **1.** Ludwig (Louis) I. von Bourbon, Fürst von C., *1530, †1569; kämpfte für die Hugenotten; 1569 gefangen u. erschossen. – **2.** Ludwig (Louis) II. »der große C.«, Urenkel von 1), *1621, †1686, Heerführer; wandte sich während der *Fronde* 1650 von Mazarin ab.

**Condillac** [kɔ̃di'jak], Étienne Bonnot de, *1715, †1780, frz. Aufklärungsphilosoph, Vertreter des *Sensualismus*.

**Conditio sine qua non**, eine notwendige Bedingung, ohne die etwas nicht eintreten kann.

**Condorcet** [kɔ̃dɔr'sɛ], Antoine Caritat Marquis de, *1743, †1794, frz. Mathematiker, Politiker u. Philosoph; in der Frz. Revolution Girondist, starb in der Haft.

**Condottiere**, ital. Söldnerführer des 14./15. Jh.

**Condroz** [kɔ̃'drɔː], belg. Ldsch. südl. von Sambre u. Maas; Orte: Dinant, Ciney.

**Coney Island** ['kɔuni'ailənd], Düneninsel im SW von Long Island, New York.

**Conférencier** [kɔ̃ferɑ̃'sje], Vortragskünstler im Fernsehen, Varieté u.a., der durch das Programm führt.

**Confessio**, **1.** *Konfession* → Bekenntnis. – **2.** Grab eines Märtyrers unter dem Hochaltar in frühchristl. Kirchen.

**Confessio Helvetica**, *Helvetische Konfession,* Bekenntnisschrift der reform. Kirche, von H. *Bullinger* verfaßt: *C. H. prior* (1536); *C. H. posterior* (1562), 1566 als Bekenntnis des ganzen schweiz. Protestantismus veröffentlicht.

**Confiteor**, das allg. Schuldbekenntnis in der kath. Liturgie.

**Congress of Industrial Organizations** ['kɔŋgrɛs ɔv in'dʌstriəl ɔːɡənai'zeiʃənz], *CIO,* Gewerkschaftsverband in den USA, schloß sich 1955 mit der *American Federation of Labor* zur *AFL/CIO* zusammen.

**Congreve** ['kɔŋgriːv], William, *1670, †1729, engl. Schriftst. (geistreiche Gesellschaftskomödien meist erot. Art).

**Connaught** ['kɔnɔːt], irisch *Connacht(a)*, Prov. in W-Irland, 17 116 km², 424 000 Ew.

**Connecticut** [kə'nɛtikət], Abk. *Conn.,* südl. Neuenglandstaat der → Vereinigten Staaten, am Atlantik.

**Connery** ['kɔnəri], Sean, *25.8.1930, brit. Schauspieler, spielte u.a. in vielen Filmen den Geheimagenten »James Bond«.

**Conrad** ['kɔnræd], Joseph, *1857, †1924, engl. Schriftst. poln. Herkunft; schrieb Romane aus der Welt des Meeres u. der fernen Länder.

**Conrad von Hötzendorf**, Franz Graf (1918), *1852, †1925, östr.-ung. Feldmarschall, 1906–17 Generalstabschef.

**Consecutio temporum**, *Zeitenfolge,* in der lat. Grammatik die geregelte Abfolge der Zeitformen der Verben in Haupt- u. Nebensatz.

**Consensus**, *Konsens,* Einwilligung; Übereinstimmung.

**Consilium**, Rat, Gutachten, Ratsversammlung.

**Constable** ['kʌnstəbl], John, *1776, †1837, engl. Maler; Hauptmeister der realist. Ldsch.-Malerei Englands, Vorläufer des Impressionismus.

**Constans**, Flavius Julius, *323, †350 (ermordet), röm. Kaiser 337–350; jüngster Sohn *Konstantins d. Gr.*; nach dessen Tod Kaiser des Mittelreichs; besiegte 340 seinen Bruder *Konstantin II.* u. regierte nunmehr auch im Westen.

## COMPUTER UND MIKROELEKTRONIK

*Fertigung von 4-Megabit-Chips; naßchemisches Prozessieren von Siliziumscheiben in Reinräumen*

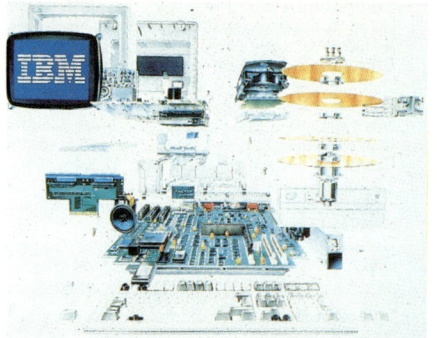 

*Explosionszeichnung eines Personalcomputers (links). – 4-Megabit- (links) und 1-Megabit-Speicherchip (rechts) im Größenvergleich mit Briefmarken (rechts)*

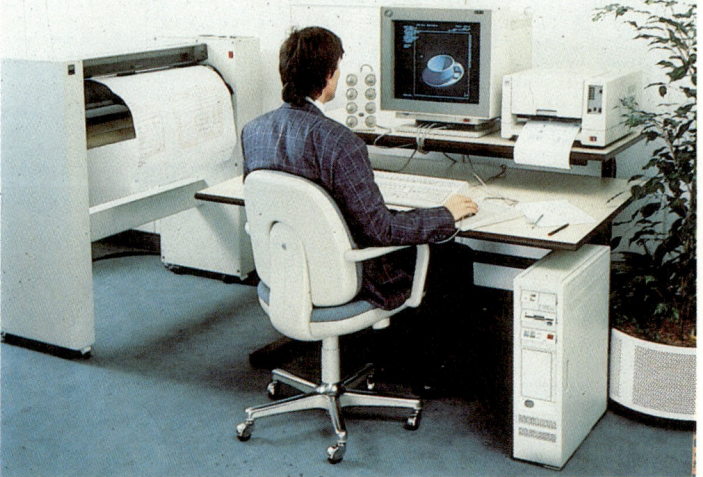 

*Ausstattung eines Arbeitsplatzes für komplexe graphische Anwendungen (links). – Routinetätigkeiten im Magne*

**Constanța** [-tsa], *Konstanza*, rumän. Hafenstadt am Schwarzen Meer, 328 000 Ew.; Schiffbau, Textil- u. Nahrungsmittel-Ind.; das antike *Tomi*.
**Constant de Rebecque** [kɔ̃'stɑ̃dərə'bɛk], Henri Benjamin, *1767, †1830, frz. Schriftst. u. Politiker, Freund von Madame de *Stael*.
**Constantine** [kɔ̃stɑ̃'ti:n], Bez.-Hptst. im nördl. Algerien, 438 000 Ew.; Univ., Verkehrsknotenpunkt.
**Constantine** [kɔ̃stɑ̃'tin], Eddie, *29.10.1917, frz. Filmschauspieler US-amerik. Herkunft; spielte in Filmen der 1950er Jahre Draufgängertypen.
**Constantinus** → Konstantin.
**Consul** → Konsul.
**Consulting** [kən'sʌltiŋ], wirtsch. Beratung, Unternehmensberatung.
**Contadora-Gruppe** [nach dem Tagungsort], die Staaten Kolumbien, Mexiko, Panama u. Venezuela, die sich seit 1983 um Friedensvermittlung in Mittelamerika bemühten.
**Container** [kɔn'tɛinər], Großbehälter mit 8–60 m Laderaum zum Transport von losen oder wenig verpackten Gütern. Der C.verkehr erspart mehrmaliges Umladen der Einzelteile auf Lkw, Bahn, Schiff, Flugzeug u.a. Für den schnellen Umschlag zwischen C.schiff u. Landverkehr gibt es spezielle C.terminals.
**Conte**, ital. Adelstitel: Graf. – **Contessa**, Gräfin.
**Contergan** → Thalidomid.
**Contradictio**, Widerspruch; *c. in adiecto;* Widerspruch in der Beifügung (z.B. eckiger Kreis).
**Controller** [kən'troulə], Leiter des Rechnungswesens, der Planung u. Organisation sowie des Informationswesens eines Betriebes.
**Converter** → Konverter.
**Cook** [kuk], **1.** James, *1728, †1779, brit. Seefahrer; erforschte auf zwei Weltreisen die O-Küste Australiens u. entdeckte in der Südsee zahlreiche Inseln; auf der 3. Reise von Eingeborenen auf Hawaii erschlagen. – **2.** Thomas, *1808, †1892, brit. Reiseunternehmer; Gründer des ältesten Reisebüros *(Thos. C. & Son)*.
**Cook-Straße** [kuk-], 22–85 km breite Meeresstraße zwischen den zwei Hauptinseln Neuseelands.
**Coolidge** ['ku:lidʒ], Calvin, *1872, †1933, US-amerik. Politiker (Republikaner); 1923–29 Präs.
**Cool Jazz** [ku:l dʒæz], als Gegensatz zum *Hot* u. zum aggressiven *Bebop* um 1949 entstandene Richtung des Jazz.
**Cooper** ['ku:pə], **1.** Gary, *1901, †1961, US-amerik. Filmschauspieler (»Zwölf Uhr mittags«). – **2.** James Fenimore, *1789, †1851, US-amerik. Schriftst.; schilderte das Grenzer- u. Indianerleben in den »Lederstrumpf«-Romanen (u.a. »Der letzte Mohikaner«, »Der Wildtöter«).
**Cop, 1.** in den USA Bez. für *Polizist*. – **2.** *Kop, Kötzer*, beim Spinnen u. Zwirnen das auf Hülsen in Form von Kegelschichten aufgewickelte Garn.
**Copán**, im westl. Honduras gelegene Ruinenstätte der Maya mit einer »Akropolis«. Die von Priestern gepflegte Maya-Astronomie erlebte hier ihre höchste Blüte (8.–10. Jh.).
**Cope** [koup], Edward Drinker, *1840, †1897, US-amerik. Paläontologe. Nach der C.schen Regel werden die Tierformen im Lauf der Stammesgeschichte immer größer, bis sie aussterben.
**Copland** ['kɔplənd], Aaron, *14.11.1900, US-amerik. Komponist (Opern, Ballette, Filmmusiken).
**Copley** ['kɔpli], John Singleton, *1737, †1815, US-amerik. Maler; der bedeutendste Porträtkünstler Amerikas im 18. Jh.
**Coppola**, Francis Ford, *7.4.1939, US-amerik. Filmregisseur (»Der Pate«, »Apocalypse Now«).
**Copyright** ['kɔpirait], Abk. *Copr.*, Zeichen ©, das → Urheberrecht.
**Coquille** [kɔ'ki:jə], feines Fleischgericht (Ragout), das in Muschelschalen überbacken wird.
**coram publico** [lat.], in aller Öffentlichkeit.
**Corbusier** [kɔrby'zje] → Le Corbusier.
**Cord**, geripptes Gewebe aus Wolle oder Baumwolle, meist mit samtartiger Oberfläche.
**Corday** [kɔr'dɛ], Charlotte de *C. d'Armont*, *1768, †1793 (hingerichtet), frz. Republikanerin; erstach, um das Terrorregime der »Bergpartei« zu beenden, J.-P. *Marat* in seiner Pariser Wohnung.
**Cordial Médoc** [kɔr'djalme'dɔk], Likör aus dem Bordeauxwein *Médoc*.
**Córdoba, 1.** *Córdova*, span. Prov.-Hptst. in Andalusien, am Guadalquivir, 285 000 Ew.; Alcázar (Burg) u. Kathedrale »La Mezquita«, die ehem. Hauptmoschee der westl. arab. Welt (785–990); Großmarkt für Getreide, Öl u. Wein. – Das röm. *Corduba*, 572 got., seit 711 maur., 756 Residenz des westl. Kalifats, 1236 an Kastilien. C. ist unter den span. Städten am stärksten vom Islam geprägt. – **2.** Hptst. der gleichn. argent. Prov. östl. der *Sierra de C.* (2884 m), 990 000 Ew.; älteste Univ. des Landes (1613 von Jesuiten gegr.).
**Cordon bleu** [kɔrdɔ̃'blø], mit Käse u. Schinken gefülltes Filetsteak.
**Cordon sanitaire** [kɔr'dɔ̃sani'tɛːr], **1.** polizeil. Absperrung eines verseuchten Gebiets. – **2.** Sicherheitsgürtel von Staaten zwischen verfeindeten Staaten oder Blöcken.
**Core** ['kɔː], der Teil eines Kernreaktors, in dem Kernenergie in Wärmeenergie umgesetzt u. an das Kühlmittel abgegeben wird.
**Corelli** Arcangelo, *1653, †1713, ital. Geiger u. Komponist; beeinflußte den Instrumentalstil seiner Zeit.
**Corinth**, Lovis, *1858, †1925, dt. Maler u. Graphiker; einer der Hauptmeister des dt. Impressionismus.
**Corinto**, Haupthafen von Nicaragua, am Pazifik, 10 000 Ew.
**Coriolanus**, *Coriolan*, Gnaeus Marcius, sagenhafter Held der röm. Frühzeit (5. Jh. v.Chr.); wurde aus Rom verbannt, zog mit einem Heer gegen die Stadt, gab aber auf Bitten seiner Mutter u. seiner Frau die Eroberung auf.
**Coriolis-Kraft** [nach dem frz. Mathematiker G. *Coriolis*, *1792, †1843], die Trägheitskraft, die neben der Zentrifugalkraft in einem rotierenden System auf einen Körper einwirkt. Dadurch werden der sich bewegende Erde Wasser u. Wind auf der Nordhalbkugel nach rechts, auf der Südhalbkugel nach links abgelenkt.
**Cork** [kɔːk], irisch *Corcaigh*, Hptst. der gleichn. S-irischen Gft. in der Prov. Munster, 136 000 Ew.
**Corned Beef** ['kɔːnəd biːf], gepökeltes, vorgekochtes Rindfleisch in Dosen.
**Corneille** [kɔr'nɛj], Pierre, *1606, †1684, frz. Dichter; Begr. der frz. Klassik durch seine (etwa 30) heiteren u. ernsten Schauspiele u. seine grundsätzl. Schriften über die Bühnendichtung.
**Cornelius**, altröm. Patriziergeschlecht, dem u.a. die Scipionen, Sulla, Tacitus, Cornelius Nepos u. Cornelia, die Mutter der Gracchen, entstammten.
**Cornelius, 1.** Peter, Neffe von 2), *1824, †1874, dt. Komponist (»Der Barbier von Bagdad«), aus dem Liszt-Wagner-Kreis. – **2.** Peter von (1825), *1783, †1867, dt. Maler u. Graphiker; schloß sich in Rom den Nazarenern an.
**Cornelius Nepos** → Nepos.
**Cornichon** [kɔrni'ʃɔ̃], kleine Pfefferngurke.
**Cornwall** ['kɔːnwəl], Halbinsel u. Gft. an der SW-Spitze Englands, 3546 km², 437 000 Ew., Hptst. *Truro*.
**Coromandel-Küste**, *Koromandel-Küste*, Küstenstreifen an der SO-Küste Indiens, zw. Kaveri- u. Krishnadelta, Zentrum *Madras*.
**Corona** → Korona.
**Coroner** ['kɔrənə], in Großbrit. u. den USA ein Beamter, der in Fällen unnatürl. Todes die Leichenschau vornimmt u. dabei untersuchungsrichterl. Befugnisse hat.

**Corot** [kɔ'ro], Jean-Baptiste-Camille, *1796, †1875, frz. Maler u. Graphiker; führender Meister der *Schule von Barbizon;* malte bes. atmosphär. Stimmungslandschaften.
**Corps** [kɔːr], **1.** Körper, Körperschaft, Truppe, (→ Korps). – **2.** die ab 1848 an den dt. Universitäten maßgebl. werdende, exklusive, waffen- u. farbentragende Form der *Studentenverbindung*.
**Corpus Christi**, Leib Christi; → Fronleichnam.
**Corpus delicti**, Beweisstück, Objekt oder Mittel eines Verbrechens.
**Corpus juris civilis**, das 528–534 geschaffene Gesetzgebungswerk des oström. Kaisers *Justinian I*.
**Correll**, Werner, *29.6.1928, dt. pädagog. Psychologe.
**Correns, 1.** Carl, *1864, †1933, dt. Vererbungsforscher; mit E. *Tschermak* u. H. *de Vries* Wiederentdecker der Mendelschen Gesetze. – **2.** Erich, Sohn von 1), *1896, †1981, dt. Chemiker u. DDR-Politiker (parteilos); 1950–81 Präs. des Nationalrats der Nat. Front.
**Corrida (de toros)**, Stierkampf.
**Cortes**, das aus Kongreß u. Senat bestehende span. Parlament.
**Cortés**, *Cortez*, Hernando (Hernán), *1485, †1547, span. Konquistador in Mexiko; eroberte 1521 Tenochtitlán, heute Mexico City, die Hptst. des Aztekenreichs; zog 1524/25 durch Veracruz, Tabasco u. Chiapas bis nach Honduras.
**Corti**, Egon Caesar Graf (Conte), *1886, †1953, östr. Schriftst. (histor. Biographien).
**Cortina d'Ampezzo**, ital. Wintersportort in Venetien, im Ampezzo-Tal, 1224 m ü.M., 7100 Ew.; olymp. Winterspiele 1956.
**Cortison**, ein Hormon der Nebennierenrinde, wirkt schmerzlindernd bei rheumat. Entzündungen.
**Cortona**, ital. Stadt in der Toskana, 27 000 Ew.; etrusk. Stadtmauer (6./5. Jh. v.Chr.).
**Corvey** ['kɔrvai], 822 gegr. Benediktinerabtei bei Höxter an der Weser, 1803 säkularisiert; karoling. Abteikirche.
**cos**, Zeichen für *Cosinus;* → Winkelfunktionen.
**Cosel**, Anna Konstanze Gräfin von, *1680, †1765; 1700–12 Geliebte *Augusts des Starken*, der sie seit 1716 in Stolpen in Haft halten ließ.
**Cosenza**, ital. Prov.-Hptst. in Kalabrien, am Zusammenfluß von Crati u. Busento, 102 000 Ew.
**Cosimo I. Medici** [-tʃi], *1519, †1574, Herzog von Florenz seit 1537; von Papst Pius V. 1569 zum Großherzog von Toskana erhoben.
**Cosinus**, *Kosinus* → Winkelfunktionen.
**Cossiga**, Francesco, *26.7.1928, ital. Politiker (christl. Demokr.); 1979–80 Min.-Präs., seit 1985 Staats-Präs.
**Costa Blanca**, Küstenstreifen im SO Spaniens; umfaßt den Küstenbereich der Prov. Alicante, Murcia u. Almeria; starker Fremdenverkehr; Hauptort *Benidorm*.
**Costa Brava**, Küstenstreifen der NO-span. Prov. Gerona, von der span.-frz. Grenze im N bis Blanes im S; Badeorte: *Lloret de Mar, Tossa, San Felíu de Guixols, Palamos* u.a.; das *Cabo Creus* ist der östl. Punkt Spaniens.
**Costa de la Luz** [-'luθ], Küstenstreifen in Andalusien (SW-Spanien), zw. der port. Grenze u. Gibraltar; weite Sandstrände, Fremdenverkehr; Hauptort: *Cadiz*.
**Costa del Sol**, Küstenstreifen an der span. S-Küste, zwischen dem Cabo de Gata im O u. Gibraltar im W; starker Fremdenverkehr; Hauptorte: *Torremolinos, Marbella*.
**Costa Dorada**, Küstenstreifen im NO Spaniens, zwischen Malgrat u. dem Ebrodelta; Hauptorte: *Mataró, Castelldefels, Salou*.
**Costa e Silva**, Arturo da, *1902, †1969, brasil. General u. Politiker; 1967–69 Staats-Präs.; regierte seit 1968 diktatorisch.
**Costa Gomes** → Gomes.
**Costa Rica**, Staat in Zentralamerika, 51 100 km², 2,8 Mio. Ew., Hptst. *San José*. – Die vulkan. Kordillere (im Chirripó Grande 3820 m) trennt die feuchttrop., regenwaldbestandene Küstenebene des Atlantik von der ebenfalls feuchten pazif. Küstenebene. – Die spanisch sprechende Bevölkerung besteht zu 98 % aus Weißen u. lebt vorw. im zentralen Gebirgsbecken. – Die Landwirtschaft liefert für den Export Kaffee, Kakao, Zuckerrohr, Bananen, Palmölprodukte, Tabak, Baumwolle, Milch- u. Schlachtvieh sowie Edelhölzer. C. R. hat eine viel-

übernimmt ein Bedienroboter (rechts)

*Costa Rica*

seitige Konsumgüter-Ind. – Haupthäfen sind Limón u. Puntarenas.

Geschichte. Kolumbus betrat das Land 1502 u. gab ihm den Namen C. R. (»reiche Küste«). 1520 wurde es dem span. Generalkapitanat Guatemala eingegliedert. 1821 wurde es unabh. Durch wirtsch. u. kulturellen Aufbau wurde C. R. nach 1900 zum weitestentwickelten Staat Zentralamerikas. Obwohl sich seit den 70er Jahren soziale u. innenpolit. Spannungen mehren, besitzt C. R. eine funktionierende präsidiale Demokratie mit regelmäßigen Wahlen u. häufigem Wechsel der regierenden Partei.

**Coster,** Charles de, *1827, †1879, belg. Schriftst.; Wegbereiter der fläm. Erneuerung; Roman »Ulenspiegel«.

**Coswig, 1.** *C./Anhalt,* Stadt im Krs. Roßlau, in Sachsen-Anhalt, am rechten Elbufer, 11 200 Ew.; Nikolaikirche (13. Jh.); Chemiekombinat, Binnenhafen. – **2.** Stadt im Krs. Meißen, nw. von Dresden, 22 000 Ew.; Maschinen- u. Getriebebau; Heilstätten.

**cot,** Zeichen für *Cotangens;* → Winkelfunktionen.

**Côte d'Azur** [ko:tdaˈzy:r], die frz. → Riviera im Alpenbereich.

**Côte-d'Ivoire** [ko:tdiˈvwa:r] → Elfenbeinküste.

**Côte-d'Or** [ko:tˈdɔ:r], bis 638 m hohes Kalkplateau südl. von Dijon (O-Frankreich), die Heimat der besten Burgunderweine.

**Cotentin** [kɔtãˈtɛ̃], weit in den *Ärmelkanal* vorragende, flachwellige Halbinsel der Normandie.

**Cotonou** [kɔtoˈnu], Hptst. u. Haupthafen der W-afrik. Rep. Benin, Freihafen für die Rep. Niger, 478 000 Ew.; internat. Flughafen.

**Cotopaxi** [-xi:], der höchste tätige Vulkan der Erde, mit einer bis auf 4000 m herabreichenden Schnee- u. Eiskappe, in der Ostkordillere von Ecuador, 5897 m.

**Cotta,** Johann Friedrich (seit 1818 Frhr. *C. von Cottendorf*), *1764, †1832, dt. Verleger; Inhaber der Verlagsbuchhandlung C. in Tübingen (gegr. 1659); verlegte u.a. Werke von *Goethe* u. *Schiller.* Der Verlag (seit 1811 in Stuttgart) wurde 1977 von Verlag E. *Klett* übernommen.

**Cottage** [ˈkɔtidʒ], engl. Landhaus.

**Cottbus,** Stadt in der Niederlausitz, an der Spree, 129 000 Ew.; Hochschulen; Textilind.

**Cotti,** Flavio, *18.10.1939, schweiz. Politiker (CVP), seit 1987 Bundesrat (Dep. des Innern).

**Cotton** [ˈkɔtən], Baumwolle.

**Coty** [kɔˈti], René, *1882, †1962, frz. Politiker (Republikaner); seit 1953 Präs. der Rep.; setzte 1958 die Berufung de *Gaulles* zum Regierungschef durch, der ihm 1959 als Präs. folgte.

**Coubertin** [kubɛrˈtɛ̃], Pierre Baron de, *1863, †1937, frz. Historiker u. Sportführer; Begr. (1894) der neuzeitl. Olymp. Spiele; 1894–1925 Präs. des Internat. Olymp. Komitees.

**Couch** [kautʃ], Liegesofa mit niedriger Lehne.

**Coudenhove-Kalergi** [kudənˈho:və-], Richard Graf von, *1894, †1972, polit. Schriftst. fläm.-grch.-jap. Herkunft; Gründer der *Paneuropa-Bewegung.*

**Coué** [kuˈe], Émile, *1857, †1926, frz. Apotheker; heilte durch eine von ihm entwickelte Methode der bewußten Autosuggestion *(Couéismus).*

**Couleur** [kuˈlø:r], Farbe.

**Couloir** [kuˈlwa:r], Verbindungsgang.

**Coulomb** [kuˈlɔ̃], Charles Augustin de, *1736, †1806, frz. Physiker; entdeckte das *C.sche Gesetz:* Die zw. zwei elektr. Ladungen wirkende Kraft ist proportional dem Produkt der Ladungen u. umgekehrt proportional dem Quadrat ihres Abstands. Nach C. benannt ist die Einheit der Elektrizitätsmenge (Ladung), das *C.*

**Countdown** [kaunt'daun], bei Raketenstarts die Überprüfung der Vorbereitungen u. der Startdurchführung anhand einer Liste; i.e.S. das Abzählen von 10 bis 0 (Start).

**Country-music** [ˈkʌntri ˈmjuzik], urspr. die Volksmusik der weißen Siedler in den USA, die sich mit der Musik der Appalachen vermischte; seit den 1920er Jahren dem Schaugeschäft angepaßt.

**County** [ˈkaunti], in Großbrit. die Grafschaft als Verwaltungs- u. Gerichtsbezirk; in Irland u. Neuseeland der oberste Verwaltungsbezirk; in den Gliedstaaten der USA der mittlere Verwaltungs- u. Gerichtsbezirk.

**Coup** [ku], Schlag, Hieb, Streich, überraschende Unternehmung. – **C. d'état** [kudeˈta], Staatsstreich.

**Couperin** [kupəˈrɛ̃], François, gen. *C. le grand,* *1668, †1733, frz. Komponist (Cembalomusik); beeinflußte Bach u. Händel.

**Couplet** [kuˈple], leichtes, witzig-satir. Kabarettlied mit Refrain.

**Courbet** [kurˈbe], Gustave, *1819, †1877, frz. Maler u. Graphiker; Begr. des Realismus in der neueren frz. Malerei.

**Cournand** [kurˈnã], André Frédéric, *1895, †1988, US-amerik. Mediziner frz. Herkunft; Hauptarbeitsgebiet: Herzfehlerdiagnostik (Herzkatheder); Nobelpreis 1956.

**Courtage** [kurˈtaʒə], die Vermittlungsgebühr des Börsenmaklers.

**Courths-Mahler** [kurts-], Hedwig, *1867, †1950, dt. Schriftst. Ihre klischeehaften, illusionsfreudigen 205 Unterhaltungsromane wurden in mehr als 30 Mio. Bänden verbreitet.

**Courtoisie** [kurtwaˈzi:], Höflichkeit, Ritterlichkeit.

**Courtrai** [kurˈtrɛ] → Kortrijk.

**Cousin** [kuˈzɛ̃], Vetter; Sohn des Bruders oder der Schwester eines Elternteils. – **Cousine** [kuˈsi:nə], Base; Tochter des Bruders oder der Schwester eines Elternteils.

**Cousin** [kuˈzɛ̃], Victor, *1792, †1867, frz. Philosoph; verdient um den Einfluß des dt. Idealismus in Frankreich.

**Cousteau** [kuˈsto:], Jacques Yves, *11.6.1910, frz. Meeresforscher; Forschungen zur Unterwasser-Archäologie u. -Biologie.

**Couture** [kuˈty:r], Näherei, Schneiderei; → Haute Couture.

**Couve de Murville** [ku:vdəmyrˈvil], Maurice, *24.1.1907, frz. Politiker (Gaullist), 1958–68 Außen-Min., 1968/69 Prem.-Min.

**Covent Garden** [ˈkɔvənt ga:dn], Platz u. Opernhaus im Zentrum Londons.

**Coventry** [ˈkʌvəntri], Stadt in Mittel-England, 335 000 Ew.; anglikan. Bischofssitz; vielseitige Ind. – C. erlitt 1940/41 durch dt. Luftangriffe starke Zerstörungen.

**Covercoat** [ˈkʌvəkout], dichtgeschlossener, diagonal gewebter Kammgarnstoff aus Wolle.

**Covergirl** [ˈkʌvəgə:l], auf der Titelseite (*cover*) von Illustrierten abgebildetes attraktives Mädchen.

**Coward** [ˈkauəd], Noël Pierce, *1899, †1973, engl. Schriftst. (erfolgreiche amüsante Schauspiele).

**Cowboy** [ˈkauboi], berittener Viehhirte, bes. im W der USA; romant. Held von Büchern u. Filmen.

**Cox, 1.** David, *1783, †1859, engl. Maler (Aquarelle mit sturmbewegten Ldsch.). – **2.** Herald Red, *28.2.1907, US-amerik. Bakteriologe u. Serologe; entwickelte einen Polio-Impfstoff zur Schluckimpfung gegen spinale Kinderlähmung.

**Coyote** [kɔˈjo:tə], *Kojote, Präriewolf, Canis latrans,* hundeartiges Raubtier in den Steppen N- u. Mittelamerikas.

**CPU,** Abk. für engl. *central processing unit,* die Zentraleinheit, Hauptkomponente der Hardware eines Computers.

**Cr,** chem. Zeichen für *Chrom.*

**Crab-Nebel** [kræb-] → Krebsnebel.

**Crack** [kræk], **1.** erfolg- oder aussichtsreicher (u. daher oft eingebildeter) Sportler. – **2.** Rauschgift; Kokainbase, die geraucht wird.

**cracken** [ˈkrɛkən], Schweröle durch chem. Verfahren *(Crackprozeß)* zur Erhöhung der Benzinausbeute in Leichtöle umwandeln.

**Craig** [krɛig], Gordon, *26.11.1913, US-amerik. Historiker, schrieb mehrere Werke über dt. Geschichte.

**Crailsheim,** ba.-wü. Stadt an der Jagst, 25 000 Ew.; Pfarrkirche St. Johann (14. Jh.); Konfektionsbetriebe u. Maschinenbau.

**Craiova,** Hptst. des rumän. Kr. Dolj, in der Walachei, 260 000 Ew.; landw. Handel, versch. Ind.

**Cramm,** Gottfried von, *1909, †1976, dt. Tennisspieler; vielfacher dt. Meister.

**Cranach, 1.** Lucas d.Ä., *1472, †1553, dt. Maler u. Graphiker; einer der Hauptmeister der dt. Reformationszeit, Freund Luthers u. Melanchthons; 1504 vom sächs. Kurfürsten Friedrich dem Weisen als Hofmaler nach Wittenberg berufen; malte bes. Altarwerke, Madonnenbilder u. Bildnisse. – **2.** Lucas d.J., Sohn von 1), *1515, †1586, dt. Maler u. Graphiker; neben seinem Bruder Hans (†1537) zeitlebens in der väterl. Werkstatt tätig.

**Crane, 1.** Harold Hart, *1899, †1932 (Selbstmord), US-amerik. Lyriker (Großstadt-Gedichte). – **2.** Stephen, *1871, †1900, US-amerik. Schriftst. u. Journalist (Kurzgeschichten). – **3.** Walter, *1845, †1915, engl. Maler u. Kunstgewerbler; Präraffaelit.

**Cranko** [ˈkræŋkou], John, *1927, †1973, brit. Tänzer u. Choreograph; seit 1961 Leiter des Stuttgarter Balletts.

**Cranmer** [ˈkrænmə], Thomas, *1489, †1556, engl. Geistlicher, seit 1533 Erzbischof von Canterbury, führte die Reformation in England ein; 1553 von Maria der Kath. eingekerkert, 1556 als Ketzer verbrannt.

**Cranz,** Christl, *1.7.1914, dt. Skiläuferin; Olym-

Lucas Cranach d. Ä.: Das goldene Zeitalter. Oslo, Nasjonalgalleriet

piasiegerin 1936 in der alpinen Kombination, gewann bei Weltmeisterschaften 1934–41 insges. 14 Goldmedaillen.

**Craquelée** [krakəˈle], *Krakelüre,* das durch rasche Abkühlung der Glasur entstehende Netz haarfeiner Risse auf keram. Erzeugnissen.

**Crassus,** Marcus Licinius, *um 115 v. Chr., †53 v. Chr. (ermordet), röm. Politiker; schlug 71 v. Chr. den Sklavenaufstand des Spartacus nieder; schloß 60 v. Chr. mit Cäsar u. Pompeius das erste Triumvirat.

**Crawl** [krɔ:l], *Kraul,* ein Schwimmstil; → Schwimmen.

**Craxi,** Bettino, *24.2.1934, ital. Politiker (Sozialist), 1983–87 Min.-Präs.

**Crébillon** [-bi'jɔ̃], Claude Prosper Jolyot de, *1707, †1777, frz. Schriftst. (witzige erot. Romane).

**Credit,** *Haben,* die rechte Seite eines Kontos; auf ihr werden Gutschriften verbucht.

**Creek** [kri:k], nur zur Regenzeit wasserführendes Flußbett im W Nordamerikas u. in Australien.

**Creglingen,** ba.-wü. Stadt an der Tauber, 5400 Ew.; got. Herrgottskirche mit Marienaltar Riemenschneiders. – Stadtrecht 1349.

**Creme** [kre:m], **1.** *Krem,* Sahne, schaumartige Süßspeise. – **2.** Füllung für Pralinen. – **3.** sämige Suppe, rahmartige Sauce. – **4.** zur Haut-, Zahn-, Haar- oder Schuhpflege verwendete Salbe oder Paste. – **5.** *übertragen:* feine, erlesene Gesellschaft; etwas Auserlesenes. *Crème de la crème,* die oberste Gesellschaftsschicht.

**Cremer,** Fritz, *22.10.1906, dt. Bildhauer u. Graphiker (Monumentalplastiken im Sinne des sozialist. Realismus).

**Cremona,** ital. Stadt in der Lombardei, am Mittellauf des Po, Hptst. der gleichn. Prov., 77 000 Ew.; roman. Dom (12. Jh.) mit dem höchsten Glockenturm Italiens (111 m), zahlreiche Paläste u. Kirchen; im 16.–18. Jh. Zentrum des Geigenbaus *(Amati, Guarneri, Stradivari).*

**Crêpe** [krɛ:p], **1.** dünner kleiner Pfannkuchen. – **2.** *Krepp,* feiner, fließender Stoff mit mehr oder minder krauser Oberfläche; z.B. *C. georgette, C. marocain, C. satin.*

**Cres** [tsrɛs], ital. *Cherso,* jugoslaw. Insel in der nördl. Adria (Kvarner), 336 km², 4000 Ew.

**crescendo** [krɛˈʃendo], musikal. Vortragsbez.: anschwellend, lauter werdend.

**Creuse** [krø:z], r. Nbfl. der Vienne in Mittelfrankreich, 235 km.

**Creusot** [krøˈzo] → Le Creusot.

**Crevette** → Nordseegarnele.

**Crew** [kru:], **1.** Mannschaft, Besatzung. – **2.** die Offiziersanwärter der Marine desselben Einstellungsjahrgangs.

**Crewe** [kru:], W-engl. Stadt im südl. Cheshire, 52 000 Ew.; Bahnknotenpunkt; urspr. Eisenbahnersiedlung.

**Crick,** Francis Harry Compton, *8.7.1916, engl. Biochemiker; erforschte zus. mit J.D. *Watson* u. M.H.F. *Wilkins* die Molekularstruktur der Nucleinsäuren; Nobelpreis für Medizin 1962.

**Crimmitschau,** Ind.-Stadt im Krs. Werdau, in Sachsen, 27 000 Ew.; Textil- u. Maschinen-Ind.

**Cripps,** Sir Stafford, *1889, †1952, engl. Politiker (Labour Party); betrieb als Schatzkanzler 1947–50 eine Politik strenger Sparsamkeit *(Austerity).*

**Crispi,** Francesco, *1819, †1901, ital. Politiker; Mitkämpfer Garibaldis u. Cavours bei der Einigung Italiens, 1887–91 u. 1893–96 Min.-Präs.

**Cristallo,** *Monte C.,* ital. Doppelgipfel (3216 u. 3143 m) in den Dolomiten.

**Cristóbal,** Hafen u. Flottenstützpunkt der USA am atlant. Eingang des Panamakanals, gehört zur Kanalzone, 20 000 Ew.

**Cristofori,** Bartolomeo, *1655, †1731, ital. Klavierbauer; erfand das *Hammerklavier.*

**Crna Gora** [ˈtsrna:-] → Montenegro.

**Croce** [ˈkrotʃe], Benedetto, *1866, †1952, ital. Philosoph, Historiker, Politiker u. Kritiker; lehrte einen Vierstufenbau des Geistes: Intuition, Begriff, wirtsch. u. ethisches Handeln.

**Crô-Magnon** [kromaˈnjɔ̃], Höhle im Vézère-Tal (S-Frankreich), in der 1868 fünf menschl. Skelette der jüngeren Altsteinzeit (Aurignacien) gefunden wurden *(Cromagnon-Rasse).*

**Cromargan,** nichtrostende Legierung aus Stahl, Chrom u. Nickel.

**Cromlech,** vorgeschichtl., kreisförmig angeordnete Steinsetzung.

**Cromwell** [ˈkrɔmwəl], Oliver, *1599, †1658, engl. Politiker; strenger Puritaner; organisierte im Bürgerkrieg zw. König u. Parlament das Parlamentsheer u. trug zu dessen Siegen bei; stimmte für die Hinrichtung *Karls I.* (1649), wurde Vors. des Staatsrats u. 1653 »Lordprotektor« mit diktator. Vollmachten. Durch Siege über Holland u. Spanien stärkte er Englands Machtstellung. – Sein Sohn Richard wurde 1658 sein Nachf., aber schon 1659 gestürzt.

**Cronin** [ˈkrɔnin], Archibald Joseph, *1896, †1981, engl. Schriftst. (sozialkrit. Romane: »Die Zitadelle«, »Die Sterne blicken herab«).

**Crookes** [kru:ks], Sir William, *1832, †1919, engl. Physiker u. Chemiker; entdeckte das Thallium, erfand das Radiometer, forschte über Kathodenstrahlen.

**Crosby,** Bing (Harry L.), *1904, †1977, US-amerik. Schlagersänger u. Filmschauspieler.

**Cross-Country** [krɔsˈkʌntri], Querfeldeinrennen.

**Crotone,** das alte *Kroton,* ital. Hafenstadt an der O-Küste Kalabriens, 50 000 Ew.; Aufenthaltsort des Philosophen Pythagoras u. seiner Schule.

**Crotus Rubeanus** oder *Rubianus,* eigtl. Johann *Jäger,* *um 1480, †nach 1539, dt. Humanist; Mitarbeiter an den »Dunkelmänner-Briefen«.

**Croupier** [kruˈpje], Angestellter einer Spielbank, überwacht das Spiel, zieht die Bankgewinne ein u. zahlt die Spielgewinne aus.

**Croûtons** [kruˈtɔ̃], in Fett geröstete Weißbrotschnittchen.

**Croydon** [ˈkrɔidn], Stadtbez. im S von Greater London (seit 1963), Flughafen, 330 000 Ew.

**Crüger,** Johann, *1598, †1663, dt. Komponist u. Organist; komponierte viele (ev.) Choräle.

**Cruise Missile** [kru:s ˈmisail], *Marschflugkörper,* unbemannter Flugkörper mit Nuklearsprengkopf, der vorprogrammierte Ziele im Tiefstflug (unter dem gegner. Radarschirm hinweg) mit großer Genauigkeit trifft; Reichweite 2–3000 km.

**Crux,** Kreuz, Kummer, Schwierigkeit.

**Cruz e Sousa** [kru:s e ˈsu:za], João da, *1861, †1898, brasil. Schriftst.; der bedeutendste afrobrasil. Lyriker, Vertreter eines myst. Symbolismus.

**Crwth** [krutθ], kelt. Leier.

**Cs,** chem. Zeichen für *Cäsium.*

**Csárdás** [ˈtʃa:rdaʃ], ung. Nationaltanz, mit langsamer Einleitung u. feurigem Hauptteil; im ²/₄-Takt. Seine heutige Form entwickelte sich im 19. Jh.

**CSFR,** Abk. für *Československá Federatione Republika;* → Tschechoslowakei.

**Csokor** [ˈtʃɔ-], Franz Theodor, *1885, †1969, östr. Schriftst.; schrieb etwa 30 Dramen.

**CSU,** Abk. für *Christlich-Soziale Union.*

**ct.,** Abk. für *cum tempore;* → akademisches Viertel.

**Cu,** chem. Zeichen für *Kupfer.*

**Cuanza,** *Kuansa,* längster Fluß in Angola, 950 km.

**Cuba** → Kuba.

**Cúcuta,** *San José de C.,* N-kolumbian. Dep.-Hptst., Ind.-Zentrum nahe dem Catumbo-Ölfeld; 440 000 Ew.; Kaffeehandel. – 1875 durch Erdbeben zerstört.

**Cudworth** [ˈkʌdwə:θ], Ralph, *1617, †1688, engl. Philosoph; Hauptvertreter der *Schule von Cambridge.*

**Cuenca, 1.** span. Prov.-Hptst. in Neukastilien, auf steilen Felsen über dem tief eingeschnittenen Júcar u. Huécar, 40 000 Ew. – **2.** Hptst. des Dep. Azuay in Ecuador, 272 000 Ew.; Bischofssitz, Univ.

**Cuernavaca** [kuːɛr-], Hptst. des zentralmex. Bundesstaats Morelos, 310 000 Ew.; Kurort.

**Cugnot** [kyˈnjo], Nicolas Joseph, *1725, †1804, frz. Ingenieur; baute 1769 den ersten von einer Dampfmasch. getriebenen Straßenwagen (4 km/h schnell).

**Cui** [kjui], César, *1835, †1918, russ. Komponist frz.-litauischer Herkunft; gehörte zum »Mächtigen Häuflein« der nat.-russ. Schule.

**Cuiabá,** Hptst. des brasil. Staats Mato Grosso, 215 000 Ew.; Viehzuchtzentrum.

**cui bono?** [lat.], wem zum Nutzen?

**Cul de Paris** [kydəˈpaˈri], Gesäßpolster, später Reifengestell unter dem Kleid; Ende des 18. u. Ende des 19. Jh. in Mode.

**Culiacán,** Hptst. des W-mex. Bundesstaats Sinaloa, am Fluß C., in der pazif. Küstenebene, 325 000 Ew.

**Cullinan** [ˈkʌlinən], Bergbauort nordöstl. von Pretoria (Rep. Südafrika), 20 000 Ew.; 1905 Fund des bisher größten Diamanten *(C.-Diamant),* 3106 Karat.

*Fritz Cremer: Aufsteigender; 1966/67. Rostock, Kunsthalle*

**Culotte** [kyˈlɔt], enge Herrenkniehose des 18. Jh., galt im Unterschied zu den langen Hosen der Revolutionäre (»Sansculottes«) als aristokrat. Kleidungsstück.

**Cuma,** lat. *Cumae,* grch. *Kyme,* die älteste grch. Kolonialstadt in Italien, an der Küste Kampaniens, gegr. im 8. Jh. v. Chr.; Mutterstadt *Neapels.*

**Cumberland** [ˈkʌmbələnd], engl. Herzogstitel, seit 1799 erbl. im Haus Hannover.

**Cumberland** [ˈkʌmbələnd], *C.shire,* bergige, seenreiche Ldsch. *(Lake District)* in NW-England; bis 1974 Grafschaft (→ Cumbria).

**Cumberland River** [ˈkʌmbələnd ˈrivə], l. Nbfl. des Ohio (USA), 1100 km.

**Cumberland-Soße** [ˈkʌmbələnd-], dickflüssige Gewürztunke zum kalten Wild.

**Cumbre,** *Paso de la C., Uspallata-Paß,* chilen.-argent. Andenpaß, südl. des Aconcagua, 3842 m.

**Cumbria** [ˈkʌmbriə], Gft. in NW-England, 6808 km², 483 000 Ew., Hptst. *Carlisle;* 1974 aus Teilen von Cumberland, Lancashire u. Westmorland gebildet.

**cum grano salis** [lat.], »mit einem Korn Salz«, d.h. mit Einschränkung, nicht wörtlich.

**cum laude,** gut (Zensur bei der Doktorprüfung).

**Cummerbund,** breiter Atlas- oder Seidengürtel, zum Dinner-Jackett u. Smoking getragen.

**Cummings** [ˈkʌ-], Edward Estlin, *1894, †1962, US-amerik. Schriftst. (mit den sprachl. Formen spielende Lyrik), u. Maler.

**cum tempore,** Abk. c.t. → akademisches Viertel.

**Cumulonimbus** → Wolken.

**Cumulus** → Wolken.

**Cuna,** *San-Blas-Indianer,* Stamm der Chibcha-Indianer an der Atlantikküste Panamas u. in NW-Kolumbien.

**Cunard** [kjuˈna:d], Sir Samuel, *1787, †1865, brit. Reeder; begr. 1840 die transatlant. Dampfschiffahrt nach den USA *(C.-Line).*

**Cunene,** Fluß in SW-Angola, rd. 1200 km, bildet im Unterlauf die Grenze zu Namibia.

**Cuneo,** ital. Prov.-Hptst. in Piemont, an der Stura di Demonte, 55 000 Ew.

**Cunhal** [ˈkunjal], *10.11.1913, port. Politiker, seit 1961 Generalsekretär der Kommunist. Partei.

**Cunnilingus,** die der *Fellatio* entsprechende Reizung der weibl. Geschlechtsteile *(Cunnus)* mit Mund u. Zunge.

**Cunnus,** die äußeren weibl. Geschlechtsteile.

**Cuno,** Wilhelm, *1876, †1933, dt. Reeder (Hapag) u. Politiker; Reichskanzler 1922/23; verkün-

*Marie Curie*

dete gegen die frz. Ruhrbesetzung 1923 den passiven Widerstand.
**Cup** [kʌp], Becher, Pokal.
**Cupal**, *Kupal*, mit Kupfer plattiertes Aluminiumblech; in der Elektrotechnik verwendet.
**Cupido**, altröm. Liebesgott, entspricht z.T. dem grch. Gott *Eros*.
**Curaçao** [kyra'sa:o], Likör aus den Schalen der von der Insel *C.* stammenden Pomeranzen.
**Curaçao** [kyra'sou], Insel der Ndl. Antillen (Inseln unter dem Winde) vor der Küste Venezuelas, 443 km², 165 000 Ew., Hptst. *Willemstad*.
**Curare**, ein Pfeilgift, das die südamerik. Indianer im Stromgebiet des Orinoco u. Amazonas aus der Rinde von Strychnosarten gewinnen. C. wirkt, wenn es direkt in die Blutbahn gelangt, lähmend auf die Muskulatur.
**Curé** [ky're], in Frankreich der kath. Geistliche.
**Curie** [ky'ri], Zeichen Ci, Einheit der (radiolog.) Aktivität eines radioaktiven Strahlers. 1 Ci ist diejenige Aktivität eines radioaktiven Stoffs, bei der $3{,}7 \cdot 10^{10}$ Zerfallsakte in der Sekunde stattfinden. C. wurde ersetzt durch → Becquerel.
**Curie** [ky'ri], frz.-poln. Gelehrtenfamilie: **1.** Eve, Tochter von 3) u. 4), *6.12.1904, Musikerin u. Schriftst. – **2.** Irène *Joliot-C.,* Tochter von 3) u. 4), *1897, †1956, Physikerin; erhielt mit ihrem Mann F. *Joliot* 1935 den Nobelpreis für die Entdeckung der künstl. Radioaktivität. – **3.** Marie, geb. *Skłodowska*, *1867, †1934, Chemikerin; entdeckte 1898 mit ihrem Mann Pierre C. die radioaktiven Elemente Polonium u. Radium; 1903 mit ihm Nobelpreis für Physik, 1911 allein Nobelpreis für Chemie. – **4.** Pierre, *1859, †1906, Physiker; seit 1895 verh. mit Marie C.; untersuchte die magnet. Eigenschaften der Körper, die Piezoelektrizität von Kristallen u. radioaktive Elemente; 1903 Nobelpreis zus. mit 3).
**Curitiba**, Hptst. des S-brasil. Bundesstaats Paraná, 1 Mio. Ew.; älteste staatl. Univ. Brasiliens; Erzbischofssitz.
**Curium**, ein radioaktives → chemisches Element.
**Curling** ['kə:-], aus Schottland stammendes Eisspiel zwischen zwei Mannschaften zu je 4 Spielern, die versuchen, 20 kg schwere C.-Steine möglichst nahe an das Ziel *(tee)* zu schieben u. gleichzeitig gegner. Steine von dort wegzustoßen.
**Currency** ['kʌrənsi], engl. Bez. für Währung, gesetzl. Zahlungsmittel.
**Curriculum**, der *Lehrplan*, der die Unterrichtsziele, die Unterrichtsorganisation u. die Methode, mit denen die Bildungsziele in den einzelnen Fächern erreicht werden sollen, bestimmt.
**Curriculum vitae**, Lebenslauf.
**Curry** ['kœri], aus Indien stammende scharfe Gewürzmischung aus gelbem Curcumapulver, Cardamom, Koriander, Ingwer, Kümmel, Muskatblüte, Nelken, Pfeffer u. Zimt.
**Cursor** ['kə:rsər], bewegl. Leuchtmarkierung auf dem Computer-Bildschirm.
**Curtis** ['kə:tis], Edward S., *1868, †1925, US-amerik. Photograph (photograph. Dokumentation indian. Lebensformen).
**Curtius, 1.** Ernst, *1814, †1896, dt. Archäologe; Leiter der dt. Ausgrabungen in Olympia. – **2.** Ernst Robert, Enkel von 1), *1886, †1956, dt. Romanist; erforschte das Fortleben der antiken Rhetorik im europ. Schrifttum des MA. – **3.** Georg, Bruder von 1), *1820, †1885, dt. Altphilologe; verschaffte der vergleichenden Sprachwiss. Eingang in die klass. Philologie. – **4.** Julius, Neffe von 6), *1877, †1948, dt. Politiker (Dt. Volkspartei); 1929–31 Außen-Min. – **5.** Ludwig, *1874, †1954, dt. Archäologe; Direktor des Dt. Archäolog. Instituts in Rom 1928–37. – **6.** Theodor, *1857, †1928, dt. Chemiker; entdeckte das Hydrazin, die Diazoverbindungen u. die Stickstoffwasserstoffsäure.
**Curzon** [kə:zn], George, Earl (1911), Marquess (1921) *C. of Kedleston*, *1859, †1925, engl. Politiker (konservativ); 1899–1905 Vizekönig von Indien, 1919–24 Außen-Min. – **C.-Linie**, 1921 beim russ.-poln. Waffenstillstand festgelegte Demarkationslinie (Grodno-Brest-Litowsk-Sokoły-Przemyśl). Polen erreichte im Frieden von Riga (1921) eine günstigere Linie. Nach dem 2. Weltkrieg wurde die C.-Linie mit kleinen Abweichungen der UdSSR als Grenze zugestanden.
**Cusanus** → Nikolaus von Kues.
**Cushing** ['kʌʃiŋ], Harvey, *1869, †1939, US-amerik. Chirurg. – **C.sche Krankheit**, durch eine Geschwulst hervorgerufene Überfunktion der Nebennierenrinde, die u.a. Fettsucht u. hohen Blutdruck verursacht.
**Custoza**, *Custozza*, oberital. Dorf sö. vom Gardasee; bekannt durch Siege der Österreicher über die Italiener 1848 u. 1866.
**Cut** [kœt; engl. kʌt] *Cutaway*, Gehrock mit langen, vorn abgerundeten Schößen.
**Cuticula** → Kutikula.
**Cuttack** ['katak], *Katak*, größte Stadt u. ehem. Hptst. des ind. Bundesstaats Orissa, 330 000 Ew.
**Cutter** ['kʌtər], beim Film u. Fernsehen der Schnittmeister.
**Cuvée** [ky've], Verschnitt (Mischung) junger Weine bei der Sektherstellung.
**Cuvier** [ky'vje], Georges Baron de, *1769, †1832, frz. Zoologe u. Paläontologe; entwickelte durch vergleichende Anatomie ein natürl. System der Tiere; stellte die *Katastrophentheorie* auf, derzufolge konstante Arten einer Erdepoche jeweils durch Katastrophen vernichtet u. in einem Schöpfungsakt durch neue Arten ersetzt werden.
**Cuvilliés** [kyvi'lje], François de (d.Ä.), *1695, †1768, frz. Architekt u. Dekorateur; in München seit 1725 als Kurfürstl. Hofbaumeister tätig.
**Cuxhaven**, Krst. in Nds. an der Mündung der Elbe in die Nordsee, 60 000 Ew.; Seehafen, Hochseefischerei, Fischverarbeitung, Schiffbau.
**Cuyp** [kœyp], Aelbert, *1620, †1691, ndl. Maler; Hauptmeister der klass. holländ. Landschaftsmalerei.
**Cuza** ['kuza], Alexandru Iona I., *1820, †1873, erster gewählter Fürst Rumäniens (1859); 1866 von den Bojaren gestürzt.
**Cuzco** ['kuθko], peruan. Dep.-Hptst. in den Anden, 3470 m ü.M., 180 000 Ew.; Univ. (1692). – 1100–1533 Hptst. des Inka-Reichs in Peru, gliedert in *Hanan-C.* (Ober-C.) u. *Hurin-C.* (Unter-C.).
**CV.,** Abk. für *Cartellverband dt. kath. farbentragender Studentenverbindungen;* → Studentenverbindungen.

*Curling: Der »Skip« steht im »Haus« (drei Farbringe) und dirigiert seine Mitspieler. Durch Wischen mit den Besen wird ein Wasserfilm erzeugt, auf dem die Curlingsteine besser gleiten*

**CVJM** Abk. für *Christlicher Verein junger Menschen,* z.T. noch *Christl. Verein junger Männer,* Zweig der 1855 gegr. *Young Men's Christian Association* (YMCA), urspr. ev., später auch überkonfessionell mit christl.-missionar. u. soz. Zielen in der Jugendarbeit.
**CVP** Abk. für *Christlich-demokratische Volkspartei* (Schweiz).
**$c_w$-Wert**, *Luftwiderstandsbeiwert,* im Windkanal ermittelte Zahl, mit der der Luftwiderstand eines Fahrzeugs angegeben wird. Der Mittelwert heutiger Autos beträgt 0,45.
**Cyan**, *Dicyan,* $(CN)_2$, beim Erhitzen von Quecksilbercyanid entstehendes, sehr giftiges Gas.
**Cyanate**, die Salze der *Cyansäure* HOCN.
**Cyanide**, die Salze der *Cyanwasserstoffsäure* (→ Blausäure). Sie reagieren stark alkalisch, riechen nach Blausäure u. sind sehr giftig.
**Cyankali**, *Kaliumcyanid, Zyankali,* ein Salz der *Blausäure,* chem. Formel KCN; sehr giftig; als Lösungsmittel für Gold u. in der Galvanoplastik verwendet.
**Cyanobakterien**, *Blaualgen,* einzellige Organismen ohne echten Zellkern, enthalten Chlorophyll u. sind zur Photosynthese fähig, deshalb früher zu den Algen gezählt.
**Cyborg** [Kunstwort aus engl. *cybernetik organism],* ein Mensch, bei dem Organe durch techn. Geräte ersetzt sind (hypothet. Projekt).
**Cyclamate**, *Zyklamate,* eine Gruppe von Süßstoffen, meist Natrium- oder Calciumsalze der Cyclohexylsulfaminsäure. Die Süßkraft eines Cyclamats ist etwa 35mal stärker als die von Saccharose.
**Cyclamen** → Alpenveilchen.
**cyclische Verbindungen** → zyklische Verbindungen.
**Cymophan**, ein Edelstein, Varietät des *Chrysoberylls.*
**Cynewulf** ['ky-], angelsächs. Dichter im 8. Jh.
**Cypern** → Zypern.
**Cypress Hills** ['saiprəs-], SW-kanad. Bergland, 1466 m.
**Cyprian von Karthago**, *nach 200, †258, frühchristl. Kirchenschriftst.; seit 248 Bischof von Karthago; Märtyrer in der valerian. Verfolgung (Fest: 16.9.).
**Cyrankiewicz** [tsiraŋ'kjeviʃ], Józef, *1911, †1989, poln. Politiker (urspr. Sozialist, dann Kommunist); 1947–52 u. 1954–70 Min.-Präs., 1970–72 Vors. des Staatsrates (Staatsoberhaupt).
**Cyrano de Bergerac** [sira'noðəbɛrʒə'rak], Savinien de, eigtl. Hector-Savinien *Cyrano,* *1619, †1655, frz. Schriftst.; Vorläufer der frz. Aufklärung, schrieb Stücke u. phantast. Erzählungen.
**Cyrenaica**, *Kyrenaika,* Halbinsel *(Barqa)* in N-Afrika u. Teilgebiet von Libyen, östl. der Großen Syrte, 806 500 km², Hauptort *Bengasi*.
**Cyriacus**, Märtyrer in Rom wohl um 309; einer der 14 Nothelfer.
**Cyrillus** → Kyrillos und Methodios.
**Cystein**, schwefelhaltige, feste Aminosäure für medizin. Anwendungen, z.B. bei Infektionen.
**Cysticercose**, durch Finnen *(Cysticercus)* verursachte Krankheit der Zwischenwirte des Bandwurms.
**Cystin**, das Disulfid des *Cysteins;* im tier. u. menschl. Körper ein wichtiges Spaltprodukt von Eiweißstoffen u. Hauptbestandteil des *Keratins* der Häute, Federn, Haare u. Nägel.
**Czernin** ['tʃɛrnin], Ottokar Graf *C. von und zu Chudenitz,* *1872, †1932, östr.-ung. Politiker; 1916–18 Außen-Min., schloß für Östr. den Frieden von Brest-Litowsk.
**Czernowitz** → Tschernowitz.
**Czerny** ['tʃɛrni], **1.** Adalbert, *1863, †1941, dt. Kinderarzt; einer der Begr. der modernen Kinderheilkunde. – **2.** Carl, *1791, †1857, östr. Pianist, Komponist u. Musikpädagoge; Schüler *Beethovens.*
**Czerny-Stefańska**, Halina, *30.12.1922, poln. Pianistin.
**Częstochowa** ['tʃɛstɔxɔva] → Tschenstochau.
**Czibulka** [tʃi-], Alfons Frhr. von, *1888, †1969, östr. Schriftst. (Romane u. Biographien aus altöstr. u. friderizian.-theresian. Zeit).
**Cziffra** ['tʃifra], György, *5.9.1921, frz. Pianist ung. Herkunft.
**Czinner** ['tsi-], Paul, *1890, †1972, ung. Filmregisseur u. -produzent.
**Czochralski-Verfahren** [tʃɔ'xral-], Verfahren zur Einkristallherstellung; ein Keim wird in die Schmelze getaucht u. mit konstanter Geschwindigkeit unter ständigem Drehen herausgezogen.

# D

**d, D,** 4. Buchstabe des Alphabets, entspricht dem grch. *Delta* (δ, Δ).
**D, 1.** chem. Zeichen für *Deuterium.* – **2.** an Autos Nationalitätszeichen für *Bundesrepublik Deutschland.* – **3.** röm. Zahlzeichen für 500.
**D.,** Abk. für *Doktor der ev. Theologie* (ehrenhalber).
**D2-MAC,** europ. Übertragungsform für Satelliten- u. Kabelprogramme, bei der Farb- u. Helligkeitssignal zeitl. versetzt werden.
**DA,** Abk. für *Demokratischer Aufbruch.*
**Dabie Shan,** *Tapie Schan,* ostchin. Gebirgszug, trennt die Große Ebene vom Becken des Chang Jiang um Wuhan, bis 1860 m.
**Dąbrowa Górnicza** [dãbrɔva gur'nitʃa], *Dombrowa Gora,* poln. Stadt nordöstl. von Kattowitz, 60 000 Ew.; Zentrum des *Dombrower Kohlenbeckens.*
**Dąbrowska** [dã'brɔf-], *Dombrowska,* Maria, *1889, †1965, poln. Schriftstellerin, W »Nächte u. Tage« (Generationenroman).
**da capo,** »von vorn«, in der Musik Anweisung zur Wiederholung eines Abschnitts.
**Dacca** → Dhaka.
**Dach,** die Abdeckung von Gebäuden gegen Regen, Schnee, Wind, Hitze u. Kälte. Auf dem hölzernen oder stählernen Tragwerk (*D.stuhl*) ruht die *D.deckung* (*D.haut*), die *weich* (Bretter, Schindeln, Stroh, Schilfrohr) oder *hart* (Schiefer, D.ziegel, Metall, D.pappe) sein kann.
**Dach,** Simon, *1605, †1659, dt. Barocklyriker; (schlichte Lieder u. Choräle im luth. Geist).
**Dachau,** oberbay. Krst. nw. von München, westl. des *D.er Moos* (heute fast vollständig kultiviert), 33 000 Ew. – Bei D. bestand 1933–45 eines der berüchtigten nat.-soz. Konzentrationslager; Gedenkstätte.
**Dachgesellschaft,** bei Konzernen eine Gesellschaft (AG oder GmbH), die gewöhnl. nicht selbst produziert, sondern nur die Aktien der Tochtergesellschaften verwaltet, die einheitl. Geschäftspolitik des Konzerns sichert u. die Finanzierung durchführt.
**Dachpappe,** mit Teer oder Bitumen imprägnierte, mit einer Deckmasse überzogene u. mit Sand bestreute Pappe für Zwecke der Bauwirtschaft.
**Dachreiter,** Türmchen auf dem Dachfirst von Gebäuden, häufig mit Glocke oder Uhr.
**Dachs,** *Melinae,* Unterfam. der *Marder* mit 8 Ar-

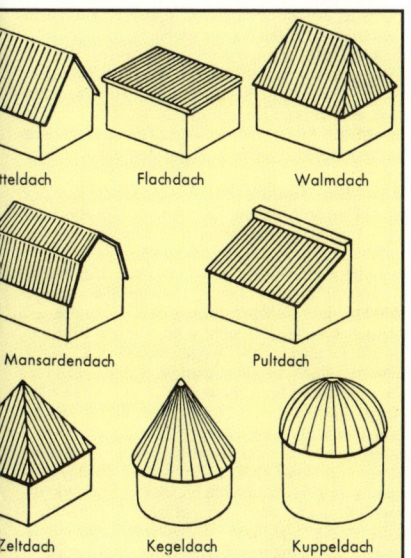

*Dachformen*

*Dachs*

ten. Der D. ist 75 cm lang, graugelb mit weißen u. schwarzen Streifen an Kopf u. Hals; nährt sich von Pflanzen, Früchten u. Kleintieren; nächtl. aktiv, verbringt den Tag im selbstgegrabenen Bau; hält eine Winterruhe (keinen echten Winterschlaf).

**Dachsberg,** Gipfel im Oberpfälzer Wald, östl. von Oberviechtach, 890 m.
**Dachshund** → Dackel.
**Dachsriegel,** Berg im Hinteren Oberpfälzer Wald, 828 m.
**Dachstein-Gruppe,** Gebirgsmassiv im Salzkammergut (Östr.); höchste Gipfel: *Hoher Dachstein* 2996 m, *Torstein* 2948 m, *Großer Koppenkarstein* 2865 m.
**Dachstuhl** → Dach.
**Dachziegel,** gebrannte, flächige Bauelemente aus Lehm, Ton oder tonigen Massen.
**Dackel,** *Teckel, Dachshund,* krumm- u. kurzbeinige, langgestreckte Jagdhundrasse für die Fuchs-, Dachs- u. Kaninchenjagd.
**Dacko,** David, *24.3.1932, afrik. Politiker; 1960–66 Präs. der Zentralafrik. Republik, von J. B. *Bokassa* gestürzt; nach dessen Sturz 1979–81 erneut Präs.
**Dacqué** [da'ke], Edgar, *1878, †1945, dt. Naturwissenschaftler u. Philosoph; gelangte von der Paläontologie zur Mythenforschung.
**Dadaismus,** eine 1916 begr. internat. künstler. Bewegung, die aus Protest gegen die konventionelle bürgerl. Kultur eine Hinwendung zum scheinbar Sinnlosen, Läppischen, Nichtssagenden forderte. Als Ausdrucksform bevorzugte man Collagen (Klebebilder). Wichtigste Vertreter: Hans *Arp,* Hugo *Ball,* Marcel *Duchamp,* Max *Ernst,* George *Grosz,* Richard *Huelsenbeck,* Marcel *Janco,* Francis *Picabia,* Kurt *Schwitters,* Tristan *Tzara.*
**Dädalus** → Daidalos.
**Daejon** [tɛdʒʌn], *Tädschon,* Stadt im Innern S-Koreas, 867 000 Ew.
**Daffinger,** Moritz Michael, *1790, †1849, östr. Maler u. Graphiker (biedermeierl. Bildnisminiaturen).
**DAG,** Abk. für *Deutsche Angestellten-Gewerkschaft.*
**Dagerman,** Stig, *1923, †1954 (Selbstmord), schwed. Schriftst.; gestaltete die Lebensangst des modernen Menschen.
**Dagestan,** *D.ische ASSR,* autonome Sowjetrep. in der RSFSR, an der W-Seite des Kasp. Meers, vom Kaukasus-Kamm bis zur unteren Kuma, 50 300 km², 1,7 Mio. Ew., Hptst. *Machatschkala.* Obst-, Wein- u. Ackerbau; Viehwirtschaft; Erdölu. Erdgasvorkommen.
**Dagö,** estn. *Hiiumaa,* russ. *Chiuma,* zweitgrößte estn. Ostsee-Insel, nördl. von Ösel, 965 km², 15 000 Ew.; im W die Halbinsel *Keppo (Köpu)* mit Kap u. Leuchtturm *Dagerort;* seit 1940 sowjetisch.

**Dagobert,** Name mehrerer Frankenkönige aus dem Geschlecht der *Merowinger* (7. Jh.).
**Dagomba,** Sudan-Reitervolk (175 000) u. ehem. Negerreich am Weißen Volta.
**Dagover,** Lil, *1897 (n. a. A. 1888), †1980, Schauspielerin (Film, Fernsehen).
**Daguerre** [da'gɛːr], Louis Jacques Mandé, *1787, †1851, frz. Maler; erfand 1838/39 das erste prakt. verwendbare photograph. Verfahren, die *Daguerreotypie.*
**Dahabije,** gedecktes, besegeltes Nilschiff.
**Dahl, 1.** Johan Christian Clausen, *1788, †1857, norweg. Maler. – **2.** Roald, *13.9.1916, engl. Schriftst. (spannende, von »schwarzem Humor« geprägte Erzählungen).
**Dahlem,** Ortsteil u. Villenvorort im Westberliner Bezirk Zehlendorf.
**Dahlem,** Franz, *1891, †1982, dt. Politiker (SED), 1949–53 Mitgl. des Politbüros, als Rivale W. *Ulbrichts* entmachtet.
**Dahlgrün,** Rolf, *1908, †1969, dt. Politiker (FDP); 1962–66 Bundesfin.-Min.
**Dahlie,** *Georgine,* Gatt. der *Korbblütler,* beliebte Zierpflanze.
**Dahlke,** Paul, *1904, †1984, dt. Schauspieler (Characterdarsteller).

*Dahlie: gefüllte Kaktus-Dahlie*

**Dahlmann,** Friedrich Christoph, *1785, †1860, dt. Historiker u. Politiker; einer der »Göttinger Sieben«; begr. die »Quellenkunde der dt. Gesch.«; 1948 Abg. der Frankfurter Nat.-Versammlung.
**Dahme, 1.** Ostseebad im O der Halbinsel Wagrien, 2500 Ew. – **2.** l. Nbfl. der Spree in Brandenburg, 100 km; im Unterlauf *Wendische Spree.*
**Dahn,** Felix, *1834, †1912, dt. Schriftst. u. Historiker; befaßte sich mit der Gesch. der Germanen; schrieb vielgelesene histor. Romane (»Ein Kampf um Rom«).
**Dahomey** [dao'me:] → Benin.
**Dahrendorf,** Ralf, *1.5.1929, dt. Soziologe u. Politiker (FDP); 1969/70 parlamentar. Staatssekretär im Auswärtigen Amt, 1970–74 Mitgl. der EG-Kommission; seit 1987 Rektor des St. Anthony's College in Oxford.
**Daidalos,** *Dädalus,* sagenhafter grch. Baumeister, baute für König *Minos* auf Kreta das Labyrinth. Da Minos ihn nicht wieder freiließ, fertigte er für sich u. seinen Sohn *Ikaros* Flügel aus Federn u. Wachs u. entfloh durch die Luft. Ikaros flog der Sonne zu nahe, das Wachs schmolz, er fiel ins Wasser u. ertrank.
**Dáil Eireann** [da:l'ɛːrin], die irische Volksvertretung (Repräsentantenhaus u. Senat).
**Daimler,** Gottlieb, *1834, †1900, dt. Ingenieur; baute mit W. *Maybach* den ersten 100-PS-Gasmotor u. 1883 in Cannstatt einen Verbrennungsmotor, der 1885 im ersten Motorrad, 1886 im ersten

**174 Dajak**

*Dalai Lama (der 14.)*

D.-Auto erprobt wurde; gründete 1890 die *D.-Motoren-Gesellschaft* in Cannstatt (seit 1904 in Untertürkheim), die sich 1926 mit der *Benz & Cie. AG* (gegr. 1883 von K. F. *Benz*) zur *D.-Benz AG* zusammenschloß.

**Dajak,** die etwa 2 Mio. malai. Einwohner auf Borneo; zahlreiche sprachl. u. kulturell unterschiedl. Stämme.

**Dajan** → Dayan.

**Dakar,** größter Handelshafen von Westafrika, Ind.-Zentrum u. Hptst. der Republik Senegal, 1,2 Mio. Ew.

**Dakien,** *Dacia,* im Altertum das von den indogerman. *Dakern* bewohnte Gebiet nördl. der unteren Donau (etwa das heutige Rumänien), 106–271 röm. Provinz.

**Dakota,** nach einem Indianerstamm der Sioux benanntes Territorium der USA, seit 1889 geteilt in die Staaten North Dakota, South Dakota.

**Daktyloskopie,** die Identifizierung eines Menschen durch den *Fingerabdruck*.

**Daktylus,** ein Versfuß aus einer langen Silbe u. zwei kurzen Silben: – ⌣⌣

**Daladier** [-'dje], Édouard, *1884, †1970, frz. Politiker (Radikalsozialist); 1933/34 u. 1938–40 Min.-Präs.; Mitunterzeichner des *Münchner Abkommens* (1938).

**Dalai-Lama,** Titel des früher in Lhasa residierenden Oberhaupts des tibet. Lamaismus; gilt als Verkörperung göttl. Wesenheiten. Der derzeitige 14. D. (*6.6.1935) ging nach einem Aufstand gegen die chin. Herrschaft 1959 nach Indien ins Exil. Er erhielt 1989 den Friedensnobelpreis.

**Dalälven,** längstes schwed. Flußsystem; Quellflüsse sind *Öster-* u. *Väster-D.;* mündet sö. von Gävle, 520 km.

**Dalarna,** *Dalekarlien,* waldige Gebirgslandschaft um den Siljansee in Mittelschweden, wichtigster Ort *Falun.*

**Dalberg, 1.** Karl Theodor von, *1744, †1817, 1802–13 letzter Kurfürst (Erzbischof) von Mainz, seit 1806 Fürstprimas u. Haupt des *Rheinbunds,* 1810–13 Großherzog von Frankfurt, danach Erzbischof von Regensburg. – **2.** Wolfgang Heribert von, Bruder von 1), *1750, †1806, dt. Theaterleiter; 1778–1803 Intendant des Nationaltheaters in Mannheim, förderte *Schiller* (1782 Uraufführung der »Räuber«).

**Dalbergia,** Gatt. der *Schmetterlingsblütler,* liefert das *Palisanderholz.*

**d'Albert** [dal'bɛːr], Eugen → Albert.

**Dale** [dɛil], Sir Henry Hallet, *1875, †1968, engl. Physiologe; wies die Wirksamkeit chem. Stoffe (»Übertragerstoffe«) bei der Nervenerregungsübertragung nach; Nobelpreis 1936.

**d'Alembert** [dalã'bɛːr] → Alembert.

**Dalén,** Nils Gustaf, *1869, †1937, schwed. Physiker u. Ingenieur; Erfinder des selbsttätigen *D.-Blinklichts* für Leuchttürme; Nobelpreis 1912.

**Dalfinger,** Ambrosius, *1500, †1532, dt. Eroberer; ging für die *Welser* nach Venezuela.

**Dali,** Salvador, *1904, †1989, span. Maler; entwickelte einen effektreichen Surrealismus; zeigt in seinen Gemälden eine absurde Bildwelt von Träumen.

**Dalian** [daliɛn], *Dairen,* chin. Seehafen auf der Halbinsel Liaoning, Stadtteil von *Lüda,* 1,6 Mio. Ew.

**Dallapiccola,** Luigi, *1904, †1975, ital. Komponist; verband Zwölftontechnik mit kantabler Melodik.

**Dallas** ['dæləs], Stadt im NO von Texas (USA), am Trinity River, 974 000 Ew.; methodist. Univ.; Baumwollmarkt, vielseitige Ind., Verkehrsknotenpunkt. – 22.11.1963 Ermordung Präs. J. F. *Kennedys* in D.

**Dalmatien,** reichgegliederte jugoslaw. Küstenlandschaft am Adriat. Meer, zw. der Insel Pag u. dem Shkodër-See. Haupthäfen sind *Split* u. *Zadar.* – D. wurde im 1. Jh. v. Chr. von den Römern unterworfen. Im 6./7. Jh. v. Chr. drangen im N *Kroaten,* im S *Serben* ein. Im MA war D. zw. Venedig u. Ungarn umkämpft. Im 15. Jh. begann die türk. Eroberung. 1797–1919 gehörte D. zu Östr., seither zu Jugoslawien.

**Dalmatika,** liturg. Gewand mit weiten Ärmeln, das bei der kath. Meßfeier vom Diakon als Obergewand getragen wird.

**Dalmatiner,** Jagdhundrasse, glatthaarig, weiß mit schwarzen oder braunen Flecken.

**Dalsland,** *Dal,* wald- u. seenreiches Bergland in S-Schweden, westl. der Vänern.

**Dalton,** John, *1766, †1844, engl. Chemiker u. Physiker; begr. die moderne *Atomtheorie;* formulierte grundlegende chem. u. physikal. Gesetze (Gewichtsverhältnisse von Verbindungen, Druck von Gasgemischen); entdeckte die *Rotgrünblindheit (D.ismus).*

**Dam,** Henrik, *1895, †1976, dän. Biochemiker; entdeckte 1934 das Vitamin $K_1$; Nobelpreis für Medizin 1943 (mit E. *Doisy*).

**Daman,** 1558–1961 port. Kolonie *(Damão);* am Golf von Khambhat (Indien); 1962–87 mit *Goa* u. *Diu* ind. Unionsterritorium; seit 1987 Bundesstaat (→ Indien).

**Damaschke,** Adolf, *1865, †1935, dt. Volkswirt, führend in der Bewegung für eine *Bodenreform.*

**Damaskinos,** eigtl. Dimitrios *Papandreou,* *1891, †1949, grch. Erzbischof u. Politiker; geistiger Führer der rechtsgerichteten Widerstandsbewegung im 2. Weltkrieg.

**Damaskus,** Hptst. von Syrien, in der Ghuta-Oase am SW-Rand des Antilibanon, 1,3 Mio. Ew.; Handels- u. Verkehrszentrum; Univ.; Omajjadenmoschee. – Im 15. Jh. v. Chr. erstmals erwähnt; 64 v. Chr. zum Röm. Reich; 635 von den Arabern erobert, unter den Omajjaden 661–750 Hptst. des Islamischen Reichs; im 12. Jh. Residenz Saladins, 1260 bei den Mamluken, 1516–1918 türkisch.

**Damast,** bindungsgemustertes Gewebe aus Baumwolle, Leinen, Seide u.a. Beim echten D. ist für das gleichmäßige Abbinden eine bes. Vorrichtung zum Jacquardstuhl notwendig.

**Damaszierung,** Verfahren zur Herstellung von Stahlklingen *(Damaszener Klingen),* wobei Stäbe unterschiedl. Härte u. Dicke schraubenartig verschweißt u. durch Hämmern gestreckt werden, so daß die Nahtlinien Muster ergeben.

**Dame, 1.** im gesellschaftl. Umgang Bez. für eine weibl. Person. – **2.** im *Schachspiel* die Königin, im frz. *Kartenspiel* die dritthöchste Karte, zw. König u. Bube. – **3.** Brettspiel auf dem Schachbrett zw. 2 Spielern mit je 12 Steinen, die auf den schwarzen Feldern schräg gegeneinander gezogen werden.

*Salvador Dali: Brennende Giraffe; 1935. Basel, Kunstmuseum*

**Damhirsch,** ein Hirsch mit schaufelartig verbreitertem Geweih u. weißgelben Flecken im Fell.

**Damietta,** unterägypt. Stadt an der Mündung des östl. Hauptarms des Nil, 118 000 Ew.

**Damm, 1.** Aufschüttung aus Erde oder Steinen, Unterbau für Verkehrswege, als Schutz gegen Überschwemmungen, zum Aufstauen von Wasser. – **2.** *Perineum,* bei den Säugetieren einschl. Mensch Gewebsgebiet zw. dem After u. der Mündung der Harn- u. Geschlechtswege; der Gefahr des *D.risses* beim Geburtsvorgang wird durch den *D.schnitt (Episiotomie)* begegnet.

**Dammam,** *Ad D.,* saudi-arab. Hafenstadt am Pers. Golf, gegenüber Bahrain, 200 000 Ew.; Ausgangspunkt der Bahn nach Riad.

**Dammastock,** stark vergletschertes Hochgebirgsmassiv in der schweiz. Urner Alpen; höchste Gipfel: *D.* 3630 m, *Galenstock* 3583 m, *Sustenhorn* 3504 m.

**Damme,** Stadt in Nds., im südl. Oldenburg, Luftkurort an den *D.r Bergen,* 13 300 Ew.

**Dämmerung,** die Zeit vor dem Aufgang u. nach dem Untergang der Sonne, während der zerstreutes Sonnenlicht in höheren Schichten der Atmosphäre schon bzw. noch Helligkeit verbreitet.

**Dämmerzustand,** Bewußtseinstrübung, kann bei Epilepsie, Alkoholvergiftung, schweren akuten Infektionskrankheiten u.a. auftreten.

**Dämmstoffe,** *Isolierstoffe,* Baustoffe, die die Übertragung von Wärme u. Schall vermindern, aber keine stat. Funktion haben, z.B. Holzfaserplatten u. geschäumte Kunststoffe.

**Damnum,** Abzug bei der Auszahlung eines Kredits, bes. einer Hypothek, zugunsten des Kreditgebers.

**Damokles,** Höfling des Tyrannen *Dionysios I.* (oder *II.*) von Syrakus. Der Tyrann ließ ihn unter einem an Pferdehaar aufgehängten Schwert üppig speisen, um ihm das gefährl. Glück des Herrschers zu verdeutlichen. Danach **D.schwert** sprichwörtl. für eine ständig drohende Gefahr.

**Dämon,** im Volksglauben vieler Kulturen ein übermenschl., jedoch nicht göttl. Wesen, meist als böse, z.T. aber auch als gut vorgestellt. – Das **D.ische** sind die irrationalen Kräfte, die das menschl. Leben beeinflussen.

**Dampf,** ein Gas in der Nähe seiner Verflüssigung. Beim Übergang eines Stoffs vom flüssigen in den gasförmigen Zustand besteht ein labiler Zwischenzustand, der von Druck u. Temperatur abhängig ist u. bei geringem Wärmeentzug in die Flüssigkeitsphase (Kondensation), bei geringer Wärmezufuhr in die stabile Gasphase *(überhitzter D.)* übergeht. Diesen Zwischenzustand bezeichnet man als D.

**Dampfbad,** ein Bad in wasserdampfgesättigter Atmosphäre von 40–60 °C, zur Anregung u.

*Damaskus: Sultan Selim Moschee*

Durchblutung der Haut u. zur Steigerung des Stoffwechsels u. der Schweißabsonderung.

**dämpfen,** Lebensmittel, bes. Fleisch, Fisch, Gemüse u. Kartoffeln, zur Vermeidung größerer Nährstoffverluste durch Wasserdampf gar machen; → Dampfkochtopf.

**Dämpfer,** *Sordino,* Vorrichtung zur Abschwächung des Klangs von Musikinstrumenten, womit meist eine Veränderung der Klangfarbe eintritt.

**Dampfkessel,** geschlossener Behälter oder geschlossene Rohranordnung, in der durch Einwirkung von Wärme Wasserdampf von höherem als atmosphär. Druck erzeugt *(Dampferzeuger)* oder Wasser über die dem atmosphär. Druck entsprechende Siedetemperatur hinaus erhitzt wird *(Heißwassererzeuger).*

**Dampfkochtopf,** *Schnellkochtopf,* Kochgefäß mit fest verschließbarem Deckel zum Schnellgaren unter Dampfdruck. Dadurch erhöht sich der Siedepunkt; Nährwerte bleiben weitgehend erhalten.

**Dampfmaschine,** eine Wärmekraftmaschine, die die Spannung des von *Dampfkesseln* gelieferten Dampfs in mechan. Arbeit umformt. Bei der *Kolben-D.* sind die Hauptteile der *Zylinder* mit dem hin u. her gehenden *Kolben,* der seine Bewegung über die *Kolbenstange,* den *Kreuzkopf* u. die *Schub-* oder *Pleuelstange* an den *Kurbeltrieb* weitergibt. Da der Kolben nur gradlinig hin u. her bewegt werden kann, muß der Dampf abwechselnd vor u. hinten den Kolben geleitet werden; dies wird durch *Schieber-* oder *Ventilsteuerungen* erreicht. Das *Schwungrad* sichert eine regelmäßige Drehung der Kurbelwelle. – 1690 baute D. *Papin* in Marburg eine Maschine, deren Kolben durch Dampf bewegt wurde u. dadurch Arbeit leistete. Der Engländer Th. *Newcomen* verbesserte sie

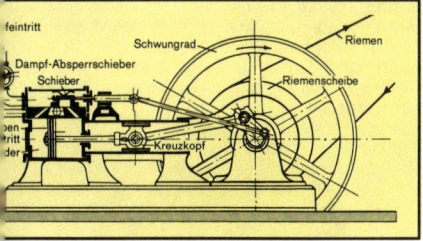

*Schieberdampfmaschine (Schema)*

1705; aber erst James *Watt* gelang 1769 der Bau einer prakt. brauchbaren D.

**Dampfnudeln,** Mehlspeise aus Hefeteig, im geschlossenen Topf gebacken oder über kochendem Wasser gedämpft.

**Dampfschiff,** durch Dampfkraft angetriebenes Schiff. Als Brennstoff dient heute Heizöl, kaum noch Kohle. Die Antriebsmaschinen, fr. Kolbendampfmaschinen, sind heute fast ausschl. Dampfturbinen.

**Dampfturbine,** mit Dampf betriebene → Turbine.

**Dämpfung,** Abschwächung eines Schwingungsvorgangs durch dauernden Energieverlust; bei mechan. Schwingungen z.B. durch Reibung, bei elektr. Schwingungen durch Verluste in der Isolation.

**Dampfwagen,** mit einer Dampfmaschine betriebenes schienenloses Straßenkraftfahrzeug; 1769 von J. *Cugnot* in Paris zuerst gebaut; Vorläufer des Autos.

**Dampfwalze,** mit Dampf angetriebene Straßenwalze.

**Damwild** → Damhirsch.

**Dan,** »Meister«, Bez. für die Graduierung im Judosport. Die 10 D.-Grade sind an der Gürtelfarbe der Judokleidung zu erkennen: 1.–5. schwarz, 6.–9. rot-weiß, 10. rot.

**Dan,** im AT einer der 12 Söhne *Jakobs,* Stammvater des gleichn. Stammes Israels.

**Danaer,** bei *Homer* grch. Kämpfer. Der sprichwörtl. Ausdruck **D.geschenk** für eine unglückbringende Gabe geht auf das von den Griechen vor Troja angebl. als Weihegabe zurückgelassene hölzerne Pferd *(Trojan. Pferd)* zurück.

**Danaiden,** in der grch. Sage die 50 Töchter des Königs *Danaos.* Sie erdolchten in der Hochzeitsnacht ihre Männer u. mußten zur Strafe in der Unterwelt in ein durchlöchertes Faß Wasser schöpfen.

**Danakil,** *Afar,* hamit. Nomadenstämme in der äthiop. Ldsch. D. u. in Djibouti.

**Da Nang,** *Tourane,* vietnames. Stadt sö. von Huê,

492 000 Ew.; Kohle- u. Zinnbergbau, Hafen; im Vietnamkrieg US-amerik. Marine- u. Luftstützpunkt.

**Danckelman,** Eberhard Frhr. von, *1643, †1722, brandenburg. Staatsbeamter; Erzieher u. 1688–97 leitender Min. *Friedrichs III.,* dann in Ungnade u. bis 1707 in Haft.

**Dandara,** *Dendara,* oberägypt. Ort unterhalb von Qena, am linken Ufer des Nils, 16 000 Ew.; Tempel der Hathor.

**Dandolo,** Enrico, *um 1108, †1205, Doge von Venedig 1193–1205, eroberte 1204 im 4. Kreuzzug Konstantinopel u. begr. die Herrschaft Venedigs im östl. Mittelmeer u. im Schwarzen Meer.

**Dandy** ['dɛndi], urspr. hoher engl. Beamter in Indien; allg. Modenarr.

**Danebrog,** *Dannebrog,* die dän. Nationalflagge (weißes Kreuz in rotem Feld).

**Danella,** Utta, eigtl. U. *Schneider,* *um 1920, dt. Schriftst. (vielgelesene Unterhaltungsromane).

**Dänemark,** Staat in N-Europa, zw. Nord- u. Ostsee, 43 069 km², 5,1 Mio. Ew. (prot. Dänen), Hptst. *Kopenhagen.* D. besteht aus der Halbinsel *Jütland,* den Inseln *Seeland, Fünen, Lolland, Bornholm, Falster, Langeland, Alsen* u. über 400 weiteren kleinen Inseln. Zu D. gehören polit. ferner die *Färöer* u. *Grönland.*

*Dänemark*

*Landesnatur.* Die Mitte Jütlands prägt ein eiszeitl. Höhenzug, vor dem sich nach W von Heiden, Wäldern u. Mooren bedeckte Sandflächen ausdehnen. Mächtige Dünen begleiten die hafenarme Westküste. Das wirtschaftl. Schwergewicht des Landes liegt in den fruchtbaren, gewellten Moränengebieten O-Jütlands u. der Inseln. D. hat ein ausgeglichenes mildes u. feuchtes Klima.
*Wirtschaft.* Schwerpunkt der intensiv betriebenen Landw. ist die Viehzucht. D. exportiert Butter, Eier, Honig u. Fleisch. Die wichtigsten Industriezweige sind die Textil-, Metall-, Maschinen- u. Lebensmittelind. Der Schwerpunkt des Verkehrs liegt auf der Schiffahrt.
*Geschichte.* Die erste staatl. Zusammenfassung D. gelang im 10. Jh. Im 11. Jh. eroberte König *Sven Gabelbart* England; *Knut d. Gr.* (1018–35) beherrschte Norwegen, England u. Schottland. Das dän. Ostseereich fiel Anfang des 13. Jh. auseinander. *Waldemar IV. Atterdag* (1340–75) hielt die Auflösung des Reichs auf. Seine Tochter *Margarete* gründete 1397 die Union aller drei Reiche des Nordens *(Kalmarer Union).* Die Union mit Schweden zerbrach 1523. *Christian III.* führte 1536 durch einen Staatsstreich die Reformation ein. 1658 ging der gesamte Besitz auf die skandinav. Halbinsel an Schweden verloren. 1814 (Kieler Friede) mußte D. auch den Verlust Norwegens hinnehmen. Nach dem dt.-dän. Kriegen 1848–50 u. 1864 mußte D. Schleswig, Holstein u. Lauenburg an Östr. u. Preußen abtreten. Eine Volksabstim-

mung brachte 1920 einen Teil Nordschleswigs an D. Von 1940–45 war D. von dt. Truppen besetzt. D. ist seit 1949 Mitgl. der NATO u. seit 1951 Mitgl. des Nord. Rats. 1973 erfolgte der Beitritt zur EG. 1979 wurde dem zu D. gehörenden Grönland Autonomie zugestanden. Seit 1982 ist der konservative P. *Schlüter* Min.-Präs. Staatsoberhaupt ist seit 1972 Königin Margarete II.

**Dänemark-Straße,** Meeresstraße zw. Island u. Grönland.

**Danewerk,** von dän. Königen im 9.–12. Jh. zur Abwehr südl. Feinde errichteter Grenzwall in Schleswig; spielte noch im Krieg 1864 eine Rolle.

**Daniel** [-ni:el], einer der 4 großen Propheten des AT; soll um 540 v.Chr. in Babylon gelebt u. das Buch D. verfaßt haben, das aber tatsächl. erst zw. 170 u. 160 v.Chr. entstand.

**Daniell** ['dænjəl], John Frederic, *1790, †1845, engl. Naturforscher; erforschte die chem. Vorgänge bei der Elektrolyse.

**Däniken,** Erich von, *14.4.1935, schweiz. Schriftst. (sensationell aufgemachte Bücher über den angebl. Besuch außerird. Wesen).

**Danilewskij,** Nikolaj Jakowlewitsch, *1822, †1885, russ. Naturforscher u. polit. Publizist; Exponent des *Panslawismus,* sah im Slawentum den Erben des »abtretenden« germ.-abendländ. Kultur.

**dänische Sprache** → Sprachen der Erde.

**Dankwarderode,** Burg in Braunschweig, 1887 auf den Resten eines um 1175 entstandenen Saalbaus Heinrichs des Löwen errichtet.

**Dannecker,** Johann Heinrich von, *1758, †1841, dt. Bildhauer; Klassizist; beeinflußt von A. *Canova.*

**Dannenberg (Elbe),** Stadt in Nds., im Naturpark Elbufer-Drawehn, 8300 Ew.; Landwirtschaftszentrum.

**D'Annunzio** → Annunzio.

**Danse macabre** → Totentanz.

**Dante Alighieri** [-'gjɛːri], *1265, †1321, der größte ital. Dichter. D. A. war in Florenz polit. tätig, wurde 1302 verbannt u. führte von da an ein unstetes Wanderleben. Seine Jugendsonette, die er durch Prosatexte in der »Vita Nuova« (»Das neue Leben«) miteinander verband, spiegeln seine traumhafte Liebe zu *Beatrice* (†1290). In seinen Wanderjahren schrieb er das Epos »La commedia«, von den Zeitgenossen »Divina Commedia« genannt (»Göttl. Komödie«). In rd. 40 000 Versen schildert es die Wanderung des Dichters durch die drei Jenseitsbereiche der kath. Glaubens (Hölle, Fegefeuer, Paradies), es kann als vollendeter Ausdruck der Glaubens- u. Lebenswelt des christl. MA gelten. ▣→ S. 176

**Danton** [dã'tɔ̃], Georges Jacques, *1759, †1794, frz. Revolutionär; veranlaßte durch seine zündenden Reden den Bastille-Sturm, den Sturz des Königtums u. die »Septembermorde« (1792); geriet in Gegensatz zu *Robespierre* u. wurde auf dessen Betreiben hingerichtet.

**Danzi,** Franz, *1763, †1826, dt. Komponist; Lehrer C. M. *Webers* u. Freund L. *Spohrs.*

**Danzig,** poln. *Gdańsk,* Hptst. der poln. Wojewodschaft Gdańsk, am Zusammenfluß von Mottlau u.

*Dänemark: Nyhavn, der malerische Vorort von Kopenhagen (links). – Schloß Fredensborg (Seeland), die königliche Sommerresidenz (rechts)*

**Danziger Bucht**

Toter Weichsel; Hafen- u. Handelsstadt im Ostseeraum, 467 000 Ew.; Werften u. Ind.; 6 HS, kath. Bischofssitz. Die Altstadt wurde nach der Zerstörung (1945) historisch getreu wiederaufgebaut: Marienkirche (14./15. Jh.), Krantor (1443). Mit *Gdingen* u. *Zoppot* bildet D. eine Stadtregion. – Geschichte. D. erhielt als Hauptort des Herzogtums *Pommerellen* 1263 lübisches Stadtrecht, kam 1309 zum *Dt. Orden* (Sitz eines Komturs) u. wurde 1361 Mitgl. der *Hanse*. 1454 fiel es vom Dt. Orden ab u. trat unter poln. Oberhoheit. Bis zum beginnenden 18. Jh. konnte es eine führende Stellung im Ostseehandel behaupten. 1793 wurde D. preuß., 1807 (durch Napoleon) *Freie Stadt,* 1814 wieder preuß. Nach dem 1. Weltkrieg wurde D. durch den Versailler Vertrag vom Dt. Reich abgetrennt u. mit Teilen des umgebenden Landkreise als *Freistaat* dem Völkerbund unterstellt (Ew. 1923: 353 000 Deutsche u. 12 000 Polen). Der beschränkt souveräne Freistaat war poln. Zollgebiet. 1939 forderte Hitler ultimativ die Rückkehr D.s zum Dt. Reich; die poln. Ablehnung nahm er zum Anlaß, den 2. Weltkrieg zu entfesseln. D. wurde dem Dt. Reich eingegliedert u. Hptst. des Reichsgaues D.-Westpreußen. 1945 wurde D. poln. Verwaltung unterstellt u. Hptst. der gleichn. Wojewodschaft. Von D. ging 1980 die Bildung der unabh. Gewerkschaft Solidarność aus.

**Danziger Bucht,** poln. *Zatoka Gdańska,* bis 113 m tiefe Meeresbucht der Ostsee, durch die Frische Nehrung geformt.

**Danziger Goldwasser,** wasserklarer Kräuterlikör mit Blattgoldflitter als Einlage.

**Dao** [dau], *Tao,* wörtl. »Weg«, ein Grundbegriff der chin. Philosophie: bei *Konfuzius* der Weg des Himmels, dem der Weg des handelnden Menschen entsprechen muß; bei *Lao Zi* der begriffl. nicht faßbare Urgrund des Seins.

**Dao-De-Jing** [daudədʒiŋ], *Tao-Te-King,* ein *Lao Zi* (6. Jh. v. Chr.) zugeschriebenes, aber wohl erst im 4./3. Jh. v. Chr. entstandenes chin. phil. Buch. Es handelt in 81 Sprüchen vom *Dao* u. vom *De,* dem menschl. Anteil am Dao. Grundgedanke ist das »Nichthandeln«, d.h. das Handeln ohne Absicht im Einklang mit den Naturgesetzen.

**Daoismus** [dau-], *Taoismus,* urspr. ein auf *Lao Zi* zurückgehendes chinesisches Philosophie-System (→ Dao-De-Jing); seit dem 2. Jh. v. Chr. eine mit mag. Elementen durchsetzte Volksreligion mit zahlr. Gottheiten u. Heiligen.

**Daphne,** von *Apollon* geliebte grch. Nymphe, Tochter der Gäa; zum Schutz vor seinen Verfolgungen in einen Lorbeerbaum verwandelt. Oper von R. Strauss.

**Daphnis,** sagenhafter schöner Hirte auf Sizilien, Liebhaber der *Chloe.*

*Daoismus: Detail aus einem daoistischen Wetterhandbuch. Durham, University Library*

**Da Ponte,** Lorenzo, *1749, †1838, ital. Schriftst.; Textbücher zu den Mozart-Opern »Figaros Hochzeit«, »Don Giovanni« u. »Cosi fan tutte«.

**Dardanellen,** im Altertum *Hellespont,* Meerenge zw. der Halbinsel *Gallipoli* (europ. Türkei) u. Kleinasien, verbindet die Ägäis mit dem Marmarameer; 60 km lang, 1,3–4 km breit. Im Frieden haben nur Handelsschiffe freie Durchfahrt, während Kriegsschiffe einer Sonderregelung unterliegen. Im Kriegsfall entscheidet die Türkei nach ihrem Ermessen.

**Dardaner,** im Altertum ein illyr. Volksstamm im heutigen Jugoslawien; 28 v. Chr. von den Römern unterworfen. – Da die Trojaner ihren Ursprung auf den sagenhaften König *Dardanos* zurückführten, werden sie auch D. genannt.

**Dareikos,** pers. einseitige Königsgoldmünze, bes. des 4. Jh. v. Chr., mit Darstellung des Königs als Bogenschützen.

**Dareios,** *Darius,* altpers. Könige aus dem Geschlecht der *Achämeniden:*
1. **D. I., D. d. Gr.,** Großkönig 521–485 v. Chr.; schuf das pers. Weltreich; unterlag den Griechen 490 v. Chr. bei Marathon. – 2. **D. II. Nothos,** Großkönig 423–404 v. Chr. Unter seiner Herrschaft ging Ägypten vorübergehend für Persien verloren. – 3. **D. III. Kodomannos,** Urenkel von 2), Großkönig 336–330 v. Chr.; letzter König der Achämeniden, von *Alexander d. Gr.* 333 v. Chr. bei Issos u. 331 v. Chr. bei Gaugamela besiegt.

**Dâr el Beïdâ** → Casablanca.

**Dar es Salaam,** *Daressalam,* Hptst. u. wichtigster Hafen von Tansania, 1,3 Mio. Ew.; bed. Handelsplatz, größtes Ind.-Zentrum des Landes.

**Darfur,** gebirgige Ldsch. u. Prov. der Rep. Sudan, 496 371 km², 3,1 Mio. Ew., Hptst. *El Fascher.*

**Dargomyschskij,** Alexander Sergejewitsch, *1813, †1869, russ. Komponist; Vertreter der Neuruss. Schule.

**Darío,** Rubén, eigtl. Félix Rubén *García Sarmiento,* *1867, †1916, nicaraguan. Schriftst.; Erneuerer der südamerik. u. span. Lyrik des 20. Jh.

**Darius** → Dareios.

**Darjeeling** [-ˈdʒiː-], ind. Höhenkurort (2185 m ü.M.) u. Distrikt-Hptst. im Vorder-Himalaya, zw. Nepal u. Bhutan, 58 000 Ew.; Teeanbaugebiet; fr. Ausgangspunkt der Karawanenwege nach Tibet.

**Darlan** [darˈlã], François, *1881, †1942, frz. Admiral; 1939–42 Oberbefehlshaber der Kriegsmarine, seit 1940 Mitgl. der Vichy-Regierung; ging 1942 in N-Afrika zu den Amerikanern über u. wurde kurz darauf ermordet.

**Darlehen,** ein Vertragstyp des Schuldrechts: die Hingabe vertretbarer Sachen (bes. Geld) gegen die Verpflichtung zur Rückgabe von Sachen gleicher Art, Güte u. Menge, meist gegen Zinsen. Ist für die Rückzahlung des D. eine Zeit nicht bestimmt, so hängt die Fälligkeit davon ab, daß der Gläubiger oder der Schuldner kündigt.

**Darlehnskassen,** selbst. Kreditinstitute, die zur Befriedigung eines erweiterten Kreditbedürfnisses gegen Verpfändung von Waren u. Wertpapieren Darlehen geben.

**Darling** [ˈdaːliŋ], Liebling.

**Darling** [ˈdaːliŋ], *D. River,* r. Nbfl. des Murray in Neusüdwales (Australien), 2740 km.

**Darlington** [ˈdaːliŋtən], N-engl. Stadt in Durham, 99 000 Ew. Von D. nach Stockton fuhr 1825 die erste Eisenbahn.

*Dareikos, 490–400 v. Chr.*

**Darm,** *Intestinum,* der Hohlraum im Körper vielzelliger Tiere, der der *Verdauung* dient. Der D. des erwachsenen Menschen ist 8–9 m lang. Er wird unterteilt in *Dünn-D., Dick-D.* u. *Mast-D.* Er befördert den im Magen vorbereiteten Speisebrei durch rhythm. Zusammenziehen *(Peristaltik)* seiner längs- u. ringförmig angeordneten Muskulatur durch alle seine Abteilungen zum After. – D.krankheiten entstehen häufig von der Nahrung aus durch Krankheitserreger, die sich im D. ansiedeln, z.B. *Cholera, Ruhr, Typhus, Paratyphus* u. *Tuberkulose.* Häufigstes D.geschwulst: Mastdarmkrebs.

**Darmbakterien** → Darmflora.

**Darmblutung,** Blutung aus der Darmschleimhaut oder aus Darmblutgefäßen; z.B. infolge von entzündl. Darmerkrankungen, Darmgeschwüren u. -geschwülsten oder Vitamin-K-Mangel.

**Darmflora,** die im Darm des Menschen u. vieler Tiere vorkommenden Mikroorganismen, bes. Bakterien; wichtig für die Verdauung.

**Darmstadt,** Hptst. des gleichn. Reg.-Bez. u. kreisfreie Stadt in Hessen, am W-Rand der nördl. Odenwald-Ausläufer u. am Anfang der Bergstraße, 134 000 Ew.; TH, Dt. Akademie für Sprache u. Dichtung; Industrie: Dieselmotoren, Elektro- u. Druckmaschinen, Chemie, graph. Großbetriebe. – 1330 Stadtrecht, 1479 hess., 1567–1918 Residenz der Landgrafschaft bzw. des Großherzogtums (seit 1806) *Hessen,* 1919–45 Hptst. des Freistaats *Hessen-D.*

**Darmverschlingung,** Verdrehung von Teilen des Verdauungskanals um ihre Aufhängung, bes. häu-

*Dante Alighieri: Dante mit Göttlicher Komödie; Gemälde von Domenico di Michelino*

*Charles Darwin*

fig des Dünndarms um sein Gekröse. Dadurch wird die Blutversorgung eines Darmteils gestört, u. es kommt zu *Darmbrand* u. *Darmverschluß*.

**Darmverschluß,** völlige Undurchgängigkeit für den Darminhalt durch den Darm; infolge Lähmung der Darmtätigkeit, Verkrampfung, Verstopfung der Darmlichtung durch Geschwülste u. Wurmpakete, Abschnürung von Darmteilen durch Darmverschlingung, Einklemmung von Darmteilen.

**Darnley** ['da:nli], Henry Stuart, Earl of *Ross* u. Duke of *Albany*, *1545, †1567, zweiter Gatte *Maria Stuarts;* wahrscheinl. unter Mitwissen Marias ermordet; Vater des engl. Königs *Jakob I*.

**Darré,** Walther, *1895, †1953, dt. Politiker; entwarf das Agrarprogramm der NSDAP *(Blut u. Boden);* seit 1933 Reichs-Min. für Ernährung u. Landw. u. 1934 Reichsbauernführer; 1942 aus sämtl. Ämtern entlassen.

**Darrieux** [-'rjø], Danielle, *1.5.1917, frz. Theater- u. Filmschauspielerin.

**Darß,** Mittelteil einer Halbinsel im nw. Pommern, hängt im W mit dem Fischland, im O mit der Halbinsel Zingst zusammen; Naturschutzgebiet.

**darstellende Geometrie,** ein mathemat. Gebiet, das sich mit der Darstellung von räuml. Gegenständen in der Ebene beschäftigt.

**darstellende Künste,** Sammelbez. für Bühnen- u. Filmkunst.

**Dartmoor** ['da:tmuə], SW-englisches Bergland (500–600 m) in Devonshire; seit 1952 Nationalpark *D.-Forest* (945 km²).

**Darwin** ['da:win], 1869–1911 *Palmerston,* Hptst. u. Hafen des austral. Nordterritoriums, 76 000 Ew.; 1974 durch einen Hurrikan verwüstet.

**Darwin** ['da:win], Charles, *1809, †1882, engl. Naturforscher; unternahm 1832–37 als Schiffsarzt eine Weltreise; begr. aufgrund seiner Beobachtungen den **Darwinismus**, eine Theorie von der Entstehung der Arten (bis dahin für konstant gehaltenen) Arten. Danach führt eine zu große Nachkommenzahl der Lebewesen zu einem Konkurrenzkampf (»Kampf ums Dasein«), bei dem nur die jeweils am besten angepaßten überleben *(Selektionstheorie).* Nur diese vermehren sich, woraus eine allmähl. Umbildung der Arten u. eine Höherentwicklung folgt. W »Über die Entstehung der Arten durch natürl. Zuchtwahl«.

**Dass,** Petter, *1647, †1707, norw. Dichter; beschrieb in dem volkstüml. Versepos »Die Trompete des Nordlandes« Natur u. Menschen seiner Heimat.

**Dassault** [da'so], Marcel, eigtl. M. *Bloch,* *1892, †1986, frz. Flugzeugkonstrukteur; gründete nach dem 2. Weltkrieg ein Werk für militär- u. Zivilflugzeuge sowie elektron. Luftfahrtgerät.

**Dassel,** Stadt in Nds., 11 600 Ew.; Erholungsort im Naturpark Solling; Wasserschloß Erichsburg.

**Dassel** → Rainald von Dassel.

**Dasselfliegen,** *Hypoderma,* große, behaarte Fliegen, die ihre Eier an der Haut von Nage- u. Huftieren ablegen. Die Larven wandern durch den Körper zum Rücken u. erzeugen eiternde *Dasselbeulen.*

**Dassin** [da'sɛ̃], Jules, *18.12.1911, US-amerik. Filmregisseur, seit 1953 in Frankreich (»Rififi«, »Sonntags nie!«).

**Datei,** nach bestimmten Gesichtspunkten geordnete Zusammenstellung von Daten.

**Dateldienste,** Datenübertragungsdienste der Post im öffentl. Fernsprechnetz, zw. Telexanschlüssen oder im Direktrufnetz.

**Daten,** Unterlagen, Informationen, Grundlagen für die Lösung einer Aufgabe; alle Angaben, die sich für eine Datenverarbeitungsanlage codieren lassen.

**Datenbank,** ein System aus Datengroßspeichern; enthält viele Daten eines Wissensgebiets, die schnell abgerufen werden können.

**Datenfernübertragung,** Abk. *DFÜ,* Austausch von Daten zw. mindestens zwei voneinander entfernten Computern, entweder on line oder mittels Telefonleitungen u. → Modems.

**Datenschutz,** Schutz des Bürgers vor Mißbrauch personenbezogener Daten bei ihrer Speicherung, Übermittlung, Veränderung u. Löschung; im *Bundesdatenschutzgesetz* von 1977 erstmals festgelegt. Über die Einhaltung wachen *D.beauftragte* des Bundes, der Länder u. der Unternehmen.

**Datenträger,** Sammelbegriff für versch. mobile Medien, auf denen Daten abgespeichert u. später von Programmen wieder gelesen werden können.

**Datenverarbeitung,** das Erfassen, Speichern, Übertragen, Ordnen u. Umformen von Daten zur Gewinnung von Informationen für Wirtsch., Verw. u. Wiss. mit Hilfe von herkömml. Bürogeräten u. heute v.a. mit → Computern.

**Datexnetz,** Daten-Fernvermittlung auf elektron. Nachrichtenweg. Das D. der Bundespost ist ein selbst., vom Fernsprech- u. Telexsystem unabhängiges Netz, das Übertragungsleistungen bis zu 200 bit/s erlaubt.

**Dativ,** *Wemfall, 3. Fall,* der Kasus des indirekten (ferneren) Objekts, des *D.objekts,* dem sich ein Geschehen zuwendet, z.B. »ich gebe *dir* das Buch«. Der D. steht auch nach bestimmten Präpositionen.

**Datscha,** *Datsche,* Sommerhaus, Sommerwohnung in Rußland. Das Wort hatte sich auch in der DDR eingebürgert.

**Dattel,** die Frucht der *D.palme*.

**Datteln,** Ind.-Stadt in NRW, an der Einmündung des Lippe-Seitenkanals in den Dortmund-Ems-Kanal, 36 300 Ew.

**Dattelpalme,** *Phoenix,* in Afrika u. S-Asien heim. Gatt. der Palmen. Die bis zu 20 m hohe *Echte D.* ist eine alte Kulturpflanze. Die weibl. Pflanze liefert eßbare Beeren *(Datteln)*.

**Dattelpflaume,** *Diospyros,* Gatt. der Ebenholzgewächse. Die in Japan u. China häufige *Kakipflaume* trägt tomatenähnl. Früchte.

**Datum,** allg. ein »Gegebenes«, kalendermäßige Zeitangabe, bestimmter Zeitpunkt, Tag.

**Datumsgrenze,** die im allg. längs des 180. Längengrads von N nach S durch den Pazifik festgelegte Linie, bei deren Überquerung nach W 1 Tag übersprungen, nach O 1 Tag wiederholt wird.

**Daube,** gebogenes Längsbrett des Fasses.

**Däubler,** Theodor, *1876, †1934, dt. Schriftst., Deuter der Mittelmeerkulturen u. ihrer Mythen. W »Das Nordlicht« (Versepos)

**Daucher,** 1. Adolf, *um 1460/65, †1523/24, dt. Bildhauer, entwickelte eine dt. Variante der ital. Kunst beeinflußten Renaissancestil. – 2. Hans, Sohn von 1), *1485, †1538, dt. Bildhauer u. Medailleur.

**Daudet** [do'dɛ], Alphonse, *1840, †1897, frz. Schriftst. W »Tartarin von Tarascon« (Schelmenroman).

**Daud Khan,** Sadar Mohammed, *1909, †1978 (ermordet), afghan. Politiker; 1953–63 Prem.-Min.; schaffte 1973 die Monarchie ab u. wurde Staats-Präs.

**Dauerauftrag,** Auftrag eines Kunden an die Bank, von seinem Konto regelmäßig wiederkehrende Zahlungen (z.B. Miete) vorzunehmen.

**Dauerfrostboden,** ständig gefrorener Boden, z.B. im extremen N Eurasiens u. Kanadas; kann bis in 300 m Tiefe reichen.

**Dauerwelle,** durch Einwirkung von Chemikalien gekraustes Haar, das gegenüber atmosphär. Einflüssen etwa 6 Monate haltbar ist.

**Dauerwohnrecht,** veräußerl. u. vererbl. Recht, eine bestimmte Wohnung zu bewohnen; wird im Grundbuch eingetragen.

**Daugava** → Düna.

**Daugavpils** → Dünaburg.

**Daume,** Willi, *24.5.1913, dt. Sportführer u. Industrieller; 1950–70 Präs. des Dt. Sportbunds u. seit 1961 des NOK; 1972–76 Vizepräs. des Internat. Olymp. Komitees.

**Daumenschrauben,** ein Folterwerkzeug.

**Daumier** [do'mje:], Honoré, *1808, †1879, frz. Graphiker u. Maler; scharfer Satiriker.

**Daumont** [do'mɔ̃], Viergespann, von zwei Fahrern im Sattel gelenkt.

**Daun,** Krst. in Rhld.-Pf. in der Vulkaneifel, 7200 Ew.; Luft- u. Kneippkurort, Mineralheilbad.

**Daun,** Leopold Graf, *1705, †1766, östr. Heerführer; brachte im *Siebenjährigen Krieg* durch die Siege bei Kolin, Hochkirch u. Maxen Friedrich d. Gr. in eine schwierige Lage.

**Daunen,** *Dunen,* die *Flaumfedern* der Vögel.

**Dauphin** [do'fɛ̃], 1349–1830 Titel der frz. Thronfolger.

**Dauphiné** [dofi'ne], histor. Ldsch. in SO-Frankreich. Seit 1349 trug jeder frz. Thronerbe Titel u. Wappen der D.

**Daus,** zwei Punkte (Augen) im Würfelspiel; in der dt. Spielkarte das As; übertragen: verhüllende Bez. für den Teufel in der Redensart »ei der Daus!«

**Dausset** [do'sɛ], Jean, *19.10.1916, frz. Immunologe; wies die *H-Antigene* beim Menschen nach u. erforschte ihre genet. Grundlagen; Nobelpreis für Medizin 1980.

**Dauthendey,** Max, *1867, †1918, dt. Schriftst. (Erzählungen aus exot. Milieu; impressionist. Gedichte).

**Dauzat** [do'za], Albert, *1877, †1955, frz. Romanist.

**Davao,** Hptst. der gleichn. philippin. Prov. im S von Mindanao, am Fuß des tätigen Vulkans *Apo;* 610 000 Ew.

**Davenant** ['dævinənt], *D'Avenant,* Sir William, *1606, †1668, engl. Dichter u. Theaterdirektor; Vorläufer des Restaurationsdramas.

**Davenport** ['dævnpɔ:t], Stadt im östl. Iowa (USA), am Mississippi, gegenüber von Rock Island, 100 000 Ew.

**Davenport** ['dævnpɔ:t], Charles Benedikt, *1866, †1944, US-amerik. Vererbungsforscher; bewies die Geltung der *Mendelschen Vererbungsgesetze* auch beim Menschen.

**David,** *um 1040 v.Chr., †um 965/64 v.Chr., israelit. König; Schwiegersohn u. Nachfolger *Sauls;* schlug die Philister, eroberte Jerusalem; schuf ein Großreich, das Palästina u. Syrien umfaßte. Er gilt als Verfasser vieler Psalmen.

**David, 1.** Gerard, *um 1455/60, †1523, ndl. Maler; nach H. Memlings Tod Hauptmeister der Brügger Malerschule. – **2.** [da'vid], Jacques Louis, *1748, †1825, frz. Maler; Begr. der frz. klassizist. Malerei. – **3.** Johann Nepomuk, *1895, †1977, östr. Komponist (Sinfonien, Chorwerke, Orgelwerke).

**David d'Angers** [da'vid dã'ʒe], Pierre Jean, *1788, †1856, frz. Bildhauer u. Medailleur; Klassizist; schuf viele realist. Statuen u. Büsten.

**Davidis,** Henriette, *1800, †1876, dt. Schriftst.; verfaßte ihr »Prakt. Kochbuch« 1845, das lange in der dt. Küche als maßgebl. galt.

**Davidstern,** Sechsstern aus 2 gekreuzten gleichseitigen Dreiecken, seit dem MA Symbol des Judentums; nat. Emblem des Staates Israel.

**Davis** ['deivis], 1. Angela, *26.1.1944, US-amerik. farbige Bürgerrechtlerin; 1972 nach einem aufsehenerregenden Prozeß unter der Anklage der Beihilfe zum Mord freigesprochen. – 2. Bette, *1908, †1989, US-amerik. Filmschauspielerin (»Alles über Eva«). – 3. Jefferson, *1808, †1889, US-amerik. Politiker; Präs. der Konföderierten (Süd-) Staaten von Amerika im Sezessionskrieg

*Davids Salbung durch Samuel; byzantinische Metallarbeit, 7. Jahrhundert. New York, Metropolitan Museum of Art*

1861–65. – **4.** John, \*um 1550, †1605, engl. Seefahrer; unternahm 1585–87 Fahrten zur Auffindung der Nordwestl. Durchfahrt, entdeckte 1592 die Falklandinseln. – **5.** Miles Dewey, \*25.5.1926, afroamerik. Jazzmusiker (Trompete); vom Bebop beeinflußt kam er zum *Cool Jazz* u. zum *Jazz Rock.* – **6.** Sammy, junior, \*1925, †1990, US-amerik. Sänger, Entertainer u. Trompeter, auch im Film u. Fernsehen.
**Davis-Pokal** ['dɛivis-], *Davis-Cup,* internat. Wanderpreis im Tennis, gestiftet 1900 von dem Amerikaner Dwight Filley *Davis* (\*1879, †1945).
**Davisson** ['dɛivisən], Clinton Joseph, \*1881, †1958, US-amerik. Physiker; führte den Nachweis der *Materiewellen* durch Beugung an Kristallgittern; Nobelpreis 1937.
**Davis-Straße** ['dɛivis-; nach John D.], breite Meeresstraße zw. Baffinland u. Grönland.
**Davit** ['dɛivit], schwenk- oder kippbarer Kranbalken an Bord von Schiffen; für kleine Lasten u. Rettungsboote.
**Davos,** rätoroman. *Tavau,* schweiz. Luftkurort (früher vor allem für Lungenkranke) u. Wintersportplatz in Graubünden, 1560 m ü.M., 11 000 Ew.
**Davout** [-'vu], Louis Nicolas, Herzog von *Auerstedt,* Fürst von *Eggmühl,* \*1770, †1823, frz. Heerführer; Sieger von Auerstedt u. Wagram.
**Davy** ['dɛivi], Sir Humphry, \*1778, †1829, brit. Physiker u. Chemiker; entdeckte die Elektrolyse u. erfand die im Bergbau benutzte Sicherheitslampe.
**Dawes** [dɔ:z], Charles Gates, \*1865, †1951, US-amerik. Bankier u. Politiker; 1925–29 Vizepräs. der USA; entwarf den **D.-Plan,** ein 1924 in London geschlossenes Abkommen, das die Zahlung der dt. Reparationen von der Zahlungsfähigkeit Deutschlands abhängig machte. Friedensnobelpreis 1925 mit A. *Chamberlain.*
**Day** [dɛi], Doris, eigtl. D. *Kappelhoff,* \*3.4.1924, US-amerik. Filmschauspielerin (bes. Lustspiele: »Bettgeflüster«, »Ein Hauch von Nerz«).
**Dayan,** Moshe, \*1915, †1981, isr. General u. Politiker; 1953–58 Generalstabschef, 1967–74 Verteidigungs-Min. (Sieg im Sechstagekrieg), 1977–79 Außen-Min. (maßgebend beteiligt am Friedensschluß mit Ägypten 1979).
**Dayton** [dɛitn], Ind.-Stadt in Ohio (USA), Miami River, 204 000 Ew.; Luftwaffenversuchsstation *Wright Field.*
**DBD,** Abk. für *Demokratische Bauernpartei Deutschlands.*
**DDR,** Abk. für *Deutsche Demokratische Republik,* → Deutschland.
**DDT,** Abk. für *Dichlor-diphenyl-trichlorethan,* Insektenbekämpfungsmittel mit hoher Dauerwirkung; reichert sich in der Nahrungskette an u. belastet die Umwelt; Anwendung in den EG-Ländern nur in bestimmten Fällen gestattet.
**Deadweight** ['dɛdwɛit], Abk. *dw,* die Tragfähigkeit eines Schiffs in t oder ts (tons); das gesamte Gewicht der Zuladung, d.h. Betriebsstoffe u. Fracht.
**Dealer** ['di:lər], illegal tätiger Händler mit Rauschmitteln.
**Dean** [di:n], James, \*1931, †1955, US-amerik. Filmschauspieler, gefeiertes Idol der Jugend (»Jenseits von Eden«).
**Dearborn** ['diəbɔ:n], Stadt im SO von Michigan (USA), Vorort von Detroit, 91 000 Ew.; Ford-Autowerke.
**Death Valley** [dɛθ'væli], *Tal des Todes,* abflußloses Wüstenbecken (bis 86 m u.M.) im O von Kalifornien (USA); der »Hitzepol« mit der höchsten absolut gemessenen Temperatur der Erde (+ 57 °C).
**Deauville** [do'vi:l], N-frz. Seebad in der Normandie, 5500 Ew.; Segelregatten, Pferderennen.
**Debakel** [das], Zusammenbruch.
**Debatte,** Erörterung, Beratung, bes. im Parlament.
**Debellation,** die vollständige militär. Niederringung eines feindl. Staats, meist verbunden mit militär. Besetzung.
**Debet** [lat. »er schuldet«], *Soll,* die linke Seite eines Kontos, auf der die Belastungen verbucht werden.
**Debilität,** die leichteste Form des Schwachsinns.
**Debitoren** → Außenstände.
**Debora,** im AT Richterin u. Prophetin Israels.
**Debré** [də'bre], Michel, \*15.1.1912, frz. Politiker (Gaullist); 1959–62 Premier, 1966–68 Finanz- u. Wirtschafts-, 1968 Außen-, 1969–73 Verteidigungs-Min.
**Debrecen** [-tsɛn], *Debreczin,* Hptst. des Komitats Hajdú-Bihar u. Heilbad im nordöstl. Ungarn, östl. der *D.er Heide,* 212 000 Ew.; Univ.; landw. Handel, versch. Ind.; Mittelpunkt des ung. Calvinismus. – 1849 Sitz der ung. Regierung (Proklamation der Unabhängigkeit Ungarns durch L. *Kossuth*).
**Debussy** [dəby'si], Claude, \*1862, †1918, frz. Komponist; Meister des musikal. Impressionismus u. Wegbereiter der modernen Musik. W »Pelléas u. Mélisande« (Oper); Orchester- u. Klavierwerke, Ballette.
**Debüt** [-'by], das erste Auftreten vor der Öffentlichkeit, bes. von Schauspielern u. Sängern.
**Debye** [də'bɛjə], Peter, \*1884, †1966, ndl. Physiker, seit 1940 in den USA; verdient um den quantentheoret. Ausbau der Molekularphysik u. der Theorie von der Struktur der Materie; 1936 Nobelpreis für Chemie.
**Decamerone,** das Hptw. G.*Boccaccios,* eine nach 1348 geschriebene, durch eine Rahmenerzählung verbundene Sammlung von 100 Novellen meist erot. Inhalts.
**Decamps** [də'kã], Alexandre-Gabriel, \*1803, †1860, frz. Maler u. Graphiker; interessierte sich bes. für den Orient.
**Deccan,** das Hochland → Dekan.
**Decca-Verfahren,** Funkortungsverfahren in der Schiff- u. Luftfahrt zur Mittelstreckennavigation *(Hyperbel-Navigationsverfahren).*
**Decemvirn,** *Dezemvirn,* im alten Rom für Sonderaufgaben ernannte 10köpfige Kommissionen.
**Dechant,** *Dekan,* in der kath. Kirche ein mit der Aufsicht über mehrere Pfarreien betrauter Geistlicher; in einigen ev. Kirchen soviel wie *Superintendent.*
**dechiffrieren** [deʃif-], entschlüsseln, eine Geheimschrift in Klarschrift umwandeln.
**Děčín** ['djɛtʃi:n] → Tetschen.
**Decius,** Gaius Messius Quintus Traianus, \*zw. 190 u. 200, †251, röm. Kaiser 249–51; von revoltierenden Truppen zum Kaiser ausgerufen; löste 249 die erste große Christenverfolgung im Röm. Reich aus.
**Deck,** waagerechter oberer Abschluß eines Schiffsraums. Große Schiffe haben zahlr. D.s, z.B. Ober-, Boots-, Promenaden-D.
**decken,** bei Haustieren: begatten.
**Deckenmalerei,** das Ausschmücken geschlossener Raumdecken mit figürl. oder ornamentalen Malereien, eine Sonderform der *Wandmalerei.*
**Deckfarben,** Farben, die das darunter befindl. Farbe nicht durchscheinen lassen; Ggs.: *Lasurfarben.*
**Deckfrucht,** eine Frucht (meist Getreide, seltener Hülsenfrüchte), in die eine zweite Frucht *(Untersaat,* meist Futterpflanzen) gesät wird, um in einem Jahr zweimal ernten zu können.
**Deckinfektion,** eine Krankheit von Haustieren, die durch den Deckakt übertragen werden kann, z.B. *Druse, Beschälseuche, Abortus Bang.*

*Degen: Fechtszene*

**Deckoffizier,** in der dt. Marine bis 1920 ein Rang zw. Offizieren u. Unteroffizieren.
**Decoder,** elektron. Schaltung zur Umsetzung von verschlüsselten Signalen, z.B. in Fernseh- u. Stereogeräten.
**de Coster** → Coster.
**decrescendo** [dekrɛ'ʃɛndo], an Tonstärke abnehmend, leiser werdend.
**Dedekind,** Richard, \*1831, †1916, dt. Mathematiker (Arbeiten über höhere Algebra, Zahlentheorie u. Mengenlehre).
**Dedikation,** Widmung, Zueignung.
**Deduktion,** im Ggs. zur *Induktion* die Ableitung bes. Sätze (Erkenntnisse, Wahrheiten) aus allg., von Erfahrungstatsachen.
**Dee** [di:], **1.** Fluß in N-Wales, 122 km; mündet in die Irische See. – **2.** Fluß in O-Schottland, 139 km; mündet bei Aberdeen in die Nordsee.
**Deerhound** ['di:əhaund], der in Schottland zur Hirschhatz verwendete Windhund.
**DEFA,** Abk. für *Deutsche Film AG,* 1946 in der Sowjetzone gegr. Filmgesellschaft; 1952–90 volkseigener Betrieb der DDR.
**de facto,** tatsächl. bestehend, unabhängig von der Rechtslage. Ggs.: *de jure.*
**Defäkation,** die Ausscheidung von Nahrungsrückständen (Kot, Stuhl) durch den After.
**Defätismus,** Zustand der Mutlosigkeit u. Resignation, in dem die eigene Sache für aussichtslos angesehen u. die Fortsetzung des Kampfs abgelehnt wird.
**Defekt,** Mangel, Schaden, Fehler; körperl. oder geistiges Gebrechen.
**Defensive,** Verteidigung.
**defensives Fahren,** vorsichtiges u. rücksichtsvolles Verhalten im Straßenverkehr, wobei sich der Fahrer der Verkehrssituation anpaßt u. Vorrechte zurückstellt.
**Defereggental,** 40 km langes westl. Seitental des Iseltals in O-Tirol (Östr.), durchflossen von der Schwarzach; Hauptort: *Sankt Jakob,* 1389 m ü.M., 890 Ew.
**Deficit spending** ['dɛfisit-], Erhöhung der Staatsausgaben mit Inkaufnahme eines Haushaltsdefizits zur Ankurbelung der Wirtschaft in Rezessionsphasen.
**defilieren,** vorbeimarschieren.
**Definition,** Begriffsbestimmung, Erklärung.
**Defizit,** in der öffentl. Finanzwirtschaft die Überschreitung der Einnahmen durch die Ausgaben; im kaufmänn. Rechnungswesen ein Fehlbetrag, der sich bei der Kassenkontrolle ergibt.
**Deflation, 1.** Unterversorgung einer Volkswirtschaft mit Zahlungsmitteln (Ggs.: *Inflation*). Die D. wirkt preisdrückend u. einkommensmindernd. Die daraus folgenden Störungen des wirtschaftl. Gleichgewichts führen zu Arbeitslosigkeit u. Konkursen; die wirtschaftl. Entwicklung wird gehemmt. – **2.** Abtragung u. Transport von Sand u. Staub durch den Wind.
**Defloration,** Entjungferung.
**Defoe** [də'fou], Daniel, \*um 1660, †1731, engl. Schriftst. u. Journalist; trat für religiöse Toleranz u. parlamentar. Monarchie ein. W Abenteuerroman »Robinson Crusoe« (unter Verwendung der Erlebnisse des Matrosen Alexander *Selkirk*).
**Deformation,** Formänderung eines Körpers durch äußere Kräfte oder Erwärmung; Verunstaltung.
**Defraudation,** Betrug, Hinterziehung, Unterschlagung.
**Defregger,** Franz von, \*1835, †1921, östr. Maler (idealisierte Genreszenen mit oft histor. Thematik).
**Defroster,** am Auto eine Heizvorrichtung oder chem. Mittel zum Freihalten der Schutzscheibe von Beschlag, Schnee u. Eis.
**Degas** [də'ga], Edgar, \*1834, †1917, frz. Maler,

*Death Valley: Blick vom bekannten Aussichtspunkt »Zabriskie Point« über das Tal*

Graphiker u. Bildhauer; vom Impressionismus beeinflußt; entdeckte als neues Darstellungsgebiet die Sport- u. Bühnenwelt (Pferderennen, Ballettszenen).

**De Gasperi,** Alcide, *1881, †1954, ital. Politiker; beteiligte sich während des 2. Weltkriegs an der Widerstandsbewegung; Mitgr. u. 1946–54 Vors. der Democrazia Cristiana; 1945–53 Min.-Präs., mehrmals zugleich Außen-Min.; führte Italien in das westl. Bündnis.

**de Gaulle** [də'go:l] → Gaulle.

**Degen,** Waffe mit schmaler, gerader, elast. Klinge u. Griff; bes. als Stich- oder Stoß-, aber auch als Hiebwaffe (Haudegen) verwendet. – Beim sportl. *Fechten:* Stoßwaffe mit dreieckigem Klingenquerschnitt, Gewicht 770 g, Gesamtlänge, 110 cm.

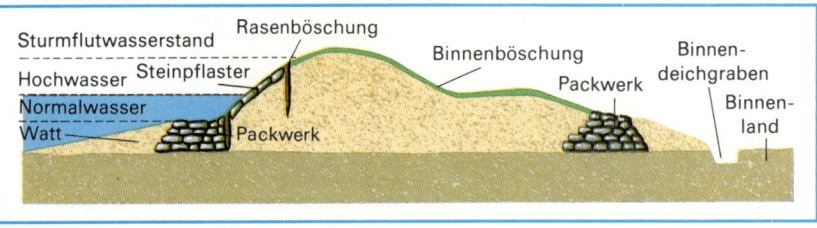

*Deich: schematischer Schnitt*

**Degeneration,** 1. Entartung; im biolog. Sinn Umwandlung einzelner Zellen u. Organe von Organismen, die zur Minderung der Leistungsfähigkeit führen, z.B. Alterungsprozesse. – 2. teilweiser oder totaler Verlust von Erbeigenschaften der urspr. Typus, z.B. nach Inzucht oder Strahlenschädigungen.

**Degenhardt,** 1. Franz Josef, *3.3.1931, dt. Protestsänger u. Schriftst. (sozialkrit. Romane). – 2. Johannes Joachim, *31.1.1926, dt. kath. Theologe; seit 1974 Erzbischof von Paderborn.

**Degerloch,** südl. Stadtteil von Stuttgart.

**Deggendorf,** niederbay. Krst. an der Donau, 30 200 Ew.; Holz-, Getreide- u. Viehhandel, Textil- u. Konservenind. – Stadtrecht 1316.

**degoutant** [-gu-], ekelhaft, widerwärtig.

**Degradierung,** 1. natürl., klimat. bedingte Entwertung der Böden. – 2. strafweise Herabsetzung des Dienstgrads um eine oder mehrere Stufen; bes. beim Militär.

**Degras** [də'gra], oxidierter Tran, der bei der Entfettung trangegerbter → Sämischleder anfällt.

**Degrelle** [də'grɛl], Léon, *15.6.1906, belg. Politiker (Faschist); kämpfte im 2. Weltkrieg mit der *Wallon. Legion* auf dt. Seite; 1945 in Abwesenheit als Kollaborateur zum Tode verurteilt.

**degressiv,** abnehmend, sinkend.

**Degustation,** Prüfen von Lebensmitteln, Kostprobe.

**De Havilland** [də'hæviland], Sir Geoffrey, *1882, †1965, engl. Flugzeugbauer; baute u.a. das erste Strahlverkehrsflugzeug »Comet«.

**Dehio,** Georg, *1850, †1932, dt. Kunsthistoriker; W »Handbuch der dt. Kunstdenkmäler«.

*Eugène Delacroix: Pferd, nach links gewandt; Aquarell. Bayonne, Musée Bonat*

**Dehler,** Thomas, *1897, †1967, dt. Politiker (FDP); 1949–53 Bundesjustiz-Min., 1954–57 Partei-Vors.

**Dehmel,** Richard, *1863, †1920, dt. Schriftst.; (pathet. Lyrik, Versroman »Zwei Menschen«, Dramen).

**Dehnung,** Längenänderung eines auf Zug beanspruchten Körpers.

**Dehors** [də'ɔ:r], äußerer Schein, gesellschaftl. Anstand.

**Dehydrierung,** Entzug von Wasserstoff aus chem. Verbindungen.

**Dei,** *Dai, Dey,* [türk. »Oheim«], Titel der 1600–1830 in Algerien herrschenden Janitscharen-Fürsten.

**Deich,** Damm am Meer oder Flußufer zum Schutz von Ortschaften u. Niederungen. Das geschützte Gelände wird durch *Binnendeiche* unterteilt, um bei einem D.bruch den Schaden zu begrenzen. Die Erhaltung eines D. obliegt den Eigentümern der geschützten Grundstücke. Sie werden zu einem **D.verband** *(D.genossenschaft)* zusammengeschlossen, an dessen Spitze der **D.vorsteher** *(D.hauptmann, D.graf)* steht.

**Deidesheim,** Stadt in Rhld.-Pf., an der mittleren Haardt, 3400 Ew.; Weinbau u. -handel, Sektkellerei.

**Deimos,** einer der Monde des *Mars.*

**Deisenhofer,** Johann, *30.9.1943, dt. Biochemiker (Forschungen zur Photosynthese); Nobelpreis für Chemie 1988 mit H. *Michel* u. R. *Huber.*

**Deismus,** die Ansicht, daß Gott zwar die Welt geschaffen habe, aber nicht in die Natur u. das Weltgeschehen eingreife; im Ggs. zum *Theismus,* der einen in der Welt wirkenden Gott annimmt. Der D. war in der Zeit der *Aufklärung* (17./18. Jh.) verbreitet; Vertreter waren z.B. *Voltaire* u. *Lessing.*

**Deister,** Bergrücken in Nds., Teil des *Weserberglands.*

**Déjà-vu-Erlebnis** [deʒa'vy-], eine Erinnerungstäuschung, die darin besteht, daß man eine bestimmte Situation bereits einmal erlebt zu haben glaubt.

**Déjeuner** [deʒœ'ne], Frühstück.

**de jure,** rechtl., von Rechts wegen. Ggs.: *de facto.*

**Deka,** Vorsilbe von Maßeinheiten, auch Wortbestandteil mit der Bedeutung »zehn«, z.B. *D.meter* = 10 m.

**Dekabristen,** die Teilnehmer eines gescheiterten Aufstands gegen die russ. Zarenherrschaft im Dez. 1825.

**Dekade,** Anzahl von 10 Stück, Zeitraum von 10 Tagen.

**Dekadenz,** Verfall, Niedergang; in der europ. Literatur des späten 19. Jh. der Kult einer überreifen, nervös verfeinerten Geistigkeit u. Sinnlichkeit.

**dekadisches System** → Dezimalsystem.

**Dekalog,** die → Zehn Gebote.

**Dekameron** → Decameron.

**Dekan,** 1. Vors. einer *Fakultät.* – 2. höherer Geistlicher, → Dechant.

**Dekan,** *Dekhan, Deccan,* der südl. Teil des ind. Subkontinents, »Halbinsel-Indien«, in Form einer riesigen, schräggestellten Scholle. Der West- u. Ostrand sind aufgewölbt zu den *West-* bzw. *Ostghats.*

**Dekanat,** Amt, Amtsbezirk eines *Dekans.*

**dekantieren,** eine Flüssigkeit von einem auf dem Boden des Gefäßes abgesetzten Stoff abgießen.

**Dekantierkorb,** Körbchen aus Weidengeflecht zum Servieren edler Rotweine.

**dekatieren,** Tuch, Filz, Wolle u. Seidenstoffe unter Druck dämpfen, um einen bestimmten Glanz, Griff u.ä. zu erzielen.

**Dekker,** Eduard Douwes, *1820, †1887, ndl. Schriftst.; schrieb unter Pseud. *Multatuli* den Roman »Max Havelaar« gegen koloniale Ausbeutung.

**Deklamator,** Vortragskünstler.

**Deklaration,** Erklärung. – **deklarieren,** eine Zollerklärung abgeben.

**deklassieren,** jemanden in eine niedrigere Klasse verweisen.

**de Klerk** → Klerk, Frederik Willem de.

**Deklination,** 1. Winkelabstand eines Gestirns vom Himmelsäquator. – 2. Abweichung der Nordrichtung einer Magnetnadel von der geograph. Nordrichtung *(Mißweisung).* – 3. *Flexion* (Beugung) der Substantive, Adjektive, Pronomina, Zahlwörter u. Artikel.

**Dekolleté** [dekɔl'te], Entblößung von Schulter, Brust u. Rücken durch Ausschnitte der weibl. Kleidung.

**Dekontamination,** Entgiftung radioaktiv verseuchter Gebiete, Geräte, Kleider usw.

**Dekor,** Schmuck, Verzierung.

**Dekret,** Erlaß, Verfügung, Verordnung.

**Dekretalen,** päpstl. Entscheidungen u. Gesetze in Briefform.

**Dekubitus,** das Aufliegen (Wundliegen) bei langer Bettlägrigkeit.

**Delacroix** [dəla'krwa], Eugène, *1798, †1863, frz. Maler u. Graphiker; löste den Klassizismus durch reich bewegte, dramat. Komposition u. kräftige Farbgebung ab u. wurde zum Begr. der romant. Richtung der frz. Malerei.

**Delagoabucht,** *Baia de Maputo,* Meeresbucht mit Naturhafen an der südl. Küste von Moçambique, im Innern die Hptst. *Maputo.*

**Delamuraz** [dəlamy'raz], Jean-Pascal, *1.4.1936, schweiz. Politiker (FDP); seit 1984 Bundesrat (bis 1986 Militär-Deputierter, seit 1987 Volkswirtschafts-Deputierter); 1989 Bundes-Präs.

**Delaunay** [dəlo'nɛ], Robert, *1885, †1941, frz. Maler; in Verbindung zur dt. Künstlergruppe »Blauer Reiter«.

**Delaware,** *Lenape,* Indianerstamm der Algonkin-Gruppe Nordamerikas.

**Delaware** ['dɛləwɛ:ə], *Del.,* ein Gliedstaat der → Vereinigten Staaten von Amerika.

**Delbrück,** 1. Hans, Neffe von 3), *1848, †1929, dt. Historiker; Hauptarbeitsgebiet: Kriegsgeschichte. – 2. Max, *1906, †1981, US-amerik. Genetiker dt. Herkunft; erforschte die bakteriophagen Viren; Nobelpreis 1969. – 3. Rudolf von, *1817, †1903, preuß. Politiker; verdient um den Ausbau des Dt. Zollvereins, enger Mitarbeiter *Bismarcks.*

**Delcassé,** Théophile, *1852, †1923, frz. Politiker; mehrmals Außen-Min., begr. die *Entente cordiale* mit England.

**Delebpalme,** eine bis 20 m hohe Fächerpalme der afrik. Graslandschaften.

**Deledda,** Grazia, *1871, †1936, ital. Schriftst.; schilderte Land u. Menschen Sardiniens; Nobelpreis 1926.

**Delegation,** Abordnung, Gesandtschaft. – **delegieren,** abordnen; Zuständigkeiten auf einen Untergebenen übertragen.

**Delémont** [dəle'mɔ̃], *Delsberg,* Hptst. des schweiz. Kt. Jura, an der Mündung der Sorne in die Birs, 11 300 Ew.; ehem. Sommerresidenz der Fürstbischöfe von Basel; Uhren-, feinmechan., Metall- u. Zementind.

**Delft,** ndl. Ind.-Stadt in der Prov. Südholland, 88 000 Ew.; Altstadt mit Grachten; elektron., metallverarbeitende u. chem. Ind. – Im 17. u. 18. Jh. war D. durch seine Fayencerie bekannt. Bis zur Erfindung des europ. Hartporzellans galt die *Delfter Fayence* als Ersatzporzellan. In der 2. Hälfte des 18. Jh. sank die Qualität; am Ende des 19. Jh. wurde die Fabrikation nach alten Mustern wiederaufgenommen.

**Delhi** ['de:li], fr. *Dehli,* Hptst. der Ind. Union, wichtigste Stadt Indiens im Landesinnern, am W-Ufer des Yamuna, mit Vororten als Unionsterritorium 1485 km², 6,2 Mio. Ew.; im SW das modern angelegte *Neu-D.,* Sitz der Regierung. – Seit 1192 Zentrum des ind. Islam u. später Großmoguln; seit 1911 Regierungssitz.

**Delibes** [də'li:b], Léo, *1836, †1891, frz. Komponist; W Ballette »Coppélia«, »Sylvia«, Oper »Lakmé«.

**Delikt,** Straftat (Strafrecht), unerlaubte Handlung (bürgerl. Recht). – **D.sunfähigkeit,** die rechtl. Unfähigkeit, ein D. zu begehen, bes. wegen jugendl. Alters u. mangelnder Zurechnungsfähigkeit.

**Delinquent,** Verbrecher, Angeklagter.

**Delirium,** Verwirrungszustand mit Wahnideen u. motorischer Unruhe. – **D. tremens,** *Säuferwahnsinn,* Verwirrungszustand durch chron. Alkoholmißbrauch.

**Delitzsch,** Krst. in Sachsen, am SW-Rand der *Dübener Heide,* 27 600 Ew.; versch. Ind.; mittelalterl. Stadtbefestigung.

**Delius** ['di:ljəz], Frederick, *1862, †1934, engl. Komponist; Oper »Romeo u. Julia auf dem Dorfe«, Orchesterwerke, Kammermusik.

**Delkredere,** im Handelsrecht die Gewährleistung für den Eingang einer Forderung. – **D.-Konto,** auf der Passivseite der Bilanz ausgewiesene Wertberichtigung für zweifelhafte Forderungen.

**Delmenhorst,** Stadt in Nds., an der Delme, westl. von Bremen, 70 500 Ew.; vielseitige Ind., Bundeswehrstandort. – Stadtrecht 1371, 1667–1733 dänisch.

**Delon** [də'lɔ̃], Alain, *8.11.1935, frz. Filmschauspieler u.a. in »Der eiskalte Engel«.

*Delphin*

**De Long,** George Washington, *1844, †1881 (im Eis verhungert), US-amerik. Polarforscher; versuchte 1879, den Nordpol von der Beringstraße aus zu erreichen. Nach ihm ben. sind die **De-Long-Inseln** im Nördl. Eismeer u. die **De-Long-Straße** zw. dem N-asiat. Festland u. der Wrangelinsel.

**Delorme** [də'lɔrm], Philibert, *1510/15, †1570, frz. Architekt; neben P. *Lescot* Hauptmeister der frz. Renaissance-Baukunst.

**Delors** [də'lɔ:r], Jacques, *20.7.1925, frz. Politiker (Sozialist); seit 1985 Präs. der EG-Kommission.

**Delos,** grch. Kykladen-Insel, 4 km²; im Altertum Heiligtum des *Apollon,* u. religiöser Mittelpunkt der ion. Griechen.

**Delp,** Alfred, *1907, †1945, dt. kath. Theologe; als Angehöriger des *Kreisauer Kreises* nach dem 20. Juli 1944 verhaftet u. hingerichtet.

**Delphi,** antike grch. Stadt am Fuß des Parnaß; wichtigster Kultort *Apollons,* in dessen Tempel die Seherin *Pythia* vieldeutige Orakelsprüche verkündete.

**Delphin, 1.** artenreiche Fam. der *Zahnwale;* kleine bis mittelgroße Meeressäugetiere mit schnabelartig verlängertem Schädel. Zu den D. gehören u.a. die *Schwert-* oder *Mörderwale,* der *Grindwal,* der *Große Tümmler* u. der *Delphin* i.e.S. Die hochintelligenten Tiere leben gesellig; sie nähren sich hpts. von Fisch. – **2.** kleines Sternbild des nördl. Himmels. – **3.** eine Stilart beim → Schwimmen.

**Delsberg** → Delémont.

**Delta,** der 4. Buchstabe des grch. Alphabets (δ, Δ), dem lat. d, D entsprechend; in der Math. Symbol für das Dreieck u. für den Zuwachs einer Größe (z.B. Δx).

**Delta,** Flußmündung mit einem verzweigten Netz von Flußarmen u. ständiger seewärtiger Neulandbildung (oft in Form eines grch. Δ) aus mitgeführten Sinkstoffen.

**Deltaflügel,** Flugzeugtragfläche in Dreieckform.

**Deltametalle,** Kupfer-Zink-Legierungen *(Sondermessing)* für Schiffsbeschläge u. Armaturen.

**Deltaplan,** nach der Sturmflutkatastrophe von 1953 in den Ndl. entwickelter Plan zur Abdämmung des Deltas von Rhein, Maas u. Schelde, 1987 abgeschlossen. Etwa 15 000 km² (40 % der Landfläche der Ndl.) wurden durch Dämme u. Deiche gesichert.

**Deltgen,** René, *1909, †1979, dt. Schauspieler (Theater, Film, Fernsehen).

**Demagoge,** Volksverführer, Hetzer. – **Demagogenverfolgung,** Maßnahmen der Regierungen der dt. Bundesstaaten zur Unterdrückung liberaler u. nationaler Strömungen seit 1819.

**de Maizière** [də mɛ'zjɛ:r] → Maizière.

**Demarche** [de'marʃ], das Eingreifen diplomat. Stellen durch schriftl. oder mündl. Erklärungen gegenüber einem anderen Staat.

**Demarkationslinie,** im Ggs. zur Staatsgrenze vorläufig festgelegte Linie zur Abgrenzung von Hoheits- oder Einflußgebieten.

**Demawend,** vulkan. Hauptgipfel des Elburs (Iran), 5604 m.

**Dementi,** Ableugnung, Widerruf, Richtigstellung.

**Demenz,** *Dementia,* Form des *Schwachsinns; Dementia praecox,* Jugendirresein.

**Demeter,** grch. Göttin der Fruchtbarkeit u. des Wachstums, von den Römern der *Ceres* gleichgesetzt.

**Demetrius,** russ. *Dmitrij,* **1.** *D. Iwanowitsch Donskoj,* *1350, †1389, Großfürst von Moskau u. Wladimir; siegte 1380 am Don gegen die Mongolen. – **2.** *D. Iwanowitsch,* *1582, †1591, russ. Thronfolger, Sohn Iwans des Schrecklichen; wohl auf Betreiben von *Boris Godunow* ermordet. Die Unsicherheit über seinen Tod verleitete zum Auftritt von Betrügern, die sich als D. ausgaben. Der erste falsche D., vielleicht der entlaufene Mönch *A. Otrepjew,* errang 1605 mit poln. Unterstützung den Zarenthron u. wurde 1606 ermordet. Sein

*Delphi: Theater und die Ruinen des Apollontempels*

Schicksal ist oft literar. gestaltet worden, u.a. von *Puschkin* u. *Schiller.*

**Demilitarisierung** → Entmilitarisierung.

**Deminutivum** → Diminutivum.

**Demirel,** Süleiman, *6.10.1924, türk. konservativer Politiker, 1964–80 Vors. der »Gerechtigkeitspartei«, 1975–77 u. 1979/80 Min.-Präs.; seit 1987 Vors. der »Partei des richtigen Weges«.

**Demission,** Rücktritt von einem Amt.

**De Mita,** Ciriaco, *2.2.1928, ital. Politiker (Christl. Demokr.); 1988/89 Min.-Präs.

**Demiurg,** bei *Platon* u. anderen grch. Philosophen der »Weltbaumeister«, Mittler zw. der höchsten Gottheit u. der Schöpfung.

**Demmin,** Krst. in Mecklenburg, 17 000 Ew.; versch. Ind. – 1070 slaw. Burg, 1283 Hansestadt, 1648–1720 schwedisch.

**Democrazia Cristiana,** *DC,* Christl. Demokratie, ital. polit. Partei, als Nachfolgepartei der kath. Volkspartei *(Partito Popolare)* 1942 unter Führung A. *De Gasperis* entstanden; seit 1946 die stärkste polit. Partei Italiens.

**Demodulator,** Bauteil in einem Empfänger, das den niederfrequenten Anteil eines Signals von seinem Hochfrequenzträger trennt.

**Demographie,** Beschreibung des Zustands u. der Veränderung von Bevölkerung u. Bevölkerungsteilen mit statist. Methoden.

**Demokraten, 1.** allg. die Vertreter demokratischer Ideen. – **2.** *Democratic Party,* eine der beiden großen polit. Parteien der USA. Ihr Gegensatz zu den *Republikanern* ist nicht grundsätzl., da sich beide zur privatwirtschaftl. Gesellschaftsordnung bekennen u. über die demokr.-republikan. Organisation des staatl. Lebens einig sind. Die D. haben keine feste überregionale Organisation u. kein ständiges verbindl. Programm u. treten stärker für soziale Reformen ein.

**Demokratie,** die Staatsform, in der die Staatsgewalt vom Volke ausgeht, das Volk also der *Souverän* ist. Wichtigste Merkmale der D. sind: regelmäßig wiederkehrende freie, allg., gleiche u. geheime Wahlen; Entscheidung nach dem Mehrheitsprinzip bei gleichzeitigem Schutz der Minder-

*Demokratie: In einigen Kantonen der Schweiz, wie hier in Glarus, besteht heute noch die alte demokratische Form der Landsgemeinde aller freien Männer, die einmal im Jahr unter freiem Himmel zusammentritt, Wahlen in kommunale Ämter vornimmt und Kantonsangelegenheiten berät und entscheidet (links). – Demonstration: Maidemonstration der APO 1969 in Berlin (rechts)*

heit; Bindung der Staatsgewalt an eine Verfassung (die auch die Form von Einzelgesetzen oder Konventionen haben kann); Gewährleistung unveräußerl. Grundrechte (z.B. Glaubens-, Meinungs-, Informations-, Versammlungsfreiheit, Freizügigkeit); Gewaltenteilung (voneinander unabhängige Organe der Gesetzgebung, Regierung u. Rechtsprechung). – Hauptformen der D.: Die *direkte D.*, bei der alle Entscheidungen unmittelbar vom Volk getroffen werden, läßt sich nur in kleinen Gemeinwesen u. auch da nur bedingt verwirklichen. Die Regel ist heute die *repräsentative D.*, bei der die Gesetze von gewählten Volksvertretern beschlossen werden. Direkte Beteiligung des Volkes durch *Volksentscheid (Plebiszit)* ist jedoch in unterschiedl. Maße möglich. Unterarten der repräsentativen D. sind die *parlamentarische D.*, bei der die Volksvertretung nicht nur die Gesetzgebung, sondern auch die Regierungsbildung bestimmt (wie in den meisten westeurop. Staaten), u. die *Präsidial-D.*, bei der das Volk den Regierungschef direkt wählt (wie in den meisten amerik. Staaten). – Im einzelnen kann die demokr. Staatsform unterschiedl. ausgestaltet sein. Entscheidend für das Funktionieren einer D. ist, daß die ungehinderte Tätigkeit oppositioneller Parteien u. die Möglichkeit eines Regierungswechsels gewährleistet sind.

**Demokratie Jetzt,** unter dem SED-Regime in der DDR 1989 gegr. oppositionelle Bürgerbewegung; trat nach der polit. Wende für Basisdemokratie ein, lehnte den Parteienstaat u. eine rasche Wiedervereinigung Dtld.s ab; schloß 1990 mit dem *Neuen Forum* u. der *Initiative Frieden u. Menschenrechte* die Wahlkoalition *Bündnis 90*.

**Demokratische Bauernpartei Deutschlands,** *DBD*, polit. Partei in der DDR, gegr. 1948 auf Betreiben der SED, der sie sich von Anfang an unterordnete. 1989 trat sie aus dem Demokrat. Block aus u. kandidierte selbständig in den Wahlen 1990; schloß sich dann der CDU an.

**Demokratischer Aufbruch,** *DA*, unter dem SED-Regime in der DDR 1989 gegr. oppositionelle Bewegung, trat für baldige Wiedervereinigung ein u. bildete mit der CDU u. der DSU das Wahlbündnis *Allianz für Deutschland*. In der Regierung der DDR (Kabinett de Maizière) stellte sie einen Minister. Der DA schloß sich im Aug. 1990 der CDU an.

**Demokratisierung,** die Durchsetzung demokr. Entscheidungsverfahren in allen gesellschaftl. Bereichen. Über den wünschenswerten Umfang der D. (z.B. in der Wirtschaft) gehen die Meinungen weit auseinander.

**Demokrit,** *um 460 v.Chr., †um 370 v.Chr., grch. Philosoph; erklärte die Welt als Zusammensetzung kleinster, unvergängl. Teilchen, die sich im leeren Raum bewegen, u. wurde damit Begründer der *Atomistik*.

**Demonstration,** 1. Veranschaulichung in eindrucksvoller Form. – 2. Massenkundgebung zur Verdeutlichung von Forderungen oder Protesten.

**Demonstrativpronomen** → Pronomen.

**Demontage** [-'ta:ʒə], Abbau u. Abtransport von Industrieanlagen zur Wiedergutmachung von Kriegsschäden; nach 1945 von den Siegermächten in Dtld. in großem Umfang angewandt.

**Demoralisation,** Untergrabung der Moral u. Disziplin, Entmutigung.

**De Morgan** [də'mɔ:gən], Augustus, *1806, †1871, engl. Mathematiker (Arbeiten über Algebra u. Logik).

**Demos,** im alten Griechenland das »Volk«, d.h. die Gesamtheit der Vollbürger eines Stadtstaats; im heutigen Griechenland die kleinste Verw.-Bez.

**Demoskopie** → Meinungsforschung.

**Demosthenes,** *384 v.Chr., †322 v.Chr., grch. Politiker; verfocht erfolglos die Freiheit Athens gegen Philipp II. von Makedonien; einer der berühmtesten Redner des Altertums.

**demotische Schrift** → Hieroglyphen.

**Demutsverhalten,** bei Tieren ein Verhalten, das die Aggression des Gegners dämpfen soll; z.B. »Kleinmachen« des eigenen Körpers.

**den,** Abk. für *Denier*, früher Maß für die Feinheit von Fasern; jetzt ersetzt durch *dtex* (Gewicht eines 10 000 m langen Fadens in g).

**Denar,** Silbermünze im alten Rom u. im MA.

**denaturieren,** Genußmittel (z.B. Alkohol) ungenießbar machen, damit sie bei der Verwendung für techn. Zwecke steuerfrei sind.

**Dendara** → Dandara.

**Dender,** frz. *Dendre,* rechter Schelde-Zufluß in Belgien, 117 km; mündet bei *Dendermonde.*

*Deng Xiaoping*

**Dendrit,** 1. moosförmige, aus Eisen- u. Manganoxiden bestehende Zeichnung auf Gesteinen, oft für Pflanzenversteinerung gehalten. – 2. bäumchenartig verzweigter Plasmafortsatz an der Oberfläche von Nervenzellen.

**Dendroblum,** *Baumwucherer,* in S-Asien u. Polynesien heim. Orchideengattung.

**Dendrochronologie,** Methode zur Altersbestimmung archäol. Objekte anhand der Jahresringe des vorgefundenen Holzes.

**Dendrologie,** Gehölzkunde.

**Deneb,** hellster Stern im Sternbild *Schwan.*

**Deneuve** [də'nø:v], Cathérine, eigtl. C. *Dorléac,* *22.10.1943, frz. Filmschauspielerin, u.a. in »Belle de jour«.

**Denguefieber** [-gə-], durch Mücken übertragene akute Viruskrankheit in den Tropen u. Mittelmeerländern.

**Deng Xiaoping** [dəŋ çjaupiŋ], *22.8.1904, chin. Politiker (Kommunist); seit den 30er Jahren hoher Parteifunktionär; wegen »kapitalist.« Abweichungen 1966 u. 1976 gestürzt, beide Male rehabilitiert; seit 1978 faktisch (nicht formell) Parteiführer; betrieb eine pragmat. Wirtschaftspolitik mit Öffnung nach Westen, unterdrückte aber Demokratisierungsversuche.

**Den Haag,** *s'Gravenhage,* ndl. Stadt, Residenz des Königshauses, Sitz von Reg. u. Parlament sowie des Internat. Gerichtshofs der UN u. anderer Einrichtungen; durch das bek. Seebad *Scheveningen* mit der Nordseeküste verbunden; 460 000 Ew. – 1370 erstmals erwähnt, 16.–18. Jh. Sitz der Generalstaaten, seit 1831 königl. Residenz.

**Den Helder,** ndl. Hafenstadt, gegenüber der Insel Texel, 65 000 Ew.; Seebad.

**Denikin,** Anton Iwanowitsch, *1872, †1947, russ. General; im Bürgerkrieg 1918–20 Befehlshaber der antibolschewist. Truppen; emigrierte 1920.

**Denim,** im Garn gefärbter Baumwollstoff für Blue Jeans u.ä.

**Denis** [də'ni] → Dionysius.

**Denizli** [dɛ'nizli], Hptst. der gleichn. W-türk. Prov., nahe dem Menderes, 135 000 Ew.

**Denkmalpflege,** *Denkmalschutz,* alle Maßnahmen zur Pflege u. Erhaltung von kunst- u. kulturhistorisch wertvollen Werken der Architektur, Plastik, Malerei u. des Kunstgewerbes. In der BR Dtld. hat jedes Bundesland ein *Landesamt für D.;* oberster Beamter ist der *Landesdenkmalpfleger.*

**Denktaş** [-taʃ], Rauf, *27.1.1924, türk.-zypr. Politiker; seit 1973 Vizepräs. Zyperns, nach Proklamation des türk. Teilstaates (1975) dessen Präs.

**Denomination,** religiöser Zirkel, Sekte.

**Denpasar,** Stadt auf Bali (Indonesien), Kulturzentrum, 261 000 Ew.

**dental,** den Zahn betreffend.

**Dental,** *Zahnlaut,* durch die Zunge mit den oberen Schneidezähnen gebildeter Laut (d, t).

**Dentin,** *Zahnbein,* die Grundsubstanz der Zähne.

**Dentist,** bis 1952 ein Zahntechniker mit Fachschulausbildung, der in begrenztem Umfang die Zahnheilkunde ausüben durfte.

**Dents du Midi** [dãdy'mi'di], Berggruppe im schweiz. Kt. Wallis, bis 3257 m.

**Denudation,** Abtragung einer stark reliefierten Landoberfläche zu einer Ebene in Meereshöhe.

**Denunziation,** Anschwärzung, Anzeige aus niedrigen, meist persönl. Beweggründen.

**Denver,** Hptst. von Colorado (USA), am Rand der Rocky Mountains, 1585 m ü. M., 515 000 Ew.; 2 Univ., vielseitige Ind.

**Deodorant,** aus keimhemmenden Stoffen mit Parfümzusatz bestehendes Mittel gegen Körpergeruch.

**Depardieu** [dəpar'djø], Gérard, *27.12.1948, frz. Schauspieler, u.a.: »Die letzte Metro«, »Danton«.

**Departamento,** in mehreren lateinamerik. Staaten die oberste Verwaltungseinheit.

**Département** [depart'mã], frz. Verwaltungsbezirk mit *Präfekten* an der Spitze. Die D. wurden seit 1789 durch Aufteilung der histor. Provinzen geschaffen. – **Departement,** in der Schweiz Regierungsbehörde (einem Ministerium entspr.) mit einem *Bundesrat* an der Spitze. – **Department,** Abteilung, Fachbereich; in den USA auch Ministerium.

**Depesche,** Eilnachricht, Telegramm. – **D.nbüro,** veraltet für *Nachrichtenagentur.*

**Depilation,** *Epilation,* Enthaarung.

**Deplacement** [deplas'mã], Wasserverdrängung eines Schiffs in t oder ts (tons).

**deplaciert,** unangebracht, fehl am Platze.

**Deponie,** Müllabladeplatz.

**Deportation,** Zwangsverschickung von Schwerverbrechern oder polit. Mißliebigen.

**Depositen,** hinterlegte Wertgegenstände; Geldeinlagen bei Kreditinstituten (*D.banken*) mit unterschiedl. Kündigungsfrist u. entspr. unterschiedl. Zinssatz.

**Depot** [de'po], 1. Aufbewahrungsort, Lager. – 2. bei einer Bank verwahrte Wertstücke u. Wertpapiere. – **D.stimmrecht,** auf der Hauptversammlung einer AG von einer Bank für die in ihrer Verwahrung befindl. Aktien ausgeübtes Stimmrecht.

**Depotpräparate** [de'po-], Arzneimittel mit lang anhaltender Wirkung.

**Depression,** 1. Niedergeschlagenheit, gedrückte Stimmung, Schwermut. Die *exogene D.* ist eine Reaktion auf nicht bewältigte innere oder äußere Belastungen. Die *endogene D.,* wohl körperl. begründet, tritt meist im Wechsel mit manischer (euphorisch-gehobener) Stimmungslage auf. – 2. Eintiefung unter das Meeresspiegelniveau, z.B. Kasp. Meer (-28 m). – 3. Tiefstand in der wirtsch. Entwicklung.

**deprimiert,** niedergeschlagen, mutlos.

**Deprivation,** mangelnde mütterl. Pflege u. deren nachteilige psych. Folgen für das Kind.

**Deputat,** regelmäßige Leistung von Naturalien als Teil des Arbeitslohns.

**Deputation,** Abordnung, Ausschuß. – **Deputierter,** Abgeordneter. – **Deputiertenkammer,** in Frankreich 1871–1940 die direkt gewählte 2. Kammer des Parlaments (neben dem *Senat* als 1. Kammer).

**De Quincey** [də'kwinsi], Thomas, *1785, †1859, engl. Schriftst.; schilderte die Welt der Süchtigen.

*Denver: das Kapitol*

## 182 Derain

**Derain** [dəˈrɛ̃], André, *1880, †1954, frz. Maler; von P. *Cézanne* u. den »Fauves« angeregt, später unter dem Einfluß des Kubismus.

**Derby** [ˈdaːbi, engl.; ˈdəːbi, amerik.], das bedeutendste Rennen des Jahres für dreijährige Pferde in zahlr. Ländern; ben. nach Earl Edward *D.*, der 1780 das alljährl. in Epsom gelaufene engl. D. einführte.

**Derby** [ˈdaːbi], Hptst. der mittelengl. Gft. *D.shire*, am Derwent, 216 000 Ew.; anglikan. Bischofssitz; Porzellan-, Flugzeug-, Textilind.

**Derfflinger**, Georg Reichsfreiherr von, *1606, †1695, brandenburg. Feldmarschall; seit 1654 als Reitergeneral im Dienst des Großen Kurfürsten.

**Derivat**, *Abkömmling*, eine chem. Verbindung, die aus einer anderen abgeleitet werden kann.

**Dermatitis**, Hautentzündung.

**Dermatologie**, die Lehre von den Hautkrankheiten; hierzu wird auch die *Venerologie* (Lehre von den Geschlechtskrankheiten) gerechnet.

**Dermatozoen**, Sammelname für Hautschmarotzer, z.B. Milben u. Zecken.

**Dermoplastik**, möglichst lebensgetreue Nachbildung von Lebewesen für Ausstellungszwecke.

**Dermota**, Anton, *1910, †1990, östr. Opernsänger (bes. Mozart).

**Dernier cri** [dɛrnjeˈkri], »letzter Schrei«, letzte Modeneuheit.

**Derogation**, Ersetzung oder Abänderung eines Gesetzes durch ein später erlassenes Gesetz.

**Derrida**, Jacques, *15.7.1930, frz. Philosoph (sprach- u. zeichentheoret. Untersuchungen).

**Derschawin** [djɛrˈʒaː-], Gawriil Romanowitsch, *1743, †1816, russ. Dichter (klassizist. u. volkstüml. Lyrik).

**Dertinger**, Georg, *1902, †1968, dt. Politiker; 1946–49 Generalsekretär der Ost-CDU, 1949–53 Außen-Min. der DDR; 1954 wegen angebl. Spionage zu 15 Jahren Zuchthaus verurteilt, 1964 haftentlassen.

**Derwall**, Josef (»Jupp«), *10.3.1927, dt. Fußballlehrer; 1978–84 Bundestrainer des Dt. Fußballbundes.

**Derwisch**, Mitglied islam. Orden mit myst. Tendenz.

**Déry** [ˈdeːri], Tibor, *1894, †1977, ung. Schriftst. (gesellschaftskrit. Romane); urspr. Kommunist, nach dem Volksaufstand als einer seiner geistigen Führer 1956–61 in Haft.

**Desaster**, Unglück, Unheil, Zusammenbruch.

*Tanzende Derwische: aus einer Handschrift aus Herat, 1485. Dublin, Chester Beatty Library*

**desavouieren** [-avu-], ableugnen, bloßstellen.

**Descartes** [deˈkart], René, latinisiert: Renatus *Cartesius*, *1596, †1650, frz. Philosoph, Mathematiker u. Naturforscher. Mit D. beginnt die neuzeitl. Philosophie in Form eines strengen *Rationalismus (Kartesianismus)*. Er suchte ein geschlossenes mechanist. Weltsystem zu errichten. D. forderte das Zurückgehen auf die einfachsten Einsichten, die durch Intuition gewiß sind. Um die letzte Gewißheit zu erreichen, führt er eine Zweifelsbetrachtung durch: Alles bezweifelnd, bin ich mir doch meines Denkens, also meiner Existenz gewiß *(cogito, ergo sum,* »Ich denke, also bin ich«). Davon ausgehend lehrte er einen Dualismus der denkenden u. der ausgedehnten Substanz. Als Mathematiker begr. D. die analyt. Geometrie. – Ⓦ »Discours de la méthode« (»Versuch über die Methode«), »Meditationen über die Erste Philosophie«, »Philosoph. Prinzipien«.

**Deschnew** [dɛʒˈnjɔf], *Deschnjow*, Semjon Iwanow, russ. Kosak; umfuhr 1648 als erster die O-Spitze Asiens, das nach ihm benannte Kap D.

**desensibilisieren, 1.** eine Überempfindlichkeit (Allergie) künstl. herabsetzen. – **2.** photograph. Schichten gegen chem. wirksames Licht durch einen Entwicklerzusatz unempfindl. machen.

**Deserteur** [-ˈtøːr], fahnenflüchtiger Soldat.

**Desertifikation**, räuml. Ausweitung der Wüsten, z.B. durch Rodung, Überweidung, Absenken des Grundwasserspiegels.

**De Sica**, Vittorio, *1903, †1974, ital. Schauspieler u. Filmregisseur, ein Hauptvertreter des Neorealismus. Ⓦ »Fahrraddiebe«, »Das Dach«.

**Desiderat**, Lücke, Erwünschtes, Vermißtes.

**Desiderio da Settignano** *nach 1428, †1464, ital. Bildhauer der Frührenaissance.

**Desiderius**, letzter König der Langobarden, 756–774, von Karl d. Gr. enthront.

**Design** [diˈzain], *Industrieform*, der Zweckmäßigkeit u. Schönheit vereinende Formentwurf bei serienmäßig hergestellten Industrieerzeugnissen.

**Designer** [diˈzainər], Formgestalter industrieller Erzeugnisse.

**designieren**, bezeichnen, bestimmen, als Nachfolger vorsehen.

**Desinfektion**, Beseitigung einer Ansteckungsgefahr durch Abtöten der Krankheitserreger *(Entseuchung)* u. aller Kleinstlebewesen *(Entkeimung)*; physikal. durch Hitze, Strahleneinwirkung u. Verbrennung, chem. durch Chlorkalk u.a. Kalk- u. Chlorverbindungen, Carbolsäure, Kresol, Lysol, Kreolin, Sagrotan, Zephirol, Formalin, Sublimat.

**Désirée**, Eugénie Bernardine, *1777, †1860, Tochter des Seidenhändlers *Clary* aus Marseille, zeitw. von *Napoleon* umworben, heiratete 1798 den frz. Marschall *Bernadotte,* den späteren König *Karl XIV. Johann* von Schweden. Ihre Schwester Julie (*1771, †1845) heiratete 1794 Napoleons Bruder *Joseph*.

**Desjatine**, altes russ. Flächenmaß verschiedener Größe, etwas mehr als 1 ha.

**deskriptiv**, beschreibend.

**Desman**, ein *Bisamrüßler* mit wertvollem Pelz (*Silber-* oder *Moschus-Bisam*), lebt an Flußufern in der UdSSR.

**Des Moines** [diˈmɔin], Hptst. von Iowa (USA), am *D. M. River*, 191 000 Ew.; Verkehrs- u. Handelszentrum, vielseitige Ind.

**Desmoncus**, in den Tropen Südamerikas heim. Palmengattung mit eßbaren Früchten.

**Desmoulins** [demuˈlɛ̃], Camille, *1760, †1794, frz. Revolutionär; einer der Organisatoren des Bastillesturms; mit *Danton* hingerichtet.

**Desna**, l. Nbfl. des Dnjepr, 1050 km; mündet bei Kiew.

**desolat**, öde, trostlos, hoffnungslos.

**Desoxidation**, Entzug von Sauerstoff aus Metallschmelzen, z.B. Stahl. Hierzu werden D.smittel (z.B. Mangan, Silicium, Aluminium) der Schmelze zugesetzt, die aufgrund ihrer höheren Affinität zum Sauerstoff binden.

**Desoxyribonucleinsäure**, *DNS* → Nucleinsäuren.

**Desperado**, bedenkenloser Abenteurer; zu Verzweiflungstaten fähiger Mensch.

**desperat**, verzweifelt.

**Despiau** [deˈpjo], Charles, *1874, †1946, frz. Bildhauer; Schüler von H. *Lemaire* u. A. *Rodin*.

**Despot**, schrankenloser Gewaltherrscher. – **Despotie**, Willkür-, Gewaltherrschaft.

**Desprez**, Josquin → Josquin Desprez.

**Dessau**, Paul, *1894, †1979, dt. Komponist; vertonte Dramen von B. Brecht; Filmmusiken.

*DESY: Blick in den Tunnel des Elektronen-Synchrotrons*

**Dessau**, Ind.-Stadt in Sachsen-Anhalt, an der Mündung der Mulde in die Elbe, 104 000 Ew.; bis 1945 Junkers-Flugzeugwerke, 1925–32 Sitz der Kunsthochschule *Bauhaus*. – Ersterwähnung 1213; 1603–1918 Residenz der Fürsten u. Herzöge von Anhalt-D. bzw. Anhalt.

**Dessauer**, Friedrich, *1881, †1963, dt. Physiker u. Philosoph; entwickelte die Quantenbiologie u. die Röntgentiefentherapie.

**Dessert** [dɛˈseːr], Nachtisch.

**Dessertweine** [dɛˈseːr-], süße oder halbsüße Weine wie Wermut, Muskateller oder Malaga.

**Dessin** [dɛˈsɛ̃], Muster, Entwurf, Zeichnung.

**Dessoir** [-ˈswaːr], Max, *1867, †1947, dt. Philosoph u. Psychologe; begr. die »Allg. Kunstwissenschaft«, unterschieden von der Ästhetik; prägte den Begriff *Parapsychologie*.

**Dessous** [dəˈsu], Damenunterwäsche.

**Destillat**, nach einer *Destillation* wieder kondensierte Flüssigkeit.

**Destillation**, Verdampfung u. anschließende Kondensation (Wiederverflüssigung durch Abkühlen) einer Flüssigkeit zur Abtrennung von darin gelösten Feststoffen oder zur Trennung verschiedener Flüssigkeiten, die unterschiedl. Siedepunkte haben. Sonderformen sind fraktionierte D., Vakuum-D., Wasserdampf-D., Molekular-D. u. trockene D. Die fraktionierte D. spielt in der chem. Technik, z.B. bei der Erdölverarbeitung, eine wichtige Rolle.

**Destination**, Bestimmung, Endzweck.

**Destruenten**, Organismen, die organ. Substanz abbauen (Pilze, Bakterien).

**Destruktion**, Zerstörung, Zersetzung. – **destruktiv**, zerstörerisch, zersetzend.

**Desventurados**, *Islas de los D.*, zwei kleine chilen. Vulkaninseln im Südpazif. Ozean; zeitweilig bewohnt.

**DESY**, Abk. für *Dt. Elektronen-Synchrotron*, kernphysikal. Forschungszentrum in Hamburg, in Betrieb seit 1964 (großer Speicherring HERA seit 1990).

**Deszendenz**, Abstammung, Nachkommenschaft, Verwandtschaft in absteigender Linie: Kinder, Enkel usw. *(Deszendenten)*. Ggs.: *Aszendenz*.

**Deszendenztheorie** → Abstammungslehre.

**Detachement** [detaʃˈmã], fr. Bez. für eine militär. Abt. mit einer bes. Aufgabe.

**Detail** [deˈtaj], Einzelheit. – **D.handel**, Einzelhandel. – **detaillieren**, bis ins D. erklären, darstellen.

**Detektei**, Büro eines Detektivs.

**Detektiv**, jemand, der berufsmäßig in privatem Auftrag Ermittlungen über persönl. Verhältnisse anstellt. Die Ausbildung unterliegt keinen gesetzl. Bestimmungen.

**Detektor**, Gleichrichter für Hochfrequenzströme, heute durch Halbleiterdioden verdrängt.

**Détente** [deˈtãt], Entspannung.

**Deterding**, Sir Henri Wilhelm August, *1866, †1939, ndl.-brit. Erdölmagnat; gründete 1907 die *Royal Dutch/Shell-Gruppe*.

**Detergentien** → waschaktive Substanzen.

**Determinante**, Rechenhilfsmittel der Algebra; ein Zahlenwert, der sich aus einer der Weg einer → Matrix errechnet u. Auskunft über die Lösbarkeit von linearen Gleichungssystemen gibt.

**determinieren**, abgrenzen, bestimmen, entscheiden.

**Determinismus**, die philosoph. Lehre, wonach

alles Geschehen ursächl. bestimmt, der menschl. Wille also nicht frei ist.

**Detersion,** die den Untergrund ausschleifende Wirkung von Gletschern.

**Detmold,** Hptst. des gleichn. Reg.-Bez. u. des ehem. Freistaats *Lippe* (heute zu NRW), am Rand des Teutoburger Walds, 77 000 Ew.; Altstadt mit Schloß (16. Jh.) u. Fachwerkhäusern; Musikakademie; Freilichtmuseum bäuerl. Kulturdenkmale; im SW das *Hermannsdenkmal.* – Seit 1305 Stadt, 1501–1918 Residenz einer Linie des Hauses Lippe.

**Detonation,** unter Knallerscheinung u. Gasentwicklung sehr rasch (rascher als eine *Explosion*) vor sich gehende chem. Reaktion.

**Detritus, 1.** feinste Teilchen von organ. Substanz u. zerfallenden Tier- u. Pflanzenresten als Schwebestoffe oder Bodensatz im Wasser. – **2.** Geröll, zerriebenes Gestein.

**Detroit** [di'trɔit], Ind.- u. Handelsstadt in Michigan (USA), am *D. River*, 1,1 Mio. Ew.; weltgrößte Zusammenballung von Betrieben der Autoind. (Ford, General Motors, Chrysler). – 1701 von Franzosen gegr.; 1805–47 Hptst. von Michigan.

**Deukalion,** in der grch. Sage Sohn des *Prometheus;* er u. seine Frau *Pyrrha* überlebten als einzige die von Zeus geschickte Sintflut.

**Deus,** lat. für *Gott.*

**Deus ex machina,** der »Gott aus der Maschine«, in der antiken Tragödie der mit einer Maschine auf die Bühne herabgelassene Gott, der den Knoten der Handlung auflöste; danach allg. für eine unerwartet herbeigeführte Lösung von Problemen.

**Deussen,** Paul, *1845, †1919, dt. Philosoph; Schulfreund *Nietzsches;* erforschte die ind. Philosophie.

**Deut,** kleine ndl. Kupfermünze des 16.–19. Jh.

**Deuterium,** *schwerer Wasserstoff,* Elementsymbol D, ein Isotop des Wasserstoffs mit der Atommasse 2,015. Wasser, das anstelle von Wasserstoff D. enthält, heißt *schweres Wasser.*

**Deuteron,** der Atomkern des *Deuteriums.* Er besteht aus einem Proton u. einem Neutron. D.en können für Atomkernzertrümmerungen benutzt werden.

**Deuteronomium,** das 5. Buch Mose. Der Kern des D. ist vermutl. um 650 v. Chr. entstanden.

**deutsch** → deutsche Sprache.

**Deutsch, 1.** Ernst, *1890, †1969, dt. Schauspieler (klass. u. moderne Charakterrollen). – **2.** Julius, *1884, †1968, östr. Politiker (Sozialist); gründete 1924 den *Republikan. Schutzbund;* im Span. Bürgerkrieg General der republikan. Armee.

**Deutsch-Altenburg,** *Bad D.,* östr. Kurort im östl. Wiener Becken, 1350 Ew.; radioaktive Schwefelquelle mit Jodgehalt.

**Deutsch-Brod,** tschech. *Havlíčkův Brod,* ostböhm. Stadt, 25 200 Ew.; Lebensmittel- u. Textilindustrie.

**Deutsch-Dänische Kriege,** die 1848–50 u. 1864 zw. Dänemark auf der einen u. Preußen u. Österreich auf der anderen Seite geführten Kriege um Schleswig-Holstein.

**Deutsche Akademie für Sprache u. Dichtung,** 1949 gegr. Vereinigung zur Pflege des dt. Schrifttums; verleiht jährl. den *Georg-Büchner-Preis.* Sitz: Darmstadt.

**Deutsche Angestellten-Gewerkschaft,** *DAG,* 1945 gegr. Gewerkschaft für Angestellte ohne Rücksicht auf die berufl. oder betriebl. Gliederung; gehört nicht dem DGB an.

**Deutsche Angestellten-Krankenkasse,** *DAK,* Hamburg, eine → Ersatzkasse.

**Deutsche Arbeitsfront,** *DAF,* der NSDAP angeschlossener Verband, dem 1933–45 prakt. alle dt. Arbeitnehmer u. Arbeitgeber angehören mußten (1939: 22,5 Mio. Mitgl.). Die DAF übernahm das Vermögen der aufgelösten Gewerkschaften. Sie befaßte sich mit Erziehung, Schulung u. soz. Betreuung ihrer Mitgl., durfte aber keine Tarifverhandlungen führen. Führer der DAF war R. *Ley.*

**Deutsche Bibliothek,** 1947 vom Börsenverein des Dt. Buchhandels in Frankfurt a.M. mit dem Zweck, ähnl. Aufgaben wie die → Deutsche Bücherei in West-Dtld. wahrzunehmen; seit 1969 Bundesanstalt; gibt zahlr. bibliograph. Verzeichnisse heraus, z.B. die *Deutsche Bibliographie.*

**Deutsche Bücherei,** gegr. 1912 vom Börsenverein der Dt. Buchhändler in Leipzig als Archivbibliothek des gesamten deutschsprachigen u. des im Ausland über Dtld. erscheinenden Schrifttums; 1940 Anstalt des öffentl. Rechts, nach dem 2. Weltkrieg verstaatlicht.

**Deutsche Bucht,** der südöstl. Teil der Nordsee zw. Schl.-Ho. u. Ostfriesland, bis 40 m tief.

**Deutsche Bundesbahn,** *DB,* das bundeseigene Eisenbahnunternehmen, für das Gebiet der BR Dtld. Rechtsnachfolger der Dt. Reichsbahn; Streckennetz rd. 27 500 km (davon 11 500 km elektrifiziert); Verw. in Frankfurt a.M.

**Deutsche Bundesbank,** Frankfurt a.M., die 1957 als Nachfolgerin der *Bank deutscher Länder* gegr. Zentralnotenbank der BR Dtld. einschl. Westberlins. Die D.B. hat das alleinige Recht zur Ausgabe von Banknoten u. ist Trägerin der Währungspolitik. Sie ist von Weisungen der Bundesregierung unabhängig, muß jedoch deren allg. Wirtschaftspolitik unterstützen. Die Hauptverw. in den Bundesländern heißen *Landeszentralbank.*

**Deutsche Bundespost,** *DBP,* bundeseigene Verw. unter der Leitung des Bundes-Min. für das Post- u. Fernmeldewesen. 1989 wurde die DBP in drei selbst. Unternehmen aufgegliedert: *Postdienst* (herkömml. Postaufgaben), *Postbank* u. *Telekom* (Fernmeldewesen).

**Deutsche Christen,** eine Bewegung der dt. ev. Kirche, die Veränderungen der kirchl. Organisation u. Verkündigung nach den nat.-soz. Grundsätzen erstrebte. Mit Unterstützung der NSDAP besetzten die D.C. 1933 zahlr. kirchl. Führungsstellen, verloren aber 1934 weitgehend ihren Einfluß; 1945 aufgelöst.

**Deutsche Demokratische Partei,** *DDP,* gegr. 1918 als Sammlung linksliberaler Kräfte aus der *Fortschrittspartei* u. einem Teil der *Nationalliberalen.* Die DDP war an fast allen Reichsregierungen beteiligt. 1930 schloß sie sich mit dem *Jungdeutschen Orden* zur Dt. Staatspartei zusammen. 1933 löste sie sich selbst auf.

**Deutsche Demokratische Republik,** Abk. *DDR,* → Deutschland.

**deutsche Farben,** die deutschen Nationalfarben Schwarz-Rot-Gold. Sie kamen (als angebliche Farben des alten Dt. Reichs) 1818 in Gebrauch. 1867–1918 u. 1933–45 waren Schwarz-Weiß-Rot die Nationalfarben (seit 1935 in der Hakenkreuzflagge). In der DDR wurde 1959 das Staatswappen (Hammer u. Zirkel im Ährenkranz) in die schwarz-rot-goldene Flagge eingefügt.

**Deutsche Forschungsgemeinschaft,** *DFG,* von Bund u. Ländern finanzierte Selbstverwaltungsorganisation der Wiss. zur Förderung der Forschung u. des wiss. Nachwuchses, gegr. 1951, Sitz: Bonn. Vorgängerin war die 1920 gegr. *Notgemeinschaft der dt. Wiss.*

**Deutsche Fortschrittspartei,** lib.-demokr. Partei, gegr. 1861, die erste dt. Partei im modernen Sinn. Sie siegte in den preuß. Landtagswahlen 1861 u. versuchte erfolglos, eine lib.-parlamentar. Umwälzung auf dem Reformweg durchzusetzen. 1884 vereinigte sie sich mit abgesplitterten Nationalliberalen zur *Deutschen Freisinnigen Partei.*

**Deutsche Forumpartei,** *DFP,* liberale Partei in der DDR, entstand 1990 als Abspaltung vom *Neuen Forum,* schloß sich im Aug. 1990 der gesamtdt. FDP an.

**Deutsche Freisinnige Partei** → Freisinnige.

**Deutsche Gesellschaft zur Rettung Schiffbrüchiger** → Seenot.

**deutsche Kolonien,** vom Dt. Reich seit 1884 erworbene Überseebesitzungen in Afrika (Kamerun, Togo, Dt.-Südwestafrika, Dt.-Ostafrika), Ozeanien (Kaiser-Wilhelm-Land, Bismarckarchipel, Nauru, Nördl. Salomonen, Karolinen, Marianen, Marshallinseln, Palauinseln, Samoa) u. China (Kiautschou). 1914 umfaßten die dt. Kolonien 2,9 Mio. km², 13,7 Mio. Ew. Nach dem 1. Weltkrieg wurden sie als Mandate den Völkerbund, nach dem 2. Weltkrieg als Treuhandgebiete der UNO unterstellt. Inzwischen sind sie unabh. bzw. teilunabh. Staaten geworden.

**Deutsche Kommunistische Partei,** *DKP,* in der Nachfolge der 1956 verbotenen KPD 1968 neugegr. kommunist. Partei in der BR Dtld.; finanziell von der fr. SED abhängig; verlor nach dem Umsturz in der DDR 1989 an Bedeutung.

**deutsche Kunst.** Seit Bestehen des karoling. Reiches bildeten sich unter den Ottonen in Architektur, Plastik, Malerei u. Kunsthandwerk charakterist., landschaftl. gebundene Formen heraus. Angeregt von spätantiken Formen, zeigte damals die d. K. in grundlegender Umwandlung des Übernommenen bereits bis in die Gegenwart hinein bezeichnende Züge: Sie wurde mehr von der Dramatik des Geschehens als vom Eigenwert der sinnl. Schönheit bestimmt, zog der rationalen Durchklärung der Form einen expressiven Stil vor.

Die otton. Kirchenbaukunst übernahm von der karoling. Architektur zahlreiche Elemente, darunter das Westwerk, überwand Vielteiligkeit u. Polyzentrismus zugunsten einer einheitl. Weiträumigkeit; Teileinheiten wurden der Gesamtanlage untergeordnet; Beispiel: Michaelskirche in Hildesheim. Die dt. Romanik bevorzugte häufig die Einturmlösung, im Ggs. zu normann. frz. Zweiturmfassaden. Die Bauideen der frz. Gotik, bei der mit dem Einheitsraum des Kathedralbaus alle Teile streng u. im Gesamtzug der Raumbewegung verschmolzen sind, wurden in Dtld. willkürl. umgeformt. Nach dem Vorbild von Amiens wurde der Kölner Domchor gebaut, während das Straßburger Münster Motive aus Chartres (Querschiff), St.-Denis (Langhaus) u. Notre-Dame in Paris (Querhausfassaden) vereinte. Eigtl. schöpferisch wurde die dt. got. Baukunst erst in ihrer Spätphase, etwa seit dem 14. Jh. N-Dtld. u. die Provinzen des dt. Ritterordens bevorzugten die *Backsteingotik.* Der Typus der Hallenkirche verbreitete sich zuerst in Westfalen (Dom zu Minden; Wiesenkirche/Soest). Durch die schwäbische Baumeisterfamilie Parler wurde die Hallenkirche in Böhmen (Veitsdom zu Prag; Annaberg) heimisch. Viele Burgen (Marienburg), Rathäuser (Lübeck, Braunschweig, Breslau, Münster), Bürger- u. Kaufhäuser (Freiburg i. Br.) zeugen von der Bedeutung des got. Profanbaus. Die dt. Baukunst der Renaissance (16. Jh.) konzentrierte sich auf Schlösser, Rat- u. Bürgerhäuser.

Mit J.B. *Fischer von Erlach,* der die vorherrschenden ausländ. Einflüsse erstmalig überwand, kam die dt. u. östr. Barockarchitektur zur Geltung. Die exemplar. Kunstlandschaften des 18. Jh. lagen in

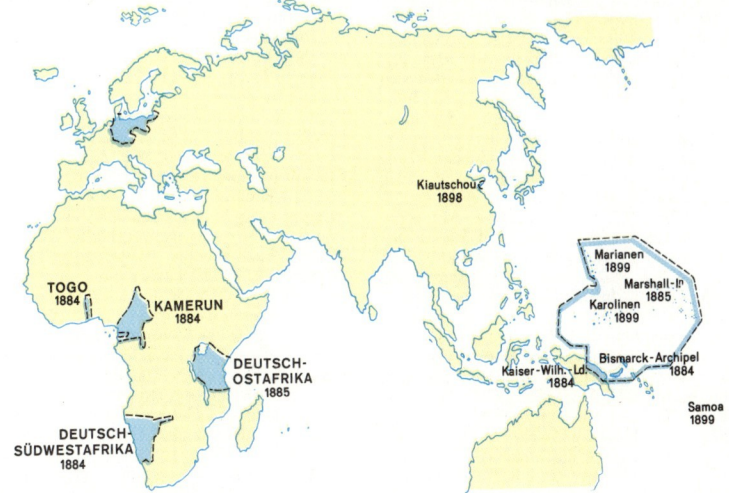

*deutsche Kolonien*

S-Dtld., wo sich frz. u. ital. Stilformen des Barocks u. Rokokos durchdrangen. D. *Zimmermann* (Wies) u. M. D. *Pöppelmann* (Dresdner Zwinger) vertraten den Baustil des Spätbarocks (etwa 1730–70).
Im schroffen Ggs. zum spätbarocken Formenrausch brachte der Klassizismus (etwa 1770–1830) eine entscheidende Wandlung im Verhältnis von Gesellschaft u. Kunstwerk. Von nun an traten Kunsttheorien in den Vordergrund, die aus der klass. Bildung erwuchsen u. zum Eklektizismus führten. Die Baukunst suchte, antiken Formen u. Ordnungsprinzipien folgend, strenge Gesetzmäßigkeiten (K.F. *Schinkel:* Hauptwache, Altes Museum u. Schauspielhaus in Berlin; L. von *Klenze:* Glyptothek u. Propyläen in München).
Das 19. Jh. versuchte vergangene Stilepochen wiederzubeleben. Die Darmstädter Ausstellung auf der Mathildenhöhe (1901) verhalf dem *Jugendstil* zum Durchbruch, die Werkbundausstellung in Köln (1914) dem expressiven Formwillen u. der funktionell-sachl. Schönheit des »Neuen Bauens« (P. *Behrens,* W. *Gropius,* E. *Mendelsohn,* L. *Mies van der Rohe).* Als Keimstätte avantgardist. Baugedanken erlangte das *Bauhaus* Weltgeltung, bis die nat.-soz. Kulturpolitik alle schöpfer. Kräfte in der Architektur zum Erliegen brachte. Nach 1945 fand die dt. Baukunst nur langsam den Anschluß an die internat. Architekturentwicklung. Als Hauptvertreter der dt. Gegenwartsarchitektur sind u.a. E. *Eiermann,* H. *Scharoun* u. R. *Schwarz* sowie die Städteplaner E. *May* u. H.B. *Reichow* zu nennen. Die Architektur der *Postmoderne* wird vertreten durch A. von *Branca,* O.M. *Ungers* u.a.
Plastik. Hptw. der otton. Plastik sind die Bronzearbeiten der *Bernwardskunst* in Hildesheim (Domtüren, Bernwardssäule), Relieftüren des Doms in Augsburg u. die Türen von St. Maria im Kapitol zu Köln. Hptw. der spätroman. Bildnerei sind die Apostel- u. Prophetenfiguren der Georgenchorschranken des Bamberger Doms.
In der Gotik entstanden in Bamberg in den Gestalten Adam u. Eva die ersten großplast. nackten Figuren in der d. K. Einen großartigen Ausdruck fand diese Stilepoche in den Werken des *Naumburger Meisters* mit den Stifterfiguren im Westchor. Im 14. Jh. entstanden viele Madonnenfiguren der eleganten, höfischen Richtung, Andachtsbilder mit der Christus-Johannes-Gruppe, dem Schmerzensmann, der Pietà u. der Schutzmantelmadonna. Die Holzskulptur wurde zur volkstüml. Kunstgattung der Spätgotik (Hochaltäre von M. *Pacher,* B. *Notke,* V. *Stoß,* T. *Riemenschneider).*
Im 18. Jh. verbanden sich Plastik, Architektur u. Deckenmalerei zu festl. Raumschöpfungen: Die Plastik wurde ein Teil der Architektur (Brüder *Asam).* Den Expressionismus in der dt. Plastik vertraten E. *Barlach* u. W. *Lehmbruck;* die ersten ungegenständl. Formgebilde schufen H. *Arp* u. R. *Belling.* Nach dem Krieg dominierten abstrakte Tendenzen. Kinet. Lichtplastiken kamen auf. Zentrale Figur des zeitgenöss. Kunstbetriebs war J. *Beuys,* der mit seinem Begriff der »sozialen Plastik« Kunst u. Leben gleichsetzte.
Malerei. Ihre reinste Ausprägung fand die otton. Malerei in den *Miniaturen* vieler Klosterschulen, die die liturg. Bücher in Schrift u. Bild reich ausstatteten. Im 14. u. noch im 15. Jh. standen sich zwei versch. Ausdrucksformen gegenüber: eine höfisch-elegante der schönen Linie u. eine natürl., kraftvolle Richtung mit individuellen Formen u. diesseitigem Ausdruck. In der Auseinandersetzung mit den Tendenzen der ital. Renaissance standen die Werke von L. *Cranach d. Ä.,* H. *Baldung,* M. *Grünewald,* A. *Altdorfer* u. A. *Dürer.* Mit deutl. Hinweis auf den Manierismus vollzog sich der Übergang zur Renaissance im Werk H. *Holbeins d.J.* Die dt. Malerei des 17. Jh. unterlag ndl. u. ital. Einflüssen. In das Bestreben, bei der Lösung größerer künstler. Aufgaben eine illusionist. Gesamtwirkung zu erreichen, wurde bes. die Dekkenmalerei einbezogen (v.a. in S-Dtld. u. Östr.).
Romantische Malerei. Ph. O. *Runge* malte beseelte Porträts. K. F. *Schinkel,* C. D. *Friedrich,* F. *Olivier* u. C. *Fohr* drückten in ihren Landschaften Größe u. Geheimnis der Natur aus. P. von *Cornelius,* J.F. *Overbeck* u. J. *Schnorr von Carolsfeld* suchten mit ihren Bildern Geschichte gegenwärtig zu machen. Von Romantik beeinflußt malte H. *Thoma.*
Eine führende Stellung in der Kunstwelt Europas brachte Dtld. der Expressionismus mit den Künstlergruppen »Brücke« in Dresden (E. *Heckel,* E.-L. *Kirchner,* M. *Pechstein,* K. *Schmidt-Rottluff* u.a.) u. »Der Blaue Reiter« in München (F. *Marc,* W. *Kandinsky,* A. *Macke,* G. *Münter,* A. *Kubin* u.a.). Die vom Expressionismus geweckten Impulse setzten sich in den Kriegs- u. Nachkriegsjahren im antibürgerl. Protest der *Surrealisten* u. *Dadaisten* (M. *Ernst,* K. *Schwitters,* G. *Grosz)* fort u. beeinflußten u.a. M. *Beckmann.* Im Dienst des Bauhauses standen W. *Kandinsky,* L. *Moholy-Nagy,* L. *Feininger* u.a. Die Kunstpolitik des Dritten Reichs (Verfolgung der »entarteten Kunst«) untersagte vielen Künstlern die Tätigkeit oder veranlaßte sie zur Emigration. Nach dem 2. Weltkrieg dominierte die abstrakte Malerei (W. *Baumeister,* K.F. *Dahmen,* H. *Hartung,* E. *Meistermann,* E.W. *Nay,* F. *Winter* u.a.). In den 1970er Jahren machte sich eine verstärkte Hinwendung zur Gegenständlichkeit bemerkbar, so bei G. *Richter.* Auch die Kunst der Graphik u. damit der Buchillustration erlebte einen Aufschwung (HAP *Grieshaber).* Der Beginn der 1980er Jahre brachte eine Wiederbelebung expressionist. Tendenzen.

**Deutsche Lebens-Rettungs-Gesellschaft,** Abkürzung *DLRG,* Sitz: Bonn; gegr. 1913 zur Verbreitung sachgemäßer Kenntnis u. Fertigkeit im Schwimmen u. Rettungsschwimmen.

**deutsche Literatur,** die Literatur des dt. Sprachraums, unabh. von früheren oder heutigen Staatsgrenzen.
Mittelalter. Die ältesten ahd. Sprachdenkmäler sind geistl. Texte aus dem 8. Jh. Von der vorchristl. Dichtung hat sich außer dem *Hildebrandslied* nur wenig erhalten. Im 9. Jh. entstanden geistl. Dichtungen: der *Heliand* noch in der überlieferten Stabreimform, die Evangelienharmonie *Otfrids von Weißenburg* mit dem Endreim, der sich rasch durchsetzte. In der frühmhd. vorhöfischen Zeit (1060–1170) war die Lit. zunächst von religiösen Themen bestimmt. Die Kreuzzüge erweiterten das Blickfeld; aus Frankreich kamen die ersten ritterl. Stoffe *(Rolandslied, Alexanderroman).* Die Lit. der mhd. Blütezeit (1170–1300) war überwiegend ritterl. Standesdichtung. Hauptformen der Lyrik waren das von provenzal. Vorbildern beeinflußte erot. Minnelied u. der Spruch (Gedankendichtung mit polit., philosoph. u. religiösem Inhalt). Meister in beiden Arten wurde *Walther von der Vogelweide.* Der höf. Versroman war ebenfalls formal u. stoffl. von Frankreich angeregt; den Höhepunkt bildeten *Hartmann von Aue* (»Iwein«, »Erec«), *Wolfram von Eschenbach* (»Parzival«) u. *Gottfried von Straßburg* (»Tristan«). Gleichzeitig entstand das *Nibelungenlied,* das an die german. Heldensage anknüpfte, aber auch höf. Züge aufwies. Die Entwicklung zum nüchternen bürgerl. Realismus kündigte sich bei *Wernher dem Gartenaere* (»Meier Helmbrecht«) an. Charakterist. für das späte MA waren moralisierende Fabeln (U. *Boner,* »Der Edelstein«), Lehrgedichte *(Hugo von Trimberg,* »Der Renner«) u. gereimte Schwänke mit Motiven aus dem internat. Erzählgut. Die Prosa gewann an Ausdruckskraft *(Johann von Tepl,* »Der Ackermann aus Böhmen«).
Humanismus u. Reformation (bis 1600). Der aufkommende Buchdruck förderte die literar. Wirkungsmöglichkeiten u. das Entstehen einer nhd. Schriftsprache. Der Humanismus brachte eine reiche Bildungsliteratur in lat. Sprache hervor (U. von *Hutten,* Erasmus von Rotterdam, W. *Pirckheimer,* J. *Reuchlin).* Hingegen war das Schrifttum der Reformation meist in »gemeinem Deutsch« verfaßt. Bahnbrechend war *Luthers* ostmitteldt. Bibelübersetzung; er schuf auch das ev. Kirchenlied. Die Dichtung der Zeit war bügerl., moral.-didaktisch oder schwankhaft-derb. Am erfolgreichsten war S. *Brants* »Narrenschiff«. H. *Sachs* war äußerst fruchtbar als Meistersinger u. Stückeschreiber. J. *Wickram* schrieb die ersten dt. Prosaromane (»Der Godfaden« u.a.). Prosafassungen ritterl. Versepen u. Übersetzungen märchenhafter frz. Romane wurden zu »Volksbüchern«.
Im Barock (17. Jh.) standen sich in der d. L. eine höf.-idealist. u. eine volkstüml.-realist. Richtung gegenüber. M. *Opitz* (»Buch von der Dt. Poeterey«) suchte die Gesetze einer sprachreinen dt. Dichtung herauszuarbeiten. Dichten wurde zum erlernbaren Schulfach; Lyrik war fast durchweg unpersönl. Gesellschaftsdichtung (1. u. 2. schles. Schule). Mit J.C. *Günther* begann die Wendung zur individuellen Erlebnislyrik. Das barocke Theater wurde von der Oper beherrscht (erste dt. Oper »Dafne« von M. *Opitz* u. H. *Schütz);* maßgebend für die Sprechbühne waren die süddt. Jesuitendramen mit glanzvollem Bühnenbild u. Massenauftritten u. die schles. Tragödien u. Komödien (A. *Gryphius,* D.C. von *Lohenstein)* mit ihrem christl. Stoizismus. Von den höf. Erzählern wurde der ital. u. frz. Schäferroman nachgeahmt (P. von *Zesen),* dann folgten heroisch-galante Staatsromane (D.C. von *Lohenstein,* »Arminius«; H. A. von *Zigler* und *Kliphausen,* »Die Asiat. Banise«). Vom span. Schelmenroman angeregt, schuf H.J.C. von *Grimmelshausen* mit seinem »Simplicissimus« den ersten großen Zeitroman. Ein Abenteuerroman, der zeitkritische Utopie u. Robinsonade vereint, ist J.G. *Schnabels* »Insel Felsenburg«.
Die Aufklärung (18. Jh.) vereinigte den frz. Rationalismus, den engl. Sensualismus u. den dt. Pietismus. Betont bürgerl. u. optimist., erstrebte sie Ausgleich, Toleranz u. Befreiung von Vorurteilen. Ihr erster Wortführer in der d. L. war J.C. *Gottsched,* der im Namen der Vernunft das Pathos u. den Schwulst des Spätbarocks bekämpfte. Eine »Rückkehr zur Natur« (B.H. *Brockes,* A. von *Haller)* mischte sich mit der Eleganz des Rokoko in Naturidyllen (S. *Geßner),* geselligen Liedern (J.W.L. *Gleim),* Fabeln (C. F. *Gellert)* u. am glücklichsten in der heiter-iron. Erzählkunst *Wielands.* Als Gegner Gottscheds traten J. *Bodmer* u. J.J. *Breitinger* für das Recht der Phantasie u. des Wunderbaren ein. Mit *Klopstock* (»Der Messias«, Oden) kam die »empfindsame Dichtung« zum Durchbruch. K.P. *Moritz* begr. den psycholog. Roman (»Anton Reiser«). *Lessing* erschütterte in seiner »Hamburg. Dramaturgie« das frz. Vorbild, gab der literar. Kritik neue Grundlagen u. eröffnete mit seinen Stücken (»Emilia Galotti«, »Minna von Barnhelm«, »Nathan der Weise«) die Reihe der klass. dt. Dramen.
Die Goethezeit (1770–1830) brachte der d. L. Weltgeltung. Man nennt diese Blütezeit nach *Goethe,* weil sie seine Schaffensjahre umfaßt u. er ihre wichtigsten Phasen (Sturm u. Drang, Klassik, Romantik) mitgestaltet hat. Unter Berufung auf Rousseau u. Shakespeare begeisterten sich die Dichter des Sturm u. Drang (W. *Heinse,* F.M. *Klinger,* J.M.R. *Lenz)* u. seine Theoretiker (J.G. *Hamann, Herder)* für unverdorbene Natur u. intuitives Fühlen u. bekämpften die Vernunftregeln der Aufklärung u. die sozialen Konventionen. In diesem geistigen Klima entstanden Goethes »Urfaust«, »Götz« u. »Werther«. Dann setzte sein Wandel zur Klassik ein. Im Gedicht, im Drama (»Tasso«, »Iphigenie«) u. im Bildungsroman (»Wilhelm Meister«) strebte er nach Klarheit, Maß, Harmonie u. letztl. nach einer Religion der Humanität. Ähnl. verlief der Weg *Schillers,* der sich nach revolutionären Anfängen (»Die Räuber«, »Kabale u. Liebe«) zum Dichter umfassender Gedankenlyrik u. weltgeschichtl. Dramen (»Don Carlos«, »Wallenstein«, Wilhelm Tell«) entwickelte. Zu gleichen Zeit zielte eine neue Generation unter dem Losungswort der Romantik wieder ins Religiöse, Mystische u. Elementare u. suchte ein neues Verhältnis zum Volk, zur Gesch. u. zu fremden Literaturen: die Brüder *Schlegel, Novalis,* L. *Tieck,* A. von *Arnim,* C. *Brentano,* J. von *Eichendorff,* E.T.A. *Hoffmann,* F. de la Motte *Fouqué,* A. von *Chamisso.* Neben den Romantikern wirkten bed. Einzelgänger: der Erzähler *Jean Paul* (»Siebenkäs«, »Titan«), der Lyriker F. *Hölderlin* u. der Dramatiker u. Novellist H. von *Kleist* (»Der Prinz von Homburg«, »Michael Kohlhaas«). Anteil am Geist der Romantik hat auch das Alterswerk *Goethes* (»Faust«, 2. Teil).
Im 19. Jahrhundert suchten konservativ Gesinnte das Erbe der Goethezeit fortzuführen. Man hat den damals gepflegten Stil einer verfeinerten Bürgerkultur als »Biedermeier« bezeichnet u. ihm sehr versch. Dichter zugeordnet, so den Dramatiker F. *Grillparzer,* den Erzähler A. *Stifter* (»Der Nachsommer»), die Lyriker N. *Lenau,* A. von *Droste-Hülshoff* u. E. *Mörike.* Eine Gestalt des Übergangs von der Klassik zur Moderne ist der Dramatiker F. *Hebbel.* Revolutionär gesinnte Autoren (H. *Heine,* F. *Börne,* K. *Gutzkow,* G. *Büchner)* nahmen am polit. u. literar. Tageskampf teil; in ihrem Kreis entwickelte sich ein neuer Stil des Journalismus. In der ep. Prosa setzte sich der Realismus durch. Bed. Erzähler waren G. *Keller* (»Der Grüne Heinrich«), C.F. *Meyer* (»Jürg Jenatsch«), T. *Storm* (»Der Schimmelreiter«), G. *Freytag* (»Soll u. Haben«), W. *Raabe* (»Der Hungerpastor«),

T. *Fontane* (»Effi Briest«); einige von ihnen waren zugleich Lyriker von Rang. Gegen Ende des Jh. wurde der Naturalismus kämpferisch verkündet; er lenkte den Blick vor allem auf soziale Probleme (G. *Hauptmann*, »Die Weber«). Gleichzeitig suchte der Impressionismus den sinnenhaft genau erfaßten Augenblickseindruck festzuhalten (H. von *Hofmannsthal*, A. *Schnitzler*, S. *George*, R.M. *Rilke*).

20. J a h r h u n d e r t. Eine Gegenbewegung zum Naturalismus war der Expressionismus, der sich am stärksten in der Lyrik manifestierte (G. *Trakl*, G. *Heym*, F. *Werfel*, G. *Benn*, J.R. *Becher*), daneben auch im Drama (F, *Wedekind*, G. *Kaiser*, C. *Sternheim*) u. in der ep. Prosa (A. *Döblin*, K. *Edschmid*). Für viele Autoren (z.B. Hauptmann, Hofmannsthal, Rilke, Benn, Döblin) waren die literar. Bewegungen der Jahrhundertwende nur Durchgangsstadien zu anderen Ausdrucksformen. T. *Mann* (»Der Zauberberg«), H. *Mann* (»Der Untertan«), H. *Hesse* (»Das Glasperlenspiel«), R. *Musil* (»Der Mann ohne Eigenschaften«), F. *Kafka* (»Der Prozeß«) u. H. *Broch* (»Der Tod des Vergil«) erweiterten die stoffl. u. formalen Möglichkeiten des Romans. Bahnbrechend für die Erneuerung des Theaters war B. *Brecht*. Die nat.-soz. Diktatur trieb viele bed. Schriftst. ins Exil. In Dtld. wurde eine provinzielle »volkhafte« Lit. offiziell gefördert; manche Autoren zogen sich in die »innere Emigration« zurück. Nach dem 2. Weltkrieg wirkte sich die 45jährige Teilung Dtld.s auch auf die d.L. aus. Im W wurden vielfältige Anregungen aus dem Ausland aufgenommen; die literar. Produktion war von Pluralismus gekennzeichnet. In der DDR war das Dogma des »sozialist. Realismus« lange Zeit verbindl. Entgegen offizieller Behauptungen entwickelte sich jedoch keine »National-Lit. der DDR«; die dort entstandenen Werke sind Teil der d. L. – Namhafte Autoren der N a c h k r i e g s z e i t: Lyrik: I. *Bachmann*, W. *Biermann*, P. *Celan*, G. *Eich*, E. *Fried*, P. *Huchel*, S. *Kirsch*, K. *Krolow*, R. *Kunze*. – Epische Prosa: A. *Andersch*, H. *Böll*, M. *Frisch*, G. *Grass*, S. *Heym*, U. *Johnson*, W. *Kempowski*, W. *Koeppen*, S. *Lenz*, E. *Loest*, A. *Schmidt*, M. *Walser*, C. *Wolf*. – Drama: T. *Bernhard*, F. *Dürrenmatt*, P. *Hacks*, P. *Handke*, R. *Hochhuth*, F. X. *Kroetz*, H. *Müller*, B. *Strauß*, P. *Weiss*.

**Deutsche Mark**, Abk. *DM*, 1948 durch die Währungsreformen in W-Dtld. u. in der SBZ anstelle der *Reichsmark* eingeführte dt. Währungseinheit; 1 DM = 100 *Pfennige*. In der DDR wurde die DM 1964 durch die *Mark der Deutschen Notenbank* u. 1968 durch die *Mark der DDR* abgelöst. 1990 wurde auch in der DDR wieder die DM eingeführt (deutsch-deutsche Währungsunion).

**deutsche Musik**. Im 12. Jh. entstand unter Einbeziehung des reichen Volksliederschatzes der höfische *Minnegesang*. Die Fortbildung des Minnegesangs in der Welt des Bürgertums war der *Meistergesang* des 15. u. bes. des 16. Jh. Nach 1610 gewannen die neuen Stilmerkmale aus Italien an Einfluß. Von entscheidender Bedeutung war das Werk von H. *Schütz*. Die Oper wurde zwar von dt. Musikern gepflegt, jedoch bis ins 18. Jh. meist völlig in italien. Stil. Mit G.P. *Telemann*, v.a. aber mit J.S. *Bach* u. G.F. *Händel* erreichten die Kantate, die Instrumentalmusik u. das Oratorium des Barock ihren Entwicklungshöhepunkt. In der Vorklassik hatte bes. die Mannheimer Schule mit J.A. *Stamitz* große Bedeutung, an die sich später die sinfon. Kunst J. *Haydns*, W.A. *Mozarts* u. L. van *Beethovens* anschloß. Alle musikal. Formen, bes. Sonate u. Sinfonie, aber auch Oper (C.W. *Glucks* Opernreform) u. kammermusikal. Kompositionen, erlebten in der Klassik eine Blütezeit.

Die Epoche der Romantik führte über die Nationaloper C.M. von *Webers* u. H. *Marschner* zum Musikdrama R. *Wagners*, das seine Fortsetzung durch H. *Pfitzner* u. R. *Strauss* erfuhr. Die Mannigfaltigkeit des Stils in der Romantik trat in der Kammermusik u. im Lied zutage (F. *Schubert*, R. *Schumann*, F. *Mendelssohn-Bartholdy*, F. *Liszt* u. H. *Wolf*). Formen, die direkt an die Klassik anknüpfen, findet man lediglich bei J. *Brahms* u. A. *Bruckner*. Einer der Komponisten des Übergangs von der Romantik zur Gegenwart war G. *Mahler*, der die Sinfonie in den Mittelpunkt seines Schaffens stellte. Im 20. Jh. knüpfte man einerseits an die Tradition an, andererseits wandten sich einige Komponisten radikal neuen Versuchen zu, so z.B. die Österreicher A. *Schönberg*, A. von *Webern* u. A. *Berg*, die nach dem Zwölftonprinzip komponierten. Um die Mitte des 20. Jh. führten

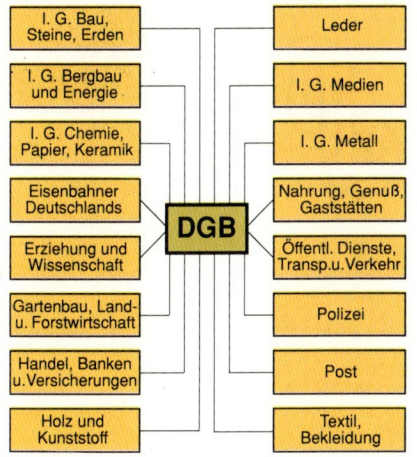

*Deutscher Gewerkschaftsbund: 16 Gewerkschaften gehören dem DGB an*

E. *Křenek*, K. A. *Hartmann*, B. A. *Zimmermann*, W. *Fortner* u. W. *Zillig* u. viele andere die Tradition der Wiener Schule Schönbergs fort. Eine Verbindung von Atonalität u. linearer Kontrapunktik unter Einbeziehung rhythm. Erneuerungsversuche ist in Werken u.a. von P. *Hindemith*, J.N. *David*, H. *Distler*, B. *Blacher*, C. *Orff* zu erkennen. Während Komponisten wie H.W. *Henze* u. G. *Klebe* trotz aller Neuerungen an den tradit. Tonsatztypen festhalten, verzichten die Komponisten der seit 1950 entwickelten elektron. u. seriellen Musik auf alle herkömml. Elemente (K. *Stockhausen*).

**Deutsche Olympische Gesellschaft**, *DOG*, gegr. 1951, Sitz: Frankfurt a.M., Gesellschaft zur ideellen u. materiellen Förderung des Sports, bes. zur Pflege des olymp. Gedankens.

**deutsche Ostgebiete** → Ostgebiete.
**deutsche Ostsiedlung** → Ostsiedlung.
**Deutsche Partei**, *DP*, 1947 gegr. konservative Partei, 1949–61 im Bundestag u. 1949–60 in der Bundesreg. vertreten, danach bedeutungslos.
**Deutscher Bauernverband**, *DBV*, gegr. 1948, Spitzenorganisation der mit Land-, Forstwirtschaft u. Binnenfischerei verbundenen Interessenverbände; Sitz: Bonn.
**Deutscher Beamtenbund**, Abk. *DBB*, Gewerkschaftsbund der Berufsbeamten, gegr. 1948, Sitz: Bonn; gehört nicht dem DGB an.
**Deutscher Bund**, der anstelle des 1806 aufgelösten Hl. Röm. Reichs Dt. Nation durch die *Bundesakte* von 1815 gegr. lockere dt. Staatenbund zw. 35 (zuletzt 31) souveränen Fürsten u. 4 Freien Städten mit 630 100 km² u. 29,2 Mio. Ew. Einziges Organ war ein ständiger Gesandtenkongreß in Frankfurt unter östr. Vorsitz *(Bundesversammlung oder Bundestag)*. Der Bund war belastet durch den preuß.-östr. Dualismus u. hörte auf zu bestehen bei Ausbruch des Dt. Kriegs 1866.
**Deutscher Bundestag** → Bundestag (2).
**Deutsche Reichsbahn**, *DR*, das öffentl.-rechtl. Eisenbahnunternehmen des Dt. Reichs 1920–45. Rechtsnachfolgerin in der BR Dtld. ist die *Dt. Bundesbahn*. Das staatl. Eisenbahnunternehmen der DDR heißt vorerst weiter *DR*.
**Deutscher Evangelischer Kirchentag** → Kirchentag.
**Deutscher Fußball-Bund**, *DFB*, die 1900 gegr. Spitzenorganisation des dt. Fußballsports, für die BR Dtld. 1949 neugegr.; größter Sportverband der BR Dtld.; Sitz: Frankfurt a.M.
**Deutscher Gewerkschaftsbund**, *DGB*, in der BR Dtld. der Spitzenverband von 16 Gewerkschaf-

*Deutscher Orden: territoriale Entwicklung des Ordensstaates*

## Deutscher Industrie- und Handelstag

ten; Sitz: Düsseldorf. Die 16 Mitgliedorganisationen sind *Einheitsgewerkschaften* (d.h. parteipolit. u. weltanschaul. neutral) u. *Industriegewerkschaften* (d.h., sie umfassen alle Arbeitnehmer, die in den Betrieben eines Industriezweigs tätig sind, ohne Rücksicht auf die Art ihrer Tätigkeit).

**Deutscher Industrie- u. Handelstag**, *DIHT*, Spitzenorganisation der dt. *Industrie- u. Handelskammern*, gegr. 1918; für die BR Dtld. neu gegr. 1949; Sitz: Bonn.

**Deutscher Krieg**, der Krieg 1866 zw. Preußen u. Östr. Auslöser des von *Bismarck* angestrebten Krieges war der Streit um die seit 1864 gemeinsam verwalteten Herzogtümer Schl.-Ho. Auf preuß. Seite standen Italien u. 17 kleinere norddt. Staaten, auf östr. Seite 13 dt. Staaten. Die Preußen siegten am 3.7. in der Entscheidungsschlacht bei *Königgrätz*. Im *Frieden von Prag* erhielt Preußen Schl.-Ho., Hannover, Kurhessen, Nassau u. Frankfurt a.M. Der Dt. Bund wurde aufgelöst; Östr. schied aus der dt. Politik aus.

**Deutscher Orden**, während der Kreuzzüge 1190 vor Akko als Spitalbrüderschaft von dt. Kaufleuten gegr., 1198 in einen geistl. Ritterorden umgewandelt. An seiner Spitze stand der vom *Generalkapitel* lebenslängl. gewählte *Hochmeister*. Sitz des Hochmeisters war seit 1291 Venedig, seit 1309 die Marienburg, seit 1457 Königsberg. 1225 wurde der D. O. zur Christianisierung der Pruzzen gerufen. Er eroberte nach u. nach große Gebiete in Preußen (heutiges Ost- u. Westpreußen), Livland u. Estland. Die größte Ausdehnung erreichte der Ordensstaat im 14. Jh. Seine staatsbildende u. kultivierende Leistung ist bedeutend. 1410 unterlag er bei Tannenberg Polen u. Litauen. 1466 mußte er Westpreußen u. das Ermland an Polen abtreten u. die poln. Oberhoheit über seine restl. Besitzungen anerkennen. 1525 verwandelte Hochmeister *Albrecht von Brandenburg* das preuß. Ordensgebiet in ein erbl. Herzogtum unter poln. Lehnshoheit. Im Laufe des 16. Jh. verlor der D. O. Kurland, Livland u. Estland. 1530 wurde der Sitz nach Mergentheim verlegt. 1809 löste Napoleon den D. O. auf. In Östr. wurde er 1834 wiederbelebt. Seit 1918 besteht nur noch ein priesterl. Zweig. B → S. 185

**Deutscher Paritätischer Wohlfahrtsverband e. V.**, Sitz: Frankfurt a. M., überkonfessioneller u. überparteil. Spitzenverband der freien Wohlfahrtspflege, gegr. 1924 in Berlin, 1933/34 aufgelöst, 1949 neu gegr.

**Deutscher Presserat**, 1956 gegr. Selbstverantwortungsorgan der Presse in der BR Dtld., Sitz: Bonn. Aufgaben: Schutz der Pressefreiheit, Bekämpfung von Mißständen im Pressewesen, Abwehr von freiheitsgefährdenden Monopolbildungen. Mitgl. sind Verleger, zur Hälfte Journalisten.

*Deutscher Sportbund: Verbandszeichen (links). – Deutsches Sportabzeichen (rechts)*

**Deutscher Sportbund**, *DSB*, Dachorganisation der Sportverbände u. Sportinstitutionen in der BR Dtld., gegr. 1950, Sitz: Berlin.

**Deutscher Sprachatlas**, seit 1927 in Lieferungen erscheinender Atlas der dt. Umgangssprache aufgrund von Fragebogenerhebungen, 1879 begr. von G. *Wenker;* als wortgeograph. Ergänzung dazu: »Dt. Wortatlas«, hrsg. von W. *Mitzka* u. L. E. *Schmitt* 1951 ff.

**Deutscher Sprachverein**, gegr. 1885, trat in völk.-nationalist. Sinne für die »Reinigung« der dt. Sprache, d.h. den Kampf gegen Fremdwörter, ein. Nachfolgeorganisation mit veränderter Zielsetzung ist die → Gesellschaft für deutsche Sprache.

**Deutscher Städtetag**, Zusammenschluß von Städten u. Städteverbänden in der BR Dtld. zur Vertretung u. Förderung ihrer gemeinsamen Interessen; Sitz: Köln.

**Deutscher Turn- und Sportbund der DDR**, *DTSB*, 1957–90 Dachorganisation des Sports in der DDR; schloß sich 1990 dem Dt. Sportbund an.

**Deutscher Zollverein**, der 1834 unter Führung Preußens geschaffene wirtschaftspolit. Zusammenschluß dt. Staaten zum Abbau der Binnenzölle u. zur gemeinsamen Erhebung der Außenzölle. Mehrere dt. Staaten schlossen sich erst später im 19. Jh. dem D. Z. an.

**deutsche Schrift**, eine aus der spätgot. *Notula* entstandene, seit Ende des 15. Jh. in Dtld. verwendete Schreibschrift; seit 1941 nicht mehr in den Schulen gelehrt.

**Deutsches Eck**, Landspitze an der Mündung der Mosel in den Rhein in Koblenz.

**Deutsches Museum**, *D. M. von Meisterwerken der Naturwiss. u. Technik,* München, gegr. 1903 auf Anregung von O. von *Miller,* 1925 eröffnet; zeigt an Originalen u. Modellen die Entwicklung von Technik u. Naturwissenschaft.

**Deutsche Soziale Union**, *DSU,* 1990 gegr. liberal-konservative Partei in der DDR, der bay. CSU nahestehend; bildete für die Volkskammerwahl 1990 mit der CDU u. dem DA das Wahlbündnis *Allianz für Deutschland.*

**Deutsche Sporthilfe**, vom *Dt. Sportbund* u. von der *Dt. Olymp. Gesellschaft* 1967 gegr. Stiftung zur soz. Betreuung von Spitzensportlern; Sitz: Frankfurt a.M.

**deutsche Sprache**, zur indoeurop. (indogerm.) Sprachfam. gehörende westgerm. Sprache, gesprochen in Dtld., Östr., der Schweiz, Liechtenstein, Luxemburg, dem Elsaß, Südtirol u. a. »Sprachinseln« anderer Länder, insges. von rd. 100 Mio. Menschen. Die d. S. hat sich vom 5.–8. Jh. unter politisch-kulturellen Einflüssen (Zusammenschluß germ. Stämme im Frankenreich, Ausbreitung des Christentums) aus mehreren germ. Stammessprachen entwickelt. Das Wort *deutsch* bedeutete urspr. »volkssprachl.« im Ggs. zum Latein der Geistlichen. In der Gesch. der d. S. unterscheidet man nach der lautl. Entwicklung folgende Stufen: *Althochdeutsch / Altsächsisch* (750–1050), *Mittelhochdeutsch / Mittelniederdeutsch* (1050–1350), *Neuhochdeutsch/Neuniederdeutsch* (seit 1350, mit der Zwischenstufe *Frühneuhochdeutsch* bis 1500). Die Übergänge sind fließend. Die Gliederung des dt. Sprachraums in Mundarten (Dialekte) ist im wesentl. das Ergebnis der 2. → Lautverschiebung, die sich in Ober-Dtld. vollständig, in Mittel- Dtld. teilweise, in Nieder-Dtld. gar nicht durchgesetzt hat. Danach unterscheidet man die 3 großen Mundartgruppen *Oberdeutsch, Mitteldeutsch* u. *Niederdeutsch*. Die d. S. existierte jahrhundertelang nur in ihren Mundarten. Die »hochdt.« Schriftsprache bildete sich vom 15.–18. Jh. aus ober- u. mitteldt. Mundarten heraus, während das Niederdt. – hpts. aus polit. Gründen – nicht zur modernen Schriftsprache entwickeln konnte.

**deutsches Recht**, im Unterschied zum röm. Recht u. zum Kirchenrecht das aus den Volksrechten der germ. Stämme erwachsene *germ. Recht* in Dtld.; bis zum Ende des MA mit den anderen Rechtssystemen verbunden.

**Deutsches Reich, 1.** ungenaue Bez. für → Heiliges Römisches Reich. – **2.** 1871–1945 offizielle staatsrechtl. Bez. für → Deutschland.

**Deutsches Rotes Kreuz** → Rotes Kreuz.

**Deutsches Sportabzeichen**, 1913 als *Dt. Turn- u. Sportabzeichen* (1934–45 *Reichs-Sportabzeichen*) geschaffene Auszeichnung in drei Klassen (Bronze, Silber, Gold) für gute vielseitige körperl. Leistungsfähigkeit; nach bestimmten Leistungsanforderungen vom DSB verliehen. Für Jugendl. u. Kinder gibt es das *Dt. Jugendsportabzeichen* u. das *Dt. Schülersportabzeichen*.

**Deutsche Staatsbibliothek**, die nach dem 2. Weltkrieg als »Öffentl. Wissenschaftl. Bibliothek« aus Beständen der *Preuß. Staatsbibliothek* entstandene, 1954 umbenannte zentrale wissenschaftl. Bibliothek der DDR in Ostberlin.

**Deutsche Staatspartei**, polit. Partei der Weimarer Republik; 1930 aus der Verbindung der *Dt. Demokrat. Partei* mit dem *Jungdt. Orden* (*Volksnationale Reichsvereinigung*) hervorgegangen, 1933 aufgelöst.

| Bedingungen für das Deutsche Sportabzeichen | | | | | | | | | | | | | | | |
|---|---|---|---|---|---|---|---|---|---|---|---|---|---|---|---|
| | Übung | Männer | | | | | | | Frauen | | | | | | |
| | | Bronze | Silber | Gold | | | | | Bronze | Silber | Gold | | | | |
| | Alter | von 18–31 | von 32–39 | von 40–44 | von 45–49 | von 50–54 | von 55–59 | ab 60 Jahre | von 18–27 | von 28–34 | von 35–39 | von 40–44 | von 45–49 | von 50–54 | ab 55 Jahre |
| 1 | 200-m-Schwimmen | 6:00 | 7:00 | 7:30 | 8:00 | 8:30 | 9:00 | 9:30 | 7:00 | 8:00 | 8:30 | 9:00 | 9:30 | 10:00 | 10:30 |
| 2 | Hochsprung<br>Weitsprung<br>Standweitsprung | 1,35<br>4,75 | 1,35<br>4,50 | 1,25<br>4,30 | 1,10<br>4,00 | 1,00<br><br>2,00 | 0,95<br><br>1,90 | 0,90<br><br>1,80 | 1,10<br>3,50 | 1,05<br>3,40 | 1,00<br>3,20 | 0,95<br>3,00 | 0,90<br><br>1,60 | 0,85<br><br>1,50 | 0,80<br><br>1,40 |
| 3 | 50-m-Lauf<br>75-m-Lauf<br>100-m-Lauf<br>400-m-Lauf<br>1000-m-Lauf | <br><br>13,4<br>68,0 | <br><br>14,0<br>70,0 | <br>11,0<br>14,5<br>72,0 | <br>8,2<br>16,5<br>74,0 | <br><br>18,0<br><br>5:00 | <br><br>19,0<br><br>5:30 | <br><br>20,0<br><br>6:00 | 12,4<br>16,0 | 12,6<br>16,5 | 13,0<br>17,0 | 9,2<br>18,5 | <br>20,0<br><br><br>6:40 | <br>21,0<br><br><br>7:00 | <br>22,0<br><br><br>7:50 |

| | Übung | Männer | | | | | | | Frauen | | | | | | |
|---|---|---|---|---|---|---|---|---|---|---|---|---|---|---|---|
| 4 | Kugel, Männer 7,25 kg<br>Kugel, Frauen 4 kg<br>Steinstoß (15 kg, li. u. re.)<br>Schlagball (80 g)<br>Schleuderball (1 kg)<br>Schleuderball (1,5 kg)<br>100-m-Schwimmen | 8,00<br><br>9,00<br><br><br>35,00<br>1:40 | 8,00<br><br>9,00<br><br><br>35,00<br>1:45 | 7,50<br><br>8,50<br><br><br>33,00<br>1:50 | 7,00<br><br>8,00<br><br><br>33,00<br>2:00 | 6,75<br><br><br><br><br>30,00<br>2:10 | 6,50<br><br><br><br><br>28,00<br>2:20 | 6,25<br><br><br><br><br>26,00<br>2:30 | <br>6,75<br><br>37,00<br>27,00<br><br>2:00 | <br>6,50<br><br>35,00<br>26,00<br><br>2:10 | <br>6,25<br><br>33,00<br>25,00<br><br>2:20 | <br>6,00<br><br>31,00<br>24,00<br><br>2:35 | <br>5,75<br><br>29,00<br>23,00<br><br>2:50 | <br>5,50<br><br>27,00<br>22,00<br><br>3:15 | <br>5,25<br><br>25,00<br>21,00<br><br>3:40 |
| 5 | 2000-m-Lauf<br>3000-m-Lauf<br>5000-m-Lauf<br>5000-m-Gehen<br>20-km-Radfahren<br>1000-m-Schwimmen<br>10-km-Skilanglauf<br>15-km-Skilanglauf | <br><br>23:00<br><br>45:00<br>24:00<br><br>72:00 | <br><br>25:00<br><br>45:00<br>25:00<br><br>75:00 | <br>15:00<br>28:00<br><br>50:00<br>30:00<br><br>79:00 | <br>17:30<br>31:00<br><br>55:00<br>32:00<br><br>83:00 | <br>19:00<br>34:00<br><br>60:00<br>34:00<br><br>88:00 | <br>20:00<br>36:00<br><br>65:00<br>36:00<br><br>93:00 | <br>21:00<br>38:00<br><br>70:00<br>38:00<br><br>99:00 | 12:00<br><br><br>50:00<br>60:00<br>29:00<br>54:00 | 12:40<br><br><br>52:30<br>65:00<br>30:00<br>57:00 | 13:20<br><br><br>55:00<br>70:00<br>32:00<br>61:00 | 14:00<br><br><br><br>70:00<br>34:00<br>63:00 | 15:00<br><br><br><br>75:00<br>36:00<br>65:00 | 16:00<br><br><br><br>80:00<br>38:00<br>70:00 | 17:00<br><br><br><br>85:00<br>40:00<br>75:00 |

*Deutsch-Französischer Krieg: Napoleon III. übergibt seinen Degen; Lithographie von Hartwich*

**Deutsche Volkspartei,** *DVP,* 1918 aus dem rechten Flügel der *Nationalliberalen* hervorgegangene Partei. Anfangs monarchist. u. nationalist., söhnte sie sich unter G. Stresemanns Führung mit der Republik aus. Sie war nach 1930 bedeutungslos u. löste sich 1933 auf.

**Deutsche Welle,** 1953 gegr. öffentl.-rechtl. Rundfunkanstalt (Funkhaus in Köln), die über Kurzwelle 93 Programme in 34 Sprachen ausstrahlt.

**Deutsche Wirtschaftskommission,** *DWK,* seit Febr. 1948 die Zusammenfassung der dt. Zentralverwaltungen in der SBZ, Vorläufer der Reg. der DDR.

**Deutsch-Französischer Krieg,** 1870/71, nach dem Dt.-Dän. Krieg 1864 u. dem Dt. Krieg 1866 der letzte der 3 dt. Einigungskriege. *Bismarck* nahm frz. Proteste gegen eine span. Thronkandidatur des Erbprinzen von Hohenzollern-Sigmaringen zum Anlaß, die Kriegserklärung Frankreichs an Preußen (19.7.1870) zu provozieren. Die mit dem Norddt. Bund durch Defensivbündnisse verbundenen südt. Staaten sahen den Bündnisfall als gegeben an. Am 2.9. kapitulierte *Napoleon III.* bei Sedan. Frankreich führte den Krieg unter republikan. Führung weiter. Nach langwieriger Belagerung von Paris kapitulierte er am 28.1.1871. Im Frieden von Frankfurt (10.5.1871) mußte Frankreich Elsaß-Lothringen an Dtld. abtreten u. sich zur Zahlung von 5 Mrd. Francs Kriegsentschädigung verpflichten. – Mit der Proklamation *Wilhelms I.* zum Dt. Kaiser am 18.1.1871 in Versailles kam der dt. Einigungsprozeß zum Abschluß.

**Deutschherren** → Deutscher Orden.

**Deutsch Krone,** poln. *Wałcz,* Stadt in der Wojewodschaft Piła (Polen), nw. von Schneidemühl, 21 000 Ew.

**Deutschland,** Land in Mitteleuropa, dessen Ausdehnung u. staatsrechtl. Stellung im Lauf der Geschichte vielen Wandlungen unterworfen war; infolge des Ost-West-Konflikts 1949–90 geteilt in die *Bundesrepublik Deutschland* (248 709 km$^2$, 62 Mio. Ew., Hptst. Bonn; gegliedert in 11 Bundesländer, vgl. Tabelle) u. die *Deutsche Demokratische Republik* (108 333 km$^2$, 16 Mio. Ew., Hptst. Berlin [Ost]; 1952–90 gegliedert in 14 Bezirke, vgl. Tabelle). Die beiden Teilstaaten vereinigten sich am 3. Oktober 1990. Hptst. wurde Berlin, Reg.-Sitz blieb zunächst Bonn.

*BR Deutschland*

**Bundesrepublik Deutschland: Die Bundesländer**

| Land | Fläche in km$^2$ | Einwohner in 1000 | Hauptstadt |
|---|---|---|---|
| Baden-Württemberg | 35 751 | 9 291 | Stuttgart |
| Bayern | 70 553 | 10 910 | München |
| Bremen | 404 | 660 | — |
| Hamburg | 755 | 1 594 | — |
| Hessen | 21 114 | 5 508 | Wiesbaden |
| Niedersachsen | 47 439 | 7 162 | Hannover |
| Nordrhein-Westfalen | 34 062 | 16 713 | Düsseldorf |
| Rheinland-Pfalz | 19 848 | 3 632 | Mainz |
| Saarland | 2 569 | 1 055 | Saarbrücken |
| Schleswig-Holstein | 15 727 | 2 554 | Kiel |
| Berlin (West) | 480 | 2 016 | — |

**Landesnatur.** D. wird begrenzt von den Alpen im S u. der Nord- u. Ostsee im N u. ist ein Übergangsgebiet zw. dem westl. u. dem östl. Europa. – Der dt. Alpenanteil beschränkt sich auf die Allgäuer, Bayerischen u. Salzburger Alpen (Zugspitze 2962 m). Zw. Alpen u. Donau liegt das hügelige Alpenvorland mit seinen zahlr. Seen.

Als Mittelgebirge schließen sich entlang der klimatisch begünstigten Oberrhein. Tiefebene die Vogesen u. der Schwarzwald (im Feldberg 1493 m) mit ihren nördl. Fortsetzungen Pfälzer Wald u. Odenwald an. Die Schwäb.-Fränk. Alb wird im O vom Böhmerwald u. Bayerischen Wald begrenzt. Das Rheinische Schiefergebirge mit seinen wenig fruchtbaren Hochflächen ist nur dünn besiedelt. Die alten Vulkanmassive von Vogelsberg u. Rhön führen durch das Weserbergland ins Tiefland. Als Schollen erheben sich Harz, Thüringer Wald, Fichtelgebirge, Erzgebirge u. Lausitzer Bergland.

Die dt. Mittelgebirgszone ist gekennzeichnet durch einen vielfältigen Wechsel von alten Gebirgsresten, geolog. jüngeren Stufen- u. Tafelländern, vulkan. Formen, Grabenbrüchen u. Beckenlandschaften. Durch Senken u. Flußläufe, die sich teilw. im Verlauf von Jahrmillionen tiefe u. breite Täler geschaffen haben, ist das Mittelgebirge für den Verkehr leicht durchgängig.

Das Norddt. Tiefland wurde von der Eiszeit geformt. Während die Ostseeküste meist sandig ist, hat die Nordseeküste fruchtbares Marschland. Der Südl. Landrücken zieht sich von der Lüneburger Heide u. dem Fläming bis zur Niederlausitz; zum Nördl. Landrücken gehören das Holsteinische Hü-

**Deutsche Herrscher und Staatsoberhäupter bis 1945**

*Könige und Kaiser*

| | |
|---|---|
| 911–918 | Konrad I. |

*Ottonen*

| | |
|---|---|
| 919–936 | Heinrich I. |
| 936–973 | Otto I., der Große |
| 973–983 | Otto II. |
| 983–1002 | Otto III. |
| 1002–1024 | Heinrich II. |

*Salier*

| | |
|---|---|
| 1024–1039 | Konrad II. |
| 1039–1056 | Heinrich III. |
| 1056–1106 | Heinrich IV. |
| (1077–1080 | Rudolf von Rheinfelden) } (Gegenkönige Heinrichs IV.) |
| (1081–1088 | Hermann von Salm) |
| 1106–1125 | Heinrich V. |
| 1125–1137 | Lothar III. von Supplinburg (Sachse) |

*Staufer*

| | |
|---|---|
| 1138–1152 | Konrad III. |
| 1152–1190 | Friedrich I. Barbarossa |
| 1190–1197 | Heinrich VI. |
| 1198–1208 | Philipp von Schwaben } (Doppelwahl) |
| 1198–1218 | Otto IV. (Welfe) |
| 1212–1250 | Friedrich II. |
| (1246/47 | Heinrich Raspe von Thüringen) } (Gegenkönige Friedrichs II.) |
| (1247–1256 | Wilhelm von Holland) |
| 1250–1254 | Konrad IV. |

*Interregnum*

| | |
|---|---|
| 1257–1275 | Alfons X. von Kastilien |
| 1257–1272 | Richard von Cornwall |

*Habsburger, Luxemburger u. a.*

| | |
|---|---|
| 1273–1291 | Rudolf I. von Habsburg |
| 1292–1298 | Adolf von Nassau |
| 1298–1308 | Albrecht I. von Österreich (Habsburger) |
| 1308–1313 | Heinrich VII. von Luxemburg |
| 1314–1347 | Ludwig IV., der Bayer (Wittelsbacher) |
| 1314–1330 | Friedrich der Schöne von Österreich (Habsburger) } (Doppelwahl) |
| 1346–1378 | Karl IV. (Luxemburger) |
| 1349 | Günther von Schwarzburg (Gegenkönig Karls IV.) |
| 1378–1400 | Wenzel von Böhmen (Luxemburger) |
| 1400–1410 | Ruprecht von der Pfalz (Wittelsbacher) |
| 1410–1437 | Sigismund (Luxemburger) |
| 1410/11 | Jobst von Mähren (Luxemburger; Gegenkönig) |

*Habsburger*

| | |
|---|---|
| 1438/39 | Albrecht II. |
| 1440–1493 | Friedrich III. |
| 1493–1519 | Maximilian I. |
| 1519–1556 | Karl V. |
| 1556–1564 | Ferdinand I. |
| 1564–1576 | Maximilian II. |
| 1576–1612 | Rudolf II. |
| 1612–1619 | Matthias |
| 1619–1637 | Ferdinand II. |
| 1637–1657 | Ferdinand III. |
| 1658–1705 | Leopold I. |
| 1705–1711 | Joseph I. |
| 1711–1740 | Karl VI. |
| 1742–1745 | Karl VII. von Bayern (Wittelsbacher) |

*Habsburg-Lothringen*

| | |
|---|---|
| 1745–1765 | Franz I. |
| 1765–1790 | Joseph II. |
| 1790–1792 | Leopold II. |
| 1792–1806 | Franz II. |

*Hohenzollern*

| | |
|---|---|
| 1871–1888 | Wilhelm I. |
| 1888 | Friedrich III. |
| 1888–1918 | Wilhelm II. |

*Staatsoberhäupter*

| | |
|---|---|
| 1919–1925 | Reichspräsident Friedrich Ebert |
| 1925–1934 | Reichspräsident Paul von Hindenburg |
| 1934–1945 | „Führer u. Reichskanzler" Adolf Hitler |
| 1945 | „Reichspräsident" Karl Dönitz |

## Deutschland

gelland u. die Mecklenburgische Seenplatte. Den beiden eiszeitl. Höhenzügen folgen im N ein flachwelliges Grundmoränengebiet, im S verheidete Sandflächen u. die Urstromtäler. Weite Buchten greifen ins Mittelgebirge ein mit fruchtbaren Lößböden: die Kölner Bucht, die Westfälische Bucht, die Leipziger Tieflandsbucht. – G e w ä s s e r : Die meisten Flüsse (Rhein, Ems, Weser, Elbe, Oder) streben zur Nord- u. Ostsee. Mit Ausnahme des Rheins, des größten u. wichtigsten Stroms, der eine unmittelbare Verbindung zw. Alpenraum u. Nordsee schafft, entspringen sie im Mittelgebirge. Im Tiefland sind sie durch Kanäle (Mittellandkanal) verknüpft. Nur die Donau mit ihren Zuflüssen öffnet S-Dtld. dem südosteurop. Raum. Die stehenden Gewässer sind außer den Eifelmaaren eiszeitl. Ursprungs. Zahlr. Talsperren mit Stauseen dienen dem Hochwasserschutz, der Regulierung der Wasserstände u. der Wasserversorgung. – K l i m a : Im NW ist das Klima mehr ozeanisch bestimmt (mäßig warme Sommer, relativ milde Winter) u. nimmt nach O kontinentalen Charakter an (größere Temperaturgegensätze zw. Sommer u. Winter, geringere Niederschläge). Auch nach S zu verstärkt sich der kontinentale Klimatyp. Charakteristisch ist der häufige Wechsel zw. feuchtkühlem (im Winter feuchtmildem) Wetter u. trockenwarmen (im Winter trockenkalten) Hochdruckwetterlagen. Der Wind weht vorw. aus westl. Richtungen. – V e g e t a t i o n : Der Laubwald gilt in D. als die natürl. Vegetation. Dazu treten in den Mittelgebirgen Nadelwälder u. im NW Charakterpflanzen des ozean. Klimas (Ginster, Fingerhut, Glockenheide). Ein Großteil der Naturlandschaften sind in land- u. forstwirtschaftl. Nutzflächen umgewandelt worden. Auch die Heiden sind z.T. auf menschl. Einwirkungen zurückzuführen.

B e v ö l k e r u n g . Die Bevölkerung des dt. Nationalstaats wuchs 1871–1915 von 41 Mio. auf 67,9 Mio. Ew.; 1937 hatte D. insgesamt 69 Mio. Ew. Wichtige Ballungsräume sind das Rhein-Ruhr-Gebiet, das sächsische Industriegebiet, das Rhein-Main-Gebiet, der Rhein-Neckar-Raum, das schwäb. Industriegebiet um Stuttgart sowie die Verdichtungsräume um die Städte Bremen, Hamburg, Hannover, Berlin, Dresden, Nürnberg-Fürth u. München. Das Verhältnis von Stadt- zu Landbevölkerung beträgt heute 4 : 1. In der BR Dtld., deren Bevölkerung 1946–87 von 46,2 auf 61,1 Mio. anwuchs, leben z.Z. rd. 4,4 Mio. Ausländer. Von den Bewohnern der BR Dtld. sind 49 % ev. u. 45 % kath.; in der ehem. DDR 47 % ev. u. 7 % katholisch.

W i r t s c h a f t . In der BR Dtld. stand die wirtschaftl. Entwicklung unter dem Zeichen der »Sozialen Marktwirtschaft«. Außerdem wurde sie geprägt durch die engen wirtschaftl. Verflechtungen mit anderen westl. Staaten, bes. im Rahmen der EG. – In der Landwirtschaft sind heute durch zunehmende Mechanisierung nur noch wenige Erwerbstätige beschäftigt. Wichtige Anbauarten sind Roggen, Weizen, Kartoffeln, Gerste, Hafer, Futterpflanzen, Zuckerrüben, Obst, Mais, Gemüse u. Wein. Aufgrund der hohen Bev.-Zahl ist die BR Dtld. auf Nahrungsmittelimporte angewiesen. In der Industrie dominierte bis Ende der 1950er Jahre die in D. seit jeher stark vertretene eisenschaffende Ind. in Verbindung mit dem Steinkoh-

## DEUTSCHLAND Geographie

*Im Wattenmeer vor der Nordseeküste liegen die Ost- und Nordfriesischen Inseln; das Bild zeigt die ostfriesische Insel Norderney*

*Steilküste (Kreidefelsen) des Königsstuhls beim Gehöft Stubbenkammer auf der Ostseeinsel Rügen*

| Kiel 10 m | Lüneburg 10 m | Braunschweig 70 m | | Erfurt 200 m | Coburg 300 |
|---|---|---|---|---|---|
| Marsch | Jungmoränenland | Altmoränenland | Bördenland (Lößgebiet) | Harz | Thüringer Becken | Thüringer Wald |
| NORDDEUTSCHES TIEFLAND | | Urstromtal | | MITTELGEBIRGSZONE | | |

*Norddeutsches Tiefland: Lüneburger Heide*

*Mittelgebirge: Fränkische Schweiz*

lenbergbau (Ruhrgebiet). Durch das Vordringen von Erdöl u. Erdgas (vorw. aus dem Ausland) ging die Steinkohlenförderung zurück. Außerdem werden in der BR Dtld. v.a. Braunkohle (höchste Förderung der Welt), Stein- u. Kalisalz gewonnen. Während die alten, auf Eisen- u. Stahlproduktion basierenden Industriegebiete (Ruhrgebiet, Saarland) Strukturkrisen zu überwinden haben, haben sich in den Industrieräumen der Länder Hessen, Ba.-Wü. u. z.T. in Bayern moderne Wachstumsindustrien angesiedelt (insbes. Elektro-, elektron., Masch.-, Automobil-, chem., opt. u. Kunststoff-Ind.) Die für den Export wichtigsten Industrieerzeugnisse sind Maschinen, Kraftwagen, chem. Produkte, Elektro-, opt. u. Meßgeräte, Eisen- u. Stahlwaren, Textilien. Die BR Dtld. ist mit rd. 12 % am Welthandel beteiligt. Haupthandelspartner sind die Mitgliedsstaaten der EG u. die USA.

Seit Inkrafttreten der Währungs-, Wirtschafts- u. Sozialunion im Juli 1990 hat in der Wirtschaft der ehem. DDR eine Anpassung an die neuen Anforderungen des Marktes u. eines verschärften Wettbewerbs begonnen. Die Wirtschaft befindet sich z. Z. in einer Umstellungskrise. Bis zur Vereinigung mit der BR Dtld. wurde das Wirtschaftsleben in der DDR von einem System der zentralen Verwaltungswirtschaft bestimmt, fest eingebunden in das Wirtschaftsbündnis *RGW*. Die Betriebe waren bis zur beginnenden Reprivatisierung 1990 fast ausschl. Volks- oder Genossenschaftseigentum. In der Landwirtschaft wurden nach dem 2. Weltkrieg die alten Besitzverhältnisse durch Schaffung von Landw. Produktionsgenossenschaften *(LPG)* u. Volkseigenen Gütern *(VEG)* grundlegend verändert. Die wichtigsten Anbaugebiete sind Magdeburger Börde, Thüringer Becken u. Leipziger Tieflandsbucht. Hauptanbauprodukte sind Getreide, Kartoffeln, Zuckerrüben u. Futterpflanzen.

V e r k e h r. Die Eisenbahn ist in der BR Dtld. nach wie vor ein sehr wichtiges Verkehrsmittel. Die N-S-Verbindungen sind am leistungsfähigsten. Das Straßennetz muß dem ununterbrochen steigenden Bestand an Kraftfahrzeugen angeglichen werden. (1953 rd. 3,7 Mio., 1988 rd. 36 Mio. Kraftfahrzeuge). Im Vergleich zur industriellen Entwicklung war das Verkehrswesen in der ehem. DDR relativ rückständig. Nach 1945 mußte das gesamte, vor dem 2. Weltkrieg hauptsächlich auf West-Ost-Verbindungen ausgerichtete Verkehrsnetz umstrukturiert werden, um den wenig industrialisierten Norden mit den Industriezentren des Südens zu verbinden. Die umfangreichen Maßnahmen gingen zu Lasten der Modernisierung des Verkehrsnetzes. – Die Binnenschiffahrt stützt sich auf die Stromsysteme von Rhein (mit Neckar, Main u. Mosel), Weser, Elbe u. auf ein weit verzweigtes Kanalnetz. Die wichtigsten Binnenhäfen sind Berlin, Duisburg, Köln, Ludwigshafen, Magdeburg, Mannheim, Hamburg u. Frankfurt a.M. Die BR Dtld. ist mit einer Tonnage von über 8 Mio. BRT an der Welthandelsflotte beteiligt. Neben Hamburg sind Wilhelmshaven, Bremen/Bre-

### Die Länder der Deutschen Demokratischen Republik*

| Land | Fläche in km² | Einwohner in Mio. | Hauptstadt |
|---|---|---|---|
| Brandenburg | 27 000 | 2,7 | Potsdam |
| Mecklenburg | 22 900 | 2,1 | Schwerin |
| Sachsen | 17 000 | 4,8 | Dresden |
| Sachsen-Anhalt | 24 600 | 3,0 | Halle (Saale) |
| Thüringen | 15 600 | 2,5 | Erfurt |

* nach dem Stand bei der Auflösung 1952; heutige Einwohnerzahlen geschätzt

*Die Bezirke der DDR*

### Deutsche Demokratische Republik: Verwaltungsgliederung 1952–1990

| Bezirk | Fläche in km² | Einwohner in 1000 |
|---|---|---|
| Cottbus | 8 262 | 885 |
| Dresden | 6 738 | 1757 |
| Erfurt | 7 349 | 1240 |
| Frankfurt | 7 186 | 714 |
| Gera | 4 004 | 742 |
| Halle | 8 771 | 1776 |
| Karl-Marx-Stadt (Chemnitz) | 6 009 | 1860 |
| Leipzig | 4 966 | 1360 |
| Magdeburg | 11 526 | 1250 |
| Neubrandenburg | 10 948 | 620 |
| Potsdam | 12 568 | 1124 |
| Rostock | 7 075 | 917 |
| Schwerin | 8 672 | 595 |
| Suhl | 3 856 | 549 |
| Berlin (Ost) | 403 | 1285 |

*Der Thüringer Wald beim Kasthäuserberg (Raum Eisenach) von der Wartburg aus gesehen*

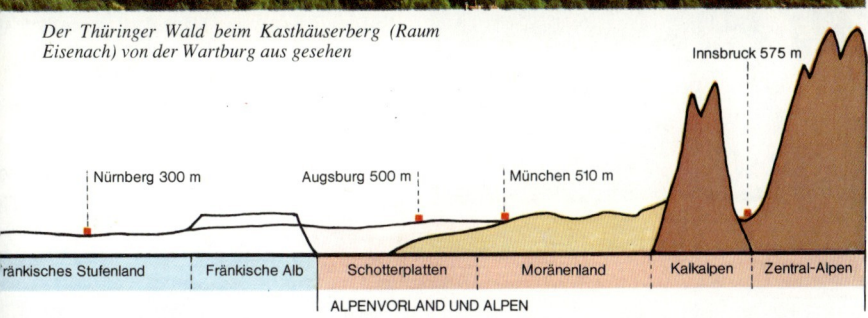

*Alpen: Karwendelgebirge bei Mittenwald*

## DEUTSCHLAND Geschichte

merhaven, Rostock u. Emden die bedeutenden Seehäfen. Zu den wichtigsten Flughäfen gehören Frankfurt a.M., Berlin (Tegel, Schönefeld), Düsseldorf, Köln/Bonn, Stuttgart, München, Hamburg u. Hannover.

Geschichte. Der Landesname D. ist entstanden durch allmähl. Bedeutungserweiterung des Wortes *deutsch*. Dieses, seit dem 8. Jh. belegt, bezeichnete urspr. nur die in einem Teil des Frankenreichs gesprochene germ. Sprache. Seit dem 11. Jh. wurde es auf deren Sprecher (»dt. Leute«) u. ihre Wohngebiete (»dt. Lande«) übertragen. Das Wort *Deutschland* ist erst seit dem 15. Jh. geläufig. Das Frankenreich brach bald nach dem Tod von *Karl d. Gr.* (814) auseinander. Es entstanden ein west- u. ein ostfränk. Reich, die Vorläufer Frankreichs u. D.s. Die dt. Westgrenze, die im wesentl. der Sprachgrenze zw. Dt. u. Frz. entsprach, war damit prakt. fixiert. Die Ostgrenze hingegen war lange fließend. Um 900 verlief sie etwa an Elbe u. Saale. In den folgenden Jh. wurde das dt. Siedlungsgebiet weit nach O ausgedehnt. Die um 1350 erreichte Volksgrenze zw. Deutschen u. Slawen hatte bis zum 2. Weltkrieg Bestand.

Hochmittelalter. Der Übergang vom ostfränk. zum dt. Reich vollzog sich 911 mit der Wahl *Konrads I.*, der als erster dt. König gilt. Der König wurde vom hohen Adel gewählt, sollte aber auch mit seinem Vorgänger verwandt sein. Der Reichsname lautete seit dem 11. Jh. »Röm. Reich«, seit dem 13. Jh. »Hl. Röm. Reich«, seit dem 15. Jh. mit dem Zusatz »Dt. Nation«. Dem Königtum standen weitgehend selbst. Stammesherzogtümer gegenüber (Sachsen, Franken, Bayern, Schwaben). Ge-

*Der Reichsapfel; entstanden am Ende des 12. Jahrhunderts, vermutlich in Köln*

*Kaiser Friedrich I. Barbarossa mit seinen Söhnen Heinrich (VI.) und Friedrich (V.); Welfenchronik; um 1180. Fulda, Hessische Landesbibliothek (links)*

*Kaiserproklamation in der Spiegelgalerie des Schlosses von Versailles am 18.1.1871*

*Hitler verkündet im Reichstag den Beginn des Krieges mit Polen (links). – Das zerstörte Frankfurt 1945 (rechts)*

*Versammlung des Parlamentarischen Rates am 2.9.1948 unter Vorsitz Adenauers*

*Nach der Bundestagswahl 1969 bildeten SPD und FDP eine Koalition; im Bild Bundeskanzler Willy Brandt mit Außenminister Walter Scheel*

*Treffen zwischen Bundeskanzler Helmut Kohl und dem damaligen DDR-Staatsratsvorsitzenden Erich Honecker in Moskau, 1985*

*Am Tag der Öffnung des Brandenburger Tors*

gen sie konnten sich erst die Ottonen *Heinrich I.* u. *Otto I.* durchsetzen. Otto ließ sich 962 in Rom zum Kaiser krönen. Er begr. damit die Anwartschaft des dt. Königs auf die Kaiserwürde u. eine 300jährige dt. Herrschaft in Ober- u. Mittelitalien. Der Idee nach war das Kaisertum universal, verlieh die Herrschaft über das ganze Abendland u. hatte Vorrang vor dem Papsttum. Dieser Vorrang ging im Investiturstreit unter dem Salier *Heinrich IV.* verloren. Eine neue Blüte erlebte das Kaisertum unter den Staufern *Friedrich I., Heinrich VI.* u. *Friedrich II.* Zugleich begann aber eine territoriale Zersplitterung, die die Zentralgewalt schwächte. Die bisher herrschende Lehnswesen verlor an Bedeutung. Die geistl. u. weltl. Fürsten wurden zu halbsouveränen Landesherren.

**Spätmittelalter und frühe Neuzeit.** Es folgte eine Zeit des Gegen- u. Doppelkönigtums (Interregnum). Seit *Rudolf I.*, dem ersten Habsburger auf dem Thron, wurde Hausmachtpolitik das Hauptinteresse jedes Königs. Das alleinige Königswahlrecht der 7 Kurfürsten setzte sich durch u. wurde 1356 in der Goldenen Bulle *Karls IV.* endgültig festgelegt. Die großen Territorien entwickelten ihre Landeshoheit weiter. Die Städte gewannen dank ihrer wirtsch. Macht an Einfluß, wozu auch ihr Zusammenschluß zu Bünden beitrug. Der wichtigste Städtebund, die Hanse, wurde im 14. Jh. zur führenden Macht im Ostseeraum. Im Fernhandel, im Bergbau u. im Textilgewerbe entstanden frühkapitalist. Wirtschaftsformen. Seit 1483 war die Krone – obwohl das Reich formal eine Wahlmonarchie blieb – praktisch erbl. im Hause Habsburg, der stärksten Territorialmacht. *Maximilian I.* nahm als erster den Kaisertitel ohne Krönung durch den Papst an. Er bemühte sich um eine Reichsreform, der jedoch nur wenig Erfolg beschieden war; er konnte somit die fortschreitende Zersplitterung nicht aufhalten.

**Reformation u. Gegenreformation.** Das neue Weltgefühl der Renaissance u. die Ideen des Humanismus ergriffen auch D. Das krit. Denken wandte sich zuerst gegen kirchl. Mißstände. Die von *Luther* 1517 eingeleitete Reformation breitete sich rasch aus u. wirkte weit über den religiösen Bereich hinaus. Sie beeinflußte den Reichsritteraufstand 1522/23 u. den Bauernkrieg 1525, die beide blutig niedergeschlagen wurden. Auf dem Kaiserthron saß *Karl V.*, durch Erbschaft (er war auch König von Spanien) Herr des größten Weltreichs seit Karl d. Gr. Seine weltpolit. Interessen nahmen ihn so in Anspruch, daß er sich in D. nicht durchsetzen konnte. Hauptnutznießer der Reformation waren die Landesfürsten. Sie erhielten im Augsburger Religionsfrieden 1555 das Recht, die Religion ihrer Untertanen zu bestimmen. Die prot. Konfession wurde als gleichberechtigt mit der kath. anerkannt. D. war damals zu 80% prot., doch konnte die kath. Kirche in der Folgezeit viele Gebiete zurückgewinnen (Gegenreformation). Die konfessionellen Gegensätze verschärften sich; es kam zur Bildung von Religionsparteien, der prot. Union (1608) u. der kath. Liga (1609). Ein lokaler Konflikt in Böhmen löste den Dreißigjährigen Krieg aus, der aus einem dt. Religionskrieg zu einem europ. Machtkampf wurde. Weite Teile D.s wurden verwüstet u. entvölkert. Im Westfäl. Frieden (1648) mußten Gebiete an Frankreich u. Schweden abgetreten werden, die Schweiz u. die Ndl. schieden endgültig aus dem Reichsverband aus, u. die Landesfürsten erhielten alle wesentl.

*Die Länder der BR Deutschland und der DDR (in den Grenzen von 1952 und wieder seit Oktober 1990)*

## Deutschland

Hoheitsrechte, darunter das Recht, Bündnisse mit ausländ. Mächten zu schließen.

**Zeitalter des Absolutismus.** Das Reich versank in einen Zustand polit. Ohnmacht. Die nahezu souveränen Territorialstaaten übernahmen als Regierungsform nach frz. Vorbild den Absolutismus, der eine straffe Verw., geordnete Finanzverhältnisse u. die Aufstellung stehender Heere ermöglichte. Die Wirtschaftspolitik des Merkantilismus ließ sie auch ökonom. erstarken. Bayern, Brandenburg (das spätere Preußen), Sachsen (1697–1763 in Personalunion mit Polen) u. Hannover (1714–1837 in Personalunion mit England) wurden zu eigenständigen Machtzentren. Östr., das die angreifenden Türken abwehrte u. Ungarn sowie Teile der türk. Balkanländer erwarb, stieg zur europ. Großmacht auf. Ihm erwuchs im 18. Jh. ein Rivale in Preußen, das unter *Friedrich d. Gr.* zu einer Militärmacht ersten Ranges wurde. Beide Staaten gehörten mit Teilen ihres Gebiets nicht dem Reich an, u. beide betrieben europ. Großmachtpolitik.

**Vom alten zum neuen Reich.** 1789 brach die Frz. Revolution aus. Der Versuch Preußens u. Östr.s, mit Waffengewalt in Frankreich einzugreifen, scheiterte u. führte zum Gegenstoß. Unter dem Ansturm der Heere *Napoleons* brach das Reich zusammen. Frankreich nahm sich das linke Rheinufer. Durch den Reichsdeputationshauptschluß 1803 verloren viele kleine Fürstentümer u. Freie Städte ihre Selbständigkeit zugunsten der Mittelstaaten. Die meisten von diesen schlossen sich 1806 unter frz. Protektorat zum Rheinbund zusammen. Im selben Jahr legte *Franz II.* die Kaiserkrone nieder; damit endete das Hl. Röm. Reich Dt. Nation. Die Frz. Revolution griff zwar nicht auf D. über, doch kam es in den Rheinbundstaaten u. in Preußen zu Reformen, die den Abbau der feudalen Gesellschaftsordnung einleiteten. Nach dem Sieg über Napoleon in den Befreiungskriegen 1813–15 regelte der Wiener Kongreß die Neuordnung Europas. Hoffnungen auf einen freien, einheitl. dt. Nationalstaat erfüllten sich nicht. An die Stelle des Reichs trat der Dt. Bund, ein loser Zusammenschluß souveräner Einzelstaaten, der alle Einheits- u. Freiheitsbestrebungen bekämpfte. Diesen reaktionären Tendenzen wirkte eine moderne wirtschaftl. Entwicklung entgegen. Die frz. Revolution von 1848 fand in D. sofort ein Echo. In allen Bundesstaaten kam es zu Volkserhebungen, die den Fürsten Zugeständnisse abnötigten. Der in Frankfurt tagenden Nationalversammlung gelang jedoch nicht die Schaffung eines bürgerl. Nationalstaates.

Die alten Mächte setzten sich durch, die meisten Errungenschaften wurden rückgängig gemacht. Trotzdem erstarkte das lib. Bürgertum, gestützt auf seine wachsende ökonom. Kraft. Allerdings unterlag es 1862 dem preuß. Min.-Präs. *Bismarck* in einem Verfassungskonflikt. Bismarck arbeitete auf die nat. Einigung »von oben« hin. Im Dt. Krieg 1866 wurde Östr. geschlagen. Der Dt. Bund wurde aufgelöst, an seine Stelle trat der Norddt. Bund, der alle dt. Staaten nördl. der Mainlinie umfaßte. Der Widerstand Frankreichs wurde im Dt.-Frz. Krieg 1870/71 gebrochen. Die südt. Staaten schlossen sich 1871 mit dem Norddt. Bund zum Dt. Reich zus.; König *Wilhelm I.* von Preußen wurde Dt. Kaiser, Bismarck Reichskanzler.

**Das Kaiserreich.** Bismarck suchte bes. durch eine konsequente Friedens- u. Bündnispolitik dem Reich eine gesicherte Stellung in dem neuen europ. Kräfteverhältnis zu schaffen. Den demokr. Tendenzen der Zeit stand er jedoch verständnislos gegenüber. Erfolglos bekämpfte er den linken Flügel des lib. Bürgertums, den polit. Katholizismus u. bes. die organisierte Arbeiterbewegung. Trotz der Entwicklung zu einem modernen Industrieland u. trotz einer fortschrittl. Sozialgesetzgebung behielt D. viele Züge des feudal-absolutist. Obrigkeitsstaates. 1890 wurde Bismarck von dem jungen Kaiser *Wilhelm II.* entlassen. Unter ihm erfolgte der

## DEUTSCHLAND Kultur

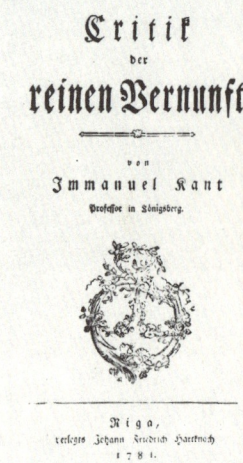

*Der Dresdner Zwinger bei Nacht (links). – Johann Wolfgang von Goethe diktiert seinem Schreiber John; Ölgemälde von Josef Schmeller 1831 (Mitte). – Titelblatt der »Kritik der reinen Vernunft« von Immanuel Kant; Erstausgabe (rechts)*

*Szene aus »Der Rosenkavalier« von Richard Strauss (links). – Literarische Zirkel: Ludwig Tieck (2. von rechts) im Kreis bedeutender Zeitgenossen (rechts)*

Übergang zur »Weltpolitik«: D. wollte den Vorsprung der imperialist. Großmächte aufholen u. geriet dabei in Interessenkonflikte u. letztl. in die Isolierung. In der Julikrise 1914 trug es Mitverantwortung dafür, daß es zum Ausbruch des 1. Weltkriegs mit D. u. Öst. auf der einen, Frankreich, Rußland, England u. Italien auf der anderen Seite kam. Nach großen Anfangserfolgen zeigte sich D. dem Mehrfrontenkampf nicht gewachsen, bes. seit dem Kriegseintritt der USA 1917. Dem militärischen Zusammenbruch folgte die Novemberrevolution 1918. Die Dynastien traten widerstandslos ab, D. wurde Republik.

Die Weimarer Republik. Die Macht lag zunächst in den Händen soz.-demokr. Politiker (F. *Ebert,* P. *Scheidemann* u.a.), die v.a. einen geordneten Übergang von der alten zur neuen Staatsform sichern wollten. Versuche linksradikaler Gruppen, die Revolution in sozialist. Richtung weiterzutreiben, wurden abgewehrt. Die 1919 in Weimar tagende Nationalversammlung schuf eine republikan. Verfassung. Der Versailler Vertrag entmachtete D. militär., zwang es zur Abtretung großer Gebiete u. legte ihm mit den Reparationen schwere wirtsch. Lasten auf. Die ersten Jahre der Rep. waren gekennzeichnet durch Inflation, soz. Unruhen u. Umsturzversuche rechts- u. linksradikaler Gruppen. Mit der wirtsch. Erholung trat eine gewisse polit. Beruhigung ein. Die Außenpolitik G. *Stresemanns* gewann D. durch den Locarno-Vertrag (1925) u. den Beitritt zum Völkerbund (1926) die polit. Gleichberechtigung zurück. Doch wurden im Lauf der 20er Jahre im Volk u. im Parlament die Kräfte, die dem demokr. Staat ablehnend gegenüberstanden, immer stärker. Der Niedergang der Weimarer Rep. begann mit der Weltwirtschaftskrise 1929 u. der damit einsetzenden Massenarbeitslosigkeit. Im Reichstag fanden sich keine regierungsfähigen Mehrheiten mehr. Die von A. *Hitler* geführte NSDAP wurde 1932 stärkste Partei. 1933 wurde Hitler mit Unterstützung konservativer Kreise Reichskanzler.

Die nationalsozialistische Diktatur. Hitler entledigte sich rasch seiner konservativen Bundesgenossen, sicherte sich durch ein Ermächtigungsgesetz, dem alle bürgerl. Parteien zustimmten, nahezu unbegrenzte Befugnisse u. errichtete eine auf Terror gestützte Diktatur. Zustimmung bei der Bevölkerung fand er durch die schnelle Beseitigung der Arbeitslosigkeit u. durch außenpolit. Erfolge (1935 Rückkehr des Saarlands zu D., Einführung der Wehrpflicht, 1936 Rheinlandbesetzung, 1938 Annexion Östr.s u. des Sudetenlandes). Sofort nach der Machtergreifung nahm Hitler die Verwirklichung seines antisemit. Programms in Angriff. Es begann mit der schrittweisen Entrechtung der dt. Juden u. endete mit der Ermordung von 6 Mio. Juden aus mehreren europ. Ländern während des Krieges. Um die Herrschaft über Europa zu erringen, entfesselte Hitler 1939 mit dem Angriff auf Polen den 2. Weltkrieg. Nach dt. Siegen über Polen, Dänemark, Norwegen, Holland, Belgien, Frankreich, Jugoslawien, Griechenland u. erfolgreichem Vordringen in der UdSSR u. in N-Afrika kam es 1942 zur Wende des Krieges u. zu Rückzügen an allen Fronten. 1944 scheiterte ein vornehml. von Offizieren getragener Aufstand. Beim völligen Zusammenbruch des Reichs 1945 beging Hitler Selbstmord. Sein testamentar. bestimmter Nachf. K. *Dönitz* vollzog die bedingungslose Kapitulation.

Das geteilte Deutschland. Die 4 Siegermächte (USA, UdSSR, Großbrit., Frankreich) übernahmen die Regierungsgewalt. D. wurde in 4 Besatzungszonen eingeteilt, Berlin von den 4 Mächten gemeinsam verwaltet. Die Gebiete östl. der Oder u. der Lausitzer Neiße wurden poln. u. sowj. Verw. unterstellt. Ihre Bewohner sowie die in der Tschechoslowakei u. in Ungarn lebenden Deutschen wurden größtenteils vertrieben. Die zunehmenden Gegensätze zw. den Westmächten u.

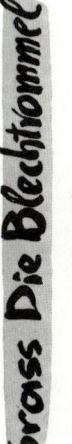

Bach-Ehrung zum 300. Geburtstag im Leipziger Gewandhaus (links). – Günter Grass, Schutzumschlag von »Die Blechtrommel«, graphisch-bildhaft, mit gemalter Schrift; nach einer Zeichnung des Autors (Mitte). – Szene aus Ruth Berghaus' »Dantons Tod« am Hamburger Thalia-Theater (rechts)

Robert und Clara Schumann (links). – Ernst Barlach: Ekstase; 1916. Zürich, Kunsthaus (Mitte). – Wallfahrtskirche in Neviges von Gottfried Böhm (rechts)

# Deutschland

der UdSSR führten 1948 zum Ende der Viermächte-Verw. in Berlin u. ganz D. Die Teilung D.s wurde 1949 besiegelt durch die Gründung der *Bundesrepublik Deutschland* im W u. der *Deutschen Demokratischen Republik* im O. Bundeskanzler K. *Adenauer* betrieb die Eingliederung der Bundesrep. (BR) in die westl. Gemeinschaft: 1955 wurde sie Mitgl. der NATO, 1957 gehörte sie zu den Gründern der EG. Bei anhaltendem wirtsch. Aufschwung im Rahmen der soz. Marktwirtsch. entwickelte sie sich zu einer stabilen parlamentar. Demokratie mit wechselnden Regierungskoalitionen. In der DDR wurde eine sozialist. Gesellschafts- u. Wirtschaftsordnung nach sowj. Vorbild eingeführt, verbunden mit der Alleinherrschaft der kommunist. SED unter ihrem Generalsekretär W. *Ulbricht*. 1953 kam es zu einem Volksaufstand, der von der sowj. Armee niedergeschlagen wurde. Bis 1961 flüchteten 3,5 Mio. Menschen aus der DDR in die BR. Nachdem von der DDR schon seit 1952 Grenzsperren errichtet worden waren, wurde 1961 der letzte Fluchtweg durch den Bau der Berliner Mauer abgeschnitten. Kontakte zw. den beiden dt. Staaten gab es nur auf niederer Ebene. Im Klima der internat. Entspannung nahm Bundeskanzler W. *Brandt* 1970 Verhandlungen mit der DDR auf. Sie führten zu einem »geregelten Nebeneinander«, das einige menschl. Erleichterungen brachte. In der DDR trat unter Ulbrichts Nachf. E. *Honecker* eine gewisse Konsolidierung ein, doch betrieb die Führung eine Politik strikter »Abgrenzung« gegenüber der BR, um bei den Bürgern keine Hoffnungen auf Wiedervereinigung aufkommen zu lassen. Die Parteidiktatur der SED blieb unangetastet.

**Der Weg zur Wiedervereinigung.** Versorgungsmängel u. der Widerstand der SED-Führung gegen die Reformpolitik M. *Gorbatschows* ließen in den späten 80er Jahren die Mißstimmung in der DDR wachsen. Als Ungarn 1989 die Grenze zu Östr. öffnete, begann eine Massenflucht von DDR-Bürgern in die BR. In Großstädten kam es zu Demonstrationen für Demokratie, Meinungs- u. Reisefreiheit. Eine tiefe polit., ökonom. u. moral. Krise des SED-Regimes wurde sichtbar. Die SED verzichtete auf ihr Machtmonopol, ihre gesamte Führung trat zurück. Die Grenze zur BR u. die innerstädt. Grenze in Berlin wurden am 9.11.1989 geöffnet. Eine neue Reg. unter H. *Modrow* (SED) bekannte sich zu Pluralismus u. Marktwirtsch., zögerte aber mit entspr. Reformen. Bundeskanzler H. *Kohl* entwickelte einen Stufenplan zur schrittweisen Vereinigung der beiden dt. Staaten. Zunächst war nur eine Konföderation vorgesehen, doch angesichts des anhaltenden Übersiedlerstroms u. des polit. u. wirtsch. Verfalls der DDR gewann die Forderung nach baldiger Herstellung voller staatl. Einheit rasch an Boden. In der DDR formierten sich neue polit. Parteien. In der ersten freien Volkskammerwahl am 18.3.1990 wurde die CDU stärkste, die SPD zweitstärkste Partei. Die Kommunalwahl am 6.5. bestätigte im wesentl. die-

*Deutschland: Aufgrund des Ergebnisses der Volkskammerwahl am 18.3.1990 wurde in der DDR die neue Regierung gebildet; in der vorderen Reihe (3. von rechts) Ministerpräsident Lothar de Maizière*

ses Ergebnis. Eine Reg. der Großen Koalition unter Min.-Präs. L. *de Maizière* wurde gebildet. Sie verkündete als Ziel den Beitritt der DDR zur BR nach Artikel 23 des Grundgesetzes. Am 18.5.1990 schlossen die beiden dt. Staaten einen Vertrag über die Bildung einer Währungs-, Wirtschafts- u. Sozialunion, die am 1.7.1990 mit der Einführung der DM als alleiniges Zahlungsmittel wirksam wurde. Die UdSSR erklärte am 16.7. ihr Einverständnis mit der NATO-Mitgliedschaft des vereinten D. Am 31.8. wurde der »Einigungsvertrag« zw. DDR u. BR unterzeichnet. Am 12.9. schlossen die 4 Siegermächte des 2. Weltkriegs u. die beiden dt. Staaten den »Vertrag über die abschließende Regelung in bezug auf D.«, durch den die Siegerrechte erloschen u. D. seine volle Souveränität erlangte. Mit Anbruch des 3.10.1990 wurde die Wiedervereinigung D.s in Berlin feierlich vollzogen. Am 14.10. fanden in den wiederhergestellten 5 Ländern der ehem. DDR Landtagswahlen statt.

**Staat u. Gesellschaft**
**Bundesrepublik Deutschland.** Die Verfassungsurkunde der BR Dtld. ist das Grundgesetz von 1949. Die BR Dtld. bestand bis 1990 aus 11 Ländern (darunter Berlin [West] mit einer Sonderstellung) u. besteht seither aus 16 Ländern. Sie ist eine sozialstaatl., rechtsstaatl. u. gewaltenteilende parlamentar. u. repräsentative (mittelbare) Demokratie. Die Staatsbürger haben gegenüber der Staatsgewalt festumrissene Grundrechte. Gesetzgebungsorgane sind der Bundestag, dessen Abg. vom Volk auf 4 Jahre gewählt werden, u. der Bundesrat, der aus Mitgl. der Regierungen der Länder besteht. Staatsoberhaupt mit vorw. repräsentativen Aufgaben ist der Bundespräsident; er wird auf 5 Jahre von der nur zu diesem Zweck zusammentretenden Bundesversammlung gewählt. Der Bundeskanzler bestimmt die Richtlinien der Politik. Er

### Bundesrepublik Deutschland

*Die Bundespräsidenten*

| | | |
|---|---|---|
| Theodor Heuss (FDP) | 1. Amtsperiode | 1949–1954 |
| | 2. Amtsperiode | 1954–1959 |
| Heinrich Lübke (CDU) | 1. Amtsperiode | 1959–1964 |
| | 2. Amtsperiode | 1964–1969 |
| Gustav Heinemann (SPD) | | 1969–1974 |
| Walter Scheel (FDP) | | 1974–1979 |
| Karl Carstens (CDU) | | 1979–1984 |
| Richard von Weizsäcker (CDU) | 1. Amtsperiode | 1984–1989 |
| | 2. Amtsperiode | 1989– |

*Die Bundeskanzler*

| | | |
|---|---|---|
| Konrad Adenauer (CDU) | 1. Kabinett | 1949–1953 |
| | 2. Kabinett | 1953–1957 |
| | 3. Kabinett | 1957–1961 |
| | 4. Kabinett | 1961–1963 |
| Ludwig Erhard (CDU) | 1. Kabinett | 1963–1965 |
| | 2. Kabinett | 1965–1966 |
| Kurt Georg Kiesinger (CDU) | | 1966–1969 |
| Willy Brandt (SPD) | 1. Kabinett | 1969–1972 |
| | 2. Kabinett | 1972–1974 |
| Helmut Schmidt (SPD) | 1. Kabinett | 1974–1976 |
| | 2. Kabinett | 1976–1980 |
| | 3. Kabinett | 1980–1982 |
| Helmut Kohl (CDU) | 1. Kabinett | 1982–1983 |
| | 2. Kabinett | 1983–1987 |
| | 3. Kabinett | 1987– |

*Deutschland: Montags-Demonstration in Leipzig 1989 (links). – Öffnung des Brandenburger Tors am 22.12.1989; am Mikrophon Bundeskanzler Helmut Kohl bei seiner Ansprache (rechts)*

wird auf Vorschlag des Bundespräsidenten vom Bundestag gewählt u. kann von diesem nur durch konstruktives Mißtrauensvotum abberufen werden. Die Gerichte sind unabhängig von anderen Staatsorganen. Das Bundesverfassungsgericht wacht über die Einhaltung des Grundgesetzes. Die Verfassungen der Länder entsprechen in ihren Grundsätzen dem Grundgesetz, sind sonst aber unterschiedl. ausgestaltet. Die Länder können eigene Gesetze erlassen, außer in Bereichen, die wegen ihrer überregionalen Bedeutung der Gesetzgebung des Bundes vorbehalten sind. Von Bedeutung sind Landesgesetze v.a. auf dem Gebiet der Kultur. Die Ausführung der Bundesgesetze liegt größtenteils bei den Ländern. Städte, Gemeinden u. Kreise genießen Selbstverwaltung. Die Gesellschaft der BR Dtld. ist pluralistisch. Führend im polit. Willensbildungsprozeß sind die Parteien. Großes polit.-gesellschaftl. Gewicht haben auch die Kirchen u. die zahlr. Interessenverbände.

Deutsche Demokratische Republik. Die 1. Verf. der DDR von 1949 hatte parlamentar.-demokr. u. bundesstaatl. Züge, doch begann schon früh die Errichtung einer sozialist. Staats-, Gesellschafts- u. Wirtschaftsordnung nach sowj. Vorbild. Die SED war von Anfang an im Besitz aller Machtpositionen. Die 5 Länder (Brandenburg, Mecklenburg, Sachsen, Sachsen-Anhalt, Thüringen) wurden 1952 durch 14 Bezirke ersetzt; Berlin (Ost) wurde 15. Bezirk mit Sonderstatus. Die Verstaatlichung der Industrie war in den 50er Jahren, die Kollektivierung der Landwirtschaft 1960 abgeschlossen. Die 2. Verf. von 1968 (geändert 1974) verankerte die Führungsrolle der SED. Diese beanspruchte die Entscheidung in allen Bereichen des gesellschaftl. Lebens. Ihr vom Generalsekretär geleitetes Politbüro war die eigtl., diktator. herrschende Regierung der DDR. Auf allen Verwal-

### Deutsche Demokratische Republik

*Die Staatsoberhäupter (1949–1960 u. seit 1990 Präsident, 1960–1990 Vorsitzender des Staatsrates)*

| | |
|---|---|
| Wilhelm Pieck (SED) | 1949–1960 |
| Walter Ulbricht (SED) | 1960–1973 |
| Willi Stoph (SED) | 1973–1976 |
| Erich Honecker (SED) | 1976–1989 |
| Egon Krenz (SED) | 1989 |
| Manfred Gerlach (LDPD; amtierend) | 1989–1990 |
| Sabine Bergmann-Pohl (CDU; amtierend) | 1990 |

*Die Ministerpräsidenten bzw. Vorsitzenden des Ministerrats*

| | |
|---|---|
| Otto Grotewohl (SED) | 1949–1964 |
| Willi Stoph (SED) | 1964–1973 |
| Horst Sindermann (SED) | 1973–1976 |
| Willi Stoph (SED) | 1976–1989 |
| Hans Modrow (SED/PDS) | 1989–1990 |
| Lothar de Maizière (CDU) | 1990 |

tungsstufen waren die Parteiorgane den Staatsorganen übergeordnet. Die SED war mit 4 einflußlosen »Blockparteien« u. mehreren Massenorganisationen in der Nat. Front zusammengeschlossen. Alle Wahlen wurden nach Einheitslisten bei offener Stimmabgabe durchgeführt; der Anteil der Ja-Stimmen lag stets bei 99 %. Formal höchstes Staatsorgan war die Volkskammer mit 500 Abg. Sie wählte den Staatsrat (das kollektive Staatsoberhaupt) u. den Ministerrat (die Regierung). Die Gerichte waren wie alle Staatsorgane dem Willen der SED unterworfen. Außerhalb aller Gesetze wirkte der Staatssicherheitsdienst (*Stasi*), der nur der SED-Führung verantwortl. war.

Durch die Umwälzungen von 1989/90 wurde das bisherige polit. System der DDR beseitigt. Die SED mußte auf ihr Führungsmonopol verzichten u. änderte ihren Namen in »Partei des demokr. Sozialismus« (PDS). Aus den bisherigen Blockparteien u. neuen polit. Gruppierungen bildete sich das neue Parteiensystem der DDR, z.T. in Anlehnung an das der BR. Die Verf. wurde stellenweise geändert u. faktisch weitgehend außer Kraft gesetzt. Eine auf 400 Abg. verkleinerte Volkskammer wurde am 18.3.1990 in freier u. geheimer Wahl gewählt. Damit erlangte die DDR alle wesentl. Merkmale einer parlamentar. Demokratie. Grund-

*Deutschland: Der Staatsvertrag zwischen der Bundesrepublik Deutschland und der DDR zur Wirtschafts-, Währungs- und Sozialunion beider Staaten wurde am 18.5.1990 in Bonn von den beiden Finanzministern Theo Waigel und Walter Romberg im Beisein der Regierungschefs Helmut Kohl und Lothar de Maizière unterzeichnet*

legende Veränderungen wurden in Angriff genommen: Übergang zu polit. Pluralismus u. sozialer Marktwirtschaft, Schaffung rechtsstaatl. Verhältnisse, Wiederherstellung der Länder, Wiedereinführung der kommunalen Selbstverwaltung. Durch die Verträge vom 18.5. u. 31.8.1990 wurde das Recht der DDR auf den meisten Gebieten dem der Bundesrepublik angeglichen. Mit dem Beitritt der DDR zum Geltungsbereich des Grundgesetzes am 3.10.1990 fand ihre staatl. Existenz ein Ende.

**Deutschlandfunk**, durch Bundesgesetz gegr. öffentl.-rechtl. Rundfunkanstalt, die seit 1963 über Lang- u. Mittelwelle ein tägl. 24-Stunden-Programm für Gesamt-Dtld. u. Europa in vielen Sprachen ausstrahlt; Sitz: Köln.

**Deutschlandlied**, 1841 von H. *Hoffmann von Fallersleben* auf die Melodie der östr. Kaiserhymne von J. *Haydn* gedichtet; von Reichs-Präs. F. *Ebert* 1922 zur Nationalhymne erklärt; seit 1952 Nationalhymne der BR Dtld., wobei nur die 3. Strophe gesungen wird.

**Deutschlandvertrag**, Vertrag vom 26.5.1952 über die Beziehungen zw. der BR Dtld. u. den westl. Besatzungsmächten USA, Großbrit. u. Frankreich, seit 5.5.1955 in Kraft als Bestandteil der *Pariser Verträge*; beendete das Besatzungsregime, regelte die Anwesenheit alliierter Stationierungstruppen u. gab der BR Dtld. die Souveränität (Einschränkungen: Verantwortung der Siegermächte für Berlin u. Dtld. als Ganzes). Der D. bezeichnete als gemeinsames Ziel die friedl. Wiedervereinigung Dtld.s.

**Deutschmeister**, der Vertreter des *Hochmeisters* des Dt. Ordens für die Gebiete im Dt. Reich.

**Deutschnationale Volkspartei**, *DNVP*, 1918 gegr. konservative Partei, bekämpfte die demokr. Weimarer Verf. u. erstrebte die Wiederherstellung der Monarchie; beteiligte sich 1933 unter A. *Hugenberg* am Kabinett *Hitler*, mußte sich wenig später auflösen.

**Deutsch-Ostafrika**, die größte der ehem. dt. Kolonien, nach dem 1. Weltkrieg aufgeteilt in die Völkerbundsmandate Tanganjika u. Ruanda-Urundi; heute das Gebiet der Staaten *Tansania, Rwanda* u. *Burundi*.

**deutsch-polnischer Vertrag** → Warschauer Vertrag.

**deutsch-sowjetischer Nichtangriffspakt**, *Hitler-Stalin-Pakt*, am 23.8.1939 auf 10 Jahre geschlossener dt.-sowj. Pakt, der Nichtangriffs- u. Neutralitätsverpflichtung, Konsultationsversprechen u. das Bekenntnis zur friedl. Beilegung etwaiger Konflikte enthielt. In einem geheimen Zusatzprotokoll, dessen Existenz die UdSSR erst 1989 zugab, wurden die beiderseitigen Interessensphären in O-Europa abgegrenzt. Ein Grenz- u. Freundschaftsvertrag vom 28.9.1939, wieder mit geheimen Zusatzabkommen, traf endgültige Festlegungen. Zur sowj. Interessensphäre gehörten danach Finnland, die 3 balt. Staaten, Bessarabien u. Polen etwa entlang der Linie, die heute die poln.-sowj. Grenze bildet. – Mit dem Angriff auf die UdSSR 1941 wurde der Pakt von Dtld. gebrochen.

**deutsch-sowjetischer Vertrag** → Moskauer Vertrag.

**Deutsch-Südwestafrika**, ehem. dt. Kolonie an der SW-afrik. Küste, nach dem 1. Weltkrieg Man-

datsgebiet der Südafrikan. Republik, das heutige *Namibia*.

**deutsch-tschechoslowakischer Vertrag**, *Prager Abkommen*, am 11.12.1973 in Prag unterzeichneter Vertrag zur Normalisierung des Verhältnisses zw. BR Dtld. u. ČSSR; das → Münchner Abkommen wurde für nichtig erklärt u. die Aufnahme diplomat. Beziehungen vereinbart.

**deutschvölkische Bewegung**, Sammelbegriff für verschiedene antisemit. Gruppen der 1920er Jahre, die später z.T. in der NSDAP aufgingen.

**Deutz**, rechtsrhein. Stadtteil von Köln.

**Deutzie**, *Deutzia*, im Himalaja, in Ostasien u. Nordamerika verbreitete Gatt. der *Steinbrechgewächse*; Ziersträucher.

**De Valera** → Valera.

**Devalvation** → Abwertung.

**Devaux** [də'vo], Paul, *1801, †1880, belg. Politiker (Liberaler); arbeitete die Verf. von 1831 aus.

**Deventer**, ndl. Stadt in der Prov. Overijssel, am O-Ufer der IJssel, 65 400 Ew.; alter Handelsplatz (Hansestadt) mit sehenswerter Altstadt.

**Deviation**, 1. in der Seefahrt Ablenkung der Kompaßnadel durch die Eisenmasse der Schiffe. – 2. Abweichung vom normalen Sexualverhalten; wertungsfreier Begriff als Ersatz für *Abartigkeit, Perversion* u.ä.

**Devise**, Wahlspruch, Sinnspruch, Motto.

**Devisen**, in Auslandswährung ausgeschriebene Wechsel, Schecks u. Zahlungsanweisungen, i.w.S. auch bares Geld ausländ. Währung.

**Devisenkurs** → Wechselkurs.

**Devolutionskrieg**, Eroberungskrieg *Ludwigs XIV.* 1667/68 gegen die span. Niederlande.

**Devon**, eine geolog. Formation des Paläozoikums, zw. Silur u. Karbon (→ Erdzeitalter).

**Devonshire** ['devnʃiə], engl. Herzogstitel, seit 1618 im Besitz der Fam. *Cavendish*.

**devot**, unterwürfig, dienstbeflissen.

**Devotio moderna**, von Geert *Groote* Ende des 14. Jh. ins Leben gerufene religiöse Erneuerungsbewegung, aus der *Mystik* erwachsen.

**Devotionalien**, Gegenstände, die der persönl. Frömmigkeit dienen sollen, z.B. Rosenkränze, Heiligenbilder u. Kreuze.

**De Voto**, Bernard Augustine, *1897, †1955, US-amerik. Literatur- u. Kulturkritiker.

**Devrient** [də'fri:nt, dəvri'ɛ̃], 1. Eduard, Neffe von 2), *1801, †1877, dt. Schauspieler u. Theaterleiter; schrieb eine »Gesch. der dt. Schauspielkunst«. – 2. Ludwig, *1784, †1832, dt. Schauspieler; genialer Charakterdarsteller, mit E.T.A. *Hoffmann* befreundet.

**Dewar** ['dju:ə], Sir James, *1842, †1923, brit. Chemiker u. Physiker; arbeitete auf dem Gebiet der tiefen Temperaturen; entwickelte das **D.-Gefäß** für tiefgekühlte Stoffe, dessen Prinzip auch bei der *Thermosflasche* angewandt wird.

**Dewey** ['dju:i], 1. John, *1859, †1952, US-amerik. Philosoph u. Pädagoge; führender Vertreter des *Pragmatismus*; beeinflußte die Reformpädagogik. – 2. Thomas Edmund, *1902, †1971, US-amerik. Politiker (Republikaner); unterlag als Präsidentschaftskandidat 1944 gegen Roosevelt, 1948 gegen Truman.

**Dextrine**, Kohlenhydratgemische wechselnder Zusammensetzung, die durch Einwirkung von Fermenten, Hitze oder Säuren auf Stärke entstehen; Verwendung u.a. zur Herstellung von Klebemitteln u. zur Appreturzwecke.

**Dextrose** → Glucose.

**Dezennium**, Jahrzehnt.

**dezent**, schicklich, unaufdringlich.

**Dezernat**, Unterabteilung einer Behörde mit bestimmtem Sachbereich. – **Dezernent**, Leiter eines *D.s*.

**Dezi** → Vorsatzsilben.

**Dezibel**, Kurzzeichen dB, dimensionslose Maßeinheit für Dämpfung, Verstärkung oder den mit einer Bezugsgröße verglichenen Absolutwert einer Schallstärke u.a. Größen. Die Maßeinheit D. drückt diese Werte im dekad. Logarithmus aus. → Lautstärke.

**Dezimalsystem**, *dekadisches System*, das Ziffernsystem mit der Grundzahl 10. Es beruht auf dem Zählen mit den 10 Fingern. Je 10 Einheiten werden zu einer höheren Einheit zusammengefaßt (Einer, Zehner usw.). Das D. gelangte von den Indern über die Araber im 12. Jh. nach Europa.

**Dezime**, Intervall von 10 Tönen.

**Dezimeterstrecke,** *Richtfunkstrecke,* drahtlose Nachrichtenverbindung, die mit Wellenlängen von 10 cm bis 1 m arbeitet.

**dezimieren,** stark vermindern; urspr.: jeden 10. Mann hinrichten (als Strafe für Meuterei).

**DFB,** Abk. für *Deutscher Fußball-Bund.*

**DFP,** Abk. für *Deutsche Forumpartei.*

**DFÜ,** Abk. für *Datenfernübertragung.*

**DGB,** Abk. für *Deutscher Gewerkschaftsbund.*

**dH,** Abk. für *deutsche Härte (Grade).* → Härte des Wassers.

**Dhahran** [dax'ra:n], saudi-arab. Stadt im Erdölgebiet der Ldsch. *Al Hasa,* am Pers. Golf; 40 000 Ew.; internat. Flughafen.

**Dhaka,** *Dacca,* Hptst. von Bangladesch, im Delta des Brahmaputra, 2,1 Mio. Ew.; Ind.-Zentrum; zahlr. Bauten aus der Mogulzeit (17. Jh.), über 700 Moscheen.

**Dharma,** altind. religiöse Lehre über den Weg zum Heil; im Buddhismus eine der Größen, die das »dreifache Kleinod« (neben Buddha u. der Gemeinde) bilden.

**Dhaulagiri** [-'dʒi:ri], Gipfel im westl. Nepal, 8168 m.

**d'Hondtsches Verfahren,** nach dem Belgier Victor d'*Hondt* (*1841, †1901) ben. Verrechnungsmethode zur Umsetzung von Stimmen in Mandate; bis 1983 Grundlage für die Mandatsvergabe bei Bundestagswahlen (jetzt: Hare-Niemeyer-Verfahren).

**Dia,** Kurzwort für → Diapositiv.

**Diabas,** zähes, dunkelgrünes oder schwarzes subvulkan. Gestein aus Plagioklas, Augit, Hornblende, Olivin; Pflasterstein u. Schottermaterial.

**Diabelli,** Anton, *1781, †1858, östr. Komponist u. Musikverleger; Schüler von M. Haydn.

**Diabetes,** *Harnruhr,* Bez. für 3 Krankheiten: 1. *D. mellitus* → Zuckerkrankheit. – 2. *D. insipidus* → Wasserharnruhr. – 3. *D. renalis, Nierendiabetes,* eine Nierenanomalie, bei der die Niere bei normalem Kohlenhydratstoffwechsel zuviel Zucker durchläßt.

**Diabetes-Diät,** eine Schonkost für Zuckerkranke. Sie berücksichtigt den u.a. durch eine gestörte Zuckerverwertung bei relativem oder absolutem Insulinmangel gekennzeichneten Krankheitszustand. Bei genau ermitteltem Nährstoffbedarf sind insbes. Dosierung u. Verteilung der Kohlenhydrate wichtig; ihre Mengenangabe erfolgt in Broteinheiten (BE).

**Diabetiker-Lebensmittel,** zur Ernährung der *Zuckerkranken* bestimmte Nahrungsmittel, die einen erhebl. niedrigeren Gehalt an belastenden Kohlenhydraten aufweisen.

**diabolisch,** teuflisch.

**Diacetyl,** *Butandion-(2.3),* $CH_3-CO-CO-CH_3$, ein Duftstoff in Butter u. vielen Naturstoffen.

**Diadem,** kostbarer Kopfschmuck; im Altertum Haar- oder Stirnband als Zeichen der Herrscher- u. Priesterwürde.

**Diadochen,** die Feldherren Alexanders d. Gr., die nach seinem Tod (323 v. Chr.) das Reich aufteilten u. dann in wechselnden Bündnissen gegeneinander kämpften.

**Diaghilew** [-ljɛf], Serge, *1872, †1929, russ. Ballettmeister; Schöpfer u. Leiter der Ballett-Truppe *Ballets Russes.*

**Diagnose,** die Krankheitserkennung aufgrund der Krankengeschichte u. der Untersuchung.

**Diagonale,** die Verbindungsstrecke zweier nicht benachbarter Ecken eines Vielecks oder Körpers.

**Diagramm,** *Schaubild,* zeichner. Darstellung von zahlenmäßigen Abhängigkeiten zw. zwei oder mehr Größen.

**Diakon,** in der kath. Kirche ein Kleriker, der die letzte der höheren Weihen vor der Priesterweihe erhalten hat; heute auch eigenständiges Amt, nicht nur Durchgangsstufe zum Priesteramt. – In der ev. Kirche Mitarbeiter des *Diakonischen Werks,* z.B. Gemeindehelfer, Krankenpfleger, Jugendleiter.

**Diakonie,** in der christl. Kirche bes. durch *Diakone* u. *Diakonissen* ausgeübter Dienst an Kranken u. Bedürftigen.

**Diakonisches Werk der Evang. Kirche in Deutschland,** Zusammenschluß (1957) der *Inneren Mission* u. des *Hilfswerks* mit der Aufgabe, die diakonisch-missionar. Arbeit im Bereich der EKD zu fördern. Das D. W. umfaßt die *Gemeinde-Diakonie* (Kindergärten, Ehe- u. Erziehungsberatungsstellen, Pflegestationen), die *Anstaltsdiakonie* (Heil- u. Pflegeanstalten, sonstige soz. u. sozialpädagog. Ausbildungseinrichtungen) u. die *Ökumenische Diakonie* (Entwicklungshilfe). In der BR Dtld. beschäftigt das D. W. rd. 230 000 hauptberufl. Mitarbeiter.

**Diakonissen,** evang. Gemeinde- u. Pflegeschwestern, Erzieherinnen u. Fürsorgerinnen, die von *D.-Mutterhäusern* aus eingesetzt werden.

**diakritische Zeichen,** zur Bezeichnung der Aussprache oder Betonung einem Buchstaben beigegebene Zeichen, z.B. Akzent, Häkchen, Cédille.

**Dialekt** → Mundart.

**Dialektik,** urspr. die Kunst der Gesprächsführung; dann eine philosoph. Methode; in der heutigen Form von *Hegel* geprägt: Ein Begriff (*These*) erzeugt seinen eigenen Gegenbegriff (*Antithese*); in der *Synthese* wird der Widerspruch »aufgehoben« (d.h. überwunden u. zugleich aufbewahrt).

**dialektischer Materialismus,** *Diamat,* Teil des *Marxismus-Leninismus,* zus. mit dem → historischen Materialismus dessen philosoph. Grundlage. Nach Auffassung des d.M. ist die Welt ihrem Wesen nach materiell. Die Prozesse der Entwicklung zu neuen, höheren Formen in Natur u. menschl. Gesellschaft vollziehen sich dialektisch, d.h. durch das Auftreten u. Überwinden von Widersprüchen, u. in Störungen, d.h., daß evolutionäre, quantitative Veränderungen an einem bestimmten Punkt revolutionär in qualitative Veränderungen umschlagen.

**dialektische Theologie,** von K. *Barth* um 1920 ausgegangene Richtung der ev. Theologie, die an *Kierkegaard* anknüpft u. die unendl. Abstand zw. Gott u. Mensch betont, der zur Folge hat, daß keine direkte, sondern nur eine dialekt. Aussage über Gott gemacht werden kann.

**Dialog,** Gespräch zw. zweien oder mehreren.

**Dialyse,** **1.** Trennung von Elektrolytlösungen u. Kolloiden mit Hilfe einer halbdurchlässigen (*semipermeablen*) Hülle (Tierblase, Cellophanschlauch). – **2.** Apparatur zur Entfernung harnpflichtiger Stoffe aus dem Blut. → künstliche Niere.

**Diamant,** das härteste Mineral: reiner Kohlenstoff mit bes. dichter Atompackung (Härte 10); natürl. Vorkommen in Oktaedern, Rhombendodekaedern u. Würfeln; Färbungen: weiß, grau, gelb, grünl., bläul., rötl. bis schwarz. Hohe Lichtbrechung, »Feuer« u. Härte erheben ihn zum wertvollsten Edelstein (→ Brillant); minderwertige »Carbonados« werden zum Bohren, Schneiden u. Schleifen verwendet. Seit 1955 werden D. auch synthet. hergestellt.

**diamantene Hochzeit,** der 60. Jahrestag der Hochzeit.

**Diamat** → dialektischer Materialismus.

**Diameter,** Durchmesser. – **diametral,** am Endpunkt eines Kreisdurchmessers befindlich.

**Diana,** die der grch. *Artemis* gleichgesetzte röm. Göttin der Jagd.

**Diana** [engl. dai'ænə], Prinzessin von Wales *1.7.1961, urspr. Lady D. *Spencer;* seit 1981 verh. mit dem brit. Thronfolger Prinz *Charles.*

**Diapause,** vorübergehende Ruhepause in der Entwicklung von Tieren, oft in Beziehung zu Kälte- oder Trockenperioden.

**diaphan,** durchscheinend. – **Diaphanbild,** auf Glas oder dünnes Papier gedrucktes oder gemaltes Bild, das gegen das Licht betrachtet werden kann.

**Diaphorese,** Schweißausscheidung. – **Diaphoretika,** *schweißtreibende Mittel,* Mittel zur verstärkten Schweißausscheidung.

**Diaphragma, 1.** → Zwerchfell. – **2.** poröse Scheidewand, die zwei Elektrolyten bei einigen Elektrolyt. Verfahren, um eine Vermischung zu verhindern, ohne den Stromfluß zu sperren.

**Diapositiv,** *Dia,* positive Kopie eines Negativs auf eine Platte oder einen Film, die mit einem Projektor auf die Leinwand gestrahlt werden kann.

**Diarium,** Tagebuch.

**Diarrhoe** → Durchfall.

**Diaspora,** zerstreut lebende religiöse Minderheit; auch das Gebiet, in dem sie lebt.

**Diastasen,** stärkeabbauende Enzyme; → Amylasen.

**Diastole,** auf die Kontraktion (*Systole*) folgende Erschlaffung der Herzkammermuskulatur bei Säugetieren.

**Diät,** der bes. Konstitution eines Menschen gemäße Lebens- u. Ernährungsweise; Krankenkost.

**Diäten,** Tagegelder, bes. für Abgeordnete.

**Diätetik,** Lehre von der gesunden Lebensweise, insbes. Ernährung.

**diatherman,** durchlässig für Wärmestrahlung.

**Diathermie,** medizin. Durchwärmungsbehandlung mit hochfrequentem Wechselstrom.

**Diathese,** erhöhte Krankheitsbereitschaft.

**Diatomeen,** *Kieselalgen,* braune, einzellige *Algen;* zwei Grundformen: *Pennales* (längl.) u. *Centricae* (rundl.). Innerhalb der äußeren Plasmamembran ist eine Kieselsäureschicht abgelagert. Sie bildet einen starren, nicht wachstumsfähigen Panzer.

**Diatonik,** ein Tonsystem, das durch die Aufteilung der Tonleiter in 5 Ganz- u. 2 Halbtonschritte das Aufstellen u. Bestimmen der Dur- u. Moll-Systems zuläßt; im Gegensatz zu *Chromatik* u. *Enharmonik.*

**Diaz** ['diaʃ], Bartolomëu, *um 1450, †1500, port. Seefahrer; umfuhr als erster Europäer 1487/88 die S-Spitze Afrikas.

**Diazoverbindungen,** organ.-chem. Verbindungen, die die Azogruppe (–N=N–) an ein Aryl gebunden enthalten. Sie sind von großer techn. Bedeutung für die Herstellung von *Azofarbstoffen.*

**Dibbuk,** im ostjüd. Volksglauben der Geist eines Toten, der sich an den Leib eines Lebenden anheftet.

**Dibelius,** Otto, *1880, †1967, dt. ev. Kirchenführer; führend in der Bekennenden Kirche; 1945–66 Bischof der Ev. Kirche in Berlin-Brandenburg, 1949–61 Vors. des Rats der EKD.

**Di Benedetto,** Antonio, *1922, †1986, argentin. Schriftst.; Romane u. Erzählungen (»Und Zama wartet«).

**Dichlorbenzol,** in Ortho-, Meta- u. Para-Form vorkommende organ.-chem. Verbindung, wirksam gegen Termiten u. Motten.

**Dichogamie,** die Erscheinung, daß die Narben u. Staubblätter einer zwittrigen Blüte zu verschiedener Zeit bestäubungsreif werden. D. verhindert die Selbstbestäubung.

**Dichotomie,** Zweiteilung, Gliederung nach zwei Gesichtspunkten.

**Dichte,** das Verhältnis der Masse eines Körpers zu seinem Rauminhalt (Volumen). Die D. ist zahlenmäßig (prakt.) gleich der *Wichte* (dem *spezifischen Gewicht*).

**Dichter,** Schöpfer sprachl. Kunstwerke.

**Dichtung, 1.** *Poesie,* die Kunst, deren Ausdrucksmittel die Sprache ist; gegliedert in die D.sgattungen *Lyrik, Epik, Dramatik.* – **2.** Vorrichtung verschiedener Bauart zum Abdichten der Trennfugen von Maschinenteilen, Gefäßen oder Rohren gegen das Ausströmen von Flüssigkeiten oder Gasen.

**Dickblatt,** *Crassula,* Gatt. der D.gewächse; hierzu: *Moosblümchen, Wasser-D., Rötliches D.* Das D. ist mit der Fetthenne verwandt.

**Dickdarm** → Darm.

**Dicke Berta,** volkstüml. Bez. für den im 1. Weltkrieg eingesetzten dt. 42-cm-Mörser, das damals schwerste Geschütz im Landkampf.

**Dickens** ['dikinz], Charles, *1812, †1870, engl. Schriftst.; humorvoller, gütiger Schilderer wirtschaftl. bedrückter u. seel. bedrängter Lebensschicksale. Seine Romane vermitteln ein realist. Bild vor allem der kleinbürgerl. Schichten Londons. W »Oliver Twist«, »David Copperfield«.

**Dickhäuter,** veraltete Bez. für verschiedene Tier-

*Dialyse: Die künstliche Niere, seit 1960 klinisch in Gebrauch, ist für viele chronisch Nierenkranke die letzte Rettung. Bei der Dialyse wird das Blut des Patienten durch mehrere halbdurchlässige Membrankammern geleitet, die von einer wäßrigen Lösung umgeben sind. Dabei wandern aufgrund des Konzentrationsgefälles die harnpflichtigen Substanzen in die Spülflüssigkeit ab. Das gereinigte Blut wird über eine Vene zurückgeleitet*

*Dieselmotor:* Schnittdarstellung eines stationären 12-Zylinder-Viertakt-V-Motors mit Abgas-Turboaufladung und einer Leistung von 383–600 kW (521–816 PS) je nach Einstellung

gruppen, z.B. Elefanten, Nashörner, Flußpferde u. Schweine.

**Dickhornschaf,** nordamerik. Unterart des *Wildschafs.*

**Dickmilch,** *Sauermilch,* rohe, durch Milchsäurebakterien geronnene Milch.

**Didaktik,** Unterrichtslehre; Wiss. vom Lehren u. Lernen u. von den Bildungsinhalten. – **didaktisch,** lehrhaft.

**Diderot** [-'ro], Denis, *1713, †1784, frz. Schriftst. (Romane, Dramen, philosoph. Schriften); führender Kopf der Aufklärung; entwarf den Plan zur »Encyclopédie«.

**Dido,** sagenhafte Prinzessin von Tyros, floh nach der Ermordung ihres Gatten u. gründete Karthago; tötete sich aus Schmerz über den Weggang des *Äneas.*

**Didymaion,** altgrch. Orakelstätte des Apollon südl. von Milet; Ausgrabungen.

**Diebitsch-Sabalkanskij,** Iwan Iwanowitsch Graf von, *1785, †1831, russ. Feldmarschall; trat 1801 aus preuß. in russ. Dienste, schloß 1812 mit Yorck die Konvention von Tauroggen.

**Diebsameise,** kleinste einheim. *Ameise* Mitteleuropas, 1,3–3 mm; stiehlt die Brut größerer Ameisen u. verzehrt sie.

**Diebskäfer,** weltweit verbreitete Fam. kleiner Käfer (bis 5 mm), rd. 600 Arten, leben in menschl. Wohnungen.

**Diebstahl,** Wegnahme einer fremden bewegl. Sache in der Absicht, sich sie rechtswidrig zuzueignen; strafbar mit Freiheitsstrafe bis zu 5 Jahren oder Geldstrafe, in bes. schweren Fällen mit Freiheitsstrafe bis zu 10 Jahren.

**Dieburg,** hess. Stadt an der Gersprenz, 12 700 Ew.; Wallfahrtskirche, Schloß; Kunststoff-, Tonwaren-, Textil-, Lederwarenind.

**Dieckmann,** Johannes, *1893, †1969, Redakteur; 1945 Mitgr. der Liberal-Demokrat. Partei Dtld.s (LDPD), 1949–69 Präs. der Volkskammer der DDR.

**Diedenhofen,** frz. *Thionville,* lothring. Krst. an der Mosel, 40 600 Ew.; ehem. Festung; Eisen- u. Stahlind.

**Diederichs, 1.** Eugen, *1867, †1930, dt. Verleger; verdient um Erneuerung der Buchkultur. – **2.** Georg, *1900, †1983, dt. Politiker (SPD); 1961–70 Min.-Präs. von Niedersachsen.

**Diefenbaker** [-'beikə], John, *1895, †1979, kanad. Politiker (Konservative Partei); 1957–63 Prem.-Min.

**Diego Garcia** ['djeigou ga:θi:a], Insel in der Gruppe der Chagosinseln im Ind. Ozean; militär. Basis der USA.

**Diégo-Suarez** [-rɛs] → Antsiranana.

**Dielektrikum** [di:e], elektr. nicht leitendes Material, in dem ein elektr. Feld aufrechterhalten werden kann; Ggs.: ein *Leiter,* in dem sich elektr. Spannungen sofort ausgleichen.

**Dielektrizitätskonstante** [di:e-], Zahl, die angibt, um wieviel höher ein Kondensator aufgeladen werden kann, wenn zw. den Kondensatorplatten anstelle Luft ein *Dielektrikum* verwendet wird.

**Diels** Otto, *1876, †1954, dt. Chemiker; erfand zus. mit K. *Adler* die *Diensynthese;* Nobelpreis 1950.

**Diem,** Carl, *1882, †1962, dt. Sportfunktionär u. -wissenschaftler; Organisator der Olymp. Spiele 1936 in Berlin, seit 1947 Rektor der von ihm gegr. Sporthochschule in Köln.

**Diemel,** l. Nbfl. der Weser, 80 km; mündet bei Karlshafen.

**Diên Biên Phu** [djɛn bjɛn fu], Stadt in Nordvietnam, nahe der Grenze zu Laos. Die Niederlage der frz. Armee gegen die vietnames. Kommunisten bei D. B. P. am 7.5.1954 leitete den Rückzug Frankreichs in Indochina ein.

**Diene,** *Diolefine,* ungesättigte aliphat. Kohlenwasserstoffe mit zwei Doppelbindungen im Molekül; allg. Formel: $C_nH_{2n-2}$.

**Dienst,** in der Gotik entwickelte Halbsäule, die Pfeilern, Rundpfeilern u. Wänden vorgelegt ist u. ein Glied des Gewölbes trägt.

**Dienstalter,** bei Beamten, Richtern u. Soldaten die für Beförderung, Besoldung u. Ruhegehalt maßgebende Dienstzeit.

**Dienstaufsicht,** Überwachung der Tätigkeit nachgeordneter Stellen durch die vorgesetzten Behörden. – **D.sbeschwerde,** Anrufung einer übergeordneten Behörde mit dem Verlangen, Maßnahmen einer nachgeordneten Behörde aufzuheben.

**Dienstbarkeiten,** *Servituten,* dingl. Rechte an einem fremden Grundstück.

**Dienstbezüge,** das Gehalt von Beamten; → Besoldung.

**Diensteid,** *Treueid,* feierl. Gelöbnis von Staatsoberhäuptern, Ministern, Beamten, Richtern u. Soldaten über die ordnungsgemäße Erfüllung ihrer Dienstpflichten. – In Österreich *Treuegelöbnis,* in der Schweiz *Amtseid* oder *Handgelübde.*

**Dienstgipfelhöhe,** *Gipfelhöhe,* die Höhe, in der die Steiggeschwindigkeit eines Flugzeugs noch mindestens 0,5 m/s beträgt. Die D. moderner Verkehrsflugzeuge liegt über 12 000 m.

**Dienstgrad,** Rangstufe im militär. Personalaufbau. Die *D.bezeichnung* kann je nach Teilstreitkraft oder Laufbahn unterschiedl. sein; z.B. sind Hauptmann, Kapitänleutnant, Stabsarzt versch. Bez. für den gleichen D. – **D.gruppe,** Zusammenfassung mehrerer D.e. In der Bundeswehr gibt es die D.gruppen der Generale, Stabsoffiziere, Hauptleute, Leutnante, Unteroffiziere mit Portepee, Unteroffiziere ohne Portepee, Mannschaften.

**Dienstleistung,** eine wirtschaftl. Tätigkeit, die keine Sachgüter (Waren) hervorbringt. Zu den **D.sgewerben** *(tertiärer Sektor)* zählen u.a. Handel, Verkehr, Banken, Versicherungen, Gaststätten, Hotels u. freie Berufe.

**Dienststrafrecht,** *Disziplinarstrafrecht* u. *Disziplinarrecht,* die Regelung der Strafbarkeit von Dienstvergehen von Beamten.

**Dienstvergehen,** schuldhafte Verletzung von Dienstpflichten durch Beamte; bei Ruhestandsbeamten die Verletzung des Amtsgeheimnisses u. die passive Bestechung u. bestimmte gegen den Staat gerichtete Handlungen.

**Dienstverpflichtung,** die Verpflichtung von Bürgern durch den Staat, im Notstands- oder Verteidigungsfall eine bestimmte Arbeit oder Funktion zu übernehmen; in der BR Dtld. in Art. 12a GG geregelt.

**Dienstvertrag,** privatrechtl. Vertrag, durch den sich ein Partner zur Leistung vereinbarter Dienste, der andere zur Gewährung der vereinbarten Vergütung verpflichtet. Vertragsinhalt ist die Tätigkeit als solche, im Unterschied zum *Werkvertrag,* der Herbeiführung eines vereinbarten Erfolgs (Arbeitergebnisses) verpflichtet.

**Dientzenhofer,** oberbay. Baumeisterfamilie: **1.** Christoph, Bruder von 1), 3), 4), *1655, †1722; beteiligt an vielen Prager Kirchenbauten. – **2.** Georg, Bruder von 1), 3), 4), *um 1643, †1689; Hptw.: Dreifaltigkeitskapelle Waldsassen, Martinskirche Bamberg. – **3.** Johann, Bruder von 1), 2), 4), *1663, †1726; beeinflußt von ital. Barockarchitekten; Hptw.: Dom zu Fulda, Schloß Pommersfelden, Klosterkirche Banz. – **4.** Johann Leonhard, Bruder von 1), 2), 3), *1660, †1707; Hptw.: bischöfl. Residenz Bamberg, Abtei u. Konventsgebäude des Klosters Banz. – **5.** Kilian Ignaz, Sohn von 1), *1689, †1751; seit 1720 in Prag Hauptmeister der dortigen Barock-Baukunst.

**Diepgen,** Eberhard, *13.11.1941, dt. Politiker (CDU); 1984–89 Regierender Bürgermeister von Berlin (West).

**Diepholz,** Krst. in Niedersachsen, an der Hunte, 14 700 Ew.; landw. Handel, versch. Ind.

**Dieppe** [di'ɛp], N-frz. Stadt an der Kanalküste, 36 000 Ew.; Fischerei- u. Handelshafen, Seebad.

**Diesel,** Rudolf, *1858, †1913, dt. Ingenieur; erfand 1892 den *D.motor.*

**Dieselmotor,** eine Verbrennungskraftmaschine, in der nicht (wie beim *Ottomotor*) ein brennfähiges Gemisch, sondern reine Luft angesaugt u. auf hohen Druck verdichtet wird, wodurch die Temperatur auf 700–900 °C ansteigt. Durch eine Pumpe wird dann der Brennstoff eingespritzt, der in der heißen Luft verbrennt u. dabei Energie entwickelt. Der D. verbrennt höher siedende Kraftstoffe als der Ottomotor (sog. *Dieselöle*).

**Dies irae** [-rɛ], »Tag des Zorns«, Beginn einer lat. Hymne auf das Weltgericht, die als Sequenz in die Totenmesse aufgenommen worden ist.

**Dießen am Ammersee,** Markt in Oberbayern, 8000 Ew.; Luftkurort.

**Diestel,** Peter-Michael, *14.2.1952, dt. Politiker (CDU, DSU); 1990 Generalsekretär der DSU; stellv. Min.-Präs. u. Innen-Min. der DDR; trat 1990 aus der DSU aus u. wurde Mitgl. der CDU.

**Diesterweg,** Adolf, *1790, †1866, dt. Pädagoge; trat ein für eine einheitl. nat., lib. Erziehung u. für konfessionslosen Religionsunterricht.

**Dieterle,** William, *1893, †1972, US-amerikan. Filmregisseur dt. Herkunft (»Der Glöckner von Notre Dame«).

**Diethylenglykol,** *Diglykol,* chemische Formel $CH_2OH-CH_2-O-CH_2-CH_2OH$, farblose, zähe, süßlich schmeckende, wasserlösl. Flüssigkeit; Lösungsmittel für Textil- u. Druckfarbstoffe; Bestandteil von Heizflüssigkeiten u. Gefrierschutzmitteln; Feuchthaltemittel für Tabak u. Papier; gesundheitsschädlich.

**Dietikon** [di:ɛ-], schweiz. Ind.-Stadt westl. von Zürich, am Zusammenfluß von Reppisch u. Limmat, 20 700 Ew.; röm. Ruinen.

**Dietmar von Aist,** oberöstr. ritterl. Minnesänger des 12. Jh.; schrieb die frühesten dt. Tagelieder.

**Dietrich,** Marlene, eigtl. Maria Magdalena von *Losch,* *27.12.1901, †..., dt.-amerik. Filmschauspielerin u. Sängerin; weltberühmt durch den Film »Der blaue Engel«.

**Dietrich von Bern** (Bern = Verona), germ. Sagengestalt, in *Theoderich d. Gr.* fortlebend.

**Dietzenbach,** hess. Stadt im Rodgau, 27 100 Ew.; Maschinen-, Elektro-, Kunststoff-Ind.

**Dietzfelbinger,** Hermann, *1908, †1984, dt. ev. Theologe; 1955–75 Landesbischof der ev.-luth. Landeskirche Bayerns, 1967–73 Vors. des Rats der EKD.

*Marlene Dietrich mit G. Cooper in »Morocco«*

**Dievenow** [-no], poln. *Dziwna,* der östl. Mündungsarm der Oder, 36,5 km.

**Diez,** Stadt in Rhld.-Pf. an der Lahn, 9000 Ew.; Naturheilbad; Schloß.

**Diffamierung,** Verleumdung, Ehrenkränkung.

**Differdingen,** französ. *Differdange,* luxemburg. Ind.-Stadt im Kt. Esch, 16 000 Ew.; Eisenerzbergbau, Hütten-Ind.

**Differential,** *Differentialgetriebe, Ausgleichsgetriebe,* ein *Planetengetriebe,* das den Antrieb zweier Wellen von einer Antriebswelle aus gestattet, wobei die angetriebenen Wellen mit versch. großer Drehschnelle laufen können. Beim Kraftfahrzeug ist ein D. für die Kurvenfahrt notwendig, weil das äußere Rad schneller drehen muß als das innere.

**Differentialrechnung,** Methode zur Berechnung der Veränderung der Werte einer Funktion u. zur Analyse ihres Verlaufs. Ausgangspunkt ist die Ermittlung der Steigung der Tangente in einem Punkt $P(x, y)$ der Kurve $y = f(x)$, wobei die Tangente als Grenzlage einer sich um P drehenden Sekante $P_1$ aufgefaßt wird. $P_1$ fällt bei der Drehung auf P. Der Grenzwert der Steigungswerte heißt *Differentialquotient* der Funktion $f(x)$, geschrieben $y'$, $f'(x)$ oder $dy/dx$. Die Größen $dy$ und $dx$ heißen *Differentiale.* Die Berechnung der 1. Ableitung von Funktionen unterliegt bes. Rechenregeln, z.B. ist $y' = nx^{n-1}$ die 1. Ableitung der Funktion $y = x^n$. Die Ableitung der 1. Ableitung heißt die 2. *Ableitung* (2. *Differentialquotient),* geschrieben $y''$, $f''(x)$ oder $dy^2/dx^2$; die 2. Ableitung heißt 3. *Ableitung* usw. – Angewandt in Kurven-, Flächen-, Funktionentheorie, Physik u. Technik.

**differentielle Psychologie,** von W. Stern eingeführter Begriff für das Gebiet der Psychologie, das sich mit den individuellen psych. Unterschieden, den Dimensionen seelischer Funktionen u. Eigenschaften befaßt.

**Differenz, 1.** Zwist, Unterschied. – **2.** das Ergebnis einer *Subtraktion.*

**differenzieren, 1.** Teile ausgliedern, unterscheiden, Unterschiede bilden. – **2.** eine *Ableitung* bilden; → Differentialrechnung.

**diffizil,** schwierig, heikel.

**diffus,** verschwommen, nicht klar abgegrenzt. – **d. es Licht,** zerstreutes Licht ohne bestimmte Strahlenrichtung.

**Diffusion, 1.** Streuung, wechselseitige Durchdringung, Ausbreitung. – **2.** auf der Wärmebewegung der Moleküle beruhende selbst. Vermischung von Gasen, Lösungen oder mischbaren Flüssigkeiten.

**Diffusionspumpe,** Öl- oder Quecksilberdampfstrahlpumpe zur Erzeugung höchster Vakua.

**Digest** ['daidʒɛst], Auszug, Kurzfassung; Zusammenstellung von Auszügen aus bereits veröffentlichten Büchern oder Artikeln.

**Digesten,** *Pandekten,* Sammlung von Auszügen aus den Schriften bed. röm. Juristen, Hauptbestandteil des → *Corpus juris civilis.*

**Digestion,** Verdauung.

**digital,** zahlen-, ziffernmäßig. Ggs.: *analog.* – **Digitaluhr,** eine Uhr, die die Zeit nicht durch Zeiger, sondern durch Ziffern anzeigt.

**Digitalis** → Fingerhut.

**Dignitär,** Würdenträger. – **Dignität,** Würde, hohes Amt.

**Dijon** [di'ʒɔ̃], O-frz. Ind.- u. Handelsstadt, ehem. Hptst. von *Burgund,* 141 000 Ew.; Kathedrale, Kirche Notre-Dame (13. Jh.), Herzogspalast (15. Jh.).

**Dike,** in der grch. Myth. Tochter des Zeus, Göttin der rechten Ordnung.

**Dikotyledonen** → Blütenpflanzen.

**Diksmuide** [diks'mœydə], *Dixmuiden,* Stadt in W-Flandern (Belgien), an der Yser, 15 000 Ew.

**Diktaphon** → Diktiergerät.

**Diktatur,** Zusammenfassung der polit. Gewalt in der Hand einer Person (**Diktator**) oder einer Gruppe unter Ausschaltung verfassungsrechtl. oder gewohnheitsrechtl. Schranken, manchmal verschleiert durch scheindemokr. Formen, z.B. ein machtloses Parlament. Im alten Rom gab es eine rechtmäßige zeitl. begrenzte D. zur Abwendung von Notständen. – **D. des Proletariats,** nach Auffassung von K. Marx die kurze Durchgangsstufe zw. bürgerl. u. klassenloser Gesellschaft; im Marxismus-Leninismus später als länger währende Staatsform umgedeutet.

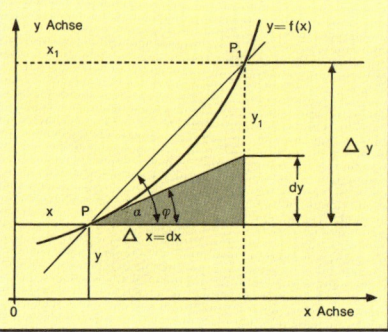

*Differentialrechnung: Differential einer Funktion*

**Diktiergerät,** *Diktaphon,* kombiniertes Aufnahme- u. Wiedergabegerät für gesprochene Texte. Heute arbeiten D.e meist mit Minikassetten.

**Diktion,** Ausdrucks-, Sprechweise, Schreibart.

**Dilatation,** Ausdehnung, Erweiterung.

**dilatorisch,** aufschiebend, hinhaltend.

**Dilemma,** Zwangslage, die eine Entscheidung zw. zwei (meist ungünstigen) Möglichkeiten fordert.

**Dilettant,** Nur-Liebhaber, Nichtfachmann.

**Dill,** *Gurkenkraut,* ein *Doldengewächs,* in Indien u. Vorderasien heim. Kraut mit gelbblütigen Dolden.

**Dill,** r. Nbfl. der Lahn, 54 km; Talsperre bei Dillenburg.

**Dillenburg,** N-hess. Stadt an der Dill, 22 800 Ew.; mittelalterl. Stadtkern; versch. Ind. – 1516–1739 Residenz einer nassauischen Linie.

**Dillingen an der Donau,** Krst. in Schwaben (Bay.), 15 300 Ew.; Schloß (13. Jh.); Herstellung von Elektrogeräten, Präzisionswerkzeugen, Miederwaren. – 1549–1804 Universität.

**Dillingen/Saar,** saarländ. Stadt, 20 100 Ew.; Eisenhüttenwerk, Maschinen- u. Metallwaren-Ind., Stahlbau.

**Dilthey** [-tai], Wilhelm, *1833, †1911, dt. Philosoph; erstrebte eine erkenntnistheoret. Begründung der Geisteswiss., deren Methode er gegen die Naturwiss. abzugrenzen suchte.

**Diluvium,** *Eiszeit,* veraltete Bez. für das *Pleistozän,* ein → *Erdzeitalter.*

**Dime** [daim], US-amerik. Münze im Wert 10 Cents.

**Dimension, 1.** Ausdehnung, Ausmaß. Die 3 D.en sind Länge, Breite, Höhe. – **2.** Kennzeichnung einer physikal. Größe durch Verknüpfung der Grundgrößen Länge, Zeit, Masse, auch Ladung; z.B. hat die Geschwindigkeit die D. Länge/Zeit.

**diminuendo,** musikalische Vortragsbez.: leiser, schwächer werdend.

**Diminutivum,** Verkleinerungsform eines Worts; im Dt. mit den Nachsilben *-chen, -lein* gebildet.

**Dimitrow,** Georgi, *1882, †1949, bulgar. Politiker (Kommunist), 1919 Mitgr. der KP Bulgariens; 1933 in Dtld. im Reichstagsbrand-Prozeß freigesprochen; 1935–43 in Moskau Generalsekretär der Komintern; 1946–49 Generalsekretär der bulgar. KP u. Min.-Präs.

**Dimitrowgrad** [-trɔf-], bulgar. Ind.-Stadt an der Maritza, 54 000 Ew.; Braunkohlenlager, chem. u. Schwerind. – 1947 gegründet.

**Dimmer,** elektron. Gerät zur stufenlosen Regulierung der Helligkeit von Beleuchtungsanlagen.

**Dimona,** isr. Stadt im nördl. Negev, 28 000 Ew.; Kernforschungsanlagen. – 1955 gegründet.

**Dimorphismus,** Zweigestaltigkeit, Ausbildung zweier versch. Gestalten innerhalb einer Tierart; als *Saison-D.,* wenn sich versch. Generationen (z.B. Frühlings- u. Herbstgeneration) gestaltl. unterscheiden, als *Sexual-D.,* wenn sich die Geschlechter über die primären Geschlechtsmerkmale hinaus unterscheiden.

**DIN,** Abk. für *Dt. Institut für Normung e. V.,* gemeinsam von Erzeugern u. Verbrauchern, Forschern u. Behörden aufgestellte Vorschriften u. Richtlinien zum Vereinheitlichen von Bau- u. Maschinenteilen, Werkstoffen, Gebrauchsgegenständen, Maßen, Verfahren u.ä., die vom *Dt. Normenausschuß (DNA)* laufend überprüft, ergänzt u. in Form von Normblättern mit dem Zeichen DIN herausgegeben werden.

**Dinant** [di'nã], belg. Stadt im Durchbruchstal der Maas durch die Ardennen, 88 000 Ew.; alte Zitadelle; wegen seiner strateg. Lage oft umkämpft.

**Dinar,** arab. Goldmünze des 7.–15. Jh. u. Hauptwährung in der islam. Welt; heute Währungseinheit in Jugoslawien, Irak, Jordanien, Kuwait, Tunesien u. Algerien.

**Dinaride,** der bes. im Dinar. Gebirge u. in den östr. Alpen wohnende Menschenschlag.

**Dinarisches Gebirge,** die meist verkarsteten Gebirgszüge im W der Balkanhalbinsel; i.e.S. das Grenzgebirge an der dalmatin.-bosn. Grenze.

**Dine** [dain], Jim, *16.6.1935, US-amerik. Maler; Kunst aus Mülleimerfundstücken; Happenings u. graph. Zyklen.

**Diner** [di'ne:], Essen aus mehreren Gängen, Festmahl.

**Dingelstedt,** Franz Frhr. von (seit 1876), *1814, †1881, dt. Schriftst. u. Theaterleiter; Leiter der Hofbühnen in München 1852–57, Weimar 1857–67 u. Wien 1867–81.

**Dingi,** *Dinghi,* kleinstes Beiboot von Schiffen; auch Klassen-Bez. für kleinere Bootstypen.

**dingliche Rechte,** *Sachenrechte,* im bürgerl. Recht Befugnisse zur absoluten (gegen jedermann wirkenden) unmittelbaren Sachherrschaft (Ggs.: *obligator. Rechte,* die nur zw. den Vertragsparteien wirken). Außer dem vollen dingl. Recht, dem *Eigentum,* gibt es als beschränkte d. R. u.a. *Vorkaufsrecht, Dienstbarkeiten* u. *Pfandrechte.*

**Ding Ling,** *1904, †1986, chin. Schriftst. (realist. Romane); 1957 u. 1970–75 als »rechte Abweichlerin« verfolgt.

**Dinglinger,** Johann Melchior, *1664, †1731, dt. Goldschmied; seit 1698 am Hof Augusts des Starken in Dresden tätig.

**Dingo,** *Warragal,* austral. Wildhund; wahrscheinl. eine verwilderte Haushundrasse der ersten Einwanderer.

**Dingolfing,** niederbay. Krst. an der Isar, 14 500 Ew.; Herzogsburg (15. Jh.); Kraftfahrzeug- u. Konserven-Ind. – Stadtrecht 1274.

**Dinitrobenzol,** durch Nitrierung von Benzol entstehende Verbindung; $C_6H_4(NO_2)_2$; Verwendung in Sprengstoffen u. zur Herstellung von Farbstoffen.

**Dinkel,** *Spelz,* Form des *Weizens,* bei dem die Hülsen (Spelze) am Korn verbleiben. Die meist unreif geernteten Körner werden getrocknet als *Grünkern* verkauft.

**Dinkelsbühl,** bay. Stadt in Mittelfranken, an der Wörnitz, 10 500 Ew.; mittelalterl. Stadtbild; Fremdenverkehr. – 1273–1802 Freie Reichsstadt.

**Dinner,** die engl. Hauptmahlzeit, abends eingenommen.

**Dinoflagellaten,** Ordnung der *Geißeltierchen;* Einzeller mit Cellulosepanzer.

**Dinosaurier,** ausgestorbene Reptilien, die vor 220–65 Mio. Jahren lebten; meist Pflanzenfresser; darunter die größten bekannten Landtiere (manche Arten einschl. Schwanz über 30 m lang).

**Dinslaken,** Stadt in NRW, am Niederrhein, 61 300 Ew.; Eisen- u. Stahl-Ind., Trabrennbahn.

**Dio Cassius,** *um 150, †nach 229, grch. Historiker, schrieb eine z.T. erhaltene röm. Gesch. von den Anfängen bis 229.

**Diocletian,** *um 243, †316, römischer Kaiser 284–305; als Soldat emporgekommen, 284 vom Heer zum Kaiser ausgerufen; gliederte das röm. Weltreich in 4 Herrschaftsbereiche; schuf eine

*Dinosaurier: Modell eines Brontosaurus*

*Diocletian*

straffe Zivil- u. Militärverw.; ordnete 303 eine allg. Christenverfolgung an; dankte 305 ab u. zog sich nach Spalato (Split) zurück.

**Diode,** elektron. Bauelement, dessen Leitfähigkeit stark von der Stromrichtung abhängt u. das deshalb als *Gleichrichter* wirkt. Eine D. kann eine Elektronenröhre mit 2 Elektroden sein; heute benutzt man aber meist Halbleiter-D.n.

**Diogenes** von Sinope, *um 412 v. Chr., †um 323 v. Chr., grch. Philosoph; Vertreter des *Kynismus;* wohnte nach der Überlieferung in einem Faß, um seine Gleichgültigkeit gegen äußere Kulturgüter zu bekunden.

**Diokletian** → Diocletian.

**Diolen,** Wz. für eine Kunstfaser (Polyesterfaserstoff).

**Dione, 1.** in der grch. Myth. Gemahlin des Zeus, Mutter der Aphrodite. – **2.** einer der Monde des Planeten *Saturn.*

**Dionysios,** Herrscher von Syrakus:
**1. D. I.,** *430 v. Chr., †367 v. Chr., Tyrann seit 405 v. Chr.; errichtete ein Kolonialreich an der Adria. – **2. D. II.,** Sohn von 1), *um 397 v. Chr., †nach 337 v. Chr., Tyrann 367–344 v. Chr. An seinem Hof lebte vorübergehend *Platon.*

**dionysisch,** rauschhaft, zügellos; Ggs.: *apollinisch.*

**Dionysius,** †267/68, Papst 259–67 (268?); Heiliger (Fest: 30.12.).

**Dionysius,** *Denis,* Bischof von Paris in der 2. Hälfte des 3. Jh.; Märtyrer, einer der 14 Nothelfer; frz. Nationalheiliger (Fest: 9.10.).

**Dionysius Exiguus,** *um 470, †um 550, in Rom lebender skyth. Mönch; führte die christl. Zeitrechnung u. die alexandrin. Osterfestberechnung ein.

**Dionysos,** lat. *Bacchus,* grch. Gott des Weins, des Rausches u. der Fruchtbarkeit; Sohn des *Zeus* u. der *Semele.* Zu seinem Gefolge gehören Nymphen, Satyrn u. Mänaden (Bakchantinnen).

**Diophantos,** grch. Mathematiker, um 250 v. Chr. Die ihm fälschl. zugeschriebenen *diophantischen Gleichungen* sind Gleichungssysteme mit mehr Unbekannten als Gleichungen, deren ganzzahlige Lösungen zu suchen sind.

**Dioptrie,** Zeichen dpt, fr. dptr., Einheit für die Brechkraft einer Linse. Die Brechkraft ist gleich dem Kehrwert der Brennweite in Metern:
1 D. = 1 m$^{-1}$.

**Dior,** Christian, *1905, †1957, frz. Modeschöpfer; prägte 1947 den *New Look.*

**Diorama,** zweiseitige Bemalung auf lichtdurchlässigem Stoff, wobei je nach Beleuchtung die eine oder andere Seite hervortritt; oder als Schaubild (z.B. in Museen), bei dem plast. Gegenstände mit Hintergrundmalerei vereinigt werden.

**Diorit,** körniges, intermediäres Tiefengestein.

**Dioskuren,** in der grch. Myth. die Zwillinge *Kastor* u. *Polydeukes* (lat. Castor u. Pollux), Söhne der Leda u. des Zeus.

**Diotima** [auch di'o-], grch. Priesterin, der *Platon* im »Gastmahl« seine Gedanken über die Liebe in den Mund legt. *Hölderlin* verherrlichte unter dem Namen D. Susette *Gontard.*

**Diouf** [dju:f], *7.9.1935, senegales. Politiker; seit 1980 Staats-Präs.

**Dioxan,** Lösungsmittel z.B. für Wachse, Fette, Celluloseester, Harze u. Farbstoffe.

**Dioxide,** Verbindungen, in denen 2 Sauerstoffatome an 1 Atom eines anderen Elements gebunden sind.

**Dioxin,** Sammelbez. für bestimmte chem. Verbindungen. Das bekannteste D., *TCDD,* ist äußerst giftig, verursacht schwere Hautschäden u. ist krebserzeugend. Es entsteht als Nebenprodukt bei der Herstellung von Bakteriziden u. Entlaubungsmitteln sowie bei der Müllverbrennung.

**Diözese** → Bistum.

**Diphtherie,** durch Bakterien erregte Schleimhauterkrankung der Mandeln, des Rachens, des Kehlkopfs, der Luftröhre u. der Nase. Herzmuskelschäden u. Nervenlähmungen können auftreten. Behandlung mit D.-Heilserum; vorbeugende Schutzimpfung.

**Diphthong,** einsilbig gesprochener, aus zwei Vokalen zusammengesetzter Laut, z.B. *au.*

**diploid,** mit zwei Chromosomensätzen ausgestattet; Ggs.: *haploid.*

**Diplom,** Urkunde über eine Auszeichnung oder eine bestandene Prüfung. An wiss. HS gibt es in zahlr. Fächern D.-Prüfungen, durch deren Ablegung ein akadem. Grad erlangt wird, z.B. D.-Biologe, D.-Ingenieur.

*Dionysos: Ausschnitt aus dem Dionysos-Mosaik, der eine tanzende Mänade und einen Satyr darstellt. Köln, Römisch-Germanisches Museum*

**Diplomat,** mit der Wahrnehmung der außerpolit. Beziehungen betrauter höherer Beamter des *Auswärtigen Dienstes.* Die D. vertreten die Interessen ihres Landes bei fremden Staaten u. internat. Organisationen. Sie genießen im Aufenthaltsstaat Immunität u. Exterritorialität. – **Diplomatisches Korps** [-kor], frz. *Corps diplomatique, CD,* Gesamtheit der bei einem Staat akkreditierten (»beglaubigten«) diplomat. Vertreter.

**Diplomatik** → Urkundenlehre.

**Dipol, 1.** bes. Ausführungsform einer Antenne; im einfachsten Fall ein Draht oder Metallstab halber Wellenlänge. – **2.** *Zweipol, elektr. D.,* zwei gleich große Ladungen entgegengesetzten Vorzeichens (+q u. –q) im Abstand *l* voneinander. – **3.** *magnet. D.,* kleiner stabförmiger Magnet, auch eine stromdurchflossene Spule.

**dippen,** Flaggen mehrf. niederholen u. vorheißen, z.B. als Begrüßung auf See.

**Dippoldiswalde,** Krst. in Sachsen, im östl. Erzgebirge, 6000 Ew.; Schloß, roman. u. spätgot. Kirche; Nährmittel-Ind.

**Dipsomanie,** anfallsweises Auftreten von Trunksucht (Quartalssäufer).

**Diptam,** Gatt. der *Rautengewächse;* 1 m hohe Staude mit meist rosenroten Blütentrauben; reich an äther. Öl.

**Dipteros,** grch. Tempelform mit zweischiffigem Säulenumgang um die Cella.

**Diptychon, 1.** in der Antike zweiteilige zusammenklappbare Schreibtafel. – **2.** aus zwei Flügeln bestehender Altaraufbau.

**Dirac** [di'ræk], Paul, *1902, †1984, engl. Physiker; stellte eine Gleichung auf, die 1928 die Voraussage der Existenz positiv geladener Elektronen, der *Positronen,* erlaubte (1932 nachgewiesen); entwickelte eine Quantentheorie der Wechselwirkung zw. Licht u. Materie; Nobelpreis 1933 zus. mit E. *Schrödinger.*

**Directoire** [dirɛk'twa:r], *Kunst:* Sonderform des frz. *Klassizismus* in der Revolutionszeit, ben. nach dem → Direktorium; vermittelt zw. *Louis-seize* u. *Empire.*

**direkte Aktion,** bes. von Anarchisten befürwortete polit. Kampfform unter Verzicht auf parlamentar. Methoden; oft mit Gewaltanwendung verbunden.

**direkte Rede,** im Ggs. zur *indirekten Rede* die Wiedergabe einer Aussage in unveränderter Form; in der Schrift meist in Anführungszeichen eingeschlossen.

**Direktive,** Weisung, Richtlinie.

**Direktor,** Leiter, Vorsteher; Mitgl. eines *Direktoriums.*

**Direktorium, 1.** aus mehreren Personen zusammengesetzte Leitung eines Betriebs, einer wiss. Anstalt u.a. – **2.** *Directoire,* oberste Regierungsbehörde Frankreichs 1795–99, bestehend aus 5 Direktoren; am 18. Brumaire (9.11.1799) von Napoleon Bonaparte gestürzt.

**Direktrice** [-'tri:sə], leitende Angestellte der Bekleidungsind.

**Direktverkauf,** Warenabsatz unter Umgehung von Handelsstufen.

**Direttissima,** Direktaufstieg in der Fallinie eines Berges oder einer Gipfelwand.

**Dirham,** Währungseinheit in Marokko; Münzeinheit in Libyen u. in Kuwait.

**Dirigent,** Leiter eines Orchesters oder Chors. Orchester-D. im heutigen Sinn gibt es seit etwa 1800.

**Dirigismus,** staatl. Lenkungsmaßnahmen in der Wirtschaft, die aber im wesentl. freie Marktwirtschaft bleibt.

**Dirndl,** seit dem 1. Weltkrieg in die Mode als Sommerkleid übernommene Form der weibl. Alpenbauerntracht; mit Mieder, weitem Rock u. Schürze.

**Dirschau,** *Tczew,* poln. Stadt am W-Ufer der unteren Weichsel, 55 000 Ew.; Verkehrsknotenpunkt u. Hafen, Metall- u. Zuckerind. – 1260 Stadt.

**Dirt-Track-Rennen** → Speedway.

**Disaccharid,** aus 2 Molekülen eines *Monosaccharids* unter Wasserabspaltung entstandene Verbindung, z.B. Rohrzucker, Malzzucker, Milchzucker; allg. Formel: $C_{12}H_{22}O_{11}$.

**Disagio** [-'a:dʒo], Abschlag vom Wert eines Wertpapiers, bes. bei einem unter dem Nennwert liegenden Ausgabekurs *(Emissions-D.).*

**Discountladen** [dis'kaunt-], Einzelhandelsbetrieb, in dem bei Beschränkung auf ein Minimum an Geschäftsausstattung u. Kundendienst die Waren zu niedrigen Preisen angeboten werden.

**Disengagement** [disin'geɪdʒmənt], militär. Auseinanderrücken von Machtblöcken, Truppenentflechtung.

**Disentis,** rätorom. *Muster,* schweiz. Kurort u. Wintersportplatz im Kt. Graubünden, 1133 m ü.M., 3700 Ew.; Benediktinerabtei (gegr. um 750); geistiger Mittelpunkt der *Rätoromanen.*

**Diseuse** [di'zø:sə], Vortragskünstlerin im Kabarett.

**disjunktiv,** einander ausschließend, gegensätzlich.

**Diskant,** hohe Stimmlage; auch hohe Lage bei Instrumenten.

**Diskette,** *Floppy Disk,* kleiner, scheibenförmiger, flexibler magnet. Datenträger für Personal Computer, Speicherschreibmaschinen u.a.

**Diskjockey** ['diskdʒɔki], in Funk u. Fernsehen sowie in Diskotheken der Ansager u. Kommentator von Schallplatten.

**Disko,** umgangssprachl. für *Diskothek.*

**Diskont,** der Betrag, der beim Ankauf einer Forderung vor dem Fälligkeitstermin zum Ausgleich

*Weißer Diptam*

## 200 Diskothek

des Zinsverlustes abgezogen wird, vor allem beim Ankauf **(Diskontierung)** von Wechseln. Das **D.geschäft** ist eine der wichtigsten Arten der Kreditgewährung durch die Banken, die die angekauften Wechsel entweder bis zum Fälligkeitstermin behalten oder an die Zentralnotenbank weiterverkaufen *(rediskontieren)*. Durch Erhöhung oder Senkung des *D.satzes,* zu dem die Zentralnotenbank Wechsel ankauft, kann diese den Kredit verteuern oder verbilligen u. dadurch erhebl. Einfluß auf den Konjunkturablauf ausüben.

**Diskothek,** urspr. Schallplattensammlung; heute Tanzlokal *(Disco)* mit Schallplatten- oder Tonbandmusik.

**diskreditieren,** in Verruf bringen.

**Diskrepanz,** Unstimmigkeit, Mißverhältnis.

**diskret, 1.** verschwiegen, unauffällig. – **2.** *Physik:* nicht zusammenhängend, unstetig.

**Diskriminierung,** Achtung u. Absonderung von Gruppen oder einzelnen aus menschl. Verbänden; verbunden mit Benachteiligung u. Schlechterstellung.

**Diskurs,** Gespräch, Erörterung.

**Diskus,** Wurfscheibe, schon im grch. Altertum ein Sportgerät. Der moderne D. besteht aus Holz mit Metallkern u. Metallring, für Männer 2 kg, für Frauen 1 kg schwer.

**Diskussion,** Aussprache, Erörterung, Meinungsaustausch.

**Dislokation,** Lageveränderung in der Stellung von Knochen oder Bruchenden bei Ausrenkung bzw. Bruch.

**Dislozierung,** räuml. Verteilung von Truppen.

**Disney** [-ni], Walt (Walter Elias), *1901, †1966, US-amerik. Filmregisseur, -autor u. -produzent; schuf weltbekannte Zeichentrickfilme (»Mickey Mouse«, »Donald Duck«); auch Dokumentarfilme (»Die Wüste lebt«); errichtete den Vergnügungspark *D.land* bei Los Angeles.

**Dispatcher** [-'pætʃər], in Industrie u. Verkehrswesen der DDR ein Beauftragter, der für reibungslosen Ablauf der betriebl. Prozesse sorgen u. Störungen beseitigen sollte.

**dispensieren,** von einer Verpflichtung befreien.

**Dispersion,** Zerlegung, Verteilung; bes. die Zer-

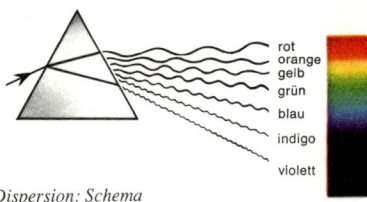

*Dispersion: Schema*

legung des Sonnenlichts in die Spektralfarben durch ein Prisma.

**Displaced Persons** [dis'pleist 'pə:sənz], *DP,* Personen aus anderen Staaten, die sich (meist als Zwangsarbeiter oder Flüchtlinge) bei Ende des 2. Weltkriegs in Dtld. aufhielten. Sie wurden größtenteils repatriiert; ein kleinerer Teil wanderte in andere Länder aus.

**Display** [-'pleɪ], **1.** Blickfang in Schaufenstern. – **2.** Anzeigensystem (mit Leuchtdioden oder Flüssigkristall) an Taschenrechnern, Registrierkassen u.ä.

**Disponent,** kaufmänn. Angestellter, der einem Sachbereich mit einem gewissen Grad von Selbständigkeit vorsteht.

**Disposition,** Planung, Entwurf, Verfügung (über etwas); körperl. u. seel. Verfassung, Empfänglichkeit (für bestimmte Einflüsse, für eine Krankheit).

**Dispositionsfonds** [-fɔ̃], im Staatshaushalt ein Posten, dessen Verwendung dem freien Ermessen der Verw., bes. der Min., anheimgestellt ist.

**Disproportion,** Mißverhältnis; beim Menschen die Störung im gegenseitigen Größenverhältnis der Körperabschnitte.

**Disput,** Wortwechsel, Auseinandersetzung. –

**Disputation,** wiss. Streitgespräch.

**Disqualifikation,** Untauglichkeitserklärung; Ausschluß vom sportl. Wettkampf bei Regelverstoß.

**Disraeli** [dizˈrɛili], Benjamin, Earl of *Beaconsfield,* *1804, †1881, engl. Politiker; 1868 u. 1874–80 Prem.-Min.; vertrat einen soz. orientierten Konservatismus; sicherte Großbrit. den maßgebenden Einfluß auf den Suezkanal, veranlaßte die Erhebung von Königin *Viktoria* zur Kaiserin von Indien u. erlangte von der Türkei die Abtretung Zyperns. D. schrieb auch Novellen u. Romane.

**Dissens,** Meinungsverschiedenheit.

**Dissertation,** wiss. Arbeit zur Erlangung der Doktorwürde.

**Dissidenten,** Personen, die keiner staatl. anerkannten Religionsgemeinschaft angehören: im Westen auch Bez. für die polit. u. intellektuelle Opposition in den kommunist. Staaten Osteuropas (bis 1989/90).

**Dissimilation, 1.** Lautentwicklung, bei der einer von benachbarten gleichen oder ähnl. Lauten ausgestoßen oder umgewandelt wird. – **2.** im pflanzl. u. tier. Organismus Abbau der energiereichen Kohlenstoffverbindungen zu energiearmen Stoffen unter Freisetzung von Energie.

**Dissipation,** Übergang irgendeiner Energieform in Wärme.

**Dissonanz,** Unstimmigkeit, Mißton, Mißklang; in der Musik spannungsgeladener Klang, der nach Überführung in die *Konsonanz* verlangt.

**Dissousgas** [diˈsuː-], in Stahlflaschen gefülltes *Acetylengas* zum autogenen Schweißen.

**Dissoziation,** Zerfall, Spaltung; Aufspaltung von Molekülen in einfachere Atomgruppen unter Wärmeaufnahme. D. tritt auf bei der Lösung von Säuren, Basen u. Salzen in bestimmten Lösungsmitteln, wobei elektr. neutrale Moleküle in einander entgegengesetzt geladene Ionen zerfallen *(elektrolyt. D.);* auch bei starker Erwärmung eines Stoffs *(therm. D.).* Der Grad der Spaltung **(D.sgrad)** von Säuren u. Basen ist ein Maß für ihre Stärke u. bedingt die elektr. Leitfähigkeit.

**Distanz,** Abstand, Entfernung.

**Distel,** mit dornigen Blättern ausgestattete *Korbblütler.*

**Distelfalter,** rotbrauner Tagschmetterling mit schwarz-weißer Zeichnung.

**Distelfink** → Stieglitz.

**Disthen,** *Cyanit,* ein Mineral.

**Distichon,** Zweizeiler aus einem *Hexameter* u. einem *Pentameter.*

**distinguiert** [-ˈgiːrt], hervorgehoben, ausgezeichnet, vornehm.

**Distinktion,** Auszeichnung, hoher Rang, Würde.

**Distler,** Hugo, *1908, †1942 (Selbstmord), dt. Komponist; mit J. N. *David* u. E. *Pepping* maßgebl. an der Erneuerung der prot. Kirchenmusik beteiligt.

**Distorsion** → Verstauchung.

**Distribution,** Verteilung, Verbreitung.

**District of Columbia** [-kəˈlʌmbɪə], *D. C.,* Bundesterritorium der USA, ident. mit der Hptst. *Washington,* 174 km²; dem Kongreß direkt unterstellt.

**Distrikt,** Bezirk.

**Disziplin, 1.** Zucht, Ordnung, Selbstbeherrschung. – **2.** *kirchl. D.,* Gesamtheit der rechtl. Normen für das äußere kirchl. Leben. – **3.** Unterrichts- oder Wissenschaftszweig, Fachrichtung, Zweig einer Sportart.

**Disziplinarrecht,** rechtl. Ordnung für das Verhalten bestimmter, in einem öffentl.-rechtl. Dienstverhältnis stehender Personen (Beamte, Soldaten) durch Strafbestimmungen.

**Ditfurth,** Hoimar von, *1921, †1989, dt. Mediziner u. Wissenschaftsjournalist; bekannt durch Fernsehserien u. populärwiss. Bücher.

**Dithmarschen,** Geest- u. Marschlandschaft zw. Elbe- u. Eider-Mündung, z.T. erst durch Eindeichung dem Meer abgewonnen; bis 1559 selbst. Bauernrepublik, bis 1867 dän., jetzt Ldkrs. in Schl.-Ho.

**Dithyrambus,** im Altertum Festgesang auf *Dionysos;* begeisterte, überschwengl. Lobrede.

**dito,** gleichfalls, ebenso.

**Ditters von Dittersdorf,** Karl, *1739, †1799, östr. Komponist aus dem Umkreis der Wiener Klassik.

**Ditzingen,** ba.-wü. Stadt westl. von Stuttgart 22 200 Ew.; Metall-, chem. Ind.

**Diu,** ind. Insel vor der S-Küste von Kathiawar, 38 km²; 1535–1961 port., 1962–87 mit Daman u. Goa Unionsterritorium, seit 1987 Unionsstaat.

**Diuretika,** harntreibende Mittel.

**Diva,** gefeierte Bühnen- u. Filmkünstlerin.

**Divergenz,** Auseinanderstreben, Meinungsverschiedenheit.

**Diversifikation,** Ausweitung des Produktionsprogramms eines Wirtschaftsunternehmens, um weniger anfällig gegen Konjunkturschwankungen zu werden.

**Divertikel,** abnorme Ausstülpung der Wand eines Hohlorgans, z.B. der Speiseröhre, des Magens, des Darms oder der Harnblase.

**Divertimento,** mehrsätziges unterhaltsames Musikstück des 17./18. Jh.

**Divia Drusilla,** *58 v.Chr., †229 n.Chr.; Frau des Kaisers *Augustus,* Mutter des *Tiberius.*

**Dividende,** zur Auszahlung an die Teilhaber gelangender Teil des Gewinns einer Kapitalgesellschaft, meist ausgedrückt in % des gewinnberechtigten Kapitals.

**Divination,** religiös bestimmte Ahnung, Weissagung.

**Divis,** *Bindestrich,* Satzzeichen zur Kennzeichnung zusammengesetzter Wörter u. Namen; meist anstelle der Zusammenschreibung gebraucht, wenn ein oder mehrere Glieder des zusammengesetzten Komplexes Namen sind, z.B. »Richard-Wagner-Festspiele«.

**Division, 1.** Grundrechnungsart, die angibt, wie oft eine Zahl *(Divisor)* in einer anderen *(Dividend)* enthalten ist. Das Ergebnis heißt *Quotient.* – **2.** größerer Heeresverband, zur Erfüllung selbst. Kampfaufträge imstande (10–15 000 Mann).

**Diwan, 1.** *Divan,* Polsterbank, Liegesofa. – **2.** im alten Orient Empfangsraum des Herrschers; Ratsversammlung. – **3.** Gedichtsammlung eines einzelnen islam. Dichters.

**Dix,** Otto, *1891, †1969, dt. Maler u. Graphiker des Expressionismus; geißelte die Schrecken des Krieges u. das Nachkriegselend in veristisch-expressivem Stil; schuf eigenwillige Synthesen zw. altmeisterl. Realismus u. moderner Zeitkritik.

**Dixieland** [ˈdiksilænd], 1820 aufgekommene Bez. für die damals sklavenhaltenden Südstaaten der USA, südl. der von J. *Dixon* (daher wohl der Name) u. Ch. *Mason* 1763–67 vermessenen Grenze zw. Maryland u. Pennsylvania. – **D.-Jazz,** um 1900 entstandener Jazz-Stil weißer Musiker; Wiederbelebung in den 50er Jahren.

**Dixmuiden** [-ˈmɔydən] → Diksmuide.

**Diyarbakir,** das antike *Amisa,* türk. Prov.-Hptst. in Kurdistan, an dem von hier ab schiffbaren Tigris, 305 000 Ew.; Verkehrs- u. Handelszentrum; byzantin. Festungsanlagen; Stadtmauer u. Große Moschee (11. Jh.).

**Djakarta** [dʒa-] → Jakarta.

**Djerba** [ˈdʒɛrba], fruchtbare tunes. Insel in der Kleinen Syrte, 514 km², 92 000 Ew., Hauptort Houmt-Souk; Oasenwirtschaft, Fremdenverkehr (Flughafen); mit dem Festland durch einen vermutl. von den Phöniziern angelegten, 1953 erneuerten Straßendamm verbunden.

**DJH,** Abk. für *Deutsche Jugendherberge.*

**Djibouti,** *Dschibuti,* Staat in Nordostafrika, im halbwüstenhaften Danakilland, 23 200 km², 372 000 Ew. (vorw. Afar u. Issa; Moslems), Hptst. *D.* (200 000 Ew.; am Golf von Aden, Ausfuhrhafen für Äthiopien, Flughafen). Die Bev. lebt von nomad. Viehzucht, Salzgewinnung u. Fischfang. *Geschichte.* Die 1892 geschaffene französische

*Otto Dix: Mieze abends im Café; Aquarell, 1923. Feldafing, Sammlung Lothar-Günther Buchheim*

*Djibouti*

Kolonie *Frz.-Somaliland* wurde 1946 zum Überseeterritorium erklärt. 1967 erhielt das Gebiet unter dem Namen *Frz. Afar- u. Issaterritorium* weitgehende Autonomie, 1977 die Unabhängigkeit unter dem Namen *Republik D.* Frankreich ist in D. weiterhin militärisch präsent.

**Djidda** ['dʒida], *Jidda*, saudi-arab. Stadt am Roten Meer, 1,3 Mio. Ew.; wichtigste Hafenstadt Saudi-Arabiens, Pilgerhafen von Mekka; Ind.-, Handels- u. Verkehrszentrum; internat. Flughafen; extremes Klima (bis 40 °C, fast ohne Niederschläge).

**Djilas**, Milovan, *12.6.1911, jugoslaw. Politiker u. Schriftst.; ehem. enger Mitarbeiter *Titos*, als Kritiker des kommunist. Herrschaftssystems 1954 aller Ämter enthoben, 1955–61 u. 1962–66 in Haft. W »Die neue Klasse«, »Gespräche mit Stalin«.

**Djoser**, ägypt. König der 3. Dynastie, um 2635–15 v. Chr.; ließ durch seinen Baumeister *Imhotep* die Stufenpyramide von Saqqara, den ältesten monumentalen Steinbau, errichten.

**Djuba** ['dʒu:-] → Juba.

**DKP**, Abk. für *Deutsche Kommunistische Partei*.

**DLRG**, Abk. für *Deutsche Lebens-Rettungs-Gesellschaft*.

**dm,** Kurzzeichen für *Dezimeter* (= 10 cm).

**DM,** Abk. für *Deutsche Mark*.

**Dmitrij** → Demetrius.

**DNA,** engl. Abk. für *Desoxyribonucleinsäure*.

**Dnjepr,** bedeutendster Fluß der Ukraine u. drittlängster Strom Europas, 2201 km, davon 2075 km schiffbar, Einzugsgebiet 504 000 km²; mündet ins Schwarze Meer; mehrere Stauseen u. Kanäle zum Ostseeraum.

**Dnjeprodserschinsk,** bis 1936 *Kamenskoje*, Ind.- u. Hafenstadt in der Ukrain. SSR, rechts des Dnjepr, 279 000 Ew.

**Dnjepropetrowsk,** bis 1926 *Jekaterinoslaw*, Hptst. der gleichn. Oblast in der Ukrain. SSR, Schwerindustriezentrum am Dnjepr, 1,2 Mio. Ew.

**Dnjestr,** osteurop. Strom, 1352 km, davon 700 km schiffbar, Einzugsgebiet 72 000 km²; mündet ins Schwarze Meer.

**DNS,** Abk. für *Desoxyribonucleinsäure*, → Nucleinsäuren.

**Döbel,** *Aitel, Eitel,* Süßwasserfisch der *Karpfenartigen*, 30–60 cm lang u. bis 4 kg schwer; beliebter Sportfisch.

**Döbeln,** Krst. in Sachsen, an der Freiberger Mulde, 27 700 Ew.; Metallwaren-, Maschinen-, Möbel-Ind. – 1350 als Stadt erwähnt.

**Döberan,** *Bad D.,* Krst. in Mecklenburg, 12 200 Ew.; Stahl- u. Moorbad; got. Zisterzienserkirche (13./14. Jh.); 6 km nördl. das älteste dt. Ostseebad *Heiligendamm* (seit 1793); ehem. Sommerresidenz der mecklenburg. Herzöge.

**Döbereiner,** Johann Wolfgang, *1780, †1849, dt. Chemiker; entdeckte katalyt. Eigenschaften des Platins u. machte den ersten Versuch zur Aufstellung eines Periodensystems der Elemente.

**Dobermann,** große, glatthaarige Hunderasse; guter Gebrauchshund.

**Dobi,** István, *1898, †1968, ung. Politiker (Kleinlandwirte-Partei, seit 1959 KP); 1948–52 Min.-Präs., 1952–67 Staatsoberhaupt.

**Döblin,** Alfred, *1878, †1957, dt. Schriftst.; expressiver u. revolutionärer Erzähler, der zuerst das Kollektivseelische u. Naturelementare zu gestalten suchte, später zu theolog. Deutung neigte. W »Berlin Alexanderplatz« (Roman).

**Dobrovský,** Josef, *1753, †1829, tschech. Wissenschaftler u. Schriftst.; Begr. der Slawistik.

**Dobrudscha,** rumän. *Dobrogea*, bulg. *Dobrudža*, Ldsch. zw. unterer Donau u. Schwarzem Meer, 23 262 km²; im N bewaldetes Mittelgebirge, im S fruchtbares, aber trockenes, steppenartiges Flachland; Anbau von Getreide, Sonnenblumen, Gemüse u. Wein; an der Küste Strandseen u. Seebäder (Hamaia, Eforie u.a.). – Der größere nördl. Teil ist rumän., der kleinere südl. bulgarisch.

**Docht,** aus Baumwollfäden gewebte oder verdrillte Schnur, die in Petroleumlampen u. Kerzen durch Kapillarwirkung Brennstoff hochsaugt.

**Dock,** Anlage zur Trockenstellung von Schiffen für Reparatur- u. Reinigungsarbeiten. Das *Trocken-D.* ist ein durch Tore verschließbares Becken aus Beton, in das das Schiff einfährt; das geschlossene D. wird leergepumpt. Das *Schwimm-D.* ist ein stählerner, hohlwandiger Schwimmkörper. Seine Boden- u. Seitentanks werden zum Absenken geflutet; dann schwimmt das Schiff ein, u. die Tanks werden wieder leergepumpt; dadurch wird das Dock mit dem Schiff aus dem Wasser gehoben.

**Docking,** das Manöver zum Verbinden zweier Raumfahrzeuge.

**Documenta,** in Kassel in mehrjährigen Abständen stattfindende Ausstellung zeitgenöss. Kunst; erstmals 1955.

**Dodekaeder,** von 12 Flächen begrenzter Körper.

**Dodekanes,** grch. Inselgruppe der Südl. Sporaden, an der SW-Küste Kleinasiens; 12 große (u.a. *Rhodos, Kalymnos, Kos*) u. rd. 40 kleine Inseln; Hptst. *Rhodos*. – 1522 türk., 1912 ital., 1947 grch.

**Dodekaphonie** → Zwölftonmusik.

**Doderer,** Heimito von, *1896, †1966, östr. Schriftst. (groß angelegte Romane in z.T. barocker Sprache).

**Dodoma,** Hptst. von Tansania, im Landesinnern gelegen, 54 000 Ew.; Handelszentrum, Verkehrsknotenpunkt; seit 1981 offiziell Reg.-Sitz.

**Dodona,** im Altertum neben *Delphi* berühmteste grch. Orakelstätte (Zeus-Heiligtum), in Epirus.

**Doetinchem** ['dutiŋxəm], ndl. Stadt im sö. Gelderland, an der Oude IJssel, 40 700 Ew.

**Dofar,** Ldsch. im sw. Oman, an der Grenze zu Jemen.

**Doge** ['do:ʒə], das gewählte Staatsoberhaupt in den Rep. Venedig (seit 697) u. Genua (seit 1339) bis 1797. – **Dogaressa,** Gemahlin des D.

**Dogge,** kräftige, in den einzelnen Ländern unterschiedl. Hunderasse. Die *Deutsche D.* ist mit bis 92 cm Schulterhöhe die größte Hunderasse. Die *Tiger-D.* ist weiß mit schwarzen Flecken.

**Dogger,** *Brauner Jura* → Erdzeitalter.

**Doggerbank,** Sandbank in der Nordsee, rd. 30 000 km², 13–30 m tief; erst in der mittleren Steinzeit überflutetes Festland; Fischgründe (Hering, Kabeljau). Am 5.8.1781 engl./ndl. Seeschlacht, am 24.1.1915 dt./engl. Seeschlacht.

**Dogma,** [Pl. *Dogmen*], religiöser Glaubenssatz; ungeprüft übernommene Lehrmeinung. – **D.tismus,** unkrit. Festhalten an überlieferten Lehren, die nicht ausreichend überprüft u. begründet sind.

**Dogmatik,** Teilgebiet der *Theologie*, in dem die Glaubensinhalte einer Religion wiss. dargelegt werden. – **D.er,** Wissenschaftler auf dem Gebiet der D.; rechthaberischer Vertreter einer Lehrmeinung.

**Dogon,** afrik. Volk in Mali; Hackbauern; bekannt für Goldschmiedetechnik, Lehmbauten u. Maskentänze.

**Doha,** *Ad Dawhah,* Hptst. des arab. Scheichtums Katar, am Pers. Golf, 217 000 Ew.; Fischereihafen, Flughafen.

**Dohle,** taubengroßer einheim. *Rabenvogel;* grauer Nacken, sonst schwarz.

**Dohnányi** ['dɔxnanji], 1. Ernst von, *1877, †1960, ung. Pianist, Dirigent u. Komponist (Spätromantiker). – 2. Hans von, Sohn von 1), *1902, †1945 (hingerichtet), dt. Jurist; führendes Mitgl. der Widerstandsbewegung, 1943 verhaftet. – 3. *Dohnanyi,* [do'naːni], Klaus von, Sohn von 2), *23.6.1928, dt. Politiker (SPD); 1972–74 Bundes-Min. für Bildung u. Wiss., 1976–81 Staats-Min. im Auswärtigen Amt, 1981–88 Erster Bürgermeister von Hamburg.

**Dohne,** hölzerner Bügel mit Pferdehaarschlinge zum Fang von Vögeln; in Dtld. verboten.

**Doisy,** Edward, *1893, †1986, US-amerik. Biochemiker; entwickelte 1923 zus. mit E. *Allen* einen Test zum Schwangerschaftsnachweis bei Stuten; fand 1929 die Synthese des Vitamins K. Nobelpreis für Medizin 1943 zus. mit H. *Dam.*

**Dokkum** ['dɔkəm], ndl. Stadt in der Prov. Friesland, 8400 Ew. – Bei D. wurde 754 Bonifatius ermordet (Wallfahrtsort).

**Doktor,** *Dr.,* akadem. Grad, den Univ. u. andere wiss. HS auf dem Wege der *Promotion,* d.h. nach Einreichung einer wiss. Arbeit (*Dissertation*) u. Ablegung einer mündl. Prüfung (*Rigorosum*), verleihen u. der mit der Bez. des betr. Wissenschaftsgebiets versehen ist. Voraussetzung ist ein Studium von mindestens 8–10 Semestern. Der D.grad ist Bestandteil des Namens. Er kann auch aufgrund bes. Verdienste ehrenhalber verliehen werden.

**Doktorfische,** zu den *Barschartigen* gehörende mittelgroße Küstenfische trop. u. subtrop. Meere; bes. prachtvoll gefärbt. Viele Arten sind Bewohner von Korallenriffen.

**Doktrin,** Lehre, Lehrsystem; Grundsatz oder Programm einer Politik. – **doktrinär,** starr an einer einseitigen, als absolut gültig betrachteten Lehrmeinung festhaltend.

**Dokument,** Urkunde; als Beweismittel dienendes Schriftstück.

**Dokumentarfilm,** ein Film, der im Unterschied zum *Spielfilm* Ausschnitte aus der Wirklichkeit wiedergibt.

**Dokumentation,** geordnete Sammlung von Dokumenten u. Informationen zu einem Thema.

**Dolby-Verfahren,** von dem US-amerik. Elektrotechniker R. M. *Dolby* entwickeltes Verfahren zur Verminderung des Rauschens bei elektroakust. Geräten.

**dolce** ['dɔltʃe; ital.], süß, sanft, niedl. – **D. far**

### Gebräuchliche Doktortitel

| | |
|---|---|
| Dr. theol. (theologiae) | Dr. der Theologie |
| Dr. iur. (iuris) | Dr. der Rechtswissenschaft |
| Dr. med. (medicinae) | Dr. der Medizin |
| Dr. med. dent. (medicinae dentariae) | Dr. der Zahnmedizin |
| Dr. med. vet. (medicinae veterinariae) | Dr. der Tierheilkunde |
| Dr. phil. (philosophiae) | Dr. der Philosophie (Sprach-, Kultur- u. Geisteswissenschaften) |
| Dr. phil. nat. (philosophiae naturalis) | Dr. der Naturwissenschaften |
| Dr. rer. nat. (rerum naturalium) | Dr. der Naturwissenschaften |
| Dr. rer. pol. (rerum politicarum) | Dr. der Staatswissenschaften |
| Dr. oec. publ. (oeconomiae publicae) | Dr. der Volkswissenschaft |
| Dr. agr. (agriculturae) | Dr. der Landwirtschaft |
| Dr.-Ing. | Dr. der Ingenieurwissenschaften |
| Dr. h.c. (honoris causa) | Ehrendoktorwürde |
| Dr. e.h. (ehrenhalber) | |
| Dr. habil. (habilitatus) | Doktor mit Lehrberechtigung an einer Hochschule |

ergänzende bzw. abweichende Titel:

*in Österreich*

| | |
|---|---|
| Dr. med. univ. (medicinae universae) | Dr. der gesamten Heikunde |
| Dr. rer. comm. (rerum commercialium) | Dr. der Handelswissenschaften |
| Dr. rer. soc. oec. (rerum socialium oeconomicarumque) | Dr. der Sozial- und Wirtschaftswissenschaften |
| Dr. techn. (technicarum) | Dr. der techn. Wissenschaften |

*in der Schweiz*

| | |
|---|---|
| Dr. pharm. (pharmciae) | Dr. der Arzneikunde |

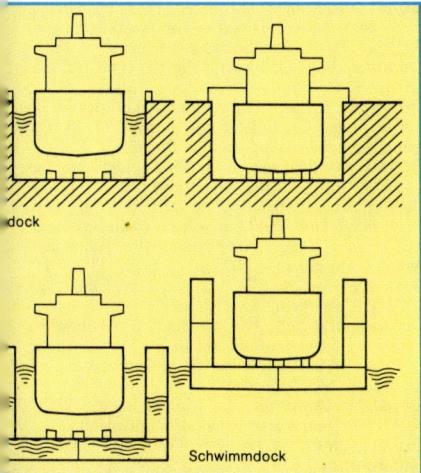

*Dock:* Funktionsweise von Schwimm- und Trockendock

**niente** [-'njɛntə] »süßes Nichtstun«. – **D. vita,** »süßes Leben«, müßiggängerischer, ausschweifender Lebensstil.

**Dolch,** kurze Stichwaffe mit Griff, meist zweischneidig.

**Dolchstoßlegende,** die in dt. rechtsorientierten Kreisen nach 1918 weitverbreitete Ansicht, Dtld. habe den 1. Weltkrieg nicht militär., sondern durch Sabotage aus der Heimat (»Dolchstoß von hinten«) verloren.

**Dolde,** ein Blütenstand, bei dem von einem Punkt der Hauptachse mehrere Seitenachsen ausgehen, die ebenso lang sind wie die Hauptachse.

**Doldengewächse** → Pflanzen.

**Doldenrebe,** Zierpflanze aus der Fam. der *Weinrebengewächse*.

**Doldinger,** Klaus, *12.5.1936, dt. Jazz- u. Popmusiker (Tenor- u. Sopransaxophon, Klarinette, Klavier).

**Doline,** in Karstgebieten eine schlot-, trichter- oder schüsselartige Vertiefung, entstanden durch Auswaschungen im Kalkgestein.

**Dolisie** → Loubomo.

**Dolivo-Dobrowolski,** Michael von, *1862, †1919, russ. Elektrotechniker; seit 1909 techn. Direktor der AEG; erfand den Drehstrommotor.

**Dollar,** Zeichen $, seit 1792 Währungseinheit in den USA: 1 D. = 10 *Dimes* = 100 *Cents;* außerdem Währungseinheit in Australien, Guyana, Hongkong, Jamaika, Kanada, Neuseeland, Simbabwe, Singapur, Taiwan, Trinidad u. Tobago, Westind. Assoziierte Staaten.

**Dollart,** flache Bucht der Nordsee an der Emsmündung; durch Sturmfluten im 13./14. Jh. entstanden.

**Dollfuß,** Engelbert, *1892, †1934, östr. Politiker (christl.-soz.); 1932–34 Bundeskanzler; suchte einen christl. Ständestaat mit autoritärer Führung zu errichten; wurde bei einem gescheiterten Putsch der von ihm verbotenen nat.-soz. Partei ermordet.

**Dollinger,** Werner, *10.10.1918, dt. Politiker (CSU), 1962–66 Bundesschatz-Min., 1966–69 Bundespost-Min., 1982–87 Bundesverkehrs-Min.

**Döllinger,** Ignaz von, *1799, †1890, dt. kath. Theologe; lehnte die Dogmen von der unbefleckten Empfängnis u. der Unfehlbarkeit des Papstes ab; 1871 exkommuniziert; unterstützte die altkath. Kirche.

**Dollmann,** Georg von, *1830, †1895, dt. Architekt (Schloßbauten König *Ludwigs II.* von Bayern).

**Dollond** ['dɔlənd], John, *1706, †1761, engl. Optiker; baute die ersten achromat. Fernrohre.

**Dolmen,** Grabform der Jungsteinzeit u. frühen Bronzezeit: aus 3–6 Steinblöcken (Tragsteinen) gebildete Grabkammer, mit einem oder mehreren Decksteinen bedeckt u. meist mit einem Erdhügel überwölbt.

**Dolmetscher,** jemand, der mündl. übersetzt.

**Dolomit,** ein → Mineral.

**Dolomiten,** Gruppe der südl. Kalkalpen in Südtirol, in bizarre Türme u. Zinnen aufgelöste oder hohe Kalk- u. Dolomitstöcke, dazwischen grüne Weideflächen mit Wäldern u. Seen; in der *Marmolada* 3342 m hoch; Fremdenverkehr in *Cortina d'Ampezzo, St. Ulrich* u. *Pieve di Cadore;* 1901–09 angelegte **D.-Straße** von Bozen über den Karerpaß u. das Pordoijoch nach Cortina d'Ampezzo.

**Dom,** Haupt-, Bischofs-, Metropolitankirche; gleichbedeutend mit der in S-Dtld. u. der Schweiz gebräuchl. Bez. *Münster.*

**Dom,** mit 4545 m der höchste Gipfel der *Mischabelhörner,* im schweiz. Kt. Wallis.

**Domagk,** Gerhard, *1895, †1964, dt. Mediziner u. Chemiker; Mitbegr. der Chemotherapie von Infektionskrankheiten; führte die Sulfonamide als Heilmittel ein.

**Domäne,** 1. landw. Betrieb im Besitz des Staates; häufig Mustergut, Lehrbetrieb oder Versuchsgut. – 2. Arbeits-, Wissensgebiet, auf dem man bes. gut Bescheid weiß.

**Domestik,** veraltet für *Dienstbote.*

**Domestikation,** *Zähmung,* Verwandlung eines wilden Tiers in ein Haustier durch planvolle Züchtung u. Kreuzung.

**Domfreiheit,** Gebiet in der Umgebung des Doms, das im MA nur der geistl. Gerichtsbarkeit unterstand.

**Domin,** Hilde, *27.7.1912, dt. Schriftst.; als Jüdin 1932–54 im Ausland; schrieb Lyrik, Essays, Romane.

**dominant,** vorherrschend, überwiegend.

**Dominante,** in der Harmonielehre der auf dem 5. Ton der Dur- oder Moll-Tonleiter aufgebaute Dur-Dreiklang; auch der 5. Ton selbst.

**Domingo,** Placido, *21.1.1941, span. Sänger (Tenor).

**Dominica,** Staat in Westindien (Mittelamerika), bergige, bewaldete Insel in der Gruppe der Kleinen Antillen, nördlich von Martinique, 751 km²,

*Dominica*

78 000 Ew., Hptst. *Roseau;* feuchtheißes Tropenklima; Ausfuhr: Bananen, Kakao, Kopra.
Geschichte. Die 1493 von Kolumbus entdeckte Insel geriet 1805 unter britische Kolonialherrschaft. 1967 erhielt D. den Status eines mit Großbritannien assoziierten Staates u. 1978 die volle Unabhängigkeit.

**Dominikaner,** lat. *Ordo Fratrum Praedicatorum,* Abk. *OP,* kath. Bettelorden, aus der Auseinandersetzung des hl. *Dominikus* mit den Albigensern u. Waldensern entstandener Predigerorden. Ordensziel ist das Apostolat des Wortes in Predigt u. Lehre. Den D. wurde seit 1231 vorzugsweise die Inquisition übertragen. Tracht: Tunika, Skapulier u. Kapuze in Weiß, darüber schwarzer offener Mantel. Ordenszentrale: S. Sabina, Rom (Aventin).

**Dominikanische Republik,** Staat in Westindien (Mittelamerika), der Ostteil der Großen Antilleninsel *Hispaniola,* 48 734 km², 6,7 Mio. Ew., Hptst. *Santo Domingo.*

*Dominikanische Republik*

Landesnatur. Von NW nach SO verlaufen Gebirgszüge, die durch Längstäler voneinander getrennt sind; im SO erstreckt sich die Küstenebene von Santo Domingo. An den Luvseiten der Gebirge wächst trop. Regenwald, in den Hochtälern u. in der sw. Küstenebene Trockensavanne.
Die Bevölkerung spricht überw. Spanisch u. besteht zu 60% aus Mulatten, 28% Weißen, 12% Schwarzen.
Wirtschaft. Für den Eigenbedarf wird v.a. Reis angebaut, für den Export Zucker (über 40% des Gesamtausfuhrwerts), Kaffee, Kakao, Bananen u. Tabak; Bergbau: Bauxit, Nickel, Kupfer, Steinsalz.
Geschichte. Als der westl. Teil Hispaniolas 1697 französisch wurde, blieb der Ostteil spanisch u. machte sich 1821 unabhängig. 1822–44 bei Haiti u. 1861–65 erneut span., erfolgte 1865 die endgültige Unabhängigkeit. Nach inneren Unruhen war die D. R. 1916–24 von den USA besetzt. 1930–61 herrschte R.L. *Trujillo y Molina* diktatorisch. Bei Unruhen 1965 intervenierten die USA erneut. Polit. Reformen wurden durchgesetzt. Seit 1986 ist J. Balaguer Staats-Präs.

**Dominikus,** *um 1170, †1221, span. Ordensstifter, Gründer der *Dominikaner;* wirkte bes. für die Bekehrung der Albigenser in Südfrankreich; Heiligsprechung 1234 (Fest: 7.8.).

**Dominion** [dəˈmɪnjən], 1907–48 offizielle, z.T. schon vorher gebrauchte Bez. für einen sich selbst regierenden, nur noch durch die Krone mit dem Mutterland verbundenen Staat des Brit. Reichs bzw. British Commonwealth of Nations, z.B. Kanada, Australien, Neuseeland. Aus den D. wurden 1948 Länder des Commonwealth of Nations.

**Domino,** urspr. Regen- u. Wintermantel für ital. u. span. Geistliche; später langes seidenes Maskenkostüm mit weiten Ärmeln u. Kapuze.

**Domino-Theorie,** von US-Präs. *Eisenhower* formulierter, auf den Indochinakrieg bezogener polit. Grundsatz: Wenn man in einer Reihe aufgestellter Dominosteine den ersten umstößt, so fallen nacheinander alle übrigen um; ebenso würden alle Staaten Südostasiens kommunist., wenn man einen von ihnen dem Kommunismus überlasse.

**Domitian,** *51, †96 (ermordet), röm. Kaiser 81–96; begann den Bau des *Limes;* förderte den Kaiserkult.

**Domizil,** Wohnsitz.

**Domkapitel,** geistl. Körperschaft an einer Bischofskirche, wirkt am Gottesdienst u. an der Bistumsverw. mit.

**Domowina,** Organisation der Lausitzer Sorben zur Pflege ihrer Sprache u. Kultur.

**Dompfaff** → Gimpel.

**Dompteur** [-'tø:r], **Dompteuse** [-'tø:zə], Tierbändiger(in).

**Don,** Herr (Anrede in Italien u. Spanien); weibl. **Donna** [ital.], **Doña** [span.].

**Don,** Fluß in der europ. Sowjetunion, 1870 km, etwa 1600 km schiffbar; mit der Wolga durch den 1952 eröffneten, 101 km langen *Wolga-D.-Kanal* verbunden; mündet ins Asowsche Meer.

**Donar,** altnord. *Thor,* germ. Gott des Gewitters.

**Donatello,** eigtl. *Donato di Niccolò di Betto Bardi,* *um 1385, †1466, ital. Bildhauer; Hauptmeister der ital. Plastik des 15. Jh.; der größte Neuerer seiner Generation: Der »Hl. Georg« ist die erste Standfigur im klass. Sinn, die bronzene Davidstatue die erste plast. Aktdarstellung, die Büste des Niccolò da Uzzano die erste weltl. Porträtbüste, das Gattamelata-Denkmal in Padua das erste Reiterstandbild der Renaissanceplastik.

**Donatismus,** nach 300 in N-Afrika entstandene, nach dem Bischof *Donatus* von Karthago († um 355) ben. Bewegung; Sonderkirche bis ins 7. Jh.

**Donator,** Störstelle im Kristallgitter eines Halbleiters.

**Donatus,** Aelius, röm. Grammatiker des 4. Jh. n. Chr. Seine Grammatik war bis ins 18. Jh. das grundlegende Lehrbuch der lat. Sprache.

**Donau,** zweitlängster europ. Strom, 2850 km, davon 2580 km schiffbar; entspringt mit den Quellflüssen *Breg* u. *Brigach* im östl. Schwarzwald, fließt durch Dtld. (647 km), Östr., Tschechoslowakei, Ungarn, Jugoslawien, Bulgarien u. Rumänien; mündet in einem 5000 km² großen Delta ins Schwarze Meer. Seit 1856 ist die D. ab Brăila, seit 1921 ab Ulm internationalisiert.

**Donaueschingen,** ba.-wü. Stadt u. Sommerfrische am Zusammenfluß von *Brigach* u. *Breg* zur *Donau,* 18 200 Ew.; Fürstl. Fürstenbergisches Schloß mit bed. Bibliothek.

**Donaufürstentümer,** die Moldau u. die Walachei bis zu ihrer Vereinigung als Rumänien.

**Donaumonarchie,** Name für Österreich-Ungarn.

**Donaumoos,** 1796 trockengelegtes Moorgebiet an der Donau bei Ingolstadt.

**Donauried,** die ehem. moorige Ebene an der Donau zw. Günzburg u. Donauwörth.

*Donatello: David; um 1430. Florenz, Museo Nazionale*

**Donauschule,** im Gebiet der oberen Donau (bes. Regensburg) aufgekommene Richtung der dt. Malerei im fr. 16. Jh.; Hauptmeister: A. *Altdorfer,* L. *Cranach* d.Ä., W. *Huber.*
**Donauschwaben,** Sammelbez. für dt. Siedler an der mittleren Donau auf ung., jugoslaw. u. rumän. Gebiet.
**Donau-Schwarzmeer-Kanal,** Schiffahrtsstraße in Rumänien zw. Cernavodă u. Constanța, 64 km.
**Donauwörth,** Krst. in Schwaben (Bay.), an der Mündung der Wörnitz in die Donau, 17 400 Ew.; Waggon-, Masch. u. Flugzeugbau. – 1301–17. Jh. Freie Reichsstadt.
**Donbass** → Donezbecken.
**Don Carlos** → Carlos (2).
**Doncaster** [ˈdɔŋkəstə], mittelenglische Stadt, 82 000 Ew.; Agrarmarkt, Lokomotiv- u. Waggonbau, Kohlenbergbau; Pferderennen.
**Donez** [daˈnjɛts], r. Nbfl. des Don 1053 km; durchfließt die östl. Ukraine.
**Donezbecken** [daˈnjɛts-], russ. Kurzwort *Donbass,* leichtwellige Rumpffläche westl. des unteren Donez, größtes europ. Steinkohlenrevier (auf 80 000 km² rd. 130 Mrd. t, 350 Schächte); Zentren der sowj. Schwerind.: Donezk, Makejewka, Gorlowka, Woroschilowgrad, Schachty.
**Donezk** [daˈnjɛtsk], bis 1924 *Jusowka,* 1924–61 *Stalino,* Hptst. der gleichn. Oblast in der Ukrain. SSR, Ind.-Stadt im Donezbecken, 1,1 Mio. Ew.
**Dong,** Währungseinheit in Vietnam.
**Dongen,** Kees (Cornelius) van, *1877, †1968, Maler u. Graphiker (modische Porträts, Figuren- u. Landschaftsbilder).
**Don Giovanni** → Don Juan.
**Dönhoff,** 1. Marion Gräfin, *2.12.1909, dt. Publizistin; 1968–72 Chefredakteurin, dann Hrsg. der Wochenzeitung »Die Zeit«. – **2.** Sophie Julie Gräfin von, *1767, †1834, Mätresse *Friedrich Wilhelms II.* von Preußen.
**Dönitz,** Karl, *1891, †1980, dt. Großadmiral; 1943–45 Oberbefehlshaber der Kriegsmarine; von *Hitler* testamentar. als Nachf. eingesetzt, ordnete die bedingungslose Kapitulation an; im Nürnberger Prozeß als Kriegsverbrecher zu 10 Jahren Haft verurteilt, bis 1956 im Gefängnis Spandau.
**Donizetti,** Gaetano, *1797, †1848, ital. Komponist (Kirchenmusik u. rd. 70 Opern); 𝕎 »Der Liebestrank«, »Lucia di Lammermoor«, »Don Pasquale«.
**Don Juan** [-xuˈan], ital. *Don Giovanni,* span. Sagengestalt: ein Frauenverführer, der schließl. in die Hölle kommt; beliebter Opern-, Schauspiel- u. Romanheld.
**Donkosaken,** die russ. Kosaken am unteren Don. – **D.chor,** 1920 aus Soldaten der »Weißen Armee« gegr. Chor; erlangte unter S. *Jaroff* Weltruhm.
**Donne** [dʌn], John, *1572, †1631, engl. Dichter (Liebeslyrik, geistl. Gedichte, Elegien, Satiren).
**Donner,** rollendes Geräusch nach dem *Blitz* infolge der Ausdehnung erhitzter Luft auf der Blitzbahn u. ihres Zurückschlagens in die Anfangslage. Jedem km Abstand des Hörers vom Blitz entsprechen etwa 3 Sek. Zeitunterschied zw. Blitz u. D.
**Donner,** Georg Raphael, *1693, †1741, östr. Bildhauer zw. Barock u. Klassizismus.
**Donnerkeil** → Belemniten.
**Donnersberg,** **1.** Berggruppe im Pfälzer Bergland, 687 m; höchste Erhebung in der Pfalz. – **2.** Berg im Böhm. Mittelgebirge, 837 m.
**Don Quijote** [-kiˈxɔtə], *Don Quixote, Don Quichotte,* Held des gleichn. Romans von M. de *Cervantes Saavedra;* ein Idealist, der mit den realen Gegebenheiten in Konflikt gerät, daran scheitert u. zum Gespött wird. – **Donquichotterie,** durch Weltfremdheit zum Scheitern verurteiltes Unternehmen.
**Donzdorf,** ba.-wü. Stadt am westl. Fuß des Albuchs, 11 100 Ew.; Schloß (15./16. Jh.) der Grafen von Rechberg.
**Doorn,** ndl. Gem. sö. von Utrecht, 9700 Ew. Schloß »Huis te D.« war 1920–41 Wohnsitz des ehem. dt. Kaisers *Wilhelm II.*
**Döpfner,** Julius, *1913, †1976, kath. Theologe; 1948–57 Bischof von Würzburg, 1957–61 von Berlin, 1958 Kardinal, 1961–76 Erzbischof von München u. Freising.
**Doping,** unerlaubte Zuführung von Substanzen (z.B. Aufputschmitteln), die eine Steigerung der sportl. Leistung bewirken. Bei einem Nachweis wird der Sportler disqualifiziert.
**Doppeladler,** Adler mit 2 Köpfen als herald. Symbol, häufiges Wappentier, z.B. in Byzanz, im röm.-dt. Reich, in Östr. u. Rußland.

*Dordrecht: die Grote Kerk am Hafen*

**Doppelbeschluß** → NATO-Doppelbeschluß.
**Doppelbesteuerung,** **1.** *Doppelbelastung,* zwei- oder mehrf. Besteuerung desselben Steuergegenstands, z.B. vor 1977 die Besteuerung des Gewinns einer AG durch Körperschaftsteuer u. anschließend beim Aktionär durch Einkommensteuer. – **2.** *internationale D.,* Besteuerung des Einkommens eines Ausländers im Inland u. im eigenen Land; wird meist durch *D.abkommen* vermieden oder gemildert.
**Doppelbindung,** chem. Bindung zweier Atome durch je zwei Valenzen (*Wertigkeit*).
**Doppelbrechung,** die Eigenschaft aller nicht-kubischen Kristalle, einen Lichtstrahl in zwei Teile zu zerlegen. Die Lichtwellen der beiden Strahlen schwingen senkrecht zueinander.
**Doppelbürger,** *Doppelstaatler,* Person mit mehreren Staatsangehörigkeiten.
**Doppeldecker** → Flugzeug.
**Doppelehe** → Bigamie.
**Doppelkolbenmotor,** Verbrennungsmotor, bei dem je zwei Kolben in einem Zylinder vereinigt sind; durch die Explosionsgase wird ein Kolben nach oben, der andere nach unten getrieben.
**Doppelkopf,** Kartenspiel mit 48 (bei Varianten mit 40) Karten unter 4 Personen.
**Doppelkorn,** Kornbranntwein mit einem Alkoholgehalt von mindestens 38 Vol. %.
**Doppelsalze,** Salze, die aus Lösungen oder Schmelzen zweier Salze in einem gemeinsamen Kristallgitter auskristallisieren; z.B. Alaun.
**Doppelsame,** *Diplotaxis,* Gatt. der *Kreuzblütler;* in Dtld.: *Schmalblättriger D., Mauer-D., Ruten-D.*
**Doppelschlag,** musikal. Verzierung durch Umspielen einer Note mit Ober- u. Untersekunde.
**Doppelspat,** reiner wasserklarer *Kalkspat;* doppelbrechend.
**Doppelstern,** zwei eng benachbarte Fixsterne. Bei *visuellen D.* sind die Einzelsterne im Fernrohr trennbar, bei *spektroskop. D.* nur durch Aufspaltung der Spektrallinien; *physische D.* bilden ein System u. bewegen sich umeinander; *optische D.* stehen nur zufällig für den Betrachter dicht beieinander, sind aber in verschiedenen Entfernungen. D. sind sehr häufig (vermutl. über 50 % aller Sterne).
**doppelte Buchführung** → Buchführung.
**Doppelzentner,** Kurzzeichen *dz,* alte Gewichtseinheit: 1 dz = 100 kg.
**Doppler-Effekt,** die von dem östr. Physiker C. *Doppler* (*1803, †1853) 1842 entdeckte Wellenlängenänderung einer Licht- und Schallwelle bei einer relativen Bewegung von Quelle u. Empfänger. Nähert sich die Quelle dem Beobachter, so erhöht sich die Zahl der s ankommenden Licht- bzw. Schallwellen, die Linien im Spektrum verlagern sich nach dem Violetten, der Ton wird höher (z.B. beim Signalhorn eines vorbeifahrenden Rettungswagens). Das Umgekehrte gilt, wenn die Quelle entfernt. Der D. erlaubt u.a. die Messung der Geschwindigkeit von Sternen u. die bordeigene Geschwindigkeitsmessung von Flugzeugen gegenüber dem Erdboden.
**Dor,** Milo, eigtl. Milutin *Doroslovac,* *7.3.1923, östr. Schriftst. serb. Herkunft (autobiograph. u. iron.-krit. Romane, Hör- u. Fernsehspiele).

**Dorado** → Eldorado.
**Dorchester** [ˈdɔːtʃɪstə], Hptst. der südengl. Gft. Dorset(shire), 14 000 Ew.; röm. Ausgrabungen.
**Dordogne** [-ˈdɔnj], r. Nbfl. der Garonne in SW-Frankreich, 475 km; mündet bei Bec d'Ambès in die Gironde.
**Dordrecht,** niederländ. Stadt im Rheindelta, 107 000 Ew.; Werften, Metall-, elektrotechn., chem., Lebensmittel-Ind. – Älteste Stadt der Gft. Holland, seit dem 11. Jh. bed. Hafen im Rheindelta; seit 1572 Mittelpunkt der antispan. Aufstandsbewegung; 1618/19 *D.er Synode* (Sieg des orth. Calvinismus).
**Doré,** Gustave, *1832, †1883, frz. Graphiker u. Maler (Illustrationen zu Werken der Weltliteratur).
**Dorer** → Dorier.
**Dorf,** mehr oder weniger geschlossene, meist ländl. Gruppensiedlung mit wenigstens 12–15 Wohnplätzen; mitteleurop. Formen: *Haufen-D., Straßen-D., Anger-D., Reihen-D., Rundling.* Das D. ist über die ganze Erde verbreitet, jedoch in sehr unterschiedl. Weise u. oft als Übergang zu anderen Siedlungsformen. So leben z.B. nomad. oder halbnomad. Völker häufig in Zelten oder zeltartigen Hütten u. nur gelegentl. in dorfähnl. Gruppensiedlungen. In China gibt es ausgesprochene Großdörfer; diese sind nach außen abgeschlossen, nur durch einen einzigen Zugang betretbar. In Afrika haben die Dörfer oft eine ausgesprochene Rundform.
**Dorfen,** oberbay. Stadt an der Isen (Nbfl. des Inn), 10 200 Ew.; Wallfahrtskirche.
**Dörfler,** Peter, *1878, †1955, dt. Schriftst. (Volksschrifttum, Heiligenbiographien, Jugendbücher).
**Doria,** Andrea, *1468, †1560, genues. Admiral in päpstl., frz., schließl. kaiserl. Diensten; herrschte seit 1528 diktator. in Genua. Gegen ihn richtete sich 1547 die Verschwörung des *Fiesco* (Drama von *Schiller*).
**Dorier,** *Dorer,* einer der grch. Hauptstämme, im 13./12. Jh. v. Chr. aus dem N nach Griechenland eingewandert. Die D. verbreiteten sich bes. auf dem östl. u. südl. Peloponnes, wo ihr Sinn für staatl. Ordnung im Stadtstaat *Sparta* seine stärkste Ausprägung fand. Sie besiedelten ferner Kreta, Rhodos, Thera, die SW-Küste Kleinasiens, Unteritalien u. Sizilien.
**dorischer Stil** → Säulenordnung.
**Dormagen,** Stadt in NRW, am Rhein, 57 500 Ew.; Zucker- u. chem. Ind.
**Dornach,** Hptst. des Bez. *Dorneck* im schweiz. Kt. Solothurn, an der Birs, 5500 Ew.; *Goetheaneum,* Freie HS für Anthroposophie.
**Dornberger,** Walter, *1895, †1980, dt. Raketenforscher; leitete im 2. Weltkrieg das dt. Raketenwaffenprogramm.
**Dornbirn,** größte Stadt in Vorarlberg (Östr.), am

*Donau-Durchbruch zwischen Weltenburg und Kelheim (Bayern)*

Westfuß des Bregenzer Walds, 35 000 Ew.; Textil- u. Masch.-Ind., Textilmesse.

**Dornen,** starre, pfriemförmige Gebilde der Pflanzen, durch Umwandlung von Blättern, Sproßachsen oder (selten) Wurzeln entstanden; schützen die Pflanze vor Tierfraß.

**Dornfortsatz,** bei Wirbeltieren ein Fortsatz auf der Rückenseite des Wirbelkörpers.

**Dornhai,** häufigste Haiart des Nordatlantik, mit 2 Stacheln vor den Rückenflossen, bis 1 m lang u. 10 kg schwer. Sein Fleisch ist als *Seeaal* im Handel, seine geräucherten Bauchlappen als *Schillerlocken.*

**Dornier** [dɔrniˈe], Claudius, *1884, †1969, dt. Flugzeugkonstrukteur; Mitarbeiter Graf *Zeppelins*, gründete 1914 in Friedrichshafen die *D.-Werke.*

**Dornschwänze,** Gatt. der *Agamen* mit kräftigem Schwanz, der mit Ringen aus stachelspitzigen Schuppen bewehrt ist; Wüstenbewohner; 12 Arten, darunter der bis 70 cm lange *Ägypt. Dornschwanz.*

**Dornseiff,** Franz, *1888, †1960, dt. klass. Philologe; W »Der dt. Wortschatz nach Sachgruppen«.

**Dornstein,** der bei den Gradierwerken aus dem Reisig der Salinen entstehende Niederschlag von Magnesium- u. Calciumsulfat u. -carbonat.

**Dornteufel,** der → Moloch (2).

**Dornzikade,** bis 11 mm lange *Buckelzirpe* Mitteleuropas; früher angebl. an Weinreben schädl. (»Weinteufel«), jetzt selten.

**Dorothea von Montau,** *1347, †1394, Klausnerin; Patronin Preußens u. des Dt. Ordens; Selige (Feste: 25.6. u. 30.10.).

**Dorpat,** estn. *Tartu,* russ. bis 1918 *Jurjew,* estn. Stadt, 100 000 Ew.; älteste Univ. in der UdSSR (gegr. 1632, wiedergegr. 1802, bis 1889 dt.), Landwirtschaftsakademie; Landmasch.-, Holz-, Textil- u.a. Ind. – 1224 vom dt. Schwertbrüderorden erobert, Bischofssitz, im 14. Jh. Hansestadt, 1582 poln., 1629 schwed., 1721 russ. – Im Frieden von D. (2.2.1920) zw. der UdSSR u. Estland wurde Estlands Unabhängigkeit anerkannt.

**Dörpfeld,** Wilhelm, *1853, †1940, dt. Archäologe; Begr. des wiss. Ausgrabungswesens; Ausgrabungen in Troja, Mykene, Tiryns u. Orchomenos.

**Dorpmüller,** Julius, *1869, †1945, Eisenbahnfachmann; seit 1926 Generaldirektor der Dt. Reichsbahn, von 1937 bis 1945 zugleich Reichsverkehrs-Min.

**dörren,** *trocknen,* Gemüse, Obst u. Gewürzkräuter durch Entziehen des natürl. Wassergehalts (*Dehydrieren*) konservieren, um den Verderbniserregern (Bakterien, Pilzen) die Lebensmöglichkeiten zu nehmen. Der Wassergehalt von **Dörrgemüse** darf 12%, der von **Dörrobst** (*Backobst*) 23% nicht übersteigen, um lange Haltbarkeit zu gewährleisten.

**dorsal,** zum Rücken gehörig, auf der Rückenseite befindlich.

**Dorsch** → Kabeljau.
**Dorsch,** Käthe, *1890, †1957, dt. Schauspielerin; seit 1939 am Wiener Burgtheater; viele Filmrollen.

**Dorst,** Tankred, *19.12.1925, dt. Schriftst. (Hör- u. Fernsehspiele, iron.-groteske Theaterstücke, Dokumentartheater).

**Dorsten,** Stadt in NRW, an der Lippe, 74 100 Ew.; Wasserschloß *Lembeck;* Kohlenbergbau, Eisen-, Masch.-Ind. – Stadtrecht 1251, im 14./15. Jh. Hansestadt.

**Dorsum,** der Rücken.

**Dortmund,** Stadt in NRW, im östl. Ruhrgebiet, Handels- u. Wirtschaftsmetropole u. größte Stadt Westfalens, 568 000 Ew.; Univ.; Eisen- u. Stahlwerke, Maschinenbau, Brauereien, bed. Binnenhafen. – Ersterwähnung 885 als karoling. Königshof, 1220 Freie Reichsstadt (einzige Westfalens), Mitgl. der Hanse, 1815 preußisch.

**Dortmund-Ems-Kanal,** 1892–99 gebauter, einschließl. Ems u. Dollart 282 km langer Schifffahrtsweg, verbindet das Ruhrgebiet mit der Nordsee.

**Dosimetrie,** Messung einer Strahlungsdosis.

**Dosis,** Arzneimittelmenge, die auf einmal *(Einzel-D.)* oder während eines Tages *(Tages-D.)* zu nehmen ist.

**Dos Passos** [dɔs ˈpæsous], John, *1896, †1970, US-amerik. Schriftst.; sozialist. Kritiker der amerik. Kultur, später konservativ-positiv.

**Dosse,** r. Nbfl. der Havel in Brandenburg, 120 km; Unterlauf schiffbar.

**Dossier** [dɔˈsjeː], Aktenbündel; Sammlung aller Schriftstücke über eine Sache oder Person.

**Dost,** in Dtld. häufiger *Lippenblütler;* als *Herba Origani* arzneil. verwendet; beliebtes Gewürz *(Oregano)* der ital. Küche.

**Dostal,** Nico, *1895, †1981, östr. Operetten- u. Filmkomponist; W »Clivia«, »Monika«, »Die ung. Hochzeit«.

**Dostojewskij,** Fjodor Michajlowitsch, *1821, †1881, russ. Schriftst.; wegen revolutionärer Betätigung 1849 zum Tode verurteilt, dann zur Zwangsarbeit in Sibirien begnadigt. Seine psycholog. tiefdringenden Romane behandeln religiös-philosoph. Fragen in Gegenwartsthematik. W »Erniedrigte u. Beleidigte«, »Schuld u. Sühne« (»Raskolnikow«), »Der Idiot«, »Die Dämonen«, »Die Brüder Karamasow«.

**Dotation,** Schenkung, Zuwendung, bes. an öffentl. Einrichtungen, fr. auch an Personen für bes. Verdienste.

**Dotierung,** Einbau von Fremddatomen in Halbleiter.

**Dotter,** Reservestoffe in der Eizelle, die dem sich entwickelnden Embryo zur Nahrung dienen.

**Dotterblume,** *Butterblume, Sumpfdotterblume,* Gatt. der *Hahnenfußgewächse,* blüht gelb auf feuchten Wiesen.

**Dou** [dau], Gerrit (Gerard), *1613, †1675, ndl. Maler; Schüler *Rembrandts*.

**Douai** [duˈɛː], N-frz. Krst., 42 600 Ew.; Eisen-, chem. u. Textil-Ind. – 1652–1889 Univ., 1712–89 Sitz des flandr. Parlaments.

**Douala** [duˈaːla], *Duala,* wichtigster Hafen u. größte Stadt von Kamerun, 853 000 Ew.; vielseitige Ind., Flughafen.

**Douane** [duˈaːn], Zoll, Zollamt.

**Douaumont** [duoˈmɔ̃], Panzerfort der Festung *Verdun,* im 1. Weltkrieg schwer umkämpft.

**Double** [duːbl], im Film Vertreter des eigtl. Darstellers, bes. bei gefahrvollen Szenen.

**Doublé** [duːbleː] → Dublee.

**Doublette,** Doppel, zweifach Vorhandenes; Doppeltreffer.

**Doubs** [duː], l. Nbfl. der Saône, 430 km; Teil der frz.-schweiz. Grenze.

**Douglas** [ˈdʌɡləs], Hptst. der engl. Insel *Man,* 20 000 Ew.; Seebad, Fischerei.

**Douglas** [ˈdʌɡləs], schott. Grafengeschlecht, zeichnete sich bes. in den Kriegen gegen England (13.–15. Jh.) aus.

**Douglas-Home** [ˈdʌɡləs ˈhjuːm], Sir Alexander, *2.7.1903, brit. Politiker (konservativ); 1951–63 Earl of *Home,* seit 1974 Baron *Home of the Hirsel,* 1960–63 u. 1970–74 Außen-Min., 1963/64 Prem.-Min.; D. mußte seinen Adelstitel ablegen, um Prem.-Min. zu werden; nach seinem Rückzug aus der Politik wieder geadelt.

**Douglasie** [du-], *Douglastanne,* im westl. Nordamerika heim., bis 100 m hoher Nadelholzbaum.

**Douro** [ˈdoru] → Duero.

**do ut des** [lat.], »ich gebe, damit du gibst«, Bez. für eine Politik gegenseitiger Zugeständnisse.

**Doutiné** [du-], Heike, *3.8.1945, dt. Schriftst. (gesellschaftskrit. Romane).

**Dover** [ˈdouvə], befestigte S-engl. Hafenstadt am Kanal, zw. hohen Kreidefelsen, 34 000 Ew.; Seebad; bed. für den Verkehr zw. England u. dem Festland.

**Dovifat,** Emil, *1890, †1969, dt. Publizist; W »Zeitungslehre«, »Hdb. der Publizistik«.

**Dow-Jones-Index** [dau ˈdʒɔunz-], anhand der Kurse ausgewählter Aktien an der New Yorker Börse tägl. ermittelter Durchschnittskurs, gibt Aufschluß über die Börsenstimmung.

**Downing Street** [ˈdaunɪŋ ˈstriːt], Straße in London; das Haus Nr. 10 ist seit 1735 Amtssitz des brit. Prem.-Min.

**Downs** [daunz], zwei SO-engl. Höhenzüge aus Kreidekalk; *North D.,* im Botley Hill 294 m; *South D.* 271 m.

**Down-Syndrom,** sog. *Mongolismus,* Störung der Embryonalentwicklung, die zu einer Fehlbildung fast sämtl. Gewebe u. Organe führt. Charakteristisch ist eine unterschiedl. ausgeprägte geistige Behinderung, schräge Augenstellung, breite Nasenwurzel u.a. Ursache: Anstatt der normalen 46 Chromosomen sind 47 vorhanden, u. zwar tritt das Chromosom 21 dreifach auf *(Trisomie 21).* Bis zum 35. Lebensjahr entfallen auf 1000 Geburten weniger als 1 Fall. Mit zunehmendem Alter der Mutter (evtl. auch des Vaters) wird das D. häufiger. Durch eine Fruchtwasseruntersuchung ist ein Erkennen vor der Geburt möglich.

**Doxale,** spätmittelalterl. Lettner, Orgelempore u. Chorgitter einer Kirche.

**Doxologie,** Lobpreisung Gottes als Abschluß von Gebeten, Psalmen u. Hymnen oder als selbst. Lobgesang.

**Doyen** [dwaˈjɛ̃], Dienst-, Rangältester; Sprecher des Diplomat. Korps; entweder der am längsten am Ort akkreditierte Botschafter oder der diplomat. Vertreter des Hl. Stuhls.

**Doyle** [dɔil], Sir Arthur Conan, *1859, †1930, engl. Kriminalschriftst.; erfand den Meisterdetektiv *Sherlock Holmes.*

**Dozent,** *Privatdozent,* Lehrer an einer Hochschule.

**DP,** Abk. für *Deutsche Partei.*

**dpa,** Abk. für *Deutsche-Presse-Agentur,* 1949 gegr. Nachrichtenagentur für die BR Dtld., Sitz: Hamburg.

**Drâ,** *Oued ad D.* [wed-], *Wad Draˈah,* Trockenfluß im südl. Marokko, 1200 km.

**Drach,** Albert, *17.12.1902, östr. Schriftst. (Romane, Erzählungen Dramen).

**Drache, 1.** feuerspeiendes Fabeltier von echsenartiger Gestalt oder Mischgestalt aus Vogel, Schlange u. Löwe. Im Abendland verkörpert er böse, in Ostasien dagegen wohltätige Mächte. – **2.** Sternbild des nördl. Himmels.

**Drachenbaum,** Gatt. der *Liliengewächse;* Sträucher oder Bäume mit schopf- oder schwertförmigen Blättern. Manche Arten liefern ein rotes Harz, das *Drachenblut.*

*Dortmund: Westfalenpark mit Fernsehturm; im Vordergrund ein Stahlwerk*

*Drachenbaum auf Teneriffa, über 3000 Jahre alt*

*Drachenflieger*

**Drachenfels, 1.** Berg in der Haardt (Pfalz), 571 m, sw. von Bad Dürkheim; Schauplatz der Siegfried-Sage. – **2.** Trachytkegel des Siebengebirges am Rhein, bei Königswinter (Zahnradbahn), 321 m.
**Drachenfische,** *Petermännchen,* mit Giftstacheln an Rückenflosse u. Kiemendeckeln versehene *Barschartige* der europ. u. afrikan. Küsten.
**Drachenfliegen,** Hanggleiten, Form des Flugsports mit einem *Hängegleiter,* bei der unter Ausnutzung der Aufwinde an Berghängen von einem Berg oder Hochplateau zu Tal gesegelt wird. Der Pilot hängt dabei in Gurten u. steuert das Fluggerät durch Gewichtsverlagerung mittels eines Steuerbügels *(Trapez).*
**Drachenköpfe,** Fam. der *Barschfische* wärmerer Breiten; Kopf u. Flossen mit starren Stacheln (manche Arten mit Giftdrüsen) bewehrt, zu den D. gehören z.B. die *Meersau,* der *Rotfeuerfisch* u. als wichtigster Wirtschaftsfisch der *Rotbarsch.*
**Drachmann,** Holger, *1846, †1908, dän. Schriftst.; schrieb als Neuromantiker im Stil alter Barden.
**Drachme, 1.** altgrch. Silbermünze (4,3 g) zu 6 Obolen. – **2.** Währungseinheit in Griechenland; 1 D. = 100 *Lepta.*
**Dracula,** ein *Vampir,* Titelfigur eines Romans von B. Stoker (1897), Hauptgestalt zahlr. Horrorfilme.
**Drage,** poln. *Drawa,* r. Nbfl. der Netze, 199 km.
**Dragée** [dra'ʒeː], mit Zuckermasse überzogenes Arzneimittel; gefülltes Bonbon aus Zuckermasse mit versch. Zusätzen.
**Dragoman,** fr. im Vorderen Orient Bez. für *Dolmetscher.*
**Dragonaden,** in Frankreich unter Ludwig XIV. Zwangseinquartierung von Dragonern bei Protestanten, um diese zum Übertritt zur kath. Kirche zu nötigen.
**Dragoner,** berittene Infanterie, die zum Feuer absaß; allmähl. in die Kawallerie übergegangen.
**Dragster** ['drægstə], formelfreier Spezialrennwagen; leistungsstarker Motor (1000 u. mehr PS).
**Draht,** durch Walzen oder Ausziehen durch enge Löcher hergestellte, bis 5 mm dicke, beliebig lange Metallstäbchen.
**Drahtfunk,** Übertragung von Rundfunkprogrammen über normale Fernsprechleitungen; in der BR Dtld. 1963 eingestellt.
**Drahtglas,** zu Dachdeckungen, Oberlichtern, Fenstern u.ä. verwendetes Glas, in das im flüssigen Zustand Drahtgeflechte eingelegt worden sind.
**Drahthaarterrier,** Hunderasse mit drahtigem hartem Haar u. dichter, feinerer Unterwolle; Unterrasse des *Foxterrier.*
**Drahtseil,** aus dünnen Drähten von höchster Zugfestigkeit um ein Hanfseil oder einen Draht *(Seele)* auf Verseilmaschinen verdrilltes Seil; in hohem Grad biege- u. zerreißfest.
**Drahtseilbahn** → Seilbahn.
**Drainage** → Dränage.
**Draisine, 1.** leichtes motorgetriebenes Schienenfahrzeug zur Kontrolle von Eisenbahnstrecken. – **2.** von K. *Drais von Sauerbronn,* *1785, †1851, erfundene Laufmaschine, Vorläufer des Fahrrads.
**Drake** [dreik], Sir Francis, *um 1540, †1596, engl. Admiral; umsegelte 1577–80 als zweiter (nach Magalhães) die Erde; Begr. der engl. Seefahrertradition; führende Rolle beim Kampf gegen die span. Seemacht (siegte über die *Armada*).

**Drakensberge,** *Kathlambagebirge,* Teil der Großen Randstufe im sö. Südafrika, im *Thabana Ntlenyana* 3482 m hoch.
**Drakestraße** ['dreik-], nach F. *Drake* ben. Meeresstraße zw. Kap Hoorn u. Antarktis.
**Drakon,** um 621 v.Chr., Verfasser des ältesten, wegen seiner »drakonischen Härte« berüchtigten Gesetzbuchs der Athener.
**Drall, 1.** → Drehimpuls. – **2.** bei Garnen, Zwirnen u.ä. die Drehung der das Ganze bildenden Fäden. – **3.** Drehung des Geschosses um seine Längsachse, durch die schraubenförmig in den Lauf eingeschnittenen Züge.
**Drama,** jedes Bühnenwerk für das Sprechtheater, d.h. ein literar. Werk, bei dem Figuren, von Schauspielern dargestellt, auf einer Bühne handeln u. sprechen. Die Handlung entwickelt sich aus Dialog u. Monolog. Bes. Formen des D. sind *Tragödie* (Trauerspiel) u. *Komödie* (Lustspiel); i.e.S. werden *D.* u. *Schauspiel* gelegentl. nur als Mittelding zw. diesen beiden verstanden. – **dramatisch,** das D. betreffend; spannend, bewegt, erschütternd.
**Dramaturg,** künstler.-wiss. Mitarbeiter der Bühnenleitung, der Theaterstücke prüft u. bearbeitet, das Programmheft herausgibt u.ä. – **Dramaturgie,** Lehre vom Wesen, Aufbau u. Wirkung des Bühnenspiels.
**Drammen,** S-norw. Hafenstadt, sw. von Oslo, Hptst. der Prov. Buskerud, 51 300 Ew.; versch. Ind., Schiffbau.
**Dramolett,** kleines Bühnenspiel.
**Dränage** [-ʒə], **1.** *Drainage, Dränung,* Ableitung überschüssigen Bodenwassers durch unterird. verlegte Abflußleitungen, meist aus Ton. Die Rohre liegen in frostfreien Tiefen u. werden nur lose aneinandergelegt, so daß das Wasser in sie gelangen kann. – **2.** Ableitung der Wundflüssigkeit aus Körperhöhlen durch Gummi- oder Glasröhren, auch Gazestreifen.
**Drance** [drãs], l. Nbfl. der Rhône, 43 km.
**Draper** ['dreipə], Henry, *1837, †1882, US-amerik. Astronom. Aus einer Stiftung seiner Witwe wurde bis 1924 der »Henry-D.-Katalog« mit Angaben der Spektralklassen von 225 000 Sternen geschaffen.
**drapieren,** wirkungsvoll in Falten legen; ausschmücken.
**Drau,** serbokr. *Drava,* r. Nbfl. der Donau, 720 km; Grenzfluß zw. Ungarn u. Jugoslawien.
**Drawida,** *Dravida,* Gruppe von Völkern, die vermutl. vor den Indoeuropäern in Vorderindien eingewandert ist (über 100 Mio., darunter die *Tamilen*); **drawidische Sprachen** werden in S-Indien, Sri Lanka u. Pakistan gesprochen.
**Dreadnought** ['drednɔːt], brit. Schlachtschiff (1906), später Sammelbegriff für Großkampfschiffe, 1963 Name des ersten brit. atomar angetriebenen U-Boots.
**Dregger,** Alfred, *10.12.1920, dt. Politiker (CDU), 1956–70 Oberbürgermeister von Fulda, 1967–82 CDU-Vors. in Hessen, seit 1982 Vors. der CDU/CSU-Bundestagsfraktion.
**Drehbank** → Drehmaschine.
**Drehbuch,** Manuskript eines Films oder einer Fernsehsendung; meist sind auf jeder Seite rechts die akust., links die opt. Vorgänge verzeichnet.
**Drehbühne,** drehbarer Teil des Bühnenbodens, in Sektoren aufgeteilt. Nur einen Sektor kann der Zuschauer jeweils sehen, auf dem anderen wird das nächste Bühnenbild aufgebaut. Die D. ermöglicht schnellen Szenenwechsel.
**Dreheiseninstrument,** elektr. Meßgerät zur Messung von Strömen u. Spannungen.
**Drehfeld,** magnet. Feld, das mit gleichbleibender

*Draisine; englischer Kupferstich, 1819*

*Drehscheibe zum Drehen einer Lokomotive*

Geschwindigkeit um eine Achse umläuft u. dessen Stärke konstant ist. Es entsteht durch Überlagerung mehrerer Wechselfelder.
**Drehflügelflugzeug,** Flugzeug, bei dem die Tragfläche in einzelne Blätter (2–8) aufgelöst ist, die eine Drehbewegung ausführen. Beim *Hubschrauber* werden die Drehflügel motorisch angetrieben, beim *Tragschrauber* rotieren sie frei im Fahrtwind.
**Drehimpuls,** *Drall,* bei der Drehung eines Massenpunkts um eine Achse das Produkt aus dem momentanen Abstand des Punkts von der Achse u. seinem momentanen *Impuls.* Bei der Bewegung eines Planeten um die Sonne ist der D. konstant. Alle Elementarteilchen haben einen inneren D., den *Spin.*
**Drehkolbenmotor,** Verbrennungsmotor, der anstelle eines hin- u. hergehenden Kolbens einen sich drehenden Kolben verwendet. Der bisher wichtigste D. ist der *Wankelmotor.*
**Drehkrankheit,** durch Finnen eines Hundebandwurms hervorgerufene tödl. Krankheit, bes. bei Schafen; mit Zwangs- u. Drehbewegungen des gesenkt gehaltenen Kopfes verbunden.
**Drehleier,** Streichinstrument, dessen Saiten mittels mechan. Vorrichtungen gegriffen u. gestrichen werden; im 15.–17. Jh. Bettlerinstrument; im 18. Jh. vorübergehend beliebt.
**Drehmaschine,** *Drehbank,* Werkzeugmaschine zur spanenden Bearbeitung eines Werkstücks, das durch einen Antrieb eine Drehbewegung erhält, während längs oder quer zu seiner Achse ein einschneidiges Werkzeug *(Drehmeißel)* vorbeigeführt wird.
**Drehmoment,** die aus Kraft mal Kraftarm (Hebelarm) sich ergebende Drehwirkung. Für die Drehbewegung spielt das D. dieselbe Rolle wie die Kraft für die lineare Bewegung. Es wird durch die zeitl. Änderung des *Drehimpulses* bestimmt.
**Drehorgel,** *Leierkasten,* kleine trag- oder fahrbare Orgel mit Kurbelantrieb für die Bälge u. die Stiftwalze oder Lochscheibe, die die Ventile betätigt; vor allem Instrument der Straßenmusikanten.
**Drehscheibe, 1.** Gleisstück auf einer im Kreis drehbaren Stahlkonstruktion, zum Umsetzen von Schienenfahrzeugen, bes. Lokomotiven, auf andere Gleise. – **2.** Töpferscheibe.
**Drehstrom,** *Dreiphasenstrom,* bes. Art von *Wechselstrom;* entsteht durch Verkettung dreier um 120° phasenverschobener Wechselströme mit gleicher Spannung u. Frequenz. D. ist die wichtigste u. wirtschaftlichste Stromart.
**Drehung, 1.** → Rotation. – **2.** *Drall, Draht, Torsion,* Verdrillung von Fasern zu Vorgarnen u. Gespinsten zwecks Rundung, Formgebung u. Festigung des Faserverbands. Die D. wird unterschieden nach Drallrichtung (Z-Drehung, S-Drehung) u. Anzahl der D. je Meter.
**Drehwaage,** *Torsionswaage,* Gerät zum Messen kleinster Drehmomente: Ein an einem Faden aufgehängtes Stäbchen dreht sich bei Einwirkung einer äußeren Kraft um einen kleinen Winkel; diesem ist das Drehmoment proportional.
**Drehzahl,** *Tourenzahl,* Zahl der Umläufe von Maschinen in der Zeiteinheit (Minute).
**Dreibund,** geheimes Verteidigungsbündnis zw. dem Dt. Reich, Östr.-Ungarn u. Italien 1882 in Erweiterung des dt.-östr. *Zweibunds* (1879); zuletzt 1912 erneuert. 1915 verließ Italien den D.

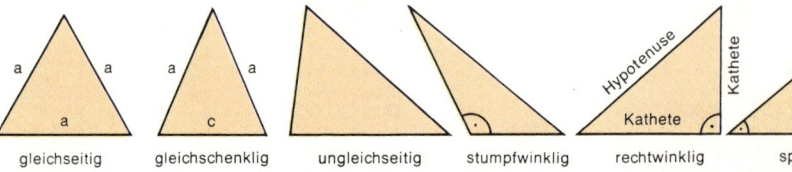
Dreieck: Formen

**Drei-D,** *3-D,* abkürzende Bez. für dreidimensionales (plastisches) Sehen beim → Raumfilm.

**Dreieck, 1.** Ebene, von 3 Geraden begrenzte Figur. Man unterscheidet: *spitzwinkliges D.* (alle Winkel sind kleiner als 90°), *rechtwinkliges D.* (1 Winkel ist 90°; die ihn begrenzenden Seiten heißen *Katheten,* die gegenüberliegende *Hypotenuse*), *stumpfwinkliges D.* (1 Winkel ist größer als 90°), ferner *ungleichschenkliges D.* (3 verschieden lange Seiten), *gleichschenkliges D.* (2 gleiche Seiten), *gleichseitiges D.* (3 gleiche Seiten). Die Winkelsumme im D. beträgt 180°. Der Flächeninhalt ist das halbe Produkt aus einer Seite u. der zugehörigen Höhe. – **2.** *Triangulum,* zwei kleine Sternbilder am nördl. u. südl. Himmel.

**Dreieckköpfe,** Gatt. nächtl. lebender *Grubenottern,* sehr gefährl. Giftschlagen.

**Dreieich,** hess. Stadt im Rodgau, 38 100 Ew.; Metall-, Elektro-, Textil-, Kosmetik-Ind.; Ruine der Wasserburg *Hain.*

**Dreieinigkeit,** *Dreifaltigkeit, Trinität,* die eine Natur der drei Personen (Vater, Sohn u. Heiliger Geist) in Gott. Dem Vater wird die Schöpfung, dem Sohn der Erlösung, dem Hl. Geist die Heiligung zugesprochen. Die Lehre von der D. unterscheidet das Christentum am tiefsten von Judentum u. Islam. Sie wurde auf den ökumen. Konzilien von Nicäa (325) u. Konstantinopel (381) als Dogma festgelegt. – Symbole: *Dreipaß* u. *Dreieck.* Die figürl. Darst. der D. kennt mehrere Typen: 1. drei einander ähnl. Männer; 2. Gottvater u. Sohn nebeneinander thronend, zw. ihnen die Taube; 3. der *Gnadenstuhl:* Gottvater hält das Kreuz mit dem Sohn; die Taube erscheint darüber oder daneben.

**Dreier,** norddt. Kleinmünze des 16.–19. Jh.

**Dreifaltigkeit** → Dreieinigkeit.

**Dreifaltigkeitsberg,** Berg bei Spaichingen (Schwäb. Alb), 985 m; mit Wallfahrtskirche.

**Dreifarbendruck,** Druckverfahren, bei dem 3 Druckplatten mit den Grundfarben Blau, Rot u. Gelb übereinandergedruckt werden, so daß durch deren Mischung ein wirklichkeitsgetreues farbiges Bild entsteht.

**Dreifelderwirtschaft,** Bodennutzung in dreijährigem Turnus: Wintergetreide, Sommergetreide, Brache. Die D. herrschte vor der Einführung des Kunstdüngers in Dtld. fast 1000 Jahre. Zu Anfang des 19. Jh. wurde sie verbessert durch Bestellen der Brache mit Futterpflanzen u. später auch Hackfrüchten.

**Drei Gleichen,** drei thüring. Burgberge (mit Ruinen) zw. Gotha u. Arnstadt.

**Dreikaiserjahr,** das Jahr 1888, in dem im Dt. Reich nacheinander Wilhelm I., Friedrich III. u. Wilhelm II. regierten.

**Dreikaiserschlacht** → Austerlitz.

**Dreiklang,** aus einem Grundton u. der darüberliegenden Terz u. Quinte aufgebauter Zusammenklang von 3 Tönen, wobei der Dur-D. eine große u. eine kleine (z.B. c-e-g), der Moll-D. eine kleine u. eine große Terz (z.B. c-es-g) hat.

**Dreiklassenwahlrecht,** das in Preußen von 1849 bis 1918 geltende Wahlrecht, das keine Gleichheit der Stimmen vorsah. Die Wähler wurden nach der Höhe ihrer Steuerzahlung in 3 Klassen eingeteilt, von denen jede ⅓ der Abg. wählte. 1908 gehörten zur 1. Kl. nur 4%, zur 2. Kl. 14% u. zur 3. Kl. 82% der Wähler. Ähnl. Systeme bestanden auch in anderen dt. Staaten.

**Drei Könige,** *Heilige Drei Könige,* die »Magier aus dem Morgenland«, die nach Matth. 2,1–12 dem Jesuskind huldigten; erst im MA *Caspar, Melchior* u. *Balthasar* genannt. Der *Dreikönigstag* (6. Jan.) ist das Fest → Epiphanias.

**Dreikönigstreffen,** seit 1864 am Dreikönigstag (6. Jan.) stattfindender Parteitag der württemberg. bzw. SW-dt. Liberalen, heute der ba.-wü. FDP.

**Dreikörperproblem,** die Aufgabe, die Bewegung von drei sich gegenseitig anziehenden Körpern zu berechnen; mathematisch nicht exakt lösbar.

**Dreimächtepakt,** 1940 geschlossener Vertrag zw. Dtld., Italien u. Japan, dem später Ungarn, Rumänien, die Slowakei u. Bulgarien beitraten. Der Beitritt Jugoslawiens im Frühjahr 1941 löste dort eine Revolte u. den dt. Angriff aus. Der D. wurde 1942 durch ein Militärbündnis der drei Hauptmächte ergänzt.

**Dreimaster,** Laienausdruck für ein Segelschiff mit drei Masten.

**Dreimeilenzone,** fr. das gewohnheitsrechtl. anerkannte Hoheitsgebiet von Staaten in den Küstengewässern (3 Seemeilen = 5,556 km). Heute ist die 12-sm-Zone nahezu allg. anerkannt.

**Dreipaß,** Figur des got. Maßwerks.

**Dreisam,** l. Nbfl. der Elz, 60 km; durchfließt Freiburg i. Br.

**Dreisatz,** *Regeldetri,* Verfahren zur Berechnung einer 4. Größe aus 3 gegebenen, wenn diese entweder in gleichem *(proportional)* oder umgekehrtem *(umgekehrt proportional)* Verhältnis stehen. Beispiel: 2,5 kg Kartoffeln kosten 4 DM. Wieviel kosten 8 kg Kartoffeln?

Lösung durch Dreisatz:

1. 2,5 kg kosten 4 DM

2. 1 kg kostet $\frac{4 \text{ DM}}{2,5}$

3. 8 kg kosten $\frac{4 \text{ DM}}{2,5} \cdot 8 = 12{,}80$ DM

Entsprechend die Berechnung bei umgekehrtem Verhältnis: 26 Arbeiter erledigen eine Arbeit in 40 Tagen. In wieviel Tagen wird sie von 16 Arbeitern erledigt?

In $\frac{40 \cdot 26}{16} = 65$ Tagen.

**Dreiser** ['draizə], Theodore, *1871, †1945, US-amerik. Schriftst. (naturalist. Romane, die meist den brutalen Kampf um Reichtum u. Ansehen in der amerik. Gesellschaft darstellen).

**Dreispitz,** Hut mit dreiseitig hochgeschlagener Krempe; vor 1800 Bestandteil der Männerkleidung.

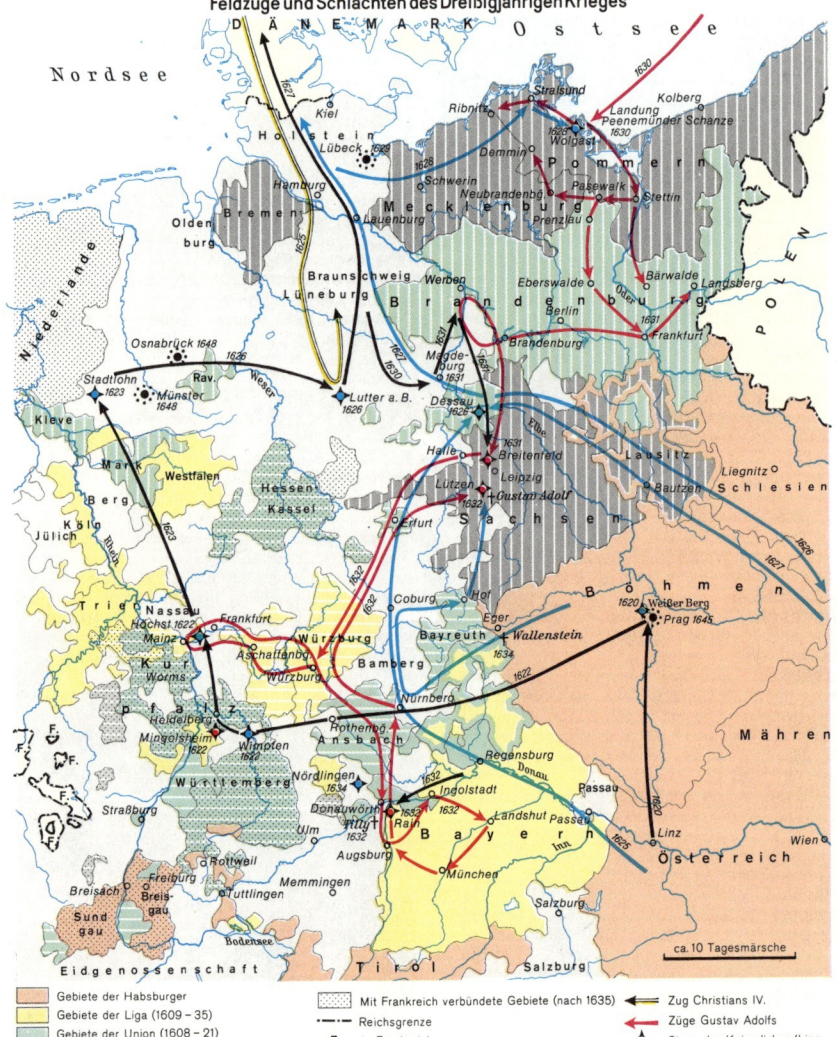

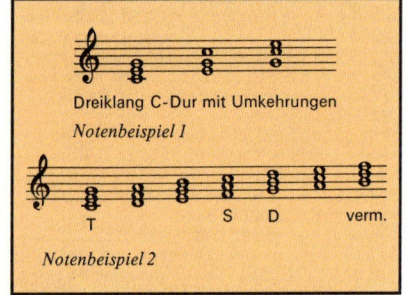

Dreiklang: C-Dur-Dreiklang mit Umkehrungen (1) – C-Dur Tonleiter mit Haupt- u. Nebendreiklängen (2)

**Dreisprung,** leichtathlet. Übung: drei aufeinanderfolgende Sprünge mit der Schrittfolge links-links-rechts oder rechts-rechts-links.
**Dreißigjähriger Krieg,** Sammelbez. für mehrere Kriege in Dtld. 1618–48. Auslöser war ein Aufstand des prot. böhm. Adels gegen die habsburg. Herrschaft. Aus konfessionellen Gegensätzen entstanden, weitete sich der Krieg zum Reichskrieg um die Stellung des Kaisers gegenüber den Ständen (Reichsfürsten) aus u. entwickelte sich durch

*Dreißigjähriger Krieg: Gustav Adolfs Tod bei Lützen; zeitgenössische Darstellung*

das Eingreifen Schwedens u. Frankreichs zu einem auf dt. Boden geführten Machtkampf um die europ. Stellung des Hauses Habsburg. Dabei wurden weite Teile Dtld.s verwüstet u. entvölkert; die wirtschaftl. Folgen waren katastrophal. Im *Westfäl. Frieden* 1648, der den D.K. beendete, mußten Gebiete an Frankreich u. Schweden abgetreten werden, das Ausscheiden der Schweiz u. der Niederlande aus dem Reichsverband wurde bestätigt, u. die Reichsstände erhielten alle wesentl. Hoheitsrechte, darunter das Recht, Bündnisse mit ausländ. Mächten zu schließen.
**Dreitagefieber** → Pappataci-Fieber.
**Dreitannenriegel,** Berg im Bay. Wald, sw. von Regen, 1092 m.
**Dreitorspitze,** Gipfel im Wettersteingebirge, südl. von Garmisch-Partenkirchen, 2403 m.
**Dreiverband,** *Tripelentente,* das 1907 dem *Dreibund* entgegengesetzte Einvernehmen zw. Frankreich, England u. Rußland, ohne feste Verträge.
**Dreizack,** Harpune der grch. Fischer des Altertums, mit 3 Zinken, die in Widerhaken enden; Attribut des Meeresgotts *Poseidon.*
**Drei Zinnen,** ital. *Tre Cime,* 3 Felstürme in den östl. *Dolomiten,* 2881–3003 m.
**Drell,** *Drillich,* sehr dichtes Leinen- oder Baumwollgewebe in Köperbindung; für Matratzenbezüge, Arbeitskleidung, Schürzen u.ä.
**Drensteinfurt,** Stadt in NRW, an der Werse, 11 400 Ew.; Wasserschloß.
**Drenthe,** *Drente,* Prov. der → Niederlande.
**dreschen,** die Getreidekörner vom Stroh bzw. Samen von den Hülsenfrüchten von den Hülsen trennen; früher durch *Ausreiten* oder mit dem *Dreschflegel,* später mit der *Dreschmaschine;* heute bei Getreide überwiegend mit dem *Mähdrescher.*
**Dresden,** Hptst. von Sachsen, 520 000 Ew.; bed. Industrieort in klimat. begünstigter Lage in einer fruchtbaren, von der Elbe durchflossenen Senke; TU u. zahlr. andere Hochschulen, berühmte Kunstsammlungen (Galerien Alte u. Neue Meister, Grünes Gewölbe); eine der schönsten Städte Europas; Bauwerke aus Barock u. Rokoko; im Febr. 1945 durch Luftangriffe stark zerstört, z.T. wiederaufgebaut; Zwinger, Jap. Palais, Oper (von G. *Semper*), Hofkirche, Kreuzkirche. – G e s c h.: Das aus slaw. Siedlung entstandene D. ist seit 1216 bezeugt; 1485–1918 Residenz der albertin. Wettiner (Mark Meißen, Kurfürstentum, dann Königreich Sachsen), 1918–52 Hptst. des Freistaats bzw. Landes Sachsen. 1952–90 Hptst. des DDR-Bezirks D., seither wieder Landes-Hptst. – B → S. 192
**Dreß,** Anzug, Kostüm, der Sportanzug.
**dressieren, 1.** → Dressur. – **2.** *formbügeln,* formbare Stoffe (Wollstoffe) in eine dem Körper angepaßte Form bügeln.

**Dressing,** gewürzte Soße für Salate, Braten u.ä.
**Dreßler,** August Wilhelm, *1886, †1970, dt. Maler; in den 20er Jahren Vertreter der Berliner *Neuen Sachlichkeit.*
**Dressman** [-mən], männl. Mannequin.
**Dressur,** das Abrichten von Tieren zur Ausführung bestimmter Handlungen durch Belohnung u. Bestrafung *(Fremd-D.)* oder durch Erfolg u. Mißerfolg *(Selbst-D.).* – **D.reiten,** Ausbildung des Pferdes zur gewünschten Leistungsfähigkeit. Höchste Stufe ist die → Hohe Schule.
**Drewenz,** poln. *Drwęca,* r. Nbfl. der Weichsel, 250 km.
**Drewitz,** Ingeborg, *1923, †1986, dt. Schriftst. (realist. Romane).
**Dreyfus** [drɛ'fys], Alfred, *1859, †1935, frz. Offizier jüd. Herkunft; aufgrund gefälschter Dokumente wegen Landesverrats 1894 zu lebenslängl. Deportation verurteilt. Der Schriftst. É. *Zola* löste 1898 mit einem scharfen Protest gegen das Urteil die *D.-Affäre* aus, die zu heftigen innenpolit. Auseinandersetzungen u. letztl. zur Trennung von Staat u. Kirche führte. D. wurde 1899 begnadigt, 1906 rehabilitiert.
**Driburg,** Bad D., Stadt u. Heilbad in NRW, im Eggegebirge, 17 700 Ew.; Mineralquellen, Schwefelmoorbäder.
**Driesch,** Hans, *1867, †1941, dt. Biologe u. Philosoph; begr. mit seinen Gedanken über die »Autonomie des Lebendigen« den *Neovitalismus.*
**Drift,** Meeresströmung, die durch ständig annähernd in gleicher Richtung wehende Winde hervorgerufen wird; transportiert häufig polare Eisschollen als *D.eis.*
**Drill,** beim Militär mechan. Einüben von Verhaltensweisen, Bewegungen u. Bedienungsgriffen.
**Drillbohrer,** kleines Bohrgerät, bei dem die Drehung des Bohrers durch Hinundherbewegen einer Hülse auf einer schraubig gewundenen Spindel erreicht wird.
**drillen,** mit der *Drillmaschine* säen, die das Saatgut in gleichem Reihenabstand linienförmig in den Boden einbringt.
**Drillich** → Drell.
**Drilling,** Jagdgewehr mit drei Läufen; gewöhnl. zwei glatte Schrotläufe u. ein gezogener Kugellauf.
**Drillinge** → Mehrlingsgeburt.
**Drin,** serbokr. *Drim,* Fluß in N-Albanien, entsteht bei Kukës aus *Schwarzem D.* (276 km) u. *Weißem D.* (254 km).
**Drina,** r. Nbfl. der Save in Jugoslawien, 346 km; entsteht aus *Tara* u. *Piva.*
**Drink,** alkohol. Getränk.
**Dritte Republik,** der frz. Staat 1871–1940.
**Dritter Orden** → Terziaren.
**Dritter Stand,** in den frz. *Generalständen* (Ständeparlament) die Vertretung der Bürger, die 1789 Gleichberechtigung mit Adel u. Geistlichkeit erlangten; allg.: besitzendes Bürgertum.
**Dritter Weg,** Zielvorstellung einer sozialist. Gesellschaftsordnung, die weder totalitär-kommunist. noch kapitalist. ist.
**Drittes Reich,** urspr. christl. Begriff für ein Endzeitalter unter Herrschaft des Hl. Geistes; von den Nat.-Soz. häufig gebrauchte Bez. für ihr Regime in Dtld. seit 1933 (nach dem Röm.-Dt. Reich u. dem Bismarck-Reich).
**Drittes Rom,** die nach Rom u. Byzanz vom Großfürstentum Moskau beanspruchte führende Rolle in der christl. Staatengemeinschaft.
**Dritte Welt,** Sammelbez. für Länder Afrikas, Asiens u. Lateinamerikas, die weder zu den kapitalist. noch zu den sozialist. Ind.-Ländern *(Erste u. Zweite Welt)* gehören u. wirtschaftl. unterentwickelt sind. Meist gehören sie keinem Militärblock an. Da innerhalb der D.W. große Wohlstandsunterschiede bestehen, bezeichnet man die ärmsten Länder oft als *Vierte Welt.*
**Drive** [draiv], im Jazz die rhythm. Intensität u. Spannung.
**Drive-in-Kino** [draiv'in-], Freilichtkino, in das man mit dem Auto hineinfahren kann.
**DRK,** Abk. für *Deutsches Rotes Kreuz.*
**Drobeta-Turnu Severin,** rumän. Hafenstadt an der Donau, am *Eisernen Tor,* 100 000 Ew.; Handels- u. Verkehrszentrum.
**Drogen, 1.** i.w.S.: Rohstoffe zur Arzneibereitung. – **2.** i.e.S.: *Rauschmittel, Rauschgifte,* chem. Stoffe, die durch ihre Wirkung auf das Zentralnervensystem einen Erregungs-, Rausch- oder ähnl. Ausnahmezustand herbeiführen, gekennzeichnet durch gehobene Stimmung, körperl. Wohlgefühl u. Vergessen der Realität bzw. halluzinator. Erscheinun-

*Dressur: Nicole Uphoff mit ihrem Pferd Rembrandt*

gen. Die Wirkung der D. beruht auf einer akuten Vergiftung, nach deren Abklingen es zu Niedergeschlagenheit u. Unlustgefühlen kommt. Das physiolog. oder psych. Bedürfnis nach erneuter Einnahme von D. führt zur *Sucht (D.abhängigkeit).* T → S. 208
**Drohne,** *Drohn,* die männl. Biene.
**Drolerie,** bildl. Darst. von Fabelwesen, häufig in mittelalterl. Handschriften u. geschnitzt an Chorgestühl.
**Dromedar** → Kamele.
**Dronten,** flugunfähige, gänsegroße *Taubenvögel,* die auf den Maskarenen lebten. Die letzten D. wurden etwa 1730 ausgerottet.
**Dronten,** ndl. Stadt im Polder O-Flevoland, 23 000 Ew.; Agrarzentrum.
**Drontheim** → Trondheim.
**Drops,** sauer schmeckender Fruchtbonbon.
**Drosophila melanogaster,** zur Fam. der *Taufliegen* gehörende kleine Fliege; wegen ihrer leichten Züchtbarkeit u. schnellen Generationsfolge oft Versuchstier der Vererbungsforschung.
**Drossel,** Unterfam. der *Singvögel,* in vielen Arten weltweit verbreitet, Würmer-, Insekten- u. Beerenfresser. Wichtige Arten: *Amsel, Sing-D., Mistel-D., Krammetsvogel.*
**Drosselklappe,** drehbare Scheibe in Rohrleitungen zur Veränderung des Durchgangsquerschnitts, um den Durchlauf zu drosseln.
**Drosselspule,** windungsreiche Drahtspule zur Spannungs- u. Stromregelung in Wechselstromkreisen.
**Drost,** *Droste,* fr. Verwalter eines Bezirks oder einer Vogtei, bes. in Niedersachsen.
**Droste-Hülshoff,** Annette Freiin von, *1797, †1848, dt. Dichterin; schrieb Lyrik von intensivem Naturempfinden, religiöse Dichtungen u. die Kriminalnovelle »Die Judenbuche«.

*Drogen: Fixer beim Ansetzen der Nadel*

**Droste zu Vischering,** Klemens August Frhr. von, *1773, †1845, seit 1835 Erzbischof von Köln; geriet wegen der Mischehenpraxis in Ggs. zur preuß. Reg., die ihn 1837 verhaftete u. bis 1839 in Minden internierte *(Kölner Kirchenstreit).*
**Drottningholm,** Sommersitz (Barockschloß) des schwed. Königs auf der Insel Lovö im Mälaren.
**Droysen,** Johann Gustav, *1808, †1884, dt. Historiker; 1848 Abg. der Frankfurter Nationalversammlung; prägte den Begriff *Hellenismus;* legte die Grundlage für die *Verstehenslehre* der modernen Geisteswissenschaften.
**Druck, 1.** Vervielfältigung einer Text- oder Bildvorlage mit Hilfe von Druckformen. – **2.** das Verhältnis $p$ der Kraft $F$ zur Fläche $A$, auf die sie senkrecht wirkt: $p = F/A$.
Einheit des D. ist (seit 1978) das *Pascal* (Pa). Der D. bei Flüssigkeiten u. Gasen wird in *Bar* (bar) gemessen; 1 bar = $10^5$ Pa. Der *hydrostat. D.* ist der allseitig in einer Flüssigkeit herrschende D. Er nimmt mit der Tiefe zu, z.B. bei Wasser um rd. 1 bar je 10 m. – *Osmot. D.* → Osmose. – Ältere Einheiten sind *Atmosphäre* u. *Millimeter-Quecksilbersäule (Torr).*
**drucken,** Wort u. Bild auf Bedruckstoffen (meist Papier) durch Druckverfahren vervielfältigen. Hauptverfahren sind: *Hochdruck* (hochstehende Teile der Druckform werden eingefärbt); *Tiefdruck* (Vertiefungen der Druckform werden eingefärbt); *Flachdruck* (chem. vorbehandelte Stellen der ebenen Druckform werden eingefärbt, hierzu gehören *Offset-, Stein-, Lichtdruck*). Druckmaschinen sind Tiegel-, Zylinder- u. Rotationsmaschinen.
**Drückerfische,** Fam. aus der Ordnung der *Haftkiefer.* Bes. farbenprächtige Bewohner der Korallenriffe trop. u. subtrop. Meere.
**Druckfarben,** pastenförmige Gemische aus Leinölfirnis, Kunst- u. Naturharzen u. feinstverteilten Farbstoffen (Pigmenten) zum Drucken.
**Druckkabine,** hermetisch abgeschlossener, klimatisierter Raum für Passagiere u. Besatzung eines Flugzeugs, in dem trotz des veränderl. Außendrucks ein konstanter normaler Luftdruck herrscht.
**Druckknopf,** Patentdrücker aus zwei Teilen als Verschluß an Kleidungsstücken, 1885 von Heribert *Bauer* erfunden.
**Druckluft,** *Preßluft,* in Kolben- oder Kreiselkompressoren oder Gebläsen verdichtete Luft, die zu techn. Zwecken benutzt wird; z.B. zum Betrieb von Stampfern u. Sandstrahlgebläsen, Abbau-, Bohr- u. Niethämmern u.ä.
**Druckmesser,** *Manometer,* Gerät zum Messen des Drucks von Gasen u. Flüssigkeiten. Beim *Platten-* u. *Röhren-D.* wird der auf eine Metallplatte bzw. Röhre wirkende Druck auf ein Zeigerwerk übertragen; beim *Flüssigkeits-D.* wird die Höhenunterschied einer Flüssigkeitssäule gemessen. Zum Messen des atmosphär. Luftdrucks dient das Barometer.
**Drucksache,** in mehreren gleichen Stücken für den Postversand bestimmte Vervielfältigung; zu ermäßigter Gebühr befördert; muß offen ausgeliefert werden.
**Druckschrift,** für den Buchdruck verwendete Schrift. Man unterscheidet *Fraktur-* u. *Antiquaschriften.* Innerhalb dieser Schriftarten gibt es zahlreiche Einzelausführungen. Daneben entwickelten sich *Bastardschriften* u. die die Handschrift nachahmenden *Schreibschriften.* Fast alle D. werden in versch. Größen u. Schriftstärken u. auch als *Kursivschriften* verwendet.
**Drucktechnik** → drucken.
**Druckverband,** Verbandspolster zur vorläufigen Blutstillung an Körperstellen, an denen ein Abbinden nicht mögl. ist; wird auf die Wunde gepreßt u. mit einer Binde befestigt.
**Druden,** im Volksglauben hexenhafte Nachtgeister, die die Schläfer quälen; durch den **D.fuß** *(Pentagramm)* zu vertreiben, d.i. ein Zauberzeichen in Form eines fünfzackigen Sterns.
**Drugstore** ['drʌgstɔːr], amerik. Gemischtwarengeschäft mit Imbißraum.
**Druiden,** kelt. Priester, die im Altertum in Gallien u. Britannien neben dem Adel die polit. Macht in Händen hatten. Die Priesterschaft der D. wurde von den Römern aufgelöst.
**Drumlin** ['drʌmlin], flacher Hügel in Gebieten früherer Vereisung aus Grundmoränenmaterial.
**Druschba,** *Družba* ['druʒba], bulgar. See- u. Thermalbad östl. von Warna, Hotelsiedlung.
**Druse, 1.** Gesteinshohlraum mit Schalen aus kristallisiertem Quarz, Kalkspat, Aragonit u. Zeolithen. – **2.** Infektionskrankheit der Pferde; Entzündung der Nasenschleimhäute, Vereiterung der Lymphknoten.
**Drusen,** um 1000 gegr. islam. Sekte mit streng geheimen Schriften, die als abgetrennte Völkerschaft hpts. in Syrien, Libanon u. Israel lebt.
**Drüsen,** aus spezif. D.gewebe aufgebaute Organe, die bestimmte Flüssigkeiten (z.B. Milch, Harn, Schweiß, Salzsäure, Verdauungsfermente) oder auch feste Harnkristalle, Talg, Schleim oder Gase (Duftstoffe, Sauerstoff) absondern. Nach der Art ihrer Ausscheidung unterscheidet man *exkretorische D.* u. *inkretorische D.* Exkretorische D. geben ihre Ausscheidungen (Sekrete u. Exkrete) auf die Hautoberfläche oder in den Darmkanal ab. Inkretorische D. geben ihre Ausscheidungen (Inkrete: Hormone) direkt ins Blut ab.
**Drusus,** *Nero Claudius D. Germanicus,* d.Ä., *38 v.Chr., †9 v.Chr., Stiefsohn des Augustus, Bruder des Tiberius u. Vater des Claudius; kämpfte erfolgreich gegen die Germanen am Niederrhein (12–9 v.Chr.).
**dry** [drai], trocken, herb (bei alkohol. Getränken).
**Dryaden,** in der grch. Myth. Waldnymphen, weibl. Baumgeister.
**Dryden** ['draidn], John, *1631, †1700, engl. Dichter (Dramen, Lustspiele, Satiren, Lyrik).
**Dryfarming** ['drai-], Bewirtschaftungsform landwirtsch. Betriebe in trockenen Gebieten: Durch tiefes Pflügen vor Regenfällen u. starkes Eggen danach wird Feuchtigkeit gespeichert u. Ackerbau ermöglicht.
**Drygalski,** Erich von, *1865, †1949, dt. Geograph, Geophysiker u. Polarforscher; unternahm Expeditionen nach W-Grönland u. in die Antarktis;

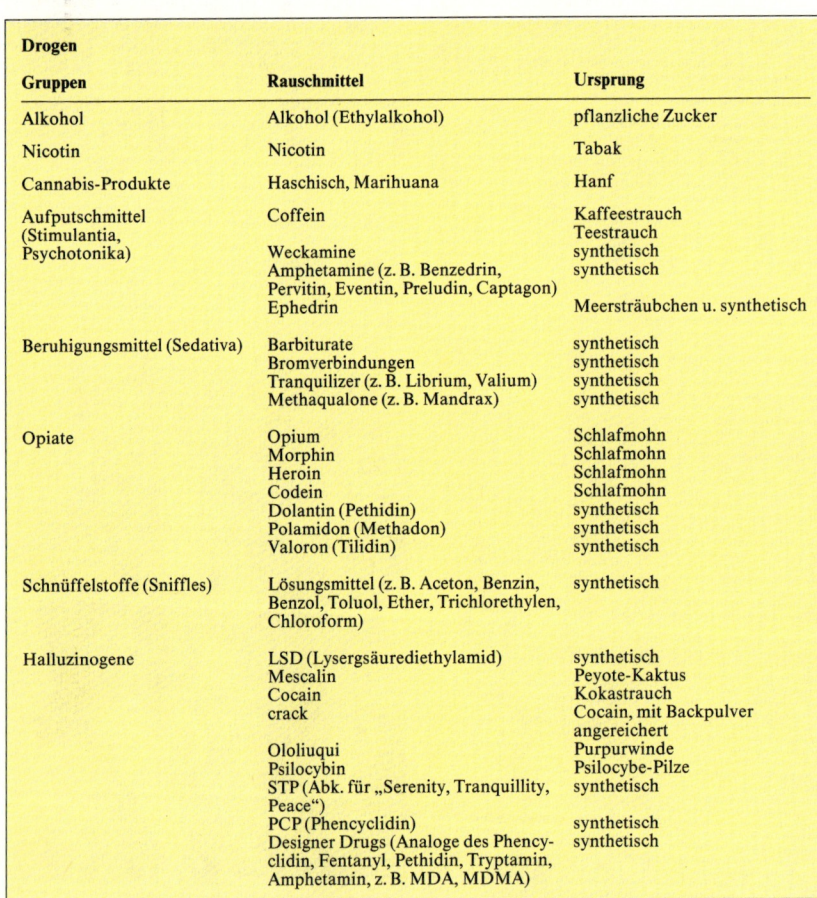

*Druckverfahren*

| Drogen | | |
|---|---|---|
| **Gruppen** | **Rauschmittel** | **Ursprung** |
| Alkohol | Alkohol (Ethylalkohol) | pflanzliche Zucker |
| Nicotin | Nicotin | Tabak |
| Cannabis-Produkte | Haschisch, Marihuana | Hanf |
| Aufputschmittel (Stimulantia, Psychotonika) | Coffein | Kaffeestrauch Teestrauch |
| | Weckamine | synthetisch |
| | Amphetamine (z. B. Benzedrin, Pervitin, Eventin, Preludin, Captagon) | synthetisch |
| | Ephedrin | Meersträubchen u. synthetisch |
| Beruhigungsmittel (Sedativa) | Barbiturate | synthetisch |
| | Bromverbindungen | synthetisch |
| | Tranquilizer (z. B. Librium, Valium) | synthetisch |
| | Methaqualone (z. B. Mandrax) | synthetisch |
| Opiate | Opium | Schlafmohn |
| | Morphin | Schlafmohn |
| | Heroin | Schlafmohn |
| | Codein | Schlafmohn |
| | Dolantin (Pethidin) | synthetisch |
| | Polamidon (Methadon) | synthetisch |
| | Valoron (Tilidin) | synthetisch |
| Schnüffelstoffe (Sniffles) | Lösungsmittel (z. B. Aceton, Benzin, Benzol, Toluol, Ether, Trichlorethylen, Chloroform) | synthetisch |
| Halluzinogene | LSD (Lysergsäurediethylamid) | synthetisch |
| | Mescalin | Peyote-Kaktus |
| | Cocain | Kokastrauch |
| | crack | Cocain, mit Backpulver angereichert |
| | Ololiuqui | Purpurwinde |
| | Psilocybin | Psilocybe-Pilze |
| | STP (Abk. für „Serenity, Tranquillity, Peace") | synthetisch |
| | PCP (Phencyclidin) | synthetisch |
| | Designer Drugs (Analoge des Phencyclidin, Fentanyl, Pethidin, Tryptamin, Amphetamin, z. B. MDA, MDMA) | synthetisch |

entwickelte die heute noch gültige Theorie des strömenden Eises.
**Dschagga,** *Djaga,* fruchtbare afrik. Ldsch. am Südrand des Kilimandscharo, bewohnt von dem gleichn. Bantuvolk.
**Dschahangir** → Jahangir.
**Dschaipur** → Jaipur.
**Dschalandar** → Jalandhar.
**Dschambul,** fr. *Aulie-Ata,* Hptst. der gleichn. Oblast im S der Kasach. SSR, 320 000 Ew.; chem. Ind.
**Dschemdet Nasr,** Ruinenhügel ca. 40 km nordöstl. von Babylon, namengebend für eine zweite Epoche der sumer. Frühgeschichte, die *D.-N.-Zeit* (um 2800 v. Chr. – 2700 v. Chr.).
**Dscherba** → Djerba.
**Dschibuti** → Djibouti.
**Dschidda** → Djidda.
**Dschihad,** der »Heilige Krieg« des Islams gegen alle Ungläubigen; die am D. Beteiligten haben hohen Lohn im Jenseits zu erwarten.
**Dschingis-Chan** → Tschingis Khan.
**Dschinismus,** *Dschainismus,* → Jinismus.
**Dschinn,** nach dem Koran dämon. Geister teils guter, teils böser Art.
**Dschinnah** → Jinnah.
**Dschungel,** der feuchtheiße, dichte Monsunwald SO-Asiens.
**Dschunke,** chin. Segelschiff.
**Dserschinsk** [-'ʒinsk], bis 1930 *Rastjapino,* Stadt in der RSFSR, an der unteren Oka, 285 000 Ew.; chem., Landmasch.- u. Textil-Ind., Flußhafen.
**Dserschinskij** [-'ʒin-], *Dzierżyński,* Feliks Edmundowitsch, *1877, †1926, sowj. Politiker poln. Herkunft; organisierte 1917 die Geheimpolizei *Tscheka* u. leitete sie sowie ihre Nachfolgeorgane *GPU* u. *OGPU.*
**DSU,** Abk. für *Deutsche Soziale Union.*
**Dsungarei,** innerasiat. Beckenlandschaft in der chin. Autonomen Region Xinjiang-Uygur zw. Altai u. östl. Tian Shan; wüstenhaft, mit zahlr. Salzseen *(Ebi Nuur* u.a.); Hauptort *Ürümqi.*
**Dsungaren,** westmongol. Stämme; om 1760 nach heftigen Kämpfen dem chin. Reich einverleibt.
**dtex** → den.
**Dual,** neben *Singular* u. *Plural* in einigen Sprachen eine bes. Form zur Bez. der Zweizahl.
**Dualismus,** 1. philosoph. oder religiöse Lehre, die die Wirklichkeit auf zwei gegensätzl. Prinzipien zurückführt, z.B. Licht u. Finsternis, Geist u. Materie. – 2. Aufteilung der Staatsgewalt auf zwei Herrschaftsträger. – 3. Rivalität zweier Mächte in einem polit. Gesamtverband, z.B. Preußen u. Östr. im Dt. Bund 1815–66.
**Dualsystem** → Binärsystem.
**Dubai,** arab. Scheichtum am Pers. Golf, → Vereinigte Arab. Emirate.
**Dubarry** [dyba'ri], Marie Jeanne *Bécu,* seit 1769 Gräfin D., *1743, †1793 (hingerichtet), Mätresse *Ludwigs XV.*
**Dubček** ['dubtʃɛk], Alexander, *27.11.1921, tschechoslowak. Politiker (Kommunist); 1968 Erster Sekretär des ZK der KP, führender Repräsentant des reformkommunist. Kurses (»Prager Frühling«), 1968/69 nach dem Einmarsch der Warschauer-Pakt-Truppen schrittweise entmachtet, 1970 aus der KP ausgeschlossen; seit der polit. Umwälzung 1989 Parlaments-Präs.
**Dübel,** in ein Stemm- oder Bohrloch eingesetztes Holz-, Kunststoff- oder Metallteil, um Nägel, Haken, Schrauben sicher befestigen zu können.
**Düben,** *Bad D.,* Stadt in Sachsen-Anhalt, an der Mulde, 8300 Ew.; Eisenmoorbad. – **D.er Heide,** Waldgebiet auf sandigem Endmoränenboden nordöstl. von Leipzig, nicht vermoort.
**Dübendorf,** schweiz. Ind.-Stadt östl. von Zürich, an der Glatt, 20 700 Ew.; Flugplatz.

*Dübel: moderner Kunststoffdübel*

**Dublee,** *Doublé,* auf Kupfer- oder Silberlegierungen aufgewalzte, dünne Schicht von Goldlegierungen.
**Dublette,** Doppelstück, zweimal vorhandenes Exemplar (z.B. in Bibliotheken).
**Dublin** ['dʌblin], ir. *Baile Atha Cliath,* Hptst. u. wichtigster Hafen der Rep. Irland, in der Prov. Leinster, an der Mündung des Liffey in die Irische See, mit Kanalverbindung zum Shannon, 526 000 Ew.; kath. u. anglikan. Erzbischofssitz; 2 Kathedralen (12. Jh.), Schloß (13. Jh.), 3 Univ.; Brauereien, Brennereien, Bekleidungs-, Nahrungsmittel-, Automobil-Ind. – Gesch.: Alte gäl. Siedlung, dann Wikingerfestung, 1172 engl. Stadtrecht, Mittelpunkt der engl. Unterwerfungspolitik, 1652 Hptst. ganz Irlands, 1922 Hptst. der Rep. Irland.
**Dublone,** span. Goldmünze (13,5 g).
**Dubna,** 1956 gegr. Stadt in der Oblast Moskau, 56 000 Ew.; Kernforschungseinrichtungen.
**Du Bois** [du 'bɔis], William Edward Burghardt, *1868, †1963, afroamerik. Politiker u. Schriftst.; führend in der Bürgerrechtsbewegung der US-amerik. Schwarzen; Theoretiker des Panafrikanismus.
**Du Bois-Reymond** [dy'bwa rɛ'mɔ̃], Emil, *1818, †1896, dt. Physiologe (Untersuchungen über Elektrophysiologie); vertrat philosoph. einen mechan. Materialismus.
**Dubrovnik,** ital. *Ragusa,* jugoslaw. Hafenstadt u. Kurort an der Adria, 70 000 Ew.; gut erhaltenes Stadtbild des 15. Jh. – Gesch.: Im 7. Jh. von Slawen gegr., vom 9. Jh. bis 1205 byzantin.; dann Stadtrepublik, bis 1358 unter venezian., bis 1526 unter ungar. Oberhoheit; 1526–1806 türk.,

*Dubrovnik*

1815–1918 östr., seitdem jugoslaw.; Höhepunkt als Rivalin Venedigs im 15. Jh.
**Dubuffet** [dyby'fɛ] Jean, *1901, †1985, frz. Maler u. Graphiker; prägte für seine antiakadem. Ästhetik den Begriff »L'Art Brut« (»die rohe Kunst«).
**Duc** [dyk; frz.], ital. *Duca,* Herzog, der höchste Adelstitel nach dem *Prinzen* in Frankreich u. Italien.
**Duccio di Buoninsegna** ['dutʃo di buɔnin-'sɛnja], *um 1255, †1319, ital. Maler der Schule von Siena; verband byzantin. Formstrenge mit zunehmender Wirklichkeitsbeobachtung.
**Duce** ['du:tʃe], »Führer«, Titel B. *Mussolinis.*
**Duchamp** [dy'ʃɑ̃], Marcel, *1887, †1968, frz. Maler u. Schriftst.; einer der Hauptvertreter des Dadaismus.
**Duchesse** [dy'ʃɛs], 1. Herzogin. – 2. schwerer atlasbindiger Kleider- u. Futterstoff; sehr glänzend.
**Duchoborzen,** im 18. Jh. entstandene, wegen Eides- u. Kriegsdienstverweigerung vielfach verfolgte russ. Sekte.
**Ducht,** Ruderbank im offenen Boot, zugleich Querversteifung.
**Dückdalbe,** Bündel von starken Pfählen zum Festmachen von Schiffen im Hafen.
**Ducker,** *Schopfantilopen,* hasen- bis rehgroße *Horntiere* mit Stirnmähne; in ganz Afrika südl. der Sahara verbreitet.
**Duclos** [dy'klo], Jacques, *1896, †1975, frz. Politiker (Kommunist); 1950–64 zeitweise kommissarischer Generalsekretär der KPF.
**Ducommun** [dykɔ'mœ̃], Elie, *1833, †1906, schweiz. Schriftst.; führend in der internat. Friedensbewegung; Friedensnobelpreis 1902 (mit A. Gobat).

**Düdelingen,** frz. *Dudelange,* luxemburg. *Diddeléng,* Stadt in S-Luxemburg, 15 000 Ew.; Eisenerzbergbau, Eisen- u. Stahlwerke, Maschinenbau.
**Dudelsack,** die → Sackpfeife der Schotten.
**Duden,** Konrad, *1829, †1911, dt. Philologe; schuf mit dem »Orthograph. Wörterbuch der dt. Sprache« 1880 die Grundlage der dt. Einheitsrechtschreibung.
**Duderstadt,** Stadt in Nds., am Nordrand des Eichsfelds, 22 800 Ew.; guterhaltene Bauten aus dem 15.–18. Jh.; Masch.-, Leder-, chem. Ind.
**Dudinzew** [-tsɛf], Wladimir Dmitrijewitsch, *29.7.1918, sowjetruss. Schriftst. (krit. Romane über die Stalinzeit).
**Dudley** ['dʌdlɛi], mittelengl. Ind.-Stadt am *D.-Kanal,* nw. von Birmingham, 299 000 Ew.; Steinkohlenbergbau, Eisenind.; Maschinenbau.
**Duell** → Zweikampf.
**Dueña** [du'ɛnja], Erzieherin, Hüterin, Anstandsdame.
**Duero,** port. *Douro,* Fluß der Iber. Halbinsel, 895 km, bildet auf 123 km die Grenze zw. Spanien u. Portugal, mündet unterhalb von *Porto* in den Atlant. Ozean.
**Duett,** Musikstück für 2 Singstimmen oder für 2 Instrumente *(Duo).*
**Dufay,** Guillaume, *um 1400, †1474, ndl. Komponist (Meßzyklen, Motetten, Chansons).
**Dufflecoat** ['dʌflkɔut], knielanger Mantel aus grobem Wollstoff, mit losem Schnitt, Knebelverschluß u. angearbeiteter Kapuze.
**Dufhues** [-hu:s], Josef Hermann, *1908, †1971, dt. Politiker (CDU); 1962–66 Geschäftsführender Partei-Vorsitzender.
**Dufour** [dy'fu:r], Guillaume Henri, *1787, †1875, schweiz. General; 1847 im *Sonderbundskrieg* Oberbefehlshaber der Armee; Schöpfer der topograph. Karte der Schweiz 1:100 000 *(D.-Karte);* Mitbegr. des *Roten Kreuzes.*
**Dufourspitze** [dy'fu:r-], höchster Gipfel des Monte-Rosa-Massivs, 4634 m, höchster Berg der Schweiz, zweithöchster der Alpen.
**Duftdrüsen,** *Duftorgane,* bei Insekten u. Wirbeltieren verbreitete Hautdrüsen, deren Sekrete dem soz. Zusammenhalt dienen: Erkennen des Artgenossen, Anlocken u. Erregung des Geschlechtspartners, Reviermarkierung, Orientierung u.a.; zuweilen auch Abschreckungswaffe gegen Feinde.
**Du Fu,** *Tu Fu,* *712, †770, chin. Dichter (formvollendete Lyrik, oft mit sozialkrit. u. polit. Thematik); gilt neben *Li Bai* als größter Dichter Chinas.
**Dufy** [dy'fi], Raoul, *1877, †1953, frz. Maler u. Graphiker; Mitbegr. des *Fauvismus;* schuf farbkräftig-heitere Stilleben u. Landschaften.
**Dugong,** Gabelschwanz-Seekuh, lebt an den Küsten des Roten Meers u. des Indischen Ozeans.
**Duhamel** [dya'mɛl], Georges, *1884, †1966, frz. Schriftst. (psycholog. Romane, Essays).
**Dühring,** Eugen Karl, *1833, †1921, dt. Philosoph u. Nationalökonom; krit. Materialist, Antisemit, antimarxist. Sozialist.
**Duisberg** [dy:s-], Carl, *1861, †1935, dt. Chemiker u. Industrieller; führend an der Gründung der *I. G. Farbenindustrie AG* beteiligt.
**Duisburg** [dy:s-], Ind.-Stadt in NRW, an der Mündung der Ruhr in den Rhein u. am Beginn des

Rhein-Herne-Kanals, 510 000 Ew.; größter Binnenhafen der Welt (im Stadtteil *Ruhrort*), Eisen- u. Stahl-Ind., Maschinenbau, Raffinerien, Textil-, chem. u. elektrotechn. Ind. – Fränk. Königspfalz, 1129 als Reichsstadt erwähnt, 1290 zur Gft. Kleve, mit dieser 1609 zu Brandenburg (später Preußen).

**Dukas** [dy'ka], Paul, *1856, †1935, frz. Komponist; von R. *Wagner* u. C. *Franck* beeinflußt; W »Der Zauberlehrling« (sinfon. Dichtung).

**Dukat**, *Dukaten*, erstmals 1284 in Venedig geprägte Goldmünze (*Zecchino*, 3,5 g); wurde seit dem 16. Jh. zur wichtigsten Goldmünze in mehreren Ländern.

**Dukatenfalter**, ein *Bläuling* (Schmetterling); Männchen mit glänzend rotgoldenen Flügeln (*Feuerfalter*).

**Dukatengold**, Gold von höchster Reinheit (Feingehalt 986).

**Duke** [dju:k], Herzog, höchster engl. Adelstitel.

**Düker**, *Dücker*, Rohrbogen oder gerade Röhre zur Unterführung von Wasser oder Gas unter Flußläufen, Kanälen oder Straßen.

**Duklapaß**, poln. *Przełęcz Dukielska*, Karpaten-Übergang (502 m) südl. der poln. Stadt Dukla.

**Duktor**, die Stahlwalze in der Farbwerk einer Druckmaschine, von der die Farbe an die Verreibwalze weitergegeben wird.

**Duktus**, Art eines Schriftzugs, Linienführung bei Schreib- u. Druckschriften.

**Dulles** [ˈdʌləs], John Foster, *1888, †1959, US-amerik. Politiker (Republikaner); 1953–59 Außen-Min. unter *Eisenhower*, vertrat eine »Politik der Stärke« gegenüber dem Ostblock.

**Dülmen**, Stadt in NRW, sw. von Münster, 40 000 Ew.; Textil-, Masch.-, Möbel-Ind.; Wildpark mit Wildpferdgehege im *Merfelder Bruch* (Moor- u. Heidelandschaft).

**Dult**, in Bayern: Jahrmarkt.

**Duluth** [djuˈlu:θ], Stadt am Westzipfel des Oberen Sees in Minnesota (USA), 100 000 Ew.; bed. Binnenhafen.

**Duma**, beratende Versammlung in Rußland; *Reichs-D.*, das gewählte Parlament 1906–17.

**Dumas** [dyˈma], 1. Alexandre D. *père* (»Vater«), *1802, †1870, frz. Schriftst.; schrieb viele spannende Geschichts- u. Abenteuerromane; W »Die drei Musketiere«, »Der Graf von Monte-Christo«. – 2. Alexandre D. *fils* (»Sohn«), Sohn von 1), *1824, †1895, frz. Schriftst.; schrieb v.a. Gesellschaftsdramen; W »Die Kameliendame«, »Halbwelt«.

**Du Maurier** [djuˈmɔːrieɪ], Daphne, *1907, †1989, engl. Schriftst. (z.T. abenteuerl. Romane, von denen viele verfilmt wurden, z.B.: »Rebecca«).

**Dumbarton** [dʌmˈbɑ:tn], schott. Ind.-Stadt an der Mündung des Clyde, 23 000 Ew.; Werften.

**Dumbarton Oaks** [dʌmˈbɑ:tn ˈəʊks], Landsitz in Washington; 1944 fanden hier erste Beratungen der Großmächte über die Satzung der künftigen UNO statt.

**Dumdumgeschoß**, Infanteriegeschoß, das an der Spitze den Bleikern freiläßt oder eine offene Höhlung hat; erzeugt schwere Verletzungen; durch die Haager Landkriegsordnung 1907 verboten.

**Dümmer**, von der Hunte durchflossener See in Nds., 16 km², bis 3,4 m tief; Vogelschutzgebiet.

**Dummy** [ˈdʌmi], Attrappe; Schaufenster-, Testpuppe; Blindband (Buch mit leeren Seiten als Muster für die spätere Gestaltung).

**Dumont** [dyˈmɔ̃], Louise, *1862, †1932, dt. Schauspielerin u. Theaterleiterin; gründete 1905 mit ihrem Mann Gustav *Lindemann* (*1872, †1960) das Düsseldorfer Schauspielhaus.

**Dumpalme**, *Hyphaene*, hpts. afrik. Gatt. der Palmen; Charakterpflanze der afrik. Steppengebiete.

**Dumping** [ˈdʌm-], Export zu Selbstkostenpreis oder mit Verlust, um einen ausländ. Konkurrenten zu unterbieten u. vom Markt zu verdrängen.

**Düna**, *Westliche Dwina*, lett. *Daugava*, russ. *Sapadnaja Dwina*, osteurop. Fluß, 1020 km; mündet in den Rigaer Meerbusen.

**Dünaburg**, lett.-russ. *Daugavpils*, russ. früher *Dwinsk*, lett. *Daugava an der Düna*, 122 000 Ew. – 1278 dt. Ordensstadt, 1561 poln., 1772 russ., 1920 lett., 1944 sowjetisch.

**Dunant** [dyˈnã], Henri, *1828, †1910, schweiz. Philantrop; veranlaßte den Abschluß der *Genfer Konvention* 1864 u. die Gründung des *Roten Kreuzes*; 1901 Friedensnobelpreis.

**Dunaújváros** [ˈdʊnɔuːjvaːroʃ], vor 1951 Dunapentele, 1951–61 Sztálinváros, ung. Stadt an der Donau, südl. von Budapest, 62 000 Ew.; Eisenverhüttung.

**Duncan** [ˈdʌŋkən], Isadora, *1878, †1927, US-amerik. Tänzerin; verwarf die Regeln des klass. Balletts u. ließ sich von der grch. Kunst in Kostüm u. Bewegung inspirieren.

**Duncker**, Franz, *1822, †1888, dt. lib. Politiker; gründete 1869 mit Max *Hirsch* u. H. *Schulze-Delitzsch* den Verband der *Hirsch-D.schen Gewerkvereine*.

**Dundee** [dʌnˈdi:], O-schott. Hafenstadt am Nordufer des Firth of Tay (3200 m lange Brücke), 175 000 Ew.; Schiffsbau, Raffinerien, Jute-, Leinen- u. Maschinen-Ind.

**Düne**, vom Wind gebildete Anhäufung aus losem Sand, 30–50 m, gelegentl. bis 300 m hoch; in trockenen Binnengebieten oder an Flachküsten (meist parallel zum Strand angeordnet).

**Dunedin** [dʌˈni:din], Hafenstadt im SO der Südinsel Neuseelands, Hptst. der Prov. *Otago*, 114 000 Ew.; Univ. (1869); Handelszentrum. – 1848 von schott. Siedlern gegr.

**Dunen** → Daunen.

**Dunfermline** [dʌnˈfəːmlɪn], O-schott. Stadt am Firth of Forth, 52 000 Ew.; Leinen-, Eisen-Ind., Kohlengruben.

**Dunganen**, *Tunganen*, chin. *Hui*, W-mongol. islam. Volk mit chin. Sprache, in der Dsungarei u. im Tarimbecken.

**Dünger**, Stoffe, die dem Boden zugeführt werden, um seine Erschöpfung zu verhüten. Der D. ersetzt die von den angebauten Pflanzen entzogenen Nährstoffe, bes. Stickstoff, Phosphorsäure u. Kali, teilweise auch Kalk u. Spurenelemente, macht den Boden wieder tätig, indem er die notwendigen chem. Umsetzungen verursacht u. dem Bakterienleben dient, u. wirkt verbessernd auf den physikal. Bodenzustand ein. *Natürl. D.* sind Stallmist, Jauche, Gründüngung, Kompost u. Fäkalien. *Mineral-* oder *Kunst-D.* wird z.T. synthet. hergestellt. Sie enthalten u.a. Stickstoff-, Phosphor-, Kalium- u. Calciumverbindungen.

**Dungkäfer**, Unterfam. der *Skarabäen*, kleine bis mittelgroße Käfer, leben von frischem Säugetierkot.

**Dunkelkammer**, lichtdichter Raum zur Bearbeitung photograph. Filme u. Papiere.

**Dunkelmännerbriefe**, 1515 u. 1517 anonym erschienene lat. Spott- u. Schmähschriften auf beschränkte, dünkelhafte Geistliche, verfaßt von jüngeren Humanisten (u.a. Ulrich von *Hutten*).

**Dunkelwolken**, *Dunkelnebel*, interstellare Materie, die das Licht der im Hintergrund stehenden Sterne abschwächt, z.B. der *Pferdekopfnebel* im Orion.

**Dunkelziffer**, statist. nicht erfaßte oder erfaßbare Zahl, z.B. von Straftaten.

**Dünkirchen**, frz. *Dunkerque*, fläm. *Duinekerke*, stark befestigte frz. Hafen-, Ind.- u. Krst. an der Kanalküste (nahe der belg. Grenze), Hauptrahen des N-frz. Industriegebiets, 84 000 Ew.; vielseitige Ind., Erdölraffinerie, Kraftwerk, Schiffswerft, Fischerei. – Bei D. wurden im 2. Weltkrieg brit., frz. u. belg. Truppen eingekesselt; sie konnten sich vom 28.5.–4.6.1940 nach England absetzen (335 000 Mann).

**Dún Laoghaire** [dʌn ˈlɛərə], fr. *Kingstown*, ir. Stadt an der Irischen See, 42 000 Ew.; Vorhafen von Dublin; Seebad.

**Dunlop** [ˈdʌnlɔp], John, *1840, †1921, engl. Tierarzt; erfand die pneumat. Gummibereifung, gründete 1889 eine Fabrik, aus der sich ein Konzern der Kautschuk-Ind. entwickelte.

**Dünndarm** → Darm.

**Dünnsäuren**, Produktionsrückstände der chem. metallverarbeitenden Ind., die hpts. verdünnte Säuren, daneben auch Schwermetalle u. halogenierte Kohlenwasserstoffe enthalten. Wegen mögl. Umweltschäden dürfen D. aus dt. Industrieunternehmen seit 1989 nicht mehr in die Nordsee eingeleitet (verklappt) werden.

**Dünnschliff**, durch Schleifen u. Polieren hergestellte Gesteinsplättchen (0,2–0,04 mm), dienen zur mikroskop. Untersuchung der Minerale.

**Dunois** [dyˈnwa], Jean Graf von, *1403, †1468, frz. Heerführer, unehel. Sohn aus dem Haus Orléans, Kampfgefährte der *Jungfrau von Orléans*.

**Duns Scotus**, Johannes, *1265/70, †1308, schott. Philosoph u. Theologe; Franziskaner; vertrat den Vorrang des Willens vor dem Intellekt (*Voluntarismus*) u. förderte die erkenntniskrit. Reflexion.

*Düne: Die wandernden Binnendünen in der Wüste Namib sind teilweise über 300 m hoch*

**Dunstable** [ˈdʌnstəbl], John, *um 1385, †1453, engl. Komponist (geistl. Musik); Anreger der Niederländ. Schule.

**Dunstglocke**, die Form der Luftverschmutzung über industriellen Ballungsräumen.

**Dünung**, gleichmäßige, lange, meist schnelle Meereswellen mit abgerundeten Kämmen.

**Duo**, Musikstück für zwei Instrumente.

**Duodez**, veraltete Bez. für ein kleines Buchformat mit 12 Blättern (24 Seiten) je Bogen; danach übertragen: etwas unbedeutend kleines. – *D.fürst*, spött. Bez. für den Herrscher eines Ländchens in der Zeit der dt. Kleinstaaterei.

**Duodezimalsystem**, Zahlensystem mit der Grundzahl 12.

**düpieren**, täuschen, übertölpeln, zum besten haben.

**Duplexbetrieb**, Funkverkehr in beiden Richtungen gleichzeitig, z.B. Funkfernsprechen.

**Duplik**, Erwiderung des Beklagten auf eine Entgegnung (*Replik*) des Klägers.

**Duplikat**, Doppel (einer Urkunde), Zweitausfertigung.

**Duplizität**, doppeltes Auftreten, Vorkommen (gleicher oder ähnl. Fälle).

**Düppel**, dän. *Dybbøl*, dän. Ort in Nordschleswig, 1800 Ew. Die 1848 erbauten *D.er Schanzen* wurden 1864 im Dt.-Dän. Krieg von preuß. Truppen erstürmt.

**Dur**, Tongeschlecht, das alle Tonarten umfaßt, deren Tonleitersystem neben 5 Ganztonschritten 2 Halbtonschritte aufweist. Der *D.-Dreiklang* besteht aus Grundton, großer Terz u. reiner Quinte.

**Dural**, Aluminiumlegierung von bes. Härte, für den Flugzeugbau.

**Durance** [dyˈrãs], l. Nbfl. der Rhône in SO-Frankreich, 350 km; mündet sw. von Avignon.

**Durand** [djuˈrænd], Asher Brown, *1796, †1886, US-amerik. Maler u. Graphiker (idyll.-romant. Landschaften).

**Durango**, *Victoria de D.*, Hptst. des gleichn. mex. Bundesstaats, 320 000 Ew.; am Fuß des Erzbergs *Cerro del Mercado* (Quecksilber).

**Durant** [ˈdjuːrænt], Will, *1885, †1981, US-amerik. Historiker; schrieb mit seiner Frau Ariel D. eine 11bändige »Kulturgeschichte der Menschheit«.

**Duras** [dyˈra], Marguerite, *4.4.1914, frz. Schriftst. (psycholog. Romane, Drehbücher).

**Durazzo** → Durrës.

**Durban** [ˈdəːbən], *Port Natal*, wichtigster Hafen der Provinz Natal der Südafrikan. Republik, 506 000 Ew.; Industriezentrum, Seebad.

**Durbridge** [ˈdəːbrɪdʒ], Francis H., *25.11.1912, engl. Schriftst. (Drehbücher für Kriminalfilme, u.a. »Das Halstuch«).

**Durchblutungsstörungen**, Sammelbez. für alle Erkrankungen, die auf einer Minderdurchblutung eines Gewebes (Organs, Körperteils) entweder durch Behinderung des arteriellen Zu- oder des venösen Abflusses beruhen. Diese Behinderung kann entweder organ. Art (z.B. Arteriosklerose, Thrombose) oder funktioneller Natur sein (Gefäßverkrampfung).

**Durchfall**, *Diarrhoe*, häufiger dünnflüssiger Stuhl durch vermehrte Abscheidung von Flüssigkeit im Magen-Darm-Kanal; Anzeichen versch. Erkrankungen des Magen-Darm-Bereichs; ärztl. Behandlung nach der Ursache, sonst zunächst Fasten mit schwarzem Tee bis zum Aufhören des D.

**Durchführung**, 1. Ausarbeitung u. Weiterführung eines musikal. Themas, bes. in der Fuge; 2. freiere Bearbeitung der im 1. Teil eines Sonaten- oder Sinfoniesatzes vorgestellten musikal. Themen.

**Durchlaucht,** Anrede fürstl. Personen.
**Durchlauferhitzer,** an die Wasserleitung angeschlossenes, mit Gas oder elektr. Strom beheiztes Gerät, das jederzeit erwärmtes Wasser abgeben kann.
**Durchliegen** → Dekubitus.
**Durchmesser,** durch den Mittelpunkt eines Kreises oder einer Ellipse gehende Sehne.
**Durchmusterung,** Sternkatalog, der genäherte Daten enthält, aber größte Vollständigkeit erstrebt.
**Durchschnitt** → Mittelwert.
**Durchschuß,** Zeilenzwischenraum in gedruckten Texten.
**Durchsuchung,** im strafprozessualen Ermittlungsverfahren die D. der Räume, bes. der Wohnung *(Haussuchung),* der Person u. der Sachen eines einer Straftat Verdächtigen; darf in der Regel nur durch den Richter, bei Gefahr im Verzug auch durch die Staatsanwaltschaft u. ihre Hilfsbeamten (bes. Polizei) angeordnet werden.
**Düren,** Krst. in NRW, an der Rur, östl. von Aachen, 84 000 Ew.; Eisenbahnknotenpunkt; Metallwaren-, Teppich-, Textilind.
**Dürer,** Albrecht, *1471, †1528, dt. Maler u. Graphiker; ausgebildet bei seinem Vater u. M. *Wolgemut,* unternahm mehrere Reisen, u.a. nach Italien u. den Ndl., wirkte hpts. in seiner Vaterstadt Nürnberg. In seiner Kunst vollzog sich am augenfälligsten u. mit stärkster schöpfer. Kraft innerhalb der dt. Malerei der Übergang von der Spätgotik zur Renaissance. In der Geschichte der dt. Kunst geht er als eine der beherrschenden Gestalten ein. Sein Gesamtwerk umfaßt etwa 125 Gemälde, 100 Kupferstiche, 350 Holzschnitte u. mehr als 1000 Handzeichnungen.
**Durga,** im Hinduismus Gattin des *Schiwa;* bes. in Bengalen verehrt.
**Durgapur,** ind. Stadt in Westbengalen, am Damodarfluß, 312 000 Ew.; eines der größten ind. Stahlwerke.
**Durham** [ˈdʌrəm], **1.** Hptst. der gleichn. N-engl. Gft., am Wear, 29 000 Ew.; normann. Burg, normann.-roman. Kathedrale (11. Jh.). – **2.** Stadt in North Carolina (USA), 98 000 Ew.; Tabakhandel u. -verarbeitung, Textilind.
**Durianbaum,** *Ind. Zibetbaum, Stinkfruchtbaum,* im mal. Gebiet oft angebauter Baum aus der Fam. der Bombacaceae. Die fleischigen Samenmäntel der unangenehm riechenden Früchte *(Durionen)* sind eßbar.
**Durieux** [dyrˈjø], Tilla, eigtl. Ottilie *Godeffroy,* *1880, †1971, dt. Schauspielerin (Charakterdarstellerin).
**Durkheim** [dyrˈkɛm], Émile, *1858, †1917, frz. Soziologe; betrieb die Soziologie als streng empir. Wissenschaft.

Albrecht Dürer; Selbstbildnis, 1500. München, Alte Pinakothek

*Durga,* Gattin Schiwas, trägt eine Schädelkette um den Hals und tanzt auf den Leibern gefallener Feinde und Dämonen

**Dürkheim,** Bad D., Krst. u. Badeort in Rhld.-Pf., an der mittleren Hardt, 15 600 Ew.; Arsen- u. Solquellen, Traubenkuren; Weinbau u. -handel, Sektkellereien.
**Dürnstein,** maler. Ort in der Wachau, in Nieder-Östr., 1000 Ew. In der über dem Ort gelegenen Burg wurde *Richard Löwenherz* 1192/93 gefangengehalten.
**Duroplaste** → Kunststoffe.
**Dürr,** Ludwig, *1878, †1956, dt. Luftschiffbauer; Mitarbeiter F. von *Zeppelins.*
**Durrani,** von *Ahmed Schah* 1747 in Afghanistan begr. Dynastie, bis 1829.
**Durrell** [ˈdʌrəl], Lawrence, *1912, †1990, engl.-ir. Schriftst. (Romane in exot.-oriental. Milieu).
**Dürrenmatt,** Friedrich, *5.1.1921, schweiz. Schriftst.; schreibt u.a. satir. u. unkonventionell moralist. Tragikomödien, in denen sich oft Groteskes mit Grausigem mischt; W »Die Ehe des Herrn Mississippi«, »Der Besuch der alten Dame«, »Die Physiker«, »Der Meteor«, »Bericht von einem Planeten«; auch Kriminalromane.
**Durrës,** ital. *Durazzo,* serbokr. *Drač,* alban. Hafenstadt an der Adria, 72 400 Ew.; Amphitheater; Badeort; Maschinenbau, Nahrungsmittel- u.a. Ind. – D., das antike *Epidamnos* (gegr. um 626 v. Chr.), wurde nach wechselvoller Gesch. 1392 venezian., 1501 türk., 1913–21 Hptst. Albaniens.
**Dürrheim,** Bad D., Solbad u. Luftkurort im südl. Schwarzwald, 704 m ü.M., 10 200 Ew.; Uhrenind.
**Durst,** das Bedürfnis nach Flüssigkeitsaufnahme, hervorgerufen durch Wasserabnahme oder erhöhte Kochsalzkonzentration im Blut.
**Duschanbe,** 1929–61 *Stalinabad,* Hptst. der Tadschikischen SSR (Sowj.) im S des Altai, 590 000 Ew.; Baumwoll-, Seiden-, Leder-, Masch.-, Nahrungsmittel-Ind., Verkehrsknotenpunkt.
**Duse,** Eleonora, *1858, †1924, ital. Schauspielerin; durch Gastspielreisen weltberühmt; spielte bes. moderne trag. Rollen.
**Düse,** meist konisch zulaufendes Rohrstück zur Verengung von Rohrleitungen, wodurch eine Beschleunigung des strömenden Mediums u. a. damit verbundener Druckabfall hervorgerufen wird.
**Düsenantrieb** → Strahlantrieb.
**Düsenflugzeug** → Strahlflugzeug.
**Düsseldorf,** Hptst. des Landes NRW u. des Reg.-Bez. D., westl. des Bergischen Lands am rechten Rheinufer, 560 000 Ew.; parkreiche Stadtanlage mit Königsallee (kurz »Kö« gen.) u. Altstadt; Univ. (1966), Kunstakademie, Konservatorium, Verwaltungsakademie, Museen, Opernhaus, Theater, Kabarett; Börse, Hafen, Messeplatz für internat. Fachmessen; Maschinen-, Waggon- u. Fahrzeugbau, Walz- u. Röhrenwerke, chem. u. elektrotechn. Ind.; internat. Flughafen in D.-Lohausen. – Gesch.: Ersterwähnung Mitte 12. Jh., 1288 Stadtrecht, Ende 15. Jh. – 1716 Residenz der Herzöge von Jülich-Berg (seit 1685 Kurfürsten der Pfalz), 1815 preuß., 1946 Hptst. von NRW.
**Dutschke,** Rudi, *1940, †1979, führender Kopf der antiautoritären Studentenbewegung Westberlins u. der BR Dtld. 1965–68; durch einen Mordanschlag 1968 schwer verletzt.

**Dysmenorrhoe** 211

**Duttweiler,** Gottlieb, *1888, †1962, schweiz. Großkaufmann u. Politiker; gründete die *Migros AG* zum Vertrieb billiger Lebensmittel u. andere Unternehmen sowie die Partei *Landesring der Unabhängigen;* Hrsg. der Zürcher Tageszeitung »Die Tat«.
**Duty-Free-Shop** [ˈdjuːtiˈfriːʃɔp], Laden, in dem Waren zollfrei verkauft werden (auf Flugplätzen, in Häfen, an Bord von Schiffen).
**Dutzend,** altes, noch gebräuchl. Zählmaß: 12 Stück.
**Duumvirn,** im alten Rom eine aus 2 Männern bestehende Behörde.
**Duvalier** [dyvaˈlje], **1.** François, *1907, †1971, haitian. Politiker; Arzt (»Papa-Doc«); 1957–71 despotisch herrschender Staats-Präs. – **2.** Jean-Claude, gen. »Baby-Doc«, *3.7.1951; 1971–86 Nachf. seines Vaters als Staats-Präs.; wurde gestürzt u. ging ins Exil.
**Duve** [dyw], Christian de, *2.10.1917, belg. Biochemiker; führend in der Zellpartikelforschung; Nobelpreis für Medizin 1974.
**Duvetine** [dyfˈtiːn], Gewebe mit weicher, aufgerauhter, wildlederähnl. Oberfläche.
**Duvivier** [dyviˈvje:], Julien, *1896, †1967, frz. Filmregisseur (»Don Camillo u. Peppone«).
**Dux,** Führer, Herzog.
**Dux,** tschech. *Duchcov,* NW-böhm. Stadt am Erzgebirgsfuß, 11 000 Ew.; Waldsteinsches Schloß; Braunkohlenabbau, Glas-Ind.
**Dvořák** [ˈdvɔrʒaːk], Anton(ín), *1841, †1904, tschech. Komponist; zeigt betont national-tschech. u. volkstüml. Züge; 10 Opern (u.a. »Rusalka«), 9 Sinfonien (u.a. »Aus der Neuen Welt«), Instrumentalkonzerte, Kammermusik (Dumky-Trio), Lieder (Zigeunermelodien, Biblische Lieder).
**DVP,** Abk. für *Deutsche Volkspartei.*
**Dwina, 1.** *Sapadnaja D.* → Düna. – **2.** *Nördl. D.,* N-russ. Strom, 1302 km, mündet bei Archangelsk in die D.bucht des Weißen Meers.
**Dy,** chem. Zeichen für *Dysprosium.*
**dyadisches System** → Binärsystem.
**Dybuk** → Dibbuk.
**Dyck** [dɛjk], Anthonis van, *1599, †1641, fläm. Maler u. Radierer; neben seinem Lehrer *Rubens* der bedeutendste Meister der fläm. Barockmalerei; seit 1632 Hofmaler Karls I. in London, bes. gefeiert als Porträtist der höf. Gesellschaft.
**Dylan** [ˈdɪlən], Bob, eigtl. Robert *Zimmermann,* *24.5.1941, US-amerik. Pop- u. Protestsänger u. Gitarrist; Jugendidol Ende der 60er Jahre.
**Dynamik, 1.** Schwung, Triebkraft, Kraftentfaltung, lebhafte Bewegung. – **2.** Lehre von der Bewegung von Körpern unter dem Einfluß von Kräften; Ggs.: *Statik.* – **3.** Lehre von der Abstufung der Tonstärke in der Musik, auch die Abstufung selbst.
**dynamisch,** lebhaft, kraftvoll, bewegt.
**dynamisieren,** Leistungen wie Renten u.ä. den steigenden Lebenshaltungskosten anpassen.
**Dynamit,** von A. *Nobel* 1867 erfundener Sprengstoff, urspr. aus 75 % Nitroglycerin, 24,5 % Kieselgur u. 0,5 % Soda bestehend. Heute wird Kieselgur durch Gemische aus Salpeter u. Holz- oder Kohlemehl ersetzt, die die Sprengwirkung erhöhen.
**Dynamo,** Maschine zur Stromerzeugung; im Prinzip ein kleiner → Generator.
**Dynamometer,** Gerät zum Messen von mechan. Kräften, z.B. eine Spiralfeder, deren Längenänderung auf einer Skala abzulesen ist. Beim *hydraul. D.* wird ein Kolben in eine abgeschlossene Ölmenge gedrückt, deren Druckanstieg ein Manometer anzeigt.
**Dynastie,** *Herrscherhaus,* Familie, die durch Erbfolge in mehreren Generationen den Herrscher eines Landes stellt.
**Dyophysitismus,** Lehre von den zwei Naturen Christi (göttl. u. menschl.).
**Dyopol,** *Duopol,* Marktform, bei der sich das Gesamtangebot bzw. die Gesamtnachfrage des Marktes auf nur zwei Anbieter bzw. zwei Nachfrager verteilt.
**dys...,** Vorsilbe mit der Bedeutung »nicht der Norm entsprechend«, »krankhaft«, »miß...«.
**Dysbakterie,** Störung der normalen Bakterienflora der Haut, der Scheide u. bes. des Darms.
**Dysmelie,** angeborene Mißbildung oder Fehlentwicklung der Extremitäten (Arme, Beine).
**Dysmenorrhoe,** schmerzhafte Regelblutung, eine Menstruationsstörung.

# E

**e, E,** 5. Buchstabe des dt. Alphabets, grch. Epsilon (ε, E).
**e, 1.** irrationale Zahl, Basis der natürl. Logarithmen, Grenzwert des Ausdrucks

$$(1+\tfrac{1}{n})^n \text{ für } n \to \infty\,;$$

es ist $e = 2{,}71828\ldots$ – **2.** Symbol für die *Elementarladung*.
**E,** Symbol für die elektr. Feldstärke.
**E 605,** Wz. für ein bes. giftiges Insektenbekämpfungsmittel; auch für den Menschen sehr giftig.
**Eagle** ['i:gl], 1792 eingeführte goldene Hauptmünze der USA, Adler als Prägebild; 1 E. = 10 $.
**Eakins** ['ɛikinz], Thomas, *1844, †1916, US-amerik. Maler; Freilichtmalerei.
**EAN,** Abk. für *Europ. Artikelnummer,* Strichmarkierung an Waren, die aus einem Länderkennzei-

*EAN: Die Strichmarkierung auf Handelswaren kann elektronisch abgelesen werden*

chen, einer Betriebsnummer u. der Artikelnummer des Herstellers besteht u. elektron., z.B. an Ladenkassen, abgelesen wird; dient der Rationalisierung.
**Eanes** [ɛ'anɛʃ], António dos Santos Ramalho, *25.1.1935, port. Politiker u. Offizier; schlug 1975 einen Linksputsch nieder; 1976–86 Staats-Präs.; 1986/87 Vors. der Demokrat. Erneuerungspartei (PRD).
**Eannatum,** Sumererfürst von *Lagasch* um 2470 v. Chr.
**Earl** [ə:l], engl. Adelstitel: Graf.
**Early English** ['ə:li iŋliʃ], erste Entwicklungsstufe der engl. Gotik (Frühgotik), etwa 1175–1240.
**Eastbourne** ['i:stbɔ:n], S-engl. Stadt u. Seebad am Kanal, 78 000 Ew.
**East Ham** ['i:st hæm], bis 1964 selbst. engl. Stadt in Essex; bei der Neugliederung von Greater London mit *West Ham* zum neuen Stadtbez. (Borough) *Newham* vereinigt.
**East London** ['i:st'lʌndən], *Oos-London,* Hafenstadt in Kapland (Rep. Südafrika), 161 000 Ew.; vielseitige Ind. (Auto-, Reifen-, Textilind.).
**Eastman** ['i:stmən], George W., *1854, †1932, US-amerik. Industrieller u. Erfinder; gründete 1880 eine Fabrik für photograph. Platten (die spätere *E. Kodak Company*) in Rochester; stellte 1884 den ersten Rollfilm auf Papier her, 1888 den Kodak-Photoapparat, 1889 den Celluloid-Rollfilm.

*Friedrich Ebert*

**East River** [i:st 'rivə], 26 km lange Meeresstraße in New York, zw. Long Island (Brooklyn) u. Manhattan; für Hochseeschiffe befahrbar.
**Eastwood** ['i:stwud], Clint, *31.5.1931, US-amerik. Filmschauspieler u. Regisseur; Darsteller in zahlr. Italo-Western.
**Eau de Cologne** [o:dəkɔ'lɔnjə] → Kölnisch Wasser.
**Eau de Javelle** [o: də ʒa'vɛl; das; frz.], *Bleichwasser,* wäßrige Lösung von Kaliumhypochlorit, KOCl, u. Kaliumchlorid, KCl; Bleich- u. Desinfektionsmittel; sollte nur bei farblosen Baumwoll- u. Leinenstoffen verwendet werden.
**Eau de toilette** [o: də toa'lɛt], Duftwasser mit geringerer Duftkonzentration als Parfüm.
**Eban,** Abba, *2.2.1915, isr. Politiker (Mapai); 1948–59 Vertreter Israels bei den UN u. zugleich seit 1950 Botschafter in den USA; 1966–74 Außen-Min.
**Ebbe,** Absinken des Meeresspiegels im Rhythmus der → Gezeiten.
**Ebbegebirge,** Bergrücken im westl. Sauerland, in der *Nordhelle* 663 m.
**Ebbinghaus,** Hermann, *1850, †1909, dt. Psychologe (Gedächtnisforschung).
**Ebeling,** Hans-Wilhelm, *15.1.1934, dt. Politiker (DSU); 1990 Mitgr. u. kurzzeitig Vors. der DSU; Min. für wirtsch. Zusammenarbeit der DDR; trat im Juli 1990 aus der Partei aus.
**Ebene, 1.** reliefarmes Gebiet der Erdoberfläche. Bei Höhenunterschieden bis 200 m spricht man von *Flachland.* Hochebenen liegen über 200, *Tiefebenen* unter 200 m ü.M. – **2.** *Math.:* unbegrenzte, in keinem ihrer Punkte gekrümmte Fläche.
**Ebene der Tonkrüge,** Hochland in Zentrallaos, nördl. von Vientiane, bis 2817 m hoch; im 2. Indochina-Krieg heftig umkämpft.
**Ebenholz,** Sammelbez. für zahlr. tiefschwarze oder braungestreifte Laubhölzer der Tropen u. Subtropen der Gatt. Dattelpflaume; sehr schwer u. hart, witterungsfest. *Künstl. E.:* schwarzgebeiztes Birnbaumholz u.a.
**Ebenholzgewächse** → Pflanzen.
**Ebensee,** östr. Ferienort im Salzkammergut, an der Mündung der Traun in den Traunsee, 445 m ü.M., 9000 Ew.; Steinsalzgewinnung, Soda- u. Ammoniakwerk, Textil-Ind.; Drahtseilbahn zum Feuerkogel (1594 m).
**Eber,** männl. Schwein.
**Eberbach, 1.** ba.-wü. Stadt am Neckar, sw. des Katzenbuckels, 15 000 Ew.; Hohenstaufenburg *Stolzeneck* (12. Jh.). – **2.** ehem. Zisterzienserkloster im Rheingau, 1135 von Bernhard von Clairvaux gegr., 1803 säkularisiert.
**Eberesche,** *Sorbus,* Gatt. der *Rosengewächse* in der nördl. gemäßigten Zone; hierzu die *Gewöhnl. E., Vogelbeere* oder *-kirsche* mit scharlachroten, zuweilen gelben Früchten *(Drosselbeeren),* u. die *Haus-Vogelbeere* oder *Speierling.*
**Eberhard, 1. E. I., der Erlauchte,** *1265, †1325, regierender Graf 1279–1325; endgültig 1323 von König *Ludwig (IV.) dem Bayern* in seinem erweiterten Besitz bestätigt. Seine Residenz war seit 1321 Stuttgart. – **2. E. II., der Greiner** (d.h. der Zänker) oder *der Rauschebart,* Enkel von 1), *1315, †1392, regierender Graf 1344–92; besiegte den *Schwäb. Städtebund* am 24.8.1388 in der Schlacht bei Döffingen. – **3. E. V. (I.), E. im Bart,** *1445, †1496, seit 1495 (erster) Herzog von Württemberg; seit 1488 führend im *Schwäb. Bund.*
**Ebermayer,** Erich, *1900, †1970, dt. Schriftst. (zeitgesch. Werke).
**Ebernburg,** Burgruine an der Nahe; ehem. Hauptburg Franz von Sickingens.
**Eberraute,** *Eberreis,* ein gelbblühender S-europ. *Korbblütler* mit zitronenartigem Geruch; fr. als schweiß- u. harntreibendes Mittel verwendet.
**Ebers,** Georg, *1837, †1898, dt. Schriftst. u. Ägyptologe; Verfasser zahlr. kulturhistor. Romane.

**Ebersbach, 1.** Stadt im Krs. Löbau, in Sachsen, in der Oberlausitz, 14 000 Ew.; Textilind., Glasveredlung. – **2.** *E. an der Fils,* ba.-wü. Gem. westl. von Göppingen, 15 000 Ew.; Veitskirche (16./17. Jh.); Textil-, Nahrungsmittel-, Metallind.
**Ebersberg,** oberbay. Krst. östl. von München, 8500 Ew.; opt. u. Holzind.
**Eberswalde-Finow,** Krst. in Brandenburg, am Finow-Kanal, nordöstl. von Berlin, 55 000 Ew.; Forstl. Hochschule; chem. Ind.
**Ebert,** Friedrich, *1871, †1925, dt. sozialdemokrat. Politiker, erster Reichspräs. der Weimarer Rep.; 1913 Mit-Parteivors. als Nachfolger A. *Bebels;* seit 1918 Vors. des *Rats der Volksbeauftragten;* 1919–25 Reichs-Präs.
**Eberth,** Karl Joseph, *1835, †1926, dt. Pathologe u. Bakteriologe; entdeckte 1880 den Typhuserreger *(Salmonella [Eberthella] typhi).*
**Eberwurz,** *Carlina,* von Europa bis Vorderasien verbreitete Gatt. der *Korbblütler;* in Mitteleuropa finden sich die *Gewöhnl. E.* oder *Golddistel,* u. die *Stengellose E. (Silberdistel, Silberwurz);* beide geschützt.

*Gewöhnliche Eberwurz*

**Ebioniten,** judenchristl. Sekte.
**Ebner-Eschenbach,** Marie Freifrau von, geb. Gräfin *Dubsky,* *1830, †1916, östr. Schriftst.; realist. Romane u. Erzählungen.
**Ebonit,** ein Hartgummi, Isoliermaterial der Elektrotechnik.
**Ebrach,** Markt in Oberfranken (Bay.), 2000 Ew.; Zisterzienserabtei (1126–1803); seit 1851 Strafanstalt.
**Ebro,** Fluß in NO-Spanien, 927 km, mündet sö. von *Tortosa* in das Mittelmeer.
**Ebstorf,** Ort in Nds. in der nördl. Lüneburger Heide, 5000 Ew. Die berühmte *E.er Weltkarte* aus dem 13. Jahrh. verbrannte 1943; originalgetreue Nachbildungen im Kloster E. u. in Lüneburg.
**Eça de Queirós** ['ɛsa də kɐi'roːʃ], José Maria, *1846, †1900, port. Schriftst.; bed. Romancier Portugals im 19. Jh.
**Ecce homo** ['ɛktse 'ho:mo], »Seht, welch ein Mensch«, Wort des Pilatus (Joh. 19,5) angesichts des dornengekrönten Jesus.
**Eccles** [ɛklz], Sir John Carew, *27.1.1903, austral. Neurophysiologe; erforschte die physikal.-chem. Prozesse bei Entstehung u. Übertragung von Nervenimpulsen; Nobelpreis für Medizin 1963.
**Ecclesia, 1.** in altgrch. Staaten (bes. Athen) die Versammlung des ganzen Volks. – **2.** älteste Bez. für die Christengemeinde; Kirche überhaupt.
**Ecevit** [edʒɛv'it], Bülent, *1925, türk. Politiker (Republikan. Volkspartei); seit 1966 Parteisekretär, 1974, 1977, 1978/79 Min.-Präs.
**echauffieren** [eʃo'fi:rən], sich erregen.
**Echegaray y Eizaguirre** [ɛtʃega'ra:i i ɛiθa'girɛ], José, *1832, †1916, span. Schriftst. von H. Ibsen u. H. Sundermann beeinflußt; Nobelpreis 1904.

*Echnaton: Kalkstein-Relief des Königs aus Amarna (18. Dynastie). Berlin, Staatliche Museen Preußischer Kulturbesitz, Ägyptisches Museum*

**Echeverle** [ɛtʃɛ-], *Echeveria,* mittelamerik. Gatt. der *Dickblattgewächse;* die dickfleischigen Blätter bilden auffallende Rosetten; beliebte Zierpflanzen.

**Echeverria** [ɛtʃeve'rria], Estéban, *1805, †1851, argent. Schriftst. Seine Erzählung aus den Bürgerkriegen »El matadero« (1840) wurde zum wirksamsten Ruf im Kampf gegen den Diktator J. M. de *Rosas*.

**Echeverría Alvarez** [ɛtʃeve'rria al'bareθ], Luis, *17.1.1922, mex. Politiker (Partido Revolucionario Institucional, PRI); 1964–69 Innen-Min., 1970–76 Staats-Präs.

**Echinacea** → Sonnenhut.
**Echinocactus** → Igelkaktus.
**Echinococcus granulosus** → Bandwürmer.
**Echinodermata** → Stachelhäuter.
**Echinoidea** → Seeigel.
**Echinus,** polsterähnl., unter dem *Abakus* liegender Teil des dor. Kapitells; beim ion. Kapitell der Teil unter der Volute.

**Echnaton,** Achenaten, Amenophis IV., ägypt. König der 18. Dynastie, um 1364–47 v.Chr.; versuchte, den monotheist. Sonnenglauben einzuführen, in dessen Mittelpunkt der Sonnengott *Aton* stand: verlegte die Hptst. von Theben nach dem neugegründeten *Amarna. Tutanchamun,* E. Schwiegersohn, stellte den Amun-Kult wieder her. Im weiteren Fortgang dieser Restauration wurde E. als Ketzer verfemt; sein Name wurde aus den Königslisten getilgt.

**Echo, 1.** *Widerhall,* reflektierter Schall. In geschlossenen Räumen spricht man von *Nachhall. –* **2.** in der grch. Myth. eine Bergnymphe, die sich in *Narkissos* verliebte, ohne Gegenliebe zu finden. Sie magerte ab, ihr Gebein wurde zu Felsen, nur die Stimme blieb.

**Echolot,** *Behmlot,* Gerät, das Wassertiefen oder Flughöhen nach dem Echoprinzip mißt: Eine (Ultra-)Schallquelle sendet Impulse in Richtung auf das Objekt aus, das die Schallwellen reflektiert. Aus dem halben Zeitunterschied bis zum Echoempfang u. der Schallgeschwindigkeit im Wasser (bzw. in der Luft) errechnet sich die Entfernung.

**ECHO-Viren** (Abk. für engl. *enteric cytopathogenic human orphan*), zu den Picornaviren gehörende Gruppe von Viren, die grippale Infekte, Darmentzündungen mit Durchfall, Hautausschläge u.a. beim Menschen hervorrufen.

**Echsen,** *Sauria,* Unterordnung der *Schuppenkriechtiere.* Im Unterschied zu den *Schlangen* sind bei den E. die Unterkieferäste stets fest miteinander verwachsen: Meistens besitzen die E. vier Extremitäten. Es finden sich aber auch beinlose Formen (z.B. Schleichen u. Skinke). Hauptverbreitungsgebiet sind die warmen Länder. In der kalten u. gemäßigten Zone verbringen die E. oft 8–10 Monate in Kältestarre. Zu den E. zählen *Geckos, Flossenfüße, Agamen, Chamäleons, Leguane, Eidechsen, Wirtel-E., Schienen-E., Skinke, Doppelschleichen, Schleichen, Krusten-E., Warane.*

**Echternach,** luxemburg. *Eechternach,* Krst. im östl. Luxemburg, an der Sauer, 4000 Ew.; gegenüber dem dt. *E.erbrück* (Römerbrücke), Benediktinerabtei (698–1794). Die *Springprozession* zum Grab des hl. *Willibrord* am Pfingstdienstag ist ein Dankfest für das Enden des im 8. Jh. hier wütenden Veitstanzes.

**Echter von Mespelbrunn,** Julius, *1545, †1617, Fürstbischof von Würzburg 1573–1617; führte in Franken die Gegenreformation durch; Mitgründer der kath. Liga.

**Eck,** Johann, eigtl. Johann *Maier,* *1486, †1543, dt. Theologe; Gegner M. Luthers (Disputation in Leipzig 1519).

**Eckart, 1.** »der getreue E.«, in der Volkssage der Warner vor dem Wilden Heer u. vor dem Venusberg (Tannhäuser). – **2.** → Eckhart.

**Eckball,** *Ecke,* in versch. Ballspielen Freistoß (Freiwurf) von einem Punkt der Torlinie nahe der Eckfahne, wenn der verteidigende Mannschaft den Ball über die eigene Torauslinie spielt.

**Eckener,** Hugo, *1868, †1954, dt. Luftschiffführer; Mitarbeiter F. von *Zeppelins;* Fahrten mit dem Luftschiff LZ 127 über den Atlantik, um die Erde (1929) u. zum Nordpol (1931).

**Eckermann,** Johann Peter, *1792, †1854, seit 1823 *Goethes* Mithelfer an der *Ausgabe letzter Hand«* der Werke; Ⓦ »Gespräche mit Goethe in den letzten Jahren seines Lebens«.

**Eckernförde,** Stadt in Schl.-Ho., Ostseebad u. Marinestützpunkt an der E.r*Bucht,* 23 000 Ew.; Fischerei, Herstellung von Jagd- u. Sportwaffen.

**Eckhart,** Eckart, Eckehart, Meister E., *um 1260, †1327/28, dt. Mystiker; Dominikaner, Prof. in Paris, Straßburg u. Köln. Er sah die Tiefe des Christentums im Eingehen Gottes in den Seelengrund (*unio mystica*), das sich in der Begegnung der gläubigen Seele mit Gott vollzieht.

**Ecklohn,** der in einem *Tarifvertrag* festgesetzte Lohn für die typ. Arbeit im Tarifbereich. Zu ihm werden die Löhne der anderen Arbeiter in ein Prozent-Verhältnis gesetzt.

**Eckzähne,** *Augenzähne, Hundszähne, Caninen, Canini;* → Zahn.

**Eco** ['ɛko], Umberto, *5.1.1932 Alessandria; ital. Schriftst. u. Sprachphilosoph; Prof. für Semiotik in Bologna; hatte großen Erfolg mit den Romanen »Der Name der Rose«, »Das Foucaultsche Pendel«.

**ECOSOC,** Abk. für engl. *Economic and Social Council,* Wirtschafts- u. Sozialrat der Vereinten Nationen.

**Ecraséleder,** farbiges, grobnarbiges, gegerbtes u. dann durch starkes Pressen geglättetes Portefeuilleleder aus Ziegenhaut.

**ECU,** *Ecu* [engl. 'i 'si 'juː; frz. e'kyː], Abk. für *European Currency Unit.*

**Ecuador,** Staat an der W-Küste Südamerikas, 283 561 km², 9,9 Mio. Ew., Hptst. *Quito.*
Landesnatur. Zw. dem feuchtheißen pazif. Küstentiefland *(Costa)* im W u. dem Amazonastiefland *(Oriente)* im O erstrecken sich die beiden Hauptketten der Anden (Chimborazo 6267 m, Cotopaxi 5897 m), die ein dichtbesiedeltes Hochbekken *(Sierra)* einschließen.
Die Bevölkerung spricht Spanisch u. ist vorw. kath. Sie besteht zu 41% Mestizen, 39% Indianern, 10% Kreolen, 5% Schwarzen u. 5% Mulatten.
Wirtschaft. Die landw. Anbauprodukte der Costa sind die wichtigsten Exportgüter (Bananen, Kaffee, Kakao, Zucker, Reis, Baumwolle). Im Hochland wird v.a. Viehzucht betrieben. Die

*Ecuador*

Hochseefischerei ist bedeutend. Bei den Bodenschätzen steht Erdöl an erster Stelle. – Hauptstrecke des Straßennetzes ist die Carretera Panamericana. Haupthafen ist Guayaquil.
Geschichte. Als die nördlichste Prov. des Inkareichs wurde das Gebiet 1533/34 für Spanien erobert. Erst 1822 beseitigte S. *Bolívar* die span. Herrschaft in E., das sich 1830 unter J. J. *Flores* zur selbständigen Republik erklärte. Nach 1875 machte E. eine Zeit schwerer innerer Unruhen u. Bürgerkriege durch. 1972–79 regierte eine Militärjunta. 1979 trat eine neue Verf. in Kraft. Seit 1988 ist der Sozialdemokrat R. *Borja Cevallos* Staats-Präsident.

**ed,** Abk. für lat. *editio,* ediert, »herausgegeben«.
**Edam-Volendam,** ndl. Gem. in der Prov. Nordholland, 24 000 Ew.; bek. durch seinen kugelförmigen, rotrindigen Käse.
**Edaphon,** Organismenwelt im Erdboden.
**Edda,** Titel einer Skaldenpoetik (um 1225) des *Snorri Sturluson:* die *Jüngere, Prosa-* oder *Snorra-E.;* dann übertragen auf eine Sammlung altnord. Stabreimgedichte aus dem 13. Jh.: die *Ältere, Lieder-* oder (fälschl.) *Saemundar-E.,* die mit ihren Göttermythen u. Heldensagen die wichtigste Quelle der altgerm. Dichtung ist.
**Eddington** [-tən], Sir Arthur Stanley, *1882, †1944, brit. Astronom; bed. Arbeiten über inneren Aufbau der Sterne u. des Universums.
**Edelfäule,** *Fruchtfäule,* durch Pilzbefall hervorgerufene Zersetzung vollreifer Weinbeeren, die ein rosinenartiges Aussehen annehmen u. Ausleseweine ergeben.
**Edelgase** die gasförmigen Elemente *Helium, Neon, Argon, Krypton, Xenon, Radon.* Sie sind zu insges. 0,94% in der Luft enthalten u. gehen unter normalen Bedingungen keine chem. Verbindungen ein.
**Edelhagen,** Kurt, *1920, †1982, Jazzmusiker u. Bandleader; internat. bekannt, seit Rolf Liebermann für ihn das »Concerto for Jazzband« schrieb.
**Edelman** ['eidlmæn], Gerald Maurice, *1.7.1929, US-amerik. Biochemiker; klärte die Struktur des Immunglobulins auf; erhielt 1972 zus. mit R. *Porter* den Nobelpreis für Medizin.
**Edelmarder,** *Baummarder,* ein gelbbraun bis dunkelbraun gefärbter *Marder* mit gelbem Kehlfleck; in Europa, W- u. N-Asien.
**Edelmetalle,** Metalle, die beim Erhitzen an der Luft nicht oxidieren u. von den meisten Chemikalien nicht angegriffen werden: Gold, Silber, Quecksilber, Rhenium u. die Platinmetalle (Ruthenium, Rhodium, Palladium, Osmium, Iridium u. Platin).
**Edelraute** → Beifuß.
**Edelreis** → Veredelung.
**Edelreizker** → Reizker.
**Edelrost** → Patina.
**Edelstähle,** Stähle, die sich durch gleichbleibende Eignung zur Wärmebehandlung u. bes. physikal. oder physikal.-chem. Eigenschaften von *Massenstählen* u. *Qualitätsstählen* unterscheiden.

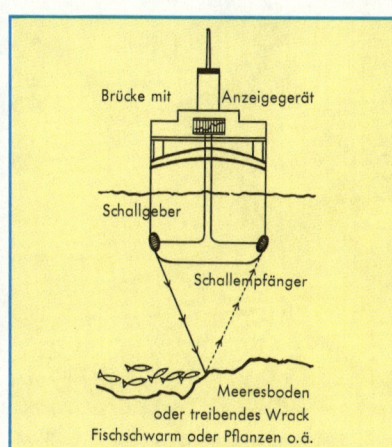

*Funktionsweise eines Echolots*

*Edelfäule bei Weinbeeren*

**Edelsteine,** alle durch Schönheit u. Klarheit der Farbe, Durchsichtigkeit, Glanz, Härte u. hohe Lichtbrechung ausgezeichneten Mineralien: Diamant, Korund, Saphir, Rubin, Smaragd, Beryll, Aquamarin, Zirkon, Turmalin, Edeltopas, Edelopal, Spinell, Chrysolith u.a. Als *Halb-E.* (im Handel geläufige Bez.) gelten: Bergkristall, Amethyst, Rauchtopas, Citrin, Rosenquarz, Chalzedon, Chrysopras, Karneol, Achat, Onyx, Tigerauge, Jaspis, Heliotrop, Malachit, Mondstein, Lasurstein, Hämatit, Rhodonit u.a. *Synthet. E.* werden techn. im Elektroofen aus Schmelzfluß gezüchtet. Bei Korund, Bergkristall u.a. sind sie völlig identisch mit den Naturprodukten (abgesehen von Einschlüssen). Sie dienen als Schmuck, Lager für Wellen in Präzisionsinstrumenten u.a. Die »Magie der E.« zeigt sich in ihrer Verwendung als »Tierkreis-, Planeten-, Monats- u. Geburtssteine«.

**Edeltanne, 1.** → Tanne. – **2.** → Araukarie.

**Edelweiß,** in den Alpen, Pyrenäen u. Karpaten in über 1700 m Höhe vorkommende Gatt. der *Korbblütler;* die Blütenköpfchen sind meist zu 4–8 vereint u. werden von weißwolligen Hüllblättern strahlig eingefaßt; unter Naturschutz.

**Eden,** im AT das Paradies.

**Eden** [i:dn], Sir (1954) Anthony, Earl of *Avon* (1961), *1897, †1977, brit. Politiker (konservativ); 1935–38, 1940–45 u. 1951–55 Außen-Min.; 1955–57 als Nachfolger W. *Churchills* Prem.-Min. Die von ihm verantwortete brit.-frz. Intervention in Ägypten im Okt./Nov. 1956 *(Suez-Krise)* löste heftige Proteste aus, die seinen Rücktritt erzwangen.

**Edenkoben,** rheinland-pfälz. Stadt an der mittleren Hardt, 5000 Ew.; Luftkurort; Kloster Heilsbruck (13. Jh.); Weinbau, Weinhandel.

**Eder,** *Edder,* l. Nbfl. der Fulda, entspringt am **E.kopf,** 177 km. Die **E.talsperre** (1908–14 erbaut) südl. von Waldeck (12 km², 202 Mio. m³, 42 m Stauhöhe) dient zur Regulierung von Weser u. Mittellandkanal. 1943 bombardiert (verheerende Überschwemmungen).

**Edessa** → Urfa.

**edieren,** ein Buch (meist ein wiss. Werk) herausgeben.

**Edikt,** obrigkeitl. Bekanntmachung, Erlaß.

**Edinburgh** [-bərə], Hptst. von Schottland, inmitten von Felshügeln an der Südküste des Firth of Forth, 440 000 Ew.; Mittelpunkt des polit., kirchl. u. kulturellen Lebens; mehrere Univ.; Banken-, Versicherungs- u. Geschäftszentrum; bed. Verlagsstandort; neuerdings Eisenerz- u. Kohleabbau; Brauereien, Brennereien; seit 1947 internat. Musik- u. Theaterfestspiele; E.s Hafen *Leith* ist der wichtigste der Ostküste Schottlands.

**Edirne,** das fr. *Adrianopel,* in der Antike *Orestia, Orestea,* später *Hadrianopolis,* türk. Stadt im SO der Balkanhalbinsel, an der Mündung der Tundscha in die Maritza, 87 000 Ew.; bed. Moscheen; Bazar; Teppich-, Tuch- u. Leder-Ind.; Wein- u. Gartenbau.

**Edison** [ˈɛdisən], Thomas Alva, *1847, †1931, US-amerik. Erfinder; baute 1876 die erste Sprechmasch. (Phonograph, Grammophon), 1879 die elektr. Glühlampe, verbesserte den Akkumulator *(E.-Akku),* baute das erste Elektrizitätswerk, konstruierte ein Kinoaufnahmegerät (1889), ein Projektionsgerät (1895) u. führte viele Neuerungen in der Bautechnik ein.

**Edition,** Ausgabe eines Buchs oder Musikwerks; Ausgaben-Reihe. – **Editio princeps,** Erstausgabe.

**Edmonton** [ˈɛdməntən], Hptst. der mittelkanad. Prov. Alberta, am Saskatchewan, 576 000 Ew.; Univ.; chem., eisenverarbeitende u. Nahrungsmittelind.; Getreide-, Vieh- u. Pelzhandel; Erdölfelder.

**Edschmid,** Kasimir, eigtl. Eduard *Schmid,* *1890, †1966, dt. Schriftst.; zunächst expressionist., dann subtil realistisch.

**Eduard,** engl. *Edward,* Fürsten von England/ Großbritannien:
**1. E. der Bekenner,** *nach 1002, †1066, angelsächs. König 1042–66; 1161 heiliggesprochen (Fest: 5.1.). – **2. E. I.,** *1239, †1307, König 1272–1307; aus dem Haus *Plantagenet;* unterwarf 1276–84 Wales u. wurde 1292 Oberlehnsherr von Schottland; berief 1295 das *Model Parliament* (Musterparlament) ein. – **3. E. II.,** Sohn von 2), *1284, †1327, König 1307–26; trug als erster engl. Thronfolger den Titel *Prince of Wales* (1301), mußte 1323 die schott. Unabhängigkeit wieder anerkennen; 1326 vom Parlament abgesetzt u. 1327 ermordet. – **4. E. III.,** Sohn von 3), *1312, †1377, König 1327–77; unterwarf Schottland erneut; nahm als Enkel *Philipps des Schönen* den frz. Königstitel an, womit der *Hundertjährige Krieg* mit Frankr. begann. – **5.** Prince of Wales, Sohn von 4), der *Schwarze Prinz* (nach der Farbe seiner Rüstung), *1330, †1376; Heerführer im Hundertjährigen Krieg, schlug die Franzosen 1356 bei Poitiers. – **6. E. IV.,** *1442, †1483, König 1461–83. Sein Sieg über die Anhänger von Lancaster *(Rote Rose)* u. seine Krönung 1461 verschaffte dem Haus York *(Weiße Rose)* den Thron. Im wechselvollen Verlauf der *Rosenkriege* (1455–85) gelang es E. mit Hilfe Karls des Kühnen von Burgund erst 1471, seine Herrschaft zu sichern. – **7. E. VII.,** *1841, †1910, König 1901–10; maßgebl. an der polit. Isolierung Dtld. beteiligt. – **8. E. VIII.,** *1894, †1972, König Jan.-Dez. 1936, *Herzog von Windsor* seit 1937; verzichtete auf den Thron wegen seiner Ehe mit Wallis *Warfield Simpson.*

**Edukation,** Erziehung.

# EDELSTEINE

*Opallagerstätte »Cooper Pedy«, Australien*

*Stadien des Facettschliffs*

*Ein Edelstein wird geschliffen*

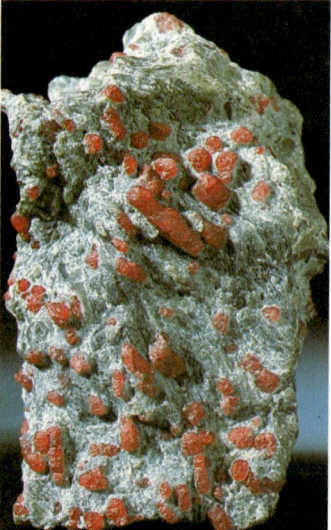

*Rubine im Muttergestein (Pargasit), Grönland. Idar-Oberstein, Sammlung H. Gaertner (links). – Das Werkzeug eines Edelsteinhändlers: Standlupe, Steinbrief mit Saphir, Kornzange, Steinsieb, Waage, Handlupe, Edelsteintabelle, Meßinstrument (Leveridge), Diamantlehre (rechts)*

**Edelsteine und Schmucksteine**

| Name | Härte | Dichte | Kristallsystem | Farbe | Chemische Zusammensetzung |
|---|---|---|---|---|---|
| Achat | 6,5–7 | 2,59–2,67 | trigonal | buntes Farbenspiel | $SiO_2$ |
| Amethyst | 7 | 2,65 | hexagonal | violett | $SiO_2$ |
| Aquamarin | 7,5 | 2,65–2,75 | hexagonal | blau | $B_3Al_2[Si_6O_{18}]$ |
| Bergkristall | 7 | 2,65 | hexagonal | farblos | $SiO_2$ |
| Bernstein | 2–2,5 | 1,05–1,10 | amorph | gelbbraun | $C_{10}H_{16}O$ |
| Chalcedon | 7 | 2,59–2,61 | trigonal | gelblich-rot, braun, grün | $SiO_2$ + Zusätze |
| Chrysopras | 7 | 2,59–2,61 | trigonal | grün | $SiO_2$ + Zusätze |
| Diamant | 10 | 3,51–3,53 | kubisch | farblos, alle Farben | C |
| Goldberyll | 7,5 | 2,65–2,75 | hexagonal | gelb-gold | $Al_2B_3[Si_6O_{18}]$ |
| Granate | | | | | |
|   Almandin | 7,5–8 | 3,83–4,20 | kubisch | rot, violett, braun | $Fe_3 \cdot Al_2[SiO_4]_3$ |
|   Grossular | 6,5–7 | 3,60–3,70 | kubisch | braungelb, gelbgrün | $3CaO \cdot Al_2O_3 \cdot 3SiO_2$ |
| Hämatit | 5,5–6,5 | 4,90–5,30 | trigonal | schwarz, stahlfarben | $Fe_2O_3$ |
| Heliotrop | 6,5–7 | 2,65 | trigonal | dunkelgrün mit roten Flecken | $SiO_2$ + Zusätze |
| Jadeit | 6,5–7 | 3,30–3,35 | monoklin | grün, weißlich, gelblich | $Na[AlSi_2O_6]$ |
| Jaspis | 7 | 2,50–2,60 | trigonal | verschieden, je nach Färbebeimengungen | $SiO_2$ + Zusätze |
| Karneol | 7 | 2,59–2,61 | trigonal | rotbraun | $SiO_2$ + Zusätze |
| Lapislazuli | 5,5 | 2,38–2,51 | kubisch | tiefblau | $(Na, Ca)_8[(SO_4S, Cl)_2 (AlSiO_4)_6]$ |
| Malachit | 3,5–4 | 3,70–4,00 | monoklin | grün | $Cu_2[(OH)_2/CO_3]$ |
| Mondstein | 6–6,5 | 2,56–2,62 | monoklin | farblos, gelb bläulicher Schimmer | $K[AlSi_3O_8]$ |
| Nephrit | 6–6,5 | 2,94–3,06 | monoklin | grün | $CaO \cdot 3MgO \cdot 4SiO_2$ |
| Opal | 5–6,5 | 2,05–2,22 | amorph | weiß, rot, blau, oft Farbenspiel | $SiO_2 \cdot nH_2O$ |
| Rosenquarz | 7 | 2,65 | trigonal | rosa | $SiO_2$ |
| Rubin | 9 | 3,94–4,10 | trigonal | rot | $Al_2O_3$ |
| Saphir | 9 | 3,94–4,10 | trigonal | blau, grünblau | $Al_2O_3$ |
| Smaragd | 7,5 | 2,65–2,75 | hexagonal | gelbgrün, blaugrün | $B_3AlCr_2[Si_6O_{18}]$ |
| Spinell | 8 | 3,53–3,65 | kubisch | alle Farben | $MgAl_2O_4$ |
| Spodumen | 6,5–7 | 3,10–3,20 | monoklin | rosarot, grün | $AlLi(Si_2O_6)$ |
| Tigerauge | 7 | 2,64–2,71 | trigonal | goldbraun | $SiO_2$ + Zusätze |
| Topas | 8 | 3,50–3,56 | rhombisch | farblos, gelb, hellblau, rosa, hellgrün | $Al_2[(SiO_4/F_2)]$ |
| Türkis | 5,5–6 | 2,60–2,84 | triklin | blau, blaugrün | $CuAl_6[(OH)_2/PO_4]_4 \cdot 4H_2O$ |
| Turmalin | 7–7,5 | 2,94–3,16 | trigonal | grün, rot, braun, blau, schwarz | Bor-Silicat |
| Zirkon | 7–7,5 | 4,33–4,75 | tetragonal | farblos, braun, blau | $Zr[SiO_4]$ |

**EDV,** Abk. für *elektron. Datenverarbeitung* mit Hilfe von → Computern.
**Edward-See** ['edwəd-], *Rutanzige*, verlandender See im Zentralafrikan. Graben, rd. 2200 km².
**EEG,** Abk. für *Elektroenzephalographie.*
**Efendi,** *Effendi,* Anrede in der osman. Türkei für Personen von höherem Rang; 1934 durch »Bay« ersetzt.
**Efeu,** Kletterpflanze, die oft in Baumkronen hinaufreicht oder als kriechender Strauch den Boden bedeckt. E. trägt immergrüne Blätter u. im Frühjahr reifende schwarze Beeren.
**Effekt,** Wirkung, Erfolg.
**Effekten,** Wertpapiere, die an der Börse gehandelt werden. *Festverzinsl. E. (Rentenpapiere)* gewähren einen gleichbleibenden Zins (Staatsanleihen, Pfandbriefe, Obligationen), *Beteiligungs-E.* (Aktien, Kuxe) dagegen den Anspruch auf eine veränderl. Gewinnbeteiligung.
**effektiv,** tatsächl., wirkl.; wirksam.
**Effektivgeschäft,** Kauf von Waren oder Wertpapieren, bei dem die vereinbarte Lieferung u. Zahlung tatsächl. stattfinden soll. Ggs.: *Differenzgeschäft.*
**Effektivwert,** quadrat. Mittelwert einer Wechselgröße (Wechselstrom, Wechselspannung).
**Effemination,** Verweiblichung; **effeminiert,** weibisch.
**efferent,** ausleitend, wegführend, herausführend (aus einem Organ, vom Zentrum); Lagebezeichnung in der Anatomie; Ggs.: *afferent.*
**Effet** [ɛ'feː], Drehimpuls des Balls (bei Tennis, Billard u.a. Spielen).
**Effizienz,** Wirksamkeit, Wirkungsgrad, Leistungsfähigkeit.
**Effloreszenz, 1.** Hautausschlag durch krankhafte Vorgänge, z.B. Pusteln, Bläschen. – **2.** Mineralüberzüge auf Gesteinen (Ausblühungen).
**Effner,** Josef, *1687, †1745, dt. Baumeister; 1714–30 kurfürstl. Hofbaumeister in München.
**Effusion,** Ausströmung, Erguß (z.B. von Magma).
**Effusivgesteine** → Ergußgesteine.
**EFTA,** Abk. für engl. *European Free Trade Association,* → Europäische Freihandelsassoziation.
**EG,** Abk. für → Europäische Gemeinschaft(en).
**egal,** gleichmäßig, gleichförmig; gleichgültig; **egalisieren,** gleich machen.
**Egbert, 1.** E. d. Gr., *775, †839, angelsächs. König, vereinigte erstmals alle angelsächs. Teilreiche. – **2.** E. von Trier, †993, Kanzler Kaiser Ottos II.; stiftete Kunstgegenstände, u.a. den *E.schrein* u. den *Codex Egberti.*
**Egede,** Hans, *1686, †1758, dän. Missionar u. Grönland-Forscher, »Apostel der Eskimo«.
**Egel, 1.** → Blutegel. – **2.** → Leberegel.
**Egelschnecken,** *Schnegel, Limacidae,* nackte Landlungenschnecken mit zu einer Kalkplatte zurückgebildetem Gehäuse, z.B. die *Wegschnecke,* die *Kellerschnecke* u. der *Baumschnegel.*
**Eger, 1.** tschech. *Cheb,* Hauptort des *E.landes* in NW-Böhmen, am gleichn. Fluß, 31 000 Ew.; maler., histor. Stadtbild; Braunkohlenlager, Brauereien Maschinenbau, Textilfabrik. – 1634 Ermordung *Wallensteins.* – **2.** tschech. *Ohře,* l. Nbfl. der Elbe in Böhmen, 270 km. – **3.** nordung. Stadt, → Erlau.
**Egge,** Bodenbearbeitungsgerät mit Zinken zum Krümeln u. Krustebrechen, zur Unkrautbekämpfung u. zum Unterbringen von Saat u. Dünger.
**Eggebrecht,** Axel, *10.1.1899, dt. Schriftst., bes. Funk- u. Filmautor.
**Eggegebirge,** Höhenzug in Westfalen, Fortsetzung des Teutoburger Walds nach S; in der *Hausheide* 441 m.
**Egger-Lienz** [-'liːɛnts], Albin, *1868, †1926, östr. Maler (genrehafte Historienbilder).
**Egill Skallagrimsson,** *um 900, †um 985, isl. Skalde; Held der *Egillsage* (Vorbild der Tellsage).
**Egk,** Werner, eigtl. Werner J. *Mayer,* *1901, †1983, dt. Komponist u. Dirigent; gestisch bestimmte Musik von starker Motorik (Einfluß von I. Strawinsky) u. orchestraler Farbigkeit; Ⓦ Opern: »Die Zaubergeige«, »Der Revisor«, Ballette »Abraxas«, »Danza«; Autobiographie: »Die Zeit wartet nicht«.
**EGKS,** Abk. für *Europäische Gemeinschaft für Kohle u. Stahl,* → Montanunion.
**Egli,** Alphons, *8.2.1924 Luzern; schweizer. Politiker (CVP); 1983–86 im Bundesrat (Dep. für Inneres); 1986 Bundes-Präs.
**eGmbH,** Abk. für *eingetragene Genossenschaft mit beschränkter Haftpflicht.*
**Egmont,** *Egmond,* Lamoral Graf von, Fürst von Gavre, *1522, †1568, seit 1559 Statthalter von Flandern u. Artois; Gegner der span. Zentralisierungspolitik in den Ndl., auf Befehl von Herzog Alba zus. mit dem Grafen Ph. *Hoorn* enthauptet.
**Egoismus,** Selbstsucht, das ausschl. am eig. Nutzen orientierte u. das eig. Wohl auf Kosten anderer fördernde Handeln; Ggs.: *Altruismus.*

**Ehe** 215

**Egoutteur** [egu'tøːr], Walze einer Langsieb-Papiermasch. zur Egalisierung der Papieroberfläche oder zur Herstellung des echten Wasserzeichens.
**egozentrisch,** das eigene Ich in den Mittelpunkt alles Geschehens stellend.
**EG-Richtlinien,** vom Rat der Europäischen Gemeinschaft erlassene Regelungen zur Rechtsangleichung (Harmonisierung einzelner Gebiete des Handels-, Umwelt- u. Steuerrechts innerhalb der Mitgliedsstaaten. Diese verpflichten sich, den Inhalt der E. in nat. Recht zu übertragen. Form u. Mittel der Umsetzung bleiben den Staaten überlassen.
**Egyptienne** [eʒipˈsjɛn], Antiqua-Schriftart.
**Ehe,** die, zur gemeinsamen Lebensführung durch Sitte oder Gesetz geschützte u. anerkannte Verbindung von Mann u. Frau in der menschl. Gesellschaft. Als bürgerl. Vertrag dient die E. der Regelung der Geschlechtsbeziehungen u. der soz. Einbettung der Funktion der → Familie. Über die E.gesetzgebung behält sich der Staat ein Lenkungs- u. Mitspracherecht vor. Die geschichtl. durchgreifende Hauptform der E. ist die *Einehe (Monogamie).* Daneben bestehen die polygamen Formen *Polygynie* (E. eines Mannes mit mehreren Frauen) u., seltener, *Polyandrie* (E. einer Frau mit mehreren Männern). – In der BR Dtld. ist das Eherecht hpts. im BGB u. im Ehegesetz von 1946 geregelt. Die **Eheschließung** kommt dadurch zustande, daß die Verlobten nach dem *Aufgebot* persönl. u. bei gleichzeitiger Anwesenheit vor einem *Standesbeamten* erklären, die E. miteinander eingehen zu wollen. Die **Ehefähigkeit** hat, wer *ehemündig* (mit Vollendung des 18. Lebensjahres) u. *geschäftsfähig* ist. **Eheverbote** bestehen bei schon bestehender E. eines Partners *(Doppelehe),* bei naher Verwandtschaft u. Schwägerschaft. Die Eheleute sind einander zur **ehel. Lebensgemeinschaft** verpflichtet, d.h. zu gegenseitigem Beistand, Rücksichtnahme u. zur Geschlechtsgemeinschaft. Sie führen einen gemeinsamen *Familiennamen* (Ehenamen). Treffen die Eheleute keine Vereinbarung über ihre vermögensrechtl. Beziehungen, so tritt mit der Eheschließung der *gesetzl. Güterstand,* die *Zugewinngemeinschaft,* ein. Die Vermögen der Eheleute bleiben jedoch rechtl. getrennt; jeder Ehegatte haftet für sich. Schulden. Ein Vermögenszuwachs (Zugewinn) wird erst dann ausgeglichen, wenn die Zugewinngemeinschaft endet (Tod eines Ehegatten, Ehescheidung). **Ehescheidung:** Eine E. wird auf Antrag eines oder beider Ehegatten durch Urteil regelmäßig geschieden, wenn sie *gescheitert* ist, d.h. wenn die Lebensgemeinschaft der Eheleute nicht mehr besteht u. ihre Wiederherstellung nicht erwartet werden kann (bei dreijähriger Aufhebung der häusl. Lebensgemeinschaft, bei einjähriger Trennung u. beiderseitigem Einvernehmen). Nach der Scheidung muß jeder Ehegatte grundsätzl. selbst für seinen *Unterhalt* sorgen. Unterhalt wird nur noch gezahlt, wenn ein Ehegatte aus bes. Gründen nicht erwerbstätig sein kann. Ein Rentenausgleichsanspruch steht demjenigen Partner zu, der in der E. nicht oder nicht dauernd berufstätig sein konnte (Rentensplitting). – In der kath. K i r c h e wird die E. verstanden als die rechtmäßige Verbindung eines Mannes u. einer Frau zu ungeteilter u. unauflösbarer Lebensgemeinschaft. Sie kommt als *Sakrament* zustande durch den *Konsens* (Zustimmung) hinderunsfreier Partner in der vorgeschriebenen Form. Die *Scheidung* einer gültigen, geschlechtl. vollzogenen Ehe unter Christen ist kirchenrechtl. unmöglich. Sonst ist nur eine zeitweilige oder dauernde *Trennung* unter Bestehenbleiben des Ehebands möglich. – Nach Auffassung der e v. K i r c h e ist die E. zwar von Gott in der Schöpfung des Menschen als Mann u. Frau eingesetzt u. untersteht Gottes Verheißung u. Willen; sie hat aber keinen sakramentalen, erlösenden Charakter, sondern ist weltl. Ordnungen unterworfen. 1874/75 wurde in Dtld. die obligator. Zivilehe eingeführt. Die Ehegesetzgebung u. -gerichtbarkeit wird seither ausschl. dem Staat überlassen. – **eheähnl. Gemeinschaft,** nichtehel. Lebensgemeinschaft, dauerhaftes Zusammenleben einer Frau u. eines Mannes ohne Eheschließung vor dem Standesbeamten; nicht erberechte. – **Eheberatungsstellen,** Einrichtungen der Gesundheitsämter, Wohlfahrtsbehörden, konfessionellen Verbände u.a., die sich mit der Beratung in Ehefragen von gesundheitl.,

## 216 eheliches Kindesverhältnis

*Eiche: Blätter und Eichel*

psych., soz., seelsorger. u. wirtsch. Gesichtspunkten aus befassen.

**eheliches Kindesverhältnis,** das Rechtsverhältnis zw. Eltern u. ihren ehel. Kindern, begründet durch *Ehelichkeit, Legitimation* oder *Annahme als Kind.*

**Ehelichkeit,** *eheliche Abstammung,* natürl. Begründung eines ehel. *Kindesverhältnisses* durch Abstammung von den Ehegatten.

**Ehelichkeitserklärung,** *Ehelicherklärung,* eine Art der *Legitimation.* Durch E. erlangt das unehel. Kind die rechtl. Stellung eines ehel. Kindes.

**ehernes Lohngesetz,** von F. *Lasalle* 1863 geprägte Formulierung der Lohntheorie D. *Ricardos,* daß der Arbeitslohn auf Dauer nicht über das Existenzminimum steigen könne, da eine Erhöhung sofort zu einer Bevölkerungsvermehrung führe, die den Lohn wieder herabdrücke.

**Ehingen (Donau),** ba.-wü. Stadt an der Donau, 22 000 Ew.; Konviktskirche (18. Jh.); Zellstoff-, Baumwoll- u. Metallind.

**Ehlers,** Hermann, *1904, †1954, dt. Politiker (CDU); 1950–54 Präs. des Bundestags.

**Ehmke,** Horst, *4.2.1927, dt. Politiker (SPD); 1969–74 Bundes-Min., zunächst für Justiz, dann für bes. Aufgaben u. Chef des Bundeskanzleramts, schließl. für Forschung u. Technologie u. Post- u. Fernmeldewesen, seit 1977 stellvertretender Vors. der SPD-Bundestagsfraktion.

**Ehre,** das Ansehen, die Achtung u. die Anerkennung, die einem Menschen als Träger bestimmter eth. Tugenden von anderen entgegengebracht werden.

**Ehre,** Ida, *1900, †1989, dt. Schauspielerin u. Regisseurin; gründete 1945 die Hamburger Kammerspiele.

**Ehrenamt,** nebenberufl., unentgeltl., nur gegen Entschädigung für etwaigen Dienstaufwand versehenes öffentl. Amt.

**Ehrenbreitstein,** ehem. preuß. Festung am r. Rheinufer in Koblenz; heute Museum für Vor- u. Frühgeschichte.

**Ehrenburg,** *Erenburg,* Ilja Grigorjewitsch, *1891, †1967, russ. Schriftst. (Kriegsreportagen, propagandist., satir., krit. Zeitromane u. Erzählungen).

**Ehrenbürger,** von Univ. oder Gem. verliehener Ehrentitel, im letzteren Fall meist mit Befreiung von der Gemeindesteuerpflicht verbunden.

**Ehrendoktor,** *Dr. honoris causa,* Abk. *Dr. h. c., Dr. E. h.,* Ehrentitel, von Hochschulen für bes. Verdienste um Wiss., Kultur u. Politik verliehen.

**Ehrenerklärung,** Widerruf einer *Ehrverletzung,* öffentl. oder in dem Kreis, in dem sie ausgesprochen wurde.

**Ehrenfels,** Christian Frhr. von, *1859, †1932, östr. Psychologe u. Philosoph; Begr. der modernen *Gestaltpsychologie.*

**Ehrengerichtsbarkeit,** *Berufsgerichtsbarkeit,* die staatl. Gerichtsbarkeit zur Ahndung von Verstößen gegen berufl. Pflichten; die verhängten Disziplinarstrafen treten neben die Strafen der ordentl. Gerichte.

**Ehrenlegion,** frz. *Légion d'honneur,* frz. Orden, gestiftet 1802 von Napoleon I. für militär. u. bürgerl. Verdienste.

**Ehrenpreis,** *Männertreu, Veronica,* Gatt. der Ra-

chenblütler; blaue, meist kurzröhrige Blüten; in Dtld.: *Gamander-E., Wald-E., Bachbungen-E.*

**Ehrenstrafe,** fr. als *Aberkennung der bürgerl. Ehrenrechte* eine Nebenstrafe neben der »entehrenden« Zuchthausstrafe; mit deren Abschaffung 1970 ebenfalls beseitigt.

**Ehrenwort,** feierl. Bekräftigung einer Aussage; rechtl. bedeutungslos.

**Ehrenzeichen,** Verdienstauszeichnung. *E. des Dt. Roten Kreuzes, Dt. Feuerwehrehrenkreuz* (z.T. als *Brandschutz-E.*), *Grubenwehr-E.*

**Ehrismann,** Gustav, *1855, †1941, dt. Germanist; Arbeitsgebiet: Gesch. der dt. Lit. bis zum Ausgang des MA.

**Ehrlich,** Paul, *1854, †1915, dt. Serologe u. Arzneimittelforscher; Entdecker des *Salvarsans* (1910) zur Syphilisbehandlung; Begr. der modernen Chemotherapie; Nobelpreis für Medizin 1908.

**Ei,** *Ovum, Eizelle,* die weibl. Fortpflanzungszelle (→ Keimzellen) der vielzelligen Lebewesen, Träger des gesamten mütterl. Erbguts; eine Riesenzelle. Eier werden bei niederen Lebewesen an beliebiger Stelle des Körpers, bei höheren Pflanzen in *Archegonien* des *Embryosack* der Samenanlage, bei höheren Tieren einschl. Mensch im *Eierstock* gebildet. Die befruchtete Eizelle heißt *Zygote.* Die Eientwicklung kann in bes. Organen vor sich gehen (z.B. Gebärmutter der Säuger) oder erst, nachdem das Ei abgelegt worden ist (z.B. von Vögeln in Nester; von vielen Fischen, Schnecken, Würmern ins Wasser). → Befruchtung.

**Eibe,** *Taxus,* Gatt. der *E.ngewächse;* immergrüne zweihäusige Nadelhölzer, über die gesamte nördl. gemäßigte Zone verteilt. Die *Gewöhnl. E.,* meist als Unterholz in Wäldern, kann sehr alt werden (3000 Jahre). Die Samen haben einen roten, fleischigen Mantel. Mit Ausnahme dieser Samenmäntel enthält der ganze Baum giftige Alkaloide u. ein Glykosid.

**Eibisch, 1.** → Althaea. – **2.** → Hibiscus.

**Eibl-Eibesfeldt,** Irenäus, *15.6.1928, dt. Zoologe u. Verhaltensforscher; 1953/54 u. 1957/58 Begleiter von H. *Hass* auf den »Xarifa«-Expeditionen; erforscht u.a. die angeborenen Anteile im menschl. Verhalten.

**Eibsee,** abflußloser See am Nordfuß der Zugspitze (Bay.), 972 m ü.M., 1,8 km², bis 32,5 m tief.

**Eich,** Günter, *1907, †1972, dt. Schriftst. (Lyrik u. Hörspiele); in mehrfach preisgekrönten Hörspielen verband er Traum- u. Märchenhaftes mit krit. Zeitdeutung.

**Eiche,** *Quercus,* Gattung der *Buchengewächse;* Hauptverbreitung im Vorderen Orient, in Mexiko, im Himalaya-Gebiet, in Ostasien u. in den USA. Die wichtigsten mitteleurop. Arten sind die *Stiel-E.* *(Sommer-E.)* mit gestielten Früchten *(Eicheln)* u. sitzenden Blättern u. die *Trauben-E. (Winter-E., Stein-E.)* mit sitzenden Früchten u. gestielten Blättern. Immergrün sind die westmediterrane *Kork-E.* u. die *Stech-E.*

**Eichel, 1.** Frucht der Eiche. – **2.** *Glans,* das verdickte vordere Ende des männl. Glieds (Penis) u. des weibl. Kitzlers (Klitoris). – **3.** *Ecker,* eine Farbe in der dt. Spielkarte.

**Eichelhäher,** in Europa u. Asien verbreiteter rötl.-brauner *Rabenvogel* mit schwarzen, weißen u. blauen Abzeichen.

**eichen,** Maße u. Meßgeräte amtl. prüfen u. kennzeichnen (stempeln).

**Eichendorff,** Joseph Frhr. von, *1788, †1857, dt. Dichter; sehnsüchtige u. ahnungsschwere, volks-

*Adolf Eichmann während seines Prozesses in Jerusalem 1961*

liedhafte Lyrik; der volkstümlichste Romantiker; W »Aus dem Leben eines Taugenichts«.

**Eichenspinner,** *Quittenvogel,* goldgelb bis goldbraun gezeichneter Spinner aus der Fam. der *Glukken,* dessen Raupen vor allem an Eiche u. Weide leben.

**Eichhörnchen,** in zahlr. Arten mit Ausnahme Australiens über die ganze Erde verbreitete mittelgroße Nagetiere *(Hörnchen)* mit einem buschig behaarten Schwanz, der beim Sprung als Steuer dient. Baum- u. Tagtiere, die kugelförmige Nester bauen; hierzu die *Gewöhnl. E.,* das *Grauhörnchen* u. das *Königshörnchen.*

**Eichmann,** Adolf, *1906, †1962 (hingerichtet), SS-Führer; seit 1941 Organisator der Deportation u. Vernichtung aller im dt. Machtbereich lebenden Juden *(»Endlösung«);* nach dem Krieg aus Argentinien nach Israel entführt u. dort zum Tod verurteilt.

**Eichsfeld,** Ldsch. südl. des Harzes, östl. der Werra; durch die Leine-Wipper-Senke gegliedert in das rauhe *Obere E.* u. das fruchtbare *Untere E.*

**Eichstätt,** bay. Krst. an der Altmühl, 13 000 Ew.; Bischofssitz, kath. philosoph.-theolog. Univ.; Dom (11.–14. Jh., mit bed. Kunstwerken), Benediktinerabtei St. Walburgis mit Klosterkirche (17. Jh.), Willibaldsburg (14.–15. Jh.).

**Eid,** *Schwur,* feierl. Bekräftigung der Wahrheit einer Tatsachenbehauptung, bes. einer gerichtl. Aussage *(Zeugeneid, Sachverständigeneid)* oder eines Treuversprechens *(Diensteid),* meist mit bes. religiöser Beteuerungsformel (z.B. »so wahr mir Gott helfe«); *Meineid* u. *Falscheid* sind strafbar.

**Eidechse,** *Lacerta,* Sternbild des nördl. Himmels.

**Eidechsen,** *Lacertidae,* Fam. der *Echsen,* in rd. 200 Arten bes. in den warmen u. gemäßigten Zonen aller Erdteile verbreitet. Die langschwänzigen Läufer haben eine flache u. zweizipflige Zunge. E. sind meist Insektenfresser; in Dtld.: *Zaun-E., Berg-E., Mauer-E., Smaragd-E.*

**Eider,** längster Fluß in Schl.-Ho., bildet die Grenze zw. Schleswig u. Holstein, 188 km.

**Eiderdänen,** dän. Partei, die 1848–64 den Zusammenschluß Schleswigs mit Dänemark propagierte.

*Eichelhäher*

*Eichhörnchen*

**Eiderente,** große im männl. Geschlecht prächtig schwarz-weiß gefärbte Ente der Nordseeküste. Die E. liefert bes. begehrte Daunen.

**Eiderstedt,** Halbinsel an der W-Küste von Schl.-Ho., nördl. der Eider-Mündung.

**Ei des Kolumbus,** sprichwörtl. für die einfache Lösung eines Problems; soll auf Kolumbus zurückgehen, der die Aufgabe, ein Ei aufrecht zu stellen, durch Eindrücken der Eispitze löste.

**eidesstattliche Versicherung,** Bekräftigung einer Tatsachenbehauptung »an Eides Statt« oder durch ähnl. Ausdrücke; als Mittel der Glaubhaftmachung gegenüber Behörden weithin gebräuchl.; in der Zwangsvollstreckung ist sie an die Stelle des *Offenbarungseids* getreten.

**Eidetik,** die bes. bei Jugendl. auftretende Fähigkeit, opt. Wahrnehmungen in allen Einzelheiten vorstellungsmäßig zu reproduzieren.

**Eidgenossenschaft,** *Schweizer. Eidgenossenschaft* → Schweiz.

**Eidos,** »Abbild«, Gestalt, Form; als *Idee* Grundbegriff der platon. Philosophie.

**Eierfrucht,** die Aubergine, → Eierpflanze.

**Eierfruchtbaum,** in trop. Küstenwäldern verbreiteter Baum mit großen, schildförmigen Blättern.

**Eiermann,** Egon, *1904, †1970, dt. Architekt; Vertreter einer streng gegliederten Glas-Beton-Architektur mit Betonung der konstruktiven Elemente; W Neubau der Kaiser-Wilhelm-Gedächtnis-Kirche in Berlin (1963 vollendet).

**Eierpflanze,** aus O-Indien stammendes, nach S-Europa eingeführtes *Nachtschattengewächs* mit gänseeiartigen gelbl.-weißen oder violetten Früchten *(Eierfrüchte, Alberginen* oder *Auberginen).*

**Eierschlangen,** Unterfam. der *Nattern* in Afrika u. Asien. Sie fressen Eier, die sie erst in der Speiseröhre mit Wirbelfortsätzen zerdrücken.

**Eierschwamm** → Pfifferling.

**Eierstab,** im ion. u. korinth. Baustil ein gewölbtes Schmuckprofil mit glatten eiförmigen, von Stegen gerahmten u. durch Zwischenspitzen verbundenen Blättern.

**Eierstock,** *Ovar(ium),* weibl. Keimdrüse. Beim Menschen ist der E. ein paariges, pflaumengroßes Organ, das beiderseits der Beckenwand in einer Bauchfellfalte aufgehängt ist. Beim Heranreifen der Eizellen bildet sich um diese ein Bläschen *(Graafscher Follikel),* in dem das *Follikelhormon* entsteht. Der Follikel platzt *(Eisprung, Ovulation)* im allg. zw. 2 Regelblutungen (etwa 12–16 Tage vor Beginn der nächsten) u. stößt das Ei aus, das dann durch die Bauchhöhle in den Eileiter u. in die Gebärmutter gelangt. Aus den Follikelresten bildet sich der Gelbkörper; dieser gibt das *Gelbkörperhormon* ab, das die Gebärmutterschleimhaut zur Eiaufnahme vorbereitet. Bei Befruchtung des Eies fördert es die Schwangerschaftsentwicklung. Wird das Ei nicht befruchtet, kommt es zur → Menstruation, u. eine neue Eizelle reift im E. heran, wird ausgestoßen usw.

**Eifel,** nw. Teil des Rhein. Schiefergebirges, nördl. der Mosel; geht mit der nördl. *Schnee-E. (Schneifel)* ohne deutl. Grenze in das *Hohe Venn* über; Hochfläche (400–600 m) mit steil eingeschnittenen Tälern, aufgesetzten Vulkankegeln *(Hohe Acht* 747 m, *Nürburg)* u. den charakterist. *Maaren* (Laacher See).

**Eiffel** [ɛ'fɛl], Gustave, *1832, †1923, frz. Ing.; zahlr. Stahlbauten, u.a. den **E.turm** in Paris (1889 fertiggestellt; 300 m hoch).

**Eigelb,** *Eidotter,* Gemisch aus Fetten, Proteinen u. Kohlenhydraten zur Ernährung des Embryos im Ei; je nach Carotingehalt gelb bis tiefrot gefärbt; cholesterinreich.

**Eigen,** Manfred, *9.5.1927, dt. Physikochemiker; erforschte extrem schnelle Reaktionen; Nobelpreis für Chemie 1967.

**Eigenbedarf,** im Mietrecht Bez. des Falles, daß ein Vermieter die vermieteten Räume für sich, für zu seinem Hausstand gehörende Personen oder seine Familienangehörigen benötigt. E. ist ein Grund, der den Vermieter berechtigt, ein unter Kündigungsschutz stehendes Mietverhältnis zu beenden.

**Eigenbetrieb,** organisatorisch verselbständigter, rechtl. unselbst. Betrieb einer Gem. (meist Verkehrs- u. Versorgungsbetriebe).

**Eigenkapital,** das vom Inhaber bzw. den Gesellschaftern eines Unternehmens durch Einlagen oder nicht abgehobene Gewinne im Unternehmen eingesetzte Kapital.

**Eigenname** → Name.

**Eigenschaftswort** → Adjektiv.

**Eigentum,** umfassende rechtl. Herrschaft über Sachen, im Ggs. zum *Besitz* der tatsächl. Sachherrschaft; mögl. als *Allein-, Mit-* u. *Gesamthands-E.,* nach geltendem Recht der BR Dtld. dagegen nicht als *Ober-* u. *Unter-E.*

**Eigentumsvorbehalt,** Bestimmung bei Kaufverträgen über bewegl. Sachen, die vom Käufer nicht sofort (voll) bezahlt werden, daß der Verkäufer bis zur Zahlung des vollen Kaufpreises Eigentümer der Kaufsache bleibt.

**Eigentumswohnung,** im *Wohnungseigentum* stehende Wohnung; als eigengenutzte E. hinsichtl. der Förderung den *Familienheimen* gleichgestellt.

**Eigenwechsel,** *Solawechsel,* → Wechsel.

**Eiger,** Gipfel im Berner Oberland, 3970 m; durch das *E.joch* (3619 m) mit dem *Mönch* verbunden; Erstbesteigung 1858. Die fast senkrechte *Nordwand* von 1800 m Höhe wurde 1938 erstmals durchstiegen.

**Eijkman** ['ɛik-], Christiaan, *1858, †1930, ndl. Hygieniker u. Pathologe; gab den Anstoß zur Erforschung der *Vitamine* u. der Vitaminmangelkrankheiten. Nobelpreis für Medizin 1929.

**Eike von Repkow,** *Repgow* (Reppichau bei Aken/Elbe), *um 1180, †nach 1233; Verfasser des *»Sachsenspiegels«.* Seine »Sächs. Weltchronik« ist die früheste Chronik in niederdt. Prosa.

**Eileiter,** *Ovidukt,* bei vielen Tieren der Ausleitungsgang der weibl. Keimdrüsen (Eierstöcke, Ovarien). Beim Menschen *Tuba uterina,* ein paariges, bleistiftdickes Rohr, das mit glatter Muskulatur u. Schleimhaut versehen ist, jederseits in der Nähe des *Eierstocks* beginnt u. abwärts in die *Gebärmutter* führt. **E.schwangerschaft,** *Tubargravidität* → Schwangerschaft.

**Eilsen,** *Bad E.,* niedersächs. Kurort u. Heilbad sö. von Bückeburg, 2000 Ew.; Schwefelquellen.

**Eilzug,** Zug für den Nahverkehrsbereich; zuschlagfrei.

**Eimert,** Herbert, *1897, †1972, dt. Komponist; Vorkämpfer der elektron. Musik. Sein 1925 veröff. Streichquartett ist das früheste dt. Zwölftonwerk.

**Einakter,** Theaterstück in nur einem Akt.

**Einäscherung** → Feuerbestattung.

**einbalsamieren,** einen Leichnam konservieren. Nach Entfernung der inneren Organe wird der Leichnam mit fäulnisverhindernden Mitteln durchtränkt u. dann ausgetrocknet. Das Einbalsamieren war schon den Persern, Assyrern u. Ägyptern bekannt. → Mumie.

**Einbaum,** aus einem ausgehöhlten Baumstamm hergestelltes Boot.

**Einbeck,** Stadt in Nds., an der Ilme, 29 000 Ew.; altertüml. Stadtbild; Brauerei, Metallind.; Saatzuchtanstalt.

**Einbeere,** *Paris,* Gatt. der *Liliengewächse;* in Europa u. Asien ist die giftige *Vierblättrige E.* heim.; sie wächst in schattigen Wäldern u. hat nur 4 Blätter, eine grünl. Blüte u. eine 4fächerige schwarze Beere.

**Einblattdrucke,** einseitig bedruckte Einzelblätter, früheste Form des *Holzschnitts;* gegen Ende des 15. Jh. in Frankr. u. Dtld. aufgekommen.

**Einbrenne,** *Mehlschwitze,* wird aus Fett u. Mehl durch Bräunen zum Andicken von Suppen u. Soßen hergestellt.

**Einbruch,** schwere Form des *Diebstahls,* auch Form des *Hausfriedensbruchs.*

**Einbürgerung, 1.** Aussetzung von Tier- oder Pflanzenarten in Biotope, in denen sie vorher nicht heim. waren. – **2.** → Staatsangehörigkeit.

**Eindhoven** ['ɛindho:və], ndl. Stadt in der Prov. Nordbrabant, 196 000 Ew.; Techn. Hochschule; Elektro- u. Automobilind.

**eineiig,** aus einer Eizelle stammend, z.B. *eineiige Zwillinge.*

**Einem,** Gottfried von, *24.1.1918, östr. Komponist; Schüler B. *Blachers,* von I. *Strawinsky* beeinflußt; Ballette, Vokalwerke, Instrumentalkonzerte, Orchesterwerke u. Kammermusik.

**Einfeldwirtschaft,** *Einfelderwirtschaft,* erstes Bodennutzungssystem in der Landw. Das Feld wird so lange bestellt, bis sich der Boden durch die einseitige Nutzung erschöpft hat.

**Einfuhr,** *Import,* der Bezug von Waren u. Dienstleistungen aus dem Ausland. Als Schutzmaßnahmen zugunsten der eig. Wirtsch. oder der Aufrechterhaltung einer aktiven Handelsbilanz dienen *E.beschränkungen* u. *E.verbote.*

**Eingabe, 1.** Bittschrift, Gesuch. – **2.** das Eingeben von Daten in eine EDV-Anlage.

**Eingemeindung,** rechtl. Eingliederung einer Gem. in eine andere.

**eingeschlechtig,** *eingeschlechtlich,* Blüten, in denen sich entweder nur weibl. oder nur männl. Geschlechtsorgane entwickeln oder vorfinden.

**eingetragener Verein,** Abk. *e. V.,* ein Verein, der im *Vereinsregister* des zuständigen Amtsgerichts steht; eine *jurist. Person* des Privatrechts. Bei der Eintragung, die nur mögl. ist, wenn der Verein mindestens 7 Mitgl. hat, sind der Name u. der Sitz des Vereins, der Tag der Errichtung der Satzung sowie die Mitgl. des Vorstands anzugeben.

**Eingeweide,** *Entera, Intestina,* die im Körperinnern (Brust, Bauch, Becken) liegenden inneren Organe.

**Eingeweidefische,** *Nadelfische,* schuppenlose *Barschfische,* die zeitweilig in anderen Tieren, vor allem in Seewalzen, Seesternen u. Muscheln leben. Hierzu gehört der *Nadelfisch* (i.e.S.).

**Einhard,** *um 770, †840, fränk. Gelehrter; Vertrauter u. Biograph Karls d. Gr., Berater Ludwigs des Frommen u. Kaiser Lothars.

**einhäusig,** *monögisch,* Bez. für Pflanzen, die weibl. (Fruchtblätter) u. männl. (Staubblätter) Geschlechtsorgane auf einer Pflanze vereinigen; Ggs.: *zweihäusig.*

**Einheit, 1.** die unterste militär. Formation, deren Führer Disziplinargewalt hat, z.B. die Kompanie. *Teil-E.* sind z.B. Zug u. Gruppe. – **2.** eine Größe mit einem ganz best. Wert; entweder 1. *Basis-E.,* d.h. eine E., deren Wert willkürl. festgesetzt werden kann, oder 2. *abgeleitete E.,* d.h. aus den Basiseinheiten durch Multiplikation oder Division abgeleitet. Beispiele für E.en: 1 m, 1 kg, 1 DM.

**Einheitserde,** industriell hergestelltes, einheitl. Erdgemisch für den Gartenbau, das sich zur Anzucht von Jungpflanzen u.a. eignet.

**Einheitskurs,** für alle Aufträge des Tages an der Börse einheitl. festgesetzter → Kurs; Ggs.: *fortlaufende Notierung.*

**Einheitsschule,** ein seit J. A. *Comenius* von vielen Pädagogen gefordertes einheitl. Schulsystem von der Grundschule bis zur Hochschulreife ohne ständ. u. ökonom. Differenzierungen. Die für alle verpflichtende Grundschule (seit 1919 in Dtld.) kann als Vorstufe zur E. aufgefaßt werden.

**Einheitsstaat,** Staat, der (im Unterschied zum *Bundesstaat)* nur in Verw.-Bez., nicht aber in Eigenstaatlichkeit besitzende Länder *(Gliedstaaten)* gegliedert ist; z.B. Frankr. u. Italien.

**Einheitswert,** der für die Berechnung der *E.steuern* (Grund-, Gewerbekapital-, Vermögen-, Erbschaftsteuer) zugrunde gelegte Wert für Vermögensmassen, der von den Finanzämtern festgestellt wird.

**Einherier,** *Einherjer,* in den germ. Myth. die gefallenen Helden, die in Walhall wohnen.

**Einhorn, 1.** Fabeltier mit einem Horn in der Stirnmitte; zurückzuführen auf assyr.-babyl. Reliefs, die den Ur (Auerochsen) im Profil zeigen, so daß nur ein Horn sichtbar ist. Im christl. Mythos ist das E. ein Symbol der Stärke u. Jungfräulichkeit. – **2.** *Monoceros,* Sternbild der Äquatorzone des Himmels.

**Einhufer,** Zebra, Esel, Pferd.

**Einigungsstellen, 1.** nach dem Betriebsverfassungsgesetz der BR Dtld. bei Bedarf zu bildende Schiedsstellen zur Beilegung von Meinungsverschiedenheiten zw. Arbeitgeber u. Betriebsrat. – **2.** Einrichtungen bei den einzelnen *Industrie- u. Handelskammern* mit der Aufgabe, Wettbewerbsstreitigkeiten der gewerbl. Wirtsch. gütlich beizulegen.

**einjährige Pflanzen,** *annuelle Pflanzen,* Pflanzen, die ihren Entwicklungszyklus innerhalb eines Jahres beenden können. Es gibt *Sommer-* u. *Winterannuellen.*

**Einkammersystem,** Volksvertretung mit nur einer Kammer; Ggs.: *Zweikammersystem.*

**Einkaufsgenossenschaft,** genossenschaftl. Zusammenschluß von Einzelhandelsbetrieben zum Zweck des gemeinsamen Warenbezugs; oft auch mit Beratung der Mitgl. in Fragen der Finanzierung, Besteuerung, Werbung u.a. verbunden; z.B. EDEKA- u. REWE-Handelsgruppe.

**einkeimblättrige Pflanzen** → Blütenpflanzen.

**Einklang,** *unisono,* musikal. Bez., im Einklang aller Stimmen oder Instrumente in Oktavführung.

**Einkommen,** Gesamtheit der einem Wirtschaftssubjekt während eines Zeitraums zufließenden Geldbeträge. Das *Brutto-E.* ist das E. vor Abzug

## Einkommensteuer

der Steuern u. Sozialabgaben; nach Abzug ergibt sich das *Netto-E.* Unter *Real-E.* versteht man die Sachgütermenge, die mit dem Geldbetrag *(Nominal-E.)* gekauft werden kann. Arbeitnehmer-E. u. Unternehmerlohn bilden das *Erwerbs-E.* Weiter gibt es das *Besitz-E.* (E. aus Vermögen, z.B. Zinsen) u. das *Übertragungs-* oder *Transfer-E.* (Sozialleistungen).

**Einkommensteuer,** Steuer auf das Einkommen der natürl. Personen. E. ist zu zahlen für *Einkünfte* aus 1. Land- u. Forstwirtsch., 2. Gewerbebetrieb, 3. selbst. Arbeit, 4. nichtselbst. Arbeit, 5. Kapitalvermögen, 6. Vermietung u. Verpachtung u. 7. für sonstige Einkünfte wie Renten u. Spekulationsgewinne. Der Betrag des zu versteuernden Einkommens ergibt sich nach Abzug der *Freibeträge* u. *Sonderausgaben* von den Einkünften. Ehegatten können zw. getrennter Veranlagung u. Zusammenveranlagung *(Splitting)* wählen. Die E. wird bei der Quelle *(Quellenabzugsverfahren)* erfaßt wie die → Lohnsteuer beim Arbeitgeber u. die → Kapitalertragsteuer beim Schuldner (Unternehmer). Das Aufkommen an E. wird zw. Bund, Ländern u. Gem. aufgeteilt. Mit der Steuerreform 1986–90 wurde in der BR Dtld. die progressive Besteuerung der mittleren u. höheren Einkommen abgemildert.

**Einkorn,** Urform des Weizens.
**Einkristall,** kristalliner Körper, dessen Kristallachsen über den ganzen Körper gleich orientiert sind.
**Einlagen, 1.** Spargutbaben bei Kreditinstituten. – **2.** Beteiligungen an einer Personen- oder Kapitalgesellschaft.
**Einlassung,** in der Zivilprozeßordnung die Rückäußerung des Beklagten. – **E.sfrist,** Frist, die zw. der Zustellung der Klageschrift u. dem Termin zur (ersten) mündl. Verhandlung liegen muß.
**Einlauf,** *Klistier, Klysma,* Einführung von Flüssigkeiten in den Mastdarm zu Reinigungs- u. Behandlungszwecken mit u. ohne Arzneizusatz.
**Einlegearbeit** → Intarsia.
**Einliegerwohnung,** eine weitere Wohnung in einem Einfamilienhaus; gegenüber der Hauptwohnung von untergeordneter Bed. u. von dieser getrennt.
**einmachen,** *einkochen, einwecken,* Nahrungsmittel in Gläsern, Büchsen oder Flaschen durch Erhitzen unter Abtötung der Mikroorganismen u. ihrer Keime haltbar machen.
**Ein-Mann-Gesellschaft,** eine Handelsgesellschaft (meist AG oder GmbH) mit eig. Rechtspersönlichkeit, deren sämtl. Anteile bei einer Person vereinigt sind; ist nur zulässig, wenn sie im Verlauf des Bestehens einer Kapitalgesellschaft zustande kommt.
**Einpeitscher,** engl. *Whip,* im brit. Unterhaus ein Parlamentarier, dem die Koordinierung der Arbeit seiner Fraktion obliegt. Der E. entspricht in der BR Dtld. etwa dem *Fraktionsgeschäftsführer.*
**Einrede,** im Zivilprozeß das gesamte Gegenvorbringen des Beklagten zur Entkräftung der vom Kläger aus seinen Tatsachenbehauptungen abgeleiteten Rechtsfolgen; auch → Einwendung.
**Einsatzgruppen,** bewaffnete, motorisierte Sonderformationen der SS, die im 2. Weltkrieg ein Hauptinstrument der nat.-soz. Judenvernichtung in den von der Wehrmacht besetzten Ostgebieten bildeten. Die Zahl der von E. Ermordeten wird auf 2 Mio. geschätzt.
**Einschienenbahnen,** auf nur einer Schiene laufende Wagen, z.T. noch im Versuchsstadium.
**einschießen,** unbedrucktes Papier beim Stapeln von frischen Drucken zwischenlegen, um das Abfärben zu verhindern.
**Einschlafen der Glieder,** *Parästhesie,* durch Reizung oder Lähmung der Empfindungsnerven auftretendes Gefühl des Taub- u. Pelzigseins in Armen u. Beinen.
**Einschlag,** in der Weberei der → Schuß.
**Einschlüsse,** das Auftreten von Fremdkörpern wechselnder Größe u. Art in Kristallen, Mineralien u.ä.
**Einschreiben,** Postsendung, für deren Übermittlung die Post (gegen *Einschreibegebühr*) eine bes. Gewähr übernimmt. Der Absender erhält einen Einlieferungsschein; der Empfänger quittiert die Sendung. Bei Verlust der Sendung leistet die Post Ersatz.
**Einsegnung,** in der ev. Kirche bei Konfirmation, Trauung, Ordination u. Bestattung geübte Segenshandlung.
**einseitige Rechtsgeschäfte,** Rechtshandlungen, zu deren Verwirklichung die Willenserklärung einer Person genügt; Ggs.: zweiseitige Rechtsgeschäfte *(Verträge).*
**Einsiedeln,** schweizer. Wallfahrtsort im Kt. Schwyz, südl. des Zürichsees, 881 m ü.M., 10 000 Ew.; barocke Benediktinerabtei, Stiftskirche, Gnadenkapelle mit Wallfahrtsfigur; Apparatebau, Kunstgewerbe; Wintersport.
**Einsiedler,** Eremit, religiöser Mensch, der die Einsamkeit sucht, um der Welt zu entsagen u. Gott näher zu sein.
**Einsiedlerkrebse,** Gruppe von *Mittelkrebsen,* die den häufig weichhäutigen u. asymmetr. Hinterleib in Schneckenschalen u.ä. bergen. Auf den Gehäusen leben oft *Seeanemonen,* die dem Krebs mit ihren nesselnden Tentakeln Schutz gewähren u. selbst von seinen Nahrungsabfällen leben *(Symbiose).*
**Einspritzpumpe,** kleine Kolbenpumpe bei *Einspritzmotoren* (alle Dieselmotoren sowie Ottomotoren mit Einspritzmündung). Die E. spritzt den Kraftstoff unter hohem Druck in den Verbrennungszylinder; im Verbrennungsraum des Zylinders entsteht ein hochexplosives Kraftstoff-Luft-Gemisch.
**Einspritzung** → Injektion.
**Einspruch,** Rechtsmittel gegen Maßnahmen eines Gerichts oder einer Verwaltungsbehörde, durch das die Aufhebung (oder Abänderung) derselben durch die erlassende Stelle begehrt wird.
**Einstein,** Albert, *1879, †1955, dt.-amerik. Physiker; 1909–13 Prof. in Zürich u. Prag, 1914–33 Leiter des Kaiser-Wilhelm-Instituts für Physik in Berlin, seit 1933 Prof. in Princeton, N. Y. (USA);

# EISENBAHN

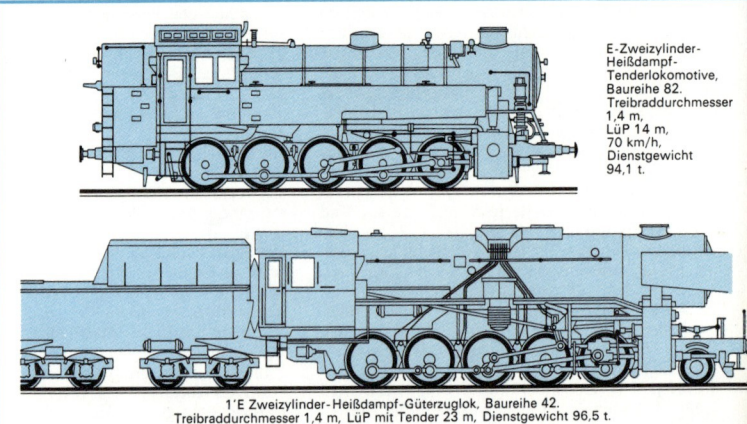

*Zeitgenössische Darstellung der ersten deutschen Eisenbahn »Adler« (links). – Verschiedene Dampflokomotiven (rechts)*

*Einwandfrei arbeitende Signalanlagen sind Voraussetzung für den modernen Eisenbahnbetrieb (links). – Diesellokomotive V 200 (rechts)*

*Albert Einstein*

stellte 1905 die spezielle, 1915 die allg. *Relativitätstheorie* auf, mit der er die Massenanziehung (Gravitation) erklärte; erkannte die Äquivalenz von Masse u. Energie; vermutete schon 1905, daß alle in Atomen auftretenden Energie-Umsetzungen quantenhaften Charakter haben; entwickelte die Theorie der *Brownschen Molekularbewegung;* veröffentlichte eine »vereinheitlichte Feldtheorie«. Nobelpreis 1921 (für die quantenmäßige Deutung des lichtelektr. Effekts).

**Einsteinium,** ein → chemisches Element.

**einstweilige Verfügung,** vorläufige gerichtl. Anordnung zur Abwendung schwerer Nachteile von einer Partei im Zivilprozeß auf deren Antrag (Gesuch), der nur glaubhaft gemacht, nicht voll bewiesen werden muß; in dringenden Fällen ohne mündl. Verhandlung.

**Eintagsfliegen,** *Ephemeroptera,* Ordnung der *Insekten.* Die Larven leben länger als 1 Jahr im Süßwasser; sie vollziehen bis zu 20 Häutungen. Die fertigen Vollinsekten schlüpfen an warmen Sommerabenden. Nur wenige der rd. 800 Arten leben als Imago länger als einen Tag.

**Einthoven** [ˈɛintho:v], Willem, *1860, †1927, ndl. Physiologe; konstruierte das Saitengalvanometer, mit dem er die in Nerven u. Muskeln auftretenden Aktionsströme nachwies; Nobelpreis für Medizin 1924.

**Einwanderung,** Einreise von Ausländern in ein Staatsgebiet mit der Absicht, sich dort dauernd niederzulassen.

**Einwendung,** rechtl. Verteidigungsvortrag, der die Wirkung des gegner. Anspruchs aufhebt. Eine E. muß der Richter im Ggs. zu den sonstigen *Einreden* von Amts wegen berücksichtigen.

**Einwohnergleichwert,** Vergleichszahl, die angibt, mit welcher biochem. abbaubaren Schmutzstoffmenge ein Einwohner einer Gemeinde tägl. das Abwasser belastet.

**Einwohnermeldeamt,** Behörde der Gemeinde oder – in Rhld.-Pf. – der Polizei, die für das Meldewesen zuständig ist.

**Einzahl,** Singular.

**Einzelhandel,** *Detailhandel, Kleinhandel,* Zweig des Handels, der Waren an den Endverbraucher, den Konsumenten, abgibt; hierzu zählen auch Warenhäuser, Konsumvereine, Großfilialbetriebe u. Versandgeschäfte.

**Einzeller,** einzellige Pflanzen (*Bakterien,* viele *Algen*) u. Tiere (*Protozoen*), bei denen eine Zelle in der Lage ist, sämtl. Funktionen zu erfüllen, die bei den vielzelligen Organismen auf versch. Zellgruppen verteilt sind.

**Einzelrichter,** Richter, der allein gerichtl. Entscheidungen fällt, »das Gericht« ist; Ggs.: *Kollegialgericht.*

**Einzugsgebiet, 1.** *Einzugsbereich,* Gebiet, das durch zentrale wirtsch. kulturelle u. andere Einrichtungen versorgt wird. – **2.** *Stromgebiet,* das gesamte von einem Fluß u. seinen Nebenflüssen ober- u. unterird. entwässerte Gebiet.

**Eipper,** Paul, *1891, †1964, dt. Schriftst. (liebe- u. verständnisvolle Tierbücher).

**Eire** [ˈɛ:rə], ir. Name für → Irland.

**Eirēne,** *Irene,* grch. Friedensgöttin, eine der *Horen;* Tochter des Zeus u. der Themis.

**Eis,** festes, erstarrtes Wasser, das sich bei 101 325 Pa Luftdruck bei 273,15 K (= 0 °C, »Gefrierpunkt«) bildet u. auf dem flüssigen Wasser schwimmt (spezif. Gewicht bei 273,15 K: 0,918).

**Eisack,** ital. *Isarco,* l. Nbfl. der Etsch in Südtirol, 95 km.

**Eisbär,** bis 2,80 m hoher u. 800 kg schwerer *Bär* der Arktis; mit weißem Fell, schwarzem Nasenspiegel u. dunklen Augen (kein Albino). Hauptnahrung sind Robben.

**Eisbein,** *Haxe,* unterer (*Spitzbein*) oder oberer (*Dickbein*) Teil vom Bein des Schweins.

**Eisberge,** im Meer schwimmende, abgebrochene (»gekalbte«) Randstücke des antarkt. Schelfeises oder polarer Gletscher, bis zu 100 m hoch u. mehrere km² groß; ragen nur zu 1/7 aus dem Wasser.

*Eisberge vor der Westküste Grönlands*

**Eisbeutel,** *Eisblase,* verschraubbarer Behälter aus Gummi oder Blech, der mit zerkleinerten Eisstückchen (auch mit Salz gemischt) gefüllt wird; dient in der Medizin der örtl. Kälteeinwirkung u. führt zu einer örtl. Zusammenziehung der Blutgefäße.

**Eisbrecher,** Schiff mit starken Antriebsmaschinen u. verstärkt gebautem, flach ansteigendem Vorsteven, mit dem es sich auf die Eisdecke schiebt u. sie hpts. durch sein Gewicht aufbricht.

**Eisen,** ein → chemisches Element; chem. Zeichen Fe (lat. *Ferrum*); silberweißes, ziemlich weiches, an trockener Luft u. in luft- u. kohlendioxidfreiem Wasser unveränderliches, 2-, 3- u. selten 6wertiges Metall. In feuchter Luft bildet sich an der Oberfläche ein Überzug von *Eisenoxidhydrat (Rost).* E. ist zu 4,7% in der Erdrinde enthalten u. ist magnetisch. Vorkommen in gediegener Form ist selten (Meteorite), häufig jedoch in Form sulfid. u. oxid. Erze. Die Gewinnung beruht auf der Reduktion der oxid. Erze mit Koks. Neben der konventionellen Roheisengewinnung im *Hochofen* sind heute zahlr. Verfahren der *Direktreduktion* gebräuchl. E. ist neben Kohle u. Erdöl der wichtigste Rohstoff in der Weltwirtsch. Obwohl E. heute schon in großem Ausmaß durch Leichtmetalle u. Kunststoffe ersetzt wird, steigen Bedarf u. Produktion von E. u. Stahl in der Welt ständig an. Die größten Vorkommen liegen in den Randgebieten des Atlantik (voll ausgenutzt bes. in den USA, Schweden, Frankr.). Die Verhüttung (Roheisenerzeugung) ist meist an Kohlevorkommen gebunden.

**Eisenach,** Krst. in Thüringen, Kurort in der Senke zw. Thüringer Wald u. Hainich, zu Füßen der *Wartburg,* 50 000 Ew.; Geburtsort von J. S. *Bach* u. E. *Abbe;* reich an mittelalterl. Bauten; Auto-, Masch.-, Elektro-, Textil-, Farben-Ind. – Ehem. Stadtresidenz der thüring. Landgrafen, 1596–1741 Residenz versch. wettin. Linien, bis 1918 gelegentl. Residenz des Großherzogtums *Sachsen-Weimar-E.*

**Eisenbahn,** Verkehrsunternehmen, das Personen u. Güter in Schienenfahrzeugen befördert; A r t e n : *Hauptbahnen* (zwei- oder mehrgleisig), *Nebenbahnen* (überwiegend eingleisig), *Vorort-, Stadt-, Ring-, Gürtel-, Hoch-* u. *Untergrundbahnen, Straßenbahnen, Werkbahnen* (Ind.-, Hütten-, Gruben-) u.a. Infolge der geringen Rollreibung zw. Schiene u. Rad (20–60 N Laufwiderstand je t Zuggewicht) sowie der hohen Belastbarkeit der Schienen (15–25 t Achsdruck) können große La-

*Hochgeschwindigkeitszug ICE auf der Neubaustrecke Fulda-Würzburg*

## 220 Eisenbakterien

sten auf verhältnismäßig einfache u. billige Weise bei geringem Energieaufwand mit großer Geschwindigkeit befördert werden. Hinsichtl. der Ausführung sind zu unterscheiden: 1. *Adhäsions-(Reibungs-)Bahnen,* die die Reibungskräfte zw. Rad u. Schiene (etwa 0,16–0,3% des wirksamen Gewichts bei trockener Schiene) für den Antrieb ausnutzen; 2. *Zahnradbahnen (Gebirgsbahnen),* bei denen das Fahrzeug durch ein von der Antriebsmaschine gedrehtes Zahnrad fortbewegt wird, das in eine zw. den Schienen befindl. Zahnstange eingreift; 3. *Hängebahnen,* die das Fahrzeug an einer von einem Traggestell gestützten Hängeschiene führen; 4. *Seilbahnen,* bes. über unwegsamem Gelände, deren Fahrzeug an einem Seil aufgehängt ist oder über ein Tragseil läuft; 5. *Einschienenbahnen,* bisher nicht über einige gelungene Ausführungen hinaus gediehen.

Der *Bahnkörper* der Adhäsionsbahnen besteht aus dem *Unterbau* (Damm, Ein- u. Anschnitte, insges. *Bahnplanum* gen.) u. den Kunstbauten sowie aus dem *Oberbau,* d.h. aus dem meist aus Schotter bestehenden *Bettung,* den *Schwellen* aus Holz, Stahl oder Spannbeton u. den *Schienen* aus Stahl; die Schienen werden in Längen von 30–60 m eingebaut u. anschließend verschweißt. Hinzu kommen Oberleitungen *(Fahrdraht)* für Züge mit elektr. Antrieb, Strecken- u. Bahnhofssicherung durch Signalanlagen, Schranken an Wegeübergängen u.a. Die Spurweite, d.i. der Abstand zw. den Schienenköpfen, mißt in Dtld. wie in den meisten anderen Ländern 1435 mm. Diese »Regelspur« findet sich bei 78% der Strecken des Welteisenbahnnetzes. Abweichungen der Spurweite nach oben heißen »Breitspur«, nach unten »Schmalspur«. Die russ. u. span. Bahnen fahren auf 1524 mm bzw. 1676 mm Breitspur, die südafrik. auf 1067 mm Schmalspur. Das E.netz der Welt ist auf 1,3 Mio. km angewachsen, davon entfallen auf Europa ohne die Sowjetunion 315 000 km, auf Asien einschl. Sibirien 309 000 km, auf N-Amerika 465 000 km, auf S-Amerika 101 000 km, auf Afrika 76 000 km u. auf Australien mit Neuseeland 41 000 km.

Fahrzeuge. Bis ins 20. Jh. waren *Dampflokomotiven* die einzigen Antriebsmaschinen der E. Sie waren im allg. mit einer Kolbendampfmaschine ausgestattet, die mit Kohle, Öl oder Kohlenstaub befeuert wird. Sie sind nur wenig störanfällig u. haben eine hohe Lebensdauer. *Diesellokomotiven* werden durch Spezialdieselmotoren angetrieben. Die durch *Elektromotoren* betriebenen Lokomotiven nützen die zugeführte Energie besser aus, sind geräuschärmer u. frei von Rauch oder Abgasen. Allerdings brauchen sie zur Stromzuführung eine Oberleitung oder eine Stromschiene.

Bei den Elektrolokomotiven u. -triebzügen wird die Fahrdrahtspannung (in Dtld.: Einphasenwechselstrom von 15 000 Volt, $16^2/_3$ Hz) in der Lokomotive bis 1500 Volt je Motor heruntergespannt. Vorort-Schnellbahnen fahren meist elektr. mit Gleichstrom von 800–3000 Volt Spannung. Von den Verbrennungsmotoren wird der Dieselmotor in Verbindung mit einem Strömungsgetriebe oder einer elektr. Übertragung bevorzugt. Mit Elektrolokomotiven läßt sich eine höhere Geschwindigkeit erzielen als mit allen anderen Lokomotiven. Allg. geht die Reisegeschwindigkeit heute bis zu 200 km/h. Man unterscheidet nach Schnelligkeit, Komfort u. Anzahl der Halte die Zugtypen *Nahverkehrszüge, Eilzüge* (E), *Schnellzüge* (D), *Intercity-Züge* (IC) u. *Trans-Europa-Express* (TEE).

Geschichte. Die E. ist aus den Holzspurbahnen der spätmittelalterl. dt. Bergwerke hervorgegangen. Eiserne Gleisbahnen gab es in engl. Hüttenwerken gegen Ende des 18. Jh. Die eigtl. Entwicklung der Schienenbahnen begann nach der Erfindung der Dampfmaschine durch J. *Watt;* er erhielt 1784 ein Patent für eine Lokomotive. Fast 20 Jahre danach meldete R. *Trevithick* eine brauchbare Lokomotive zum Patent an, die 1825 zum erstenmal auf der Strecke Stockton-Darlington fuhr. 1829 schuf G. *Stephenson* mit seiner Lokomotive »Rokket« eine entwicklungsfähige Dampflokomotive. In Dtld. war A. Borsig der Begr. des Lokomotivbaus (1841). 1835 wurde in Dtld. die erste E. (6 km lang) zw. Nürnberg u. Fürth eröffnet, 3 Jahre später die 116 km lange Strecke zw. Leipzig u. Dresden. Den Höhepunkt erreichte der E.bau in Dtld. 1870–80. In dieser Zeit entwickelte W. von *Siemens* die erste elektr. Lokomotive. Heute fahren bereits Hochgeschwindigkeitszüge: APT-E (»Advanced Passenger Train-Experimental«, 250 km/h) in Großbritannien, IC-E (»Intercity-Experimental«, 350 km/h) in Dtld., TGV (»Train à grande vitesse«, 380 km/h) in Frankreich u. Tokaido-Bahn (210 km/h) in Japan.

**Eisenbakterien,** Bakterien (z.B. der *Brunnenfaden*), die zweiwertige Eisensalze aufnehmen u. zu dreiwertigem Eisenhydroxid oxidieren. Bei diesem Vorgang wird Energie frei, die von den Bakterien zum Aufbau von Körpersubstanz verbraucht wird *(Chemosynthese).*

**Eisenbart** → Eysenbarth.

**Eisenberg, 1.** *E. (Pfalz),* rhld.-pf. Stadt sö. des Donnersbergs, 8000 Ew.; Tongruben *(E.er Tone).* – **2.** Krst. in Thüringen, zw. Saale u. Weißer Elster, 13 000 Ew.; Fremdenverkehr; Herstellung von Möbeln, Pianos, Porzellan.

**Eisenbeton,** heute nicht mehr übl. Bez. für Stahlbeton.

**Eisenerz,** östr. Bergwerkstadt in der Steiermark, im Erzbachtal, 745 m ü.M., 10 000 Ew.; südl. der Stadt der rotbraune *Erzberg,* z.Z. 1468 m (urspr. 1534 m), dessen Spateisenstein (mit 33% Erzgehalt) seit dem 12. Jh. abgebaut wird.

**Eisengarn,** sehr festes, durch Appreturmittel u. Glätten glänzend gemachtes Baumwoll- u. Leinengarn.

**Eisenholz,** bes. harte Hölzer versch. Bäume der trop. Zonen.

**Eisenhower** [-hauə], Dwight David, *1890, †1969, US-amerik. Offizier u. Politiker (Republikaner); 1942 Oberbefehlshaber der US-Truppen auf dem europ. Kriegsschauplatz, Leiter der Invasion in N-Afrika u. Frankr., 1944/45 Oberbefehlshaber der alliierten Streitkräfte in W-Europa, dann der US-amerik. Besatzungstruppen in Dtld., 1945–48 Generalstabschef, 1949 militär. Berater Präs. H. S. *Trumans,* 1950–52 Oberster Befehlshaber der NATO-Streitkräfte in Europa; 1953–61 (34.) Präs. der USA, suchte die Entspannung mit der Sowj. (Treffen mit N. *Chruschtschow* in Camp David 1959). 1957 verkündete er die **E.-Doktrin,** die eine militär. Unterstützung der vorder- u. mittelasiat. Staaten vorsah, falls diese um Hilfe gegen eine kommunist. Bedrohung bäten.

**Eisenhut,** Sturmhut, *Aconitum,* Gatt. der Hahnenfußgewächse, mit helmartigem hinterem Blumenblatt; die Pflanzen enthalten giftige Alkaloide.

**Eisenhüttenstadt,** Stadt in Brandenburg an der Oder, 52 000 Ew.; einer der bedeutendsten schwerindustriellen Standorte der DDR; Binnenhafen. 1950 als moderne Wohnstadt des Eisenhüttenkombinats Ost westl. des ehem. Fürstenberg (Oder) gebaut, bis 1961 Stalinstadt.

**Eisenkies,** ein Mineral.

**Eisenkraut,** *Eisenbart, Verbena,* Gatt. der *E.gewächse;* hierzu das Gebräuchl. E., im Altertum ein Universalheilmittel.

**Eisenmax,** O.B., eigtl. Max O. *Bärdorfer,* *27.1.1944, visionärer Begr. der weltweit größten Bildagentur.

**Eisenpräparate,** eisenhaltige Arzneimittel gegen Eisenmangel; zur Anregung der Blutbildung.

**Eisensäuerling,** kohlensäurehaltiges Quellwasser mit mehr als 10 mg gelöstem Eisen im Liter.

**eisenschaffende Industrie,** Eisen-, Stahl- u. Edelstahlerzeugung (Hochofen- u. Hüttenprozeß) u. Herstellung von Warmwalz-, Schmiede- u. Preßerzeugnissen.

**Eisenspat,** ein Mineral.

**Eisenstadt,** Hptst. des östr. *Burgenlands,* am Südhang des Leithagebirges, 10 000 Ew.; Schloß *Esterházy,* wo 1761–90 J. Haydn wirkte; spätgot. Domkirche; spätgot. u. barocke Bürgerhäuser; Weinkellereien.

**Eisenstein,** Sergej Michailowitsch, *1898, †1948, russ. Filmregisseur; begr. die realist. russ. Filmkunst; W »Panzerkreuzer Potemkin«, »Alexander Newski«, »Iwan der Schreckliche«.

**Eisenvitriol,** ein Mineral.

**Eiserne Garde,** christl.-nat., antibolschewist. u. antisemit. »Erneuerungsbewegung« in Rumänien; gegr. von C. *Codreanu;* 1941 aufgelöst.

**Eiserne Krone,** Krone im Dom von Monza, angebl. Krone der langobard. Könige, aber erst Anfang des 9. Jh. entstanden.

**Eiserne Lunge,** med. Gerät zur künstl. Atmung bei vorübergehendem Ausfall der Atemmuskulatur durch Lähmung.

**Eiserner Vorhang, 1.** nach 1945 Bez. für die Absperrung des Ostblocks gegenüber dem Westen.

*Eishockey: Spielszene vor einem Tor*

*Eisschnellauf: Auf der Wechselgeraden wechseln die Läufer Innen- und Außenbahn*

*Eistanz: Harmonie und Gleichklang der Bewegungen kennzeichnen diese Eissport-Disziplin*

– **2.** Feuerschutzvorrichtung in Theatern zw. Bühne u. Zuschauerraum; in Dtld. seit 1889 vorgeschrieben.

**Eisernes Kreuz,** Abk. EK, 1813 gestifteter preuß. Orden, 1870 u. 1914 erneuert; 1939 für das Dt. Reich erneuert: mit Großkreuz, Ritterkreuz u. 2 Klassen *(EK I* u. *EK II).*

**Eisernes Tor,** rumän. *Portile de Fier,* 130 km langes Durchbruchstal der Donau an der jugoslaw.-rumän. Grenze; mehrere Schleusen ermöglichen die direkte Durchfahrt. Talsperre mit Kraftwerk.

**Eisessig,** konzentrierte, wasserfreie Essigsäure; erstarrt bei 16 °C.

**Eisheilige,** *Gestrenge Herren,* in N-Dtld. die Tage der Heiligen *Mamertus, Pankratius* u. *Servatius* (11.–13. Mai), in S-Dtld.: *Pankratius, Servatius* u. *Bonifatius* (12.–14. Mai), dazu die »*Kalte Sophie«* (15. Mai); Tage, an denen häufig ein Kälterückfall auftritt.

**Eishockey,** *Eisstockball,* das schnellste Kampf- u. Torspiel. 2 Mannschaften zu je 6 Spielern (u. 9 Auswechselspielern) versuchen, mit 1,47 m langen gebogenen Schlägern eine Hartgummischeibe, den »Puck« (7,62 cm Durchmesser, 2,54 cm hoch), ins gegner. Tor (1,83 m breit, 1,22 m hoch) zu treiben; gespielt wird auf einer Eisfläche von 30 x 60 m. Spieldauer 3 x 20 Min. reine Spielzeit.

**Eisjacht,** bootsartiges Holzgestell mit Segeln zum → Eissegeln.

**Eislauf,** *Schlittschuhlauf,* das Laufen (Gleiten) mit Schlittschuhen auf dem Eis; schon in vorgeschichtl. Zeit mit Knochenschlittschuhen betrieben, in der 2. Hälfte des 19. Jh. zum Sport entwickelt. Er umfaßt die Disziplinen *Eiskunstlauf* u. *Eisschnellauf.* Ein Wettbewerb im Kunstlauf (Einzellauf oder Paarlauf) besteht aus dem *Originalprogramm* u. der *Kür.*

**Eisleben,** *Lutherstadt E.,* Krst. (ehem. Mannsfelder Seekreis) in Sachsen-Anhalt, 27 000 Ew.; Geburts- u. Sterbestadt M. *Luthers;* Kupferschieferbergbau, Gerätebau, Möbel-, Bekleidungs-, Bau-Ind.

**Eisler,** Hanns, *1898, †1962, dt. Komponist, schrieb Musik für Theaterstücke B. *Brechts* u. komponierte die Nationalhymne der DDR (Text von J. R. *Becher).*

**Eismeer,** *Nördliches E.,* zentraler Teil des Nordpolarmeeres.

**Eisner,** Kurt, *1867, †1919, dt. Politiker (SPD, dann USPD); führend beteiligt an der Novemberrevolution in München 1918, bay. Min.-Präs. bis zu seiner Ermordung durch den Grafen *Arco auf Valley,* die die Ausrufung der Münchener Räterepublik auslöste.

**Eispickel,** *Eisbeil,* Gerät des Bergsteigers mit 20 cm langer Spitzhaue u. 13 cm langer Hacke.

**Eisprung,** *Follikelsprung, Ovulation,* das Platzen des Bläschens *(Graafscher Follikel),* das im Eierstock das heranwachsende Ei umgibt; damit wird das Ei aus dem Eierstock ausgestoßen.

**Eispunkt,** Schmelzpunkt des Eises bei Normalluftdruck.

**Eisschießen,** *Eiskegeln, Eisschieben, Eisstockschießen,* Eisspiel, bei dem 2 Mannschaften (je 4 Spieler) versuchen, Eisstöcke (eisenbeschlagene Holzklötze in Gestalt flacher Kegel) nahe an das Daubenkreuz im Zielfeld zu schieben. → Curling.

**Eisschnellauf** → Eislauf.

**Eissegeln,** Segeln mit der *Eisjacht (Eis-, Segelschlitten, Eissegelboot),* einem etwa 6 m langen Gleitfahrzeug mit drei 40–60 cm langen, im Dreieck angeordneten Stahl- oder Holzkufen u. einem Segelmast mit bis zu 30 m² Segelfläche.

**Eissport,** Eislauf (Schnellauf u. Kunstlauf), Eishockey, Eisschießen, Eissegeln, Bandy u. Curling.

**Eistanz,** Wettbewerb für Paare im *Eiskunstlauf,* bestehend aus Pflichttänzen, freiem Spurenbild-Tanz u. Kür. Beim E. sind Hebefiguren, Sprünge, Pirouetten u. längeres getrenntes Nebeneinanderlaufen nicht erlaubt.

**Eisvogel, 1.** einer der prächtigsten einheim. Vögel, aus der Fam. der *Rackenvögel.* – **2.** *Limenitis,* Gatt. der *Fleckenfalter;* die Raupen leben an Geißblatt u. Zitterpappel.

**Eiswein,** hochwertiger Wein aus reifen, gefrorenen Trauben.

**Eiszeit,** *Kaltzeit,* erdgeschichtl. Periode starker Vergletscherung weiter Landgebiete, bes. die auf der Nordhalbkugel im Quartär (Pleistozän). In N-Dtld. 3 Perioden: *Elster-, Saale-* u. *Weichsel-E.;* im Alpenraum 4 Perioden: *Günz-, Mindel-, Riß-* u.

*Eisvogel im Flug*

| Eiszeiten in der Erdgeschichte | | |
|---|---|---|
| Zeitalter | Zeit (in Mio. Jahren vor der Gegenwart) | unter Eisbedeckung |
| Spätkänozoikum | 7–0 | Antarktis Grönland Nordeurasien Nordamerika Südamerika Neuseeland |
| Spätpaläozoikum | 250–200 | Australien Südafrika Südamerika Indien Antarktis |
| Spätpräkambrium | 650–570 | Australien Spitzbergen Nordatlantik UdSSR |
| | 750–700 | Afrika Nordostasien Südamerika |

*Würm-E.,* wobei die norddt. E. den letzten drei der Alpen entsprechen. E. gab es auch in Nordamerika u. Asien sowie vor 300 Mio. Jahren auf der Südhalbkugel. E. entstand durch allg. Temperaturrückgang (8–13 °C niedriger als heute), dessen Ursachen noch nicht geklärt sind. Während der E. flossen die Gletscher zum alles bedeckenden Inlandeis zusammen (41,5 Mio. km², bis 3000 m mächtig). Folgen: Umformung (durch Schleif- u. Hobelwirkung des Eises) der alpinen Täler von der V-Form zur U-Form, Ablagerung von Moränenbögen, Schotterfluren, Findlingen, Geschiebelehm, fluvioglazialen Sanden (hpts. vor dem Eisrand) u. Löß. Das Klima in den *Zwischen-E.en (Interglazialzeiten)* war dem heutigen ähnl. zeitw. sogar wärmer.

**Eiter,** *Pus,* Körperausscheidung bei Entzündung; besteht aus abgestorbenen Erregern u. zugrunde gegangenen weißen Blutkörperchen.

**Eiweiß,** *E.-Stoffe,* makromolekulare organ.-chem. Verbindungen aus Kohlenstoff, Wasserstoff, Stickstoff u. Sauerstoff, teilw. auch Phosphor u. Schwefel; neben den *Kohlenhydraten* u. *Fetten* die wichtigsten, lebensnotwendigsten Bestandteile der Nahrungsmittel u. Reservestoffe. E.-Stoffe bestehen aus 20 Aminosäuren. Alle Lebewesen benötigen E.-Stoffe zum Wachstum u. zur Substanzerhaltung. Wertvolle E.-Träger sind bes. Milch, Milchprodukte, Fleisch, Eier u. Sojaerzeugnisse. Synthet. E.-Stoffe (polymerisierte Aminosäuren mit peptidartigen Bindungen) sind die Kunststoffe Nylon u. Perlon. → Proteine, → Proteide.

**Ejakulation,** *Samenerguß,* Ausspritzen des Samens aus der Harnröhre.

**Ekarté,** *Ecarté,* frz. Kartenglücksspiel unter 2 Spielern mit 32 Karten.

**Ekbatana,** *Egbatana, Agbatana,* heute *Hamadan,* um 700 v. Chr. gegr. Hptst. des Reichs der *Meder.*

**EKD,** Abk. für *Evangelische Kirche in Dtld.*

**EKG,** Abk. für *Elektrokardiogramm,* → Elektrokardiographie.

**Ekhof,** Konrad, *1720, †1778; dt. Schauspieler; 1767–69 am Hamburger Nationaltheater, seit 1774 Leiter des Gothaer Hoftheaters; entfernte sich mit natürlicherem Spiel vom frz. Muster.

**Ekkehard,** *Ekkehart,* Mönche in St. Gallen: **1. E. I.,** *um 909, †973; verfaßte lat. geistl. Lieder (Hymnen, Sequenzen). **2. E. II.,** Neffe von 1), †990; Leiter der Klosterschule in St. Gallen. **3. E. IV.,** *um 980, †1060; schilderte Gesch. u. Klosterleben von St. Gallen.

**Ekklesiologie,** theol. Lehre von der Kirche, ihrem Wesen u. ihrer Funktion im heilsgeschichtl. Handeln Gottes.

**eklamptisches Syndrom,** gefährl. Schwangerschaftserkrankung; wahrsch. durch Stoffwechselüberlastung bedingte Vergiftung (Schwangerschaftstoxikose).

**Eklat** [e'kla], Krach, aufsehenerregendes Ereignis, Skandal. – **eklatant,** offensichtl., augenfällig, schlagend.

**Eklektiker,** jemand, der aus versch. Lehren das ihm Zusagende u. Geeignete übernimmt u. verbindet.

**Eklipse,** Wegfall, Ausbleiben; in der Astronomie: Sonnen- u. Mondfinsternis.

**Ekliptik,** scheinbare jährl. Bahn der Sonne an der Himmelskugel; ein Kreis, der zum Himmelsäquator einen Winkel von 23½ Grad *(Schiefe der E.)* bildet u. mit ihm 2 Schnittpunkte *(Frühlings-* u. *Herbstpunkt)* gemeinsam hat. – **E.-Ebene,** die Ebene der Erdbahn um die Sonne.

**Ekloge** kleines, stimmungshaftes antikes Gedicht; als Hirtengedicht bei *Vergil.*

**Eklogit,** schweres metamorphes Gestein; hpts. Granat u. natronreicher, auffallend grüner *Augit (Omphazit);* nicht geschiefert.

**Ekofisk,** norw. Erdöl- u. Erdgasfeld in der Nordsee; Förderung seit 1971.

**Ekstase,** Zustand höchster Steigerung des Lebensgefühls (Außersichsein, Verzückung, Entrückung), bei dem die Seele gleichsam aus dem Körper heraustritt u. das Gefühl der eig. Begrenztheit, Endlichkeit u. Situationsbedingtheit verliert. Die *religiöse E.* wird in der *Mystik* als unmittelbare Vereinigung mit dem Göttlichen u. als Ergriffen-Sein von Gott aufgefaßt.

**Ektoderm,** das äußere *Keimblatt* des sich entwickelnden Lebewesens.

**EKU,** Abk. für *Evangelische Kirche der Union.*

**Ekzem,** juckende Erkrankung der Hautoberfläche, die zu einem aus Bläschen, Schuppen u.a. zusammengesetzten Hautausschlag führt.

**El,** allg. semit. Name für Gott.

**Elaborat, 1.** Ausarbeitung. – **2.** (abschätzig) Machwerk.

**Elagabal** [auch -'ga-], *Heliogabal,* syr. Sonnengott von Emesa (heute Homs).

**El Alamein** → Alamein.

**Elam,** fruchtbare Ebene östl. des Tigris, nördl. des Pers. Golfs, die heutige Ldsch. *Khusestan;* urspr. wahrsch. von *Sumerern* besiedelt. 539 v. Chr. wurde E. pers. Provinz.

**Elan,** Schwung, Begeisterung.

**Elastin,** Gerüsteiweißstoff, Grundsubstanz des elast. Gewebes.

**Elastizität,** *Spannkraft,* das Bestreben fester Körper, eine unter dem Einfluß einer äußeren Kraft angenommene Verformung nach Aufhören der Kraft rückgängig zu machen.

**Elastomere,** gummiartige Kunststoffe, z.B. Buna, Mipolam, Oppanol.

**Elat,** *Eilat(h),* isr. Hafen (gegr. 1950) u. Badeort am Golf von Aqaba (Rotes Meer), 19 000 Ew.; erlangte bes. Bed. als Ölhafen durch die Sperre des Suezkanals für isr. Schiffe; die Sperrung der Zufahrt seitens Ägypten im Mai 1967 führte zum *Sechs-Tage-Krieg* zw. Israel u. arab. Ländern; Pipelines; Phosphatexport; Schmuckerzeugung, Baustoffind., Kraftwerk; Meerwasserentsalzung.

**Elâzig** [ela'ziː], *Elaziz,* Hptst. der gleichn. türk. Prov. im östl. Anatolien, 181 000 Ew.; Univ.; Weinbau, Metall-, Papier-, Nahrungsmittel-Ind.; Zementfabrik; Bodenschätze; Kraftwerk.

**Elba**, ital. *Ísola d'Elba* ital. Mittelmeerinsel zw. Korsika u. Italien, 224 km², 27 000 Ew., Hauptort *Portoferràio;* gebirgig (*Monte Capanne* 1019 m); Eisenerzabbau; Oliven-, Wein-, Obstanbau; Fremdenverkehr. 1814/15 Aufenthaltsort *Napoleons I.*

**Elbe**, tschech. *Labe,* nach dem Rhein der wichtigste dt. Fluß, 1165 km (davon 725 km innerhalb Dtld.); entspringt im Riesengebirge, tritt nach Aufnahme von *Moldau* u. *Eger* ins Böhm. Mittelgebirge ein, durchbricht das Elbsandsteingebirge, fließt durch die Dresdner Elbtalweitung u. tritt ins Norddt. Tiefland ein. Bis Magdeburg nimmt sie die *Schwarze Elster, Mulde* u. *Saale* u. oberhalb von Wittenberge die *Havel* auf. Von Hamburg bis zur Mündung in die Nordsee bei Cuxhaven erweitert sich die E. auf etwa 15 km. Kanäle verbinden die E. mit Oder, Rhein u. Ostsee.

**Elberfeld**, seit 1929 Stadtteil von Wuppertal.

**Elbe-Seitenkanal**, urspr. *Nord-Süd-Kanal,* Schiffahrtskanal zw. Elbe u. Mittellandkanal; 115 km, für 1350-t-Schiffe; bei Lüneburg größtes Schiffshebewerk Europas.

**Elbing**, poln. *Elblag,* Hafenstadt in Ostpreußen, Hauptstadt der poln. Wojewodschaft Elblag, 118 000 Ew.; Schiffswerften, Metall-, Textil-, Holz-, Nahrungsmittel-Ind.; Kraftwerk. – 1237 Burg des Dt. Ordens; Mitgl. der Hanse.

**Elbrus**, *Minghi Tau,* höchster Berg (Doppelgipfel) des Kaukasus, 5633 u. 5592 m.

**Elbsandsteingebirge**, aus Kreidesandsteinen aufgebautes Tafelland zw. Lausitzer u. Erzgebirge, durch die Elbe u. deren Nebenflüsse zerschluchtet (*Bastei, Lilienstein, Prebischtor* u.a.); im *Hohen Schneeberg* 721 m.

**Elburs**, *Álborz,* Faltengebirge in N-Iran, am Kasp. Meer; im *Demawend* 5604 m.

**Elch**, *Elen, Elentier,* plumper, bis 2 m hoher *Hirsch* mit schaufelförmigem Geweih; in sumpfigen Gegenden Eurasiens u. Amerikas.

**Elche** ['ɛltʃe], röm. *Ilici,* Stadt in SO-Spanien, 175 000 Ew.; stark maur. Stadtcharakter; Getreideanbau, Bewässerungskulturen; Schuhfabrikation; nahe der Stadt der von den Mauren angelegte *Palmenwald von E.* (über 100 000 Bäume), die nördlichste echte Oase von Dattelpalmen.

**Eldorado**, sagenhaftes Goldland im Inneren des nördl. Südamerika; übertragen: Paradies, Schlaraffen-, Traumland.

**Eleaten**, grch. Philosophenschule in der phokäischen Kolonie *Elea* (Unteritalien); dazu gehörten *Parmenides, Zenon d. Ä.* u. *Melissos.*

**Elefanten**, einzige Überlebende der *Rüsseltiere,* die im Tertiär u. Diluvium mit *Mastodon* u. *Mammut* ihre Hauptzeit hatten; drei Arten: *Ind. Elefant,* bis 3,50 m hoch, kleine Ohren; *Afrik. Waldelefant,* kleine Formen bis zum *Zwergelefanten,* der nur etwa 150 cm hoch wird; *Afrik. Steppenelefant,* bis über 4 m hoch, große Ohren.

**Elefantengras**, *Mariankagras,* in Westafrika sehr verbreitete *Pennisetum-(Federborstengras-)* Art.

**Elefantenschildkröte**, *Galapagos-Riesenschildkröte,* große Landschildkröte der Galápagos-Inseln; erreicht ein Gewicht von mehreren Zentnern u. wird mehr als 100 Jahre alt.

**Elefantiasis** → Elephantiasis.

**Elegie**, urspr. ein mit Flötenbegleitung vorgetragenes Gedicht (in Distichen) versch. Inhalts, in Ionien entstanden (7. Jh. v. Chr.); seit den röm. Elegikern *Tibull, Properz* u. bes. *Ovid* mit Trauer- u.

# ELEKTRIZITÄT

*Hochspannungsleitungen transportieren den elektrischen Strom zu den Verbrauchern*

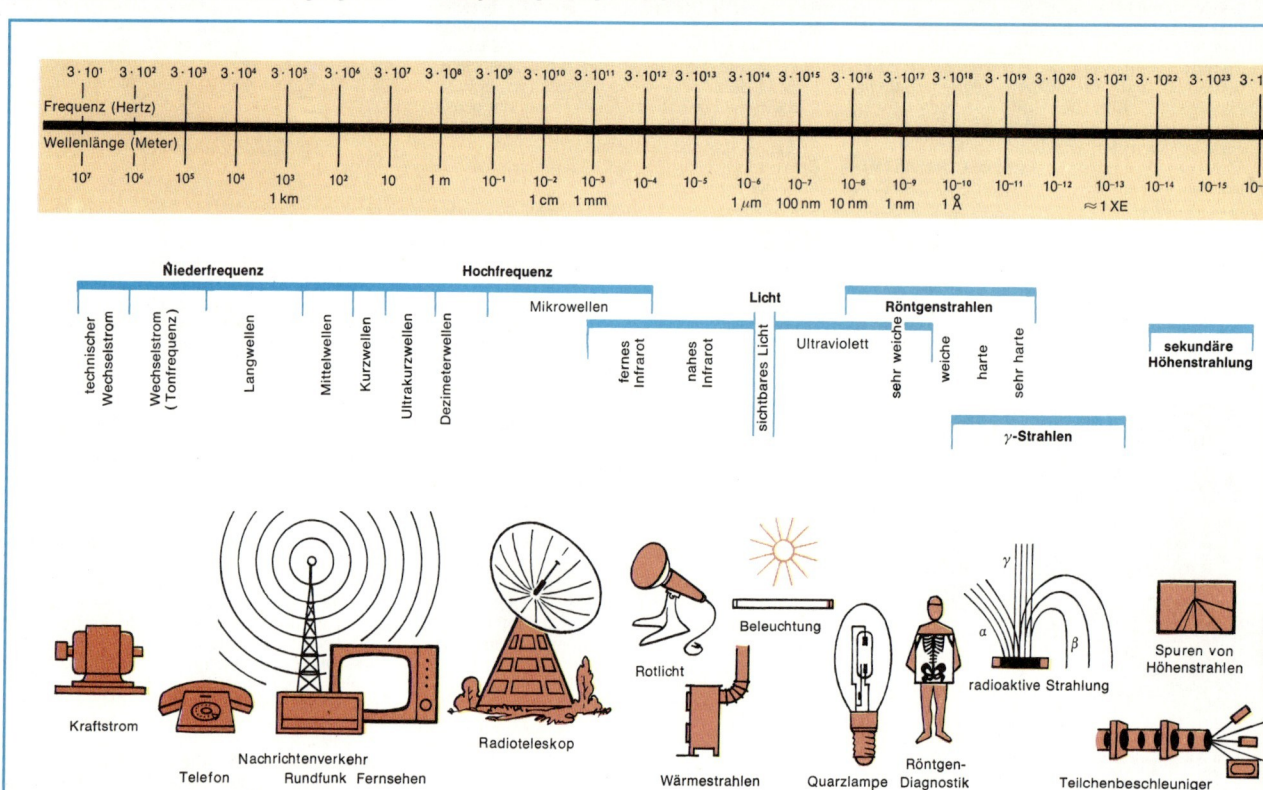

*Übersicht über das gesamte Spektrum der elektromagnetischen Wellen*

Klagecharakter u. sehnsuchtsvoller, schwermütiger Grundstimmung. – **elegisch,** klagend, wehmütig, traurig.

**Elektra,** in der grch. Sage Tochter des Agamemnon u. der Klytämnestra: rettete nach der Ermordung des Vaters den Bruder Orestes, damit dieser die Blutrache an der Mutter u. Aigisthos übernehmen konnte. Tragödien des *Äschylus* (Orestie), *Sophokles* u. *Euripides*, in neuerer Zeit von J. *Giraudoux* u. E. *O'Neill* (»Trauer muß E. tragen«). Oper von R. *Strauss* (1909) nach der Tragödie von H. von *Hofmannsthal* (1904).

**Elektrifizierung,** Ersatz einer beliebigen Energie-Art durch elektr. Energie, bes. die Umrüstung einer Eisenbahnstrecke.

**elektrische Entladung,** Ausgleich von Spannungsunterschieden zw. 2 Elektroden durch eine leitende Verbindung.

**elektrische Fische,** Zitterfische, Fische, die in bes., aus der quergestreiften Muskulatur entstandenen, hintereinandergeschalteten »Elementen« elektr. Strom erzeugen; zur Orientierung, Verteidigung u. Betäubung von Beutetieren, nach neueren Forschungen auch zur Verständigung u. Revierabgrenzung; z.B. *Zitteraal, Zitterrochen* u. *Zitterwels*.

**elektrische Ladung,** *Elektrizitätsmenge,* die Menge der sich auf einem Körper befindenden »substanzartigen« Elektrizitätsteilchen *(Elektronen);* Mangel an Elektronen: *positive Ladung;* Überschuß an Elektronen: *negative Ladung.*

**elektrische Leitfähigkeit,** Eigenschaft eines Stoffs, Elektrizität weiterzuleiten; Metalle haben eine große, Isolatoren eine sehr geringe e.L.

**elektrische Leitungen,** elektrisch gut leitende Drähte, meist aus weichgeglühtem Kupfer oder Aluminium; in Isoliermasse eingebettet.

**elektrische Musikinstrumente,** Instrumente, bei denen urspr. mechan. Vorgänge durch elektr. ersetzt werden: 1. Bei *Musikwerken* wird lediglich der Mechanismus durch einen Elektromotor angetrieben, z.B. beim *elektr. Klavier.* 2. Bei manchen Orgeln u. Orchestern wird die Verbindung zw. Tastatur (bzw. Walze) u. Tonerzeuger durch elektr. Schaltelemente hergestellt *(elektr. oder elektropneumatische Traktur).* 3. Bei der *elektr. Gitarre* u.ä. sowie bei *Klangplatten* (Ersatz für Kirchenglocken) wird der natürl. Ton dadurch verstärkt u. verfärbt, daß die Saite oder Platte in einem Magnet- oder Kondensatorfeld schwingt u. dadurch einen Wechselstrom induziert. Durch die elektr. Wiedergabe des Tons ist eine beliebige Verstärkung u. eine begrenzte Abänderung der Klangfarbe möglich. 4. Bei *Elektrophonen* werden elektr. Schwingungen erzeugt u. auf einen Lautsprecher gegeben.

**elektrischer Stuhl,** Stuhl zur Vollstreckung der Todesstrafe durch Einschalten von Starkstrom *(Elektrokution);* so in einigen Staaten der USA.

**elektrischer Widerstand,** Widerstand *(R),* den ein Leiter dem Durchgang eines elektr. Stroms entgegensetzt; rechner. das Verhältnis der angelegten elektr. Spannung *(U)* zum Strom *(I):*

$$R = \frac{U}{I}.$$

Der Widerstand drahtförmiger Leiter in Gleichstromkreisen *(Ohmscher Widerstand)* ist gleich:

$$R = \rho \cdot \frac{l}{q}$$

(*l* Länge, *q* Querschnitt des Leiters u. *ρ* temperaturabhängiger spezif. Widerstand des Leiterstoffs).

**elektrisches Feld,** Raum in der Umgebung einer elektr. Ladung. Er kann durch Kraftlinien u. Niveauflächen veranschaulicht werden. Die *Kraftlinien* verlaufen von positiven zu negativen Ladungen u. geben die Richtung der *Feldstärke* an, d.h. der Kraft, die in einem Feldpunkt auf eine positive Einheitsladung ausgeübt wird. Die *Niveauflächen* (auch *Äquipotentialflächen* gen.) schneiden die Kraftlinien senkrecht u. verbinden alle Punkte gleichen Potentials.

**elektrische Spannung,** Potentialdifferenz zw. zwei Punkten eines elektr. Felds, vom höheren zum niederen Potential gezählt. Die Einheit der elektr. Spannung ist das *Volt.* → Elektrizität.

**elektrisieren,** einen Körper elektr. aufladen.

**Elektrisiermaschine,** Gerät, das durch Reibung oder Influenz hohe elektr. Spannungen erzeugt; zu Demonstrationszwecken verwandt.

**Elektrizität,** alle Erscheinungen, die auf elektr. Ladungen zurückgehen, auch die Ladung selbst. Die E. hat atomist. Struktur; ihre kleinste Einheit ist eine *Elementarladung.* So hat z.B. das *Elektron* eine negative, das *Proton* eine positive Elementarladung.
Die Erzeugung von E. ist auf versch. Art mögl.: 1. durch Reibung: Reibungs- oder Berührungs-E. *(Elektrisiermaschine);* 2. durch chem. Umsetzungen: *galvan. E.;* 3. durch Erwärmung an Lötstellen zweier verschiedenartiger Metalle: *Thermo-E.;* 4. durch Druckbeanspruchung von Kristallen: *Piezo-E.;* 5. durch Bewegung eines Leiters in einem Magnetfeld oder umgekehrt: *Induktions-E.* Bei allen erwähnten Arten wird E. allerdings nie »erzeugt«, sondern bereits vorhandene Ladungsträger werden nur getrennt. – Handelt es sich um elektr. Erscheinungen, die von ruhenden Ladungsträgern hervorgerufen werden, so spricht man von *Elektrostatik.* Die Lehre von bewegten elektr. Ladungen *(elektr. Strom)* ist dagegen die *Elektrodynamik.* – Die Träger des elektr. Stroms können von versch. Art sein: Der Strom in metall. Leitern ist die Wanderung freier Metallelektronen (Elektronengas), die sich unter dem Einfluß einer elektr. Spannung in Bewegung setzen; in Elektrolyten u. bei Gasentladungen wird die E. durch positive u. negative Ionen transportiert, im Vakuum in Form

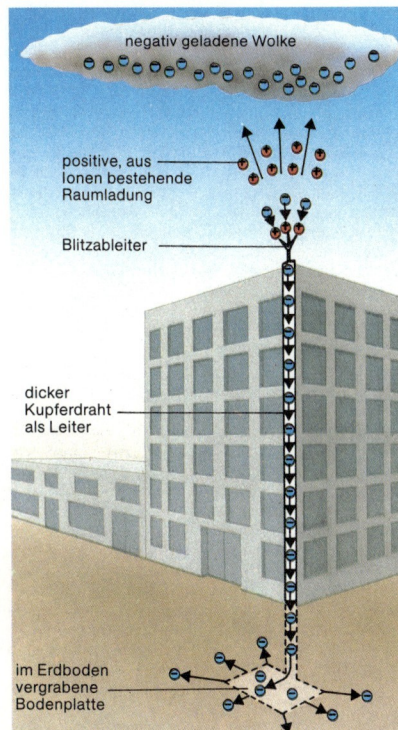

*Ein Blitzableiter besteht aus einem zugespitzten Metallstab, der über einen dicken Kupferdraht an der Außenseite des Gebäudes mit einer im Erdreich vergrabenen Bodenplatte verbunden ist. Eine negativ geladene Gewitterwolke induziert an seiner Spitze eine positive Ladung, während sich die Bodenplatte negativ auflädt. Von der Blitzableiterspitze strömt nun eine positiv geladene Ionenwolke in die Atmosphäre und gleicht als positive Raumladung die negative Ladung der Gewitterwolke weitgehend aus, so daß sich die Gefahr eines Blitzschlags vermindert. Geht trotzdem ein Blitz nieder, so wird er von der Spitze angezogen und durch den Kupferdraht abgeleitet*

*Stoßspannungsüberschlag an einem Stutzisolator für 380 000 V Betriebsspannung*

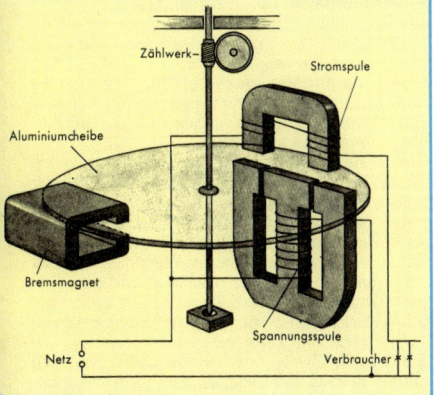

*Elektrizitätszähler: Induktionszähler (Schema)*

*Elektrostahlofen (1000-t-Lichtbogenofen)*

von Kathoden- u. Kanalstrahlen. – Bewegte elektr. Ladungsträger rufen in ihrer Umgebung (elektr. Feld) ein magnet. Feld hervor; umgekehrt erzeugt ein zeitl. veränderl. magnet. Feld ein ebenso veränderl. elektr. Feld *(Induktion).* Hierauf gründen sich die meisten elektrotechn. Anwendungen der E. Zeitl. rasch veränderl. elektromagnet. Felder (elektromagnet Wellen) werden in der *Hochfrequenztechnik* erzeugt u. verwendet.
Geschichte. Bereits im Altertum war die »elektrische« Eigenschaft des geriebenen Bernsteins [grch. *elektron*] bekannt. Erst W. *Gilbert* jedoch prägte das Wort *E.* u. suchte ihre Natur aufzuklären. Die gesetzmäßige Erfassung der versch. elektr. Erscheinungen gelang mit den grundlegenden Untersuchungen von L. *Galvani,* A. *Volta,* C. A. *Coulomb,* H. C. *Ørsted,* A. E. *Ampère,* M. *Faraday* u. G. S. *Ohm.* J. C. *Maxwell* schuf eine umfassende Theorie der E.; diese fand ihre Bestätigung durch die Versuche von H. *Hertz.* Eine gewisse Abrundung der klass. Theorie sowie neue Ausblicke gab H. A. *Lorentz.*

**Elektrizitätszähler,** Gerät zur Anzeige des Stromverbrauchs (genauer: Energieverbrauchs) in elektr. Anlagen. – B → S. 222

**Elektroakustik,** Teilgebiet der *Akustik:* die Umwandlung von mechan. in elektromagnet. Schwingungen u. umgekehrt.

**Elektroanalyse,** quantitative Bestimmung von Metallen durch → Elektrolyse.

**Elektrochemie,** Teil der physikal. Chem., der die Zusammenhänge zw. chem. u. elektr. Erscheinungen untersucht.

**Elektrochirurgie,** operative Gewebezerstörung mit Hilfe des elektr. Stroms; durch glühende Metallschlingen *(Galvanokaustik, Elektrokaustik, Elektrokoagulation)* oder durch *Elektrolyse.*

**Elektrode,** *elektr. Pol,* die Stelle eines elektr. festen Leiters, an dem elektr. Ladungsträger ein- oder austreten. Die positive E. heißt *Anode,* die negative E. *Kathode.*

**Elektrodynamik,** die Lehre von den Kräften, die ein stromdurchflossener Leiter auf einen anderen Leiter oder einen Magneten ausübt; darüber hinaus auch die Lehre von den zeitl. veränderl. elektr. u. magnet. Feldern einschl. der elektromagnet. Wellen.

**Elektroenzephalographie,** Ableitung u. Aufzeichnung der durch die Tätigkeit der Hirnrinde entstehenden feinen Ströme im **Elektroenzephalogramm,** Abk. *EEG.*

**Elektrokardiographie,** Ableitung u. Aufzeichnung der durch die Tätigkeit des Herzmuskels entstehenden feinen Herzströme mittels des *Elektrokardiographen* im **Elektrokardiogramm,** Abk. *EKG.* Aus dem EKG kann auf Herztätigkeit, Reizleitung u. Beschaffenheit des Herzmuskels geschlossen werden.

**Elektrolyse,** Zersetzen einer gelösten oder geschmolzenen Verbindung *(Elektrolyt:* Salzlösung, Säure, Base) mit Hilfe elektr. Stroms (Gleichstrom). Bei Anlegen einer Spannung an den Elektrolyten scheiden sich die positiv geladenen Kationen (z.B. Metallionen) an der Kathode, die negativ geladenen Anionen (z.B. Halogenionen) an der Anode ab. Die abgeschiedenen Mengen sind der Strommenge, die den Elektrolyten durchflossen hat, proportional *(1. Faradaysches Gesetz).* Anwendung: zur Gewinnung der Alkalimetalle u. mancher Schwermetalle (Elektrolyteisen, -kupfer), wobei ein sehr hoher Reinheitsgrad erreicht wird, zur Gewinnung von Wasserstoff, bei der Elektroanalyse, zum Galvanisieren u.a.

**Elektrolyt,** Stoff, der in wäßriger Lösung oder im geschmolzenen Zustand den elektr. Strom leitet. Die Moleküle eines E. trennen sich in frei bewegl. elektr. geladene Ionen.

**Elektromagnet,** Drahtspule, um die sich bei Stromdurchgang ein magnet. Feld bildet; meist mit Eisenkern, der die magnet. Feldlinien konzentriert; für Relais; in Großausführung z.B. als Hubmagnet an Kranen zum Verladen von Schrott.

**elektromagnetische Wellen,** *elektromagnet. Schwingungen, elektr. Schwingungen,* die stetige period. Veränderung miteinander verketteter elektr. u. magnet. Felder. Die e.n W. sind transversale Wellen, d.h., die elektr. u. magnet. Feldstärke steht senkrecht zur Ausbreitungsrichtung. Die e.n W. kommen z.B. dadurch zustande, daß sich in einem *Schwingkreis,* der im einfachsten Fall aus einem Kondensator u. einer Spule besteht, der Kondensator über die Spule entlädt, worauf sich, wegen der Selbstinduktion der Spule, der Kondensator wieder auflädt. Dann läuft der Vorgang in umgekehrter Richtung ab. Elektr. bzw. magnet. Feldenergie wandelt sich jeweils ineinander um. Durch dieses Hinundherpendeln entstehen die e.n W., die sich im Vakuum mit Lichtgeschwindigkeit (c = 300 000 km/s) fortpflanzen. Die *Wellenlänge* λ ist gleich dem Quotienten aus Ausbreitungsgeschwindigkeit u. Frequenz ($\lambda = c/\nu$). – Die e.n W. sind alle von gleicher Wesensart u. unterscheiden sich nur in ihrer Frequenz u. Wellenlänge; so umfassen die *Radiowellen* das Gebiet von rd. $10^4$ Hz bis $10^{13}$ Hz, das *Licht* das von rd. $10^{13}$ Hz bis $10^{17}$ Hz; an diesen Bereich schließen sich mit $10^{18}$ bis $10^{20}$ Hz die *Röntgenstrahlen,* von $10^{20}$ Hz ab die *γ-Strahlen* u. die *kosm. Strahlen* (Höhenstrahlen) an. Je höher die Frequenz, desto energiereicher ist das einzelne Strahlungsquant. → Quantentheorie. – B → S. 222

**Elektrometallurgie,** Gewinnung von Metallen durch Naß- oder Schmelzelektrolyse (elektrochem.) oder auf elektrotherm. Weg.

**Elektrometer,** Meßinstrument zum Nachweis elektr. Ladungen u. zum Messen elektr. Spannungen.

**Elektromobil,** durch Elektromotor angetriebenes Kfz; durch eine mitgeführte Akkubatterie mit Strom versorgt.

**Elektromotor,** Energiewandler, der elektr. Energie in mechan. Energie zum Antrieb von Masch., Fahrzeugen u.ä. umwandelt. Der feststehende Teil heißt *Ständer (Stator),* der sich drehende Teil *Läufer (Rotor).* Die Drehbewegung wird durch die Wechselwirkung der Magnetfelder des Ständers u. des Läufers hervorgerufen. Das Magnetfeld des Ständers wird vom *Feldmagneten* erzeugt, das des Läufers vom *Anker;* die Stromzuführung erfolgt durch den *Kollektor.* – Bei *Gleichstrommotoren* besteht der Ständer aus einem Magnetgestell mit speichenartig angebrachten Polen, auf denen die *Erregerwicklung* sitzt; der Läufer trägt eine Wicklung, die zur Erregerwicklung entweder parallel *(Nebenschluß)* oder in Reihe *(Reihen-* oder *Hauptschluß)* geschaltet ist. Die *Wechselstrommotoren* werden in Synchron- u. Asynchron-(Induktions-)Motoren unterteilt. Der *Synchronmotor* besitzt einen Läufer mit einer Erregerwicklung, die mit Gleichstrom gespeist wird; die Feldpole ändern sich infolgedessen nicht. Im Anker, der durch Wechselstrom erregt wird, wechseln die Ankerpole im Rhythmus des Stroms. Das Polrad kann nur rotieren, wenn der Polwechsel erfolgt, sobald die Ankerpole den Feldpolen genau gegenüberstehen. Da der zugeführte Wechselstrom von einem Generator von der Bauart des Synchronmotors erzeugt wird, laufen beide genau gleichartig, d.h. synchron. Der wichtigste E. ist der *Asynchronmotor* (rd. 90 % aller E.en). Die Ständerwicklung liegt betriebsmäßig an Spannung, die Läuferwicklung ist kurzgeschlossen. Die Drehzahl des belasteten Läufers ist etwas geringer als die des induzierenden Drehfeldes; beide laufen also nicht gleichzeitig (= asynchron). Bei dem *Einphasen-Reihenschlußmotor (Einphasen-Kollektormotor)* sind die Ständer- u. Läuferwicklungen in Reihe geschaltet.

**elektromotorische Kraft,** Abk. *EMK,* veraltete Bez. für die Spannung einer Stromquelle bei Stromlosigkeit; bei Stromentnahme sinkt sie auf die *Klemmenspannung.*

**Elektron, 1.** das leichteste der elektr. geladenen Elementarteilchen, Bestandteil jedes Atomverbands. Es hat die kleinste, unteilbare negative Ladung ($1{,}602 \cdot 10^{-19}$ Coulomb). Die Masse des ruhenden E. beträgt $m = 0{,}9107 \cdot 10^{-27}$ g; es ist rd. 1836mal leichter als das *Proton.* Alle elektr. Vorgänge beruhen auf Bewegungen von E.en: Werden einem Körper E.en zu- oder abgeführt, so lädt er sich negativ bzw. positiv auf; Wanderungen von E.en entspricht der Stromfluß; Schwingungen ergeben elektromagnet. Wellen; Abtrennung von E.en aus Atomen bedeutet Ionisation. – **2.** Leichtmetallegierung mit über 90 % Magnesium. – **3.** Legierung von Gold (bis 75 %) u. Silber, das Metall der ältesten Münzen.

**Elektronenblitzgerät,** *Röhrenblitz, Hochspannungsblitz,* photograph. Blitzlichtgerät, bei dem eine elektr. Stoßentladung von 2000 bis 3000 V das Gas (Xenon, Argon) in der Blitzröhre zum Aufleuchten bringt; Leuchtzeit: $^1/_{800}$ bis $^1/_{50000}$ s u. kürzer.

**Elektronenemission,** das Auslösen von Elektronen aus der Oberfläche von Festkörpern durch Hitze *(Glühemission),* durch ein elektr. Feld *(Feldemission)* oder durch Lichteinfall *(Photoeffekt).*

**Elektronengas,** das »Gas«, das die Leitungselektronen eines Metalls bilden. Die Vorstellung, daß sich die Elektronen eines Metalls wie ein Gas verhalten, ist die Grundlage der *Elektronentheorie der Metalle.* Man schreibt dem E. einen Druck u. eine Temperatur zu.

**Elektronenhülle,** die Gesamtheit der Elektronen in einem Atom.

**Elektronenmikroskop,** auf elektronenopt. Verfahren beruhendes → Mikroskop. Beim *Durchstrahlungsmikroskop* durchstrahlen sehr schnelle Elektronen ein im Vakuum befindl. Objekt u. werden durch elektr. oder magnet. Felder *(Elektronenlinsen)* abgelenkt wie ein Lichtstrahl durch Linsen. Bei einer Strahlspannung von 40 000–100 000 V, im *Höchstspannungs-E.* bis 1 000 000 V, entsteht aus einer Glühkathode der nahezu parallele Strahl schneller Elektronen, der zur Objektdurchstrahlung erforderl. ist. In übl. Durchstrahlungsmikroskopen darf die Objektdicke nur etwa 50 bis 100 nm (= 0,05 bis 0,1 µm) betragen. Die Auflösungsgrenze der heutigen Hochleistungs-E. liegt bei 0,2–0,3 nm (1 nm = 1 Millionstel mm). Die Vergrößerung im E. wird jedoch im allg. nur so hoch gewählt, daß die aufgelösten Einzelheiten auch auf dem im E. enthaltenen Photomaterial getrennt wiedergegeben werden können (250 000fache Vergrößerung). Beim *Raster-E.* tastet ein sehr feiner Elektronenstrahl *(Elektronensonde)* das Objekt ab. Das Gerät ist mit einer Fernsehröhre gekoppelt, auf deren Schirm ein sehr plastisches Bild wiedergegeben wird. Die Schärfentiefe ist etwa 300mal größer als beim normalen E.

**Elektronenoptik,** Teilgebiet der Physik, das die Elektronen- u. Ionenstrahlen ähnl. behandelt wie Lichtstrahlen.

**Elektronenröhre,** Steuerungs- u. Verstärkerelement; heute zunehmend durch *Halbleiter* verdrängt. Die E. besteht im einfachsten Fall *(Diode)* aus einem luftleeren Glas- oder Metallkolben mit zwei *Elektroden* im Innern (Anode u. Kathode). Die glühende Kathode sendet Elektronen aus *(Glühkathode).* Wenn die Anode durch eine Anodenspannung positiv gegenüber der Kathode gepolt ist, so werden ständig alle emittierten Elektronen zur Anode gesaugt, u. es entsteht ein *Anodenstrom* durch das Vakuum. Umgekehrte Polung hält die Elektronen an der Kathode fest, so daß kein Strom fließt. Darauf beruht die *Gleichrichterwirkung* der E. – Eine zweite Leistung der E. besteht in ihrer *Verstärkerwirkung:* Ein zw. Kathode u. Anode gebrachtes Gitter *(Steuergitter)* beschleunigt oder hemmt die Elektronen, je nach der Größe der Gitterspannung. Schon kleine Spannungsschwankungen zw. Gitter u. Kathode beeinflussen so den Elektronenstrom. Am Anodenarbeitswiderstand kann dann eine größere Wechselspannung abgenommen werden. – Je nach der Zahl der Elektroden bezeichnet man die E. als *Diode, Triode, Tetrode, Pentode, Hexode, Heptode, Oktode* usw.

**Elektronenschleuder** → Betatron.

**Elektronenstrahlverfahren,** ein Verfahren der Werkstoffbearbeitung (Schweißen, Bohren, Fräsen), bei dem im Vakuum ein Elektronenstrahl mit magnet. Linsen stark gebündelt u. durch hohe Spannungen beschleunigt wird. Beim Aufprall auf das Werkstück setzt sich die gesamte kinet. Energie der Elektronen in Wärme um.

**Elektronenteleskop,** Fernrohr mit Bildwandler am Okularende zur Verstärkung schwacher Lichteindrücke oder zur Umwandlung roter u. infraroter Bilder auf elektronenopt. Wege.

**Elektronentheorie der Metalle,** Theorie, die freie Elektronen (Elektronengas) im Kristallgitter eines Metalls annimmt; gestattet u.a. die Berechnung der metall. Leitfähigkeit.

**Elektronenvervielfacher,** *Sekundärelektronen-Vervielfacher, Multiplier,* ein Verstärker für schwache Elektronenströme; Prinzip: Der primäre Strom wird auf eine Metall- oder Metalloxidschicht gelenkt, aus der jedes auffallende Elektron mehrere Sekundärelektronen auslöst; diese werden wiederum auf eine zweite Schicht gelenkt usw.

**Elektronenvolt,** Kurzzeichen eV, u.a. in der Elementarteilchenphysik benutzte Energieeinheit: $1\,\text{eV} = 1{,}602 \cdot 10^{-19}$ J (Joule).

**Elektronik,** Zweig der Elektrotechnik, der sich mit der Leitung von Elektrizität in Form von Elektronen im Vakuum, in Gasen u. in Halbleitern u. mit der Verstärkung u. Steuerung von Strömen u.

Spannungen befaßt; hierzu: Rundfunk, Fernsehen, Tonbandgeräte, elektroakust. Verstärker für Fernsprechnetze, Meßgeräte mit Verstärkern, Elektronenrechner, Regler mit Transistoren u. alle Einrichtungen mit Photozellen.

**elektronische Datenverarbeitungsanlage** → Computer.

**elektronische Musik,** die mit elektr. Klangmitteln erzeugte Musik. Die *Musique concrète* arbeitet mit Mikrophonaufnahmen von wirkl. (konkreten) Klängen, Geräuschen, Stimmen u.ä., die durch Bandmanipulationen zu Klangmontagen u. Geräuschkulissen verarbeitet werden. Etwa gleichzeitig (1948) begann das Studio für e. M. des Kölner Rundfunks (H. *Eimert,* K. *Stockhausen,* H. *Pousseur*), als Bauelemente durch *Elektrophone* hervorgerufene Sinustöne, Farbgeräusche u. Impulse zu verwenden. An der Entwicklung der e. M. waren ferner maßgeblich beteiligt: P. *Boulez,* L. *Nono* u. B. *Maderna*.

**elektronische Musikinstrumente** → Elektrophone, → elektrische Musikinstrumente.

**Elektrophone,** Musikinstrumente, die elektr. Schwingungen (elektromagnet. Wellen) erzeugen u. über Lautsprecher oder Kopfhörer als Töne oder Klänge hörbar machen, ohne sonst mechan. klingende Elemente zu verwenden; Arten: *Hammond-Orgel, Welte-Lichtton-Orgel, Dereux-Orgel, Theremin-Gerät, Ondes Martenot, Trautonium, Elektronenorgel.* Allen E. ist die stufenlose Lautstärkeregelung am Verstärkerteil gemeinsam, ebenso die Möglichkeit einer gleitenden Klangfarben-Änderung.

**Elektrophorese,** Wanderung von elektr. geladenen Kolloidteilchen in einem elektr. Feld. Die Teilchen wandern versch. schnell u. können z.B. durch Farbreaktionen nachgewiesen werden. Anwendung in der Chemie, Medizin u. Technik.

**Elektrophysiologie,** Zweig der Physiologie, der sich mit den elektr. Erscheinungen der Organismen befaßt, z.B. mit den Strömen an Muskeln u. Nerven.

**Elektroschock,** *Elektrokrampf,* heute seltener angewandte Behandlungsmethode für bestimmte endogene Psychosen, die mit Wechselstrom geringer Stromstärke u. kurzer Dauer arbeitet.

**Elektroskop,** ungeeichtes → Elektrometer.

**Elektrostahl,** Qualitätsstahl, der vornehml. im *Lichtbogenofen* erschmolzen wird.

**Elektrostal,** Stadt in der RSFSR (Sowjetunion), östl. von Moskau, 149 000 Ew.; Eisenhütten (vor allem Herstellung von Elektrostählen).

**Elektrostatik,** Lehre von den ruhenden elektr. Ladungen u. ihren Feldern.

**Elektrotechnik,** Zweig der Technik, der sich mit der Anwendung der Elektrizität befaßt; *elektr. Energietechnik* (Starkstromtechnik) u. *Nachrichtentechnik* (Schwachstromtechnik).

**Elektrotherapie,** Krankenbehandlung durch niederfrequente Gleich- *(Galvanisation)* oder Wechselströme *(Faradisation)* zur Reizung von Muskeln u. Nerven oder durch hochfrequente Wechselströme zur Wärmebehandlung *(Diathermie* u. *Kurzwelle).*

**Element, 1.** jeder einzelne der Grundbestandteile eines zusammengesetzten Ganzen; nach der Lehre des *Empedokles* die Prinzipien *Erde, Wasser, Feuer* u. *Luft;* so (oder auch mit einem 5. E., *Äther*) bis Ende des MA. – **2.** → chemische Elemente. – **3.** → galvanische Elemente.

**elementar,** grundlegend, wesentlich.

**Elementarladung,** *elektrisches Elementarquantum,* Zeichen e, kleinste in der Natur vorkommende elektr. Ladung, die ein Teilchen haben kann. Die E. beträgt $1,602 \cdot 10^{-19}$ Coulomb. Ein Elektron hat eine negative, Positron u. Proton haben eine positive E.

**Elementarmagnet,** die kleinste Einheit para- oder ferromagnet. Stoffe.

**Elementarteilchen,** alle atomaren Teilchen, die nach dem heutigen Stand der Forschung als unteilbar, nicht mehr aus einfacheren Teilchen zusammengesetzt, angesehen werden; 3 Klassen: *Photon, Leptonen* u. *Hadronen.* Die meisten E. sind nicht stabil u. gehen nach einer charakterist. Lebensdauer in andere E. über. Grundsätzl. gilt, daß alle E. entweder ineinander umgewandelt oder aus Energie erzeugt werden können. Die Physik der E. ist gleichbedeutend mit der Hochenergiephysik.

**Elementarzeit,** die Zeit, die das Licht benötigt, um eine Strecke von der Größe der *Elementarlänge* ($10^{-13}$ cm) zu durchlaufen; etwa $10^{-23}$ s.

**Elen** → Elch.

**Elenantilope,** größte u. schwerste rezente *Echte Antilope,* mit rinderähnl. Körper, bis 1,90 m hoch; in den Steppen vom Südrand der Sahara bis Südafrika.

**Elephantiasis,** *Elefantiasis,* krankhafte, oft unförmig entstellende Verdickung der Haut u. des Unterhautbindegewebes (bes. an Gliedmaßen u. Geschlechtsteilen) als Folge einer Infektion mit dem Fadenwurm.

**Eleusine,** *Fingerhirse, Kreuzgras,* Gatt. der Süßgräser in den wärmeren Zonen der Alten Welt.

**Eleusis,** *Elefsis,* grch. Stadt westl. von Athen, 20 000 Ew.; Hafen; Schwerind., Zement, Schiffswerft; in der Antike Schauplatz der angebl. von der Göttin *Demeter* selbst gestifteten *eleusinischen Mysterien* (Geheimkult), die alljährl. mit rituellen Festen die Wiederkehr der *Persephone* (Tochter der Demeter) aus der Unterwelt feierten.

**Elevation, 1.** Erhöhung, Erhebung. – **2.** das Emporhalten von Hostie u. Kelch in der kath. Meßfeier.

**Elevator,** Fördereinrichtung (Becherwerk, Saugrohr) für Schüttgut.

**El Fatah** [-'fataχ] → Al-Fatah.

**Elfen,** *Elben, Alben,* kleine Geisterwesen wie Zwerge, Unterirdische, Moosweibel, Kobolde u.ä. in Sage u. Märchen.

**Elfenbein,** Zahnbein der Stoßzähne von Elefant, ausgestorbenen Mammut, Walroß, Nilpferd u. Narwal. Die Stoßzähne des Ind. Elefanten enthalten bis 50 kg E., des Afrik. Elefanten bis 115 kg. – Die Technik der E.schnitzerei ist in allen Kulturen verbreitet. E. eignet sich für Drechsel- u. für Einlegearbeiten (bes. im 16.–18. Jh.).

**Elfenbeinküste,** Gebiet am Golf von Guinea (W-Afrika), zw. Kap Palmas u. Cape Three Points, in der heutigen Republik Côte d'Ivoire; benannt nach dem Elfenbein, das früher im Hinterland erbeutet wurde.

*Elfenbeinküste*

**Elfenbeinküste,** *Côte d'Ivoire,* Staat in W-Afrika, an der Oberguineaküste, 322 463 km², 11,1 Mio. Ew., Hptst. *Yamoussoukro,* Reg.-Sitz u. wichtigster Hafen *Abidjan.*
Die Küstenebene ist von dichtem Regenwald bestanden. Im Hochland dehnen sich Feucht- u. Trockensavannen aus. Die Bewohner teilen sich auf rd. 60 verschiedene Sudanneger-Stämme auf. 60 % sind Anhänger von Naturreligionen, 23,5 % Moslems u. 16,5 % Christen.
Wirtschaft. Die Bevölkerung lebt vorw. von der Landw. (Export von Kaffee u. Kakao). Die Wälder liefern Mahagoni u. andere Edelhölzer. Nahrungsmittel-, Holz-, Baumwollind. u. Ölmühlen; Förderung von Mangan, Gold u. Diamanten.
Geschichte. Ohne Staatenbildung bis zur Kolonialzeit, 1893 frz. Kolonie, später ein Teil Frz.-Westafrikas, 1958 Republik mit innerer Autonomie, am 7.8.1960 unabh. Staats-Präs. seit Erlangung der Unabhängigkeit ist Félix *Houphouet-Boigny*.

*Elfenbeinküste: Kakao ist neben Kaffee das wichtigste landwirtschaftliche Exportgut des Landes*

## Elisabethanischer Stil 225

**El Ferrol,** vorübergehend *E. F. del Caudillo,* NW-span. Stadt in Galicien, befestigter Kriegs- u. Fischereihafen an der Ria del Ferrol, 90 000 Ew.; Werften, Docks, Gießereien, Fischkonserven- u. Holz-Ind.; Geburtsort von F. *Franco*.

**Elfmeter,** *E.ball, E.stoß,* beim Fußball der Strafstoß vom *E.punkt* (11 m vor dem Tor) aus gegen das Tor, das nur vom Tormann verteidigt werden darf; bei groben Regelverstößen im eig. Strafraum.

**Elgar** ['elgə], *E.ball,* Sir Edward, *1857, †1934, engl. Komponist; entwickelte einen spätromant. pompösen Stil.

**Elgin-Marbies** [-'ma:blz], die von Lord Th. *Elgin* (*1766, †1841), brit. Gesandter an der Hohen Pforte, von der Athener Akropolis entfernten Marmorwerke; seit 1816 im Besitz des Brit. Museums in London.

**El Greco** → Greco.

**Elias,** *Elija,* alttestamentl. Prophet, um 870 v.Chr.; gewann im Spätjudentum der Vorläufer des Messias bes. Bedeutung (1. Könige 17 bis 2. Könige 2).

**Elias,** Norbert, *1897, †1990, Soziologe; Arbeiten zu Zivilisations- u. Staatsbildungsprozessen.

**Eligius,** *um 588, †660, Bischof von Noyon seit 641; Patron der Goldschmiede (Fest: 1.12.).

**Elimination,** Beseitigung, Entfernung; Entfernung einer Größe aus math. Gleichungen. – **eliminieren,** entfernen, ausschalten.

**Eliot** ['eljət], **1.** George, eigtl. Mary Ann *Evans,* *1819, †1880, engl. Schriftst. (eindringl., erlebnisnahe Schilderungen aus dem bäuerl. u. kleinbürgerl. Leben mit tiefdringender, geistiger Schau u. psych. Erfassung.) – **2.** Thomas Stearns, *1888, †1965, US-amerik.-engl. Schriftst.; Erneuerer der angelsächs. Lyrik u. des religiösen Dramas; wirkte für die abendländ. Kultur in einem christl.-konservativen u. dem Klassischen zugewandten Geist; Nobelpreis 1948; W Drama »Mord im Dom«.

**Elis,** *Eleia,* fruchtbare Ldsch. an der W-Küste des Peloponnes, Hauptort *Pyrgos;* im Altertum nach Homer Heimat der *Epeier*.

**Elisa,** *Elisäus,* Schüler u. Nachfolger des *Elias,* um 850 v. Chr.

**Elisabeth,** Mutter Johannes' des Täufers, Heilige (Fest: 5.11.).

**Elisabeth,** engl. *Elizabeth,* russ. *Jelisaweta,* Fürstinnen:
England/Großbritannien:
**1. Elizabeth I.,** *1533, †1603, Königin von England 1558–1603; Tochter *Heinrichs VIII.* u. der *Anna Boleyn,* unter der Regierung *Marias der Katholischen* 1554 im Tower gefangengehalten, nach deren Tod 1558 vom Parlament als Thronfolgerin anerkannt; machte England zur protest. Vormacht Europas (angl. Staatskirche, Sieg über Spanien, Flotten- u. Kolonialpolitik); Hinrichtung der schott. Königin *Maria Stuart* 1587. Ihre Ära, in der Shakespeare lebte u. die Renaissance in England blühte, wurde nach ihr das E.anische Zeitalter genannt. – **2. Elizabeth II.,** *21.4.1926, Königin von Großbrit. u. Nordirland seit 1952; Tochter *Georgs VI.,* am 2.6.1953 gekrönt; seit 1947 verheiratet mit *Philip Mountbatten,* Herzog von Edinburgh.
Frankreich:
**3. E. Charlotte,** *Liselotte von der Pfalz,* *1652, †1722, Tochter des Kurfürsten *Karl Ludwig von der Pfalz,* heiratete 1671 Herzog *Philipp I. von Orléans,* Bruder *Ludwigs XIV.*
Österreich-Ungarn:
**4. E. Amalie Eugenie,** *1837, †1898, Kaiserin von Östr. seit 1854, Königin von Ungarn seit 1867; Tochter des Herzogs *Maximilian* in Bayern (*1808, †1888), heiratete 1854 Kaiser *Franz Joseph I.;* von einem ital. Anarchisten in Genf erdolcht.
Rußland:
**5. Jelisaweta Petrowna,** *1709, †1762, Zarin 1741–62; Tochter *Peters d.Gr.* u. *Katharinas I.,* stürzte mit Hilfe der Garde *Iwan VI.* u. setzte sich gegen die Thronansprüche der Regentin *Anna Leopoldowna* durch.
Thüringen:
**6. hl. E.,** *1207, †1231, Tochter des ung. Königs *Andreas II.,* heiratete 1221 den Landgrafen *Ludwig IV.* von Thüringen; stiftete in Marburg ein Franziskanerhospital, wo sie sich dem Armen- u. Krankendienst widmete. (Fest: 19.11.).

**Elisabethanischer Stil,** der während der Reg.

der engl. Königin *Elisabeth I. (Elisabethan. Zeitalter)* im engl. Profanbau vorherrschende Stil, gekennzeichnet durch eine Mischung von Gotik u. Renaissance.
**Elisabethville** [-'vi:l] → Lubumbashi.
**Elision,** Auslassung eines unbetonten Vokals.
**Elis Island** [-'ailənd], kleine Insel im Hafen von New York, vor der Südspitze Manhattans; 1892 bis 1954 Prüfstelle für 16 Mio. Einwanderer.
**Elista,** 1944–57 *Stepnoj,* Hptst. der Kalmük. ASSR (Sowj.), in den Jergeni-Höhen, 83 000 Ew.
**Elixier,** alkohol. Auszug oder Mixtur aus pflanzl. Substanzen mit Zusätzen von Zucker, Extrakten, äther. Ölen u.a.
**Elizabeth** [i'lizəbəθ], Ind.- u. Hafenstadt im NO von New Jersey (USA), 105 000 Ew.; zahlr. histor. Gebäude; Schiff- u. Autobau, Kohlen- u. Eisenhandel, Textilind.
**Ellade,** *Mircea,* *1907, †1986, rumän. Religionsphilosoph u. Schriftst. (existentialist. Romane), seit 1957 Prof. für Religionsgeschichte in Chicago.
**Ellbogen,** *Ellenbogen, Cubitus,* die Übergangsstelle von Ober- zu Unterarm.
**Elle, 1.** *Ulna,* eine der beiden Unterarmknochen der vorderen Gliedmaßen bei Wirbeltieren einschl. Mensch. – **2.** fr. Längenmaß, von der Länge des Unterarms abgeleitet, zw. rd. 55 u. 85 cm; engl. E. *(Ell):* 1,1143 m.
**Ellenburg,** Krst. in Sachsen, 22 000 Ew.; Zelluloidwerk, Masch.-, Möbel-, Süßwaren-Ind.
**Ellesmere-Insel** ['ɛlsmi:r-], kanad. Insel in der Arktis, 212 000 km², im N bis rd. 3000 m hoch.
**Ellice-Inseln** ['ɛlis-], Inselgruppe im Pazif. Ozean, → Tuvalu.
**Ellington** ['eliŋtən], *Duke (Edward Kennedy),* *1899, †1974, afroamerik. Jazzmusiker (Pianist, Arrangeur, Komponist u. Bandleader).
**Ellipse, 1.** zentr.-symmetr. geschlossene Kurve, bei der für jeden Punkt P die Summe der Entfernungen von 2 Festpunkten, den Brennpunkten F u. $F_1$, einen konstanten Wert $2a$ hat. Gleichung der E. in rechtwinkligen Koordinaten: $b^2x^2+a^2y^2 = a^2b^2$; Flächeninhalt: $F = \pi \cdot a \cdot b$. – **2.** das Weglassen inhalt. weniger bed. Satzteile, z.B. »Rauchen verboten!« statt »Rauchen ist hier verboten!«.
**Ellipsoid,** zentr.-symmetr. krumme Fläche mit einem Mittelpunkt, durch den drei aufeinander senkrechte Achsen *(2a, 2b, 2c)* gehen; Gleichung in rechtwinkligen Koordinaten: $x^2/a^2+y^2/b^2+z^2/c^2 = 1$. Ebenen schneiden das E. in Ellipsen. *Dreh-* oder *Rotations-E.e* entstehen durch Drehung einer Ellipse um ihre Achsen. Die Erde ist annähernd ein Drehellipsoid.
**Ellora,** *Elura,* Dorf in Maharashtra (Indien), in der Umgebung jinist., buddhist. u. hinduist. Höhlentempel, bes. bekannt durch Skulpturen des hinduist. Gottes Schiwa im Kailasa-Tempel (8. Jh.)
**Ellwangen (Jagst),** ba.-wü. Stadt am rechten Ufer der Jagst, 21 000 Ew.; Schloß, Stiftskirche (13. Jh.), barocke Wallfahrtskirche; Leder-, Metall-, Textilind., Maschinenbau.
**Elm,** *Elmwald,* bewaldeter Muschelkalkrücken (bis 322 m), sö. von Braunschweig.
**Elmsfeuer,** *St.-Elms-Feuer, Eliasfeuer,* selbst. elektr. Gasentladung; *Büschellicht.*

*Elritze (Männchen)*

**Elmshorn,** Stadt in Schl.-Ho., an der Krückau, 42 000 Ew.; rege Ind.; landw. Handel.
**Eloge,** Lob, Schmeichelei.
**Elohim,** alttestamentl. Bez. für Götter u. Geistwesen, auch für den Gott Israels (Jahwe).
**Elongation, 1.** der Winkel, den die Linien Erde-Sonne u. Erde-Planet einschließen. – **2.** bei einem Schwingungsvorgang der momentane Ausschlag, der maximal gleich der *Amplitude* ist.
**Eloquenz,** Beredsamkeit.
**Eloxal-Verfahren,** Verfahren zur Erhöhung der Korrosionsbeständigkeit von Aluminium durch anod. Oxidation in verdünnten Säuren.
**El Paso,** Stadt in Texas (USA), am linken Ufer des Rio Grande del Norte, 425 000 Ew.; Univ., zahlr. Museen; Bewässerungsfeldbau- u. Rinderzuchtgebiet; Textil- u. Nahrungsmittel-Ind.; Erdöl- u. Kupferraffinerien.
**Elritze,** *Pfrille, Pfrelle, Sonnenfisch,* bis 13 cm langer *Karpfenfisch* mit prachtvollem rotem Laichkleid; als »Maipiere« oder »Rümpchen« gegessen.
**El Salvador,** kleinster u. dichtestbevölkerter Staat in Zentralamerika, 21 041 km², 5 Mio. Ew. (70% Mestizen, 20% Indianer, 10% Kreolen), Hptst. *San Salvador.*

*El Salvador*

L a n d e s n a t u r. Hinter einem schmalen, zumeist versumpften Küstenstreifen erheben sich die Küstenkordillere (bis 2381 m hoch) u. die Zentralkordillere, die ein dichtbesiedeltes zentrales Hochland einschließen. Randtrop., wechselfeuchtes Klima mit einer Regenzeit von Mai bis Oktober.
W i r t s c h a f t. Die Landw. ist der bed. Wirtschaftszweig u. liefert v.a. Kaffee (50% des Ausfuhrwerts), Baumwolle, Zucker, Sisal, Kakao. Die Ind. ist weiter entwickelt als in den übrigen mittelamerik. Staaten. – Wichtig ist der Inlandluftverkehr. Hauptseehäfen sind *La Unión, La Libertad* u. *Acajutla.*
G e s c h i c h t e. 1524 wurde E. S. von Spanien erobert. 1823–39 war es Mitgl. der Zentralamerik. Konföderation. Seit 1839 ist es selbst. Republik. Nach vorübergehender Militärherrschaft trat 1983 eine neue Verf. in Kraft. Staats-Präs. ist seit 1989 A. Cristiani.
**Elsaß,** frz. *Alsace,* histor. Ldsch. zw. Vogesen u. Oberrhein; umfaßt die frz. Dép. *Bas-Rhin* u. *Haut-Rhin,* zus. 8300 km², 1,6 Mio. Ew. Zentren sind *Straßburg, Mülhausen* u. *Colmar.* – G e s c h.: Bei der Reichsteilung im Vertrag zu Meersen 870 kam das E. zum ostfränk. (dt.) Reich u. gehörte seit 925 zum Herzogtum Schwaben. Im Westfäl. Frieden wurden die habsburg. Besitzungen in E. an Frankr. abgetreten; Ludwig XIV., dehnte seine Oberhoheit jedoch aus: Straßburg wurde besetzt. In der Frz. Revolution wurde das E. Frankr. eingegliedert. 1871–1918 bildete es mit einem Teil Lothringens das dt. Reichsland **E.-Lothringen,** 1919 fiel es durch den Versailler Vertrag wieder an Frankr. u. blieb dort bis auf die dt. Besetzung 1940–44.
**Elsheimer,** *Adam,* *1578 (?), †1610, dt. Maler; der selbständigste dt. Maler des Frühbarocks, Mitbegr. der idealen Landschaftsmalerei.
**Eisner,** *Gisela,* *2.3.1937, dt. Schriftst.; Mitgl. der »Gruppe 47«, gesellschaftskrit. Romane.
**Eßler,** öst. Ballett-Tänzerinnen, die Schwestern *Fanny* (*1810, †1884) u. *Therese* (*1808, †1878); begr. den Ruf des Wiener Balletts.
**Elster,** schwarz-weißer, rd. 45 cm langer *Rabenvogel* Eurasiens, NW-Afrikas u. N-Amerikas; Nesträuber.
**Elster, 1.** *Schwarze E.,* r. Nbfl. der Elbe, 188 km; mündet oberhalb von Wittenberg. – **2.** *Weiße E.,* l. Nbfl. der Saale, 247 km.
**Elsterchen,** kleine, elsterähnl. gefärbte *Prachtfinken* aus Afrika, die häufig als Käfigvogel gehalten werden, z.B. das *Braunrücken-E.*
**elterliche Sorge,** das Recht u. die Pflicht der Eltern, für das minderjährige Kind zu sorgen. Der Begriff *e. S.* ist 1979 an die Stelle des Begriffs *elterl. Gewalt* getreten, wobei Rechte u. Pflichten neu beschrieben wurden.
**Elternbeirat,** *Elternausschuß, Elternrat,* gewählte Vertreter der Elternschaft mit beratender Funktion im Rahmen der Schule.
**Eltville am Rhein,** *Elfeld,* Stadt in Hessen, 16 000 Ew.; Weinbau- u. -handel; elektrotechn. feinmechan. Ind., Großdruckerei; im 14./15. Jh. Residenz der Mainzer Erzbischöfe.
**Eltz,** eine der besterhaltenen mittelalterl. Burgen, am Elzbach (Voreifel).
**Eluard** [ely'a:r], *Paul,* eigtl. Eugène *Grindel,* *1895, †1952, frz.; Lyriker des Surrealismus u. der kommunist. orientierten Widerstandsdichtung.
**Ely** ['i:li], engl. Stadt in den südl. *Fens,* 10 000 Ew.; seit 1008 Bischofssitz; Zuckerfabrik.
**Elysée-Palast** [eli'se:], Amtssitz der Präs. der Frz. Rep. in Paris; von C. Mollet 1718 erbaut.
**Elysium,** *Elysion,* im grch. Mythos ein Ort (als »Inseln der Seligen« im fernen Westen), an den auserlesene Helden entrückt werden, um ein glückl. Dasein zu führen.
**Elytis,** *Odysseas,* eigtl. O. *Alepudelis,* *2.11.1911, neugrch. Schriftst. (surrealist. Lyrik von leuchtender Farbenpracht u. Naturverbundenheit); Nobelpreis für Literatur 1979.
**Elzevier** ['ɛlzəvi:r], *Elsevier, Elzevirus,* holl. Drucker- u. Buchhändlerfamilie, durch die Söhne u. Enkel von Louis E. (*um 1540, †1617) im 17. Jh. weltberühmt.
**em,** Abk. für *emeritiert.*
**Email** [e'maj], zu Dekorations- oder Schutzzwekken im Emaillierofen auf Metall aufgeschmolzener Überzug von getrübtem u. häufig gefärbtem Glas.
**Eman,** Zeichen: eman, fr. Einheit für die Konzentration des radioaktiven Gases; 1 eman = $10^{-10}$ Curie pro Liter; amtl. nicht mehr zugelassen.
**Emanation, 1.** Zentralbegriff einer philosoph. Lehre, wonach die Welt aus der Fülle des höchsten Seins »ausströmt«, ohne daß sich dieses dabei vermindert. – **2.** ältere Bez. für die beim radioaktiven Zerfall von Actinium, Thorium u. Radium entstehenden Radonisotope Rn-219 *(Actinon),* Rn-220 *(Thoron)* u. Rn-222 *(Radon).*
**Emanuel, E. I,** *E. d. Gr., E. der Glückliche, Manuel I.,* *1469, †1521, König von Portugal 1495–1521; Begr. des port. Kolonialreichs u. der Macht Portugals.
**Emanzipation,** die rechtl. u. fakt. Befreiung einer Klasse oder Gruppe aus einem Abhängigkeitsverhältnis, z.B. der Sklaven, der Frauen, → Frauenbewegung.
**Emba,** Fluß in W-Kasachstan, 647 km.
**Emballage** [ãba'la:ʒə], Verpackung.

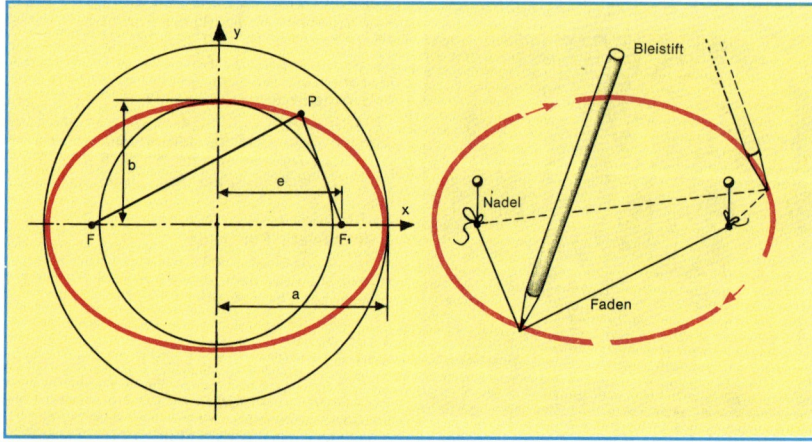
*Ellipse: Bestimmungsstücke und Fadenkonstruktion*

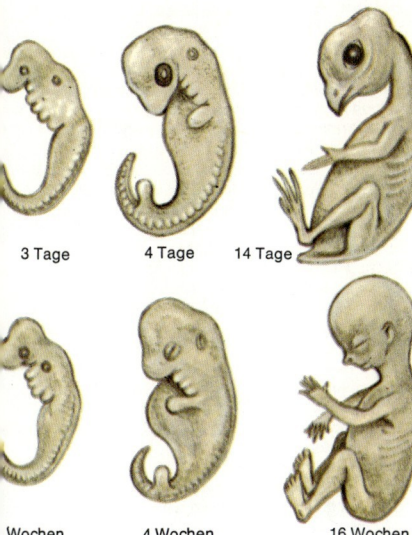

*Vergleich der Embryonalentwicklung beim Huhn (oben) und beim Menschen (unten)*

**Embargo,** das Festhalten fremder Schiffe; heute: Ausfuhrverbot, insbes. von Kriegsmaterial.
**Emblem,** allegor. Gebilde aus Spruch *(Lemma, Devise),* Bild *(Ikon)* u. Bilderläuterung *(Epigramm).*
**Embolie,** plötzl. Gefäßverschluß in der Blutbahn durch Blutgerinnsel, durch Luft oder durch Fetttröpfchen.
**Embryo,** *Keim, Keimling* von Tieren einschl. Mensch, auch von Pflanzen → *Fetus.*
**Embryologie,** Wiss. von der Embryonalentwicklung.
**Embryonalentwicklung,** *Embryogenese, Keimesentwicklung,* die Lebensperiode der Gewebetiere von der Befruchtung bis zum Beginn eines selbst. Lebens; umfaßt Furchung, Keimblätterbildung, Organbildung u. Differenzierung.
**Embryonalhüllen,** *Eihäute, Eihüllen, Fruchthüllen,* die in der Entwicklung der *Amniontiere* (Reptilien, Vögel, Säuger) auftretenden Hüllen, die den Embryo einschließen: das *Amnion* (Schlafhaut), die *innere Embryonalhülle* u. die *Serosa,* die äußere Eihülle.
**Embryotransfer,** Einbringen eines Embryos in die Gebärmutter, z.B. nach einer künstl. Befruchtung. → *Retortenbaby.*
**Emden,** niedersächs. Hafenstadt an der Emsmündung, 50 000 Ew.; mit dem rhein.-westfäl. Industriegebiet durch den Dortmund-Ems-Kanal, mit Wilhelmshaven durch den Ems-Jade-Kanal verbunden; Reedereien, Werften, fischverarbeitende Ind., Ölraffinerie. – Um 800 als Handelsniederlassung (Wik) gegr. Im 16. Jh. erlebte E. einen großen Aufschwung durch den Zuzug ndl. Protestanten.
**Emendation,** krit. Aussonderung u. Verbesserung nachweisbarer Fehler u. Schäden in handschriftl. überlieferten Texten.
**Emeritierung,** *Entpflichtung,* Entbindung eines ordentl. Hochschulprof. von den amtl. Pflichten bei Erreichen der Altersgrenze; die Tätigkeit eines akad. Lehrers kann weiter ausgeübt werden.
**Emerson** ['eməsn], Ralph Waldo, *1803, †1882, US-amerik. Essayist u. Philosoph; suchte einen dogmenfreien, dem Pantheismus nahestehenden Glauben zu begründen.
**Emetika,** Brechmittel.
**Emigrant,** Auswanderer, insbes. Flüchtling, der aus polit. oder religiösen Gründen sein Vaterland verläßt. – **Emigration,** Auswanderung oder Flucht ins Ausland.
**Emilia-Romagna,** Region in → Italien.
**eminent,** hervorragend, außerordentl.
**Eminenz,** Ehrentitel der Kardinäle in der röm.-kath. Kirche.
**Eminescu,** Mihai, *1850, †1889, rumänischer Schriftst. (weltschmerzl. philosoph. Dichtungen u. melanchol. Liebeslyrik).
**Emin Pascha,** Mehmed, eigtl. Eduard *Schnitzer,* *1840, †1892 (ermordet), dt. Afrikaforscher; schlug die aufständ. Mahdisten 1888 bei Dufili; erforschte Arabien, Uganda u. seit 1890 in dt. Auftrag das ostafrik. Seengebiet.

**Emir,** Titel für Fürsten, Statthalter oder Generale in islam. Ländern.
**Emissär,** Sendbote, meist in geheimem Auftrag (im Sinne von »Agent«).
**Emission, 1.** Aussendung von Strahlen (z.B. Licht, radioaktive Strahlen) oder Teilchen (z.B. Elektronen). – **2.** Ausströmen von Stoffen in die Außenluft. – **3.** Ausgabe von Wertpapieren.
**Emittent,** Verursacher von Emissionen.
**Emitter,** Teil eines Transistors.
**emittieren,** ausgeben, in Umlauf setzen.
**EMK,** Abk. für *elektromotorische Kraft.*
**Emmaus** ['ɛmaːus], *Emaus,* heute *'Amwas,* bibl. Ort nw. von Jerusalem, wo der auferstandene Jesus sich am Osterabend zwei Jüngern gezeigt haben soll (Luk. 24,13).
**Emme, 1.** *Große E.,* r. Nbfl. der Aare, 80 km; fließt durch das wegen seiner Käsereien bek. **Emmental.** – **2.** *Kleine E.,* l. Nbfl. der Reuss, 58 km.
**Emmen,** ndl. Großgem. in der Prov. Drente, 92 000 Ew.; Moorkolonisation; Textil-, Metall-, elektrotechn. u. Kunstseiden-Ind.
**Emmendingen,** ba.-wü. Krst. im *Breisgau,* 25 000 Ew.; Residenzschloß; Spinnerei u. Maschinenind.
**Emmer,** Art des → Weizen.
**Emmeram,** *Haimhram,* fränk. Wanderbischof, Martyrium um 710; Heiliger (Fest: 22.9.).
**Emmerich,** Stadt in NRW am Niederrhein, 29 000 Ew.; bed. histor. Kirchen; Nahrungs- u. Genußmittel-Ind., Masch.- u. Fahrzeugbau; Industriehafen mit Container-Terminal.
**Emotion,** Gefühls-, Gemütsbewegung. – **emotional,** gefühlsbetont.
**Empedokles** *von Akragas* (Agrigent), *um 483 v.Chr. †um 423 v.Chr., grch. Philosoph; erklärte das Werden u. Vergehen durch Mischung u. Entmischung von 4 Elementen (Feuer, Luft, Wasser, Erde).
**Empfängnis,** *Konzeption,* Befruchtung einer Eizelle durch eine Samenzelle beim Menschen.
**Empfängnisverhütung,** *Geburtenkontrolle, Geburtenregelung, Kontrazeption,* die Verhinderung unerwünschter Schwangerschaft; durch *hormonale Kontrazeption* (Anti-Baby-Pillen als orale Ovulationshemmer), durch die *Knaus-Ogino-Methode* (Enthaltsamkeit in der von der Ovulation abhängigen befruchtungsgünstigsten Zeit vom 12. bis 16. Tag beim 28tägigen Menstruationszyklus), durch »unterbrochenen Beischlaf« *(Coitus interruptus,* Samenerguß außerhalb der Scheide) oder durch Anwendung von *Kondomen* für den Mann, von *Pessaren* für die Frau oder von bestimmten *chem. Substanzen.* – Nur i.w.S. gehört die *Sterilisation* (Unfruchtbarmachung) zur E., bei der Frau durch Verschluß der Eileiter, beim Mann durch Verschluß der Samenleiter.
**empfindsame Dichtung,** die gegen die Verstandeskälte des Aufklärungsschrifttums gerichtete literar. Bewegung des 18. Jh., die Gefühlseindrücke u. -erlebnisse in den Mittelpunkt ihrer künstler. Darstellung rückte; Höhepunkte: F. G. Klopstocks Gedichte, Goethes »Werther«.
**Empfindung, 1.** Wahrnehmung, die bei Einwirkung eines Reizes auf ein Sinnesorgan entsteht. – **2.** jede gefühlsmäßige Bewußtseinsregung.
**Emphase,** Leidenschaftlichkeit im Ausdruck, starke rhetor. Betonung. – **emphatisch,** nachdrückl., leidenschaftl.
**Emphysem,** das Eindringen oder die Bildung von Luft oder anderen Gasen in Geweben, z.B. das *Lungen-E.*
**Empire** [ã'piːr], **1.** der *Klassizismus* unter Napoleon I. bis etwa 1830; spiegelt sich bes. in der Innendekoration u. Möbelkunst sowie im Kunstgewerbe u. in der Mode. – **2.** das Kaiserreich *Napoleons I.* u. *Napoleons III.* – **3.** ['ɛmpaɪə] → Britisches Reich.
**Empire State Building** ['ɛmpaɪə 'steɪt 'bɪldɪŋ], 1931 erbauter Wolkenkratzer in New York, Bürohaus für rd. 25 000 Beschäftigte; 380 m hoch, dazu ein 68 m hoher Fernsehmast.
**Empirie,** Erkenntnis durch *Erfahrung,* durch experimentell ermittelten Wahrnehmungsdaten. **Empirische Wiss.** sind Tatsachen- oder Realwiss., die Erfahrungen gliedern oder zusammenfassen, beschreiben u. auswerten. – **empirisch,** auf Erfahrung beruhend, aus Erfahrung gewonnen.
**Empirismus,** Lehre, daß alle Gegebenheit nur Erfahrungsgegebenheit, vor allem, daß alle Erkenntnis nur empir. *Erfahrung* sei.
**Empore,** Galerie in Kirchen u. Sälen.
**Empyem,** Eiteransammlung in einer Körperhöhle.

## Endmoränen 227

**Ems, 1.** *Bad E.,* Heilbad in Rhld.-Pf., an der unteren Lahn, 10 000 Ew.; pharmazeut., chem. u. Kunststoff-Ind. – **2.** Fluß in NW-Dtld., 371 km, entspringt im östl. Teutoburger Wald u. mündet bei Emden in den Dollart.
**Emscher,** r. Nbfl. des Rhein im nördl. Ruhrgebiet, 98 km; Hauptabwasserkanal des Ruhrgebiets.
**Emsdetten,** Stadt in NRW, an der Ems, 31 000 Ew.; Jute- u. Textil-Ind.
**Emser Depesche,** Telegramm des preuß. Geheimrats *Abeken* aus Bad Ems vom 13.7.1870 an *Bismarck;* Inhalt: Bericht von der Unterredung König *Wilhelms I.* mit dem frz. Botschafter *Benedetti* über das Ansinnen Napoleons III., der König solle dem Verzicht Leopolds von Hohenzollern-Sigmaringen auf die span. Thronkandidatur beitreten, deren Endgültigkeit verbürgen u. sich noch nachträgl. entschuldigen, was Wilhelm abgelehnt hatte. – Diese Depesche wurde von Bismarck so gekürzt veröffentlicht, daß sich eine Verschärfung der Ablehnung des Königs ergab. Dadurch stieg die Erregung der frz. Öffentlichkeit so sehr an, daß Frankr. Preußen den Krieg erklärte.
**Emser Salz,** durch Eindampfen des Emser Thermalwassers gewonnenes oder künstl. hergestelltes Salzgemisch, das gegen Katarrhe der Atemwege eingesetzt wird.
**Emsland,** der Grenzraum Nds. gegen die Niederlande westl. der mittleren Ems; im N das *Bourtanger Moor,* im S das *Bentheimer Revier;* Erdölgebiet; Ldkrs. mit Verw.-Sitz Meppen.
**Emu,** straußenähnl., flugunfähiger Vogel Australiens.

*Emu*

**Emulsion, 1.** feinste Verteilung einer Flüssigkeit in einer anderen, nicht mit ihr mischbaren. – **2.** die aus Gelatine u. lichtempfindl. Silbersalzen bestehende photograph. Schicht.
**Enargit,** ein Mineral.
**en bloc** [ã'blɔk], im ganzen.
**Encke,** Johann Franz, *1791, †1865, dt. Astronom; berechnete die Bahn des nach ihm ben. *E.schen Kometen.*
**Ende, 1.** Edgar, *1901, †1965, dt. Maler des Surrealismus. – **2.** Michael, Sohn von 1), *12.11.1929, dt. Schriftst.; phantasievolle Erzählungen. W »Jim Knopf u. Lukas, der Lokomotivführer«, »Momo«, »Die unendliche Geschichte«.
**Endemie,** *endem. Krankheit,* Infektions- oder sonstige Krankheit, die in einem bestimmten Gebiet ständig herrscht oder immer wieder auftritt.
**Enders** ['ɛndəz], John Franklin, *1897, †1985, US-amerik. Bakteriologe u. Virusforscher; züchtete Kinderlähmungsviren zur Herstellung eines Impfstoffs; Nobelpreis 1954.
**en détail** [ãde'taj], im einzelnen.
**Endivie,** *Korbblütler,* Salatpflanze (Winter-, Sommer-E.).
**Endlagerung,** endgültige Einlagerung der nicht wiederverwertbaren radioaktiven Abfälle, die bei der Erzeugung von Kernenergie entstehen.
**»Endlösung der Judenfrage«,** nat.-soz. Bez. für die geplante phys. Ausrottung des europ. Judentums; → Judenverfolgung.
**Endmoränen,** von Gletschern am Eisrand wallartig abgelagerte Schuttmassen.

**endo...**, Vorsilbe mit der Bed. »in, innerhalb, innen«.

**Endodermis**, die für wasserlösl. Stoffe schwer durchlässige innerste Rindenschicht der Wurzel.

**Endogamie**, *Binnenheirat*, Beschränkung der Heiratsmöglichkeiten auf die Mitgl. einer Gemeinschaft (Stamm, Kaste, Clan).

**endogen**, von innen; durch innere Kräfte bewirkt; Ggs.: *exogen*.

**Endokard**, die Herzinnenhaut.

**endokrine Drüsen**, *Inkretdrüsen,* die Drüsen, die die *innere Sekretion* bewirken.

**Endokrinologie**, Wiss. von der *inneren Sekretion*, d.h. von der Bildung u. den Funktionen der *Hormone*, sowie von deren krankhaften Störungen u. Abweichungen *(klinische E.).*

**Endolymphe**, Flüssigkeit in den Bogengängen des Ohrlabyrinths.

**Endometrium**, Gebärmutterschleimhaut.

**endoplasmatisches Retikulum**, unter dem Elektronenmikroskop entdeckte Struktur des *Zytoplasmas* fast aller Zellen: ein System kanalförmig miteinander verbundener Membranen, die mit Zell- u. Kernmembran verschmelzen können.

**Endorphine**, *endogene Morphine*, im Hirngewebe u. in der Hypophyse vorkommende Peptide mit Opiatwirkung.

**Endoskop**, ärztl. Instrument, das die Beleuchtung u. Besichtigung von Körperhöhlen u. ihrer Zugänge ermöglicht *(Endoskopie).*

**Endosperm**, Nährgewebe im pflanzl. Samen.

**Endothel**, *Epithel* der Innenflächen tier. Organsysteme, z.B. Leibeshöhle u. Gefäße.

**endotherm**, Wärme aufnehmend; **e.e Reaktionen** sind physikal. oder chem. Prozesse, die unter Verbrauch von Wärme verlaufen.

**Endseen**, abflußlose Seen.

**Endspurt**, im Sport letzter Kräfteeinsatz vor Erreichen des Ziels.

**Endymion**, grch. Sagengestalt, ein schöner Hirte oder Jäger; Geliebter der Mondgöttin Selene.

**Energetik**, *Energetismus*, von W. Ostwald eingeführte Bez. für eine monist., den Begriff *Materie* durch den der *Energie* ersetzende, den mechanist. Materialismus bekämpfende naturphil. Weltanschauung.

**Energie**, jede realisierbare Kraft; im allg. Sprachgebrauch: Tatkraft, Nachdruck; in der Physik: Fähigkeit eines Körpers, Arbeit zu leisten. So hat jeder Körper aufgrund seiner Lage u. seiner Bewegung in bezug auf andere Körper eine *mechan. E.*, näml. eine *Lage-E. (potentielle E.)* u. eine *Bewegungs-E. (kinet. E.).* Andere E.formen sind: *Wärme-, elektr., magnet.* u. *Ruh-* oder *Masse-E.* Nach R. *Kirchhoff* ist die Summe aller E. konstant. Alle Prozesse bedeuten daher letztl. nur eine Umwandlung der E. von einer Form in eine andere. M. *Planck* entdeckte, daß ein Atom nicht stetig E. in Form von Lichtstrahlung aufnehmen oder abgeben kann, sondern nur ganz bestimmte (»diskrete«)

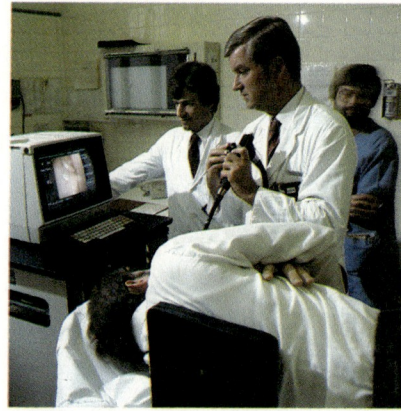

*Endoskop: Über eine miniaturisierte Spezialkamera an der Spitze der eingeführten Sonde wird das Bild aus dem Organ vergrößert auf einen Monitor übertragen und erleichtert so dem Arzt die Diagnose*

Beträge *(E.quanten)*, → Quantentheorie. – Die Maßeinheiten der E. sind: Joule, Kilowattstunde u. Elektronenvolt.

**Energiewirtschaft**, Wirtschaftszweig der Grundstoffind. mit der Aufgabe der Nutzbarmachung der Energiequellen u. -vorräte. Bedeutendste Energiequelle ist heute *Elektrizität*, die aus *Kohle, Rohöl* oder *Wasserkräften* gewonnen wird. Für die Ind. ist *Gas* bed.; es wird aus Kohle u. *Erdgas-Quellen* gewonnen. Die Kernenergie hat einen relativ geringen Anteil an der Energieversorgung. Für die Zukunft wird eine größere Nutzung von *Sonnen-, Wind-, Gezeiten-* u. *geotherm. Energie* angestrebt.

| Umrechnungstabelle für Energie-Einheiten | | | | | | |
|---|---|---|---|---|---|---|
| | J = Nm | kWh | kpm | kcal | eV | erg |
| 1 J = 1 Nm | 1 | $2{,}78 \cdot 10^{-7}$ | 0,102 | $2{,}39 \cdot 10^{-4}$ | $6{,}24 \cdot 10^{18}$ | $10^7$ |
| 1 kWh | $3{,}60 \cdot 10^6$ | 1 | $3{,}67 \cdot 10^5$ | 859,85 | $2{,}25 \cdot 10^{25}$ | $3{,}60 \cdot 10^{13}$ |
| 1 kpm | 9,81 | $2{,}72 \cdot 10^{-6}$ | 1 | $2{,}34 \cdot 10^{-3}$ | $6{,}12 \cdot 10^{19}$ | $9{,}81 \cdot 10^7$ |
| 1 kcal | 4186,8 | $1{,}16 \cdot 10^{-3}$ | 426,94 | 1 | $2{,}61 \cdot 10^{22}$ | $4{,}19 \cdot 10^{10}$ |
| 1 eV | $1{,}60 \cdot 10^{-19}$ | $4{,}45 \cdot 10^{-26}$ | $1{,}63 \cdot 10^{-20}$ | $3{,}83 \cdot 10^{-23}$ | 1 | $1{,}60 \cdot 10^{-12}$ |
| 1 erg | $10^{-7}$ | $2{,}78 \cdot 10^{-14}$ | $1{,}02 \cdot 10^{-8}$ | $2{,}39 \cdot 10^{-11}$ | $6{,}24 \cdot 10^{11}$ | 1 |

**Enescu**, *Enesco,* George, *1881, †1955, rumän. Geiger u. Komponist; Schüler von G. *Fauré* u. J. *Massenet.*

**en face** [ā 'fas], von vorn.

**en famille** [ā fa'mijə], im Familienkreis.

**Enfant terrible** [ā'fāte'ribl, frz. »schreckl. Kind«], Mensch, der durch unerwünschte Offenheit andere in Verlegenheit bringt.

**Enfleurage** [āflœ'ra:ʒə], Gewinnung von Duftstoffen u. Blütenölen aus Pflanzenteilen.

**Engadin**, schweizer. Tallandschaft des oberen Inn (Kt. Graubünden), 90 km lang; klimat. bes. begünstigt; *Ober-E.* vom Malojapaß bis Zernez mit der Seenkette zw. Sils u. St. Moritz; *Unter-E.* von Zernez bis zur östr. Grenze mit steilen Schluchten zw. Zernez u. Scuol; Nationalpark.

**Engagement** [āgaʒə'mā], 1. Anstellung, Verpflichtung (bes. bei Bühnenkünstlern u. Musikern). – **2.** das Sich-Einsetzen für die Belange einer Gruppe oder Richtung.

**Engel**, als Personen gedachte Boten der Gottheit u. himml. Wesen; nach Vorstellung der *Angelologie* (Lehre von den E.) hierarchisch gegliedert: Seraphim, Cherubim, Throne, Mächte, Herrschaften, Gewalten, Fürsten, Erzengel u. E. In der Volksfrömmigkeit sind nur Erzengel (7 oder 4: Michael, Gabriel, Raphael, Uriel) u. E. bekannt, letztere bes. als Schutzengel.

**Engel**, **1.** *Erich,* *1891, †1966, dt. Regisseur; arbeitete mit B. *Brecht* zusammen; inszenierte u.a. »Die Dreigroschenoper«. – **2.** *Ernst,* *1821, †1896, dt. Statistiker; stellte das *E.sche Gesetz* auf, nach dem der prozentuale Anteil der Ausgaben eines Familienhaushalts für Nahrungsmittel an den Gesamtausgaben mit steigendem Einkommen abnimmt.

**Engelberg**, schweizer. Sommer- u. Winterkurort im Kt. Obwalden, an der *E.er Aa*, 3000 Ew.; Benediktinerabtei (gegr. 1120).

**Engelbert**, *um 1185, †1225 (ermordet), Erzbischof von Köln 1216–25; Heiliger (Fest: 7.11.).

**Engelhard**, Hans, *16.9.1934, dt. Politiker (FDP); seit 1982 Bundes-Min. der Justiz.

**Engelke**, Gerrit, *1890, †1918, dt. Schriftst.; expressionist. Lyriker, Arbeiterdichtung.

**Engelmann**, Bernt, *20.1.1921, dt. Schriftst.; zeitkrit. Sachbücher u. Romane.

**Engels**, bis 1932 *Pokrowsk,* Stadt in der RSFSR (Sowj.), am Wolgograder Stausee, 182 000 Ew.; chem. Ind., Fahrzeug-, Masch.-, Holz-Ind.; Erdgas- u. Erdölförderung; 1923–41 Hptst. der (1941 aufgelösten) Wolgadeutschen ASSR.

**Engels**, Friedrich, *1820, †1895, dt. Sozialist; arbeitete eng mit K. *Marx* zusammen. Als Programmschrift für den »Bund der Kommunisten«, dem Marx u. E. 1847 beitraten, verfaßten sie das »Kommunist. Manifest« 1848. Während der Revolution 1848/49 war E. Redakteur der von Marx geleiteten »Neuen Rhein. Zeitung«. Nach Teilnahme an dem gescheiterten pfälz. Aufstand emigrierte er nach England. 1870 wurde er Mitgl. des Generalrats der 1. Internationale. In zahlr. Schriften wirkte er maßgebl. an der Ausbildung der marxist. Theorie mit u. trug zu ihrer Popularisierung bei.

**Engelsburg**, 139 n. Chr. eingeweihter, von Kaiser *Hadrian* errichteter monumentaler Grabbau in Rom, an der Engelsbrücke; ben. nach der dem Erzengel Michael geweihten Kapelle, die Papst *Bonifatius IV.* einbauen ließ; 1277–1870 als Zwingburg u. Zuflucht im Besitz der Päpste; heute Museum.

**Engelsmanplaat**, westfries. Wattinsel zw. Ameland u. Schiermonnikoog; zur ndl. Prov. Friesland.

**Engelsüß**, beliebte Zierpflanze (Tüpfelfarn).

**Engelwurz**, *Brustwurz, Heiliggeistwurz, Zahnwurzel, Angelica,* Gatt. der *Doldengewächse;* hierzu die *Wald-E.* u. die *Echte E.* Die Wurzeln der *Echten E.* werden gerne als Verdauung förderndes Heilmittel verwandt.

**Enescu**

**Engerling**, die (meist in der Erde lebende) Larve von Blatthornkäfern.

**Engführung**, *Stretto,* bei der Durchführung der *Fuge* der Eintritt der das Thema nachahmenden Stimme, bevor das Thema in der 1. Stimme beendet ist.

**Enghaus**, Christine, *1817, †1910, dt. Schauspielerin; seit 1845 mit F. *Hebbel* verheiratet.

**Enghien** [ā'gjɛ̃], Louis Antoine Henri de *Bourbon-Condé,* Herzog von E., *1772, †1804; kämpfte auf Veranlassung Napoleons im Emigrantenkorps gegen die Frz. Revolution.

**Enghien-les-Bains** [āgjɛ̃le'bɛ̃], frz. Kurort nördl. von Paris, 10 000 Ew.; Pferderennbahn.

**Engholm**, Björn, *9.11.1939, dt. Politiker (SPD)

*Energiewirtschaft: Windkraftanlage in Schweden, die 300 Landhäuser mit Strom beliefert*

*Engadin: Sils-Baselgia und Silser See*

*Engelsburg*

1981/82 Bundes-Min. für Bildung u. Wiss.; seit 1988 Min.-Präs. von Schl.-Ho.

**England,** Stammland des Vereinigten Königreichs von Großbrit. u. Nordirland im nichtschott. u. nichtwalis. Südteil der brit. Hauptinsel (ausgenommen Insel Man), umfaßt 130 363 km² mit 47,1 Mio. Ew. – Gesch.: → Großbrit. u. Nordirland.

**Engländer,** Schraubenschlüssel mit verstellbarer Maulbreite.

**Engländer,** germ. Volk, die Bewohner des brit. Mutterlands.

**Engler, 1.** Adolf, *1844, †1930, dt. Botaniker (Systematik u. Pflanzengeographie). – **2.** Carl Oswald Viktor, *1842, †1925, dt. Chemiker; führte die erste Synthese des Indigos aus u. erfand ein Viskosimeter zur Bestimmung der Zähflüssigkeit von Ölen.

**englische Komödianten,** engl. Berufsschauspieler, die seit dem Ende des 16. Jh. Wandergastspielreisen aufs Festland unternahmen u. dadurch zur Bildung des europ. Berufsschauspielerstands, zur Ausformung der neuzeitl. Bühne u. zur Entwicklung des modernen Dramas beitrugen.

**englische Krankheit** → Rachitis; 1650 zuerst von dem engl. Arzt Francis *Glisson* (*1597, †1677) beschrieben.

**englische Kunst.** Nach bed. künstler. Leistungen in vorgesch. Zeit (Cromlech von Stonehenge, um 2000 v. Chr.) u. in der keltischen Periode (Metallkunst, Buchmalerei, Steinkreuze) schloß sich die e. K. seit der normann. Eroberung stilistisch der roman. Kunst der Normandie an. In der A r c h i t e k t u r begonnen sich im 11. Jh. spezifisch engl. Formen auszubilden, die der engl. Kirchenbaukunst über alle Stile u. Jahrhunderte hinweg ihr eigenes Gepräge gaben (ungewöhnl. Längenausdehnung im Grundriß, breite Proportionen des Aufrisses, Vorliebe für die lange, gleichförmige Reihung eines Gliederungsmotivs). Die anglo-normann. Periode (Canterbury, Durham, Rochester, Lincoln, Gloucester, Worcester, Norwich, St. Albans) bildete den für das engl. MA verbindl. Kathedraltyp aus. Mit dem 1175 begonnenen Umbau des Chors der Kathedrale von Canterbury vollzog sich in enger Anlehnung an frz. Vorbilder der Übergang zur Gotik (Kathedralen von Salisbury, Wells u. Beverley).

Im Tudorstil (1500–1600, bes. Schloßbau) vermischten sich Formen der Spätgotik u. der ital. Renaissance, bis Anfang des 17. Jh. im Anschluß an A. *Palladio* eine barock-klassizist. Entwicklung einsetzte, die weitergeführt von W. *Kent* u. Ch. *Wren* (u.a. St. Paul's Cathedral in London), den Klassizismus allg. verbreitete. Das 19. Jh. war zunächst beherrscht von der Tudorgotik (*Barry* u. *Pugin*; Londoner Parlamentsgebäude; *Scott*: zahlreiche neugot. Kirchen. Losgelöst von diesen historisierenden Tendenzen, setzte sich gleichzeitig ein neues Stilgefühl durch; es betraf die einheitl. Ausstattung von Innenräumen u. Ingenieurarchitektur aus Eisen, Eisenbeton u. Glas seit dem Ende des 18. Jh. (»Kristallpalast« der Londoner Weltausstellung 1851 von J. *Paxton*). Die Wende vom 19. zum 20. Jh. brachte bes. im Wohnhausbau mit einer neoklassizist. Haltung den sog. *Modern Style* (Jugendstil).

Ihre erste Blütezeit erlebte die engl. M a l e r e i im 10. u. 11. Jh. (Miniaturmalerei der *Schule von Winchester*). In der Gotik, bei zunehmender Bed. der Glas- u. Wandmalerei, geriet die engl. Malerei unter frz. Einflüsse (*Wilton-Diptychon*, um 1395). Die kontinentalen Strömungen, die nach dem Beginn des 15. Jh. für etwa 300 Jahre die engl. Malerei beherrschten, gingen überwiegend auf die Tätigkeit ausländ. Künstler in England zurück (*Holbein d. J., Rubens, van Dyck*). W. *Hogarth*, der eigtl. Begr. einer nationalengl. Malerei, hielt sich abseits von den Konventionen der Porträtkunst u. entwickelte in zeit- u. gesellschaftskrit. Genrebildern einen kraftvollen Realismus. Einen neuen Höhepunkt erreichte die Bildnismalerei nach der Mitte des 18. Jh. mit der Weiterentwicklung der von van Dyck begr. Porträttradition durch *Reynolds, Gainsborough* u. *Romney*. Anfang des 19. Jh. machten *Bonington* u. *Constable* die Landschaftsmalerei (häufig Aquarelle) zu einem der fruchtbarsten Zweige des engl. Kunstschaffens, mit dem Werk *Turners* als Höhepunkt. Daneben vereinigten die Präraffaeliten *Rossetti, Burne-Jones* u.a. Züge des Quattrocento mit einer im 18. Jh. bei *Blake* u. *Füßli* aufgekommenen mystische Bildphantasie. Internat. Geltung gewannen *Beardsley* als bed. engl. Maler des Jugendstils u. im 20. Jh. bes. *Bacon, Blake, Nicholson, Pasmore* u. *Sutherland*.

**englische Literatur.** Die Anfänge der e. L. liegen in der a n g e l s ä c h s. P e r i o d e, die mit der Eroberung der Brit. Inseln durch Angelsachsen (um 450) begann. Im 8. Jh. entstand das stabreimende Heldenepos *Beowulf*.

Die m i t t e l e n g l. Periode setzte mit der Eroberung der Brit. Inseln durch die Normannen (1066) ein. Sie brachten aus Frankreich neue Stoffe u. Formen (Fabliaux, Ritterromane) u. den Endreim mit. G. *Chaucer* (»Canterbury Tales«) verband das frz. Element mit den heim. Traditionen. Humanismus u. Renaissance brachten neben antiken Einflüssen v.a. die Übersetzung der Bibel (W. *Tyndale*, M. *Coverdale*) u. die Einbürgerung von Sonett u. klass. Versmaßen. Überragender Frühhumanist war T. *More*.

Das E l i s a b e t h a n i s c h e Z e i t a l t e r brachte die erste große Blütezeit der e. L., wobei die Lyrik (P. *Sidney*) u. die Bildung eines Nationalepos (E. *Spenser*) prägend wurden. Eine nie erreichte Blüte erlebte das Drama mit C. *Marlowe* u. B. *Jonson*, v.a. aber mit *Shakespeare*. Zu Beginn des 17. Jh. war zunächst die Lyrik dominierend (J. *Donne*). Mit der Herrschaft der Puritaner entstand eine religiös geprägte Lit. Sie fand ihren Höhepunkt in J. *Miltons* Epos »Verlorenes Paradies«. Mit der Herrschaft Karls II. setzte sich unter frz. Einfluß der Klassizismus durch (J. *Dryden*).

Mit dem 18. Jh. begann die große Zeit des engl. Prosaromans. Der Abenteuerroman wurde von D. *Defoe* in realist. Sinn umgebildet. Als neue Richtung trat der moral.-sentimentale Sittenroman hervor (S. *Richardson*). Der Empfindungsseligkeit traten H. *Fielding* u. T. G. *Smollett* mit iron. Realismus u. Humor entgegen. Kritik an Kirche u. Staat fand ihren Ausdruck im satir. Roman (J. *Swift*). Der schlichte Familienroman (O. *Goldsmith*) u. die Geistigkeit L. *Sternes* weisen schon auf die Geistesströmungen des 19. Jh. hin.

Um die Wende vom 18. zum 19. Jh. (R o m a n t i k) proklamierte eine Gruppe junger Dichter im Anschluß an Rousseau die Rückkehr zur Natur. Als Quelle der Dichtung wurde die dem Verstand unzugängliche Einbildungskraft verkündet (W. *Wordsworth*, S. T. *Coleridge*). Individualismus, Freiheitsdrang u. Weltschmerz kennzeichneten die engl. Hochromantik (S. T. *Coleridge*, Lord *Byron*, P. B. *Shelley* u. J. *Keats*).

Das V i k t o r i a n i s c h e Z e i t a l t e r brachte um die Mitte des 19. Jh. große soziale Umwälzungen. Diese Problematik wurde im realist. Roman gestaltet (W. M. *Thackeray*, C. *Dickens*). In den folgenden Jahrzehnten entstand eine pessimist. Weltsicht, die zu Untergangsstimmung (T. *Hardy*) oder scharfer Gesellschaftskritik führte (S. *Butler*). Die Lyrik schloß sich an die Romantik an (A. *Tennyson*, R. *Browning*). O. *Wilde* vertrat gegen Ende des Jh. einen schrankenlosen Ästhetizismus.

Die engl. Schriftst. des 20. J a h r h u n d e r t s zerbrachen die Maßstäbe des Viktorian. Zeitalters. Grundthema der e. L. wurde, bes. nach dem 1. Weltkrieg, die Auflösung der bürgerl. Gesellschaft. Noch immer behauptete der Roman seine Vormachtstellung. In der Prosadichtung der älteren Generation macht sich eine neuromant. Strömung bemerkbar. Daneben entwickelte sich eine realist. Richtung (J. *Galsworthy*, C. *Morgan*, W. S. *Maugham*). Die humorist. Erzählkunst war der großen Tradition des 18. u. 19. Jh. verpflichtet (J. B. *Priestley*). Abenteuerlichkeit u. ein weltweites Machtbewußtsein vereinigten sich in der Empire-Dichtung (R. *Kipling*). Aus der Kritik an den gegenwärtigen Zuständen entstanden soziale Phantasien u. Utopien (H. G. *Wells*, G. K. *Chesterton*). Mit seinen witzigen gesellschaftskritischen Stücken wirkte G. B. *Shaw* stark auf das engl. Theater. Kulturpessimismus u. Unsicherheit gaben den Anstoß, die übereinkommenen literar. Formen zu verneinen (J. *Conrad*, E. M. *Forster*, J. *Joyce*) u. neue Werte zu setzen, sei es christl. Gläubigkeit (G. *Greene*, E. *Waugh*), sei es Entfaltung der Persönlichkeit durch Erotik (D. H. *Lawrence*). Der ganzen Generation von Romanschriftst. ist das Interesse an psycholog. u. sozialen Fragen gemeinsam. Die Frauenfrage war Thema für V. *Woolf* u. V. *Sackville-West*, die Auseinandersetzung mit dem Totalitarismus für G. *Orwell*. Im Drama der 1950er Jahre dominieren wieder religiöse Elemente (T. S. *Eliot*, C. *Fry*). Danach kam die gesellschaftskrit. Richtung der »zornigen jungen Männer« (J. *Osborne*) zu Wort. Die letzte große lyrische Bewegung ging vom christl.-humanist. Symbolismus T. S. *Eliots* u. W. B. *Yeats*' Symbolismus aus. Daneben läßt sich das Erstarken einer schott. u. walis. Nationalliteratur beobachten.

**englische Musik.** In der Mitte des 10. Jh. entstand das bed. Sammelwerk (*Winchester-Tropar*) der frühen Mehrstimmigkeit. Um die Wende des 15. Jh. war bes. John *Dunstable* für die sich in der Ndl. fortsetzende Polyphonie bedeutsam. Das 16. Jh. brachte eine Hochblüte des Madrigals mit W. *Byrd* u. T. *Morley*. Für die Lautenmusik wirkten J. *Dowland*, auf die Entwicklung der Klaviermusik (Virginal, Cembalo, Orgel) J. *Bull* ein. Eine der ältesten Quellen dieser Kunst ist das »Fitzwilliam-Virginal-Book« (um 1570–1625).

Mit *Purcell* erhielt England einen der bed. Opern-, Kirchen- u. Instrumentalmusik-Komponisten seiner Zeit. Deutsche waren es andererseits, die, in England lebend, auf das engl. Musikleben des 18. Jh. einwirkten, so in erster Linie *Händel*, daneben J. Ch. *Bach* u. *Haydn*.

Während aus der klass. romant. Periode kaum Komponisten zu nennen sind, mit Ausnahme von *Bennett*, zeigte England erst wieder seit Ende des 19. Jh. ein stärkeres Aufleben der Musik auf fast allen Gebieten mit *Sullivan, Mackenzie* (Oper), *Delius, Parry, Scott, Elgar* (Chor- u. Instrumentalmusik), *Holst*. Bei *Walton, Tippett, Vaughan Williams* u. B. *Britten* ist weitgehend ein Festhalten an tradierten Gatt. u. an der Tonalität erkennbar. Vertreter der jüngsten engl. Musik wie *Fricker, Bennett, Goehr, Davies, Birtwistle* zeichnen sich durch eine gewisse stilist. Unbefangenheit aus. – Von großer Bed. ist England durch die Entwicklung der Beat- u. Rockmusik in den 1960er Jahren (*Beatles, Rolling-Stones*).

**englischer Garten,** die der Natur nachgebildete, künstler. gestaltete Park- u. Gartenanlage, die in der Gesch. der Gartenkunst den regelmäßigen (Barock-)Garten ablöste. Erste Anlagen dieser Art entstanden im 18. Jh. in England.

**Englischer Gruß** → Ave Maria.

**englische Sprache.** Westgerm. Sprache; entstanden aus dem *Angelsächsischen (Altenglisch)*, zunächst stark beeinflußt vom Dänischen (bis zum 11. Jh.). In den nächsten Jahrhunderten herrschte das Französische *(Anglonormannische)* am Hof u. in der Verw. vor. Die Zeit der Vermischung u. Auseinandersetzung (unter bestimmender Mittelpunktstellung der Londoner Mundart) bezeichnet man als *Mittelenglisch* (1066–1500), die neueren Formen in den späteren Jahrhunderten als *Neuenglisch*. Die in Nordamerika gesprochene e. S. *(Amerikanisch)* weicht in manchen Einzelheiten vom Inselenglischen ab. – Die e. S. ist heute Muttersprache von rd. 300 Mio. Menschen.

**Englischhorn,** Alt-Oboe, eine Quinte tiefer als die Oboe.

**English-Waltz** [ˈiŋgliʃ ˈwɔːls], ein dem *Boston* ähnl. langsamer Walzer im ³/₄-Takt; seit 1929 Standardtanz.

**Engramm,** nach R. *Semon* die durch Reize bewirkten Veränderungen einer organ. Substanz, die Grundlage des Gedächtnisses sein sollen.

**en gros** [ã'gro:], im großen, in großen Mengen.

**Enharmonik,** Möglichkeit, gleichklingende, doch versch. notierte Töne (z.B. cis – des) u. damit Akkorde miteinander zu vertauschen (»enharmon. Verwechslung«). Hierauf beruhen zahlr. Modulationen.

**Eniwetok,** Atoll im Pazifik, westl. der Marshall-Inseln, 27 km²; seit 1948 Atombombenversuchsgelände der USA (1952 erste Wasserstoffbombe).

**Enjambement** [ãʒãbə'mã], *Zeilensprung, metr. Brechung,* Übergreifen des Satzes über das Vers- oder Strophenende auf die nächste Zeile eines Gedichts.

**Enkaustik,** antikes Malverfahren, bei dem mit Wachs gebundene Farben heiß auf Stein, Holz oder Elfenbein aufgetragen oder (bei kaltem Auftrag) durch einen heißen Spachtel untereinander u. mit dem Malgrund verschmolzen wurden; auch die Imprägnierung von Marmorbildwerken u. Gipsabgüssen mit geschmolzener Stearinsäure oder Paraffin, womit eine elfenbeinartige Tönung erzielt wird.

**Enklave,** vom eigenen Staatsgebiet umschlossenes Territorium eines fremden Staates; Ggs.: *Exklave.*

**Enkomion,** Lobrede, Lobgedicht.

**en masse** [ã'mas], massenhaft, in großer Zahl.

**en miniature** [ã minia'ty:r], in kleinem Format.

**Enna,** bis 1927 *Castrogiovanni,* ital. Stadt auf Sizilien, Hptst. der gleichn. Provinz, 29 000 Ew.; Dom (14. Jh.), Castello di Lombàrdia; Schwefelabbau.

**Ennepe,** l. Nbfl. der Volme in Westfalen, 35 km; im Oberlauf die *E.-Talsperre,* erbaut 1902–10, 12,6 Mio. m³.

**Ennepetal,** Industriestadt in NRW, östl. von Wuppertal, 1949 durch Zusammenschluß von *Milspe* u. *Voerde* gebildet, 34 000 Ew.; Kluterthöhle (Asthma-Naturheilstätte).

**Ennius,** Quintus, *239 v. Chr., † 169 v. Chr., röm. Dichter; führte den Hexameter in die röm. Dichtung ein u. schuf die Gatt. der Satire.

**Enns,** r. Nbfl. der Donau, 254 km; durchbricht die *E.taler Alpen* (*Hochtor* 2372 m) in einer wilden Schluchtstrecke (*Gesäuse*).

**enorm,** sehr groß, erstaunl., wunderbar.

**en passant** [ãpa'sã], im Vorübergehen, beiläufig.

**Enquête** [ã'kε:t], amtl. Untersuchung, Umfrage.

**Ens,** in der Scholastik das Ding, Seiende, Wesen.

**Enschede** [ˈɛnsxədə], niederl. Stadt in der Prov. Overijssel, nahe der dt. Grenze, 144 000 Ew.; Textilzentrum; Masch.-, chem. Ind., Brauereien, Autoreifenfabrik.

**Ensemble** [ã'sãbl], die Gesamtheit, das Ganze; beim Theater die Schauspielertruppe.

**Ensinger von Ensingen,** Ulrich, *um 1359, † 1419, dt. Baumeister; leitete 1392–1417 den Bau des Ulmer Münsters, errichtete 1399 den Nordturm des Straßburger Münsters.

**Ensor,** James, *1860, † 1949, belg. Maler u. Graphiker; Hauptmeister des fläm. Expressionismus.

**en suite** [ã'swit], im folgenden, demzufolge.

**entartete Kunst,** *artfremde Kunst,* Schlagwort der nat.-soz. Kulturpropaganda, u.a. für die Werke von E. *Nolde,* E. *Heckel,* E. L. *Kirchner,* F. *Marc,* M. *Pechstein,* O. *Kokoschka,* O. *Dix,* L. *Hofer,* P. *Klee* u. M. *Beckmann.* Die Reichsregierung erließ am 21.5.1928 ein »Gesetz über Einziehung von Erzeugnissen entarteter Kunst«.

**Entartung, 1.** Degeneration. – **2.** bei einem physikal. System das Auftreten versch. Bewegungszustände gleicher Energie.

**Entbindung** → Geburt.

**Entdeckungsreisen,** aus wirtsch. Interesse oder Abenteuerlust, später auch aus wiss. Gründen unternommene Fahrten zur Erforschung u. Erschließung der Erdoberfläche. Den Griechen war um 500 v. Chr. das Mittelmeergebiet mit seinen Anrainern bis an die Grenze Indiens u. auch bis zum Kasp. Meer bekannt. Zur Zeit des röm. Imperiums erweiterte sich das Erdbild bes. nach West- u. Mitteleuropa. Das MA jedoch hat bis zum Jahre 1000 nur wenige Gebiete neu erschlossen. Im 13. Jh. bereiste Marco Polo Zentral-, Ost- u. Südasien. Von 1450 bis 1650 fanden die großen Entdeckungsreisen statt. Portugiesen u. Spanier leiteten Ende des 15. Jh. das *Zeitalter der Entdeckungen* ein. 1492 entdeckte Kolumbus Westindien, 1498 Südamerika u. 1502 Mittelamerika; 1497/98 betrat Cabot Nordamerika, 1498 Vasco da Gama Vorderindien; 1519–22 umsegelte Magalhães erstmals die Welt. Im 17. u. 18. Jh. übernahmen Holländer u. Engländer die Führung, erreichten Australien, Tasmanien, Neuseeland u. die Südsee. Cook erforschte bes. den Pazif. Ozean u. entdeckte zahlr. Inseln Ozeaniens (1768/80). Im 19. u. 20. Jh. gelangen die nordöstl. Durchfahrt (Nordensköld 1878/79), die Auffindung der Nordwestpassage (Mac Clure 1850, Amundsen 1903/06) u. die Erreichung des Nordpol (Peary 1909) u. Südpol (Amundsen 1911). Die letzten 100 Jahre haben seither noch vorhandene weiße Flecken auf der Erdkarte ausgefüllt. Zur Geschichte der Entdeckungsreisen: → Afrika, Amerika, Asien, Australien.

| Im Zeitraum | waren bekannt: | |
|---|---|---|
| | Erdoberfläche | Landfläche (ohne Meer) |
| 400 v. Chr. | 2,8% | 6,1% |
| 200 v. Chr. | 7,0% | 13,4% |
| um 1000 n. Chr. | 8,1% | 15,2% |
| um 1500 n. Chr. | 22,1% | 25,0% |
| um 1600 n. Chr. | 49,0% | 40,0% |
| um 1800 n. Chr. | 82,6% | 60,0% |
| um 1900 n. Chr. | 95,7% | 90,0% |
| um 1950 n. Chr. | 100,0% | 100,0% |

**Ente,** haltloses Gerücht, Zeitungslüge.

**Entebbe,** Stadt in Uganda (Ostafrika), am Victoriasee, 21 000 Ew.; ältester botan. Garten in Afrika, Binnenhafen, Flughafen.

**Enteignung,** *Expropriation,* Entziehung des Eigentums durch öffentl.-rechtl. Hoheitsakt; nach Art. 14 Abs. 3 GG nur zulässig zum Wohl der Allgemeinheit u. durch Gesetz oder aufgrund eines Gesetzes, das Art u. Ausmaß einer *Entschädigung* regelt.

**Entelechie,** von *Aristoteles* geprägter Begriff: das allem Wirklichen innewohnende Formprinzip. Alle stoffl. Verwirklichung ziele auf Ausprägung dieser seiner »inneren Form«. Die E. des Leibes ist nach Aristoteles die Seele.

**Enten,** Unterfam. der *Gänsevögel;* Schwimmvögel, die sich von Samen, Wasserinsekten, Pflanzen u. Fischlaich ernähren. Die E.arten unterscheidet man am Hochzeitskleid der Männchen (*Erpel*). Die Jungen sind Nestflüchter. Bek. Vertreter: *Glanz-E.* (Moschus-E., Mandarin-E., Braut-E.), *Schwimm-E.* (Stock-E., Pfeif-E., Löffel-E.), *Halbgänse* (Brand-E., Rostgans, Nilgans), *Spiegelgänse* (Dampfschiff-E.), *Tauch-E.* (Tafel-E., Reiher-E.), *Meer-E.* u. *Säger* (Eider-E., Trauer-E., Samt-E., Zwergsäger, Mittelsäger, Gänsesäger). Stammform der Haus-E. ist die Stockente.

**Entenbühl,** höchster Gipfel im Oberpfälzer Wald, nordöstl. von Weiden, 936 m.

**Entenmuscheln,** Gruppe der *Rankenfußkrebse,* mit muschelartig abgeplattetem Körper; 320 Arten in allen Meeren.

**Entente** [ã'tãt], Verständigung, Bündnis. **E. cordiale** [»herzl. Einverständnis«], das 1904 zw. Großbrit. u. Frankreich geschlossene Abkommen über koloniale Fragen, aus dem 1907 durch den Beitritt Rußlands der *Dreiverband (Tripel-E.)* wurde. Im 1. Weltkrieg Ausdruck für die Gegner der Dt. Reichs.

**Enterbung,** Ausschluß eines Erbberechtigten von der gesetzl. Erbfolge durch Verfügung von Todes wegen, ausdrückl. (§ 1938 BGB) oder durch Erbeinsetzung eines Anderen. Der Enterbte kann von den Erben den *Pflichtteil* (die Hälfte des gesetzl. Erbteils) verlangen.

**Enteritis,** Entzündung des Dünndarms. Ist der Dickdarm mitbeteiligt, spricht man von *Enterocolitis,* bei Miterkrankung des Magens von *Gastroenteritis.*

**entern, 1.** in der Takelung eines Schiffs hinauf- oder herabklettern. – **2.** ein feindl. Schiff erstürmen.

**Entertainer** [εntə'teinə], Unterhalter im Showgeschäft.

**Entfernungsmesser,** *Telemeter,* opt. Instrument zur Ermittlung der Entfernung eines Punkts vom eig. Standort, z.B. bei der Landvermessung sowie bei Kameras.

**Entführung,** *Freiheitsberaubung,* rechtswidriges Wegführen einer Frau zur Vornahme außerehel. sexueller Handlungen; strafbar, wenn die E. gegen den Willen der Frau geschieht, oder sie minderjährig (ohne Einwilligung der Eltern) ist. Andere Formen sind: *Geiselnahme, Luftpiraterie, erpresserischer Menschenraub (Kidnapping), Kindesraub, Verschleppung.*

**enthärten,** die in Wasser gelösten Mineralsalze durch Destillation oder chem. Verfahren entfernen.

**Enthusiasmus,** leidenschaftl. Begeisterung.

**Entität,** in der Scholastik das *Dasein,* im Unterschied zum *Wesen (Sosein).*

**Entkolonialisierung,** *Entkolonisierung, Dekolonisierung,* die Befreiung von Ländern u. Völkern aus der Abhängigkeit von Kolonialmächten, die Auflösung des Kolonialsystems.

**Entmannung** → Kastration.

**Entmilitarisierung,** die vertragl. begründete, vollständige *(totale)* oder teilw. *(partielle) Abrüstung* eines Staates; i.e.S. die dauernde Entfernung aller Streitkräfte u. militär. Anlagen aus bestimmten Gebieten, → Abrüstung.

**Entmündigung,** amtsgerichtl. Aufhebung oder Beschränkung der *Geschäftsfähigkeit* einer Person, die infolge von Geisteskrankheit oder -schwäche, Verschwendung oder Trunksucht ihre Angelegenheiten nicht besorgen kann oder sich oder ihre Familie der Gefahr eines Notstands aussetzt oder (nur bei Trunksucht) die Sicherheit anderer gefährdet.

**Entmythologisierung,** die rationale Auflösung u. Deutung von *Mythen;* insbes. eine von R. *Bultmann* geforderte Auslegung des NT, durch die zeitgeschichtl. bedingte mytholog. Elemente in den Textaussagen im Sinn des modernen, von der Naturwiss. u. der histor.-krit. Geschichtsforschung bestimmten Denkens gedeutet werden u. die solcherart von den Mythen befreite Botschaft des NT auf die Existenz des Menschen bezogen wird.

**Entnazifizierung,** *Denazifizierung,* nach dem 2. Weltkrieg in Dtld. von den alliierten Besatzungsmächten auf der Grundlage des Potsdamer Abkommens angeordnete Entfernung ehem. Nationalsozialisten aus einflußreichen Stellungen u. ihre Bestrafung. Zuständig für die Durchführung der E. waren *Spruchkammern* (mit polit. Gegnern des Nat.-Soz. besetzte, gerichtsförmig verhandelnde Sonderbehörden). Die E., deren Durchführung den dt. Ländern übertragen war, wurde zw. 1949 u. 1952 im allg. abgeschlossen.

**Entoderm,** das innere Keimblatt des sich entwickelnden Embryos.

**Entomologie,** Insektenkunde.

**Entpflichtung** → Emeritierung.

**Entrada,** Einleitung, Vorspiel; → Intrada.

**Entreakt** [ãtrə'akt], Zwischenspiel.

**Entrecote** [ãtrə'ko:t], gebratenes Mittelrippenstück vom Rind.

**Entrée** [ã'tre:], **1.** Eintritt, Einlaß, Einlaßgebühr; Vorraum. – **2.** kalte oder warme Vorspeise in der Menüfolge. – **3.** im frz. Ballett des 16.–18. Jh. eine in sich geschlossene Szene; auch Bez. für die Musik dieser Szene, z.B. Einzugsszene.

**Entremes,** kom. Einakter des span. Theaters, als *Zwischenspiel* in mehraktigen Dramen.

**entre nous** [ãtrə 'nu:], im Vertrauen.

**Entre Ríos,** Prov. in → Argentinien.

**Entropie,** in der Wärmelehre der thermodynamisch ausgeglichene Zustand eines Systems (Gas oder Flüssigkeit). Nach dem 2. Hauptsatz der Wärmelehre kann die E. bei Zustandsänderungen des Systems nicht abnehmen *(E.-Satz).* Sind z.B. alle Luftmoleküle zu Anfang in einer Ecke eines Zimmers, so verteilen sie sich gleichmäßig in diesem Zimmer: Die E. nimmt zu. Es ist jedoch prakt. ausgeschlossen, daß umgekehrt die gleichmäßig verteilten Moleküle sich einmal (ohne äußere Energiezufuhr) alle in einer Zimmerecke ansammeln.

**Entschädigung,** Ausgleich für erlittene Nachteile. insbes. für Eingriffe der öffentl. Hand in private Rechte u. für unschuldig erlittene Strafverfolgungsmaßnahmen.

**Entseuchung** → Desinfektion.

**Entsorgung,** Bez. für die Aufbereitung, Behandlung u. Beseitigung von Abfällen, insbes. von *Atommüll:* Zwischenlagerung, Wiederaufarbeitung, Endlagerung; Brennelemente aus dt. Kernkraftwerken werden vorw. im Ausland entsorgt.

**Entspannungspolitik,** Politik, die, ungeachtet unterschiedl. polit. Auffassungen u. Systeme, zur Sicherung des Friedens ein Nebeneinanderleben *(Koexistenz)* von Staaten u. Staatengruppen in Sicherheit durch Verträge ermöglichen soll.

**Entwässerung** → Dränage.

**Entwickler,** organ.-chem. Verbindungen wie Metol, Hydrochinon u. Amidol in Verbindung mit alkal. Substanzen (Kaliumcarbonat, Natriumhydroxid) u. Schwefelsalzen, die eine Verbindung mit den belichteten Silberhalogenidteilchen der photograph. Schicht eingehen (Reduktion). Dabei entsteht metall. schwarzes Silber. Die nicht belichteten Silberhalogenidkörner bleiben unverändert u. werden beim anschließenden *Fixieren* aus der Schicht gelöst.

**Entwicklung,** Fortschreiten von einem Zustand zum anderen, wobei der frühere Zustand als Vorstufe der nächsten aufgefaßt wird. In der Biol. unterscheidet man zw. stammesgeschichtl. E. *(Phylogenese, Evolution)* u. E. des einzelnen Organismus *(Ontogenese)*. Als E. eines Organismus wird der Ablauf derjenigen Formveränderungen verstanden, die die Herausbildung eines Organismus bis zur Erlangung der *Geschlechtsreife* zur Folge haben; heute meist auch weitergefaßt unter Einbeziehung aller Veränderungen bis zum Tod des Organismus. Phasen der E.: 1. Embryonalentwicklung; 2. Jugendentwicklung (Wachstumsphase); 3. Geschlechtsreife (erwachsenes Tier; Phase der Fortpflanzung); 4. Altersperiode (Seneszenz).

**Entwicklungshelfer,** Freiwillige aus Industrieländern, die für eine begrenzte Zeit in *Entwicklungsländern* arbeiten.

**Entwicklungshilfe,** Hilfeleistungen seitens der Industriestaaten u. internat. Wirtschaftsorganisationen an die *Entwicklungsländer* mit dem Ziel, deren wirtsch. Entwicklung zu ermöglichen oder zu beschleunigen; durch Kapitalhingabe (Kapitalexport) an das betr. Land und wirkungsvoller direkt durch Hebung des Bildungsniveaus (Errichtung von Schulen, Ausbildung von Lehr- u. Fachkräften u.ä.), den Bau von Verkehrswegen u. Ausbau der Energie- u. Wasserversorgung.

**Entwicklungsjahre** → Pubertät.

**Entwicklungsländer,** *unterentwickelte Länder, Dritte Welt,* Länder, deren wirtsch. Entwicklung im Vergleich zu den *Industriestaaten* weit hinter den durch die vorhandenen Arbeitskräfte u. Bodenschätze gebotenen Möglichkeiten zurückgeblieben ist u. die durch absolute Armut eines im internat. Vergleich überdurchschnittl. hohen Bevölkerungsanteils u. durch rel. Armut des Bevölkerungsdurchschnitts gekennzeichnet sind. Merkmale zur Beurteilung sind: Wirtschaftsstruktur, Analphabetenquote, Lebensmittelverbrauch pro Ew. u.a.; häufig im Bruttosozialprodukt pro Kopf. Die niedrigst entwickelten Länder der Dritten Welt werden auch als Vierte Welt bezeichnet.

**Entwicklungspsychologie,** Teilgebiet der Psychologie, das die Entwicklung des Seelischen zum Gegenstand hat, sowohl bei Individuen wie bei Völkern (Bevölkerungsgruppen) u. bei Tieren. – Die E. des Menschen bezieht sich vorw. auf die Zeit bis zur Reifung (→ Pubertät).

**Entwicklungsroman,** *Bildungs-, Erziehungsroman,* Roman, der das seel. Reifen eines jungen Menschen darstellt; Beispiele: *Wolfram von Eschenbach, Goethes* »Wilhelm Meister«, G. *Kellers* »Grüner Heinrich«.

**entzerren,** die bei photograph. Aufnahmen mit gekippter Kamera entstandenen »stürzenden Linien« nachträgl. bei der Vergrößerung wieder gleichlaufend ausrichten.

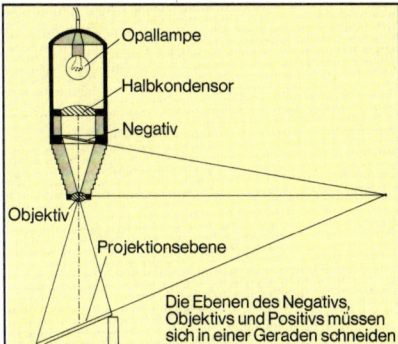

*entzerren: Entzerrungsgerät*

**Entziehungskur,** ärztl. Maßnahme zur Befreiung eines Menschen von der Sucht nach bestimmten Rausch- u. Genußmitteln.

**Entzündung, 1.** das Einsetzen der *Verbrennung.* – **2.** vom Körper zur Abwehr bakterieller, physikal., chem. oder mechan. Schädigungen ausgelöste Vorgänge in den Körpersäften u. -geweben.

**Enugu,** Hptst. des Bundesstaates Anambra in Nigeria 234 000 Ew.; Zentrum des nigerian. Steinkohlenbergbaus; Farben-, Zementherstellung; Flugplatz; 1967–69 Hptst. von *Biafra*.

**Enver Pascha,** *1881, †1922, türk. General u. Politiker; führend in der Revolution der *Jungtürken* 1908; 1914 Kriegs-Min.; verließ nach dem Waffenstillstand 1918 das Land.

**Environment** [in'vairǝnmǝnt], ital. *ambiente,* dem *Happening* verwandte Kunstrichtung, bei der der Versuch gemacht wird, die Abgrenzung des Kunstwerks zum Betrachter hin aufzuheben (Kunst als »Umgebung«) u. ihn aktiv oder passiv einzubeziehen.

**Enz,** l. Nbfl. des Neckar, 112 km.

**Enzensberger,** Hans Magnus, *11.11.1929, dt. Schriftst.; zeitkrit. Essayist; 1965–75 Hrsg. der Ztschr. »Kursbuch«, 1980–82 Mit-Hrsg. der Ztschr. »Transatlantik«.

**Enzephalitis,** Gehirnentzündung.

**Enzian,** *Gentiana,* Gatt. der *E.gewächse,* meist blau oder violett, aber auch purpurrot, gelb u. weiß blühende Gebirgspflanzen; in Dtld.: *Gewöhnl. E., Breitblättriger E., Frühling-E., Schnee-E., Gletscher-E.;* dient in Form von Extrakten, Tinkturen u. Pulvern als magenstärkendes Mittel u. zur Herstellung des *E.-Branntweins*.

**Enziangewächse** → Pflanzen.

**Enzio,** *um 1215, †1272, König von Sardinien seit 1238; natürl. Sohn Kaiser *Friedrichs II.;* in Gefangenschaft der Bolognesen.

**Enzyklika,** Rundschreiben des Papstes an die Bischöfe oder an alle Gläubigen, meist in lat. Sprache; nach den Anfangsworten zitiert; gilt im allg. nicht als eine unfehlbare Lehrentscheidung.

**Enzyklopädie,** umfassendes Nachschlagewerk, das den Gesamtbestand des Wissens seiner Zeit in sachl. oder alphabet. Anordnung darstellt. – In der Aufklärungszeit entstanden die frz. »Encyclopédie« (1751–72) von D. *Diderot* u. J. d'*Alembert* u. die engl. *Encyclopaedia Britannica* (von William *Smellie* 1768–71 bearbeitet). Ihnen zur Seite stehen in Dtld. das *Zedlersche Lexikon* (1732–54) u. das unvollendete Werk von J. S. *Ersch* u. J. G. *Gruber:* »Allg. E. der Wiss. u. Künste«, von dem 1818–89 167 Bände erschienen. Das moderne *Konversationslexikon* gewann durch F. A. *Brockhaus* seine klass. Form (seit 1808), die durch Neuauflagen, wie durch das Bemühen anderer, jüngerer Werke *(Meyer* seit 1840, *Herder* seit 1854, *Bertelsmann* seit 1953) ständig verbessert u. zeitnah erhalten wurde.

**Enzyklopädisten,** Mitarbeiter an der von D. *Diderot* angeregten, von ihm u. *Alembert* herausgegebenen »Encyclopédie«, u.a. *Rousseau, Voltaire, Holbach, Montesquieu,* E. B. *de Condillac.*

**Enzyme,** *Fermente, Biokatalysatoren,* Protein-Katalysatoren, durch deren Wirkung die gesamten chem. Umwandlungen im Organismus ermöglicht werden (→ Stoffwechsel). Fast für jede Reaktion haben die Zellen eines Organismus ein bes. Enzym.

**eo ipso,** von selbst, selbstverständlich.

**Eolithen,** aus voreiszeitl. Schichten stammende Steine, von manchen Forschern als die frühesten menschl. Werkzeuge angesehen.

**Eos,** lat. *Aurora,* grch. Göttin der Morgenröte, Tochter Hyperions u. der Theia.

**Eosander,** Johann Friedrich von, gen. *E. von Göthe,* *1669, †1728, dt. Architekt; 1692–1713 Hofbaumeister in Berlin, danach für *Karl XII.* in Stockholm, seit 1723 am Dresdner Hof tätig.

**Eosin,** leuchtendroter Farbstoff, kaum lichtecht; einer der ersten photograph. Sensibilisatoren; auch zur Herstellung von roter Tinte.

**Eozän,** Erdzeitalter; untere Abteilung des Tertiärs.

**Eozoikum** → Proterozoikum.

**Epakte,** *Mondzeiger,* Tafel, die für den 22. März jeden Jahres im Julian. Kalender bzw. für den 1. Januar im Gregorian. Kalender angibt, wieviel Tage seit dem letzten Neumond vergangen sind; fr. zur Berechnung des Osterdatums benutzt.

**Epaminondas,** *Epameinondas* *um 420 v. Chr., †362 v. Chr., theban. Feldherr; siegte durch die von

*Enver Pascha (links) mit Generalfeldmarschall August von Mackensen an der Balkanfront, 1916*

ihm entwickelte schiefe Schlachtordnung über die Spartaner 371 v. Chr. in der Schlacht bei Leuktra.

**Eparch,** Provinzstatthalter im Röm. u. Byzantin. Reich. – **Eparchie,** kommunalpolit. u. kirchl. Verwaltungseinheit im modernen Griechenland.

**Epaulette** [epo-], Schulterstück für Offiziere, von Mannschaften nur bei den Ulanen u. schweren Reitern (Kürassieren).

**Épernay** [eper'nɛ], NO-frz. Krst. im Dép. Marne, im Mittelpunkt des reichsten Weinbaugebiets der Champagne, 28 000 Ew.; Champagner-, Wein- u. Sektkellereien; Verpackungs- u. Metall-Ind.; Eisenbahnwerkstätten.

**Ephebe,** im antiken Griechenland allg. der Knabe, der die Pubertät erreicht hatte; in Athen: Jüngling ab 18 Jahren.

**Ephedra,** *Meerträubchen,* selbst. Gatt. der Kl. *Gnetopsida* der Gymnospermen; Rutensträucher des Mittelmeergebiets sowie der asiat. u. amerik. Trockengebiete.

**Ephedrin,** Alkaloid aus versch. Ephedra-Arten; Anwendung gegen Asthma u. Schnupfen u. zur Kreislaufstützung.

**ephemer,** eintägig, vergängl., vorübergehend.

**Ephemeriden,** Tabellen, in denen die Stellung eines Gestirns am Himmel oder sein Ort innerhalb seiner Bahn um einen Zentralkörper für eine regelmäßige Folge von Zeitpunkten angegeben ist. – **E.zeit,** gleichförmiges Zeitmaß; ab 1960 allg. eingeführt, da der mittlere Sonnentag u. Sterntag infolge der ungleichförmigen Erdrotation ungleich lang sind.

**Epheserbrief,** Brief des NT, der sich selbst als paulinisch einführt; zählt zu den *Gefangenschaftsbriefen.*

**Ephesos,** *Ephesus,* altgrch. Stadt an der Westküste Kleinasiens, nahe dem heutigen Ort *Selçuk.* Der im 6. Jh. v. Chr. errichtete Tempel der Artemis wurde 356 v. Chr. von *Herostratos* in Brand gesteckt u. (als eines der 7 Weltwunder) prächtiger wiedererrichtet. E. war in röm. Zeit Hptst. u. eine der größten Städte Kleinasiens; Tagungsort des 3. Ökumen. Konzils 431 n. Chr.

**Ephoren,** wichtigste staatl. Behörde in dor. Stadtstaaten, vor allem in Sparta; fünf von der Volksversammlung jährl. gewählte Vertreter.

**Ephraim, 1.** im AT zweiter Sohn *Josephs.* – **2.** einer der 12 Stämme Israels; seit *Jerobeam I.* (927 v. Chr.-907 v. Chr.) der führende Stamm des Nordreichs Israel.

*Entsorgung: Zementierung mittelradioaktiver flüssiger Abfallkonzentrate*

**epi...,** Vorsilbe mit der Bedeutung »darauf, daneben, bei, darüber«; wird zu *ep...* vor Selbstlaut u. h (ph wird dann wie f gesprochen).

**Epidauros,** *Epidaurus,* altgrch. Stadt am Saronischen Golf, in der Antike berühmt durch das rd. 10 km von der Stadt entfernte Asklepios-Heiligtum (z.T. ausgegraben).

**Epidemie,** Auftreten massenhafter Infektionsfälle in einem begrenzten Bezirk gleichzeitig oder in laufender Folge; → Seuche.

**Epidermis,** oberste Hautschicht, Oberhaut.

**Epidermophytie,** Hautpilzerkrankungen der Oberhaut.

**Epidiaskop,** als *Episkop* u. *Diaskop* verwendbarer Bildwerfer.

**Epigonen,** »Nachgeborene«, in der grch. Sage die Söhne der 7 Helden (Sieben gegen Theben), die 10 Jahre nach deren Untergang den Kampf gegen Theben wiederaufnahmen; allg. die Nachkommen einer Epoche ohne eigenschöpfer. Leistungen.

**Epigramm,** urspr. »Aufschrift« auf Weihgeschenken, Denkmälern u. Gebäuden; seit dem 6. Jh. v.Chr. lit. Kurzform (meist in Distichen), das *Sinngedicht*.

**Epigraphik** → Inschriftenkunde.

**Epik,** Sammelbez. für die erzählende Dichtung (in Versen oder Prosa): Epos, Saga, Roman, Erzählung, Novelle, Kurzgeschichte, Skizze, Anekdote, Märchen, Sage, Legende; ferner Ballade, Romanze, Idylle (als lyrisch-epische Mischformen); → episch.

**Epiktet,** *um 50 n.Chr., †138, grch. Philosoph; betonte, wie die ganze spätere *Stoa,* eine vom Vertrauen in die göttl. Führung getragene Ethik der Menschenliebe. W »Enchiridion« (Handbüchlein der Moral).

**Epikur** von Samos, *341 v.Chr., †270 v.Chr., grch. Philosoph; gründete 306 v.Chr. in Athen eine Schule; lehrte ein Leben des klugen, zurückgezogenen Lebensgenusses; die **Epikureer** vergrößerten seine Lehre u. galten als Genußmenschen.

**Epilepsie,** »Fallsucht«, die durch Anfälle von Bewußtlosigkeit u. Krämpfen gekennzeichnete Krankheit. Mit Fortschreiten der Krankheit häufen sich die Anfälle u. können zur Schwächung des Geistes führen. Neben der erbl. E. kann es aufgrund von Verletzungen der Hirnrinde zu epilept. Anfällen kommen.

**Epilog,** Schlußansprache eines Bühnenwerks, einer Erzählung oder eines Vortrags.

**Epimetheus,** in der grch. Sage Bruder des *Prometheus,* Gatte der *Pandora.*

**Épinal,** frz. Stadt in Lothringen, an der oberen Mosel, 38 000 Ew.; Textil-, Lederwaren-, Metall- u. feinmechan. Ind., graph. Gewerbe.

**Épinglé** [epɛ̃'gle:], Woll- oder Chemiefasergewebe mit wechselnd erhabenen u. flachen Querrippen.

**Epiphanias,** *Epiphanie,* in den christl. Kirchen das Fest der »Erscheinung des Herrn«; urspr. als Geburtsfest Christi begangen, dann Fest der Hl. Drei Könige (6.1.).

**Epiphyse,** 1. Endstücke der großen Röhrenknochen der Wirbeltiere. – 2. → Zirbeldrüse.

**Epiphyten,** *Auf-, Überpflanzen,* Pflanzen, die nicht im Boden wurzeln, sondern auf anderen Pflanzen, meist Bäumen, oft mit Hilfe bes. Haftwurzeln.

**Epirogenese,** über lange Zeiträume andauernde Hebungen u. Senkungen größerer Erdkrustenteile ohne Veränderung der Struktur.

**Epirus,** *Epeiros,* gebirgige Ldsch. u. grch. Region, an der grch.-alban. Grenze, Hauptort *Ioannina;* Bewohner: Albaner, Griechen u. Walachen.

**episch,** Stilbegriff: Bez. für eine lit. Darstellungsweise, die gekennzeichnet ist durch weit ausholende Schilderung u. Freude an der bunten Fülle der Wirklichkeit.

**episches Theater,** besser: *dialekt. Theater,* das von B. *Brecht* geprägte Theater des »wiss. Zeitalters«: Der Zuschauer wird durch illusionsstörende Mittel *(Verfremdungseffekt)* zum krit. Mitdenken statt zum »Einfühlen« gezwungen.

**Episkop,** *Projektor, Bildwerfer,* opt. Gerät, mit dem undurchsichtige Bilder über einen Spiegel durch ein lichtstarkes Projektionsobjektiv vergrößert an die Wand gestrahlt werden.

**Episkopalsystem, 1.** kath. Kirchenverfassungsprogramm, wonach dem Papst nur ein Ehrenprimat zukommt, die oberste Jurisdiktion aber bei der im allg. Konzil versammelten Gesamtheit der Bischöfe liegt. Seit dem Dogma vom päpstl. Primat (1870, 1. Vatikan. Konzil) gilt in der kath. Kirche das entgegengesetzte *Papalsystem.* – **2.** ev. Kirchenverfassungstheorie insbes. des 17. Jh.; erklärte die rechtl. Stellung des ev. Landesherrn aus der treuhänder. Übernahme der 1555 suspendierten Jurisdiktionsgewalt der kath. Bischöfe.

**Episkopat,** Amt eines Bischofs; auch die Gesamtheit der Bischöfe.

**Episode,** urspr. die zw. den Chorliedern liegende Handlung des grch. Bühnenspiels; Nebenhandlung, kurzes, belangloses, meist zufälliges Geschehen.

**Epistel, 1.** Brief, insbes. apostol. Sendschreiben. – **2.** *Lesung* (vor dem Evangelium) aus dem NT (oft aus dessen Briefteil).

**Epitaph,** Denkmal oder Schrifttafel zum Gedächtnis an einen Toten; nicht identisch mit dem *Grabstein,* sondern an anderem Ort aufgestellt.

**Epithel,** tier. Gewebe: einschichtige oder (bei Wirbeltieren) mehrschichtige Zellagen, die äußere Oberflächen u. innere Hohlräume begrenzen. – **E.körperchen** → Nebenschilddrüsen.

**Epitheton,** kennzeichnendes Beiwort, oft formelhaft-typisierend mit dem Hauptwort verbunden; **E. ornans,** schmückendes Beiwort.

**Epitome,** Auszug aus einem größeren literar. oder wiss. Werk.

**Epizentrum,** der Ort an der Erdoberfläche senkrecht über dem Erdbebenherd; → Erdbeben.

**Epizoen,** Tiere, die auf anderen Tieren oder Pflanzen siedeln, ohne an ihnen zu schmarotzen.

**Epizykel,** Kurve, die ein Punkt eines sich gleichförmig drehenden Kreises beschreibt, wenn der Mittelpunkt dieses Kreises auf dem Umfang eines anderen Kreises liegt, der sich ebenfalls gleichförmig dreht. – **E.-Theorie,** Theorie der Planetenbewegung im Altertum, durch *Hipparch* begründet, später von *Ptolemäus* vervollkommnet.

**Epoche,** Zeitabschnitt, Periode; durch ein herausragendes Ereignis oder eine Person gekennzeichneter geschichtl. Zeitraum.

**Epode, 1.** *Epodos,* antikes Gedicht, in dem längere u. kürzere Verszeilen regelmäßig wechseln. – **2.** in der altgrch. Chorlyrik der auf Strophe u. Antistrophe folgende, metrisch versch. *Abgesang.*

**Epos,** Großform der *Epik:* Versgerzählung, meist mit einem oder mehreren Helden oder Göttern vor histor. oder myth. Hintergrund; die reinste Ausprägung des ep. Stils (→ episch). – Meister des europ. E.: *Homer, Vergil,* der Nibelungendichter *Wolfram von Eschenbach, Dante Alighieri,* T. *Tasso,* L. *Ariosto,* J. *Milton,* F. G. *Klopstock* (»Messias«), *Goethe* (»Hermann u. Dorothea«).

**Epoxidharze,** *Ethoxylinharze,* durch Kondensation von Epichlorhydrin mit Diphenylolpropan u. anschließende Vernetzung mit Härtern hergestellte Kunststoffe; *Gießharze,* die beim Erstarren ihre Form behalten u. nicht schrumpfen.

**Eppan,** ital. *Appiano,* ital. Ort sw. von Bozen, 10 000 Ew.; Weinbau, Sommerfrische; Burgruine *Hoch-E.*

**Eppelmann,** Rainer, *12.2.1943, dt. Politiker (DA, CDU); als Regimekritiker in der DDR verfolgt; 1989 Mitgr., 1990 Vors. der Partei DA; Febr.-April 1990 Min. ohne Geschäftsbereich im Kabinett Modrow, dann Min. für Abrüstung u. Verteidigung der DDR (Kabinett de Maizière).

**Eppelsheimer,** Hanns Wilhelm, *1890, †1972, dt. Bibliothekar; gründete 1946 die *Dt. Bibliothek;* schrieb mehrere bibliograph. Standardwerke.

**Eppingen,** Stadt in Bad.-Wü., im *Kraichgau,* 16 000 Ew.; histor. Bauten, alte Univ. (15. Jh.); Masch.-, Elektro-, Textil-Ind.

**Eppler,** Erhard, *9.12.1926, dt. Politiker (SPD); 1968–74 Bundes-Min. für wirtsch. Zusammenarbeit, seit 1970 Mitgl. des Parteivorstands, 1973–82 u. 1984–89 Mitgl. des Parteipräsidiums der SPD, 1973–81 Landes-Vors. der SPD in Ba.-Wü.; einer der Wortführer des linken Parteiflügels.

**Epsom and Ewell** [ˈepsəm ənd ˈjuːil], engl. Stadt südl. von London, 69 000 Ew.; seit 1779 Pferderennen *(Derby)* in Epsom.

**Epstein,** Sir Jacob, *1880, †1959, brit. Bildhauer poln. Herkunft; durch krassen, meist expressiv gesteigerten Realismus gekennzeichnet.

**Epsteinapparat** [nach dem Erfinder, dem Physiker P.S. *Epstein,* *1883, †1966], Prüfgerät zur Ermittlung von elektr. Verlusten bei der Verwendung metallischer Werkstoffe (Dynamobleche).

**Epstein-Barr-Virus,** Abk. *EBV* (nach den engl. Medizinern M. A. Epstein u. Y. M. Barr), ein erst-

*Erasmus von Rotterdam; Gemälde von Hans Holbein, um 1523. Paris, Louvre*

mals 1964 isoliertes Virus, das heute als Drüsenfiebererreger gilt.

**Equalizer** [ˈiːkwəlaizə], mehrstufiger Entzerrer in HiFi-Anlagen; soll eine bestmögl. Anpassung an die Raumakustik erreichen.

**Equipage** [ekiˈpaːʒə], luxuriöse, herrschaftl. Kutsche.

**Équipe** [eˈkip], (Reiter-)Mannschaft.

**Er,** chem. Zeichen für *Erbium.*

**Erasmus von Rotterdam,** latein. *Desiderius,* *1466 oder 1469, †1536, ndl. Humanist; Zentrum u. Maßstab der klass. Gelehrsamkeit; auf ihn geht die noch heute gebräuchl. Aussprache des Altgriechischen zurück; auf seiner griech. Erstausgabe des NT fußte M. *Luthers* Übersetzung; suchte nach einer toleranten »philosophia Christi« u. stand zw. den streitenden Lagern der Glaubenskämpfe.

**Erato,** grch. *Muse* der Liebesdichtung.

**Eratosthenes,** *um 275 v.Chr., †um 195 v.Chr., grch. Gelehrter, Dichter u. Philologe; Leiter der Bibliothek von Alexandria; berechnete annähernd richtig den Umfang der Erdkugel u. entwarf eine Erdkarte.

**Erbach,** Krst. in Hessen, im östl. Odenwald, 11 000 Ew.; Luftkurort; Schloß; Dt. Elfenbeinmuseum; versch. Ind.

**Erbanlage,** *Erbfaktor, Anlage* → Gen.

**Erbbaurecht,** das veräußerl. u. vererbl. dingl. Recht der *Erbbauberechtigten,* auf oder unter der Oberfläche des mit dem E. belasteten Grundstücks ein Bauwerk zu errichten u. zu besitzen.

**Erbe,** der durch *Erbfolge* als Inhaber eines *Erbrechts* Berufene. Die Erbschaft *(Nachlaß)* geht mit dem Erbfall sofort u. als Ganzes *(Universalsukzession)* auf den E. über, an den sich die durch *Auflage, Vermächtnis* oder *Pflichtteil* Berechtigten dann erst halten können. Der E. ist *Allein-E.* oder *Mit-E.* in einer *Erbengemeinschaft.* Von dem urspr. u. endgültig erbenden E. sind zu unterscheiden der *Vor-E.,* der *Nach-E.* u. der *Ersatz-E.*

**Erbeskopf,** höchster Berg des *Hunsrück* (Rhein. Schiefergebirge), im *Hochwald,* 816 m.

**Erbfaktoren** → Gen.

**Erbfolgekrieg,** *Sukzessionskrieg,* um das Erbe u. die Erbfolge eines Herrscherhauses oder einer Herrschers oder einer Linie geführter Krieg: Span. E. 1701–14, Poln. E. 1733–38, Östr. E. 1740–48, Bay. E. 1778/79.

**Erbkrankheit,** *Erbleiden,* Krankheit (oder die *Disposition* dazu), die auf erbl. Faktoren beruht.

**Erblande,** im Röm.-Dt. Reich die Länder, die die ererbte Machtgrundlage einer Dynastie bildeten; in Östr. die *Habsburg. E.:* die bis 1918 westl. der Leitha gelegenen Gebiete.

**Erbpacht,** vererbl. u. veräußerl. dingl. Nutzungs-(nicht Eigentums-)Recht an einem (bes.

landw.) Grundstück gegen Zahlung von Pachtzinsen (E.zins); ähnl. dem Erbzins.

**Erbrechen,** *Vomitus, Emesis,* durch rückläufige Peristaltik der Magenmuskulatur u. der Speiseröhre verursachte Entleerung des Mageninhalts durch den Mund.

**Erbrecht,** Regelung des Übergangs des Vermögens (auch der Schulden) eines *Erblassers* (Erbschaft, Nachlaß) auf den *Erben* u. auf andere durch Verfügung von Todes wegen Begünstigte anläßl. des *Erbfalls* (Tod des Erblassers).

**Erbschaftsteuer,** Steuer, deren Gegenstand der Vermögensübergang kraft Erbfalls ist.

**Erbschein,** nachlaßgerichtl. Zeugnis über ein Erbrecht, bei einem Miterben auch über die Größe des Erbteils.

**Erbse,** *Pisum,* Gatt. der *Schmetterlingsblütler;* hierzu die *Garten-E.* (Saat-, Schoten-, Brech-, Pahl-, Zucker-, Mark- oder Feld-E.) u. die *Akker-E.* (Sand-, Stock-E., Peluschke).

**Erbsünde,** nach christl. Lehre die vom Sündenfall Adams herrührende Verfallenheit aller Menschen, die Leid u. Tod sowie ausnahmslose Erlösungsbedürftigkeit zur Folge hat (Röm. 5,19); unterschieden von der persönl. *Sünde,* die nur Ausdruck dieser Verfallenheit ist.

**erbunwürdig,** rechtl. unfähig, Erbe zu sein; gilt für eine Person, die den Erblasser vorsätzl. u. rechtswidrig getötet oder zu töten versucht oder in einen Zustand versetzt hat, in dem er nicht mehr in der Lage war, eine Verfügung von Todes wegen zu errichten oder aufzuheben.

**Erbvertrag,** vertragl. (im Ggs. zum einseitigen *Testament* unwiderrufl.) Verfügung von Todes wegen, durch die der Erblasser Erbeinsetzungen, Vermächtnisse u. Auflagen zugunsten des Vertragspartners (*Vertragserben*) oder eines Dritten anordnen kann.

**Erciyas Daği** ['ɛrdʒijaʃ da:i], der antike *Argäus,* höchster Berg (ehem. Vulkan) Kleinasiens, südl. von Kayseri, 3916 m.

**Erdalkalimetalle,** *Erdalkalien,* Elemente der II. Gruppe des Periodensystems der Elemente: Beryllium, Magnesium, Calcium, Strontium, Barium, Radium.

**Erdapfel, 1.** → Kartoffel. – **2.** → Topinambur.

**Erdbeben,** natürl. Erschütterungen der Erdoberfläche mit tiefem Ausgangspunkt (*Hypozentrum*); durch Einsturz von Hohlräumen (*Einsturzbeben*), durch Vulkanismus (*Ausbruchsbeben*), vor allem aber tekton. Beben (*Dislokationsbeben*). Ein E.

### Die stärksten Erdbeben (seit 1900)

| Jahr | Ort u. Land | Tote |
|---|---|---|
| 1905 | Kangra (Indien) | 20 000 |
| 1906 | San Francisco | 1 000 |
| 1908 | Messina und Kalabrien | 110 000 |
| 1915 | Avezzano (Mittelitalien) | 30 000 |
| 1920 | Gansu (China) | 180 000 |
| 1923 | Sagamibucht (Japan) | 145 000 |
| 1932 | Gansu (China) | 70 000 |
| 1935 | Quetta (Vorderindien) | 50 000 |
| 1939 | Chillan (Chile) | 30 000 |
| 1939 | Erzincan (Türkei) | 45 000 |
| 1950 | Assam | 25 000 |
| 1960 | Südchile | 5 700 |
| 1960 | China | 10 000 |
| 1960 | Agadir (Marokko) | 12 000 |
| 1962 | Nordwestl. Iran | 10 000 |
| 1963 | Skopje (Jugoslawien) | 1 000 |
| 1966 | Anatolien | 3 000 |
| 1968 | Östl. Iran | 10 500 |
| 1970 | Peru | 70 000 |
| 1972 | Iran | 5 000 |
| 1972 | Managua (Nicaragua) | 11 000 |
| 1975 | Lice (Türkei) | 3 000 |
| 1976 | Guatemala | 22 500 |
| 1976 | Gemona (Italien) | 980 |
| 1976 | Westirian (Indonesien) | 9 000 |
| 1976 | Tangshan (China) | 655 200 |
| 1976 | Mindanao (Philippinen) | 3 000 |
| 1977 | Van (Türkei) | 5 300 |
| 1977 | Rumänien | 1 570 |
| 1978 | Tabas (Iran) | 25 000 |
| 1979 | Montenegro (Jugoslawien) | 200 |
| 1980 | Asnam (Algerien) | 45 000 |
| 1980 | Süditalien | 3 000 |
| 1981 | Provinz Kerman (Iran) | 1 000 |
| 1982 | Nordjemen | 2 000 |
| 1983 | Erzurum (Türkei) | 1 300 |
| 1985 | México | 10 000 |
| 1987 | Ecuador | 2 000 |
| 1988 | Armenien (Sowjetunion) | 24 000 |
| 1989 | Tadschikistan (Sowjetunion) | 300 |
| 1989 | San Francisco | 60 |
| 1990 | Nordwestiran | 50 000 |

wird am stärksten empfunden im *Epizentrum* (senkrecht über dem Hypozentrum). Wirkungen: Spaltenbildung, Gas-, Wasser- u. Schlammausbrüche, Bergstürze u. Flutwellen. Die E.forschung (*Seismologie*) benutzt die automat. Aufzeichnung seism. Wellen. Die E.stärke wird nach der 12gradigen *Mercalli-* (Intensität) oder der *Richter-Skala* beschrieben. Letztere gibt in einem Zahlenwert die freigesetzte Energie an. Gebiete starker E.tätigkeit sind die Ränder des Pazif. Ozeans, die Zone junger Faltengebirge von Indonesien über den Himalaya bis in den Mittelmeerraum u. das System der ozean. Rücken (Riftzonen). Jährl. werden etwa 150 000 E. registriert, davon rd. 20 Großbeben.

**Erdbeerbaum,** S-europ. immergrüner Strauch oder Baum, aus der Fam. der *Heidekrautgewächse,* mit erdbeerartig aussehenden Früchten.

**Erdbeere,** *Fragaria,* Gatt. der *Rosengewächse;* Wildarten: *Wald-E.* (Knickbeere) u. *Hügel-E.* (Knackbeere, Bresling). Im 14. Jh. in Frankr. kultiviert. Die großfrüchtige Garten-E. geht zurück auf die sog. *Ananas-E.,* die erstmals im 18. Jh. in Holland auftauchte.

*Bei dem starken Erdbeben 1988 in Armenien stürzten, wie hier in Spitak, viele Gebäude ein*

**Erdbienen,** *Andrena* → Sandbienen.

**Erde,** Zeichen ♁, von der Sonne aus gesehen der 3., an Umfang der größte der *Inneren Planeten* des Sonnensystems. – Die E. umkreist bei einer mittleren Geschwindigkeit von 29,76 km/s die Sonne in 365 Tagen, 5 h, 48 min u. 46 s. Bei diesem Umlauf

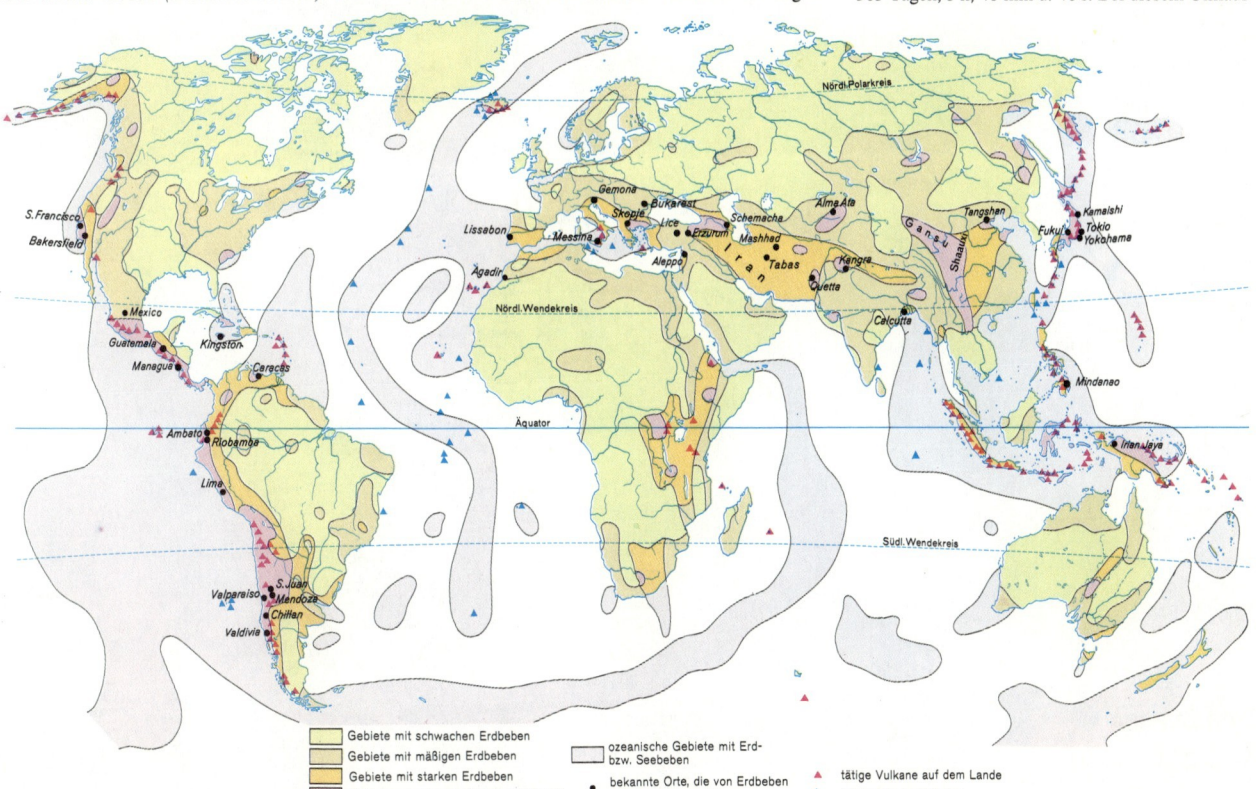

*Verbreitung der Erdbeben und Vulkane*

### Erden

beschreibt sie eine Ellipse, in deren einem Brennpunkt die Sonne steht. Die Ebene ihrer Bahn heißt *Ekliptik*. Geringster Sonnenabstand *(Perihel)* am 2. Jan. (147 Mio. km), größter Abstand *(Aphel)* am 3. Juli (151,9 Mio. km); die Geschwindigkeit im Perihel ist größer, daher gibt es auf der Nordhalbkugel um 8 Tage kürzere Winter u. um 8 Tage längere Sommer. – Außerdem rotiert die E. von W nach O in 23 h, 56 min, 4,1 s einmal um ihre Achse. Der dabei jeweils der Sonne zugekehrte Teil ihrer Oberfläche hat *Tag,* der abgewandte *Nacht*. Infolge der Schrägstellung der Erdachse schneiden sich Äquatorebene u. Ekliptik unter einem Winkel von 23° 27'; dadurch verschiebt sich die Sonnenscheindauer im Lauf des Jahres (Entstehung der Jahreszeiten; Polarnacht u. -tag). Die Erdrotation bewirkt eine Erhöhung der Zentrifugalkraft am Äquator u. damit eine Abplattung der E. an den Polen zu einem *Geoid* (unregelmäßiges Rotationsellipsoid): Äquatorradius 6378,1 km, Polarradius 6356,75 km, Äquatorumfang 40 075 km, Meridianumfang 40 007,9 km. Durch die Rotation werden alle sich an der Oberfläche bewegenden Luft- oder Wassermassen auf der Nordhalbkugel nach rechts, auf der Südhalbkugel nach links abgelenkt (Blickrichtung jeweils zum Äquator hin). – Die Oberfläche der E. beträgt 510,1 Mio. km², ihr Inhalt 1083,3 Mrd. km³, ihr Gewicht 5970 Trill. t.

Der Aufbau der E. ist schalenförmig (Erdkern, Erdmantel, Erdkruste). Die Eigenwärme der E. nimmt in der Erdkruste durchschnittl. um 1 °C pro 33 m zu *(geotherm. Tiefenstufe)*. Die Temperatur der Oberfläche wird hpts. von der eingestrahlten Sonnenenergie bestimmt. – Nur 29 % der Erdoberfläche (149 Mio. km²) bestehen aus festem Land, 71 % (361 Mio. km²) sind von Wasser bedeckt; die Verteilung auf beiden Halbkugeln ist ungleichmäßig (Nordhalbkugel: 100 Mio. km² Land, 155 Mio. km² Wasser; Südhalbkugel: 49 Mio. km² Land, 206 Mio. km² Wasser); mittlere Höhe des Festlands 875 m, größte Höhe 8848 m; mittlere Tiefe des Meeres 3790 m, größte gemessene Tiefe 11 034 m. Die E. entstand vermutl. vor rd. 4,5 Mrd. Jahren aus einer glühenden Gaswolke gemeinsam mit der Sonne u. den übrigen Planeten. Sie erhitzte sich durch die gravitative Energie bei der Zusammenballung der kosmischen Masse u. durch die Wärmeproduktion der radioaktiven Elemente. Das Alter der Erdkruste wird mit rd. 3,75 Mrd. Jahren angegeben, die ersten Spuren des Lebens mit etwa 3,35 Mrd. Jahren.

**Erden,** verschieden schwerschmelzbare basische Oxide, z.B. die Oxide der Metalle Aluminium, Titan, Zirkonium u. die *Seltenen E*.

**Erdfarben,** anorgan. Pigmentfarbstoffe (z.B. Okker, Caput mortuum), die als farbige Mineralien vorkommen u. in Pulverform im Handel sind.

**Erdferkel,** *Röhrenzähner, Tubulidentata,* urtüml. Ordnung der *Säugetiere* aus dem Huftierstamm; plumpe Tiere mit rüsselförmig verlängertem Kopf u. langem Schwanz; hierzu das *Äthiopische E.* u. das *Kapische E.* (*Kapschwein*).

**Erdferne,** *Apogäum,* der erdfernste Punkt der Bahn des Mondes oder eines künstl. Satelliten.

**Erdflöhe,** *Flohkäfer,* bis 4 mm große *Blattkäfer*.

**Erdfrüchtler,** *geokarpe Pflanzen,* Pflanzen, deren Früchte unter der Erde reifen; z.B. Erdnuß.

**Erdgas,** *Naturgas,* vorw. aus *Methan* u. geringen Mengen *Ethan, Propan* u. *Butan* bestehendes Gemisch von leichtentzündl. Kohlenwasserstoffen, das häufig in Gegenden mit Erdölvorkommen unter Druck der Erde entströmt. Es gewinnt als Energielieferant u. als Ausgangsstoff für Produkte der *Petrochemie* ständig an Bedeutung.

**Erdgeschichte** → Erdzeitalter.

**Erdhummel,** gelb, schwarz u. weiß gebänderte *Hummel* Mitteleuropas.

**Erdhunde,** kleine Jagdhunde (Dachshunde, Terrier), die Raubwild (Fuchs, Dachs) in unterird. Schlupfwinkeln aufsuchen u. stellen oder abwürgen.

**Erding,** oberbay. Krst. am *E. Moos,* nordöstl. von München, 25 000 Ew.; landw. Handel; Mühlen, Gießerei, Brauereien.

**Erdkern,** die innerste Schale des Erdkörpers, von 2900 km Tiefe ab zum Erdmittelpunkt.

**Erdkruste,** der oberste Teil im Schalenaufbau des Erdkörpers, bis zur *Mohorovičić-Diskontinuität* (in durchschnittl. 33 km Tiefe).

**Erdkunde** → Geographie.

## ERDE

*Apollo-11-Aufnahme der Erde aus über 170 000 Kilometer Entfernung; gut erkennbar sind Nordafrika mit der Wüste Sahara, die Arabische Halbinsel und Vorderasien*

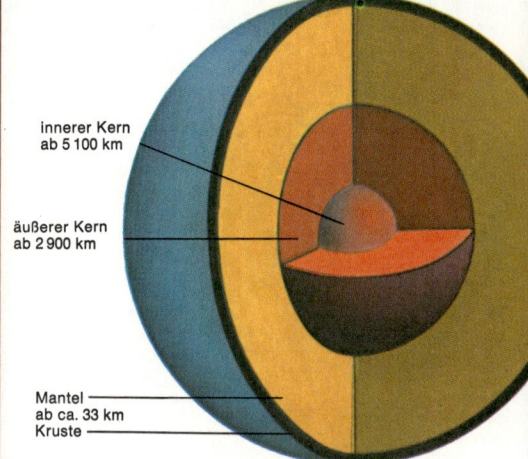

*Schalenaufbau der Erde mit Tiefenangaben*

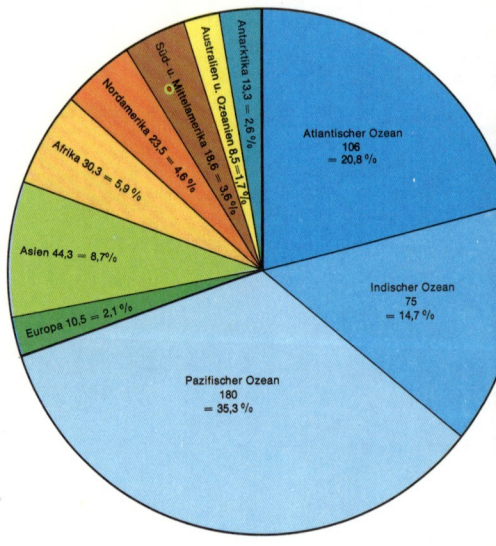

*Verteilung von Land und Meer (in Millionen Quadratkilometer und in Prozent)*

**Erdleguane,** bis 30 cm lange südamerik. *Leguane,* bodenbewohnend, eierlegend.

**Erdlicht,** das von der Erde zurückgeworfene Sonnenlicht, das den von der Sonne nicht beschienenen Teil des Mondes sichtbar macht.

**Erdmagnetismus,** die überall auf der Erde wirksame magnet. Kraft, die durch die Nord-Süd-Einstellung einer drehbar aufgehängten Magnetnadel nachweisbar ist u. in der sich die Auswirkungen des *Magnetfelds* der Erde zeigen. Die Abweichung von der geograph. Nord-Süd-Richtung heißt *Deklination,* die Neigung gegen die Horizontale *Inklination*. Die Erde verhält sich wie ein großer Stabmagnet.

**Erdmann, 1.** Benno, *1851, †1921, dt. Philosoph; Begr. der modernen Kant-Philologie. – **2.** Eduard, *1896, †1958, dt. Pianist u. Komponist; von F. *Busoni,* M. *Reger* u. A. *Schönberg* beeinflußt.

**Erdmannsdorff,** Friedrich Wilhelm Frhr. von, *1736, †1800, dt. Architekt; schuf seine Hauptwerke in u. um Dessau in einem strengen, frühklassizist. Stil.

**Erdmantel,** die Schale des Erdkörpers von der durch die *Mohorovičić-Diskontinuität* gekennzeichneten Fläche (in durchschnittl. 33 km Tiefe) bis zum äußeren Erdkern in 2900 km Tiefe.

**Erdmetalle,** die Metalle der III. Gruppe des → *Periodensystems der Elemente.*

**Erdnähe,** *Perigäum,* der erdnächste Punkt der Bahn des Mondes oder eines künstl. Satelliten.

**Erdnuß,** *Erdpistazie, Erdeichel, Arachis hypogaea,* amerik. Gatt. der *Schmetterlingsblütler*. Die Frucht bohrt sich vor der Reife in die Erde. Die dünnschaligen Samen sind ein beliebtes Nahrungsmittel; aus ihnen wird hochwertiges Speiseöl gewonnen.

**Erdöl,** *Petroleum, Rohöl, Steinöl, Bergöl,* ein kompliziertes Gemisch von etwa 500 versch. Kohlenwasserstoffen, hpts. Aliphaten, Naphthenen u. Aromaten mit wechselnden Anteilen ungesättigter Kohlenwasserstoffe. Die Farbe ist wasserklar bis fast schwarz, grünl. fluoreszierend, viskos; Dichte zw. 0,65 u. 1,02. – Aufgrund neuerer Forschungen wird angenommen, daß sich das E. in vorgeschichtl. Zeit hpts. aus tier. Substanzen (Kohlenhydrate, Fette u. Eiweiße), z.B. aus dem Plankton (*Faulschlamm*), gebildet hat. Die chem. Zusammensetzung schwankt je nach Fundort in weiten Grenzen. – Vorkommen: hpts. Sowj. (Kaukasus, Sibirien), USA (Pennsylvania), Saudi-Arabien, Mexiko, China, Großbrit., Venezuela, Irak, Iran, Kuwait, Libyen, Norwegen, Rumänien, Kanada, Indonesien, Nigeria u. Ägypten; dt. Vorkommen in Nds. (bei Hannover, im Emsland) u. in Schl.-Ho. Aus dem Meeresboden u. in Küstennähe erfolgt die Gewinnung von Bohrinseln aus. Nach den bisherigen Ölfunden u. Lagerstätten ist der Bedarf der Welt für etwa zwei Generationen gedeckt. Das nach Anbohren der bis zu 6000 m tiefen erdölführenden Schichten entweder unter eig. Druck an die Erdoberfläche tretende oder hochgepumpte E. wird durch *Pipelines* zu den *Raffinerien* befördert u. dort in oft vollautomat. arbeitenden Anlagen einer *fraktionierten Destillation* (Rektifikation) unterworfen. Man destilliert dabei zunächst unter Normaldruck die bis etwa 200 °C siedenden Bestandteile ab (*Straightrun-Benzine; Toppen* des Rohöls), wobei *Petrolether* (Gasoline, Lösungsmittel) bei 40–70 °C, *Leichtbenzin* bei 70–90 °C (*Cracken* zu Olefinen), *Petroleum* (Schwerbenzin, für Düsenflugzeuge) bei 100–150 °C u. *Ligroin* (Lack-, Testbenzin) bei 100–180 °C erhalten werden. Der Rückstand wird im Vakuum destilliert, wobei man *Leuchtpetroleum* (Traktorentreibstoff) bei 200 bis 300 °C, *Gasöle* (Dieselöl, Haushaltsheizöl) bei 300–350 °C sowie *Spindel-, Maschinen-* u. *Zylinderöle* erhält. Die über 350 °C siedenden Rückstände trennt man in *Schmieröle, Vaseline,* feste *Paraffine* u. *Asphaltrückstände*. Meist werden die höhersiedenden Öle durch einen bes. gelenkten Crackprozeß in niedrigsiedende Bestandteile aufgespalten, wodurch die Benzinausbeute erhöht wird. → Petrochemie.

**Erdpyramiden,** *Erdpfeiler,* pfeilerartige Abtragungsformen aus Blocklehm, vulkan. Tuffen u.a., die durch aufliegende Gesteinsblöcke vor der völligen Abtragung bisher bewahrt blieben.

**Erdrauch,** *Fumaria,* Gatt. der *Mohngewächse*; in Dtld. der *Gewöhnl. E.* (Feldraute).

**Erdschluß,** leitende Verbindung eines Spannung führenden Teils mit Erde, z.B. infolge schlechter Isolierung.

**Erdstern,** *Wetter-E., Geaster,* Gatt. der *Bauchpilze;* kein Speisepilz.

**Erdströme,** sehr schwache elektr. Ströme in der Erdrinde, die bes. bei magnet. Stürmen oder Gewittern Telegraphenanlagen stören.

**Erdteile,** *Kontinente,* die Festlandmassen der Erde einschl. der vorgelagerten Inseln; durch Meere getrennt, außer Europa u. Asien (Eurasien), deren Grenze nur histor.-kulturell bedingt ist. Man unterscheidet je nach Auffassung 5 (Eurasien, Afrika, Amerika, Australien, Antarktika) bis 7 E. (Europa, Asien, Afrika, N-Amerika, S-Amerika, Australien, Antarktika), gewöhnl. 6 (Amerika zusammengefaßt).

**Erdung,** Verbindung eines Pols elektr. Anlagen oder von Teilen von Geräten u. Masch. mit dem Erdpotential. Dafür werden *Erder* aus Metallstäben oder -bändern verwendet. Auch bei Blitzableiteranlagen handelt es sich um eine Art von Schutz-E.

**Erdwachs,** *Bergwachs, Ozokerit,* hochmolekulares Paraffingemisch von gelber bis brauner Farbe.

**Erdwärme,** Eigenwärme des Erdkörpers, schon in geringer Tiefe (30 m) bemerkbar; sie beruht z.T. auf der Restwärme des allmähl. erkaltenden Erdkörpers, z.T. auf der bei radioaktiven Zerfallsprozessen freiwerdenden Wärme.

**Erdzeitalter,** Hauptepochen der Erdgeschichte, gegliedert in Formationen, Abteilungen, Stufen u.ä.; das Forschungsgebiet der *Histor. Geologie.* [T] → S. 238.

**Erebus,** *Mount E.* [maunt 'eribəs], tätiger Vulkan auf der antarkt. Ross-Insel, 3794 m.

**Erec,** *Erek,* Held der Artus-Sage.

**Erechtheion,** auf der Akropolis von Athen 421–407 v.Chr. errichteter Kultbau für *Athene, Erechtheus* u. *Poseidon;* an der Südseite die Korenhalle mit 6 Karyatiden.

**Erektion,** das Steifwerden der *Klitoris* u. des *Penis* durch vermehrte Einströmung des Bluts in die *Schwellkörper* u. gleichzeitige Abdrosselung des Blutrückstroms.

**Eremit,** Einsiedler.

**Eremitage** [-'taːʒə], **1.** Einsiedelei, im 18. Jh. gern als künstl. Grotte oder kleiner Schloßbau angelegt. – **2.** *Ermitage,* Museum in Leningrad, heute im ehem. Winterpalast; die bedeutendste Kunstsammlung der UdSSR, gegr. von Katharina II.

**Eresburg,** *Heresburg,* ehem. Grenzfeste der Sachsen an der oberen Diemel, 772 von Karl d. Gr. erobert.

**Erfahrung,** Gesamtheit der Erlebnisse u. der daraus gewonnenen Erkenntnisse des Menschen in der Auseinandersetzung mit der Welt (*äußere E.*) u. mit sich selbst (*innere E.*).

**Erfindung,** schöpfer. Leistung auf techn. Gebiet, durch die ein neues Ziel mit bek. Mitteln oder ein bek. Ziel mit neuen Mitteln oder ein neues Ziel mit neuen Mitteln erreicht wird; kann durch *Patent* oder *Gebrauchsmuster* geschützt werden.

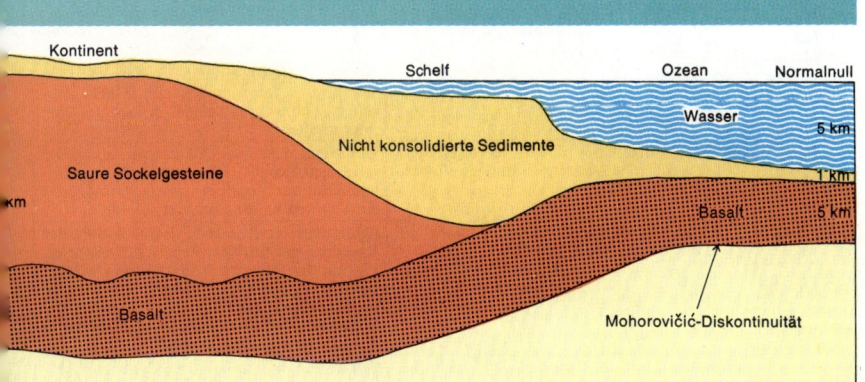

*Schematisches Profil der Erdkruste zwischen Kontinent und Ozean*

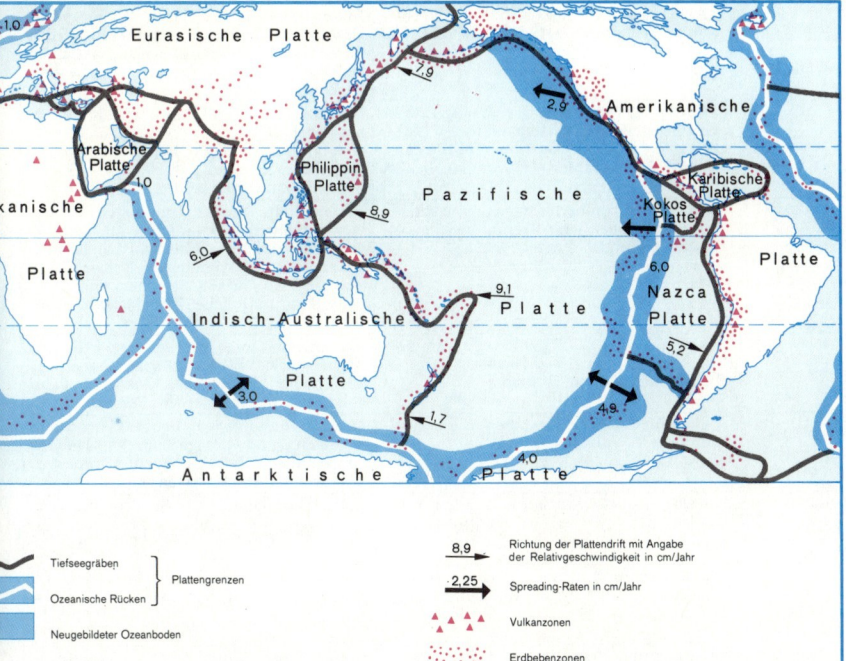

*Großgliederung der Erde nach der Theorie der Plattentektonik*

## Erfrierung

**Erfrierung,** *Congelatio,* Schädigung des Körpers oder einzelner Teile durch Kälte. Sinkt die Körpertemperatur allg. unter 20 °C *(Unterkühlung),* tritt der Tod ein. *Örtl. E.en* beginnen mit Rötung u. Schwellung des betroffenen Glieds *(1. Grad),* dann folgen Blasen- u. Geschwürbildungen *(2. Grad),* schließl. tritt Gewebstod ein *(3. Grad).* Hierbei muß das befallene Glied meist entfernt werden.

**Erft,** l. Nbfl. des Rheins, 115 km; mündet bei Neuss.

**Erftstadt,** Stadt in NRW, an der Erft sw. von Köln, 45 000 Ew.; Schloß; bis 1960 Braunkohletagebau, zum Erholungsgebiet Liblarer Seenplatte rekultiviert.

**Erfüllung,** im bürgerl. Recht die Leistung des geschuldeten Gegenstands (z.B. Zahlung). – **E.sort,** *Leistungsort,* der Ort, an dem die E. vorzunehmen ist; im Zweifel der Wohnsitz oder der Ort der gewerbl. Niederlassung des Schuldners zur Zeit der Entstehung des Schuldverhältnisses.

**Erfurt,** größte Stadt in Thüringen, im Thüringer Becken, an der Gera, 217 000 Ew.; Med. Akademie, Pädagog. HS, Ingenieurschulen; reich an histor. wertvollen Bauwerken (Dom, bed. Kirchen, Krämerbrücke u.a.); Masch.-, Anlagen- u. Gerätebau; versch. Ind.; traditioneller Gartenbau mit Saatzuchtbetrieben, Blumen- u. Gemüseanbau. Baumschulen (»Blumenstadt E.«). – G e s c h.: Im MA blühende Handelsstadt, 1392–1816 Univ.; 1803 preuß., 1807 frz., 1814 wieder preuß. 1808 trafen Napoleon I. u. Zar Alexander I. in E. zusammen *(E.er Fürstentag).* 1850 tagte das *E.-Parlament,* das auf Initiative Preußens eine (nicht durchgeführte) Unionsverfassung für Dtld. (unter Ausschluß Östr.) beschloß. 1891 Parteitag der dt. Sozialdemokraten (Erfurter Programm). 1970 Treffen zwischen Bundeskanzler W. Brandt u. DDR-Ministerrats-Vors. W. Stoph.

**Erfurter Programm,** das 1891 neu formulierte, in seinem grundsätzl. Teil marxist. geprägte Parteiprogramm der SPD. Es trat an die Stelle des *Gothaer Programms* von 1875 u. wurde 1921 durch das *Görlitzer Programm* ersetzt.

**Erg,** Zeichen erg, Einheit der Energie (Arbeit): 1 erg = 1 dyn · 1 cm = 1 g · 1 cm²/s² = $10^{-7}$ J (Joule), amtl. nicht mehr zulässig.

**Erg,** Sandwüste mit Dünenbildung in der Sahara, insbes. in Algerien (in Libyen *Edeyen*).

**ergo,** also, mithin, folglich.

**Ergologie,** Lehre von den volkstüml. Arbeitsbräuchen u. von den Arbeitsgeräten in ihrer Bed. für die allg. Kultur.

**Ergometer,** Gerät, mit dem in der *Sportmedizin* Arbeit bzw. Leistung gemessen wird.

## Erdzeitalter

| Beginn vor Mio. Jahren | Dauer in Jahren | Erdzeitalter | Formation | Abteilung | | Erdgeschichtliche Vorgänge | Entwicklung des Lebens |
|---|---|---|---|---|---|---|---|
| 2 | 2 | Känozoikum (Erdneuzeit) | Quartär | Holozän (Alluvium, Nacheiszeit) | | Postglazialer Meeresspiegelanstieg, Entwicklung der heutigen Küstenlinien | Ausbreitung des Menschen, Domestikation von Tier- und Pflanzenwelt, künstliche Lebensbedingungen |
| | | | | Pleistozän (Diluvium, Eiszeit) | | Vereisung der Nordhalbkugel, Hebung der zentraleuropäischen Mittelgebirge, abklingender Vulkanismus | Verschiebung der Floren- und Faunengürtel der Erde, differenzierte biologische Entwicklung durch klimatische und geographische Isolation, rasche Entwicklung des Menschen |
| 65 | 63 | | Tertiär | Jungtertiär (Neogen) | Pliozän Miozän | Alpidische Gebirgsbildung auf der ganzen Erde, starker Vulkanismus, Einbruch des Mittelländischen Meeres | Entwicklung der Prähomininae, durch zunehmende Abkühlung Verlagerung der Palmengrenze von Nord- nach Süddeutschland |
| | | | | Alttertiär (Paläogen) | Oligozän Eozän Paläozän | | Rasche Entfaltung der Säugetiere, Koniferen und Blütenpflanzen. Im Meer: Muscheln, Schnecken, Seeigel, Knochenfische, Nummuliten |
| 135 | 70 | Mesozoikum (Erdmittelalter) | Kreide | Obere Kreide | | Ablagerungen des Kreidemeeres, Beginn der alpidischen Gebirgsbildung, auflebender Vulkanismus | Angiospermen nach Florensprung in der mittleren Kreide, Höhepunkt in der Entwicklung der Reptilien: Riesensaurier und Ammoniten sterben mit der Kreide aus |
| | | | | Untere Kreide | | | |
| 190 | 55 | | Jura | Malm (Weißer Jura) | | Weite Meeresüberflutungen (Tethys im Bereich Mittelmeer–Alpen) | Gymnospermen; rasche Entwicklung der Reptilien mit Großformen (Ichthyosaurier, Plesiosaurier); erste Vögel; reiche marine Fauna: Fische, Ammoniten, Belemniten, Schnecken, Muscheln, Seeigel, Korallen, Schwämme, Foraminiferen und Radiolarien; kleinwüchsige Säuger |
| | | | | Dogger (Brauner Jura) | | | |
| | | | | Lias (Schwarzer Jura) | | | |
| 220 | 30 | | Trias | Keuper | | Keine größeren tektonischen Ereignisse, wüstenhaftes Festland herrscht vor | Schachtelhalme und Farne, daneben Gymnospermen. Erste kleinwüchsige Säuger neben Reptilien und Amphibien. Paläoammonidea des Paläozoikums durch die Ceratiten (Mescammonidea) abgelöst |
| | | | | Muschelkalk | | | |
| | | | | Buntsandstein | | | |
| 280 | 60 | Paläozoikum (Erdaltertum) | Perm | Zechstein | | Abklingen der variszischen Gebirgsbildung, Vereisung auf der Südhalbkugel, Kali- und Salzablagerungen in Zechstein-Meeren | Florenschnitt an der Wende Rotliegendes/Zechstein. Gefäßsporenpflanzen werden durch Gymnospermen abgelöst, Aussterben der Trilobiten, Brachiopoden, rasche Entwicklung der Reptilien |
| | | | | Rotliegendes | | | |
| 350 | 70 | | Karbon | Oberkarbon | | Rückgang der Meeresüberflutungen, Vereisung der Südhalbkugel, variszische Gebirgsbildung mit starkem Vulkanismus, große Sumpfwälder als Grundlage späterer Steinkohlenbildung | Differenzierung der Pflanzenwelt in Florenprovinzen, Bärlapp, Farne, Schachtelhalme, erste Gymnospermen. Fauna mit Amphibien, Brachiopoden, Insekten, erste Reptilien (Cotysaurier, Korallen) |
| | | | | Unterkarbon | | | |
| 400 | 50 | | Devon | Oberdevon | | Weite Meeresüberflutungen, Ausklingen der kaledonischen, Beginn der variszischen Gebirgsbildung | Florenschnitt, Wende Thallophytikum/Paläophytikum mit Psilophyten im Unterdevon, Pteridophyten (Bärlapp, Farn, Schachtelhalm) ab dem Mitteldevon. Reiche Fauna mit ersten Amphibien, Knochen- und Knorpelfischen, zahlreiche Wirbellosen und Insekten |
| | | | | Mitteldevon | | | |
| | | | | Unterdevon | | | |
| 440 | 40 | | Silur (Gotlandium) | (Obersilur) | | Kaledonische Gebirgsbildung (besonders in Nordeuropa), Vulkanismus, Salze in Nordamerika und Sibirien | Thallophytenflora ohne höhere Pflanzen, reiche marine Fauna; Brachiopoden, Cephalopoden, Schnecken, Muscheln, Echinodermen, Gigantostraken, Panzerfische |
| | | | | (Untersilur) | | | |
| 500 | 60 | | Ordovizium | (Oberordovizium) | | Beginn der kaledonischen Gebirgsbildung, z. T. Vulkanismus | Marine Thallophyten, marine Wirbeltiere (Agnaten und Panzerfische); daneben Graptolithen, Brachiopoden, Trilobiten, Schnecken, Cephalopoden |
| | | | | (Unterordovizium) | | | |
| 580 | 80 | | Kambrium | Oberes Kambrium | | Ablagerung der ersten fossilführenden Sedimente | Außer Wirbeltieren alle Stämme des Tierreichs vertreten; besonders Trilobiten, Brachiopoden, Cephalopoden, Medusen |
| | | | | Mittleres Kambrium | | | |
| | | | | Unteres Kambrium | | | |
| ~2600 | 2000 | Proterozoikum (Erdfrühzeit) | | | | Erste gebirgsbildende und vulkanische Vorgänge, Vereisungen, Rotsedimente | Erste Metazoen, Medusen, Anneliden, Invertebraten, Biostratigraphie mittels Kalkalgen (Collenia) |
| ~4500 | 1900 | Archaikum | | | | Bildung der Urkontinente und Urmeere | Beginn des Thallophytikums, riffbildende Stromatolithen. Beginn der Photosynthese |
| | | Erdurzeit | | | | Erde im Zustand eines glühenden Planeten | |

**Ergonomie,** Wiss., die sich mit den Arbeitsbedingungen u. deren Anpassung an den Menschen befaßt.
**Ergotamin,** *Gynergen,* Hauptalkaloid des *Mutterkorns.*
**Ergotismus,** Vergiftung durch Mutterkorn, das in ungereinigtem Getreide mit vermahlen wird u. zu Nerven- u. Gehirnstörungen u. Unempfindlichkeit u. Gefühlsstörungen in Händen u. Füßen führen kann; auch Auftreten von Krämpfen; heute sehr selten.
**Ergußgesteine,** *Vulkanite,* das durch vulkanische *Eruption* (Eruptivgesteine) oder *Effusion* (Effusivgesteine) an die Erdoberfläche als Schmelzfluß *(Lava)* ausgetretene, relativ schnell abgekühlte u. erstarrte *Magma.*
**Erhaltungssätze,** grundlegende Sätze der Physik, die aussagen, daß in abgeschlossenen physik. Systemen gewisse Größen zeitl. konstant bleiben. E. gelten für die *Energie,* den *Impuls,* den *Drehimpuls,* die *elektr. Ladung* u. die Zahl der *Baryonen.* Weitere E. werden in der Physik der *Elementarteilchen* vermutet.
**Erhard,** Ludwig, *1897, †1977, dt. Wirtschafts-Wiss. u. Politiker (CDU); 1945/46 bay. Wirtschafts-Min., 1948 Direktor der Verw. für Wirtsch. des Vereinigten Wirtschaftsgebiets; beseitigte mit der *Währungsreform* die Zwangswirtsch.; 1949–63 Bundeswirtschafts-Min., seit 1957 Vizekanzler u. 1963 als Nachfolger K. Adenauers zum Bundeskanzler gewählt; mußte 1966 zurücktreten. Der rasche wirtschaftl. Aufstieg der BR Dtld. (»Wirtschaftswunder«) gilt vielen vorw. als Verdienst Erhards u. seiner *soz. Marktwirtschaft.*
**Erich,** *Erik,* nord. Könige:
**1. E. IX.,** E. der Heilige, †1160 (ermordet), König von Schweden etwa 1150–60; förderte die schwed. Besiedelung SW-Finnlands; Heiliger u. Schutzpatron Schwedens. – **2. E. von Pommern, E. VII.,** *um 1382, †1459, König von Schweden u. Dänemark bis 1439, von Norwegen bis 1442; erster Unionskönig der *Kalmarer Union.* –
**3. E. XIV.,** *1533, †1577, König von Schweden 1560–69; Sohn *Gustav Wasas;* schuf durch die Eroberung Estlands die Voraussetzung zur schwed. Ostseeherrschaft u. behauptete sich im *Nord. Krieg;* 1569 abgesetzt, gefangengehalten u. vermutl. vergiftet.
**Erich der Rote,** *Erik Raude,* *um 950, †um 1007, normann. Seefahrer; betrat als erster Europäer 981/82 die Insel Grönland; Vater von *Leif Eriksson.*
**Eridanus,** Sternbild am Südhimmel; hellster Stern *Achernar* (α Eridani).
**Eridu,** altbabylon. Stadt, die heutige Ruinenstätte *Abu Schahrain.*
**Erie** ['i:ri], Hafenstadt im NW von Pennsylvania (USA), am Südufer des *E.sees,* 119 000 Ew.; Handelsplatz für Erdöl, Holz, Kohle, Eisenerz u. Getreide; Schiff- u. Maschinenbau, Eisen-, elektrotechn. u. chem. Ind.
**Eriesee** ['i:ri-], *Lake Erie,* südlichster, zweitkleinster u. flachster der 5 nordamerik. *Großen Seen,* 25 719 km². Der 548 km lange *Erie Canal* verbindet den E. (Buffalo) mit dem Hudson (Albany).
**Erika** [eigtl. -'ri-], *Erica* → Heidekraut.
**Erinnerung,** 1. Fähigkeit des willentl. Bewußtmachens meist auf Erlebnisse zurückgehender Bewußtseinsinhalte. – **2.** Rechtsbehelf in der Zwangsvollstreckung zur Erhebung von Einwendungen.
**Erinnyen,** *Erinyen,* grch. Rachegöttinnen der Unterwelt, euphemistisch als *Eumeniden* [»Die Wohlmeinenden«], lat. als *Furiae* (Furien) bezeichnet; gewöhnl. 3: *Alekto, Megära, Tisiphone.*
**Eris,** grch. Göttin der Zwietracht.
**Eristik,** *erist. Dialektik,* in der antiken Sophistik die Kunst, in der Diskussion Behauptungen zu entkräften oder aufzustellen.
**Eritrea,** äthiopische Prov. am Roten Meer, 117 600 km², 2,6 Mio. Ew., Hptst. *Asmera;* Häfen: Mitsawa (Massaua) u. Assab; Viehzucht, Getreide-, Kaffee-, Baumwolle-, Tabakanbau. – G e s c h .: Seit 1952 (UN-Beschluß 1950) autonomer Staat innerhalb Äthiopiens, seit 1962 Prov. Sezessionsbestrebungen der islam. Bevölkerung E. gegenüber den christl. Äthiopiern wurden von arab. Staaten unterstützt u. führten 1976–78 zu heftigen Kämpfen.
**Eriwan,** *Erevan, Jerewan,* Hptst. der *Armen. SSR* (Sowj.), 1,17 Mio. Ew.; Kultur- u. Wirtschaftszentrum; Univ.; Maschinenbau, Kupferhütte, chem., Textil-, Elektro- u. Baustoff-Ind.; Wasserkraftwerke, Aluminium- u. Salzgewinnung.

*Ludwig Erhard*

**Erkältung,** Herabsetzung der Abwehrkraft des Körpers gegen Ansteckung durch Abkühlung einzelner Körpergebiete.
**Erkelenz,** linksrhein. Stadt in NRW, sw. von Mönchengladbach, 37 000 Ew.; spätgot. Backsteinbauten; Bohrgeräte- u. Masch.-Ind.; Baumschulkulturen.
**Erkenntnis,** gesichertes Wissen über einen Sachverhalt; nach I. Kant die Verknüpfung einer *Anschauung* mit einem *Begriff.* – **E.theorie,** *E.lehre, Noetik. Gnoseologie, Gnosteologie,* Lehre vom *Erkennen;* ist sie bes. auf die Grenzen der menschl. E. ausgerichtet, heißt sie *E.kritik;* ist sie bes. auf die E.vorgänge in den Wiss. ausgerichtet, heißt sie *Wissenschaftstheorie.*
**Erkennungsdienst,** Sachgebiet u. Organisationszweig der *Kriminalpolizei* zur Aufklärung von strafbaren Handlungen u. zur Überführung der Straftäter, insbes. mit Hilfe von Lichtbildern u. Fingerabdrücken.
**Erkennungsmarke,** von Soldaten ständig an einer Halskette zu tragende Metallmarke mit Personalkurzangaben.
**Erker,** vorspringender, durch Balken, Pfeiler oder Konsolen gestützter Ausbau in den Obergeschossen von Gebäuden.
**Erkrath,** Stadt in NRW, östl. von Düsseldorf, 45 000 Ew.; Stahl-, Masch.-, Kfz- u. Papier-Ind., Leuchtröhrenfabrik. Östl. von E. liegt das *Neandertal.*
**Erlander,** Tage, *1901, †1985, schwed. Politiker (Sozialdemokrat); 1946–69 Min.-Präs.
**Erlangen,** krsfr. Stadt in Mittelfranken (Bay.), an der Regnitz, 100 000 Ew.; regelmäßig gebaut, mit zwei Stadtkernen: Altstadt (um 1362) u. 1686 gegr. Neustadt (Hugenottensiedlung); barocke Bauten; Univ.; elektrotechn. (Siemens) u. Textil-Ind., Maschinenbau; Forschungszentrum des Siemenskonzerns; Hafen am Europakanal Rhein-Main-Donau.
**Erlanger** ['ə:læŋər], Joseph, *1874, †1965, US-amerik. Physiologe; erforschte die elektrophysiolog. Vorgänge im Nervensystem; Nobelpreis für Medizin 1944.
**Erlaß, 1.** allg. Verwaltungsvorschrift oder -anordnung einer Behörde. – **2.** Verzicht des Gläubigers auf die Forderung durch einen Vertrag mit dem Schuldner.
**Erlau,** ung. *Eger,* Stadt an der Eger, Hptst. des Komitats *Heves,* (N-Ungarn), 65 000 Ew.; bed. Kirchen; Thermalquellen, Obst- u. Weinanbau; Tabak- u. Nahrungsmittel-Ind.
**Erlaucht,** im 1. Dt. Reich Titel der regierenden Reichsgrafen; seit 1829 Titel der mediatisierten Grafen.
**Erle,** *Eller, Alnus,* Gatt. der *Birkengewächse;* in Dtld.: *Grün-E., Schwarz-E., Grau-E;* holzige Fruchtstände.
**erlebte Rede,** nicht eigens gekennzeichnete Wiedergabe von Worten oder Gedanken einer Person; Stilmittel des modernen Romans.
**Erler,** Fritz Karl Gustav, *1913, †1967, dt. Politiker (SPD); außen- u. wehrpolit. Experte seiner Partei, 1964–67 Fraktions-Vors.
**Erlösung,** in den Universalreligionen, den eigtl. *E.sreligionen,* die Aufhebung einer existentiellen Unheilssituation u. die Herbeiführung eines existentiellen Heils; so im C h r i s t e n t u m die gnadenhafte Befreiung von Sünde u. Gottferne aufgrund des einmaligen Erlösungswerks Jesu.
**Ermächtigungsgesetz,** Reichsgesetz vom 24.3. 1933, das der Reg. *Hitler* die Befugnis zur Gesetzgebung übertrug.
**Ermanarich,** *Ermanrich, Ermenrich,* König der Ostgoten ca. 350–75; gründete ein großes Reich in S-Rußland, das nach seinem Tod von den Hunnen zerstört wurde.
**Ermatinger,** Emil, *1873, †1953, schweizer. Literarhistoriker.
**Ermessen,** Handlungsspielraum der Behörde im Verwaltungsverfahren.
**Ermittlungsverfahren,** im Strafprozeß der Teil des Vorverfahrens, in dem die Staatsanwaltschaft den Verdacht einer strafbaren Handlung klärt.
**Ermland,** poln. *Warmia,* hügelige Ldsch. in Ostpreußen, zw. dem Frischen Haff u. der Masur. Seenplatte. 1243 Bistum des Dt. Ordens.
**Ernährung,** Zufuhr von *Nährstoffen,* die für den Organismus zur Aufrechterhaltung der Lebensvorgänge notwendig sind; dient 1. als Energiequelle für alle Lebenserscheinungen wie Muskeltätigkeit, Körperwärme u. Stofftransport, liefert 2. das Material zum Körperaufbau beim Wachstum u. schafft 3. Ersatz für im Organismus verbrauchte Substanzen. G r u n d n ä h r s t o f f e sind die chem. Energiespeicher *Kohlenhydrate, Eiweiße* u. *Fette.* Sie können sich bei der Energieproduktion weitgehend vertreten. Das Eiweißminimum für den Menschen beträgt ca. 35–50 g/Tag. Eine gute E. enthält 70–90 g Eiweiß/Tag. Die Mindestmenge der Energie zur Erhaltung der Körperfunktionen wird im *Grundumsatz* gemessen u. beträgt beim Menschen 5900–8400 kJ/Tag (= 1400–2000 kcal/Tag). Dazu tritt der Arbeitsumsatz, beim körperl. arbeitenden Menschen mehr als 14 700 kJ/Tag. 1 g Kohlenhydrat liefert 17 kJ, 1 g Fett 39 kJ, 1 g Eiweiß 17 kJ.
**Ernst,** Fürsten:
H a n n o v e r :
**1. E. August I.,** *1629, †1698, Kurfürst 1692–98; erhielt 1692 von Kaiser Leopold I. die Kurwürde, womit die Zahl der Kurfürsten auf 9 erhöht wurde. – **2. E. August II.,** *1771, †1851, König 1837–51; Sohn König Georgs III. von Großbrit., hob 1837 das bestehende Staatsgrundgesetz von Hannover auf u. entließ 7 Professoren der Landesuniv. Göttingen, die gegen diesen Akt protestierten *(Göttinger Sieben).*
H e s s e n - D a r m s t a d t :
**3. E. Ludwig,** *1868, †1937, letzter regierender Großherzog 1892–1918.
S a c h s e n :
**4.** *1441, †1486, Kurfürst 1464–86; 1455 zus. mit seinem Bruder *Albrecht dem Beherzten* durch Kunz von Kaufungen (1455) geraubt *(Sächs. Prinzenraub);* Begr. der *Ernestinischen Linie.* –
**5. E. der Fromme,** *1601, †1675, Herzog von Sachsen-Gotha 1620–75; kämpfte an der Seite Gustav Adolfs im Dreißigjährigen Krieg; reformierte Landesverw. u. Erziehungswesen.
S c h w a b e n :
**6. E. II.,** *um 1010, †1030, Herzog 1015–30; empörte sich gegen seinen Stiefvater Konrad II.; büßte sein Hzgt. ein.
**Ernst, 1.** Max, *1891, †1976, frz. Maler, Graphiker u. Bildhauer dt. Herkunft; Mitbegr. des Dadaismus, dann des Surrealismus; suchte die Grenzen zw. Traumwelt und Wirklichkeit aufzuheben. –
**2.** Otto, eigtl. O. E. *Schmidt,* *1862, †1926, dt. Schriftst. (Komödien u. Romane aus dem Kleinbürgerleben). – **3.** Paul, *1866, †1933, dt. Schriftst.; Dramen, religiöse Schauspiele.
**Ernste Bibelforscher** → Zeugen Jehovas.
**Erntedankfest,** um 1770 ausgebildetes kirchl. Fest zum Abschluß der Ernte (bes. in der ev. Kirche). Kennzeichen des meist am Sonntag nach Michaelis (29. Sept.) gefeierten E. ist der mit Feld- u. Gartenfrüchten geschmückte Altar.
**Erntevölker,** Naturvölker, deren Wirtsch. auf dem regelmäßigen Abernten bestimmter Wildpflanzen beruht.
**Eroberung,** die militär. Inbesitznahme fremden Staatsgebiets.
**Eröffnungsbeschluß,** im Strafprozeß der Beschluß des Gerichts, der die Eröffnung des Hauptverfahrens anordnet.
**erogene Zonen,** Körperstellen, deren Berührung

**Eros**

(Reizung) sexuell erregt; *i.e.S.* die äußeren Geschlechtsteile selbst u. ihre unmittelbare Umgebung; *i.w.S.* auch (individuell versch.): Brustwarzen der Frau, Lippen, Hals, Ohrläppchen, Gesäß, Innenseite der Oberschenkel u.a.
**Eros, 1.** lat. *Amor* oder *Cupido,* grch. Gott, Sohn der *Aphrodite* u. des *Ares,* Gott der menschl. Liebe; in der Antike als geflügelter Knabe mit Pfeil u. Bogen dargestellt, in röm. Zeit sowie in Renaissance u. Barock auch als *Eroten* in der Mehrzahl. – **2.** die Liebe als sinnl.-geistige Einheit; Liebe um der Schönheit willen (im Unterschied zu *Caritas* u. *Sexus*). – **3.** einer der *Planetoiden,* 1898 entdeckt; kommt auf stark exzentrischer Bahn der Erde bis auf 22 Mio. km nahe.
**Erosion,** linienhafte Abtragung der Erdoberfläche durch fließendes Wasser *(fluviatile E.).* Übernormale E. führt zu Störungen des Wasserhaushalts u. zur Boden-E.
**Erotik,** Gesamtbereich des sinnl.-geistigen Liebe (des *Eros*), insbes. ihre spieler. kultivierten Formen ohne den Geschlechtsakt selbst; auch die Ausstrahlungskraft der sinnl. Schönheit.
**ERP,** Abk. für engl. *European Recovery Program,* »Europ. Wiederaufbauprogramm«, die amtl. Bez. für den *Marshall-Plan.*
**erpresserischer Menschenraub,** engl. *kidnapping,* das Entführen oder Sich-Bemächtigen einer Person, um einen Dritten zu einem bestimmten Verhalten zu veranlassen; strafbar mit Freiheitsstrafe nicht unter 3 Jahren.
**Erpressung,** Zwang zu einer schädigenden Vermögensverfügung durch Gewalt oder Drohung mit einem empfindl. Übel, um sich oder einem Dritten einen rechtswidrigen Vermögensvorteil zu verschaffen; *räuberische E.* ist die E., die durch Gewalt gegen eine Person oder durch Androhung von gegenwärtiger Gefahr für Leib oder Leben begangen wird, strafbar nach §§ 253 u. 255 StGB.
**errare humanum est** [lat.], Irren ist menschlich.
**erratische Blöcke,** *Findlinge,* während der Eiszeit von einem Gletscher weit verfrachtete, ortsfremde Gesteinsbrocken u. Blöcke.
**Erregerwicklung,** Feldwicklung von elektr. Masch. u. Geräten, in der der *Erregerstrom* (Gleichstrom) zum Aufbau des magnet. Feldes fließt.
**Erregung,** typische, zeitl. begrenzte Antwort eines Organismus auf äußere oder innere Reize.
**Ersatzdienst** → Zivildienst.

**Ersatzinvestition,** Anschaffungen zum Ersatz der Gegenstände, die verkauft wurden oder techn. unbrauchbar sind.
**Ersatzkassen,** *Krankenkassen* für Arbeiter oder Angestellte innerhalb der soz. Krankenversicherung, deren Mitgl. von der Pflichtmitgliedschaft bei den Allg. Orts-, Land-, Betriebs- oder Innungskrankenkassen befreit sind.
**Ersatzzeiten,** Teil der Versicherungszeiten; den *Beitragszeiten* gleichgestellt, um versicherungsrechtl. Nachteile zu vermeiden; z.B. Militärdienst, Kriegsgefangenschaft, Vertreibung.
**Ersitzung,** Erwerb des Eigentums an einer *beweg. Sache* durch zehnjährigen Besitz im guten Glauben an das in Wirklichkeit nicht bestehende eig. Eigentum. Bei *unbeweg. Sachen* (Grundstükken) ist eine *Buch-E.* möglich.
**Erskine** [ˈəːskin], John, *1879, †1951, US-amerik. Schriftst. u. Musiker; schrieb populäre Romane, die Gegenwartsprobleme vor zeitlosem Hintergrund behandeln.
**Erstarrungsgesteine,** *Magmatite, Massengesteine,* aus glühendflüssigem Schmelzfluß *(Magma)* durch Erstarren entstandene Gesteine; *Plutonite* u. *Vulkanite.*
**Erste Hilfe,** vorläufige, aber zweckmäßige Maßnahmen zur Behebung der unmittelbaren Gefahr u. zur Vermeidung von Komplikationen bei Unglücksfällen bis zur Herbeirufung eines Arztes oder bis zum Transport ins Krankenhaus. Im allg. leistet man die E. H. an Ort u. Stelle.
Bei *Verletzungen* ist die dringlichste Aufgabe, durch Blutstillung weitere Blutverluste zu vermeiden; bei inneren Blutungen: Ruhiglagerung, Eisblase. Bei stoßweise spritzendem, hellroten Blut Druckverband anlegen.
Die *Wundversorgung* geschieht durch Auflegen einer sterilen Lage Mull, Polsterung mit Zellstoff, Befestigung des Verbands mittels Binde oder Heftpflaster oder Schnellverband. Die Wunde u. die Verbände dürfen niemals mit den Händen berührt werden. Bei *Knochenbrüchen* behelfsmäßige Schienung mit möglichst ausreichender Polsterung; die Schienung muß beiderseits über die Gelenke der betroffenen Knochens hinausreichen.
Bei *Vergiftungen:* Erbrechen herbeiführen (Finger in den Hals), aber nicht bei Verätzung, nicht bei Bewußtlosigkeit! Reste des Gifts sorgfältig aufbewahren, weil sie einen Anhalt über die Art der Vergiftung geben können. Bei Gasvergiftung ist so rasch wie möglich für Sauerstoffzufuhr zu sorgen.
*Verbrennungen:* sofort kühlen, z.B. mit kaltem Wasser. Nicht mit »Brandsalben« u. ä. behandeln. Mit einer sterilen Lage Mull abdecken.
*Erfrierungen:* bei allg. Unterkühlung von innen mit warmen Getränken aufwärmen (z.B. Tee, kein Alkohol) u. von außen nur den Rumpf mit warmen Wickeln; erst dann die betroffenen Glieder allmähl. aufwärmen.
Bei *Bewußtlosen:* kontrollieren, ob das Herz schlägt (Puls tasten) u. ob Atmung vorhanden ist. Beengende Kleidung, Krawatte, Gürtel usw. lockern. Mund u. Rachen von Erbrochenem freimachen. Seitwärts lagern.
Bei fehlender Atmung u. freien Atemwegen: *Mund-zu-Mund-Beatmung.* Der Bewußtlose liegt dabei auf dem Rücken, der Kopf wird überstreckt. Mit einer Hand wird die Nase beim Einatmen zugehalten, mit der anderen der Mund geöffnet. Etwa im Rhythmus der eigenen Atmung bläst man Luft in die Lungen des Bewußtlosen u. wartet ab, bis sie wieder entweicht, um dann erneut zu blasen, usw.
**Erster Mai,** internat. Feiertag der Arbeit; geht zurück auf einen 1888 gefaßten Beschluß der *American Federation of Labor,* den 1. Mai 1890 als soz. Feiertag zu begehen. Seit 1918 ist der Tag in zahlr. Ländern zum gesetzl. Feiertag erklärt worden. In den USA wird der 1. Montag im Sept. als *Labor Day* begangen.
**Erstgeburt,** Vorzugsrecht des Erstgeborenen, → Primogenitur.
**Erstickung,** Tod durch Unterbrechung der äußeren oder inneren Atmung bei Verlegung der Luftwege, bei Abschnürung der Halsschlagadern, bei Vergiftung mit Leuchtgas, Blausäure u.a. oder bei Verhinderung des Sauerstofftransports durch die roten Blutzellen infolge Blutzerfalls bei Blutkrankheiten *(innere E.).*
**Ertl,** Josef, *7.3.1925, dt. Politiker (FDP); 1969–83 Bundes-Min. für Ernährung, Landw. u. Forsten.
**Ertrag,** Ergebnis der wirtsch. Betätigung, bes. von Unternehmen u. land- u. forstwirtsch. Betrieben.
**Ertragsteuern,** *Objektsteuern,* Steuern, die bestimmte ertragbringende Objekte nach objektiven Gesichtspunkten der Besteuerung unterwerfen, ohne auf persönl. Verhältnisse des Steuerpflichtigen Rücksicht zu nehmen; so *Grundsteuer* u. *Gewerbesteuer.*
**Ertragswert,** Barwert der geschätzten künftigen Erfolge (Gewinne) eines Unternehmens, Grundstücks, Wertpapiers u.ä.
**ertrinken,** durch Eindringen von Wasser in die Atmungswege oder in die Lunge sterben.
**eruieren,** ermitteln, erforschen.
**Eruption,** explosionsartiger Vulkanausbruch.
**Eruptivgesteine** → Ergußgesteine.
**Erwachsenenbildung,** *Volksbildung,* Fortbildungsmöglichkeiten über das Schulalter hinaus durch Presse, Bücher, Radio, Film, Theater, Vorträge, Kunstausstellungen, Konzerte u.a., insbes. durch die jedermann zugängl. *Volkshochschule.* Daneben spielt auch die Arbeit der gewerkschaftl., polit. u. kirchl. Bildungswerke eine zunehmend wichtige Rolle.
**Erweckungsbewegungen,** die bes. vom Pietismus geprägten Bewegungen zur Verlebendigung der Gem. in den ev. Kirchen; in Dtld. bes. nach 1800, in England um 1740 im *Methodismus,* in Dänemark durch *Grundtvig* u.a.
**Erwerbsunfähigkeit,** die durch körperl. oder geistige Leiden bedingte Unfähigkeit, durch Arbeit den Lebensunterhalt zu verdienen; in der Unfall-, Angestellten- u. Arbeiterrentenversicherung Voraussetzung für den Anspruch auf Rente.
**Erwin von Steinbach,** †1318, dt. Baumeister; nachweisbar seit 1284 als Werkmeister am Straßburger Münster.
**Eryngium** → Mannstreu.
**Erysipel,** *Med.:* → Rose.
**Erythem,** Rötung der Haut mit brennendem Gefühl u. häufig nachfolgender Schuppung.
**Erythroblastose,** Auftreten zahlr. unreifer Vorstufen roter Blutkörperchen **(Erythroblasten);** bei bestimmten Blutkrankheiten, bes. aber bei Neugeborenen infolge Rhesus-Unverträglichkeit: *fetale E.*
**Erythrozyten,** die roten Blutkörperchen der Wirbeltiere, die das *Hämoglobin* enthalten; → Blut.
**Erzählung,** *i.w.S.* Sammelbegriff für alle epischen Gatt., *i.e.S.* eine an Umfang zw. Roman u. Novelle stehende Erzählform.
**Erzämter,** Reichs- u. Hofämter (Titularämter) im Röm.-Dt. Reich, die im 14. Jh. an die vier weltl.

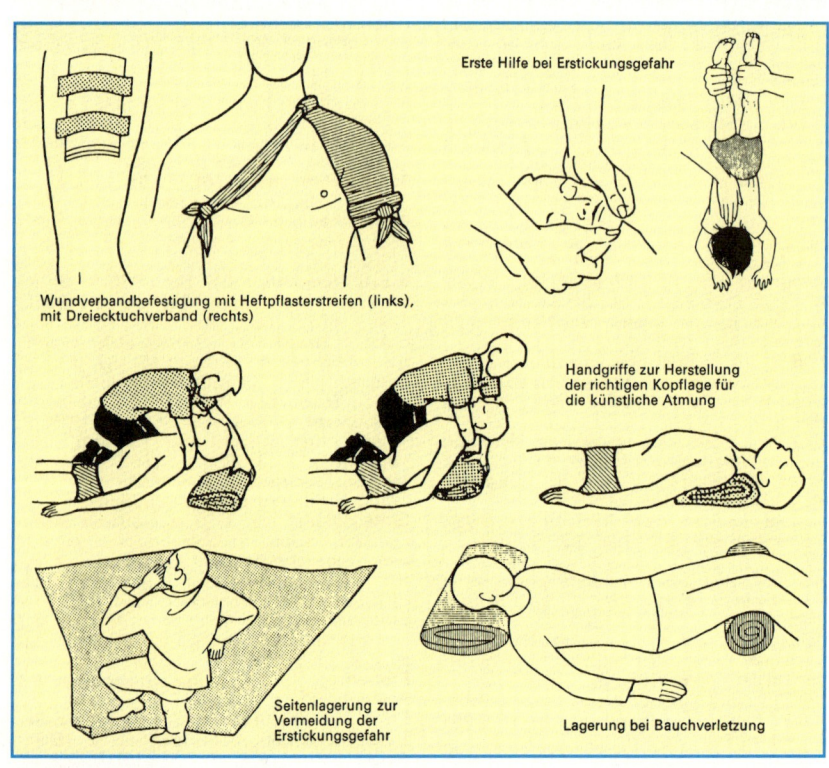

*Erste-Hilfe-Maßnahmen nach Unfällen*

*Erzgebirge: Fichtelberg (1214 m)*

Kurfürsten übergingen, die sie symbol. bei den Krönungsfeierlichkeiten versahen *(Erztruchseß:* Pfalzgraf bei Rhein; *Erzmundschenk:* König von Böhmen; *Erzmarschall:* Herzog von Sachsen; *Erzkämmerer:* Markgraf von Brandenburg). Die drei geistl. Kurfürsten (Erzbischöfe von Mainz, Köln u. Trier) waren *Erzkanzler.*
**Erzberger,** Matthias, *1875, †1921, dt. Politiker; Führer des linken *Zentrums;* unterzeichnete 1918 als Staatssekretär den Waffenstillstand von Compiègne u. trat für die Unterzeichnung des *Versailler Vertrags* ein. Er fiel einem Attentat rechtsradikaler ehem. Offiziere zum Opfer.
**Erzbischof,** *Archiepiscopus,* in der Westkirche allg. seit dem 8. Jh. der erste Bischof *(Metropolit)* einer Kirchenprov., dem die anderen Bischöfe *(Suffragane)* unterstehen; oft nur als Ehrentitel.
**Erzdiözese,** *Erzbistum,* die erste Diözese einer kath. Kirchenprov., in der der *Erzbischof* (Metropolit) residiert. In der BR Dtld. gibt es fünf E.n: München u. Freising, Freiburg i. Br., Bamberg, Paderborn, Köln.
**Erze,** in der Natur vorkommende metallhaltige Mineralien u. Mineralgemische (Gesteine). *Gediegene E.* enthalten Metall in nahezu reiner Form. E. sind: Blei, Eisen, Gold, Kupfer, Mangan, Molybdän, Nickel, Platin, Quecksilber, Silber, Uran, Wolfram, Zink, Zinn.
**Erzengel** → Engel.
**Erzgebirge,** dt. Mittelgebirge an der sächs.-böhm. Grenze, 150 km lang, 40 km breit; waldreicher, vermoorter Kamm *(Keilberg* 1244 m; *Fichtelberg* 1214 m) mit Steilabfall nach SO (Egergraben); allmähl. Abdachung nach NW zur steinkohlenreichen *Erzgebir. Mulde.*
**Erzherzog,** 1359–1918 Titel der Prinzen des östr. Herrscherhauses.
**Erziehung,** planmäßige Tätigkeit zur Formung junger Menschen, die mit allen ihren Anlagen u. Kräften zu vollentwickelten, verantwortungsbewußten u. charakterfesten Persönlichkeiten im Sinn der geltenden Persönlichkeitsideale gebildet werden sollen. Zur E. gehören außer Wissensvermittlung u. Ausbildung von Fertigkeiten (Hauptaufgaben des *Unterrichts)* auch Willensbildung, Charakterbildung, Gewissensbildung sowie die Entwicklung der Fähigkeit, sich selbst zu sehen u. zu beurteilen. Die wichtigsten Institutionen der E. sind das Elternhaus u. die Schule, daneben Kirche u. Jugendorganisationen. → Bildung, → Pädagogik.
**Erziehungsbeistandschaft,** Schutz u. Überwachung gefährdeter Minderjähriger in ihrer leibl., geistigen u. seel. Entwicklung durch einen *Erziehungsbeistand,* der vom *Vormundschaftsgericht* entweder von Amts wegen oder auf Antrag des *Personensorgeberechtigten* oder des *Jugendamts* bestellt wird. E. kann auch vom *Jugendgericht* angeordnet werden.
**Erziehungsberatung,** öffentl. Einrichtung zur allg. erzieher. Aufklärung u. zur Beratung oder Behandlung bei konkreten Erziehungsschwierigkeiten.
**Erziehungsurlaub,** Urlaub für Mütter oder Väter, der seit 1986 an Stelle des fr. Mutterschaftsurlaubs gewährt wird; beträgt bei Geburt eines Kindes 18 Monate.
**Erziehungswissenschaft** → Pädagogik.
**Erzlagerstätten,** sind natürl. in der Erdkruste (in Gängen, Lagern, Flözen, Seifen) angereicherte Mineralvorkommen, aus denen sich nutzbare Metalle gewinnen lassen.
**Erzschleiche,** bis 40 cm langer schlangenähnl. *Skink,* auf Grasböden der westl. Mittelmeerländer zu finden.
**Erzurum** ['ɛrzu-], *Erzerum,* O-türk. Prov.-Hptst. in Ostanatolien, 1950 m ü.M., 253 000 Ew.; Verkehrs- u. Handelsmittelpunkt; Univ.; reich an Moscheen u. Kirchen; Festung *Theodosiopolis* an der »Seidenstraße«.
**Erzväter,** *Patriarchen,* im AT die Stammväter Israels: Abraham, Isaak, Jakob u. auch dessen Söhne.
**Es,** chem. Zeichen für *Einsteinium.*
**Es,** in der Psychoanalyse der unbewußte, triebhafte Teil der Persönlichkeit.
**ESA,** Abk. für engl. *European Space Agency, Europ. Weltraumbehörde,* gegr. 1975; ihr gehören 10 europ. Staaten an. Hauptprojekte: Weltraumlabor *Spacelab* u. Trägerrakete *Ariane.*
**Esaki,** Leo, *12.3.1925, jap. Physiker; erforschte den Tunneleffekt in supraleitenden Medien u. in halbleitenden Festkörperkristallen; Nobelpreis 1973 zus. mit I. *Giaever* u. B. *Josephson.*
**Esau,** *Edom,* Sohn *Isaaks,* von seinem Bruder *Jakob* um die Erstgeburt betrogen.
**Esbjerg** [-bjɐr], dän. Hafenstadt an der SW-Küste Jütlands, 81 000 Ew.; Fischerei, Nahrungsmittel-Ind.; Fährverbindung mit Großbrit.
**Esch an der Alzette** [-'zɛt], frz. *Esch-sur-Alzette,* luxemburg. *Esch-Uelzecht,* zweitgrößte luxemburg. Stadt, im *Luxemburger Minett* (Erzbergbau- u. Schwerindustrierevier), 23 700 Ew.; Eisenhütten, Stahl- u. Walzwerke.
**Eschatologie** [esça-], Lehre von den »letzten Dingen«, d.h. für den einzelnen: Tod, Auferstehung von den Toten u. Gericht, für die Gesamtheit: Weltende u. Kommen des Reiches Gottes.
**Esche,** *Fraxinus,* Gatt. der Ölbaumgewächse, in den nördl. gemäßigten Zonen verbreitete laubabwerfende Bäume; hierzu die *Manna-* oder *Blumen-E.* u. die *Gewöhnl. E.* (bis 40 m hoch). – Der Welt- u. Lebensbaum *Yggdrasil* in der nord. Myth. ist eine E.
**Eschenburg,** 1. Johann Joachim, *1743, †1820, dt. Schriftst. u. Kunsttheoretiker; Freund G. E. *Lessings,* schuf die erste vollständige dt. Shakespeare-Übersetzung (in Prosa) 13 Bde. – **2.** Theodor, *24.10.1904, dt. Politologe; durch Kritik an öffentl. Mißständen starke publizist. Wirkung; zahlr. Veröffentlichungen.
**E-Schicht,** elektr. gut leitende Schicht der Ionosphäre in 100–150 km Höhe.
**Eschkol,** *Eshkol,* Levi, *1895, †1969, isr. Politiker (Mapai); 1963–69 Min.-Präs., 1963–67 auch Verteidigungs-Min.
**Eschwege,** hess. Krst. an der Werra, 23 000 Ew.; histor. Bauten; versch. Ind.
**Eschweiler,** Stadt in NRW nordöstl. von Aachen, 53 000 Ew.; Braunkohlebergbau, Eisen-, Metall-, Kunststoff-Ind.
**Escoffier,** Auguste, *1849, †1935, frz. Küchenmeister; gilt als Erneuerer der frz. u. internat. Kochkunst.
**Escorial,** *El E., Monasterio de San Lorenzo del E.,* span. Klosterschloß nw. von Madrid, erbaut 1563–84 unter Philipp II.; Sommerresidenz u. Grabstätte der span. Könige.
**Escudo,** Abk. *Esc,* Währungseinheit in Portugal seit 1911 (1 E. = 100 *Centavos)* u. 1960–75 in Chile (1 E. = 100 *Centésimos).*
**Esdras** = Esra.
**Esel,** *Equus asinus,* fast nur noch als Haustier erhaltene Art der *Pferde;* grau, mit langen Ohren u. typ. »I-aaa«-Geschrei. Stammform ist der *Wild-E.,* der in mehreren Rassen noch in diesem Jh. die Wüstensteppen N-Afrikas bewohnte.
**Eselsbrücke,** einfache Denkhilfe.
**Eskadron,** fr. eine der *Kompanie* entspr. Einheit bei berittenen oder bespannten Truppen.
**Eskalation,** stufenweise Entwicklung einer Krisensituation zu einem Konflikt.
**Eskamoteur** [-'tø:r], Taschenspieler, Zauberer. – **eskamotieren,** unbemerkt einen Gegenstand verschwinden lassen, wegzaubern.
**Eskapade,** Mutwilligkeit, Seitensprung.
**Eskilstuna,** schwed. Stadt westl. von Stockholm, 88 000 Ew.; Stahlindustriezentrum, Präzisionsmaschinenbau.

*Eskimo: Nationaltracht der grönländischen Mädchen und Kinder in Sarqaq an der Diskobucht*

**Eskimo,** eig. Name *Inuit* [»Menschen«], von Alaska bis Grönland u. in NO-Sibirien verbreitetes mongolides Polarvolk mit einheitl. Sprache u. Kultur; lebt von Jagd, Fischfang u. Rentierzucht.
**Eskişehir** [-ʃe'hir], Hptst. der gleichn. türk. Prov. in Kleinasien, 367 000 Ew.; Zentrum der Meerschaumgewinnung u. -verarbeitung; Textil-, chem. u. Zucker-Ind.
**Eskorte,** Begleitmannschaft, Geleit.
**Esmarch,** Friedrich von, *1823, †1908, dt. Chirurg; führte die *E.sche Blutleere* ein: Abschnürung der Blutgefäße in einem Körperglied zum Zweck der Blutstillung.
**esoterisch,** geheim; nur nach vorheriger Schulung durch Eingeweihte verständlich.
**Esparsette,** *Onobrychis,* Gatt. der Schmetterlingsblütler; Kräuter, Halbsträucher, auch Dornsträucher.
**Esparto,** *Espartogras, Alfagras,* Blätter der im westl. Mittelmeergebiet wachsenden Süßgräser *Lygeum spartum* u. *Stipa tenacissima (Halfagras).*

*Escorial*

die seit alten Zeiten zu Flechtarbeiten, als Rohstoff für die Papierherstellung *(E.papier)* u. als Polstermaterial dienen.
**Espe,** *Zitterpappel* → *Pappel.*
**Esperanto,** *Lingvo Internacia,* die bis heute am weitesten verbreitete Welthilfssprache, 1887 geschaffen von dem Warschauer Augenarzt L. *Zamenhof.*
**Espírito Santo** [ɛsˈpiritu ˈsantu], Bundesstaat in → Brasilien.
**Espíritu Santo** [ɛsˈpiritu ˈsa:ntʊ], größte Insel der *Neuen Hebriden (Vanuatu),* 4860 km², bis 1880 m hoch, 15 000 Ew.; Kokosplantagen, Viehzucht, Fischverarbeitung.
**Esplanade,** freier Platz; Name von Plätzen.
**Espresso,** starker, aromatischer Kaffee ital. Geschmacksrichtung, in einer *E.maschine* frisch zubereitet.
**Esquire** [ɛsˈkwaɪə], Abk. *Esq.,* Titel bestimmter Gruppen des niederen engl. Adels; auch eine dem »Hochwohlgeboren« entspr. Höflichkeitsform in Briefen.
**Esquivel** [ɛskiˈbel], Adolfo Perez, *26.11.1931, argent. Friedenskämpfer; Präs. der lateinamerik. Organisation »Dienst für Frieden u. Gerechtigkeit«; Friedensnobelpreis 1980.
**Esra,** *Esdras,* jüd. Priester u. Schriftgelehrter, Referent (»Schreiber«) für jüd. Religionsangelegenheiten bei der pers. Reg. in Babylon, 458 v.Chr. nach Jerusalem entsandt.
**Essäer** → Essener.
**Essay** [ˈɛsei oder ɛˈsei], frz. *Essai,* kürzere Abhandlung über kulturellaktuelle Fragen. **E.istik,** Form u. Kunst des *E.s.*
**Esse, 1.** Schornstein, bes. bei Fabriken. – **2.** Schmiedeherd.
**Essen,** größte Stadt u. Mittelpunkt des Ruhrgebiets, zw. Ruhr u. Emscher, 615 000 Ew.; Sitz von Bundes- u. Landesbehörden, Ind.-Konzernen u. Wirtschaftsverbänden; Zentrum des Handels, der Verwaltung, von Banken u. Versicherungen; Messeplatz; kath. Bischofssitz, kath. u. ev. Theol. Seminare; Univ.; Münsterkirche (9.–14. Jh.), Museum Folkwang, Kunstsammlung *Villa Hügel* (ehem. Wohnsitz der Fam. *Krupp*); Bergbau, Eisen-, Metall-, chem. Ind.; Energiewirtschaft; Hafen, Wetterwart; Grugapark, Baldeneysee.
**Essener,** *Essäer,* spätjüd. Sekte (150 v.Chr. bis 70 n.Chr.), deren Mitgl. sich in Besitz- u. Ehelosigkeit u. strengstem Gesetzesgehorsam auf das nahe bevorstehende Weltende vorbereiteten.
**essentiell,** wesentlich.
**Essenz, 1.** Auszug (Extrakt) von Pflanzenstoffen. – **2.** *essentia,* Wesen(heit), Sosein; in der Scholastik als Ggs. zu *Existenz.*
**Essex** [ˈɛsɪks], Gft. in SO-England, zw. Themse u. Stour, 3674 km², 1,5 Mio. Ew., Hptst. *Chelmsford;* Obst- u. Gemüseanbau; versch. Ind.; bis um 800 selbst. Königreich.
**Essex** [ˈɛsɪks], engl. Grafentitel seit 1139. – Robert *Devereux,* Earl of E. (*1566, †1601), war seit 1588 Günstling *Elisabeths I.* Er versuchte 1601 in London einen Aufstand u. wurde enthauptet.
**Essig,** aus einer verdünnten, wäßrigen Lösung von *E.säure* (5–10%) bestehendes, schon im Altertum bek. saures Würz- u. Konservierungsmittel; Herstellung hpts. durch Oxidation alkoholhaltiger Flüssigkeiten mit Hilfe eines in den *E.bakterien* vorkommenden Ferments, im Haushalt auch durch Verdünnen von *E.essenz.*
**Essigessenz,** 60–80 %ige, mit Farb- u. Aromastoffen versetzte *Essigsäure;* unverdünnt lebensgefährlich.
**Essigester,** fr. *Essigäther, Ethylacetat, Essigsäureethylester,* $CH_3COOC_2H_5$, angenehm riechende Flüssigkeit, dargestellt aus Essigsäure u. Ethylalkohol unter Zusatz von Schwefelsäure.
**Essigsäure,** *Eisessig, Ethansäure, Acetylsäure,* $CH_3COOH$, die älteste bek. u. noch heute die wichtigste Carbonsäure; mit Wasser unbegrenzt mischbar; wesentl. Bestandteil des Speiseessigs.
**essigsaure Tonerde,** *Liquor aluminii (sub-)acetici,* 8%ige wäßrige Lösung basischen Aluminiumacetats; für Umschläge u. Spülung.
**Esslingen,** *E. am Neckar,* ba.-wü. Krst., sö. von Stuttgart, 87 000 Ew.; alter Stadtkern, mittelalterl. Vorstädte; Masch.-, Elektro-, Nahrungsmittel-, Metall-, Fahrzeug-Ind.
**Essonne** [ɛˈsɔn], nordfranzös. Dép. beiderseits des gleichn. Flusses, 1811 km², 988 000 Ew., Verw.-Sitz: *Evry.*
**Establishment** [ɪsˈtæblɪʃmənt], meist polemisch gebrauchtes Schlagwort für die politisch, gesellschaftl. u. wirtschaftl. führenden Gruppen im Staat, die im allg. die Behauptung u. Festigung ihrer Stellung erstreben.
**Estancia** [-θia], südamerik. Viehzuchtfarm.
**Este,** eine der ältesten Dynastien Italiens, 1452 als Herzöge von Mòdena u. Règgio u. 1471 als Herzöge von Ferrara anerkannt; herrschte bis 1796 in Mòdena, seit 1738 auch in Massa u. Carrara.
**Esten,** eigener Name *Eestlased,* westfinn. Volk (finn.-ugr. Sprachfam.) im Gebiet südl. des Finn. Meerbusens *(Estland).* Die Kultur der E. weist starke schwed. u. dt. Einflüsse auf. → Estland.
**Ester,** chem. Verbindungen, die aus einem Alkohol u. einer Säure unter Wasserabspaltung entstehen *(Veresterung).* Der entgegengesetzte Prozeß ist die *Verseifung.* E. sind Fruchtessenzen (meist synthetisch) u. Geruchsstoffe.
**Esterházy** [ˈɛstɛrhaːzi], *E. von Galántha,* ehem. eines der mächtigsten ung. Adelsgeschlechter (Grafen u. Fürsten). Fürst Nikolaus Joseph (Miklós József) E., *1714, †1790, Kaiserl. Feldmarschall, baute seinen Sommersitz am Neusiedler See zum »Ungar. Versailles« aus.
**Esther,** umstrittenes Buch des alttestamentl. Kanons, das die Geschichte einer Jüdin am pers. Hof erzählt; wahrsch. im 3. Jh. v.Chr. entstanden.
**Estland,** estn. *Eesti, Estn. SSR,* balt. Land an der Ostsee, 45 100 km², 1,6 Mio. Ew., Hptst. *Reval (Tallinn);* flachhügeliges Land mit vielen Seen, Sümpfen u. Mooren; gemäßigtes Klima; Milchviehu. Schweinemastwirtschaft, Anbau von Futtergetreide u. Kartoffeln; Torfgewinnung; Textil-, Holzu. Papier-Ind., Maschinenbau. – G e s c h.: Die zur finn. Völkerfam. gehörenden Esten wurden 1219 von N her durch die Dänen unterworfen. 1346 löste der *Dt. Orden* die dän. Oberhoheit ab. E. wurde 1561 schwed., im Nord. Krieg russ. (1721). Am 24.2.1918 wurde mit Ausschluß der von Esten besiedelten Teile Livlands die *Rep. E.* ausgerufen. 1940, nach Einmarsch der sowj. Truppen, wurde E. als *Estn. Sozialist. Sowjetrepublik* Teilstaat der Sowjetunion. 1990 kam es über die Unabhängigkeitsbestrebungen E. zum Konflikt mit der sowj. Zentralregierung.
**Estomihi,** fr. *Quinquagesima,* 7. Sonntag vor Ostern.
**Estoril,** portug. Seebad westlich von Lissabon, 24 000 Ew.
**Estrade,** ein- oder mehrstufiges Podium aus Holz oder Stein.
**Estragon,** *Korbblütler* aus Sibirien u. Nordamerika; Zusatz zu Essig u. Gewürz.
**Estremadura, 1.** *Extremadura,* histor. Ldsch. in W-Spanien, zw. dem Kastil. Scheidegebirge u. der Sierra Morena, umfaßt die 2 Prov. *Badajoz* u. *Cáceres;* großes Bewässerungsgebiet im Tal des Guadiana; Anbau von Wein, Oliven, Getreide, Gemüse u. Baumwolle; Viehzucht. – **2.** fr. Prov. in Mittelportugal.
**Estrich,** fugenloser Fußboden aus Gips, Zement, Steinholz, Asphalt, Terrazzo oder Lehm.
**ETA,** Abk. für *Euzkadi Ta Askatasuna* [»bask. Vaterland u. Freiheit«], nationalist. Autonomiebewegung des Baskenlandes, mehrf. gespalten; einige Gruppen terroristisch.
**etablieren,** einrichten, errichten, sich niederlassen, ein Geschäft eröffnen.
**Etablissement** [etablɪsmã], Niederlassung wie Geschäft, Lokal, Vergnügungsstätte usw.; heute auch Gaststätte mit zweifelhaftem Ruf.
**Etage** [eˈtaːʒə], Stockwerk, Geschoß.
**Etappe, 1.** Abschnitt, Teilstrecke; Rastort. – **2.** Raum zw. dem Operationsgebiet einer Armee u. dem Heimatgebiet.
**Etat** [eˈta], Staatshaushalt; → Haushaltsplan.
**États généraux** [eˈtaʒeneˈroː] → Generalstände.
**et cetera,** Abk. *etc.,* und so weiter.
**Eternit,** Handelsname für Erzeugnisse aus *Asbestzement.*
**Etesien,** trockene sommerl. Winde aus N u. NW im östl. Mittelmeer. – **E.klima** (Mittelmeerklima), das Klima sommertrockener, winterfeuchter subtrop. Gebiete, z.B. Kalifornien, Mittelchile.
**Ethanol** → Alkohol.
**Ether,** fr. *Äther,* organ.-chem. Verbindungen, bei denen zwei gleiche *(einfache E.)* od. versch. Kohlenwasserstoffreste *(gemischte E.)* über ein Sauerstoffatom miteinander verbunden sind. E. entstehen u.a. durch Wasserabspaltung aus Alkohol mittels Schwefelsäure. Wichtigster E. ist der **Ethyl-E.,** $C_2H_5$-O-$C_2H_5$. Er wird als Lösungsmittel für Fette, Öle, Harze u. Alkaloide sowie, gemischt mit anderen Narkosemitteln, für Kurznarkosezwecke verwendet. Kohlensäureschnee u. E. ergeben eine Kältemischung (bis –80 °C).
**Ethik,** Lehre vom rechten, zum wahren Glück führenden Handeln; in der Antike: die Lehre von den Institutionen *(Ethos* u. *Nomos);* in der Neuzeit: die Lehre von den inneren Bestimmungen des Handelns *(Moralität),* zumeist gleichbedeutend mit *Moralphilosophie* u. *Sittenlehre;* im kath. Bereich *Moraltheologie* genannt.
**ethnisch,** der Volksart entspr., Volks... – Als *e. Einheit (Ethnie)* bezeichnet man eine Menschengruppe (Volk, Stamm u.a.) in gemeinsamem Siedlungsraum, die sich durch Lebensgewohnheiten u. Güter klar von den Nachbarn abhebt.
**Ethnographie,** Methode der Völkerkunde; beschreibt Sitten u. Brauchtum einzelner Völker u. Kulturen.
**Ethnologie,** Methode der Völkerkunde: die kulturvergleichende Forschung.
**Ethologie** → Verhaltensforschung.
**Ethos,** die menschl. Haltung bestimmende hohe sittl. Norm (z.B. Berufs-E.).
**Ethyl,** *Ethylgruppe, Ethylradikal,* einwertiger aliphat. Kohlenwasserstoffrest $C_2H_5$, z.B. im *E.alkohol* $C_2H_5$-OH.
**Ethylalkohol** → Alkohol.
**Etikett,** schweiz. *Etikette,* Aufschrift (Zettel) auf Flaschen, Waren u.ä.
**Etikette,** die herkömml. gesellschaftl. Umgangsformen.
**Etmal,** von einem Mittag zum folgenden (24 Std.) zurückgelegte Fahrstrecke eines Schiffs in Seemeilen.
**Eton** [ˈiːtən], S-engl. Stadt an der Themse, westl. von London, 4000 Ew. Das 1440 gegr. *E. College* ist eine der berühmtesten engl. Internatsschulen.
**Etrurien,** lat. *Etruria,* später *Tuscia,* grch. *Tyrrhenia,* antike, von den *Etruskern* bewohnte Ldsch. in W-Italien, zw. Arno u. Tiber; heute die Region Toskana mit Teilen von Umbrien u. Latium.
**Etrusker,** lat. *Etrusci, Tusci,* grch. *Tyrrhenoi, Tyrsenoi,* eig. Name *Rasenna,* Volk, das vom Beginn des 7. Jh. v.Chr. bis ins 1. Jh. v.Chr. im W-mittelital. Raum zw. Arno u. Tiber als Träger

*Essen: Grugahalle*

*Etrusker: bemalte Aschenurne*

*Etrusker: Ausdehnung des etruskischen Reiches*

einer eigenständigen Kultur auftrat. Es gab keinen gesamt-etrusk. Staat, nur einzelne Stadtkulturen. Das erste Auftreten der E. fiel in die 1. Hälfte des 10. Jh. v. Chr. Bis 600 v. Chr. unterwarfen sie Volksteile der *Umbrer;* am Ende des 6. Jh. v. Chr. wurde Kampanien mit den Städten *Capua* u. *Pompeji* etruskisch; ebenfalls im 6. Jh. v. Chr. gewann das etrusk. Geschlecht der *Tarquinier* die Vorherrschaft über *Rom* u. die latin. Städte. Wahrsch. in diese Zeit fiel auch der Zusammenschluß von 12 Städten *(Zwölfstädtebund)* der E. Das 5. Jh. v. Chr. brachte den Niedergang der etrusk. Macht. Die **K u n s t** der E. entstand in der Auseinandersetzung der indoeurop.-ital. Kultur der frühen Eiszeit auf der nördl. Apenninhalbinsel, die sich bes. in der *Villanova-Kultur* (rd. 1000–650 v. Chr.) manifestierte, mit oriental. u. frühgrch. Einflüssen. Diese bestimmten seit etwa 700 v. Chr. die etrusk. Kunst u. führten sie rasch zur Blüte. – Hauptzentren waren Caere, Veji, Tarquinia, Vulci u. Chiusi. Grabgemälde u. Reliefs auf Sarkophagen u. Urnen in den ausgedehnten Nekropolen zeigen Familienszenen mit Kindern u. Haustieren, Fisch- u. Vogelfang, Wettrennen u.a. Hptw. der Zeit um 500 v. Chr. sind die Tonstatue »Apollon von Veji«, ein Terrakottasarkophag aus Caere (Rom, Villa Giulia) sowie die Kapitolins. Wölfin.

**Etsch,** ital. *Ádige,* N-ital. Fluß, 410 km; mündet südl. von Chióggia in das Adriat. Meer.

**Etschmiadsin,** Stadt in der Armen. SSR (Sowj.), westl. von Eriwan, 40 000 Ew.; Sitz des Oberhaupts *(Katholikos)* der Armen. Kirche.

**Ettal,** oberbay. Gem. am Südfuß des *E.er Mandls* (1638 m), 1000 Ew.; Benediktinerabtei (gegr. 1330), berühmte Barockkirche.

**Etter,** Philipp, *1891, †1977, schweiz. Politiker (Kath.-Kons. Partei); 1939, 1942, 1947 u. 1953 Bundespräs.

**Ettlingen,** ba.-wü. Stadt im Albgau, südl. von Karlsruhe, 37 000 Ew.; Schloß; Wein- u. Obstanbau; Spinnerei u. Weberei, Papierfabrik.

**Etüde,** musikal. Übungsstück zur techn. Schulung.

**Etui** [e'tvi], Futteral, Behälter.

**Etymologie,** Entwicklungsgeschichte eines Wortes, d.h. seine Veränderungen an Lautgestalt u. Bedeutung, vorzugsweise in jenen Zeitabschnitten, die noch nicht durch kontinuierl. schriftl. Überlieferung beleuchtet sind. Die E. faßt die Wörter zu etymolog. verwandten Wortsippen zusammen u. erschließt für diese die gemeinsame Grundlage (Stamm, Basis, Wurzel); sie arbeitet die Regelmäßigkeit der Lautentwicklung heraus *(Lautgesetze)* u. muß den Bedeutungswandel der Wörter nachzeichnen.

**Etzel,** Name des Hunnenkönigs Attila in der dt. Heldensage.

**Eu,** chem. Zeichen für *Europium.*

**eu...,** Vorsilbe mit der Bedeutung »gut, schön, reich«.

**Euböa,** *Evboia, Evvoia,* Insel vor der grch. Ostküste, 3658 km², 188 000 Ew.; gebirgig, fruchtbare Täler, in N bewaldet; Magnesit, Braunkohle; Hauptort *Chalkis.*

**Eucharistie,** »Danksagung«, das christl. Altarsakrament des heiligen *Abendmahls,* bei Katholiken auch *Kommunion.*

**Eucken, 1.** Arnold Thomas, Sohn von 2), *1884, †1950, dt. Physikochemiker; bek. Lehrbücher. – **2.** Rudolf, *1846, †1926, dt. Philosoph; Begr. des *Neuidealismus;* Nobelpreis 1908 (Literatur). – **3.** Walter, Sohn von 2), *1891, †1950, dt. Nationalökonom; Vertreter der *Freiburger Schule,* gab dem *Neoliberalismus* die theoret. Begründung.

**Eudämonismus,** in der Ethik der Standpunkt, daß das höchste Gut die eig. Glückseligkeit sei; als Doktrin bes. im *Epikureismus.*

**Eugen, 1.** »Prinz Eugen«, *1663, †1736; Prinz von Savoyen, Staatsmann u. Feldherr in Östr.; kämpfte seit 1683 im kaiserl. Heer gegen die Türken, dann auch gegen Frankreich; schlug die Türken entscheidend bei Mohács 1687, Zenta 1697, Peterwardein 1716 u. Belgrad 1717, wodurch er die Türkengefahr endgültig bannte. Im Span. Erbfolgekrieg siegte er bei Höchstädt (1704), Turin (1706), mit *Marlborough* bei Oudenaarde (1708) u. Malplaquet (1709). 1714–24 war er Statthalter der östr. Niederlande. – **2.** E. IV., eigtl. Gabriele *Condulmer,* *um 1383, †1447, Papst 1431–47. Das *Basler Konzil,* das er vergebl. aufzulösen versuchte, verlegte er 1437 nach Ferrara u. bald darauf nach Florenz. Die in Basel gebliebene Minderheit wählte 1439 den Gegenpapst *Felix V.,* gegen den E. sich aber durchsetzen konnte.

**Eugenie,** *Eugénie* [ø3e'ni:], Marie de *Guzmán,* Gräfin *Montijo,* *1826, †1920, Kaiserin der Franzosen seit 1853; verh. mit *Napoléon III.,* auf den sie starken polit. Einfluß ausübte.

**Eugenik,** Verhinderung der Ausbreitung ungünstiger Erbanlagen; im Nat.-Soz. zu rassist. Zwecken mißbraucht.

**Eugiena,** Gatt. spindelförmiger *Flagellaten* des Süßwassers.

**Euhemeros,** grch. Historiker u. Philosoph aus Messene, um 300 v. Chr.; verfaßte einen Reiseroman (»Heilige Schrift«), in dem er die Volksgötter als ausgezeichnete Menschen der Vorzeit auffaßt *(Euhemerismus).*

**Eukalyptus,** *Eucalyptus,* Gatt. der *Myrtengewächse* aus Australien, jetzt in allen warmen Zonen angebaut; hierzu der *Riesen-E.* mit Stämmen von über 150 m Höhe; der *Fieberbaum,* der durch seinen Wasserbedarf den Grundwasserspiegel senkt u. die Brutplätze der Malaria-Mücke austrocknet. Aus den Blättern versch. E.-Bäume wird ein stark riechendes äther. Öl gewonnen; Heilmittel bei Entzündungen im Nasen-Rachen-Raum, Riech- u. Geschmacksstoff.

**Euklid,** *Eukleides,* etwa 365–300 v. Chr., grch. Mathematiker in Alexandria, »Vater der Geometrie«; sammelte in seinem Gesamtwerk »Elemente« (13 Bücher) das math. Wissen seiner Zeit; die *euklid. Geometrie* beruht auf dem → *Parallelenaxiom;* sie ist Modell des wirkl., *euklid. Raums.*

**Eulen, 1.** nächtl. jagende, weltweit verbreitete Raubvögel mit großen Augen, die zum Dämmerungssehen geeignet sind, u. weichem Gefieder (daher geräuschloser Flug); mit den *Nachtschwalben* verwandt. Mitteleurop. Arten: Uhu, Waldohr- u. Sumpfohreule, Wald- u. Steinkauz, Schleiereule. – **2.** *Noctuidae,* Fam. der Nachtschmetterlinge; die nackten Raupen vieler Arten sind an Nutzpflanzen schädl., andere als Mordraupen nützlich.

**Eulenberg,** Herbert, *1876, †1949, dt. Schriftst. (neuromant. Dramen u. lit. Miniaturen).

**Eulenburg, 1.** Botho Graf zu, *1831, †1912, preuß. Min.-Präs. 1892–94; betrieb 1878–81 als preuß. Innen-Min. die Durchführung der *Sozialistengesetze.* – **2.** Friedrich Albrecht Graf zu, *1815, †1881, preuß. Innen-Min. 1862–78; Mitkämpfer O. von Bismarcks im *Verfassungskonflikt.* – **3.** Philipp Fürst (ab 1900) zu *E.* u. *Hertefeld,* *1847, †1921, dt. Diplomat; Freund *Wilhelms II.;* mußte 1907 den Hof verlassen aufgrund der Angriffe M. *Hardens* gegen ihn wegen (im Prozeß nicht erwiesener) homosexueller Neigungen.

**Eulengebirge,** poln. *Góry Sowie,* niederschles. Gebirge, Teil der *Sudeten* zw. Glatzer Neiße u. Weistritz, *Hohe Eule* 1015 m.

**Eulenspiegel,** niederdt. *Ulenspegel, Ulenspiegel,* Till (Tyll), Volksnarr, soll als histor. Figur um 1300 in Kneitlingen (Braunschweig) geboren u. 1350 in Mölln bei Lübeck gestorben sein; Held eines Schwankbuchs (verlorene niederdt. Urform wohl 1483, ältester erhaltener Druck Straßburg 1515); neigt dazu, die Aufforderungen seiner Partner allzu wörtl. zu nehmen, statt sie sinngemäß zu erfüllen.

**Euler, 1.** August, eigtl. A. *Reith,* *1868, †1957, dt. Flugpionier u. Flugzeugbauer; erwarb am 1.2.1910 den dt. Flugzeugführerschein Nr. 1. – **2.** Leonhard, *1707, †1783, schweiz. Mathematiker; hinterließ umfangreiche Arbeiten über Kurven, Reihen, Variationsrechnung, Infinitesimalrechnung, Geometrie, Algebra u. über Fragen der Technik, Mechanik, Optik u. Astronomie.

**Euler-Chelpin** [-'kɛl-], **1.** Hans von, *1873, †1964, dt. Chemiker (Untersuchungen über Enzyme u. die chem. Vorgänge in Pflanzen); Nobelpreis 1929. – **2.** Ulf Svante von, Sohn von 1), *1905, †1983, schwed. Neurophysiologe; Nobelpreis für Medizin 1970.

**Eumenes, 1.** *um 362 v. Chr., †316 v. Chr. (ermordet), Privatsekretär *Philipps II.* u. *Alexanders d. Gr.;* nach dessen Tod Statthalter von Kappadokien; setzte sich in den Diadochenkämpfen gegen *Antigonos I.* zur Wehr. – **2.** *E. II. Soter,* König von Pergamon 197–59 v. Chr., aus dem Geschlecht der *Attaliden;* Bundesgenosse der Römer in Kleinasien. In seiner Regierungszeit wurde der *Pergamonaltar* vollendet.

**Eunuch,** kastrierter Mann; im Orient als Haremswächter.

**Eupatriden,** Uradelsgeschlecher im alten Attika.

**Eupen,** Ind.-Stadt in der belg. Prov. Lüttich, südl. von Aachen, 17 000 überwiegend deutschsprachige Ew.; 1815–1920 preußisch.

**Eupen-Malmédy-St.-Vith,** drei Kantone der belg. Prov. Lüttich; 1815 von den Niederlanden abgetrennt u. preußisch, 1920 aufgrund des Versailler Vertrags belgisch.

**Euphemismus,** *Hüllwort,* beschönigende Umschreibung ungern ausgesprochener Tatsachen, z.B. *heimgehen* für »sterben«; **euphemistisch,** beschönigend.

**Euphonie,** Wohlklang, Wohllaut.

**Euphorie,** Zustand subjektiv gehobenen Wohlbefindens nach dem Genuß von Rauschmitteln, bei Psychosen u. Gehirnkrankungen, auch bei schweren Infektionen (Tuberkulose, Sepsis).

**Euphorion,** nach grch. Sagentradition der auf den Inseln der Seligen erzeugte schöne, geflügelte Sohn des Achilles u. der Helena.

**Euphrat,** arab. *Al Furat,* größter Fluß Vorderasiens, 2775 km; entspringt mit dem *Westl. E. (Karasu)* bei Erzurum in der Türkei u. dem *Östl. E. (Murat)* sö. des Ararat in Armenien; bildet mit dem *Tigris* die Schwemmlandebene *Mesopotamien* u. mündet, mit dem Tigris zum *Schatt al-Arab* vereint, in den Pers. Golf.

**Euphrosyne,** grch. Göttin des Frohsinns, eine der *Chariten.*

**Euphuismus,** nach dem Roman »Euphues« 1578 (J. *Lyly)* benannter schwülstiger Prosastil des engl. *Manierismus.*

*Eugen, Prinz von Savoyen; Gemälde von J. G. Auerbach*

**Eupolis,** *um 446 v. Chr., †um 411 v. Chr., grch. Dichter der »alten Komödie« in Athen.

**Eurasien,** zusammenfassende Bez. für *Europa* u. *Asien,* die größte zusammenhängende Landmasse der Erde (rd. 55 Mio. km² mit 3,57 Mrd. Ew.).

**Eurasier,** Mischling zw. Europäer u. Inder.

**Euratom,** Abk. für *Europäische Atomgemeinschaft,* von den Mitgliedstaaten der → Montanunion 1957 begr. gemeinsamer Markt für Kernbrennstoffe u. Ausrüstungen zur friedl. Nutzung der Kernenergie. Die Exekutive liegt seit 1967 bei der gemeinsamen *Kommission der Europäischen Gemeinschaften.*

**Eure** [œːr], l. Nbfl. der *Seine* in N-Frankreich, 225 km u. Dép. in der Normandie, Verw.-Sitz *Évreux.*

**Eureca,** *Eureka,* Abk. für engl. *European Research Coordinating Agency (Europ. Forschungskoordinationsagentur),* 1985 begonnenes Projekt von 18 europ. Staaten (EG u. EFTA-Staaten) für die gemeinsame europ. Forschung u. Entwicklung ziviler u. militär. Projekte der Hochtechnologie.

**Eurich,** †484, König der Westgoten 466-84; Sohn *Theoderichs I.* Unter seiner Reg. erreichte das Westgotenreich in Gallien u. Spanien seine größte Ausdehnung.

**Euripides,** *vor 480 v. Chr., †406 v. Chr., nach *Äschylus* u. *Sophokles* der größte grch. Tragödien-

*Euripides*

dichter. Sein krit., sehr »modernes« Werk fand zunächst in Athen nur wenig Anerkennung. Von den 92 ihm zugeschriebenen Dramen sind 18 erhalten u.a. »Alketis«, »Iphigenie bei den Taurern«, »Elektra«, »Andromache«, »Orestes«.

**Eurocheque** [-ʃɛk] → Euroscheck.

**Eurocontrol,** von Belgien, der BR Dtld., Frankreich, Großbrit., Luxemburg u. den Ndl. 1960 gegr. internat. Flugsicherungsbehörde; Sitz: Paris.

**Eurokommunismus,** um 1975 geprägte Bez. für eine Richtung im Kommunismus, die den sowj. Führungsanspruch ablehnt und einen demokr. Weg zum Sozialismus proklamiert. Hauptvertreter: die kommunist. Parteien Spaniens u. Italiens.

**Europa,** in der grch. Sage Tochter des phöniz. Königs *Agenor;* Geliebte des *Zeus,* der sie in Gestalt eines Stiers nach Kreta entführte.

**Europa,** mit rd. 10 Mio. km² der zweitkleinste Erdteil (nach Australien). Er hängt Asien als Halbinsel an *(Eurasien),* wird aber aufgrund seiner besonderen kulturgeschichtl. Rolle als eigenständiger Kontinent gesehen. Als seine Ostgrenze gilt das Uralgebirge, der Uralfluß u. die Manytschniederung. Von S, W u. N greifen Mittelmeer, Nord- u. Ostsee tief ins Land u. machen E. zu dem am stärksten gegliederten Erdteil. So entfällt mehr als ein Drittel der Gesamtfläche auf Inseln u. Halbinseln. Mit rd. 666 Mio. Ew. beherbergt E. ca. 13% der Weltbevölkerung u. ist damit der Kontinent mit der größten Siedlungsdichte (68 Ew./km²). E. ist politisch stark zersplittert: Es gliedert sich in 34 Staaten u. ist Verbreitungsgebiet von 120 versch. Sprachen. Seine zentrale Lage machten es jahrhundertelang zum Mittelpunkt der Welt.

Landesnatur. Der Rumpf des westl. E. wird in drei Großlandschaften untergliedert: im N u. NW Flachland, in der Mitte die vielfach gekammerten

Europa 245

**246 Europabrücke**

Mittelgebirgsldsch. u. im S der z.T. vergletscherte Hochgebirgszug, der von den Pyrenäen über die Alpen bis zu den Karpaten reicht. Daran schließen sich im S die Pyrenäen-, Apenninen- u. Balkanhalbinsel an, im N die Brit. Inseln, Jütland u. Skandinavien. Ost-E. ist ein weites Flachland, so daß rd. 60% der Gesamtfläche E.s aus Tiefländern bestehen. – Die Flüsse in West-E. sind durch regelmäßige Wasserführung wichtige Verkehrsträger. Im O dagegen ist ihre Schiffbarkeit durch längere Eisbedeckung im Winter eingeschränkt. Die größten Ströme sind *Wolga, Donau, Dnjepr* u. *Don.* – K l i m a : Ozean. Westwinde u. der Einfluß des warmen Golfstroms verleihen E. ein günstiges Klima mit gemäßigten Temperaturen u. ausreichenden Niederschlägen zu allen Jahreszeiten. Nach O wird das Klima kontinentaler mit zunehmenden Temperaturgegensätzen zw. Sommer u. Winter u. abnehmenden Niederschlägen. Südl. der Alpen hat E. Anteil am Mittelmeerklima, das durch trockene, heiße Sommer u. milde, regenreiche Winter gekennzeichnet ist. – P f l a n z e n - u. T i e r w e l t : E. ist von Natur aus größtenteils mit Wäldern bedeckt, die im N vorw. aus Nadelwäldern u. im S aus Laub- u. Mischwäldern bestehen. Bis heute sind rd. 49% der Gesamtfläche E. in Kulturland umgewandelt worden. Die verbliebenen Wälder (rd. 28% der Fläche) sind forstwirtschaftl. Gründen artenärmer geworden. In Süd-E. überwiegen niedrige Hartlaubgehölze. Der SO wird von Grassteppe eingenommen, die in der Kaspisenke in Salzsteppe u. Halbwüste übergeht. – Der urspr. Tierbestand hat sich entweder der Kulturlandschaft angepaßt (Fuchs, Marder, Igel, zahlr. Vögel) oder wurde ausgerottet (Auerochse) oder geschützt (Reh, Hirsch) oder in entlegene Gebiete zurückgedrängt (Bär, Wolf, Luchs).
B e v ö l k e r u n g . Nach Sprache u. Geschichte gehören 95% der indoeurop. Völkerfamilie an. Die restl. 5% sind finn.-ugr. Völker oder Restvölker (Basken, Albaner). Die europ. Rasseelemente sind weitgehend miteinander vermischt. Die Industriegebiete sind Zonen dichtester Besiedlung (250 bis 1000 Ew./km²), bes. Teile von Großbritannien u. N-Frankreich, die Beneluxländer, das Ruhrgebiet, die Rhein- u. Leipziger Bucht, weiterhin Oberschlesien u. Oberitalien. In den Gebirgen, in Nord- u. Nordwest-E. sinkt die Bevölkerungsdichte dagegen z.T. unter 10 Ew./km².
W i r t s c h a f t . Trotz intensiver Landwirtschaft können die meisten europ. Staaten ihre Bevölkerung wegen der hohen Volksdichte nicht voll ernähren u. sind auf Nahrungsmittelimporte angewiesen. Hauptanbauprodukte sind Getreide, Kartoffeln, Zuckerrüben, im S auch Wein u. Südfrüchte. Die Viehzucht dominiert im kühleren Nord- u. Nordwest-E. sowie in den Höhenlagen. E. verfügt über vielseitige Bodenschätze, deren Förderung aus Rentabilitätsgründen z.T. stagniert oder rückläufig ist. E. ist nach N-Amerika der wichtigste Industrieraum der Erde. Meist in Anlehnung an Kohlen- u. Eisenerzlagerstätten haben sich die ältesten europ. Industriegebiete entwickelt (in Mittelengland, Belgien u. N-Frankreich sowie im Saar- u. Ruhrgebiet, in Oberschlesien u. S-Rußland). Wichtigste Industriezweige sind die Eisen- u. Stahlerzeugung, die Maschinen-, Kraftfahrzeug-, Textil- u. Nahrungsmittelindustrie. Ein starkes Wachstum verzeichnen die Kunststoff- u. die elektron. Industrie (Datenverarbeitung). Kennzeichnend für die europ. Wirtschaft sind die internat. Verflechtungen mit allen Teilen der Erde. Ein wichtiger Faktor ist auch die wirtschaftl. u. polit. Bündnisse (insbes. die *Europ. Gemeinschaft*, der *Rat für gegenseitige Wirtschaftshilfe*). – V e r k e h r : West-E. verfügt über das dichteste Schienennetz der Erde. Hauptverkehrsträger ist aber der Straßenverkehr (bes. in West-E.). Das dichte Netz von Binnenwasserstraßen, deren wichtigste Achsen Rhein, Rhône u. Donau sind, ist durch zahlr. Kanäle ergänzt. Von rasch zunehmender Bedeutung ist der Flugverkehr.

**Europabrücke,** 1963 eingeweihte Brücke der Autobahn Innsbruck-Brenner über den Sillfluß bei Schönberg; Länge 820 m, Breite 22,2 m, Höhe 190 m.

**Europaflagge,** die Flagge des *Europarats:* auf blauem Grund 12 kreisförmig angeordnete goldene Sterne. – Die Flagge der *Europ. Union* führt im grünen Feld ein weißes »E«.

**Europahymne,** die von der Beratenden Versammlung des Europarats 1972 zur offiziellen europ. Hymne bestimmte »Hymne an die Freude« aus L. van *Beethovens* 9. Sinfonie.

**Europäische Atomgemeinschaft** → Euratom.

**Europäische Bewegung,** *Europa-Bewegung* → europäische Unionsbewegungen.

**Europäische Freihandelsassoziation,** engl. *European Free Trade Association,* Abk. *EFTA,* 1960 gegr. handelspolit. Zusammenschluß der Länder Dänemark, Großbrit., Norwegen, Östr., Portugal, Schweden u. Schweiz zu einer Freihandelszone; seit 1970 ist Island Mitgl. Finnland trat der EFTA 1986 bei. Großbrit. u. Dänemark sind seit 1973, Portugal seit 1986 Mitgl. der Europ. Gemeinschaft.

**Europäische Gemeinschaft,** Abk. *EG., Europ. Wirtschaftsgemeinschaft,* Abk. *EWG,* von den Mitgliedstaaten der *Montanunion* (BR Dtld., Frankr., Italien, Ndl., Belgien, Luxemburg) 1957 gegr. internat. Organisation. Aufgabe der EG ist es, durch die Errichtung eines *Gemeinsamen Marktes* (ab 1992) u. die schrittweise Annäherung der Wirtschaftspolitik der Mitgliedstaaten eine harmon. Entwicklung zw. den Mitgliedstaaten zu fördern. Um einen freien Warenverkehr für sämtl. Erzeugnisse der beteiligten Staaten zu ermöglichen, wurden die mengenmäßigen Beschränkungen der Ein- u. Ausfuhr aufgehoben. Seit 1968 bilden die Mitgliedstaaten eine *Zollunion* mit einem gemeinsamen Außenzolltarif u. einer gemeinsamen Handelspolitik gegenüber anderen Staaten. Großbrit., Irland u. Dänemark traten 1973 der EG bei. Mit Island, Norwegen, Östr., Portugal, Schweden u. der Schweiz wurden Freihandelsverträge abgeschlossen. 1981 wurde Griechenland EG-Mitgl., Portugal u. Spanien folgten 1986. Organe der EG sind der *Ministerrat,* die *Kommission der Europ. Gemeinschaften* sowie ein beratender *Wirtsch. u. Sozialausschuß.* Das *Europ. Parlament* (Sitz: Straßburg) ist das gemeinsame parlamentar. Organ für EG, Montanunion u. Euratom. Seit 1979 werden die Abg. des Europ. Parlaments in den Mitgliedsländern direkt gewählt. Über Streitigkeiten hinsichtl. der Auslegung des Vertrags entscheidet der *Europ. Gerichtshof* (Sitz: Luxemburg), der gleichzeitig für Euratom u. Montanunion zuständig ist. Die *Europ. Investitionsbank* fördert die wirtsch. zurückgebliebenen Gebiete innerhalb der EG, sie hat ihren Sitz in Brüssel. Zu den von den Mitgliedstaaten gegr. Fonds gehören der *Europ. Sozialfonds,* der *Europ. Agrarfonds,* der *Europ. Entwicklungsfonds* u. der *Europ. Fonds für währungspolit. Zusammenarbeit.* Seit 1974 besteht als polit. Institution der **Europ. Rat,** die Tagung der Regierungschefs der EG-Staaten, die der europ. Integration dienen soll.
*Assoziierte Staaten:* Türkei, Zypern u. 68 Staaten Afrikas, der Karibik u. des Pazifiks *(AKP-Staaten).*

**Europäische Gemeinschaften,** Sammelbez. für die *Europ. Gemeinschaft, Euratom* u. *Montanunion,* die über gemeinsame Organe verfügen.

**Europäische Gemeinschaft für Kohle und Stahl** → Montanunion.

**Europäische Investitionsbank** → Europäische Gemeinschaft.

| Europa: Staaten | | | | | |
|---|---|---|---|---|---|
| Staat | Hauptstadt | Staat | Hauptstadt | Staat | Hauptstadt |
| Albanien | Tirana | Italien | Rom | Schweden | Stockholm |
| Andorra | Andorra la Vella | Jugoslawien | Belgrad | Schweiz | Bern |
| | | Liechtenstein | Vaduz | Sowjetunion | Moskau |
| Belgien | Brüssel | Luxemburg | Luxemburg | Spanien | Madrid |
| Bulgarien | Sofia | Malta | Valletta | Tschechoslowakei | Prag |
| Dänemark | Kopenhagen | Monaco | Monaco | Türkei | Ankara |
| Deutschland | Berlin/Bonn | Niederlande | Amsterdam/ Den Haag | Ungarn | Budapest |
| Finnland | Helsinki | | | Vatikanstadt | – |
| Frankreich | Paris | Norwegen | Oslo | Zypern | Nicosia |
| Griechenland | Athen | Österreich | Wien | | |
| Großbritannien und Nordirland | London | Polen | Warschau | | |
| Irland | Dublin | Portugal | Lissabon | | |
| Island | Reykjavik | Rumänien | Bukarest | | |
| | | San Marino | San Marino | | |

# EUROPA

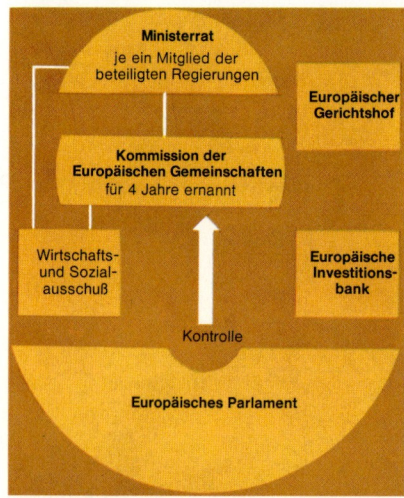

*Organe der Europäischen Gemeinschaft*

*Mitglieder der Europäischen Gemeinschaft*

*Eröffnung des Europaparlaments am 25.4.1979*

**Europäische Organisation für Kernforschung** → CERN.
**Europäischer Binnenmarkt,** bis Ende 1992 geplanter Wirtschaftsraum, in dem der freie Verkehr von Personen, Waren, Dienstleistungen u. Kapital zw. den 12 EG-Staaten verwirklicht werden soll. Die Schaffung des Binnenmarktes ist in der 1987 in Kraft getretenen *Einheitl. Europäischen Akte* festgelegt.
**Europäischer Gerichtshof,** *Gerichtshof der Europ. Gemeinschaften* → Europäische Gemeinschaft.
**Europäischer Gerichtshof für Menschenrechte,** seit 1959 bestehendes Organ des *Europarats.*
**Europäischer Rat** → Europäische Gemeinschaft.
**europäische Sicherheitskonferenz** → KSZE.
**Europäisches Mittelmeer** → Mittelmeer.
**Europäisches Parlament** → Europäische Gemeinschaft.
**Europäisches Währungsabkommen,** *EWA,* Abkommen über ein System des multilateralen Zahlungsausgleichs bei freier Konvertibilität der Währungen; wurde 1955 von den Mitgl. der *OEEC* abgeschlossen u. trat Ende 1958 anstelle der *Europäischen Zahlungsunion (EZU)* in Kraft; 1973 durch eine neue Vereinbarung abgelöst.
**Europäisches Währungssystem,** *EWS,* Währungssystem der EG, 1978 beschlossen, 1979 in Kraft getreten. Bezugsgröße ist die *Europ. Währungseinheit (European Currency Unit, ECU).*
**europäische Unionsbewegungen,** *Paneuropa-Bewegungen,* Bewegungen zur Errichtung der *Vereinigten Staaten von Europa* durch freiwilligen Zusammenschluß der europ. Völker unter einer gemeinsamen Verfassung; wurde nach dem 1. Weltkrieg bes. durch die *Paneuropa-Bewegung* vertreten. Nach dem 2. Weltkrieg arbeiten in derselben Richtung u.a.: 1. die *Europa-Bewegung,* aus deren Arbeit der *Europarat* hervorging; 2. die *Europ. Parlamentar. Union;* 3. die *Europ. Föderalist. Union;* 4. die *Unabhängige Liga für europ. Zusammenarbeit.*
**Europäische Verteidigungsgemeinschaft,** Abk. *EVG,* »Pleven-Plan«, durch den Pariser Vertrag von 1952 vorgesehene übernationale Gemeinschaft (Belgien, BR Dtld., Frankreich, Italien, Luxemburg, Ndl.) zur Aufstellung einer integrierten Verteidigungsmacht unter gemeinsamem Oberbefehl. Der Plan wurde 1954 in der frz. Nationalversammlung zu Fall gebracht.
**Europäische Währungseinheit** → European Currency Unit.
**Europäische Wirtschaftsgemeinschaft,** Abk. *EWG,* bis 1973 Name der → Europäischen Gemeinschaft.

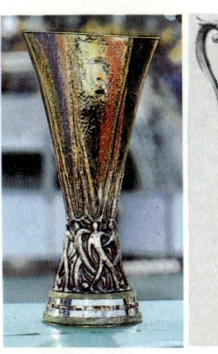

*Europapokal: Die begehrten Siegestrophäen der europäischen Fußballwettbewerbe sind der Pokal der Landesmeister (links), der UEFA-Pokal (Mitte) und der Pokal der Pokalsieger (rechts)*

**Europapokal,** *Europacup,* 1955 zuerst im Fußball, inzw. in über 30 anderen Sportarten durchgeführte sportl. Wettbewerbe mit Teilnehmern aus allen europ. Ländern. Im Fußball gibt es drei (jährl. ausgetragene) E.-Wettbewerbe für Vereinsmannschaften: den *E. der Landesmeister* (seit 1955), den *E. der Pokalsieger* (seit 1960) u. den *UEFA-Pokal* (seit 1971, früher: *E. der Messestädte*).
**Europarat,** 1949 von 10 europ. Staaten (Beneluxstaaten, Dänemark, Frankreich, Großbrit., Irland, Italien, Norwegen, Schweden) gegr. Organisation mit beratender Funktion. Später traten Griechenland, die Türkei, Island, die BR Dtld., Östr., Zypern, die Schweiz, Malta, Portugal, Spanien, San Marino, Liechtenstein, Finnland u. Ungarn bei. Schwerpunkte der Tätigkeit sind u.a. Schutz der Menschenrechte, Humanisierung des Arbeitslebens, gemeinsamer Schutz u. Nutzung natürl. Reichtümer, Angleichung der Erziehungs- u. Bildungspolitik. – Organe: Min.-Komitee, Parlamentar. Versammlung u. Generalsekretariat.
**Europastraßen,** ein rd. 50 000 km langes Netz europ. Durchgangsstraßen (18 Hauptlinien, 8 West-Ost-, 10 Nord-Süd-Verbindungen; gekennzeichnet durch bes. Verkehrsschilder: weißes E mit Straßennummer auf grünem Grund.

**European Currency Unit** [jurə'pi:ən 'kʌrənsi 'ju:nit, engl.], Abk. *ECU,* die Währungseinheit des *Europ. Währungssystems.* Sie wird seit 1981 als Rechnungseinheit im Bereich der EG u. als Bezugsgröße für den Wechselkursmechanismus verwendet.
**Europide,** die Menschenrassen Europas; leben auch in Nordafrika, SW- u. Südasien u. z.T. in der Südsee.
**Europium,** ein → chemisches Element.
**Europoort,** als »Europahafen« bek. Großhafen in

*Junge Europäer in Paris*

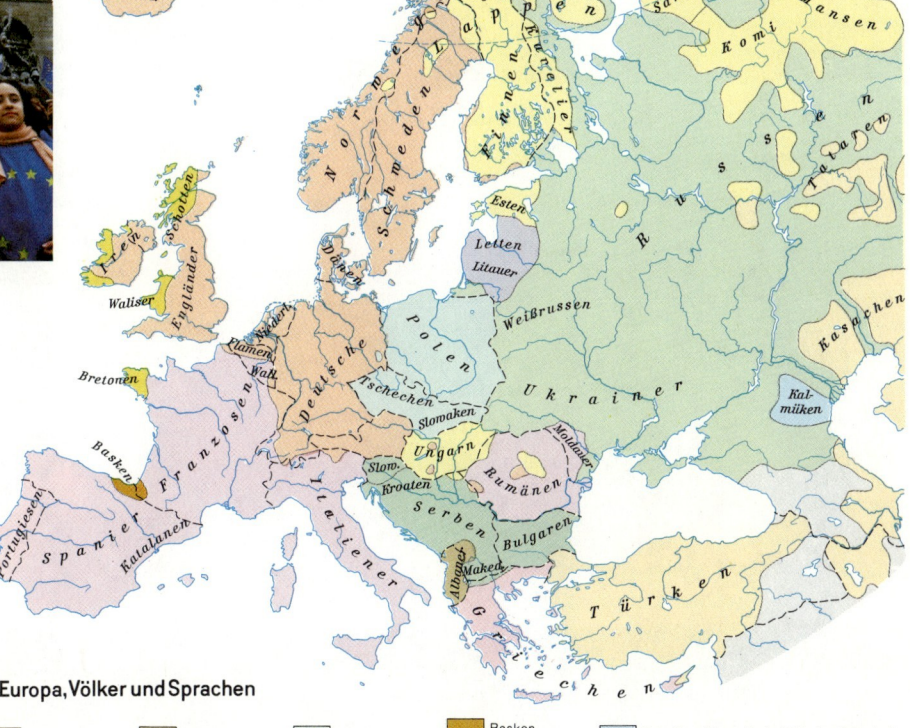

Europa, Völker und Sprachen

| | | |
|---|---|---|
| Germanen | Albaner | Weltslawen |
| Kelten | Griechen | Südslawen |
| Romanen | Letten u. Litauer | Ostslawen |

| | | |
|---|---|---|
| Basken | Kalmüken (Mongolen) | *Maked.* Makedonier |
| Finno-Ugrier u. Samojeden | Übrige Völker | *Slow.* Slowenen |
| Turkvölker | | *Wall.* Wallonen |

Europa, Staaten

den Ndl., zw. Rotterdam u. der Nordsee seit 1958 im Ausbau; Arbeitersiedlung in *Rozenburg.*

**Eurocheck,** *Eurocheque,* Barschecks, die in Verbindung mit einer Scheckkarte *(E.-Karte)* in allen europ. Ländern (teilw. hohe Gebühren) als Zahlungsmittel anerkannt werden.

**Eurosignal,** Kurzbez. für Europäischer Funkrufdienst; Signalfunkübermittlung im Fernbereich durch Zusammenarbeit zw. dem Fernsprechnetz u. einer E.funkstelle. Durch die telefon. Anwahl der dem Empfänger zugeordneten E.-Nummer wird bei einem bewegl. Funkempfänger (im Taschenformat) ein Aufmerksamkeitszeichen aktiviert. Der Empfänger hat dann einen bestimmten Telefonanschluß anzuwählen, um die Nachricht in Empfang zu nehmen.

**Eurotunnel,** Tunnelsystem für den Eisenbahnverkehr unter dem Ärmelkanal zw. Folkstone (Großbrit.) u. Coquelles (Calais/Frankreich), rd. 50 km lang; Baubeginn 1987, geplante Eröffnung 1993. B→ S. 250

**Eurovision,** Organisationsform westeurop. Rundfunkanstalten unter Mitwirkung US-amerik. Fernsehanstalten zum Fernsehprogrammaustausch u. zur Veranstaltung von Gemeinschaftssendungen.

**Eurydike,** Gattin des → Orpheus.

**Eurythmie,** von R. *Steiner* geschaffene Bewegungskunst: in Bewegung umgesetzte Sprache oder Musik; angewandt in Erziehung u. Heilkunst.

**Eusebius,** *um 265, †339, grch. Historiograph u. Theologe; Bischof von Caesarea in Palästina (etwa seit 313); Schüler des *Pamphilos* u. *Origenes,* theol. Gegner des *Athanasius.*

**Euskirchen,** Krst. in NRW an der Erft, am Nordrand der Eifel, 46 000 Ew.; roman. Martinskirche, Wasserschloß; Masch.-, Elektro-, Glas-Ind.

**Eustachi** [εu'staːki], *Eusta(c)chio,* Bartolomeo, *1524, †1574, ital. Arzt u. Anatom; nach ihm ben.

## Evangelische Kirche in Deutschland 249

*Eurovision: Erkennungszeichen*

die **E.sche-Röhre,** ein Hohlgang, der das Mittelohr mit dem Rachenraum verbindet.

**Euter,** spezielle Hautorgane der Säugetiere, die *Milchdrüsen* zur Ernährung des Nachwuchses enthalten.

**Euterpe,** die *Muse* der (von Flötenspiel begleiten) lyr. Dichtung.

**Euthanasie,** schmerzloser selbstgewählter Tod; als *Sterbehilfe* bei unheilbar schweren Krankheiten in der BR Dtld. strafbar. – Der nat.-soz. Staat tarnte mit dem Begriff E. die »Vernichtung unwerten Lebens«.

**Eutin,** Krst. in Schl.-Ho., am *E.er See,* Luftkurort in der Holstein. Schweiz, 16 000 Ew.; Schloß; Elektro-, Papier- u. Metall-Ind.; 1155–1803 Residenz der Bischöfe von Lübeck, 1803–1937 Hptst. der oldenburg. Exklave Lübeck; zur Goethezeit kulturelles Zentrum (»Weimar des Nordens«), Geburtsort von C. M. von *Weber.*

**Eutrophierung,** Umwandlung (Verschmutzung) eines nährstoffarmen (oligotrophen) Gewässers in ein nährstoffreiches (entrophes) durch Nährstoffzufuhr, z.B. aus häusl.; landw. u. industriellen Abwässern.

**eV,** Kurzzeichen für die Energie-Maßeinheit *Elektronenvolt.*

**e. V.,** Abk. für *eingetragener Verein.*

**Eva,** *Adams* Frau, nach dem Schöpfungsbericht des AT mit u. aus ihm erschaffen (1. Mose 2,22); Stammutter des Menschengeschlechts.

**evakuieren, 1.** luftleer pumpen, in einem Gefäß ein Vakuum herstellen. – **2.** ein Gebiet von Bewohnern räumen, Bewohner aussiedeln.

**Evangeliar,** *Evangelienbuch,* Buch mit den vier Evangelien; im MA oft kunstvoll ausgestaltet u. mit Bildern geschmückt.

**Evangelienharmonie,** Zusammenstellung aus allen vier Evangelien zu einem einheitl. Bericht über das Leben Jesu. Die älteste bek. E. ist das *Diatessaron* des *Tatian.*

**Evangelikale,** Anhänger der heutigen Bekenntnisgemeinschaften in der Tradition der Erweckungsbewegungen des 19. Jh.

**Evangelisation,** auf persönl. Entscheidung dringende Verkündigung des Evangeliums durch ev. Predigergemeinschaften, Verbände u. Gesellschaften; als Erweckungsbewegung, Volksmission, Zeltmission u.a.

**evangelisch, 1.** auf das *Evangelium* bezügl., zu ihm gehörend. – **2.** Selbstbez. der reformator. Bewegung (anstelle der anfängl. *luth.* oder *martinianisch),* da sie ihre Theol. allein auf das Evangelium gründete; bald durch *protestantisch* verdrängt; später Bez. für die unierte Kirche.

**Evangelische Akademien,** seit dem 2. Weltkrieg von den ev. Kirchen Dtld.s eingerichtete Tagungsstätten zu geistiger Begegnung u. Aussprache; erste Akademie 1945 in Bad Boll, ferner u.a. in Arnoldshain, Berlin, Herrenalb, Hofgeismar, Iserlohn, Loccum, Tutzing, in Magdeburg u. Meißen.

**Evangelische Kirche in Deutschland,** Abk. *EKD,* nach der 1948 in Eisenach beschlossenen Grundordnung Bund luth., reform. u. unierter Landeskirchen, von denen bis 1969 die von da an im »Bund der Evangelischen Kirchen der DDR« zusammengeschlossenen Landeskirchen angehörten; unter Beibehaltung einer stark föderativen Struktur um Festigung der Gemeinschaft unter den Landeskirchen bemüht.

Organe der EKD: Synode (120 Mitgl.), Kirchenkonferenz (aus Mitgl. der Kirchenleitungen

# Evangelischer Kirchentag

der Landeskirchen gebildet), Rat (15 von Synode u. Kirchenkonferenz gewählte Mitgl.). Amtsstelle ist das Kirchenamt der EKD in Hannover. Am Sitz der Bundesregierung ist der Rat durch einen Bevollmächtigten vertreten.

**Evangelischer Kirchentag** → Kirchentag.

**Evangelisten, 1.** Verfasser der vier neutestamentl. Evangelien: *Matthäus, Markus, Lukas* u. *Johannes.* – **2.** Verkündiger des Evangeliums im Urchristentum. – **3.** Prediger der ev. Erweckungsgemeinden.

**Evangelium, 1.** die apostol. Verkündigung von Jesus u. von dem durch ihn gebrachten Heil. – **2.** Gattungsbez. für aus dem fr. Christentum stammende erzählende Schriften, die die Worte u. Taten Jesu zum Gegenstand haben. Man unterscheidet »kanonische« (die 4 neutestamentl.) u. »apokryphe« (nicht in das NT aufgenommene u. im allg. nur in Resten erhaltene) Evangelien.

**Evans** ['ɛvənz], Sir Arthur, *1851, †1941, brit. Archäologe; erforschte die kret. Kultur.

**evaporieren,** Flüssigkeiten unter vermindertem Druck eindampfen; z.B. bei kondensierter Milch.

**Evektion,** eine der period. Unregelmäßigkeiten der Mondbewegung.

**eventuell,** möglicherweise, ggf. – **Eventualität,** Möglichkeit.

**Everding,** August, *31.10.1928, dt. Theaterleiter u. Regisseur; Generalintendant der Münchner Bühnen.

**Everest,** Mount E. [maunt 'ɛvərist], tibet. *Jomolungma* [»Göttin-Mutter der Erde«], der höchste Berg der Erde, im *Himalaya,* an der Grenze zw. Nepal u. Tibet, 8848 m hoch (Neuvermessung: 8872); am 29.5.1953 durch Sir E. *Hillary* u. *Tenzing Norgay* erstmalig erstiegen.

**Everglades** ['ɛvəgleidz], 12 000 km² große subtrop. Grassumpflandschaft in S-Florida (USA); seit 1947 Nationalpark, Indianerreservat.

**Evergreen** ['ɛvəgri:n], populäre Melodie (Schlagerlied oder Tanz), die über einen langen Zeitraum lebendig bleibt.

**EVG,** Abk. für *Europäische Verteidigungsgemeinschaft.*

**Évian-les-Bains** [e'vjãle'bɛ̃], frz. Bade- u. Luftkurort in Savoyen, am S-Ufer des Genfer Sees,

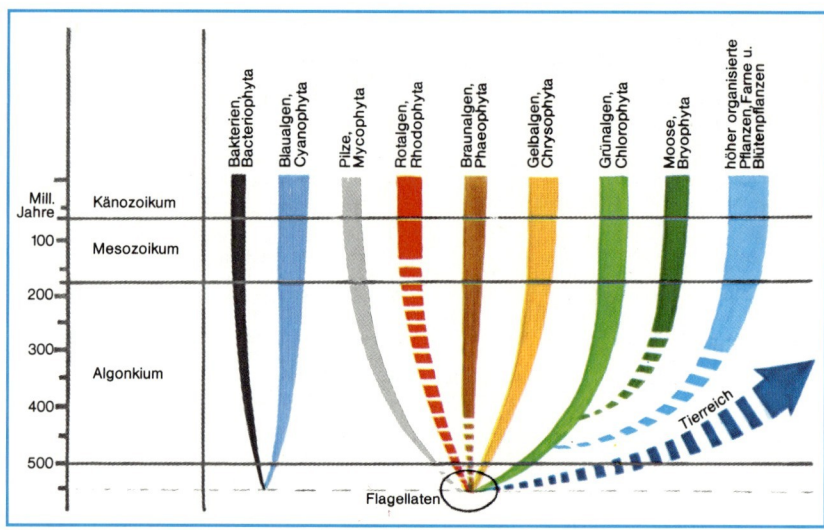

*Evolution: vermutliche Entwicklung der Lebewesen*

6000 Ew. – Der Waffenstillstand in E. vom 18.3.1962 zw. Frankreich u. Algerien beendete den alger. Unabhängigkeitskrieg.

**evident,** augenscheinl., offenkundig; einleuchtend. – **Evidenz,** unmittelbar einleuchtende Gewißheit.

**Evolute,** geometr. Ort der Krümmungsmittelpunkte einer Kurve.

**Evolution,** allmähl. Entwicklung, bes. die der Lebewesen von niederen zu höheren Formen. – **E.stheorie** → Abstammungslehre.

**Évora,** Stadt im mittleren Portugal, 35 000 Ew.; altröm. Bauten, maur. geprägte Altstadt; Getreide- u. Ölmühlen, Korkverarbeitung; im 15./16. Jh. Residenz der portug. Könige.

**Evren,** Kenan, *1.1.1917, türk. General u. Politiker; 1980–1989 Staats-Präs.

**Évreux** [ev'rø], Verw.-Sitz des frz. Dép. Eure, in der Normandie, 46 000 Ew.; versch. Ind.; eine der ältesten frz. Städte; Bischofssitz (seit dem 3. Jh.), Kathedrale.

**EWA,** Abk. für *Europäisches Währungsabkommen.*

**Ewald, 1.** Heinrich, *1803, †1875, dt. Orientalist; einer der »Göttinger Sieben«. – **2.** Johannes, *1743, †1781, dän. Schriftst.; schrieb u.a. ein Singspiel, das die dän. Nationalhymne enthält.

**Ewe,** in mehr als 100 Stämme unterteiltes Volk W-Afrikas, bes. in Ghana, Togo, Benin; zur Gruppe der *Kwa-Sprachen* gehörig; das Staatsvolk Togos. Der E.-Stamm *Fo* gründete Dahomey (heute Benin).

**Ewenken,** veraltet *Tungusen,* den *Mandschu* verwandtes altaisches Volk (in der Sowj., China, Mongol. Volksrep.). Einst Nomaden mit Jägerkultur, Rentierzucht, Schamanismus, reichem Sagenschatz; jetzt hpts. in Kolchosen mit Landw. u. Viehzucht.

**Ewer,** *Ever,* plattbodiges Küstensegelschiff mit Seitenschwert.

**EWG,** Abk. für *Europäische Wirtschaftsgemeinschaft.*

**ewige Anbetung,** in der kath. Kirche die ununterbrochene Verehrung des ausgesetzten Altarsakraments.

**Ewiger Jude** → Ahasver.

**Ewiger Landfriede** → Landfriede.

**ewiges Licht,** *ewige Lampe,* Öllampe, die in kath. Kirchen vor der im Tabernakel aufbewahrten geweihten Hostie ständig brennt.

**Ewige Stadt,** Ehrenname der Stadt Rom.

**EWS,** Abk. für *Europäisches Währungssystem.*

**ex...,** Vorsilbe mit der Bedeutung »aus (... heraus), weg, ent..., früher, ehemalig«.

**exakt,** genau, sorgfältig.

**exakte Wissenschaften,** Wiss., die meß- u. zählbare Dinge *mathemat.* darstellen u. aus *axiomat.* ableiten, also Math., Physik, Chemie, Astronomie; zu unterscheiden von den *empir. Wiss., hermeneut. Wiss.*

**exaltiert,** überspannt, aufgeregt; überschwengl. begeistert.

**Examen,** Prüfung. – **Examinand,** Prüfling. – **Examinator,** Prüfender. – **examinieren,** prüfen.

**Exanthem,** Hautausschlag → Ausschlag.

**Exarch, 1.** Befehlshaber, Feldherr; seit 584 Titel der byzantin. Statthalter in Italien u. Afrika. – **2.** kirchl. Würdenträger in den orth. Kirchen.

**Exarchat, 1.** *E. von Afrika,* byzantin. Prov. in N-Afrika mit der Hptst. Karthago, vom Ende des 6. Jh. bis zur arab. Eroberung 697. – **2.** *E. von Ravenna,* der byzantin. Herrschaftsbereich in Italien, der von der langobard. Eroberung frei blieb.

**Exaudi,** der 6. Sonntag nach Ostern, im MA *Rosensonntag* genannt.

**ex cathedra** [»vom Stuhl des Petrus aus«], in der kath. Kirche Kennzeichnung jener Entscheidungen des Papstes, die er in der Nachfolge des Petrus als Lehrer der Kirche in Glaubens- oder Sittenfragen trifft u. die daher den Charakter der *Unfehlbarkeit* haben.

**Exchange** [iks'tʃeindʒ], Austausch, Geldumtauschstelle, Börse.

**Exchequer** [iks'tʃekə], das seit dem 12. Jh. bestehende brit. Schatzamt; Titel des brit. Fin.-Min.: *Chancellor of the E.*

**Exedra,** in der antiken Architektur ein halbrunder Stufenbau mit Bank, im Kirchenbau die *Apsis.*

**Exegese,** Auslegung eines Dokuments, bes. der Bibel.

**Exekias,** grch. Vasenmaler, tätig um 550–25 v.Chr. in Athen; Vollender des schwarzfigurigen Malstils.

**Exekution,** Vollstreckung eines richterl. Urteils, bes. eine Hinrichtung.

**Exekutive,** die (vorw.) ausführende oder vollziehende Gewalt in einem Staat mit Gewaltenteilung, Regierung u. Verwaltung.

**Exempel,** Beispiel; ein *E. statuieren,* ein warnendes Beispiel, Muster geben. – **exemplarisch,** vorbildl., musterhaft; abschreckend (Urteil).

*Das Eurotunnel-System*

*Mount Everest*

**Exemplifikation,** Erklärung anhand von Beispielen. – **exemplifikatorisch,** zur Erläuterung an Beispielen dienend. – **exemplifizieren,** anhand von Beispielen erläutern.

**Exemtion,** Ausnahme, Befreiung von einer Last oder Pflicht; im kath. Kirchenrecht: unmittelbare Unterstellung unter den Papst.

**Exequatur,** die dem *Konsul* eines fremden Staates erteilte Befugnis zur Ausübung seiner Tätigkeit.

**Exequien,** *Exsequien,* Bestattungszeremonien.

**exerzieren,** üben, einüben.

**Exerzitien,** in der kath. Kirche geistl. Übungen zur Vertiefung in die Glaubensgeheimnisse, die das persönl. religiöse Leben erneuern sollen.

**Exeter,** Verw.-Sitz der SW-engl. Gft. *Devon(shire),* 96 000 Ew.; Kathedrale (12.–14. Jh.) u.a. alte Kirchen u. Klöster, Theater, Museen; Univ.; Eisen-, Metall-, Textil-, Papier-Ind.

**Exhalation,** »Aushauchung« von Gasen u. Dämpfen aus Vulkanen u. Lavamassen. Dabei können E.*slagerstätten* entstehen.

**Exhaustor,** Gebläse (in einem Rohr).

**Exhibitionismus,** triebmäßige Entblößung *(Exhibition)* der Geschlechtsorgane vor anderen Personen; (beim Mann) strafbar.

**exhumieren,** eine Leiche wieder ausgraben.

**Exil,** Verbannung, Verbannungsort; Zufluchtsort. – **E.-Regierung,** auf fremdem Staatsgebiet amtierende Regierung.

**existential,** *existentiell,* das Dasein betreffend.

**Existentialismus** → Existenzphilosophie.

**Existenz,** Dasein, fakt. Vorhandensein; im Ggs. zum *Sosein (Essenz);* insbes. das menschl. Leben; → Existenzphilosophie.

**Existenzminimum,** Einkommensbetrag (in Geld oder Bedarfsgütern), der zur Fristung des Lebens unbedingt notwendig ist *(phys. E.)* oder der zur Realisierung eines durch Sitte u. Umgebung bestimmten Lebensstandards benötigt wird *(soz. E.).*

**Existenzphilosophie,** nach dem 1. Weltkrieg vor allem in Dtld. hervorgetretene philos. Richtung, die das Wesen des Menschen als *Existenz* auffaßt. *Existieren* heißt hier: sich zu sich selbst verhalten. Gemeint ist damit ein Erleiden des eig. Daseins in seiner Endlichkeit, Gebrochenheit u. Schuld. Die E. sucht als Gewißheit über den Bereich des Rationalen hinaus eine Erfahrung des *Seins* im Ganzen. – Hauptvertreter: M. *Heidegger* u. K. *Jaspers;* in der Theol.: R. *Bultmann.* Nach dem 2. Weltkrieg entstand in Frankreich als ebenso literar.-weltanschaul. wie philos. Bewegung der Existentialismus (G. *Marcel,* J. P. *Sartre,* A. *Camus,* M. *Merleau-Ponty).*

**Exitus,** kurz für *E. letalis,* »tödl. Ausgang«, mediz. Bez. für *Tod.*

**Exklamation,** Ausruf. – **exklamieren,** ausrufen.

**Exklave,** von fremdem Staatsgebiet umschlossener Teil des eigenen Territoriums; Ggs.: *Enklave.*

**Exklusion,** Ausschluß, Ausschließung. – **exklusiv,** ausschließend, auf einen bestimmten Personenkreis beschränkt. – **exklusive,** ohne, ausschließl. – **Exklusivität,** Absonderung; Vornehmheit.

**Exkommunikation** → Kirchenbann.

**Exkremente,** die vom Körper nicht verwertbaren Stoffe aus der Nahrung, i. e. S. Harn u. Kot.

**Exkrete,** Ausscheidungsprodukte, die nach außen abgesondert werden, z. B. Harn, Schweiß.

**Exkurs,** Abschweifung; in sich geschlossene Erörterung eines Nebenthemas im Rahmen einer wiss. Abhandlung.

**Exkursion,** Lehr- oder Studienfahrt.

**Exlibris,** *Bucheignerzeichen,* vorn im Buch angebrachter Zettel, der den Namen des Eigentümers trägt, häufig mit einer zusätzl. symbol. oder allegor. Darstellung.

**Exmatrikulation,** Streichung aus dem Studentenverzeichnis *(Matrikel)* einer Hochschule.

**Exmission,** Zwangsräumung. – **exmittieren,** zwangsweise aus einer Wohnung weisen.

**exo...,** Vorsilbe mit der Bedeutung »aus (... heraus), außerhalb«; wird zu ex... vor Vokal.

**Exobiologie,** *Astrobiologie,* die Wiss. von den Lebensvorgängen außerhalb der Erde; ein Zweig der *Weltraumforschung.*

**Exodus,** 1. Auszug, Auswanderung. – **2.** Schlußgesang des Chors im grch. Schauspiel. – **3.** das 2. Buch Mose, das vom Auszug der Israeliten aus Ägypten berichtet.

**ex officio,** von Amts wegen.

**Exogamie,** *Außenheirat,* Verbot, innerhalb einer bestimmten Gemeinschaft (Verwandtschafts-, Totemgruppe) zu heiraten.

**exogen,** außen entstehend, von außen kommend; Ggs.: *endogen.*

**Exokarp,** die äußerste Schicht der Fruchtwand; → Frucht.

**exorbitant,** außerordentl., übertrieben.

**Exorzismus,** Austreibung böser Mächte durch krafthaltige Worte (z. B. durch Gottesnamen) u. mag. Handlungen.

**Exosphäre,** höchste Schicht der Atmosphäre.

**Exotarium,** Schauhaus für Tiere, deren Haltung bes. Einrichtungen erfordert.

**Exoten,** Bez. für Menschen, Tiere oder Pflanzen aus fernen, meist trop. Ländern.

**exoterisch,** auch Uneingeweihten zugängl., allg. verständl.; Ggs.: *esoterisch.*

**exotherm,** Wärme freigebend. – **e.e Reaktionen** sind physik. oder chem. Prozesse, bei denen Energie in Form von Wärme frei wird (z. B. die Verbrennung); Ggs.: *endotherm.*

**exotisch,** fremd, aus den Tropen stammend.

**Expander,** Gerät aus Drahtfedern oder Gummisträngen für Zugübungen zur Stärkung der Arm- u. Oberkörpermuskulatur.

**Expansion, 1.** Bestreben bei Gasen u. Dämpfen, den vorhandenen Raum ganz auszufüllen. – **2.** Ausdehnung des Macht- u. Einflußbereichs eines Staates durch Vergrößerung des Staatsgebiets oder durch Ausweitung der polit. Einflußsphäre.

**Expatriierung,** Verbannung, Ausweisung, Aberkennung der *Staatsangehörigkeit.*

**Expedition, 1.** Forschungsreise; auch ein militär. Feldzug *(Straf-E.).* – **2.** Versandabteilung.

**Expektoration,** Aushusten, Abhusten des Auswurfs aus der Lunge. – *Expectorantia,* auswurffördernde Mittel, Hustenmittel.

**Experiment,** wiss. Versuch. – **experimental, experimentell,** auf einem E. beruhend.

**Experte,** Sachverständiger, Fachmann.

**Expertensystem,** auch wissensbasiertes System, praktische Anwendung der künstl. Intelligenz in Form von Computerprogrammen, die auf einem speziellen Fachgebiet das Wissen u. die Erfahrung von menschl. Experten zur Verfügung stellen. Anwendung u. a. bei der Diagnose u. Therapie von Infektionskrankheiten (Mycin) u. für die Suche nach Bodenschätzen (Prospector).

**Expertise,** Gutachten eines anerkannten Fachmanns.

**Explikation,** Erklärung, Erläuterung.

**explizit,** ausführl. dargelegt, erläutert, erklärt; Ggs.: *implizit.*

**Exploration,** Ausforschung, erkundendes Gespräch, Befragung. – **explorieren,** erforschen, untersuchen.

**Explosion,** starke, als Knall vernehmbare Druckentwicklung durch plötzl. entstehende u. sich ausdehnende Gase u. Dämpfe, z. B. beim Zerfall von Explosivstoffen.

**Explosivlaut,** *Explosiva* → Verschlußlaut.

**Explosivstoffe,** Stoffe u. Stoffgemische, bei denen durch gebundenen Sauerstoff eine schnell verlaufende Oxidation unter Wärmeabgabe u. Entwicklung von Gasen stattfindet, deren Druck nutzbar gemacht werden kann. Man unterscheidet: Treibmittel, Sprengmittel u. Zündstoffe (u. a. Initialsprengstoffe, Knallquecksilber, Bleiazid). Wichtige E.: Schwarzpulver, Nitroglycerin, Schießbaumwolle, Pikrinsäure, Di- u. Trinitrotoluol u. Tetranitromethylanilin. Sicherheitssprengstoffe bestehen hpts. aus Ammonsalpeter.

**Exponat,** Ausstellungs-, Museumsstück.

**Exponent, 1.** herausgehobener Vertreter einer (wiss. oder künstler.) Richtung u. ä. – **2.** Hochzahl einer Potenz; gibt an, wie oft eine Zahl mit sich selbst multipliziert werden soll; z. B. $4^3 = 4\cdot 4\cdot 4$.

**Exponentialfunktion,** Funktion, deren Gleichung die Form $y = a^x$ hat, in der die Variable also als Exponent auftritt; bes. die e-Funktion mit $y = e^x$ (e = Basis der natürl. Logarithmen.

**Exponentialgleichung,** transzendente Gleichung, bei der die Unbekannte auch als Exponent vorkommt; z. B. $ae^x = bx+c$.

**exponieren,** herausstellen, (einer Gefahr) aussetzen.

**Export** → Ausfuhr.

**Exposé,** Entwurf, kurzer Bericht, vorläufige Darlegung.

**Exposition, 1.** jeweilige Lage u. Neigung von Geländehängen, Flächen oder auch Bauwerken zur Himmelsrichtung. – **2.** erste Vorstellung des Themas, Eröffnung, Plan (z. B. eines Aufsatzes).

**Expreßgut,** schnellstens befördertes Transportgut, z. B. auf Eisenbahn.

**Expressionismus,** eine sich um 1905/06 durchsetzende Stilrichtung, vor allem in bildender Kunst u. Lit., gekennzeichnet durch die Abkehr von der objektiven Weltdarstellung zugunsten einer subjektiven Ausdruckssteigerung. Kunst wird verstanden als Aufschrei aus der inneren Not des Menschen. Der E. kann als Reaktion auf Naturalismus u. Impressionismus gedeutet werden. An die Stelle von Harmonie u. Schönheit tritt die Stärke des Ausdrucks.
B i l d e n d e  K u n s t: Die Stilbez. E. entstand 1911 anläßl. der 23. Ausstellung der Berliner Sezession, an der sich eine als »Expressionisten« deklarierte Gruppe frz. Maler (u. a. G. *Braque,* P. *Picasso* u. M. de *Vlaminck)* beteiligte. Heute werden als E. in der bildenden Kunst hpts. die mit den Künstlergruppen »Brücke« u. »Der Blaue Reiter« verbundenen Stilströmungen bezeichnet. In der expressionist. Malerei u. Graphik wurden statt der offenen Bildform u. der labilen Struktur der impressionist. Kunst formale Geschlossenheit u. Verfestigung angestrebt. Kennzeichnend sind ferner eine anaturalist. u. ungebrochene Farbgebung, die Veränderung der natürl. Maßverhältnisse zugunsten der emotionalen Gebärde, starke Linienbetonung u. farbl. Kontrast- u. Monumentalwirkung. Der E. in der Malerei, zu dessen Wegbereitern P. *Gauguin,* V. van *Gogh,* J. *Ensor* u. E. *Munch* gehören, trat in Frankreich am deutlichsten im *Fauvismus* in Erscheinung; in Belgien bei C. *Permeke* u. F. van den *Berghe;* bei osteurop. Künstlern im Frühwerk von W. *Kandisky,* bei A. *Jawlensky,* C. *Soutine* u. B. *Shahn;* in Südamerika bei D. *Rivera,* C. *Orozco,* R. *Tamayo,* C. *Portinari* u. D. *Siqueiros.* In Dtld. standen neben den Künstlern der »Brücke« u. des »Blauen Reiter« vor allem C. *Rohlfs,* P. *Modersohn-Becker,* O. *Kokoschka,* E. *Nolde* u. M. *Beckmann* den Bestrebungen des E. nahe. – W. *Lehmbruck* u. E. *Barlach* sind Hauptrepräsentanten des E. in der Bildhauerei.
L i t.: In der Lit. blieb der E. fast ausschl. auf Dtld. beschränkt. Er erstrebte Verdichtung, Erhöhung u. Leidenschaftlichkeit des Gefühls. Einer oft karikierten Bürgerlichkeit, dem Materialismus u. der Mechanisierung des Lebens stellte er die Forderung nach einer Erneuerung des ganzen Menschen, nach Verbrüderung u. Menschenwürde entgegen. Stärksten Ausdruck fand die Lit. des E. in der Lyrik: A. *Mombert,* R. *Schickele,* T. *Däubler,* G. *Trakl,* G. *Heym,* E. *Stadler,* A. *Stramm,* F. *Werfel,* G. *Benn,* Else *Lasker-Schüler.* Das expressionist. Drama ist durch typenhafte Verkörperungen, erregten Ton u. heftige Gebärdensprache gekennzeichnet. Von A. *Strindberg* u. F. *Wedekind* führte die Entwicklung zu R. J. *Sorge,* E. *Barlach,* G. *Kaiser,* F. von *Unruh,* F. *Werfel,* C. *Sternheim,* B. *Brecht,* W. *Hasenclever* u. A. *Wildgans.* Die epische Prosa blieb Durchgangsstadium von A. *Döblin,* G. *Benn,* L. *Frank,* F. *Werfel,* K. *Edschmid,* Klabund, teilw. auch von H. *Mann,* H. *Hesse,* J. *Wassermann* u. G. *Hauptmann.*

**expressis verbis,** ausdrücklich.

**Expressivität,** Ausdrucksstärke. – **expressiv,** ausdrucksvoll, mit Ausdruck.

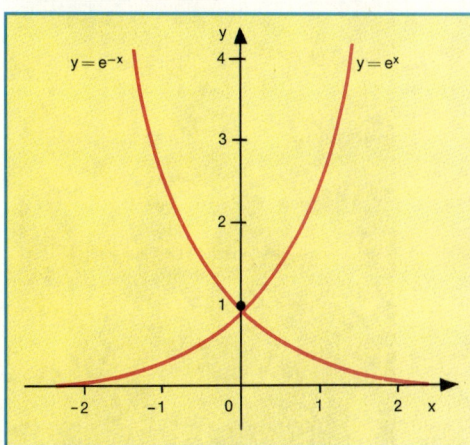

*Exponentialfunktion: die Funktionen $y = e^x$ und $y = e^{-x}$*

## 252 Expropriation

**Expropriation,** Enteignung. – *Marxismus: E. der Expropriateure,* Stufe in der gesellschaftl.-wirtsch. Entwicklung, in der das klassenbewußte Proletariat die kapitalist. Betriebe- u. Produktionsmittel übernimmt.
**exquisit,** ausgesucht, hervorragend.
**Exsikkator,** Gefäß zum Trocknen wasserhaltiger u. zum Aufbewahren wasserfreier chem. Präparate.
**Exspektanz,** Anwartschaft auf ein kirchl. Amt.
**Exspiration,** Ausatmung.
**Exstirpation,** vollst. Entfernung eines kranken Organs oder einer Geschwulst auf chirurg. Wege.
**Exsudat,** *Exsudation,* Ausschwitzung entzündl. Charakters, z.B. bei Rippen- u. Bauchfellentzündung.
**Extempore,** improvisiertes Spiel.
**Extension,** Ausdehnung, Streckung. – **extensiv,** ausgedehnt, ausgebreitet. – **extensivieren,** verbreitern, in die Breite wirken.
**extensive Wirtschaft,** Wirtschaftsweise in der Landw., bei der im Verhältnis zur Bodenfläche wenig Arbeit u. Kapital aufgewandt wird; Ggs.: *intensive Wirtschaft.*
**Extensor,** Strecker.
**Exterieur** [-'œr], Äußeres, Außenseite; Erscheinung.
**extern,** auswärtig, draußen befindl.; Ggs.: *intern.*
**Externsteine,** *Eggersteine,* 13 freistehende Sandsteinfelsen (bis 38 m hoch) bei Horn (Lippe) im sö. Teutoburger Wald; vermutl. ehem. germ. Kultstätte.
**Exterritorialität,** im Staats- u. Völkerrecht die Stellung bestimmter ausländ. Staatsangehöriger, z.B. Diplomaten (nicht Konsuln), ausländ. Staatsoberhäupter u. fremder Truppen, die von der staatl. Zwangsgewalt, d.h. von der Gerichtsbarkeit, von bestimmten Steuerabgaben u. von der Anwendung polizeil. Zwangs befreit sind *(Immunitätsrechte).*
**Extinktion,** Lichtschwächung durch *Absorption* u. *Streuung.*
**extra,** besonders, zusätzl.; nebenbei, nur, eigens.
**extrahieren,** herausschreiben, herausziehen.
**extrakorporale Insemination,** künstl. Befruchtung außerhalb des mütterl. Körpers; → Retortenbaby.
**Extrakt, 1.** Auszug aus Schriftwerken u. Reden. – **2.** eingedickter Auszug aus pflanzl. oder tier. Stoffen *(Fleisch-E.).* – **3.** Hauptinhalt, Kern.
**Extraktion, 1.** Herauslösen einzelner Stoffe aus festen Substanzen. – **2.** Ausziehen eines Zahns.
**extraordinär,** außergewöhnlich.
**Extrauteringravidität** [-a:u-], Entwicklung einer Schwangerschaft (Einnistung einer befruchteten Eizelle) außerhalb der Gebärmutter; verschiedene Formen: 1. *Tubargravidität,* Eileiterschwangerschaft; 2. *Ovarialgravidität,* Eierstockschwangerschaft; 3. *Abdominalgravidität,* Bauchhöhlenschwangerschaft. Ärztliche Behandlung (Operation) ist erforderlich.
**extravagant,** aus dem Rahmen fallend, auffallend, ausschweifend.
**Extrem,** *E.wert,* Höchst- oder Tiefstwert (Maximum oder Minimum).
**Extremismus,** übersteigert extreme, radikale Haltung; → Radikalismus.
**Extremitäten,** Gliedmaßen.
**extrovertiert,** in der Typenlehre von C. G. *Jung* Bez. für die Einstellung des Denkens, Fühlens u. Handelns auf die Außenwelt; Ggs.: introvertiert.
**Extruder,** Schneckenpresse für die Kunststoffverarbeitung.
**Exulanten,** allg. Verbannte, bes. die im 17./18. Jh. aus den habsburg. Erblanden, Schlesien u. Salzburg vertriebenen Protestanten.
**ex usu,** aus der Erfahrung.
**exzellent,** hervorragend, ausgezeichnet.
**Exzellenz,** urspr. Titel der langobard. u. fränk. Könige, dann der dt. Kaiser u. Könige; schließl. auch für Gesandte, Min., geistl. u. weltl. Würdenträger, auch Generäle.
**Exzenter,** rotierende Scheibe, die außerhalb der Mitte (ex-zentrisch) auf einer Welle angebracht ist. Dadurch kann der Drehbewegung der Scheibe in die hin- u. hergehende Bewegung eines um die Scheibe greifenden Gestänges umgesetzt werden.
**exzentrisch, 1.** ohne gemeinsamen Mittelpunkt (z.B. zwei ineinanderliegende Kreise oder Kugeln mit versch. Mittelpunkten). – **2.** absonderl., verstiegen.
**Exzentrizität,** bei Kegelschnitten: 1. *lineare E.,* Abstand zw. Brennpunkt u. Mittelpunkt; 2. *numer. E.,* das Verhältnis zw. linearer E. u. großer Halbachse.
**exzeptionell,** ausnahmsweise (eintretend), außergewöhnlich.
**exzerpieren,** herausschreiben.
**Exzeß,** Ausschreitung, Ausschweifung. – **exzessiv,** übertrieben, übermäßig, maßlos.
**Exzision,** Ausschneiden, chirurg. Maßnahme.
**Eyck** [εik], ndl. Maler, Brüder: Hubert van (*um 1370, †1426) u. Jan van (*um 1390, †1441); begründeten die das MA überwindende neuere nord. Malerei. Das erste gesicherte Werk des Jan van E. ist der (von seinem Bruder begonnene) 1432 vollendete *Genter Altar* (Gent, St. Bavo). Noch zu Lebzeiten wurde Jan van E. als Erfinder der Ölmalerei gerühmt.
**Eyre,** *Lake E.* [leik 'ɛ:r], Salzsee im wüstenhaften Südaustralien, 9400 km²; in einer Depression (-12 m).
**Eyre** [ɛ:r], Edward John, *1815, †1901, brit. Australien-Forscher u. Kolonialbeamter; reiste 1839/40 ins südl. u. mittlere Australien.
**Eysenbarth,** Johann Andreas, *1663, †1727, dt.

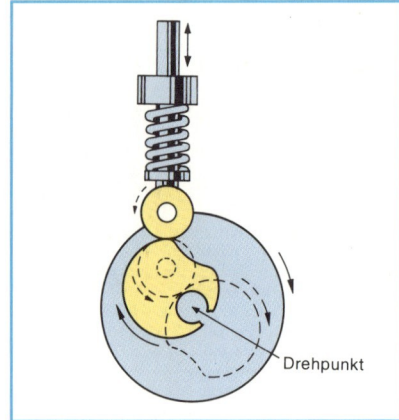

*Exzenter*

*Jan van Eyck: Mann mit rotem Turban, 1433. London, National Gallery*

Augen- u. Wundarzt; angesehener u. gesuchter, aber auch geschäftstüchtiger Praktiker; zu Unrecht als Kurpfuscher dargestellt.
**Eysenck,** Hans Jürgen, *4.3.1916, dt. Psychologe; befaßt sich vor allem mit der Lerntheorie u. Persönlichkeitsforschung.
**Eyskens** ['ɛis-], Gaston, *1905, †1988, belg. Politiker (Christl.-Soz. Partei); 1945–49 Fin.- u. Wirtsch.-Min.; Min.-Präs. 1949/50, 1958–61 (durch die Kongo-Krise zum Rücktritt veranlaßt) u. wieder 1968–72.
**Eyth,** Max von, *1836, †1906, dt. Schriftst.; arbeitete als Ingenieur in drei Weltteilen.
**Eyzies-de-Tayac-Sireuil** [ei'sjɛ də tei'jak si-røil], *Les E.,* Stadt an der Vézère in der Dordogne (Frankreich). In der Umgebung liegen zahlreiche prähistor. Fundstellen, die z.T. weltberühmt wurden, wie *La Micoque, Le Moustier, Cro-Magnon* u. *Abri Pataud.* Ebenso bekannt sind die Bilderhöhlen der näheren Umgebung.
**Ezechiel** [e'tseçiɛl], *Hesekiel,* jüd. Prophet des AT; wirkte im 6. Jh. v. Chr. im babylon. Exil.
**Ezinge** ['ɛ:ziŋə], Prov. Groningen, ndl. Fundort der »Ezinger Warf«, wo zw. 1931 u. 34 unter Leitung von A. E. von Giffen großflächige Grabungen die Entwicklung einer Dorfwurt (→ Warften) von der frühen Latènezeit bis ins MA (13. Jh. n. Chr.) freilegten.
**EZU,** Abk. für *Europäische Zahlungsunion.*
**Ezzelino da Romano,** *1194, †1259, Machthaber in Verona, Padua, Vicenza u. in der Mark Treviso; Führer der kaisertreuen *Ghibellinen;* 1259 bei Soncino geschlagen.
**Ezzolied,** früh-mhd. Hymnus in aufgelockertem Versmaß des Klerikers *Ezzo* aus Bamberg, geschrieben um 1060; behandelt die christl. Heilsgeschichte.

*Expressionismus: Edvard Munch, Karl-Johan-Straße an einem Frühlingsabend; 1899. Oslo, Munch-Museum*

# F

**f, F,** 6. Buchstabe des dt. Alphabets.
**f,** *Musik:* 1. Abk. für die Vortragsbez. *forte.* 2. die 4. Stufe der C-Dur-Tonleiter.
**f.,** Abk. für *u. folgende (Seite).*
**F,** 1. Abk. für *Farad.* – **2.** Abk. für *Fahrenheit.* – **3.** Abk. für *Franc.*
**Fa.,** Abk. für *Firma.*
**Fabel,** eine erzählende Lehrdichtung, häufig aus der Tierwelt, die sittl. Wahrheiten oder allg.-menschl. Erfahrungen veranschaulicht; z.B. bei *Äsop,* J. de *La Fontaine* u. G.E. *Lessing.*
**Fabeltiere,** in Märchen u. Sagen vorkommende Phantasiegeschöpfe wie Drache, Einhorn, Sphinx, Nixe u.ä.
**Fabianismus,** Richtung des engl. Sozialismus, die eine langsame Verstaatlichung der Produktion u. des Grundbesitzes erstrebte; 1883 Gründung der von bürgerl.-radikalen Intellektuellen getragenen *Fabian Society* (Fabier) unter Sidney u. Beatrice *Webb;* ideolog. Grundlage für die Labour Party.
**Fabiola,** Doña F. *de Mora y Aragón,* *11.6.1928, Königin der Belgier; heiratete 1960 den König *Baudouin I.*
**Fabius** [fabi'ys], Laurent, *20.8.1946, frz. Politiker (Sozialist); 1984–86 Prem.-Min., seit 1988 Präs. der Nationalversammlung.
**Fabius,** Quintus F. *Maximus Verrucosus Cunctator* (»Zauderer«), *um 280 v.Chr., †203 v.Chr., röm. Feldherr u. Konsul; 217 v.Chr. zum Diktator ernannt; erhielt seinen Beinamen *Cunctator* wegen seiner Hinhaltetechnik im Kampf gegen Hannibal.
**Fabrik,** gewerbl. Produktionsstätte, im Ggs. zur *Manufaktur* mit Maschinen ausgestattet; Hauptform des Industriebetriebs. – **Fabrikant,** leitender Inhaber oder Mitinhaber einer Fabrik. – **Fabrikat,** das industrielle Fertigerzeugnis, z.B. zur *Manufaktur* – **F.inspektion,** in der Schweiz Bez. für die → Gewerbeaufsicht. – **F.marke,** ein vom Hersteller zur Kennzeichnung der Herkunft der Ware verwendetes Warenzeichen.
**Fabritius,** Carel, *1622, †1654, ndl. Maler; begabtester Schüler Rembrandts (Genrebilder u. Porträts).
**fabulieren,** erdichten, Geschichten erfinden.
**Face-lifting** [feis liftiŋ], operative Hautstraffung im Gesicht.
**Facette** [fa'sɛtə], eine kleine ebene Fläche, wie sie beim Edelstein durch Abschleifen erzeugt wird.
**Facettenauge** [fa'sɛtən-], das *Komplexauge* der Gliedertiere.
**Facharbeiter,** Arbeiter mit abgeschlossener Ausbildung in einem anerkannten Beruf der Industrie.
**Facharzt,** Arzt für ein bestimmtes med. Fachgebiet, z.B. für Augenheilkunde.
**Fächerahorn,** Art der *Ahorngewächse;* beliebte Zierpflanze der Japaner.
**Fächerflügler,** *Strepsiptera,* Ordnung der *Insekten,* als Larven parasit. in anderen Insekten.
**Fächergewölbe,** komplizierte Form des *Rippengewölbes;* bes. in der engl. Architektur der Gotik.
**Fächerpalmen,** Palmen mit fächerförmig ausgebreiteten Blattwedeln, z.B. die Borassopalmen.
**Fachhochschulen** → Hochschulen.
**Fachlehrer,** Lehrer, der eine bes. Lehrbefähigung für einzelne Fächer erworben hat.
**Fachoberschulen,** eine 1968 in der BR Dtld. neu geschaffene Schulform; umfaßt die Klassen 11 u. 12, bereitet auf das Studium an *Fachhochschulen* vor.
**Fachschulen,** Schulen zur Fortbildung in versch. Berufen nach einer prakt. Berufsausbildung (Lehrzeit). Ziel: Vertiefung des prakt. u. theoret. berufl. Könnens; im Ggs. zur *Berufsschule* ist der Besuch der F. freiwillig.
**Fachverbände,** fachl. ausgerichtete Organisationen des Handels u. der Ind., im *Bundesverband der Deutschen Industrie e.V.* bzw. in der *Hauptgemeinschaft des Deutschen Einzelhandels e.V.* zusammengefaßt.
**Fachwerk,** *Riegelwerk, Rahmenwerk,* eine Bauart, urspr. in Holz, dann auch in Stahl u. Stahlbeton, bei der zunächst ein Gerüst aus senkr. Säulen, waagr. Riegeln u. schrägen Streben errichtet wird, dessen Zwischenräume dann mit Flechtwerk, Reisig, Lehm u.ä. ausgefüllt oder mit Ziegeln ausgemauert werden.
**Facialis,** *Nervus facialis, Fazialis,* der 7. Gehirnnerv der Wirbeltiere; versorgt bei den Säugetieren als Gesichtsnerv rein motorisch die mimische Muskulatur. *Fazialis-* oder *Gesichtslähmung* ist die vollständige Lähmung bzw. Schwäche *(Fazialisparese)* der vom *Nervus facialis* versorgten Muskeln.
**Fackel,** 1. ein am oberen Ende mit brennbarem Material versehener Holzstab. – **2.** unregelmäßig begrenztes, wolkenartiges Gebiet auf der Sonnenoberfläche, von höherer Temperatur u. Helligkeit als die Umgebung.
**Faction** ['fækʃən], dt. *Faktographie,* russ. *Literatura fakta,* in der neuesten Lit. die dokumentar. Darst. mit authent. Personennamen, Tonband, Kartenmaterial, z.B. bei R. *Hochhuth.*
**Fadejew** [-jɛf], Alexander Alexandrowitsch, *1901, †1956 (Selbstmord), russ. Schriftst. (Romane im Stil des sozialist. Realismus).
**Faden,** 1. auch *Klafter,* altes dt. Maß für Brennholz: 1 F. = 1,74–4,45 m$^3$. – **2.** engl. *Fathom,* Längenmaß für Meerestiefen: etwa die Armspanne eines Mannes, 1 Faden = 1/1000 Seemeile = 1,85 m. – **3.** langes, dünnes Fasergebilde, z.B. Garn, Zwirn, Schnur.
**Fadenbakterien,** nichtwiss. Bez. für fadenförmige Bakterien.
**Fadenglas,** ungefärbtes Kunstglas mit eingeschmolzenen ein- oder mehrfarbigen Glasfäden.
**Fadenkreuz,** hinter das Okular von Fernrohren u. Mikroskopen geschaltetes Kreuz aus Spinnfäden oder in Glas geritzten Strichen zum genauen Anvisieren eines Ziels.
**Fadenmoleküle,** fadenförmige *Makromoleküle.*
**Fadenwürmer,** *Nematoden, Nematodes,* Kl. der *Hohlwürmer;* runde, langgestreckte Tiere, meist getrenntgeschlechtl.; Größe: zw. mikroskop. klein u. 1 m. Viele F. sind schädl. für Nutzpflanzen; auch Tier- u. Menschenparasiten, z.B. der Spulwurm.
**Fading** ['fɛɪ-], *Schwund,* 1. das Schwanken der Lautstärke beim Rundfunkempfang, verursacht durch Interferenz der Boden- u. Raumwelle. – **2.** Nachlassen der Bremswirkung bei Kfz-Bremsen, verursacht durch Erwärmung.
**Fado** ['faðo], ein seit dem 19. Jh. in Portugal gepflegter Gesang mit sentimentalen Texten u. Gitarrenbegleitung.
**Faenza,** ital. Stadt in der Region Emilia-Romagna, 55 000 Ew.; im 15./16. Jh. weltberühmt durch seine Majoliken (nach F. auch *Fayence* gen.).
**Faesi,** Robert, *1883, †1972, schweiz. Schriftst. u. Literaturhistoriker.
**Fafnir,** *Fafner,* in der nord. Myth. der Drache, der den Nibelungenhort bewacht u. von *Sigurd* erschlagen wird.
**Fagott,** tieftönendes Holzblasinstrument mit doppelter Röhre; Höhe: 1,37 m; Tonumfang: Kontra-B (selten -A) bis es''; bildet im Orchester den Baß der Holzbläsergruppe. Das eine Oktave tiefer klingende *Kontra-F.* ist das tiefste Instrument eines Orchesters.
**Fahd,** F. *Ibn Abd Al Aziz,* *1922, König von Saudi-Arabien (seit 1982).
**Fähe,** *Fehe,* der weibl. Fuchs, Marder, Dachs, Iltis u. das weibl. Wiesel.
**Fahlcrantz,** Carl Johan, *1774, †1861, schwed. Maler (romant. Landschaften).
**Fahlerz,** *Schwarzerz, Tetraedrit,* stahlgraues bis eisenschwarzes, glänzendes Mineral; Silber- u. Kupfererz.
**Fahlleder,** stark gefettetes Schuhoberleder aus Rindhäuten.
**Fahndung,** Maßnahmen zur Ermittlung u. Ergreifung von Tätern, Tatverdächtigen oder Zeugen *(Personen-F.)* sowie abhanden gekommenen Sachen *(Sach-F.)* durch den F.sdienst. Bei der *Raster-F.* werden Daten von Tatverdächtigen in Computerlisten erfaßt u. bei F. entspr. kombiniert (v.a. bei der Terroristen-F.).
**Fahne,** 1. ein ein- oder mehrfarbiges Tuch, oft mit Wappen oder Sinnbildern, als *Feldzeichen* schon im Altertum u. MA in Gebrauch. – **2.** der erste Druckabzug eines Schriftsatzes.
**Fahneneid,** Diensteid des Soldaten, in der dt. Bundeswehr nur von Berufssoldaten u. Soldaten auf Zeit geleistet.
**Fahnenflucht,** *Desertion,* das unerlaubte Sichentfernen oder Fernbleiben von der Truppe in der Absicht, sich dem Wehrdienst dauernd oder für die Zeit eines bewaffneten Einsatzes zu entziehen; in der BR Dtld. mit Freiheitsstrafe bis zu 5 Jahren bestraft. In Östr. u. Schweiz ähnlich.
**Fahnenjunker,** Offiziersanwärter im Dienstgrad eines Unteroffiziers; bei der Marine: *Seekadett.*
**Fähnlein,** Schlachthaufen u. Verwaltungseinheit der *Landsknechte* (16./17. Jh.).
**Fähnrich,** im MA der Fahnenträger, heute Offiziersanwärter im Dienstgrad eines Feldwebels; bei der Marine: *F. zur See.*
**Fähre,** ein Wasserfahrzeug für den Personen-, Fahrzeug- u. Gütertransport von Ufer zu Ufer; versch. Arten: *Ketten-F.* (unter Wasser), *Seil-F.* (über Wasser), *Gier-F.* (einseitiges Seil im Strom- u. Ruderdruck), *Trajekte* (Fährschiffe zum Überführen von Eisenbahnzügen) u. *Auto-F.*
**Fahrenberg,** Berg im Oberpfälzer Wald, östl. von Weiden, 801 m.
**Fahrende,** *fahrendes Volk, fahrende Leute,* umherziehende Schausteller, Jahrmarktskünstler u. Gaukler seit dem MA; auch wandernde Studenten u. Dichter; außerhalb der Standesordnung stehend.
**Fahrenheit,** Gabriel Daniel, *1686, †1736, dt. Physiker; führte Quecksilberfüllungen u. die nach ihm ben. Gradeinteilung für Thermometer ein.
**Fahrerflucht,** das unerlaubte Entfernen eines Unfallbeteiligten vom Unfallort; Freiheits- oder Geldstrafe, Entzug der Fahrerlaubnis.
**Fahrerlaubnis,** behördl. Erlaubnis zum Führen von Kfz im öffentl. Straßenverkehr; in 5 Klassen eingeteilt. Als Bescheinigung über eine erteilte F. wird der *Führerschein* ausgestellt.
**Fahrgestell,** *Fahrwerk,* Gerüst eines Fahrzeugs, an dem alle Teile wie Motor, Achsen, Lenkung, Räder befestigt sind.
**Fahrlässigkeit,** *Recht:* eine geringere Form des *Verschuldens,* bei der der Schuldige den Erfolg seines Handelns zwar nicht gekannt u. gewollt hat, aber ihn bei der Beachtung der verkehrsübl. oder zumutbaren Sorgfalt hätte vermeiden können. Grade der F. sind *grobe F., leichte F.* u. *individuelle F.*

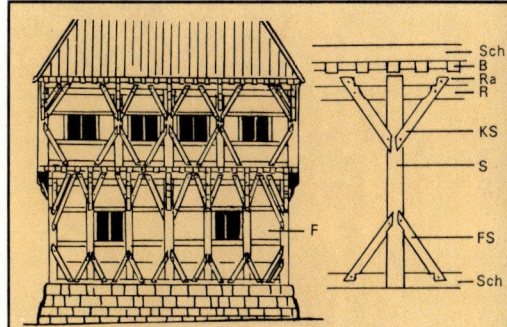

*Fachwerk (Renaissance),* links: Alemannisches »Männle« (F = Fach, Feld); rechts (im Detail): B Balkenkopf, R Riegel, KS Kopfstrebe, S Ständer, FS Fußstrebe, Sch Schwelle, Ra Rahmen

**Fahrnis,** *fahrende Habe,* bewegl. Eigentum.
**Fahrprüfung,** die zum Führen eines Kfz auf öffentl. Straßen notwendige Prüfung; durch eine amtl. *Fahrerlaubnis (Führerschein)* bestätigt.
**Fahrrad,** einspuriges Straßenfahrzeug mit zwei Rädern, angetrieben durch Muskelkraft; bes. Bauformen: *Damen-F., Klapprad, Rennrad, Kunst-F., Tandem* (zweisitzig); Spezialräder heute: *BMX-Rad* (geländegängiges F. für Kinder u. Jugendliche), *Mountain-bike* (berggängiges F. mit dicken Stollenreifen). Vorläufer des F. ist die *Draisine* (1817 von C. Frhr. von *Drais* erfunden).
**Fährte,** Fußspuren v.a. des Schalenwilds im Boden oder Schnee.
**Fahrtrichtungsanzeiger,** *Blinker,* für alle Kfz vorgeschriebene Blinkleuchten, die kurzzeitige Lichtimpulse geben, um eine Änderung der Fahrtrichtung oder Fahrspurwechsel anzukündigen.
**Fahrtschreiber,** *Tachograph,* Apparat in Kfz zur Überprüfung der Fahrweise; zeichnet auf einer mit Uhrzeit versehenen Fahrtscheibe den gesamten Fahrtverlauf auf (Fahrstrecke, Haltezeit, Geschwindigkeit).
**Fahrverbot,** Verbot, für die Dauer von 1–3 Mon. ein Kfz zu führen; bei einer Straftat im Zusammenhang mit dem Führen eines Kfz (z.B. Trunkenheitsdelikte) oder unter Verletzung der Pflichten eines Kfz-Führers als *Nebenstrafe* (neben Freiheits- bzw. Geldstrafe) verhängt.
**Fahrwerk,** beim Flugzeug die an Streben befestigten Laufräder; zur Widerstandsverminderung während des Flugs eingezogen.
**Faible** [fɛːbl], Vorliebe, Schwäche, Neigung.
**Fail-safe-Prinzip** ['feɪl sɛɪf-], Ausfallsicherheit, ein techn. Konstruktionsprinzip, nach dem Bauteile so gestaltet werden, daß das Versagen eines einzelnen Bauelements nicht zum Ausfall des gesamten Bauteils führt; bes. in Luftfahrzeugbau.
**Fairbanks** ['fɛəbæŋks], Bergbaustadt in Mittelalaska, 15 000 Ew.; Univ.; Endpunkt der Alaska-Straße, Luftstützpunkt; Kohle- u. Goldabbau.
**Fairbanks** ['fɛəbæŋks], Douglas, eigtl. Elton Julius *Ullman,* *1883, †1939, US-amerik. Filmschauspieler (Filmidol des Stummfilms, bes. Liebhaber- u. Abenteuerrollen). W »Das Zeichen Zorros«, »Der Dieb von Bagdad«.
**Fair Deal** [fɛə diːl], Wirtschafts- u. Sozialprogramm des US-amerik. Präs. *Truman* von 1949, das eine gerechte Verteilung des volkswirtsch. Gesamtertrags vorsieht.
**Fairneß** ['fɛənɪs], den sportl. Regeln entspr. korrektes u. ehrenhaftes Verhalten (im Sport u. im Alltagsleben).
**Fair play** [fɛə pleɪ], anständiges, ehrenhaftes Spiel (bes. im Sport).
**Faisal,** *Feisal,* Fürsten.
Irak:
**1. F. I.,** *1885, †1933, König 1921–33; Sohn König *Hussains* des Hedjas; 1920 König von Syrien, von den Franzosen verdrängt; mit engl. Unterstützung König des Irak. – **2. F. II.,** Enkel von 1), *1935, †1958, König 1939–58; bei einem Staatsstreich getötet.
Saudi-Arabien:
**3. F. Ibn Abdal-Aziz Ibn Saud,** *1907, †1975 (ermordet), König 1964–75, westl. orientiert.
**Fait accompli** [fɛtakɔ̃ˈpli], vollendete Tatsache.
**Faiyum,** *Al F., Al Fayyum,* ägypt. Oasengebiet u. Prov. sw. von Kairo, 1792 km², 1,5 Mio. Ew.; Anbau von Getreide, Obst, Wein u. Baumwolle; Hptst. *F.* 218 000 Ew.; Ruinen aus altägypt. u. grch. Zeit.
**Fäkalien,** *Faeces,* die tier. u. menschl. Ausscheidungen.
**Fakir,** Angehöriger bestimmter religiöser Sekten in Indien, Asket; auch Artist, der Experimente der Körperbeherrschung zeigt, z.B. Liegen auf dem Nagelbrett, Laufen durch Glasscherben u.ä.
**Faksimile,** getreue, photomechan. Wiedergabe einer Vorlage (Zeichnung, Dokument, Unterschrift).
**faktisch,** tatsächlich, wirklich.
**Faktor, 1.** *allg.:* maßgebl. Umstand, Triebfeder. – **2.** *Gewerbe:* 1. der Leiter einer *Faktorei;* 2. veraltete Bez. für den Abteilungsleiter in einer Druckerei. – **3.** *Math.:* Bestandteil eines *Produkts;* → Multiplikation.
**Faktorei,** seit dem MA Bez. für Handelsniederlassungen europ. Kaufleute in fremden Ländern.
**Faktotum,** Helfer für alle Arbeiten.
**fakturieren,** *Fakturen* (Rechnungen) ausschreiben.
**Fakultas,** *Facultas,* Fähigkeit, Befähigung; *Facultas docendi,* Lehrbefähigung.
**Fakultät, 1.** an einer Hochschule der Zusammenschluß eines Wissenschaftsgebiets zu einer Körperschaft unter Leitung eines *Dekans,* heute z.T. in die kleineren *Fachbereiche* gegliedert. – **2.** in der kath. Kirche die Übertragung einer Vollmacht. – **3.** das Produkt aller natürl. Zahlen von 1 bis $n$, geschrieben $n!$ (gesprochen: n Fakultät); z.B.: $5! = 1 \cdot 2 \cdot 3 \cdot 4 \cdot 5 = 120$.
**fakultativ,** dem Belieben, dem freien Ermessen überlassen; Ggs.: obligatorisch.
**Falange** [faˈlanxe], *F. Española Tradicionalista y de las Juntas de Ofensiva Nacional-Sindicalista,* die von J.A. *Primo de Rivera* (Sohn des fr. Diktators M. Primo de Rivera) 1933 gegr. faschist. span. Organisation, die im Bürgerkrieg auf seiten *Francos* kämpfte u. in der Folge eine der Hauptstützen seiner autoritären Reg. war; 1958 in *Nationale Bewegung* umbenannt, 1977 aufgelöst.
**Falascha,** ein Volksstamm in Äthiopien; mit jüd. Kult; Bauern u. Handwerker.
**Falbe,** ein Pferd mit gelber Grundfärbung; Mähne, Schweif u. Unterfuß stets schwarz.
**Falckenberg,** Otto, *1873, †1947, dt. Intendant, Regisseur u. Schriftst.; 1917–47 Staatsschauspieldirektor der Münchner Kammerspiele.
**Falconet** [-ˈnɛ], Étienne Maurice, *1716, †1791, frz. Bildhauer; schuf Modelle für die Porzellanmanufaktur Sèvres; 1766–78 in St. Petersburg (Reiterstandbild Peters d. Gr.).
**Falerner,** Wein aus Kampanien (bei *Falerno*).
**Falk, 1.** Adalbert, *1827, †1900, lib. Kirchen- u. Schulpolitiker; Mitarbeiter O. von Bismarcks im *Kulturkampf,* 1872–79 Kultus-Min. – **2.** Johann(es) Daniel, *1768, †1826, dt. Schriftst. (Lieder, Erinnerungen an Goethe). – **3.** Peter, *16.9.1927, US-amerik. Filmschauspieler; bek. als Kommissar in der TV-Serie »Columbo«.
**Falken,** *Falconidae,* Fam. der *Greifvögel,* in rd. 60 Arten weltweit verbreitet; kennzeichnend eine zahnartige Spitze an der Seite des Schnabels *(Falkenzahn);* gewandte Flieger, die ihre Beute im Flug schlagen (z.B. Wanderfalke); einheim. Arten: *Turm-F., Wander-F., Baum-F.;* ganzjährig geschützt.
**Falken,** *Die F., Sozialist. Jugend Deutschlands,* 1925/26 entstandene sozialist. dt. Jugendorganisation, der SPD nahestehend, 1933 unterdrückt, seit 1946 wiederaufgebaut.
**Falkenhayn,** Erich von, *1861, †1922, dt. Offizier; 1896–1902 in chin. Diensten, 1913–16 preuß. Kriegs-Min.; im 1. Weltkrieg (als Nachf. *Moltkes)* 1914–16 Generalstabschef.
**Falklandinseln,** *Malwinen,* engl. *Falkland Islands,* span. *Islas Malvinas,* Inselgruppe im S-Atlantik, 11 961 km², 2000 Ew.; bilden zus. mit Südgeorgien u. den Südsandwichinseln die brit. Kronkolonie *Falkland Islands and Dependencies,* 2 Hauptinseln: Ostfalkland u. Westfalkland; Hauptort *Stanley* (Walfangstation); Gemüseanbau, Schafzucht, Fischerei. – Gesch.: 1592 entdeckt, seit 1823 argentin., seit 1832/33 brit. (1842 Kronkolonie), Besitzansprüche von seiten Argentiniens u. Großbrit.; im April 1982 von Argentinien besetzt u. bis Juli 1982 von Großbrit. in einem blutigen Krieg (über 1000 Tote) zurückerobert.
**Falkner,** ein Beizjäger, der Jagdfalken zur Beizjagd abrichtet. – **Falknerei,** *Beize, Beizjagd, Falkenbeize, Falkenjagd,* die Jagd mit Raubvögeln, v.a. mit Falken, die zur freiwilligen Rückkehr abgerichtet sind; Blütezeit im MA.
**Fall, 1.** die unter dem Einfluß der *Schwerkraft* nach dem Erdmittelpunkt strebende Bewegung eines Körpers. Die Geschwindigkeit wächst proportional der Fallzeit, wobei die Beschleunigung 9,81 m/s beträgt. Die Gesetze des *freien F.* wurden von G. *Galilei* entdeckt. – **2.** → Kasus. – **3.** Tau zum Durchsetzen oder Fieren der Segel, des Ruderblatts oder Schwerts eines Schiffs.
**Fall,** Leo, *1873, †1925, östr. Operettenkomponist. W »Der fidele Bauer«.
**Falla** [ˈfalja], Manuel de, *1876, †1946, span. Komponist; verknüpft span. Volksmusik mit dem Impressionismus; Opern, Ballett »Der Dreispitz«, Klavier- u. Kammermusik.
**Fallada,** Hans, eigtl. Rudolf *Ditzen,* *1893, †1947, dt. Schriftst.; realist. zeitgeschichtl. Romane. W »Kleiner Mann – was nun?«, »Wer einmal aus dem Blechnapf frißt«, »Der eiserne Gustav«.
**Fallbeil** → Guillotine.
**fallieren,** die Zahlungen einstellen, bankrott werden. – **Falliment,** veraltete Bez. für Konkurs.
**Fälligkeit,** der Zeitpunkt, an dem eine Forderung geltend gemacht werden darf bzw. eine Schuld erfüllt werden muß.
**Fallingbostel,** niedersächs. Krst. in der Lüneburger Heide, 10 000 Ew.; Kneippkurort; sö. von F. steinzeitl. Grabkammern (»Sieben Steinhäuser«).
**Fallout** [fɔːlˈaut], die Ablagerung von radioakti-

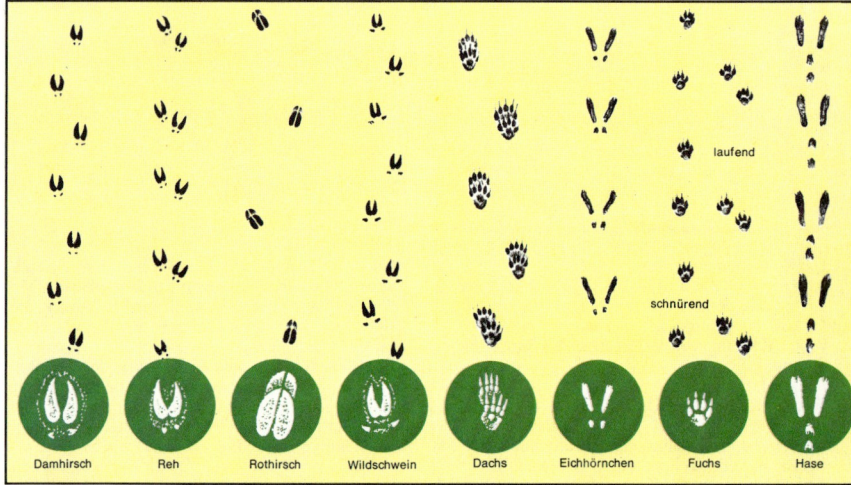

*Fährten*

*Fahrwerk eines Airbus A 300*

ven Stoffen (Niederschlag) aus der Atmosphäre, die z.B. bei Atombombenexplosionen entstanden sind.

**Fallreep,** Strickleiter, Treppe u.ä. außenbords am Schiff.

**Fallschirm,** schirmartige Vorrichtung aus Natur- oder Kunstfaser zum Absetzen von Personen u. Lasten aus Flugzeugen heraus, sowohl für militär. (*F.jäger, F.truppe*) als auch zivile Zwecke (*Rettungs-F.*). Der F. wird beim Absprung durch die am Flugzeug eingehakte Zugleine aus einem Verpackungssack herausgezogen (*automat. F.*) oder (mit Verzögerungsmöglichkeit) durch Handzug geöffnet (*manueller F.*); er bläht sich halbkugelförmig (*Rundkappenschirm*) oder in Form eines rechteckigen Tragflügels (*Rechteckgleiter*) auf u. gleitet mit einer Sinkgeschwindigkeit von etwa 5 m/s zu Boden. Die unterste Absprunghöhe beträgt 50–80 m. – **F.sport,** das Abspringen mit *Sprung-F.* aus Flugzeugen oder Hubschraubern nach sportl. Regeln. Man unterscheidet die Wettbewerbsarten *Zielspringen, Figurenspringen* u. *Formations-(Relativ-)springen.*

**Fallsucht** → Epilepsie.

**Fallturm,** Anlage für wiss. Experimente mit dem freien Fall unter der Bedingung der Schwerelosigkeit, seit 1989 erstmalig in der BR Dtld. (*Bremer F.*); Durchführung der Experimente in einer Stahlkapsel, die in einer 110 m langen Stahlröhre im Inneren des Turms in einer Zeit von 4,5 s zu Boden stürzt, wobei während der Fallzeit in der Kapsel nur ein Millionstel der normalen Schwerkraft herrscht; Untersuchung insb. der Phänomene der Flüssigkeitsmechanik, von Verbrennungsprozessen u. der Materialerstarrung.

**Fallwild,** durch Krankheit, Unfall u.ä. eingegangene jagdbare Tiere.

**Fallwind,** im Windschatten von Gebirgen rasch absteigende Winde, z.B. Föhn oder Bora.

**Falschaussage,** mit der Wirklichkeit nicht übereinstimmende Aussage; strafbar.

**Falscheid,** *fahrlässiger F.,* im Ggs. zum vorsätzl.

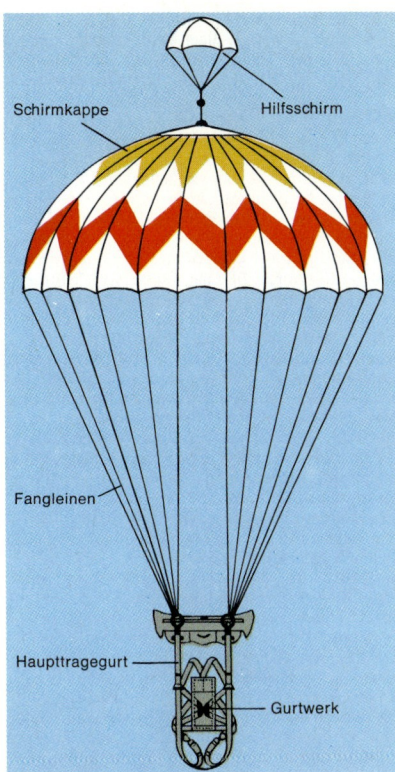

*Fallschirm (Schema)*

*Meineid* das fahrlässige Ablegen eines falschen Eides, in der BR Dtld. strafbar, in Östr. u. Schweiz straffrei.

**Falschfahrer,** *Geisterfahrer,* Kraftfahrer, der eine Autobahn in falscher Richtung (im Gegenverkehr) befährt.

**Falschmünzerei,** unberechtigte Herstellung in Umlauf befindl. Münzen; zu unterscheiden von der *Münzfälschung* (Nachahmung alter, außer Kurs gesetzter Münzen zum Schaden der Münzsammler).

**Falsett** → Fistel- oder Kopfstimme.

**Falsifikat,** Fälschung.

**Falsifikation,** Widerlegung einer wiss. Aussage durch (mindestens) ein Gegenbeispiel; Ggs.: *Verifikation.*

**Falstaff,** Figur aus *Shakespeares* »Heinrich IV.« u. den »Lustigen Weibern von Windsor« (auch als Oper von G. *Verdi*).

**Falster,** dän. Insel südl. von Seeland, 514 km², 50 000 Ew., Hauptort *Nyköbing F.*

**Faltboot,** zusammenlegbares Boot mit Holz- oder Metallgerüst u. wasserdichter Außenhaut.

**Falten,** *Geologie:* durch seitl. Druck entstandene, wellenartige Verbiegung von Erdschichten; mit *Sattel* u. *Mulde.* – **F.gebirge** (z.B. Alpen).

**Falterblumen,** Blumen, deren Nektar nur den Schmetterlingen zugängl. ist.

**Falun,** Prov.-Hptst. in Mittelschweden, im sö. Dalarna, 52 000 Ew.; Kupfer- u. Eisenbergbau (seit dem 13. Jh.).

**Falz, 1.** Aussparung bei Steinen u. Hölzern, damit sie übereinandergreifen u. fest schließen (z.B. bei Fensterflügeln). – **2.** Verbindung der Ränder dünner Bleche (Dosen, Gefäße, Rohre) durch wechselseitiges Ineinanderhaken der Ränder. – **3. 1.** beim gebundenen Buch die beiden Erhöhungen längs des Buchrückens, an die der Deckel angelegt wird; 2. in den Buchrücken eingehefteter Papier- oder Leinwandstreifen, an den Bildtafeln angeklebt werden können.

**falzen, 1.** Druckbogen mit dem *Falzbein* oder der *Falzmaschine* ein- oder mehrmals falten. – **2.** Leder ungleichmäßiger Stärke durch »Abfalzen« von dünnen Spänen auf gleiche Dicke bringen.

**Fama,** Ruf, Gerücht.

**Famagusta,** grch. *Ammochostos,* türk. *Maguša,* Hafenstadt an der O-Küste von Zypern, 45 000 Ew.; antike (*Salamis*) u. mittelalterl. Ruinen.

**familiär,** die Familie betreffend; vertraut, zwanglos; vertraulich.

**Familie, 1.** in der Systematik der Pflanzen u. Tiere die Kategoriestufe zw. *Gattung* u. *Ordnung.*

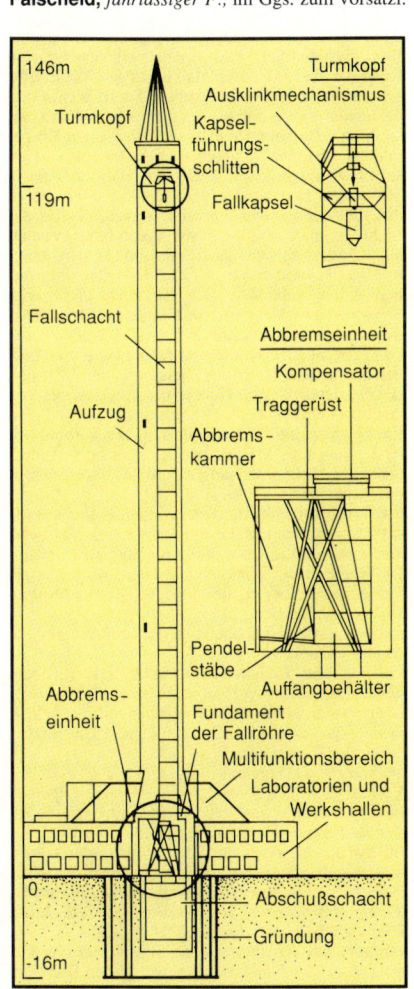

*Bremer Fallturm*

– **2.** kleinste gesellschaftl. Einheit, die in der Industriegesellschaft meist aus Eltern u. ihren (unselbständigen) Kindern (*Klein-* bzw. *Kern-F.*) besteht. Die *Groß-F.*, bei der (neben Eltern u. Kindern) eine größere Zahl von Verwandten in einer Hausgemeinschaft lebt, überwiegt in anderen Kulturformen (z.B. in großen Teilen Afrikas u. Asiens). In zahlr. Gesellschaftsformen sind neben der *Einehe* auch *polygame F.formen* bekannt. In den meisten Gesellschaften ist die F. als *soziale Institution* rechtl. geschützt. In der BR Dtld. ist das *Bundesministerium für Jugend, Familie u. Gesundheit* für F.politik zuständig. – **F.planung,** übergeordnete Maßnahmen der *Geburtenregelung* mit dem Ziel der wirtsch. u. soz. Stabilisierung von Individuum (Eltern u. Kinder) u. Gesellschaft; insbes. in den Ländern der Dritten Welt zur Steuerung des Bevölkerungswachstums.

**Familienbuch,** *Personenstandsbuch,* vom Standesamt nach der Eheschließung angelegtes Buch, in das alle Angaben u. Änderungen zum Personenstand der Familienangehörigen eingetragen werden.

**Familiengericht,** Spezialabteilung des Amtsgerichts für Familiensachen (z.B. Ehesachen, Regelung der elterl. Sorge, Unterhaltspflicht u.ä.).

**Familienhilfe,** Leistungen der gesetzl. *Krankenversicherung* an Fam.-Mitgl. der Versicherten.

**Familienkunde** → Genealogie.

**Familienname** → Name.

**Familienstand,** die Stellung einer Person zum Bestehen einer eig. Familie (ledig, verh., verwitwet, geschieden).

**Famulus,** Medizinstudent, der ein Praktikum in einem Krankenhaus ableistet. – **famulieren,** als F. tätig sein.

**Fan** [fæn], begeisterter Anhänger (z.B. Rockfan, Sportfan).

**Fanal** [das], Feuerzeichen; *i.w.S.* weithin sichtbares Zeichen.

**Fanatismus,** eiferndes, unduldsames Eintreten für eine Überzeugung.

**Fandango,** span. Paartanz (Werbetanz) aus Andalusien u. Kastilien, mit Kastagnetten- u. Gitarrenbegleitung.

**Fanfani,** Amintore, *6.2.1908, ital. Politiker (Democrazia Cristiana); 1954, 1958/59, 1960–63, 1982/83 u. 1987 Min.-Präs., 1968–73, 1976–82 u. 1985–87 Senats-Präs.

**Fanfare, 1.** Horn- oder Trompetensignal. – **2.** hellklingende Naturtrompete mit nur zwei Windungen.

**Fänge, 1.** die Eckzähne des Jagdhunds u. des Raubwilds. – **2.** die Krallen der Raubvögel (Greifvögel).

**Fangheuschrecken,** zur Ordnung der Insekten gehörige große Heuschrecken mit zu Fangwerkzeugen entwickelten Vorderbeinen; ca. 1800 Arten, hierzu die *Gottesanbeterin* u. die *Teufelsblume.*

**Fangio** [-xio], Juan Manuel, *24.9.1911, argent. Automobil-Rennfahrer; 1951 u. 1954–57 Weltmeister.

*Fallschirmsport: Das Bilden einer Sternformation im freien Fall ist eine schwierige Disziplin des Relativspringens*

**Fango,** Mineralschlamm vulkan. Herkunft für Bäder, Packungen u. Umschläge.
**Fangschuß,** der Schuß, mit dem angeschossenes oder krankes Wild getötet wird.
**Fano,** ital. Hafenstadt u. Seebad an der Adria, 52 000 Ew.
**Fanø,** dän. Insel westl. von Jütland, 56 km², 2700 Ew.; Fischerei, Fremdenverkehr.
**Fantasia,** *Phantas,* festl. Reiterspiele in N-Afrika u. Arabien, auch bei asiat. Reitervölkern.
**Fantasie,** *Fantasia,* meist improvisiertes Musikstück für ein Instrument.
**Fantasy** ['fæntəsi], eine im 20. Jh. entstandene Literaturgatt., meist Romane, Erzählungen oder Filme über phantast. Welten u. Geschehnisse mit z.T. Themen aus Mythen u. Märchen. Vertreter u.a.: J.R.R. Tolkien, M. Ende, M. Zimmer Bradley.
**FAO,** Abk. für engl. *Food and Agriculture Organization,* UN-Organisation für Ernährung u. Landw., Sitz: Rom.
**Farad** [das; nach M. *Faraday*], Kurzzeichen *F,* die Einheit der elektr. Kapazität eines Kondensators. Dieser hat die Kapazität 1 F, wenn er bei der Spannung 1 Volt die Ladungsmenge 1 Coulomb aufnehmen kann. In der Technik wird meist das *Mikro-F.* (1 µF = 1 millionstel F) verwendet.
**Faraday** ['færədi], Michael, *1791, †1867, engl. Naturforscher; entdeckte die Verflüssigung von Chlor, Kohlensäure u. Ammoniak, das Benzol, die elektromagnet. Induktion, den Diamagnetismus, die Drehung der Polarisationsebene eines Lichtstrahls durch ein Magnetfeld **(F.-Effekt)** u. die nach ihm ben. Grundgesetze der Elektrolyse. – **F.-Käfig,** allseitig geschlossener Maschendraht- oder Metallkäfig, der zur Abschirmung des Inneren gegen ein äußeres elektr. Feld dient. Ein geschlossener Kraftwagen wirkt bei Gewittern als F.-Käfig u. bietet somit Schutz für die Insassen.
**Faradisation** → Elektrotherapie.
**Farah Diba** *15.10.1938, ehem. Kaiserin des Iran; seit 1959 verh. mit Schah *Mohammed Riza Pahlewi* (†1980); ging mit ihm 1979 ins Exil.

**Farandole** [farã'dol], alter provençal. Volkstanz.
**Farbbuch,** *Buntbuch,* nach dem meist einfarbigen Umschlag ben. Zusammenstellung von Dokumenten, die von einer Regierung zur Orientierung u. zur Rechtfertigung des eig. Verhaltens vorgelegt werden, z.B. in der BR Dtld. *Weißbuch,* in Frankreich *Gelbbuch,* in den USA u. in Östr. *Rotbuch.*
**Farbe,** 1. Chemie: → Farbstoffe. – 2. Physik: → Farbenlehre. – 3. die vier unterschiedl. Symbole auf europ. Spielkarten, durch die jedes Kartenspiel gegliedert ist, z.B. in der frz. F.: Treff (Kreuz), Pik, Herz u. Karo.
**Farbechtheit,** die Widerstandsfähigkeit der Farbe von Textilien gegen eine Reihe von Einflüssen während der Fertigung u. des Gebrauchs, z.B. gegen Lösungsmittel, Licht u. Waschen.
**Färbeindex** [-ə'in-], das Mengenverhältnis von rotem Blutfarbstoff *(Hämoglobin)* zu den roten Blutkörperchen *(Erythrozyten);* der F. gibt den Hämoglobin-(Hb-)Gehalt der einzelnen Erythrozyten an, normalerweise F. = 1 *(normochrom);* Erhöhung des F. auf über 1 z.B. bei der perniziösen Anämie *(hyperchrom);* Erniedrigung unter 1 z.B. bei Eisenmangelanämien *(hypochrom).*
**Farbenblindheit,** die Unfähigkeit der Farbenunterscheidung, meist angeboren, am häufigsten die erbl. Rot-Grün-Blindheit *(Daltonismus),* seltener die Gelb-Blau-Blindheit.
**Farbendruck,** farbige Gestaltung eines Drucks oder die vielfarbige Gestaltung einer Reproduktion durch Übereinanderdrucken mehrerer gerasteter Farbenplatten; häufig als *Dreifarbendrucke* mit den Grundfarben Rot, Gelb u. Blau, deren Mischung jeden anderen Farbton ergibt, oder als *Vierfarbendruck* mit Schwarz als vierter Farbe.
**Farbenlehre,** *Chromatik,* Lehre von der Entstehung u. Ordnung der Farben u. von ihrer Wirkung auf das Auge. – *Licht* ist eine elektromagnet. Wellenbewegung. Die Wellen werden vom menschl. Auge in einem Wellenlängenbereich von etwa 380–780 nm (Nanometer) wahrgenommen **(Farbensinn).** Die jeweilige charakterist. Farbempfindung, die von einem Lichtreiz bestimmter Wellenlänge hervorgerufen wird, heißt **Farbton.** Das menschl. Auge kann rd. 160 Farbtöne unterscheiden. Bek. Farbnamen u. die zugehörigen Wellenlängenbereiche sind:

| Farbnamen im sichtbaren Wellenlängenbereich | |
|---|---|
| Farbname | Wellenlängenbereich (in nm) |
| Purpurblau | 380…450 |
| Blau | 450…482 |
| Grünlichblau | 482…487 |
| Cyan (Blau) | 487…492 |
| Bläulichgrün | 492…497 |
| Grün | 497…530 |
| Gelblichgrün | 530…560 |
| Gelbgrün | 560…570 |
| Grünlichgelb | 570…575 |
| Gelb | 575…580 |
| Gelblichorange | 580…585 |
| Orange | 585…595 |
| Rötlichorange | 595…620 |
| Rot | 620…780 |

Neben diesen *bunten* Farben gibt es die *unbunten* Farben von Weiß über die versch. Grautöne bis Schwarz. – Die Farben selbstleuchtender Objekte heißen *Lichtfarben,* die von nicht selbstleuchtenden Körpern *Körperfarben.*
Das von uns als weiß empfundene Sonnenlicht wird beim Durchgang durch ein Prisma in seine *Spektralfarben* zerlegt, die (nach abnehmenden Wellenlängen geordnet) über Rot, Orange, Gelb, Grün, Blau, Violett nahezu kontinuierl. ineinander übergehen. Jenseits von Rot u. Violett gibt es unsichtbare Lichtwellen: *Infrarot* u. *Ultraviolett.* Treffen Lichtwellen, die zu versch. Spektralfarben gehören, im Auge auf dieselbe Stelle der Netzhaut, so entsteht ein einziger Farbeindruck *(additive Farbmischung);* z.B. erscheint eine rote Fläche bei Beleuchtung mit einer orangefarbigen u. einer grünen Lampe gelb. Alle Farben können in einem *Farb(en)kreis* angeordnet werden. Gegenüberliegende Farben heißen *Komplementär-* oder *Gegenfarben;* ihre additive Mischung ergibt den Eindruck Weiß (ein helles Grau).
Der Farbeindruck aller nicht selbstleuchtenden Körper entsteht dadurch, daß diese gewisse Farben des auf sie auffallenden weißen Sonnenlichts verschlucken (absorbieren) u. den Rest wieder abstrahlen (reflektieren); man sieht also einen Körper in der Farbe, die komplementär zu der von ihm am stärksten absorbierten Farbe ist. Werden versch. Malfarben miteinander gemischt, so absorbieren ihre Farbkörperchen jeweils versch. Teile des Lichts, u. man sieht die Farbe, deren Anteil von allen Körpern am wenigsten verschluckt wird *(subtraktive Farbmischung).* Zwei Komplementärfarben geben subtraktiv den Eindruck Grau oder Schwarz, weil sie gemischt keinen Teil des Spektrums mehr bevorzugt reflektieren.
Die erste bed. F. wurde von I. *Newton* entwickelt, der die Spektralnatur des Lichts erkannte. Zu ihm in Ggs. trat J.W. von *Goethe* mit einer F., die von der Unteilbarkeit des Lichts ausging.
**Farbenperspektive,** ein Prinzip der Farbgebung in der neuzeitl. Malerei, wobei durch die Anordnung der Farben der tiefenräuml. Aufbau des Bildes unterstützt wird.
**Farbensymbolik,** die in einzelnen Kulturkreisen versch. Ausdeutung der Farben nach Symbolwerten, z.B. Weiß in westl. Kulturen als Farbe absoluter Reinheit u. Wahrheit, in östl. Kulturen als Farbe der Trauer u. des Todes. Die wichtigsten Farbbedeutungen:
Blau: Himmel, Unendlichkeit, Treue, Reinheit;
Braun: Demut;
Gelb: Sonne, Ewigkeit, aber auch Neid (im MA Farbe der Juden);
Grün: Natur, Hoffnung, Unsterblichkeit;
Rot: Liebe, Leidenschaft, auch Christi Blut (daher Farbe der Kardinäle);
Schwarz: Tod, Trauer;
Violett: Passion Christi.
**Färberdistel,** *Saflor,* mittelmeer.-vorderasiat. *Korbblütler;* liefert roten Farbstoff.
**Färberei,** seit alters her bek. Vorgang der künstl. Veränderung der natürl. Farben von Faserstoffen u. Häuten; Eintauchen des Färbeguts in die Farbstofflösung *(Färbeflotte);* fr. ausschließl. natürl., heute überwiegend künstl. Farbstoffe.
**Färberöte,** *Rubia tinctoria,* mittelmeer.-vorderasiat. Gatt. der *Rötegewächse;* mit gelben Blüten u. einem hellroten Wurzelstock; fr. als Färberpflanze *(Krapp)* angepflanzt.

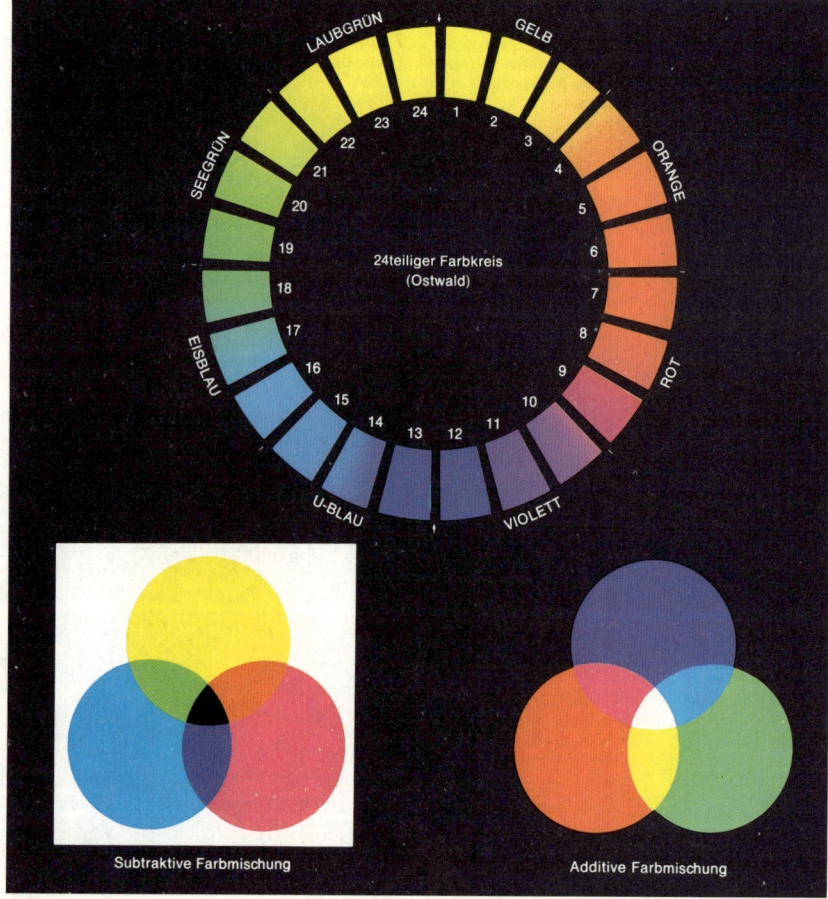

*Farbenlehre*

**Farbfernsehen** → Fernsehen.
**Farbhölzer,** Holzarten meist trop. Herkunft, die bestimmte Farbstoffe liefern, z.B. das *Brasilin* im *Rotholz*.
**Farbphotographie** → Photographie.
**Farbschnitt,** die Anfärbung des Buchschnitts durch Anilin- oder mit Klebstoff gemischte Wasserfarben.
**Farbstoffe,** *Farben,* anorgan. oder organ. Stoffe, die der unbelebten u. belebten Materie Farbe verleihen; Arten: *anorgan. Mineralfarben,* die entweder durch feine Zerteilung natürl. vorkommender Mineralien *(Erdfarben)* oder durch chem. Reaktionen hergestellt werden; *pflanzl. F.,* die aus Blüten, Hölzern u. Wurzeln gewonnen werden können (z.B. Indigo, Chlorophyll); *tier. F.* (z.B. Purpur, Hämoglobin); *synthet. F.,* die wegen ihrer Herstellung aus Destillationsprodukten des Steinkohlenteers (z.B. Anilin) auch *Anilin-* oder *Teerfarben* genannt werden. Heute werden v.a. synthet. F. zum Färben von Textilien, Leder, Papier u.ä. verwendet, da hierdurch die Skala der zur Verfügung stehenden Farbnuancen u. die Haltbarkeit der F. erhöht wird.
**Farbwechsel,** Fähigkeit von Tieren, ihre Färbung zu ändern, entweder durch langsame Zu- u. Abnahme pigmenthaltiger Zellen, die *Chromatophoren* genannt werden, oder schneller durch Pigmentbewegungen innerhalb der Zelle. Die Reaktionen innerhalb der Chromatophoren werden gesteuert durch Nervensignale (Buntbarsche, Tintenfische) oder hormonell (Würmer, Krebse, Insekten). Funktionen des F.: zur Tarnung oder als *Auslöser* zur innerartl. Verständigung (z.B. als »Hochzeitskleid«).
**Farce, 1.** *Fasche, Füllsel,* Füllung für Geflügel, Pasteten. – **2.** derb-lustiges kurzes Theaterstück, entstanden aus der Einlage im mittelalterl. frz. Mirakelspiel; in Dtld. bes. von der Romantik gepflegt (z.B. in der Literatursatire bei L. *Tieck* u. A.W. *Schlegel*). – Übertragen: schlechter Scherz, als wichtig hingestellte belanglose Sache.
**Farel,** Guillaume, *1489, †1565, schweiz. Reformator; führte in Genf die Reformation ein, die er gemeinsam mit J. *Calvin* 1536 durch die neue Kirchenordnung sicherte.
**Farin,** *Meliszucker,* gelbl. Zucker aus Abfällen bei der Raffinadegewinnung, reich an *Melasse.*
**Farm,** bes. in den USA verwendete Bez. für einen landw. Betrieb, in Europa teilweise auch übl. auf bestimmten Teilgebieten, wie Pelztier- oder Geflügel-F.
**Farne,** *Filicinae,* Kl. der *Farnpflanzen;* mit großen, meist gestielten Blättern *(Wedel),* die auf der Unterseite zahlr. Sporangien (Sporenkapseln) tra-

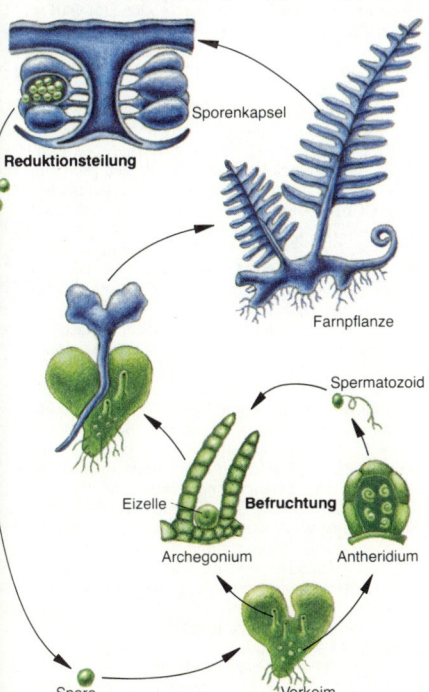

*Farne: Generationswechsel eines Farns; blau: diploide Phase; grün: haploide Phase*

*Färöer: Tórshavn*

gen; deutl. Generationswechsel in der Entwicklung: aus der Spore entsteht der Vorkeim, die sog. geschlechtl. Generation *(Gametophyt),* eine kleine lebermoosähnl. Pflanze, die männl. u. weibl. Geschlechtsorgane trägt. Nach Befruchtung der Eizelle entwickelt sich die ungeschlechtl. Generation *(Sporophyt),* die eigtl. Farnpflanze; etwa 10 000 Arten, Hauptverbreitung in den Tropen (z.T. als Baum-F.), einheim. F.: u.a. *Adler-F., Hirschzunge, Rippen-F., Tüpfel-F., Wurm-F.*
**Farnese,** ital. Adelsgeschlecht, 1545–1731 Herzöge von Parma u. Piacenza.
**1.** Alessandro, Papst → Paul III. – **2.** Alessandro, *1545, †1592, Heerführer (u.a. bei Lepanto); seit 1578 span. Statthalter in den Ndl. – Die Farnes. Kunstsammlungen (darunter der *Farnes. Stier* u. der *Farnes. Herakles*) befinden sich heute im Nationalmuseum zu Neapel. Die *Villa Farnesia* (1509–11) in Rom enthält Fresken von Raffael.
**Farnpflanzen** → Pflanzen.
**Faro,** Hafenstadt in S-Portugal, 22 000 Ew.; Fremdenverkehrszentrum der Algarve, Flughafen; Fischerei, Korkverarbeitung, Salzgewinnung.
**Färöer,** dän. Inselgruppe vulkan. Ursprungs zw. Island u. den Shetlandinseln, 18 große u. viele winzige Inseln, 1399 km², 41 000 Ew. *(Färinger)*, Hptst. *Tórshavn;* waldlos mit zahlr. Mooren u. Grasflächen (Schaf- u. Rinderzucht); buchtenreiche Steilküsten; seit 1948 innere Selbstverwaltung (eig. Landtag).
**Farrell** ['færəl], James Thomas, *1904, †1979, US-amerik. Schriftst. (soz.-krit. Romane u. Kurzgeschichten).
**Farrow** ['færou], Mia, *9.2.1945, US-amerik. Filmschauspielerin (u.a. in »Rosemaries Baby« u. Filmen von W. *Allen*).
**Fars,** *Farsistan,* Ldsch. in SW-Iran, Kerngebiet des alten pers. Reichs, das vom Iran. Hochland in Stufen zum Pers. Golf abfällt, jetzt Prov., 133 000 km², 2,0 Mio. Ew., Hptst. *Shiraz.*
**Färse,** weibl. Rind nach vollendetem 1. Lebensjahr bis zum 1. Kalb.
**Faruk I.,** *1920, †1965, König von Ägypten 1936–52 u. König des Sudan 1951/52; 1952 durch einen Militärputsch unter Führung A.M. *Nagibs* u. G.A. *Nassers* zur Abdankung gezwungen.
**Farvel,** *Kap F., Kap Farewell,* südlichste Spitze Grönlands, in 59°46' nördl. Breite.
**Fasan,** asiat. *Hühnervogel,* seit langem in Europa eingebürgert *(Jagd-F.),* meist langer Schwanz, Hähne oft mit buntem Prachtgefieder; vielfach als Ziergeflügel, z.B. *Gold-F., Silber-F.*
**Fasces,** Rutenbündel mit herausragendem Beil; urspr. Zeichen der etrusk. u. den hohen röm. Beamten von *Liktoren* vorangetragen, Symbol für die Gewalt über Leben u. Tod, von der faschist. Bewegung B. *Mussolinis* als Abzeichen übernommen.
**Faschinen,** fest zusammengeschnürte Reisigbündel zur Befestigung von Ufern u. für militär. Zwecke.
**Fasching** → Fastnacht.
**Faschismus,** urspr. die von B. Mussolini 1919 gegr. rechtsradikale Bewegung, die sich 1921 als Partei formierte u. 1922–45 über Italien herrschte; i.w.S. auch der *Nat.-Soz.* u.a. verwandte Bewegungen, z.B. der *Falangismus* (unter *Franco*) in Spanien, die »Pfeilkreuzer«-Bewegung (unter F *Szálasis*) in Ungarn; kennzeichnend für den F.: autoritäre, nationalist., nach dem Führerprinzip organisierte Staatsform, Einparteisystem, Unterdrük-

kung von Kommunismus u. Sozialismus. – **faschistoid,** dem F. verwandt; zum F. hinführend.
**Faschoda,** fr. Name der sudanes. Stadt *Kodok.* – **F.krise,** Kampf zw. brit. u. frz. Kolonialtruppen um die Herrschaft im Sudan (1898/99).
**Fase,** *Abfasung,* abgeschrägte Ecke oder Kante.
**Fasern,** textile Rohstoffe in endl. langen oder endlosen F.; Arten: *Natur-F.:* 1. tier. F. (u.a. Seide, Wolle); 2. pflanzl. F. (u.a. Baumwolle, Flachs, Hanf); 3. mineral. F., im allg. nur aus Asbest. *Chemie-F.:* aus tier. oder pflanzl. Ausgangsstoffen (u.a. aus Cellulose, Proteinen, Gummi) hergestellte halbsynthet. Gewebe (u.a. Viskose, Zellwolle) oder vollsynthet. Gewebe (u.a. Nylon, Perlon).
**Faserpflanzen,** Pflanzen, die einen hohen wirtsch. Gehalt an Fasern tragen, z.B. zur Herstellung von Textilgewebe. F. sind u.a. Baumwolle, Sisal, Flachs, Hanf.

*Goldfasan (Hahn)*

**Fashion** ['fæʃən], Mode, feine Sitte.
**Faß,** altes dt. Flüssigkeitsmaß, bis 1884 auch Bez. für *Hektoliter.*
**Fassade,** das Äußere, die Vorderseite (meist von Gebäuden).
**Fassbaender,** Brigitte, *3.7.1939, dt. Opern- u. Konzertsängerin (Alt).
**Fassbinder,** Rainer Werner, *1946, †1982, dt. Regisseur; gesellschaftskrit. Filme (u.a. »Die Ehe der Maria Braun«, »Berlin Alexanderplatz«), Fernseh- u. Theaterinszenierungen.
**Fasson** [-'sõ], Form, Fassung, Muster, Haltung; insbes. Gestalt u. Form der Kleidung (Zuschnitt).
**Fassung, 1.** Anschlußvorrichtung für Glühlampen u. Elektronenröhren. – **2.** die farbige Bemalung einer Holzplastik (Staffiermalerei) auf einer Grundierung aus Kreide, Gips oder Leinwand; seit dem MA, bes. im Barock, durch eigens darauf spe-

*Faschismus: Die nationalsozialistische SA (Sturmabteilung) marschiert durch Berlin*

## 258 Fasten

zialisierte *Faßmaler* ausgeführt. – **3.** Gestalt eines Textes.

**Fasten,** freiwilliges Einschränken der Nahrung, gilt in fast allen Religionen als Opfer, Buße, als Mittel zur Reinigung, zur Herbeiführung einer Ekstase, zur Vorbereitung auf Initiationsriten u. bes. Zeiten im Leben der Kultgemeinschaft. Der Islam hat einen ganzen Fastenmonat: *Ramadan.* Die kath. Kirche kennt zwei *Fasttage,* an denen das Gebot der *Abstinenz* besteht: Aschermittwoch u. Karfreitag. – **F.zeit,** österl. *Bußzeit,* in der kath. Kirche die vierzigtägige Vorbereitungszeit auf das Osterfest (Aschermittwoch bis Karsamstag).

**Fastnacht,** *Fasnet, Fastelabend, Fasching, Karneval,* die vor der (mit Aschermittwoch beginnenden) kirchl. *Fastenzeit* gelegene Zeit, die i.w.S. an Dreikönig (6.1.) oder am 11.11. beginnt; gekennzeichnet durch eine Vielzahl von scherzhaften Bräuchen, Verkleidungen, durch Umzüge, Bälle u. Tanzveranstaltungen.

**Fastnachtsspiele,** schwankhafte Schauspiele, bes. im 15. u. 16. Jh. von den *Meistersingern* verfaßt (H. *Sachs,* H. *Folz,* H. *Rosenplüt,* J. *Ayrer*).

**Faszie,** bindegewebige Haut, die v.a. die Muskeln einhüllt; auch die sehnenartige Fortsetzung von Muskeln.

**Faszination,** Bezauberung, Anziehungskraft.

**fatal,** verhängnisvoll, unangenehm.

**Fatalismus,** Lehre, daß das Schicksal *(Fatum)* vorherbestimmt sei u. der menschl. Wille nichts daran ändern könne.

**Fata morgana,** eine → Luftspiegelung.

**Fathom** ['fæðəm], engl. u. US-amerik. Längenmaß: 1 F. = 6 Feet = 1,8288 m.

**Fatiha,** die 1. Sure (Kapitel) des Korans.

**Fátima,** *um 607, † 632, Tochter des Propheten Mohammed; bei den *Schiiten* als weibl. Idealbild verehrt; gilt als Ahnfrau der *Fatimiden* (schiit. Dynastie, 909–1171 in N-Afrika).

**Fátima,** Wallfahrtsort im mittleren Portugal, nw. von Tomar, 5500 Ew.

**Fatum,** das (unabänderliche) Schicksal.

**Faulbaum,** ein *Kreuzdorngewächs,* bis 2,5 m hoher Strauch, Rinde dient als Abführmittel.

**Faulbrut,** *Bienenpest,* seuchenhaft auftretende, meldepflichtige Erkrankung der Bienenbrut, verursacht durch Absterben der Bienenmaden erhebl. Verluste an Bienenvölkern.

**Faulhaber,** Michael, *1869, † 1952, dt. Kardinal; seit 1917 Erzbischof von München u. Freising; predigte gegen den Nat.-Soz.

**Faulkner** ['fɔːlknə], William Harrison, *1897, † 1962, US-amerik. Schriftst.; Romane über den kulturellen Verfall der amerik. Südstaaten; beherrschte die verschiedensten Stilmittel des modernen Romans; Nobelpreis 1949.

**Fäulnis,** anaerobe (d.h. ohne Sauerstoff) Zersetzung stickstoffhaltiger organ. Substanzen (bes. der Eiweiße) durch Bakterien; Endprodukte: (neben Aminosäuren) übelriechende, z.T. giftige Verbindungen wie Ammoniak, Indol, Schwefelwasserstoff.

*Faultiere: Das Dreizehenfaultier lebt in den Regenwäldern Amazoniens*

*Deckelvase aus Delfter Fayence von A. Pijnacker; um 1700. Hannover, Kestner-Museum*

**Faulschlamm, 1.** *Sapropel, Mudden, Mud,* Bodenschlamm stehender Gewässer, auch flacher Meeresteile; besteht aus Resten abgestorbener Tiere u. Pflanzen, die in Fäulnis übergegangen sind u. infolge Sauerstoffmangels nicht völlig abgebaut werden können. – **2.** → Klärschlamm.

**Faultiere,** *Bradypodidae,* südamerik. Säugetier-Fam.; bewegungsarme Blattfresser mit kräftigen Krallen an Vorder-u. Hinterfüßen, die den Tieren das Schlafen im Hängen ohne Muskelanstrengung ermöglichen; hierzu das *Zweizehenfaultier* u. das *Dreizehenfaultier.*

**Faun,** *Faunus,* altröm., mit Gehörn u. Bocksfüßen dargestellter Naturgott der Fruchtbarkeit, Beschützer der Herden; dem grch. *Pan* gleichgestellt.

**Fauna,** Tierwelt.

**Faure** [foːr], **1.** Edgar, *1908, † 1988, frz. Politiker (Radikalsozialist, später Gaullist); 1945/46 Anklagevertreter bei den Nürnberger Prozessen; 1952 u. 1955/56 Min.-Präs.; 1973–78 Präs. der Nationalversammlung, seit 1979 im Europ. Parlament. – **2.** François Félix, *1841, † 1899, frz. Politiker; Staats-Präs. 1895–99.

**Fauré** [foˈre], Gabriel, *1845, † 1924, frz. Komponist der vorimpressionist. Generation; Orchesterwerke, Kammermusik u.a.

**Faust,** Dr. Johannes (eigtl. Georg), *um 1480, † um 1540, dt. »Schwarzkünstler«; Astrologe, Zauberer u. vagabundierender Arzt, zu Lebzeiten der Teufelsbündelei verdächtigt; wurde zum Sinnbild menschl. Erkenntnisstrebens; der F.stoff wurde mehrfach literar. verarbeitet, zuerst (1587) im Volksbuch, als Puppenspiel von Ch. *Marlowe* (um 1590), später bei *Lessing, Goethe,* C.D. *Grabbe,* N. *Lenau,* P. *Valéry,* Th. *Mann.*

**Faustball,** Ballspiel für 2 Mannschaften von je 5 Spielern, wobei der Ball mit der Faust oder dem Unterarm derart über eine in der Mitte des Spielfelds in 2 m Höhe gespannte Leine zu schlagen ist, daß der Gegner ihn nicht erreicht.

**Fäustel,** Hammer des Bergmanns.

**Faustkampf** → Boxen.

**Faustkeil,** meist aus Feuerstein oder Quarzit hergestelltes, zweischneidiges Gerät der altsteinzeitl. Kulturen.

**Faustrecht,** aus dem MA stammender Rechtsbegriff, der es dem einzelnen gestattete, sein Recht mit Gewalt zu erkämpfen.

**Faustwaffe,** kurze, mit einer Hand zu bedienende Handfeuerwaffe: Revolver u. Pistole.

**Fauves** [foːv] → Fauvismus.

**Fauvismus** [foˈvis-], Stilrichtung der frz. Malerei Anfang des 20. Jh. (1905–07). Die »Fauves« [»Wilde«] setzten anstelle der gebrochenen Farben des *Impressionismus* ungebrochene, leuchtende Farbwerte in Flächen nebeneinander; Ähnlichkeiten zum *Expressionismus.* Hauptvertreter: H. *Matisse,* A. *Derain,* A. *Lhote,* A. *Marquet,* M. de *Vlaminck* u. R. *Dufy.*

**Fauxpas** [foˈpa], Verstoß gegen die gute Sitte, Taktlosigkeit, Versehen.

**Favelas,** südamerik. Elendsviertel.

**Favorit,** Günstling, voraussichtl. Gewinner eines sportl. Wettkampfs. – **favorisieren,** begünstigen, bevorzugen.

**Favre** [faːvr], **1.** Jules, *1809, † 1880, frz. Redner (Republikaner); Oppositionsführer im 2. Kaiserreich (Napoleon III.), nach dessen Sturz 1870 Außen-Min. – **2.** Louis, *1826, † 1879, schweiz. Ing.; baute den St.-Gotthard-Tunnel.

**Fawkes** [fɔːks], Guy, *1570, † 1606 (hingerichtet), engl. Verschwörer; übernahm bei der *Pulververschwörung* die Aufgabe, die Pulvermine anzuzünden, die am 5.11.1605 bei der Eröffnung des Parlaments König Jakob I. u. das gesamte Parlament in die Luft sprengen sollte. Dieser Tag wird noch heute in England als *Guy-F.-Day* gefeiert.

**Fayence** [faˈjãs; nach dem ital. Herstellungsort *Faenza*], *Majolika,* Tonware, die mit einer deckenden weißen Zinnglasur überzogen u. ggf. bemalt ist. Anfänge der F. seit dem 4. Jt. v. Chr. in Ägypten, Babylonien u. Persien; Blütezeit in der Renaissance, bes. in den ital. Städten Orvieto u. *Faenza,* in Frankreich gegen Ende des 14. Jh. die *Henri-deux-F.,* im 17. Jh. bes. in Portugal u. den Ndl. *(Delft).*

**Fazies** [-tsies], **1.** verschiedenartige äußere Erscheinung von gleichaltrigen Gesteinsschichten. – **2.** die bei der Sedimentgesteinsbildung herrschenden Umweltfaktoren, z.B. Wüsten- oder Sumpf-F.

**Fazit,** Endergebnis, Schlußfolgerung.

**FBI** ['efbiːˈai], Abk. für engl. *Federal Bureau of Investigation,* US-Bundeskriminalamt u. -fahndungsdienst.

**FCKW,** Abk. für *Fluorchlorkohlenwasserstoffe.*

**F'Derik** [fdeˈrik], fr. *Fort-Gouraud,* Bergbauort im nw. Mauretanien (W-Afrika), 16 000 Ew.; Flughafen; Eisenerzabbau.

**FDGB,** Abk. für *Freier Deutscher Gewerkschaftsbund.*

**FDJ,** Abk. für *Freie Deutsche Jugend.*

**FDP,** seit 1969 F.D.P., Abk. für *Freie Demokratische Partei.*

**Fe,** chem. Zeichen für Eisen.

**Feature** ['fiːtʃə], eine durch Dialog-, Kommentar- u. Reportage-Elemente aufgelockerte Darstellung sachl. Inhalte in Presse, Film, Fernsehen u. Hörfunk.

**febril,** fieberhaft, fiebrig.

**Februar-Revolution, 1.** Umsturz in Paris, am 22.–24.2.1848 von Arbeitern u. Studenten herbeigeführt, Sturz *Louis Philippes* u. Ausrufung der Rep., Niederwerfung des Aufstands im Juni. – **2.** russ. Revolution vom März (Februar a. St.) 1917, die zur Abdankung Zar *Nikolaus' II.* führte; Rußland wurde Republik.

**Fécamp** [feˈkã], Hafenstadt u. Seebad in N-Frankreich, nordöstl. von Le Havre, 21 000 Ew.; Fischfang, Werft; Ursprung des bek. Benediktinerlikörs.

**Fechner,** Gustav Theodor, *1801, † 1887, dt. Naturwissenschaftler u. Philosoph; Begr. der *experimentellen Psychologie* u. der *Psychophysik.*

**Fechten,** Zweikampf mit Hieb- oder Stoßwaffen. Das moderne sportl. F. kennt drei Waffen: Florett, Degen u. Säbel; Frauen fechten Florett. Jedes Gefecht *(Gang, Assaut)* wird auf der Fechtbahn *(Planche)* ausgetragen, die bei allen Waffen je 14 m lang ist. Als Trefferfläche gilt beim Florett-F. der Rumpf ohne Kopf u. Glieder, beim Säbel-F. der Oberkörper einschl. Kopf u. Arme, beim Degen-F. der ganze Körper. Herren fechten pro Gang auf 5, Damen auf 4 Treffer; in der Direktausscheidung (K.o.-System) Herren auf 10, Damen auf 8 (gesetzte) Treffer.

**Fechter,** Paul, *1880, † 1958, dt. Schriftst. u. Literarhistoriker (zahlr. Monographien).

**Fedaijin,** *Fedayin,* polit.-religiöse Terror-Organisationen im Orient *(Assassinen),* heute bes. die versch. Untergrundorganisationen der Palästinenser, deren Dachverband die PLO ist. Die bekannteste F.-Organisation ist die 1958 gegr. *Al-Fatah.*

**Feder, 1.** *Vogelfeder,* Horngebilde von kompliziertem Bau in der Haut der Vögel; Hauptarten: *Kontur-F., Flaum-F., Faden-F.* Die *Kontur-F.* *(Deck-F., Schwung-F.* u. *Steuer-F.);* bestehend aus *dem F.kiel,* der mit der hohlen *Spule* in die Haut eingesenkt ist, u. dem *Schaft* (mit Mark gefüllt), der die *F.fahne* trägt. Das *Gefieder* dient der Wärmedämmung u. Steuerung des Fluges. – **2.** spiraliges, schraubenförmiges oder gerades Metallglied zw. gegeneinander bewegl. Maschinenteilen, das sich bei Belastung verbiegt u. bei Entlastung in seine Ausgangslage zurückkehrt (z.B. zum Dämpfen von Stößen in Fahrzeugen).

**Federball** → Badminton.

**Federgewicht** → Gewichtsklassen.

**Federgras,** *Federiges Pfriemengras, Federpfriemengras,* zu den *Süßgräsern* gehörendes Charaktergras der ung. Pußta u. der südruss. Steppen; mit sehr langen, federförmigen Grannen.

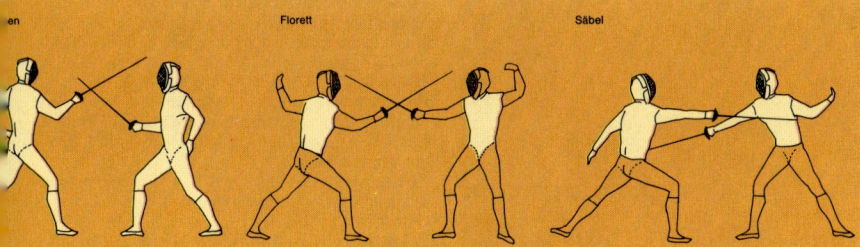

*Fechten: gültige Treff-Flächen (hell) bei den verschiedenen Waffenarten*

**Feichtmayr,** *Feuchtmayer,* Bildhauer- u. Stukkatorenfamilie aus Wessobrunn; Joseph Anton, *1696, †1770, Bildhauer; Hauptmeister der dt. Rokokoplastik.
**Feiertage,** meist arbeitsfreie Festtage. Man unterscheidet *gesetzl.* u. *kirchl.* F.; Festlegung der gesetzl. F. durch das Landesrecht.
**Feige,** *Feigenbaum, Ficus,* artenreiche Gatt. der *Maulbeergewächse,* bes. in den Tropen verbreitet, auch in S-Europa, Amerika, N-Afrika u. Australien; meist als Baum mit großen, fingerförmigen Blättern u. birnenförmigen grünen, gelben oder rötl.-violetten Früchten (**Feigen**).
**Feigenkaktus,** *Feigendistel, Opuntia,* Gatt. der *Kaktusgewächse* mit feigenförmigen, eßbaren Früchten.
**Feigwurz** → Hahnenfuß.

**Federmotten,** *Orneodidae,* Fam. von Kleinschmetterlingen, deren Flügel in je 6 federartig behaarte Lappen aufgelöst sind.
**Federsee,** See in Oberschwaben, vom *F.moor* (Vogel- u. Naturschutzgebiet) umgeben; mittel- u. jungsteinzeitl. Fundstellen.
**Federstahl,** bes. elastischer Stahl für Federn.
**Federwaage,** eine Waage, die das Gewicht durch die Spannkraft einer elast. Schraubenfeder feststellt u. anzeigt; verwendet als Kraftmesser.
**Federweißer,** junger Wein nach der Hauptgärung, noch hefetrüb u. kohlensäurehaltig.
**Federwild,** *Flugwild,* die jagdbaren einheim. Vogelarten.
**Fedin,** Konstantin Alexandrowitsch, *1892, †1977, russ. Schriftst. (realist. psycholog. Romane)
**Fedtschenkogletscher,** 72 km langer Gletscher im NW-Pamir.
**Fee,** weibl. überird. Märchengestalt.
**Feedback** [fi:d'bæk] → Rückkopplung.
**Feenring** → Hexenring.
**Fegefeuer,** *Purgatorium,* nach kath. Lehre der Läuterungsprozeß für die Seelen Verstorbener, die vor der Anschauung Gottes noch läßl. Sünden büßen müssen (Dogma seit 1439).
**fegen,** den Bast des Geweihs an jungen Bäumen u. Sträuchern abreiben (bei Hirschen u. Rehböcken).
**Feh,** Felle der skand., russ., sibir. u. nordamerik. Eichhörnchen.
**Fehde,** in german. Zeit u. im MA die anerkannte Selbsthilfe eines in seinen Rechten Verletzten gegen den Rechtsbrecher; mit dem Ewigen Landfrieden von 1495 im Röm.-Dt. Reich verboten.
**Fehlgeburt,** *Abortus,* der Abgang einer lebensunfähigen oder abgestorbenen Leibesfrucht bis zum 7. Schwangerschaftsmonat; zeigt sich durch Blutungen u. wehenartige Schmerzen an.
**Fehling,** Hermann v., *1811, †1885, dt. Chemiker; fand eine Methode zum Nachweis reduzierender organ. Verbindungen (*F.-Reaktion*).
**Fehlleistung,** *Fehlhandlung,* eine Abweichung oder Störung im Verlauf voll beherrschter Handlungsabläufe durch unbewußte, unterdrückte (verdrängte) Vorstellungen.
**Fehmarn,** schleswig-holstein. Ostseeinsel, vom Festland durch den 1500 m breiten *F.sund* (mit der 1963 eingeweihten *F.sundbrücke* der Vogelfluglinie), von der dän. Insel Lolland durch den 18 km breiten *F.belt* getrennt (Fähre von Puttgarden), 185 km², 13 000 Ew., Hauptort *Burg.*
**Fehn,** *Feen, Fenn, Vehn, Venn,* ein Moor (insbes. Hochmoor), v.a. in NW-Dtld. – **F.kultur,** Urbarmachung eines Moores durch Abtorfung. – **F.kolonien,** Siedlungen auf den Moorflächen Ostfrieslands u. des Emslandes.

## Gesetzliche Feiertage

| | Bundesrepublik Deutschland | | | | | | | | | | Belgien | Dänemark | Frankreich | Großbritannien | Italien | Luxemburg | Niederlande | Österreich | Portugal | Schweiz | Spanien |
| | Baden-Württemberg | Bayern | Berlin (West) | Bremen | Hamburg | Hessen | Niedersachsen | Nordrhein-Westfalen | Rheinland-Pfalz | Saarland | Schleswig-Holstein | | | | | | | | | | | |
|---|---|---|---|---|---|---|---|---|---|---|---|---|---|---|---|---|---|---|---|---|---|---|
| 1.1. (Neujahr) | O | O | O | O | O | O | O | O | O | O | O | O | O | O | O | O | O | O | O | O | O | O |
| 6.1. (hl. Dreikönige) | O | O | | | | | | | | | | | | | | | | | O | | | O |
| Gründonnerstag | | | | | | | | | | | | | O | | | | | | | | | O |
| Karfreitag | O | O | O | O | O | O | O | O | O | O | O | | O | | O | | O | O | | | O | O |
| Ostermontag | O | O | O | O | O | O | O | O | O | O | O | O | O | O | O | O | O | O | O | O | O | O |
| 1. 5. (Tag der Arbeit) | O | O | O | O | O | O | O | O | O | O | O | | | O | | O | O | O | O | O | | O |
| Christi Himmelfahrt | O | O | O | O | O | O | O | O | O | O | O | | O | O | | O | O | O | O | O | O | O |
| Pfingstmontag | O | O | O | O | O | O | O | O | O | O | O | O | | O | O | O | O | O | O | | O | |
| Fronleichnam | O | O | | | | O | | O | O | O | | | | | | O | O | | O | O | | O |
| 15. 8. (Mariä Himmelfahrt) | | k | | | | | | | | | | | | O | | O | O | O | O | O | | O |
| 1.11. (Allerheiligen) | O | O | | | | | | O | O | O | | | | O | | O | O | O | O | O | | O |
| 11.11. (Waffenstillstand) | | | | | | | | | | | | | | O | | | O | | | | | |
| 8.12. (Mariä Unbefl. Empfängnis) | | | | | | | | | | | | | | | | O | | | O | | | O |
| 25.12. (1. Weihnachtstag) | O | O | O | O | O | O | O | O | O | O | O | O | O | O | O | O | O | O | O | O | O | O |
| 26.12. (2. Weihnachtstag) | O | O | O | O | O | O | O | O | O | O | O | | O | | O | O | O | O | O | | O | |

k = Feiertag in Gemeinden mit überwiegend kath. Bevölkerung

### National- u. a. Feiertage

*BR Dtld.:* 3. 10. (Tag der deutschen Einheit); vorletzter Mittwoch vor dem 1. Advent (Buß- und Bettag)
*Belgien:* 21. 7. (Nationalfeiertag)
*Dänemark:* 18. 5. (Bußtag); 5. 6. (Nationalfeiertag)
*Frankreich:* 14. 7. (Nationalfeiertag)
*Großbritannien:* letzter Montag im August (Bankfeiertag)
*Italien:* 25. 4. (Tag der Befreiung)
*Niederlande:* 30. 4. (Nationalfeiertag)
*Österreich:* 26. 10. (Nationalfeiertag)
*Portugal:* 25.4. (Nationalfeiertag); 5. 10. (Ausrufung der Republik); 1. 12. (Unabhängigkeitstag)
*Schweiz:* 1. 8. (Bundesfeier)
*Spanien:* 19. 3. (hl. Josef); 24. 6. (hl. Johannes d. T.); 25. 7. (hl. Jakobus); 12. 10. (Tag der Hispanität)

**Fehrbellin,** Stadt in Brandenburg, 3000 Ew. – Am 28.6.1675 Sieg des Großen Kurfürsten (Friedrich Wilhelm von Brandenburg) über die Schweden.
**Fehrenbach,** Konstantin, *1852, †1926, dt. Politiker (Zentrum); 1919/20 Präs. der Nationalversammlung, 1920/21 Reichskanzler.

**Feile,** Handwerkszeug zum Glätten oder Abheben (Abfeilen) dünner Schichten an Werkstoffen.
**Feim,** *Feime, Feimen, Fehmen, Barmen, Diemen, Schober, Triste, Staken,* im Freien errichteter, gegen Witterungseinflüsse gesicherter Haufen von Getreide, Stroh, Heu, Raps oder Hanf.
**Feingehalt,** *Feinheit, Feine, Korn,* Verhältnis des edlen zum unedlen Metall in Gold- u. Silberlegierungen, in Tausendsteln ausgedrückt; z.B. »Gold 585« bedeutet 585/1000 Goldgehalt.
**Feininger,** Lyonel, *1871, †1956, US-amerik. Maler u. Graphiker dt. Abstammung; 1919–33 Lehrer am Bauhaus in Weimar u. Dessau; v.a. Architektur- u. Landschaftsbilder in einem dem *Kubismus* verwandten Stil.
**Feisal** → Faisal.
**Felber Tauern,** östr. Paß zw. Glockner- u. Venedigergruppe (Hohe Tauern), 2545 m; verbindet O-Tirol mit Salzburg; zw. Mittersill u. Matrei seit 1965 die *Felbertauernstraße* mit 5,2 km langem Tunnel (1630 m ü.M.).
**Felchen** → Maräne.
**Feld,** eine physikal. Größe, der an jeder Stelle des Raums ein bestimmter Wert (*F.stärke*) zugeordnet werden kann, z.B. *Gravitations-*(Schwere-), *elektr., magnet.* u. *elektromagnet.* F. Bei Vektorfeldern können Größe u. Richtung der Kraft in jedem Punkt durch *F.linien* (Kraftlinien) angegeben werden.
**Feldbahn,** schmalspurige, behelfsmäßige Schienenbahn auf verlegbaren Geleisen.

*Feder (2): verschiedene Arten von Federn*

## 260 Feldberg

**Feldberg, 1.** höchster Berg des Schwarzwalds, sö. von Freiburg, 1493 m; am Osthang der *Feldsee (F.see)* 1113 m ü.M., bis 32 m tief. – **2.** zwei Gipfel des Taunus: *Großer F.* (880 m) u. *Kleiner F.* (827 m).
**Feldelektronen,** Elektronen, die aus kalten Metallen durch hohe elektr. Feldstärken (etwa $10^9$ Volt pro m) unter Ausnutzung des Tunneleffekts herausgelöst werden. – **F.emission** *(Feldemission),* Vorgang des Austretens der Elektronen. – **F.mikroskop,** physik. Apparatur, bei der die durch Feldemission aus einer Kathodenspitze herausgelösten Elektronen mit starker Vergößerung auf einem Leuchtschirm (Anode) abgebildet werden, so daß Abbilder einzelner Moleküle sichtbar werden. Das ähnl. gebaute *Feldionenmikroskop* ermöglicht die bisher stärkste Vergrößerung.
**Felderbse** → Erbse.
**Felderwirtschaft** → Dreifelderwirtschaft.
**Feldfieber,** Infektionskrankheit mit grippe- u. typhusähnl. Symptomen, in O-Europa heimisch, anzeigepflichtig.
**Feldhase** → Hasen.
**Feldhühner,** Unter-Fam. der *Fasanenartigen;* hierzu u.a. Rebhühner u. Wachteln.
**Feldjäger,** in Preußen seit Friedrich d. Gr. junge Forstleute, die als *Kuriere* verwendet wurden; später im sog. *Reitenden F.korps* zusammengefaßte Oberleutnants u. Leutnants; nach dem 1. Weltkrieg aufgelöst; in der Bundeswehr *(F.truppe)* eine Waffengatt. des Heeres für Ordnungs- u. Verkehrsregelungsaufgaben; im östr. Bundesheer eig. Truppengatt. mit »Jägerschule« für alpine Ausbildung.
**Feldkirch,** östr. Stadt in Vorarlberg, 22 000 Ew.; versch. Ind.; Fremdenverkehr.
**Feldlazarett,** im Krieg bewegl. Sanitätseinrichtung zur fachärztl. Versorgung Verwundeter u. Kranker.
**Feldman,** Marty, *1934, †1982, brit. Filmschauspieler (Fernsehshows, kom. Rollen).
**Feldmarschall,** die höchste militär. Rangstufe in den meisten Streitkräften.
**Feldmaus,** zu den *Wühlmäusen* gehörendes Nagetier; tritt häufig in Massen auf.
**Feldpost,** Sondereinrichtung während des Krieges zur Verbindung zw. Front u. Heimat.
**Feldsalat,** *Rapunzelchen, Valerianella,* ein *Baldriangewächs.* Der *Gewöhnl. F.* wird als Salatpflanze angebaut.
**Feldscher,** fr. *Truppenarzt* ohne medizin. Studium.
**Feldspat,** Gruppe der → Mineralien.
**Feldstecher,** Doppelfernrohr mit 2–12facher Vergrößerung.
**Feldsterne,** Sterne, die keinem Sternhaufen oder ähnl. Sternansammlungen angehören.
**Feldwebel,** unterster Dienstgrad in der dt. Bundeswehr bei Berufssoldaten.
**Feldzeichen,** Fahnen u. Standarten, fr. auch Schärpen, Armbinden u.ä.
**Feldzeugmeister,** fr. Bez. für den höchsten Befehlshaber der Artillerie.
**Felge, 1.** der feste Radkranz, der die Gummibereifung trägt. – **2.** *Felgumschwung,* Turnübung an den Ringen, am Barren u. am Reck.
**Felibristen,** frz. Dichtergruppe (F. *Mistral,* Th. *Aubanel* u.a.), die sich 1854 zur Erneuerung der provençal. Sprache u. Dichtung verbanden; unter dem Namen *Félibrige* noch heute in S-Frankreich.
**Felicitas,** röm. Göttin, Personifikation des Glücks.
**Fellachen,** die Ackerbauern Syriens, Palästinas, Arabiens u. Ägyptens.
**Fellatio,** Berühren des männl. Glieds mit Mund u. Zunge bzw. Einführen des Glieds in den Mund.
**Fellbach,** Stadt in Ba.-Wü., östl. von Stuttgart, 42 000 Ew.; Weinbau, versch. Ind.
**Fellini,** Federico, *20.1.1920, ital. Filmregisseur; W »La Strada«, »Das süße Leben«, »Satyricon«, »Ginger u. Fred«.
**Fellow** [ˈfɛloʊ], Bursche, Kamerad; in Großbritannien u. den USA auch Mitgl. einer wiss. Gesellschaft oder eines College, Inhaber eines Stipendiums.
**Felmy,** Hansjörg, *31.1.1931, dt. Bühnen- u. Filmschauspieler, auch im Fernsehen erfolgreich.
**Felsbilder,** *Höhlenmalerei,* an Felswänden, auf felsigem Untergrund oder in Höhlen angebrachte Gravierungen, Malereien u. Reliefs aus vorgeschichtl. Zeit u. bei Naturvölkern; am häufigsten

*Felsbilder: Hirschkuh, Hirsch und Wildziege; 5000–2000 v.Chr. Cuevas de la Araña, Provinz Valencia, Spanien*

eiszeitl. Jagdtiere (Mammut, Wisent, Pferd) u. mittel- u. jungsteinzeitl. F. mit Kampf-, Jagd- u. Tanzszenen; Fundstellen in allen Erdteilen.
**Felsenbirne,** ein *Rosengewächs,* bis 3 m hoher Strauch mit haselnußgroßen, schwarzblauen Früchten.

**Felsendom,** in Jerusalem 691 n. Chr. errichteter Kuppelbau mit bed. Glasmosaiken; erhebt sich über einem Felsen, der nach jüd. u. islam. Tradition heilig ist.
**Felsengebirge** → Rocky Mountains.
**Felsenmeer,** größere Ansammlung von meist durch Verwitterung kantengerundeten Gesteinsblöcken, z.B. im Odenwald (Felsberg), im Fichtelgebirge (Luisenburg).
**Felsenstein,** Walter, *1901, †1975, Theaterintendant; 1947–75 Intendant der Kom. Oper in Ostberlin.
**Felsgrab,** *Felsengrab,* in den Felsen gearbeitete Grabkammer, in Vorderasien seit dem 2. Jt. v. Chr. als Begräbnisstätte für Herrscherpersonen; die ältesten ägypt. Felsgräber aus der Zeit des Alten Reichs (Gräber der Pharaonen im Tal der Könige).
**Feme,** *Fehme, Veme, Femgericht,* im MA entstandene *Freigerichte,* die Zuständigkeit über todeswürdige Straftaten im ganzen Reich anstrebten; bei Ausbleiben oder Flucht des verurteilten Beschuldigten *Verfemung (Ächtung).*
**Femelschlag,** eine Form des Hochwaldbetriebs, bei der nur Einzelstämme oder Baumgruppen entnommen werden.
**Fememorde,** Bez. für polit., von Geheimgesellschaften u. illegalen Gerichten ausgeführte Morde; bes. in Dtld. 1920–24 von rechtsradikalen Gruppen, heute bes. von radikalen Untergrundorganisationen der Palästinenser.
**feminin,** weiblich. – **Femininum,** weibl. Substantiv (z.B. die Kuh).

# FERNSEHEN

*Aufnahme der Sendung »Auslandsstudio« des WDR*

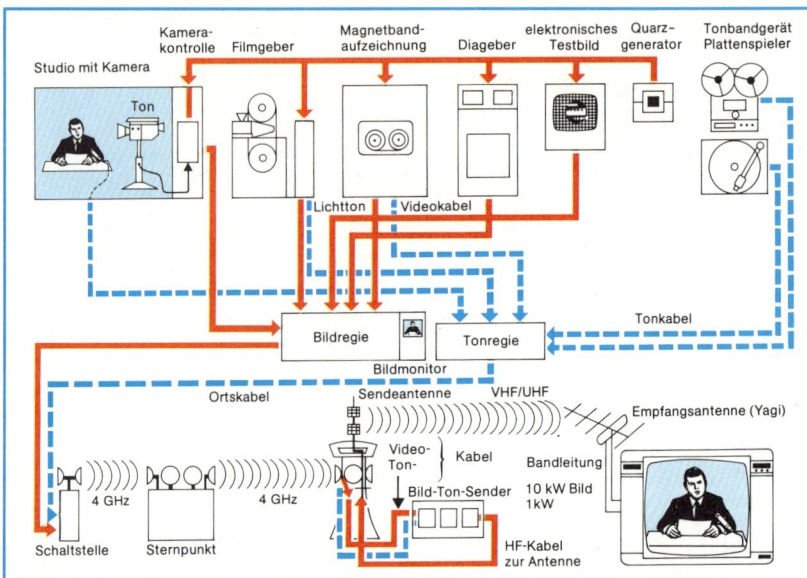

*Entstehung und Übertragung eines Fernsehbildes*

**Feminismus,** die auf der *Frauenbewegung* aufbauende Zielrichtung, das patriarchal. Gesellschaftsgefüge aufzubrechen u. Selbstbestimmung u. Gleichberechtigung des weibl. Geschlechts auf allen Gebieten durchzusetzen.
**Femme fatale** [fam fa'ta:l], verführer. Frau, die ihren Partnern oft zum Verhängnis wird; auch als literar. Figur.
**Femto,** Kurzzeichen f, Vorsatzsilbe bei Einheiten; entspricht dem Faktor $10^{-15}$.
**Femur, 1.** der Oberschenkelknochen der Wirbeltiere einschl. Mensch. – **2.** das auf die *Coxa* (Hüftglied) folgende Beinglied bei Spinnen u. Insekten.
**Fenchel,** *Doldengewächs* des Mittelmeerraums, Gewürzpflanze, Kulturformen auch als Gemüse. Aus den Früchten wird ein äther. Öl *(F.öl)* gewonnen, das in der Medizin gegen Blähungen u. bei Erkältungskrankheiten angewendet wird.
**Fender,** Puffer aus Tauwerk, Kork, Holz oder Gummi zw. Schiffswand u. Anlegestelle.
**Fénelon** [fenə'lɔ̃], François de *Salignac de la Mothe-F.,* *1651, †1715, frz. Schriftst. (phil., polit. u. theol. Werke); 1695 Erzbischof von Cambrai; übte großen Einfluß auf das Schulwesen Frankreichs aus.
**Fen He,** l. Nbfl. des Huang He in China, ca. 600 km.
**Fenians** [-njənz], *Fenier,* eine 1858 in New York gegr. irische Geheimbewegung, die mit terrorist. Mitteln für die Lösung Irlands von England kämpfte.
**Fennek,** Wüstenfuchs, Schulterhöhe ca. 20 cm,

*Fennek oder Wüstenfuchs*

mit auffallend großen Ohren; in wüstenartigen Gebieten N-Afrikas heimisch, nachtaktiv.
**Fennosarmatia,** ein Urkontinent, geol. Kern Europas, umfaßte *Sarmatia* oder *Russia* (die O-europ. Tafel u. Podolien) u. *Fennoskandia* (Baltischer Schild).
**Fenriswolf,** *Fenrir,* gefährl. Ungeheuer der nord. Mythologie.
**Fens,** *The F., Fendistrikt, Fenland,* fruchtbare Marschlandschaft an der ostengl. Küste, rd. 3400 km².

**Fensterrose,** großes, mit Maßwerk ausgefülltes Rundfenster, gewöhnl. an got. Kirchen.
**Feodosija,** Hafenstadt u. Kurort in der Ukrain. SSR (Sowj.), an der SO-Küste der Krim, 60 000 Ew. – Im Altertum *Theodosia,* im 14. Jh. Eroberung durch die Mongolen *(Kaffa),* 1475–1783 unter türk. Herrschaft *(Kefe).*
**Ferdinand,** Fürsten.
Röm.-dt. K a i s e r :
**1. F. I.,** *1503, †1564, 1526 König von Böhmen u. Ungarn, 1531 röm.-dt. König, seit 1556 Kaiser; erhielt 1521 von seinem Bruder *Karl V.* die östr. Erblande u. wurde dessen Stellvertreter u. Nachf. in Dtld.; erstrebte einen Ausgleich zw. Katholiken u. Protestanten (Augsburger Religionsfriede 1555). –
**2. F. II.,** Enkel von 1), *1578, †1637, 1617 König von Böhmen, 1618 König von Ungarn, 1619 Kaiser; durch Unterdrückung des Protestantismus Miturheber des Dreißigjährigen Kriegs *(Restitutionsedikt* von 1629). – **3. F. III.,** Sohn u. Nachfolger von 2), *1608, †1657, 1626 König von Ungarn, 1627 von Böhmen, 1636 röm.-dt. König, 1637 Kaiser; Oberbefehlshaber im Dreißigjährigen Krieg; brachte den *Westfälischen Frieden* (1648) zustande.
A r a g ó n :
**4. F. II., der Katholische,** als König von Spanien *F. V.,* *1452, †1516, König von Aragón 1479–1516; heiratete 1469 die kastil. Thronerbin

*Monitorwand im Regieraum*

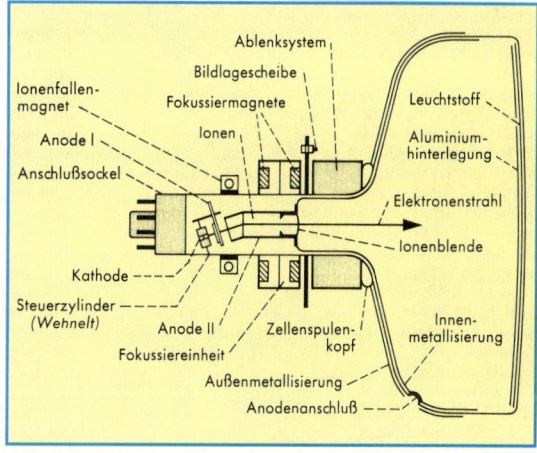
*Schnitt durch eine Fernsehröhre*

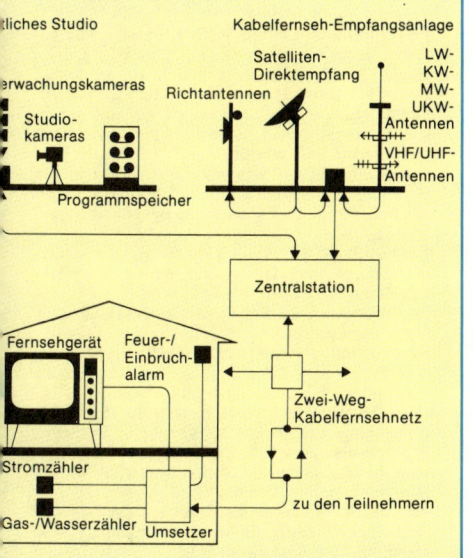
*Programmübermittlung beim Kabelfernsehen*

*Der Satellit ASTRA überträgt 16 Programme in dem dargestellten Empfangsbereich*

## Fergana

*Fernandel als »Don Camillo«*

Isabella I. u. übte seit 1474 gemeinsam mit ihr die Regierung in Kastilien aus; begr. den span. Nationalstaat u. die span. Vormachtstellung; vertrieb die Juden u. nichtchristl. Mauren aus Spanien, eroberte 1512 Navarra u. beendete die Reconquista (1492 Einnahme Granadas).
Braunschweig:
**5.** *1721, †1792, Prinz, preuß. Generalfeldmarschall im Siebenjährigen Krieg.
Bulgarien:
**6. F. I.,** *1861, †1948, Fürst 1887–1908, König 1908–18; 1887 zum Fürsten von Bulgarien (unter türk. Oberhoheit) gewählt, erklärte sich 1908 zum unabhängigen Zaren der Bulgaren.
Kastilien u. León:
**7. F. I., der Große,** *um 1018, †1065, König 1035–65; vereinigte Kastilien u. León, eroberte Coimbra (1064) u. nannte sich seit ca. 1054 Kaiser. – **8. F. III., F. der Heilige,** *um 1200, †1252, König 1217–52; beseitigte die Maurenherrschaft; vereinigte 1230 León wieder mit Kastilien; 1671 heiliggesprochen.
Österreich:
**9. F. I.,** *1793, †1875, Kaiser 1835–48, als *F. V.* König von Ungarn seit 1830, von Böhmen seit 1836; trat 1848 zugunsten seines Neffen *Franz Joseph* (I.) zurück.
Rumänien:
**10. F. I.,** *1865, †1927, König 1914–27; aus dem Hause Hohenzollern-Sigmaringen; schloß Rumänien 1916 der Entente an.
**Fergana,** Hptst. der gleichn. Oblast im O der Usbek. SSR, 210 000 Ew.; Erdölförderung u. Raffinerien, Textil- u. Nahrungsmittel-Ind. – **F.becken,** durch den *Großen F.-Kanal* bewässerte, einst wüstenhafte Beckenlandschaft im sowj. Mittelasien, fruchtbare Oasen.
**Ferkel,** bis etwa 14 Wochen altes Jungschwein.
**Fermat** [-'ma], Pierre de, *1601, †1665, frz. Mathematiker; Arbeiten über Zahlentheorie u. Wahrscheinlichkeitsrechnung.
**Fermate,** das Haltezeichen ᴒ für die Ruhenote (u. Pausen) von unbestimmter Dauer.
**Ferment** → Enzyme.
**Fermentation,** chem. Umwandlung von Stoffen durch *Fermente,* bes. bei Gärungsvorgängen.
**Fermi,** Enrico, *1901, †1954, ital. Physiker; seit 1938 in den USA; entdeckte die Kernumwandlung durch Neutronenbeschuß, unter seiner Leitung Bau des ersten Kernreaktors (1942, Chicago). Nobelpreis 1938. – **Fermionen,** nach F. ben. Elementarteilchen mit halbzahligem Spinwert (z.B. Proton, Neutron, Elektron).
**Fermium,** ein → chemisches Element.
**Fernandel** [-nã'dɛl], eigtl. Fernand-Joseph-Desiré *Contandin,* *1903, †1971, frz. Filmkomiker (»Don Camillo«).
**Fernando Póo** [-po:] → Bióko.
**Fernau,** Joachim, *1909, †1988, dt. Schriftst. (v.a. histor. Romane).
**Ferner** → Gletscher.
**Ferner Osten,** *Fernost,* Sammelbegriff für die Länder O- u. SO-Asiens.
**Fernet Branca,** ein Magenbitter aus Italien.

**Ferngas,** an zentraler Stelle gewonnenes oder erzeugtes Gas (Erdgas, Kokereigas, Spaltgas), das unter Druck durch Rohrleitungen zum Verbraucher geführt wird.
**Fernheizung,** Versorgung mehrerer Gebäude oder Stadtteile durch Transport von Wärme aus dem *Fernheizwerk.*
**Fernkopierer** → Telefax.
**Fernlenkung** → Fernsteuerung.
**Fernmeldesatellit** → Nachrichtensatellit.
**Fernmeldetechnik** → Nachrichtentechnik.
**Fernrohr,** *Teleskop,* opt. Instrument, das weit entfernte Gegenstände näher erscheinen läßt; besteht entweder aus Sammellinsen *(Keplersches* oder *astronom. F.* mit umgekehrtem Bild) oder einer Sammellinse u. Zerstreuungslinse *(Galileisches* oder *holländ. F.).* Moderne Formen: Refraktor, Meridian-F., Zenit-F., Astrograph, Spiegel-F., Elektronenteleskop.
**Fernschreiber,** Telegraphenapparat mit Schreibmaschinentastatur zur schriftl. Vermittlung von Nachrichten, von den Postverwaltungen für die Übermittlung von Telegrammen (Gentex) u. in Teilnehmernetzen (Telex) verwendet.
**Fernsehen,** die Übertragung bewegter Bilder (zugleich mit dem Ton) über Kabel oder Funk, beruhend auf einer Umwandlung der Helligkeitswerte (beim *Schwarzweiß-F.)* oder der Farbtöne u. deren Sättigung (beim *Farb-F.)* innerhalb eines Bildes in elektr. Signale. Hierzu dient die *Fernsehkamera,* die das zu übertragende Bild auf eine aus Mikrophotozellen bestehende Platte projiziert u. in rd. 520 000 Einzelpunkte zerlegt. Die einzelnen Photozellen, deren Aufladung von der Helligkeit des entspr. Bildpunkts abhängt, werden dann durch einen Elektronenstrahl zeilenweise abgetastet (25mal pro s). Zur Übertragung eines Fernsehbilds sind etwa 13 Mio. Impulse pro s nötig, die auf der Empfangsseite wieder Zeile um Zeile zusammengesetzt werden müssen. Für die Fernsehbildaufteilung gibt es im wesentl. 2 versch. Normen: 1. die mit 625 Zeilen pro Bild u. 25 Bildwechseln pro s weltweit empfohlene *Gerbernorm* (in allen osteurop., in fast allen westeurop. u. in zahlr. Ländern Afrikas u. Asiens); 2. die *US-Norm* mit 525 Zeilen. In der Fernsehsenanlage werden die Bild- u. Tonträgerwellen auf eine gemeinsame Sendeantenne (meist auf Bergen oder Türmen) geschaltet. Die hiervon abgestrahlten Signale werden von einer Empfangsantenne (Haus- oder Zimmerantenne) aufgenommen. Nach *Demodulation* (Gleichrichtung) der Signale werden diese im Empfangsgerät einer *Bildröhre* zugeführt (Prinzip der *Braunschen Röhre)* u. auf dem Bildschirm sichtbar gemacht. Beim *Farb-F.* gilt das gleiche Prinzip, nur werden hier 3 Bilder (mit Rot-, Grün- u. Blaufiltern) übertragen u. von 3 Kathodenstrahlen im Gerät wiedergegeben; durch Überlagerung ergibt sich der tatsächl. Farbton. In Europa ist v.a. das *PAL*-System in Gebrauch, das Übertragungs- u. Farbfehler selbsttätig ausgleicht. Dieses wird durch die *MAC*-Norm (D2-MAC) abgelöst, die Bildfolgen in digitaler Form nacheinander überträgt. Für Mitte der 1990er Jahre ist ein neues Übertragungssystem in Planung, das sog. *HDTV (High Definition Television),* auch *hochauflösendes F.,* mit gegenüber dem PAL-System verdoppelter Zeilenzahl pro Bild, einem vergrößerten Gesichtswinkel u. einem dem Kinofilm angepaßten Bildseitenverhältnis 16:9 (bisher 4:3).
Gesch.: Nach einer längeren techn. Experimentierphase fand 1935 die erste öffentl. Programmausstrahlung in Dtld. statt, seit 1952 verbreitete sich das F. über alle Sendebereiche der BR Dtld.; 1953 wurde das Farb-F. eingeführt (1967 in der BR Dtld.). Bis Mitte der 1980er Jahre bestand im Monopol des *öffentl.-rechtl. F.* (9 Landesrundfunkanstalten der ARD, 2 Anstalten des Bundesrechts u. das ZDF), seit 1987 existiert eine *duale Rundfunkordnung* mit einem Nebeneinander von *öffentl.-rechtl.* u. *Privat-F.* Die techn. Voraussetzungen für das Privat-F. lieferten Satellitentechnik (→ Satelliten-F.) u. Breitbandverkabelung (→ Kabel-F.). Das Privatfernsehen wird über Werbeeinnahmen u. Abonnenten (→ Pay-TV) finanziert.
**Fernsprecher** → Telefon.
**Fernsteuerung,** *Fernlenkung, Fernbedienung,* das Schalten u. Regeln von Apparaten, Maschinen u. elektr. Geräten aus der Entfernung. Die entspr. Befehle werden kodiert u. als elektr. Impulse über Draht oder per Funk einem Empfänger zugeführt, der Schalter betätigt und Relais auslöst; Anwendung z.B. bei der drahtlosen Übermittlung von Befehlen

an unbemannte Fahrzeuge, (Fernlenk-)Waffen u. Modellspielzeuge.
**Fernuniversität,** Univ., die ihre Studenten v.a. mittels *Studienbriefen* unterrichtet; in der BR Dtld. F. Hagen (seit 1975).
**Fernunterricht,** *Fernstudium,* private oder öffentl. Ausbildung oder Fortbildung mit Lehrbriefen, schriftl. Aufgaben u. schriftl. Korrektur; z.T. mit Wochenendkursen verbunden; in der BR Dtld. häufig von privaten Fernlehrinstituten getragen.
**Fernwärme,** Wärme (in Form von Wasser, Dampf oder Gas), die aus zentralen Wärmeerzeugungsanlagen über längere Strecken zum Endverbraucher transportiert wird.
**Ferrara,** ital. Prov.-Hptst. in der Region Emilia-Romagna, 150 000 Ew.; Univ. (1391), Kathedrale (12./13. Jh.); landw. Handelszentrum (Obst). – Im 15./16. Jh. Blütezeit der ital. Renaissance, gehörte 1597–1859 zum Kirchenstaat.
**Ferrari,** Enzo, *1898, †1988, ital. Automobilkonstrukteur (Sport- u. Rennwagen).
**Ferreira,** António, *1528, †1569, port. Dichter; Mitbegr. der klass. port. Dichtung.
**Ferreira de Vasconcelos** [-vɐʃkõˈsɛluʃ], Jorge, *1515(?), †1585(?), port. Dichter (Lesedramen, Ritterroman).
**Ferrit, 1.** Metall-Eisenoxid mit der Struktur MeO·$Fe_2O_3$, in der Elektrotechnik z.B. als Kerne für Hochfrequenzspulen, wegen ihrer magnet. Eigenschaften auch als Dauermagnete verwendet. – **2.** Gefügebestandteil in Eisen-Kohlenstoff-Legierungen, sog. α-Mischkristall. – **F.antenne,** Antenne, bei der eine fingerdicke Spule auf einen Stab aus F. gewickelt ist; ermöglicht einen guten Richtempfang.
**Ferrolegierung,** Legierung des Eisens mit Begleitelementen (z.B. Ferrosilicium, -mangan u. -chrom).
**Ferromagnetismus,** das Verhalten der *Ferromagnetika* (Eisen, Kobalt, Nickel); → Magnetismus.
**Ferrum** → Eisen.
**Ferse,** hinterer Teil des menschl. Fußes mit dem F.nbein als knöcherner Grundlage.
**Fertigbauweise,** Bauen mit vorgefertigten, meist genormten größeren Bauteilen, bes. im Hoch- (*Fertighaus*) u. Brückenbau bewährt.
**Fertilität,** Fruchtbarkeit, Fortpflanzungsfähigkeit.
**Fes,** *Fez,* rote, kegelförmige Filzkappe mit dunkelblauer Quaste; heute z.T. noch in Vorderasien sowie in N-Afrika getragen.
**Fès,** *Fez,* Stadt im NW Marokkos, 590 000 Ew.; Univ., zeitweilige Residenz des Königs; im 11.–16. Jh. eine der führenden Städte islam. Kultur.
**Fessan,** *Fazzan,* oasenreiche Ldsch. der Sahara, sw. Teil der Rep. Libyen, 600 000 km², Hauptort: *Sebha;* vulkan. Gebirgsmassive, Fels- u. Sandwüsten.
**Fessel,** bei Huftieren das oberste der Zehenglieder, das Mittelfuß u. Huf verbindet. – **F.bein,** beim Menschen Bez. für (schmale) Fußgelenke.
**Fesselballon** → Ballon.
**Fest,** Joachim, *8.12.1926, dt. Journalist u. Schriftst. (polit. Bücher).
**Festigkeit,** Widerstand eines Körpers gegen äußere Beanspruchung (Zug-, Druck-, Knick-, Biege-, Schub- u. Verdrehungs-F.).
**Festival** [ˈfɛstivəl], internat. Bez. für Festspiel.
**Festkörper,** *fester Körper,* urspr. ein Stoff im festen Aggregatzustand, heute meist gleichbedeutend mit *Kristall.* – **F.physik,** ein Teilgebiet der modernen Physik, das sich mit dem Aufbau u. den physik. Eigenschaften von F. befaßt; u.a. von großer Bed. für die Halbleitertechnologie u. die Supraleitung.
**Festlandsockel,** *Kontinentalsockel,* die untermeer. Fortsetzung der Landmasse bis zum Steilabfall in ozean. Tiefen.
**Festmeter,** Abk. Fm, 1 m³ fester Holzmasse. Ggs.: *Raummeter.*
**Festnahme,** *vorläufige F.,* vorläufige Entziehung der Freiheit eines einer Straftat Verdächtigen ohne Haft- oder Unterbringungsbefehl; zulässig auf frischer Tat bei Fluchtverdacht oder zur Identitätsfeststellung, bei Gefahr im Verzug u. Vorliegen der Voraussetzungen eines Haft- oder Unterbringungsbefehls durch die Staatsanwaltschaft u. Hilfsbeamten (bes. Polizei).
**Feston, 1.** ornamentales Bogengehänge aus verflochtenen Blumen, Blättern u. Früchten. – **2.** Handarbeit mit Knopflochstich.
**Festpunkte,** der Lage oder der Höhe nach vermarkte Punkte in der Vermessungstechnik.

*Feudalismus: Belehnung Friedrichs VI., des Burggrafen von Nürnberg, mit der Mark Brandenburg. Darstellung aus der Handschrift Ulrich Richenthals über das Konstanzer Konzil*

**Festschrift,** Veröffentlichung mit meist wiss. Beiträgen aus festl. Anlaß.
**Festspiele,** period. abgehaltene Festwochen für Konzert-, Bühnen- oder Filmveranstaltungen; z.B. in Bayreuth die Richard-Wagner-F.
**Feststellungsklage,** Klage auf Feststellung des Bestehens oder Nichtbestehens eines Rechtsverhältnisses.
**Fet,** Afanasij Afanasjewitsch, *1820, †1892, russ. Schriftst. (melod. Stimmungsgedichte über Natur, Liebe, Tod).
**Fetisch,** bei Naturvölkern ein Gegenstand, dem mag. Kräfte zugeschrieben werden (z.B. zur Abwehr von Krankheit u. Gefahr). – **F.ismus,** Glauben an die Kraft von F.; auch sexuelle Fixierung auf Gegenstände (z.B. Wäsche) oder Körperteile des Geschlechtspartners.
**Fette,** Christian, *1895, †1971, dt. Gewerkschaftsführer; 1948 1. Vors. der Industriegewerkschaft Druck u. Papier, 1951/52 des DGB.
**Fette und fette Öle,** gemischte Ester des Glycerins u. höherer Carbonsäuren mit gerader Kohlenstoffatomzahl (z.B. Palmitin-, Stearin- u. Ölsäure). Fette kommen bei Menschen u. Tieren meist im Fettgewebe (Speck) vor, bei Pflanzen oft in Früchten u. Samen (z.B. Nüsse, Sonnenblumenkerne). Sie können sowohl flüssige *(fette Öle)* als auch halbfeste u. feste Konsistenz haben, sind im Wasser unlösl., dagegen leicht lösl. in Ether, Benzin, Schwefelkohlenstoff, Tetrachlorkohlenstoff u. Trichlorethylen. Sie entstehen im tier. u. pflanzl. Organismus durch Umwandlung von *Kohlenhydraten.* Reine Fette sind farb-, geruch- u. geschmacklos; bei längerer Aufbewahrung an der Luft erleiden sie jedoch chem. Veränderungen u. werden *ranzig.* F. sind wichtig für die menschl. Ernährung (Butter, Margarine, Speiseöle). In der Technik dienen F. u. f. Ö. als Hilfs- u. Rohstoffe für die Fettindustrie (Seifen, kosmet. Präparate u.a.).
**Fettgeschwulst,** *Lipom,* gutartige Geschwulst aus Fettgewebe.
**Fettgewebe,** fettspeicherndes Bindegewebe.
**Fetthärtung,** die Umwandlung *fetter Öle* in feste Fette durch Anlagerung von Wasserstoff (Hydrierung).
**Fetthenne,** *Fette Henne, Fettkraut, Sedum,* Gatt. der *Dickblattgewächse.*
**Fettkohle,** kohlenstoffreiche Steinkohle, bes. für die Kokserzeugung verwendet.
**Fettkraut,** *Pinguicula,* Gatt. der *Wasserschlauchgewächse;* mit Fang- u. Verdauungsdrüsen für Insektennahrung.
**Fettpflanzen** → Sukkulenten.
**Fettsäuren,** einbasische aliphat. Carbonsäuren, die bes. in pflanzl. u. tier. Fetten vorkommen; bei festen Fetten v.a. *gesättigte F.* (z.B. Buttersäure, Palmitinsäure, Stearinsäure) oder *einfach ungesättigte F.* (z.B. Acrylsäure, Ölsäure), bei Ölen überwiegen *mehrfach ungesättigte F.* (z.B. Linolsäure, Linolensäure). F. werden u.a. zur Herstellung von Seifen, Schmiermitteln, Kunststoffen verwendet.
**Fettsucht,** übermäßige Fettspeicherung im Körper u. seinen Organen, verursacht u.a. durch Überernährung, Bewegungsmangel, erbl. Disposition, Störung der inneren Drüsen.
**Fetus,** *Foetus, Fötus,* die Frucht des Menschen oder Tieres einige Wochen nach der Befruchtung der Eizelle; beim Menschen meist vom Ende des 2. Monats, davor *Embryo* genannt.
**Feuchtgebiete,** Wasserlebensräume wie Fluß- u. Bachauen, Marschen, Sümpfe, Bruchwälder, Moore, Riede, Feuchtwiesen u.a., von deren Bestehen die Existenz zahlr. Tier- u. Pflanzenarten abhängt; 1971 internat. Abkommen (Ramsar-Konvention zum Schutz von F.).
**Feuchtigkeit,** Wasserdampfgehalt der Luft. – **F.smesser,** Geräte zum Messen der Luft-F., z.B. das *Hygrometer.*
**Feuchtwangen,** Stadt in Mittelfranken (Bay.), 10 000 Ew.; got. Stiftskirche; Papier- u. Kunststoff-Ind., Teppichherstellung.
**Feuchtwanger,** Lion, *1884, †1958, dt. Schriftst.; histor. u. zeitgeschichtl. Romane, die sich gegen den Nat.-Soz. wandten.
**Feudalismus,** das mittelalterl. Lehnswesen, d.h. die Herrschaft einer sich auf Grundbesitz stützenden, mit polit., militär. u. Verwaltungsvorrechten ausgestatteten, meist adligen Oberschicht; im 19./20. Jh. auch Bez. für eine Gesellschaftsform, deren Ordnung auf einer durch Besitz u. Privilegien ausgezeichneten Oberschicht beruht *(Industrie-F.).*
**Feuer,** durch Flammenentwicklung u. Abgabe von Energie in Form von Wärme u. Licht gekennzeichnete Erscheinungsform der Verbrennung.
**Feuerbach, 1.** Anselm, Enkel von 3), *1829, †1880, dt. Maler; Hauptvertreter des Idealismus in der dt. Malerei; malte monumentale Bilder mit myth. Themen. – **2.** Ludwig, Sohn von 3), *1804, †1872, dt. Philosoph; Schüler G.W.F. *Hegels,* der einflußreichste Denker des *Vormärz;* sein sensualist. Materialismus beeinflußte insbes. *Marx* u. *Engels.* – **3.** Paul Johann Anselm Ritter von, *1775, †1833, dt. Rechtswissenschaftler; Begr. des modernen dt. Strafrechts.
**Feuerbestattung,** *Leichenverbrennung, Einäscherung,* im Unterschied zur Erdbestattung die Beisetzung der Toten durch Verbrennen der Leiche; nur mit schriftl. Genehmigung der Polizeibehörde des Einäscherungsorts in einem polizeil. genehmigten *Krematorium* möglich.
**Feuerkugeln,** *Boliden,* große *Meteore* mit heller Lichterscheinung.
**Feuerland,** argent.-chilen. Inselgruppe an der S-Spitze S-Amerikas, durch die Magalhãesstraße vom Festland getrennt, bestehend aus der Hauptinsel F. und zahlr. kleinen Inseln, zus. 73 746 km², 30 000 Ew.; O zu Argentinien, W zu Chile; Schafzucht, Fischerei; Erdölförderung.
**Feuerlöscher,** *Handfeuerlöscher,* tragbares Gerät, zur Bekämpfung von Kleinbränden vornehml. für den privaten Feuerschutz. Arten: Wasser-, Schaum-, Pulver-, Halon-, Kohlendioxidlöscher.
**Feuermelder,** ein elektr. Warnsystem, das die Meldung eines Gefahrenzustands an eine Zentralstelle leitet; an zentralen Plätzen für die schnelle Meldung installiert.
**Feuerquallen,** Quallen mit starker Nesseltätigkeit; Nesseln können Schwellungen der Haut- u. Krampfzustände beim Menschen hervorrufen.

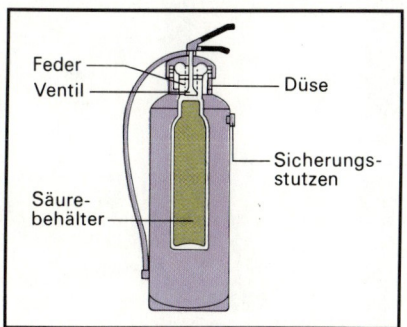

*Feuerlöscher: Handschaumfeuerlöscher (Schema)*

*Feuersalamander*

**Feuersalamander,** lebendgebärender, etwa 25 cm langer, auf schwarzem Grund grellgelb gefleckter *Schwanzlurch* der europ. Mittelgebirge; unter Naturschutz.
**Feuerschiff,** mit Leuchtfeuer ausgerüstetes, an einer Küste oder Flußmündung verankertes Schiff als Seezeichen.
**Feuerschwamm,** ein v.a. an Buchen u. Birken parasitierender Pilz, fr. zur Zundergewinnung verwendet.
**Feuerstein,** *Flint,* Gestein aus der feinkristallinen Quarzart Chalzedon, sehr hart; in der Steinzeit zu Werkzeugen u. Waffen verarbeitet.
**Feuerversicherungsschutz** gegen Brand, Blitzschlag u. Explosionen aller Art.
**Feuerwaffen,** Waffen, mit denen Geschosse durch Gase, die infolge Verbrennung von Pulver entstehen, in Bewegung gesetzt werden; man unterscheidet *Handfeuerwaffe* u. *Geschütz.*
**Feuerwanzen,** *Pyrrhocoridae,* Fam. der *Landwanzen,* schwarz-rote Färbung; auch Baumwollschädling.
**Feuerwehr,** Organisation zur Verhütung u. Bekämpfung von Bränden zum Katastrophenschutz, Rettungsdienst u.ä., in allen Gemeinden Unterhaltung einer *Berufs-* oder *Freiwilligen F.*
**Feuerwerk,** Abbrennen von F.körpern aus Papphülsen, die mit Schwarzpulver u. sauerstoffhaltigen Salzen gefüllt sind; meist als Höhepunkt eines Festes. – **F.er,** *Pyrotechniker,* Hersteller von F.körpern; bis 1945 Unteroffizier für Munition u. Gerät.
**Feuilleton** [fœjə'tɔ̃], der kulturelle Teil einer Zeitung oder Wochen-Ztschr., in dem literar., künstler., wiss. u. kulturpolit. Themen behandelt werden; auch der einzelne hierfür geschriebene Beitrag im leichten, geistreich plaudernden, »feuilletonistischen« Stil.
**Feyerabend,** Paul K., *13.1.1924, östr. Philosoph u. Wissenschaftstheoretiker; fordert eine anarchist. Erkenntnistheorie, in der es keine theoret. Beschränkungen gibt.

*Werksfeuerwehr mit Hilfszug für Säureunfälle*

**Feynman** [fεinmən], Richard Philips, *1918, †1988, US-amerik. Physiker; arbeitete über Quantenelektrodynamik; Nobelpreis (zus. mit S.I. Tomonaga u. J. *Schwinger*) 1965.

**ff, 1.** Abk. von *sehr fein* (bei Waren). – **2.** Abk. für die musikal. Vortragsbez. *fortissimo.*

**ff.,** Abk. für *u. folgende* (bei Seitenzahlen).

**Fiaker,** Pferdedroschke, Mietskutsche.

**Fiale,** *Phiale,* feingegliederter türmchenartiger Aufsatz an got. Bauteilen.

**Fiasko,** Mißerfolg, Zusammenbruch.

**Fibel, 1.** erstes Lehr- u. Lesebuch mit anschaul. Bildern, Erzählungen u. Gedichten. – **2.** Gewandschließe der Vorzeit u. des Altertums.

**Fiber,** Faser; auch ein daraus hergestellter Werkstoff.

**Fibich,** Zdeněk, *1850, †1900, tschech. Komponist (Opern, Orchesterwerke, Klaviermusik) der dt. Romantik.

**Fibiger,** Johannes, *1867, †1928, dän. Pathologe (experimentelle Krebsforschung); Nobelpreis für Medizin 1926.

**Fibonacci** [-nattʃi] → Leonardo von Pisa.

**Fibrille,** kleine Faser, z.B. in Muskel- u. Nervenzellen.

**Fibrin,** ein Eiweißkörper, der im menschl. Blut als *Fibrinogen* vorkommt. Mit Luftsauerstoff gerinnt Fibrinogen durch das Blutferment *Thrombin* zu F. u. verklebt die verletzten Blutgefäße.

**Fibrom,** gutartige Bindegewebsgeschwulst.

**Fichte,** *Picea,* Gatt. der *Kieferngewächse;* bis ca. 50 m hoher Nadelbaum mit kegelförmiger Krone u. hängenden Zapfen; in Europa bes. die *Gewöhnl. F.,* ferner die *Omorika-F.* aus dem Balkan u. die als Zierbaum beliebte *Blaufichte* aus dem östl. N-Amerika.

**Fichte,** Johann Gottlieb, *1762, †1814, dt. Philosoph; Vertreter eines eth. u. subjektivist. Idealismus, in dessen Mittelpunkt die *Wissenschaftslehre* steht; Begr. des dt. Nationalbewußtseins, Republikaner u. Gegner des damaligen Fürstenstaats.

**Fichtelberg,** Berg im mittleren Erzgebirge, 1214 m.

**Fichtelgebirge,** Mittelgebirge im Schnittpunkt von Thüringer Wald, Oberpfälzer Wald u. Erzgebirge, mit Granitkuppen (*Schneeberg* 1051 m, *Ochsenkopf* 1023 m); Fremdenverkehr; Glas-, Porzellan- u. Textil-Ind.

**Fichu** [fi'ʃy], dreieckiges, verziertes Schultertuch.

**Ficino** [-'tʃi:no], Marsilio, *1433, †1499, ital. Humanist, Philosoph u. Arzt; bed. Platonübersetzer.

**Fideikommiß** [fidεi-], fr. eine unveräußerl. u. nur als Ganzes vererbl. Vermögensmasse, deren Inhaber nur über ihre Erträge verfügen konnte; meist (adliger) Großgrundbesitz.

**Fideismus,** Weltanschauung, die auf eine Begründung durch die natürl. Erkenntnis verzichtet u. die religiösen Wahrheiten für unbegründbar hält.

**Fidel,** *Fiedel,* Streichinstrument des MA etwa in Größe einer Geige; ab 1500 von den Violen verdrängt.

**Fidelismus,** *Castrismus,* polit. Bestrebungen in Lateinamerika, die auf Nachahmung der Revolution F. Castros auf Kuba hinzielen.

**Fidschi,** engl. *Fiji,* Inselgruppe in Ozeanien, 18 272 km². Von den 610 000 Ew. sind 42% Fidschi-Insulaner u. 50% Inder. Der Hauptort ist Suva. Die größeren Inseln tragen üppig bewaldete

*Fidschi*

Gebirge (1323 m Höhe) vulkan. Ursprungs u. sind von Korallenriffen gesäumt; sehr reiche Niederschläge; Anbau trop. Früchte; Rinderzucht.

Geschichte. F. wurde 1643 von A.J. *Tasman* entdeckt. 1874 wurde es brit. Kolonie. 1970 wurde es unabhängig; es verblieb im Commonwealth. Nach einem Militärputsch 1987 wurde es zur Republik erklärt u. schied aus dem Commonwealth aus. Die neue Verf. von 1990 stärkte die Rechte der Insulaner.

**Fieber,** *Febris,* meist durch krankhafte Vorgänge ausgelöste Erhöhung der normalen Körpertemperatur (beim Menschen etwa ab 37,5 °C, über 42 °C lebensgefährl.); eine Abwehrreaktion des Körpers; mögl. Begleiterscheinungen bei höherem Fieber: Benommenheit, Wärmegefühl, Schüttelfrost, beschleunigter Puls; *F.messung* in der Achselhöhle, im After oder im Mund; zu versch. Tageszeiten gemessene Temperaturwerte werden in der *F.kurve* verzeichnet.

**Fiedel,** volkstüml. Bez. für eine Geige. → Fidel.

**Field** [fi:ld], John, *1782, †1837, ir. Komponist u. Pianist der Frühromantik.

**Fielding** ['fi:ldiŋ], Henry, *1707, †1754, engl. Schriftst. (humorvoll-realist. Romane); Ⓦ »Tom Jones«, »Amelia«.

## FILM

*Szene aus Federico Fellinis, »La strada«; Italien, 1954 (links). – Szenenbild aus »Rosa Luxemburg«; Regie Margarethe von Trotta (Mitte). – Dean Martin (rechts) in dem Film »7 gegen Chicago« mit Frank Sinatra und Sammy Davis jr., 1964 (rechts)*

*Szene aus Fred Zinnemanns berühmtem Western »High noon« (»Zwölf Uhr mittags«), 1952, mit Grace Kelly und Gary Cooper (links). – Szene aus dem klassischen Monsterfilm »King Kong und die weiße Frau« von 1933 (Mitte). – Utopischer Film: »Das Imperium schlägt zurück« (rechts)*

**Fierlinger,** Zdeněk, *1891, † 1976, tschech. Diplomat u. Politiker; mitverantwortl. für den Staatsstreich 1948, bei dem die Kommunisten die Regierung übernahmen; 1953–64 Präs. der Nationalversammlung.

**Fiesco,** Giovanni Luigi de, Graf von *Lavagna,* aus der genues. Patrizierfamilie *Fieschi,* *1523, ertrank 1547 bei dem mißglückten Versuch, den Dogen *Andrea Doria* von Genua zu beseitigen (Trauerspiel von F. *Schiller).*

**Fieseler,** Gerhard, *1896, † 1987, dt. Kunstflieger u. Flugzeugkonstrukteur; 1934 Weltmeister im Kunstflug.

**Fiesole,** das röm. *Faesulae,* ital. Stadt in der Toskana, nordöstl. von Florenz, 15 000 Ew.; Dom, röm. Ruinen.

**FIFA,** Abk. für frz. ***F**édération **I**nternationale de **F**ootball **A**ssociation,* der Internationale Fußballverband, 1904 gegr., Sitz: Zürich.

**Figaro,** Lustspielfigur, auch Typ des witzigen, schwatzhaften Friseurs.

**Fighter** ['faitər], Kämpfer, Draufgänger; Boxertyp, der den Nahkampf u. schnellen Schlagabtausch sucht.

**Figl,** Leopold, *1902, † 1965, östr. Politiker (ÖVP); 1945–53 Bundeskanzler, 1953–59 Außen-Min.; maßgebl. beteiligt am Zustandekommen des östr. Staatsvertrags 1955.

**Figur, 1.** Gestalt, Umriß; Person, Erscheinung, Körperwuchs; gestaltete Form, Bildwerk. – **2.** in der Math. Gebilde aus Linien oder Flächen, z.B. Dreieck. – **3.** kleine, melod. oder rhythm. zusammengehörige Tonfolge. – **4.** grammat. oder redner. Wendung. – **5.** geschlossener Bewegungsablauf beim Tanz.

**Figuralmusik,** kunstvolle mehrstimmige Musik des MA; Ggs.: der einstimmige Choral.

**Figuration,** Auflösung eines Akkords in gleichartige Figuren, Verzierung einer Melodie.

**Fiktion, 1.** Annahme, Erfundenes, Erdichtetes; *fiktiv,* erdichtet, angenommen. – **2.** gesetzl. Weisung, einen Sachverhalt so anzusehen, als ob ein bestimmter anderer Sachverhalt vorläge.

**Filaria,** Gatt. der *Fadenwürmer,* im Bindegewebe u. im Blut- oder Lymphsystem des Menschen schmarotzend; hierzu der *Augenfadenwurm* u. die *Wuchereria bancrofti* (Erzeuger der trop. *Elephantiasis).*

**Filchner,** Wilhelm, *1877, † 1957, dt. Forschungsreisender u. Geodät; wurde 1900 bekannt durch den Ritt über den Pamir; führte die erdmagnet. Erforschung Zentralasiens durch; leitete 1911/12 die 2. dt. Südpolexpedition.

**Filder,** fruchtbare Ebene sö. von Stuttgart; Anbau von Spitzkohl (*F.kraut,* Sauerkraut).

**Filderstadt,** Stadt in Ba.-Wü. (seit 1976), auf der Filder, 35 000 Ew.; Metall- u. Nahrungsmittel-Ind.

**Filet** [fi'le], Lendenstück vom Rind, Schwein, Kalb oder Wild; Bruststück vom Geflügel; Rükkenstück vom Fisch.

**Filetstickerei,** *Netzarbeit,* in einem aus Fäden geknoteten Netz wird mit einer stumpfen *Filetnadel* ein Muster gestickt.

**Filiale,** Zweiggeschäft eines Unternehmens, bes. des Einzelhandels.

**Filibuster** [-'bʌstər], ein Abgeordneter, der durch überlange Reden die Entscheidungen des Parlaments zu verzögern sucht; auch die Verschleppungstaktik selbst.

**Filigran,** feingliedriger Schmuck aus Silber- u. Golddraht.

**Filip,** Ota, *9.3.1930, tschech. Schriftst.; 1974 ausgebürgert, gesellschaftskrit., z.T. autobiograph. Romane.

**Filipinos,** Bez. für die Bewohner der Philippinen.

**Film, 1.** *Photographie:* elast. Aufnahmematerial für Photo- u. Filmkameras aus durchsichtigem Kunststoff, der auf einer Seite mit einem lichtempfindl. Material beschichtet ist. – **2.** die *Laufbilder,* wie sie im Kino gezeigt u. in den genormten Formaten 35 u. 70 mm oder als → Schmalfilm mit 8 u. 16 mm Breite fabriziert werden. Aufgenommen werden in viele Einzelbilder zerlegte Bewegungsvorgänge, deren rascher Ablauf, bedingt durch die Trägheit des Auges, bei der Wiedergabe kontinuierl. Bewegung vortäuscht. J. *Tyndall* erkannte zuerst, daß dieser Bewegungseindruck eintritt, wenn dem Auge 16 oder mehr Einzelbilder in der Sekunde dargeboten werden. Die Größe des Einzelbilds war beim *Stumm-F.* 18 x 24 mm u. beträgt heute beim *Lichtton-F.* 16 x 22 mm, beim *Magnetton-F.* 18,7 x 23,8 mm. Die *Bildkamera* photographiert pro Sek. 24 Bilder. Dabei läuft der meist in einer Länge von 300 m auf Vorratstrommeln aufgespulte F. ruckweise ab. Während des Stillstands wird belichtet (1/48 s), während des Weitertransports verdunkelt die Umlaufblende. Eine Erhöhung der Aufnahmegeschwindigkeit auf 36, 48 oder 64 Bilder pro Sek. führt zur *Zeitdehnung,* wenn die Wiedergabe mit normaler Bildzahl abläuft; eine Verminderung führt zur *Zeitraffung.* Nach dem Entwickeln u. Kopieren entsteht durch Kombination mit dem *Splitband* (Tonstreifen) der *Ton-F.,* die *Schnittkopie.* Von dieser werden die Massenkopien für Vorführzwecke angefertigt. Bei der Wiedergabe werden *Bildwerfer* (Projektoren) verwendet, in denen der F. durch eine mit *Malteserkreuz* ruckweise angetriebene Zahntrommel aus der oberen Feuerschutztrommel der Filmführung zugeleitet wird. Im Bildfenster wird er angehalten, von einer Spiegelbogen- oder Xenonlampe beleuchtet u. auf die Leinwand projiziert. Während des Weitertransports verdunkelt die Umlaufblende. Bei der Tonwiedergabe wird meist das *Lichtton-Verfahren,* für Stereophonie das *Magnetton-Verfahren* verwendet.
Hauptarten des F.: *Dokumentar-F.,* in dem Ausschnitte aus der Wirklichkeit wiedergegeben werden; *Spiel-F.,* in dem erfundene u. für F.zwecke inszenierte Vorgänge wiedergegeben werden, u. der *Trick-F.,* bei dem die Bewegung der gezeigten Objekte durch Einzelbildaufnahmen versch. Bewegungsphasen künstl. hergestellt wird.
Geschichte. Vorläufer des heutigen F. waren das 1832 erfundene *Lebensrad* u. das *Stroboskop.* Nach Erfindung der Photographie u. des F.streifens entwickelten T.A. *Edison* das *Kinetoskop,* die Gebrüder *Lumière* in Lyon den *Kinematographen,* M. *Skladanowsky* u. O. *Meßter* in Berlin das *Bioskop.* Mit diesen Geräten fanden 1895 in Paris u. Berlin die ersten öffentl. F.vorführungen statt. Die Themen der ersten Stummfilme waren Straßenszenen, Sportaufnahmen u. polit. Geschehnisse. Für die künstler. Entwicklung des Stummfilms bedeutend wurden u.a. D.W. *Griffith,* C.S. *Chaplin,* F.W. *Murnau,* F. *Lang* u. S.M. *Eisenstein.* 1928 wurde in den USA (1929 in Dtld.) der *Ton-F.* eingeführt; der *Farb-F.* setzte sich (von den USA ausgehend) 1935 durch; dann kamen der *Breitwandfilm, Vistavision, CinemaScope, Todd-AO* u. *Cinerama* auf, die eine komplizierte Aufnahme- u. Wiedergabetechnik erfordern. In den 30er u. 40er Jahren beschleunigte die Einführung des Ton-F. die Entwicklung der versch. F.gattungen. Bed. Regisseure waren u.a. J. *Ford* (Western), E. *Lubitsch* (Komödien) u. O. *Welles,* der 1941 in »Citizen Kane« eine neue Filmdramaturgie entwarf. Das Prinzip, die Erzählung einer Geschichte durch die film. Beschreibung von sozialen u. psych. Situationen u. Gegebenheiten zu ersetzen, ist in den 1950er u. 1960er Jahren weiterentwickelt worden, so im ital. Neorealismus (F. *Fellini,* R. *Rossellini* u.a.). Innovativ für den F. waren in dieser Zeit auch I. *Bergman* u. A. *Hitchcock.* In Frankreich distanzierten sich die Regisseure der »Nouvelle Vague« (J.L. *Godard,* F. *Truffaut* u.a.) von den traditionellen Formen film. Erzählens. In der BR Dtld. knüpfte der *Neue Dt. F.* an diese Entwicklungen an. Stilbildend wurden hier Regisseure wie R.W. *Fassbinder,* W. *Herzog* u. A. *Kluge,* daneben profilierten sich W. *Wenders* u. V. *Schlöndorff.* Auch in Großbrit. *(Free Cinema)* u. den USA *(New Cinema)* versuchte man, neue Darstellungsformen zu finden (L. *Anderson,* K. *Reisz,* R. *Altman* u.a.). Wirtschaftl. dominierend blieben die großen amerik. Filmgesellschaften, die die Kommerzialisierung des F. konsequent weiterbetrieben (G. *Lucas,* S. *Spielberg).* Einen eigenständigen künstler. orientierten Stil entwickelten W. *Allen,* F.F. *Coppola* u. M. *Scorsese.* Neue Impulse erhielt der europ. Film u.a. von dem Briten P. *Greenaway* u. dem Polen K. *Kieślowski.*

**Filmothek,** *Cinemathek, Kinemathek,* histor. u. moderne Sammlung von Filmen aus allen Gebieten.

**Filou** [-'lu], durchtriebener Mensch, Spitzbube.

**Filter, 1.** ein Gerät *(Trichter, Filterpresse)* zum Abtrennen fester Stoffe von Flüssigkeiten; aus mehr oder weniger porösem Material. Der Vorgang heißt **Filtration,** die durch das F. laufende Flüssigkeit **Filtrat.** – **2.** ein elektrotechn. Gerät *(Wellen-, Band-F.),* das nur eine bestimmte Wellenlänge durchläßt. – **3.** *Photographie: Farb-F.,* farbige Gläser, die vor das Objektiv gesetzt werden u. bestimmte Lichtstrahlen absorbieren.

**Filz,** Stoff aus gepreßten, verschlungenen, meist tier. Fasern.

**Filzlaus,** etwa 1 mm große *Laus,* befällt fast ausschl. die menschl. Schambehaarung.

**Finale,** Ende, Schlußteil, Abschluß; beim Sport Endkampf, -spiel, Schlußrunde; in der Musik der Schlußsatz einer Sonate, Sinfonie oder eines Opernakts.

**Finalität,** Zweckbestimmtheit.

**Finalsatz,** *Absichtssatz, Zielsatz,* Nebensatz, der eine Handlung als Absicht oder Ziel (einer anderen) kennzeichnet; im Dt. meist mit »daß« oder »damit« eingeleitet.

**Finanzamt** → Finanzverwaltung.

**Finanzausgleich,** Maßnahmen, die die finanziellen Wechselbeziehungen zw. den einzelnen Gebietskörperschaften (Bund, Länder, Gemeinden) regeln: 1. Aufteilung der Steuerobjekte auf die Gebietskörperschaften; 2. Beteiligung mehrerer Gebietskörperschaften an einem Steuerobjekt; 3. Zuweisung von finanziellen Mitteln von einer Gebietskörperschaft an eine andere.

**Finanzen,** das Haushaltswesen des Staates u. der sonstigen öffentl.-rechtl. Gebietskörperschaften; allg. die Vermögensverhältnisse.

**Finanzgericht,** unabhängiges, von den Verwaltungsbehörden getrenntes Gericht der *Finanzgerichtsbarkeit* in den Ländern der BR Dtld.; oberstes F. in der BR Dtld. ist der Bundesfinanzhof.

**Finanzhoheit,** *Finanzgewalt,* das Recht des Staates, sein Finanzwesen selbständig u. unabhängig von den anderen öffentl. Gewalten zu ordnen.

**Finanzierung,** Beschaffung des zur Errichtung, Fortführung oder Erweiterung von Betrieben oder zur Durchführung bes. Projekte erforderl. Kapitals. Man unterscheidet: F. durch Eigenkapital von außen, z.B. Aktien *(Eigen-F.),* durch Aufnahme von Darlehen *(Fremd-F.),* z.T. durch bes. F.sgesellschaften, F. über den Umsatz oder Einbehaltung der Gewinne *(Selbst-F.).*

**Finanzmonopol,** ein durch ein Gesetz geschaffenes Monopol, durch das sich der Staat die Herstellung u./oder den Verkauf eines Guts vorbehält; eine bes. Art der Besteuerung von Verbrauchsgütern; in der BR Dtld. staatl. *Branntweinmonopol.*

**Finanzpolitik,** alle Maßnahmen der öffentl. Hand, die sich auf die Gestaltung ihrer Einnahmen u. Ausgaben beziehen, um damit ihren wirtschafts- u. gesellschaftspolit. Zielsetzungen gerecht zu werden.

**Finanzverwaltung,** Beschaffung, Verw. u. Verwendung der für öffentl. Zwecke bestimmten Mittel: die Aufstellung des Haushaltsplans, das Kassen-, Rechnungs- u. Kontrollwesen, die Verw. der Staatseinnahmen, des Staatsvermögens u. der Staatsschulden sowie die Organisation der Finanzbehörden. – Aufbau der F.: oberste Behörde der Bundes-F. ist der *Bundes-Min. der Finanzen;* oberste Landesbehörde ist der *Landesfinanz-Min.* bzw. der Finanzsenator; örtl. Behörden der Länder sind die *Finanzämter.*

**Finanzwechsel,** ein ledigl. zu Kreditzwecken ausgestellter *Wechsel,* dem kein Warengeschäft zugrunde liegt.

**Finanzwirtschaft,** Wirtsch. der öffentl. Körperschaften (insbes. Staat u. Gem.); vorgegeben in einem *Haushaltsplan.*

**Finanzwissenschaft,** die Lehre von der *Finanzwirtschaft* u. *Finanzpolitik* der öffentl. Körperschaften u. ihren Wechselbeziehungen mit der Gesamtvolkswirtschaft.

**Finck,** Werner, *1902, † 1978, dt. Schauspieler, Kabarettist u. Schriftsteller.

**Findelkind,** *Findling,* von den Eltern ausgesetztes oder namenlos abgegebenes Kleinkind.

**Finderlohn,** gesetzl. vorgeschriebene Belohnung für jemanden, der etwas Verlorenes gefunden u. abgeliefert hat.

**Fin de Siècle** [fɛ̃ də'sjɛ:kl], das Jahrhundertende, i.e.S. die dekadente Überfeinerung von Gefühl u. Geschmack am Ende des 19. Jh.

**Findling** → erratische Blöcke.

**fine,** in der Notenschrift die Stelle, bis zu der ein Musikstück wiederholt werden soll *(da capo al fine).*

**Finesse,** Feinheit, Schlauheit, Kniff, Trick.

**Fingal,** *Finn,* urspr. *Find Macc Umaill,* sagenhafter ir. Held im 3. Jh., Führer der Kriegerkaste der *Fenier.* Nach ihm ist die **F.shöhle** ben., Grotte auf der Insel Staffa (Innere Hebriden).

# Finger

**Finger,** lat. *Digiti,* die bewegl. Endglieder der Hand, die jeweils den 5 Mittelhandknochen aufsitzen. Sie bestehen aus 3 *F.gliedern* (Grund-, Mittel- u. Endglied). Der 1. F. *(Daumen)* hat kein Mittelglied u. ist bes. bewegl. u. zum Greifen geeignet. Das Muster der Papillarleisten an den F.kuppen ist bei jedem Menschen anders ausgeprägt u. dient daher der Polizei zur Identifizierung von Personen durch den *F.abdruck* (Daktyloskopie).
**Fingerhut,** *Digitalis,* Gatt. der *Rachenblütler;* hierzu der *Rote F., der Großblütige F.* (unter Naturschutz) u. der *Gelbblütige F.;* stark giftig; auch Herzmittel.
**Fingerkraut,** *Potentilla,* Gatt. der *Rosengewächse;* fingerförmige oder gefiederte Blätter u. gelbe oder weiße Blüten; hierzu: *Gänse-F., Sand-F., Frühlings-F., Silber-F.*
**Fingersatz,** *Applikatur,* Vorschrift für den richtigen Gebrauch der Finger beim Spielen von Musikinstrumenten.
**Fingersprache,** Zeichensprache der Taubstummen, bei der die versch. Fingerstellungen den einzelnen Buchstaben u. Zahlzeichen der geschriebenen Sprache entsprechen.
**Fingertier,** *Aye-Aye,* nächtl. aktiver *Halbaffe* Madagaskars.
**fingieren,** vortäuschen, erfinden, erdichten.
**Finish** ['finiʃ], scharfer Endkampf, Endspurt. – **finishen,** bei Pferderennen am Schluß des Rennens das Pferd bes. antreiben.
**finit,** endgültig bestimmt.
**Finken,** *Fringillinae,* Fam. der *Singvögel* mit kräftigem Schnabel, mit 120 Arten weltweit verbreitet; einheim. Arten u.a.: *Buchfink, Girlitz, Zeisig,- Stieglitz, Hänfling, Gimpel, Grünfink, Bergfink,* i.w.S. auch die *Ammern.*
**Finnbogadóttir,** Vigdís, *15.4.1930, isl. Politikerin; seit 1980 Staats-Präs.
**Finne,** 1. schmale Fläche eines Handhammers. – 2. Jugendform bestimmter Bandwürmer. – 3. Rückenflosse *(Rücken-F.)* von Haien u. Walen, auch die Brustflossen *(Brust-F.)* der Wale.
**Finnen,** *Suomalaiset,* Volk in N-Europa, der finn.-ugr. Sprachfam. zugehörig, rd. 5 Mio., davon 4,6 Mio. in Finnland, 300 000 in N-Amerika, 50 000 in Schweden, 12 000 in Norwegen u. 85 000 (ohne Karelier) in der Sowj.; Stämme: *Savolaiset, Tavasten* (Hämäläiset), *Kainulaiset* (Kvänen) u. *Karelier,* die z.T. auf sowj. Gebiet leben, z.T. nach dem 2. Weltkrieg umgesiedelt wurden.
**Finnischer Meerbusen,** weit nach O reichende Bucht der Ostsee zw. Finnland, Rußland u. Estland, 400 km lang, 50–100 km breit.
**finnisch-ugrische Sprachen,** *finno-ugrische Sprachen,* → Sprachen.
**Finnland,** Staat in N-Europa, 338 127 km², 4,9 Mio. Ew., Hptst. *Helsinki.*
Landesnatur. Der N ist gebirgig (Haltiatunturi 1324 m) u. senkt sich nach S zur waldreichen Finn. Seenplatte (über 60 000 Seen). Am Finn. u. Bottn. Meerbusen breitet sich fruchtbare Flachküste aus.

*Finnland*

Im N lange, schneereiche Winter u. relativ regenarme Sommer, im Küstenbereich atlantisch gemäßigtes Klima.
Bevölkerung. 93% sprechen Finnisch, 7% Schwedisch. Die Bewohner sind größtenteils ev.-luth. (96%) u. leben v.a. im Küstentiefland.
Wirtschaft. Die bed. Holzwirtschaft liefert die wichtigsten Ausfuhrgüter (Holz, Zellulose, Papier). Andere wichtige Industriezweige sind die Metall- u. Maschinenind. sowie der Schiffbau. Für die Energieerzeugung spielt die Nutzung der Wasserkraft eine große Rolle. An Bodenschätzen gibt es kleinere Kupfer- u. Zinkvorkommen. Die Landwirtschaft beschränkt sich v.a. auf die Viehzucht; Ackerbau wird nur im Küstenbereich betrieben. – Der Binnenverkehr stützt sich auf zahlr. Wasserstraßen.
Geschichte. Im 2. Jh. n. Chr. wanderten die Finnen von O her ein. Im 13. Jh. wurde F. schwed.

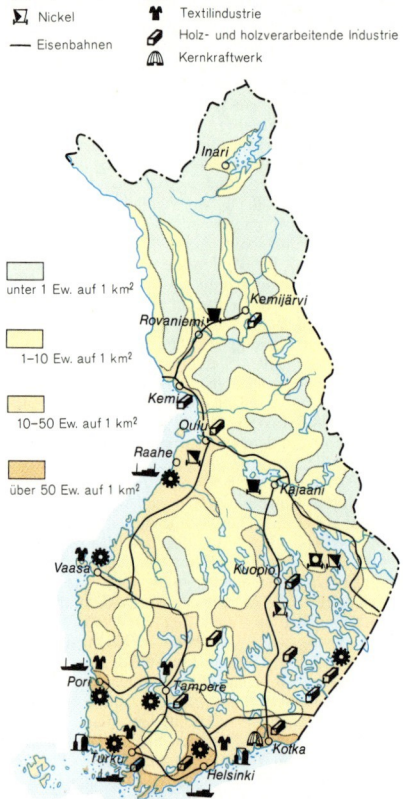

☐ Blei und Zink
☐ Eisen
☐ Kupfer
☐ Nickel
— Eisenbahnen
⚙ Metall- und Maschinenindustrie
⚓ Schiffbau
⛽ Erdölraffinerie
👕 Textilindustrie
🌲 Holz- und holzverarbeitende Industrie
⚛ Kernkraftwerk

unter 1 Ew. auf 1 km²
1–10 Ew. auf 1 km²
10–50 Ew. auf 1 km²
über 50 Ew. auf 1 km²

*Finnland: Wirtschaft und Bevölkerungsdichte*

Provinz. 1809 wurde F. Großfürstentum des russ. Zaren, behielt jedoch seine innere Selbständigkeit. Am 6.12.1917 erklärte der Landtag F. für unabhängig. Am 21.6.1919 wurde F. Republik. 1930 erzwang der Bauernmarsch *(Lappobewegung)* nach Helsinki die Ausschaltung des Bolschewismus aus dem innenpolit. Leben. Die Sowjetunion provozierte 1939 einen Krieg *(Winterkrieg),* in dem F. unterlag. 1941–44 kämpfte F. auf der dt. Seite gegen die Sowjets, schloß jedoch am 19.9.1944 einen Waffenstillstand. F. Selbständigkeit konnte dadurch bewahrt werden. Durch den Pariser Friedensvertrag 1947 erkannte F. die Gebietsverluste an die UdSSR an. Der Beistandspakt mit der UdSSR von 1948 bestimmt bis heute die Außen- u. Innenpolitik F. Staats-Präs. wurde 1946 J.K. *Paasikivi,* 1956 U. Kekkonen u. 1982 M. *Koivisto.*
**Finnmark** → *Währung.*
**Finnwale** → *Furchenwale.*
**Finsen,** Niels Ryberg, *1860, †1905, dän. Arzt; Begr. der Lichttherapie mit kaltem, UV-reichem Bogenlicht *(F.licht)* zur Behandlung der Hauttuberkulose; Nobelpreis 1903.
**Finsteraarhorn,** höchster Gipfel der Berner Alpen (Schweiz), 4274 m; 1812 erstmalig bestiegen.
**Finstermünzpaß,** Schlucht im Ober-Inntal, zw. Silvretta u. Ötztaler Alpen, rd. 1000 ü.M.
**Finsterwalde,** Krst. in Brandenburg, in der westl. Niederlausitz, 23 900 Ew., Schloß (16. Jh.); verschiedene Ind.
**Finte,** 1. Täuschung(sversuch); Vorwand, Ausflucht. – 2. Scheinhieb beim Boxen, Fechten u.ä.
**Firdausi,** *Ferdausi, Firdusi,* eigtl. *Abu-l Kasim Mansur,* *um 941, †1020, pers. Epiker; verfaßte das Reimepos »Schahname« (»Königsbuch«; mehr als 50 000 Doppelverse), in dem er die Geschichte des Perserreichs im held. Stil erzählt.
**Firma,** Name, unter dem ein Vollkaufmann seine Geschäfte betreibt u. der ins *Handelsregister* eingetragen wird. Der Einzelkaufmann führt eine *Personen-F.* unter Angabe des Familien- u. mindestens eines ausgeschriebenen Vornamens *(Einzel-F.);* Gesellschaften führen teilweise *Sachfirmen* nach dem Gegenstand des Unternehmens (z.B. AG, GmbH) oder verbinden beide Elemente miteinander (gemischte F.). – **Firmenzeichen,** charakterist. unternehmenseigenes Werbesymbol, meist gesetzl. geschützt.
**Firmament,** sichtbarer Teil der Himmelskugel.
**firmieren,** einen Geschäftsnamen führen, mit diesem unterzeichnen.
**Firmung,** lat. *confirmatio,* grch. *chrisma,* ein Sakrament in der kath. Kirche; gespendet durch die Handauflegung, Salbung mit Chrisam u. die begleitenden Worte des Bischofs oder bevollmächtigten Priesters (»Sei besiegelt durch die Gabe Gottes, den Heiligen Geist«).
**Firn,** mehrjähriger Schnee des Hochgebirges, durch Tauen, Wiedergefrieren u. Druck des Neuschnees körnig, dicht u. luftarm geworden. Bei zunehmendem Druck entsteht das Gletschereis.
**Firnis,** Leinöl mit flüssigen oder festen Trockenmitteln, das zu einer festen, dünnen Haut (Film) erhärtet u. einen glänzenden Überzug liefert; als Schutzanstrich verwendet.
**Firth** [fə:θ], fjordartige Flußmündung oder Meeresbucht in Schottland.
**FIS,** Abk. für frz. *Fédération Internationale de Ski,* der Internationale Skiverband.
**Fisch** → *Fische.*
**Fischadler,** bis 65 cm langer *Greifvogel,* oberseits sehr dunkel, unterseits weiß gefärbt; in Mitteleuropa sehr selten.
**Fischart,** Johann, gen. *Mentzer* (d.h. Mainzer), eigtl. *J. Fischer,* *um 1546, †1590, dt. Satiriker; verspottete in Reim u. Prosa Rückständigkeiten seiner Zeitgenossen.
**Fischaugen-Objektiv,** engl. *fish-eye,* Photoobjektiv mit extrem großem Bildwinkel (bis zu 220°) u. extrem kurzer Brennweite (bis zu 6,3 mm).
**Fischbein,** aus den Barten der Bartenwale gewonnenes hornartiges Material.
**Fischblase,** 1. Schwimmblase der Fische. – 2. *Schneuß,* Ornamentmotiv im spätgot. Maßwerk.
**Fischchen,** *Zygentoma,* Ordnung der *Insekten,* bis 2 cm lange, gestreckte, urspr. flügellose Tiere mit 3 langen Schwanzanhängen, feuchtigkeits- u. wärmeliebend; hierzu: *Silber-, Ofen- u. Ameisen-F.*
**Fische,** *Pisces,* im Wasser lebende, systemat. uneinheitl. Gruppe von *Wirbeltieren;* mit paarig angeordneten Brust- u. Bauchflossen sowie unpaarigen Rücken- u. Schwanzflossen; i.d.R. Kiemenatmer; Haut mit Schuppen bedeckt; Vermehrung meist durch Eier *(Laich),* z.T. auch lebendgebärend (einige Haie, Zahnkarpfen). Zu den F. gehören die Klassen *Knorpelfische* u. *Knochenfische.* – 2. Zeichen )(, Sternbild des Tierkreises, in dem sich gegenwärtig der *Frühlingspunkt* befindet.
**Fischegel,** an Fischen parasitierender *Rüsselegel.*
**Fischer,** 1. Edwin, *1886, †1960, schweiz. Pianist u. Dirigent. – 2. Emil (Hermann), *1852, †1919, dt. Chemiker; klärte die Struktur vieler Zucker u. der Purinkörper durch synthet. Darstellung dieser Verbindungen; Begr. der Eiweißchemie. Nobelpreis 1902. – 3. Ernst, *1899, †1972, östr. Schriftst. u. Politiker (bis 1969 Mitgl. der KPÖ). – 4. Ernst Otto, *10.11.1918, dt. Chemiker; bed. Arbeiten über metallorgan. Verbindungen; Nobelpreis 1973 (zus. mit G. *Wilkinson).* – 5. Eugen, *1874, †1967, dt. Anatom u. Anthropologe; erbrachte den Nachweis, daß die Erbmerkmale des Menschen den Mendelschen Gesetzen folgen; bildete die Anthropologie zur *Anthropobiologie* um. – 6. Franz, *1877, †1948, dt. Chemiker; entwickelte mit H. *Tropsch* das *F.-Tropsch-Verfahren* zur Synthese von Benzin. – 7. Hans, *1881, †1945, dt. Chemiker; stellte den Blutfarbstoff (Hämin) dar, führte Untersuchungen zur Synthese des Blattfarbstoffs (Chlorophyll) durch; Nobelpreis 1930. – 8. Johann Michael, *1692, †1766, dt. Architekt; Hauptmeister des südd. Rokokos; W Kirchen in Zwiefalten, Ottobeuren, Rott am Inn. – 9. Joseph (Joschka), *12.4.1948, dt. Politiker (Die Grünen); Vertreter des »realpolit.« Flügels seiner Partei; 1985–87 Min. für Umwelt u. Energie in Hessen. – 10. Kuno, *1824, †1907, dt. Philosoph; übermittelte ein Bildungswissen, das für den Historismus des 19. Jh. kennzeichnend ist. – 11. Marie Louise, *28.10.1922, dt. Schriftst.; Unterhaltungs-, Frauen- u. Kriminalromane, auch Jugendbücher. – 12. Otto Wilhelm, (O.W.), *1.4.1915, östr. Schauspieler; bes. Liebhaberrollen in zahlr. Filmen.
**Fischer-Dieskau,** Dietrich, *28.5.1925, dt. Opern-, Konzert- u. Oratoriensänger (Bariton).
**Fischerei,** der gewerbsmäßige Fang von Fischen u.a. Wassertieren im Süßwasser *(Binnen-F.)* oder im Meer *(Küsten-F., Hochsee-F.).*

*Fischerei: Krabbenfischer*

**Fischerring,** seit dem 13. Jh. nachweisbarer Siegelring des Papstes, auf dem neben dem Namen des Papstes der Fischzug Petri dargestellt ist.
**Fischer von Erlach,** Johann Bernhard, *1656, †1723, östr. Baumeister; erster bed. Barockarchitekt des dt. Kulturgebiets.
**Fischmehl,** aus Fischabfällen hergestelltes Mastfutter für Landw. u. Fischzucht.
**Fischotter,** *Lutra,* Gatt. der *Marder;* durch einen muskulösen Schwanz, Schwimmhäute zw. den Zehen u. kurze Ohren dem Leben im Wasser angepaßt. → Otter.
**Fischreiher** → Reiher.
**Fischsaurier** → Ichthyosaurier.
**Fischschuppenkrankheit,** *Ichthyosis,* angeborene Neigung der (menschl.) Haut zu vermehrter Verhornung, Schuppung u. Trockenheit.
**Fischvergiftung,** Erkrankung durch den Genuß verdorbener oder giftiger Fische; bes. Brechdurchfall.
**Fischwanderungen,** Laichwanderungen bestimmter Fischarten (z.B. Aale, Lachse) von den Fraßplätzen zu den Laichplätzen u. zurück, ferner Nahrungswanderungen u. temperaturbedingte Wanderungen.
**Fisher** ['fiʃə], **1.** Geoffrey Francis, seit 1961 Lord *F. of Lambeth,* *1887, †1972; 1945–61 Erzbischof von Canterbury u. Primas von England. – **2.** Irving, *1867, †1947, US-amerik. Nationalökonom; math. Wirtschaftstheorie, Geld- u. Zinstheorie.
**Fiskus,** Staatsvermögen, Staatskasse; der Staat als Rechtsperson.
**Fissur,** Spalte, Einriß, z.B. *Knochen-F., Schleimhaut-F.*
**Fistel,** Verbindungsgang zw. sonst nicht verbundenen Organen; auch Verbindung von Organen zur äußeren Haut, häufig bei tiefen Eiterungen. Künstl. F. werden in bestimmten Fällen operativ angelegt.

**Fistelstimme,** *Falsett* → Kopfstimme.
**Fitneß,** durch körperl. Training erreichte Leistungsfähigkeit.
**Fittings,** *Formstücke,* Verbindungs- u. Anschlußstücke für Gas- u. Wasserleitungen.
**Fitzgerald** [fits'dʒerəld], **1.** Ella, *25.4.1918, afroamerik. Jazzsängerin; die »First Lady of Song«. – **2.** Francis Scott Key, *1896, †1940, US-amerik. Schriftst.; vertritt mit seinen Romanen die »verlorene Generation« nach dem 1. Weltkrieg.
**Fixativ,** in Spiritus gelöster Schellack, mit dem Bleistift-, Kohle- u. Kreidezeichnungen sowie Pastellbilder besprüht werden, um sie vor dem Verwischen zu schützen.
**fixe Idee,** *überwertige Idee,* eine das Bewußtseinsfeld einengende, häufig zur *Zwangsvorstellung* werdende Vorstellung, mit der sich die Persönlichkeit so identifiziert, daß dadurch der normale Erlebnisablauf gestört wird.
**fixe Kosten,** *Fixkosten, feste Kosten,* von den Produktionskosten unabhängige Kosten eines Betriebs, z.B. Mieten, Zinsen.
**fixen, 1.** sich intravenös Rauschmittel einspritzen. – **2.** auf Zeit verkaufen, auf Baisse spekulieren.
**Fixgeschäft,** ein Rechtsgeschäft, bei dem die genaue Einhaltung des Liefertermins oder der Lieferfrist zur Pflicht gemacht ist.
**fixieren, 1.** festsetzen (einen Zeitpunkt). – **2.** anstarren. – **3.** eine leicht verwischende Zeichnung durch Bestäuben mit *Fixativ* haltbar machen. – **4.** unbelichtetes u. noch lichtempfindl. Halogensilbersalz aus photograph. Schichten mit *Fixierbad* herauslösen.
**Fixstern,** sehr weit entfernter, selbstleuchtender Himmelskörper von der Art der Sonne. Der nächste F. ist *Alpha Centauri,* 40 Bill. km entfernt. Im Ggs. zu den Planeten (*Wandelsternen*) ändern sie ihren Ort so langsam, daß der Anblick des F.-Himmels sich seit dem Altertum nur unwesentl. verändert hat.
**Fixum,** Festpunkt, festes Entgelt, Pauschalsumme.
**Fizeau** [fi'zo], Armand Hippolyte Louis, *1819, †1896, frz. Physiker; 1849 erste Messung der Lichtgeschwindigkeit im Labor.
**Fjord,** schmale, lange, steilwandige, oft verästelte Meeresbucht, entstanden durch Überflutung eiszeitl. Trogtäler; v.a. in Norwegen, Island u. Neuseeland.
**FKK,** Abk. für *Freikörperkultur.*
**Flachdruck,** eine Gruppe von Druckverfahren, bei denen die Teile der Druckform (Text oder Bild), die Druckfarbe annehmen u. abgeben sollen, u. auch alle nichtdruckenden Teile in derselben Ebene liegen. Der direkte F. in Form des *Steindrucks* (Lithographie) u. des *Lichtdrucks* wird heute selten angewandt; das wichtigste F.verfahren ist der *Offsetdruck.*

*Ella Fitzgerald*

**Fläche,** geometr. Gebilde mit 2 Ausdehnungen; Begrenzung eines Körpers. Die einfachste F. ist die *Ebene.* – B → S. 268
**Flächenmaße** → Maße und Gewichte.
**Flächennutzungsplan,** *vorbereitender Bauleitplan,* der die geplante städtebaul. Entwicklung einer Gemeinde ordnen soll.
**Flachs,** *Lein,* blaublühendes *Leingewächs,* beheimatet in den Gebieten zw. dem Pers. Golf u. dem Kaspischen bzw. Schwarzen Meer. Verarbeitung der faserigen Stengel zu Garnen; Ölgewinnung aus den Samen.
**Flacourtia** [-'ku:rtsia], Bäume u. Sträucher der *Flacourtiaceae;* in den Tropen der Alten Welt heim.; mit eßbaren süßen Früchten.
**Flagellanten,** *Geißler, Geißelbrüder, Flegler, Kreuzbrüder,* mittelalterl. Schwärmer, die sich selbst öffentl. geißelten, um auf gewaltsame Weise Befreiung von der Sünde zu erreichen.
**Flagellaten,** *Flagellata, Geißeltierchen,* Einzeller mit einer oder mehreren Geißeln; rd. 6000 bek. Arten. Von den F. nahm alles höhere tier. u. pflanzl. Leben seinen Ausgang.
**Flageolett** [flaʒo-], **1.** eine kleine Blockflöte mit bes. dünnem Ansetzschnabel aus Elfenbein oder Horn. – **2.** bei Streichinstrumenten u. Harfe ein hoher, flötenähnl. Ton (Obertöne).
**Flagge,** kleine Fahne in den Nationalfarben des betr. Staates; Hoheitszeichen eines Staates, meist mit Wappen oder Sinnbild zur Kennzeichnung der Nationalität eines Schiffs (*National-F.*), bei Reedereien *Haus-F.* (*Kontor-F.*); bes. Arten: *Lotsen-, Post-, Quarantäne- u. Zoll-F.*

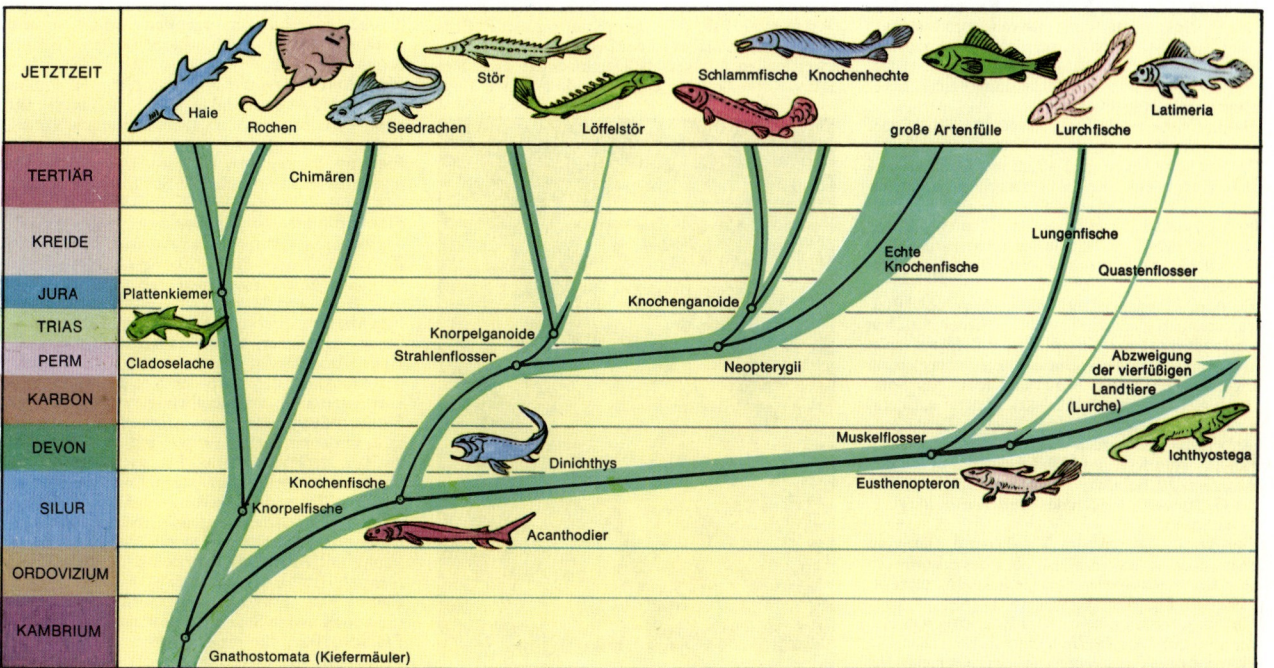

*Stammbaum der Fische*

## Flaggoffizier

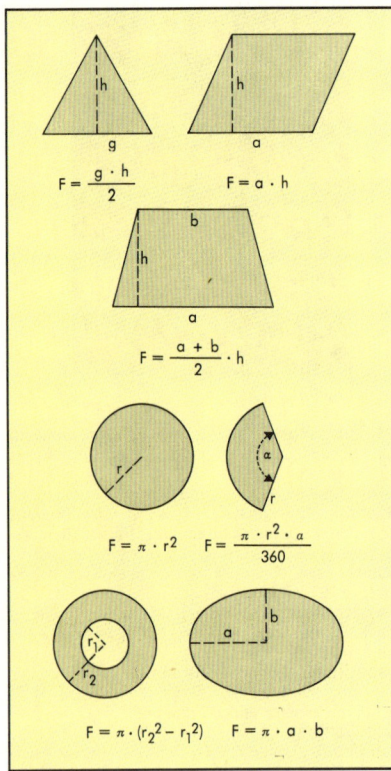

*geometrische Flächen und ihre Berechnungsformeln*

**Flaggoffizier,** Bez. für die *Admirale,* die berechtigt sind, auf ihrem Schiff *(Flaggschiff)* eine ihrem Dienstgrad entspr. Flagge zu führen. Der Adjutant eines F. heißt *Flaggleutnant,* der Kommandant *Flaggkapitän.*
**Flaggschiff,** in der Marine das durch die Flagge eines Admirals gekennzeichnete Führungsschiff; in der Handelsmarine auch das jeweils größte Schiff einer Reederei.
**flagrant,** auffallend, offenkundig. – **in flagranti,** auf frischer Tat.
**Flagstad,** Kirsten, *1895, †1962, norw. Sängerin (Sopran); 1958–60 Leiterin der Staatsoper in Oslo.
**Flaherty** ['flæɑrti], Robert, *1884, †1951, US-amerik. Dokumentarfilmregisseur u. -produzent.
**Flair** [flɛːr], Atmosphäre, persönl. Note; Spürsinn.
**Flak,** Abk. für *Flugabwehrkanone,* im 1. u. 2. Weltkrieg Geschütz zur Bekämpfung feindl. Flugzeuge; heute Flugabwehrrakete.
**Flake,** Otto, Pseud.: Leo F. *Kotta,* *1880, †1963, dt. Schriftst. (kulturhistor. u. Bildungsromane).
**flambieren, 1.** fertige Speisen mit hochprozentigem Branntwein oder Likör übergießen u. anzünden. – **2.** Geflügel absengen.
**Flamboyant** [flãbwa'jã], spätgot. flammenartiges Maßwerk des 15. Jh., v.a. in der Kirchenarchitektur Frankreichs u. Englands; **F.-Stil,** die engl. u. frz. Spätgotik.
**Flamen,** *Vlamingen,* frz. *Flamands,* geschichtl. u. stammesmäßig den Holländern u. Niederdeutschen verwandtes germ. Volk im W u. N Belgiens (hpts. in W- u. O-Flandern, Brabant u. Limburg) u. in angrenzenden Teilen NO-Frankreichs; eig. Sprache *(Flämisch,* ein ndl. Dialekt), Malerei u. Literatur; kulturelle Mittelpunkte: Brügge, Gent, Antwerpen. Die F. wurden durch die Revolution von 1830/31 vom Kgr. der Ndl. losgerissen u. mit den Wallonen zu Belgien vereinigt; in Belgien bis in die Gegenwart andauernder Sprachenstreit zw. F. u. Wallonen.
**Flamenco,** Gatt. andalus. Tanzlieder u. Tänze mit maur.-arab. u. ind. Einfluß; ohne feste Form mit schwermütigen Texten, seit dem 19. Jh. vorzugsweise von Zigeunern verbreitet.
**Fläming,** niederer, bewaldeter Höhenzug nordöstl. der mittleren Elbe, im *Hagelberg* 201 m.
**Flamingos,** *Phoenicopteriformes,* Ordnung der *Vögel;* weiß, rosa oder rot gefiedert, lange Beine u. langer Hals; 5 Arten, in den Tropen u. Subtropen Mittel- u. S-Amerikas, Afrikas, Asiens u. in SW-Europa beheimatet.
**Flaminius,** Gaius, †217, altröm. Consul; Vorkämpfer des Volks *(plebs)* gegen den Senat u. die Vorherrschaft der Patrizier; in der Schlacht am Trasimen. See gegen *Hannibal* gefallen.
**Flämische Bewegung,** nach der Gründung Belgiens entstandene Reaktion der fläm. Bevölkerung auf das Übergewicht des wallon. Bevölkerungsanteils; v.a. seit Mitte des 19. Jh. hervorgetreten; Aufspaltung in fläm. Sektionen der großen belg. Parteien, Gründung einer eig. fläm. Partei (»Volksunion«), seit 1963 Sprachgrenze zw. Flandern u. Wallonien, seit den 1970er Jahren kulturelle u. wirtsch. Autonomie.
**Flamme,** bei der Verbrennung eine von hocherhitzten Gasen ausgehende Leuchterscheinung. Feste Stoffe brennen nur dann mit einer F., wenn sie in der Hitze brennbare Gase abgeben, z.B. Holz. Bei genügender Luftzufuhr wird jede F. nichtleuchtend.
**Flammendes Herz** → Tränendes Herz.
**Flammenwerfer,** Nahkampfwaffe mit bis zu 70 m Reichweite.
**Flammpunkt,** die Temperatur, bei der sich über einem Brennstoff gerade entflammbare Dämpfe bilden, die bei Annäherung einer Zündquelle kurz aufflammen; dient als Maß für die Feuergefährlichkeit eines Stoffs.
**Flandern,** *Vlaanderen,* frz. *Flandre,* histor. Ldsch. im niederbelg.-nordfrz. Tiefland; zw. Calais u. Scheldemündung; überwiegend von *Flamen* bewohnt. Wichtige Städte: Gent, Brügge. – Seit der Frz. Revolution frz., 1815 ndl., seit 1830 Teil des Kgr. Belgien.
**Flanell,** Sammelbegriff für weiche, gerauhte Woll-, Chemiefaser- oder Baumwollgewebe.
**Flaneur** [fla'nœːr], Müßiggänger, Bummler. – **flanieren,** umherschlendern.
**Flanke, 1.** Seite, Seitenteil. – **2.** Stützsprung über Pferd, Kasten u.a., bei dem eine Seite des Körpers dem Gerät zugekehrt ist. Bei Fußball, Handball, Hockey u.ä. das Zuspiel quer über das Spielfeld. – **3.** bei Wirbeltieren Rumpfseite zw. Rippen, Hüfte u. Lendenwirbeln.
**Flansch, 1.** ringförmige Rohrverbindung (zum Zusammenschrauben). – **2.** bei Profilstahlen u. Stahlträgern der quer zum Steg befindl. Teil.
**Flaschenbaum,** Bäume der warmen Zonen mit ungewöhnl. dicken, flaschenförmigen Stämmen, v.a. in Australien.
**Flaschenkürbis,** *Flaschenbirne,* häufig angebautes *Kürbisgewächs,* aus dessen birnförmigen oder zylindr. Früchten die bei den Naturvölkern gebräuchl. Gefäße *(Kalebassen)* hergestellt werden.
**Flaschenzug,** *Rollenzug,* Arbeitsvorrichtung zum Heben schwerer Lasten. Der *gewöhnl.* F. besteht aus mehreren festen u. losen Rollen, über die ein Seil (Kette) läuft. Allg. gilt: Kraft = Last : Rollenzahl. Gebräuchlicher ist der *Differential-F.,* der aus zwei Rollen mit versch. Durchmessern auf einer losen Rolle besteht. Über alle drei Rollen führt

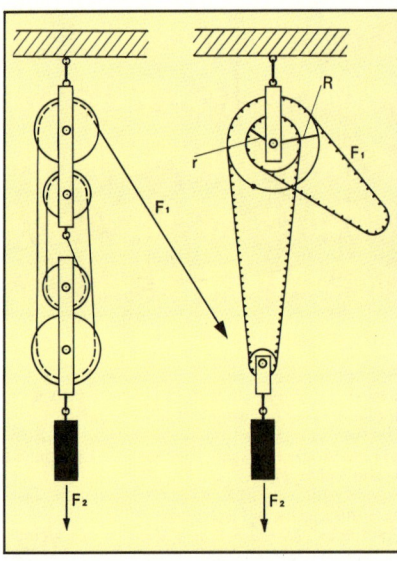

*Flaschenzug (links) und Differentialflaschenzug*

eine endlose Kette. Bei sehr schweren Lasten werden Elektroflaschenzüge verwendet.
**Flattergras,** *Wald-F.,* zu den *Süßgräsern* gehörendes Gras schattiger Wälder, mit großer, überhängender Rispe.
**Flaubert** [flo'bɛːr], Gustave, *1821, †1880, frz. Schriftst.; Hauptvertreter des frz. Realismus, Schilderung einer desillusionierten bürgerl. Welt; W »Madame Bovary«.
**Flavius,** in röm. Kaiserzeit häufiger Familienname, bek. durch die 1. Flavische Dynastie (69–96) mit den Kaisern *Vespasian, Titus* u. *Domitian,* die 2. Flavische Dynastie begr. 293 Konstantin d. Gr.; sie regierte bis 395.
**Flavon,** 2-Phenylbenzopyron, heterocycl. Verbindung, von der sich die F.farbstoffe, z.B. das *Quercetin,* ableiten (gelbe Blüten- oder Wurzel- u. Holzfarbstoffe, die als Beizenfarbstoffe für Wolle u. Seide verwendet werden).
**Flaxman** ['flæksmən], John, *1755, †1826, engl. Bildhauer u. Zeichner; Hauptmeister des engl. Klassizismus.
**Flechten, 1.** Organismen, die von miteinander in Symbiose lebenden *Algen* u. *Pilzen* gebildet werden; an Bäumen, auf der Erde oder auf Felsen; Massenvorkommen v.a. in der arkt. Tundra. – **2.** chron. Hauterkrankungen ohne einheitl. Charakter. Zu den ansteckenden F. gehören die *Eiter-F.,* die durch einen Pilz hervorgerufene *Bart-F.* u. die *Hauttuberkulose;* nicht ansteckend ist z.B. die *Schuppenflechte.*
**Flechtheim,** Ossip Kurt, *5.3.1909, dt. Politologe; Arbeitsschwerpunkte: Gesch. u. Theorie der polit. Parteien, des Marxismus u. Kommunismus, ferner die Futurologie.
**Flecken,** histor. Bez. für Siedlungen, denen einige, aber nicht vollständige Stadtrechte verliehen worden sind; insbes. *Markt-F.* (mit Marktrecht).
**Fleckenfalter,** *Nymphalidae,* Fam. großer bis mittelgroßer Tagfalter; hierzu: *Admiral, Distelfalter, Kleiner* u. *Großer Fuchs, Eisvögel, Kaisermantel, Perlmutterfalter, Tagpfauenauge;* auch die SO-asiat. Blattschmetterlinge.
**Fleckfieber,** *Flecktyphus,* schwere, sehr ansteckende, mit Fieber, Verwirrungszuständen u. fleckigen Ausschlägen einhergehende, akute Infektionskrankheit, die durch den Kot der Kleiderlaus übertragen wird; anzeigepflichtig.
**Fledermäuse,** *Flattertiere, Handflügler, Chiroptera,* Ordnung der *Säugetiere,* mit einer Flughaut zw. den stark verlängerten Fingern u. den Hintergliedmaßen; viele Arten jagen Insekten, manche ernähren sich von Früchten, wenige im N Südamerikas lebende Arten saugen Wirbeltierblut; Dämmerungs- u. Nachttiere; Orientierung durch Echolotung mit Ultraschall; physiolog. u. anatom. den *Insektenfressern* nahestehend.
**Fleet,** *Flet,* Entwässerungsgraben oder kleiner (Seiten-)Kanal in Städten; in Holland *Gracht.*
**Fleisch,** Bez. für die Weichteile bei Tieren u. Pflanzen *(Frucht-F.),* bes. das als menschl. Nahrung verwendete *Muskel-F.* der Schlachttiere; enthält etwa 21% Eiweiß, 3–30% Fett, 1% Mineral-

*Flamenco: die Tänzerin La Singla*

salze (Kochsalz, Calcium, Eisenverbindungen, Phosphorsäure), 0,5% Kohlenhydrate, 70–75% Wasser u. Vitamine (bes. der B-Gruppe). – **F.beschau,** amtl. Untersuchung der Schlachttiere, um festzustellen, ob das F. für den menschl. Genuß geeignet ist.

**Fleischfliegen,** *Sarcophagidae,* weltweit verbreitete Fam. großer, grauschwarz gestreifter Fliegen, deren Larven sich in faulendem Fleisch (auch in eiternden Wunden) u. Exkrementen entwickeln.

**fleischfressende Pflanzen** → insektenfressende Pflanzen.

**Fleischmehl,** leicht verdaul. u. hochwertiges Eiweißfuttermittel, das bes. in der Schweinemast u. Hühnerfütterung verwendet wird.

**Fleischvergiftung,** bakterielle Lebensmittelvergiftung, verursacht durch verdorbenes oder bakteriell infiziertes Fleisch; anzeigepflichtig. Symptome: u.a. Durchfall, Erbrechen, Fieber.

**Fleißer,** Marieluise, *1901, †1974, dt. Schriftst.; realist., sozialkrit. Theaterstücke u. Erzählungen.

**Fleißiges Lieschen** → Springkraut.

**flektieren,** Sammelname für deklinieren u. konjugieren.

**Flémalle** [fle'mal], *Meister von F.,* ndl. Maler; wahrscheinl. ident. mit R. *Campin* (*um 1377, †1444); Mitbegr. der alt-ndl. Malerei (bes. religiöse Gemälde u. Bildnisse im realist. Stil).

**Fleming, 1.** Sir Alexander, *1881, †1955, brit. Bakteriologe; entdeckte 1929 das *Penicillin;* Nobelpreis für Medizin (mit H. *Florey* u. E.B. *Chain*) 1945. – **2.** *Flemming,* Paul, *1609, †1640, dt. Dichter des Barock; Vertreter des Petrarkismus.

**Flensburg,** krfr. Stadt nahe der dän. Grenze in Schl.-Ho., an der F.er Förde, 86 000 Ew.; alte Hafen- u. Handelsstadt; got. Kirchen St. Nicolai u. St. Marien; HS; Kraftfahrt-Bundesamt, Flughafen, (Frei-)Hafen, Fischerei u. vielseitige Ind.

**Flettner,** Anton, *1885, †1961, dt. Techniker; konstruierte den *F.-Rotor* (einen Schiffsantrieb) u. das *F.-Ruder.*

**Fleuron** [flø'rɔŋ], Svend, *1874, †1966, dän. Schriftst.; Schöpfer des modernen Tierromans.

**Fleury** [flœ'ri], ehem. Benediktinerabtei in Mittelfrankreich, Mittelpunkt der cluniazens. Bewegung; 1798 aufgehoben.

**Flevoland,** *Ostpolder,* ehem. Teil des IJsselmeers in den Ndl., Prov. Friesland, 1957–68 trockengelegt u. in den 3. IJsselmeerpolder umgewandelt; landw. Kultivierung, Erholungs- u. Entlastungsgebiet für die *Randstad Holland.*

**Flexenpaß,** *Flexensattel,* östr. Paß in den Lechtaler Alpen, zw. Lech- u. Klostertal, 1773 m.

**flexibel,** biegsam, abwandelbar. – **Flexibilität,** Fähigkeit, sich wechselnden Situationen anzupassen; Ggs.: *Rigidität.*

**Flexible Response** ['flɛksibl ri'spɔns], Begriff der NATO-Strategie (seit 1967): »biegsame (anpassungsfähige) Antwort« (auf feindl. Aggression). Sie soll einer Aggression dadurch vorbeugen, daß das für jede mögl. Aggressionsform optimal geeignete Abwehrmittel unverzügl. eingesetzt werden kann.

**flexible Wechselkurse** → Floating.

**Flexion,** *Beugung* eines Wortes, Sammelbegriff für *Deklination* u. *Konjugation.*

**Flexodruck** → Hochdruck.

**Flibustier,** im 17. Jh. Bez. der Spanier für die Freibeuter, die in Westindien zus. mit den *Bukaniern* die Küsten verheerten.

**Flick,** Friedrich, *1883, †1972, dt. Industrieller;

*Fliegenpilz*

baute vor dem 2. Weltkrieg einen Montankonzern auf, in dessen Mittelpunkt die *Friedrich Flick KG,* Düsseldorf, stand; nach dem 2. Weltkrieg Aufbau eines neuen Konzerns mit Schwergewicht auf der verarbeitenden Ind.; ging 1986 unter dem Namen *Feldmühle Nobel AG* in den Besitz der Dt. Bank über.

**Flickenschildt,** Elisabeth, *1905, †1977, dt. Schauspielerin (Charakterdarstellerin).

**Flieder,** *Syringa,* Gatt. der *Ölbaumgewächse,* meist ostasiat. Arten; beliebte Ziersträucher. *Gewöhnl.* F. auch in Europa heimisch.

**Fliedner,** Theodor, *1800, †1864, dt. ev. Theologe; gründete 1836 in Kaiserswerth das erste Diakonissen-Mutterhaus u. erneuerte damit das apostol. Diakonissenamt.

**Fliegen,** artenreiche Insektenordnung mit einem Flügelpaar, stechend-saugende Mundwerkzeuge, gedrungener Körper mit meist kurzen, dreigliedrigen Fühlern; in vielen Arten weltweit verbreitet; häufig Krankheitsüberträger u. Schädlinge. Arten u.a. *Dassel-, Dung-, Fleisch-, Frucht-, Schweb-, Schmeiß-, Stech- u. Stuben-F.*

**Fliegende Fische,** *Flugfische, Exocoetidae,* in wärmeren Meeren vorkommende Fam. der *Hornhechtartigen.* Sie gebrauchen ihre übermäßig verbreiterten Brustflossen wie Fallschirme, wenn sie bei der Verfolgung durch Raubfische aus dem Wasser schnellen u. bis zu 200 m weit durch die Luft gleiten.

**Fliegender Drache** → Flugdrache.

**Fliegender Holländer,** nach einer alten Seemannssage Kapitän eines Geisterschiffs, der dazu verdammt ist, ruhelos die Meere zu durchfahren; Hauptgestalt der gleichn. Oper von R. *Wagner.*

**Fliegende Untertasse** → UFO.

**Fliegengewicht** → Gewichtsklassen.

**Fliegenpilz,** *Fliegenschwamm,* giftiger *Blätterpilz* mit einem meist blutroten Hut, der von Resten der Hüllhaut weiß beflockt ist.

**Fliegenschnäpper,** *Muscicapidae,* umfangreichste Fam. der *Singvögel;* gemeinsames Merkmal: breiter, flacher Schnabel, am Grund von kurzen, harten Federborsten umgeben, die eine Fangreuse für Insekten bilden; hierzu u.a. *Grasmücken, Rohrsänger, Zaunkönige, Drosseln.*

**Flieger, 1.** Radrennfahrer für Kurzstrecken. – **2.** Dienstgrad bei der dt. Luftwaffe. – **F.horst,** Flughafen der dt. Luftwaffe.

# Flor 269

**Fliehkraft** → Zentrifugalkraft.

**Fliese,** flache, meist quadrat. geformte Keramikplatte für Wand- oder Bodenbelag.

**Fließfertigung,** Herstellung größerer Mengen gleichartiger Erzeugnisse durch genormte Arbeitsgänge am *Fließband.*

**Fließpapier** → Löschpapier.

**Flimmerepithel,** mit Wimpern oder Geißeln besetzte Epithelzellen, z.B. in der Luftröhre u. Nasenhöhle.

**Flims,** *Flem,* schweiz. Luftkurort u. Wintersportplatz in Graubünden, am Fuß des *F.er Steins* (2697 m), 1080 m ü.M., 1700 Ew.

**Flinders Range** ['flindəz reindʒ], Gebirgshorst im sö. Australien, im *St. Mary Peak* 1188 m.

**Flint** → Feuerstein.

**Flinte,** Jagdgewehr mit glattem (nicht gezogenem) Lauf für Schrotschuß.

*Hundefloh*

**Flintglas,** bleihaltiges Glas mit hoher Lichtbrechung.

**Flip-Flop,** elektr. Schaltung mit zwei stabilen Zuständen *(bistabile Kippschaltung),* abwechselnd stromführend u. stromlos.

**Flipper,** Spielautomat, bei dem eine rollende Kugel Hindernisse passieren muß, wobei das Berühren bestimmter Stellen dem Spieler Punkte einbringt.

**Flirt** [flə:t], charmantes, unverbindl. Liebesgeplänkel.

**Flitner,** Wilhelm, *1889, †1990, dt. Pädagoge u. Kulturphilosoph; Vertreter einer geisteswissenschaftl.-hermeneut. Reformpädagogik u. theoret. Begr. der Volkshochschule.

**FLN,** Abk. für frz. *Front de libération nationale,* Nationale Befreiungsfront, Zusammenschluß der für die Befreiung Algeriens arbeitenden Parteien u. Gruppen, gegr. 1955. Seit der Unabhängigkeit Algeriens 1962 die regierende Staatspartei.

**Floating** [floutiŋ], freies Schwanken der Wechselkurse *(flexible Wechselkurse)* je nach Angebot u. Nachfrage am Devisenmarkt.

**Flobert,** *Tesching,* kleine Handfeuerwaffe, meist in Form eines Gewehrs, genannt nach dem Erfinder der Einheitspatrone, Nicolas *F.* (*1819, †1894).

**Flockenblume,** *Centaurea,* Gatt. der *Korbblütler;* hierzu u.a. die *Kornblume.*

**Flöhe,** *Aphaniptera, Siphonaptera,* Ordnung der *Insekten;* flügellos, bis 3 mm lang, seitl. abgeplattet; mit kräftigen Sprungbeinen u. stechend-saugenden Mundwerkzeugen; als zeitw. Außenparasiten blutsaugend auf Vögeln u. Säugetieren, z.T. Krankheitsüberträger. Zu den F. gehören der *Menschenfloh, Rattenfloh, Hundefloh, Katzenfloh* u. *Sandfloh.*

**Flohkrebse,** *Amphipoda,* Ordnung der *Höheren Krebse;* mit seitl. zusammengedrücktem Körper u. 3 zu Sprungbeinen umgebildeten Beinpaaren am Körperende; meist Meeres-, aber auch Süßwasserbewohner.

**Flohzirkus,** auf Jahrmärkten Schaubühne mit dressierten Flöhen.

**Flom,** *Flomen,* Nieren- u. Bauchfett des Schweins.

**Flop,** Mißerfolg, Fehlschlag.

**Floppy Disk,** Datenträger einer kleineren EDV-Anlage in Form einer flexiblen, beidseitig beschichteten Magnetplatte.

**Flor, 1.** dünner Seidenstoff, Schleier. – **2.** wollige Oberschicht von Teppichen, Plüsch u. Samt. – **3.** schwarzer Seidenstreifen um den Ärmel als Zeichen von Trauer *(Trauer-F.).*

*Fledermäuse: Spur einer laufenden Fledermaus (links) und Echolotung beim nächtlichen Beutefang (rechts)*

**Flora, 1.** röm. Frühlingsgöttin. – **2.** Pflanzenwelt eines bestimmten Gebietes.
**Florenreiche,** versch. Erdräume, in denen sich die Pflanzenwelt im Lauf der Erdgeschichte selbständig entwickelt hat. Man unterscheidet 6 F.: das *holarkt.* (gesamte nördl. gemäßigte u. kalte Zone), das *paläotrop.* (Tropenzone der Alten Welt), das *neotrop.* (Tropenzone der Neuen Welt), das *austral.,* das *kapländ.* u. das *antarkt.* Florenreich.
**Florentiner,** Gebäck in Oblatenform mit Nüssen oder Mandeln.
**Florẹnz,** ital. *Firenze,* norditalien. Stadt am Arno, Hptst. der *Toskana* u. der Provinz F., 460 000 Ew.; Kunstschätze u. Bauwerke aus der Renaissance, berühmte Museen (Uffizien, Palazzo Pitti, Nationalmuseum Bargello u.a.), Kirchen u. Paläste; Kunstakademie, Univ., Nationalbibliothek; versch. Ind. – G e s c h.: das antike *Florentia,* 59 v. Chr. von Cäsar gegr.; im 14. Jh. mit 120 000 Ew. führende Macht Mittelitaliens; Sitz der größten Künstler der Zeit (u.a. *Donatello, Fra Angelico, Michelangelo*); 1434–1737 (mit Unterbrechungen) unter der Herrschaft der berühmten florentin. Bankiersfamilie der *Medici*; 1865–71 Hptst. des Kgr. Italien.
**Flores, 1.** *Floris,* eine der Kleinen Sundainseln Indonesiens, mit tätigen Vulkanen, 15 175 km², bis 2400 m hoch, Hauptort *Maumere.* – **2.** [-riʃ], Insel der *Azoren,* 143 km², 4500 Ew.
**Florẹtt,** *Fleuret,* im sportl. Fechten eine Stichwaffe mit (im Querschnitt) rechteckiger oder quadrat. Klinge.
**Florey** [ˈflɔːri], Sir Howard Walter, *1898,

*Florenz: Palazzo Vecchio*

†1968, brit. Bakteriologe. Die nach ihm ben. *F.-Einheit* (heute meist *Oxford-Einheit*) ist die internat. Penicillin-Einheit, Nobelpreis für Medizin (zus. mit A. *Fleming* u. E.B. *Chain*) 1945.
**Florfliegen,** *Goldaugen, Blattlausfliegen,* Fam. der *Netzflügler;* zarte, bis 17 mm lange Insekten mit 4 durchsichtigen, grün schillernden Flügeln.
**Florian,** Patron Oberöstr., ertränkt in der Enns um 304. Über seinem Grab wurde das Stift St. Florian erbaut. – Fest: 4.5. → Heilige.
**Florianópolis,** Hptst. des südbrasil. Bundesstaats *Santa Catarina,* 200 000 Ew., auf der Insel *Santa Catarina;* Univ.; landw. Handel, Fischerei.
**Florida,** Abk. *Fla.,* Staat u. Halbinsel im SO der USA, 151 670 km², 12 Mio. Ew., Hptst. *Tallahassee;* meist eben, z.T. sumpfig (Everglades) u. verkarstet; an der Atlantikküste Nehrungen, auf denen Badeorte liegen, im S fortgesetzt durch die Inselkette der *F.Keys;* subtrop. Klima mit winterl. Kälteeinbrüchen, häufig Hurrikane; Anbau von Zitrusfrüchten, Gemüse, Mais, Wein, Tabak, Reis u. Baumwolle; Fischfang; Phosphatabbau, Erdölgewinnung; Raketenversuchsgelände auf Cape Canaveral. – 1513 entdeckt, 1763 engl., 1783 span., 1821 an die USA verkauft, seit 1845 Bundesstaat.
**F.straße,** Meeresstraße zw. F., den Bahamainseln u. Kuba, verbindet den Golf von Mexiko mit dem Atlant. Ozean; 100–200 km breit; vom **F.strom** durchflossen, einer warmen Meeresströmung, die sich nordöstl. von F. mit dem Antillenstrom zum Golfstrom vereinigt.
**Floris,** eigtl. *de Vriendt,* Cornelis, *1514, †1575, fläm. Architekt, Bildhauer, Zeichner; Hauptmeister der fläm. Renaissance (z.B. Rathaus in Antwerpen).
**Florpost,** bes. dünnes Durchschlagpapier.
**Flörsheim am Main,** hess. Ind.-Stadt am unteren Main, 16 600 Ew.
**Flory,** Paul John, *1910, †1985, US-amerik. Chemiker; Untersuchungen über Polymere; Nobelpreis 1974.

# FLUGZEUG

*Flugboot Do X in Venedig, 1931 (links). – Das Überschall-Passagierflugzeug Concorde erreicht eine Geschwindigkeit von 2,2 Mach (rd. 2600 km/h). Es ist eine französisch-britische Gemeinschaftsentwicklung (rechts)*

*Hochleistungs-Segelflugzeuge werden heute fast ausschließlich aus faserverstärkten Kunststoffen hergestellt (links). – Blick in das Cockpit des Großraum-Passagierflugzeuges Airbus A 320 (rechts)*

**Floskel,** leere Redensart, Formel.

**Floß,** flaches, durch die Strömung oder durch Schlepper fortbewegbares Wasserfahrzeug aus miteinander gelenkig verkoppelten Schwimmkörpern, z.B. aus Leichtmetall, Kunststoff oder Baumstämmen.

**Flossen,** die Bewegungs- u. Steuerorgane der wasserbewohnenden Wirbeltiere (Fische, Wale, Robben).

**Flotation,** *Schwimmaufbereitung,* Verfahren zur Aufbereitung von Erzen bzw. Mineralgemischen, bei dem die unterschiedl. Benetzbarkeit der beteiligten Komponenten ausgenutzt wird.

**Flöteninstrumente,** Musikinstrumente, bei denen durch Anblasen einer Kante oder Schneide der Innenraum eines Hohlkörpers zum Schwingen gebracht wird; Mundloch entweder am Ende einer Röhre *(Längsflöte)* oder seitl. in sie eingeschnitten *(Querflöte);* bek. Arten: *Blockflöte, Pikkoloflöte, Panflöte,* alle *Pfeifen.*

**Flötner,** Peter, *um 1490, †1546, schweiz. Kleinplastiker, Holzschneider, Ornamentzeichner u. Kunsttischler.

**Flotow** [-to:], Friedrich Frhr. von, *1812, †1883, dt. Komponist; W Opern: »Alessandro Stradella«, »Martha«.

**Flotte,** i.w.S. die Gesamtheit der Schiffe eines Staates (Handels-, Fischerei- u. Kriegs-F.), i.e.S. die für den Seekrieg geeigneten Kriegsschiffe. – **F.nbasis,** Gesamtheit der schwimmenden u. landfesten Einrichtungen der Marine zur Versorgung der F.

**Flottille,** Verband aus kleineren Schiffen, bes. von Kriegsfahrzeugen.

**Flöz,** abbaufähige Erz- oder Kohleschicht.

**Fluate,** Salze der Kiesel-(Silicium-)Fluorwasserstoffsäure; zur Neutralisierung, Härtung u. als Bautenschutzmittel von Putz-, Beton- u. Estrichflächen.

**Fluchtdistanz,** der von Art zu Art u. auch individuell versch. Abstand, bei dessen Unterschreitung ein Tier vor einem Feind oder Rivalen die Flucht ergreift oder angreift.

**Fluchtgeschwindigkeit,** *Entweichgeschwindigkeit,* 2. *kosmische Geschwindigkeit, parabolische Geschwindigkeit,* Geschwindigkeit, die erforderl. ist, um dem Anziehungsbereich eines Himmelskörpers zu entkommen; beträgt bei der Erde 11,2 km/s, beim Mond 2,4 km/s, bei der Sonne 617,7 km/s.

**Flüchtigkeit,** Neigung eines Stoffs, in den gasförmigen Zustand überzugehen.

**Fluchtkapital,** ins Ausland gebrachte Vermögenswerte.

**Flüchtling,** jede Person, die infolge Krieg, wegen polit. Verfolgung, Rasse, Religion u.ä. oder aus Gewissensgründen ihre Heimat verlassen muß; Sondergruppen: *Vertriebene* u. *Displaced Persons;* internat. Betreuung der F. seit 1951 durch die UNO.

**Fluchtpunkt,** das Bild des unendl. fernen Punktes einer Geraden bei einer *Zentralprojektion.*

**Flüelapaß,** schweiz. Alpenpaß in Graubünden, zw. Davos u. Susch im Unterengadin, 2315 m.

**Flugabwehr,** Abk. *Fla,* Abwehr von gegner. Flugzeugen durch Kanonen, Raketen u. herkömml. Maschinenwaffen.

**Flugbeutler,** *Petaurus,* Gatt. der *Kletterbeutler;* Beutieltiere von eichhörnchenartiger Gestalt u. Lebensweise, die zw. Vorder- u. Hinterextremität eine Fallschirmhaut entwickelt haben; Vorkommen: Australien, Neuguinea, Bismarckarchipel.

**Flugblatt,** ein- oder zweiblättrige kostenlos verteilte Druckschrift zur Verbreitung aktueller Nachrichten, polit. Propaganda oder Werbung.

**Flugboot** → Wasserflugzeug.

**Flugdrache,** baumbewohnende *Agame* in Hinterindien u. Indonesien, bis 30 cm lang; mit aufstellbaren Hautfalten an den Körperseiten, die als Gleitflugorgane dienen.

**Flügel,** 1. seitl. Anbau eines Gebäudes; Außenteil eines mehrteiligen Gegenstandes (Altar-, Fenster-, Lungen-F.). – **2.** äußere Einheit einer aufgestellten Truppe oder Mannschaft. – **3.** in Form eines Vogelflügels gebautes Klavier mit waagr. liegenden Saiten. – **4.** Tragwerk eines Flugzeugs. – **5.** die zum Fliegen dienenden Körperteile bei Vögeln, Fledermäusen, Insekten u.ä.

**Flugfische** → Fliegende Fische.

**Flugfrösche,** versch. in Indonesien vorkommende Arten der *Ruderfrösche* mit stark vergrößerten Schwimmhäuten zw. Fingern u. Zehen, die ihnen Gleitflüge von mehreren Metern ermöglichen.

**Flughafen,** Geländefläche mit Bodenanlagen für den allg. Flugverkehr u. Flugsport. Die F.anlagen umfassen im allg. das Rollfeld mit den Start- u. Landebahnen (»Pisten«) sowie den Rollwegen, Beleuchtungsanlagen, Funk-Landehilfsanlagen, Flugzeughallen, Tank- u. Wartungsanlagen u. den Gebäuden für Passagier- u. Frachtabfertigung, Zoll, Luftsicherung sowie Verwaltung.

**Flughaut,** bei versch. Wirbeltieren die Hautfalten zw. einzelnen Gliedern, die der Fortbewegung in der Luft dienen.

**Flughörnchen,** *Flugeichhörnchen, Gleithörn-*

*Junkers Ju 87, der berühmte Stuka (Sturzkampfbomber), beim Angriff. Das Flugzeug erwies sich bald als veraltet; das Problem, Bomben aus der Luft ins Ziel zu bringen, blieb bis zum Ende des 2. Weltkriegs auf deutscher Seite ungelöst (links). – Starfighter F-104 G (rechts)*

*McDonnell Douglas F-15 Eagle, schwerer einsitziger Allwetter- und Luftüberlegenheitsjäger, Aufklärer und taktischer Bomber (links). – Lockheed C-5A Galaxy, strategischer Transporter, größtes Flugzeug der Welt (rechts)*

**Flughühner**

chen, nächtl. aktive *Hörnchen*, mit *Flughaut* zw. den Vorder- u. Hintergliedmaßen, v.a. in N-Asien u. N-Amerika.

**Flughühner**, *Pteroclidae*, Fam. der *Taubenvögel*, als Steppen- u. Halbwüstenbewohner in Afrika, S-Europa u. Asien beheimatet.

**Flughunde**, *Fliegende Hunde*, Gruppe der *Fledermäuse*, mit verlängerter Schnauze; Fruchtfresser; in den warmen Zonen der Alten Welt beheimatet.

**Flugkörper**, engl. *missiles*, unbemannte, mit konventionellem Sprengstoff oder mit nuklearen Sprengköpfen ausgestattete Flugobjekte, die sich durch die Luft auf ein Ziel hin bewegen. Nach Lenkbarkeit unterscheidet man *Lenk-F.*, deren Bewegungsrichtung durch Fernlenkung oder indirekt über eingebaute Geräte (Radar, Leitstrahl) geändert werden kann, u. *ungelenkte F.*

**Flugsaurier** → Pterosaurier.

**Flugschreiber**, automat. Registriergerät, das Flugdaten, Meßwerte von Bordgeräten u. ggf. Gespräche im Führerraum aufzeichnet.

**Flugsicherung**, *Luftsicherung*, Maßnahmen zur Sicherung des Flugs von Luftfahrzeugen (in der BR Dtld. durch die **Bundesanstalt für Flugsicherung**, Abk. **BFS**); Hauptaufgaben: Flugverkehrskontrolldienst, Flugfernmeldedienst, Flugberatungsdienst, Fluginformationsdienst, Flugnavigationsdienst u. Flugalarmdienst.

**Flugsport**, *Luftsport*, sportl. Betätigung mit Luftfahrzeugen; dazu gehören: Ballonsport, Drachenfliegen, Fallschirmsport, Motorflugsport u. Segelflug.

**Flugwetterdienst**, Auskunft über das auf der Flugstrecke (*Streckenvorhersage*) sowie auf dem Zielflughafen (*Flughafenvorhersage*) herrschende oder im Vorhersagezeitraum zu erwartende Wetter.

**Flugzeug**, Luftfahrzeug, das schwerer als Luft ist u. durch eine das Eigengewicht übersteigende Auftriebskraft getragen wird. Diese wird entweder auf dynam. Wege erzeugt (beim *Starrflügel-F.* durch Bewegung des gesamten F. mit der starr verbundenen Tragfläche, beim *Drehflügel-F.* durch Bewegung einer Hub- oder Tragschraube) oder steht als Reaktionskraft von nach unten gerichteten Gasstrahlen zur Verfügung (*strahlgetragenes F.*). Zur Bewegung dienen von *Flugmotoren* oder *Propellerturbinen* angetriebene Luft- oder Hubschrauben oder *Stahltriebwerke*. *Segel-F.* werden auf die erforderl. Ausgangshöhe geschleppt (Winden- bzw. Schleppstart) u. nutzen aufwärts strömende Luftmassen zum Höhengewinn.

Dem Verwendungszweck nach unterscheidet man Militär- (*Aufklärer, Bomber, Jäger* u.a.) u. Zivil-F. (*Verkehrs-, Fracht-, Reise-* u. *Sport-F.*). Äußere Unterscheidungsmerkmale sind die Anzahl der Triebwerke (meist ein bis acht) sowie Zahl u. Anordnung der Tragflächen, wobei Eindecker u. Doppeldecker u. nach Lage der Tragfläche zum Rumpf Tiefdecker, Mitteldecker, Schulterdecker u. Hochdecker unterschieden werden. Sonderbauarten sind das *Nurflügel-F.*, das *Ringflügel-F.*, das *Raketen-F.* u. der *Motorsegler.* – Erreicht wurden bisher u.a.: Geschwindigkeiten von 7274 km/h mit Raketenantrieb u. 3700 km/h mit Luft-Strahltriebwerken; Flugweiten von 20 000 km ohne Zwischenbetankung in der Luft; Flughöhen von 107 960 m mit Raketenantrieb u. über 30 000 m mit Luft-Strahltriebwerken. – G e s c h .: → Luftfahrt.

**Flugzeugführer**, *Pilot, Flieger*, eine Person, die einen *Luftfahrerschein* erworben hat. Aus Sicherheitsgründen werden Verkehrsflugzeuge meist von zwei Piloten geführt (*Kapitän* u. *Co-Pilot*).

**Flugzeugträger**, Kriegsschiffe mit großen Decks für Start u. Landung von Flugzeugen.

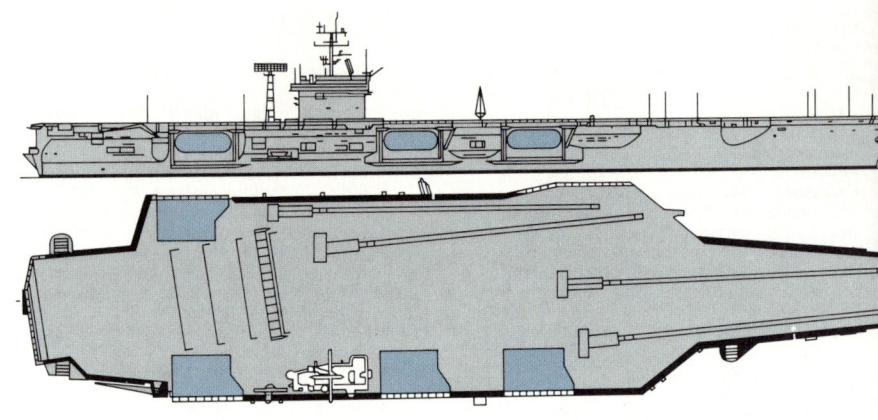

*Flugzeugträger »Chester N. Nimitz« der USA, Seitenansicht (oben) und Aufsicht (unten): Länge 333 m, Breite 40,8 m, Rumpf (Flugdeck 76,4 m), Tiefgang 11,3 m, für 90 bis 100 Flugzeuge und Hubschrauber*

**Fluidik**, Teilgebiet der Strömungslehre, das sich mit der techn. Anwendung u. Nutzung strömender Flüssigkeiten u. Gase befaßt. – **Fluidica**, *Fluidiks*, die entspr. strömungsdynam. arbeitenden Elemente.

**Fluidum**, die von einem Menschen, einer Rede, einem Kunstwerk ausstrahlende geistig-seel. bestimmte Atmosphäre.

**Fluktuation**, 1. Schwankung, Wechsel. – **2.** unregelmäßige Schwankungen der Erdrotation, die dazu führen, daß die »Erduhr« gegenüber einer völlig gleichmäßig laufenden Uhr bis zu fast einer vollen Min. pro Tag nach- oder vorgehen kann.

**Flunder**, *Struffbutt, Elbbutt, Butt*, 20–40 cm langer, bis 1,5 kg schwerer *Plattfisch*, in Brackwasser u. Küstengewässern.

**Fluor**, ein → chemisches Element; zu den Halogenen gehörendes gasförmiges Element von grünlichgelber Farbe u. stechendem Geruch.

**Fluorchlorkohlenwasserstoffe**, Abk. FCKW, fachsprachl. *Chlorfluorkohlenstoffe*, Abk. CFK, umfangreiche Gruppe niedermolekularer organ. Verbindungen, meist vollständig durch Chlor- u./oder Fluoratome abgesättigt; wegen ihrer Beständigkeit u. ihrer vergleichsweise geringen Giftigkeit als Treibgase, Kälte-, Verschäumungs- u. Feuerlöschmittel verwendet. Ihr Einsatz wurde zunehmend eingeschränkt, weil die im Molekül enthaltenen Chloratome an der Zerstörung der Ozonschicht teilhaben.

**Fluorescein**, *Fluoreszein*, ein gelbroter synthet. Farbstoff, der in alkal. Lösung grünl. fluoresziert. Seine Halogenverbindungen dienen als Farbstoffe für Seide u. Wolle.

**Fluoreszenz**, das Mitleuchten mancher Stoffe, z.B. des *Fluoresceins* u. des Flußspats, bei der Bestrahlung mit Licht, i.w.S. auch bei der Bestrahlung mit Teilchenstrahlen. Mit der Erregerstrahlung erlischt auch unmittelbar die F.-Strahlung. Unsichtbare Strahlen, z.B. Röntgen- oder Kathodenstrahlen, können durch diese Erscheinung auf sog. *F.-Schirmen* sichtbar gemacht werden. Verwendung: bei Röntgendurchleuchtung, Fernsehapparat u.a.

**Fluorit** → Flußspat.

**Flur**, *Feldmark, Gemarkung*, Ackerland oder allg. landw. genutzte Flächen.

**Flurbereinigung**, amtl. meist als *Umlegung* bezeichnet, Neuordnung landw. Grundstücke durch Zusammenlegung zersplitterten Grundbesitzes, meist auch Verbesserung des Wegenetzes, der Wasserführung u.ä.; negative Begleiterscheinungen durch Gefährdung von Kleinbiotopen, indem Feuchtgebiete entwässert, Hecken begradigt u. Raine beseitigt werden.

**Flurformen**, Aufgliederung der landw. *Flur* nach Nutzungsart, Lage u. besitzrechtl. Gefüge ihrer Parzellen (*Blöcke* u. *Streifen, Gewanne, Zelgen*).

**Flurkarten**, vom Katasteramt ausgefertigte Karten der Feldflur, eines Ortes mit Darst. der Bebauungs- u. Besitzverhältnisse sowie der Flureinteilung.

**Flurschaden**, Beschädigung eines landw. Grundstücks oder seiner Früchte, meist durch Wild oder militär. Übungen.

**Flurumgang**, *Flurgang*, ländl. Brauch, an bestimmten Bittagen die Feldfluren zu umschreiten u. dabei um das Gedeihen der Saaten zu segnen.

**Flush**, *Flüh, Flüe*, schweiz. Bez. für Fels, (steile) Felswand, Felsabhang.

**Fluß**, fließendes Gewässer, das die oberflächl. ablaufenden Niederschläge u. das aus Quellen austretende Wasser sammelt u. dem Meer oder einem See zuführt. Es kann in heißen Klimaten versikkern oder verdunsten, in Karstgebieten unterird. weiterfließen. Als Ursprung eines Flusses betrachtet man allg. die mündungsfernste Quelle. Die wasserführende Vertiefung eines Flusses heißt *F.bett*, ihr Boden *F.sohle*.

**Flußdiagramm**, in der Entwicklung von Software die graph. Darst. eines Programmablaufs.

**flüssige Luft**, durch hohen Druck (ca. 200 bar), anschließende Ausdehnung u. Abkühlung verflüssigte Luft zwecks Abtrennung einzelner Komponenten (z.B. Stickstoff, Sauerstoff, Edelgase); Kühlmittel.

**Flüssiggase**, ein Gemisch verflüssigter, leicht siedender Gase, hpts. *Propan* u. *Butan*; bei niedrigem Druck in Flaschen verdichtet (*Flaschengas*), als Brenn- u. Kraftstoff.

**Flüssigkristallanzeige**, *LCD-Anzeige*, opt. Anzeigeelement. Zw. durchsichtigen Elektroden liegt eine dünne Schicht eines Flüssigkristalls, die, je nachdem, ob eine Spannung an den Elektroden anliegt oder nicht, durchsichtig oder undurchsichtig ist.

**Flußkrebse**, süßwasserbewohnende *Zehnfüßige Krebse* aus der Gruppe der *Panzerkrebse*; Höhlenbewohner, leben von Wasserpflanzen, Insektenlar-

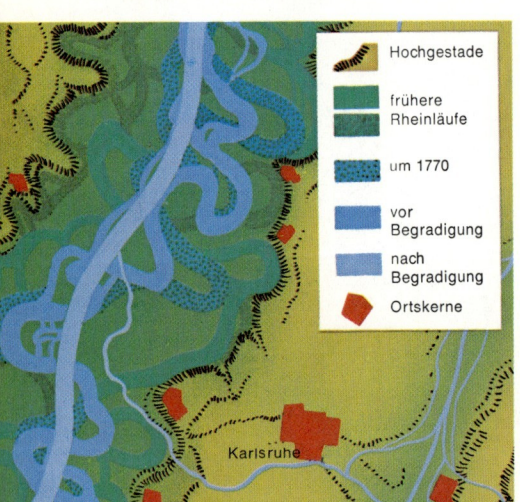

*Fluß: Altarme und Begradigung des Rheins bei Karlsruhe*

| Die längsten Flüsse der Kontinente | |
|---|---|
| Fluß | Länge (in km) |
| *Afrika* | |
| Nil | 6671 |
| Kongo (Zaïre) | 4374 |
| Niger | 4184 |
| *Amerika* | |
| Amazonas | 6437 |
| Mississippi | 3778 |
| *Asien* | |
| Chang Jiang (Jangtsekiang) | 5472 |
| Huang He (Huang Ho) | 4667 |
| Amur | 4345 |
| *Australien* | |
| Darling | 2740 |
| Murray | 2570 |
| Murrumbidgee | 2160 |
| *Europa* | |
| Wolga | 3685 |
| Donau | 2858 |
| Dnjepr | 2285 |

ven u. Weichtieren, hierzu: *Edelkrebs, Sumpfkrebs, Amerik. F., Steinkrebs.*
**Flußmittel,** Stoffe, die als Zusatz zu keram. Massen einen Sinter- oder Schmelzprozeß bei erhebl. tieferen Temperaturen ermöglichen als ohne diesen Zusatz; z.B. Feldspat, Kalkspat.
**Flußmuscheln,** artenreiche, im Süßwasser lebende Fam. der *Muscheln.*
**Flußpferde,** *Hippopotamidae,* Fam. der *Paarhufer;* plumpe, fast unbehaarte Tiere. Das in Strömen u. Seen Afrikas lebende *Flußpferd (Nilpferd)* wird bis 4,5 m lang. Das etwa 1,5 m lange *Zwerg-Flußpferd* lebt in den Sümpfen u. Waldgebieten W-Afrikas.
**Flußsäure,** *Fluorwasserstoffsäure,* 40%ige wäßrige Lösung von *Fluorwasserstoff* (HF), der in der Natur in Form seiner Salze (Fluoride), insbes. Feldspat vorkommt; stark ätzend u. giftig; die einzige Säure, die Glas angreift.
**Flußspat,** *Fluorit,* wasserhelles oder versch. gefärbtes Mineral; häufig mit Fluoreszenzerscheinungen, kommt in Erzgängen vor.
**Flut,** das period. Ansteigen des Meeresspiegels im Wechsel der *Gezeiten.*

*Föhn:* A = beim Absinken Wärmezunahme um 1 °C je 100 m, B = beim Aufsteigen Wärmeabnahme um ½ °C je 100 m gesättigter Luft

durch die Grundwasser angezapft u. für Oasenbewässerung nutzbar gemacht werden. In Iran *Qanat* genannt.
**Fòggia** ['fɔdʒa], ital. Stadt im nördl. Apulien, Hptst. der gleichn. Prov., 159 000 Ew.; landw. Zentrum.
**Fohlen,** *Füllen,* junges Pferd bis zum 3. Jahr.
**Föhn,** absteigender, trockener u. warmer Wind im Alpengebiet; beeinflußt die sog. *F.krankheit* das Wohlbefinden von Menschen (Kopfschmerzen, Zerschlagenheit, Reizbarkeit, Schlaflosigkeit u.a.) u. Tieren.
**Fohr,** Carl Philipp, *1795, †1818, dt. Maler u. Zeichner; Mitgl. der *Nazarener* in Rom; klar komponierte Landschaften mit leuchtenden Farben.
**Föhr,** eine der Nordfries. Inseln, 82 km², 12 000 Ew., Seebad; Hauptort Wyk.
**fokal, 1.** auf den Brennpunkt bezüglich. – **2.** einen Entzündungsherd betreffend. – **F.infektion,** die Herdinfektion.
**Fokker,** Anton Hermann Gerard, *1890, †1939, ndl. Flieger u. Flugzeugkonstrukteur; gründete 1913 in Schwerin eine Flugzeugfabrik, in der dt. Jagdflugzeuge des 1. Weltkriegs gebaut wurden.
**Fokus,** Brennpunkt. – **F.sierung,** Zusammenführen eines auseinanderlaufenden Strahlenbündels in einen Punkt; z.B. beim Licht durch eine Sammellinse oder einen Sammelspiegel, bei elektr. geladenen Teilchen mit Hilfe elektr. oder magnet. Linsen (d.h. geeigneter Felder).
**Foliant,** ein Buch in Folio-Format, auch ein ungewöhnl. großes Buch.
**Folie,** fein ausgewalztes oder zu dünnen Blättern geschlagenes Metall (Blattmetall), z.B. als Hintergrund für Spiegel oder für dünne Verpackungszwecke (Stanniol); auch eine dünne Haut aus Kunststoff.
**Folio,** Abk. *F., Fo., Fol.,* Zeichen 2°, großes Papierformat, heute oft Formatbez. für Bücher mit einem Buchrücken von 35–45 cm.
**Folkestone** ['foukstən], S-engl. Hafenstadt u. Seebad in der Gft. Kent, 44 000 Ew.
**Folketing,** die dän. Volksvertretung.
**Folklore,** die gesamte *Volksüberlieferung,* insbes. die als charakter. empfundenen Traditionen (Volkslied, Volkstanz, Volkstracht).
**Folksong** ['fouksɔŋ], urspr. ein Volkslied in seiner Ursprache u. Originalmelodie; speziell das volkstüml. Lied N-Amerikas; neuerdings dort auch im Sinn von Protestsong mit soz. Anklage.
**Folkunger,** Herrscherdynastie 1250–1363 in Schweden, 1319–87 in Norwegen.
**Folkwang,** in der altisländ. Götterdichtung der Wohnsitz der Göttin *Freya.*
**Folkwang-Museum,** 1902 gegr. Kunstmuseum

(frz. Impressionisten, moderne dt. Malerei); Sitz: Essen.
**Follikel,** anatom. Bez. für kleine, kugelige Gebilde, z.B. die Haarbälge oder die Lymphknötchen der Darmwand; speziell die Bläschen, die bei der Eibildung im Eierstock von Insekten u. Säugetieren von Hilfs- u. Nährzellen gebildet werden u. das heranreifende Ei umgeben; bei den Säugern der *Graafsche F.* Wenn das Ei reif ist, platzt der F. (**F.sprung**), Eisprung; beim Menschen rhythm. ca. alle 28 Tage), wodurch das Ei durch den Eileiter in die Gebärmutter gelangt. – **F.hormone,** weibl. Sexualhormone, hpts. von den F.n des Eierstocks (bei Nicht-Schwangeren) oder der *Placenta* (bei Schwangeren) gebildet; nachweisbar aber auch im männl. Organismus; wirken z.B. wachstumssteigernd auf die Genitalorgane.
**Folsäure,** ein Vitamin aus dem B₂-Komplex.
**Folter,** Marter, Tortur, das Hervorrufen körperl. Qualen, bes. als Mittel der Nötigung zu Geständnissen u.a. Handlungen, bedeutsam im Straf-, Inquisitions- u. Hexenprozeß des MA; noch heute in vielen totalitären Staaten u. Militärdiktaturen angewandt.
**Folz,** *Foltz,* Hans, *um 1440 oder 1450, †um 1513 oder 1515, dt. Meistersinger (Fastnachtsspiele, Lieder, Sprüche).
**Fond** [fɔ̃], **1.** Grund, Grundlage; Rücksitz im Wagen. – **2.** Hintergrund einer Abbildung. – **3.** (als Soßengrundlage verwendete) beim Kochen, Dünsten oder Braten zurückbleibende Flüssigkeit.
**Fonda, 1.** Henry, *1905, †1982, US-amerik. Schauspieler; hpts. in Westernfilmen;»Früchte des Zorns«, »Spiel mir das Lied vom Tod«. – **2.** Jane, Tochter von 1), *21.12.1937, US-amerik. Schauspielerin; Filme: »Barbarella«; »Das China-Syndrom«. – **3.** Peter, Sohn von 1), *23.2.1939, US-amerik. Schauspieler u. Regisseur; Filme: »Easy Rider«, »Peppermint Frieden«.
**Fondant** [fɔ̃'dã], Zuckerwerk aus eingekochter Zuckerlösung.
**Fonds** [fɔ̃], Geldsumme, zweckgebundener Geld- oder Vermögensvorrat.
**Fondue** [fɔ̃'dy], schweiz. Gericht aus geschmolzenem Käse, Wein u.a. Zutaten; auch *Fleisch-F.* (*F.bourguignonne*).
**Fontaine** [fɔ̃'tɛn], Pierre Léonard, *1762, †1853, frz. Architekt; Mitbegr. des Empirestils.
**Fontainebleau** [fɔ̃tɛn'blo], frz. Stadt sö. von Paris, im *Wald von F.,* 16 000 Ew.; bek. Lustschloß (Renaissance, 16.–18. Jh.), einst Residenz der frz. Könige u. bevorzugter Aufenthaltsort Napoleons I.; bis 1967 war F. Sitz des NATO-Hauptquartiers. – Die *Schule von F.* war eine Malerschule des 16. Jh. am Hof Franz' I., die von den ital. Künstlern geführt wurde, u.a. von Giovanni Rossi, gen. *Il Rosso.*
**Fontane,** Theodor, *1819, †1898, dt. Schriftst., Journalist u. Theaterkritiker; Meister der realist. Novelle u. des Gesellschaftsromans; W »Frau Jenny Treibel«, »Effi Briest«, »Der Stechlin«.
**Fontäne,** der Wasserstrahl eines Springbrunnens.
**Fontanellen,** *Fonticuli,* Knochenlücken im Schädel von Neugeborenen; durch Bindegewebsmembranen verschlossen.
**Fontenelle** [fɔ̃t'nɛl], Bernard *Le Bovier de F.,* *1657, †1757, frz. Schriftst.; Vorläufer der Aufklärung; popularisierte die naturwiss. Erkenntnisse seiner Zeit.
**Fonteyn** [fɔn'tɛin], Margot, eigtl. Peggy *Hookham,* *18.5.1919, brit. Tänzerin; war Primaballerina der Royal Ballet, London.
**Foot** [fut], brit. u. US-amerik. Längenmaß, Kurzzeichen 1 ft = 0,3048 m = 12 inches.
**Football** ['futbɔ:l], amerik. Variante des Rugby, hpts. in den USA, hartes Ballspiel, bei dem 2 Mannschaften von je 11 Spielern versuchen, einen eiförmigen Lederball in die gegner. Endzone oder über die Querlatte des Tores zu befördern.
**Foraminiferen,** *Foraminifera, Kammerlinge,* Gruppe der *Wurzelfüßer;* Meerestiere mit einem ein- oder vielkammerigen Gehäuse aus Kalk oder organ. Substanz. Die leeren Schalen bilden oft meterhohe Schichten am Meeresboden (z.B. *Globigerinenschlamm*).
**Force** [fɔrs], Gewalt, Zwang. – **F. de frappe** [fɔrs də frap], fr. Bez. für die frz. Atom-Streitmacht, neuerdings *F. de discussion.* – **forcieren,** erzwingen, vorantreiben.
**Forchheim,** Krst. in Bay., an der Regnitz u. am

*Flußpferd im Nil*

**Flutkraftwerk** → Gezeitenkraftwerk.
**Flutlichtanlage,** Beleuchtungsanlage für Gebäude oder Sportplätze aus einer Vielzahl von Scheinwerfern, die (an versch. Punkten angeordnet) für gleichmäßige Beleuchtung sorgen.
**fluvial,** *fluviatil,* auf Flüsse bezügl., Fluß… – **fluviatile Sedimente,** Ablagerungen aus Flüssen.
**Flying Dutchman** ['flaiiŋ 'dʌtʃmən], schnellster Bootstyp der olymp. Segelbootsklassen.
**Flynn** [flin], Errol, *1909, †1959, US-amerik. Filmschauspieler; Star der 1930er Jahre in den »Mantel- u. Degen«-Filmen Hollywoods wie z.B. »Robin Hood«.
**Fly River** [flai 'rivə], längster Fluß in Papua-Neuguinea, 1000 km.
**Fm,** chem. Zeichen für *Fermium.*
**Fo,** chin. Bez. für *Buddha.*
**Fo,** Dario, *24.3.1926, ital. Dramatiker u. Schauspieler (polit. Komödien u. Farcen).
**fob,** *F.O.B.,* Abk. für engl. *free on board,* Handelsklausel beim Überseekauf, wobei Transportkosten u. Risiken eingeschlossen sind.
**Foch** [fɔʃ], Ferdinand, *1851, †1929, frz. Offizier; im 1. Weltkrieg (1918) Oberbefehlshaber der Alliierten.
**Fock,** Segel am vorderen Mast *(F.mast)* eines Segelschiffs.
**Fock,** Gorch, eigtl. Hans *Kinau,* *1880, †1916, dt. Schriftst.; realist. Romane aus der Welt der Seefahrt.
**Focke, 1.** Heinrich, *1890, †1979, dt. Flugzeugbauer; baute 1937 den ersten flugtüchtigen Hubschrauber. – **2.** Katharina, *8.10.1922, dt. Politikerin (SPD); 1972–76 Bundes-Min. für Jugend, Familie u. Gesundheit; wurde 1979 Mitgl. des Europ. Parlaments.
**Föderalismus,** Zusammenfassung mehrerer Staaten unter einer gemeinsamen Regierung, wobei den einzelnen Mitgl. weitgehende Selbstverw. gelassen wird. Man unterscheidet dabei *Staatenbund* u. *Bundesstaat.*
**Föderation,** Verbindung mehrerer Staaten.
**Foerster,** Friedrich Wilhelm, *1869, †1966, dt. Pädagoge u. Schriftst.; Pazifist; kämpfte gegen Nat.-Soz. u. Militarismus.
**Foetus** → Fetus.
**Foggara,** unterird. Wasserleitungen in der Sahara,

*Margot Fonteyn mit Rudolf Nurejew in Tschaikowskijs »Schwanensee«*

**Ford**

Rhein-Main-Donau-Kanal, 29 000 Ew.; spätgot. Rathaus, St.-Martin-Kirche (14. Jh.); elektrotechn., Textil- u. opt. Ind.

**Ford, 1.** Gerald R., *14.7.1913, US-amerik. Politiker (Republikaner); nach Rücktritt R. Nixons 1974–77 Präs. der USA. – **2.** Harrison, *13.7.1942, US-amerik. Schauspieler; v.a. Abenteuerrollen; Filme »American Graffiti«, »Krieg der Sterne«, »Der einzige Zeuge«. – **3.** Henry, *1863, †1947, US-amerik. Industrieller; gründete 1903 die *F. Motor Company;* Anwendung neuester wirtsch. u. techn. Methoden, Rationalisierung, Einführung der Fließarbeit u. Beschäftigung hpts. ungelernter Arbeiter *(Fordismus).* – **4.** John, eigtl. Sean O'Fearna, *1895, †1973, US-amerik. Filmregisseur ir. Abstammung; sozialkrit. u. Wildwestfilme; W »Früchte des Zorns«, »Rio Grande«, »Vietnam, Vietnam«.

**Förde,** für die O-Küste von Schl.-Ho. charakt. tiefgreifende Meeresbucht, z.B. die *Kieler F.*

**Förderstufe,** *Orientierungsstufe,* Zusammenfassung des 5. u. 6. Schuljahrs zu einer zweijährigen Stufe zw. Grund- u. Hauptschule; in der BR Dtld. teilw. eingeführt.

**Forderung,** Anspruch aus einem Schuldverhältnis (z.B. Kaufvertrag).

**Foreign Office** [ˈfɔrin ˈɔfis], das brit. Auswärtige Amt (Außenministerium).

**Forelle,** ein *Lachsfisch:* 1. *Salmo trutta,* einheim. F. mit den Formen *Bach-F.* (in Gebirgsbächen u. -flüssen), *See-F.* (in Alpenseen), *Meer-F.* (in Nord-

*Bachforelle*

u. Ostsee; Jugend im Süßwasser, zur Laichzeit in Flüsse aufsteigend). 2. *Regenbogen-F.* mit rötl.-violetter, bandförmiger Färbung der Körperseiten; im 19. Jh. aus Amerika eingeführt; wanderlustig, nur in wenigen Fließgewässern eingebürgert; wertvoller Speisefisch, der v.a. in Teichen gezüchtet wird.

**forensisch,** gerichtlich; *f.e Medizin,* gerichtl. Medizin.

**Forester** [ˈfɔristə], Cecil Scott, *1899, †1966, engl. Schriftst.; v.a. See- u. Kriegsromane.

**Forggensee,** Stausee des Lech am Alpenrand, nördl. von Füssen.

**Forint** → Währung.

**Forlì,** ital. Stadt in der Region Emilia-Romagna, Hptst. der gleichn. Prov., 110 000 Ew.; zahlr. Kirchen u. Paläste; Nahrungsmittel-, Textil- u. keram. Ind.

**Form, 1.** allg. Gestalt, Umriß, innerer Aufbau; Ggs.: *Materie.* 2. Struktur, d.h. die wiss. feststellbare formale Gesetzlichkeit eines Gegebenen; Ggs.: *Inhalt* oder *Gehalt.* – **Formalismus,** Überbewertung des Formalen, Betrachtungsweise, die nur die formale Struktur u. Gesetzlichkeit als maßgebl. ansieht.

**Formaldehyd,** stechend riechendes, farbloses Gas; ergibt in Wasser gelöst **Formalin** (40 % F.), das zur Desinfektion, Konservierung u. Herstellung von Kunstharzen verwendet wird; gesundheitsschädl. Arbeitsstoff mit Verdacht auf krebserzeugende Wirkung.

**Format, 1.** Maß, Normgröße. – **2.** charakter. Größe, Tüchtigkeit.

**Formation, 1.** Gestaltung, Bildung, Aufstellung. – 2. *Pflanzen-F.,* eine Zusammenfassung von Pflanzen nach Wuchsformen, die sich aufgrund ähnl. Standortbedingungen entwickelt haben, ohne Rücksicht auf die Artzugehörigkeit; z.B. sommergrüner Laubwald, Sumpfwiese, Hartlaubgehölz. – **3.** ein größerer Zeitabschnitt der Erdgeschichte, der sich durch eine bes. charakt. Schichtenfolge auszeichnet; z.B. Karbon, Perm. – **4.** Truppenkörper, Gliederung einer Truppe für einen bestimmten Zweck, z.B. *Marsch-F.*

**Formationstanz,** Mannschaftswettbewerb im Tanzsport, von 8 Paaren je Mannschaft ausgetragen.

**Formel, 1.** für bestimmte Anlässe vorgeschriebene oder gebräuchl. Redewendung, z.B. *Eides-, Höflichkeits-, Gebets-F.* – **2.** → chemische Formeln. – **3.** abkürzender symbol. Ausdruck für Gesetze in der Math. u. den Naturwissenschaften. – **4.** *Rennformel,* festgelegte Einteilung von Rennwagen nach Gewicht, Motorbeschaffenheit u. techn. Einrichtungen; z.Z. sind drei internat. F. (I, II, III) gültig.

**formell,** förmlich, die äußeren Formen, die Umgangsformen beachtend; Ggs.: *informell.*

**Formenlehre, 1.** *Grammatik:* → Morphologie. – **2.** *Musik:* Lehre von den Aufbauprinzipien der einzelnen Stücke (Thema, Themenaufbau aus Motiven, Abwandlungen, Umkehrungen, Kontraste, Durchführung) u. von den einzelnen Kunstformen (Fuge, Sonate, Sinfonie, Suite, Lied, Rondo).

**Formentera,** span. Mittelmeerinsel in der Gruppe der Balearen, 93 km$^2$, 4200 Ew.; v.a. Fremdenverkehr.

**formidabel,** außergewöhnl., erstaunl., beeindruckend.

**Formosus,** *um 816, †896, Papst 891–896; rief gegen die Herzöge von Spoleto den dt. König *Arnulf von Kärnten* zu Hilfe, der Rom 896 befreite u. von F. zum Kaiser gekrönt wurde.

**Formsand,** feiner, tonhaltiger Sand zum Herstellen von Gießformen.

**Formvorschriften,** vom Gesetz vorgeschriebene Formen beim Abschluß bestimmter Rechtsgeschäfte.

**Forschungsreaktor,** Kernreaktor, der hpts. der wiss. Forschung in Physik, Chem., Biol., Med. u. Technik dient.

**Forßmann,** Werner, *1904, †1979, dt. Mediziner; erprobte 1929 im Selbstversuch den Herzkatheter; Nobelpreis (zus. mit A. *Cournand* u. D.W. *Richards)* 1956.

**Forst,** abgegrenzter, planmäßig bewirtschafteter Wald; nach Eigentum unterteilt in Staats-, Gemeinde-, Körperschafts-, Kirchen- u. Privat-F.

**Forst,** F. *(Lausitz),* serb. *Baršć,* Krst. in Brandenburg, an der Neiße, 27 000 Ew.; Textil-Ind.; Stadtteil rechts der Neiße seit 1945 poln. *(Zasieki).*

**Forster** [ˈfɔːstə], **1.** Edward Morgan, *1879, †1970, engl. Schriftst.; bahnbrechend für den modernen Roman in England. – **2.** Georg, Sohn von 3), *1754, †1794, dt. Naturforscher u. Schriftst.; Begr. der wiss.-künstler. Reisebeschreibung (Beschreibung von J. *Cooks* 2. Weltreise). – **3.** Johann Reinhold, *1729, †1798, dt. Naturforscher; nahm mit F. (2.) an der 2. Weltreise von J. *Cook* (1772–75) teil.

**Förster,** Forstbeamte des gehobenen Dienstes.

**Forstschädlinge,** Lebewesen, die Schädigungen an den Waldbäumen erzeugen, v.a. Rüsselkäfer, Borkenkäfer, Reh- u. Schwarzwild, Mäuse, Pilze u. Schwämme.

**Forstwirtschaft,** Wirtschaftszweig, der Erzeugung von Holz u. forstl. Nebennutzungsprodukten in privaten, kommunalen u. staatl. Wäldern betreibt.

**Forsythie,** *Goldflieder,* Gatt. der *Ölbaumgewächse;* Ziersträucher mit gelben Blüten; Blütezeit: März/April.

**Fort** [fɔːt, engl.; fɔːr, frz.], stark befestigter militär. Stützpunkt, oft zugleich Standort hoher militär. Verwaltungsstellen.

**Fortaleza** [furtaˈleza], Hptst. u. Hafenstadt des NO-brasil. Bundesstaats Ceará, 1,6 Mio. Ew.; Univ.; Flughafen; versch. Ind.

**Fort-de-France** [fɔːrdəˈfrɑ̃s], Hptst. u. Hafen der frz. westind. Insel Martinique, 100 000 Ew.

**forte,** Abk. *f,* musikal. Vortragsbez.: stark, laut. – **fortissimo,** Abk. *ff,* sehr laut. – **fortepiano,** Abk. *fp,* laut u. gleich wieder leise. – **mezzoforte,** Abk. *mf,* mäßig laut.

**Forth** [fɔːθ], schott. Fluß, 150 km; mündet in den 100 km langen Meeresarm *Firth of F.;* mit dem Clyde durch den *F.-Clyde-Kanal* (62 km) verbunden.

**Fortifikation,** Befestigung(sbaukunst).

**Fortis,** scharf artikulierter, stimmloser Konsonant. Ggs.: *Lenis,* weicher Konsonant.

**fortissimo** → forte.

**Fort Knox** [fɔːt nɔks], Militärlager im nördl. Kentucky (USA) mit einem bombensicheren Golddepot, in dem der größte Teil der amerik. Goldreserven lagert.

**Fort-Lamy** [fɔːrlaˈmi] → N'Djaména.

**Fort Lauderdale** [fɔːt ˈlɔːdədeil], Stadt in Florida (USA), nördl. von Miami, Badeort, 151 000 Ew.

**Fortner,** Wolfgang, *1907, †1987, dt. Komponist (Zwölftonmusiker).

**Fortpflanzung,** Erzeugung von Nachkommen bei Pflanze, Tier u. Mensch. Dabei wird das *Erbgut* von einer Generation an die nächste weitergegeben u. so die Erhaltung der Art gesichert. Bei der *ungeschlechtlichen F.* (*vegetative F.,* vorw. bei Pflanzen) entstehen die Nachkommen aus Teilstücken nur eines Elternorganismus. Bei Pflanzen: Zweiteilung, Sprossung, durch Sporen, Knospung, Ausläufer, Knollen; bei Tieren: Zweiteilung, Mehrfachteilung, Polyembryonie (vervielfachte Keimlingsbildung), Knospung. Bei der *geschlechtlichen F.* (*sexuelle F.*) werden meist zwei Sorten von Keimzellen gebildet, männl. u. weibl., die bei der *Befruchtung* zur Zygote verschmelzen, aus der sich das neue Lebewesen entwickelt. Es können sich aber auch unbefruchtete Eizellen zu neuen Lebewesen entwickeln (eingeschlechtl. F., *Jungfernzeugung, Parthenogenese*). Die regelmäßige Aufeinanderfolge einer ungeschlechtl. u. einer geschlechtl. erzeugten Generation bezeichnet man als *Generationswechsel.*

**Fortpflanzungsorgane,** alle Organe von Lebewesen, die der Erzeugung von Nachkommen dienen; → Geschlechtsorgane.

**FORTRAN** [von engl. *formula translator*], eine problemorientierte Programmiersprache zur Behandlung wiss. u. techn. Rechenprogramme.

**Fortschreibung,** Weiterführung einer Statistik über die Beobachtungszeit hinaus.

**Fortschrittspartei** → Deutsche Fortschrittspartei.

**Fortuna** → griechische Religion.

**Fortunatus,** Held eines dt. Volksbuchs (Augsburg 1509).

**Fort Wayne** [fɔːt wein], Ind.-Stadt im NO von Indiana (USA), 173 000 Ew.; vielseitige Ind.; Verkehrsknotenpunkt.

**Fort Worth** [fɔːt wəːθ], Stadt im nördl. Texas (USA), 385 000 Ew.; Univ.; Erdölraffinerien; Vieh- u. Getreidehandel; versch. Ind.

**Forum, 1.** in der röm. Antike der Marktplatz, der auch als Gerichtsstätte u. für Volksversammlungen diente. – **2.** Gerichtshof, Gerichtsstand; Öffentlichkeit, interessiertes Publikum.

**Forum Romanum,** im alten Rom zw. den Hügeln Capitol, Palatin u. Quirinal gelegener Marktplatz mit Rathaus, Rednertribüne, Gerichtshallen, zahlr. Tempeln u. Triumphbögen.

*Forum Romanum mit dem Triumphbogen des Septimus Severus; im Hintergrund der Capitol mit dem Konservatorenpalast (links) und dem Denkmal Viktor Emanuels II. (Mitte)*

**Fosbury-Sprung** [ˈfɔsbəri-], *Fosbury-Flop,* Hochsprungtechnik, die von dem US-amerik. Hochspringer R. *Fosbury* (Olympiasieger 1968 mit 2,24 m) entwickelt wurde: Die Latte wird in Rückenlage übersprungen.

**Foscolo,** Ugo, eigtl. Niccolò F., *1778, †1827, ital. Schriftst.; Hauptvertreter des vorromant. ital. Neoklassizismus.

**Fossa,** *Frettkatze,* rd. 90 cm lange Schleichkatze Madagaskars mit gleichlangem Schwanz u. rötlichgelbem Fell.

**fossil,** aus fr. Zeit erhalten, ausgegraben (z.B. Versteinerungen); Ggs.: *rezent.*

**Fossilien,** versteinerte Reste u. Spuren von Lebewesen aus der erdgeschichtl. Vergangenheit. Charakt. F. einer geolog. Schicht werden *Leit-F.* genannt. Sie sind für die stratigraph. Identifizierung einer Schicht von Bedeutung.

**Foster** ['fɔstə], Jodie, *1962, US-amerik. Schauspielerin; u.a. in den Filmen »Taxi Driver«, »Das Mädchen am Ende der Straße«, »Angeklagt«.

**foto** … → photo…

**Fötus** → Fetus.

**Foucault** [fu'ko], **1.** Jean-Bernard-Léon, *1819, †1868, frz. Physiker; wies durch Pendelversuche (*F.sche Versuche*) die Erdrotation nach u. erfand die Drehspiegel-Methode zur Messung der Lichtgeschwindigkeit. – **2.** Michel, *1926, †1984, frz. Philosoph u. Psychopathologe; Vertreter des *Strukturalismus.*

**Fouché** [fu'ʃe], Joseph, Herzog von *Otranto,* *1759, †1820, frz. Politiker; 1799–1810 u. 1815 Polizei-Min.; unter Napoleon I. an der Hinrichtung Ludwigs XVI. u. Robespierres beteiligt; 1816 zurückgetreten u. verbannt.

**Foul** [faul], regelwidrige, unfaire Handlung beim Sport.

**Fouqué** [fu:ke], Friedrich Baron de la *Motte-F.,* *1777, †1843, dt. Schriftst. frz. Herkunft; Romantiker, griff auf Sagen-, Märchen- u. Ritterstoffe zurück; W »Undine«.

**Fouquet** [fu'ke], Jean, *um 1415, †1477/81, frz. Maler; Hauptmeister der frz. Malerei des 15. Jh.; v.a. Tafelbilder u. Buchmalerei.

**Fourastié** [furas'tje], Jean, *1907, †1990, frz. Soziologe u. Nationalökonom.

**Fourier** [fu'rje], **1.** Charles, *1772, †1837, frz. Sozialist; entwarf die Utopie einer von Harmonie geprägten, egalitären Gesellschaftsordnung. – **2.** Jean Baptiste Joseph Baron de, *1768, †1830, frz. Mathematiker u. Physiker; veröffentlichte eine math. Theorie der Wärmefortpflanzung (*F.sche Reihen*).

**Fournier** [fur'nje], Pierre, *1906, †1986, frz. Cellist; Solist klass. u. zeitgenöss. Musik, Kammermusiker.

**Fowler** ['faulə], **1.** Sir John, *1817, †1898, brit. Ingenieur; baute die Firth-of-Forth-Brücke u. das erste Teilstück der Londoner Untergrundbahn. – **2.** William A., *9.8.1911, US-amerik. Physiker; untersuchte die Bedeutung von Kernreaktionen für die Entstehung chem. Elemente im Weltall; Nobelpreis (zus. mit S. *Chandrasekhar*) 1983.

**Fox, 1.** Charles James, *1749, †1806, brit. Politiker; 1782/83 u. 1806 Außen-Min.; Führer der *Whigs* (Liberale) im Unterhaus. – **2.** George, *1624, †1691, engl. Wanderprediger; Gründer (1652) der *Quäker.*

**Foxterrier,** kleine weiße, schwarz gefleckte Hunderasse, urspr. zur Fuchsjagd.

**Foxtrott,** 1912 in den USA aufgekommener Gesellschaftstanz in mäßig schnellem ⁴/₄-Takt.

**Foyer** [fwa'je], Wandelgang oder Pausenraum in Theater, Konzerthäusern u.ä.

**FPÖ,** Abk. für *Freiheitliche Partei Österreichs.*

**FR,** chem. Zeichen für *Francium.*

**Fra,** Kurzform von *Frater.*

**Fra Angelico** [fra an'dʒɛ:liko] → Angelico.

**Fra Bartolommeo** → Bartolommeo.

**Fracht, 1.** Transportgut (*F.gut*). – **2.** Lohn des *F.führers,* im Seehandel des *Verfrachters.* – *F.brief,* einseitige schriftl. Erklärung des Absen-

## FRANKREICH Geographie

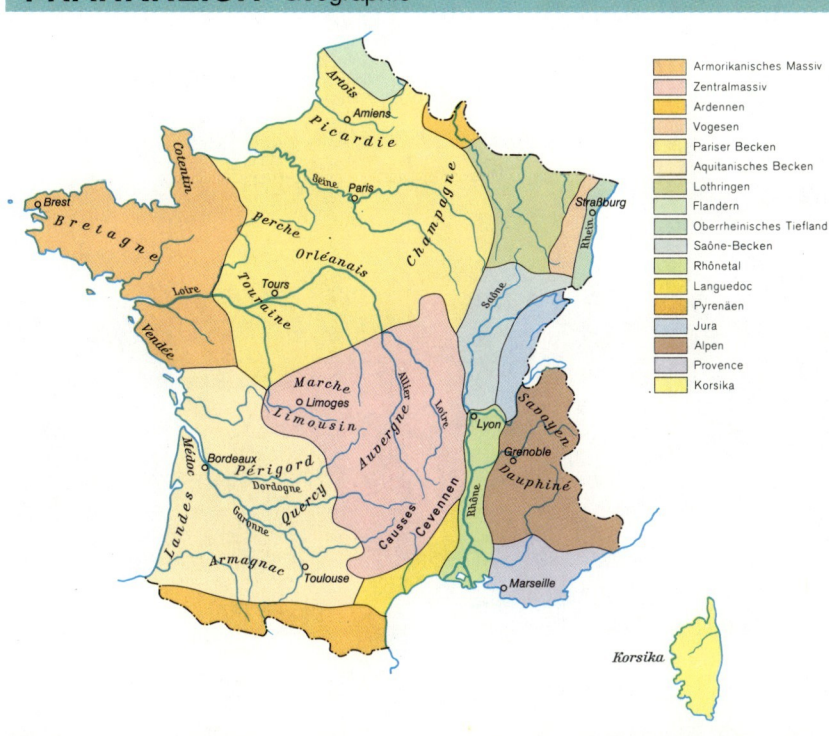

*Landschaftliche Gliederung (links). – Blick auf Arras; in der Bildmitte die Grande Place mit Stadthaus und Belfried (rechts)*

*Obstplantagen in der Provence*

*Bretagne*

ders über den Inhalt eines mit dem F.führer vereinbarten *F.vertrags*.
**Frack,** festl. schwarzer Herrenanzug.
**fragil,** zerbrechl., zart.
**Fragment,** Bruchstück, unfertiges Werk, bes. von literar. Arbeiten.
**Fragonard** [-'na:r], Jean Honoré, *1732, †1806, frz. Maler; malte als Günstling des »Ancien Régime« galante Szenen, Landschaften u. Bildnisse in duftiger, skizzenhafter Rokokomanier.
**fraise** [frɛ:z], erdbeerfarben.
**Fraktion, 1.** Teil eines Stoffgemisches, der durch irgendeine physik. oder chem. Methode davon abgetrennt wurde; **fraktionieren,** ein Stoffgemisch durch Destillation u. Kristallisation in seine Bestandteile (*F.en*) zerlegen. – **2.** Zusammenschluß von Abg. in einem Parlament zu einer Arbeits- u. Willensgemeinschaft; heute meist aus Abg. derselben Partei zusammengesetzt. Das einzelne Mitgl. unterliegt in wechselndem Umfang dem *F.szwang* (Verpflichtung der Abg., bei Debatten u. Abstimmungen die Beschlüsse der F. einzuhalten). – In Östr. heißen die F. *Klubs*.
**Fraktur, 1.** → Knochenbruch. – **2.** *Bruchschrift*, Schriftgatt., die sich durch die Gebrochenheit ihrer Linienführung auszeichnet; oft als *got.* oder *dt. Schrift* bez.; heute durch die Antiqua verdrängt.
**Frambösie,** *Erdbeer-, Himbeerseuche, Himbeerpocken, Framboesia tropica,* eine der *Lues* ähnl. trop. Infektionskrankheit; Symptome: neben Fieber u. Lymphknotenschwellung ein aus himbeerartigen Papeln bestehender Hautausschlag.
**Franc** [frã], alte frz. Münze, heute Währungseinheit für versch. Staaten; → Währung.
**Française** [frã'sɛ:z], Gesellschaftstanz des 18. Jh.; auch *Anglaise* oder *Quadrille* genannt.
**Françaix** [frã'sɛ], Jean, *23.5.1912, frz. Komponist u. Pianist; Ballette, Opern, Oratorien, Orchester- u. Kammermusik.
**France** [frãs], Anatole, *1844, †1924, frz. Schriftst. u. Historiker; skept.; aufklärer., satir. Romane, Erzählungen u. Aphorismen. Nobelpreis 1921.
**Francesca** [fran'tʃeska] → Piero della Francesca.
**Franche-Comté** [frãʃkɔ̃'te], *Freigrafschaft Burgund,* histor. Ldsch. (im MA Gft., dann Prov.) in O-Frankreich, die heutigen Dép. Haute-Saône, Doubs, Jura u. das Territoire de Belfort, zus. 16 189 km², 1,09 Mio. Ew., alte Hptst. *Besançon*.
**Franchise, 1.** Selbstbehalt des Versicherungsnehmers, v.a. in der Transportversicherung. – **2.** *Franchising,* ein Vertriebssystem, bei dem der F.geber seinen Partnern eine Lizenz zur selbst. Führung eines Betriebs erteilt u. selbst Warenlieferung, Werbung u.a. übernimmt.
**Francia** ['frantʃa], Francesco, eigtl. F. *Raibolini,* *um 1448, †1517, ital. Maler u. Goldschmied; Hauptmeister der Bologneser Schule des ausgehenden 15. Jh.
**Francium,** ein radioaktives Alkalimetall; → chemische Elemente.
**Franck, 1.** César, *1822, †1890, frz. Komponist dt. Abstammung; Opern, Oratorien, Orchester- u. Kammermusik, Orgelkompositionen. – **2.** Hans, *1879, †1964, dt. Schriftst. (Ideendramen u. Erzählungen). – **3.** James, *1882, †1964, dt.-amerik. Physiker; Arbeitsgebiete: Quanten- u. Kernphysik, später Biophysik; 1925 zus. mit G. *Hertz* Nobelpreis. – **4.** *Frank (von Wörd),* Sebastian, *1499, †1542, dt. Mystiker der Reformationszeit; lehrte eine myst. Geschichtstheologie, forderte Toleranz u. die krit. Methode zur Erforschung der bibl. Schriften.
**Francke, 1.** August Hermann, *1663, †1727, dt. Pädagoge u. Theologe; Pietist; gründete in Halle die *F.schen Stiftungen* (Waisenhaus, Bürgerschule, Lateinschule, Lehrerseminar u.a.). – **2.** → Meister Francke.
**Franco,** *F. Bahamonde,* Francisco, *1892, †1975, span. General u. Politiker; organisierte im Sommer 1936 die Erhebung gegen die Volksfront-Regierung u. gewann mit der Unterstützung dt. u. ital. Verbände den bis 1939 dauernden *Span. Bürgerkrieg* gegen die Republikaner, Sozialisten u. Kommunisten. Seit 1936 Staatschef (*Caudillo*), Oberbefehlshaber (Generalissimus) der nat. Streitkräfte u. Chef der *Falange* (1937), bildete er 1938 eine diktator., auf Armee, Falange, Klerus u. Großgrundbesitz gestützte Regierung.
**François-Poncet** [frãˈswapɔ̃'sɛ], André, *1887, †1978, frz. Diplomat u. Politiker (Republikan. Partei); 1931–38 Botschafter in Berlin, 1938–40 in Rom; 1949–55 frz. Hochkommissar bzw. Botschafter in der BR Dtld.; 1955–67 Präs. des Frz. Roten Kreuzes; seit 1952 Mitgl. de Académie Française.
**Frank, 1.** Adolf, *1834, †1916, dt. Chemiker; erschloß die dt. Kalisalzlagerstätten u. führte die Bromgewinnung aus den Abraumsalzen ein. Mit H. *Caro* entwickelte er ein Verfahren zur Gewinnung von Kalkstickstoff (*F.-Caro-Prozeß*). – **2.** Anne, *1929, †1945 (im KZ Bergen-Belsen), Opfer der Judenverfolgung; bek. durch die erschütternden Tagebuchaufzeichnungen, die in ihrem Versteck in einem Amsterdamer Hinterhaus während der dt. Besetzung 1942–44 entstanden; dt. 1950 als »Das Tagebuch der Anne F.« veröffentlicht. – **3.** Bruno, *1887, †1945, dt. Schriftst. (Lyrik, Romane, Novellen, Dramen). – **4.** Hans, *1900, †1946 (hingerichtet), nat.-soz. Politiker; 1939–45 Generalgouverneur von Polen; im Nürnberger Kriegsverbrecherprozeß zum Tod verurteilt. – **5.** Ilja Michailowitsch, *1908, †1990, sowj. Physiker; arbeitete v.a. über Neutronenphysik; Nobelpreis 1958. – **6.** Leonhard, *1882, †1961, dt. Schriftst. (Novellen, Romane, Dramen). – **7.** Sebastian → Franck (4).
**Franke, 1.** Egon, *11.4.1913, dt. Politiker (SPD); 1969–82 Bundes-Min. für innerdt. Beziehungen. – **2.** Heinrich, *1928, dt. Politiker (CDU); seit 1984 Präs. der Bundesanstalt für Arbeit.
**Franken,** Abk. *sfr,* Währungseinheit in der Schweiz; → Währung.
**Franken,** westgerm. Stammesverband (u.a. *Salier, Chamaven, Chattuarier, Brukterer, Usipier, Amsivarier*). Seit Mitte des 3. Jh. n. Chr. drangen die F. in röm. Grenzprov. u. in Gallien ein. Die niederrhein. *Salier* wurden im 4. Jh. von den Römern in Toxandrien (N-Brabant) angesiedelt, fielen von dort im 5. Jh. in Gallien ein, übernahmen die Führung des fränk. Volksverbands u. gründeten das Frankenreich. Um dieselbe Zeit stießen die *Rheinfranken (Ripuarier)* gegen Mainz vor u. besiedelten das Moselgebiet. Sie bildeten den Kern des späteren dt. Stamms der F.
**Franken,** Ldsch. in N-Bayern u. im nordöstl. Ba.-Wü.; das Einzugsgebiet des oberen u. mittleren Main u. Randgebiete des Neckarlands.
**Frankenberg (Eder),** Krst. in Hessen an der Eder, 17 000 Ew.; mittelalterl. Stadtbild.

## FRANKREICH Geschichte und Kultur

*Heinrich IV. bei der Belagerung von Amiens*

*Schloßanlage von Versailles, 1668; Gemälde von Pierre Patel. Versailles, Schloß*

**Frankenfeld,** Peter, *1913, †1979, dt. Entertainer u. Conférencier im Radio u. Fernsehen.
**Frankenhausen,** *Bad F.,* Stadt in Sachsen-Anhalt, Solbad am Südfuß des *Kyffhäuser,* 9000 Ew.; Fremdenverkehr.
**Frankenhöhe,** süddt. Höhenzug zw. Ellwangen u. dem Steigerwald, im *Hornberg* 579 m; Wasserscheide zw. Rhein u. Donau.
**Frankenreich,** *Fränkisches Reich,* bedeutendste, Romanen u. Germanen umfassende Reichsbildung des fr. MA, begr. durch *Chlodwig I.* aus dem Geschlecht der Merowinger, der die Reste der röm. Herrschaft in Gallien beseitigte u. sich zum Alleinherrscher der Franken machte. Chlodwig unterwarf bis 507 die auf dem Boden Galliens liegenden Teile des Westgoten- (Aquitanien) u. des Alemannenreichs. Nach seinem Tod unterwarfen seine Söhne Thüringen u. Burgund. Die noch freien Alemannen sowie die Bayern gerieten unter fränk. Einfluß. 751 wurde das merowing. Königtum durch die Karolinger abgelöst. Unter *Karl d. Gr.* erreichten Macht u. Ausdehnung des F. ihren Höhepunkt, u. seine Kaiserkrönung (800) bestätigte den Rang des F. als Nachfolgereich des *Weström. Reichs* (Unterwerfung des Langobardenreichs in Italien, der Sachsen, der Awaren u. Gründung der Span. Mark). Nach Karls Tod zerfiel des Großreich durch Erbteilung (Vertrag von Verdun 843, Verträge von Meersen 870 u. Ribémont 880) in das *Ostfränk.* (später Dtld.) u. das *Westfränk. Reich* (später Frankreich); Italien u. Burgund verselbständigten sich; unter *Karl III.* letzte Vereinigung des F.
**Frankenstein,** Held des Schauerromans von M.W. *Shelley* (1818), später häufig Stoff für Gruselfilme.
**Frankenthal (Pfalz),** Stadt in Rhld.-Pf., zw. Ludwigshafen u. Worms, 44 000 Ew.; 1755–1800 berühmte Porzellanmanufaktur.
**Frankenwald,** dt. Mittelgebirge zw. Fichtelgebirge u. Thüringer Wald; im *Döraberg* 795 m.
**Frankfort** ['fræŋkfət], Hptst. von Kentucky (USA), 25 000 Ew.; Univ.; versch. Ind.
**Frankfurt, 1.** *F. am Main,* größte Stadt des Landes Hessen, eine der wichtigsten dt. Handels-, Ind.-, Börsen- u. Messestädte, beiderseits des unteren Main, 592 000 Ew.; Zentrum des Wirtschaftsgebiets Rhein-Main, bed. Verkehrsknotenpunkt, Rhein-Main-Flughafen (Zentrum des europ. Luftverkehrs); Sitz zahlr. Banken, Wirtschaftsverbände

*Frankfurt am Main: Blick vom Dom auf die Stadt*

u. Behörden; Univ. (1914), HS für bildende Künste, Musik u.a.; Dt. Bibliothek; Sitz zahlr. Großbetriebe, Verlagshäuser u. Druckereien; Geburtsort Goethes *(Goethehaus), Paulskirche, Römer* (altes Rathaus mit Kaisersaal), Dom, Alte Oper. – G e s c h.: urspr. Römerkastell, dann fränk. Pfalz, 794 unter dem Namen *Franconofurd* erstmals erwähnt; durch die Goldene Bulle (1356) Ort der Wahl, 1562–1806 der Krönung des dt. Königs bzw. Kaisers; 1815–66 Sitz der Bundesversammlung des Dt. Bunds; 1848/49 Tagungsort der 1. *Frankfurter Nationalversammlung;* 1866–1945 preuß. – **2.** *F./Oder,* Stadt in Brandenburg, am hohen W-Ufer der Oder, 86 000 Ew.; Oderhafen; vielseitige Ind. – 1226 gegr., 1253 Stadtrecht; Hansestadt; 1506–1811 Univ.-Stadt; 1816–1945 Hptst. eines Reg.-Bez., 1952–90 Bez.-Hptst. Die am rechten Ufer der Oder liegenden Ortsteile *(Słubice)* gehören zur poln. Wojewodschaft Zielona Góra.
**Frankfurter Friede,** beendete den Dt.-Frz. Krieg; am 10.5.1871 zw. O. von *Bismarck* u. J. *Favre* in Frankfurt a.M. geschlossen.
**Frankfurter Fürstentag,** auf Einladung Östr. 1863 in Frankfurt a.M. tagende Versammlung aller dt. Fürsten zum Zweck einer Reform der Verf. des Dt. Bunds; scheiterte am Fernbleiben des preuß. Königs.
**Frankfurter Nationalversammlung,** das erste frei gewählte gesamtdt. Parlament, das vom 18.5.1848 bis zum 29.5.1849 in Frankfurt a.M. in der *Paulskirche* tagte. Die v.a. vom liberalen Bürgertum getragene F.N. scheiterte an den untersch. Vorstellungen von *Großdeutschen* u. *Kleindeutschen* in Hinblick auf die Schaffung eines demokrat. dt. Nationalstaates. Ein nach Stuttgart verlegtes *Rumpfparlament* wurde 1849 aufgelöst.
**Frankfurter Schule** → kritische Theorie.
**Fränkische Alb,** *Frankenalb, Fränkischer Jura,* aus Jurakalken aufgebautes Stufenland in Nord-Bayern (500–600 m hoch), zw. Donau u. Main.
**Fränkische Schweiz,** N-Teil der Fränk. Alb mit bizarren Felsformen, in der *Platte* 614 m.
**Fränkisches Reich** → Frankenreich.
**Frankl,** Viktor Emil, *26.3.1905, östr. Neurologe u. Psychiater; begr. die *Logotherapie.*
**Franklin** ['fræŋklin], **1.** Benjamin, *1706, †1790, US-amerik. Politiker, Schriftst. u. Naturforscher (Erfinder des Blitzableiters); führend in der Unabhängigkeitsbewegung, entscheidende Mitarbeit an der Unabhängigkeitserklärung u. der amerik. Verfassung. – **2.** Sir John, *1786, †1847, brit. Polarforscher; auf der Suche nach einer Durchfahrt durch die amerik.-arkt. Inseln 1847 verschollen.
**franko,** frei von Postgebühren u.a. Spesen.
**Frankokanadier,** die aus Frankreich stammende Bevölkerung in Kanada.
**frankophil,** frankreich-freundlich.
**Frankreich,** Staat in W-Europa, 551 500 km², 55,8 Mio. Ew., Hptst. *Paris.* F. ist gegliedert in 22 Regionen (vgl. Tabelle) u. 96 Départements.
L a n d e s n a t u r. Die Oberflächenformen zeigen eine Gliederung in alte Schollen (Zentralmassiv), weite Becken (Pariser Becken) u. den frz. Anteil an den Pyrenäen u. Alpen. Der größte Teil F.s ist flaches bis hügeliges Land mit fruchtbaren Böden. Das Klima ist ozean. geprägt u. hat milde Winter

*Der Schwur im Ballhaus am 20.6.1789; Gemälde von Jacques-Louis David. Versailles, Museum*

*Centre Georges Pompidou in Paris*

# Frankreich

*Frankreich*

u. relativ warme Sommer; ein schmaler Streifen an der S-Küste hat Mittelmeerklima.

Bevölkerung. Außer den vorw. kath. Franzosen leben noch rd. 4,4 Mio. Ausländer in F. Bes. dicht besiedelt ist der Pariser Raum, das nördl. Industriegebiet u. Elsaß-Lothringen.

Wirtschaft. Die Landw. ist noch immer sehr bedeutend. Die wichtigsten Ackerbaugebiete sind Flandern, Seine-, Loire- u. Garonnebecken. Angebaut werden v.a. Weizen – F. ist wichtigster europ. Weizenexporteur –, aber auch Gerste, Hafer, Mais u. Roggen. Die bek. frz. Weine stammen v.a. aus der Champagne, dem Loire- u. Garonnebecken, dem Rhône-Saône-Graben u. von der Mittelmeerküste. Die Viehzucht ist in feuchten Küstengebieten u. höheren Gebirgslagen vorherrschend. – Die bed. Kohlenlager finden sich im Raum Lille-Valenciennes; hier sind auch die größten Eisenerzlager Europas. Andere bed. Bodenschätze sind Bauxit, Erdöl, -gas u. Kali. Die Ind. (v.a. Maschinen- u. Fahrzeugbau, Textil-, chem. u. Lederind.) konzentriert sich bes. im Pariser Becken, in den nördl. Départements, in Lothringen u. in den Gebieten um Lyon u. Marseille. Haupthandelspartner sind BR Dtld., Beneluxländer, USA, Großbritannien. – Die Übersee-Handelsflotte steht an 9. Stelle in der Welt. Haupthäfen sind Marseille, Le Havre, Bordeaux, Calais u. Boulogne. Das Straßennetz gehört zu den besten u. dichtesten der Erde. Die Bahnlinien u. der Flugverkehr konzentrieren sich auf das Zentrum Paris.

Geschichte. Von einer eigenständigen westfränk. Gesch. kann man erst seit der endgültigen Teilung des Frankenreichs von 888 sprechen. 987 ging die Herrschaft von den westfränk. Karolingern auf die *Kapetinger* über. Zwar sicherte *Hugo Capet* die Erblichkeit der Krone, doch blieb die Macht der Kronvasallen erhalten. 1154–1214 war ganz West-F. in engl. Besitz. Im Verlauf des 13. Jh. entwickelte sich ein starker frz. Einheitsstaat. Nach dem Aussterben der Kapetinger begann die Herrschaft des Hauses *Valois* (1328–1589). Zur Anerkennung seines Thronfolgerechts begann Eduard III. von England 1338 den Krieg mit F., der mit längeren Unterbrechungen bis 1453 dauerte *(Hundertjähriger Krieg).* Mit Hilfe der *Jungfrau von Orléans* gelang es Karl VII., die Engländer aus F. zu verdrängen u. den Nationalstaat zu einen u. zu stärken. Auch aus den Religionskriegen *(Hugenottenkriege)* des 16. Jh. ging das Königtum gestärkt hervor. 1589 begann die Herrschaft der *Bourbonen* in F. u. damit der Weg zum *Absolutismus.* Das *Edikt von Nantes* (1598) verlieh den Hugenotten beschränkte religiöse Duldung u. staatsbürgerl. Gleichberechtigung. Den beiden Kardinälen *Richelieu* u. *Mazarin* gelang es, den absolutist. Staat endgültig aufzurichten, der unter *Ludwig XIV.* seine volle Macht entfaltete u. F. zeitweise zur ersten Großmacht in Eurpa machte. Die Verstrickung F.s in den *Österreichischen Erbfolgekrieg* u. den *Siebenjährigen Krieg* in Europa u. Amerika brachte das Land finanziell an den Rand des Ruins u. bereitete neben dem Denken der Auf-

## FRANKREICH Kaiser, Könige, Präsidenten

*Karl VII. führt den Vorsitz bei einer Gerichtsverhandlung in Vendôme, 1458. München, Bayerische Staatsbibliothek (links). – Ludwig XIV. empfängt 1714 in Fontainebleau den späteren sächsischen Kurfürsten Friedrich August II.; Gemälde von Louis de Silvestre. Versailles, Musée National du Château de Versailles et de Trianon (Mitte). – Napoleon I. (rechts)*

*Französische Revolution: die Hinrichtung Ludwigs XVI. am 21.1.1793 in Paris; zeitgenössischer Kupferstich (links). – Präsident Mitterrand empfängt den Präsidenten von Zaire, Mobutu (links), zu einem Staatsbesuch im Élysée-Palast (rechts)*

| Frankreich: Verwaltungsgliederung | | | |
|---|---|---|---|
| Region | Fläche in km² | Einw. in 1000 | Hauptstadt |
| Aquitaine | 41 308 | 2724 | Bordeaux |
| Auvergne | 26 013 | 1329 | Clermont-Ferrand |
| Basse-Normandie | 17 598 | 1380 | Caen |
| Bretagne | 27 208 | 2763 | Rennes |
| Burgund (Bourgogne) | 31 582 | 1611 | Dijon |
| Centre | 39 151 | 2334 | Orléans |
| Champagne-Ardenne | 25 606 | 1358 | Reims |
| Elsaß (Alsace) | 8 280 | 1605 | Straßburg (Strasbourg) |
| Franche-Comté | 16 202 | 1088 | Besançon |
| Haute-Normandie | 12 317 | 1670 | Rouen |
| Île-de-France | 12 012 | 10259 | Paris |
| Korsika (Corse) | 8 680 | 246 | Ajaccio |
| Languedoc-Roussillon | 27 376 | 2054 | Montpellier |
| Limousin | 16 942 | 735 | Limoges |
| Lothringen (Lorraine) | 23 547 | 2327 | Metz |
| Midi-Pyrénées | 45 348 | 2370 | Toulouse |
| Nord-Pas-de-Calais | 12 414 | 3932 | Lille |
| Pays de la Loire | 32 082 | 3043 | Nantes |
| Picardie | 19 399 | 1776 | Amiens |
| Poitou-Charentes | 25 810 | 1592 | Poitiers |
| Provence-Alpes-Côtes d'Azur | 31 400 | 4113 | Marseille |
| Rhône-Alpes | 43 698 | 5175 | Lyon |

klärung den Boden für die Frz. Revolution 1789. Auf die Erstürmung der *Bastille* durch Pariser Volksmassen (14.7.1789) folgten Abschaffung aller Feudalrechte, Verkündigung der Menschen- u. Bürgerrechte, Aufhebung der Klöster u. Orden, Einziehen des Kirchengutes, Verstaatlichung der Schulen u. Einführung der Zivilehe. In den Septembermorden (2.–6.9.1792) kam es zum Bruch zw. *Girondisten* u. radikalen *Jakobinern* unter G.J. *Danton* u. M. de *Robespierre*. Die 1791 gewählte Legislative wurde durch einen *Nationalkonvent* ersetzt, der am 22.9.1792 die Republik (*Erste Republik*) ausrief u. den König am 21.1.1793 hinrichten ließ (Ende der Bourbonenherrschaft). Die nun einsetzende sog. *Schreckensherrschaft* (1792 bis 95) mündete in die Herrschaft des *Direktoriums*, die durch den Staatsstreich Napoleons (9.11.1799 = 18. Brumaire) beendet wurde. Damit war die Zeit der Frz. Revolution abgeschlossen. – E r s t e s K a i s e r r e i c h : *Napoleon I.* schuf ein neues System der plebiszitären autoritären Herrschaft. Er gab der neuen Gesellschaftsordnung im *Code civil* (1804) ihre bis heute noch verbindl. Rechtsgrundlage. 1804 beschloß der Senat, F. in ein erbl. Kaisertum umzuwandeln. – R e s t a u r a t i o n : Endgültige Vertreibung Napoleons I. im Verlauf der → *Koalitionskriege*; Wiederherstellung der monarchist. Tradition in der *Charte constitutionelle* durch *Ludwig XVIII*. Die *Julirevolution* von 1830 zwang *Karl X*. zur Flucht nach England; *Louis-Philippe* von *Orléans*, der »Bürgerkönig«, kam an die Macht. Die Herrschaft des Bürgertums wurde in der *Revolution* von 1848 gestürzt. Arbeiter u. Kleinbürger als ihre Träger erzwungen in einem schon stark sozialist. Züge aufweisenden Aufstand die Ausrufung der Republik (*Zweite Republik*). – Z w e i t e s K a i s e r r e i c h : Das Bürgertum, tief beunruhigt, unterstützte im Dez. 1848 die Wahl des Prinzen *Louis Napoleon* zum Präs. der Republik, der am 1851 durch einen Staatsstreich die Republik stürzte u. sich in einer Volksabstimmung zum Präs. auf 10 Jahre wählen ließ. Als *Napoleon III*. bestieg er am 2. Dezember 1852 den Thron. Seine Außenpolitik erstrebte die volle Wiederherstellung der alten frz. Machtposition in Europa u. der Welt. Der *Deutsch-Französische Krieg* von 1870/71 kostete ihn den Thron. – D r i t t e R e p u b l i k : Die nach dem Sturz des Zweiten Kaiserreichs gegr. Dritte Republik (1870) konnte sich anfangs im Innern nur schwer durchsetzen (1871 Kommuneaufstand in Paris). Außenpolit. war sie durch Bismarcks Gleichgewichtspolitik zunächst isoliert. Im Wettlauf der Kolonialgebiete mit Großbrit. gewann F. 1881 Tunis, 1885 Madagaskar; aber zunehmende Spannungen bestanden mit Großbrit. bes. im Sudan bis zur *Faschoda-Krise* 1898. F. gelang die Annäherung an Rußland u. die Bereinigung des Verhältnisses mit Großbrit. in der *Entente* von 1904. 1911 begann F., Marokko militär. zu besetzen *(Marokko-Krise)*. 1914 stellte sich F. auf die Seite Rußlands u. wurde dadurch in den 1. Weltkrieg hineingezogen. Nach dem 1. Weltkrieg erhielt das Land Elsaß-Lothringen durch den *Versailler Vertrag* zurück. Die strikt antidt. Politik scheiterte schließl. im *Ruhrkampf* (1922/23) u. mußte im *Vertrag von Locarno* (A. *Briand*, G. *Stresemann*) u. mit dem Eintritt Dtld. in den Völkerbund aufgegeben werden. In der Innenpolitik wurden Finanzen u. Währung saniert. Das Anwachsen des Radikalismus hatte eine Krise des Parlamentarismus zur Folge. Erst die bürgerl. Regierung É. *Daladiers* (1938) brachte die neue Stabilisierung. – Z w e i t e r W e l t k r i e g : Der dt. Angriff im Mai 1940 stürzte F. in seine schwerste Krise. Am 22.6. schloß H.-P. *Pétain* einen Waffenstillstand, der den größten Teil des Landes mit Paris einer dt. Besatzung unterwarf. Im freien Teil bildete Pétain eine autoritäre Regierung, die mit Dtld. kollaborierte. Im Land entstand eine Widerstandsbewegung (*Résistance*). Am 25.8.1944 zog *de Gaulle* in Paris ein u. blieb bis Jan. 1946 an der Spitze einer provisor. Regierung. – Die V i e r t e R e p u b l i k trat mit der Verfassung vom Okt. 1946 ins Leben. Indochina mußte nach schweren Kämpfen 1954 aufgegeben werden; 1956 lösten sich Marokko u. Tunis los. 1957 war F. an der Gründung der EWG beteiligt. – F ü n f t e R e p u b l i k : Aufgrund der am 1958 in Kraft getretenen Verfassung der Fünften Republik trat de Gaulle Anfang 1959 das Amt des Präsidenten an. Algerien wurde 1962 selbständig. 1963 wurde der Vertrag über die dt.-frz. Zusammenarbeit unterzeichnet. 1966 zog sich F. aus der militär. Organisation der NATO zurück. 1968 kam es zu schweren Studentenunruhen. Nach dem Rücktritt de Gaulles wurde 1969 G. *Pompidou* Staats-Präs. Ihm folgte 1974 V. *Giscard d'Estaing*, der 1981 von dem Sozialisten F. *Mitterrand* abgelöst wurde, dessen Politik auf eine Einigung Europas im Rahmen der EG hinzielt.

S t a a t u . G e s e l l s c h a f t . Nach der (gaullist.) Verfassung vom 4.10.1958 ist F. eine unteilbare, laizistische, demokrat. u. soziale Republik. Der unmittelbar vom Volk auf 7 Jahre gewählte Präsident hat eine sehr starke Stellung. Die wichtigsten Parteien der Konservativen sind die Gaullisten u. die Republikaner, die Partei des 1974–80 amtierenden Präs. Giscard d'Estaing. Die Konservativen bilden die *Union pour la France*. Hauptparteien der Linken sind die Sozialisten u. die Kommunisten; sie bildeten in den 70er Jahren zeitweise eine Wahlunion. Im frz. Parteiensystem kommt es häufig zu Abspaltungen u. Zusammenschlüssen. Eine bedeutende polit. Rolle spielen in Frankreich die Gewerkschaften. Die eindeutig stärkste Gewerkschaft ist die kommunist. geführte CGT (*Confédération Générale du Travail*).

| Frankreich: Präsidenten | |
|---|---|
| *Dritte Republik* | |
| Adolphe Thiers | 1871–1873 |
| Patrice Maurice Comte de Mac-Mahon | 1873–1879 |
| Jules Grévy | 1879–1887 |
| Sadi Carnot | 1887–1894 |
| Jean Casimir-Périer | 1894–1895 |
| Félix Faure | 1895–1899 |
| Émile Loubet | 1899–1906 |
| Armand Fallières | 1906–1913 |
| Raymond Poincaré | 1913–1920 |
| Paul Deschanel | 1920 |
| Alexandre Millerand | 1920–1924 |
| Gaston Doumergue | 1924–1931 |
| Paul Doumer | 1931–1932 |
| Albert Lebrun | 1932–1940 |
| *Vichy-Regime* | |
| Philippe Pétain (Chef des Staates) | 1940–1944 |
| *Übergangszeit* | |
| Charles de Gaulle (provisorisches Staatsoberhaupt) | 1944–1946 |
| *Vierte Republik* | |
| Vincent Auriol | 1947–1954 |
| René Coty | 1954–1959 |
| *Fünfte Republik* | |
| Charles de Gaulle | 1959–1969 |
| Georges Pompidou | 1969–1974 |
| Valéry Giscard d'Estaing | 1974–1981 |
| François Mitterrand | 1981– |

**Franktireur** [frãti'rør], Heckenschütze, Freischärler, alte Bez. für *Partisan*.
**Frantz**, Justus, *18.5.1944, Pianist; Begr. des Schleswig-Holstein-Musikfestivals.
**Franz** → Heilige.
**Franz**, Fürsten.
Röm.-dt. Kaiser:
**1. F. I.** *(Stephan)*, *1708, †1765, Herzog von Lothringen seit 1729, Großherzog von Toskana seit 1737, dt. König u. röm.-dt. Kaiser 1745–65; mit der habsburg. Erbin *Maria Theresia* verh.; Beginn der Linie Habsburg-Lothringen. – **2. F. II.**, *F. Joseph Karl*, Enkel von 1), *1768, †1835, röm.-dt. Kaiser 1792–1806, König von Östr. (*F. I.*) 1804–35, König von Ungarn; erhob nach der Kaiserkrönung *Napoleons I.* die östr. Erblande zum Kaisertum, legte dafür die röm.-dt. Kaiserkrone nieder.
Frankreich:
**3. F. I.**, *1494, †1547, König 1515–47, führte einen jahrzehntelangen Krieg gegen die Habsburger (zunächst gegen *Karl V.*) um das Hzgt. Mailand (Niederlage bei Pavia 1525); bekämpfte die Reformation.
Österreich:
**4. F. I.**, als röm.-dt. Kaiser *F. II.*, → Franz (2). –
**5. F. Joseph I.**, Enkel von 2), *1830, †1916, Kaiser 1848–1916, König von Ungarn seit 1867; zunächst absolutist. u. zentralist., später konstitutionelle Monarchie; verlor 1859 die Lombardei u. 1866 den Entscheidungskampf gegen Preußen um die Vorherrschaft in Dtld.; verh. mit *Elisabeth* von Bayern. – **6. F. Ferdinand**, Neffe von 5), *1863, †1914, Erzherzog von Östr.-Este; wurde nach dem Selbstmord des Kronprinzen *Rudolf* Thronfolger; zus. mit seiner Gemahlin in Sarajewo von einem serb. Nationalisten ermordet (Auslöser für den 1. Weltkrieg).
**Franzbranntwein**, aromatisierter, mindestens 32%iger Alkohol für Einreibungen u. Umschläge.
**Franzensbad**, tschech. *Františkovy Lázně*, westböhm. Badeort nördl. von Eger, 5000 Ew.; Mineralquellen, Moorbäder.
**Franzensfeste**, ital. *Fortezza*, ital. Ort in Trentino-Südtirol, 742 m ü.M., 1200 Ew.; ehem. wichtige östr. Festungsanlage.
**Franziskaner**, ein auf die Gründung des *Franz von Assisi* zurückgehender geistl. Orden; Ablehnung jegl. Besitzes (*Bettelorden*); Seelsorge u. Unterricht; Spaltung in *Konventualen* u. *Observanten*; 1. Orden: *Orden der Minderbrüder des hl. Franziskus*; 2. Orden: *Klarissenorden* (weibl. Zweig); 3. Orden: *Terziaren*. → Orden.
**Franz-Joseph-Land**, die nördlichste sowj. Inselgruppe im Nordpolarmeer; 85 Inseln, 16 100 km²; stark vereist.
**Franzosenkraut**, *Knopfkraut*, *Choleradistel*, Gatt. der *Korbblütler*, das *Kleinblütige F.* (aus Peru) ist in Europa eines der verbreitetsten Unkräuter.
**Französisch-Äquatorialafrika**, frz. *Afrique-Équatoriale française*, ehem. frz. Besitzung im mittleren Afrika, zw. dem Golf von Guinea u. dem Sudan; 4 Territorien: *Gabun*, *Mittelkongo* (heute Kongo), *Ubangi-Schari* (heute Zentralafrik. Rep.) u. *Tschad*; Hptst. *Brazzaville*; seit 1960 vier selbst. Staaten.
**Französische Antillen**, frz. *Antilles françaises*, *Französisch Westindien*, die zwei frz. Übersee-Dép. *Guadeloupe* u. *Martinique*.
**Französische Gemeinschaft** → Französische Union.
**französische Kunst**. Die frz. B a u k u n s t – in der Nachfolge der merowing. u. karoling. Kunst – nahm seit Anfang des 12.Jh. eine spezifische, landschaftl. gebundene Entwicklung. Die roman. Baukunst (Denkmäler in Arles, Toulouse, Poitiers, Cluny usw.) zeigt, bes. im S, die Tradition antiker Bauformen. Seit der 2. Hälfte des 12. Jh. verlagerte sich mit dem Beginn der *Gotik* der Schwerpunkt der baukünstler. Entwicklung nach dem N, es bildete sich das neue got. Wölbsystem mit Kreuzrippengewölben, Spitzbogenarkaden u. Strebepfeilerarchitektur aus. Nach den Kirchen Laon, Soissons, Paris gelangte die Entwicklung mit drei großen Kathedralen im 13. Jh. zu folgerichtiger Vollendung: Chartres, Reims u. Amiens. Die kühnste Verwirklichung got. Baugedanken zeigt die Ste-Chapelle in Paris mit der völligen Entmaterialisierung der Wände zugunsten der Fenster.

Die Architektur der frz. *Renaissance* wurde durch ital. Künstler gefördert. Das bed. Beispiel ist das Schloß von Fontainebleau. Wichtigste Bauaufgaben des 16. u. 17. Jh. waren Paläste, Schlösser, Rathäuser u. Bürgerhäuser. Die frz. Barockarchitektur fand ihre großartigste Ausprägung unter Ludwig XIV. in der Louvrekolonnade u. im Schloß von Versailles, das mit seinen Parkanlagen vorbildl. für viele europ. Fürstenhöfe wurde.
Vorbereitet durch den Stil Ludwigs XIV. u. unter dem Einfluß der röm. Antike setzte sich mit dem Panthéon in Paris von J.-G. *Soufflot*, den Kolonnaden der Place de la Concorde u. dem Petit Trianon in Versailles, beide von J.A. *Gabriel*, ein neuer *Klassizismus* durch. Der Eklektizismus des 19. Jh. (Paris: Oper von Ch. *Garnier;* Kirche Sacré-Cœur von P. *Abadie)* wurde durch kühn gestaltete Eisenkonstruktionen überwunden; sie waren Vorläufer des von G. *Eiffel* für die Pariser Weltausstellung errichteten Turms (1889). Nach dem 1. Weltkrieg prägten *Le Corbusier* u. seine Schüler entscheidend den Stil der frz. Baukunst. In den Jahrzehnten nach dem 2. Weltkrieg erregten große städtebaul. Projekte Aufsehen. Vertreter der modernen Architektur sind B. *Zehrfuss* u. J. *Prouvé.*
Die Schule von Fontainebleau nahm Anregungen des ital. Manierismus auf, wie Italien auch im Barock die Entwicklung der frz. Malerei beeinflußte. Die beiden bed. Maler des 17. Jh., *Poussin* u. *Claude Lorrain*, erlangten als Landschaftsmaler u. Wegbereiter des Klassizismus Weltruhm. Die Bildnisse, Schäferszenen u. galanten mytholog. Darstellungen von *Watteau, Boucher* u. *Fragonard* machten die frz. Malerei im Rokoko zu einem Inbegriff kultivierter Lebenskunst. Die klassizist. Bildform, von *David* u. *Ingres* großartig verwirklicht, zeigt lineare Festigkeit u. kühle Farbgebung. Im Zuge der romant.-dramat. Szenendarstellung wurde diese Strenge aufgegeben *(Géricault, Delacroix). Courbet* begr. den neueren Realismus.
Um 1850 pflegte die *Schule von Barbizon* eine schlichte, stimmungsvolle Landschaftsmalerei. Als Reaktion auf die Akademiemalerei setzte sich im letzten Viertel des 19. Jh. der *Impressionismus* durch (Degas, Manet, Monet, Pissarro, Renoir). Die Maler *Gauguin, van Gogh* u. *Toulouse-Lautrec* erscheinen als Vorläufer des Expressionismus. Die *Fauves* unter H. *Matisse* erstrebten eine Steigerung des Farbausdrucks. Eigene Wege gingen *Rouault* u. *Dufy*, nachdem 1906/07 der *Kubismus* alle herkömml. Bildauffassungen revolutioniert u. mit Werken von *Picasso* u. *Braque* eine Entwicklung eingeleitet hatte, die, anknüpfend an die flächige Malweise P. *Cézannes*, folgerichtig zur Formzerlegung gelangte. Aus der analyt. Methode des Kubismus entwickelte *Delaunay* die Farb- u. Lichtarchitektur seines *Orphismus*. F. *Léger*, anfangs ebenfalls vom Kubismus angeregt, variierte in monumentalen Kompositionen einen aus der Maschinenwelt abgeleiteten funktionalist. Stil, während *Chagall* u. M. *Ernst* Hauptmeister des Surrealismus wurden. *Bissière, Manessier, Masson, Soulages, Stael* u. *Hartung* repräsentierten die abstrakte Richtung, die durch die Vertreter des sog. *Abstrakten Expressionismus* an Wirkungsbreite gewann. 1960 entstand die Gruppe der Nouveaux Réalistes *(Klein, Raysse, Spoerri).*

**französische Literatur.** Mittelalter. Die ältesten frz. Lit.-Denkmäler (9. Jh.) sind geistl. Texte. Mit der zunehmenden Bed. des Vasallentums breitete sich das Heldenepos *(Chanson de geste)* aus *(Rolandslied*, um 1100). Im Versroman wurden höf. u. christl. Kulturideale auf antike *(Alexanderroman)*, kelt. *(Artussage)* u. oriental. Stoffe übertragen. Kelt.-bretonisches Sagengut wirkte auch durch die märchenhaften *Lais* auf die Erzählungen ein *(Chrétien de Troyes).* Die weltl. Lyrik erreichte ihren Höhepunkt mit den *Troubadours* der Provence. Mit dem Erstarken des Bürgertums erhielt die Lyrik eine realist. u. soziale Note *(Rustebeuf)*, ebenso die moralisierenden Kurzerzählungen *(Fabliaux)* des 13. u. 14. Jh. Das *Mysterienspiel*, der Beginn des frz. Dramas, entstand aus der Feiertagsliturgie, löste sich aber bald von der Kirche; weltl. Schauspielergesellschaften bildeten sich, das komische Element sonderte sich ab u. wurde später als Hanswurstspiel *(Sottie), Farce* u. *Moralität* beliebt. Die Vagantendichtung fand ihren Höhepunkt bei F. *Villon*, dem ersten großen frz. Lyriker.
Renaissance. 1470 wurde der Buchdruck eingeführt. Bibelübersetzungen, Interpretationen u. Textkritik entstanden. Von antikem Bildungsgut durchdrungen, gleichzeitig genialer Sprachschöpfer, war F. *Rabelais*. Die Erzählkunst *(Margarete von Navarra)* stand unter dem Einfluß Boccaccios. Eine Gruppe junger Dichter um P. de *Ronsard (Plejade)* wandte sich antiken Vorbildern zu. Röm. Geist u. ital. Einfluß wurden auch auf der Bühne wirksam: Die frz. Komödie ist der Commedia dell'arte verpflichtet, die Tragödie den Stoffen Senecas.
Klassik. Im 17. Jh. verband sich die Tradition des Humanismus mit einem Gefühl der nat. Größe u. einer allg. Verfeinerung der Sitten. Die Sprache wurde zu äußerster Klarheit gereinigt (F. de *Malherbe);* literar. Salons entstanden. Stilkunst u. Gefühlsdarstellung verfeinerten sich zu »Galanterie« u. »Preziösentum«; diese Tendenz verspottete *Molière* in seinen Lustspielen. Die dem zentralist. Staat entspr. Einheitlichkeit der Ausdrucksformen wurde durch die Gründung der *Académie Française* (1634/35) gefördert. Die Unterordnung aller Empfindungen unter die Gebote Gottes u. des Staates forderte P. *Corneille* (Trauerspiele); J.B. *Racine* rückte die Tugend des strengen Maßhaltens in den Vordergrund. In der Nachfolge der psycholog. Zergliederungkunst M.-E. de *Montaignes* entstanden Sammlungen von Maximen (F. *La Rochefoucauld*, J. de *La Bruyère).*
Aufklärung. Zu Beginn des 18. Jh. drang die Empfindsamkeit in die Lit. ein. Soziale Tendenzen machten sich in Drama u. Roman bemerkbar (P. de *Marivaux*, A.R. *Lesage).* In der Geschichtsbetrachtung, der Rechtsphilosophie (Ch. de *Montesquieu)* u. auf dem Gebiet der literar. Kritik löste man sich von außermenschl. Normen *(Voltaire).* Fortschrittsglaube, Toleranz u. eine naturwiss.-empir. Methode kennzeichnen dieses »Zeitalter Voltaires«. Typisch für diese Richtung war das Unternehmen der *Encyclopédie* (D. *Diderot* u.a.). Die sozialen u. demokrat. Tendenzen der Komödie (P.A.C. de *Beaumarchais)* wiesen auf den Vorabend der Frz. Revolution.
Romantik. Gegenüber dem aufklärer. Denken setzte sich am Ende des 18. Jh. u. im 19. Jh. mehr u. mehr das Interesse an dem von Leidenschaften getriebenen Einzelmenschen durch. Die gesellschaftl. Schranken wurden als hemmend empfunden, man entdeckte die *Natur*, d.h. alles nicht verstandesmäßig Erfaßbare; man sah die Kultur sogar als schädlich an *(Rousseau).* Die neue Art, Mensch u. Natur zu sehen, prägte die *Vorromantik*. Aber der übersteigerte Individualismus führte zugleich zur »Krankheit des Jahrhunderts«, dem Weltschmerz (F.R. de *Chateaubriand).* Die *Hochromantik*, geführt von V. *Hugo*, bekämpfte die Vorherrschaft der Klassik. G. *Sand* verkündete das Recht der Frau auf Leidenschaft. Am Ende dieser Epoche suchte man den Gefühlsüberschwang einzudämmen *(Stendhal*, P. *Mérimée).* Der Roman sollte nicht mehr Produkt der Einbildungskraft sein, sondern beobachtete Wirklichkeit bieten (H. de *Balzac).*
Vom Realismus bis zur Gegenwart. In der 2. Hälfte des 19. Jh. machte sich der Einfluß der psycholog. Lit. der Skandinavier u. Russen bemerkbar. Oberstes Gesetz der realist. Lit. war die Wahrheit (G. *Flaubert);* sogar Naturtreue wurde gefordert. Aber zugleich entstand die Gegenströmung der *Parnassiens*. Diese strebten in der Lyrik nach dem Ideal absoluter Schönheit *(l'art pour l'art).* Romant. u. antiromant. Züge kreuzten sich. Zeitekel, Einsamkeit, seel. Erschöpfung, Kampf gegen Gesellschaft, Welt u. Religion kennzeichnen die frz. Lyrik des *Symbolismus* (Ch. *Baudelaire*, A. *Rimbaud*, P. *Verlaine*, S. *Mallarmé).* Der Roman fand die rein naturalist. Form im Werk *Zolas*. G. de *Maupassant* suchte die naturwiss.-positivist. Richtung durch eine verfeinerte Psychologie zu überwinden. A. *France* verstand es, den Eindruck des klass. Vollendeten hervorzurufen. Bei A. *Gide* verbindet sich klass. Form mit der Anklage gegen die Gesellschaft, u. die Lyrik P. *Valérys* hat zahlreiche Züge mit Symbolismus u. Klassik gemeinsam. M. *Proust* gelang eine Abkehr mit Hilfe psycholog. Analyse u. Vertiefung. Es setzte eine Rückbesinnung auf die Kräfte der menschl. Seele ein, so auch in der neu-kath. Bewegung zu Beginn des 20. Jh. (Ch. P. *Péguy*, F. *Mauriac*, P. Claudel, G. *Bernanos).*
Zw. den beiden Weltkriegen wurde der Kampf um den *Surrealismus* (G. *Apollinaire*, A. *Breton)* ausgetragen. Kaum ein frz. Schriftst. der Moderne ist von dieser Richtung unberührt geblieben (J. *Romains, Saint-John Perse*, L. *Aragon*, P. *Éluard*, J. *Prévert, R. Char).* Eine »geläuterte Realität« wurde angestrebt von *Alain-Fournier*, J. *Giraudoux*, J. *Cocteau u.* J. *Anouilh*. Daneben wurde das Ideal eines heroischen Lebens verfochten (H. de *Montherlant, A. Malraux*, A. de *Saint-Exupéry).* Schließlich gesellte sich als weitere, vornehml. aus der frz. Widerstandsbewegung des 2. Weltkriegs erwachsene Kraft der *Existentialismus* (A. *Camus*, J.-P. *Sartre)* hinzu, der als Lehre von der menschl. Vereinsamung u. Angst eine große Anziehungskraft ausübte.
Die zeitgenöss. dramat. Lit. ist duch das *absurde Theater* geprägt (E. *Ionesco*, S. *Beckett*, A. *Adamov*, J. *Audiberti).* Ihm zur Seite stehen die Schriftsteller des *Nouveau roman* (N. *Sarraute*, M. *Duras*, A. *Robbe-Grillet*, M. *Butor).* Sie verzichten auf fortschreitende Handlung, lösen die Zeit auf u. lassen die menschl. Beziehungen zerfließen zugunsten einer exakt beschriebenen Welt der Dinge. Weitere Repräsentanten der frz. Lit. des 20. Jh.: u.a. R. *Rolland*, H. *Barbusse*, R. *Martin du Gard*, G. *Duhamel*, A. *Maurois*, J. *Giono*, H. *Michaux*, J. *Green*, R. *Queneau*, J. *Genet*, F. *Ponge*, C. *Simon*, M. *Yourcenar*.

**französische Musik.** Die f. M. verfügt über einen reichen Schatz ältesten, u.a. kelt. Volksliedgutes. Im 12. Jh. begannen mit *Leoninus* u. *Perotinus* von Notre-Dame die ersten Versuche der Mehrstimmigkeit, das sog. Organum, Höhepunkt der *Ars antiqua*. Aus der gleichen Zeit stammt das älteste erhaltene Singspiel »Robin et Marion« des Adam de *La Halle* (1283), das bereits dem Bereich der weltl. Musik angehörte. Hier führten die Trouvères u. Troubadours das Lied zu hoher Blüte. Im 14. Jh. waren G. de *Machaut* u. Ph. de *Vitry* die bed. Vertreter der *Ars nova*. Dann begann der Einfluß der in den Ndl. entstandenen Polyphonie. Gegen Ende des 17. Jh. erfuhr die Clavecinistenschule in *Couperin*, der v.a. die Suite um neue Formen bereicherte, u. in *Rameau* ihre Blüte. *Leclair* widmete seine Kunst der Violine. Kirchenmusik schrieb *Charpentier*.
Das 17. Jh. ist auf dem Gebiet der frz. Nationaloper durch *Lully* gekennzeichnet, die zur Hofkultur gehörte. *Cherubini* u. *Méhul* waren die Vertreter der nach Glucks Vorbild reformierten Grand opéra. Kom. Opern schrieben *Auber* u. *Halévy*. *Meyerbeers* große Opern fanden europ. Verbreitung. Zu großen Dimensionen, auch in der Besetzung, fand ebenfalls *Berlioz*. Von ihnen führte der Weg über *Gounod, Bizet, Massenet* u. *Saint-Saëns* zum musikal. Impressionismus *(Debussy* u. *Ravel*, die bereits zur Moderne überleiteten). Neben die Oper trat wieder die Orchester- u. Kammermusik, u. schließlich rückte die Musik für Klavier in den Vordergrund. Die zum Impressionismus hinführende Verfeinerung der Instrumentation u. Harmonik tritt besonders in den Instrumentalkompositionen von *Franck, Lalo, Chausson, Fauré*, d'*Indy, Dukas, Chabrier* u. *Schmitt* hervor.
E. *Satie* zeigt sich als genialer Vorläufer des Modernismus. Alle zuletzt genannten Komponisten sowie viele Hinzugezogene (I. *Strawinsky)* machten Paris in den ersten Jahrzehnten des 20. Jh. zu einem Zentrum des Musiklebens. Zu den gemäßigten modernen Komponisten, die noch auf dem Boden der Tonalität bleiben u. vielfach außereurop. Elemente (Jazz) mit einbeziehen, gehört die Gruppe der »Six« *(Milhaud, Honegger, Poulenc, Tailleferre, Auric* u. *Durey).* Daneben sind zu nennen *Ibert* u. *Françaix*.
Nach 1945 macht sich eine rationalist. Haltung in der f. M. bemerkbar, z.T. im Werk *Messiaens* dann aber auch verstärkt in den strukturalist. Kompositionen von *Boulez* u. *Jolivet*.

**Französische Revolution,** die polit.-geistig-soziale Freiheitsbewegung in Frankreich am Ende des 18. Jh., die auch das übrige Europa erfaßte, wobei durch die Verbindung von liberalen u. nationalen Gedanken die Welt des Ancien régime zerstört wurde. Die F. R. schuf die Voraussetzungen für die bürgerl. Gesellschaft des 19. Jh. u. verhalf dem Gedanken des Nationalstaats zum Durchbruch. → Frankreich (Geschichte).

**Französischer Jura,** Teil des Juragebirges zw. Saônebecken, frz.-schweiz. Grenze u. Vogesen; im *Crêt de la Neige* 1723 m.

**Französische Schweiz,** die westl., von frz. sprechender Bevölkerung bewohnten Teile der Schweiz.

*Franz von Assisi: Altarbild in der Kirche San Francesco zu Pescia. Die Vogelpredigt; 1235*

**Französische Union,** frz. *Union française,* Neuorganisierung des frz. Kolonialreichs nach dem 2. Weltkrieg; durch die Verf. der Vierten Rep. 1946 errichtet. Die Union bestand aus der Frz. Rep. u. den *Assoziierten Staaten* sowie den *Assoziierten Territorien.* Die übrigen Kolonien in Afrika, Ozeanien u. Mittelamerika gehörten als *Übersee-Dép.* u. *-Territorien* zur Frz. Rep. Durch den Zusammenbruch der frz. Herrschaft in Indochina verlor die F. U. ihre Aufgabe. Nachfolgeorganisation wurde 1958 die *Französische Gemeinschaft.*
**Französisch-Guyana,** frz. Übersee-Dép. im N Südamerikas, 91 000 km², 86 000 Ew. (Schwarze, Mulatten, Mestizen, Weiße, Asiaten), Hptst. *Cayenne. –* Feuchttrop. Klima; vorw. Regenwälder; bed. Bauxitvorkommen, Holzwirtschaft; europ. Raumfahrtzentrum in Kourou.
**Französisch-Polynesien,** frz. *Polynésie française,* frz. Überseeterritorium, umfaßt die *Gesellschafts-, Marquesas-, Tubuai-, Tuamotu-* u. *Gambierinseln* im östl. Ozeanien mit zus. 4200 km² u. 191 000 Ew.; Hauptort ist *Papeete* auf *Tahiti.*
**Französisch-Somaliland** → Djibouti.
**Französisch-Sudan** → Mali.
**Französisch-Westafrika,** frz. *Afrique occidentale française,* ehem. frz. koloniale Verwaltungseinheit in Afrika.
**Franz von Assisi,** *Franziskus,* eigtl. Giovanni Bernardone, *1181 oder 1182, †1226, ital. Ordensgründer (→ Franziskaner, 1209); wirkte als missionierender Prediger auf seinen Reisen nach Frankreich, Spanien (1213–15) u. nach Ägypten (1219). – Heiligsprechung 1228 (Fest: 4.10); 1980 von Papst Johannes Paul II. zum Schutzpatron der Ökologie erklärt.
**Franz von Sales** → Heilige.
**Franz Xaver** → Heilige.
**frappant,** auffallend, schlagend, überraschend. –
**frappieren,** befremden, überraschen, bestürzen; (Sekt, Wein) in Eis kühlen, abschrecken.
**Frascati,** das antike *Tusculum,* ital. Stadt in Latium, sö. von Rom, 19 000 Ew.; Weinanbau, gleichn. Weißwein.
**Frasch** [fræʃ], Hermann, *1851, †1914, US-amerik. Chemiker; entwickelte ein Verfahren zum Abbau von Schwefelmassen durch Schmelzen mit überhitztem Wasserdampf *(F.-Verfahren);* Erfinder einer Entschwefelungsmethode für Erdöle.
**Fräse,** landwirtschaftl. Gerät.
**Fraser** [ˈfreɪzə], Fluß im westl. Kanada, 1368 km; mündet bei Vancouver in den Pazifik.
**Fräsmaschine,** eine Werkzeugmaschine zur Bearbeitung mit einem *Fräser* (ein mit Schneiden versehenes, umlaufendes Werkzeug zur spanabhebenden Bearbeitung eines Werkstücks aus Holz, Metall oder Kunststoff).
**Frater,** in der Regel ein nicht dem Priesterstand angehörendes männl. Mitglied kath. Ordensgemeinschaften. – **F.herren** → Brüder vom gemeinsamen Leben.

**fraternisieren,** sich verbrüdern, sich anfreunden (z.B. zw. Besatzungstruppen u. Bevölkerung).
**Frauenbewegung,** *Frauenemanzipation,* auf Gleichberechtigung der Frau mit dem Mann gerichtete Bestrebungen, deren Wurzeln in den freiheitl. Ideen der Frz. Revolution, den Menschenrechtsvorstellungen der amerik. Freiheitskämpfe u. bei den engl. Frauenrechtlerinnen *(Suffragetten)* liegen; in Dtld. v.a. eine Bildungs- u. Kulturbewegung, ausgehend von den Ideen der 1848er Revolution; 1865 Gründung des »Allg. Dt. Frauenvereins«, 1894 Gründung des »Bundes Dt. Frauenvereine«; in Dtld. liberale F. (L. *Otto-Peters,* H. *Lange,* M. *Weber,* G. *Bäumer* u.a.), sozialist. F. (K. *Zetkin*) u. konfessionelle F.; seit 1919 aktives u. passives Wahlrecht für Frauen; in den 1960er u. 1970er Jahren in der BR Dtld. Entwicklung der *neuen* oder *autonomen* F. (auch *Feminismus),* die v.a. aus polit. linksgerichteten Gruppen hervorging u. deren Kernpunkt der Kampf gegen die gesellschaftl. definierte Frauenrolle war. Projekte: Frauenhäuser, Frauenzentren, Frauencafés, feminist. Ztschr., Kampf um die Liberalisierung der Abtreibung u.a.; bed. Vertreterinnen: Simone *de Beauvoir,* S. *Sontag,* A. *Schwarzer,* M. *Janssen-Jurreit.*
**Frauenfarn,** *Farn* mit großen, bis 1,50 m langen, mehrf. gefiederten Blättern.
**Frauenfeld,** Hptst. des schweiz. Kt. Thurgau, 19 000 Ew.; Schloß (1246) mit histor. Museum; versch. Ind.
**Frauenhäuser,** in den 1970er Jahren in zahlr. Städten der BR Dtld. u.a. westeurop. Ländern entstandene Zufluchtsstätten für Frauen (u. ihre Kinder), die von ihren Ehemännern oder Partnern phys. u. psych. mißhandelt werden.
**Frauenheilkunde,** *Gynäkologie,* Fachgebiet der Medizin, dessen Gegenstand die Erkennung u. Behandlung der Frauenkrankheiten (einschl. Geburtshilfe) ist.
**Frauenkrankheiten,** Erkrankungen der weibl. Geschlechtsorgane einschl. der Brustdrüsen.
**Frauenlob** → Heinrich von Meißen.
**Frauenmantel,** *Alchemilla,* Gatt. der *Rosengewächse;* hierzu der *Gewöhnl.* F. (Blutreinigungsmittel) u. der *Acker-F.* (Unkraut).
**Frauenpresse,** an Frauen gerichtete Zeitungen u. Ztschr., meist auf Mode, Kosmetik, Erziehungsfragen, Gesundheit, Küche u.ä. spezialisiert, seit den 1970er Jahren auch mit Problemen der Emanzipation im Sinne der neuen *Frauenbewegung* beschäftigt.
**Frauenquote,** Richtgröße des Frauenanteils bei der Vergabe von Positionen u. Ämtern in Politik, Wirtsch. u. Verw. mit der Zielsetzung, den Mangel an gesellschaftl. Gleichberechtigung der Frauen zu beheben.
**Frauenrechtlerinnen,** Frauen, die sich für die Gleichstellung der Frau in der Gesellschaft einsetzen, Vorkämpferinnen der *Frauenbewegung:* O. de *Gouges,* M. *Wollstonecraft,* G. *Sand,* L. *Otto-Peters,* H. *Stöcker,* M. *Stritt,* H. *Lange* u.a.
**Frauenschuh,** auf Kalk vorkommende *Orchidee* mit schuhförmigen Blüten; unter Naturschutz.
**Fraunhofer,** Joseph von, *1787, †1826, dt. Physiker; vervollkommnete das Fernrohr; erfand das Beugungsgitter, mit dem er die Wellenlängen der Absorptionslinien im Sonnenspektrum maß, die nach ihm *F.sche Linien* heißen.

*Frauenschuh*

**Freak** [friːk], jemand, der sich der bürgerl. Lebensweise verweigert oder sich in übertriebener Weise mit etwas beschäftigt, z.B. *Kino-F.*
**Frechen,** Stadt in NRW, westl. von Köln, 42 000 Ew.; Braunkohlenbergbau.
**Fredensborg** [ˈfreːðənsbɔr], Sommerresidenz der dän. Könige, sw. von Helsingör, auf Seeland.
**Fredericia,** dän. Hafen- u. Handelsstadt in O-Jütland, 46 000 Ew.; Erdölraffinerie, Textil-Ind.
**Fredericton** [ˈfrɛdrɪktən], Hptst. der O-kanad. Prov. Newbrunswick, 44 000 Ew.; Univ.; Fremdenverkehr; Hafen; versch. Ind.
**Frederiksberg** [freðərs'bɛr], dän. Gemeinde auf Seeland, Enklave in der Stadt Kopenhagen, 87 000 Ew.; HS; Park; Porzellanfabrik.
**Frederiksborg** [freðərs'bɔr], dän. Renaissanceschloß (1602–25 erbaut) bei Hillerød, sw. von Helsingör.
**Frederikshavn** [freðərs'haun], dän. Hafen-, Handels- u. Ind.-Stadt am Kattegatt, 36 000 Ew.; Fischerei; Werft.
**Fredrikstad,** norw. Hafenstadt an der Mündung des Glomma in den Oslofjord, 27 000 Ew.; versch. Ind.
**Free Jazz** [friː dʒæz], um 1960 in den USA entstandene Stilrichtung des Jazz, ohne metr. oder tonale Bindungen in Anlehnung an die experimentelle Musik; Vertreter in Dtld. u.a. A. *Mangelsdorff,* A. von *Schlippenbach* u. P. *Brötzmann.*
**Freesia,** S-afrik. Gatt. der *Schwertliliengewächse;* Zierpflanze mit weißen, gelben, lila, rosa oder roten trichterförmigen Blüten.
**Freetown** [ˈfriːtaun], Hptst. des W-afrik. Staats Sierra Leone, 448 000 Ew.; Wirtsch.- u. Handelszentrum; Univ. (1827 gegr. Fourah Bay College); Hafen, Ölraffinerie. – 1787 von freigelassenen Sklaven gegr.
**Fregatte,** fr. ein schnellsegelndes Kriegsschiff mit Geschützen in einem geschlossenen Deck; heute Geleitfahrzeug zum Schutz von Handelsschiffen, für die U-Boot-Jagd u. -Abwehr.
**Fregattenvögel,** zur Ordnung der *Ruderfüßer* gehörende große Vögel trop. Meere; ausdauernde Segelflieger, die v.a. anderen Meeresvögeln ihre Beute abjagen; Koloniebrüter.
**Freja** → Freya.
**Freiballon** → Ballon.
**Freibank,** Verkaufsstelle für genußtaugl., aber minderwertiges Fleisch.
**Freiberg,** Kreis- u. Ind.-Stadt in Sachsen, am NW-Rand des Erzgebirges, 50 000 Ew.; älteste Bergakademie der Erde (gegr. 1765), spätgot. Dom St. Marien mit roman. Portal (»Goldene Pforte«); Bergbau, Hütten-, Maschinenbau u. Ind.
**Freibetrag,** bei Einkünften, Vermögen, Umsatz u.ä. der Betrag, der nicht der Besteuerung unterliegt, z.B. Arbeitnehmer-F.
**Freibeuter,** Schiffsbesatzungen, die sich auf eig. Faust, d.h. ohne staatl. Erlaubnis (Kaperbrief) u. außerhalb eines völkerrechtl. anerkannten Kriegs fremde Schiffe oder Schiffsladungen aneignen.
**freibleibend,** *ohne Obligo,* nicht bindend, mehrdeutige Handelsklausel, bei der eine Änderung der Vertragsbedingungen vorbehalten bleibt.
**Freiburg,** frz. *Fribourg,* Kt. der Schweiz.
**Freiburg, 1.** frz. *Fribourg,* Hptst. des gleichn. schweiz. Kt., an der Saane, 34 000 Ew.; guterhaltene mittelalterl. Innenstadt mit got. u. Renaissancebauten, zahlr. alte Kirchen, kath. Univ.; chem., Bekleidungs-, Masch.- u. Süßwaren-Ind. – **2.** *F. im Breisgau,* Stadt in Ba.-Wü., bedeutendste Stadt des südl. Schwarzwalds, an der Dreisam, 186 000 Ew.; *F. Münster;* Univ., versch. Hoch- u. Fachschulen; Fremdenverkehr; vielseitige Ind. – Gesch.: 1120 von den Zähringern gegr., seit 1368 habsburg., 1678–97 frz., 1805 zu Baden.
**Freidank,** bürgerl. Fahrender aus Schwaben, dessen Sammlung mhd. Spruchgedichte »Bescheidenheit« (d.h. »Bescheidwissen«, »Einsicht«) um 1230 entstand u. breite Wirkung ausübte.
**Freidenker,** urspr. Bez. für die engl. Deisten; später Bez. für Atheisten u. Menschen, die Dogmen u. Offenbarung ablehnen zugunsten naturgegebener moral. Gesetze (auch *Freigeister* genannt).
**Freideutsche Jugend** → Jugendbewegung.
**Freie,** bei den Germanen Stammesangehörige mit persönl. u. polit. Freiheit sowie einem höheren Wergeld als die *Minderfreien* u. Knechte; bildeten die Volksversammlung, das *Thing,* u. waren die tragende Schicht.

**freie Berufe,** selbst. Berufe wie z.B. Ärzte, Rechtsanwälte, Notare, Schriftst., Künstler.
**Freie Demokratische Partei,** Abk. *FDP* (seit 1969 offiziell *F.D.P.*), 1948 in der BR Dtld gegr. liberale Partei; vereinigte sich 1990 mit den liberalen Parteien der DDR; 1990 rd. 200 000 Mitgl.
**Freie Deutsche Jugend,** Abk. *FDJ,* Jugendorganisation in der DDR.
**Freier Deutscher Gewerkschaftsbund,** Abk. *FDGB,* fr. der Spitzenverband der Gewerkschaften in der DDR.
**Freies Deutsches Hochstift,** 1859 in Frankfurt a.M. gegr. Vereinigung zur Pflege von Kunst, Wiss. u. Bildung; Sitz im Goethehaus.
**Freie Städte,** seit dem späten MA die Städte, die sich von weltl. u. sich geistl. Herrschaft befreit hatten u. selbst regierten, so Augsburg, Basel, Köln, Magdeburg, Straßburg u.a., auch *Freie Reichsstädte* genannt; heute nur noch Hamburg u. Bremen.
**Freigrafschaft Burgund** → Franche-Comté.
**Freihafen,** Teil eines Seehafens, der außerhalb des Zollgebiets liegt *(Zollfreiheit).* Seeseitig hereinkommende Waren können unverzollt umgeschlagen u. gelagert werden.
**Freihandel,** engl. *free-trade,* unbeschränkter zwischenstaatl. Güteraustausch durch Abbau aller Außenhandelsbeschränkungen (Schutzzölle, Ein- u. Ausfuhrbeschränkungen); theoret. in England entwickelt (D. *Ricardo);* nach dem 2. Weltkrieg schrittweise Durchsetzung im F. innerhalb der europ. Zusammenschlüsse (EG, EFTA u.a.).
**F.szone,** Zusammenschluß von Staaten zu einem Gebiet, in dem F. herrscht.
**Freiheit,** Unabhängigkeit von Zwang u. Bevormundung, allg. die Möglichkeit, über sich selbst zu verfügen; in der Ethik als *Willensfreiheit;* in der Politik als *Handlungsfreiheit* des einzelnen im Staat bis zur völligen Entmachtung des Staates (»Nachtwächterstaat« des Liberalismus, Anarchismus), als in der Verf. festgelegte *bürgerl. F.* (Glaubens-, Presse-, Versammlungs-, Vereins-F. u.a.) oder aber als F. des Staates selbst (Bündnis-F., Souveränität u.ä.).
**Freiheit der Meere,** Grundsatz, daß das Meer außerhalb der Küstengewässer *(offenes Meer)* von jeder Staatshoheit frei u. der Schiffahrt, Luftfahrt, Fischerei u. Nachrichtenübermittlung aller Personen u. Staaten zugängl. ist.
**Freiheit, Gleichheit, Brüderlichkeit,** frz. *Liberté, Égalité, Fraternité,* Forderungen der Frz. Revolution von 1789.
**freiheitlich-demokratische Grundordnung,** die wesentl. Grundsätze der Verfassungsordnung des Grundgesetzes der BR Dtld, die sich unter Ausschluß jegl. Willkürherrschaft als die rechtsstaatl. Herrschaftsordnung auf der Grundlage der Selbstbestimmung des Volkes u. der Freiheit u. Gleichheit bestimmen läßt; grundlegende Prinzipien: Achtung vor den Menschenrechten u. vor dem Recht auf Leben u. freie Entfaltung der Persönlichkeit, Volkssouveränität, Gewaltenteilung, Verantwortlichkeit der Regierung, Gesetzmäßigkeit der Verwaltung, Unabhängigkeit der Gerichte, Mehrparteienprinzip u.a.
**Freiheitliche Partei Österreichs,** Abk. *FPÖ,* 1955/56 gegr. rechtsliberale Partei, mit nationalist. Zügen.
**Freiheitsberaubung,** vorsätzl. u. rechtswidrige Entziehung der persönl. Freiheit eines Menschen (z.B. durch Einsperren); strafbar.

*Freimaurer*

**Freiheitskriege** → Befreiungskriege.
**Freiheitsstatue,** Sinnbild der Freiheit an der Einfahrt zum Hafen von New York, auf der Liberty-Insel; 46 m hohes weibl. Standbild, dessen Fackel als Leuchtfeuer dient.
**Freiheitsstrafe,** in der BR Dtld. die einzige Form der Strafe durch Freiheitsentzug; zeitl. begrenzt oder lebenslang.
**Freiherr,** Abk. *Frhr.,* dem *Baron* entspr. Adelstitel.
**Freikirche,** engl. *Free Church,* frz. *Eglise Libre,* vom Staat unabhängige ev. Kirche; von Bed. bes. in den angelsächs. Ländern (in den USA gibt es nur F.n).
**Freikörperkultur,** Abk. *FKK, Naturismus, Nudismus, Nacktkultur,* eine Bewegung für »natürl. u. freies Leben«, die die Nacktheit als Mittel zu einer natürl. Erziehung u. einer körperl.-seel., moral. u. gesundheitl. Erneuerung des menschl. Lebens ansieht.
**Freikorps** [-ko:r], *Freischar,* Truppe von Freiwilligen, die neben den regulären Truppen kämpfen; Mitgl. oft als *Freischärler* bezeichnet.
**Freilassing,** Stadt in Oberbayern, an der dt.-östr. Grenze, 13 000 Ew.; Holzind.
**Freilauf,** selbsttätiges Gesperre für Drehbewegungen, das die Drehmomentübertragung nur in einer Drehrichtung gestattet, während in der anderen Richtung An- u. Abtriebteil kräftemäßig voneinander frei sind; bes. beim Fahrrad, z.T. auch beim Kfz.
**Freilichtbühne,** *Freilichttheater,* Theater im Freien, meist in Schloßhöfen, auf Marktplätzen oder in landschaftl. bevorzugter Naturkulisse.
**Freilichtmalerei,** *Pleinairmalerei,* im Freien ausgeübte Malerei im Unterschied zur Malerei in geschlossenen, von Fensterlicht oder künstl. Beleuchtung erhellten Ateliers *(Ateliermalerei),* im 19. Jh. eine der Hauptforderungen des Impressionismus.
**Freilichtmuseum** → Museum.
**Freiligrath,** Ferdinand, *1810, †1876, dt. Schriftst.; verlieh in seiner polit. Lyrik den Ideen der Revolution von 1848 Ausdruck; zeitw. wegen seiner Gesinnung verfolgt.
**Freimaurerei,** urspr. eine der Geheimgesellschaften, die sich im 17. Jh. auf naturphilos., z.T. noch myst.-alchemist. Grundlage darum bemühten, das Urprinzip der Welt u. damit zugleich auch die Formel zur Heilung ihrer Schäden u. Leiden zu finden; Anknüpfung an die mittelalterl. Gilden u. Zünfte, bes. an die Tradition der *Bauhütten;* in *Logen* organisiert, die in *Großlogen* zusammengefaßt sind; unter den Logenbrüdern Einstufung in die Grade des Lehrlings, Gesellen u. Meisters, an der Spitze der *Meister vom Stuhl;* geschichtl. faßbar zunächst in England als Sammelbecken der Aufklärungsphilosophie, in Dtld. etwa seit 1736; fand bald Eingang in die höchsten Kreise u. dadurch einen starken gesellschaftl. Rückhalt, obgleich sie eigtl. den Idealen des aufstrebenden Bürgertums diente.
So tritt die F. ein für die Überwindung der nationalen u. konfessionellen Gegensätze im brüderl. Geist, für Duldsamkeit, gegenseitige Hilfeleistung u. liberale polit. Institutionen. Ein *Weltfreimaurerbund* ist der Zusammenschluß einiger, nicht jedoch aller Logen. Viele bed. Männer, auch Fürsten u. Staatsmänner, gehörten der F. an (u.a. *Herder, Goethe, Mozart, Friedrich d. Gr., Friedrich Wilhelm II.*).
**freireligiöse Gemeinden,** 1859 entstandener Zusammenschluß der *Lichtfreunde* (seit 1841) u. des *Deutschkatholizismus* im »Bund freireligiöser Gemeinden«. Zunächst noch vorhandene christl. Restbestände wurden durch eine sich auf Vernunft u. wiss. Erkenntnisse berufende Weltschau ersetzt.
**Freisasse,** im alten Recht ein persönl. freier, aber auf grundherrl. Boden angesiedelter Bauer.
**Freischar** → Freikorps.
**Freischärler,** Angehörige von *Freischaren,* → Freikorps.
**Freischütz,** im Volksglauben ein Teufelsbündner, der durch einen Teufelspakt eine bestimmte Anzahl an unfehlbaren Kugeln erhält; Oper von C.M. von *Weber*.
**Freising,** oberbay. Krst. an der Isar, westl. vom Erdinger Moos, 36 000 Ew.; roman. Dom (1160); ehem. Bistum; im benachbarten *Weihenstephan* (ehem. Benediktinerabtei) Fakultäten der TU München; Maschinenbau u. elektron. Ind.
**Freisinnig-Demokratische Partei,** in einigen Kantonen auch *Radikal-Demokrat. Partei* gen., Abk. *FDP,* schweiz. Partei seit 1894; bekennt sich zum lib. Gedankengut u. zu einer freien Wirtschaft.

*Beim Freistilringen können Griffe am ganzen Körper angesetzt werden*

**Freisinnige,** zw. 1848 u. 1914 in Dtld. u. der Schweiz allg. gebräuchl. Bez. für den linken Flügel des polit. Liberalismus. Im Dt. Reich ging 1884 aus der Vereinigung von abgesplitterten Mitgl. der *Nationalliberalen Partei* mit der *Dt. Fortschrittspartei* die *Dt. Freisinnige Partei* hervor. Die Bewegung ging 1919 in der *Dt. Demokrat. Partei* auf. In der Schweiz besteht die 1894 gebildete *Freisinnig-Demokratische Partei* noch heute.
**Freisler,** Roland, *1893, †1945, Jurist u. nat.-soz. Politiker; seit 1942 Präs. des *Volksgerichtshofs;* berüchtigt als »Blutrichter«, bes. in den Verfahren gegen die Mitgl. der Widerstandsbewegung.
**Freistaat** → Republik.
**Freistil, 1.** Disziplin beim → Ringen. – **2.** Stilart beim Schwimmen, meist Kraultechnik (als schnellste Schwimmart).
**Freistoß,** beim Fußball ein Ballstoß, den eine Partei unbehindert vom Gegner ausführen darf, wenn die andere Partei einen Regelverstoß begangen hat; ähnl. der *Freiwurf* beim Handball u. Basketball, der *Freischlag* beim Hockey u. der *Freitritt* beim Rugby.
**Freitag,** Walter, *1889, †1958, dt. Gewerkschaftsführer; 1952–56 erster Vors. des DGB.
**Freital,** Krst. in Sachsen, 43 000 Ew.; Maschinenbau-, Glas-, feinmechan., chem. u. Stahl-Ind.
**Freiverkehr,** Wertpapierhandel, der nicht zum amtl. Handel an den Börsen zugelassen ist.
**Freiwillige Feuerwehr** → Feuerwehr.
**freiwillige Gerichtsbarkeit,** nicht zum *Zivilprozeßrecht* gehörendes zivilrechtl. Verfahrensrecht, das die Schaffung, Übertragung oder Entziehung privater Rechte durch behördl. Mitwirkung zum Gegenstand hat, z.B. in Grundbuch-, Familien-, Urkunden- u. Vormundschaftssachen.
**Freiwirtschaft,** Marktwirtschaft mit völliger Wettbewerbsfreiheit u. Beseitigung arbeitslosen Einkommens (Zins, Grundrente) durch Frei-Geld u. Frei-Land; von S. *Gesell* u. dem *F.sbund* seit den 1920er Jahren gefordert.
**Freiwurf** → Freistoß.
**Freizügigkeit,** das Recht der freien Wahl des Aufenthaltsorts; in der BR Dtld. in Art. 11 Abs. 1 GG allen Deutschen gewährt.
**Fréjus** [fre'ʒys], frz. Stadt in der Provence, nahe der Küste, 32 000 Ew.; Reste röm. Bauten.
**Frelimo,** Abk. für port. *Frente de Libertação de Moçambique,* »Befreiungsfront für Moçambique«, 1962 gegr. afrik. Nationalbewegung; 1977 Umwandlung in eine marxist.-leninist. Kaderpartei, die seit 1989 reformiert wird.
**Fremantle** ['fri:mæntl], Stadt in der sw. Teil der Region von Perth, wichtigster Hafen in W-Australien, 24 000 Ew.; Erdölraffinerie, versch. Ind.
**Fremdenlegion,** aus angeworbenen Ausländern bestehende Truppe, bes. die in Frankreich seit der Revolution von 1830 aus polit. Flüchtlingen, Abenteurern u.a. gebildete Truppe, bes. in den N-afrik. Kolonien verwendet; nach dem 2. Weltkrieg bei den Kämpfen in Indochina u. Algerien.
**Fremdenrecht,** innerstaatl. öffentl. Recht, betr. die Rechte u. Pflichten von Personen, die nicht die Staatsangehörigkeit des jeweiligen Staates besitzen.
**Fremdenverkehr,** *Tourismus,* der besuchsweise Aufenthalt von Personen an Orten, die nicht ihre ständigen Wohnsitze sind, zum Zweck der Erholung, der Kur, der Religionsausübung (Wallfahrt), der Bildung oder der Förderung geschäftl. Verbin-

dungen. Der F. bildet die wirtschaftl. Basis für manche durch natürl. oder kulturelle Gegebenheiten bevorzugten Orte u. Gebiete, bes. für Hotel- u. Gaststättengewerbe, Verkehrsunternehmen, Reisebüros, Andenkenind. u. -handel. Er ist auch bedeutsam als Faktor der zwischenstaatl. Wirtschaftsbeziehungen (in der BR Dtld. entfallen gegenwärtig 70% aller Erholungs- u. Studienreisen nach dem Ausland auf die vier Länder Östr., Italien, Spanien u. Schweiz.

**Fremdkapital,** das einem Unternehmen von Dritten für begrenzte Zeit mit der Verpflichtung zur Rückzahlung zur Verfügung gestellte Geld (Ggs.: *Eigenkapital*); Arten: Verbindlichkeiten (z.B. Anleihen, Hypothekenschulden, Bankschulden, Lieferantenschulden, Anzahlungen von Kunden) u. Rückstellungen für ungewisse Schulden (z.B. für Pensionen, Steuern oder Prozesse).

**Fremdstoffe,** meist nicht übl. Bestandteile insbes. in Lebensmitteln, die jedoch zu Nahrungsbestandteilen werden können, z.B. Konservierungsstoffe u. Schädlingsbekämpfungsmittel.

**Fremdwörter,** Wörter fremdsprachl. Herkunft, die im Unterschied zu *Lehnwörtern* lautl. oder morpholog. Kennzeichen ihrer Ursprungssprache beibehalten haben u. vom einheim. Sprachbenutzer noch als fremd empfunden werden.

**frenetisch,** rasend, tobend.

**Freon,** *Frigen,* Handelsname für Difluordichlormethan, $CF_2Cl_2$, u. ähnl. halogenierte Kohlenwasserstoffe; als Kältemittel u. als Treibgas verwendet; geruchlos, nicht gesundheitsschädl.; schwächen Wasserfahren durch chem. Reaktionen die Ozonschicht der Erde.

**Frequenz,** allg. Häufigkeit; in Naturwiss. u. Technik: Anzahl der Schwingungen pro Zeiteinheit, in *Hertz* (Hz) bzw. *Kilohertz* (kHz) gemessen; 1000 Hz = 1 kHz. → elektromagnetische Wellen.

**Frequenzband,** zusammenhängender Bereich von Frequenzen, wie er z.B. von einem Resonanzkreis ausgesiebt wird.

**Frequenzmodulation** → Modulation.

**Frequenzweiche,** Kombination von Filtern (Hoch- u. Tiefpässe), die zwei versch. von einer gemeinsamen Leitung übertragene Frequenzbereiche trennt u. versch. Ausgängen zuführt. Anwendung: z.B. als Antennenweiche zum Trennen der UKW-Frequenzen von den übrigen Frequenzen.

**Frère** [frɛːr], frz. für Bruder, Klosterbruder.

**Frescobaldi,** Girolamo, *1583, †1643, ital. Organist u. Komponist; virtuoser Improvisator u. Schöpfer eines neuen Orgel- u. Klavierstils.

**Fresko,** *F.malerei,* Technik der *Wandmalerei:* mit Wasserfarben auf dem feuchten Kalkbewurf einer Wand ausgeführt, im Unterschied zur *Secco-Malerei.* Die Farben verbinden sich beim Trocknen unlösl. mit dem Kalk.

**Fresnel** [frɛˈnɛl], Augustin Jean, *1788, †1827, frz. Physiker; wies u.a. durch Beugungs- u. Interferenzversuche (*F.scher Spiegelversuch*) die Wellennatur des Lichts nach. – **F.-Linse,** nach F. ben. flache Stufenlinse, bei der die sphär. Wölbung einer Sammellinse in vielen feinen konzentr. Stufen abgesetzt ist.

**Fresno** [ˈfrɛznoʊ], Stadt in Kalifornien (USA), im fruchtbaren San Joaquin Valley, 218 000 Ew.; Ausfuhr von Rosinen u. Weintrauben; Flugzeug-, Masch.- u. Nahrungsmittel-Ind.

**Freßzellen,** *Phagozyten,* bewegl. Wanderzellen, die Nahrungspartikel, Fremdstoffe oder Bakterien in sich aufnehmen u. entweder verdauen oder zur Ausscheidung abtransportieren, z.B. die Leukozyten.

**Frettchen,** die gezähmte Form des einheim. *Iltis.*

**Freud,** 1. Anna, Tochter von 2), *1895, †1982, brit. Psychoanalytikerin östr. Herkunft; wandte die Erkenntnisse von F. (2) auf die Störungen des kindl. Seelenlebens an. – **2.** Sigmund, *1856, †1939, östr. Psychologe u. Psychiater; Begr. der *Psychoanalyse,* in deren Mittelpunkt der Geschlechtstrieb (*Libido*) steht; beeinflußte allg. das Bewußtsein des 20. Jh.; »Traumdeutung«, »Totem u. Tabu«, »Das Ich u. das Es«.

**Freudenberg,** Stadt in NRW, westl. von Siegen, 16 000 Ew.; Luftkurort, mittelaltert. Stadtbild.

**Freudenstadt,** Krst. in Ba.-Wü., klimat. Kurort u. Wintersportplatz im O des nördl. Schwarzwalds, 20 000 Ew.

**Freya,** *Freia, Freyja,* Göttin der → Germanen.

**Freyburg,** Stadt in Sachsen-Anhalt, an der Unstrut, 5300 Ew.; Weinbau; nahebei Schloß *Neuenburg,* mächtige Burg der thüring. Landgrafen.

**Freytag,** Gustav, *1816, †1895, dt. Schriftst.,

Journalist u. Politiker; Vertreter des bürgerl. Realismus; Romane: »Soll und Haben«, »Die Ahnen« 6 Bde.

**Freyung,** Krst. in Niederbayern, nördl. von Passau, 7000 Ew.; Schloß Wolfstein, Fremdenverkehr.

**Frhr.,** Abk. für Freiherr.

**Friaul,** ital. *Friuli,* Ldsch. in den südl. Kalkalpen (*F.er Alpen*) mit zugehörigem Vorland, von Isonzo u. Tagliamento durchflossen; die *F.ern (Furlanern),* die *F.isch,* eine rätorom. Mundart, sprechen; heutiger Hauptort *Udine.* 1976 schwere Erdbeben. – Der östl. Teil fiel im Erbgang 1500 an Kaiser *Maximilian I.* u. wurde östr., wie auch der von Venedig 1420 eroberte Teil 1797 an Östr. fiel. Diese Besitzungen kamen nach dem 1. Weltkrieg an Italien; der östl. Teil fiel 1947 an Jugoslawien.

**Friaul-Julisch-Venetien,** ital. *Friuli-Venèzia Giùlia,* Region in → Italien.

**Fribourg** → Freiburg (Schweiz).

**Frick,** Wilhelm, *1877, †1946 (hingerichtet), nat.-soz. Politiker; 1933–43 Reichs-Innenmin., dann Reichsprotektor für Böhmen u. Mähren.

**Fricsay** [ˈfritʃai], Ferenc, *1914, †1963, ung. Dirigent, Mozart- u. Bartókinterpret.

**friderizianisch,** zur Zeit *Friedrichs d. Gr.* gehörend.

**Fried,** 1. Alfred, *1864, †1921, östr. Schriftst.; führender Pazifist vor dem 1. Weltkrieg, gründete 1892 die »Dt. Friedensgesellschaft«. Friedensnobelpreis 1911. – **2.** Erich, *1921, †1988, östr. Schriftst. u. Übers.; lebte seit 1938 in London; polit.-pazifist. Lyrik.

**Friedberg,** 1. *F. (Hessen),* Krst. in Hess., in der Wetterau, 24 000 Ew.; Burg (1170 von Friedrich I.), Liebfrauenkirche; versch. Ind. – **2.** Stadt in Schwaben (Bay.), östl. von Augsburg, 26 000 Ew.; Schloß (13. Jh.), Rathaus (17. Jh.), Wallfahrtskirche; Möbel- u. metallverarbeitende Ind.

**Friede,** *Frieden,* insbes. Beziehungen zw. Volksteilen, Staaten u. Staatengruppen ohne Anwendung von organisierter kollektiver Gewalt bei der Regelung von Konflikten. Im neueren Sprachgebrauch auch solche Beziehungen, bei denen die infolge von Veränderungen immer wieder entstehenden Konflikte für die Entwicklung nutzbar gemacht u. letztl. friedlich geregelt werden.

**Friedensbewegung,** Bez. für v.a. europ. u. amerik. Gruppen u. Organisationen, die für Abrüstung u. ein friedl. Zusammenleben der Völker eintreten; ausgehend von der *Anti-Atomtod-Kampagne* der 1950er Jahre u. der *Ostermarschbewegung* der 1960er Jahre in der BR Dtld. zu Beginn der 1980er Jahre Formierung einer neuen F., die sich gegen die Politik der Abschreckung durch Rüstung wendet u. ein atomwaffenfreies Europa fordert. Versch. Friedensbewegungen fordern die Errichtung eines Weltstaats mit einer Weltregierung bzw.

*Friedrich I. Barbarossa als Kreuzfahrer; Miniatur aus dem Kloster Schäftlarn, 1188/89, Rom, Biblioteca Apostolica Vaticana*

die teilw. revolutionäre Beseitigung vorgebl. alleinigen Konfliktursachen (Störung des Welthandels, Diktaturen, Kapitalismus u. Imperialismus, ebenso Kommunismus, die Existenz von Einzelstaaten), dann die Sicherung des Weltfriedens durch eine völkerrechtl. Friedensordnung, v.a. mit Ächtung des Krieges (Briand-Kellogg-Pakt) oder die vollst. → Abrüstung bzw. die Verweigerung des Kriegsdienstes.

**Friedensforschung,** interdisziplinäres Forschungsfeld, das sich der wiss. Erforschung der Ursachen von Krieg u. Frieden in zwischenstaatl. Beziehungen sowie der prakt. Friedensbewahrung widmet; 1970 in der BR Dtld. Gründung der *Dt. Gesellschaft für Friedens- u. Konfliktforschung.*

**Friedenskorps** [-koːr], engl. *Peace Corps,* 1961 in den USA gegr. Entwicklungshilfe-Organisation. Sie entsendet freiwillige Helfer in Entwicklungsländer.

**Friedenspfeife,** *Calumet,* die hl. Tabakspfeife der N-amerik. Indianer; ging bei Friedensverhandlungen in der Runde reihum.

**Friedensrichter,** im angloamerik., schweiz. u. frz. Recht ein *Einzelrichter* (Laienrichter) für weniger bed. Zivilsachen u. Straftaten.

**Friedensvertrag,** feierl. Abmachung zw. kriegführenden Staaten zur Beendigung der Feindseligkeiten u. zur Wiederaufnahme diplomat. Beziehungen.

**Friederike,** *F. Luise,* *1917, †1981, Königin von Griechenland 1947–64; Tochter des Herzogs Ernst August von Braunschweig u. Lüneburg, heiratete 1938 den späteren Paul I. von Griechenland.

**Friedfische,** alle nicht räuber. lebenden Fische, Ggs.: *Raubfische.*

**Friedland,** Gem. in Nds., südl. von Göttingen, 7000 Ew.; Durchgangslager für Aussiedler u. Flüchtlinge.

**Friedman,** Milton, *31.7.1912, US-amerik. Nationalökonom; Kritiker des modernen Wohlfahrtsstaates, Befürworter einer Politik globaler regelmäßiger Geldmengenerhöhung; Nobelpreis für Wirtschaftswiss. 1976.

**Friedrich,** Fürsten.
Deutsche Könige u. Kaiser:
**1. F. I. Barbarossa** (»Rotbart«), *1122, †1190, König seit 1152, Kaiser 1155–90; Sohn des stauf. Herzogs *Friedrich II.* von Schwaben; Auseinandersetzungen mit dem Papst u. den lombard. Städten, 1176 Niederlage gegen ein Lombardenheer bei Legnano, 1177 Friede von Venedig mit Papst Alexander III., 1183 Konstanzer Friede mit den lombard. Städten; ertrank auf dem 3. Kreuzzug in einem Fluß in Kleinasien. – **2. F. II.,** Enkel von 1), *1194, †1250, dt. König seit 1196 bzw. 1212, König von Sizilien seit 1198, Kaiser des Hl. Röm. Reiches seit 1220, König von Jerusalem seit 1229; aus dem Geschlecht der Hohenstaufen, Sohn *Heinrichs VI.* u. der normann. Prinzessin *Konstanze;* Ausbau des sizilian. Staates zu einem straff organisierten Beamtenstaat; unternahm 1228/29 den 5. Kreuzzug u. krönte sich selbst 1229 zum König von Jerusalem. Zugeständnisse an die dt. Fürsten; wiederkehrende Auseinandersetzungen mit der Kurie, in denen F. letztendlich unterlag; 1245 Absetzung des Kaisers durch das Konzil von Lyon (*Innozenz IV.*). F.s Staatskunst u. polit. Ideenwelt waren vorbildl. für die Renaissance, sein Hof Mittelpunkt des geistigen u. künstler. Lebens. – **3. F. der Schöne,** *1289, †1330, König 1314–30, Herzog von Östr. seit 1308; 1313 gegen *Ludwig den Bayern* gewählt, 1322 von diesem besiegt u. gefangengenommen, 1325 als Mitkönig anerkannt. – **4. F. III.,** *1415, †1493, König seit 1440, Kaiser 1452–93 (letzte Kaiserkrönung in Rom); schloß 1448 mit dem Papst das *Wiener Konkordat,* das bis 1806 Grundlage der Beziehungen zw. der Kurie u. dem Röm.-Dt. Reich war; schuf die Grundlage für die habsburg. Weltmacht. – **5. F. III.** (als Kronprinz *F. Wilhelm*), *1831, †1888, Dt. Kaiser u. König von Preußen 1888 (nur 99 Tage); unter dem Einfluß seiner engl. Gemahlin *Viktoria* wiederholt in Gegnerschaft zu Bismarck.
Brandenburg:
**6. F. I.,** *1371, †1440, Markgraf seit 1415, Kurfürst 1417–40; Burggraf von Nürnberg aus dem Haus *Hohenzollern,* von Kaiser Sigismund mit der Mark Brandenburg u. der Kurfürstenwürde belehnt. – **7. F. Wilhelm, der Große Kurfürst,** *1620, †1688, Kurfürst 1640–88; erlangte im

*Friedrich Wilhelm, der Große Kurfürst*

*Friedrich der Große*

† 1476, Kurfürst 1451–76; erfolgreicher Territorialpolitiker, baute sein Land nach innen u. außen aus.
Pfalz:
**15. F. V.,** *1596, †1632, Kurfürst 1610–23, König von Böhmen 1619/20 (»Winterkönig«); Führer der prot. *Union.* Nach der gegen Tilly verlorenen *Schlacht am Weißen Berge* bei Prag (1620) floh er in die Ndl. u. verlor mit seinem Erbland die Kurwürde an Bayern.
Preußen:
**16. F. I.,** Sohn von 7), *1657, †1713, König in Preußen 1701–13 (als *F. III.* Kurfürst von Brandenburg seit 1688); unterstützte die Habsburger im Span. Erfolgekrieg, die dafür seiner Selbstkrönung zum »König in Preußen« zustimmten. – **17. F. Wilhelm I.,** Sohn von 16), *1688, †1740, König 1713–40; schuf ein stehendes Heer von 80 000 Mann (»Soldatenkönig«), ein unbestechl. Beamtentum, eine vorbildl. Finanzverw., eine unparteiische Rechtspflege, eine straffe Verw., beseitigte die Reste ständ. Vorrechte u. zog den Adel stärker zum Staatsdienst heran (Kadettenanstalten). – **18. F. II., F. der Große,** gen. der »Alte Fritz«, Sohn von 17), *1712, †1786, König 1740–86; bed. Vertreter des *aufgeklärten Absolutismus;* gab Preußen den Rang einer europ. Großmacht; 1730 Fluchtversuch, um der strengen Erziehung seines Vaters zu entgehen; fiel 1740 unter dem Vorwand alter Erbansprüche im Bund mit Sachsen u. Frankreich in Schlesien ein *(Schles. Kriege, Östr. Erbfolgekrieg),* das er eroberte; konnte im *Siebenjährigen Krieg* den eroberten Besitzstand behaupten u. sogar noch Westpreußen (ohne Danzig u. Thorn), das Ermland u. den Netzedistrikt hinzugewinnen *(1. Poln. Teilung* 1772), östr. Ausdehnungspläne hingegen vereitelt *(Bay. Erbfolgekrieg* 1778/79; *Dt. Fürstenbund* 1785). – **19. F. Wilhelm II.,** Neffe von 18), *1744, †1797, König 1786–97; schloß als Gegner der Frz. Revolution 1790 die *Konvention von Reichenbach* mit Östr., ohne daß dadurch die preuß.-östr. Gegensätze beseitigt worden wären. Er beendete 1788 die friderizian. Aufklärung durch das *Religions- u. Zensuredikt.* – **20. F. Wilhelm III.,** Sohn von 19), *1770, †1840, König 1797–1840; ließ nach der Niederlage gegen Frankreich (1806) das bisherige Kabinettsystem fallen u. gab den Reformern um *Stein* u. *Scharnhorst* die Möglichkeit zu einer Neuordnung des Staates. 1813 *(Befreiungskriege)* entschloß er sich nur zögernd zum Aufruf »An mein Volk« u. ließ sich von der großen polit. Freiheitsbewegung mehr tragen, als daß er sie führte. – **21. Wilhelm IV.,** Sohn von 20), *1795, †1861, König 1840–61; verzichtete in der *Märzrevolution* 1848 auf den Einsatz militär. Macht u. beugte sich den liberalen Forderungen, oktroyierte aber nach Niederlage der Revolution die Verf. von 1850; seit 1857 geisteskrank, seit 1858 regierte sein Bruder, der spätere König u. Kaiser *Wilhelm I.,* für ihn.
Sachsen:
**22. F. I., F. der Streitbare,** *1370, †1428, Kurfürst von Sachsen 1423–28; 1423 nach Aussterben der Askanier von Kaiser Sigismund mit dem Kurfürstentum Sachsen belehnt; kämpfte mit wechselndem Erfolg gegen die Hussiten. – **23. F. III., F. der Weise,** Urenkel von 22), *1463, †1525, Kurfürst 1486–1525; lehnte bei der Kaiserwahl 1519 die Krone ab; begünstigte Luther u. die Reformation. – **24. F. August I., August der Starke,** Kurfürst 1694–1733, als *August II.* König von Polen: → August (2). – **25. F. August II.,** Kurfürst 1733–63, als *August III.* König von Polen: → August (3). – **26. F. August I., F. August der Gerechte,** *1750, †1827, 1763 Kurfürst *(F. August III.),* 1806 erster König von Sachsen; trat nach der preuß. Niederlage bei Jena u. Auerstädt dem Rheinbund bei u. wurde von Napoleon I. zum König erhoben; geriet in der Völkerschlacht bei Leipzig 1813 in Gefangenschaft u. konnte nur nach Abtretung des größten Teils seines Landes (die spätere Prov. Sachsen) an Preußen (Wiener Kongreß) 1815 in seine Herrschaft zurückkehren.

**Friedrich,** Caspar David, *1774, †1840, dt. Maler u. Graphiker; Hauptmeister der dt. Romantik (v.a. Landschaften).

**Friedrichroda,** Luftkurort u. Wintersportplatz, im NW des Thüringer Walds, 6000 Ew.; nahebei Schloß *Reinhardsbrunn.*

**Friedrichshafen,** Krst. in Ba.-Wü., am N-Ufer des Bodensees, 52 000 Ew.; Schloß F. (1824–30) mit Schloßkirche (1695–1700); Fremdenverkehr; Flugzeugbau, Elektro-Ind.

**Friedrichshall,** *Bad F.,* Stadt in Ba.-Wü., am Neckar, 12 000 Ew.; Solbad, Salzbergwerk u. Saline.

**Fries,** Streifen mit gemalten oder plast. hervorgehobenen Ornamenten oder Figuren, der Wandflächen gliedert oder einfaßt.

**Fries,** Jakob Friedrich, *1773, †1843, dt. Philosoph; Vertreter einer positivist. Philosophie, derzufolge die Welt mechanist. u. mathemat. Gesetzen unterliegt.

**Friesen,** westgerm. Stamm *(Ingwäonen)* zw. Rheinmündung u. Weser, im 7./8. Jh. christianisiert, von den Franken unterworfen; dehnten sich im 9. u. 10. Jh. bis an die dän. Grenze *(Nord-F.)* aus u. wahrten jahrhundertelang ihre Unabhängigkeit *(Fries. Freiheit).* Das Gebiet westl. der Ems *(Friesland)* fiel 1524 an die habsburg. Ndl. *Ostfriesland* blieb als Reichs-Gft., später Fürstentum, bis 1744 selbständig u. kam dann zu Preußen.

**Friesische Inseln,** durch das Wattenmeer von der Nordseeküste getrennte, die Dt. Bucht umrahmende Inselkette; 3 Gruppen: 1. *Westfriesische Inseln,* von Texel bis zur Emsmündung; 2. *Ostfriesische Inseln,* zw. Ems- u. Wesermündung (Borkum, Memmert, Juist, Norderney, Baltrum, Langeoog, Spiekeroog, Wangerooge); 3. *Nordfriesische Inseln,* nördl. der Elbmündung (Amrum, Pellworm, Föhr, Sylt, Röm u. die Halligen).

**friesische Sprache,** westgerm., dem Engl. verwandte Sprache; an der ndl., dt. u. dän. Nordseeküste sowie auf den West- u. Nordfries. Inseln gesprochen.

**Friesland, 1.** urspr. das gesamte von *Friesen* bewohnte Gebiet von Brügge bis Jütland. – **2.** Prov. in den nördl. Ndl., 3788 km², 599 000 Ew.; Hptst. *Leeuwarden;* v.a. Marschlandschaft, erstreckt sich

*Caspar David Friedrich: Der Morgen; um 1820. Hannover, Niedersächsische Landesgalerie*

über die Marschen (80% davon unter dem Meeresspiegel) entlang dem IJssel- u. Wattenmeer bis zur Lauwerszee u. umfaßt auch die Westfriesischen Inseln *Vlieland, Terschelling, Ameland, Engelsmanplaat* u. *Schiermonnikoog.*
**Frigen** → Freon.
**Frigg,** *Frija, Fria,* Göttin der → Germanen.
**Frigidität,** Unfähigkeit der Frau, beim Geschlechtsverkehr den *Orgasmus* zu erleben, u. entspr. auch eine fehlende oder mangelhafte *Libido* (Geschlechtstrieb); in den meisten Fällen seel. bedingt.
**Frikassee,** Fleischgericht aus kleingeschnittenem Kalbfleisch oder Geflügel.
**Friktion, 1.** bei Bewegungen entstehende Reibung. – **2.** bestimmter Massagehandgriff *(Reibung).*
**Frings,** Joseph, *1887, †1978, dt. Kardinal (seit 1946); 1942–69 Erzbischof von Köln, seit 1946 Kardinal.
**Frisbee** [-bi:], Wurf- u. Fangspiel mit einer Scheibe aus Plastik; Werfen u. Fangen zw. zwei u. mehreren Spielern meist ohne feste Regeln; in den USA auch als Wettkampfdisziplin.
**Frisch, 1.** Karl von, *1886, †1982, östr. Zoologe; wies erstmalig bei Tieren (Honigbienen) den Farbensinn nach, erforschte die »Sprache« der Bienen; Nobelpreis 1973. – **2.** Max, *15.5.1911, schweiz. Schriftst.; Hauptthema seines Werkes: Frage nach der Identität des Menschen mit sich u. seiner Umwelt. W Dramen: »Biedermann u. die Brandstifter«, »Andorra«; Romane: »Stiller«, »Homo Faber«, »Mein Name sei Gantenbein«. – **3.** Ragnar Anton Kittil, *1895, †1973, norw. Nationalökonom (Arbeiten über die Entwicklung u. Anwendung dynam. Modelle zur Analyse wirtsch. Abläufe); Nobelpreis (zus. mit J. *Tinbergen*) 1969.
**frischen, 1.** gebären (beim Schwarzwild). – **2.** Verfahren zur Herstellung von Stahl aus Roheisen.
**Frisches Haff,** poln. *Zalew Wiślany,* durch die 60 km lange *Frische Nehrung* von der Ostsee abgetrennter Strandsee in Ostpreußen; 838 km², bis 5 m tief; fast 100 km lang, bis 25 km breit; mit dem Meer durch das *Pillauer Tief* verbunden.
**Frischling,** Wildschwein im 1. Lebensjahr; im 2. Jahr als *Überläufer* bezeichnet.
**Frischzellenbehandlung** → Zelltherapie.
**Frisieren,** *Tunen,* beim Kfz die Steigerung der Leistung eines Motors, v.a. durch Erhöhung des Verdichtungsverhältnisses, Änderung der Steuerzeiten des Ventiltriebs u. Änderung der Brennraumform.
**Frist,** Zeitraum, innerhalb dessen eine Handlung erfolgen muß, um rechtswirksam zu sein.
**Friteuse** [-tø:zə], elektr. Gerät zum Fritieren (in schwimmendem Fett braunbraten) von Speisen, z.B. Kartoffeln *(Pommes frites)* oder Fleisch.
**Fritsch,** Willy, *1901, †1973, dt. Filmschauspieler; zus. mit L. *Harvey* das beliebteste Filmliebespaar der 1930er Jahre (»Der Kongreß tanzt«).
**Fritte,** feingranulierte Masse aus Glas, Porzellan, Metall u.ä. – **F.nporzellan,** Art des Weichporzellans; enthält im Ggs. zum *Hartporzellan* kein Kaolin. Die wichtigsten, zur F. gebrannten u. anschließend pulverisierten Bestandteile sind Quarzsand, Salpeter, Alaun, Soda u. Gips.
**Frittung,** Umschmelzungsvorgang von Gesteinen im Kontakt mit magmat. Schmelzen.
**Fritzlar,** Stadt in Hessen, am N-Ufer der Eder, 15 000 Ew.; mittelalterl. Stadtbild, roman. Dom St. Peter (12.–14. Jh.), Rathaus (15. Jh.), ehem. Minoritenkloster; versch. Ind.
**Fröbe,** Gert, *1913, †1988, dt. Schauspieler, nach Kriegsende auch Kabarettist.
**Fröbel,** Friedrich, *1782, †1852; dt. Pädagoge; Pädagogik der frühen Kindheit, Begr. des 1. Kindergartens (Gründung 1839/40 in Blankenberg, Thüringen).
**Frobenius,** Leo, *1873, †1938, dt. Völkerkundler u. Kulturhistoriker; Afrikaforscher; stellte als erster *Kulturkreise* auf und entwickelte die Lehre von der Kulturmorphologie.
**Fröhlichianer,** *Neutäufer, Nazarener, Ev. Taufgesinnte,* in den USA: *Apostolic Christian Church,* religiöse Gemeinschaft; 1832/33 von S.H. *Fröhlich* begründet.
**Fromm,** Erich, *1900, †1980, dt. Psychoanalytiker; Vertreter einer neopsychoanalyt. Richtung, welche die soziokulturellen Einflüsse bei der Entstehung oder Überformung menschl. Bedürfnisse betont; prägte den Begriff *Akkulturation* für das Hineinwachsen des einzelnen in eine Kultur.
**Fron,** *Fronde,* in dt. Recht des MA die Grundhö-
rigkeit eines unfreien Bauern *(Hintersassen)* gegenüber dem Grundherrn; auch der *F.dienst* innerhalb der F. auf dem *F.hof.*
**Fronde** [frɔ̃də], urspr. eine gegen *Mazarin* u. das absolutist. Königtum in Frankreich gerichtete Adelsbewegung (1648–53); übertragen: oppositionelle Gruppe innerhalb einer herrschenden Schicht.
**Fronleichnam,** »Leib des Herrn«, lat. *Corpus Christi,* der in der geweihten Hostie anwesend) Leib Christi. Das *F.sfest* ist ein hohes kath. Fest, meist verbunden mit einer Prozession, gefeiert am 2. Donnerstag nach Pfingsten; 1246 aufgrund einer Vision der Nonne *Juliana von Lüttich* eingeführt.
**Front, 1.** vorderste Linie, Stirn-, Vorderseite. – **2.** Grenzbereich zw. warmen u. kalten Luftmassen. – **3.** die dem Feind zugekehrte Seite einer Truppenaufstellung; Kampfgebiet; die kämpfende Truppe.
**frontal,** an der Vorderseite befindl., von vorn.
**Frontispiz, 1.** Dreiecksgiebel über einem vorspringenden mittleren Gebäudeteil. – **2.** Titelzierung alter Bücher (ab 16. Jh.) oder (später) das dem Titelblatt gegenüberstehende Bild.
**Frontlader,** Lastkraftwagen, der an der Vorderseite eine Vorrichtung zum Laden hat.
**Frosch,** das Griffende eines Bogens bei Streichinstrumenten.
**Froschbiß,** *Hydrocharis,* Gatt. der *Froschbißgewächse,* Schwimmpflanze mit lang gestielten, herzförmigen Blättern.
**Frösche,** *Echte Frösche,* Ranidae, artenreiche Fam. der *Froschlurche,* zu der die meisten Braun- u. Wasser-F. zählen. Die meisten Arten leben v.a. im Wasser, andere suchen nur zur Fortpflanzung, zum Überwintern bzw. zum Überdauern der Trokkenheit das Wasser auf.
**Froschkönig,** Märchengestalt der Brüder *Grimm* mit dem Motiv vom Tierbräutigam.
**Froschlurche,** im erwachsenen Zustand schwanzlose *Amphibien*; meist verlängerte Hinter-

*Froschlurche: Entwicklung eines Frosches*

beine, die zum Schwimmen u. Springen dienen. Zur Fortpflanzung werden v.a. stehende Gewässer aufgesucht. Meist schlüpfen *Larven* (*Kaulquappen*) aus, die Kiemen, Schwimmschwanz u. noch keine Gliedmaßen haben. Nach mehrmonatigem Larvenleben beginnt die *Metamorphose* (Verwandlung), d.h. die Ausbildung der Gliedmaßen, Rückbildung der Kiemen, Beginn der Lungenatmung, Abbau des Schwanzes. Das Tier geht ans Land u. frißt nun vorw. tier. Beute. Zu den F. gehören u.a. die *Echten Frösche, Baumfrösche, Laubfrösche, Ruderfrösche, Kröten* u. *Krötenfrösche.*
**Froschperspektive,** Ansicht von einem tiefgelegenen Blickpunkt aus.
**Froschtest,** biol. Schwangerschaftstest.
**Frosinone,** ital. Stadt in Latium, Hptst. der gleichn. Prov., 47 000 Ew.; Textil-, elektrotechn. u. metallverarbeitende Ind.
**Frost,** Lufttemp. unter 0 °C u. die sich daraus ergebenden Erscheinungen wie Eisbildung u. Reif.
**Frostbeulen,** *Perniones,* durch Kälteeinwirkungen entstandene Hautschwellungen u. Flecken, die zu Blasen- u. Geschwürbildung führen können, jucken u. auch bei Temp. über dem Gefrierpunkt sowie bei feuchtem Wetter Beschwerden verursachen können.
**Frostschutzmittel,** Mittel zur Verhütung von Frostschäden (im Gartenbau) oder des Einfrierens (von Motoren, des Mörtels beim Bauen).
**Frostspanner,** *Frostnachtspanner, Frostschmetterlinge,* Schmetterlinge, deren Raupen bes. an Obstbäumen schädl. sind.
**Frostsprengung,** die Aufsprengung von Gesteinsklüften, Straßen u. Bauwerken durch Gefrieren eingedrungenen Wassers (*Frostverwitterung*).
**Frottee,** Kleiderstoff mit rauher, gekräuselter Oberfläche.
**Frucht, 1.** aus der Blüte hervorgehendes pflanzl. Organ, das die (oder den) Samen bis zur Reife umschließt u. dann ihrer (seiner) Verbreitung dient. B → S. 286. – **2.** (bei Mensch u. Tier) der Embryo.
**Fruchtbarkeitsriten,** mag. Bräuche zur Erhaltung der Wachstumskräfte, wie sie bei Jäger-, bes. aber bei Ackerbauvölkern geübt werden u. sich bis in die Volksbräuche der Hochkulturen hinein erhalten haben.
**Fruchtblase,** bei den höheren Wirbeltieren die aus den *Embryonalhüllen* gebildete Blase, die den Embryo u. das Fruchtwasser umschließt.
**Fruchtblatt,** *Karpell,* das die Samenanlage tragende weibl. Geschlechtsorgan der *Blüte.* Bei den *nacktsamigen Pflanzen* sitzen die Samenanlagen offen auf dem F., bei den *bedecktsamigen Pflanzen* dagegen sind sie im *Fruchtknoten,* der durch Verwachsung der Fruchtblätter entsteht, eingeschlossen.
**Fruchtfolge,** *Fruchtwechsel,* im Ackerbau die festgelegte Folge der Feldfrüchte, um Bodenerschöpfung, Verlust der Gare u. zu große Verunkrautung u. Vermehrung von Schädlingen zu vermeiden.
**Fruchtholz,** bei Obstbäumen im Unterschied zu den *Langtrieben* oder *Leitzweigen,* die dem weiteren Aufbau des Baums dienen, die Kurztriebe, die die Früchte tragen.
**Fruchtknoten** → Fruchtblatt.
**Fruchtkörper,** aus Flechtgewebe bestehender, meist oberird. Teil der Pilze, der die *Sporangien* trägt; von hut-, becher-, flaschen- oder kugelförmiger Gestalt.
**Fruchtsäuren,** in Früchten vorkommende organ.-chem. Säuren, z.B. Citronensäure, Weinsäure.
**Fruchtstand,** Vereinigung von Früchten, die aus demselben Blütenstand hervorgehen; ähnelt oft einfachen Früchten u. wird dann als *Scheinfrucht* bezeichnet (Feige, Ananas).
**Fruchtwasser,** *Kindswasser, Amnionwasser,* in der Gebärmutter zw. Eihäuten u. Frucht eingeschlossene Flüssigkeit, in der der Embryo schwimmt.
**Fruchtzucker,** *Fructose,* eine in Früchten (neben *Glucose*) u. im Honig vorkommende Zuckerart.
**frugal,** einfach, mäßig, genügsam (meist in bezug auf Speisen u. Getränke).
**frühchristliche Kunst,** *altchristliche Kunst,* die vom 3. bis 6. Jh. im Dienst des Christentums entstandene Kunst, verbreitet über das gesamte Gebiet des Röm. Imperiums u. im O dessen Grenzen überschreitend. Durch geograph., liturg. u. künstler.-techn. Unterschiede bedingt, entwickelten sich

## Frühgeburt

mehrere, nicht immer klar gegeneinander abzugrenzende Kunstkreise: der kopt., der syr.-palästinens., der armen., der kleinasiat.-grch. u. der gallorömische. Hauptzentren waren Alexandria (Ägypten) mit dauerhafter hellenist. Tradition, Antiochia (Syrien) mit starker oriental. Überlieferung u. Rom. Teilgebiet u. zusammenfassende Weiterbildung der f. K. ist die byzantin. Kunst.

**Frühgeburt,** Geburt eines nicht voll ausgetragenen, aber (theoretisch) lebensfähigen Kindes vom Ende des 7. Schwangerschaftsmonats an (vorher: *Fehlgeburt*). Frühgeborene werden i.d.R. in der Kinderklinik aufgezogen, wo »Brutkästen« *(Inkubatoren, Couveusen)* zur Verfügung stehen.

**Frühgeschichte,** in Mitteleuropa der auf die *Urgeschichte* bzw. *Vorgeschichte* jeweils folgende Zeitabschnitt, in dem außer den archäolog. Funden auch histor. Quellen wie etwa Schriftzeugnisse, Ortsnamen, Münzen u.ä. zur Verfügung stehen.

**Frühling,** *Lenz,* die Jahreszeit der gemäßigten Breiten, in der die Tageslänge zunimmt u. die Sonne sich oberhalb des Himmelsäquators befindet; auf der Nordhalbkugel der Erde vom 21. März bis 21. Juni, auf der Südhalbkugel vom 23. September bis 21. Dezember.

**Frühmenschen,** populäre Bez. für die *Pithecanthropus*-Gruppe.

**Frunse,** *Frunze,* Hptst. der Kirgis. SSR (Sowj.), Oase am N-Rand des Tian Shan, 632 000 Ew.; Univ., HS; Flughafen; versch. Ind.

**Frunse,** Michail Wassiljewitsch, *1885, †1925, sowj. Heerführer; reorganisierte die Rote Armee.

**Frustration,** Enttäuschungs-, Mißerfolgs- u. Verzichtserlebnis aufgrund unbefriedigter oder nicht zu befriedigender Bedürfnisse. Die Fähigkeit, mit F. fertig zu werden, wird *F.stoleranz* genannt.

**Frutti di mare,** Meeresfrüchte, z.B. Muscheln, kleine Fische, Krebse.

**Fry** [frai], Christopher, eigtl. *C. Hammond,* *18.12.1907, engl. Schriftst. (Versdramen in einer bilderreichen Sprache).

**Fuad I,** *1868, †1936, König von Ägypten 1922–36; seit 1917 Sultan, nannte sich König, nachdem Großbritannien 1922 die Unabhängigkeit Ägyptens anerkannt hatte.

**Fuchs, 1.** *Kleiner F.,* u. *Großer F.,* zwei *Tagfalter* von meist braunschwarzer Farbe. – **2.** Pferd mit rotem Deckhaar u. hellerem oder dunklerem, jedoch nie schwarzem Schutzhaar. – **3.** *Rauchkanal,* ein

*Rotfuchs*

Kanal, der Abgase von der Feuerstätte zum Schornstein führt.

**Fuchs, 1.** Anke, *5.7.1937, dt. Politikerin (SPD); 1982 Bundes-Min. für Jugend, Fam. u. Gesundheit; 1983–87 stellv. Vors. der SPD-Bundestagsfraktion, seit 1987 Bundesgeschäftsführerin der SPD. – **2.** Ernst, *13.2.1930, östr. Maler u. Graphiker; Begr. des *Wiener Schule des phantast. Realismus.* – **3.** Klaus, *1911, †1988, Kernphysiker; an der wiss. Entwicklung der Atombombe beteiligt; wegen Geheimnisverrats an die Sowj. 1950 zu 14 Jahren Haft verurteilt. – **4.** Sir Vivian Ernest, *11.2.1908, brit. Südpolarforscher; leitete 1957/58 zus. mit E. *Hillary* die brit. Trans-Antarctic-Expedition.

**Füchschen,** *Vulpecula,* kleines Sternbild am nördl. Himmel.

**Füchse,** *Vulpinae,* fast über die ganze Erde verbreitete hundeartige Raubtiere mit spitzem Gesichtsschädel u. buschigem, langem Schwanz; fressen kleinere bis mittlere Wirbeltiere, Insekten, Früchte u. Aas. Der *Rotfuchs* ist in zahlr. Unterarten in Waldgebieten der nördl. Erdhalbkugel verbreitet; eine Farbvariante ist der *Silberfuchs.* Zu den F. gehören weiterhin *Fennek, Polarfuchs* u. *Steppenfuchs.*

**Fuchsie,** *Fuchsia,* Gatt. der *Nachtkerzengewächse,* Hauptverbreitung in Zentral- u. S-Amerika; Zierpflanze mit zweifarbigen, oft hängenden Blüten.

**Fuchsin,** *Rosanilin,* leuchtendrot färbender Triphenylmethan-Farbstoff für Wolle u. Seide; wenig lichtecht; auch zum Einfärben von Bakterien für mikroskop. Untersuchungen verwendet.

**Fuchsjagd,** bei Reitern, Skifahrern u. Waldläufern beliebte Veranstaltung, bei der ein Teilnehmer, der »Fuchs«, der mit einem Vorsprung aufbricht, von den übrigen, der »Meute«, verfolgt wird.

**Fuchsschwanz, 1.** *Amaranthus,* zu den *F.gewächsen* gehörende Pflanzengatt., deren Blüten in aufrecht stehenden Ähren oder Rispen angeordnet sind; beliebte Zierpflanzen. – **2.** *Alopecurus,* Gatt. der *Süßgräser;* z.B. *Wiesen-F.,* ein wertvolles Futtergras. – **3.** einseitig eingespannte Handsäge.

**Fudjaira** [-'dʒai-], arab. Emirat am Golf von Oman, → *Vereinigte Arab. Emirate.*

**Fudschisawa** → Fujisawa.

**Fudschiwara** → Fujiwara.

**Fudschiyama,** *Fujisan,* sehr regelmäßig geformter, bis in den Sommer mit Schnee bedeckter hoher Vulkankegel (3776 m) im sö. Teil der jap. Insel Honshu, sw. von Tokio; der hl. Berg der Japaner u. höchster Gipfel der jap. Inseln; letzter Ausbruch: 1707.

**Fuentes,** Carlos, *11.11.1928, mex. Schriftst. (kulturkrit., z.T. pessimist. Romane über die Situation des heutigen Mexiko).

**Fuerteventura** [fuɛr-], eine der span. Kanar. Inseln, 1722 km², 27 000 Ew., Hauptort *Puerto del Rosario;* Fremdenverkehr.

**Fugato,** in der Musik: Verarbeitung eines Themas nach Art der *Fuge,* ohne an deren strenge Regeln gebunden zu sein.

**Fuge, 1.** [zu *fügen*], Ritze zw. aneinandergefügten Bauteilen. – **2.** im 17. Jh. entstandene (bes. *J.S. Bach*), nach strengen Regeln aufgebaute musikal. Kunstform, bei der ein Thema nacheinander durch alle Stimmen geführt wird, meist im Quartoder Quintabstand. Die F. mit 2 Themen heißt *Doppel-F.,* mit 3 Themen *Tripel-F.* usw.

**Fugger,** seit dem 14. Jh. in Augsburg ansässiges Geschlecht, das durch weitverzweigte Handels- u. Geldgeschäfte, Bergwerkunternehmungen, Faktoreien, Agenturen u. Verbindungen nach Übersee großen Reichtum, Weltgeltung u. Einfluß auf die Reichspolitik errang; waren unter *Jakob II. F., dem Reichen* (*1459, †1525) die größten europ. Bankiers ihrer Zeit u. brachten als Geldverleiher Kaiser *(Karl V.)* u. Päpste in ihre Abhängigkeit; daneben bed. Kunstmäzene. – In Augsburg errichteten die F. das *F.haus* u. die **Fuggerei** (1511–17), eine Siedlung für mittellose Bürger.

*verschiedene Fruchtarten*

*Jakob II. Fugger, der Reiche, und sein Hauptbuchhalter Matthäus Schwarz im Kontor; um 1525. Braunschweig, Herzog-Anton-Ulrich-Museum*

**Fühler,** paarige Kopfanhänge von Gliederfüßern (*Antenne*), Würmern u. Schnecken, die mit Sinnesorganen des Tast-, Geruch- u. Geschmackssinns besetzt sind. Bei einigen Fischen dienen Fühlfäden dem Tastsinn (z.B. beim Wels).
**Führerschein,** amtl. Bescheinigung über eine erteilte *Fahrerlaubnis;* in der Schweiz *Führerausweis,* in Östr. *Fahrerlaubnis;* seit 1986 in der BR Dtld. bei Fahranfängern *F. auf Probe* (für 2 Jahre).

### Führerscheinklassen

| | |
|---|---|
| I | Krafträder mit mehr als 50 cm³ Hubraum (20 Jahre*) |
| Ia | Krafträder mit Nennleistung bis 20 kW (18 Jahre*) |
| Ib | Leichtkrafträder (16 Jahre*) |
| II | Kraftfahrzeuge mit mehr als 7,5 t zulässigem Gesamtgewicht; Lastzüge mit mehr als 3 Achsen (21 Jahre*) |
| III | Kraftfahrzeuge, die nicht zu den Klassen I, II, IV und V gehören (18 Jahre*) |
| IV | Kleinkrafträder, Fahrräder mit Hilfsmotor (16 Jahre*) |
| V | Krankenfahrstühle, Kraftfahrzeuge bis 25 km/h, Kraftfahrzeuge bis 50 cm³ (mit Ausnahme der zu I, Ia, Ib oder IV gehörenden (16 Jahre*) |
| * = Mindestalter | |

**Fuhrmann,** *Auriga,* Sternbild des nördl. Himmels; Hauptstern *Capella.*
**Führung,** Maschinenteil, das die Bewegungsrichtung eines anderen Teils sichert.
**Führungszeugnis,** fr. *polizeiliches F.,* von den örtl. Meldeämtern ausgestellte Bescheinigung über gerichtl. *Vorstrafen.*
**Fujian** [fuːdʒɛn], *Fukien,* Prov. in → China.
**Fujimori** [fudʒi-], Alberto Kenya, *28.7.1938, peruan. Politiker japan. Abstammung; seit 1990 Staats-Präs.
**Fujisawa** [fudʒi-], *Fudschisawa,* jap. Stadt auf Honshu, 328 000 Ew.; Gummi-Ind.
**Fujiwara** [fudʒi-], *Fuschiwara,* jap. Adelsgeschlecht, das bis ins 11. Jh. am jap. Kaiserhof mehrere Jh. hindurch beherrschenden Einfluß hatte.
**Fukien** → Fujian.
**Fukui,** jap. Präfektur-Hptst. auf Honshu, nordöstl. von Kyoto, 250 000 Ew.; Papier- u. Seidenind.
**Fukuoka,** jap. Präfektur-Hptst. auf Kyushu, an der Koreastraße, mit dem Hafen *Hakata,* 1,2 Mio. Ew.; Zentrum des *Tschikuho,* des »jap. Ruhrgebiets« (u.a. chem., Masch.-, Elektro- u. Textil-Ind.; Flughafen).
**Fukushima,** jap. Präfektur-Hptst. im nördl. Honshu, 271 000 Ew.; Univ.; größtes jap. Kernkraftwerk; Seidenind.; Nationalpark.
**Fulbe,** *Ful, Fellata,* W-afrik. Volk (12 Mio.) zw. Senegal u. Kamerun, bes. in Nigeria, Guinea, Senegal, Mali, Obervolta u. Tschad; meist Moslems.
**Fulbright** [ˈfulbrait], James William, *9.4.1905, US-amerik. Politiker (Demokrat); 1944–74 Senator von Arkansas; 1943 *F.-Resolution* (Grundlage zur Schaffung der UN), 1946 *F.-Programm* (Studenten- u. Dozentenaustausch zw. den USA u. Europa).
**Fulda, 1.** Krst. in Hessen, an der *F.,* zw. Rhön u. Vogelsberg, 54 000 Ew.; Bischofssitz, Tagungsort der dt. kath. Bischöfe *(Bischofskonferenz);* mittelalterl. Stadtkern; Dom mit rom. Krypta u. Bonifatiusgrab, barockes Schloß, zahlr. Klöster; Philos.-Theolog. HS u. Priesterseminar; versch. Ind. – 744 als Abtei gegr., 1734–1803 Univ., 1752 Bistum, 1815 kurhess., 1866 preuß. – **2.** Quellfluß der Weser, 218 km; vereinigt sich bei Münden mit der *Werra* zur Weser.
**Füllhorn,** in der grch. Myth. ein mit Blumen, Früchten u.a. guten Gaben gefülltes Horn, Sinnbild des Glücks oder des Überflusses.
**Füllstoffe,** Stoffe, wie z.B. Gesteinsmehl, Glaspulver, Kieselsäure oder Ruß, die anderen Stoffen (Bindemitteln, Öl, Gummi u.a.) zugemischt werden, ohne die Eigenschaften des Gemisches ausschlaggebend zu beeinflussen.
**Fulltime-Job** [-taimdʒob], Ganztagsarbeit; Arbeit, die jemanden ganz ausfüllt.
**fulminant,** glänzend, prachtig, großartig.
**Fulton** [-tən], Robert, *1765, †1815, US-amerik. Techniker; baute die ersten brauchbaren Dampfschiffe.
**Fumarole,** Gas- u. Dampfausströmungen aus Spalten erstarrender Lavamassen.
**Fumarsäure,** *Transethylendicarbonsäure,* ungesättigte aliphat. Dicarbonsäure, in bestimmten Pilzen u. im Tierreich weit verbreitet; techn. durch Gärung aus Stärke gewonnen.
**Funchal** [funˈʃal], Hptst. der port. Insel Madeira, 44 000 Ew.; Weinanbau, Zuckerrohr, Bananen u. Frühgemüse; reger Fremdenverkehr; Flughafen.
**Fund,** eine verlorene Sache, die ein *Finder* entdeckt u. an sich nimmt. Ein F. von mehr als 10 DM Wert verpflichtet zur unverzügl. Abgabe an den Empfangsberechtigten bzw. (in Unkenntnis von dessen Person) zur Anzeige bei der Polizei u. berechtigt zur Annahme eines *Finderlohns.*
**Fundament,** Grundmauer; Grundlage (auch geistig). – **fundamental,** grundlegend, schwerwiegend.
**Fundamentalisten,** im nordamerik. Protestantismus entstandene Bewegung, die dem Darwinismus u. theolog. Liberalismus den Glauben an die irrtumsfreie Bibel entgegensetzte; heute Bez. für die orth. religiösen Strömungen im Islam; allg. auch für Personen, die unbeugsam an ihren Überzeugungen festhalten u. Neuerungen ablehnen.
**fundieren,** begründen, untermauern; mit den nötigen Mitteln versehen.
**Fundus, 1.** Grundbestand, Mittel. – **2.** Lager für Theaterkostüme, Requisiten, Kulissen u.a.
**Fünen,** dän. *Fyn,* dän. Insel u. Amtskommune, zwischen Großem u. Kleinem Belt, 3486 km², 456 000 Ew.; Hpst. *Odense.*
**Funeralien,** zeremonielle Trauerfeierlichkeiten.
**Fünfkampf,** aus 5 Übungen bestehender sportl. Wettkampf, z.B. das aus Lauf, Weitsprung, Speerwerfen, Diskuswerfen u. Ringen bestehende *Pentathlon* der alten Griechen; *leichtathlet. F.:* bei den Männern 200-m-Lauf, Speerwerfen, Diskuswerfen, Weitsprung u. 1500-m-Lauf; bei den Frauen 1981 durch den → Siebenkampf abgelöst. *Moderner F. (Olympischer F.):* an 5 aufeinanderfolgenden Tagen 5 Wettbewerbe (Springreiten, Degenfechten, Pistolenschießen, Schwimmen, Geländelauf).
**Fünfkirchen,** ung. Stadt, → Pécs.
**Fünfprozentklausel,** Bestimmung des Bundeswahlgesetzes, nach der eine Partei oder Wählergruppe mindestens 5 % der im Bundesgebiet abgegebenen Stimmen (oder 3 Direktmandate) erringen muß, um Vertreter in den Bundestag entsenden zu können.
**Fünftagefieber,** *Ikwafieber, Wolhynisches Fieber,* akute, durch Läuse übertragene Erkrankung,
bei der period. (etwa alle 4–5 Tage) kleine Fieberschübe auftreten.
**Fünfte Kolonne,** Begriff aus dem Span. Bürgerkrieg 1936–39, als Franco mit 4 Kolonnen gegen Madrid anrückte u. von seinen Anhängern innerhalb der Stadt (als 5. getarnte Kolonne) unterstützt wurde; seitdem Bez. für innere, mit dem Feind sympathisierende u. ihm Vorschub leistende Untergrundorganisationen.
**Fünfte Republik,** die Rep. Frankreich seit 1958.
**fungieren,** ein Amt verrichten; wirksam sein.

*Fulbe in Nordkamerun*

**Fungizid,** chem. Mittel zur Vorbeugung oder Bekämpfung von Pilzbefall.
**Funhof,** Hinrik, †1484/85, der bedeutendste Maler der 2. Hälfte des 15. Jh. in Nds.; seit 1475 in Hamburg nachweisbar.
**Funk,** kurz für *Rundfunk.*
**Funk** [fʌŋk], Richtung des Jazz, die auf afroamerik. Musik u. Blues zurückgreift; Ende der 1950er Jahre entstanden.
**Funkaufklärung,** im Rahmen der *elektron. Kampfführung* das Abhören des feindl. Fernmeldeverkehrs u. das Erfassen der feindl. elektron. Ortungs- u. Leitdienste *(Radar, Leitstrahl).*
**Funkdienste,** Fernmeldedienste, die zur Übertragung der Nachrichten elektromagnet. Wellen verwenden: u.a. fester Funkdienst, bewegl. Funkdienst, Rundfunk, Meteorologiefunk, Weltraumfunk u. Intersatellitenfunk.
**Funkenkammer,** Gerät zur Registrierung der Bahnen elektr. geladener Elementarteilchen.
**Funkfeuer,** ortsfester Hochfrequenzsender als Navigationshilfe für Schiffe u. Flugzeuge.
**Funkie,** *Glocken-, Trichter-, Herzlilie, Hosta,* jap. Gatt. der *Liliengewächse;* in einigen Arten als Gartenzierpflanze verbreitet.
**Funkrufdienst,** Nachrichtenübermittlung zw. einem öffentl. Fernsprecher u. einem tragbaren Empfänger.
**Funksprechgeräte,** trag- oder fahrbare Geräte, die im allg. im Ultrakurzwellenbereich arbeiten u. im Polizeifunk u. im öffentl. bewegl. Funkdienst eingesetzt werden.
**Funktechnik,** umfassender Begriff für alle Gebiete des drahtlosen Nachrichtenverkehrs: drahtlose Telegraphie, Fernschreiben, Fernsprechen, Rundfunk u. Fernsehen. Die Übertragung beruht auf sich drahtlos ausbreitenden elektromagnetischen Wellen.
**Funktion, 1.** spezielle Wirksamkeit in einem größeren Zusammenhang; Tätigkeit, Amt, Aufgabe. – **2.** *Math.:* eine eindeutige Abbildung in der Analysis. Man schreibt eine F.: $f = \{(x,y) \mid y = f(x)\}$ (gelesen: $f$ ist gleich der Menge aller geordneten Paare $x,y$ mit der Bedingung: $y$ ist gleich $f$ von $(x)$ oder: $f: x \to f(x)$ oder kurz: $y = f(x)$, wobei zusätzl. der Definitionsbereich angegeben wird. Die letztere Darst. heißt *explizit.* Eine *implizite* Darst. $f(x,y) = 0$ liefert nur dann eine F., wenn die Eindeutigkeit der Zuordnung gewährleistet ist. $x$ heißt *unabhängige Variable* oder *Argument,* $y$ *abhängige Variable* oder *F.swert* an der Stelle $x$. Häufig vorkommende

# Funktionalismus

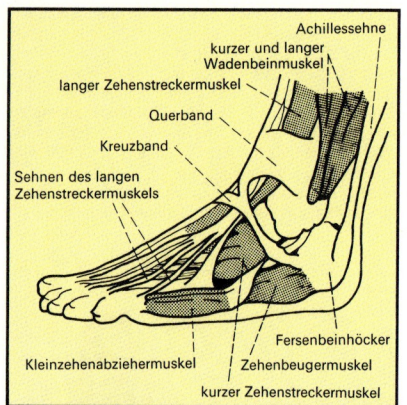

*Fuß: Muskeln und Sehnen*

F. sind: die *lineare F.* $y = mx + n$, die *Potenz-F.*: $y = x^n$, die *ganze rationale F.*: $y = a_n x^n + a_{n-1} x^{n-1} + \ldots + a_1 x + a_0$. Der Quotient zweier ganzer rationaler F. ist eine *gebrochen rationale F.* Treten in $f(x)$ Wurzeln in endl. Zahl auf, erhält man *algebraische F.* *Transzendent* heißen die nicht algebraischen F.: die *trigonometrische*, die *Exponential-* u. die *logarithmische F.* — Faßt man ein Wertepaar $(x,y)$ als Koordinaten eines Punktes auf u. stellt alle zu einer F. als Paarmenge gehörenden Punkte in einem Koordinatensystem dar, so erhält man die graph. Darst. oder den *Graph* der F.

**Funktionalismus, 1.** seit etwa 1920 auftretende Strömung innerhalb der Baukunst u. industriellen Formgestaltung, welche die Einheit von Form u. Funktion fordert; Betonung der konstruktiven Elemente (*Stützen* u. *Träger*) eines Bauwerks u. Gestaltung sämtl. Einzelglieder nach den Erfordernissen ihres prakt. Gebrauchs. — **2.** in Amerika entstandene Richtung, die im Ggs. zur *Strukturpsychologie* das Seelische aus der Zusammensetzung einzelner *Funktionen* (Wahrnehmung, Gedächtnis, Denken) erklären will.

**Funktionär,** Beauftragter einer Organisation (meist Partei, Gewerkschaft); auch ehrenamtl. Mitarbeiter im Spitzensport.

**Furchenwale,** Finnwale, Balaenopteridae, Fam. der *Bartenwale*; Meeressäuger von schlanker Form, mit tiefen Längsfurchen von der Kehle bis zum Bauch u. mit Rückenflosse (Finne) in allen Weltmeeren verbreitet. Der eigt. *Finnwal* des Nordatlantik u. des Nördl. Eismeers wird bis 25 m lang. Zu den F. gehören ferner *Zwergwal, Seiwal, Blauwal* u. *Buckelwal.*

**Furchung,** die erste Periode der Embryonalentwicklung, in der die Eizelle eine Folge gesetzmäßiger Teilungen durchmacht.

**Furgler,** Kurt, *24.6.1924, schweiz. Politiker (CVP); 1977 u. 1981 Bundes-Präs.

**Furien,** lat. *Furiae,* altröm. Rachegöttinnen, entspr. den grch. *Erinnyen.*

**furios,** wütend, hitzig, wild, leidenschaftl. — **furioso,** musikal. Vortragsbez.: wild, heftig.

**Furkapaß,** dritthöchster befahrbarer Alpenpaß (2431 m) der Schweiz, zw. Reußtal (Andermatt) u. Rhônetal (Gletsch); 1850 m langer Tunnel der Furka-Oberalp-Bahn, 15,4 km langer Tunnel südl. des Passes 1982 eröffnet.

**Furnier,** dünnes Deckblatt aus edlem Holz, das auf weniger wertvollem Holz befestigt ist.

**Furore,** Beifall, Begeisterung; *F. machen,* Aufsehen erregen.

**Furrer,** Jonas, *1805, †1861, schweiz. Politiker (Liberaler); 1848 erster schweiz. Bundes-Präs.

**Fürsorge,** fr. Bez. für *Sozialhilfe.*

**Fürsorgeerziehung,** Maßnahme öffentl. Jugendhilfe für Minderjährige bis zum vollendeten 17. Lebensjahr, die zu verwahrlosen drohen oder verwahrlost sind; erfolgt durch das Vormundschaftsgericht oder auf Antrag des Jugendamtes, aber auch durch das Jugendgericht aus Anlaß einer Straftat; Durchführung in einer geeigneten Familie oder einem Erziehungsheim.

**Fürsorger,** veraltete Bez. für *Sozialarbeiter.*

**Fürst,** allg. ein regierender Herrscher. Im fr. MA bildete sich aus den hohen Reichsbeamten (Herzöge, Grafen, Mark- u. Pfalzgrafen) sowie aus dem hohen Klerus (Erzbischöfe, Bischöfe, Äbte von Reichsklöstern) der *Reichsfürstenstand.* Seit dem 16. Jh. traten noch durch kaiserl. Privilegierung in den Reichsfürstenstand erhobene Familien hinzu.

**Fürstabt,** im Hl. Röm. Reich Bez. für Äbte, die Sitz u. Stimme im Fürstenkolleg des Reichstags hatten.

**Fürstbischof,** im Hl. Röm. Reich Bez. für Bischöfe, die Sitz u. Stimme im Fürstenkolleg des Reichstags hatten; noch heute Ehrentitel für Bischöfe u. Erzbischöfe in Östr., deren Sprengel vor 1740 errichtet worden sind; entspr. Titel für Erzbischöfe: *Fürsterzbischof.*

**Fürstenabfindung,** im Jahr 1926 eingeleitete Schlußphase in der vermögensrechtl. Auseinandersetzung zw. den dt. Landesregierungen u. den entthronten Fürstenhäusern, die vom Staat große Teile ihres Vermögens zurückerhielten.

**Fürstenberg, 1.** Gem. in Nds. u. Burg an der Weser, südl. von Höxter, 1300 Ew.; Porzellanmanufaktur (*F.er Porzellan*). — **2.** *F. (Oder),* Stadtteil von → *Eisenhüttenstadt.*

**Fürstenbund,** *Dt. F.,* 1785 auf Veranlassung *Friedrichs d. Gr.* gegr. Verbindung dt. Reichsfürsten zum Schutz der Reichsverfassung gegen die Pläne des Kaisers *Joseph II.;* 1790/91 aufgelöst.

**Fürstenfeldbruck,** oberbay. Krst. westl. von München, 32 000 Ew.; ehem. Zisterzienserabtei *Fürstenfeld* mit barocker Klosterkirche; Militärflugplatz.

**Fürstenspiegel,** Schriften zur Erziehung junger Fürsten, oft als idealisiertes Lebensbild eines bestimmten Herrschers verfaßt.

**Fürstenwalde,** *F./Spree,* Krst. in Brandenburg, an der hier zum Oder-Spree-Kanal ausgebauten Spree, 35 000 Ew.; Binnenhafen; versch. Ind.

**Furt,** seichte, leicht überquerbare Stelle im Fluß.

**Furth im Wald,** Stadt in der Oberpfalz (Bay.), im Böhmerwald, 9000 Ew.; Glas- u. Holz-Ind.; Grenzübergang zur Tschechoslowakei.

**Furtwangen,** Stadt in Ba.-Wü., im Schwarzwald, 10 000 Ew.; Uhren- u. feinmechan. Ind.; Fremdenverkehr.

**Furtwängler,** Wilhelm, *1886, †1954, dt. Dirigent u. Komponist (v.a. klass. u. romant. Musik).

**Furunkel,** akute, eitrige Entzündung eines Haarbalgs u. seiner Talgdrüse. Bei der *Furunkulose* treten mehrere F. neben- oder nacheinander auf; beim *Karbunkel* fließen benachbarte F. zu einem Entzündungsgebiet zusammen.

**Fürwort** → Pronomen.

**Fuschun** → Fushun.

**Fusel,** minderwertiger Branntwein.

**Fuselöle,** Nebenerzeugnisse bei der alkohol. Gärung, ein Gemisch von Butyl- u. Amylalkoholen, Fettsäureestern, kleineren Mengen von Terpenen, Furfurol u. a.; giftig.

**Fushun,** chin. Bergbau- u. Ind.-Stadt in der Prov. Liaoning, 1,24 Mio. Ew.; Kohlenbergbau, petrochem., Zement-, Stahl- u. Aluminium-Ind.

**Füsilier,** fr. der mit der Flinte bewaffnete Infanterist. — **füsilieren,** fr. die Todesstrafe an einem Soldaten durch Erschießen vollstrecken.

**Fusion, 1.** Vereinigung, Verschmelzung; bes. die Vereinigung zweier oder mehrerer Unternehmen. — **2.** Verschmelzung von Atomkernen (*Kern-F.*).

**Fuß, 1.** beim Menschen u. bei den landbewohnenden Wirbeltieren unterster Teil des Beins, durch das *F.gelenk* mit dem Unterschenkel verbunden; aus dem knöchernen Gerüst der *F.wurzel,* des *Mittel-F.* u. der *Zehen* aufgebaut; beim Menschen an der Innenseite der Sohle eine Wölbung (*Längsgewölbe* des F.), die sich bei Überlastung senkt u. zum *Senk-F.* (auch *Platt-F.*) oder *Spreiz-F.* führt; bei den Landwirbeltieren nach Zweck u. Leistung versch. ausgebildet, z.B. Sohlengänger, Zehengänger. — **2.** veraltetes Längenmaß 1 F. = 12 Zoll. cm. 28 u. 43 cm; als brit. u. US-amerik. Einheit *foot.*

**Fußball,** Ballspiel zw. 2 Mannschaften von je 11 Spielern (1 Torwart u. 10 Feldspieler), die versuchen (unter Aufsicht eines *Schieds-* u. zweier *Linienrichter*), einen Hohlball durch geschicktes Zusammenspiel ins gegner. *Tor* (7,32 m breit, 2,44 m hoch) zu treiben u. das eig. Tor möglichst vor Gegentreffern frei zu halten. Der Ball wird mit den Füßen oder mit dem Kopf gestoßen; er darf mit dem ganzen Körper, aber nicht mit Händen u. Armen berührt werden; Spielzeit: 2 x 45 min. (bei Frauen- u. Jugendspielen verkürzt 2 x 40 min.).

**Füssen,** Stadt in Schwaben (Bay.), Luftkurort u. Wintersportplatz, 803 m ü. M., am Austritt des Lech aus den Allgäuer Alpen, 13 000 Ew.; ehem. Benediktinerabtei (St. Mang-Kloster) mit barocker Stiftskirche; Holzind., Feinmechanik, nahebei die Schlösser *Neuschwanstein* u. *Hohenschwangau.*

**Fussenegger,** Gertrud, eigtl. G. *Dietz,* *8.5.1912, östr. Schriftst. (Romane, Lyrik, Dramen).

**Füßli,** Johann Heinrich, in England Henry *Fuseli* gen., *1741, †1825, schweiz.-engl. Maler u. Graphiker; gekennzeichnet durch übersteigerte Pathetik u. visionär-düsteren Stimmungsausdruck.

**Fußnote,** Erläuterung unter dem Text einer Buch- oder Manuskriptseite.

**Fußpilz,** Sammelname für Fadenpilze, die Erkrankungen zw. den Zehen, aber auch Fingern hervorrufen; Symptome: Juckreiz, Bläschenbildung, trockene Abschuppung oder nässende Wunden.

**Fußwaschung, 1.** altorient. Sitte, Symbol der Gastfreundschaft. — **2.** in der kath. u. orth. Kirche am Gründonnerstag feierl. vollzogene Handlung in Anlehnung an die F. von Jesus an seinen Jüngern beim Letzten Abendmahl.

**Fußwurzel** → Fuß.

**Fust,** Johann, *um 1400, †um 1466, dt. Buchdrucker; Geldgeber u. Teilhaber J. *Gutenbergs,* der ihm 1455 sein Druckgerät verpfänden mußte; gründete bald danach eine eig. Druckerei in Mainz, die 1457 das erste in drei Farben gedruckte Buch (»Mainzer Psalter«) herausbrachte.

**Futabatei,** Shimei, *1864, †1909, jap. Schriftst. (modern-realist. Romane).

**Futhark** ['fu:θark], germ. Runenalphabet, nach den ersten 6 Buchstaben f-u-þ-a-r-k benannt.

**Futschou** → Fuzhou.

**Futteral,** Behälter, Etui, Hülle, Hülse.

**Futterpflanzen,** ein- oder mehrjährige Pflanzen, die zur Ernährung landw. Nutztiere angebaut werden; u.a. Kleearten, Mais, Futterrüben.

**Futuna,** Südseeinsel, → Wallis u. F.

**Futur,** *Futurum,* Zeitform des Verbs zur Bez. zukünftiger Handlungen u. Geschehnisse, 1. F., z.B. »ich werde essen«, 2. F., *Futurum exactum* (vollendete Zukunft), z.B. »ich werde gegessen haben«.

**Futurismus,** eine literar.-künstler. Bewegung der ital. Moderne (begr. 1909 durch F.T. *Marinetti*), welche die techn. Errungenschaften verherrlichte (Darst. des Maschinenzeitalters) u. alle überlieferten Formen ablehnte. In der Malerei versuchte der F., das Nacheinander von Geschehnissen nebeneinander in einem Bilde zu vereinigen.

**Futurologie,** die → Zukunftsforschung.

**Futurum** → Futur.

**Fux,** Johann Joseph, *1660 oder 1661, †1741; östr. Organist u. Hofkapellmeister (Lehrbuch »Gradus ad Parnassum« über den Kontrapunkt); neben kirchl. Werken auch Opern u. Instrumentalmusik.

**Fuzhou** [fu:dʒou], *Futschou,* Hptst. u. Haupthafen der chin. Prov. Fujian, an der SO-Küste, 1,19 Mio. Ew., Univ.; chem. Ind., Holzverarbeitung; Fischfang.

**Fyt** [fɛit], Jan, *1611, †1661, fläm. Maler (Jagd- u. Tierbilder, Stilleben).

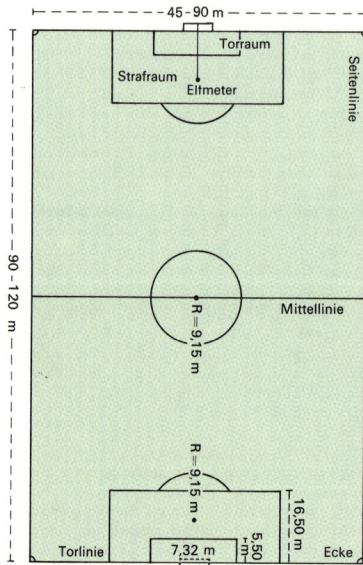

*Fußball-Spielfeld*

# G

**g, G,** 7. Buchstabe des dt. Alphabets, entspr. dem grch. *Gamma* (γ, Γ).
**g,** Zeichen für *Gramm.*
**Ga,** chem. Zeichen für *Gallium.*
**Gäa** → griechische Religion.
**Gabardine,** feingerippter Mantel- oder Kleiderstoff aus Wolle oder Baumwolle.
**Gabbro,** grobkörniges basisches Tiefengestein (Plutonit).
**Gabel,** allg. etwas, das sich in 2 oder mehr Arme verzweigt, z.B. Ast-, Geweih-, Weg-G.; insbes. ein Gerät mit 2–6 Zinken zum Anspießen, z.B. beim Fischfang oder in der Landw.; als *Eßgerät* seit dem 16. Jh.
**Gabelbein,** *Furcula,* die bei den Vögeln zu einem gabelförmigen Knochengebilde verwachsenen *Schlüsselbeine.*
**Gabelblattgewächse** → Pflanzen.
**Gabelbock,** etwa 80 cm hoher *Wiederkäuer* der Steppen N- u. Mittelamerikas.
**Gabelentz,** Georg von der, *1840, †1893, dt. Sprachforscher (allg. Sprachwiss. u. Chines.).
**Gabelsberger,** Franz Xaver, *1789, †1849, bay. Ministerialbeamter; schuf die erste aus der Schreibschrift abgeleitete dt. Stenographie.
**Gabelschwanz,** *Dicranura,* Gatt. der *Zahnspinner,* deren Raupen gabelförmige Anhänge haben.
**Gabelstapler,** *Gabelhubwagen,* ein Flurförderer zum Heben u. Transportieren von Lasten mittels einer Hubgabel, die in einem ausschiebbaren Rahmen auf u. ab bewegt werden kann; Antrieb durch Elektro- oder Verbrennungsmotor.
**Gabelweihe** → Milane.
**Gabès,** tunes. Stadt am *Golf von G.,* 80 000 Ew.; größter Handelshafen Tunesiens.
**Gabin** [-'bɛ̃], Jean, *1904, †1976, frz. Filmschauspieler (»Hafen im Nebel«, »Im Kittchen ist kein Zimmer frei«, »Die Katze«).
**Gabirol,** Salomon ben Jehuda ibn, auch *Avicebron,* *1021, †1070, ältester Vertreter der jüd. Philosophie in Spanien; verband jüd. Religionslehre mit aristotel. u. platon. Philosophie.
**Gable** [geibl], Clark, *1901, †1960, US-amerik. Filmschauspieler (»Vom Winde verweht«).
**Gabler,** ein Hirsch *(Gabelhirsch)* oder Rehbock *(Gabelbock),* dessen Geweih oder Gehörn eine (zweizinkige) Gabel bildet.
**Gablonz an der Neiße,** tschech. *Jablonec nad Nisou,* Stadt in Nordböhmen (ČSFR), 33 000 Ew.; Glasind. – Nach der Ausweisung 1945 wurden Gablonzer Firmen in S-Dtld. u. in Östr. wieder aufgebaut.

**Gabo,** Naum, eigtl. N. *Pevsner,* *1890, †1977, US-amerik. Bildhauer russ. Herkunft; verfaßte das »Realist. Manifest«, eine Theorie des *Konstruktivismus.*
**Gabor** [engl. 'ɡeibɔ:], Dennis, *1900, †1979, brit. Physiker ung. Herkunft; Entdecker der *Holographie;* Nobelpreis 1971.
**Gaborone,** Hptst. der Rep. Botswana (S-Afrika), 1015 m ü.M., 40 000 Ew.
**Gabriel** ['ɡa:briɛl], einer der vier *Erzengel.*
**Gabrieli, 1.** Andrea, *um 1510, †1586, ital. Komponist; an der Markuskirche in Venedig; machte aus der Mehrchörigkeit eine kontrastreiche, raumfüllende, »farbige« Kunst. – **2.** Giovanni, Neffe u. Schüler von 1), *zw. 1554 u. 1557, †1612 oder 1613, ital. Komponist; führte den venezian. Stil zu seiner höchsten Blüte.
**Gabrilowitsch,** Ossip, *1878, †1936, russ. Pianist (bes. F. *Chopin*).
**Gabrowo,** bulgar. Stadt am N-Fuß des Hohen Balkan, Hptst. des gleichn. Bez., 80 000 Ew.; Textilind.
**Gabun,** Staat in Zentralafrika, an der Niederguineaküste, 267 667 km², 1,15 Mio. Ew. (Bantunegerstämme, Pygmäen), Hptst. *Libreville.* Das feuchttrop., von Regenwald bestandene Land zieht

*Gabun*

sich über eine bis 100 km breite Küstenebene auf das *Hochland von G.* hinauf (bis 1370 m hoch). Wichtige Exportartikel sind Edelhölzer, Erdöl, Mangan, Uran, Eisen, Gold u. Kakao. Haupthäfen sind Libreville u. Port-Gentil.
Geschichte. Seit 1854 frz. Kolonie u. seit 1910 ein Teil von Frz.-Äquatorialafrika, wurde die Rep. 1958 autonom u. am 17.8.1960 unabh. Staats-Präs. ist seit 1967 O. *Bongo,* der 1990 demokrat. Reformen einleitete.
**Gad,** im AT eines der 12 Stämme Israels, nach G., dem Sohn Jakobs u. der Silpa, benannt.
**Gadamer,** Hans-Georg, *11.2.1900, dt. Philosoph; Schüler M. *Heideggers,* Hauptvertreter der philosoph. *Hermeneutik;* W »Wahrheit u. Methode«.
**Gadda,** Carlo Emilio, *1893, †1973, ital. Schriftst. (iron. Gesellschaftsromane).
**Gaddafi,** Moamar → Ghadafi, Muammer.
**Gade,** Niels Wilhelm, *1817, †1890, dän. Dirigent u. Komponist; bed. Vertreter der dän. Romantik.
**Gadebusch,** Krst. in Mecklenburg, nw. von Schwerin, 6200 Ew.
**Gades,** Antonio, *1936, span. Tänzer.
**Gadolinium,** zu den *Lanthanoiden* gehörendes → chem. Element.
**Gaeta,** das antike *Caieta,* ital. Hafenstadt, Festung u. Seebad in Latium, am *Golf von G.,* 21 000 Ew.
**Gaeta,** Francesco, *1879, †1927 (Selbstmord), ital. Schriftst. (formstrenge Lyrik).
**Gaffel,** ein Rundholz in Längsrichtung am Schiffsmast. Es trägt das trapezförmige *G.segel.*
**Gafsa,** das antike *Capsa,* tunes. Oasenstadt u. Badeort (Thermalquellen), 61 000 Ew.; Phosphatbergbau.
**Gag** [ɡæɡ], witziger, effektvoller Einfall, Ulk in Film, Kabarett u.ä.
**Gagarin,** Jurij Alexejewitsch, *1934, †1968 (Flugzeugabsturz), sowj. Astronaut; führte am 12.4.1961 mit dem Raumschiff »Wostok I« den ersten bemannten Raumflug aus.
**Gagat,** *Schwarzer Bernstein,* als Schmuckstein verwendete feste Braunkohle.

**Gage** ['ɡa:ʒə], Gehalt der Künstler.
**Gagel,** kleiner Strauch in Torfmooren u. auf torfigen Heiden. – **G.gewächse** → Pflanzen.
**Gagern, 1.** Friedrich Frhr. von, *1882, †1947, östr. Schriftst. (exot. Romane, Tier- u. Jagdgeschichten). – **2.** Heinrich Frhr. von, *1799, †1880, dt. Politiker; Mitgründer der *Burschenschaft;* 1848 Präs. der *Frankfurter Nationalversammlung.*
**Gaggenau,** Stadt in Ba.-Wü., im nördl. Schwarzwald, 30 000 Ew.; Auto- u. Metall-Ind.
**Gagliarde** [ɡa'ljardə] → Gaillarde.
**Gagra,** bis 1948 *Gagry,* Stadt in der Abchasischen ASSR der Grusin. SSR (Sowj.), an der Schwarzmeerküste, 21 000 Ew.; Kurort, wärmster sowj. Ort am Schwarzen Meer.
**Gaia** → griechische Religion.
**Gaillarde** [ɡa'jardə], *Gagliarde,* ein lebhaft-fröhl. Paartanz im ³/₄-Takt, der in der alten *Suite* der gemesseneren *Pavane* zu folgen pflegte.
**Gainsborough** ['ɡeinzbərə], Thomas, *1727, †1788, engl. Maler; bevorzugter Bildnismaler der königl. Fam. u. der vornehmen Gesellschaft; meist vor Parklandschaften gestellte Bildnisse.
**Gairdner,** *Lake G.* [lɛik 'ɡɛədnə], Salzsee in S-Australien, im N der Eyre-Halbinsel, etwa 200 km lang u. bis 50 km breit; mit sehr unregelmäßigem Wasserstand.
**Gais,** O-schweiz. Kurort im Kt. Appenzell-Außerrhoden, 940 m ü.M., 2500 Ew.
**Gaiser,** Gerd, *1908, †1976, dt. Schriftst.; Romane: »Die sterbende Jagd«, »Schlußball«.
**Gaismair,** *Gaysmayr,* Michael, *um 1490, †1532, Tiroler Bauernführer; unterlag 1525 im Tiroler u. 1526 im Salzburger Bauernaufstand.
**Gaius,** Papst → Cajus.

*Jurij Gagarin im Raumschiff Wostok I*

**Gaius,** *Gajus,* altröm. Jurist, zw. 117 u. 180 n. Chr.; berühmt durch sein Lehrwerk des röm. Rechts, die ins *Corpus juris civilis* aufgenommenen »Institutionen«.
**Gala,** Festkleid, Prunkgewand.
**Galactose,** eine Aldohexose (Zuckerart), die bei der hydrolyt. Spaltung von Milchzucker entsteht; in manchen Gummiarten.
**Galagos** → Ohrenmakis.
**galaktisch,** zur *Milchstraße* gehörig; **g.es System,** das Milchstraßensystem; → Galaxien.
**Galaktometer,** Milchwaage nach dem Prinzip des → Aräometers.
**Galalith,** aus gequollenem u. mit Formaldehyd gehärtetem Kasein hergestellter Kunststoff, hornähnl. u. nicht brennbar; u.a. für Schirmgriffe.
**Galan,** vornehm auftretender Liebhaber.
**galant,** höfl., ritterl. (bes. gegen Damen).
**galante Dichtung,** Modedichtung des 17. u. 18. Jh. in der Übergangszeit vom Barock zur Aufklärung nach frz. Vorbildern; begnügte sich meist mit der Darst. konventioneller Liebesszenen.

*Gabelbock*

**Galanteriewaren,** Putz-, Mode-, Schmuckwaren.
**Galápagos-Inseln,** *Schildkröteninseln,* amtl. *Archipiélago de Colón,* Gruppe vulkan. Inseln im Pazifik, zus. 8006 km², 4500 Ew., Hptst. *Puerto Baquerizo* auf San Cristóbal; zahlr. endemische Tier- u. Pflanzenarten, u.a. Riesenschildkröten u. -echsen; gehört polit. zu Ecuador.
**Galapagos-Riesenschildkröte** → Elefantenschildkröte.
**Galata,** Stadtteil der türk. Stadt *Istanbul* auf der europ. Seite.
**Galatea,** eine Meernymphe, Tochter des Nereus; → griechische Religion.
**Galater,** ein kelt. Stamm, der sich 278 v.Chr., vom Balkan kommend, in der kleinasiat. Ldsch. *Galatien* festsetzte; Hptst. *Ankyra* (das heutige Ankara). – **G.brief,** Brief des Apostels *Paulus* an christl. Gemeinden in *Galatien.*
**Galați** [ga'latsj], dt. *Galatz,* wichtigster rumän. Hafen an der Donau, Verw.-Sitz des Kr. G., 295 000 Ew.; Univ.; Textilfabrik, Stahlwerk.
**Galaxien,** *Milchstraßensysteme,* alle selbst. Sternsysteme außerhalb unseres eigenen Milchstraßen- oder galakt. Systems im Weltall. Dazu gehören die Spiralnebel, die ellipt. u. unregelmäßigen Nebel u. die Zwerg-G. Die G. haben Durchmesser von 10 000 bis 200 000 Lichtjahren u. enthalten 10 bis 1000 Mrd. Sonnenmassen sowie Staub u. Gas mit einem Massenanteil von 1–10%. Der durchschnittl. Abstand zw. zwei G. beträgt 100 000 bis 1,22 Mio. Lichtjahre. Die Gesamtzahl aller G. in dem z.Z. beobachtbaren Teil des Weltalls wird auf rd. 100 Mrd. geschätzt.
**Galba,** Servius Sulpicius, *3 v.Chr., †69 n.Chr., röm. Kaiser 68/69; war am Aufstand gegen *Nero* beteiligt.
**Galbraith** ['gælbrɛθ], John K., *15.10.1908, US-amerik. Nationalökonom; entwickelte die Theorie der »countervailing power« [»gegengewichtige Marktmacht«].
**Galdhøpiggen,** zweithöchster norw. Berg, 2469 m.
**Galeasse,** größeres, aus der *Galeere* hervorgegangenes Kriegs- oder Handelsschiff des MA, durch Ruder oder Segel getrieben; bis 1000 t groß.
**Galeere,** Ruderkriegsschiff des Altertums u. MA, durch 50 u. mehr, übereinander angeordnete, von je 3–5 Mann bediente Ruder angetrieben; Bedienung meist durch Sträflinge oder Sklaven.
**Galen, 1.** Christoph Bernhard Graf von, *1606, †1678, Fürstbischof von Münster seit 1650; genannt »Kanonenbernd«; regierte absolutist. u. hielt ein stehendes Heer, mit dem er 1661 das Selbständigkeitsstreben der Stadt Münster unterdrückte; förderte Klerikerbildung u. Schulwesen. – **2.** Clemens August Graf von, *1878, †1946, Bischof von Münster; Gegner des Nationalsozialismus (bes. Kampf gegen Euthanasie); 1946 Kardinal.
**Gälen,** die *Gälisch* sprechenden Kelten Irlands, Schottlands u. der Insel Man.
**Galenus,** *Galen,* *129, †199, grch.-röm. Arzt; bed. Arzt der röm. Kaiserzeit, Leibarzt *Marc Aurels.* Seine Schriften waren noch im MA med. Lehrgrundlage.
**Galeone,** *Galione,* span.-port. Segelkriegsschiff des 15.–18. Jh.
**Galerie, 1.** ein um eine Halle erhöht laufender Gang mit Brüstung; auch ein überdachter Außengang. – **2.** Ausstellungsraum für Gemälde u.a. Kunstwerke. – **3.** der oberste (billigste) Rang im Theater.

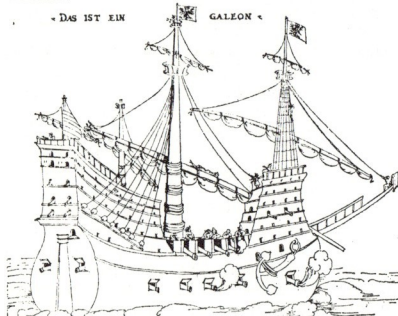

*Galeone aus dem 16. Jahrhundert; Kupferstich von Augustin Hirschvogel*

**Galeriewälder,** an das Grundwasser von Flüssen gebundene Waldstreifen trop. u. subtrop. Savannen u. Steppen.
**Galerius,** Gaius *G. Valerius Maximianus,* *um 250, †311, röm. Kaiser 305–311; Schwieger- u. Adoptivsohn *Diocletians; Augustus* des Ostens; zunächst Christenverfolger, erließ 311 ein Toleranzedikt zugunsten der Christen.
**Galicien,** *Galizien,* **1.** span. *Galicia,* histor. Ldsch. NW-Spaniens, umfaßt die Provinzen *La Coruña, Lugo, Orense* u. *Pontevedra,* alte Hptst. *Santiago de Compostela.* – **2.** poln. *Galicja* → Galizien.
**Galicisch,** in der span. Ldsch. Galicien gesprochener Dialekt.
**Galiläa,** Ldsch. im N Israels zw. Mittelmeer u. Jordangraben. Hauptort von *Obergaliläa* ist *Safed. Untergaliläa,* im Altertum die fruchtbarste Ldsch. Palästinas, ist das Hauptsiedlungsgebiet der isr. Araber.
**Galiläer,** im NT für Jesus u. seine Jünger gebrauchte Bez., zuweilen mit spött. Unterton.
**Galilei,** Galileo, *1564, †1642, ital. Naturforscher; begr. die moderne, auf Erfahrung u. Experiment beruhende Physik; beobachtete die Gesetzmäßigkeiten der Pendelschwingungen, erfand die hydrostat. Waage zur Bestimmung spezifischer Gewichte. u. untersuchte 1589 in Pisa die Fallgesetze; konstruierte 1609 ein Fernrohr u. entdeckte Mondberge, Jupitermonde, Sonnenflecken, Phasengestal-

*Galileo Galilei*

ten der Venus u.a.; 1610 nach Florenz berufen; geriet wegen seines Bekenntnisses zum heliozentr. Weltsystem des *Kopernikus* mit der Kirche in Konflikt u. schwor 1633 in Rom vor der Inquisitionsgericht ab, widerrief jedoch angebl. mit dem Ausspruch »Und sie (die Erde) bewegt sich doch«. – G. wurde von Papst Johannes Paul II. öffentl. rehabilitiert.
**Galinski,** Heinz, *28.11.1912, Vors. der Jüd. Gemeinde in Berlin (seit 1949), Vors. des Direktoriums des Zentralrats der Juden in Dtld. (seit 1988).
**Galion,** erkerartiger Vorbau am Bug eines hölzernen Schiffs, meist von einer holzgeschnitzten *G.sfigur* geschmückt.
**Galione** → Galeone.
**gälische Sprache,** *Goidelisch,* **1.** i.w.S.: in Irland entstandene kelt. Sprache; weiterentwickelt als *Irisch, Gälisch* (i.e.S.) u. *Manx.* – **2.** i.e.S.: *Ersisch, schott. Sprache,* aus 1) entstandene, in Schottland seit dem 5. Jh. von den Iren eingeführte Sprache.
**Galizien,** *Galicien,* **1.** poln. *Galicja,* das nördl. Karpatenvorland zw. der oberen Weichsel u. der Bukowina. – 1349 kam das Gebiet nördl. der Karpaten u. östl. des San an Polen. Bei der 1. Poln. Teilung 1772 fiel es an Östr.; mit anderen Gebieten hieß es seit 1795 *Ost-G.* Die in der 3. Poln. Teilung 1795 von Östr. erworbenen Gebiete bis zum Bug u. zur Pilica, *West-G.* genannt, kamen an das Großhzgt. Warschau, 1815 an Kongreßpolen. – Das östl. G. wurde 1919 wieder Polen einverleibt, nachdem dort kurze Zeit eine *Westukrainische Volksrep.* existiert hatte. Seit 1939 ist dieses neuerdings gleichfalls *Ost-G.* genannte Gebiet bei der UdSSR. Als *West-G.* bez. man heute das poln. Nordkarpatenvorland. – **2.** → Galicien.
**Gall, 1.** Ernst, *1888, †1958, dt. Kunsthistoriker; erforschte die dt. u. frz. Architektur des MA. – **2.** Franz Joseph, *1758, †1828, dt. Arzt u. Anatom; begr. die *G.sche Schädellehre,* die aus der Form des Schädels auf geistige, seel. u. sittl. Anlagen zu schließen versucht.
**Galla,** osthamit., einst krieger. Volk in S-Äthio-

*Galiläa: im Tal des Jordan*

pien (christl. Ackerbauern) u. in NW-Kenia (islam. Viehzüchter); das G., eine kuschit. Sprache.
**Galland,** Adolf, *19.3.1912, im 2. Weltkrieg einer der erfolgreichsten dt. Jagdflieger.
**Galläpfel,** *Eichäpfel,* bis 2 cm dicke, meist kugelförmige → Gallen an Blättern u. Trieben von Eichen. Die *türk. G.,* durch Gallwespen hervorgerufen, sind ein wichtiger Rohstoff zur Gewinnung von *Tannin.*
**Galla Placidia,** †450, Tochter des röm. Kaisers *Theodosius d. Gr.;* heiratete 417 den röm. Heerführer *Constantius;* 425–37 Regentin anstelle ihres Sohns, des späteren Kaisers *Valentinian III.* Berühmte Grabkapelle in Ravenna.
**Gallas,** Matthias, Graf von *Campo,* *1584, †1647, kaiserl. General; löste im *Dreißigjährigen Krieg* 1634 Wallenstein als Befehlshaber des kaiserl. Heeres ab.
**Galle,** Sekret der Leber bei Wirbeltieren u. Mensch; eine gelbgrünl., bitter schmeckende Flüssigkeit, bestehend aus Substanzen, die auf diesem Wege ausgeschieden werden *(G.nfarbstoffe),* u. aus Stoffen für die Verdauung u. Resorption von Fetten *(G.nsäuren),* außerdem aus Cholesterin, Schleimstoffen u. Salzen. – Die G. wird in der *G.nblase* (auch kurz als *G.* bez.) gespeichert u. durch Wasserentzug eingedickt. Die G.nblase ist mit dem *G.ngang* an den *Leber-G.n-Gang* angeschlossen, durch den die G. in den *Zwölffingerdarm* geleitet wird.
**Galle** [gal], *Gala,* Hafenstadt an der SW-Küste Sri Lankas, 102 000 Ew.
**Galle,** Johann Gottfried, *1812, †1910, dt. Astronom; entdeckte 1846 den Planeten Neptun.
**Gallé,** Émile, *1846, †1904, frz. Kunsthandwerker; die Produktion seiner Glaschnitt-, Möbel- u. Fayencefabrik in Nancy gab dem Jugendstil wichtige Impulse.
**Gallegos** [ga'ljegɔs], Rómulo, *1884, †1969, venezol. Schriftst. u. Politiker; 1948 Staats-Präs.; behandelte in seinen Romanen den Gegensatz zw. Kultur u. Barbarei.
**Gallen,** *Zezidien, Cecidien,* Veränderungen von Pflanzenteilen, mit denen die Pflanze auf die Einwirkung bestimmter Tiere *(Gallmilben, Blattläuse, Gallwespen, Gallmücken)* oder Pilze reagiert.
**Gallenfarbstoffe,** Abbauprodukte des Blutfarbstoffs *Hämoglobin* bei Wirbeltieren; gelbl.-grüne Farbstoffe *(Biliverdin* u. *Bilirubin),* gespeichert in der Gallenblase, ausgeschieden mit dem Kot.
**Gallenga,** Antonio, Pseud.: Luigi *Mariotti,* *1810, †1895, ital. Schriftst.; Anhänger G. *Mazzinis.*
**Gallén-Kallela,** Akseli, *1865, †1931, finn. Maler u. Graphiker; bevorzugte symbol. Themen.
**Gallenröhrling,** *Bitterpilz,* ungenießbarer *Röhrenpilz;* dem Steinpilz sehr ähnl.
**Gallensteine,** feste, sandkorn- bis walnußgroße Körper, die aus ausgeschiedenen Bestandteilen der Galle (Gallenfarbstoffe, Cholesterin, Kalk) gebildet werden. Erst wenn Entzündungen u. Stauungen (Gelbsucht) auftreten oder G. sich einklemmen u. Koliken hervorrufen, kommt es zum *G.leiden (Cholelithiasis).*
**Gallert,** *Gallerte,* zähe, durchsichtige Masse, die entweder aus Gelatine oder durch Auskochen u. Eindicken von Fleischsaft oder Knochenbrühe gewonnen wird.
**Gallertpilze,** *Zitterpilze,* Ordnung der *Ständerpilze,* mit meist gallertartigen Fruchtkörpern.

**Galli-Curci** [-tʃi], Amelita, *1889, †1963, ital. Sängerin (Koloratursopran).

**Gallien**, Siedlungsgebiet kelt. Stämme (u.a. der namengebenden *Gallier*) zw. Rhein, Atlantik, Pyrenäen u. Alpen u. in einem Teil Oberitaliens. Nach seiner Lage zu Rom unterschieden die Römer *Gallia cisalpina* (diesseits der Alpen), das heutige Oberitalien, von *Gallia transalpina* (jenseits der Alpen), dem heutigen Frankreich. Seit dem Anfang des 2. Jh. v. Chr. wurden die Gallier von den Römern zunächst in Oberitalien, dann bes. durch *Cäsar* 58–51 v. Chr. im *Gallischen Krieg* unterworfen u. romanisiert.

**Gallier**, kelt. Stamm in Gallien.

**Gallikanismus**, eine in Frankreich im 14. Jh. Einfluß gewinnende Bewegung, die das Landeskirchentum gegenüber den Ansprüchen des Papstes zu stärken suchte; 1438 in der *Pragmatischen Sanktion von Bourges* erstmals begr.

**Gallipoli**, **1.** ital. Hafenstadt am Golf von Tarent, 20 000 Ew. – **2.** türk. *Gelibolu*, rd. 900 km² große, langgestreckte Halbinsel der europ. Türkei, verläuft parallel zur NW-Küste Kleinasiens u. bildet dadurch die *Dardanellen;* mit gleichnamigem Hauptort u. Hafen (im Altertum *Kallipolis*).

**Gallium**, ein → chem. Element.

**Gällivare**, N-schwed. Bergbauort in der Prov. Norrbotten, 25 600 Ew.; Abbau der hochwertigen Eisenerze (61–69% Eisengehalt) des Erzbergs *Malmberg*.

**Gallizismus**, **1.** die Nachbildung frz. Ausdrücke in anderen Sprachen. – **2.** eine dem Französischen eigentüml. Ausdrucksweise.

**Gallmilben**, winzige *Milben*, stechen Pflanzenzellen an, verflüssigen durch Ausscheidungen den Inhalt u. saugen ihn auf. Darauf reagiert die Pflanze mit Umbildungen des Gewebes *(Gallen)*.

**Gallmücken**, Fam. zarter *Mücken;* erzeugen an Pflanzen Gewebswucherungen *(Gallen)*, in denen sich die Larven entwickeln.

**Gallon** ['gælən], *Gallone,* Abk. *gal,* **1.** brit. Volumeneinheit, 1 gal = 4,546 l. – **2.** US-amerik. Volumeneinheit für Flüssigkeiten, 1 gal = 3,785 l.

**Galloromanisch**, die aus dem Provinzlateinischen in Gallien entstandenen roman. Sprachen *Französisch* u. *Provençalisch*.

**Gallup** ['gæləp], George Horace, *1901, †1984, US-amerik. Meinungsforscher; gründete 1935 das *G.-Inst.* für Meinungsforschung.

**Gallus**, *um 550, †640, ir. Mönch; kam 610 als Missionar nach Alemannien; gründete 612 eine Klause, aus der sich die Abtei *St. Gallen* entwickelte. – Heiliger (Fest: 16. 10.).

**Gallus**, Gaius Cornelius, *um 69 v. Chr., †26 v. Chr., altröm. Dichter (Liebeslieder).

**Gallussäure**, *3.4.5-Trihydroxybenzoesäure*, aus tanninhaltigen Galläpfeln u. Tee gewonnene Säure für Tinten, Drogen u. photograph. Entwickler.

**Gallwespen**, kleine Hautflügler aus der Gruppe der *Legimmen,* die wie die Gallmücken ihre Eier in Pflanzenteile legen, wobei diese *Gallen* bilden.

**Galois** [ga'lwa], Évariste, *1811, †1832, frz. Mathematiker; Begr. einer Theorie über algebra. Gleichungen, wandte die Gruppentheorie auf die Auflösung algebra. Gleichungen an.

**Galon** [ga'lõ], *Galone,* ein mit Metallfäden aus Gold, Silber oder Aluminium durchwirktes Besatzband an Frack-, Smoking- oder Uniformhosen.

**Galopp**, **1.** schnelle, sprungartige Gangart des Pferdes u. anderer Tiere, bei der zuerst die Hinter-, dann die Vorderhand vorgesetzt wird. – **2.** um 1825 entstandener, der Schnellpolka ähnl. Gesellschaftstanz im ²/₄-Takt.

**Galoppwechsel**, eine Lektion der → Dressur, bei der das Pferd während des Galoppsprungs von Links- auf Rechtsgalopp oder umgekehrt wechselt.

**Galosche**, Überschuhe.

**Galsworthy** ['gɔːlswəːði], John, *1867, †1933, engl. Schriftst.; sozialkrit. Schilderer der engl. Gesellschaft seiner Zeit; Nobelpreis 1932; Ⓦ Generationen-Roman »Die Forsyte-Saga«.

**Galt**, *Gelber G.,* eine Euterentzündung bei Rindern, durch Streptokokken verursacht.

**Galtgarben**, höchste Erhebung im zentralen Samland, 110 m.

**Galton** ['gɔːltən], Sir Francis, *1822, †1911, brit. Vererbungsforscher; Mitbegr. der Eugenik u. der Zwillingsforschung; erkannte die Möglichkeit, Menschen durch Fingerabdrücke zu identifizieren.

**Galtonia**, *Galtonie*, südafrik. Gatt. der *Liliengewächse;* hierzu die Riesenhyazinthe.

**Galvani**, Luigi, *1737, †1798, ital. Arzt u. Naturforscher; entdeckte 1789 bei Froschschenkelversuchen die nach ihm benannte *galvan. Elektrizität.*

**Galvanisation** → Elektrotherapie.

**galvanische Elemente**, elektrochem. Stromquellen, die elektr. Strom abgeben sollen, ohne daß sie geladen werden müssen. Jedes g. E. enthält 2 Stäbe oder Platten aus verschiedenen elektr. Leitern, die *Elektroden.* Diese tauchen in eine Salzlösung *(Elektrolyt),* die durch Ionenwanderung *(Elektrolyse)* den Strom leitet. Werden die aus dem Elektrolyten herausragenden Elektroden, die jetzt Spannungspole sind, mit einem Stromverbraucher (z.B. Glühlampe) verbunden, so fließt ein Strom. Die bei fließendem Strom zw. den Polen herrschende Spannung von 1–2 Volt heißt *Klemmenspannung.* – Schaltet man mehrere Elemente hintereinander, indem man jeweils den +Pol des einen mit dem –Pol des anderen verbindet, so erhält man eine *Batterie.* Ihre Spannung ist gleich der Summe der Spannungen der einzelnen Elemente. In *Trockenelementen* (für Taschenlampen u.ä.) ist der Elektrolyt eine feuchte Paste aus (z.B. durch Sägemehl) verdickter Salmiaklösung.

**galvanisieren**, metall. Gegenstände durch *Elektrolyse* mit dünnen Metallschichten überziehen; → Galvanotechnik.

**Galvano**, ein auf galvanoplast. Wege hergestelltes Duplikat (Abformung) einer Druckplatte.

**Galvanokaustik** → Elektrochirurgie.

**Galvanometer**, empfindl. elektr. Meßinstrument zum Nachweis kleinster Spannungen u. Ströme.

**Galvanoplastik**, ein Verfahren, bei dem dicke Metallschichten elektrolyt. auf einer Negativ-Form niedergeschlagen u. anschließend als selbst. Gegenstand abgelöst werden; angewandt bei Schallplatten-Preßformen, Münzen.

**Galvanostegie**, das Aufbringen dünner metall. Schichten durch Elektrolyse auf metall. Körper; z.B. Vergolden, Verchromen.

**Galvanotechnik**, Sammelbegriff für techn. Verfahren, bei denen durch die elektrolyt. Wirkung des elektr. Stroms aus Metallsalzlösungen metall. Schichten auf elektr. leitenden Flächen niedergeschlagen werden.

**Galvanotypie**, die Herstellung von Druckstöcken u. -typen mit Hilfe der → Galvanoplastik.

**Galveston** ['gælvɪstən], größter Schwefelausfuhrhafen der Erde im SO von Texas (USA), am Golf von Mexiko, 65 000 Ew.; Nahrungsmittel- u. chem. Ind.

**Galway** ['gɔːlweɪ], ir. *Gaillimh,* Hafenstadt u. Verw.-Sitz der gleichn. W-irischen Gft., in der Prov. Connacht, 47 000 Ew.; Univ.; Fischerei- u. Wollind.

*Akseli Gallén-Kallela, Sauna; 1899. Helsinki, The Art Museum of The Ateneum*

**Gama**, Vasco da, Graf von *Vidigueira,* *1469, †1524, port. Seefahrer; umsegelte 1497/98 das Kap der Guten Hoffnung u. gelangte auf dem Seeweg nach Indien; 1524 Vizekönig von Ostindien.

**Gamander**, *Teucrium,* Gatt. der *Lippenblütler;* der bekanntesten Arten: der *Salbei-G.* u. der *Echte G.;* Volksheilmittel gegen Bronchialkatarrh, Durchfall u. Gicht.

**Gamasche**, seit dem 17. Jh. gebräuchl. Schutzbekleidung der Waden (oder auch nur der Knöchel) mit Steg, aus Leder oder Stoff.

**Gambe** → Viola da gamba.

**Gambetta**, Léon, *1838, †1882, frz. Politiker; Gegner *Napoleons III.,* rief 1870 mit Jules *Favre* die Rep. aus; 1881/82 Min.-Präs.

**Gambia**, Staat an der Atlantikküste W-Afrikas, am Unterlauf des Flusses G., 11 295 km², 789 000 Ew., Hptst. *Banjul.*
Das flachwellige Land ist zumeist von Savannen,

*Gambia*

Sumpfland u. einigen Wäldern bedeckt; wechselfeuchtes, randtrop. Klima mit Trockenzeit im Winter. Die Bevölkerung gehört zu den Stämmen der Malinke, Fulbe, Wolof u. Dyola u. ist vorw. islam. Der Erdnußanbau liefert 95% des Ausfuhrwerts. Hauptverkehrsträger ist der Fluß G.
Geschichte. Brit. Kronkolonie seit 1843, brit. Protektorat seit 1902, am 18.2.1965 unabh., Rep. seit 1970; 1982–89 Konföderation »Senegambia« mit Senegal.

**Gambia**, *Gambie,* Fluß in W-Afrika, mündet in den Atlantik; 1100 km lang.

**Gambierinseln** [gã'bje-], frz.-polynes. Inselgruppe im Pazifik, 30 km², 600 Ew.; Hauptort *Rikitea* auf *Mangareva*.

**Gambrinus**, nach der Sage der Erfinder des Bierbrauens, Schutzherr der Brauer.

**Gambsbart**, büschelförmig gebundener Hutschmuck aus den Rückgrathaaren der Gemse.

**Gambusen**, Gatt. der *Zahnkarpfen;* Aquarienfische.

*Gamelan-Orchester auf Bali mit verschiedenen Holz- und Metall-Schlaginstrumenten*

**Gamelan**, das Orchester der Bewohner Javas u. Balis, bestehend aus Schlaginstrumenten: *Gambang* (Holzplatten), *Gender* (aufgehängte Metallstäbe), *Saron* (Metallplatten), *Bonang* (Glockenspiele) u. *Gongs*.

**Gameten** → Keimzellen.

**Gametophyt**, bei Pflanzen mit Generationswechsel die die Geschlechtszellen ausbildende Generation, z.B. bei Moosen die grüne Moospflanze.

**Gamma**, γ, Γ, 3. Buchstabe des grch. Alphabets.

**Gamma-Globuline**, Bestandteil des Plasma-Eiweißes, Träger von Antikörpern (Abwehrstoffen) gegen Krankheitserreger; bes. zur Vorbeugung gegen Viruskrankheiten.

**Gammastrahlen**, γ-*Strahlen*, Strahlen, die ebenso wie → Röntgenstrahlen aus elektromagnet. Wellen bestehen, aber größere Frequenzen (kleinere Wel-

# 292 Gammler

lenlänge: $10^{-8}$ bis $10^{-11}$ cm) haben u. sehr viel durchdringender sind. Sie entstehen bei radioaktiven Zerfallprozessen u. anderen Kernreaktionen. In der Med. werden sie zur Bestrahlung von Karzinomen verwendet.

**Gammler,** in den späten 60er Jahren Bez. für Jugendliche, die durch ihre ungepflegte Erscheinung u. in ihrer inneren Einstellung eine Protesthaltung gegen die bürgerl. Leistungsgesellschaft ausdrücken wollten.

**Gamone,** *Befruchtungshormone,* pflanzl. Sexualstoffe, die die Gameten durch chem. Reizstoffe anlocken, um die Befruchtung herbeizuführen.

**Gamov** ['geɪmɔu], George, *1904, †1968, US-amerik. Physiker u. Astrophysiker russ. Herkunft; Arbeiten über Radioaktivität, Aufbau der Atomkerne, Entwicklung der Sterne u. des Weltalls; entwickelte die **G.sche Theorie** des radioaktiven Alphazerfalls der Atomkerne.

**Ganda,** *Baganda,* Bantuvolk in O-Afrika, meist in Uganda, Hackbauern (Bananenanbau); sprechen die Bantusprache G.

**Ganderkesee,** Gem. in Nds., 26 000 Ew.; Maschinenbau.

**Gandersheim,** Bad G., Stadt in Nds., in den Vorbergen des Harzes, 11 900 Ew.; Heilbad u. Luftkurort; ehem. Benediktinerinnenabtei (*Hrotsvith von G.);* Domfestspiele.

**Gandhara,** Ldsch. um Peschawar (Pakistan), östl. des *Khaibarpasses.* – Im 1. bis 5. Jh. n. Chr. auftretende **G.-Kunst,** eine hellenist.-buddhist. Mischkunst (Reliefs u. Skulpturen).

**Gandhi,** 1. Indira, *1917, †1984 (ermordet), ind. Politikerin (Kongreßpartei); Tochter von J. *Nehru;* 1966–77 u. seit 1980 Prem.-Min. – 2. Mohandas

*Indira Gandhi*

Karamchand, gen. *Mahatma* [»Große Seele«], *1869, †1948, ind. Politiker u. Reformator; kämpfte für Selbst-Reg. u. Befreiung von der engl. Herrschaft, nach dem Prinzip der Gewaltlosigkeit durch passiven Widerstand (*Non-cooperation* u. ziviler Ungehorsam) gegen Unrecht setzende Maßnahmen u. Gesetze; setzte sich für Milderung der Kastenunterschiede u. Überwindung des Gegensatzes zw. Hindus u. Moslems ein. G. wurde von einem hinduist. Fanatiker erschossen. – 3. Rajiv, Sohn von 1), *20.8.1944, ind. Politiker; 1984–89 Prem.-Min.

**Gandhinagar,** Hptst. des ind. Bundesstaats Gujarat, 62 000 Ew.

**Ganescha,** volkstüml. ind. Gott der Schreibkunst u. der Weisheit, dargestellt mit Elefantenkopf.

**Gang,** 1. die Ausfüllung von Spalten in der Erdrinde, z.B. Erz- u. Mineralgänge. – 2. [gæŋ], Verbrecherbande, i.U. auch Gruppe von »Halbstarken«. – 3. bei Kfz durch Umschalten wählbares Übersetzungsverhältnis zw. Motor u. Radantrieb. Bei PKW 4 oder 5 Vorwärtsgänge u. ein Rückwärts-G.; bei Lastkraftwagen bis zu zwölf Vorwärtsgänge u. ein bis zwei Rückwärtsgänge.

**Ganganagar** ['gæŋgəːnəgə], ind. Distrikt-Hptst. in Rajasthan, 124 000 Ew.; Nahrungsmittel-, Textil-Ind.

**Gangart,** Bewegungsarten des Pferdes. Man unterscheidet z.B. *schreitende* (Schritt u. Trab) u. *springende* G. (Galopp u. Karriere).

**Ganges,** *Ganga,* längster Strom Indiens, 2700 km lang, 1500 km schiffbar (bis Calcutta für Seeschiffe), Einzugsgebiet rd. 1,1 Mio. km²; entspringt im Himalaya, durchströmt die fruchtbare

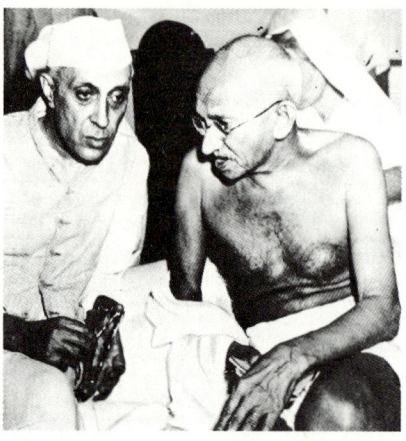

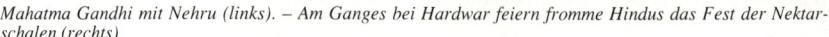

*Mahatma Gandhi mit Nehru (links). – Am Ganges bei Hardwar feiern fromme Hindus das Fest der Nektarschalen (rechts)*

G.ebene, bildet zus. mit dem *Brahmaputra* das größte Delta der Erde (80 000 km²) u. mündet mit zahllosen Armen in den Golf von Bengalen. Der G. ist der heiligste Strom der Inder.

**Gangfisch** → Maräne.

**Ganggesteine,** magmat. Gesteine, die meist als Ausfüllung von Gesteinsspalten *(Gängen)* auftreten.

**Ganghofer,** Ludwig, *1855, †1920, dt. Schriftst. (Romane aus der Alpen- u. Jägerwelt).

**Ganglion,** die einzelne *Ganglienzelle;* → Nervenzellen.

**Gangrän** → Brand.

**Gangschaltung,** insbes. beim Fahrrad Vorrichtung zur Umschaltung zu mehreren Gängen, als Naben- oder Kettenschaltung ausgeführt.

**Gangster** [gæŋstər], Mitgl. einer Verbrecherbande.

**Gangtok,** Hptst. des ind. Bundesstaates Sikkim, im Himalaya, 37 000 Ew.; Handelsplatz.

**Gangtschhendsönga,** *Kangchenjunga,* stark vergletschertes, fünfgipfeliges Bergmassiv im östl. Himalaya, an der Grenze zw. Nepal u. Sikkim, mit 8586 m der dritthöchste Gipfel der Erde.

**Gangway** ['gæŋweɪ], Laufsteg zum Schiff oder Flugzeug.

**Gan Jiang** [-djiaŋ], *Kan Kiang,* r. Nbfl. des Chang Jiang, rd. 850 km; wichtige Verkehrsverbindung zw. Mittel- u. S-China.

**Ganove,** Dieb, Gauner.

**Gänse,** Arten der G.vögel der Gattungen *Anser* u. *Branta;* gedrungener als die nahe verwandten *Schwäne.* G. leben außerhalb der Brutzeit in größeren Gesellschaften. Sie sind Pflanzenfresser u. leben in strenger Einehe. Die Jungen sind Nestflüchter. Die *Grau-* oder *Wildgans* ist Stammform aller Haus-G., mit Ausnahme der Höckergans. Arten aus den arkt. u. subarkt. Brutgebieten legen als Zugvögel Wanderungen in gemäßigte oder trop. Überwinterungsgebiete zurück.

**Gänseblume,** *Gänseblümchen, Maßliebchen,* auf Wiesen verbreiteter *Korbblütler;* mit gefüllten Köpfchen als *Tausendschön* bekannt.

**Gänsedistel,** *Sonchus,* Gatt. der *Korbblütler,* meist Unkräuter; gelb blühend.

**Gänsefuß,** *Chenopodium,* Gatt. der *Gänsefußgewächse;* meist Unkräuter.

**Gänsefußgewächse** → Pflanzen.

*Gänsegeier*

**Gänsegeier,** bis über 1 m großer *Geier* mit weißer Halskrause; in Afrika, S-Europa u. SW-Asien; Aasfresser.

**Gänsehaut,** durch Kälte oder psych. Erregung ausgelöstes Zusammenziehen der Haarbalgmuskeln in der Haut.

**Gänseklein,** Gericht aus gekochten Flügeln, Füßen, Kopf, Hals, Magen u. Herz der Gans.

**Gänsekresse,** *Arabis,* Gatt. der *Kreuzblütler* der nördl. gemäßigten Zone. Die Alpen-G. ist in Steingärten beliebt.

**Gänserich,** *Ganter,* der männl. *Gans.*

**Gänsesäger,** einheim., im männl. Geschlecht weiße, schwarzköpfige Art der *Enten.*

**Gänsevögel,** *Anseres,* weltweit verbreitete Vogelordnung mit den Familien *Wehrvögel* u. *G.* i.e.S., auch *Entenvögel* genannt.

**Gansu,** *Kansu,* Prov. in → China.

**Ganter** → Gänserich.

**Gantin,** Bernardin, *8.5.1922; afrik. Kurienkardinal (seit 1977); seit 1984 Präfekt der Bischofskongregation.

**Ganymed,** 1. *Ganymedes,* in der grch. Sage ein schöner Knabe. Zeus entführte ihn durch seinen Adler auf den Olymp, wo er den Göttern als Mundschenk diente. – 2. der größte Mond des Jupiter.

**Ganzheitspädagogik,** eine Erziehungs- u. Unterrichtslehre, die von der ganzheitl. Erfahrungsweise des Kindes in den ersten drei Schuljahren ausgeht; wirksam z.B. in der *Ganzwort-Methode* des Lesenlernens (Grundlage ist die Sinneinheit ganzer Wörter oder Sätze).

**Ganzleinen,** Leinen, das vollständig aus Flachs besteht; auch Bez. für ein ganz in Leinen gebundenes Buch.

**Ganztagsschule,** eine Unterrichtsanstalt, die den Schüler vor- u. nachmittags behält; in Dtld. in Gesamtschulen u. Tagesheimschulen verwirklicht.

**Ganzton,** in der Tonleiter der große Sekundschritt.

**Ganztonleiter,** die Folge von 6 *Ganztönen* im Oktavraum, also: c, d, e, fis, gis, ais, c. Sie wurde vom Impressionismus (C. *Debussy*) zu farbigen Wirkungen systemat. genutzt.

**Gap** [gæp], die Kluft zw. den soz. gesicherten Bürgern u. gesellschaftl. Randgruppen; auch der Abstand zw. entwickelten u. weniger entwickelten Ländern hinsichtl. ihres wirtsch., techn. u. wiss. Potentials. In der Konjunktur- u. Beschäftigungstheorie die Differenz zw. der Gesamtnachfrage nach Konsum- u. Investitionsgütern u. dem Volkseinkommen.

**Gap,** Verw.-Sitz des SO-frz. Dép. Hautes-Alpes, 31 000 Ew.

**Garage** [ga'raːʒə], Einstellraum für Kraftfahrzeuge.

**Garamond** [-'mɔ̃], Claude, *um 1499, †1561, frz. Stempelschneider; nach ihm wurde die Schrifttype *G.-Antiqua* benannt.

**Garant,** Bürge, Gewährsmann.

**Garantie,** das Einstehen für Eintreten oder ausbleiben eines künftigen Umstands (Erfolgs); z.B. in einem *G.vertrag* geregelt als *Zusicherung* bestimmter Eigenschaften einer Sache durch deren Verkäufer, Vermieter oder Hersteller; dieser haftet für ihr Vorhandensein.

**Garantieversicherung,** *Personen-G.,* Versicherung des Arbeitgebers gegen Veruntreuung (Unterschlagung) u. fahrlässige Schädigung durch seine Arbeitnehmer.

**Garaudy** [garo'di], Roger; *17.7.1913, frz. marxist. Philosoph u. Politiker; langjähriger »Chefideologe« der KPF; wandelte sich zum Verfechter eines »menschl. Sozialismus«; 1970 aus der Partei ausgeschlossen.

**Garbe, 1.** Bündel von Getreide oder Stroh. – **2.** → Schafgarbe.

**Garbo,** Greta, *1905, †1990, eigtl. Greta *Gustafsson*, schwed. Filmschauspielerin; erster moderner Weltstar des Films (»Anna Karenina«, »Die Kameliendame«, »Ninotschka«).

**Garbsen,** Stadt in Nds., 60 000 Ew.

**Garching bei München,** Gem. in Oberbayern, 12 000 Ew.; Kernforschungszentrum.

**García Calderón** [gar'θia], Ventura, *1886, †1959, peruan. Schriftst. (Novellen, Dramen).

**García Lorca** [gar'θia-], Federico, *1898, †1936 (im span. Bürgerkrieg unter nicht näher bekannten Umständen erschossen), span. Schriftst.; Erneuerer der andalus. Romanze u. des span. Theaters, Schöpfer des »teatro poético«.

*Greta Garbo in »Königin Christine«, 1934*

**García Márquez** [gar'θia 'markes], Gabriel, *6.3.1928, kolumb. Schriftst.; Romane mit realist. u. phantast. Elementen (»Hundert Jahre Einsamkeit«). Nobelpreis 1982.

**Garçon** [gar'sõ], Junge, Kellner.

**Gard** [ga:r], r. Nbfl. der Rhône in S-Frankreich, 135 km; *Pont du Gard* (röm. Aquädukt) bei Remoulins.

**Gardasee,** ital. *Lago di Garda,* ital. See am Alpenrand, 370 km², bis 346 m tief; fischreich; mildes Klima; Fremdenverkehr.

**Garde,** urspr. die Leibwache eines Fürsten; später *Elitetruppen* größerer Stärke.

**Gardelegen,** Krst. in Sachsen-Anhalt, 12 900 Ew.; Baustoff- u. Konserven-Ind.

**Gardenia,** *Gardenie,* Gatt. der *Rötegewächse.* Die stark duftende *G. jasminoides* wird in Warmhäusern kultiviert.

**Garderobe,** Kleidungsstücke; Kleiderablage in Wohnung, Theater u.a.; Umkleideraum für Schauspieler.

**gardez!** [gar'de; frz.], *Schach:* »schützen Sie (Ihre Dame)!«, höfl. Warnung, wenn die Dame des Gegners bedroht ist.

*Garibaldi und seine Freiwilligen; kolorierte Lithographie nach einer Zeichnung von Pinot, um 1870*

**Gardine,** Fensterbehang aus dünnen, meist durchsichtigen Geweben, heute meist aus vollsynthet. Fasern.

**Gardiner** ['ga:dinə], Sir Alan Henderson, *1879, †1963, brit. Ägyptologe (Arbeiten zur altägypt. Grammatik u. zur allg. Sprachwiss.).

**Gardner** ['ga:dnə], Ava, *1922, †1990, US-amerik. Filmschauspielerin; wurde in den 50er Jahren als »Venus des 20. Jh.« bez. W »Schnee am Kilimandscharo«, »Die barfüßige Gräfin«.

**Gärfutter,** durch Gärung konserviertes Viehfutter.

**Gargano,** *Monte G.,* Gebirgsmassiv mit steilen Hängen an der ital. Ostküste, der »Sporn« Italiens; im *Monte Calvo* 1056 m.

**Gargantua** [gargãty'a], Riese in einem frz. Volksbuch, den F. *Rabelais* in den Mittelpunkt seiner satir. Romane stellte.

**Garibaldi,** Giuseppe, *1807, †1882, ital. Freiheitskämpfer; kämpfte in der Lombardei gegen die Österreicher, später in Rom auf seiten der Revolutionäre. Nach Ausrufung der Rep. (1849) übernahm er die Verteidigung gegen die Franzosen u. unterstützte später Graf *Cavour* (»Zug der Tausend« gegen Sizilien, das er eroberte. 1860 stürzte er die Herrschaft der Bourbonen.

**Gariden,** mediterrane Steppenheiden (Felsheide), oft auf steinigen Böden, mit Hartlaubgestrüpp wie die *Garigue* in Frankreich, → Garrigues.

**Garizim,** Berg (881 m) in Israel, südl. von Sichem (Nablus), Ort der alttestamentl. Segensverkündigung (5. Mose 27); Kultstätte der Samaritaner.

**Garküche,** Speisenwirtschaft.

**Garland** ['ga:lənd], **1.** Hannibal Hamlin, *1860, †1940, US-amerik. Schriftst.; setzte sich in Romanen u. Kurzgeschichten mit den wirtsch. u. polit. Problemen des Mittleren Westens der USA auseinander. – **2.** Judy, *1922, †1969, US-amerik. Filmschauspielerin u. Sängerin (bes. Musicals).

**Garmisch-Partenkirchen,** Krst. in Oberbayern, Höhenluftkurort u. Wintersportplatz, am Fuß des Wettersteingebirges, 707 m ü.M., 27 500 Ew.; Ausgangspunkt der Zugspitzbahn.

**Garmond** [-'mõ], Schriftgrad von 10 Punkt.

**Garn,** prakt. endloses fadenförmiges Gebilde aus endl. Fasern (Gespinst) oder aus mehreren prakt. endlosen Elementarfäden (Chemieseide, Haspelseide), durch Spinnen oder Zwirnen hergestellt.

**Garnelen,** *Natantia,* Unterordnung der *Zehnfußkrebse,* hierzu: *Nordsee-, Stein- u. Süßwasser-G.;* mit wenig verkalktem Panzer; unter der Bez. *Krabben* als Delikatesse im Handel.

**Garnetti** ['ga:nit], David, *1892, †1981, engl. Schriftst. (grotesk-phantast. Satiren).

**Garnier** [-'nje], Charles, *1825, †1898, frz. Architekt u. Kunstschriftst.; baute die Große Oper in Paris (1875 Einweihung).

**Garnierit** [-nje'rit], ein → Mineral.

**Garnison,** *Standort* einer Truppe; auch die Truppen selbst.

**Garnitur,** Einfassung, Verzierung von Kleidern, Hüten u.ä.; Satz von zusammengehörenden Dingen, z.B. Kleidungsstücken, Polstern.

**Garonne** [ga'rɔn], span. *Garona,* Fluß in SW-Frankreich, 650 km lang; entspringt in den span. Pyrenäen, durchfließt das fruchtbare *G.-Becken* u. mündet mit dem Ästuar *Gironde* in den Atlantik; durch den *Canal du Midi* mit dem Mittelmeer verbunden.

**Garoua** [ga'ru:a], Stadt am Benue (Bénoué), in Kamerun (Zentralafrika), 96 000 Ew.

**Garrel,** Gemeinde in Nds., sw. von Oldenburg, 7900 Ew.

**Garrett,** João Baptista da *Silva Leitão de Almeida G.,* *1799, †1854, port. Schriftst. u. Politiker; Hauptvertreter der port. Romantik.

**Garrick** ['gærik], David, *1717, †1779, engl. Schauspieler u. Schriftst.; Wegbereiter Shakespeares u. bed. Darsteller seiner Gestalten.

**Garrigues** [ga'ri:g], S-frz. Ldsch. am Fuß der Cevennen; immergrüne, sekundär durch Brand u. Beweidung aus Wald entstandene Strauch- u. Halbstrauchvegetation (Eichengesträuch, Lavendel, Thymian, Rosmarin, Zistrosen u.a.,) *Gariden.*

**Garrotte,** *Garotte,* die Würgeschraube, mit der in Spanien die Todesstrafe vollstreckt wurde (bis 1975).

**Garschin,** Wsewolod Michajlowitsch, *1855, †1888 (Selbstmord), russ. Schriftst.; schilderte kraß naturalist. das Grauen des Krieges.

**Gartenaere** → Wernher der Gartenaere.

**Gartenarchitektur,** Planung, Gestaltung u. Betreuung von Gärten (z.B. Grünanlagen, Friedhöfe); arbeitet nach techn., soz. u. ökolog. Erkenntnissen.

## Gartenzwerg 293

**Gartencenter** ['sen-], Selbstbedienungsgeschäft für Gartenbauprodukte, bes. Blumen, Gehölzpflanzen, Samen u. Gartenbedarfsartikel.

**Gartenkresse,** *Kreuzblütler;* Küchenkraut u. Salatpflanze.

**Gartenkunst,** die künstler. Gestaltung des Gartens u. der Landschaft, die über die Nutzbarmachung hinausgeht u. ästhet. Gebilde in freier Natur schafft. Elemente der G. sind einheim. u. exot. Pflanzen u. Gehölze, fließendes u. ruhendes Wasser, Kleinarchitekturen, Plastiken u.a.
Berühmt schon im klass. Altertum als eines der Sieben Weltwunder waren die als Terrassengärten mit üppiger Flora angelegten *Hängenden Gärten der Semiramis* in Babylon. Für das antike Griechenland sind v.a. die parkähnl. angelegten heiligen *Haine* kennzeichnend. Die ostasiat. G., früh zu hoher Blüte gelangt, erstrebte eine zusammenfassende Wiedergabe der ungestalteten Natur im kleinen u. verwendete unterschiedlichste Landschafts- u. Architekturelemente auf kleinstem Raum (Felsen, Wasserfälle, Bäche, Brücken u. Pavillons). Bemerkenswerte Beispiele islam. G. haben sich in Spanien (Granada, Alhambra) erhalten.
In der Renaissance gelangte die G. zu künstler. Vollendung. Der Garten wurde zum Schauplatz von Festlichkeiten (Villa d'Este, Tivoli, 1549) u. zum bevorzugten Aufstellungsort antiker Statuen.
Im Barock übernahm Frankreich die Führung in der G. u. bildete im Ggs. zum ital. Terrassengarten den weit ausgedehnten Park, der in seiner architekton. Gliederung als Fortsetzung der repräsentativen Schloßräume ins Freie wirkte.
Seit etwa 1720 entstand in England, das nunmehr für die G. bestimmend wurde, unter dem Einfluß ost-asiat. Vorbilder der *Landschaftsgarten.* Durch maler. Gruppierung der bis dahin architekton. gegliederten Elemente wurde der Eindruck des Natürlichen, scheinbar Zufälligen erreicht. Die moderne G. ist z.T. noch dem engl. Garten verpflichtet, bietet meist aber nur noch zugängliche gemachte Natur in Form der großen Volksparks, der Gemeinschaftsgärten an Wohnkolonien, des Hausgartens oder der Lehrgärten. Richtungweisend für die künstler. Gestaltung des Gartens sind v.a. Gartenschauen u. internat. Gartenbauausstellungen.

**Gartenschau,** Gartenbau-Ausstellung, in jährl. oder zweijährigem Wechsel veranstaltet vom Berufsstand u. einer Trägergemeinde als Leistungsschau des Gartenbaus, auf Freiland u. in Hallen; alle 2 Jahre Bundesgartenschau, alle 10 Jahre die *Internationale Gartenbauausstellung »IGA«.*

**Gartenschierling** → Hundspetersilie.

**Gartenschläfer,** ein *Bilch* von 13 cm Körperlänge mit 9 cm langem Schwanz.

**Gartenstadt,** eine in Gartenanlagen eingebettete größere Wohnsiedlung, die die Mängel der übervölkerten Städte beseitigen u. den Menschen zum gesünderen Wohnen verhelfen will; z.B. Hellerau bei Dresden (1906); später meist nur als Villenkolonie verwirklicht.

**Gartenzwerg,** keram. Zwergfigur als Gartenzierat, seit Ende des 19. Jh. in Dtld. beliebt u. als Exportartikel geschätzt.

*Garnelen aus der Tiefsee*

**Gärtner,** Friedrich von (seit 1840), *1792, †1847, dt. Architekt; gefördert von König *Ludwig I.* von Bayern; vor allem in München u. Athen tätig.

**Gärung,** *Fermentation,* Abbauprozesse organischer Verbindungen durch Mikroorganismen u./oder Enzyme (Fermente) in Abwesenheit von Sauerstoff. Die *alkohol. G.* durch Hefen: Die beim Glucose-Abbau (→ Glykolyse) entstandene Brenztraubensäure wird in Ethylalkohol umgewandelt; *Milchsäure-G.:* Die Brenztraubensäure wird in Milchsäure umgewandelt. Milchsäurebildende Bakterien verursachen das Sauerwerden der Milch u. spielen eine Rolle bei der Käsezubereitung; *Cellulose-G.:* Die durch *Cellulasen* aufgespaltene Cellulose wird zu Buttersäure u. Propionsäure abgebaut. Cellulosevergärende Bakterien kommen z.B. im Magen u. Darm von Wiederkäuern vor; *Essigsäure-G.:* durch Mikroorganismen aus Wein u. anderen alkohol. Flüssigkeiten wird Essigsäure erzeugt.

**Garvey** ['ga:vi], Marcus Moziah, *1887, †1940, amerik. Negerführer; Repräsentant des Panafrikanismus.

**Gary** ['gæri], Ind.-Stadt im NW von Indiana (USA), an der Südspitze des Michigansees, 137 000 Ew.

**Gary** [ga'ri], Romain, eigtl. R. *Kagew,* *1914, †1980, frz. Schriftst. georg. Herkunft (krit.-satir. Gegenwartsromane).

**Gas,** der Aggregatzustand der Materie, in dem sie, infolge freier Beweglichkeit der Moleküle, keine bestimmte Gestalt hat, sondern jeden Raum, in den sie gebracht wird, völlig ausfüllt. Die Beziehungen zw. der Temperatur $(T)$, dem Druck $(p)$ u. dem Volumen einer Gasmenge $(V)$ werden durch die Zustandsgleichung beschrieben, die für das *ideale G.* lautet: $p \cdot V = R \cdot T$; $R$ ist eine allg. Gaskonstante (8,314 J/mol K). Daraus folgt: Alle idealen G.e enthalten bei gleichen Bedingungen (Druck, Temperatur) gleich viele Moleküle je Volumeneinheit (Hypothese von A. *Avogadro;* ein Mol jedes idealen G.es nimmt bei Normalbedingungen den Raum von 22,4 l ein. Die in der Praxis vorkommenden *realen G.e* weichen vom idealen Verhalten mehr oder weniger stark ab, am wenigsten bei höheren Temperaturen u. niedrigen Drucken.

**Gasbad,** äußerl. Heilbehandlung mit gasförmigen Mitteln, z.B. mit Kohlensäure; bewirkt eine Reizung der Haut u. beeinflußt Kreislauf u. Atmung.

**Gasbehälter,** *Gasometer,* Speichergefäß für Nutzgase, um die period. Gasabgabe der Gaserzeuger oder den unregelmäßigen Verbrauch auszugleichen; meist kesselförmige Behälter, deren Decke senkrecht verschiebbar ist.

**Gasbeton,** durch Beimischung gasbildender Stoffe (z.B. Aluminiumpulver) entstandener Leichtbeton.

**Gasbrand,** *Gasödem,* schwere (lebensgefährl.) infektiöse Wundkrankung; Erreger: G.-Bazillen (bei Unfällen, Kriegsverletzungen); Zerfall der Muskulatur unter Gasbildung.

**Gascar,** Pierre, eigtl. P. *Fournier,* *13.3.1916, frz. Schriftst.; beschreibt eine Welt des Grauens in seinen in Tierschilderungen u. Konzentrationslagern spielenden Romanen.

**Gascogne** [-'kɔnjə], histor. Ldsch. SW-Frankreichs, zw. Garonne u. Pyrenäen; ehem. Hptst. *Auch.*

**Gasdynamik,** Lehre von den Bewegungsgesetzen strömender Gase, in denen wegen der Kompressibilität Dichteänderungen auftreten, Teilgebiet der Strömungslehre; Anwendung z.B. bei Gasturbinen u. Flugzeugen.

**Gasentladung,** elektr. Entladung in Gasen oder Dämpfen: in der Luft als Blitz und Elmsfeuer (Büschellicht) sowie in luftdicht abgeschlossenen *Gasentladungslampen.*

**Gasentladungslampe,** eine elektr. Lampe, deren Lichterzeugung auf der *Gasentladung* beruht u. die »kaltes Licht« ausstrahlt. In einer mit einem geeigneten Gas gefüllten Entladungsröhre befinden sich an den Enden zwei eingeschmolzene Elektroden, zw. denen sich ein Strom von raschen Elektronen u. Ionen durch die übrigen, unelektr. Gasatome hindurch bewegt. Bei den Zusammenstößen zw. den Elektronen u. den Gasteilchen werden diese angeregt, Strahlungen mit einem kennzeichnenden Spektrum auszusenden; z.B. *Hochspannungsröhren (Neonröhren), Quecksilber-* u. *Natrium-Dampflampen, Leuchtröhren (Fluoreszenzlampen).*

**Gasfernversorgung** → Ferngas.

**Gasfernzünder,** Einrichtung zum Anzünden von Gasflammen von zentraler Stelle aus, z.B. bei Straßenlaternen. Benutzt wird fast ausschl. eine druckempfindl. Steuerung *(Gasdruckzündung),* die das Gasventil der Gasflamme öffnet und schließt, wozu vom Gaswerk aus eine Welle erhöhten Drucks in die Gasleitung geschickt wird. Das Gas wird entzündet durch eine ständig brennende Zündflamme.

**Gasfeuerzeug** → Feuerzeug.

**Gasgenerator,** ein Schachtofen, in dem feste Brennstoffe zu → Generatorgas vergast werden.

**Gasglühlicht,** *Glühlicht,* 1885 von A. *Auer von Welsbach* eingeführte mittelbare Lichterzeugung: Das Gas wird mit der erforderl. Verbrennungsluft gemischt; durch die hohe Temperatur dieses brennenden Gasgemisches wird der *Glühstrumpf,* ein Gewebe, das mit Nitraten von Thorium, Cer u. Zirkonium getränkt ist, zum Glühen gebracht.

**Gasheizung,** Heizungsanlage mit Gasbrenner zur Wärmeerzeugung.

**Gasherbrum** [ga∫əbrum], mehrgipfelige, im *G. II* 8035 m hohe Berggruppe im Karakorum.

**Gasherd,** Küchengerät mit gasbeheizten Brennstellen; an die öffentl. Gasversorgung (Stadtgas) angeschlossen oder mit Propangas gespeist.

**Gaskell** ['gæskəl], Elizabeth Cleghorn, *1810, †1865, engl. Schriftst. (realist. Romane mit eindringendem Verständnis für soz. Probleme des frühviktorian. England).

**Gaskohle,** eine *Steinkohle* mit rd. 84% Kohlenstoff; für Leuchtgaserzeugung.

**Gaskrieg,** Kampfführung mit gasförmigen *chem. Kampfmitteln (Giftgase, Gelbkreuz);* eingeführt 1915 im 1. Weltkrieg; durch das Genfer Protokoll vom 17.6.1925 völkerrechtl. verboten.

**Gasmaske,** Schutzmaske aus Gummistoff, die dichtschließend über das Gesicht gezogen werden kann u. ihren Träger von einer mit giftigen Gasen vermengten Außenluft trennt. Ein Filter hält die gefahrbringenden Stoffe zurück.

**Gasmotor,** eine Kolbenkraftmaschine, die durch ein brennbares Gas (Methan, Wasserstoff, Propan u.a.) angetrieben wird. Der G. war die erste Verbrennungskraftmaschine überhaupt (J. *Lenoir* 1860).

**Gasnawiden** → Ghasnawiden.

**Gasödem** → Gasbrand.

**Gasol,** flüssige Ersterzeugnisse der Benzin-Paraffin-Synthese, durch Destillation abgetrennt (Butan, Propan, Flüssiggas).

**Gasöl,** durch Destillation aus Erdöl, Braunkohlenteer oder synthet. Ölen gewonnenes Öl; Dieselkraftstoff u. Heizöl.

**Gasolin,** Leichtbenzin mit niedrigem Siedepunkt.

**Gasometer** → Gasbehälter.

**Gasparri,** Pietro, *1852, †1934, ital. kath. Theologe; hatte bed. Anteil an dem 1917 neu hrsg. »Codex Iuris Canonici«.

**Gasperi,** Alcide de → De Gasperi.

**Gasreinigung,** Trennverfahren zur Reinigung, Isolierung oder Aufbereitung techn. Gase auf chem. oder elektr. Wege; dient zur Abscheidung von Teer, Ruß, Schwefel, Staub.

**Gassendi** [gasɑ̃'di], Petrus, *1592, †1655, frz. Philosoph, Mathematiker u. Physiker; Erneuerer der Atomistik *Epikurs;* vertrat die Korpuskulartheorie, die den Atomen Gestalt, Ausdehnung, Bewegung, Undurchdringlichkeit u. Kraft (Impetus) beimaß.

**Gassenhauer,** urspr. (16.–18. Jh.) ein dem Volkslied ähnl. vokales Musikstück, auf der Straße gesungen; später Schlager.

**Gasser** ['gæsə], Herbert Spencer, *1888, †1963, US-amerik. Physiologe (Arbeiten über die Nervenphysiologie); Nobelpreis für Medizin 1944.

**Gassicherungen,** Vorrichtungen, die Vergiftungen oder Explosionen durch ausströmendes Gas verhindern sollen.

**Gassmann,** Vittorio, *1.9.1922, ital. Schauspieler u. Regisseur; gründete 1950 das »Ital. Volkstheater«; Filme u.a. »Bitterer Reis«; »Krieg u. Frieden«.

**Gasstoffwechsel,** der Anteil des Stoffwechsels, der die aufgenommene u. ausgeschiedene Gase betrifft. Der Sauerstoffverbrauch ist ein guter Maßstab für die Intensität des gesamten Stoffwechselvorgangs.

**Gast,** speziell ausgebildeter Matrose im Mannschaftsdienstgrad, z.B. *Signal-* oder *Steuermanns-G.*

**Gast,** Peter, eigtl. Heinrich *Köselitz,* *1854, †1918, dt. Komponist; Freund F. *Nietzsches;* wandte sich in Abkehr von R. *Wagner* dem ital. Opernstil D. *Cimarosas* zu.

**Gastanker,** Spezial-Tankschiffe zum Transport von Erd- u. Flüssiggas.

**Gastarbeiter,** ausländ. Arbeitnehmer, abhängige Erwerbspersonen, die nicht die Nationalität des Landes besitzen, in dem sie beschäftigt sind.

**Gasteiner Tal,** östr. Alpental in den Hohen Tauern, von der *Gasteiner Ache* durchflossen (im untersten Teil *Gasteiner Klamm);* 4 Ortschaften; *Dorfgastein* (Sommerfrische, 831 m ü. M., 1200 Ew.), Bad → Hofgastein (860 m ü. M.), → Badgastein (1060 m ü. M.) u. der höchste Ort, *Böckstein* (1127 m ü. M.).

**Gasthörer,** Besucher einer Hochschule, die kein volles Studium durchführen, sondern zur persönl. Weiterbildung Vorlesungen hören oder ihre bereits abgeschlossenen Studien vervollständigen bzw. promovieren wollen.

**Gastrektomie,** chirurg. Entfernung des ganzen Magens.

**gastrisch,** den Magen *(Gaster)* betreffend.

**Gastritis** → Magenentzündung.

**Gastroenteritis,** Magen-Darm-Entzündung.

**Gastroenterostomie,** chirurg. Verbindung zw. Magen u. Dünndarm.

**Gastrointestinalsender,** eine Miniaturmeßzelle mit Hochfrequenzsender, die wie eine Arzneimittelkapsel verschluckt wird (u. auf natürl. Wege abgeht) u. die Säurewerte im Magen u. Darm mißt.

**Gastrokamera,** *Magenkamera,* eine Miniaturkamera mit Elektronenblitzlicht zur Direktphotographie des Mageninnern.

**Gastronom, 1.** Kochkünstler, Feinschmecker. – **2.** Gastwirt.

**Gastronomie, 1.** Fachkenntnis der Nahrungs- u. Genußmittel u. deren Verarbeitung, bes. im Gaststättengewerbe. – **2.** Feinschmeckerei.

**Gastropoden** → Schnecken.

**Gastroskop,** Gerät zur → Magenspiegelung.

**Gastrula,** *Becherkeim,* ein embryonales Entwicklungsstadium der meisten Tiere.

**Gastspiel,** Auftritt eines Bühnenkünstlers (oder eines Ensembles) an einer Bühne, an der er nicht angestellt ist.

**Gaststätten,** Einrichtungen zur gewerbsmäßigen Verpflegung u. Beherbergung von Fremden (Gästen): *Hotels* (in einfacherer Form: *Gasthöfe*), *Restaurants, Pensionen, Gastwirtschaften* u.a.

**Gasturbine,** eine Verbrennungskraftmaschine, in der durch Verbrennung eines festen, flüssigen oder gasförmigen Kraftstoffs Wärme an ein vorverdichtetes Gas (vorzugsweise Luft) übertragen wird, das in der G. dann unter Arbeitsabgabe auf einen niedrigen Druck entspannt wird. Die G. wird bes. dort eingesetzt, wo der Fortfall der Dampfkesselanlage erwünschte Gewichtseinsparungen bringt: in Flugzeugen, Schienenfahrzeugen, Schiffsantrieben.

**Gasuhr** → Gaszähler.

**Gasverflüssigung,** die Überführung von gasförmigen Stoffen in den flüssigen Aggregatzustand; schon bei normalen Temperaturen durch Erhöhung des Drucks möglich. Bei manchen Gasen ist jedoch (zusätzl.) eine starke Abkühlung nötig.

**Gasvergiftung,** eine Schädigung des Bluts durch giftige Gase, meist Kohlenmonoxid, das das Hämoglobin des Bluts zur Sauerstoffaufnahme unfähig macht, so daß die Organe unter Sauerstoffmangel leiden *(innere Erstickung).*

**Gaswerk,** Anlage zur Erzeugung von *Stadtgas* aus Gaskohle, Gasflammkohle oder Fettkohle.

**Gaszähler,** *Gasmesser, Gasuhr,* Vorrichtung zum Messen der durch eine Rohrleitung strömenden Gasmenge.

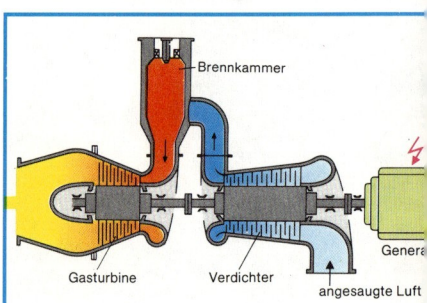

*Gasturbine mit offenem Kreislauf*

*Charles de Gaulle*

**Gat,** *Schiffahrt: Gatt,* enge Öffnung; auch Schiffsheck.
**Gateshead** ['geitshɛd], Ind.-Stadt in N-England, am Tyne, 81 000 Ew.; Kohlenbergbau, Masch.- u. chem. Ind.
**Gathas,** prophet. Sprüche, die als ältester Teil des → Awesta angesehen u. auf *Zarathustra* zurückgeführt werden.
**GATT,** Abk. für engl. *General Agreement on Tariffs and Trade,* Allg. Zoll- u. Handelsabkommen, von 23 Gründungsmitgl. in Genf unterzeichnetes internat. Abkommen über den Abbau der Zoll- u. Handelsschranken u. die Vereinheitl. der Zoll- u. Handelspraxis im zwischenstaatl. Wirtschaftsverkehr. Das GATT ist von 96 Staaten ratifiziert. Die Bundesrepublik ist Mitgl. seit 1950.
**Gattamelata,** *Il G.,* eigtl. *Erasmo da Narmi,* *um 1370, †1443, ital. Kondottiere; führte 1434–41 die venezian. Truppen gegen Mailand.
**Gatter, 1.** Zaun zum Schutz von Pflanzgärten gegen Wild. – **2.** Maschine für die Massenerzeugung von *Schnittholz.* – **3.** elektron. Schaltkreis, der log. Grundfunktionen (und-, oder-Verknüpfung, u.a.) realisiert.
**Gatti** [ga'ti], Armand, *26.1.1924, frz. Schriftst. (schockierende Stücke über Themen aus Politik u. Zeitgeschehen).
**gattieren,** fachgemäß mischen (Spinnerei, Gießerei).
**Gattung,** *Genus,* die der *Art* übergeordnete Stufe; in der biolog. Systematik die obligator. Kategorienstufe zw. *Art (Species)* u. *Familie.*
**Gattungskauf,** im Ggs. zum *Stückkauf* ein Geschäft, bei dem die Kaufsache nur der *Gattung* nach bestimmt ist (z.B. 100 kg Roggen).
**Gatun,** Ort am Austritt des Panamakanals aus dem *G.see* nahe der Atlantikküste.
**Gau,** *Gäu,* Ldsch., Bezirk. – G. hießen die meist einem Land oder einer Prov. entsprechenden, einem *G.leiter* unterstellten regionalen Einheiten der NSDAP.
**GAU,** Abk. für *größter anzunehmender Unfall,* schwere Störung in einem Kernreaktor.
**Gaube,** *Gaupe* → Dachgaupe.
**Gauch,** alter Name für *Kuckuck;* übertragen: Narr, Tor.
**Gauchheil,** *Anagallis,* Gatt. der *Primelgewächse.* Der *Acker-G.* ist ein Acker- u. Gartenunkraut.
**Gaucho** ['gautʃo], berittener Viehhirt der südamerik. Pampas; meist Mischling aus Weißen u. Indianern.
**Gaudí y Cornet** [gau'ði i kɔr'nɛt], Antonio, *1852, †1926, span. Architekt; Hauptvertreter des neukatalan. Baustils, der etwa dem dt. Jugendstil entspricht.
**Gaugamela,** antiker Ort in Assyrien (heute *Gomal* in Irak); 331 v.Chr. Entscheidungsschlacht *Alexanders d. Gr.* gegen die Perser (*Dareios III.*).
**Gauguin** [go'gɛ̃], Paul, *1848, †1903, frz. Maler, Graphiker u. Bildhauer; lebte in Abwendung von der modernen Zivilisation auf Inseln der Südsee; bereitete, angeregt von P. *Cézanne* u. V. *van Gogh,* den Expressionismus vor.
**Gauhati,** *Guvahati,* ind. Hafenstadt am Brahmaputra, in Assam, 200 000 Ew.; Univ., hinduist. Pilgerzentrum.
**Gaukler,** Jahrmarktskünstler (Seiltänzer), Zauberkünstler.
**Gauklerblume,** *Mimulus,* Gatt. vorw. amerik. *Rachenblütler;* hierzu die *Gelbe G.*
**Gaul,** August, *1869, †1921, dt. Bildhauer u. Graphiker; Tierplastiken.

**Gauleiter,** die höchsten regionalen Funktionäre der NSDAP 1925–45, unterstanden Hitler unmittelbar.
**Gaulle** [go:l], Charles de, *1890, †1970, frz. General u. Politiker. Nach dem Zusammenbruch Frankreichs 1940 organisierte er von London aus die Fortsetzung des Kriegs, wurde das Haupt der frz. Widerstandsbewegung u. nach der Befreiung Frankreichs 1944 Chef der provisor. Reg. Im Konflikt mit den wiederauflebenden Parteien, gegen die er eine starke Präsidialgewalt verfocht, trat er 1946 zurück. 1958 wurde er Staats-Präs. der Fünften Republik; 1962 brachte er die Unabhängigkeit Algeriens zum Abschluß. – Anstelle der europ. Integration erstrebte er ein »Europa der Vaterländer« u. baute eine eigene Atommacht *(Force de frappe).* Nach innenpolit. Schwierigkeiten trat er 1969 zurück. – Der »Gaullismus nach de Gaulle« wird von der »Sammlungsbewegung für die Rep.« (RPR) vertreten.
**Gaultheria** [go:l-], Gatt. der *Heidekrautgewächse;* hierzu G. *procumbens,* die den *Berg-* oder *Salvadortee* u. das *Wintergrünöl* liefert.
**Gaumen,** *Palatum,* die Trennwand zw. Mund- u. Nasenhöhle, mehrteiliger *knöcherner G.,* der sich nach hinten mit einer Muskelplatte als *weicher G.* fortsetzt, der das *G.segel* bildet, das nach hinten in das *G.zäpfchen (Uvula)* ausläuft. Seitl. bildet das Gaumensegel zwei Falten, die *G.bögen,* in denen die *G.mandeln* eingebettet sind.
**Gaumenlaut** → Guttural.
**Gaumenspalte,** *Palatum fissum,* eine anatom. gestörte Gaumenbildung, die während der Fruchtentwicklung entsteht, wenn sich die den harten Gaumen bildenden Knochen nicht vereinigen. Sind außerdem Lippe u. Kiefer gespalten, bildet sich der *Wolfsrachen.* Bei der *Lippenspalte (Hasenscharte)* ist nur die Lippe nicht zusammengewachsen.
**Gaunersprache,** Sprache der Gauner, im Dt. *Rotwelsch* mit jidd. Elementen).
**Gaunerzinken,** eine an Haustüren angebrachte Art Bilderschrift, mit deren Hilfe sich Landstreicher verständigen.
**Gaur,** *Dschungelrind, Bos gaurus,* ein *Wildrind* in den Bergwäldern Vorder- u. Hinterindiens.
**Gaurisankar,** 7150 m hoher Himalayagipfel, westl. des *Mount Everest.*
**Gaus,** Günter, *23.11.1929, dt. Journalist u. Politiker (SPD), 1973–81 Leiter der Ständigen Vertretung der BR Dtld. bei der DDR.
**Gauß,** Kurzzeichen G oder Gs, alte Einheit der magnet. Induktion (Flußdichte): $1\,G = 10^{-4}\,T$ (→ Tesla).
**Gauß,** Carl Friedrich, *1777, †1855, dt. Mathematiker, Physiker u. Astronom; bahnbrechend auf fast allen Gebieten der Mathematik u. Physik (Arbeiten über Parallelenaxiom, Landesvermessung, Erdmagnetismus, Elektrizität), Konstruktion des 1. elektromagnet. Telegraphen; Zurückführung aller Maßeinheiten auf die Einheiten der 3 Grundgrößen Zeit, Länge, Masse.
**Gaußsche Ebene,** eine Ebene mit dem kartesischen Koordinatensystem zur Darst. der komplexen Zahl *a+bi* durch den Punkt mit den Koordinaten *(a; b)* bzw. durch einen Vektor oder Zeiger *z,* der vom Nullpunkt zum Punkt *(a; b)* zeigt.
**Gautama,** persönl. Name des → Buddha.
**Gauten,** neben den Svear nordgerman. Volk in Schweden.
**Gautier** [go'tje], Théophile, *1811, †1872, frz. Lyriker; Mitgründer des »Parnasse«, eines Dichterkreises, der sich gegen die Romantik wandte.
**Gauting,** Gem. in Oberbayern, 17 500 Ew.
**gautschen, 1.** alter Buchdruckerbrauch, wobei der Lehrling nach Eintauchen in einen Wasserbottich den »Gautschbrief« erhält u. damit in die Gesellenzunft aufgenommen ist. – **2.** Papierbahnen zwischen zwei Walzen einlegen u. auspressen.
**Gavarni,** Paul, eigtl. Hippolyte-Guillaume-Sulpice *Chevalier,* *1804, †1866, frz. Graphiker u. Schriftst. (Lithographien u. Karikaturen für Ztschr.).
**Gavial,** ein bis 6 m langes Krokodil im Ganges, Brahmaputra u. Indus.
**Gävle** ['jɛ:vlə], Hptst. der mittelschwed. Prov. Gävleborg, Hafenstadt am Bottn. Meerbusen, 87 000 Ew.
**Gavotte** [ga'vɔt], ursprüngl. frz., mäßig bewegter Tanz im geraden Takt; Satz der Suite u. Sonate.
**Gawein,** Ritter der Artus-Sage, Neffe des Königs *Artus.*
**Gay** [gɛi], John, *1685, †1732, engl. Schriftst.; ⓦ »The Beggar's Opera« (Neubearbeitung von B. *Brecht* mit Musik von K. *Weill* als »Dreigroschenoper«).
**Gaya,** ind. Stadt in Bihar, 250 000 Ew.; Wallfahrtsort. In *Buddh G.* (südl. von G.) soll *Buddha* unter einem Bodhibaum erleuchtet worden sein.

*Paul Gauguin: Zwei Frauen von Tahiti. Dresden, Staatliche Gemäldesammlung*

**Gay-Lussac** [gɛly'sak], Louis Joseph, *1778, †1850, frz. Physiker u. Chemiker; bekannt durch das nach ihm ben. Gesetz, nach dem alle Gase sich bei konstantem Druck um $1/273$ ihres Volumens ausdehnen, wenn sie um 1 °C erwärmt werden.
**Gaza** ['ga:za], *Ghaza,* Stadt in der südl. Küstenebene von Palästina, 120 000 Ew.; Hauptort des **G.streifens,** 202 km², 560 000 Ew. (die Hälfte lebt in Flüchtlingslagern); nach dem 1. Weltkrieg Teil des brit. Mandats Palästina, 1948 von Ägypten besetzt, 1956 von Israel erobert, nach Räumung wieder unter ägypt. Verw. mit UN-Kontrolle, 1967 erneut von Israel besetzt.
**Gazankulu,** Bantu-Homeland mit innerer Selbstverw. (seit 1976) in der Rep. Südafrika, im NO von Transvaal, 7410 km², 514 000 Ew. (Shangaan oder Tsonga), Reg.-Sitz *Giyani.*
**Gaze** ['ga:zə], durchsichtiger, schleierartiger Stoff mit weitem Abstand der Kett- u. Schußfäden.
**Gazellen,** Unterfam. schlanker, zierl. *Horntiere,* die in Rudeln Steppen u. Wüsten Afrikas u. Asiens bewohnen; hierher u.a.: *Hirschziegenantilope, Springbock, Thomson-, Giraffen-* u. *Echte G.*
**Gazette,** Zeitung.
**Gaziantep** [ga:zi], *Aintab,* türk. Prov.- u. Handelsstadt nahe der syr. Grenze, 470 000 Ew.; Nahrungsmittel- u. Textil-Ind.
**GCA-Verfahren,** Abk. für engl. *Ground Controlled Approach System,* ein Schlechtwetter-Anflugverfahren der Luftfahrt zur Führung des Flugzeugs bei fehlender Bodensicht.
**Gdańsk** [gdənjsk] → Danzig.
**Gdingen,** poln. *Gdynia,* poln. Hafenstadt an der Danziger Bucht, 250 000 Ew.; bildet mit *Danzig* u. *Zoppot* ein Städtedreieck. – Im 2. Weltkrieg dt. Kriegshafen (*Gotenhafen*).
**GDP,** Abk. für *Gesamtdeutsche Partei,* → Bund der Heimatvertriebenen und Entrechteten.
**Gdynia** ['gdinjə] → Gdingen.

*Grant-Gazellen*

**Ge,** chem. Zeichen für *Germanium.*

**Geantiklinale,** langsam u. stetig aufsteigende Räume der Erdkruste; Ggs.: *Geosynklinale.*
**Gebaberg,** Gipfel in der östl. Vorderrhön, 751 m.
**Gebärdensprache,** ein System von Gebärden u. Bewegungen mit konventionell festgelegter Bedeutung, früher als Ersatzsprache für Taubstumme gelehrt.

**gebären** → Geburt.
**Gebärmutter,** *Uterus,* ein Abschnitt der Ausleitungswege der weibl. → Geschlechtsorgane zw. Eileiter u. Scheide. Bei manchen Reptilien u. bei den Vögeln ist die G. die Bildungsstätte der Eischale. Bei den lebendgebärenden Säugern entwickeln sich die Embryonen in der G. In den oberen Teil der G. münden beidseitig die Eileiter. Der **G.hals** (*Cervix uteri*) ragt mit seinem untersten Teil, an dem sich der Muttermund befindet, in die Scheide hinein. Die G. liegt im kleinen Becken zw. Harnblase u. Mastdarm; sie ist dabei ganz leicht nach vorn geneigt. Wird von der G. eine befruchtete Eizelle aufgenommen, beherbergt u. ernährt sie den wachsenden Keim während der ganzen Fruchtentwicklung (Schwangerschaft), u. sie treibt die reife Frucht bei der Geburt schließl. aus. – **G.geschwülste,** *Uterusgeschwülste,* Geschwülste der G. Man unterscheidet: 1. bösartige Geschwülste (G.krebs) u. 2. gutartige Geschwülste wie → Polypen u. Myome. – **G.krebs,** *Uteruskarzinom,* weitaus häufigste Form (etwa 80%) aller Krebsleiden der weibl. Geschlechtsorgane. Man unterscheidet: 1. G.körperkrebs (Korpuskarzinom); 2. G.halskrebs (Zervixkarzinom).
**Gebende,** Kopfputz der verheirateten Frau im 12./13. Jh., aus Leinenbinden um Stirn u. Wangen gewunden.
**Gebet,** die unmittelbare Aussprache mit Gott als persönlichster Ausdruck eines Glaubens; in allen Religionen als Urform des Umgangs mit Gott bekannt. Das G. bringt Anbetung, Bitte, Lob u. Dank zum Ausdruck.
**Gebetsmantel,** hebr. *Tallit,* ein viereckiges Tuch, an dem quastenförmige »Schaufäden« (*Zizit*) angebracht sind. Der Jude trägt ihn beim Morgengebet.
**Gebetsmühlen,** Gefäße, die im Lamaismus durch Hand-, Wasser- oder Windantrieb gedreht werden, um die in ihnen enthaltenen Zettel mit Gebetsformeln magisch in Kraft zu setzen.
**Gebetsriemen,** hebr. *Tefillin,* von den Juden an Stirn u. linkem Arm wochentags beim Morgengebet angelegte Riemen, an denen je ein Kästchen befestigt ist, das Pergamentrollen mit Thoratexten enthält.
**Gebetsteppich,** *Sedschade,* Unterlage bei der islam. Gebetsübung.
**Gebhardt,** Eduard von, *1838, †1925, dt. Maler (religiöse Genreszenen u. Porträts).
**Gebietshoheit,** die Befugnis eines Staates zur Rechtsetzung innerhalb seines Territoriums unter Ausschluß anderer Rechtsordnungen; wichtigster Ausdruck der staatl. Souveränität.
**Gebietskörperschaft,** eine rechtsfähige Körperschaft des öffentl. Rechts: eine Personenvereinigung mit Zuständigkeit für einen räuml. abgegrenzten Teil des Staatsgebiets; Ggs.: *Personalkörperschaft* u. *Realkörperschaft.*
**Gebirge,** die ausgedehnten u. höheren, meist deutl. abgegrenzten Erhebungen der Erdoberfläche, mit lebhaftem Wechsel von *Bergen* u. *Tälern.*

*Gebläse: a) Turbo- oder Kreiselgebläse, b) Kapselgebläse, c) Axialgebläse*

Man unterscheidet nach der Gipfelform (z.B. Kamm- u. Ketten-G.), nach der Höhe (Mittel- u. Hoch-G.), nach der Entstehung (z.B. vulkan. u. Erosions-G.).
**Gebirgstruppen,** Truppenteile aller Waffengattungen des Heeres (Infanterie: *Gebirgsjäger;* ferner *Gebirgsartillerie, -pioniere*), die für den Kampf im Hochgebirge bes. ausgerüstet sind.
**Gebiß,** alle den Beißen u. Kauen dienenden Zähne der Wirbeltiere. Der Mensch wird mit den Anlagen für 2 Gebisse geboren. Mit etwa 2–3 Jahren ist das erste G. (*Milch-G.*) vollständig durchgebrochen (20 Zähne). Etwa vom 5. Lebensjahr an beginnt das Milch-G. auszufallen, u. etwa mit dem 14. Lebensjahr ist das vollständige zweite G. (*Dauer-G.*) ausgebildet; es besteht aus 4 Schneide-, 2 Eck-, 4 Vormahl- u. 4 Mahl- oder Backenzähnen in jedem Kiefer; später kommen noch je 2 Backenzähne (»Weisheitszähne«) hinzu. – Künstl. G. → Zahnersatz.
**Gebläse,** Maschine zum Fördern u. Verdichten von Gasen (meist Luft) auf mittlere Drücke bis etwa 4 bar bei oft großen Fördermengen.
**Geblütsrecht,** der Anspruch der Königssippe auf die Bestellung eines ihrer Glieder zum Nachfolger; in Dtld. bis zum 12. Jh. gültig, dann freies *Wahlrecht.*
**Gebot, 1.** im Christentum eine durch Gott auferlegte Pflicht. – **2.** im Straßenverkehr G.szeichen, → Verkehrszeichen. – **3.** bei der Versteigerung das von einem Bieter abgegebene Preisangebot. Den *Zuschlag* erhält der Bieter, der das Meist-G. abgegeben hat.
**Gebrauchsanmaßung,** *Gebrauchsdiebstahl,* rechtswidrige Benutzung fremder Sachen; nur an Kraftfahrzeugen oder Fahrrädern u. für öffentl. Pfandleiher an von ihnen in Pfand genommenen Gegenständen strafbar.
**Gebrauchsgraphik,** Erzeugnisse der Graphik, die nicht künstler. zweckfrei geschaffen, sondern zu prakt. Gebrauchszwecken bestimmt sind: vor allem *Werbegraphik* (Plakate, Anzeigen, Kataloge u.a.) u. *Buchgraphik* (Bucheinbände, Schutzumschläge).
**Gebrauchsmuster,** Arbeitsgerätschaften, Gebrauchsgegenstände oder Teile davon, die durch eine neue Gestaltung, Anordnung oder Vorrichtung dem Arbeits- oder Gebrauchszweck dienen sollen, ohne patentfähig zu sein (daher wird das G. auch als *kleines Patent* bezeichnet), die aber beim Dt. Patentamt in München als G. in die dort geführte *G.rolle* eingetragen sind.
**Gebrauchtwarenhandel,** Handel mit Gebrauchsgütern, die bereits benutzt worden sind, auch *Second Hand* genannt (v.a. in der Autobranche).
**Gebrechen,** körperl. (organ.) Fehler oder Mängel, die Gesundheit u. Leistungsfähigkeit eines Menschen dauernd beeinträchtigen, z.B. Blindheit, Gelähmtsein.
**Gebser,** Jean, *1905, †1973, schweiz. Kulturphilosoph.
**Gebühr,** Vergütung für geleistete Dienste.
**Gebühr,** Otto, *1877, †1954, dt. Schauspieler; bekannt bes. als Darsteller Friedrichs d. Gr.
**Gebührenanzeiger,** Zusatzgerät zum Fernsprecher zur Angabe der fälligen Gebühreneinheiten.
**gebührenpflichtige Verwarnung** → Verwarnung.
**gebundene Rede,** die in Versform gebrachte Sprache, im Unterschied zur *Prosa.*
**Geburt,** *Entbindung, Niederkunft, Partus,* die Ausstoßung der Nachkommenschaft nach vollendeter Entwicklung aus dem mütterl. Körper. Beim Menschen vollzieht sich die G. nach Ausreifung der Leibesfrucht am Ende der Schwangerschaft (etwa 273 Tage nach dem befruchtenden Koitus oder 280 Tage nach dem ersten Tag der letzten Monatsblutung) durch peristalt.-rhythm. Zusammenziehungen der Gebärmuttermuskulatur, den *Wehen,* wodurch der *G.skanal* (Gebärmutterhals, Muttermund, Scheide) gedehnt u. das Kind ausgestoßen wird. Dabei platzt die Fruchtblase, u. das Fruchtwasser fließt ab (*Blasensprung*). In den meisten Fällen ist der Kopf des Kindes der vorangehende Teil, nur in 3% aller Fälle handelt es sich um eine Beckenendlage (z.B. Fuß-, Steißlage). Das Kind muß sofort abgenabelt werden. Der Mutterkuchen wird mit den Eihäuten wird durch die Nachgeburtswehen ausgestoßen (*Nachgeburt*).
**Geburtenkontrolle,** *Geburtenregelung, Familienplanung,* Mittel u. Methoden, die es erlauben, Anzahl u. Zeitpunkt von Geburten beim Menschen

*Geburtshelferkröte*

*Geckos: Taggecko*

zu planen: durch → Empfängnisverhütung, → Schwangerschaftsabbruch oder → Sterilisation.
**Geburtenrückgang,** der seit der 2. Hälfte des 19. Jh. im W-europ. Kulturkreis allg. zu beobachtende Rückgang der relativen *Geburtenziffer,* hpts. infolge Geburtenkontrolle. Im gleichen Zeitraum ging, bes. durch die Fortschritte der Medizin, die Sterblichkeitsziffer stark zurück.
**Geburtenziffer,** die Zahl der Lebendgeborenen je 1000 der Bev. pro Jahr.
**Geburtshelferkröte,** eine Kröte, deren Männchen sich die in langen Schnüren vom Weibchen abgelegten Eier um die Hinterbeine wickelt; unter Naturschutz.
**Geburtshilfe,** die ärztl. Maßnahmen zur Unterstützung des Geburtsverlaufs.
**Geburtszange,** *Forceps,* geburtshilfl. Instrument, das aus 2 Löffeln ähnlichen Teilen besteht. Mit der G. kann die Geburt durch vorsichtiges Herausziehen des Kindes beschleunigt werden (*Zangengeburt*).
**Gebweiler,** frz. *Guebwiller,* oberelsäss. Krst. im frz. Dép. Haut-Rhin, 11 000 Ew.; Weinanbau.
**Geckos,** *Haftzeher,* kleine *Echsen.* Finger u. Zehen haben oft einen Haftapparat aus feinsten Borsten, die die G. auch an senkrechten Flächen u. Zimmerdecken halten können.
**Gedächtnis,** die Fähigkeit des Nervensystems, Informationen zu speichern u. wieder abzurufen (Erinnerung), das *Ultrakurzzeit-G.* (20 s), das *Kurzzeit-G.* (1–2 Std.), das *Langzeit-G.* (dauerhafte Speicherung).
**Gedankenlesen,** das Erkennen fremder Gedanken ohne feststellbare Vermittlung (wiss. nicht geklärt).
**Gedankenstrich** → Zeichensetzung.
**Gedankenübertragung** → Telepathie.
**Gedda,** Nicolai, eigtl. N. Ustinov, *11.7.1925, schwed.-russ. Sänger (Tenor).
**Gedicht,** *i.w.S.* jede Verdichtung (also auch ein episches oder dramat. Gedicht); *i.e.S.* nur die lyr. Verdichtung (→ Lyrik).
**gediegen,** Bez. für Metalle, die in der Natur in elementarem Zustand vorkommen, also nicht chem. mit anderen Elementen verbunden sind; z.B. Edelmetalle.
**gedruckte Schaltung,** die Anordnung von Leitungsbahnen aus Kupfer auf einer Trägerplatte aus Isoliermaterial. Die Bauteile der elektron. Schaltung werden mit den Leitungsbahnen verlötet. So hat die g. S. gleichzeitig die Funktion der elektr. Verbindung u. der mechan. Halterung.
**Gedser** ['gesər], dän. Hafen auf der Insel Falster, 1200 Ew.; Fährverbindung nach Warnemünde u. Travemünde.
**Geelong** ['dʒi:lɔŋ], Hafenstadt in Victoria (Australien), sw. von Melbourne, 148 000 Ew.; Ölraffinerien.

**Geertgen tot Sint Jans** [ˈxeːrtxə-], *G. van Haarlem,* \*um 1460/65, †um 1490, ndl. Maler; Schüler A. van *Ouwaters;* religiöse Bilder.

**Geest,** ältere Moränenlandschaft der norddt. Vereisungsgebiete; sandige, wenig fruchtbare Böden (z.B. in Schl.-Ho.); vielfach verheidet oder vermoort.

**Geesthacht,** Stadt in Schl.-Ho., an der unteren Elbe, 24 700 Ew.; Elbstaustufe mit Schleuse, Pumpspeicherwerk.

**Geez** [geˈeːts], altäthiop. Sprache in Äthiopien, seit dem 14. Jh. n. Chr. nur noch Kirchensprache.

**Gefährdungsdelikte,** Handlungen, bei denen schon die Herbeiführung einer *Gefahr* strafbar ist; z.B. Transportgefährdung, Straßenverkehrsgefährdung.

**Gefahrensymbole,** internat. Zeichen, die auf den Transport gefährl. Güter hinweisen.

**Gefälle,** der senkrechte Höhenunterschied zweier Punkte, bezogen auf deren in waagerechter Richtung gemessene Entfernung; z.B. bei Dächern, Straßen, Abflußleitungen.

**Gefängnis** → Vollzugsanstalt, → Strafvollzug.

**Gefängnisstrafe** → Freiheitsstrafe.

**Gefäßchirurgie,** Zweig der Chirurgie, der sich mit der operativen Behandlung von Gefäßerkrankungen befaßt (Veröden von Krampfadern, Beheben von Gefäßverschlüssen, Gefäßtransplantation u. -ersatz).

**Gefäße,** bei Mensch u. Tier die *Adern* (Blutgefäße) u. das *Lymphgefäßsystem;* bei Pflanzen die *Leitbündel.*

**Gefäßerweiterung,** eine Erweiterung der Blutgefäße: vorübergehend auf dem Wege über die Gefäßnerven durch seel. Erregungen (Scham, Zorn u.a.); dauernd als Folge krankhafter Veränderungen der Gefäßwände, z.B. bei Krampfadern; ferner als Reaktion auf Kältereize u. bei entzündl. Reizungen des Gewebes.

**Gefahrzettel im Straßenverkehr**

Explosionsgefährlich (Auf den orangefarbenen Warntafeln angebracht)

Feuergefährlich (Entzündbare flüssige Stoffe)

Feuergefährlich (Entzündbare feste Stoffe)

Selbstentzündlich

Entzündliche Gase bei Berührung mit Wasser

Entzündend wirkende Stoffe oder organische Peroxide

Giftig

Gesundheitsschädlich

Radioaktiv

Ätzend

**Warntafeln — an Fahrzeugen angebracht**

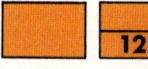  Die Ziffern enthalten einen Hinweis auf bestimmte gefährliche Güter

*Gefahrensymbole: Die Kennzeichnung der Straßenfahrzeuge mit gefährlichen Gütern geschieht durch Gefahrzettel und Warntafeln*

**Gefäßhaut,** die Aderhaut des Auges.

**Gefäßkrampf,** krampfartiges Zusammenziehen *(Gefäßverengung)* der feinen Gefäßmuskulatur auf dem Wege über die Gefäßnerven, wobei es zur völligen Aufhebung der Blutzufuhr kommen kann; z.B. bei *Angina pectoris* u. *Migräne.*

**Gefäßnerven,** *Vasomotoren,* die Nerven des vegetativen Nervensystems der Wirbeltiere, die alle Blutgefäße versorgen; vom *Gefäßzentrum* im verlängerten *Gehirnmark* gesteuert. Sie verengen oder erweitern die Gefäße.

**Gefäßsystem** → Blutgefäßsystem.

**Gefieder,** die Bedeckung der Haut bei Vögeln, entspr. den *Haaren* der Säugetiere; → Feder.

**Geflügel,** alle Vogelarten, die zur Eier- oder Fleischgewinnung als Haustiere bzw. in Massentierhaltung gehalten werden, z.B. Hühner, Puten, Enten u. Gänse.

**geflügelte Worte,** Aussprüche von Dichtern, Politikern u.a., die durch ihre Treffsicherheit volkstüml. geworden sind.

**Gefreiter,** erster Beförderungsdienstgrad in der Dienstgradgruppe der Mannschaften.

**Gefrieranlagen** → Kälteanlagen.

**Gefrierfleisch** → Fleischkonservierung.

**gefriergetrocknet** → Gefriertrocknung.

**Gefrierpunkt,** die Temperatur, bei der eine Flüssigkeit (z.B. Wasser) erstarrt, d.h. in den festen Aggregatzustand (Eis) übergeht.

**Gefriertrocknung,** Vakuumtrocknung eines wasserhaltigen Gutes in gefrorenem Zustand, so daß Vitamine, Wirkstoffe u. Aromen erhalten bleiben; bes. in der chem. Ind., in der medizin. Forschung u. für hochwertige Lebensmittel verwendet.

**gefrorene Lebensmittel,** Lebensmittel, bei denen ein hoher Anteil des ausfrierbaren Wassers als Eis vorliegt; die Temperatur muß während der Lagerung −18 °C oder kälter sein.

**Gefrorenes,** *Speiseeis,* in Eismaschinen hergestellte Mischungen aus Wasser, Milch, Fruchtsäften, Eiern, Aromastoffen u. Bindemitteln wie Stärke oder Tragant.

**Gefüge, 1.** die beim Erstarren eines Metalls zusammengewachsenen Körner (Kristallite). **2.** innerer Aufbau eines Gesteins nach dessen Struktur u. Textur.

**Gefühl,** psych. Zustand (z.B. Trauer oder Freude), meist im Ggs. zur gegenständl. Wahrnehmung. Die Psychologie u. Philosophie betrachten das G. als fundamentales Monument des menschl. Seelenlebens, das dieses tiefer u. grundsätzl. formt als Verstand oder Wille. Mit G. werden Veränderungen des Körperzustands einer, die der willentl. Beeinflussung nur schwer zugänglich sind.

**Gegenbaur,** Karl, \*1826, †1903, dt. Zoologe; Begründer der vergleichenden Morphologie der Wirbeltiere.

**Gegenfarbe,** *Komplementärfarbe,* → Farbenlehre.

**Gegenmittel,** *Antidot,* ein Arzneimittel, das der Krankheitsursache entgegenwirkt u. sie aufhebt; vor allem bei Vergiftungen.

**Gegenpapst,** jemand, der zu Lebzeiten eines kanon. gewählten Papstes eine Papstwahl annimmt. Die Reihe der Gegenpäpste beginnt im 3. Jh. mit *Hippolytos* u. endet im 15. Jh. mit *Felix V.*

**Gegenreformation,** die Gegenbewegung der kath. Kirche zur *Reformation,* auch *kath. Reform* genannt; als Epoche: die Zeit von der Mitte des 16. Jh. bis zur Mitte des 17. Jh. – Die Reformation erzwang eine umfangreiche Reform auch der kath. Kirche, die jedoch von Rom nur wenig gefördert wurde. Das *Trienter Konzil* erließ eine Anzahl von Reformdekreten. Der neue Orden der *Gesellschaft Jesu (Jesuiten)* bemühte sich bes. um die intensive kath. Erziehung der Jugend, um Volksmission u. um die Bereitstellung von Ordensangehörigen als Beichtväter für die Fürsten. Die Verquickung von polit. mit religiösen Bewegründen führte zu Fürstenbündnissen (prot. *Union* 1608, kath. *Liga* 1609) u. zu den oft grausam geführten sog. Religionskriegen (in Dtld. der → Dreißigjährige Krieg, in Frankreich die Hugenottenkriege).

**Gegenwart,** *Grammatik:* → Präsens.

**Gehalt,** Arbeitsentgelt der Beamten u. Angestellten das monatl. berechnet u. gezahlt wird.

**Geheeb,** Paul, \*1870, †1961, dt. Pädagoge; Gründer der *Odenwaldschule* (1910).

**Geheimbünde,** Vereinigungen meist mit kult. u. polit. Einschlag, die ihre Zusammenkünfte geheimhalten u. eigene Gerichtsbarkeit üben.

**Geheimdienst,** *Nachrichtendienst,* eine Organisation, die Nachrichten über äußere u. innere Feinde

*Gehen: Teilnehmer eines 20-km-Wettbewerbs*

eines Staates sammelt. Der *militär. G.* hat Informationen über die feindl. Streitkräfte, ihre Bewaffnung, Gliederung, Stationierung, Nachrichtenverbindungen u.a. zu beschaffen. Eine gleich wichtige Aufgabe ist die *Abwehr* fremder G. Militär. G. der BR Dtld.: *Bundesnachrichtendienst (BND)* u. der *Militär. Abschirmdienst (MAD);* der polit. G.: *Bundesamt für Verfassungsschutz.*

**Geheime Offenbarung** → Apokalypse.

**Geheimer Rat, 1.** kollegiales Beratungs- u. Vorschlagsorgan des Landesherrn ohne eigene Verwaltungsbefugnisse in den ehem. dt. Territorialstaaten. – **2.** Titel dt. Staatsbeamter, z.B. *Geheimer Justizrat, Geheimer Regierungsrat;* abgekürzt *Geheimrat;* seit 1919 (Weimarer Verfassung) nicht mehr verliehen.

**Geheimes Staatsarchiv,** Hauptarchiv der preuß. Monarchie. Nach 1945 kam der größere Teil der Bestände in das *Dt. Zentralarchiv,* Abt. Merseburg, der kleinere in das Hauptarchiv des Westberliner Senats; er gehört seit 1965 zur *Stiftung Preuß. Kulturbesitz* (Berlin-Dahlem).

**Geheime Staatspolizei** → Gestapo.

**Geheimlehre,** *esoterische Lehre,* nur Eingeweihten zugängl. Lehre, bes. der Inhalt von *Mysterien;* die Pflicht zur Geheimhaltung heißt *Arkandisziplin.*

**Geheimnisverrat,** das unbefugte Offenbaren bestimmter Geheimnisse: → Amtsgeheimnis, → Berufsgeheimnis, → Geschäftsgeheimnis, → Landesverrat, → Wahlgeheimnis.

**Geheimschrift,** *Chiffre,* vereinbarte Schriftzeichen, die eine Nachricht nur Eingeweihten zugängl. machen sollen; meist die Buchstaben der geltenden Schrift in einer veränderten Bedeutung.

**Geheimsprache,** verschlüsselte Sprache zur Geheimhaltung der Gespräche Eingeweihter (z.B. der Medizinmänner in sog. Naturvölkern); bes. bei Jugendl. beliebt.

**Geheimwissenschaften,** *okkulte Wiss.,* Forschungsrichtungen, die »Paranormales« (Übersinnliches) zum Gegenstand haben, z.B. der *Spiritismus,* sowie solche, die zugleich als *Geheimlehren* auftreten, z.B. die *Theosophie.*

**Gehen,** eine leichtathlet. Sportart, bei der der Athlet *(Geher)* den Boden nie ganz verlassen darf (wie beim Laufen); es muß also immer ein Fuß den Boden berühren.

**Gehenna,** im NT Strafort für die Gottlosen nach dem Endgericht.

**Gehirn,** *Hirn,* lat. *Cerebrum,* grch. *Encephalon,* das Vorderende des *Zentralnervensystems* höherentwickelter Tiere, bes. der Wirbeltiere, in dem die Sinneszentren u. übergeordnete Schaltzentren (Koordinations- u. Assoziationszentren) zusammengefaßt sind u. das in bestimmten Teilen für die Ausbildung komplizierter Instinkthandlungen, für die Fähigkeit des Gedächtnisses u. der Intelligenz verantwortlich ist. Das G. der Wirbeltiere ist im einzelnen stark abgewandelt, besteht aber grundsätzl. aus fünf Teilen: 1. Das *verlängerte Mark* bildet den Übergang vom G. zum *Rückenmark.* Von ihm gehen die meisten der 12 *Gehirnnerven* (Riech-, Seh-, Augenbewegungs-, Gehöru. Gleichgewichtsnerv u.a.) aus. Hier liegen das Atemzentrum u. die Zentren der Gefäßinnervation u. der Stoffwechseltätigkeit. 2. Das *Hinterhirn*

# 298 Gehirnabszeß

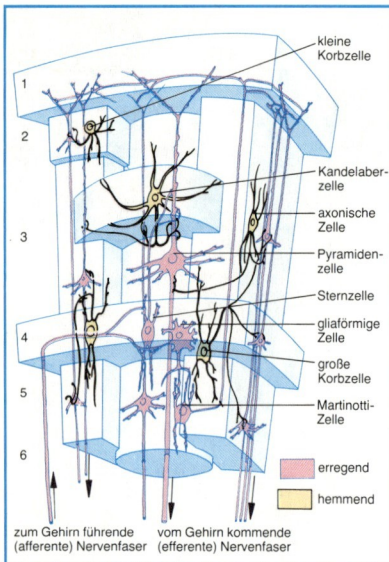

*Gehirn: Die Großhirnrinde besteht aus sechs Ebenen. Auf Ebene 3 z.B. gelangt über die afferenten, sensorischen Nervenfasern Information an die Großhirnrinde; sie setzt die Signale über ein Netz von Schaltkreisen aus verschiedenen Zellen in Befehle um, die über die efferenten, motorischen Fasern an die Muskeln der Organe geleitet werden*

(Kleinhirn) enthält die Zentren der Bewegungskoordination, der Gleichgewichtsregelung u.a. 3. Im *Mittelhirn* münden die Sehnervenfasern. 4. Das *Zwischenhirn* ist bes. bei Säugetieren ausgebildet, wo es als Schaltstation zw. dem Vorderhirn u. den hinteren Teilen fungiert u. außerdem Sehnerven aufnimmt. 5. Das *Vorderhirn (Großhirn)* besteht aus 2 blasenförmigen Vorstülpungen (*Hemisphären*), deren Wand den *Hirnmantel (Hirnrinde)* bildet. Am Vorderrand der Hemisphären treten die Riechnerven in das Großhirn ein u. gehen in einen Teil des *Hirnmantels* (die *Riechrinde*) weiter. Der Teil des Hirnmantels, der keine Riechnerven aufnimmt wird zu einem übergeordneten Zentrum,

das bei den Säugetieren zum Sitz der Gedächtnis- u. Intelligenzleistungen wird. Es erreicht beim M e n s c h e n seine weitaus größte u. höchste Ausbildung: Die *Großhirnrinde* des Menschen *(graue Rinde)* ist etwa 5 mm dick u. besteht aus etwa 70 Mrd. in etwa 6 Schichten gelagerten Nervenzellen. Das G. ist von 3 *G.häuten* umgeben: Innen liegt die weiche Hirnhaut, darüber die Spinnwebenhaut, außen die harte Hirnhaut aus festem Bindegewebe.

**Gehirnabszeß,** umgrenzte Eiteransammlung im Gehirn.
**Gehirnanhang** → Hypophyse.
**Gehirnblutung,** Bluterguß innerhalb des Gehirngewebes, hervorgerufen durch Reißen von Gehirngefäßen (z.B. bei *Schlaganfall*).
**Gehirnchirurgie,** *Hirnchirurgie,* Teil der → Neurochirurgie.
**Gehirnentzündung,** *Enzephalitis,* entzündl., infektiös oder infektiös-toxisch bedingte Gehirnerkrankung: neben dem Übergreifen einer *Hirnhautentzündung* auf das Gehirn bes. die *übertragbare G., (europ. Schlafkrankheit)* durch einen Virus hervorgerufene Krankheit.
**Gehirnerschütterung,** durch stärkere Gewalteinwirkungen auf den Schädel entstandene Störung der Gehirntätigkeit, meist mit Bewußtlosigkeit, Erinnerungsschwund u. Erbrechen verbunden.
**Gehirnerweichung,** Entartung u. anschließende Erweichung von Gehirngewebe; verursacht insbes. durch eine akute Minderdurchblutung des betroffenen Hirnteils, z.B. bei Embolie.
**Gehirnhautentzündung** → Hirnhautentzündung.
**Gehirnquetschung,** eine Folge stumpfer Gewalteinwirkung auf den Schädel; führt meist zu blutiger Erweichung von Gehirnpartien u. entspr. Ausfallerscheinungen.
**Gehirnschlag** → Schlaganfall.
**Gehirntumor,** eine Geschwulst gut- oder bösartigen Charakters innerhalb der Schädelkapsel, die vom Nervengewebe ausgeht.
**Gehirnwäsche,** vollständige seel.-geistige Umstimmung (meist von Gefangenen) durch psych. u. körperl. Druck.
**Gehlen, 1.** Arnold, *1904, †1976, dt. Soziologe u. Philosoph; arbeitete bes. auf den Gebieten der Anthropologie u. der Sozialpsychologie; W »Der Mensch. Seine Natur u. seine Stellung in der Welt«. – **2.** Reinhard, *1902, †1979, dt. Geheimdienstchef; organisierte nach 1945 im Auftrag der USA einen bes. gegen die Ostblockstaaten gerichteten Geheimdienst; 1956–68 Präs. des Bundesnachrichtendienstes (BND).
**Gehör** → Gehörsinnesorgane.
**Gehörgang, 1.** *äußerer G.,* bei Säugetieren der knöcherne Gang, der von außen an das Trommelfell heranführt. – **2.** *innerer G.,* ein kurzer Gang, durch den der 8. Gehirnnerv an das Ohrlabyrinth herantritt.
**Gehörknöchelchen,** der Schall-leitende Apparat im Mittelohr *(Paukenhöhle)* der Wirbeltiere; → Ohr.
**Gehörlosigkeit** → Taubheit.
**Gehörn,** das Geweih des Rehbocks; die Hörner der Paarhufer.
**Gehorsamsverweigerung,** Straftatbestand des Wehrstrafrechts (§ 20 WStG): das über den bloßen *Ungehorsam* hinausgehende Nichtbefolgen eines Befehls durch Auflehnen in Wort oder Tat.
**Gehörsinnesorgane,** mechan. Sinnesorgane *(statische Organe),* die auf die Aufnahme von Schallwellen spezialisiert sind; bei den Insekten *(Tympanalorgane)* u. bei Wirbeltieren *(Ohr).* Bei den Wirbeltieren sind G. aus Schweresinnesorganen (Gleichgewichtssinnesorgane, Drehbeschleunigungssinn) entwickelt, die im unteren Teil des *Ohrlabyrinths* liegen.
**Gehrden,** Stadt in Nds., 12 500 Ew.; Kalibergbau, versch. Ind.
**Gehrock,** knielanger Herrenrock aus dunklem Tuch, im 19. Jh. zu festl. Anlässen getragen.
**Geibel,** Emanuel, *1815, †1884, dt. Schriftst.; in München Mittelpunkt eines auf Formkunst bedachten Dichterkreises; patriot. Gedichte, volkstüml. Lieder.
**geien,** ein Segel mit Hilfe von *Geitauen* bergen (festmachen an der Rah).
**Geier,** *Altweltgeier,* adlerartige *Greifvögel,* zu denen einige der größten flugfähigen Vögel zählen; Aasfresser, Kopf u. Hals sind meist nackt. In S-Europa: *Schmutz-G., Gänse-G., Mönchs- u. Bart-G.*
**Geierhaube,** Kopfputz ägypt. Königinnen.

*Geirangerfjord*

**Geige** → Violine.
**Geiger, 1.** Hans, *1882, †1945, dt. Physiker; arbeitete über Radioaktivität; erfand den *G.zähler* *(G.-Müller-Zählrohr),* Gerät zum Nachweis u. zur Zählung sehr energiereicher elektr. Teilchen (vor allem bei kernphysikal. Untersuchungen u. Untersuchung radioaktiv verseuchte Gebäude verwendet). – **2.** Theodor, *1891, †1952, dt. Soziologe; befaßte sich v.a. mit der Untersuchung soz. Schichten u. mit ideologiekrit. Fragen.
**Geijer** ['jɛjər], Erik Gustaf, *1783, †1847, schwed. Schriftst. u. Historiker; Vertreter der schwed. Romantik.
**Geildrüsen,** *Geilsäcke,* Drüsen an der Vorhaut des Bibers; → Duftdrüsen.
**Geilenkirchen,** Stadt in NRW, nahe der ndl. Grenze, 21 000 Ew.; versch. Ind.
**Geiler von Kaysersberg,** Johannes, *1445, †1510, dt. Volksprediger des Spät-MA.
**Geirangerfjord** ['gɛjraŋɔrfjuːr], Fjord in W-Norwegen, 16 km lang, mit 1700 m hohen Wänden u. Wasserfällen (»Sieben Schwestern«).
**Geisel,** in älterer Zeit eine Person, die mit ihrem Eigentum u. Leben für die Erfüllung von Pflichten einer anderen Person einstand; im Wirtschaftsleben durch die Einrichtung der schuldrechtl. *Bürgschaft* abgelöst; → Geiselnahme.
**Geisel,** l. Nbfl. der Saale, mündet bei Merseburg.
**Geisel,** Ernesto, *3.8.1908, brasil. Politiker u. Offizier; 1974–79 Staats-Präs.
**Geiselgasteig,** Villenvorort von München; Filmateliers.
**Geiselnahme,** das Entführen oder Sich-Bemächtigen eines anderen, um einen Dritten durch die Drohung mit dem Tod oder einer schweren Körperverletzung der Geisel zu einem bestimmten Verhalten zu veranlassen; strafbar als Verbrechen mit Freiheitsstrafe.
**Geisenheim,** Stadt in Hessen, am Rhein, 12 000 Ew.; Weinbau.
**Geiserich,** *Genserich,* *389, †477, Wandalenkönig 428–77; errichtete in N-Afrika ein Reich auf röm. Boden, das 442 als erstes Germanenreich von Rom anerkannt wurde (Hptst. Karthago); eroberte 455 Rom.
**Geisha** [geːʃa], in Japan eine in Tanz, Musik, Gesang u. gesellschaftl. Formen ausgebildete Frau, zur Unterhaltung der Gäste in Teehäusern u. als Bedienung bei Festlichkeiten.
**Geislingen an der Steige,** Stadt in Ba.-Wü., an der Schwäb. Alb, 27 500 Ew.; Textil-Ind.
**Geiß,** das weibl. Tier bei Rehen, Gemsen u. Steinböcken.
**Geißbart,** *Aruncus,* Gatt. der *Rosengewächse;* hierzu der gelbl.-weiß blühende *Wald-G.*
**Geißblattgewächse** → Pflanzen.
**Geißel,** *Flagellum,* ein langer bewegl. Plasmafaden, der bestimmten Einzellern (*G.tierchen, Flagellaten*) u. den männl. Keimzellen (*Samenzellen, Spermatozoen*) vielzelliger Tiere zur Fortbewegung dient.
**Geißelbrüder** → Flagellanten.
**Geißeltierchen** → Flagellaten.

**Geissendörfer,** Hans W., *6.4.1941, dt. Filmregisseur (»Der Zauberberg«, »Lindenstraße«).
**Geißfuß, 1.** → Giersch. – **2.** ein hebelartiges Werkzeug zum Ausziehen von Nägeln.
**Geißklee,** *Cytisus,* Gatt. der *Schmetterlingsblütler;* kleine Sträucher mit gelben Blüten.
**Geißler, 1.** Heiner, *3.3.1930, dt. Politiker, 1977–89 Generalsekretär der CDU; 1982–85 zugleich Bundes-Min. für Jugend, Familie u. Gesundheit. – **2.** Heinrich, *1815, †1879, dt. Glasbläser u. Mechaniker. – **3.** Horst Wolfram, *1893, †1983, dt. Erzähler (»Der liebe Augustin«).
**Geist,** grch. *pneuma,* lat. *spiritus,* urspr. eine belebende göttl. Kraft, in der Philosophie seit *Platon* der 2. Wirklichkeitsbereich neben der *Materie;* das belebende, beseelende, immaterielle Prinzip im Menschen u. in allen Dingen; im Unterschied zur *Seele* eine bes. Seinsstufe. In G. W. F. *Hegels* Lehre vom *subjektiven, objektiven* u. *absoluten G.* sind diese Formen des G. die ineinander übergehenden Momente des Lebens des Absoluten, mithin eine metaphys. (dialekt.) Einheit.
**Geisterglaube,** der Glaube an übernatürl. Mächte, die vergegenständlicht u. personifiziert werden, z.B. Hexen, Kobolde, Seelen Verstorbener.
**Geistesgeschichte,** die Geschichte der Bewegungen u. Tendenzen (»Ideen«) in Literatur, Kunst, Bildung, Wiss., Philosophie u. Religion. Die Grenzen der G. zur *Kulturgeschichte* u. auch zur polit. Geschichte sind fließend.
**Geisteskrankheiten,** *Gemütskrankheiten, seelische Krankheiten, Psychosen,* Störungen u. Fehlleistungen im Geistes- u. Seelenleben. Zu den G. i.e.S. gehören u.a. die Schizophrenie u. die manisch-depressive Krankheit (endogene Psychosen). Exogene Psychosen haben körperl. nachweisbare Ursachen, z.B. Infektionen, Vergiftungen, Durchblutungsstörungen. Die Behandlung ist Aufgabe der *Psychiatrie.*
**Geisteswissenschaften,** durch W. *Dilthey* eingeführte Bez. für die »Wiss. von der geschichtl.-gesellschaftl. Wirklichkeit« im Gegensatz zu den Naturwissenschaften.
**geistiges Eigentum,** zusammenfassende Bez. für Patent-, Gebrauchsmuster-, Geschmacksmuster- u. Urheberrechte.
**Geistliche,** Bez. für alle Priester (kath.) u. Pfarrer (ev.).
**geistliche Fürstentümer,** im Röm.-Dt. Reich die Territorien der reichsunmittelbaren geistl. Fürsten (alle Erzbischöfe, die meisten Bischöfe, viele Äbte u. Äbtissinnen von Reichsklöstern u. -stiften).
**geistliche Gerichtsbarkeit** → kirchl. Gerichtsbarkeit.
**geistliche Verwandtschaft,** in der kath. Kirche die bes. geistl. Beziehung des Täuflings zu seinem Paten; kirchl. Ehehindernis.
**Gejiu** [gədjiu], *Kokiu,* chin. Stadt in der Prov. Yunnan, 190 000 Ew.; Zinnerförderung.
**Gekröse, 1.** die versch. innere Organe einhüllen u. dadurch in ihrer Lage festhalten; z.B. *Dünndarm-G., Dickdarm-G., Magen-G.* – **2.** eßbares Eingeweide vom Rind u. Schaf.
**Gel,** gallertartige Lösung hoher Viskosität.
**Gela** [ˈdʒeːla], ital. Stadt an der S-Küste Siziliens, 80 000 Ew.; Erdölförderung; Fremdenverkehr; Ruinen grch. Befestigungsanlagen.
**Geländedarstellung,** die Wiedergabe der horizontalen u. vertikalen Gliederung der Erdoberfläche in einer Karte auf der Grundlage der *Höhenlinien (Isohypsen).*
**Geländefahrzeug,** ein Rad- oder Gleiskettenfahrzeug, das zum Betrieb im freien Gelände bestimmt ist; meist mit Allradantrieb.
**Gelasius, 1. G. I.,** †496, Papst 492–96; Vorkämpfer des päpstl. Primats. – Heiliger (Fest: 21.11.). – **2. G. II.,** eigtl. *Johannes von Gaeta,* †1119, Papst 1118/19; mußte bald nach seiner Wahl vor Kaiser Heinrich V. nach Frankreich fliehen. Gegenüber dem kaiserl. Gegenpapst *Gregor VIII.* konnte er sich weitgehend durchsetzen.
**Gelatine** [ʒe-], durch Kochen oder Dämpfen von tier. Knorpeln, Knochen u. Häuten gewonnener Eiweißstoff *(Kollagen);* verwendet zur Herstellung photographischer Schichten, für Bakteriennährböden sowie zum Eindicken von Geleespeisen, Sülzen u.ä.
**Geläuf, 1.** → Fährte. – **2.** Pferderennbahn.
**gelbe Gefahr,** seit dem Boxeraufstand (1899/1900) u. bes. seit dem jap. Sieg über Rußland (1904/05) gebrauchtes Schlagwort für die vermeintl. Bedrohung der weißen Welt durch die gelbe Rasse.
**Gelbe Karte,** beim Fußball opt. Verwarnung eines Spielers durch den Schiedsrichter im Fall des schwerwiegenden Regelverstoßes; führt im Wiederholungsfall zum Feldverweis.
**Gelbe Kirche,** *Gelbmützen, Gelugpa,* reformierte Richtung des Lamaismus, deren Geistl. bei Ritualen gelbe Mützen tragen.
**Gelbe Presse** → Yellow Press.
**Gelber** [xɛlˈbɛr], Bruno-Leonardo, *19.3.1941, argent. Pianist.
**Gelber Fleck,** lat. *Macula lutea,* seitl. vom Sehnerveneintritt in der Augenachse gelegene Stelle der Netzhaut, dient bes. dem scharfen Sehen.
**Gelber Fluß** → Huang He.
**Gelbe Rübe** → Möhre.
**Gelbes Meer,** chin. *Huang-hai,* N-Teil des Ostchines. Meers.
**Gelbes Trikot,** beim Radsport Symbol des Spitzenreiters in der Gesamtwertung bei der *Tour de France,* 1913 eingeführt.
**Gelbfieber,** mit Gelbsucht, Leber- u. Nierenschädigung, Erbrechen u. hohem Fieber einhergehende, schwere Infektionskrankheit der warmen Länder. Der G.virus wird durch die *G.mücke* übertragen.
**Gelbfilter,** photograph. Filter aus gelb durchgefärbtem Glas zur Intensivierung des blauen Lichtanteils im Positiv.
**Gelbguß** → Messing.
**Gelbkörper,** *Corpus luteum,* eine Inkretdrüse weibl. Säugetiere, die aus den Resten eines gesprungenen Eierstock-Follikels (→ Follikel) gebildet wird u. das *G.hormon (Progesteron, Prolan B)* bildet. Dieses wirkt auf die Gebärmutter und verhindert dann im Eierstock weitere Follikelbildung.
**Gelbkreuz,** Gaskampfstoffe, die im 1. Weltkrieg in mit gelbem Kreuz gekennzeichneten Granaten eingesetzt wurden; z.B. *Lost* u. *Lewisit.*
**Gelbling** → Pfifferling.
**Gelbrandkäfer,** *Dytiscus,* räuberischer *Schwimmkäfer* des Süßwassers; schwarz mit gelbem Rand an den Körperseiten.
**Gelbrost,** durch *Rostpilze* verursachte gelbe Flecken u. Pusteln bes. an Stengeln u. Blättern des Getreides.
**Gelbschwämmchen** → Pfifferling.
**Gelbspötter,** einheim. *Singvogel,* olivgrün u. gelb.
**Gelbsucht,** *Ikterus,* Gelbfärbung der Haut, der Schleimhäute, des Harns u.a. Körperflüssigkeiten durch Übertreten von Gallenfarbstoff ins Blut u. ins Gewebe. Zu G. kommt es bei Leberschädigung durch Infektionen u. Vergiftungen, bei Stauungen in den Gallenwegen sowie bei vermehrtem Blutzerfall *(hämolytischer Ikterus).* Epidemische G. wird durch das Hepatitis-Virus hervorgerufen. Außerdem tritt G. bei manchen Infektionskrankheiten (Gelbfieber, Welsche Krankheit, Malaria) auf.

**Geld, 1.** ein mit der Entwicklung des Tauschverkehrs entstandenes, vielgestaltiges Gut, das den zweiseitigen Akt des Naturaltausches in zwei einseitige Akte des *Kaufs* u. des *Verkaufs* zerlegt u. dadurch den Wirtschaftsverkehr erleichtert. – Schon im Altertum dienten Güter mit den Eigenschaften der Absatz- u. Umlauffähigkeit, z.B. Vieh, Sklaven, Muscheln, Salz, als G. *(Natural-G.).* Es folgten (Edel-)Metalle, später *Münzen,* deren Metallgehalt durch amtl. Prägung gewährleistet war; *Papier-G.* (als Bank- oder Staatsnote) in Europa erst im 18. Jh. Funktion des G.: 1. allg. Tauschmittel; 2. allg. Wert u. Preismaßstab; 3. allg. (gesetzl.) Zahlungsmittel bei G.strafen, Besoldung, Renten u.a. – **2.** → Geldkurs.

*Geld: Reinentwurf des neuen 100-DM-Scheines der Deutschen Bundesbank, Frankfurt a.M.*

**Geldausgabeautomat,** Automat, der an Inhaber von Scheckkarten Geld bis zu einem gewissen Betrag ausgibt.
**Geldbuße,** die Ahndung ordnungswidrigen Verhaltens; keine Kriminalstrafe.
**Geldentwertung,** die Verminderung des *Geldwerts* infolge steigender Preise bzw. abnehmenden Warenangebots bei staatl. fixierten Preisen.
**Gelder** [ˈgɛldər], Aert (Arent) de, *1645, †1727, ndl. Maler; Schüler *Rembrandts;* bes. alttestamentl. Darstellungen.
**Gelderland** [ˈxɛldərlant], *Geldern,* Prov. der → Niederlande.
**Geldern,** Stadt in NRW, an der Niers, 25 000 Ew.; Metall-, elektro-techn., Textil-Ind.
**Geldfälschung,** das Nachmachen *(Falschmünzerei)* oder das werterhöhende oder die Geltungszeit verlängernde Verändern *(Münzverfälschung)* von (Metall- oder Papier-)Geld, um dieses als echt zu gebrauchen oder sonst in Verkehr zu bringen; strafbar nach § 146 StGB.
**Geldkurs,** Abk. *G,* der Kurs, zu dem an der Börse Nachfrage besteht (Geld = Nachfrage); Ggs.: *Briefkurs.*
**Geldlohn** → Lohn.
**Geldmarkt** im Gegensatz zum *Kapitalmarkt* der Teil des Kreditmarkts, an dem kurzfristiges Leihgeld gehandelt wird.
**Geldschöpfung,** Vergrößerung der umlaufenden Geldmenge (Ausgabe von Münzen u. Noten, Gewährung von Krediten) durch den Staat bzw. die Notenbank u. Kreditbanken.
**Geldstrafe,** in der BR Dtld. neben der Freiheitsstrafe die 2. Hauptstrafe; zu unterscheiden von der wegen einer Ordnungswidrigkeit festgesetzten *Geldbuße* u. vom *Zwangsgeld.* Die Festsetzung der G. erfolgt nach dem sog. Tagessatzsystem, d.h. das Gericht bestimmt nach dem Schuldgehalt der Tat die Zahl der Tagessätze u. die Höhe des Tagessatzes unter Berücksichtigung der wirtschaftl. Verhältnisse des Täters.
**Geldtheorie,** Bereich der Wirtschaftswissenschaften, in dem Wesen, Funktionen u. Wirkungen des Geldes u. des Zinssatzes untersucht werden.
**Geldumlauf,** der gesamte Zahlungsmittelbestand (Münzen, Noten, Giralgeld) einer Wirtsch. (Kreditbanken, Publikum, Staat).
**Geld- und Kreditpolitik,** alle Maßnahmen des Staates bzw. der Notenbank zur Beeinflussung der umlaufenden Geldmenge u. der Höhe des Zinssatzes; wirtschaftspolit. Instrument im Bereich der

*Gelbrandkäfer*

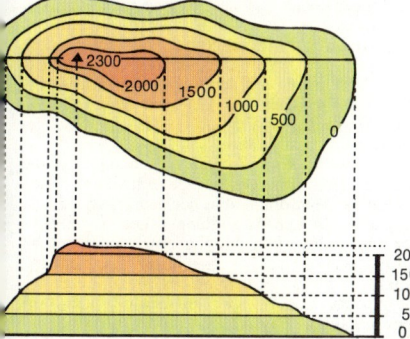

*Geländedarstellung: Höhenlinien und Höhenschichten*

## 300 Geldwaschanlage

Konjunkturpolitik (u.a. Lombard- u. Diskontpolitik, Mindestreservenpolitik, administrative Kreditpolitik).

**Geldwaschanlage,** Institution, die (steuerbegünstigte) Spendengelder an eine polit. Partei weiterleitet.

**Geldwert,** die *Kaufkraft* des Geldes. Bei steigenden Preisen sinkt der G., bei fallenden Preisen steigt der G.

**Geldwirtschaft,** die in allen Kulturstaaten übl. Wirtschaftsform, bei der der Gebrauch des *Geldes* als allg. Tausch- u. Zahlungsmittel die Regel, dagegen Naturaltausch die Ausnahme bildet.

**Gelee** [ʒeˈle], gallertartig erstarrter Fruchtsaft (mit Zucker).

**Gelée royale** [ʒəˈlerwajal], *Königinnenfuttersaft, Weiselfutter,* Produkt der Kopfdrüsen der Honigbienen zur Ernährung der Königinnenlarven u. der Bienenkönigin; enthält für den Menschen wertvolle Wirkstoffe mit allg. anregender Wirkung auf den Gesamtstoffwechsel; wird u.a. in der Kosmetik für Salben verwendet.

**Gelege,** für je eine Brut abgelegte Eier (von Vögeln, Insekten u.a.).

**Gelegenheitsdichtung,** zu bestimmten Anlässen (Familienfeiern, öffentl. Feste) bestellte u. verfaßte Dichtung; bes. in der Barockzeit gepflegt.

**Gelegenheitstäter,** ein Straftäter, dessen strafbare Handlung auf einmaligen Umständen (z.B. günstige Gelegenheit, Not) beruht.

**Geleit** = freies Geleit, → Konvoi.

**Gelenk, 1.** bewegl. Verbindung zw. Skeletteilen, z.B. zw. Knochen der Wirbeltiere. Das G. wird durch die G.kapsel, die aus verstärkten Bändern besteht, zusammengehalten. – Erkrankungen: **G.distorsion,** *Verstauchung,* Zerrung der Gelenkkapselbänder. – **G.entzündung** → Arthritis. – **G.mäuse,** freie G.körper; entstehen als verdickter G.schmiere oder Knochen- u. Knorpelabsprengungen entstanden, meist als Folge von Unfällen oder Abnutzungserscheinungen; verursachen Bewegungsbehinderungen. – **G.rheumatismus,** fieberhafte Erkrankung der G. durch Krankheitserreger; oft von Herdinfektionen (Mandeln, Zähnen, Nebenhöhlen) ausgehend. – **G.tuberkulose,** chron. verlaufende G.entzündung durch Infektion des G. mit Tuberkulosebakterien. – **G.wassersucht,** Ansammlung von Flüssigkeit im G. als Folge einer Entzündung oder Überlastung. – **2.** polsterförmige Verdickungen an Blattstielen oder Stengeln, die Bewegungen ausführen können. – **3.** bewegl. Verbindung zweier Maschinenteile, meist in Steuer- u. Regelgetrieben.

**Gelenkwagen,** Fahrzeuge, bei denen zwei Fahrzeugeinheiten auf gemeinsamer Achse oder gemeinsamem Drehgestell ruhen; bessere Kurvenläufigkeit.

**gelernter Arbeiter,** Facharbeiter oder Spezialarbeiter der Industrie.

**Geleucht,** die Bergmannslampe; → Grubenlampe.

**Gelibolu** → Gallipoli.

**Gelimer,** letzter Wandalenkönig; von *Belisar* im Auftrag des röm. Kaisers Justinian 534 gefangengenommen.

**Gellert,** Christian Fürchtegott, *1715, †1769, dt. Schriftst., bes. Fabel- u. Liederdichter, rührselige Lustspiele; führender Vertreter einer pietist. gefärbten Aufklärung.

**Gell-Mann** [geˈlmæn], Murray, *15.9.1929, US-amerik. Physiker; entwickelte die *Strangeness-Theorie;* Nobelpreis 1969.

**Gelnhausen,** *Barbarossastadt G.,* Stadt in Hessen, an der Kinzig, 18 000 Ew.; Rathaus »Roman. Haus«.

**Gelobtes Land,** das bibl. Palästina, das Land, das Gott nach dem AT dem Volk Israel verheißen hat.

**Gelon,** †478 v. Chr., Herrscher (Tyrann) von Gela (Sizilien) 491–478 v. Chr., um 485 v. Chr. auch Herrscher von Syrakus.

**Gelsenkirchen,** Ind.-Stadt in NRW, im Herzen des Ruhrgebiets, mit Binnenhafen an der Emscher u. am Rhein-Herne-Kanal, 285 000 Ew.; Steinkohlenbergbau, Eisen- u. Glasind., Ölraffinerie; 1928 aus den Städten G., *Buer* u. *Horst* gebildet.

**Gelübde,** *Votum,* ein bindendes Versprechen vor Gott; feierl. Gelübde bei Eintritt in ein Kloster (Armut, Ehelosigkeit, Gehorsam).

**Gelugpa** → Gelbe Kirche.

**GEMA,** Abk. für *Gesellschaft für musikal. Aufführungs- u. mechan. Vervielfältigungsrechte* (vor 1945: *STAGMA*), ein wirtsch. Verein mit Rechtsfähigkeit aufgrund staatl. Verleihung; Mitgl. sind Komponisten, Musikverleger u. Textdichter.

**Gemara,** der eigtl. Inhalt des *Talmud,* der den Mischnatext erläutert.

**Gemarkung,** die Gesamtfläche einer Gemeinde als kleinste polit. Verwaltungseinheit.

**gemäßigte Zonen,** die beiden Zonen zw. den Wende- u. Polarkreisen; klimat. die Zonen zw. den polaren u. den trop. Gebieten.

**gemein,** in der Biologie veraltete Bez. für die meistverbreitete Art einer Gattung (»Gemeine Feldmaus«); heute durch »gewöhnl.« ersetzt.

**Gemeinde, 1.** unterste Gebietskörperschaft des weltl. Rechts u. Grundeinheit des Staatsaufbaus. Die Stellung der G. zum Staat wird nach dt. Gemeinderecht von den heute verfassungsrechtl. garantierten Prinzipien der *kommunalen Selbstverwaltung* bestimmt. Danach gilt für die Aufgaben der G. der Grundsatz ihrer Allzuständigkeit, der jedoch durch die umfassenden Zuständigkeiten des Staates prakt. stark eingeschränkt ist. Da dem Staat für viele seiner Aufgaben eigene örtl. Behörden fehlen, nehmen die G. nicht nur ihre eigenen Angelegenheiten *(Selbstverwaltungsangelegenheiten),* sondern auch Angelegenheiten des Staates in dessen Auftrag wahr. – **2.** → Kirchengemeinde.

**Gemeindebetrieb,** wirtsch. Unternehmen einer oder mehrerer Gem. zur Eigenversorgung oder zur Versorgung der Bürger mit für die Allgemeinheit wichtigen Gütern (z.B. Gas- u. Elektrizitätswerke, Nahverkehrsbetriebe, Müllabfuhr, Schlachthöfe, Sparkassen).

**Gemeindeeigentum,** Eigentum einer Gem. oder Gemeinschaft zur allg. Bearbeitung u. Nutzung.

**Gemeindehaushalt,** Haushaltsplan der Gem.; rechtl. Grundlagen: landesrechtl. Gemeindeordnungen; gliedert sich in einen Verwaltungs- u. einen Vermögenshaushalt.

**Gemeindehelfer,** *G.in,* (ev.), *Seelsorgehelfer(in)* (kath.), Helfer bei der kirchl. Seelsorge u. bei karitativer u. verwaltungsmäßig-organisator. Arbeit der kirchl. Gem.

**Gemeinderat, 1.** die gewählte Vertretung einer Gem. – **2.** das einzelne ehrenamtl. Mitgl. des G.

**Gemeindesteuern,** Steuern, deren Aufkommen den Gem. zufließt: Realsteuern u. örtl. Verbrauchs- u. Aufwandsteuern (z.B. Hunde-, Jagd-, Schankerlaubnis-, Vergnügungsteuer).

**Gemeindeverfassung,** die rechtl. Grundordnung der Gem., die vor allem in den landesrechtl. *Gemeindeordnungen* enthalten ist.

**Gemeindevermögen,** *Kämmereivermögen,* das der Gem. gehörende *Verwaltungsvermögen* (z.B. Rathäuser, Schulen, Krankenhäuser), *Finanzvermögen* (Gemeindebetriebe, ertragbringende Grundstücke) u. *Sachen im Gemeingebrauch* (Straßen, Plätze, Brücken).

**Gemeindevertretung,** die gewählte Vertretung der Gem., der die legislativen Befugnisse zustehen.

**Gemeindevorstand,** das Exekutivorgan der Gem.

**Gemeiner Pfennig,** eine allg. Reichssteuer 1422–1551.

**Gemeines Recht,** das in Dtld. seit der → Rezeption bis zum Inkrafttreten des BGB (1900) überall u. allg. geltende Recht.

**Gemeinfreie,** die nicht zum Adel gehörenden → Freien.

**Gemeingebrauch,** die Befugnisse, öffentl. Sachen, bes. öffentl. Wege (einschl. Straßen u. Plätze), ihrer allg. Zweckbestimmung gemäß zu benutzen.

**Gemeingefahr,** *Strafrecht:* eine Gefahr für eine große Zahl von Menschen oder bed. Sachwerte. Strafbegründendes Merkmal ist die G. nur bei den *Überschwemmungsdelikten;* alle übrigen *gemeingefährl. Verbrechen* (Brandstiftung, Transportgefährdung, Straßenverkehrsgefährdung u.a.) begnügen sich mit einer Individualgefahr.

**gemeingefährliche Krankheiten,** nach dem nicht mehr geltenden *Reichsseuchengesetz,* die in Mitteleuropa selten gewordenen Seuchen: Lepra, Cholera, Fleckfieber, Pest, Pocken u. Papageienkrankheit.

**gemeinnützig,** dem Nutzen der Allgemeinheit dienend, nicht auf Gewinn ausgerichtet. Als *g.e Tätigkeiten* werden u.a. Arbeiten für Genossenschaften, öffentl. Gesundheitspflege (Krankenhäuser), Jugendpflege, Erziehung u. Bildung angesehen. *G.e Unternehmen* genießen bes. Vorrechte (z.B. steuerl. Befreiung).

*Gemme: Jüngling und Mädchen; Ende 13. Jahrhundert. Wien, Kunsthistorisches Museum*

**gemeinnützige Wohnungswirtschaft,** die gesamte Betätigung der aufgrund des Gesetzes über die Gemeinnützigkeit im Wohnungswesen als gemeinnützig anerkannten Wohnungsunternehmen einschl. der als Organe der staatl. Wohnungspolitik anerkannten Unternehmen u. Verbände (bes. die Heimstätten). Sie dürfen nur sehr beschränkt Gewinne erzielen; dafür genießen sie Steuer- u. Gebührenvergünstigungen.

**Gemeinsamer Ausschuß,** ein zu zwei Dritteln aus Abgeordneten des *Bundestages,* zu einem Drittel aus Mitgl. des *Bundesrates* bestehendes Verfassungsorgan.

**Gemeinsamer Markt** → Euratom, → Europäische Wirtschaftsgemeinschaft, → Montanunion.

**Gemeinschaften des christlichen Lebens,** bis 1967 *Marianische Kongregationen,* 1563 als Bruderschaft gegr. religiöse Vereinigung zur Verehrung der Jungfrau Maria u. zur Stärkung des sittl. u. kirchl. Lebens.

**Gemeinschaftsantenne,** eine Empfangsantenne, von der aus mehrere Empfänger mit Antennenenergie versorgt werden. Man unterscheidet G. für den Rundfunk- u. für den Fernsehbereich. Da die Leistung mit der Zahl der angeschlossenen Empfänger sinkt, schaltet man meist einen Verstärker hinter die Antenne *(Antennenverstärker).*

**Gemeinschaftsbewegung,** aus pietist. dt. u. methodist. engl. Strömungen entstandene prot. Bewegung (Betonung der prakt. Liebestätigkeit u. der Gemeinschaft). Um 1850 begann sie mit Gemeindegründungen; 1897 entstand als Dachorganisation der *Dt. Verband für ev. Gemeinschaftspflege u. Evangelisation* (Gnadauer Verband).

**Gemeinschaftsschule,** *Simultanschule,* eine Schule, der Lehrer u. Schüler versch. Religionsbekenntnisse angehören. Der Unterricht wird nach einem gemeinsamen Lehrplan, nur der Religionsunterricht nach Konfessionen getrennt erteilt. Ggs.: *Bekenntnisschule.*

**Gemeinschaftssteuern,** Steuern, deren Aufkommen dem Bund u. den Ländern gemeinsam zustehen: Einkommen-, Körperschaft- u. Umsatzsteuer.

**Gemeinschuldner,** ein Schuldner, über dessen Vermögen der Konkurs eröffnet ist.

**Gemeinwirtschaft,** Sammelbez. für wirtsch. Tätigkeiten, die unmittelbar auf die Förderung des Wohls einer übergeordneten Gesamtheit (auf das *Gemeinwohl*) ausgerichtet sind. Sie zielen auf die Verwirklichung einer von dieser Gesamtheit für objektiv verbindl. gehaltenen Idee über wünschenswerte Lebenslagen u. Formen des menschl. Zusammenlebens bzw. der zwischenmenschl. Organisation.

**Gemeinwirtschaftsbanken,** die nach dem 2. Weltkrieg in der BR Dtld. von den Gewerkschaften in Verbindung mit den Konsumgenossenschaften errichteten Banken; 1958 zur *Bank für Gemeinwirtschaft AG,* Frankfurt a.M., zusammengeschlossen.

**Gemeinwohl,** *allg. Wohlfahrt, Gemeinnutzen,* die oberste Zielsetzung eines Gemeinwesens, auch dessen ideale Ordnung; die höchstmögliche ideelle u. materielle Lebenserfüllung (»Lebensqualität«) der Gesamtheit von Mitgliedern einer menschl. Lebensgemeinschaft; in allen histor. Epochen sittl. Grundsatz für die Gestaltung des öffentl. Lebens.

**Gemenge, 1.** *Chemie:* ein Gemisch von Stoffen, die durch physikal. Methoden in seine Bestandteile zerlegt werden kann; Ggs.: *chem. Verbindung.* – **2.** *Landwirtschaft:* G.saat, Mengkorn, Mengfutter, Mischsaat mit versch. Pflanzen

(Roggen-Weizen, Hafer-Gerste oder auch Futterpflanzen u. Leguminosen).
**Gemengelage,** zersplitterte, zerstreute Lage der zu einem landw. Betrieb gehörigen Grundstücke.
**Geminiden,** jährl. vom 5. bis 12. Dez. wiederkehrender Sternschnuppenschwarm aus dem Sternbild Zwillinge.
**Gemini-Projekt,** US-amerik. Vorversuche für den bemannten Mondflug. Dabei wurden erstmalig 1965 zwei Astronauten in einer Raumkapsel auf eine Erdumlaufbahn gebracht.
**gemischtwirtschaftliche Unternehmung,** von privaten Kapitaleigentümern u. öffentl.-rechtl. Körperschaften gemeinsam betriebene Kapitalgesellschaft (AG, GmbH); z.B. bei Verkehrs- u. Versorgungsbetrieben.
**Gemme,** Schmuckstein mit eingeschnittener bildl. Darst., die entweder vertieft *(Intaglio)* oder erhaben *(Kamee)* ist.
**Gemmipaß,** schweiz. Alpenpaß (2314 m) zw. dem Kander- u. dem Dalatal (Berner Alpen).
**Gemsen,** i.w.S. *Rupicaprini,* kleine bis mittelgroße *Horntiere;* gewandte Kletterer der felsigen Hochgebirgsregionen bis 4500 m; hierzu: *Schneeziege* u. die europ. Gemse i.w.S. *(Gams).*
**Gemswurz,** Gatt. der *Korbblütler,* mit gelben Blüten.
**Gemünden am Main,** Stadt in Unterfranken (Bay.), an der Mündung der Fränk. Saale u. der Sinn in den Main, 7000 Ew.
**Gemüse,** alle Pflanzen(teile), die als Nahrungsmittel angebaut werden u. relativ hohe Nährwerte erbringen; reich an Mineralstoffen u. Vitaminen. Man unterscheidet *Blatt-G.* (Kohl, Salat, Spinat, Mangold, Endivie), *Frucht-* u. *Samen-G.* (Bohnen, Erbsen, Gurken, Tomaten, Melonen, Paprika), *Stengel-* u. *Sprossen-G.* (Spargel, Kohlrabi, Rhabarber, Artischocke), *Wurzel-G.* (Rüben, Schwarzwurzeln, Rettich, Sellerie) u. *Zwiebel-G.* (Zwiebel, Porree).
**Gemüt,** die geistig-sinnl. Einheit des Gefühlslebens in Beziehung zur Umwelt.
**Gen** [ge:n], *Erbfaktor,* Abschnitt einer Molekülkette, bestehend aus DNS (= Desoxyribonucleinsäure), der für bestimmte erbl. bedingte Strukturen oder Funktionen eines Organismus verantwortl. ist. Die G.e sind die kleinsten chem. Einheiten, die in sich die verschlüsselte genet. *Information (Erbanlage)* tragen. Die perlschnurartig aufgereihten G.e bilden die → Chromosomen, die sich im Zellkern befinden. Die Gesamtheit der G.e eines Organismus bilden das *Genom.* Weltweit wird an einem Projekt gearbeitet (»Human Genome Project«), das zum Ziel hat, das gesamte menschl. Erbgut zu entschlüsseln. → genetischer Code, → Genmanipulation.
**Genbank,** Einrichtung zur Sammlung u. Erhaltung von Erbgut best. Pflanzenarten, das durch die Züchtung neuer, einheitl. Sorten verlorenzugehen droht.
**Gendarm** [ʒan- oder ʒã-], Angehöriger der Gendarmerie *(Landjäger).*
**Gendarmerie** [ʒan- oder ʒã-], im MA die aus Edelleuten bestehende Leibwache der frz. Könige; allg. staatl. Polizeiformation freier u. besetzt. Gebiete.
**Genealogie,** *Familienkunde,* die Lehre von den auf Verwandtschaft beruhenden Beziehungen zw. Menschen; eine histor. Hilfswiss.
**genealogische Taschenbücher,** Slg. von Geschlechterfolgen, Nachfahren- u. Stammtafeln einzelner Familiengruppen; z.B. für adelige Familien: *Gothaische G. T. (1763–1943).*
**Genée,** Richard, *1823, †1895, dt. Operettenkomponist u. Librettist.
**Genelli** [dʒe-], Bonaventura, *1798, †1868, dt. Maler u. Graphiker (mytholog. u. histor. Themen).
**General, 1.** i.w.S. Bez. für Angehörige der Dienstgradgruppe der *Generale* (in der Bundeswehr, absteigend: *G., G.leutnant, G.major, Brigade-G.;* i.e.S. der höchste Rang innerhalb dieser Gruppe (»Vier-Sterne-G.«). – **2.** in der kath. Kirche der oberste Leiter eines Ordens *(G.oberer).* – **3.** der oberste Leiter der *Heilsarmee.*
**Generalabsolution,** in den ev. Kirchen der Zuspruch der Sündenvergebung in der Generalbeichte (öffentl.); in der kath. Kirche: 1. allg. Lossprechung von Sünden; 2. der vollkommene Ablaß für die Todesstunde.
**General Agreement on Tariffs and Trade** ['dʒenərəl ə'griːmənt ɔn tærifs ənd treid] → GATT.
**Generalanzeiger,** gegen Ende des 19. Jh. in Dtld. aufkommener Zeitungstyp, der auf polit. oder weltanschaul. Gesinnungsfestlegung verzichtete.

*Gemse*

**Generalbaß,** *Basso continuo;* eine abgekürzte Akkord-Notenschrift, die über einem grundlegenden Baß die zugehörigen Harmonien durch Ziffern bezeichnet. Seit den florentin. Monodisten des 16. Jh. wurde die Akkordschrift zum bezeichnenden Kunstmittel der Barockmusik (G.-Zeitalter).
**Generalbeichte,** in den ev. Kirchen das gemeinsame Schuldbekenntnis der Gemeinde; in der kath. Kirche eine Beichte, die sich über einen großen Lebensabschnitt oder das ganze Leben erstreckt.
**Generalbundesanwalt,** oberster Beamter der Staatsanwaltschaft beim Bundesgerichtshof.
**Generaldirektor,** der Leiter eines Unternehmens, dessen Führungsspitze nach dem *Direktorialprinzip* organisiert ist; in Aktiengesellschaften der *Vorsitzende des Vorstands.*
**Generalgouvernement** [-'mã], allg. ein nicht endgültig annektiertes Gebiet außerhalb der Staatsgrenzen, in dem ein oberster Verwaltungsbeamter **(Generalgouverneur)** die Regierungsgewalt ausübt; insbes. das nach 1939 nach dem Sieg über Polen in die dt. Machtsphäre gefallene poln. Gebiet.
**Generalić** [-litʃ], Ivan, *21.12.1914, jugosl. Maler; wichtigster Vertreter der jugosl. naiven Malerei.
**Generalinspekteur** [-'tø:r], höchster militär. Repräsentant der Bundeswehr, im Rang eines (Vier-Sterne-)Generals; dem Bundes-Min. der Verteidigung unmittelbar nachgeordnet.
**Generalintendant,** Leiter eines staatl. oder städt. Theaters, das mehrere Gattungen umfaßt (Schauspiel, Oper).

**Generalissimus,** ältere Bez. für einen selbständigen militär. Oberbefehlshaber.
**Generalklausel,** weitgefaßte, grundsätzl. Gesetzesbestimmung.
**Generalkommando,** früher Bez. für den *Stab* eines Armeekorps.
**Generalkonsul,** der Leiter eines **Generalkonsulats,** d.h. der ranghöchsten konsular. Vertretung eines Staates im Ausland; → Konsul.
**Generalmusikdirektor,** Abk. *GMD,* in den größeren dt. Städten u. an Rundfunkanstalten der Dirigent eines Sinfonieorchesters, meist zugleich der musikal. Leiter der Oper.
**Generalpause,** eine für alle Stimmen eines Tonsatzes gemeinsame Pause.
**Generalprobe,** die letzte Probe vor der ersten Aufführung.
**Generalprokurator,** in der kath. Kirche der vom *Generalkapitel* oder vom *General* selbst bevollmächtigte Vertreter einer Ordensgemeinschaft bei der röm. Kurie.
**Generalsekretär,** Hauptgeschäftsführer einer Partei, eines Verbandes oder einer internat. Organisation. Der G. regierender kommunist. Parteien ist zugleich der maßgebende Politiker des Landes.
**Generalstaaten,** ndl. *Staten-Generaal,* dt. eigtl. *Generalstände,* in der Rep. der Vereinigten Ndl. 1588–1795 die Versammlung der zur Leitung des Staates von den 7 Provinzen gewählten Abgeordneten; seit 1815 die ndl. Volksvertretung.
**Generalstaatsanwalt,** oberster Beamter der Staatsanwaltschaft bei jedem *Oberlandesgericht.*
**Generalstab,** die Organisation, die dem Feldherrn bei der Bewältigung seiner Führungsaufgaben, bes. der Operationen im Krieg, Hilfe leistet. In der Bundeswehr ist ein G. als Organisation nicht wieder eingerichtet worden. Die höheren Stäbe von der Brigade an aufwärts gliedern sich aber noch in *G.sabteilungen,* an deren Spitze *Offiziere im G.sdienst* stehen.
**Generalstabskarte,** amtl. Landkarte im Maßstab 1 : 100 000.
**Generalstände,** frz. *États généraux,* in Frankreich seit 1302 die Versammlung der Abgeordneten der drei Stände (Adel, Geistlichkeit sowie Städte u. Bauern) aller Provinzen. Der »Dritte Stand« der G. *(tiers état)* erklärte sich am 5.5.1789 zur Verfassunggebenden Nationalversammlung u. leitete damit die Frz. Revolution ein.
**Generalstreik,** ein Streik aller oder doch der meisten Arbeitnehmer eines Landes mit dem Ziel, das gesamte wirtschaftl. Leben zu unterbinden.
**Generalsuperintendent,** seit dem 16. Jh. übl. Titel für die höchsten aufsichtführenden ev. Geistl. einer Landeskirche oder Kirchenprovinz; heute meistens Bischof oder Landessuperintendent.

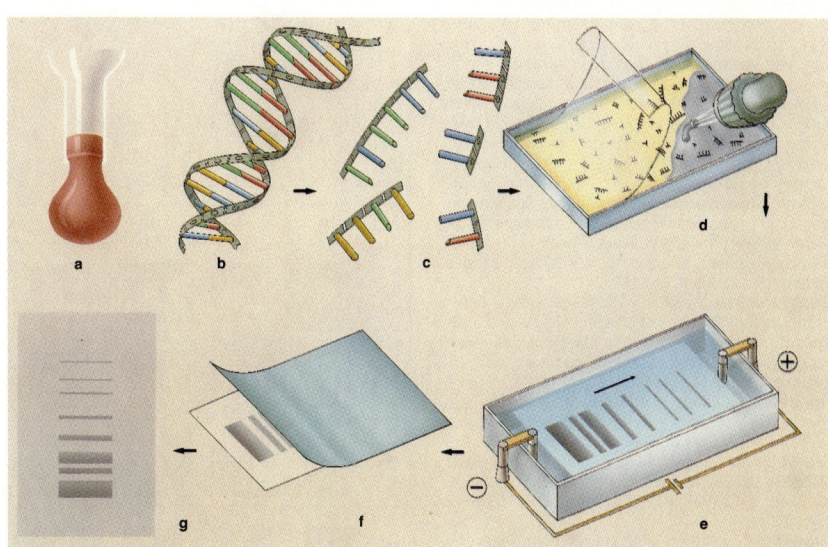
*genetischer Fingerabdruck:* Aus der zu untersuchenden Probe (a) wird die DNS (b) isoliert und enzymatisch in Bruchstücke (c) zerlegt. Die Bruchstücke werden mit einem Farbstoff gemischt (d) und im elektrischen Feld (e) nach Größe und Ladung getrennt. Das typische Streifenmuster entsteht. Die getrennten Bruchstücke werden anschließend auf eine Folie übertragen (f) und mit einer radioaktiven Substanz markiert, die später einen Röntgenfilm (g) belichtet

# Generalversammlung

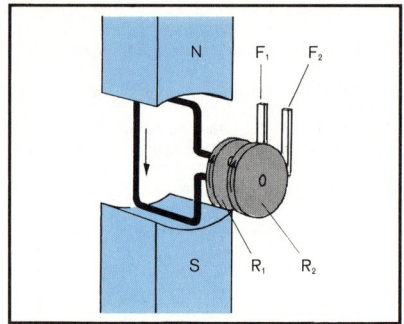

*Generator: Prinzip einer Dynamomaschine. Eine Drahtschleife wird in einem Magnetfeld gedreht. Nach jeder halben Drehung ändert sich die Richtung des induzierten Stroms. Die Ringe $R_1$, $R_2$ und die Federn $F_1$, $F_2$ nehmen den Wechselstrom ab*

**Generalversammlung,** oberstes Organ von Kapitalgesellschaften u. eingetragenen Genossenschaften, bestehend aus deren sämtl. Mitgliedern. Die G. heißt heute bei Aktien- u. Kommanditaktiengesellschaften *Hauptversammlung;* bei der GmbH *Gesellschaftsversammlung.*
**Generalvertrag** → Deutschlandvertrag.
**Generalvikar,** Vertreter eines kath. Bischofs in Verwaltungsfragen (Rechtsprechung ausgeschlossen).
**Generation,** der Lebenslauf zw. der Geburt der Eltern u. der Geburt der Nachkommen *(G.sdauer, Menschenalter),* ein Zeitraum von rd. 30 Jahren; auch die Gesamtheit der ungefähr gleichzeitig Geborenen. – **G.skonflikt,** Spannungsverhältnis zw. Angehörigen versch. G.en infolge Verschiedenheit sozialer Prägungen u. Lebensinteressen. – **G.swechsel,** der Wechsel der Fortpflanzungsart von G. zu G.: 1. *primärer G.swechsel,* Wechsel zw. sexueller u. asexueller Fortpflanzung. – 2. *sekundärer G.swechsel,* Wechsel zw. sexueller u. vegetativer Fortpflanzung *(Metagenese)* oder Wechsel zw. bisexueller u. monosexueller (zweibez. eingeschlechtl.) Fortpflanzung, d.h. *Parthenogenese.*
**Generator,** *Dynamo,* Maschine zur Umwandlung von mechan. (Rotations-)Energie in elektr. Energie. Dazu wird die elektromagnet. Induktion einer im Magnetfeld bewegten Leiterschleife ausgenutzt. – Im Aufbau entspricht der G. dem → Elektromotor. Man unterscheidet *Innenpol-G.,* bei dem der Läufer der Träger des Magnetfelds ist u. die induzierte Spannung an der Ständerwicklung abgenommen wird, u. *Außenpol-G.,* bei der der Ständer das Feld aufbaut u. die Spannung am Läufer abgegriffen wird. Die Feldmagnete sind Elektromagnete (Ausnahme: *Fahrraddynamo*), die entweder von getrennten Stromquellen erregt werden *(Fremderregung)* oder von der erzeugten Spannung selbst *(dynamo-elektr. Prinzip).* – Große prakt. Bed. hat heute nur der *Drehstrom-Synchron-G.,* insbes. zur Speisung der elektr. Energieversorgungsnetze. Die sog. *Turbo-G.en* leisten mehrere hunderttausend Kilowatt bei Spannungen um 10 000 oder 20 000 Volt. – Als Antrieb für G. kommen bes. Wasser- u. Dampfturbinen in Frage, für ortsveränderl. Anlagen auch Verbrennungsmotoren u. Gasturbinen.
**Generatorgas,** durch Vergasen von festen Brennstoffen (Koks, Anthrazit, Holz) erzeugtes Gas; für industrielle Zwecke als Brenngas sowie bei der Ammoniaksynthese verwendet.
**generös,** freigebig, großzügig.
**Genesis, 1.** *Genese,* Werden, Entstehung, Ursprung. – **2.** das erste Buch der Bibel (1. Mose); nach der *Schöpfung* benannt.
**Genet** [ʒəˈnɛ], Jean, *1910, †1986, frz. Schriftst.; Darstellung der Ausgestoßenen u. erot. Irrwege; Romane (»Querelle«), Dramen (»Die Zofen«, »Der Balkon«).
**Genetik,** *Vererbungslehre,* unterteilt in klass. G., Molekular-G. u. angewandte G. Die *klass. G.* befaßt sich u.a. mit den formalen Gesetzmäßigkeiten der Vererbung. Die *Molekular-G.* erforscht die grundlegenden Phänomene der Vererbung im Bereich der Moleküle, die die genet. Information tragen. Die *angewandte G.* beschäftigt sich mit der Züchtung wirtsch. bed. Pflanzen u. Tiere, erbbiolog. Gutachten, genet. Beratungen u.a. – **Human-G.,** beschäftigt sich mit der Vererbung körperl. u. seel.-geistiger Eigenschaften beim Menschen; hierzu v.a. die Erforschung menschl. Bevölkerungen *(Populations-G.),* Familienuntersuchungen u. *Zwillingsforschung.*
**genetische Beratung,** ärztl. Untersuchung u. Beratung für Elternpaare mit Kinderwunsch, wenn die Möglichkeit besteht, daß Kinder mit erblichen Belastungen zur Welt kommen könnten.
**genetischer Code** [-koːd], die Form, in der die genet. Information (Erbinformation) in den Genen verschlüsselt ist. Die materielle Substanz der Erbinformation ist die Desoxyribonucleinsäure (DNS); sie ist in Abschnitte eingeteilt, die je nach ihrem Aufbau in eine best. Aminosäure »übersetzt« werden.
**genetischer Fingerabdruck,** *DNS-Fingerprint,* ein charakt. Bandenmuster aus angefärbtem genet. Material, das es erlaubt, kleine Blut-, Speichel- oder Spermaflecken bestimmten Personen zuzuordnen; wird in der Kriminalistik angewandt; hilft auch beim Vaterschaftsnachweis. B → S. 301
**Genever** [ʒeˈneːvər], Wacholderbranntwein aus Holland; entspr. dem engl. *Gin.*
**Genezareth,** auch *See von Tiberias, Galiläisches Meer,* See in Israel, vom Jordan durchflossen, 168 km², 209 m u.M., 44 m tief (Seehöhe u. -fläche wechselnd); nw. Ufer z.Z. Christi dicht besiedelt (Städte: Tiberias, Kapernaum), dann verödet, jetzt wieder kolonisiert.
**Genf,** frz. *Genève,* **1.** Kt. der → Schweiz. – **2.** Hptst. des gleichn. schweiz. Kt.s, am Ausfluß der Rhône aus dem G.er See, 160 000 Ew.; kulturelles u. wirtsch. Zentrum der W-Schweiz von internat. Bedeutung; Univ.; Sitz der Europazentrale der UN (1919–45 Sitz des Völkerbunds), des Internat. Arbeitsamts, der Weltgesundheitsorganisation, der Meteorolog. Weltorganisation, der Weltorganisation für das Fernmeldewesen, des Internat. Roten Kreuzes, des Ökumen. Rats der Kirchen, des Luth. Weltbundes u. des Reform. Weltbundes; Europ. Kernforschungszentrum; Uhren- u. Schmiedewaren-Ind., Feinmechanik, chem. Ind.; Flughafen. – G. verbündete sich im 16. Jh. mit mehreren Städten der Eidgenossenschaft gegen die Herzöge von Savoyen. 1536 fand die Reformation in G. Eingang, die Bischofsherrschaft wurde beseitigt u. *Calvin* machte als polit. Oberhaupt der Stadt seit 1541 G. zum »prot. Rom«.
**Genfer Konferenzen, 1.** *Abrüstungskonferenz,*

# GENETIK

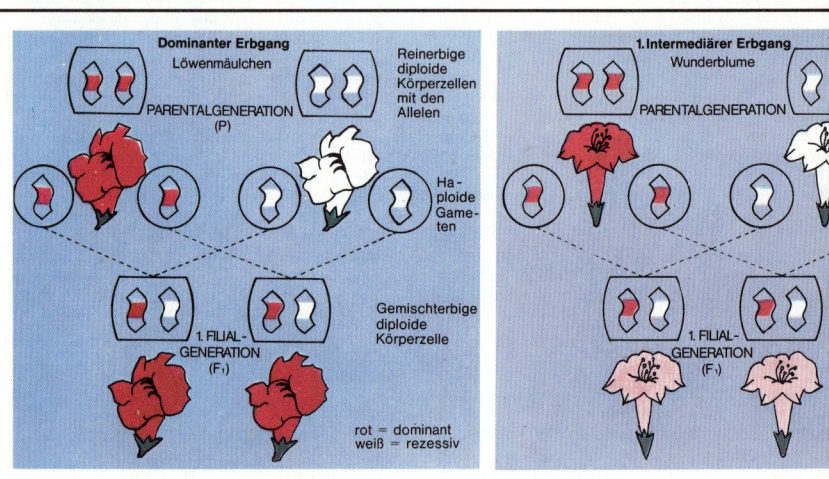

*1. Mendelsches Gesetz: Einheitlichkeit (Uniformität) der 1. Filialgeneration ($F_1$). Rot ist dominant (links). – 1. Mendelsches Gesetz: Aus Rot und Weiß entsteht hier die Mischfarbe Rosa (rechts)*

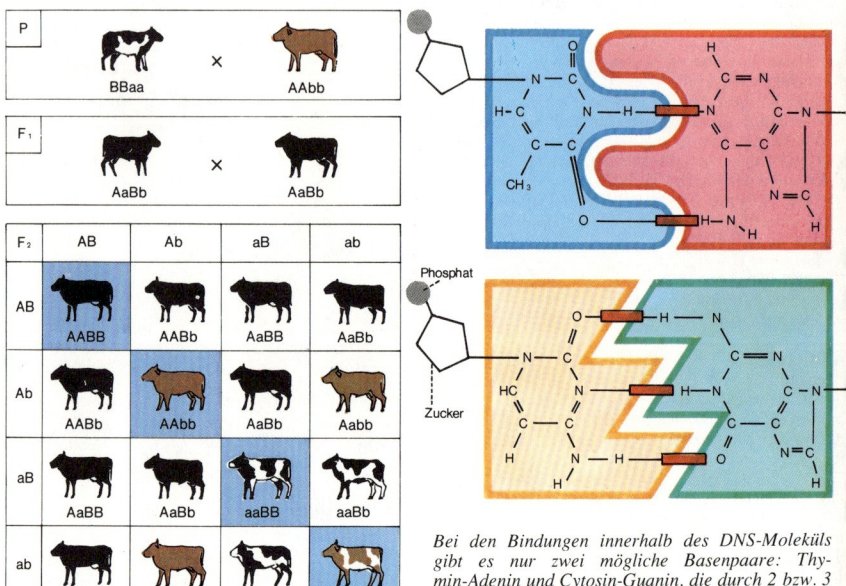

*3. Mendelsches Gesetz: Neukombinationen der Gene, dargestellt anhand der Kreuzung zweier Rinderrassen. Es entstehen in der 2. Filialgeneration ($F_2$) vier neue, rein weiterzüchtende Kombinationen oder Rassen (blaue Kästchen). Die übrigen spalten bei Weiterzucht auf*

*Bei den Bindungen innerhalb des DNS-Moleküls gibt es nur zwei mögliche Basenpaare: Thymin-Adenin und Cytosin-Guanin, die durch 2 bzw. 3 Wasserstoffbrücken miteinander verbunden sind*

die vom Völkerbund einberufene Konferenz von 61 Staaten. Dtld. verlangte Gleichberechtigung, verließ die Konferenz am 14.10.1933 u. trat aus dem Völkerbund aus. – **2.** *Indochina-Konferenz* 1954. Unter gemeinsamem Vors. Großbrit. u. der UdSSR nahmen die Volksrep. China, Frankreich, Kambodscha, Laos, die USA u. N- u. S-Vietnam teil, um den *Indochina-Krieg* zu beenden. – **3.** *Viermächtekonferenz* 1955; Versuch der Regierungschefs Frankreichs, Großbrit., der UdSSR u. der USA, Probleme der europ. Sicherheit, die Dtld.-Frage u. die Abrüstung zu regeln. – **4.** *Abrüstungskonferenz der 17 Mächte* 1962; Vorbereitung des Teststopp-Abkommens, des Atomsperrvertrags, des Verbots von B-Waffen, des Meeresbodenvertrags u. des Vertrags gegen Umweltkriegsführung.

**Genfer Konventionen,** die auf Anregung von Henri *Dunant* 1864 abgeschlossene erste Konvention über »die Verbesserung des Loses der Kranken u. Verwundeten bei den Armeen im Felde«; führte zur Gründung des *Internationalen Komitees vom Roten Kreuz.* Die heutige Rechtsgrundlage auf dem Gebiet des Kriegsrechts bilden die vier (Genfer) Abkommen von 1949: »zur Verbesserung des Loses der Verwundeten u. Kranken der Streitkräfte im Felde« u. (ergänzend) »... der Schiffbrüchigen zur See«, »über die Behandlung der Kriegsgefangenen« u. »zum Schutze von Zivilpersonen in Kriegszeiten«.

**Genfer Protokolle, 1.** vertragl. Vereinbarungen 1922 zur Aufrechterhaltung der Unabhängigkeit Östr.; Vertragsmächte: Östr., Großbrit., Frankreich, Italien, Tschechoslowakei. – **2.** Vertrag 1925 betr. das Verbot der Anwendung von Giftgasen u. bakteriolog. Kampfmitteln. Vertragspartner sind die meisten größeren Staaten.

**Genfer See,** frz. *Lac Léman,* See an der frz.-schweiz. Grenze, der größte der Alpenrandseen, 581 km², bis 310 m tief; von der Rhône durchflossen, die jährl. 2 Mio. m³ Bergschutt in ihm absetzt; 372 m ü.M.; mildes Klima, Weinanbau; Fremdenverkehr.

**Gengenbach,** Stadt in Ba.-Wü., im nördl. Schwarzwald, 10 000 Ew.; Weinbau.

**Genick,** *Nacken,* die hintere Halsgegend u. das benachbarte Kopfgebiet. – **G.starre** → Hirnhautentzündung.

**Genie** [ʒe'niː], außergewöhnl. Begabung; ein Mensch mit urspr. (d.h. nicht nur auf Aneignung u. Weiterentwicklung des Vorhandenen beruhender) Schaffenskraft.

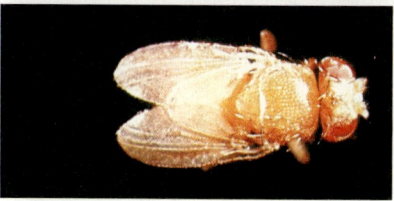

*Die Gentechnologie greift durch Genmanipulation in den Aufbau der Chromosomen ein. Die obere Fruchtfliege (Drosophila) ist normal ausgebildet, während bei der unteren durch Bestrahlung eine Genmutation und damit Zwergwuchs erzeugt wurde*

**Genisa,** *Geniza,* im Judentum die Außergebrauchnahme ritueller Gegenstände u. hl. Schriften; Abstellraum in Synagogen für diese Gegenstände.

**Genitalien** → Geschlechtsorgane.

**Genitiv,** *Wesfall, 2. Fall,* der Kasus substantivischer Attribute (ohne Präpositionen).

**Genius,** in der altröm. Religion ein Schutzgeist des Menschen, dargestellt als menschl. Flügelgestalt.

**Genku,** Klostername: *Honen Schonin,,* *1133, †1212, Gründer der jap. buddhist. »Sekte des Reinen Landes« *(Jodo-schu);* lehrte, daß nicht gute Werke, sondern nur der Glaube an den Amida Buddha Erlösung in das Paradies, in das »Reine Land«, bewirken könne.

**Genmanipulation,** Eingriff in die Erbsubstanz mit biochem. Methoden; dabei werden Gene aus dem Verband des Chromosoms herausgelöst u. in einem anderen Organismus (meistens Bakterien) untergebracht; dient heute v.a. zur Massenproduktion menschl. Hormone, Proteine, Antikörper u.a. durch Bakterienkulturen. Durch Manipulationen am Erbgut sind, neben den Vorteilen, auch potentielle Gefahren denkbar, wie z.B. die Entwicklung neuer Krankheitserreger. Auch eth. Probleme sind durch die Anwendung gentechnolog. Methoden an höheren Zellen u. Organismen Gegenstand einer intensiven weltweiten Diskussion. Es sind Bestrebungen im Gange, einem mögl. Mißbrauch durch gesetzl. Schranken vorzubeugen.

**Gennadios II.,** *um 1405, † nach 1472, orth. Patriarch von Konstantinopel 1454/55, 1462 u. 1464.

**Genom** → Gen.

**Genossenschaft,** eine Verbindung von gleichgesinnten, zu gleichem Tun vereinigten Personen *(Genossen)* mit polit., wirtsch., religiösen oder sittl. Zielen. Jede im amtl. G.sregister eingetragene G. ist ein körperschaftl. organisierter rechtsfähiger Verein mit nicht geschlossener Mitgliederzahl (Mindestzahl 7), deren Zweck auf die Förderung des Erwerbs oder der Wirtschaft ihrer Mitgl. gerichtet ist. Nach ihrem Aufgabenbereich werden unterschieden: 1. ländl. u. gewerbl. G., 2. Konsum-G., 3. Wohnungsbau-G. Höchstes Willensorgan ist die *Generalversammlung.* – Gesch.: Die moderne G.bewegung ging als Reaktion gegen die Industrialisierung im 19. Jh. von England aus; in Dtld. gründete H. *Schulze-Delitzsch* 1849 eine Kranken- u. Sterbekasse u. die erste handwerkl. Rohstoff-G.; im selben Jahr schuf F. W. *Raiffeisen* den ersten Darlehnskassenverein auf dem Lande.

**Genotyp,** genet. Beschaffenheit eines Individuums; erzeugt im Zusammenspiel mit der Umwelt den *Phänotyp.*

**Genovefa** [-'feːfa], **1.** frz. *Geneviève,* *um 502, † um 502, Patronin von Paris (Fest: 3.1.). – **2.** *G. von Brabant,* die legendäre Gattin eines Pfalzgrafen *Siegfried* (um 750), die des Ehebruchs beschuldigt u. vom Gatten zum Tod verurteilt wird. Sie entkommt, wird im Wald entdeckt u. als unschuldig erkannt.

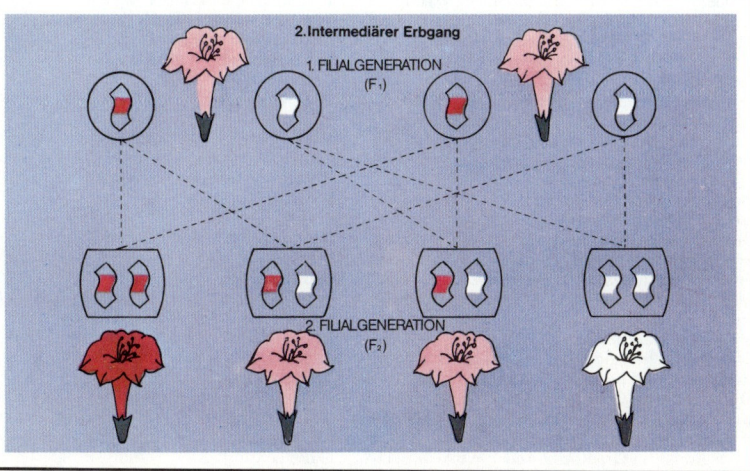

*2. Mendelsches Gesetz: Spaltung der 2. Filialgeneration 1:2:1*

*Die Chromosomensätze des Menschen im Vergleich zu denen von Schimpanse und Gorilla. Die Menschenaffen haben diploid 2 n = 48 Chromosomen, der Mensch 2 n = 46. Der Chromosomensatz des Schimpansen ist dem des Menschen am ähnlichsten; nach G. Heberer*

**Genozid,** *Genocid* → Völkermord.
**Genre** [ʒã:r; das], Gattung, Art.
**Genremalerei** [ʒã:r-], *Sittenmalerei,* eine maler. Darst. der Alltagswelt, zeigt lebensnahe Szenen mit typ. Standesmerkmalen (bäuerl., bürgerl., höf. Genre). Breiten Raum nahm die G. in der ndl. Kunst des 17. Jh. ein. Hauptmeister: A. Watteau (Frankr.), W. Hogarth (England), D. Chodowiecki (Dtld.), P. Longhi (Italien).
**Genscher,** Hans-Dietrich, *21.3.1927, dt. Politiker (FDP); Rechtsanwalt; 1969–74 Bundes-Min. des Innern, seit 1974 Bundes-Min. des Auswärtigen, Stellv. des Bundeskanzlers, 1974–85 zugleich Vors. der FDP.
**Gent** [fläm. xɛnt], frz. *Gand,* Hptst. der belg. Prov. Ostflandern, an der Mündung der Leie in die Schelde, 233 000 Ew.; Univ.; Kathedrale mit *G.er Altar;* zweiter Seehafen Belgiens; vielseitige Ind., Blumenzucht; seit dem 12. Jh. Hptst. Flanderns, im 13./14. Jh. Zentrum des flandr. Tuchhandels.
**Gent** → Justus von Gent.
**Gentechnologie,** Teilgebiet der Biotechnologie, das sich mit der gezielten Veränderung u. Neukombination von Genen in Organismen beschäftigt. Verfahren der G. ermöglichen die Übertrgung von artfremden Genen in bestimmte Organismen. Dadurch entstehen andersgeartete bzw. neue Lebensformen. In der BR Dtld. trat am 1.7.1990 ein Gentechnik-Gesetz in Kraft mit Rahmenbedingungen für den Umgang mit genet. veränderten Organismen. → Genmanipulation.
**Genter Altar** → Eyck, Hubert u. Jan van.
**Gentex,** Abk. für engl. ***gen****eral* ***te****legraph* ***ex****change,* das »allg.« Telegraphennetz der Postverwaltungen für die Übermittlung von *Telegrammen.*
**Genthin,** Krst. in Sachsen-Anhalt, westl. von Brandenburg, 16 200 Ew.; Hafen am Elbe-Havel-Kanal.
**Gentile** [dʒen'ti:lə], Giovanni, *1875, †1944 (ermordet), ital. Philosoph; neben B. *Croce* Hauptvertreter der neuidealist. Strömungen in Italien.
**Gentile da Fabriano** [dʒen'ti:lə-], *um 1370, †1427, ital. Maler; ein Spätgotiker, in dessen Kunst sich poet. Frömmigkeit mit den realist. Elementen einer ritterl.-höf. Welt mischt.
**Gentilhomme** [ʒãti'jɔm], frz. Bez. für Edelmann.
**Gentleman** ['dʒɛntlmən], in England urspr. ein dem niederen Adel angehörender Mann, später jeder Angehörige der »guten Gesellschaft«; Erziehungs- u. Persönlichkeitsideal mit den Tugenden der Selbstbeherrschung, des Fair play, des Muts u. der Höflichkeit.
**Gentlemen's Agreement** ['dʒɛntlmənz ə'gri:mənt], mündl. Abkommen unter Ehrenmännern.
**Gentry** ['dʒɛntri], *i.e.S.* der niedere engl. Adel (Titel: *Sir); i.w.S.* die gesellschaftl. Führungsschicht außer dem Hochadel.
**Gentz, 1.** Friedrich von, *1764, †1832, dt. Politiker u. Publizist; wurde zum Gegner der Frz. Revolution; seit 1802 in östr. Diensten, nach 1815 enger Mitarbeiter *Metternichs;* führender Vertreter der Restaurationspolitik. – **2.** Heinrich, Bruder von 1), *1766, †1811, dt. Architekt; vertrat neben F. *Gilly* am reinsten den dt. Frühklassizismus.
**Genua,** ital. *Gènova,* Hafenstadt in N-Italien am *Golf von G.,* Hptst. von Ligurien u. der Prov. G., 722 000 Ew.; prunkvolle Kirchen u. Paläste; berühmter Friedhof; Univ. (1783); Flughafen; größter ital. Hafen; bed. Ind. – Gesch.: Seit dem 10. Jh. selbständige Republik, im MA wichtige Handelsmacht am Mittelmeer, verlor später durch innere Uneinigkeit, Konkurrenz Venedigs u. die Siege der Türken an Bedeutung. 1797–1805 Ligur. Republik. 1815 kam G. zum Königreich Sardinien. 1861 zum geeinten Königreich Italien.
**Genugtuung,** *Satisfaktion,* im Recht die Wiederherstellung eines verletzten Rechtsgutes, bes. der Ehre, z.B. durch Entschuldigung oder Widerruf.
**Genus, 1.** *biolog. Systematik:* → Gattung. – **2.** *Grammatik: Geschlecht,* ein grammat. Unterscheidungs- u. Klassifikationsprinzip der *Nomina.* Weit verbreitet ist die Dreiheit der Genera *(Maskulinum, Femininum, Neutrum;* männl., weibl., sächl.), z.B. im Dt., Latein., Grch., Russ.; die Zweiheit (Maskulinum, Femininum) in den roman. u. semit. Sprachen; im Engl. gibt es keine Genera.
**Genußmittel,** Lebensmittel, die im Unterschied zu den *Nahrungsmitteln* in erster Linie einen Genußwert, aber nur einen geringen Nährwert haben; wirken häufig über das Zentralnervensystem anregend; z.B. Tabak, Kaffee, Tee u. Kola u. alkoholhaltige Getränke.
**Genußschein,** eine Urkunde, die gewisse Rechte, insbes. einen Anteil am Reingewinn u. am Liquidationserlös, gegenüber einer *Aktiengesellschaft* verbrieft. Die Aktionäre haben kein Stimmrecht.
**Genzmer,** Harald, *9.2.1909, dt. Komponist; Schüler von P. *Hindemith;* Ballette, Orchesterwerke, Lieder.
**geo...** [grch.], Wortbestandteil mit der Bedeutung »Erde«.
**Geobionten,** die im Erdboden lebenden Organismen.
**Geobotanik** → Pflanzengeographie.
**Geochemie,** die Wiss. von den chem. Veränderungen der Erde (bei der Gesteinsbildung u. -umwandlung, bei der Verwitterung u. bei chem. Reaktionen im Boden).
**Geochronologie,** die (absolute) Bestimmung der Zeitdauer von Erdperioden aus Schichtmächtigkeiten.
**Geodäsie,** *Vermessungskunde,* unter Berücksichtigung der Erdkrümmung die Lehre von der *Erdmessung* (Höhere G.), unter Vernachlässigung der Erdkrümmung die Lehre von der *Land-* u. *Feldmessung* (Niedere G.). – **Geodät,** ältere Berufsbez. für den *Landmesser (Feldmesser, Geometer);* heute: Vermessungsingenieur.
**Geoffroy Saint-Hilaire** [ʒɔ'frwasɛ̃ti'lɛ:r], Étienne, *1772, †1844, frz. Zoologe; vertrat die Ansicht, daß alle Lebewesen aus einer Wurzel stammen, u. schrieb dem Umwelteinfluß eine große Rolle bei der Umwandlung der Arten zu.
**Geographie,** *Erdkunde,* die Wiss., die die Erdoberfläche als Ganzes u. ihre unter versch. Aspekten abgegrenzten Teilräume erforscht. Die *allg. G.* gliedert sich in die Hauptzweige *physische G.* u. *Anthropogeographie* oder *G. des Menschen.* Zur phys. G. gehören *Geomorphologie* (Studium der Oberflächenformen), *Klimatologie* (Lufthülle), *Hydrographie* (Gewässer des Festlands) sowie *Boden-, Vegetations-* u. *Tier-G.* Hauptzweige der Anthropogeographie sind *Siedlungs-, Wirtschafts-, Bevölkerungs-* u. *Sozial-G.* Die *Landeskunde* (auch *spezielle G.* oder *regionale G.)* sucht einen bestimmten Raum auf seine charakt. Züge hin zu erfassen u. zu analysieren.
**geographische Lage,** die Lage eines Ortes nach geograph. Koordinaten im Gradnetz: 1. nach *geograph. Länge* (in Grad gemessener Winkelabstand eines Punkts der Erdoberfläche vom Nullmeridian auf dem betreffenden Breitenkreis), 2. nach *geograph. Breite* (in Grad gemessener Winkelabstand eines Punkts der Erdoberfläche vom Äquator auf dem betreffenden Längenkreis). Vom Nullmeridian wird die Länge nach W u. O um die Erde herum bis zum 180. Längenkreis gezählt: Orte östl. des Nullmeridians haben eine *östl. Länge* (ö.L.), westl. des Nullmeridians eine *westl. Länge* (w.L.). Vom Äquator zu den Polen wächst die geograph. Breite von 0° bis 90°; Orte nördl. des Äquators haben eine *nördl. Breite* (n.Br.), südl. des Äquators eine *südl. Breite* (s.Br.).
**Geoid,** die wegen der Erhebungen u. Vertiefungen der Erdoberfläche von einem Rotationsellipsoid abweichende, mathemat. abgeleitete Form der Erdfigur.
**Geologie,** die *Geowiss.* von der Entstehung *(Erdgeschichte)* u. vom Bau der Erde. Sie gliedert sich in: 1. *allgemeine G.,* die in der *dynam. G.* die (exo- u. endogenen) geolog. Kräfte sowie in der *kosm. G.* die Erde als kosm. Körper behandelt; 2. *historische G.* mit der *Stratigraphie (Formationskunde);* 3. *regionale G.* der verschiedenen Erdräume; 4. *angewandte G.,* z.B. *Lagerstättenkunde, Ingenieur-G.*
**Geomantik,** *Geomantie,* der bes. in China verbreitete Volksglaube, aus Erdzusammensetzungen u. Sandfiguren weissagen zu können.
**Geomedizin,** die Wiss. vom Einfluß der natürl. Umwelt des Menschen auf Entstehung, Ausbreitung, Verlauf u. Heilung von Krankheiten.
**Geometrie,** ein Gebiet der Math., das die gestaltl. Gesetzmäßigkeiten u. Größenbeziehungen an u. zw. Linien, Flächen u. Körpern behandelt. Je nachdem, ob metr. Beziehungen (Länge, Winkelgrößen, Flächen- u. Rauminhalte) benutzt werden oder ob nur die gegenseitige Lage der Gebilde betrachtet wird, spricht man von *metrischer G.* oder von *projektiver G.* Die G. der ebenen Gebilde heißt *Planimetrie,* die der körperl. Gebilde *Stereometrie.* Die *analyt. G. (Koordinaten-G.)* u. die *Differential-G.* benutzen Verfahren der Algebra u. Analysis. Die *darstellende G.* bildet Raumgebilde auf versch. Ebenen (Tafeln) ab. Die *Kugel-G. (sphär. G.)* behandelt die geometr. Verhältnisse auf Kugeloberflächen unter Zuhilfenahme von Großkreisen (Meridianen).
**geometrische Reihe** → Reihe.
**geometrischer Ort,** *Ortslinie,* Linien oder Flächen, auf denen alle Punkte liegen, die gegebenen Bedingungen genügen.
**geometrisches Mittel,** die *n*-te Wurzel aus dem Produkt von *n* Zahlen. → Mittelwert.
**Geomorphologie,** die Wiss. von den Oberflächenformen der Erde nach ihrer Erscheinung, Entstehung u. Umwandlung.
**Geophysik,** die Wiss. vom physikal. Zustand u. von den physikal. Erscheinungen u. Vorgängen im Erdkörper, in der Wasser- u. Lufthülle.
**Geophyten,** *Erdpflanzen,* mehrjährige Stauden, deren Überdauerungsorgane (Knollen, Zwiebeln) im Boden liegen.
**Geopolitik,** die Lehre von der Wechselwirkung geograph. u. polit. Gegebenheiten; in der BR Dtld. kaum noch von Bedeutung.
**Georg,** † wahrscheinl. 305, Hl., Märtyrer, einer der 14 Nothelfer (Fest: 23.4.). Legende vom »Ritter Sankt Georg«, der den Drachen besiegte. G. wird in der Ostkirche als »Großmärtyrer« verehrt.
**Georg,** Fürsten.
Griechenland:
**1. G. I.,** als dän. Prinz: *Wilhelm,* *um 1845, †1913 (ermordet), König der Hellenen 1863–1913; Sohn *Christians IX.* von Dänemark, von der grch. Nationalversammlung zum König gewählt. – **2. G. II.,** *1890, †1947, König 1922–24, 1935–41 u. 1946/47; mußte nach Ausrufung der Republik 1924 das Land verlassen, kehrte nach dem Sieg der Monarchisten 1935 zurück, ging nach dem dt. Einmarsch 1941 wieder ins Ausland u. kehrte 1946 erneut nach Griechenland zurück.
Großbritannien:
**3. G. I.,** *1660, †1727, König 1714–27, als *G. Ludwig* auch Kurfürst von Hannover seit 1698; überließ die Reg. weitgehend der Whig-Partei. – **4. G. II.,** Sohn von 3), *1683, †1760, König 1727–60, auch Kurfürst von Hannover; unterstützte widerstrebend Friedrich d. Gr. im Siebenjährigen Krieg; ließ in der Innenpolitik dem Whig-Ministerium *Walpole* u. dem älteren *W. Pitt* freie Hand. – **5. G. III.,** Enkel von 4), *1738, †1820, König 1760–1820, auch Kurfürst, seit 1814 König von Hannover; unter seiner Reg. Verlust der nordamerik. Kolonien. Hannover wurde von London aus regiert. Um 1810 wurde er geisteskrank. – **6. G. IV.,** Sohn von 5), *1762, †1830, König 1820–30, zugleich König von Hannover; für den geisteskranken Vater seit 1811 Regent; u.a. wegen seiner starken Verschuldung u. seines Lebenswandels unbeliebt beim Volk. – **7. G. V.,** *1865, †1936, König 1910–36, seit 1911 Kaiser von Indien; beschränkte sich im Unterschied zu seinem Vater *Eduard VII.* auf repräsentative Pflichten. – **8. G. VI.,** Sohn von 7), *1895, †1952, König 1936–52; folgte seinem zurückgetretenen Bruder *Eduard VIII.*
Hannover:
**9. G. Ludwig,** Kurfürst, als *G. I.* König von Großbritannien: → Georg (3). – **10. G. II.** → Georg (4). – **11. G. III.** → Georg (5). – **12. G. IV.** → Georg (7). – **13. G. V.,** *1819, †1878, König 1851–66; hob in Hannover die lib. Verfassung von 1848 auf u. oktroyierte eine neue; trat im *Dt. Krieg* 1866 auf östr. Seite, was ihn Land u. Thron kostete.
Sachsen:
**14. G. I.,** *G. der Reiche, G. der Bärtige,* *1471, †1539, Herzog 1500–39; nach der Leipziger Disputation zw. Luther u. Eck Gegner der Reformation.
**George, 1.** Götz, Sohn von 2), *23.7.1938, dt. Schauspieler (»Kommissar Schimanski« in der Fernsehserie »Tatort«). – **2.** Heinrich, eigtl. Georg Heinrich *Schulz,* *1893, †1946, dt. Schauspieler, Helden- u. Charakterdarsteller, auch im Film (»Der Postmeister«, »Jud Süß«). – **3.** [dʒɔ:dʒ], Henry, *1839, †1897, US-amerik. Sozialphilosoph; führte das soziale Elend auf das Vorhandensein des privaten Grundeigentums zurück. – **4.** Stefan, *1868, †1933, dt. Dichter; gründete in dichter. Sendungsbewußtsein die »Blätter für die Kunst« (1892–1919) u. wurde zum Künder einer neuantiken Weltschau. W »Hymnen«, »Algabal«, »Das Jahr der Seele«, »Der siebente Ring«. Um ihn sammelte sich ein Kreis von Künstlern u. Gelehrten

(*George-Kreis*), u.a. E. *Bertram,* F. *Gundolf,* H. von *Heiseler,* L. *Klages,* K. *Wolfskehl.*
**Georgetown** ['dʒɔːdʒtaʊn], **1.** Hptst. von Guyana (Südamerika), 193 700 Ew.; Hafen. – **2.** Hauptort der Cayman Islands in Westindien, auf Grand Cayman, 12 000 Ew.
**George Town** ['dʒɔːdʒtaʊn], *Penang,* Hptst. des malays. Teilstaats Penang, 251 000 Ew.
**Georgette** [ʒɔ'rʒɛt], *Krepp-Georgette,* zartes, durchsichtiges Gewebe aus Kreppgarnen.
**Georgi,** Yvonne, *1903, †1975, dt. Solotänzerin, Choreographin u. Tanzpädagogin.
**Georgia** ['dʒɔːdʒə], *Ga.,* Staat der → Vereinigten Staaten von Amerika.
**Georgien** → Grusinische SSR.
**Georgier** → Grusinier.
**Georgiew** [-'gief], *Georgiev,* Kimon, *1882, †1969, bulgar. Politiker; 1934/35 u. 1944–46 Min.-Präs.; erklärte Dtld. den Krieg, führte eine eng an die Sowj. angelehnte Politik u. betrieb die Abschaffung der Monarchie.
**Georgine** → Dahlie.
**georgisch-orthodoxe Kirche,** gehört seit dem 7. Jh. zu den orth. Kirchen; ihr Oberhaupt residiert in Tiflis.
**Georgsmarienhütte,** Stadt in Nds., im nw. Teutoburger Wald, 30 000 Ew.; Eisenhüttenwerk.
**Geosphäre,** die Erdoberfläche oder Erdhülle, in der sich festes Land, Wasser, Luft, Pflanzen- u. Tierwelt u. die Einwirkung des Menschen berühren u. teilweise durchdringen.
**Geosynklinale,** ein langgestreckter, großräumiger, absinkender Sedimentationstrog.
**Geotektonik,** die Großstruktur der Erdkruste.
**geothermische Tiefenstufe,** Angabe der Erdtiefe in m, bei der die Temperatur im Gestein um 1 °C zunimmt; im Durchschnitt 33 m.
**Geotropismus,** Ausrichtung der Pflanzen durch die Erdschwerkraft. *Positiv geotrop* (erdzugewandt) wachsen Hauptwurzeln; Hauptsprosse und meist *negativ geotrop* (erdabgewandt) ausgerichtet.
**Geowissenschaften,** alle Wiss., die sich mit der Erde (einschl. der Atmosphäre) befassen: *Geophysik, Geologie, Paläontologie, Gesteinskunde, Mineralogie, Ozeanographie, Hydrologie* u. *Meteorologie.*
**geozentrisch,** auf die Erde als Mittelpunkt bezogen. – Nach dem *g.en Weltsystem* der Antike drehen sich Himmel u. Gestirne um die feststehende Erde.
**Gepard,** *Jagdleopard,* zur Unterfam. der Katzen gestellt, von hundeähnl. Gestalt; auf kurzen Strecken das schnellste Säugetier (100 km/h); in den Steppen Afrikas u. S-Asiens.
**Gepiden,** ein ostgerman. Stamm, den *Goten* nahestehend. Die G. zerstörten Ende des 4. Jh. in hunn. Abhängigkeit, befreiten sich nach Attilas Tod 453 u. besetzten die ungar. Tiefebene. 567 erlag ihr Reich den Langobarden u. Awaren.
**Ger,** german. Waffe für Wurf u. Stoß.
**Gera, 1.** Krst. u. bed. Ind.-Stadt O-Thüringens, an

*Gera: Rathaus*

*Gepard*

der Weißen Elster, 131 000 Ew. – **2.** r. Nbfl. der Unstrut, 72 km.
**Gerade,** ein undefinierter Grundbegriff der Geometrie, beiderseits unbegrenzt, ohne Dicke. Die G. wird aufgefaßt als Punktmenge.
**Geradflügler,** zusammenfassender Begriff für versch. Insektenordnungen (mit kauenden Mundwerkzeugen): *Gespenstheuschrecken, Heuschrecken, Ohrwürmer* u. *Notoptera.*
**Geranie** → Pelargonie.
**Geraniol,** zweifach ungesättigter Terpenalkohol; im Geranium- u. Rosenöl als Hauptriechstoff.
**Geranium** → Storchschnabel.
**Gerard,** *Meister G.,* erster Dombaumeister am *Kölner Dom* (seit 1248).
**Gérard** [ʒeˈraːr], **1.** François, *1770, †1837, frz. Maler; Schüler J. L. *Davids,* neoklassizist. Porträtist, Historien- u. Genremaler am frz. Hof. – **2.** Ignace Isidore → Grandville.
**Gérardmer** [ʒeraʀˈmɛːr], *Geroldsee,* lothring. Sommerfrische u. Wintersportplatz in den Vogesen (Frankreich), 10 000 Ew.
**Gerasa,** Stadt in Jordanien, sö. des Sees Genezareth; in der Zeit *Alexanders d. Gr.* gegr., Blüte unter *Hadrian* u. den *Antoninen* im 2. Jh. n. Chr.
**Gerassimow** [-simɔf], **1.** Alexander Michailowitsch, *1881, †1963, russ. Maler; Hauptvertreter des sozialist. Realismus. – **2.** Sergej Apollinarjewitsch, *1906, †1985, russ. Filmregisseur (»Der stille Don«, »Der Journalist«). – **3.** Sergej Wassiljewitsch, *1885, †1964, russ. Maler; paßte sich nach 1930 den Forderungen des sozialist. Realismus an.
**Geräusch,** der Schall, der sich aus unregelmäßigen Schallwellen zusammensetzt, die sich nicht auf period. Bewegungen zurückführen lassen.
**Gerbera,** Gatt. der *Korbblütler* mit über 50 afro-asiat. Arten; Schnittblume.
**Gerberei,** die Herstellung von *Leder* aus Tierhäuten. Die zwecks Konservierung gesalzenen oder getrockneten Häute werden in Wasser geweicht u. geäschert. Die enthaarte, durch alkal. Ascherbäder gequollene Haut, die *Blöße,* wird durch Neutralisieren *(Entkälken)* u. Behandeln mit eiweißabbauenden Fermenten *(Beizen)* zum Entquellen gebracht u. gelangt nun in Gerbbäder verschiedener Art (pflanzl. Mittel oder mineral. Gerbstoffe). Die noch nassen Leder werden mit wäßrigen Fettemulsionen gefettet, gegebenenfalls in Farbbädern gefärbt u. dann getrocknet.
**Gerberstrauch,** *Coriaria,* einzige Gatt. der *Gerberstrauchgewächse.* Zum Gerben werden vor allem die Blätter des *Myrtenblättrigen G.,* im westl. Mittelmeergebiet benutzt (Sumach).
**Gerberträger,** *Gelenkträger,* von H. *Gerber* eingeführte Bauart für Tragwerke, bes. für Brücken mit großen Stützweiten: Durchlaufende Balken werden durch Gelenke statisch bestimmt gemacht.
**Gerbsäuren,** organ. Stoffe, die in Wasser leicht lösl. sind u. einen zusammenziehenden Geschmack haben; u.a. das *Tannin* der Galläpfel; Verwendung zum Gerben u. zur Herstellung von Tinte.
**Gerbstoffe, 1.** *natürl. G.,* wässerige Auszüge aus gerbhaltigen Pflanzenteilen (Rinde, Holz, Blätter), z.B. *Quebracho-G.* – **2.** *synthet. G.,* künstl. hergestellte chem. Substanzen mit gerbenden Eigenschaften: *Tanigan, Basyntan* u.a. Sie werden nur in Verbindung mit natürl. G. verwendet.
**Gerechtigkeit** [lat. *justitia*], urspr. bis ins Religiöse erhöhte Norm des menschl. Zusammenlebens. G. steht in einem Spannungsverhältnis zu den Gesetzen: Sie ist in subjektiver (personaler) Hinsicht die sittl. Lebenshaltung des Menschen zu den Mitmenschen (Tugend der G.), in objektiver (institutioneller) Hinsicht Prinzip zur Aufstellung von Rechtsnormen (für polit. Verfassungen, soziale Regeln u.a.).
Die G. Gottes ist nach bibl. Lehre das auf das

### Gerichtsvollzieher 305

Heil des Menschen gerichtete Handeln Gottes. G. ist dabei an einem intakten Gemeinschaftsverhältnis zw. zwei Partnern orientiert. Für das NT ist G. häufig die gottgeschenkte Gabe der *Rechtfertigung* des Sünders; diese ist auch der Inhalt des Evangeliums.
Als Inhalt der Rechtsidee zielt die G. auf die *Harmonie* in der Menschenwelt (Platon) u. damit auf die sich weisheitsvoll mit der Menschenliebe verwirklichende *Rechtheit des Rechts* (Leibniz). Sie weist an, Gleiches gleich, Ungleiches ungleich zu behandeln. Damit ist sie Grundlage der Gemeinschaftsordnung.
**Gerechtsame,** altertüml. Bez. für bestimmte beschränkte dingl. Rechte (Apotheken-G., Fähr-G.).
**Gereon,** Märtyrer in Köln in der 2. Hälfte des 4. Jh.; erst die spätere Legende brachte ihn mit der *Thebäischen Legion* in Verbindung. – Heiliger (Fest: 10.10.).
**Geretsried,** Stadt in Oberbayern, an der Isar, 19 500 Ew.; chem. Ind.
**Gerhaert von Leyden** ['xeːraːrt-], Nikolaus, *um 1430, †1473, ndl. Bildhauer. Sein Stil leitete die letzte Stufe der spätgot. Plastik ein.
**Gerhard, 1.** Hubert, *um 1540/50, †1620, ndl.-dt. Bildhauer, neben A. de *Vries* der führende Bildhauer des Frühbarocks in Dtld. – **2.** Johann, *1582, †1637, dt. luth. Theologe; Führer der luth. Orthodoxie.
**Gerhardt,** Paul, *1607, †1676, dt. ev. Geistl.; nach *Luther* der hervorragendste Kirchenliederdichter der ev. Kirche (»Befiehl du deine Wege«).
**Gerhard von Cremona,** *1114, †1187, span. Mönch u. Gelehrter; übersetzte in Toledo grch. u. arab. wiss. Werke ins Lateinische.
**Geriatrie,** *Altersheilkunde,* die Lehre von der Erkennung u. Behandlung der Alterskrankheiten.
**Géricault** [ʒeriˈko], Théodore, *1791, †1824, frz. Maler, Bildhauer u. Graphiker. Sein Hptw., »Das Floß der Medusa«, brachte die Abwendung vom klassizist. Schönheitsideal.
**Gericht,** unabh. Staatsorgan zur Ausübung der Rechtsprechung. Nach dem Verfassungsrecht der BR Dtld. unterscheidet man nach Sachgebieten die ordentl. Gerichtsbarkeit, Arbeits-, Finanz-, Sozial- u. Verwaltungsgerichtsbarkeit; dazu kommt die Verfassungsgerichtsbarkeit. – In Österreich befinden sich alle G. in der Hand des Bundes. Man unterscheidet Zivil- u. Straf-, ordentliche u. Sondergerichte. – In der Schweiz ist die Organisation der G. den Kt. vorbehalten. Bundes-G. sind das Bundes-G. in Lausanne u. das eidgenöss. Versicherungs-G. in Luzern.
**gerichtliche Medizin,** *forensische Med.,* die Verwendung med. Erkenntnisse zur Beurteilung u. Aufklärung von Verbrechen. Ein Teilgebiet ist die *Gerichtspsychiatrie,* die den Geisteszustand des Angeklagten (bes. bei Begehung der Tat) beurteilt.
**gerichtliche Psychologie** → forensische Psychologie.
**Gerichtsbarkeit,** Ausübung der Rechtspflege, insbes. der Rechtsprechung durch die *Ordentl. G.,* die sich gliedert in Amtsgerichte, Landgerichte, Oberlandesgerichte u. den Bundesgerichtshof.
**Gerichtsferien,** die gesetzl. festgelegte Zeit, in der bei Gerichten nur bes. dringende Fälle (*Feriensachen*) bearbeitet werden; in der BR Dtld. vom 15.7. bis 15.9.
**Gerichtshilfe,** die Unterstützung des Gerichts im Ermittlungsverfahren, in der Hauptverhandlung u. beim Urteilsvollzug durch außerhalb stehende Dienststellen, z.B. durch das *Jugendamt* in Jugendstrafverfahren.
**Gerichtskosten,** öffentl. Abgaben für Inanspruchnahme des Gerichts sowie Auslagen (Zeugen- u. Sachverständigenkosten), von der unterliegenden Partei zu zahlen.
**Gerichtsstand,** im Prozeßrecht der Ort der gerichtl. Zuständigkeit; im Zivilprozeß ist i. allg. der Wohnsitz oder Aufenthalt des Beklagten; im Strafprozeß stehen die G. des Tatorts, des Wohnsitzes u. der (behördl.) Verwahrung des Angeschuldigten im Vordergrund.
**Gerichtsverfassung,** die Regelung der Organisation u. Zuständigkeit der Gerichte; vorrangig gilt das Grundgesetz.
**Gerichtsvollzieher,** ein mit *Zustellungen, Ladungen* u. *Vollstreckungen* (Pfändungen) betrauter Beamter, der der Dienstaufsicht des Amtsgerichts untersteht.

*germanische Religion: Bronzehelm aus einem Moorfund von Virksø (Dänemark). Wahrscheinlich diente der Helm kultischen Zwecken und wurde als Opfergabe im Moor versenkt*

**Gerippe** → Skelett.
**Gerlach, 1.** Hellmut von, *1866, †1935, dt. Journalist u. Politiker; 1896 mit F. *Naumann* Gründer des *Nationalsozialen Vereins;* Vorkämpfer des Pazifismus, führend in der Liga für Menschenrechte. – **2.** Leopold von, *1790, †1861, dt. Politiker, preuß. General, beeinflußte König *Friedrich Wilhelm IV.* polit. u. kirchl.; gehörte mit seinen Brüdern Ernst Ludwig u. Otto zu den Gründern des preuß. Konservatismus, wurde zur führenden Persönlichkeit der *Kamarilla*, einer Art Nebenreg. des Monarchen. – **3.** Manfred, *8.5.1928, dt. Politiker (LDP); 1954–67 Generalsekretär, 1967–90 Vors. der LDPD; 1960–90 stellv. Vors. des Staatsrates, 1989/90 amtierendes Staatsoberhaupt der DDR.
**Gerlingen,** Stadt in Ba.-Wü., 18 500 Ew.; Masch.- u. Apparatebau, opt. Ind.
**Gerlostal,** rechtes Seitental des Zillertals in Tirol (Öst.), durch den *Gerlospaß* u. die *Gerlosplatte* mit dem Salzachtal verbunden; Hauptort *Gerlos;* ganzjährig Fremdenverkehr.
**Gerlsdorfer Spitze,** tschech. *Gerlachovský Štít,* der höchste Gipfel der Hohen Tatra, 2655 m.
**Germanen,** von röm. Autoren im 1. Jh. v. Chr. eingeführte Sammelbez. für versch. Stämme, die damals in Nord- u. Mitteleuropa lebten. Die Stämme selbst nannten sich nicht G.; sie hatten kein Bewußtsein der Zusammengehörigkeit. Es ist nicht sicher, ob sie durchweg germ. Sprachen im Sinne der heutigen Sprachwiss. hatten. Ein früher angenommener Zusammenhang zw. den G. u. bestimmten vorgeschichtl. Kulturen (z.B. dem Nord. Kreis) ist nicht nachweisbar. Nach röm. Quellen gab es 3 Stammesgruppen: *Ingwäonen, Herminonen* u. *Istwäonen,* sie sind wohl gleichzusetzen mit *Nordsee-G., Elb-G.* u. *Weser-Rhein-G.* Die G. lebten in Sippenverbänden u. patriarchal. Großfamilien. Es gab 3 Stände: Freie, Halbfreie u. Sklaven. Aus den Freien bildete sich ein Adel; aus der Heerführung bei Wanderzügen entstand ein Königtum. Die G. siedelten in Dörfern u. Einzelgehöften. Der Boden war im allg. Gemeinbesitz. Das Schmiedehandwerk war hochentwickelt. Die germ. Kultur war keine Hochkultur; die Berührung mit den Römern brachte kulturelle Fortschritte. Die dauerhafte Eroberung rechtsrhein.-germ. Gebiete gelang den Römern nicht. In den ersten Jh. n. Chr. bildeten sich die histor. wirksamen germ. Stämme heraus (u.a. Goten, Langobarden, Sachsen, Franken, Alemannen, Markomannen). Die G. bedrängten zunehmend das weström. Reich u. führten 476 seinen Untergang herbei. Auf seinem Boden entstanden versch. germ. Reiche, von denen sich auf Dauer nur das Frankenreich behaupten konnte.
**Germania** → Germanien.
**Germanicum,** den Jesuiten anvertrautes röm. Nationalkolleg für dt. u. ung. kath. Kleriker, gegr. 1552.
**Germanicus,** Iulius Cäsar, *15 v. Chr., †19 n. Chr., röm. Feldherr; von Tiberius adoptiert, Vater des Caligula; unternahm 14–16 n. Chr. Kriegszüge in Germanien.
**Germanien,** lat. *Germania,* das von *Germanen* bewohnte Gebiet zw. Rhein u. Weichsel, Küste u. Alpen; von den Römern *Germania magna* oder *Germania libera* genannt.
**germanische Religion,** uneinheitl. Komplex religiöser Vorstellungen der german. Völker zur heidn. Zeit. Die Mythenforschung ist im wesentl. auf die Gedichtsammlung der *Edda* u. die sog. Prosa-Edda des Isländers *Snorri Sturlusson* (13. Jh.) angewiesen. Am Anfang standen Heiligung der Sonne u. der Zeugungskraft. Der höchste Gott u. Himmelsherr war Ziu (Tyr), schon früh von Wodan (Odin) abgelöst. Das Weltgeschehen ist durch ständige Kämpfe zw. Göttern u. Riesen bestimmt. Jahreszeitl. bedingte gottesdienstl. Feste fanden unter freiem Himmel statt; Kulthandlungen (u.a. Opfer) oblagen Priestern.

*Germer: Weißer Germer, Veratrum album*

**Germanisches National-Museum,** größtes Museum für die Gesch. der dt. Kunst u. Kultur, in Nürnberg; 1852 gegr.
**germanische Sprachen,** eine Gruppe von Sprachen, deren Zentrum in Europa liegt. Sie gehören zur indoeurop. (indogerman.) Sprachfam., von der sie sich im 1. vorchristl. Jt. abzweigte. Die g. S. unterscheiden sich von den anderen indoeurop. Sprachen bes. durch die erste oder german. Lautverschiebung sowie durch Stammsilbenbetonung. Eine gemeinsame Urform ist nicht überliefert. – Die g. S. gliedern sich in zwei Untergruppen: 1. die nordgerman. Sprachen: Isländisch, Färöisch, Norwegisch, Schwedisch, Dänisch; 2. die westgerman. Sprachen: Englisch, Niederländisch, Friesisch, Deutsch. Die ostgerman. Sprachen sind ausgestorben.
**Germanistik,** *i.w.S.* die Wiss. von Sprache, Recht, Geschichte, Religion, Kunst, Volkstum u. Wirtsch. der Germanen; *i.e.S.* die Wiss. von der dt. Sprache u. der dt. Literatur.
**Germanium,** ein → chemisches Element.
**Germanos,** *1771, †1826, Bischof von Patras in Griechenland; einer der Führer des grch. Freiheitskampfes gegen die Türken.

*Germanen: Goldschmuck aus dem Fürstengrab von Aarslev auf Fünen; 3. Jh. n. Chr. Kopenhagen, Nationalmuseum*

*Germanen: Rekonstruktion von germanischen Häusern im Freilichtmuseum Oerlinghausen*

**germanotyp,** Bez. für eine Gebirgsbildung mit Bruchbildung, die in bereits versteiften Krustenteilen der Erde auftritt; z.B. Weserbergland, Harzvorland. Ggs.: *alpinotyp.*
**Germer,** *Veratrum,* Gatt. der Liliengewächse. Der *Weiße G.* ist eine giftige Gebirgsstaude der Alpen. Der dicke Wurzelstock wird arzneilich sowie als Schnupfpulver verwendet.
**Germersheim,** Krst. in Rhld.-Pf., am Rhein, 13 000 Ew.; versch. Ind.
**Germinal** [ʒɛrmiˈnal], der 7. Monat im frz. Revolutionskalender.

### Götter der Germanen

| | |
|---|---|
| Asen | größeres der Göttergeschlechter, das in Asgard wohnt, Herrscher über die Welt und die Menschen, in ihrer Macht aber begrenzt durch das Schicksal; vorwiegend Götter des Krieges |
| Balder | Gott des Guten und der Gerechtigkeit (Ase, Sohn Wodans und der Frigg) |
| Bragi | Gott der Dichtkunst (Ase, Sohn Wodans, Gemahl der Idun) |
| Disen | Natur- und Fruchtbarkeitsgöttinnen |
| Donar (südgermanisch) | Gewittergott; nordgermanisch →Thor |
| Forseti | Richtergott (Ase, Sohn Balders) |
| Freyja | Göttin der Liebe und der Fruchtbarkeit (Wanin, Tochter des Njörd, Schwester und Gemahlin des Freyr) |
| Freyr | Fruchtbarkeitsgott (Wane, Sohn des Njörd) |
| Frigg | Hauptgöttin der Asen, Gemahlin Wodans, Mutter Balders |
| Heimdall | Wächter der Asen (Ase) |
| Hel | Göttin der Unterwelt; Tochter des Loki |
| Hödr | blinder Gott, der auf Anstiften Lokis seinen Bruder Balder tötet (Ase, Sohn Wodans) |
| Idun | Hüterin der goldenen Äpfel, die den Göttern ewige Jugend bewahren; Gattin Bragis |
| Loki | Vater gottfeindlicher Mächte (Fenriswolf, Hel, Midgardschlange), listenreicher und wandlungsfähiger Helfer der Götter; verursacht den Tod Balders und führt den Weltuntergang (Ragnarök) herbei |
| Nerthus | Fruchtbarkeitsgöttin |
| Njörd | Gott des Meeres und der Seefahrt, Fruchtbarkeitsgott (Wane, Vater des Freyr und der Freyja) |
| Nornen | 3 Schicksalsgöttinnen: Urd (Vergangenheit), Werdandi (Gegenwart), Skuld (Zukunft) |
| Sif | Asin, Gemahlin Thors |
| Odin | bei den Nordgermanen Oberhaupt der Asen, höchster Gott; entspricht dem südgermanischen →Wodan |
| Thor | Donnergott und Fruchtbarkeitsgott, Bekämpfer der Riesen (Ase, Sohn Wodans und der Erdmutter Jörd, im Süden →Donar |
| Tyr (Ziu) | Himmels- und Kriegsgott (Ase) |
| Walküren | ursprünglich Totendämonen, später überirdische Kriegerinnen, die die im Kampf gefallenen Helden für Walhall, den Aufenthaltsort Wodans, auswählen |
| Wanen | neben den Asen die 2. Götterfamilie, Fruchtbarkeitsgötter |
| Wodan | Allvater, Totengott, Kriegsgott, Gott der Dichtung, der Magie, der Runen, der Ekstase; der höchste Gott der Asen, Gemahl der Frigg |

**Germiston** ['dʒəːmistən], Stadt in den Goldfeldern von Transvaal (Rep. Südafrika), 1670 m ü.M., 155 000 Ew.; größte Goldraffinerie der Welt.
**Gernot**, im Nibelungenlied jüngerer Bruder König Gunthers.
**Gernrode**, Stadt u. Luftkurort am NO-Hang des Harzes, 5100 Ew.
**Gernsbach**, Stadt in Ba.-Wü., an der Murg, im nördl. Schwarzwald, Luftkurort, 13 700 Ew.
**Gero**, *um 900, †965, Markgraf ab 937; eroberte im Auftrag Ottos d. Gr. slaw. Gebiete bis zur Warthe.
**Geroldseck**, ehem. Reichsgrafschaft in Baden bei Lahr; 1806 souveränes Fürstentum, 1815 zu Östr., 1819 zu Baden.
**Geröll**e, durch fließendes Wasser oder Meeresbrandung abgerundete Gesteinsbruchstücke.
**Gerolstein**, Stadt in Rhld.-Pf., in der Eifel, 7000 Ew.; Luftkurort; Mineralquellen.
**Gerona** [xe-], NO-span. Prov.-Hptst. in Katalonien, 87 000 Ew.; maler. Altstadt mit got. Kathedrale; Univ.; Flughafen; Fremdenverkehr.
**Geront**, im alten Griechenland Mitgl. eines Ältestenrats, polit. Berater des Königs. Der Rat der G. in Sparta, die *Gerusia,* zählte 28 über 60 Jahre alte Mitglieder.
**Gerontologie**, die Lehre vom Altern u. vom Alter; eine wiss. Disziplin, die med. (z.B. Alterskrankheiten; → Geriatrie), psych. u. soziolog. (z.B. die Stellung älterer Menschen in der Gesellschaft) Gegebenheiten erforscht; insbes. zur Vermeidung negativer Alterserscheinungen (*Geroprophylaxe*).
**Gers** [ʒɛːr], l. Nbfl. der Garonne in SW-Frankreich, 178 km.
**Gerschom ben Juda**, *um 960, †um 1028 (1040?), jüd. Gelehrter; Begr. der mittelalterl. Talmud-Forschung; religiöser Lyriker.
**Gersfeld (Rhön)**, Stadt in Hessen, an der Wasserkuppe, 5500 Ew.; Kneipp- u. Luftkurort.
**Gershwin** ['gəːʃwin], George, *1898, †1937, US-amerik. Komponist u. Pianist. Mit der »Rhapsody in Blue« gelang ihm eine Synthese aus gehobener Unterhaltungsmusik u. Jazzelementen; Oper »Porgy and Bess«.
**Gerson** [ʒɛrˈsɔ̃], Johannes, *1363, †1429, frz. Theologe u. Mystiker; vertrat die Lehre von der Überordnung des Konzils über den Papst.
**Gerste**, *Hordeum,* Gatt. der *Süßgräser,* zu der Wild- u. Kultur-G. gehören; eine der ältesten Getreidearten, heute in aller Welt verbreitet, Brotfrucht der Trockenzonen u. Steppengebiete. Die fruchtbar kreuzbaren Kulturformen (Sommer- u. Winter-G.) sind Getreide mit kurzem Halm u. lang begrannter Ähre. Die eiweißreiche G. liefert Futter-G., die eiweißarme Brau-G. Daneben Herstellung von Graupen u. Kaffeeersatz.
**Gerstenberg**, Heinrich Wilhelm von, *1737, †1823, dt. Schriftst. u. Kritiker; begann mit anakreont. »Tändeleien« 1759, eröffnete mit dem Trauerspiel »Ugolino« 1768 die Reihe der Sturm-und-Drang-Dramen.
**Gerstenkorn**, akute Vereiterung einer Drüse am Rand des Augenlids (Zeissche u. Mollsche Drüsen: äußeres G.), seltener der Meibomschen Drüsen am Lidknorpel (inneres G.); verursacht durch Eitererreger.
**Gerstenmaier**, Eugen, *1906, †1986, dt. Politiker (CDU); ev. Theologe; 1954–69 Präs. des Bundestags.
**Gerster**, Ottmar, *1897, †1969, dt. Komponist; Oper »Enoch Arden«.
**Gerthofen**, Stadt in Bayern, am Lech, 15 500 Ew.; chem. Ind.
**Gerstner**, Franz Anton von, *1796, †1840, östr. Eisenbahnfachmann; baute 1825/26 die erste öffentl. Eisenbahn auf dem europ. Festland (Linz-Budweis), 1834–37 die erste russ. Eisenbahn (St. Petersburg-Zarskoje Selo).
**Gertrud die Große**, *Gertrud von Helfta*, *1256, †1302, Nonne im Kloster Helfta; dt. Mystikerin. – Heilige (Fest: 16.11.).
**Geruch**, die durch Reizung der Geruchsorgane verursachte Empfindung, die dem reizauslösenden Gegenstand als Eigenschaft zugeschrieben wird.
**Geruchssinn**, die Fähigkeit zur Wahrnehmung gasförmiger Stoffe oder im Wasser gelöster Substanzen auf molekularer Ebene; nur bei Wirbeltieren u. Insekten nachgewiesen. In der Verhaltensbiologie hat der G. bes. Bedeutung bei der Nahrungsaufnahme, im Fortpflanzungsverhalten u. im Erkennen von Feinden. – Wie den *Geschmackssinn* zählt man den G. zu den *chem. Sinnen.*
**Geruchsverschluß**, *Siphon,* U-förmig gekrümmtes, mit Wasser gefülltes Rohrstück in Abwasserleitungen. Es verhindert den Durchtritt von Gasen aus der Kanalisation.
**Gerundium**, in der lat. Grammatik der substantivierte, deklinierte Infinitiv (z.B. die Kunst des Redens).
**Gerundivum**, in der lat. Grammatik ein Verbaladjektiv, das die Notwendigkeit einer Handlung bezeichnet (z.B. ein zu Lobender = einer, der gelobt werden muß).
**Gerusia**, im antiken Sparta das Kollegium der →Geronten.
**Gervais** [ʒɛrˈvɛ], milder, ohne Gärungsprozeß hergestellte Frischkäse (Doppelrahmkäse).
**Gervinus**, Georg Gottfried, *1805, †1871, dt. Historiker u. Literarhistoriker; einer der »Göttinger Sieben«; stellte die Literatur im Zusammenhang mit der polit. Entwicklung dar.
**Gesamtbetriebsrat**, Vertretungsorgan der Belegschaft eines aus mehreren Betrieben bestehenden Unternehmens, aus Mitgl. der Einzelbetriebsräte gebildet; zuständig für Belange des Gesamtunternehmens.

## Gesangbuch

**Gesamtdeutsche Partei** →Bund der Heimatvertriebenen u. Entrechteten.
**Gesamtdeutsche Volkspartei**, Abk. *GVP,* Ende 1952 von G. *Heinemann* gegr. neutralist. Partei; bekämpfte scharf die Politik K. *Adenauers.* 1957 löste sich die GVP auf.
**Gesamtgut**, das gemeinschaftl. *Gesamthandvermögen* der Ehegatten bzw. des überlebenden Ehegatten u. der Abkömmlinge bei Gütergemeinschaften des ehel. Güterrechts der BR Dtld.
**Gesamthand**, *Gesamthandgemeinschaft,* eine bes. Form von Gemeinschaft. Die Mitgl. haben am gemeinsamen Recht nur ein ideelle Anteile, über die sie nur gemeinschaftl. verfügen können. Dies gilt stets für die Anteile an einzelnen Gegenständen; über ihren gesamten Anteil können dagegen die Mitgl. einer *Erbengemeinschaft* kraft Gesetzes, die Mitgl. einer *Gesellschaft des bürgerl. Rechts* bei entspr. Vereinbarung verfügen.
**Gesamthochschule**, die organisator. Verbindung einer wiss. Hochschule mit einer Pädagog. Hochschule, einer Kunsthochschule u. einer Fachhochschule. 1971 nahm in Kassel die erste G. der BR Dtld. den Lehrbetrieb auf.
**Gesamthypothek**, eine Hypothek, bei der mehrere Grundstücke für die gesamte Forderung haften.
**Gesamtprokura**, eine Vollmacht, die an mehrere Personen gemeinschaftl. erteilt wird, so daß der einzelne *Gesamtprokurist* nur im Zusammenwirken mit den Mitprokuristen die Rechte aus der Vollmacht wahrnehmen kann.
**Gesamtschuldner**, eine Mehrzahl von Schuldnern, von denen jeder die ganze Leistung schuldet, die ihr Gläubiger nur einmal fordern kann.
**Gesamtschule**, eine Schulart, die die drei Schultypen des gegliederten Schulsystems (Haupt-, Realschule, Gymnasium) in den Sekundarstufen I u. II zusammenfaßt. In der *kooperativen G.* bleiben die drei Schultypen erhalten, aber die Lehrerschaft wird organisator. zusammengefaßt. Die *integrierte G.* bietet Kernunterricht für alle Schüler eines Jahrgangs u. Fachkurse unterschiedl. Leistungsgrades.
**Gesamtunterricht**, eine Lehrmethode, die die Trennung zw. Fächern des Stundenplans aufheben will u. in den Mittelpunkt des Unterrichts ein Thema stellt, das dann allseitig (geschichtl., geograph., biolog., rechner.) behandelt wird; vor allem in den ersten Schuljahren.
**Gesandter**, diplomat. Vertreter (→ Diplomat) eines Staates bei einem anderen Staat oder bei einer internat. Organisation. Ein G. ist Beamter des Absendestaats u. bedarf einer vom Empfangsstaat zu erteilenden Zustimmung (*Agrément*).
**Gesandtschaft**, 1. eine Gruppe von Angehörigen eines Staats, die aus einem bestimmten Anlaß in ein anderes Land entsandt wird. 2. die Gesamtheit der Angehörigen einer diplomat. Mission. 3. die Gesandtschaftsgebäude. Mit Ausnahme einiger lateinamerik. Staaten sind G. zur Asylgewährung nicht berechtigt.
**Gesang**, die von der menschl. Stimme hervorgebrachten Töne, die, anders als bei der Sprache, auf einer jeweils bestimmten Höhe oder Tonlage gehalten werden.
**Gesangbuch**, Sammlung von Kirchenliedern für den Gottesdienst u. die Hausandacht.

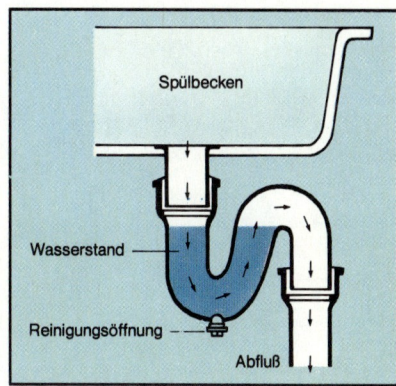

*Geruchsverschluß*

## 308 Gesäß

**Gesäß,** *Hinterbacken,* die untere Fortsetzung des Rückens, wo auf den *Sitzbeinen* des Beckens die paarigen Wülste des großen, mittleren u. kleinen *G.muskels* aufsitzen, die für die Beinbewegungen u. für den aufrechten Gang des Menschen ausschlaggebend sind.

**gesättigte Lösung,** eine Lösung, die von einem Stoff die höchstmögl. Menge gelöst enthält, die das Lösungsmittel bei der gegebenen Temperatur lösen kann.

**Gesäuge,** die Milchdrüsen bei Hündinnen, Katzen u. Sauen.

**Gesäuse,** 16 km langes Durchbruchstal der *Enns* durch die Ennstaler Alpen (Östr.), zw. Admont u. Hieflau.

**Geschäftsbedingungen** → Allgemeine Geschäftsbedingungen.

**Geschäftsbericht,** Bericht einer *Aktiengesellschaft* zum Schluß jedes Geschäftsjahres, wird vom Vorstand aufgestellt u. dem Aufsichtsrat u. der Hauptversammlung vorgelegt.

**Geschäftsfähigkeit,** im dt. bürgerl. Recht die Fähigkeit, Rechtsgeschäfte vorzunehmen. Die volle G. beginnt mit der Volljährigkeit. *Geschäftsunfähigkeit* liegt vor bei Kindern unter 7 Jahren, dauernd Geisteskranken u. wegen Geisteskrankheit Entmündigten, *beschränkte G.* bei Personen zw. 7 u. 18 Jahren, bei wegen Geistesschwäche, Verschwendung oder Trunksucht Entmündigten sowie bei unter vorläufige Vormundschaft Gestellten.

**Geschäftsführung,** die Besorgung fremder Angelegenheiten aufgrund eines Auftrags; in der Regel durch Vertretungsmacht (beruhend auf einer *Vollmacht*) ergänzt. – Im Gesellschaftsrecht die Befugnis, im Innenverhältnis zu den Gesellschaftern oder sonstigen Teilhabern das Unternehmen zu leiten. Die mit der G. betrauten Personen sind in der Regel auch berechtigt, die Gesellschaft nach außen hin zu vertreten. Bei Vereinen, Aktiengesellschaften u. Genossenschaften obliegt die G. dem *Vorstand,* bei der GmbH dem *Geschäftsführer(n),* bei Personalgesellschaften den *unbeschränkt haftenden Gesellschaftern.*

**Geschäftsgeheimnis,** *Betriebsgeheimnis,* Tatsachen, die im Interesse eines Geschäfts oder Betriebs geheimzuhalten sind. Der *Verrat* solcher Geheimnisse durch einen Arbeitnehmer zum Zweck des Wettbewerbs oder aus Eigennutz oder in Schädigungsabsicht ist strafbar.

**Geschäftsjahr,** der Zeitraum, für dessen Schluß der Kaufmann jeweils die *Bilanz* aufstellen muß. Das G. braucht sich nicht mit dem *Kalenderjahr* zu decken; es darf niemals mehr als 12 Monate umfassen.

**Geschäftsordnung,** die meist selbstgegebene Ordnung des Verfahrens bei Verhandlungen, Beratungen u. Abstimmungen von kollegialen Behörden u. (Staats-, Partei- u. sonstigen Verbands-) Organen.

**Geschäftsträger,** *Chargé d'affaires,* unterste Rangklasse der diplomat. Vertreter; meist für Übergangszeiten eingesetzt. Er hat dann die gleichen Rechte wie ein *Missionschef.*

**Gescher** ['gɛʃər], Stadt in NRW, westl. von Coesfeld, 14 000 Ew.; Glockengießerei seit 1690.

**Geschichte,** *Historie,* i.w.S. der zeitl. Ablauf allen Geschehens in Natur u. Gesellschaft; i.e.S. das Handeln von Menschen u. gesellschaftl. Gruppen. → Geschichtswissenschaft.

**Geschichtlichkeit,** einerseits die Tatsächlichkeit eines geschichtl. Ereignisses, seine Historizität; andererseits die Seinsweise des menschl. Daseins, dessen Zeitlichkeit.

**Geschichtsatlas,** Sammlung von histor. Karten, die histor. Räume, Zustände, Zusammenhänge, Entwicklungen u. Strukturen mit kartograph. u. graph. Mitteln darstellen.

**Geschichtsklitterung,** Bez. für fälschende Geschichtsschreibung, sinnentstellende Verwendung geschichtl. Fakten.

**Geschichtsphilosophie,** Zweig der Philosophie, der sich mit den Gesetzmäßigkeiten der Geschichte, mit dem Sinn u. Ziel der Geschichte *(Geschichtsmetaphysik)* sowie mit den log. Grundlagen, Methoden u. Erkenntnismöglichkeiten der Geschichtswiss. beschäftigt. Der Begriff G. wurde von *Voltaire* eingeführt.

**Geschichtsroman** → historischer Roman.

**Geschichtsschreibung,** *Historiographie,* die Darstellung der Geschichte aufgrund der Überlieferung, der eigenen Erfahrung oder kritischer Forschung. Aufzeichnungen, die das Ziel verfolgen, die Kenntnis vom Geschehen der Zeit an nachfolgende Zeiten zu überliefern, finden sich bereits in allen alten Kulturen; jedoch machte zuerst die grch. G. den Versuch, über die Tradierung bloßer Tatsachen hinaus eine zusammenhängende deutende Darst. zu geben. – Formen der G. sind: histor. Monographie, Biographie, Annalen, Chronik (Welt-, Landes-, Stadt-, Hauschronik), Kirchengesch., Nationalgesch., Universalgesch., untersuchende u. erzählende Darstellung.

**Geschichtswissenschaft,** eine geisteswiss. bzw. sozialwiss. Disziplin, die die Vergangenheit erforschen u. mittels der Geschichtsschreibung darstellen will, in ihrer modernen Form zu Beginn des 19. Jh. in enger Verbindung mit der krit. Philologie u. mit der Geisteshaltung des → Historismus entstandene Erforschung der Gemeinschaftsbildungen des Menschen (z.B. Staaten, Nationen, Klassen, wirtsch. Entwicklung) ebenso wie der in der Geschichte wirkenden großen Persönlichkeiten. Die G. ist in versch. Wissensbereiche aufgegliedert: strukturell in Wirtschaftsgesch., Sozialgesch., polit. Gesch., Kulturgesch., Kirchengesch.; räuml. in Weltgesch., Gesch. einzelner Staaten u. Völker, zeitl. in Vor- u. Frühgesch., Alte Gesch., Mittelalterl. Gesch., Gesch. der Neuzeit, Zeitgesch. Grundlage der geschichtswiss. Arbeit bildet die philolog.-quellenkrit. Methode zur Untersuchung der schriftl. u. sachl. Überlieferung. Einen wichtigen Teil der G. bilden die Hilfs- u. Grundwiss. wie Quellenkunde, Paläographie, Diplomatik, Heraldik, Sphragistik, Numismatik, Chronologie, Genealogie, histor. Landeskunde; daneben sind auch Rechts-, Sozial-, Wirtschafts- u. Sprachgesch. Grundwiss. der G. Für die neuere Geschichte treten moderne Aktenkunde, Gesch. der Publizistik u. histor. Statistik hinzu.

**Geschiebe,** vom Eis transportierte, kantengerundete Gesteinsbruchstücke. – *G.lehm,* durch Kalkauslaugung entstandenes Verwitterungsprodukt aus mit eiszeitl. G. gespicktem Mergel.

**Geschirr,** Riemen- u. Lederzeug, Taue u. Ketten zur Verbindung von Zugtieren mit dem Fahrzeug, dem Arbeitsgerät oder dem wegzuschaffenden Material (z.B. Baumstämme). Zum Anschirren von Pferden verwendet man das *Kummet-G.* oder das *Sielen-* oder *Brustblatt-G.,* zum Anspannen von Rindern wird hpts. das *Joch-G.* verwendet.

**Geschlecht,** 1. *Biologie: Sexus,* die Erschei-

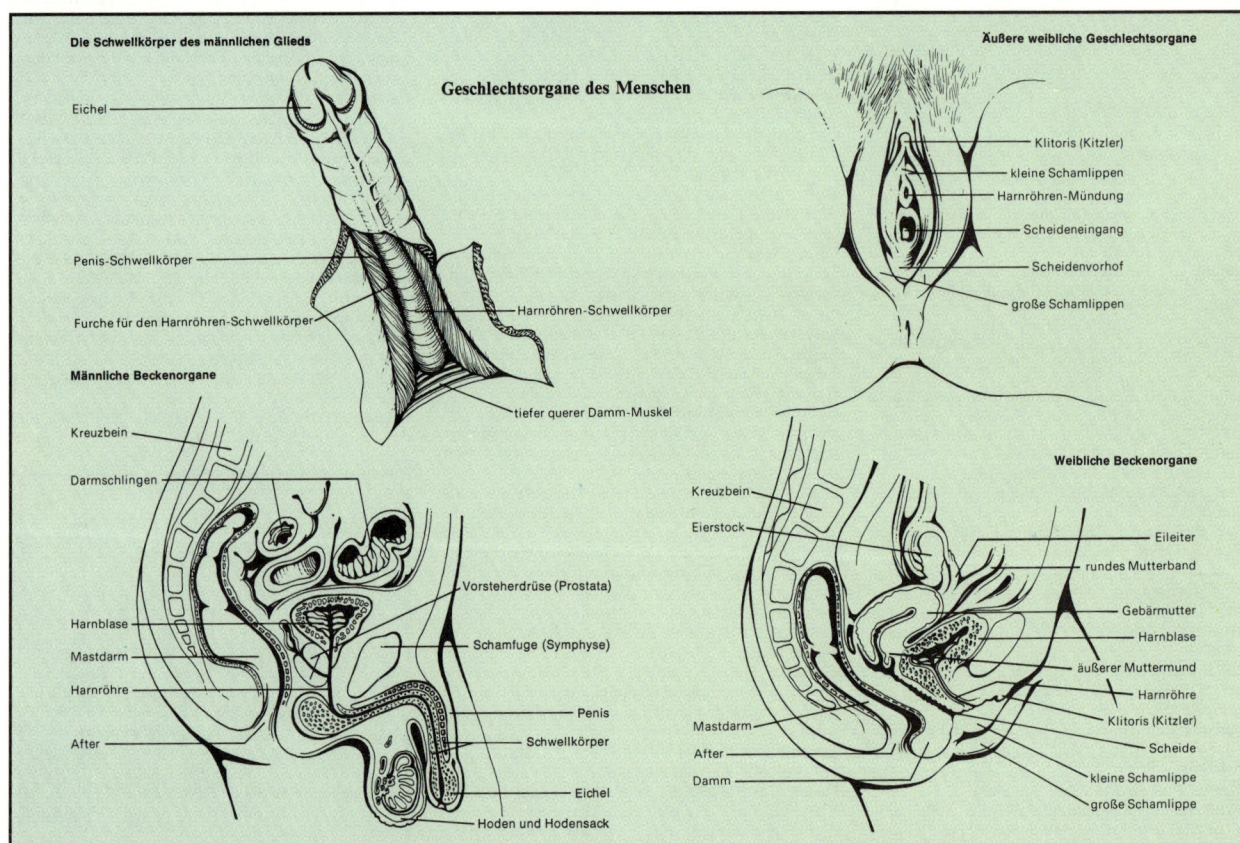

*Die Geschlechtsorgane des Menschen*

nungsform von Organismen (»männl.« oder »weibl.«). Das G. wird durch die G.schromosomen bestimmt, aber erst während der Entwicklungs- oder Reifezeit des Lebewesens durch Hormone u.a. Wirkstoffe eindeutig ausgeprägt. – **2.** *Grammatik:* → Genus.

**Geschlechtsbestimmung, 1.** die Entscheidung über das Geschlecht des Lebewesens, das sich aus einem Keim entwickelt. Man unterscheidet *genotyp.* u. *phänotyp. G.* Für die genotyp. G. sind genet. Faktoren verantwortl., für die phänotyp. G. Umweltfaktoren (z.B. Ernährung, Licht). Bei Individuen mit genotyp. G. erzeugt das Männchen (Säuger einschl. Mensch) oder das Weibchen (Vögel) 2 Sorten von Keimzellen, die hinsichtl. ihres Bestands an Geschlechtschromosomen völlig voneinander verschieden sind. Bei der Vereinigung von Ei- u. Samenzelle wird dann über das Geschlecht des neuen Individuums entschieden. – **2.** *Geschlechtsdiagnose*, die vorgeburtl. Erkennung des Geschlechts der Leibesfrucht, kann durch zytolog. Untersuchung von kindl. Zellen (Fruchtwasserentnahme nach 14. Schwangerschaftswoche) erfolgen.

**Geschlechtschromosomen,** ein Paar oder eine Gruppe von Chromosomen, die in Beziehung zur Geschlechtsbestimmung stehen. Sie werden als *x-* u. *y-Chromosomen* bezeichnet. Bei der Kombination xy entsteht z.B. bei Säugetieren (einschl. Mensch) ein Männchen, bei xx ein Weibchen.

**Geschlechtsdrüsen** → Keimdrüsen.

**Geschlechtshormone,** die → Sexualhormone; → Hormon.

**Geschlechtskrankheiten,** venerische Krankheiten, überwiegend durch den Geschlechtsverkehr übertragene Infektionskrankheiten: *Tripper, Syphilis, weicher Schanker.*

**Geschlechtsmerkmale,** die das männl. vom weibl. Lebewesen unterscheidenden Merkmale, die den Geschlechtsunterschied ausmachen. *Primäre G.* sind die unterschiedl. Geschlechtsorgane; *sekundäre G.* sind z.B. unterschiedl. Gestalt u. Größe, Haarbildung, Stimme. Die Ausbildung der sekundären G. wird beim Menschen durch Hormone der Keimdrüsen geregelt.

**Geschlechtsorgane,** *Sexualorgane, Genitalien,* die der geschlechtl. Fortpflanzung dienenden Organe der Tiere u. des Menschen. Die inneren G. sind die *Keimdrüsen* sowie ihre Ausleitungsgänge u. Anhangsorgane; die äußeren G. sind Begattungsorgane. Die männl. Keimdrüse ist der *Hoden,* die weibl. der *Eierstock.* Die Ausleitungsgänge der Hoden heißen *Samenleiter,* die Ausleitungsgänge der Eierstöcke heißen *Eileiter,* die sich zur *Gebärmutter* erweitern, in der die Embryonalentwicklung stattfindet. – Beim Menschen besteht das männl. Begattungsorgan (*Penis, Phallus, Glied*) aus dem Penisschaft u. der von der *Vorhaut* überzogenen *Eichel.* Der bindegewebige *Schwellkörper* nimmt bei sexueller Erregung um das 4–5fache an Volumen zu (Erektion). Die äußeren G. der Frau bestehen aus der *Scheide (Vagina),* die zur Aufnahme des Penis bestimmt ist, sowie aus den großen u. kleinen *Schamlippen* u. dem *Kitzler (Clitoris),* der entwicklungsgeschichtl. dem Penis entspricht u. ebenfalls Schwellkörper hat.

**Geschlechtsreife, 1.** das Entwicklungsstadium, in dem Tiere in die Fortpflanzungsphase eintreten. – **2.** → Pubertät.

**Geschlechtstrieb,** *Sexualtrieb,* die Gesamtheit der Verhaltensweisen, deren urspr. Ziel die Erhaltung der Art ist.

**Geschlechtsumwandlung,** die Umwandlung des Geschlechtscharakters eines Individuums in denjenigen des entgegengesetzten Geschlechts. *Intersexualität* tritt bei unvollständiger G. auf. Voraussetzung für eine vollständige G. ist die Umwandlung oder Ersetzbarkeit der Keimdrüsen u. die Umbildung der äußeren Geschlechtsorgane.

**Geschlechtsverkehr,** *Geschlechtsakt, Beischlaf, Coitus,* Begattung beim Menschen, die Vereinigung der Geschlechtsorgane, die zur Befruchtung der weibl. Eizelle durch eine Samenzelle führen kann.

**Geschlechtswort** → Artikel.

**Geschlechtszellen** → Keimzellen.

**Geschmack,** *Geschmackssinn,* die Fähigkeit, verschiedenartige wasserlösl. Stoffe auseinanderzuhalten. Die G.ssinneszellen sind als *G.sknospen* an bestimmten Stellen der Zunge vereinigt. 4 Qualitäten: süß, sauer, salzig u. bitter.

**Geschmacksmuster,** neue u. eigentüml. Gestaltungen für gewerbl. Erzeugnisse, die deren ästhetischer (Ggs.: *Gebrauchsmuster*) Formgebung die-

### Bemerkenswerte Geschwindigkeiten

|  | m/s | km/h |
|---|---|---|
| Haarwachstum | 0,000 000 003 | 0,000 000 011 |
| Schnecke | 0,002 | 0,007 |
| Fußgänger | 1,4 | 5 |
| 1500-m-Läufer | 7,2 | 26 |
| Passagierschiff | 17,8 | 64 |
| Radrennfahrer | 20 | 72 |
| Brieftaube | 20 | 72 |
| Orkan | 45 | 162 |
| Schwalbe | 90 | 320 |
| Hochgeschwindig- keitszug | 134 | 482 |
| Düsenverkehrs- flugzeug | 250 | 900 |
| Schall in Luft | 332 | 1 195 |
| Stickstoffmoleküle | 492 | 1 771 |
| Überschall-Verkehrs- flugzeug | 694 | 2 500 |
| Gewehrgeschoß | 870 | 3 130 |
| Erdbebenwelle | 3 600 | 13 000 |
| Mondrakete | 11 084 | 39 903 |
| Erde um die Sonne | 30 000 | 108 000 |
| Licht im Vakuum | 300 000 000 | 1 080 000 000 |

nen sollen u. durch Eintragung in das beim Amtsgericht geführte *Musterregister* angemeldet sind.

**Geschoß, 1.** Stockwerk (*Etage*) eines Gebäudes. – **2.** jeder mit Hilfe einer Waffe geschleuderte Körper, heute insbes. die aus Feuerwaffen geschossenen Körper: Kugeln der Handfeuer- u. Faustwaffen, Granaten, Bomben u. Kartätschen der Geschütze; auch Raketen.

**Geschütz,** Feuerwaffe für größere Geschosse; z.B. *Bombarde, Mörser, Haubitze, Panzerkanone, Flugabwehrkanone (Flak), Panzerabwehrgeschütz (Pak), Sturm-* u. *Raketen-G.*

**geschützte Pflanzen und Tiere** → Naturschutz.

**Geschwader, 1.** im 15. Jh. eine Reiterformation von 600–700 Mann. – **2.** bei der Luftwaffe der fliegende Verband auf Regimentsebene. – **3.** Kriegsschiffverband aus 3–10 Schiffen gleichen Typs bzw. *Marineflieger-G.*

**Geschwindigkeit,** bei der Bewegung eines Körpers das Verhältnis der zurückgelegten Wegstrecke (*s*) zu der hierzu benötigten Zeit (*t*). Als Formel: $v = s/t$.

**Geschwister,** direkte Abkömmlinge eines Mannes oder einer Frau, Verwandte zweiten Grades in der Seitenlinie. Voll- u. Halb-G. gehören bei der gesetzl. Erbfolge zur 2. Erbordnung. Ehe u. Geschlechtsverkehr (Blutschande) sind verboten. – *G.ehe,* die in den Fürstengeschlechtern Alt-Ägyptens, afrik. Großreiche, des alten Kleinasien, der Inka u. Chibcha aus religiösen (Gottkönig) u. biolog. Gründen geübte Ehe zw. »Geschwistern«, oft Halb-G.

**Geschworene,** alte Bez. für ehrenamtl. *Beisitzer* des Schwurgerichts.

**Geschwulst** [die], lat. *Tumor,* allg. eine krankhafte Gewebszunahme, die durch Stauung u. Übertritt von Blut, anderen Flüssigkeiten u.a. ins Gewebe entsteht. Speziell bezeichnet man als G. die Gewebsneubildung (*Gewächs, Neoplasma*). Gutartige Geschwülste sind z.B. Warzen u. Polypen. Die bösartigen Geschwülste zeichnen sich durch Gewebsunreife sowie durch schrankenloses Wachstum aus u. grenzen sich nicht gegen ihre Umgebung ab, sondern dringen in sie ein, zerstören sie. Sie bilden Tochtergeschwülste (*Metastasen*). Die bösartige G. nennt man *Krebs;* die vom Epithelgewebe ausgehende G. heißt *Karzinom,* die vom Bindegewebe ausgehende Bindegewebs-G. heißt *Sarkom.*

**Geschwür,** *Ulcus,* Substanzverlust an Haut oder Schleimhäuten. G.e kommen durch Verletzungen, Durchblutungsstörungen, Entzündungen oder Gewebszerstörungen bei Eiterung zustande.

**Geseke,** Stadt in NRW, 20 500 Ew.; Zement- u. Möbelind.

**Gesell,** Silvio, *1862, †1930, dt. Nationalökonom; Begr. der *Freiwirtschaftslehre;* fordert Marktwirtsch. mit vollständiger Wettbewerbsfreiheit.

**Geselle,** Gehilfe eines Handwerkers, der nach einer Lehrzeit (Ausbildungszeit, meist 3 Jahre) die *Lehre* durch eine *G.nprüfung* abgeschlossen hat.

**Gesellschaft, 1.** *Recht:* 1. Bez. für versch. Personenvereinigungen des Privatrechts; so die *G. des bürgerl. Rechts* sowie regelmäßig *OHG, KG* u. *stille G.* **2.** Vereinigung von Personen, die zur Errei-

**Gesetz** 309

chung eines gemeinschaftl. Zwecks zusammengeschlossen sind. – **2.** *Soziologie:* das Zusammenleben u. -handeln der Menschen, sofern es in sich geordnet und bewußt organisiert ist; allg. »das Soziale« als System oder als prozeßartiges Geschehen.

**Gesellschaft der Freunde** → Quäker.

**Gesellschaft des bürgerlichen Rechts,** vertragl. Zusammenschluß mehrerer Personen, um einen gemeinsamen Zweck in der durch den *Gesellschaftsvertrag* bestimmten Weise zu fördern. Die Geschäftsführung steht allen Gesellschaftern gemeinschaftl. zu (*Einstimmigkeitsgrundsatz*); die Beiträge werden gemeinschaftl. Vermögen der Gesellschafter (*Gesellschaftsvermögen*).

**Gesellschafterversammlung,** oberstes Organ der Gesellschaft mit beschränkter Haftung.

**Gesellschaft für deutsche Sprache,** gegr. 1947 in Lüneburg (seit 1965 Sitz Wiesbaden); erstrebt die bewußte, verantwortl. Pflege der Muttersprache im Schrifttum.

**Gesellschaft für musikalische Aufführungs- und mechanische Vervielfältigungsrechte** → GEMA.

**Gesellschaft Jesu,** offizieller Name der Jesuiten.

**Gesellschaft mit beschränkter Haftung,** *GmbH,* Handelsgesellschaft als Kapitalgesellschaft mit eigener Rechtspersönlichkeit (jurist. Person). Das *Stammkapital* der GmbH (mindestens 50 000 DM) setzt sich aus den *Stammeinlagen* (mindestens 500 DM) ihrer Gesellschafter zusammen. Für die Verbindlichkeiten der GmbH haftet nur das Gesellschaftsvermögen, nicht die einzelne Gesellschafter. Die GmbH erfordert zu ihrer Gründung nur einen Gründer. O r g a n e der GmbH sind oder der die *Geschäftsführer* u. die in *Gesellschafterversammlungen* entscheidende Gesamtheit der Gesellschafter, möglicherweise auch ein *Aufsichtsrat.*

**Gesellschaftsinseln,** frz. *Îles de la Société,* vulkan. Inseln in SO-Polynesien (Pazif. Ozean), 1647 km², 140 000 Ew., Hptst. *Papeete* auf Tahiti. Die G. gliedern sich in die eigtl. Tahiti-Inseln (*Inseln über dem Winde; Tahiti, Moorea*) u. die *Inseln unter dem Winde (Bora-Bora* u.a.). Anbau von Pampelmusen, Kaffee, Bananen, Ananas, Vanille, Kakao u.a.; Fremdenverkehr. – Wichtigster Teil des frz. Überseeterritoriums ist Frz.-Polynesien.

**Gesellschaftsroman,** ein Roman, der in breiter Darstellung oft auch krit., das Leben, die Probleme u. die Konflikte der Gesellschaft (d.h. der sog. »gehobenen Gesellschaft«) schildert.

**Gesellschaftstanz,** der Tanz als Form des gesellschaftl. Umgangs, wie er sich aus Volks- u. Kunsttanz entwickelte. Die Geschichte des G. reicht bis in die Zeit des höf. Zeremoniells zurück. Im 19. Jh. setzten sich Walzer u. Galopp durch; zu Beginn des 20. Jh. drangen amerik. Einflüsse in die G. ein: Tango, Foxtrott, Charleston, Rumba, Swing, Boogie, Blues, Mambo, Cha-Cha-Cha, Samba, Rock 'n' Roll, Jive, Lambada.

**Gesellschaftsvertrag, 1.** *H a n d e l s r e c h t:* die vertragl. Festlegung der Verfassung einer Gesellschaft durch deren Mitglieder (*Gesellschafter*) bei GmbH, OHG u. KG. – **2.** *R e c h t s p h i l o s o p h i e:* Vereinbarung der Mitgl. einer Gesellschaft über ihr Zusammenleben; als rein theoret. gemeinte Begründung u. Rechtfertigung von Gesellschaft u. Staat verstanden.

**Gesellschaftswissenschaft,** Bez. für → Soziologie.

**Gesenk,** eine metall. Hohlform, in die ein durch Erwärmen leicht formbarer Rohling in einer Schmiedemaschine hineingeschlagen wird.

**Gesenke,** sö. Ausläufer der Sudeten im nördl. Mähren.

**Gesetz, 1.** *Naturgesetz,* ein Seinsgesetz, d.h. der Ausdruck für allg. Sachverhalte u. Beziehungen in der Wirklichkeit, die vom Menschen unabhängig sind u. in allen Einzelfällen von strenger Gültigkeit sind. – **2.** G. ist eine rechtl. Forderung (Norm) oder verbindl. Regel (*Sittengesetz*). G. im *materiellen Sinn* ist jede abstrakte u. generelle Rechtsvorschrift, also auch eine Rechtsverordnung. – G. im *formellen Sinn* ist jeder von Parlament in einem verfassungsmäßig festgelegten förml. Gesetzgebungsverfahren beschlossene u. verabschiedete Akt, also auch z.B. eine konkrete u. spezielle Maßnahme wie die Feststellung des

**310 Gesetzesinitiative**

Haushaltsplans oder die Erteilung einer Kreditermächtigung an die Regierung → Gesetzgebung.

**Gesetzesinitiative,** die Befugnis zur Einbringung von Gesetzesvorlagen im Parlament. In der BR Dtld. können Gesetzesvorlagen beim Bundestag durch die Bundesreg., aus der Mitte des Bundestags oder durch den Bundesrat eingebracht werden.

**Gesetzestafeln,** die Tafeln, auf denen Moses die Zehn Gebote vom Sinai gebracht hat (2. Mose, 31,18 ff).

**Gesetzesvorlagen,** formulierte Gesetzentwürfe, die beim Parlament mit dem Zweck eingebracht werden, nach Beratung u. evtl. Änderung zum Gesetz erhoben zu werden.

**Gesetzgebung,** die durch den Erlaß von *förml. Gesetzen* verwirklichte Rechtsetzungsgewalt des Staates; in der Dreigliederung der Staatengewalt vor Verwaltung u. Rechtsprechung stehend. Das Wesen der G. besteht im Setzen allg. (d.h. für einen größeren Personenkreis gültiger) u. abstrakter (d.h. nicht auf einen Einzelfall abstellender) Rechtsvorschriften. Wegen der Bedeutung der G. als wichtigstes Herrschaftsmittel des Staates schreibt in der BR Dtld. die Verfassung (GG) ein *förml. Verfahren* vor. – **G.snotstand,** in der BR Dtld. ein G.sverfahren nach Art. 81 GG, das den Fortgang der G.sarbeit sichern soll, wenn weder der Bundeskanzler das Vertrauen der Mehrheit des Bundestags hat, noch der Bundestag vom Bundespräsidenten aufgelöst wird. In diesem Fall kann der Bundes-Präs. auf Antrag der Bundes-Reg. mit Zustimmung des Bundesrats für eine Gesetzesvorlage den G.snotstand erklären.

**gesetzliche Erbfolge,** die Erbfolge, die kraft Gesetzes eintritt, wenn kein Testament oder Erbvertrag vorliegt. Nach dem Erbrecht der BR Dtld. bilden die *Blutsverwandten* des Erblassers als gesetzl. Erben festumrissene, im Rang aufeinanderfolgende *Erbordnungen.* Ist auch nur ein Angehöriger der ranghöheren Ordnung vorhanden, so sind die Angehörigen aller weiteren Ordnungen von der Erbfolge ausgeschlossen. Zu den Erbordnungen gehören: *1. Ordnung:* Abkömmlinge: Enkel, Urenkel usw. werden durch die Kinder von der Erbfolge ausgeschlossen, treten aber bei deren Fortfall in deren Erbteil ein; *2. Ordnung:* Eltern u. deren Abkömmlinge (also die Geschwister, Neffen usw. des Erblassers); *3. Ordnung:* Großeltern u. deren Abkömmlinge (also die Onkel, Tanten, Vettern usw. des Erblassers). Der *Ehegatte* des Erblassers erbt neben der 1. Ordnung ein Viertel. Schließt der Erblasser einen gesetzl. Erben durch Testament von der g. E. aus, steht diesem doch der Pflichtteil zu.

**gesetzlicher Vertreter,** eine Person, die kraft Gesetzes zur Vertretung eines anderen Person berufen ist; z.B. Eltern, Vormund u. Pfleger.

**Gesicht,** *Facies,* auch *Physiognomie,* der vordere Teil des Kopfes.

**Gesichtsfeld,** der vom ruhenden Auge eingesehene Raum.

**Gesichtslähmung,** die Fazialislähmung; → Facialis.

**Gesichtsnerven,** die beiden Gehirnnerven des Gesichts; der *Empfindungsnerv (Nervus trigeminus)* u. der *Bewegungsnerv (Nervus facialis).*

**Gesichtsplastik,** chirurg. Eingriffe zur Wiederherstellung der durch Verletzung oder Erkrankung zerstörten Formen des Gesichts u. zur Korrektur von Formfehlern.

**Gesichtssinn,** die Wahrnehmung von Licht mittels der Sinneszellen der Netzhaut; → Auge, → Lichtsinnesorgane, → sehen.

**Gesichtswinkel,** *Sehwinkel,* der Winkel, den die von den äußersten Punkten eines Gegenstands zum Auge gezogenen Linien bilden.

**Gesims,** *Sims,* ein horizontal laufender, vorspringender Bauteil, der die Fassade gliedert, schmückt u. vor Witterungseinflüssen schützt.

**Gesinde,** fr. Personen, die häusl. oder landw. Arbeiten gegen Lohn, Wohnung u. Verpflegung verrichteten.

**Gesira,** *El Gezira,* Ldsch. in der Rep. Sudan, am Blauen Nil; Zentrum des sudan. Baumwollanbaus.

**Gesner,** Konrad, *1516, †1565, schweiz. Naturforscher u. Arzt; schuf die Pflanzeneinteilung nach Blüten u. Fruchtteilen.

**Gesneriengewächse,** den *Rachenblütlern* nahestehende trop.-subtrop. Pflanzenfam. Zu den G. gehören *Usambaraveilchen* u. *Gloxinie.*

**Gespan,** ung. Graf, leitete als Stellvertreter des Königs ein *Komitat.*

**Gespenstheuschrecken,** *Phasmida,* Ordnung der *Insekten* aus der Überordnung der *Geradflügler;* in den Tropen beheimatete Pflanzenfresser: *Gewöhnl. Stabheuschrecke, Riesenstabheuschrecke* u. das *Wandelnde Blatt.*

**Gespinst,** gedrehtes Garn aus endl. Fasern.

*Garten Gethsemane mit alten Olivenbäumen; unten: Kirche der Nationen, darüber die russisch-orthodoxe Kirche*

**Geßler,** der Sage nach ein rücksichtsloser habsburg. Landvogt in Schwyz u. Uri, von *Wilhelm Tell* bei Küßnacht erschossen.

**Gessler,** Otto, *1875, †1955, dt. Politiker (Dt. Demokrat. Partei); 1920–28 Reichswehr-Min., einer der Schöpfer der Reichswehr; 1950–52 Präs. der Dt. Roten Kreuzes.

**Geßner,** Salomon, *1730, †1788, schweiz. Schriftst., Landschaftsmaler; rokoko-zierl. Schäferdichtungen.

**Gestaltungsklage,** das Begehren einer gerichtl. Entscheidung, die im Gegensatz zur Leistung- u. Feststellungsklage ein Rechtsverhältnis ändert (z.B. Scheidungs- u. Nichtigkeitsklage).

**Geständnis,** das Zugeben *(Gestehen)* einer Straftat durch den Angeschuldigten. Das Gericht ist an G. nicht gebunden. Erzwingung eines G. durch Gewalt ist im Rechtsstaat verboten.

**Gestapo,** Abk. für *Geheime Staatspolizei,* polit. Polizei des nat.-soz. Regime in Dtld. 1933–45; ab 1940 dem *Reichssicherheitshauptamt* eingegliedert. Ihre Aufgabe war neben der Ermittlung polit. Straftaten (Hoch- u. Landesverrat; Verstoß gegen Blutschutz-, Rundfunk-, Heimtückegesetz u.a. NS-Gesetze) die Verfolgung aller, die das NS-Regime als seine Gegner betrachtete (Juden, Freimaurer, Marxisten, »Reaktionäre«, christl. Kirchen, »östl. Untermenschen« u.a.). Die Vernichtung der Juden war eine Aufgabe des Referats IV B 4 (SS-Obersturmbannführer A. Eichmann). Im Dt. Reich u. in den während des 2. Weltkriegs besetzten Gebieten war die G. durch ihre schrankenlose, oft willkürl. Gewalt u. ihre unmenschl. Methoden das gefürchtetste Instrument polit. Terrors.

**Gesteine,** Aggregate von Mineralien, die die feste Erdrinde aufbauen. Nach der Entstehung unterscheidet man: 1. *Eruptiv-G. (Erstarrungs-G.),* entstanden aus erstarrtem Magma, ohne Fossilien; 2. *Sediment-G. (Ablagerungs-, Schicht-G.),* entstanden durch Ablagerung von zerriebenem Gesteinsmaterial im Wasser, durch Wind oder Gletscher; 3. *metamorphe G.,* entstanden durch Druck, Umkristallisation, Stoffaustausch von 1) u. 2), geschichtet u. vollkristallin.

**Gesteinsbohrer,** Werkzeug zum Bohren von Löchern, bes. Sprengbohrlöchern, in Bergwerken oder Steinbrüchen.

**Gesteinsfaser,** *Steinwolle,* nicht brenn- u. entflammbare Faser aus Sedimentgesteinen (z.B. Kalkstein, Tonschiefer); durch Schmelzen hergestellt; Wärme- u. Schallisoliermaterial.

**Gesteinskunde,** *Petrographie,* die Naturwiss. von den Gesteinen, ihrer Zusammensetzung, Verbreitung u. Verwendbarkeit.

**Gestirn** → Stern. – **G.kult** → Astralreligion.

**Gestose,** durch Schwangerschaft verursachte Er-

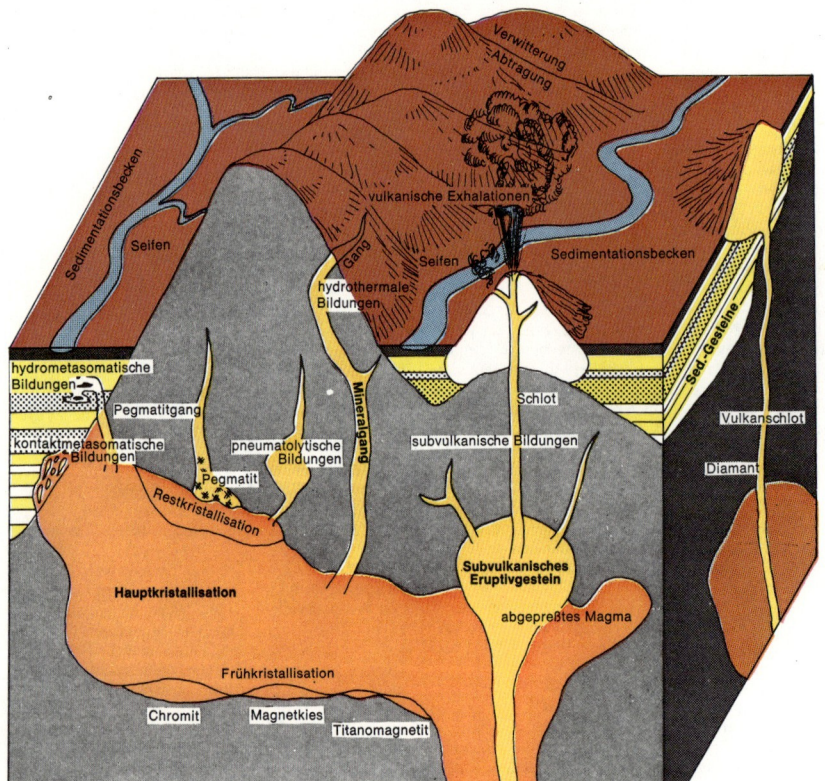

*Gesteine: Blockbild wichtiger Mineral- und Gesteinsbildungen*

krankungen u. Störungen, z.B. Schwangerschaftserbrechen, eklamptisches Syndrom.
**Gestüt,** Pferdezuchtstätte.
**Gesualdo** [dʒezuˈaldo], Don Carlo, *um 1560, †1613, ital. Komponist; Madrigale mit kühner Harmonik u. Melodik.
**gesundes Volksempfinden,** im nat.-soz. Sprachgebrauch die angebl. unverbildete Meinung des Volkes, bes. in Rechtsfragen, in Wirklichkeit die jeweilige Auffassung der NSDAP.
**Gesundheit,** körperl., geistige u. seel. Unversehrtheit, Leistungsfähigkeit u. Wohlbefinden im objektiven Sinn.
**Gesundheitsamt** → Gesundheitswesen.
**Gesundheitswesen,** staatl. Einrichtungen zur Bekämpfung der schädigenden Einflüsse des Gemeinschafts- u. Erwerbslebens. Hierher gehören Überwachung u. Bekämpfung von Infektions-, Berufs- u. Geschlechtskrankheiten, ferner fürsorger. Maßnahmen bei geistigen u. körperl. Krankheiten (Taubstummheit, Blindheit, Nerven- u. Geisteskrankheiten), für Schwangere, Wöchnerinnen u. Säuglinge. Träger dieser Aufgaben sind die staatl. *Gesundheitsämter* der Länder u. Kreise sowie Sozialversicherungsabteilungen u. freie Wohlfahrtspflege.
**Gesundheitszeugnis** → Attest.
**gesunkenes Kulturgut,** aus einer sozialen Oberschicht in untere soziale Schichten abgesunkene u. bei diesem Prozeß meist veränderte Denk- u. Glaubensvorstellungen, Moden, Bräuche, Lieder, Schmuckformen, Möbel, Trachten u.ä. Die *Volkskultur* ist hauptsächl. durch Tradition u. Rezeption von g. K. bestimmt u. nicht, wie die Romantiker meinten, durch die von der »Volksseele« selbst produzierten Kulturgüter.
**Gethsemane,** der Garten am Ölberg bei Jerusalem, in dem Jesus festgenommen wurde.
**Getränkesteuer,** die Verbrauchsteuern auf Getränke (Biersteuer, Branntweinsteuer, Schaumweinsteuer).
**Getreide,** Kulturpflanzen, die in Ähren oder Rispen angeordnete mehlreiche u. trockene Körner tragen. Sie dienen der Ernährung des Menschen (*Brot-G.*) u. der Haustiere (*Futter-G.*). Haupttreidearten in Europa sind *Roggen, Weizen, Gerste* u. *Hafer,* auch *Buchweizen,* in den südl. Zonen u. in Asien *Reis, Mais* u. *Hirse*.
**Getriebe,** Vorrichtung zur Kopplung u. Umwandlung von Bewegungen u. Energien beliebiger Art.

Die in das G. eingeleitete Bewegung kann drehend oder schiebend (hin- u. hergehend) sein. Ausführungsformen: Reibrad-, Zahnrad-, Seil-, Keilriemen-, Ketten-, hydraul. G. u.a.; → Differential.
**Getto,** Ghetto, i. ü. S. jedes abgesonderte Stadtviertel, in dem rass. oder religiöse Minderheiten wohnen; Wohngebiet für Juden, im MA oft durch Mauern von der übrigen Stadt abgetrennt. Während der nat.-soz. Herrschaft wurden bes. in den eroberten Ostgebieten G. eingerichtet.
**Gettysburg** [ˈgɛtɪsbəːg], Stadt in Pennsylvania (USA), 8000 Ew.; 1.–3.7.1863 die größte Schlacht des amerik. Sezessionskriegs (entscheidender Sieg der Nordstaaten über die Konföderierten).
**Getz,** Stan (Stanley), *2.2.1927, US-amerik. Jazzmusiker (Tenorsaxophon), Vertreter des Bebop u. des Cool Jazz.
**Geulincx** [ˈxøːlɪŋks], Arnold, *1624, †1669, ndl. Philosoph u. Physiker; einer der Hauptvertreter des Okkasionalismus.
**Geusen,** ndl. Freiheitskämpfer gegen die polit. u. religiöse Gewaltherrschaft *Philipps II.* von Spanien u. dessen Statthalter Herzog *Alba*.
**Gevelsberg,** Stadt in NRW, im westl. Sauerland, 31 000 Ew.; Stahlind.
**Gewächshaus,** *Glashaus,* ein Gebäude, das zur Vermehrung, Anzucht, Kultur, Überwinterung von Pflanzen, Produktion von Gemüse u. Zierpflanzen genutzt wird: *Kalthaus* (Temperatur 5–10 °C), *temperiertes G.* (10–15 °C), *Warmhaus* oder *Treibhaus* (15–30 °C).
**Gewährleistung,** *Gewährschaft,* die Haftung des Verkäufers dem Käufer gegenüber dafür, daß der verkaufte Gegenstand sowohl frei ist von Rechten, die ein Dritter gegen den Käufer geltend machen könnte, u. von *Sachmängeln,* die den Wert der Sache wesentl. mindern.
**Gewährsmängel,** Mängel, die trotz ausdrückl. Zusicherung bestimmter Eigenschaften beim Viehkauf neben aufgezählten *Hauptmängeln* auftreten.
**Gewaltenteilung,** die Aufteilung der Funktionen der Staatsgewalt in gesetzgebende, vollziehende u. rechtsprechende Gewalt (*Legislative, Exekutive, Jurisdiktion*) mit der Forderung, daß die Ausübung dieser Funktionen nicht in einer Hand vereinigt sein darf. Dieser Grundsatz wurde vor allem von C. de Montesquieu im Kampf gegen den absolutist. Staat verkündet u. gilt als Grundlage des modernen Verfassungsstaats. Keine Anwendung findet der Grundsatz der G. in Diktaturen.
**Gewaltverbrechen,** zusammenfassend für Mord, Totschlag, Raub(überfall) u. Vergewaltigung.
**Gewandhaus,** *Tuchhalle,* Tuchverkaufs- u. -lagerstätte des MA u. der Renaissance. Berühmt sind die G. in Ypern, Braunschweig u. Leipzig (hier seit 1781 die berühmten *G.-Konzerte.*)
**Gewannflur,** fr. Teil der Ackerflur eines Dorfs, an dem alle Bauern Anteil hatten.
**Gewässerkunde,** *Hydrographie,* ein Zweig der phys. Geographie, der sich mit der Entstehung, dem Zustand, der Bewegung der ober- u. unterird. sowie stehenden u. fließenden Gewässer befaßt.
**Gewässerschutz,** alle Maßnahmen gegen die Beeinträchtigung der natürl. Gewässer durch Siedlungs- u. Industrieabwässer oder durch Bodenwässerung.
**Gewebe, 1.** *B i o l o g i e :* Verband gleichartig differenzierter Zellen mit bestimmten Funktionen. Bei M e n s c h u. T i e r unterscheidet man *Epithel-, Stütz-* (*Binde-, Knorpel-, Knochen-G.*)*, Muskel-* u. *Nervengewebe.* – Bei P f l a n z e n unterscheidet man zw. teilungsfähigem *Bildungs-* u. *ausdifferenziertem Dauergewebe.* – **2.** *T e x t i l k u n d e :* Webereierzeugnis aus sich rechtwinklig kreuzenden, längs- u. querlaufenden Fäden. Die Längsfäden heißen *Kettfäden,* die Querfäden *Schußfäden*.
**Gewebelehre** → Histologie.
**Gewebezüchtung,** die Züchtung lebenden Gewebes außerhalb des Körpers auf einem künstl. Nährboden in einer *Gewebekultur,* um Wachstum u. Vermehrung zu studieren.
**Gewebsbruch,** Hernie → Bruch.
**Gewebsverpflanzung,** *Gewebstransplantation,* die Übertragung körpereigenen Gewebes von einer Stelle des Körpers an eine andere oder körperfremden Gewebes zum Ersatz von kranken u. zerstörten Gewebsteilen; vor allem Haut- u. Knochentransplantation, Sehnenverpflanzung sowie in der Augenheilkunde die Hornhauttransplantation; ferner Transplantationen von Arterienstücken u. von Herzklappen.
**Gewehr,** eine Handfeuerwaffe, die seit 1364 bald

**Gewerbe** 311

nach dem *Geschütz* als Vorderlader in Gebrauch kam. Das die Kugel antreibende Pulver in der Kammer am Ende des zunächst kurzen Laufs wurde hierbei von Hand mittels einer brennenden Lunte durch das Zündloch entzündet. Im Lauf der Jahrhunderte wurde u.a. die Lunte durch den Feuerstein ersetzt, die Kugel durch ein Langgeschoß. Weitere Neuerungen führten zum *Magazin-G.,* in das 5 u. mehr Patronen gleichzeitig geladen werden konnten; ihm zur Seite traten das *Maschinen-G.,* die *Maschinenpistole,* das automat. *Selbstlade-G.* u. seit den 1960er Jahren die kleinkalibrigen G. mit sehr hoher Mündungsgeschwindigkeit.
**Gewehrschießen** → Schießsport.
**Geweih,** knöcherne Stirnauswüchse der männl. Hirsche: Beim Ren tragen auch die Weibchen ein G.; das G. des Rehbocks wird als *Gehörn* bezeichnet. Das G. wird alljährl. abgeworfen u. erneuert; es sitzt einer Knochenwucherung des Stirnbeins (*Rosenstock*) auf u. wird während des Wachstums von einer Haut umgeben, die später abgestreift wird. Das G. besteht aus zwei Stangen u. einer Zahl von Verzweigungen (*Enden*). Trägt ein

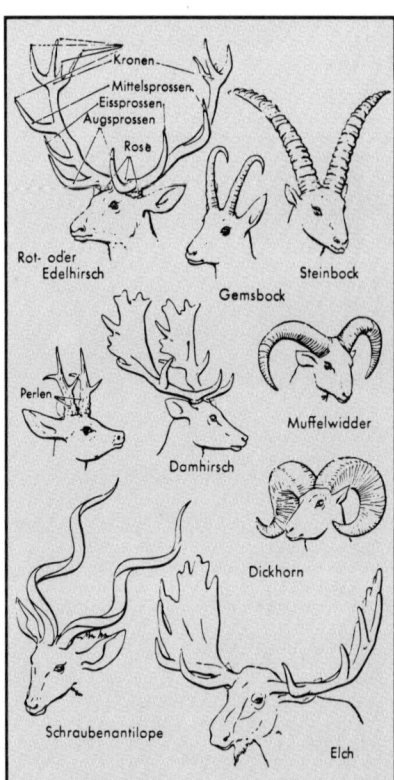

*Geweihe und Gehörne*

Hirsch nur Stangen ohne zusätzl. Endenbildung, so spricht man von einem *Spießer,* bei einer zusätzl. Endenbildung von einem *Gabler.* Ab Bildung dreier Enden zählt man beide Stangen zus. u. spricht dann von einem *Sechsender, Achtender* usw.
**Geweihfarn,** *Platycerium,* Gatt. trop., epiphyt. Farne.
**Gewerbe,** i.w.S. jede auf Gewinn abzielende dauernde u. selbständige Tätigkeit, mit Ausnahme der Landw. u. der freien Berufe; i.e.S. die berufsmäßige Tätigkeit der Rohstoffverarbeitung oder -bearbeitung (Stoffveredlung); danach umfaßt das G. die *Industrie* u. das *Handwerk.* – Die **G.aufsicht** hat die Befolgung der staatl. Arbeitsschutzvorschriften zu überwachen; sie hat dabei alle Befugnisse der Ortspolizeibehörden. – **G.betrieb,** ein Betrieb, der die Voraussetzungen des *G.s* erfüllt. Art u. Zulassung des G. sind in der *G.ordnung* geregelt. – **G.freiheit,** die Berechtigung, ein G. zu beginnen, soweit nicht durch Bundesgesetz Ausnahmen vorgesehen sind; in Dtld. durch die **G.ordnung** (GewO) von 1869 eingeführt (später zur *Berufsfreiheit* erweitert). Die G.ordnung (Neu-

fassung 1987) enthält daneben Bestimmungen über Ausübung des stehenden G., des Reise-G., des Markt-G. sowie das gewerbl. Arbeitsschutzrecht.

**Gewerbelehrer,** ältere Bez. für Lehrer an gewerbl. oder hauswirtsch. Berufsschulen.

**Gewerbeschein** → Reisegewerbe.

**Gewerbeschule,** ältere Bez. für gewerbl. *Fach-* oder *Berufsschulen.*

**Gewerbesteuer,** eine → Realsteuer für inländ. Gewerbebetriebe. Besteuerungsgrundlagen sind der *Gewerbeertrag* u. das *Gewerbekapital;* wichtigste originäre Einnahmequelle der Gemeinden.

**gewerbliche Genossenschaften,** die zur Förderung der wirtsch. Interessen des Handels u. des Handwerks gegr. Genossenschaften, u.a. EDEKA-Handelsgruppe, Einkaufsgenossenschaft, REWE-Handelsgruppe u. Verkehrsgenossenschaft.

**gewerblicher Rechtsschutz,** die Rechtsvorschriften zum Schutz der Firma, des Warenzeichens u. des Wettbewerbs sowie die Bestimmungen über Patente u. Gebrauchsmuster.

**Gewerkschaft,** eine Kapitalgesellschaft des Bergrechts ohne festes Grundkapital, deren Mitgl. (*Gewerken*) nur nach Bedarf *Zubußen* zu leisten haben, sich aber durch Verzicht auf ihren Anteil (*Kux*) von dieser Pflicht befreien können.

**Gewerkschaften,** Vereinigungen von Arbeitnehmern zur Verbesserung ihrer wirtsch. u. soz. Lage, vor allem zur Erreichung besserer Arbeitsbedingungen gegenüber den Arbeitgebern. Sie gleichen die wirtsch. Unterlegenheit des einzelnen Arbeitnehmers gegenüber dem Arbeitgeber durch Zusammenschluß der Arbeitnehmer u. gemeinschaftl. Auftreten aus. Ihr entscheidendes Kampfmittel ist der *Streik.* – Die modernen G. entstanden mit dem industriellen Kapitalismus im 19. Jh. Sie konnten sich nur im steten Kampf gegen Staat u. Gesellschaft durchsetzen. Sie waren zunächst verboten, u. der Beitritt war mit Strafe bedroht; erst Anfang des 19. Jh. fiel in England das Koalitionsverbot, später auch in Dtld. In den 60er Jahren des 19. Jh. wurden die ersten dt. G. gegründet (*Arbeitervereine*). Der entscheidende Schritt zu ihrer heutigen Stellung war die Schaffung eines bes. Tarifrechts. 1918 u. damit die Übertragung der Ausgestaltung der Arbeitsbedingungen auf die Vereinbarungen zw. G. u. Arbeitgeber. – Die dt. G. waren von Anfang an mit polit. Parteien verbunden. Die *freien* (sozialist.) G. standen zur SPD; sie schlossen sich 1919 zum *Allg. Dt. Gewerkschaftsbund (ADGB)* zusammen. Die *Hirsch-Dunckerschen Gewerkvereine,* in den 1860er Jahren gegründet, schlossen sich den bürgerl.-demokrat. Parteien an, während die in den 1890er Jahren gegründeten *christl. G.* (*Dt. Gewerkschaftsbund, DGB,* gegr. 1919) in polit. Zusammenhang mit dem Zentrum standen. 1933 wurden die G. aufgelöst, nach 1946 wieder errichtet. Es bildeten sich zunächst *Einheitsgewerkschaften* in den einzelnen Zonen, die sich 1949 in der BR Dtld. im *Dt. Gewerkschaftsbund* (DGB) zusammenschlossen. 1946 wurde die *Dt. Angestellten-Gewerkschaft (DAG)* gegr., die alle Angestellten ohne Rücksicht auf Beruf u. Betrieb erfaßt; seit 1955 gibt es wieder selbständige christl. G. Östr.: → Österreichischer Gewerkschaftsbund; Schweiz: → Schweizer. Gewerkschaftsbund.

**Gewicht, 1.** die durch eine Wägung bestimmte, ortsunabhängige Masse eines Körpers, gemessen in Kilogramm. Umgangssprachl. für die G.skraft, das Produkt aus ortsabhängiger Fallbeschleunigung u. Körpermasse, mit der ein Körper, angezogen wird. – **2.** *G.stück, Wägestück,* ein Körper bestimmter Masse, der als Maßeinheit zur Massenbestimmung anderer Dinge auf der Waage dient. – **3.** *spezifisches Gewicht* → Wichte.

**Gewichtheben,** eine schwerathlet. Sportart, bei der Scheibenhanteln gehoben werden; olymp. Disziplin seit 1920. – Techniken: 1. *Reißen:* Die Hantel muß in einem Zug durch Ausfallschritt oder Hocke vom Boden zur Hochstrecke gebracht werden. 2. *Stoßen:* Mit Hocke oder Ausfallschritt wird das Gewicht bis zu Schulterhöhe gehoben u. dann durch Strecken von Armen u. Beinen zur Hochstrecke gestoßen.

**Gewichtsanalyse,** *Gravimetrie,* eine chem. analyt. Methode, bei der das Gewicht der einzelnen Stoffe einer Verbindung durch Wägen mit der Analysenwaage genau bestimmt wird.

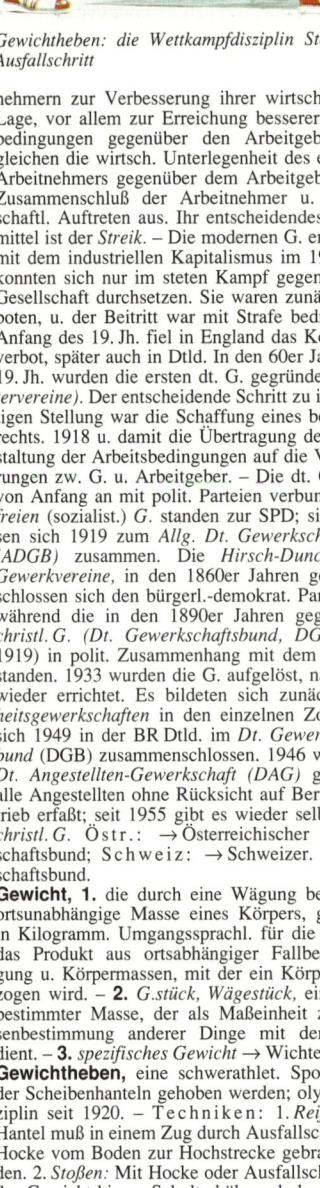

*Gewichtheben: die Wettkampfdisziplin Stoßen mit Ausfallschritt*

## Gewichtsklassen im Sport

**Amateur-Boxen:**
| | |
|---|---|
| Halbfliegengewicht | bis 48 kg |
| Fliegengewicht | bis 51 kg |
| Bantamgewicht | bis 54 kg |
| Federgewicht | bis 57 kg |
| Leichtgewicht | bis 60 kg |
| Halbweltergewicht | bis 63,5 kg |
| Weltergewicht | bis 67 kg |
| Halbmittelgewicht | bis 71 kg |
| Mittelgewicht | bis 75 kg |
| Halbschwergewicht | bis 81 kg |
| Schwergewicht | bis 91 kg |
| Superschwergewicht | über 91 kg |

**Berufsboxen:**
| | |
|---|---|
| Juniorfliegengewicht | bis 47,049 kg |
| Fliegengewicht | bis 50,802 kg |
| Superfliegengewicht | bis 52,095 kg |
| Bantamgewicht | bis 53,524 kg |
| Juniorfedergewicht | bis 55,338 kg |
| Federgewicht | bis 57,152 kg |
| Superfedergewicht | bis 58,967 kg |
| Leichtgewicht | bis 61,237 kg |
| Juniorweltergewicht | bis 63,560 kg |
| Weltergewicht | bis 66,678 kg |
| Superweltergewicht | bis 69,850 kg |
| Mittelgewicht | bis 72,574 kg |
| Halbschwergewicht | bis 79,378 kg |
| Leichtschwergewicht | bis 86,128 kg |
| Schwergewicht | über 86,128 kg |

**Ringen** (Freistil u. griechisch-römischer Stil):
| | |
|---|---|
| Papiergewicht | bis 48 kg |
| Fliegengewicht | bis 52 kg |
| Bantamgewicht | bis 57 kg |
| Federgewicht | bis 62 kg |
| Leichtgewicht | bis 68 kg |
| Weltergewicht | bis 74 kg |
| Mittelgewicht | bis 82 kg |
| Halbschwergewicht | bis 90 kg |
| Schwergewicht | bis 100 kg |
| Superschwergewicht | über 100 kg |

**Gewichtheben:**
| | |
|---|---|
| Fliegengewicht | bis 52 kg |
| Bantamgewicht | bis 56 kg |
| Federgewicht | bis 60 kg |
| Leichtgewicht | bis 67,5 kg |
| Mittelgewicht | bis 75 kg |
| Leichtschwergewicht | bis 82,5 kg |
| Mittelschwergewicht | bis 90 kg |
| 1. Schwergewicht | bis 100 kg |
| 2. Schwergewicht | bis 110 kg |
| Superschwergewicht | über 110 kg |

**Judo:**
| | Männer | Frauen |
|---|---|---|
| Superleichtgewicht | bis 60 kg | bis 48 kg |
| Halbleichtgewicht | bis 65 kg | bis 52 kg |
| Leichtgewicht | bis 71 kg | bis 56 kg |
| Halbmittelgewicht | bis 78 kg | bis 61 kg |
| Mittelgewicht | bis 86 kg | bis 66 kg |
| Halbschwergewicht | bis 95 kg | bis 72 kg |
| Schwergewicht | über 95 kg | über 72 kg |
| Offene Klasse | ohne Gewichtslimit | |

*Gewitter: Blitze sind die mächtigsten elektrischen Erscheinungen in der Natur*

**Gewichtsklassen,** in der Schwerathletik (Boxen, Ringen, Gewichtheben, Judo) die Einteilung der Wettkämpfer nach ihrem Körpergewicht.

**Gewinde,** in Schrauben (*Außen-G.*) u. Muttern (*Innen-G.*) eingearbeitete raumgeometr. Formen, die durch schraubenförmige Bewegung einer ebenen Figur, z.B. Dreieck, Quadrat, Rechteck, Trapez, entstehen u. durch Schneid- oder Umformvorgänge hergestellt werden.

**Gewinn,** in der Gewinn- u. *Verlustrechnung* der Überschuß des Ertrags über den Aufwand innerhalb einer Rechnungsperiode; in der *Bilanz* der Überschuß des Eigenkapitals am Ende der Rechnungsperiode über das Eigenkapital zu deren Beginn abzügl. der Privatentnahmen.

**Gewinnbeteiligung,** Beteiligung am Ertrag eines Unternehmens, vom Arbeitgeber über Gehalt bzw. Lohn hinaus gewährte, vom Gewinn des Betriebs abhängige Summe.

**Gewinngemeinschaft,** engl. *Pool,* vertragl. Zusammenschluß selbständiger Unternehmen, die ihre Gewinne u. Verluste zusammenwerfen u. dann nach einer bestimmten Quote gleichmäßig verteilen.

**Gewinnschuldverschreibung,** eine Form der *Anleihe* (Teilschuldverschreibung), bei der die Höhe der Verzinsung ganz oder zum Teil von der Höhe der an die Aktionäre ausgeschütteten *Dividende* abhängt.

**Gewinn- und Verlustrechnung,** die aus der Buchführung sich ergebende Gegenüberstellung von *Aufwand* u. *Ertrag* eines Geschäftsjahrs.

**Gewissen,** die anläßl. bestimmter Handlungen auftretende unmittelbare Gewißheit ihrer Verwerflichkeit oder Richtigkeit bzw. das bei u. nach ihrer Verwirklichung auftretende moral. Gefühl der Schuld oder Zufriedenheit. Ein G.konflikt ist der Widerstreit zw. gleichberechtigten Forderungen, deren eine sich nur auf Kosten der anderen realisieren läßt.

**Gewissensfreiheit,** das in Art. 9 Abs. 1 der Europ. Konvention zum Schutz der Menschenrechte, in der BR Dtld. vor allem in Art. 4 GG garantierte Recht, ohne Behinderung dem persönl. Gewissen entsprechend zu handeln. G. ist jedoch nicht trennbar vom verantwortl. freien Tun, von dem die Rechtsordnung ausgeht u. an das vor allem das Strafrecht seine Schuldfeststellung knüpft.

**Gewitter,** Entladung einer elektr. Spannung zw. Wolken, innerhalb einer Wolke oder zw. Wolke u. Erde in Form von Blitzen, bei feuchtwarmer Luft, begleitet von Donner u. heftigen Schauern (Regen, Hagel, Graupel).

**Gewohnheitsmäßigkeit,** das Verhalten eines Täters, der eine strafbare Handlung aufgrund eines durch wiederholte Begehung erzeugten Hangs begeht.

**Gewohnheitsrecht,** nicht schriftl. festgelegtes, aber durch Gewohnheit verbindl. gewordenes Recht.

**Gewölbe,** eine bogenförmig ausgebildete, auf Widerlagern ruhende Steindecke, die einem archi-

tekton. Raum den oberen Abschluß gibt; fr. aus Bruch- oder Ziegelstein, heute Beton. Formen: Tonnen-G., Kreuz-G., Kloster-G.
**Gewölle,** die von Greifvögeln hervorgewürgten unverdaul. Reste der Beutetiere (Haare, Knochen, Federn).
**Gewürzinseln** → Molukken.
**Gewürznelkenbaum,** auf den Molukken heim. *Myrtengewächs,* heute vorw. auf Sansibar u. Pemba angebaut. Die getrockneten Blütenknospen sind als *Gewürznelken* im Handel.
**Gewürzpflanzen,** *Küchenkräuter,* Pflanzen, deren Blätter, Blüten, Früchte, Samen, Wurzeln sich wegen ihres aromat. Geschmacks frisch oder getrocknet zum Würzen von Speisen eignen. Durch ihren Gehalt an äther. Ölen u. Bitterstoffen erhöhen sie den Geschmack u. wirken appetitanregend, verdauungs- u. gesundheitsfördernd. Einheim. G.: Anis, Basilikum, Beifuß, Bohnenkraut, Borretsch, Dill, Estragon, Fenchel, Kerbel, Knoblauch, Koriander, Kresse, Kümmel, Liebstöckel, Majoran, Meerrettich, Petersilie, Pfefferminze, Pimpinelle, Rosmarin, Safran, Salbei, Schnittlauch, Sellerie, Senf, Thymian, Wacholder, Waldmeister, Zwiebel. Ausländ. G.: Ingwer, Kapern, Kardamom, Lorbeer, Muskat, Paprika, Pfeffer, Piment, Vanille, Zimt.
**Geyer,** Florian, *um 1490, †1525, fränk. Reichsritter; als Anhänger Luthers Anführer der Bauern im Bauernkrieg; konnte sich bei den Bauern nicht durchsetzen u. wurde erschlagen.

*Geysir bei Rotorua in Neuseeland*

**Geysir,** *Geiser,* heiße Springquelle in vulkan. Gebieten, die meist in bestimmten Abständen Wasser- u. Dampffontänen ausstößt, benannt nach berühmter Quelle in Island. Vorkommen: bes. in Island, Yellowstone-Park (USA), Neuseeland, Japan.
**Gezähe,** Handwerkszeug des Bergmanns.
**Gezeiten,** *Tiden,* das period. Steigen (*Flut*) u. Fallen (*Ebbe*) des Meeresspiegels, zweimal innerhalb von 24 Std. u. 50 Min. Der Wasserstand schwankt zw. *Hochwasser* u. *Niedrigwasser;* die Differenz wird als *Tidenhub* bezeichnet Hauptursache der G. ist die Anziehungskraft des Mondes (u. der Sonne). Bei Voll- u. Neumond addieren sich die Wirkungen von Sonne u. Mond (*Springflut*), bei Halbmond heben sie sich z.T. auf (*Nippflut*). —

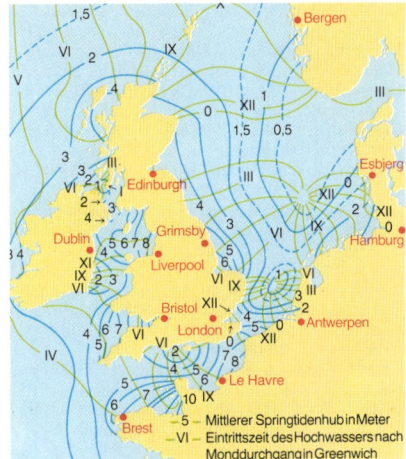

*Gezeiten: Die Gezeitenkarte der Nordsee mit Nebenmeeren zeigt den mittleren Springtidenhub (m), der hohe Werte besonders an der französischen Küste und im Bristolkanal aufweist, sowie die mittlere Eintrittszeit des Hochwassers nach dem Meridiandurchgang des Mondes in Greenwich (in Stunden)*

**G.kraftwerk,** *Flutkraftwerk,* eine Wasserkraftanlage, die den Unterschied des Wasserstands bei Ebbe u. Flut zur Energiegewinnung ausnützt. Das erste europ. G. arbeitet seit 1966 bei St.-Malo an der Rance-Mündung (Bretagne).
**Gezelle** [xə'zɛlə], Guido, *1830, †1899, fläm. Lyriker, von Heimatliebe u. tiefer Religiosität bestimmt.
**GG,** Abk. für *Grundgesetz für die BR Dtld.* vom 23.5.1945, → Grundgesetz.
**ggT,** Abk. für *größter gemeinsamer Teiler;* z.B. ist 24 der ggT von 48 u. 360, d.h. es gibt keine größere Zahl als 24, durch die sich sowohl 48 als auch 360 ohne Rest teilen lassen.
**Ghadafi,** *Gaddafi, Khadafi,* Muammer Al, *1942, libyscher Offizier u. Politiker; stürzte 1969 die Monarchie; war bis 1979 unter wechselnden Bez. Staatschef; trat dann zurück, blieb aber tatsächl. Machthaber; Verfechter einer radikal panarab. Politik; gilt als Förderer des Terrorismus.
**Ghadames,** libysche Oase u. wichtiger Schnittpunkt des Karawanenverkehrs in der nördl. Sahara, 8000 Ew. (Berber).
**Ghana,** Staat in W-Afrika, 238 537 km², 13,7 Mio. Ew. (Sudanneger; Moslems). Hptst. *Accra.*

*Ghana*

Landesnatur. Hinter der feuchttrop. Küste erhebt sich das dichtbewaldete, regenreiche Bergland von *Ashanti,* dem sich nach N Feucht- u. Trockensavannen anschließen.

Wirtschaft. Hauptanbauprodukt ist Kakao (über 30% der Welternte). Bergbauprodukte stehen an zweiter Stelle des Exports: Bauxit, Gold, Mangan, Diamanten. Die Ind. ist relativ gut entwickelt. Sie umfaßt Nahrungsmittel-, Textil-, chem. Ind. u. Holzverarbeitung. Am Unterlauf des Volta wurde ein großer Stausee mit bed. Kraftwerk angelegt. – Das gut ausgebaute Verkehrsnetz konzentriert sich auf den S. Haupthäfen sind Takoradi u. Tema. Internat. Flughafen: Accra.
Geschichte. 1850 wurde die brit. Kolonie Goldküste proklamiert. Im Zusammenschluß mit anderen brit. Kolonialgebieten wurde die Goldküste als G. 1957 unabh. 1960 wurde das Land Rep. Erster Staats-Präs. war K. *Nkrumah,* der 1966 von den Militärs gestürzt wurde. Seither hatte G. fast nur Militärregierungen. Seit 1981 ist J. *Rawlings* Staats- u. Regierungschef.
**Ghana,** mittelalterl. Reich im westl. Sudan, zw. Senegal u. Niger; Ruinen der Hptst. beim heutigen

*Ghana: Maske der Ashanti*

Koumbi Saleh in Mauretanien; seit dem 8. Jh. unter einer Dynastie aus dem Negervolk der *Soninke,* Höhepunkt der Macht um 1000, Eroberung der Hptst. durch die Almoraviden 1077, endgültige Vernichtung durch Mali im 13. Jh.
**Ghardaïa,** alger. Oase in der nördl. Sahara, 137 000 Ew.
**Ghasel,** *Gasel,* eine lyrische Gedichtform arab. Herkunft. Das G. beginnt mit einem Reimpaar u. wiederholt diesen Reim in allen geraden Versen, die ungeraden bleiben ungereimt.
**Ghasnawiden,** islam. Dynastie in Ghasni (Afghanistan) u. Khorasan (Iran) 999–1186; begr. von dem Türken *Sübük Tigin* (†997) in Ghasni. Die Dynastie wurde 1150 aus Ghasni vertrieben.
**Ghasni,** SO-afghan. Prov.-Hptst., 2220 m ü.M., 30 000 Ew.; im MA ein Kultur- u. Herrschaftszentrum.
**Ghats** [engl. gɔ:ts], der gebirgige West- u. Ostrand des Dekan-Hochlands (Indien), mit steilem Abfall zum Arab. Meer bzw. zum Golf von Bengalen; *Westghats* (höchste Erhebung *Anai Mudi,* 2695 m) u. *Ostghats (Devodi* 1640 m).
**Ghaza** ['ga:za] → Gaza.
**Gheorghiu** [gɛɔr'giu], Constantin Virgil, *15.9.1916, rumän. Schriftst.; schreibt in frz. Sprache; Roman »25 Uhr«.
**Gheorghiu-Dej** [gɛɔr'giu deʒ], Gheorghe, *1901, †1965, rumän. Politiker (KP); 1952–55 Min.-Präs.; 1945–54 u. erneut seit 1955 Generalsekretär der KP; 1961–65 zugleich Vors. des Staatsrats (Staatsoberhaupt).
**Ghetto** → Getto.
**Ghiaurov** [gj'aurɔf], Nicolai, *13.9.1929, bulgar. Sänger (Baß).
**Ghibellinen** [gi-], *Gibellinen,* im mittelalterl. Ita-

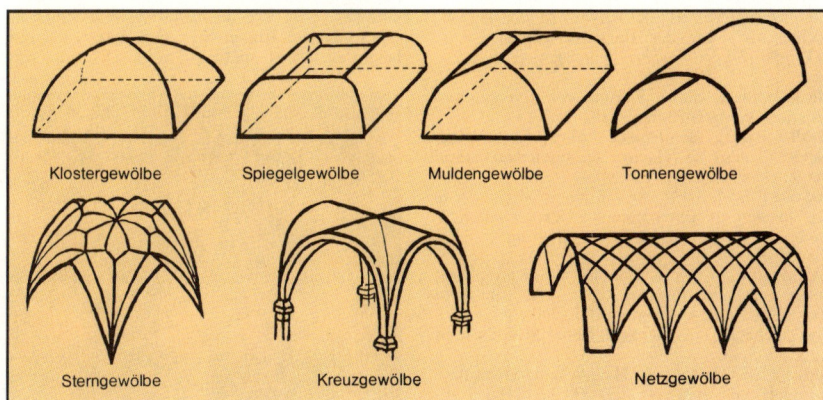

*Gewölbeformen*

Klostergewölbe · Spiegelgewölbe · Muldengewölbe · Tonnengewölbe
Sterngewölbe · Kreuzgewölbe · Netzgewölbe

lien die kaiserl. Partei; päpstl. gesinnte Gegenpartei: *Guelfen* (dt. *Welfen*).
**Ghiberti** [gi-], Lorenzo, eigtl. L. *di Cione*, *1378, †1455, ital. Bildhauer u. Kunsttheoretiker, einer der Hauptmeister der ital. Plastik; Bronzetüren am Baptisterium in Florenz.
**Ghostwriter** [ˈgoʊstraɪtə], Schriftst., die für andere (meist bekannte) Leute schreiben (z.B. Erinnerungen, Reden) u. selbst unbekannt bleiben.
**G.I.** [dʒiː aɪ], Abk. für *Government Issue* [»Regierungsausgabe«], Aufdruck auf den staatl. gelieferten militär. Ausrüstungsgegenständen; volkstüml. übertragen für den Soldaten der USA.
**Giacometti** [dʒakoˈmɛti], **1.** Alberto, *1901, †1966, schweiz. Bildhauer, Maler u. Graphiker; schloß sich den Surrealisten an. – **2.** Augusto, Onkel von 1), *1877, †1947, schweiz. Maler (Figurenbilder in flächig abstrahiertem Stil).
**Giauque** [dʒiˈoʊk], William Francis, *1895, †1982, US-amerik. Chemiker; arbeitete auf dem Gebiet der tiefsten Temperaturen, entdeckte die Sauerstoffisotopen 17 u. 18; Nobelpreis 1949.
**Giaur**, türk. Schimpfname für Nichtmoslems.
**Gibbons**, *Hylobatinae*, Unterfam. der *Menschenaffen*; von Hinterindien bis zum malai. Archipel verbreitet; hierzu *Lar, Hulok* u. *Siamang*.
**Gibbons** [ˈgɪbənz], Orlando, *1583, †1625, engl. Komponist (Virginalstücke, Madrigale); Organist an der Westminster-Abtei in London.
**Gibbs** [gɪbz], Josiah Willard, *1839, †1903, US-amerik. Physiker; arbeitete auf dem Gebiet der Thermodynamik u. der statist. Mechanik.
**Gibeon**, alter Name des Orts El → Djib.
**Gibraltar**, brit. Kronkolonie (seit 1830) an der S-Spitze Spaniens, 5,8 km², 29 000 Ew.; ein bis 1250 m breiter Kalkfelsen (*»The Rock«*, 425 m hoch; nach der *Säulen des Herkules*), der nach N u. O steil abfällt; durch einen z.T. nur 900 m breiten Schwemmlandstreifen mit dem Festland verbunden. – An der flacheren Westseite liegt der stark befestigte brit. Kriegs- u. Handelshafen G. – G. wird durch die *Straße von G.* vom afrikan. Kontinent getrennt. Sie verbindet den Atlantik mit dem Mittelmeer u. ist eine der verkehrsgeographisch u. strategisch wichtigsten Meeresstraßen, 60 km lang, 15–44 km breit, der Meeresboden reicht hier bis 286 m u.M.
**Gibson** [ˈgɪbsən], Mel, *5.1.1956, austral. Schauspieler US-amerik. Herkunft; erfolgreich u.a. in »Mad Max«.
**Gibson-Wüste** [ˈgɪbsən-], Trockengebiet im inneren W-Australien.
**Gicht, 1.** die obere Öffnung des Hochofens. Die G. ist durch die *G.glocke* verschlossen, die das wertvolle *G.gas*, das 28–33% Kohlenmonoxid enthält, am Entweichen hindert. – **2.** eine Stoffwechselstörung mit verminderter Harnsäureausscheidung. Die Harnsäure lagert sich bes. in Gelenken ab u. führt dort zur Bildung von *G.knoten*. Es kommt zur anfallsweisen Entzündung der befallenen Gelenke. Ist das Grundgelenk der großen Zehe befallen, so spricht man von *Zipperlein (Podagra)*.
**Gideon**, einer der im Richterbuch beschriebenen charismat. Führer in der Notzeit Israels nach der Landnahme, um 1100 v.Chr.
**Giebel**, senkrechte Außenwand des Satteldachs, meist dreieckig; oft baukünstler. behandelt.
**Giebel**, Agnes, *10.8.1921, dt. Sängerin (Sopran); Liedinterpretin.
**Giehse**, Therese, *1898, †1975, dt. Schauspielerin; große Erfolge in Stücken B. Brechts, G. Hauptmanns u. M. Frischs.
**Gielen, 1.** Josef, *1890, †1968, dt. Regisseur; vor allem Opernregisseur. – **2.** Michael, *20.7.1927, dt. Komponist u. Dirigent; als Komponist von A. *Webern* beeinflußt.
**Gielgud** [ˈgɪlgʊd], Sir Arthur John, *14.4.1904, brit. Schauspieler (bes. in Shakespeare-Stücken).
**Gjellerup** [ˈgɛlərɒb], Karl, *1857, †1919, dän. Schriftst.; Verehrer R. Wagners u. der dt. Klassik, zuletzt Buddhist; Nobelpreis 1917.
**Giengen an der Brenz**, Stadt in Ba.-Wü., auf der Schwäb. Alb, 19 000 Ew.; Spielwaren- u.a. Ind.
**gieren**, allg. von Fahrzeugen: durch Drehung um die Hochachse vom Kurs abweichen: bei Schiffen infolge von Seegang oder Wind.
**Gierke** Otto von, *1841, †1921, dt. Rechtswissenschaftler; arbeitete bes. auf dem Gebiet der dt. Rechtsgeschichte u. der Theorie der soz. Verbände.
**Giersch**, *Geißfuß*, ein *Doldengewächs;* häufiges Unkraut.
**Giese**, Hans, *1920, †1970, dt. Psychiater u. Sexualwissenschaftler.
**Gieseking**, Walter, *1895, †1956, dt. Pianist (bes. Debussy u. Ravel).
**Gießen**, Krst. in Hessen, an der Lahn, 77 000 Ew.; Univ., Masch.- u. opt. u. pharmazeut. Ind.
**Gießerei**, Werkstätte zur Herstellung von Gegenständen durch Gießen schmelzbarer Stoffe in Hohlformen; wichtige Gießstoffe: Eisen-, Kupfer-, Aluminiumlegierungen u. Edelkunstharze. Die G. besteht aus 3 Abteilungen: *Formerei* (mit Kernmacherei u. Sandaufbereitung), *Schmelzbetrieb* u. *Putzerei*.
**Gießharze** → Epoxidharze.
**Gifhorn**, Krst. in Nds., an der Aller, 33 000 Ew.; Schloß; Maschinenfabrik.
**Gift**, *Toxicum*, jeder feste, gasförmige oder flüssige Stoff, der im Körper Schädigungen der Gewebe u. Organe bewirkt, die zu Krankheit u. Tod führen können. *Ätz-G.* zerstören das Gewebe; *betäubende G.* wirken auf das Gehirn u. seine Zentren; *reizende u. erregende G.* steigern die Tätigkeit der Nerven, des Kreislaufs u. des Stoffwechsels sowie der Verdauung; *Blut-G.* zersetzen das Blut u. führen zu Blockierung der Atemtätigkeit.
**Giftgase**, Gase u. Dämpfe, die den menschl. Organismus schädigen; *Ätz-* u. *Reizgifte*: Phosgen, Nitrogase, schweflige Säure, Chlorwasserstoff, Ammoniak; *Blut-* u. *Zellgifte*: Arsenwasserstoff, Blausäure, Phosphorwasserstoff, Schwefelwasserstoff, Kohlenmonoxid; *Narkosegifte* (Lähmung des Atmungszentrums): organ.-chem. Lösungsmittel (u.a. Schwefelkohlenstoff), Benzol, Benzin, Chloroform, Tetrachlorkohlenstoff, Ether, Aceton.
**Giftnattern**, *Elapidae*, außereurop. Fam. der *Schlangen*, mit Giftzähnen im Oberkiefer; hierzu: *Kobras, Mamba, Korallenottern, Taipan* u.a.
**Giftpflanzen**, für Menschen u. Tiere aufgrund des Gehalts an Giftstoffen (Alkaloide, Glykoside, äther. Öle) schädl. Pflanzen. Die ganze Pflanze ist bei *Eiber, Fingerhut, Goldregen, Herbstzeitlose, Maiglöckchen, Schierling* stark, *bei Rittersporn* u. *Primeln* schwächer giftig. Beim *Weißen Germer* sind die Wurzeln, beim *Eisenhut* die Knollen, bei der *Tollkirsche* die Blätter u. Früchte, beim *Schlafmohn* die Fruchtkapseln bes. giftig. Bei geringerer Dosierung finden die G. als *Heilpflanzen* Verwendung.
**Giftreizker**, nach Abkochen u. Abgießen eßbarer, dem echten Reizker ähnl. *Blätterpilz*.
**Gifttiere**, mit Giftorganen versehene Tiere. *Skorpione* haben Giftdrüsen im Körperanhang, die in einen Giftstachel ausmünden. Die Giftdrüsen der *Spinnen* befinden sich im Bereich der Vorderextremitäten. Von den Insekten sind z.B. *Bienen, Wespen* u. *Ameisen* mit Giftstacheln am Hinterleib ausgerüstet. *Schlangen* haben Giftzähne. Zu den G. werden auch die beim Genuß giftiger Tiere gezählt (manche Fische, Muscheln).
**Gifu**, jap. Präfektur-Hptst. auf Honshu, 412 000 Ew.; Univ.; Stahl-, Seiden- u. Papier-Ind.
**Gig, 1.** zweirädriger, leichter Wagen mit Gabeldeichsel. – **2.** Ruderboot für Wander- u. Übungsfahrten.
**Giga...**, Zeichen G, Vorsilbe bei Maßeinheiten: = $10^9$ = 1 Mrd.
**Giganten**, in der grch. Myth. Söhne der *Gaia;* ein Riesengeschlecht, das den Olymp zu stürmen versuchte. Mit Hilfe des Herakles wurden sie im *G.kampf (Gigantomachie)* von den Göttern besiegt.
**Gigantismus**, durch Störung der Hypophysenfunktion bedingter *Riesenwuchs*.
**Gigli** [ˈdʒiʎi], Beniamino, *1890, †1957, ital. Sänger (Tenor); seit *Caruso* der gefeiertste Opernsänger seiner Zeit.
**Gigolo** [ˈdʒi-], *Eintänzer,* ein junger Mann, der in Tanzlokalen als Tanzpartner u. Gesellschafter für weibl. Besucher angestellt ist; übertragen: eitler Frauenheld.
**Gigue** [ʒiːg], **1.** altfrz. Bez. für *Geige* (Violine); später Spottname für den *Rebec*. – **2.** Tanzform von lebhafter Bewegung im Tripeltakt (³/₈, ³/₄, ⁶/₈ usw.), schott. u. irischer Volkstanz; Schlußsatz in barocken Suiten.
**Gijón** [xiˈxon], N-span. Hafen- u. Industriestadt am Golf von Biscaya, 260 000 Ew.; Hauptumschlaghafen der astur. Montanind., Schiff- u. Maschinenbau, Stahlwerk.
**Gilbert, 1.** [ʒilˈbɛːr], Jean, eigtl. Max *Winterfeld,* *1879, †1942, dt. Operettenkomponist (»Die keusche Susanne«, »Püppchen«). – **2.** [ˈgɪlbət], Walter, *21.3.1932, US-amerik. Molekularbiologe; Arbeiten über Nucleinsäuren; Nobelpreis für Chemie 1980 zus. mit F. *Sanger* u. P. *Berg*. – **3.** [ˈgɪlbət], William, *1544, †1603, engl. Naturforscher; Leibarzt Elisabeths I. u. Jakobs I.; führte den Begriff »Elektrizität« ein; begründete die Lehre vom Erdmagnetismus.
**Gilbertinseln**, Inselgruppe im westl. Pazifik, 259 km²; palmenbestandene Koralleninseln; bis 1975 Teil der brit. Kolonie *Gilbert and Ellice Islands Colony;* seit 1979 → Kiribati.
**Gilde**, Zusammenschluß von Personen zur Wahrung gemeinsamer Interessen; bes. im MA als Vereinigung von Handwerkern *(Zunft)*.
**Gilead**, Bergland östl. des Jordan im N Jordaniens.
**Gilels**, Emil, *1916, †1985, sowj. Pianist u. Pädagoge; Interpret der Klavierwerke Mozarts, Schuberts u. Schumanns.
**Gilet** [ʒiˈle], Weste ohne Ärmel.
**Gilgamesch-Epos**, babyl.-assyr. Heldenepos über *Gilgamesch*, einen frühgeschichtl. sumer. König von Uruk; früheste Teile aus dem 3. Jt. v.Chr. Die Gesamtdarstellung (um 1200 v.Chr.) schildert die vergebl. Suche nach dem ewigen Leben.
**Gilles**, Werner, *1894, †1961, dt. Maler u. Graphiker; Schüler L. *Feiningers* am Bauhaus; Landschaften u. mytholog. Szenen.
**Gillespie** [gɪˈlɛspi], Dizzy, eigtl. John *Birks,* *21.10.1917, afroamerik. Jazztrompeter.
**Gillette** [ʒiˈlɛt], King Camp, *1855, †1932, US-amerik. Industrieller; Erfinder der G.-Rasierklinge u. des G.-Rasierapparats.
**Gillingham** [ˈdʒɪlɪŋəm], engl. Stadt östl. von London, 94 000 Ew.; Docks.
**Gilly**, Friedrich, *1772, †1800, dt. Architekt; Meister des in einfachen stereometr. Bauformen arbeitenden Frühklassizismus. Seine Hptw. blieben unausgeführt.
**Gilson** [ʒilˈsɔ̃], **1.** Étienne, *1884, †1978, frz. Historiker der Philosophie des MA. – **2.** Paul, *1865, †1942, belg. Komponist. Am bekanntesten wurde seine 10 Jahre vor C. *Debussys* sinfon. Skizze entstandene Sinfonie »La Mer« 1890.
**Gimpel**, *Dompfaff,* einheim., kräftiger, schwarz-grauer, im männl. Geschlecht rotbäuchiger Finkenvogel.
**Gin** [dʒɪn], Wacholderbranntwein; 38 Vol.%; Dry Gin, »trockener Gin«, 43 Vol.%.
**Ginastera** [xinaˈstera], Alberto, *1916, †1983, argent. Komponist; suchte eine Verbindung von neoklassizist., zwölftontechn. u. folklorist. Elementen; Opern, Klaviermusik, Instrumentalkonzerte.
**Ginger-Ale** [ˈdʒɪndʒər eɪl], Ingwerbier, alkoholfreies Getränk.
**Ginkgo** [ˈgɪŋko], *Japanischer Nußbaum, Fächerblattbaum,* ein bis 40 m hoher Baum des gemäßigten Ostasien; Blätter manchmal in der Mitte tief eingeschnitten; zweihäusig.
**Ginsberg** [ˈgɪnzbəːg], Allen, *3.6.1926, US-amerik. Schriftst.; führender Lyriker der *Beat Generation;* Kritiker der Massengesellschaft.
**Ginseng**, ein *Efeugewächs,* dessen Wurzel in China als Universalheilmittel geschätzt wird. Sie enthält u.a. Vitamin $B_1$ u. $B_2$, Glykoside, äther. Öle, Alkaloide u. östrogene Substanzen.
**Ginster**, Gatt. der *Schmetterlingsblütler;* Sträucher mit gelben Blüten. Stengel u. Äste sind dornig beim *Deutschen G.* u. beim *Engl. G.*

*Ginseng-Wurzel*

*Giorgione: Schlummernde Venus; 1510. Dresden, Gemäldegalerie*

**Ginsterkatzen,** *Genetten,* zu den *Zibetkatzen* gehörige Gatt. der *Schleichkatzen.*
**Ginzberg,** Ascher, *1856, †1927, neuhebr. Schriftst.; Mitbegr. des Zionismus, Erneuerer des hebr. Prosastils.
**Ginzburg,** Nathalia, geb. *Levi,* *14.7.1916, ital. Schriftst. (Romane, Theaterstücke, Erzählungen).
**Ginzkey,** Franz Karl, *1871, †1963, östr. Schriftst.; Vertreter einer liebenswürdigen Romantik.
**Giono** [ʒɔˈno], Jean, *1895, †1970, frz. Schriftst.; feierte in seinem barocken farbigen Werk das naturnahe Leben des frz. Südens. W »Der Husar auf dem Dach«, »Das unbändige Gefühl«.
**Giordani** [dʒɔr-], Pietro, *1774, †1848, ital. Schriftst. (Prosa).
**Giordano** [dʒɔr-], **1.** Luca, *1634, †1705, ital. Maler; Hauptmeister des neapolitan. Barocks. – **2.** Umberto, *1867, †1948, ital. Komponist; Vertreter des Verismus (Oper »Andrea Chénier«).
**Giordano Bruno** [dʒɔr-] → Bruno.
**Giorgione** [dʒɔrˈdʒoːnə], eigtl. Giorgio *Barbarelli,* *um 1478, †1510, ital. Maler; bildete den Stil der venezian. Hochrenaissance aus; W »Schlummernde Venus«.
**Giornico** [dʒɔr-], dt. *Irnis,* schweiz. Ort im Kt. Tessin, 1100 Ew. Hier siegten 1478 die Eidgenossen über die Mailänder unter Herzog *Sforza.*
**Giotto** [ˈdʒɔtto], *Giotto di Bondone,* *vermutl. 1266, †1337, ital. Maler u. Architekt; Schüler von *Cimabue;* überwand die Formelhaftigkeit u. Erstarrung der flächenhaften byzantin. Malweise, zeigte die Menschen in neuer, voller Ausdrucksintensität. Hptw.: Fresken der Arenakapelle in Padua, in Sta. Croce in Florenz, in San Francesco in Assisi.
**Giovanni da Bologna** [dʒoˈvanni da bɔˈlɔnja] → Bologna.
**Gipfelkonferenz,** Treffen der Staats- oder Regierungschefs mehrerer Länder.
**Gips,** wasserhaltiger schwefelsaurer Kalk, meist farblos. G. kommt u.a. vor in Form von durchscheinenden Kristallen *(G.spat),* als perlmutterglänzende Tafeln *(Marienglas)* oder körnig-kristallinisch *(Alabaster).* G.stein verliert erhitzt ganz oder teilweise seinen Wassergehalt (Kristallwasser) u. ergibt *gebrannten G.,* der in der Hauptsache als *Bau-G.* verwendet wird.
**Gipsbett,** der Körperform angepaßte Unterlage aus Gips zur Ruhigstellung bei bestimmten Krankheiten (Wirbelsäulenerkrankungen).
**Gipskraut,** *Gypsophila,* Gatt. der *Nelkengewächse.*
**Gipsverband,** fester, durch Erhärten angefeuchteter Gipsbinden starr werdender Verband zur Ruhigstellung von Gliedmaßen, bes. bei Knochenbrüchen u. Gelenkerkrankungen.
**Giraffe,** Fam. der *Wiederkäuer,* mit bis zu 3 m langem Hals, insges. bis zu 6 m hoch; Fell braungefleckt. Die 2–5 Hörner sind meist mit Fell überzogen. Die G. bewohnt in Herden die Buschsteppen Afrikas. Zum Abweiden der Bäume sind die 7 Halswirbel stark vergrößert.
**Giraffengazelle,** *Gerenuk,* eine Gazelle mit leierförmigem Gehörn u. stark verlängertem Hals; Widerristhöhe 1 m.
**Giraldi** [dʒi-], Giambattista, *1504, †1573, ital. Dichter; schrieb Schauerdramen u. moralisierende Novellen.
**Giralgeld** [ʒi-], *Buchgeld,* die tägl. fälligen Bankguthaben, die zum *bargeldlosen Zahlungsverkehr* verwendet werden.
**Girant** [ʒi-], im Bankwesen der *Indossant* eines Orderpapiers, z.B. eines Wechsels oder Schecks; → Indossament.
**Girard** [ʒiˈraːr], Jean-Baptiste, *1765, †1850, schweiz. Pädagoge; Franziskanermönch *(Père Gregoire);* lehrte in Freiburg (Schweiz) nach dem System von J. *Lancaster* (Monitorensystem: bessere Schüler unterrichten leistungsschwache).
**Girardi** [ʒi-], Alexander, *1850, †1918, östr. Schauspieler; Charakterkomiker.
**Girardot** [ʒirarˈdo], Annie, *25.10.1931, frz. Schauspielerin; »Rocco u. seine Brüder«, »Stau«.
**Giraud** [ʒiˈro], **1.** Albert, *1860, †1929, belg. Schriftst.; führend in der Bewegung »La Jeune Belgique«. – **2.** Giovanni Graf, *1767, †1834, ital. Schriftst.; verfaßte in der Nachfolge C. *Goldonis* röm. Volksstücke.
**Giraudoux** [ʒiroˈdu], Jean, *1882, †1944, frz. Schriftst.; verband in seinen Dramen u. Romanen mit frz. Esprit einen Sinn für Romantik. Dramen: »Amphitryon 38«, »Der Trojan. Krieg findet nicht statt«, »Undine«, »Die Irre von Chaillot«.
**Giresun,** Hptst. der gleichn. türk. Prov., am Schwarzen Meer, 56 000 Ew.; Hafen.
**Girl** [gəːl], Mädchen; Mitgl. einer Tanzgruppe in Revue u. Kabarett.
**Girlande,** Blumen- oder Blättergewinde.
**Girlitz,** einheim. gelbgrüner Finkenvogel.
**Girl Scouts** [gəːl skauts], die weibl. *Pfadfinder* (gegr. 1912).
**Giro** [ˈʒiːro], Übertragungsvermerk auf Wechseln u. ähnl. Wertpapieren; → Giroverkehr.
**Giro d'Italia** [ˈdʒiːro-], schweres ital. Etappen-Radrennen für Berufsfahrer, seit 1909.
**Gironde** [ʒiˈrɔ̃d], der gemeinsame, seichte Mündungstrichter von *Garonne* u. *Dordogne* in SW-Frankreich, 75 km lang, 5–10 km breit.
**Girondisten** [ʒiˈrɔ̃-], die gemäßigte Partei der Frz. Revolution, gen. nach dem Dép. *Gironde.* Ein großer Teil der G. wurde 1793/94 von den *Jakobinern* guillotiniert.
**Gironella** [xiroˈnɛlja], José María, *31.12.1917, span. Schriftst. (Romane über den Span. Bürgerkrieg).
**Giroverkehr** [ˈʒiː-], die wichtigste Art des bargeldlosen Zahlungsverkehrs: das Begleichen von Zahlungsverpflichtungen durch Umschreiben des geschuldeten Betrags bei der Bank vom Konto des Schuldners auf das des Gläubigers *(Girokonten).* Durch das *Gironetz (Giroverbände* mit *Girozentralen)* ist es mögl., Zahlungen im G. zwischen versch. Banken, auch bei der Post, zu leisten.
**Giscard d'Estaing** [ʒiskaːdɛˈstɛ̃], Valéry, *2.2.1926, frz. Politiker (Unabhängiger Republikaner); 1962–66 u. 1969–74 Fin.- u. Wirtschafts-Min., 1974–81 Staats-Präs.
**Giseh** [ˈgiːze] → Gizeh.
**Gisela,** *um 990, †1043, röm.-dt. Kaiserin; seit 1015/17 verh. mit Kaiser *Konrad II.;* hatte großen Einfluß auf Konrad u. vermittelte zw. ihm u. ihrem Oheim, König *Rudolf III.* von Burgund, dessen Nachfolger Konrad 1033 wurde. So kam Burgund an das Hl. Röm. Reich.
**Giselbert,** *um 890, †939, Herzog von Lothringen 915–939; versuchte, die Lehnshoheit des westfränk. Königs *Karl III.* abzuschütteln u. mußte sich 925 dem dt. (ostfränk.) König *Heinrich I.* unterwerfen; beteiligte sich an dem Aufstand gegen *Otto d. Gr.,* wurde aber 939 geschlagen u. ertrank im Rhein.
**Giselher,** im Nibelungenlied jüngster Bruder König *Gunthers.*
**Gisevius,** Hans Bernd, *1904, †1974, dt. polit. Schriftst.; arbeitete für die Widerstandsbewegung. W »Bis zum bitteren Ende«, »Adolf Hitler«.
**Gissing,** George Robert, *1857, †1903, engl. Schriftst.; schilderte realist. die Londoner Elendswelt.
**Gitarre,** Zupfinstrument mit 6 Saiten, flacher Decke u. rundem Schalloch; im MA unter Verwendung von Formelelementen der Laute u. Fidel entwickelt. Abweichende Formen: 1. *Baß-G.;* sie hat rechts vom normalen Bezug noch 3–9 Baßsaiten, die aber nicht verkürzt werden können. – 2. *Hawaii-G.* – 3. *Schlag-G.,* bes. in Jazz- u. Tanzkapellen. – 4. *Elektro-G.,* mit Stahlsaiten, unter denen Tonabnahme-Aggregate (Magnete, Kondensatoren) angebracht sind.
**Gitter, 1.** eine bes. Elektrode der Elektronenröhre; steuert den Elektronenstrom. – **2.** *optisches G.* oder *Beugungs-G.,* → Beugung; *Raum-G.,* die regelmäßige Anordnung der Atome in einem Kristall.
**Gittermast,** ein aus Flach- oder Profilstahl zusammengesetzter Mast, z.B. für Hochspannungsleitungen.
**Gitternetz,** quadrat. Liniennetz zur Ortsbestimmung in amtl. Karten.
**Gitterschlange** → Netzpython.
**Gitterstruktur,** die math. gesetzmäßige Anordnung der Moleküle (Atome) in einem Kristall. Aus der G. ergeben sich versch. physik. Eigenschaften von Kristallen, wie Spaltbarkeit, Anisotropie u.a.
**Giulio Romano** [ˈdʒuː-], *um 1499, †1546, ital. Maler u. Architekt; Schüler u. Mitarbeiter *Raffaels;* Hptw.: Plan u. Ausmalung des Palazzo del Té in Mantua.
**Giurgiu** [ˈdʒurdʒu], rumän. Hafenstadt an der Donau, südl. von Bukarest, 68 000 Ew.
**Giusti** [ˈdʒu-], Giuseppe, *1809, †1850, ital. Schriftst. (polit. Satiren).
**Gizeh** [ˈgiːze], *Giseh,* ägypt. Prov.-Hptst. am Nil, gegenüber von Kairo, 1,67 Mio. Ew.; 8 km westl. die *Pyramiden von G.,* die zur Zeit der 4. Dynastie (um 2590–2470 v. Chr.) von den Königen *Cheops, Chephren* u. *Mykerinos* errichtet wurden, sowie die *Sphinx.*
**Glacé** [glaˈse], glänzendes Gewebe aus verschiedenfarbigen Garnen.
**Glacier National Park** [ˈglæʃə ˈnæʃənəl paːk], Naturschutzgebiet in den Rocky Mountains, in

*Massaigiraffe*

**316 Glacis**

*Gladiator: Kampf eines Schwertfechters gegen einen mit Lanze und Krummdolch Bewaffneten; römisches Fußbodenmosaik, 250 n. Chr.*

Montana (USA), an der amerik.-kanad. Grenze u. in Alberta (Kanada).
**Glacis** [-'si], fr. bei Festungen die durch das Ausheben des Festungsgrabens entstandene, feindwärts gelegene Erdanschüttung, die dem Gegner keinerlei Deckung bietet.
**Gladbeck,** Industriestadt in NRW, 77 000 Ew.
**Gladiator,** Schwertfechter im alten Rom. Die G.enkämpfe wurden in der Kaiserzeit regelmäßig abgehalten, zunächst auf dem Forum, später im Kolosseum. Die G. waren Kriegsgefangene, verurteilte Verbrecher (in den Christenverfolgungen auch Christen), Sklaven oder Berufskämpfer.
**Gladiole,** *Siegwurz,* Gatt. der *Schwertliliengewächse;* Zwiebelpflanzen. In Dtld. heim. sind: *Sumpfsiegwurz* u. *Wiesensiegwurz* (unter Naturschutz). Häufig werden farbenprächtige S-afrik. Arten angepflanzt.
**Gladstone** ['glædstən], William Ewart, *1809, †1898, brit. Politiker (Liberaler); wandte sich einem Liberalismus mit pazifist.-humanitärer Ausrichtung zu; seit 1865 Parteiführer; 1868–94 mehrf. Prem.-Min.; Gegner B. *Disraelis* u. der imperialist. Außen- u. Flottenpolitik.
**Glaeser,** Ernst, *1902, †1963, dt. Schriftst. u. Journalist (zeitkrit. Romane u. Hörspiele).
**glagolitische Schrift,** *Glagoliza,* das älteste slaw. Alphabet, entstanden aus einer Verbindung von grch. mit semit. oder kopt. Schriftzeichen; wahrsch. vom Slawenapostel *Kyrillos* eingeführt; heute durch die *kyrill. Schrift* ersetzt.
**Glaise von Horstenau** [glɛːz-], Edmund, *1882, †1946 (Selbstmord), östr. Politiker u. Historiker; 1938 Vizekanzler der Reg. Seyß-Inquart, 1943 General der dt. Wehrmacht.
**Glamour** ['glæmə], betörende Aufmachung, Blendwerk. – **G.girl** [-gəːl], bes. aufgemachtes Mädchen, Reklame- oder Filmschönheit.
**Glanzgras,** Gatt. der *Süßgräser;* hierzu das bis 3 m hohe, schilfartige *Rohr-G.*
**Glanzkäfer,** weltweit verbreitete Fam. der *Käfer* (über 2000 Arten) mit metall. glänzendem Körper.
**Glanzmann,** Eduard, *1887, †1959, schweiz. Kinderarzt; nach ihm ben. die *G.sche Krankheit,* ein auf erbl. funktioneller Minderwertigkeit der Blutplättchen (Thrombozyten) beruhendes Blutungsübel.

*Glas: Herstellung von Versuchsschmelzen*

**Glareanus,** *Glarean,* Henricus, *1488, †1563, schweiz. Humanist u. Musiktheoretiker; Freund des *Erasmus von Rotterdam.*
**Glarner Alpen,** Teil der schweiz. Nordalpen zw. Reuß u. Rhein.
**Glarus,** Kt.-Hptst. der Schweiz, an der Linth, zu Füßen des *Vorderglärnisch,* 6300 Ew.
**Glas,** Sammelbegriff für eine kaum überschaubare Zahl von Stoffen verschiedenster Zusammensetzungen, die erschmolzen werden u. beim Abkühlen ohne Kristallisation erstarren. Die Struktur des G.es ähnelt der von Flüssigkeiten, es liegt jedoch ein Festkörper vor. Die Fähigkeit zur G.bildung besitzen v.a. Oxide von Silicium, Bor, Germanium, Phosphor, Arsen. Herstellung: Das Gemenge aus den fein zerkleinerten u. homogen gemischten Rohstoffen (Quarzsand, Soda, Pottasche, Kalkstein, Marmor, Kreide) wird in Schmelzwannen oder G.häfen (*G.schmelzöfen*) erschmolzen, wobei die Schmelze durch Zusätze geläutert u. entfärbt wird. Die G.schmelze wird durch Blasen mit dem Mund, Pressen, Ziehen, Schleudern von Hand oder maschinell verarbeitet. – Gesch.: Die Kunst der G.herstellung war schon in Ägypten um 3000

*Glasbläser*

v.Chr. bekannt. Die ältesten G.hütten auf dt. Boden sind von Römern bei Trier u. Köln gebaut worden. Venezian. G.macher gründeten im MA in dt. Waldgebieten wie Spessart, Bayerischer Wald u.a. G.hütten. G. wurde lange Zeit fast ausschließl. zu Schmuckzwecken u. für Gefäße verwendet. Erst gegen Ende des MA ging man zur Verglasung von Fenstern über.
**Glasaal** → Aale.
**Glasauge,** *Augenprothese,* ein künstl., aus Glas geblasener Augapfel zum Ersatz eines verlorenen Auges u. zum Schutz der leeren Augenhöhle gegen Entzündungen u. Schrumpfung.
**Glasbau,** *Glasarchitektur,* eine Bauweise, bei der Glas durch Verwendung für Wände, Dächer u.a. das äußere u. innere Erscheinungsbild der Gebäude bestimmt; entwickelte sich zu Beginn des 20. Jh., als die *Skelettbauweise* aus Stahl u. Stahlbeton die tragende u. stützende Funktion massiver Wände aufhob.
**Glasbausteine,** durchscheinende Glaskörper die in Wände eingebaut werden; ermöglichen Lichteinfall ohne Durchblick.
**Glasbläserei,** Herstellung von Glasgegenständen durch Blasen, Drehen, Wälzen der Glasflüssigkeit mittels Glasbläserpfeife.
**Glasdruck,** das Bedrucken von Glas mit nachgiebigen Formen, z.B. Kautschuk; Druck auf Papier mit Glasplatten, in die Bilder, die entsprechend eingefärbt werden, eingeätzt sind.
**Glasen,** das Anschlagen der Schiffsglocke während der Seewachen als Zeitmaß. Jeder Einzelschlag zählt eine halbe Stunde; aus der Zeit der Sanduhr *(Glas* genannt), die eine halbe Stunde lief.
**Glasenapp,** Helmuth von, *1891, †1963, dt. Indologe; erforschte die mittel- u. neuind. Religionen u. Literaturen.
**Glaser** ['glaːzə], Donald Arthur, *21.9.1926,

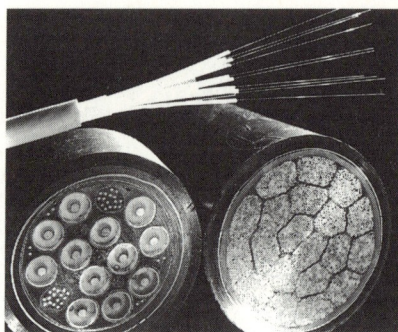

*Glasfaser: Glasfaserkabel (oben) im Vergleich zu einem koaxialen Fernkabel (links) und einem Ortskabel*

US-amerik. Physiker; entwickelte 1952 die erste *Blasenkammer;* Nobelpreis 1960.
**Glasfasern,** Sammelbegriff für zu Fasern verarbeitetes Glas mit Durchmessern zw. 0,1 mm u. wenigen Tausendstel mm. Man unterscheidet Isolier-G. (Glaswolle), Textil-G. u. Lichtwellenleiter.
**Glasfaseroptik** → Lichtwellenleiter.
**glasfaserverstärkte Kunststoffe,** GFK, Kunststoffe in einer Verbindung mit Glasfasergeweben oder -matten, mit bes. Zugfestigkeit; u.a. für Boote, Segelflugzeuge, Rohre, Dächer.
**Glasgow** ['glaːsgoʊ], größte u. wirtsch. wichtigste Stadt Schottlands, drittgrößte Stadt in Großbrit., 725 000 Ew.; Univ. (1451); Sitz eines kath. Erzbischofs u. eines anglikan. Bischofs; Schiffbau; Flugplatz.
**Glasharfe,** Instrument aus abgestimmten Kelchgläsern, die durch Streichen am oberen Rand mit angefeuchteten Fingern zum Klingen gebracht werden.
**Glasharmonika,** von Benjamin *Franklin* 1762 entwickeltes Streichglockenspiel mit Glasglocken, die auf einer waagerechten Achse befestigt sind, die durch Fußantrieb in Umdrehung versetzt wird. Die G. wird mit angefeuchteten Fingern gespielt.
**Glashow** ['glæʃoʊ], Sheldon Lee, *5.12.1932, US-amerik. Physiker; Arbeiten in der Elementarteilchenphysik; Nobelpreis 1979.
**Glashütte,** Erzeugungsstätte für Glas, bestehend aus Glasschmelzöfen, Glasbearbeitungswerkstätten u. Kühlöfen.
**Glaskeramik,** Werkstoffe, die durch gesteuerte Kristallisation aus Glasschmelzen hergestellt werden; u.a. für Koch- u. Backgeschirr.
**Glaskopf,** ein Erz, das in Absonderungsformen mit glatter, kugeliger Oberfläche auftritt, z.B. *Roter G. (Roteisenerz).*
**Glaskörper,** der durchsichtige Inhalt des Augapfels.
**Glasmalerei,** Herstellung bildl. Darst. aus farbigem Fensterglas. Nach dem ältesten Verfahren (älteste Stücke aus dem 11. Jh.), der *musivischen G.,* wurde der in Originalgröße angefertigte Entwurf (Visierung, Scheibenriß) mit farbigen Glasstücken ausgelegt u. die Binnenzeichnung mit Schwarzlot aufgemalt u. eingebrannt. Die Scherben wurden mit Bleiruten, die zugleich Konturen bezeichneten, aneinandergesetzt. Die Wirkung dieser G. ist dem Mosaik verwandt. Im 15. Jh. wurde die Technik der *Kabinettmalerei* entwickelt. Das meist kleinformatige Bild wurde nicht mehr aus mehreren Teilen zusammengesetzt, sondern auf eine monolithe Scheibe rein linear oder farbig aufgemalt. Damit wurde das bis dahin gültige Prinzip der G. (Malerei aus Glas) verwandelt in eine Malerei auf Glas.
**Glasnost,** urspr. die Öffentlichkeit von Gerichts- u. Verwaltungsverfahren; seit 1985 von dem sowj. Parteichef M. *Gorbatschow* verbreitetes Schlagwort für eine Politik größerer Transparenz (z.B. bessere Information der Bev. über staatl. Maßnahmen, öffentl. Erörterung von Mißständen).
**Glasnudel,** durchscheinende Nudel aus Reismehl.
**Glaspapier,** *Schmirgelpapier, Sandpapier,* ein mit Leim bestrichenes u. mit Glaspulver oder Schmirgelpulver bestreutes starkes Papier; zum Putzen u. Glätten, bes. von Holz.
**Glass** [glaːs], Philip, *31.1.1937, US-amerik. Komponist; Vertreter der Minimal Music; Opern »Einstein on the beach«, »Satyagraha«, »Echnaton«
**Glaßbrenner,** Adolf, Pseud.: A. *Brennglas,* *1810, †1876, Berliner Volksschriftst.

**Glasschmelzöfen,** Öfen zur Glasherstellung. Im Altertum wurde Glas in tönernen Pfannen über offenem Holzfeuer erschmolzen. Heute wird Tafel- u. Flaschenglas in Wannenöfen hergestellt, die wegen zunehmenden Glasbedarfs bis zu 30 m lang sind (Inhalt bis zu 700 t). Die Glasschmelze wird auf 1300–1600 °C erhitzt; eine Glasschmelzung dauert 12–30 Std.

**Glasschneider,** ein Werkzeug mit einem sehr harten Wolframstahlrädchen zum Schneiden von Glasplatten.

**Glasunow** [-'nɔf], Alexander Konstantinowitsch, *1865, †1936, russ. Komponist; Schüler von N. *Rimskij-Korsakow;* Sinfonien, Orchesterwerke, Violinkonzert.

**Glasur,** dünner, glasartiger, meist durchsichtiger, farbloser, aber auch farbiger, dichter Überzug auf keram. Erzeugnissen. Der glasierte keram. Gegenstand erhält dadurch nicht nur ein glänzendes Aussehen, sondern wird auch für Flüssigkeiten u. Gase undurchlässig. G.en sind leichtflüssige, silikat. Glasarten von wechselnder Zusammensetzung. Die G. für gewöhnl. Hartporzellan z.B. ist ein kieselsäurereiches, tonerdehaltiges, bleifreies Glas.

**Glaswolle,** *Glaswatte,* zu feinen Fäden ausgezogenes oder durch Düsen geblasenes Glas; dient zur Schall- u. Wärmedämmung.

**Glatteis,** ein glatter Eisüberzug am Erdboden, bes. auf Straßen, der aus unterkühltem flüssigem Niederschlag entsteht oder dadurch, daß flüssiger Niederschlag auf gefrorenen Boden fällt u. gefriert.

**Glatthafer,** *Raygras, Wiesenhafer,* zu den *Süßgräsern* gehörendes Futtergras.

**Glattwale,** *Balaenidae,* Fam. der *Bartenwale.* Die 4–5 m langen Barten werden beim Schließen des Mauls nach hinten umgebogen. Zu den G. gehören *Grönlandwal, Nordkaper, Südkaper.*

**Glatz,** poln. *Kłodzko,* Stadt in Schlesien (poln. Wojewodschaft Wałbrzych), im *G.er Kessel* an der *G.er Neiße,* 30 000 Ew.

**Glatze,** fast ausschl. bei Männern auftretende Sonderform des Haarausfalls *(androgenet. Alopezie).*

**Glatzer Bergland,** Teil der mittleren Sudeten; ein von Heuscheuergebirge, Habelschwerdter Gebirge, Glatzer Gebirge, Reichensteiner Gebirge u. Eulengebirge umschlossener Kessel; Erz- u. Kohlenlagerstätten; Mineralquellen.

**Glaube, 1.** ein Grundbegriff der jüd.-christl. Religionswelt: das »Sich-Verlassen« des Menschen auf Gott. Im Christentum ist G. der in urspr. Bezug zu seinem Grund Jesus Christus verstandene Mut zum Sein, die Hoffnung, die auch am Tod nicht scheitert, u. die Motivationskraft der Liebe. Wichtig ist die Abgrenzung des G. von einem bloßen Fürwahr-Halten religiöser Lehren, da der religiöse G. nicht Sache allein des Intellekts ist, sondern Bestimmung der Person als ganzer. – **2.** *Recht:* → guter Glaube.

**Glaubensbekenntnis,** *Konfession* → Apostolisches Glaubensbekenntnis.

*Glasmalerei: Gott Vater; um 1423. Ulmer Münster, Besserer-Kapelle*

**Glaubenseid,** in der kath. Kirche die Ablegung eines Glaubensbekenntnisses unter eidl. Versicherung der inneren Zustimmung u. des Willens, an ihm festzuhalten; vorgeschrieben bei Aufnahme in die Kirche u. vor Übernahme kirchl. Ämter u. Dienste.

**Glaubensfreiheit,** ein in vielen Verfassungen, mitunter auch durch völkerrechtl. Verträge gesichertes Menschen- u. Grundrecht, sich für ein religiöses Bekenntnis entscheiden u. einer selbstgewählten Religionsgemeinschaft angehören zu können *(Religionsfreiheit).* Damit ist das Recht auf eine ungestörte Religionsausübung verbunden *(Kultusfreiheit).*

**Glauber,** Johann Rudolf, *1604, †1668, dt. Apotheker u. Chemiker; entwickelte Verfahren zur Herstellung von Mineralsäuren u. Salzen.

**Glaubersalz,** chem. Bez. *Natriumsulfathydrat,* $Na_2SO_4 \cdot 10H_2O$, ein Abführmittel; Bestandteil vieler natürl. Mineralwässer.

**Gläubiger,** derjenige, der kraft eines Schuldverhältnisses eine Leistung des *Schuldners* fordern kann.

**Gläubigerausschuß,** ein Ausschuß von Konkursgläubigern. Er wird bestellt von der **Gläubigerversammlung,** der Versammlung aller Konkursgläubiger, die vom Konkursgericht berufen u. geleitet wird.

**Gläubigerverzug,** *Annahmeverzug,* die Nichtannahme der vom Schuldner ordnungsgemäß angebotenen Leistung durch den Gläubiger. Durch den G. mindert sich die Haftung.

**Glauchau,** Krst. in Sachsen, an der Zwickauer Mulde, 30 000 Ew.; Textilind.

**Glaukom,** *grüner Star,* durch Erhöhung des Innendrucks im Augapfel bedingte Augenerkrankung, die zur vollständigen Erblindung führen kann. Das G. entsteht entweder durch Abflußbehinderung des Kammerwassers infolge Narbenbildung bei Regenbogenhautentzündungen, Linsenverlagerungen oder Geschwülsten im Auge *(sekundäres G.),* oder es kommt ohne erkennbare Ursachen als selbst. Krankheit vor *(primäres G.).*

**Glaukonit,** ein Mineral.

**glazial,** das Eis, die Eiszeit betr. – **g.e Abtragung,** die ausschürfende Tätigkeit des Eises. Sie läßt trogförmige Täler u. Seebecken entstehen; anstehendes Gestein wird durch mitgeführtes Geschiebe abgeschliffen; vom Eis überwanderte Berge werden abgerundet. – **G.sedimente,** Ablagerungen der von Eis transportierten Lockermaterialien im Gletschervorfeld; → Moräne.

**Glaziologie,** die Gletscherkunde; → Gletscher.

**Gleditschien,** akazienähnl. Bäume mit oft verzweigten Dornen; hierzu die nordamerik. *Christusakazie.*

**Gleichberechtigung,** *G. von Mann u. Frau,* eine aus dem Gleichheitssatz des Art. 3 Abs. 2 GG als Grundrecht garantierte Gewährleistung des Staats; weitgehend verwirklicht durch das am 1.7.1958 in Kraft getretene »Gesetz über die G. von Mann u. Frau auf dem Gebiete des bürgerl. Rechts« *(G.sgesetz).*

**Gleichen,** thüring. Grafengeschlecht, urspr. im Eichsfeld begütert, im 17. Jh. ausgestorben. Die Sage von der Doppelehe des Kreuzfahrers *Ernst II.* von G. († 1170) wurde vielfach in der Kunst behandelt (Grabstein im Erfurter Dom).

**Gleichen-Rußwurm,** Emilie v., *1804, †1872, Schillers jüngstes Kind; mit ihrem Mann, Adalbert Frhr. von G., Hrsg. des Briefwechsels ihrer Eltern.

**Gleichgewicht, 1.** *Physik:* der Zustand, in dem sich zwei oder mehr einander entgegengesetzte Wirkungen (Kräfte) aufheben *(mechan. G.).* Im einzelnen unterscheidet man *stabiles, labiles* u. *indifferentes G.,* je nachdem der Körper bei einer kleinen Verschiebung aus seiner momentanen Lage in diese zurückzukehren sucht, sich von ihr zu entfernen strebt oder in seiner neuen Lage verharrt. – Beim *therm.* oder *thermodynam. G.* verlaufen zwei Vorgänge einander entgegen, z.B. wenn die Zahl der Teilchen in einem chem. Gemisch, die pro Sek. erzeugt werden, gleich der ist, die pro Sek. wieder zerfallen; dabei bleibt die Mischung immer dieselbe. Beim *radioaktiven G.* liefert das erste von zwei in der Umwandlungsreihe aufeinander folgenden Elementen in der Zeiteinheit dem 2. Element so viele Teilchen nach, wie von diesem selbst zerfallen. Das ist der Fall, wenn die Zahlen der vorhandenen Atome sich wie Halbwertszeiten verhalten. – **2.** *Politik:* → Europäisches Gleichgewicht. – **3.** → ökologisches Gleichgewicht.

**Gleichgewichtssinnesorgane,** Schweresinnes-

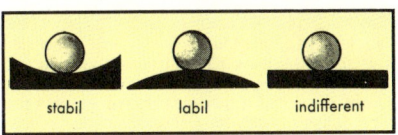

*Gleichgewicht*

organe, auf die Gravitationskraft als Reiz ansprechende tier. Sinnesorgane, die meist in paariger Anordnung das Gleichgewicht aufrechterhalten; bei vielen wirbellosen Tieren flüssigkeitsgefüllte Blasen *(Statocysten),* in denen Schwerekörper *(Statolithen,* z.B. Sandkörnchen, Kristalle) den Haaren von Sinneszellen aufliegen, die jede Lageveränderung des Statolithen registrieren. Die G. der Wirbeltiere liegen in den Bogengängen im Ohrlabyrith (→ Ohr). Störungen, kenntl. u.a. am Schwindelgefühl, treten auf bei Erkrankung der G., Vergiftungen u. hochgradiger Erschöpfung.

**Gleichheit,** ein Grundprinzip moderner, demokrat. verfaßter Gesellschaften, das im Ggs.: zu den real feststellbaren soz. u. natürl. Unterschieden von Gruppen u. Individuen die Gleichrangigkeit aller Menschen unter übergeordneten sittl. Maßstäben postuliert. Die G. vor dem Gesetz ist in Art. 3 GG als Grundrecht normiert. Es enthält das Gebot der Gleichbehandlung u. das Verbot der Benachteiligung oder Bevorzugung »wegen seines Geschlechtes, seiner Abstammung, seiner Rasse, seiner Sprache, seiner Heimat u. Herkunft, seines Glaubens, seiner religiösen oder polit. Anschauungen«.

**Gleichnis,** der poet. ausgestaltete Vergleich des gemeinten Sachverhalts mit einem prägnanten Bild, das aus einem ganz anderen Lebensbereich stammt u. nur in einem Punkt *(Tertium comparationis)* sich mit dem gemeinten Sachverhalt berührt. Große Bed. haben die G.se des NT, die oft zu Parabeln erweitert sind.

**Gleichrichter,** ein elektr. Gerät, das Wechselstrom in Gleichstrom umwandelt. – *Mechan. G.* sind nur noch für wenige Anwendungsfälle im Gebrauch, z.B. als *Quecksilberstrahl-G.* Im übrigen haben sich die wartungs- u. verschleißfreien *Trocken-* oder *elektron. G.* durchgesetzt. Man verwendet hierzu Halbleiter-Schaltelemente, die den elektr. Strom (weitgehend) nur in einer Richtung durchlassen (Ventilwirkung).

**Gleichschaltung,** die erzwungene Unterordnung u. einheitl. Ausrichtung von polit. Gruppen, Einrichtungen u. Ämtern nach den Richtlinien einer polit. Zentralgewalt; meist verbunden mit der Anwendung von Gewalt u. Terror. Die G. ist ein Mittel zur Machtkonzentration in Diktaturen. Der Name kommt von dem nat.-soz. »Gesetz zur G. der Länder mit dem Reich« vom 31.1.1933, dem mehrere ähnl. Gesetze folgten.

**Gleichspannung,** eine elektr. Spannung von zeitl. konstanter Größe; z.B. bei galvan. Elementen.

**Gleichstrom,** elektr. Strom gleichbleibender Richtung (im Gegensatz zum *Wechselstrom,* dessen Richtung sich period. ändert). Reiner G. entsteht auf chem. Wege in galvan. Elementen oder Akkumulatoren; der durch Gleichrichter oder Generatoren gewonnene G. enthält einen überlagerten Wechselstromanteil. G. wird in der Nachrichtentechnik zum Betrieb von Relais, Wählern, Elektronenröhren u. Transistoren gebraucht, in der Starkstromtechnik für regelbare Motorantriebe u. für galvan. Anlagen.

**Gleichstromwiderstand,** *Ohmscher Widerstand,* der → Widerstand, den ein elektr. Bauelement reinem Gleichstrom entgegensetzt.

**Gleichungen,** die durch das Gleichheitszeichen (=) symbolisierte Gleichheitsbeziehung zw. mathemat. Größen. *Identische G.* gelten für alle Werte der vorkommenden Größen, z.B. $(a+b)^2 = a^2+2ab+b^2$. *Bestimmungs-G.,* z.B. $x^2-9 = 0$, gelten für einen oder mehrere Werte der unbekannten Größe, die bestimmt werden soll. *Algebraische G.* entstehen durch Nullsetzen einer ganzen rationalen Funktion; sie haben die Form $x^n + a_1 x^{n-1} + \ldots + a_{n-1} x + a_n = 0$, wobei $n$ eine natürl. Zahl ist. *Transzendente G.* sind G., die nicht algebraisch sind: Zu ihnen gehören die *Exponential-G.* (z.B. $2^x = 3$), die *logarithmischen G.,* in denen die Unbekannte als Argument einer Winkelfunktion auftritt (z.B. $\cos(2x) = \frac{1}{2}$).

**Gleim,** Johann Wilhelm Ludwig, *1719, †1803, dt. Schriftst.; ein *Anakreontiker,* von friderizian. Gesinnung (»Preuß. Kriegslieder von einem Grenadier«).
**Gleis,** die Spur für Schienenfahrzeuge; meist paarige Schienen, die das Fahrzeug tragen u. seine Fahrtrichtung bestimmen u. die auf Stahl- oder Spannbetonschwellen im richtigen Abstand *(Spurweite)* befestigt sind.
**Gleisdreieck,** Gleisverbindung in Dreiecksform zum Wenden von Zügen.
**Gleiskettenfahrzeug,** *Kettenfahrzeug, Raupenfahrzeug,* ein Geländefahrzeug für Bauarbeiten, Land- u. Forstwirtsch. oder militär. Zwecke, dessen Last ganz oder teilw. auf Gleisketten (»Raupen«) ruht. Die Ketten verteilen die Last auf eine große Auflagefläche, so daß in weichen Böden die Eindringtiefe verringert wird.
**Gleissperre,** eine Vorrichtung bei Eisenbahnen, die das Überfahren von Haltesignalen verhindert; sie besteht aus einem eisernen Sperrklotz u. steht meist mit einer Weiche in Verbindung.
**Gleitboot,** ein flachbodiges, schnelles Wasserfahrzeug; bei hoher Geschwindigkeit teilweise aus dem Wasser gehoben.
**gleitende Arbeitszeit,** *flexible Arbeitszeit:* die Arbeitnehmer müssen tägl. in einer bestimmten *Kernzeit* stets anwesend sein; im übrigen können sie ihre Büro-Arbeitszeiten selbst einteilen, jedoch mit der Maßgabe, daß sie die wöchentl. Arbeitszeit erreichen.
**Gleitflug,** der (unbeschleunigte) Flug eines nicht angetriebenen Flugzeugs unter Wirkung der Schwerkraft u. der an den Tragflächen angreifenden Auftriebskräfte.
**Gleiwitz,** poln. *Gliwice,* Ind.-Stadt in Schlesien (poln. Wojewodschaft Katowice), 211 000 Ew.; TH; Mittelpunkt des westoberschles. Gruben- u. Hüttengebiets.
**Gleizes** [glɛ:z], Albert, *1881, †1953, frz. Maler; ging vom Impressionismus zum Kubismus über u. wurde dessen Theoretiker.
**Glemp,** Jósef, *28.12.1929, poln. kath. Theologe; seit 1981 Erzbischof von Gnesen u. Warschau, Primas Polens, 1983 Kardinal.
**Glendale** [-deil], Stadt im südl. California (USA), bei Los Angeles, 140 000 Ew.; Bau von elektron. Geräten, Flugzeugen u. Raketenzubehör.
**Glenn,** John, *18.7.1921, erster US-amerik. Astronaut; umkreiste am 20.2.1962 in einer Raumkapsel vom Typ »Mercury« dreimal die Erde.
**Glencheck** [-tʃək], Gewebe aus Wolle oder Chemiefasern mit ungleichmäßigen Karos.
**Gletscher,** Eisströme, die sich langsam in Tälern abwärts bewegen. Sie entstehen oberhalb der Schneegrenze im *Nährgebiet* von Hochgebirgen u. polaren Gebieten durch Umschmelzung unter Druck aus schneeartigen Niederschlägen *(Firn)* u. reichen je nach Temperaturverhältnissen mit einer oder mehreren Zungen in schneefreie Gebiete, wo sie allmähl. abschmelzen *(Zehrgebiet).* Reichen G.zungen bis ins Meer, so entstehen durch Loslösen (»Kalbung«) von Eismassen *Eisberge.* – Die

| **Bekannte Gletscher** | | | |
|---|---|---|---|
| Name | Gebirge/Gebiet | Länge (in km) | Fläche (in km²) |
| Aletsch-Gletscher | Berner Alpen | 24,7 | 86,8 |
| Batura-Gletscher | Karakorum | 57 | 277 |
| Chogo-Lungma-Gletscher | Karakorum | 44,8 | 345 |
| Fedtschenko-Gletscher | Pamir | 77 | 922 |
| Gepatsch-Ferner | Ötztaler Alpen | 8,7 | 18,2 |
| Gorner-Gletscher | Walliser Alpen | 14,1 | 68,9 |
| Hintereisferner | Ötztaler Alpen | 7,7 | 9,7 |
| Hispar-Gletscher | Karakorum | 64 | 720 |
| Jostedalsbre | Norwegen | 100 | 1000 |
| Malaspina-Gletscher | Alaska | 113 | 4295 |
| Mer de Glace | Mont-Blanc-Massiv | 12 | 33 |
| Moteratsch-Gletscher | Bernina-Gruppe | 7,5 | 17,2 |
| Muir-Gletscher | Fairweather Range | 20 | 1200 |
| Pasterze | Großglockner-Gruppe | 9,2 | 19,8 |
| Rhône-Gletscher | Berner Alpen | 10,2 | 17,4 |
| Rimo-Gletscher | Karakorum | 45 | 496 |
| Siachen-Gletscher | Karakorum | 72 | 1216 |
| Tasman-Gletscher | Neuseeland | 29 | 101 |
| Unteraar-Gletscher | Berner Alpen | 13,5 | 28,4 |
| Vatnajökull | Island | 142 | 8300 |

Dicke der G.eismassen beträgt in den Alpen bis 800 m, in Grönland bis 3000 m, Strömungsgeschwindigkeit 40–200 m jährl. Auftretende Spannungen beim Überfließen von Bodenstufen, bei Strömungsunterschieden oder beim Auseinanderfließen bewirken ein Zerreißen in Zugrichtung oder quer dazu: *G.spalten.* Das Schmelzwasser sammelt sich am Grund des G. u. verläßt ihn durch ein *G.tor.* Der Gesteinsschutt, den die G. transportieren, wird als *Moräne* abgelagert. So wird der durch *G.erosion* losgeschürfte Untergrund als *Grundmoräne* mitgeführt u. das gesamte Material an der G.zunge zur *Endmoräne* zusammengeschoben. Der felsige Untergrund wird abgerundet *(Rundhöcker)* u. zeigt oft Schleifspuren *(G.schliffe)* u. durch herabstürzende Schmelzwässer u. Sand ausgekolkte Löcher *(G.töpfe, G.mühlen);* die Täler sind U-förmig umgestaltet u. übertieft. – Umfang der vergletscherten Gebiete: zur Eiszeit über 40 Mio. km², heute etwa 15 Mio km² (12,65 Mio. km² Antarktika, 1,8 Mio. km² Grönland, 300 000 km² arkt. u. antarkt. Randgebiete, 100 000 km² amerik. Festland, 120 000 km² Asien, 10 000 km² Europa).
**Gletscherfloh,** in den Gletscherspalten der Hochgebirge lebender *Gliederspringschwanz.*
**Gletscherwind,** Fallwind am Rande von Gletschern; eine kalte, also schwere Luftströmung, die gletscherabwärts strömt.
**Glia,** *Neuroglia,* Stütz- u. Nährzellen im Nervengewebe, bes. von Gehirn u. Rückenmark.
**Glied,** ein Teil, bes. ein bewegl. Teil des tier. u. menschl. Körpers (→ *Gliedertiere,* → *Gliedmaßen).* – *Männl. G. (Penis),* das der Samenübertragung dienende äußere Geschlechtsorgan.
**Gliederblattkaktus,** *Weihnachtskaktus,* ein Kaktusgewächs aus O-Brasilien; beliebte Zimmerpflanze.
**Gliederfüßer,** *Arthropoda,* Stamm der *Gliedertiere,* der artenreichste Tierstamm (rd. 750 000 Arten). Der Körper besteht aus einer größeren Zahl gleichartiger Segmente. Jedes Rumpfsegment hat in der Grundanlage je ein Paar Extremitäten, Exkretionsorgane u. Ganglien. Die Körperdecke besteht aus *Chitin.* Die G. haben ein Strickleiter-Nervensystem. Zu ihnen gehören die Unterstämme *Spinnentiere, Krebse* u. *Tracheentiere.*
**Gliederkoralle,** eine Hornkoralle, deren Achse nicht einheitl. von Horn gebildet wird: Schwarze Hornsubstanz wird abgelöst durch Kalkeinlagen, so daß das Skelett wie eine Perlenschnur wirkt.
**Gliederspringschwänze,** Insekten aus der Ordnung der *Springschwänze;* hierzu *Gletscherfloh, Schneefloh* u. *Wasserspringschwanz.*
**Gliedertiere,** *Artikulaten,* Bez. für entwicklungsgeschichtl. verwandte Bauchmarktiere, deren Körper in Segmente gegliedert ist. Zu den G. gehören u.a. die *Ringelwürmer* u. *Gliederfüßer.*
**Gliedmaßen,** *Extremitäten,* vom Körperstamm abgesetzte u. gegen diesen bewegl. Körperfortsätze von Tieren, die zumeist der Fortbewegung, aber auch der Nahrungsaufnahme (Mundwerkzeuge) u. der Fortpflanzung dienen. Wirbeltiere haben 2 Paare von G., die vorderen (oberen) u. die hinteren (unteren); in der menschl. Anatomie: Arme u. Beine.
**Gliedstaaten,** Teilstaaten eines *Staatenbunds* oder eines *Bundesstaats.* Im Staatenbund bleiben die G. selbst. Staaten.
**Glière** [gliˈɛːr], Reinhold, *1875, †1956, russ. Komponist; folklorist. geprägte Opern, Ballette, Sinfonien.
**Glima,** isländ. Gürtelringkampf.
**Glimmer,** gesteinsbildende Minerale von glitzerndem Aussehen, in Blattschüppchen leicht spaltbar; kalium- u. aluminiumreiche G. *(helle G., Muskowit),* magnesium- u. eisenreiche G. *(dunkle G., Biotit);* Isolierstoff. – **G.schiefer,** ein metamorphes Gestein, ausgeprägt schiefrig, aus Glimmer u. Quarz.
**Glimmlampe,** eine Gasentladungslampe, die meist mit Neon oder einem Helium-Neon-Gemisch gefüllt ist; nutzt nur das negative Glimmlicht aus (geringer Elektrodenabstand).
**Glinde,** Stadt in Schl.-Ho., östl. von Hamburg, 14 500 Ew.; metallverarbeitende Ind.
**Glinka,** Michail, *1804, †1857, russ. Komponist; Opern »Ein Leben für den Zaren«, »Ruslan u. Ludmilla«.
**Gliom,** vom Nervenstützgewebe, der *Glia,* ausgehende Geschwulst.
**glissando,** *Musik:* über eine Saite oder die Tastatur schnell hinweggleitend.
**Glissant** [gliˈsɑ̃], Édouard, *21.9.1928, afrokarib. Schriftst.; beschreibt in frz. Sprache die Welt der Antillen.
**Glisson** [ˈglisən], Francis, *1597, †1677, engl. Anatom u. Chirurg. Nach ihm ben. die *G.sche Schlinge* zur Streckung der oberen Wirbelsäule.
**Glittertind** [ˈglitərtin], höchster norw. Berg, in Jotunheimen, 2470 m.
**Gliwice** [-tsɛ] → Gleiwitz.
**global,** weltweit, umfassend, gesamt.
**Globe Theatre** [gloʊb ˈθɪətə], 1599 in London gegr. Theater, an dem viele Stücke *Shakespeares* uraufgeführt wurden. Es wurde 1644 abgerissen.
**Globetrotter,** Weltbummler.

*Gletscher am Monte-Rosa-Massiv; deutlich zu erkennen ist die Mittelmoräne*

*Globus: Im beleuchteten Zustand zeigt der Duo-Globus das physische Bild der Erde*

**Globigerinen,** Gatt. der *Foraminiferen;* mit Gehäusen aus Kalk; Hauptbildner des Bodenschlicks *(G.schlamm).*
**Globin,** die farblose Eiweißkomponente des roten Blutfarbstoffs *Hämoglobin.*
**Globule,** kleiner rundl. Dunkelnebel aus Staub u. Gas. Die Dichte der Materie ist in den G. 100–10 000mal größer als in normalen Dunkelnebeln; vermutl. Vorstufen in der Sternentwicklung.
**Globuline,** weitverbreitete Gruppe von *Proteinen;* z.B. im Blutplasma, in der Milch u. in Eiern.
**Globus,** verkleinerte Nachbildung der Erd-, Mond- oder Himmelskugel.
**Glocke,** ein metall. Schlaggerät von becherförmiger Gestalt, das mit der Öffnung nach unten am Boden des Bechers aufgehängt wird. Durch Anschlagen mit einem Hammer oder durch den in der Mitte des Bodens befestigten *Klöppel,* der durch Schwingen der G. wechselweise an der Wandung anschlägt (»Läuten« der G.), wird ein kräftiges harmon. Tongemisch erzeugt. Als Werkstoff für G. dient überwiegend eine Legierung aus 77–80% Kupfer u. 20–23% Zinn nebst geringen anderen Zusätzen *(Glockenspeise);* heute auch *Stahlguß.*
**Glockenbecher-Kultur,** im westl. Mittelmeergebiet entstandene u. über N-Afrika, S- u. Mitteleuropa (einschl. England) verbreitete Kultur der ausgehenden Jungsteinzeit. Charakterist. sind die *Glockenbecher* (glockenförmige Tongefäße).
**Glockenblumen,** *Campanula,* Gatt. der G.gewächse mit meist blauen bis blauvioletten Blüten, mit rd. 300 Arten auf der Nordhalbkugel; Zierpflanzen.
**Glockenheide** → Heidekraut.
**Glockenreben,** Klettersträucher des trop. Amerika aus der Fam. der *Sperrkrautgewächse;* Zierpflanze.
**Glockenspiel, 1.** Zusammenstellung von kleineren Glocken, die so gestimmt sind, daß sie ein Melodiespiel ermöglichen; in der Regel auf Türmen im Glockenstuhl angebracht. – **2.** im Orchester ein Stahlstabspiel in klaviaturartiger Anordnung, das mit Holzschlegeln gespielt wird; eine einfache kleine Form ist Kinderinstrument.
**Glockentierchen,** *Vorticella,* Gatt. der *Wimpertierchen* des Süßwassers, mit glockenförmigem Körper.
**Glockenturm,** Turm einer Kirche oder eines öffentl. Gebäudes, in dem die Glocken aufgehängt sind. In der ital. Baukunst des MA ist der freistehende *Campanile* üblich. Nördl. der Alpen wurde der G. fest mit dem Baukörper der Kirche verbunden u. bestimmte – v.a. bei den got. Kathedralen – das Erscheinungsbild des Gesamtbaus wesentl. mit.
**Glogau,** poln. *Głogów,* Stadt in Schlesien an der Oder, 56 000 Ew.; Metallind.; 1945 fast völlig zerstört.
**Gloggnitz,** niederöstr. Stadt u. Sommerfrische am NO-Fuß des Semmering, 6000 Ew.; ehem. Benediktinerabtei (1094–1803).
**Glomma,** größter norweg. Fluß, 587 km.
**Gloria in excelsis Deo,** »Ehre sei Gott in der Höhe«, lat. Anfangsworte des Lobgesangs der Engel bei der Geburt Christi (Luk. 2,14); als »Engl. Lobgesang« Teil der kath. Messe u. des luth. Hauptgottesdienstes.
**Glorie,** *Gloriole, Glorienschein,* Sinnbild des Hl. Geistes als Strahlenkranz um das Haupt von göttl. u. heiligen Personen.
**glorifizieren,** verherrlichen.
**Glorreiche Revolution,** engl. *Glorious Revolution,* die engl. Revolution von 1688/89, so genannt wegen ihres unblutigen Verlaufs.
**Glossar,** Glossensammlung; Wörterverzeichnis mit Erklärungen.
**Glossatoren,** ital. Rechtslehrer des 12./13. Jh., vornehml. in Bologna, die das röm. Recht mit Erläuterungen *(Glossen)* versahen.
**Glosse, 1.** in mittelalterl. lat. Handschriften die Erklärung oder Übers. schwieriger u. unverständl. Wörter. – **2.** kurzer, scharf pointierender Meinungsbeitrag in Zeitungen u. Zeitschriften.
**Glossolalie,** unverständl. Reden im Zustand religiöser Ekstase; bes. in Pfingstsekten.
**Glottertal,** Gemeinde in Ba.-Wü., bei Freiburg, 2500 Ew.; Weinbau (»Glottertaler«).
**Glottis,** Stimmritze.
**Glotz,** Peter, *6.3.1939, Politiker (SPD); 1981–87 Bundesgeschäftsführer der SPD.
**Glotzauge,** *Exophthalmus,* auffallendes Hervortreten des Augapfels aus der Augenhöhle; ein Zeichen der → Basedowschen Krankheit.

*Glockenbecherkultur: Grab vom Adlerberg. Worms, Museum der Stadt*

**Gloucester** [ˈglɔstə], Verw.-Sitz der engl. Gft. G.shire, am Severn, 92 000 Ew.; anglik. Bischofssitz; Flugzeug- u. Maschinenbau.
**Gloucester** [ˈglɔstə], Titel eines Earl u. Herzogs für nachgeborene Prinzen u. Adoptivkinder des engl. Königshauses.
**Gloxinie,** *Echte G.,* aus Mexiko u. Brasilien stammendes *Gesneriengewächs* mit glockenförmigen Blüten.
**Glubb** [glʌb], Sir John Bagot, gen. *G. Pascha,* *1897, †1986, engl. Offizier; 1939–56 Kommandeur der »Arab. Legion«; militär. Berater der Araber u. Treuhänder brit. Interessen im Nahen Osten.
**Gluck,** Christoph Willibald Ritter von, *1714, †1787, dt. Komponist; 1754–64 Kapellmeister am Burgtheater in Wien; der erste große Reformer der Oper. W »Orpheus u. Eurydike«, »Alceste«, »Iphigenie in Aulis«, »Iphigenie auf Tauris«.
**Glucke,** brütende Henne oder eine Henne, die die geschlüpften Küken in den ersten Wochen führt.
**Glucken,** Fam. der *Spinner;* große plumpe Falter; hierzu *Ringelspinner, Wollafter, Eichenspinner.*
**Glücksburg (Ostsee),** Stadt in Schl.-Ho., Seebad an der Flensburger Förde, 7500 Ew.; 1622–1779 Residenz der Herzöge von Holstein-Sonderburg-G.
**Glückshaube,** die infolge ausgebliebenen *Blasensprungs* unversehrte Eihauthülle, in der zuweilen ein Kind geboren wird; lebensgefährl. wegen drohender Erstickung.
**Glücksklee,** *Eßbarer Sauerklee,* Sauerklee mit 4teiligen Blättern; wird als Glücksbringer verschenkt.
**Glücksspiel,** frz. *Hasard,* ein Spiel, dessen Ausgang weitgehend vom Zufall abhängt (z.B. Bakkarat, Poker, Roulette). Die öffentl. Veranstaltung oder Teilnahme am G. ist ohne behördl. Erlaubnis strafbar.
**Glückstadt,** Stadt in Schl.-Ho. an der Unterelbe, 11 000 Ew.; Hafen, Fischerei.
**Glucose,** *Glykose, Dextrose, Traubenzucker,* ein Monosaccharid, das in süßen Früchten, z.B. Trauben, u. im Honig vorkommt; in kleinen Mengen im Blut u. im Harn. Als Süßstoff in der Nahrungsmittelind. verwendet; häufigste Zuckerart, Baustein der Stärke u. der Cellulose, in gebundener Form auch im Rohr- u. Milchzucker.
**Glucoside** → Glykoside.
**Glühbirne** → Glühlampe.
**glühen,** *leuchten,* Licht aussenden (von genügend hoch erhitzten Körpern). Das Spektralgebiet reicht etwa von *Rotglut* (bei Eisen rd. 500 °C) bis *Weißglut* (bei Eisen rd. 1600 °C).
**Glühkerze,** Hilfsmittel zum Anlassen eines Dieselmotors: An einer durch Batteriestrom erhitzten Glühspirale entflammen Kraftstoffteilchen u. leiten die Verbrennung ein.
**Glühkopfmotor,** ein Verbrennungsmotor, bei dem sich der Brennstoff (Rohöl) an einer heißen Prallfläche (Glühkopf) unter geringerer Verdichtungsdruck als beim Dieselmotor entzündet; startet durch Glühkerze.
**Glühlampe,** *Glühbirne,* eine Lichtquelle mit einem durch elektr. Strom zur Weißglut erhitzten Glühfaden. Eine G. besteht aus einem luftleeren oder mit neutralem Gas (Argon, Krypton) gefüllten Glaskolben. Der Glühfaden ist meist aus Wolfram (Durchmesser bis herab zu 0,0012 mm.). – Die Entwicklung der G. setzte 1879 mit der Kohlefadenlampe von T.A. *Edison* ein. In Patentprozessen stellte sich aber heraus, daß H. *Goebel* schon 25 Jahre früher solche Lampen gebaut hatte.
**Glühstrumpf** → Gasglühlicht.
**Glühwein,** *Negus,* alkohol. Heißgetränk aus Wein mit Zucker u. Gewürzen.
**Glühwürmchen** → Leuchtkäfer.
**Glukose** → Glucose.
**Glurns,** ital. *Glorenza,* ital. Luftkurort in Trentino-Südtirol, im Vintschgau, 920 m ü.M., 780 Ew.
**Glutamin,** wasserlösl. Amid der *Glutaminsäure;* in den keimenden Samen vieler Pflanzen.
**Glutaminsäure,** Aminosäure; als wichtiger Eiweißbestandteil bes. in den Muskeln u. in Getreidekörnern; Bestandteil der G.präparate zur Steigerung der geistigen Leistungsfähigkeit u. zur Behebung nervöser Störungen u. Erschöpfungszustände.
**Gluten,** *Kleberprotein,* ein in Weizen- u. Roggenmehl vorkommendes Protein, das aus Gliadin u. Glutenin besteht; Voraussetzung für die Backfähigkeit.
**Glutin,** ein Protein, Hauptbestandteil des aus Knochen u. Häuten gewonnenen Leims.
**Glycerin,** *Glyzerin,* ein dreiwertiger aliphat. Alkohol; farblose, süßl. Flüssigkeit; Verwendung: zur Herstellung von *Nitro-G.* bzw. Dynamit, in der Druckereitechnik, als Frostschutzmittel, als Weichmacher für Kautschukartikel sowie für kosmet. u. med. Zwecke.
**Glycin** → Glykokoll.
**Glykogen,** *tier. Stärke,* ein Polysaccharid, in dem oft Tausende von Molekülen Traubenzucker (Glucose) zu einem Makromolekül verbunden sind. Es findet sich als Reservekohlenhydrat in den Muskeln u. in der Leber.
**Glykokoll,** *Leimzucker, Glycin,* die einfachste Aminosäure, als Baustein in fast allen Eiweißstoffen enthalten; wirksam bei Wundbehandlung.
**Glykol,** zweiwertiger aliphat. Alkohol; dickflüssig u. süßschmeckend; Lösungsmittel für Harze, Frostschutzmittel *(Glysantin)* u. Kühlmittel für Flugzeugmotoren. → Diethylenglykol.
**Glykolyse,** eine Form der Dissimilation von Kohlenhydraten: der Abbau der Glucose zu Brenztraubensäure unter Wirkung von Fermenten.
**Glykose** → Glucose.
**Glykoside,** Verbindungen von Zuckerarten mit zuckerfremden Bestandteilen (Aglykonen).
**Glykosurie,** die Ausscheidung von Zucker im Harn; z.B. bei *Zuckerkrankheit.*
**Glyoxalsäure,** die einfachste Aldehydcarbonsäure; in Früchten.
**Glyptothek,** *i.e.S.* eine Sammlung von Werken der Steinschneidekunst (bes. Gemmen); *i.w.S.* auch eine Sammlung antiker Plastiken (G. in München).
**Glyzerin** → Glycerin.
**GmbH,** *G.m.b.H.,* Abk. für Gesellschaft *mit beschränkter Haftung.*
**Gmeiner,** Hermann, *1919, †1986, östr. Sozialpädagoge; Gründer der *SOS-Kinderdörfer.*
**Gmelin,** Leopold, *1788, †1853, dt. Chemiker u. Mediziner; Verfasser zahlr. chem. u. physik. Arbeiten u. versch. Lehrbücher, Entdecker des roten Blutlaugensalzes.
**GMT,** Abk. für engl. *Greenwich Mean Time,* → Westeuropäische Zeit.
**Gmünd** → Schwäbisch Gmünd.
**Gmunden,** oberöstr. Bez.-Hptst. u. Luftkurort am Traunsee, 13 000 Ew.; Wasserschloß *Orth;* Fremdenverkehr.
**Gmundener See** → Traunsee.
**Gnade,** im Christentum die sich im Leben, Sterben u. Auferstehen Jesu Christi erweisende Huld Gottes gegenüber dem Menschen. Keinem durch vorangehendes Verdienst geschuldet, ist die G. ganz in der Freiheit Gottes u. in freier Gnadenwahl begründet. Die kath. Lehre kennt die *heiligmachende G.,* durch die Gott den Menschen zu seinem Kind macht, u. die *helfende G.,* in der Gott den Menschen zum Heil bewegt. Die prot. Lehre betont die G. als stets unverdientes Geschenk, das bis zur Todesstunde angeboten bleibt.
**Gnadenbild,** ein Bildwerk mit der Darst. heiliger Personen, an Wallfahrtsorten verehrt.

**Gnadenhochzeit,** der 70. Jahrestag der Hochzeit.
**Gnadenkraut,** ein *Rachenblütler* auf sumpfigen Wiesen, rötl.-weiße Blüten.
**Gnadenpfennig,** kostbare, häufig mit Edelsteinen verzierte Porträtmedaille des 16./17. Jh., von Fürsten an Diplomaten u. Getreue als Orden verliehen.
**Gnadenreligionen,** Religionen, in denen der Glaube an die verdienstlos waltende Gnade der Gottheit u. an die durch sie verliehene Erlösung im Mittelpunkt steht; Christentum, Amida-Buddhismus, Wischnu- u. Schiwa-Glaube.
**Gnägi,** Rudolf, *1917, †1985, schweiz. Politiker (Bauern-, Gewerbe- u. Bürgerpartei); 1971 u. 1976 Bundes-Präs.
**Gneis,** ein metamorphes Gestein aus Feldspat, Glimmer u. Quarz. Man unterscheidet *Ortho-G.* (entstanden aus Eruptivgesteinen) u. *Para-G.* (aus Sedimentgesteinen).
**Gneisenau,** August Graf Neidhardt von, *1760, †1831, preuß. Offizier; verteidigte 1807 mit J. *Nettelbeck* Kolberg bis zum Friedensschluß von Tilsit; war mit *Scharnhorst* an der Heeresreform beteiligt; hatte 1813–15 als Stabschef G. L. von *Blüchers* großen Anteil an den Erfolgen der Befreiungskriege.
**Gnesen,** poln. *Gniezno,* poln. Stadt östl. von Posen, 63 000 Ew.; Erzbischofssitz; im 10./11. Jh. poln. Hptst.
**Gnetum,** Gatt. der *Gnetopsida;* meist Lianen, seltener Bäume der trop. Regenwälder.
**Gnitzen,** blutsaugende *Mücken.*
**Gnom,** grotesk gestaltete, zwergenhafte Wesen.
**Gnome,** Lebensweisheit, Sinnspruch.
**Gnomon,** *Schattenstab,* die einfachste Form der Sonnenuhr: ein senkrechter, schattenwerfender Stab.
**Gnoseologie,** die Lehre vom Erkennen; → Erkenntnis.
**Gnosis,** in den neutestamentl. u. altkirchl. Schriften die vertiefte Glaubenseinsicht in die geoffenbarten Wahrheiten; ein »Geheimwissen« höherer Art über Gott u. Welt. – **Gnostizismus** *(Gnostik),* Sammelbez. für versch. um G. bemühte religiöse Richtungen hellenist., jüd. u. christl.-häret. Prägung, die im 2. u. 3. Jh. im Mittelmeerraum entstanden.
**Gnus,** *Connochaetes,* Gatt. der echten *Antilopen* in den Steppen Afrikas, rinder- bis pferdeähnl.; hierzu das seltene *Weißschwanzgnu (Wildebeest).*
**Go,** altes jap. Brettspiel für 2 Personen auf einem in 19 x 19 Felder geteilten Brett.
**Goa,** ehem. port. Niederlassung an der mittleren W-Küste Indiens (1510–1951 Kolonie, 1951–61 Überseeprov.), seit 1962 zus. mit *Diu u. Daman* ein ind. Unionsterritorium, jetzt Bundesstaat.
**Goal** [goul; engl.], beim Fußballspiel: das Tor.
**Goar,** Missionar u. Einsiedler am Rhein um 500; aus seiner Zelle entstand *Sankt Goar.* Heiliger (Fest: 9.7.).
**Gobbi,** Tito, *1913, †1984, ital. Sänger (Bariton).
**Gobelin** [gobəˈlɛ̃], frz. Färberfam. (Jean Gilles G., †1476), tätig im 15. Jh. in Paris; seitdem Bez. für den → Bildteppich.
**Gobert,** Boy, *1925, †1986, dt. Schauspieler u. Regisseur u. Theaterleiter; wirkte in Wien, Hamburg, Berlin.
**Gobi,** chin. *Shamo,* riesige wüsten- bis steppenhafte innerasiat. Beckenlandschaft, rd. 2 Mio. km²; extrem kontinentales Klima, etwa 1000 m ü.M.; polit. zur Mongol. Volksrepublik u. zu China gehörig.
**Gobineau** [gɔbiˈno], Joseph Arthur Graf de, *1816, †1882, frz. Schriftst.; Diplomat; entwickelte eine Rassentheorie, in der er die weiße Rasse für allein kulturfähig u. die Arier für deren wertvollste Ausprägung erklärte; Wirkung auf R. Wagner, F. Nietzsche, H. S. Chamberlain u. indirekt auf den Nat.-Soz.
**Goch,** Stadt in NRW, an der Niers, 24 000 Ew.; Fahrzeug- u. Textil-Ind.
**Godard** [gɔˈdaːr], Jean-Luc, *3.12.1930, frz. Filmregisseur der »Neuen Welle« (»Außer Atem«, »Week-End«, »Nouvelle Vague«).
**Godavari** [goːdaːvaːri], ind. Strom, 1450 km; entspringt in den Westghats, mündet in den Golf von Bengalen.
**Goddard** [ˈgɔdəd], **1.** Paulette, *1911, †1990, US-amerik. Filmschauspielerin; Partnerin (u. 1936–42 Ehefrau) von C. *Chaplin.* – **2.** Robert Hutchings, *1882, †1945, US-amerik. Physiker; Pionier der Raketenforschung.
**Gödel,** Kurt, *1906, †1978, östr.-amerik. Mathematiker (math. Grundlagenforschung u. Logistik).
**Godesberg,** *Bad G.,* Heilbad u. südl. Stadtteil von Bonn, bevorzugte Wohngegend des Diplomat. Korps.
**Godesberger Programm,** das 1959 angenommene Grundsatzprogramm der SPD; → Sozialdemokratische Partei Deutschlands.
**Godhavn** [goðˈhaun], wichtigster Hafen Grönlands, an der W-Küste der Insel Disko, 750 Ew.
**Godtháb** [gɔtˈhɔːb], Hauptort von Grönland, auf der Halbinsel *Nook,* 10 000 Ew.; Fischerei-Ind.
**Godunow** [-ˈnɔf] → Boris Godunow.
**Godwin** [ˈgɔdwin], William, *1756, †1836, engl. Schriftst.; vertrat Ideen der Gleichheit u. Anarchie u. beeinflußte damit die engl. Romantiker.
**Godwin Austen,** *Mount G. A.* [maunt ˈgɔdwin ˈɔːstin] → K 2.
**Goebbels,** Joseph, *1897, †1945 (Selbstmord), dt. Politiker (NSDAP); seit 1930 Reichspropagandaleiter der NSDAP. 1933 wurde er Reichs-Min. für Volksaufklärung u. Propaganda u. Präs. der Reichskulturkammer. Er lenkte seitdem die öffentl. Meinung. Nach dem Attentat auf Hitler wurde er im August 1944 »Generalbevollmächtigter für den totalen Kriegseinsatz«. Die virtuose Beherrschung propagandist. Effekte machte ihn neben Hitler zum erfolgreichsten Redner u. zu einem der Hauptverantwortl. für die Verbrechen der nat.-soz. Zeit.
**Goebel,** Heinrich, *1818, †1893, dt. Uhrmacher u. Optiker; erfand 1854 (25 Jahre vor T. A. *Edison)* die erste elektr. Glühlampe.
**Goedeke,** Karl, *1814, †1887, dt. Literarhistoriker; W Bibliogr. der dt. Lit.: »Grundriß zur Gesch. der dt. Dichtung«.
**Goehr,** Alexander, *10.8.1932, engl. Komponist dt. Herkunft; Schüler von O. *Messiaen.*
**Goeppert-Mayer,** Maria, *1906, †1972, dt.-amerik. Physikerin; arbeitete über die Schalenstruktur des Atomkerns, Nobelpreis 1963.
**Goerdeler,** Carl Friedrich, *1884, †1945, dt. Politiker; 1930–37 Oberbürgermeister von Leipzig; wurde nach Ausbruch des 2. Weltkriegs der führende Kopf der *Widerstandsbewegung.* Nach dem Fehlschlagen des Attentats am 20.7.1944 wurde er verhaftet u. hingerichtet.
**Goering,** Reinhard, *1887, †1936 (Selbstmord), dt. Schriftst. (expressionist. Dramen).
**Goes, 1.** [gøs], Albrecht, *22.3.1908, dt. Schriftst. (Lyrik, Erzählungen, Essays). – **2.** [xuːs], Hugo van der, *um 1440, †1482, ndl. Maler; ergänzte durch neuartige Anwendung von Licht- u. Farbwerten das Raumbild der Brüder van *Eyck.*
**Goeschl,** Roland, *25.11.1932, östr. Bildhauer u. Objektkünstler.
**Goethe, 1.** August von, Sohn von 3) u. von Christiane (Vulpius), *1789, †1830, Kammerherr, verh. mit 5). – **2.** Johann Kaspar, Vater von 3), *1710, †1783, Jurist, 1742 Kaiserl. Rat. – **3.** Johann Wolfgang von, *1749, †1832, dt. Dichter; studierte Jura in Leipzig u. legte in Straßburg die Lizentiatenprüfung ab. In Straßburg begeisterte er sich unter dem Einfluß J. G. *Herders* für Homer, Pindar, Shakespeare, für die got. Baukunst u. für das Volkslied; er schrieb die Urfassungen des »Faust« u. des »Götz von Berlichingen« sowie seine erste große Erlebnislyrik, die Sesenheimer Lieder an Friederike *Brion* (»Willkommen u. Abschied«, »Mailied«). In dieser Zeit wurde er zum führenden Dichter des »Sturm u. Drang«. – Nach Frankfurt zurückgekehrt, war er als Rechtsanwalt tätig; nach einer Praktikantenzeit in Wetzlar (1772), wo er von der Liebe zu Charlotte *Buff* (»Lotte«) erfaßt wurde, entstand der Briefroman »Die Leiden des jungen Werthers«, der ihm Weltruhm eintrug. 1775 berief *Karl August,* der Herzog von Sachsen-Weimar, G. nach Weimar. Hier gewann G. von Jahr zu Jahr an Einfluß auf den Fürsten, wurde 1776 Geheimer Rat, 1782 Präs. der Finanzkammer u. vom Kaiser geadelt. – Die amtl. Verpflichtungen beengten bald den Dichter in ihm; so »floh« er 1786–88 nach Italien. Hier wurden der »Egmont« beendet, die Prosafassung der »Iphigenie« in Blankverse umgearbeitet u. »Tasso« u. die »Römischen Elegien« entworfen. Wieder in Weimar, lernte er 1788 Christiane *Vulpius,* seine spätere Frau, kennen (Zusammenleben seit 1788, Heirat 1806). Es entstanden die »Metamorphose der Pflanzen« u. die ersten Arbeiten zur »Farbenlehre«. Weitere Reisen sowie das Erlebnis der Frz. Revolution brachten derart viel Unruhe, daß G. die

*Johann Wolfgang von Goethe im 79. Lebensjahr; Gemälde von Joseph Kasper Stieler*

Einsamkeit suchte. Erst die Freundschaft (seit 1794) mit *Schiller,* der an der Univ. Jena lehrte, gab neuen Auftrieb. Während Schiller an seinen späten Dramen arbeitete, gab G. seinem Erziehungsroman »Wilhelm Meister« die Endfassung; 1797 ließ er »Hermann u. Dorothea« erscheinen. Das »Hauptgeschäft« aber war der »Faust«, dessen erster Teil 1806 beendet u. in der ersten Gesamtausgabe der Werke bei Cotta (12 Bde. 1806–10) veröffentlicht wurde. Aus der eigenen Lebensrückschau gingen »Dichtung und Wahrheit«, die »Italienische Reise« u.a. hervor. Das dichter. Spätwerk ist »Faust II«. Auch der »Meister«-Roman wurde in »Wilhelm Meisters Wanderjahre« fortgeführt. Als G. starb, war die Zeit der dt. Klassik, die »Goethe-Zeit«, vorüber; immer mehr bestimmte die industrielle Revolution das Gesicht der Welt. Aber Werk u. Gestalt G.s haben jede Generation aufs neue angesprochen u. zur Auseinandersetzung aufgefordert. G.s sprachgewaltige Erlebnislyrik, seine organ. Naturanschauung u. seine leidende, rastlos strebende u. kämpfende Menschlichkeit überstanden polit. wie konfessionelle Anfeindungen u. selbst übertriebenen Kult. – **4.** Katharina Elisabeth, »Frau Aja«, »Frau Rat«, Mutter von 3), *1731, †1808; Tochter des Frankfurter Stadtschultheißen *Textor.* – **5.** Ottilie von, geb. Freiin von *Pogwisch,* Schwiegertochter von 3), *1796, †1872; seit 1817 verh. mit 1).
**Goethe-Gesellschaft in Weimar,** gegr. 1885 zur Förderung des Goethe-Studiums.
**Goethe-Institut,** zur Pflege dt. Sprache u. Kultur im Ausland, 1952 in München gegr.; unterhält Unterrichtsstätten im Inland sowie zahlr. Kulturinstitute im Ausland.
**Goethe-Preis der Stadt Frankfurt a.M.,** 1926 von der Geburtsstadt Goethes gestifteter literar. Auszeichnung.
**Goethe- und Schiller-Archiv,** 1889 in Weimar durch die Vereinigung des 1885 gegr. Goethe-Archivs mit Schillers Nachlaß entstanden; wurde zu einem Gesamtarchiv neuerer dt. Literatur.
**Goetz,** Curt, *1888, †1960, dt. Schauspieler u. Bühnenautor; Komödien (»Dr. med. Hiob Prätorius«).
**Gog,** im AT ein myth. König aus dem Norden, dessen Reich *Magog* heißt u. dessen Heer am Weltende gegen das Volk Gottes kämpfen u. zugrunde gehen wird.
**Gogarten,** Friedrich, *1887, †1967, dt. ev. Theologe; einer der Begr. der *dialekt. Theologie.*
**Gogh** [gɔx oder xɔx], Vincent van, *1853, †1890 (Selbstmord), ndl. Maler u. Graphiker; malte zunächst Bauern- u. Arbeiterbilder (»Kartoffelesser«) u. Landschaften von herb-realist. Zeichnung u. eintöniger, dunkler Farbigkeit. 1886 ging er nach Pa-

ris. Beeinflußt von den Werken der frz. Impressionisten u. Pointillisten u. bes. von P. *Gauguin* u. P. *Cézanne,* wurde seine Malweise lockerer u. heller. 1888 siedelte er nach Arles über. Hier fand er zu einem ausdrucksstarken, farbenglühenden Stil, der ihn als Vorläufer des Expressionismus erscheinen läßt. 1888 erlitt er aufgrund einer, wie man heute weiß, Erkrankung des Gleichgewichtsorgans im Ohr einen ersten schweren Anfall, der bislang als »geistige Verwirrung« gedeutet wurde. 1890 kam er in die Pflege von Dr. Gachet in Auvers. Hier entstanden seine in der Erlebnis- u. Ausdrucksintensität nochmals gesteigerten Werke.

**Go-go-girl** [gou'gou gə:l], Vortänzerin bei Discoveranstaltungen u. in Nachtlokalen.

**Gogol,** Nikolaj Wasiljewitsch, *1809, †1852, russ. Schriftst. Seine humorist. Erzählweise ist bestrebt, das Böse zu bannen. W »Die toten Seelen« (gesellschaftskrit. Roman); »Der Revisor« (Komödie); phantast. Erzählungen.

**Goi,** jüd. Bez. für Nichtjuden.

**Goiânia,** Hptst. des brasilian. Bundesstaats Goiás, 738 000 Ew.; zwei Univ.; Flughafen.

**Goiás,** *Goyaz,* Bundesstaat in → Brasilien.

**Go-in** [gou 'in], das demonstrative, oft rechtswidrige Eindringen in Veranstaltungen u. das Besetzen von Räumlichkeiten; → Sit-in.

**Go-Kart,** *Go-cart* ['gouka:t], Kleinstrennwagen, eine rechteckige Stahlrohrkonstruktion mit vier kleinen Rädern u. Motoren von 100 oder 200 cm³ Hubraum; Spitzengeschwindigkeit: ca. 200 km/h.

**Golan,** die antike *Gaulanitis,* Hochland im südwestl. Syrien, östl. des Sees Genezareth, Hauptort *Qunaitra.* – Der G., fast 20 Jahre lang Ausgangspunkt syr. Anschläge auf isr. Grenzdörfer, kam nach dem »Sechstagekrieg« 1967 unter isr. Verwaltung; 1981 wurde er auch der isr. Gesetzgebung u. Rechtsprechung unterstellt.

**Gold,** lat. *Aurum,* ein → chem. Element; ein weiches, dehnbares, gelbrotes Edelmetall; lösl. in Königswasser u. Cyanidlösungen. G. kommt in der Natur fast ausschl. gediegen vor: als *Berg-G.* (in urspr. Lagerstätten) u. als *Seifen-* oder *Wasch-G.* (in Form von Staub u. Körnern in Flußsand); Hauptfundstätten: Südafrika, Sowjetunion, Kanada, USA, Australien, Brasilien, Simbabwe. Verwendung: zur Herstellung von Schmuck u. Münzen; wegen seiner Weichheit nicht rein, sondern meist in Legierungen mit Kupfer, Silber u. Nickel. Der G.gehalt wird dann in Tausendsteln oder in Karat angegeben ($^{1000}/_{1000}$ = 24 Karat). Wegen seiner Seltenheit u. hohen Wertes wurde früher versucht G. aus unedleren Metallen zu gewinnen (→ Alchemie).

**Gold,** Käthe, *11.2.1907, östr. Schauspielerin; seit 1947 am Wiener Burgtheater; auch im Film.

**Goldafter,** weißer Nachtschmetterling.

**Goldamalgam,** natürl. vorkommende Legierung von Gold, Silber u. Quecksilber; für Zahnfüllungen.

**Goldammer** → Ammern.

**Goldbarren,** Stange, Block aus massivem Gold.

**Goldbarsch** → Rotbarsch.

**Goldberg, 1.** Berg im Ostalbkreis, Ba.-Wü., 515 m, prähistor. Fundstätte. – **2.** poln. *Złotoryja,* Stadt in Schlesien, 13 000 Ew.; Uran- u. Kupferbergbau.

**Goldberg,** Johann Gottlieb, *1727, †1756, dt. Cembalist; Schüler von W. *Bach* u. J. S. *Bach,* der für ihn die sog. »Goldberg-Variationen« schrieb.

**Goldbrasse,** *Seekarpfen,* ein Speisefisch des Mittelmeers u. der europ. W-Küste, zu den *Brassen* gehörig.

*Vincent van Gogh; Selbstbildnis mit Strohhut. Amsterdam, Rijksmuseum Vincent van Gogh*

**Goldbrokat,** schwerer Seidenstoff mit eingewebten Goldfäden.

**Goldbronze,** Messing mit 77–85% Kupfer; von goldähnl. Aussehen.

**Gold Coast** [gould koust], Agglomeration in Queensland (Australien), 219 000 Ew.; Erholungsgebiet auf über 35 km längs der Küste.

**Golddistel,** distelähnl. Pflanze im Mittelmeergebiet, mit goldgelben Blüten.

**Goldene Aue,** fruchtbare N-thüring. Ldsch. an der Helme, zw. Harz u. Kyffhäuser.

**Goldene Bulle,** Königs- oder Kaiserurkunde mit goldenem Siegel; bes. die G. B. *Karls IV.* von 1356, eine der wichtigsten Verfassungsurkunden des Röm.-Dt. Reichs, in der u.a. das Königswahlrecht des Kurfürstenkollegs bestätigt wurde.

**goldene Hochzeit,** der 50. Jahrestag der Hochzeit.

**Goldene Horde,** das Reich *Tschutschis,* des älteren Sohns *Tschingis Khans;* zw. Kaukasus, mittlerer Wolga, Kama, Ural, Kasp. Meer u. Aralsee; das westl. Eroberungsgebiet der Mongolen, gen. Khanat *Kiptschak.* Im 15. Jh. bildeten sich die selbst. Khanate Astrachan, Krim u. Kasan.

**Goldener Schnitt,** die Teilung einer Strecke in zwei Abschnitte in der Weise, daß sich die ganze Strecke zu ihrem größeren Abschnitt wie dieser zu

| Karat und Feingehalt des Goldes | | | |
|---|---|---|---|
| Karat | Feingehalt in ‰ | Karat | Feingehalt in ‰ |
| 24 | 1000,00 | 12 | 500,00 |
| 23 | 958,33 | 11 | 458,33 |
| 22 | 916,67 | 10 | 416,67 |
| 21 | 875,00 | 9 | 375,00 |
| 20 | 833,33 | 8 | 333,33 |
| 19 | 791,67 | 7 | 291,67 |
| 18 | 750,00 | 6 | 250,00 |
| 17 | 708,33 | 5 | 208,33 |
| 16 | 666,67 | 4 | 166,67 |
| 15 | 625,00 | 3 | 125,00 |
| 14 | 583,33 | 2 | 83,33 |
| 13 | 541,67 | 1 | 41,67 |
| Goldwaren werden mit einem Stempel versehen, der den Feingehalt angibt, z.B. Stempel 585 = 14 Karat | | | |

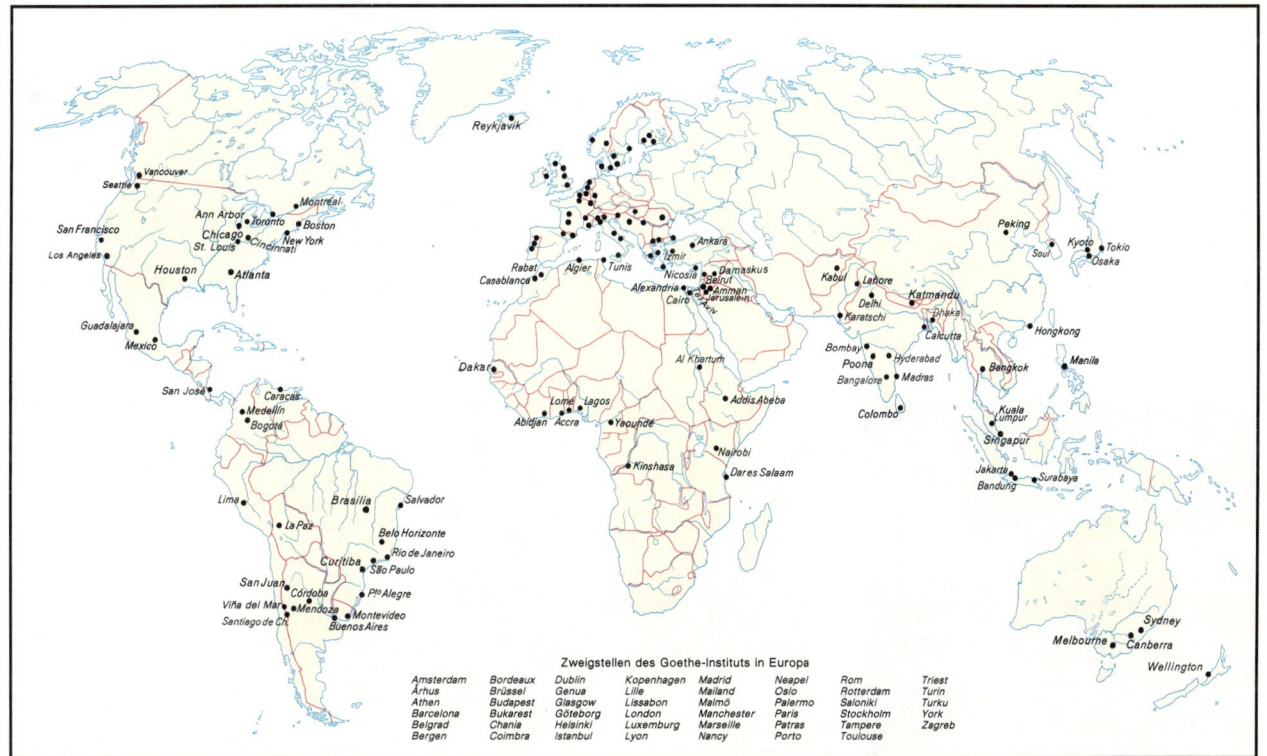

*Goethe-Institut: Zweigstellen im Ausland*

**Goldenes Horn**

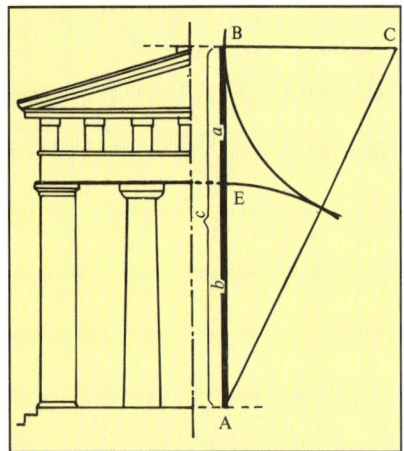

*Goldener Schnitt: Konstruktion und Anwendung beim Verhältnis der Säulen zur Gesamthöhe eines dorischen Tempels; es gilt: $BC = \frac{1}{2} AB$*

ihrem kleineren Abschnitt verhält; von Bedeutung in Ästhetik u. Kunst.

**Goldenes Horn,** die Hafenbucht von Istanbul.
**Goldenes Kalb,** Götzenbild im AT; in der Wüste von den Israeliten, die damit vom bildlosen Jahwe-Kult abwichen, angefertigt, von *Moses* vernichtet.
**Goldenes Vlies, 1.** in der grch. Sage ein goldenes Widderfell, das die *Argonauten* aus Kolchis holten. – **2.** *Orden vom G. V.,* geistl.-ritterl. Orden, 1429 von Herzog *Philipp dem Guten* gestiftet. Die Souveränität des Ordens ging von Burgund auf Spanien u. Östr. über.
**Goldenes Zeitalter,** bei *Hesiod* u. anderen grch. Schriftst. das älteste Weltalter, in dem die Menschen ohne Mühen u. Sorgen, ohne Krankheit u. Alter friedl. lebten.
**Golden Gate** ['gouldən geit], *Goldenes Tor,* die Schiffahrtsstraße zw. der San Francisco Bay (California) u. dem Pazifik, 1,6 km breit; überbrückt durch eine 2,8 km lange Hängebrücke *(Golden Gate Bridge,* 1937 fertiggestellt).
**Goldfasan,** äußerst farbenprächtiger *Fasan* aus Innerchina.
**Goldfisch,** in vielen Zuchtrassen gehaltener *Karpfenfisch,* zuerst in China aus der *Karausche* gezüchtet; bis 15 cm lang; Zierformen: *Schleierschwänze, Teleskopfische.*
**Goldgrund,** der goldene Hintergrund auf Mosaiken, Ikonen, Miniaturen u. Tafelbildern in der frühchristl. und mittelalterl. Kunst; Ausdruck überird. Herrlichkeit u. der Allgegenwart Gottes.
**Goldhähnchen,** sehr kleine einheim. *Singvögel.*
**Goldhamster** → Hamster.
**Golding** ['gouldiŋ], William, *19.9.1911, engl. Schriftst.; gibt in seinen Romanen eindringl. Darstellungen psycholog. Vorgänge. Hptw.: »Der Herr der Fliegen«. Nobelpreis 1983.
**Goldklausel,** die Vereinbarung, eine Geldschuld in Goldmünzen oder aber in gesetzl. Zahlungsmitteln in jener Menge zu zahlen, die wert(kurs-)mäßig dem Schuldbetrag in Gold entspricht.

**Goldküste,** engl. *Gold Coast,* ehem. brit. Kolonie, ben. nach dem Küstengebiet im westafrik. Ghana u. den dortigen Goldvorkommen; seit 1957 Teil der Rep. Ghana.
**Goldlack,** in S-Europa heim. Gartenpflanze der *Kreuzblütler;* blüht gelb bis braun.
**Goldlaufkäfer,** ein *Laufkäfer* mit gold-grün glänzenden Flügeldecken.
**Goldmacherkunst** → Alchemie.
**Goldmann,** Nahum, *1895, †1982, zionist. Politiker; 1949–77 Präs. des Jüd. Weltkongresses, 1956–68 Präs. der Zionist. Weltorganisation.
**Goldmark,** Rechnungseinheit in Dtld. während der Inflation (kein Zahlungsmittel); entsprach der *Mark* vor dem 1. Weltkrieg; 1 G. = $\frac{1}{2790}$ kg Feingold; 1924 von der *Reichsmark* abgelöst.
**Goldmark,** Karl, *1830, †1915, östr. Komponist; verband in seinen Opern den Stil der großen frz. Oper mit Wagnerscher Tonsprache. Ⓦ »Die Königin von Saba«.
**Goldoni,** Carlo, *1707, †1793, ital. Bühnendichter; wirkte in Venedig u. Paris; entwickelte die ital. Stegreifkomödie nach dem Vorbild *Molières* zur Rokoko-Komödie. Hptw.: »Der Diener zweier Herren«.
**Goldparität,** Verhältnis der Währungen untereinander, an ihrem Goldwert gemessen.
**Goldregen,** *Laburnum,* Gatt. der *Schmetterlingsblütler;* Sträucher mit gelben Blütentrauben; giftig.
**Goldrute,** *Solidago,* Gatt. der *Korbblütler;* goldgelb blühende Rispen.
**Goldschakal** → Schakal.
**Goldschlägerei,** die Herstellung von *Blattgold.* Dazu wird Gold zw. Pergamentpapier oder *Goldschlägerhaut* (Haut des Rinderblinddarms, die ein Reißen verhindert) zur gewünschten Dicke ausgeschlagen.
**Goldschmidt, 1.** Adolph, *1863, †1944, dt. Kunsthistoriker; Arbeiten über die bildende Kunst des MA. – **2.** Richard, *1878, †1958, dt. Zoologe; seit 1936 in den USA; arbeitete über Zellenlehre u. Vererbung des Geschlechts, entdeckte 1912 das X-Chromosom.
**Goldschmiedekunst,** die künstler. Gestaltung von Kult- u. Gebrauchsgegenständen aus Gold, Silber u. Platin. Neben der selteneren Gußtechnik wird das Edelmetall durch Treib- oder Hammerarbeit geformt. Die Feinarbeiten werden durch *Ziselierung* oder *Gravierung,* bes. Schmuckmotive durch *Filigran* oder *Granulation* ausgeführt. – Schmuckstücke u. Gefäße aus Gold als Grabbeigaben kennt man von einer G. seit der Jungsteinzeit u. Bronzezeit.
**Goldschnitt,** zur Verschönerung der Schnittflächen eines Buchs aufgetragenes Blattgold.
**Goldseifen,** goldhaltiges Verwitterungsmaterial, z. B. im Sand von Flüssen.
**Goldsmith** ['gouldsmiθ], Oliver, *1728, †1774, engl. Schriftst.; weltberühmt durch seinen empfindsamen Roman »Der Landpfarrer von Wakefield«.
**Goldstein,** Joseph L., *18.4.1940, US-amerik. Mediziner; 1985 Nobelpreis für Forschungen über Arteriosklerose u. Cholesterin.
**Goldstern,** Gatt. der *Liliengewächse* mit gelben in Scheindolden stehenden Blüten.
**Goldwährung,** ein Währungssystem, bei dem die Währungseinheit einer gesetzl. bestimmten Gewichtsmenge Gold entspricht. Bei der *Goldumlaufwährung (reine G.)* laufen überwiegend Goldmünzen um; bei der *Goldkernwährung* sind keine Goldmünzen im Umlauf, sondern das Gold liegt zur Deckung der umlaufenden Banknoten bei der Notenbank u. wird als Zahlungsreserve im internat. Handelsverkehr benutzt. Bei der *Golddevisenwährung* ist die Notendeckung durch in Gold eintauschbare Devisen gewährleistet.
**Goldwespen,** metall. glänzende Hautflügler, die ihre Eier bei Bienen u. Grabwespen ablegen *(Brutparasiten).*
**Goldwyn** ['gouldwin], Samuel (Sam), *1882, †1974, US-amerik. Filmproduzent; gründete 1913 mit J. L. *Lasky* in den USA die erste Filmgesellschaft; 1924 die *Metro-Goldwyn-Mayer Inc.*
**Golem,** in der jüd. Mystik ein künstl. Mensch aus Lehm, der durch Magie beseelt wird u. gewaltige Kräfte entwickeln kann.
**Golf,** ein aus Schottland stammendes Rasenspiel, das auf 20–50 ha großen G.plätzen mit 18 Spielbahnen gespielt wird. Ziel ist es, den G.ball (aus Hartgummi, 46 g schwer) mit Hilfe von 5–14 verschieden geformten G.schlägern mit möglichst wenig Schlägen vom Abschlagplatz in alle 18 Löcher zu spielen.
**Golfstrom,** warme Meeresströmung im nördl. Atlantik. Der G. entsteht aus der Vereinigung von Florida- u. Antillenstrom nördl. der Bahamainseln u. erstreckt sich bis südl. der Neufundlandbank. Dort fließt ein großer Teil des G.s nach SO u. später nach SW u. bleibt im Nordamerik. Becken. Der verbleibende Teil umströmt die Neufundlandbank u. beginnt als Nordatlantischer Strom in Richtung Europa zu fließen. Das von ihm mitgeführte Wasser erhöht die Wasser- u. Lufttemperaturen vor NW-Europa.
**Golgatha,** Hügel vor dem bibl. Jerusalem; Kreuzigungsstätte Jesu; heute in die Grabeskirche einbezogen.

*Golden Gate Bridge*

*Goldschmiedekunst: Großes Meeresungeheuer; Anhänger nach Entwurf von H. Collaert d. Ä., um 1560. Pforzheim, Schmuckmuseum*

*Goldfisch: Zuchtform mit Schleierschwanz*

*Goldlaufkäfer*

**Golgi** [-dʒi], Camillo, *1843, †1926, ital. Anatom; Arbeiten über den Feinbau des Gehirns. Nach ihm benannt sind bestimmte Ganglienzellen mit feinmaschig endendem Nervenfortsatz (*G.-Zellen*). Nobelpreis 1906.

**Goliarden,** fahrende frz. Scholaren u. Kleriker des 13. Jh.

**Goliath,** im AT ein schwerbewaffneter Einzelkämpfer der Philister, den *David* mit einem Schleuderstein tötete.

**Goliathkäfer,** bis 11 cm langer afrik. *Rosenkäfer;* das massigste lebende Insekt.

**Goll, 1.** Claire, *1891, †1977, dt. Lyrikerin u. Erzählerin; verh. mit 2), mit dem sie gemeinsame Gedichtwerke schrieb. – **2.** Ivan, eigtl. Isaac *Lang,* verh. mit 1), *1891, †1950, dt.-frz. Lyriker u. Dramatiker; Expressionist u. Surrealist. W »Requiem. Für die Gefallenen von Europa«.

**Gollancz** [ɡə'lænts], Victor, *1893, †1967, engl. Verleger u. Schriftst.; trat als Jude nach 1945 für Verständigung mit Dtld. ein. 1960 Friedenspreis des Dt. Buchhandels.

**Gollwitzer,** Helmut, *29.12.1908, dt. ev. Theologe; bemüht sich, das Verhältnis des Christentums zu Staat u. Gesellschaft zu bestimmen. W »... und führen, wohin du nicht willst«, »Befreiung zur Solidarität«.

**Golon** [ɡo'lɔ̃], Anne, eigtl. Simone *Golonbinoff,* *19.12.1927, frz. Schriftst. (Romanserie mit der Titelheldin Angélique).

**Goltz,** märk. Adelsgeschlecht:
**1.** Colmar Frhr. von der G. (*G.-Pascha*), *1843, †1916, preuß. u. türk. Offizier; reorganisierte 1883–96 die türk. Armee u. war danach in hohen Kommandostellen der preuß. Heeres tätig; 1911 Generalfeldmarschall; 1915 Führer einer türk. Armee. – **2.** Joachim Frhr. von der G., *1892, †1972, dt. Schriftst. – **3.** Rüdiger Graf von der G., *1865, †1946, dt. Offizier; 1918/19 Kommandeur der dt. Truppen in Finnland u. im Baltikum; 1924–33 in der Führung der »Vereinigten Vaterländ. Verbände«.

**Goma,** Paul, *2.10.1935, rumän. Schriftst.; wegen oppositioneller Äußerungen mehrmals in Haft; seit 1977 im westl. Ausland; Roman »Ostinato«.

**Gombrowicz** [-viʃ], Witold, *1904, †1969, poln. Erzähler u. Dramatiker; emigrierte 1939 nach Argentinien; stellte mit satir.-grotesken Stilmitteln die Abhängigkeit des Menschen dar.

**Gomel,** Hptst. der gleichn. Oblast im O der Weißruss. SSR, 488 000 Ew.; Werkzeug- u. Landmaschinenbau.

**Gomera** → La Gomera.

**Gomes** ['ɡomiʃ], Francisco da *Costa G.,* *30.6.1914, port. Politiker u. Offizier; 1974–76 Präs. der Rep.

**Gomorrha** → Sodom u. Gomorrha.

**Gompers** ['ɡɔmpəz], Samuel, *1850, †1924, US-amerik. Gewerkschaftsführer; Mitgr. der *American Federation of Labor (AFL)* 1881.

**Gomułka,** Władysław, *1905, †1982, poln. Politiker; 1943–48 Generalsekretär der Poln. Arbeiterpartei (PPR), 1948 auf Betreiben J. *Stalins* als »Nationalkommunist« aller Ämter enthoben, 1951–55 in Haft; 1956 im Zuge der Entstalinisierung rehabilitiert u. 1965–70 Erster Sekretär der Vereinigten Poln. Arbeiterpartei.

**Gonaden,** die → Keimdrüsen.

**gonadotrope Hormone,** auf die Keimdrüsen wirkende Hormone des Hypophysenvorderlappens, im männl. u. weibl. Geschlecht gleich: *Follikelreifungshormon* (FSH), *luteinisierendes Hormon* (LH) u. *Prolactin* (LTH).

**Goncourt** [ɡɔ̃'kuːr], frz. Schriftst., Brüder: Edmond de (*1822, †1896) u. Jules de (*1830, †1870). Sie schrieben zus. als erste in der dt. Literatur naturalist. Sozialromane, die auf Milieustudien beruhen. Nach ihnen ist der frz. Literaturpreis *Prix G.* benannt.

**Göncz** [ɡœnts], 'Árpád, *10.2.1922, ungar. Politiker (Bund Freier Demokraten) u. Schriftst.; 1990 Parlaments-Präs. u. seit 1990 Staats-Präs. W »Sandalenträger«.

**Gond,** Stämmegruppe mit Drawida-Sprache in Zentralindien.

**Gondel, 1.** venezian. Boot mit hochgezogenem Bug u. Heck; vom Bootsführer, dem **Gondoliere**, durch ein einzelnes Ruder bewegt. – **2.** Korb am Freiballon; Kabine von Seilbahnen.

**Gonder,** äthiop. Prov.-Hptst., 2220 m ü.M., 69 000 Ew. Im 17.–19. Jh. Sitz des Negus u. des Patriarchen.

**Gondwanaland,** der große Urkontinent des Paläozoikums auf der Südhalbkugel, soll große Teile von Vorderindien u. Antarktika umfaßt haben; durch versch. tekton. Prozesse auseinandergedriftet.

**Gong,** runde, schalen- bis topfförmige Instrumente aus dünnem Metall (meist Bronze), die in der Mitte mit einem Schlaginstrument (Klöppel) angeschlagen werden. Hauptverbreitungsgebiet Indonesien u. Ostasien.

**Góngora y Argote,** Luis de, *1561, †1627, span. Dichter; schrieb Romanzen u. Sonette; bed. Vertreter des barocken *Culteranismo,* nach ihm auch **Gongorismus** gen.: charakterisiert durch gekünstelte Redeweise, Fremdwörter, gelehrte Anspielungen u.ä.; verwandt mit dem *Marinismus.*

**Goniometer,** *Winkelmesser,* Gerät zum Messen des von 2 Flächen gebildeten Winkels, z.B. bei Kristallen.

**Goniometrie,** Teilgebiet der Geometrie: die Berechnung der Winkelfunktionen.

**Gonokokken,** die Erreger der Geschlechtskrankheit *Gonorrhoe* (→ Tripper); 1879 von A. *Neisser* entdeckt.

**Gontard, 1.** Karl von, *1731, †1791, dt. Architekt u. Ingenieur; Vertreter eines gemäßigten Barocks mit Tendenz zum Klassizismus, in Potsdam u. Berlin tätig. – **2.** Susette, geb. *Borkenstein,* *1769, †1802, verh. mit dem Frankfurter Bankier J. F. G., in dessen Haus F. *Hölderlin* als Hauslehrer lebte; die *Diotima* seines Romans »Hyperion«.

**Gontscharow** [-'rɔf], Iwan Alexandrowitsch, *1812, †1891, russ. Schriftst. u. Literaturkritiker; Roman »Oblomow«, mit dessen Helden er den sprichwörtl. gewordenen Typ des tatenlos dahinvegetierenden, an Langeweile erstickenden Menschen schuf.

**Gonzaga,** ital. Fürstengeschlecht aus dem Burgdorf G., vom 12. bis 17. Jh. in Mantua.

**Gonzales** [ɡɔn'θaleθ], Julio, *1876, †1942, span. Bildhauer u. Maler; von den Kubisten beeinflußt, Vorkämpfer der modernen Eisenplastik.

**González Márquez** [ɡɔn'θaleθ 'markeθ], Felipe, *5.3.1942, span. Politiker; seit 1977 Generalsekretär der Sozialist. Arbeiterpartei (PSOE), seit 1982 Min.-Präs.

**Gonzalo de Berceo** [ɡɔn'θalo de bɛr'θeo], *um 1195, †nach 1264; ältester bekannter span. Dichter, Marien- u. Heiligendichtungen, liturg. Hymnen.

**Gonzen,** schweiz. Berg nördl. von Sargans (Kt. St. Gallen), 1829 m.

**Gooch** [ɡuːtʃ], George Peabody, *1873, †1968, brit. Historiker; einer des besten Kenner dt. Geschichte.

**Goodman** [ɡudmən], Benny, *1909, †1986, US-amerik. Klarinettist u. Bandleader; galt als »King of Swing«, trat aber auch mit klass. Musik hervor.

**Goodpaster** ['ɡudpa:stə], Andrew Jackson, *12.2.1915, US-amerik. General; 1969–74 Oberbefehlshaber der NATO- u. der US-Streitkräfte in Europa.

**Goodwill** ['ɡudwil], Wohlwollen, guter Rat, Firmenwert.

**Goodyear** ['ɡudjə:], Charles, *1800, †1860, US-amerik. Chemiker; führte die Vulkanisierung des Kautschuks ein u. schuf die Grundlagen der Kautschukindustrie.

**Goossens** ['ɡuːsənz], Eugene, *1893, †1962, engl. Komponist u. Dirigent; Opern, Orchester- u. Kammermusik.

**Göpel,** mit Zugtieren bewegte Vorrichtung zum Antrieb von Arbeitsmaschinen (Dreschmaschine, Pumpe); durch Motorantrieb ersetzt.

**Goppel,** Alfons, *1.10.1905, dt. Politiker (CSU); 1962–78 Min.-Präs. von Bayern.

**Göppingen,** Krst. in Ba.-Wü., 51 000 Ew.; Spielwarenherstellung, Masch.-Ind.

**Gorakhpur,** ind. Distrikt-Hptst. im östl. Uttar Pradesh, 291 000 Ew.; Univ.; Textil-, Nahrungsmittel- u. chem. Ind.

**Goralen,** die slaw. Bergwohner der Karpaten, meist Hirten; vorw. Polen.

**Gorbach,** Alfons, *1898, †1972, östr. Politiker (ÖVP); 1961–64 Bundeskanzler.

**Gorbatschow,** Michail Sergejewitsch, *2.3.1931, sowj. Politiker; Jurist; 1978 Sekretär des ZK, seit 1980 Mitgl. des Politbüros der KPdSU, seit 1985 Generalsekretär des ZK der KPdSU, 1988 Vors. des Präs. des Obersten Sowjets u. seit 1990 Präsident der Sowjetunion. Unter den Schlagworten »Glasnost« (Offenheit) u. »Perestrojka« (Umgestaltung) nahm er eine Reform des sowj. Staats- u.

*Michail Sergejewitsch Gorbatschow*

Wirtschaftssystems in Angriff. Er leitete mit seiner Politik die polit. Umwälzung in Osteuropa ein; Friedensnobelpreis 1990.

**Gordimer** ['ɡɔ:dimə], Nadine, *20.11.1923, südafrik. Schriftstellerin; beschreibt die Lebenswirklichkeit der schwarzen u. weißen Afrikaner.

**Gordon** ['ɡɔ:dn], Charles George, *G. Pascha,* *1833, †1885, brit. Offizier; schlug 1863 in China die Taiping-Revolution nieder; 1877–80 Generalgouverneur des Sudan.

**Górecki** [ɡu'rɛtski], Henryk Mikołaj, *6.12.1933, poln. Komponist; Vertreter der poln. Avantgarde, von A. *Webern* beeinflußt.

**Göreme,** türk. Dorf westl. von Kayseri, im Tuffablagerungsgebiet; Höhlenkirchen aus Zeiten der Christenverfolgung.

**Goretta,** Claude, *23.6.1929, schweiz. Filmregisseur; W »Die Spitzenklöpplerin«, »Der Tod des Mario Ricci«.

**Görgey** ['ɡørɡɛi], Artúr von, *1818, †1916, ung. Offizier; militär. Führer in der ung. Revolution 1848/49.

**Gorgias** *von Leontinoi,* *um 485 v.Chr., †um 380 v.Chr., grch. Sophist; berühmt für seine Redegabe.

**Gorgonen,** in der grch. Sage drei weibl. geflügelte Schreckgestalten *(Stheno, Euryale, Medusa)* mit Schlangenhaaren, vor deren Anblick der Mensch vor Entsetzen versteinerte.

**Gorgonzola,** Rahmkäse mit grünen Streifen von Edelschimmel aus der gleichn. ital. Stadt in der Nähe von Mailand.

**Gorilla,** 1 bis 2 m großer u. bis 300 kg schwerer *Menschenaffe,* der in Familien oder Horden von 15–17 Individuen in den Wäldern Zentralafrikas lebt; friedl. Pflanzenfresser.

**Göring,** Hermann, *1893, †1946, dt. Politiker (NSDAP); 1932 Präs. des Reichstags, 1933 preuß. Min.-Präs. u. Innen-Min. u. Reichs-Min. der Luftfahrt. Unter ihm entstanden die ersten Konzentrationslager u. das Geheime Staatspolizeiamt (*Gestapo*). 1935 wurde er Oberbefehlshaber der Luftwaffe, 1939 von Hitler für den Fall seines Todes zum Nachfolger bestimmt, 1940 Reichsmarschall. Vom Internat. Militärgerichtshof in Nürnberg zum Tod verurteilt, entzog G. sich der Hinrichtung durch Gift.

**Gorizia,** dt. *Görz,* ital. Prov.-Stadt in der Region Friaul-Julisch-Venetien, 40 000 Ew.; got. Dom; Weinanbau.

**Gorkij,** bis 1932 u. wieder seit 1990 *Nischnij Nowgorod,* sowj. Gebiets-Hptst. unterhalb des *G.er Stausees,* 1,4 Mio. Ew.; Kulturzentrum, Ind.- u. Handelsstadt; Univ.

**Gorkij,** Maxim, eigtl. Alexej Maximowitsch *Peschkow,* *1868, †1936, russ. Schriftst.; begann 1892 mit Landstreichergeschichten u. wurde zum Begr. des sozialist. Realismus in Rußland; W Schauspiel »Nachtasyl«, Roman »Die Mutter«, Autobiographien.

**Gorky,** Arshile, *1905, †1948 (Selbstmord), US-amerik. Maler; gilt mit seinen surrealist. Schreckbildern als Vater des amerik. abstrakten Expressionismus.

**Gorleben,** Gem. in Nds., 660 Ew.; bek. durch die dort geplante Lagerstätte (Salzstock) für Atommüll.

**Görlitz,** Krst. in Sachsen, an der G.er Neiße, 79 000 Ew.; histor. Altstadt mit wertvollen Renais-

**Gorlowka**

sance- u. Barockbauten; ev. u. kath. Bischofssitz; opt., Textil- u. Holzind. Seit 1945 gehört der am r. Ufer der Neiße gelegene Stadtteil als *Zgorzelec* zu Polen.

**Gorlowka,** sowj. Ind.-Stadt in der Ukrain. SSR, im Donez-Becken, 345 000 Ew.

**Gorm der Alte,** Dänenkönig, †um 940; erreichte den ersten staatl. Zusammenschluß Dänemarks.

**Gornergletscher,** zweitgrößter Alpengletscher, am NW-Fuß des *Monte Rosa* (Schweiz), 69 km², 14 km lang.

**Görres,** Joseph von, *1776, †1848, dt. Publizist u. Gelehrter; mit seinem »Rhein. Merkur« ein Schöpfer der modernen polit. Ztg.; kehrte zur kath. Kirche zurück u. wurde führend in der kath. Spätromantik. – *G.-Gesellschaft,* 1876 gegr. zur »Pflege der Wiss. im kath. Dtld.«.

**Gortschakow** [-ˈkɔf], Alexander Michajlowitsch Fürst, *1798, †1883, russ. Min.; 1856 Außen-Min., 1867 Staatskanzler.

**Gortyn,** antike Stadt im S Kretas; Funde aus myken. Zeit.

**Görz** → Gorizia.

**Gorze,** ehem. Benediktinerabtei sw. von Metz; im 10./11. Jh. Ausgangspunkt einer von Cluny unabh. Klosterreformbewegung.

**Gosau,** Sommerfrische im südl. Salzkammergut (Östr.), im Tal des *G.bachs,* 1800 Ew.; Seen.

**Gösch,** kleine Flagge in den Landesfarben.

**Göschen,** Georg Joachim, *1752, †1828, dt. Buchhändler; gab in seinem Verlag Werke von Goethe, Klopstock u. Wieland heraus.

**Göschenen,** schweiz. Ferienort im Kt. Uri, am N-Eingang des St.-Gotthard-Tunnels, 1106 m ü.M., 1300 Ew.

**Gose,** ein in Halle u. Leipzig gebrautes obergäriges Bier.

**Goslar,** Krst. in Nds., am N-Harz, 49 000 Ew.; roman. Kirchen, Gildehäuser im Fachwerkstil, Rathaus; Bergbau (seit 968), Maschinenbau, opt. u. Textil-Ind. – Im 11. Jh. Pfalz der salischen Kaiser Heinrich III. u. Heinrich IV.

**Gospel Song** [-sɔŋ], Evangelienlied der nordamerik. Neger, mit Jazz-Elementen durchsetzt.

**Gospodar,** *Hospoda,* slaw. Fürstentitel, bes. in der Moldau u. Walachei (14.–19. Jh.).

**Gossaert** [-aːrt], Jan, gen. *Mabuse,,* *um 1478, †zw. 1533 u. 1536, Hofmaler der burgund. Herzöge; begr. den ndl. Romanismus.

**Gossau,** schweiz. Bez.-Hauptort im Kt. St. Gallen, 636 m ü.M., 15 000 Ew.

**Gossec** [gɔˈsɛk], François Joseph, *1734, †1829, frz. Komponist belg. Herkunft; schrieb als Anhänger der Rep. sog. Revolutionsmusik (Märsche, Hymnen).

**Gossen,** Hermann Heinrich, *1810, †1858, dt. Nationalökonom; Vorläufer der *Grenznutzenschule.*

**Goßner,** Johannes Evangelista, *1773, †1858, dt. Missionar; gründete die (ev.) *G.sche Missionsgesellschaft* in Berlin, deren Hauptarbeitsgebiet Indien ist.

**Gößweinstein,** Markt u. Luftkurort in Bayern, in der Fränk. Schweiz, 4000 Ew.; Wallfahrtskirche.

*Goten: Grabmal des Ostgoten-Königs Theoderich d. Gr. bei Ravenna; um 520*

**Göta Älv** [ˈjøːta ɛlv], schwed. Fluß, 93 km; Abfluß des Vänern über die 32 m hohen, in einem Kanal umgangenen *Trollhätta-Fälle;* mündet in das Kattegat.

**Göta-Kanal** [ˈjøːta-], 1810 erbauter, wichtigster schwed. Kanal; verbindet Vänern u. Vättern mit der Ostsee.

**Göteborg** [ˈjøtəbɔrj], zweitgrößte Stadt Schwedens, wichtigster Handels- u. Militärhafen, Prov.-Hptst. am Hauptmündungsarm der Göta Älv ins Kattegat, 430 000 Ew.; Univ., TH; Schiffbau, Raffinerie, Kugellager- u. Autoind.

**Goten,** ein ostgerman. Volk, urspr. in S-Schweden, danach seit *Gotland* ansässig, von dem weitere Vorstöße nach S. Um 230 fielen die G. ins Röm. Reich ein. Im 3. Jh. spalteten sich die G. in die Ost-G. und West-G. – Die Ost-G. bildeten ein Großreich, kamen aber seit 375 unter die Oberherrschaft der Hunnen. *Theoderich d. Gr.* (473–526) führte sie nach Italien, das sie gegen *Odoaker* erobert hatten. Das ostgot. Reich in Italien wurde erst 552 von den Byzantinern endgültig zerstört. Die West-G. erzwangen von Kaiser Theodosius die Aufnahme in das Röm. Reich als Bundesgenossen (380). *Alarich I.* (†410) wurde oström. Statthalter von Illyrien u. eroberte Italien (410 Einnahme Roms). Nach seinem Tod zogen die West-G. unter *Athaulf* nach S-Frankreich u. Spanien. *Eurich* (466–484) löste sich von den Römern u. führte das Westgotenreich zur größten Ausdehnung. Danach begann der Niedergang des Reiches. Letzter König war *Roderich* 710/11, der sein Reich bis auf kleine Reste im N an die Araber verlor.

**Gotha,** Krst. in Thüringen, nordöstl. des Thüringer Walds, 57 000 Ew.; Schlösser Friedenstein u. Friedrichsthal, Rathaus; Maschinen- u. Fahrzeugbau. – Seit 1639 Residenz der Herzöge von *Sachsen-G.,* 1826–1918 Hptst. des Herzogtums *Sachsen-Coburg-G.*

**Gothaer Programm,** das 1875 auf dem Parteitag in Gotha angenommene Gründungsprogramm der Sozialist. Arbeiterpartei Dtld.s (der späteren SPD).

**Gothaische Genealogische Taschenbücher,** kurz »der Gotha«, → genealogische Taschenbücher.

**Gotik,** Stilepoche der europ. Kunst im Hoch- u. Spät-MA (rd. 1150–1450). Architektur. An die Stelle der massiven Wände der Romanik traten dünne Wandflächen, die fast völlig in große vielfarbige Glasfenster aufgelöst wurden. Der Entlastung der Mauer dienen der *Spitzbogen* u. das komplizierte System von Wandvorlagen, Diensten u. Kreuzrippen. Die Anfänge der got. Baukunst lagen im N Frankreichs (Chor in St.-Denis); erste Höhepunkte waren die Kathedralen von Noyon, Senlis, Paris, Laon u. Nantes. Kennzeichnend für die hochgot. Kathedralen von Chartres, Reims u. Amiens sind das dreischiffige Langhaus, der Chor mit Umgang u. Kapellenkranz, der Verzicht auf die Emporenzone, die Aufteilung in Arkaden, die Triforium-Bogenreihe u. schmalem Laufgang, die Maßwerkfenster u. die große Maßwerkrose sowie die Doppeltürmigkeit der Westfassade. Überaus verfeinerte Formensprache zeigen der Chor der Kathedrale von Le Mans, Ste.-Chapelle u. Notre-Dame in Paris. In der Spätphase kam es in Frankr. zwar zu reger Bautätigkeit, jedoch entstanden keine neuen Baugedanken mehr. – England: Chor von Canterbury (noch unter frz. Einfluß). Charakt. Merkmale der engl. Hochgotik sind die betonte Längenausdehnung der Anlage, die doppelten Querschiffe von ungleicher Breite, der geschlossene Chor u. ein locker gefügter Aufbau. Für die Spätphase ist ein entschiedener Vertikalzug typ., bes. in der Fenster- u. Wandgliederung (Chor von Gloucester). – Die Baukunst in Deutschland im 13. Jh. ist durch die stufenweise Einführung des frz. Kathedralsystems gekennzeichnet. Genaue Studien der frz. G. gingen dem Bau der Hallenkirche St. Elisabeth in Marburg u. der Liebfrauenkirche in Trier voraus. Beim Langhaus des Straßburger Münsters u. beim Chor des Kölner Doms wurde die frz. Lösung übernommen. Für das dt. Bestreben, die Wand mit einem einfacheren Aufriß wieder stärker zu schließen, war die Baukunst der *Zisterzienser* vorbildl. Zu einer durch das Baumaterial bedingten Vereinfachung der got. Zierformen sowie zu größerer Flächigkeit der Wand neigte auch die → *Backsteingotik.* Der stark gegliederte Hallenraum des 13. Jh. mit dem Nebeneinander der Schiffe (Paderborn, Minden, Rostock, Greifswald) wurde abgelöst durch den einheitl. Saalraum der Hallenkirchen des 14. u. 15. Jh. (Wiesenkirche in Soest).

Die got. Plastik des 13. Jh. steht als Bauplastik in engem Zusammenhang mit der Architektur. Ansatzpunkte für die Steinskulptur bot, wie schon in der Romanik, das Portal, dessen Bildwerke jeweils einem beherrschenden Thema gewidmet sind (Weltgericht, Maria, Christus). Die Holzbildhauerei fand im Andachtsbild, später im Schnitzaltar ein weites Betätigungsfeld (V. *Stoß,* M. *Pacher,* T. *Riemenschneider*).

Malerei. Neu war die Bemalung der *Glasfenster* (Chartres u. Bourges; Köln, Altenberg, Straßburg, Marburg, Freiburg i. Br., Regensburg, Straubing, Erfurt, Stendal u. Ulm). – Unter frz. Einfluß stand die *Miniaturmalerei* (Manessische Handschrift in Heidelberg). Seit der Mitte des 14. Jh. fand die Malerei im *Tafelbild* eine Form, die zum eigentl. Träger der maler. Entwicklung wurde. Der *Goldgrund* wies in der spätgot. Malerei, soweit er nicht vom Landschafts- oder Architekturhintergrund verdrängt wurde, oft reiche Punzierung auf. Im 15. Jh. vollzog sich die äußere Loslösung zum bewegl. Tafelbild, später erschienen Porträts u. Darstellungen weltl. Charakters.

**gotische Schrift, 1.** die durch den Gotenbischof *Wulfila* für seine Bibelübersetzung in got. Sprache aus der grch. Unziale unter Beifügung einiger lat. Buchstaben abgeleitete Schrift. – **2.** die aus der karoling. Minuskel seit dem 11./12. Jh. umgebildete Minuskel-Schreibschrift.

**gotische Sprache,** eine ostgerman. Sprache, überliefert bes. in der Bibelübersetzung des *Wulfila* (4. Jh.). Die g. S. starb noch während der Herrschaft der *Goten* im 5. Jh. aus.

**Gotland,** schwed. Ostseeinsel, 3140 km², 56 000 Ew., Hptst. *Visby;* Ackerbau, Viehzucht; Kalksteinbrüche.

**Gott,** grch. *Theos,* lat. *Deus.* Der Glaube an G.(heiten) ist zu unterscheiden von dem Glauben an eine numinose Macht, die nicht als Person vorgestellt wird, u. von dem Glauben an Dämonen. Die Götter der Religionsgeschichte werden als Personen vorgestellt; sie sind damit der Gefahr der Vermenschlichung u. unter Verlust ihrer Heiligkeit, ausgesetzt (z.B. in den grch. Göttersagen). – In den sog. Hochreligionen bleibt der personale Charakter der G.esbeziehung erhalten. Der Islam vertritt konsequent den Ein-G.-Glauben. Das Christentum ist ohne seine Grundlage im Monotheismus des AT nicht zu denken; G. (israelit. *Jahwe*) ist Schöpfer u. Herr der Welt. Das Christentum gründet sich auf die geschichtl. Offenbarung G.es in der Person *Jesu von Nazareth,* in dem der Name G.es seinen konkreten Inhalt bekommt: Vater u. Versöhner der Welt.

**Götterbaum,** in Ostasien heim., schnellwachsender Baum der *Bitterholzgewächse.*

**Götterdämmerung,** falsche Übers. von altnord. → Ragnarök, »Endschicksal der Götter« (u. der ganzen Welt).

**Gottesanbeterin,** die einzige mitteleurop. Fangheuschrecke, in Dtld. äußerst selten.

**Gottesbeweis,** der Versuch, das Dasein Gottes, ohne Hinzunahme der Offenbarung, philosoph. zu beweisen. Man unterscheidet: den *ontolog. G.* aus der Vollkommenheit des Seins; den *kosmolog. G.* aus der Bewegung, die einen ersten Beweger fordert; den *teleolog. G.* aus der Zweckmäßigkeit der Welt; den *moral. G.* aus der Unbedingtheit der sittl. Anforderung; den *histor. G.* aus der Einstimmigkeit der Völker, daß ein Gott sei.

**Gottesdienst,** dt. Bez. für *Liturgie* oder *Kultus,* im christl. Verständnis die nach bestimmten Ordnungen (Agenden, Meßbücher) vollzogene Anbetung Gottes in der Gemeinde, durch Gebet u. Lied, Sakramente u. Predigt.

**Gottesfriede,** lat. *Pax Dei,* im MA das Verbot der *Fehde* an bestimmten hl. Tagen u. Zeiten.

**Gottesgnadentum,** aus der theokrat. Vorstellungen erwachsene Begründung für die Herrschaftsansprüche vornehml. der absolutist. Herrscher (*Dei gratia,* »von Gottes Gnaden«, d.h. als weltl. Stellvertreter Gottes).

**Gotteslästerung,** *Blasphemie,* Beschimpfung oder Verhöhnung Gottes. Strafbar ist, wer den Inhalt des religiösen oder weltanschaul. Bekenntnisses anderer in einer Weise beschimpft, die geeignet ist, den öffentl. Frieden zu stören.

**Gottesleugnung** = Atheismus.

**Gottestracht,** rhein. Bez. für feierl. Prozessionen, bei denen das Allerheiligste mitgeführt wird.

**Gottesurteil,** bis zum hohen MA Schuldspruch

# GOTIK

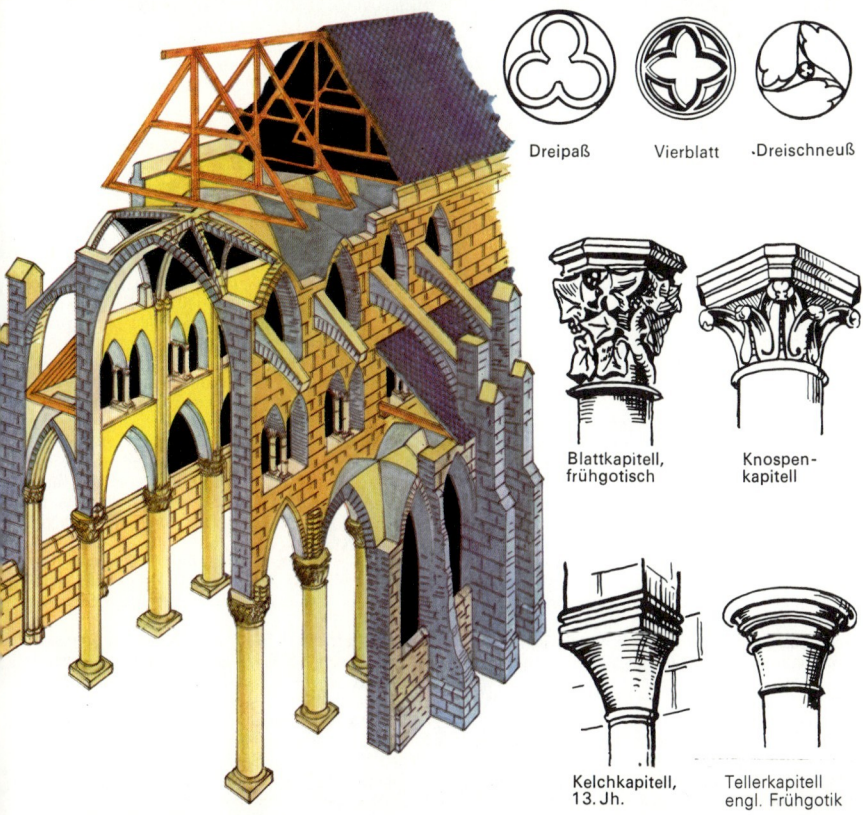

*Perspektivischer Querschnitt durch ein frühgotisches Gewölbe. Die Strebebogen leiten den Gewölbeschub auf die Außenmauern (links). – Bauelemente der Gotik (rechts)*

## göttliche Tugenden

nach äußeren, auf göttl. Einwirkung zurückgeführten Zeichen; z.B. Zweikampf, Feuer- oder Wasserprobe.

**Gottfried von Bouillon,** *um 1060, †1100, Herzog von Niederlothringen; Führer des 1. *Kreuzzugs* (1096–99); erstürmte 1099 Jerusalem, wurde zum ersten *König von Jerusalem* gewählt (Titel »Vogt des Heiligen Grabes«).

**Gottfried von Straßburg,** mhd. Epiker; schrieb um 1210 nach einer Vorlage des *Thomas von Britanje* das höf. Versepos »Tristan«. Anstelle der ritterl. Bewährung im Abenteuer erhob er die schicksalhafte Liebesleidenschaft zum höchsten Wert.

**Gotthard** → St. Gotthard.

**Gotthelf,** Jeremias, eigtl. Albert *Bitzius,* *1797, †1854, schweiz. Schriftst.; ev. Geistlicher; Bauernromane »Der Bauernspiegel«, »Wie Uli der Knecht glückl. wird«.

**Göttingen,** Krst. in Nds., an der Leine, 134 000 Ew.; Univ. (1737), Sitz der Max-Planck-Gesellschaft mit mehreren Instituten; feinmechan., pharmazeut. u. Elektro-Ind.

**Göttinger Hain,** 1772 von L. Ch. H. *Hölty,* J. M. *Miller,* J. H. *Voß* u.a. gegr. Dichterbund, der im Sinn F. G. *Klopstocks* gegen Aufklärung u. Nachahmung der Franzosen u. für Natur, Empfindung, Herz u. Gefühl eintrat. Die Dichtungen wurden im »Göttinger Musenalmanach« veröffentlicht. Hrsg. waren H. Ch. *Boie* u. F. W. *Gotter.* Der G. H. löste sich 1774 auf.

**Göttinger Sieben,** 7 Professoren der Univ. Göttingen (W. *Albrecht,* F. C. *Dahlmann,* H. *Ewald,* G. *Gervinus,* J. u. W. *Grimm,* W. *Weber*), die 1837 gegen die Aufhebung der hannoverschen Verfassung durch König *Ernst August II.* Einspruch erhoben u. deshalb abgesetzt wurden.

**Gottkönigtum,** als gottgesetzt angesehenes Königtum; in altoriental. Reichen entwickelt.

**Gottleuba,** *Bad G.,* Stadt in Sachsen, in der Sächs. Schweiz, 2700 Ew.

**göttliche Tugenden,** in der kath. Theologie Bez. für *Glaube, Hoffnung* u. *Liebe,* die der Mensch im Unterschied zu den natürl. sittl. Tugenden nicht aus eigener Kraft erlangen kann.

*Konrad von Soest, Die Anbetung des Kindes; Ausschnitt aus dem Altar in der Stadtpfarrkirche Bad Wildungen (links). – Tilman Riemenschneider: Marienaltar; um 1505–1510. Creglingen, Herrgottskirche (rechts)*

## 326 Gottlosenbewegung

*Goya: Die Marquesa von Villafranco*

**Gottlosenbewegung,** die kommunist. Freidenkerbewegung, bes. in der Sowj., bestand 1925–42.
**Gottorf,** *Gottorp,* Schloß (12. Jh.) in der Stadt *Schleswig,* 1268–1711 Residenz der Herzöge von Schleswig bzw. Schleswig-Holstein.
**Göttrik,** †810, dän. König; baute die ersten Anlagen des *Danewerks.*
**Gottschalk, 1.** *Godescalc,* *um 803, †868/69, sächs. Wanderprediger; Benediktiner, zeitweilig Mönch in Fulda. Seine Prädestinationslehre wurde mehrf. verworfen. Seit 849 wurde er in Haft gehalten. – **2.** †1066 (ermordet), Obodritenfürst; gewann die Gunst des Erzbischofs *Adalbert* von Hamburg-Bremen, mit dem zus. er die Bistümer Mecklenburg u. Ratzeburg gründete, dessen Sturz 1066 jedoch eine heidn.-nationale Reaktion auslöste. – Heiliger (Fest: 7.6.).
**Gottsched,** Johann Christoph, *1700, †1766, dt. Schriftst. u. Literaturtheoretiker der Aufklärung; wollte die dt. Bühnendichtung nach dem Muster der frz. Klassiker formen; Kampf gegen J. J. *Bodmer,* J. J. *Breitinger,* F. G. *Klopstock;* Bemühungen um die Festlegung der dt. Schriftsprache.
**Gottwald** Klement, *1896, †1953, tschechosl. Politiker (Kommunist) 1946–48 Min.-Präs.; vollzog 1948 den Übergang zur Volksdemokratie; 1948–53 Staats-Präs.
**Gottwaldov,** bis 1949 *Zlin,* tschechosl. Stadt in S-Mähren, 82 000 Ew.
**Göttweig,** um 1072 gegr. Benediktinerabtei in Niederöstr., heutiger Bau im Barockstil aus dem 18. Jh.
**Götz, 1.** Hermann, *1840, †1876, dt. Komponist; Oper »Der widerspenstigen Zähmung«. – **2.** Johann Nikolaus, *1721, †1781, dt. Schriftst. (anakreont. Lyrik). – **3.** Karl Otto, *22.2.1914, dt. Maler; Hauptvertreter des dt. Tachismus.
**Götze,** *Abgott,* ein als Gott verehrter Gegenstand (meist Bilder oder Statuen in Menschen- oder Tiergestalt).
**Götz von Berlichingen** → Berlichingen.
**Gouache-Malerei** [gu'a:ʃ-], Malerei mit deckenden Wasserfarben, mit Bindemitteln versetzt; der *Aquarelltechnik* verwandt.
**Gouda** ['xouda:], ndl. Stadt in der Prov. Südholland, 61 000 Ew.; Herstellung von Steingut u. bes. *G.käse* (fester Schnittkäse).
**Goudimel** [gudi'mɛl], Claude, *um 1514, †1572, frz. Komponist; als Hugenotte ermordet.
**Goudron** [gu'drɔ̃], Mischung aus echtem *Asphalt* mit Destillationsrückständen des Erdöls; im Straßenbau u. zu Dachisolierungen verwendet.
**Goughinsel,** unbewohnte brit. Vulkaninsel im Atlantik, meteorolog. Station; rd. 410 km sö. von *Tristan da Cunha,* 55 km², bis 889 m hoch; Dependenz von St. Helena.
**Gouin** [gu'ɛ̃], Félix, *1884, †1977, frz. Politiker; 1942 Verbindungsmann der Sozialist. Partei bei Ch. de *Gaulle* in London; Jan. bis Juni 1946 Min.-Präs. u. provisor. Staats-Präs.
**Goujon** [guʒɔ̃], Jean, *um 1510, †vor 1568, frz. Bildhauer u. Architekt; neben G. *Pilon* Hauptmeister der frz. Renaissanceplastik.
**Gould** [gu:ld], **1.** Glenn, *1932, †1982, kanad. Pianist; bes. Bach-Interpret. – **2.** Morton, *10.12.1913, US-amerik. Komponist, Pianist u. Dirigent; verwendet Elemente der Folklore u. des Jazz.
**Gounod** [gu'no], Charles, *1818, †1893, frz. Komponist der Spätromantik; ⚆ Oper »Margarethe« (auch »Faust« gen.).
**Gourmand** [gur'mã], Vielfraß, Schlemmer.
**Gourmet** [gur'me], Feinschmecker, Weinkenner.
**Gout** [gu], Geschmack, Wohlgefallen.
**Gouvernante** [gu-], Erzieherin.
**Gouvernement** [guvɛrnə'mã], unter fremder Oberherrschaft stehendes Herrschaftsgebiet.
**Gouverneur, 1.** [guvɛr'nø:r], Statthalter einer Kolonie oder Provinz. – **2.** [gʌvənə], Staatsoberhaupt eines Gliedstaats der USA.
**Gower** ['gauə], John, *um 1330, †1408, engl. Dichter; schrieb in frz. u. engl. Sprache allegor., lehrhafte u. erzählende Werke.
**Goya,** G. y Lucientes, ['goja i luθi'ɛntɛs], Francisco José de, *1746, †1828, span. Maler u. Graphiker; schuf Porträts, die sich durch schonungslose Offenheit u. psycholog. Spannung auszeichnen, u. malte die Schrecken des Krieges. Am stärksten tritt seine revolutionäre Eigenart im graph. Werk zutage: Radierfolgen »Caprichos« (Gesellschaftssatiren), »Desastres de la Guerra«, »Tauromaquia« u. »Disparates«.
**Goyen** ['xo:jə], Jan van, *1596, †1656, ndl. Maler; stimmungsvolle Landschaften.
**Gozo** ['gɔtsou], zur Rep. Malta gehörige Mittelmeerinsel, 67 km², 25 000 Ew.
**Gozzi,** Carlo Graf, *1720, †1806, ital. Schriftst.; Vertreter des alten ital. Stegreifspiels; Fabel »Turandot« (von Schiller bearbeitet).
**Gozzoli,** Benozzo, *1420, †1497, ital. Maler; Schüler des Fra *Angelico;* Wandmalereien mit bibl. Szenen u. Darst. der florentin. Gesellschaft.
**GPU,** Abk. für russ. *Gosudarstwennoje polititscheskoje uprawlenije,* »Staatl. Polit. Verw.«, 1922–34 Name der sowj. geheimen Staatspolizei.
**Graaf** [xra:f], Reignier de, *1641, †1673, ndl. Anatom; entdeckte im Eierstock den **G.schen Follikel** (→ Follikel).
**Grab,** die Anlage, die bei der Bestattung den Toten aufnimmt; meist durch einen Gedenkstein bzw. Grabmal gekennzeichnet. Gräber werden in Friedhöfen od. Nekropolen zusammengefaßt. Häufige Grabformen des Altertums waren das *Megalith-(Hünen-)* u. das *Fels-G.*
**Grabbe,** Christian Dietrich, *1801, †1836, dt. Schriftst.; verfiel dem Trunksucht. Seine histor. Dramen führten zu einem neuen Realismus (»Napoleon oder Die 100 Tage«, »Die Hermannschlacht«); sarkast. Literaturkomödie »Scherz, Satire, Ironie u. tiefere Bedeutung«.
**Graben,** *G.bruch,* von Verwerfungen begrenzte, langgestreckte Senke; z.B. die Oberrhein. Tiefebene.
**Grabeskirche,** die über der vermuteten Grabstätte Jesu in Jerusalem errichtete Kirche; umfaßt auch die Stelle von Golgatha; Baubeginn 326 unter Kaiser Konstantin d. Gr., mehrmals zerstört u. wieder erneuert.
**Grabfeld,** fruchtbare Ldsch. zw. der Rhön u. Haßbergen in Unterfranken, Hauptort *Bad Neustadt.*
**Grabmal,** das einem Toten an seiner Beisetzungsstätte errichtete Erinnerungszeichen. Histor. Formen: Menhire, Hünengräber, Pyramiden, Felsgräber, Schachtgräber, Kuppelgräber, Stelen, Mausoleen, Sarkophage.
**Grabmann,** Martin, *1875, †1949, dt. Philosoph u. kath. Theologe; Neuthomist.
**Grabner,** Hermann, *1886, †1969, östr. Komponist u. Musiktheoretiker; Schüler M. *Regers;* Oper »Die Richterin«.
**Grabschändung,** das unbefugte Zerstören oder Beschädigen eines Grabs oder das Verüben beschimpfenden Unfugs an ihm; in der BR Dtld. strafbar mit Freiheitsstrafe bis zu 3 Jahren.
**Grabstichel,** Werkzeug zum Gravieren u. Ziselieren.
**Grabstock,** das älteste Ackerbaugerät: ein zugespitztes Stück Holz von etwa 1 m Länge, mit dem Knollen ausgegraben wurden; später auch zum Umbrechen der Erde vor der Aussaat.
**Grabturm,** ein Grabbautypus des islam. MA für Einzelpersonen u. Familien in Iran u. Kleinasien; unterird. Grabsetzung u. oberird. Raum mit Scheinsarkophag *(Kenotaph);* türk. Sonderentwicklung: → Türbe.
**Grabwespen,** *Sphecidea,* Fam. der *Stechimmen,* die in Sand oder Lehm Höhlen anlegen, in die sie durch einen Stich gelähmte Insekten tragen u. ihr Ei daran ablegen.
**Gracchus** ['graxus], Zweig des plebejischen Adelsgeschlechts der *Sempronier* im alten Rom. Die Gracchen erlangten bes. polit. Bed. durch die Brüder *Tiberius Sempronius G.* (*162 v. Chr., †133 v. Chr.) u. *Gaius Sempronius G.* (*153 v. Chr., †121 v. Chr.). Als Volkstribun des Jahres 133 v. Chr. wollte Tiberius G. gegen den Willen des Senats durch Neuverteilung des großenteils in den Händen der adligen Großgrundbesitzer befindl. Staatslands die Lage der röm. Bauern verbessern. Es kam zum Kampf, u. er wurde erschlagen. 123 v. Chr. nahm Gaius G. das Reformprogramm seines Bruders wieder auf. Für die Agrarreform sah er außeritaI. Land vor. Als er einen Antrag auf Verleihung des vollen Bürgerrechts an die ital. Bundesgenossen stellte, kam es zu Kämpfen in Rom, u. Gaius G. ließ sich auf der Flucht von einem Sklaven töten.
**Gracht,** Kanal, bes. in alten holländ. Städten.
**Gracián** [-'θja:n], Baltasar, *1601, †1658, span. Schriftst. u. Moralist; Jesuit; Vertreter des *Conceptismo.* ⚆ »El Criticón«.
**Gracia Patricia,** *1929, †1982, Fürstin von Monaco; fr. Grace *Kelly,* US-amerik. Filmschauspielerin (»High Noon«, »High Society«); heiratete 1956 Fürst *Rainier III.* von Monaco.
**Gracioso** [graθi'oso], komische Person im span. Lustspiel.
**Grad, 1.** Abstufung, Stärke. – **2.** *akademischer G.* → Doktor, → Magister. – **3.** *Mathematik:* 1. der höchste Exponent der Veränderl. in einer ganzen rationalen Funktion (G. der Funktion). 2. Maßeinheit des Winkels: der 360. Teil des Vollwinkels (des Kreises). – **4.** Teilabschnitt einer Skala, bes. der Temperaturskala. – **5.** → Schriftgrad.
**Gradation, 1.** *Fernsehtechnik:* Wiedergabe der Helligkeitsstufen eines Fernsehbildes, die vom Krümmungsmaß der Bildröhrenkennlinie abhängig ist. – **2.** *Zoologie:* Massenvermehrung, plötzl. Bevölkerungszunahme einer Tierart in einem bestimmten Gebiet.
**Grade,** Hans, *1879, †1946, dt. Flugpionier u. Flugzeugkonstrukteur.
**Gradient,** Gefälle einer Größe auf einer bestimm-

*Grabmal: griechische Grabstele mit dem Abschied eines Mannes von Frau und Kind; 4. Jahrhundert v. Chr. Athen, Nationalmuseum*

*Steffi Graf, Gewinnerin des Grand Slam 1988*

ten Strecke, z.B. Temperatur-, Druckgefälle; in der Mathematik die Abnahme einer physik.-math. Größe (Vektor) pro Längeneinheit.

**Gradierwerk,** mit Reisig bedecktes Gerüst, über das Salzsole rieselt, die durch Verdunsten konzentriert wird (auch zu Heilzwecken bei Erkrankung der Atemwege).

**Gradmessung,** die Bestimmung des Erdumfangs durch geodät. u. astronom. Messen des Abstands zweier auf dem gleichen Längengrad liegender Orte mit bekanntem Breitenunterschied. Um 230 v. Chr. führte *Eratosthenes* die erste G. durch.

**Gradnetz,** ein gedachtes, der Bestimmung der geograph. Lage u. der Orientierung dienendes, über die Erdkugel gezogenes Liniennetz. Die sich rechtwinklig schneidenden Linien (geograph. Koordinaten) sind 360 Längenkreise *(Meridiane),* die durch den geograph. Nordpol u. Südpol laufen u. gleich lang sind (Großkreise), u. vom Äquator aus nach N u. S je 89 polwärts enger werdende Breitenkreise *(Parallelkreise);* der 90. Breitenkreis ist der geograph. Pol.

**Grado,** ital. Stadt in der Region Friaul-Julisch-Venetien, 10 000 Ew.; Fischereihafen u. Seebad.

**Graduale,** im kath. u. luth. Gottesdienst der Gesang des Chors oder der Gemeinde nach der Verlesung der Epistel.

**Graduierter,** Inhaber eines akadem. Grads.

**Graecum,** Prüfung in (Alt-)Griechisch.

**Graefe,** Albrecht von, *1828, †1870, dt. Augenarzt; entwickelte das Verfahren der Linearextraktion der Linse beim grauen Star.

**Graf,** Stellvertreter des Königs an der Spitze einer bestimmten Verwaltungseinheit im Merowinger- u. Frankenreich *(Grafschaft, Gau);* zunächst mit Wehrhoheit, im Frankenreich auch mit Gerichtsbarkeit, Finanz- u. Verwaltungshoheit ausgestattet; anfangs Beamter, seit dem 9. Jh. erblich. Seit 1919 ist der G.titel nur noch Bestandteil eines Familiennamens.

**Graf, 1.** Oskar Maria, *1894, †1967, dt. Schriftst.; seit 1938 in New York; schilderte die bay. Dorf- u. Stadtwelt (»Das bay. Dekameron«). – **2.** Steffi, *14.6.1969, dt. Tennisspielerin; 1987 Erste der Weltrangliste, 1988 Gewinnerin des *Grand Slam* u. Olympiasiegerin, 1989 nochmals Wimbledon-Siegerin. – **3.** Urs, *um 1484, †1527, schweiz. Maler, Graphiker u. Goldschmied; schilderte hpts. das Leben der Landsknechte.

**Gräfenhainichen,** Krst. in Sachsen-Anhalt, 8000 Ew.; Braunkohlenbergbau.

**Graff,** Anton, *1736, †1813, schweiz. Maler; ausschl. Bildnismaler (G. Herder, G. E. Lessing, F. von Schiller).

**Graffiti,** Malerei oder Parole, die mittels Sprühdose auf eine Wand gesprüht wird.

**Graham** ['greiəm], **1.** Billy, *7.11.1918, US-amerik. Baptistenprediger. – **2.** Martha, *11.5.1893, US-amerik. Tänzerin u. Choreographin; gab den versch. Stilen des Modern Dance eine gemeinsame u. lehrbare techn. Grundlage. – **3.** Thomas, *1805, †1869, brit. Chemiker; Begr. der Kolloidchemie; führte Untersuchungen zur Osmose, Dialyse u. zur Löslichkeit von Gasen u. Salzen in Flüssigkeiten durch.

**Grahambrot** [nach dem Arzt Sylvester Graham], leichtverdaul. Vollkornbrot aus Weizenschrotmehl.

**Grahamland** ['greiəmlænd] → Antarktische Halbinsel.

**Grahamstown** ['greiəmztaun], *Grahamstad,* Stadt im südl. Kapland (Rep. Südafrika), 53 000 Ew.; Univ.

**Grainger** ['greindʒə], Percy, *1882, †1961, US-amerik. Pianist u. Komponist austral. Herkunft.

**Grajische Alpen,** Teil der frz.-ital. Westalpen, zw. Kleinem St. Bernhard u. Col de Fréjus; im *Gran Paradiso* 4061 m.

**Gral,** in der Legende des MA geheimnisvolles Heiligtum (Schale, Stein), dessen Besitz irdisches u. himml. Glück verleihen konnte; von *Chrétien de Troyes* mit der Artusdichtung verknüpft; in Wolfram von Eschenbachs »Parzival« von *G.rittern* gehütet.

**Gramfärbung,** von dem dän. Bakteriologen Hans Christoph Joachim *Gram* (*1853, †1938) entwickelte Färbemethode zur Unterscheidung von sehr ähnl. aussehenden Bakterien in *grampositive* u. *gramnegative.*

**Gramm,** Kurzzeichen g, Einheit der *Masse* (u. des Handelsgewichts); seit 1889 definiert als der tausendste Teil des in Paris aufbewahrten Urkilogramms.

**Grammar School** ['græmə sku:l], weiterführende Schule in Großbritannien, vergleichbar unserem *Gymnasium.*

**Grammatik,** *Sprachlehre,* i.e.S. die Lehre von der Wortbildung u. -flexion (Morphologie) sowie von der Verwendung der Wörter im Satz (Syntax); i.w.S. ergänzt durch die Lautlehre (Phonetik u. Phonologie).

**Grammatom,** die Menge eines chem. Elements, die so viel Gramm wiegt, wie seine Atommasse angibt.

**Grammolekül** → Mol.

**Grammophon,** alte Bez. (etwa 1920–40) für → Plattenspieler.

**gramnegativ** → Gramfärbung.

**Grampian Mountains** ['græmpjən 'mauntinz], *Grampians,* der höchste Teil der schott. Gebirge, im *Ben Nevis* 1343 m.

**grampositiv** → Gramfärbung.

**Gran,** altes Apothekergewicht unterschiedl. Größe (60–70 mg je nach Land).

**Gran, 1.** → Esztergom. – **2.** slowak. *Hron,* l. Nbfl. der Donau, 289 km.

**Gran,** Daniel, *1694 ?, †1757, östr. Maler; einer der Hauptmeister der Freskomalerei des Rokokos in Östr.

**Granada,** südspan. Prov.-Hptst. im Andalus. Bergland, am O-Rand der fruchtbaren *Vega de G.,* 260 000 Ew.; maler. Altstadt Albaicín, zahlr. Kunstdenkmäler der maur. Zeit, Gotik u. Renaissance, überragt von der → Alhambra u. der maur. Sommerresidenz Palacio del Generalife. Univ. (1526); Zucker-, chem. u. keram. Ind.; Fremdenverkehr. – Gesch.: G. wurde 711 von den Arabern erobert u. wurde 1238 maur. Kgr. unter den Nasriden. Mit dem Feldzug Ferdinands II. u. Isabellas I. gegen G. (1481–92) fiel G. als letztes Maurenreich in die Hände der christl. Herrscher.

**Granados y Campiña** [gra'naðos i kam'pinja], Enrique, *1867, †1916, span. Komponist u. Pianist; Vertreter der nationalspan. Schule.

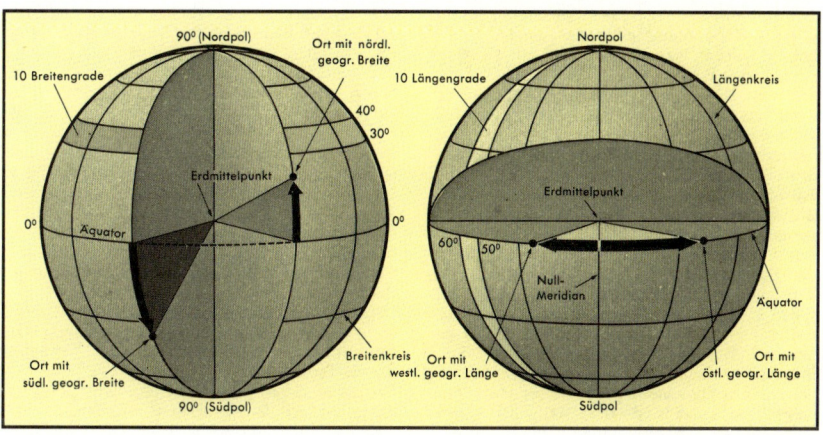

*Gradnetz: Breitengrade und Breitenkreise (links), Längengrade und Längenkreise (rechts)*

**Granat,** eine Gruppe regulärer Mineralien (Tonerdesilicate) versch. chem. Zusammensetzung. Viele G. dienen als Schmucksteine (meist dunkelrot), bes. Kristalle.

**Granatapfelbaum,** in Vorderasien, Ägypten u. auf dem Balkan vorkommender Strauch oder Baum. Die wohlschmeckende Frucht **(Granatapfel)** ist apfelgroß.

**Granate,** urspr. ein Hohlkugelgeschoß mit Zünder (auch als Brandgeschoß); heute ein Wurfkörper, der mit Sprengstoff oder chem. Kampfmitteln gefüllt ist.

**Granatwerfer,** eine Steilfeuerwaffe der Infanterie (seit dem 1. Weltkrieg); in der Bundeswehr werden die G. als *Mörser* bezeichnet.

**Gran Canaria,** die drittgrößte der span. *Kanar. Inseln,* 1553 km², 673 000 Ew.; Hptst. u. Hafen *Las Palmas;* bed. Fremdenverkehr (v.a. *Playa del Ingles, Maspalomas*); internat. Flughafen *Gando.*

**Gran Chaco** [-'tʃako], südamerik. Ldsch. zw. dem oberen Paraguay u. den Anden, 800 000 km² mit 1,5 Mio. Ew. (davon 60–70 000 Indianer); wenig erschlossenes Flachland mit Gras-, Trockenwald- u. Dornbuschvegetation; Viehzucht, Erdölförderung. Das Gebiet ist größtenteils argentinisch; das nördl. Grenzgebiet fiel im *Chacokrieg* (1932–35 zw. Bolivien u. Paraguay) an Paraguay.

**Grand** [grã], *Großspiel,* eine Spielart beim *Skat,* bei der nur die Buben Trumpf sind.

**Grand Canyon** ['grænd 'kænjən] → Colorado River.

**Grande Comore** [grãdko'mɔ:r] → Ngazidia.

**Granden,** die höchsten span. Adeligen im MA.

**Grandezza,** Würde, elegant-hoheitsvolles Benehmen.

**Grandma Moses** ['grænma 'mɔuziz] → Robertson-Moses, Anna Mary.
**Grand Marnier** [grã mar'nje:], frz. Apfelsinenbranntwein.
**Grand National Steeplechase** [grænd 'næʃənəl 'sti:pltʃeis], das schwerste Hindernisrennen der Welt für Pferde, seit 1839 auf der in der Nähe von Liverpool gelegenen Bahn von *Aintree* ausgetragen.
**Grand Prix** [grã'pri], frz. Bez. für große internat. Sportveranstaltungen, v.a. im Automobil- u. Pferdesport.
**Grand Rapids** [grænd 'ræpidz], Stadt in Michigan (USA), 182 000 Ew.; Holz- u. Möbel-Ind.
**Grandseigneur** [grãsɛn'jø:r], großer, vornehmer Herr.
**Grand Slam** ['grænd 'slæm], im Tennis der Sieg eines Spielers bei den Meisterschaften von Australien, Frankr., England u. den USA innerhalb eines Jahres.
**Grandville** [grã'vil], Künstlername von Ignace Isidore *Gérard*, *1803, †1847, frz. Karikaturist u. Graphiker; Satiren mit typ. Tier-Mensch-Karikaturen.
**Granger** ['greindʒə], Stewart, eigtl. James Lablache *Stewart*, *6.5.1913, US-amerik. Schauspieler; Helden- u. Abenteuerrollen.
**Granikos**, heute *Biga*, kleiner Fluß im nw. Kleinasien, mündet ins Marmarameer; in der *Schlacht am G.* 334 v.Chr. besiegte *Alexander d. Gr.* die Perser.
**Granit**, körniges magmat. Tiefengestein mit 60–80% Kieselsäureanteil, besteht aus Quarz, Orthoklas, saurem Plagioklas u. dunklem Gemengteil; beliebter Bau- u. Werkstein.
**Grannen**, 1. steife, widerhaarige Borsten an der Spitze der Deckspelzen der Gräserblüten. – 2. *G.haare*, Haare, die die äußere Schicht des Säugetierpelzes bilden.
**Gran Paradiso** → Grajische Alpen.
**Gran Sasso d'Italia**, Gebirgsstock in den Abruzzen, höchste Erhebung der ital. Halbinsel; im *Corno Grande* 2914 m.
**Grant** [graent], 1. Cary, *1904, †1986, US-amerik. Schauspieler; bes. erfolgreich in Filmen A. Hitchcocks. – 2. Ulysses Simpson, *1822, †1885, US-amerik. Offizier u. Politiker (Republikaner); kämpfte im Sezessionskrieg erfolgreich gegen die Südstaaten; 1869–77 (18.) Präs. der USA.
**Granulat**, rieselfähiges, in Form u. Größe sehr gleichmäßiges u. feines Korngemenge; erlaubt eine einheitl. Lösegeschwindigkeit; häufig bei Arznei- u. Düngemitteln.
**Granulation**, 1. die körnige Struktur der Sonnenoberfläche, die auf kräftige vertikale Strömungen (1 km/s Geschwindigkeit) zurückzuführen. – 2. eine Verzierungstechnik, bei der winzige Kügelchen aus Gold oder Silber auf einen Untergrund des gleichen Materials aufgeschmolzen werden. – 3. die Bildung neuen Bindegewebes bei Gewebsdefekten; → Granulom.
**Granulom**, Granulationsgewebe geschwulstartigen Aussehens, zu dessen Entstehung es meist durch Krankheitserreger oder Fremdkörper kommt.
**Granulozyten** → Leukozyten.
**Granville-Barker** ['grænvil 'ba:kə], Harley, *1877, †1946, engl. Regisseur u. Schriftst. (realist. Problemstücke u. Schriften zum Theater).
**Grapefruit** ['greipfru:t], ein *Rautengewächs* der Subtropen; bis 20 m hohe Bäume mit traubigen Blütenständen. Die gelben Früchte haben bitter-süßes Fruchtfleisch u. sind kleiner als die der *Pampelmuse*.
**Graph** → graphische Darstellung.
**Graphik**, Sammelbez. für alle ein- u. mehrfarbige Flächenkunst auf Papier, umfaßt neben der Kunst der Zeichnung die *Druck-G.*, die sich unter Verwendung von Druckplatten oder -stöcken aus Holz, Metall, Linoleum, Stein u.a. bestimmter Vervielfältigungstechniken bedient. Die wichtigsten graph. Techniken sind Holzschnitt, Kupferstich, Radierung, Lithographie.
**graphische Darstellung**, *Math.*: Graph, eine Figur, die den Zusammenhang zw. zwei oder mehreren Veränderlichen darstellt; z.B. die Kurve als graph. Darst. einer Funktion im Koordinatensystem.
**Graphit**, *Reißblei*, grauschwarzes, metall. glänzendes, weiches Mineral aus reinem Kohlenstoff; zur Bleistiftherstellung, als Schmiermittel, in der Galvanoplastik, als Bremssubstanz in Kernreaktoren benutzt.

*Grasfrosch*

**Graphologie**, die Handschriftendeutung u. -beurteilung; von Bedeutung für die ärztl. Diagnostik, Charakteranalyse, Eignungsbegutachtung u. Krimonologie.
**Grappa**, ein hochprozentiger Tresterbranntwein.
**Graptolithen**, ausgestorbene, marine Tiere mit chitinartigem Außenskelett; Hauptverbreitung im Ordovizium u. Silur.
**Grasbäume**, austral. baumartige *Liliengewächse*.
**Grasei**, Hühnerei mit grauschwarzem Dotter.
**Gräser**, Bez. für schlanke, krautige einkeimblättrige Blütenpflanzen mit unscheinbaren Blüten; z.B. die *Sauer-G.* u. die *Süß-G.* Die G. bilden die verbreitetste Bedeckung der Vegetationsgürtel der Erde an allen Stellen, wo Bäume nicht mehr gedeihen können. Im Kulturland bedecken G. Ackerböden (Getreide, Zuckerrohr) u. Weideland als wertvollste Wirtschaftspflanzen. Sie sind einjährige Pflanzen mit faserigen u. sehr kurzen, manchmal knollenartig verdickten Wurzeln oder staudenartige Dauerpflanzen. Oft sind sie kriechend oder niederliegend u. vermehren sich auch vegetativ durch unter- oder oberird. Wurzelausläufer. → Pflanzen.
**Grasfrosch**, der häufigste u. verbreitetste Landfrosch Mittel- u. N-Europas; braun, meist mit gefleckter Bauchseite.
**Grashof**, Franz, *1826, †1893, dt. Ing.; Mitgründer d. »Vereins Dt. Ingenieure« (VDI). – *G.-Gedenkmünze* vom VDI jährl. für bes. Verdienste um die Technik verliehen.
**Graslilie**, *Anthericum*, Gatt. der *Liliengewächse*, mit grasartigen Blättern u. weißen Blüten.
**Grasmücken**, *Sylvia*, Gatt. der *Singvögel*; farbl. unscheinbare Insektenfresser. Einheim. sind: *Mönchs-G., Dorn-G, Garten-G.* (mit motivreichem Gesang).
**Grasnelkengewächse**, meist Salzpflanzen der Steppen, Halbwüsten u. des Meeresstrands. Zu den G. gehören u.a. *Grasnelken* u. *Strandnelken*.
**Grass**, Günter, *16.10.1927, dt. Schriftst. u. Graphiker; barock überquellende, vitale, oft auch schockierende zeitkrit. Romane (»Die Blechtrommel«, »Hundejahre«, »Örtl. betäubt«, »Der Butt«, »Die Rättin«), Erzählungen u. Theaterstücke.
**Grasse** [gras], SO-frz. Krst. u. Winterkurort im Dép. Alpes-Maritimes, 37 000 Ew.; Zentrum der Parfümfabrikation.
**Grasser**, Erasmus, *um 1450, †1518, dt. Bildhauer der Spätgotik; Moriskentänzer.
**Grassi**, 1. Anton, *1755, †1807, östr. Bildhauer; seit 1784 Hauptmodelleur der Wiener Porzellanmanufaktur. – 2. Ernesto, *2.5.1902, ital.-dt. Philosoph; Arbeiten über Renaissance u. Humanismus. – 3. Giovanni Battista, *1854, †1925, ital. Zoologe; entdeckte den Überträger der Malaria.
**grassieren**, sich ausbreiten (von Seuchen).
**Grastopf**, *Frauenhaar*, zu den *Riedgräsern* gehörende Topfpflanze aus O-Indien.
**Grat**, 1. Schnittlinie zweier Dach- oder Gewölbeflächen. – 2. schmale, scharfe Kante eines Bergrückens. – 3. beim Gießen, Stanzen, Feilen entstehender scharfer Rand des Werkstücks.
**Gräten**, verknöcherte Skelettelemente zw. den Muskeln der Fische.
**Gratian**, 1. Flavius *Gratianus*, *359, †383, röm. Kaiser 367–83; Sohn *Valentinians I.*, 367 zum Mitkaiser neben seinem Oheim *Valens* erhoben. G. wollte 383 dem Usurpator *Maximus* in Gallien entgegentreten; seine Truppen liefen jedoch über, u. G. wurde auf der Flucht ermordet. – 2.

*Grasmücken: Dorngrasmücke*

†um 1160 oder 1179; Rechtslehrer in Bologna; Kamaldulenser, »Vater der Kanonistik«.
**Gratifikation**, eine meist vertragl. oder durch Betriebsvereinbarung festgesetzte Zuwendung zum regelmäßigen Lohn oder Gehalt, meist zu bes. Anlässen (Weihnachten, Jubiläum).
**gratinieren**, Gerichte bei starker Oberhitze überbacken oder überkrusten.
**Gratisaktie**, Aktie, die aufgrund einer Kapitalerhöhung aus Gesellschaftsmitteln an die Aktionäre ausgegeben wird.
**Grätsche**, Sprung mit gespreizten Beinen über Bock, Pferd, Kasten.
**Grau** [grɔ:], Shirley Ann, *8.7.1929, US-amerik. Schriftst.; Romane (meist im Süden der USA) mit psycholog. Einfühlungsvermögen.
**Graubünden**, Kt. im SO der → Schweiz; das Siedlungsgebiet der schweiz. *Rätoromanen*.
**Graudenz**, poln. *Grudziądz*, poln. Stadt an der unteren Weichsel, 95 000 Ew.; Masch.-Ind.; ehem. Festung.
**Graue Eminenz**, ein hinter den Kulissen der Politik wirkender einflußreicher Mann (z.B. Friedrich von *Holstein*).
**Graue Panther**, nach dem Vorbild der amerik. Selbsthilfeorganisation »Grey Panthers« 1975 gegr. Vereinigung alter Menschen in der BR Dtld., Bundeszentrale Wuppertal.
**grauer Star**, *Katarakt*, Trübung der Linse des Auges. Es kommt zu fortschreitender Verminderung des Sehvermögens (häufig durch Stoffwechselstörungen: Zuckerstar, Altersstar). Ist der graue Star »reif«, d.h. ist die Linse vollständig getrübt u. erweicht, so kann der Augenarzt sie operativ entfernen (Staroperation). Die Linse wird durch Kontaktlinsen oder Linsenimplatation ersetzt.
**Graugans**, einzige in Dtld. brütende Wildgans, Stammform der Hausgansrassen.
**Grauguß**, Gußeisen mit grauer Bruchfläche.
**Graun**, 1. Carl Heinrich, *1703/04, †1759, dt. Komponist; Kapellmeister am Hof Friedrichs d. Gr.; Opern u. Kirchenmusik. – 2. Johann Gottlieb, Bruder von 1), *1702/03, †1771, dt. Geiger u. Komponist; Konzertmeister am Hof Friedrichs d. Gr.; Sinfonien u. Kammermusik.
**Graupapagei**, hellgrauer Papagei mit rotem Schwanz, in den Urwäldern des trop. Afrika beheimatet; beliebter Käfigvogel.
**Graupeln**, Niederschlag in Form von schnee- oder eisartigen Bällchen bis 5 mm Durchmesser; entstehen durch Auffrieren unterkühlter Tröpfchen auf Eiskristallen.
**Graupen**, geschälte Gersten- oder Weizenkörner; zu Suppeneinlagen u. steifem Brei.
**Graureiher**, ungenaue Bez. *Fischreiher*, mitteleurop. *Reiher*.
**Grauwacke**, graue, harte Sandsteine aus Quarz, Feldspat, Glimmer u.a. Mineralien. Hauptgestein des Erdaltertums (Paläozoikum).
**Grauwal**, Fam. der Bartenwale, 13–15 m lang; dank umfangreicher Schutzmaßnahmen erhalten.
**Grauzone**, Zone zw. Schwarz u. Weiß; gesetzl. nicht eindeutig definierter u. geregelter Bereich.
**Grave**, musikal. Vortragsbez.: schwer.
**Gravenhage**, s'G. [sxra:vən'ha:xə] → Den Haag.
**Gravenstein**, dt. Handelsort am Felsborg Fjord, 3000 Ew.; Zucht des *G.-Apfels*.
**Graves** [greɪvz], 1. Morris, *28.8.1910, US-amerik. Maler; vom Zen-Buddhismus angeregte Bilder, in denen Vogelmotive vorherrschen. – 2. Robert von *Ranke-G.*, *1895, †1985, engl. Schriftst.; histor. Romane (»Ich, Claudius, Kaiser u. Gott«) u. Schriften zur grch. Mythologie.

**Gravesend** ['greivzεnd], S-engl. Hafenstadt u. Seebad am Themse-Trichter, 53 000 Ew.
**Gravidität** → Schwangerschaft.
**gravieren,** erhabene oder vertiefte Muster, Zeichnungen u. Schrift *(Gravierung, Gravur, Gravüre)* auf Metall, Holz, Elfenbein u. Stein, mit Hilfe von Gravierwerkzeugen (Graviernadel, Grabstichel, Meißel) oder mit Graviermaschinen herstellen.
**Gravimetrie, 1.** *Chemie :* → Gewichtsanalyse. – **2.** *Geophysik:* Schwerkraftmessung, die Messung der Fallbeschleunigung auf der Erdoberfläche (mit Pendel, freiem Fall u. stat. Gravimetern).
**Gravis,** ein → Akzent.
**Gravitation,** *Massenanziehung,* eine Eigenschaft der Materie; sie äußert sich als Kraft (Schwerkraft), mit der sich schwere Massen gegenseitig anziehen u. errechnet sich dem 1682 von I. *Newton* aufgestellten *G.sgesetz,* wonach die Kraft *(K)*, mit der sich zwei Massen $m_1$ u. $m_2$ anziehen, dem Produkt dieser Massen direkt u. dem Quadrat ihrer Entfernung voneinander *(r)* umgekehrt proportional ist:

$$K = \gamma \cdot \frac{m_1 \cdot m_2}{r^2}$$

Dabei ist γ die *G.skonstante* (eine universelle Naturkonstante) mit dem Wert:
$\gamma = 6,6726 \pm 0,0005 \cdot 10^{-11} \left[\frac{m^3}{kg\,s^2}\right]$

In der Umgebung einer Masse wirkt die G. durch ein Kraft- oder *G.sfeld (Schwerefeld).* Die Erde zieht als schwerer Körper jeden anderen Körper an; wegen ihrer beinahe kugelförmigen Gestalt ist die G. auf der ganzen Oberfläche fast konstant u. zum Erdmittelpunkt hin gerichtet.
Mit dem Newtonschen G.sgesetz wurde zum ersten Mal ein umfassendes Weltgesetz aufgestellt. Das Wesen der G. ist bis heute noch nicht endgültig geklärt, wenn auch die von A. *Einstein* entwickelte Allgemeine → Relativitätstheorie einen Fortschritt brachte u. in seiner »Vereinheitlichten Feldtheorie« versucht wurde, G. u. Elektrodynamik zusammenzufassen. Neuerdings wird die G.skonstante in Zusammenhang mit dem Alter des Universums gebracht u. so ihre Unveränderlichkeit in Frage gestellt. – **G.swellen,** Störungen im Schwerefeld, die sich nach der Einsteinschen G.stheorie im Vakuum mit Lichtgeschwindigkeit fortpflanzen sollen; exakter Nachweis umstritten.
**gravitätisch,** würdevoll, gemessen.
**Gravur,** Radierung, Kupfer- oder Stahlstich.
**Gray,** Abk. Gy, SI-Einheit für die Energiedosis, 1 Gy = 1 J/kg.
**Gray** [grei], Thomas, *1716, †1771, engl. Schriftst.; seine »Elegie auf einem Dorfkirchhof« beeinflußte die empfindsame Dichtung.
**Graz,** Hptst. der Steiermark, zweitgrößte Stadt in Östr., an der Mur, 243 000 Ew.; Handels- u. Wirtschaftszentrum; Univ. (1586); vielseitige Ind.
**Grazie,** Anmut.
**Grazien** [lat.], grch. *Chariten,* die grch. Göttinnen

*El Greco: Die hl. Familie mit der hl. Anna; um 1594–1604. Toledo, Hospital de S. Juan Bautista*

*Aglaia, Euphrosyne* u. *Thalia,* im Gefolge der Artemis. Sie verkörpern Anmut, Liebreiz u. Frohsinn.
**grazil,** schlank, zierlich.
**graziös,** anmutig.
**Gräzist,** Kenner der altgrch. Sprache u. Kultur.
**Great Basin** [greit beisn], *Großes Becken,* intramontanes Becken im SW der USA, zw. Sierra Nevada u. Rocky Mountains; halbwüstenhafte Salbeisteppe, ab etwa 1500 m Höhe Nadelwald; bed. Bodenschätze.
**Great Dividing Range** [greit di'vaidiŋ reindʒ], *(Ost-)Austral. Kordillere(n),* Kettengebirge im O von Australien, rd. 3000 km lang; im S über 2000 m Höhe (Austral. Alpen).
**Greater London** ['greitə 'lʌndən], die Agglomeration (Standard Conurbation) *Großlondon.* Die 1964 geschaffene Gebietskörperschaft (1596 km², 6,8 Mio. Ew.) gehört zum Londoner Ballungsgebiet.
**Great Salt Lake** [greit sɔ:lt leik], *Großer Salzsee,* abflußloser See am O-Rand des *Great Basin* in Utah (USA), durchschnittl. 110 km lang, 1–2 m tief, mittlere Fläche 2600 km²; 25–27 % Kochsalzgehalt.
**Great Valley** [greit 'væli], **1.** Längstal der Appalachen zw. Appalachen-Plateau u. Blue Ridge (USA), 1500 km lang; Kohlen- u. Eisenerzvorkommen. – **2.** *Kaliforn. Längstal,* zw. Küstengebirge u. Sierra Nevada (USA); 1100 km lang; durch künstl. Bewässerung größtes Obst- u. Gemüseanbaugebiet der USA.
**Great Yarmouth** [greit 'ja:məθ], O-engl. Fischereihafen u. Nordseebad in der Gft. Norfolk, 48 000 Ew.
**Greco, 1.** *El Greco* [span., »Der Grieche«], eigtl. Dominico *Theotocopuli,* *1541, †1614, span. Maler u. Bildhauer grch. Herkunft; wirkte in Venedig u. seit 1577 in Toledo, wo er sich von der ital. Malerei entfernte u. einen ekstat.-visionären Manierismus entwickelte, für den lange, schmale Proportionen, irrationale Lichteffekte u. intensive, flakkernde Farben charakterist. sind. – **2.** Emilio, *11.10.1913, ital. Bildhauer; verbindet archaische Elemente mit Formen des ital. Manierismus.
**Gréco** [gre'ko], Juliette, *7.2.1927, frz. Chansonsängerin u. Filmschauspielerin.
**Green** [gri:n], **1.** Julien, *6.9.1900, frz. Schriftst. kanad. Herkunft. Aus kath. Grundhaltung heraus schildert er die Verlorenheit menschl. Seelen in einer Welt der Angst u. des Verbrechens. W »Leviathan«, »Mitternacht«, »Der Andere«; Tagebücher. – **2.** Paul Eliot, *1894, †1981, US-amerik. Schriftst.; behandelt in seinen Theaterstücken das Leben der amerik. Schwarzen. – **3.** Thomas Hill, *1836, †1882, engl. Philosoph; entwickelte die philos. Grundlegung des engl. *Neuliberalismus.*
**Greene** [gri:n], Graham, *2.10.1904, engl. Schriftst.; schrieb Romane, die das Menschenschicksal zw. Angst, Schuld u. Gnade gestalten; oft Elemente des Kriminalromans W »Orientexpress«, »Die Kraft u. die Herrlichkeit«, »Der dritte Mann«, »Der menschl. Faktor«.
**Greenhorn** ['gri:nhɔ:n], Grünschnabel, unerfahrener Neuling.
**Greenock** ['gri:nɔk], Hafenstadt in W-Schottland, am Firth of Clyde, Vorhafen Glasgows, 57 000 Ew.; Schiff- u. Maschinenbau.
**Greenpeace** ['gri:npi:s], internat. Umweltschutzorganisation, die in direkten u. gewaltfreien Aktionen Umweltverstöße öffentl. macht; 1971 gegr.; seit 1981 auch in der BR Dtld.
**Green River** [gri:n 'rivə], wichtigster Quellfluß des Colorado in den Rocky Mountains, 1200 km.
**Greensboro** ['gri:nzbərə], Stadt in North Carolina (USA), 156 000 Ew.; Univ.; Textilind.
**Greenwich** ['gri:nidʒ], östl. Stadtbezirk von Greater London, an der Themse, 218 000 Ew.; berühmte Sternwarte (gegr. 1675, seit 1948 in Herstmonceux, Sussex), deren Meridian seit etwa 1883 allg. als *Nullmeridian* anerkannt wird.
**Greenwicher Zeit** ['gri:nidʒər-] → Westeuropäische Zeit.
**Greenwich Village** ['gri:nidʒ 'vilidʒ], Künstlerviertel von New York, im südl. Manhattan.
**Grège** [grε:g], Rohseidenfaden; enthält noch den Seidenbast (Serizin).
**Gregor,** Päpste.
**1. G. I.,** G. d. Gr., *um 540, †604, Papst 590–604; bereitete die päpstl. Herrschaft im Kirchenstaat vor. Er betrieb die Mission der Angelsachsen u. erreichte eine engere Bindung der Westgoten an Rom u. einen friedl. Ausgleich mit den Langobarden; moraltheolog. Schriften. – Heiliger u. Kir-

*Gregor I.: Inspiration des Papstes durch den Hl. Geist in Gestalt der Taube; Elfenbeinbuchdeckel, 10. Jahrhundert. Wien, Kunsthistorisches Museum*

chenlehrer (Fest: 3.9.). – **2. G. II.,** 669, †731, Papst 715–31; verband sich mit den Langobarden gegen die Machtansprüche des ostrom. Kaisers. 719 erhielt *Bonifatius* von ihm den Missionsauftrag für das Gebiet des späteren Dtld. – Heiliger (Fest: 13.2.). – **3. G. III.,** †741, Papst 731–41; verurteilte die bilderfeindl. Maßnahmen des ostrom. Kaisers *Leo III.* u. geriet dadurch in schärfsten Gegensatz zu Byzanz. – Heiliger (Fest: 28.11.). – **4. G. V.,** eigtl. *Bruno von Kärnten,* *972, †999, Papst 996–99; erster Papst dt. Herkunft, Urenkel Ottos I., von Otto III. zum Papst nominiert. – **5. G. VII.,** eigtl. *Hildebrand,* *um 1021, †1085, Papst 1073–85; setzte die unter seinen Vorgängern begonnene Reform (gegen Simonie u. Priesterehe) u. die kirchl. Zentralisation energisch fort. Er geriet in der Investiturfrage mit dem dt. König *Heinrich IV.* in Auseinandersetzungen (*Investiturstreit*). – **6. G. IX.,** eigtl. *Ugolino von Segni,* *um 1170, †1241, Papst 1227–41; geriet in Konflikt mit Kaiser *Friedrich II.;* begr. den kirchl. Inquisitionsprozeß, unterstützte die Bettelorden. – **7. G. X.,** eigtl. *Tedaldo Visconti,* *1210, †1276, Papst 1271–76; um die Wiedereroberung der hl. Stätten bemüht; führte für die Papstwahl das Konklave ein. – **8. G. XI.,** eigtl. *Pierre-Roger de Beaufort,* *1329, †1378, Papst 1370–78; letzter Papst im Exil von Avignon, zugleich letzter Papst frz. Herkunft. – **9. G. XIII.,** eigtl. *Ugo Boncompagni,* *1502, †1585, Papst 1572–85; einer der großen Päpste der *Gegenreformation;* wurde bekannt durch die nach ihm ben. Kalenderreform (→ Kalender). Der Aufwand für Wiss. u. große Bauten in Rom zerrüttete die Finanzen des Kirchenstaats. – **10. G. XVI.,** eigtl. Bartolomeo Alberto *Cappellari,* *1765, †1846, Papst 1831–46; vertrat in Theologie u. Politik sehr konservative Prinzipien, in denen ihn sein reaktionärer Kardinalstaatssekretär Luigi *Lambruschini* bestärkte.
**Gregor,** Joseph, *1888, †1960, östr. Theater- u. Kulturhistoriker; Librettist, Mitarbeiter von Richard *Strauss.*
**Gregor-Dellin,** Martin, *1926, †1988, dt. Schriftst.; Zeitromane: »Der Kandelaber«, »Das Riesenrad«.
**Gregoriana,** *Gregorianische Univ.,* päpstl. Univ. in Rom, ben. nach Papst *Gregor XIII.,* gegr. durch *Ignatius von Loyola* 1551.
**Gregorianischer Choral,** der einstimmige liturg. Gesang der kath. Kirche in lat. Sprache; ben. nach Papst *Gregor I.,* der aber wahrsch. nicht direkt an der Sammlung der Gesänge beteiligt war.

**Gregorianischer Kalender** → Kalender.
**Gregorios Palamas,** *1296/97, byzantin. Theologe u. myst. Schriftst.; Hauptvertreter des *Hesychasmus.* – Heiliger u. Kirchenlehrer.
**»Gregorius vom Steine«,** mittelalterl. Legende vom Sohn eines Geschwisterpaars, der, ähnlich wie *Ödipus,* unwissentlich die eigene Mutter ehelicht, dann nach siebzehnjähriger Buße auf einem Felsen im Meer durch Gott zum Papst berufen wird; gestaltet nach altfrz. Vorlage in einer Verslegende des *Hartmann von Aue* (entstanden um 1190) u. im Roman »Der Erwählte« 1951 von T. *Mann.*
**Gregorovius,** Ferdinand, *1821, †1891, dt. Kulturhistoriker u. Schriftst. W Geschichte der Städte Rom u. Athen.
**Gregor von Nazianz,** *um 329, †390, grch. Kirchenlehrer; von großer Bedeutung für die Entwicklung der Trinitätslehre u. Christologie; einer der »3 großen Kappadokier«. Heiliger (Fest: 2.1.).
**Gregor von Nyssa,** *um 334, †um 395, grch. Kirchenvater; Bischof von Nyssa (Kappadokien). – Heiliger (Fest: 9.3.).
**Gregor von Tours** [-tu:r], *538/39, †594, fränk. Geschichtsschreiber; seit 573 Bischof von Tours, schrieb eine fränk. Geschichte.
**Greif,** altoriental. Fabelwesen mit Adlerkopf, Flügeln, Krallen u. Löwenleib; Wappentier.
**Greif,** Martin, eigtl. Hermann *Frey,* *1839, †1911, dt. Schriftst. (histor. Schauspiele u. Naturlyrik).
**Greiffuß,** ein Extremitätenende, bei dem die große Zehe gegenübergestellt werden kann (bei Menschen u. Affen).
**Greifswald,** Krst. in Mecklenburg, am *G.er Bodden,* 67 000 Ew.; Univ. (1456); ehem. Hansestadt; berühmtes Zisterzienserkloster Eldena (heute Ruine).
**Greifswalder Oie** [-'ɔiə], Ostseeinsel vor dem Greifswalder Bodden, Steilküste, Leuchtturm.
**Greifvögel,** *Falconiformes,* fr. *Raubvögel,* 4 Fam.: *Neuweltgeier, Sekretäre, Falken, Habichtartige.* In Dtld. am häufigsten: Turmfalke, Mäusebussard. Heute stark bedroht sind Wanderfalke, Seeadler, Weihen.
**Greindl,** Josef, *23.12.1912, dt. Sänger (Baß).
**Greisenhaupt,** ein mexik. u. brasil. *Kaktusgewächs,* dessen bis 10 m hohe Stämme oben dicht von weißen Haaren bedeckt sind.
**Greiz,** Krst. in Thüringen, an der Weißen Elster, 34 000 Ew.; Oberes u. Unteres Schloß; Textilind.
**Gremium,** Ausschuß, Körperschaft.
**Grenada** [grə'neidə], Staat in der Karibik, Kleine Antillen, 344 km², 113 000 Ew. (50% Schwarze), Hptst. *Saint George's;* umfaßt die Hauptinsel G. u. die südl. *Grenadinen* (Carriacou, Rhonde, Petit

*Grenada*

Martinique); trop. Regenwald; Anbau von Bananen, Kakao, Muskatnüssen, Zitrusfrüchten, Zucker u.a.; internat. Flughafen *Pearls Airport.*
Geschichte. G. wurde 1498 von Kolumbus entdeckt; im 17. u. 18. Jh. war die Insel abwechselnd in frz. u. engl. Besitz, bis sie 1783 endgültig an England fiel. 1877 erhielt G. den Status einer Kronkolonie. 1958–62 war die Insel Mitgl. der »Westindischen Föderation«. Die völlige innere Autonomie erhielt G. 1967 als »assoziierter Staat«; 1974 wurde es völkerrechtl. unabh. 1979 übernahm eine »Revolutionäre Volksregierung« die Staatsgewalt. 1983 besetzten US-amerik. Truppen vorübergehend G. Die Wahlen von 1990 gewann N. *Brathwaite.*
**Grenadier,** urspr. der im Werfen von *Handgranaten* ausgebildete Infanterist; heute unterster Mannschaftsdienstgrad bei der Infanterie.
**Grenadilla,** wohlschmeckende Frucht der → Passionsblume.
**Grenadillholz,** *Afrikan.* Ebenholz; u.a. für Holzblasinstrumente.
**Grenadine,** Sirup aus Granatäpfeln für alkoholfreie Getränke.

**Grenadinen,** 128 kleinere Inseln der südl. Windward Islands (Kleine Antillen), 83 km², 14 000 Ew. Der Nordteil gehört polit. zu Saint Vincent, der Südteil zu Grenada.
**Grenchen,** frz. *Granges,* schweiz. Stadt im Kt. Solothurn, 15 000 Ew.; Uhrenind.; nördl. der *G.berg* mit dem 8578 m langen *G.tunnel.*
**Grenoble** [grə'nɔbl], Verw.-Sitz des Dép. Isère, an der Isère, 159 000 Ew.; geistiger, kultureller u. wirtsch. Mittelpunkt der Alpen; Univ. (1339), Kathedrale; Wintersportort (Olymp. Winterspiele 1968).
**Grenze,** (gedachte) Linie, die zwei Grundstücke, Staaten, Länder oder Bereiche (z.B. Klimazonen) voneinander trennt.
**Grenzgänger,** im Grenzgebiet wohnender Arbeitnehmer, der seine Arbeitsstätte im Nachbarland hat.
**Grenzkosten,** die bei der Erhöhung der Produktmenge eines Betriebs um eine Erzeugungseinheit zusätzl. entstehenden Kosten.
**Grenzlehre,** ein Meßinstrument, mit dem man prüft, ob die Abmessungen eines Werkstücks in den vorgeschriebenen Grenzen (Toleranz) liegen.
**Grenzmark Posen-Westpreußen,** 1922–38 aus Resten der (aufgrund des Versailler Vertrags) an Polen abgetretenen preuß. Provinzen Posen u. Westpreußen gebildete preuß. Provinz (Hptst. *Schneidemühl).*
**Grenznutzenschule,** eine subjektive Wert- u. Preislehre der Volkswirtschaftslehre, die davon ausgeht, daß der Wert eines Gutes durch die Nutzenschätzung der Verbraucher bestimmt wird. Je größer die verfügbare Menge, desto niedriger sei die Werteinschätzung. Der Nutzen der letzten Einheit eines Gutes bestimme den Wert aller Einheiten **(Grenznutzen).**
**Grenzschutz, 1.** die *Freikorps,* die bei Kriegsende 1918 mit dem Schutz der dt. Ostgrenze beauftragt waren. – **2.** → Bundesgrenzschutz.
**Grenzsituationen,** nach K. *Jaspers* die Situationen, in denen der Mensch seine absolute Grenze u. damit seine Bedingtheit erfährt; G. sind z.B. Tod, Schuld u. Leid.
**Grenzverkehr,** der wechselseitige grenzüberschreitende Verkehr, der im Zollgrenzbezirk Erleichterungen auf dem Gebiet des Zollwesens, evtl. auch des Ausweis- u. Visumzwangs aufweist.
**Grenzwert, 1.** *Math.:* Limes, Abk. *lim,* 1. bei einer unendl. *Folge:* Der G. einer Folge g ist eine Zahl, in deren beliebig kleiner Umgebung (offenes Intervall, das g enthält) von einer bestimmten, hinreichend großen Nummer ab alle Zahlen der Folge liegen. Schreibweise:

$$\lim_{n \to \infty} a_n = g$$

2. bei einer *Funktion:* Eine Funktion $x \to f(x)$ hat in $x_0$ einen G., wenn $f(x)$ in einer *beliebig kleinen* Umgebung von g liegt, falls nur x in einer *hinreichend kleinen* Umgebung von $x_0$ liegt, die $x_0$ nicht zu enthalten braucht. – **2.** *Umweltschutz:* festgelegte Höchstkonzentration eines Stoffes oder eine höchstzulässige Energiemenge im Zusammenhang mit der Emission oder Immission, die Mensch, Tier, Pflanze nicht schädigen soll.
**Gretchenfrage** [nach der Frage *Gretchens* an Faust: »Wie hast du's mit der Religion?« aus Goethes »Faust I«], Frage nach dem Verhältnis zur Religion, übertragen nach der polit. Überzeugung; Gewissensfrage.
**Gretna Green** ['grɛtnə gri:n], schott. Dorf an der engl. Grenze, 2800 Ew.; bekannt durch Eheschließungen Minderjähriger. Bis 1856 waren hier Trauungen ohne Aufgebot mögl. durch den Friedensrichter, einen Schmied.
**Grétry** [gre'tri], André Ernest Modeste, *1741, †1813, belg. Komponist; Hauptvertreter der frz. Opéra comique.
**Gretschaninow,** *Gretchaninoff,* Alexander Tichonowitsch, *1864, †1956, russ. Komponist; geistl. Musiken u. Kindermusik.
**Gretschko,** Andrej Antonowitsch, *1903, †1976, sowj. Offizier u. Politiker; seit 1955 Marschall der Sowj.; 1967–76 Verteidigungs-Min.
**Greuze** [grø:z], Jean Baptiste, *1725, †1805, frz. Maler; Meister des bürgerl. Genrebilds.
**Greven,** Stadt in NRW, an der Ems, 28 000 Ew.; Textilind., Flughafen.
**Grevenbroich** [-'brɔːx], Stadt in NRW, 57 000 Ew.; Aluminiumhütte.
**Grevesmühlen,** Krst. in Mecklenburg, 12 000 Ew.; Holz- u. Baustoffind.
**Grey** [grei], Sir Edward Viscount *G. of Fallodon,*

*1862, †1933, brit. Politiker (Liberaler); vollendete als Außen-Min. (1905–16) unter H. *Campbell-Bannerman* u. H. *Asquith* die Isolierung Dtld.s.
**Greyerz** → Gruyères.
**Greyhound** ['greihaund], großer (55–65 cm Schulterhöhe), kurzhaariger *Englischer Windhund;* seit dem 5. Jh. v. Chr. auf den Brit. Inseln.
**Grieben,** Rückstände bei der Schmalzgewinnung.
**Griechen, 1.** im Altertum die Gesamtheit der grch. Stämme, von den Römern G. *(Graeci)* genannt. Sie nannten sich selbst seit dem 7. Jh. v.Chr. *Hellenen.* – **2.** *Neugriechen,* die Bewohner des heutigen Griechenland, ferner der Hauptteil der Bev. Zyperns u. rd. 2 Mio. Auslands-G.; Nachkommen der alten *Hellenen,* aber stark beeinflußt durch die Einwanderung von Slaven u. Albanern.
**Griechenland,** Staat im S der Balkanhalbinsel, 131 944 km², 10 Mio. Ew. (grch.-orth.), Hptst. *Athen.*

*Griechenland*

Landesnatur. Im W küstenparallele Gebirgsketten des *Pindhos-Systems* (Smolikas 2637 m), im O ein durch Quergebirge u. Bruchschollen gekammertes Land (im *Olymp* 2911 m) mit zahlr. Becken (abflußlose Seen). Die Küsten sind stark gegliedert; im Ägäischen Meer befinden sich zahlr. Inseln. – Im Inneren der meist entwaldeten Gebirge (40% der Landesfläche) herrscht mitteleurop. Klima, sonst Mittelmeerklima mit heißen Sommern u. regenreichen Wintern.
Wirtschaft. Für den Export werden angebaut: Zitrusfrüchte, Wein, Korinthen, Tabak, Baumwolle u. Oliven. An Bodenschätzen gibt es Eisenerze, Bauxit, Mangan, Marmor, Erdöl. Die Industrie besteht in erster Linie aus Textil-, Nahrungsmittel- u. Tabakfabriken (Kleinbetriebe). – Fremdenverkehr ist bedeutend. Eisenbahn- u. Straßennetz werden weiter ausgebaut. Bedeutung hat die Küstenschiffahrt u.v.a. die gut entwickelte Seeschiffahrt.
Geschichte. *Altertum:* G. ist seit der Altsteinzeit besiedelt. Eine einheitl. ägäische, nicht-indogerman. Bevölkerung *(ägäische Kultur)* wurde um 1900 v.Chr. durch von N einwandernde indogerman. Stämme *(Achäer, Ionier)* unterworfen. Diese wurden die Träger der *mykenischen Kultur.* Gegen Ende des 2. Jt. v.Chr. ging diese Kultur durch die Verschiebungen der *Ägäischen Wanderung* in langen Kämpfen zugrunde. Kenntnis von dieser Epoche geben in erster Linie im 8. Jh. v.Chr. entstandenen Epen Homers. – Die Zeit von etwa 1000 bis 550 v.Chr. war die der großen Kolonisation. Gleichzeitig übernahm in G. fast überall der Adel anstelle des Königtums die Macht. Im 6. Jh. v.Chr. lösten demokrat. Staatsformen die Adelsherrschaft ab. Dabei kam es in den größeren Städten im späten 7. u. im 6. Jh. v.Chr. zur Ausbildung der *Tyrannis.* Die führenden Stadtstaaten *(Polis)* in Mittel-G. waren Athen u. Korinth. Auf dem Peloponnes wurde Sparta (militärisch-aristokrat. Staatsform) der mächtigste Staat u. im 6. Jh. v.Chr. als Hptst. des *Peloponnesischen Bundes* auch Vormacht G. In den Perserkriegen 490–79 v.Chr. wurde das Vordringen der pers. Weltmacht nach Europa verhindert. Athen als Führungsmacht schloß sich mit den grch. Städten im *Attischen Seebund* 478/77 v.Chr. zusammen. Das *Perikleische Zeitalter* brachte Athen eine hohe Kulturblüte. Im *Peloponnesischen Krieg* (431–404) verlor Athen seine Vormachtstellung an Sparta. 395–86 v.Chr. kam es zum *Korinthischen Krieg,* den Theben, Korinth, Athen u. Argos mit pers. Hilfe gegen Sparta führten. Der Thebaner *Epaminondas* machte der spartan. Vormachtstellung 371 v.Chr. (Schlacht bei Leuktra) ein Ende; aber auch die theban. Hegemonie endete mit seinem Tod 362 v.Chr. im Streit zw. Theben u. Phokis machte *Philipp II.* von Makedonien nach der Schlacht von *Chaironeia* 338 v.Chr. zum Herrn über G. Sein Sohn *Alexander d. Gr.* eroberte das Persische Reich u. gründete ein vom Balkan, Nil u. Indus ein Weltreich geprägt von der grch. Kultur *(Hellenismus).* Kriege der hellenist. Reiche untereinander führten schließl. zum Eingreifen der Römer: 148

v. Chr. wurde Makedonien röm. Prov. Durch *Augustus* wurde G. zur röm. Prov. *Achaia*.
*Mittelalter*: Bei der Teilung des Römischen Reichs 395 n. Chr. kam G. an das Oströmische Reich. Nach der Errichtung des *Lateinischen Kaiserreichs* 1204 gründeten Franzosen u. Venezianer kurzlebige Herrschaften. Nach der Eroberung durch die Türken (ab 1356) wurde G. Bestandteil des Osmanischen Reichs.
*Neuzeit*: 1821 brach der Aufstand gegen die Herrschaft der Osmanen gleichzeitig in der Moldau u. auf dem Peloponnes aus. 1832 gewann G. seine Souveränität als Kgr. *(Friede von Adrianopel, Londoner Protokolle)*. In den *Balkankriegen* 1912/13 erhielt G. bed. Gebietszuwachs. Das Land trat in den 1. Weltkrieg auf seiten der Entente ein u. mußte im *Frieden von Lausanne* (1923) Gebietsverluste hinnehmen. 1924 wurde G. Republik (bis 1935). 1936 übernahm General J. *Metaxas* (bis 1941) die Regierung. Im 2. Weltkrieg (Oktober 1940) griff Italien G. an; erst als dt. Truppen in G. einmarschierten, gab G. seinen Widerstand auf. Der nach dem Rückzug der dt. Truppen (Oktober 1944) sich entwickelnde Bürgerkrieg der Widerstandsgruppen (Nationalisten, Kommunisten, »Volksbefreiungsarmee«) endete 1949 mit dem Sieg der Regierungstruppen. 1952 wurde G. Mitgl. der NATO. 1964 folgte Konstantin II. seinem Vater Paul I. auf den Thron. Nach einem Militärputsch regierte ab 1964 Oberst G. *Papadopoulos* diktator. u. schaffte 1973 die Monarchie ab, ehe er im gleichen Jahr gestürzt wurde. In der Folge einer Krise um Zypern gab die Militärreg. 1974 die macht in zivile Hände zurück. G. wurde demokrat. Rep. Seit 1981 ist G. Mitgl. der EG. Staats-Präs. ist seit 1990 K. *Karamanlis*, Min.-Präs. seit 1990 K. *Mitsotakis*.

**griechische Dichtung**, beginnt mit Götter- u. Heldensagen u. findet ihren 1. Höhepunkt in den

## GRIECHENLAND  Geschichte und Kultur

*Olympia: Rekonstruktion des Ostgiebels des Zeustempels (um 460 v. Chr.) in der Anordnung von Marie-Louise Säflund (A Alpheios, L Seher, C Myrtilos, D Gespann des Oinomaos, B Diener, F Sterope, Frau des Oinomaos, J Oinomaos, H Zeus, G Pelops, K Hippodameia, O Dienerin der Hippodameia, M Gespann des Pelops, N Seher, E Diener, P Seher oder Diener). Dargestellt ist die Vorbereitung zur Wettfahrt zwischen Pelops und Oinomaos, dem mythischen Ursprung des olympischen Wagenrennens. Oinomaos, König von Pisa in Elis, wollte seine Tochter Hippodameia nur dem zur Frau geben, der ihn im Wagenrennen besiegte. Die Unterlegenen tötete er. Da er über unbesiegbare göttliche Rosse verfügte, waren schon 13 Freier ums Leben gekommen, als Pelops erschien. Hippodameia bestach Myrtilos, den Wagenlenker ihres Vaters, wächserne Achsstifte einzusetzen, so daß der Rennwagen des Königs in voller Fahrt auseinanderbrach und Oinomaos zu Tode geschleift wurde. So gewann Pelops Hippodameia und die Herrschaft über Pisa, auf dessen Gebiet Olympia lag*

*»Die Schule von Athen« (im Torbogen: Platon und Aristoteles); Fresko von Raffael; 1509–1511. Vatikan, Stanza della Segnatura (links). – Musikanten mit Harfe, Kithara und Lyra; Detail von einem rotfigurigen Krater, 5. Jahrhundert v. Chr. München, Staatliche Antikensammlung (rechts)*

*Ruinen des Heratempels (Heraion) in Olympia*       *Kykladeninsel Santorin im Ägäischen Meer*

homer. Epen (Ilias, Odyssee). Das Epos wurde von *Hesiod* in bürgerl.-frommem Stil weiterentwickelt, die aus Ionien stammende Lyrik fand im dorischen Chorlied intensive Pflege. Aus seiner Verbindung mit der ionischen Jambendichtung erwuchs in Athen im 6. Jh. die Tragödie, von Äschylos, Sophokles u. Euripides zur höchsten Blüte geführt, u. die von Aristophanes zur Meisterform gesteigerte Komödie. Gleichzeitig erreichte die von Herodot begr., von Thukydides u. Xenophon fortgeführte Geschichtsschreibung u. die von Platon u. Aristoteles geförderte Philosophie einen Höhepunkt, ebenso wie die Redekunst (Lysias, Isokrates, Demosthenes). In der hellenist. Zeit artet die Überbetonung der Form weitgehend in Schwulst aus (Menandros, Kallimachos, Theokritos). Die hellenist. Zeit mündet in die attizistische ein (1. Jh. v. Chr.), die, ohne eig. schöpfer. Kräfte zu entfalten, die Nachahmung der Klassiker betrieb (bed. Leistungen in der Satire: Lukian; Geschichtsschreibung, Geographie: Ptolemaios). Am wichtigsten wurde diese Epoche durch populärwiss. Schriften (Plutarch) u. Sammlungen, die die röm. Literatur nachhaltig beeinflußten.

**griechische Kunst.** Abgesehen von der neugrch. Kunst, werden zur g. K. gehörig jene Werke bezeichnet, die im 1. Jt. v. Chr. u. in den ersten drei Jahrhunderten n. Chr. entstanden.
Form- u. wesensbestimmend war für die g. K. der Götterglaube; Kunst war sichtbarer Teil der Religion u. trat erst im Hellenismus in den Dienst der z. T. gottähnl. verehrten Herrscher.
Die *protogeometr. u. geometr. Kunst* erhielt ihre Bez. nach der Art der Schmuckmuster der Vasenmalerei im 11. bis 8. Jh. v. Chr. Die Keramik war der wichtigste künstler. Ausdruckträger dieser Zeit. Mit abstrakten Zierformen (Schachbrett- u. Mäandermuster) wurden die Gefäßkörper teppichartig überzogen. Figürl. Darstellungen fanden erst im 8. Jh. v. Chr. Eingang.
In der *archaischen Kunst* wurden Statue, Relief u. Tempel ausgebildet u. die Grundlagen zur späteren Klassik geschaffen. Mit dem Beginn der Großplastik ging der monumentale Tempelbau einher (Samos, Olympia, Athen, Selinunt), der im O dem *ionischen*, im Mutterland u. im W vorwiegend dem *dorischen* Stil verpflichtet war. Plast. Leitformen der Archaik waren der *Kuros* als nackte schreitende Jünglingsstatue u. die *Kore* als reich gekleidete Mädchenfigur.
In der Klassik (480–325) erhalten die Götterbilder ihre Form (Poseidon vom Kap Artemision, Bronzeoriginal; Athene des *Myron*, Apollon vom Westgiebel in Olympia). Den Höhepunkt der Frühklassik, aus der eine Reihe von Meistern bekannt ist, darunter *Polygnot* u. *Kritios*, markieren die Skulpturen des Zeustempels von Olympia. *Phidias* war der Hauptmeister des Parthenon zu Athen, berühmt als der große Götterbildner (Athene, Zeus, Apollon) seiner Zeit, in der auch das Menschenbild in funktionellem Verständnis durch den Argiver *Polyklet* u. die Athletenstatuen des *Myron* für die gesamte Antike vorbildhaft gestaltet wurde. Im Tempelbau wurde die völlige Harmonisierung der Proportionen erreicht (Parthenon 448–432; Poseidontempel von Paestum, um 450 v. Chr.); daneben entstanden neue Architekturformen *(korinth. Stil)*.
Während des *Hellenismus* (330–350 v. Chr. vermischte die Baukunst (Stadtanlage von Alexandria, Pergamonaltar) bisher strenger geschiedene Stilelemente zugunsten eines größeren Formenreichtums. Zu reicher Entfaltung gelangte die Profanarchitektur (Theater, Bäder, Markthallen u.a.). In der Bildnerei trat neben die Figur in lebhafter Handlung das künstler. Porträt (Skulpturen der Nike von Samothrake u. der Aphrodite von Melos; Laokoon-Gruppe). Seit dem 1. Jh. v. Chr. siedelten grch. Künstler nach Rom über u. schufen dort einen eklekt. Historizismus, der den Verfall der g. K. anzeigt.

*HAP Grieshaber: Schwarzer Odysseus; Farbholzschnitt*

**Griechische Landschildkröte,** *Testudo hermanni,* bis 30 cm lange, auffällig gelb u. schwarz gezeichnete Landschildkröte S-Italiens u. des Balkan.

**griechische Musik.** Die altgrch. Musik kannte nur Einstimmigkeit. Sie ist uns lediglich in wenigen Bruchstücken überliefert. Ihr Tonsystem beruhte urspr. auf der Pentatonik. Wichtig wurde sie für die abendländ. Musik durch ihre Musiktheorie (Platon) u. physikal. Grundlegung (Pythagoras). So wurde sie auch die Keimzelle für die Kirchentonarten des MA.

**griechische Philosophie.** Sie beeinflußte das gesamte abendländ. Denken entscheidend u. wirkt noch bis in unsere Zeit hinein fort. Die alten Kulturen Ägyptens u. Mesopotamiens vermittelten reiches Material an mathemat. u. astronom. Beobachtungen. Die Leistung der Griechen jedoch ist die theoret. Verarbeitung dieses Materials, wodurch sie zu den Begr. wissenschaftl. Denkens wurden.
Die *vorsokratische Philosophie* wandte sich zunächst den Problemen des Werdens u. Vergehens zu u. suchte sie durch Annahme eines oder mehrerer Elementarstoffe zu erklären *(Thales, Anaximander, Anaxagoras, Empedokles)*. Bald entdeckte sie in der Veränderung das bleibende Gesetz *(Heraklit, Pythagoras)* oder stellte dem Schein der Wahrnehmungswelt das im Denken erfaßte Sein gegenüber *(Xenophanes, Parmenides, Zenon)*. Die *Sophistik* des 5. Jh. mit ihrer radikalen Infragestellung der Möglichkeit rationalen Erkennens brachte eine Wende zur Erkenntniskritik, Ethik, Staats- u. Religionsphilosophie.
In Auseinandersetzung mit der Sophistik begr. *Sokrates* die Ethik neu. Außer ihm waren *Platon* u. *Aristoteles* die Hauptvertreter der g. P. Die von ihnen in Athen gegr. Schulen *(Akademie, Peripatos)* bestanden bis zum Ende der Antike. Neben sie traten am Ende des 4. Jh. die hellenist. Schulen der *Stoa* u. *Epikurs*. Die Philosophie verlor ihr auf das Ganze des Seins gerichtetes theoret. Interesse u. wurde praktische Lebenslehre. Wo die Stoa einen Pflichtbegriff ausbildete, der staatsbürgerl. Verantwortung u. Wissen um die Gemeinschaft aller Menschen einschließt, verkündete Epikur eine Ethik des sich bescheidenden Lebensgenusses.
Während sich das Christentum von Anfang an mit der g. P. auseinanderzusetzen hatte u. dabei seine systemat. Theologie entwickelte, erstand der g. P. im *Neuplatonismus* nochmals eine umfassende Weltdeutung, die sich im grch. Osten zum Zentrum des Widerstands gegen das Christentum entwickelte *(Iamblichos)*, während sie zugleich das christl. Denken befruchtete *(Augustinus)*. Die Schließung der Akademie (529 n. Chr.) bedeutete das Ende der g. P. Sie wirkte jedoch sowohl im Christentum als auch im jüd. u. islam. Denken weiter.

**griechische Religion,** Religion der Griechen der Antike; durch die Dichtungen Homers u. Hesiods bezeugt u. geprägt. An der Spitze der Götter stehen die auf dem Olymp wohnenden zwölf Götter mit dem Hauptgott Zeus. Die Götter sind wesensmäßig den Menschen nachgezeichnet, erweisen sich aber als die Stärkeren u. sind unsterblich. Über den Göttern steht das Schicksal *(Moira)*. Nach seinem Tod erwartet den Menschen ein Da-

| Götter der Griechen und Römer | | |
|---|---|---|
| Griechische Namen | Römische Namen | Bedeutung |
| Aphrodite | Venus | Göttin der Liebe; Gemahlin des Hephaistos |
| Apollon | Apollo | Gott der Jugend, der Musik, der Weissagung, des Bogenschießens, der Heilkunst; Sohn des Zeus |
| Ares | Mars | Gott des Krieges; Sohn des Zeus und der Hera |
| Artemis | Diana | jungfräuliche Göttin der Jagd und der Geburt; Tochter des Zeus, Schwester des Apollon |
| Asklepios | Aesculapius | Gott der Heilkunst; Sohn des Apollon |
| Ate | | Unheilsgöttin |
| Athene | Minerva | Göttin der Weisheit, der Künste, des Handwerks, Kriegs- und Friedensgöttin; Tochter des Zeus |
| Demeter | Ceres | Göttin der Erdfruchtbarkeit; Tochter des Kronos und der Rhea |
| Dionysos (Bakchos) | Bacchus | Gott der Vegetation, des Weines und des Rausches |
| Eos | Aurora | Göttin der Morgenröte |
| Erinnyen | Furiae | Rachegöttinnen |
| Eris | | Göttin der Zwietracht |
| Eros | Amor, Cupido | Gott der Liebe |
| Gaia | Tellus | Göttin der Erde; Mutter und Gemahlin des Uranos |
| Hades | Pluto | Gott der Unterwelt |
| Hebe | Juventas | Göttin der Jugend, Mundschenk der Götter; Tochter des Zeus und der Hera |
| Helios | Sol | Sonnengott |
| Hephaistos | Vulcanus | Gott des Feuers und der Schmiedearbeit; Sohn des Zeus und der Hera |
| Hera | Juno | Göttin der Ehe und der Geburt; Gattin (und Schwester) des Zeus |
| Hermes | Mercurius | Götterbote, Führer der Toten in die Unterwelt, Gott der Herden, Gott der Reisenden und der Diebe; Sohn des Zeus |
| Hestia | Vesta | Göttin des Herdes und des Herdfeuers; Tochter des Kronos und der Rhea |
| Horen | | Göttinnen der Jahreszeiten; bei Hesiod: Eunomia, Dike, Eirene |
| Hypnos | Somnus | Gott des Schlafes |
| Kronos | Saturn | Herrscher der Titanen, Sohn des Uranos und der Gaia; folgte seinem Vater in der Weltherrschaft |
| Moiren: Klotho, Lachesis, Atropos | Parzen | Schicksalsgöttinnen |
| Musen | | Schutzgöttinnen der Künste; Töchter des Zeus und der Mnemosyne |
| Nemesis | | Göttin der Vergeltung für Übeltaten oder unverdientes Glück |
| Nike | Victoria | Göttin des Sieges |
| Nyx | Nox | Göttin der Nacht |
| Pan | Faunus | Wald- und Weidegott |
| Persephone | Proserpina | Vegetationsgöttin; Tochter der Demeter, Gemahlin des Hades |
| Poseidon | Neptun | Gott des Meeres, der Erdbeben, der Pferde; Sohn des Kronos und der Rhea |
| Rhea | Ops | Göttermutter; Gemahlin des Kronos, Titanin |
| Selene | Luna | Mondgöttin; Schwester des Helios und der Eos |
| Tethys | | Tochter des Uranos und der Gaia, Gemahlin des Okeanos, Titanin |

sein in der Unterwelt. Zum Kult, der im Freien oder in Tempeln stattfand, gehören Bittgebete, Opfer, rituelle Reinigungsakte, ferner zahllose Feste (überregional die panhellen. Feste, die Olymp. Spiele). Wichtig war das Orakelwesen (bes. das delphische Spruchorakel des Apoll). Oriental. Einflüsse u. die Kritik der Philosophie führten in hellenist. Zeit zum Untergang der g. R.

**griechische Schrift,** die älteste (seit 800 v. Chr.) der noch lebenden europ. Schriftarten; semit. (phöniz.) Ursprungs; neu an ihr sind die Vokalzeichen. Die g. S. enthält 24 Buchstabenzeichen.

**griechisches Feuer,** eine Mischung aus Erdöl, Schwefel, Harz, Salz u. gebranntem Kalk. Mit Wasser in Berührung gebracht, entsteht ein brennendes u. explosives Gemisch: im Seekampf u. Festungskrieg des Altertums u. des MA verwendet.

**griechisches Kreuz,** ein Kreuz mit vier gleich langen Armen.

**griechische Sprache,** im Raum des heutigen Griechenland in der Antike verbreitete indogerman. Sprache. Die ersten Zeugnisse (das *mykenische Griechisch*) stammen von 1400–1200 v. Chr. Die hpts. Dialekte des *Altgriechischen* waren das *Achäische, Äolische, Dorische, Ionische* u. *Attische*. Sie bildeten zus. seit dem 4. Jh. eine Gemeinsprache, die *Koine*, aus der die neuere *Griechisch*, die Sprache des NT, hervorging. Seit dem 18. Jh., mit der Entwicklung einer modernen Literatur, hat sich die *neugriechische Sprache* gebildet.

**griechisch-katholische Kirche,** die *Unierten Kirchen* des byzantin. Ritus, i.e.S. für die *Ukrainisch-kath. Kirche;* auch nicht exakte Bez. für orth. Kirchen.

**griechisch-orthodoxe Kirche,** die zu den → orthodoxen Kirchen gehörende Kirche Griechenlands.

**griechisch-römisches Ringen,** Disziplin beim → Ringen. Griffe sind nur oberhalb der Gürtellinie erlaubt.

**Grieg,** Edvard Hagerup, *1843, †1907, norw. Komponist; Spätromantiker; griff auf Elemente der Volksmusik zurück; Orchester-Suiten (»Peer Gynt«), Klavierwerke, Lieder.

**Griesel,** schneeähnlicher, weißer Niederschlag, aus eingraupelten Eisnadeln.

**Grieshaber,** Helmut Andreas Paul (HAP), *1909, †1981, dt. Graphiker; Farbholzschnitte mit stark stilisierten Figuren.

**Griesheim,** Stadt in Hessen, in der nördl. Oberrhein. Tiefebene, 20 000 Ew.; Obst- u. Gemüsehandel, Fahrzeugbau.

**Griesinger,** Wilhelm, *1817, †1868, dt. Psychiater u. Neurologe; einer der Begr. der neueren Psychiatrie.

**Grieß,** ein Mühlenprodukt aus geschältem Weizen, Mais oder Gerste.

**Griffbrett,** bei Streich- u. Zupfinstrumenten ein Brett, über das die Saiten gespannt sind u. auf dem sie mit den Fingern verkürzt u. damit in ihrer Tonhöhe bestimmt werden.

**Griffel, 1.** Schreibstift; aus Tonschiefer zum Schreiben auf Schiefertafeln. – **2.** *Botanik:* → Fruchtblatt.

**Griffith** [-fiθ], **1.** Arthur, *1872, †1922, irischer Politiker; Führer der radikalen Sinn-Féin-Partei, 1919/20 Präs. der irischen Rebellenregierung, dann Präs. des Irischen Freistaats. – **2.** David Wark, *1880, †1948, US-amerik. Filmregisseur; mit M. *Pickford,* Ch. *Chaplin* u. D. *Fairbanks* Gründer der *United Artists* 1919.

**Griffon** [-'fõ], bis 60 cm großer, drahthaariger Vorstehhund.

**Grigioni** [-'dʒo:ni], ital. Name für Graubünden.

**Grignard** [gri'nja:r], Victor, *1871, †1935, frz. Chemiker; entdeckte die *G.-Verbindungen* (organ. Magnesiumverbindungen); Nobelpreis 1912.

**Grignion de Montfort** [gri'njõdəmõ'fɔ:r], Louis-Marie, *1673, †1716, frz. Ordensgründer (*Montfortaner); Heiliger* (Fest: 28.4.).

**Grigorescu,** Nicolae Jon, *1838, †1907, rumän. Maler (Landschafts- u. Genrebilder).

**Grigorowitsch,** Jurij, *1.1.1927, russ. Tänzer u. Choreograph; künstler. Direktor des Moskauer Bolschoj-Balletts.

**Grill,** Vorrichtung zum Braten von Fleisch am drehbaren Spieß über dem offenen Feuer; heute Bestandteil moderner Elektroherde.

**Grillen,** Gruppe der *Heuschrecken;* hierzu Feld-G., Heimchen u. Maulwurfs-G. Die Männchen können mit Hilfe eines Schrillapparates durch Übereinanderreiben der Vorderflügel zirpen.

*Jacob (links) und Wilhelm Grimm*

**Grillparzer,** Franz, *1791, †1872, östr. Schriftst.; seine Dramen verbinden das Erbe der span.-östr. Barocks u. des Wiener Volkstheaters mit der Klassik u. Romantik, mit Realismus u. Daseinsschwermut. Ⓦ Dramen: »Die Ahnfrau«, »Sappho«, »Das Goldene Vlies«, »König Ottokars Glück u. Ende«, »Des Meeres u. der Liebe Wellen«, »Ein Bruderzwist im Hause Habsburg«.

**Grimaldi,** genues. Adelsgeschlecht, seit 1467 Herren von Monaco.

**Grimaldi,** Joseph, *1778, †1837, engl. Clown; Urbild aller Zirkusclowns.

**Grimm, 1.** Hans, *1875, †1959, dt. Schriftst.; schrieb u.a. den Roman »Volk ohne Raum« 1926 (der Titel wurde zum Losungswort der nat.-soz. Expansionspolitik). – **2.** Jacob, (Bruder von 3) u. 4), *1785, †1863, dt. Germanist; 1830–37 Prof. in Göttingen, dann als Mitverfasser des Protestes der »*Göttinger Sieben*« amtsenthoben, seit 1841 in Berlin. Mit seinen auf eingehender Quellenforschung beruhenden Werken legte er die Grundlage der Germanistik. Ⓦ in Zusammenarbeit mit 4): »Kinder- u. Hausmärchen«, »Dt. Sagen«, »Dt. Wörterbuch« (16 Bde. 1854–1961). – **3.** Ludwig Emil, Bruder von 2) u. 4), *1790, †1863, dt. Maler u. Graphiker. – **4.** Wilhelm, Bruder von 2) u. 3), *1786, †1859, dt. Germanist; mit dem Bruder Jacob eng verbunden; begr. mit ihm das »Dt. Wörterbuch«.

**Grimma,** Krst. in Sachsen, 17 000 Ew.; ehem. Fürstenschule; Elektrotechnik u.a. Ind.

**Grimme,** Adolf, *1889, †1963, dt. Politiker (SPD) u. Schulreformer; 1946–48 Kultus-Min. in Nds., bis 1956 Generaldirektor des NWDR.

**Grimmelshausen,** Hans Jakob Christoffel von, *um 1622, †1676, dt. Schriftst.; sein Hptw. der barocke Entwicklungsroman »Der abenteuerl. Simplicissimus« ist vom span. u. frz. Schelmenroman beeinflußt u. trägt ungewöhnl. realist. u. autobiograph. Züge.

**Grimmen,** Krst. in Mecklenburg, 14 400 Ew.; Baustoff- u. Nahrungsmittel-Ind.

**Grimsby** ['grimzbi], O-engl. Hafenstadt an der Humber-Mündung, 92 000 Ew.; Fischereihafen.

**Grimselpaß,** die *Grimsel,* schweiz. Alpenpaß in den Berner Alpen, 2165 m; unterhalb der künstl. gestaute **Grimselsee** (2,7 km²) mit Kraftwerk.

**Grind,** volkstüml. Bez. für Hautausschläge mit Schuppen-, Schorf- u. Borkenbildung.

**Grindel** [grɛ̃'dɛl], Eugène → Éluard.

**Grindelwald,** schweiz. Luftkurort u. Wintersportplatz, am N-Rand der Berner Alpen, 1034 m ü.M., 3300 Ew.

**Grindwal,** *Globicephala,* Gatt. der Delphine, darunter der *Schwarzwal,* 3,6–8,5 m langer Wal; in seichten Gewässern häufig Massenstrandungen.

**Gringo,** herabsetzende Bez. für Nichtromanen in Südamerika.

**Grinzing,** Stadtteil von Wien, altes Weinbauerndorf.

**Gripenberg** ['gri:pənbærj], Bertel, *1878, †1947, finn. Schriftst. (Lyrik in schwed. Sprache).

**Grippe,** *Influenza,* akute Viruskrankheit, die sich im Frühjahr u. Herbst epidemieartig verbreitet; durch Tröpfcheninfektion (Anhusten u. Anniesen) übertragen, verbunden mit Fieber, Erkältungserscheinungen, Katarrhen der oberen Luftwege, Glieder- u. Kreuzschmerzen.

**Gripsholm,** schwed. Schloß im Mälaren, 1537 von Gustav Wasa erbaut.

**Gris,** Juan, eigtl. José Victoriano *González,* *1887, †1927, span. Maler; einer der Hauptvertreter des synthet. Kubismus (Stilleben).

**Grisaille** [-'zajə], monochrome, in feinen Tonabstufungen meist grau in grau ausgeführte Malerei.

**Grischun,** rätoroman. Name für Graubünden.

**Griseldis,** Typ der durch ihren herrischen Gatten unschuldig leidenden, dennoch unwandelbar treuen Frau; zuerst bei G. *Boccaccio.*

**Grisette** [gri'zɛt], junge Putzmacherin; leichtlebiges Mädchen.

**Gris-Nez** [gri'ne; »graue Nase«], N-frz. Kap an der engsten Stelle (34 km breit) des Kanals.

**Grivas,** Georgios, *1898, †1974, zypr. Politiker u. Offizier; 1955–59 Führer der zypr. Untergrundbewegung EOKA gegen die brit. Kolonialherrschaft, später gegen Erzbischof Makarios; erstrebte den Anschluß Zyperns an Griechenland *(Enosis).*

**Grizzlybär,** *Grislybär* ['grisli-], Unterart des *Braunbären* in N-Amerika.

**grober Unfug,** bis 1975 strafbare Übertretung, heute als Belästigung oder Gefährdung der Allgemeinheit mit Geldbuße bedroht.

**Grock,** eigtl. Adrian *Wettach,* *1880, †1959, schweiz. Musikclown.

**Grödner Tal,** Seitental des Eisack in Südtirol, Hauptort *Sankt Ulrich;* Holzschnitzerei, Fremdenverkehr.

**Grodno,** Hptst. der Oblast G. im W der Weißruss. SSR (Sowj.), 263 000 Ew.; Nahrungsmittel- u. Textil-Ind.

**Groer,** Hans, *13.10.1919, östr. kath. Theologe; seit 1986 Erzbischof von Wien, 1988 Kardinal.

**Grog,** Heißgetränk aus Rum, Wasser u. Zucker.

**Grohmann,** Will, *1887, †1968, dt. Kunsthistoriker u. -kritiker; Förderer der modernen Kunst; Werkmonographien u. Künstlerbiographien.

**Gromaire** [-'mɛ:r], Marcel, *1892, †1971, frz. Maler u. Graphiker; malte arbeitende Menschen seiner fläm. Heimat.

**Grömitz,** Ostseebad in Schl.-Ho., an der Lübecker Bucht, 7000 Ew.

**Gromyko,** Andrej Andrejewitsch, *1909, †1989, sowj. Politiker; 1957–85 Außen-Min., 1973–88 Mitgl. des Politbüros der KPdSU, 1985–88 Vors. des Präsidiums des Obersten Sowjets (Staatsoberhaupt).

**Gronau,** G. *(Westf.),* Stadt in NRW, 39 000 Ew.; Textil- u. Elektronik-Ind.

**Gronchi** ['gronki], Giovanni, *1887, †1978, ital. Politiker; 1955–62 Staats-Präs.; Mitgr. der *Democrazia Cristiana.*

**Groningen** ['xro:niŋə], ndl. Prov.-Hptst., 168 000 Ew.; Mittelpunkt eines dichten Kanalnetzes; Handelszentrum; Univ. (1614); mittelalterl. Altstadt; Zucker-, Tabak-, chem. Ind., Erdgasvorkommen.

**Grönland,** die größte Insel der Erde, in der Arktis,

*Grindelwald mit Wetterhorn*

## 334 Grönlandwal

dem amerik. Kontinentalblock zugehörig, 2 175 600 km², 54 000 Ew., Hauptort *Godthåb*. Landesnatur. Ein an den Rändern bis über 3000 m aufgewölbtes Massiv *(Gunnbjörnfjeld* 3700 m), im Innern von Inlandeis (1 834 000 km², bis 3000 m mächtig) bedeckt. Die Küste ist durch tief eingeschnittene Fjorde stark gegliedert. Im W befindet sich ein 150–300 km breiter, eisfreier Küstensaum, Hauptsiedlungsraum der *Grönländer* (Eskimomischlinge).
Wirtschaft. Abbau von Zink- u. Bleierzen, Eisenerzlager im Godthåbsfjord, Uranerze in S; Schafzucht, Fischfang.
Geschichte. 986 veranlaßte der Norweger *Erich der Rote* von Island aus die Besiedlung. Seit 1721 besiedelten u. christianisierten die Dänen das Land. 1953 erhielt G. Teilautonomie u. 1979 Selbstverwaltung mit eigenem Parlament. 1984 vollzog G. den Austritt aus der EG. – Dänemark bleibt für Außen- u. Sicherheitspolitik zuständig.
**Grönlandwal,** bis 20 m langer *Glattwal;* fast ausgerottet.
**Groom** [gru:m], Hoteldiener; Reitknecht.
**Gropius,** Walter, *1883, †1969, dt. Architekt; gründete 1919 in Weimar das *Staatl. Bauhaus* u. war dessen erster Direktor; Emigration nach England u. in die USA; Bauten u.a. in Berlin, Boston, Chicago, brach mit allen historisierenden Stilen u. wurde beispielgebend für die Ausbildung der Glas-Beton-Bauweise.
**Groppen,** Bodenfische aus der Ordnung der *Panzerwangen;* ohne Schuppen, mit starken Stacheln besetzter großer Kopf.
**Gros, 1.** [gro:; das], die Hauptmasse. – **2.** [grɔs; das], histor. Zählmaß: 12 Dutzend (= 144 Stück).
**Groschen, 1.** fr. dt. Silbermünze, heute in der Umgangssprache das 10-Pfennig-Stück. – **2.** östr. Münzeinheit: 100 G. = 1 *Schilling.*
**Groschenhefte,** billige Schriften oder Bilderhefte zum schnellen Konsum, meist Trivialliteratur.
**Grosnyj** ['grɔznij], Hptst. der ASSR der *Tschetschenen* u. *Inguschen* (Sowj.), am N-Rand des Kaukasus, 404 000 Ew.; Erdölförderung, Nahrungsmittel-Ind.
**Groß, 1.** Hans, *1847, †1915, östr. Kriminalist; Begr. der modernen Kriminalistik. – **2.** Michael, *17.6.1964, dt. Schwimmer; Olympiasieger 1984 u. 1988; erzielte mehrere Weltrekorde.
**Großadmiral,** ehem. militär. Rang bei der dt. Kriegsmarine, entsprach dem *Generalfeldmarschall.*
**Großbritannien und Nordirland,** Vereinigtes Königreich, Staat in W-Europa, 244 046 km², 56,9 Mio. Ew., Hptst. *London.* – G. u. N. besteht aus der Hauptinsel mit *England, Wales* u. *Schottland,* aus den *Hebriden, Orkney-* u. *Shetlandinseln* u. aus dem Nordteil von *Irland.*

*Großbritannien und Nordirland*

Landesnatur. Die Küsten sind bes. im W stark gegliedert u. meist steil, mit tiefeingeschnittenen Buchten. In Cornwall u. Devon, in Wales, Mittelengland u. Schottland überwiegen Mittelgebirge, die im *Ben Nevis* der schott. Grampian Mountains gipfeln (1343 m). Östl. der Linie Severn-Tyne-Mündung liegt ein fruchtbares Stufenland, unterbrochen vom Londoner Becken u. den Kreidehügeln in Südengland. – Das Klima ist ozean. mit milden Wintern u. kühlen Sommern. Häufig treten dichte Nebel auf, bes. in einem Streifen zw. London u. Leeds.
Bevölkerung. Aus mediterraner u. alpiner Urbevölkerung, aus zugewanderten *Kelten, Angeln, Sachsen* u. *Normannen* bildete sich ein Volkscharakter bes. Eigenart. Die Religion ist vorw. prot. *(Anglikan. Kirche),* in Nordirland zu 35% kath.; rd. 80% leben in Städten.
Wirtschaft. An erster Stelle stehen Bergbau (Steinkohle, Erdöl- u. Erdgasförderung) u. die Schwerind. (bes. Schiff-, Fahrzeug-, Flugzeug- u. Maschinenbau, Hüttenwerke, Rüstungsind.). Bed.

*Michael Groß*

ist die Textilind. in Mittelengland u. Schottland. G. u. N. zählt zu den größten Fischereistaaten der Erde. In der Landw. überwiegt die Viehzucht (Schafe, Rinder, Schweine, Pferde). Haupthandelspartner sind die EG-Länder, die USA, Schweden u. Kanada. – G. u. N. hat eine der größten Handelsflotten der Welt, das dichteste Straßennetz der Welt (348 300 km) u. ein dichtes Eisenbahnnetz. Internat. Flughäfen sind London u. Glasgow.
Geschichte. *Vor- u. Frühgeschichte:* Die brit. Inseln wurden in mehreren Wellen vom Festland aus besiedelt. Etwa seit der Mitte des 1. Jt. v. Chr. dominierten kelt. Stämme. Seit 43 n. Chr. eroberten die Römer das Gebiet des heutigen England, das 85 n. Chr. röm. Prov. wurde. Ständige Kämpfe zw. Aufständischen u. Römern leiteten im 5. Jh. den Rückzug der röm. Truppen ein.
*Mittelalter:* Nach dem Abzug der Römer eroberten die germ. *Angeln* u. *Sachsen* den Hauptteil Großbritanniens. Harald II. unterlag als letzter angelsächs. König 1066 in der Schlacht bei Hastings *Wilhelm dem Eroberer,* Herzog der Normandie. Die normann. Herrschaft organisierte sich als Lehnshierarchie, die in einem Grundkataster, dem *Domesday Book* (1086), festgehalten wurde. *Heinrich II. Plantagenet (Anjou-Plantagenet)* zwang Wales, Schottland u. Irland, seine Oberlehnshoheit anzuerkennen u. setzte seine Ansprüche auf sein Erbe in Frankreich durch. Unter seinen Söhnen *Richard I. Löwenherz* u. *Johann ohne Land* ging der Festlandbesitz an den frz. König

# GROSSBRITANNIEN UND NORDIRLAND

*Cromwell löst das »Lange Parlament« auf; zeitgenössischer niederländischer Stich*

*In der Schlacht von Trafalgar behauptete die englische Flotte unter Nelson die Seeherrschaft der Briten; Gemälde von J. M. W. Turner. London, Tate Gallery*

Philipp II. August verloren. Diese Schwächung benutzte der Adel, dem König 1215 die *Magna Charta* aufzuzwingen (ständ. Rechte). Im 13. Jh. entwickelte sich das engl. Parlament. *Eduard III.* erhob 1328 Ansprüche auf den frz. Thron. Dies führte zum *Hundertjährigen Krieg* (mit Unterbrechungen 1338–1453) gegen Frankreich. Die zunehmende Schwäche des Königtums begünstigte den Ausbruch der *Rosenkriege* (1455–85) zw. dem Haus Lancaster (Wappen: rote Rose) u. dem Haus York (Wappen: weiße Rose). Sie führten 1485 zur Thronbesteigung Heinrichs VII. aus dem Hause *Tudor.*

N e u z e i t : *Heinrich VIII.* geriet wegen seiner Ehescheidung in Ggs. zum Papst, trennte sich von Rom u. machte sich zum Haupt der engl. Staatskirche. *Elisabeth I.* machte England zur prot. Vormacht. Die Auseinandersetzung mit Spanien endete 1588 mit dem Untergang der span. Armada. Als Elisabeth I. starb, wurde Schottland unter *Jakob I.* aus dem Hause *Stuart* in Personalunion mit England vereinigt. Im Bürgerkrieg 1642–49 siegten die Puritaner unter Oliver *Cromwell.* England nahm die republikan. Staatsform an. Cromwell warf die aufständ. Schotten nieder u. eroberte Irland. 1660 stellte Karl II. das Königtum wieder her. Durch die »Glorreiche Revolution« (1688) wurde Wilhelm III. von Oranien König. Dabei wurde die Macht des Königs 1689 durch die *Bill of Rights* begrenzt. Im *Span. Erbfolgekrieg* gelang eine Schwächung Frankreichs. Unter Königin *Anna* (Stuart) wurden England u. Schottland 1707 zu G r o ß b r i t a n n i e n vereinigt. – Die Dynastie H a n n o v e r begann mit *Georg I.* (1714–27). *Georg II.* (1727–60) konnte den See- u. Kolonialwettstreit mit Frankreich zu seinen Gunsten entscheiden (Gewinn Kanadas u. Vorderindiens). *Georg III.* (1760–1820), mit schuld am Verlust der nordamerik. Kolonien, stärkte die Macht des Parlaments weiter. Frankreich u. der Machtanspruch der Frz. Revolution wurden in den Koalitions- u. Befreiungskriegen niedergerungen. Nunmehr stieg Großbritannien ungehindert zur vorherrschenden Welt-, See- u. K o l o n i a l m a c h t empor. Mit der Thronbesteigung der Königin *Viktoria* (1837) begann das »goldene Zeitalter« für G. (Viktorian. Ära). Die Konservativen, von 1885–1905 mit kurzen Unterbrechungen an der Reg., verfolgten einen *Imperialismus*, der zu wachsenden Spannungen mit den Kontinentalmächten führte. *Eduard VII.*

## Großbritannien und Nordirland

### Premierminister des 20. Jahrhunderts

(Kons. = Konservative Partei;
Lab. = Labour Party;
Lib. = Liberale Partei)

| | |
|---|---|
| Arthur James Balfour (Kons.) | 1902–1905 |
| Sir Henry Campbell-Bannermann (Lib.) | 1905–1908 |
| Herbert Henry Asquith (Lib.) | 1908–1916 |
| David Lloyd George (Lib.) | 1916–1922 |
| Andrew Bonar Law (Kons.) | 1922–1923 |
| Stanley Baldwin (Kons.) | 1923–1924 |
| James Ramsay MacDonald (Lab.) | 1924 |
| Baldwin (erneut) | 1924–1929 |
| MacDonald (erneut) | 1929–1935 |
| Baldwin (erneut) | 1935–1937 |
| Arthur Neville Chamberlain (Kons.) | 1937–1940 |
| Winston Churchill (Kons.) | 1940–1945 |
| Clement Attlee (Lab.) | 1945–1951 |
| Churchill (erneut) | 1951–1955 |
| Sir Anthony Eden (Kons.) | 1955–1957 |
| Harold Macmillan (Kons.) | 1957–1963 |
| Sir Alec Douglas-Home (Kons.) | 1963–1964 |
| Harold Wilson (Lab.) | 1964–1970 |
| Edward Heath (Kons.) | 1970–1974 |
| Wilson (erneut) | 1974–1976 |
| James Callaghan (Lab.) | 1976–1979 |
| Margaret Thatcher (Kons.) | 1979–1990 |

legte die Gegensätze mit Frankreich bei u. schloß 1904 ein Bündnis, die *Entente cordiale.* Der dt. Angriff auf Frankreich war für die Engländer der Anlaß zum Eintritt in den 1. Weltkrieg. Das Ende des Krieges brachte den Gewinn dt. Kolonien u. vorderasiat. Gebiete der Türkei. Das Empire begann sich zu lockern; an seine Stelle trat das B r i t. C o m m o n w e a l t h. – Auf die Machtansprüche Hitlers reagierte die engl. Politik unter N. *Chamberlain* zuerst zurückweichend *(Appeasement-Politik).* Als die dt. Truppen 1939 in Polen einmarschierten, erklärte G. den Krieg an Dtld., der unter der Führung W. *Churchills* siegreich beendet wurde. Nach dem Ende des 2. Weltkriegs wurde der Neuaufbau des Landes der Labour Party übertragen, deren Führer C. *Attlee* 1945 Prem.-Min. wurde. In den Nachkriegsjahren gingen Birma, Palästina u. endgültig Irland (Freistaat) verloren. Das Gefüge des *Commonwealth* lockerte sich beträchtl. Indien, Pakistan u. Ceylon wurden unabh. 1952 folgte Königin *Elisabeth II.* ihrem Vater Georg VI. 1951 kamen die Konservativen wieder an die Regierung (bis 1955 W. *Churchill,* bis 1957 A. *Eden,* bis 1963 H. *Macmillan,* bis 1964 A. *Douglas-Home*). Seit 1964 stellte die Labour Party die Regierung unter H. *Wilson* als Prem.-Min., die 1970 von den Konservativen unter E. *Heath* abgelöst wurde. 1973 vollzog das Land den Beitritt zur EG. 1974 übernahm wiederum die Labour Party unter Wilson die Regierungsgeschäfte; 1976 wurde J. *Callaghan* Prem.-Min., der 1979 von den Konservativen Margaret *Thatcher* abgelöst wurde. Sie betrieb eine strikt monetäre Wirtsch.-Politik u. war 1982 in der krieger. Auseinandersetzung mit Argentinien um die Falklandinseln erfolgreich. In den Unterhauswahlen von 1983 u. 1987 konnten die Konservativen unter M. Thatcher ihre absolute Mehrheit der Mandate behaupten. Nachdem sie das Vertrauen ihrer Partei verloren hatte, trat M. Thatcher 1990 zurück. – Seit 1969 wird das innenpolit. Klima durch die bürgerkriegsähnl. Zustände in Nordirland belastet.

S t a a t u. G e s e l l s c h a f t. G. u. N. besitzt keine einheitl. geschriebene Verfassung (Verfassungsurkunde), aber mehrere maßgebende Verf.-Gesetze: u.a. *Magna Charta Libertatum* (1215), *Petition of Rights* (1627), *Habeas Corpus Act* (1679). Das Land ist eine parlamentar. Demokratie mit monarchischem Staatsoberhaupt. Rechtl. ist Träger der Souveränität *»the King (Queen) in Parliament«,* d.h. miteinander verbunden die Krone, das Oberhaus u. das Unterhaus. Die polit. Macht liegt beim Unterhaus bzw. bei der Regierungsmehrheit im Unterhaus. Das *Unterhaus (House of Commons)* wird nach allg., gleichem, direktem u. geheimem Wahlrecht gewählt. Die Wahlperiode beträgt höchstens 5 Jahre; der *Premier-Min.* (formell: der Monarch) kann das Unterhaus jedoch vorzeitig auflösen u. Neuwahlen herbeiführen. Die alte Erste Kammer des Adels u. der Geistlichkeit, das *Oberhaus (House of Lords)* setzt sich aus rd. 1200 teils erbl.,

*John Constable, The Grove at Hampstead. London, Tate Gallery*

*Das Kreuz von Ruthwell. Dumfriesshire, Südengland; vor 685 (links). – Unruhen in Nordirland; jugendliche IRA-Sympathisanten werfen Steine gegen britische Soldaten (rechts)*

**Großdeutsche** teils auf Lebenszeit ernannten weltl. u. geistl. Lords zusammen.

**Großdeutsche,** seit der *Frankfurter Nationalversammlung* Bez. für die Anhänger einer Vereinigung des gesamten geschlossenen dt. Siedlungsgebiets einschl. Dt-Östr. in einem Nationalstaat.

**Großdeutsches Reich,** nach dem Anschluß von Östr. (1938) Bez. für das Dt. Reich.

**Grosse,** Julius, *1828, †1902, dt. Schriftst.; Mitgl. des Münchner Dichterkreises; Lyrik, Versepen, Erzählungen.

**Große Ebene,** *Nordchin. Tiefebene,* an Unterlauf u. Mündung der Flüsse Huang He u. Chang Jiang; fruchtbar; dicht bevölkert.

**Große Koalition,** ein Parteienbündnis zum Zweck der gemeinsamen Bildung u. Unterstützung der Reg., dem eine zahlenmäßig schwache Opposition gegenübersteht.

**Große Mauer** → Chinesische Mauer.

**Großenhain,** Krst. in Sachsen, 19 000 Ew.; Textil- u. Landmaschinenbau.

**Größenklasse,** das Maß für die Helligkeit eines Sterns. Seine *scheinbare Größe* ergibt sich aus direkten Messungen (→ Photometrie). Die schwächsten, mit modernen Instrumenten gerade noch erreichbaren Sterne haben 24. Größe, bei den hellsten wurde die Einteilung über den Nullpunkt hinaus nach negativen Werten festgesetzt, z.B. Sirius −1,6, Sonne −26,7. Der Intensitätsunterschiede zw. zwei aufeinanderfolgenden G.n beträgt 1 : 2,512. Ein Stern 1. Größe ist also rd. 2,5mal heller als ein Stern 2. Größe. Die *absolute Größe* erhält man, wenn man den Stern in die Einheitsentfernung von 10 Parsec (308,6 Billionen km) versetzt. Danach ist die absolute Größe der Sonne 4,6.

**Größenwahn,** wahnhafte Selbstüberschätzung; bes. bei Manie u. Paralyse.

**Grosser** [grɔˈsɛːr], Alfred, *1.2.1925, frz. Politologe u. Historiker dt. Herkunft. W »Deutschlandbilanz«, »Versuchte Beeinflussung«, »Das Dtld. im Westen«.

**Großer Bär,** Sternbild → Bär.

**Großer Beerberg,** der höchste Gipfel des Thüringer Walds, 982 m.

**Großer Kanal,** *Kaiserkanal,* 1700 km lange künstl. Wasserstraße in China zw. Peking u. Hangzhou.

**Großer Osser,** Berg im Böhmerwald, 1293 m.

**Großer Ozean** → Pazifischer Ozean.

**Großer Rat,** das Gesetzgebungsorgan der schweiz. Kt. ohne Landsgemeinden.

**Großer Salzsee** → Great Salt Lake.

**Großer Sankt Bernhard** → St. Bernhard.

**Große Sandwüste,** *Great Sandy Desert,* wüstenhaftes Trockengebiet im NW Australiens; mit den höchsten Hitzegraden Australiens.

**Großes Barriereriff,** der Küste von NO-Australien vorgelagertes Korallenriff, mit rd. 2000 km Länge, bis zu 300 km Breite u. etwa 600 Inseln das größte Korallenriff der Erde.

**Große Seen,** engl. *Great Lakes,* die 5 miteinander in Verbindung stehenden nordamerik. Seen zw. USA u. Kanada: *Oberer, Michigan-, Huron-, Erie- u. Ontario-See,* zus. 245 212 km² (größte Süßwasserfläche der Erde); durch den St.-Lorenz-Strom mit dem Atlantik verbunden.

**Großes Walsertal,** *Großwalsertal,* rechtes Nebental des Illtals in Vorarlberg (Östr.), Hauptort *Sonntag.*

**Grosseto,** ital. Prov.-Hpst. in der Toskana, 70 000 Ew.; Kathedrale; etrusk. Museum.

**Großfamilie,** ein Familienverband, der außer den Eheleuten u. ihren Kindern auch die verheirateten Kinder u. Kindeskinder einschließt u. eine wirtschaftl. u. Wohneinheit bildet.

**Großfürst,** in Rußland urspr. Titel des Herrschers im Kiewer Reich, seit 1797 Titel der kaiserl. Prinzen; fr. in Litauen Titel des Herrschers.

**Großfußhühner,** *Hühnervögel* im austral. Gebiet; Arten: *Hammerhuhn, Talegallahuhn.*

**Groß-Gerau,** Krst. in Hessen, 21 000 Ew.; verschd. Ind.

**Großglockner,** der höchste Berg in Östr., in den *Hohen Tauern,* 3798 m. Die *G.-Hochalpenstraße* verbindet Salzburg u. Kärnten.

**Großgrundbesitz,** Grundbesitz, dessen flächenmäßige Ausdehnung über die Größe eines normalen Bauernhofs hinausgeht; als untere Grenze des G. werden in Dtld. 100 oder 150 ha angenommen.

**Großhandel,** *Engroshandel,* derjenige Teil des Handels, der Waren zur Weiterverarbeitung (Roh- u. Hilfsstoffe, Halb- u. Fertigfabrikate) oder an den Einzelhandel weiterverkauft.

## GROSSBRITANNIEN Könige

*Maria Stuart; Zeichnung aus dem 16. Jahrhundert, vermutlich von J. Decourt (links). – Die aus dem 17. Jahrhundert stammende St.-Edwards-Krone wird noch heute bei der Krönungszeremonie benutzt (Mitte). – Viktoria I., Königin von England, mit dem Prinzgemahl Albert (rechts)*

*Heinrich VIII.; Gemälde von Hans Holbein d. J. Castagnola, Sammlung Thyssen-Bornemisza (links). – Am Ende ihrer Afrikareise 1979 empfängt Königin Elisabeth II. Spitzenpolitiker der Commonwealth-Länder in Lusaka (rechts)*

*Das Britische Weltreich 1927*

**Großherzog,** Titel eines Fürsten im Rang zw. König u. Herzog; heute nur noch in Luxemburg.
**Großhirn** → Gehirn.
**Großinquisitor,** Vorsteher der (span.) Inquisition.
**Grossist,** Großhändler.
**Großkreis,** der größte Kreis auf einer Kugelfläche; z.B. bei der Erde der Äquator u. die Längenkreise. Der Mittelpunkt eines G. liegt im Mittelpunkt der Kugel.
**Großkreuz,** die höchste Klasse eines Ordens.
**Großmacht,** ein Staat, der maßgebl. Einfluß auf die internat. Politik ausübt, im 19. Jh. die europ. »Pentarchie«: England, Frankr., Östr.-Ungarn, Rußland, Preußen. Nach dem 2. Weltkrieg gibt es eigtl. nur noch zwei Großmächte (»Weltmächte«): die USA u. die Sowjetunion, die allerdings seit Ende der 1980er Jahre an Einfluß verliert.
**Großmast,** der Hauptmast eines Schiffs.
**Großmeister,** der Oberste des *Johanniter-* u. des *Templerordens;* bei den *Freimaurern* der Vors. einer Großloge.
**Großmogul,** Titel der Herrscher des mongol.-islam. Reichs in Indien (1526–1858).
**Großobuchhandel,** eine Form des *Zwischenbuchhandels,* die kleinere Firmen beliefert u. ihnen damit den direkten Verkehr mit den Verlagen abnimmt.
**Großraum,** *Büro-G.,* die Zusammenfassung mehrerer Arbeitsplätze in einem Raum. Der G. ist vollklimatisiert, so daß die Fenster ständig geschlossen bleiben. Die Arbeitsplätze werden in der Regel künstl. beleuchtet.
**Großraumflugzeug,** *Großraumtransporter,* ein Flugzeug mit großer Nutzlastkapazität; es kann rd. 300–500 Passagiere oder entsprechende Frachtmengen befördern.
**Großraumwagen,** Eisenbahnwagen, der keine Einzelabteile, sondern Großräume hat, z.T. in IC-Zügen.
**Großrussen,** das ostslaw. Kernvolk Rußlands (rd. 140 Mio. → Russen in der Sowj.); entstanden aus den altslaw. Stämmen der *Slowjenen, Kriwitschen, Polotschanen* u. *Wjätitschen.*
**Großstadt,** eine Stadt mit mehr als 100 000 Ew. (nach neuester statist. Festlegung mindestens 200 000 Ew.). Merkmale: Citybildung, überregionaler Funktionsbereich u. starker Bevölkerungsaustausch mit dem Umland.
**Großsteingräber** → Megalithbauten.
**Großunternehmen,** ein nach Zahl der Beschäftigten (mindestens 5000), Höhe des Kapitals (125 Mio. DM) oder des Umsatzes (250 Mio. DM) überdurchschnittl. großes Unternehmen.
**Großvenediger,** vergletscherter Gipfel der westl. Hohen Tauern (Östr.), in der *Venediger-Gruppe,* 3764 m.
**Großvieh,** Rinder u. Pferde.
**Großwardein** → Oradea.
**Grosz** [grɔs], George, *1893, †1959, dt. Maler u. Graphiker; Mitbegr. der Berliner »Dada«-Bewegung, lebte seit 1932 in den USA; benutzt seine Kunst als sozialkrit. Kampfmittel u. geißelte bes. Militarismus u. Kapitalismus.
**Grósz** [gro:s], Károly, *1.8.1930, ung. Politiker (Kommunist); 1987/88 Min.-Präs., 1988/89 Generalsekretär der Ung.-Sozialist. Arbeiterpartei (USAP).
**grotesk,** wunderl., phantast., überspannt.
**Grotesk,** eine Schriftart: Antiqua aus gleich starken Linien.
**Groteske, 1.** aus der röm. Antike übernommenes Rankenornament der Renaissance u. des Barocks mit menschl., tier. u. pflanzl. Darstellungen. – **2.** eine (meist kleine) *groteske* Darstellung in Literatur, Musik u. bildender Kunst (bes. Graphik).
**Grotewohl,** Otto, *1894, †1964, dt. Politiker; Mitgr. u. Mit-Vors. der SED, 1949–64 Min.-Präs. der DDR.
**Groth,** Klaus, *1819, †1899, dt. Schriftst.; machte die ndt. Mundart wieder literaturfähig.
**Grotius,** Hugo, eigtl. *de Groot,* *1583, †1645, ndl. Rechtsgelehrter, Theologe u. Politiker; gilt als »Vater des modernen Völkerrechts«, weil er naturrechtl. Vorstellungen mit positivem Recht zu einem System verband (elekt. Schule). Bekannt ist seine Forderung nach Handels- u. Meeresfreiheit.
**Grotrian,** Friedrich, *1803, †1860, dt. Klavierbauer; seit 1858 Teilhaber von Theodor *Steinweg* (Wolfenbüttel, seit 1859 Braunschweig).
**Grotte,** natürl. oder künstl. *Höhle* von geringer Tiefe.
**Grottenolm,** in Karsthöhlengewässern SO-Europas lebender *Schwanzlurch;* die Augen sind rückgebildet.
**Groupie** ['gru:pi], junge Bewunderin einer Beatgruppe oder eines Rockstars, die mit der bewunderten Person in Kontakt zu kommen versucht.
**Groussard** [gru'sa:r], Serge, *18.1.1921, frz. Romanschriftst. u. Journalist.

**Grubber** ['grʌbə], dreizinkige Hacke zum Auflockern der Erde.
**Grube, 1.** allg. Vertiefung, Höhlung. – **2.** → Bergbau.
**Grubengas,** Sumpfgas → Methan.
**Grubenlampe,** die tragbare Bergmannslampe; in der Regel eine elektr. Kopflampe, die am Schutzhelm befestigt wird.
**Grubenottern,** Fam. von *Giftschlangen* mit einer grubenartigen Vertiefung zw. Augen u. Nasenöffnung (als Temperatursinnesorgan) hierzu *Klapperschlangen.*
**Grubenwurm** → Hakenwurm.
**Grüber,** Heinrich; *1891, †1975, dt. ev. Geistlicher; gründete u. leitete 1936 das »Büro Pfarrer G.«, eine staatl. geduldete Hilfsstelle für Christen

*Großglockner: im Hintergrund Großvenediger*

**Gruber**

jüd. Herkunft; 1940–43 im KZ; 1949–58 Bevollmächtigter des Rats der EKD bei der Reg. der DDR.
**Gruber, 1.** Franz Xaver, *1787, †1863, östr. Lehrer; komponierte das Weihnachtslied »Stille Nacht, heilige Nacht«. – **2.** Karl, *3.5.1909, östr. Politiker (ÖVP); 1945–53 Außen-Min., mehrfach Botschafter.
**Grude,** *G.koks,* durch Verschwelen von Braunkohle gewonnener Koks.
**Gruft,** Grabgewölbe, Familiengrabstätte.
**Gruga,** Abk. für *Große Ruhrländische Gartenbauausstellung,* eine ständige Ausstellung in Essen, öffentl. Gartenanlage.
**Grumiaux** [gry'mjo], Arthur, *1921, †1986, belg. Geiger u. Musikpädagoge.
**Grümmer,** Elisabeth, *31.3.1911, dt. Sängerin (Sopran).
**Grummet,** der zweite oder dritte Schnitt von der Wiese, im Spätsommer; nährstoffreich.
**Grün, 1.** Anastasius, eigtl. Anton Alexander Graf von *Auersperg,* *1806, †1876, östr. polit. Lyriker. – **2.** Max von der, *25.5.1926, dt. Schriftst.; Mitgr. der »Gruppe 61« in Dortmund, die sich mit der industriellen Arbeitswelt auseinandersetzt.
**Grünalgen,** *Chlorophyceae,* formenreiche Algengruppe (ca. 7000 Arten), durch Chlorophyll a u. b rein grün gefärbt; die urtüml. G. sind Einzeller. Die eigtl. G. werden mit den Armleuchteralgen u. Jochalgen zu den *Chlorophyta* zusammengefaßt.
**Grünberg, 1.** Stadt in Hessen, nw. des Vogelsbergs, 11 500 Ew.; Luftkurort; Textil- u.a. Ind. – **2.** poln. *Zielona Góra,* Stadt in Schlesien. Hptst. der poln. Wojewodschaft Zielona Góra, 110 000 Ew.; der nördl. Weinbau Europas; Textil-, Metall-, Elektro-Ind.
**Grund,** *Bad G. (Harz),* Bergstadt u. Kurort in Nds., 3000 Ew.; Heilquelle; in der Nähe *Iberger Tropfsteinhöhle.*
**Grundbesitz** → Grundeigentum.
**Grundbuch,** mit öffentl. Glauben ausgestattetes Verzeichnis für alle Beurkundungen über Grundstücksrechte (z.B. Eigentum, Hypothek, Grundschuld), deren Änderung regelmäßig von ihrer Eintragung ins G. abhängt. Das G. wird vom **G.amt**, einer Abt. des Amtsgerichts, geführt.
**Grunddienstbarkeit,** die Belastung eines Grundstücks zugunsten des Eigentümers eines anderen Grundstücks in der Weise, daß dieser das dienende Grundstück benutzen darf (z.B. Wege- oder Weiderecht) oder daß z.B. bestimmte Bebauungs- u. Gewerbebeschränkungen auferlegt werden.
**Grundeigentum,** *Grundbesitz,* die rechtl. u. wirtsch. Verfügungsmacht über den Boden u. seine Nutzung. Der rechtsgeschäftl. Erwerb oder Verlust von G. erfordert neben der Einigung *(Auflassung)* der Vertragspartner die Eintragung in das *Grundbuch.*
**Grundeln,** in der Flachsee der gemäßigten u. warmen Zone lebende Knochenfische, 1–40 cm lang. Die Bauchflossen sind als Haftorgan ausgebildet; dazu gehören *Schwarz-G., Sand-G., Zwerg-G.*
**Gründelwale,** *Monodontidae,* Fam. der *Zahnwale;* hierzu u.a. der *Narwal* u. der *Beluga.*
**Gründerjahre,** *Gründerzeit,* die Jahre 1871–73, in denen in Dtld. infolge der nach dem Dt.-Frz. Krieg ins Land strömenden Kriegsentschädigung zahlreiche, vielfach unsolide Unternehmungen, bes. Aktiengesellschaften, gegr. wurden. Die G. endeten mit der inernat. Börsenkrise 1873.
**Grunderwerbsteuer,** die Steuer auf den Eigentumswechsel von Grundstücken, eine Gliedsteuer zur Umsatzsteuer; Steuersatz 2 %.
**Gründgens,** Gustaf, *1899, †1963, dt. Schauspieler, Regisseur u. Theaterleiter; 1934–37 Intendant des Staatl. Schauspielhauses Berlin, 1937–45 Generalintendant der Preuß. Staatstheater, 1947–55 in Düsseldorf, dann in Hamburg (»Faust«-Inszenierung).
**Grundgesetz,** *GG,* die Verfassung der BR Dtld., in Kraft getreten am 23.5.1949. Obwohl zunächst nur als Provisorium bis zur Schaffung einer gesamtdt. Verfassung gedacht, hat sich das G. als Verfassung bewährt. Es kann nur unter ausdrücklicher Abänderung des Wortlauts mit Zweidrittelmehrheit von Bundestag u. Bundesrat geändert werden.
**Grundherrschaft,** mittelalterl. Form des Großgrundbesitzes, bei der der *Grundherr* oder sein Verwalter *(Meier)* einen kleinen Teil des Grundbesitzes selbst bewirtschaftete; der größere Teil war an abhängige Bauern *(Großholden)* zu einer eigentumsähnl. Nutzung vergeben, die dafür Abgaben (Naturalien, später Geld) u. *Frondienste* zu leisten hatten. Dem Grundherrn stand gegenüber seinen Bauern z.B. Gerichtsbarkeit zu.
**Grundierung,** die bei der Tempera- u. Ölmalerei als Unterlage für die Farbe auf den Bildträger aufgetragene Gips- oder Kreideschicht, die zum Glätten der Malfläche dient u. den Farben Leuchtkraft verleiht.
**Grundkapital,** das in Aktien zerlegte Nennkapital einer *Aktiengesellschaft;* Mindestbetrag 100 000 DM.
**Grundlagenforschung,** Forschung, die sich mit den systemat. u. method. Grundlagen einer Wiss. befaßt.
**Grundlasten,** auf einem Grundstück ruhende rechtl. öffentl. u. private Lasten.
**Gründling,** fälschl. *Grundel,* bis 15 cm langer *Karpfenfisch;* wohlschmeckend.
**Grundlohn,** der auf den einzelnen Kalendertag entfallende Teil des Arbeitsentgelts, der in der gesetzl. *Krankenversicherung* für die *Beitragsberechnung* u. die Leistungen der Kassen von Bedeutung ist.
**Grundlsee,** See in der nördl. Steiermark (Östr.), östl. von Bad Aussee, 4,14 km². 
**Grundmann,** Herbert, *1902, †1970, dt. Historiker; 1959–70 Präs. der *Monumenta Germaniae Historica.*
**Grundmoränen,** unter einem *Gletscher* abgelagerte, ungeschichtete Sedimente (Gesteinsbrocken, Sand u.a.).
**Gründonnerstag,** der Tag vor *Karfreitag.* Die Gottesdienste des G. gedenken der Einsetzung des Abendmahls.
**Grundpfandrechte,** *Grundstückspfandrechte,* Sicherungsrechte an Grundstücken, z.B. Hypothek, Grundschuld u. Rentenschuld.
**Grundrechnungsarten** → Addition, → Subtraktion, → Multiplikation, → Division.
**Grundrechte,** die Rechte des einzelnen gegenüber der Staatsgewalt, wie sie meist durch die Verfassung verbürgt sind; häufig als allg., überpositive, naturrechtl., existentielle Rechte (→ Menschenrechte) aufgefaßt. G. sind bes. Freiheitsrechte, polit. Rechte, Rechte auf Gleichheit u. soz. G. auf Leistungen des Staates (z.B. auf Arbeit, Bildung, Wohnung, Erholung u. soz. Fürsorge).
**Grundrente, 1.** in der Kriegsbeschädigtenfürsorge u. der Kriegshinterbliebenenfürsorge eine Rente, die ohne Rücksicht auf die Bedürftigkeit gewährt wird. – **2.** *Bodenrente,* das Einkommen aus Bodenbesitz unter Abzug der bei der Bebauung anfallenden Löhne u. des Zinses für das investierte Kapital.
**Grundriß,** die senkrechte Projektion eines Gegenstands auf eine waagerechte Ebene.
**Grundschuld,** das Recht an einem Grundstück, kraft dessen an den Berechtigten eine bestimmte Geldsumme aus dem Grundstück zu entrichten ist. Im Ggs. zur Hypothek ist eine Forderung nicht Voraussetzung.

*Gustaf Gründgens als Mephisto in Goethes Faust*

**Grundschule,** staatl. Schule für die ersten 4 (in Westberlin 6) Schuljahre.
**Grundsteuer,** Steuer auf bebauten u. unbebauten Grundbesitz. Das Aufkommen der G. fließt den Gemeinden zu. Besteuerungsgrundlage ist der *Einheitswert* des land- u. forstwirtsch. Vermögens u. der Wohnzwecken dienenden u. gewerbl. Grundstücke.
**Grundstoffe,** die → chem. Elemente.
**Grundstoffindustrie,** die Gesamtheit der rohstoffgewinnenden u. -umwandelnden Betriebe; z.B. Bergbau, eisenschaffende Ind.
**Grundstück,** abgegrenzter Teil der Erdoberfläche, der im *Grundbuch* als selbst. G. eingetragen wird.
**Grundstudium,** erster, grundlegender Teil eines Studiums (mit anschließender Zwischenprüfung).
**Grundton,** *Tonika,* die erste Stufe jeder *Tonleiter* u. der tiefste Ton jedes *Akkords* u. der Grundlage.
**Grundtvig** ['grondvi], Nikolai Frederik Severin, *1783, †1872, dän. Volkserzieher, ev. Geistlicher u. Schriftst.; Begr. der *Volkshochschulbewegung* (1844 Volkshochschule in Rödding).
**Grundumsatz,** Abk. *GU,* diejenige Wärmemenge in Kilojoule, die von einem Körper in völlig nüchternem Zustand bei absoluter Ruhe innerhalb von 24 Stunden erzeugt wird; beträgt bei gesunden, normalgewichtigen Erwachsenen ca. 4 kJ pro kg Körpergewicht u. Stunde. Reguliert wird er durch Hormone.
**Gründung, 1.** die Verbindung eines Bauwerks mit dem tragfähigen Untergrund. – **2.** die Errichtung eines Wirtschaftsunternehmens. Die G. einer Aktiengesellschaft ist strengen Vorschriften unterworfen.
**Gründüngung,** das Unterpflügen von Pflanzen, um den Boden mit Humus (Nährhumus) u. Pflanzennährstoffen (bes. Stickstoff) anzureichern. Verwendung finden hierzu Kleearten u. Schmetterlingsblütler, die Stickstoffsammler sind.
**Grundwasser,** das in den lockeren Boden bis zu undurchlässigen Schichten (Ton, Lehm) eingedrungene u. ihn je nach Jahreszeit in wechselnder Höhe *(Grundwasserspiegel)* erfüllende Regen-, Schnee- u. Flußwasser.
**Grundwehrdienst,** der erste Wehrdienst, den ein Wehrpflichtiger zu leisten hat; er dient der militär. Ausbildung u. dauert bei der Bundeswehr z.Z. 12 Monate.
**Grundzahlen, 1.** *Grammatik:* → Numerale. – **2.** *Math.:* 1. die natürl. Zahlen; eins, zwei, drei... (→ Zahlen); 2. → Basis.
**Grüne,** *Die Grünen,* 1980 gegr. Partei, die auf basisdemokrat. Grundlage als Hauptziele die Verbesserung des Umweltschutzes u. weitgehende Entmilitarisierung in Europa proklamiert; seit 1983 im Bundestag vertreten. Unterschiedl. Auffassungen über die Zulässigkeit von Kompromissen u. polit. Bündnissen haben zur Herausbildung eines »fundamentalist.« u. eines »realpolit.« Flügels geführt.
**Grüne Liga,** überparteil. Dachverband für Umweltschutzbewegung in der DDR.
**Grüne Partei,** 1989 gegr. Partei in der DDR, tritt für ökolog. Umbau u. völlige Abrüstung ein; bildete ein Wahlbündnis mit dem *Unabhängigen Frauenverband* u. beschloß den Anschluß an die Grünen der BR Dtld. für Ende 1990.
**Grüner Bericht,** Agrarbericht, jährl. Bericht der Bundesreg. über die wirtsch. Lage der Landw., insbes. über die Ertragslage des Agrarsektors.
**grüner Star** → Glaukom.
**Grünes Kreuz,** *Dt. Grünes Kreuz,* ein 1950 gegr. gemeinnütziger Verein, der sich mit der Herstellung u. Verbreitung von Material über Gesundheitsaufklärung befaßt.
**grüne Versicherungskarte,** Versicherungsnachweis für den internat. Kraftverkehr.
**Grunewald,** Forst aus Kiefern u. Mischwald im SW von Berlin, im *Havelberg* 97 m; beliebtes Ausflugsziel.
**Grünewald** Mathias, eigtl. Mathis Gothart, Nithart, auch *Neidhardt,* *um 1470/80, †1528, dt. Maler; neben A. *Dürer* der bed. Maler seiner Zeit; führte die spätgot. Malerei in Dtld. zu ihrem Höhepunkt. W Isenheimer Altar (Colmar); Maria mit dem Kind (Stuppach, Pfarrkirche); Erasmus u. Mauritius (München, Alte Pinakothek).
**grüne Welle,** eine Verkehrsmaßnahme, die den Verkehr zentral so regelt, daß Autofahrer bei einer bestimmten Geschwindigkeit auf Durchgangsstraßen an jeder Straßenkreuzung grünes Licht vorfinden.
**Grünfäule,** durch den Pilz *Penicillium glaucum*

*Mathis Nithart (Grünewald): Maria mit dem Kinde vom Isenheimer Altar; um 1513–1515. Colmar, Unterlinden-Museum*

hervorgerufene Fruchtfäule bei Äpfeln u. Trauben.

**Grünfutter,** alle Pflanzen des Grünlandes, deren grüne Teile frisch oder in Silos vergoren an das Vieh verfüttert werden.

**Grünkern,** *Grünkorn,* halbreife Körner des *Spelz-* oder *Dinkelweizens;* im Handel als Graupen, Grütze u. Mehl; hoher Vitamingehalt u. bekömmlich.

**Grünkohl** → Kohl.

**Grünkreuz,** Gaskampfstoffe, die im 1. Weltkrieg in mit grünem Kreuz gekennzeichneten Granaten eingesetzt wurden; sie wirken lungenschädigend.

**Grünland,** eine landw. Kulturart: Wiese u. Weide, manchmal unter Einschluß von Feldfutterflächen (Klee, Luzerne); mit Viehhaltung verknüpft.

**Grünlilie,** Hängepflanze aus der Fam. der *Liliengewächse.*

**Grünling, 1.** *Grünreizker,* ein schmackhafter, olivbrauner *Blätterpilz.* – **2.** *Grünfink,* einheim. olivgrüner Finkenvogel.

**Grünschiefer,** metamorphe Schiefer aus Chloriten, Quarz u. etwas Feldspat.

**Grünspan,** ein giftiges Gemisch basischer Kupferacetate, das sich auf Kupfer u. Messing, z.B. bei Einwirkung von sauren Fruchtsäften, bildet. Künstl. hergestellter G. dient als Malerfarbe u. zur Schädlingsbekämpfung.

**Grünspecht,** 32 cm langer Specht mit grünem Gefieder u. rotem Oberkopf.

**Grünstadt,** Stadt in Rhld.-Pf., 11 000 Ew.; Weinanbau, keram. u. Nahrungsmittel-Ind.

**Grunzochse** → Yak.

**Gruppe, 1.** begrenzte Mehrzahl von Dingen oder Personen, die eine bestimmte Ordnung bzw. einen inneren Zusammenhang besitzen. – **2.** ein math. Strukturbegriff: Ein System von »Elementen« (z.B. Zahlen) wird durch gleichartige Verknüpfungen (z.B. Addition) wieder in ein Element (G.) des Systems übergeführt. – **3.** beim Militär Teileinheit unter Führung eines *G.nführers* (Unteroffizier). Mehrere G. bilden einen *Zug.* – **4.** zentraler Begriff der Soziologie: das Strukturelement soz. Gebilde, (zumeist) abgegrenzt gegen *Paar* einerseits u. *Masse* andererseits.

»**Gruppe 47**«, ein Kreis von Schriftst., der seit 1947 unter H. W. *Richter* zu wechselseitiger Kritik u. Förderung zusammenkam; zugehörige Autoren: I. *Aichinger,* A. *Andersch,* I. *Bachmann,* H. *Böll,* G. *Eich,* H. M. *Enzensberger,* G. *Grass,* W. *Hildesheimer,* W. *Höllerer,* W. *Jens,* U. *Johnson,* K. *Krolow,* W. *Weyrauch* u.a.; 1977 aufgelöst.

**Gruppendynamik,** das Verhalten u. die wechselseitige Verhaltenssteuerung von Mitgl. einer Gruppe. Die Erforschung gruppendynam. Gesetze bedient sich folgender Kriterien: Kontakt u. Sympathie, Homogenität, Zusammenschluß von Gruppen, Rollendifferenzierungen (z.B. Führer, Mitläufer).

**Gruppensex,** sexuelle Betätigungen zw. mehr als zwei Personen in einer Gruppe.

**Gruppentherapie,** die psychoanalyt. Therapie innerhalb einer Gruppe von Patienten. Grundlage der G. ist die *persönl. Interaktion,* d.h. die in einer Gruppe von Patienten auftretende Aktivierung der Gefühle, Komplexe, Konflikte u. Verhaltensweisen u. ihre aktive Bewußtmachung u. Durcharbeitung im mehrseitigen persönl. Kontakt *(Gruppendynamik).*

**Gruppenunterricht,** eine Arbeitsform des Unterrichts: Eine Aufgabe wird auf Schülergruppen aufgeteilt, die die Lösung dann zusammen erarbeiten.

**Grus,** in kleine Stücke verwittertes Gestein, bes. aus Granit; auch feinkörnige Abfälle bei der Kohlenaufbereitung.

**Grusinien** → Grusinische SSR.

**Grusinier,** *Georgier, Khartweli,* ein Volk der südl. Gruppe der Kaukasusvölker, rd. 4 Mio. (davon 3,6 Mio. in der Sowj.); hatten eigene Schrift u. Literatur.

**Grusinische Heerstraße,** *Georgische Heerstraße,* Paßstraße über den Kaukasus, zw. Ordschonikidse u. Tiflis; 213 km, bis 2388 m hoch.

**Grusinische SSR,** *Grusinien, Georgien,* Unionsrepublik der Sowj. im W Transkaukasiens, 5,3 Mio. Ew., Hptst. *Tiflis;* mit der Abchasischen ASSR, der Adscharischen ASSR u. der Südossetischen AO.

G e s c h .: Erste Staatsbildungen auf grusin. Boden entstanden im 4. Jh. v.Chr. Im 12. u. 13. Jh. erreichte Georgien die größte Ausdehnung u. erlebte eine Blüte von Kultur u. Dichtung. 1801 wurde es russ. Prov. 1918 erklärte Georgien seine Unabhängigkeit. 1921 wurde es G. SSR.

**Grüssau,** poln. *Krzeszów,* Dorf in Schlesien, sö. von Landeshut; Kloster (1292–1810 Zisterzienser-, heute poln. Benediktinerinnenabtei) mit berühmter Barockkirche.

**Grützbeutel** → Balggeschwulst.

**Grütze,** grob gemahlene Getreidekörner, bes. Gerste, Hafer, Buchweizen.

**Gruyères** [gryˈjɛːr], dt. *Greyerz,* Bez.-Hptst. in der Ldsch. *Gruyère (Greyerzer Land),* in der W-Schweiz, 1500 Ew.; berühmte Käsereien (Gruyère-Käse).

**Gryphius,** Andreas, eigtl. A. *Greif,* *1616, †1664, dt. Dramatiker u. Lyriker; entwickelte das Trauerspiel des Hochbarocks. Seine Lustspiele parodieren Handwerker- u. Soldatentypen.

**Grzimek** [ˈgʒi-], **1.** Bernhard, *1909, †1987, dt. Tierarzt; 1945–74 Direktor des Zoolog. Gartens in Frankfurt a.M.; nahm sich bes. der Erhaltung gefährdeter Tierarten an; bek. durch Bücher, Filme, Fernsehen. – **2.** Waldemar, *1918, †1984, dt. Bildhauer; Tierplastiken u. Figurengruppen, meist in archaisch-monumentalen Formen.

**Gscheidle,** Kurt, *16.12.1924, dt. Politiker (SPD); 1961–69 u. 1976–80 MdB, 1974–80 Bundes-Min. für Verkehr u. Post, 1980–82 für das Post- u. Fernmeldewesen.

**Gsovsky,** Tatjana, *18.3.1901, russ. Tänzerin, Choreographin u. Tanzpädagogin; war zeitw. verh. mit dem Tanzpädagogen Victor G. (*1902, †1974); Ballettdirektorin in Berlin.

**Gstaad,** internat. Sommer- u. Winterkurort im Berner Oberland (Schweiz), 1080 m ü.M., 1700 Ew.

**Guadagnini** [guadaˈnjiːni], ital. Geigenbauerfam.; Giambattista, *um 1711, †1786; nannte sich Schüler A. *Stradivaris.*

**Guadalajara** [guaðalaˈxara], **1.** Hptst. des W-mexik. Bundesstaats Jalisco, 3,2 Mio. Ew.; zwei Univ.; vielseitige Ind. – **2.** span. Prov.-Hptst. in Neukastilien, 58 000 Ew.; viele Klöster u. Paläste; Zuckerraffinerie.

**Guadalcanal** [guaðalkaˈnal, span.; gwɔdlkəˈnæl, engl.], die größte Insel der Salomonen, 6470 km², 71 000 Ew., Hptst. *Honiara.*

**Guadalquivir** [guðalkiˈvir], der Hauptfluß Andalusiens (Spanien), 680 km; mündet in den Golf von Cádiz; ab Córdoba schiffbar.

**Guadalupe** [guaðaˈlupɛ], W-span. Kleinstadt, am SO-Rand der *Sierra de G.,* 2900 Ew.; Wallfahrtsort.

**Guadeloupe** [gwadˈlup], Insel der *Leeward Islands,* mit 1509 km² die größte der Kleinen Antillen, 325 000 Ew.; seit 1674 mit Unterbrechungen frz. Kolonie, seit 1946 Übersee-Dép., Hptst. *Basse-Terre.*

**Guadiana** [guaˈðjana], Fluß der Iber. Halbinsel, 820 km, entspringt im Andalus. Bergland u. mündet in den Golf von Cádiz.

**Guajakbaum,** im trop. Zentralamerika heim. Gatt. der *Jochblattgewächse.* Die Bäume liefern *Pockholz (G.holz).*

**Guajave,** trop. Frucht mit Birnen-Feigengeschmack.

*Guajave aus dem tropischen Amerika*

**Guam** [engl. gwɔm], *Agaña,* die südlichste u. größte Insel der *Marianen,* im westl. Pazifik, von den USA verwaltet; Flottenstützpunkt u. Flugplatz; 549 km², 118 000 Ew. (davon 25 % Militär), Hptst. *(San Ignacio de) Agaña.*

**Guanajuato** [guanaxuˈato], Hptst. des gleichn. mittelmex. Bundesstaats, an der *Sierra de G.,* 2045 m ü.M.; 48 000 Ew.; Univ.; Fremdenverkehr; altes Zentrum des Silberbergbaus.

**Guanako** → Lama.

**Guanare,** Hptst. des W-venezol. Bundesstaats Portuguesa, 47 000 Ew.; Agrarmarkt; Wallfahrtsort.

**Guanchen** [-tʃən], *Guantschen,* die von den span. Einwanderern absorbierte Urbevölkerung der Kanar. Inseln.

**Guangdong** [gwaŋduŋ], *Kwangtung,* Küsten-Provinz in → China.

**Guangxi-Zhuang** [gwaŋci dʃuaŋ], *Kuangsi-Tschuang,* Autonome Region in → China.

**Guangxu** [gwaŋcy], *Kuang-hsü,* der vorletzte Kaiser der Qing-Dynastie, *1871, †1908; wegen Modernisierungsreformen entmachtet u. gefangengehalten.

**Guano,** ein stickstoff- u. phosphorsäurehaltiger Dünger, entstanden in der Hauptsache aus Exkrementen sowie Leichen von Seevögeln. G.-Fundstätten gibt es in der ganzen Welt, bes. ergiebig an der Trockenküste des westl. Südamerika (Peru, Chile) u. vor SW-Afrika.

**Guantánamo,** Stadt im sö. Kuba, 174 000 Ew.; Flottenstützpunkt der USA.

**Guantschen** → Guanchen.

**Guaporé** [-ˈrɛ], **1.** brasil. Territorium, seit 1956 → Rondônia. – **2.** *Rio G.,* W-brasil. Fluß, rd. 1200 km; bildet die Grenze zw. Bolivien u. Brasilien, vereinigt sich mit dem Mamoré zum *Madeira.*

**Guarana** → Paullinia.

**Guaraní** → Währungen.

**Guaraní,** südamerik. Sprach- u. Stämmegruppe der Tupi-Indianer in Paraguay.

**Guardi,** Francesco, *1712, †1793, ital. Maler; malte vor allem Darstellungen von Venedig u. vom venezian. Leben.

**Guardian,** Titel des auf 3 Jahre gewählten Vorstehers eines Klosters der *Franziskaner* u. *Kapuziner.*

**Guardini,** Romano, *1885, †1968, dt. kath. Religionsphilosoph u. Theologe ital. Herkunft; führend in der liturg. Bewegung.

**Guareschi** [-ˈrɛski], Giovannino, *1908, †1968, ital. Schriftst. u. Karikaturist; weltbek. durch seine Schelmenromane um »Don Camillo u. Peppone« (verfilmt).

**Guarini,** Guarino, *1624, †1683, ital. Architekt (maler.-dekorative Barockbauten).

**Guarneri,** *Guarnerius,* ital. Geigenbauerfam. aus Cremona: **1.** Andrea, *vor 1626, †1698; Schüler

N. *Amatis*. – **2.** Giuseppe, gen. *G. del Gesù*, *1698, †1744; gilt neben A. *Stradivari* als der bedeutendste Geigenbauer überhaupt.
**Guatemala,** Staat in Zentralamerika, 108 889 km², 8,4 Mio. Ew., Hptst. G.

*Guatemala*

**Landesnatur.** Zwei Hauptketten der Zentralamerik. Kordilleren schließen ein zentrales Hochland ein. Die Hochgebirgszüge sind mit zahlr. jungen Vulkanen *(Tajumulco* 4211 m) besetzt. Im N schließt sich das Tiefland von *Petén* an. Das Klima ist tropisch. Im Tiefland gedeihen Regenwälder, die in höheren Lagen in Berg- u. Nebelwälder übergehen.
Die Bevölkerung besteht aus 45 % Indianern, 30 % Mestizen (Ladinos), ferner Weiße, Schwarze, Mulatten, Zambos.
**Wirtschaft.** Anbau von Kaffee, Baumwolle u. Bananen für den Export; Gewinnung von Kupfer-, Antimon- u. Nickelerzen; Haupthäfen *Puerto Barrios* am Atlantik u. *San José* am Pazifik.
**Geschichte.** 1524 von Spanien erobert, seit 1821 unabh., 1823–39 Mitgl. der *Zentralamerik. Konföderation,* seitdem selbständige Republik, für die die starke polit. Rolle des Militärs kennzeichnend ist. Staats-Präs. ist seit 1986 M.V. *Cerezo Arévalo.* 1987 fand in G. die Unterzeichnung eines Friedensplans für Zentralamerika statt.
**Guatemala,** *Ciudad de G., G. City,* fr. *Santiago de G.,* Hptst. von G., im zentralen Hochland, 1480 m ü.M., 1,5 Mio. Ew.; 2 Univ.; vielseitige Ind.
**Guatimozin** [-'θin], *Cuautémoc,* *um 1500, †1525, letzter Herrscher der Azteken 1520/21; Neffe u. Schwiegersohn *Motecuzomas* u. dessen Nachfolger; verteidigte die Hptst. Tenochtitlan (México) 1521 gegen H. *Cortez;* 1525 wegen einer angebl. Verschwörung gehängt.
**Guayana** → Guyana.
**Guayaquil** [-'kil], Hauptafen von Ecuador u. Hptst. der Prov. Guayas, am *Golf von G.,* 1,5 Mio. Ew.; zwei Univ.; vielseitige Ind. (Erdölraffinerien); Flughafen.
**Gùbbio,** ital. Stadt im nördl. Umbrien, 32 000 Ew.; Kirchen u. Paläste; Majolika- u. Zement-Ind.
**Guben,** Krst. in Brandenburg, an der Görlitzer Neiße, 34 000 Ew.; Textil-Ind. – Der Teil rechts der Neiße mit der Altstadt gehört als *Gubin* seit 1945 zu Polen.
**Guckkastenbühne,** die seit dem Barock ausgebildete Form der Bühne im Theater: zum Zuschauerraum offene, durch Vorhang schließbare Kulissenbühne.

*Guatemala: Das Bild der Hauptstadt wird geprägt von alten Gebäuden im spanischen Kolonialstil und von moderner Hochhausarchitektur*

**Gudbrandsdal,** 230 km langes, fruchtbares S-norw. Tal, vom Lågen durchflossen.
**Gudden,** Bernhard Aloys von, *1824, †1886, dt. Psychiater; Arzt König *Ludwigs II.* von Bayern, mit dem er im Starnberger See den Tod fand.
**Gude,** Hans, *1825, †1903, norw. Maler (spätromantisch empfundene norw. Fjord- u. Hochgebirgslandschaften).
**Gudea,** sumer. König von *Lagasch,* etwa 2143–24 v.Chr.; beherrschte Ur u. Uruk; wirtsch. Wohlstand äußerte sich in reger Bautätigkeit, u.a. in Girsu.
**Güden,** Hilde, *1917, †1988, östr. Sängerin (Koloratursopran); bes. Mozart-Sängerin.
**Gudenå** ['gu:ðənɔ], dän. Fluß auf Jütland, 158 km.
**Guelfen,** *Welfen,* im MA in Italien die Gegner der → Ghibellinen; Anhänger des Papstes.
**Guericke** ['ge-], Otto von, *1602, †1686, dt. Naturforscher; Bürgermeister von Magdeburg; erfand die Luftpumpe u. eine Elektrisiermasch., erkannte die stoffl. Natur der Luft u. bestimmte ihr Gewicht. Bekannt ist sein Nachweis des atmosphär. Luftdrucks mit den »Magdeburger Halbkugeln«.
**Guerilla** [gɛ'rilja], der Kampf irregulärer Verbände gegen eine feindl. Armee oder gegen die eigene Reg.; auch die Verbände selbst. Urspr. der span. Widerstand gegen die frz. Invasoren 1808–14; im 20. Jh. vor allem Kampf afrik. u. asiat. Völker gegen europ. Kolonialmächte für nat. Unabhängigkeit (Vietnam, Algerien), aber auch für sozialrevolutionäre Ziele (China, Kuba, Nicaragua). – **Guerillero,** Kämpfer im G.-Krieg.
**Guérin** [gε'rɛ̃], Charles, *1875, †1929, frz. Maler; beeinflußt von den Impressionisten; Stilleben, Akte, Porträts.
**Guernica** [gɛr'nika], N-span. Ort bei Bilbao; im Span. Bürgerkrieg 1937 durch die auf Francos Seite kämpfende dt. »Legion Condor« total vernichtet; gemalt von Picasso.
**Guernsey** ['gə:nzi], die westl. der brit. Kanalinseln, 78 km², 56 000 Ew., Hptst. *Saint Peter Port.*
**Guevara** [gɛ'vara], Ernesto (»Che«), *1928, †1967, lateinamerik. Sozialrevolutionär; Arzt; kämpfte als Guerillaführer seit 1956 mit Fidel *Castro* gegen den kuban. Diktator F. *Batista* u. hatte nach dem Sieg der Revolution wichtige Staatsämter in Kuba inne. Er verließ 1965 Kuba, um andere revolutionäre Bewegungen in Lateinamerika zu organisieren; wurde von boliv. Regierungstruppen erschossen. Nach seinem Tod wurde er zum Idol der revolutionär gesinnten Jugend in der westl. Welt.
**Gugel,** Kapuze mit Schulterkragen; im 15. Jh. mod. Kopfbekleidung des Mannes.
**Guggenbichler,** Johann Meinrad, *1649, †1723, östr. Bildhauer (Barock-Altäre).
**Guggenheim, 1.** Kurt, *1896, †1983, schweiz. Schriftst. (Romane). – **2.** Peggy, *1898, †1979, US-amerik. Kunstsammlerin; gründete Galerien, in denen sie sich bes. für den Surrealismus einsetzte. – **G.-Museum,** Museum für moderne Kunst in New York, 1937 von dem amerik. Industriellen S.R. G. gestiftet.
**Guide** [engl. gaid; frz. gi:d] Führer; Reiseführer.
**Guido von Arezzo** ['gi:do-], *992(?), †1050, ital. Benediktiner u. Musiktheoretiker; begr. die noch heute übl. Intervall-Notenschrift.
**Guido von Lusignan** ['gi:do-lyzi'njã], †1194, König von Jerusalem 1186–90; 1187 von Sultan *Saladin* gefangen; von *Richard Löwenherz* mit dem Königreich Zypern abgefunden.
**Guildford** ['gildfəd], Hptst. der S-engl. Gft. Surrey, 57 000 Ew.; Univ.; Brauereien.
**Guillaume** [gi'jo:m], **1.** Charles Édouard, *1861, †1938, schweiz.-frz. Physiker; verbesserte die Zeit- u. Temperaturmessung; entdeckte das *Invar,* eine Eisen-Nickel-Legierung. Nobelpreis 1920. – **2.** Günter, *1.2.1927, Offizier des Staatssicherheitsdienstes der DDR; seit 1970 Referent im Bundeskanzleramt; seine Verhaftung wegen Spionageverdacht 1974 führte zum Rücktritt von Bundeskanzler W. *Brandt.*
**Guilloche** [gi'jɔʃ], Muster aus gewundenen Linien; auf Wertpapieren (Banknoten, Wechseln u.ä.), Briefmarken als Schutz gegen Fälschungen.
**Guillotine** [gijo'ti:nə], auf Vorschlag des frz. Arztes Joseph-Ignace *Guillotin* (*1738, †1814) während der Frz. Revolution eingeführtes mechan. Fallbeil zur Enthauptung.
**Guinea** [gi'ne:a], Staat in W-Afrika, 245 857 km², 5,1 Mio. Ew., Hptst. *Conakry.*

*Guinea*

**Landesnatur.** Hinter der regenwaldbestandenen Küste steigt das trop.-feuchtheiße Land nach NO zum Bergland *Fouta Djalon* (1515 m) an. Das Innere nehmen Feucht- u. Trockensavanne ein. – Die überwiegend islam. Bevölkerung gehört Sudanneger- u. Fulbe-Stämmen an.
**Wirtschaft.** Die Landw. liefert für den Export etwas Kaffee, Tee u. Kakao. Die Viehzucht (Rinder, Ziegen, Schafe) hat in den Bergländern Bedeutung, an der Küste die Fischerei (Thunfische). Die Bodenschätze (bes. Bauxit, Eisenerz, Diamanten) werden ausgeführt. Die Ind. verarbeitet u.a. Bauxit, Agrarprodukte u. Baumwolle. Conakry ist der wichtigste Seehafen.
**Geschichte.** Vor der Kolonisation bestand in G. meist ein islam. Staat der *Fulbe.* 1904 wurde G. Territorium von Frz.-Westafrika. 1957 erhielt G. Teil-Autonomie, 1958 die Unabhängigkeit. Seit 1984 besteht eine Militär-Reg. unter Führung von General L. *Conté.*
**Guinea,** [gi'ne:a], W-afrik. Küstenlandschaft am *Golf von G.;* reicht von Kap Palmas in Liberia bis Kap Lopez in Gabun.
**Guinea-Bissau** [gi'ne:a-], Staat in W-Afrika, an der nördl. Guineaküste, 36 125 km², 925 000 Ew. (Sudanneger), Hptst. *Bissau.*

*Guinea-Bissau*

**Landesnatur.** Das flache Tiefland geht von ausgedehnten Mangrovebeständen an der Küste in eine Regenwaldzone, dann in einen Trockenwaldgürtel u. dann in Feucht- u. Trockensavanne über.
**Wirtschaft.** Die Landw. erzeugt Erdnüsse (Hauptexportprodukt), Kokosnüsse, Palmöl, Reis, Mais u. Kautschuk; ferner werden Hölzer u. Häute ausgeführt.
**Geschichte.** Seit 1879 war G. port. Kolonie mit Selbstverwaltung, seit 1951 port. Übersee-Prov. 1974 wurde G. unabh. Rep. Seit 1984 ist Staatschef General J.B. *Vieira* auch Regierungschef.
**Guinness** ['ginis], Sir (seit 1959) Alec, *2.4.1914, brit. Schauspieler; berühmt geworden durch die Filme »Adel verpflichtet«, »Ladykillers«, »Die Brücke am Kwai«.
**Guiscard,** *Guiskard* ['giskart, dt.; gis'ka:r, frz.] → Robert (1).
**Guise** [gi:z], lothring. Herzogsfam.; erstrebte zeitw. den frz. Thron u. bekämpfte die Hugenotten; 1675 ausgestorben.
**Guitry** [gi'tri], Sacha, *1885, †1957, frz. Schauspieler, Regisseur u. Bühnenschriftst. (Boulevard-Komödien).
**Guiyang** [gwijaŋ], *Kweiyang,* südchin. Prov.-Hptst., 1,3 Mio. Ew.; Textil-, Gummi- u. Aluminium-Ind.
**Guizhou** [gwidʒou], Prov. in → China.
**Guizot** [gi'zo], François Pierre Guillaume, *1787, †1874, frz. Politiker u. Historiker; 1840–48 Außen-Min. Seine ablehnende Haltung gegenüber der Wahlreform 1848 zur Revolution.
**Gujarat** [gudʒə'ra:t], Bundesstaat von → Indien.
**Gujranwala** [gudʒran-], pakistan. Distrikt-Hptst. im Pandschab, 600 000 Ew.; Erdgasgewinnung, vielseitige Ind.
**Gulag,** *GULag,* im Westen eingebürgerte Bez. für das System der Straf- u. Arbeitslager in der UdSSR (nach A. Solschenizyns Buch »Der Archipel G.«).
**Gulasch,** aus Ungarn stammendes Gericht aus Rindfleisch-, später auch Kalbfleischwürfeln mit scharf gewürzter Soße.
**Gulbinowicz** [-witʃ], Henryk, *17.10.1928, poln. kath. Geistlicher; 1976 Erzbischof von Breslau, 1985 Kardinal.
**Gulbranssen,** Trygve, *1894, †1962, norw.

Schriftst.; W Roman-Trilogie »Und ewig singen die Wälder« u. »Das Erbe von Björndal« 2 Bde.
**Gulbransson,** Olaf, *1873, †1958, norw. Zeichner; Karikaturist, Mitarbeiter des »Simplicissimus« in München.
**Gulda,** Friedrich, *16.5.1930, östr. Pianist, auch Jazzmusiker.
**Gulden,** die 1252 von Florenz als Goldgulden eingeführte wichtigste Goldmünze des MA; später

*Hamburger Gulden mit Karl V. aus dem Jahre 1553. Hamburg, Museum für Hamburgische Geschichte*

Silbermünze, seit 1816 Währungseinheit in den Ndl.
**Guldin,** Paul, *1577, †1643, schweiz. Mathematiker; stellte die *G.schen Regeln* auf, zur Berechnung von Oberflächen u. Rauminhalten von Drehkörpern.
**Gülle,** vergorenes Kot-Harn-Gemisch. Es entsteht dort, wo Vieh ohne Einstreu aufgestallt wird.
**Gullstrand,** Allvar, *1862, †1930, schwed. Augenarzt; konstruierte die *G.-Spaltlampe,* die die mikroskop. Untersuchung des Augeninnern erlaubt. Nobelpreis 1911.
**Gullvaag** ['gulvo:g], Olav, *1885, †1961, norw. Schriftst.; Bauerndichtung; Roman »Es begann in einer Mittsommernacht«.
**Gully,** Sammelkasten für das Straßenabwasser.
**Gumbinnen,** russ. *Gusew,* Stadt in Ostpreußen (Oblast Kaliningrad), an der Mündung der Rominte in die Pissa, 25 000 Ew.
**Gummersbach,** Krst. in NRW, im Bergischen Land, 48 000 Ew.; Masch.-, Textil-, Elektro-Ind.
**Gummi, 1.** [das], lufttrockene Säfte versch. Pflanzen; → Harze. – **2.** [der], unrichtige Bez. für → Kautschuk.
**Gummiarabikum,** aus Akazien- u. Mimosenarten gewonnenes, wasserlösl. *Gummiharz;* als Klebstoff, Binde- u. Verdickungsmittel verwendet.
**Gummibaum,** *Ficus elastica,* ein *Maulbeergewächs* aus O-Indien; diente fr. auch zur Kautschukgewinnung; auch Zimmerpflanze.
**Gummidruck, 1.** *Flexodruck* → Hochdruck. – **2.** fälschl. für → Offsetdruck. – **3.** fr. für künstler. Photographie angewendetes Verfahren.
**Gummifaden,** *Latexfaden,* aus Kautschuk bestehender Faden.
**Gummifluß,** *Gummosis,* eine Pflanzenkrankheit, die unter Auflösung von Zellwänden zur Ausscheidung von einer Gummimasse führt; häufig bei Steinobstbäumen.
**Gummilinse** → Zoomobjektiv.
**Gumplowicz** [-vitʃ], Ludwig, *1838, †1909, östr. Soziologe u. Jurist poln. Herkunft.
**Gumpoldskirchen,** niederöstr. Weinbauort im Wienerwald, 3000 Ew.
**Gundelfingen an der Donau,** Stadt in Bayern, 6000 Ew.; Schloß (16. Jh.); Brauerei.
**Gundermann,** ein hellviolett blühender *Lippenblütler.*

*Guppy (Männchen)*

**Günderode,** Karoline von, *1780, †1806 (Selbstmord), dt. Schriftst. der Romantik.
**Gundikar,** *Gundahar,* König der Burgunder, der *Gunther* des Nibelungenlieds; unterlag 436 den Hunnen.
**Gundolf,** Friedrich, eigentl. F. *Gundelfinger,* *1880, †1931, dt. Literarhistoriker; Mitgl. des *George-Kreises;* Arbeiten über Shakespeare, Goethe u.a.
**Gundremmingen,** Gem. in Bayern, 1300 Ew.; Kernkraftwerk (1983 stillgelegt).
**Güney,** Yilmaz, *1937, †1984, türk. Filmregisseur; kritisierte soz. Mißstände in seiner Heimat. W »Der Weg«, »Die Mauer«.
**Gunn** [gʌn], Neil Miller, *1891, †1973, schott. Schriftst.; stellt in seinen Romanen Menschen u. Landschaften seiner Heimat dar.
**Gunnarsson,** Gunnar, *1889, †1975, isl. Schriftst.; schrieb über heimatl. Themen (»Die Leute auf Borg«, »Die Eindalssaga«).
**Gunnera,** Gatt. der *Tausendblattgewächse;* mit großen, rhabarberähnl. Blättern.
**Günsel,** *Ajuga,* Gatt. der *Lippenblütler;* hierzu: *kriechender G.,* blau blühend.
**Gunther** → Gundikar.
**Günther, 1.** Agnes, *1863, †1911, dt. Schriftst. W Roman »Die Heilige u. ihr Narr«. – **2.** Dorothee, *1896, †1975, dt. Tanzpädagogin; gründete in München die *G.-Schule* für Gymnastik u. künstler. Tanz. – **3.** Egon, *30.3.1927, dt. Regisseur u. Schriftst.; Filme »Lotte in Weimar«, »Die Leiden des jungen Werthers«. – **4.** Herbert, *1906, †1978, dt. Schriftst.; Präs. der Gesellschaft der Bibliophilen. – **5.** Ignaz, *1725, †1775, dt. Bildhauer; Meister der dt. Rokoko-Plastik. – **6.** Matthäus, *1705, †1788, dt. Maler; Freskomaler des dt. Rokokos.
**Günz,** r. Nbfl. der Donau, 75 km; die *G.-Eiszeit* danach benannt.
**Günzburg,** Krst. in Bayern, 18 000 Ew.; vielseitige Ind.
**Gunzenhausen,** Stadt in Bayern an der Altmühl, 14 000 Ew.; Kneippbad; Apparate-Ind.
**Guomindang,** *Kuomintang,* 1912 von *Sun Yatsen* gegr. national-republikan. Partei Chinas, Zentrum S-China; 1923 nach bolschewist. Vorbild reorganisiert.
**Guo Xi** [gwo çi], tätig 1060–90, chin. Maler u. Maltheoretiker; berühmt für seine monochromen Landschaften.
**Guppy** ['gapi], ein lebendgebärender *Zahnkarpfen* des nördl. Südamerika u. der Antillen; beliebter Aquarienfisch.
**Gupta-Kunst,** die klass. Periode der ind. Kunst (Architektur, Skulptur u. Malerei), die unter den Gupta-Herrschern von Magadha im 4./5. Jh. n. Chr. zur Blüte gelangte.
**Gurami,** versch. *Labyrinthfische;* z.B. der 60 cm lange *Große G.*
**Gurgel,** der vordere Halsteil mit Schlund u. Kehlkopf.
**Gurjew,** Gebiets-Hptst. in der Kasach. SSR (Sowj.), 147 000 Ew.; Erdölverarbeitungszentrum.
**Gurk,** Markt u. Wallfahrtsort im *G.tal,* in Kärnten (Östr.), 662 m ü.M., 1000 Ew.; roman. Dom; 1072–1787 Bischofssitz.
**Gurke,** *Kukum(b)er,* Salat- u. Gemüsepflanze der *Kürbisgewächse;* urspr. Heimat wahrscheinl. O-Indien.
**Gurkenbäume,** *Averrhoa,* Gatt. der *Sauerkleegewächse;* urspr. in Amerika heimisch. Der *Stammfrüchtige G.* trägt an Stamm u. Ästen gurkenähnl. Früchte.
**Gurkenkraut** → Borretsch.
**Gurkha,** *i.e.S.* ein hinduist. Stamm Nepals; ein indo-tibet. Mischvolk, das Ende des 18. Jh. die *Newar* unterwarf; *i.w.S.* die nepales. Soldaten in indischen u. brit. Diensten.
**Gurlitt,** Cornelius, *1850, †1938, dt. Denkmalspfleger, Kunsthistoriker u. Architekt.
**Gurt,** *G.band,* Tragband aus groben, reißfesten Garnen.
**Gürtelechsen** → Wirtelechsen.
**Gürtelreifen,** *Radialreifen,* Kfz-Luftreifen, mit gürtelartiger Zwischenlage zw. Karkasse u. Lauffläche.
**Gürtelrose,** *Gürtelflechte, Zoster,* eine Viruskrankheit mit Nervenentzündung u. schwer beeinflußbaren Nervenschmerzen meist auf eine Körperseite beschränkt.
**Gürteltiere,** *Dasypodidae,* Fam. der *Nebengelenker;* an der Rückenseite mit hornigen oder verknöcherten, gürtelartig angeordneten Hautschilden versehen u. mit Grabkrallen ausgerüstet; in Süd- u.

*Gürteltiere: Braunes Borstengürteltier*

Mittelamerika sowie in den südl. USA; hierzu das bis 1,75 m lange *Riesengürteltier.*
**Guru,** ind. religiöser Lehrer u. Führer.
**Gürzenich,** im 15. Jh. erbautes Festhaus in Köln; nach Zerstörungen im 2. Weltkrieg 1955 wiedererbaut.
**Gusla,** südslaw. Streichinstrument mit einer Roßhaarsaite; oft reich mit Schnitzerei verziert.
**Gusli,** altes russ., der Zither ähnelndes Saiteninstrument.
**Gußasphalt,** in heißem Zustand gießfähige Asphaltmasse aus Mineralgemisch, für Straßendeckschichten, Fahrbahn- u. Bodenbeläge.
**Gußeisen,** eine Eisenlegierung mit mehr als 2% Kohlenstoff, Silicium u. Mangan, geschmolzen u. durch Gießen in Formen zu Gebrauchsgegenständen verarbeitet; Haupterzeugnis der *Gießerei.*
**Gustav,** Könige von Schweden.
**1. G. I. Wasa,** *1496/97, †1560, König 1523–60; aus dem Haus *Wasa,* befreite Schweden von der dän. Herrschaft, führte die Reformation ein; machte die Monarchie für das Haus Wasa in Schweden erbl. – **2. G. II. Adolf,** Enkel von 1), *1594, †1632, König 1611–32; eroberte Ingermanland, Karelien, Livland u. z.T. die preuß. Ostseeküste; rettete im Dreißigjährigen Krieg den schwer bedrängten dt. Protestantismus. Er besiegte *Tilly* bei Breitenfeld 1631 u. am Lech 1632 sowie *Wallenstein* bei Lützen 6.11.1632, fiel aber in dieser Schlacht. – **3. G. III.,** *1746, †1792, König 1771–92; errichtete eine absolutist. Herrschaft; setzte mit Hilfe der Geistlichkeit, Bürger u. Bauern eine neue Verfassung gegen den Hochadel durch, der ihn ermorden ließ. – **4. G. IV. Adolf,** Sohn von 3), *1778, †1837, König 1792–1809; verlor Finnland u. wurde 1809 von einer Offiziersverschwörung entthront. – **5. G. V. Adolf,** *1858, †1950,

*Gustav II. Adolf; Stich von M. Lasne, 1632*

**Gusto**

*Johannes Gutenberg*

König 1907–50; hielt Schweden aus dem 1. u. 2. Weltkrieg heraus; wegen seiner Einfachheit u. Sportbegeisterung (als »Mr. G.« im Tennissport bekannt) beliebt. – **6. G. VI. Adolf**, Sohn von 5), *1882, †1973, König 1950–73; widmete sich der Kunstgeschichte u. Archäologie.
**Gusto**, Geschmack, Neigung.
**Güstrow** [-stro], Krst. in Mecklenburg, 39 000 Ew.; Dom (1226, mit »Schwebendem Engel« von E. Barlach), Schloß (16. Jh., bed. norddt. Renaissancebau); Masch.-Ind. – Ehem. Residenz der Herzöge von Mecklenburg-G.
**Gut, 1.** ein größerer landw. Besitz. – **2.** in der Philosophie ein Gegenstand des Begehrens u. Strebens; in der Antike wird die Glückseligkeit zum höchsten G. erklärt.
**Gutäer**, Bergvolk im westl. Iran. Die G. zerstörten um 2150 v. Chr. das erste semit. Großreich von *Akkad* u. beherrschten etwa 100 Jahre Babylonien.
**Güteklassen** → Handelsklassen.
**Gutenberg**, Johannes, *um 1397, †1468, Erfinder der Buchdruckerkunst (mit bewegl. auswechselbaren Lettern, die er mittels des von ihm konstruierten Handgießinstruments goß); G. lieh sich von dem Mainzer Johann *Fust* Geld u. führte damit den Druck der berühmten 42zeiligen *G.-Bibel* durch (1455 vollendet). Kurz darauf mußte er wegen finanzieller Schwierigkeiten seine Druckereirichtungen an Fust abtreten. – Nach der 1901 gegr. **G.-Gesellschaft** benannt, »Internationale Vereinigung für Geschichte u. Gegenwart der Druckkunst«.
**Güter**, bewegl. u. unbewegl. materielle sowie immaterielle Mittel, die direkt *(Konsum-G.)* oder indirekt *(Produktiv-G.)* der Befriedigung der menschl. Bedürfnisse dienen.
**Güterfernverkehr**, die Beförderung von Gütern mit Lastkraftwagen über einen Radius von 50 km hinaus (bis dahin *Nahverkehr*).
**Gütergemeinschaft**, im *ehelichen Güterrecht* in der BR Dtld. die Gesamthand-Vermögensgemeinschaft der Ehegatten hinsichtl. eines Teils ihres Vermögens, des *Gesamtguts*. Nach dem *Gleichberechtigungsgesetz* von 1958 kann *allg. G.* vereinbart werden, bei der es außer dem Gesamtgut noch *Sondergut* u. *Vorbehaltsgut* beider Ehegatten gibt u. die nur bei Vereinbarung durch Ehevertrag eintritt.
**guter Glaube**, schuldloses Nichtkennen eines rechtl. Mangels im Bestand oder beim Erwerb eines Rechts. Der gute Glaube verhilft z.B. demjenigen zu gültigem Eigentumserwerb, der die betreffende Sache (außer Geld oder vertretbaren Sachen) von einem Nichteigentümer erworben hat, sofern sie nicht der wirkl. Eigentümer ohne dessen Willen abhanden gekommen war.
**Gütersloh**, Krst. in NRW, an der Dalke, 79 000 Ew.; Masch.-, Draht-, Textil-, Holz-, Nahrungsmittel-, Haushaltsgeräte-Ind., Verlage u. Großdruckerei; brit. NATO-Flughafen.
**Gütersloh**, Albert Paris, eigtl. Albert Conrad *Kiehtreiber*, *1887, †1973, östr. Maler u. Schriftst. (expressive u. barock verschlungene Romane).
**Gütertrennung**, ein vertragl. Güterstand der *ehel. Güterrechts* des BR Dtld., in dem das Vermögen der Ehegatten auch hinsichtl. seiner Verwaltung u. Nutznießung getrennt ist.
**gute Sitten**, das, was dem Rechtsgefühl aller billig u. gerecht Denkenden entspricht. Rechtsgeschäfte gegen die g.S. sind nichtig.
**Güteverfahren**, Verfahren zur gütl. Beilegung bürgerl. Rechtsstreitigkeiten; bis 1950 vor Beginn des Verfahrens vor den Amtsgerichten vorgeschrieben, in Östr. im Eheverfahren zwingend vorgeschrieben (Sühneversuch).
**Gütezeichen**, von *Gütegemeinschaften* (Erzeugern gleichartiger Waren) vereinbarte Zeichen, die die gleichbleibende Qualität einer Ware garantieren.
**Gutfreund**, Oto, *1889, †1927, tschech. Bildhauer; fand zu einem eigenwilligen Realismus.
**Guthaben**, der Überschuß der Gutschriften über die Lastschriften auf einem *Konto*.
**Guthrie** [ˈgʌθri], Woodrow Wilson (»Woody«); *1912, †1967, US-amerik. Wandersänger; schilderte in seinen Liedern das Leben der verarmten Farmer in Oklahoma.
**Gutschrift**, Buchung im Haben eines *Kontos*.
**Gutsherrschaft**, seit dem 16. Jh. bes. in O-Dtld. entstandene Form des Großgrundbesitzes: Der *Gutsherr* bewirtschaftete den Grundbesitz selbst u. war in Preußen bis ins 19. Jh. Gerichtsherr innerhalb seines *Gutsbezirks*.
**Guttapercha**, der eingetrocknete, kautschukähnl. Milchsaft von SO-asiat. *G.bäumen*; guter elektr. Isolator; Verwendung für Zahnfüllungen, Verbandmaterial u. in der Galvanoplastik.
**Guttemplerorden**, 1852 in den USA gegr. internat. Orden zur Bekämpfung des Alkoholmißbrauchs.
**Guttiferales** → Pflanzen.
**Guttural**, Gaumenlaut (k, g vor a, o, u; ch in ach).
**Gutzkow** [-ko], Karl, *1811, †1878, dt. Schriftst. u. Journalist; freisinniger Kritiker, führend im *Jungen Deutschland*; aufklärer. Zeitromane.
**Guwahati**, *Gauhati*, Binnenhafenstadt am Brahmaputra, im westl. Assam (Indien), 186 000 Ew.; Univ.; hinduist. Pilgerzentrum; Flugplatz.
**Guyana**, Staat an der NO-Küste Südamerikas, 214 969 km², 989 000 Ew., Hptst. *Georgetown*.

*Guyana*

L a n d e s n a t u r. Hinter der feuchttrop. Küstenebene erhebt sich das Land zum durchschnittl. 1000 m hohen *Bergland von G.* (im *Roraima* 2810 m), das von dichten Urwäldern, im Innern z.T. auch von Savannen bestanden ist. Am Bergland von G. haben außer G. auch Venezuela, Brasilien, Frz.-G. u. Suriname Anteil.
B e v ö l k e r u n g. Inder (50%), Schwarze u. Mulatten, daneben einige Europäer u. Indianer.
W i r t s c h a f t. Die trop. Plantagenwirtschaft liefert v.a. Zuckerrohr u. Reis. Aus den Wäldern werden Edelhölzer ausgeführt. Bed. ist der Bergbau: v.a. Bauxit, daneben Gold, Diamanten, Mangan. – Das Verkehrsnetz beschränkt sich auf das Küstengebiet, die Plantagen- u. Bergbaugebiete. Das Innere ist auf Wasserstraßen erreichbar.
G e s c h i c h t e. Ende des 16. Jh. wurde G. von den Ndl. in Besitz genommen. 1796 gelangte ein Teil in brit. Besitz (*Brit.-Guayana*). 1966 wurde G. unabh. Erster Min.-Präs. war Forbes *Burnham*, der später auch Staats-Präs. wurde. 1970 löste sich G. von der brit. Krone u. nahm den Namen *Cooperative Republic of G.* an. Seit 1985 ist H.D. *Hoyte* Staats-Präs.
**Guyau** [gyˈjo], Jean Marie, *1854, †1888, frz. Philosoph, Ästhetiker u. Soziologe; Vertreter einer evolutionist. Lebensmetaphysik.
**Guyenne** [gyˈjɛn], frz. Name für *Aquitanien*.
**Guzmán** [gusˈmən], Martin Luis, *1887, †1976, mex. Schriftst. (Themen der mex. Revolution).
**Gwalior**, ind. Distrikt-Hptst. in Madhya Pradesh, 539 000 Ew.; berühmte Festung (5./6. Jh.).
**Gweru**, *Gwelo*, Bergbau- u. Ind.-Stadt im zentralen Simbabwe, 79 000 Ew.; Flugplatz.
**Gyges**, König von Lydien um 680–652 v. Chr. Um seinen Regierungsantritt rankt sich eine Reihe sagenhafter Erzählungen. *Platon* erzählt z.B., G. sei ein Hirte gewesen, der einen unsichtbar machenden Ring gefunden habe.
**Gyllensten** [ˈjylənsteːn], Lars Johan Wictor, *12.11.1921, schwed. Schriftst.; Romane (scho-

nungslose Analyse der menschl. Unzulänglichkeit u. Heuchelei).
**Gymnasium**, im alten Griechenland urspr. die Stätte, wo junge Männer, meist nackt, Leibesübungen trieben. Später wurde das G. auch Pflegestätte geistiger Bildung. – Der *Humanismus* übernahm die Bez. G. für eine Form der höheren Schule, an der vor allem Latein u. Griechisch gelehrt wurden. Das moderne G. entwickelte sich seit Ende des 18. Jh. aus diesen Schulen; Gestalt gab ihm W. von *Humboldt*. In der BR Dtld. ist G. heute allg. Bez. für höhere Schulen, die zur Hochschulreife führen.
**Gymnastik**, i.w.S. die Gesamtheit aller *Leibesübungen*; i.e.S. ein System formender Leibesübungen, das (im Gegensatz zum *Sport*) die körperl. Leistungsfähigkeit heben, körperl. Mängel beseitigen oder verhüten *(Heil-G.)* oder der Vorbereitung der nach Höchstleistung strebenden Sportler dienen soll *(Zweck-G.)*; aus der *rhythmischen G.* wurde 1958 die Hochleistungssportart Rhythmische *Sport-G*.
**Gymnospermen** → Nacktsamer.
**Gynäkologe**, Frauenarzt, Facharzt für Frauenkrankheiten u. Geburtshilfe.
**Gynäkologie** → Frauenheilkunde.
**Gynandrie, 1.** das Nebeneinander von männl. u. weibl. Merkmalen bei einem Individuum. Ein **Gynander** *(Halbseitenzwitter)* ist, im Ggs. zum *Intersex*, in seinen phänotyp. männl. Teilen auch genotyp. männl. u. in seinen phänotyp. weibl. Teilen auch genotyp. weiblich G. entsteht durch eine Unregelmäßigkeit bei der Befruchtung oder Furchung der Zellen. – **2.** *Effemination*, weibl. Geschlechtsempfinden beim Mann: → Androgynie.
**Györ** [djøːr], dt. *Raab*, Stadt in NW-Ungarn, an der Raab, 129 000 Ew.; Barock-Kathedrale; Maschinenbau, Textil- u. chem. Ind.
**gyromagnetische Effekte**, *kreiselmagnet. Effekte*, physikal. Erscheinungen, die zeigen, daß das magnet. Moment eines Atoms mit einem Drehimpuls, dem → Spin der Elektronen, verknüpft ist.
**Gyros**, grch. Nationalgericht aus scharf gewürztem, geschnetzeltem Fleisch.
**Gyroskop**, allg. ein Gerät, das die Wirkung von äußeren Kräften auf einen Kreisel anzeigt u. dadurch geeignet ist, Drehbewegungen eines Körpers nachzuweisen oder zu messen. Als G. bezeichnet man auch Kreiselgeräte in der Luftfahrttechnik (z.B. Meßfühler).
**Gysi, 1.** Gregor, Sohn von 2), *16.1.1948, dt. Politiker (PDS); nach Rücktritt der alten Parteiführung 1989 Vors. der SED, betrieb deren programmat. Umgestaltung unter dem Namen SED/PDS, ab 1990 PDS. – **2.** Klaus, *3.3.1912, dt. Politiker (SED); 1966–73 Min. für Kultur der DDR, 1973–78 Botschafter in Rom, 1979–88 Staatssekretär für Kirchenfragen.
**Gyttja** → Faulschlamm.

*Gymnastik: Einzelwettbewerb mit dem Band, eine Disziplin der rhythmischen Sportgymnastik*

# H

**h, H,** 8. Buchstabe des dt. Alphabets, grch. *Eta* (η, H).

**Haag** → Den Haag.

**Haager Abkommen,** in Den Haag abgeschlossene intern. Abkommen auf dem Gebiet des Kriegsrecht u. des internat. Zivilprozeßrechts. Die größte Bedeutung kommt den 1899 u. 1907 auf Antrag des russ. Zaren abgehaltenen **Haager Friedenskonferenzen** zu, die sich um Grundsätze für die friedl. Regelung von zwischenstaatl. Konflikten bemühten. Das Ergebnis der Konferenzen war die **Haager Landkriegsordnung,** welche die wichtigsten Bestimmungen des Kriegsrechts enthält. Die Regelungen erwiesen sich jedoch in den beiden Weltkriegen als unzulänglich. Sie wurden z. T. ergänzt u. abgeändert durch die *Genfer Konventionen* vom 12.8.1949 u. durch die nicht allg. anerkannten Zusatzprotokolle zu diesen Konventionen vom 12.12.1977. Die H. A. bilden ansonsten den Kern des heutigen Kriegsrecht. So geht z. B. der heute noch als internat. Schiedsinstanz amtierende *Ständige Schiedshof (Haager Schiedshof)* auf die Haager Friedenskonferenzen zurück.

**Haager Schiedshof** → Ständiger Schiedshof.

**Haakon,** norweg. Könige: *Håkon* ['ho:kɔn], **1. H.IV. Haakonsson,** *H. der Alte,,* *1204, †1263, König 1217–63; einigte Norwegen u. erwarb Grönland u. Island. – **2. H. VI. Magnusson,** *1340, †1380, König 1355–80; 1362–64 auch Regent in Schweden, bereitete durch seine Heirat mit der dän. Prinzessin Margarete die Vereinigung der drei nord. Königreiche vor.

**Haar** [die], der Höhenzug → Haarstrang.

**Haarausfall** → Haarkrankheiten.

**Haarbalgmilben,** bis 0,4 mm lange Milben, die in den Haarbälgen der Säuger leben. Bei starker Vermehrung kann es bei Tieren zur Räude kommen.

**Haardt,** *Hardt,* urspr. das bewaldete Bergland westl. der Oberrhein. Tiefebene in der Pfalz (jetzt *Pfälzer Wald*), heute nur noch der östl. Gebirgsrand u. dessen Vorhügelzone: in der Kalmit 683 m; Wein- u. Obstbau, Fremdenverkehr.

**Haare, 1.** latein. *Pili,* fadenförmige Gebilde der Außenhaut von Tieren; bes. charakterist. für Säugetiere, wo sie aus Hornsubstanz bestehen. Beim Menschen (Säugetierhaar) sitzt die zwiebelförmige *Haarwurzel* im *Haarbalg* auf einer kleinen, blutgefäßreichen Verdickung *(Haarpapille)*. Diese ist eine Bildung der Oberhaut, die in die Unterhaut eingesenkt ist. Von hier aus wird das Haar ernährt u. wächst als *Haarschaft* nach. In den Haarbalg münden kleine Talgdrüsen. Die H. bestehen aus Hornzellen, die in einer Mark- u. einer Rindenschicht angeordnet u. von einem Oberhäutchen überzogen sind. Farbeinlagerungen (Pigmente) in der Rindenschicht bestimmen die Haarfarbe. Beim Fehlen der Pigmente ist die H. bleich *(Albino)*; die *Altersgrauheit* der H. entsteht durch eingesprengte Luftbläschen u. Pigmentverfall. Die H. des Menschen wachsen tägl. um rd. 1/4 mm u. haben eine zw. 6 Monaten u. 6 Jahren liegende Lebensdauer. H. entwickeln sich bereits an der Frucht im Mutterleib, die gegen Ende der Schwangerschaft mit zarten *Flaumhaaren* bedeckt ist. Danach entsteht die Dauerbehaarung am Kopf; die *Kopfhaare* u. die *Borstenhaare* der Augenbrauen u. Wimpern. Mit der Geschlechtsreife bilden sich *Achselhaare, Schamhaare, Barthaare,* die Behaarung an den Gliedmaßen u. H. in den äußeren Gehörgängen u. im Naseneingang. → Haarkrankheiten. – **2.** *Botanik: Trichome,* Anhangsorgane der pflanzl. Oberhaut, z. B. Borsten oder Brennhaare.

**Haargarn,** aus groben Stichel- u. Grannenhaaren von Kühen, Kälbern, Ziegen oder Pferden hergestelltes Garn.

**Haargefäße,** *Kapillaren,* feinste, dünnwandige Ausläufer von Blut- u. Lymphgefäßen, durch deren Wände der Gas- u. Stoffaustausch stattfindet; → Blutgefäßsystem.

**Haarkrankheiten,** Erkrankungen, die sich entweder durch zu starke Haarentwicklungen an Stellen, wo sonst kein oder nur geringer Haarwuchs normal ist, oder durch zu geringe Behaarung u. *Haarausfall* bemerkbar machen. Die Ursachen des Haarausfalls sind noch ungeklärt. Er kann den ganzen Kopf befallen *(Kahlköpfigkeit),* auf einzelne, meist runde Herde beschränkt sein oder sich fleckenförmig über den ganzen Kopf verstreut entwickeln. Haarausfall bei Männern (Glatze) ist oft erblich bedingt, sonst aber auch die Folge von Allgemeinerkrankungen wie z. B. Stoffwechselstörungen. Andere Formen sind z. B. die abnorme Brüchigkeit des Haars, Entzündungen des Haarbodens (z. B. der Haarbälge durch Bakterien, Pilze).

**Haarlem,** Hptst. der ndl. Prov. Nordholland, nahe dem inneren Dünenwall, 149 000 Ew.; im W das Seebad *Zandvoort*; Frans-Hals-Museum; Zentrum der Blumenzwiebelzucht.

**Haarlemmermeer,** ehem. Teil des IJsselmeers, südl. von Haarlem, 1848–52 trockengelegt zum H.-Polder (185 km², im Mittel 4 m u. M.); Gemeinde H. (89 000 Ew.). Im NO liegt der Flughafen von Amsterdam *(Schiphol).*

**Haarlinge,** *Federlinge,* Unterordnung der Tierläuse, die ständig im Fell oder Gefieder von Vögeln u. Säugetieren leben u. mit beißenden Mundwerkzeugen Haare, Federn u. Hautschuppen der Wirte fressen; beim Menschen kommen sie nicht vor.

**Haarstern** → Komet.

**Haarsterne,** *Seelilien, Liliensterne,* schon aus dem Kambrium bekannte Ordnung der Stachelhäuter; Meeresbewohner mit meist blumenkelchartigem Körper, der 5 einzelne oder aus diesen hervorgegangene 10 Arme aufweist. Der Mund befindet sich im Gegensatz zu Seeigeln u. Seesternen oben. Es gibt festsitzende u. freibewegliche H. Die H. leben häufig in beträchtl. Meerestiefe (4000–5000 m).

**Haarstrang,** die *Haar,* nördlichster Höhenzug des Sauerlands, 75 km lang; bis 321 m.

**Haarwild,** die jagdbaren Säugetiere; Ggs.: *Federwild.*

**Haas, 1.** Joseph, *1879, †1960, dt. Komponist; Schüler M. Regers; (Chorwerke, Opern-, Kammer- u. Klaviermusik). – **2.** Wanders Johannes de, *1878, †1960, ndl. Mathematiker u. Physiker; untersuchte die magnet. Erscheinungen bei Metallen u. Flüssigkeiten *(Einstein-de-H.-Effekt).*

**Haase,** Hugo, *1863, †1919 (Opfer eines Attentats), dt. Politiker (Sozialdemokrat); Mitgr. der USPD.

**Haavelmo,** Trygve, *13.12.1911, norw. Wirtschaftswissenschaftler; vertritt die Theorie, daß auch von einem ausgeglichenen Staatshaushalt eine expansive Wirkung auf das Volkseinkommen ausgehen kann *(H.-Theorien);* erhielt 1989 den Nobelpreis für Wirtschaftswissenschaften.

**Habakuk,** einer der Kleinen Propheten des AT.

**Habana,** *La H.* → Havanna.

**Habanera** [die], span.-kuban. Tanz im 2/4-Takt. Der Rhythmus wird auch im *Tango* verwendet.

**Habasch,** Georges, *1925, palästinens. Guerillaführer; Generalsekretär der »Volksfront zur Befreiung Palästinas« (PFLP).

**Habe,** Hans, eigtl. H. Békessy, *1911, †1977, dt. Publizist u. Schriftst. (Unterhaltungsromane u. Berichte).

**Habeas-Corpus-Akte,** engl. Gesetz von 1679, nach dem kein Gefangener ohne richterl. Untersuchung länger in Haft bleiben kann.

**Habeck,** Fritz, *8.9.1916, östr. Schriftst. (zeitkrit. Romane u. Dramen).

**Haben,** die rechte Seite eines Kontos; Ggs. *Soll.*

**Haber, 1.** Fritz, *1868, †1934, dt. Chemiker; schuf die wissenschaftl. Grundlage für die Synthese von Ammoniak aus den Elementen Wasserstoff u. Stickstoff, die in techn. Maßstab von C. Bosch durchgeführt wurde *(H.-Bosch-Verfahren);* Nobelpreis 1918. – **2.** Heinz, *1913, †1990, dt. Physiker u. Astronom; Hrsg. von »Bild der Wissenschaft« (seit 1964); Autor populärwiss. Bücher u. Fernsehsendungen.

**Häberlin,** Paul, *1878, †1960, schweizer. Philosoph, Pädagoge u. Psychologe (Werke über Ethik u. Anthropologie).

**Habermas,** Jürgen, *18.6.1929, dt. Philosoph u. Soziologe; neben *Adorno* u. *Horkheimer* führender Vertreter der *Kritischen Theorie* der → Frankfurter Schule. Seine Theorien nahmen in den 1960 er Jahren starken Einfluß auf die student. Protestbewegung u. die Bildungsreform; W »Erkenntnis u. Interesse«, »Strukturwandel der Öffentlichkeit«, »Theorie des kommunikativen Handelns«.

**Habicht,** *Hühnerhabicht,* einheim. kräftiger *Raubvogel,* mit quergestreifter Brust.

**Habichtskraut,** *Mauseöhrchen, Hierachium,* artenreiche (800 Arten) Gatt. der *Korbblütler,* mit meist gelben Strahlenblüten.

**Habichtspilz,** *Habichtsschwamm, Rehpilz,* ein eßbarer *Stachelpilz.*

**Habichtswald,** Gebirgszug des Hess. Berglands westl. von Kassel, im *Hohegras* 615 m.

*Haarstern*

**Habilitation,** der Nachweis der wiss. Befähigung für eine Dozentur an einer Hochschule. Bedingungen: H.schrift, Vortrag u. Kolloquium, Probevorlesung. Heute ist die H. nicht mehr unbedingt Voraussetzung für die Hochschullehrertätigkeit.

**Habit** [der], Ordenskleid, Kutte.

**Habitat** [das], die engste Umwelt eines Tieres; der Ort, an dem eine Tierart oder ein bestimmtes Entwicklungsstadium regelmäßig anzutreffen ist.

**habituell, 1.** gewohnheitsgemäß, ständig, oft wiederkehrend. – **2.** die äußere Gestalt (den *Habitus*) betreffend. – **Habitus** [der], das allg. Erscheinungsbild, die jeweiligen Besonderheiten in der äußeren Gestalt.

**Habsburger,** ein nach der *Habsburg* im schweiz. Kt. Aargau ben. europ. Herrschergeschlecht, das wahrsch. aus dem Elsaß stammt. Das Geschlecht erwarb im oberelsäss. u. schweiz. Gebiet ausgedehnte Besitzungen. Als der H. *Rudolf I.* 1273 zum dt. König gewählt wurde, befand sich außerdem fast das ganze linke Rheinufer vom Bodensee bis zu den Vogesen in seiner Hand. 1278 erwarb er die Herzogtümer Österreich u. Steiermark. Damit begann die allmähl. Verlagerung der habsburg. Macht vom SW des Reiches nach dem SO. Mit Ausnahme der Jahre 1292–98, 1308–1437 u. 1742–45 saßen bis 1806 stets H. als Könige oder Kaiser auf dem dt. Thron. Durch Heirat mit der Erbinnen von Burgund u. Spanien gewannen die H. Burgund u. die Niederlande (1482) sowie den span. Kolonialbesitz; 1526 kamen noch Ungarn u. Böhmen hinzu. Unter der Regentschaft Kaiser Karls V. hatten die H. den Höhepunkt ihrer Macht

## 344 Habsburg-Lothringen

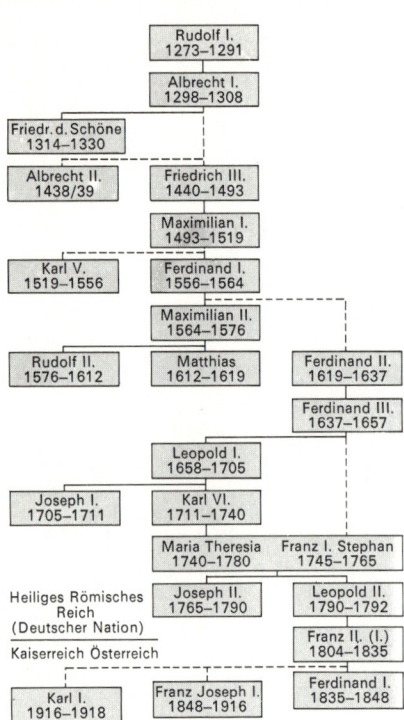

Stammtafel der regierenden deutschen und österreichischen Habsburger

erreicht. Nach seiner Abdankung wurde das Reich endgültig in eine östr. u. eine span. Linie – letztere starb 1700 aus – geteilt. Mit dem Tod Karls VI. († 1740) erlosch die östr. Linie der H. im Mannesstamm. Seine Tochter *Maria Theresia* heiratete Franz Stephan von Lothringen, der 1745 als *Franz I.* den Kaiserthron bestieg u. zum Begr. des Hauses *Habsburg-Lothringen* wurde. Seine Nachfolger waren noch bis 1806 im Besitz der röm.-dt. Kaiserwürde; der letzte röm.-dt. Kaiser, *Franz II.*, verzichtete, nachdem er sich 1804 zum östr. Kaiser (Franz I.) hatte ausrufen lassen, auf die röm. Kaiserkrone. Der letzte östr. Kaiser, *Karl I.*, verzichtete 1918 auf den Thron.

**Habsburg-Lothringen,** Otto, *20.11.1912, östr.-ung. Kronprinz 1916–18; Sohn des letzten östr. Kaisers, *Karls I.*; z. Z. Haupt des Hauses H.-L.; erwarb 1978 die dt. Staatsbürgerschaft (neben der östr.) u. ist seit 1979 Mitgl. des Europ. Parlaments (CSU).

**Hácha** ['ha:xa], Emil, *1872, †1945, tschechosl. Politiker; 1938 Staats.-Präs., im März 1939 von Hitler zur Annahme des Protektoratsabkommens gezwungen.

**Hachenburg,** Stadt in Rhld.-Pf., im Hohen Westerwald, 4400 Ew.; Luftkurort u. Kneippbad; Schloß (13. Jh., 16.–18. Jh.) zur Residenz umgebaut, nw. die Zisterzienserabtei *Marienstatt*.

**Hachioji,** *Hatschiodschi,* jap. Stadt westl. von Tokio, 220 000 Ew.; Seidenindustrie.

**Hachse,** südd. *Haxe,* das untere Bein von Kalb oder Schwein.

**Hacienda** [aθi'enda], *Hazienda, Facenda,* mittleres bis größeres Landgut in Iberoamerika, häufig als Viehzuchtbetrieb, aber auch als Ackerbau- u. Intensivbetrieb.

**Hackbau,** eine der ältesten Formen des Ackerbaus, auf der zur Bearbeitung des Bodens eine *Hacke* benutzt wird; Vorstufe zur Pflugkultur.

**Hackbrett,** trapezförmiges Musikinstrument, über das zahlreiche Saiten gespannt sind; schon bei den Assyrern, heute noch in vervollkommneter Form als *Cimbalom* der Ungarn u. Zigeuner; Vorläufer des *Hammerklaviers*.

**Hacker,** Computerbenutzer, der sich unbefugt in fremde Computersysteme u. Datenbanken einschaltet.

**Hackethal,** Julius, *6.11.1921, Chirurg; Schriftst. u. Kritiker der Schulmedizin.

**Hackfrüchte,** in Reihen u. mit weiteren Zwischenräumen angebaute Feldfrüchte, die das Behacken zum Zweck der Bodenlockerung u. Unkrautvernichtung als Pflegemaßnahme erfordern, z. B. Kartoffeln, Rüben aller Art, Gemüse.

**Hackordnung** → Rangordnung.

**Hacks,** Peter, *21.3.1928, Schriftst.; ging 1955 mit dem Bekenntnis zu einem progressiven Theater aus »plebejischer Geisteshaltung« zum *Brecht-Ensemble* nach O-Berlin; v.a. Dramen.

**Häcksel,** *Hecksel, Häckerling, Heckerling, Siede,* in Längen von 2–10 cm geschnittenes Rauhfutter (Heu, Stroh).

**Hacksilber,** silberne, zerhackte Münzen u. Schmuckgegenstände, die in weiten Teilen N- u. O-Europas aufgefunden wurden. H. diente in der Wikingerzeit des 9.–12. Jh. als Zahlungsmittel.

**Hadamar,** Stadt in Hessen, am S-Rand des Westerwalds, 10 700 Ew.; im Schloß (17. Jh.) staatl. Fachschule für Glasindustrie.

**Haddsch,** *Hadsch,* die dem Moslem wenigstens einmal im Leben gebotene Pilgerfahrt nach Mekka; nach Vollzug der Fahrt darf der Pilger den Ehrentitel *Haddschi (Hadschi)* führen.

**Hadern,** Leinen- oder Baumwoll-Lumpen, die als Rohstoff zur Herstellung hochwertiger Papiere (*H.papier*) verwendet werden.

**Hadersleben,** dän. *Haderslev,* Hafenstadt in Südjütland (Dänemark), an der 11,5 km langen *H.er Förde* der Ostsee (Kleiner Belt), 29 700 Ew.

**Hades,** der grch. Gott der Unterwelt, später auch die Unterwelt selbst.

**Hadith,** islam. Glaubens- u. Rechtsquelle des 7.–10. Jh., die Aussprüche u. angebl. Taten des Propheten Mohammed beinhaltet.

**Hadramaut,** Küstenlandschaft in S-Jemen, am Golf von Aden, 162 000 km², Hauptort u. Hafenstadt Al Mukalla.

**Hadrian,** Adrian, **1. H. I.,** *795; Papst 772–795; ersuchte *Karl d. Gr.* um Hilfe gegen die Langobarden. – **2. H. IV.,** eigtl. Nikolaus *Breakspear,* *zw. 1110 u. 1120, †1159; Papst 1154–59; der einzige engl. Papst; geriet in Gegensatz zu Friedrich I. Barbarossa. – **3. H. VI.,** eigtl. Adrian *Florisz,* *1459, †1523; Papst 1522/23; bemühte sich um die Eindämmung der Reformation durch eine innere Reform der Kirche.

**Hadrian,** Publius Aelius *Hadrianus,* *76, †138, röm. Kaiser 117–138; ließ 122 den Limes verstär-

*Kaiser Hadrian; Porträt auf einem Sesterz*

ken u. 122–28 den *H.swall* (118 km) im nördl. England errichten; erreichte 132–35 die Rückeroberung Jerusalems. Bauten in u. bei Rom: Engelsburg, *H.svilla* bei Tivoli.

**Hadsch** → Haddsch.

**Hadschar,** der von den Moslems verehrte »schwarze Stein« in der Kaaba (in Mekka).

**Hadubrand,** Sohn des *Hildebrand* im Hildebrandslied.

**Häduer** → Haeduer.

**Hadur Shu'ayb,** der höchste Berg Arabiens, 3760 m, südwestl. von San'a (Jemen).

**Hadwig,** *um 938, †994, Tochter Herzog Heinrichs I. von Bayern; heiratete 955 Herzog *Burkhard II.* von Schwaben (†973); trieb in ihrer Witwenzeit gelehrte Studien mit dem St. Galler Mönch *Ekkehard II.*

**Haeckel,** Ernst, *1834, †1919, dt. Naturforscher; erweiterte C. *Darwins* Lehre von der Umwandlung der Arten durch Einbeziehung des Menschen u. Aufstellung der *biogenet. Grundregel*.

**Haecker,** Theodor, *1879, †1945, dt. kath. Kulturkritiker, Philosoph u. Essayist.

**Haeduer,** *Häduer, Aeduer,* ein kelt. Stamm, zwischen Loire u. Saône ansässig; Hauptort *Bibracte,* später *Augustodunum* (Autun); im Gallischen Krieg von Cäsar unterworfen (58 - 50 v. Chr.)

*Hafen: Abfertigung eines Roll-on-Roll-off-Schiffes*

**Haefliger,** Ernst, *6.7.1919, schweizer. Sänger (lyr. Tenor).

**Haeju** ['hædʒu], *Hädschu, Haichu,* N-korean. Hafenstadt am Gelben Meer, an der Kanhoa-Bucht, 200 000 Ew.

**Haensel,** Carl, *1889, †1968, dt. Schriftst. u. Jurist (Tatsachenromane).

**Hafen,** natürl. u./oder künstl. Schutz- u. Anlegeplatz für Schiffe. Zu unterscheiden sind u. a. *See-, Fluß-, Binnen-* u. *Kanalhäfen* je nach Betriebsart der abgefertigten Schiffe. Es gibt *Handels-* (Einfuhr-, Ausfuhr-, Umschlag-), *Fischerei-, Fähr-, Seezeichen-, Boots-* u. *Nothäfen,* ferner *Bauhäfen* bei Werften sowie *Kriegshäfen.*

**Hafenzeit,** *Flutstunde,* die Zeitspanne zw. Mondkulmination u. Gezeitenhöchstwasserstand. Die H. wird heute meist durch das *Hochwasserintervall* ersetzt.

**Hafer, 1.** *Avena,* artenreiche Gatt. der *Süßgräser* der gemäßigten Zone. Kulturpflanze ist vor allem der *Gewöhnliche H.* (*Haber, Rispenhafer*), dessen Heimat in Asien zu suchen ist. Er hat abstehende Rispen mit gleichseitig angeordneten Ährchen u. von Spelzen umgebenen Früchten (Körnern). Der H. wird vor allem als Pferdefutter genutzt, ferner für die Herstellung von *H.mehl, H.grütze* u. *H.flocken*. Hauptanbaugebiete: N-Amerika, Mittel- u. N-Europa, England u. Rußland. – **2.** Bez. für mehrere Gräserarten, z. B. *Strand-H., Glatt-H. (Franz. Raygras)* u. *Gold-H.*

**Haff,** *Lagune,* durch Nehrungen oder Inseln fast völlig vom offenen Meer abgeschlossene flache Meeresbucht (meist mit Brackwasser), in die häufig ein Fluß mündet, z. B. Frisches, Kurisches u. Stettiner H.

**Haffner,** Sebastian, eigtl. Raimund *Pretzel,* *16.12.1907, dt. Publizist; polit. Bücher (»Anmerkungen zu Hitler«).

**Hafis,** *Hafes,* eigtl. Schems ed-Din Mohammed,

| Die wichtigsten Häfen der Welt | |
|---|---:|
| Hafen | Umschlag in Mio. t |
| Rotterdam (Niederlande) | 255,0 |
| Kobe (Japan) | 157,9 |
| Chiba (Japan) | 153,4 |
| New Orleans (USA) | 142,9 |
| Singapur | 129,5 |
| Nagoya (Japan) | 109,6 |
| Yokohama (Japan) | 108,6 |
| Houston (USA) | 99,8 |
| Marseille (Frankreich) | 91,3 |
| Antwerpen (Belgien) | 91,1 |
| Kawasaki (Japan) | 90,4 |
| Hongkong | 70,5 |
| Philadelphia (USA) | 68,5 |
| Kaohsiung (Taiwan) | 67,9 |
| Vancouver (Kanada) | 64,0 |
| Hamburg (BR Deutschland) | 56,7 |
| Tubarao (Brasilien) | 56,1 |
| Le Havre (Frankreich) | 51,1 |
| Richard's Bay (Südafrika) | 47,0 |
| Genua (Italien) | 46,2 |

*um 1326, †1390, pers. Dichter; schrieb myst., später auch Natur- u. Liebeslyrik.
**Haflinger,** kleiner, ausdauernder, warmblütiger, fuchsfarbener Pferdeschlag des Alpenlands.
**Hafner,** *Häfner,* südd. Bez. für *Töpfer,* Hersteller von *Häfen* (flache Brat- oder Kochschüsseln). – **H.keramik,** *H.ware,* Erzeugnisse der keram. Volkskunst mit transparenten Blei- u. farbigen Zinnglasuren, die den bei 700–900 °C gebrannten Scherben wasserundurchlässig machen.
**Hafnium** → chem. Elemente.
**Haft.** In der BR Dtld. kennt man zwei Formen der H., die *Untersuchungs-H.,* die zur Sicherung der Durchführung eines Strafverfahrens dient, u. die *Straf-H.* zur Vollstreckung eines auf Freiheitsstrafe laufenden gerichtl. Urteils. Bis zur Strafrechtsreform 1969 war H. auch die Bez. für die leichteste Freiheitsstrafe, die zugunsten der *Einheitsstrafe* abgeschafft wurde. In der Schweiz bezeichnet H. die leichteste Form der Freiheitsstrafe; in Östr. ähnelte der (einfache) Arrest der H.strafe, seit Inkrafttreten der Strafrechtsreform gibt es nur noch die einheitl. Freiheitsstrafe.
**Haftbefehl,** schriftl. Befehl eines Richters zur Verhaftung einer wegen einer strafbaren Handlung beschuldigten Person zur Durchführung der Untersuchungshaft.
**Haftorgane,** Körperteile, die dem Anheften von Tieren u. Pflanzen an die Unterlage dienen.
**Haftpflicht,** Pflicht zum Ersatz fremden Schadens aus *unerlaubter Handlung* (z. B. die schuldhafte Verletzung von Körper, Freiheit u. Eigentum) sowie aus *Gefährdungshaftung;* → Haftung.
**Haftpflichtversicherung,** Versicherungsschutz für den Fall, daß der Versicherungsnehmer wegen eines schuldhaften Verhaltens (mit Ausnahme von Vorsatz), das Personen-, Sach- oder Vermögensschäden zur Folge hat, von einem Dritten auf Schadensersatz in Anspruch genommen wird. *Regeldeckungssummen:* 1 Mio. für Personenschäden, 300 000 für Sachschäden. Der bed. Zweig der H. ist die seit 1939 gesetzl. vorgeschriebene *Kraftfahrzeug-H.*
**Haftschalen** → Kontaktlinsen.
**Haftung,** rechtl. Verpflichtung, für eigene oder fremde Schuld einzustehen, u. U. auch *Gefährdungs-H.* (ohne Rücksicht auf nachweisbares Verschulden wegen allg. Gefährdung anderer, z. B. als Kfz-Halter). Die *Haftpflichtversicherung* kommt für Sach- u. Personenschäden auf. Die H. ist ferner bei Personenvereinigungen (auf das Gesellschaftsvermögen) u. bei Erben (auf den Nachlaß) *beschränkte* oder *unbeschränkte (persönliche) H.*
**Haftzeher** → Geckos.
**Hagana,** 1920 gegr. zionist. militär. Untergrundorganisation in Palästina, die Juden vor arab. Überfällen schützen sollte; Vorläufer der isr. Armee.
**Hagebutte,** *Hahnebutte, Hiefe, Hifte,* rote Scheinfrucht versch. Rosenarten; gern zu Tee verarbeitet.
**Hagedorn,** Friedrich von, *1708, †1754, dt. Schriftst. (bürgerl. Rokoko: Fabeln, Oden u. Lieder).
**Hagel,** Niederschlag von harten, meist gerundeten Eisgebilden; Durchmesser zwischen 5 u. 50 mm; entsteht durch Festfrieren unterkühlter Wassertröpfchen an Eis- oder Schneekristallen.
**Hagelkorn,** eine knötchenförmige, meist nicht entzündl. Geschwulst; im Oberlid des Auges.
**Hagelstange,** Rudolf, *14.1.1912, dt. Schriftst. (Lyrik, Romane).
**Hagen,** *H. von Tronje,* Lehnsmann des Burgunderkönigs *Gunther;* er ermordet aus Gefolgschaftstreue *Siegfried,* als Rächer *Brunhilds,* wird dann im Hunnenland von *Dietrich von Bern* bezwungen u. von *Kriemhild* mit Siegfrieds Schwert erschlagen.
**Hagen,** Stadt in NRW, am Rand des Sauerlands, 225 000 Ew.; Fernuniversität; Schloß Hohenlimburg; Stahl-, Eisen-, Textil- u. Papierind.
**Hagenau,** frz. *Haguenau,* Krst. im Dép. Bas-Rhin (Unterelsaß), 24 000 Ew., bed. Hopfenanbau, vielseitige Ind.; ehem. Kaiserpfalz.
**Hagenbeck,** Carl, *1844, †1913, dt. Tierhändler; gründete 1907 den Tierpark Stellingen bei Hamburg, in dem erstmalig wilde Tiere in natürl. Umgebung gehalten wurden; leitete einen Zirkus.
**Hagestolz,** urspr. ein jüngerer, nicht erbberechtigter Bauernsohn, der nur ein kleines Nebengut besaß u. daher keine Familie ernähren konnte; heute älterer Junggeselle.
**Haggada,** *Agada,* Bez. für den nichtgesetzl., erzählenden Teil des *Talmud.*
**Haggai,** *Aggäus,* einer der 12 Kleinen Propheten im AT.

**Hagia Sophia,** die Sophienkirche in Istanbul, ein Hptw. der byzantin. Baukunst, unter Kaiser Justinian 532-537 von *Anthemios von Tralles* u. *Isidor von Milet* als Kuppelbau errichtet; seit 1453 Moschee, seit 1934 Museum.
**Hagia Triada** ['ajia tri'aða], Ort an der S-Küste der Insel Kreta; Stadt, kleiner Palast (16. Jh. v. Chr.) u. Nekropole der minoischen Kultur, damals am Meer gelegen.
**Hagiographie,** die Lebensbeschreibung der Heiligen, einschl. der Geschichte ihrer Verehrung.
**Hague,** *Kap H.* [a:g], *Cap de la H.,* nw. Landspitze der Halbinsel Cotenin, Frankreich; Wiederaufbereitungsanlage von Kernbrennstoffen.
**Häher,** Bez. für bunte Rabenvögel, z. B. *Eichel-* u. *Tannen-H.*
**Hahn, 1.** Absperr- oder Umschaltvorrichtung in Leitungen für Flüssigkeiten u. Gase, bestehend aus einem Gehäuse u. einem durchbohrten Drehstück. – **2.** früher ein Teil des *Schlosses* der Handfeuerwaffen; bei den Jagdgewehren noch bis Anfang des 20. Jh. erhalten. – **3.** das männl. Tier vieler Vogelgruppen.
**Hahn,** Otto, *1879, †1968, dt. Chemiker; entdeckte radioaktive Elemente u. 1938 zus. mit F.

*Otto Hahn*

Straßmann den Zerfall des Urans in mittelschwere Elemente, wodurch die wiss. Grundlagen für die Ausnutzung der Atomenergie gegeben waren. Nobelpreis 1944.
**Hahnemann,** Samuel Friedrich Christian, *1755, †1843, Arzt; Begr. der *Homöopathie.*
**Hahnenfuß,** *Ranunculus,* Gatt. der H.gewächse; Kräuter oder kleinere Stauden mit gelben oder weißen Blüten; hierzu u.a.: *Feigwurz (Scharbockskraut), Wasser-H., Acker-H., Kriechender H., Scharfer H.* – **H.gewächse,** Pflanzen.
**Hahnenkamm, 1.** *Celosia,* Gatt. der *Fuchsschwanzgewächse;* hierzu der *Echte H.* – **2.** breit gebänderte Wuchsform bei Kakteen.
**Hahnenkamm, 1.** Ausläufer der sw. Schwäb. Alb, im Dürrenberg 647 m. – **2.** westl. Vorberge des Spessart, bis 436 m. – **3.** Berg südwestl. von Kitzbühel (Tirol), 1655 m; internat. Wintersportveranstaltungen.
**Hahnenkampf,** eine Volksbelustigung, bei der Hähne gegeneinander kämpfen; oft mit Wetten, bes. in S-Asien u. Mittelamerika.
**Hahnenklee-Bockswiese,** Kurort u. Wintersportplatz im Oberharz, Ortsteil von Goslar.
**Hahnentritt, 1.** volkstüml. Bez. für die Keimscheibe im Dotter des Hühnereis. – **2.** eine zuckende Bewegung der Hintergliedmaßen beim Pferd, bes. im Schritt. Ursache: Nervenerkrankungen.
**Hai,** *Haifisch,* → Haie.
**Haider,** Jörg, *26.1.1950, östr. Politiker; seit 1986 Obmann (Partei-Vors.) der FPÖ; seit 1989 Landeshauptmann von Kärnten.
**Haiderabad** → Hyderabad.
**Haiduken,** *Hajdam, Heiducken,* **1.** urspr. Söldner, die gegen die Türken eingesetzt wurden; dann Sammelname für Aufständische, die sich gegen nat. u. soz. Unterdrückung wandten. In Ungarn wurden ihnen seit dem 16. Jh. eigene Wohnsitze im heutigen Komitat *Hajdú* zugewiesen. Bis 1740 hießen die ung. Fußtruppen *H.-Regimenter.* – **2.** im 19. Jh. Lakaien, Gerichtsdiener, Läufer u. Trabanten der europ. Adeligen.
**Haie,** zur Ordnung der *Knorpelfische* gehörige Raubfische, mit rd. 250 Arten in allen Weltmeeren

*Grauhai*

vertreten; stromlinienförmiger Körper, in mehreren Reihen hintereinanderstehende scharfe Zähne; Fleischfresser. Manche Arten legen Eier, während andere lebende Junge zur Welt bringen. U. a. *Grau-H., Ammen-H., Katzen-H., Blau-H., Dorn-H.*
**Haieff,** Alexej, *25.8.1914, US-amerik. Komponist russ. Herkunft; aus der neoklassizist. Schule N. *Boulangers.*
**Haifa,** wichtigste Hafenstadt Israels am Mittelmeer, zwischen dem Karmel u. der *H-Bucht,* 220 000 Ew.; Univ., TH; Ölraffinerie mit Pipeline von Elat; Schwerind.
**Haifische** → Haie.
**Haig** [heig], Alexander, *2.12.1924, US-amerik. General u. Politiker; 1974–79 NATO-Oberbefehlshaber, 1981/82 Außen-Min.
**Haigerloch,** Stadt in Ba.-Wü., an der Eyach, 4000 Ew.; Schloß H. (16. Jh., heute Kongreßzentrum), Herstellung von Mineralwasser.
**Haiku,** 17 silbiges jap. Kurzgedicht.
**Haile Selassie I.,** eigtl. Ras (Fürst) *Tafari Makonnen,* *1892, †1975, Kaiser (*Negus*) von Äthiopien 1930–74; 1916–30 Regent unter Kaiserin *Zauditu;* ging nach der Eroberung Äthiopiens durch Italien 1936 nach London ins Exil u. kehrte 1941 in das befreite Land zurück. Er spielte eine führende Rolle in der Bewegung der Blockfreien u. bei der Gründung der OAU. Sein autokrat. System verhinderte die Modernisierung des Landes. 1974 wurde er vom Militär entmachtet. Er kam unter bisher nicht geklärten Umständen um.
**Hailey** ['heili], Arthur, *5.4.1920, brit. Schriftst. spannender Tatsachenromane, die fast alle verfilmt wurden. W »Hotel«, »Airport«, »Reporter«.
**Haimonskinder,** die sagenhaften vier Söhne des Grafen *Haimon* (Aymon) von Dordogne, die gegen ihren Lehnsherrn Karl d. Gr. kämpften; Volksbuch.
**Hainan,** die zweitgrößte chin. Insel, vor dem Golf von Tonkin, durch die *H.-Straße* von der Halbinsel Leizhou getrennt, 34 000 km², 3,5 Mio. Ew.; Hauptort *Haikou.*
**Hainbuche,** *Weißbuche,* zu den *Birkengewächsen* gehörender, bis zu 25 m hoher Baum der Laubwälder u. Gebüsche Mittel- u. Südeuropas sowie Kleinasiens.
**Hainbund** → Göttinger Hain.
**Hainfeld,** Industriestadt in Nieder-Östr., im SW des Wienerwalds, 4000 Ew. - 1889/90 *H.er Parteitag:* Gründung der Sozialdemokrat. Partei Österreichs.
**Hainich,** Höhenzug zw. Eisenach u. Mühlhausen in Thüringen, im *Alten Berg* 494 m.
**Hainleite,** Höhenzug im nördl. Thüringer Becken, bis 463 m.
**Haiphong** [ai'fɔ̃], wichtigste Hafenstadt Nordvietnams, am nördl. Mündungsarm des Roten Flusses, 1,3 Mio. Ew.; Werften u. versch. Ind.
**Haithabu,** *Hedeby,* frühmittelalterl. Wikingersiedlung nahe dem heutigen Schleswig; 9.–12. Jh.
**Haiti,** Staat im W der Antilleninsel *Hispaniola,* 27 750 km², 5,4 Mio. Ew., Hptst. *Port-au-Prince.* - H. liegt in den Randtropen u. hat eine gebirgige Landesnatur (im *Pic de la Selle* bis 2680 m). Die überwiegend Kreolisch sprechende Bevölkerung

*Haiti*

besteht zu 75% aus Schwarzen u. zu 25% aus Mulatten. Die Ind. erzeugt Textilien, Elektro-, Spiel-, Sportwaren u.a. Sie liefert rd. 60% der Gesamtausfuhr. Die restl. Exportgüter sind Agrarprodukte (Kaffee, Kakao, Soja, Zucker, Sisal). H. hat ein gutes Straßennetz. Die Hptst. ist zugleich der wichtigste Hafen.

Geschichte. *Kolumbus* entdeckte die Insel 1492. Sie erhielt den Namen *Española*. Der westl. Teil wurde 1697 frz., der östl. Teil folgte 1795. 1804 wurde das Kaiserreich H. gegr., das 1820 Rep. wurde, der sich der zeitweise wieder span. O-Teil von 1822–44 anschloß. Nachdem sich der O als selbst. Rep. abgetrennt hatte (→ Dominikanische Republik), war H. von 1849–59 wieder Kaiserreich. Danach herrschten Bürgerkriegswirren. 1915–34 war das Land von den USA besetzt. 1957–86 herrschte die Familie *Duvalier* diktator. Anschließende Demokratisierungsversuche schlugen fehl. Die Herrschaft verblieb beim Militär, zuletzt unter General P. *Avril*, der 1990 zurücktrat u. den Weg für eine zivile Übergangsregierung frei machte.

**Hajek,** Otto Herbert, *27.6.1927, Bildhauer; plast. Ausgestaltung von Fassaden öffentl. Bauten u. von Plätzen.

**Hakenkreuz,** sanskr. *Swastika, Svastika,* ein uraltes Symbol in Kreuzform, dessen Enden rechtwinklig umgebogen sind; im 20. Jh. als Kennzeichen versch. Unabhängigkeitsbewegungen sowie antisemit. Organisationen im 20. Jh.; von den Nationalsozialisten als Partei-Emblem übernommen.

**Hakenpflug,** *Haken,* in primitivster Form ein gekrümmter, an einem Ende zugespitzter Baumstamm; als einfaches Pflugwerkzeug schon bei Ägyptern, Griechen, Römern u. Germanen bekannt.

**Hakenwurm,** *Grubenwurm,* ein etwa 8–18 mm langer *Fadenwurm,* der als Darmparasit im Dünndarm des Menschen bewohnt. Er erzeugt Wunden in der Darmwand, die zu Blutarmut führen können. Die Eier des H. entwickeln sich nur bei einer Temperatur von ständig über 20 °C, die in Mitteleuropa nur in größeren Tiefen, z.B. in Bergwerkschächten, zu finden ist.

**Hakim,** arab. u. türk. Ehrentitel: Arzt, auch Gelehrter u. Richter.

**Hakka,** im SO Chinas Bevölkerungsgruppe mit eigener Mundart (Hakwa).

**Hakodate,** Hafenstadt in Japan, im S der Insel Hokkaido, 245 000 Ew.

**Håkon** [ˈhɔːkɔn, dän.;ˈhoːkɔn, norw.] → Haakon.

**Halacha,** der gesetzl. Teil des *Talmud.*

**Halali,** Jagdhornsignal für gestelltes Wild u. das Ende der Jagd.

**Halbaffen,** Unterordnung der *Herrentiere;* meist nächtl. lebende Säugetiere mit dichtem Pelz, affenartigen Gliedmaßen, fuchsähnl. Kopf u. großen Augen; in den Tropen, bes. Madagaskar; hierzu: *Lemuren, Loris* u. *Galagos* sowie *Koboldmakis.*

**Halbblut,** aus der Kreuzung zw. Warmblut u. Vollblut hervorgegangenes Pferd.

**Halbe,** Max, *1865, †1944, Schriftst. (heimatverbundene naturalist. Dramen).

**Halbedelsteine** → Edelsteine.

**Halberstadt,** Krst. in Sachsen-Anhalt, an den nördl. Ausläufern des Harzes, 47 000 Ew.; mittelalterl. Stadtbild, got. Dom (13.–15. Jh.).

**Halbesel,** wildlebende asiat. *Pferde,* die eine Mittelstellung zwischen *Esel* u. *Wildpferd* einnehmen.

*Halbaffen: Zwerggalago*

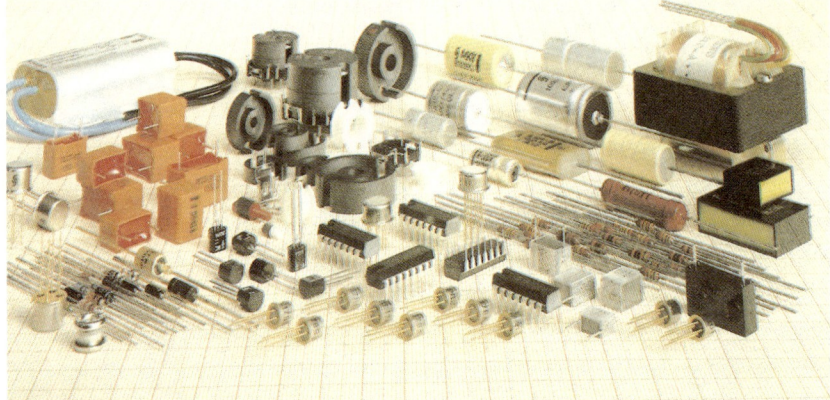

*Halbleiter, verschiedene Bauelemente: Dioden, Transistoren, integrierte Schaltkreise (IC), Widerstände und Kondensatoren*

**Halbfabrikat,** ein Erzeugnis, das im Produktionsprozeß zw. Rohstoff u. Fertigware steht, z.B. Rohzucker.

**Halbfranzband,** *Halblederband,* ein urspr. frz. Bucheinband mit Lederrücken u. -ecken.

**Halbgott,** *Heros,* in der Myth. ein Mensch, der einen göttl. Vorfahren hat u. infolgedessen bes. Kräfte besitzt.

**Halbinseln,** Landvorsprünge ins Meer oder in Seen; von der Landzunge bis zu Kontinentteilen (z.B. Pyrenäen-H., Skandinavien, Arabien).

**Halbkantone,** die sechs schweiz. Kt. Appenzell-Innerrhoden u. Appenzell-Außerrhoden, Basel-Stadt u. Basel-Land, Nidwalden u. Obwalden. Die H. haben jeweils nur einen Sitz im *Ständerat* u. bei Revisionen der Bundesverfassung nur eine halbe Stimme. Sonst sind die H. den Kantonen gleichgestellt.

**Halbkristall,** *Bleiglas,* ein Glas von mittlerem Bleigehalt; billiger Ersatz für Bleikristall.

**Halbleinen,** ein Gewebe, dessen Kette aus Baumwoll- u. dessen Schuß aus Leinengarn besteht.

**Halbleiter,** feste Stoffe, die bei sehr tiefen Temperaturen den elektr. Strom nicht leiten, bei Erwärmung jedoch eine (oft schnell) mit der Temperatur anwachsende Leitfähigkeit zeigen. Zu den für die techn. Anwendung wichtigsten H. gehören die chem. Elemente Germanium u. Silicium. I. w. S. werden auch ganze Bauelemente aus halbleitenden Materialien (wie Transistoren u. Dioden) als H. bezeichnet.

**halbmast,** Bez. für eine Flagge, die auf halber Höhe des Mastes weht; meist bei Staatstrauer.

**Halbmesser** → Radius.

**Halbmetalle,** chem. Elemente, die hinsichtl. ihrer chem. u. physikal. Eigenschaften zwischen den Metallen u. den Nichtmetallen stehen. H. sind z.B. Antimon, Arsen, Bor, Germanium, Selen, Silicium u. Tellur.

**Halbmond, 1.** der Mond im ersten oder letzten Viertel. – **2.** → Schellenbaum. – **3.** das weltl. Symbol des Islams, auf den Flaggen der Türkei, Algeriens, der Komoren, Singapurs, Malaysias, der Malediven, Mauretaniens, Pakistans u. Tunesiens; auch sonst als herald. Zeichen verwendet.

**Halbschwergewicht** → Gewichtsklassen.

**Halbseide,** Gewebe, bei denen das eine Fadensystem aus Seide, das andere aus feinem Woll- oder Baumwollgarn besteht.

**Halbseitenlähmung,** *Hemiplegie,* die Lähmung einer ganzen Körperhälfte; meist durch Herderkrankungen im Gehirn, bes. durch Blutung im Gehirn beim Schlaganfall.

**Halbstarke,** in den 1950er Jahren Bez. für aggressive, meist männl. Jugendliche, die bes. in Gruppen oder Banden auftraten.

**Halbsträucher,** buschartige, meist kleine Holzpflanzen, deren Zweige nach einer oder zwei Vegetationsperioden absterben u. durch neue ersetzt werden.

**Halbton, 1.** *Musik:* der kleinste Intervallschritt im zwölfstufigen Tonsystem, z.B. c-cis, b-h, h-c, e-f. – **2.** *Photographie:* Bez. für die versch. Helligkeitsstufen zw. Schwarz u. Weiß.

**Halbwertzeit,** bei radioaktiven Stoffen u. instabilen Elementarteilchen die Zeit, in der die Hälfte der Atome des Elements bzw. der Teilchen zerfallen ist; → Radioaktivität.

**Halbzeit,** bei den Torspielen (Fußball, Handball u. a.) die Hälfte der Spielzeit; auch die Pause zwischen den beiden Spielhälften.

**Halbzeug,** in der Stahlindustrie rohe u. vorgewalzte Blöcke, aus denen Träger, Eisenbahnschienen, Bleche u. a. hergestellt werden.

**Haldane** [ˈhɔːldeɪn], **1.** John Scott, Bruder von 2), *1860, †1936, brit. Physiologe u. philosoph. Schriftst.; Vertreter des *Neovitalismus.* – **2.** Richard Burdon, Viscount *H. of Cloan,* *1856, †1928, brit. Politiker (Liberaler); 1905–12 Kriegs.-Min., reorganisierte das engl. Heer nach dt. Vorbild.

**Halde,** Anschüttung von wertlosem Material (*Abraum-, Berge-H.*) oder zur Bevorratung oder vorübergehenden Ablagerung (*Kohlen-, Erz-H.*).

**Haldensleben,** Krst. in Sachsen-Anhalt, nw. von Magdeburg, an der Ohre u. am Mittellandkanal, 19 000 Ew.; keram. u. Zuckerind.

**Hale** [heɪl], George Ellery, *1868, †1938, US-amerik. Astrophysiker; Sonnenforscher, der den Bau großer Teleskope (z.B. H-Spiegel) auf dem Mount Palomar) förderte.

**Haleakala,** größter Lavavulkan auf der Hawaii-Insel Maui, 3055 m hoch.

**Haleb** → Aleppo.

**Halévy** [aleˈvi], **1.** Jacques Fromental, eigtl. Elias *Lévy,* *1799, †1862, frz. Komponist; führender Vertreter der *grande opéra.* – **2.** Ludovic, *1834, †1908, frz. Schriftst. (Romane, Opern- u. Operettenlibretti, u.a. »Carmen«).

**Halfagras** → Esparto.

**Halfcast** [ˈhaːfkaːst], Mischling zwischen Weißen u. Indern.

**Halfter,** Gurt zum Anbinden des Pferdes im Stall u. zur Befestigung des Zaumzeugs.

**Halifax** [ˈhælɪfæks], **1.** Hptst. der kanad. Prov. Neuschottland am Atlantik, 87 000 Ew.; der bedeisfreie Hafen Kanadas. – **2.** Ind.-Stadt in N-England, Gft. West Yorkshire, 94 000 Ew.; Woll- u. Maschinenind.

**Halifax** [ˈhælɪfæks], Edward Frederick Lindley Wood, Earl of H., *1881, †1959, brit. Politiker (Konservativer); 1925–31 Vizekönig in Indien; 1935 Kriegs.-Min., 1938–40 Außen-Min.; identifizierte sich mit der von N. *Chamberlain* vertretenen Politik des *Appeasement* gegenüber Hitler-Dtld.

**Halikarnassos,** antike Stadt (dorische Kolonie) an der SW-Küste Kleinasiens, an der Stelle des heutigen *Bodrum;* berühmt durch das Grabmal des karischen Fürsten Mausolos (*Mausoleum*).

**Hall, 1.** Bad H., Solbad in Ober-Östr., am Alpenrand, 4000 Ew.; jod- u. bromhaltige Quellen. – **2.** H. in Tirol, östr., Stadt am Inn, östl. von Innsbruck, 13 000 Ew.; histor. Altstadt mit zahlr. got. Bauwerken.

**Hall** [hɔːl], **1.** Asaph, *1829, †1907, US-amerikan. Astronom; entdeckte 1877 die Marsmonde. – **2.** Charles Francis, *1821, †1871, US-amerik. Nordpolarfahrer; versuchte 1871 vergebl. von Nordgrönland aus den Nordpol zu erreichen. – **3.** Edwin Herbert, *1855, †1938, US-amerik. Physiker; entdeckte den **H.-Effekt:** in stromdurchflossenen elektr. Leitern, die sich in einem senkrecht vom Strom stehenden Magnetfeld befinden, entsteht (senkrecht zu Strom u. Magnetfeld) eine elektr. Spannung.

**Halle, 1.** *Halle (Saale),* Ind.-Stadt in Sachsen-Anhalt, im breiten Saale-Tal am Ausgang der Leipziger Bucht, 240 000 Ew.; Wirtschaftszentrum, Verkehrsknotenpunkt, Altstadt mit zahlr. spätgot. Bauten; Maschinenbau, Metall- u. chem. Ind.; Braunkohlenbergbau, Salzwerk. – 14.- 16. Jh. wirtschaftl. Blüte; 1694 Gründung der Univ., Zentrum der Aufklärung u. des Pietismus. – **2.** *H. (Westf.),* Stadt in NRW, am Rand des Teutoburger Waldes, 18 000 Ew.; Textil-, Leder- u. Süßwarenind. – **3.** frz. *Hal,* Stadt in Belgien, sw. von Brüssel, 20 000 Ew.; Wallfahrtsort.

**Hallein,** Salinenkurort in Östr., an der Salzach, südl. von Salzburg, 14 000 Ew.; Salzbergwerk; Gräberfeld der Latène-Zeit.

**Halleluja,** *Alleluja,* meist gesungene Lobpreisung im israelit. Kult; in Verbindung mit Psalmen in die christl. Liturgie übernommen.

**Halle-Neustadt,** Stadt westl. von Halle (Saale), 90 000 Ew.; 1965 als Wohnstadt für die Beschäftigten der chem. Werke in Leuna gegr.

**Hallenhandball** → Handball.

**Hallenhockey** → Hockey.

**Hallenkirche,** eine mehrschiffige Kirche, in der alle Schiffe gleiche Höhe haben. In der Mitte des 12. Jh. entstanden frühe H. in Niederbayern, um 1200 in Westfalen.

**Hallensport,** zusammenfassende Bez. für Hallenveranstaltungen u. -meisterschaften der Sportarten Fußball, Handball, Hockey, Leichtathletik, Radsport, Reiten, Schwimmen u. Tennis.

**Haller, 1.** Albrecht von, *1708, †1777, schweiz. Dichter u. Gelehrter; Vertreter der Aufklärung; philos. Lyrik, Romane, kulturgeschichtl. Schriften. – **2.** Hermann, *1880, †1950, schweiz. Bildhauer; Plastiken u. Porträtbüsten im Stil des Neuklassizismus.

**Hallertau,** *Holle(r)dau,* fruchtbare bay. Hügellandschaft südl. der Donau, zw. der Paar u. der oberen Laaber; das größte geschlossene dt. Hopfenanbaugebiet.

**Halley** ['hæli], Edmond, *1656, †1742, engl. Astronom; wies die 76jährige Umlaufzeit des *H.schen Kometen* nach.

**Halligen,** die nicht durch Winterdeiche geschützten Marschinseln an der W-Küste von Schl.-Ho.: *Langeneß, Oland, Gröde, Habel, Hooge, Norderoog, Nordstrandischmoor, Süderoog* u. *Südfall,* insges. 33 km², 400 Ew.; bei Hochwasser Überflutungsgefahr; Gehöfte auf künstl. Erdhügeln (*Werften, Warften* oder *Wurten*).

**Hallimasch,** *Honigpilz,* gekocht eßbarer gelbbrauner *Blätterpilz;* Baumschädling.

**Hallstadt,** bay. Stadt in Oberfranken, nördl. von Bamberg, 6900 Ew.

**Hallstatt,** oberöstr. Sommerfrische im Salzkammergut, am steilen SW-Ufer des **Hallstätter Sees** (125 m tief, 8,4 km²), 1300 Ew.; Salzbergwerke seit vorgeschichtl. Zeit; Gräberfunde aus der frühen Eisenzeit (800–400 n. Chr.), der sog. **H.-Zeit.**

**Hallstein, 1.** Ingeborg, *23.5.1939, Sängerin (So-

*Halle (Saale): der Markt mit der Marienkirche, dem Roten Turm mit wiederhergestelltem gotischen Glockenturm und Händel-Denkmal*

*Hallenkirche: Maria zur Höhe in Soest; um 1225*

pran). – **2.** Walter, *1901, †1982, Politiker (CDU); 1958–67 Präs. der Kommission der *EWG.* – **H.-Doktrin,** 1955 nach *W. H.* benanntes polit. Programm der BR Dtld., das den Abbau diplomat. Beziehungen zu Staaten, welche die DDR völkerrechtl. anerkannten, forderte; seit 1967 wurde die H.-Doktrin allmähl. abgebaut.

**Hallström, 1.** Gunnar, *1875, †1943, schwed. Maler u. Graphiker (Landschaften, Porträts u. Historienbilder, oft mit altnord. Motiven). – **2.** Per August Leonard, *1866, †1960, schwed. Schriftst. (Romane, Novellen, Lyrik).

**Halluzination,** eine Trugwahrnehmung, die ohne reale Ursachen u. Mitwirkung der Sinnesorgane zustande kommt (im Unterschied zur *Illusion,* bei der echte Sinneseindrücke mißdeutet werden); bei Vergiftungen, z.B. durch Alkohol im *Delirium tremens,* bei Psychosen wie *Schizophrenie.*

**Halluzinogene** *Rauschmittel,* deren Wirkung in

*Hallstatt: kerbschnittgemusterte und bemalte Tonurne der württembergischen Hallstattkultur. Stuttgart, Württembergisches Landesmuseum*

erster Linie darin besteht, daß sie die Sinneswahrnehmung erhöhen u. echte *Halluzinationen* auslösen, z.B. LSD u. Mescalin.

**Hallwachs,** Wilhelm, *1859, †1922, dt. Physiker; Entdecker des nach ihm benannten lichtelektr. Effekts (→ Photoeffekt).

**Halma,** ein Brettspiel.

**Halmahera,** die größte Insel der indones. Molukken, 17 998 km², 150 000 Ew. (meist Malaien), Hptst. *Ternate.*

**Halmfliegen,** *Grünaugen, Chloropidae,* Familie der *Fliegen,* deren Larven oft in großer Zahl an Gräsern u. Getreide saugen; hierzu die *Fritfliege* u. die *Gelbe Weizen-H.*

**Halo,** *Hof,* durch Brechung u. Spiegelung an atmosphär. Eiskristallen entstandene Lichterscheinung mit mannigfaltigen Formen, z.T. in (Regenbogen-)Farben. Am häufigsten sind: Ring um Sonne u. Mond, Nebensonne u. -monde, senkrechte Lichtsäule.

**Halogene,** *Salzbildner,* chem. Elemente *Fluor, Chlor, Brom, Iod* u. *Asat;* benannt nach ihrer Fähigkeit, mit Metallen unmittelbar Salze (**Halogenide**) zu bilden.

**Halogenlampe,** *Jod-Quarz-Lampe,* eine elektr. Glühlampe mit Quarz- oder Hartglaskolben, bei der dem Füllgas eine kleine Menge eines Halogens (Iod oder Brom) zugesetzt ist. Der durch einen Zusatz ausgelöste Kreisprozeß führt zu einer laufenden Regeneration des Glühfadens. H. haben eine hohe Leuchtkraft u. eine lange Lebensdauer.

**Hals,** *Cervix,* Verbindungsglied zw. Kopf u.

## Ham 347

Rumpf. Das Knochengerüst des H. bildet bei den Wirbeltieren die **H.wirbelsäule,** die bei fast allen Säugetieren (z.B. beim Menschen, auch bei Giraffe u. Maus) aus 7 **H.wirbeln** besteht. Die ersten beiden Wirbel (Atlas u. Wender) dienen der Beweglichkeit des Kopfes u. sind dazu bes. geformt.

**Hals,** Frans, *um 1581/85, †1666, niederl. Maler; Begr. der niederl. Barockmalerei, v.a. Genrebilder, Einzel- u. Gruppenporträts. 🅱 → S. 348

**Halsband-Affäre,** Skandal am frz. Hof 1785/86, durch den die bei den Franzosen verhaßte Königin Marie Antoinette zu Unrecht in Verruf kam.

**halsen,** ein segelndes Schiff auf den anderen Bug v o r den Wind legen; Ggs.: *wenden.*

**Halsentzündung,** *Mandelentzündung* → Angina.

**Halsgericht,** im späten MA Strafgericht zur Aburteilung schwerer Straftaten.

*Halma: Sechseck-Stern für drei Personen mit je 15 Figuren*

**Hälsingborg** → Helsingborg.

**Hälsingland,** *Helsingland,* Ldsch. in Mittelschweden, am südl. Bottn. Meerbusen; fluß- u. seenreiches Waldgebiet.

**Hals-Nasen-Ohren-Heilkunde,** Abk. *HNO,* Lehre von der Erkennung u. Behandlung der Hals-Nasen-Ohren-Krankheiten; ein medizin. Fachgebiet, das sich im 18./19. Jh. als selbständige Disziplin aus der Chirurgie entwickelte.

**Halsschlagader,** *(Arteria) Carotis,* paarige Schlagader zur Blutversorgung des Kopfs bei lungenatmenden Wirbeltieren. Sie zieht sich seitl. von Luftröhre u. Kehlkopf am Hals entlang.

**Halteren, 1.** im antiken Griechenland Metalloder Steingewichte, die beim Weitsprung zur Schwungverstärkung in den Händen gehalten wurden. – **2.** *Schwingkölbchen,* die rückgebildeten Hinterflügel der Zweiflügler (z.B. Fliegen u. Mücken) als Stimulationsorgane für die Flugbewegung, z.T. auch Gleichgewichtsorgane.

**Haltern,** Stadt in NRW nördl. von Recklinghausen, 30 000 Ew.; Stausee; versch. Ind.; am *St. Annaberg* archäolog. Funde aus der Römerzeit.

**Ham,** *Cham,* einer der Söhne *Noahs;* der Stammvater der *Hamiten.*

*Halo mit Nebensonnen; für bessere Lichtverhältnisse wurde die Sonne ausgeblendet*

*Frans Hals: Willem van Heythuysen; 1625/26. München, Alte Pinakothek*

**Häm** → Hämoglobin.
**Hamada,** *Hammada,* fast vegetationslose Steinwüste in der Sahara.
**Hamadan,** *Hämadan,* das antike *Ekbatana,* Stadt in Iran, sw. von Teheran, 130 000 Ew.; Hptst. des antiken *Medien.*
**Hamadhani,** Badi az-Zaman al-H., *969, †1007, arab. Dichter; Schöpfer der Makamen-Dichtung, einer Gattung der gereimten Kunstprosa.
**Hamah,** das bibl. *Emath* oder *Hamath,* später *Epiphania,* Handelsstadt in Syrien am Orontes u. an der Bahnlinie Damaskus–Aleppo, 130 000 Ew.; 1982 durch innenpolit. Auseinandersetzungen großenteils zerstört.
**Hamamatsu,** Hafenstadt in Japan, an der SO-Küste von Honshu, 475 000 Ew.; Tabak- u. Teeanbau, versch. Ind.
**Hamamelis,** *Zaubernuß, Zauberhasel, Hexenhasel,*, Gattung der *Zaubernußgewächse;* beliebte Ziersträucher mit feinen gelben Blüten im Januar/Februar vor dem Blattansatz. – **H.gewächse** → Pflanzen.
**Ham and eggs** [hæm ənd ɛgz], brit. Frühstücksgericht: gebratener Speck mit Spiegeleiern.
**Hämangiom,** *Blutschwamm, Blutgefäßmal, Gefäßgeschwulst,* gutartige, von Blutgefäßen ausgehende Geschwulst mit Neubildung u. Erweiterung von Gefäßen.
**Hamann,** Johann Georg, *1730, †1788, dt. Philosoph u. Schriftst.; Gegner der Aufklärung, übte starken Einfluß auf die Bewegung des *Sturm u. Drang* aus.
**Hamar,** Stadt in Norwegen am Mjösa (Mjösen-See), Hptst. der Prov. Hedmark, 16 000 Ew.; Holz- u. Textilind.
**Hamasa** [die], Titel altarab. Gedichtsammlungen versch. Inhalts; bekannteste von *Abu Tammam.*
**Hämatit,** *Eisenglanz, Eisenglimmer, Roteisenerz, Roteisenstein,* ein graues bis schwarzes, auf Kristallflächen metallglänzendes Mineral.
**Hämatologie,** die Wissenschaft vom Blut u. seinen Krankheiten.
**Hämatom** → Bluterguß
**Hämatopese,** *Blutbildung,* bes. die Bildung roter Blutkörperchen.
**Hämaturie,** Ausscheidung von Blut im Harn.
**Hambacher Fest,** Massenkundgebung von 30 000 Liberalen u. Demokraten auf der Maxburg bei Hambach vom 27. bis 30.5.1832. Redner wie Ph. J. *Siebenpfeiffer,* J. G. A. *Wirth* u. L. *Börne* forderten Volkssouveränität, die dt. Einheit u. eine Föderation der europ. Demokratien. Der Bundestag hob daraufhin die Presse- u. Versammlungsfreiheit auf.
**Hamborn,** Stadtteil von Duisburg (seit 1929); fr. bed. Kohlebergbau.
**Hamburg,** *Freie u. Hansestadt H.,* Bundesland u. Hafenstadt im N der BR Dtld., 747,5 km$^2$, 1,7 Mio. Ew. Die Landesregierung besteht aus dem von der *Bürgerschaft* (120 Sitze) gewählten *Senat;* Regierungschef ist der vom Senat gewählte *Erste Bürgermeister.* Die Stadt liegt 120 km vor der Mündung der Elbe in die Nordsee u. an der zu einem See (Außen- u. Binnenalster) aufgestauten Alster. H. ist die zweitgrößte Stadt u. der größte Seehafen (rd. 91 km$^2$ einschl. Freihafen) der BR Dtld. Um den Hafen als wirtschaftl. Mittelpunkt haben sich umfangreiche Industrieanlagen entwickelt, u.a. einige der bedeutendsten dt. Werften; außerdem Kaffeeröstereien, Holz-, Textil- u. Nahrungsmittelfabriken, Ölraffinerien, chem. u. pharmazeut. Werke. Der starke Verkehr wird durch 2 Elbtunnel, 3 große Elbbrücken, eine Hoch- u. Untergrundbahn u. eine Schnellbahn erleichtert. Der am Nordufer der Elbe gelegene alte Stadtkern mit Rathaus u. Jungfernstieg (Alsterpromenade), Michaelskirche (»Michel«, das Wahrzeichen der Stadt) u. den alten Kontorhäusern in der engen, von vielen Fleeten durchzogenen Altstadt ist das Zentrum der Millionenstadt; bek. Vergnügungsviertel St. Pauli mit der Reeperbahn. Kultur- u. Bildungseinrichtungen: Univ., Inst. für Tropenkrankheiten, Welt-Wirtschafts-Archiv, Dt. Elektronensynchrotron DESY, Dt. Übersee-Inst.; Hagenbecks Tierpark; Norddt. Rundfunk; Staatsoper, Dt. Schauspielhaus, Thalia-, Ohnsorg- u.a. Theater; versch. Museen; Verlage; Ausstellungen u. Messen. – Gesch.: H. wurde als Burganlage (*Hammaburg*) mit christl. Kirche im 9. Jh. gegr. Als Mitgl. der *Hanse* war die Stadt von großer Bedeutung. Im 16. Jh. wanderten Glaubensflüchtlinge aus den span. Niederlanden u. port. Juden ein, u. engl. Kaufleute gründeten Niederlassungen, so daß H. zum internat. Stapelplatz wurde. 1815 trat H. als *Freie u. Hansestadt* dem Dt. Bund u. 1871 dem Dt. Reich bei. Unter starkem Druck Bismarcks schloß es sich auch dem Dt. Zollverein an, behielt jedoch einen Freihafen.
**Hamburger** [ˈhæmbəːgə], US-amerik. Ausdruck für gewürztes u. gebratenes Rinderhackfleisch in einem Milchbrötchen.
**Hameln,** Krst. in Nds., an der Mündung der Hamel in die Weser, 60 000 Ew.; Bauten der *Weser-Renaissance;* metallverarbeitende, Elektro-, Textil- u. Genußmittelind. – **Rattenfänger von H.:** Gestalt einer seit Ende des 14. Jh. in H. erzählten Sage. Danach soll 1284 ein Spielmann 130 Kinder aus H. entführt haben. Da der Spielmann H. angebl. von einer Rattenplage befreit habe u. um seinen Lohn betrogen worden sei, soll es sich um einen Racheakt handeln.
**Hamen,** v.a. in der Fischerei eingesetztes Netz.
**Hamilkar,** Name mehrerer Feldherren Karthagos. Der bedeutendste war *H. Barkas* [»Blitz«], †229 v.Chr. (gefallen), Vater *Hannibals.*
**Hamilton** [ˈhæmiltən], **1.** Ind.-Stadt in Mittelschottland, am Clyde, 46 000 Ew.; Eisen- u. Textilind. – **2.** Hafenstadt in Kanada, am W-Ende des Ontariosees, 300 000 Ew.; Univ.; Eisen- u. Stahlind. – **3.** Stadt auf der Nordinsel von Neuseeland, 90 000 Ew.; Agrarhandel, Nahrungsmittel- u.a. Ind. – **4.** Hptst. u. Haupthafen von Bermuda, 3500 Ew., Fremdenverkehr.
**Hamilton** [ˈhæmiltən], **1.** Alexander, *1755, †1804, US-amerik. Politiker u. Offizier; erstrebte eine starke Zentralgewalt der Bundesstaaten, trat aber vorbehaltlos für die Ratifizierung der Verfassung ein. Zu seiner für die Zukunft grundlegenden Finanz-, Zoll- u. Währungspolitik (*H.ian System*) gehörte auch die Gründung der (ersten) US-Bank 1791. – **2.** David, *15.4.1933, engl. Photograph u. Filmemacher; poet. Farbbilder von Wesen zw. Kind u. Frau. – **3.** Lady Emma, geb. *Lyon,* *1765, †1815, eine berühmte Schönheit; seit 1798 die Geliebte H. *Nelsons.* – **4.** Richard, *24.2.1922, engl. Maler; Vertreter der engl. *Pop Art* (»the Pope of Pop«). – **5.** Sir William, *1788, †1856, schott. Philosoph; Vertreter der *Schott. Schule* (Common-sense-Philosophie). – **6.** Sir William Rowan, *1805, †1865, ir. Mathematiker u. Physiker; einer der Begr. der Vektorrechnung; bekannt durch die in der gesamten Physik wichtige *H.-Funktion.*
**Hämin,** ein chem. Stoff, der entsteht, wenn der Blutfarbstoff *Hämoglobin* mit Salzsäure u. Natriumchlorid gespalten wird.
**Hamiten,** Bez. für die *Berber* (West-H.) im NW u. die *Kuschiten* (Ost-H.) im NO Afrikas; v.a. Viehzüchter.
**hamitische Sprachen,** (Alt-)Ägyptisch, Libysch-Berberisch u. Kuschitisch sowie – nach neueren Forschungen – Baskisch; ein Zweig der **hamitisch-semitischen Sprachfamilie,** die auf der Arab. Halbinsel einschl. Irak, Syrien u. Libanon u. in N-Afrika von Somalia bis Mauretanien verbreitet ist.
**Hamlet,** nach der von Saxo *Grammaticus* um 1200 überlieferten Sage in Dänemark, Titelheld des berühmtesten Trauerspiels von *Shakespeare.*
**Hamm,** Industriestadt in NRW, an der Lippe, 172 000 Ew.; Hafen am Lippe-Seitenkanal; chem. Eisen- u. Maschinenind.; Kernkraftwerk H.-Uentrop (stillgelegt).
**Hammal,** Lastträger im Vorderen Orient.
**Hammam,** oriental. Warmbad.
**Hammamat,** *Hammamet,* Hafenstadt u. Fremdenverkehrszentrum in N-Tunesien, am Golf von H., 17 000 Ew.; befestigte Medina.
**Hammarskjöld** [ˈhamarʃœld], Dag, *1905, †1961, schwed. Politiker u. Diplomat; 1953–61 UN-Generalsekretär; Friedensnobelpreis 1961 (posthum).
**Hamm-Brücher,** Hildegard, *11.5.1921, dt. Politikerin (FDP); seit 1976 MdB u. bis 1982 Staats-Min. im Auswärtigen Amt.
**Hammel,** kastrierter Schafbock.
**Hammelburg,** Stadt an der Fränk. Saale, nw. von Schweinfurt, 12 000 Ew.; maler. Altstadt; Weinbau.
**Hammelsprung,** ein Abstimmungsverfahren zur Feststellung der Mehrheitsverhältnisse in Parlamenten: Die Abgeordneten verlassen den Sitzungssaal u. betreten ihn dann wieder durch eine der drei Abstimmungstüren (»Ja«, »Nein«, »Enthaltung«).

*Hamburg: Blick über die Binnenalster zum Alsterpavillon und Jungfernstieg; im Hintergrund der Fernsehturm*

*Hammerklavier: Klaviermechanik einschließlich Klaviatur und senkrechter Hammeranordnung*

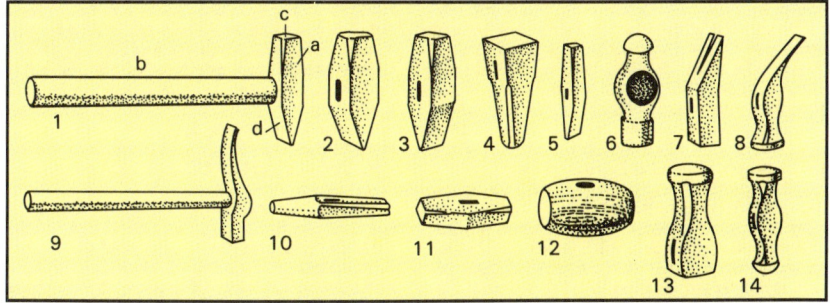

*Hammer:* 1 Schlosserhammer (a Hammerauge, b Stiel, c Hammerkopf, d Finne), 2 Vorschlaghammer, 3 Kreuzschlaghammer, 4 Setzhammer, 5 Ballhammer, 6 Amerikanischer Schlosserhammer (mit Kugelfinne), 7 Tischlerhammer, 8 Schusterhammer, 9 Geologenhammer, 10 Lochhammer, 11 Kupferhammer, 12 Holzhammer, 13 Spannhammer, 14 Planierhammer

**Hammer, 1.** Schlagwerkzeug, bestehend aus Kopf u. Stiel. – **2.** das äußere, am Trommelfell angreifende Gehörknöchelchen der Säuger.
**Hammerfest,** Hafenstadt in Norwegen, auf der Insel *Kvaløy,* nördlichste Stadt Europas, 6500 Ew.; Fischfang u. -verarbeitung.
**Hammerhaie,** *Hammerfische,* in allen wärmeren Meeren verbreitete Familie der *Haie,* mit hammerförmig verbreitertem Kopf.
**Hammerklavier,** ein Saiteninstrument mit Klaviatur u. einer Mechanik, die einen Hammer gegen die Saiten schlagen u. sofort zurückfallen läßt. Erfinder ist Bartolomeo *Cristofori* (Florenz 1709).
**Hammer-Purgstall,** Joseph Frhr. von, *1774, †1856, östr. Orientalist; schrieb eine Geschichte des Osman. Reichs u. seiner Dichtkunst.
**Hammerschlag,** die beim Schmieden von Eisen in harte Metallblättchen zerspringende Eisenoxidschicht.
**Hammer und Sichel,** Symbol der Verbindung von Arbeiter- u. Bauernstand, Emblem des Kommunismus; zus. mit dem 5strahligen Stern das Staatssymbol der UdSSR.
**Hammerwerfen,** *Hammerwurf,* leichtathlet. Übung sowie Disziplin des Rasenkraftsports. Eine ca. 7 kg schwere Eisenkugel *(Hammer)* wird an einem Drahtseil aus einem Wurfkreis von ca. 2,14 m geschleudert.
**Hammerzehe,** *Digitus malleus,* eine Zehenfehlstellung, bei der (meist) die 2. Zehe hammerartig nach unten gebeugt ist.
**Hammond-Orgel** ['hæmənd-], eine elektroakust. Orgel in Klavierform; von L. *Hammond* 1934 in Chicago entwickelt.
**Hammurapi,** *Hammurabi,* babyl. König u. Reichsgründer 1728–1686 v. Chr.; eroberte ganz Babylonien, Mari u. Eschnunna; Gesetzgeber *(Codex H.).*
**Hämocyanin,** Farbstoff der Blutflüssigkeit vieler *Weich-* u. *Gliedertiere;* farblos, in oxidiertem Zustand blau.
**Hämoglobin,** Kurzzeichen *Hb,* Farbstoff der roten Blutkörperchen, besteht aus dem eisenhaltigen Farbstoff *Häm* u. einem Eiweißanteil, dem *Globin;* dient Bindung, Transport u. Abgabe von Sauerstoff. Das menschl. Blut enthält ca. 16% Hb. – **H.ometer,** Gerät zur Messung des H.gehalts im Blut. – **H.urie,** eine Krankheit, bei der die roten Blutkörperchen zerfallen u. der Blutfarbstoff H. im Harn ausgeschieden wird.
**Hämolymphe,** die Körperflüssigkeit von Tieren mit offenem Blutgefäßsystem (Gliederfüßer u. Weichtiere).
**Hämolyse,** Auflösung der roten Blutkörperchen durch Austritt des roten Farbstoffs.
**Hämophilie,** → Bluterkrankheit.
**Hämorrhagie,** Blutung, Blutaustritt aus den Gefäßen.
**Hämorrhoiden,** *goldene Adern,* knotenförmige Erweiterungen der unteren Mastdarmvenen; außerhalb *(äußere H.)* oder innerhalb *(innere H.)* des Afters (verursachen Schmerzen u. Blutungen).
**Hämosporidien,** Zellschmarotzer im Blutgefäßsystem von Säugern u. Vögeln.
**Hämostatika,** *Hämostyptika,* blutstillende Mittel.
**Hampshire** ['hæmpʃiə], Gft. in S-England, am Kanal, 3772 km², 1,5 Mio. Ew., Hptst. *Winchester.*
**Hampton** ['hæmptən], **1.** Hafen- u. Industriestadt in Virginia (USA), rd. 120 000 Ew. – **2.** sw. Stadtteil von London; in der Nähe Schloß *H.Court* (1515 erbaut), der größte brit. Königspalast, heute Gemäldegalerie.

**Hampton** ['hæmptən], Lionel, *12.4.1912, afro-amerik. Jazz-Schlagzeuger, Vibraphonist u. Bandleader.
**Hamster,** etwa 25 cm große, oben gelbbraune, unten schwarz-weiß gefärbte Nagetiere Mitteleuropas u. Asiens, mit großen Backentaschen zum Transport der Nahrungsvorräte, die in unterird. Bauten gesammelt werden. Der dem urspr. *Feld-H.* verwandte *Gold-H.* wird gern als Haustier gehalten bzw. als Versuchstier verwendet.
**Hamsun, 1.** Knut, eigtl. K. *Pedersen,* *1859, †1952, norw. Schriftst.; in seinen Romanen detaillierte Schilderung von Einzelcharakteren, Zivilisationskritik; W »Hunger«, »Victoria«, »Segen der Erde«; Nobelpreis 1920. – **2.** Marie, geb. *Andersen,* Frau von 1), *1881, †1969, norw. Schriftst. (v.a. Jugendbücher).
**Han,** versch. chin. Herrscherdynastien; die bedeutendste (206 v. Chr. – 220 n. Chr.) gliedert sich in die *Frühere* (w.) u. *Spätere* (ö.) *H.-Dynastie.*
**Han,** *Hahn,* Ulrich, latinisiert: *Gallus,* †um 1478, dt. Drucker; frühester Meister des Musiknotendrucks.
**Hanau,** Krst. in Hessen, an der Mündung der Kinzig in den Main (Hafen), 87 000 Ew.; Dt. Goldschmiedehaus, Schloß Philippsruhe; Edelmetall-, Schmuckwaren-, Holz-, Gummi- u. kerntechn. Ind.
**Hanauer Land,** fruchtbare Landschaft in der Oberrhein. Tiefebene; ehem. Besitz der Grafen von Hanau.
**Hand,** *Manus,* das mit dem Vorderarm durch das *H.gelenk* verbundene Greif- u. Tastglied beim Menschen u. Menschenaffen. Teile: *H.wurzel* mit 8 H.wurzelknochen u. 5 *Mittelhandknochen,* 5 *Fingern, H.rücken* u. *H.teller.*
**Handball,** heute nur noch *Hallen-H.,* Ballspiel, bei dem zwei Mannschaften mit je 12 Spielern, von denen immer nur 6 Feldspieler u. 1 Torwart auf dem Feld sind, versuchen, einen Lederball in das gegner. Tor zu werfen. Der Ball darf nur mit

*Hammurapi (oberer Teil der Gesetzesstele): der König betet eine Gottheit an*

## Handelskompanien 349

den Händen (u. Armen) gespielt werden. Spielfeld: 38–44 mal 18–22 m; Spielzeit: 2 x 30 min., Frauen 2 x 25 min.
**Handel,** die gewerbsmäßig betriebene Anschaffung u. Weiterveräußerung von Gütern, die in ihrer Substanz dabei keine Veränderung erfahren. Der H. orientiert sich an Angebot u. Nachfrage u. lenkt somit die Produktion. Nach der räuml. Ausdehnung unterscheidet man *Außen-H.* u. *Binnen-H.* (H. innerhalb der Grenzen eines Landes), nach der Art des Geschäfts *Groß-H.* u. *Einzel-H.,* nach der Organisationsform *Eigen-* oder *Propre-H.* (H. auf fremde Rechnung).
**Händel,** Georg Friedrich, *1685, †1759, dt. Komponist; seit 1702 als Hofkomponist in England; schrieb zunächst Opern im ital. Stil, später große Oratorien in engl. Sprache (u.a. »Israel in

*Georg Friedrich Händel; Gemälde von T. Hudson. Paris, Nationalbibliothek*

Ägypten«, »Messias«, »Samson«) sowie Instrumentalmusik (Klaviersuiten, Orgelwerke, Sonaten, »Wassermusik«, »Feuerwerksmusik«, Concerti grossi).
**Händel-Mazzetti,** Enrica Freiin von, *1871, †1955, östr. Schriftst.; histor., von kath. Geist geprägte Romane.
**Handelsbilanz,** Gegenüberstellung der gesamten Warenein- u. -ausfuhr eines Landes. Die H. ist *aktiv,* wenn die Ausfuhr wertmäßig größer als die Einfuhr ist; sie ist *passiv,* wenn die Einfuhr größer als die Ausfuhr ist.
**Handelsbräuche,** *Geschäfts(ge)bräuche, Usancen,* die im Geschäftsverkehr unter Kaufleuten geltenden Gepflogenheiten.
**Handelsbücher,** *Geschäftsbücher,* in denen nach den Regeln der Buchführung alle Geschäftsvorfälle eingetragen werden.
**Handelsflotte,** die Gesamtheit aller Schiffe einer nat. Flagge, die in das Seeschiffsregister des betr. Staates eingetragen ist. Die Größe der H. wird in Bruttoregistertonnen (BRT) gemessen.
**Handelsgesellschaften,** Zusammenschlüsse von natürl. u./oder jurist. Personen, die entweder den Betrieb eines *Handelsgewerbes* zum Ziel haben (OHG, KG) oder als jurist. Personen von Gesetzes wegen *Kaufleute* sind (AG, GmbH, KGaA).
**Handelsgesetzbuch,** Abk. *HGB,* Gesetzbuch von 1897 (in Kraft seit 1900), das wesentl. Teile des *Handelsrechts* regelt. – In Österreich gilt das 1938 eingeführte dt. *HGB.* – In der Schweiz ist das Handelsrecht im schweizer. Obligationen-Recht mitenthalten.
**Handelshochschule,** ehem. Bez. für *Wirtschaftshochschule.*
**Handelskammer** → Industrie- u. Handelskammer.
**Handelsklassen,** *Güteklassen,* die gesetzl. oder behördl. vorgeschriebene Einteilung u. Kennzeichnung bestimmter Erzeugnisse der Landwirtschaft u. Fischerei in Qualitätsgruppen.
**Handelskompanien,** seit dem 16. Jh. errichtete Gesellschaften für den (überseeischen) Handelsbetrieb, nicht selten mit Monopolen u. Privilegien für

## 350 Handelskrieg

den Kolonialhandel ausgestattet. Bes. die 1600 gegr. engl. u. die 1602 gegr. niederl. *Ostindische Kompanie* wurden wegen ihrer Bedeutung für das Kolonialreich dieser Länder bekannt.
**Handelskrieg** → Wirtschaftskrieg.
**Handelsmarke**, Warenzeichen eines Händlers.
**Handelsorganisation**, Abk. *HO*, staatl. H. der DDR, die Warenhäuser, Einzelhandelsgeschäfte u. Gaststätten betrieb. Eine Privatisierung wurde 1990 eingeleitet.
**Handelspolitik**, der Teil der *Wirtschaftspolitik*, durch den der Staat den Handel in einer für die Volkswirtschaft des Landes günstigen Weise zu beeinflussen sucht, z.B. durch Zoll- u. Tarifpolitik, Wirtschaftsabkommen, Clearingverträge.
**Handelsrecht**, das Sonderprivatrecht für Kaufleute einschl. der Handelsgesellschaften; hpts. geregelt im *Handelsgesetzbuch*.
**Handelsregister**, *Firmenregister*, öffentl. Register zur Beurkundung der Rechtsverhältnisse von Einzelkaufleuten u. Handelsgesellschaften. Das H. wird vom *Registergericht* (Amtsgericht) geführt.
**Handelsrichter**, (ehrenamtliche) Laienbeisitzer an Kammern für Handelssachen bei Landgerichten.
**Handelssachen**, Klagen, für die bes. Kammern des Landgerichts, die *Kammern für H.*, zuständig sind. Die Klagen betreffen u.a. Ansprüche aus einem Wechsel, Scheck oder aus kaufmänn. Orderpapieren, den Schutz von Warenzeichen, Ansprüche wegen unlauteren Wettbewerbs.
**Handelsschule**, private oder öffentl. 2–3 jährige *Berufsfachschule*, die auf einen meist kaufmänn. Beruf vorbereitet; nach Abschluß Fachoberschulreife. *Höhere H.*: 1–2 jährige Berufsfachschule, welche die mittlere Reife bzw. Fachoberschulreife voraussetzt; zusätzl. Unterricht in Volkswirtschaft, Finanzmathematik u. einer 2. Fremdsprache; nach Abschluß Fachhochschulreife.
**Handelsspanne**, Unterschiedsbetrag zw. Einkaufs- u. Verkaufspreis.
**Handelsvertrag**, ein *Wirtschaftsabkommen* zw. zwei oder mehreren Staaten.
**Handelsvertreter**, selbständiger Gewerbetreibender, der gegen Provision für seine Auftraggeber Geschäfte vermittelt oder abschließt.
**Handfeste**, urspr. eine Urkunde, die vom Aussteller durch Handauflegen bekräftigt wurde; später allg. ein *Privileg* (v.a. Stadtrechtsverleihung).
**Handfeuerwaffen**, Feuerwaffen, die von einem einzelnen getragen u. eingesetzt werden können, z.B. Büchse, Gewehr, Karabiner, Muskete, Panzerfaust, Pistole.
**Handgranate**, ein mit der Hand zu werfender Sprengkörper, Nahkampfmittel; Arten: *Eier-H., Kugel-H.* u. *Stiel-H.*
**Handikap** ['hændikæp], **1.** (ungerechte) Vorbelastung, Benachteiligung. – **2.** Zeit- u. Punktvorgaben an schwächere Teilnehmer bei einem Reit- oder Laufwettbewerb.

*Hängebahn: Die erste vollautomatische Kabinenbahnanlage Deutschlands verbindet über eine 1,1 km lange Strecke zwei Institutsbereiche der Dortmunder Universität*

**Handke**, Peter, *6.12.1942, östr. Schriftst., der v.a. durch Theaterstücke (Sprechstücke) bekannt wurde. W »Publikumsbeschimpfung«, »Kaspar«; Prosa: »Die Angst des Tormanns beim Elfmeter«, »Die linkshändige Frau«, »Das Gewicht der Welt«.
**Handlungsfähigkeit**, Fähigkeit, rechtl. erhebl. Handlungen vorzunehmen; umfaßt in der BR Dtld. die *Geschäfts-* u. die *Deliktsfähigkeit*, in Östr. u. der Schweiz nur die Geschäftsfähigkeit.
**Handlungsgehilfe**, *Handelsgehilfe*, kaufmänn. Angestellter in einem Betrieb.
**Handlungsreisender**, *Geschäftsreisender, Commis voyageur*, zur Vornahme von Geschäften an auswärtigen Orten von einem Kaufmann bevollmächtigter Angestellter.
**Handlungsvollmacht**, Vollmacht zum Betrieb eines Handelsgewerbes oder zur Vornahme einer bestimmten zu einem Handelsgewerbe gehörigen Art von Geschäften; weniger weitreichend als *Prokura*. Zur Veräußerung oder Belastung von Grundstücken, zur Eingehung von Wechselverbindlichkeiten, zur Aufnahme von Darlehen u. zur Prozeßführung ist der *Handlungsbevollmächtigte* nur ermächtigt, wenn ihm eine solche Befugnis bes. erteilt ist.
**Handpferd**, im Zweigespann das rechts neben dem *Sattelpferd* gehende Pferd.
**Handschar**, *Chandschar, Kandschar*, bis 1 m langes, gebogenes türk. Sichelschwert ohne Parierstange.
**Handschrift**, **1.** die für jeden Schreibenden charakterist. Schriftzüge. – **2.** Abk. *Hs.*, die handschriftl. Originalfassung eines Textes (*Autograph*) oder eine handschriftl. Abschrift (*Manuskript*); vor der Erfindung des Buchdrucks handgeschriebenes Buch. Bekannte H. sind der *Codex aureus*, der *Codex argenteus* u. die *Manessische H.*
**Handwerk**, ein Berufsstand u. eine Organisationsform der gewerbl. Wirtschaft. Rechtl. Grundlage des H. ist in der BR Dtld. die *H.sordnung* von 1953. Die wichtigsten Merkmale des H.: 1. der *H.smeister* ist Unternehmer, Kapitalgeber u. erster Arbeiter zugleich, ihm können *Gesellen* (ausgebildete H.er) u. *Lehrlinge* (Auszubildende) unterstehen; 2. geringer Kapitalbedarf, wenig arbeitsintensiv (Maschinenverwendung relativ unbedeutend); 3. keine Massen-, sondern in der Regel Einzelproduktion auf Bestellung; 4. auf den Ort beschränkter Kundenkreis (meist Kleinbetrieb); 5. direkter Verkauf der Leistung an den Kunden. – Das H. ist die älteste Form der gewerbl. Tätigkeit. Im MA war es, in *Gilden, Zünften* u. *Innungen* straff organisiert, die tragende Kraft der Stadtwirtschaft. Mit dem Aufkommen von Fabrikbetrieben in der 2. Hälfte des 18. Jh. vollzog sich ein Wandel. Alle besser serienmäßig herzustellenden Produkte fielen der Industrie zu, während alle Güter, die eine individuelle Handarbeit verlangen, dem H. verblieben. – **H.skammer**, Interessenvertretung u. Selbstverwaltungsorganisation der H.er; öffentl.-rechtl. Körperschaft. Aufgaben: Regelung des Ausbildungs- u. Prüfungswesens, Abnahme der Meisterprüfung, Aufsicht über die Innungen, Ausstellen der H.skarte u. Führung der **H.srolle**, einem Verzeichnis aller selbständigen H.sbetriebe. – **H.stag**, der organisator. Zusammenschluß der H.skammern auf Landesebene.
**Handzeichen**, ein Kurzzeichen als Ersatz für die Namensunterschrift bei Unterzeichnung einer Urkunde; bei Analphabeten meist 3 Kreuze; wird durch notarielle Beglaubigung rechtswirksam.
**Hanefiten**, Anhänger der ältesten islam. Rechtsschule, nach ihrem Gründer *Abu Hanifa* (*699, †767) benannt.
**Hanf**, aus Mittelasien stammende krautige Pflanze aus der Fam. der *H.gewächse*; gerader Stengel mit fingerförmig gefiederten Blättern u. unscheinbaren Blüten, 2–3 m hoch; liefert Fasern für Seilerwaren u. gröberes Geflecht. Der Samen (beliebtes Vogelfutter) ist ölhaltig u. enthält im Keimling narkot. Stoffe, die reizmildernd wirken. Das Samenöl *(H.öl)* dient zur Seifenherstellung. Der aus den amerik. Tropen stammende *Amerik. H.* liefert das Rauschgift Marihuana, aus dem *Ind. H.* wird Haschisch gewonnen.
**Hänfling**, bräunl. Finkenvogel, beim Männchen roter Fleck auf Brust u. Stirn.
**Hangar**, Flugzeughalle.
**Hängebahn**, eine Bahn, bei der das Fahrzeug an einer Schiene oder an einem Seil *(Seilbahn)* hängt.
**Hängebank**, eine Ladebühne am Eingang eines Bergwerksschachtes. Hier werden die Förderkörbe be- u. entladen.

**Hängebrücke**, eine Brücke, bei der die Fahrbahn mit *Hängestangen* an Kabeln *(Kabelbrücke)* oder Ketten *(Kettenbrücke)* aufgehängt ist.
**Hängende Gärten der Semiramis**, die terrassenförmigen Gartenanlagen auf dem Gelände des Königspalasts von Babylon; eines der sieben *Weltwunder* des Altertums.
**Hangendes**, die unmittelbar über einer Erdschicht oder einer Lagerstätte liegende Erdschicht; Ggs.: *Liegendes*.
**Hängetal**, ein eiszeitl. geformtes Nebental, das mit einer deutl. Stufe in das vom Hauptgletscher tiefer ausgeschürfte Haupttal einmündet.
**Hängewerk**, ein Dachstuhl oder eine Brückenkonstruktion aus Holz oder Stahl, das das Überspannen weiterer Öffnungen durch nicht unterstützte Balken *(Hängebalken)* ermöglicht. Die gesamte Last wird über *Hängesäulen* u. *Hängestreben* auf die Balkenauflage übertragen.
**Hangö**, Hafenstadt in S-Finnland, 12 100 Ew.; Seebad; Fischind.
**Hangtäter**, ein Straftäter, der (z.B. aufgrund von Veranlagung) zur Begehung erheblicher Straftaten neigt. Der H. kann, wenn die öffentl. Sicherheit dies erfordert, in *Sicherungsverwahrung* genommen werden.

*Hannover: Neues Rathaus (1901–1913 erbaut) am Maschsee*

**Hangwind**, an Berghängen auftretende Luftströmung, die tagsüber aufwärts gerichtet *(Hangaufwind)*, nachts nach unten gerichtet *(Hangabwind)* ist.
**Hangzhou** [haŋdʒou], *Hangtschou, Hangchow, Hang-chou*, Hafenstadt in O-China, Hptst. der Prov. Zhejiang, 1,2 Mio. Ew.; Univ.; Teeverarbeitung, Textil-, Chemie- u. Maschinenind.
**Hankou** [haŋkau], Stadtteil der chin. Stadt Wuhan.
**Hanna**, tschech. *Haná*, fruchtbare Landschaft in Mähren; Bewohner: *Hannaken* (Tschechen).
**Hannas**, von den Römern eingesetzter Hoherpriester in Jerusalem (6–15 n.Chr.), entscheidend am Prozeß gegen Jesus, Petrus u. Johannes beteiligt.
**Hannibal**, *247/246 v.Chr., †183 v.Chr.; Feldherr Karthagos; Sohn des *Hamilkar Barkas*; überquerte im *2. Pun. Krieg* (218–201 v.Chr.) in einem verlustreichen Zug die Pyrenäen u. Alpen u. stand im Herbst 218 v.Chr. überraschend in Italien; besiegte die Römer 218 v.Chr. am Fluß Trebia, 217 v.Chr. am Trasimen. See u. 216 v.Chr. in der Umfassungsschlacht bei *Cannae*; zog 211 v.Chr. gegen Rom (*Hannibal ad Portas*, »H. vor den Toren«), mußte aber angesichts der Verteidigungsmaßnahmen der Stadt die Belagerung abbrechen; wurde 203 v.Chr. nach Karthago zurückgerufen, das von *Scipio* bedroht wurde, 202 v.Chr. Niederlage bei *Zama*; wurde später von polit. Gegnern aus seiner Heimat vertrieben u. nahm sich im Exil das Leben.
**Hanno**, König von Karthago, Seefahrer; versuchte zw. 520 u. 450 v.Chr. von Gades aus Afrika zu umschiffen, mußte jedoch auf der Höhe von Sierra Leone aus Proviantmangel umkehren.
**Hannover** [-fər], **1.** ehem. dt. Land, vom Weserbergland bis zur Nordseeküste u. zur unteren Elbe. Im NW gehörte auch das Emsland dazu. – Aus dem welf.-braunschweig. Fürstentum Calenberg-Göttingen-Grubenhagen wurde 1692 das *Kurfürstentum H.*, mit dem 1705 auch das Fürstentum Lüneburg vereinigt wurde. 1714–1837 war H. in Personalunion mit Großbritannien verbunden; 1814 wurde es als Königreich neu gebildet. Nach einer Niederlage im Dt. Krieg wurde H. 1866 preuß. Provinz; seit 1946 ist es Teil des Landes

Nds. – **2.** Hptst. des Landes Nds. u. des Reg.-Bez. H. an der Leine u. am Mittellandkanal, 526 000 Ew.; Kultur-, Handels- u. Ind.-Zentrum; got. Marktkirche u. spätgot. Altes Rathaus, Leibnizhaus, barocke Gartenanlage *Herrenhausen* u. *Leineschloß* (17. Jh.); Univ. u. a. HS; versch. Museen u. Theater; Zoo; seit 1947 Dt. Industriemesse (*Hannover Messe*).

**Hannoversch-Münden** → Münden.

**Hanoi**, Hptst. von Vietnam, am Eintritt des Roten Flusses in sein fruchtbares Delta, 2,7 Mio. Ew.; Univ.; wachsende Ind., wichtiger Handelshafen; 1887–1946 Hptst. Frz.-Indochinas.

**Hans-Adam**, *H.-A. II.*, *14.2.1945, Fürst von Liechtenstein; wurde 1989 nach dem Tode seines Vaters Staatsoberhaupt.

**Hanse**, *Hansa*, seit dem 12./13. Jh. übl. Bez. für die genossenschaftl. Vereinigung dt., bes. norddt. Kaufleute, veranlaßt durch gemeinsame Handelsinteressen u. die Notwendigkeit gegenseitiger Unterstützung im Ausland. Später traten an die Stelle der einzelnen Kaufleute als Mitgl. die Heimatstädte. Gegen Ende des 13. Jh. kam es zu einem losen Gesamtverband unter der Führung der Reichsstadt Lübeck. Mitgl. der H. waren Städte vom Niederrhein bis Livland, von Stockholm bis Krakau u. Breslau; sie hatte Kontore u. Faktoreien in London, Bergen, Oslo, Kopenhagen, Nowgorod u. a. außerdt. Städten. In ihrer Blütezeit im 14. Jh. hatte die H. über 160 Mitgl. War der Handel gefährdet, so stellte die H. eine ansehnl. Streitmacht. Die Erschließung des großen einheitl. Wirtschaftsraumes der H. führte zum Aufblühen der Städte, vor allem in N- u. O-Europa. Mit dem Erstarken Englands u. der Niederlande, dem Entstehen der Territorialstaaten durch zunehmende Macht der Landesfürsten kam es im 15./16. Jh. zum Niedergang der H., im 17. Jh. zu ihrer Auflösung. Bremen, Lübeck u. Hamburg nennen sich noch heute »Freie Hansestadt«. – **Hanseaten**, die Bürger der H.städte.

**Hansen**, **1.** *Christian Fredrik*, *1756, †1845, dän. Architekt (Klassizismus). – **2.** *Hans Christian*, Bruder von 4), *1803, †1883, dän. Architekt des Historismus; Wiederaufbau des Niketempels auf der Akropolis von Athen. – **3.** *Martin Alfred*, *1909, †1955, dän. Schriftst.; Entwicklung vom soz. zum religiösen Realismus. – **4.** *Theophil Edvard*, Bruder von 2), *1813, †1891, dän. Architekt des Historismus; tätig in Athen u. Wien.

**Hanslick**, *Eduard*, *1825, †1904, östr. Musikkritiker u. -schriftst.

**Hansom**, *Hansomcab* ['hænsəm(kæb)], zweirädrige Mietkutsche mit hohem Kutschersitz an der Rückseite.

**Han Suyin** ['ha:n su:'jin], *12.9.1917, engl. Schriftst. chin. Herkunft; u. a. autobiograph. Romane über den Konflikt zw. der chin. u. der europ. Welt.

**Hanswurst**, ein gutmütiger, Spaß treibender Mensch, den man nicht ernst nimmt. Als Bühnengestalt die komische Person des älteren dt. Schauspiels, lebte in der Wiener Volkskomödie des 18./19. Jh. in vielen Wandlungen weiter, im *Kasperle* fast unverändert erhalten.

**Hantel**, ein Sportgerät, bestehend entweder aus einer Stange u. Scheiben oder aus zwei Eisenkugeln mit Verbindungsstab; verwendet beim Gewichtstraining, Krafttraining, Body-Building u. zum Gewichtheben.

**Hanyang**, Stadtteil der chin. Stadt *Wuhan*.

**Han Yu** [xan y], *768, †824, chin. Dichter; wortgewandter Verfechter des reinen Konfuzianismus; erneuerte den einfachen Prosastil *(Guwen)*.

**haploid**, Bez. für Zellen oder Organismen, die nur einen einfachen Chromosomensatz haben (Haplonten); Ggs.: *diploid, polyploid.*

**Happening** ['hæpəniŋ], eine im Gefolge der *Pop-art* entstandene Aktionsform der Kunst der 1960er Jahre, bei der ein mitunter improvisiertes »Geschehen« von oft sozialkrit. oder absurdem Charakter vorgetragen wurde, wobei das Publikum die Distanz zum Kunstereignis verlieren sollte. Hauptvertreter: in den USA Jim *Dine* u. Allan *Kaprow*, in Dtld. Joseph *Beuys* u. Wolf *Vostell*.

**Happy-End** ['hæpi ɛnd], glücklicher Schluß in Romanen u. Filmen.

**Harakiri** → Seppuku.

**Harald**, Fürsten.

England:

**1. H. II., Harold II.**, *1022, †1066; der letzte angelsächs. König; wurde 1066 von *Wilhelm dem Eroberer* bei Hastings geschlagen u. fiel.

*Hanse: Zollstelle am Hamburger Hafen; Miniatur zum »Schiffsgericht«, 1497 (Hamb. Stadtrecht)*

Norwegen:

**2. H. Haarfagri** [»Schönhaar«], König um 860–933; besiegte die Stammeskönige u. einigte Norwegen für kurze Zeit unter seiner Herrschaft. – **3.** Kronprinz, *21.2.1937, Sohn Olafs V.

**Harappa-Kultur**, vorgeschichtl. ind. Kultur (3.–2. Jt. v. Chr.), ben. nach der Stadt *Harappa* im Pandschab (Pakistan), auch *Indus-Kultur* gen.

**Harare**, ehem. *Salisbury*, Hptst. von Simbabwe, 700 000 Ew.; versch. Ind.; Flughafen.

**Harbig**, *Rudolf*, *1913, †1944, dt. Leichtathlet; hielt Weltrekorde über 400, 800 u. 1000 m.

# Harbin

*Harfe: Doppelpedalharfe. Berlin, Musikinstrumentenmuseum*

**Harbin,** *Charbin,* chin. Stadt in der Mandschurei, Hptst. der Prov. Heilongjiang, 2,5 Mio. Ew.; Univ., zahlr. HS; Ind.- u. Kulturzentrum; Flughafen.
**Hardangerfjord,** 170 km langer Fjord in SW-Norwegen. Die ihn umgebende fruchtbare Landschaft heißt *Hardanger.*
**Hardcover** [ha:rdkavər], Buch mit festem Einband.
**Harden** [ha:dn], **1.** Arthur, *1865, †1940, brit. Chemiker; untersuchte die Vorgänge bei der alkohol. Gärung; Nobelpreis 1929. – **2.** Maximilian, eigtl. M. Felix Ernst *Witkowski,* *1861, †1927, dt. Publizist; Hrsg. der demokrat. Wochenschrift »Die Zukunft« (1892–1923).
**Hardenberg, 1.** Friedrich Frhr. von → Novalis. – **2.** Karl August Reichsfreiherr, seit 1814 Fürst von, *1750, †1822, preuß. Politiker; 1804–06 Außen-Min., seit 1810 Staatskanzler; setzte die Reformen des Frhr. vom Stein fort *(Stein/H.sche Reformen),* z.B. Gewerbe- u. Religionsfreiheit.
**Harding** [ˈhɑ:diŋ], Warren Gamaliel, *1865, †1923, US-amerik. Politiker (Republikaner); 29. Präs. der USA (1921–23).
**Hard Rock** [ha:d-], sehr laute, stark rhythmisierte Rockmusik.
**Hardt** → Haardt.
**Hardt,** Ernst, *1876, †1947, dt. Schriftst.; Vertreter der Neuromantik.
**Hardtop,** fester Dachaufsatz für Sportwagen.
**Hardware** [ˈha:dwɛə] → Computer.
**Hardy** [ˈha:di], Thomas, *1840, †1928, engl. Schriftst. (Romane u. Lyrik).
**Hare-Krishna-Bewegung,** *Internationale Gesellschaft für Krishna-Bewußtsein,* 1966 durch den Inder Swami *Prabhupada* gegr. Jugendreligion auf hinduist. Grundlage.
**Harem,** der Frauenbereich des islam. Hauses, den außer dem Hausherrn kein Mann betreten darf.
**Häresie,** *Ketzerei,* eine von der offiziellen kirchl. Lehre abweichende Auffassung (Irrlehre). – **Häretiker,** Ketzer, vertritt eine von der kirchl. Lehre abweichende Auffassung.
**Harfe,** ein altes Seiteninstrument, das mit den Fingern gezupft wird. Bei der Konzert-H. läßt sich die Saitenstimmung durch Pedale mehrmals verändern.
**Hargeysa,** Stadt im NW von Somalia (O-Afrika), 80 000 Ew.; Handelszentrum; Flughafen.
**Harig,** Ludwig, *18.7.1927, dt. Schriftst.; experimentelle Texte, gesellschaftskrit. Stücke, Hörspiele u. Erzählungen.
**Haring** [ˈhæriŋ], Keith, *1958, †1990, US-amerik. Maler; Hauptvertreter der Graffiti-Kunst.

**Häring, 1.** Bernhard, *10.11.1912, dt. kath. Theologe; bemüht sich um eine Erneuerung der Moraltheologie aus bibl. Sicht. – **2.** Hugo, *1882, †1958, dt. Architekt; trat für das *organ. Bauen* ein; Gründer der Architekturvereinigung »Der Ring«. – **3.** Wilhelm → Alexis, Willibald.
**Haringer,** Jakob, *1898, †1948, dt. Schriftst.; schrieb weltschmerzl. u. volksliednahe Lyrik.
**Haringvliet,** der nördlichste, breite Mündungstrichter des Rhein-Maas-Schelde-Deltas, zwischen den Inseln Voorne-Putten u. Goree-Overflakkee; 1970 im Rahmen des Deltaplans durch einen 4,5 km langen Damm mit 1 km breitem Schleusenkomplex abgeschlossen.
**Hariri,** Abu Muhammad Al-Kasim Al-H., *1054, †1122, arab. Dichter u. Gelehrter.
**Harkort,** Friedrich, *1793, †1880, dt. Industrieller u. Politiker; Mitgl. der *Frankfurter Nationalversammlung;* führte in seinen Kupfer- u. Eisenwerken Wohlfahrtseinrichtungen u. Arbeiterkrankenkassen ein.
**Harlekin,** dt. Name für die Bühnenfigur des ital. Arlecchino. – **H.ade,** Possenspiel mit dem *H.* als Hauptperson.
**Harlem,** Stadtteil von New York, auf Manhattan, rd. 1,2 Mio. Ew. (hpts. Farbige).
**Harlingen** [ˈharliŋə], Hafenstadt in den Niederlanden, Prov. Friesland, im N des Absperrdeichs des IJsselmeers, 15 000 Ew.
**Harlinger Land,** *Hegelinger Land,* Marsch- u. Geestlandschaft nördl. von Aurich (Ostfriesland), Hauptort *Esens.*
**Harlow** [ˈhɑ:ləʊ], neue Stadt nordöstl. von London, 1947 gegr. 70 000 Ew.
**Harmattan,** trocken-heißer, staubreicher Wind aus der Sahara in den südl. angrenzenden Gebieten der Guinea-Küste.
**Harmonie, 1.** Einklang, Übereinstimmung. – **2.** der Zusammenklang versch. Töne als Akkord. Man unterscheidet spannungslose *(konsonante)* u. spannungsgeladene *(dissonante)* Akkorde. – **H.lehre,** Lehre von den Gesetzen der Funktionen u. Verbindungen der Akkorde, zum einen ausgehend von den Tongeschlechtern *Dur* u. *Moll,* zum anderen von dem Phänomen der Spannung zw. *Konsonanz* u. *Dissonanz.*
**Harmonika,** im 18./19. Jh. Beiname für verschiedenartige neukonstruierte Musikinstrumente, z.B. *Mund-H., Zieh-H.*
**harmonisches Mittel** → Mittelwert, → harmonische Teilung.
**harmonische Teilung,** die innere u. äußere Teilung einer Strecke AB durch die Punkte C u. D im Verhältnis

$$\frac{\overline{AC}}{\overline{CB}} = \frac{\overline{AD}}{\overline{BD}}.$$

Die Strecke $\overline{CD}$ ist das *harmon.* Mittel zu den Strecken $\overline{AD}$ u. $\overline{BD}$; die Punkte A, B, C, D bilden die *harmon.* Punktgruppe (ABCD).
**Harmonium,** Tasteninstrument in Form eines Klaviers mit orgelähnl. Klang; Tonerzeugung durch Metallzungen, die durch Luftströme zum Schwingen gebracht werden. Der Spieler bewirkt die Luftströme über Blasebälge, die er mit den Füßen (Pedale) betätigt.

*Harmonium (um 1900). Berlin, Musikinstrumentenmuseum*

**Harn,** Urin, flüssiges Ausscheidungsprodukt der Nieren, bestehend aus Wasser, Salzen u. Abfallprodukten des Körpers sowie *H.stoff* u. *H.säure,* beim Menschen etwa 1,5 l; Diagnose von Krankheiten (z.B. Diabetes) durch H.untersuchungen. Der H. sammelt sich in der **H.blase** *(Blase),* die in der Mitte des kleinen Beckens liegt (Normalinhalt 300–400 cm³). Die Entleerung durch die *H.wege* wird durch den inneren u. äußeren Schließmuskel geregelt.
**Harnack,** Adolf von, *1851, †1930, dt. ev. Theologe u. Kirchenhistoriker; führender Vertreter der liberalen Theologie.
**Harngrieß,** *Harnsand,* feine u. feinste Nierenstein-Bestandteile, die von diesen stammen oder ihre Vorstufe sind.
**Harnisch 1.** durch Reibung entstandene glatte u. geschrammte Gesteinsoberfläche an einer Felswand. – **2.** der zum Schutz des Oberkörpers bestimmte Teil der *Rüstung;* im frühen MA in der Art des *Hauberts,* später ganz aus Eisen, dann aus Stahl.
**Harnkolik,** *Harnblasenkolik,* krampfhafte Schmerzen der Harnblase bei Blasensteinen oder Blasenkatarrh.
**Harnleiter,** muskulöser Verbindungsgang zw. Nierenbecken u. Blase.
**Harnoncourt** [arnɔ̃ˈku:r], Nicolaus, *6.2.1929, östr. Dirigent u. Cellist; richtungweisender Interpret alter Musik.
**Härnösand,** Hafen u. Prov.-Hptst. in N-Schweden, 27 000 Ew.; Holzverarbeitung.
**Harnröhre,** *Urethra,* Ausleitungsgang der Harnblase; beim Menschen etwa bleistiftdick u. mit Schleimhaut ausgekleidet, bei der Frau etwa 3, beim Mann etwa 18 cm lang.
**Harnsäure,** Endprodukt des Eiweißstoffwechsels bei Reptilien u. Vögeln, beim Menschen des Nucleinsäurestoffwechsels (neben *Harnstoff*). H. findet sich beim Menschen im Harn. Ablagerung von H. in den Gelenken führt zur *Gicht,* in der Harnblase zu *Blasensteinen.*
**Harnsteine** → Blasensteine, → Nierensteine, → Uretersteine.
**Harnstoff,** *Urea, Carbamid,* $H_2N-CO-NH_2$, Endprodukt des Eiweißabbaus im Säugetierorganismus; synthet. hergestellt zur Verwendung als Düngemittel u. zur Herstellung von Kunstharzen (H.-Formaldehyd), Schlafmitteln (Barbiturate), Arzneimitteln u. Sprengstoffen.
**Harnvergiftung, 1.** *Urämie,* echte, stille Urämie, eine Erkrankung, die durch mangelhafte Harnausscheidung bedingt ist. Es kommt zu einer Überschwemmung des Körpers mit harnpflichtigen Substanzen u. damit zu einer Selbstvergiftung. – **2.** *falsche, Pseudo-, Krampf-Urämie,* eine auf Gehirnstörungen beruhende Erkrankung mit ähnl. Symptomen wie bei der echten H. Auch bei hochgradiger Kochsalzverarmung des Körpers kann es zu einem uräm. Krankheitsbild kommen (hypochlorämische Urämie).
**Harnverhaltung,** das Aufhören der Harnausscheidung. Ischurie ist die unvollständige, Anurie (»Harnsperre«) die vollkommene H. Anurie führt immer, Ischurie sehr oft zur *Harnvergiftung.*
**Harnwege,** die Ausleitungsgänge der Ausscheidungsorgane, bes. der Nieren *(Nierenbecken, Harnleiter, Harnblase, Harnröhre).*
**Harnzwang,** *Harnstrenge, Stranguirie,* Zwang zu häufigem Wasserlassen, das nur tropfenweise möglich u. außerordentl. schmerzhaft ist; v.a. bei Harnblasenentzündungen.
**Harold II.** → Harald (1).
**Harpune,** zum Fischfang benutzter Speer, meist mit Widerhaken u. Leine versehen.
**Harpyien, 1.** in der grch. Myth. weibl. Windgeister mit Flügeln, auch als Vögel mit Frauenköpfen dargestellt. – **2.** *Affenadler,* massiger *Greifvogel* mit Federschopf am Hinterkopf, in den Waldgebieten Süd- u. Mittelamerikas.
**Harrisburg** [ˈhærisbə:g], Hptst. von Pennsylvania (USA), 76 000 Ew. versch. Ind.; Kernkraftwerk, in dem sich 1979 ein Reaktorunfall ereignete.
**Harrison** [ˈhærisən], Rex, *1908, †1990, brit. Schauspieler; bes. Erfolg als Prof. Higgins in »My fair Lady«.
**Harrogate** [ˈhærəgit], Badeort in N-England, 63 000 Ew.
**Harrow** [ˈhærəʊ], Stadtteil von Greater London, 208 000 Ew. – *H. School* (gegr. 1571), eine der berühmtesten engl. Internatsschulen.
**Harsányi** [ˈhɔrʃɑnji], Zsolt, *1887, †1943, ung. Schriftst. (histor. biograph. Romane).

*Weißer Hartriegel*

**Harsch,** aufgetauter u. wieder hartgefrorener Schnee.
**Harsdörffer,** *Harsdörfer,* Georg Philipp, *1607, †1658, dt. Barock-Dichter; W »Poetischer Trichter, die teutsche Dicht- u. Reimkunst… in 6 Stunden einzugießen« (sog. *Nürnberger Trichter*).
**Hart,** Brüder, dt. Schriftst. u. Kritiker: Heinrich (*1855, †1906), u. Julius (*1859, †1930); wirkten in Berlin als Wegbereiter des Naturalismus.
**Hartblei,** Blei-Antimon-Zinn-Legierung, verwendet als Letternmetall.
**Härte,** der durch Molekularkräfte bedingte Widerstand, den ein Körper dem Eindringen eines anderen entgegensetzt; in der Technik meist mit Hilfe von *Härteprüfgeräten* bestimmt, bei denen aus der Eindringtiefe, den ein genormter Prüfkörper (Kegel, Kugel, Pyramide) hinterläßt, oder aus den Abmessungen des Eindrucks auf die H. des Werkstoffs geschlossen wird. Bes. bekannt ist die *Brinellsche Kugeldruckprobe (Brinellhärte).* – **H. des Wassers,** der Gehalt an gelösten Calcium- u. Magnesiumverbindungen. Nach den *Deutschen Härtegraden* gilt: 0 – 4°d sehr weich; 4 – 8°d weich; 8 – 18°d mittelhart; 18 – 30°d hart; >30°d sehr hart. Hartes Wasser ist unerwünscht, weil Seifen mit den Calciumverbindungen unlösl. Salze bilden u. weil sich in Dampfkesseln Kesselstein absetzt.
**härten,** die Festigkeit erhöhen, bes. bei Metallen, Glas u. Kunstharzen, meist durch Wärmebehandlung oder chem. Reaktionen.
**Härteskala,** *Mohssche H.,* von Friedrich Mohs aufgestellte Tabelle zur Bestimmung der Ritzhärte von Mineralien.
**harte Strahlen,** Strahlen energiereicher Teilchen mit großem Durchdringungsvermögen, z.B. harte *Röntgenstrahlen.*
**harte Währung,** eine freikonvertierbare Währung mit relativ stabilem Wert.
**Hartford,** Hptst. von Connecticut (USA), am Connecticut River, 162 000 Ew.; Elektro-, Maschinen-, Waffenind.
**Hartgummi,** *Ebonit,* vulkanisierter Kautschuk mit 30–35 % Schwefelgehalt; bes. als Isolierstoff verwendet.
**Hartguß,** Eisen-Kohlenstoff-Legierung mit geringem Graphitanteil, bes. hart u. verschleißfest.
**Hartlaub, 1.** Felix, *1913, verschollen seit 1945, dt. Schriftst.; als histor. Sachbearbeiter im Führerhauptquartier bei der Abteilung »Kriegstagebuch«. – **2.** Geno (Genoveva), Schwester von 1), *7.6.1915, dt. Schriftst. (Romane, Novellen, Hörspiele).
**Hartlaubvegetation,** an warme, sommertrockene u. winterfeuchte Klimate der gemäßigten Breiten angepaßte Gehölze; meist immergrüne Pflanzen mit harten Blättern.
**Hartleben,** Otto Erich, Pseud.: Henrik *Ipse* u. Otto *Erich*, *1864, †1905, dt. satir. Schriftst.
**Hartlepool** ['haːtlipuːl], Hafenstadt in NO-England, vereinigt mit dem Kohlenexporthafen *West H.*, 99 000 Ew.; Schwerind.
**Hartline** ['haːtlain], Haldan Keffer, *1903, US-amerik. Physiologe; begründete die Elektroretinographie; Nobelpreis für Medizin 1967.
**Härtling,** Peter, *13.11.1933, dt. Schriftst. (Gedichte, Romane, Essays, Kinderbücher).
**Härtlinge,** Berge oder Hügel aus bes. widerstandsfähigem Material, die nicht so schnell abgetragen wurden wie ihre Umgebung.
**Hartmann, 1.** Eduard von, *1842, †1906, dt. Philosoph; prägte den Begriff des »Unbewußten«, der bei ihm nicht psycholog., sondern kosmolog. (als unbewußter Weltwille) zu verstehen ist. – **2.** Karl

Amadeus, *1905, †1963, dt. Komponist; einer der wichtigsten Sinfoniker der neuen Musik. – **3.** Max, *1876, †1962, dt. Zoologe u. Naturphilosoph; grundlegende Arbeiten über die Geschlechtsbestimmung bei Einzellern sowie eine allg. *Sexualitätstheorie.* – **4.** Moritz, *1821, †1872, östr. Politiker u. Publizist; Abg. der radikalen Linken in der Frankfurter Nationalversammlung; Teilnahme am Wiener u. am Badischen Aufstand. – **5.** Nicolai, *1882, †1950, dt. Philosoph; Vertreter einer realist. Ontologie, deren Grundgedanke der Aufbau der Welt aus 4 Schichten ist.
**Hartmannbund,** Verband *der Ärzte Deutschlands e.V.,* freiwillige Vereinigung der Ärzte zur Wahrnehmung ihrer wirtsch. Interessen in der BR Dtld. u. in Westberlin, gegr. 1900 von dem dt. Arzt Hermann *Hartmann* (*1863, †1923).
**Hartmann von Aue,** *um 1165, †1210, mhd. Dichter (Minne- u. Kreuzzugslieder, Epik); W »Erec«, »Iwein«, »Der arme Heinrich«.
**Hartmetalle,** metall. Werkstoffe von bes. großer Härte u. guter Temperaturbeständigkeit, bestehend aus Carbiden, die mit Kobalt- oder Nickelpulver gemischt u. im Elektroofen gesintert werden, bekannte H.: *Duria, Titanit* u. *Widia.*
**Hartog** [-tɔx], Jan de, *22.4.1914, niederl. Schriftst. (gesellschaftskrit. Romane u. Dramen).
**Hartporzellan,** ein Porzellan, das im Unterschied zum *Weichporzellan* einen hohen Anteil an Tonsubstanz (Kaolin) enthält u. bei höherer Temperatur gebrannt werden muß.
**Hartriegel,** *Cornus,* Gatt. der H.gewächse; beliebte Gartenpflanzen; hierzu u.a. die *Kornelkirsche (Dirlitze),* der *Rote H.* u. der *Schwedische H.*
**Hartschier,** *Hatschier,* urspr. ein Armbrustschütze; seit dem 15. Jh. Bez. für die Leibgarde des bay. Herrscherhauses.
**Hartung, 1.** Hans, *21.9.1904, frz. Maler u. Graphiker dt. Herkunft; ungegenständl. Malerei, an asiat. Tuschmalerei erinnernd. – **2.** Hugo, *1902, †1972, dt. Schriftst.; W »Ich denke oft an Piroschka«, »Wir Wunderkinder«. – **3.** Karl, *1908, †1967, dt. Bildhauer (ungegenständl. Plastiken).
**Harun Ar Raschid,** *763 oder 766, †809, Abbasiden-Kalif 786–809 in Bagdad. Er ist in den Erzählungen »1001 Nacht« volkstüml. idealisiert.
**Harunobu,** Suzuki, *um 1725, †1770, jap. Maler u. Holzschnittzeichner (Genreszenen).
**Haruspex,** der etrusk.-röm. Priester, der durch die Leberschau der Opfertiere die Zukunft deutete.
**Harvard University** ['haːvəd juːni'vəːsiti], die äl-

teste u. führende US-amerik. Universität, gegr. 1636 in Cambridge bei Boston; ben. nach John *Harvard,* amerik. Theologe, *1607, †1638.
**Harvey** ['haːvei], **1.** Lilian, *1907, †1968, dt. Schauspielerin brit. Herkunft; einer der großen Filmstars der 1930er u. 1940er Jahre. – **2.** William, *1578, †1657, engl. Anatom; begründete 1628 die Lehre vom Blutkreislauf.
**Harwich** ['hærɪdʒ], Hafenstadt in SO-England, 15 000 Ew.; Fährverkehr nach Zeebrügge u. Hoek van Holland.
**Harz,** dt. Mittelgebirge zw. den Flüssen Leine u. Saale, im W der 600–800 m hohe *Oberharz* mit ausgedehnten Fichtenwäldern u. Hochmooren, im *Brocken* (1142 m,) als höchste Erhebung; im O der 300–400 m hohe *Unterharz,* eine einförmige Hochfläche. Früher Abbau von Kupfer, Blei u. Silber, heute v.a. nutzbare Gesteine (Granit, Grau-

*Harz: Okertal*

wacke u.a.) sowie Blei-Zink-Erze; reger Fremdenverkehr.
**Harzburg,** Bad H., Stadt u. heilklimat. Kurort am nördl. Harzrand, Nds., 26 000 Ew.; Kochsalz u. Arsenschwefelquellen.
**Harzburger Front,** der vorübergehende Zusammenschluß der »nationalen Opposition« unter der Initiative A. *Hugenbergs* gegen die Regierung H. *Brüning* u. die Weimarer Republik überhaupt. An dem Treffen in Bad Harzburg am 11.10.1931 beteiligten sich Führer u. Abordnungen der *Deutschnationalen Volkspartei,* des *Stahlhelm,* der NSDAP, der *Vereinigten Vaterländischen Verbände* sowie prominente Einzelgänger aus Fürstenhäusern, Finanz- u. Wirtschaftsleben. Die Regierung Brüning zerbrach 1932.
**Harze,** *Resina,* komplizierte Gemische aus organ. Stoffen mit glasartig-amorphen oder festflüssigen Eigenschaften. Absonderungen des pflanzl. Stoffwechsels, die v.a. bei Nadelholzgewächsen aus künstl. oder natürl. Verletzungen austreten bzw. aus fossilen Pflanzen (Bernstein) entstanden sind. Falls die H. nach dem Austritt flüssig bleiben, bezeichnet man sie als *Balsam;* sofern sie durch Verdunsten der äther. Öle u. durch Oxidationserscheinungen an der Luft erhärten, werden sie *Hartharze* genannt. H. bestehen hauptsächl. aus Harzsäuren, Harzalkoholen, Harzestern u. Kohlenwasserstoffen, mit äther. Ölen gemischt (z.B. Terpentinöl). Wichtige Harzarten: *Kolophonium, Sandarak, Mastix, Bernstein* u. *Kopal.* H. werden zur Herstellung von Klebstoffen, Künstlerfarben u. Lacken verwendet.
**Harzer Roller, 1.** *Harzerkäse, Harzkäse,* ein Sauermilchkäse, der nur als Magerkäse hergestellt werden darf. – **2.** im Harz gezüchteter, bes. gut singender Kanarienvogel.
**Hasan** → Hassan.
**Hasard,** Zufall, Glück, Ungefähr; Glücksspiel. –
**Hasardeur** [-døːr], Glücksspieler.
**Hasas,** Chajim, eigtl. *Drabkin,* *1898, †1973; isr.

*Harun Ar Raschid; Miniatur von Behzad (16. Jahrhundert). Paris, Bibliothèque Nationale*

**Hasch** → Haschisch.

**Haschee,** *Haschè,* Gericht aus gehacktem Fleisch (auch Lunge oder Fisch).

**Haschemiten,** *Haschimiden,* arab. Herrscherdynastie, die ihren Stammbaum auf den Propheten Mohammed zurückführt; im Irak 1958 entthront, in Jordanien noch heute durch *Hussain II.* an der Regierung.

**Haschisch,** *Hasch,* ein Rauschmittel aus dem Harz des *Indischen Hanfs;* wird geraucht; erzeugt keine Sucht im medizin. Sinne, führt jedoch zu psych. Abhängigkeit.

**Hasdrubal, 1.** †207 v.Chr.; Sohn des *Hamilkar Barkas,* Bruder *Hannibals;* kämpfte in Spanien gegen die beiden *Scipionen* u. vernichtete ihr Heer; fiel in der Schlacht am Metaurus in Italien. – **2.** Feldherr Karthagos, †221 v.Chr. (ermordet), Schwiegersohn des *Hamilkar Barkas;* dehnte die Herrschaft Karthagos bis zum Ebro aus.

**Hase, 1.** *Haase,* rechter Nebenfluß der Ems, 130 km; mündet bei Meppen. – **2.** *Lepus,* kleines Sternbild südl. des Orion. – **3.** → Hasen.

**Hašek** ['haʃɛk], Jaroslav, *1883, †1923, tschech. Schriftst.; satir. Roman »Die Abenteuer des braven Soldaten Schwejk«.

**Haselhuhn,** kleines Rauhfußhuhn in Europa u. Asien.

**Haselmaus,** zu den *Bilchen* gehörendes Nagetier von ca. 7 cm Körperlänge u. fast körperlangem Schwanz.

**Haselnuß,** *Hasel,* über die nördl. gemäßigte Zone verbreitetes *Birkengewächs,* Waldstrauch mit eßbaren Nüssen, die auch zu Speiseöl verarbeitet werden; in Europa, Asien u. N-Amerika.

**Haselwurz,** *Asarum,* Gatt. der *Osterluzeigewächse;* in Mitteleuropa heimisch die *Gewöhnl. H.,* eine Staude mit dunkelgrünen ledrigen Blättern u. braunrot gefärbten Blüten.

**Hasen,** *Leporidae,* weltweit verbreitete Fam. der Säugetiere; mit gestrecktem Körper u. Kopf, großen Ohren (»Löffel«), kurzem Schwanz (»Blume«), gespaltenen Lippen (»Hasenscharte«) u. Sprungbeinen; hierzu u.a. *Kaninchen, Feldhase, Schneehase.*

**Hasenclever,** Walter, *1890, †1940, dt. Schriftst. (expressionist. Dramen, Lustspiele).

**Hasenmäuse** → Chinchillas.

**Hasenscharte,** ein- oder beidseitige, angeborene Spaltbildung der Oberlippe; eine durch unvollständige Verwachsung der Oberkieferfortsätze mit dem Stirnfortsatz entstandene Mißbildung; reicht die Spaltung bis in den Gaumen, so handelt es sich um den *Wolfsrachen.* Korrekturen durch frühzeitige plast. Operation.

**Haskala,** die rationalist. Aufklärungsbewegung der ost- u. mitteleurop. Juden seit dem 18. Jh.

**Haskil,** Clara, *1895, †1960, rumän. Pianistin; bed. Mozart-, Schubert- u. Schumann-Interpretin.

**Haskovo** ['xaskɔvɔ], *Haskowo,* Hptst. des gleichn. bulgar. Bez., 81 000 Ew.; alte Moschee; Lebensmittel-, Textil- u. Tabakind.

**Hasmonäer** → Makkabäer.

**Haspel,** Walze oder Trommel zum Aufwickeln von Fäden, Seilen oder Stoffbahnen.

**Haspinger,** Joachim (Johann Simon), *1776, †1858, Tiroler Freiheitskämpfer; Kapuziner; 1809 neben A. *Hofer* u. J. *Speckbacher* Führer im Freiheitskampf Tirols gegen Napoleon I.

**Haß,** feindseliges Gefühl bzw. Verhalten gegen Menschen, Gruppen, Institutionen oder ihre Träger. H. ist zwar der Ggs. zu Liebe, kann aber auch, bes. im Bereich der Sexualität, mit ihr verbunden sein (*H.liebe*).

**Hass,** Hans, *12.1.1919, öst. Unterwasserforscher; bekannt durch verfilmte Unterwasserjagden u. durch größere Expeditionen.

**Hassan,** *Hasan,* **H. II.,** *9.7.1929, König von Marokko seit 1961.

**Haßberge,** bewaldeter Bergrücken in Franken, zw. Saale u. Main (bei Bamberg), in der Nassacher Höhe 506 m.

**Hasse, 1.** Johann Adolf, *1699, †1783, dt. Komponist; Hauptvertreter der ital. *Opera seria* in Dtld., auch Oratorien u. Kirchenmusik. – **2.** Otto Eduard (O.E.), *1903, †1978, dt. Schauspieler; Charakterdarsteller (u.a. »Canaris«).

**Hassel, 1.** Kai-Uwe von, *21.4.1913, dt. Politiker (CDU); 1963–66 Bundes-Min. der Verteidigung, 1966–69 für Vertriebene, Flüchtlinge u. Kriegsgeschädigte, 1969–72 Präs. des Bundestags, 1972–76 Vize-Präs. des Bundestags, 1979–84 Mitgl. des Europaparlaments. – **2.** Odd, *1897, †1981, norw. Chemiker; Untersuchungen zur Struktur der Ringverbindungen; 1969 Nobelpreis für Chemie.

**Hasselfeldt,** Gerda, *7.7.1950, dt. Volkswirtin u. Politikerin; seit 1989 Bundesmin. für Raumordnung, Bauwesen u. Städtebau.

**Hassell,** Ulrich von, *1881, †1944 (hingerichtet), dt. Diplomat; 1932–37 Botschafter in Rom; spielte eine führende Rolle in der *Widerstandsbewegung* gegen Hitler.

**Hasselt,** Hptst. der belg. Prov. Limburg, nw. von Lüttich, an der Demer u. am Albert-Kanal (Hafen), 65 000 Ew.

**Haßfurt,** Krst. in Unterfranken (Bay.), am Main, 11 000 Ew.

**Haßler,** *Hasler,* Hans Leo, *1564, †1612, dt. Komponist (Kirchenmusik u. mehrstimmige weltl. Lieder).

**Haßloch,** Gem. in Rhld.-Pf., nw. von Speyer, 18 000 Ew.

**Hastings** ['hɛistiŋz], Seebad in SO-England, an der Straße von Dover, 75 000 Ew. – Am 14.10.1066 in der *Schlacht bei H.* besiegte Wilhelm *der Eroberer,* Herzog der Normandie, den angelsächs. König *Harald (Harold) II.*

**Hastings** ['hɛistiŋz], Warren, *1732, †1818, brit. Kolonialpolitiker; 1773–85 Generalgouverneur von Indien.

**Hatheyer,** Heidemarie, *1919, †1990, östr. Schauspielerin.

**Hathor,** grch. *Athyr,* altägypt. Himmels- u. Liebesgöttin, mit Kuhkopf oder -hörnern dargestellt.

**Hatschepsut,** *Hatschepsowet,* ägypt. Königin um 1490–70 v.Chr., Regentin für ihren unmündigen Stiefsohn Tuthmosis III.

**Hattingen,** Stadt in NRW, an der Ruhr, 58 000 Ew.; Eisen- u. Stahlind.; Wasserburg Haus Kemnade.

**Hatto, H. I.,** *um 850 (?), †913, Erzbischof von Mainz 891–913; leitete mit Bischof *Salomon III.* von Konstanz die Reichspolitik unter *Ludwig dem Kind.*

**Hat-trick,** drei von einem Fußballspieler hintereinander erzielte Tore innerhalb einer Halbzeit.

**Hattusa** [ha'tuʃa], *Chattusa,* Hptst. des Reichs der *Hethiter* aus dem 2. Jt. v.Chr., heute Ruine bei dem Dorf *Bogazköy* in der Türkei; umfangreiche Funde von Keilschrifttafeln.

**Haubach,** Theodor, *1896, †1945 (hingerichtet), dt. Journalist; aktiv im republikan. »Reichsbanner

## HAUSKATZEN

*Faltohrkatze*

*Roter Perser*

*Kartäuserkatze*

*Silver-Tabby-Katze, kurzhaarig*

*Siamkatze*

*Getigerte Hauskatze*

Schwarz-Rot-Gold« u. in der *Widerstandsbewegung* gegen Hitler, Mitgl. des *Kreisauer Kreises*.
**Haubenlerche** → Lerchen.
**Haubentaucher**, ein zur Ordnung der *Lappentaucher* gehörender Wasservogel.
**Haubitze**, ein Geschütz.
**Hauck**, Albert, *1845, †1918, dt. ev. Theologe u. Kirchenhistoriker.
**Hauer, 1.** der Bergmann, der vor Ort arbeitet. – **2.** die Eckzähne beim männl. Wildschwein.
**Hauer**, Joseph Matthias, *1883, †1959, östr. Musiktheoretiker u. Komponist; entwickelte unabhängig von A. *Schönberg* eine auf Sechstonkombinationen beruhende Zwölftonmusik (»Tropen«).
**Haufendorf**, eine ländl. Siedlungsform, in der die einzelnen Häuser unregelmäßig verstreut beieinander stehen, ohne einem bestimmten Dorfgrundriß eingeordnet zu sein.
**Hauff, 1.** Volker, *9.8.1940, dt. Politiker (SPD); 1978–80 Bundes-Min. für Forschung u. Technologie, 1980–82 für Verkehr; seit 1989 Oberbürgermeister von Frankfurt a. M. – **2.** Wilhelm, *1802, †1827, dt. Schriftst.; schrieb weltbekannte Märchen (»Kalif Storch«, »Zwerg Nase«, »Der kleine Muck«, »Das kalte Herz«), Novellen u. einen Geschichtsroman (»Lichtenstein«).
**Haugesund** [ˈhœygəsun], norw. Hafenstadt, 27 300 Ew.; Fischfang u. -verarbeitung.
**Hauhechel**, *Ononis*, Gatt. der *Schmetterlingsblütler*; dornige Kräuter oder Sträucher mit rosafarbenen Blüten.
**Hauptfeldwebel**, Dienstgrad in der Dienstgradgruppe der Unteroffiziere mit Portepee; in der Marine *Hauptbootsmann*.
**Hauptgefreiter**, Dienstgrad in der Dienstgradgruppe der Mannschaften; überwiegend techn. Spezialisten.
**Häuptling**, bei Naturvölkern der anerkannte Führer einer Gemeinschaft (Lokalgruppe, Dorf, Stamm).
**Hauptman**, Herbert A., *14.2.1917, US-amerik. Biophysiker; erarbeitete zus. mit J. *Karle* eine Methode zur Bestimmung von Kristallstrukturen. Nobelpreis für Chemie 1985.
**Hauptmann**, frz. *Capitaine*, engl. *Captain*, Offiziersdienstgrad, meist Kompanieführer.
**Hauptmann, 1.** Carl, Bruder von 2), *1858, †1921, dt. Schriftst. (Romane u. Dramen). – **2.** Gerhart, *1862, †1946, dt. Schriftst.; führender Vertreter des dt. Naturalismus, später u.a. religiöse Visionen, märchenhafte Mystik u. gefühlselige Neuromantik. »Vor Sonnenaufgang«, »Die Weber«, »Der Biberpelz«, »Fuhrmann Henschel«, »Rose Bernd«, »Die Ratten«. Nobelpreis 1912.
**Hauptmann von Köpenick**, scherzhafte Bez. für den vorbestraften Schuster Wilhelm *Voigt* (*1849, †1922), der 1906 in Hauptmannsuniform die Stadtkasse von Köpenick beschlagnahmte. – Tragikomödie »Der H. v. K., ein dt. Märchen« von C. *Zuckmayer* (1930).
**Hauptsatz**, im Unterschied zum *Nebensatz* ein als vollständige Äußerung geltender Satztyp.
**Hauptschule**, eine der drei Schultypen des herkömml. dreigliedrigen Schulwesens in der *Sekundarstufe I*; umfaßt die Klassen 5–9/10, bei 6jähriger Grundschule oder selbständiger Orientierungsstufe der 7.–9. Klasse.
**Hauptstadt**, die Stadt, in der Reg. u. Parlament eines Staates ihren Sitz haben, in Monarchien meist gleichzeitig *Residenz*.
**Haupt- und Staatsaktionen**, von J. Chr. *Gottsched* geprägte Bez. für die Ausstattungsstücke histor.-polit. Inhalts der Wanderbühnen des 17./18. Jh.
**Hauptverhandlung**, der Verfahrensabschnitt im *Strafprozeß*, in dem die Entscheidung über die Klage gefällt wird. Die H. darf nur mündl. u. in ständiger Anwesenheit eines Richters, Staatsanwalts u. des Angeklagten (mit Verteidiger) stattfinden.
**Hauptversammlung**, die Generalversammlung einer *Aktiengesellschaft* oder einer *Kommanditgesellschaft auf Aktien*.
**Hauptwort** → Substantiv.
**Hausa**, *Haussa*, Hauptvolk (rd. 25 Mio.) des westl. u. mittleren Sudan mit eigener Sprache, v.a. Bauern, Händler u. Handwerker; im 12. Jh. gegr., seit dem 14. Jh. islamisiert.
**Hausbesetzung**, das unbefugte Einziehen in leerstehende Häuser, meist als Protest gegen eine verfehlte Wohnungsbau- u. Mietpolitik u. den Verfall von Bausubstanz; als *Hausfriedensbruch* strafbar.

*Königin Hatschepsut, 18. Dynastie. New York, Metropolitan Museum of Art*

**Hausbock**, bis 20 mm langer, schwarzer *Bockkäfer*. Die Larven fressen in trockenem Bauholz (gefährl. Schädling).
**Hausdurchsuchung**, östr. für *Haussuchung*; → Durchsuchung.
**Hausen**, *Beluga*, bis 9 m langer u. 1,3 t schwerer *Stör* des Schwarzen u. Asowschen Meers; wertvoller Kaviarlieferant.
**Hauser**, Kaspar, *1812 (?), †1833 (ermordet), ein angebl. völlig isoliert aufgewachsener Findling, der 1828 in Nürnberg auftauchte. Seine rätselhafte Herkunft gab zu vielerlei Vermutungen (bad. Prinz, Abkömmling Napoleons) u. zu reicher Literatur Anlaß.
**Häuser**, *Felder*, die 12 Teile, in die der Himmel über u. unter dem Horizont eines Ortes eingeteilt wird.
**Hausfriedensbruch**, die Verletzung des *Hausrechts* durch widerrechtl. Eindringen in fremde Räume oder Grundstücke; nach Antrag strafbar.
**Haushalt, 1.** die im *H.splan* erfaßte Wirtschaft der öffentl.-rechtl. Körperschaften. – **2.** die Wirtschaftsführung einer Wohngemeinschaft (Familie) oder Einzelperson.
**Haushaltsplan**, *Etat*, *Budget*, die Gegenüberstellung der voraussichtl. Einnahmen u. Ausgaben der öffentl.-rechtl. Körperschaften (Staat, Länder, Gemeinden) für ein oder zwei Haushaltsjahre; werden nach Verabschiedung des H. durch das Parlament noch zusätzl. Mittel benötigt, so ist ein *Nachtragshaushalt* erforderlich.
**Haushofer, 1.** Albrecht, Sohn von 2), *1903, †1945 (erschossen), dt. Geograph u. Schriftst.; wegen Verbindung zum Widerstand 1944 verhaftet; schrieb im Gefängnis die »Moabiter Sonette« (posthum 1946). – **2.** Karl, *1869, †1946 (Selbstmord), dt. Offizier u. Geograph; führender Vertreter der Geopolitik in Dtld.; beeinflußte mit seinen Ideen den Nationalsozialismus.
**Haushuhn** → Huhn.
**Haushund** → Hunde.
**Hausindustrie**, *Verlagssystem*, ein sich bereits im Hoch-MA entwickelndes Betriebssystem, das den Übergang vom Handwerk zum Industriebetrieb bildet u. bes. im 18. Jh. die vorherrschende Organisationsform des Gewerbebetriebs war: Die *Hausgewerbetreibenden* u. *Heimarbeiter* arbeiten in der eigenen Werkstätte (oft unter schlechten Licht- u. Raumverhältnissen) gegen Stücklohn für einen Unternehmer *(Verleger)*, der den Absatz u. meist auch die Rohstoff- u. Werkzeugbeschaffung übernahm.
**Hauskatze**, vom Rassenkreis der *Wildkatze* abstammendes Haustier, von den alten Ägyptern bereits aus der *Falbkatze* domestiziert. Hauptrassen: *Angorakatzen*, *kurzhaarige Marmorfarbene* u. *Siamkatzen*.
**Häusler**, *Kätner*, ein Dorfbewohner mit kleinem Landbesitz u. Wohnhaus, der auf Lohnarbeit angewiesen ist.
**Hausmacht**, der Erbbesitz eines regierenden Fürstenhauses.
**Hausmann, 1.** Manfred, *1898, †1986, dt. Schriftst.; Erzählungen, gefühlsbetonte Lyrik u. Romane. – **2.** Raoul, *1886, †1971, östr. Schriftst., Photograph u. Kunsttheoretiker; gründete 1918 mit R. *Huelsenbeck*, J. *Heartfield*, G. *Grosz* u.a. den Berliner »Club Dada«.
**Hausmarke**, *Hauszeichen*, Eigentumszeichen an bewegl. u. unbewegl. Sachen; auch ein bevorzugt geführtes Erzeugnis einer Firma.
**Hausmaus** → Mäuse.
**Hausmeier**, lat. *maior domus*, der höchste Amtsträger am fränk. Königshof. Den *Arnulfingern* gelang es 687, das Amt erbl. für das ganze Reich an sich zu bringen. Die H. wurden zu unabhängigen Regenten des Reichs u. drängten die Könige zur Bedeutungslosigkeit herab. 751 übernahm der H. *Pippin der Jüngere* selbst das Amt des Königs.
**Hausmutter**, ein großer *Eulen-Schmetterling*.
**Hausner**, Rudolf, *14.12.1914, östr. Maler der »Wiener Schule«.
**Hausrecht**, das Recht des Hausherrn, Wohnungs- oder sonstigen Inhabers befriedeten Besitztums, über dessen Benutzung durch andere zu bestimmen u. sich notfalls der widerrechtl. Störung des *Hausfriedens* mit Gewalt zu erwehren.
**Hausruck**, waldreicher Bergrücken im oberöstr. Alpenvorland, im *Göblberg* 800 m; Braunkohlenabbau.
**Haussa** → Hausa.
**Hausschaf** → Schaf.
**Hausschwamm**, *Holzpilz*, *Tränenschwamm*, der gefährl. Pilz-Schädling des verbauten Holzes, wegen seines geringen Wasserbedarfs bes. widerstandsfähig u. schwer zu bekämpfen.
**Hausse** [ˈ(h)oːs(ə)], Wirtschaftsaufschwung; Börsenausdruck für das Ansteigen der Kurse u. Anziehen der Preise; Ggs.: *Baisse*.
**Haussmann, 1.** [osˈmann], Georges-Eugène, *1809, †1891, frz. Städteplaner u. Advokat; führte im Auftrag Napoleons III. die Umgestaltung von Paris durch (Avenuen, Boulevards, Sternplätze u.ä.), wobei das mittelalterl. Stadtbild zerstört wurde. – **2.** Helmut, *18.5.1943, dt. Politiker (FDP); 1984–88 Generalsekretär der FDP, seit 1988 Bundeswirtschaftsminister.
**Haussuchung** → Durchsuchung.
**Hausurnen**, keram. Aschenurnen in Hausform, seit der Jungsteinzeit in Südosteuropa nachweisbar.
**Hauswurz**, *Sempervivum*, Gatt. der *Dickblattgewächse*, Zierpflanze mit fleischigen Blattrosetten; die Echte H. mit rosenroten Blüten.
**Haut**, grch. *Derma*, lat. *Cutis*, beim Menschen u. bei den meisten Wirbeltieren die aus drei Schichten aufgebaute Oberflächenbedeckung: *Ober-H.*, *Leder-H.* u. *Unter-H.*; dient zum Schutz gegen äußere Einwirkungen, als Sinnesorgan (für Temperatur, Druck, Schmerz), als Organ der Atmung *(H.atmung)*, der Ausscheidung (z.B. Schweiß) u. der Wärmeregulation. Die mit der Ober-H. verbundene Leder-H. beherbergt Haarbälge, Talg- u. Schweißdrüsen, Nervenzellen sowie Blutgefäße; in der Unter-H. befinden sich Fettzellen u. das Bindegewebe. Die H.farbe wird von der Menge der Pigmente bestimmt. Durch Zellenverhornung kann die H. auch Krallen, Hörner, Federn, Schuppen, Panzer u.ä. ausbilden.
Bei wirbellosen Tieren ist die H. meist einschichtig u. scheidet häufig an der Oberfläche *Skelettsubstanzen* aus, z.B. bei Gliedertieren die durch Chitin verstärkte Kutikula oder bei Weichtieren die Schale.

## 356 Hautdrüsen

**Hautdrüsen,** im Tierreich verbreitete Drüsen mit unterschiedl. Aufgaben, z.B. *Schleimdrüsen* bei Wassertieren (u.a. bei Weichtieren u. Amphibien), *Wachsdrüsen* u. *Öldrüsen* bei Insekten, *Speicheldrüsen, Duftdrüsen* u. *Seidendrüsen*. Charakterist. für Säugetiere sind *Talgdrüsen, Schweißdrüsen* u. *Milchdrüsen.*
**Haute Couture** [otku'ty:r], schöpferisches Modeschaffen.
**Hautevolée** [otwole:], meist iron. Bez. für vornehme Gesellschaft.
**Hautfarbe,** die von Dicke u. Durchblutung der Haut u. von eingelagerten Farbstoffen (Pigmenten) abhängige Eigenfarbe der Haut. Sonnen- u. verwandte Strahlen vermehren vorübergehend oder dauernd die Farbstoffbildung in der Keimschicht der Oberhaut.
**Hautflügler,** *Immen i.w.S., Hymenoptera,* über die ganze Erde verbreitete, landbewohnende artenreiche Ordnung der *Insekten* (etwa 280 000 Arten; mit ca. 10 000 Arten die umfangreichste Insektengruppe in Mitteleuropa; die nachweisl. bis in das Jura zurückreicht; mit meist 4 durchsichtigen Flügeln. Zu den H. gehören z.B. Ameisen, Bienen u. Wespen.
**Hautgout** [o'gu], pikanter Geschmack, bes. von Wildbret nach längerem Hängen.
**Hautkrankheiten,** *Dermatosen,* Erkrankungen, die die Haut als spezielles Organ oder im Gefolge einer Allgemeinerkrankung angreifen. H. werden hervorgerufen u.a. durch Bakterien (z.B. Furunkulose), Viren (z.B. Herpes simplex), allerg. wirkende Substanzen (z.B. Nesselfieber, Ekzem), Parasiten (z.B. Krätze), Hautpilze, Geschwülste (z.B. Hautkrebs), Störungen der Hautdrüsenfunktion (z.B. Akne) sowie als Folge bestimmter Infektionskrankheiten (z.B. Röteln, Scharlach); auch Erbanlagen spielen eine Rolle.
**Hautkrebs,** von bestimmten Hautzellen ausgehende bösartige Geschwülste; Formen: *Basaliom, Melanom, Spiraliom.*
**Hautmilben,** *Sarcopticae,* fast kugelförmige, sehr kurzbeinige Hautparasiten bei warmblütigen Wirbeltieren, die Krätze u. Räude hervorrufen können; keine Blutsauger.
**Hautpilzerkrankungen,** *Dermatomykosen,* durch Hautpilze hervorgerufene Krankheiten der Haut bzw. der Haare u. Nägel.
**Hauttransplantation,** *Hautverpflanzung,* die Übertragung eigener kleiner Hautstücke *(autoplastische H.)* von einer Körperstelle auf eine andere, um dort einen Defekt zu decken.
**Häutung,** die Erneuerung des obersten Hautgewebes. Sie geht entweder dauernd vor sich (z.B. beim Menschen durch dauernde Abgabe kleiner Schuppen) oder gibt von Zeit zu Zeit durch Abwurf des ganzen Hautkleids die darunter liegende neue Haut frei (bei allen Tieren mit verhärteter Oberhaut wie Insekten, Krebsen, Eidechsen, Schlangen).
**Hautwolf,** *Wolf, Intertrigo,* eine akute Entzündung der Haut, die meist aus dem Zusammenwirken mechan. Reizung u. zersetzender Ausscheidungen (Harn, Schweiß, Kot) u. anschließender Infektion der wunden Stellen entsteht.
**Havanna,** span. *La Habana, San Cristóbal de la Habana,* Hptst. der westind. Rep. *Kuba,* an der Nordküste, 1,3 Mio. Ew.; im span. Kolonialstil erbaut; Univ. (1728); Flughafen; Eisen- u. Stahlind.; Ausfuhr von Tabak u. Zucker.
**Havarie,** *Haverei, Avarie,* Kosten u. Schäden an Schiff u. Ladung während einer Seereise (ähnl. auch in der Binnenschiffahrt). 1. *kleine H.:* gewöhnl. Kosten der Schiffahrt, z.B. Lotsen- u. Hafengelder; 2. *besondere H.:* Schäden durch Unfall, die vom Eigentümer getragen werden; 3. *große H.:* vorsätzl. Beschädigung wegen Notstandes.
**Havel** ['ha:fəl], r. Nbfl. der Elbe, 341 km; entspringt auf der Mecklenburg. Seenplatte u. durchfließt, von zahlr. Seen unterbrochen, das *H.land;* weitgehend kanalisiert, das Bindeglied zw. Elbe u. Oder. – **H.kanal,** 1951/52 zur Umgehung W-Berlins errichtet.
**Havel,** Václav, *5.10.1936, tschech. Dramatiker u. Politiker; 1970–89 Publikationsverbot in der Tschechoslowakei; seit 1979 mehrf. inhaftiert; seit 1989 Staats-Präs. der Tschechoslowakei; 1989 Friedenspreis des Dt. Buchhandels.

*Václav Havel*

**Havelberg,** Krst. in Sachsen-Anhalt, an der Havel, 6700 Ew.; roman.-got. Dom.
**Havemann,** Robert, *1910, †1982, Chemiker u. polit. Philosoph; Systemkritiker in der DDR, 1964 aus der Univ. u. der SED ausgeschlossen; 1976–79 unter Hausarrest, 1989 rehabilitiert.
**Havre** [a:vr] → Le Havre.
**Hawaii-Gitarre,** eine große, aus der *Ukulele* entwickelte Gitarre mit 6–8 Stahlsaiten.
**Hawaii-Inseln,** engl. *Hawaiian* oder *Sandwich Islands,* nordpolyn. Inselgruppe im Pazifik, der US-amerik. Bundesstaat *Hawaii;* 8 größere, gebirgige u. bewohnte Inseln (Hauptinsel *Hawaii,* 10 414 km², 92 000 Ew.; ferner *Maui,* 40 000 Ew.; *Oahu,* 770 000 Ew.; *Kauai,* 40 000 Ew.; *Molokai, Lanai, Niihau* u. *Kahoolawe*) u. viele kleine Koralleninseln; zus. 16 705 km², 965 000 Ew., Hptst. *Honolulu* (Haupthafen u. Marinestützpunkt *Pearl Harbor*). Bev.: 48% Ostasiaten, 23% Weiße, 15% Mischlinge, 12% Filipinos u. 2% polyn. Eingeborene. – Die H. sind die Spitzen eines riesigen, aus dem 5000 m tiefen Ozeanbecken aufragenden Vulkanstocks mit rd. 40 erloschenen u. zwei noch tätigen Vulkanen (*Mauna Loa,* 4179 m, u. *Kilauea,* 1247 m) auf Hawaii. Hauptanbauprodukte: Ananas, Bananen, Kaffee, Zuckerrohr; bed. Fremdenverkehr. – Gesch.: 1778/79 von J. *Cook* entdeckt, 1800–93 Kgr., 1898 als Bundesterritorium u. 1959 als 50. Bundesstaat zu den USA.
**Hawke** [hɔ:k], Robert, *9.12.1929, austral. Politiker (Australian Labor Party); seit 1983 Premier-Min.
**Hawks** [hɔ:ks], Howard, *1896, †1977, US-amerik. Filmregisseur u. -produzent (Komödien, Kriminal- u. Wildwestfilme).
**Haworth** ['hɔ:əθ], Walter Norman, *1883, †1950, brit. Chemiker; Untersuchungen zu Polysacchariden u. zur Struktur von Vitamin C; Nobelpreis 1937.
**Hawthorne** ['hɔ:θɔ:n], Nathaniel, *1804, †1864, US-amerik. Schriftst. (u.a. Kurzgeschichten u. Romane).
**Háy** ['ha:i], Gyula (Julius), *1900, †1975, ung. Schriftst. (polit. u. soz. Dramen); am Aufstand 1956 beteiligt, danach bis 1960 in Haft.
**Haydée** [hai'de:], Marcia, *18.4.1939, brasil. Tänzerin, Ballettdirektorin des Stuttgarter Balletts.
**Haydn, 1.** (Franz) Joseph, *1732, †1809, östr. Komponist; 1761–90 im Dienst des Grafen *Esterházy* in Eisenstadt u. Wien, erfolgreiche Konzertreisen nach England; Begr. des klass. sinfon. Stils; über 100 Sinfonien, Konzerte; Streichquartette, Opern, Lieder, Messen u.a.; wurde mit der »Schöpfung« u. den »Jahreszeiten« zum Begr. des weltl. Oratoriums. – **2.** Michael, Bruder von 1), *1737, †1806, östr. Komponist; seit 1781 Hof- u. Domorganist an der Salzburger Dreifaltigkeitskirche.
**Hayes** [hɛiz], Rutherford Birchard, *1822, †1893, US-amerik. Politiker (Republikaner); 19. Präs. der USA 1877–81; bemühte sich um die Aussöhnung mit den Südstaaten.
**Hayworth** ['hɛiwə:θ], Rita, eigtl. Margarita Carmen *Cansino,* *1918, †1987, US-amerik. Filmschauspielerin.
**Hazara,** *Hesareh, Hesoreh,* mongol. Volk im mittleren Afghanistan (1,2 Mio.) u. im Iran (100 000); Sprache: Persisch; u.a. Bauern u. Viehzüchter.
**Hazienda** → Hacienda.
**Hazor,** Stadt in Israel, 6000 Ew.; bis zur Zerstörung im 13. Jh. v. Chr. die größte Stadt Palästinas; kanaanit. u. altisraelit. Kultbauten.
**Hb,** Kurzzeichen für *Hämoglobin.*
**H-Bombe,** die → Wasserstoffbombe.
**h. c.,** Abk. für lat. *honoris causa,* »ehrenhalber«.
**Headhunting** ['hɛd'hʌntiŋ], Abwerbung von Mitarbeitern, bes. Führungskräften, von einem anderen Betrieb.
**Headline** ['hɛdlain], die Schlagzeile einer Zeitung.
**Hearing** ['hi:riŋ], »Anhörung« von Experten oder Interessenvertretern; auch öffentl. parlamentar. Untersuchung.
**Heartfield** ['ha:tfi:ld], John, eigtl. Helmut *Herzfeld,* *1891, †1968, Graphiker u. Photograph; illustrierte mit G. *Grosz* pazifist. Publikationen der Berliner Dada-Gruppe.
**Heath** [hi:θ], Edward, *9.7.1916, brit. Politiker; 1965–75 Führer der Konservativen, 1970–74 Prem.-Min.
**Heathrow** ['hi:θrou], internat. Flughafen westl. von London.
**Heaviside** ['hɛvisaid], Oliver, *1850, †1925, brit. Physiker u. Elektroingenieur; entwickelte eine Operatorenrechnung; entdeckte 1902 zus. mit A. E. *Kennelly* die *H.-Schicht* (auch *Kennelly-H.-Schicht*), eine elektr. leitende Schicht der Ionosphäre in 96–144 km Höhe, die Mittelwellen reflektiert.
**Hebamme,** eine für die Geburtshilfe ausgebildete u. staatl. geprüfte Person, die bei der Entbindung u. der anschließenden Pflege nichtärztl. Fürsorge für die Wöchnerin u. das Neugeborene tätig ist.
**Hebbel,** Friedrich, *1813, †1863, dt. Schriftst.; Begr. der realist. Tragödie; schildert in seinen Dramen u.a. den Konflikt der heranwachsenden Generation mit den bestehenden Sitten. W Dramen u.a.: »Maria Magdalene«, »Agnes Bernauer«.
**Hebe** → griechische Religion.
**Hebei,** *Hopeh,* Prov. in → China.
**Hebel,** ein um eine Achse drehbarer meist stabförmiger Körper, der zum Heben einer Last oder zur Verstärkung des Drucks dient. H. sind u.a. Brechstange, Waage, Zange; *einarmige H.:* die Kräfte wirken auf einer Seite des Drehpunkts; *zweiarmige H.:* die Kräfte setzen auf beiden Seiten des Drehpunkts an. Nach *Archimedes* ist der H. im Gleichgewicht, wenn das Drehmoment aus Kraft ($P_1$) u. Kraftarm ($l_1$) gleich ist dem Drehmoment aus Last ($P_2$) u. Lastarm ($l_2$): $P_1 \cdot l_1 = P_2 \cdot l_2$.
**Hebel,** Johann Peter, *1760, †1826, dt. Schriftst.; v.a. Mundartdichtung, Geschichten u. Anekdoten.
**Heber,** Gerät zur Entnahme von Flüssigkeiten durch Luftdruck.
**Hébert** [e'bɛ:r], Jacques René, Beiname *Père Duchesne,* *1757, †1794, frz. Revolutionär; Führer der *Hébertisten,* der radikalsten Gruppe im Nationalkonvent; geriet in Gegensatz zu G. J. *Danton* u. M. de *Robespierre* u. wurde auf deren Veranlassung mit guillotiniert.
**Hebra,** Ferdinand Ritter von, *1816, †1880, östr. Dermatologe; Begr. der modernen Dermatologie.

*Hautflügler* (Blattwespe, Schlupfwespe, Faltenwespe, Ameise, entflügeltes Weibchen)

*Franz Joseph Haydn; Punktierstich von Schiavonetti nach einem Gemälde von Guttenbrunn*

**Hebräer,** *Ebräer,* im AT Bez. für unfreie Israeliten.
**Hebräerbrief,** eine theolog. Abhandlung des NT, die sich v.a. mit dem Verhältnis der israelit. zur christl. Offenbarung befaßt.
**Hebräerevangelium,** ein bis auf wenige Fragmente verlorengegangenes judenchristl. Evangelium.
**hebräische Schrift,** eine *aramäische* Schrift; läuft von rechts nach links u. hat 22 Zeichen für Konsonanten; Vokale werden durch Punktation bezeichnet. In Druckwerken wird neben der *Quadratschrift* eine vereinfachte Schriftform, die *Raschischrift,* benutzt. Auch das *Jiddische* wird in h. S. geschrieben.
**hebräische Sprache,** eine semit. Sprache. Das *Althebräische,* die Sprache des AT, wurde als Volkssprache in den letzten vorchristl. Jahrhunderten vom *Aramäischen* verdrängt, hielt sich aber als Buch- u. Synagogensprache. In diesem Lebensbereich entwickelte sie sich zum *Neuhebräischen.* Als *Iwrit* wurde sie Amtssprache des Staats Israel.
**Hebraistik,** die Wiss. von der hebr. Sprache u. Geschichte.
**Hebriden, 1.** engl. *Hebrides, Western Islands,* Inselgruppe in NW-Schottland, durch Barra-Passage, Little Minch u. North Minch geteilt in *Innere H.* (größte Insel: Skye) u. *Äußere H.* (größte Insel: Lewis Island); über 500 moorbedeckte, felsige, sturmreiche Inseln, zus. 7300 km², 60 000 gälisch sprechende Einwohner; Schafzucht, Wollverarbeitung (Harris Tweed), Fischerei. – **2.** *Neue H.,* → Vanuatu.
**Hebron,** arab. *El Khalil,* seit bibl. Zeit bestehende Stadt in Judäa (seit 1948 unter jordan., seit 1967 unter isr. Verw.), sw. von Jerusalem, 925 m ü.M., 45 000 Ew.; eine der vier hl. Städte des Judentums.

**Hechel,** kammartiges Werkzeug zum Aufbereiten der Flachsfasern.
**Hechingen,** Stadt in Ba.-Wü., am NW-Rand der Schwäb. Alb, zu Füßen der Burg Hohenzollern, 16 000 Ew. – 1423–1849 Residenz der Fürsten von Hohenzollern-H.
**Hecht,** *Schnöck, Wasserwolf,* zu den *H.ähnlichen* gehörender Raubfisch des Süßwassers, bis 1,40 m lang. Junge Hechte sind in Ufernähe häufig stark grün gefärbt *(Gras-H.).* Verbreitung: gemäßigte Breiten Europas, Asiens u. N-Amerikas.
**Heck,** hinterer Teil eines Schiffes, Flugzeugs oder Wagens.
**Heck,** Bruno, *1917, †1989, Politiker (CDU); 1962–68 Bundes-Min. für Fam. u. Jugend; 1967–71 Generalsekretär der CDU.
**Heckel,** Erich, *1883, †1970, dt. Maler u. Graphiker; Mitbegr. der Künstlervereinigung »Die Brücke«; einer der Hauptmeister des dt. Expressionismus.
**Heckenbraunelle** → Braunellen.
**Heckenrosen,** zu den *Rosengewächsen* gehörende, in Hecken wachsende wilde Rosen.
**Hecker,** Friedrich, *1811, †1881, Revolutionär; organisierte m. G. von *Struve* 1848 den Bad. Aufstand; floh nach dem Scheitern in die Schweiz u. wanderte von dort in die USA aus.
**Hederich,** *Ackerrettich,* ein *Kreuzblütler;* verbreitetes Ackerunkraut.
**Hedin,** Sven Anders, *1865, †1952, schwed. Asienforscher; unternahm Reisen durch Vorderasien, Zentralasien u. Tibet; entdeckte die Quellen des Indus u. Brahmaputra sowie das später nach ihm ben. H.-Gebirge (Transhimalaya).
**Hedjas** ['hɛdʒas], *Hedschas,* arab. *Al Hijaz,* arab. Ldsch. am Roten Meer; Zentrum der islam. Kultur mit den heiligen Städten Mekka u. Medina; 472 000 km², 2,0 Mio. Ew.; steppenhaftes Hochland; nomad. Viehzucht, in Oasen Landw.; seit 1932 Teil von Saudi-Arabien.
**Hedonismus,** die Lehre der *Kyrenaiker,* daß das höchste Gut, mithin der Endzweck des Handelns, die psych. u. phys. Lust sei.
**Hedschra,** *Hidschra,* die Auswanderung des Propheten *Mohammed* von Mekka nach Medina 622 n. Chr.; Ausgangspunkt der islam. Zeitrechnung (in Mondjahren).
**Hedwig, 1.** poln. *Jadwiga,* *1374, †1399, poln. Königin 1384–99; Tochter Ludwigs I. von Ungarn u. Polen; ihre Ehe mit Jagiello von Litauen führte 1386 zur poln.-litau. Personalunion. – **2.** *1174, †1243, schles. Herzogin, Heilige; verheiratet mit *Heinrich I.* von Schlesien; förderte die christl. Religion u. die dt. Kultur in Schlesien.
**Heer,** auch *Armee,* die Landstreitkräfte eines Staates.
**Heer, 1.** Friedrich, Pseud.: Hermann *Gohde,* *1916, †1983, östr. Historiker u. Publizist. – **2.** Gottlieb Heinrich, *1903, †1967, schweiz. Schriftst. (v.a. histor. Romane).
**Heerbann,** im frühen MA das Recht des Königs zur Aufbietung des Heeres zum Kriegsdienst; auch das aufgebotene Heer selbst.
**Heereman von Zuydtwyck** [-zœidwik], Constantin Frhr., *17.12.1931, Landwirt; seit 1969 Präs. des dt. Bauernverbands.
**Heerlen** ['he:rlə], Stadt in der ndl. Prov. Limburg, nw. von Aachen, 90 000 Ew.; Kohlenbergbau.

*Hebriden: Steinkreis von Callanish auf der Insel Lewis*

**Heerwurm,** die etwa 1 cm langen, durchsichtigen Larven der *H.-Trauermücken,* die in humusreichem Boden leben u. sich mitunter zu langen Wanderzügen zusammenschließen.
**Heesters,** Johannes, *5.12.1903, ndl. Schauspieler u. Sänger (Operetten, Filme).
**Hefe,** *H.pilze,* einzellige Organismen, die sich durch Zellsprossung vermehren; in Reinkultur gezüchtet u. in Gärungsbetrieben u. als Treibmittel in der Bäckerei verwendet.
**Hefei** [xəfei], *Hofei,* Hptst. der chin. Prov. Anhui, westl. von Nanjing, rd. 790 000 Ew.; landw. Handelszentrum; Univ.; Binnenhafen, Flughafen.
**Hefner-Alteneck,** Friedrich von, *1845, †1904, Elektrotechniker; konstruierte u.a. den Trommelanker für Generatoren u. die sog. *Hefner-Lampe* zur Darstellung der *Hefner-Kerze,* einer veralteten Einheit für die Lichtstärke (Abk. *HK*).
**Hegau,** fruchtbare Ldsch. nw. vom Bodensee, Vulkanruinen *Hohenhöwen* (814 m), *Hohenstoffeln* (844 m), *Hohentwiel* (689); Hauptort Singen.
**Hegel,** Georg Wilhelm Friedrich, *1770, †1831, dt. Philosoph; einer der bedeutendsten Denker des dt. *Idealismus.* Er zeigt den Aufstieg des philosoph. Gedankens vom vorstellenden Bewußtsein bis zur Vernunft u. zum absoluten Wissen. In der »Logik« (1812–16) entwickelt er den Sinngehalt des Absoluten, d.i. die Wahrheit »an und für sich selbst«. In der Rechtsphilosophie stellt er die prakt. Philosophie dar, d.h. er bestimmt Sittlichkeit,

*Georg Wilhelm Friedrich Hegel*

Recht u. Moralität als Willensformen des Geistes u. den Staat als die absolute Wirklichkeit der Sittlichkeit. Methode u. zugleich Inhalt seines Denkens ist die *Dialektik.* H. Philosophie hatte großen Einfluß auf die Geistesgeschichte des 19. Jh. –
**Hegelianismus,** die H.-Schule. Die unmittelbaren Schüler H.s wurden eingeteilt in *Rechtshegelianer* (G. A. Gabler, K. F. Göschel u.a.), *H.sches Zentrum* (J. K. F. Rosenkranz) u. *Linkshegelianer* (L. Feuerbach, D. F. Strauß). Aus dem Links- und Jung-H. entwickelte sich der Radikalismus des *Vormärz* (A. Ruge, M. Stirner, Marx u. Engels).
**Hegemonie,** Vorherrschaft, Vormachtstellung.
**Hegenbarth,** Josef, *1884, †1962, dt. Maler u. Graphiker; Buchillustrationen bes. zur klass. Weltliteratur.
**Hehlerei,** das Sichverschaffen oder Absetzen von Sachen aus einem Diebstahl oder anderen Vermögensdelikten; Freiheits- oder Geldstrafe.
**Heide, 1.** [die], Vegetationsform nährstoffarmer Böden, bes. charakterist. Zwergsträucher, Wacholder u. Besenginster u. in NW-Dtld. *(Lüneburger H.)* vornehml. *Gewöhnl. H., Glocken-H.* u. *Krähen-H.* – **2.** [der], in abwertendem Sinn gebrauchte Bez. für Nichtchristen.
**Heide,** Krst. in Dithmarschen, Schl.-Ho., am Rand der Geest, 21 500 Ew. – 1447–1559 Hptst. der Bauern-Rep. Dithmarschen.
**Heidegger,** Martin, *1889, †1976, dt. Philosoph; Hauptvertreter der Existenzphilosophie in Dtld., greift in seinen Werken ein Thema der klass. Metaphysik auf: die Frage nach dem Sinn von Sein. W »Sein u. Zeit«, »Was ist Metaphysik?«.

**Heidekraut, 1.** *Gewöhnl. Heide, Besenheide, »Erika«,* Zwergstrauch mit blaßrosa bis violetten Blüten, die Charakterpflanze der Heidelandschaften. – **2.** *Erica,* Gatt. der *H.krautgewächse,* mit fleischfarbenen, glockigen Blüten; hierzu: *Glockenheide, Berg-* oder *Schneeheide.*
**Heidelbeere,** auch *Bick-, Blau-* oder *Schwarzbeere,* Gatt. der Fam. *Heidekrautgewächse,* meist in Wäldern u. auf Heiden vorkommender kleiner Strauch mit blauschwarzen, eßbaren Beeren.
**Heidelberg,** Stadt in Ba.-Wü., am Austritt des Neckartals aus dem Odenwald in die Oberrhein. Tiefebene, 130 000 Ew.; enge, barocke Altstadt mit roten Sandsteinbauten am linken Neckarufer, überragt von der größten des. Schloßruine. **H.er Schloß** (13. Jh., Erweiterungen im 16. Jh.); im Keller das berühmte *H.er Faß,* 221 726 Liter); Kultur- u. Bildungseinrichtungen: älteste reichsdt. Univ. (gegr. 1386), Kurpfälz. Museum, Akad. der Wiss., Dt. Krebsforschungszentrum; Hauptquartier der US-Streitkräfte in Europa.
Gesch.: Vom 14. Jh. bis 1720 Residenz der Pfalzgrafen; die Univ. wurde das Zentrum des Humanismus in Dtld.; im 16. Jh. Mittelpunkt der reform. Glaubensrichtung (**H.er Katechismus,** 129 Lehrsätze, 1563 veröffentl.), 1688/89 u. 1693 belagerten u. eroberten die Franzosen H. u. sprengten das Schloß.
**Heidelberger Liederhandschrift,** *Große H. L., Manessische Handschrift,* die kostbarste dt. Minnesänger-Handschrift, entstanden zu Beginn des 14. Jh. in Zürich; enthält Werke von 140 Dichtern u. 138 Miniaturen. – Die *Kleine H. L.* entstammt noch dem 13. Jh. (ohne Bilder).
**Heidelberger Unterkiefer,** *Unterkiefer von Mauer,* früher *Homo (Palaeanthropus) heidelbergensis* gen., der älteste menschl. Knochenfund aus Europa; zeitl. u. nach seinen Formmerkmalen zur *Pithecanthropus-*Gruppe gehörig; 1907 bei Mauer, sö. von Heidelberg, ausgegraben.
**Heidelerche** → *Lerchen.*
**Heidenchristen,** in der christl. Urkirche jene Mitgl., die nicht aus dem Judentum stammten. Ggs.: *Judenchristen.*
**Heidenheim an der Brenz,** Krst. in Ba.-Wü., in der Schwäb. Alb, 50 000 Ew.; maler. Stadtanlage zu Füßen des Schlosses *Hellenstein* (17. Jh.).
**Heidenstam** ['hɛidənstam], Verner von, *1859, †1940, schwed. Schriftst.; Neuromantiker; Nobelpreis 1916.
**Heidschnucke,** *Heideschaf,* die kleinste, sehr alte Schafrasse aus der Lüneburger Heide.
**Heifetz,** Jascha, *1901, †1987, US-amerik. Violinvirtuose russ. Herkunft.
**Heigert,** Hans, *21.3.1925, Publizist; seit 1989 Präs. des Goethe-Instituts.
**Heiland,** im Christentum Beiname für *Jesus von Nazareth* als Erlöser; z.T. auch auf andere Religionen übertragen.
**Heilbronn,** Krst. in Ba.-Wü., am schiffbaren Nekkar (Hafen), 112 000 Ew.; Handels-, Ind.- u. Verkehrszentrum; maler. Altstadt mit frühgot. Kilianskirche (13.–15. Jh.), Rathaus (16. Jh.); u.a. Kfz-, Elektro-, Masch.- u. Nahrungsmittelind. – 1944 fast völlig zerstört.
**Heilbrunn,** *Bad H.,* Gem. in Bay., westl. von Bad Tölz, 2000 Ew.; Kurort mit Heilquelle.
**Heilbutt,** zur Ordnung der *Plattfische* gehörende Art, 1–2 m langer Speisefisch der nördl. Meere.
**Heiler,** Friedrich, *1892, †1967, dt. ev. Theologe; Religionshistoriker, Vertreter der ökumen. Bewegung in Dtld.
**Heilerde,** zu Heilzwecken (meist als Bäder, Umschläge) verwendete Moorerde mit zahlr. Mineralstoffen u. Spurenelementen.
**Heilerziehung** → *Heilpädagogik.*
**Heilgymnastik** → *Krankengymnastik.*
**Heilige,** in vielen Religionen Menschen, die sich durch bes. Werke oder Gnaden dem Göttlichen angenähert haben; in der kath. Kirche bes. fromme u. standhafte Christen (z.B. Märtyrer). → *Heiligsprechung.*
**Heilige Allianz,** auf Veranlassung des Zaren *Alexander I.* zw. Rußland, Östr. u. Preußen 1815 in Paris geschlossenes Bündnis, um die Staaten nach den Grundsätzen des Christentums, der Gerechtigkeit, der Liebe u. des Friedens zu leiten. Alle europ. Herrscher außer England u. dem Papst traten der H.A. bei. Sie wurde unter Führung *Metternichs* zum Werkzeug der reaktionären Mächte gegen die nat. u. lib. Strömungen der Völker.
**Heilige Familie,** Maria, Joseph u. das Christuskind.
**heilige Kriege,** beschönigende Bez. für religiös sanktionierte Angriffskriege.
**Heilige Liga** → *Liga.*
**Heilige Nacht,** *Heiliger Abend,* Nacht bzw. Vorabend vor Weihnachten.
**Heiligenblut,** östr. Kurort am Fuß des Großglockners, 1288 m ü.M., 1300 Ew.; Wallfahrtskirche (15. Jh.).
**Heiligenhafen,** Stadt in Schl.-Ho., am Fehmarnsund, 9600 Ew.; Hochseefischerei.
**Heiligenhaus,** Stadt in NRW, nw. von Wuppertal, 29 000 Ew.; Gießerei.
**Heiligenkreuz,** Ausflugsort im südl. Wienerwald (Niederöstr.), 950 Ew.; die älteste Zisterzienserabtei in Östr. (1135).
**Heiligkreuz-Gebirge,** poln. *Góry Świętokrzyskie,* Gebirge der Poln. Platte, nördl. von Kielce; höchster Gebirgszug: *Łysogóry* (612 m); Nationalpark.
**Heiligenschein** → *Nimbus.*
**Heiligenstadt,** *Heilbad H.,* Krst. in Thüringen, an der Leine, 14 500 Ew.; Kneippkurort; Schloß; Metallwaren-Ind.; Hauptort des *Eichsfelds.*
**Heiligenverehrung,** allg. die Anrufung u. kult. Verehrung von Menschen, in denen sich beispielhaft die göttl. Gnade ausgeprägt hat. Um die Mitte des 2. Jh. setzte die kult. Verehrung der christl. Märtyrer an ihren Gräbern ein. Die Reformatoren wandten sich gegen Mißbräuche in der H. u. lehnten die Mittlerrolle der Heiligen ab, verstanden diese aber als Vorbilder des Glaubens. Die kath. Kirche anerkennt nach wie vor die Aufgabe der Heiligen als Fürsprecher. Die kath. Volksfrömmigkeit unterscheidet nicht immer scharf zw. Verehrung u. Anbetung. Die H. äußert sich in andächtigen Handlungen (Gebet, Votiv, Wallfahrt).
**Heiliger,** Bernhard, *11.11.1915, dt. Bildhauer; Hauptvertreter der dt. Gegenwartsplastik.
**Heiliger Abend** → *Heilige Nacht.*
**Heiliger Geist** → *Dreieinigkeit.*
**Heiliger Rock,** ungenähtes Gewand Jesu; unter den überlieferten Tuniken kommt dem H. R. im Dom zu Trier bes. Bedeutung zu; wahrscheinl. eine Berührungsreliquie aus konstantin. Zeit.
**Heiliger Stuhl,** lat. *Sancta Sedes, Apostolischer Stuhl,* der Papst mit seinen Kongregationen, Gerichtshöfen u. Ämtern.
**Heiliger Synod,** in orth. Kirchen das dem leitenden Bischof zur Seite stehende, aus Bischöfen gebildete Leitungsorgan.
**Heiliger Vater,** Anrede des Papstes.
**Heilige Schrift,** → *Bibel.*
**Heiliges Grab,** Grab Jesu, außerhalb der Mauern Jerusalems in der Nähe von Golgatha; über der vermuteten Stelle eine Basilika *(Grabeskirche).*
**Heiliges Jahr** → *Jubeljahr* (2).
**Heiliges Land,** Bez. für *Palästina.*
**Heiliges Römisches Reich** *Deutscher Nation,* lat. *Sacrum Imperium Romanum (Nationis Germanicae),* der Name des im 9./10. Jh. aus dem ostfränk. Reich hervorgegangenen (bis 1806 währenden) dt. Reichs. Der Zusatz »dt. Nation« entstammt dem 15. Jh.
**Heiligkeit,** Gottes Erhabenheit sowie Eigenschaft von gottgeweihten Personen; auch Anrede des Papstes *(Eure H.)*
**Heiligsprechung,** *Kanonisation,* das endgültige Urteil des Papstes über die Heiligkeit eines Verstorbenen u. seine Aufnahme in das Verzeichnis *(canon)* der Heiligen. Voraussetzung ist die *Seligsprechung.*
**Heilongjiang** [heiluŋdjaŋ], *Heilungkiang,* die nordöstlichste Prov. in der Mandschurei, → *China.*
**Heilpädagogik,** Spezialzweig der Pädagogik, der sich mit entwicklungsgestörten, körperl. u. geistig behinderten Kindern befaßt.
**Heilpflanzen,** *Arzneipflanzen, Heilkräuter,* Pflanzen, die aufgrund ihres Gehalts an Wirkstoffen gegen bestimmte Krankheiten verwendet werden u. entweder ganz oder z.T. zur Bereitung von Arzneimitteln dienen.
**Heilpraktiker,** ein im Heilgewerbe Tätiger ohne ärztl. Bestallung: behandelt überwiegend nach homöopath. u. naturheilkundl. Grundsätzen. Die Erlaubnis, den Beruf des H. auszuüben, wird nach Ausbildung an einer *H.-Schule* u. Abschlußprüfung vor dem zuständigen Amtsarzt erteilt.
**Heilquellen,** *Mineralwässer, -quellen,* natürl. Quellwässer, die Salze oder Gase gelöst enthalten u. dadurch bei bestimmten Krankheiten heilsame Wirkungen ausüben.
**Heilsarmee,** engl. *Salvation Army,* eine 1878 durch W. *Booth* in London gegr., straff organisierte christl. Gruppenbewegung, die sich seelsorger. u. prakt. (u.a. Nachtasyle, Suppenküchen, Kampf gegen Alkoholmißbrauch) der Großstadtbevölkerung annimmt.
**Heilsberg,** poln. *Lidzbark Warmiński,* Stadt in Ostpreußen (poln. Wojewodschaft Olsztyn), an der Alle, 13 000 Ew.; 1306 - 1772 Sitz der Bischöfe von Ermland.
**Heilsbronn,** Stadt in Mittelfranken, Bay., sw. von Nürnberg, 6800 Ew.; ehem. Zisterzienserkloster mit roman.-got. Kirche (Grabstätte der fränk. Hohenzollern 1297–1625).
**Heilschlaf,** *Schlafbehandlung,* künstl. Schlaf, therapeut. Methode zur Ausschaltung schädl. u. falscher Reaktionen des Organismus, u.U. für längere Zeit *(Dauerschlaf).*
**Heilserum,** durch aktive Immunisierung von Tieren gewonnenes Immunserum, das die fertigen Immunstoffe gegen bestimmte Krankheitserreger enthält.
**Heilsgeschichte,** in der christl. Theologie die Geschichte der Taten Gottes zum Heil des Menschen, beginnt mit der Schöpfung.
**Heilungkiang** → *Heilongjiang.*

*Heidelberg: Altstadt, Schloß und Königstuhl*

**Heilige**

| Name | Lebensdaten | Patron(in) | Heiligenfest |
|---|---|---|---|
| Aegidius | †721 | Jäger, Vieh, Hirten, Aussätzige | 1. 9. |
| Agnes | †259 oder 304 | Kinder und Jungfrauen | 21. 1. |
| Alacoque, Marguerite-Marie | 1647–1690 | | 16. 10. |
| Albertus Magnus | 1193–1280 | Naturwissenschaftler | 15. 11. |
| Aloysius von Gonzaga | 1568–1591 | Jugend | 21. 6. |
| Ambrosius | 339–397 | Bienenzüchter, Bienen | 7. 12. |
| Andreas | †60 | Rußland, Schottland; Fischer, Bergwerksleute, Metzger | 30. 11. |
| Angela Merici | 1474–1540 | | 27. 1. |
| Anna | 1. Jh. v. Chr. | Frauen, Bergleute, Schiffer | 26. 7. |
| Ansgar | 801–865 | | 3. 2. |
| Antonius | 251–356 | Feuer, Pest u. a. Seuchen | 17. 1. |
| Antonius von Padua | 1195–1231 | Franziskaner, Bäcker, Eheleute; zum Wiederauffinden verlorener Sachen | 13. 6. |
| Augustinus, Aurelius | 354–430 | Theologen, Bierbrauer, Buchdrucker | 28. 8. |
| Barbara | †306 | Architekten, Bergleute, Köche; Artillerie | 4. 12. |
| Beda Venerabilis | 672–735 | | 25. 5. |
| Bellarmin, Robert | 1542–1621 | | 17. 9. |
| Benedikt von Nursia | 480–547 | Europa; Höhlenforscher, Lehrer, Schulkinder | 11. 7. |
| Benno | †1106 | München, Dresden-Meißen; Fischer, gegen Unwetter | 16. 6. |
| Bernadette Soubirous | 1844–1879 | | 16. 4. |
| Bernhardin von Siena | 1380–1444 | Wollweber | 20. 5. |
| Bernhard von Clairvaux | 1090–1153 | Zisterzienser, Burgund; Bienen, Bienenzüchter | 20. 8. |
| Birgitta von Schweden | 1302–1373 | Pilger | 23. 7. |
| Blasius | †um 316 | Ärzte, Bauarbeiter, Gerber, Weber | 3. 2. |
| Bonaventura | 1221–1274 | Franziskaner, Theologen | 15. 7. |
| Bonifatius | 675–754 | Fulda; Bierbrauer, Schneider | 5. 6. |
| Borromäus, Karl | 1538–1584 | Seelsorger, Seminare, Borromäerinnen | 4. 11. |
| Cäcilia | †um 222 | Kirchenmusik, Dichter, Orgelbauer | 22. 11. |
| Christophorus | †um 250 | Schiffer, Pilger und Reisende, Kraftfahrer | 24. 7. |
| Clara von Assisi | 1194–1253 | Sticker, Wäscherinnen | 11. 8. |
| Dominikus | 1170–1221 | Näherinnen, Schneider | 8. 8. |
| Elisabeth (von Thüringen) | 1207–1231 | Bäcker, Bettler, Witwen und Waisen | 19. 11. |
| Erasmus | 4. Jh. | Drechsler, Schiffer, Weber | 2. 6. |
| Eustachius | 2. Jh. | Jäger, Klempner, Förster | 20. 9. |
| Florian | †um 304 | gegen Feuer und Wassergefahr | 4. 5. |
| Franz von Assisi | 1181–1226 | Arme, Kaufleute; Umweltschutz | 4. 10. |
| Franz von Sales | 1567–1622 | Schriftsteller, kath. Presse | 24. 1. |
| Franz Xaver | 1506–1552 | kath. Missionen, Seereisende | 3. 12. |
| Georg | †um 305 | Artisten, Bauern, Ritter, Soldaten | 23. 4. |
| Hieronymus | 347–419 | Asketen, Gelehrte, Lehrer, Schüler, Übersetzer | 30. 9. |
| Hilarius von Poitiers | 315–367 | La Rochelle | 13. 1. |
| Hildegard von Bingen | 1098–1179 | Sprachforscher | 17. 9. |
| Hippolytos | †235 | Gefängniswärter; Pferde | 13. 8. |
| Hubertus | 655–727 | Jäger, Schützengilde; Optiker | 3. 11. |
| Ignatius von Antiochia | †vor 117 | | 17. 10. |
| Ignatius von Loyola | 1491–1556 | Jesuiten; Exerzitienhäuser | 31. 7. |
| Januarius | †305 | Goldschmiede | 19. 9. |
| Jeanne d'Arc | 1411–1431 | Frankreich | 30. 5. |
| Johannes von Capestrano | 1386–1456 | | 23. 10. |
| Johannes Chrysostomos | 344–407 | Prediger | 13. 9. |
| Johannes vom Kreuz | 1542–1591 | | 14. 12. |
| Johannes Nepomuk | 1350–1393 | Priester, Schiffer; Brücken | 26. 5. |
| Johannes der Täufer | 1. Jh. | Abstinente, Architekten, Hirten, Musiker, Winzer | 24. 6. |
| Joseph | 1. Jh. v. Chr.–1. Jh. n. Chr. | ganze Kirche; christliche Familie, Reisende, Sterbende, Zimmerleute | 19. 3. |
| Kolbe, Maximilian | 1894–1941 | | 14. 8. |
| Katharina von Alexandria | | Theologen, Philosophen | 25. 11. |
| Kosmas und Damian | †304 | Ärzte, Apotheker | 26. 9. |
| Kyrillos und Methodios | 9. Jh. | Europa | 14. 2. |
| Laurentius | †258 | Arme Seelen im Fegefeuer; Schüler, Arme, Bibliothekare, Feuerwehr, Winzer | 10. 8. |
| Leonhard | 6. Jh. | Gefangene, Pferde | 6. 11. |
| Liudger | 742–809 | | 26. 3. |
| Lucia | †303 | Bauern, Blinde | 13. 12. |
| Martin | 316–397 | Soldaten, Reiter, Weber, Abstinenzler, Reisende | 11. 11. |
| Mauritius | †302 | Färber, Glasmaler, Waffenschmiede | 22. 9. |
| Monika | 332–387 | Frauen und Mütter | 27. 8. |
| Nikolaus (von Myra) | 4. Jh. | Schiffahrt, Kaufleute, Richter, Reisende, Schüler | 6. 12. |
| Nikolaus von der Flüe | 1417–1487 | | 25. 9. |
| Norbert von Xanten | 1082–1134 | Prämonstratenser | 6. 6. |
| Pantaleon | †305 | Ärzte, Hebammen | 27. 7. |
| Patrick | | Bergleute, Friseure, Schmiede | 17. 3. |
| Petrus Canisius | 1521–1597 | kath. Schulorganisation Deutschlands | 27. 4. |
| Petrus Damiani | 1007–1072 | | 21. 2. |
| Philipp Neri | 1515–1595 | | 26. 5. |
| Rupert | †718 | Salzburg; Bergbau | 24. 9. |
| Sebastian | 3. Jh. | gegen die Pest; Schützen | 20. 1. |
| Sophia | 2. Jh. | Witwen | 30. 9. |
| Stanislaus Kostka | 1550–1568 | Polen | 13. 11. |
| Stephanus, 1. Märtyrer | | Pferde, Kutscher, Steinhauer, Sterbende | 26. 12. |
| Theresia von Avila | 1515–1582 | Spanien | 15. 10. |
| Theresia von Lisieux | 1873–1897 | Missionen | 1. 10. |
| Thomas von Aquin | 1225–1274 | Theologen, Buchhändler | 28. 1. |
| Ulrich von Augsburg | 890–973 | Weber, Sterbende | 4. 7. |
| Ursula | †um 304 | Jugend, Lehrerinnen | 21. 10. |
| Valentin | †um 270 | | 14. 2. |
| Vinzenz Ferrer | 1350–1419 | Bleigießer, Dachdecker | 5. 4. |
| Vinzenz von Paul | 1581–1660 | Gefangene, Leprakranke, Krankenhäuser | 27. 9. |
| Vitus | 4. Jh. | Kupfer- und Kesselschmiede; Fallsucht, Lahme, Blinde, Winzer | 15. 6. |
| Walpurga | 710–779 | Bauern | 25. 2. |
| Wolfgang | 924–994 | Bildschnitzer, Hirten, Schiffer | 31. 10. |

**Heimaey** ['hɛjmaej], Hauptinsel der isländ. Inselgruppe *Vestmannæyjar*, 16 km$^2$, 5000 Ew.; 1973 Vulkanausbruch.

**Heimarbeit,** nach dem *Gesetz über die H. (H.sgesetz)* vom 14.3.1951 die Arbeit, die jemand in selbstgewählter Arbeitsstätte (eigene Wohnung oder selbstbeschaffte Betriebsstätte) im Auftrag von Gewerbetreibenden oder Zwischenmeistern gewerbl. leistet, kommt in fast allen Industriezweigen vor. Sie ist trotz ihrer großen Lohnintensität billiger als die Betriebsarbeit, da der Unternehmer einen nicht unbeträchtl. Teil der Betriebskosten spart. Die H. ist soz. gesehen, bes. schutzbedürftig, da die Gefahr besteht, daß gesetzl. u. tarifl. Bestimmungen durch den Auftraggeber umgangen werden (H.s-Änderungs-Gesetz von 1974).

**Heimat,** der geographisch einheitlich erlebte Raum (Landschaft, Siedlungsform), mit dem sich der Mensch durch Geburt, Tradition u. Lebensweise bes. verbunden fühlt, in dem seine Persönlichkeit maßgeblich geprägt wurde u. seine ersten entscheidenden sozialen Beziehungen zustande kamen. Die H. erfährt regelmäßig in Zeiten persönl. u. sozialer Krisen Aufwertung bei gleichzeitiger partieller Ablehnung von Lebensformen der industriellen Massengesellschaft.

**Heimatkunst,** eine aus der Romantik erwachsene, von A. *Auerbach,* A. *Stifter,* J. P. *Hebel,* J. *Gotthelf* u.a. Realisten des 19. Jh. ausgebildete Richtung, die eine bodenständige Literatur propagierte; in der Malerei eine am Ende des 19. Jh. aufgekommene Bewegung, die v.a. heimatl. vertraute Landschaften bevorzugte.

**Heimatvertriebene,** diejenigen Deutschen, die ihren Wohnsitz in den dt. Ostgebieten (Grenzen vom 31.12.1937) hatten u. von dort geflohen oder vertrieben worden sind, ferner diejenigen, die ihren Wohnsitz außerhalb der Grenzen vom 31.12.1937 hatten u. in ihm in Zusammenhang mit dem 2. Weltkrieg verloren haben. Dies gilt auch für die *Umsiedler* (Rückführung der dt. Volksgruppen) u. die *Aussiedler* (Rückkehr nach dem 2. Weltkrieg).

**Heimchen,** *Hausgrille,* bis 1,7 cm lange, gelbbraune *Grille;* wärmeliebend.

**Heimdall,** *Heimdallr,* nord. Gott, Sohn Odins, Wächter an der Himmelsbrücke *Bifröst.* Mit seinem Horn (*Gjallarhorn*) ruft er die Asen zum letzten Kampf.

**Heimfall,** urspr. im Lehnsrecht die Rückübertragung von Gütern an den Lehns- bzw. Grundherren; heute im *Heimstättenwesen* u. beim *Erbbaurecht* bedeutsam.

**Heimkehle,** 1700 m lange Gipshöhle am Rand des Südharzes bei Uftrungen.

**Heimkehrer,** Personen, die aus Kriegsgefangenschaft oder Internierung nach Hause zurückkehren. Die H. des 2. Weltkriegs wurden in der BR Dtld. (einschl. Westberlin) bes. gefördert.

**Heimstätte,** i.w.S. jede eigene Behausung; nach dem noch heute gültigen *Reichsheimstättengesetz* (1920, Fassung 1937) ein Grundstück mit Einfamilienhaus u. Garten oder ein landw. oder gärtner. Anwesen, das von einer dazu befugten staatl. Stelle ausgegeben werden kann; darf nicht beliebig veräußert oder belastet werden.

**Heimwehr,** *Heimatwehr, Heimatschutz,* Selbstschutzverbände nach 1918 in den Alpenländern Östr. gegen feindl. Übergriffe der Nachbarstaaten u. gegen die Kommunisten, seit 1936 auch gegen die Sozialdemokraten; verschmolz 1936 mit der von E. Dollfuß gegr. *Vaterländ. Front.*

**Hein,** *Hain, Freund H.,* durch M. Claudius eingeführte volkstüml. Bez. für den Tod.

**Heine, 1.** Heinrich, *1797, †1856, dt. Schriftst.; seit 1831 in Paris; vereinte schwermütiges Gefühl mit witzig pointierender Ironie, Merkmale der *Romantik* u. des *Jungen Dtld.;* Wegbereiter eines zeitkämpfer. Journalismus u. des modernen Feuilletons; 1935 Verbot seiner Schriften in Dtld.; W Lyrik: »Buch der Lieder«, »Romanzero«; Versepen: »Atta Troll«, »Dtld. ein Wintermärchen«; Prosa: »Reisebilder«. – **2.** Thomas Theodor, *1867, †1948, dt. Graphiker; Mitgr. der Zeitschrift »Simplicissimus«; emigrierte 1933. karikaturist. Zeichnungen im Jugendstil, Plakate, Buchausstattungen.

**Heinemann,** Gustav, *1899, †1976, dt. Politiker; 1949/50 Bundes-Min. des Innern (Rücktritt aus Protest gegen die Wiederaufwaffnungspolitik Adenauers); trat 1952 aus der CDU aus; 1957–69 als

*Gustav Heinemann*

SPD-Mitgl. im Bundestag, 1966–69 Bundes-Min. der Justiz; 1969–74 Bundes-Präs.

**Heinkel,** Ernst, *1888, †1958, dt. Flugzeugkonstrukteur; entwickelte das erste Raketenflugzeug HE 176 (1938) u. das erste Strahlflugzeug HE 178 (1939).

**Heinrich,** engl. *Henry,* frz. *Henri,* Fürsten.
Dt. Könige u. Kaiser:

**1. H. I.,** *um 875, †936, König 919–36; Herzog von Sachsen, aus dem Geschlecht der *Liudolfinger;* besiegte 928/29 die Slawen, eroberte Brandenburg u. gründete die Burg Meißen; schlug 933 die einfallenden Ungarn an der Unstrut. – **2. H. II.,** *973, †1024, Herzog von Bayern (seit 995), König 1002–24, Kaiser seit 1014; letzter Nachkomme des sächs. Kaiserhauses (Ottonen) im Mannesstamm; sicherte seine Herrschaft durch Ausbau des otton. Reichskirchensystems; unterstützte die reformfreudigen Kräfte innerhalb der Kirche u. gründete 1007 das Bistum Bamberg; 1146 heiliggesprochen (Fest: 13.7.). – **3. H. III.,** *der Schwarze,* *1017, †1056, König 1039–56, Kaiser seit 1046; Sohn *Konrads II.;* sicherte 1041 die Lehnsabhängigkeit Böhmens u. (vorübergehend) auch die Oberhoheit über Ungarn; verstärkte die überkommene Bindung zw. Reichskirche u. Königtum. Auf den Synoden von Sutri u. Rom (1046) setzte er 3 rivalisierende Päpste ab u. Papst *Klemens II.* ein. – **4. H. IV.,** Sohn von 3), *1050, †1106, König 1056–1106, Kaiser seit 1084; zunächst unter der Regentschaft seiner Mutter *Agnes von Poitou,* dann der Erzbischöfe *Anno von Köln* u. *Adalbert von Hamburg-Bremen;* geriet mit dem wieder erstarkten Papsttum in Konflikt um die Besetzung der Bistümer, womit der *Investiturstreit* begann, der seine Stellung u. die des Königtums allg. stark erschütterte; erreichte durch den Bußgang nach Canossa (1077) die Aufhebung des von Papst *Gregor VII.* verhängten Banns; Machtkämpfe gegen die in Dtld. erstarkenden Fürsten u. seine beiden Söhne. – **5. H. V.,** Sohn von 4), *1086, †1125, König 1106–25, Kaiser seit 1111; letzter Salier; stärkte das Königtum; beendete durch das *Wormser Konkordat* (1122) den *Investiturstreit.* – **6. H. VI.,** *1165, †1197, König 1190–97, seit 1194 König von Sizilien; Kaiser seit 1191; Sohn Kaiser Friedrichs I. Barbarossa; seit 1186 mit *Konstanze von Sizilien* verheiratet. In Dtld. hatte er sich einer starken Fürstenopposition zu erwehren. Eine Wendung zu seinen Gunsten trat ein, als er den mit seinen Gegnern verbündeten engl. König *Richard I. Löwenherz* 1193 in seine Hand bekam u. diesen nach Zahlung eines hohen Lösegelds zur Lehnshuldigung zwang. Sein Versuch, das dt. Königtum erbl. zu machen, scheiterte am Widerstand der Fürsten wie des Papstes. – **7. H. VII.,** *1274/75, †1313, König 1308–13, Kaiser seit 1312; Graf von *Luxemburg;* konnte 1310 seinen Sohn *Johann* (von Luxemburg) mit Böhmen belehnen u. mit der Přemyslidin *Elisabeth* (*1292, †1330) verheiraten. – **8. H. X.,** *H. der Stolze,* *um 1108, †1139, Herzog von Bayern 1126–38 u. von Sachsen 1137–39; Schwiegersohn Kaiser *Lothars III.;* verlor 1138 auf Reichstagen zu Würzburg u. Goslar Sachsen an *Albrecht den Bären* u. Bayern an *Leopold IV.,* behauptete sich aber bis zu seinem Tod in Sachsen. – **9. H. der Löwe,** Sohn von 8), *1129/30, †1195, Herzog von Sachsen 1142–80 u. von Bayern seit 1156; erweiterte seine Machtstellung im Slawenland östl. der Elbe, förderte die Ostsiedlung u. den Handel im Ostseeraum; förderte die Städte (u.a. Gründung Münchens u. Schwerins, Neugr. Lübecks). H. wurde 1179/80 geächtet, da er sich geweigert hatte, Kaiser *Barbarossa* in Oberitalien militär. zu unterstützen; er ging 1182 in die Verbannung nach England. Nach seiner Unterwerfung blieb ihm nur sein Haussitz Braunschweig-Lüneburg.

England:

**10. H. I., H. Beauclerc,** *1068, †1135, König 1100–35; Sohn *Wilhelms des Eroberers.* Seine Krönungsproklamation *(Charta libertatum)* leitete die Versöhnung der besiegten Angelsachsen mit den normann. Eroberern ein. – **11. H. II. Plantagenet,** Enkel von 10), *1133, †1189, König 1154–89; durch Erbe u. durch die Ehe mit Eleonore von Aquitanien auch Herr eines Drittels von Frankreich. In England stärkte er im Kampf gegen den Adel die königl. Gewalt. H. starb im Kampf gegen seine eigenen Söhne. – **12. H. V.,** *1387, †1422, König 1413–22; errang die Herrschaft über Frankreich (Sieg bei Azincourt 1415 u. Friede von Troyes 1420), nahm den Titel eines Königs von Frankreich an u. heiratete die Tochter Karls VI. von Frankreich. – **13. H. VI.,** Sohn von 12), *1421, †1471, König 1422–61 u. 1470/71; verlor bis auf Calais allen brit. Besitz in Frankreich. Mit dem Anspruch *Richards von York* (Wappen der Weißen Rose) auf den engl. Thron begannen die *Rosenkriege.* H. kämpfte mit wechselndem Erfolg gegen Richards Sohn *Eduard (IV.),* wurde 1461–70 eingekerkert, 1470 nochmals auf den Thron gehoben u. wenige Monate später endgültig gestürzt. – **14. H. VII.,** *1457, †1509, König 1485–1509; erster *Tudor-*König, Graf von Richmond; kam durch seinen Sieg über König *Richard III.* 1485 auf den Thron (Ende der *Rosenkriege*). – **15. H. VIII.,** Sohn von 14), *1491, †1547, König 1509–47; besiegte den Schottenkönig *Jakob IV.* H. (zunächst gläubiger Katholik) trennte England von Rom (1534) u. errichtete die *anglikan. Staatskirche,* als der Papst seine Ehe mit *Katharina von Aragón* nicht scheiden wollte. 1533 hatte H. diese Ehe für nichtig erklären lassen u. heiratete *Anna Boleyn,* die er 1536 wegen angebl. Ehebruchs hinrichten ließ. Seine 3. Frau, *Johanna Seymour,* starb kurz nach der Geburt ihres Sohnes *Eduard (VI.).* Seine 4. Frau, *Anna von Cleve,* ließ sich H. nach wenigen Monaten scheiden. Seine 5. Frau, *Katharina Howard,* erlitt das gleiche Schicksal wie Anna Boleyn. Seine 6. Frau, *Katharina Parr,* überlebte ihn.

Frankreich:

**16. H. II.,** *1519, †1559, König 1547–59; ein *Kapetinger,* verh. mit *Katharina von Medici,* besetzte aufgrund eines Bündnisses mit den dt. Protestanten gegen Kaiser Karl V. Metz, Toul u. Verdun u. vertrieb die Engländer aus Boulogne u. Calais. – **17. H. III.,** *H. von Valois,* Sohn von 16), *1551, †1589 (ermordet), König 1574–89; 1573 zum König von Polen gewählt, ging aber heiml. nach Frankreich zurück, um dort seine Thronansprüche durchzusetzen; 1569–72 unter dem Einfluß seiner Mutter *Katharina von Medici* Gegner der Hugenotten u. mitverantwortl. für die *Bartholomäusnacht.* – **18. H. IV.,** *H. von Navarra,* *1553, †1610 (ermordet), König 1589–1610; erster König aus dem Haus *Bourbon,* zunächst Hugenottenführer. Seine Hochzeit mit *Margarete von Valois* (1572) nahmen die Königinmutter *Katharina von Medici* u. König *Karl IX.* zum Anlaß, die meisten Hugenottenführer ermorden zu lassen *(Bartholomäusnacht).* H. wurde 1593 Katholik u. gewährte im *Edikt von Nantes* 1598 den Hugenotten polit. u. religiöse Gleichberechtigung.

Österreich:

**19. H. II.** *Jasomirgott,* *1114, †1177, Markgraf u. Herzog 1141 bzw. 1156–77; aus dem Geschlecht der *Babenberger,* 1143–56 Herzog von Bayern, das er gegen *H. den Löwen* nicht behaupten konnte; 1156 von Kaiser *Friedrich I. Barbarossa* zum Herzog von Östr. erhoben.

Thüringen:

**20. H. Raspe,** *um 1204, †1247, Landgraf 1227, von Kaiser Friedrich II. 1242 zum Reichsverweser in Dtld. für *Konrad IV.* bestellt, ließ H. sich 1246 bei Würzburg von der päpstl. Partei zum Gegenkönig wählen (»Pfaffenkönig«) u. schlug Konrad im August des Jahres bei Frankfurt, erkrankte jedoch bei der Belagerung von Ulm u. starb 1247 ungekrönt.

**Heinrich,** Willi, *9.8.1920, dt. Schriftst. (Kriegsromane u. Romane über die Tabus der bürgerl. Gesellschaft).

**Heinrich der Glîchesaere** [-'gliːçəzæːrə], *Heinrich der Gleisner,* mhd. Dichter aus dem Elsaß, schrieb um 1180 nach frz. Vorbildern das Tierepos »Reinhart Fuchs«, in dem er scharfe Kritik an Minne, Geistlichkeit u. Politik übte.

**Heinrich der Seefahrer,** *1394, †1460, Sohn König Johanns I. von Portugal; erforschte die afrik. W-Küste u. gab damit den Anstoß für die port. Seemachtstellung.

**Heinrich von Meißen,** gen. *Frauenlob,* *um 1250, †1318, spätmittelalterl. Fahrender u. Meistersinger; soll in Mainz die erste Meistersingerschule gegründet haben.

**Heinrich von Melk,** geistl. Sittenprediger um 1160, Laienbruder ritterl. Abkunft aus dem Benediktinerkloster Melk; schrieb Bußgedichte über das Leben der weltl. Stände u. der Weltpriester.

**Heinrich von Morungen,** *um 1150, †1222, ritterl. Dienstmann des Markgrafen Dietrich von Meißen; als »edler Möringer« in Volksballade u. Sage fortlebend; neben Walther von der Vogelweide bed. dt. Lyriker des MA.

**Heinrich von Ofterdingen,** sagenhafter Minnesänger, trat beim Sängerkrieg auf der Wartburg gegen Walther von der Vogelweide u. Wolfram von Eschenbach auf; auch mit *Tannhäuser* gleichgesetzt.

**Heinrich von Plauen,** *vor 1370, †1429, Hochmeister des *Dt. Ordens* 1410–13; verteidigte nach der Niederlage des Ordensheeres bei *Tannenberg* 1410 die *Marienburg* gegen Polen u. eroberte nahezu das gesamte Ordensgebiet zurück, bis es zum *1. Thorner Frieden* 1411 kam.

**Heinrich von Veldeke,** *um 1140, †vor 1210, mhd. Minnesänger u. Versepiker; sein Versroman »Eneit« gilt als vorbildl. für die ritterl.-höfische Dichtung.

**Heinsberg,** Krst. in NRW, nahe der dt.-ndl. Grenze, 36 000 Ew.; Chemiefaserwerk.

**Heinse,** Wilhelm, *1746, †1803, dt. Schriftst. u. Kunstkritiker der Vorklassik.

**Heinsius,** Daniel, *1580, †1655, ndl. Philologe u. Schriftst.; beeinflußte mit seinen »Nederduytsche Poemata« 1616 M. *Opitz* u. die dt. Barockdichtung.

**Heinzelmännchen,** im dt. Volksglauben hilfreicher Hausgeist, Kobold.

**Heinzen,** *Heanzen,* dt. Bauern, die nach 1076 aus Oberfranken auswanderten u. im Burgenland, in der Steiermark u. (bis 1945) im ung. Komitat Ödenburg ansässig waren.

**Heirat** → Ehe. – **H.svermittlung,** der gewerbsmäßige Nachweis der Gelegenheit oder die Vermittlung des Zustandekommens einer Ehe.

**Heiseler, 1. Bernt** von, Sohn von 2), *1907, †1969, dt. Schriftst.; Vertreter des Realismus; Lyrik, Biographien, Romane. – **2. Henry** von, *1875, †1928, dt. Schriftst.; gehörte zum Kreis um S. *George;* Lyrik, Dramen, Essays.

*Kaiser Heinrich VI. (aus der Manessischen Liederhandschrift)*

**Heisenberg,** Werner, *1901, †1976, dt. Physiker; entwickelte die *Quantentheorie,* stellte 1927 die *Unschärferelation* auf u. begründete mit W. *Pauli* die *Quantentheorie der Wellenfelder.* Er arbeitete ferner über Kernphysik u. Höhenstrahlung (erkannte u.a. 1932 die Protonen u. Neutronen als Bausteine der Atomkerne); zahlr. Untersuchungen über eine einheitl. Feldtheorie der Elementarteilchen; die grundlegende Feldgleichung dafür wird populär als *H.sche Weltformel* bezeichnet. – Nobelpreis 1932.

**Heißenbüttel,** Helmut, *21.6.1921, dt. Schriftst.; sprachl. experimentierender Avantgardist, der sich von herkömml. Sprachformen zu lösen sucht.

**heißer Draht,** die seit 1963 bestehende direkte Fernschreibverbindung zw. dem Weißen Haus u. dem Kreml.

**heiße Teilchen,** stark radioaktive Staubteilchen, die bei der Explosion von Kernwaffen entstehen.

**Heisterbach,** Ruine eines mittelalterl. Zisterzienserklosters bei Königswinter.

**Heizgase, 1.** heiße Gase, die bei der Verbrennung von Brennstoffen entstehen. Sie enthalten u.a. Kohlenmonoxid, Kohlendioxid u. Stickstoff. – **2.** *techn. H.,* brennbare Gase, die zum Heizen von Industrieöfen, Dampfkesseln u.ä. sowie zum Haushaltsöfen u. zur Beleuchtung verwendet werden; z.B. Wasser-, Generator-, Stadt- u. Erdgas.

**Heizkissen,** elektr. geheiztes Kissen; ein mit Asbest umsponnener Heizleiter, der auf ein Grobhaargewebe aufgenäht ist.

**Heizleiter,** ein elektr. Leiter mit hohem elektr. Widerstand, der sich bei Stromdurchgang erhitzt; in elektr. Heizgeräten.

**Heizöl,** hochsiedende Erd- oder Teerölfraktionen. Im Handel sind verschiedene Sorten, die nach ihrer Viskosität (Zähflüssigkeit) unterschieden werden.

**Heizung,** die künstl. Erwärmung von Räumen durch *Einzel-H.* mit der Wärmequelle *(Ofen)* innerhalb des zu beheizenden Raums oder durch *Sammel-H.* mit zentral gelegener Wärmequelle für mehrere Räume, als *Etagen-H.* – Außer dem *Kamin* gibt es folgende Einzel-H.: 1. *eiserne Öfen;* 2. *Kachelöfen;* 3. *Gasöfen;* 4. *Ölöfen;* 5. *elektr. Öfen.* – Sammel-H.: 1. *Luft-H.;* 2. *Dampf-H.;* 3. *Warmwasser-H.;* 4. *Fern-H.*

**Heizwert,** Wärmemenge, die bei der Verbrennung von 1 kg Brennstoff entsteht; wird in Kj (Kilojoule) angegeben.

**Hekate** → griechische Religion.

**Hekatombe,** urspr. ein Opfer von 100 Tieren, dann überhaupt jedes große Opfer.

**Hekla,** Vulkan (1447 m) auf Island, im S der Insel; seit dem 12. Jh. über 20 Ausbrüche.

**Hektar,** Abk. ha, ein Flächenmaß, bes. für landw. Flächen verwendet: 1 ha = 100 a = 10 000 m².

**hektisches Fieber,** langdauerndes Fieber bei Tuberkulose.

**hekto...,** Wortbestandteil mit der Bedeutung »vielfach, hundertfach«.

**Hektor,** Trojanerheld der grch. Sage, Sohn des Königs *Priamos,* Gatte der *Andromache;* bei *Homer* Gegenspieler des *Achilles,* von dem er im Kampf getötet wird.

**Hel,** in der germ. Myth. die unterird. Totenwelt sowie Göttin des Totenreichs.

**Hela,** *Putziger Nehrung,* Landzunge vor der westl. Danziger Bucht.

**Held, 1.** Kurt → Kläber. – **2.** Martin, *11.11.1908, Schauspieler; Charakterdarsteller, auch im Film u. Fernsehen.

*Hektor (Mitte) beim Anlegen der Waffen; Amphora des Euthymides aus Athen, um 500 v.Chr. München, Staatliche Antikensammlungen*

*Helgoland: Die »Lange Anna« ist das Wahrzeichen der Nordseeinsel*

**Heldendichtung,** Sammelbegriff für alle Dichtungen, in deren Mittelpunkt eine Figur des heroischen Zeitalters steht. Grundlage der H. ist die *Heldensage,* die geschichtl. Ereignisse überliefert u. frei weiterentwickelt. Zu den bekanntesten Sagenhelden zählen u.a. Odysseus, Siegfried, Attila, Beowulf. Die früheste künstler. Form erhielt die Heldensage im *Heldenlied,* das im 5. bis 8. Jh. als episch-balladeske Dichtform im germ. Kulturkreis ausgeprägt wurde. Das einzige überlieferte dt. Heldenlied ist das *Hildebrandslied.* Das Heldenlied lebte in der Form der *Volksballade* weiter. – Mit der Entwicklung der Buchkultur wurde das Heldenlied zum *Heldenepos* ausgeweitet. Am bekanntesten ist das *Nibelungenlied.* Das Heldenepos mit seinem Stoff aus der germ. Heldensage steht im Gegensatz zum höf. *Ritterepos.* Im Spät-MA wurden die Heldenepen in Prosa aufgelöst u. fanden als *Volksbücher* eine große Leserschaft.

**Helder** → Den Helder.

**Helena** ['heli̇nə], Hptst. von Montana (USA), in einem Tal der Rocky Mountains, 22 000 Ew.; Zentrum eines Erzbergbaugebiets.

**Helena,** in der grch. Sage Tochter des Zeus u. der Leda, Gattin des *Menelaos;* ihre Entführung durch den Trojaner *Paris* löste den *Trojanischen Krieg* aus.

**Helfferich,** Karl, *1872, †1924, dt. Politiker; 1916/17 stellv. Reichskanzler; nach dem 1. Weltkrieg einer der Gründer u. Führer der *Deutschnationalen Partei.*

**Helgoland,** dt. Nordsee-Insel (mit Düne 2,09 km²) in der *Helgoländer Bucht,* Schl.-Ho.; 1900 Ew.; eine steil aus dem Meer aufragende rote Buntsandsteinscholle, der Rest einer ehem. großen Insel; ebenes Oberland, bis 58 m hoch, sö. anschließend das aus angeschwemmtem Sand gebildete Unterland mit den Hafenanlagen; Seebad; biolog. Forschungsstation; Vogelwarte. – G e s c h.: H. war ab 1714 dän., im 1814/15 *(Wiener Kongreß)* brit. u. fiel 1890 durch den *H.-Sansibar-Vertrag* an das Dt. Reich; 1945 von den Engländern besetzt, die H. als Bombenübungsplatz nutzten; 1952 an Dtld. zurückgegeben; Wiederaufbau der Siedlungen; Zollfreiheit.

**Heliand** [»Heiland«], altsächs. Epos des 9. Jh.s, das Jesus als Herzog mit seinen Gefolgsleuten in die Welt der damaligen Zeit stellt.

**Helikon,** eine Baß- oder Kontrabaßtuba; in Militärkapellen verwendet.

**Helikon,** *Ellikon,* Gebirgszug nördl. des Golfs von Korinth (Griechenland), 1748 m; galt im Altertum als Sitz der *Musen.*

**Helikopter** → Hubschrauber.

**helio...,** Wortbestandteil mit der Bedeutung »Sonne«.

**Heliodor,** Halbedelstein, grünlichgelber *Beryll.*

**Heliodor,** *Heliodoros,* grch. Schriftst. aus Emesa in Syrien, 3. Jh. n. Chr.

**Heliograph,** Fernrohr mit photograph. Kamera für Sonnenaufnahmen.

**Heliopolis, 1.** ägypt. *On,* Ruinenstätte nö. von Kairo, altägypt. Gau-Hptst. von Unterägypten, ehem. Tempel des Sonnengottes als 20 m hoher Obelisk erhalten. – **2.** → Baalbek.

**Helios** → griechische Religion.

**Helioskop,** Gerät zur Sonnenbeobachtung, mit bestimmten Vorrichtungen zur Abschwächung des Sonnenlichts.

**Heliostat,** *Coelostat, Siderostat,* ein System von Planspiegeln, mit dessen Hilfe das Bild eines Sterns (oder der Sonne) ständig in ein feststehendes Fernrohr u. damit in eine vorgegebene Richtung geworfen wird.

**Heliotherapie,** med. Behandlung mit Sonnenwärme u. -licht sowie mit künstl. UV-Strahlen.

**Heliotrop, 1.** die Pflanzengatt. → Sonnenwende. – **2.** ein dunkelgrüner Schmuckstein mit roten Tupfen.

**heliozentrisch,** auf die Sonne als Mittelpunkt bezogen; z.B. das *h.e Weltsystem* des Kopernikus.

**Heliozoen** → Sonnentierchen.

**Helium,** ein Edelgas, → chemische Elemente.

**helladische Kultur,** die bronzezeitl. Kultur des grch. Festlands; 1. *frühhellad. Periode* (2500 bis 1900 v. Chr.), eine ägäische Kultureinheit, getragen von einer nicht-indoeurop. Bevölkerung; 2. *mittelhellad. Periode* (1900–1600 v.Chr.), eine Mischkultur aus traditionell ägäischen u. indoeurop. Elementen; 3. *späthellad. Periode* (1600 bis 1100 v. Chr.), die der myken. Kultur entspricht.

**Hellas,** antike Bez. für das grch. Festland; seit 1883 der amtl. Name des neugrch. Staats.

**Helldunkelmalerei,** frz. *clair-obscur,* in Malerei u. Graphik ein Gestaltungsprinzip, das die natürl. Farbigkeit zugunsten der Gegensätze von Licht u. Schatten zurücktreten läßt; bes. in der ndl. Malerei des 17. Jh. (z.B. *Rembrandt).*

**Helle,** grch. Sagengestalt; flüchtete mit ihrem Bruder *Phrixos* auf einem Widder u. stürzte über der nach ihr benannten Meerenge *(Hellespont)* ab.

**Hellebarde,** *Hellebarte, Halbarte,* im MA Stoß- u. Hiebwaffe des Fußvolks mit etwa 2 m langem Holzschaft; an der Spitze eine lange Stoßklinge u. ein Beil (Barte) mit Haken.

**Hellenismus,** von der Geschichtswiss. geprägter Begriff für die Zeit, in der das Griechentum Weltgeltung errang: von den Eroberungszügen *Alexanders d. Gr.* (seit 334 v.Chr.) bis etwa Christi Geburt (röm. Kaiserzeit); typ. Merkmale: kosmopolit. Denken, Weltbürgertum, hochentwickelte Zivilisation, Verschmelzung von grch., oriental. u. jüd. Gedankengut. Große Kulturzentren: Alexandria, Athen, Pergamon, Antiochia u. Rhodos.

**Hellenisten,** urspr. die Juden des grch. Kulturkreises; dann christl. Griechen (der hellenist. Zeit); heute auch Bez. für Wissenschaftler, die altgrch. Sprache u. Kultur erforschen.

**Heller,** *Häller,* urspr. die seit dem 12. Jh. in Schwäbisch Hall geprägten *Silberpfennige;* seit dem 14. Jh. auch Bez. für ½ Pfennig; 1892–94 östr. Scheidemünze (¹/₁₀₀ Krone), übernommen in Ungarn *(Filler)* u. in der Tschechoslowakei *(Haléř).*

**Heller,** André, eigtl. Franz H., *22.3.1947, östr. Liedermacher u. Multi-Media-Künstler.

**Hellespont,** antiker Name der Dardanellen.

**Helling** [die], die *Helgen,* zum Wasser hin geneigter Montageplatz einer Werft.

**Hellmesberger, 1.** Georg, *1800, †1873, östr. Geiger u. Komponist; 1830–67 Hofoperndirigent in Wien. – **2.** Joseph, *1855, †1907, östr. Komponist u. Geiger; schrieb über 20 Operetten.

**Hellpach,** Wilhelm, *1877, †1955, dt. Politiker (Dt. Demokrat. Partei), Arzt, Soziologe u. Psychologe; 1924/25 Staats-Präs. von Baden; Verfasser zahlr. Schriften zur Sozial- u. Völkerpsychologie.

**Hellsehen,** die zu den okkulten Erscheinungen gerechnete (angebliche) Fähigkeit, *außersinnl. Wahrnehmungen* objektiver Ereignisse zu haben.

**Hellweg,** Bez. für einen uralten Fernhandelsweg (Salzstraße?) zw. Duisburg u. Paderborn; heute Bundesstr. Nr. 1, z.T. zum *Ruhrschnellweg* ausgebaut.

**Helm,** Kopfschutz u. militär. Kopfbedeckung aus Leder oder Metall, heute auch aus Kunststoff. Die ersten H. finden sich bei den Sumerern im 3. Jt. v. Chr.

**Helmand Rod,** *Hilmänd, Hilmend,* längster Fluß Afghanistans, rd. 1300 km; entspringt südl. vom Hindukusch u. endet im *Sistansee* (Hamun).

**Helmbrecht,** Hauptgestalt der zeitkrit. Versnovelle »Meier H.« (spätes 13. Jh.) von *Werner dem Gartenaere.*

**Helmholtz,** Hermann Ludwig Ferdinand von, *1821, †1894, dt. Mediziner u. Naturwissenschaftler; vertiefte die Begründung des Gesetzes von der Erhaltung der Energie, maß die Fortpflanzungsgeschwindigkeit eines Nervenreizes, erfand zahlr. In-

# 362 Helminthen

*Helmkraut*

strumente zur Untersuchung von Auge (Augenspiegel) u. Ohr u. gab eine Theorie über Sehen (Dreifarbenlehre) u. Hören; erkannte das Elektron als elektr. Elementarteilchen.

**Helminthen,** Bez. für alle wurmförmigen Parasiten. – **Helminthiasis,** Wurmbefall.

**Helmkraut,** Gatt. der *Lippenblütler;* das Sumpf-H. blüht blau, das *Kleine H.* rosa.

**Helmond,** ndl. Stadt nordöstl. von Eindhoven, 59 000 Ew.; Textil- u. Eisenind.

**Helmstedt,** Krst. in Nds., zw. Elm u. Lappwald, im Zentrum der Braunkohlenfelder östl. des Elm, 27 500 Ew.; altertüml. Stadtbild, ehem. Univ. (1576–1810); Braunkohlen- u. Kalibergbau, Braunkohlekraftwerk.

**Heloten,** im alten Sparta die dem Staat hörigen Kleinbauern.

**Helsingborg** [-'bɔrj], fr. *Hälsingborg,* Hafenstadt in S-Schweden an der engsten Stelle des Öresunds, 106 000 Ew.; Eisenbahnfähre nach *Helsingör;* Erdölraffinerie, Schiffbau u. versch. Ind.

**Helsingör,** Hafenstadt in Dänemark, N-Seeland, am Öresund, 57 000 Ew.; durch eine Eisenbahnfähre mit dem schwed. *Helsingborg* verbunden; Schloß *Kronborg* (16. Jh., Schloß Hamlets); Schiffbau, Masch.-Ind. u.a.

**Helsinki,** schwed. *Helsingfors,* Hptst. (seit 1812) Finnlands; auf einer Landzunge an der N-Küste des Finn. Meerbusens, 500 000 Ew.; wichtigster Hafen, kultureller u. wirtsch. Mittelpunkt Finnlands; Univ., TH; Werften, Masch.-, Textil- u. Ind. – 1550 vom schwed. König *Gustav Wasa* gegr.

**Helvetia,** lat. für die *Schweiz;* nach den **Helvetiern** benannt, einem kelt. Volksstamm, der im 1. Jh. v. Chr. in die Schweiz einwanderte.

**Helvetische Konfession** → Confessio Helvetica.

**Helwan,** *Heluan, Hilwon,* Ind.-Stadt u. Kurort in Ägypten, südl. von Kairo, 300 000 Ew.; astronom. u. meteorolog. Observatorium; Schwefel- u. Kochsalzthermen; Schwerind.

**Hemer,** Ind.-Stadt in NRW, nordöstl. von Iserlohn, 33 000 Ew.; in der Nähe das Naturschutzgebiet »Felsenmeer« u. die »Heinrichshöhle«.

**Hemessen,** Jan van, eigtl. Jan *Sanders,* *1500, †nach 1555, ndl. Maler; verband Anregungen des ndl. Romanismus u. der ital. Kunst zu einer Genre- u. Historienmalerei großen Stils.

**hemi...** [grch.], Wortbestandteil mit der Bedeutung »halb«.

**Hemingway** ['hemiŋwɛi], Ernest, *1899, †1961 (Selbstmord), US-amerik. Schriftst.; Kriegsberichterstatter im Nahen Osten u. im Span. Bürgerkrieg; Hauptvertreter der »verlorenen Generation« der 1920er Jahre; ausgeprägter Realismus; knapper Erzählstil, der charakterist. für die moderne Kurzgeschichte wurde. W »Fiesta«, »Wem die Stunde schlägt«, »Der alte Mann u. das Meer«. – Nobelpreis für Literatur 1954.

**Hemiplegie** → Halbseitenlähmung.

**Hemisphäre,** Halbkugel; bes. die (nördl. oder südl., östl. oder westl.) Hälfte der Erde oder des Himmels; auch Großhirnhälfte.

**Hemlocktanne,** *Schierlingstanne,* in N-Amerika u. O-Asien heim. Gatt. der *Nadelhölzer;* die *Kanad. H.* ist in Dtld. als Zierbaum bekannt.

**Hemmel,** Peter, *Peter von Andlau,* *um 1420, †nach 1501, elsäss. Maler u. Glasmaler.

**Hemmschuh,** Vorrichtung zum Abbremsen von Schienenfahrzeugen.

**Hemmstoffe,** Substanzen, die chem. bzw. biochem. Reaktionen hemmen oder verhindern. Sie können z.B. das Wachstum von Zellen unterdrücken (z.B. Antibiotika).

**Hemmung, 1.** *Psych.:* die Beeinträchtigung oder Unterdrückung einer psych. Funktion oder eines Verhaltensablaufs; kann sich negativ *(Gehemmtheit),* aber auch positiv auswirken (»moral. H.«). – **2.** *Technik:* ein Sperrgetriebe, das im Takt eines auslösenden Glieds (z.B. eines Pendels) die Drehung eines sonst frei ablaufenden Triebwerks nur absatzweise zuläßt; vielfach in Uhren u.ä. Geräten.

**Henan** [xənan], *Honan,* Prov. in → China.

**Hench** [hɛntʃ], Philip Showalter, *1896, †1965, US-amerik. Arzt; wandte erstmals *Cortison* in der Rheumabehandlung an; Nobelpreis 1950.

**Henderson** ['hɛndəsn], Arthur, *1863, †1935, brit. Politiker (Labour Party); Gewerkschaftler, mehrf. Min.; 1932/33 Präs. der Weltabrüstungskonferenz in Genf; Friedensnobelpreis 1934.

**Hendrix,** Jimi (James Marshall), *1942, †1970, US-amerik. Rockmusiker afroamerik.-indian. Herkunft; Gitarrist u. Sänger, Rockidol der 1960er u. 1970er Jahre.

**Hengelo,** Ind.-Gemeinde in der ndl. Prov. Overijssel, nw. von Enschede, 77 000 Ew.; Textil-, Masch.-, Elektro- u. chem. Ind.

**Hengist und Horsa,** sagenhaftes Bruderpaar, die Anführer der ersten Eindringlinge in England während der angelsächs. Landnahme in der Mitte des 5. Jh. n. Chr.

**Heng Samrin,** *25.5.1934, kambodschan. Politiker (Kommunist); 1978 Führer des von Vietnam abhängigen Widerstands gegen das Pol-Pot-Regime; seit 1981 Staatsoberhaupt u. Parteichef.

**Hengst,** das männl. Tier bei Pferden, Eseln, Kamelen, Dromedaren u. Zebras.

**Henie,** Sonja, *1912, †1969, norw. Eiskunstläuferin; Olympiasiegerin 1928, 1932 u. 1936, Weltmeisterin 1927–36.

**Henkel,** Fritz, *1848, †1930, dt. Industrieller; gründete 1876 die Fa. *H. & Cie.* Aachen (seit 1878 in Düsseldorf) zur Herstellung von Waschmitteln.

**Henker,** *Scharfrichter,* Vollstrecker von Todesurteilen. – **H.smahl,** seit dem MA das letzte Essen des zum Tod Verurteilten.

**Henle,** Friedrich Gustav Jacob, *1809, †1885, dt. Anatom u. Pathologe; nach ihm benannt die *H.-Scheide,* die die peripheren Nervenfasern einhüllende Schutzschicht, u. die *H.sche Schleife,* der von der Rinde zum Mark der Niere u. zurück verlaufende Teil der Harnkanälchen.

**Henlein, 1.** Konrad, *1898, †1945 (Selbstmord), sudetendt. Politiker; 1933 Mitbegr. der *Sudetendt. Heimatfront* u. seit 1935 der *Sudetendt. Partei;* bereitete dem Anschluß des Sudetenlands an Dtld. den Weg u. wurde im Okt. 1938 Gauleiter der NSDAP u. 1939 Reichsstatthalter im Reichsgau Sudetenland. – **2.** Peter, *um 1480, †1542, dt. Mechaniker; erfand die *Unruh* u. stellte als erster dosenförmige Taschenuhren her (um 1510).

**Hennastrauch** in N- u. O-Afrika, Vorder- u. O-Asien heim. Strauch aus der Fam. der *Weiderichgewächse;* eine alte Kulturpflanze, die *Henna,* einen rotgelben Farbstoff zur Körperbemalung u. zum Haarefärben, liefert.

**Henne,** das weibl. Tier vieler Vogelgruppen.

**Henneberg,** ehem. Gft. u. Grafengeschlecht (das 1583 mit *Georg Ernst von H.* ausstarb) in Franken.

**Hennebique** [ɛn'bik], François, *1842, †1921, frz. Ing. u. Architekt; gilt als Begr. der Stahlbetonskelettbauweise (»System H.«).

**Hennecke,** Adolf, *1905, †1975, dt. Bergarbeiter u. Politiker; Begr. der *Aktivistenbewegung* (auch *H.-Bewegung*) in der DDR.

**Hennef (Sieg),** Stadt in NRW, sö. von Siegburg, 30 000 Ew.; Kneippkurort; versch. Industrien.

**Hennegau,** fläm. *Henegouwen,* frz. *Hainaut,* Prov. in Belgien. Der größte Teil der Prov. (nördl. der Sambre) gehört zur gleichn. Ldsch., der Rest der Prov. entfällt auf das *Condroz,* die *Fagne* u. die *Ardennen;* fruchtbares Agrargebiet; Steinkohlerevier u. versch. Ind. – Ehem. Gft.; seit 1830 belg.

**Henoch, 1.** *Enoch,* im AT der 7. Urvater der Menschheit. – **2.** Held des *Buchs H.,* eines spätjüd. Mysterienbuchs, das um 170 v. Chr. entstanden ist.

**Henry, 1.** Joseph, *1797, †1878, US-amerik. Physiker; arbeitete bes. über Induktion, deren Einheit nach ihm benannt wurde. – **2.** *O. Henry,* eigtl. William Sydney *Porter,* *1862, †1910, US-amerik. Schriftst. (Kurzgeschichten).

**Henschel,** Georg Christian Karl, *1759, †1835, Glockengießer; gründete 1819 eine Gießerei u. Maschinenfabrik.

**Henschke,** Alfred → Klabund.

**Henze,** Hans Werner, *1.7.1926, dt. Komponist, Dirigent u. Regisseur; stellte seine Musik in den Dienst einer gesellschaftskrit. Politik; experimentierte zunächst mit *serieller Musik,* gab dann Klang u. Melodie den Vorrang; schrieb Opern, Ballette, Chorwerke u.a.

**Heparin,** eine aus Lebergewebe gewonnene Substanz (Glykoproteid,) die hemmend auf die Blutgerinnung wirkt; zur Behandlung von Thrombosen.

**Hepatitis,** Leberentzündung, die bes. durch Viren hervorgerufen wird *(Virus-H.);* häufig mit Gelbsucht verbunden.

**Hepburn** ['hɛpbə:n], **1.** Audrey, eigtl. Edda *Hepburn van Heemstra,* *4.5.1929, engl.-amerik. Filmschauspielerin; u.a. in »Frühstück bei Tiffany«, »My fair Lady«. – **2.** Katherine, *9.11.1909, US-amerik. Schauspielerin; u.a. in »African Queen«.

**Hephaistos** → griechische Religion.

**Heppenheim (Bergstraße),** Krst. in Hessen, am Westrand des Odenwaldes, 24 000 Ew.; Weinbau, versch. Ind.

**hepta...** [grch.], Wortbestandteil mit der Bed. »sieben«.

**Heptameron,** 72 durch eine Rahmenhandlung verbundene Novellen von *Margarete von Navarra.*

**Heptameter,** siebenfüßiger Vers.

**Heptan,** ein aliphat. Kohlenwasserstoff mit 7 Kohlenstoffatomen, $C_7H_{16}$, z.B. Bestandteil von Erdöl u. Benzin.

**Heptateuch,** die 7 bibl. Bücher Genesis bis Richter.

**Heptosen,** Monosaccharide mit 7 Kohlenstoffatomen.

**Hepworth** ['hɛpwə:θ], Barbara, *1903, †1975, engl. Bildhauerin; v.a. abstrakte Plastiken.

**Hera,** *Here,* → griechische Religion.

**Herakleia,** Name mehrerer altgrch. Städte.

**Herakleion,** *Heraklion, Iraklion,* Hafenstadt an der N-Küste der Insel Kreta, Griechenland, 102 000 Ew.; Hauptort; archäolog. Museum mit Funden aus Knossos; Flughafen.

**Herakles,** lat. *Hercules, Herkules,* grch. Sagenheld u. Halbgott, Sohn von *Zeus* u. *Alkmene;* vollbrachte im Dienst des Königs *Eurystheus* 12 Arbeiten, um Unsterblichkeit zu erlangen (z.B. Tötung des nemeischen Löwen, Säuberung der Ställe des Augias, Gewinnung der goldenen Äpfel der

*Helsinki: Marktplatz und Rathaus am Südhafen; dahinter der 1852 vollendete Dom*

*Johann Gottfried von Herder*

Hesperiden, Heraufholen des Höllenhunds Zerberus); wurde in den Olymp aufgenommen u. erhielt Hebe zur Gemahlin.

**Heraklion** → Herakleion.

**Heraklit**, *Herakleitos, H. von Ephesos,* *etwa 540 (544) v. Chr., †480 (483) v. Chr., grch. Philosoph; Fragmente in schwerer, prophet. Sprache, in denen der Gedanke des Werdens (»*alles fließt*«, grch. *panta rhei*) u. der Gegensätze im Mittelpunkt steht.

**Heraldik**, *Heroldskunst* → Wappenkunde.

**Herat**, Hptst. der gleichn. Prov. in NW-Afghanistan, 140 000 Ew.; 1222 von *Tschingis Khan* zerstört, 1381 von *Timur* erobert, 1865 zu Afghanistan.

**Hérault** [e'ro], Küstenfluß in S-Frankreich, 160 km; mündet östl. von Montpellier ins Mittelmeer.

**Herbarium**, Sammlung getrockneter u. gepreßter Pflanzen.

**Herbart**, Johann Friedrich, *1776, †1841, dt. Pädagoge u. Philosoph; einer der Begr. der dt. Erziehungswiss.

**Herbergen**, im MA Häuser, die wandernden Gesellen Unterkunft u. z.T. auch Verpflegung boten; im 19. Jh. von karitativen Einrichtungen wieder ins Leben gerufen (»*H. zur Heimat*«).

**Herberger**, Josef (Sepp), *1897, †1977, dt. Sportlehrer; 1936–64 Trainer der dt. Fußballnationalmannschaft, mit der er 1954 Weltmeister wurde.

**Herbivoren**, pflanzenfressende Tiere.

**Herbizid**, chem. Mittel zur Unkrautbekämpfung.

**Herborn**, Stadt in Hessen an der Dill, im Westerwald, 22 000 Ew.; mittelalterl. Stadtbild; versch. Ind.

**Herbst**, die Jahreszeit zw. 23. Sept. u. 22. Dez. auf der Nordhalbkugel u. zw. 21. März u. 21. Juni auf der Südhalbkugel.

**Herbstzeitlose**, im Herbst blühendes *Liliengewächs* mit hell lilafarbenen Blüten; enthält das Gift *Colchicin*.

**Herburger**, Günter, *6.4.1932, dt. Schriftst. (Lyrik, Prosa, Dramen u. Kinderbücher).

**Herculaneum**, *Herkulanum*, heute *Ercolano*, antike Küstenstadt in Kampanien, 7 km östl. von Neapel; 79 n. Chr. mit *Pompeji* vom Schlamm des Vesuv-Ausbruchs zugeschwemmt.

**Hercules** → Herakles.

**Herd**, 1. Feuerstätte für die Zubereitung von Speisen oder – in der Metallurgie – zum Schmelzen von Metallen. – 2. eine Aufbereitungsmasch. zur Trennung feinkörniger Mineralgemische nach ihrer Dichte im Bergbau. – 3. → Herdinfektion.

**Herdbuch**, *Herdebuch,* auch *Stammbuch, Zuchtbuch,* Verzeichnis geeigneter Zuchttiere für ein bestimmtes Gebiet.

**Herdecke**, Stadt in NRW, an der Ruhr, 24 000 Ew.; private Univ.; Farben-, Masch- u. Textilind.; nordöstl. die Burgruine *Hohensyburg*.

**Herder**, Johann Gottfried von, *1744, †1803, dt. Philosoph, Theologe u. Dichter; bes. in den Bereichen Geschichts- u. Sprachphilosophie, Literatur- u. Kulturgeschichte von großer Bedeutung für die europ. Geisteswissenschaften. Geschichte wird als fortschreitende Entwicklung zur Humanität verstanden, zu der die Menschen bestimmt seien; weckte durch seine Tätigkeit als Übersetzer Verständnis für die Eigenart der versch. Völker u. Kulturen; Vertreter des »*Sturm u. Drang*« u. Wegbereiter der Romantik.

**Herdinfektion**, *Fokalinfektion,* Infektion die von einem an anderer Stelle gelegenen chron. entzündl. Herd *(Focus)* ausgeht.

**Hérédia** [ere'dja], *Heredia,* José-Maria de, *1842, †1905, frz. Lyriker span. Abstammung; Vertreter der *Parnassiens;* veröffentlichte 118 Sonette (»Trophäen«).

**Hereford** ['hεrifəd], Stadt in W-England, am Wye, 48 000 Ew.

**Herero**, ein Bantu-Volk SW-Afrikas; verloren im *H.-Aufstand* (1904) gegen die dt. Kolonialmacht Vieh, Stammesorganisation u. Tradition.

**Herford**, Kreisstadt in NRW, an der Werre, 63 000 Ew.; Münsterkirche (13. Jh.); Westfäl. Landeskirchenmusikschule; Möbel- u.a. Ind.

**Hergesheimer** ['hə:gəshaimər], Joseph, *1880, †1954, US-amerik. Schriftst. (Romane u. Kurzgeschichten).

**Heribert**, *um 970, †1021, Erzbischof von Köln seit 999; Kanzler u. Freund Kaiser *Ottos III.;* Heiliger (Fest: 16.3.).

**Hering**, 1. Pflock zum Befestigen des Zelts. – 2. Atlantischer H., in allen Meeren vorkommende, bis 30 cm lange Art der *H.e,* blaugrün, mit silberglänzenden Körperseiten; beliebter Speisefisch, der in versch. Formen im Handel ist: *grüner H.* (frisch), *Salz-H.* (in Essig), *Brat-H., Bückling* (geräuchert), *Matjes* (junger H.); verwandt sind Sprotte, Sardine u. Sardelle.

**Heringsdorf**, Ostseebad auf Usedom, 4400 Ew., Sternwarte.

*Heringskönig*

**Heringskönig**, *Sonnenfisch, Martinsfisch,* bis 60 cm langer Knochenfisch der Fam. *Petersfisch;* ernährt sich von Sardinen, Heringen, Sprotten u.a. kleinen Fischen, deren Schwärmen er folgt.

**Herisau**, Ort in der Schweiz, Hptst. des Halbkantons Appenzell-Außerrhoden, sw. von St. Gallen, 771 m ü.M., 14 000 Ew.; versch. Ind.; Fremdenverkehr.

**Herking**, Ursula, eigtl. U. *Klein,* *1912, †1974, Schauspielerin u. Kabarettistin.

**Herkomer** ['hə:kəmə], Sir Hubert, *1849, †1914, engl. Maler dt. Herkunft; traf mit sentimental-sozialkrit. Genrebildern den engl. Zeitgeschmack.

**Herkulaneum** → Herculaneum.

**Herkules**, 1. → Herakles. – 2. Sternbild des nördl. Himmels.

**Herlein**, *Herlin,* Friedrich, *um 1430, †1500, dt. Maler; spätgot. Meister mehrerer Altarwerke (z.B. Georgsaltar in Nördlingen).

**Hermandad** [εrman'ðað], Bündnis kastil. u. aragones. Städte zum Schutz gegen den raublustigen Adel u. Räuberbanden. Aus der im 15. Jh. gegr. *Heiligen H.* ging die span. Gendarmerie hervor.

**Hermann**, Fürsten:
**1. H. der Cherusker** → Armin. – **2. H. Billung**, †973, Markgraf seit 936, Herzog von Sachsen 961–73; von *Otto d. Gr.* an der Unterelbe mit dem Schutz der Grenze gegen Obodriten u. Dänen beauftragt. – **3. H. I.**, *1155, †1217, Pfalzgraf von Sachsen 1181–1217, Landgraf von Thüringen seit 1190; Förderer bedeutender mhd. Dichter; veranstaltete der Sage nach den »Sängerkrieg auf der Wartburg«.

**Hermannsburg**, Gem. in Nds., in der Lüneburger Heide, 8100 Ew.; Sitz der *H.er Mission* (begr. von L. *Harms*), die v.a. in Südafrika u. Äthiopien tätig ist.

**Hermannsdenkmal**, Denkmal für den Cheruskerfürsten *Armin* (Hermann den Cherusker) im Teutoburger Wald bei Detmold, von E. von *Bandel;* 1875 eingeweiht, mit Sockel 57,4 m hoch.

**Hermannshöhle**, 410 m lange Tropfsteinhöhle bei Rübeland im Unterharz.

**Hermannstadt** → Sibiu.

**Hermann von Salza**, *um 1170, †1239, Hochmeister des *Dt. Ordens* 1209–39; eröffnete 1226 (Goldbulle von Rimini) dem Dt. Orden in Preußen ein neues Wirkungsfeld.

*Herero-Frauen*

**Hermaphrodit**, grch. *Hermaphroditos,* in der grch. Myth. der Sohn des *Hermes* u. der *Aphrodite,* der auf Wunsch der Quellnymphe *Salmakis* mit dieser zu einem Zwitterwesen vereinigt wurde; danach **Hermaphrodismus**, Zwitterbildung.

**Herme**, in der antiken Kunst ein Pfeiler mit aufgesetzter Büste; urspr. als Kultbild des Wegegotts *Hermes* an Kreuzwegen u.ä. aufgestellt.

**Hermelin** → Wiesel.

**Hermeneutik**, die Lehre vom Verstehen, d.h. der Auslegung von Texten oder Kunstwerken; Grunddisziplin der *Geisteswissenschaften.*

**Hermes** → griechische Religion.

**hermetisch**, luft- u. wasserdicht verschlossen; unzugänglich.

**Hermetismus**, an den frz. Symbolismus anknüpfende Richtung der ital. Lyrik des 20. Jh.; rätselhaft verschlüsselter Stil; bed. Vertreter u.a. S. *Quasimodo* u. G. *Ungaretti;* in Dtld. v.a. P. *Celan.*

**Herminonen**, *Hermionen, Erminonen, Irminonen,* nach *Tacitus* einer der 3 german. Stammesverbände; wahrscheinl. mit den *Elbgermanen* identisch.

**Hermlin**, Stephan, eigtl. Rudolf *Leder,* *13.4.1915, dt. Schriftst. (Lyrik, Erzählungen).

**Hermon**, arab. *Djebel ech Chech,* Gebirgsstock in Syrien, der höchste Teil des Antilibanon bis 2814 m.

**Hermosillo** [εrmo'siljo], Hptst. des Bundesstaats Sonora (Nordwest-Mexiko), am Río Sonora, 310 000 Ew.; Bergbau.

**Hermunduren**, *Ermunduren,* germ. Volksstamm; im 3. Jh. in den *Thüringern* aufgegangen.

**Hernández**, José, *1834, †1886, argent. Schriftst. Sein Gaucho-Epos »Martín Fierro« hat den Rang eines Nationalepos erreicht.

**Herne**, Ind.-Stadt in NRW, am *Rhein-H.-Kanal* im Ruhrgebiet, 170 000 Ew.; Wasserschloß *Strün-*

*Herme, frei stehend (links) und vor einem Pilaster; Barock*

**Hernie** 364

*kede;* Freizeitanlage »Revierpark Gysenberg«; Steinkohlenbergbau, Eisen- u. chem. Ind.
**Hernie** [-niə; die], Eingeweidebruch; → Bruch.
**Herodes,** jüd. Fürsten:
**1. H. der Große,** König von Galiläa u. Judäa 37–4 v. Chr.; wegen seiner pröröm. Politik bei den Juden unbeliebt; ließ die makkabäischen Nachkommen, einschl. seiner zweiten Frau *Mariamne* u. deren Söhne, ausrotten. – **2. H. Antipas,** Sohn von 1), Tetrarch (»Vierfürst«) von Galiläa u. Peräa 4 v. Chr. – 39 n. Chr.; von den Römern abgesetzt u. nach Lugdunum (Lyon) verbannt; ließ Johannes den Täufer enthaupten. – **3. H. Agrippa I.,** Enkel von 1), †44 n. Chr., König in N-Palästina, vereinigte die Kgr. Galiläa u. Judäa; verfolgte die urchristl. Gemeinde.
**Herodot,** grch. *Herodotos,* *um 485 v. Chr., † um 425 v. Chr., grch. Geschichtsschreiber; Reisen nach Persien, Ägypten, Babylonien, in die Cyrenaica u. an das Schwarze Meer; beschrieb in seinen 9 Geschichtsbüchern insbes. die Auseinandersetzung zw. Hellenen u. Persern; gilt als Begr. der krit. Geschichtsschreibung.
**Heroin,** *Diacetylmorphin,* gefährl. Rauschgift, das wegen außerordentl. Suchtgefahr nicht mehr therapeut. angewandt wird; unterliegt dem Opiumgesetz.
**Heroine,** am Theater das Rollenfach der Heldin.
**Heroismus,** Heldentum, Heldenmut.
**Herold,** seit dem späten MA ein fürstl. Dienstmann, der über das Hofzeremoniell wachte u. bes. die Turnierfähigkeit der Ritter bei Turnieren prüfte; auch Bote u. Ausrufer.
**Heronsball,** ein nach Heron von Alexandria benanntes geschlossenes, teilweise mit Wasser gefülltes Gefäß, in das ein Rohr ragt, aus dem Flüssigkeit durch Erhöhen des Luftdrucks nach außen getrieben werden kann.
**Heron von Alexandria,** grch. Mathematiker u. Physiker, um 150–100 v. Chr.; Verfasser geometr. u. physikal. Schriften.
**Heros,** Held, tapferer Kämpfer; Halbgott.
**Herostratos,** ein Bürger von Ephesos, der 356 v. Chr., um bekannt zu werden, Feuer an den Artemis-Tempel von Ephesos legte.
**Héroult** [e'ru], Paul Louis, *1863, †1914, frz. Chemiker; begründete die moderne Aluminiumind.; Konstrukteur des *H.-Ofens,* eines elektr. Schmelzofens zur Erzeugung von Elektrostahl.
**Hero und Leander,** ein Liebespaar der grch. Sage: L. durchschwamm jede Nacht den Hellespont bei Abydos, indem er einem von H., die in Sestos Priesterin der Aphrodite war, aufgestellten Licht folgte. Als ein Sturm einmal das Licht löschte, ertrank L., worauf H. sich vom Turm stürzte.
**Herpes,** *H. simplex,* durch Viren hervorgerufener Bläschenausschlag an den Übergängen zw. Haut u. Schleimhaut; bes. an den Lippen u. an den Geschlechtsorganen. – *H. zoster,* die ebenfalls durch Viren hervorgerufene Gürtelrose.
**Herrenalb,** *Bad H.,* Stadt in Ba.-Wü., im nördl. Schwarzwald, nordöstl. von Baden-Baden, 5200 Ew.; ehem. Zisterzienserabtei.
**Herrenberg,** Stadt in Ba.-Wü., sw. von Stuttgart,

*Palast Herodes' des Großen*

*Herodot*

25 000 Ew.; got. Stiftskirche; Metall-, Möbel- u. Textil-Ind.
**Herrenchiemsee** [-'ki:m-] → Chiemsee.
**Herrenhaus,** bis 1918 die Erste Kammer des preuß. Landtags u. die des östr. Reichsrates.
**Herrenhausen,** 1698 erbautes Schloß im Vorortbereich von Hannover, mit Barockpark.
**herrenlose Sachen,** jurist. Bez. für Sachen, die nicht in jemandes Eigentum stehen, z.B. freie wilde Tiere.
**Herrenmoral,** nach F. *Nietzsche* die allein »werteschaffende« Moral der Starken, zur Herrschaft Bestimmten, in polem. Gegensatz zur *Sklavenmoral* gestellt wird.
**Herrentiere,** *Primaten, Primates,* Ordnung der *Säugetiere;* je 5 Finger bzw. Zehen; gut entwickeltes Gehirn; 2 Unterordnungen: *Halbaffen* u. *Affen.*
**Herrera, 1.** Francisco de, gen. *El Viejo* [»der Ältere«], *1576, †1656, span. Maler, Kupferstecher u. Medailleur; Vertreter des Frühbarocks. – **2.** Juan de, *um 1530, †1597, span. Baumeister; Hauptvertreter eines schmucklosen, strengen Baustils; erbaute im Auftrag Philipps II. den Escorial.
**Herrgottschnitzer,** in den Alpenländern Holzbildhauer, der v.a. Kruzifixe anfertigt.
**Herriot** [εri'o], Édouard, *1872, †1957, frz. Politiker (Radikalsozialist); 1924/25 u. 1932 Min.-Präs., 1926–36 mehrmals Min., 1947–54 Präs. der Nationalversammlung.
**Herrmann-Neiße,** Max, eigtl. M. *Hermann,* *1886, †1941, dt. Schriftst.; soz. betonter Lyriker des Expressionismus; im Exil seit 1933.
**Herrnhut,** Stadt in Sachsen, in der Oberlausitz, 2000 Ew.; Stammsitz der ev. *H.er Brüdergemeine,* 1722 von N.L. Graf *Zinzendorf* für böhm. Glaubensflüchtlinge gegr.
**Hersbruck,** Stadt in Mittelfranken (Bayern), an der Pegnitz, in der *Hersbrucker* oder *Nürnberger Schweiz,* 9000 Ew.; Schloß (16./17. Jh.); Hopfenanbaugebiet.
**Herschel, 1.** Sir Friedrich Wilhelm, *1738, †1822, dt. Musiker u. Astronom; beschäftigte sich als Autodidakt mit Mathematik u. Optik, baute Spiegelteleskope u. entdeckte den Planeten Uranus, die Uranusmonde u. 2 Saturnmonde; Erkenntnisse über die Eigenbewegung des Sonnensystems sowie den Aufbau des Milchstraßensystems. – **2.** Sir John Frederick William, *1792, †1871, engl. Astronom u. Chemiker; erforschte den südl. Sternenhimmel; Erfinder des Lichtpausverfahrens; machte 1839 photograph. Aufnahmen auf Glasplatten u. prägte den Begriff *Photographie.*
**Hersfeld,** *Bad H.,* Krst. in Hess., an der mittleren Fulda, 29 000 Ew.; in der Ruine der roman. Stiftskirche (11./12. Jh.) seit 1951 die *H.er Festspiele.*
**Hershey** ['hə:ʃi], Alfred Day, *4.12.1908, US-amerik. Genetiker u. Virologe; arbeitet bes. über Phagengenetik (bakteriophage Viren); zus. mit M. *Delbrück* u. S. *Luria* Nobelpreis für Medizin 1969.
**Herten,** Ind.-Stadt in NRW, am N-Ufer der Emscher, 70 000 Ew.; spätgot Wasserschloß; Steinkohlenbergbau.
**Hertling,** Georg Graf von, *1843, †1919, dt. kath. Philosoph u. Politiker (Zentrum); 1912–17 bay. Min.-Präs., 1917/18 Reichskanzler.
**Hertz,** Kurzzeichen Hz, die Einheit der Frequenz:

1 Hz = 1 Schwingung pro Sekunde; in der Radiotechnik auch *Kilo-H.* (kHz = 1000 Hz), *Mega-H.* (MHz = 1 Mio. Hz) u. *Giga-H.* (GHz = 1 Mrd. Hz); außerhalb Dtld. auch die Bez. *Cycle* (1 c = 1 Hz).
**Hertz, 1.** Gustav, *1887, †1975, dt. Physiker; untersuchte (zus. mit J. *Franck*) Anregungs- u. Ionisationsenergien von Atomen mit Hilfe von Elektronen; Nobelpreis 1925. – **2.** Heinrich, *1857, †1894, dt. Physiker; wies 1886 langwellige elektromagnet. Wellen (Rundfunkwellen) nach u. bestätigte damit die von J. C. *Maxwell* vermutete Wesensgleichheit mit den Lichtwellen. Nach ihm ben. ist die Einheit der Frequenz.
**Hertzsprung** ['hɛrdsbrɔŋ], Ejnar, *1873, †1967, dän. Astrophysiker; erarbeitete zus. mit H. N. *Russell* das *H.-Russell-Diagramm,* das die Beziehung zw. Leuchtkraft (absoluter Helligkeit) u. Spektralklasse (bzw. Temperatur u. Farbe) der Fixsterne nachwies.
**Heruler,** *Eruler,* ein Germanenvolk, urspr. in N-Europa beheimatet; zogen z.T. an den Rhein (*West-H.*), ein anderer Teil (*Ost-H.*) wanderte nach S-Rußland (Asowsches Meer).
**Herz,** lat. *Cor,* das zentrale Antriebsorgan des Blutkreislaufs bei versch. Tiergruppen; beim Menschen ein etwa faustgroßer Hohlmuskel (ca. 250–300 g schwer), der – nach links verschoben – hinter dem Brustbein liegt. Es ist durch Scheidewände in 4 Hohlräume geteilt: rechte u. linke *H.kammer,* rechter u. linker *Vorhof.* In den rechten münden die Körperblutadern (Körpervenen), die sauerstoffarmes (venöses) Blut führen, in den linken die Lungenblutadern (Lungenvenen), die von der Lunge her sauerstoffreiches (arterielles) Blut führen. Jede H.kammer steht mit ihrem Vorhof durch *Ventile (H.klappen)* in Verbindung. Von der linken H.kammer geht die große Körperschlagader (*Aorta*) aus, von der alle Körperschlagadern (*Arterien*) abzweigen; aus der rechten H.kammer entspringen die zur Lunge führenden Lungenschlagadern (*Lungenarterien*). Die H.tätigkeit besteht in der Aufrechterhaltung des Blutkreislaufs, indem sauerstoffreiches Blut durch die Körperschlagadern im Körper verteilt, durch die Körperblut-

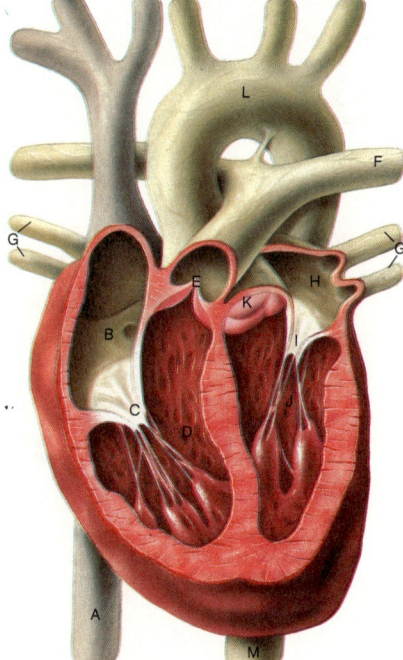

*Herz: Verbrauchtes Blut fließt über die Hohlvenen (A) in den rechten Vorhof (B), der es durch die Tricuspidalklappe (C) in die rechte Herzkammer (D) stößt. Von dort wird es durch die Pulmonalklappe (E) in die Lungenarterien (F) und in die Lunge gepreßt. Angereichert mit Sauerstoff, fließt das Blut über die Lungenvenen (G) in den linken Vorhof (H) und gelangt durch die Mitralklappe (I) in die linke Herzkammer (J). Diese pumpt das Blut durch die Aortenklappe (K) in den Aortenbogen (L) und in die Aorta (M), die es an die Körperschlagadern weiterleitet*

adern zum H.en zurückgeführt u. auf der anderen Seite als inzwischen sauerstoffarmes Blut durch die Lungenschlagadern zur Lunge geschickt wird, von wo es sauerstoffreich durch die Lungenblutadern zurückkehrt. Das H. leistet diese Pumparbeit durch selbsttätiges *Zusammenziehen (Systole)* u. *Erschlaffen (Diastole)*. Der H.muskel *(Myokard)* selbst wird durch die *H.kranzgefäße (Koronargefäße)* versorgt, die von der Aorta abzweigen. Umgeben ist das H. von einem flüssigkeitserfüllten *H.beutel (Perikard)*.

**Herzberg,** *H. am Harz,* Stadt in Nds., am SW-Rand des Harzes, 16 800 Ew.; Schloß (Stammsitz des engl.-hannoverschen Königshauses); versch. Ind.

**Herzberg,** Gerhard, *25.12.1904, dt.-kanad. Physiko-Chemiker (Forschungen über Elektronenstruktur u. Geometrie bei Molekülen); Nobelpreis für Chemie 1971.

**Herzblatt,** *Parnassia,* Gatt. der *Steinbrechgewächse;* weiße Blüten u. herzförmiges Blatt; hierzu die *Sumpf-H. (Studentenröschen).*

**Herzegowina,** Ldsch. in Jugoslawien, der S-Teil des Bundeslands Bosnien-H., Hauptort *Mostar.* Die H. war 1448 bosn. Herzogtum, 1482 türk. u. gehörte 1878–1918 zu Östr., seit 1919 jugoslawisch.

**Herzfrequenz,** *Pulsfrequenz,* die Zahl der Herzaktionen oder die Häufigkeit des Herzschlags pro Min.; sie ist abhängig von Alter, Geschlecht, Muskeltätigkeit, Körperhaltung u.a. Faktoren (Erhöhung z.B. im *Fieber*).

**Herzgeräusche,** neben den normalen *Herztönen* auftretende Geräusche, die meist auf Veränderungen der Herzklappen oder Störungen im Blutumlauf hindeuten.

**Herzinfarkt,** *Herzmuskelinfarkt, Myokardinfarkt,* Beeinträchtigung von Teilen des *Herzmuskels* durch Unterbrechung der Blutversorgung im Kranzadergebiet; Ursachen: Verschluß der Blutgefäße durch Embolie, Blutpfropfbildung oder Verkalkungsprozesse oder länger andauernde Verkrampfungen eines Gefäßgebietes (→ Angina pectoris). Der H. kann durch Vernarbung ausheilen, kann aber auch akut zum Tod durch Herzstillstand führen (»Herzschlag«).

**Herzkrampf,** Krampfempfindungen in der Herzgegend; → Angina pectoris.

**Herzkrankheiten,** angeborene u. erworbene Erkrankungen des Herzens, die zumeist Folgen für den Gesamtkörper. 1. *angeborene Mißbildungen* des Herzens führen oft zu *Blausucht (Zyanose),* wenn der Kreislauf der rechten u. der linken Herzhälfte nicht getrennt bleibt u. kohlensäurebeladenes Blut auch in die Bahnen des sauerstoffhaltigen Bluts gerät, u. zu mehr oder weniger schweren Kreislaufstörungen. 2. *Entzündungen* des ganzen Herzens *(Pankarditis),* seltener der einzelnen Herzteile: Am häufigsten ist die *Herzmuskelentzündung (Myokarditis),* ihr folgt die *Herzinnenhautentzündung (Endokarditis)* mit den aus ihr sich ergebenden *Herzklappenfehler (Vitium cordis),* weiter die *Herzbeutelentzündung (Perikarditis).* – 3. häufige h. sind *Reizleitungsstörungen, Herzmuskelschädigungen* als Folge von Durchblutungsstörungen des Herzmuskels u. von abgeheilten Entzündungen, *Herzerweiterungen, Herzschwäche (Herzinsuffizienz)* u.a. Außerdem wirken sich viele Allgemeinerkrankungen auf das Herz aus, bes. entzündl. Erkrankungen; am bekanntesten sind als Störungen der Herzdurchblutung → Angina pectoris u. → Herzinfarkt.

**Herzl,** Theodor, *1860, †1904, östr. Schriftst. u. Zionist; einer der Begr. des polit. *Zionismus;* berief 1897 den 1. Zionistenkongreß nach Basel ein.

**Herzlähmung,** *Herzstillstand,* das Aufhören der Muskeltätigkeit des Herzens; Ursachen: 1. Durchblutungsstörungen großer Teile des Herzmuskels (Kranzaderverkalkung, Verstopfung einer Kranzader *[Herzinfarkt])*, 2. Vergiftung des Herzmuskels durch Infektionsgifte (Diphtherie, Lungenentzündung) oder andere Gifte (Fingerhut, Strophantin), 3. elektr. Unfälle.

**Herzliya,** Stadt in Israel, im nördl. Vorortbereich von Tel Aviv, 54 000 Ew.; Seebad.

**Herz-Lungen-Maschine,** Apparatur, die bei vorübergehender »Ausschaltung« des Herzens aus dem Kreislauf (z.B. bei bestimmten Herzoperationen) durch ein Pumpwerk die Aufrechterhaltung des Blutumlaufs u. den Sauerstoffaustausch gewährleistet.

**Herzmassage,** Verfahren zur Wiederbelebung bei Herzstillstand; *direkte H.:* bei geöffnetem

*Herzmuschel mit ausgestreckten Ein- und Ausströmöffnungen*

Brustkorb rhythm. Kneten des Herzens durch den Arzt; *indirekte H.:* Schläge auf die Herzgegend oder rhythm. Zusammendrücken des Brustkorbs.

**Herzmuscheln,** *Cardium,* Gatt. eßbarer *Blattkiemermuscheln,* mit herzförmiger Schale. Sie können sich mit Hilfe des Fußes weit fortschnellen.

**Herzneurose,** *nervöses Herz, Cor nervosum,* mit Funktionsstörungen an Herz u. Kreislauf einhergehender nervöser Belastungszustand ohne organ. Veränderungen am Herzen.

**Herzog,** bei den german. Stämmen ein nur für die Dauer eines Kriegs gewählter Heerführer; später höchste Adelsstufe.

**Herzog, 1.** Chaim, *17.9.1918, isr. Politiker; 1975–78 Uno-Botschafter; seit 1983 Staats-Präs. – **2.** Werner, *5.9.1942, dt. Filmregisseur; W »Nosferatu«, »Fitzcarraldo«.

**Herzogenaurach,** Stadt in Oberfranken (Bay.), 18 000 Ew.; Sportartikel-Ind.

**Herzogenbusch,** ndl. *'s-Hertogenbosch,* Hptst. der Prov. Nordbrabant (Ndl.), 90 000 Ew.; spätgot. Kathedrale; Textil-Ind.

**Herzogenrath,** Stadt in NRW, nördl. von Aachen, 42 000 Ew.; Burg (11. u. 18. Jh.); Glaswerke, Maschinenbau, Gießerei.

**Herzog Ernst,** mittelalterl. Sagenstoff, bei dem versch. histor. Vorgänge, so der Aufstand des Schwabenherzogs *Ernst II.* gegen seinen Stiefvater, mit spätantiken u. oriental. Reiseabenteuern verschmolzen wurden. Die früheste Fassung, ein Spielmannsepos um 1180, wurde mehrf. umgedichtet.

**Herzrhythmusstörungen,** Störungen der normalen Herzschlagfolge, verursacht durch krankhafte Vorgänge bei der Erregungsbildung u. -leitung im Herzmuskel; es gibt verschiedene Arten u. Formen von H., zu deren Diagnostik bes. das EKG (Elektrokardiogramm) dient.

**Herzschlag, 1.** das schlagartige Aufhören der Herztätigkeit, Sekundenherztod durch *Herzlähmung.* – **2.** die *Herzperiode.*

**Herzschrittmacher,** eine implantierte Batterie, die über Elektroden regelmäßig Stromstöße in die Herzmuskeln leitet; sorgt bei schweren Herzrhythmusstörungen für eine normale Herzschlagfolge.

**Herztransplantation,** *Herzverpflanzung,* die Übertragung eines gesunden Herzens von einem toten Spender auf einen unheilbar herzkranken Empfänger; erstmalig 1967 von C. *Barnard* vorgenommen.

**Hesekiel** [-ki‿el] → Ezechiel.

**Hesiod,** *Hesiodos,* grch. Epiker, um 700 v. Chr.; Dichtung über den Ursprung der Götter u. die Weltentstehung.

**Hesperiden,** grch. Sagengestalten, die die goldenen Äpfel, ein Brautgeschenk der Erdgöttin für Hera, bewachten.

**Heß, 1.** Rudolf, *1894, †1987 (Selbstmord), dt. Politiker (NSDAP); 1933 Stellvertreter Hitlers u. Reichs-Min. ohne Geschäftsbereich; flog 1941 nach Großbrit., um die Reg. zu einem Friedensschluß zu bewegen; war bis 1945 in England interniert u. wurde in Nürnberg 1946 zu lebenslängl. Haft verurteilt. – **2.** Viktor Franz, *1883, †1964, östr. Physiker; entdeckte die Höhenstrahlung (1913); Nobelpreis 1936.

**Hess,** Walter Rudolf, *1881, †1973, schweiz. Arzt u. Physiologe; erforschte das vegetative Nervensystem; Nobelpreis für Medizin 1949.

**Hesse,** Hermann, Pseud.: Emil *Sinclair,* *1877, †1962, dt. Schriftst.; seit 1923 schweiz. Staatsbürger; Lyriker, Erzähler, Essayist u. Kritiker, auch Maler; beschäftigte sich stark mit der indischen Geisteswelt; Nobelpreis 1946; W Romane »Siddharta«, »Der Steppenwolf«, »Das Glasperlenspiel«.

**Hessen,** Bundesland der BR Dtld., zw. Rhein. Schiefergebirge (mit Taunus u. östl. Teil des Westerwalds), Weserbergland u. Hess. Bergland, Werra, Rhön, Spessart u. Odenwald, 21 112 km², 5,5 Mio. Ew., Hptst. *Wiesbaden;* bed. Wirtschaftsraum ist das *Rhein-Main-Gebiet* mit Handels- u. Ind.-Zentrum Frankfurt a.M.; u.a. chem., elektrotechn., feinmechan., Automobil- u. Gummi-Ind.; internat. Messen u. Flughafen in Frankfurt; Kalisalze an der Werra, Erdöl u. Erdgas im Hess. Ried; im nördl. H. vorwiegend Land- u. Forstwirtsch.; *Bergstraße* u. *Rheingau* gehören zu den besten dt. Obst- u. Weinanbaugebieten; Heilquellen am Rand

| Hessen: Regierungsbezirke | | |
|---|---|---|
| Regierungsbezirk | Fläche in km² | Einwohner in 1000 |
| Darmstadt | 7445 | 3395 |
| Gießen | 5381 | 953 |
| Kassel | 8288 | 1161 |

des Taunus. – Gesch.: Die H. waren urspr. ein Stamm im Siedlungsgebiet der german. *Chatten,* die sich um 500 dem fränk. Reich anschlossen; ab 1122 teilweise an Thüringen gebunden. Mitte des 13. Jh. (thüring.-hess. Erbfolgekrieg) entstand die Landgrafschaft H., deren Stammvater *Heinrich I. das Kind* wurde; seit 1292 Reichsfürstentum. Nach verschiedenen Teilungen vereinigte *Philipp der Großmütige* alle Landesteile u. führte 1526 die Reformation ein. Nach seinem Tod wurde H. unter seine Söhne geteilt: Fürstentum *H.-Kassel* (bis 1806 Großherzogtum, 1918–45 Freistaat). 1945 wurden Teile des ehem. Freistaates H.-Darmstadt u. die 1868 entstandene Prov. *H.-Nassau* zu *Groß-H.* vereinigt; seit 1946 *Land H.* mit neuer demokrat. Verfassung.

**Hessisches Bergland,** Mittelgebirgslandschaft zw. Rhein. Schiefergebirge u. Thüringer Wald: Habichtswald, Waldecker Bergland, Kellerwald, Burgwald, Vogelsberg, Rhön, Knüll, Kaufunger Wald, Hoher Meißner.

**Hessisches Ried,** Rhein-Niederung westl. von Darmstadt, Hauptort *Groß-Gerau.*

**Hestia** → griechische Religion.

**Hetäre,** im alten Griechenland im Unterschied zu den gewöhnl. Dirnen eine gebildete Frau, die für Geld Geschlechtsverkehr gewährte.

**Hetärie,** im alten Griechenland jede Art öffentl. oder geheimer Verbindung von Freunden; auch zu polit. Zwecken (hier entfernt mit modernen polit. Parteien vergleichbar).

**hetero...,** Wortbestandteil mit der Bed. »anders, verschieden, fremd«.

**heterodox,** andersgläubig, von der herrschenden Lehre abweichend; Ggs.: *orthodox.*

**heterogen,** ungleichartig, aus Ungleichartigem zusammengesetzt; Ggs.: *homogen.*

**Heterogonie** → Generationswechsel.

*Hermann Hesse: Maskenball; Aquarell, 1926*

**Heteromorphie,** *Heteromorphismus, Polymorphismus,* Vielgestaltigkeit; bes. unterschiedl. Kristallformen eines bestimmten chem. Stoffs.
**Heteronomie, 1.** Fremdbestimmung, d.h. das Wirken einer Gesetzlichkeit, die von einem fremden Bereich ausgeht, bes. im polit. u. sittl. Bereich; Ggs.: *Autonomie.* – **2.** ungleichartige Gliederung des Körpers von Tieren; Ggs.: *Homonomie.*
**Heterophonie,** das gleichzeitige Erklingen einer melod. Phrase in etwas veränderter Ausgestaltung in versch. Stimmen oder Instrumenten; Ggs.: *Homophonie* u. *Polyphonie.*
**Heteroplastik,** *Xenoplastik,* die Transplantation von Gewebsmaterial von einem Lebewesen der einen auf eines einer anderen Art (z.B. von Affen auf Menschen).
**Heterosexualität,** geschlechtl. Verhältnis zum anderen Geschlecht; Ggs.: *Homosexualität.*
**heterotroph,** die Eigenschaft von Organismen, auf organ. Material als Nahrung angewiesen zu sein; Ggs.: *autotroph.*
**heterozyklische Verbindungen,** ringförmige organ.-chem. Verbindungen, bei denen auch andere Elemente als Kohlenstoff als Ringglieder vorkommen.
**Hethiter,** *Hettiter, Hittiter, Chetiter,* ein Volk mit indoeurop. Sprache in Kleinasien, das nach 2000 v.Chr. in Anatolien einwanderte; im 2. Jt. v.Chr. die herrschende Macht in Kleinasien. – Nach der Einwanderung entstanden zunächst selbst. Stadtstaaten. Hattusilis I. machte *Hattusa (Boğazköy)* zur Hptst. u. dehnte seine Herrschaft über weite Teile Kleinasiens u. bis nach N-Syrien hin aus. Sein Sohn, *Mursilis I.,* eroberte Aleppo u. drang um 1531 v.Chr. auf einem Kriegszug bis nach Babylon; unter *Muwatallis* Kämpfe gegen Ägypten (Schlacht bei Kadesch 1285) in Syrien. Unter *Suppiluliuma II.* begann sich die Völkerverschiebung abzuzeichnen, die um 1200 v.Chr. den Zusammenbruch des hethit. Reichs verursachte.
**hethitische Kunst,** Bez. für die Kunst im Reich der *Hethiter* von etwa 2000–1700 v.Chr. bis zur Blütezeit, der sog. *Großreichzeit* (1450–1200 v.Chr.); Funde bes. in *Hattusa.* Hauptleistungen in der Architektur bes. im Festungs-, Tempel- u. Palastbau, außerdem Götterreliefs, Löwen- u. Sphinxdarstellungen.

*Heuschrecken*

*Beispiele für einfache heterozyklische Verbindungen: Neben Kohlenstoff ist mindestens noch ein Atom eines anderen Elements an der Ringbildung beteiligt, z.B.: N = Stickstoff, S = Schwefel, O = Sauerstoff*

**hethitische Schrift,** im 15.–18. Jh. v.Chr. in Kleinasien verwendete, von den Hethitern erfundene Silbenschrift in Bildzeichen *(hethit. Hieroglyphen);* auch zum Schreiben anderer Sprachen benutzt.
**hethitische Sprache,** die 1915 von B. *Hrozný* erstmals entzifferte, meist in Keilschrift (aber auch in den eigenen *hethit. Hieroglyphen)* geschriebene indoeurop. Sprache der Hethiter.
**Hetman,** russ. *Ataman,* türk. *Otaman,* das frei gewählte Oberhaupt der *Kosaken,* sowohl oberster Heerführer als auch oberster Richter; in Polen der vom König eingesetzte oberste Befehlshaber *(Groß-H.).*
**Hettstedt,** Krst. in Sachsen-Anhalt, am östl. Harzrand, 19 600 Ew.; Kupferbergbau.
**Hetzjagd,** *Hatz, Hetze, Parforcejagd,* eine Jagdart, bei der ein bestimmtes Wild durch Hunde *(Lancierhunde)* u. Jäger zu Pferde bis zur Erschöpfung gehetzt wird; heute gesetzl. verboten.
**Heu,** im grünen Zustand gemähtes, an der Luft oder mittels einer Heutrocknungsanlage in der Scheune getrocknetes u. haltbar gemachtes Futter *(Dürrfutter).* Es enthält 10–18% verdauliches Rohprotein u. bis 42% Stärke. Heu ist das eiweißreiche Rauhfutter für Großtiere u. die Grundlage der Stallfütterung.
**Heuberg,** *Großer H.,* der sw., höchste Teil der Schwäb. Alb, im *Lemberg* 1015 m.
**Heuberger,** Richard, *1850, †1914, östr. Komponist u. Musikschriftst. (Opern u. Operetten; [W] »Der Opernball«.
**Heuer,** der Lohn der Seeleute.
**Heuerlinge,** *Heuerleute,* Arbeitskräfte der Landwirtschaft, die vom arbeitgebenden Betrieb eine kleine Hofstelle *(Heuerstelle)* mit Land pachten u. als Entgelt (Pacht) Arbeit in bestimmtem Umfang leisten.
**heureka** [grch.; »ich hab's gefunden«], angebl. Ausruf des Archimedes nach Entdeckung des Gesetzes vom Auftrieb.
**Heuriger,** östr. Bez. für den jungen Wein vom letzten Jahr.
**Heuristik,** die (method.) Kunst der Wahrheitsfindung. *Heuristische Prinzipien* sind Regeln, Hypothesen u. versuchsweise Annahmen, die nur vorläufig aufgestellt werden, um weitere Fragestellungen zu ermöglichen.
**Heuscheuergebirge,** poln. *Góry Stołowe,* Teil der Sudeten, nw. des Glatzer Kessels; in der *Großen Heuscheuer* 919 m.
**Heuschnupfen,** *Heufieber, Heuasthma,* allerg. Erkrankung, die durch Überempfindlichkeit gegen Pollen von Gräsern, Bäumen u. Sträuchern hervorgerufen wird; äußert sich v.a. in Bindehautentzündung, Niesreiz u. Kopfschmerzen.
**Heuschrecken,** *Saltatoria,* volkstüml. auch *Heupferde,* Ordnung der Insekten aus der Überordnung der *Geradflügler;* Hinterbeine als Sprungbeine entwickelt; fast alle Arten erzeugen mit Schrilleisten an den Beinen oder Flügeln Zirptöne, die der sexuellen Anlockung dienen. Zu den H. gehören u.a. die Fam. *Feld-H., Dornschrecken, Laub-H.* u. *Grillen;* insges. über 15 000 Arten, davon rd. 80 in Dtld.
**Heuss,** Theodor, *1884, †1963, dt. Politiker u. Publizist, erster Präs. der BR Dtld. (1949–59); 1945/46 Kultus-Min. in Württemberg-Baden. Als 1. Vors. der FDP kam er in den *Parlamentar. Rat,* wo er entscheidenden Einfluß auf die Abfassung des GG hatte. 1949 wurde er gegen K. *Schumacher* zum Bundes-Präs. gewählt, 1954 ohne Gegenkandidat bestätigt. – Er war seit 1908 verh. mit Elly *H.-Knapp* (*1881, †1952).
**Hevea,** Gatt. der *Wolfsmilchgewächse,* rd. 20 Arten im trop. Südamerika. Von den hierher gehörenden Bäumen liefert v.a. *H. brasiliensis* den wertvollen *Parakautschuk.*
**Heveller,** *Stodoranen,* um 850 erstmals erwähnte Völkerschaft der *Elb-* u. *Ostseeslawen* an der oberen u. mittleren Havel um Brandenburg u. Havelberg.
**Hevesy** ['hɛvɛʃi], Georg, Karl von, *1885, †1966, ung. Physikochemiker; Entdecker des *Hafniums;* Nobelpreis für Chemie 1943.
**Hewish** ['ju:iʃ], Antony, *11.5.1925, brit. Physiker; Arbeiten über Radio-Astrophysik, v.a. die Entdeckung von *Pulsaren;* 1974 (zus. mit M. Ryle) Nobelpreis.
**hexa..., Hexa...,** Wortbestandteil mit der Bed. »sechs«.
**hexadezimal** [grch. + lat.], *sedezimal,* auf der

*Theodor Heuss*

Zahl 16 basierende Darstellungsweise von Daten, bei der jeweils 4 Bit zu einem Zeichen zusammengefaßt werden. Der Zahlenbereich von 0 bis 15 wird durch die Ziffern u. die ersten Buchstaben des Alphabets dargestellt.
**Hexaeder,** Sechsflächner, von sechs Vierecken begrenztes Polyeder, z.B. der *Würfel.*
**hexagonal,** sechseckig.
**Hexagramm, 1.** Sechseck. – **2.** aus 2 gleichseitigen Dreiecken gebildeter Stern, auch *Salomonsspiegel* oder *Davidschild* genannt.
**Hexameter,** ein Versmaß aus 6 meist daktyl. ($-\cup\cup$), sonst spondeischen ($--$) Versfüßen; seit *Homer* das klass. Versmaß des Epos.
**Hexan,** aliphat. Kohlenwasserstoff mit 6 Kohlenstoffatomen; wichtiger Bestandteil des *Benzins.*
**Hexe,** im Volksglauben Frauen, die mit dem Teufel im Bund stehen u. über dämon. Kräfte verfügen. Im MA, bes. 1400–1700, gab es *H.nverfolgungen* u. *H.nprozesse,* denen zahlr. als H. verdächtigte Frauen zum Opfer fielen. Die mit der Inquisition beauftragten Dominikaner führten die H.nprozesse im großen Stil durch. Als Beweiszeichen wurden Folter, Wasserprobe u.ä. angewandt. Im 18. Jh. wurden die H.nprozesse abgeschafft.
**Hexenbesen,** durch Pilze verursachte Astwucherungen an Bäumen.
**Hexenhammer,** von den Inquisitoren Heinrich *Institoris* u. Jakob *Sprenger* verfaßtes Inquisitionshandbuch für *Hexenprozesse,* 1487 in Straßburg erstmals gedruckt.
**Hexenmilch, 1.** der Milchsaft der *Wolfsmilchgewächse.* – **2.** volkstüml. Bez. für eine milchähnl. Absonderung aus den Brustdrüsen Neugeborener beiderlei Geschlechts.

*Erdstern-Hexenring*

**Hexenpilz,** *Schusterpilz, Zigeuner,* volkstüml. Name für den *Hexenröhrling;* Speisepilz, aber leicht zu verwechseln mit dem giftigen *Satanspilz.*
**Hexenprozesse** → Hexe.
**Hexenring,** *Elfen-, Feenring,* kreisförmige Anordnung von Ständerpilzen, die durch die strahlenförmige Ausbreitung der Pilzmyzelien von einem Zentrum aus zustande kommt.
**Hexensabbat,** nach mittelalterl. Vorstellungen ein Treffen der Hexen mit dem Teufel, meist am 1. Mai *(Walpurgisnacht),* z.B. auf dem Brocken (Harz), Köterberg (Weser), Fichtelberg oder Heuberg (Schwaben).
**Hexenschuß,** *Hexenstich, Lumbago,* plötzl. Muskel-, Sehnen- oder auch Nervenzerrungen in der Lendengegend bei ungeschickten Bewegungen, Erkältung, Überlastungen oder auf rheumat. Grundlage sowie u.U. bei Bandscheibenvorfall.
**Hexentanzplatz,** Felsen im NO-Harz, 451 m.
**Hexosen,** Zuckerarten mit 6 Kohlenstoffatomen, die zur Kl. der *Monosaccharide* zählen.
**Heydrich,** Reinhard, *1904, †1942, SS-Führer u. Politiker (NSDAP); seit 1936 Chef der Sicherheitspolizei u. des von ihm aufgebauten *Sicherheitsdienstes* (SD); kaltblütigster Organisator des nat. Terrors u. der »Endlösung der Judenfrage«; seit Sept. 1941 zusätzl. stellv. Reichsprotektor in Prag, wo er an den Folgen eines Bombenanschlags starb.
**Heyerdahl** [ˈhɛiərdaːl], Thor, *6.10.1914, norw. Naturforscher; 1947 97tägige Floßfahrt (»Kon-Tiki«-Expedition) von Peru nach Tahiti; 1970 Überquerung des Atlantik von Marokko nach Westindien mit dem Papyrusboot *Ra II.*
**Heym, 1.** Georg, *1887, †1912, dt. Schriftst. (expressionist., visionäre Lyrik von Tod, Krieg, Irrsinn u. Daseinsangst.) – **2.** Stefan, eigtl. H. *Flieg.,* *10.4.1913, dt. Schriftst.; zeitkrit. Romane; W »Collin«, »Ahasver«.
**Heymans** [ˈhɛimans], Corneille, *1892, †1968, belg. Physiologe u. Pharmakologe; Forschungsgebiete: Kreislaufsteuerung u. Steuerungsmechanismen der Atmung; Nobelpreis für Medizin 1938.
**Heyrovsky** [ˈhɛjrɔfski], Jaroslav, *1890, †1967, tschechosl. Chemiker; entwickelte die *Polarographie;* Nobelpreis 1959.
**Heyse,** Paul von, *1830, †1914, dt. Schriftst.; 1854 von *Maximilian II.* nach München berufen, dort Mittelpunkt eines die Formüberlieferung betonenden Dichterkreises; Nobelpreis 1910.
**Hg,** chem. Zeichen für Quecksilber.
**HGB,** Abk. für *Handelsgesetzbuch.*
**Hiatus, 1.** in der Geologie eine Schichtlücke, hervorgerufen durch eine Unterbrechung der regelmäßigen Ablagerung. – **2.** *Hiat,* das Nebeneinander zweier Selbstlaute an der Wortgrenze (z.B. da aber).
**Hibernation,** künstl. Winterschlaf.
**Hibernia,** lat. für *Irland.*
**Hibiscus,** *Eibisch, Ibisch,* Gatt. der *Malvengewächse;* über 200 Arten v.a. in den wärmeren Gebieten der Alten Welt.
**Hickorynußbaum,** *Carya,* nordamerik. Gatt. der *Walnußgewächse;* liefert wertvolles Holz u. Nüsse *(Pecannüsse).*
**Hicks,** John Richard, *1904, †1989, brit. Nationalökonom; Arbeiten zur Gleichgewichts- u. Wohlfahrtstheorie; Nobelpreis (zus. mit K. J. *Arrow)* 1972.
**Hidalgo** [iˈðalgo], Titel des niederen span. Adels.

**Hidalgo** [iˈðalgo], Bundesstaat in → Mexiko.
**Hiddensee,** *Hiddensoe,* Ostseeinsel westl. von Rügen, 18,6 km², 1500 Ew.; mit den Orten *Kloster, Vitte, Neuendorf* u. *Grieben.* – Fundort des größten Wikingergoldschatzes in Dtld.
**Hierarchie** [hi:e-], die auf Über- u. Unterordnung *(Rangstufen)* aufgebaute Organisation in allen soz. Bereichen, z.B. als polit., betriebl., kirchl.
**hieratische Schrift** [hi:e-], die frühe Stufe der ägypt. Hieroglyphen.
**Hieroglyphen** [hi:e-], *ägypt. Schrift,* aus einer urspr. Bilderschrift entwickelte Schrift der alten Ägypter, seit etwa 3000 v.Chr. in Gebrauch; auch in anderen Kulturen wurden H. nachgewiesen, z.B. bei den Hethitern u. den Maya.
**Hierokratie** [hi:e-], Herrschaft einer Priesterkaste.
**Hieron,** Herrscher von Syrakus:
**H. I.,** †um 467 v.Chr., Herrscher (Tyrannos) von Gela seit 485 v.Chr., dann von Syrakus 478–67 v.Chr.; zog bed. Dichter seiner Zeit, *Äschylus, Bakchylides, Pindar* u. *Simonides,* an seinen Hof.
**Hieronymus** [hi:e-], *um 347, †419 oder 420, lat. Kirchenlehrer; Bibelübersetzung *(Vulgata).* – Heiliger (Fest: 30.9.).
**Hierro** [iˈɛro], *Ferro,* die westl. der span. Kanar. Inseln, 278 km², 5000 Ew.; Hauptort *Valverde.*
**hieven,** seemänn. Ausdruck: aufwinden, einziehen (z.B. den Anker).
**HiFi,** Abk. für *High Fidelity.*
**High Church** [hai tʃəːtʃ] → Hochkirche.
**High Fidelity** [hai fiˈdɛliti], Abk. *HiFi,* Fachausdruck für eine wirklichkeitsgetreue Tonwiedergabe bei Rundfunkgeräten, Plattenspielern u.ä.
**Highlands** [ˈhailəndz], Hochland, bes. in Schottland, bewohnt von den *Highlanders* (Bergschotten).
**Highlife** [haiˈlaif], das gesellschaftl. Leben der mondänen Welt.
**High School** [ˈhai skuːl], auf die 6- oder 8jährige Grundschule aufbauende weiterführende Schule in den Vereinigten Staaten; erfaßt Jugendliche im Alter von 12 oder 14 bis zu 17 Jahren.
**Highsmith** [haismiθ], Patricia, *19.1.1921, US-amerik. Schriftst., psych. Kriminalromane, Erzählungen u. Kurzgeschichten.
**High-Tech** [haitek; aus engl. *High-Style* u. *Technology*], urspr. Bez. für einen Einrichtungsstil, der v.a. durch die Verwendung von Industriematerialien charakterisiert ist; heute v.a. Bez. für forschungs- u. entwicklungsintensive Technologien (z.B. Weltraumforschung, Computerentwicklung).
**Highway** [ˈhaiwɛi], Fernverkehrsstraße, bes. in den USA.
**Hijacker** [ˈhaidʒækə], Luftpirat, Flugzeugentführer.
**Hilarius von Poitiers** [-pwaˈtje], *um 315, †367, als Bischof von Poitiers der bedeutendste Bekämpfer des *Arianismus* im Abendland, zeitweise nach Phrygien verbannt. – Heiliger (Fest: 13.1.).
**Hilbert,** David, *1862, †1943, dt. Mathematiker; Arbeiten über die »Grundlagen der Geometrie« (1899), über die Invarianten- u. höhere Zahlentheorie sowie über lineare Integralgleichungen.
**Hildburghausen,** Krst. in Thüringen, an der Werra, 11 500 Ew.; zahlr. Barockgebäude.
**Hildebrand,** Adolf von, *1847, †1921, dt. Bildhauer; künstler. Orientierung an Antike u. Renaissance; Hptw. Wittelsbacher Brunnen in München.

**Hildesheim** 367

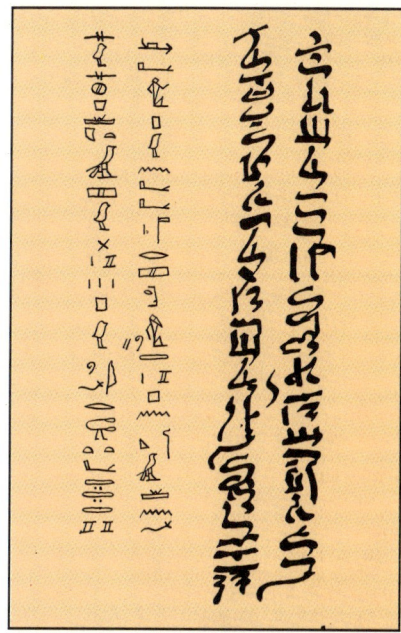

*Hieroglyphen (links) und der gleiche Text in hieratischer Schrift (rechts)*

**Hildebrandslied,** Bruchstück des einzigen überlieferten dt. Beispiels eines germ. stabreimenden *Heldenlieds,* nach 800 im Kloster Fulda aufgeschrieben, in einer ahd.-altsächs. Mischsprache; Schlußteil fehlt. *Hildebrand,* der mit *Dietrich von Bern* im Hunnenland weilte, wird bei der Heimkehr von seinem Sohn *Hadubrand* nicht erkannt u. muß sich gegen ihn wehren, wobei der Vater den Sohn erschlägt: Eine Neudichtung aus dem 13. Jh. (jüngeres H.) bringt einen versöhnl. Schluß.
**Hildebrandt, 1.** Johann Lucas von, *1668, †1745, östr. Baumeister; Barockarchitekt; W Schloß Belvedere, Würzburger Residenz. – **2.** Regine, *26.4.1941, dt. Politikerin (SPD); seit 1990 Min. für Arbeit u. Soziales der DDR.
**Hildegard von Bingen,** *1098, †1179, dt. Mystikerin; Benediktinerin; u.a. Schriften über medizin. u. naturwiss. Erkenntnisse. – Heilige (Fest: 17.9.).
**Hilden,** Ind.-Stadt in NRW, 53 000 Ew.; Maschinen-, Textil- u. Lederind.
**Hildesheim,** Krst. in Nds., an der Innerste, 104 000 Ew.; kath. Bischofssitz; zahlr. HS; zahlr. frühroman. Bauwerke (St. Michaeliskirche 1010–36; Dom 1050 mit Bronzetüren, Christussäule u. 1000jährigem Rosenstock), Roemer-Pelizaeus-Museum (ägypt. Slg.), mittelalterl. Fachwerkhäuser; versch. Ind. – G e s c h.: 815 von *Ludwig dem Frommen* als *Bistum H.* gegr.; Gebietsverluste durch die H.er Stiftsfehde (1519–23); 1803 an

*Highlands: Landschaft in den Northwest Highlands*

Preußen, 1813 zu Hannover, 1866 (mit Hannover) wieder preuß.

**Hildesheimer,** Wolfgang, *9.12.1916, dt. Schriftst.; Mitgl. der Gruppe 47; Erzählungen u. von E. *Ionesco* beeinflußte Dramen, Vertreter des *absurden Theaters.*

**Hilfsschule,** ehem. Bez. für *Sonderschule.*

**Hilfsverb,** Hilfszeitwort, ein Verb, das zur Bildung zusammengesetzter Tempora, Modi u.ä. benutzt wird (dt. *sein, haben, werden* für Futur, Perfekt u.a.) u. im allg. nicht für sich allein ein Prädikat bilden kann.

**Hill,** Sir Archibald Vivian, *1886, †1977, brit. Physiologe; erforschte energet. Vorgänge bei der Muskelkontraktion; Nobelpreis für Medizin (zus. mit O. *Meyerhof*) 1922.

**Hillah,** *Al H.,* irak. Oasenstadt südl. von Bagdad, an einem Seitenarm des Euphrat, 164 000 Ew.; in der Nähe die Ruinen des antiken Babylon.

**Hillary** [ˈhɪləri], Sir Edmund, *20.7.1919, neuseeländ. Bergsteiger u. Polarforscher; bestieg 1953 als erster (zus. mit dem Sherpa *Tenzing Norgay*) den Mount Everest.

**Hillbilly-Music** [-ˈmjuːsik], die Volksmusik der US-amerik. Südstaaten; seit den 1940er Jahren *Country & Western Music.*

**Hiller, 1.** Johann Adam, eigtl. J.A. *Hüller*, *1728, †1804, dt. Komponist u. Dirigent; seit 1763 Leiter der »Liebhaberkonzerte« in Leipzig (seit 1781 »Gewandhaus-Konzerte«); 1789–1801 Thomaskantor; Begr. des dt. Singspiels. – **2.** Kurt, *1885, †1972, dt. Publizist u. Kritiker; gründete 1909 das frühexpressionist. *Neopathet. Cabaret«.*

**Hillery** [ˈhɪləri], Patrick John, *2.5.1923, ir. Politiker; 1976–90 Staats-Präs.

**Hilmänd** → Helmand Rod.

**Hilpert,** Heinz, *1890, †1967, dt. Schauspieler, Regisseur u. Theaterleiter.

**Hilpoltstein,** Stadt in Mittelfranken (Bay.), südl. von Nürnberg, 8000 Ew.; histor. Altstadt.

**Hils,** bewaldeter Höhenzug des Weserberglands, zw. Oberweser u. Leine, in der *Bloßen Zelle* 477 m.

**Hilton** [-tən], Conrad Nicholson, *1887, †1979, US-amerik. Hotelier.

**Hilus,** vertiefte Stelle an Organen, wo Nerven u. Gefäße ein- u. austreten, z.B. an Lunge, Niere u. Milz.

**Hilversum,** ndl. Ind.- u. Handelsstadt sö. von Amsterdam, 94 000 Ew.; u.a. elektrotechn. u. pharmazeut. Ind.; Rundfunksender.

**Hima,** *Bahima, Tussi,* die Adels- u. Herrscherschicht in Uganda, Rwanda, Burundi u. angrenzenden Gebieten; Großviehzüchter.

**Himachal Pradesh** [-ˈtʃal praˈdɛʃ], Bundesstaat in → Indien.

**Himalaya,** *Himalaja* [sanskr. »Schneewohnung«], das mächtigste u. höchste Gebirge der Erde, zw. der nordind. Tiefebene u. dem Hochland von Tibet, ein riesiger, nach S geschwungener Bogen von 2400 km Länge u. 150 bis 300 km Breite, der vom Indus-Durchbruch im W bis zu den Schluchten des Brahmaputra im O reicht u. als scharfe Klima- u. Völkerscheide die wüsten- u. steppenhaften zentralasiat. Hochländer von den fruchtbaren Monsungebieten Indiens trennt; höchste Gipfel: Mount Everest (8848 m), Gangtschhendsönga (8586 m), Lhotse (8516 m), Makalu (8470 m), Dhaulagiri (8168 m), Nanga Parbat (8126 m) u.a.

**Himbeere,** artenreiche Gruppe der Gatt. der *Rosengewächse;* v.a. in Wäldern verbreiteter Beerenstrauch mit meist roten, eßbaren Früchten.

**Himeji,** *Himedschi,* jap. Hafenstadt auf S-Honshu, 420 000 Ew.; Baumwoll- u. Lederind., Ölraffinerie.

**Himera,** altgrch. Staat an der N-Küste Siziliens, 409 v. Chr. von den Karthagern zerstört.

**Himmel, 1.** *H.sgewölbe, Firmament, Sphäre,* das scheinbare Gewölbe über dem Beobachter als dem Mittelpunkt, das die Gestirne »trägt« u. durch den *Horizont* in eine obere (sichtbare) u. eine untere (unsichtbare) Halbkugel zerlegt wird. Durch die Streuung des Sonnenlichts in der Atmosphäre erscheint der H. blau. – Senkrecht über dem Beobachter liegt der *Scheitelpunkt* oder *Zenit,* entgegengesetzt der *Fußpunkt* oder *Nadir.* Die durch Zenit u. Nadir gehenden Kreise heißen *Scheitel-, Vertikal-* oder *Höhenkreise;* auf ihnen werden die Sternhöhen gemessen. Die Verlängerung der Erdachse heißt *Welt-* oder *H.sachse.* Sie trifft den H. in dessen Nord- u. Südpol *(H.spole). –* **2.** in versch. Religionen der Aufenthaltsort von Göttern u. Geistern; im Christentum Symbol für den Heilszustand der endgültig mit Gott vereinten Menschen. Ähnl. Vorstellungen gibt es in anderen Religionen: *Walhall, Dschennet, Nirwana.* Ggs.: *Hölle.*

**Himmelfahrt,** in den Religionen Babyloniens, Persiens, Ägyptens, Griechenlands u. Roms die weitverbreitete Vorstellung von einer H. der Seele oder von der Entrückung ganzer Menschen. *H. Christi:* Kirchenfest 40 Tage nach Ostern; *H. Marias,* kath. Kirchenfest »Mariä H.«: 15.8.

**Himmelsgucker,** den *Drachenfischen* verwandte *Barschartige,* Grundfische von etwa 30 cm Länge, die in wärmeren Meeren leben. Hinter den oben auf dem Kopf liegenden Augen befindet sich ein elektr. Organ.

**Himmelskunde** → Astronomie.

**Himmelsmechanik,** ein Teilgebiet der theoret. *Astronomie,* das die Bewegung der Himmelskörper nach den Gesetzen der Mechanik, bes. nach dem Gravitationsgesetz, untersucht.

**Himmler,** Heinrich, *1900, †1945 (Selbstmord), dt. Politiker (NSDAP); seit 1929 Reichsführer der *Schutzstaffel (SS);* nach der Regierungsübernahme durch Hitler Kommandeur der Polit. Polizei (Gestapo) der Länder, 1936 Chef der Dt. Polizei, 1943 Reichsinnen-Min. Die Verbrechen der SS (KZ, Judenmord, Verfolgung u. Terror) sind mit seinem Namen verbunden.

**Hindelang,** Markt, heilklimat. Kneipp- u. Luftkurort in Schwaben (Bay.), im Allgäu, 850 bis 1180 m ü. M., 5000 Ew.; Wintersport; Schwefelquelle, Moorbäder.

**Hindemith,** Paul, *1895, †1963, dt. Komponist u. Dirigent; kam nach einer expressionist. Periode zu

*Paul von Hindenburg*

einer abgeklärten Musiksprache von betont eth. Haltung (Opern »Mathis der Maler« u. »Die Harmonie der Welt«, beide zu eigenen Texten); stellte der Zwölftontechnik ein System der freien Tonalität jenseits von Dur u. Moll entgegen; Chorwerke, Lieder (»Das Marienleben« nach R. M. Rilke), Kammermusik, Orchesterwerke u. wichtige theoret. Schriften.

**Hindenburg,** Paul von *Beneckendorff u. von H.,* *1847, †1934, dt. Offizier (1914 Generalfeldmarschall) u. Politiker; 1914 (mit E. *Ludendorff* als Generalstabchef) mit der Verteidigung Ostpreußens beauftragt; schlug die Russen bei *Tannenberg* u. an den Masur. Seen. Nach dem Zusammenbruch der Monarchie führte er das Feldheer geordnet in die Heimat zurück; er organisierte noch den Grenzschutz im Osten, ehe er 1919 den Oberbefehl niederlegte. – 1925 als Kandidat der Rechten zum Reichs-Präs. gewählt, 1932 wiedergewählt; entließ 1932 den Reichskanzler H. *Brüning,* bildete das »Präsidialkabinett« F. von *Papen* u. ließ sich, nachdem dessen Nachfolger K. von *Schleicher* keine Reichstagsmehrheit für sein Kabinett gewinnen konnte, trotz schwerer Bedenken dazu bewegen, 1933 mit *Hitler* die Nationalsozialisten zur Macht zu berufen.

**Hindenburgdamm,** etwa 11 km langer Eisenbahndamm, der die Insel Sylt mit dem Festland verbindet; seit 1927.

**Hindernislauf,** Laufwettbewerb über natürl. oder künstl. Hindernisse, 3000 m mit 28 Sprüngen über Hürden von 91 cm Höhe u. 7 Sprünge über den Wassergraben.

**Hindernisrennen,** Pferderennen über natürl. oder künstl. Hindernisse; *Hürdenrennen* (Reisighürden) über 2400–4000 m, *Steeplechases* (Gräben, Mauern u.ä.) über mindestens 3000 m, *Jagdrennen* (natürl. u. künstl. Hindernisse) über 3600–7500 m.

**Hindi,** *Hindustani,* Hauptverkehrssprache Indiens; zwei schriftsprachl. Formen: 1. das stark pers. durchsetzte *Urdu* mit einer Sonderform für die Poesie *(Rechta);* 2. das mit vielen Entlehnungen aus dem Sanskrit ergänzte rein ind. *H.,* das seit 1965 offizielle Staatssprache der Ind. Union ist.

**Hindu,** Bez. für die Angehörigen des *Hinduismus.*

**Hinduismus,** vielgestaltige ind. Religion, deren Hauptmerkmale in der Anerkennung der heiligen Schriften der *Weden* u. der Zugehörigkeit zu einem *Kastensystem* bestehen. Unpersönl. Gottesauffassung, deren Objekt das neutrale göttl. Eine, das *Brahman,* ist, u. persönl. Gottesauffassung als polytheist. Volksglaube ergänzen einander. Hauptgötter sind *Schiwa, Wischnu* u. *Brahma.* Kennzeichnend ist außerdem der Glaube an Seelenwanderung u. Wiedergeburt.

**Hindukusch,** zentralasiat. Hochgebirge, das sich über rd. 700 km von Zentralafghanistan bis zum Pamir (Pakistan) erstreckt; erreicht im *Tirich Mir* 7699 m.

| Götter des Hinduismus | |
|---|---|
| Name | Bedeutung |
| Adityas | Gruppe von 7 Göttern, u. a. Waruna und Mitra |
| Agni | Feuergott |
| Aschwins | Zwillingspaar der göttlichen Ärzte, Rosselenker am Morgenhimmel |
| Brahma(n) | Urgrund allen Seins, personifiziert Schöpfer und Lenker der Welt |
| Buddha | im Hinduismus eine Inkarnation Wischnus |
| Dewi | Gattin Schiwas, → Durga |
| Durga | Gattin Schiwas, „Große Mutter", in ihrem schrecklichen Aspekt → Kali |
| Ganescha | der elefantenköpfige Sohn des Schiwa und der Parwati, Gott der Schreibkunst; Nothelfer |
| Indra | Kriegs- und Gewittergott |
| Kali | „die Schwarze", Gattin Schiwas, der schreckliche Aspekt der → Durga |
| Kama | Liebesgott |
| Karttikeya | → Skanda |
| Krischna | „der Dunkle", verehrt als Inkarnation Wischnus |
| Lakschmi | Gattin Wischnus, Göttin des Glücks |
| Manu | Stammvater der Menschheit, Urheber der Ordnung und Sitte |
| Mitra | Gott des Lichts, der Freundschaft und der Verträge |
| Naga | Schlangengottheiten, Fruchtbarkeitsträger |
| Parwati | Gattin Schiwas |
| Prajapati | Gattin Schiwas |
| Rama | als eine Inkarnation Wischnus verehrt |
| Rudra | Sturmgott, Herr der Tiere; Name des → Schiwa |
| Saraswati | Göttin der Gelehrsamkeit |
| Schakti | Gattin Schiwas, Personifikation der schöpferischen Energie |
| Schiwa | zusammen mit Wischnu der höchste Gott, Schöpfer und Zerstörer des Alls |
| Skanda | Kriegsgott, Sohn Schiwas |
| Waruna | Hüter der kosmischen und der sittlichen Weltordnung, später Gott des Wassers |
| Wischnu | bildet mit Brahma und Indra eine Götterdreiheit; Erhalter der Welt, 10 verschiedene Inkarnationen (Awataras) |
| Yama | Urmensch, zugleich Gott des Todes |

*Hinduismus: heiliger Inder mit dem Zeichen des Gottes Shiwa auf der Stirn*

**Hindustan** [auch 'hin-], *Hindostan,* die Gangesebene vom Pandschab bis zum Gangesdelta.
**Hindustani** → Hindi
**Hinkelsteine,** einzeln stehende, von Menschenhand aufgerichtete, oft mehrere Meter hohe Steine. → Menhire.
**Hinnøy,** die größte norw. Insel, nw. von Narvik, 2198 km², 20 000 Ew., Hauptort *Harstad.*
**Hinrichs,** August, *1879, †1956, dt. Schriftst.; volkstüml. Dramatiker u. Erzähler, z.T. in Niederdt. verfaßte Stücke.
**Hinshelwood** ['hinʃlwud], Sir Cyril Norman, *1879, †1967, brit. Physikochemiker; arbeitete über Reaktionskinetik, Katalyse u. Thermodynamik; Nobelpreis für Chemie (mit N.N. *Semjonow*) 1956.
**Hinterbliebenenversicherung,** die Versicherung von hinterbliebenen Angehörigen des Versicherten (Witwen, Witwer u. Waisen). Die Sozialversicherung zahlt in der Unfall-, Arbeiterrenten-, Angestellten- u. Knappschaftsversicherung *Hinterbliebenenrenten.*
**Hinterglasmalerei,** mit lichtundurchlässigen Farben ausgeführte, spiegelverkehrte Malerei auf der Rückseite einer Glasplatte; gebräuchl. seit der Spätantike.
**Hinterhand, 1.** der zuletzt ausspielende Spieler bei Kartenspielen; Ggs.: *Vorhand.* – **2.** *Nachhand,* Hinterbeine u. Kruppe beim Tier, bes. bei Pferden.
**Hinterindien,** die südostasiat. Halbinsel zw. Indien, China u. der malai. Inselwelt, 1,9 Mio. km²; von N nach S verlaufende Hochgebirgsketten. Die fruchtbaren Becken u. Schwemmlandebenen sind zugleich die Kerngebiete der hinterind. Staaten *Birma, Thailand, Kambodscha, Vietnam; Laos* liegt fast ausschl. im Gebirgsland. Zu H. gehört außerdem der westl. Teil von *Malaysia* auf der Malakka-Halbinsel. H. ist reich an Bodenschätzen (v.a. Kohle, Erdöl, Zink u. Zinn); bed. Lieferant von Reis, Baumwolle, Kautschuk u. Teakholz.
**Hinterkiemer,** Unterklasse der *Schnecken,* deren Mantelhöhle seitl. u. deren Kiemen hinter dem Herzen liegen (im Unterschied zu den *Vorderkiemern);* hierzu z.B. *Flügel-* u. *Nacktschnecken.*
**Hinterlader,** eine Schußwaffe, die von hinten geladen wird; Ggs.: *Vorderlader.*
**Hinterrhein,** der südl. Quellfluß des Rhein, 57 km; entspringt in der Adulagruppe (in Graubünden) u. vereinigt sich bei Reichenau mit dem *Vorderrhein.*
**Hintersasse,** im Recht des MA ein Kleinbauer, der zu einem Grundherrn in einem Abhängigkeitsverhältnis stand.
**Hinterzarten,** Kurort u. Wintersportplatz im südl. Schwarzwald, Ba.-Wü., 885 m ü.M., 2200 Ew.
**Hinz,** Werner, *1903, †1985, dt. Schauspieler (Charakterdarsteller).
**Hiob,** *Ijob,* ein Buch des AT, das eine Sage von einem Mann H. aus dem Land Uz u. seinem Unglück wiedergibt u. das Problem des unverschuldeten Leidens erörtert. – **H.sbotschaft,** Unglücksbotschaft.
**Hipparchos, 1.** *Hipparch,* zus. mit seinem Bruder *Hippias* Tyrann von Athen 528/27–514 v.Chr.; von *Harmodios* u. *Aristogeiton* ermordet. – **2.** *H. von Nicaea,* *um 190 v.Chr. †um 125 v.Chr., grch. Astronom; entwarf ein Verzeichnis der Fixsterne, bestimmte die Abweichung der Sonnenbahn u. entdeckte die *Präzession* der Erde.
**Hippe,** haken- oder sichelförmiges Gartenmesser; in der bildenden Kunst oft das Symbol des Todes.
**Hippias,** †um 490 v.Chr., Tyrann von Athen 527–510 v.Chr. (→ Hipparchos); entging dem Mordanschlag von *Harmodios* u. *Aristogeiton;* 510 v.Chr. vertrieben.
**Hippies** ['hipi:z], *Blumenkinder,* Bez. für die meist jugendl. Anhänger einer Protestbewegung, die Mitte der 1950er Jahre in den USA ihren Ausgang nahm u. – bes. zw. 1965 u. 1968 – in den westl. Industrienationen ihren Höhepunkt hatte (Gammler, Provos u.a.). Die H. bildeten eine Art Subkultur u. setzten sich durch unkonventionelle Erscheinung u. Lebensweise von der Gesellschaft ab.
**Hippodamos,** grch. Architekt u. Städtebauer des 5.Jh. v.Chr. aus Milet; entwarf rechtwinklige Stadtpläne, u.a. für Milet, Piräus, Rhodos.
**Hippodrom,** im Altertum Bahn für Pferde- u. Wagenrennen; Gebäude oder Zelt auf Jahrmärkten u.ä., in dem jeder gegen Entgelt in einer Arena reiten kann.
**Hippokrates, 1.** *H. von Kos,* *um 460 v.Chr., †um 377 v.Chr., grch. Arzt; der »Vater der Heilkunde«. Das Wesen der Krankheit besteht nach ihm in einer fehlerhaften Mischung der Körpersäfte. Im **Eid des H.** verpflichteten sich die antiken u. mittelalterl. Ärzte u.a. zur bedingungslosen Erhaltung des menschl. Lebens. Seinem sittl. Gehalt nach gilt er bis in die Gegenwart als Grundlage der ärztl. Berufsethik. – **2.** *H. von Chios,* grch. Mathematiker um 440 v.Chr., bek. durch die *Hippokratischen Möndchen,* sichelförmige Flächen zw. den Halbkreisen über den Katheten u. dem Halbkreis über der Hypotenuse eines rechtwinkligen Dreiecks, die zus. den gleichen Flächeninhalt wie das Dreieck haben.
**Hippolytos, 1.** ein Held u. Halbgott der grch. Myth., Sohn des *Theseus* u. der *Hippolyte,* von seinen Rossen zu Tode geschleift. – **2.** *Hippolyt von Rom,* Kirchenschriftst., erster Gegenpapst 217–235; nach seinem Tod in der Verbannung als Märtyrer verehrt (Fest: 13.8.; in den orth. Kirchen: 30.1.).
**Hippo Regius,** *Hippo,* antike Stadt in N-Afrika; Ruinen bei *Bône* (Algerien); phöniz. Handelsniederlassung, Residenz numid. Könige; später die Bischofsstadt des *Augustinus,* 697 von den Arabern zerstört.
**Hirn** → Gehirn.

*Hinterglasmalerei: Hl. Barbara; Schlesien, um 1800. Berlin, Staatliche Museen Preußischer Kulturbesitz, Museum für Deutsche Volkskunde*

**Hirse** 369

**Hirnanhangdrüse** → Hypophyse.
**Hirnhautentzündung,** *Gehirnhautentzündung, Meningitis,* durch einen bes. Erreger (*Meningococcus*) als übertragbare Genickstarre (*Meningitis epidemica;* anzeigepflichtig) hervorgerufene, aber auch durch andere Erreger bei Infektionskrankheiten (Tuberkulose, Lungenentzündung, Keuchhusten, Eiterungen aus der Nachbarschaft [Ohr, Nebenhöhlen]) oder nichtinfektiös (aseptische, seröse Meningitis) entstehende Erkrankung der Gehirnhaut. Kopfschmerzen, Benommenheit u. Starre des Genicks sind charakterist. Zeichen; Behandlung durch Antibiotika.
**Hirohito,** persönl. Name des Kaisers (Tenno) von Japan, *1901, †1989; seit 1926 Tenno, gab 1946 seinen Anspruch auf Göttlichkeit auf u. verlor mit Einführung des parlamentar. Systems 1947 seinen polit. Einfluß.
**Hiroshige,** mehrere jap. Maler u. Holzschnittzeichner; am bekanntesten: *Ando H.,* *1797, †1858; Landschaftsdarstellungen als Holzschnittfolgen mit europ. Raumperspektive.
**Hiroshima,** jap. Hafenstadt u. Hptst. einer Präfektur auf Honshu, in der *H.-Bucht* der Inlandsee, 900 000 Ew.; Univ.; versch. Ind. – Auf H. wurde von den USA zum Ende des 2. Weltkriegs am 6.8.1945 die erste Atombombe abgeworfen, die über 80 000 Todesopfer u. 100 000 Verletzte forderte; an Spätfolgen starben weitere 200 000 Bewohner von H.

*Hiroshima: Denkmal für die Opfer der Atombomben-Explosion*

**Hirsau,** Luftkurort im nördl. Schwarzwald, Ba.-Wü., Ortsteil von *Calw;* das 830 gegr. Benediktinerkloster wurde im 11./12. Jh. zum Hauptträger der *Cluniazensischen Reform* in Dtld. (*H.er Reform*) u. entwickelte eine bes. Richtung der roman. Baukunst (*H.er Bauschule*).
**Hirschberg i. Rsgb.** (d.h. im Riesengebirge), poln. *Jelenia Góra,* Stadt in Schlesien (heute Polen), im *Hirschberger Kessel,* 87 000 Ew.; Fremdenverkehr, Textil- u.a. Industrien.
**Hirsche,** *Cervidae, Paarhufer* u. *Wiederkäuer,* deren Männchen meist ein Geweih als Stirnwaffe tragen; meist in Rudeln (Rot-H.) oder Herden (Rentier) lebend, in ganz Europa vertreten; Unterfam.: 1. *Moschustiere,* 2. *Wasserrehe,* 3. *Muntjaks,* 4. *Trug-H.* mit *Rehen, Amerika-H.* u. *Pudus,* 5. *Elche,* 6. *Rentiere,* 7. *Edel-H.* mit *Rot-, Dam-, Sika-, Axis-H.* u. *Rusas.*
**Hirscheber,** hochbeinige *Schweine,* deren Eckzähne den Rüssel durchbohren u. ein Hirschgeweih vortäuschen; in Sumpfgebieten Indonesiens.
**Hirschhorn (Neckar),** Stadt im Odenwald, Hess., 4000 Ew.; mittelalterl. Stadtbild; Kraftwerk.
**Hirschhornsalz,** *ABC-Trieb,* Gemisch aus Ammoniumcarbonat u. Ammoniumhydrogencarbonat; Treibmittel beim Backen.
**Hirschkäfer,** zu den *Blatthornkäfern* gehöriger, größter (bis 7 cm) einheim. *Käfer* Mitteleuropas; Männchen mit kräftigen, geweihähnl. Kiefern; unter Naturschutz.
**Hirse,** *Kaffernkorn,* zur Fam. der *Süßgräser* gehörige, kleine, runde Körner bildende Getreidearten

**370 Hirtenbrief**

versch. Gatt.; urspr. in O-Asien u. Afrika beheimatet, heute auch in SO-Europa ein wichtiges Futter- u. Nahrungsmittel. Hauptformen: *Rispen-H.* (*Körnerfrucht*), *Kolben-* oder *Borsten-H.* (*Futterpflanze*), *Mohren-H.* (*Sorghum*), Mehl- u. Futterpflanze, *Perl-H.*

**Hirtenbrief**, Schreiben eines Bischofs an seine Diözese, in dem er zu religiösen u. Tagesfragen Stellung nimmt.

**Hirtendichtung**, *Schäfer-*, arkadische, bukolische *Dichtung*, eine Dichtungsart, die ein unwirkl.-friedvolles, naturnahes u. ländl.-einfaches Leben schildert u. preist; erlebte im 17. Jh. eine Blütezeit in den Schäferspielen der *Anakreontik*.

**Hirtenspiel**, im geistl. Drama des MA ein Teil des *Weihnachtsspiels*: die Verkündigung an die Hirten.

**Hirtentäschel**, Gatt. der *Kreuzblütler*; eines der verbreitetsten Unkräuter, weiß oder rötl. blühendes Kraut mit herzförmigen Schoten.

**Hirtenvölker**, *Viehzüchter*, vorwiegend von Viehzucht lebende nomadisierende Völker. → Nomadismus.

**Hirtshals**, dän. Fischereihafen in N-Jütland, 15 000 Ew.; Fähre nach Kristiansand (Norwegen).

**Hispania**, lat. für *Spanien;* auch antiker Name für die Iber. Halbinsel.

**Hispaniola**, *Haiti*, die zweitgrößte Antilleninsel, 76 484 km²; 12 Mio. Ew.; mit buchtenreichen Küsten u. hohen, bewaldeten Gebirgszügen (trop. Klima mit Passatregen). Polit. ist die Insel aufgeteilt in die größere → Dominikan. Republik im O u. die Rep. → Haiti im W.

**hissen**, *heißen*, in der Seefahrt: hochziehen (z.B. des Segel).

**Histamin**, ein Gewebshormon, das sich von der Aminosäure *Histidin* ableitet; erweitert die Blutkapillaren u. tritt bei allerg. Reaktionen vermehrt auf.

**Histologie**, *Gewebelehre*, Teilgebiet der Biologie u. Medizin, das die Gewebsstruktur pflanzl., tier. u. menschl. Organe im mikroskop. Bereich erforscht.

**Historie, 1.** eine (erfundene, abenteuerl.) Erzählung. – **2.** die Geschichte u. die Geschichtswissenschaft.

**Historienmalerei**, Gatt. der Malerei, die histor. u. sagenhafte Stoffe zum Gegenstand hat.

**Historiker**, Geschichtswissenschaftler.

**Historiographie**, Geschichtsschreibung.

**historischer Materialismus**, *materialist. Geschichtsauffassung*, zus. mit dem *dialektischen Materialismus* die geschichtsphilosoph. Grundlage des *Kommunismus;* von K. *Marx* u. F. *Engels* gemeinsam ausgearbeitet. Der h. M. geht von der Auffassung aus, daß die gesellschaftl. Entwicklung in der Geschichte einer notwendigen Gesetzmäßigkeit unterliege, ähnl. wie die Natur den Naturgesetzen. Den *Unterbau* dieser Entwicklung bilden die sog. *Produktionsverhältnisse* (alle Verhältnisse der Menschen, die sie in der Produktionstätigkeit zueinander eingehen: Eigentumsverhältnisse, Klassenverhältnisse, Kauf, Verkauf u.a.), während das geistige u. polit. Leben dem *Überbau* zugeordnet ist. Da die Produktionsverhältnisse von den privilegierten Schichten bewahrt werden, kommt es im Lauf der geschichtl. Entwicklung immer wieder zu einem *Klassenkampf*, der erst durch eine revolutionäre Umgestaltung der Produktionsverhältnisse seine Lösung findet. Es folgt eine Umgestaltung des gesamten polit. u. geistigen Lebens (Recht, Moral, Kunst, Philosophie, Religion, z.T. auch Sprache). In der Endphase eine Aufhebung der Klassen u. des Privateigentums.

**historischer Roman**, *Geschichtsroman*, eine künstler. gestaltete Darstellung histor. Ereignisse in Prosaform. Wichtige h.R. in Dtld.: A. von *Arnims* »Die Kronenwächter«, W. *Hauffs* »Lichtenstein«, A. *Stifters* »Witiko«, G. *Freytags* »Ahnen« u.a.; im Ausland: V. *Hugos* »Notre Dame de Paris«, L. N. *Tolstojs* »Krieg u. Frieden«, H. *Sienkiewiczs* »Quo vadis« u.a.

**historisches Schauspiel**, im Ggs. zum *Historiendrama*, das die Geschichte als Geschichte darstellt, ein Schauspiel, das an histor. Stoffen zeitlos gültige Fragen aufwirft; z.B. *Goethes* »Götz von Berlichingen«, *Schillers* »Wallenstein«.

**Historismus**, das im 19. Jh. zur Entfaltung gelangte Bewußtsein von der geschichtl. Bedingtheit aller Wirklichkeit. Unter dem Einfluß dieses neuartigen Denkens stieg die Geschichtswiss. des 19. Jh.

*Adolf Hitler*

zu bedeutendem Rang auf; gleichzeitig entstanden die »Historischen Schulen« vieler Wiss., die das Quellenstudium u. die exakte Kritik der histor. Überlieferung zur Forschungsgrundlage machten. Der H. lehnte die Idee des Fortschritts in der Gesch. ab u. beharrte auf der Einmaligkeit des histor. Geschehens. Bed. Vertreter: W. *Dilthey*, H. *Rickert*, W. *Windelband*. Seit den 1920er Jahren kam es zur Kritik am Werterelativismus u. Objektivitätsglauben des H. u. damit zur Neuorientierung der modernen Geschichtswiss. an sozialwissenschaftl. Methoden.

**Hit**, ein bes. erfolgreicher *Schlager*.

**Hitachi**, Stadt an der O-Küste von Honshu, Japan, nw. von Tokio, 210 000 Ew.; Maschinen- u. Werkzeugind., in der Nähe Kupfergewinnung.

**Hitchcock** [ˈhitʃ-], Sir Alfred, *1899, †1980, brit. Filmregisseur, Autor u. Produktionsleiter; Meister des psycholog. Kriminalfilms; ⓦ »39 Stufen«, »Rebecca«, »Der unsichtbare Dritte«, »Psycho«, »Die Vögel«, »Frenzy« u.a.

**Hitchings** [ˈhitʃiŋz], George H., *18.4.1905, US-amerikan. Pharmakologe, entwickelte Medikamente, die das Wachstum von Krebszellen u. Krankheitserregern hemmen; 1988 (mit G. B. Elion u. Sir J. Black) Nobelpreis für Medizin.

**Hitler**, Adolf, *1889, †1945 (Selbstmord), dt. Politiker (NSDAP); blieb ohne eigtl. Ausbildung u. führte lange Zeit ein ungeregeltes Leben; nahm als Gefreiter am 1. Weltkrieg teil. Seit 1919 war er Mitgl. der *Nationalsozialist. Dt. Arbeiterpartei (NSDAP)*, deren Parteivorsitz er 1921 übernahm. Bis zum Herbst 1923 hatte er, von der Reichswehr u. den nationalist. Kräften in Bayern unterstützt, aus einem bedeutungslosen polit. Verein eine Partei mit mehr als 50 000 Mitgl. gemacht. Sein dilettantisch angelegter Versuch, zus. mit E. *Ludendorff* die Reg. zu stürzen (*H.-Putsch* am 8./9.11.1923), scheiterte. Die Partei wurde verboten, H. zu 5 Jahren Festung verurteilt. Bereits im Dez. 1924 aus der Festung Landsberg, wo er den 1. Teil seines programmat. Werks »Mein Kampf« verfaßt hatte, wieder entlassen, erreichte er die Aufhebung des Verbots seiner Partei. Er begann in München 1925 mit ihrem Wiederaufbau, indem er absolut ergebene u. gehorsame Gefolgsleute um sich sammelte. 1933 veranlaßte der damalige Reichs-Präs. *Hindenburg* die Ernennung H. zum Reichskanzler. Nach Hindenburgs Tod 1934 hob H. das Amt des Reichs-Präs. auf u. übertrug sich die Befugnisse auf sich als »Führer und Reichskanzler«. Er schaltete alle gegner. Parteien aus u. verbot alle Organisationen, die sich dem totalitären »Führerstaat« nicht freiwillig unterstellten. Das Programm des *Nationalsozialismus* beinhaltete u.a. die Züchtung einer verbesserten »nordischen« Menschenrasse. Viele Menschen wurden wegen ihrer Herkunft verfolgt – bes. Juden u. Zigeuner – u. in Konzentrationslagern zu Millionen ermordet. Die polit. Gegner H., insbes. die Kommunisten, teilten dieses Schicksal. Mit Hilfe der ihm ergebenen Kampftruppen SS u. SA sowie der Geheimen Staatspolizei (*Gestapo*) errichtete H. ein Terrorregime, gegen das sich – bis auf wenige Widerstandskämpfer – niemand mehr zu wehren wagte. In der Außenpolitik strebte H. danach, »neuen Lebensraum für das dt. Volk« im Osten zu erobern. 1939 griff er Polen an, woraus der *Zweite Weltkrieg* entstand. Die Anfangserfolge des Krieges, in dem auch den Oberbefehl des Heeres übernahm, steigerten seinen Machtwillen bis ins Maßlose. 1941 befahl er den Angriff auf die Sowjetunion. Nach der Niederlage von Stalingrad (1943) wuchs der Widerstand gegen H. Er entging mehreren Versuchen von Mitgl. der Widerstandsbewegung, ihn zu töten (u.a. am 20.7.1944). Der Verantwortung für den Ruin des Dt. Reichs entzog sich H. am 30.4.1945 durch Selbstmord.

**Hitler-Jugend**, Abk. *HJ*, Teilorganisation der *NSDAP* zur Erfassung u. Gleichschaltung aller Jugendlichen vom 10. bis zum 18. Lebensjahr, 1926 als Nachwuchsorganisation der *SA* gegr.; in vier Teilorganisationen gegliedert: 10–14jährige: Jungen, *Dt. Jungvolk;* Mädchen, *Jungmädel;* 14–18jährige: Jungen, *H.* (i.e.S.); Mädchen, *Bund Deutscher Mädel (BDM)*.

**Hitler-Stalin-Pakt** → deutsch-sowjetischer Nichtangriffspakt.

**Hittorf, 1.** Johannes Wilhelm, *1824, †1914, dt. Physiker; Forschungen über die elektr. Entladung in Gasen, die Elektrolyse u. die Wirkung von Magnetfeldern auf Kathodenstrahlen. – **2.** [iˈtɔrf], Jakob Ignaz, *1792, †1867, frz. Architekt u. Archäologe dt. Herkunft.

**Hitzacker**, Stadt in Nds. an der Elbe, 4500 Ew.; Kurort; Musiktage.

**Hitzemauer**, der Geschwindigkeitsbereich, in dem infolge Reibung der Luft an Flugzeugen u. Raketen so hohe Temperaturen entstehen, daß die Metallaußenhaut der Flugkörper angegriffen wird. → Hitzeschild.

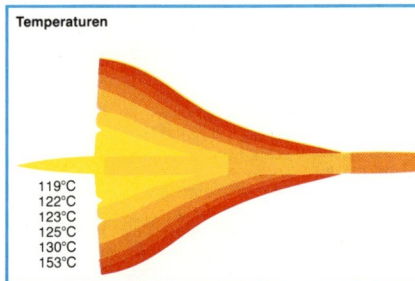

*Hitzemauer: Erhitzung der äußeren Teile der Concorde beim Flug mit Mach 2,2 in etwa 18 km Höhe*

**Hitzeschild**, *Hitzeschutzschild*, Schutzschicht aus Keramik oder Kunstharzen auf Flugkörpern, die mit großer Geschwindigkeit in die Erdatmosphäre eintreten. Bei der Abbremsung durch den Luftwiderstand entsteht infolge Reibung eine starke Aufheizung (→ Hitzemauer). Die erzeugte Wärme wird von Stoffen mit hohem Wärmeaufnahmevermögen oder mit *Ablationskühlung* abgeführt (bzw. gebunden).

**Hitzschlag**, *Hyperthermie*, ein krankhafter Zustand, der durch Wärmestauung entsteht; meist durch unzweckmäßige Kleidung u. mangelnde Ventilation hervorgerufen. Folgen sind u.a. Übelkeit, Kopfschmerzen, Störungen von Atmung u. Kreislauf.

**Hizbollah** [arab. »Partei Gottes«], schiit. Terrororganisation proiran. Ausrichtung in Libanon.

**HJ**, Abk. für *Hitler-Jugend*.

**hl.**, Abk. für *heilig*.

**H-Milch**, ultrahocherhitzte Trinkmilch mit einer Haltbarkeitsdauer von etwa 6 Wochen ohne Kühlung. H = Abk. von »haltbar«.

**HNO-Heilkunde**, Abk. für *Hals-Nasen-Ohren-Heilkunde*.

**HO**, Abk. für *Handelsorganisation*.

**Hoangho** → Huang He.

**Hobart** [ˈhoubaːt], Hptst. des austral. Bundesstaates Tasmanien, 180 000 Ew.; Univ. (1890); versch. Ind.; Flughafen.

**Hobbema**, Meindert, *1638, †1709, ndl. Maler (realist. Landschaftsmalerei).

**Hobbes** [hɔbz], Thomas, *1588, †1679, engl. Philosoph; Vertreter einer mechanist. Naturauffassung u. eines Staatsabsolutismus (»Leviathan« 1651). Am wirksamsten wurde seine Lehre vom Naturzustand u. Gesellschaftsvertrag (*Naturrecht*): In der Natur herrscht das Recht des Stärkeren, der Krieg aller gegen alle; dieser ist jedoch unvernünftig, weil er gegen die Interessen jedes einzelnen geht, u. muß daher aufgehoben werden, indem sich alle freiwillig einer Staatsautorität unterwerfen.

**Hobby**, Steckenpferd, Liebhaberei.

**Hobel**, Werkzeug zum Glätten oder Profilieren von Holz- u. Metalloberflächen. – *H.bank*, Werktisch mit mehreren Spannvorrichtungen zum Auflegen u. Festspannen hölzerner Werkstücke. –

**H.maschine,** Werkzeugmaschine zur Bearbeitung von Werkstücken aus Holz mit rotierenden spanabhebenden Messern oder – bei Metall – mit *H.meißel.*
**Hoboken** ['ho:bo:kə], sw. Vorstadt von Antwerpen (Belgien), an der unteren Schelde, 32 600 Ew.; Schwerind.; Schiffbau.
**Hoboken** ['ho:bokə], Anthony van, *1887, †1983, ndl. Musikforscher.
**Hoch,** *Hochdruckgebiet,* Gebiet hohen Luftdrucks, → Wetter.
**Hochaltar,** der Hauptaltar einer kath. Kirche.
**Hochamt,** die am Hochaltar in feierl. Form zelebrierte kath. Messe.
**Hochbau,** der Zweig der Bautechnik, der sich mit der Errichtung von Gebäuden befaßt, die mit den wesentl. konstruktiven u. räuml. Teilen oberhalb der Erdoberfläche liegen; Ggs.: *Tiefbau.*
**Hochdeutsch,** urspr. die an der 2. oder althochdeutschen Lautverschiebung beteiligten Mundarten der deutschen Sprache; heute im allg. Sprachgebrauch die Bez. für ein von Dialekten u.ä. Einflüssen freies Deutsch.
**Hochdruck, 1.** im Unterschied zu *Tiefdruck* u. *Flachdruck* eine Gruppe von Druckverfahren, bei denen alle Teile (z.B. Lettern, Klischees) die Druckfarbe annehmen sollen, in einer Hochebene liegen, während alle nichtdruckenden Teile unter diesem Niveau liegen. Die wichtigsten H.-Verfahren: Buch- u. Flexodruck *(direkter H.)* sowie Letterset *(indirekter H.)*. – **2.** Bez. für Drücke von über 100 bar, z.B. bei *H.dampfkesseln* u. *H.dampfmaschinen.* – Höchstdruck zw. etwa 1000–5000 bar.
**Hochenergiephysik,** ein Teilgebiet der Physik, das mit extrem hohen Energien (über 100 MeV) die Eigenschaften von Elementarteilchen, ihre Struktur u. Wechselwirkungen untersucht; identisch mit der *Elementarteilchenphysik.* Die für die Experimente mit der H. benötigten Energien werden mit Hilfe von *Teilchenbeschleunigern* erzeugt.
**Höcherl,** Hermann, *1912, †1989, dt. Politiker (CSU); 1961–65 Bundes-Min. des Innern, 1965–69 Bundes-Min. für Ernährung, Landw. u. Forsten.
**Hochfrequenz,** Abk. *HF,* der Frequenzbereich von 3 kHz bis 300 GHz mit Wellenlängen von 100 km bis 1 mm; in der **H.technik** werden die hochfrequenten elektromagnet. Wellen insbes. zur drahtlosen (Rundfunk, Fernsehen) oder trägerfrequenten (Fernsprechtechnik) Nachrichtenübermittlung verwendet, aber auch zu Heilzwecken oder in der Technik zur Wärmeerzeugung.
**Hochfrottspitze,** höchster Gipfel im dt. Teil der Allgäuer Alpen, in der Mädelegabel-Gruppe, 2649 m.
**Hochgebirge,** Gebirge mit großen absoluten (über 1000–2000 m) u. relativen (über 1000 m) Höhen, meist über die *Baum-* u. sogar *Schneegrenze* aufragend.
**Hochgericht, 1.** *Halsgericht,* im MA das Gericht über schwere Straftaten. – **2.** Richtstätte, Galgen.
**Hochheim am Main,** Stadt in Hess., östl. von Mainz, 15 400 Ew.; Weinanbau, Sektkellereien.
**Hochhuth,** Rolf, *1.4.1931, dt. Schriftst. (v.a. Dramen, Dokumentarspiele); W »Der Stellvertreter«, »Eine Liebe in Dtld.«; auch zeitkrit. Essays.

*Hochbau: Das Hypo-Hochhaus in München wurde nach dem Hubdecken-Verfahren erbaut*

**Ho Chi Minh,** eigtl. *Nguyen Ai Quoc,* *1890, †1969, vietnames. Revolutionär u. Politiker mit legendärem Ruhm; organisierte die Guerillatruppe *Viet-Minh,* mit der er zuerst gegen die Japaner, dann gegen die Franzosen u. seit 1954 gegen das mit den USA verbündete S-Vietnam erfolgreich kämpfte; rief 1945 die Rep. Vietnam aus u. wurde deren Staats-Präs.
**Ho-Chi-Minh-Stadt,** *Ho-Tschi-Minh-Stadt,* fr. *Saigon,* Stadt im S Vietnams, nordöstl. vom Mekongdelta am Saigonfluß, rd. 3,6 Mio. Ew.; 2 Univ., TH; Handelszentrum, Seehafen, Flughafen; versch. Ind.
**Hochkirche,** *High Church,* eine Richtung der → Anglikanischen Kirche.
**Hochkonjunktur,** eine Phase des Konjunkturzyklus: Vollbeschäftigung.
**Hochkultur,** die Entwicklungsphase einer Gesellschaft, in der Verwaltung, Rechtsprechung, Kunst u. Wissenschaft auf beachtl. Höhe stehen.
**Hochmeister,** das Oberhaupt des *Deutschen Ordens.*
**Hochmoor** → Moor.
**Hochofen,** etwa 20–30 m hoher Schachtofen in der Form zweier mit ihren Grundflächen aufeinandergestellter Kegelstümpfe *(Schacht* u. *Rast),* zur Gewinnung von Roheisen aus Eisenerz dient. Durch die Schachtöffnung *(Gicht)* werden schichtweise Koks als Brennstoff u. Erze sowie schlackenbildende Zuschläge (v.a. Kalkstein) gefüllt. Im *Winderhitzer* auf 1000–1350 °C erwärmte Luft *(Wind)* verbrennt den Koks zu einem kohlen-

## Hochvakuumtechnik 371

oxidhaltigen Gas, welches dem Erz den Sauerstoff entzieht. Das dabei freiwerdende Eisen schmilzt. Es fließt zu. mit der anfallenden Schlacke in das Gestell ab, wo sich die leichte Schlacke auf dem Roheisen schwimmend ansammelt. In regelmäßigen Abständen wird sowohl Roheisen wie Schlacke »abgestochen« (aus dem Gestell abgelassen).
**Hochrechnung,** ein statist. Verfahren, bei dem aus bestimmten charakterist. Einzelangaben auf ein Endergebnis geschlossen wird; insbes. zur schnellen Auswertung von Wahlergebnissen; meist mit Hilfe elektron. Rechenanlagen.
**Hochschulen,** Stätten der Forschung, Lehre u. Ausbildung. Das Hochschulwesen der BR Dtld. unterscheidet folgende Hochschularten: 1. *wiss. H.,* wozu Univ., TU, TH, Gesamt-H., Fern-Univ., H. für Med., Tiermed. oder Sport, kirchl. u. Philosoph.-Theolog. H. sowie – in manchen Bundesländern – Pädagog. H. gehören. 1971 wurde die erste Gesamt-H. in Kassel gegr. Mögl. Studienabschlüsse: Promotion, Diplom, Magister, 1. Staatsexamen (für Ärzte, Juristen, Lehrer u.a.). Das Studium an wiss. H. setzt die *Hochschulreife* (Abitur) voraus. 2. *Kunst-* u. *Musik-H.* 3. *Fach-H.,* die mit einer stärker praxisbezogenen Ausbildung auf berufl. Tätigkeiten vorbereiten; meist kürzere Studienzeiten als wiss. H.; Zulassungsvoraussetzung: *Fachhochschulreife.* K → S. 372.
Neben öffentl. H. gibt es in verschiedenen Bereichen auch *private H.*

| Die ältesten europäischen Universitäten (Auswahl) | | | |
|---|---|---|---|
| Stadt | Gründungsjahr | Stadt | Gründungsjahr |
| Parma | 1065 | Coimbra | 1290 |
| Bologna | 1119 | Lissabon | 1290 |
| Oxford | um 1170 | Macerata | 1290 |
| Modena | 1175 | Rom | 1303 |
| Cambridge | um 1209 | Florenz | 1321 |
| Salamanca | 1218 | Grenoble | 1339 |
| Padua | 1222 | Pisa | 1339 |
| Perugia | 1276 | Valladolid | 1346 |
| Montpellier | 1289 | Prag | 1348 |
| Neapel | 1224 | Pavia | 1361 |
| Toulouse | 1229 | Krakau | 1364 |
| Siena | 1240 | Wien | 1365 |
| Paris | 1253 | Heidelberg | 1386 |
| Sevilla | 1254 | Köln | 1388 |

**Hochsitz,** *Hochstand,* auf Bäumen oder auf einem Gestell angebrachter Beobachtungsstand des Jägers.
**Hochspannung,** elektr. Spannung über 1000 Volt (1 kV).
**Hochspannungs-Gleichstrom-Übertragung,** Abk. *HGÜ,* elektr. Energieübertragung auf Kabeln (auch Unterwasserkabeln) u. Freileitungen mit hochgespanntem Gleichstrom.
**Hochsprung,** eine leichtathlet. Diziplin, bei der eine (Dreikant-)Latte (3,64–4,00 m lang) übersprungen wird.
**Höchst,** westl. Stadtteil von Frankfurt a.M., bis 1928 selbst. Stadt; chem.-pharmazeut. Ind. *(Farbwerke Hoechst AG).*
**Höchstadt an der Aisch,** Stadt in Oberfranken, Bay., östlich vom Steigerwald, 11 000 Ew.; Schloß (15.–18. Jh.); Masch.- u. Lederind.
**Höchstädt an der Donau,** Stadt in Schwaben, Bay., 4500 Ew.; Schloß (16. Jh.), metallverarbeitende u. Spielwarenind.
**Hochstapler,** ein Betrüger, der meist unter falschem Namen, mit falschen Titeln oder Adelsprädikaten Gaunereien begeht.
**Hochstaufen,** Berg in den östl. Chiemgauer Alpen, Bay., 1753 m.
**Höchstdruck** → Hochdruck (2).
**Höchstfrequenz,** elektromagnet. Wellen, deren Frequenzen zw. 300 MHz u. 300 GHz liegen.
**Hochtemperaturreaktor,** ein *Kernreaktor,* der durch einen Helium-Gasstrom mit Auslaßtemperaturen von 750–950 °C gekühlt wird.
**Hoch- und Deutschmeister,** seit 1530 Titel für das Oberhaupt des *Dt. Ordens,* der nach der Umwandlung des preuß. Ordensgebiets in einen weltl. Staat auf das übrige Dtld. beschränkt blieb; seit dem 19. Jh. von einem östr. Erzherzog gestellt.
**Hochvakuumtechnik,** die Erzeugung sowie

*Hochenergiephysik: Teilstück des Superprotonensynchrotrons SPS bei CERN*

**Hochverrat**

wiss. u. techn. Anwendung von Räumen mit geringem Gasdruck. Beim *Hochvakuum* liegt der Druck zw. $10^{-6}$ u. $10^{-9}$ bar *(Höchstvakuum* $10^{-9}$ u. $10^{-11}$ bar, *Ultravakuum* unter $10^{-11}$ bar).

**Hochverrat,** gewaltsamer Angriff gegen den Bestand oder die verfassungsmäßige Ordnung des Staates; hohe Freiheitsstrafen.

**Hochwald,** im Unterschied zu *Nieder-* u. *Mittelwald* eine forstl. Betriebsart, bei der die Bestände aus Jungpflanzen, nicht aber aus Stockausschlägen oder Wurzelbrut entstanden sind u. der überwiegende Teil des Bestands erst im Hiebsreifealter (meist im Alter von 80 oder mehr Jahren) genutzt wird; wertvolles Nutzholz.

**Hochwälder,** Fritz, *1911, †1986, östr. Schriftst. (aktualisierende histor. u. Weltanschauungsdramen).

**Hochwasser, 1.** *Tide-H.,* höchster Wasserstand im Laufe der Gezeitenperiode. – **2.** durch Regenfälle, Schneeschmelze oder Eisversetzung hervorgerufenes Anschwellen von fließenden Binnengewässern. H. verlaufen meist in Form einer Welle mit schnellem Anstieg u. langsamem Rückgang.

**Hochwürden,** heute nur noch selten gebrauchte Anrede für kath. Geistliche.

**Hochzeit,** das Fest der Eheschließung, zu dem Bräuche wie der Polterabend, der Ringtausch, der Kirchgang (mit Brautführer u. -jungfern), die festl. Kleidung u.a. gehören; nach 7 Jahren *kupferne,* nach 25 *silberne,* nach 50 *goldene,* nach 60 *diamantene* u. – landschaftl. verschieden – nach 65, 70 oder 75 Jahren *eiserne H.*

**Hochzeitsflug,** Paarungsflug der staatenbildenden Insekten (Ameisen, Termiten, Bienen, Wespen).

**Hochzeitskleid,** ugs. Bez. für die auffällige Färbung zahlr. Tiere während der Paarungszeit.

**Hockergrab,** seit der Altsteinzeit vorkommende Bestattungsform (bes. häufig in der Jungsteinzeit u. älteren Bronzezeit), bei welcher der Tote, meist auf der Seite liegend, mit angewinkelten Beinen (selten sitzend) beigesetzt wurde.

**Hockey** ['hɔki], *Stockball, Feld-, Land-H.* (im Ggs. zum *Eis-H.),* ein Torspiel zw. 2 Mannschaften von je 11 Spielern (u. 2 Auswechselspielern), bei dem der Ball mit dem *H.schläger* gespielt wird; Spielfeld: 91,4 x 50 bis 55 m; Spielzeit: 2 x 35 min. – **Hallen-H.,** die Regeln entsprechen denen des H., nur darf beim Hallen-H. der Ball nicht geschlagen, sondern nur geschlenzt werden. Spielfeld: 36 x 18 m; Spielzeit: 2 x 20 min.; Mannschaftsstärke 6 Spieler u. bis zu 6 Auswechselspieler.

**Hockney** ['hɔkni], David, *9.7.1937, engl. Maler u. Graphiker.

**Hodeida** → Hudaydah.

**Hoden,** *Testikel, Testis, Orchis,* Keimdrüsen des Mannes, in denen Samenzellen u. das männl. Geschlechtshormon *Testosteron* gebildet wird. Die paarigen H. des Menschen (wie bei vielen Säugetieren) liegen außerhalb der Leibeshöhle im *H.sack.* – **H.bruch,** *H.sackbruch,* ein Leistenbruch, bei dem der Bruchsack bis in den H.sack absinkt.

**Hodgkin** ['hɔdʒkin], **1.** Alan Lloyd, *5.2.1914, brit. Biochemiker; erforschte den Ionen-Mechanismus bei der Bildung u. Übertragung von Nervenimpulsen; Nobelpreis für Medizin (zus. mit J.C. Eccles u. A.F. Huxley) 1963. – **2.** Dorothy Mary, geb. *Crowfoot,* *12.5.1910, brit. Chemikerin; Arbeiten über die Struktur organ.-chem. Verbindungen, bes. Vitamin $B_{12}$; Nobelpreis 1964.

**Hodgkinsche Krankheit** [nach dem brit. Arzt T. *Hodgkin,* *1798, †1866], *Lymphogranulomatose,* chron., bösartige Erkrankung des lymphat. Gewebes; Behandlung: Röntgenbestrahlung u. Zytostatika.

**Hodler,** Ferdinand, *1853, †1918, schweiz. Maler; zunächst naturalist. Landschaftsbilder u. Genreszenen, später Anklänge an Jugendstil u. frz. Symbolismus; strebte nach Monumentalwirkung durch Wiederholung gleicher Formen, klare Farbgebung u. große Bildformate.

**Hödr,** *Hod, Höður,* blinder germ. Gott; Bruder Baldrs, den er auf Anstiften Lokis tötete.

**Hodscha,** Enver → Hoxha.

**Hoek van Holland** [huk-], Vorhafen von Rotterdam, an der Mündung des *Nieuwe Waterweg,* 6000 Ew.; Passagierverkehr nach England; Seebad.

**Hoel** [hu:l], Sigurd, *1890, †1960, norw. Schriftst. (psychoanalyt., z.T. satir. Romane u. zeitkrit. Essays).

**Hoelzel,** Adolf, *1853, †1934, dt. Maler; nach anfängl. realist. Tendenz v.a. abstrakte Malerei mit ornamentalem Charakter.

**Hoesch,** Leopold, *1820, †1899, Industrieller; gründete 1871 einen der bed. dt. Montankonzerne.

**Hof** → Halo.

**Hof,** Stadt in Oberfranken, Bay., an der oberen Saale, nahe der tschech. Grenze, 54 000 Ew.; Zentrum der oberfränk. Textilind.

**Hofburg,** bis 1918 Residenz der Habsburger in Wien, heute u.a. Sitz des östr. Bundes-Präs.

**Hofei** → Hefei.

**Hofer, 1.** Andreas, *1767, †1810, Tiroler Freiheitskämpfer; 1809 Anführer des Volksaufstands gegen die frz. Besatzung; wurde auf Befehl Napoleons I. in Mantua standrechtl. erschossen. – **2.** Karl, *1878, †1955, dt. Maler u. Graphiker; malte in den 1920er Jahren v.a. Ldsch. (Tessin) mit klarer Farbgebung u. Komposition, im Sinn der *Neuen Sachlichkeit.*

**Höfer,** Werner, *21.3.1913, dt. Publizist; 1952–87 Gesprächsleiter des *Internat. Frühschoppens;* 1972–77 Direktor beider Fernsehprogramme des WDR.

**Höferecht,** das bes. Erbrecht für den bäuerl. Grundbesitz; die wichtigste Form des H. ist das → Anerbenrecht.

**Hoff,** Jacobus Hendricus van't, *1852, †1911, ndl. Chemiker; Begr. der *Stereochemie;* Nobelpreis 1901.

**Hoffman** [-mən], Dustin, *8.8.1937, US-amerik. Filmschauspieler, u.a. in »Kramer gegen Kramer«, »Tootsie«, »Tod eines Handlungsreisenden«, »Rain Man«, »Dick Tracy«.

**Hoffmann, 1.** August Heinrich → Hoffmann von Fallersleben. – **2.** Ernst Theodor Amadeus (E.T.A.), *1776, †1822, dt. Schriftst., Musiker u. Zeichner; bed. Vertreter der Romantik mit Hang zum Geheimnisvollen, Magischen u. Grausigen; Ⓦ »Die Elixiere des Teufels«, »Die Serapionsbrüder«, »Lebensansichten des Kater Murr«; komponierte eine Oper (»Undine«); wirkte nachhaltig auf die Weltliteratur (u.a. H.C. Andersen, H. de Balzac, V. Hugo, E. A. Poe). – **3.** Friedrich, *1660, †1742, dt. Arzt; erfand die *H.stropfen,* eine Mischung von 1 Teil Äther u. 3 Teilen Alkohol, gegen Unwohlsein u. Schwäche. – **4.** Heinrich, gen. *H.-Donner,* *1809, †1894, dt. Arzt u. Jugendschriftst.; verfaßte selbst bebilderte Kinderbücher

*Hochschulen in der Bundesrepublik Deutschland (ohne das Gebiet der ehem. DDR)*

*Adolf Hoelzel: Komposition in Rot; 1905. Hannover, Sprengel-Museum*

(u.a. »Struwwelpeter«). – **5.** Kurt, *12.11.1912, dt. Filmregisseur; v.a. Unterhaltungsfilme, z.B. »Ich denke oft an Piroschka«, »Das Wirtshaus im Spessart«, »Morgens um 7 ist die Welt noch in Ordnung«. – **6.** Roald, *18.7.1937, US-amerik. Chemiker poln. Herkunft; bed. Arbeiten über chem. Bindungen; 1981 (zus. mit K. *Fukui*) Nobelpreis.

**Hoffmann von Fallersleben,** eigtl. August Heinrich *Hoffmann,* *1798, †1874, dt. Schriftst. u. Literarhistoriker; Verf. des Liedes »Deutschland, Deutschland über alles«.

**Höffner,** Joseph, *1906, †1987, dt. kath. Theologe; 1962–69 Bischof von Münster, seit 1969 Erzbischof von Köln u. Kardinal; 1976–87 Vors. der Dt. Bischofskonferenz.

**Hofgastein,** *Bad H.,* Kurort u. Wintersportplatz im Gasteiner Tal (Salzburg, Östr.), 860 m ü.M., 5500 Ew.

**Hofgeismar,** Stadt in Hess., westl. vom Reinhardswald, 13 300 Ew.; klassizist. Schloß Schönburg (18. Jh.); ev. Akad.; Metallind.

**Hofgericht, 1.** *Reichshofgericht,* das Gericht des dt. Königs im MA; im 15. Jh. vom *Reichskammergericht* u. *Reichshofrat* abgelöst. – **2.** Gericht des fürstl. Landesherrn eines dt. Territorialstaats. – **3.** das Gericht des Grundherrn über seine Eigenleute u. Hörigen (auch *Fron-H., Bauding, Hubding*). Richter waren der Vogt, Schulze oder Meier.

**Hofheim, 1.** *H. am Taunus,* Stadt in Hess., 33 000 Ew.; histor. Altstadt mit Rathaus; versch. Ind. – **2.** *H. in Unterfranken,* Stadt in Bayern, am Fuß der Haßberge, 4800 Ew.; versch. Ind.

**höfische Dichtung, 1.** die Dichtung des Hochmittelalters, die von den an den Fürstenhöfen lebenden *Rittern* gepflegt wurde. Ihre Formen sind in der Lyrik der *Minnesang,* das *Kreuzlied* u. der *Spruch,* in der Epik das *Ritterepos.* Die h.D. blühte um 1200, sie ging im 14. Jh. in der bürgerl. Dichtung auf. – **2.** die an den absolutist. Fürstenhöfen gepflegte Barockdichtung (17. Jh.).

**Hofmann, 1.** August Wilhelm von (seit 1888), *1818, †1892, dt. Chemiker; stellte die ersten Anilinfarbstoffe her. – **2.** Fritz, *1866, †1956, dt. Chemiker; entwickelte die techn. Herstellung von synthet. Kautschuk (Buna). – **3.** Peter, *12.8.1944, dt. Sänger; Wagner-Tenor u. erfolgreicher Rockmusiker.

**Hofmannsthal,** Hugo von, *1874, †1929, östr. Schriftst.; Neuromantiker; Verf. impressionist. Dramen u. symbolist. Lyrik; knüpfte mit »Jedermann« u. »Das Salzburger große Welttheater« an das mittelalterl. Mysterienspiel u. das span. u. östr. Barocktheater an; auch Opernlibretti für R. Strauss: »Elektra«, »Der Rosenkavalier« »Ariadne auf Naxos«, »Die Frau ohne Schatten«, »Arabella«.

**Hofmann von Hofmannswaldau,** Christian, *1617, †1697, dt. Barockdichter; manierist. Sprachschöpfer, führend in der zweiten »Schlesischen Dichterschule«.

**Hofnarr,** bis ins 18. Jh. Spaßmacher zur Belustigung fürstl. Herren bei Hof.

**Hofrat, 1.** seit dem 16. Jh. die oberste Verw.- u. Justizbehörde in dt. Ländern. – **2.** in Dtld. bis 1918 Ehrentitel, in Östr. heute noch Amtstitel.

**Hofrecht,** die im MA geltenden rechtl. Grundsätze zw. Grundherrn u. abhängigen Bauern.

**Hofstadter** [ˈhɔfstɛtə], Robert, *5.2.1915, US-amerik. Physiker; untersuchte die innere Struktur von Atomkernen; 1961 (zus. mit R. *Mößbauer*) Nobelpreis.

**Hofstätter,** Peter Robert, *20.10.1913, dt.-östr. Psychologe (v.a. Sozialpsychologie).

**Hogarth** [ˈhoʊgɑːθ], William, *1697, †1764, engl. Maler, Graphiker u. Kunsttheoretiker; Begr. der von fremden Einflüssen weitgehend unabhängigen nat.-engl. Malerei; satir. u. gesellschaftskrit. Gemäldefolgen, Porträts.

**Höger,** Fritz, *1877, †1949, dt. Architekt; Erneuerer des Backsteinbaus in Dtld.

**Hoggar** → Ahaggar.

**Höhe, 1.** *Astronomie:* Elevation, der Winkelabstand eines Gestirns vom Horizont. – **2.** *Geodäsie:* 1. der senkr. Abstand eines Punkts der Erdoberfläche (z.B. eines Berggipfels) gegenüber dem Meeresniveau (Meeresspiegel), *absolute H.* genannt; 2. die Höhe eines Bergs über dem Talgrund oder der Höhenunterschied zw. zwei Bergen, *relative H.* genannt. – **3.** *Geometrie:* die senkr. Linie von einem Punkt auf eine Gerade oder eine Körperfläche.

**Hohe Acht,** höchster Gipfel der Eifel, 747 m.

**Hohe Behörde,** fr. Exekutivbehörde der *Montanunion;* 1967 mit den Kommissionen von *EWG* u. *Euratom* zu einer gemeinsamen *Kommission der Europäischen Gemeinschaften* verschmolzen.

**Hoheit, 1.** *Staatshoheit,* staatl. Rechtsmacht, Inbegriff der staatl. Herrschaftsrechte (u.a. Justiz-, Wehr- u. Finanz-H.). – **2.** fr. Titel für Angehörige von Herrscherhäusern u. für regierende Fürsten (z.B. *Königliche H.*).

**Hoheitsgewässer,** der Küste vorgelagerter Meeresgebiete, die zum Gebiet eines Küstenstaates gerechnet werden.

**Hoheitszeichen,** opt. Symbole der Staatshoheit, z.B. Fahnen u. Wappen.

**Hohe Jagd,** fr. Bez. für die Jagd auf edles Wild, die dem Fürsten oder Landesherrn vorbehalten war; hierzu gehören das Schalenwild (mit Ausnahme von Rehwild, Bär, Luchs u. Wolf) sowie (vom Federwild) Auerhuhn, Stein- u. Seeadler.

**Hohe Kommission,** *Alliierte H. K.,* bis 1954 die von den *Hohen Kommissaren* der USA, Großbritanniens u. Frankreichs bei der Errichtung der BR Dtld. gebildete Einrichtung der Alliierten mit beschränkter Rechtsetzungsbefugnis; Sitz: Hotel Petersberg bei Königswinter.

**Hohenems,** Marktort in Vorarlberg, Östr., 13 000 Ew.; Renaissanceschloß, in dem Handschriften des *Nibelungenliedes* gefunden wurden; Textilind.; Schwefelbad.

**Höhenfleckvieh,** gelber oder roter, auch scheckiger Rinderschlag mit weißem Kopf; von der Schweiz nach Dtld. übernommen.

**Hohenfriedberg,** poln. *Dobromierz,* Kleinstadt in Schlesien, am N-Rand der Sudeten. Bei H. siegte *Friedrich d. Gr.* 1745 über die Österreicher u. Sachsen.

**Hohenheim,** sö. Stadtteil von Stuttgart; Landwirtschaftl. Hochschule (seit 1818, 1967 Univ.) im *Schloß;* ehem. Sitz (12.–16. Jh.) des Adelsgeschlechts der *Bombaste von H.,* dem *Paracelsus* entstammt.

**Höhenkrankheit,** *Bergkrankheit,* durch Sauerstoffmangel in Höhen etwa über 3000 m auftretende Krankheitserscheinungen, die sich durch Mattigkeit, Schwindelgefühl, Herzklopfen u.a. bemerkbar machen; wird bei längerem Aufenthalt durch vermehrte Produktion von Blutkörperchen ausgeglichen.

**Höhenlinien,** Isohypsen, Linien, die alle Punkte gleicher Höhe über dem Meeresspiegel verbinden.

**Hohenlohe,** fränk. Adelsgeschlecht. Chlodwig Fürst zu *H.-Schillingsfürst,* Prinz von *Ratibor* u. *Corvey,* *1819, †1901, dt. Politiker; 1866–70 bay. Min.-Präs., 1894–1900 Reichskanzler u. preuß. Min.-Präs.

**Höhenmessung,** *Hypsometrie,* Ermittlung von Höhenunterschieden bei Punkten auf der Erdoberfläche: 1. durch *Nivellement;* 2. auf *trigonometr.* Wege, d.h. durch Messung der Neigungswinkels gegen die Horizontale u. durch trigonomet. Errechnung des Höhenunterschieds; 3. nach der *barometr.* Methode, d.h. aus der Abnahme des Luftdrucks mit zunehmender Höhe mit Hilfe des *Hypsometers;* 4. *elektr. Höhenmesser.*

**Höhenruder** → Leitwerk (1).

**Hohensalza,** poln. *Inowrocław,* Stadt in Polen, sw. von Thorn, 54 000 Ew.; Sol- u. Moorbad; Salzbergbau, chem. Ind., Maschinenbau.

**Hohenschönhausen,** 1985 gebildeter Bezirk in Berlin (Ost), Neubaugebiet, 84 000 Ew.

**Hohenschwangau,** Schloß bei Füssen (Bay.), 1833–37 als Sommersitz des Kronprinzen Maximilian von Bayern erbaut.

**Höhensonne,** die in höheren Gebirgslagen biolog. bes. wirksame Sonnenstrahlung. Ultraviolette Strahlen u. bes. elektr. Auflagungen, die in tieferen Schichten durch Dunst, Nebel u. Staub gefiltert werden, zeichnen die H. aus. – *Künstliche H.* zu therapeut. u. kosmet. Zwecken wird mit der Quecksilberdampf-Quarzlampe erzeugt, wobei an die Stelle des Quecksilberdampfs auch ein Edelgas treten kann.

**Hohenstaufen,** *Hoher Staufen,* Berg (684 m) am Rand der Schwäb. Alb; mit der Ruine der 1070 erbauten, 1525 im Bauernkrieg zerstörten Stammburg der H.

**Hohenstaufen,** Fürstengeschlecht, → Staufer.

**Hohenstein-Ernstthal,** Krst. in Sachsen, 16 000 Ew.; Rennstrecke *Sachsenring;* Textil- u. Metallind.

**Höhenstrahlung,** *kosmische Strahlung, Ultrastrahlung,* aus dem Weltraum u. z.T. auch von der Sonne auf die Erde einfallende, sehr energiereiche Teilchenstrahlung, vorwiegend aus Protonen, daneben aus Alphateilchen, schwereren Atomkernen u. Elektronen. In der Luftatmosphäre der Erde zerschlagen diese primären Teilchen Atomkerne u. erzeugen sekundäre Teilchen, die *Anstoßnukleonen,* aber auch *Mesonen.* Diese Prozesse spielen sich in Höhen bis herab zu etwa 16 km über dem Meeresspiegel ab. Der Einfluß der H. auf die organ. Natur ist nicht voll geklärt; wichtig ist, daß sie *Mutationen* hervorrufen kann.

**Höhentraining,** Form des Trainings für Hochleistungssportler in 2000–3000 m Höhe; bewirkt eine verstärkte Bildung u. Abgabe von roten Blutkörperchen ins Blut.

**Hohentwiel,** 689 m hoher Vulkankegel mit Burgruine im Hegau, Ba.-Wü.

**Hohenzollern, 1.** *Burg H.,* Burg auf dem 855 m hohen *Hohenzoller (Zoller, Zollernberg)* bei Hechingen, in der Schwäb. Alb; Stammschloß des Hauses H.; 1850–67 im Stil des 14. Jh. wiedererbaut. – **2.** *Hohenzollersche Lande,* die ehem. Fürstentümer H.-Hechingen u. H.-Sigmaringen, zw. Bodensee u. oberem Neckar; 1849–1945 preuß., seit 1946 zu Württemberg.

**Hohenzollern,** dt. Fürstengeschlecht, erstmalig 1061 erwähnt; um 1214 Teilung in eine fränk. u. eine schwäb. Linie. Die fränkische Linie erlangte mit *Friedrich VI.,* als Markgraf *Friedrich I.,* 1415 die Markgrafschaft *Brandenburg.* Sie übte in den folgenden 5 Jh. größten Einfluß auf die brandenburg.-preuß. u. die dt. Geschichte aus; seit 1415/17 Kurfürsten, seit 1701 preuß. Könige, 1871–1918 dt. Kaiser. Die schwäb. Linie teilte sich in die Linien H.-Hechingen, H.-Sigmaringen u. H.-Haigerloch (starb 1634 aus); 1849 an Preußen. – Mit Abdankung Kaiser *Wilhelms II.* (1918) endete der Einfluß der H. auf die dt. Geschichte. Gegenwärtig ist *Louis Ferdinand* (*1907), Sohn des Kronprinzen Wilhelm, Chef des Hauses H.

**Hohe Pforte,** bis nach dem 1. Weltkrieg Bez. für die Reg. des osman.-türk. Sultans in Istanbul.

**höhere Gewalt,** ein unverschuldeter u. unabwendbarer Zufall (z.B. Naturereignisse, plötzl. Erkrankung); entbindet von Haftpflicht u. Schadensersatz.

**Hoher Meißner** → Meißner.

**Hoherpriester,** *Hohepriester,* der oberste Priester am Tempel von Jerusalem u. Vorsteher des Hohen Rats.

**Hohe Schule,** die höchste Stufe der Pferdedressur, bei der bes. kunstvolle Gangarten trainiert werden.

**Hoheslied,** *Hohes Lied, Lied der Lieder,* Buch des AT, das nach der Überlieferung von *Salomo* verfaßt sein soll u. eine Sammlung volkspoetischer althebr. Liebeslieder enthält.

**Hohes Venn,** der NW-Teil des Rhein. Schiefergebirges, höchster Teil der Ardennen, in der *Botrange* 694 m; Naturpark.

**Hohe Tatra,** Gebirgszug der tschechosl.-poln. Grenze, der höchste Teil der Karpaten; in der *Gerlsdorfer Spitze* 2655 m.

**Hohe Tauern,** zentralalpine Hauptgruppe der Ostalpen in Östr.; höchste Erhebungen: *Großglockner* (3798 m) u. *Großvenediger* (3674 m); Nationalpark.

**Hohhot,** *Huhehot,* Hptst. der chin. Autonomen Region Innere Mongolei, 540 000 Ew.; Univ.; Handelszentrum, Verkehrsknotenpunkt, Flughafen; versch. Ind.

**Hohkönigsburg,** mittelalterl. Burg im Elsaß, gehörte um 1147 den Hohenstaufen, mehrfach zerstört, zuletzt 1901–08 wiederaufgebaut.

**Höhlen,** natürl. entstandene oder künstl. angelegte unterird. Hohlformen. Natürl. H. bilden sich entweder zus. mit dem Gestein durch Gasblasen oder ungleichmäßige Erstarrung fließender Lava *(Primär-H.)* oder (so die meisten) nachträgl. durch die mechan. oder chem. Wirkung des Wassers *(Sekundär-H.).* Am größten sind die Karst-H. der Kalk- u. Dolomitgebiete, z.T. in Form von *H.systemen.* Sie werden bei der Verdunstung des herabtropfenden Kalkwassers zu *Tropfstein-H.,* bei Temperaturen unter 0 °C zu *Eis-H.* umgewandelt. H. dienten in prähistor. Zeit als Wohn- u. Kultstätten (z.T. mit Felsbildern). – **H.malerei** → Felsbilder. – **H.tempel,** *Felsentempel,* in den Felsen gehauene oder auch in natürl. H. angelegte Tempel; bes. in Ägypten u. Vorderindien.

**Hohlleiter,** Rohr mit leitenden Innenwänden zur Übertragung elektromagnet. Wellen höchster Frequenz (über 300 MHz). Mit H. von kreisförmigem Querschnitt *(Hohlkabeln)* lassen sich sehr hohe Nachrichtenmengen (z.B. mehrere 100 Fernsehbilder oder mehrere 100 000 Ferngespräche) gleichzeitig übertragen.

**Hohlsaum,** eine Verzierung von Geweben, die durch Ausziehen von Fäden u. Zusammenfassen der verbleibenden mit Schlingstichen entsteht.

**Hohlspiegel,** sphärisch oder parabolisch nach innen gekrümmter Spiegel, der Lichtstrahlen, die

| Längste Höhlensysteme der Erde (Länge in km) | |
|---|---|
| Flint Ridge/Mammoth Cave System (Kentucky, USA) | 500,5 |
| Optimistitscheskaja peschtschera (Westukraine, UdSSR) | 157,0 |
| Hölloch (Schwyz, Schweiz) | 133,0 |
| Jewel Cave (South Dakota, USA) | 117,9 |
| Ozernaja peschtschera (Westukraine, UdSSR) | 105,3 |
| Ojo Guarena (Burgos, Spanien) | 88,9 |
| Coume d'Hyouernedo (Haute-Garonne, Frankreich) | 82,5 |
| Zoluška (Westukraine, UdSSR) | 80,0 |
| Siebenhengste-Hohgant (Bern, Schweiz) | 80,0 |
| Wind Cave (South Dakota, USA) | 70,0 |

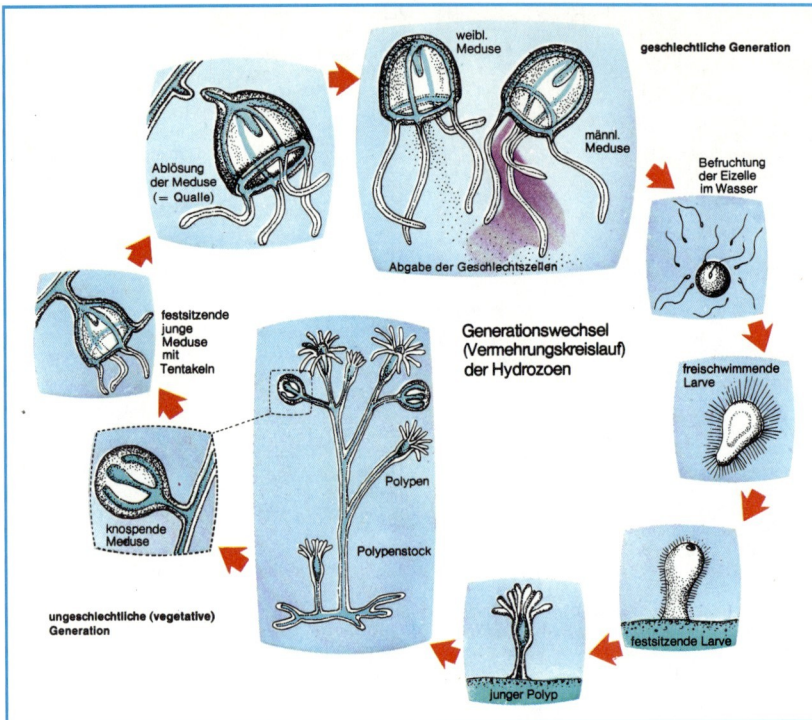

*Hohltiere: Generationswechsel der Hydrozoen*

vom Brennpunkt ausgehen, in parallele Strahlen verwandelt u. umgekehrt; wird verwendet für Spiegelfernrohre, Scheinwerfer u.ä.

**Hohltiere,** *Cölenteraten,* niedrig organisierte, vielzellige Meerestiere mit nur einem Verdauungshohlraum, dessen einzige Öffnung – Mund u. After zugleich – meist von *Tentakeln* umgeben ist; Fortpflanzung durch Generationswechsel, bisweilen auch Knospung oder Teilung; hierzu u.a. *Nesseltiere* u. *Rippenquallen.*

**Hohlvenen,** *Hohladern,* die großen Blutgefäße, die das aus dem Körper zurückströmende sauerstoffarme Blut sammeln u. in den rechten Herzvorhof führen.

**Hohlwürmer,** *Rund-, Schlauchwürmer,* Tierstamm mit ca. 12 500 bekannten Arten; Körper ist ungegliedert u. sehr einfach gebaut; hierzu die Klassen: *Rädertiere, Bauchhaarlinge, Fadenwürmer, Saitenwürmer, Rüsselkriecher* u. *Kratzer.*

**Hohlziegel,** *Lochziegel,* Mauerziegel, die zur Gewichtsverminderung u. zur Erhöhung der Wärmedämmfähigkeit durchlocht sind.

**Hohnstein,** Stadt in der Sächs. Schweiz, rd. 1500 Ew.; Luftkurort; 1928–45 Sitz der *H.er Puppenspiele.*

**Höhr-Grenzhausen,** Stadt in Rhld.-Pf., Hauptort des *Kannenbäckerlands,* 8500 Ew.; keram. Ind.

**Hokkaido,** die nördl. u. zweitgrößte jap. Insel; bis 2290 m hohes Gebirgsland mit tätigen Vulkanen; im S stärker besiedelt (die aussterbende Urbevölkerung, *Ainu,* zählt noch etwa 14 000 Menschen), als Präfektur 83 515 km², 5,7 Mio. Ew., Hptst. *Sapporo;* wichtigste Häfen: *Hakodate* u. *Otaru;* Landw., Viehzucht, Seefischerei, Bodenschätze u. vielseitige Ind. H. ist mit Honshu durch den 54 km langen Seikan-Tunnel verbunden.

**Hokkos,** *Hokkohühner, Cracidae,* Fam. der *Hühnervögel* mit rd. 40 Arten in Süd- u. Mittelamerika, Waldbewohner, die meist auf Bäumen nisten.

**Hokusai** *Katsushika,* bekanntester Name eines jap. Malers, Zeichners u. Schriftst. (mehr als 50 Pseud.), *1760, †1849; Meister des Farbholzschnitts, beeinflußte die frz. u. engl. Malerei des 19. Jh.

**Holbach** [ɔl'bak], Paul Thierry Baron von, *1723, †1789, frz. Philosoph dt. Abstammung; gehörte zum Krs. der *Enzyklopädisten;* Vertreter des Materialismus.

**Holbein, 1.** Hans d. Ä., *um 1465, †1524, dt. Maler; vereinigte ital. u. ndl. Einflüsse zu einem Stil, der die letzte Stufe der schwäb.-altdt. Malerei war. – **2.** Hans d. J., Sohn von 1), *1497/98, †1543, dt. Maler; Hofmaler Heinrichs VIII. von England; Vertreter der dt. Renaissance; berühmt v.a. wegen seiner Porträts, auch Altäre, Fassadenmalerei, Holzschnittfolgen, Scheibenrisse, Bibelillustrationen.

**Holberg** [-bɛr], Ludvig, Pseud. Hans *Mikkelsen,* *1684, †1754, dän. Schriftst.; mit seinen über 30 Lustspielen der »nord. Molière«; sah die Bühne als eine »moralische Anstalt«.

**Holden** ['houldən], William, *1918, †1981, US-amerik. Filmschauspieler (u.a. »Die Brücke am Kwai«).

**Hölderlin,** Friedrich, *1770, †1843, dt. Dichter; Anhänger der Frz. Revolution; Freundschaft zu *Hegel* u. *Schelling;* 1796–98 Hofmeister in Frankfurt a.M. im Haus des Bankiers *Gontard,* enge Freundschaft mit dessen Gattin *Susette* (von H. »*Diotima*« genannt); seit etwa 1802 geisteskrank. – Seine Elegien, Hymnen u. der Briefroman »Hyperion« spiegeln – vor dem Hintergrund des *Dt. Idealismus* – die Sehnsucht nach Harmonie zw. Geist,

*Höhlen: Die Schellenberger Eishöhle im Untersberg bei Berchtesgaden ist die größte erschlossene Eishöhle der Bundesrepublik Deutschland*

*Hans Holbein d. J.: Bildnis des Kaufmanns Georg Gisze; 1532. Berlin, Staatliche Museen Preußischer Kulturbesitz, Gemäldegalerie*

Natur u. den göttl. Mächten wider. Sinnbild dieser Einheit ist das klass. Griechenland, das in fast allen Werken in idealisierter Form auftaucht. Seine Gedichte sind in antiken Versmaßen (Hexametern) u. freien Rhythmen verfaßt; daneben Dramenfragment »Der Tod des Empedokles«, »Vaterländ. Gesänge« u. mehrere dichtungstheoret. Entwürfe.

**Holdinggesellschaft** ['houldiŋ-], *Verwaltungs-, Dach-, Beteiligungs-, Kontrollgesellschaft,* ein Unternehmen (meist in der Rechtsform der AG oder GmbH), das durch Anteilsbesitz über sein Stimmrecht in der *Generalversammlung (Hauptversammlung)* u. Bestellung von Aufsichtsratsmitgliedern Einfluß auf andere Gesellschaften ausübt; → *Konzern.*

**Holguin** [ɔl'gin], Prov.-Hptst. in sö. Kuba, 200 000 Ew.; Textil- u. Nahrungsmittel-Ind.

**Holiday** ['hɔlidei], Billie, eigtl. Eleonora H., *1915, †1959, afroamerik. Sängerin; auch »*Lady Day*« gen., die große Sängerin des Blues im Swing-Stil.

**Holismus,** eine biolog.-phil. »Ganzheitslehre«; von J. C. *Smuts* begr. u. in England von J. S. *Haldane,* in Dtld. bes. von Adolf *Meyer-Aich* vertreten. Der H. teilt die Natur in drei Bereiche: die *Psychosphäre,* die hieraus ableitbare u. von ihr »umschlossene« *Biosphäre* u. die *Abiosphäre.*

**Holk,** dreimastiges Segelschiff im MA.

**Holl,** Elias, *1573, †1646, dt. Baumeister; in Augsburg als Stadtbaumeister tätig; verband die spätgot. Neigung zum Höhendrang mit frühbarokken ital. Formen.

**Holland,** 1. unkorrekte, volkstüml. Bez. für die gesamten *Niederlande.* – 2. der Westteil der Niederlande mit den Prov. Nord-H. u. Süd-H.

**Holländer,** Masch. zum Mahlen u. Mischen von Fasern zur Papierherstellung.

**Hölle,** in den meisten Religionen Ort der ewigen Verdammnis.

**Höllengebirge,** 15 km langer Kalkstock zw. Attersee u. Traunsee, im nördl. Salzkammergut (Östr.), im *Großen Höllkogel* 1862 m.

**Höllenmaschine,** populäre Bez. für einen Sprengkörper mit Zeitzünder.

**Höllenstein,** aus Silbernitrat (AgNO₃) bestehendes Ätzmittel.

**Höllental,** versch. Talschluchten, z.B.:
1. H. am Oberlauf der *Dreisam* im Schwarzwald, im »Hirschsprung« nur 10 m breit. – 2. Tal der oberbay. *Hammerbach,* sw. von Garmisch, mit der *H.-Klamm.* – 3. Engtal der *Schwarzach* (Niederöstr.) nördl. des Semmering.

**Höllerer,** Walter, *19.12.1922, dt. Schriftsteller u. Literarhistoriker; gehörte zur *Gruppe 47;* Hrsg. der Ztschr. »*Akzente*« (bis 1967) u. »Sprache im techn. Zeitalter«.

**Hollerith,** Hermann, *1860, †1929, dt.-amerik. Ingenieur; Begr. der modernen Lochkartentechnik.

**Holley** ['hɔli], Robert William, *28.1.1922, US-amerik. Biochemiker u. Genetiker; erforschte den *genet. Code.* Nobelpreis für Medizin (zus. mit H. G. *Khorana* u. N. W. *Nirenberg*) 1968.

**Holliger,** Heinz, *21.5.1939, schweizer. Oboist u. Komponist.

**Hollywood** [-wud], nw. Stadtteil von Los Angeles, 220 000 Ew.; amerik. Filmmetropole, Sitz von rd. 250 Filmgesellschaften.

**Holm,** 1. Längholz der Leiter, des Barrens u.ä. – 2. Längsträger im Flugzeugflügel u. -rumpf.

**Holmenkollen,** Berg in Norwegen, nördl. von Oslo, 529 m; seit 1883 internat. Skiwettbewerbe.

**Holmes** [houmz], Sherlock, Detektivgestalt in Erzählungen von C. *Doyle.*

**Holmium** → chemisches Element.

**holo...,** Wortbestandteil mit der Bed. »ganz, vollständig, unversehrt«.

**Holocaust** ['hɔlokɔ:st], in Israel u. in der englischsprachigen Welt Bez. für die Massenvernichtung von Juden während des Nat.-Soz.

**Holoeder,** der Vollflächner einer Kristallklasse, der die höchste Symmetrie des betr. Kristallsystems hat.

**Holofernes,** assyr. Feldherr im apokryphen Buch Judith; von *Judith* mit List getötet.

**Holographie,** seit 1948 von D. *Gabor* entwickeltes Verfahren, das Bild eines Gegenstands in seiner dreidimensionalen Struktur zu speichern u. räuml. wiederzugeben. Bei einer holograph. Aufnahme wird der Gegenstand mit (kohärentem) Laserlicht bestrahlt; dem reflektierten Lichtbündel wird ein sog. Referenzbündel überlagert, das man mit Hilfe eines halbdurchlässigen Spiegels erzeugt. Beide Bündel treffen auf eine Photoplatte, wo ein Bild in

*Die Hölle; Ausschnitt aus einem Flügel des Weltgerichts-Triptychons von Hieronymus Bosch. Madrid, Prado*

Form einer Interferenzfigur, ein **Hologramm,** entsteht.

**Holozän,** früher *Alluvium;* → Erdzeitalter.

**Holschuld,** eine Schuldverpflichtung, die am Wohnsitz des Schuldners zu erfüllen ist; Ggs.: *Bringschuld.*

**Holstein,** der südl. Landesteil von Schl.-Ho., durch die Eider u. den Nord-Ostsee-Kanal von Schleswig getrennt.

**Holstein,** Friedrich August von, *1837, †1909, dt. Diplomat u. Politiker; anfängl. enger Mitarbeiter Bismarcks, strebte H. seit 1885 ein Ende der Bindungen des Dt. Reichs an Rußland an; vertrat in der Wilhelmin. Ära eine »Politik der freien Hand«, deren Methoden insbes. die Frontstellung Englands gegenüber Dtld. bewirkten; meist im Hintergrund tätig (»Graue Eminenz«).

**Holsteinische Schweiz,** seen- u. waldreicher Teil des ostholstein. Hügellands um den Großen Plöner u. den Kellersee, Schl.-Ho.; im *Bungsberg* 164 m; bed. Fremdenverkehrsgebiet.

**Holsten,** alter Name der Holsteiner.

**Holthusen,** Hans Egon, *15.4.1913, dt. Schriftst. u. Kritiker; Lyrik u. Essays im Geiste eines christl. Existentialismus.

**Hölty,** Ludwig Heinrich Christoph, *1748, †1776, dt. Schriftst.; Lyriker des *Göttinger Hains.*

**Holunder,** *Holder, Holler, Sambucus,* Gatt. der *Geißblattgewächse;* meist Sträucher; hierzu der *Schwarze H.,* dessen schwarze Früchte (H.- oder *Fliederbeeren*) zu Heilzwecken verwendet werden;

ferner der *Trauben-H.* (rote Beeren) u. der *Zwergblatt-H.* (rosa Blüten, giftig).

**Holz,** der gesamte unter der Rinde liegende Teil der Stämme, Äste, Zweige u. Wurzeln von Bäumen u. Sträuchern; dient der Zuleitung von Wasser (u. der darin gelösten Nährstoffe) in die Blätter u. Wurzeln. Der Holzkörper wächst ständig u. bildet jährl. neue Schichten *(Jahresringe)* hinzu; Zuwachs im Frühjahr aus hellem *Früh-H.,* im Herbst aus dunklem *Spät-H.* Das im Vergleich zum äußeren *Splint-H. (Weich-H.)* dunkler gefärbte *Kern-H. (Hart-H.)* ist meist fester, schwerer u. dunkler als der Splint u. daher techn. wertvoll. Hart-H. (u.a. Eibe, Eiche, Mahagoni) wird z.B. beim Schiffs- u. Möbelbau verwendet, Weich-H. (u.a. Linde, Pappel, Tanne, Weide) z.B. als Brenn-H., Baumaterial; ferner Verarbeitung zu Zellstoff, Papier u. Holzkohle.

**Holz,** Arno, Pseud.: Bjarne Peter *Holmsen,* *1863, †1929, dt. Schriftst.; Theoretiker des dt. *Naturalismus,* zum Barocken neigender Wortkünstler; Lyrik: »Buch der Zeit«, Drama (zus. mit J. *Schlaf*): »Die Familie Selicke«.

**Holzbildhauerei,** *Holzschnitzerei,* das plastisch-künstler. Gestalten aus Holz u. die in dieser Technik ausgeführten Werke. Aus Holzblöcken herausgeschlagene Bildwerke gab es bereits in der ägypt. u. frühen ostasiat. Kunst. In roman. Zeit wurde das frei stehende hölzerne Bildwerk oft mit Goldblech überzogen. Seit dem 12. Jh. waren Triumphkreuzgruppen Hauptaufgabe der H. Zum Schutz u. Schmuck des Materials diente die Bemalung. Im 14. u. 15. Jh. entfaltete sich die H. v.a. im Andachtsbild u. im Schnitzaltar (M. *Pacher,* V. *Stoß,* B. *Notke, Meister H.L.*). T. *Riemenschneider* verzichtete als erster in einigen seiner Werke auf die Fassung u. nutzte die Struktur des Materials zur künstler. Wirkung. Die bes. in Spanien u. S-Dtld. gepflegte H. des Barock bevorzugte wieder die gefaßte Figur. Nach einem allg. Niedergang im 19. Jh. führten E. *Barlach* u. E. *Mataré* die H. wieder zu Höhepunkten.

**Holzbock,** *Zecke,* als Parasit von Warmblütern lebende Art der *Zecken.* Das Weibchen sitzt auf Blättern in Gebüschen u. läßt sich bei geringsten Buttersäure-Spuren (Anzeichen für Säugetierschweiß) sofort fallen, wobei es meist auf Hunde, Katzen oder Menschen fällt.

**Holzbohrer,** *Cossidae,* Fam. plumper *Schmetterlinge;* Raupen leben in Holz u. Pflanzenstengeln, z.B. *Weidenbohrer* u. *Blausieb.*

**Holzfaserplatte,** *Faserplatte,* aus geringwertigem Faserholz u. Holzabfällen.

**Holzgeist,** roher, mit Aceton u. Methylacetat verunreinigter Methylalkohol; durch trockene Destil-

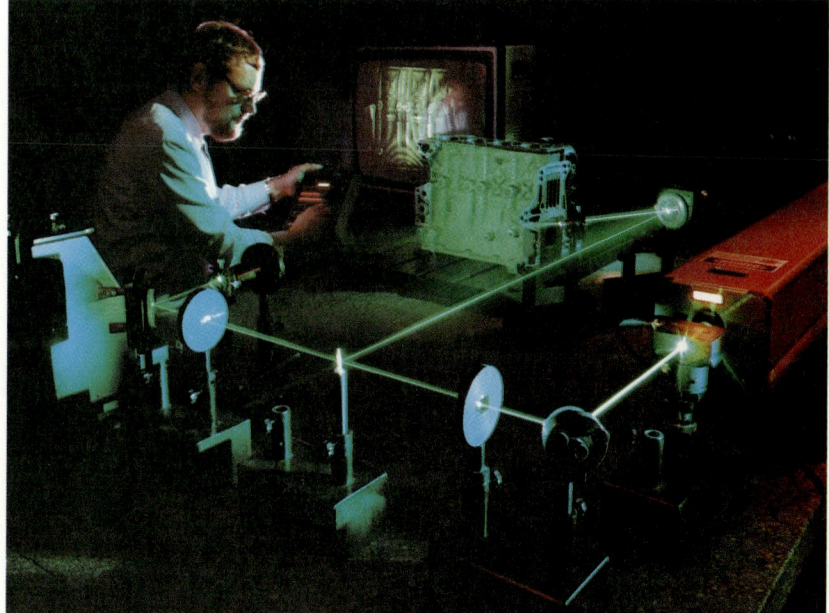

*Holographie: Die Schwingungen eines Motor-Kurbelgehäuses werden mit Laserlicht holographisch sichtbar gemacht. Ziel ist die Verringerung der Geräuschabstrahlung*

## 376 Holzkohle

lation oder synthet. gewonnen; giftig; Lösungsmittel.

**Holzkohle,** durch trockene Destillation (fr. in Kohlenmeilern) entstandene Kohle; Verwendung als Brennmaterial, chem. Reinigungsmittel u.a.

**Holzminden,** Krst. in Nds., an der Oberweser, 23 200 Ew.; histor. Altstadt; Holz-, Glas- u. Parfüm-Ind.

**Holzöl,** *Tungöl, Bankulöl,* sehr schnell trocknendes, fettes Öl aus den Früchten des chin. *Tungbaums;* für Firnisse, Lacke u. Kitt.

**Holzschliff,** *Holzstoff,* durch Schleifen u. Mahlen von entrindetem Holz gewonnene Fasermasse zur Herstellung von Papier u. Pappe.

**Holzschnitt,** *Xylographie,* die neben dem Kupferstich älteste Technik der vervielfältigenden Graphik. Dem H., einem *Hochdruckverfahren,* liegt eine Zeichnung zugrunde, die seitenverkehrt auf eine Holzplatte *(Holzstock)* aufgetragen wird. Das Holz wird so ausgeschnitten, daß die Zeichnung in Form von erhabenen Flächen stehenbleibt. – Zu den frühesten H., deren Technik sich aus den Stempel- u. Zeugdrucken herleitet, gehören die um 1400 entstandenen Einblattdrucke; seit etwa 1430 folgten Buchillustrationen. Bed. Künstler in Dtld. waren A. *Dürer,* H. *Holbein,* L. *Cranach.* Während der H. in Europa im 17. u. 18. Jh. seine Bedeutung verlor, gelangte er in China u. Japan zu einer bis in die Gegenwart fortdauernden Blüte.

**Holzschwamm,** allg. Bez. für holzzerstörende Pilze, bes. für den *Hausschwamm.*

**Holzstich,** eine seit dem 19. Jh. angewandte graph. Technik (ein *Tiefdruckverfahren),* bei der im Ggs. zum *Holzschnitt* das Bild mit dem Stichel in eine Hartholzplatte eingestochen wird.

**Holzstoff** → Holzschliff.

**Holzverkohlung,** die trockene Destillation des Holzes in luftdicht abgeschlossenen Retorten, fr. nur in *Meilern;* urspr. zur Gewinnung von *Holzkohle* u. Pech für die Metallerzeugung bzw. zum Abdichten von Schiffen. 100 kg Holz ergeben rd. 35 kg Holzkohle. Andere Verkohlungsprodukte (Holzteer, Essigsäure, Wasser, Holzgeist, Holzgas) vergasen u. werden in gekühlten Vorlagen verflüssigt.

**Holzverzuckerung,** Gewinnung von Zucker oder zuckerähnl. Verbindungen aus der Cellulose des Holzes; im *Bergius-Verfahren* mit Hilfe von Salzsäure, im *Scholler-Verfahren* mit Schwefelsäure.

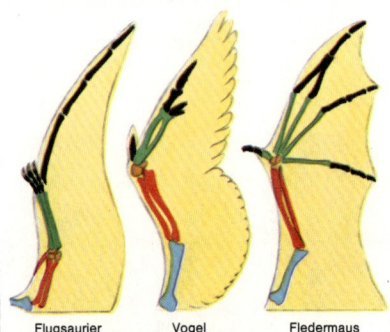

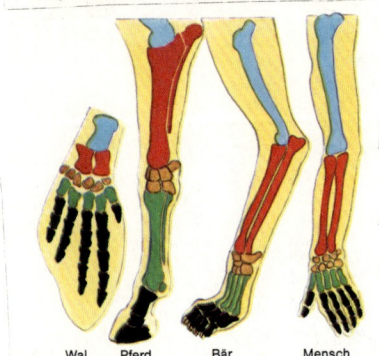

*homologe Organe dienen als Beweis gemeinsamer Abstammung; die Vorderextremität der Wirbeltiere: Fingerknochen (schwarz), Mittelhandknochen (grün), Handwurzelknochen (gelb), Elle und Speiche (rot) und Oberarmknochen (blau)*

Die Ausbeute beträgt etwa 25 l Alkohol auf 100 kg trockenes Holz.

**Holzwespen,** *Siricidae,* Fam. der *Pflanzenwespen,* die ihre Eier mit einem kräftigen Legebohrer in Laub- u. Nadelholz einsenken. Zu den H. gehören viele gefährl. Schädlinge, z.B. die *Kiefern-H.* u. die *Fichten-H.*

**Holzwolle,** dünne Holzspäne, die als Verpackungs- u. Polstermaterial verwendet werden.

**Holzwürmer,** volkstüml. Bez. für die im Holz lebenden Larven versch. Tiergruppen. z.B. *Bockkäfer, Borkenkäfer, Totenuhr.*

**Homberg,** *H. (Efze),* Krst. in Hess., 14 500 Ew.; maler. Stadtbild, Schloßberg mit Ruine *Burg H.;* Elektromotoren-, Landmasch.- u. Basaltind.

**Homburg,** steifer Herrenhut aus Filz mit hochgebogener u. eingefaßter Krempe.

**Homburg, 1.** Krst. im Saarland, nordöstl. von Saarbrücken, 42 000 Ew.; med. Fakultät der Univ. Saarbrücken; röm. Freilichtmuseum; Masch.-, Fahrzeug- u. Textil-Ind. – **2.** *Bad H. vor der Höhe (v.d.H.),* Krst. in Hess., Heilbad am SO-Rand des Taunus, 51 000 Ew.; Schloß (1685), Spielbank; v.a. pharmazeut. u. elektron. Ind. – 1622–1866 Hptst. der Landgrafschaft *Hessen-H.*

**Homburg,** *Prinz von H.,* Titelgestalt eines Dramas von *Kleist;* histor. Vorbild Friedrich II., Landgraf von Hessen-H.

**Homelands** ['houmlændz], *Bantustans, Bantuheimatländer, Bantu-H.* autonome Gebiete in der Rep. Südafrika, die im Rahmen der Apartheidspolitik für die Bantubevölkerung ausgewiesen sind: Bophuthatswana, Transkei, Venda, Ciskei.

**Home Office** [houm 'ɔfis], das Innenministerium von Großbrit. u. Nordirland.

**Homer,** *Homeros,* nach antiker Überlieferung der Dichter der grch. Epen »Ilias« und »Odyssee«, der als Vorbild aller abendländ. Epiker gilt; als histor. Persönlichkeit nicht faßbar, nach der Legende ein blinder Rhapsode an ion. Fürstenhöfen. Als *homerische Frage* bezeichnet man seit dem 18. Jh. diskutierte Problem der Entstehung u. Verfasserschaft der beiden Epen.

**Home Rule** ['houmru:l], Selbstreg., im 19./20. Jh. die Forderung einzelner Gebiete des Brit. Reichs (v.a. Irlands u. Indiens) nach Selbständigkeit.

**Homiletik,** die Lehre von der *Predigt.*

**Homilie,** Teil der kath. Liturgie, die Auslegung jeweils einer Perikope.

**Hominiden,** *Hominidae,* Fam. der *Menschenartigen,* deren einziger lebender Vertreter der heutige Mensch, *Homo sapiens,* ist; ausgestorben sind die *Urmenschen, Australopithecinae;* ausgezeichnet durch starke Gehirnentwicklung.

**Homo,** die einzige Gatt. der *Echten Menschen.* Die Stammesentwicklung der Gatt. H. *(Hominisation)* zeichnet sich aus durch zunehmend aufrechten Gang, Abbau des Geschlechtsdimorphismus u. Vergrößerung der assoziativen Gehirnzentren, die eine fortschreitende geistige u. kulturelle Entwicklung ermöglichte. Man kann 3 Stufen der Hominisation unterscheiden: Aus der Verwandtschaft der *Australopithecus-Gruppe* führte die Entwicklung über den **H. erectus** (»aufrechter Mensch«) zum heutigen Menschen, dem *H. sapiens.* Der **H. neanderthalensis** (*Neandertaler,* → Neandertal-Gruppe) gehört einer ausgestorbenen Seitenlinie an. – **H. heidelbergensis** → Heidelberger Unterkiefer.

**homo...,** Wortbestandteil mit der Bed. »gleich, entsprechend«.

**Homo faber,** der prakt., techn. begabte Mensch; der Mensch als Urheber der Zivilisation.

**homogen,** gleichartig, durchgängig gleich beschaffen; Ggs.: *heterogen.*

**homogenisieren,** an sich nicht mischbare Komponenten eines Systems vermischen, z.B. Fetteile in der Milch zerkleinern, indem sie unter Druck durch feine Düsen getrieben werden.

**Homo habilis,** *Habiline,* in Südafrika zuerst aufgefundener Frühmenschentyp, von vielen Forschern als Zweig der *Australopithecus-*Gruppe betrachtet, der bereits zum Menschen der Gatt. *Homo* überleitet.

**homolog,** übereinstimmend, entsprechend, gleich.

**homologe Organe** sind in der Stammesgeschichte diejenigen Organe verschiedener Arten, die aus ein u. demselben Organ der gemeinsamen Stammform hervorgegangen sind; h.O. sind z.B. die Flügel der Vögel, die Vorderbeine der Säugetiere (Arme des Menschen) u. die Brustflossen der Fische. Ggs.: *analoge Organe.*

**homologe Reihen,** organ.-chem. Verbindungen, die sich in ihrer Formel um die gleiche Atomgruppe oder ein Vielfaches davon unterscheiden; z.B. die Paraffinreihe: Methan $CH_4$, Ethan $C_2H_6$, Propan $C_3H_8$ usw.

**Homo novus,** Emporkömmling, Neuling.

**Homonyme,** gleichlautende Wörter versch. Bedeutung; z.B. der Bauer/das Bauer oder die Weise/die Waise. – **Homonymie,** die Gleichnamigkeit versch. Gegenstände oder Begriffe.

**homöo...,** Wortbestandteil mit der Bed. »gleichartig, ähnlich«.

**Homöopathie,** von S. *Hahnemann* begründetes, auf der Ähnlichkeitsregel aufgebautes Heilverfahren, wonach Arzneimittel, die beim Gesunden in hohen (vergiftenden) Gaben ein bestimmtes Arzneimittelbild erzeugen, in Verdünnung ein diesen Erscheinungen ähnl. Krankheitsbild heilen.

**Homophonie,** im Unterschied zu *Heterophonie* u. *Polyphonie* die Unterordnung aller Stimmen einer Komposition unter eine melodieführende Hauptstimme. Die H. begann musikgeschichtl. mit dem *Parallelorganum* im 9./10. Jh. u. dem *Fauxbourdon,* einer geregelten Akkordfolge des 13. Jh.

**Homo sapiens** [-piɛns; lat.], »vernunftbegabter Mensch«], wiss. Bez. für den heutigen Menschen.

**Homosexualität,** *Gleichgeschlechtlichkeit, Inversion,* im Unterschied zur *Heterosexualität* die sexuelle Beziehung oder Neigung zu Personen des eigenen Geschlechts; bei Männern nur noch in bezug auf Jugendl. strafbar. H. unter Frauen: *lesbische Liebe.*

**homozygot,** mit gleichen Erbanlagen ausgestattet; Ggs.: *heterozygot.*

**Homs,** das antike *Emesa,* arab. *Hims,* syr. Stadt am Orontes, 430 000 Ew.; Erdölraffinerie, Handelszentrum, versch. Ind.

**Homunculus,** in Alchemie u. Literatur der Name für einen künstl. erzeugten Menschen.

**Honan,** *Honanseide, Schantung,* Seidenstoff aus Tussahseide in Leinwandbindung.

**Honan** → Henan.

**Hondecoeter** [-ku:tər], Melchior d', *1636, †1695, ndl. Maler; Schüler seines Vaters Gysbert d'H. (*1604, †1653); malte dekorative Stilleben u. Geflügelbilder.

**Hondo** → Honshu.

**Honduras,** Staat in Zentralamerika, 112 088 km², 4,7 Mio. Ew., Hptst. *Tegucigalpa.*

*Honduras*

Landesnatur. Zw. der feuchten N-Küste u. dem trockeneren Küstenstrich am pazif. *Golf von Fonseca* teilt sich die Zentralamerik. Kordillere in mehrere Gebirgszüge auf. In den Hochtälern mit gemäßigtem Klima entwickelten sich Siedlungszentren.

Die kath., span. sprechende Bevölkerung besteht zu 90% aus Mestizen; 7% sind Indianer, 2% Schwarze, 1% Weiße.

Wirtschaft. Die Landwirtschaft erzeugt Bananen (30–40% des Ausfuhrwerts), Kaffee, Baumwolle, Tabak, Zuckerrohr u. Zitrusfrüchte für den Export. In den Hochtälern wird Viehwirtschaft (Rinder, Schweine) betrieben. Die Wälder liefern Schnitthölzer. An Bodenschätzen werden Silber, Gold, Blei- u. Zinkerze abgebaut. Die Ind. verarbeitet Agrarprodukte. – Wichtig ist der Inlandluftverkehr. Haupthafen ist *Puerto Cortés.*

Geschichte. 1524 wurde H. von Spanien erobert. 1821 wurde es unabh., 1823–38 Mitgl. der *Zentralamerikan. Konföderation;* seitdem ist H. selbständige Rep. Die Gesch. von H. ist durch ständige Unruhen u. Bürgerkriege gekennzeichnet. Nachdem von 1972–81 die Herrschaft bei den Militärs lag, wurde 1981 eine präsidialdemokrat. Verf. verabschiedet. Präs. ist seit 1986 J. *Azcona Hoyo.*

**Honecker,** Erich, *25.8.1912, Politiker (SED); 1946–55 Vors. der FDJ, 1958–71 Sekretär des ZK der SED, 1971 als Nachf. W. *Ulbrichts* 1. Sekretär des ZK (seit 1976 mit dem Titel Generalsekretär), u. Vors. des Nationalen Verteidigungsrates, seit 1976 Vors. des Staatsrates (Staatsoberhaupt); verlor 1989 alle Ämter u. wurde aus der Partei ausgeschlossen.

*Hongkong: Blick vom Victoria Peak auf Victoria (vorn) und Kowloon*

**Honegger,** Arthur, *1892, †1955, schweiz.-frz. Komponist; zunächst von C. *Debussy,* später von I. *Strawinsky* beeinflußt; Orchesterwerk »Pacific 231«; in Zusammenarbeit mit P. *Claudel* Oratorien »Johanna auf dem Scheiterhaufen« (auch als Oper) u. »Totentanz«.

**Hongkong,** chin. *Xiang Gang,* brit. Kronkolonie an der südchin. Küste, besteht aus den Inseln H. (mit der Hptst. *Victoria)* u. *Lantao* sowie der Halbinsel *Kowloon* mit ihrem Hinterland *(New Territories),* 1045 km², 5,6 Mio. Ew. (v.a. Chinesen). Den Siedlungskern (H. i.e.S.) bilden die durch eine Meeresstraße getrennten Städte Victoria u. Kowloon. H. ist das bed. asiat. Handels- u. Finanzzentrum. Die wichtigsten Industriezweige sind Textil-, feinmechan., Kunststoff-, Elektro-, Metallind., Werften. Der Fremdenverkehr spielt wirtschaftl. eine Rolle. H. ist Knotenpunkt für den internat. Seeverkehr, Freihafen. – Seit 1842 brit. Kronkolonie, 1941–45 von Japan besetzt, soll 1997 als autonomes »Sonderverwaltungsgebiet« unter chin. Souveränität zurückkehren.

**Honiara,** Hptst. der Salomonen, auf *Guadalcanal,* 20 000 Ew.

**Honig,** der braune bis gelbl., süße Stoff, der von den Arbeitsbienen als *Nektar* aus den Blütenkelchen aufgesogen, im Honigmagen in H. umgewandelt, wieder erbrochen u. in den Waben im Stock gespeichert wird. H. enthält durchschnittl. 80% Zucker, 19% Wasser, 0,2% Mineralstoffe, daneben als Fermente Invertase u. Diastase, außerdem Wachs, Farb- u. Aromastoffe. Geschmack, Geruch u. Farbe werden von der Pflanzenart im Fluggebiet der Bienen bestimmt. Nach Art der H.gewinnung unterscheidet man: *Scheiben-* u. *Waben-H.* (honiggefüllte Waben), *Schleuder-H.* (aus brutfreien Waben zentrifugiert), *Tropf-H.* (aus zerkleinerten Waben ausgeflossen), *Preß-H.* (kalt aus brutfreien Waben ausgepreßt) u. *Seim-H.* (aus erwärmten Waben ausgepreßt).

**Honiganzeiger,** *Indicatoridae,* Fam. mit 12 Arten starengroßer *Spechtvögel* aus den Wäldern Afrikas u. S-Asiens, die durch ihr Verhalten den Menschen auf Bienennester aufmerksam machen.

**Honigbiene** → Bienen.

**Honigdachs,** *Mellivora capensis,* ein *Dachs,* der gern die Nester von erdbauenden Wildbienen plündert; in Felsgebieten Afrikas südl. der Sahara sowie in Vorder- u. Südasien.

**Honigfresser,** *Meliphagidae,* Fam. austral. *Singvögel,* die mit ihrer Pinselzunge Nektar aufnehmen; Australien, Neuguinea, Neuseeland.

**Honigklee,** *Steinklee, Hirschklee, Melilotus,* Gatt. der *Schmetterlingsblütler;* hierzu: der *Gezähnte H.,* der *Echte H.,* der *Hohe H.,* der *Weiße H.*

**Honigtau,** Ausscheidungen von Kohlenhydraten (Zucker), die baumbewohnende Blattläuse, Blattflöhe u. Zikaden (Pflanzensauger) der Pflanze entnehmen u. – oft in großer Menge – unverdaut von sich geben.

**Honnef,** *Bad H.,* Stadt u. Heilbad in NRW, am Fuß des Siebengebirges, 23 300 Ew.

**Honneurs** [ɔˈnœːrs], Ehrenbezeigungen.

**Honolulu,** Hptst. u. wichtigster Hafen des Inselstaats *Hawaii* der USA, an der Südküste der Insel *Oahu,* 340 000 Ew.; mit dem Kriegshafen *Pearl Harbor* der wichtigste pazif. Flottenstützpunkt der USA; Univ., Fremdenverkehr; Masch.-, Nahrungsmittel- u.a. Ind.

**Honorar,** Vergütung für Leistungen der Angehörigen freier Berufe.

**Honorarprofessor,** ein Dozent an Hochschulen, rangmäßig den *ordentl. Professoren* gleichgestellt, aber nicht Inhaber eines Lehrstuhls.

**Honoratioren,** die bes. angesehenen Einwohner eines Ortes, einer kleinen Stadt.

**honorieren,** 1. ein Honorar bezahlen. – 2. schätzen, würdigen. – 3. Wechsel annehmen, bezahlen.

**Honorius,** H. I., †638, Papst 625–38; bekannte sich zur Lehre von einem einzigen Willen in Christus *(Monotheletismus);* 681 als Ketzer verurteilt.

**Honorius,** Flavius, *384, †423, erster weström. Kaiser 393–423; Sohn *Theodosius' I.,* der bei der Reichsteilung 393 zw. *Arcadius* u. H. diesem die Westhälfte gab.

**Honourable** [ˈɔnərəbl], Abk. *Hon.,* Anrede für engl. Adlige u. hohe Beamte.

**Honshu,** *Hondo,* die größte jap. Insel, das Kernland Japans; ein buchtenreiches, z.T. vulkan. Gebirgsland mit fruchtbaren Becken, Erdbebengebiet, 230 722 km², 97 Mio. Ew.; Hptst. *Tokio;* Landw., Fischerei, Seidenproduktion u.a. Ind.

**Honter,** latinisiert *Honterus,* Johannes, eigentl. J. *Groß,* *1498, †1549, Humanist u. Reformator Siebenbürgens.

**Honvéd** [ˈhonveːd], seit 1848 Name für die zur Landesverteidigung aufgestellten ung. Truppen, seit 1868 für die Landwehr, seit 1918 für die gesamte ung. Armee.

**Hooch,** Pieter de, *1629, †nach 1684, ndl. Maler; neben *Vermeer van Delft* Hauptmeister des holländ. Interieurs.

**Hood** [hud] → Robin Hood.

**Hooge,** Hallig sö. der nordfries. Insel Amrum, 5,7 km², 125 Ew.

**Hooke** [huk], Robert, *1635, †1703, engl. Naturforscher; fand das *H.sche Gesetz,* wonach bei elast. Stoffen die Deformation proportional der Krafteinwirkung ist; berechnete den Schwerpunkt der Erde; gilt als Entdecker der Pflanzenzelle.

**Hooligan** [ˈhuːligən], gewalttätiger Mensch, Rowdy.

**Hoorn,** *Kap H.,* die Südspitze Südamerikas; ein steiles Vorgebirge auf einer 30 km² großen, 8 km langen chilen. Insel in 55°55' s. Br.

**Hoorn,** *Hoorne,* Philipp, Graf von *Montmorency-Nivelle,* *1524, †1568, Admiral von Flandern, Statthalter von Geldern u. Zutphen; trat für Toleranz gegenüber Protestanten ein; auf Veranlassung von *Alba* zus. mit *Egmont* 1567 verhaftet u. enthauptet.

**Hoover** [ˈhuːvə], Herbert Clark, *1874, †1964, US-amerik. Politiker (Republikaner); 31. Präs. der USA (1929–32); vermittelte Dtld. 1931 zur Abwendung der Wirtschaftskrise ein Moratorium *(H.-Moratorium);* nach dem 2. Weltkrieg Leiter des Hilfskomitees für Europa u. Asien *(H.-Speisung).*

**Hopfe,** *Upupidae,* Fam. der *Rackenvögel,* mittelgroße, am Kopf meist mit Haube versehene Insektenfresser; Vorkommen: Afrika, Asien, Europa, in Mitteleuropa nur der *Wiedehopf.*

**Hopfen,** *Humulus,* Gatt. der *Hanfgewächse,* zweihäusige Schlingpflanze; die Fruchtzapfen der weibl. Pflanze liefern den für die Bierbereitung wichtigen Bitterstoff *(Lupulin);* wichtige Anbaugebiete: Bayern, Baden u. die Tschechoslowakei.

**Hopi,** Stamm von rd. 6000 Shoshone-Indianern in Arizona (USA), im Navajo-Reservat; die westlichste Gruppe der *Pueblo-Indianer.*

**Hopkins** [ˈhɔpkinz], 1. Sir Frederic Gowland, *1861, †1947, brit. Physiologe u. Chemiker; entdeckte das Tripeptid *Glutathion* u. das *Tryptophan,* wies die Vitamine A u. B in der Milch nach; Nobelpreis für Medizin (zus. mit C. *Eijkman)* 1929. – 2. Gerard Manley, *1844, †1889, engl. Schriftst. (religiöse Lyrik).

**Hopliten,** die altgrch. schwerbewaffneten Fußtruppen.

**Hopper** [ˈhɔpə], 1. Denis, *17.5.1936, US-amerik. Schauspieler u. Regisseur u.a. bei »Easy Rider«, »Out of the blue«. – 2. Edward, *1882, †1967, US-amerik. Maler; realist., Vereinsamung ausdrückende Bilder.

**hora,** Abk. *h,* Stunde.

**Hora,** rumän. Reigentanz.

**Horaz,** *Quintus Horatius Flaccus,* *65 v. Chr., †8 v. Chr., röm. Dichter; humorvoller Zeitkritiker, nach grch. Vorbildern geformte Oden (»Carmina«), auch Episteln u. Satiren, Theorie der Dichtkunst (»Ad Pisones«, auch »Ars poetica« genannt).

**Horb am Neckar,** Stadt in Ba.-Wü., 21 000 Ew.; mittelalterl. Stadtbild; v.a. Holz-, Metall- u. Textil-Ind.

**Hörbiger,** östr. Schauspielerfamilie. 1. Attila, Bruder von 3), *1896, †1987, Helden- u. Charakterdarsteller; seit 1935 mit Paula *Wessely* verheiratet. – 2. Christiane, Tochter von 1), *13.10.1938, v.a. Theater, zuletzt auch Fernsehen. – 3. Paul, Bruder von 1), *1894, †1981, bes. in Volksstücken, verkörpert den Typ des Urwieners; zahlreiche Filmrollen.

**Horch,** August, *1868, †1951, Gründer der *Horch-* u. *Audi* Automobilwerke (1899 bzw. 1909) in Zwickau (seit 1932 zur *Auto-Union).*

**Horeb,** nach dem AT Name des Berges der Gottesoffenbarung u. Gesetzesmitteilung an Mose.

**Horen,** 1. grch. Göttinnen der Jahreszeiten, bei Hesiod: *Eunomia* (»Gesetzestreue«), *Dike* (»Recht«) u. *Eirene* (»Frieden«); danach ben. »Die H.«, die bedeutendste Ztschr. der dt. Klassik, 1795–97 von F. *Schiller* hrsg., Mitarbeiter u.a. Goethe, Herder, Hölderlin u. die Brüder A. u. W. *Humboldt.* – 2. die Gebetzeiten des kirchl. Stundengebets.

**Hörfunk** → Rundfunk.

**Horgen,** schweiz. Bez.-Hauptort am Zürichsee, 17 000 Ew.; Textil-, Masch.- u. Möbel-Ind.

**Hörgeräte,** *Hörhilfen,* elektr. Apparate zur Verbesserung des Hörvermögens von Schwerhörigen. Der Schall wird von einem Mikrophon aufgenommen u. über einen batteriebetriebenen Kleinverstärker dem *Ohrhörer* zugeführt. Durch Verwendung von moderner Elektronik gelang es, die Geräte so zu verkleinern, daß sie im oder hinter dem Ohr zu tragen oder in den Bügeln einer Brille *(Hörbrille)* unterzubringen sind.

**Hörigkeit,** 1. *Psychologie:* die Abhängigkeit eines Menschen vom Willen eines anderen, die ein freies Handeln nicht mehr zuläßt, bes. als sexuelle H. – 2. *Recht:* im MA *dingliche* Abhängigkeit – im Unterschied zur *Leibeigenschaft* – von Bauern, die an Grund u. Boden gebunden u. dem Grundherrn zu versch. Dienst- u. Zinsleistungen verpflichtet waren; im Rahmen der *Bauernbefreiung* aufgehoben.

**Horizont,** 1. *Astronomie:* 1. die kreisförmige Begrenzungslinie, die eine Ebene durch den Erdmittelpunkt mit der Himmelshalbkugel erzeugt *(wahrer H.).* – 2. die Linie, die von einer zu der Ebene des wahren H. parallelen Ebene, die durch einen Beobachtungspunkt auf der Erdoberfläche geht, hervorgerufen wird *(scheinbarer H.).* – 2. *Geographie:* die Linie, an der Himmel u. Erde (oder Meer) sich zu berühren scheinen *(natürl. H.).* Der natürl. H. liegt um die *Kimmtiefe* unter dem scheinbaren H. – 3. *Zone,* Boden- u. Gesteinsschicht.

**Horizontale,** waagerechte Gerade.

**Horkheimer,** Max, *1895, †1973, dt. Philosoph u. Soziologe; Vertreter der *Krit. Theorie* der *Frankfurter Schule.*

**Hormayr,** Josef, Frhr. von *Hortenburg,* *1782, †1848, östr. Historiker; beteiligte sich mit A. *Hofer* an der Vorbereitung zur Erhebung Tirols gegen Napoleon I.

**Hormon,** körpereigene Stoffe, die meist von Drüsen *(H.drüsen)* mit innerer Sekretion, aber auch von Geweben *(Gewebs-H.)* abgegeben werden; koordinieren u. regulieren – zus. mit dem Nervensystem – die Funktionen der Einzelorgane u. des Gesamtorganismus. Beim Menschen u. beim Tier

*Honigdachs*

**Hormus** 378

werden sie direkt ins Blut abgesondert u. mit dem Blut zu den Organen befördert; bei Pflanzen (*Phyto-H.*) gelangen sie in den Saftstrom. H. können auch synthet. hergestellt werden. Bekannte H. sind u.a. das *Insulin* aus der Bauchspeicheldrüse, das den Blutzuckerspiegel regelt, das Schilddrüsen-H. *Thyroxin,* die Geschlechts-H. *Östrogen* u. *Progesteron.* Die H. wirken immer nur auf bestimmte Organe. Diese haben bes. Bindungsstellen (sog. Rezeptoren), an die die H.moleküle gebunden werden u. biochem. Reaktionen im Zellinnern auslösen.

**Hormus,** *Ormuz,* iran. Insel in der *Straße von H.,* die den Pers. Golf mit dem Ind. Ozean verbindet.

**Horn, 1.** Kurzform für *Wald-H.,* Oberbegriff für *Blasinstrumente* mit kegelförmig oder zylindrisch erweitertem Schallrohr. Der Ton wird mit den vibrierenden Lippen des Bläsers erzeugt; urspr. aus dem *Tier-H.,* später auch aus Holz oder Metall. Die Erfindung der Ventile im 19. Jh. führte zur Erweiterung der Naturtöne durch Halbtöne. – **2.** eine in den Epidermiszellen vieler Tiere gebildete Eiweißsubstanz, die hpts. das schwefelhaltige u. wasserunlösl. Protein *Keratin* enthält. Sie bildet Federn, Haare, Schuppen, Hufe, Klauen, Krallen u. Nägel der Wirbeltiere, die Schnäbel der Vögel, den Panzer der Reptilien u. die Kopffortsätze *(Hörner)* vieler Säugetiere.

**Horn-Bad Meinberg,** Stadt in NRW, am Teutoburger Wald, 17 200 Ew.; Heilbad; Holz- u. Möbel-Ind.; westl. der Stadt die *Externsteine.*

**Hornberg,** Stadt in Ba.-Wü., an der Gutach, 5000 Ew.; versch. Ind.; Schauplatz des **H.er Schießens,** einer Redensart (»es ging aus wie das H.er Schießen«) für eine ergebnislose Bemühung oder Unternehmung.

**Hornblatt,** zur Fam. der *H.gewächse* gehörende Wasserpflanze mit quirlig stehenden Blättern, Aquariumspflanze.

**Hornblattgewächse** → Pflanzen.

**Hornblenden,** *Amphibole,* verbreitete gesteinsbildende Mineralgruppe mit bes. aus Kieselsäure, Tonerde, Eisenoxidul u. Magnesia bestehenden Kristallen.

**Hörnchen,** *Sciuridae,* Fam. der *Nagetiere;* hierzu *Eich-H., Flug-H., Erd-H.* u. *Murmeltiere.*

**Hörner,** *Gehörn,* Stirnwaffe der horntragenden *Paarhufer* (Rinder, Schafe, Ziegen, Antilopen); auf Knochenzapfen, die dem Stirnbein aufliegen, aufsitzende Hornscheiden von artcharakterist. Form.

**Horney, 1.** Brigitte, Tochter von 2), *1911, †1988, dt. Schauspielerin (Bühne, Film, populäre Fernsehserien). – **2.** Karen, *1885, †1952, Psychoanalytikerin; stellt soz. Faktoren bei der Entstehung von Neurosen in den Mittelpunkt.

**Hornfrösche,** mehrere südamerik. Gatt. der *Südfrösche,* bunt gefleckt, bis 20 cm lang, riesiges Maul; bei einigen Arten hornartige Zipfel am Oberlid.

**Hornhaut, 1.** *Cornea,* im Wirbeltierauge der durchsichtige, uhrglasförmige Teil der Lederhaut im Vorderteil des Augapfels. – **2.** Verdickungen der Haut *(Schwielen, Hühneraugen),* die durch übermäßige Verhornung als Reaktion auf Druck oder Reibung entstehen.

**Hornhecht,** *Hornaal, Grünknochen,* bis über 1 m langer Fisch der mittel- u. nordeurop. Küstengewässer; wohlschmeckendes, trockenes Fleisch; vielfach als Köder verwendet.

**Hornisgrinde,** höchster Berg des nördl. Schwarzwalds, 1164 m; am Südhang der *Mummelsee.*

**Hornisse,** die größte mitteleurop. *Wespe* (Weibchen bis 3,5 cm), baut aus zerkautem Holz papierartige Nester in Baumhöhlen.

**Hornissenschwärmer,** Schmetterling aus der Fam. der *Glasflügler,* in Größe u. Aussehen der *Hornisse* ähnlich.

**Hornklee,** *Lotus,* Gatt. der *Schmetterlingsblütler;* in Dtld. v.a. der gelb blühende *Gemeine H.*

**Hornkraut,** *Cerastium,* Gatt. der *Nelkengewächse,* in Dtld. z.B. *Acker-H., Alpen-H.*

**Hornpipe** ['hɔːnpaɪp], **1.** ein urspr. walis. Blasinstrument, ähnl. der Schalmei. – **2.** altengl., auch ir. u. schott. Volkstanz.

**Horntiere** i.w.S., *Bovidae,* Fam. der *Wiederkäuer* mit zwei hohlen Hörnern; Unterfam.: *Ducker, Böckchen, Antilopen, Gazellen, Saigas, Tschirus, Böcke, Moschusochsen, Takins* u. *Rinder.*

*Horus, der altägyptische Gott, in seiner Erscheinungsform als Falke; um 600 v.Chr.*

**Hornussen,** *Hurnussen,* dem Schlagball ähnl. schweiz. Mannschaftsspiel.

**Hornvipern,** *Cerastes,* Gatt. der *Vipern,* Giftschlangen aus den Wüsten Nordafrikas, Arabiens u. Teilen Westasiens; hornartiger Schuppendorn über jedem Auge.

**Horologion,** ein liturg. Buch der orth. Kirchen, das u.a. Stundengebete u. Hymnen enthält.

**Horoskop,** als *Geburts-H.* eine Zeichnung, auf der für die Geburtsstunde eines Menschen die Stellung der Planeten, der Sonne u. des Mondes in den *Tierkreiszeichen* u. die Lage der letzteren zum Horizont des Geburtsorts u. den *Häusern* des Himmels eingetragen sind; in der *Astrologie* verwendet, um angebl. Schlüsse auf Charakteranlagen u. Schicksal zu ziehen.

**Horowitz,** Wladimir, *1904, †1989, US-amerik. Pianist russ. Herkunft; bed. Interpret von F. *Liszt* u. S. W. *Rachmaninow.*

**Hörrohr, 1.** → Stethoskop. – **2.** früher ein einfaches Holzrohr zur Schallverstärkung bei Schwerhörigkeit; heute verdrängt durch moderne *Hörgeräte.*

**Horror,** Entsetzen, Schrecken, Abscheu. – **H. vacui,** »Scheu (der Natur) vor der Leere«, Schlagwort für die Ansicht der Physiker des MA, daß eine Luftleere unmögl. sei.

**Hors d'œuvre** [ɔrˈdœːvr], kleine, pikante Vorspeise.

**Hörselberg,** *Venusberg,* Höhenzug aus Muschelkalk an der *Hörsel* in Thüringen, im *Großen H.* 484 m. Hier spielen die Sagen von *Tannhäuser* u. *Venus* sowie *Frau Holle.*

**Horsens,** Hafenstadt in O-Jütland, Dänemark, 55 000 Ew.; versch. Ind.

**Horsepower** [ˈhɔːspauə, engl.], *Pferdestärke,* Zeichen h.p., früher HP, in Großbritannien verwendete Einheit der Leistung: 1 h.p. = 1,01387 PS = 745,72 W (Watt).

**Hörspiel,** eine dem *Drama* entsprechende Literaturgatt., die für die Übertragung im Rundfunk bestimmt ist.

**Horst, 1.** mehrere nahe zusammenstehende, gleichartige Bäume. – **2.** eine gehobene oder in abgesunkenen Teilen der Erdrinde stehengebliebene, von Verwerfungen begrenzte Scholle; z.B. der Thüringer Wald. – **3.** großes Vogelnest aus Reisig, bes. bei Greifvögeln.

**Hörsturz,** plötzl. eintretender Verlust der Hörfähigkeit bis hin zur Schwerhörigkeit oder Taubheit; Ursachen: Durchblutungsstörungen im Innenohr, Blutung oder Embolie der Innenohrschlagader, Entzündung des Hörnervs u.a.; sofortige ärztl. Behandlung erforderlich.

**Hort,** Aufbewahrungsort für Wertsachen; *Kinder-H.,* Kindertagesheim.

**Hortensie,** *Hydrangea,* Gatt. der *Steinbrechgewächse;* meist Sträucher, in Asien u. Amerika heim., in Dtld. die *Garten-H.*

**Horthy von Nagybánya** [-ˈnɔdjbaːnjɔ], Miklós, *1868, †1957, ung. Politiker u. Offizier; 1919 Führer der gegenrevolutionären Nationalarmee; 1920–44 ung. Reichsverweser; unter H. Annäherung Ungarns an das Dt. Reich u. Italien; 1944 von Hitler in Dtld. interniert, 1945/46 in US-amerik. Gefangenschaft.

**Hortologie,** Gartenbaukunde.

**Horus,** altägypt. Sonnengott, als Falke dargestellt.

**Horváth** [ˈhorvaːt], Ödön von, *1901, †1938, östr. Schriftst.; Komödien u. Volksstücke über die Verlogenheit des Kleinbürgertums; Ⓦ »Geschichten aus dem Wienerwald«, »Der ewige Spießer« (Roman).

**Hosea,** *Oseas, Osee,* Prophet im AT; in der 2. Hälfte des 8. Jh. v.Chr. im Nordreich Israel.

**Hosenbandorden,** engl. *Order of the Garter,* der höchste engl. Orden, 1350 gestiftet. Das am linken Knie getragene dunkelblaue Schnallenband zeigt die frz. Devise: »Honi soit qui mal y pense« [»ehrlos sei, wer Arges dabei denkt«].

**Hosenrolle,** eine männl. Bühnengestalt, die von einer Schauspielerin dargestellt wird; bes. in der Oper.

**Hosianna,** *Hosanna,* Gebetsruf im jüd. u. alttestamentl. Kult, im NT Freuden- u. Jubelruf.

**Hospital,** *Spital,* Bez. für Krankenhäuser mit geschichtl. Vergangenheit.

**Hospitalet** [ɔs-], Ind.-Stadt in Spanien, Katalonien, sw. von Barcelona, 290 000 Ew.; u.a. Schwer-Ind.

**Hospitalismus,** körperl. u. seel. Schäden nach längerem Krankenhaus- bzw. Heimaufenthalt, bes. bei Kindern.

**Hospitaliter,** Ordenszusammenschlüsse nach der Regel des *Augustinus,* bes. zur Krankenpflege; z.B. die *Johanniter* u. *Malteser.*

**Hospitant,** Gasthörer an Universitäten; jemand, der vorübergehend als Gast eine Veranstaltung oder Institution besucht.

**Hospiz,** urspr. eine von Klöstern unterhaltene christl. Herberge; heute ein im christl. Geist geleitetes Gasthaus.

**Hostess,** Betreuerin von Gästen u. Besuchern, z.B. auf Flugplätzen oder Ausstellungen.

**Hostie, 1.** in der Antike, außerhalb des Christentums, das *Opfertier.* – **2.** vom Christentum übernommene Bez. für die beim Abendmahl (Kommunion) gereichten geweihten Brotteile oder Oblaten.

**Hot** [hɔt], *Hot-Jazz,* die »heiße« Improvisation der alten Jazzstilarten, im Ggs. zum *Cool* des modernen Jazz, z.B. New-Orleans- u. Dixieland-Jazz.

**Hot dog,** in ein ausgehöhltes Brötchen gelegte heiße Bockwurst.

**Hotel,** Gaststätte zur Beherbergung u. Verpflegung von Reisenden; **H. garni,** nur mit Übernachtung u. Frühstück. – **Hotellerie,** das Gaststätten- u. H.gewerbe.

**Hot money** [-ˈmʌni; »heißes Geld«], Spekulationsgelder, die jeweils in die Länder mit bes. stabilen Währungsverhältnissen fließen.

**Ho Tschi Minh** → Ho Chi Minh.

**Ho-Tschi-Minh-Stadt** → Ho-Chi-Minh-Stadt.

**Hot Springs** [hɔt sprɪŋz], Badeort in Arkansas (USA), 40 000 Ew.; *H. S. Nationalpark* mit Thermalquellen (bis 70° C).

**Hottentotten,** ein nomad., den *Buschmännern* verwandtes Hirtenvolk Südafrikas, heute nahezu ausgerottet, meist in Reservaten Namibias; noch ca. 40 000 *Namas.*

**Hotter,** Hans, *19.1.1909, dt. Sänger (Bariton) u.

*Der Hosenbandorden, höchster englischer Orden*

*Houston*

Opernregisseur; seit 1939 an der Wiener Staatsoper.
**Hotzenwald,** *Hauensteiner Land,* Ldsch. am Südrand des Schwarzwalds.
**Houdon** [uˈdɔ̃], Jean Antoine, *1741, †1828, frz. Bildhauer; Hauptmeister des Klassizismus (Statuen von Voltaire u. Washington).
**Hounsfield** [ˈhaunzfiːld], Godfrey Newbold, *28.8.1919, brit. Elektroingenieur; erhielt für Arbeiten zur Entwicklung der Computertomographie zus. mit A. M. *Cormack* den Nobelpreis für Medizin u. Physiologie 1979.
**Houphouet-Boigny** [uˈfwɛbwaˈnji], Félix, *18.10.1905, afrik. Politiker; 1946 Mitgr. u. Präs. der Afrikan. Demokrat. Sammlungsbewegung (*Rassemblement Démocratique Africain, RDA*), seit 1960 Staats-Präs. der unabhängigen Rep. Elfenbeinküste (Côte d'Ivoire).
**House of Commons** [haus əv ˈkʌmənz], das engl. *Unterhaus.*
**House of Lords** [haus əv lɔːdz], das engl. *Oberhaus.*
**Houssay** [uˈsaːi], Bernardo Alberto, *1887, †1971, argentin. Physiologe; erforschte die Zusammenhänge zw. Zuckerkrankheit u. Hypophyse (*H.-Effekt*); Nobelpreis für Medizin 1947.
**Houston** [ˈhjuːstən], Ind.- u. Handelsstadt in Texas (USA), durch den 80 km langen *H.-Kanal* mit dem Golf von Mexiko verbunden, 1,7 Mio. Ew.; Raumfahrt-Kontrollzentrum, drei Univ.; Hafen, chem. Ind.
**Hovhaness,** Alan, *8.3.1911, US-amerik. Komponist armen. Abstammung; verbindet fernöstl. Musik mit alten abendländ. Musikstilen.
**Howrah** [ˈhaura], *Haura,* ind. Distrikt-Hptst. in Westbengalen, am rechten Ufer des Hugli, gegenüber von Kalkutta, 900 000 Ew.; Metall- u. Textil-Ind.
**Hoxha** [ˈhɔdʒa], *Hodscha,* Enver, *1908, †1985, alb. Politiker; 1941 Mitgr. u. Führer der illegalen alb. Kommunist. Partei, Partisanenführer; 1944–54 Regierungschef der VR Albanien, seit 1954 1. Sekretär der Kommunist. Partei Albaniens.
**Höxter,** Krst. in NRW, an der Weser, westl. des Solling, 33 000 Ew.; am nordöstl. Stadtrand Kloster *Corvey;* mittelalterl. Stadtbild mit roman. Kilianikirche, versch. Ind.
**Hoya** → Wachsblume.
**Hoya** [ˈhoːja], Stadt in Nds., an der Weser, 4300 Ew.; Verpackungs-Ind.
**Hoyerswerda,** Krst. in Brandenburg, an der Schwarzen Elster, 169 000 Ew.; *H.-Neustadt,* gegr. als Wohnstadt des Braunkohlenkombinats *Schwarze Pumpe.*
**Hrabanus Maurus,** *um 784, †856; 822–42 Abt in Fulda, 847 Erzbischof von Mainz; Schriftst. von großer erzieher. Wirkung auf das MA (»Praeceptor Germaniae«).
**Hradec Králové** [ˈhradɛts ˈkraːlovɛː] → Königgrätz.
**Hradschin,** Burg u. Stadtteil in Prag; Sitz des tschechoslowak. Staats-Präs.
**Hrdlicka** [ˈhrdlitʃka], Alfred, *27.2.1928, östr. Graphiker u. Bildhauer; steht mit seiner antiästhetizist. Haltung in der Tradition von G. *Grosz* u. M. *Beckmann;* versteht sich als polit. Künstler, der mit seinen Werken auf gesellschaftl. Mißstände hinweist.
**Hrotsvith von Gandersheim,** *Hroswitha von G., Roswitha von G.,* *um 935, †973, älteste dt. (mittellat.) Dichterin; Benediktinerin im Kloster Gandersheim.
**Huai He,** *Hwaiho,* chin. Fluß in der Großen Ebene, 1000 km; mündet ins Ostchin. Meer.
**Huainan,** chin. Stadt im N der Prov. Anhui, 1,2 Mio. Ew.; Steinkohlenbergbau.
**Huallaga** [uaˈljaːga], r. Nbfl. des Marañón in Peru, rd. 1200 km.
**Huancayo,** Dep.-Hptst. in Peru, rd. 3300 m ü.M., 190 000 Ew.; Univ., Erzbischofssitz; Kohlen-, Silber- u. Kupferbergbau.
**Huang He** [xuaŋ xə], *Hwangho, Gelber Fluß,* der zweitgrößte chin. Strom, 4875 km; entspringt 4455 m hoch im nördl. Tibet, durchfließt den Südteil der Wüste Gobi u. die *Große Ebene,* bis er nw. der Shandong-Halbinsel ins Gelbe Meer mündet; schlammreichster Fluß der Erde, häufige Überschwemmungen durch Flußbettveränderungen; streckenweise schiffbar.
**Huascarán** [was-], höchster Vulkankegel Perus, 6768 m; in der Cordillera Blanca.
**Huaxteken** [waʃ-], *Huaxteca,* an der mex. Golfküste lebender, zu den *Maya* gehörender Indianerstamm; Ackerbau u. Viehzucht.
**Hub,** *Kolbenhub,* der Weg (Hin- oder Herweg), den der Kolben einer Maschine während der halben Umdrehung der Kurbelwelle macht.
**Hubble** [hʌbl], Edwin Powell, *1899, †1953, US-amerik. Astronom u. Astrophysiker; erkannte die bisher als Spiralnebel bezeichneten Galaxien als selbst. Sternsysteme u. bestimmte aus der Rotverschiebung der Spektrallinien von Spiralnebeln deren Radialgeschwindigkeit. – **H.-Effekt,** die Beziehung zw. Entfernung u. Fluchtgeschwindigkeit der Galaxien infolge der *Expansion des Weltalls.* Nach neuen Forschungen beträgt der H.-Effekt 115 ± 12 km/s pro 1 Mio. Parsec (= 3,26 Mio. Lichtjahre) Abstand.
**Hube** → Hufe.
**Hubei,** *Hupeh,* Prov. in → China.
**Hubel** [hʌbl], David H., *27.2.1926, US-amerik. Mediziner; erhielt zus. mit T. N. *Wiesel* u. R. W. *Sperry* für die Aufklärung der Impulsübermittlung im Auge den Nobelpreis für Medizin 1981.
**Huber, 1.** Antje, *23.5.1924, dt. Politikerin (SPD); 1976–82 Bundes-Min. für Jugend, Fam. u. Gesundheit. – **2.** Hans, *1852, †1921, schweiz. Komponist; Nachromantiker; Oratorien, Chorwerke, Sinfonien. – **3.** Kurt, *1893, †1943 (hingerichtet), dt.-schweiz. Musikwiss. u. Psychologe; wandte sich gegen den Nat.-Soz. u. beteiligte sich seit 1942 an der Flugblattaktion der Geschwister *Scholl.* – **4.** Robert, *20.2.1937, dt. Biochemiker; arbeitete v.a. an der Erforschung von Proteinstrukturen u. auf dem Gebiet der Photosynthese; 1988 Nobelpreis für Chemie (zus. mit J. *Deisenhofer* u. H. *Michel*). – **5.** Wolf, *um 1485, †1553, dt. Maler u. Graphiker; einer der Hauptmeister der *Donauschule.*
**Huberman,** Bronisław, *1882, †1947, poln. Geigenvirtuose; gründete 1936 das *Palestine Symphony Orchestra.*
**Hubertus,** *um 655, †727, Bischof von Maastricht-Lüttich; Heiliger, Patron der Jäger. *H.jagd* am 3.11. (*H.tag*).
**Hubertusburg,** sächs. Jagdschloß (18. Jh.) westl. von Oschatz. – Der *Friede von H.* beendete am 15.2.1763 den *Siebenjährigen Krieg.*
**Hubinsel,** eine Plattform, die an stählernen Stützpfählen auf- u. niedergleiten kann, v.a. für Ölbohrungen.
**Hubraum,** *Hubvolumen,* der Rauminhalt eines Zylinders einer Dampfmaschine oder eines Kraftmotors; errechnet aus dem Zylinderdurchmesser u. dem *Hub.* Vom H. u. der Umdrehungszahl hängt die Leistung einer Maschine ab.
**Hubschrauber,** *Helikopter,* ein *Drehflügelflugzeug* mit 1 oder 2 motorisch angetriebenen Hubschrauben (Rotoren), die eine Hubkraft nach dem Prinzip der *Luftschraube* in senkr. Richtung erzeugen u. Start u. Landung in senkr. Richtung, Stillstand in der Luft sowie Flug in beliebiger Richtung ermöglichen.
**Huch, 1.** Friedrich, Vetter von 2), *1873, †1913, dt. Schriftst. (zeitkrit. Romane). – **2.** Ricarda, *1864, †1947, dt. Schriftst. u. Historikerin; v.a. hist. Romane; W »Der große Krieg in Dtld.«; auch Lyrik u. Prosa. – **3.** Rudolf, Bruder von 2), *1862, †1943, dt. Schriftst. (satir. Romane).
**Huchel,** Peter, *1903, †1981, dt. Schriftst.; v.a. Lyrik u. Hörspiele; verließ 1971 die DDR.
**Huchen,** *Hucho hucho,* bis 1,60 m langer räuber. *Lachsfisch* der Donau u. ihrer Nebenflüsse.
**Hückelhoven,** Stadt in NRW, an der Ruhr, 35 000 Ew.; Steinkohlenbergbau.

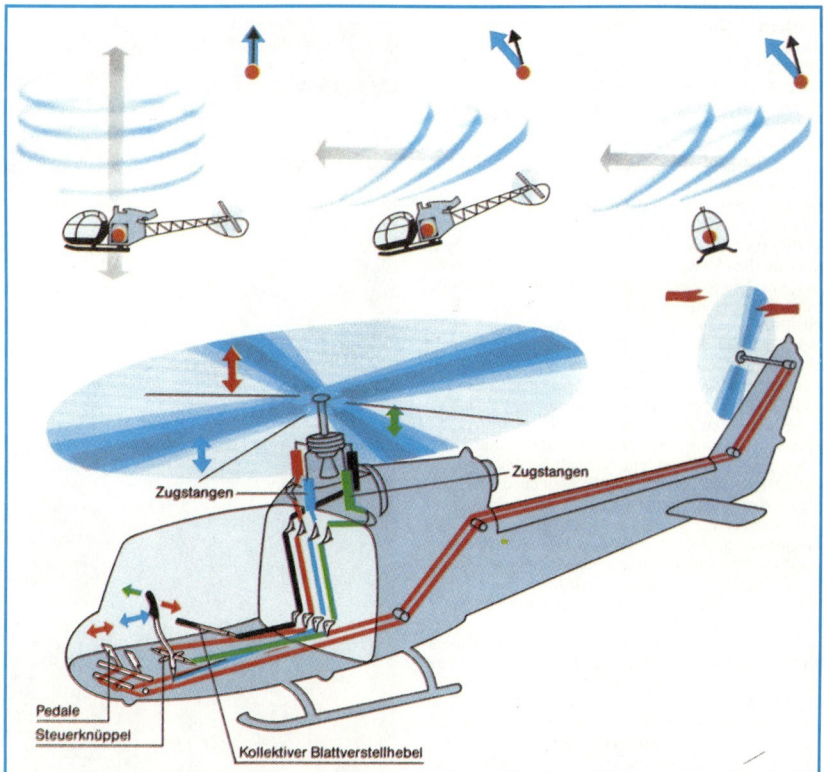

*Hubschrauber: Der Flugzustand tritt dann ein, wenn die Rotorblätter »Scheiben« aus der Luft schneiden (oben); Achse des Rotordrehkreises (blauer Pfeil); Schwerpunktachse des Hubschraubers (schwarzer Pfeil). – Schematische Darstellung (unten)*

**Huckepackverkehr,** die Beförderung von Straßenfahrzeugen (samt Ladung) auf Eisenbahnwagen.
**Hückeswagen,** Stadt in NRW, an der Wupper, 15 000 Ew.; Schloß; Masch.- u. Textil-Ind.
**Hudaydah,** *Al H., Hodeida,* jemenit. Stadt am Roten Meer, 96 000 Ew.; bed. Hafen *(Al Ahmadi),* Handelszentrum.
**Huddersfield** [hʌdəzfi:ld], engl. Stadt nordöstl. von Manchester, 131 000 Ew.; Textil- u. chem. Ind., Maschinenbau.
**Hudiksvall,** schwed. Hafenstadt am Bottn. Meerbusen, 36 000 Ew.; Masch.- u. Holz-Ind.
**Hudson** [hʌdsən], **1.** Henry, *um 1550, †1611, engl. Polarfahrer; entdeckte 1609 die Mündung des *H. River,* 1610 die *H.-Straße* u. die *H.-bai.* – **2.** Rock, eigtl. Roy Fitzgerald, *1925, †1985, US-amerik. Schauspieler; u.a. in dem Film »Bettgeflüster«.
**Hudsonbai** [hʌdsən-], tief ins Land eindringendes, flaches Binnenmeer im N von Kanada, durch die *Hudson-Straße* mit dem nördl. Atlantik verbunden, 1,23 Mio. km², fast ständig mit Treibeis bedeckt.
**Hudson River** [hʌdsən rivə], Fluß im Staat New York (USA), 520 km; mündet bei New York in den Atlantik.
**Huê** [hu:e:], Hafenstadt an der Küste Vietnams, 210 000 Ew.; ehem. Hptst. von *Annam;* Univ.; Kaisergräber.
**Huelsenbeck,** Richard, *1892, †1974, dt. Schriftst.; 1916 Mitbegr. des *Dadaismus* in Zürich.
**Huelva** [uˈɛlva], SW-span. Hafenstadt u. Prov.-Hptst. in Andalusien, 140 000 Ew.; chem. Ind., Erdölraffinerie.
**Huerta** [uˈɛrta], in S- u. O-Spanien gartenartig bebaute, künstl. bewässerte Acker- u. Obstbauoasen.
**Huf,** *Ungula,* horniger Überzug der Zehenenden bei Säugetieren *(H.tieren),* entspr. dem menschl. Fingernagel; v.a. bei Pferden Schutz durch *H.eisen.*
**Hufe,** *Hube,* altes Feldmaß: *fläm. H.* = 16,8 ha, *fränk. H.* = 23,9 ha, *sächs. H.* = 12 ha.; im MA Flächenanteil einer Bauernfamilie an der Gemeindeflur.
**Hufeisennasen,** *Rhinolophidae,* Fam. der *Fledermäuse,* mit hufeisenförmigem Nasenaufsatz zur Ultraschall-Orientierung; hierher die *Große H.,* u. die *Kleine H.*
**Hufeland,** Christoph Wilhelm, *1762, †1836, dt. Arzt; Arzt *Schillers* u. *Goethes;* suchte die Naturheilmethoden mit wiss. Erkenntnissen in Einklang zu bringen.
**Huflattich,** ein *Korbblütler* mit gelben Blüten, Blätter werden arzneil. gegen Husten u. Bronchialkatarrh angewandt.
**Hüfte,** *Coxa,* bei Säugetieren u. bes. beim Menschen die das **Hüftgelenk,** Kugelgelenk zw. dem knöchernen Becken u. dem Oberschenkelknochen, einschließende Körperpartie zw. oberem Beckenrand u. Oberschenkelansatz. An der Hinterseite verläuft der Ischiasnerv.
**Huftiere,** *Ungulata,* eine Überordnung der *Säugetiere,* die sich im Alttertiär von den *Urraubtieren* abgespalten hat; meist Pflanzenfresser, deren Zehen von Hufen oder hufartigen Gebilden umschlossen sind. Hierher gehören *Unpaarhufer* u. *Paarhufer,* i.w.S. *Schliefer, Rüsseltiere, Seekühe* u. *Erdferkel.*
**Hügelgrab,** eine vor- u. frühgeschichtl. Grabform, wobei über den Toten ein oft noch heute sichtbarer Hügel aus Erde, Lehm, Sand, Steinen oder Grasplaggen errichtet wurde; bes. typ. für die mitteleurop. Bronzezeit.
**Hugenberg,** Alfred, *1865, †1951, dt. Politiker u. Wirtschaftsführer; begr. ein Zeitungsimperium *(H.-Konzern);* seit 1928 Parteiführer der DNVP; bereitete durch seinen Kampf gegen die Weimarer Republik, die Radikalisierung der DNVP unter seinem Vors. sowie durch seinen Eintritt in Hitlers Kabinett der nat.-soz. Diktatur den Weg; trat 1933 zurück.
**Hugenotten,** frz. Protestanten, meist calvinist. Richtung; kämpften 1562–98 in den *H.kriegen* unter Führung G. de *Colignys* u. der *Bourbonen* gegen die kath. Partei, wobei es sowohl um Glaubensfreiheit als auch um polit. Macht ging. Nachdem die H. in den ersten drei H.kriegen schwere Niederlagen (v.a. *Bartholomäusnacht* 1572) erlitten hatten, erlangten sie nach u. nach mehr polit. u. religiöse Freiheiten. Im *Edikt von Nantes* (1598) gewährte Heinrich IV., inzwischen zum kath. Glauben zurückgekehrt) den H. volle Gewissensfreiheit u. eine polit. Sonderstellung. Nach Aufhebung des Edikts unter Ludwig XIV. kam es erneut zu H.verfolgungen; viele wanderten nach Dtld., in die Schweiz oder nach England aus. Erst die Französ. Revolution brachte den H. Gleichberechtigung u. Glaubensfreiheit.
**Huggins** [hʌginz], Charles Brenton, *22.9.1901, US-amerik. Urologe; Pionier bei der Behandlung des Prostatakrebses; Nobelpreis für Medizin (zus. mit P. *Rous*) 1966.
**Hughes** [hju:z], **1.** David Edward, *1831, †1900, brit. Erfinder; lebte meist in den USA; erfand 1855 den *H.-Telegraphen,* bei dem die Sendezeichen über Typendrucker in Lochschrift umgewandelt werden; vervollkommnete 1878 das Mikrophon (Kohlekörner-Mikrophon). – **2.** Langston, *1902, †1967, afroamerik. Schriftst.; der bekannteste Autor des *Blues-Stils,* stellte in seinen Werken die Probleme der schwarzen amerik. Bevölkerung dar (Gedichte, Erzählungen, Romane, Kinderbücher, Bühnenstücke, Opernlibretti). – **3.** Richard, *1900, †1976, engl. Schriftst. (Gedichte, Einakter, Hörspiele, Märchen, Romane).

# HUNDE

*Chow-Chow*

*Collie*

*Leonberger*

**Hugli,** *Hooghly,* westl. Mündungsarm des Ganges.
**Hugo,** Fürsten.
**1. H. d. Gr.,** †956, Herzog von Francien; Sohn *Roberts I.* von Paris; entthronte König *Ludwig IV.,* wurde aber durch dessen Schwager, Kaiser *Otto d. Gr.,* gezwungen, ihn wieder einzusetzen. – **2. H. Capet,** Sohn von 1), *um 940, †996, König von Frankreich 987–996; Ahnherr der *Kapetinger.*
**Hugo** [yˈgo], Victor, *1802, †1885, frz. Schriftst.; Führer der frz. Romantik; v.a. sozialkrit. Romane u. Dramen, auch Lyrik; W »Der Glöckner von Notre Dame«, »Die Elenden«.
**Hugo von Cluny,** Abt, *1024, †1109; förderte durch die Cluniazensische Reform das Klosterwesen.
**Hugo von Trimberg,** *um 1230, †nach 1313, mhd. Lehrdichter; Verf. einer volkstüml. Sittenlehre in dt. Versen (»Der Renner«).
**Huhehot** → Hohhot.
**Huhn,** *Haushuhn,* ein in zahlr. Rassen u. Spielarten über die ganze Erde verbreitetes Haustier, das vom ind. *Bankiva-H.* abstammt. Man unterscheidet: Fleischhühner (Cochin, Brahma) mit einem Gewicht von bis zu 7 kg; *Leghühner* (Leghorn, Italiener, Minorka, Andalusier) mit Legeleistungen von z.T. weit über 300 Eiern im Jahr; *Kampfhüh-*

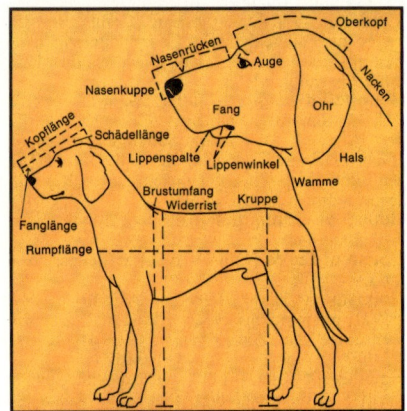
*Kopf- und Körpermaße*

*Cockerspaniel*

*Bernhardi[ner]*

*Husky*    *Basset-Hound*

*ner,* bei denen die temperamentvollen Hähne zu Schaukämpfen benutzt werden; *Zierhühner,* bei denen oft Abnormitäten bevorzugt werden, z.B. lange Schwanzfedern (Phoenix, Yokohama), kahle Körperstellen (Nackthals-H.) oder daunenartige Federn (Seiden-H.). Bei der *Wirtschaftsgeflügelzucht* werden sog. *Fleisch-* u. *Legehybriden* als Kreuzungsprodukte verwendet. In modernen Produktionsstätten müssen Lege- u. Masthühner in *Intensivhaltung* ohne Auslauf leben. Mastküken, sog. *Broiler,* werden meistens in Bodenhaltung auf engstem Raum u. Legehennen in Drahtkäfigen untergebracht. Besonders die Käfighaltung nimmt auf Ansprüche an art- u. verhaltensgerechte Unterbringung des H. keine Rücksicht. Sie muß deshalb als Tierquälerei angesehen werden.

**Hühnerauge,** an Druckstellen des Fußes entstehende schmerzhafte Hornhautverdickung.

**Hühnerhabicht** → Habicht.

**Hühnervögel,** Ordnung der *Vögel;* Scharrvögel mit geringem Flugvermögen. Die Männchen *(Hähne)* sind oft auffallend prächtiger als die Weibchen *(Hennen)* gefärbt. Fam.: *Großfußhühner, Hokkos, Fasanenartige, Schopfhühner.*

**Huitzilopochtli** [witθilo'pɔtʃtli], *Vitztliputztli,* der Nationalgott der *Azteken.*

**Huizinga** ['hœiziŋxa], Johan, *1872, †1945, ndl. Historiker; deutete die Aufgabe der Geschichtsschreibung als Rechenschaftslegung einer Kultur über ihre Vergangenheit; W »Herbst des MA«.

**Hula,** *Hula-Hula,* einst kult. Gemeinschaftstanz der polynes. Bewohner der Hawaii-Inseln.

**Hull** [hʌl], Cordell, *1871, †1955, US-amerik. Politiker (Demokrat); Berater F. D. *Roosevelts,* Außen-Min. 1933–44; Friedensnobelpreis 1945.

**Hulman,** ein langschwänziger *Schlankaffe* Vorderindiens, mit hellem Fell u. schwarz-violetten nackten Stellen; von den Hindu als Verkörperung des affenköpfigen Gotts *Hanuman* verehrt.

**Hulok,** Art der *Gibbons* in den Bergwäldern Hinterindiens; Männchen immer, Weibchen oft schwarz.

**Hülse,** *Frucht,* die aus einem einzigen Fruchtblatt besteht, sich aber sowohl an der Bauchnaht als auch entlang der Mittelrippe öffnet; bes. bei den *H.nfrüchtlern.*

**Hülsenfrüchte,** die Samen von *Erbsen, Bohnen* u. *Linsen.*

**Hülsenfrüchtler,** Ordnung der zweikeimblättrigen Pflanzen. Die Frucht ist eine *Hülse.* Zu den H. gehören die Fam. *Mimosengewächse, Caesalpiniengewächse* u. *Schmetterlingsblütler.*

**Hulst** [hylst], Hendrik Christoffel van de, *19.11.1918, ndl. Astronom.

**Hultschin,** tschech. *Hlučin,* Stadt in N-Mähren (ČSFR), 23 000 Ew.; Mittelpunkt des *H.er Ländchens,* eines schles. Teilfürstentums, das 1919 (Versailler Vertrag) von Dtld. an die Tschechoslowakei abgetreten wurde.

**human,** menschl., edel, menschenfreundl., menschenwürdig.

**Humanae Vitae,** Enzyklika Papst *Pauls VI.* 1968 über die Geburtenregelung, worin aktive Empfängnisverhütung als Sünde bezeichnet wird; erlaubt sind nur Methoden der Zeitwahl.

**Humangenetik,** menschliche Vererbungslehre, → Genetik.

**Humanisierung der Arbeitswelt,** alle sozialpolit. Maßnahmen, die Menschen vor schädigenden Auswirkungen der Arbeitswelt schützen sollen, wie Verbot der Kinderarbeit, Mutterschutz, Schutz vor gesundheitl. Gefahren.

**Humanismus,** die wiss.-geistige Haltung der *Renaissance,* die gekennzeichnet ist durch eine intensive, auf Quellenstudium gestützte Wiederbele-

*Boxer*

*Mops*

*Dobermann*

*charakteristische Rassemerkmale*

*Mastiff*

*Dalmatiner*

*Afghane*

*Deutsch Kurzhaar*

*Airedaleterrier*

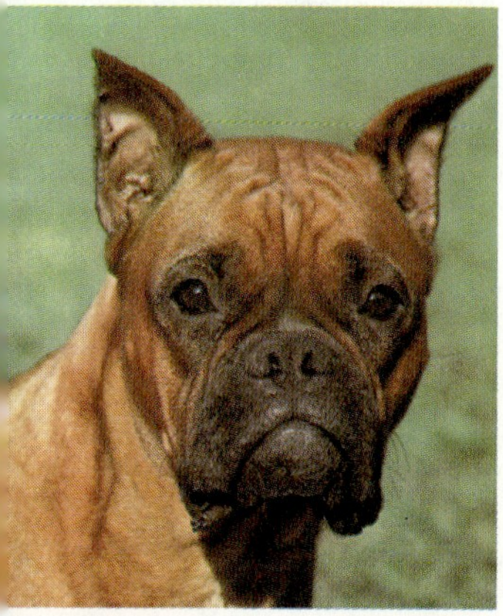

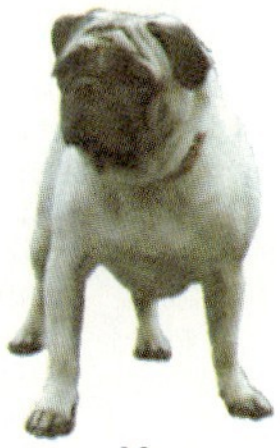

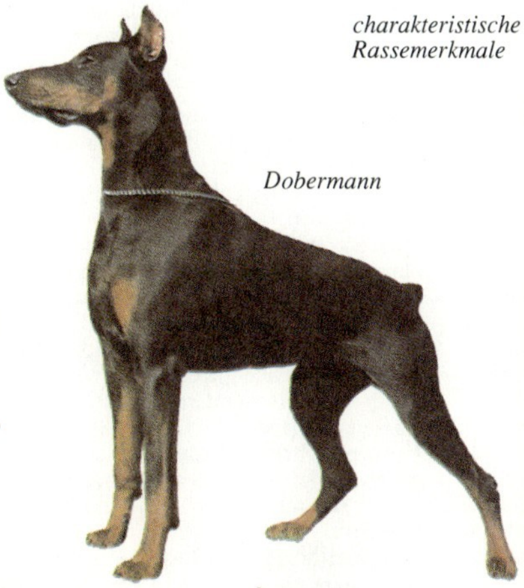

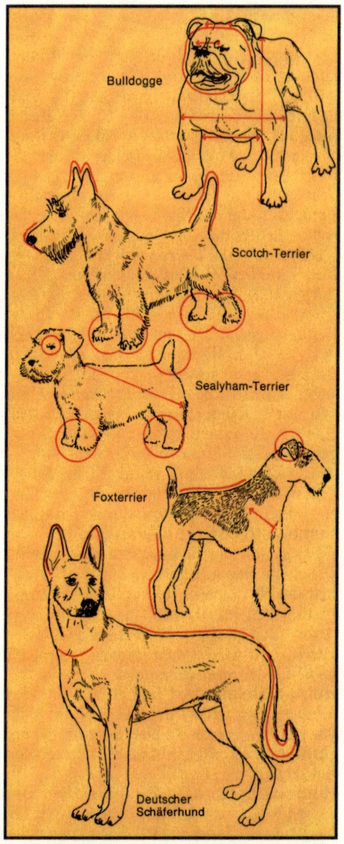

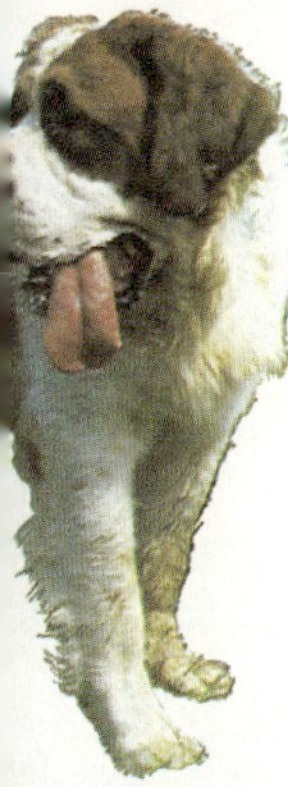

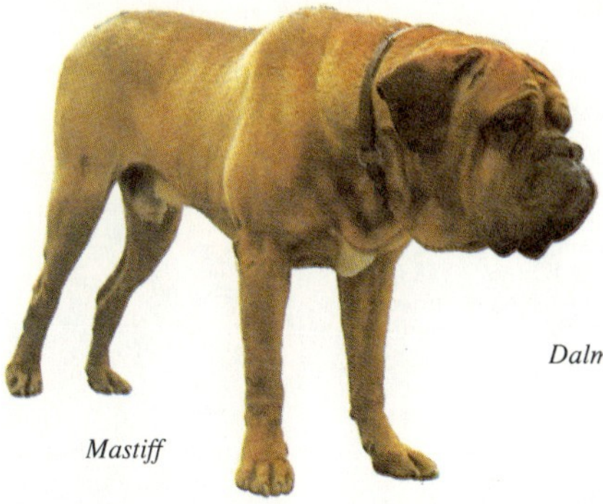

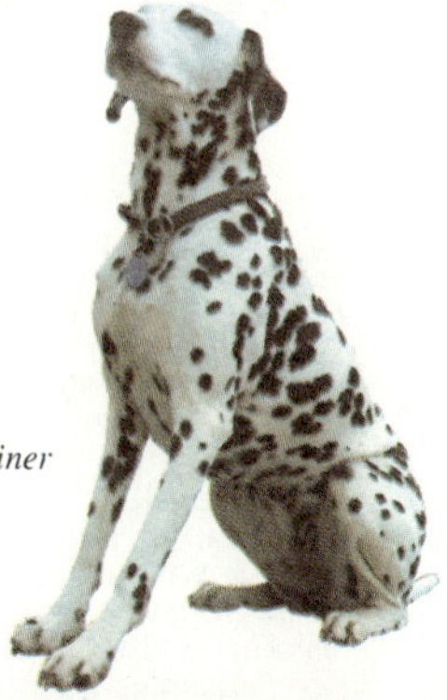

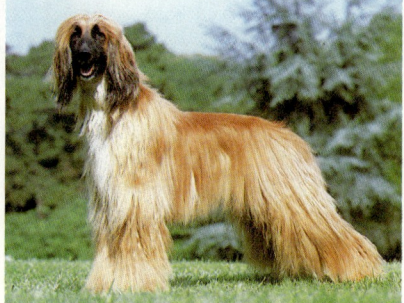

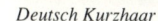

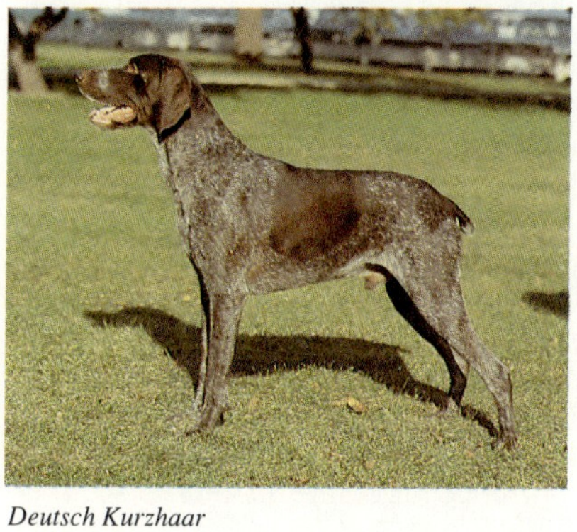

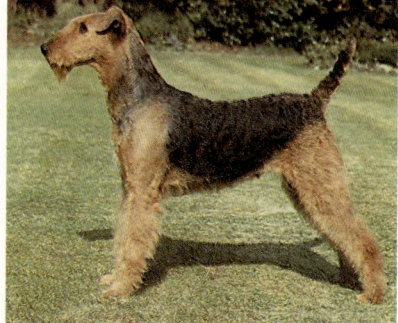

## humanistisches Gymnasium

*Alexander von Humboldt (links) und Wilhelm von Humboldt*

bung antiken Gedankenguts, gefördert durch arab. u. byzantin. Anstöße u. Vermittlung: Aus der Beschäftigung mit der Lit., Sprache u. Wiss. der alten Griechen u. Römer erwuchs das Bedürfnis, den Einzelmenschen (im Sinne der antiken Freiheit, Selbstverantwortlichkeit u. Demokratie) aus den festen Gemeinschaftsformen des christl. MA herauszulösen u. die Persönlichkeit im Sinne der antiken *humanitas* zu bilden. Die geschichtl. Leistung der Humanisten besteht v.a. in der Ausbildung einer wiss. (d.h. bibl.-theolog. Richtlinien freien) Haltung, die bes. in den Naturwiss. fördernd wirkte. Der H. entstand seit dem 12. Jh. in Italien u. breitete sich bes. im 14.–16. Jh. über ganz Europa aus. Hauptvertreter in Italien u.a. *Dante, Petrarca, G. F. Poggio,* in Frankreich J. C. *Scaliger,* in England T. *Moore,* in den Ndl. H. *Grotius;* im deutschsprachigen Raum bildeten sich Humanistenkreise, die auf Schulen u. Univ. wirkten u. die sich – neben theolog. Fragen – v.a. der Didaktik, Kunstlehre u. Übersetzungsliteratur widmeten. Den größten Einfluß hatten u.a. R. *Agricola,* J. *Reuchlin, Erasmus von Rotterdam,* U. von *Hutten* u. P. *Melanchthon.* – Im 18./19. Jh. wurde das Gedankengut des H. als sog. *Neuhumanismus* insbes. von J. J. *Winckelmann* u. W. von *Humboldt* aufgegriffen u. fortentwickelt. Im 19./20. Jh. löste sich der Begriff des H. weitgehend von seinen hist. Wurzeln u. nahm als sog. *Humanitätsideal* vielfach eine soz. Komponente an, indem die Schaffung der gesellschaftl. Voraussetzungen für eine freie Persönlichkeitsentfaltung in die Zielsetzung einbezogen wird. – **humanistisch,** die geschichtl. Epoche oder die allg. Geisteshaltung des H. betreffend.
**humanistisches Gymnasium,** altsprachl. Gymnasium, ein Gymnasium mit Latein u. Griechisch als Hauptfächern.
**humanitär,** menschenfreundl., wohltätig.
**Humanität,** das Gefühl für die Würde des Menschen, unabhängig von Rasse, Geschlecht u.a.; Erziehung zu Mitverantwortung, Toleranz u. Anerkennung der Menschenrechte.
**Human Relations** ['ju:mən ri'lɛiʃənz], die zwischenmenschl. Beziehungen, bes. im Betrieb; v.a. von der US-amerik. Industriesoziologie untersucht.
**Humber** ['hʌmbə], Mündungstrichter der O-engl. Flüsse *Ouse* u. *Trent.*
**Humboldt, 1.** Alexander Frhr. von, Bruder von 2), *1769, †1859, dt. Naturforscher; Begr. der *physischen Geographie.* Forschungsreisen nach Mittel- u. S-Amerika (bes. Orinocogebiet: 1802 Besteigung des Chimborazo) u. Zentralasien; W »Kosmos«, (Zusammenfassung des naturwiss. Wissens seiner Zeit). – **2.** Wilhelm Frhr. von, Bruder von 1), *1767, †1835, dt. Gelehrter u. Staatsmann; 1809/10 Leiter des preuß. Kultus- u. Unterrichtswesens (Begr. der Berliner Univ. u. des humanist. Gymnasiums in Preußen); vertrat Preußen auf versch. Kongressen, bes. auf dem Wiener Kongreß (1814/15); Verf. zahlr. sprachwiss. Arbeiten.
**Humboldtstrom,** *Perustrom,* kühle Meeresströmung vor der W-Küste S-Amerikas.
**Hume** [ju:m], David, *1711, †1776, schott. Philosoph u. Historiker; Vertreter des engl. *Empirismus* u. Begr. eines erkenntnistheoret. *Positivismus.*
**humid,** feucht. – **h.es Klima,** im Klimabereich, in dem im Ablauf eines Jahres mehr Niederschlag fällt als verdunstet; Ggs.: *arides Klima.*
**Hummel** → Hummeln.
**Hummel, 1.** Berta, *1909, †1946, dt. Malerin; seit 1934 Schwester *Maria Innocentia,* Franziskanerin im Kloster Sießen bei Saulgau; entwarf charakterist. Kinderbildnisse *(H.-Figuren).* – **2.** Johann Nepomuk, *1778, †1837, östr. Pianist u. Komponist; Schüler *Mozarts,* Freund *Beethovens.*
**Hummelfliegen,** *Wollschweber,* stark pelzig behaarte Fliegen mit extrem langem Rüssel; Larven häufig Parasiten in anderen Insektenlarven.
**Hummeln,** *Bombus,* Gattung plump geformter Stechimmen mit pelzigem Haarkleid aus der Gruppe der *sozialen Bienen;* Nester meist in Erd- u. Baumhöhlungen; in gemäßigten Zonen einjährige, in den Tropen mehrjährige *Staaten;* wichtige Blütenbestäuber; in Mitteleuropa v.a. *Erd-H., Stein-* u. *Acker-H.*
**Hummer,** *Homaridae,* Fam. der *Zehnfußkrebse,* wertvolle Speisekrebse mit stark entwickeltem ersten Scherenpaar; hierzu der *Echte H.,* der *Amerik. H.* u. der *Kaiser-H.*
**Humor,** heiter gelassene Gemütsverfassung.
**Humoreske, 1.** heitere Kurzgeschichte. – **2.** Musikstück humorvollen Charakters.
**Humperdinck,** Engelbert, *1854, †1921, dt. Komponist; W Märchenopern »Hänsel u. Gretel«, »Die Königskinder«.
**Humus,** organ. Stoffgemisch, das durch Zersetzung von pflanzl. u. tier. Stoffen entsteht; bildet die dunkle Oberschicht des Bodens, die für das Pflanzenwachstum von großer Bedeutung ist.
**Hunan,** Prov. in → China.
**Hund, 1. 1.** *Großer H.,* Sternbild des südl. Himmels, in Mitteleuropa sichtbar; Hauptstern *Sirius.* – **2.** *Kleiner H.,* Sternbild der Äquatorzone des Himmels; hellster Stern *Prokyon.* – **2.** Förderwagen unter Tage, urspr. *Hunt.*
**Hunde,** *Canidae,* Fam. der *Landraubtiere;* Zehengänger mit stumpfen, nicht einziehbaren Krallen; Kopf langschnäuzig, mit kräftigen Reißzähnen. Zu den H. gehören u.a. *Wolf, Hyänenhund, Mähnenwolf, Füchse, Schakale* u. der *Haushund,* der vom Wolf abstammt u. seit etwa 7000 v. Chr. Haustier des Menschen ist. Nach den versch. Verwendungsarten wurde er in nach Körperbau u. Charakter sehr unterschiedl. (rd. 300) Rassen u. Zuchtformen gezüchtet (planmäßig etwa seit 1850. – **H.rassen,** Zuchtrassen des *Haushunds:* 1. wildhund- u. schäferhundartige Rassen, 2. doggenartige Rassen, 3. Jagd-H. – B → S. 380/381
**Hundertjähriger Kalender,** seit 1701 herausgegebene langfristige Wettervorhersagen mit 100jährigem Rhythmus; für die Vorhersagepraxis unbrauchbar.
**Hundertjähriger Krieg,** der Krieg zw. England u. Frankreich 1338–1453 (mit Unterbrechungen) um den frz. Thron. Trotz anfängl. großer Erfolge der Engländer wurden diese schließl. – mit Ausnahme von Calais u. den normann. Inseln – aus Frankreich vertrieben; Friedensschluß 1475.
**Hundert Tage,** die Zeit zw. dem 20. März 1815, an dem *Napoleon I.* nach der Flucht aus Elba in Paris einzog, u. dem 28. Juni 1815, an dem *Ludwig XVIII.* die Regierungsgewalt wieder übernahm; oder auch zw. der Landung Napoleons am 1.3.1815 u. der Niederlage von *Waterloo* (18.6.).
**Hundertwasser,** Friedensreich, eigtl. Friedrich Stowasser, *15.12.1928, östr. Maler; kommt vom Ornamentalen des Wiener Jugendstils her; auch Fassadenbemalung.
**Hundestaupe,** akute, blutzersetzende u. sehr ansteckende Viruserkrankung, v.a. der Hunde.
**Hundsgiftgewächse,** *Apocynaceae,* Fam. der *Contortae;* meist trop. Holzpflanzen, z.B. der *Oleander;* oft giftig.
**Hundsgrotte,** ital. *Grotta del Cane,* Lavahöhle in den Phlegräischen Feldern, westl. von Neapel; in Bodennähe stark mit Kohlendioxid angereichert, so daß kleinere Tiere, z.B. Hunde, ersticken.
**Hundshaie, 1.** → Katzenhaie. – **2.** → Marderhaie.
**Hundskamille,** *Anthemis,* Gatt. der *Korbblütler;* hierzu Acker-H., *Stinkende H.* mit weißen Strahlenblüten, *Färber-H.* mit goldgelben Strahlenblüten u. *Röm.-H.*
**Hundskopfaffen,** Unterfam. der *Schmalnasen;* hierzu *Mangaben, Makaken, Rhesusaffe, Paviane* u. *Mandrill.*
**Hundspetersilie,** *Gartenschierling,* bis 1 m hoher *Doldenblütler,* Gartenunkraut; giftig.
**Hundstage,** in Mitteleuropa meist regelmäßig heiße Jahreszeit vom 24. Juli bis 24. August; nach dem zu dieser Zeit mit der Sonne annähernd gleichzeitig aufgehenden *Hundsstern (Sirius)* benannt.
**Hüne,** Riese, sehr groß gewachsener Mensch.
**Hunedoara,** Ind.-Stadt in Siebenbürgen (Rumänien), an der Cerna, 90 000 Ew.; Kokerei, Hüttenkombinat.
**Hünengrab,** *Hünenbett,* volkstüml. Bez. für *Megalithgrab.*
**Hünfeld,** Stadt in Hess., an der Vorderrhön, 13 700 Ew.; elektrotechn., Textil- u. Basaltind.
**Hungaria,** lat. für *Ungarn.*
**Hungerblume,** *Erophila,* Gatt. der *Kreuzblütler;* in Dtld. verbreitet ist nur die *Frühlings-H.,* ein 5 - 10 cm hohes Kraut auf sonnigen Anhöhen.
**Hungerödem,** *Kriegsödem,* allg. Gewebswassersucht infolge chron. Unterernährung oder Mangelernährung.
**Hungersteppe,** Südteil der Kasachensteppe in W-Turkistan, 75 000 km$^2$. – Als *Kleine* oder *Südl. H.* gilt auch der südl. Teil des *Kysylkum,* sw. von Taschkent, rd. 10 000 km$^2$.
**Hungerstreik,** die Verweigerung der Nahrungsaufnahme als polit. Kampfmittel zur Durchsetzung von Forderungen.
**Hungertuch,** *Fastentuch,* ein Tuch oder Vorhang, meist mit Passionssymbolen, in kath. Kirchen während der Fastenzeit vor dem Altar aufgehängt.
**Hungnam,** Hafenstadt in Nord-Korea, am Jap. Meer, bei Hamhung, 200 000 Ew.
**Hunnen,** ein Nomadenvolk, das um 200 v. Chr. ein großes Reich in der Mongolei gründete. Von den Chinesen im 1. Jh. v. Chr. besiegt, zogen Teile der H. westwärts u. unterwarfen um 370 die Alanen in N-Kaukasien, 375/376 die Ostgoten. Unter König *Attila* (dem *Etzel* der germ. Sage) besaßen sie ein großes Reich nördl. des Schwarzen u. des Kasp. Meers; das Byzantin. Reich wurde von ihnen abhängig. Bei ihrem Vorstoß nach Frankreich u. Italien wurden sie von Römern u. Westgoten 451 auf den *Katalaunischen Feldern* besiegt. Nach Attilas Tod 453 löste sich das Reich der H. auf.
**Hunsrück,** sw. Teil des Rhein. Schiefergebirges, zw. Mosel u. Nahe; im *Erbeskopf* 816 m.
**Hunt** [hʌnt], William Holman, *1827, †1910, engl. Maler; Mitbegr. der *Präraffaeliten.*
**Hunte,** l. Nbfl. der Weser, 189 km.
**Hunter** [hʌntə], engl. Jagdpferd.
**Huntington** ['hʌntiŋtən], Stadt in W-Virginia (USA), am Ohio, 83 000 Ew.; Univ.; Eisen-, Stahl-, Bekleidungs- u. Möbel-Ind., Kohlenbergbau.
**Huntington** ['hʌntiŋtən], George, *1851, †1916, US-amerik. Neurologe; beschrieb 1872 erstmalig die *Chorea progressiva (Chorea H.),* eine fortschreitende Form der Chorea (Veitstanz) auf erbl. Grundlage.
**Hunyadi** ['hunjɔdi], János (Johann), Vater des *Matthias Corvinus,* *um 1385, †1456, ung. Feldherr u. Reichsverweser; siegte 1456 über die Türken.

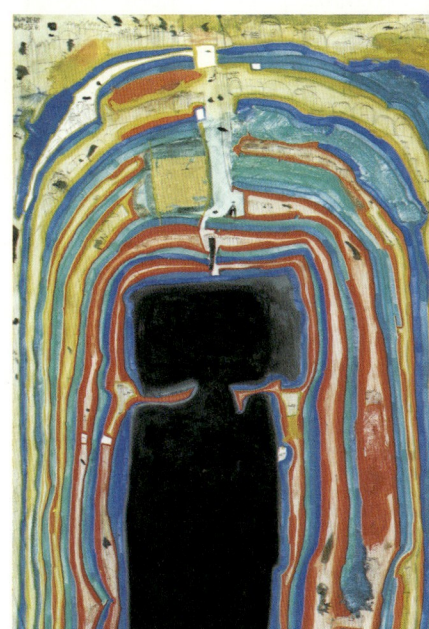

*Friedensreich Hundertwasser: Kaaba Penis; 1959*

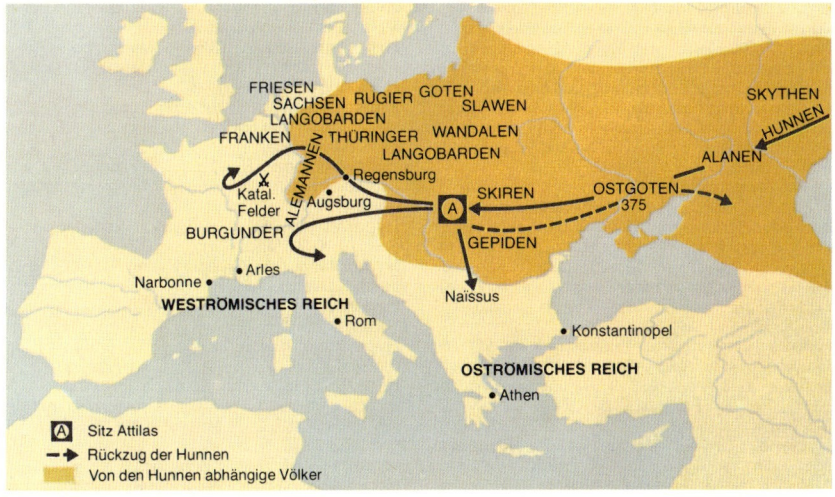

*Hunnen: Feldzüge im 4. und 5. Jahrhundert*

**Hunza,** Hochgebirgslandschaft im Karakorum, im nördl. Kaschmir; die gleichn. Bewohner sind eine sprachl. u. rassisch isolierte Volksgruppe mit eigener Kultur.

**Hürdenlauf,** ein leichtathlet. Laufwettbewerb, bei dem meist 10 Hürden von unterschiedl. Höhe übersprungen werden müssen; Strecken: 100 u. 400 m für Frauen, 110 u. 400 m für Männer.

**Hure,** Dirne, Prostituierte.

**Huri,** nach dem Koran eine Paradiesjungfrau von unzerstörbarer Jungfräulichkeit.

**Huronen,** *Huron, Wyandot,* fast ausgestorbener Indianerstamm der *Irokesen.*

**Huronsee** ['juːrən-], engl. *Lake Huron,* der mittlere u. zweitgrößte der nordamerik. *Großen Seen,* 59 586 km², 229 m tief.

**Hurrikan** ['hʌrikən], trop. Wirbelsturm über den Atlant. u. den östl. Pazif. Ozean, mit verheerenden Folgen v.a. über der Karibik, dem Golf von Mexiko sowie den südl. u. sö. Küstenstaaten der USA; von starkem Seegang u. intensiven Niederschlägen begleitet.

**Hurriter,** *Horiter, Churriter, Churri,* Kulturvolk in Mesopotamien im 3. u. 2. Jt. v.Chr.; breiteten sich im 18. Jh. v.Chr. über Syrien, Palästina u. Ägypten aus u. gründeten um 1600 v.Chr. das Reich *Mitanni.* Nachfahren schufen um 900 v.Chr. das Reich *Urartu.*

**Hürth,** Stadt in NRW, sw. von Köln, 51 000 Ew.; Braunkohlenabbau, versch. Ind.

**Hus,** *Huß,* Jan (Johannes), *um 1370, †1415, tschech. theolog. Reformer in Böhmen; unter dem Einfluß der Lehren J. *Wiclifs* bekämpfte er die verweltl. Kirche u. wandte sich erst später gegen versch. Dogmen. 1411 wurde er vom Papst exkommuniziert. Obwohl er freies Geleit zum Konzil von Konstanz von König Sigismund zugebilligt bekommen hatte, wurde er 1414 verhaftet u. 1415 als Ketzer verbrannt.

**Husák** ['husaːk], Gustav, *10.1.1913, tschechosl. Politiker; 1969–87 Parteichef der tschechosl. KP, 1975–89 auch Staats-Präs., 1990 aus der Partei ausgeschlossen.

**Husaren,** urspr. eine ung. berittene Miliz; bis zum 1. Weltkrieg eine leichte Gatt. der dt. Kavallerie.

**Husarenaffe,** eine große bodenbewohnende *Meerkatze* in den Steppen des Sudan u. O-Afrikas.

**Hüsch,** Hanns Dieter, *6.5.1925, Kabarettist; ironisiert kleinbürgerl. Verhalten.

**Husky** ['hʌski], mittelgroßer, aus Sibirien stammender *Schlittenhund.*

**Hussain,** arab. Herrscher:
**1.** *626/27, †680, Sohn des Kalifen *Ali* u. der *Fatima,* Enkel *Mohammeds;* beanspruchte als Nachfolger seines Bruders *Hassan* das Kalifat. – **2. H. I. ibn Ali,** *1853, †1931, König des Hedjas 1916–24; aus dem Geschlecht der *Haschimiden;* ließ sich 1917 in Mekka zum »König von Arabien« ausrufen. – **3. H. II.,** *14.11.1935, König von Jordanien seit 1952 (Krönung 1953); zerschlug 1970/71 die auch seine Herrschaft bedrohenden anti-isr. palästinens. Organisationen.

**Hussein,** Saddam, *28.4.1937, irak. Politiker (Baath-Partei); seit 1979 Staats- u. Regierungschef sowie Generalsekretär der Partei, veranlaßte 1990 die Annexion Kuwaits.

**Husserl,** Edmund, *1859, †1938, dt. Philosoph; Begr. der *Phänomenologie.*

**Hussiten,** die Anhänger des J. *Hus,* zwei Gruppen: die gemäßigten *Utraquisten* oder *Calixtiner* u. die radikalen *Taboriten.* 1420 forderten sie in vier *Prager Artikeln:* Freiheit der Predigt, den Laienkelch, Armut der Geistl. u. weltl. Strafen für Todsünden. Die Verweigerung ihrer Forderungen u. der Anspruch Kaiser *Sigismunds* auf die böhm. Krone führten zu den *H.kriegen* (1419–36; *Kelchkriege*). Im 16. Jh. schloß sich die Mehrzahl der H. der Reformation an, der Rest der Taboriten ging in den *Böhmischen Brüdern* auf.

**Husten,** *Tussis,* durch Reize auf die Atemwege ausgelöste, krampfhafte Ausatmungsstöße. Sie dienen dem Auswurf hindernder Stoffe aus Lungen u. Atemwegen.

**Huston** ['hjuːstən], John, *1906, †1987, US-amerik. Filmregisseur, -autor u. -darsteller (u.a. »African Queen«).

**Husum,** Krst. u. Hafenstadt in Schl.-Ho., an der kanalisierten *H.er Aue,* nördl. der Halbinsel Eiderstedt, 25 000 Ew.; Giebelhäuser (15.–17. Jh.); Fremdenverkehr; Schiffbau, Fisch- u.a. Ind.

**Huthaus,** *Zechenhaus,* der Umkleideraum der Bergleute mit den Waschkauen; Aufbewahrungsort für Werkzeuge.

**Hütte,** **1.** kleines, leichtes Gebäude zum Unterschlupf; armseliges Wohnhaus. – **2.** *Hüttenwerk,* Anlage zur Gewinnung von Metallen aus Erzen, oft verbunden mit der ersten Verarbeitung (Gießen, Walzen, Ziehen), sowie zur Gewinnung von nichtmetall. Rohstoffen (Glas, Schwefel).

**Hutten,** Ulrich von, *1488, †1523, dt. Reichsritter u. Humanist; Anhänger der Reformation, verband sich mit M. *Luther* u. Franz von *Sickingen,* Mitarbeiter an den gegen J. *Reuchlins* Feinde gerichteten *Dunkelmännerbriefen;* trat für ein einheitl. dt. Kaiserreich ein.

**Hutton** ['hʌtən], James, *1726, †1797, schott. Geologe; Begr. der modernen Geologie.

**Huxley** ['hʌksli], **1.** Aldous Leonard, Bruder von 2) u. 3), *1894, †1963, engl. Schriftst.; satir. Romane, fortschrittskrit. Utopien (»Brave new world«), Kurzgeschichten, Lyrik, Essays. – **2.** Andrew Fielding, Bruder von 1) u. 3), *22.11.1917, engl. Physiologe; erforschte den Ionen-Mechanismus, der sich bei der Erregung u. Hemmung in den peripheren u. zentralen Bereichen der Nervenzellmembran abspielt; zus. mit J.C. *Eules* u. A.L. *Hodgkin* Nobelpreis für Medizin 1963. – **3.** Sir Julian, Bruder von 1) u. 2), *1887, †1975, engl. Biologe; 1946–48 Generaldirektor der UNESCO. – **4.** Thomas Henry, *1825, †1895, engl. Naturforscher, Mediziner, Biologe u. Philosoph; Anhänger der Entwicklungstheorie C. *Darwins* u. Mitbegr. der Abstammungslehre des Menschen.

**Huygens,** *Huyghens* ['hœyxəns], Christian, *1629, †1695, ndl. Physiker, Mathematiker u. Astronom; vertrat die Vorstellung von der Wellennatur des Lichts u. stellte das *H.sche Prinzip* auf, nach dem jeder Punkt einer Welle als Ausgangspunkt einer Kugelwelle aufgefaßt werden kann; stellte ferner das Gesetz des elast. Stoßes auf, erfand die Pendeluhr, begr. die Wahrscheinlichkeitsrechnung, stellte die Abplattung des Jupiter fest, erkannte (1656) die wahre Gestalt der Saturnringe u. entdeckte den Saturnmond Titan.

**Huysmans** [yis'mɑ̃s], Joris-Karl, *1848, †1907, frz. Schriftst. fläm. Abstammung; Vertreter des Symbolismus.

*Hyänen: Tüpfelhyäne mit Beute*

**Hvar** [xvar], Insel an der mittleren Küste Dalmatiens (Jugoslawien); 300 km², 20 000 Ew., Hauptort H.; Anbau von Südfrüchten, Oliven u. Wein; Fischerei.

**Hvid** [viːð], dän. Silbermünze (1,3 g) des 14.–17. Jh., 1651–86 in Kupfer geprägt.

**Hyaden, 1.** in der grch. Sage Nymphen, Schwestern der *Pleiaden.* – **2.** *Regensterne,* loser Sternhaufen im *Stier.*

**Hyakinthos,** *Hyazinth,* schöner Jüngling u. Heros der grch. Sage; von *Apollon* geliebt, durch einen Diskuswurf getötet.

**hyalin,** glasartig, durchscheinend.

**Hyänen,** *Hyaenidae,* Fam. der *Landraubtiere,* den *Katzen* nahestehend; nächtl. aktive Aasfresser, die in Rudeln auch lebende Beute schlagen. Hierher gehören *Tüpfel-H., Streifen-H., Schobracken-H.* u. i.w.S. auch der *Erdhund.*

**Hyänenhund,** ein unregelmäßig dreifarbig gezeichneter Wildhund in den Steppen Afrikas südl. der Sahara.

**Hyazinthe,** *Hyacinthus,* Gatt. der *Liliengewächse;* Zwiebelgewächs, in vielen Farben; Gartengewächs u. Topfpflanze.

**Hybride** → *Bastard*

**Hybridom,** eine Mischzelle, die Abwehrstoffe produziert u. sich zeitl. unbegrenzt vermehrt.

**Hybridrechner,** eine elektron. Rechenanlage, die Angaben sowohl in digitaler als auch analoger Form verarbeiten kann.

**Hybris,** in der grch. Religion frevelhafter Stolz, vor allem die Selbstüberhebung gegenüber den Göttern.

**Hyde Park** [haid paːk], Londoner Park (zus. mit den *Kensington Gardens* 249 ha) westl. der City; mit der »Rednerecke« (*Speakers' Corner*).

**Hyderabad** ['haidərabad], **1.** *Haidarabad, Haiderabad,* ehem. größter u. dichtestbevölkerter ind. Fürstenstaat, seit 1950 Bundesstaat der Ind. Union, 1956 aufgeteilt auf die Bundesstaaten *Bombay* (später *Maharashtra*), *Maisur* u. *Andhra Pradesh.* – **2.** ehem. Hptst. von 1), seit 1956 Hptst. des ind. Bundesstaats Andhra Pradesh, mit der ehem. Garnisonstadt *Secunderabad* zus. 1,9 Mio. Ew., Univ., Museen, histor. Bauwerke, u.a. die Mekka-Moschee (17. Jh.). – **3.** Ind.-Stadt in Pakistan, am Unterlauf des Indus, 800 000 Ew.; Univ., Flughafen,

*Hürdenlauf: Läufer beim Überqueren einer Hürde*

**Hydra**

bed. Verkehrsknotenpunkt, traditionelles Kunsthandwerk.
**Hydra, 1.** in der grch. Sage eine riesige Schlange mit 9 Köpfen; von *Herkules* getötet. – **2.** *Wasserschlange,* Sternbild am südl. Himmel. – **3.** *Süßwasserpolyp* der Kl. *Hydrozoa.*
**Hydra** [neugrch. -'ðra], grch. Insel mit dem gleichn. zentralen Ort vor der Ostküste des Peloponnes, 50 km², 2800 Ew. *(Hydrioten);* Fremdenverkehr.
**Hydrant,** Wasserentnahmestelle für Feuerwehr u. Straßenreinigung; der in der Straße liegenden Wasserversorgungsleitung angeschlossen.
**Hydrate,** anorgan. u. organ. Verbindungen, die Wasser chem. gebunden enthalten; z.B. die Kristallwasser enthaltenden Salze oder das Chloralhydrat.
**Hydraulik, 1.** die techn. angewandte Lehre von strömenden Flüssigkeiten, bes. die Berechnung von Strömungen in Rohren, an Ausflüssen u. Düsen. – **2.** hydraul. Betätigungssysteme für Lenkung, Kupplung, Bremsen u.a., bei denen Kräfte u. Bewegungsvorgänge mit Hilfe einer volumenbeständigen Flüssigkeit übertragen werden.
**Hydrazin,** eine chem. Verbindung aus Wasserstoff u. Stickstoff, $H_2N-NH_2$; farblose, wasserlösl. Flüssigkeit mit Ammoniakgeruch; Derivate als Raketentreibstoff verwendet.
**Hydride,** chem. Verbindungen des Wasserstoffs mit einem anderen Element.
**hydrieren,** *hydrogenieren,* Wasserstoff unter dem Einfluß von Katalysatoren (z.B. Platin, Palladium, Nickel) anlagern; z.B. bei der Fetthärtung.
**hydro...,** Wortbestandteil mit der Bedeutung »Wasser«.
**Hydrobiologie,** Teil der Ökologie, → Hydrologie.
**Hydrochinon,** p-Dihydroxybenzol, ein zweiwertiges Phenolderivat; photograph. Entwicklersubstanz.
**hydrogen,** aus Wasser erzeugt.
**Hydrogenium,** lat. für *Wasserstoff.*
**Hydrokultur,** *Hydroponik,* Haltung von Zimmerpflanzen, Blumen u. Gemüse in Nährlösungen (ohne Erde) unter Verwendung von Kies o.ä. Materialien.
**Hydrologie,** die Lehre vom Wasser auf, in u. über der Erdoberfläche, d.h. von Vorkommen, Erscheinungsform, Haushalt, von dem vom Wasser transportierten Material u. seinen Lebewesen *(Hydrobiologie)* sowie von seinen Eigenschaften *(Hydrochemie).* Mit dem Wasser auf der festen Erdoberfläche befaßt sich die Gewässerkunde *(Hydrographie),* mit dem Wasser unter der Erde (Grundwasser u. Quellen) die *Hydrogeologie;* den Haushalt des Bodenwassers betrachtet die *Geohydrologie;* das Wasser der Atmosphäre behandelt die *Hydrometeorologie.*
**Hydrolyse** [grch.], Bez. für eine chem. Reaktion zw. organ. oder anorgan. Verbindungen mit Wasser, die auf der Spaltung einer Ionen- oder Atombindung (kovalenten Bindung) beruht. Die H. wird durch die elektrolyt. Dissoziation der Wassermoleküle ermöglicht ($H_2O \rightleftharpoons H^+ + OH^-$) u. kann durch eine reversible Gleichung beschrieben werden:
$$AB + HOH \rightleftharpoons AH + BOH$$
Die reagierenden Verbindungen (AB) u. die H.produkte können neutrale Moleküle sein, in den meisten Reaktionen mit organ. Verbindungen oder elektr. geladene Moleküle wie Säuren, Basen oder Salze sein. Bei biochem. Vorgängen, z.B. bei der Verdauung, katalysieren bestimmte Enzyme *(Hydrolasen)* die H. von Proteinen, Kohlenhydraten u. Fetten.
**Hydrolyt,** in Wasser lösl. Mineral.
**Hydrosphäre,** die Wasserhülle der Erde, Teil der *Geosphäre;* umfaßt das Wasser, das im Meer, in Seen, Flüssen, Gletschern, im Grundwasser u. in der Atmosphäre vorhanden ist.
**Hydrostatik,** die Lehre von den Gleichgewichtszuständen ruhender, nicht zusammendrückbarer Flüssigkeiten unter dem Einfluß äußerer Kräfte (vor allem der Schwerkraft). Nach dem wichtigsten Gesetz der H. ist der Druck (**hydrostatischer Druck**) im Innern einer Flüssigkeit infolge der Beweglichkeit der Moleküle nach allen Seiten gleich.
**hydrostatische Waage,** Gerät zur Bestimmung der Dichte fester Körper mit Hilfe des → Auftriebs.

**Hydrotherapie,** die Heilbehandlung durch Wasseranwendungen (Bäder, Güsse, Packungen u.a.).
**Hydroxide,** *Hydroxyde,* Metallverbindungen, die die einwertige *Hydroxylgruppe* –OH enthalten. Wäßrige Lösungen der H. reagieren basisch.
**Hydroxycarbonsäuren,** *Hydroxysäuren,* organ. Säuren, die eine oder mehrere Hydroxylgruppen im Molekül aufweisen, z.B. Apfel-, Wein- u. Citronensäure.
**Hydrozoen,** *Hydrozoa,* Klasse der *Nesseltiere;* Wasserbewohner, meist mit Generationswechsel in Form der *Metagenese.* Dabei folgen aufeinander eine ungeschlechtl. festsitzende *(Hydro-, Hydroid-)Polyp* u. die geschlechtl. frei schwimmende *Meduse* oder *Qualle.* Beide Formen haben Nesselkapseln, die hpts. an den Tentakeln sitzen. – B → S. 374
**Hyères** [i'ε:r], Stadt u. Winterkurort im SO von Frankreich, östl. von Toulon, 39 000 Ew.; Seebad; Gemüse- u. Weinanbau; Salzgewinnung. – Vor der Küste die *Îles d'H.* (auch *Îles d'Or,* die antiken *Stöchaden).*
**Hygiene,** *Gesundheitslehre,* die vorbeugende Med., d.h. die Gesamtheit aller Bestrebungen u. Maßnahmen zur Verhütung von Krankheiten u. Gesundheitsschäden.
**Hygro...,** Wortbestandteil mit der Bed. »Feuchtigkeit«.
**Hygrometer,** Meßgerät zur Bestimmung der Luftfeuchtigkeit. – *Haar-H.:* bestimmt den Feuchtigkeitsgehalt der Luft anhand der Längenveränderung eines mit einem Zeiger *(Hygrograph)* verbundenen Kunsthaars.
**Hygroskop,** Gerät zur Schätzung der relativen Luftfeuchtigkeit. – **hygroskopisch,** Bez. für Stoffe, die aus der Luft Wasserdampf aufnehmen, z.B. konzentrierte Schwefelsäure.
**Hyle,** Stoff, Materie. – **Hylemorphismus,** »Materie-Form-Lehre«, die aristotel.-thomist. Lehre, daß alle Wirklichkeit aus *Materie* [grch. *hyle*] u. *Form* [grch. *morphe*] aufgebaut sei.
**Hymen** [das], *Jungfernhäutchen,* eine elast., ring- oder sichelförmige Schleimhautfalte am Scheideneingang; wird beim ersten Geschlechtsverkehr zerstört u. bildet sich zu narbigen Resten zurück.
**Hymir,** *Ymir,* ein Riese der nord. Sage.
**Hymne** [die], der *Hymnus,* in alten Griechenland ein Preislied auf einen Gott; im Christentum ein Lobgesang zur Preisung Gottes, Christi, aber auch der Heiligen. Seit F. G. *Klopstock* versteht man unter H. allg. ein feierl.-getragenes Gedicht mit festl. Rhythmus.
**hyper...,** Wortbestandteil mit der Bed. »über(mä)ßig), mehr als«.
**Hyperämie,** *Überdurchblutung, Blutüberfüllung,* vermehrter Blutgehalt oder verstärkte Durchblutung eines Gewebes, Organs oder Körperteils. Man unterscheidet die *aktive* oder *arterielle H. (Blutandrang),* d.h. Durchblutungszunahme, von der *passiven* oder *venösen H. (Blutstauung),* d.h. Blutüberfüllung infolge verminderten Blutabflusses.
**Hyperästhesie,** Überempfindlichkeit gegen Druck, Berührung oder Schmerz bei Erkrankungen, z.B. der Nerven.
**Hyperbel, 1.** eine punktsymmetr., aus 2 Zweigen bestehende Kurve, deren Punkte von 2 festen Punkten (den *Brennpunkten* $F$ u. $F_1$) Entfernungen haben, deren Differenz ($2a$) konstant ist. Die H.gleichung hat in rechtwinkligen Koordinaten die Form: $b^2x^2 - a^2y^2 = a^2b^2$. – **2.** *Stilistik:* eine unwahrscheinl. Übertreibung.
**Hyperboloid,** eine Fläche 2. Ordnung, die durch Ebenen in Parabeln, Ellipsen u. Hyperbeln geschnitten wird. *Einschalige* u. *zweischalige Dreh-H.e* entstehen durch Drehung einer Hyperbel um eine ihrer Symmetrieachsen.

*Hyperbel*

**Hyperboreer,** in der grch. Myth. ein glückliches Volk im N Griechenlands.
**Hyperemesis,** übermäßiges, sehr starkes u. häufiges Erbrechen, bes. das sog. unstillbare Erbrechen der Schwangeren.
**Hyperglykämie,** Blutzuckererhöhung.
**Hyperion, 1.** → griechische Religion. – **2.** einer der Saturnmonde.
**Hypermetropie,** *Hyperopie,* Übersichtigkeit, ein Brechungsfehler des Auges *(Ametropie);* Ggs.: *Myopie.*
**Hyperonen,** nichtstabile Elementarteilchen, die in etwa $10^{-10}$ s zerfallen.
**Hyperplasie,** die Größenzunahme von Organen durch Zellvermehrung.
**Hyperschall,** Schallwellen mit Frequenzen über $10^7$ kHz.
**Hypertonie,** *Bluthochdruck,* chron. erhöhter Blutdruck.
**Hypertrophie,** die meist durch verstärkte Inanspruchnahme hervorgerufene Größenzunahme eines Organs (z.B. der Muskulatur u. des Herzens bei Sportlern).
**Hypnos** → griechische Religion.
**Hypnose,** ein schlafähnl. Zustand mit starker Bewußtseinseinengung u. Bindung an den Willen des *Hypnotiseurs;* durch *Suggestion* hervorgerufen u. in versch. Graden möglich.
**hypo...,** Wortbestandteil mit der Bed. »(dar)unter, weniger«.
**Hypochonder,** eingebildeter Kranker.
**Hypochondrie** [-xɔn-], übertriebene Beschäftigung mit dem eigenen Gesundheitszustand. – **Hypochonder:** eingebildeter Kranker.
**Hypophyse,** *Hirnanhangdrüse,* eine Drüse *innerer Sekretion* der Wirbeltiere, die im Bereich des Zwischenhirns an der Schädelbasis liegt u. beim Menschen etwa kirschkerngroß ist. Die aus *Vorder-, Zwischen-* u. *Hinterlappen* bestehende H. ist allen anderen Hormondrüsen übergeordnet u. wird z.T. vom *Hypothalamus* gesteuert. Sie erzeugt v.a. Hormone, regt das Körperwachstum an, beeinflußt Blutdruck, glatte Muskulatur u. Harnausscheidung.
**Hypostase, 1.** das Absinken des Bluts in die unteren Organabschnitte u. die Verlangsamung des Blutumlaufs bei bettlägerigen Kranken. – **2.** *Hypostasierung,* Verdinglichung von Eigenschaften, Vorstellungen oder Begriffen (z.B. die Annahme des »Dings an sich«). – **hypostasieren,** etwas bloß Gedachtes als wirkl. annehmen oder unterschieben.
**Hypotenuse,** im rechtwinkligen Dreieck die dem rechten Winkel gegenüberliegende Seite.
**Hypothalamus,** der untere Teil der Seitenwände des Zwischenhirns. Im H. liegen bei Säugetieren die wichtigsten übergeordneten Regulationszentren des vegetativen Nervensystems. Von hier aus werden Fettstoffwechsel, Blutdruck, Atmung, Wasserhaushalt, Temperatur u. Geschlechtsfunktionen kontrolliert u. gesteuert. Der H. bildet auch die *Releasinghormone,* d.h. die Produktion der Hormone des Hypophysen-Vorderlappens reguliert.
**Hypothek,** zur Sicherung einer Forderung bestelltes *Grundpfandrecht,* die Hauptform des Bodenkredits. Die H. entsteht durch Einigung u. Eintragung in das Grundbuch. Bei der *Brief-H.* wird zur Erleichterung des Umlaufs ein bes. *H.enbrief* ausgestellt, dessen Übergabe neben der Abtretung der Forderung zur Übertragung genügt, ohne daß eine neuerl. Eintragung ins Grundbuch erforderl. ist.
**Hypothese,** wiss. begründete Annahme; Vermutung, deren Richtigkeit noch bewiesen werden muß; Vorstufe zur *Theorie.* – **hypothetisch,** auf Vermutungen beruhend.
**Hypotonie,** Bez. für chron. oder langfristig niedrigen Blutdruck; Ggs.: *Hypertonie.*
**Hypozentrum,** Ausgangspunkt eines Erdbebens, Erdbebenherd.
**Hypsometrie,** die → Höhenmessung.
**Hysterese, 1.** *Hysteresis, magnet. H.,* bei ferromagnet. Stoffen das Zurückbleiben der Magnetisierung gegenüber der erregenden magnet. Feldstärke. – **2.** *elastische H.,* elastische Nachwirkung, die bei manchen (z.B. bei gummiartigen) Stoffen nach dem Aufhören einer elast. Beanspruchung zurückbleibenden oder nur sehr langsam zurückgehenden Formänderungen.
**Hysterie,** ein Zustand, in dem sich seel. Erregung durch körperl. Veränderungen oder Funktionsstörungen äußert. Durchfälle, Schrei-, Wein-, Krampfanfälle, Erbrechen, Lähmungen u.a. können auf H. beruhen.
**Hz,** Kurzzeichen für *Hertz.*

# I

**i, I,** 9. Buchstabe des dt. Alphabets, entspr. dem grch. *Jota (i, I).*
**i,** *Math.:* eine → imaginäre Einheit.
**I,** röm. Zahlzeichen für *eins.*
**Iacocca** [aiaˈkɔkə], Lido (»Lee«) Anthony, *15.10.1924, US-amerik. Manager, Ingenieur; 1946–78 bei der *Ford Motor Company,* seit 1978 Präs. der *Chrysler Corp.* Autobiographie (mit W. Novak): »I., eine amerik. Karriere«.
**IAEA,** Abk. für engl. *International Atomic Energy Agency,* → Internationale Atomenergie-Organisation.
**IAEO,** Abk. für *Internationale Atomenergie-Organisation.*
**Iambus** → Jambus.
**Ianiculum,** ital. *Monte Gianicolo,* einer der Hügel Roms, im W der Stadt.
**IAO,** Abk. für *Internationale Arbeitsorganisation.*
**Iași,** *Jassy,* Hptst. des gleichn. rumän. Kreises, in der Moldau, 270 000 Ew.; Univ.; Nahrungsmittel-, Metall-, Textil- u. chem. Ind. – Der Friede von I. vom 9.1.1792 beendete den russ.-türk. Krieg 1787–92.
**Iason,** grch. Sagenheld aus Thessalien, Führer der *Argonauten.* Er gewann mit Hilfe *Medeas* das *Goldene Vlies.*
**IATA,** Abk. für engl. *International Air Transport Association,* internat. Verband der Luftverkehrsgesellschaften.
**Iatrochemie,** die Epoche in der Geschichte der Chemie 1400–1700. *Paracelsus,* der Hauptvertreter dieser Richtung, sah die Aufgabe der Chemie in der Schaffung von Arzneimitteln.
**Ibadan,** zweitgrößte Stadt Nigerias, Hptst. des nigerian. Bundesstaates Oyo, 850 000 Ew.; Univ., kath. Bischofssitz; Flugplatz.
**Ibaditen** → Charidschiten.
**Ibagué** [-ˈge], *San Bonifacio de I.,* Hptst. des Dep. Tolima im zentralen Kolumbien, 297 000 Ew.; Univ., kath. Bischofssitz.
**Iban,** *See-Dajak, Batang Lupar,* jungindones. Volk (rd. 240 000) mit altmalaiischer Kultur an Küsten u. Flüssen *Sarawaks* (NW-Borneo).
**Ibara Saikaku,** *Ihara Saikaku,* eigtl. *Hirajama Togo,* *1642, †1693, jap. Schriftst. u. Haiku-Dichter; erster Schriftst. des Bürgerstands.
**Ibárruri,** Dolores, gen. *La Pasionaria,* *1895, †1989, span. Politikerin (KP); erlangte im Span. Bürgerkrieg legendären Ruhm.
**Ibbenbüren,** Stadt in NRW an den Ausläufern des Teutoburger Walds, 42 000 Ew.; Großkraftwerk; Steinkohlenbergbau.

**IBCG,** Abk. für *Internationaler Bund Christlicher Gewerkschaften.*
**Iberer,** die vorindoeurop. Bevölkerung der Pyrenäenhalbinsel u. S-Frankreichs, deren ethnische Zugehörigkeit noch nicht geklärt ist. Ihre Kultur entwickelte sich unter grch. u. röm. Einfluß zu bes. Höhe. Die I. hatten in der 2. Hälfte des 1. Jahrtausends v. Chr. befestigte Städte, eine hochstehende Kunst u. eine eigene Schrift. In O-Spanien vermischten sie sich mit den Kelten seit dem 6. Jh. v. Chr. zu *Keltiberern.*
**Iberien,** lat. *Iberia,* **1.** im Altertum die Landschaft am Oberlauf des *Kyros (Kura)* in Kaukasien, der östl. Teil des heutigen *Grusinien.* – **2.** alter Name für die teilweise von *Iberern* bewohnte u. vom *Iberus* (Ebro) durchflossene Pyrenäenhalbinsel *(Iberische Halbinsel).*
**Iberische Halbinsel** → Pyrenäenhalbinsel.
**Iberisches Becken,** Meeresbecken zwischen der Westküste Spaniens u. Portugals u. den Azoren, bis 5834 m tief.
**Iberisches Randgebirge,** span. *Cordillera Ibérica,* das 460 km lange, von NW nach SO ziehende Bruchfaltengebirge, das die inneren Hochländer *(Meseten)* der Pyrenäenhalbinsel gegen das Ebro-Becken u. gegen das Küstentiefland von Valencia abschließt.
**Iberoamerika,** *Lateinamerika,* das von den Bewohnern der Iber. Halbinsel (Spanier, Portugiesen) kolonisierte Mittelamerika u. Südamerika. – Gesch.: → Lateinamerika.
**Ibert** [iˈbɛːr], Jacques, *1890, †1962, frz. Komponist; u.a. Schüler von G. *Fauré.*
**IBFG,** Abk. für *Internationaler Bund Freier Gewerkschaften.*
**Ibisse,** *Threskiornithidae,* Familie kleinerer *Stelzvögel* mit sichelförmig abwärts gebogenem Schnabel. Der *Heilige Ibis* galt im alten Ägypten als heilig. Zu den I. gehören ferner *Sichler, Löffelreiher* u. *Waldrapp.*
**Ibiza** [iˈbiθa], Hauptinsel der span. *Pityusen,* zur Inselgruppe der *Balearen* gehörig, 541 km², 48 000 Ew. Die altertüml. Hptst. *I.* liegt an der SO-Küste (Hafen).
**IBM** [aibiɛm], Abk. für *International Business Machines Corporation.*
**Ibn** [arab., »Sohn«], Bestandteil arab. Personennamen; hebr. *Ben.*
**Ibn Al-Farid,** Omar, *1182, †1235, arab. Dichter. Sein Diwan ist die höchste Blüte der mystischen arab. Poesie.
**Ibn Battuta,** *1304, †1377, arab. Weltreisender; bereiste 1325–49 N- u. O-Afrika, den Orient, Indien, die Sunda-Inseln, China, Turan u. S-Rußland, 1352/53 das Niger-Gebiet (Timbuktu).
**Ibn Chaldun,** Abd ar-Rahman, *1332, †1406, arab. Geschichtsschreiber; verfaßte eine Weltgeschichte.
**Ibn Saud,** arab. Dynastie im Nadjd:
**1.** *Mohammed ibn Saud,* *1735, †1766 (?); begründete das Wahhabitenreich. – **2.** *I.S. Abd ül-Aziz III.,* *1880, †1953, König von Saudi-Arabien 1932–53; eroberte 1902 Riad zurück u. baute den Wahhabitenstaat im Nadjd neu auf. 1926 König von Hedjas, nannte sich König von Saudi-Arabien. – **3.** Sohn von 2), → Saud.
**Ibo,** W-afrik. Volk (6,4 Mio.) der Ostregion Nigerias. Verwandt sind die benachbarten *Ibibio* u. *Idio (Ijaw).*
**Ibo,** Fluß in W-Afrika, → Sassandra.
**Ibrahim** → Abraham.
**IBRD,** Abk. für engl. *International Bank for Reconstruction and Development,* → Weltbank.
**Ibsen,** Henrik, *1828, †1906, norw. Schriftst.; der meistgespielte Dramatiker (Ideendramen u. gesellschaftskrit. Werke) seiner Zeit; Ⓦ »Peer Gynt«, »Nora«, »Gespenster«, »Hedda Gabler«, »Baumeister Solness«.
**Iburg,** *Bad I.,* niedersächs. Stadt, Kneippkurort am Rand des Teutoburger Walds, 9700 Ew.

**Ibykos,** fahrender grch. Sänger, lebte im 6. Jh. v. Chr. bes. in S-Italien, auf Sizilien u. Samos.
**IC, 1.** Abk. für engl. *integrated circuit,* → integrierte Schaltung. – **2.** Abk. für *Inter-City-Zug.*
**Ica,** *San Gerónimo de I.* [-xeˈronimo de ˈika], Hptst. des zentralperuan. Dep. Ica, 111 000 Ew.
**ICAO,** Abk. für engl. *International Civil Aviation Organization,* Internationale Zivilluftfahrt-Organisation der UN; gegr. 1944; Sitz: Montreal.
**Icarus,** *Ikaros* → Daidalos.
**Ica-Stil,** Kunststil der S-Küste Perus *(Chincha-Reich)* zu Beginn des 15. Jh.
**ICBM,** Abk. für engl. *intercontinental ballistic missile* [»interkontinentaler ballistischer Flugkörper«], → Interkontinentalraketen.
**ICC,** Abk. für engl. *International Chamber of Commerce,* → Internationale Handelskammer.
**ICE,** Abk. für *Intercity Experimental,* ein Hochgeschwindigkeits-Eisenbahnzug der Dt. Bundesbahn.
**Ich,** lat. *ego,* Gegenstand (Objekt) u. Träger (Subjekt) des *Selbstbewußtseins.* Eine bes. Konzeption des I. ist in der Psychoanalyse gegeben. Das I. ist hier ein Funktionssystem, in dem bewußte u. unbewußte Regungen zusammenlaufen. Es steht zwischen dem *Es* u. dem *Über-Ich.*
**Ichikawa** [-ˈtʃi-], jap. Stadt an der Bucht von Tokio, 364 000 Ew.; chem., Metall- u. Textilind.
**Ichneumons,** *Herpestinae,* Unterfam. der *Schleichkatzen;* hierzu *Ichneumons* (i.e.S.), *Mungos, Mangusten, Kusimansen, Erdmännchen* u. *Maushund.* Von Spanien bis N-Afrika u. Kleinasien kommt das *Heilige Ichneumon* vor. Südl. der

*Ibo-Frau mit Kind*

Sahara lebt das *Sumpfichneumon.* Im gleichen Gebiet u. in S-Arabien lebt das *Weißschwanz-Ichneumon.*
**Ichnologie,** die Wiss. von den Lebensspuren (Spuren, Fährten, Bauten von Lebewesen).
**Ichthyol,** aus Seefelder Schiefer *(I.-Schiefer),* der fossile Fischreste enthält, durch Destillation gewonnenes, Schwefel- u. Teerverbindungen enthaltendes Öl, das zur Behandlung entzündl. Erkrankungen von Haut, Muskeln u. Knoten dient.
**Ichthyologie,** die Wiss. von den Fischen.
**Ichthyophthirius,** ein *Wimpertierchen,* das die ebenfalls I. genannte Fischkrankheit, bes. von Zierfischen, hervorruft.
**Ichthyosaurier,** *Fischsaurier,* ausgestorbene marine, äußerlich den Delphinen ähnliche *Reptilien,* bis 15 m lang; Verbreitung: Trias bis Kreide.
**Ichthyosis** → Fischschuppenkrankheit.
**Ichthyostega,** ausgestorbene Übergangsform zwischen den *Quastenflossern* u. den *Amphibien.*
**Ida,** neugrch. *Ídhi Óros,* höchstes Gebirge der grch. Insel Kreta, verkarstet, 2458 m; mehrere Höhlen, darunter die *Idäische Grotte.* Nach der grch. Sage wurde hier Zeus von Nymphen aufgezogen.
**Idaho** [ˈaidəhou], Gliedstaat der → Vereinigten Staaten von Amerika.

*Ibiza: Blick auf die gleichnamige Hauptstadt der Insel; hoch oben die im 16. Jahrhundert befestigte Altstadt*

**Idar-Oberstein,** Stadt in Rhld.-Pf., an der Nahe, 35 000 Ew.; Zentrum des europ. Edelsteinhandels (Börse).

**Ideal,** Hochziel, Musterbild, Inbegriff eines völlig normentsprechenden (logischen, ethischen, ästhetischen u.a.) Verhaltens, das in der Wirklichkeit nicht auftritt, aber doch als zu Verwirklichendes vorgestellt wird.

**Idealismus,** allg., ein nicht von Eigennutz u. materiellen Interessen, sondern von sittl., kulturellen, humanitären Werten (*Idealen*) bestimmtes Verhalten. In der Philosophie Inbegriff aller (auf *Platon* zurückgehenden) Lehren, die die sinnl. Wirklichkeit als Erscheinung eines Übersinnlichen bestimmen. Ggs.: *Materialismus.*

**Idealtypen,** zur Erkenntnis u. Beschreibung soz. Zusammenhänge konstruierte Modellvorstellungen.

**Idee, 1.** Gedanke, Einfall, Vorstellung, reiner Begriff. – **2.** bei *Platon* das (überirdische) »Urbild«, Werde- u. Seinsgrund, das Eigentliche, Wesenhafte, allein wahrhaft, ewig u. unveränderlich Seiende, das der einzelnen sinnl. Erscheinung zugrunde liegt. Die höchste I. ist die des Guten. Über die christl.-neuplaton. Bedeutung »Gedanke Gottes« wurde die I. dann allg. zu »Vorstellung, Bewußtseinsinhalt, Gedanke«, so bei R. *Descartes,* G.W. *Leibniz,* J. *Locke* u.a. Insbes. weltpolit.-historisch wirksame Gedanken u. Begriffe (Ideologien) werden gern als »I.« bezeichnet. – Bei I. *Kant* sind die I. notwendige »Vernunftbegriffe«, für die es keinen Gegenstand in den Sinnen gibt (z.B. Seele, Freiheit, Gott), die sich also nicht erkennen, wohl aber als für den prakt. Vernunftgebrauch gültig postulieren lassen. – Im dt. Idealismus dagegen hat *I.* die Bedeutung »Geist, Weltvernunft, das Absolute«.

**ideell,** eine Idee betreffend, nur gedacht.

**Iden,** im altröm. Kalender Bez. für die Monatsmitte. Im März, Mai, Juli u. Okt. fallen die I. auf den 15. Tag, in allen übrigen Monaten auf den 13.

**Identifikation, 1.** *Identifizierung,* Gleichsetzung; die Feststellung, daß etwas identisch ist. – **2.** *Determination, Bestimmung,* die Feststellung der Artzugehörigkeit eines Organismus. – **3.** der Nachweis der *Identität* einer Person oder Sache. – **4.** der meist unbewußte Vorgang der seel. Bindung an einen anderen Menschen.

**identisch, 1.** ein u. dasselbe seiend oder bedeutend. – **2.** *Math.:* 1. soviel wie kongruent (geometr.) oder gleich (n. wertgleich; 2. → *Identität* (2).

**Identität, 1.** völlige Gleichheit bzw. Übereinstimmung. – **2.** eine Gleichheitsbeziehung (Symbol: ≡ ; gelesen: identisch gleich) zwischen zwei algebraischen Ausdrücken, die für alle Einsetzungen der Variablen erhalten bleibt.

**Ideogramm,** die kleinste Einheit der *Begriffsschrift:* ein Zeichen, um die Bedeutung einer »Idee« (Begriff, Vorstellung) eindeutig festzulegen.

**Ideographie,** *Ideographik, Ideenschrift,* die → Bilderschrift.

**Ideologie,** das jeweilige System von Antworten (auf philosoph. Fragen, die objektiv nicht zu beantworten sind), das Grundlegende des menschl. Handelns. Eine I. dient, bewußt oder unbewußt, zur Rechtfertigung von Interessen. Im abwertenden Sinn versteht man unter *I.* ein System von Gedanken, das aus sich selbst heraus so wenig überzeugend ist, daß es durch Gewalt u. Terror gestützt werden muß.

**Idfu,** *Edfu,* ägypt. Stadt am linken Nil-Ufer, 35 000 Ew.; Horustempel aus der Ptolemäerzeit, der besterhaltene Tempel des ägypt. Altertums.

**Idiom,** die jeweils bes. Sprechweise, Spracheigentümlichkeit, Mundart.

**Idiophon,** »Eigentöner«, jedes Musikinstrument, das durch Schlagen, Schütteln, Schrapen, Zupfen oder Reiben in Schwingungen versetzt werden kann u. dadurch selbst Klangträger ist.

**Idiosynkrasie,** die vom Normalen abweichende, angeborene Überempfindlichkeit des Körpers gegen bestimmte Stoffe; → Allergie.

**Idiotie,** die schwerste Form des angeborenen oder frühkindl. erworbenen *Schwachsinns.*

**Idiotikon,** Mundart-Wörterbuch.

**Idiotypus,** der von den Genotypus u. Plasmotypus bestehende ganze Erbgefüge eines Individuums.

**IDN,** Abk. für engl. *integrated digital network,* integriertes Text- u. Datennetz, → ISDN.

**Ido,** eine der Welthilfssprachen, geschaffen 1907.

*Igel*

**Idol,** Abgott, Gegenstand der Verehrung, Götzenbild.

**Idolatrie,** *Idololatrie,* Verehrung von Götzenbildern, Bilderkult.

**Idomeneus** [-nɔis], in der grch. Sage König von Kreta, Held von Troja.

**Idris I.,** Mohammed *Idris as-Senussi,* *1890, †1983, König von Libyen 1951–69; seit 1916 Oberhaupt der Senussi, 1969 durch Militärputsch gestürzt.

**Idrisi,** *El Edrisi,* *1100, †1166, arab. Geograph; schuf eine Länderkunde u. frühe Weltkarte (1154).

**Idstein,** hess. Stadt im Taunus, in der *I.er* Senke, 20 000 Ew.; mittelalterl. Stadtbild.

**Idun,** lat. *Iduna,* nord. Göttin; Hüterin der goldenen Äpfel, die den Göttern ewige Jugend verleihen.

**Idylle** [die], *das Idyll,* knappe dichter. Darstellung einer Szene aus dem Bauern- u. Hirtenleben in Gedicht- oder Dialogform. Die ungestörte Einheit von Natur u. Mensch in einem natürl.-alltägl. Rahmen schafft eine heitere u. gelöste Stimmung.

**Ife** ['i:fe], *Ilife,* alte hl. Stadt der Yoruba u. Benin in SW-Nigeria, 176 000 Ew.

**Ifen,** *Hoher I.,* höchster Gipfel des Bregenzer Walds, auf der dt.-östr. Grenze, 2232 m.

**Iffland,** August Wilhelm, *1759, †1814, dt. Schauspieler, Theaterleiter u. Bühnenschriftst.; wandte sich als Darsteller vom pathet. zum natürl. Stil u. stellte lebensgetreue Gestalten dar, vor al lem komische u. rührende Charakterrollen des bürgerl. Dramas. – **I.ring,** ein Fingerring mit dem Porträt des Schauspielers *I.,* der als höchste Standesauszeichnung für dt.-sprachige Bühnenkünstler vom Träger des Rings jeweils an den von diesem bestimmten besten dt. Schauspieler weitergegeben wird. Träger des I. waren Th. *Döring,* F. *Haase,* A. *Bassermann,* W. *Krauß,* J. *Meinrad* (seit 1959).

**IFO-Institut für Wirtschaftsforschung,** München, 1949 gegr. wirtschaftswiss. Forschungsinst.; befaßt sich mit kurzfristiger Konjunkturforschung u. mit Untersuchungen zur method. u. materiellen Grundlagenforschung.

**IG, 1.** *I.G.,* Abk. für *Interessengemeinschaft.* – **2.** Abk. für *Industriegewerkschaft.*

**Igel, 1.** *i.e.S.:* Erinaceus europaeus, der größte, von Europa bis Vorderasien heim. *Insektenfresser,* aus der Unterfam. der *Stachel-I.* Der I. ist ein echter Winterschläfer u. Schädlingsvertilger (Insekten, Schnecken, Würmer); er steht unter Naturschutz. – **2.** *i.w.S.:* Erinaceidae, Fam. der *Insektenfresser* mit den Unterfam. *Stachel-I.* u. *Haar-I.*

**Igeler Säule,** 23 m hoher röm. Grabpfeiler der Fam. Secundinii in *Igel* bei Trier, um 250 n. Chr. errichtet.

**Igelfisch,** ein stacheliger *Kugelfisch* (Stacheln bis 5 cm lang), der sich bei Gefahr stark aufbläht.

**Igelkaktus,** *Echinocactus,* Gatt. der *Kakteen,* mit meist kugelförmigem Stamm.

**Iglau,** tschech. *Jihlava,* Stadt in S-Mähren, an der Iglawa, 53 000 Ew.; dt. Gründung Anfang des 13. Jh.; bis 1945 Mittelpunkt der dt. *I.er Sprachinsel.*

**Iglu,** halbkugeliges, aus Schneeblöcken errichtetes Schneehaus der Eskimo.

**Ignatius von Antiochia,** Bischof von Antiochia; Märtyrer um 117 (Fest: 17.10.).

**Ignatius von Loyola** [-lo'jola], *1491, †1556, Gründer des Ordens der *Jesuiten* (1534); bis 1521 span. Offizier. – Heiligsprechung 1622 (Fest: 31.7.).

**Ignis sacer** → Ergotismus.

**Ignitron,** eine industriell erzeugte Gasentladungsröhre mit einer Quecksilberkathode u. einer Halbleiter-Zündelektrode, durch deren Eintauchen in Quecksilber die Entladung u. damit die Stromleitung herbeigeführt wird (Initialzündung).

**Ignorant,** ein unwissender Mensch. – **Ignoranz,** Unwissenheit aus borniertem Interesselosigkeit.

**Igor, 1.** *877, †945, Fürst von Kiew 912–945; Sohn *Rjuriks.* – **2.** *I. Swjatoslawitsch,* *1151, †1202, Fürst von Nowgorod. Seinen verlorenen Feldzug (1185) gegen die heidn. Kumanen (Polowzer) schildert das *Igorlied,* eine aus dem 16. Jh. stammende Handschrift.

**Iguaçu** [-'su], span. *Iguazú,* l. Nbfl. des Paraná, 1320 km; bildet die hufeisenförmig angelegten, 4 km breiten, bis rd. 70 m hohen **I.-Fälle;** Wasserkraftwerk.

**Ihara Saikaku,** eigtl. *Hirayama Togo,* *1642, †1693, jap. Schriftst. (realist.-erot. Sittenromane).

**IHK, 1.** Abk. für *Industrie- und Handelskammer.* – **2.** Abk. für *Internationale Handelskammer.*

**Ihlenfeld,** Kurt, *1901, †1972, dt. Schriftst. u. Publizist; Gründer des *Eckart-Kreises;* Zeitromane; W »Wintergewitter«.

**Ihna,** poln. *Ina,* Fluß in Pommern, 129 km; fließt nördl. von Stettin in die Oder-Mündung *(Papenwasser).*

**Ihringen,** ba.-wü. Weindorf am Kaiserstuhl, 4600 Ew.; kelt. u. röm. Funde.

**IHS** → Christusmonogramm.

**IJ** [ɛi], Bucht der ehem. Zuidersee, im SW des *IJsselmeers,* durch einen Damm abgeschlossen.

**Ijar, Iijar,** der 8. Monat des jüd. Kalenders (April/Mai).

**IJmuiden** [ɛi'mœidə], Stadtteil von Velsen (Ndl.), Vorhafen Amsterdams; Fischereihafen.

**Ijob** → Hiob.

**IJssel** ['ɛisəl], *Yssel,* ndl. Flüsse: **1.** *Alte I.,* ndl. *Oude I.,* entspringt nordöstl. von Wesel, vereinigt sich mit der Neuen I. – **2.** *Neue* oder *Geldersche I.,* ndl. *Nieuwe I.,* Mündungsarm des Rhein, östl. von Arnheim; mündet nach 146 km in das *I.meer.* – **3.** *Nieder-I.,* ndl. *Hollandsche* oder *Neder-I.,* Arm im Rhein-Delta zw. Utrecht u. Rotterdam.

**IJsselmeer** ['ɛisəl-], Restgewässer einer durch Meereseinbrüche in histor. Zeit, bis etwa ins 14. Jh., entstandenen, 5000 km² großen Bucht *(Zuidersee)* im NW der Ndl. 1932 wurde der südl. Hauptteil durch einen 32 km langen Abschlußdeich vom Meer getrennt; das Land hinter dem Deich wird bis auf einen 1250 km² großen Süßwassersee *(I.)* trockengelegt.

**Ikaria,** grch. Insel der Südl. Sporaden, 255 km², 8000 Ew., Zentrum *Hagios Kerykos.*

**Ikaros,** *Icarus,* Sohn des → Daidalos.

**Ikarus,** einer der *Planetoiden.*

**Ikebana** [jap. »lebendige Blumen«], die Kunst des Blumensteckens, wird seit dem 15. Jh. in Japan nach ästhet. u. symbol. Gesetzen gelehrt.

**Ikone,** in den Ostkirchen jedes auf Holz gemalte oder geschnitzte Tafelbild, im Unterschied zur Wandmalerei. Da die I. nach ihrer Weihe ein Symbol der Gegenwart des Dargestellten ist u. nach der orth. theolog. Lehre auf den Gläubigen einwirkt, genießt sie hohe Verehrung (nicht Anbetung). Die ältesten erhaltenen I. stammen aus dem 6. Jh.

**Ikonodule,** Bilderverehrer; → Bilderstreit.

**Ikonographie, 1.** Porträtkunde; die Sammlung aller Porträts einer Person. – **2.** die Erforschung der dargestellten Inhalte in der bildenden Kunst; bes. die Entschlüsselung von Symbolen u. Allegorien.

**Ikonoklasmus,** Bilderfeindlichkeit, bilderfeindl. Lehre oder Bewegung; → Bilderstreit.

**Ikonolatrie,** Bilderverehrung, Bilderkult.

*Iglu: Eskimo beim Iglubau*

*Iguaçufälle*

**Ikonologie,** eine Forschungsrichtung der Kunstgesch., die in Ergänzung zur wertindifferenten Methode der *Formanalyse* u. der *Ikonographie* die symbol. Formen eines Kunstwerks deutet.
**Ikonoskop,** eine Fernsehaufnahmeröhre, von Vladimir K. *Zworykin* 1923 erfunden; löste mechan. Abtastverfahren ab.
**Ikonostase,** in den Ostkirchen die Bilderwand, die Altarraum u. Kirchenraum trennt.
**Ikosaeder,** von 20 gleichseitigen Dreiecken begrenzter regelmäßiger Körper.
**Ikterus** → Gelbsucht.
**Iktinos,** grch. Architekt, erbaute zus. mit *Kallikrates* 448–432 v. Chr. den Parthenon.
**Iktus,** Versakzent, Hebung im Vers.
**Ikwafieber** → Fünftagefieber.
**Il,** türk. Verw.-Bez., von einem *Vali* geleitet.
**Ilagan,** philippin. Prov.-Hptst. in N-Luzón, am Cagayan, 110 000 Ew.
**Ilang-Ilang,** *Ylang-Ylang,* in SO-Asien u. Madagaskar heim. Baum aus der Fam. der *Annonengewächse,* aus dessen weißen Blüten durch Destillation das wohlriechende Macassar-Öl *(Ylang-Ylang-Öl)* gewonnen wird.
**Ile de France** [i:ldə'frã:s], Ldsch. im N Frankreichs, der histor. Kern Frankreichs mit Paris als Mittelpunkt.
**Île des Pins** [i:ldə'pɛ̃], *Fichteninsel,* französ. Insel in Ozeanien, sö. von Neukaledonien, 134 km², 800 Ew.
**Ilesha** [i:'lɛiʃa:], Stadt im südwestl. Nigeria, 273 000 Ew.; Handelszentrum.
**Îles Loyauté** [i:llwajo'te], *Loyalitätsinseln,* frz. Inselgruppe im südl. Pazif. Ozean, östl. von Neukaledonien; Hauptinseln: *Lifou, Maré* u. *Ouvéa;* zus. rd. 2072 km², 15 000 Ew.
**Ileus** ['ile:us] → Darmverschluß.
**Ilex** → Stechpalme.
**Ili,** Hauptfluß des Siebenstromlands in Mittelasien, 1000 km; mündet siebenarmig in den Balchaschsee.
**Ilias,** *Iliade* [nach *Ilion,* antiker Name von *Troja*], das grch. Epos *Homers* vom Trojanischen Krieg.
**Iliescu** [i'ljesku], Ion, *3.3.1930, rumän. Politiker; 1968–84 Mitgl. des ZK der KP; 1989/90 provisor. Staatsoberhaupt, seit 1990 Staats-Präs.
**Iligan,** philippin. Prov.-Hptst. an der Nordküste Mindanaos, 167 000 Ew.
**Ilion,** *Ilios,* lat. *Ilium,* antiker Name mehrerer Städte, bes. von Troja.
**Iljuschin,** Sergej Wladimirowitsch, *1894, †1977, sowj. Flugzeugkonstrukteur.
**Ill, 1.** l. Nbfl. des Rheins, mündet nach 205 km bei Straßburg. – **2.** r. Nbfl. des Rhein, 75 km; mündet unterhalb von Feldkirch.
**Illampu** [il'jampu], höchster Berg in der *Cordillera Real* in Bolivien, 6550 m.
**illegal,** ungesetzlich, gesetzwidrig.
**illegitim, 1.** illegal. – **2.** unehelich.
**Iller,** r. Nbfl. der Donau, 165 km; mündet bei Ulm.
**Illertissen,** bay. Stadt in Schwaben, an der Iller, 13 000 Ew.; Maschinenbau, pharmazeut.-chem. Ind.
**Illicium,** nordamerik. u. ostasiat. Gatt. der *Magnoliengewächse.*
**Illimani** [ilji-], viergipfeliger Berg der *Cordillera Real* im nw. Bolivien, 6882 m.
**Illinois** [-'nɔi(z)] **1.** Gliedstaat der → Vereinigten Staaten von Amerika. – **2.** *I. River,* l. Nbfl. des Mississippi, 440 km; mündet nördl. von St. Louis.

**Illit,** glimmerähnl. Dreischichttonmineral in marinen Tonen.
**Illium,** aus Nickel, Chrom, Kupfer, Molybdän, Wolfram, Mangan, Silicium u. Eisen bestehende säurebeständige Legierung.
**illoyal** ['ilwaja:l], pflichtwidrig, verräterisch.
**Illuminaten,** 1776 von Adam *Weishaupt* (*1748, †1830) in Ingolstadt gegr. Geheimbund zur Verbreitung der Aufklärung.
**Illumination, 1.** festl. Beleuchtung. – **2.** die Verzierung von handgeschriebenen oder gedruckten Büchern, z.B. mit *Initialen.* – **3.** religiöse Erleuchtung.
**Illuminationslehre,** die auf *Augustinus* zurückgehende Lehre, nach der die unveränderl. Wahrheiten durch göttl. Erleuchtung erkannt werden.
**Illuminist,** *Illuminator,* Buch-, Miniaturenmaler.
**Illusion,** Täuschung, Um- u. Falschdeutung von Sinneseindrücken aufgrund von Erwartungen, Wünschen u. Affekten.
**Illusionismus,** die Auffassung, daß die ganze Außenwirklichkeit nicht real sei, sondern nur scheinbar, im Sinn der Trauminhalte.
**Illusionist,** Zauberkünstler im Varieté.
**Illustration,** die bildl. Darstellung u. Ausdeutung vorgegebener Textinhalte.
**Illustrierte** → Zeitschrift.
**Illyrer,** *Illyrier,* antike indogerman. Völkergruppe im NW-Teil der Balkanhalbinsel u. an der Adria-Küste. Sie setzten sich auch in O- u. S-Italien *(Apuler, Iapygen, Messapier)* u. in N-Griechenland fest.
**Illyrien,** grch. *Illyris,* lat. *Illyricum,* das von den *Illyrern* seit dem 4. Jh. v. Chr. besiedelte Gebiet, das ungefähr Bosnien u. Dalmatien umfaßte.
**illyrische Sprachen,** in der Antike im NW des Balkan gesprochene indogerman. Sprachengruppe.
**Illyrismus,** eine um 1830 aufkommende kroat.-südslaw. Volkstums- u. nat.-kulturelle Wiedergeburtsbewegung.
**Ilm, 1.** l. Nbfl. der Saale, 120 km; mündet bei Großheringen. – **2.** r. Nbfl. der Donau, 75 km; fließt durch die Hallertau.
**Ilmenau, 1.** Krst. in Thüringen, an der Ilm, 29 000 Ew.; TH; Glas- u. Porzellanind.; Wintersportort. – **2.** *Elmenau,* l. Nbfl. der Elbe, 107 km; mündet nördl. von Winsen.
**Ilmenit,** *Titaneisen,* schwarz-braunes Eisen-Titan-Oxid-Mineral; wirtsch. bed. Titanmineral.
**Ilmensee,** flacher, schiffbarer See im NW Rußlands, zw. Leningrad u. den Waldaj-Höhen. Der Abfluß *Wolchow* mündet in den Ladogasee.
**Iloilo,** *Ilo-Ilo,* philippin. Prov.-Hptst. im S der Insel Panay, 245 000 Ew.; See- u. Flughafen.
**Ilorin,** Hptst. des nigerian. Bundesstaates Kwara, nahe dem unteren Niger, 353 000 Ew.; traditionelles Zentrum der Yoruba.
**Ilse,** r. Nbfl. der Oker, 45 km; entspringt am Brocken.
**Ilsenburg,** heilklimat. Kurort am nördl. Harzrand im Ilsetal, am *Ilsenstein* (494 m), 7300 Ew.; ehem. Benediktinerkloster.
**ILS-Verfahren,** Abk. für engl. *Instrument Landing System* [»Instrumentenlandesystem«], ein Schlechtwetter-Anflugverfahren der Luftfahrt mit Hilfe von 2 Funkleitstrahl-Ebenen.
**Iltis,** *Ratz, Putorius [Mustela] putorius,* ein meist dunkel gefärbter *Marder.* Das *Frettchen* ist die gezähmte Form des I.
**Ilz,** l. Nbfl. der Donau, 60 km; entspringt im Böhmerwald, mündet bei Passau.
**Image** ['imidʒ], Reputation, Leumund; das Bild, das sich die Öffentlichkeit von einer Person oder Firma macht oder machen soll.
**imaginär,** scheinbar, eingebildet.
**imaginäre Einheit,** die Quadratwurzel aus −1 (i = $\sqrt{-1}$). *Imaginäre Zahlen* haben i als Faktor (4·i).
**Imagisten,** eine Gruppe US-amerik. u. engl. Lyriker, die im Einklang mit der ästhet. Theorie von Th. E. *Hulme* gedrängte, schmucklose Bildhaftigkeit erstrebten; Hauptvertreter: E. *Pound,* A.L. *Lowell,* H. *Doolittle,* R. *Aldington.*
**Imago, 1.** *Vollkerfe,* das erwachsene, geschlechtsreife Tier bei den Insekten, im Gegensatz zu *Larve* u. *Puppe*. – **2.** in der Psychoanalyse ein im *Unbewußten* wirksames »Bild« von einer Person, das zum *Leitbild* werden kann.
**Imam, 1.** der Vorbeter der islam. Gemeinde in der Moschee. – **2.** bei den *Schiiten* das Oberhaupt der gesamten islam. Gemeinde; er muß aus der Fam. des Propheten stammen. Der letzte I. gilt seit Jahrhunderten als verborgen, um am Ende der Zeiten als *Mahdi* (Welterlöser) ein Idealreich zu errichten. – **3.** Titel der früheren Herrscher von Jemen; danach das Land *Imamat.*
**Imamiten,** Anhänger einer Partei im Islam, die die Wiederkehr des letzten *Imam* erwarten. Ihre Anschauungen stimmen im allg. mit denen der Schiiten überein.
**Imamzade,** das Verehrung genießende Grab der islam. Gemeindeleiter *(Imam)* u. Abkommen des Propheten *(Sadat)* im schiit. Persien.
**Imari-Porzellan,** jap. Porzellan aus Arita (Prov. Hisen), benannt nach dem Hafen Imari; auch als *Arita-Porzellan* bezeichnet.
**Imatra,** Stadt in SW-Finnland, an den *I.-Fällen,* 35 000 Ew.
**Imatrafälle,** finn. *Imatrankoski,* Stromschnelle mit Wasserfall (18,4 m) des S-finn. Flusses *Vuoksen (Wuoksen);* Großkraftwerk.
**Imbabah,** N-ägypt. Stadt bei Kairo, 165 000 Ew.
**Imbroglio** [im'brɔljo], *Musik:* rhythmisch komplizierte Stellen, bez. das gleichzeitige Auftreten verschiedener Taktarten.
**Imentet,** *Amentet,* altägypt. Bez. für »Westen«, zumeist als Totenland. Der Westen wird personifiziert durch die ebenfalls I. gen. Göttin.
**IMF,** Abk. für engl. *International Monetary Fund,* → Internationaler Währungsfonds.
**Imhotep,** grch. *Imuthes,* ägypt. Architekt u. Arzt, Ratgeber des Königs Djoser (3. Dynastie, um 2650 v. Chr.). In hellenist. Zeit wurde er in Memphis als Gott der Heilkunst verehrt.
**Imidazol,** *Glyoxalin,* eine heterozyklische Stickstoffverbindung; Grundsubstanz der Aminosäure *Histidin.*
**Imide,** chem. Verbindungen, die den *Amiden* entsprechen, aber organ. Verbindungen mit einer Kohlenstoff-Stickstoff-Doppelbindung im Molekül enthalten.
**Imitation,** Nachahmung, nachahmende Wiederholung.
**Imkerei,** Haltung u. Zucht der Honigbiene. Geerntet werden Honig, Wachs u. auch Bienengift.
**Immaculata,** »die Unbefleckte«, in der kath. Kirche lat. Ehrenname *Marias,* die, »unbefleckt empfangen«, vom ersten Augenblick ihrer Existenz an von jedem Makel der Sünde u. Erbsünde frei war u. »vor, in u. nach der Geburt Jesu« Jungfrau blieb.
**immanent,** innewohnend, darin enthalten, seine Systemgrenzen einhaltend; Ggs.: transzendent.

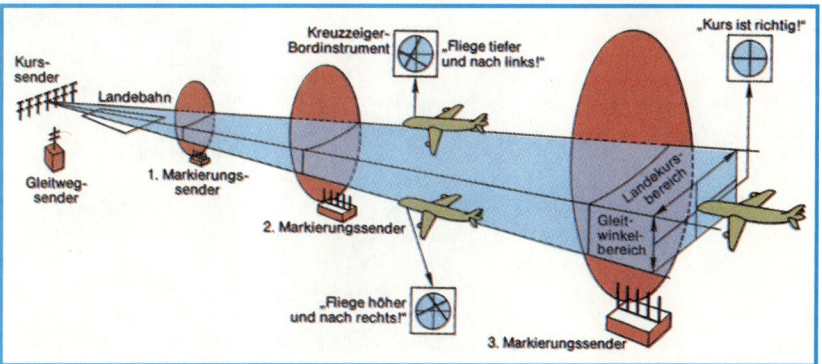
*ILS-Verfahren: Schema des Landeanflugs mit Hilfe des Instrumenten-Landesystems (ILS)*

**Immatrikulation,** Einschreibung (d.h. Aufnahme) in das Studentenverzeichnis *(Matrikel);* Ggs.: *Exmatrikulation.*
**immediat,** unmittelbar.
**Immediateingabe,** unter Umgehung des Instanzenwegs bei der obersten Instanz vorgebrachte Eingabe in Rechtsangelegenheiten.
**Immen** → Bienen.
**Immenstadt im Allgäu,** bay. Stadt in Schwaben, 731 m ü.M., zw. Iller u. Alpsee am Fuß des *Immenstädter Horns* (1490 m), 14 000 Ew.; Fremdenverkehr.
**Immergrün,** *Singrün, Vinca,* Gatt. der *Hundsgiftgewächse;* kleine, immergrüne Stauden, blaublühend; auch verbreiteter Name für Efeu.
**Immermann,** Karl Leberecht, *1796, †1840, dt. Schriftst.; führte von der Romantik zu einem für Ldsch., Volk u. Gesch. aufgeschlossenen Realismus.
**Immersion, 1.** der Eintritt eines Mondes in den Schatten seines Planeten. – **2.** die Einbettung eines Stoffs in einen andern Stoff, der gewisse erwünschte physikal. Eigenschaften hat.
**Immission,** die Einwirkung von unkörperl. Störungen (z.B. Geräusche, Erschütterungen, Gase, Gerüche, Dampf u. Wärme) von einem Nachbargrundstück her. Die Einwirkung von Luftverunreinigungen (Substanzen, die mit der Luft transportiert werden, z.B. Ruß, Kohlenmonoxid, Schwefeldioxid, Fluorwasserstoff, Schwermetalle u.a.) auf Lebewesen oder Gegenstände; jede I. ist die Folge einer → Emission. Als Meßgröße der I. wird die *Schadstoffkonzentration* angegeben. Diese ist in der BR Dtld. nach den Vorschriften der »technischen Anleitung zur Reinhaltung der Luft« (→ TA-Luft) in der Nähe der Einwirkungsstelle in Atemhöhe oder in Höhe der oberen Begrenzung der Vegetation oder im Staubniederschlag zu ermitteln. Der Schutz vor schädlichen I.n soll durch die Festsetzung von *I.swerten* erreicht werden. – Das **Bundesimmissionsschutzgesetz** vom 15.3.1974, ergänzt durch Regelungen in den Bundesländern, bestimmt Grenzwerte für I.en bestimmter Schadstoffe sowie die Anforderungen, die an Anlagen, Geräte, Einrichtungen u. Stoffe (z.B. Brennstoffe, PVC) zu stellen sind; es schreibt ferner die Aufstellung von Luftreinhalteplänen in *Belastungsgebieten* vor. – **I.sschäden** in Waldbeständen bewirken Rückgänge des Zuwachses, Reduktion der Vitalität bei gleichzeitigen Vermehrungen verschiedener Krankheitsbilder, Ausfall rauchempfindlicher Baumarten (Tanne, Ulme) u. letztlich die Auflösung u. den Zerfall der Waldungen.
**Immobiliarklausel,** die bes. Ermächtigung für *Prokuristen* zur Veräußerung u. Belastung von Grundstücken *(Immobilien)* des Unternehmens.
**Immobilien,** *Liegenschaften,* unbewegl. Sachen: Grundstücke u. grundstücksgleiche Rechte.
**Immobilienfonds** [-fɔ̃:], Vermögensanlage in Grundstücken, die mit Wohn- oder Geschäftshäusern bebaut sind oder bebaut werden sollen.
**Immortalität** → Unsterblichkeit.
**immun,** geschützt, unempfindlich, z.B. gegen Krankheitserreger.
**Immunbiologie,** Zweig der Biologie bzw. Medizin, der sich mit Fragen der Immunisierung sowie der Antigen-Antikörper-Reaktionen eines Organismus beschäftigt.
**immunisieren,** unempfindlich machen.
**Immunität, 1.** Unempfindlichkeit, Abhärtung; der Zustand eines Organismus, in dem durch Bildung von *Antikörpern* die Reaktionsfähigkeit des Organismus gegenüber einem Antigen (Krankheitserreger oder Schädiger) in bestimmter Weise verändert ist. Die Anwesenheit der Antikörper bedingt den Immunzustand; ihre Bildung wird durch das eindringende Antigen ausgelöst. Gelangen später erneut Antigene in den Körper, so wirken die Abwehrmaßnahmen durch die noch vorhandenen Antikörper so rasch, daß es meist nicht mehr zu einer Erkrankung kommt. – Zuweilen wird die Resistenz als *natürliche I.* bezeichnet, im Gegensatz zur sekundären, erworbenen I. im beschriebenen Sinn.

# INDIANER

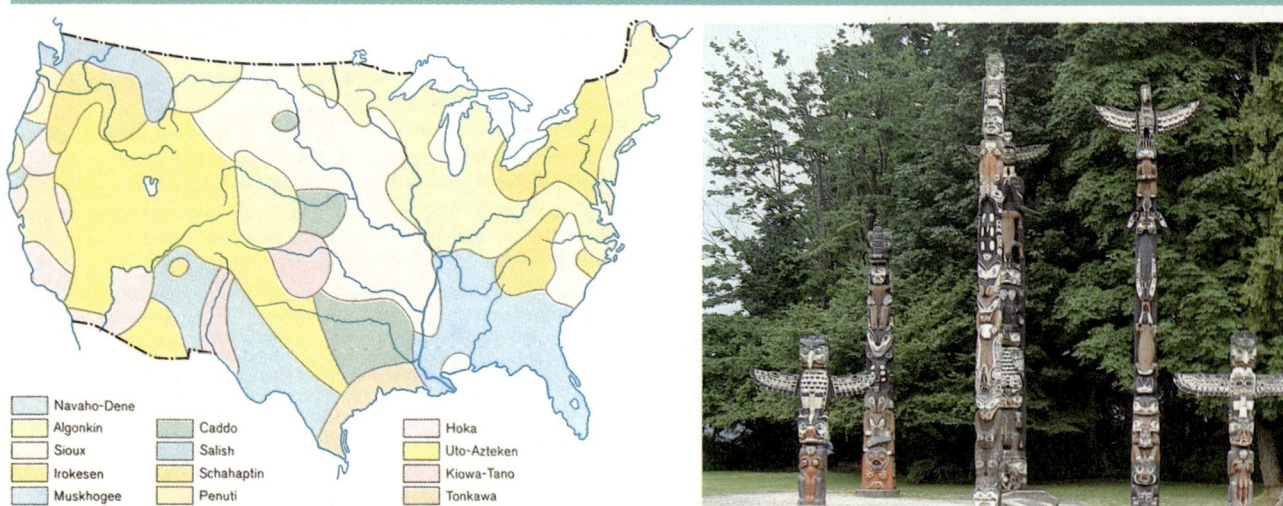

*Die Indianer im Gebiet der heutigen USA vor dem Eindringen der Europäer (links). – Totempfähle im Stanley Park, Kanada (rechts)*

*Indianerin im Pueblo-Reservat in Arizona (links). – Fundament des Muyamarca in der Inkafestung Sacsayhuaman bei Cuzco. Die regelmäßige Anordnung der Steinblöcke wird unterschiedlich gedeutet: Sonnenuhr, Wasserturm, Zufluchtsort (rechts)*

*Aktive I.* liegt vor, wenn sich Antikörper im Organismus selbst gebildet haben: 1. nach Überstehen einer Infektionskrankheit durch im Körper verbleibende natürl. Erreger; 2. durch Reaktion auf abgeschwächte oder abgetötete Erreger, die durch Impfung in den Körper gebracht wurden (natürl. u. künstl. aktive I.). *Passive I.* wird erzielt durch Einspritzung von Serum, das Antikörper enthält (**Immunisierung**). *Simultanimmunisierung* ist die Verbindung von Impfung u. Immunisierung. – **2.** die Freistellung bestimmter Personen von der Anwendung staatl. Zwangsgewalt, v.a. der Strafgewalt, z.B. Parlamentsabgeordnete, fremde Staatsoberhäupter, Diplomaten (oder sonstige Staatsvertreter kraft bes. Verträge) sowie in bestimmten Fällen Angehörige der Streitkräfte auf fremdem Staatsgebiet. Zur Rechtsstellung der *Diplomaten:* → Exterritorialität. – **3.** *Rechtsgeschichte:* im röm. u. im Merowingerreich die Freiheit der kaiserl. Domänen, des Königsguts u. gewisser Privatgüter von öffentl. Leistungen u. Abgaben. Im Frankenreich wurde die I. auf den Adelsbesitz ausgedehnt. – Im Kirchenrecht ist I. die früher bes. von der kath. Kirche beanspruchte Befreiung kirchl. Personen, Orte u. Güter von öffentl. Diensten, Leistungen u. Lasten, die mit dem geistl. Stand unvereinbar sind, z.T. auch allg. Abgabenfreiheit des Klerus u. des Kirchenvermögens; in der BR Dtld. heute noch anerkannt als persönl. I.

*Indianerfest »Indian Days« in Banff*

*Peruanische Indios mit dem Grabstock bei der Feldarbeit*

**Immunoglobuline,** Eiweißstoffe mit Antikörperwirkung.
**Immunologie,** *Immunitätslehre,* die Wiss. von der → Immunität (1) u. den immunbiolog. Reaktionsweisen des Organismus.
**Immunosuppression,** die Maßnahme zur Unterdrückung der Abwehrreaktionen des Empfängerorganismus gegen ein körperfremdes Spenderorgan (Spendergewebe) bei der Transplantation.
**Immunserum,** ein Serum mit Antikörpern gegen bestimmte Krankheitserreger.
**Immunsystem,** Abwehrsystem des Wirbeltierorganismus gegen Krankheitserreger u. körperfremde Antigene.
**Impala,** *Schwarzfersenantilope,* eine *Antilope* von 95 cm Schulterhöhe in Angola, Botswana u. O-Afrika.
**Impasto,** frz. *Empâtement,* eine Maltechnik mit dickem, meist unregelmäßigem Farbauftrag.
**Impeachment** [im'piːtʃmənt], in den USA die öffentl. Klage gegen den Präs. oder hohe Beamte wegen Hochverrats, Bestechung u.a. schwerer Verbrechen u. Vergehen.
**Impedanz,** der Wechselstromwiderstand.
**Imperativ, 1.** *Ethik:* das Gebot der Pflicht, z.B. der → kategorische Imperativ. – **2.** *Grammatik: Befehlsform,* z.B. »komm!«
**imperatives Mandat** → Mandat.
**Imperator,** im alten Rom Ehrentitel des siegreichen Feldherrn, seit *Cäsar* Ehrentitel der röm. Kaiser.
**Imperfekt,** *Grammatik:* das Tempus zur Bez. nicht abgeschlossener Handlungen in der Vergangenheit; → Präteritum.
**Imperfektiv,** *Grammatik:* der unvollendete (eine Handlung als unvollendet interpretierende) *Aspekt.*
**Impèria,** ital. Stadt in Ligurien, Hptst. der gleichn. Prov., 42 000 Ew.; Hafen, Seebad.
**Imperialismus,** das Streben eines Landes oder seiner Führungsschicht nach größtmögl. Macht über andere Länder (als Kolonien, Provinzen u.ä.), bes. nach der Weltherrschaft. – Im Altertum waren Makedonien-Griechenland unter Alexander d. Gr. u. das Rom der Kaiserzeit die erfolgreichsten imperialist. Mächte, denen die Beherrschung der damals bekannten Welt nahezu vollständig gelang. Mittelalterl. Vertreter des I. waren der Islam, die christl. Kirche u. einzelne weltl. Herrscher, bes. einige Vertreter des *universalen Kaisertums.* Mit dem Aufkommen des Nationalstaaten u. der Erweiterung der geograph. Kenntnisse entstanden nationalstaatl.-koloniale Imperien: der span., portug., ndl., frz., engl., russ. u. US-amerik. I. (→ Kolonialismus). Der span. I. war gefärbt vom kath. Bekehrungseifer, der engl. I. vom puritan. Sendungsbewußtsein u. von der Kulturmission des weißen Mannes, der russ. I. von byzant.-orth. u. panslawist. Ideen, der US-amerik. I. von demokrat. Freiheitsideen. Stets war grundlegend für den I. ein wirtsch. Interesse: im Altertum vornehml. Tributpflicht, der Zugang zu wichtigen Rohstoffen u. der Sklavenhandel, in der Neuzeit vornehml. die Schaffung neuer Absatzmärkte u. die Gewinnung neuer Möglichkeiten der Kapitalanlage (*Wirtschafts-I.*). Die Mittel zur Durchsetzung des I. reichen von der brutalen militär. Unterwerfung über polit.-diplomat. Maßnahmen (Schutzverträge, Protektorate, Aufdrängung von polit. u. militär. Beratern) u. finanziellen Transaktionen (Anleihen, Wirtschaftshilfe, Subsidien, Konzessionen) bis zu den propagandist. Methoden (Presse, Rundfunk, Kulturveranstaltungen u.ä.).
**Imperium,** urspr. die unumschränkte militär. u. zivile Befehlsgewalt von hohen Beamten im alten Rom; seit dem 1. Jh. n. Chr. Bez. für das Röm. Reich *(I. Romanum),* im MA für das Heilige Röm. Reich.
**impermeabel,** undurchlässig, undurchdringlich.
**impertinent,** ungehörig, frech; herausfordernd unverschämt.
**impetuoso,** musikal. Vortragsbez.; ungestüm, heftig.
**Impfpistole,** für Massenimpfungen verwendete Impfspritze mit selbsttätiger, genau dosierter, fortlaufender Impfstoffentnahme.
**Impfung, 1.** *Vakzination,* Maßnahme zum Schutz gegen Infektionskrankheiten; → Schutzimpfung. – **2.** *Beimpfung,* die Übertragung von Mikroorganismen auf einen festen Nährboden oder eine Nährlösung mit Hilfe der *Impfnadel.*
**Impfzwang,** die gesetzl. angeordnete Pflicht, sich einer Schutzimpfung zu unterziehen.

## Impressionismus 389

**Implantation,** die Einpflanzung körperfremder Gewebe oder Stoffe.
**Implementierung,** Vervollständigung einer Anlage mit Zusatzgeräten u. -programmen, bes. in der Datenverarbeitung.
**implizieren,** (unausgesprochen) mit einbeziehen, einschließen.
**Implosion,** plötzl. Eindrücken der Wände eines hohlen Körpers durch den äußeren Druck (Luftdruck); → Explosion.
**Imponderabilien,** Unwägbarkeiten; unfaßbare, kaum merkliche, unberechenbare, aber trotzdem oft sehr wichtige Einflüsse u. Faktoren.
**imponieren,** *Verhaltensforschung:* Bez. für ein ritualisiertes Aggressionsverhalten ohne Kampftendenz, im Gegensatz zum *Drohverhalten;* Bestandteil der Balz.
**Import,** *Einfuhr,* → Außenhandel.
**Impotenz,** Zeugungsunfähigkeit, bes. die des Mannes (männl. Unfruchtbarkeit). Hierbei ist zu unterscheiden zw. Beischlafunfähigkeit, *Impotentia coeundi,* wobei entweder Störungen der Gliedsteifung *(erektive I.)* oder des Samenergusses *(ejakulative I.)* vorliegen, u. Zeugungsunfähigkeit, *Impotentia generandi,* wobei trotz normal vollziehbaren Beischlafs eine Befruchtung unmöglich ist, weil in der Samenflüssigkeit gar keine oder zu wenig lebende, befruchtungstüchtige Samenzellen (Spermien) vorhanden sind.
**imprägnieren,** feste Stoffe, z.B. Holz, Papier oder Gewebe, mit Flüssigkeiten von bestimmten schützenden Eigenschaften durchtränken.
**Impresario,** der Geschäftsführer künstlerischer Unternehmungen, bes. der Opern-, Konzert- u. Zirkusunternehmen.
**Impressionismus, 1.** eine Stilrichtung im letzten Drittel des 19. u. zu Beginn des 20. Jh., die den augenblicksgebundenen, natürlichen Eindruck (die objektive *Impression*) eines Objekts zum eigenwertigen Inhalt der künstler. Darstellung machte u. das Objekt nicht mehr nur als Bedeutungsträger für eine darüber hinausgehende »Aussage« verstanden wissen wollte. Anlaß für die Prägung des Wortes *I.* war das 1874 in Paris ausgestellte Gemälde »Impression - soleil levant« von C. *Monet.* Die Bewegung des I. entstand in Frankreich, zunächst u. am ausgeprägtesten in der Malerei, u. griff auf andere Länder über.
Bildende Kunst. Im Protest gegen die formelhafte Malerei der Akademien, gegen die unnatürl. Beleuchtung der Ateliermalerei u. ihre dunkle Palette u. gegen die überstarke Betonung des Inhaltlichen überhaupt faßte der I. das Naturvorbild als augenblicklichen Farbreiz auf, ein zufälliger Naturausschnitt wurde in seiner farbigen Erscheinung bis in die feinsten Abstufungen hinein festgehalten. Das führte zur *Freilichtmalerei,* die eine radikale Aufhellung der Palette mit sich brachte. Um die Reinheit der neugewonnenen Farben nicht zu beeinträchtigen, wurden sie auf der Leinwand nebeneinandergesetzt u. oft in Kontrastpaare zerlegt, die sich, freilich erst bei größerem Abstand des Be-

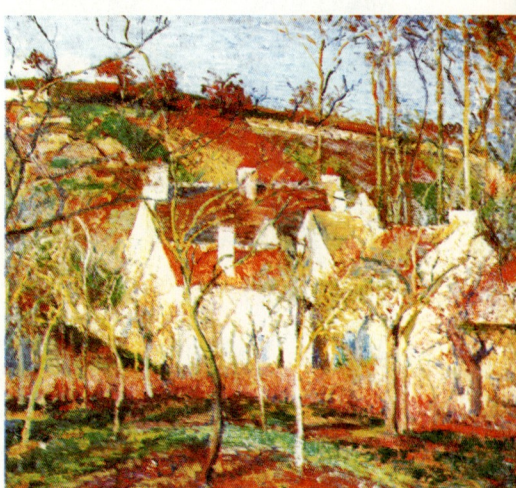

*Impressionismus: Camille Pissarro, Die roten Dächer; 1877. Paris, Louvre*

trachters, zu einem atmosphärischen, meist bewegten Gesamteindruck wieder vereinigen. Aus der weiteren Stilisierung dieses Kunstmittels ergab sich seit etwa 1885 der *Neoimpressionismus* oder *Pointillismus* (Hauptmeister: G. *Seurat,* P. *Signac*). Ungemischte Farben wurden hierbei punkt- oder kommaförmig so nebeneinandergesetzt, daß sie in ihrem Gesamteindruck sich zu den gewählten Motiven zusammensetzten. Auch in der P l a s t i k gibt es den Begriff der impressionist. Behandlung. Hauptmeister des frz. I. waren É. *Manet,* C. *Monet,* E. *Degas,* C. *Pissarro,* A. *Sisley,* A. *Renoir* (in der Plastik A. *Rodin* u. M. *Rosso*); in Dtld. M. *Liebermann,* M. *Slevogt* u. L. *Corinth*.
L i t e r a t u r . Der literar. I. ist eine Richtung, die nach dem Vorbild der impressionist. Malerei aus momenthaften sinnl. Eindrücken ein Bild der Wirklichkeit zusammenfügen wollte. Mit der Ausdeutung von Farben, Tönen u. Düften werden in feinsten Schattierungen einmalige Seelenzustände u. zufällige Stimmungen geschildert. Führende deutschsprachige Impressionisten waren D. von *Liliencron,* P. *Altenberg,* P. *Hille,* A. *Schnitzler,* M. *Dauthendey,* R. *Dehmel,* der junge H. von *Hofmannsthal* u. der junge R.M. *Rilke.*
M u s i k . Die impressionist. Musik, eine Stilrichtung in der Zeit zw. 1890 u. 1920, ist weitgehend identisch mit dem persönl. Stil von Claude *Debussy.* Stilist. Merkmale der impressionist. Musik sind: Ausweitung der Tonalität durch Verwendung anderer Tonskalen als der Dur-Moll-Tonalität, Parallelharmonik, Zerlegung des Klanglichen in möglichst viele Einzelfarben durch Berücksichtigung der Obertöne u. differenzierteste Instrumentation, vollkommene Verbindung von Melodik u. Harmonik. Hauptvertreter der impressionist. Musik waren: in Frankreich neben Debussy noch Maurice *Ravel,* in Amerika E.A. *MacDowell,* in England F. *Delius* u. C. *Scott,* in Spanien M. de *Falla,* in Italien O. *Respighi,* in Polen K. *Szymanowski,* in Dtld. F. *Schreker* u. M. *Reger.* – 2. → Sensualismus.
**Impressum,** die bei jedem Druckwerk pressegesetzlich vorgeschriebenen Angaben über Drucker u. Verleger.
**Imprimatur,** Abk. *imp., impr.,* Vermerk der Druckerlaubnis durch den Verfasser (nach Prüfung der letzten Korrekturen); bei kath. Schriften die Druckerlaubnis durch die zuständige bischöfl. Behörde.
**Imprimé** [ɛ̃pri'me], bedruckter Stoff, Drucksache.
**Impromptu** [ɛ̃prɔ̃'ty], ein freies, an keine festgelegte Form gebundenes Tonstück (meist in Liedform); vor allem in der Klaviermusik der Romantik.
**Improvisation, 1.** eine ohne jede Vorbereitung (aus dem *Stegreif*) unternommene Handlung. – **2.** die Kunst des freien Phantasierens auf einem Instrument, wie sie bis in die Zeit der Klassik Bestandteil der musikal. Ausbildung war u. vor allem in der Kirchenmusik gefordert wurde. In neuerer Zeit wird sie von den Interpreten – wie auch im Jazz – wieder stärker verlangt (K. *Stockhausen,* P. *Boulez*).
**Impuls, 1.** Anstoß, Antrieb; Entschluß, der dem Augenblick entspringt. – **2.** *P h y s i k :* 1. die *Bewegungsgröße* eines Körpers, d.h. das Produkt aus Masse u. Geschwindigkeit; 2. (gelegentlich auch) der *Kraftstoß,* d.h. die Änderung der Bewegungsgröße bei einer kurzzeitig wirkenden Kraft (Schlag, Stoß); 3. (im übertragenen Sinn) ein kurzzeitiger elektr. *Spannungs-* oder *Stromstoß.*
**Impulstechnik,** die Technik der kurzzeitigen elektr. Strom- oder Spannungsimpulse, ein Teilgebiet der *Hochfrequenztechnik* (Fernsehen, Radar, Pulsphasenmodulation u.a.).
**Imst,** östr. Bez.-Stadt in Tirol, eingangs des Gurgltals, 828 m ü.M., 5800 Ew.
**In,** chem. Zeichen für Indium.
**in absentia,** in Abwesenheit.
**in abstracto,** rein begrifflich, in der Theorie.
**in aeternum,** auf ewig.
**Inari,** schwed. *Enare,* weitverzweigter, mit vielen Inseln durchsetzter See N-Finnlands, (ohne Inseln) 1050 km².
**Inauguraldissertation,** *Dissertation,* die wiss. Arbeit zur Erlangung der Doktorwürde.
**inaugurieren,** anregen, einführen; feierl. in Amt oder Würde einsetzen.
**Inc.,** Abk. für engl. *incorporated,* »als Gesellschaft eingetragen«, in den USA Zusatz zum Namen einer der dt. AG in der Rechtsform entspr. Handelsgesellschaft.
**inch** [intʃ], Kurzzeichen in, fr. auch ", brit. Längenmaß, entspr. dem *Zoll;* 1 in = 2,54 cm; 12 in = 1 *foot* = 30,48 cm.
**Inchon** [in'tʃun], *Intschon,* Hafen der südkorean. Hptst. Seoul, am Delta des Hangang, 1,4 Mio. Ew.; Hochschulen; Metall-, Textil-, Nahrungsmittelind., Maschinen- u. Schiffsbau, Ölraffinerie, Kraftwerke; Flughafen.
**incorporated** [-'kɔ:pəreitid] → Inc.
**Incoterms** [-tə:mz], Abk. für engl. *International Commercial Terms,* »Internationale Handelsklauseln«, von der *Internat. Handelskammer* in Paris 1936 formulierte, 1953 erneuerte Umschreibung der wichtigsten internat. gebräuchl. Handelsklauseln, z.B. *cif, fob, fas.*
**Incubus,** männl. Teufel als Sexualpartner. Spielte zur Zeit der Hexenprozesse in den Anklagen eine große Rolle.
**Incus,** *Amboß,* ein Gehörknöchelchen der Säugetiere.
**Indanthrenfarbstoffe,** Farbstoffe mit bes. guten Eigenschaften wie Lichtechtheit, Waschbeständigkeit u. Wetterfestigkeit.
**Indefinitum** → Pronomen.
**Indemnität, 1.** die haushaltsrechtl. Entlastung der Regierung durch das Parlament. – **2.** die Nichtverfolgbarkeit von Äußerungen der Abgeordneten im Parlament. Dies gilt nicht für verleumder. Beleidigungen. Die I. ist zu unterscheiden von der → Immunität (2).
**Independence Day** [indi'pɛndəns dɛi], »Unabhängigkeitstag«, der US-amerik. Nationalfeiertag (4.7.), der an die Unabhängigkeitserklärung der USA vom 4.7.1776 erinnert.
**Independenten,** eine reformierte kirchl. Partei (aus der Anglikan. Kirche hervorgegangen), die sich in England im 17. Jh. bildete u. die Eigenständigkeit der kirchl. Einzelgemeinde nicht nur gegenüber Staat u. Bischof, sondern auch gegenüber den Synoden erstrebte. I. sind u.a. die *Kongregationalisten, Baptisten* u. *Quäker.*
**Inder,** die Bevölkerung der Indischen Union (rd. 750 Mio.). Die I. weisen sowohl im Körperbau wie in der Kultur große Unterschiede untereinander auf: Neben den hochkultivierten Nordindern (Hindu, Moslems) u. den Küstenbevölkerungen S-Indiens *(Malabaren, Tamilen)* finden sich im Innern der Halbinsel urtüml. Hackbauernstämme mit Brandrodung, in den Waldgebirgen sogar Wildbeuterstämme.
Von den Sprachgruppen ist die der *Drawida* von NW her eingewandert u. bis zur Südspitze Indiens (Tamilen) gelangt; 175 Mio. sprechen noch Drawida-Sprachen. Die letzte große Einwanderung war die der Stämme mit indoeurop. (»arischen«) Sprachen (500 Mio.), die sich vor allem in N-Indien ausbreiteten u. dort heute noch den Bevölkerungstypus bestimmen (z.B. Sikh, Rajputen, Maharathen). Ferner sprechen 3 Mio. Inder sino-tibet. Sprachen.
Dem körperl. Erscheinungsbild nach gehören die urtümlichsten Stämme S- u. N-Indiens zu den *Weddiden* u. *Indomelaniden.* Die hellhäutigen Rassen Indiens, der Hauptteil der Bevölkerung, gliedern sich in *Indide* (mit der Untergruppe *Nordindide*) u. *Orientalide.*
Starke Auswanderung führte zu einem bedeutenden Auslandsindertum, so vor allem auf Sri Lanka, in Nepal, Bhutan, Birma, Malaysia, Singapur, Fidschi, Mauritius, Süd- u. Ostafrika. Diese Auslandsinder leben vielfach als Händler u. Handwerker.
**Inderagiri,** *Indragiri,* größter Fluß Sumatras, 400 km; mündet südl. von Singapur.
**Indeterminismus,** die Lehre von der Nichtbestimmtheit des Willens durch äußere Kausalfaktoren u. Motive (Ggs.: *Determinismus*) oder die Lehre von der *Willensfreiheit* als der Möglichkeit, spontan, im Ggs. zur gewohnten Handlungsweise, einen Entschluß zu realisieren.
**Index, 1.** alphabet. Register von Titeln, Namen oder Sachbegriffen am Ende eines Buchs. – **2.** *I. librorum prohibitorum,* das Verzeichnis der vom Papst für den Katholiken verbindlich verbotenen Bücher, deren religiöser oder sittl. Inhalt die Gläubigen gefährden könnte; erstmals 1559, letzte amtl. Ausgabe 1948; 1966 in seiner kirchenrechtl. bindenden Form abgeschafft. – **3.** Bez. für in kleinerer Schrift angehängte Zahlen oder Buchstaben, die gleichartige mathemat. Größen unterscheiden; z.B. $A_1, A_2$; $h_a, h_b, h_c$; $a_{11}, a_{12}$. – **4.** *I.zahl,* charakterist. Vergleichszahl; eine Meßziffer, die die Veränderungen mehrerer gleichartiger Reihen in einem einzigen Ausdruck darstellt (Preis-, Mengen-I.). Der nach spezif. Methoden berechnete Wert für einen Zeitpunkt oder Zeitraum wird gleich 100 *(Basis, Basisjahr)* gesetzt, u. die zu vergleichenden Werte werden dazu ins Verhältnis gebracht.
**Indexlohn,** ein Entlohnungssystem, bei dem die Löhne an die allg. Preisentwicklung in der Wirtschaft gekoppelt sind.
**Indexregister,** ein Register in einem Computer.
**Indiaca,** altes Federballspiel der südamerik. Indianer, dem *Volleyball* verwandt.
**Indiana** [indi'ænə], Gliedstaat der → Vereinigten Staaten von Amerika.
**Indiana** [indi'ænə], Robert, eigtl. John *Clark,* \*13.9.1928, US-amerik. Maler.
**Indianapolis** [indiə'næpəlis], Hptst. von Indiana (USA), am White River, 720 000 Ew.; Universitäten, Museen; bed. Handels-, Ind.- u. Verkehrszentrum; Autorennstrecke.
**Indianer,** span. *Indios* [»Bewohner Indiens«, nach der irrtüml. Meinung des *Kolumbus*], *Rothäute* [nach ihrer Kriegsbemalung], die Ureinwohner Amerikas (mit Ausnahme der Eskimo). Nach ihren körperl. Merkmalen werden sie, anthropologisch als *Indianide* bezeichnet, als ein Zweig der *Mongoliden* mit alteuropiden Einschlägen angesehen. Die I. gelten als Einwanderer aus Asien, die seit 30 000 v.Chr. als Großwildjäger über eine eiszeitl. Land-

## INDIEN Geographie

*Char-Minar in Hyderabad; erbaut 1591*

*Teeplantage in den Nilgiribergen, Südindien*

brücke (Beringstraße) in mehreren Schüben nach Amerika gekommen sind. In der Folgezeit entwickelten sich zahlr. Völker u. Stämme, deren Lebensformen u. Sprachen oft stark voneinander abwichen. Während in Mittel- u. S-Amerika sich schon früh entwickelte Kulturen u. Staaten (z.B. Inka, Maya, Azteken) bildeten, blieben die I. N-Amerikas (z.B. Apachen, Irokesen, Sioux) Jäger u. Nomaden.
Die Zahl der I. belief sich in vorkolumbian. Zeit auf rd. 25 Mio., sank durch Kämpfe, systemat. Ausrottung, Zwangsdeportationen, eingeschleppte Krankheiten, wirtsch. u. soziale Schwierigkeiten u. Mischung mit Europäern rapide ab u. hat erst heute einschl. der Mischlinge diesen Stand annähernd wieder erreicht (in den USA 950 000, in Kanada 250 000, der Großteil in Lateinamerika). Viele Stämme mußten sich durch das Zusammentreffen mit den europ. Eroberern u. Kolonisatoren aus ihren angestammten Lebensräumen zurückziehen u. haben ihre Stammeskultur eingebüßt. Die Reservationen boten einen gewissen Schutz vor weiterer Ausbeutung u. Unterdrückung, so daß sich bis heute in N-Amerika über 100 versch. indian. Sprachen u. Kulturen erhalten haben.
Von den altindian. Reichen Mexikos ist durch die span. Eroberung nur die bäuerl. Grundschicht übriggeblieben, die heute in z.T. stark zersplitterten Restgruppen als Ackerbauern inmitten einer homogenen Mestizenbevölkerung mit stark span. Gepräge lebt (etwa 3 Mio.). In den weiteren Teilen Mittelamerikas leben noch knapp 1 Mio. I., die kulturell von den Einflüssen der indian. Hochkulturen u. kolonialspan. Kulturelementen geprägt sind. Auf den Westind. Inseln wurden die I. ausgerottet u. durch Afrikaner (früher als Sklaven eingeführt) »ersetzt«. In den meisten mittelamerik. u. in den Andenstaaten S-Amerikas spielen die I. bzw. ihre Mischlinge auch politisch eine wichtige Rolle. In S-Amerika leben heute noch etwa 14 Mio. I., davon über 10 Mio. in den Zentralanden. Sie bilden in weiten Regionen die Mehrheit der Bevölkerung, sind kolonialspanisch beeinflußt u. seit Jahrhunderten offiziell Christen. Trotzdem hat sich erstaunlich viel altindian. Kulturgut (Mythen, Märchen, Brauchtum) erhalten. Die I. hielten an Haustieren nur Lama, Truthahn u. Hund. An Pflanzen der Neuen Welt hatten sie Mais, Kartoffeln, Kakao u. den Kokastrauch in Kultur genommen. Sie kannten weder Wagen noch Rad. Metallbearbeitung (Gold, Silber, Kupfer) war bekannt im Inka- u. Chibchagebiet, bei Maya u. Azteken.

**Indianide,** nach der letzten Eiszeit Amerikas von NO-Asien nach Amerika eingewanderte *Mongolide* mit gelbl.-bräunl. Haut u. straffem dunklem Haar, oft mit Mongolenfalte u. Mongolenfleck; → Indianer.

**indianische Blumen,** im Sprachgebrauch der dt. Fayence- u. Porzellankünstler des 18. Jh. die nach ostasiat. Vorlagen stilisierten Blumendekors in der Keramik; Ggs.: *dt. Blumen.*

**Indian River** [′indiən ′rivə], durch eine Nehrungskette abgetrennte Lagunenreihe an der mittleren Ostküste Floridas.

**Indide,** die europiden Langkopfrassen Indiens: *Nord-I.,* die größer u. heller sind *(Sikhs),* u. *Gracil-I.,* kleiner u. dunkler *(Hindu).*

**Indien,** Staat in S-Asien, 3 287 590 km², 797 Mio. Ew., Hptst. *Delhi.* I. ist gegliedert in 24 Bundesstaaten u. 7 Unionsterritorien (vgl. Tabelle).

*Indien*

**Landesnatur.** Von den Hauptketten des Himalaya reicht das Land über dessen Vorberge, die Schwemmlandebene von Ganges u. Brahmaputra u. das Dekanhochland bis zur S-Spitze des Sub-

*Wasserträgerinnen auf Goa*

*Ruinen der Bergfestung Golkonda bei Hyderabad*

*Stahlwerk Rourkela (links). – Nördlich von Udaipur in der Bagarregion ist das Arravalligebirge stark zerklüftet (rechts)*

## Indien

kontinents. Das im S trop., im N subtrop. Klima wird vom Monsun bestimmt. Bes. reiche Niederschläge fallen an den Hängen der Westghats u. des Himalaya sowie in Assam u. im östl. Dekanhochland (immergrüne Regenwälder, Monsunwälder). Außerordentl. trocken ist der NW Indiens (Dornbuschsteppen, Wüste).

Bevölkerung. 83% Hindus, 11% Moslems; daneben gibt es Christen, Sikhs, Buddhisten, Parsen. Es herrscht Sprachenvielfalt (v.a. indoeurop. u. Drawida-Sprachen); Staatssprache ist Hindi, daneben auch Englisch. Rd. 80% leben auf dem Lande.

Wirtschaft. I. ist ein Agrarland. Die wichtigsten Anbauprodukte sind Reis, Hirse, Weizen, Zuckerrohr, Sesam, Erdnüsse u. Bananen. Exportkulturen sind Baumwolle u. Jute, Tee, Kaffee, Kokosprodukte u. Pfeffer. An Bodenschätzen werden Eisen, Kohle, Bauxit, Mangan, Chrom u. Antimon gefördert. Neben der traditionellen Verarbeitung von Jute, Baumwolle, Leder u. Zuckerrohr hat sich die Eisen- u. Stahl-, Maschinen-, Metall-, Elektro-, Papier- u. chem. Ind. entwickelt. Zahlreiche Wasser- u. Wärmekraftwerke wurden errichtet. – Die Eisenbahnlinien verbinden die großen Seehäfen mit den Industriegebieten u. wichtigsten Städten. Nur etwa 1/5 des ind. Straßennetzes besteht aus befestigten Straßen. Die wichtigsten Seehäfen sind Bombay, Kalkutta, Madras, Kochin, Vishakhapatnam u. Kandla. Der Luftverkehr ist gut ausgebaut: internat. Flughäfen: Bombay, Kalkutta, Delhi.

Geschichte. Die jungsteinzeitl. Indus-Kultur gehört zu den frühesten Hochkulturen der Menschheit. Um 1500 v.Chr. begannen krieger. arische Nomadenvölker in Nordwest-I. einzufallen u. drangen durch den Pandschab (um 1000 v.Chr.) bis in das Ganges-Gebiet (um 600 v.Chr.) vor. Das Dreiklassensystem der Arier wurde zur Grundlage des ind. Kastensystems. Im 6. Jh. v.Chr. entstanden in I. die Religionen des *Buddhismus, Dschinismus* u. der *Bhagawata.* – 320 bis etwa 185 v.Chr. entstand unter der Maurja-Dynastie das erste ind. Großreich, das unter König *Aschoka* um 250 v.Chr. seine größte Ausdehnung erreichte. Die Islamisierung erreichte mit der Eroberung von Bihar (1194) u. der Gründung des Sultanats von Delhi (1206) ihren Höhepunkt. 1526 gelang *Babur* die Gründung einer mongol. Kaiserdynastie in I. Seit Anfang des 16. Jh. gründeten Europäer Handelsniederlassungen auf ind. Boden. Das Mogulreich (Höhepunkt unter *Akbar* 1556–1605) wurde im 18. Jh. geschwächt. 1818 wurde I. brit. Kolonie. 1858 übernahm Großbritannien offiziell die Souveränität des Mogulreichs, 1877 wurde Königin *Viktoria* »Kaiserin von I.«. Nach dem 1. Weltkrieg eröffnete Mahatma *Gandhi* seine Bewegung des passiven Widerstands. 1935 gab Großbritannien I. eine parlamentar. Selbstverwaltung. 1947 erhielt I. nach Trennung vom islam. Pakistan den Dominion-Status; 1950 wurde es unabh. Rep. im Rahmen des Commonwealth. 1961 annektierte es das port. Goa. Nach Grenzkonflikten mit China (1956, 1962) u. Pakistan (1948, 1965) schloß I. 1971 mit der Sowjetunion einen Freundschafts- u. Beistandspakt u. unterstützte die Sezessionsbestrebung Ostpakistans, die nach dem militär. Eingreifen von I. 1971 zur Gründung der Rep. Bangladesch führte. 1974 zündete I. seine erste Atombombe. Von 1947 bis 1989 (mit Unterbrechung 1977–80) regierte die Kongreßpartei. Prem.-Min. waren 1947–64 J. *Nehru,* 1966–77 u. 1980–84 I. *Gandhi,* die durch Sikhs ermordet

## INDIEN  Geschichte und Kultur

*Empfang am Mogulhof; Miniatur, 17. Jahrhundert. Berlin, Staatl. Museen Preuß. Kulturbesitz, Museum für Indische Kunst*

*Amritsar: Der »Goldene Tempel« ist das höchste Heiligtum der Sikhs*

*Tänzerin in einer Pose des Bharatanatya-Stils (Tempeltanz), den Gott Schiwa darstellend (links). – Bi-Bi Ka Muqbara. Mausoleum der Dilrasbanu Begum, der Gemahlin von Aurangseb; 1660 (rechts)*

wurde, 1977–80 M. *Desai*, 1984–89 R. *Gandhi*, der bei den Wahlen 1989 sein Amt an V.P. *Singh* von der Janata-Dal-Partei verlor. Nach dem Rücktritt Singhs wurde 1990 C. *Shekhar* Prem.-Min.

**indifferent**, unterschiedslos, gleichgültig.

**Indigenat**, Heimatrecht, Staatsangehörigkeit.

**Indigirka**, Fluß in NO-Sibirien, 1790 km; mündet mit großem Delta in die Ostsibir. See.

**Indigo**, *I.blau, I.tin*, der älteste blaue, lichtechte Küpenfarbstoff; als Glucosid *Indikan* in versch. trop. Pflanzen. Seit 1890 wird I. auch synthet. hergestellt.

**Indigofera**, artenreiche Gatt. der *Schmetterlingsblütler*. In den Tropen verbreitet sind die Arten *I. anil* u. der *Gewöhnl. Indigo*, ein Halbstrauch mit roten oder weißen Blütentrauben. Er liefert den natürl. Farbstoff *Indigo*.

**Indikation**, *Heilanzeige*, die Gesamtheit der Gründe, die für eine bestimmte Krankheit eine bestimmte Heilmaßnahme für angezeigt erscheinen lassen.

**Indikativ**, ein *Modus* des Verbums, der die durch das Verbum bezeichnete Handlung als einfache Tatsache, ohne zusätzl. Interpretation hinstellt (z.B. »er schläft«); auch *Aussageform* gen.

**Indikator, 1.** *radioaktiver I.*, ein künstl. radioaktiver Stoff, der in geringsten Spuren über Emission von ß- oder γ-Strahlung in tier. u. pflanzl. Organismen verfolgt werden kann u. damit die Möglichkeit gibt, Stoffwechselvorgänge zu beobachten. – **2.** ein Stoff, der durch seine Farbänderung anzeigt, ob eine Lösung alkalisch, neutral oder sauer reagiert (z.B. *Lackmus*). – **3.** ein Meßinstrument, mit dem der Druckverlauf von Dampf, Gas oder Flüssigkeiten in einem Zylinder gemessen wird.

**Indiktion** → Römerzinszahl.

**Indio**, span. u. portug. Bez. für den *Indianer* Lateinamerikas.

**indirekte Rede**, eine Redeform, in der Aussagen (Fragen, Befehle) unter Veränderung der grammat. Person u. des Modus der Verben wiedergegeben werden; z.B. »er fragte ihn, ob er komme« statt »er fragte ihn: ›Kommst du?‹«

**indirekte Steuern**, Steuern, die den Ertrag, das Einkommen oder das Vermögen mittelbar über den Aufwand, den Verbrauch oder den Vermögensverkehr erfassen wollen, oder Steuern, die vom Steuerzahler auf den vom Gesetzgeber gewollten Steuerträger (Steuerdestinatar) überwälzt werden sollen.

## indische Kunst

künstler. gestalteten buddhist. Kultdenkmal. Die Grundform war ein massiver, glockenförmiger Baukörper auf einer oder mehreren Terrassen. Der Tempelbau war eine Domäne des Hindus u. Dschainas. Die frühesten Tempel entstanden im 4./5. Jh. n. Chr.; die Grundform war eine viereckige Cella, vor der ein auf Säulen überdachter Eingangsraum lag. Die Cella als Raum für das Kultbild wurde bald durch Aufsetzen eines Turmstumpfes über dem Eingangshalle abgehoben. Durch Erhöhung des Turmstumpfes über der Cella entstand im N der im MA auf erhöhter Basis stehende Tempelturm. Dem Haupttempel wurden vielfach kleinere Tempel angefügt. Die Vielzahl der Tempelbauten auf einem Platz führte zur Umgrenzung durch Mauern mit Torpyramiden. Eindrucksvollstes Beispiel ist der Tempelbezirk von *Madurai*. Mit Einbruch des Islams im 11./12. Jh. begann die Blütezeit der indo-islam. Baukunst. Einen Höhepunkt erreichte die persisch-ind. Mischkunst während der Mogulherrschaft (Mausoleum *Taj-Mahal*).

*Schiwaitischer Tanz, Steinrelief im Hoyshala-Stil; 12. Jahrhundert*

| Indien: Verwaltungsgliederung | | | |
|---|---|---|---|
| Bundesstaat/ Unionsterritorium | Fläche in km² | Einwohner in Mio. | Hauptstadt |
| *Bundesstaaten:* | | | |
| Andhra Pradesh | 275 068 | 61,4 | Hyderabad |
| Arunachal Pradesh | 83 743 | 0,8 | Itanagar |
| Assam | 78 438 | 23,5 | Dispur |
| Bihar | 173 877 | 81,7 | Patna |
| Gujarat | 196 024 | 39,3 | Gandhinagar |
| Haryana | 44 212 | 15,6 | Chandigarh |
| Himachal Pradesh | 55 673 | 4,9 | Simla |
| Jammu and Kashmir | 222 236 | 7,0 | Srinagar |
| Karnataka | 191 791 | 43,2 | Bangalore |
| Kerala | 38 863 | 28,9 | Trivandrum |
| Madhya Pradesh | 443 446 | 61,0 | Bhopal |
| Maharashtra | 307 690 | 72,4 | Bombay |
| Manipur | 22 327 | 1,7 | Imphal |
| Meghalaya | 22 429 | 1,6 | Shillong |
| Mizoram | 21 081 | 0,7 | Aijal |
| Naga Pradesh (Nagaland) | 16 579 | 1,0 | Kohima |
| Orissa | 155 707 | 30,1 | Bhubaneswar |
| Punjab | 50 362 | 19,2 | Chandigarh |
| Rajasthan | 342 239 | 41,7 | Jaipur |
| Sikkim | 7 096 | 0,4 | Gangtok |
| Tamil Nadu | 130 058 | 54,4 | Madras |
| Tripura | 10 486 | 2,5 | Agartala |
| Uttar Pradesh | 294 411 | 129,1 | Lucknow |
| Westbengalen | 88 752 | 62,9 | Kalkutta |
| | Fläche in km² | Einwohner in 1000 | Hauptstadt |
| *Unionsterritorien:* | | | |
| Andamanen und Nikobaren | 8249 | 190 | Port Blair |
| Chandigarh | 114 | 450 | Chandigarh |
| Dadra und Nagar Haveli | 491 | 104 | Silvassa |
| Delhi | 1483 | 6220 | Delhi |
| Goa, Daman und Diu | 3814 | 1100 | Panjim |
| Lakshadweep | 32 | 400 | Kavaratti |
| Pondicherry | 492 | 604 | Pondicherry |

*Die nordische Sitar ist ein Hauptmusikinstrument Indiens*

**Indische Kongreßpartei** → Indischer Nationalkongreß.

**indische Kunst**. Die Entwicklung der i. K. wurde weitgehend von geschichtl. Ereignissen u. religiösen Bewegungen bestimmt. Sie war überwiegend religiöse Kunst im Dienst des Buddhismus, Dschinismus u. Hinduismus. Der überkommene Anteil profaner Werke an der Gesamtkunst beschränkt sich auf monumentale Säulen, Herrscher- u. Stifterbildnisse, Objekte der Kleinkunst u. nachmittelalterl. Miniaturmalerei.

Erste Beispiele echter A r c h i t e k t u r sind die nach achämenid. Vorbild unter Kaiser *Aschoka* (273 – 232 v.Chr.) aufgestellten Ediktsäulen, deren 9 – 12 m hohe Schäfte von mächtigen Tierkapitellen gekrönt sind. Die ind. Kunst brachte in der Folgezeit drei architekton. Gebilde hervor: monolith. Felsbauten, Stupas u. Tempel.

Die buddhist. Felshallen stammen aus dem 3. Jh. v.Chr. – 9. Jh. n.Chr. Sie setzten sich aus jeweils einer Kulthalle u. den Räumen des Klosters zus. Manche Bauten sind gekennzeichnet durch die üppige ornamentale Dekoration der Außen- u. Innenflächen u. zahlreiche gemeißelte Darstellungen des Buddha u. mahayanist. Gottheiten.

Der Stupa wandelte sich vom Reliquienhügel zum

Die ind. Bildhauerkunst begann im Industal im 3. Jt. v. Chr. mit Darstellungen menschl. u. tier. Körper aus Stein, Bronze u. Terrakotta. Echte Stilentwicklungen sind erst vom 3. Jh. v. Chr. an zu beobachten. Von 200 v. Chr. - 300 n. Chr. folgte eine Periode der religionsgebundenen Bildhauerei, deren Stilmerkmale die rustikale Wuchtigkeit u. statuarische Haltung der männl. Figuren, der Drang zur Füllung jeden freien Platzes in den Reliefs u. das Fehlen der Perspektive sind. Künstler der Schule von Mathura entwickelten den klass. Stil, der sich durch Ausgewogenheit in den Proportionen, verhaltene Bewegtheit der Figuren u. sparsame Verwendung von Schmuckformen auszeichnet. Klass. buddhist. u. hinduist. Figuren von einer Anmut u. Sublimität, wie sie keine Kunst der Welt zur Ehre anderer Gottheiten geschaffen hat. In den Skulpturen u. Reliefs der nachmittelalterl. Tempel wirkte dieser Stil lange nach. Die Themen für die Bildwerke lieferten religiöse Legenden u. Mythen. Der zunächst durch Symbole vergegenwärtigte Buddha wurde im 1. Jh. n. Chr. erstmals als Mensch gestaltet. In zahlreichen Kompositionen werden Begebenheiten seines Lebens u. seiner früheren Existenzen geschildert. Im MA entstanden buddhist.-hinduist. Mischformen von komplizierter Ikonographie. Die hinduist. Bildwerke sind überwiegend den Göttern Wischnu u. Schiwa gewidmet. Wischnu auf der Weltschlange mit seiner Schakti Lakschmi u. Wischnu in den zehn Verkörperungen sind die seit dem 4. Jh. n. Chr. wiederkehrenden Themen. Eine Sonderstellung nimmt die schiwaitische Mutter-Göttin Durga ein, deren Emanation die furchtbare Kali ist. Das Lingam (Phallus) ist ein in jedem schiwait. Tempel anzutreffendes Kultsymbol.

**Indischer Hanf** → Hanf.

**Indischer Nationalkongreß**, engl. *Indian National Congress*, Kongreßpartei, 1885 gegr. ind. polit. Partei. Geistiger Führer war 1920–33 M. *Gandhi*. 1969 u. 1978 kam es zu Abspaltungen. Der I. N. tritt für den Aufbau einer sozialist. Gesellschaftsordnung ein.

**Indischer Ozean**, Kurzwort *Indik*, das zwischen Afrika, Asien, Australien u. Antarktika liegende kleinste der drei Weltmeere, Gesamtfläche mit Nebenmeeren 75 Mio. km². Im N werden durch Vorderindien das *Arabische Meer* mit Ausläufern u. der *Golf von Bengalen* abgegliedert, durch den Andamanen-Bogen die *Andamanensee*. Die Grenzen zum Atlantik u. Pazifik sind südl. von 35° südl. Breite rein fiktiver Art: im W die geograph. Länge des *Kap Agulhas*, im O des *Südostkaps* auf Tasmanien. – Die durchschnittl. Tiefe des I. O. beträgt 3900 m; im *Sunda-Graben* erreicht er seine größte Tiefe (Planettiefe 7455 m). Salzgehalt: um 3,5 ‰.

**indische Schriften**, etwa 200 verschiedene Alphabete der Völker Indiens, Mittelasiens u. der Sunda-Inseln. Außer der *Kharoshti-Schrift* laufen sie von links nach rechts u. gehen auf eine Vorform der *Brahmin-Schrift* zurück.

**indische Sprachen**, 1. *i.w.S.*: mehrere miteinander nicht verwandte Sprachfamilien, von denen nur die *drawidischen Sprachen* in Zentral- u. Südindien im ind. Subkontinent einheimisch sind. Die *Munda-Sprachen* in Zentralindien u. am Himalaya sind mit den austroasiat. Sprachen verwandt; die *i. n. S.* (*i.e.S.*) als eine indoeurop. Sprachgruppe sind vom N her nach Indien eingedrungen. – 2. *i.e.S.*: *indoarische Sprachen*, eine Gruppe der indoeurop. Sprachfamilie. Historisch unterscheidet man 3 Stufen: *Altindisch* (*Wedisch* u. klass. *Sanskrit*), *Mittelindisch* (*Pali*, *Prakrit*) u. die *neuindischen Sprachen*. Letztere sind die aus den zur Zeit des Sanskrit gesprochenen Prakrit-Dialekten erwachsenen Sprachen: u.a. *Hindi i.w.S.* (mit *Urdu* u. *Hindi i.e.S.*), *Bengali*, *Bihari*, *Marathi*, *Pandschabi*, *Radschasthani*, *Gudscharati*, *Orija*, *Sindhi*, *Assamesisch*, *Singhalesisch*, *Kaschmiri*, *Nepali* u. die *Zigeunersprachen* (*Romani*).

**Indische Union** → Indien.

**Indium**, ein → chemisches Element (ein Metall).

**Individualdistanz**, *Verhaltensforschung*: *Individualabstand*, der Mindestabstand zweier Individuen einer Art. Die I. kann starr sein (Aufreihung von Singvögeln auf Telegraphendrähten) oder je nach Trieblage wechseln. Ein Überschreiten der I. löst Flucht oder Aggression aus.

**Individualismus**, nach Übertragung des urspr. log. u. naturphil. Begriffs individuell auf gesellschaftl. Zusammenhänge die Ansicht, daß die einzelne Individuum u. seine Interessen der Gemeinschaft überzuordnen seien. I. wird als kennzeichnend für die Aufklärung angesehen u. im frühen 19. Jh. auch als »Egoismus« bezeichnet (noch ohne moral. Verengung, wenn auch ebenfalls abwertend gebraucht).

**Individualität**, die unverwechselbare Besonderheit, der Inbegriff der Eigenschaften eines *Individuums*.

**Individualpsychologie**, früher die Psychologie des individuellen Seelenlebens; Ggs.: *Gruppen-*, *Kollektiv-*, *Massen-*, *Sozial-*, *Völkerpsychologie*. In der *Psychoanalyse* u. *i.e.S.* die von A. *Adler* begr. Richtung, die das Seelenleben vom Willen zur Macht u. von den zugrunde liegenden Organminderwertigkeiten her zu erklären sucht.

**Individualrechte**, die jedem zustehenden unveräußerl. Rechte, in der BR Dtld. insbes. die *Grundrechte*, die grundrechtsähnl. Rechte aus Art. 33, 101, 103–104 GG sowie das allg. → *Persönlichkeitsrecht*.

**Individuum**, das Einzelding, Einzelwesen in seiner Besonderheit des raum-zeitl. Daseins u. seiner eigentüml. Qualität.

**Indiz**, Anzeichen; im Recht ein Verdachtsmoment ohne unmittelbare Beweiskraft (*I.ienbeweis*).

**Indoarier**, die Völker Vorderindiens, die zum indoeurop. Sprachkreis gehören.

**indoarische Sprachen** → indische Sprachen (2).

**Indochina**, das ehem. frz. beherrschte Gebiet im östl. u. südl. Hinterindien; seit 1950 drei (1954: 4) unabhängige Staaten: *Vietnam* (aus dem früheren *Cochinchina*, *Annam* u. *Tonkin*; 1954–76 geteilt), *Kambodscha* u. *Laos*.

**Indochinakrieg**, der in Indochina ausgetragene Krieg der *Viet-Minh* gegen die frz. Kolonialmacht 1946–54. Die Schlacht bei *Diên Biên Phu* am 7.5.1954 beendete die seit 1803 dauernde Kolonialherrschaft Frankreichs in Indochina. Auf der Genfer Indochina-Konferenz wurde am 21.7.1954 ein Waffenstillstand geschlossen, die Teilung Vietnams am 17. Breitengrad vereinbart u. die Wiedervereinigung für 1956 vorgesehen. Da die südvietnames. Regierung Waffenstillstandsabkommen u. Neutralitätsverpflichtung nicht anerkannte u. die Wiedervereinigung verhinderte, brach der Kampf erneut aus (→ Vietnamkrieg).

**indoeuropäische Sprachfamilie**, ein 1816 von F. *Bopp* u.a. in seiner genet. Verwandtschaft erkannter Sprachstamm, in Dtld. meist *indogermanisch* genannt nach seinen östl. (Inder) u. westl. (Germanen [eigtl. Kelten], allgemeiner: Europäer) Vertretern. Die i. S. umfaßt die Sprachen der *Kelten*, *Germanen*, *Italiker*, *Griechen*, *Tocharer* u. *Hethiter* sowie die Sprachen der *Inder*, *Iranier*, *Armenier*, *Albaner*, *Balten* u. *Slawen*.

**Indogermanen**, *Indoeuropäer*, die Völker des indoeurop. (indogerman.) Sprachkreises. *I.e.S.* ein hypothet. vorgeschichtl. Volk. Der Gedanke eines »Urvolks« (im 19. Jh. verbreitet) wird heute abgelehnt. Gesichert ist, daß im 2. Jt. v. Chr. die Einwanderung indoeurop. Stämme nach W- u. S-Europa, Kleinasien, Iran u. Indien stattfand, wobei sich mit der eingesessenen Bevölkerung vermischten. Eine ethn. oder gar rass. Verwandtschaft der frühgeschichtl. Völker, die indoeurop. Sprachen gesprochen haben, ist nicht nachzuweisen.

**indoktrinieren**, jemandem eine polit. oder weltanschaul. *Doktrin* einprägen.

**Indologie**, die Wiss. von der Sprache, Religion u. Kultur Indiens.

**Indomelanide**, eine menschl. Rassengruppe; Hauptverbreitungsgebiete: NO- u. SO-Vorderindien u. Sri Lanka. Die I. stehen den Negriden nahe.

**Indonesien**, Inselstaat in SO-Asien, 1 904 569 km², 170 Mio. Ew., Hptst. *Jakarta*.

*Indonesien*

**Landesnatur.** I. besteht aus den *Großen Sundainseln* (Borneo, Sumatra, Celebes, Java), den *Kleinen Sundainseln*, den *Molukken* u. dem W Neuguineas (*Irian Jaya*). Bis heute tätige Vulkane krönen die Gebirge, die die Inseln in mehreren Ketten durchziehen. Größere Tiefebenen u. große Ströme gibt es bes. auf Sumatra u. Borneo. Es herrscht trop. Monsunklima mit nach O abneh-

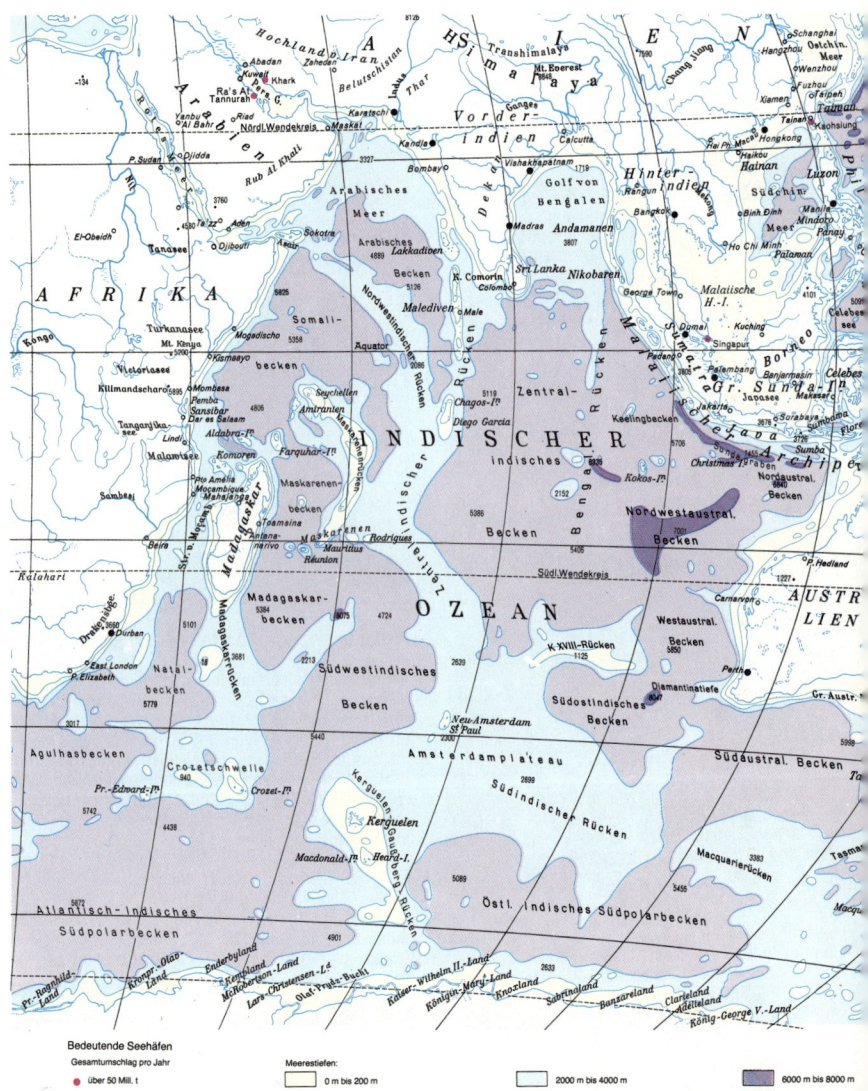

*Indischer Ozean: Meeresbecken und -rücken sowie wichtige Seehäfen*

menden Niederschlägen. Die feuchteren Gegenden tragen dichten trop. Regenwald (60% der Landfläche sind bewaldet).
Die überwiegend islam. Bevölkerung besteht größtenteils aus Indonesiern, daneben aus einigen malaiischen u. weddischen Urvölkern, Indern u. Weißen sowie über 4 Mio. Chinesen. 62% der Bevölkerung leben auf Java. Staatssprache ist die aus dem Hochmalaiischen entwickelte »Bahasa Indonesia«. Handelssprache ist Englisch.
Wirtschaft. Die trop. Pflanzungswirtschaft liefert vor allem Reis, ferner als Exportgüter Kautschuk, Öl- u. Kokospalmprodukte, Kaffee, Tee, Tabak, Pfeffer u.a. Gewürze. Die Fischerei hat erhebl. Bedeutung. Die Wälder liefern Edelhölzer u. Harze. An Bodenschätzen birgt I. v.a. Erdöl, Erdgas u. Zinn. Die Industrie (v.a. Tabakwaren, Textilien, Papier, Nahrungsmittel, Zement, Gummi- u. Metallwaren, Chemikalien) befindet sich in raschem Ausbau. – Das Verkehrswesen ist auf Java gut entwickelt. Haupthäfen sind Palembang, Surabaya, Tanjungperiuk bei Jakarta, Semarang, Pandang, Belawan u. Ujung Pandang. Wichtig ist die Küsten- u. interinsulare Schiffahrt sowie der internat. u. Binnenluftverkehr (40 Flugplätze).
Geschichte. In I. wirkten in der Frühzeit hinduist. u. buddhist. Einflüsse. Gewürzhandel zog im 16. Jh. Niederländer nach I. Sie erweiterten vom Stützpunkt Batavia (Jakarta) aus ihr Einflußgebiet innerhalb von 300 Jahren über ganz I. Zw. dem 13. u. 16. Jh. breitete sich der Islam aus. Das halbislam. jüngere Mataram (1586–1830) wurde Mitte des 18. Jh. aufgeteilt. Niederländisch-Indien wurde 1942 von den Japanern erobert; am 17.8.1945 entstand die Indonesische Republik mit dem Nationalistenführer *Sukarno* als Präsidenten (seit 1963 auf Lebenszeit). Im November 1949 wurde die Unabhängigkeit gewährt. 1954 wurde der Unionsvertrag mit den Niederlanden gelöst. 1963 kam das ndl. W-Neuguinea an I. 1963–66 befand sich I. in einem kriegsähnl. Zustand mit Malaysia. Ein kommunist. Putschversuch scheiterte 1965; er führte 1966 zur Entmachtung Sukarnos u. zum Verbot der KP. Regierungschef (seit 1966) u. Staats-Präs. (seit 1967) ist General *Suharto*. Außenpolit. folgte eine Aussöhnung mit Malaysia. 1976 besetzte I. die port. Kolonie Ost-Timor u. erklärte sie zu einem Teil I.

**Indonesier,** die vorwiegend malaiisch bestimmte Bevölkerung Indonesiens; → Malaien.
**indonesische Sprachen,** westl. Untergruppe der *malaiisch-polynes. Sprachfamilie*: die *malaiische Sprache* u. eine Reihe anderer Sprachen auf Madagaskar, Borneo, Celebes, den Molukken u. Philippinen u. auf Taiwan.
**Indore** [in'dɔ:], *Indaur, Indur,* ind. Stadt auf dem nw. Dekanhochland, größte Stadt in Madhya Pradesh, 829 000 Ew.; Univ.; Baumwoll- u. Nahrungsmittelind.
**Indossament,** ein Übertragungsvermerk auf einem *Orderpapier,* den der Unterzeichner (**Indossant**) auf die Rückseite der Urkunde setzt u. unterschreibt. Die in der Urkunde verbrieften Rechte gehen auf den Empfänger (**Indossatar**) über, z.B. Zahlungsansprüche bei Wechsel u. Scheck oder Warenansprüche bei kaufmänn. Anweisung u. kaufmänn. Verpflichtungsschein.
**Indra,** altind. Kriegs- u. Gewittergott.
**Indre** [ɛ̃dr], l. Nbfl. der Loire in Frankreich, 265 km; mündet unterhalb von Tours.
**Indri,** den *Lemuren* verwandter *Halbaffe* Madagaskars; als heilig verehrt.
**in dubio pro reo,** Grundsatz des Beweisrechts im Strafprozeß: »Im Zweifelsfall (muß) zugunsten des Angeklagten (entschieden werden).«
**Induktion, 1.** *elektromagnet. I.,* die Erzeugung einer elektr. Spannung mit Hilfe veränderl. magnet. Felder. Durch Bewegen eines elektr. Leiters (Draht) in einem Magnetfeld entsteht (durch wechselseitige Anziehung bzw. Abstoßung der Ladungen in Leiter u. Magnet) an den Enden des Leiters eine sich mit dem Bewegungsrhythmus ändernde Induktionsspannung. beim Schließen des Stromkreises ein Induktionsstrom; darauf beruht der *Generator.* Dasselbe kann bei festgehaltenem Draht durch ein zeitl. veränderl. Magnetfeld erreicht werden. Ebenso wird durch ein zeitl. sich änderndes elektr. Feld ein Magnetfeld erzeugt; darauf beruhen der *Motor,* der *Fernsprecher,* der *Lautsprecher* u.a. Werden zwei Drähte schichtweise übereinandergewickelt, so entsteht, durch Vermittlung des Magnetfelds bei period. Änderungen der Spannung in dem einen Draht, eine sich proportio-

*Indonesien: Hochzeitsfeier auf Bali*

nal dazu ebenso ändernde Spannung in dem anderen Draht; darauf beruhen *Transformatoren, I.sapparate (Induktoren)* u. *I.söfen.* – **2.** die Auslösung eines Entwicklungsvorgangs an einem Teil des Organismus durch einen anderen Teil im Verlauf der Keimentwicklung. – **3.** der Schluß vom Besonderen auf das Allgemeine. Induktive wiss. Verfahren versuchen, von empir. Einzelerkenntnissen zu allgemeingültigen Aussagen zu gelangen. Ggs.: *Deduktion.*
**Indulgenz,** Nachsicht, Straferlaß.
**Indult, 1.** der im Sinn eines *Moratoriums* aufgrund völkerrechtl. Verträge oder durch staatl. Gesetzgebung bewirkte Aufschub zur Erfüllung fälliger Verbindlichkeiten. – **2.** die im Kriegsfall gewährte Frist für Schiffe, feindl. Häfen oder Gewässer zu verlassen u. so der Beschlagnahme zu entgehen. – **3.** *kath. Kirchenrecht:* die Befreiung von einer Gesetzesbestimmung oder die Berechtigung zur Ausübung kirchl. Handlungen, die an sich einem Höheren zustehen.
**Indus,** ind. *Sindh,* der längste Strom S-Asiens, 3190 km; entspringt (als *Senge Khamba*) in der Kailasch-Gangri-Kette des Transhimalaya. Das bei Hyderabad beginnende, 8000 km² umfassende Delta ist nicht schiffbar; mündet bei Karatschi ins Arabische Meer. Bes. in seinem Mittellauf ist der I. für die Bewässerungsanlagen von Bedeutung. Nebenflüsse links: Zangskar, Panjnad; rechts: Shyog, Gilgit, Kabul, Luni, Laran.
**Induskultur,** eine hochentwickelte Stadtkultur (3000–1400 v. Chr.) im Industal u. im Punjab (Pakistan). Die wichtigsten ausgegrabenen Siedlungen sind *Harappa* u. *Mohenjo-Daro.*
**industrial design** [in'dʌstriəl di'zain], engl. für *Industrieform.*
**Industrialisierung,** die Durchsetzung der industriellen Produktionsform in Gebieten, in denen bis dahin die Landwirtschaft u. das Kleingewerbe vorherrschend waren. Die I. begann im 18. Jh. in England, setzte sich zunächst auf dem europ. Kontinent fort, danach erfaßte sie die USA. Nach dem 2. Weltkrieg hat der I.sprozeß alle Erdteile erfaßt. → industrielle Revolution.
**Industrie,** eine aus dem Handwerk hervorgegangene Form des wirtschaftl. Tätigseins mit dem Ziel der Verarbeitung von Rohstoffen u. Halbfabrikaten. Merkmale der I. sind Massenproduktion, umfangreicher Einsatz von Maschinen, weitgehende Arbeitsteilung u. Beschäftigung von ungelernten u. angelernten Arbeitern.
Die Anfänge der I. lagen in den frühkapitalist. *Manufakturen* u. im *Verlagssystem (Haus-I.)*; den Umschwung zur *Fabrik-I.* brachte die Erfindung der Dampfmaschine (1769). Die hiermit einsetzende *industrielle Revolution* führte zu einer Umwandlung der bisherigen Wirtschafts- u. Sozialordnung, die mit der Frz. Revolution begann u. bis heute nicht abgeschlossen ist. Die Mechanisierung des Produktionsprozesses setzte sich zuerst in Webereien u. Spinnereien durch, danach im Bergbau u. in der Eisenerzeugung u. drang allmähl. in alle Zweige der Güterherstellung vor.
**Industrieform,** engl. *industrial design,* der Zweckmäßigkeit u. Schönheit verbindende, ebenso von prakt. wie von ästhet. Gesichtspunkten bestimmte Formentwurf u. seine Ausführung bei modernen, serienmäßig hergestellten Industrieerzeugnissen. Die Realisierung der I. liegt in der Hand von *Designern.*
**Industriegewerkschaft,** Abk. *IG,* eine nach dem *Industrieprinzip* aufgebaute Gewerkschaft, der alle Arbeitnehmergruppen der Betriebe eines bestimmten Industriezweigs angehören können.
**Industriekaufmann,** ein anerkannter Ausbildungsberuf der Industrie.
**industrielle Revolution,** die durch techn. Erfindungen (Dampfmaschine, mechan. Webstuhl u.a.) im letzten Drittel des 18. Jh. in England eingeleitete *Industrialisierung,* die im Zusammenhang mit der Frz. Revolution zu einer Umwandlung der bisherigen Wirtschafts- u. Sozialordnung W-Europas führte u. sich, von hier ausgehend, über die ganze Welt verbreitete. – Als *zweite i. R.* wird die zunehmende Verbreitung der *Automatisierung* u. die techn. Anwendung der *Kernenergie* bezeichnet.
**Industriepapiere,** die von Unternehmen der Ind. emittierten *Anteilscheine* (Aktien, GmbH-Anteile u.a.) u. *Obligationen.*
**Industrie- und Handelskammer,** Abk. *IHK,* die Interessenvertretung der Handel- u. Gewerbetreibenden eines Bezirks (außer Handwerk u. Landw.). Die IHK sind Körperschaften des öffentl. Rechts (gemäß dem Gesetz vom 18.12.1956). Neben der Interessenvertretung ihrer Mitglieder haben die 69 IHK in der BR Dtld. u.a. folgende Aufgaben: Anfertigung von Gutachten u. Beratung für Mitglieder u. staatl. Dienststellen; Führung von Firmenregistern u. Statistiken; Förderung u. Pflege der Börsen, Messen, Ausstellungen u.ä.; Mitarbeit an der Ausbildung des Nachwuchses. – Spitzenorganisation der IHK in der BR Dtld. ist der *Deutsche Industrie- und Handelstag.*
**Indy** [ɛ̃'di], Vincent d', *1851, †1931, frz. Komponist; aus der Schule C. *Francks* hervorgegangen, Anhänger R. *Wagners.*
**inert,** *Chemie:* reaktionsträge oder reaktionsunfähig.
**Inertialsystem,** ein Koordinatensystem in Raum u. Zeit, in dem die Newtonschen Axiome der Mechanik (insbes. also Galileis Trägheitsgesetz) gelten, ohne daß Trägheitskräfte auftreten.
**INF-Verhandlungen** [INF, Abk. für engl. *Intermediate-range Nuclear Forces,* »nukleare Mittelstreckenwaffen«], seit 1981 geführte Verhandlungen zw. USA u. Sowj. über die atomaren Mittelstreckenwaffe (Reichweite zw. 1000 u. 5500 km) führten im Dez. 1987 zur Unterzeichnung eines Abkommens zur Vernichtung dieser u.a. Mittelstreckenraketen.
**Infallibilität,** → Unfehlbarkeit.
**Infant,** span. **Infante,** Titel der königl. Prinzen in Spanien u. Portugal; **Infantin,** span. **Infanta,** Titel der königl. Prinzessinnen.
**Infanterie,** urspr. die zu Fuß marschierende u. kämpfende Truppe. In der Bundeswehr ist die Bez. I. nur noch als Sammelbezeichnung üblich. Nachfolger sind *Panzergrenadiere* u. *Jäger.*
**Infantilismus,** körperl., seel. u. geistiges Verharren auf kindl. Entwicklungsstufe; meist durch unvollkommene Geschlechtsreife bedingt.
**Infarkt,** durch Unterbrechung der Blutversorgung abgestorbener Gewebebezirk. Dabei wird das Gewebe aufgeschmolzen, aufgesogen u. durch Narbengewebe ersetzt (*I.narbe*). Große I. im Herzmuskel können zum Herzschlag, in den großen Lungenadern zum Lungenschlag u. damit zum Tod führen.
**Infektion,** Ansteckung, das Eindringen pflanzl. oder tier. Krankheitserreger in den Körper durch Berührung *(Kontakt-I.),* Mund *(Schmier- u. Nahrungs-I.),* Einatmung *(Inhalations-, Tröpfchen-I.),* Insektenstiche, Wunden *(Wund-I.)* u.a. Ist die Abwehrbereitschaft gestört, so vermehren sich die Erreger im Organismus u. führen zu körperl. Reaktionen, die sich als *I.skrankheit* äußern. Sie sind fast immer mit Fieber verbunden. Nach Abheilung ist in vielen Fällen *Immunität* entstanden, die eine Wiederholung (ein *Rezidiv*) derselben Krankheit ausschließt. Viele I.krankheiten treten seuchenartig in *Epidemien* auf, sie sind z.T. meldepflichtig. Die Zeit, die vom Eindringen der Erreger bis zum ersten Auftreten der Krankheitszeichen verstreicht, ist die für jede Krankheit charakterist. *Inkubationszeit.* T → S. 396

**Infektion** 395

**Inferno,** Hölle, Unterwelt.
**Infibulation,** die Sitte, bei Mädchen als Keuschheitszeichen die Schamlippen zu vernähen; bei Hamiten NO-Afrikas; z.T. verbunden mit Beschneidung.
**Infiltration, 1.** das Eindringen fremder Substanzen oder Zellen versch. Art in Zellen u. Gewebe; oft Ursache für entzündl. oder geschwulstige Vorgänge. – **2.** die Taktik, in gegner. Länder Personen oder Propagandamaterial zu schicken, um Unzufriedenheit mit bestehenden Zuständen zu schüren u. Unsicherheit zu wecken.
**Infinitesimalrechnung,** zusammenfassende Bez. für *Differentialrechnung* u. *Integralrechnung*.
**infinites Verbum,** *Verbum infinitum,* eine Verbform, in der grammat. Person u. Numerus nicht angegeben sind: Infinitive u. Partizipien.
**Infinitiv,** *Nennform,* eine der nominalen (infiniten) Formen des Verbums. Der I. bezeichnet ein Geschehen, ohne grammat. Person u. Numerus anzuzeigen (z.B. »loben, reiten«).
**infizieren,** anstecken, eine Infektion bewirken.
**Inflation,** der Zustand einer Geldwertverschlechterung u. Kaufkraftsenkung; verursacht durch Vermehrung der umlaufenden Geldmenge über den volkswirtschaftl. Bedarf hinaus, z.B. durch Notenbankkredite an den Staat zum Ausgleich der durch die Einnahmen nicht gedeckten Staatsausgaben. Die I. kann aber auch als Mittel der Konjunkturpolitik bewußt herbeigeführt werden.
**Influenz,** die Trennung (Verschiebung) elektr. Ladungen eines leitenden Körpers in einem elektr. Feld. Wird z.B. ein positiv geladener Körper in die Nähe einer metall. Kugel gebracht, so verschiebt sich die Ladung (Elektronen) auf der Kugel in Richtung des Körpers, u. zw. den entgegengesetzten Teilen der Kugel entsteht dadurch eine Spannung. Diese Erscheinung wird bei der *I.maschine* zum Erzeugen hoher Spannungen (kleine Ströme) benutzt.
**Influenza** → Grippe.
**Informatik,** engl. *computer science,* die Wiss. von der Informationsverarbeitung. Sie befaßt sich bes. mit den Grundlagen u. der Verwendung elektron. Datenverarbeitungsanlagen. Hauptgebiete sind Mathematik u. Elektrotechnik (Elektronik). – Der **Informatiker** arbeitet über Grundprobleme der Funktionsweise u. Organisationsform von Computern.
**Information,** Auskunft, Nachricht, Belehrung.
**Informationstheorie,** die Lehre vom Entstehen,

*Inflation: Banknoten aus der Zeit der Inflation in Deutschland (1923)*

| Weltweit auftretende Infektionskrankheiten | | |
|---|---|---|
| Krankheit | Übertragung der Erreger durch... | Inkubationszeit |
| Aids | Blutkontakte, Geschlechtsverkehr | ca. 4–15 Jahre |
| Brucellose | Haustiere | 2 Wochen |
| Diphtherie | Tröpfcheninfektion, Berührung, Wäsche | 1–7 Tage |
| Fleckfieber | Kleider- oder Kopfläuse | 10–14 Tage |
| Grippe, Influenza | Tröpfcheninfektion | 1–2 Tage |
| Keuchhusten | Tröpfcheninfektion | 7–14 Tage |
| Kinderlähmung | Schmier- und Schmutzinfektion | 6–20 Tage |
| Leptospirosen | Ratten bzw. deren Ausscheidungen in stehende Gewässer | 7–14 Tage |
| Masern | Tröpfcheninfektion | 9–14 Tage |
| Milzbrand | Schmutzinfektion, erkrankte Weide- und Wildtiere | 2–7 Tage |
| Mumps | Tröpfcheninfektion | 15–23 Tage |
| Paratyphus | Berührung, Trinkwasser, Abort, Fliegen, Nahrungsmittel | 3–16 Tage |
| Pocken | Tröpfcheninfektion, Berührung | 7–17 Tage |
| Ringelröteln | Berührung und Tröpfcheninfektion | 6–14 Tage |
| Röteln | Tröpfcheninfektion | 13–21 Tage |
| Ruhr | Berührung, Abort, Nahrungsmittel, Fliegen | 1–8 Tage |
| Weicher Schanker | Berührung, besonders Geschlechtsverkehr | 2–7 Tage |
| Scharlach | Tröpfchen- oder Schmierinfektion | 2–7 Tage |
| Syphilis | Berührung, besonders Geschlechtsverkehr | 21 Tage |
| Tollwut | Biß von erkrankten Tieren | 8 Tage bis 8 Monate |
| Trichinose | Fleisch von infizierten Schweinen | wenige Tage |
| Tuberkulose | Tröpfcheninfektion | mehr als 30 Tage |
| Typhus | Schmier- und Schmutzinfektion, Abort, Trinkwaser, Nahrungsmittel | 7–28 Tage |
| Wundrose | Berührung | 7–14 Tage |
| Wundstarrkrampf | verschmutzte Wunden | 2–50 Tage |

Aufbewahren, Neuformen u. Übermitteln einer Information als meßbarer Nachricht. Die Informationsmenge in einer Nachricht wird gemessen durch die Anzahl der Zeichen, die nötig sind, um die Nachricht in einem Code von lauter Nullen u. Einsen auszudrücken (→ Bit). Eine Information bedingt ein gewisses Maß an Ordnung, das die Unbestimmtheiten (Unsicherheiten) ausschaltet. Ein Maß für die Geordnetheit ist die negative Entropie *(Negentropie)*.
Die I., die von Claude E. *Shannon* u. N. *Wiener* zw. 1942 u. 1948 begr. wurde, findet v.a. in der *Nachrichtentechnik* ihre prakt. Anwendung.
**informelle Kunst** [frz. *art informel*], Spielarten der abstrakten Kunst, die im Gegensatz zur geometr. Abstraktion den spontanen Impuls betonen *(Action Painting, Tachismus).*
**Infrarot,** *Ultrarot,* an Rot anschließender, langwelliger Spektralbereich der elektromagnet. Wellen, mit Wellenlängen von 780 nm (Nanometer) bis 1 mm.
**Infrarotgerät,** *Ultrarotgerät,* ein Zusatzgerät für Waffen, durch dessen Verwendung auch bei Dunkelheit u. Nebel auf begrenzte Entfernung gezielte Schüsse möglich sind.
**Infrarotphotographie,** *Ultrarotphotographie,* die Verwendung spezieller infrarotempfindl. Photoschichten hinter einem Dunkelrot- oder Schwarzfilter. Die I. ermöglicht Aufnahmen durch Dunst oder leichten Nebel hindurch oder im Dunkeln bei Infrarotbeleuchtung.
**Infrarotstrahler,** ein elektr. Heizgerät, das mit Infrarotstrahlen (Wärmestrahlen) arbeitet. Zur Wärmerzeugung dient ein Glühkörper oder Glühdraht, der durch elektr. Strom auf 400–900°C erhitzt wird.
**Infraschall,** Schall, dessen Schwingungen unterhalb der Hörgrenze liegen; die Schwingungszahl ist kleiner als 16 Hz.
**Infrastruktur,** *i.e.S.* alle Bauten u. Anlagen, die der Landesverteidigung dienen; *i.w.S.* der für das Bestehen einer entwickelten Volkswirtsch. erforderl. »Unterbau« materieller, meist öffentl. u. standortgebundener Art (Energieversorgung, Verkehrseinrichtungen, öffentl. Gebäude u. Anlagen), institutioneller Art (rechtl., polit. u. soziale Rahmenbedingungen des Handelns der Wirtschaftssubjekte) u. personeller Art (quantitative u. qualitative Struktur der Arbeitskräfte).
**Inful, 1.** im alten Rom eine Stirnbinde mit herunterhängenden Bändern, als Weihezeichen für Kaiser u. Priester, auch für Opfertiere. – **2.** → Mitra.
**Infusion,** das Einfließenlassen größerer Flüssigkeitsmengen in das Gewebe unter der Haut *(subkutane I.),* in die Blutbahn *(intravenöse I.)* oder in die Bauchhöhle *(intraperitoneale I.),* aber auch in Darm u. Blase.
**Infusorien,** *Aufgußtierchen* → Wimpertierchen.
**Ingelheim am Rhein,** Stadt in Rhld.-Pf., 22 000 Ew.; Reste einer karoling. Kaiserpfalz; chem.-pharmazeut. Ind.
**Ingenieur** [inʒe'njø:r], ein Beruf zw. Wiss. u. Praxis mit Ausbildung an einer Fachhochschule.
**Inger,** Schleim-, Wurmfische, *Myxiniformes,* Ordnung der *Rundmäuler,* mit wurmähnl. Körper.
**Ingermanland,** *Ingrien,* russ. *Ischorskaja Semlja,* histor. Ldsch. im NW Rußlands, östl. des Peipussees.
**Inglin,** Meinrad, *1893, †1971, schweiz. Schriftst.; schrieb in realist. schweizer. Tradition.
**Ingolstadt,** oberbay. kreisfreie Stadt, an der Donau, 93 000 Ew.; 1472–1800 Universitätsstadt; Ölraffinerien, Auto-, Maschinenbau-, petrochem. Ind., Pipelines. – 1392–1445 Residenz des Herzogtums Bayern-I.
**Ingres** [ˈɛ̃grə], Jean Auguste Dominique, *1780, †1867, frz. Maler u. Graphiker des Klassizismus.
**Inguschen,** eig. Name *Lamur,* ein den Tschetschenen verwandter, im Nordkaukasus ansässiger Volksstamm (160 000) mit eig. Sprache.
**Ingwäonen,** *Ingävonen, Ingwaier,* nach *Tacitus* einer der drei german. Stammesverbände der röm. Kaiserzeit; lebten an der Nordseeküste.
**Ingwer,** *Zingiber,* alte Kulturpflanze S-Asiens aus der Fam. der I.gewächse. Der verzweigte Wurzelstock liefert das *I.gewürz*.
**Inhaberaktie** → Inhaberpapiere.
**Inhaberpapiere,** Wertpapiere, deren verbriefte Rechte grundsätzl. vom jeweiligen Inhaber geltend gemacht werden können. Die in der Urkunde verbrieften Rechte werden durch formlose Einigung u. Papierübergabe übertragen. Gegenbegriffe: *Orderpapiere, Rektapapiere.*
**Inhalation,** das Einatmen von Gasen, Dämpfen oder Nebeln zur ärztl. Behandlung der Atemwege oder zur Aufnahme von Gasen ins Blut, z.B. bei der Narkose.
**Inhibin,** 1985 isoliertes Peptidhormon, hemmt die Ausschüttung des follikelstimulierenden Hormons FSH; eine entgegengesetzte Wirkung hat das Activin.
**Inhibitor,** ein Stoff, der einen chem. Vorgang hemmt oder verhindert.
**Initiale,** der bes. kunstvoll gestaltete Anfangsbuchstabe eines Textes oder eines Textteils.
**Initialzündung,** die Zündung eines Sicherheitssprengstoffs mit Hilfe eines sehr explosiven *Initialsprengstoffs*.
**Initiation,** *Einführung,* die bei den meisten Naturvölkern bei Eintritt der Pubertät zunächst für die Knaben *(Jünglingsweihe),* bei manchen Völkern auch für die Mädchen *(Mädchenweihe)* mit Eintritt der Menstruation übliche *Reifeweihe* (Jugendweihe, Mannbarkeitsfeier, Pubertätsfeier). Sie findet ihre Fortsetzung bei der Aufnahme der Anwärter *(Initianten)* in die Altersklassen oder Geheimbünde.
**Initiative, 1.** Anregung, Anstoß, Unternehmungsgeist. – **2.** *Gesetzes-I.,* die Befugnis, *Gesetzesvorlagen* einzubringen. Sie steht z.B. nach Art. 76 GG der Bundesregierung, dem Bundesrat u. den Mitgl. des Bundestags zu; nach anderen Verfassungen hat ferner das Staatsoberhaupt die I., teilweise auch das Volk.
**Initiative Frieden und Menschenrechte,** *IFM,* unter dem SED-Regime in der DDR 1985 gegr.

oppositionelle Bewegung, trat bes. für Abrüstung u. polit. Gefangene ein; bildete 1990 mit den Bewegungen *Neues Forum* u. *Demokratie Jetzt* die Wahlkoalition *Bündnis 90*.

**Injektion,** *Einspritzung,* direkte Verabfolgung von Arzneimittellösungen durch Einstich mittels Spritze ohne Inanspruchnahme der Verdauungswege. Die I. kann in oder unter die Haut *(intrakutan* oder *subkutan),* in die Muskulatur *(intramuskulär),* in die Blutadern *(intravenös)* oder in Organe, z.B. Herz *(intrakardial)* erfolgen. Viele Arzneimittel wirken nur auf diesem Wege, z.B. Insulin, Heilserum, Salvarsan.

**Injurie** [-riə], Unrecht, Rechtsverletzung; Beleidigung durch Worte *(Verbal-I.)* oder tätl. Beleidigung *(Real-I.).*

**Inka,** indian. Dynastie eines Ketschua-Stamms im mittleren Andenraum. Der Titel *I.* kam urspr. nur dem Herrschergeschlecht zu, später wurde er auf das ganze Volk übertragen. Die I. hatten in den letzten hundert Jahren vor der Ankunft der Spanier ein Großreich mit der Hptst. *Cuzco* geschaffen, das unter dem Inka *Huayna Capac* (*1493, †1527) den größten Teil Ecuadors, Perus u. Boliviens sowie Teile von Argentinien u. Chile umfaßte. Huayna Capac teilte das Reich unter seine Söhne *Huascar* u. *Atahualpa;* ihr Bruderkrieg erleichterte F. *Pizarro* 1532 die Eroberung des I.-Reichs.

Die I. organisierten unter geschickter Einbeziehung bereits vorhandener Kulturen einen Großstaat auf theokrat. Basis. An der Spitze des streng zentralistisch verwalteten, in 4 Provinzen gliederten Reichs stand als absoluter Herrscher der *Sapa Inka* (der »alleinige I.«). Das hervorragend ausgebaute Straßensystem (Hängebrücken) übertraf das der Römer an Ausdehnung. Der intensive Feldbau (Terrassenfelder, Bewässerungsanlagen, Düngung) wurde im Rahmen des *Ayllu* betrieben (wirtsch.

*Inka: Unter Huayna Capac (1493–1527) hatte das Inkareich seine größte Ausdehnung*

autarke Sippe mit gemeinsamem Landbesitz u. gemeinsamer Nutznießung des Lands, Viehbestands u. Ernteertrags).

Die K u n s t der I. trägt einen ausgesprochen nüchternen, ernsten Charakter. Die Keramik bevorzugte einfache, wohlproportionierte Formen mit weitgehend geometr. Dekor. Charakterist. sind v.a. Lama- u. Menschenfiguren aus Gold u. Silber. Kunst u. Kunsthandwerk dienten der Verherrlichung des Staates u. dem Kult des Herrschers.

In der R e l i g i o n trat die alt-andine Schöpfergottheit Viracocha gegenüber dem Sonnengott *Inti* mit seiner Gattin, der Mondgöttin *Quilla,* an Bedeutung zurück. Eine große Rolle spielte der »Huaca«-Kult (huaca, »heilig«), der sich mit der Ahnenverehrung verband, denn als »Huaca« wurden nicht nur sonderbar gestaltete Felsen, Höhlen, Quellen u.ä. sondern auch die Leichname der Ahnen u. deren Grabstätten angesehen u. mit Opfern versehen (Menschenopfer nur in Zeiten der Not). Religiöse Zeremonien, die v.a. in der Hptst. mit großem Pomp abgehalten wurden, begleiteten die 12 Monate des Agrarjahres.

Die S c h r i f t der I. ist eine Wortzeichenschrift aus rechteckig oder quadratisch begrenzten Zeichen *(Tocapu).* Sie findet sich auf Gewebesresten (Prunkgewändern) des 16. Jh. u. auf hölzernen Inka-Trinkbechern (Keros) des 16.–18. Jh.; erst teilweise entziffert.

**Inkardination,** die Eingliederung eines kath. Geistlichen in eine Diözese oder einen Orden.

**Inkarnat,** *Karnat, Karnation,* der Fleischton, in der Malerei die Farbe der menschl. Haut.

**Inkarnation,** »Fleischwerdung«, das Eingehen einer Gottheit in einen ird. Körper, die sichtbare Menschwerdung eines Gottes.

**Inkasso,** das Einziehen von fälligen Forderungen, z.B. von Schecks oder fälligen Wechseln.

**Inklination, 1.** Neigung, Zuneigung. – **2.** die durch den Erdmagnetismus verursachte Neigung einer im Schwerpunkt aufgehängten Magnetnadel gegen die Horizontale.

**Inklusion, 1.** Einschließung, Einschluß. – **2.** *Statistik:* der Schluß vom Ganzen auf einen Teil, von einer Gesamtmasse auf eine Teilmasse.

**inklusive,** Abk. *incl., inkl.,* einschließlich, eingeschlossen.

**Inkognito,** Verheimlichung des Namens, Gebrauch eines fremden Namens, Unerkanntsein.

**inkohärent,** nicht zusammenhängend.

**Inkohlung,** bei der Entstehung von Kohle die unter Luftabschluß u. hohem Druck vor sich gehende Anreicherung des in den kohlebildenden Pflanzen enthaltenen Kohlenstoffs.

**Inkompatibilität, 1.** die Unvereinbarkeit der gleichzeitigen Ausübung mehrerer öffentl. Ämter, insbes. wenn sich dabei Überschneidungen zw. Exekutive u. Legislative ergeben. – **2.** das Verbot des Tätigwerdens kraft Amtes in eig. Angelegenheiten oder in solchen naher Verwandter.

**inkompressibel,** nicht zusammendrückbar.

**Inkontinenz,** das Unvermögen, Harn u. Stuhlgang zurückzuhalten.

**Inkorporation, 1.** die Einverleibung einer Kirchenpfründe in ein Kloster, ein Kapitel oder eine Universität. – **2.** die Eingliederung eines polit. Gemeinwesens in ein anderes.

**Inkreis,** der Kreis, der 3 Seiten eines Dreiecks berührt u. dessen Mittelpunkt im Innern des Dreiecks liegt. Es gibt auch Vielecke mit einem I.

**Inkretdrüsen,** *Drüsen innerer Sekretion, endokrine Drüsen, Hormondrüsen* → innere Sekretion.

**inkriminieren,** beschuldigen, als strafbar bezeichnen.

**Inkrustation, 1.** *Inkrustierung,* die Verkleidung von Wandflächen mit edlen Baustoffen, z.B. Marmor; auch Einlegearbeiten an Wänden u. Fußböden. – **2.** *Geologie:* Überzug aus ausgeschiedenen Mineralien.

**Inkubation,** *Religion:* Schlaf an hl. Stätte, um im Traum orakelhafte Offenbarungen durch die am Ort wohnende Gottheit zu erhalten.

**Inkubationszeit, 1.** → Infektion. – **2.** die Dauer der Bebrütung des Eies.

**Inkubator** → Brutkasten.

**Inkunabeln,** *Wiegendrucke,* die frühesten Erzeugnisse der Buchdruckerkunst, die vor 1500 hergestellt worden sind.

**Inlandeis,** große, bis über 4000 m mächtige Eismassen, die weite Landflächen bedecken u. am Rand Gletscher bilden oder mit senkrechten Wänden zum Meer hin abbrechen (»auskalben«) u. so *Eisberge* entstehen lassen (Grönland, Antarktis).

## innere Krankheiten 397

*Inka: Ruinen der Bergfestung Machu Picchu*

**Inlaut,** im Unterschied vom *An-* u. *Auslaut* der im Wort- oder Silbeninnern (als Silbenträger) stehende Laut.

**Inlay** [inlei], eine Zahnfüllung, die nach einem Abdruck hergestellt wird.

**Inlett,** *Federleinwand,* ein dichtes Leinen- oder Baumwollgewebe in Köper- oder Atlasbindung zur Aufnahme von Bettfedern.

**in medias res,** mitten hinein (in die zu erörternde Angelegenheit), ohne lange Vorrede.

**in memoriam,** zum Gedächtnis (an... ).

**Inn,** der längste r. Nbfl. der oberen Donau, 510 km; mündet bei Passau; ab Hall schiffbar.

**in natura,** in Natur, leibhaftig.

**Innenarchitektur,** als Teilgebiet der allg. Architektur das baukünstler. Gestalten u. Ausstatten von Innenräumen, z.B. Wand- u. Deckenschmuck, Holztäfelungen, Fußböden, Möbel u. Raumtextilien aufeinander abzustimmen.

**Innenpolitik,** i.w.S. die gesamte innere Politik eines Staates (Ggs.: *Außenpolitik);* i.e.S. die allg. innere Verwaltung u. das Polizeiwesen, u.U. auch Kulturangelegenheiten u.ä.

**Innenpolmaschine,** eine elektr. Maschine (Motor oder Generator), bei der die durch Erregerwicklung oder Permanentmagnete gebildeten magnet. Pole an der Innenseite des Luftspalts liegen. In den meisten Fällen laufen die Pole dann (als Polrad) mit der Läuferwelle um. Die meisten *Synchronmaschinen* sind das I. gebaut.

**Innerasien,** *Zentralasien,* die Kerngebiete des asiat. Kontinents, umfaßt die ausgedehntesten Hochländer u. die höchsten Gebirge der Erde.

**innere Emigration,** das Verhalten von Gegnern eines diktator. Regimes, die im Land bleiben, aber Zugeständnisse an die Machthaber zu vermeiden suchen.

**Innere Führung,** der in der Bundeswehr erstmalig in ein System gebrachte Inbegriff aller Maßnahmen, die dazu dienen, Soldaten zu der Bereitschaft zu erziehen, Freiheit u. Recht zu verteidigen. Die I. F. gliedert sich in *Staatsbürgerkunde, psycholog. Rüstung* u. *zeitgemäße Menschenführung.*

**Innereien,** gewerbl. Bez. für die inneren Organe von Schlachttieren.

**innere Krankheiten,** Allgemeinerkrankungen des Körpers sowie Erkrankungen der inneren Organe u. ihrer Systeme: die Infektionskrankheiten, die Herz- u. Kreislaufkrankheiten, die Erkrankungen der Atmungsorgane, die Blutkrankheiten, die

## innere Medizin

Krankheiten des Verdauungsapparats, der Leber, der Bauchspeicheldrüse, des Harnapparats, der Drüsen mit innerer Sekretion, des Bewegungsapparats u. des Nervensystems u. die Stoffwechselkrankheiten. Sie werden vom Facharzt für i. K. *(Internist)* behandelt.

**innere Medizin,** ein Teilgebiet der Medizin, das sich mit der Erkennung u. Behandlung der *inneren Krankheiten* befaßt.

**Innere Mission,** Einrichtungen freier karitativer Tätigkeit in der ev. Kirche; 1848 von J.H. *Wichern* gegr., seit 1957 zus. mit dem *Ev. Hilfswerk* im Diakonischen Werk der EKD zusammengeschlossen.

**Innere Mongolei,** chin. *Nei Menggu,* Autonome Region im N der VR → China (seit 1947).

**innere Organe,** *Eingeweide,* die im Innern des Körpers befindl. Organe u. Organsysteme.

**innerer Monolog,** in der Erzähltechnik des modernen Romans die Wiedergabe von Gedanken, Empfindungen u. Gefühlen des Helden in direkter Ich-Rede.

**innere Sekretion,** *Inkretion,* die direkte Abgabe von Substanzen innerer Zellarten an das Blut; die abgegebenen Stoffe sind die Hormone. Gewebe mit i. S. sind beim Menschen folgende Drüsen: *Epiphyse, Hypophyse* (Vorder- u. Hinterlappen), *Nebennieren* (Rinde u. Mark), *Schilddrüse, Nebenschilddrüsen, Pankreas* (Langerhanssche Inseln), *Hoden* (Zwischenzellen), *Eierstöcke* (Graafsche Follikel), *Gelbkörper, Plazenta, Thymusdrüse.* Ein Gewebe der i. S. ohne Spezialisierung zu einer Drüse ist die *Darmschleimhaut.*

**innere Uhr** → Biorhythmik.

**Innerösterreich,** die ehem. östr. Herzogtümer Steiermark, Kärnten u. Krain u. die Gft. Görz.

**Innerrhoden,** *Appenzell-I.,* Halbkanton in Appenzell → Schweiz.

**Innertropische Konvergenz,** engl. *Intertropical Convergence,* Abk. *ITC,* die äquatoriale Westwindzone (Tiefdruckrinne) der atmosphärischen Zirkulation; sie liegt am therm. Äquator um 3° nördl. Breite.

**Inness** ['inis], George, *1825, †1894, US-amerik. Landschaftsmaler.

**Innitzer,** Theodor, *1875, †1955, östr. Kardinal (seit 1933); seit 1932 Erzbischof von Wien. Anfangs für den Anschluß Östr. an Dtld., verteidigte später die Rechte der Kirche gegen den Nationalsozialismus.

**in nomine,** im Namen, im Auftrag (von... ).

**Innovation,** Neuerung, Neueinführung, Erfindung, Herstellen eines neuen Zusammenhangs; bes. in Soziologie, Wirtschaft u. Technik, aber auch eine kulturelle Neuerung, insbes. im Bereich der Volkskultur *(Novation).* – **I.szeit,** die Zeit, die bei techn.-naturwiss. Entwicklungen von der Entdeckung bis zur prakt. Verwertung im großen verstreicht.

**Innozenz,** Päpste: **1.** *Innozenz I.,* †417, Papst 402–417; regierte in der Zeit des Niedergangs des weström. Reichs (Eroberung durch die Westgoten). – Heiliger (Fest: 12.3.). – **2.** *Innozenz II.,* eigtl. *Gregor Papareschi,* †1143, Papst 1130–43; unmittelbar nach dem Tod Honorius' II. formal unrechtmäßig gewählt. Während der gegen ihn erhobene *Anaklet II.* Rom besetzt hielt, konnte I. sich fast in der ganzen Kirche durchsetzen. – **3.** *Innozenz (III.),* eigtl. *Lando von Sezze,* Gegenpapst 1179/80; nach der Unterwerfung *Kalixts III.* gegen *Alexander III.* erhoben; von Alexander zu Klosterhaft in La Cava verurteilt. – **4.** *Innozenz III.,* eigtl. *Lothar von Sengi,* *1160/61, †1216, Papst 1198–1216; führte die seit dem Reformpapsttum des 11. Jh. erstrebte geistl.-weltl. Fürherstellung des Papsttums über die ganze Christenheit auf ihren Höhepunkt. – **5.** *Innozenz IV.,* eigtl. *Sinibaldo Fieschi,* *um 1195, †1254, Papst 1243–54; führte den Kampf gegen Kaiser *Friedrich II.* mit äußerster Schärfe; verkündete erneut die »Zweischwerttheorie«, unterstützte die gegen Friedrich erhobenen Gegenkönige, konnte aber die Macht des Kaisers weder in Dtld. noch in Italien brechen. – **6.** *Innozenz V.,* eigtl. *Pierre de Tarantaise,* *um 1225, †1276, Papst 1276; seit 1272 Erzbischof von Lyon. – Seliger (Fest: 22.6.). – **7.** *Innozenz VI.,* eigtl. *Étienne Aubert,* †1362, Papst 1352–62; stand zu Kaiser *Karl IV.* in guten Beziehungen. Den Plan der Rückkehr aus Avignon nach Rom konnte er nicht verwirklichen, doch unterwarf

*Innozenz III.; Wandgemälde in der Kirche Sacro Speco in Subiaco (13. Jahrhundert)*

Kardinal *Albornoz* (*um 1300, †1367) ihm den Kirchenstaat. – **8.** *Innozenz VII.,* eigtl. Cosma de *Migliorati,* *um 1336, †1406, Papst 1404–06; regierte während des abendländ. Schismas. – **9.** *Innozenz VIII.,* eigtl. Giovanni Battista *Cibo,* *1432, †1492, Papst 1484–92; gehörte zu den vorwiegend weltl. eingestellten Päpsten der Renaissance. – **10.** *Innozenz IX.,* eigtl. Giovanni Antonio *Facchinetti,* *1519, †1591, Papst Okt.–Dez. 1591; war alt u. krank, von den meisten Kardinälen nur gewählt, weil sie den Druck *Philipps II.* auf die Kurie ausschalten u. dazu Zeit gewinnen wollten. – **11.** *Innozenz X.,* eigtl. Giambattista *Pamfili,* *1574, †1655, Papst 1644–55; entmachtete die Familie seines Vorgängers, die *Barberini.* Der Witwe seines Bruders, Olimpia *Maidalchini,* räumte er weitgehenden Einfluß ein. – **12.** *Innozenz XI.,* eigtl. Benedetto *Odescalchi,* *1611, †1689, Papst 1676–89; beseitigte den Nepotismus, nahm in der Verwaltung von Kirche u. Kirchenstaat wichtige Reformen vor u. verurteilte den *Quietismus.* Die Freiheit der Kirche u. die päpstl. Autorität verteidigte er bes. gegen die Machtansprüche *Ludwigs XIV.* Der Kanonisationsprozeß wurde auf Einspruch Frankreichs lange unterbrochen; Seligsprechung 1956 (Fest: 12.8.). – **13.** *Innozenz XII.,* eigtl. Antonio *Pignatelli,* *1615, †1700, Papst 1691–1700; reformeifrig wie sein Vorbild u. Gönner I. XI. Den Streit mit *Ludwig XIV.* konnte er beilegen. – **14.** *Innozenz XIII.,* eigtl. Michelangelo dei *Conti,* *1655, †1724, Papst 1721–24; gab nach, wo sich kirchl. Ansprüche nicht durchsetzen ließen.

**Innsbruck,** Hptst. des östr. Bundeslands Tirol, an der Mündung der Sill in den Inn, zw. Karwendelgebirge im N u. Stubaier u. Tuxer Alpen im S, 574 m ü.M., 116 000 Ew.; Univ.; Hofburg u. Hofkirche; Fremdenverkehr. Austragungsort der IX. u. XII. Olymp. Winterspiele (1964 u. 1976).

**Innung,** urspr. Bez. für die (pflichtmäßigen) *Zünfte (Gilden),* die bis zur Einführung der Gewerbefreiheit bestanden; heute eine freie Vereinigung selbständiger Handwerker des gleichen Handwerks oder verwandter Handwerke zur Förderung ihrer gemeinsamen gewerbl. Interessen innerhalb eines bestimmten Bezirks (Kreises). Die I. ist eine Körperschaft des öffentl. Rechts, unter Aufsicht der *Handwerkskammer.* – **I.skrankenkasse,** eine Krankenkasse, die eine oder mehrere I.en gemeinsam für die der I. angehörenden Betriebe ihrer Mitgl. errichten können.

**Innviertel,** bis 1779 zu Bayern, dann zu Oberöstr. gehörige Ldsch. zw. Donau, Inn, Salzach u. Hausruck.

**Inönü,** Ismet, bis 1934 *Ismet Pascha,* *1884, †1973, türk. Offizier u. Politiker; 1920 Generalstabschef unter Kemal *Atatürk,* vertrieb die Griechen aus Kleinasien (Sieg bei Inönü); 1922 Außen-Min., 1923/24 u. 1927–37 Min.-Präs., 1938 bis 1950 als Nachfolger Atatürks Staats-Präs., nach dem Staatsstreich 1960 wieder 1961–65 Min.-Präs.

**in petto,** im Sinn, im Hintergrund, in Bereitschaft.

**Input,** allg. Eingabe von Daten in ein System, z.B. von elektr. Signalen in einen Verstärker, von zum Rechnen benötigten Daten in einen Computer.

**Input-Output-Analyse** [-'autput-; engl.], »Einsatz-Ausstoß-Analyse«, die quantitative Erfassung der Lieferbeziehungen zw. den einzelnen Wirtschaftsbereichen (Sektoren, Industrien) einer Volkswirtschaft oder Region. Damit läßt sich der Grad der Verflechtung der einzelnen Industrien angeben u. etwas über die Arbeitsteilung in einer Volkswirtschaft aussagen.

**Inquisition,** urspr. die Untersuchung rechtswidriger Tatsachen durch die Obrigkeit von Amts wegen, insbes. die offizielle oder offiziöse Verfolgung aus religiösen u. ideolog. Gründen; i.e.S. die institutionalisierte *Ketzerverfolgung* der kath. Kirche im MA bis weit in die Neuzeit hinein. Anfang des 13. Jh. wurde durch das Zusammenwirken von weltl. u. kirchl. Obrigkeit (bes. Kaiser *Friedrich II.* u. die Päpste *Innozenz III.* u. *Gregor IX.*) die I. eingerichtet. Päpstl. *Inquisitoren,* meist Dominikaner oder Franziskaner, sollten die Ketzer ausfindig machen. Hartnäckige Ketzer sollten der weltl. Gewalt zur Verbrennung übergeben werden. Seit Papst Innozenz IV. war auch die Anwendung der Folter erlaubt. (→ Hexe).

**I.N.R.I.,** Abk. für *Iesus* (Jesus) *Nazarenus Rex Iudaeorum* [lat. »Jesus von Nazareth, König der Juden«], Aufschrift am Kreuz Christi.

**Inschriftenkunde,** *Epigraphik,* eine histor. Hilfswiss. im Rahmen der *Quellenkunde.*

**Insekten,** *Insecta, Sechsfüßer, Hexapoda, Kerbtiere,* nach der meist scharfen Einkerbung zw. Kopf, Brust u. Hinterleib benannte Klasse der *Tracheentiere* aus dem Stamm der *Gliederfüßer.* Typ. Merkmale sind das den Körper durchziehende *Tracheensystem* (von der Körperwand ausgehende, verzweigte, luftführende Hautschläuche, die der Atmung dienen) u. die chitinhaltige Körperdecke, die ein *Außenskelett* bildet. Die I. umfassen mindestens ⅔ aller bekannten lebenden Tierarten (rd. 750 000 Arten) u. sind die am stärksten in versch.

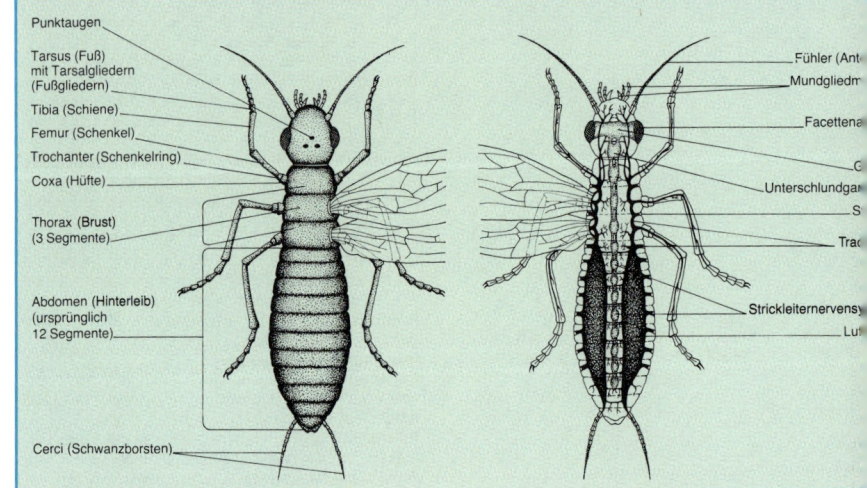

*Äußere Gliederung des Insektenkörpers (links) und innerer Bau eines geflügelten Insekts (Aufsicht)*

## Klasse Insekten (Insecta): systematische Übersicht

**Insekten mit unvollkommener Verwandlung: Hemimetabola**

*primär ungeflügelte Insekten*

Unterklasse Entognatha (Mundwerkzeuge in das Kopfinnere versenkt)
- Ordnung – Beintastler, Protura
- Ordnung – Doppelschwänze, Diplura
- Ordnung – Springschwänze, Collembola

Unterklassen Ectognatha (Mundwerkzeuge frei am Kopf stehend)
- Ordnung – Felsenspringer, Archaeognatha
- Ordnung – Fischchen, Zygentoma

*geflügelte Insekten*
- Ordnung – Eintagsfliegen, Ephemeroptera
- Ordnung – Libellen, Odonata
- Ordnung – Steinfliegen, Plecoptera
- Ordnung – Tarsenspinner, Embioptera
- Ordnung – Notoptera
- Ordnung – Ohrwürmer, Dermaptera
- Ordnung – Fangheuschrecken, Mantodea
- Ordnung – Schaben, Blattodea
- Ordnung – Termiten, Isoptera
- Ordnung – Gespenstheuschrecken, Phasmatodea
- Ordnung – Springschrecken, Saltatoria
- Ordnung – Bodenläuse, Zoraptera
- Ordnung – Staubläuse, Psocoptera
- Ordnung – Tierläuse, Phthiraptera
  - Unterordnung – Kieferläuse, Mallophaga
  - Unterordnung – Elefantenläuse, Rhynchophthirina
  - Unterordnung – Echte Läuse, Anoplura
- Ordnung – Blasenfüße, Thysanoptera
- Überordnung – Schnabelkerfe, Rhynchota
- Ordnung – Wanzen, Heteroptera
- Ordnung – Pflanzensauger, Homoptera
  - Unterordnung – Zikaden, Auchenorrhyncha
  - Unterordnung – Pflanzenläuse, Sternorrhyncha
    - Überfamilie – Blattläuse, Aphidina
    - Überfamilie – Schildläuse, Coccina
    - Überfamilie – Mottenläuse, Aleyrodina
    - Überfamilie – Blattflöhe, Psyllina

**Insekten mit vollkommener Verwandlung: Holometabola**

- Ordnung – Schlammfliegen, Megaloptera
- Ordnung – Kamelhalsfliegen, Raphidioptera
- Ordnung – Netzflügler, Planipennia
- Ordnung – Käfer, Coleoptera
- Ordnung – Hautflügler, Hymenoptera
- Ordnung – Köcherfliegen, Trichoptera
- Ordnung – Schmetterlinge, Lepidoptera
- Ordnung – Schnabelhafte, Mecoptera
- Ordnung – Zweiflügler, Diptera
  - Unterordnung – Mücken, Nematocera
  - Unterordnung – Fliegen, Brachycera
- Ordnung – Flöhe, Siphonaptera
- Ordnung – Fächerflügler, Strepsiptera

Ordnungen u. Gattungen aufgespaltene Klasse des Tierreichs.

**insektenfressende Pflanzen,** *fleischfressende Pflanzen, Karnivoren,* Pflanzen mit Fangvorrichtungen zum Anlocken u. Festhalten von Insekten u. mit Drüsen, die eiweißabbauende Fermente ausscheiden, so daß der Tierkörper teilweise aufgelöst werden kann. Nach der Beschaffenheit der Fangorgane unterscheidet man *Leimrutenfänger* (z.B. Sonnentau, Fettkraut), *Klappfallenfänger* (z.B. Wasserschlauch, Venusfliegenfalle) u. *Fallgrubenfänger* (z.B. Kannenpflanzen).

**Insektenfresser,** *Insectivora,* Ordnung der *Säugetiere* mit altertüml. Merkmalen, von denen alle höheren Säuger abstammen. I. fehlen in Südamerika u. Australien. Zu den I. gehören *Borstenigel, Otterspitzmaus, Schlitzrüßler, Goldmulle, Spitzmäuse, Maulwürfe, Igel* u. *Rüsselspringer.*

**Insektenstaat,** das Zusammenleben sog. *sozialer Insekten* (Termiten, Wespen, Bienen, Ameisen) in selbstgefertigten Bauten, wobei die Aufgaben innerhalb des I. in einem sinnvollen Zusammenwirken aller Einzeltiere in Arbeitsteilung durchgeführt werden.

**Insektivoren,** *Insectivora* → Insektenfresser.

**Insektizide,** insektentötende Stoffe; heute meist synthet.-chem. Mittel mit der Möglichkeit gezielter Anwendung. Sie wirken als *Atemgifte* (z.B. Blausäure, Schwefeldioxid, Schwefelkohlenstoff, Globol, Derris), als *Fraßgifte* (z.B. Arsen-, Blei-, Quecksilber-Verbindungen) oder als *Kontaktgifte* (Berührungsgifte, z.B. DDT, E 605).

**Insel,** ein rings von Wasser umgebenes Landstück (außer den Kontinenten). Die Inselwelt der Erde umfaßt rd. 10,5 Mio. km$^2$.

**Inselberge,** in den wechseltrockenen Tropen u. Subtropen aus Ebenen inselartig steil aufragende Berge oder Berggruppen, durch Insolationsverwitterung entstanden.

**Insel der Seligen** → Elysium.

**Inseln über dem Winde, 1.** nördl. Inselgruppe der westind. Kleinen Antillen, bestehend aus der nördl. Gruppe der *Leeward Islands* u. der südl. Gruppe der *Windward Islands* sowie aus Barbados, Trinidad u. Tobago. – **2.** östl. Inselgruppe der Gesellschaftsinseln in der Südsee.

**Inseln unter dem Winde, 1.** südl. Inselgruppe der westind. Kleinen Antillen vor der venezolan. Küste; teils ndl. Besitz (*Ndl. Antillen unter dem Winde*) teils venezolan. (*Venezolan. Antillen*). – **2.** westl. Inselgruppe der Gesellschaftsinseln in der Südsee.

**Inselorgan,** *Inselapparat, Langerhanssche Inseln,* die Gesamtheit der im Drüsengewebe der *Bauchspeicheldrüse* eingelagerten innersekretor. Zell»inseln« (*Pankreas-Inseln*). Man unterscheidet in ihnen die A-Zellen (Alphazellen), die *Glukagon* bilden, u. die B-Zellen (Betazellen), die *Insulin* bilden. Beide Hormone werden unmittelbar ins Blut abgegeben. → Zuckerkrankheit.

**Inselsberg,** *Großer I.,* Gipfel des Thüringer Walds, sw. von Gotha, 916 m.

**Insemination,** künstl. Befruchtung; bei der *homologen I.* stammt der Samen vom Ehemann, bei der *heterologen I.* von einem anderen Mann. Die *In-vitro-I.* (*extrakorporale I.*) findet außerhalb des mütterl. Körpers statt.

**Inserat** → Anzeige.

**Insertion, 1.** die Art, wie, u. die Stelle, wo ein Organ, z.B. ein Blatt oder ein Muskel, ansetzt (*inseriert*). – **2.** das Aufgeben eines *Inserats* (Anzeige).

**Insignien** [-gniɛn], Herrschaftszeichen, Zeichen der Amtswürde; → Reichskleinodien.

**Insolation,** die Einstrahlung der Sonne auf die Erde.

**Insolvenz** → Zahlungsunfähigkeit.

**in spe,** künftig, kommend, in Erwartung.

**Inspekteur** [-'tø:r], **1.** *allg.:* Leiter einer Inspektion, Prüfer. – **2.** in der Bundeswehr der ranghöchste Offizier (Generalleutnant) einer *Teilstreitkraft* oder des Sanitäts- u. Gesundheitswesens.

## Institut für Auslandsbeziehungen 399

**Inspektor,** Aufseher, Aufsichtsperson; in der öffentl. Verwaltung der BR Dtld. ein Beamter im (gehobenen) mittleren Dienst.

**Inspiration,** *Eingebung,* die unmittelbare, rein passive Kenntnisnahme göttl. Mitteilungen (Offenbarungen). Übertragen spricht man auch von einer *künstler. I.*

**Inspizient, 1.** ein für den gesamten Bereich seiner Teilstreitkraft zuständiger hoher Offizier, der die richtige Ausrüstung u. Ausbildung einer Waffengattung überwacht. – **2.** ein Bühnen- oder Filmangestellter, der für den ordnungsgemäßen Ablauf der Vorstellung (bzw. Aufnahme) zu sorgen hat.

**Installation, 1.** Einweisung in ein (geistl.) Amt. – **2.** Planung u. Einbau von Gas-, Wasser-, Heizungs-, Lüftungs- u. elektr. Leitungen in Gebäuden durch den betr. **Installateur.**

**Instantprodukte** ['instənt-], pulverförmige Lebensmittel, die durch eine spezielle Behandlung (*Instantisierung*) so verändert werden, daß sie sich in Flüssigkeiten schnell lösen u. dispergieren lassen.

**Instanz,** die jeweils zuständige Stelle; die einzelne Stufe einer in Über- u. Unterordnung gegliederten Behördenorganisation gleicher sachl. Zuständigkeit, in deren I.enzug mehrere dieser I. von unten nach oben zu durchlaufen sind (z.B. Amtsgericht, Landgericht, Oberlandesgericht, Bundesgerichtshof).

**Inster,** russ. *Instrutsch,* ostpreuß. Fluß, 75 km; bildet bei Insterburg mit der *Angerapp* den *Pregel.*

**Insterburg,** russ. *Tschernjachowsk,* Stadt in Ostpreußen, an der Angerapp, 35 000 Ew. – 1337 Burg des Dt. Ordens.

**Instinkt,** ein vorgegebenes Wirkungsgefüge oder Funktionssystem des Verhaltens; ein hierarchisch organisierter, nervöser Mechanismus, der auf bestimmte auslösende u. richtende Impulse – innere wie äußere – anspricht u. sie mit lebens- u. arterhaltenden Bewegungen beantwortet. Zu den inneren Impulsen gehören die *Hormone.* Äußere Impulse sind spezif. Reizsituationen (*Schlüsselreize*); sie wirken auf einen angeborenen Auslösemechanismus. – Der menschl. I. wird stark vom verstandesmäßigen Handeln u. von Erfahrungen überdeckt.

**Institut, 1.** Forschungsanstalt einer Hochschule, Akademie oder wiss. Gesellschaft. – **2.** *Rechts-I.,* Rechtseinrichtung, der einzelne Bestandteil der Rechtsordnung, z.B. das I. des Eigentums, des Erbrechts.

**Institut de France** [ɛ̃sti'tydə'frɑ̃s], Sitz: Paris, Zusammenschluß von fünf frz. wiss. u. künstler. Akademien; 1795 gegr. Zum I. d. F. gehören u.a.: *Académie Française* (1635 gegr.; 40 Repräsentanten aus allen Bereichen des kulturellen, polit. u. wirtschaftl. Lebens), *Académie des Sciences* (1666 gegr.; für Naturwiss.) u. *Académie des Beaux-Arts* (1816 gegr.; für bildende Kunst u. Musik).

**Institut für Auslandsbeziehungen,** Stuttgart, 1917 als *Dt. Ausland-Institut* gegründet. Das 1951 neugegr. I. f. A. ist eine unabhängige, gemeinnützige Anstalt zur Förderung des geistigen Austauschs u. der Verständigung zw. den Völkern.

*Inselberge des Mount Olga in Zentralaustralien*

## Institut für deutsche Sprache

**Institut für deutsche Sprache,** Sitz: Mannheim, gegr. 1964; Forschungsgebiete: Gliederung des dt. Wortschatzes, maschinelle Sprachbearbeitung, Grundstrukturen der dt. Sprache.

**Institut für Sozialforschung,** der Ausgangspunkt der *Frankfurter Schule* u. ihrer *Kritischen Theorie* der Gesellschaft; 1923/24 unter maßgebl. Beteiligung Max *Horkheimers* u. Friedrich *Pollocks* in Frankfurt a.M. gegr.; 1933 Ende der Tätigkeit in Dtld., seit 1949 wieder in Frankfurt (der Univ. angeschlossen). Mitarbeiter waren u.a. Th. W. *Adorno,* W. *Benjamin,* H. *Marcuse* u. J. *Habermas.*

**Institut für Weltwirtschaft,** wirtschaftswiss. Forschungs- u. Lehrinstitut an der Univ. Kiel; gegr. 1911 von Bernhard *Harms.*

**Institut für Zeitgeschichte,** München, 1950 als *Dt. Institut zur Erforschung der nat.-soz. Zeit* gegr., 1952 umbenannt. Im Mittelpunkt seiner Forschung steht die dt. Geschichte zw. 1919 u. 1945.

**Institution, 1.** Einrichtung, Institut. – **2.** die Einsetzung in ein kirchl. Amt. – **3.** *soziale I.,* ein Komplex sozialer Regelungen, denen im Gesamtsystem der Gesellschaft grundlegende Bedeutung zukommt (z.B. Ehe, Eigentum, Beruf). – **institutionalisieren,** in eine gesellschaftl. anerkannte Form bringen.

**»Institutionen«,** Lehrbuch des röm. Rechts von Gaius, das zu einem Teil des Corpus juris civilis wurde.

**Institut Pasteur** [ɛ̃sti'typa'stø:r], das von L. *Pasteur* 1888 in Paris gegr. Institut für Mikrobiologie u. Hygiene.

**Instrument,** Werkzeug; Gerät für wiss. Untersuchungen, Messungen u.ä., auch zur Erzeugung von Musik (Musikinstrumente).

**Instrumentalismus,** die im *Pragmatismus* (J. Dewey u.a.) herrschende Auffassung vom werkzeughaften Charakter des Erkennens in allen Bereichen des Denkens.

**Instrumentalmusik,** die selbständige, nur auf Instrumenten gespielte, nicht die menschl. Stimme benutzende Musik; Ggs.: *Vokalmusik.*

**Instrumentation,** die Kunst, eine musikal. Komposition auf die Stimmen versch. Instrumente so zu verteilen, daß der Zusammenklang die vorgestellte Wirkung hat.

**Instrumentenlandesystem** → ILS-Verfahren.

**Insubordination,** Gehorsamsverweigerung, Auflehnung.

**Insuffizienz,** Unzulänglichkeit, Schwäche.

**Insulin** [das; lat.] das in den B-Zellen des *Inselorgans* gebildete Hormon; ein *Peptidhormon,* bestehend aus 51 Aminosäuren. Da das I. im Verdauungskanal zerstört würde, kann es nur unter dessen Umgehung (parenteral), d.h. durch Einspritzung, angewendet werden. Das I. findet sich in einer Menge von 2–3 I.einheiten pro g Bauchspeicheldrüse; im Blut beträgt die Menge (nach Kohlenhydrataufnahme) etwa 0,003 I.einheiten pro cm³ (1 I.einheit = ⅔ der kleinsten I.menge, die den Blutzucker eines 24 Stunden nüchternen, 2 kg schweren Kaninchens in 3 Std. auf 45 mg-% senkt). Die I.wirkung besteht in der Förderung des Zuckerstoffwechsels: Anregung des Zuckerabbaus (Glykolyse) in der Muskulatur u. der Zuckerspeicherung als Glykogen (Stärke) in der Leber; Folge dieser Wirkung ist die gute Ausnutzbarkeit des Zuckers u. die Einhaltung des normalen Blutzuckerspiegels (etwa 100–120 mg-%). I.mangel führt zur → *Zuckerkrankheit* (I.mangeldiabetes), I.überschuß (bei Geschwulst des Inselorgans oder bei Verabreichung zu hoher I.dosen) zur → *Hypoglykämie.* An der Regulierung des Blutzuckerspiegels ist u.a. auch das Pankreashormon *Glukagon* beteiligt. – Entdeckt wurde das I. 1921 durch F. Banting, C. Best u. J.J.R. Macleod. – Die I.behandlung der Zuckerkrankheit besteht in der künstl. Zufuhr (durch Einspritzung) des dem Organismus fehlenden I.s; sie kann entweder mit schnellwirkendem I. (Alt-I.) oder mit langwirkendem I. (Depot-I.) durchgeführt werden. I. wird heute synthetisch hergestellt.

**Insult, 1.** Beschimpfung, Beleidigung. – **2.** Anfall, Verletzung, Schädigung; z.B. *apoplektischer I.,* Schlaganfall; *psych. I.,* seel. Schädigung.

**Insurrektion,** Aufstand, Volkserhebung.

**Inszenierung,** das In-Szene-Setzen, d.h. das Umsetzen des geschriebenen (Textbuch, Drehbuch) in das zu spielende Bühnenwerk.

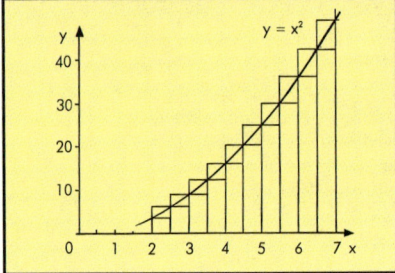

*Integral: Fläche als gemeinsamer Grenzwert von zwei Staffelflächen*

**Intabulation,** im öster. Grundbuchrecht eine Eintragung, durch die dingl. Rechte erworben, übertragen oder beschränkt werden; Ggs.: *Extabulation.*

**Intaglio** [in'taljo], eine *Gemme* mit eingraviertem Bild; Ggs.: *Kamee.*

**Intarsia,** *Intarsien,* Einlegearbeiten, bei denen andersfarbiges Holz oder andersgeartetes Material (Schildpatt, Perlmutt, Elfenbein, Metall, Alabaster, Glas) in aus dem massiven Holz herausgearbeitete Vertiefungen eingelegt wird. Eine andere Technik ist das Auflegen eines aus verschiedenfarbigem oder verschiedenartigem Material zusammengesetzten Zierfurniers auf den Holzkern.

**Integral,** *I.funktion, Stammfunktion,* eine math. Funktion, die sich mit Hilfe der I.rechnung durch *Integration* aus einer gegebenen Funktion $f(x)$ errechnet. Das *unbestimmte I. F(x)* [gesprochen: groß *F* von *x*] ist eine Funktion, deren I. *Ableitung* $F'(x)$ gleich dem *Integranden* $f(x)$ des I. ist. Das *bestimmte I.* einer Funktion $f(x)$ errechnet sich aus dem unbestimmten I. unter Einführung der unteren Grenze $a$ u. der oberen Grenze $b$ zu

$$\int_a^b f(x)dx = F(b) - F(a)$$

wobei $F(a)$ u. $F(b)$ die Werte $F(x)$ für $x = a$ u. $x = b$ bedeuten.

**Integralbauweise,** die Herstellung eines Bauteils aus einem einzigen Stück.

**Integralrechnung,** die Umkehrung der Differentialrechnung: das Verfahren (*Integrationsverfahren*), aus der *Ableitung* einer Funktion die Funktion selbst zu ermitteln.

**Integration, 1.** Herstellung oder Wiederherstellung eines Ganzen; Einordnung eines Glieds in ein Ganzes. – **2.** der Abbau nat. Verfügungsgewalt zugunsten supranat. Organe u. Regelungen. Unter *europäischer I.* versteht man den Zusammenschluß W.-europ. Staaten in der *Europ. Gemeinschaft.* – **3.** das geschlossene Zusammenwirken versch. psych. Prozesse. Der Grad der I. psych. Vorgänge ist ein Index für die verschiedenen *Typen.* – **4.** die Verschmelzung von Einzelpersonen u. Gruppen zur mehr oder weniger einheitl. *Gesellschaft.* – **5.** die Vereinigung mehrerer Volkswirtschaften zu einem Wirtschaftsraum mit binnenmarkt-ähnl. Charakter.

**integrierte Schaltung,** engl. *Integrated Circuit,* Kurzzeichen *IC,* → *Mikroelektronik.*

**Integrität,** Vollständigkeit, Unversehrtheit, Redlichkeit.

**Intellekt,** Verstand; die Fähigkeit, kritisch zu denken. – **I.ualismus,** eine Auffassung, die den *I.* auf allen Lebensgebieten zum Führer macht. – **Intellektuelle,** die (akadem.) Gebildeten u. in den geistigen Berufen Tätigen.

**Intelligenz,** Klugheit, geistige Fähigkeit; geistige Führungsschicht. – **I.quotient,** Abk. *IQ,* das von einem I.test ermittelte Maß für die I.höhe, d.h. die geistige Leistungsfähigkeit eines Menschen im Vergleich zu Gleichaltrigen; relativ zum Durchschnitt der Bev. ausgedrückt.

| Intelligenzquotient | |
|---|---|
| IQ | Prozentanteil in der Bevölkerung |
| 127 und mehr | 2,2% |
| 118–126 | 6,7% |
| 110–117 | 16,1% |
| 91–109 | 50,0% |
| 79– 90 | 16,1% |
| 63– 78 | 6,7% |
| 62 und weniger | 2,2% |

**intelligibel,** nur mit dem Verstand erfaßbar.

**INTELSAT,** Abk. für engl. *International Telecommunication Satellite Consortium,* Internationales Fernmeldesatellitenkonsortium, 1964 in Washington gegr., Ziel ist die Errichtung u. der Betrieb eines erdumspannenden Satellitennetzes.

**Intendant,** der Leiter eines Theaters oder eines Rundfunksenders.

**Intensität,** Eindringlichkeit, Stärke, Grad einer Kraft; z.B. die Stärke einer Strahlung.

**intensive Wirtschaft,** Betriebsweise mit starkem Arbeits- oder Kapitaleinsatz *(arbeitsintensiv, kapitalintensiv).*

**Intensivmedizin,** die Lehre von den schweren, akut lebensbedrohlichen Erkrankungen u. ihrer Behandlung. Aufgabe der I. ist die *Normalisierung vitaler Funktionen,* z.B. Aufrechterhaltung des Blutkreislaufs u. der Atmung. Die hierzu erforderlichen diagnost. u. therapeut. Maßnahmen werden auf **Intensivstationen** durchgeführt.

**Intensivtierhaltung,** *Dauerstallhaltung,* Tierhaltung größeren Ausmaßes auf engstem Raum bei ständig kontrollierten Umweltbedingungen zur Erzielung einer hohen Leistung.

**Intention,** Zielsetzung, Absicht.

**inter...** [lat.], zwischen.

**Interaktion,** jede wechselseitige Bezugnahme von zwei oder mehreren Personen (auch Gruppen).

**Inter-City-Zug** ['intər'siti-], Abk. *IC,* ein bes. schneller Eisenbahnzug, der die wichtigsten Städte eines Landes verbindet. In der BR Dtld. fahren die IC-Züge seit 1973 im Ein-Stunden-Takt. Das IC-Netz besteht im wesentl. aus 4 Linien. Die Züge führen die 1. u. 2. Wagenklasse, ein besonderer IC-Zuschlag wird erhoben. Der IC hat den ehemaligen *Fernschnellzug* abgelöst.

**Interdependenz,** wechselseitige Abhängigkeit.

**Interesse,** Anteilnahme, Wissensdrang; Neigung.

**Interessengemeinschaft,** Abk. *IG,* vertragl. Zusammenschluß mehrerer rechtl. selbständiger Unternehmungen zur Verfolgung bestimmter Interessen.

**Interessensphäre, 1.** der rechtl. geschützte Interessenkreis einer Person oder Gruppe. – **2.** ein Gebiet, in dem nach den Regeln der klass. Diplomatie, aufgrund von Vereinbarungen zw. den interessierten Staaten einem von ihnen oder mehreren ein bes. Einwirkungsrecht polit. oder wirtschaftl. Art gegeben wird.

**Interface** ['intəfeis], Schnittstelle zw. einem Computer u. seinen Peripheriegeräten.

**Interferenz, 1.** die unmittelbare Einwirkung von Tieren aufeinander. – **2.** alle Erscheinungen, die durch Überlagerung zweier oder mehrerer Wellen

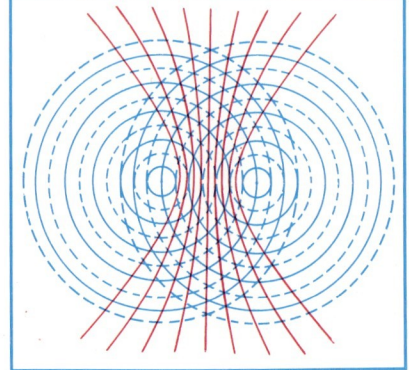

*Interferenz (2) zwischen kohärenten Lichtquellen; die Punkte gleicher Phasen liegen auf Hyperbeln*

am gleichen Ort entstehen. I. tritt bei Schall-, Radio-, Licht-, Materiewellen u.a. auf. Bei Wellen gleicher Schwingungszahl gilt: Treffen Berg u. Tal von 2 Wellen zus., so tritt Auslöschung ein; Berg mit Berg u. Tal mit Tal geben dagegen Verstärkung. – I.-Erscheinungen treten auch bei der Beugung von Wellen an Hindernissen auf, die gegenüber der Wellenlänge klein sind, so z.B. bei der Reflexion des Lichts an dünnen durchlässigen Schichten (Glimmer, Seifenblase, Ölschicht). Es interferieren hierbei die an der Vorder- u. Rückseite reflektierten Lichtwellen u. ergeben die I.farben (I.streifen). Stehende Wellen entstehen durch I. zweier entgegenlaufender Wellen. Bei Überlagerung versch. Frequenzen treten *Schwebungen* auf.

**Interferometer,** ein opt. Gerät zur Längenmessung. Ein einfarbiger Lichtstrahl wird durch halbdurchlässige Glasplatten in 2 Teile zerlegt, die nach Durchlaufen versch. Wege zur *Interferenz* gebracht werden. Dabei treten *Interferenzstreifen* auf, deren Abstand ein sehr genaues Maß für die gewünschten Vergleiche ist.

**Interferon,** *antivirales Protein,* in Zellen, die von Viren befallen wurden, als Abwehrstoff gebildetes Glykoprotein.

**intergalaktische Materie,** gas- u. staubförmige Materie zw. den Galaxien (Sternsystemen). Sie verdankt ihre Existenz z.T. nahen Vorübergängen oder Zusammenstößen von Galaxien, wobei die i.M. durch den Einfluß der Gezeiten herausgezerrt wird. Die i.M. ist vermutl. erheblich dünner verteilt als die interstellare Materie.

**Interglazial,** *Zwischeneiszeit,* die durch Erwärmung bedingten Abschmelz- u. Gletscherrückzugsperioden zw. den Kaltzeiten.

**Interieur** [ɛ̃teri'ø:r], Innenraum, Innenausstattung; bes. Kunstgatt. in den Ndl. des 17. Jh.

**Interim,** die Regelung polit. oder theolog. Fragen für eine Übergangsperiode.

**Interjektion,** Ausruf- oder Empfindungswort (ach! je! o!).

**Interkonfessionalismus,** *Interdenominationalismus,* die Bestrebung, zw. den christl. Gemeinschaften einheitliche kirchl. Organisationsformen oder Bekenntnisstände zu bilden.

**Interkontinentalraketen,** Flugkörper mit nuklearen oder thermonuklearen Sprengköpfen mit einer Reichweite bis 20 000 km.

**Interlaken,** schweiz. Fremdenverkehrszentrum im Berner Oberland, an der Aare, zw. Thuner u. Brienzer See, 563 m ü.M., 5000 Ew.

**interlinear,** zw. den Zeilen.

**Interlinearversion,** die Übersetzung eines fremdsprachl. Textes Wort für Wort, ohne Rücksicht auf den Satzzusammenhang; im frühen MA zw. die Zeilen der Vorlage geschrieben.

**Interlinguistik,** das vergleichende Studium weitverbreiteter Sprachen.

**Intermezzo,** Zwischenspiel.

**intermittierend,** zeitweilig aussetzend u. wiederkehrend, mit Unterbrechungen.

**Internat,** *Pensionat,* Schülerheim, im allg. einer höheren Lehranstalt angegliedert.

**international,** zwischen-, überstaatlich.

**Internationale,** **1.** urspr. Kurzwort für *Internationale Arbeiterassoziation (IAA).* Die IAA wurde am 28.9.1864 in London unter Mitwirkung von Karl Marx gegr. Diese Erste I. zerfiel seit 1869 infolge innerer Differenzen m. Marxisten u. Anarchisten. 1889 entstand in Paris die *Zweite I.* Sie zerbrach faktisch 1914 u. zerfiel vollends, als die in Rußland siegreichen Bolschewiki sich 1918 von ihr trennten u. 1919 in Moskau die »Kommunist. I.« als *Dritte I.* gründeten (→ Komintern). Der Versuch, die Zweite I. 1919/20 von der Schweiz aus zu reorganisieren, hatte nur teilweise Erfolg. Erst 1923 kam es in Hamburg zur Bildung der *Sozialist. Arbeiter-I.* (Abk. *SAI*). 1951 wurde in Frankfurt a.M. die Zweite I. als *Sozialistische I.* neugegründet. Sie umfaßt rd. 15 Mio. Mitglieder in über 40 Ländern (darunter die SPD der BR Dtld, die SPÖ u. die SPS). – **2.** das Kampflied der internationalen Arbeiterbewegung.

**Internationale Arbeitsorganisation,** Abk. *IAO,* engl. *International Labour Organization,* Abk. *ILO,* 1919 durch den Versailler Vertrag geschaffen mit dem Ziel, durch Förderung soz. Gerechtigkeit dem Frieden zu dienen, durch internat. Maßnahmen die Arbeitsbedingungen u. den Lebensstandard in der Welt zu verbessern sowie die wirtschaftl. u. soz. Sicherheit zu fördern. Heute arbeitet die IAO als selbständige techn. Organisation mit dem Wirtschafts- u. Sozialrat der Vereinten Nationen zusammen. Ihre Organe sind: Internationale Arbeitskonferenz, Verwaltungsrat u. Internationales Arbeitsamt.

**Internationale Atomenergie-Organisation,** Abk. *IAEO,* engl. *International Atomic Energy Agency,* Abk. *IAEA,* eine Unterorganisation der UN mit Sitz in Wien, gegr. 1957. Die IAEO ist damit beauftragt, alle Länder beim Aufbau einer eig. (nicht-militär.) Kernforschung u. -technik zu unterstützen; sie überwacht weltweit Nuklearanlagen (1990: über 500) nach den Bestimmungen des Atomsperrvertrags u. arbeitet Schutzvorschriften aus.

**Internationale Bank für Wiederaufbau und Entwicklung** → Weltbank.

**Internationale Flüchtlingsorganisation,** engl. *International Refugee Organization,* Abk. *IRO,* Sitz: Genf, 1947 gegr., bis 1951 tätige Organisation zur Betreuung, Neuansiedlung u. Rückführung der unter dem Schutz der UN stehenden Flüchtlinge u. Verschleppten.

**Internationale Handelskammer,** Abk. *IHK,* engl. *International Chamber of Commerce,* Abk. *ICC,* frz. *Chambre de Commerce International,* Abk. *CCI.,* 1920 in Paris gegr. privatrechtl. Vereinigung der wichtigsten Unternehmerverbände von mehr als 90 Staaten.

**Internationaler Bund Christlicher Gewerkschaften,** Abk. *IBCG,* gegr. 1908, seit 1968 *Weltverband der Arbeitnehmer,* Abk. *WVA,* Sitz: Brüssel.

**Internationaler Bund Freier Gewerkschaften,** Abk. *IBFG,* 1949 von den Gewerkschaften der westl. Welt nach Austritt aus dem unter kommunist. Führung stehenden *Weltgewerkschaftsbund* (Abk. *WGB*) gegr.; Sitz: Brüssel. Dem IBFG gehört auch der *Deutsche Gewerkschaftsbund* an.

**Internationaler Frauenrat,** Abk. *IFR,* engl. *International Council of Women,* Abk. *ICW,* 1888 in Washington gegr. Dachorganisation von Frauenverbänden; Sitz Paris.

**Internationaler Fußballverband** → FIFA.

**Internationaler Gerichtshof,** Abk. *IGH,* das in Den Haag tagende Gericht für Staatenstreitigkeiten. Neben dem Schiedsgericht in Den Haag wurde aufgrund der Völkerbundsatzung (aber nicht als Organ des Völkerbunds) zunächst der *Ständige Internationale Gerichtshof* (frz. *Cour Permanente de Justice Internationale*) gegr. Nach 1945 wurde als sein Nachfolger der IGH (frz. *Cour Internationale de Justice,* engl. *International Court of Justice*) als Organ der Vereinten Nationen in Den Haag errichtet. Das Gericht läßt nur Klagen von Staaten, nicht von Einzelpersonen zu. Die Staaten haben sich nur teilweise u. mit Vorbehalten der Rechtsprechung unterworfen.

**Internationaler Militärgerichtshof,** engl. *International Military Tribunal,* Abk. *IMT,* internat. Gericht der Alliierten des 2. Weltkriegs zur »Aburteilung von Kriegsverbrechern der europ. Achse«. Das IMT führte unter Besetzung mit Mitgliedern der 4 Besatzungsmächte den ersten der Nürnberger Prozesse, der gegen die sog. Hauptkriegsverbrecher gerichtet war.

**Internationaler Währungsfonds** [-fɔ̃], Abk. *IWF, Weltwährungsfonds,* engl. *International Monetary Fund,* Abk. *IMF,* Sitz: Washington; von 44 Staaten am 27.12.1945 gegr. Fonds zur Förderung der internat. Zusammenarbeit in Währungspolitik, Stabilisierung der Wechselkurse, Schaffung eines multilateralen Zahlungsverkehrs u. Bereitstellung von Darlehen an Mitgliedsländer mit unausgeglichener Zahlungsbilanz. Der IWF begann seine Tätigkeit am 1.3.1947, ihm gehören 151 Länder an.

**Internationales Einheitensystem,** frz. *Système International d'Unités,* Abk. *SI,* Einheitensystem, das auf sieben Basiseinheiten (Meter, Kilogramm, Sekunde, Ampère, Kelvin, Candela, Mol) aufbaut; in der BR Dtld. verbindlich eingeführt.

**Internationales Olympisches Komitee,** Abk. *IOK,* frz. *Comité International Olympique,* Abk. *CIO,* engl. *International Olympic Committee,* Abk. *IOC,* 1894 von Baron Pierre de Coubertin in Paris gegr. Es besteht aus 96 (1990) auf Lebenszeit gewählten Mitgliedern, die vom IOK auf Vorschlag des Präs. gewählt werden. Sie sind nicht Delegierte ihrer Länder beim IOK, sondern Vertreter des IOK in ihren Ländern. Das IOK hat die Aufgabe, die Olymp. Spiele zu veranstalten u. würdig abzuwickeln. Die Präs. waren Demetrius Vikelas (Griechenland) 1894–96, Baron Pierre de *Coubertin* (Frankreich) 1896–1925, Graf Henri de *Baillet-Latour* (Belgien) 1925–42, Sigfrid *Edström* (Schweden) 1942–52, Avery *Brundage* (USA) 1952–72, Lord (Baron) Michael *Killanin* (Irland) 1972–80 u. seit 1980 Juan Antonio *Samaranch* (Spanien). Sitz: Lausanne.

**Internationalismus,** eine weltbürgerl., über die Grenzen des eig. Staates u. Volkes hinausgehende polit. Haltung; Ggs.: *Nationalismus.*

**Internierung,** Freiheitsentziehung zur Sicherung, nicht als Strafe; z.B. im Krieg die I. feindlicher Staatsangehöriger. Auch innerstaatl. spielt die I. insbes. in Diktaturen eine Rolle: Konzentrations- u. Arbeitslager, hier auch mit Strafcharakter.

**Internist,** Facharzt für → innere Krankheiten.

**Internodie,** *Stengelglied,* der zw. den Blattansätzen befindl. blattfreie Abschnitt beim Sproß.

**Internuntius,** diplomat. Vertreter des Hl. Stuhls im Rang eines *Gesandten,* also unter dem *Nuntius.*

**Interparlamentarische Union,** Abk. *IPU,* 1889 gegr. internat. Organisation von Parlamentariern aller Regierungssysteme zur Förderung der gegenseitigen Verständigung; Sitz: Genf.

**Interpellation,** von einer bestimmten Mindestzahl von Abgeordneten eines Parlaments an die Regierung gerichtetes förmliches Ersuchen um Auskunft über eine bestimmte Angelegenheit.

**Interphase,** der Zeitraum zw. zwei Kernteilungen; ein stoffwechselaktives Arbeitsstadium des *Zellkerns.*

**interplanetare Materie,** gasförmige (Wasserstoffatome, -ionen u. Elektronen) u. staubförmige (Durchmesser 0,001–0,1 mm) Materie zw. den Planeten unseres Sonnensystems. Auch jeder Meteor gehört zur i. M. sowie die Teilchen, die durch Streuung des Sonnenlichts das Zodiakallicht verursachen. Der Gasanteil besteht zum größten Teil aus dem Sonnenwind. In Erdbahnnähe beträgt die Gasdichte $10^{-23}$ g/cm$^3$, die Staubdichte $10^{-21}$ bis $10^{-20}$ g/cm$^3$.

**Interpol,** Kurzwort für *Internationale Kriminalpolizeiliche Organisation,* frz. *Organisation internationale de police criminelle,* engl. *International Criminal Police Organization,* 1946 hervorgegangen aus einer Reform der 1923 in Wien gegr. *Internationalen Kriminalpolizeilichen Kommission;* eine auf der Grundlage eines Verwaltungsabkommens der nat. Polizeibehörden (nicht der Staaten selbst) eingerichtete Stelle zur gegenseitigen Unterstützung bei kriminalpolizeil. Aufgaben. Bei Verbrechen w. Vergehen polit., militär., religiösen u. rassischen Charakters darf I. nicht eingeschaltet werden. Die I.-Zentrale sitzt seit 1946 in Paris; das nat. Zentralbüro für die BR Dtld. hat seinen Sitz im *Bundeskriminalamt* in Wiesbaden.

**Interpolation, 1.** die Einschaltung von Größen zw. 2 Gliedern einer gesetzmäßigen Folge; in der Statistik der Schätzung fehlender Zwischenglieder einer Reihe. Sollen außerhalb dieser Folge liegende Größen bestimmt werden, spricht man von *Extrapolation.* – **2.** ein Einschub in einen Text, um wirkl. oder vermeintl. verderbte Stellen zu verbessern oder den Text nach eig. Absicht zu verändern. Die *Textkritik* muß I. aufdecken u. ausscheiden.

**Interpretation, 1.** die Auslegung, Erklärung, Sinndeutung von schriftl. oder mündl. Aussagen; z.B. die wiss. Deutung einer Dichtung, die Anwendung eines Gesetzes auf den einzelnen Rechtsfall, die Auslegung einer theol. Schrift für das Zeitverständnis; → Hermeneutik. – **2.** die Wiedergabe (Aufführung, Vortrag, Inszenierung) eines musikal. oder literar. Werks.

**Interpunktion** → Zeichensetzung.

**Interregnum,** allg. die Zeit zw. dem Tod eines Herrschers u. dem Amtsantritt des Nachfolgers; im Hl. Röm. Reich die Jahre 1256–73 vom Tod *Wilhelms von Holland* bis zur Wahl *Rudolfs von Habsburg.*

**interstellare Materie,** staub- oder gasförmige

*Interlaken mit Eiger, Mönch und Jungfrau (von links)*

Stoffe, auch freie Elektronen u. Ionen, die in sehr dünner Verteilung den Raum zw. den Fixsternen erfüllen. Die häufigsten Elemente sind Wasserstoff (80%) u. Helium (10–18%). Die i. M. ist der Baustoff für neue Sterne. In der Sonnenumgebung beträgt die Dichte der i. M. rd. $10^{-24}$ g/cm³ oder 1 Atom pro cm³.

**Intervall, 1.** Zwischenraum, zeitl. Abstand, Unterbrechung. – **2.** *Musik:* der Abstand zweier Töne voneinander. Die I.-Lehre teilt die I. ein in Prime, Sekunde, Terz, Quarte, Quinte, Sexte, Septime, Oktave, None (Dezime, Undezime, Duodezime) u. unterscheidet hierbei reine, kleine, große, übermäßige, verminderte, doppelt übermäßige u. doppelt verminderte I.

**Intervall-Training,** *Intervall-Dauerlauf,* eine sportl. Trainingsmethode, bei der Perioden stärkerer u. geringerer Belastung miteinander wechseln.

**intervenieren,** vermittelnd eingreifen, protestierend einschalten, einmischen.

**Intervention,** die Einmischung in Angelegenheiten eines anderen Staates, bes. in innere Angelegenheiten u. durch Drohung mit Gewalt oder Anwendung von Gewalt *(bewaffnete I.).*

**Interventionismus,** eine zu Ende des 19. Jh. entwickelte wirtschaftspolit. Lehre, nach der staatl. Eingriffe *(Interventionen)* in die Marktwirtschaft durch Ausnutzung wirtschaftspolit. Mittel zur Realisierung allg. anerkannter wirtschafts- u. gesellschaftspolit. Ziele zulässig seien.

**Interventionsklage** → Widerspruchsklage.

**Interview** ['intəvju: oder intɛr'vju:], eine Befragung durch einen Journalisten, die in Zeitungen oder Zeitschriften veröffentlicht oder über Rundfunk oder Fernsehen gesendet wird.

**Intervision,** 1960 gegr., dem Programmaustausch dienende Vereinigung der in der *Internationalen Rundfunk u. Fernsehorganisation* zusammengeschlossenen Rundfunkgesellschaften Osteuropas.

**Interzellularen,** *Interzellularräume,* Zwischenzellräume, die das pflanzl. Gewebe als zusammenhängendes Interzellularsystem durchziehen u. der Atmung dienen.

**Interzession,** der Eintritt für die Verbindlichkeit eines anderen, z.B. als *Bürgschaft.*

**intestinal,** den Darm betreffend.

**Intestinum,** Darm. – **Intestina,** Eingeweide.

**Inthronisation,** Throneinsetzung, feierl. Amtseinführung eines Abts, Bischofs oder Papstes.

**Intifada** [arab. »Abschüttelung, Erhebung«], seit dem 8.12.1987 anhaltende Aufstandsbewegung gegen die isr. Besetzung des Westjordanlands u. des Gazastreifens.

**Intimsphäre,** der Erlebnis- u. Gefühlsbereich, den der einzelne als so privat empfindet, daß er ihn gegen die Umwelt abschließt; vor allem der Bereich des Sexuellen, z.T. auch der des Religiös-Weltanschaulichen. Durch das Persönlichkeitsrecht geschützt.

**Intoleranz,** Unduldsamkeit.

**Intonation, 1.** *Intonierung,* 1. beim Gesang u. Instrumentalspiel die Tongebung (reine u. unreine I., leise, harte u. laute I.); auch die Möglichkeit versch. Klangfärbungen beim Stimmen von Orgeln u. Klavierinstrumenten. – 2. die präludierende Einleitung größerer Tonsätze, z.B. bei der Messe; in der Orgelmusik des MA auch ein Vorspiel. – **2.** die Modulations- oder Tonhöhenkurve eines (gesprochenen) Textes.

**Intourist** [-tu-], sowjet. staatl. Reisebüro, gegr. 1929; Sitz: Moskau.

**Intoxikation** → Vergiftung.

**intra...,** zwischen, innen, innerhalb.

**Intrada,** span. *Entrada,* der Einleitungssatz der *Suite* im 16. Jh.; auch als zweiteiliger Tonsatz tanzartigen Charakters mit Wiederholungen.

**intrakutan,** in die Haut hinein, in der Haut gelegen.

**intramuskulär,** in einen Muskel hinein, in einem Muskel gelegen.

**intransitiv,** Bez. für Verben, die kein Akkusativobjekt bei sich haben können u. kein Passiv bilden können (z.B. wohnen); bewohnen dagegen ist *transitiv.*

**intrauterin,** in der Gebärmutter. – **Intrauterinpessar,** Abk. *IUP,* in die Gebärmutterhöhle eingebrachter Fremdkörper (Pessar) aus Metall oder Kunststoff zur Empfängnisverhütung.

**intravenös,** in eine Vene hinein, in einer Vene gelegen.

**Intrige,** hinterhältiges, geheimes Vorgehen zum Schaden eines anderen.

**intro...,** nach innen, hinein.

**Introduktion,** musikal. Einleitungssatz.

**Introitus,** Einzugslied der kath. Messe; in der ev. Liturgie das erste Stück des Gottesdienstes (Spruch, Lied u.ä.).

**Intron,** Abschnitt eines Gens, der nicht an der Übertragung (Codierung) genet. Informationen teilnimmt.

**Introversion,** *Introvertiertheit,* Einstellung des Bewußtseins nach »innen«, zur eig. Erlebnis- u. Innenwelt. Der **Introvertierte** ist der in sich selbst versunkene, mehr in seinen Gefühlen u. Phantasien lebende, im Umgang mit äußeren Dingen oft hilflose Mensch.

**Intrusion,** das Eindringen großer Magmamassen in das Nebengestein; führt zur Entstehung von **Intrusivgesteinen** *(Tiefengesteine, Plutonite).*

**Intschon,** *Intschön* → Inchon.

**Intubation,** die Einführung eines Rohrs *(Tubus)* aus Gummi, Plastik oder Metall in die Luftröhre; mit Hilfe des **Intubators,** einer löffelartigen Kehlkopfsonde zum Zurückschieben des Kehldekkels.

**Intuition,** geistige *Anschauung, Eingebung,* die unmittelbar gewisse Erkenntnis von Wesenszusammenhängen.

**Intuitionismus, 1.** *Intuitivismus,* die Auffassung, daß dem Menschen die sittl. Werte im Wertgefühl unmittelbar (**intuitiv,** d.h. ohne begriffl. Ableitung) gegeben seien. – **2.** im Gegensatz zum *Formalismus* die Betonung des operativen Moments, d.h. der tatsächl. Ausführung einer mathemat. Konstruktion, gegenüber der rein log. Möglichkeit.

**Inuit,** eig. Name der Eskimo.

**Invalide, 1.** durch Kriegsverletzung nicht mehr dienstfähiger Soldat. – **2.** Erwerbsunfähiger, zur Berufsarbeit unfähig gewordene Person. – **Invalidität,** Erwerbsunfähigkeit.

**Invariante,** *Math.:* Unveränderliche; eine Funktion, Zahl oder Eigenschaft, die bei einer Abbildung oder einer Transformation unverändert (**invariant)** bleibt.

**Invasion,** der Einfall in ein anderes Land.

**invenit,** [lat., »er hat (es) erfunden«], Abk. *inv.,* Bez. für den Urheber eines Kupferstichs, eines Holzschnitts, einer Lithographie u.ä.; steht hinter dem Namen.

**Invention,** eine bes. Art der musikal. »Erfindung«, bei J.S. *Bach* zwei- u. dreistimmige Klavierstücke im Imitationsstil.

**Inventur,** die nach § 39 HGB in der Regel jährlich vor Aufstellung einer Bilanz erforderl. Bestandsaufnahme aller Vermögenswerte (bes. Warenvorräte, Wertpapiere, Bargeld) u. Verbindlichkeiten einer Firma. Die geordnete Liste der Bestände mit Wertangaben heißt **Inventar.**

**Invercargill,** die südlichste Stadt Neuseelands, 50 000 Ew.; Handelszentrum, Hafen.

**Inverness** [invə'nɛs], Hafen u. Verw.-Sitz der schott. *Highland Region,* nahe der Mündung des Kaledon. Kanals in den Moray Firth, 40 000 Ew.; Fremdenverkehr, Schaf- u. Wollhandel.

**invers,** *Math.:* 1. Eine *i.e Funktion* (Umkehrfunktion) ist eine Funktion, die durch Auflösen der Gleichung nach *x* u. gleichzeitiges Vertauschen der Variablen entsteht. – 2. *i.e Operation* sind Addition u. Subtraktion, Multiplikation u. Division. – 3. Eine *i.e Abbildung* macht eine gegebene Abbildung rückgängig.

**Inversion, 1.** *allg.:* Umkehrung. – **2.** *Chemie:* die Umkehrung der Drehrichtung bei optisch aktiven Verbindungen (→ Invertzucker). – **3.** *Genetik:* die Umkehr eines Chromosomenstücks innerhalb desselben Chromosoms nach doppeltem Bruch. – **4.** *Grammatik:* die Änderung der übl. Wortfolge. Substantiv-Prädikat zum Zwecke der Hervorhebung. – **5.** *Meteorologie:* Umkehrung der Temperaturverteilung in der Atmosphäre. Bei einer **I.swetterlage** liegen die warmen Luftschichten oben und die kalten unten. Der Luftaustausch ist erschwert, es kommt zu einer erhöhten Anreicherung von Schadstoffen *(Smog)* in den unteren Luftschichten.

**Invertebraten,** *Invertebrata* → Wirbellose.

**Invertzucker,** das bei der Spaltung von optisch rechtsdrehendem Rohrzucker durch Säuren oder Enzyme entstehende, optisch linksdrehende Gemisch seiner Komponenten Glucose u. Fructose.

**investieren,** Kapital in einem Unternehmen zu Gewinnzwecken anlegen. – **Investition,** langfristige private oder öffentl. Anlage von Kapital.

**Investitionsgüterindustrie,** neben den *Grundstoffindustrien* der wichtigste Industriebereich für die volkswirtschaftl. Wertschöpfung. Zur I. gehören Stahl- u. Leichtmetallbau, Maschinenbau, Straßenfahrzeugbau, Schiffbau, Luftfahrzeugbau, elektrotechn. Ind., Feinmechanik u. Optik, Stahlverformung, Eisen-, Blech- u. Metallwarenind.

**Investitur, 1.** in der kath. Kirche die Besitzeinweisung in eine niedere (z.B. Pfarr-)Pfründe; in der ev. Kirche (gleichbedeutend mit *Introduktion)* die feierl. gottesdienstl. Einführung eines Geistlichen in ein neues Amt. – **2.** im MA die sinnbildl. Übergabe eines Lehens an den Vasallen *(Belehnung)* oder die Übertragung der weltl. Besitzrechte u. geistl. Befugnisse an einen Bischof oder Abt.

**Investiturstreit,** der im Hochmittelalter (11./12. Jh.) zw. dem Papsttum u. dem europ. Königtum um die *Laieninvestitur* von Bischöfen u. Äbten sowie um das *Eigenkirchenrecht* entbrannte Streit. Das bisherige *Investiturrecht* gab dem König das ausschlaggebende Recht, die Bischöfe einzusetzen, wodurch sie polit. von ihm abhängig waren, während der päpstl. Einfluß sich vorwiegend auf geistl. Fragen beschränkte. Auf diese Weise wurden geistl. u. welt. Herrschaft unter der Führung des Königs eng miteinander verbunden (→ Reichskirche). Die Trennung dieser Verbindung, die Freiheit der Kirche u. später sogar die Beugung der weltl. Gewalt unter die päpstliche war das Ziel der Päpste im I.

Beginn u. zugleich Höhepunkt des I. war der Kampf zw. Papst *Gregor VII.* u. dem dt. König *Heinrich IV.* Das Wormser Konkordat (1122) beendete den Streit durch einen Kompromiß.

**Investmentgesellschaft** → Kapitalanlagegesellschaft.

**in vitro,** im Reagenzglas, im Laborversuch; **In-vitro-Fertilisation** → Retortenbaby.

**in vivo,** in der Natur, am lebenden Objekt.

**Invokation,** Anrufung Gottes zu Beginn einer Urkunde.

**involvieren,** in sich schließen, enthalten.

**Inzell,** Gem. in Oberbay., 3700 Ew.; Kunsteisbahn (1965 erbaut).

**Inzest** → Inzucht.

**Inzision,** Schnitt, Einschnitt.

**Inzucht,** die geschlechtl. Fortpflanzung (Kreuzung) nahe verwandter Menschen, Tiere oder Pflanzen; Vorteile: Erhaltung deutlich ausgeprägter, wertvoller Anlagen; Gefahren: gehäuftes Auftreten u. gegenseitige Verstärkung der evtl. von beiden Eltern stammenden schlechten u. unerwünschten Merkmale. Die I. unter Menschen *(Inzest, Blutschande)* ist bei den meisten Völkern gesetzl. verboten.

**Io, 1.** in der grch. Sage Tochter des Flußgotts *Inachos,* Geliebte des *Zeus.* – **2.** einer der Monde des Jupiter.

**IOC,** Abk. für engl. *International Olympic Committee,* internat. Bez. für das Internationale Olympische Komitee.

**Iod** → Jod.

**IOK,** Abk. für *Internationales Olympisches Komitee.*

**Iokaste,** grch. Sagen- u. Dramengestalt, Frau des *Laios,* Mutter u. Frau des *Ödipus.*

**Ion** [jo:n] → Ionen.

**Ion, 1.** myth. Ahnherr der *Ionier,* Sohn *Apollons* u. der Erechtheus-Tochter *Kreusa.* – **2.** *I. von Chios,* *um 490 v. Chr., † 422 v. Chr., grch. Dichter.

**Ionen,** ein- oder mehrfach positiv *(Kationen)* oder negativ *(Anionen)* geladene Atome oder Atomgruppen.

**Ionenantrieb,** elektrostatisches Raketentriebwerk, bei dem der Schub durch den rückwärtigen Ausstoß von Ionen – also elektrisch geladenen Atomen – hervorgerufen wird. Versuchsweise an Satelliten installiert u. erprobt.

**Ionenaustauscher,** hochmolekulare anorgan. oder organ. Stoffe, die die Eigenschaften haben, Ionen (z.B. H- oder OH-Ionen) abzuspalten u. dafür andere in einer Lösung befindl. Ionen aufzunehmen. Sie werden zur Vollentsalzung von Wasser, in der analyt. u. präparativen Chemie, in der Medizin u. in der chem. Technik verwendet. Natürliche anorgan. I. sind die *Zeolithe* (Austausch von Calcium- u. Magnesiumionen gegen Natriumionen).

**Ionenwolken,** *Plasmawolken,* vor allem aus ionisiertem Barium oder Strontium bestehende Wolken, deren Ausgangsstoffe mit Hilfe von Raketen in die Ionosphäre u. Exosphäre der Erde geschossen u. dort verdampft werden. Aus den Leucht- u.

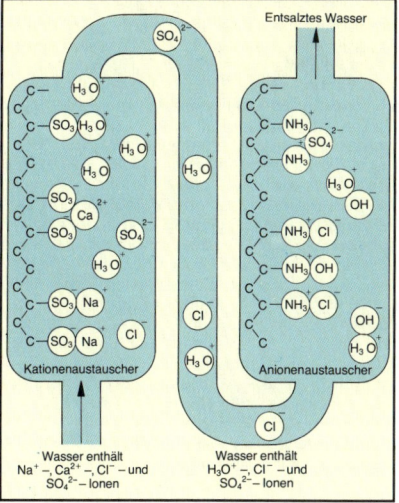

*Ionenaustauscher: Entsalzung von Wasser*

Bewegungsvorgängen der I. lassen sich Schlüsse auf elektr. Felder, Windgeschwindigkeiten u.a. ziehen.

**Ionesco,** Eugène, *26.11.1912, frz. Schriftst. rumän. Herkunft; schrieb zahlreiche Theaterstücke, in denen das Reale mit dem Absurden im gleichen Stück, sogar bei ein u. derselben Figur, koexistieren kann. W »Die Stühle«, »Die Nashörner«, »Der König stirbt«.

**Ionier,** *Ioner,* einer der grch. Hauptstämme. Die I. wanderten zu Beginn des 2. Jt. v. Chr. zus. mit den *Achäern* nach Griechenland ein. Um 1200 v. Chr. wurden sie im Zuge der *Ägäischen Wanderung* von neu eingewanderten Griechen verdrängt u. siedelten sich auf den Inseln der Ägäis u. in der Mitte der kleinasiat. Westküste an (Städte: u.a. Ephesos, Milet, Priene). In Kleinasien vereinigten sich 12 ion. Städte zum **Ionischen Bund.** Der ion. Raum war seit dem 8. Jh. v. Chr. die Wiege des grch. Geisteslebens u. wurde zum Ausgangspunkt der großen grch. *Kolonisation* des Mittelmeer- u. Schwarzmeergebiets im 7./6. Jh. v. Chr. Seit der Mitte des 7. Jh. v. Chr. gerieten die I. unter die Gewalt der lydischen Könige u. nach deren Sturz um 546 v. Chr. unter pers. Herrschaft. Ihre letzte große polit. Rolle spielten die I. im **Ionischen Aufstand** gegen die Perser 500 v. Chr.

**Ionikus** → ionischer Vers.

**Ionisation,** die Erzeugung von *Ionen,* d.h. die Loslösung eines oder mehrerer Elektronen von einem Atom: 1. durch Zusammenstoß von rasch fliegenden Atomen oder Atomteilen *(Stoß-I.);* 2. durch *ionisierende Strahlung* (Bestrahlen mit ultraviolettem Licht, Röntgen-, α-, β-, γ-Strahlen oder Neutronen).

**Ionisationskammer,** Gerät zum Messen radioaktiver (auch kosmischer) Strahlung; ähnl. dem Geigerzähler.

**ionisch,** eine der 12 Kirchentonarten.

**Ionisch,** auf den Ionischen Inseln gesprochener Dialekt der altgrch. Sprache.

**Ionische Inseln,** gebirgige, niederschlagsreiche Inselreihe an der Westküste Griechenlands, 7 größere (Korfu, Paxos, Leukas, Kefallinia, Ithaki, Zakynthos, Kythira) u. viele kleinere Inseln, zus. 2307 km², 183 000 Ew.; Fremdenverkehr, Anbau von Wein, Oliven, Südfrüchten. – Seit 1864 grch.

**ionischer Stil** → Säulenordnung.

**ionischer Vers,** *Ionikus,* antiker Versfuß aus 2 Längen u. 2 Kürzen: – – ⌣⌣ oder ⌣⌣ – –.

**Ionisches Meer,** Teil des Mittelmeers zw. S-Italien, Sizilien u. Griechenland; im *Ionischen Becken* 5121 m tief.

**Ionosphäre,** die oberen Schichten der Atmosphäre (etwa oberhalb von 85 km).

**Ios,** grch. Insel der Kykladen, 108 km², 1400 Ew., Hauptort *I.*

**Iowa** [ˈaiəwə], Gliedstaat der → Vereinigten Staaten von Amerika.

**Iphigenie,** *Iphigeneia, Iphigenia,* in der grch. Sage Tochter des Königs Agamemnon u. der Klytämnestra. Sie wurde in Aulis von Artemis aus der Gefahr befreit, der Göttin geopfert zu werden u. wirkte als Artemis-Priesterin in Tauris. Dort begegnete sie ihrem Bruder Orestes, den sie der Göttin opfern sollte; doch beide erkannten einander u. flohen nach Athen. – Der Stoff wurde von *Euripides* u. vielen anderen Dichtern dramatisch dargestellt.

**Ipin** → Yibin.

**Ipoh,** Hptst. des Teilstaats Perak in Malaysia, auf Malakka, 300 000 Ew.; Zinnabbau.

**Ipomoea,** Gatt. der *Windengewächse* aus dem trop. Amerika u. Indien. Heute ist die *Sternwinde,* in allen warmen Zonen als Zierpflanze heimisch; *I. batatas* liefert die → Bataten.

**Ipoustéguy** [ipusteˈgi], Jean, *6.1.1920, frz. Bildhauer u. Maler; Monumentalskulptur vor dem ICC Berlin.

**Ipswich** [-witʃ], Hafen- u. Hptst. der O-engl. Gft. Suffolk, an der Nordsee, 118 000 Ew.

**IQ,** Abk. für *I*ntelligenz*q*uotient.

**Iquique** [iˈkikɛ], Hptst. der Region Tarapacá u. der Prov. I. in N-Chile, 121 000 Ew.; Hafen (Salpeterausfuhr).

**Iquitos** [iˈkitos], peruan. Stadt am Marañón (Oberlauf des Amazonas), 215 000 Ew.; Univ.; Kautschukhandel.

**i. R.,** Abk. für *im R*uhestand.

**Ir,** chem. Zeichen für *I*ridium.

**IRA,** Abk. für *I*rische *R*epublikanische *A*rmee.

**Irak,** Staat in Vorderasien, 438 317 km², 16,5 Mio. Ew., Hptst. *Bagdad.*

*Irak*

Landesnatur. Im N u. östl. des Tigris steigt das Land stufenförmig zum armen Bergland u. zu den iran. Randgebirgen an. Im W u. SW erstreckt sich meist Wüste oder Wüstensteppe. Die wirtschaftl. bedeutende u. dichtbesiedelte Kernlandschaft ist das eigtl. *Mesopotamien* zw. Euphrat u. Tigris. I. hat milde Winter u. heiße Sommer mit Niederschlägen fast nur im Winter.
Die zu 95% islam. Bevölkerung (Anteil der Christen 3%) besteht aus 75% arabisch sprechenden Irakern, 15% Kurden u. 2% Türken.
Wirtschaft. Die Landwirtschaft (überw. Bewässerungsfeldbau) liefert Weizen, Gerste, Mais, Reis, Baumwolle, Tabak, Hülsenfrüchte, Datteln. Die Viehzucht umfaßt v.a. die Schaf- u. Ziegenhaltung. Hauptexportprodukte sind mit rd. 98 % des Ausfuhrwerts Erdöl u. Erdgas (Vorkommen bei Kirkuk, Mosul u. Basra). Die Industrie erzeugt bes. Textilien, chem. u. petrochem. Produkte, Nahrungsmittel u. Tabakwaren. – Haupthäfen sind Basra, Umm-Qasr, Fao u. Khor al-Amamiya. Flughäfen haben Bagdad u. Basra.
Geschichte. Etwa im 4. Jt. v. Chr. war I. von den *Sumerern* bewohnt. Die semit. *Akkader* gründeten die Reiche Babylonien u. Assyrien. Nachdem Kyros II. 539 v. Chr. Babylonien erobert hatte, gehörte das Land zum *Perserreich.* 750 n. Chr. machten es die *Abbasiden-Kalifen* zur Zentralprovinz des Islam. Reichs. 1638–1918 war I. Teil des Osman. Reiches. 1921 wurde I. brit. Mandatsgebiet (Einsetzung König Faisal I.). 1955 erhielt I. die volle Souveränität. Nach der Revolution vom 14.7.1958 unter General Abd al-Karim *Kassem* wurde die Monarchie abgeschafft. 1968 kam durch Staatsstreich die Baath-Partei an die Macht. Seit 1979 ist Saddam *Hussein* Staats-Präs. Unter seiner Regierung kam es 1980 zum Krieg mit dem Iran um die Vorherrschaft am Pers. Golf (Golfkrieg). 1988 wurde ein Waffenstillstand geschlossen. 1990 annektierte I. Kuwait, was zu Embargomaßnahmen der USA u.a. Staaten aufgrund von UNO-Resolutionen führte.

**Iraklion** → Herakleion.

**Iran,** *Persien,* Staat in Vorderasien, 1 648 000 km², 44,7 Mio. Ew., Hptst. *Teheran.*

*Iran*

Landesnatur. Das von Randketten eingeschlossene *Iranische Hochland* wird großenteils von Wüsten u. Steppen eingenommen. Wälder gibt es nur am Kaspischen Meer u. im Gebirge.
Die islam. (überwiegend Schiiten) Bevölkerung besteht zu 65% aus Persern. Daneben gibt es fast 20% Aserbaidschaner u. Kurden, Araber, Bälutschen u.a.
Wirtschaft. An Ausfuhrgütern steht Erdöl an der Spitze, Erdgas gewinnt an Bedeutung, es folgen Teppiche, Erze u. Agrarprodukte (Rohbaumwolle, Datteln u. Rosinen, Wolle, Reis, Häute u. Felle, Ölsaaten). An Bodenschätzen besitzt I. bed. Kupfer-, Eisen-, Kohle-, Chrom- u.a. Erze, die aber erst z.T. abgebaut werden. Die Industrie erzeugt Textilien, Eisen u. Stahl, Chemikalien, Nahrungsmittel, Elektrogeräte u.a. Das Verkehrsnetz ist noch recht weitmaschig. Wichtigste Überseehäfen sind Bandar-e Chomeini u. Khark.
Geschichte. *Kyros II.* begründete mit seinen Siegen über den Mederkönig *Astyages* (550 v. Chr.), über den Lyderkönig *Krösus* (547 v. Chr.) u. über Babylonien die Vormachtstellung der Perser im Vorderen Orient. Sein Sohn *Kamyses II.* eroberte 525 v. Chr. Ägypten. *Dareios' I.* (521–485 v. Chr.) Niederlage bei Marathon (490 v. Chr.) verhinderte ein weiteres Vordringen der Perser nach W. Seine Nachfolger *Xerxes I.* u. *Artaxerxes* verloren in den *Perserkriegen* (490–479 v. Chr.) die grch. Gebiete. Unter *Dareios III.* wurde das Reich von *Alexander d. Gr.* (Schlacht von Gaugamela, 331 v. Chr.) vernichtet. Alexanders Nachfolger, die *Seleukiden,* herrschten bis 160 v. Chr. 190–164 v. Chr. gingen die W-Provinzen an die Römer verloren. 224 begr. *Ardaschir I.* die Herrschaft der Sassaniden. Unter *Chosrau I.* (531–579) u. *Chosrau II.* (590–628) eroberten die Perser nochmals den ganzen Vorderen Orient. Unter dem An-

*Irak: aufständische Kurden (links). – Iran: Seit der Revolution kleiden sich die Frauen wieder nach den Regeln des Islam (rechts).*

404 iranische Sprachen

*Iran: Ali Chamenei (rechts) ist als Nachfolger Chomeinis geistliches Oberhaupt; neuer Staatspräsident wurde 1989 Ali Akbar Rafsandschani*

sturm der islam. Araber zerbrach das Sassanidenreich (642), u. das Gebiet wurde ein Teil des Islamischen Reichs. Um 1040 unterwarfen die türk. Seldschuken das Reich. Der Einfall der Mongolen 1256–68 vernichtete das mittelalterl. pers. Reich. 1502 schuf *Ismail I.* das Neupersische Reich; er begr. die Herrschaft der alidischen *Safawiden.* Aus den inneren Wirren des 18. Jh. gelangte die Kadscharen-Dynastie an die Reg. (1794–1925). Unter den Kadscharen *Fath Ali* (1797–1834) mußte I. große Gebiete an Rußland abtreten. 1907 teilten Großbritannien u. Rußland das Land in 2 Einflußsphären. Im Aug. 1919 sicherte sich Großbritannien die Schutzherrschaft über I. 1921 unternahm *Riza Pahlewi* einen Staatsstreich u. ließ sich 1925 zum Schah ausrufen. 1941 besetzten brit. u. sowj. Truppen das Land, u. der Schah mußte zurücktreten. Ihm folgte sein Sohn *Mohammed Riza.* 1978 kam es zu Unruhen, die sich steigerten u. den Schah 1979 zum Verlassen des Landes zwangen. Oberste Autorität wurde der Schiitenführer (Ayatollah) R. *Chomeini.* Er proklamierte am 1.4.1979 die »Islamische Republik I.« u. errichtete eine theokrat. Diktatur. 1980–88 führte I. den Golfkrieg gegen den Irak. 1989 starb Chomeini. Die religiöse Führerschaft übernahm H.A. *Chamenei.* Staats-Präs. wurde A.A.H. *Rafsandschani.*

**iranische Sprachen,** eine Gruppe der indoeurop. Sprachen. Man unterscheidet *Altiranisch (Awestisch, Altpersisch), Mitteliranisch (Pehlewi, Parthisch, Sogdisch, Sakisch)* u. *Neuiranisch (Neupersisch* [seit 800 n. Chr.], *Kurdisch, Afghanisch, Balutschi* u. die *Pamir-Dialekte* mit dem *Ossetischen* [im Kaukasus]).

**Irapuato,** Stadt im mex. Bundesstaat Guanajuato, 169 000 Ew.

**Irbid,** das antike *Arbela,* N-jordan. Distrikt-Hptst. östl. des Jordan, Hauptort des *Adjlun,* 136 000 Ew.

**Irbis** → Schneeleopard.

**Irbit,** Industriestadt in W-Sibirien (Sowj.), 52 000 Ew.; Eisenerz-, Platin-, Goldbergbau, Pelzhandel.

**Ireland** [ˈaiələnd], John, *1879, †1962, engl. Komponist; schrieb Orchester-, Kammermusik-, Klavier- u. Chorwerke.

**Iren,** kelt. Volk der gäl. Gruppe auf Irland; rd. 15 Mio., davon 3,2 Mio. in der Rep. Irland, 500 000 in Nordirland u. 10 Mio. in USA, Kanada, Australien u. Neuseeland; überwiegend röm.-kath.

**Irenäus,** *um 140, †um 202, aus Kleinasien stammender Kirchenvater; Bischof von Lyon (178), bekämpfte die Gnosis. – Heiliger (Fest: 28.6.).

**Irene,** *Eirene,* *um 752, †803, byzantin. Kaiserin; Frau *Leos IV.;* regierte 780–790 als Vormund für ihren Sohn *Konstantin VI.;* führte 787 auf dem Konzil von Nicäa den Bilderkult wieder ein. 797 stürzte u. blendete sie ihren Sohn u. erhob sich selbst zum »Kaiser«. Sie wurde 802 gestürzt.

**Irian,** indones. Name für *Neuguinea.*

**Irian Jaya,** bis 1973 *Westirian,* der Westteil von Neuguinea, seit 1963 unter indones. Verw.; mit Nebeninseln 412 781 km², 1,17 Mio. Ew., Hptst. *Jayapura.*

**Iridium,** ein → chemisches Element.

**Iris, 1.** grch. Göttin; Botin der Götter u. Göttin des Regenbogens. – **2.** die Regenbogenhaut des Wirbeltierauges; **I.diagnose** → Augendiagnose. – **3.** → Schwertlilie.

**Irische Republikanische Armee,** engl. *Irish Republican Army,* Abk. *IRA,* ein 1919 gegr. militär. Verband, der für die Unabhängigkeit Irlands kämpfte. Nach 1927 war die IRA eine kleine, in Irland u. Großbritannien verbotene Gruppe. Größere Bedeutung erlangte sie mit dem Beginn der bürgerkriegsähnl. Auseinandersetzungen in Nordirland (1969). Sie spaltete sich in die marxist. »Officials« u. die nationalist., mit Terror arbeitenden »Provisionals«.

**Irischer Setter** → Setter.
**Irischer Wolfshund** → Wolfshund.
**Irische See,** engl. *Irish Sea,* das flache Schelfmeer zw. England u. Irland.
**irische Sprache,** aus der gälischen Sprache entstandene, seit dem 7. Jh. überlieferte Sprache in Irland, in der vom 11. Jh. an eine der reichsten Literaturen des europ. MA geschaffen wurde; seit dem 16. Jh. vom Englischen zurückgedrängt.
**irisieren,** in Regenbogenfarben schillern; durch Beugung u. Interferenz des Lichts hervorgerufen.
**IRK,** Abk. für *Internationales Rotes Kreuz.*
**Irkutsk,** Hptst. der gleichn. Oblast in der RSFSR, Sowj., an der Mündung des *Irkut* in die Angara, 609 000 Ew.; kulturelles u. wirtschaftl. Zentrum Ostsibiriens; Univ.; Forschungsinstitute; vielseitige Ind.; Wasser- u. Wärmekraftwerke; Verkehrsknotenpunkt, Flughafen.
**Irland,** irisch *Éire,* engl. *Ireland,* Staat in W-Europa, 70 284 km², 3,5 Mio. Ew., Hptst. *Dublin;* umfaßt den Großteil der Insel I., polit. geteilt in → Nordirland u. die Rep. I.

*Irland*

**L a n d e s n a t u r.** Das flachwellige, seen- u. moorreiche Tiefland wird von abgetragenen Mittelgebirgen (im *Carrauntoohil* 1041 m) umgeben. Das Klima (milde Winter, kühle Sommer) ist sehr niederschlagsreich u. begünstigt den weitverbreiteten Graswuchs (»Grüne Insel«); nur gut 1 % der Landesfläche sind mit Wald bedeckt.
Die zu rd. 90 % röm.-kath. B e v ö l k e r u n g (Iren) hat bis in die jüngste Zeit durch Abwanderung ständig abgenommen.
W i r t s c h a f t. Die Viehzucht (Rinder, Schweine, Pferde) liefert die wichtigsten Exportgüter. Es gibt nur wenig Bodenschätze. Als Brennmaterial u. zur Stromerzeugung wird Torf aus den riesigen Torflagern verwendet. Die wachsende Industrie verarbeitet v.a. landwirtschaftl. Produkte. I. ist auf hohe Einfuhren von Nahrungsmitteln u. Rohstoffen angewiesen. Überseehäfen sind Dublin u. Cork.
G e s c h i c h t e. Im 3. Jh. v. Chr. verdrängten einwandernde Kelten (Gälen) die Urbevölkerung. Seit der Mitte des 4. Jh. n. Chr. fand das Christentum Eingang in I. 1171 landete König *Heinrich II.* in I., nachdem er sich vom Papst mit der Insel hatte belehnen lassen. Damit begann die engl. Herrschaft über I., die zu scharfen Gegensätzen zw. Iren u. Engländern führte. 1541 ließ sich *Heinrich VIII.* zum König von I. proklamieren. Es kam zu Aufständen, als I. 1560 der engl. Staatskirche unterstellt wurde. Auch in der Folgezeit kam es zu weiteren Erhebungen, die blutig niedergeworfen wurden, so von Cromwell 1649. Eine Milderung des Drucks u. eine gewisse Selbständigkeit (*Irisches Parlament* 1782) brachten die Unabhängigkeitskriege der engl. Kolonien in Amerika. Doch der Aufstand 1798 auf der ir. Insel veranlaßte England wieder zu einer Politik der Gewalt. Am 1.1.1801 wurde I. mit England zum *Vereinigten Königreich Großbritannien u. Irland* verbunden. Durch die Verelendung des Landes u. eine schwere Hungersnot setzte um 1850 eine Massenflucht in die USA ein. 1898 wurde eine örtl. Selbstverwaltung eingeführt. Als aber endlich 1914 die *Homerule* in Kraft treten sollte, brach der 1. Weltkrieg aus. Daraufhin riefen die Iren 1916 die unabh. Irische Republik aus. 1921 wurde I. nach Abtretung der Prov. Ulster (→ Nordirland) Freistaat. Unter E. de *Valera* machte 1937 eine republikan. Verf. I. zum souveränen, unabh. u. demokrat. Freistaat *Éire.* Großbrit. erkannte erst 1945 die irische Verf. an. Am 18.4.1949 schied I. endgültig auch aus dem Commonwealth aus. I. gehört seit 1955 den UN an. Seit 1973 ist I. Mitgl. der EG. Reg.-Partei war meist die Fianna Fáil. Staats-Präs. ist seit 1990 Mary Robinson, Min.-Präs. seit 1989 C. Haughey. Der Staats-Präs. wird direkt vom Volk auf 7 Jahre gewählt.
**Irländisches Moos,** *Irisches Moos,* Rohstoff aus der getrockneten Rotalge *Chondrus crispus;* med. u. techn. Anwendung.
**Irminsul,** *Irmensäule,* Heiligtum der heidn. Sachsen in Form einer hölzernen Säule, unweit der sächs. Hauptfestung *Eresburg* in Westfalen, die von *Karl d. Gr.* 772 zerstört wurde. Die I. sollte die Weltsäule, die den Himmel trug, darstellen.
**Irokesen,** sprachverwandte nordamerik. Indianerstämme im Gebiet der Großen Seen sowie in den südl. Appalachen. In Reservationen leben noch 10 000 in den USA u. 15 000 in Kanada.
**Ironie,** Verspottung u. Bloßstellung durch scheinbare Anerkennung u. Zustimmung; eine Form der Polemik, Kritik, Entlarvung.
**Irradiation, 1.** das Ausstrahlen oder Übergreifen gewisser Tatsachen (Tierformen, Schmerz u.a.) auf Nachbargebiete. – **2.** eine opt. Täuschung, wonach helle Objekte größer zu sein scheinen als dunkle.
**irrational,** nicht vernunftgemäß, mit dem Verstand nicht erfaßbar. – **i.e Zahlen** → Zahlen. – **Irrationalismus,** alle Lehren, die das I.e zu umgrenzen u. zur Geltung zu bringen suchen; Ggs.: *Rationalismus.*
**Irrawaddy,** *Irawadi,* Hauptstrom in Birma, 2150 km; mündet mit einem 35 000 km² großen, sumpfigen Delta in den Ind. Ozean.
**irreal,** unwirklich, unsinnig.
**Irregularität, 1.** Unregelmäßigkeit. – **2.** *kath. Kirchenrecht:* körperl., geistige oder sittl. Mängel, die den Empfang geistl. Weihen oder die Ausübung der erhaltenen Weihevollmacht ausschließen.
**Irrelevanz,** Unerheblichkeit, Geringfügigkeit.
**irreparabel,** nicht wieder zu ersetzen, nicht wieder herstellbar.
**irreversibel,** nicht umkehrbar, nicht mehr rückgängig zu machen.
**Irrgarten** → Labyrinth.
**Irrigator,** medizin. Gerät zur Spülung des Darms, der Blase u.a.
**irritieren,** reizen, stören, erregen, verwirren.
**Irrlicht,** *Irrwisch,* in Sümpfen u. Mooren zu beobachtende, über dem Erdboden schwebende Flämmchen; vermutl. durch selbstentzündetes Sumpfgas *(Methan)* verursacht.
**Irtysch,** l. Nbfl. des Ob in der Sowj. u. in China, 4250 km lang, 5 Monate eisbedeckt; entspringt als *Schwarzer I.* im Mongol. Altai, mündet bei Chanty-Mansijsk. Am Oberlauf Stauanlagen zur Energiegewinnung.
**Irving** [ˈəːvɪŋ], Washington, Pseud.: Diedrich *Knickerbocker, Geoffrey Crayon,* *1783, †1859, US-amerik. Schriftst.; humorvolle Kurzgeschichten.

*Irland: landschaftliche Gliederung*

*Ischia: Castella Aragonese*

**Isa,** von Mohammed gebrauchte Namensform für Jesus.

**Isaac,** Heinrich, *um 1450, †1517, ndl. Komponist; 1495 Hofkomponist Maximilians I.

**Isaak,** im AT Sohn Abrahams u. Saras, einer der israelit. Patriarchen, Vater Jakobs u. Esaus.

**Isaak,** byzantin. Kaiser: **1. Isaak I. Komnenos,** †1061, Kaiser 1057–59 erster Kaiser der Komnenen-Dynastie. – **2. Isaak II. Angelos,** †1204, Kaiser 1185–95 u. 1203/04; vom Adel zum Kaiser erhoben, von seinem Bruder *Alexios III.* abgesetzt u. geblendet, 1203/04 vorübergehend wieder eingesetzt.

**Isabeau** [-'bo:], *Isabel(la),* *1371, †1435, Königin von Frankreich, Frau *Karls VI.;* bay. Herzogstochter; 1392 Mitregentin für den geisteskrank gewordenen König.

**Isabella,** Fürstinnen:
**1. (Elisabeth) von Aragón,** *1271, †1336, seit 1282 Frau des Königs *Dinis* (†1325); Patronin Portugals (Fest: 4.7.). – **2. Isabella I.,** *I. die Katholische,* *1451, †1504, Königin von Kastilien u. León seit 1474, von Spanien 1479–1504; heiratete 1469 *Ferdinand II.* von Aragón. Sie bildeten durch Vereinigung Ihrer Gebiete die Grundlage für das span. Königreich. – **3. Isabella II.,** *1830, †1904, Königin 1833–68; floh 1868 nach einer Revolution nach Frankreich. 1870 verzichtete sie auf den Thron.

**Isai,** *Jesse,* im AT Vater König *Davids.*

**Isar,** r. Nbfl. der Donau, 283 km; mündet bei Deggendorf; mehrere Kraftwerke.

**Isaschar,** *Issachar,* Sohn Jakobs u. Leas; gilt als Ahnherr des gleichn. Stamms Israels.

**ISBN,** Abk. für *Internationale Standard-Buchnummer,* ein System zur Identifizierung von Büchern, bei dem jedes Buch eine zehnstellige Nummer erhält.

**Ischämie** [isçε:-], infolge mangelnder Blutzufuhr entstehende Blutleere einzelner Organe, z.B. durch Gefäßverengung.

**Ischewsk** [i'ʒεfsk], Hptst. der Udmurt. ASSR (RSFSR), am Isch, 631 000 Ew.; Ind.-Zentrum, Stahlwerk.

**Ischia** ['iskia], ital. *Isola d'I.,* Insel am Eingang des Golfs von Neapel, 46 km², 45 000 Ew., Hauptort *Ischia;* Vulkan *Epomeo* 788 m; Schwefelthermen; Fremdenverkehr.

**Ischias,** *Ischialgie, Ischiasneuralgie, Hüftweh,* Schmerzhaftigkeit im Verlauf des großen Beinnervs (*Hüftnerv, Nervus ischiadicus,* »*I.nerv*«); verursacht durch Erkältung, Infektion, Überanstrengung, Verletzung, Durchblutungsstörung, Vergiftung u. Krankheitsprozesse an der unteren Wirbelsäule.

**Ischim,** l. Nbfl. des *Irtysch,* 1900 km; mündet bei Ust-I.

**Ischl,** *Bad I.,* oberöstr. Stadt im Salzkammergut, sö. von Salzburg, am Einfluß der I. in die Traun, 13 000 Ew.; Mineralquelle, Solbäder, Salzbergwerk.

**Ischtar,** *Istar,* babylon.-assyr. weibl. Hauptgottheit, Göttin des Kriegs, der Liebe u. der Mutterschaft, auch Verkörperung im Venusstern; vermutl. semit. Ursprungs.

**Ischwara,** Bez. für ind. Gottheiten wie Wischnu u. Schiwa.

**ISDN,** Abk. für engl. *integrated services digital network* (digitales Fernmeldenetz für integrierte Dienste), Bez. für ein System der digitalen Übertragungstechnik, das von der Dt. Bundespost entwickelt wird. Das ISDN-Netz entsteht auf der Basis des Fernsprechnetzes durch die zusätzliche Digitalisierung der Anschlußleitung des Teilnehmers. In der ersten Stufe sollen *IDN* (ohne Telex) u. Telefon zu ISDN zusammengefaßt werden. In der zweiten Stufe ist der Ausbau zu Breitband-ISDN geplant, das dann auch die Übertragung von Bildfernsprechen übernehmen soll. Dann werden Videokonferenzen über das Fernsprechnetz möglich sein. Endausbaustufe ist IBFN (integriertes breitbandiges Fernmeldenetz), das auch noch Hörfunk u. Fernsehen mit übertragen soll.

**Ise,** jap. Stadt auf Honshu, 105 000 Ew.; berühmtestes jap. Schinto-Heiligtum; Wallfahrtsort.

**Isegrim,** Name des Wolfs in der Fabel.

**Isel,** *Berg I.,* Aussichtsberg südl. von Innsbruck, 750 m; Denkmal A. Hofers; Schauplatz der Olymp. Winterspiele 1964 u. 1976.

**Isenheim,** frz. *Issenheim,* oberelsäss. Gem. an der Lauch, östl. von Gebweiler, 3000 Ew. Der **I.er Altar** von M. Grünewald steht heute im Museum Unterlinden in Colmar.

**Iseosee,** ital. *Lago d'Iseo, Sebino,* oberital. See am Südrand der Bergamasker Alpen, 65 km²; durchflossen vom *Óglio.*

**Iser,** tschech. *Jizera,* r. Nbfl. der oberen Elbe im nordöstl. Böhmen, 122 km.

**Isère** [i'zε:r], l. Nbfl. der Rhône in SO-Frankreich, 290 km.

**Isergebirge,** tschech. *Jizerské hory,* poln. *Góry Izerskie,* tschech.-poln. (-schles.) Grenzgebirge, Teil der Westsudeten zw. Lausitzer Gebirge u. Riesengebirge, rd. 30 km breit u. lang.

**Iserlohn,** Stadt in NRW, an der Baar, im nördl. Sauerland, 90 000 Ew.; Metallwarenind. – Stadtrecht 1237.

**Isfahan,** *Isphahan,* das antike *Aspadan,* zweitgrößte Stadt Irans u. Hptst. der gleichn. Prov. in Zentraliran, 1 Mio. Ew.; Univ.; zahlr. Moscheen u. Paläste; Stahlwerk, Textil-, Nahrungsmittelind., Kunsthandwerk, Teppichknüpferei.

**Isfjorden,** *Eisfjord,* größter Fjord Spitzbergens.

**Isherwood** ['iʃəwud], Christopher, *1904, †1986, engl. Schriftst.; seit 1946 Bürger der USA; neben expressionist. Dramen stehen Romane u. Erzählungen. W »Leb wohl, Berlin«.

**Isidor von Sevilla** [ze'vilja], *um 560, †636, letzter abendländ. Kirchenvater; Erzbischof von Sevilla seit 600; übermittelte dem MA antikes u. altchristl. Kulturgut. Unter seinen zahlreichen theolog. u. profanen Schriften ragen die »Etymologiae« heraus. – Heiliger (Fest: 4.4.).

**Isin,** heute der Ruinenhügel *Ischan Al-Bahrijat* in Mittelbabylonien, vom 19. bis 17. Jh. v. Chr. Sitz einer westsemit. Dynastie, deren Begründer die sumer. Vorherrschaft beendete, u. im 12. Jh. v.Chr. noch einmal babylon. Metropole.

**Isis,** *Ese,* altägypt. Göttin (vielleicht urspr. des Himmels), Schwester u. Gemahlin des *Osiris,* Mutter des *Horus.* In hellenist. Zeit, als sich ihr Kult in

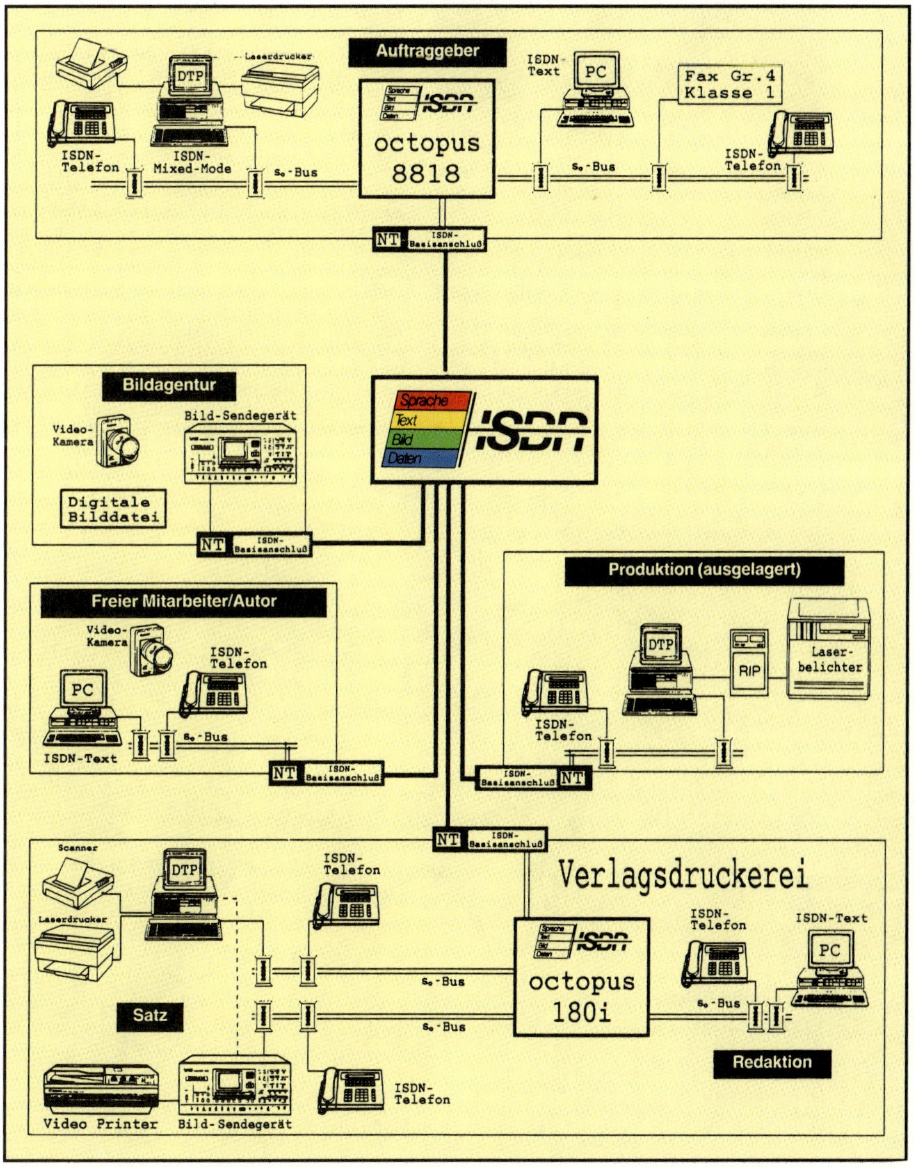

*ISDN-Anwendungen in den Bereichen Druckerei- und Verlagswesen*

## Iskâr

*Die thronende Isis mit dem Horusknaben; 6. oder 5. Jahrhundert v. Chr. Leiden, Rijksmuseum van Oudheden*

allen Mittelmeerländern verbreitete, wurde sie zur Universalgöttin.

**Iskâr,** *Isker* [ˈiskər], r. Nbfl. der Donau in Bulgarien, 368 km; mündet bei Gigen.

**Iskenderun,** fr. *Alexandrette,* Stadt in der Türkei, Haupthafen am *Golf von I.,* 174 000 Ew.; Eisenerzbau u. -verarbeitung, chem. Ind. – 333 v. Chr. als *Alexandreia* von Alexander d. Gr. zur Erinnerung an den Sieg bei Issos gegr.

**Islam** [auch isˈlaːm], von Mohammed gestiftete Weltreligion, die sich als Vollendung der jüd. u. christl. Religion versteht. Der I. ist monotheistisch u. kennt nur die unbedingte Ergebung (*Kismet*) in den Willen *Allahs,* der als absoluter Herrscher angesehen wird. Die religiösen Glaubenssätze u. Pflichten sind genau festgelegt; zu ihnen gehören die »5 Pfeiler«: 1. Glaubensbekenntnis: Es gibt keinen Gott außer Allah, u. Mohammed ist sein Prophet; 2. Gebet: fünfmal am Tag, kniend auf öffentl. Anruf hin, in ritueller Reinheit; 3. Almosengeben; fast zu einer geregelten Steuer ausgebildet; 4. Fasten: 30 Tage im Monat Ramadan von Sonnenaufgang bis -untergang; 5. Wallfahrt nach Mekka (*Haddsch*): mindestens einmal im Leben. Das hl. Buch des I. ist der *Koran;* in ihm ist Mohammeds Lehre, die von den Anhängern des I. als geoffenbarte Wahrheit betrachtet wird, in *Suren* niedergelegt. Neben dem Koran bildete sich aus mündl. Überlieferungen über Mohammeds Entscheidungen u. Verhaltensweisen in konkreten Fragen u. Situationen die *Sunna.* Die Einschätzung der Wichtigkeit der Sunna neben dem Koran ist das unterscheidende Kennzeichen für die *Sunniten* (ca. 90 % der Moslems) u. die *Schiiten* (ca. 10 % der Moslems). Die Gesamtzahl der Moslems beträgt schätzungsweise 700 Mio. bis 1 Mrd.

Seinen Ausgang nahm der I. in Mekka, wo die Kaaba, das arab. Nationalheiligtum, unter dem Schutz der Koreischiten stand. Diesem Stamm gehörte Mohammed an; 622 mußte er sich dem Zugriff der Koreischiten durch die Auswanderung (*Hedschra*) nach Medina entziehen. Von hier aus verbreitete er seine Lehre, u. bald konnte er mit krieger. Mitteln Mekka zurückgewinnen u. die Kaaba zum äußeren Mittelpunkt des I. machen. Nach dem Tod Mohammeds breiteten seine Nachfolger (*Kalifen*) in langen Kämpfen den I. aus.

Der I. ist heute die herrschende Religion im Vorderen Orient, in N-Afrika, Pakistan, Irak, Iran, Indonesien. Die Rückbesinnung auf die alten islam. Traditionen (*Reislamisierung*) bestimmt Politik, gesellschaftl. u. kulturelles Leben. Sie wird im wesentl. von den Traditionalisten (bes. Saudi-Arabien) u. den Fundamentalisten (bes. Libyen) getragen. Während die Traditionalisten entschieden für die Aufrechterhaltung der bestehenden Ordnung eintreten unter Zurückdrängung westl. Einflüsse, streben die Fundamentalisten die Zerstörung dieser Ordnung an u. die bedingungslose Rückkehr zum frühislam. Gesellschaftssystem. Es geht den Fundamentalisten um die Restauration des gesamten islam. Religions- u. Staatssystems. Sie sind eine entschieden revolutionäre, radikale, sendungsbewußte u. öffentlichkeitswirksame Minderheit (deutl. Beispiel ist Islam. Republik Iran).

**Islamabad,** Hptst. Pakistans, nahe Rawalpindi, 95 000 Ew.; seit 1965 Verwaltungszentrum.

**islamische Kunst,** die Kunst der im islam. Bereich lebenden Völker. Sie ist wesentl. von der Religion bestimmt, ohne im europ. Sinn religiöse Kunst zu sein, u. ist gekennzeichnet durch die Ablehnung des Kultbildes. Alle Zweige der i. n K. sind dienend, ihr Ziel – nicht Aussage, sondern Schmuck – wird erreicht in der Arabeszierung der pflanzl. u. der Ornamentalisierung der figürl. Formen, die zu einer neuen, naturfernen, rein künstler. Einheit verschmolzen werden, wobei geometr. Gliederungen u. die abstrakten Elemente der Schrift eine wichtige Rolle spielen.

Das vorherrschende Moment des Dekorativen prägt auch die Baukunst, deren Ornamentik ganz aus dem Geist des Materials entwickelt wird. Charakter. für den Sakralbau ist die vom befestigten Lager abgeleitete Hofmoschee mit der apsidenartigen, nach Mekka ausgerichteten Nische (Mihrab), der Predigtkanzel (Minbar), dem Reinigungsbrunnen auf dem Hof (Sebil) u. dem Minarett für den Gebetsrufer. Der Liwantypus entstand unter dem Einfluß der sassanid. Baukunst zumeist als Tempelschule (Medrese). Vom überkuppelten Betsaal dieses Typs ausgehend, entwickelten sich gewaltige Kuppelkonstruktionen.

Die Malerei ist zum großen Teil Buchmalerei, in der Keramik erzielte man durch die Lüstertechnik metall. Wirkungen. Die Textilkunst brachte eine Fülle kostbarer Teppiche u. Seidenstoffe hervor. Zur Zeit der Fatimiden (969–1171) gab es eine Blüte der Elfenbeinschnitzerei.

**Island,** Inselstaat im nördl. Atlantik, 103 000 km², 241 000 Ew., Hptst. *Reykjavik.*

*Island*

L a n d e s n a t u r. Hochland mit zahlr., z.T. noch tätigen Vulkanen, warmen Quellen u. Geysiren; überw. vergletschert (*Vatnajökull*); durch Fjorde stark gegliederte Küsten; milde Winter, kühle Sommer; im Landesinnern Eis- u. Lavawüsten, an den Küsten Tundrenvegetation. Die mit den Skandinaviern verwandte, ev.-luth. Bevölkerung lebt überw. im Küstengebiet.

W i r t s c h a f t. Viehzucht u. Küstenfischerei; Ausfuhr von Fischprodukten, Wolle, Schaffleisch u. Fellen, Einfuhr von Getreide, Holz u. Masch.

G e s c h i c h t e. I. wurde 825 erstmalig beschrieben u. seit 874 von Norwegen her besiedelt. Au-

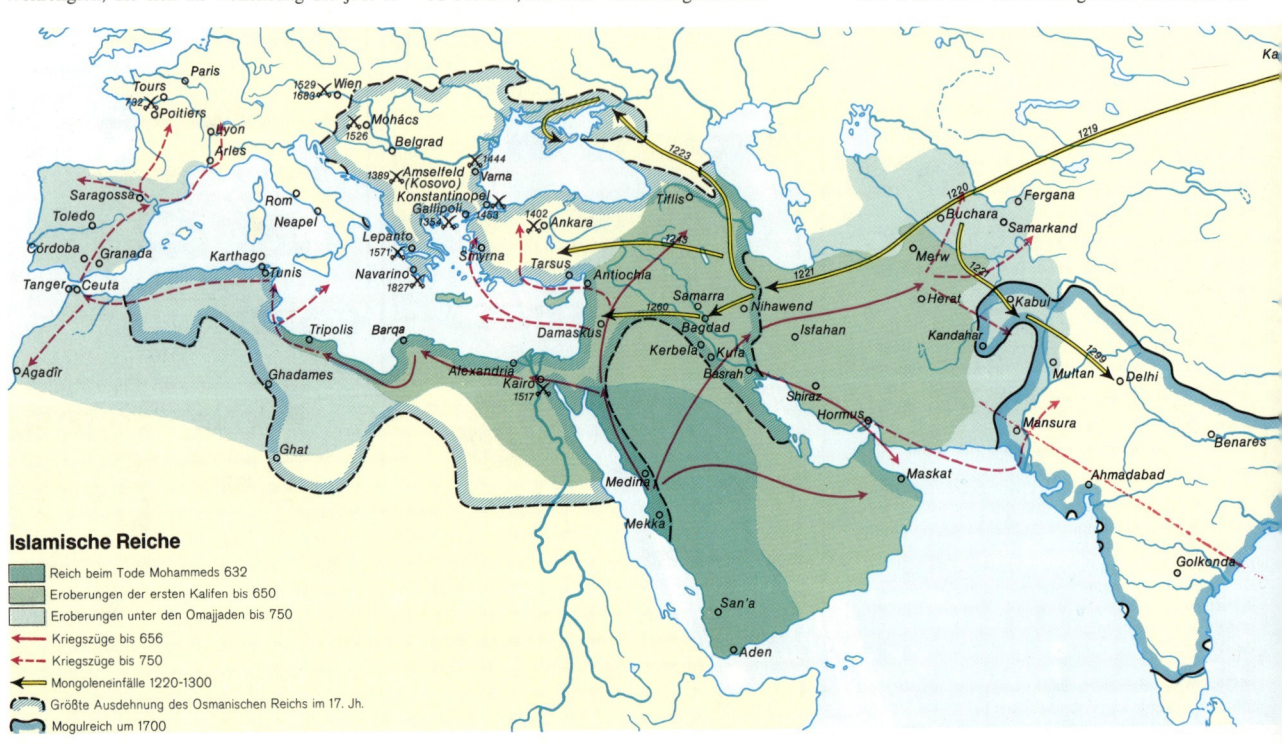

**Islamische Reiche**
- Reich beim Tode Mohammeds 632
- Eroberungen der ersten Kalifen bis 650
- Eroberungen unter den Omajjaden bis 750
- Kriegszüge bis 656
- Kriegszüge bis 750
- Mongoleneinfälle 1220-1300
- Größte Ausdehnung des Osmanischen Reichs im 17. Jh.
- Mogulreich um 1700

# ISLAM

 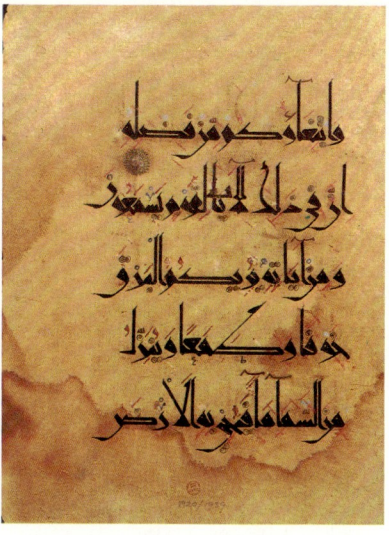

*Himmelfahrt Mohammeds, wie sie in Ausdeutung einiger Koranstellen angenommen wird; türkische Miniatur, 1436. Paris, Bibliothèque Nationale (links). – Seite einer persischen Koran-Handschrift, Sure 30, 22–23; 10. Jahrhundert. London, Victoria and Albert Museum (rechts)*

*Islam: Zierfliesen mit Darstellung der Kaaba, 1727 (links), und der Moschee des Propheten in Medina, 1729 (rechts). Kairo, Islamisches Museum*

*Betende Moslems in Niamey, Niger. Das fünfmalige tägliche Gebet gehört zu den Grundpflichten des Islam. Dabei muß eine kniende, den Blick nach Mekka gerichtete Haltung eingenommen werden*

---

berdem wanderten Kelten ein. 1000 wurde die Insel christianisiert. 1262 unterstellte sich I. dem norw. König. 1380 wurde I. Dänemark angeschlossen. Um 1550 setzte sich die Reformation durch. 1874 erhielt I. eine Verf., die dem Land die innere Autonomie gewährte. 1918 wurde I. ein selbständiges Kgr., in Personalunion mit Dänemark verbunden. 1944 wurde die polit. Verbindung mit Dänemark gelöst u. I. unabhängige R. 1949 trat I. der NATO bei. Seit 1980 ist Vigdís *Finnbogadóttir* Staatspräsidentin.

**Isländisches Moos,** *Brocken-, Lungen-, Purgiermoos, Tartsenflechte, Rispal,* im hohen Norden u. in den mitteleurop. Gebirgen u. Heidegebieten heim. *Flechte.* Getrocknet als *Lichen islandica* arzneilich gebraucht.

**isländische Sprache,** auf Island gesprochene, zum Westnordischen gehörende german. Sprache; seit dem 10. Jh. aus dem Altnorwegischen entwickelt.

**Ismael** [-maːel], im AT Sohn Abrahams u. seiner Magd Hagar, Stammvater beduin. Stämme *(Ismaeliten).*

**Ismail I.,** *1487, †1524, Schah (pers. Herrscher) 1502–24; begr. die Safawiden-Dynastie (1502 bis 1736) u. schuf, nach der Mongolenzeit, das Neupers. Reich.

**Ismailiten,** *Ismailiden,* eine islam.-schiit. Sekte, die sog. *Siebener-Schiiten.* Die I. leben in Syrien, Afghanistan, Pakistan u. Indien. Oberhaupt der letzteren ist der *Aga Khan.*

**Isma'iliyah,** *Al-I.,* ägypt. Stadt auf der Landenge von Suez, 192 000 Ew.

**Ismail Pascha,** *1830, †1895, Vizekönig von Ägypten 1863–79; eröffnete 1869 den Suezkanal.

**Ismay** [ˈizmei], Hastings Lionel, Baron I. (1947), *1887, †1965, brit. Offizier u. Politiker (konservativ); militär. Berater Churchills.

**Ismene,** in der grch. Sage Tochter des Ödipus, Schwester der Antigone.

**Isna,** *Esne,* oberägypt. Stadt am westl. Nilufer, 35 000 Ew.; die antike Stadt *Latopolis;* Ruinen aus ptolemäischer Zeit; Nilstaudamm.

**Isny im Allgäu,** ba.-wü. Stadt, 700 m ü.M., 13 000 Ew.; heilklimat. Kurort; Wintersportplatz; feinmechan. Ind. – 1365–1803 Freie Reichsstadt.

**iso...,** Wortbestandteil mit der Bedeutung »gleich«.

**ISO,** Abk. für engl. *International Organization for Standardization, Internationaler Normenausschuß,* Organisation, die die Normen versch. Staaten einander anzugleichen versucht.

**Isobaren** → Isolinien.

**Isochromasie,** die gleiche Empfindlichkeit photograph. Schichten gegenüber allen Wellenlängen des Lichts.

**Isogon,** ein Vieleck mit gleichen Seiten u. Winkeln.

**Isola Bella,** die größte der ital. Borromäischen Inseln im Lago Maggiore.

**Isolation,** *Isolierung.* **1.** *allg.:* Abschließung, Absonderung. – **2.** *Biologie:* einer der Evolutionsfaktoren in der Abstammungslehre. – **3.** *Technik:* Maßnahmen, um Energieverluste jeder Art oder die Einwirkung von Feuchtigkeit zu verhindern; bei elektr. Leitungen der Schutz stromführender Teile gegeneinander u. gegen Berührung; bei Dampf- u. Heißwasserleitungen u. bei Dampfkesseln gegen Wärmeausstrahlung u. damit gegen Druck- u. Wärmeverlust; bei Kälteleitungen u. -maschinen gegen Wärmeeinwirkung von außen u. damit gegen Druckerhöhung infolge frühzeitiger Vergasung der komprimierten flüssigen Gase; bei Mauerwerk gegen Einwirkung von Feuchtigkeit, bes. bei Grundwasser, desgleichen gegen Wärmeverlust u. Schallwirkung.

**Isolator,** *i.w.S.* ein Stoff, der den elektr. Strom nicht leitet (z.B. Luft, Keramik, Glas, Kunststoffe u. Gummi); *i.e.S.* ein Körper aus I.-Material zum Befestigen oder Tragen stromführender Metallteile, insbes. Stromschienen oder Leitungen.

**Isolde** → Tristan.

**Isolinien,** *Isarithmen,* auf Karten alle Linien, die Punkte mit gleichen Merkmalen verbinden. – ⊤ → S. 408.

**Isomerie,** die Erscheinung, daß in ihrem chem. u. physikal. Verhalten versch. Stoffe die gleiche Zusammensetzung hinsichtl. der Art u. Menge der sie aufbauenden Elemente haben. Bei isomeren Verbindungen *(Isomeren)* ist die Lage der Atome in-

## 408 isometrisch

nerhalb der Moleküle jeweils verschieden. Bei der *Struktur-I.* sind die Atome der betr. Verbindungen in versch. Reihenfolge verknüpft, oder die Substituenten am Benzolring stehen in versch. Stellungen zueinander. Bei der *Stereo-I.* sind die Atome in gleicher Reihenfolge verknüpft, aber räuml. versch. angeordnet, entweder infolge einer Doppelbindung *(cis-, trans-I.)* oder an einem asymmetr. C-Atom; die Moleküle solcher Isomeren verhalten sich in ihrem räuml. Aufbau wie Bild u. Spiegelbild.

**isometrisch**, längengleich, maßstabgerecht.

**Isomorphismus**, *Isomorphie*, [grch. »Gleichgestaltigkeit«], *i.w.S.* die Fähigkeit chem. ähnl. gebauter Verbindungen, in ähnl. Kristallformen aufzutreten; *i.e.S.* die Erscheinung, daß chem. versch. Bestandteile einer Lösung oder Schmelze gemeinsam als Mischkristalle kristallisieren.

**Isonzo**, slowen. *Soča*, im Altertum *Sontius*, Fluß im östl. N-Italien u. westl. Slowenien, 136 km; mündet in den Golf von Triest.

**Isooctan**, ein gesättigter aliphat. Kohlenwasserstoff, Isomer des *Octans* (2.2.4-Trimethylpentan); entsteht beim Cracken des Erdöls. I. dient als Maß für die *Klopffestigkeit* (→ Oktanzahl); es hat den festgesetzten Wert 100 *Octan*.

**Isopren**, *Methylbutadien*, ein aliphat. Kohlenwasserstoff mit 5 Kohlenstoffatomen u. zwei (konjugierten) Doppelbindungen; Baustein zahlreicher Naturstoffe, z. B. des natürl. Kautschuks, des Carotins, der Terpene u. des Camphers. Durch Polymerisation von I. gewinnt man einige Arten von synthet. Kautschuk.

**Isopropylalkohol**, *Isopropanol*, ein aliphat. Alkohol; Lösungs-, Extraktions- u. Frostschutzmittel.

**Isostasie**, der Zustand des Schwimmgleichgewichts von Schollen der Erdkruste im Erdmantel, wobei durch Abtragung entlastete Erdschollen aufsteigen, während die durch Sedimentation belasteten Gebiete absinken.

**Isothermen** → Isolinien.

**Isothermie**, ein Zustand der Atmosphäre, bei dem keine Änderung der Lufttemperatur mit zunehmender Höhe eintritt.

**isotonisch**, *isosmotisch*, Lösungen mit dem gleichen *osmotischen Druck* (→ Osmose).

**isotonische Muskelfunktion**, eine Verkürzung des Muskels durch Zusammenziehen, wobei die Muskelspannung (anfänglich) gleichbleibt.

**Isotope**, die zu einem chem. Element gehörenden Atome gleicher Kernladung, aber versch. Masse. I. unterscheiden sich dadurch, daß ihre Atomkerne die gleiche Zahl von Protonen, aber eine versch. Anzahl von Neutronen enthalten, d.h. daß ihre Massenzahlen u. Atomgewichte versch. sind. Im allg. gibt es zu jedem Element ein stabiles Isotop, z.B. vom Stickstoff N die Isotope $^{14}_{7}N$ $^{15}_{7}N$ (der obere Index gibt die Massenzahl, der untere die Ordnungszahl an); in der Natur treten sie in nahezu konstanten Mischungsverhältnissen auf u. verursachen so die nicht ganzzahligen Atomgewichte der chem. Elemente (z.B. bei Stickstoff: 14,007). Es gibt zahlreiche *radioaktive I.*, die in den natürl. Elementen gefunden oder künstl. hergestellt werden. Die I. eines chem. Elements haben alle dieselben Eigenschaften.

**Isotopendiagnostik**, *Radio-I.*, nuklearmedizin. Untersuchungsverfahren mit Hilfe von Substanzen, die mit radioaktiven Isotopen markiert wurden, können aufgrund ihrer Strahlung im Körper georted, verfolgt u. gemessen werden.

**isotrop**, Bez. für Stoffe, die in jeder Richtung die gleichen physikal. Eigenschaften aufweisen.

**Ispra**, ital. Ort am O-Ufer des Lago Maggiore, 4300 Ew.; Kernforschungszentrum der Euratom.

**Israel**, Beiname des Erzvaters *Jakob*, des Stammvaters der Stämme I.

**Israel**, 1. ein religiös-sakraler Verband der 12 Stämme I., die zw. 1400 u. 1200 v. Chr. in Palästina einwanderten u. sich als die 12 Söhne eines Ahnherrn I. (Jakob) verstanden. – 2. Name des Nordreichs, das sich nach dem Tod *Salomos* (926 v. Chr.) aus der Personalunion mit Juda u. von der david. Dynastie löste. Es ging 721 v. Chr. im assyr. Großreich auf.

*Israel: Palästinensische Demonstranten werfen mit Steinen nach israelischen Soldaten in Rafah*

**Israel**, Staat an der östl. Mittelmeerküste, 20 770 km², 4,4 Mio. Ew., Hptst. *Jerusalem*.
Landesnatur. Hinter der meist flachen Mittelmeerküste u. einer Küstenebene, der Hauptsiedlungszone, erhebt sich ein bis über 1000 m hohes

*Israel*

Bergland (Kalkhochflächen), in das der *Jordangraben* eingesenkt ist. Das Klima ist mittelmeerisch. Der Negev u. das Gebiet des Toten Meeres sind wüstenhaft. Der Feldbau setzt fast überall künstl. Bewässerung voraus.
Bevölkerung. Neben 82% Juden versch. Herkunft (62% in Israel geboren, 21% in Europa u. Amerika, 17% in Asien u. Afrika) gibt es 14% Islam. Araber, 2,3% Christen u. 1,7% Drusen. Staatssprachen sind Hebräisch u. Arabisch. 90% der Bevölkerung leben in Städten.
Wirtschaft. Die landwirtschaftl. Nutzfläche ist größtenteils in den Händen von Staat oder Genossenschaften (Moschavim, Kibbuzim). Die Landwirtschaft erzeugt 75% des inländ. Nahrungsmittelbedarfs. Für den Export werden vor allem Zitrusfrüchte, ferner Avocados, Bananen, Oliven, Gemüse, Weintrauben, Blumen u. Erdbeeren angebaut. Die Industrie ist weitgehend auf importierte Rohstoffe u. Energieträger angewiesen. Wichtig für den Export ist die Diamantenschleiferei. Die Industrie wurde systematisch entwickelt (Lebensmittel-, Getränke-, Metall-, Maschinen-, Textil-, chem., Flugzeug-, Fahrzeug-, elektron., Elektrogeräte-Ind. u. a.); sie erzeugt über 85% der Exportgüter. Haupthandelspartner sind die EG-Länder, die USA u. die Schweiz. Seit 1970 gibt es ein Handels- u. Zollabkommen mit der EG. – Vor allem das Straßennetz ist gut entwickelt. Haupthäfen sind Haifa, Ashdod u. Elat. Seit 1970 gibt es eine Pipeline von Elat zum Ölhafen Ashqelon. Der internat. Zentralflughafen ist Lod.
Geschichte. Zur Vorgeschichte → Juden, → Palästina. Nach der Zerstörung des selbst. jüd. Staates durch die Römer 70 n. Chr. begann die Zerstreuung der Juden über den Mittelmeerraum; eine kleine jüd. Bev. blieb aber stets im Lande. Mit der Entstehung des *Zionismus* (Ende des 19. Jh.) begann eine organisierte Einwanderung von Juden nach Palästina. Seit den 1920er Jahren kam es zu Konflikten zw. der jüd. u. der arab. Bev. 1947 beschloß die UN-Vollversammlung die Teilung Palästinas in einen jüd. u. einen arab. Staat. Der Staat I. wurde am 14.5.1948 von D. *Ben-Gurion* ausgerufen. Die Araber erkannten den Teilungsbeschluß nicht an; 5 arab. Staaten griffen I. militär. an. Der erste arab.-isr. Krieg endete 1949 mit einem Waffenstillstand. Weitere Kriege folgten 1956, 1967 (Eroberung der Sinaihalbinsel, des Gazastreifens u. des Westjordanlands durch I.) u. 1973, ohne daß es zu einem Friedensschluß kam. Als erster u. bisher einziger arabischer Staat erkannte Ägypten das Existenzrecht I.s 1979 an u. schloß mit ihm Frie-

| Isolinien | | |
|---|---|---|
| Bezeichnung | Bedeutung | Sachgebiet |
| Isakusten | Linien gleicher Schallstärke (Erdbeben) | Geophysik |
| Isallobaren | Linien gleicher Luftdruckänderung in einer bestimmten Periode | Meteorologie |
| Isallothermen | Linien gleicher Temperaturänderung in einer bestimmten Periode | Meteorologie |
| Isanemonen | Linien gleicher mittlerer Windgeschwindigkeit | Meteorologie |
| Isantheren (Isoantheren) | Linien gleicher Aufblühzeit einer bestimmten Pflanze | Botanik |
| Isobaren | Linien gleichen Luftdrucks | Meteorologie |
| Isobasen | Linien gleicher tektonischer Hebung | Geologie |
| Isobathen | Linien gleicher Tiefe unter dem Wasserspiegel | Ozeanographie Hydrologie |
| Isochionen | Linien gleicher Tageszahl mit Schneefall | Meteorologie |
| Isochoren | Linien gleicher Eisenbahnentfernung | Verkehrsgeographie |
| Isochronen | 1. Linien zeitgleichen Eintreffens von bestimmten Vorgängen (z. B. Erdbebenwellen, Regen) | Meteorologie Seismologie |
| | 2. Linien gleicher Reisezeit (Transportdauer) von einem Ort aus | Verkehrsgeographie |
| Isodensen | Linien gleicher Dichte (z. B. Bevölkerung) | — |
| Isodynamen | Linien gleicher erdmagnetischer Kraft | Geophysik |
| Isogammen | Linien gleicher Abweichung vom Normalfeld der Schwerkraft | Geophysik |
| Isogeothermen | Linien gleicher Tiefentemperatur unter der Erdoberfläche | Geophysik |
| Isoglossen (Isolexen) | Linien, die Gebiete gleichen Gebrauchs von Wörtern bzw. bestimmter sprachlicher Erscheinungen begrenzen | Sprachwissenschaft |
| Isogonen | 1. Linien gleicher erdmagnetischer Deklination | Geophysik |
| | 2. Linien gleicher Windrichtung | Meteorologie |
| Isohalinen | Linien gleichen Salzgehalts des Meerwassers | Ozeanographie |
| Isohelien | Linien gleicher mittlerer Sonnenscheindauer | Meteorologie |
| Isohumiden | Linien gleicher relativer Luftfeuchtigkeit | Meteorologie |
| Isohyeten | Linien gleicher Niederschlagsmenge | Meteorologie |
| Isohygromenen | Linien gleicher Anzahl humider u. arider Monate | Klimatologie |
| Isohypsen | Linien gleicher Höhenlage | Topographie |
| Isokatabasen | Linien gleicher tektonischer Senkung | Geologie |
| Isoklinen | Linien gleicher erdmagnetischer Inklination | Geophysik |
| Isolexen | = Isoglossen | |
| Isomenen | Linien gleicher mittlerer Monatstemperatur | Meteorologie |
| Isooiken | Linien gleicher Bevölkerungsdichte | Bevölkerungsgeographie |
| Isopagen | Linien gleicher Dauer der Eisbedeckung auf Gewässern | Meteorologie |
| Isophanen | Linien gleichen Vegetationsbeginns | Meteorologie |
| Isoseisten | Linien gleicher Erdbebenstärke | Seismologie |
| Isotachen | Linien gleicher Geschwindigkeit (z. B. Fließ- oder Windgeschwindigkeit) | Hydrologie Meteorologie |
| Isothermen | Linien gleicher Temperatur | Meteorologie Ozeanographie |

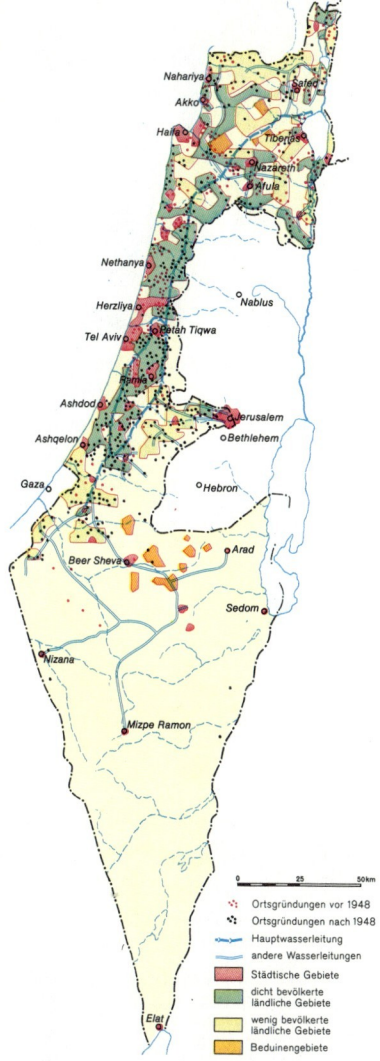

*Israel: Bevölkerung und Wasserwirtschaft*

den, woraufhin I. die Sinaihalbinsel räumte. 1982 unternahm I. einen militär. Vorstoß nach Libanon, um von dort ausgehenden PLO-Angriffen zu begegnen; 1985 zog es sich wieder zurück. Ein 1983 geschlossenes isr.-libanes. Normalisierungsabkommen mußte Libanon 1984 unter syr. Druck annullieren.

In den Jahrzehnten nach der Staatsgründung wanderten nahezu 2 Mio. Juden ein, hpts. aus Osteuropa, Nordafrika u. dem Nahen Osten. Ihre soz. u. wirtsch. Eingliederung war eine Hauptaufgabe des neuen Staates. In der Innenpolitik war bis 1977 die sozialdemokr. *Mapai* bzw. *Arbeiterpartei* führend, 1977–84 der nat.-konservative *Likud*-Block. 1984–90 bestand eine Große Koalition aus Arbeiterpartei u. Likud. Danach bildeten Likud u. religiöse Parteien eine rechtsnationale Koalition. Aufgrund des isr. Wahlrechts waren die großen Parteien bisher stets auf die kleinen, meist religiös orientierten Parteien als Koalitionspartner angewiesen, die dadurch einen starken Einfluß erhielten.

Das schwierigste polit. Problem für I. bilden die besetzten Gebiete mit ihren 1,3 Mio. arab. Bewohnern (Palästinensern). Seit Ende 1987 kam es dort immer wieder zu heftigen Protestaktionen gegen die Besatzungsmacht. In der Frage, ob die Gebiete für immer unter isr. Oberhoheit bleiben oder geräumt werden sollen u. wie dabei isr. Sicherheitsinteressen gewahrt werden können, ist die öffentl. Meinung tief gespalten.

**ISSN**, Abk. für *International Standard Serial Number*, ein achtstelliges System zur Identifizierung von fortlaufenden Sammelwerken, z.B. Zeitschriften u.ä. Publikationen.

**Issos**, *Issus*, türk. Stadt am Golf von Iskenderun, nordöstl. von Zypern; Sieg *Alexanders d. Gr.* über die Perser am Fluß Pinaros in der Nähe von I. 333 v. Chr.

**Issyk-Kul**, abflußloser Gebirgssee in der Kirgis. SSR (Sowj.), 6200 km², 1609 m ü.M.

**Istanbul**, *Istambul*, größte Stadt u. Haupthafen der Türkei, an der südl. Einmündung des Bosporus in das Marmarameer, 5,5 Mio. Ew.; 3 Stadtteile auf der europ. Seite (das Stadtzentrum *Stambul* mit der Hagia Sophia u. der Sultansresidenz Topkapi Sarayi, die ehem. Europäersitze Galata u. Beyoğlu, fr. Pera), Üsküdar mit Villenvororten auf der asiat. Seite; Naturhafen am Goldenen Horn; Verkehrsknotenpunkt; Univ., Hochschulen; Textil-, chem., Elektro-, Metall- u.a. Ind.; 2 Brücken über den Bosporus. – G e s c h .: Bis 330 n. Chr. *Byzanz*; seit 330 *Konstantinopel* u. seit 395 Hptst. des Oström. (Byzantin.) Reichs; 1453 von den Türken (Mehmed II.) erobert u. bis 1923 als *I.* Hptst. des Osman. Reichs bzw. der Türkei.

**Isthmus**, Landenge.

**Istranca-Gebirge** [is'trandʒa-], *Istranca Dağlari*, Gebirge in der nordöstl. europ. Türkei, im *Büyük Mahya* 1031 m.

**Istrien**, ital. *Istria*, Halbinsel in der nördl. Adria, 4955 km², 350 000 (meist serbokroat. u. slowen.) Ew.; im N Karstlandschaft, an der Küste subtrop. Vegetation. – G e s c h .: Im Altertum von kelt. u. illyr. Stämmen bewohnt, seit 177 v.Chr. Bestandteil des Röm. Reichs. Nach dem Untergang des Weström. Reichs zunächst Teil des Ostgotenreichs, seit 539 des Byzantin. Reichs, wurde Ende des 8. Jh. dem Frankenreich eingegliedert. Im 13. Jh. großenteils venezian.; den Rest teilten sich die Grafen von Görz u. die Habsburger. 1805 an Napoleon verloren, kehrte I., einschl. der bis 1797 venezian. Teile, 1815 zu Östr. zurück, bei dem es bis 1918 blieb. 1919 ital., 1947 bis auf Triest jugoslaw. Durch den ital.-jugoslaw. Vertrag von 1954 wurde Triest (Stadt u. Hafen) Italien, das Hinterland von Triest Jugoslawien zugesprochen.

**Istwäonen**, *Istväonen*, *Istjaiwer*, älterer Kultverband der Germanen zw. Rhein u. Weser (*Weser-Rhein-Germanen*), nach *Tacitus* einer der 3 german. Stammesverbände.

**Istwestija** [russ. »Nachrichten«], 1917 gegr. führende sowjet. Zeitung.

**Itabira**, brasilian. Stadt in Minas Gerais, 47 000 Ew.; Zentrum eines der reichsten Eisenerzgebiete der Erde (*Itabirit*).

**Itabirit**, blättrig-schuppiger Eisenglanz (hpts. *Hämatit*) mit beigemengtem Magnetit; hochwertiges, wirtschaftl. wichtiges Eisenerz (ca. 67% Fe).

**Itabuna**, brasilian. Stadt in Bahia, 117 000 Ew.; Kakaoanbau u. Verarbeitung.

**Itai-Itai-Krankheit**, chron. Cadmiumvergiftung.

**Itaipú**, das größte Wasserkraftwerk der Erde am Rio Paraná, 14 km oberhalb der brasilian. Stadt Foz do Iguaçu; basiert auf Zusammenarbeit zw. Brasilien u. Paraguay; 1983 Inbetriebnahme; Leistung des Kraftwerks: 12,6 Mio. kW.

**Itala**, zusammenfassende Bez. für die ältesten latein. Bibelübersetzungen, die vor der *Vulgata* in Italien u. Spanien umliefen.

**Italien**, Staat in S-Europa, 301 228 km², 57,4 Mio. Ew., Hptst. *Rom*. I. ist gegliedert in 15 Regionen u. 5 autonome Regionen (vgl. Tabelle).

*Italien*

L a n d e s n a t u r . *Festland-I.* (N-Italien) umfaßt den ital. Alpenanteil sowie die einzigen größeren Flachlandgebiete. Als *Halbinsel-I.* wird die vom *Apennin* durchzogene Apenninhalbinsel bezeichnet; der Westteil wird von einem Hügelland u. Küstenebenen mit Vulkanismus eingenommen. *Insel-I.* umfaßt Sizilien, Sardinien u. kleinere Inseln. Das Klima ist in N-Italien warm gemäßigt, im übrigen I. mediterran mit trocken-heißen Sommern, milden Wintern, Frühjahrs- u. Herbstregen, im S Winterregen. Die Pflanzenwelt besteht in N-Italien u. den Gebirgen der Apenninhalbinsel vorwiegend aus Laub- u. Nadelwäldern, im mittelmeer. Klimabereich herrschen Hartlaubgewächse, Pinien u. Zypressen vor.

Die Bevölkerung besteht zu 99% aus

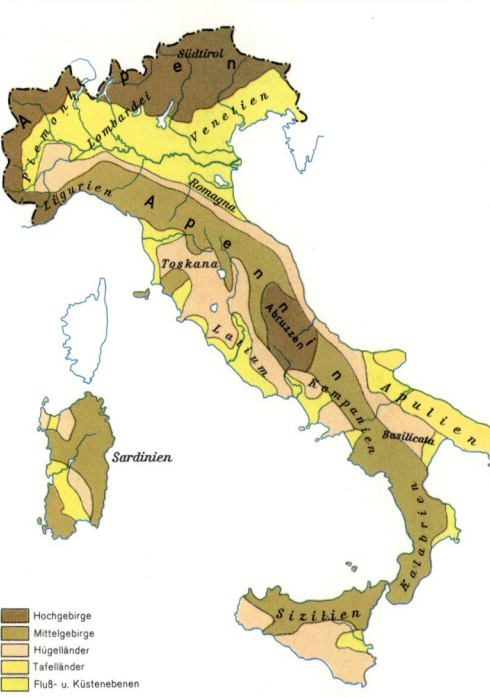

*Italien: landschaftliche Gliederung*

röm.-kath. Italiener u. konzentriert sich bes. in den fruchtbaren Ebenen u. im Küstenland. Im N leben dt., frz., rätorom. u. slaw. Minderheiten. – Wichtigste Städte: Rom, Mailand, Neapel, Turin, Genua, Palermo, Bologna, Florenz, Catania, Venedig, Bari, Triest, Messina, Verona, Padua, Cagliari.

W i r t s c h a f t . Die Industrie konzentriert sich in N- u. Mittelitalien, in S-Italien nur an wenigen Küstenstandorten. Die bed. Industriezweige sind Eisen- u. Stahl-, Zement-, chem., Papier-, Textil-, Schuh- u. Kraftfahrzeug-Ind. An Bodenschätzen gibt es Schwefel, Eisen, Zink, Blei u.a. Ein bes. wichtiger Wirtschaftsfaktor ist der Fremdenverkehr. – Die Landwirtschaft mit Anbau von Weizen, Mais, Reis, Oliven, Gemüse, Obst, Wein u. Südfrüchten, Seidenraupenzucht u. Viehzucht ist stark exportorientiert. Die Fischerei bringt gute Erträge. – Die wichtigsten Ausfuhrwaren sind Kraftfahrzeuge, Maschinen, Textilien, Schuhe, Chemikalien, Obst, Südfrüchte u. Wein. Haupthandelspartner sind die BR Dtld. u. Frankreich. – Das Verkehrsnetz ist v.a. in N-Italien gut ausgebaut. I.

| Italien: Verwaltungsgliederung | | |
|---|---|---|
| Region/ Autonome Region | Fläche in km² | Einwohner in 1000 | Hauptstadt |
| *Regionen:* | | | |
| Abruzzen | 10 794 | 1263 | L'Aquila |
| Apulien | 19 348 | 4059 | Bari |
| Basilicata | 9 992 | 623 | Potenza |
| Emilia-Romagna | 22 123 | 3921 | Bologna |
| Kalabrien | 15 080 | 2152 | Catanzaro |
| Kampanien | 13 595 | 5773 | Neapel |
| Latium | 17 203 | 5156 | Rom |
| Ligurien | 5 416 | 1738 | Genua |
| Lombardei | 23 857 | 8899 | Mailand |
| Marken | 9 694 | 1429 | Ancona |
| Molise | 4 438 | 335 | Campobasso |
| Piemont | 25 399 | 4366 | Turin |
| Toskana | 22 992 | 3565 | Florenz |
| Umbrien | 8 456 | 820 | Perugia |
| Venetien | 18 364 | 4380 | Venedig |
| *Autonome Regionen:* | | | |
| Aostatal | 3 262 | 115 | Aosta |
| Friaul-Julisch-Venetien | 7 847 | 1206 | Triest |
| Sardinien | 24 090 | 1656 | Cagliari |
| Sizilien | 25 708 | 5164 | Palermo |
| Trentino-Südtirol | 13 619 | 884 | Bozen/Trient |

## 410 Italiener

verfügt über mehrere internat. Flughäfen (insbes. Rom, Mailand u. Venedig). Die wichtigsten Seehäfen sind Genua, Neapel, Venedig, Livorno, Palermo u. Triest.

Geschichte. Nach Zusammenbruch des Weström. Reichs 476 (→ Römisches Reich) entstanden auf ital. Boden germ. Nachfolgereiche. Der germ. Söldnerführer *Odoaker* wurde 493 vom Ostgotenkönig *Theoderich* im Auftrag Ostroms gestürzt. Auch das ostgot. Reich brach bereits 553 zus., u. I. wurde oström. Prov. Seit 568 fielen die Langobarden in Ober-I. ein, so daß I. in einen langobard. u. einen byzantin. Teil getrennt wurde. Die *Pippinsche Schenkung* (754) sicherte dem Papsttum Rom, Perugia u. Ravenna. Karl d. Gr. vernichtete 774 das langobard. Königreich. Unter-I. blieb byzantin.; im 9. Jh. eroberten die Araber Sizilien. Durch die karoling. Reichsteilung von Verdun fiel I. an Lotharingien. Das *Regnum Italicum* blieb seit der Kaiserkrönung Ottos d. Gr. bis zum Tod Friedrichs II. (962–1250) Teil des röm.-dt. Kaiserreichs. Die Städte gewannen immer größere Bedeutung u. Unabhängigkeit (Genua, Pisa u. Venedig). Die z.T. von Sarazenen besetzten byzantin. Gebiete Siziliens u. Kalabriens wurden im Lauf des 11. Jh. von Normannen erobert. Die normann. Fürstentümer wurden 1130 von König *Roger II.* zu einem Reich vereinigt. Die Heirat Kaiser Heinrichs VI. mit der Erbin des Normannenreichs, *Konstanze*, vereinigte zum ersten Mal seit dem Untergang Westroms fast ganz I. unter einer Herrschaft. Dem Staufer *Friedrich II.* gelang nicht nur in S-Italien der Aufbau des ersten modernen Beamtenstaats im Abendland, sondern im Kampf mit Papst *Gregor IX.* u. den in I. lombard. Städten auch die Festigung seiner Macht in I. Mit der Hinrichtung *Konradins* in Neapel (1268) brach die stauf. Herrschaft zusammen. *Karl von Anjou* vermochte wie sein Nachfolger *Robert von Neapel* (1309–43) seinen Einfluß über ganz I. auszudehnen. Im 14./15. Jh. gewannen u.a. die Republiken Venedig u. Genua, die Fürstentümer der *Visconti* u. *Sforza* (Mailand), der *Este* (Mòdena) u. der *Scaliger* (Verona) an Einfluß u. Bedeutung. Mit Beendigung des *Schismas* (1415) festigte sich auch der Kirchenstaat wieder. In Florenz setzten sich die *Medici* durch, u. nach dem *Frieden von Lodi* (1454) herrschte ein Gleichgewicht von 5 Mittelstaaten (Neapel-Sizilien, Florenz, Kirchenstaat, Mailand, Venedig). Der Machtkampf um I. zw. Frankreich, Spanien u. den dt. Habsburgern endete im 16. Jh. mit der Niederlage der Franzosen. Mailand kam mit Neapel-Sizilien u. Sardinien an Spanien. Die span. Vorherrschaft dauerte bis zum Spanischen Erbfolgekrieg. Im *Utrechter Frieden* 1713 gewann Piemont-Savoyen Montferrat, Sizilien u. die Königskrone. Östr. erhielt Anfang des 18. Jh. Mantua u. die Lombardei, Neapel u. Sardinien. Die Toskana fiel 1737 an die Habsburger. Die Französische Revolution zerstörte die im Frieden von Aachen 1748 geschaffene Ordnung. Versch. Republiken wurden 1802 zur ital. Rep. umgebildet. Napoleon ließ sich 1805 zum König von I. krönen. Piemont, das Kgr. Etrurien (Toskana), die Ligurische Rep. (Genua) u. Rom wurden mit Frankreich vereinigt. Nur in Sizilien u. Sardinien hatten sich die bisherigen Dynastien behaupten können. Der Wiener Kongreß stellte die alte Ordnung weitgehend wieder her: Venetien u. die Lombardei fielen an Östr. Der Kirchenstaat wurde erneuert. Das bourbon. Kgr. Neapel u. das Kgr. Sardinien-Piemont wurden erneuert. Als Reaktion auf die östr. Fremdherrschaft entstand eine Einheits- u. Freiheitsbewegung, das »Risorgimento«. 1859 verlor Östr. die Lombardei an Sardinien-Piemont. C. *Cavour* gelang es, die Staaten Mittel-I., Romagna u. das Kgr. Sizilien (mit Hilfe G. *Garibaldis*) zum Anschluß an Sardinien zu gewinnen. Es entstand das Kgr. I. Im preuß.-östr. Krieg 1866 gewann I. Venetien u. 1870 Rom, das nunmehr Hptst. wurde. Die mit Frankreich entstandenen Zerwürfnisse führten zum Abschluß des *Dreibunds* mit Dtld. u. Östr.-Ungarn (1882). 1881–85 besetzte I. in Afrika das Gebiet von Eritrea, 1889 die Somaliküste; 1911/12 gelang die Erwerbung von Tripolis u. der Cyrenaica. I. blieb bei Ausbruch des 1. Weltkriegs neutral. Aber 1915 erklärte es Östr. u. 1916 Dtld. den Krieg. Der *Friede von Saint-Germain* brachte I. die Brennergrenze, Görz, Triest, Istrien, Teile des Küstenlandes u. Zara ein. Krisen führten zum unaufhaltsamen Aufstieg der von *Mussolini* gegr. faschist. Bewegung. Durch den »Marsch auf Rom« zwang Mussolini *Viktor Emanuel III.,* ihm die Regierung zu übertragen (31.10.1922). Mussolini errichtete einen autoritären Staat (Verbot der Parteien) u. einigte sich mit der Kirche in den *Lateranverträgen* von 1929. 1936 überfiel I. Äthiopien, 1939 wurde Albanien erobert. Nach Ausbruch des 2. Weltkriegs erklärte I. 1940 Frankreich den Krieg. Nach Abschluß des *Dreimächtepakts* mit Dtld. u. Japan (1940) eröffnete I. erfolglos den Krieg gegen Griechenland u. in Nordafrika. 1943 wurde Mussolini gestürzt u. ein Waffenstillstand mit den im gleichen Jahr in I. gelandeten Alliierten geschlossen. 1946 wurde die Rep. proklamiert. Durch den *Pariser Frieden* vom 10.2.1947 verlor Italien Rhodos, den Dodekanes u. Istrien; I. verzichtete auf alle Kolonien in Afrika; I. entschied sich für die Republik, *Umberto II.* dankte ab. 1954 wurde die Triest-Frage mit Jugoslawien gelöst. Die Südtirol-Frage fand erst 1971 eine befriedigende Lösung. Seit 1981 regiert eine Fünf-Parteien-Koalition aus Christdemokraten, Sozialisten, Sozialdemokraten, Liberalen u. Republikanern. Staats-Präs. ist seit 1985 F. Cossiga. I. ist Gründungsmitglied der Europ. Gemeinschaft. Die neue parlament.-republikan. Verf. trat am 1.1.1948 in Kraft. Zweikammerparlament: Senat u. Abgeordnetenkammer, aus allg. gleichen, direkten u. geheimen Wahlen hervorgehend (Verhältniswahl), Wahlperiode 5 Jahre. Führende polit. Kräfte: Democrazia Cristiana *(DC;* Christl. Demokraten); Kommunistische Partei *(PCI);* Sozialistische Partei *(PSI);* Sozialdemokrat. Partei *(PSDI);* Republikan. Partei *(PRI);* Liberale Partei *(PLI).*

**Italiener,** ital. *Italiani,* ein roman. Volk (71 Mio.) in Italien (auf der Apenninhalbinsel, Sizilien u. Sardinien 57,3 Mio.) u. – meist stark eingebürgert – in USA (9 Mio.), Südamerika (4,2 Mio.) u. Schweiz (420 000); ital. Einflüsse zeigen auch die Korsen u. in geringerem Maß die Malteser.

**italienische Kunst.** Architektur. Vom 4. Jh. bis zum Untergang des Röm. Reichs (553) war die Basilika der bevorzugte sakrale Bautyp, im allg. dreischiffig, in den kaiserl. Prachtbasiliken fünfschiffig. Zentren der Architektur waren Rom (S. Paolo fuori le mura; Sta. Sabina; S. Lorenzo), Mailand (S. Lorenzo) u. Ravenna (S. Apollinare nuovo; S. Apollinare in Classe). Die Taufkirchen (Baptisterien) waren zentral angelegt (Rom: Taufkapelle des Laterans; Ravenna: 2 Baptisterien), ebenso die Grabkirchen (Rom: Sta. Costanza; Ravenna: Grabkapelle der Galla Placidia).

Die roman. Baukunst entwickelte sich in wenigen Kunstzentren. Die Kirchen Verona, Mòdena, Piacenza, Cremona, Ferrara, Parma, Como, Mailand sind meist ohne Querschiff, mit reichem Portalschmuck u. figuraler Fassadenornamentik. Die florentin. Romanik blieb stärker mit der antiken Tradition verbunden (S. Frediano in Lucca, Badia in Fiesole). In Pisa (Dombezirk mit Baptisterium u. Campanile) bildete sich die Säulenarchitektur am glanzvollsten aus.

Bedeutende Bauten der Gotik errichteten die Bettelorden in Assisi (S. Francesco) u. Florenz (Sta. Croce u. Sta. Maria Novella), die dann von den Domen in Siena, Orvieto u. Florenz an Größe u. Ausstattung übertroffen wurden.

In der florentin. Frührenaissance wurde der Typus des ital. Palasts ausgebildet: ein breiter, rechteckiger, regelmäßiger Baukörper, im Innern ein säulengetragener Hof. Als eine eigene Bauform kam zum Palast die Villa hinzu, ein aus dem antiken Landhaus entwickeltes Landschlößchen.

Die im Kern florentin. Leistung der Frührenaissance ging vor allem auf die genialen Bauideen F. *Brunelleschis* zurück. Ihm ging es um eine »Wiedergeburt« der antiken Formenwelt, deren Studium er – zusammen mit *Donatello* – betrieben hatte. Mit den Bauten D. *Bramantes* kam die entscheidende Wende zur Hochrenaissance (Sta. Maria delle Grazie in Mailand). Er brachte mit seinen Entwürfen die Zentralbau-Idee auch in die Planung der Peterskirche in Rom ein. In *Michelangelos* Schaffen begegneten sich Hochrenaissance, Manierismus u. Barock. A. *Palladio* entwickelte auf der Grundlage der Antike u. der Hochrenaissance den Klassizismus.

Vignolas Il Gesù verkörperte als erste Kirche in Rom die Baugedanken des Frühbarocks. Während C. *Maderna* (Sta. Susanna u. Vorhalle von St. Peter in Rom) zum Hochbarock überleitete, fand diese Entwicklung ihre bed. Repräsentanten in G.L. *Bernini* (Kolonnaden des Petersplatzes) u. F. *Borromini.*

Im 19. Jh. wirkten G. *Antolini,* L. *Cagnola,* G. *Valadier,* u. G. *Mengoni.* Der Faschismus verschrieb sich einer bombast., neuklass., u. neubarocken Bauweise. Diese Verirrung überwand Italien verhältnismäßig schnell. Von überragender Bedeutung sind die Ingenieurbauten P.L. *Nervis.*

Plastik. In altchristl. Zeit entstanden vor allem Sarkophage, die Holztüren von S. Ambrogio in Mailand (Ende 4. Jh.) u. Sta. Sabina in Rom (um 430). Bed. Werke des Bronzegusses sind die Türen der Dome von Trani, Benevent, Pisa u. Monreale. In der Gotik des 13. Jh. verbanden N. u. G. *Pisano* frz. Formengut mit einer urspr. Nähe zur Antike (Arbeiten in Florenz, Orvieto, Perùgia, Pisa, Pistòia, Rom, Siena). Während L. *Ghiberti* (Bronzetüren am Baptisterium in Florenz) noch der Gotik verpflichtet blieb, führte *Donatello* die freistehende Statue einer neuen Blüte entgegen (Reiterdenkmal des Gattamelata in Padua). u. gab der Bildnisbüste neue Bedeutung. Mit seinem bronzenen David (Florenz, Bargello) brachte er die Aktfigur zu neuer Geltung. Im Schaffen von A. del *Verrocchio* u. A. del *Pollaiuolo,* die beide in erster Linie Bronzeplastiker waren, wurde die Darstellung persönlicher. Im plast. Werk *Michelangelos* (Pietà, Juliusgrab, Medicigräber in Florenz) verlor die Darstellung die Züge des Menschlich-Vergleichbaren u. führte in eine Welt des Sinnbildhaft-Allgemeingültigen. B. *Cellini* u. Giovanni da *Bologna* waren Hauptmeister der manierist. Skulptur. G.L. *Bernini* faßte in seinem reichen Werk alle Möglichkeiten des Hochbarocks zusammen: Pathos u. Dramatik u. die gestalter. Kräfte von Farbe u. Licht. Am Ende des 18. Jh. steht A. *Canova* mit seinem weich modellierenden Klassizismus. Mit impressionist. Werken erlangte M. *Rosso* Weltgeltung. Die Plastik der Gegenwart ist mit P. *Consa-*

*Italien: Blick von Taormina zum Ätna*

*Italien: Marmorgewinnung bei Carrara*

gra, E. *Fiori*, G. *Manzù*, M. *Marini*, Arnoldo *Pomodoro*, Gio *Pomodoro*, A. *Viani* vertreten.

Die Malerei in den Katakomben Roms begann im 3. Jh. Im 4. Jh. entstand aus dem Erlebnis der Transzendenz eine raumbeherrschende Monumentalmalerei, die übersinnlich leuchtenden Mosaiken in den Kuppeln von Zentralbauten u. in den Apsiden, an Triumphbögen sowie an den Wänden der Langhäuser von Basiliken. Zentren dieser Kunst waren Rom (4.–7. Jh.) u. Ravenna (5./6. Jh.). Zur roman. Epoche gehören die Szenen der Clemens- u. Alexiuslegende in der Unterkirche von S. Clemente in Rom (um 1080) sowie der Bilderzyklus in Sant' Angelo in Formis (2. Hälfte des 11. Jh.).

Im Trecento entwickelten P. *Cavallini*, Jacopo *Torriti*, *Cimabue* u. *Duccio di Buoninsegna* einen neuen Stil in der Begegnung mit der Antike. Radikal durchbrach dann *Giotto* den Bann der Traditionen; er schuf die Grundlagen für die gesamte nachmittelalterl. Malerei in Europa. Eigene Wege ging die Schule von Siena: S. *Martini* leitete die westlich-got. Richtung in Italien ein. A. *Lorenzetti* schuf mit den Fresken im Rathaus von Siena einen Mittelpunkt der polit. Besinnung u. zugleich ein kühnes Beispiel für die Landschaftsmalerei.

Im Quattrocento war in Florenz eine Fülle überragender Meister tätig, u.a. *Masaccio*, P. *Uccello*, *Veneziano*. Während die Florentiner *(Fra Filippo Lippi, Fra Angelico,* B. *Gozzoli)* um die Mitte des Jahrhunderts die Details des Bildes verfeinerten,

## ITALIEN  Geschichte und Kultur

*Der venezianische Doge Leonardo Loredan (1501–1531); Gemälde von Vittorio Carpaccio. Florenz, Privatbesitz (links). – Am 11. Mai 1860 landete Giuseppe Garibaldi mit dem »Zug der Tausend« auf Sizilien; zeitgenössischer Stich. Rom, Istituto per la Storia del Risorgimento Italiano (rechts)*

*Benedetto Antelami, »Kreuzabnahme« im Dom zu Parma; 1178*

*Giovanni Battista Tiepolo, Anbetung der Könige; 1753. München, Alte Pinakothek (links). – Aufführung der Verdi-Oper »Aida« in der Arena von Verona (rechts). Die Arena an der Piazza Brà stammt aus dem 1. Jh. n. Chr. und ist das zweitgrößte römische Amphitheater nach dem Kollosseum in Rom*

vereinigte der Stil des P. *della Francesca* Körperlichkeit, Bildfläche u. Farbkraft zu wuchtiger Wirkung. In zunehmenden Maß wurden antike Göttersagen oder geschichtl. Ereignisse dargestellt. Diese Entwicklung wurde in der 2. Hälfte des 15. Jh. in Florenz durch D. *Ghirlandaio*, S. *Botticelli*, F. *Lippi*, P. di *Cosimo*, in Umbrien durch Gentile u. Giovanni *Bellini* u. A. *Mantegna* auf ihren Höhepunkt geführt.
*Leonardo da Vinci* u. *Raffael* waren die großen Meister der Hochrenaissance, die in Leonardos Theorie, Naturstudien u. individualisierender Menschendarstellung u. in den Madonnen u. Fresken Raffaels ihre Vollendung fand. Die oberitalien. Künstler suchten bei stärkerer Bewertung des koloristischen Elements eine größere Naturnähe *(Giorgione, Tizian)*.
Die Spätwerke Raffaels u. Michelangelos führten in Florenz um 1520 zum Manierismus (J. *Pontormo, Rosso Fiorentino, Parmigianino, Tintoretto*, P. *Veronese*, A.A. da *Correggio*). Die Malerei des Barocks zeigte eine naturalist. u. eine klassizist. Richtung. *Caravaggio*, Hauptvertreter der ersten, verband in seinen Werken krasse, realist. Sachlichkeit mit einer effektvollen Hell-Dunkel-Technik, die auf *Rembrandt, Rubens* u. *Velàzquez* wirkte. Die klassizist. Barockmalerei ging vornehml. von den Bologneser Akademikern *(Carracci)* aus u. beeinflußte bes. die frz. Kunst.
Im 18. Jh. verlagerte sich der Schwerpunkt des Kunstlebens nach Oberitalien, wo G.B. *Tiepolo* u. seine Söhne die Tradition der ital. dekorativen Malerei glänzend zusammfaßten. Der Beitrag Italiens zur Malerei des 20. Jh. ist von grundlegender Bedeutung: im Futurismus (U. *Boccioni*, C. *Carrà*, L. *Russolo*, G. *Severini*) u. in der Pittura metafisica (M. *Campigli*, C. *Carrà*, G. de *Chirico*, G. *Morandi*). In der abstrakten Malerei fanden R. *Birolli*, A. *Magnelli*, M. *Moreni* u. E. *Vedova* internat. Beachtung. L. *Fontana* ist der Exponent des 1946 in Mailand entstandenen »Spazialismos«. Die im gleichen Jahr gegr. Vereinigung »Fronte Novo delle Arti« bemühte sich um eine Erneuerung der figurativen Malerei (R. *Guttuso)*.
Die Gegenwartsszene bietet ein breites Spektrum heterogener Bestrebungen. M. *Merz* vertritt die Objektkunst, P. *Manzoni* die Arte Povera, V. *Adami* die Narrative Figuration u. S. *Chia* die neoexpressionist. gegenständl. Malerei.

**italienische Literatur**. Am Anfang stehen der »Sonnengesang« des *Franz von Assisi*, entstanden 1224/25, u. die »Laude« (geistl. Lobgesänge) des *Jacopone da Todi* (um 1280). Wenig später wurde am Hof Friedrichs II. in Palermo die Sizilian. Dichterschule gegr.; dort wurde das Sonett als neue Form u. der »Dolce stil nuovo« (Süßer neuer Stil) geschaffen, der in der Lyrik die Liebe idealistisch-mystisch interpretierte. Im 14. Jh. erreichte die i. L. mit *Dante* (»Göttl. Komödie«), *Petrarca* (Sonette) u. *Boccaccio* (Novellensammlung »Decamerone«) ihren ersten Höhepunkt. A. *Poliziano* schrieb das erste weltl. Schauspiel (»Orpheus«), der Versroman »Arcadia« von J. *Sannazaro* wurde zum Vorbild für die europ. Hirtendichtung. – Die Hochrenaissance im 16. Jh. brachte den Sieg der Volkssprache über das Lateinische; Gaspara *Stampa* u. Vittoria *Colonna* schrieben leidenschaftl. Liebeslyrik; das romant.-ironisierende Ritterepos führte L. *Ariosto* mit dem »Rasenden Roland« zu höchster Vollendung; T. *Tasso* schuf mit dem Hirtendrama »Aminta« das vielleicht schönste Werk der pastoralen Dichtung. M. *Bandello* eiferte in seinen Liebesnovellen *Boccaccio* nach. – In der Barockzeit verlor das Epos an Bed., doch entwikkelte sich eine rege wiss. Prosa (G. *Galilei*, G. *Bruno*). Das Drama fand in C. *Goldoni* u. C. *Gozzi* neue Meister. A. *Manzoni* faßte die romant. Ideale der Vaterlandsliebe u. der christl. Gesinnung in seinem histor. Roman »Die Verlobten« zusammen. Klass. Form u. romant. Fühlen vereinen sich in den Gesängen G. *Leopardis*.
Die zweite Hälfte des 19. Jh. wurde von der Lyrik G. *Carduccis*, G. *d' Annunzios* u. G. *Pascolis* beherrscht, während in der Erzählkunst A. *Fogazzaro* ein Meister des ital. psych. Romans wurde. Ihn übertrifft an Wirkung noch G. *Verga*, der Begr. des Verismus, dem M. *Serao* u. G. *Deledda* folgten. Welterfolg hatten die Romane G. d' Annunzios, die Jugendschriften E. de *Amicis'* u. C. *Collodis*.
Zw. 1900 u. 1950 hatten die philos. u. literarästhet. Werke B. *Croces* großen Einfluß. Nach dem 1. Weltkrieg gab L. *Pirandello* bes. dem Schauspiel neue Impulse. Bedeutsam sind nach 1945 die gesellschaftskrit.-psych. Romane A. *Moravias* u. die sozialkrit. Bücher C. *Levis* u. I. *Silones* sowie die neorealist. Romane von C.E. *Gadda*, P.P. *Pasolini*, C. *Pavese*, V. *Pratolini* u. E. *Vittorini*. Zu internat. Erfolgsautoren wurden die Schriftst. C. *Malaparte* (Kriegsromane), G. *Guareschi* (mit Schelmenromanen um Don Camillo u. Peppone), G. *Tomasi di Lampedusa* (histor. Heimatroman »Der Leopard«). Seit Anfang der 60er Jahre setzten sich phantasievolle Erzähler gegenüber dem Neorealismus durch (I. *Calvino*, D. *Buzzati*, T. *Landolfi*); U. *Eco* errang mit einem wiss. Kriminalroman einen großen Erfolg; L. *Sciascia* klagt in seinen (Kriminal-)Romanen die soz. u. wirtsch. Verhältnisse in Sizilien an. Der Dramatiker D. *Fo* schreibt gesellschaftskrit. Agitationsstücke. Als Lyriker traten G. *Ungaretti*, E. *Montale*, U. *Saba* u. S. *Quasimodo* hervor.

**italienische Musik**. Im Ggs. zur Musik der Römer hat die i. M. entscheidenden Anteil an der Entstehung u. Fortentwicklung der abendländ. Musik gehabt. Dies hängt vor allem mit der frühen Christianisierung Italiens zusammen, woraus die Förderung der Musik durch die Kirche resultierte.
Die erste eigene Musikschöpfung Italiens war der Gregorian. Choral, der über Europa hin ausstrahlte. Um 1000 trat *Guido von Arezzo* als einer der bed. Musiktheoretiker seiner Zeit hervor. Mehrstimmige Musik in Organum-Technik ist für den kirchl. Bereich schon im 10. Jh. belegt (Mailand). Einen ersten Höhepunkt hatte die i. M. im 14. Jh. (F. *Landino*). Mehrstimmige Formen wie Madrigal, Ballata (Tanzlied) u. Caccia (Kanonart) entstanden gegen Ende des 15. Jh. durch die Übernahme volksmusikalischer Elemente: Frottola (heiteres Volkslied), Villanella (Tanzlied) u. Kanzonetta. Eine neue Harmonik, die bereits die Chromatik verwendete, diente im Madrigal des 16. Jh. tonmalerischen Absichten (Cyprian de *Rore*, C. *Gesualdo* u. C. *Monteverdi*). Daneben stand die reine Instrumentalmusik in den Formen des Ricercar u. der Fantasia, Präludium u. Toccata, schließlich der Sonate. Hier wurde bes. Venedig mit A. *Gabrieli* führend. Die Mehrchörigkeit des Giovanni *Gabrieli* erreichte höchste Farbenpracht. In der Kirchenmusik entwickelte *Palestrina* seine stilbildende Polyphonie.
Um 1600 begann mit der Entstehung der Oper (»Orfeo« von Monteverdi) in Florenz die i. M. auf ganz Europa zu wirken. Die *Monodie* war die bevorzugte Satztechnik der neuen Gattung. In Italien entstanden im 17. Jh. die Kantate (A. *Scarlatti*) u. das Oratorium (G. *Carissimi*). Ebenso stark äußerten sich neue Impulse in der Orgel- (G. *Frescobaldi*) u. in der Instrumentalmusik. Hier trat bes. der virtuose Zug hervor. Kammer- u. Triosonate, Concerto grosso u. Solokonzert (denen A. *Stradivari*, A. *Amati* u. G. *Guarneri* die neuen Instrumente schufen) wurden die adäquaten Formen des barocken Musizierens.
Im 18. Jh. gewannen als Komponisten u. Virtuosen G. *Tartini*, G. *Torelli*, A. *Vivaldi*, A. *Corelli*, G.B. *Sammartini* u. im 19. Jh. N. *Paganini* europ. Bedeutung. In Neapel erlebte die Oper, die die Schönheit der Melodie u. die Virtuosität des Gesangs (Kastratenwesen) pflegte, eine neue Blüte. Hier entstand auch die Opera buffa. Die Werke von N. *Jommelli*, N. *Piccini*, G.B. *Pergolesi*, D. *Cimarosa* wurden oft gespielt. Im 19. Jh. behielt nur die ital. Oper weiterhin Weltgeltung (G. *Rossini*, V. *Bellini*, G. *Donizetti*, G. *Spontini*). In G. *Verdi* entstand der i. M. schließlich das größte dramat. Genie. Um ihn gruppierten sich in Abwehr des Wagnerischen Musikdramas P. *Mascagni* u. R. *Leoncavallo*, dann U. *Giordano*, G. *Puccini* u. F. *Busoni*. In ihrer Nachfolge standen, wenn nun auch schon durch die neuen Stilelemente des Impressionismus u. danach der modernen Musikentwicklung abgehoben, u.a. R. *Malipiero*, O. *Respighi* u. A. *Casella* u. deren Schüler, wie L. *Dallapiccola*.
Die neue i. M. nach 1945 ist verbunden mit den entspr. Entwicklungen in anderen europ. Ländern (serielle u. elektronische Musik). Ihre wichtigsten Vertreter sind L. *Berio*, S. *Bussotti*, F. *Donatoni*, F. *Evangelisti*, B. *Maderna*, G. *Manzoni*, G. *Petrassi* u. vor allem der auch polit. engagierte L. *Nono*.

**italienische Sprache**, in Italien, im Tessin, auf Korsika, z.T. in Graubünden, in den nichtital. Küstengebieten der Adria u. in Tunesien gesprochene roman. Sprache; im frühen MA aus dem Vulgärlatein entwickelt, in viele Mundarten gespalten.

**Italienisch-Somaliland** → Somalia.

**Italiker**, indoeurop. Völkerschaften, die am Ende des 2. Jt. v. Chr. von N her über die Alpen in mehreren Wellen in Italien einwanderten; zwei sprachl. Gruppen: *Latino-Falisker* u. *Osko-Umbrer*. Die I. wurden von den *Römern* unterworfen.

**Iteration**, math. Verfahren zur Verbesserung einer Näherungslösung durch wiederholtes Einsetzen aufeinanderfolgender Näherungswerte.

**Iterativ**, *Iterativum*, ein Verbum, das die Häufigkeit u. Wiederholung einer Handlung ausdrückt.

**Ith**, Bergrücken im Weserbergland, sö. von Hameln; im *Lauensteiner Kopf* 439 m.

**Ithaka**, neugrch. *Ithaki* [i'θakji], eine der grch. Ionischen Inseln, 96 km², 4200 Ew.; Hauptort u. Hafen *I.;* in der Sage Heimat des Odysseus.

**Itinerar, 1.** *Itinerarium*, von den Römern entwikkelter Streckenplan mit Angaben über Landstraßen, Stationen daran, Entfernungen u.ä; im MA Reisebeschreibung für Pilgerfahrten. – **2.** aus Quellen zusammengestellte, zeitl. geordnete Liste der Reisewege u. Aufenthaltsorte der ohne feste Residenz umherziehenden mittelalterl. Herrscher.

**Itten**, Johannes, *1888, †1967, schweiz. Maler u. Graphiker; nahm Elemente des Kubismus auf u. gelangte zu geometr. Farbflächenkonstruktionen; unterrichtete 1919–23 am Bauhaus.

**Itzehoe** [-'ho:], Krst. in Schl.-Ho., an der Stör, 32 000 Ew.; Großdruckerei, Maschinenbau, Zementfabrik, Binnenhafen.

**Ius canonicum**, das *kanonische Recht;* → Kirchenrecht.

**Ives** [aivz], Charles Edward, *1874, †1954, US-amerik. Komponist; verwendete bereits um die Jahrhundertwende, 10 Jahre vor A. Schönberg u. I. Strawinsky, alle Merkmale der Modernität.

**Ivrea**, das röm. *Eporedia*, ital. Stadt in Piemont, an der Dora Bàltea, 28 000 Ew.; Kastell (14. Jh.), Dom (10. Jh.); Büromaschinen-, Textil-, Gummi- u. chem. Ind. – Die Markgrafen von I. waren im 10./11. Jh. zeitweise ital. Könige.

**Iwaki**, jap. Stadt nahe der Ostküste von Honshu, 359 000 Ew.; chem. Ind.; Seehafen.

**Iwan**, russ. Fürsten:
**1. Iwan I. Danilowitsch**, gen. *Kalita* (= Geldbeutel), †1341, Fürst von Moskau seit 1325, Großfürst von Wladimir; legte den Grundstein für die Hegemonie Moskaus in Rußland; wurde Tributeinnehmer der Mongolen in Rußland. – **2. Iwan III. Wasiljewitsch**, *I. d. Gr.*, *1440, †1505, Großfürst von Moskau 1462–1505; vollendete die Einigung Rußlands, indem er 1478 Nowgorod, 1485 Twer, 1489 Wjatka, 1503 Rjasan unterwarf. Die Heirat mit *Zoë* (Sophie), der Nichte des letzten byzantin. Kaisers, u. die Übernahme des byzantin. Hofzeremoniells waren Ausdruck des Anspruchs, Moskau sei als Nachfolgerin von Byzanz das »Dritte Rom«. – **3. Iwan IV. Wasiljewitsch**, *I. der Schreckliche*, *1530, †1584, russ. Großfürst 1533–84, seit 1547 mit dem Titel *Zar;* leitete mit der Eroberung der Khanate Kasan u. Astrachan u. des Zartums Sibir die russ. Ostexpansion ein. Sein Kampf gegen die Bojaren-Aristokratie mündete 1565 in schrankenlosen Terror.

**Iwanow** [-nɔf], **1.** Wjatscheslaw Iwanowitsch, *1866, †1949, russ. Schriftst. u. Übersetzer; religiös orientierter Philosoph. – **2.** Wsewolod Wjatscheslawowitsch, *1895, †1963, russ. Schriftst.; Anhänger des sozialist. Realismus.

**Iwanowo**, fr. *I.-Wosnessensk*, Hptst. der gleichn. Oblast in der RSFSR (Sowj.), 479 000 Ew.; Hochschulen; Zentrum der Textil- u. Konfektionsind.

**Iwaszkiewicz** [ivaʃ'kjɛwitʃ], Jaroslaw, *1894, †1980, poln. expressionist. Lyriker, Erzähler u. Dramatiker.

**Iwein**, *Ivain, Yvain*, einer der Helden aus der Tafelrunde des Königs Artus.

**IWF**, Abk. für *Internationaler Währungsfonds*.

**Iwrit**, semit. Sprache. Aus dem Althebräischen entstandene offizielle Amtssprache Israels.

**Izmir**, fr. *Smyrna*, Hptst. der Prov. I., in der westl. Türkei, am Ägäischen Meer, 1,5 Mio. Ew.; bed. Hafen u. Handelsplatz; Univ.; Teppich-, Textil-, Tabakind., Ölraffinerie, Schiffbau; Flughafen.

**Izmit** [iz-], *Ismid*, türk. Hafenstadt am *Golf von I.* (Marmarameer), 236 000 Ew.; Schiffbau, chem., Textil-, Papierind., Ölraffinerie; in der Nähe die Ruinen der antiken Stadt *Nikomedia*.

**Iztaccihuatl** [istaksi'uatl; aztek. »Weiße Frau«], *Ixtaccihuatl*, erloschener Vulkan in Mexiko, sö. von Ciudad de México, 5286 m.

# J

**j, J,** 10. Buchstabe des dt. Alphabets; entspricht dem grch. *Jota* (ι, Ι).
**J,** Kurzzeichen für → Joule.
**Jabalpur** ['dʒa-], *Dschabalpur,* engl. *Jubbulpore,* zentralind. Distrikt-Hptst. u. zweitgrößte Stadt in Madhya Pradesh, auf dem nördl. Dekanhochland, 614 000 Ew.; Metall-, Textil-, Holz- u. Nahrungsmittelind.; Verkehrsknotenpunkt.
**Jabiru,** großer amerik. *Storch.*
**Jablonitzapaß,** *Jablonicapaß, Tatarenpaß,* Paß in den östl. Waldkarpaten, 913 m ü.M.
**Jablonowyjgebirge,** *Jablonoigebirge,* dichtbewaldetes Mittelgebirge in der sö. Sowjetunion, östl. des Baikalsees; 1000 km lang, im *Kusotuj* 1680 m hoch.
**Jabłoński** [jabu'ɔski], Henryk, *27.12.1909, poln. Politiker; 1972–85 Vors. des Staatsrats (Staatsoberhaupt).
**Jabot** [ʒa'boː], Brustkrause aus Weißzeug oder Spitze in Wasserfallform an Herrenhemden im 18. u. 19. Jh., später auch in der Damenmode.
**Jacaranda** [ʒa-], Gatt. der Bignoniengewächse aus Südamerika; beliebte Zierpflanze. Das Holz der J.-Arten ist wirtschaftl. völlig wertlos; es wird oft mit *J.-Holz* (Palisander) verwechselt, das von Arten der Gatt. *Dalbergia* stammt.
**Jacht,** engl. *Yacht,* seegängiges Segel-, Motor- oder Dampfschiff für Sport, Vergnügen u. Repräsentation.
**Jacketkrone** ['dʒækit-], *Mantelkrone,* Zahnkronenersatz aus Porzellan oder Kunststoff.
**Jackpot** ['dʒækpɔt], vom Kartenspiel Poker übernommene Bez. für einen Fonds nicht ausgeschütteter Einsätze bei Glücksspielen, er wächst so lange an, bis ein Mitspieler die erforderl. Gewinnkriterien erreicht.
**Jackson** ['dʒæksən], Hptst. von Mississippi (USA), am Pearl River, 203 000 Ew.; petrochem., holzverarbeitende, Glas- u. Baumwoll-Ind.
**Jackson** ['dʒæksən], **1.** Andrew, *1767, †1845, US-amerik. Politiker (Demokrat); 1829–37 (7.) Präs. der USA. – **2.** Mahalia, *1911, †1972, afroamerik. Sängerin (Gospels u. Spirituals mit religiösen Texten). – **3.** Michael, *29.8.1958, US-amerik. Popsänger, Produzent u. Liedertexter; mit Platten wie »Thriller« u. »Bad« der z.Z. erfolgreichste Solist der Popgeschichte. – **4.** Milton, *1.1.1923, afroamerik. Jazzmusiker (Vibraphon, Klavier).
**Jacksonville** ['dʒæksənvil], Hafenstadt in Florida (USA), 610 000 Ew.; Winterkurort; bed. Ind.-, Handels- u. Verkehrszentrum.
**Jacob** [ʒa'kɔb], **1.** François, *17.6.1920, frz. Genetiker; entdeckte mit den anderen Gene steuerndes Gen *(Regulator-Gen);* Nobelpreis für Medizin 1965. – **2.** Max, *1876, †1944, frz. Schriftst. u. Maler; konvertierte 1915 zum Katholizismus; Vorläufer des Surrealismus.
**Jacobi, 1.** Carl Gustav Jakob, *1804, †1851, dt. Mathematiker; Beiträge zur Mechanik, Himmelsmechanik u. Zahlentheorie. – **2.** Friedrich Heinrich, *1743, †1819, dt. Schriftst. u. Philosoph; gehörte dem *Sturm u. Drang* an u. vertrat gegenüber der Vernunftphilosophie Kants u. dem Dt. Idealismus eine theist. Gefühls- u. Glaubensphilosophie. – **3.** Johann Georg, *1740, †1814, dt. Schriftst. (anakreont. Lyrik).
**Jacobsen, 1.** Arne, *1902, †1971, dän. Architekt; gehörte zu den führenden Vertretern der modernen skandinav. Baukunst. – **2.** Jens Peter, *1847, †1885, dän. Schriftst.; begr. den Naturalismus in Dänemark. W Romane »Frau Marie Grubbe«, »Niels Lyhne«.
**Jacquard** [ʒa'kaːr], Joseph-Marie, *1752, †1834, frz. Weber; erfand 1805 die nach ihm benannte *J.-Maschine,* einen Webstuhl, der auch schwierige Muster (Damast, Teppiche u.ä) herzustellen gestattet, ferner die Netzstrickmaschine.
**Jade,** Handelsbez. für harte, blaßgrüne Mineralien der Augit- u. der Hornblendegruppe.
**Jade,** oldenburg. Küstenfluß, 22 km; durchfließt den *J.busen* u. bildet das tiefste Fahrwasser an der dt. Nordseeküste.
**Jadebusen,** eine durch Sturmfluteinbrüche im MA (1208, 1511) auf 190 km² erweiterte Bucht der Nordsee bei Wilhelmshaven, durch den *Ems-Jade-Kanal* mit Emden verbunden.
**Jadzwingen,** *Judwinger,* ein den balt. Völkern nahestehender frühmittelalterl. Stamm zw. Weichsel u. Memel, wohl einer der Ursprungsstämme der *Polen.*
**Jaeggi,** Urs, *23.6.1931, schweiz. Soziologe u. Schriftst.; befaßt sich bes. mit polit. Soziologie u. Gesellschaftsanalyse.
**Jaén** [xa'ɛn], span. Prov.-Hptst. in Andalusien, 102 000 Ew.; Kathedrale; Olivenanbau u. Verarbeitung, chem. u. keram. Ind.
**Jaffa,** hebr. *Yafo,* das antike *Japu,* Ortsteil (seit 1950) der isr. Stadt *Tel Aviv;* seit ältesten Zeiten Handels- u. Hafenstadt (Ausfuhr von Südfrüchten). Der Hafen wurde nach der Eröffnung des Hafens von *Ashdod* geschlossen (1965).
**Jaffna,** *Yapanaya,* Prov.-Hptst., Mittelpunkt der gleichn. Halbinsel, die den N Sri Lankas bildet, 138 000 Ew.; Zentrum des Hinduismus u. der tamil. Minderheit Sri Lankas.
**Jagd,** das weidgerechte Verfolgen, Erlegen oder Fangen von jagdbaren Tieren durch den *Jäger (Weidmann).* Die J. war urspr. Hauptnahrungsquelle des Menschen; sie wurde mit dem Übergang zu Ackerbau u. Viehzucht immer mehr zu einem Vergnügen. In der BR Dtld. ist die J. innerhalb eines *J.bezirks (Revier)* nur dem *J.berechtigten* (Eigentümer, Pächter) unter Beachtung der J.gesetzgebung erlaubt. In anderen Ländern (z.B. USA) darf jeder, der einen J.erlaubnisschein (Lizenz) gelöst hat, in begrenztem Maß zu bestimmten Zeiten jagen. Man unterscheidet die *Hohe J.,* d.h. J. auf Hochwild (z.B. Rehe, Hirsche, Gemsen), von der *Niederen J.,* d.h. J. auf Niederwild (z.B. Hasen, Rebhühner).
Die J. wird ausgeübt als: 1. *Suche* mit Vorstehhunden auf Rebhühner, Hasen u.a.; 2. *Pirsch,* durch Anschleichen an das Wild; 3. *Anstand, Ansitz;* 4. *Brunft-* u. *Balz-J.;* 5. *Drück-* u. *Treib-J.;* 6. *Fang-J.* auf Raubwild; 7. *Graben* (Ausgraben, *Erd-J.*) von Füchsen u. Dachsen; 8. *Frettieren,* Kaninchenjagd mit Frettchen; 9. *Hütten-J.* Histor. Arten sind die *Hetz-J. (Parforce-J.)* u. die J. mit Netzen u. Hagen.

*Michael Jackson*

**Jagdfalke,** der zur Beizjagd abgerichtete *(abgetragene)* große isländ. oder kleinere norw. Falke; auch Wander-, Saker-, Lerchen- u. Merlinfalken kommen in Betracht.
**Jagdfasan,** in Mitteleuropa eingebürgertes Jagdwild, entstanden aus Kreuzungen von 4 Rassen des *Edelfasans,* u.a. des chin. *Ringfasans* u. des kaukas. *Kupferfasans.*

*Jagdfasanen-Paar*

**Jagdflugzeug** → Jäger (3).
**Jagdgewehr,** die zur Jagd verwendete Feuerwaffe. Die Hohe Jagd wird mit *Büchsen* ausgeübt, die Niedere Jagd mit *Flinten.* Die Büchsen haben einen gezogenen Lauf, aus dem ein Einzelgeschoß (die *Kugel*) abgeschossen wird, die Flinten dagegen einen glatten Lauf, aus dem eine Schrotladung (mehrere kleine runde Bleikugeln im Durchmesser von meist 2–4 mm) abgefeuert wird.
**Jagdhunde,** auf bes. Fähigkeiten gezüchtete u. zur Jagd abgerichtete Hunde: 1. *Schweißhunde* (Hannoverscher Schweißhund, Gebirgsschweißhund) verfolgen angeschossenes Wild auf der Schweißfährte; 2. *Vorstehhunde* (Deutsch-Lang-, Rauh-, Stichel- u. Kurzhaar, Münsterländer, Pointer, Setter, Griffon) zeigen verstecktes Wild durch »Vorstehen« an; 3. *Stöberhunde* (Wachtelhund, Spaniel) jagen Wild auf; 4. *Apportierhunde* (Retriever) suchen geschossenes, kleineres Wild; 5. *Hetzhunde* oder *jagende Hunde* (Bracken, Foxhund, Jagdterrier) spüren Wild auf u. jagen es bellend; 6. *Erdhunde* (Dackel, Foxterrier) suchen Raubwild (Fuchs, Dachs) unter der Erde auf.
**Jagdschein,** eine auf den Namen des Jägers für eine bestimmte Zeit ausgestellte Urkunde, die nicht die Jagdberechtigung, sondern die polizeil. Erlaubnis zum Jagen gewährt.
**Jagdsignale,** auf dem Jagdhorn geblasene Signale, die zur Verständigung, z.B. bei Treibjagden, dienen; außerdem Teil des jagdl. Brauchtums. Heute sind nur noch die *Fürstlich Pleßschen J.* im Gebrauch.
**Jagdspinnen,** Spinnen versch. Fam., die keine Netze bauen, sondern in Schlupfwinkeln auf ihre Beute lauern.
**Jagdspringen,** *Springreiten,* Leistungsprüfungen im Turnierreitsport; je nach der Schwierigkeit des Hindernisaufbaus in 4 Klassen (A, L, M u S) ausgetragen.
**Jagdstraftaten,** Straftaten im Zusammenhang mit der Jagdausübung. Das Bundesjagdgesetz enthält sowohl Straf- als auch Bußgeldvorschriften.
**Jagdvergehen,** *Jagdfrevel, Wildfrevel, Wilderei,* Verletzung fremden Jagd- oder Fischereiausübungsrechts; strafbar nach § 292–295 StGB. – Das österr. Strafrecht regelt die J. in §§ 137–140, 180, 182 StGB; in der Schweiz in Art. 39–52 des Bundesgesetzes über Jagd u. Vogelschutz.
**Jäger, 1.** derjenige, der unter Beachtung der

## 414 Jägerlatein

*Friedrich Ludwig Jahn*

weidmänn. Bräuche u. rechtl. Bestimmungen jagdbare Tiere hegt u. erlegt. – **2.** bis zum 1. Weltkrieg eine Infanterietruppe des dt. Heeres mit ausgesuchtem Ersatz, meist Forstleuten; *J. zu Pferd:* Kürassiere. – **3.** *Jagdflugzeug,* Militärflugzeug zur Abwehr gegnerischer Flugzeuge, mit eingebauten Bordwaffen.

**Jägerlatein,** Erzählungen von Jagderlebnissen, bei denen der Phantasie des Erzählers keine Grenzen gesetzt sind.

**Jagiełło,** litau. *Jagaila,* *1351, †1434, Großfürst von Litauen 1377–1401, als *Władysław II. J.* König von Polen 1386–1434. Sein Übertritt zum Christentum ermöglichte ihm 1386 die Heirat mit der poln. Thronfolgerin *Hedwig* (Jadwiga); er vereinigte hierdurch Litauen in Personalunion mit Polen, gründete die poln. Dynastie der *Jagiellonen* u. christianisierte Litauen.

**Jagiellonen,** *Jagellonen,* von *Jagiełło* abstammende poln. Dynastie (1386–1572 in Polen u. Litauen); 1572 im Mannesstamm ausgestorben. 1471–1526 waren die J. zugleich Könige in Böhmen u. 1490–1526 in Ungarn. Unter ihnen wurde Polen europ. Großmacht.

**Jagst,** r. Nbfl. des Neckar, 196 km; mündet bei Bad Friedrichshall.

**Jaguar,** *Unze, Panthera onca,* die größte Raubkatze Amerikas, von 150 cm Körperlänge u. 80 cm Schulterhöhe; gelbbraun mit schwarzen Ringen u. Flecken, häufig Schwärzlinge *(Melanismus).*

**Jahangir** [dʒa-], *Dschahangir* [pers., »Eroberer der Welt«], *1569, †1627, Mogulkaiser 1605–27; ältester Sohn *Akbars,* unterschiedl. beurteilt, teils als zwiespältige u. genußsüchtige Persönlichkeit, teils als tatkräftiger Herrscher überliefert, der die Herrschaft der Moguln in Zentralindien beträchtlich erweiterte.

**Jahja,** *Jachja* ['jaxja], Mohammed, *1876, †1948 (ermordet), Imam u. König von Jemen 1904–48; vertrieb 1904 die Türken aus San'a.

**Jahn,** Friedrich Ludwig, *1778, †1852, Organisator des dt. Turnwesens (»Turnvater J.«); legte 1811 in der Hasenheide in Berlin den ersten Turnplatz an; Mitgl. der Frankfurter Nationalversammlung 1848.

**Jähn,** Sigmund, *13.2.1937, erster dt. Kosmonaut 1978.

**Jahnn,** Hans Henny, *1894, †1959, dt. Schriftst. u. Orgelbauer; gründete 1920 die neuheidn. Glaubensgemeinschaft »Ugrino«; glorifizierte in seinem expressionist. Werk den Eros.

**Jahr,** die Umlaufzeit der Erde um die Sonne *(Sonnen-J.).* Als Einheit der bürgerl. Zeitrechnung dient das *trop. J.* = 365,2422 mittlere Sonnentage (Zeit der Wiederkehr der Sonne zum Frühlingspunkt). Das *sider. J.* (Sternjahr) = 365,25636 Tage (Wiederkehr der Sonne zu denselben Fixsternen) u. das *anomalist. J.* = 365,25964 Tage (Zeit zw. zwei Periheldurchgängen der Erde) sind etwas länger. In der Kalenderrechnung werden genäherte Jahreslängen benutzt: das *Julian. J.* = 365,25 Tage u. das *Gregorian. J.* = 365,2425 Tage.

**Jahrbücher** → Annalen.

**Jahresabschluß,** die *Bilanz* u. die *Gewinn- u. Verlustrechnung.*

**Jahresringe,** *Jahrringe,* ringförmige Wachstumszonen; kommen im Holz der Bäume u. Sträucher dadurch zustande, daß das im Sommer wachsende Holz dichter u. dunkler ist als das weitporige helle Frühjahrsholz; die winterl. Ruheperiode ist an Stammquerschnitten durch die scharfe Grenze zw. dem *Spätholzring (Sommerring)* des einen u. dem *Frühholzring (Frühjahrsring)* des folgenden Jahrs gekennzeichnet. Die J. gestatten eine Altersbestimmung der Bäume sowie einen Rückschluß auf die klimat. Verhältnisse früherer Jahre.

**Jahreszeiten,** die vier Abschnitte Frühling, Sommer, Herbst u. Winter, in die das Jahr nach dem scheinbaren Lauf der Sonne durch den Tierkreis eingeteilt wird.

**Jährlingswolle,** die Wolle der zweiten Schur am Schaf. Sie unterscheidet sich von der *Lammwolle* (Wolle der ersten Schur) durch das Fehlen der Haarspitzen u. durch größere Festigkeit.

**Jahrmarkt,** *Kirmes, Kirchweihfest, Send,* urspr. ein Fest am Namenstag des Kirchenpatrons, für dessen Messe von fliegenden Händlern Lichter, Amulette u. Lebensmittel verkauft wurden; heute ein meist jährl. zu feststehenden Zeiten stattfindendes Volksfest.

**Jahwe,** *Jahve, fälschl. Jehova,* Gottesname des AT (Bedeutung unbekannt).

**Jailagebirge** → Krimgebirge.

**Jaina** ['dʒaina], *Dschaina,* Anhänger des ind. → Jinismus.

**Jainismus** [dʒai-] → Jinismus.

**Jaipur** [dʒɛ:'puːr], *Dschaipur, Jaypur,* Hptst. des ind. Bundesstaats *Rajasthan,* nordöstl. des Aravalligebirges, 980 000 Ew.; Stadtmauer, Fürstenpalast, Univ.; Textil-, Metall-, chem. Ind., Kunsthandwerk. – In der Nähe die Paläste von *Amber.*

**Jak** → Yak.

**Jakarta** [dʒa-], *Djakarta,* bis 1950 *Batavia,* Hptst. der Rep. Indonesien, an der NW-Küste Javas, 7,8 Mio. Ew.; Univ.; bed. Hafen- u. Handelsplatz; Maschinenbau-, Textil- u.a. Ind.; Flughafen.

**Jako** → Graupapagei.

**Jakob,** im AT zweiter Sohn *Isaaks;* zählt zu den Patriarchen; Beiname *Israel.*

**Jakob,** Fürsten:
Aragón:
**1. J. I.,** *J. der Eroberer,* span. *Jaime el Conquistador,* *1208, †1276, König 1214–76; eroberte die Balearen u. 1238 das Königreich Valencia im Kampf gegen die Mauren; katalan. Nationalheld.
**2. J. II.,** *J. der Gerechte,* span. *Jaime el Justo,* *1264, †1327, König 1291–1327; mußte 1295 auf Sizilien verzichten, erhielt dafür Sardinien u. Korsika.
England:
**3. J. I.** (engl. *James*), *1566, †1625, König 1603–25, als **J. VI.** König von Schottland seit 1567; Sohn der *Maria Stuart,* verband sich im Interesse seiner Anwartschaft auf den engl. Thron 1586 mit Königin *Elisabeth I.* gegen Spanien u. hielt auch nach der Hinrichtung seiner Mutter an diesem Bündnis fest. Nach dem Tod Elisabeths (1603) vereinigte er die Kronen von Schottland u. England in Personalunion. – **4. J. II.** (engl. *James*), Enkel von 3), *1633, †1701, König 1685–88 u. als **J. VII.** König von Schottland; Bruder *Karls II.;* wurde 1672 kath., deshalb auf Drängen der parlamentar. Opposition während der »Exclusion Crisis« (1679–81) des Landes verwiesen. Nach seiner

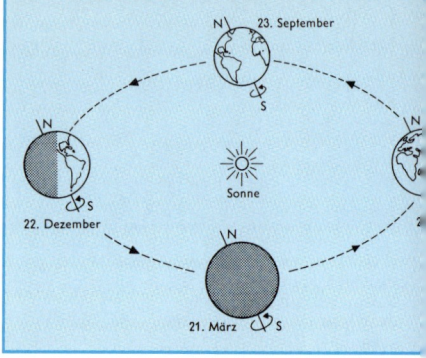

*Entstehung der Jahreszeiten*

Thronbesteigung betrieb er eine absolutist. Politik, die Rekatholisierungsversuche einschloß. In der »Glorreichen Revolution« 1688/89 wurde er abgesetzt. – **5. J. III.,** *Eduard Franz,* Sohn von 4), gen. *Chevalier de St. George,* auch *der Prätendent* (auf den engl. Thron), *1688, †1766, scheiterte mit seinen Versuchen (1708, 1715), den engl. Thron zu gewinnen.
Haiti:
**6. J. I.,** eigtl. Jean Jacques *Dessalines,* *um 1760, †1806 (ermordet); Kaiser 1804–06; erklärte Haiti 1803 für unabhängig.
Kurland:
**7. J. (von) Kettler,** *1610, †1682, Herzog 1639/42–82; verlor sein Herzogtum an Karl X. Gustav von Schweden, erhielt es aber durch den *Frieden von Oliva* 1660 zurück.
Schottland:
**8. J. I.,** *1394, †1437, König 1406–37; schuf eine Repräsentationsversammlung; vom fendal. Adel ermordet. – **9. J. II.,** Sohn von 8), *1430, †1460 (gefallen), König 1437–60; betrieb im Bündnis mit Frankreich eine expansive Politik gegenüber England. – **10. J. IV.,** Enkel von 9), *1473, †1513, König 1488–1513; verh. mit *Margarete Tudor* (*1489, †1541), Schwester Heinrichs VIII.; fiel in der Schlacht bei Flodden Field gegen Heinrich VIII.

**Jakobiner,** die radikalen Republikaner der Frz. Revolution 1789 (benannt nach ihrem Versammlungsort, dem Dominikanerkloster St. Jakob in Paris) seit 1791 unter Leitung *Robespierres,* übten eine terrorist. Diktatur (die sog. Schreckensherrschaft) aus. – **J. mütze,** frz. *Bonnet rouge,* rote phrygische Mütze (Wollmütze mit herabhängendem Zipfel), in der Frz. Revolution, bes. seit 1791, als Freiheitssymbol mit blau-weißer Kokarde getragen.

**Jakobiten,** engl. *Jacobites,* die Anhänger des durch die »Glorreiche Revolution« 1688/89 aus England vertriebenen Stuartkönigs *Jakob II.* u. seiner Nachkommen.

**Jakobskraut,** *Jakobskreuzkraut,* 30–100 cm hohes *Kreuzkraut* mit fiederteiligen Blättern, dicht doldenrispigen Blütenständen u. gelben Blüten.

**Jakobsleiter, 1.** die von *Jakob* nach seiner Flucht im Traum geschaute Himmelsleiter (1. Mose 28). –

*Jakobiner: Revolutionstribunal während der Schreckensherrschaft; zeitgenössischer Kupferstich von P. G. Berthault. Wien, Österreichische Nationalbibliothek*

**2.** zum Aufentern von Bootsbesatzung u. Lotsen verwendete Strickleiter mit Holzsprossen.
**Jakobslilie,** *Span. Lilie,* eine mex. *Lilie* mit großen roten Blüten.
**Jakobsmuschel,** *Jacobsmuschel, Pilgermuschel, Pecten jacobaeus, Coquilles St. Jacques,* 5–15 cm große, an den Küsten vorkommende *Kammuschel* mit fächerförmigen, kantigen Rippen; wohlschmeckend. – Die J. wurde früher von Pilgern, die aus dem NW-span. Wallfahrtsort Santiago de Compostela heimkehrten, als Abzeichen am Hut oder Gewand getragen.
**Jakobsstab,** primitives Instrument zum Messen von Sternabständen u. Sternhöhen.
**Jakobus der Ältere,** Jünger Jesu u. Apostel, Sohn des Zebedäus, Bruder des Apostels Johannes; Märtyrer (Apg. 12,2), Heiliger (Fest: 25.7.).
**Jakobus der Jüngere,** gen. *der Gerechte,* Apostel, nach ev. Lehre Bruder Jesu (Gal. 1,19), nach kath. Auffassung der Vetter Jesu; ist nach Josephus um 66 (?) gesteinigt worden; Heiliger (Fest: 3.5.).
**Jakuten,** ein Turkvolk Sibiriens an der Lena, von den Burjaten im 13. Jh. nach N gedrängt; heute 300 000 Bewohner der Jakut. ASSR in der Sowjetunion.
**Jakutische ASSR,** *Jakutien,* autonome Sowjetrepublik innerhalb der RSFSR, im nordöstl. Sibirien, 3 103 200 km², 1,03 Mill. Ew., Hptst. *Jakutsk;* das Klima ist extrem kontinental, bei Werchojansk u. Ojmjakon sinkt die mittlere Januartemperatur bis unter –60°C (Kältepol). Bodenschätze: Kohle, Gold, Diamanten, Zinn, Glimmer, Steinsalz, Eisenerz u. Erdgas.
**Jakutsk,** Hptst. der *Jakut. ASSR,* an der mittleren Lena (Hafen), 188 000 Ew.; Univ.; Holz-, Baustoff-, Nahrungsmittelind.; Pelzhandel.
**Jalandhar,** [´dʒa-], *Dschalandar, Jullundur,* N-ind. Distrikt-Hptst. im Bundesstaat Panjab, 408 000 Ew.; Nahrungsmittel- u. Textilind. – Hptst. des alten Königreichs J. (Trigarta).
**Jalapa Enríquez** [xa´lapa ɛn´rikɛs], Hptst. des mex. Golfstaats Veracruz, östl. von Ciudad de México, 212 000 Ew.; Zucker-, Tabak-, Textilind.
**Jalapenwurzel** [xa-], für Arzneien (Abführ- u. Wurmmittel) verwendete Wurzelstöcke der mex. *Purgierwinde, Exogonium purga.*
**Jalisco** [xa-], Gebirgsstaat in → Mexiko.
**Jalón** [xa´lɔn], *Rio J.,* r. Nbfl. des Ebro in NO-Spanien, 235 km.
**Jalousette** [´ʒalu´ʒɛt], Fenstervorhang aus waagerechten Aluminiumlamellen.
**Jalousie** [ʒalu´ʒi], Sonnenschutz vor Fenstern u. Türen aus Holz- oder Kunststoffprofilstreifen, die an Schnüren aufgezogen oder um eine Welle gewickelt werden.
**Jalta,** Hafenstadt u. Kurort in der Ukrain. SSR (Sowj.), an der Südküste der *Krim,* 89 000 Ew.; Tagungsort der *J.-Konferenz* (*Krimkonferenz,* 4.–11.2.1945) zw. den US-Präs. F.D. *Roosevelt,* dem brit. Prem.-Min. W. *Churchill* u. dem sowj. Regierungschef J. *Stalin.* Ziel der Konferenz war die Neugliederung Osteuropas u. Aufteilung Deutschlands sowie durch Geheimabsprachen den Kriegseintritt der Sowjetunion gegen Japan sicherzustellen.
**Jam** [dʒæm], aus nur einer Obstart hergestellte Marmelade (nicht aus Zitrusfrüchten); im Sport: Gedränge.
**Jamagata** → Yamagata.
**Jamaika,** *Jamaica,* Inselstaat der Großen Antillen in Westindien, 10 990 km², 2,4 Mio. Ew. (70% Schwarze, 20% Mulatten, Europäer), Hptst. *Kingston.*

*Jamaika*

Landesnatur. Im Innern zentrales Faltengebirge (bis 2257 m) u. Kalkplateaus; im N feuchtheiße Küstenebene mit Regenwäldern u. Feuchtsavanne, an der Südküste Trocken- u. Dornbuschsavanne.
Wirtschaft. Exportgüter: Bauxit u. Zuckerrohr, daneben auch Bananen, Zitrusfrüchte, Nelkenpfeffer, Kakao u. Kaffee. J. ist eine der bed. Fremdenverkehrsinseln der Karibik; Haupthäfen u. internat. Flughäfen sind Kingston u. Montego Bay.
Geschichte. 1494 von *Kolumbus* entdeckt, gelangte die Insel 1655 in brit. Besitz. 1866 wurde J. Kronkolonie u. erhielt 1944 eine neue Verf. J. wurde 1962 unabhängig. Prem.-Min. ist seit 1989 M. *Manley.*
**Jamalhalbinsel,** *Samojedenhalbinsel,* sibir. Halbinsel zw. Karasee u. Ob-Busen, rd. 135 000 km²; von Rentiernomaden bewohnt.
**Jambi** [´dʒ-], *Djambi, Telanaipura,* indones. Prov.-Hptst. im O Sumatras, am Hari, rd. 170 000 Ew.; in der Umgebung Erdölfelder mit Pipeline nach Palembang; Kautschukplantagen; See-, Fluß- u. Flughafen.
**Jambol,** Hptst. des gleichn. bulgar. Bez., an der Tundscha, 91 000 Ew.; Textil-, Nahrungsmittel- u. Tabakind.
**Jamboree** [dʒæmbə´ri], internat. Pfadfindertreffen; seit 1920 alle vier Jahre.
**Jambus,** *Iambus,* Versfuß aus einer Senkung u. einer Hebung (◡ –). Der für das dt. klass. Drama kennzeichnende fünffüßige J., als *Blankvers* von den Engländern ausgebildet, wurde erstmals von *Lessing* in »Nathan der Weise« 1779 benutzt.
**Jambuse,** *Rosenapfel,* apfel- oder birnenähnl. Früchte der trop. Gatt. *Eugenia* der *Myrtengewächse.*
**James** [dʒɛimz], **1.** Henry, *1843, †1916, US-amerik. Schriftst.; wurde 1915 engl. Staatsbürger. Entwickelte einen vertieften psycholog. Realismus. Als Thema in seinen Romanen u. Novellen tritt die Begegnung des Amerikaners mit der europ. Kultur hervor. – **2.** William, Bruder von 1), *1842, †1910, US-amerik. Psychologe u. Philosoph; Mitbegr. des *Pragmatismus;* vertrat einen radikalen *Empirismus.*
**Jameson** [´dʒɛimsən], Sir Leander Starr, *1853, †1917, brit. Politiker; fiel 1895 im Einverständnis mit C. *Rhodes* im tiefsten Frieden in Transvaal ein (*J. Raid*); 1904–08 Prem.-Min. der Kapkolonie; Gründer der südafrik. Unionistenpartei u. bis 1912 ihr Führer.
**James River** [dʒɛimz ´rivə], **1.** Fluß in Virginia (USA), 550 km; entsteht in den Alleghany Mountains, mündet in die Chesapeake-Bucht. – **2.** l. Nbfl. des *Missouri,* mündet bei Yankton (South Dakota), 1143 km.
**Jammerbucht,** dän. *Jammerbugt,* flache Meeresbucht in N-Jütland.
**Jammes** [ʒam], Francis, *1868, †1938, frz. Schriftst.; wurde unter dem Einfluß P. *Claudels* zum kath. Glauben. Verfaßte symbolist. Lyrik.
**Jammu** [´dʒamu; engl. ´dʒæmu], ind. Distrikt-Hptst. im Himalayavorland, Winter-Hptst. des Bundesstaates *J. and Kashmir,* 215 000 Ew.; Textilind., Kunsthandwerk; Flughafen.
**Jammu and Kashmir** [´dʒæmu ənd kæʃ´miə], der von Indien besetzte Teil von Kaschmir.
**Jamnagar** [´dʒamnagar], ind. Distrikt-Hptst. auf der Halbinsel Kathiawar am Golf von Kachchh, 294 000 Ew.; Nahrungsmittel- u. Textilind., Maschinenbau. – Ehem. Hptst. des Fürstenstaats *Navanagar.*
**Jamnitzer, 1.** Christoph, Enkel von 2), *1563, †1618, dt. Goldschmied u. Kupferstecher des Frühbarocks. – **2.** Wenzel, *1508, †1585, östr. Goldschmied u. Ornamentstecher; Meister in Nürnberg seit 1534; Skulpturen u. Prunkgeräte; ⓦ *Merkelscher Tafelaufsatz.*
**Jam Session** [dʒæm ´sɛʃən], Zusammenkunft von Jazz- oder Rockmusikern, bei der aus dem Stegreif gespielt (improvisiert) wird.
**Jamshedpur** [´dʒa:mʃɛdpuə], *Tatanagar,* ind. Stadt in Bihar, Zentrum der ind. Eisen- u. Stahlind. (Tata-Werke), 457 000 Ew.
**Jämtland,** Ldsch. in Mittelschweden, Hptst. *Östersund;* seenreiches Hügel- u. Gebirgsland; Holzwirtschaft; Viehzucht; Wintersport.
**Janáček** [´jana:tʃɛk], Leoš, *1854, †1928, tschech. Komponist; stark von der Volksmusik u. der tschech. Sprachdeklamation beeinflußt; ⓦ »Sinfonietta«, sinfon. Dichtung »Taras Bulba«, Opern »Jenufa«, »Das schlaue Füchslein«.
**Jandl,** Ernst, *1.8.1925, östr. Schriftst., experimentelle (konkrete) Gedichte u. Hörspiele.
**Jangtsekiang** → Chang Jiang.
**Janitscharen,** 1329 aus christl. Balkanslawen u. Albanern, die zum Islam übertreten mußten, geschaffene Armee. Die Anführer (*Dei*) der J. waren später meist die eigtl. Machthaber im Osman. Reich. 1826 ließ *Mahmud II.* die Anführer töten u. verbannte die meisten J.
**Janitscharenmusik,** Militärmusik türk. Ursprungs, wurde seit dem 18. Jh. von der europ. Militär- u. höfischen Musik übernommen u. fand auch Eingang in die Kunstmusik (W.A. Mozart, J. Haydn, L. van Beethoven).
**Janker,** bay.-östr. Männerjacke.
**Jan Maat,** niederdt. Bez. für *Seemann.*
**Jan Mayen,** norw. Insel zw. Grönland, Island u. Spitzbergen, 380 km²; vulkan. u. vergletschert; Wetter- u. Funkstation.
**Jänner,** östr. für Januar.
**Jannings,** Emil, eigtl. Theodor Friedrich Emil *Janenz,* *1884, †1950, dt. Schauspieler. ⓦ »Der blaue Engel«.
**Janosch,** eigtl. Horst *Eckert,* *11.3.1931, Schriftst. u. Illustrator; schreibt vor allem Kinderbücher. ⓦ »Oh, wie schön ist Panama«.
**Janowitz,** Gundula, *2.8.1937, dt.-östr. Sängerin (Sopran); bes. Mozart-, Strauss- u. Wagner-Interpretin.
**Jansenismus,** die von Cornelius *Jansen* (*Jansenius;* *1585, †1638, seit 1636 Bischof von Ypern) in seinem posthumen Werk »Augustinus« niedergelegte Gnaden- u. Prädestinationslehre. Jansen erstrebte eine Verinnerlichung der Frömmigkeit, eine strengere Moral in Abwehr der Kasuistik der Jesuiten u. eine Stärkung der bischöfl. gegenüber der päpstl. Gewalt. Der J. gewann größere Bedeutung in Frankreich, Belgien u. den Niederlanden.
**Janssen,** Horst, *14.11.1929, dt. Zeichner, Radierer u. Holzschneider; schuf surreale Radierungen u. zeichnete in subtilster Technik alptraumhafte Visionen; später Hinwendung zur Landschaft.
**Janus,** röm. Schutzgott des Ein- u. Ausgangs; mit zwei nach entgegengesetzten Seiten blickenden Gesichtern (»Januskopf«) dargestellt.
**Japan,** Staat in Ostasien, 377 801 km², 123 Mio. Ew., Hptst. *Tokio.*

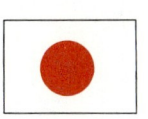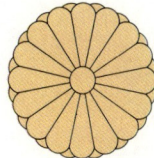

*Japan*

Landesnatur. Vulkanische Gebirge, die im *Fudschiyama* (3776 m) gipfeln, bestimmen das Gesicht der vier großen (*Honshu, Hokkaido, Kyushu, Shikoku*) u. rd. 500 kleineren Inseln. 67% der Landesfläche sind mit Wald bedeckt. Im N überwiegen Laubwälder, im S herrschen immergrüne Holzgewächse u. trop. Formen vor. Nur um Tokio gibt es eine größere Tiefebene (*Kanto*). Das Klima ist im N gemäßigt, im S subtropisch. Die Niederschläge bringt der sommerl. SO-Monsun. Die wasserreichen Flüsse bieten große Möglichkeiten zur Energienutzung.
Die Bevölkerung besteht neben Koreanern, Chinesen, Europäern u. Ainu (Urbevölkerung) hpts. aus Japanern, die je zur Hälfte Buddhisten u. Anhänger des Schintoismus sind. – Wichtigste Städte: Tokio, Osaka, Nagoya, Yokohama, Kyoto, Kobe, Kita-Kyushu, Kawasaki, Sapporo, Fukuoka,

*Jalta-Konferenz: (von links) Churchill, Roosevelt und Stalin*

**Japaner**

Hiroshima, Amagasaki, Sendai, Sakai, Kumamoto, Nagasaki.

Wirtschaft. Weniger als ein Fünftel der Landesfläche ist landwirtschaftl. nutzbar. Hauptanbauprodukt ist Reis. J. ist eine der bed. Fischereinationen der Welt. Die Bodenschätze (Kohle, Blei, Zink, Schwefel, Kupfer) können den Inlandsbedarf bei weitem nicht decken. Die Energieversorgung stützt sich zunehmend auch auf die Kernkraft. Die Industrie hat J. in die erste Reihe der Wirschaftsgroßmächte gestellt. Produziert bzw. exportiert werden bes. Gewebe u. Bekleidung, Eisen- u. Stahlwaren, Maschinen, Schiffe (vor allem Supertanker), Kraftfahrzeuge, elektron., opt. u. feinmechan. Geräte, Papier, Chemikalien, aber auch Obstwaren u. -konserven, Fischkonserven, Tabak, Perlen (größte Weltproduktion) u. keram. Erzeugnisse. Die Industriebetriebe konzentrieren sich in Küstennähe, v.a. aber in der Kanto-Ebene u. an der Jap. Inlandsee. – J. verfügt über ein hervorragend entwickeltes Eisenbahn-, Straßen u. interinsulares Schiffsverkehrsnetz. Die jap. Handelsflotte zählt zu den größten der Erde. Internat. Häfen: Yokohama, Kobe, Osaka, Tokio, Moji, Nagasaki, Nagoya. Knotenpunkt des Flugnetzes ist Tokio (Flughäfen Haneda u. Narita).

Geschichte. Durch die Zentralisation mehrerer Teilreiche entstand von Yamato aus um 400 durch die Expansion der *Tenson-Gruppe* ein neues polit. Gebilde. Nach der Übernahme des Buddhismus wurde 645 die Taika-Ära eingeleitet, die J. bis 702 in eine absolutist. Monarchie umwandelte, der als Grundlage eine zentralist. organisierte Beamtenschaft diente. Von der Hptst. Nara aus übte der Kaiser *(Tenno)* die unumschränkte Herrschaft aus. Nach dem Niedergang der Kaisermacht begann im 12. Jh. die Herrschaft des Adels *(Schogunat).* Der Schogun (Kronfeldherr) war seit 1192 der mächtigste Mann im Staate. Der Tenno wurde zu einer Zeremonialfigur reduziert. Inzwischen waren Buddhismus u. Schintoismus miteinander verschmolzen. Um die Mitte des 16. Jh. trafen die ersten Europäer in J. ein. Das Christentum gewann seit 1556 viele Anhänger. Danach wurde J. von der Außenwelt völlig abgeschottet. 1614 begann die rücksichtslose Ausrottung des Christentums. Der *Konfuzianismus* erlebte eine Blütezeit. Die Ankunft ausländ. Schiffe (1854 der US-amerik. Commodore M.C. *Perry)* war Anstoß zum Zusammenbruch der feudalist. Struktur u. gab zu dem Signal zu einer raschen Modernisierung. 1868 trat der Schogun vom Amt zurück. Der Kaiser übernahm die Regierungsgewalt. In der Meidschi-Ära (1868–1912) wurde der kaiserl. Hof von Kyoto nach *Tokio* verlegt. 1869 wurde das Programm der »Neuen Ära« verkündet, das eine Periode der Reformen einleitete. Die neue, 1889 verkündete Verf. machte J. zur konstitutionellen Monarchie (nach preuß. Muster). Das jap. Bestreben, *Korea* unter seinen Einfluß zu bringen, führte zum *chin.-jap. Krieg* (1894/95). J. gewann Formosa. Der *russ.-jap. Krieg* (1904/05) endete mit der Niederlage Rußlands. Dadurch gewann J. freie Hand zur Annexion Koreas (1910). J. erhielt im Versailler Vertrag Kiautschou u. das Mandat über die Karolinen, Marianen u. Marshallinseln. 1926 bestieg Kaiser *Hirohito* 1926 den Thron u. leitete die Regierungsperiode Schowa ein. 1931 besetzte J. die Mandschurei. 1937 kam es zum offenen Krieg mit China. Nach Ausbruch des 2. Weltkriegs schloß J. im September 1940 mit Dtld. u. Italien den Dreimächtepakt. Am 7.12.1941 begannen die Japaner mit dem Überfall auf *Pearl Harbor* den Krieg gegen die USA u. Großbrit. Nach Teilerfolgen kam die Niederlage 1945 mit den Atombombenabwürfen auf Hiroshima u. Nagasaki. J. kapitulierte. Nach der Besetzung durch die Alliierten trat 1947 eine demokrat. Verf. in Kraft. Im Friedensvertrag von San Francisco 1951 wurde der jap. Gebietsstand auf die 4 Hauptinseln beschränkt. 1952 erlangt J. seine volle Souveränität zurück. 1956 wurde der Kriegszustand mit der UdSSR beendet, 1978 ein Friedens- u. Freundschaftsvertrag mit China geschlossen. J. entwickelte sich zur modernsten Industriegesellschaft Asiens. 1989 verstarb Kaiser Hirohito. Nachfolger wurde sein Sohn *Akihito,* der die Regierungsperiode Heisei einleitete. Min.-Präs. ist seit 1989 T. *Kaifu.* – Der Kaiser (Tenno) übt als Staatsoberhaupt nur repräsentative Funktionen aus. Höchstes Gesetzgebungsorgan ist der Reichstag, der aus dem *Repräsentantenhaus* u. dem *Senat* besteht. Regierungspartei seit 1955 die konservativen Liberaldemokraten.

**Japaner,** das ostasiat. Volk im jap. Inselreich, 122 Mio.; entstand aus der Vermischung eingewanderter altmongol.-malaiischer Bevölkerungsgruppen mit der Ainu-Urbevölkerung. Aus den engen Beziehungen zu China seit dem 6. Jh. n. Chr. (Einführung des Buddhismus) erwuchs eine chin. Tochterkultur, die sich in strenger Abgeschlossenheit (1600–1867) weiterbildete u. selbständige Züge entwickelte. Seit der Erschließung des Landes für die westl. Zivilisation im 19. Jh. u. bes. seit 1945 haben sich die J. in der Entwicklung von

# JAPAN

*Fudschiyama, der heilige Berg der Japaner*

*Wohnraum einer japanischen Familie*

*Teeanbau bei Schidsuoka, Honshu*

*Moderne Industrieanlagen in Kawasaki bei Tokio*

Wiss., Technik, Wirtschaft u. materieller Kultur weitgehend an westl. Vorbildern orientiert.

**Japanische Inlandsee,** *Jap. Binnenmeer,* jap. *Setonaikai,* der Meeresarm zw. der jap. Hauptinsel *Honshu* einerseits u. *Shikoku* u. *Kyushu* andererseits; buchtenreich u. flach, bis 60 km breit; ca. 3000 Inseln.

**japanische Kunst,** in Abhängigkeit von der um vieles älteren chin. Kunst entstanden, geriet im Lauf der Geschichte immer wieder unter ihren Einfluß; dennoch sind die Anregungen in allen Bereichen eigenständig verarbeitet u. weiterentwickelt worden.
Architektur. Aus vorbuddhist. Zeit grub man Fundamente von Grubenhäusern aus. Die Form der ebenerdigen Giebelhäuser des 4.–6. Jh. lebt in der Architektur der Schinto-Schreine weiter. Die erste Welle chin. Einflusses erreichte Japan mit dem Eindringen des Buddhismus (Anlage von Städten u. Tempeln nach chin. Vorbild, z.B. Nara), die zweite seit dem 14. Jh. mit dem Eindringen des Zen-Buddhismus. Nach chin. u. europ. Vorbild wurden prunkvoll ausgestattete Wehr- u. Schloßanlagen gebaut, die ein mehrstöckiger Festungsturm überragte.
Die moderne Architektur nach 1868 ist vom Westen beeinflußt u. zeichnet sich aus durch die Verwendung erdbebensicherer Stahlkonstruktionen (F.L. Wright). Der berühmteste jap. Architekt der Gegenwart ist K. *Tange,* der bes. durch seine Bauten für die Olymp. Spiele 1964 in Tokio bekannt wurde.
Plastik. Schon aus vorbuddhist. Zeit sind Erzeugnisse jap. Bildhauerkunst in Bronze *(Dotaku),* Ton *(Dogu)* vom Jomon-Typ u. Keramik *(Haniwa)* erhalten. Bis um 1440 rechnet man die klass. Zeit der jap. Plastik, die anfangs aus Korea stammende Buddha-Bilder in Holz schnitzte, aus Ton u. Trokkenlack formte u. in Bronze goß, dann jedoch unter den Einfluß der chin. Plastik des 6.–9. Jh. geriet u. ihren Höhepunkt in der Tempyo-Zeit (8. Jh.) hatte.
Unter den Fudschiwara (10.–12. Jh.) zeigte sich in der Plastik die Japanisierung in einem zunehmenden Realismus (Sitzfiguren von Kriegern u. Staatsmännern), der seinen Höhepunkt in der Kamakura-Zeit (1192–1333) hatte. Die religiöse Kunst der Fudschiwara-Zeit kulminiert in den Werken des *Jocho.* Neben Arbeiten der traditionellen *En*-Schule sind es in der Kamakura-Zeit die von der Song-Plastik Chinas beeinflußten Werke des *Kokei,* seines Sohnes *Unkei* u. dessen Schüler *Kaidei,* von denen die bis heute letzten Beispiele großer jap. Holzplastik erhalten sind. Die Schnitzkunst der *No-* u. *Kyogen-Masken* u. die Kleinkunst der neueren Zeit *(Netsuke, Okimono)* weisen noch Spuren der großen Traditionen auf.
Malerei. In der frühen buddhist. Malerei wird das Wirken korean. oder chin. Malermönche deutlich. 886 übernahm das kaiserl. Bilderamt die Aufgaben der klösterl. Malschulen. Etwa seit dem 10. Jh., nach Abbruch der Beziehungen zu China, entwickelte sich in engem Zusammenhang mit einer neuen feudalen Architektur u. deren Innenausstattung das *Yamoto-e* (die Japan-Malerei) mit histor. Darstellungen, Landschaften, Figuren. Seit dem 14. Jh. bildete sich unter dem Einfluß des aus China übernommenen Zen-(chines. Chan-)Buddhismus u. seiner Tuschemalerei im *Sumi-e* ein neuer, monochromer Stil, mit dem die ersten großen jap. Mönchsmaler u. Kalligraphen ihre Anonymität aufgaben *(Sesshu).* Die frühen Meister der nach ihrem Wohnort benannten *Kanō*-Schule *(Masanobu, Motonobu)* lösten diese Tuschemalerei aus ihrer Bindung an die buddhist. Klöster u. profanierten sie durch neue Themen u. eine dekorative Auffassung. Seit dem frühen 17. Jh. entwickelten sich freie Künstlerpersönlichkeiten, die Schulen bildeten *(Sotatsu, Koetsu, Korin, Kenzan).* Neue Auftraggeber aus der reich gewordenen Kaufmannsschicht der großen Städte Edo (Tokio), Kyoto u. Osaka begünstigten die Entstehung einer Genremalerei *(Ukiyo-e)* u. die Entwicklung des eng mit ihr verbundenen Holzschnitts *(Moronobu, Hiroshige, Kuniyoshi, Kunisada).* Im 18. Jh. erschienen mit der Literatenmalerei in klass. chin. Literatur gebildete Dichtermaler *(Buson, Taiga).* Die ersten westl., durch den Holländern eingeführten Kupferstiche gaben Anlaß zum Naturstudium u. zum Experimentieren mit westl. Kompositionsweisen *(Okyo, Kazan, Hokusai),* die bis zur Malerei der Gegenwart ein Anliegen der jap. Malerei geblieben sind.
Kunsthandwerk. Aus vorgeschichtl. Epochen wurden tiefe Schalen, hohe Vorratsgefäße, Kochtöpfe u. die sog. Haniwa-Figuren von Menschen, Tieren u. Häusern gefunden. Etwa im 13. Jh. begann man in Seto bei Nagoya die aus China importierte Seladon-Keramik nachzuahmen. Seit dem 14./15. Jh. entwickelte sich die jap. Teekeramik unter dem Einfluß des Zen-Buddhismus mit charakt. Glasuren. Nach 1616 gelang die erste Porzellanherstellung in Arita. Seit Ende des 18. Jh. ist das Exportporzellan aus Arita, auch Imari-Porzellan, nach dem Hafen Imari ben., berühmt. Es zeichnet sich aus durch reichen Dekor in Blau, Rot u. Gold. Eine hervorragende Rolle im jap. Kunsthandwerk spielen Lackgefäße u. -geräte, wobei meist Holz den Untergrund bildet. Einlegearbeiten mit Gold, Silber, Perlmutt werden in die Lackschicht eingefügt. Die jap. Metallkunst kannte vom Festland übernommene Techniken der Durchbrucharbeit, Treiben, Punzen, Ziselieren, Gravieren u. Zellenschmelz.

**japanische Literatur.** Die ältesten japan. Mythen sind in den Geschichtswerken *Kodschiki* (720 n. Chr.) aufgezeichnet, reichen aber in ihrem Kern in die vorchines. Zeit zurück; sie berichten vom Kampf der Götter u. Helden gegen die Gebirgsbarbaren, deren Land dem friedl. Reisbau erschlossen wurde. Ihre Aufzeichnung konnte erst nach Einführung der chin. Schrift (5. Jh.) erfolgen. Die älteste große jap. Liedersammlung ist das *Manjoschu* (»Sammlung der 10 000 Blätter«), abgeschlossen um 760 n. Chr.
Die Prosa der Klassik erreichte ihren Höhepunkt in der Frauendichtung der Heian-Zeit um 1000 n. Chr.; der berühmteste jap. Roman ist das *Gendschi-Monogatari* (»Geschichte des Prinzen Gendschi«) der Dichterin *Murasaki Schikibu;* fast gleichzeitig entstanden ist das »Skizzenbuch unter dem Kopfkissen« *(Makura no Soschi)* der Dichterin *Sei Schonagon.*
Die chin. Epoche entwickelte das 31silbige Kurzgedicht zur Blüte. Die bedeutendste Sammlung dieser Zeit, das *Kokinschu* (905–920), ist gleichzeitig die erste Sammlung dieser Zeit, die auf kaiserl. Befehl entstand. Daneben entwickelte sich aus dem Prosamärchen eine erzählende Prosadichtung, die *Utamonogatari* (»Versgeschichten«).
Die Epoche des Buddhismus (1200–1600) brachte durch die Betonung der krieger. Werte eine nationale Note in die jap. Literatur; der Anteil des religiösen Schrifttums wuchs. Bezeichnend ist der romant. Kriegsroman, der im *Heike-Monogatari* (um 1200) u. im *Taiheiki* (um 1400) mit seinen ausgeprägten Idealgestalten seinen Höhepunkt erreichte. Die wichtigste Schöpfung dieser Zeit aber war das Drama, das aus Tanz, Musik, gesprochenem u. gesungenem Wort zusammenwuchs u. im *No* seine Synthese fand. Daneben entstand später ein Possenspiel *(Kyogen).* Im 17. Jh. entwickelte sich eine volkstüml. Prosa, deren Meister *Ibara Saikaku* war, der große Sittenschilderer seines Volkes. Daneben schuf *Matsuo Bascho* mit seinen *Haiku* eine Naturlyrik.
Der Einbruch europ. u. amerik. Einflüsse erschütterte das jap. Schrifttum, bis es allmähl. wieder zu seiner Eigenständigkeit zurückfand. Roman, Lyrik u. Drama zeigten neue, von traditionellen Vorbildern freie Formen u. brachten den gesellschaftl. Strukturwandel zum Ausdruck. Soseki *Natsume* schrieb um die Jahrhundertwende Romane (»Kokoro«), in denen er sich als Autor der existenziellen Verzweiflung zu erkennen gab, ähnlich wie Rjonosuke *Akutagawa,* dessen berühmte Novelle »Rashomon« durch Kurosawa verfilmt wurde. Eidschi *Yoschikawa* machte sich als Verfasser historischer Romane (»Musashi«) einen Namen. Der Nobelpreisträger (1968) Yasunari *Kawabata* stellte Gegenwartsprobleme in traditionellen Stil dar, Dschunitschiro *Tanisaki* verfaßte psychologisch vertiefte Gesellschafts- u. Sittenromane. Yukio *Mischima* entschied sich im Zwiespalt zw. Traditionsverbundenheit u. westlicher Orientierungslosigkeit für eine patriotisch nationalist. Lösung. In der Gegenwartsliteratur nimmt die Zahl der Schriftstellerinnen zu.

**japanische Musik.** Die j. M. ist seit ihrem Eintritt in die Geschichte stark von der chin. beeinflußt; sie zeigt auch korean. u. ind. Einschlag. Wichtige Formen u. Erscheinungen des jap. Musiklebens sind der am Anfang stehende schlichte Solo-Volksgesang u. das einstimmige chorische Lied, die tänzerischen Zeremonien schintoistischer Heiligtümer *(Kagura),* Gesellschaftslieder u. Gesänge buddhist. Mönche (Hymnen), das in der zweiten Hälfte des 8. Jh. bzw. der Heian-Zeit nach chin. Muster aufgebaute höfische *Gagaku*Orchester, das *No-*Spiel, eine Art Volksoper. Das Instrumentarium besteht aus zitherartigen Instrumenten, von denen das beliebteste das *Koto* ist, u. aus mehreren Arten von Lauten *(Shamisen* u. *Biwa).* An Blasinstrumenten kommen vor allem mehrere Typen der Block- u. Querflöte, ferner Oboen *(Hitschiriki)* u. Mundorgeln. Ferner finden sich vielfältige Schlagzeuge.
Die j. M. hat mehrere Notierungssysteme erfunden, so z. B. die Notation des Mönches *Kakui.* Seit etwa 1870 hat sich auch in Japan die abendländ. Musik immer stärker durchgesetzt u. findet eine beachtl. Pflege u. Entfaltung, während die traditionelle Musik immer mehr zurückgedrängt wird. Die zeitgenöss. jap. Kompositionsschule versucht, den Anschluß an die neuzeitl. Musik des Abendlands zu vertiefen, ohne dabei gänzlich auf das Erbteil der jap. Musiktradition zu verzichten.

**japanische Schrift,** aus der im 5. Jh. von korean. Hofschreibern in Japan eingeführten chin. Wortschrift entstand durch Anpassung an die jap. Lautwerte die Silbenschrift *Kana,* im 8./9. Jh. die glattere *Hiragana,* die zur *Katakana* (47 Silbenzeichen) vereinfacht wurde. Auch die neuere Hiragana wurde auf 48 Zeichen begrenzt.

**Japanisches Meer,** pazif. Randmeer zw. dem asiat. Festland u. Japan, rd. 1 Mio. km²; identisch mit dem *Jap. Becken;* bis 4225 m tief.

**japanische Sprache,** mit keiner bekannten Sprache genetisch verwandt, im Lauf ihrer Ge-

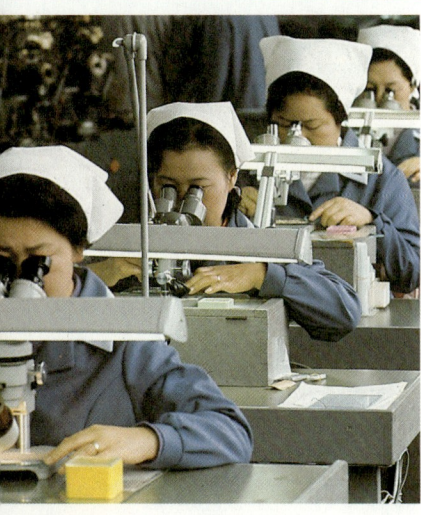
*Arbeiterinnen in einer Uhrenfabrik*

*Landschaft mit Torii*

**Japanische Zeder**

schichte aber durch das Chinesische im Wortschatz stark beeinflußt. Sie ist in ihrem Typus agglutinierend.

**Japanische Zeder,** Nadelbaum, kann 30–40 m Höhe erreichen, in seiner Heimat Japan ein wichtiger Forstbaum.

**Japanlacke,** Sammelbegriff für Öl- u. Emaillacke, die sich durch bes. Glanz u. Härte auszeichnen; aus dem Milchsaft des jap. *Firnisbaums (Rhus vernicifera)* gewonnen.

**Japanpapier,** handgeschöpftes Papier aus Japan, das durch Verwendung ungewöhnl. langer Fasern (u.a. Bastfasern des Maulbeerbaums) bes. weich, fest u. schmiegsam ist.

**Japanseide,** *Japon,* Gewebe in Taftbindung aus Grègeseide; für leichte Kleider, Lampenschirme u. als Vorhangstoffe.

**Japetus,** ein Mond des Saturn.

**Japhet,** einer der drei Söhne *Noahs* (1. Mose 10), angebl. Stammvater der kleinasiat. Völker *(Japhetiten).*

**Japurá** [ʒa-], l. Nbfl. des Amazonas, entspringt als *Caquetá* in der Ostkordillere Kolumbiens, 2500 km.

**Jargon** [ʒar'gɔ̃], die Redeweise bestimmter Gesellschaftsschichten oder Berufsgruppen.

**Jarl,** in den nordgerman. Reichen der Statthalter, Bezirksverwalter, Kleinkönig.

**Jarmuk** → Yarmouk.

**Jarnach,** Philipp, *1892, †1982, span.-dt. Komponist; vollendete 1926 F. *Busonis* Oper »Doktor Faustus«.

**Järnefelt,** Armas, *1869, †1958, finn. Komponist u. Dirigent.

**Jarnés** [xar'nɛs], Benjamín, *1888, †1949, span. Schriftst. u. Übersetzer; formvollendeter Stilist.

**Jaroslaw I.,** *Jaroslaw Wladimirowitsch, Jaroslaw der Weise,* *978, †1054; Großfürst von Kiew 1019–54; führte das Kiewer Reich zur Blüte.

**Jaroslawl,** Hptst. der gleichn. Oblast in der RSFSR (Sowj.), an der oberen Wolga (Hafen), 634 000 Ew.; ältestes russ. Theater, Univ., TH; viele Baudenkmäler; Maschinenfabriken, Lastkraftwagen- u. Traktorenwerk, Schiffswerften, Gummikombinat u.a. Ind., Erdölraffinerie.

**Jaroszewicz** [jarɔ'ʃɛvitʃ], Piotr, *8.10.1909, poln. Politiker; 1970–80 Mitgl. des Politbüros u. Min.-Präs.

**Jarrahholz** [ˈdʒa-], austral. Mahagoni, rotes Holz von *Eucalyptus marginata.*

**Jarrell** [ˈdʒærəl], Randall, *1914, †1965; US-amerik. Schriftst.; schrieb düstere Kriegsdichtungen.

**Jarry** [ʒa'ri], Alfred, *1873, †1907, frz. Schriftst.; satir. Zeitkritiker, Vorläufer des Surrealismus u. des absurden Theaters; W »Ubu roi«.

**Jassy** → Iași.

**Jaruzelski** [-ˈzɛl-], Wojciech Witold, *6.7.1923, poln. Offizier u. Politiker; 1981–85 Min.-Präs., seit 1985 Vors. des Staatsrats (Staatsoberhaupt), seit 1989 Staats-Präs.

**Jary,** Michael, *1906, †1988, dt. Komponist u. Kapellmeister; Schlager u. Filmmusik.

**Jasmin,** 1. *Echter J., Jasminum,* Gatt. der Ölbaumgewächse; über fast alle wärmeren Gebiete der Erde verbreitete Sträucher u. teilweise Lianen. Mehrere Arten werden zur Gewinnung von äther. Öl für Parfümeriezwecke kultiviert. – 2. *Falscher J., Blasser Pfeifenstrauch,* 3 m hoher, zu den *Steinbrechgewächsen* gehörender Strauch. – 3. *Chilen. J.,* Zierstrauch aus Chile mit eßbaren Früchten.

**Jasmintrompete,** *Bignonia,* Gatt. der *Bignoniengewächse;* eine bis 20 m hohe, windende Pflanze, im SO von Nordamerika heimisch.

**Jasmund,** Halbinsel im NO der Insel Rügen, mit der hohen Kreidesteilküste der *Stubbenkammer.*

**Jaspers,** Karl, *1883, †1969, dt. Psychiater u. Philosoph; neben M. *Heidegger* der wichtigste Vertreter der dt. *Existenzphilosophie.* Weltorientierung vollzieht sich nach J. unabhängig von der Philosophie am Leitfaden der wiss. Methoden, ist jedoch stets unabgeschlossen u. nicht imstande etwas über den Sinn des Lebens auszusagen. Die Erfahrung von *Grenzsituationen* (Tod, Leiden, Schuld) führt dagegen zu einer noch angesichts des Scheiterns aller innerweltl. Bemühungen bewahrenden Gewißheit des Seins u. damit zum philosoph. Glauben an die Existenz Gottes. W »Der philosoph. Glaube«, »Von der Wahrheit«.

**Jaspis,** ein Schmuckstein: rot *(Blut-J.),* gelb oder braun gefärbte Form des Quarzes.

**Jassy** → Iași.

**Jatagan,** kurzes zweischneidiges Schwert der Janitscharen mit gekrümmter Klinge; in Frankreich einschneidig als Haubajonett.

**Jauche,** der bei der Stallhaltung der Haustiere aus dem *Mist* abgelaufene u. in einer Grube aufgefangene Harn, vermischt mit Streuteilchen, Regenwasser u. Kot; ein natürl. Stickstoff-Kali-Dünger.

**Jauer,** poln. *Jawor,* Stadt in Schlesien (Polen), 23 000 Ew.; Metall- u. Nahrungsmittelind. – 1278 Hptst. des Fürstentums J., 1392 an Böhmen, 1742 an Preußen.

**Jause,** östr. für Vespermahlzeit, Nachmittagskaffee.

**Java,** *Dschawa,* die kleinste, aber volkreichste u. wirtschaftl. wichtigste der Großen Sunda-Inseln in SO-Asien, das Kerngebiet der Rep. Indonesien; 126 650 km², mit *Madura* u. Nebeninseln 132 187 km², 91,3 Mio. Ew., Hptst. *Jakarta;* außer der Küstenebene ein bis 3676 m hohes vulkan. Gebirgsland (mehrere tätige Vulkane); trop. Klima; Anbau u. z.T. Export von Reis, Maniok, Zuckerrohr, Mais, Soja, Tee, Kaffee, Tabak, Kopra, Kautschuk, Sisal, Chinin u. Indigo; Teakholzgewinnung; reich an Bodenschätzen, umfangreiche Erdölind. Die Insel wird von den islam. Hochkulturvölkern der jungindones. *Sundanesen* im W, *Javanen* im Mittelteil u. *Maduresen* im O bewohnt. – Gesch.: Die durch Einflüsse aus Vorderindien entwickelte hohe javan. Kultur u. Religion (Brahmanismus, Buddhismus; buddhist. Tempelruine *Borobudur)* verfiel durch den seit 1400 vordringenden Islam. Um 1520 kamen Portugiesen von Malakka ins Land, die seit Beginn des 17. Jh. von Holländern vertrieben wurden.

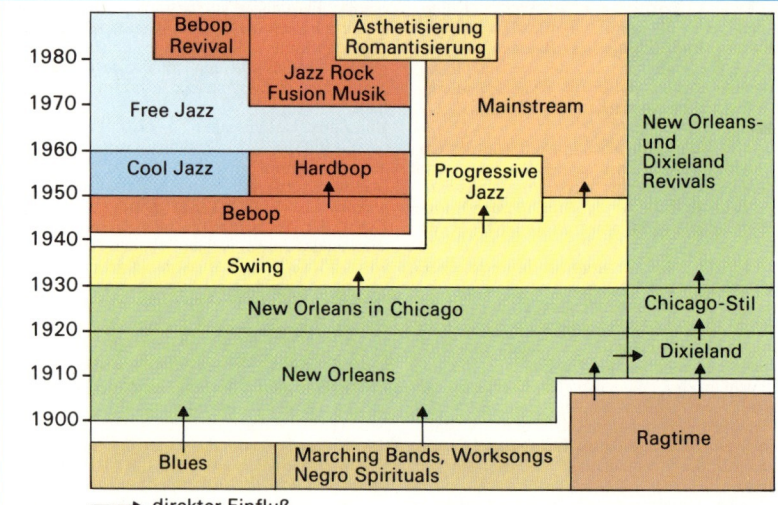

*Entwicklungsstufen des Jazz*

**Javanashorn** → Panzernashorn.

**Javanen,** *Javaner,* i.w.S. die Bevölkerung Javas; i.e.S. das jungindones. islam. Volk Mittel- u. O-Javas, mit Kolonien in O-Sumatra, S-Borneo, Malaysia. Die J. entwickelten unter dem Einfluß versch. Religionen (Hinduismus, Buddhismus, zuletzt Islam) seit dem 2. Jh. n. Chr. eine eigenständige Hochkultur.

**Javaneraffe,** zu den *Meerkatzenartigen* gehörende, mittelgroße Schmalnase; Verbreitungsgebiet: Hinterindien, Malaiischer Archipel, Philippinen.

**Jawlensky,** Alexej Georgewitsch, *1864, †1941; russ. Maler u. Graphiker; entwickelte eine expressive Variante des *Fauvismus;* gehörte zum Kreis des *Blauen Reiters* u. war Mitgl. der Gruppe *Die blauen Vier.*

**Jawor,** poln. → Jauer.

**Jay** [dʒei], John, *1745, †1829, US-amerik. Politiker (konservativ); Führer im nordamerik. Unabhängigkeitskampf; schloß 1794 den *J.-Vertrag* mit Großbritannien.

**Jaya** [dʒ-], früher *Carstenszspitze,* höchste Erhebung auf Neuguinea, 5030 m.

**Jayapura** [dʒaja-], *Djajapura,* fr. ndl. *Hollandia,* Hptst. der Prov. Irian Jaya (W-Neuguinea) in Indonesien, 150 000 Ew.; Hafen.

**Jayawardene** [dʒaja-], Junius Richard, *17.9.1906, Politiker (United Party) in Sri Lanka; 1977 Min.-Präs.; 1978–89 Staats-Präs.

**Jaypur** [dʒɛː'puːr] → Jaipur.

**Jazz** [dʒæz], eine gegen Ende des 19. Jh. im S der USA aus der Begegnung afrikan. u. europ. Musikelemente entstandene Musizierform, die eine Entwicklung von der Folklore zur Kunstmusik durchmachte. Der J. hat folgende Merkmale: 1. der Rhythmus lebt vom Gegeneinander eines durchgehenden Impulses (Beat) u. unregelmäßigen kleinsten Akzentverschiebungen (Off-Beat); 2. bezeichnend sind Tonschwankungen zw. kleinem u. großem Intervall, gen. Blue Note, so daß nicht notierbare Intonationen entstehen können (Hot-Intonation); 3. die Besetzung kann zw. Solo, kleinem Ensemble (Combo), Band u. großer Besetzung (Big-Band) schwanken; 4. Hauptmerkmal ist die Improvisation der Musik. Als Grundlage dafür dienen Themen (Originals, auch »komponierte« Einleitungsteile), deren harmon.-rhythm. Schemata dann improvisatorisch gestaltet werden (als Solo oder kollektive Improvisation). Die Beurteilung u. Wirkung eines J.-Titels hängt wesentl. davon ab, wie lebendig u. phantasievoll improvisiert wird. Geschichte. Quellen des J. waren versch. Arten afroamerik. Musik der Schwarzen, Blues, Gospels u. Spirituals u. die US-amerik. Tanz- u. Marschmusik (Marching Band, Cakewalk), bes. der Ragtime. Als erster J.-Stil entwickelte sich Ende des 19. Jh. der *New Orleans Jazz.* Eine Abart davon ist der damals primär von Weißen gespielte *Dixieland Jazz.* Mit dem sog. *Chicago-Stil* trat die Gruppenimprovisation zugunsten von Soli zurück. Auch wurde die Verschmelzung des Blues mit J. vollzogen. Hauptvertreter waren B. *Smith,* J. *Oliver* u.

*Java: ein Reisfeld wird für das Auspflanzen der Setzlinge vorbereitet*

L. *Armstrong*. Mit dem Beginn der 30er Jahre begann die Ära des *Swing,* der bes. durch die neuen Big-Bands u. die damit notwendigen Arrangements u. kompositor. Festlegungen geprägt ist. Der Swing ist v.a. eine Schöpfung von B. *Goodman,* daneben aber auch vertreten von D. *Ellington,* C. *Basie* u. O. *Peterson.* Der zunehmenden Kommerzialisierung des Swing als Unterhaltungsmusik stand seit 1940 der *Bebop* entgegen, in dem wieder großer Wert auf Improvisation u. expressive, auch soz. Nöte artikulierende Spielweise gelegt wird. Kennzeichnend sind hekt. Tempi u. Melodiephrasierungen (Vertreter: D. *Gillespie,* R. *Monk,* C. *Parker,* J. *Young*). Der Bebop fand in den 50er Jahren seine Fortsetzung im *Hardbop,* der auf afroamerik. Traditionen zurückgreift, auf Blues u. auch Soul. (Vertreter: A. *Blakey,* S. *Rollins,* C. *Mingus*). Ebenfalls als Reaktion auf die Vermarktung mancher J.-Arten (Dixieland-Revival) entstand in den 50er Jahren der *Cool Jazz,* eine an Kunstmusik ausgerichtete, verhaltene Stilrichtung v.a. für kleine Ensembles (Vertreter: M. *Davis,* L. *Konitz* u. L. *Tristano*). Ein radikaler Bruch mit der Tradition wurde um 1960 mit *Free Jazz* vollzogen. Weder Form noch harmon. Abläufe sind festgelegt, der Rhythmus wird völlig frei gestaltet. Maßgebl. an der Entwicklung beteiligt waren M. *Davis,* C. *Taylor,* J. *Coltrane,* O. *Coleman.*
Stile des J.: Aus Quellen wie Negro Spiritual, Blues, Ragtime, Folklore u. Marschmusik entwickelte sich der *New-Orleans-Stil* (Dixieland-Jazz). 1929–31 bildete sich der *Swing* aus, mit Beginn der 40er Jahre der *Modern Jazz* (Bebop, Progressive Jazz). Die realist. Bop-Musik wurde um 1949 vom *Cool Jazz* abgelöst, rhythmisch einfacher u. leiser. Der *Hard Bop* entwickelte sich ab 1955 als Reaktion auf den Cool-Stil; die Solisten der Swing-Periode schufen jetzt den *Mainstream* (Count Basie). Der *Free Jazz* versuchte Experimente im Sinn der modernen Musik.

**Jean** [ʒã], *5.1.1921, Großherzog von Luxemburg seit 1964; verh. mit *Joséphine-Charlotte* von Belgien (*1927).

**Jeanne d'Arc** [ʒan'dark], *Jungfrau von Orléans, Heilige Johanna, La Pucelle,* *1410/12, †1431, frz. Bauernmädchen; erwirkte, durch »göttl. Stimmen« veranlaßt, die Anerkennung König *Karls VII.* u. wurde als »Retterin Frankreichs« (1429 Aufhebung der Belagerung von Orléans u. Krönung Karls in Reims) am Ende des Hundertjährigen Kriegs gegen die Engländer verehrt. 1430 wurde sie von Burgundern, den Verbündeten Englands, gefangengenommen, für eine hohe Geldsumme an England ausgeliefert u. in Rouen unter Leitung des Bischofs von Beauvais wegen Hexerei u. Ketzerei verurteilt u. 1431 verbrannt. Ein Revisionsprozeß hob das Urteil auf (1456). Im 19. Jh. wurde sie zur frz. Nationalheldin. – 1909 Selig-, 1920 Heiligsprechung (Fest: 30.5.).

*Jeanne d'Arc; Miniatur auf Pergament, 2. Hälfte des 15. Jahrhunderts*

Nach anderer Auffassung war J. eine Tochter der Königin *Isabeau* u. wurde nicht verbrannt, sondern heiratete *Robert des Armoises* u. starb 1449. Der Stoff wurde mehrfach literar. verarbeitet (z.B. Schiller, Shaw, Anouilh, Brecht) u. vertont (Verdi, Honegger).

**Jean Paul** [ʒã-], eigtl. Johann Paul Friedrich *Richter,* *1763, †1825, dt. Schriftst.; entwickelte in seinen Romanen u. Erzählungen eine sehr eig. Gestaltungsweise; ließ oft tragikomisch, aber auch ergreifend, Traum u. Wirklichkeit, Ideal u. Leben zusammenprallen u. schilderte mit barock überquellender Sprache seraph. Seelen u. Jünglingsgestalten ebenso wie biedermeierl. Philisterggenügsamkeit. W »Titan«, »Flegeljahre«.

**Jeans** [dʒi:nz], mod. geschnittene lange Hose aus Baumwollstoff *Blue jeans.*

**Jeans** [dʒi:nz], Sir James Hopwood, *1877, †1945, engl. Mathematiker u. Astronom; entwickelte die Theorie der Planetenentstehung.

**»Jedermann«,** das allegor. Spiel vom Sterben des reichen Mannes; es geht auf oriental. Parabeln zurück, erschien Ende des 15. Jh. als Moralität in England. 1911 Nachdichtung durch H. von *Hofmannsthal.*

**Jeep** [dʒi:p], von *Willys-Overland* u. *Ford* 1940 entwickeltes amerik. kleines Militärfahrzeug mit starkem Motor u. Vierradantrieb; geländegängig.

**Jefferson** ['dʒefəsən], Thomas, *1743, †1826, US-amerik. Politiker; 1775/76 Delegierter des revolutionären Kontinentalkongresses, für den er die *Unabhängigkeitserklärung* der USA verfaßte; 1785–89 Gesandter in Paris, 1789 Secretary of State unter G. *Washington,* Vize-Präs. unter J. *Adams,* dann 3. Präs der USA 1801–09. Als polit. Denker verfocht er das Gesellschaftsideal des genügsamen, unabhängigen Farmers.

**Jefferson City** ['dʒefəsən 'siti], Hptst. von Missouri (USA), 34 000 Ew.; Univ.; Schuh-, Metall-, Druck- u. Lebensmittelind.

**Jehova,** eine im MA durch Zusammensetzung von Adonaj u. Jahwe entstandene falsche Lesart des Gottesnamens im AT.

**Jehovas Zeugen** → Zeugen Jehovas.

**Jekaterinburg** → Swerdlowsk.

**Jekaterinodar** → Krasnodar.

**Jekaterinoslaw** → Dnjepropetrowsk.

**Jelenia Góra** [-'gura] → Hirschberg im Riesengebirge.

**Jelinek, 1.** Elfriede, *20.10.1946, östr. Schriftst.; Lyrik, Prosawerke u. Hörspiele. – **2.** Hanns, *1901, †1969, östr. Komponist; angeregt von A. *Schönberg;* Werke in Zwölftontechnik.

**Jelzin,** Boris Nikolajewitsch, *1.2.1931, sowj. Politiker; seit 1981 Mitgl. des ZK der KPdSU; seit 1989 Mitgl. des Obersten Sowjet; 1990 zum Vors. des Obersten Sowjets der RSFSR gewählt; Vertreter einer radikalen Reformpolitik; trat im Juli 1990 aus der KPdSU aus.

**Jemen,** *Yemen,* Staat in SW-Arabien, bestehend aus *Nord-J.* (195 000 km², 7,3 Mio. Ew., Hptst. *San'a*) u. *Süd-J.* (332 968 km², 2,3 Mio. Ew., Hptst. *Aden*). Nach Verhandlungen vereinigten sich 1990 beide Länder u. proklamierten die *Republik J.,* Hptst. *San'a.*
Landesnatur. Hinter feuchtheißen, wüstenhaften Küstenebenen am Roten Meer u. am Golf von Aden erhebt sich das zentrale Hochland, das bis 3760 m Höhe erreicht u. reichl. Sommerniederschläge erhält. Nach N u. O senkt sich das Land zur Sandwüste Rub al-Khali.
Die vorw. islam. Bevölkerung besteht aus Jemeniten u.a. Arabern, Indern, Somali u. Europäern. Wirtschaft. Angebaut werden Baumwolle (Hauptexportgut), Kaffee, Reis, Hirse, Weizen, Gerste, Mais u. Gemüse an den Gebirgshängen u. in den Hochtälern. Im Innern leben z.T. nomad. Viehzüchter. An der Küste ist der Fischfang von Bedeutung. Wirtsch. Zentrum ist → Aden. Haupthäfen sind Aden, Al Mukalla u. Al Hudaydah; internat. Flughäfen gibt es in Aden u. San'a.
Geschichte. In vorchristl. Zeit gehörte J. zum Reich der *Sabäer* u. *Minäer.* 631 unterwarfen die Moslems J. *(Abbasidenkalifen).* Nach 1517 wurde J. teilw. dem Osman. Reich eingegliedert. 1918 entstand in Nord-J. das unabhängige Kgr. J. unter brit. Kontrolle. Nach einem Militärputsch 1962 wurde die Rep. ausgerufen. Daraufhin brach ein Bürgerkrieg zw. Republikanern u. Royalisten aus, der erst 1968 erlosch. 1974 ergriff das Militär die Macht. In Süd-J. versuchte seit 1959 Großbrit. aus seinen südarab. Protektoraten eine autonome

Südarab. Föderation zu bilden. Nach dem Abzug der Briten erklärte diese 1967 unter dem Namen *Südjemen* ihre Unabhängigkeit, schlug einen linkssozialist. Kurs ein u. nannte sich seit 1970 Demokrat. Volksrepublik J.

**Jena,** Krst. in Thüringen, an der Saale, 107 000 Ew.; Univ. (1557), Meteorolog., Physikal. u.a. Institute, Optikerfachschule; Sternwarte, Planetarium; opt. u. pharmazeut. Ind. – Gesch.: 1672–90 Hptst. des Herzogtums *Sachsen-J.,* danach bei *Sachsen-Eisenach* (1691) u. *Sachsen-Weimar* (1741). 1806 Sieg Napoleons I. über die Preußen (Doppelschlacht bei *J.* u. *Auerstedt*).

**Jenaer Glas,** Handelsbez. für versch. Glastypen der 1884 gegr. Fa. *Schott & Gen.* in Jena. Das Jenaer Geräteglas, ein Alumo-Boro-Silicatglas, ist chem. sehr widerstandsfähig u. sehr temperaturwechselbeständig *(Jenatherm).*

**Jenaer Liederhandschrift,** Sammlung von (meist mittel- u. niederdt.) Minneliedern u. Sprüchen des 13. Jh.; wichtig durch die (in anderen Handschriften fehlenden) Melodieangaben.

**Jenakijewo,** vorübergehend bis 1937 *Rykowo,* dann bis 1944 *Ordschonikidse,* Stadt in der Ukrain. SSR (Sowj.), im Donez-Becken, 116 000 Ew.; Steinkohlenbergbau, Eisenhütten- u. chem. Ind.

**Jenatsch,** Jürg (Georg), *1596, †1639 (ermordet), schweiz. Politiker; als ev. Geistlicher in die Wirren des Dreißigjährigen Kriegs hineingezogen, Gegner der kath.(-span.) Partei unter Pompejus *Planta* (den er erschlug); trat später auf die östr.-span. Seite, wurde Katholik u. zwang die Franzosen zum Abzug aus dem Veltlin (1637).

*Jemen: in der Altstadt von San'a, der Hauptstadt des Landes*

**Jenissej,** *Enisej,* wasserreichster Strom der Sowjetunion, mit Großem J. 4130 km lang, Einzugsgebiet 2,6 Mio. km². Die Quellflüsse *Großer J. (Bij-Chem)* u. *Kleiner J. (Ka-Chem)* entspringen nahe der mongol. Grenze u. vereinigen sich bei Kysyl. Der J. mündet in den 435 km langen J.-Busen der Karasee.

**Jenkins** ['dʒɛnkinz], Roy, *11.11.1920, brit. Politiker (Labour); mehrfach Min., seit 1972 stellv. Parteiführer, 1976–81 Präs. der EG-Kommission, 1982/83 Parteichef der von ihm 1981 mitbegr. sozialdemokratischen Partei.

**Jenner** ['dʒɛnə], Edward, *1749, †1823, brit. Arzt; impfte 1796 erstmalig ein Kind mit Kuhpockenlymphe (Vakzine) gegen Menschenpocken.

**Jens,** Walter, *8.3.1923, dt. Schriftst., Kritiker u. Publizist; 1963–83 Prof. für allg. Rhetorik in Tübingen.

**Jenseits,** in den Religionen der Daseinsbereich, in den das Leben nach dem Tod mündet, im Christentum die Mensch u. Welt gänzl. überschreitende, zugleich deren Endbestimmung darstellende Wirklichkeit Gottes.

**Jensen, 1.** Adolf, *1837, †1879, dt. Komponist in der Nachfolge R. *Schumanns.* – **2.** Hans Daniel, *1907, †1973, dt. Physiker; arbeitete über die Elementartheorie zur Schalenstruktur des Atomkern (Schalenmodell); Nobelpreis 1963. – **3.** Johannes Vilhelm, *1873, †1950, dän. Schriftst. u. Kulturkritiker; bejahte fortschrittsgläubig die Technik, wandte sich gegen die großstädt. Dekadenz; Nobelpreis 1944.

**Jeremia,** *Jeremias,* *um 645 v.Chr., einer der

## Jerewan

großen Propheten des AT; wirkte in Jerusalem rd. 627–585 v.Chr., verkündete den Untergang Judas als Strafgericht Gottes; deswegen während der babylon. Belagerung als Hochverräter gefangengehalten; später nach Ägypten verschleppt, wo er verschollen ist. Die sog. *Klagelieder des J.* stammen nicht von J.

**Jerewan** → Eriwan.

**Jerez de la Frontera** [xɛ'rɛð ðe la-], *Xeres de la Frontera*, S-span. Stadt am Westrand des Andalus. Berglands, 185 000 Ew.; Zentrum des span. Weinbaus u. -handels *(Jerez-, Xereswein;* engl. *Sherry).* – Mit dem Sieg der Araber über die Westgoten in der Schlacht von J.d.l.F. 711 begann die Eroberung span. Gebietes duch den Islam.

**Jericho**, arab. *Eriha,* Stadt in Judäa (seit 1967 unter israel. Verwaltung, in einer Oase des unteren Jordantals, 12 000 Ew.; mit 250 m u. M. die tiefstgelegene Stadt der Erde. – Gesch.: Beim nahe gelegenen Hügel *Tell as-Sultan* bezeugen Funde aus vielen Epochen bis zurück ins 7.Jt. v.Chr., daß J. eine der ältesten Städte der Erde ist. Sie war umgeben von einer 6 m hohen Festungsmauer. Nach Zerstörung im 1580 v.Chr. war J. nur noch schwach besiedelt, u. die 13./12. Jh. v.Chr. einwandernden *Israeliten* fanden es zerstört u. unbesiedelt vor. Eine neue Blütezeit erlebte es in röm. Zeit; *Herodes d.Gr.* machte es zur Winterresidenz.

**Jermak**, *Timofejewitsch*, †1585, russ. Kosakenführer; leitete die Eroberung Sibiriens ein, besiegte 1582 den Khan des Mongolenreichs Sibir.

**Jerne**, Nils Kaj, *23.11.1911, dän. Immunologe u. Biophysiker; immunbiolog. Forschungen. Nobelpreis 1984 für Medizin.

**Jerome** [dʒə'roʊm], Jerome Klapka, *1859, †1927, engl. Schriftst. (humorist. Erzählungen u. Komödien).

**Jersey** ['dʒɜ:zi], gewirkte (auch gestrickte), tuchartige Stoffe für Oberbekleidung.

**Jersey** ['dʒɜ:zi], die größte der kroneigenen brit. Kanalinseln, im Golf von Saint-Malo, 116 km², 80 000 Ew., Hptst. *Saint-Hélier;* Anbau von Kartoffeln u. Obst (Export), Viehzucht *(J.-Rind,* mit hoher Milchleistung); Fremdenverkehr.

**Jersey City** ['dʒɜ:zi 'siti], Stadt in New Jersey (USA), Hafen am *Hudson* gegenüber von New York, 220 000 Ew.; chem., elektrotechn., Maschinen u.a. Industrie; Raffinerien, Werften.

**Jerusalem**, hebr. *Yerushalayim,* Hptst. u. größte Stadt Israels, Zentrum des jüd. Glaubens u. geistigen Lebens, in einer wasserarmen Mulde des judäischen Berglands, 744 m ü.M., 469 000 Ew. (davon 100 000 [islam. u. christl.] Araber). J. ist die Heilige Stadt auch der Christen u. Moslems. Die Altstadt, die im O vom *Ölberg* (828 m) u. im NO vom *Skopus* überragt wird, gliedert sich seit Jahrhunderten in ein *christl.* Viertel im NW (mit Grabeskirche, Via Dolorosa), ein *islam.* Viertel im NO (Tempelplatz mit Felsendom [Omar-Moschee, 691 n.Chr.], Al-Aqsa-Moschee u. West- und Klagemauer), ein *armen.* Viertel im SW (mit Zitadelle u. Davidsturm, Reste des Herodes-Palastes) u. ein *jüd.* Viertel, das 1948 fast völlig zerstört wurde u. seit 1967 wiederaufgebaut wird. In der Neustadt befinden sich u.a. die Residenz des Präsidenten, die Knesset, die meisten Ministerien, die neue Univ., die Gedenkstätte Yad Vashem.

Geschichte. Im 2.Jt. v.Chr. war J. ein Stadtstaat der *Jebusiter* unter ägypt. Einfluß. Nach der Eroberung durch König *David* um 1000 v.Chr. wurde es zum polit. u. kult. Mittelpunkt seines Reichs. König *Salomo* baute den Tempel, der bei der Niederschlagung eines jüd. Aufstands in der schon 597 v.Chr. durch Nebukadnezar eroberten Stadt 587 v.Chr. zerstört wurde. Nach der Rückkehr der Juden aus der babylon. Gefangenschaft wurde der 2. Tempel (520–516 v.Chr.) gebaut. J. wurde 63 v.Chr. durch *Pompeius* eingenommen; es folgte eine Glanzzeit als hellenist. Stadt unter *Herodes d.Gr.* Jüd. Aufstände führten 70 n.Chr. zur Zerstörung durch *Titus.* – Unter *Konstantin d.Gr.* wurde J. für 300 Jahre eine christl. Stadt. 638 wurde es von den islam. Arabern erobert, denen es die Kreuzfahrer 1099 entrissen *(Königreich Jerusalem).* Doch wurde es 1187 durch *Saladin* wieder islamisch (mit einer Unterbrechung 1229–44 durch Kaiser *Friedrich II.).* 1517 wurde J. türkisch. – Mitte des 19. Jh. hatte J. bereits eine jüd. Bevölkerungsmehrheit. 1917 besetzten die Engländer J.; im israel. Unabhängigkeitskrieg 1948/49 war es hart umkämpft. Die Altstadt wurde von der Arab. Legion erobert, ihre jüd. Einwohner vertrieben. 1950 annektierte Jordanien Ost-J. mit der Altstadt. Der westl. Teil blieb israel. u. wurde 1950 zur Hptst. Israels erklärt. Im Sechstagekrieg 1967 besetzten die Israeli Ost-J., vereinigten es mit West-J. u. gliederten es ihrem Staat ein.

**Jesaja**, *Isaias,* einer der vier großen Propheten im AT. Er wurde entweder 735 v.Chr. oder 746 v.Chr. berufen (Vision im Tempel von Jerusalem; Jes. 6), wirkte bis kurz nach 701 v.Chr. u. griff stark in die polit. Ereignisse seiner Zeit ein.

**Jesse** [grch. Form von hebr. *Isai*], Name des Vaters von David.

**Jessel**, Leon, *1871, †1942, dt. Komponist; Operette »Schwarzwaldmädel«.

**Jesselton** ['dʒɛsltən] → Kota Kinabalu.

**Jessner**, Leopold, *1878, †1945, dt. Theaterleiter; schuf Inszenierungen die für das expressionist. Theater bedeutend waren.

**Jesuiten**, lat. *Societas Jesu,* Abk. *SJ, Gesellschaft Jesu,* ein kath. Orden; 1534 von *Ignatius von*

*Jesus: Der Zinsgroschen; Gemälde von Tizian, um 1518. Dresden, Staatliche Kunstsammlungen*

*Loyola* gegr. u. von Papst Paul III. 1540 bestätigt. Er breitete sich im 16. Jh. in Europa aus u. war vor allem das Instrument der Gegenreformation. Der große Einfluß der J. auf Kirche u. Staat im 17./18. Jh. rief so starken Widerstand hervor, daß *Klemens XIV.* unter dem Druck der roman. Staaten den Orden 1773 auflöste. 1814 wurde der Orden durch Pius VII. wieder eingeführt. In Dtld. war der Orden 1872–1917 verboten. Die J. widmen sich bes. der Mission, Erziehung, Wiss. u. Großstadtseelsorge.

**Jesuitenstaat**, unrichtige Bez. für die im 17. Jh. in Paraguay, am Paraná u. in Uruguay von den Jesuiten gegr. Missionsgemeinschaften; sie unterstanden unmittelbar dem span. König.

**Jesus**, *J. von Nazareth,* die Gestalt, auf deren Erscheinen sich das *Christentum* gründet. Trotz aller geschichtl. (u. astronom.) Berechnungen steht ledigl. fest, daß Jesu Auftreten um 30 n.Chr. stattfand. Wie lange sein öffentl. Wirken dauerte, ist unbekannt. Seine Heimat war Galiläa, seine Vaterstadt Nazareth. Das Matthäus- u. Lukasevangelium lassen J. in Bethlehem geboren sein. Heute glaubt man, den histor. »Mann aus Nazareth«, an dessen Hoheit u. Größe der urchristl. Christusglaube erwuchs, wieder deutlicher erkennen zu können. Die alte Quelle des »Buchs der Reden Jesu« (in Matthäus u. Lukas enthalten) sieht ihn als aktiven Kämpfer für Liebe u. Gerechtigkeit der Zukunft Gottes entgegengehen. Das Markusevangelium zeigt den Wundertäter, der leidend die Welt erlöst. Im Johannesevangelium erscheint J. als »das Wort«, der majestätische »redende Gott«: »Ich bin der Weg, die Wahrheit u. das Leben!«

J. brachte keine neue Gotteslehre, sondern glaubte mit Israel an Gott als den Schöpfer, Gesetzgeber, Herrn u. Richter. Der bedingungslosen, »anstößigen« Gnade u. Liebe Gottes entspricht der ganz neue Ruf Jesu in der Nachfolge seiner Person in der Verwirklichung der uneingeschränkten Gottes- u. Nächstenliebe unter Einschluß der Feindesliebe. J. verwarf jede gesetzlich-formale Erfüllung in einem Kultus. Die Gottesliebe wird in der Nächstenliebe verwirklicht, ohne in dieser aufzugehen. – Die »Vollmacht« u. Kühnheit seiner Lehre erregten Entsetzen; sein Anspruch, Sünde an Gottes Statt zu vergeben, wurde mit Grauen gehört; sein Selbstbewußtsein, in dem er sich über Moses, das Gesetz (bes. die Sabbatgebote), die Propheten u. den Tempel stellte, vernichtete die Existenzberechtigung der rabbin. Gelehrten wie des Priesteradels. Mit Hilfe der röm. Besatzungsmacht, an die J. denunziert wurde, beseitigte man ihn in Jerusalem durch Kreuzigung. Der engste Jüngerkreis floh nach Galiläa. Nach vielfältigen Berichten des NT wurden Jesu Jünger Zeugen seiner Auferstehung u. Himmelfahrt.

**Jet** [dʒɛt] → Strahlflugzeug.

**JET**, Abk. für engl. *Joint European Torus,* europ. Kernfusionsgroßversuch um die Verschmelzung (Kernfusion) von schweren Wasserstoffatomen zu Heliumatomen zu erreichen. Die Forschungsanlage wurde in Culham errichtet.

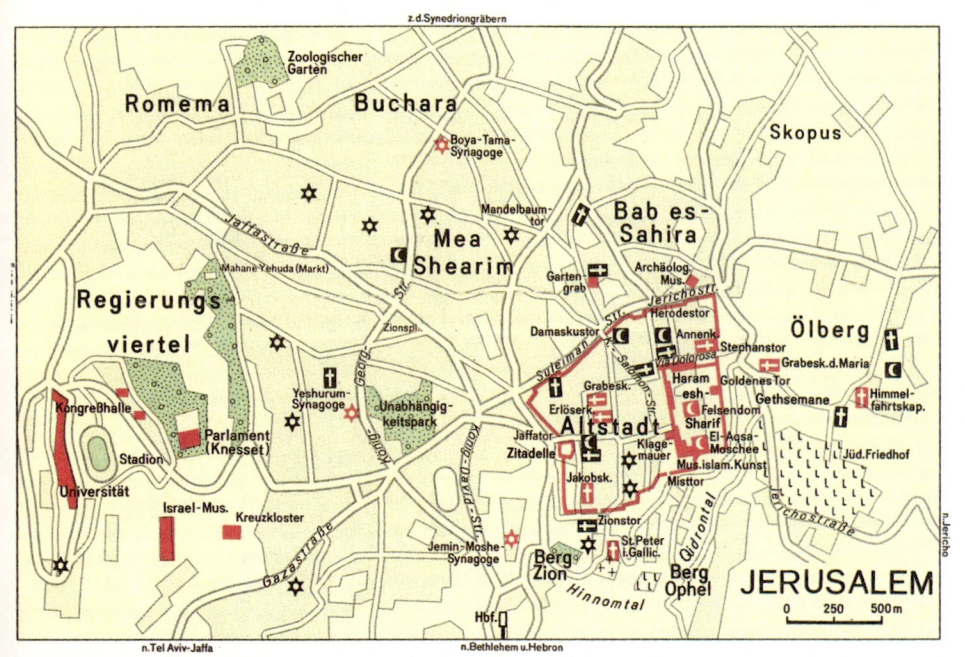

*Stadtplan von Jerusalem*

**Jeton** [ʒəˈtɔ̃], Spielmarke beim Roulette u.ä.
**Jet-set** [ˈdʒɛtsɛt]; aus jet »Düsenflugzeug« u. set »Gruppe«, »Clique«], die internat. »High Society« u. was sich dafür hält.
**Jet-stream** [ˈdʒɛtstriːm], ein Strahlstrom in der Erdatmosphäre in 6–15 km Höhe, eine schmale Zone mit sehr hohen Windgeschwindigkeiten (350–450 km/h).
**Jeu** [ʒø], Spiel, Glücksspiel.
**Jeunesse dorée** [ʒœˈnɛsdɔˈre], reiche, genußsüchtige Großstadtjugend.
**Jeunesses musicales** [ʒœˈnɛsmyziˈkaːl], internat. Vereinigung zur musikal. Förderung der Jugend, gegr. 1941.
**Jever** [-fər], Krst. in Nds., westl. des Jadebusens, 12 000 Ew.; Schloß (15./16. Jh.), Brauerei. – Stadtrecht 1536.
**Jewish Agency for Palestine** [ˈdʒuiʃ ˈɛidʒənsi fɔː ˈpælistain], seit 1948 *Jewish Agency for Israel,* aufgrund des brit. Palästina-Mandatsvertrags 1922 gebildete Vertretung der jüd.-zionist. Organisationen bei der brit. Mandatsregierung. Seit der Gründung des Staats Israel wirkt sie hpts. für die Einwanderung.
**Jewtuschenko,** Jewgenij Alexandrowitsch, *18.7.1933, russ. Schriftst. (polit. engagierte Dichtung); Lyriker der sowjet. Jugend in den 1950er Jahren.
**Jhelum** [engl. ˈdʒeilum], westl. Strom im asiat. *Fünfstromland* (Punjab), 720 km; mündet in den Chanab; z.T. Grenzfluß zw. Indien u. Pakistan.
**Jiang Qing** [djiaŋ tçiŋ], *Chiang Ching, Tschiang Tsching,* *März 1913, chin. Politikerin: seit 1939 verh. mit *Mao Zedong;* 1969–76 Mitgl. des Politbüros der ZK der KP, führend in der radikalen Fraktion (»Viererbande«); 1981 zum Tode verurteilt, 1983 zu lebenslanger Haft begnadigt.
**Jiangsu** [djiaŋsu], *Kiangsu,* Prov. in → China.
**Jiangxi** [djiaŋçi], *Kiangsi,* Prov. in → China.
**Jiaozhou** [djiadʒou], *Kiautschou,* ehem. dt. Pachtgebiet mit Flottenstützpunkt an der SW-Küste der chin. Halbinsel Shandong; wurde 1897 von Dtld. besetzt, 1914 von Japan erobert; seit 1922 wieder an China zurückgegeben.
**Jiddisch,** die Verkehrssprache der osteurop. Juden. Sie entstand im frühen MA: Aus Dtld. vertriebene Juden bildeten in den slaw. Ansiedlungsländern (Polen, Rußland) Sprachinseln u. übernahmen semit. (Hebräisch, Aramäisch) u. slaw. Elemente (Polnisch, Weißrussisch, Ukrainisch). Durch Auswanderung, bes. nach Amerika, wurde sie weit verbreitet. Die mit hebr. Buchstaben geschriebene jidd. Literatur gelangte im 19. Jh. zu ihrer größten Entfaltung mit den Erzählern *Mendele Moicher Sforim,* I.L. *Perez* u. *Scholem Alejchem;* Abraham *Goldfaden* u. S. *Anski* begr. das jidd. Theater.
**Jilin** [djilin], *Kirin,* **1.** Prov. in → China. – **2.** Stadt in der gleichn. chin. Prov., 1,2 Mio. Ew.; metallurg. u. chem. Ind.
**Jilong** [djiluŋ], *Chilung* → Keelung.
**Jiménez** [xiˈmɛnɛθ], Juan Ramón, *1881, †1958, span. Schriftst.; der bed. Vertreter des Modernismus, der bei ihm die Wandlung von impressionist. Gefühlsdichtung zur »Poésie pure« durchmachte; Nobelpreis 1956.
**Jiménez de Cisneros** →Ximénes de Cisneros.
**Jimmu-Tenno** [ˈdʒimuˈtɛno], laut Nihongi der amtl. Annalistik) als Enkel der Gottheit *Ninigi,* die wiederum eine Enkelin der Sonnengöttin *Amaterasu* war, geborener, legendärer Begr. des japan. Kaiserreichs 66 v. Chr. u. der bis heute regierenden Dynastie. Ausgangspunkt der orthodoxen japan. Zeitrechnung. 1940 wurde das 2600 jährige Reichsjubiläum mit großem Aufwand, am sog. überlieferten Reichsgründungstag, dem 11. Februar, gefeiert. Die moderne Forschung verweist die Gründung des *Yamamoto-Reiches* gewöhnlich in die Mitte des 4. Jh n. Chr.
**Jina** [ˈdʒina], *Dschina,* Ehrentitel ind. religiöser Meister, bes. für den Stifter des → Jinismus; auch für den → Buddha.
**Jinan** [djinan], *Tsinan,* Hptst. der chin. Prov. Shandong, südl. des Huang He, am Nordosthang des Tai Shan, 1,43 Mio. Ew.; histor. Stätten aus der Ming- u. Qing-Dynastie; Univ.; chem., opt., Elektro-, Textil- u. Nahrungsmittelind., Maschinenbau. – In der Umgebung buddhist. Heiligtümer.
**Jingdezhen** [djindədʒen], *Tsingtetschen, Fouliang,* Stadt in der südchin. Prov. Jiangxi, östl. des Poyang Hu, 290 000 Ew.; berühmtes Zentrum der chin. Porzellanherstellung (seit dem 6./7. Jh.).
**Jingoism** [ˈdʒiŋɡɔuizm], engl. Bez. für überspannten Nationalismus; entspr. dem frz. *Chauvinismus.*
**Jinismus** [dʒi-], *Dschinismus, Jainismus, Dschainismus,* ind. Erlösungsreligion; gegr. von *Vardhamana;* seine Ehrentitel sind Mahavira, Jina u. Tirthankara. Nach jinist. Lehre wird die ewig existierende Seele durch den in sie eindringenden Karma-Stoff (→ Karma) befleckt u. im Daseinskreislauf festgehalten. Die Erlösung wird durch Reinigung der Seele mittels strengster Askese (u.U. bis zum Sterbefasten) u. Meditation erreicht.
**Jinja,** Stadt in Uganda, am Ausfluß des Victoria-Nil aus dem Victoriasee, 55 000 Ew.
**Jinnah** [ˈdʒina], *Dschinnah,* Mohammed Ali, *Qaid-i-Azam,* »der große Führer«, pakistan. Politiker, *1876, †1948; Rechtsanwalt; 1920–48 Präs. der Moslemliga; befürwortete seit 1940 die Teilung Indiens, um einen unabhängigen Moslemstaat *Pakistan* zu schaffen. 1947/48 erster Generalgouverneur von Pakistan nach der Unabhängigkeitserklärung.
**Jin Nong** [djin nuŋ], *Chin Nung,* *1687, †1763, chin. Maler (Blumen, buddhist. Themen).
**Jiparaná** [ʒi-], r. Zufluß des Rio Madeira in Rondônia (Brasilien), 700 km; Agrarkolonisation.
**Jitschin,** tschech. *Jičín,* Stadt in O-Böhmen, 16 000 Ew.; ehem. Residenz des Herzogtums *Friedland;* Renaissanceschloß Wallensteins.
**Jiu-Jitsu** [dʒ(i)u dʒitsu], jap.-chin. waffenlose Selbstverteidigung unter Ausschluß von bloßer Gewalt u. Kraft; macht den Gegner durch Verrenkung der Gliedmaßen u. Schläge gegen empfindl. Körperstellen kampfunfähig. Aus dem J. wurde zu Wettkampfzwecken die Sportart Judo entwickelt.
**Jivaro** [xi-], südamerik. Indianerstamm in Peru u. im Ö Ecuadors; bekannt durch seine Kopftrophäen *(Tsantsa).*
**Joab,** israelit. Feldherr, Neffe des Königs David; auf Geheiß Salomos umgebracht.
**Joachim,** brandenburg. Kurfürsten *(Hohenzollern)*: **1. J. I. Nestor** (wegen seiner gelehrten Bildung), *1484, †1535, Kurfürst 1499–1535; war ein Gegner der Reformation. Dadurch kam es zum Konflikt mit seiner luth. gesinnten Frau *Elisabeth* (*1485, †1555), Tochter König Johanns I. von Dänemark, die 1528 aus Berlin floh. – **2. J. II. Hektor,** Sohn von 1), *1505, †1571, Kurfürst 1535–71; machte 1539 formal die ev. Lehre an u. führte 1540 eine neue Kirchenordnung ein.
**Joachim,** Joseph, *1831, †1907, dt.-ung. Geigenvirtuose u. Komponist; Ausbilder einer Generation von Geigern.
**Joachimstaler,** der seit 1518 von den Grafen *Schlick* in St. Joachimsthal (Böhmen) aus Silber geprägte Taler (27 g), der bald zum Vorbild für alle Talerprägungen wurde u. dem *Taler* den Namen gab.
**Joachimsthal** → Sankt Joachimsthal.
**Joachim von Fiore,** *Gioacchino da Fiore, Joachim von Floris,* *1135, †1202, ital. Mystiker; Gründer der benediktin. Kongregation der *Floriazenser.*
**João** [ʒuˈãu], Könige von Portugal, → Johann.
**João Pessoa** [ʒuãu pɛˈsoa], Hptst. des brasil. Staats Paraiba, 330 000 Ew.; vielseitige Ind., Hafen, Flughafen.
**Job** [dʒɔb], **1.** Gelegenheit zum Geldverdienen, Arbeitsstelle. – **2.** Aufgabenstellung für einen Rechner.
**Jobber** [ˈdʒɔbər], Börsenspekulant im eig. Namen u. auf eig. Rechnung; Ggs.: *Broker.*
**Jobeljahr,** *Jubeljahr, Erlaßjahr,* altisraelit., nach 3. Mose 25,8 ff. begr. Schuldenregelung u. Sklavenbefreiung in jedem 7. Sabbatjahr (alle 50 Jahre).
**Job-sharing** [ˈdʒɔb ʃɛːriŋ], eine Art der Teilzeitarbeit, bei der ein Arbeitsplatz auf zwei (oder mehr) Personen aufgeteilt wird.
**Joch, 1.** breiter, gepolsterter Bügel als vorderer Teil des *Jochgeschirrs* für Rindvieh. – **2.** frz. *Travée,* in Schiffen einer mittelalterl. Kirche oder in der Halle eines Profanbaus eine quadrat. oder rechteckige, in Chorumgängen trapezförmige und dreiseitige Raumeinheit. An den Ecken eines J. befinden sich die Pfeiler oder Säulen bzw. in den Seitenschiffen die Wandvorlagen. – **3.** *Juck, Juchart,* die Größe eines Landstücks, das ein Ochsengespann an einem Tag umpflügen kann; in Württemberg (33,49 a), Österreich (57,55 a) u. Ungarn (43,16 a). – **4.** in den Alpen die Einsattelung eines Gebirgskamms, der Paß.
**Jochalgen** → Grünalgen.
**Jochbein,** *Wangenbein,* paariger Gesichtsknochen bei Säugetieren; bildet beim Menschen die obere Begrenzung der Wange.
**Jochenstein,** Ort an der Donau sö. von Passau; Wasserkraftwerk mit Schleusenanlagen.
**Jochum,** Eugen, *1902, †1987, dt. Dirigent.
**Jockey** [ˈdʒɔki], *Jockei,* Berufsrennreiter.
**Jod,** fachsprachl. *Iod,* ein → chemisches Element.
**Jodeln,** eine hpts. in den Alpenländern (Schweiz, Tirol) gepflegte Singmanier, für die das häufige Überschlagen aus dem Brust- in das Kopfregister (Fistelstimme) charakterist. ist.
**Jodhpur** [engl. ˈdʒɔdpuə], ind. Stadt in Rajasthan, am SO-Rand der Wüste Thar, 506 000 Ew.; Zitadelle, Metall- u. Textilind.
**Jodtinktur,** alkohol. Jodlösung; zur Desinfektion von Wunden wird die J. heute wegen einer möglichen Jodvergiftung kaum noch verwendet.
**Jodvergiftung,** *Jodismus:* Nach längerem übermäßigen Jodgebrauch kommt es zu Magen-Darm-Störungen, Hautausschlägen (Jodakne), nervösen Reizzuständen, Herzklopfen, Abmagerung u.a.
**Joensuu** [iˈɔɛnsuː], Stadt in N-Karelien (Finnland), 43 000 Ew.; Stadtanlage mit vielen Brücken, Kanälen u. Inseln.
**Joffre** [ʒɔfr], Joseph Jacques Césaire, *1852, †1931, frz. Offizier; Marschall von Frankreich (1916); 1914–16 frz. Oberbefehlshaber.
**Joga,** *Yoga,* in der altind. Philosophie u. im Buddhismus ein Erlösungssystem auf der Grundlage von Meditation u. Askese. Höchster Zustand des J. *(Samadhi,* buddhistisch: *Dhyana)* ist die Unabhängigkeit der Seele vom Leib, von Affekten u. Wünschen, die Vereinigung mit dem *Atman.* Die *J.-Technik* besteht in Konzentrations-, Atmungs- u. Entspannungsübungen.
**Jogging** [ˈdʒɔɡiŋ], ein Gesundheitslauf im Trabtempo (1 km in rd. 8 min.).
**Joghurt** [ˈjoːɡurt], *Yoghurt,* ein leichtverdaul. Sauermilchprodukt. Entsteht durch Erwärmung entkeimter Milch unter Zugabe von J.-Reinkulturen.
**Jogi,** *Yogi,* ind. Büßer.
**Jogyakarta** → Yogyakarta.
**Johann,** Fürsten:
Böhmen:
**1. J. von Luxemburg,** *1296, †1346, König von Böhmen 1310–46; Sohn Kaiser *Heinrichs VII.;* erhob als Schwiegersohn des Přemysliden *Wenzel II.* Anspruch auf die poln. Krone. Er fiel auf seiten der Franzosen gegen die Engländer in der Schlacht bei Crécy.
Brandenburg:
**2. J. Sigismund,** *1572, †1619, Kurfürst 1608–19; heiratete *Anna* (*1576, †1625), die älteste Tochter des letzten Herzogs von Preußen (Albrecht Friedrich), u. erwarb dadurch *Preußen,* trat 1613 zum reform. Glauben über.
Burgund:
**3. J. ohne Furcht,** frz. *Jean sans Peur,* *1371, †1419 (ermordet), Herzog 1404–19; Sohn *Philipps des Kühnen;* Gegner *Ludwigs von Orléans,* den er 1407 ermorden ließ. Er unterstützte im Hundertjährigen Krieg die Engländer gegen die frz. Krone.
Dänemark:
**4. J. I.,** *Hans,* *1455, †1513, König 1481–1513, in Norwegen u. Schweden seit 1483 (in Schweden als *J. II.)*; besiegte 1497 den schwed. Reichsverweser Sten *Sture,* wurde 1500 bei Hemmingstedt von den Dithmarschen geschlagen u. verlor 1501 Schweden wieder.
England:
**5. J. ohne Land,** *John Lackland, J. I.,* *1167, †1216, König 1199–1216; versuchte vergebl., seinem Bruder *Richard Löwenherz* während dessen Abwesenheit auf dem Kreuzzug den Thron zu rauben. Als er nach dem Tod Richards die Königswürde erwarb, wurde er von seinem früheren frz. Verbündeten, *Philipp II. August,* nicht anerkannt; der Papst setzte den »Ketzer« ab. Er mußte 1215 den engl. Baronen die *Magna Charta* gewähren. –
**6. John von Lancaster,** *1389, †1435, Herzog von Bedford 1414–35; Statthalter in England während des Frankreich-Feldzugs seines Bruders *Heinrich V.,* nach dessen Tod 1422 Regent von Frankreich u. der Normandie. Das Auftreten der *Jungfrau von Orléans* machte seine Erfolge zunichte.
Frankreich:
**7. J. der Gute,** frz. *Jean le Bon,* *1319, †1364,

König 1350–64; am wirtschaftl. Verfall Frankreichs im 14. Jh. mitschuldig; vom *Schwarzen Prinzen* bei Maupertuis 1356 geschlagen u. gefangengenommen; starb in der Haft.

Mainz:

**8. J. II. von Nassau,** *um 1360, †1419, Erzbischof von Mainz 1397–1419; betrieb mit den anderen rhein. Kurfürsten 1400 König *Wenzels* Absetzung u. die Wahl *Ruprechts* von der Pfalz; gründete später den *Marbacher Bund* (1405) gegen Ruprecht.

Nassau-Siegen:

**9. J. Moritz,** *1604, †1679, Graf (Fürst 1664); trat 1621 in die Dienste der Generalstaaten, 1636 Gouverneur der Westind. Kompanie in den von Spanien eroberten ehem. portug. Gebieten Südamerikas; führte 1672 u. 1674 die Holländer im Krieg gegen Ludwig XIV.

Österreich:

**10.** *1782, †1859, Erzherzog; 1848 von der Frankfurter Nationalversammlung zum Reichsverweser gewählt; seit 1829 verh. mit der Postmeisterstochter Anna *Plochl* (später zur Gräfin Meran erhoben).

Polen:

**11. J. I. Albrecht,** *Jan Olbracht,* *1459, †1501, König 1492–1501; bestätigte 1493 das poln. Zweikammerparlament *(Sejm).* – **12. J. II. Kasimir,** *Jan Kazimierz,* *1609, †1672, König 1648–68; führte mehrere Kriege gegen Kosaken, Rußland, Schweden u. Siebenbürgen, in denen Polen Livland (Friede von Oliva) u. die Ukraine abtreten mußte u. die Lehnsherrschaft über Preußen verlor.

Sachsen:

**13. J. Friedrich I.,** *J. der Großmütige,* *1503, †1554, Kurfürst 1532–47; Haupt des *Schmalkald. Bunds;* 1546 vom Kaiser geächtet u. 1547 bei Mühlberg besiegt u. gefangengenommen; 1552 befreit.

Schweden:

**14. J. III.,** *1537, †1592, König 1569–92; Sohn *Gustav Wasas;* wurde 1556 Herzog von Finnland u. heiratete eine poln. kath. Prinzessin. Sein Sohn *Sigismund (III.)* wurde 1587 König von Polen.

**Johann,** A.E., eigtl. Alfred Ernst *Wollschläger,* *3.9.1901, dt. Schriftst.; Reisebücher u. Romane.

**Johanna,** Heilige J. → Jeanne d'Arc.

**Johanna,** Fürstinnen:

Aragón u. Kastilien:

**1. J. die Wahnsinnige,** span. *Juana la Loca,* *1479, †1555, Königin in Kastilien seit 1504; Tochter Ferdinands von Aragón u. Isabellas von Kastilien; Mutter der dt. Kaiser Karl V. u. Ferdinand I. Sie wurde geisteskrank.

England:

**2. J. (Jane) Seymour,** *um 1509, †1537, dritte Frau *Heinrichs VIII.* 1536/37; starb nach der Geburt des Thronfolgers Eduard VI.

*Johannes der Täufer: Jesus läßt sich von Johannes taufen; Gemälde von Piero della Francesca. London, National Gallery*

*Johannes Chrysostomos; Mosaik in der Capella Palatina in Palermo, 12. Jahrhundert*

Navarra:

**3. Jeanne,** *1273, †1305, Erbtochter Heinrichs I. von Navarra; heiratete 1284 *Philipp IV.* (den Schönen) von Frankreich, wodurch Navarra mit Frankreich vereinigt wurde.

Neapel:

**4.** *um 1326, †1382, Königin 1343–82; mußte nach der Ermordung ihres ersten Mannes, Andreas von Ungarn (†1345), mit ihrem zweiten Mann, Ludwig von Anjou-Tarent (*1320, †1362), vor einem ung. Rachefeldzug fliehen. Seit 1352 regierte sie unangefochten mit ihrem dritten Mann, Jakob von Aragón (†1375), geriet aber wegen ihrer vierten Ehe mit Herzog Otto von Braunschweig in Konflikt mit Papst Urban VI. u. wurde im Kerker ermordet.

**Johannes,** Fürsten:

Byzanz:

**1. J. II. Komnenos,** *1088, †1143, Kaiser 1118–43; setzte die von *Alexios I.* eingeleitete Erneuerung der byzantin. Macht mit großem Erfolg fort. – **2. J. VI. Kantakuzenos,** *um 1293, †1383, Kaiser 1341–54; verdrängte den Thronfolger u. ließ sich selbst zum Kaiser proklamieren. Nach erzwungener Abdankung wurde er Mönch. – **3. J. VIII. Palaiologos,** *um 1392, †1448, Kaiser 1425–48; suchte vergebens den Untergang des Reichs durch die Kirchenunion mit Rom (Konzil von Ferrara/Florenz 1438/39) aufzuhalten.

**Johannes,** Sohn des Zebedäus, Bruder des Jokobus d.Ä., Jünger Jesu u. Apostel. Er stand Jesus nach der Überlieferung bes. nahe, spielte in der Urgemeinde eine hervorragende Rolle, soll später in Ephesos gewirkt haben u. nach Patmos verbannt gewesen sein. Er gilt nach der Überlieferung als Verfasser des J.evangeliums, der J.briefe u. der Apokalypse. – Heiliger (Fest: 27.12.).

**Johannes,** Päpste:

**1. J. I.,** †526, Papst 523–526; ging 525 im Auftrag *Theoderichs d. Gr.* nach Byzanz, um zugunsten der arian. Goten im oström. Reich zu vermitteln. Heiliger (Fest: 18.5.). – **2. J. VIII.** †882, Papst 872–882; wandte sich dem ostfränk. König Karl III. (dem Dicken) zu. 879 erkannte er ihn als König von Italien an, 881 krönte er ihn zum Kaiser. – **3. J. X.** eigtl. *J. von Tossignano,* †928, Papst 914–928; einigte die ital. Staaten zum Kampf gegen die Sarazenen u. krönte *Berengar I.* zum Kaiser. Sein Streben nach polit. Selbständigkeit brachte ihn in Konflikt mit *Marozia,* die ihn in der Engelsburg inhaftieren ließ. – **4. J. XII.,** eigtl. *Octavian,* †964, Papst 955–964; Sohn *Alberichs II.* von Spoleto, auf dessen Druck er trotz seines skandalösen Lebenswandels zum Papst erhoben wurde. Eine von Kaiser *Otto I.* einberufene Synode setzte ihn 963 ab u. wählte *Leo VIII.,* gegen den er sich aber bis zu seinem Tod halten konnte. – **5. J. XIV.,** eigtl. *Petrus Canepanova,* †984, Papst 983/84; von Kaiser Otto II. zum Papst designiert. Nach dessen Tod konnte sich der Gegenpapst *Bonifatius VII.* mit Hilfe der Crescentier in Rom durchsetzen u. ließ J. in der Engelsburg gefangenhalten. – **6. J. XXII.,** eigtl. Jacques *Duèse,* *1245, †1334, Papst 1316–34; in Lyon als Kandidat der frz. Partei gewählt; der bedeutendste unter den Päpsten in Avignon. – **7. J. (XXIII.),** eigtl. Baldassare *Cossa,* †1419, Gegenpapst 1410–15; Nachfolger Alexanders V. gegen Gregor XII. (Rom) u. Benedikt XIII. (Avignon). Das Konzil von Konstanz setzte J. ab; Martin V. der vom Konzil erhobene neue Papst, begnadigte ihn. – **8. J. XXIII.,** eigtl. Angelo Giuseppe *Roncalli,* *1881, †1963, seit 1953 Kardinal u. Patriarch von Venedig, Papst 1958–63; ernannte viele Kardinäle aus allen Nationen, räumte seinen Mitarbeitern größere Selbständigkeit ein, beteiligte sich persönl. an der Seelsorge seines Bistums Rom. Seine bedeutendste Leistung ist die Einberufung des 2. *Vatikanischen Konzils* 1962. Er setzte sich für innere Reformen der kath. Kirche ein u. trug zur Verbesserung der Beziehungen zu den anderen Konfessionen bei.

**Johannesburg,** größte Stadt in Südafrika, in Transvaal, 1748 m ü.M., 1,5 Mio. Ew.; 2 Univ. (engl. u. afrikaans); im Stadtgebiet u. in der Nähe das größte Goldfeld der Erde *(Witwatersrand);* Bergbau; Diamantenschleifereien, Eisen-, Maschinenbau- u.a. Ind.; internat. Flughafen; im Vorortbereich Bantu-Wohnsiedlungen (u.a. *Soweto).*

**Johannes Chrysostomos** [-çry-], *um 344/354, †407, grch. Kirchenlehrer, Patriarch von Konstantinopel (398); 403 wegen seiner Sittenpredigten auf Betreiben der Kaiserin Eudoxia in die Verbannung geschickt. – Heiliger (Fest: 13.9.).

**Johannes der Täufer,** *Johannes Baptista,* ein jüd. Bußprediger u. messianischer Prophet, der kurz vor dem Auftreten Jesu von Nazareth in der Jordanebene wirkte; von Herodes Antipas enthauptet. – Heiliger (Feste: 24.6. u. 29.8.).

**Johannes-Evangelium,** das 4. Evangelium im NT, steht nach Aufriß u. Stoff selbständig neben den ersten drei Evangelien u. geht nicht so sehr dem Gang des Lebens Jesu nach, als daß es Glaubenswahrheiten in Erzählungen über ihn darlegt. u. damit ein umfangreiches Selbstzeugnis Jesu (»Ich bin... «-Worte) verbindet. Das J. ist verhältnismäßig spät, etwa gegen 100 n. Chr., nach der Überlieferung in Kleinasien verfaßt worden. Die Verfasserschaft des Jüngers *Johannes* ist umstritten.

**Johannes Paul,** Päpste:

**1. J. P. I.,** eigtl. Albino *Luciani,* *1912, †1978; 1969 Patriarch von Venedig, 1973 Kardinal; 1978 Papst; starb 33 Tage nach seiner Wahl. – **2. J. P. II.,** eigtl. Karol *Wojtyla,* *18.5.1920; Papst seit 1978; 1964 Erzbischof von Krakau, 1967 Kardinal. Seit Hadrian VI. der 1. nichtitalien. Papst; im Mai 1981 bei einem Attentat schwer verletzt; bemüht sich, durch zahlr. Reisen die Lebendigkeit der kath. Kirche vor Augen zu führen; betrat als erster Papst 1986 ein jüd. Gotteshaus (Synagoge von Rom).

**Johannes vom Kreuz,** *Juan de La Cruz,* *1542, †1591, span. Mystiker u. Dichter, Kirchenlehrer; reformierte mit *Theresia von Avila* einen Teil des Karmeliterordens (»Unbeschuhte Karmeliter«). – Heiliger (Fest: 14.12.).

**Johannes von Nepomuk,** *um 1350, †1393, böhm. Heiliger; Generalvikar des Erzbischofs von Prag. König Wenzel I. ließ ihn von der Karlsbrücke in die Moldau stürzen.

*Papst Johannes Paul II. in La Paz (Bolivien)*

*Johanniskraut*

**Johannes von Tepl,** *Johannes von Saaz,* *um 1350, †um 1414, spätmittelalterl. dt. Dichter; schrieb nach dem Tod seiner Frau (1400) das Steitgespräch mit dem Tod »Der Ackermann aus Böhmen«, die früheste nhd. Prosadichtung.

**Johannisbeere,** *Ribes,* Gatt. der *Steinbrechgewächse.* Kulturformen enthalten die Arten *Rote J.* u. *Schwarze J.* Daneben gibt es in Dtld. noch die wilden Arten: *Felsen-J.* u. *Alpen-J.* Zierpflanzen sind die *Goldgelbe J.* u. die *Blutrote J.* aus Nordamerika. Zur gleichen Gatt. gehört auch die Stachelbeere.

**Johannisbrotbaum,** ein *Zäsalpiniengewächs* aus Arabien, im Mittelmeergebiet kultiviert. Es liefert eßbare, reichl. Traubenzucker enthaltende Früchte, das **Johannisbrot** *(Karobe),* 10—25 cm lange, flache, braune Schoten.

**Johannisfest,** *Sommerjohanni,* Geburtstagsfest Johannes' des Täufers am 24. Juni, *Sommersonnenwende.* Dem J. geht die *Johannisnacht* voraus, mit der Bräuche wie das Johannisfeuer, Feuerspringen u. Scheibenschlagen verbunden sind.

**Johanniskraut,** *Hypericum,* Gatt. der J.gewächse mit gelben Blüten; hierzu: *Tüpfel-J., Geflecktes J., Niederliegendes J., Sumpf-J., Berg-J.*

**Johannistrieb,** der bei einigen Holzarten im Sommer nach bereits eingetretener Ruhe erneut gebildete kleinere Trieb; i.ü.S. starke sexuelle Neigungen des Mannes im höheren Lebensalter.

**Johanniterorden,** *Johanniter-, Malteser-, Hospitaliter-, Rhodiser-Orden, Ordo militiae S. Joannis Baptistae hospitalis Hierosolymitani,* ein geistl. Ritterorden, entstanden aus einem um die Mitte des 11. Jh. von Kaufleuten aus Amalfi gestifteten Spital in Jerusalem zur Pilgerbetreuung u. Krankenpflege; bis 1798 lag der Hauptsitz auf Malta (seit 1530 in Ordensbesitz). Der Orden wurde im 19. Jh. reorganisiert (neuer Sitz des Großmeisters: Rom). In Dtld. bestehen ein ev. Zweig des J. u. ein kath., *Malteserorden* genannt, der sich wie jener vornehml. karitativen Zwecken widmet.

**Johann von Leiden,** eigtl. Jan *Bockelson,* *1509, †1536, ndl. Wiedertäufer; seit 1534 in Münster, errichtete hier ein »Königreich Zion«; nach Eroberung Münsters hingerichtet.

**John** [dʒɔn], Elton, eigtl. Reginald Kenneth *Dwight,* *25.3.1947, brit. Popsänger u. Pianist.

**John Bull** [dʒɔn bul], Bez. für den Typ des hartnäckigen Engländers, bes. in der Karikatur; aus einer Satire von J. *Arbuthnot* (1712).

**Johns** [dʒɔnz], Jasper, *15.5.1930, US-amerik. Maler; Wegbereiter der Pop-Art.

**Johnson** ['dʒɔnsən], **1.** Andrew, *1808, †1875, US-amerik. Politiker (Republikaner); 17. Präs. der USA 1865—69; zeigte Milde gegenüber den Südstaaten u. geriet dadurch in Konflikt mit dem Kongreß. — **2.** Ben, *30.12.1961, kanad. Leichtathlet jamaikan. Herkunft; zum »Weltsportler des Jahres 1987«, bei den Olymp. Spielen 1988 des Dopings überführt. Sein Weltrekord (100 m in 9,83 Sek., 1987 in Rom) wurde ihm nachträgl. aberkannt. — **3.** ['juːnsɔn], Eyvind, *1900, †1976, schwed. Schriftst.; Vorkämpfer des europ. Gedankens; Nobelpreis 1974. — **4.** Lyndon Baines, *1908, †1973, US-amerik. Politiker (Demokrat); seit 1961 Vizepräs., nach der Ermordung J.F. *Kennedys* 1963 dessen Nachfolger (36. Präs. der USA 1963—69; Wiederwahl 1964). J. setzte die Sozialpolitik Kennedys fort. — **5.** Samuel, *1709, †1784, engl. Schriftst.; Hrsg. kritischer Wochenzeitungen, maßgebender Literaturkritiker seiner Zeit. — **6.** ['joːnzɔn], Uwe, *1934, †1984, dt. Schriftst.; Romane mit aktueller Thematik u. experimentellem Stil.

**Johore** [dʒɔˈhɔr], Teilstaat in → Malaysia.

**Joint** [dʒɔint], die Haschisch- oder Marihuana-Zigarette oder -Pfeife, die im Kreis herumgereicht wird.

**Joint Venture** ['dʒɔint 'ventʃə], *Gemeinschaftsunternehmen* von Partnern aus versch. Branchen oder Ländern mit in der Regel gleichmäßiger Kapitalbeteiligung.

**Jo-Jo** [phil.], Geschicklichkeitsspiel. Eine an einer Schnur hängende Spule rollt duch gleichmäßig federndes Bewegen der Hand auf u. ab.

**Jojoba,** Wüstenpflanze aus der Fam. der *Buchsbaumgewächse;* Charakterpflanze der Trockengebiete in der Sonora-Wüste, immergrüner, zweihäusiger Busch. Die Samen enthalten zu ca. 50 % Öl, das vielfältig verwendet wird (Kosmetika, Pharmaka).

**Jókai** ['joːkɔi], Mór, *1825, †1904, ung. Schriftst.; mit S. *Petöfi* 1848 Führer der ung. revolutionären Jugend.

**Joker** ['dʒɔukə], im Poker, Rommé u. Canasta die Karte, die für jede andere Karte eintreten kann.

**Joliot-Curie** [ʒɔˈljokyˈri], Frédéric, eigtl. F. *Joliot,* *1900, †1958, frz. Physiker; 1946—50 Hoher Kommissar Frankreichs für Atomenergie. J. entdeckte mit seiner Frau Irène *Curie* (*1897, †1956) die künstl. Radioaktivität, bed. Arbeiten in der Isotopenforschung; sie erhielten zus. 1935 den Nobelpreis für Chemie.

**Jolle, 1.** kleines, breites Beiboot auf Seeschiffen. — **2.** Segelbootstyp mit Schwertkiel, meist breitbodig u. mit Lufttanks. Olympische J. sind *Finn-Dinghy* u. *Flying Dutchman;* die *Olympia-J.* ist ein Boot der internat. Einheitsklasse.

**Jom Kippur,** *Yom-Kippur,* Name des jüd. Versöhnungstags. — **J.-K.-Krieg** → Nahostkonflikt.

**Jommelli,** *Jomelli,* Niccolò, *1714, †1774, ital. Komponist (Opern, Kirchenmusik).

**Jomolungma** [dʒɔ-], tibet. Name des Mount Everest.

**Jona,** *Jonas,* alttestamentar. Prophet um 780 v.Chr. (2. Kön. 14,25). Die Schrift *J.* aus dem 5./4. Jh. v.Chr. berichtet von legendären Erlebnissen des J. im Bauch eines großen Fisches.

**Jonas, 1.** Franz, *1899, †1974, östr. Politiker (SPÖ); 1965—74 Bundes-Präs. — **2.** Hans, *10.5.1903, Philosoph u. Religionswissenschaftler; 1987 Friedenspreis des Dt. Buchhandels.

**Jonathan,** Sohn des Königs *Saul* u. Freund *Davids;* fiel im Kampf gegen die Philister.

**Jones** [dʒɔunz], **1.** Allen, *1.9.1937, engl. Maler u. Graphiker; Vertreter der Pop-Art. — **2.** Inigo, *1573, †1652, engl. Architekt; führte in England den Klassizismus A. *Palladios* ein. — **3.** James, *1921, †1977, US-amerik. Schriftst., Schilderungen aus der amerik. Armee, Gesellschaftskritik. W »Verdammt in alle Ewigkeit«. — **4.** Sidney, *1861, †1946, engl. Operettenkomponist. W »Die Geisha«.

**Jongleur** [ʒɔˈgløːr], ein Artist, der Geschicklichkeitsübungen vorführt.

**Jonkheer,** »Junker«, Titel des niederen ndl. Adels.

**Jönköping** [-tçøːpiŋ], S-schwed. Prov.-Hptst. am Südzipfel des Vättern, 107 000 Ew.; Zündholz-, Schuh-, Leinen- u. Papierind.

**Jonquille** [ʒɔkiːljə], *Bouquetnarzisse,* südeurop. *Narzisse* mit gelben, wohlriechenden Blüten.

**Jonson** ['dʒɔnsən], Ben (Benjamin), *1573(?), †1637, engl. Dichter; versuchte, das engl. Volksstück mit den antiken Vorbildern zu vereinigen.

**Joplin** ['dʒɔplin], **1.** Janis, *1943, †1970, US-amerik. Rocksängerin. — **2.** Scott, *1868, †1917, US-amerik. Jazzmusiker (Klavier, Komposition); beeinflußte entscheidend den *Ragtime* (»King of Ragtime«).

**Joppe,** taillenlose Männerjacke aus dickem Wollstoff.

**Jordaens** [-daːns], Jakob, *1593, †1678, fläm. Maler; neben P.P. *Rubens* u. A. van *Dyck* Hauptmeister der fläm. Barockmalerei; stark von Rubens beeinflußt; malte großformatige bibl., mytholog. allegor. u. sittenbildl. Darstellungen.

**Jordan,** arab. *Nahr ash Shariah,* längster Fluß Israels u. Jordaniens, 330 km; bildet sich aus den Quellflüssen *Hermon, Dan* u. *Senir,* durchfließt das Hulatal, den See Genezareth u. das Ghor; mündet ins Tote Meer.

**Jordan,** Pascual, *1902, †1980, dt. Physiker; entwickelte eine fünfdimensionale Relativitätstheorie u. eine Theorie der explosiven Sternentstehung.

**Jordanien,** Staat in Vorderasien, 97 740 km², 3,5 Mio. Ew. (islam. Araber, rd. 50 % Palästinenser), Hptst. *Amman.*

# Joseph 423

*Jordanien*

Landesnatur. Der Jordangraben teilt das Land in (das isr. verwaltete) W-Jordanien u. in O-Jordanien. Letzteres wird von einem Bergland eingenommen, das nach NO u. O in Wüste übergeht. Der NW des Landes hat Mittelmeerklima, der S u. der O vorw. Wüsten- u. Steppenklima.

Wirtschaft. Die Landwirtschaft erzeugt Weizen, Gerste, Mais, Hülsenfrüchte, Oliven, Weintrauben. Die Viehzucht betreiben überwiegend Nomaden (Schafe, Ziegen, Kamele). Die Industrie erzeugt in erster Linie Nahrungsmittel u. Verbrauchsgüter. An Bodenschätzen gibt es Phosphat u. Kupfer. — Neben einer Eisenbahnlinie ist die parallellaufende u. weiter zum einzigen Hafen Aqaba führende Straße der wichtigste Verkehrsweg. Für den internat. Luftverkehr steht der Flughafen Amman zur Verfügung.

Geschichte. Das *Ostjordanland,* bis 1918 Teil des Osmanischen Reichs, kam 1920 als Völkerbundmandat unter brit. Verwaltung; als Emirat *Tansjordanien* wurde es 1922 von Palästina abgetrennt. 1945 wurde Tansjordanien Mitgl. der Arab. Liga u. im Mai 1946 als *Haschemitisches Königreich Transjordanien* (seit 1949 J.) formell unabh. 1948 nahm J. am Krieg gegen Israel teil, seine Truppen besetzten den östl. Teil Palästinas u. die Altstadt von Jerusalem. Nach dem *Sechstagekrieg* gegen Israel wurde 1967 das Gebiet westl. des Jordan von Israel besetzt. 1988 verzichtete J. formell auf alle rechtl. u. administrativen Bindungen zum Westjordanland. Staatsoberhaupt ist seit 1952 König Hussain II., der J. als konstitutionelle, erbl. Monarchie regiert.

**Joruba** → Yoruba.

**Jos,** Hptst. des nigerian. Bundesstaats Benueplateau, im Zentrum des Bauchiplateaus (*J.plateau*), 1300 m ü.M., 143 000 Ew.; Zinnbergbau.

**Joseph, 1.** im AT Sohn des Patriarchen *Jakob,* von seinen Brüdern nach Ägypten verkauft; zog seine Fam. nach u. begr. damit den Aufenthalt Israels in Ägypten. — **2.** im NT Vater *Jesu,* Zimmermann in Nazareth. — Seit 1870 Schutzpatron der ganzen röm.-kath. Kirche, Heiliger (Fest: 19.3.; 1.5. Gedächtnistag).

**Joseph,** Fürsten:
**1. J. I.,** *1678, †1711, röm.-dt. Kaiser 1705—11; Sohn *Leopolds I.,* seit 1687 König von Ungarn, 1690 zum röm. König gewählt; führte den *Span. Erbfolgekrieg.* — **2. J. II.,** *1741, †1790, röm.-dt. Kaiser 1765—90; Sohn *Maria Theresias,* 1765 Verleihung der Kaiserwürde u. Mitregentschaft, 1780 Alleinherrschaft; in außenpolit. Fragen oft im Ge-

*Der mäandrierende Jordan kurz vor seiner Mündung ins Tote Meer*

*Joseph II.*   *Joséphine*

gensatz zu seiner Mutter. Er war ein Vertreter des *aufgeklärten Absolutismus*. Mit radikalen Reformen suchte er sein Ziel eines zentralistisch regierten Reichs zu erreichen *(Josephinismus)*. Er schaffte die Leibeigenschaft der Bauern 1781 ab u. betrieb eine merkantilist. Wirtschaftspolitik; er veranlaßte den Bau von Schulen u. Krankenhäusern, die Milderung der Zensur u. die Abschaffung der Folter. Durch die Einführung einer allg. Grundsteuer auch für den Adel u. seine bes. einschneidenden kirchenpolit. Reformen erregte er den Widerstand von Adel u. Klerus. Aufstände in Ungarn u. den östr. Niederlanden zwangen ihn, die meisten seiner Reformen zu widerrufen. –
**3. J. Klemens,** *1671, †1723, Kurfürst u. Erzbischof von Köln 1688–1706 u. 1714–23; wurde während des Span. Erbfolgekriegs wegen seines Bündnisses mit dem frz. König Ludwig XIV. vom Kaiser geächtet u. mußte nach Frankreich fliehen; konnte 1714 in seine Länder zurückkehren.
**Joseph** [ʒɔˈzεf], *Père J., J. von Paris,* eigentl. *François Le Clerc du Tremblay de Maffliers,* *1577, †1638, frz. Kapuziner, Ratgeber A. J. *Richelieus*; die »Graue Eminenz« genannt.
**Joséphine** [ʒɔzeˈfiːn], Marie-Josèphe Rose, geb. Tascher de La Pagerie, *1763, †1814, Kaiserin der Franzosen 1804–09; verh. mit dem Grafen Alexandre de *Beauharnais* (hingerichtet 1794), 1796 mit dem späteren Kaiser *Napoleon I.,* von diesem aus polit. Gründen (nichtfürstl. Abstammung, Kinderlosigkeit) 1809 geschieden.
**Josephinisches Gesetzbuch,** in Östr. 1787 eingeführt, Vorläufer des Allgemeinen Bürgerlichen Gesetzbuchs.
**Josephinismus,** *i.e.S.* die Kirchenpolitik Kaiser *Josephs II.:* verschärfte staatl. Aufsicht, Aufhebung zahlreicher Klöster, Religionsfreiheit auch für Protestanten u. Grch.-Orthodoxe (Toleranzpatent 1781); *i.w.S.* eine bestimmte geistige Haltung im östr. Beamtentum, Schulwesen, die durch die Reformideen Josephs II. gekennzeichnet war.
**Josephsehe,** im kath. Sprachgebrauch eine Ehe die auf körperl. Ehevollzug verzichtet. Vorbild ist Joseph, der nach kath. Anschauung die Ehe mit Maria nicht vollzog.
**Josephson** [ˈdʒoʊzəfsən], Brian David, *4.1.1940, brit. Physiker; Arbeiten über Supraleitung (J.-Effekte); Nobelpreis 1973.
**Josephus Flavius,** *um 37, †nach 100, jüd. Geschichtsschreiber.
**Josquin Desprez** [ʒɔˈskɛdəpre], *um 1440, †1521, franko-fläm. Komponist; einer der Hauptmeister der Ndl. Schule; seine Kompositionen (rd. 20 Messen u. weltl. Werke) zeichnen sich durch schönen Klang u. intensiven Affektausdruck aus.
**Jostedalsbreen,** Gletscher auf dem bis 2083 m hohen Jostefjeldplateau (Norwegen), 855 km², bis 500 m mächtig; 24 große Gletscherzungen.
**Josua,** Sohn des Nun, Nachfolger des Moses in der Führung der israelit. Stämme nach Palästina.
**Jötun,** in der nord. Mythologie dämon. Riesen mit einem eig. Reich *(Jötunheim)* im N.
**Jötunheimen,** norw. Gebirgsmassiv zw. Nordfjord, Sognefjord u. Gudbrandstal; im *Glittertind* 2470 m.
**Jouhaux** [ʒuˈo], Léon, *1879, †1954, frz. Gewerkschaftsführer; gründete 1947 (gegen den Weltgewerkschaftsbund) eine eig. frz. Gewerkschaftsorganisation, die »Force Ouvrière«; 1949–54 Präs. des Internat. Rats der Europa-Bewegung; Friedensnobelpreis 1951.

**Joule** [dʒuːl], Kurzzeichen J, die Einheit der Arbeit, Energie u. Wärmemenge. Ein J. (1 J) ist diejenige Arbeit, die verrichtet wird, wenn die Kraft ein Newton (1 N) längs eines Wegs von einem Meter (1 m) wirkt: $1 J = 1 N \cdot m = 1 kg \cdot m^2/s^{-2}$.
**Joule** [dʒaul, dʒuːl, dʒoul], James Prescott, *1818, †1889, engl. Physiker; bestimmte quantitativ die Äquivalenz zw. mechan. Energie u. Wärme. 1841 entdeckte er das *J.sche Gesetz,* das aussagt, daß die Wärme, die in einem stromdurchflossenen Draht entsteht, der Größe des Widerstands (R), der Zeit (t) u. dem Quadrat der Stromstärke (I) proportional ist: $W = R \cdot I^2 \cdot t$.
**Jour** [ʒuːr], Tag. – **J. fix,** festgesetzter Tag für Treffen.
**Journal** [ʒurˈnaːl], **1.** Zeitung, Zeitschrift. – **2.** Geschäftsbuch zur chronolog. Eintragung der tägl. Geschäftsvorgänge.
**Journalismus** [ʒur-], schriftsteller. u. (oder) publizist. Gestaltung, Redaktion im Dienst von Presse, Hörfunk, Fernsehen u. Film.
**Journalist** [ʒur-], ein berufl. für Nachrichtenagenturen, Presse, Hörfunk, Fernsehen u. Film tätiger Schriftst. oder Mitarbeiter, fest angestellt oder als freier oder vertragl. gebundener Mitarbeiter. Sonderformen sind die des *Berichterstatters (Reporters),* des *Bild-J.* u. des *Korrespondenten.*
**Jouvenet** [ʒuvˈnε], Jean-Baptiste, gen. *le Grand,* *1644, †1717, frz. Maler; Hauptmeister der Kirchenmalerei seiner Zeit.
**Jouvet** [ʒuˈvε], Louis, *1887, †1951, frz. Schauspieler, Regisseur u. Theaterleiter.
**jovial,** leutselig, wohlwollend, gutmütig-herablassend.
**Joyce** [dʒɔis], James, *1882, †1941, ir. Schriftst.; ein einflußreicher literar. Revolutionär, der von einem ins Äußerste gehenden Naturalismus zu einer neuen, schwer zugängl., auf sprachl. Assoziationen aufgebauten Form gelangte. W »Ulysses«, die vielschichtige Schilderung von 24 Stunden aus dem Leben zweier Dubliner Bürger.
**Juan Carlos** [xuˈan-], Don *J.C.* de Borbón y Borbón, Prinz von Asturien, *5.1.1938, Enkel König *Alfons' XIII.*; heiratete 1962 Prinzessin *Sophia* von Griechenland u. wurde 1975 nach dem Tod Francos König von Spanien (1969 designiert).
**Juan d'Austria** [xuˈan-], Don, *Johann von Österreich,* *1547, †1578, span. Heerführer; unehel. Sohn Kaiser *Karls V.* mit Barbara *Blomberg,* 1559 von *Philipp II.* als Halbbruder anerkannt; 1568 Befehlshaber der Mittelmeerflotte (1571 Sieg über die Türken bei *Lepanto*).
**Juan-Fernández-Inseln** [xuan fεrˈnandeθ], vulkan. chilen. Inselgruppe im Pazifik, 650 km westl. von Valparaiso, auf dem *Juan-Fernández-Rücken;* 3 Inseln: *Alexander Selkirk (Más Afuera), Santa Clara* u. *Robinson Crusoe (Más a Tierra),* zus. 185 km², rd. 500 Ew.; im 17. Jh. Stützpunkt engl. u. holländ. Freibeuter. 1704–09 lebte hier der schott. Seemann A. Selkirk, der D. Defoe zu seinem Abenteuerroman »Robinson Crusoe« anregte.
**Juárez García** [xuˈarɛs garˈθia], Benito, *1806, †1872, mex. Politiker u. Nationalheld; indian. Herkunft; lenkte seit 1857 als Vize-Präs., seit 1861 als Staats-Präs. die Politik. Nach dem Eingreifen der Franzosen, Engländer u. Spanier in Mexiko u. der Inthronisierung Kaiser *Maximilians* leitete er den

*Judasbaum*

Untergrundkrieg gegen die frz. Besatzungsmacht. 1867 u. 1871 wurde er erneut zum Staats-Präs. gewählt.
**Juba** [ˈdʒuːba], *Djuba, Giuba,* Hptst. der sudanes. Äquatorprovinz am Weißen Nil (Bahr Al Gabal), 116 000 Ew.; Tabak- u. Kaffeeanbau.
**Jubeljahr, 1.** → Jobeljahr. – **2.** ein seit 1300 in versch. Abständen (seit 1475 alle 25 Jahre) innerhalb der kath. Kirche gefeiertes Jahr *(Heiliges Jahr,* z.B. 1983), bei dem ein bes. Ablaß gewährt wird. Während des J. wird das **Jubeltor** *(Goldene Pforte)* in der Peterskirche in Rom geöffnet.
**Jubilate** [lat. »jauchzet«], 3. Sonntag nach Ostern.
**Juchten,** geschmeidiges, wasserdichtes, mit Eichenrinde gegerbtes u. mit Birkenteeröl **(J.öl)** gefettetes Kalb- oder Rinderleder; fr. in Rußland hergestellt.
**Jud,** *Judae,* auch *Keller,* Leo, *1482, †1542, schweiz. Reformator, Bibelübersetzung; Mitarbeiter U. *Zwinglis* u. J.H. *Bullingers.*
**Juda, 1.** führender Stamm des S-israelit. Stämmeverbands; nach *J.,* dem Sohn Jakobs u. der Lea, benannt. – **2.** südl. Reichsteil der davidischen Monarchie, dessen alte Hptst. *Hebron* von David zugunsten *Jerusalems* aufgegeben wurde; ein eig. Staat, der durch Deportation seiner Oberschicht (597 u. 587 v. Chr.) u. Zerstörung Jerusalems aufgehoben wurde.
**Judäa,** hebr. *Yehuda,* der mittlere Teil des Berglands von Israel u. W-Jordanien, zw. Samaria im N u. dem Negev im S. Seine höchsten Höhen übersteigen 1000 m knapp. – J. war urspr. die Bez. für das jüd. Siedlungsgebiet um Jerusalem nach der Babylon. Gefangenschaft, später für das Reich Herodes' d. Gr. Seit 67 n. Chr. war J. röm. Provinz.
**Judaica,** Bücher über das Judentum.
**Judas, 1.** Jünger Jesu, Sohn des Jakobus; vielleicht mit Thaddäus oder Lebbäus identisch (Luk. 6,16). – Heiliger (Fest 28.10.). – **2.** nach der Tradition Bruder Jesu (Mark. 6,3); gilt als Verfasser des *J.briefs* (gegen gnost. Irrlehren) im NT. – **3.** *J. Ischariot,* Jünger u. Apostel Jesu, den er aus Habgier oder (politischer) Enttäuschung verriet; erhängte sich nach seiner Tat. – **4.** *J. der Galiläer,* Haupt der *Zeloten* z.Z. des *Herodes Antipas,* entfesselte 7 n. Chr. eine Revolte gegen Rom u. fiel im Kampf (Apg. 5,37). – **5.** *J. Makkabäus,* †161 v.Chr. (gefallen), jüd. Heerführer; führte den Befreiungskampf gegen den Seleukidenherrscher *Antiochos IV. Epiphanes* u. dessen Nachfolger, eroberte Jerusalem u. verbündete sich mit den Römern.
**Judasbaum,** ein *Mimosengewächs,* in S-Europa u. im Orient heimisch. Am J. hat sich der Sage nach Judas Ischariot aufgehängt.
**Juden,** urspr. das nach dem Stamm u. später Königreich *Juda* in Palästina benannte Volk, später nach der Zerstreuung ausgedehnt auf alle die ihre Herkunft auf das Volk *Israel* zurückführten u. trotz aller Unterschiede im Kulturstand u. in der Umgangssprache aufgrund der Glaubensgemeinschaft ein gewisses Maß an gemeinsamem Brauchtum bewahrten. Als Jude gilt, wer von einer jüd. Mutter geboren wurde oder zum J.tum übergetreten ist. Unter den europ. J. unterscheidet man 2 Gruppen: die *Sephardim* oder spaniol. J. *(Spaniolen)* u. die *Aschkenasim* oder mittel- bzw. osteurop. J. Die Hauptmasse der J. gehört zu letzteren. – Die Zahl der J. auf der Erde betrug 1933 rd. 16 Mio., ging durch die nat.-soz. Verfolgung bis 1947 auf 11,3 Mio. zurück u. stieg bis 1989 auf 18 Mio. an. In Dtld. lebten 1925 rd. 565 000 J., nach 1933 verließen 295 000 J. Dtld., in der BR Dtld. leben heute rd. 30 000; 3,4 Mio. J. haben sich in *Israel* eine neue Heimat geschaffen (hier *Israeli* genannt).
G e s c h i c h t e. Der Erzvater *Abraham* wanderte angebl. um 2000 v. Chr. aus Ur in Mesopotamien nach Palästina ein. Um 1220 v. Chr. befreite *Moses* semit. Fronarbeiter aus der ägypt. Knechtschaft u. führte sie in die Wüstensteppe zw. Ägypten u. S-Palästina. Hier schloß er sie mit anderen verwandten Stämmen zu der Verehrung *Jahwes* zu einer Kultgemeinschaft locker zusammen. Diese Halbnomaden sickerten friedlich oder drangen gewaltsam in kleinen Verbänden in das Kulturland Kanaan ein. Ergebnis dieser Landnahme war die Bildung des sakralen 12-Stämme-Verbands *Israel.* *David* (1004–965 v.Chr.) gelang es, die bis dahin ohne polit. Zusammenhang lebenden Nord- u. Südstämme in einer Doppelmonarchie zu vereinigen u. die kanaanäischen Stadtstaaten (Jerusalem u.a.) in sein Reich einzugliedern; außerdem unter-

### Jüdischer Kalender

*Tischri* (September/Oktober), 30 Tage
  1.–2. Rosch ha-Schana (Neujahrsfest)
  3. Fasten Gedalja
  10. Jom Kippur (Versöhnungstag)
  15.–21. Sukkoth (Laubhüttenfest)
  23. Simchat Thora (Gesetzesfreude)
*Marcheschwan* (Oktober/November), 29 Tage
*Kislew* (November/Dezember), 30 Tage
  25.–3. Tewet: Chanukka (Lichtfest; Wiedereinweihung des Jerusalemer Tempels)
*Tewet* (Dezember/Januar), 29 Tage
  10. Assara be-Tewet (Fasttag)
*Schewat* (Januar/Februar), 30 Tage
  15. Chamischa Assar bi-Schewat (Fasttag)
*Adar* (Februar/März), 29 Tage
  (im Schaltjahr 2 Adar (Adar und Adar Scheni)
  13. Fasten Esther
  14. Purimfest (Losfest; Volksfest)
  15. Schuschan Purim (Purim von Susa)
*Nissan* (März/April), 30 Tage
  15.–22. Pessach (Erinnerung an den Auszug aus Ägypten)
*Ijar* (April/Mai), 29 Tage
  18. Lag ba-Omer (33. Tag der Omerzählung)
*Siwan* (Mai/Juni), 30 Tage
  6.–7. Schawuot (Wochenfest)
*Tammus* (Juni/Juli), 29 Tage
  17. Schiwa-Assar be-Tammus (Fasttag)
*Aw* (Juli/August), 30 Tage
  9. Tischa be-Aw (Trauer- u. Fasttag)
  15. Chamischa Assar be-Aw (Festtag)
*Elul* (August/September), 29 Tage

warf er einige Nachbarvölker (Ammoniter, Moabiter, Edomiter, Philister). Die alten Gegensätze zw. den Stämmegruppen führten nach dem Tod *Salomos*, des Nachfolgers Davids, zur Spaltung des Reichs (926 v.Chr.) in zwei selbständige Staaten, Israel im N (Hptst. *Samaria*) u. Juda im S (Hptst. *Jerusalem*, unter der David-Dynastie). Israel verlor bereits 721 v.Chr. seine Selbständigkeit u. wurde als Prov. in das neuassyr. Reich eingegliedert. Juda konnte als Vasall der Assyrer u. seit 605 v.Chr. der Neubabylonier seine Eigenstaatlichkeit erhalten, bis es nach mehreren Aufständen 587 v.Chr. als Staat liquidiert wurde. Die durch zweimalige Deportation (597 u. 587 v.Chr., *Babylonische Gefangenschaft*) nach Babylonien verpflanzte Oberschicht Judas konnte ihre religiöse u. ethnische Ei-

### Juden: Geschichtliche Daten

| | |
|---|---|
| 15.–13. Jh. v. Chr. | Einwanderung der israelitischen Stämme nach Palästina |
| um 1225 v. Chr. | Zug des Volkes Israel von Ägypten ins Ostjordanland (Mose) |
| um 1000 v. Chr. | König David/Jerusalem Hauptstadt |
| 925 v. Chr. | Reichsteilung in Juda und Israel |
| 721 v. Chr. | Assyrisches Exil |
| 587–538 v. Chr. | Babylonisches Exil |
| um 540 v. Chr. | Rückkehr nach Zion |
| 515 v. Chr. | 1. Tempel in Jerusalem |
| 166 v. Chr. | Erhebung der Makkabäer |
| 63 v. Chr. | Pompejus in Jerusalem |
| 20 v. Chr. | Tempelneubau des Herodes |
| 66 n. Chr. | Jüdisch-römischer Krieg |
| 70 | Zerstörung des 2. Tempels |
| 132 | Bar Kochba |
| 321 | Juden in Köln |
| ab 8. Jh. | Kulturelle Blütezeit unter der Araberherrschaft in Spanien |
| 1096 | Verfolgungen während der Kreuzzüge |
| 1290 | Vertreibung aus England |
| 1348/49 | Schwarzer Tod/Höhepunkt der Verfolgung in Deutschland |
| 1394 | Vertreibung aus Frankreich |
| 1492 | Vertreibung aus Spanien |
| 18. Jh. | (Aufklärung) Emanzipationsbestrebungen |
| 1881 und 1905 | Pogrome in Rußland |
| 1894 | Dreyfusaffäre |
| 1896 | Herzl/Zionismus |
| 1917 | Balfour-Deklaration |
| 1933 | Aufruf zum Judenboykott |
| 1938 | Kristallnacht |
| 1941–45 | Vernichtungslager |
| 1948 | Gründung des Staates Israel |

genart bewahren. Ein Teil der Deportierten machte von der Heimkehrerlaubnis des Perserkönigs Kyros (538 v.Chr.) Gebrauch u. begann mit dem Wiederaufbau des Jerusalemer Tempels (vollendet um 515 v.Chr.). Die in Babylonien verbliebenen J., z.T. durch Handel reich geworden, unterstützten den Wiederaufbau der Heimatgemeinde. – Die Herrschaft über Palästina ging 198 v.Chr. von den ägypt. Ptolemäern auf die syr. Seleukiden über. Gegen sie richtete sich der Aufstand der jüd. *Makkabäer* (Beginn 166 v.Chr.). 63 v.Chr. kam Judäa endgültig unter die Herrschaft der Römer (Scheinkönigtum *Herodes' d.Gr.*). Der jüd. Aufstand 66–70 n.Chr. endete mit der Zerstörung Jerusalems durch Titus u. dem Verlust der letzten Reste polit. Autonomie. Die Erhebungen gegen Trajan 116/17 u. unter *Bar Kochba* gegen Hadrian 132–35 führten schließl. zur Vertreibung des größten Teils der jüd. Bevölkerung aus Jerusalem. Nach dem Untergang des jüd. Staatswesens begann die Massenzerstreuung der J. über Vorderasien, N-Afrika u. den Mittelmeerraum. Mit den röm. Legionen kamen sie bis nach Gallien, England u. Dtld., wo sie z.T. auch nach Abzug der röm. Truppen zurückblieben. – Mit den Kreuzzügen setzt die große Welle der *J.verfolgungen* im Abendland ein, die im ganzen MA nicht mehr abrissen. Da die J. keinen Zugang zu den bürgerl. Berufsständen hatten, blieben sie auf Handel u. Geldverkehr beschränkt, der aber auch schon vorher ihr Haupterwerb in den W-europ. Gebieten waren. Sie blieben auf bestimmte Stadtbezirke beschränkt (*Getto*) u. mußten sich in der Kleidung von den christl. Bewohnern unterscheiden (*J.hut*, gelber Fleck). Trotzdem verfügten sie infolge ihrer weitreichenden internat. Verbindungen über Handels- u. Finanzbeziehungen, die sie immer wieder zu unentbehrl. Sach- u. Geldlieferanten der noch unentwickelten Staatswirtschaft machten. Dagegen lebten die hpts. in Polen u. Galizien ansässigen *Ost-J.* vielfach in drückenden Verhältnissen, meist als Handwerker, oft von *Pogromen* heimgesucht. Deswegen setzte von hier aus eine im 19. u. 20. Jh. stark anwachsende Auswanderung ein. Im Gegensatz zur *Emanzipationsbewegung* der Aufklärungszeit, die darauf ausging, das J.tum möglichst in seinen Gastvölkern aufgehen zu lassen (häufig unter Übertritt zur christl.), stand auf jüd. Seite eine orthodoxe Richtung, die entweder eine Assimilation unter Beibehaltung des Glaubens der Väter anstrebte oder seit dem Ausgang des 19. Jh. ablehnte (*Zionismus*) u. die Erhaltung der überkommenen Substanz durch die Wiedererrichtung einer eig. jüd. Heimstätte in *Palästina* zum Ziel hatte (→ Israel).

Religion. Das **Judentum** hält an bestimmten Grundlehren fest: Gottes Einheit u. Einzigkeit. Der Mensch steht Gott als Mittler gegenüber, die Welt ist Gottes Schöpfung. Ihr Sinn ist die Verwirklichung des Guten. Gott hat seinen Willen offenbart, er ist der Gesetzgeber u. Fordernde, der Maßstab des Sittlichen. Der Mensch ist selbständige sittliche Persönlichkeit. Ziel der Menschheit ist das messianische Gottesreich des Friedens, der Liebe u. der Gerechtigkeit.
Charakterist. für das J.tum ist, daß nicht ein Glauben Mittelpunkt der Frömmigkeit ist, sondern das Tun. Die Form seiner Frömmigkeit ist der Gehorsam gegenüber dem göttl. Gebot. Quelle des J.tums ist das *Alte Testament*, bes. die *Thora* (5 Bücher Mose). Dazu tritt der *Talmud*, der die Verhandlungen über die Anwendung der Bibel auf das tägl. Leben enthält u. um 500 n.Chr. abgeschlossen war.
Im jüd. Leben hat der synagogale Gottesdienst einen zentralen Platz. Beschneidung als Bundeszeichen, strenge Beachtung ritueller Reinheitsvorschriften, Speisegesetze u.a. gelten als kultisch-zeremonieller Ausdruck des Gehorsams gegen Gott. Neben dem Sabbat werden u.a. vier große Feste des Jahres gefeiert: *Pessach* oder *Passah* als Erinnerung an die Befreiung aus d. ägypt. Gefangenschaft, *Schawuot* (Wochenfest) als Erinnerung an die Gesetzgebung am Sinai, *Sukkot* (Laubhüttenfest) als Erinnerung an den Wüstenzug, *Jom Kippur* als Tag der Versöhnung.
**Judenchristen, 1.** Juden, die durch die Taufe Christen geworden sind. – **2.** im Urchristentum die aus dem Judentum stammenden Christen, die an der Befolgung jüd. Gesetze u. Gebräuche festhielten; Ggs.: *Heidenchristen*.
**Judendorn,** *Jujube*, ein asiat. *Kreuzdorngewächs*; Zierstrauch mit roten Beeren.

**Judenhut,** im MA zur Kennzeichnung der Juden in der Diaspora für diese vorgeschriebener spitzer Hut.
**Judenkirsche,** *Blasenkirsche*, S-europ. *Nachtschattengewächs*, Staude mit scharlachroten Beeren; volkstüml. Bez. auch für zahlreiche andere Pflanzen, z.B. *Christophskraut, Ahlkirsche, Kirschpflaume, Pfaffenkäppchen, Kornelkirsche, Geißblatt*.
**Judenpfennig,** kleine Kupfermünze um 1800–25 mit Phantasienamen, von privater Seite in Umlauf gebracht u. weit verbreitet.
**Judenverfolgung,** allg. die seit frühchristl. Zeit in vielen Ländern vorkommende Verfolgung von Juden aus religiösen, polit., sozialen oder wirtschaftl. Motiven. Im nat.-soz. dt. Staat: Vom Boykott gegen alle jüd. Ärzte, Anwälte u. Geschäftsinhaber (1.4.1933) über die Ausschaltung der jüd. Beamten (7.4.1933), die Verfemung der jüd. Künstler (10.5.1933), die *Nürnberger Gesetze* (15.9.1935, dazu die Durchführungsverordnungen über Reichsbürgerschaft u. den »Schutz des dt. Blutes u. der dt. Ehre«), Beschränkungen u. Sondergesetze führten über den Weg zum »November-Pogrom« (9./10.11.1938, sog. *Reichskristallnacht*). In den folgenden Jahren entzog man den Juden u. Halbjuden systematisch die Existenzgrundlage: Ausschließung aus den meisten Berufen, Verbot des Betretens von kulturellen Einrichtungen u. Erholungsstätten, Verpflichtung zur Annahme der Vornamen Sara u. Israel, zum Tragen des *Judensterns* u.a. 1941 wurde die bis dahin von A. *Eichmann* forcierte Auswanderung gestoppt, da die Nationalsozialisten nunmehr die »Endlösung« einleiteten. Ab Januar 1942 (Wannsee-Konferenz) begann der Abtransport der noch in Europa lebenden Juden in die *Vernichtungslager* im Osten. Durch Massenerschießungen der *Einsatzgruppen*, Massenvergasungen u. Hungertod verloren 5–6 Mio. Juden ihr Leben.
**Judenviertel** → Getto.
**Judikative,** die (vorwiegend) rechtsprechende Gruppe der Staatsorgane eines Staates mit *Gewaltenteilung,* meist die Gerichte.
**Judith,** Heldin des apokryphen alttestamentar.

*Juden: Seite aus der Darmstädter Pessach-Haggada, die wegen ihrer prachtvollen Randleisten und Ornamente von hoher kunstgeschichtlicher Bedeutung ist (Anfang des 15. Jahrhunderts). Die volkstümliche Pessach-Erzählung wird am Sederabend bei der häuslichen Feier vorgelesen*

**Judiz**

Buchs J., die dem assyr. Heerführer *Holofernes,* der ihre Vaterstadt belagerte, den Kopf abschlug.

**Judiz,** Urteil, richterl. Urteilsvermögen. – **judizieren,** urteilen.

**Judo,** *Ju-Do, Diu-Do,* ein von dem Japaner *Jigoro Kano* um 1880 aus dem *Jiu-Jitsu* entwickelter Kampfsport, bei dem alle rohen u. gefährl. Griffe verboten sind. In der J.-Technik unterscheidet man gymnast. Übungen, Fallübungen, Würfe u. Griffe. Die Kampfkleidung *(Judogi)* besteht aus der weißen Kampfjacke *(Kimono),* der langen Hose *(Zubon)* u. dem 4 cm breiten Gürtel, an dessen Farbe der (Schüler- oder Meister-)Grad zu erkennen ist.

**Judoka,** Judosportler.

**Jud Süß** → Süß-Oppenheimer.

**Jugend,** ein Lebensabschnitt, biolog. gesehen von der Geburt bis zur Geschlechtsreife; i. allg. identisch mit der Reifezeit, die mit dem Einsetzen der Pubertät beginnt (etwa 12. Lebensjahr) u. mit der phys. u. seel. Reife im Erwachsenenalter (etwa 20. Lebensjahr) endet. Die J. ist einer bes. Erziehung u. Fürsorge unterstellt *(J.amt, J.fürsorge, J.wohlfahrtspflege)* Zur jurist. Bedeutung der J.phasen → Alter. Die J. sieht sich als Einheit gegenüber den Älteren, was häufig zu Konflikten führt *(Generationsproblem);* sie entzieht sich dem Erziehungsanspruch der Älteren u. sucht aus eig. Kräften nach neuen Lebensformen.

**Jugendamt,** Behörde für Jugendwohlfahrtspflege in kreisfreien Städten u. Landkreisen. Aufgaben sind u.a. Schutz der Pflegekinder, Mitwirkung im Vormundschaftswesen, bei der Erziehungsbeistandschaft, der Freiwilligen Erziehungshilfe u. der Fürsorgeerziehung, die Jugendgerichtshilfe, die Mitwirkung in der Jugendhilfe bei den Polizeibehörden. – In Österreich sind die J. bei den Bezirksverwaltungen errichtete Abteilungen.

**Jugendarbeitsschutz,** Sonderschutzmaßnahmen zugunsten jugendl. Arbeitnehmer; Neuregelung durch das *J.gesetz* vom 12.4.1976 *(JArbSchG).* Das JArbSchG unterscheidet zw. *Kindern* (wer noch nicht vollzeitschulpflichtig ist oder noch nicht 14 Jahre alt ist) u. *Jugendlichen* (alle übrigen noch nicht 18 Jahre alten Personen). Die Kinderarbeit ist verboten; die Arbeit Jugendlicher unterliegt erheblichen öffentl.-rechtl. Beschränkungen.

**Jugendarrest** → Jugendstrafrecht.

**Jugendbewegung,** eine auf das dt. Sprachgebiet beschränkte Erscheinung jener geistigen Unruhe, die für das europ. Bürgertum um die Jahrhundertwende kennzeichnend war. Die J. nahm ihren Anfang in den Jahren 1899–1901 in Berlin-Steglitz, mit dem »Wandervogel-Ausschuß für Schülerfahrten«. Der *Wandervogel* sprengte die erstarrten Formen, in denen damals junge Menschen zu leben hatten. In Reaktion auf die zu gleicher Zeit sich durchsetzenden Formen der durch Technik, Mechanisierung der Arbeit u. Arbeitsteilung bestimmten industriellen Massengesellschaft suchte der Wandervogel einen Ausweg im Erlebnis von Landschaft u. Geschichte (Wiederbelebung von Volkslied, Volkstanz, Volksmusik u. Brauchtum). Nach dem 1. Weltkrieg setzten sich die Lebensformen des Wandervogels in den meisten konfessionellen, z.T. auch in polit. Jugendorganisationen durch. Um 1924 trat die bürgerl. J. durch die Synthese von Wandervogel u. *Pfadfindertum* in eine neue Phase, die der *Bündischen Jugend.* Unter dem Leitbild von »Führer u. Gefolgschaft« politisierte sich die J. seit Ende der 20er Jahre. 1933 wurde die J. verboten,.

**»Jugend forscht«,** ein Förderungswerk der Illustrierten »Stern«, der Industrie, der Schule u. der Bundesregierung für den naturwiss. Unterricht, gegr. 1966 in Hamburg. An dem jährlich ausgeschriebenen Wettbewerb können sich Jugendliche im Alter von 9 bis 21 Jahren beteiligen. Preise werden von etwa 50 Institutionen gestiftet.

**Jugendfürsorge,** Teilbereich der *Jugendwohlfahrtspflege,* für die heute auch der Begriff Erziehungshilfe gebraucht wird. J. umfaßt alle Hilfen für gefährdete, geschädigte oder verwahrloste Jugendliche.

**Jugendgericht,** Spruchkörper der Amts- u. der Landgerichte zur Aburteilung von Straftaten Jugendlicher (→ Jugendstrafrecht). J. sind in der BR Dtld. der Amtsrichter als *Jugendrichter,* das Schöffengericht *(Jugendschöffengericht:* Jugendrichter u. 2 *Jugendschöffen)* u. die Strafkammer *(Jugendkammer:* 3 Richter u. 2 Jugendschöffen).

**Jugendherbergen,** Unterkunftsstätten für (wandernde) Jugendliche u. Jugendgruppen; 1909 von dem Lehrer Richard *Schirrmann* (*1874, †1961) ins Leben gerufen, der die erste Jugendherberge auf der Burg Altena, Westf., u. 1919 mit Wilhelm *Münker* (*1874, †1970) den *Reichsverband für deutsche J.* gründete. Dieser wurde nach 1933 gleichgeschaltet u. von der HJ übernommen, 1945 bzw. 1949 für die BR Dtld. als *Deutsches Jugendherbergswerk* (Abk. *DJH), Hauptverband für Jugendwandern u. J.* neu gegr.; Sitz: Detmold. 1989 gab es in der BR Dtld. 523 J.

**Jugendkriminalität** → Jugendstrafrecht.

**Jugendmusikschule** → Musikschule.

**»Jugend musiziert«,** jährl. Wettbewerb zur Förderung des Interpretennachwuchses auf dem Gebiet der Instrumentalmusik; er wird vom *Dt. Musikrat* mit Unterstützung staatl. u. privater Institutionen veranstaltet u. fand 1963/64 erstmals statt.

**Jugendpsychologie,** Teilgebiet der Entwicklungspsychologie, umfaßt aber i.w.S. auch die *Kinderpsychologie.* Bedeutsam ist die J. als Grundlagenwiss. der *Pädagogik.*

**Jugendreligionen,** 1974 geprägter Begriff für Religionen, in deren Bann überwiegend Jugendliche geraten, um Geborgenheit in der Gemeinschaft zu finden.

*Jugendherberge: Innenhof der Jugendherberge Burg Gutenfels*

| Jugendreligionen | | | |
|---|---|---|---|
| Bezeichnung | religiöse Basis | gegr. | Gründer/Führer |
| Ananda-Marga-Bewegung | hinduistisch | 1955 | Prabhat Ranjan Sarkar |
| Bhagwan-Rajneesh-Bewegung (Neo-Sannyas-Bewegung) | hinduistisch | 1966 | Shree Rajneesh |
| Divine Light Mission (Mission des göttlichen Lichtes) | hinduistisch | 1960 | Guru Maharaj Ji |
| Familie der Liebe, Kinder Gottes (Children of God) | christlich | 1969 | David Berg |
| Hare-Krishna-Bewegung (Internationale Gesellschaft für Krishna-Bewußtsein) | hinduistisch | 1966 | Swami Prabhupada |
| Scientology-Kirche | religiös-weltanschaul. u. psycho-therapeut. Elemente | 1954 | Lafayette Ronald Hubbard |
| Transzendentale Meditation | indische Psycho-Technik | 1958 | Maharishi Mahesh Jogi |
| Vereinigungskirche (Mun-Sekte) | christlich | 1954 | San Myung Mun |

**Jugendschutz,** System von Gefahrenabwehr u. Wohlfahrtsmaßnahmen zum Schutz der Jugendlichen vor gesundheitl. u. sittl. Gefahren; neben der Jugendwohlfahrtspflege u. dem Jugendarbeitsschutz vor allem die Maßnahmen zum *Schutz der Jugend in der Öffentlichkeit* durch Verbote des Aufenthalts an jugendgefährdenden Orten, in Gaststätten u. Spielhallen, der Teilnahme an öffentl. Tanzveranstaltungen, des Genusses alkohol. Getränke u. des Rauchens in der Öffentlichkeit u.a.m., geregelt u.a. im *Gesetz zum Schutze der Jugend in der Öffentlichkeit* vom 27.7.1957 sowie die Verbote, Jugendlichen Schriften u. Abbildungen feilzubieten oder zugänglich zu machen, die (sexuell-)unsittlich sind oder Krieg, Rassenhaß u. Verbrechen verherrlichen. Für die BR Dtld. geregelt im *Gesetz über die Verbreitung jugendgefährdenden Schrifttums* in der Fassung vom 29.4.1961. – In Österreich ähnl. geregelt im Bundesgesetz vom 31.3.1959 über die Bekämpfung unzüchtiger Veröffentlichungen u. den Schutz der Jugendlichen gegen sittl. Gefährdung. Die Verantwortung für die Einhaltung der Schutzvorschriften liegt in der Regel bei den Veranstaltern.

**Jugendstil,** die nach der seit 1896 in München erscheinenden Zeitschrift »Jugend« benannte, au-

*Jugendbewegung: Mädchengruppe des Wandervogels beim Wandern mit Musik (links). – Jugendreligionen: Anhänger der Divine Light Mission (rechts)*

ßerhalb Deutschlands als »Art Nouveau«, *Modern Style* oder *Sezessionsstil* (in Österreich) bezeichnete Stilepoche, die in bewußtem Gegensatz zum Historismus u. Impressionismus des 19. Jh. unter Vernachlässigung der räuml. Illusion eine flächenbetonte Ornamentik erstrebte u. den Linienfluß vegetabiler Formen einheitl. auf die Erzeugnisse des Kunstgewerbes u. von da bis ins Figürliche der Malerei übertrug. Hauptmeister des J.: H. van de *Velde,* A. *Endell,* A. *Beardsley,* G. *Klimt,* H. *Obrist,* P. *Behrens,* J. *Olbrich,* J. *Hoffmann,* L.C. *Tiffany.*

**Jugendstrafrecht,** das bes. (mildere) Strafrecht für Jugendliche von 14 bis 18 Jahren, u.U. auch für Heranwachsende (junge Volljährige) von 18 bis 21 Jahren. Im J. tritt der Vergeltungsgedanke hinter den Erziehungszweck der Strafe zurück. – In der BR Dtld. ist das J. geregelt durch das *Jugendgerichtsgesetz (JGG)* vom 11.12.1974. Danach sind *Kinder* unter 14 Jahren strafrechtl. nicht verantwortlich. *Jugendliche* unter 18 Jahren sind strafrechtl. verantwortlich, wenn sie z.Z. der Tat nach ihrer sittl. u. geistigen Entwicklung reif sind, das Unrecht ihrer Tat einzusehen u. nach dieser Einsicht zu handeln. Auf *Heranwachsende* zw. 18 u. 21 Jahren wird J. angewandt, wenn die Tat in seiner Entwicklung einem Jugendlichen gleichsteht. – Im J. können *Jugendstrafe* von bestimmter (6 Monate bis 10 Jahre) oder unbestimmter Dauer (jedoch höchstens 4 Jahre), *Zuchtmittel* (Verwarnung, Auferlegung bes. Pflichten, Jugendarrest) oder *Erziehungsmaßregeln* (Weisungen, Schutzaufsicht, Fürsorgeerziehung) verhängt werden. Das *Jugendstrafverfahren,* das vom Jugendgericht durchgeführt wird, ist nicht öffentlich. In Österreich ist das J. durch das Jugendgerichtsgesetz vom 26.10.1961 geregelt; in der Schweiz enthalten die Art. 82–88 StGB für Kinder 6 u. 14 Jahren u. die Art. 89–99 StGB für Jugendliche von 14 bis 18 Jahren ähnl. Vorschriften wie die Jugendgerichtsgesetze der BR Dtld. u. Österreichs.

**Jugendvertretung,** nach dem *Betriebsverfassungsgesetz* u. im Bereich der *Personalvertretung* die Interessenvertretung der jugendl. Arbeitnehmer bzw. Bediensteten gegenüber dem Arbeitgeber bzw. Dienststellenleiter u. gegenüber der Belegschaft. Die J. ist nicht Teil des Betriebsrats bzw. Personalrats.

**Jugendweihe, 1.** die Jünglingsweihe u. Mädchenweihe bei Naturvölkern; → Initiation. – **2.** feierl. Einführung der Jugendlichen in die Welt der Erwachsenen anstelle der *Konfirmation,* in freireligiösen Gemeinden u. polit. Organisationen entstanden; in der DDR seit 1954 offizieller Festakt, seit 1964 im Jugendgesetz verankert.

**Jugendwohlfahrtspflege,** heute auch *Jugendhilfe,* alle Maßnahmen zum Schutz der Jugend, v.a. die *Jugendfürsorge,* die *Jugendpflege,* die *Jugendsozialarbeit* u. der *Jugendschutz.* Gesetzl. Grund-

*Jugoslawien: Der malerische Ort Rovinj liegt an der Westküste der Halbinsel Istrien*

lage der staatl. J. ist das *Jugendwohlfahrtsgesetz* vom 25.4.1977. Es sieht als Jugendwohlfahrtsbehörden *Jugendämter* vor.

**Juglar** [ʒyˈglaːr], Clément, *1819, †1905, frz. Nationalökonom; untersuchte den zykl. Charakter des Wirtschaftslebens (*J.-Welle* von 8 bis 11 Jahren, Konjunkturzyklen).

**Jugoslawien,** Staat in SO-Europa, 255 804 km², 23,4 Mio. Ew., Hptst. *Belgrad.* J. ist gegliedert in 6 Republiken u. 2 autonome Provinzen (vgl. Tabelle).

*Jugoslawien*

Landesnatur. Den NW bestimmen Ausläufer der S-Alpen. Daran schließen sich nach S verkarstete Kalkgebirge an (im *Durmitor* 2522 m). Im O liegen von Donau, Drau, Theiß u. Morava durchflossene fruchtbare Tiefebenen. Der S u. SO wird vom serbisch-makedonischen Gebirgsland geprägt. Kontinentales Klima (strenge Winter) herrscht im Landesinneren u. den nördl. Gebirgen, sonst mediterranes Klima.

Die Bevölkerung setzt sich zu 87 % aus südslaw. Volksgruppen zusammen: Serben, Kroaten, Slowenen, Makedonier; dazu kommen noch Ungarn, Rumänen u. Montenegriner u. im S Albaner. Rd. 42 % der Bevölkerung sind serb.-orth., 32 % röm.-kath., 12,3 % islamisch.

Wirtschaft. Die Landwirtschaft liefert v.a. Getreide, Futterpflanzen u. Gemüse. Im gebirgigen Landesinneren überwiegt die Viehzucht. An Bodenschätzen sind von Bedeutung: Erdöl u. Erdgas, Braunkohle, Salz, Eisen-, Mangan-, Kupfer-, Blei-, Antimon-, Zinkerze, Bauxit u. Quecksilber. Die Industrie verarbeitet u.a. die landwirtschaftl. Produkte. Wichtig sind auch Eisen- u. Stahl-, Maschinen-, Elektro- u. chem. Ind. Hauptausfuhrprodukte sind Schnittholz, Früchte, Wein, Tabak, Erze u. Metalle, Textilien, Maschinen u. Fahrzeuge. Der Fremdenverkehr hat sich zu einem wichtigen Wirtschaftszweig entwickelt. – Wichtigstes Verkehrsmittel ist die Eisenbahn. Belgrad, Zagreb u. Dubrovnik verfügen über internat. Flughäfen.

Geschichte. 1918 wurde das *Kgr. der Serben, Kroaten u. Slowenen* proklamiert. Unter dem seit 1921 regierenden König Alexander I. wurde das Land 1929 in J. umbenannt. 1934 wurde Alexander ermordet. 1941 erklärte J. den Beitritt zum Dreimächtepakt. Nach einem Militärputsch wurde J. von dt. Truppen besetzt. J. *Tito* organisierte den Partisanenkrieg. Nach dem Einmarsch sowj. Truppen 1944 wurde 1945 die *Föderative Volksrepublik* J. ausgerufen. Min.-Präs. wurde Tito. 1948 kam es aufgrund der eigenständigen Politik J. zum Bruch mit der UdSSR u. zum Ausschluß J. aus dem Kominform. Danach betrieb Tito eine Politik der Blockfreiheit. 1954 konnte der Konflikt mit Italien wegen Triest beigelegt werden. 1955 erfolgte die Aussöhnung mit der UdSSR; trotzdem kam es immer wieder zu Spannungen, da J. einen »eigenen Weg zum Sozialismus« einschlug. Nach Titos Tod 1980 verschärften sich die Nationalitätenkonflikte drastisch. Auch die Wirtschaftslage

### Julian 427

**Jugoslawien: Verwaltungsgliederung**

| Republik/ Autonome Provinz | Fläche in km² | Einwohner in 1000 | Hauptstadt |
|---|---|---|---|
| *Republiken:* | | | |
| Bosnien und Herzegowina | 51 129 | 4398 | Sarajevo |
| Kroatien | 56 538 | 4672 | Zagreb |
| Makedonien | 25 713 | 2065 | Skopje |
| Montenegro | 13 812 | 625 | Titograd |
| Serbien | 55 968 | 5816 | Belgrad |
| Slowenien | 20 251 | 1937 | Ljubljana |
| *Autonome Provinzen:* | | | |
| Kosovo | 10 887 | 1848 | Priština |
| Vojvodina | 21 506 | 2050 | Novi Sad |

verschlechterte sich zusehends. Im Kosovo kam es zu gewalttätigen Auseinandersetzungen zw. Serben u. Albanern, die um ihre Autonomierechte kämpften. 1990 verzichtete der Bund der Kommunisten J. auf Führungsrolle u. Machtmonopol im polit. System. Bei Parlamentswahlen in Slowenien u. Kroatien setzten sich die demokrat. Kräfte durch. – Nach der Verf. von 1974 ist J. Sozialist. Föderative Rep. Das Parlament, die *Bundesversammlung,* besteht aus 2 Kammern. Nach dem Tode Titos ist das *Präsidium der Republik* mit 8 Mitgl. kollektives Staatsoberhaupt; der Vorsitz wechselt jährlich. Bis 1990 galt der *Bund der Kommunisten J.,* nach den Prinzipien des demokrat. Zentralismus organisiert, als alleinige richtungsweisende polit. Kraft. Das gesamte polit. System (Partei u. Staat) befindet sich in einem Umbruchprozeß.

**Jugurtha,** *nach 160 v. Chr., †104 v. Chr., König von Numidien; kämpfte im *Jugurthinischen Krieg* (111–105 v. Chr.) gegen die Römer; von *Marius* geschlagen.

**Juhnke,** Harald, *10.6.1929, Schauspieler u. Entertainer; Fernsehserie »Ein verrücktes Paar«.

**Juist** [jyːst], eine der Ostfries. Inseln, zw. Borkum u. Norderney, 16,2 km², 2200 Ew.; Nordseeheilbad.

**Jujube** → Judendorn.

**Jukebox** [ˈdʒuːkbɔks] → Musikbox.

**Julbrot,** altgerman. Opfergebäck zum *Julfest* in Form von Sonnenrädern, Schlangen u.ä.

**Julfest,** urspr. das altgerman. (heidn.) Hochwinterfest; heute noch in den nord. Ländern Bez. für das Weihnachtsfest.

**Julia,** *39 v. Chr., †14 n. Chr., Tochter des röm. Kaisers *Augustus* u. der *Scribonia;* in 2. Ehe mit *Agrippa,* in 3. Ehe mit *Tiberius* verh.; 2 v. Chr. von Augustus verbannt.

**Julian,** Flavius Claudius *Iulianus,* *J. Apostata* [»der Abtrünnige«], *331, †363, röm. Kaiser 361–363; Neffe *Konstantins d. Gr.,* 355 von *Constantius II.* zum Caesar ernannt, 360 von seinen Soldaten zum Kaiser ausgerufen. Nach dem Tod

*Jugendstil: Aubrey Beardsley, Illustration zu Oscar Wildes »Salome«; 1894*

*Jugoslawien: geschichtliche Entwicklung*

Constantius' II. (361) war er Alleinherrscher. Obgleich als Kind christl. erzogen, wandte J. sich dem Neuplatonismus u. dem Kult des Gottes *Mithras* zu.

**Juliana,** Louise Emma Marie Wilhelmina, *30.4.1909, Königin der Niederlande 1948–80; seit 1937 verh. mit Prinz *Bernhard zur Lippe-Biesterfeld* (*1911).

**Julianischer Kalender** → Kalender.

**Julianisches Datum,** *Julianischer Tag,* nach dem Vorschlag von Joseph-Justus *Scaliger* die Tageszählung in der Astronomie. Ab 1. Jan. 4713 v.Chr. werden die Tage fortlaufend durchgezählt. Hiernach hat z.B. der 1. Jan. 1975 das Julian. Datum 2442414. Der Tageswechsel findet jeweils um 12 Uhr Weltzeit statt. Diese Zählung hat den Vorteil, daß man leicht den Zeitunterschied zw. zwei Daten in Tagen berechnen kann. Auch läßt sich der Wochentag eines Datums einfach bestimmen, indem man das Julian. Datum durch 7 dividert. Ist der Rest 0, so ist es ein Montag, ist er 1, ein Dienstag, usw.

**Jülich, 1.** ehem. Herzogtum, begrenzt von den Territorien Köln, Geldern, Limburg u. Luxemburg; seit 1511 beim Herzogtum Kleve. Nach dem *J.-Kleveschen Erbfolgekrieg* (1609–14) kamen J. u. Berg zu Pfalz-Neuburg u. Kleve, Mark, Ravensberg u. Ravenstein zu Brandenburg. J. wurde 1794 durch Frankreich besetzt. Auf dem *Wiener Kongreß* 1815 Preußen zugesprochen. – **2.** Stadt in NRW zw. Aachen u. Köln, an der Rur, 31 000 Ew.; Reste der Stadtbefestigung; Kernforschungszentrum; Leder-, Papier-, Zuckerind.

**Jülicher Börde,** der westl. Teil der Kölner Bucht zw. den Flüssen Wurm u. Erft; fruchtbare Böden mit Weizen-, Zuckerrüben- u. Gemüseanbau.

**Julikäfer,** *Rosenlaubkäfer,* ein etwa 15 mm langer, mit dem *Maikäfer* verwandter *Blatthornkäfer*.

**Juliresolution,** die *Friedensresolution* der Mehrheit des Dt. Reichstags (Zentrum, Sozialdemokraten, Demokraten unter Führung M. *Erzbergers*) im 1. Weltkrieg vom 19.7.1917. Die J. zeigte bei den alliierten Mächten keinen Erfolg.

**Julirevolution,** die Pariser Revolution vom 27. bis 29. Juli 1830, durch die der Bourbone *Karl X.* gestürzt wurde. Den Thron bestieg der »Bürgerkönig« *Louis-Philippe* (bis 1848: *Julikönigtum*).

**Julische Alpen,** slowen. *Julijske Alpe,* der sö. Ausläufer der Südl. Kalkalpen, nördl. der Halbinsel Istrien; im *Triglav* 2863 m.

**Julius, J. II.,** eigtl. Giuliano della *Rovere,* *1443, †1513, Papst 1503–13; die Festigung u. Vergrößerung des Kirchenstaats war sein größter Erfolg. Großzügiger Mäzen der Renaissance-Künstler *Michelangelo* (Sixtin. Decke, Juliusgrab), *Raffael* (Stanzen im Vatikan) u. *Bramante* (Neubau des Petersdoms).

**Juliusturm,** der Turm der Spandauer Zitadelle, in dem seit Friedrich Wilhelm I. der Staatsschatz aufbewahrt wurde. Übertragen bezeichnet man als J. gehortete Überschüsse der öffentl. Kassen.

**Jumbo-Jet** [-dʒɛt], das Großraum-Strahlflugzeug *Boeing B 747,* seit Anfang 1970 als größtes Verkehrsflugzeug im Einsatz; auch allg. Bez. für alle Großraumflugzeuge.

**Jumièges** [ʒymjˈɛːʒ], Gem. im frz. Dép. Seine-Maritime, 1500 Ew.; Ruinen einer Benediktinerabtei, Kirche Notre-Dame herausragendes Beispiel normann. Baukunst.

**jun.,** Abk. für junior (lat., »der Jüngere«).

**Juneau** [ˈdʒuːnoʊ], Hptst. von Alaska (USA), Hafen am Lynnfjord, 26 000 Ew.; Fischerei, Holzind.

**Jung,** Carl Gustav, *1875, †1961, schweiz. Psychologe u. Philosoph; Schüler S. *Freuds;* begr. eine eig. *Analyt. Psychologie* u. Philosophie des Unbewußten, die im Gegensatz zu Freuds »Pansexualismus« das Ganze des Seelenlebens als ein dynam. System (Energetik der Seele) auf dem Grund des schöpferischen *kollektiven Unbewußten* betrachtete.

**Jünger, 1.** Ernst, *29.3.1895, dt. Schriftst.; schilderte enthusiast. das Kriegserlebnis (»In Stahlgewittern« [Tagebuch]) u. gilt als wandlungsreicher Vertreter u. Überwinder eines »heroischen Nihilismus«. W »Strahlungen«, »Auf den Marmorklippen«. – **2.** Friedrich Georg, Bruder von 1), *1898, †1977, dt. Schriftst.; traditionsgeprägte Lyrik u. Erzählwerke.

**Jünger Jesu,** neutestamentl. Bez.: **1.** für die 12

*Jungferninseln: Marina Bay in der Nähe von Tortola, der Hauptinsel der British Virgin Islands*

Apostel; **2.** für einen größeren Kreis (70 oder 72) von Schülern Jesu; **3.** überhaupt für die Anhänger der Lehre Jesu.

**Junges Deutschland,** eine Gruppe von Schriftst. u. Journalisten (L. *Börne,* K. *Gutzkow,* H. *Laube,* G. *Kühne,* Th. *Mundt,* L. *Wienbarg*), deren Schriften vom Dt. Bund 1835–42 wegen ihrer revolutionären Gesinnung verboten wurden. Sie bekämpften, bes. in Zeitschriften, die ihnen weltfremd, romant. u. zeitfern erscheinenden Ideen u. Formen des Dt. Idealismus u. forderten polit., religiöse u. soziale Freiheit, die Emanzipation der Frau sowie ein unmittelbares Eingreifen des Schriftst. in die Tagespolitik.

**Junges Europa,** eine geheime republikan. Befreiungsbewegung europ. Nationen, gegr. von G. *Mazzini* 1834. Ihr Hauptziel war die Überwindung des reaktionären Staatensystems dieser Zeit. Außer dem schon 1832 gegr. *Jungen Italien* gehörten dazu das *Junge Polen, Junge Deutschland* u. *Junge Frankreich*.

**Junge Union Deutschlands,** polit. Nachwuchsorganisation der CDU, CSU u. DSU.

**Jungfer,** im 17./18. Jh. die bürgerl. unverheiratete Frau.

**Jungfernfahrt,** die erste planmäßige Fahrt eines Schiffs nach den Probefahrten.

**Jungfernhäutchen** → Hymen.

**Jungferninseln,** trop. westind. Inselgruppe, Teil der Kleinen Antillen (überwiegend Schwarze); 1493 durch Kolumbus entdeckt. **1.** *Brit. J.,* engl. *British Virgin Islands,* brit. Kolonie im NO der Inselgruppe, 153 km², 12 000 Ew., Hptst. *Road Town* auf Tortola; Fremdenverkehr. – **2.** *US-amerik. J.,* engl. *Virgin Islands of the United States,* US-amerik. Besitzung im Zentrum der Inselgruppe, 1917 käufl. von Dänemark erworben, 344 km², 103 000 Ew., Hptst. *Charlotte Amalie* auf St. Thomas; Fremdenverkehr.

**Jungfernrede,** die erste Rede eines Parlamentsmitglieds.

**Jungfrau,** *Virgo,* Sternbild des Tierkreises, Hauptstern *Spika* (α Virginis).

**Jungfrauengeburt,** in der Religionsgeschichte eine weitverbreitete Vorstellung, nach der religiös

*Junikäfer*

bedeutsame Gestalten (Könige, Heroen, Religionsstifter) nicht auf natürl. Weise gezeugt worden sind. Die christl. Kirche spricht von der Zeugung Jesu durch den Hl. Geist u. von seiner Geburt durch die Jungfrau Maria.

**Jungfrau von Orléans** [-ɔrleˈãː] → Jeanne d'Arc.

**Junggeselle,** urspr. der junge Handwerksgeselle, seit dem 16. Jh. allg. der Unverheiratete.

**Junghegelianer,** eine Gruppe der *Linkshegelianer,* jüngere Schüler u. Anhänger G.W.F. *Hegels,* z.T. die Träger des revolutionären Denkens im *Vormärz* (D.F. *Strauß,* B. u. E. *Bauer,* A. *Ruge,* L. *Feuerbach,* K. *Marx,* F. *Engels* u.a.).

**Jungius,** Joachim, *1587, †1657, dt. Universalgelehrter, Mathematiker u. Physiker; führte eine genaue Terminologie in die botan. Systematik ein u. veröffentlichte wichtige Beiträge zur Atomistik u. zur Begründung der Chemie.

**Jungk,** Robert, eigtl. R. *Baum,* *11.5.1913, dt. Publizist u. Futurologe; leitet seit 1965 ein Institut für Zukunftsfragen in Wien; W »Die Zukunft hat schon begonnen«, »Der Atomstaat«.

**Jungpaläolithikum,** die jüngste Stufe der → Altsteinzeit.

**Jungsozialisten, 1.** in der Weimarer Republik eine polit. Richtung in der SPD, die sich für eine Erneuerung der sozialist. Ideen einsetzte u. das *Hofgeismarer Programm* inspirierte. – **2.** *J. in der SPD,* Kurzwort *Jusos,* polit. Jugendorganisation der SPD.

**Jungsteinzeit,** *Neolithikum,* der jüngste, auf die *Mittelsteinzeit* folgende u. von der *Bronzezeit* abgelöste steinzeitl. Zeitabschnitt. → Vorgeschichte.

**Jüngstes Gericht,** *Jüngster Tag, Letztes Gericht,* auf jüd.-apokalypt. Vorstellungen zurückgehende christl. Auffassung von dem Weltgeschehen abschließenden göttl. Gericht; oft mit der Wiederkunft Christi zusammengebracht.

**Jung-Stilling,** Johann Heinrich, *1740, †1817, dt. Schriftst.; pietist. Liederdichter u. Erzähler.

**Juniaufstand,** Erhebung in der DDR am 16./17.6.1953. Der Anlaß war die Verschlechterung der wirtschaftl., sozialen u. polit. Lage, die durch eine im Mai verfügte Arbeitsnormerhöhung verschärft wurde. Nach dem Eingreifen der sowj. Besatzungsmacht u. der Verhängung des Ausnah-

*Planet Jupiter mit Jupitermond Ganymed (im Bild unten rechts)*

mezustands mit dem Standrecht brach der J. zusammen. – Der *17. Juni* wurde in der BR Dtld. am 4.8.1953 als *Tag der dt. Einheit* zum gesetzl. Feiertag erklärt.

**Junikäfer,** *Brachkäfer, Johanniskäfer,* dem *Maikäfer* verwandter *Blatthornkäfer* aus der Fam. der *Scarabäen;* etwa 18 mm lang; ähnl. dem *Julikäfer,* aber größer.

**Junker,** im MA zunächst Bez. für Söhne von Mitgl. des Hochadels, dann auch für adlige Gutsbesitzer, später allg. für junge Edelleute; nach 1848 Bez. v.a. für den ostelb. Landadel.

**Junkers,** Hugo, *1859, †1935, dt. Flugzeug- u. Motorenkonstrukteur; baute 1915 das erste Ganzmetallflugzeug; zw. 1929 u. 1936 entstanden mehrere berühmt gewordene Verkehrsflugzeuge; gründete 1913 die *J.-Motorenbau GmbH* u. 1919 die *J.-Flugzeugwerke AG,* beide in Dessau, die 1935 nach Erwerb durch das Reich zur *J.-Flugzeug- u. Motorenwerke AG (JFM)* zusammengefaßt wurden.

*Jüngstes Gericht: Darstellung von Stefan Lochner, um 1535. Köln, Wallraf-Richartz-Museum*

**Junktim,** die »Verbindung« versch. Gesetzesvorlagen, Gesetzesbestimmungen oder Staatsverträge mit der Wirkung, daß sie nur gemeinsam angenommen werden können oder sollen.

**Juno,** *Iuno,* in der altröm. Religion urspr. die weibl. Entsprechung des dem Mann zugeordneten Genius, die Göttin J., die insbes. Geburt (als *J. Lucina* »die ans Licht Bringende«) u. Ehe schützte. Nach Gleichsetzung mit der grch. *Hera* erscheint J. als Gemahlin Jupiters.

**Junta** ['xunta], in Spanien u. Lateinamerika ein Ausschuß aus Regierungsmitgliedern; auch eine durch Umsturz an die Macht gekommene Militärregierung (*Militär-J.*).

**Jupiter, 1.** *Iuppiter,* der höchste röm. Gott; Beherrscher des Himmels, des Lichts, des Blitzes, des Regens (*J. pluvialis*) u. des Donners (*J. tonans*); Gott des Kriegs, Schützer von Recht u. Wahrheit, Schutzgott der Latiner u. Roms (*J. optimus maximus*); dem grch. *Zeus* gleichgesetzt. – **2.** Zeichen ♃, der größte Planet des Sonnensystems (→ Planeten). Er hat 16 Monde, davon die 4 *Galileischen Monde Io, Europa, Ganymed* u. *Kallisto.* Die übrigen Monde sind sehr klein.

**Jura, 1.** *J.formation,* Zeitalter der → Erdgeschichte. Die J.formation ist in Dtld. bes. in der Schwäb.-Fränk. Alb entwickelt. Ferner ist die Formation des J. im Frz. u. Schweizer J. verbreitet. – **2.** *Jurisprudenz,* die → Rechtswissenschaft.

**Jura, 1.** mitteleurop. Gebirge zw. mittlerer Rhône im S u. Oberrhein im NO; im *Crêt de la Neige* 1723 m; aufgebaut aus Kalken der *J.formation*; durch die frz.-schweiz. Grenze in den Frz. J. im W u. den Schweizer J. im O geteilt. – **2.** Kt. der → Schweiz.

**Jürgens, 1.** Curd, *1915, †1982, dt. Schauspieler, wirkte am Burgtheater u. in zahlreichen Filmrollen (»Des Teufels General«). – **2.** Udo, eigtl.

Udo Jürgen *Bockelmann,* *30.9.1934, östr. Schlagersänger u. Komponist.

**Jurisdiktion,** die hierarch. kath. Kirchenleitung, die Lehr- u. Hirtenamt umfaßt.

**Jurisprudenz,** die Rechtswissenschaft.

**Jurist,** akademisch gebildeter Rechtskundiger, Rechtswissenschaftler.

**juristisch,** den Juristen oder der Jurisprudenz entspr. oder sie betreffend. – **j.e Person,** eine rechtl. verselbständigte u. wie *natürliche Person* mit eig. bürgerl. Rechtsfähigkeit ausgestattete Personenmehrheit (im Privatrecht z.B. rechtsfähige Vereine, Kapitalgesellschaften; im öffentl. Recht z.B. Gebiets-, Personal- u. Realkörperschaften) oder Vermögensmasse (im Privatrecht z.B. im öffentl. Recht die rechtsfähige Stiftung); im öffentl. Recht ferner die rechtsfähige *Anstalt.*

**Jurte,** russ. *Kibitka,* die runde, transportable Filzhütte mittelasiat. Nomaden.

**Juruá** [ʒu-], r. Nbfl. des oberen Amazonas, 3280 km; mündet bei Fonte Boa.

**Jürüken,** halbnomad. Volksstamm in gebirgigen Teilen S- u. SW-Anatoliens; vielleicht Reste der Urbevölkerung.

**Jury** [frz. ʒyˈri:; engl. ˈdʒuːri], **1.** ein sachverständiges Gremium, das über die Zulassung von Kunstwerken zu Ausstellungen, über die Verleihung von Preisen u.ä. entscheidet; beim Sport ein Schieds- oder Kampfgericht. – **2.** das *Schwurgericht* des angelsächs. Rechts.

**Jus, 1.** *Ius,* das Recht. – **2.** [ʒy], kräftiger Fleischsaft.

**Jusos** → Jungsozialisten.

**justieren,** genau einstellen; ein Meßgerät einstellen; Münzen auf ihr Normalgewicht bringen.

**Justin der Märtyrer,** *Justinus,* *um 100, †um 165, frühchristl. Philosoph u. Apologet; erster Vertreter der Logostheologie. – Heiliger (Fest: 1.6.).

**Justinian, J. I.,** *482, †565, byzantin. Kaiser 527–565; Nachfolger seines Onkels *Justinus I.;* erstrebte die Wiederherstellung des Röm. Weltreichs, eroberte durch seine Feldherren (bes. *Belisar* u. *Narses*) das Wandalenreich in Afrika 533/34, das Ostgotenreich in Italien bis 553 u. die SW-Küste des westgot. Spanien. Er bekämpfte das Heidentum (Schließung der platon. *Akademie* in Athen) u. ließ das röm. Recht im *Corpus juris civilis* sammeln u. systematisieren. Er war verh. mit *Theodora.*

**Justitia,** röm. Göttin der Gerechtigkeit.

**Justitiar,** *Justitiarius,* fr. Gerichtsherr, Richter; heute Rechtsberater (z.B. von Firmen).

**Justitium,** *Juristitium,* die Einstellung der Gerichtstätigkeit wegen höherer Gewalt (z.B. Krieg, Revolution, staatl. Zusammenbruch).

**Justiz,** die Rechtsprechung im organisator. Sinn, die Gerichte u. Richter. – **J.hoheit,** Gerichtsbarkeit, Rechtspflege u. Rechtsprechung als staatl. Hoheitsrechts oder »Teile« der Staatsgewalt. – **J.irrtum,** falsche Gerichtsentscheidung aufgrund unrichtiger Tatsachenfeststellung. – **J.mord,** auf einem *J.irrtum* beruhendes Todesurteil.

**Jute,** die Bastfaser mehrerer ind. *Corchorus-Arten,* die zur Fam. der *Lindengewächse* gehören. Im Handel ist J. allerdings zu einem Sammelnamen geworden; so werden die Fasern von *Hibiscus cannabinus* als *afrikanische J.* (*Java-J.*) u. die Fasern von *Abutilon avicennae* als *chinesische J.* bezeichnet. – Die größten Mengen der *Echten J.* liefern *Corchorus capsularis* u. *Corchorus olitorius.* Neben dem Hauptanbaugebiet in Bangladesch u. Indien (*Indischer Flachs*) wird J. auch in China, Algerien, Brasilien, Guyana u.a. gewonnen. Die Fasern werden im ungebleichten Zustand zu groben Geweben verarbeitet.

*Filippo Juvara: Basilica Superga (Bergkirche in der Nähe von Turin); 1717–1731 erbaut*

**Jüten,** *Euten,* german. Stamm in Jütland; z.T. von den Dänen unterworfen.

**Jüterbog,** Krst. in Brandenburg, im Fläming, 13 000 Ew.; mittelalterl. Bauwerke; Möbel-, Papier- u. Konservenind.

**Jütland,** dän. *Jylland,* das dän. Festlandsgebiet, Halbinsel zw. Nord- u. Ostsee; im W hafenarmes Flachland mit Heiden u. Mooren; im O flachwellig, fruchtbar, dicht besiedelt; größte Stadt Århus.

**Juvara,** Filippo, *1678, †1736, ital. Architekt; vielseitiger Barockkünstler, seit 1735 in Madrid.

**Juvenal,** Decimus *Iunius Iuvenalis,* *um 60 n. Chr., †nach 127, altröm. Satiriker.

**juvenil,** jugendlich. – **j.es Wasser,** dem Magma entstammendes Wasser, das am Wasserkreislauf noch nicht teilgenommen hat; Ggs.: *vadoses Wasser.*

**Juwelen,** geschliffene *Edelsteine;* allg. Bez. für Schmuckstücke.

**Jyväskylä,** finn. Prov.-Hptst., am Paijänne, 65 000 Ew.; Univ., Papier-, Holz- u. Metallind.

*Jurten in der Gobi*

# K

**k, K,** 11. Buchstabe des dt. Alphabets.
**K,** 1. chem. Zeichen für Kalium. – 2. Kurzzeichen für Kelvin.
**K 2,** *Mount Godwin Austen, Dapsang,* höchster Gipfel des Karakorum, im N Pakistans, 8611 m; zweithöchster Berg der Erde.
**Kaaba,** würfelförmiges Gebäude in Mekka, mit »schwarzem Stein«, der von den Pilgern geküßt wird; zentraler Kultort des Islam; soll von jedem Moslem einmal im Leben besucht werden.
**Kaarst,** Stadt in NRW, 40 000 Ew.; Maschinenbau.
**Kabale,** veraltete Bez. für Ränke, Intrige.
**Kabalewskij,** Dmitrij Borisowitsch, *1904, †1987, sowj. Komponist (Sinfonien, Kinderlieder u.a.)
**Kabardiner,** Stamm der *Tscherkessen* im Kaukasus.
**Kabardiner- und Balkaren-ASSR,** Autonome Sowjetrep., an der N-Seite des Kaukasus, 12 500 km², 732 000 Ew., Hptst. *Naltschik.*
**Kabarett,** Gatt. der darstellenden Kunst, vereint Formen u. Mittel des Theaters, der Literatur, der Musik u. bedient sich bes. der Satire, um sich krit. mit polit. Ereignissen u. der Entwicklung der Gesellschaft auseinanderzusetzen; entstanden als *literar. K.* 1881 in Paris; daraus entwickelte sich 1919 das *polit.-literar. K.;* erst nach 1945 entstand das heutige *polit.-satir. K.*
**Kabbala,** jüd. Mystik, entstanden im 9. bis 13. Jh.; versucht anhand von Zahlenverhältnissen u. Buchstabendeutung den Sinn der Welt zu erklären; beeinflußt den *Chassidismus.*
**Kabel,** Heidi, *27.8.1914, dt. Volksschauspielerin (Hamburger »Ohnsorg-Theater«).
**Kabel,** 1. Seil mit hoher Tragkraft aus zusammengedrehten Stahldrähten. – 2. in der Elektrotechnik ein oder mehrere elektr. Leiter *(Adern)* in isolierenden u. gegen Feuchtigkeit sowie mechan. Beschädigung schützenden Umhüllungen; *Starkstrom-K.* zur Verteilung elektr. Energie; *Nachrichten-K. (Fernmelde-K.)* mit Übertragungskanälen für Fernsprechen, Fernschreiben, Radio- u. Fernsehübertragungen, mit tausend u. mehr Aderpaaren. – 3. starkes Schiffstau.
**Kabelfernsehen,** über Breitbandkabelnetz verteilte (private u. öffentl.) Fernsehprogramme; ermöglicht zusätzl. Programme, da die Begrenzung der Frequenzen entfällt; seit Mitte der 1980er Jahre in der BR Dtld.
**Kabeljau,** 1,5 m langer u. bis 50 kg schwerer *Schellfisch;* in allen nördl. Meeren, in der Ostsee als *Dorsch* bez.; getrocknet als *Stockfisch,* getrocknet u. gesalzen als *Klippfisch* bez.

**Kabellänge,** seemänn. Längenmaß von ¹/₁₀ Seemeile = 185,5 m.
**Kabinenbahn,** Seilbergbahn, die den Fahrgast in einer geschlossenen, gondelartig aufgehängten Kabine befördert.
**Kabinett,** 1. kleiner Nebenraum, zw. zwei Zimmern gelegen u. ohne eig. Ausgang; als Beratungszimmer von Fürsten für geheime Angelegenheiten eingerichtet. – 2. Regierung; Regierungschef u. die Minister – 3. unterste Prädikatsstufe für Qualitätsweine.
**Kabinettsorder,** vom absoluten Monarchen erlassene Verfügung, die Gesetzeskraft hatte.
**Kabinettspolitik,** im Absolutismus die vom Herrscher »im Kabinett«, ohne Zuziehung der Stände u. ohne Rücksicht auf die öffentl. Meinung geführte Außenpolitik; wurde auch im 19. Jh. noch weitgehend als »Geheimdiplomatie« fortgeführt.
**Kabinettstück,** bes. geschicktes, kluges Vorgehen; Meisterstück.
**Kabotage** [-'ta:ʒə], Vorbehaltsrecht für die Schiffahrt der eig. Flagge (z.B. zw. Häfen desselben Landes).
**Kabriolett,** *Cabriolet* ['-le], 1. einspänniger, leichter, zweirädriger Kutschwagen mit nur einer Sitzreihe. – 2. Pkw mit zurückklappbarem Dach.
**Kabuki,** volkstüml. jap. Bühnenspiel; umfaßt held. Samurai-Stücke, bürgerl. Sittenstücke u. Tanzdramen mit lyr.-balladenhaftem Chor.

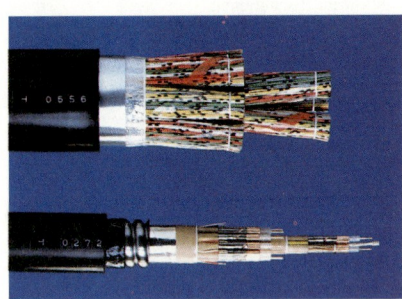

*Kabel: Das Koaxialkabel (unten) hat eine vielfach höhere Informations-Übermittlungskapazität als ein vielpaariges Kabel (oben)*

**Kabul,** 1. Landes- u. Prov.-Hptst. von Afghanistan, 1 Mio. Ew.; Univ. (1932); Verw.- u. Wirtsch.-Zentrum; internat. Flughafen. – 2. Fluß in Afghanistan, rd. 500 km, l. Nbfl. des Indus.
**Kabylen,** islam. Berberstämme (rd. 1 Mio.) in N-Algerien, bes. in der *Kabylei;* Pflugbauern mit Viehzucht u. Obstanbau.
**Kachel,** keram., meist glasiertes Formstück aus Fayence, Steingut, Porzellan und Schamotte; in Platten- oder Tafelform zur Verkleidung von Wänden verwendet u. zum Bau von **K.öfen** als Heizkörper einer Wohnung. Die K. speichern die bei der Verbrennung entstehende Wärme u. geben diese gleichmäßig wieder ab.
**Kachexie,** Kräfteverfall mit Blutarmut, Schwäche u. Apathie bei zehrender Krankheit, bösartigen Geschwülsten u.a.
**Kachin** ['katʃin], *Katschin,* Bergvolk (400 000) in Birma; mit chin. u. tibet. Hochkultureinflüssen; Schamanen.
**Kádár** ['ka:da:r], János, *1912, †1989, ung. Politiker (Kommunist); 1956-58 u. 1961-65 Min.-Präs.; 1956-88 Parteichef der Ung. Sozialist. Arbeiterpartei.
**Kadaver,** toter Körper von Tieren. – **K.-Gehorsam,** blinder Gehorsam, Befehlsbefolgung unter Ausschalten der eig. Urteilskraft.
**Kadenz,** 1. in der *Harmonielehre* musikal. Schlußformel eines Abschnittes oder Musikstückes. 2. im *Instrumentalkonzert* ein vor dem Abschluß eingeschobenes Solo zur Improvisation.

**Kader,** 1. im Verhältnis zur Kriegsstärke kleinerer *Friedenstruppenteil,* z.T. auch nur das Ausbildungspersonal eines Truppenteils. – 2. im kommunist. Sprachgebrauch die Personen, die für wichtige Aufgaben im polit., gesellschaftl. u. wirtsch. Leben verwendet werden; insbes. leitende Funktionäre der Partei- u. Massenorganisationen, auch Wirtschaftsfachleute, Wissenschaftler u.a.
**Kadett,** Zögling einer militär. organisierten Internatsschule *(K.enanstalt),* die ihre Schüler auf den Offiziersberuf vorbereitete.
**Kadi,** islam. Richter.
**Kadmium,** *Cadmium,* → chemische Elemente.
**Kadmos,** grch. Heros phöniz. Ursprungs, Bruder der *Europa;* Gründer Thebens.
**Kaduna,** Hptst. des gleichn. Bundesstaats in Nigeria, 253 000 Ew.; Textil- u. Nahrungsmittel-Ind.; Flughafen.
**Kaesong,** *Käsong,* Stadt in N-Korea, 260 000 Ew.; Textil-Ind.; Hptst. der Koryo-Dynastie 935-1392.
**Käfer,** *Deckflügler, Coleoptera,* rd. 350 000 bek. Arten umfassende Ordnung der *Insekten,* deren vorderes Flügelpaar durch Chitin-Einlagerung meist zu harten *Deckflügeln (Elytren)* geworden ist, die bei Ruhestellung die einfaltbaren Hinterflügel (die eigtl. Flugorgane) sowie den Hinterleib bedecken. u. beim Fliegen meist als Tragflächen dienen; mit vollkommener Verwandlung, d.h. die Entwicklung über ein Larven- u. Puppenstadium.
**Käferschnecken,** in der Brandungszone fast aller Meere vorkommende *Weichtiere;* Körper von 8 dachziegelartig übereinandergreifenden Schalen bedeckt.
**Kaffee,** *K.baum, K.strauch, Coffea,* ca. 60 Arten, in Afrika u. Asien heim. Pflanze mit kleinen weißen Blüten u. kirschenähnl. Früchten, die zwei Samen enthalten, die *K.bohnen* (0,8–2,5% Coffein); die Aroma- u. Geschmacksstoffe entstehen erst durch einen Röstprozeß vor dem Gebrauch. In Zentral- u. S-Amerika wird fast ausschl. der *Arab. K.* kultiviert. Hauptanbaugebiete: Brasilien, Kolumbien, Indonesien, Mexiko, Elfenbeinküste.
**Kaffee-Ersatz,** aus gebrannten Roggen- oder Gerstenkörnern, auch aus Rübenschnitzeln, Erbsen, Süßlupinen u. Eicheln hergestelltes Pulver, das, mit heißem Wasser aufgegossen, ein kaffeeähnl. Getränk ergibt.

*Nürnberger Kachelofen; um 1540. Kunstsammlungen Veste Coburg*

*Die Kaaba in Mekka ist in jedem Jahr Ziel von Millionen Pilgern*

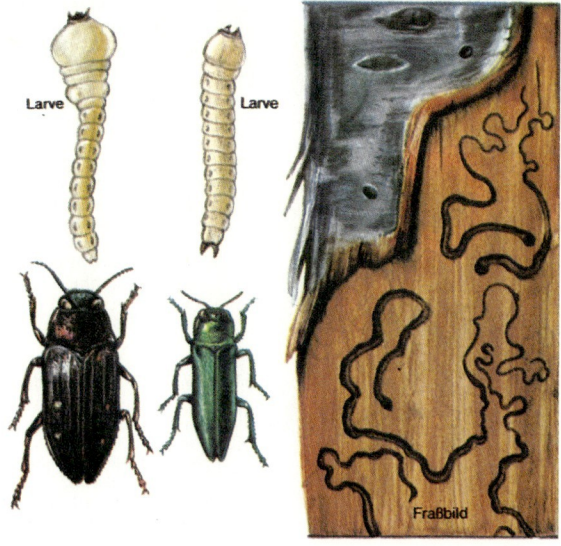

*Käfer: Prachtkäfer als Rinden- und Borkenbewohner; Goldgrubenprachtkäfer (links) und Laubholzprachtkäfer (rechts)*

**Kaffee-Extrakt,** *Kaffee-Essenz,* wäßriger, eingedickter u. getrockneter Kaffeeauszug, der alle lösl. Bestandteile der Kaffeebohne enthält.
**Kaffernbüffel,** ein *Büffel* Zentral- u. SO-Afrikas, in Savannen u. lichten Wäldern.
**Kafka,** Franz, *1883, †1924, östr. Schriftst.; formte surrealist. Mythen der modernen Seele u. gab zumeist einem angst- u. schuldgequälten, in auswegloser Lage verfangenen Daseinsgefühl Ausdruck; W Romane: »Das Urteil«, »Der Prozeß«, »Das Schloß«, »Der Verschollene«.
**Kaftan,** bodenlanges, mantelähnl. Obergewand mit langen, meist ab Schulter oder Ellbogen leer herunterhängenden Ärmeln; urspr. türk.; auch der lange schwarze Mantel der orth. Juden.
**Kagel,** Mauricio, *24.12.1931, argent. Komponist; seit 1957 in der BR Dtld.; experimentiert mit denaturierten Schallquellen u. der Umwandlung von Klang in Sprache.
**Kagera,** wasserreichster Zufluß des ostafrik. Victoriasees u. Quellfluß des Nil, 850 km.
**Kagoshima,** jap. Hafen u. Präfektur-Hptst. an der SW-Spitze der Insel Kyushu, 531 000 Ew.; Univ.; Porzellan-, Nahrungsmittel- u. Textil-Ind.
**Kahlenberg,** fr. *Sauberg,* Aussichtsberg am nordöstl. Stadtrand von Wien, 484 m. – Die *Schlacht am K.* befreite Wien von der Belagerung durch die Türken (1683).
**Kahler Asten,** zweithöchster Gipfel des Rothaargebirges, 841 m; im Hochsauerland.

*Kaffeestrauch mit Blüten und Früchten*

**Kahlschlag,** *Kahlhieb,* der gleichzeitige »Abtrieb« sämtl. Bäume eines Bestandes, ohne vorherige Verjüngung.
**Kahn,** Hermann, *1922, †1983, US-amerik. Zukunftsforscher.
**Kahn,** größeres Flußfahrzeug zum Gütertransport *(Last-K.),* ohne eig. Antrieb.
**Kahr,** Gustav Ritter von, *1862, †1934, dt. Verwaltungsjurist u. Politiker; 1920–21 bay. Min.-Präs., 1923 Generalstaatskommissar; schlug den *Hitler-Putsch* 1923 nieder; anläßl. des sog. Röhm-Putsches erschossen.
**Kai,** *Kaje, Quai,* gemauertes oder mit Spundwand versehenes Hafenufer zum Anlegen von Schiffen.
**Kaifeng,** *Kaiföng,* chin. Stadt in der Prov. Henan, am Huang He, 450 000 Ew.; dreizehnstöckige »Eisenpagode«. – 907–1126 Hptst. des chin. Reichs.
**Kaifu,** Joshiki, *1931, jap. Politiker (Liberaldemokrat); seit 1989 jap. Premier-Min.
**Kain,** im AT ältester Sohn Adams u. Evas, erschlug seinen Bruder *Abel.*
**Kainz,** Josef, *1858, †1910, östr. Schauspieler; wurde bes. als jugendl. Held, später als Charakterdarsteller berühmt, eindrucksvoll v.a. als Hamlet.
**Kaiphas,** eigtl. *Joseph,* jüd. Hoherpriester (um 18–36), der Jesus an Pilatus übergab.
**Kairo,** *Cairo, Al Qahirah,* Hptst. von Ägypten, rechts am Nil, größte afrik. Stadt, 6,2 Mio. Ew.; Al-Azhar-Universität (geistiges Zentrum des Islams), Ägypt. Museum; Industrien. – K. geht auf ein 969 gegr. Militärlager zurück. Der Blütezeit unter den Abbasiden (1261–1517) folgte Niedergang unter den Osmanen. Die moderne Entwicklung begann im 19. Jh.; im 20. Jh. wuchs K. mit den Vorstädten zusammen.
**Kairouan,** Stadt in Mitteltunesien, 72 000 Ew.; Sidi-Okba-Moschee (8. Jh.); hl. Stadt des Islams u. Wallfahrtsort.
**Kaiser,** oberste Stufe in der weltl. Hierarchie, abgeleitet vom Namen Gaius Iulius *Cäsars;* Bez. für die röm. Herrscher seit Augustus; Erneuerung des röm. K.tums 800 durch *Karl d. Gr.;* seit Otto d. Gr. (962) mit dem dt. Königtum verknüpft; 1806 erlosch das Dt. K.tum mit Franz II; 1871–1918 von Bismarck geschaffenes Dt. K.tum, das erbl. mit der Krone Preußens verbunden war. Herrschertitel auch in zahlr. anderen Ländern.
**Kaiser, 1.** Georg, *1878, †1945, dt. Dramatiker des Expressionismus; W »Die Bürger von Calais«, »Von morgens bis mitternachts«, »Gas« . – **2.** Jakob, *1888, †1961, dt. Politiker (CDU); seit 1912 in der christl. Gewerkschaftsbewegung; 1949–57 Bundes-Min. für gesamtdt. Fragen.
**Kaiserchronik,** älteste gereimte dt. Weltchronik (um 1150); erzählt in Sagenform von den röm. u. dt. Kaisern.
**Kaiserfische,** Unterfam. der *Borstenzähner,* artenreiche Gruppe meist prachtvoll gefärbter, trop. Fische der Korallenregion.
**Kaisergebirge,** Berggruppe der N-Tiroler Kalkalpen: *Zahmer (Hinterer) Kaiser* im N (1999 m) u. *Wilder (Vorderer) Kaiser* im S (2344 m).

**Kaiserkrone,** Liliengewächs mit auffällig gelben oder rötl. nickenden Blüten; beliebte Gartenpflanze.
**Kaisermantel,** *Silberstrich,* größter mitteleurop. *Fleckenfalter* mit schwarzen Tupfen auf orangegelbem Grund.
**Kaiserpfalz** → Pfalz.
**Kaiserschmarrn,** östr. Mehlspeise aus Eidotter, Eischnee, Milch, Zucker, Mehl u. Salz.
**Kaiserschnitt,** *Schnittentbindung,* eine geburtshilfl. Operation, bei der nach Öffnung der Bauchhöhle oder von der Scheide aus die Gebärmutter zur Geburt des Kindes aufgeschnitten wird; angezeigt, wenn die natürl. Geburt unmögl. ist oder die Geburt sofort beendet werden muß.
**Kaiserslautern,** krfr. Stadt in Rhld.-Pf., am N-Rand des Pfälzer Walds, 97 000 Ew.; Univ. (1970); Eisen-, Textil-, Holz-, Nähmasch.-, Nahrungsmittel-Ind.
**Kaiserstuhl,** Gebirgsstock nw. von Freiburg i. Br. in der Oberrhein. Tiefebene, im *Totenkopf* 557 m; Wein- u. Obstbau.
**Kaiserswerth,** nw. Stadtteil von Düsseldorf; ehem. Insel im Rhein.
**Kaiserwald,** tschech. *Slavkovsk'y les,* bewaldeter Gebirgszug in W-Böhmen (ČSFR); im *Judenhau* 983 m.
**Kaiser-Wilhelm-Gesellschaft zur Förderung der Wissenschaften e.V.** → Max-Planck-Gesellschaft.
**Kaiser-Wilhelm-Kanal** → Nord-Ostsee-Kanal.
**Kaiser-Wilhelms-Land,** 1884–1919 dt. Schutzgebiet im nordöstl. Neuguinea.
**Kaitersberg,** Erhebung im Böhmerwald, östl. von Kötzting, 1134 m.
**Kajak, 1.** einsitziges Jagdboot der Eskimo-Männer. – **2.** geschlossenes Sportboot, das im Sitzen mit Doppelpaddeln vorwärtsbewegt wird.
**Kajüte,** bequemer Einzelwohnraum auf Schiffen für Schiffsoffiziere oder Fahrgäste; auch der geschlossene Wohnraum auf kleinen Segel- oder Motorjachten.
**Kakadus,** 17 Arten umfassende Unterfam. großer, meist gehaubter austral.-philippin. *Papageien;* von meist weißer, aber auch schwarzer Färbung mit gelben oder roten Abzeichen.
**Kakao,** *Cacao,* Genuß- u. Nahrungsmittel aus den Samen *(K.bohnen)* des *Echten K.baums;* beheimatet im trop. Süd- u. Mittelamerika; Inhaltsstoffe: 35–55% Fett, 18–20% Eiweiß, 10–12% Stärke, geringe Mengen Zucker (0,26%) u. ein dem Coffein ähnl. Alkaloid, das *Theobromin;* K.bohnen werden fermentiert, geröstet u. zermahlen zur Schokoladenherstellung u. als Grundlage für das K.getränk verwendet; Hauptanbaugebiete: W-Afrika, Brasilien, Mittelamerika.
**Kakemono,** lang herabfallendes ostasiat. Rollbild aus Seide oder Papier; im Ggs. zum *Makimono,* das auf dem Tisch oder Fußboden ausgerollt wird.

*Kairo: Spiralminarett der Ibn-Tulun-Moschee*

**Kakerlak** [der], die *Kakerlake*, → Küchenschabe.
**Kaki** → Khaki.
**Kakipflaume**, aus O-Asien stammender Obstbaum mit wohlschmeckenden tomatenähnl. gelben bis roten Beerenfrüchten; heute auch im südl. Europa angepflanzt.
**Kakophonie**, Mißklang, Mißlaut; als häßl. empfundene Lautverbindung im Wort oder Satz u. Tonfolge in der Musik.
**Kakramanmaras**, Prov.-Hptst. in der SO-Türkei, 215 000 Ew.
**Kaktusgewächse**, *Kakteen, Cactaceae*, Pflanzenfam.; Stammsukkulenten mit säulenförmigem, kugeligem oder blattförmigem Stamm u. Blattdornen; vorw. in Wüsten u. Halbwüsten Amerikas. → Pflanzen.
**Kala-Azar**, *Schwarze Krankheit, Dum-Dum-Fieber, trop. Splenomegalie*, fr. meist tödl. verlaufende Infektionskrankheit, die bes. in trop. Ländern vornehml. Jugendliche befällt; der Erreger *Leishmania donovani* befällt die inneren Organe, bes. Milz, Leber u. Knochenmark, u. führt zu Blutarmut, Fieberschüben u. Kräfteverfall.
**Kalabrien**, Halbinsel u. Region im äußersten S Italiens, von Sizilien durch die Straße von Messina getrennt, durchzogen vom *Kalabr. Apennin*; Viehwirtsch., Anbau von Weizen, Wein, Oliven.
**Kalahari**, *Kgalagadi*, abflußlose, trockene Beckenlandschaft in Botswana, SW-Afrika u. der Kap-Prov. S-Afrikas, rd. 800 000 km²; weite Hochlandflächen mit Salzpfannen, dem sumpfigen *Okavango-Becken* u. period. Flüssen; Dorn- u. Trockensavanne; Rückzugsgebiet der Buschmänner u. Hottentotten.
**Kalamata**, *Kalamai*, grch. Hafenstadt im S des Peloponnes, am Messen. Golf, 42 000 Ew.; Burg (1208); 1986 durch Erdbeben stark beschädigt.
**Kalamität**, peinl. Verlegenheit, Schwierigkeit, Mißgeschick, Unglück; Massenauftreten von Krankheitserregern oder Schädlingen *(Epidemien)*.
**Kalanchoe**, *Flammendes Kätchen*, in Madagaskar heim. *Dickblattgewächs*; Zierpflanze.
**Kalander**, Masch. mit versch. über- u. hintereinander befindl., z.T. beheizten Walzen aus Stahl; zum Rollen, Glätten, Pressen u. Prägen von Gewebe, Papier, Kunststoffolie u.a.
**Kalatosow**, Michail, *1903, †1973, sowj. Filmregisseur; stellte in dem Film »Wenn die Kraniche ziehen« die Stalin-Ära krit. dar.
**Kalauer**, Wortspiel, fauler Witz.
**Kalb**, Jungtier von Rindern, Hirschen u.a. Huftieren.
**Kalb**, Charlotte von, geb. *Marschalk von Ostheim*, *1761, †1843, befreundet mit F. Schiller, F. Hölderlin u. Jean Paul; hinterließ Gedichte, Erinnerungen, einen Roman, Memoiren u. viele Briefe.
**kalben**, Bez. für das Abbrechen großer Eismassen von Gletschern u. Inlandeismassen ins Meer in Form von *Eisbergen*.
**Kalbsmilch**, *Bries*, Thymusdrüse des Kalbs.
**Kalchas** [-ças], sagenhafter Priester u. Seher der Griechen im Trojan. Krieg.
**Kalchu**, Ruinenhügel *Nimrud* am mittleren Tigris, im 9. Jh. v. Chr. Hptst. Assyriens; Reste großer Paläste u. Tempel u.a.

*Kalenderbild des Monats November; flämische Miniaturmalerei aus dem Breviarium Grimani; um 1510. Venedig, Bibliothek von San Marco*

**Kalckreuth**, Leopold Graf von, *1855, †1928, dt. Maler u. Graphiker; zunächst Realist, nahm dann Stilelemente des frz. Impressionismus an.
**Kaldaunen** → Kutteln.
**Kaldor**, Lord (seit 1974) Nicholas, *1908, †1986, engl. Wirtschaftswiss. ung. Herkunft; Begr. der post-keynesian. Schule.
**Kalebasse**, hartschalige Frucht des trop. *Kalebassenbaums*, woraus bei Naturvölkern Gefäße, Löffel u.a. hergestellt werden; auch die hartschalige Frucht von *Flaschenkürbissen*.
**Kaleidoskop**, opt. Spielzeug in Form einer Röhre, bei dem regelmäßige, sternförmige Figuren durch mehrfache Spiegelung bunter Schnitzel (Glasperlen) hervorgebracht werden.
**Kalenden**, *Calendae*, im altröm. Kalender der erste Tag jeden Monats.
**Kalender**, Verzeichnis der Zeitrechnung nach Tagen, Wochen, Monaten u. Jahren, unter Berücksichtigung der nat. u. kirchl. Festtage.
**Kalendergeschichte**, kurze Prosaerzählung, zumeist lehrhaft, in einem Kalender oder Jahrbuch abgedruckt ist. Die bekanntesten K.n schrieben H. J. Ch. von *Grimmelshausen*, J. P. *Hebel*, P. *Rosegger* u. B. *Brecht*.
**Kalesche**, leichter vierrädriger, einspänniger Wagen mit Kutschbock u. abnehmbarem Verdeck.
**Kali**, ältere Bez. für *Kaliumhydroxid (Ätzkali)*, auch für die *Kalisalze*.
**Kaliber**, Innendurchmesser von Rohren, Geschützrohren, Gewehrläufen u.a. Waffen.
**Kalidasa**, bed. ind. Dichter aus dem 5. Jh. n. Chr.; episches Werk u. Dramen: »Schakuntala« u.a.
**Kalif**, *Khalif, Chalif*, Titel der Nachfolger *Mohammeds* als religiöses u. weltl. Oberhaupt des Islam. Reichs.

**Kalifornien**, Ldsch. im SW N-Amerikas, umfaßt die mex. Halbinsel K. (Nieder-K.) u. den Gliedstaat K. (California, Ober-K.) der → Vereinigten Staaten; zw. der Halbinsel K. u. dem mex. Festland liegt der *Golf von K.*
**Kaliko**, Gewebe in Leinwandbindung aus Baumwolle, Leinen oder Halbleinen; steif u. glänzend appretiert.
**Kalilauge**, wäßrige Lösung von *Kaliumhydroxid*; stark alkalisch.
**Kalimantan**, indones. Name für → Borneo.
**Kalimba**, afrikan. Musikinstrument.
**Kalinga**, altindones. Volk (rd. 47 000) im Innern Luzóns (Philippinen); Bauern und Viehzüchter.
**Kalinin**, von 1931 bis 1990 Name der sowj. Stadt → Twer.
**Kalinin**, Michail Iwanowitsch, *1875, †1946, sowj. Politiker; 1938–46 als Vors. des Präsidiums des Obersten Sowjets Staatsoberhaupt.
**Kaliningrad**, russ. Name für → Königsberg (Ostpreußen).
**Kalisalze**, natürl. vorkommende Salze des *Kaliums*; finden Verwendung in der Technik u. als Düngemittel.
**Kalisch**, poln. *Kalisz*, Stadt in Polen, 104 000 Ew.; klassizist. Stadtkern, barocke Stiftskirche; Masch.-, chem. u. Leder-Ind.
**Kalium** → chemische Elemente.
**Kaliumnitrat**, *Kalisalpeter*, Kaliumsalz der Salpetersäure; als Düngemittel, zur Herstellung von Feuerwerkskörpern, Pökelsalz u.a. verwendet.
**Kalk**, *gebrannter K.*, *Calciumoxid*, CaO, durch Erhitzen (»Brennen«) von *K.stein* (Calciumcarbonat, CaCO$_3$) hergestellt, wobei Kohlendioxid abgespalten wird; reagiert unter starker Wärmeentwicklung mit Wasser; dabei bildet sich *gelöschter K.* (Calciumhydroxid, Ca[OH]$_2$), der von alters her durch Beimischung von Sand zur Herstellung von *Mörtel* verwendet wird. Er geht durch langsame Aufnahme des Kohlendioxids der Luft wieder in *Calciumcarbonat* über.
**Kalkar**, Stadt in NRW, nahe am Niederrhein, 11 000 Ew.; Bau eines Kernkraftwerks mit »Schnellem Brüter«.
**Kalkspat**, *Calcit*, → Mineralien.
**Kalkstein**, aus Calciumcarbonat (CaCO$_3$) bestehendes Gestein; als Sedimentgestein im Meer- u. Süßwasser durch Organismen (aus den Kalkschalen u. -skeletten von Muscheln, Schnecken, Korallen, Algen, Foraminiferen) oder durch chem. Ausfällung aus dem Wasser entstanden; als *dichter K.*, *poröser K.* (*K.-Sinter, K.-Tuff, Travertin*), Kreide, Marmor, Oolith.
**Kalkstickstoff**, *Calciumcyanamid*, CaCN$_2$, ein Düngemittel.
**Kalkül**, Berechnung, Überschlag; Verfahren in der Logik sowie formales Rechenverfahren.
**Kalkulation**, Berechnung der Selbstkosten einer Lieferung oder Leistung.
**Kalkutta**, *Calcutta, Kalikata*, Hptst. des ind. Bundesstaats *Westbengalen*, am Mündungsarm Hugli im westl. Bereich des Ganges-Deltas, 125 km vom Golf von Bengalen, 3,5 Mio. Ew. (Agglomeration 9,0 Mio Ew.); wichtigstes ind. Industriezentrum, größte Bevölkerungsballung mit schweren sozialen Problemen. – 1690 als Handelsniederlassung gegr., 1773–1912 Sitz des brit. Generalgouverneurs bzw. Vizekönigs.
**Kalla**, bis 50 cm hoch werdende Sumpfpflanze aus der Fam. der *Aronstabgewächse*, mit kolbenförmigem Blütenstand u. weißem Hüllblatt.
**Kalligraphie**, (Schön-)Schreibkunst.
**Kallimachos**, **1**. athen. Bildhauer der zweiten Hälfte des 5. Jh. v. Chr., nach Vitruv Erfinder des korinth. Säulenkapitells. – **2**. lat. *Callimachus*, *um 310 v. Chr., †um 240 v. Chr., grch. Gelehrter u. Dichter in Alexandria am Hof der Ptolemäer; begr. die Bibliographie.
**Kalliope**, *Muse* der erzählenden Dichtung.
**Kallisthenes**, *um 370 v. Chr., †327 v. Chr., grch. Geschichtsschreiber u. Philosoph; Großneffe des *Aristoteles*, Hofhistoriograph des Alexanderzugs; zuerst Bewunderer *Alexanders d. Gr.*, dann Hauptbeteiligter einer Verschwörung gegen ihn.
**Kallisto**, einer der großen Monde des *Jupiter*.
**Kallus**, Knochennarbe, Neubildung von Bindegewebe an Knochenbruchstellen.
**Kálmán**, Emmerich (Imre), *1882, †1953, ung. Operettenkomponist; W »Die Csárdásfürstin«, »Gräfin Mariza«, »Die Zirkusprinzessin«.
**Kalmar**, Prov.-Hptst. in S-Schweden, am *K.-Sund*, 54 000 Ew.; Schloß; Schiffbau. – **K.er Union**, 1397–1523 bestehende Union der drei nord. Rei-

*Kaktusgewächse: Die meisten Kakteen tragen ihre Dornen auf besonderen Organen, die man Areolen nennt. Ihre Ausbildung und Stellung ist für die einzelne Kakteenart charakteristisch. – Links: Coryphantha aus Mexiko; rechts: Astrophytum aus Mexiko; im Vordergrund: Notacactus aus Brasilien (links). – Die Blüten der Kakteen sind ungestielt und zeigen keine Trennung in Kelch und Krone. Die einheitliche strahlenförmige Blütenhülle besteht aus mehr oder weniger gleichgestalteten Blütenhüllblättern. Die zahlreichen Staubgefäße können im Blütenschlund unterschiedlich angeordnet sein. Bei den höheren Kakteen ist der Fruchtknoten unterständig (rechts)*

## Kalender der Völker

| Kalender der | Urheber/Geltungsdauer | Kalenderberechnung | Schaltverfahren |
|---|---|---|---|
| Ägypter | seit dem 4. Jahrtausend v. Chr. | reines Sonnenjahr zu 365 Tagen; 12 Monate zu je 30 Tagen + 5 Zusatztage | keine Schalttage; Jahresanfang durchläuft in 1461 ägyptischen Jahren das ganze Jahr |
| | 238 v. Chr. | reines Sonnenjahr zu 365¼ Tagen | vermutlich in jedem 4. Jahr 1 Schalttag |
| Babylonier | bis zum 6. Jh. v. Chr. | Mondjahr zu 354 Tagen; 12 Monate, abwechselnd 30 u. 29 Tage | bei Abweichung vom Sonnenstand willkürlich ein Monat ein- oder ausgeschaltet |
| | vom 6. Jh. an | | zyklische (auf Rechnung beruhende) Schaltungsweise |
| Griechen | seit 383 v. Chr. | | 7 Schaltmonate für 19 Jahre |
| | 7. Jh. v. Chr. | | Oktaeteris-Zyklus von 2992 Tagen; 8 Sonnenjahre = 99 Mondmonate |
| | Solon (594 v. Chr.) | | Oktaeteris, verbessert auf 2923½ Tage |
| | Meton (432 v. Chr.) | Mond-Sonnenjahr zu 12 und 13 Monaten | 19jähriger Zyklus von 235 Monaten. Schaltjahre sind die Jahre 3, 5, 8, 11, 13, 16, 19 in diesem Zyklus |
| | Kalippos (330 v. Chr.) | | verbesserter Metonzyklus; vier solcher Zyklen = 76 Jahre um einen Tag vermindert, unabhängig davon 10tägige Woche |
| Römer | 8. u. 7. Jh. v. Chr. und auch später | Mondjahr zu 10, seit dem König Numa (715 v. Chr.) zu 12 Monaten | unregelmäßig |
| | Julius Cäsar (Julianischer Kalender): 46 v. Chr.; in den griechisch-orthodoxen Ländern bis 1923 | reines Sonnenjahr zu 365¼ Tagen | jedes 4. Jahr ein Schalttag |
| Moslems | seit 16. Juli 622 (Hedschra) | reines Mondjahr | 30jähriger Zyklus, in dem 11mal je ein Tag eingeschaltet wird; unabhängig davon 7tägige Woche; Tage beginnen mit Sonnenuntergang |
| Türken | vor dem islamischen Kalender: seit 1677 | reines Mondjahr zu 354 Tagen | 8jähriger Zyklus, davon das 2., 5. und 7. Jahr zu 355 Tagen |
| | seit 1916: Gregorianischer Kalender | reines Sonnenjahr | |
| Juden | bis Beginn unserer Zeitrechnung | | bei Bedarf ein ganzer Monat eingeschaltet |
| | Reform (vielleicht Rabbi Samuel 338) | | Monate abwechselnd 29 u. 30 Tage |
| | | Mond-Sonnenjahr | 19jähriger Zyklus; Jahreslängen mit 353, 354 oder 355 Tagen; Schaltjahre mit 383, 384 oder 385 Tagen; Schaltjahre sind die Jahre 3, 6, 8, 11, 14, 17, 19 des Zyklus |
| Inder | Zeit des Weda | Mond-Sonnenjahr; 12 Monate zu je 30 Tagen | ursprünglich nur Mondjahr, durch willkürliche Schaltung eines 13. Monats mit der Sonne in Einklang gebracht |
| | Zeit des Siddhânta (4. bis 6. Jh.) | 60jährig (5 Jupiterumläufe) und 12jährig (1 Umlauf) | Rechnung nach Sonnenmonaten |
| Chinesen und Japaner | 3. Jahrtausend v. Chr. um 2258 (?) v. Chr. | Jahr zu 360 Tagen Mond-Sonnenjahr | von je 19 Jahren 12 Gemeinjahre zu 12 und 7 Schaltjahre zu 13 Monaten; Jahresanfang veränderlich |
| Japaner | Seit 1873: Gregor. Kalender | | |
| Altgermanische Völker | | unvollkommenes Mond-Sonnenjahr | Schaltweise durch ganze Mondmonate nach Bedarf |
| Isländer und Norweger | bis Einführung des Christentums | Jahr zu 364 Tagen, 7tägige Woche | 6 Winter- und 6 Sommermonate zu 30 Tagen, im 3. Sommermonat 4 Ergänzungstage; 5mal in 28 Jahren eine Schaltwoche im 3. Sommermonat |
| Neuzeit | Papst Gregor XIII. (Gregorianischer Kalender): in den katholischen Ländern seit 15. Okt. 1582, im protestantischen Deutschland 1. März 1700, England 1752, Schweden 1753, Japan 1873, Bulgarien und Türkei 1916, UdSSR 1918, Rumänien 1919, Griechenland 1923, China 1949 | reines Sonnenjahr zu 365 Tagen | bei Ersteinführung folgte auf den 4. Okt. 1582 des seitherigen Julianischen Kalenders sofort der 15. Oktober 1582. Der Frühlingsanfang wurde auf den 21. März gelegt; jedes 4. Jahr zu 366 Tagen, mit Ausnahme der durch 400 nicht teilbaren Jahrhunderte. Jahreslänge: 365 Tage 5 Stunden 49 Minuten 12 Sekunden: d. h. das Jahr ist um 26 Sekunden größer als die jetzige Jahreslänge |
| | Neuer orientalischer Kalender: 14. Okt. 1923 von der griechisch-orthodoxen Kirche angenommen | | |
| | Französischer Revolutionskalender seit dem 14. Juli 1790 schrittweise eingeführt. Endgültige Fassung seit dem 5. Okt. 1793. Abgeschafft Ende 1805 | 12 Monate zu je 30 Tagen + 5 »jours complémentaires« | Jahresbeginn z. Z. des Herbstanfangs. Jahr I ab 1792 bis XIV = 1805. Schaltjahre waren das 3., 7. und 11. Jahr (Revolutionstag). Monate teilweise in 3 Dekaden eingeteilt |

### Kältemischungen 433

che Dänemark, Schweden u. Norwegen; dän. König als gemeinsamer Herrscher bei weiterbestehender innerer Selbständigkeit.

**Kalmare**, *Teuthoidea*, Unterordnung der *Kopffüßer*; torpedoförmige Weichtiere mit 10 Fangarmen u. riesigen, leistungsfähigen Linsenaugen. Die größten K. oder Riesentintenfische haben Fangarme von 15 m Länge, leben in Schwärmen u. sind Hauptnahrung des *Pottwals*.

**Kalme**, Windstille oder eine Windgeschwindigkeit unter 0,5 m/s. – **K.ngürtel**, Bereich der Windstillen in der Äquatorzone u. in den *Roßbreiten*.

**Kalmit**, höchster Berg des Pfälzer Waldes, 683 m.

**Kalmüken**, westmongol. Volk (rd. 140 000) in der Kalmük. ASSR (RSFSR) u. in der Mongol. VR; ehem. nomad. Viehzüchter; Anhänger des Lamaismus.

**Kalmükische ASSR**, Autonome Sowjetrep., nw. des Kasp. Meers, 75 900 km², 325 000 Ew.; Hptst. *Elista*; Trockensteppe, Halbwüste, Salzseen; Vieh-Wirtsch., Fischerei; Erdgasvorkommen.

**Kalmus**, *Acorus*, Gatt. der *Aronstabgewächse* mit den beiden Arten *Grasartiger K.* u. *Gewöhnl. K.*, in O-Asien heimisch. In bes. Zellen ist das äther. K.öl enthalten.

**Kalorie**, Kurzzeichen cal, veraltete Einheit der Energie (Wärmemenge); amtl. ist nur noch die Energieeinheit *Joule* (J) zulässig; es gilt jetzt: 1 cal = 4,1868 J. – In der Ernährungslehre wurde die Einheit K. zur Angabe des Energiewerts von Nahrungsmitteln gebraucht, wobei unter K. die *große K. (Kilocalorie)*, kcal, zu verstehen ist. Auch hier ist amtl. nur noch das *Joule* zulässig.

**Kalorimeter**, *Wärmemesser*, Gerät zum Messen von Wärmemengen, die von einem Stoff bei chem. oder physikal. Veränderung aufgenommen oder abgegeben werden.

**Kalotte**, 1. Oberflächenabschnitt einer Kugel, Kugelkappe. – 2. knapp anliegende Mütze, bes. das Scheitelkäppchen der Geistlichen.

**Kaltblut** → Pferde.

**Kaltblüter** → wechselwarme Tiere.

**Kältemaschinen**, Maschinen, die unter Kraftaufwand tiefe Temperaturen erzeugen. Bei der *Kompressionsmaschine* wird ein gasförmiges Kältemittel (Ammoniak, Freon, Kohlendioxid) verdichtet, wobei es sich erhitzt, anschließend verflüssigt u. durch Wasser gekühlt. Im Verdampfer es verdampft u. entzieht dabei der Umgebung Wärme. – Bei der *Absorptionsmaschine* wird konzentrierte Ammoniaklösung im »Kocher« erwärmt u. dadurch das Ammoniak dampfförmig ausgetrieben. Anschließend wird es verflüssigt u. im Verdampfer verdampft, wobei es der Umgebung Wärme entzieht. – K. werden zur Luftverflüssigung, in Kühlanlagen u. zur Gasverflüssigung (z.B. Sauerstoff, Wasserstoff) benutzt.

**Kältemischungen**, Zweistoffgemische zur Erzeugung tiefer Temp., meist Mischungen von Salzen mit Eis. Da der Gefrierpunkt von Lösungen tiefer liegt als der des Lösungsmittels, schmilzt das Eis. Die zum Schmelzen des Eises erforderl. Wärmemenge wird der Umgebung entzogen.

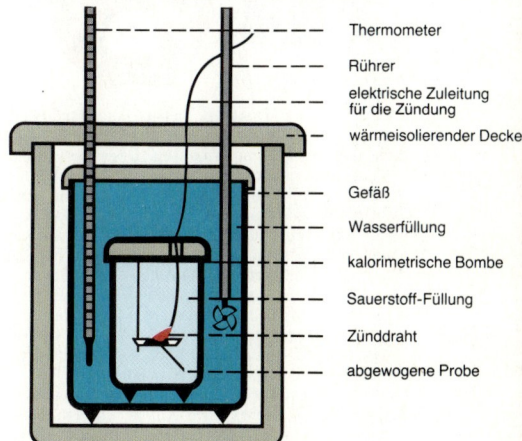

*Kalorimeter: Aus der Temperaturerhöhung des Wassers läßt sich die bei der Verbrennung der Probe freigewordene Wärmemenge bestimmen*

**Kaltenbrunner,** Ernst, *1903, †1946 (hingerichtet), seit 1933 SS-Führer in Östr., seit 1943 Chef der Sicherheitspolizei u. des SD sowie des Reichssicherheitshauptamts; 1946 in Nürnberg zum Tode verurteilt.

**Kältepole,** die kältesten Punkte der Erde; auf der N-Halbkugel der Ort Ojmjakon in O-Sibirien (−67,7 °C); auf der S-Halbkugel an der sowj. Station Wostok in der O-Antarktis (−89,2 °C).

**kalter Krieg,** nach dem 2. Weltkrieg aufgekommene Bez. für die Auseinandersetzungen zw. dem Ostblock u. den Westmächten; ideolog. u. propagandist. Angriffe, wirtsch. Kampfmaßnahmen, Wettrüsten u.a.; Vermeidung militär. Auseinandersetzung.

**Kaltleiter,** elektr. Leiter, dessen Widerstand mit steigender Temp. meist erhebl. zunimmt. Einfachste K. sind Glühlampen.

**Kaltnadel,** *K.arbeit,* graph. Verfahren der Radierung: Die auf die Kupferplatte übertragene Zeichnung wird nicht eingeätzt, sondern mit kalter Nadel eingeritzt.

**Kaltzeit,** weltweite Temperaturerniedrigung während der *Eiszeiten* des Quartärs.

**Kaluga,** sowj. Stadt an der oberen Oka (Hafen), 302 000 Ew.; Masch.-, chem., Elektro-, Textil-Ind.

**Kalumet,** Friedenspfeife nordamerikan. Indianer.

**Kalundborg** [kalɔn'bɔr], dän. Hafenstadt auf Seeland, 19 000 Ew.; Rundfunksender, Erdölraffinerie.

**Kalvarienberg, 1.** Hinrichtungsstätte Jesu, andere Bez. für *Golgatha*. – **2.** natürl. oder künstl. Berg, auf dem als kath. Wallfahrtsstätte die 14 Kreuzwegstationen Jesu dargestellt sind.

**Kalypso,** Nymphe der grch. Sage; rettete u. pflegte den schiffbrüchigen *Odysseus*.

**Kalzium** → Calcium.

**Kama,** *Kandarpa,* ind. Liebesgott; als Knabe auf einem Papagei dargestellt.

**Kama,** größter l. Nbfl. der Wolga, 2030 km lang, speist den K.stausee.

**Kamakura,** jap. Stadt auf Honshu, an der Sagamibucht, 175 000 Ew.; Bade- u. Wallfahrtsort (buddhist. Tempel u. Schintoschreine).

**Kamarilla** [-'rilja], in Monarchien oder autoritären Regimes eine Hofpartei ohne Regierungsverantwortung, die aber großen Einfluß auf den Herrscher hat.

**Kamasutra,** ältestes Lehrbuch der Erotik aus Indien; im 4. Jh. von M. *Watsjajana* verfaßt.

**Kambium,** Bildungsgewebe in pflanzl. Stengeln u. Wurzeln; ermöglicht das Dickenwachstum, indem es bei Nacktsamern u. Zweikeimblättrigen nach außen Bast, nach innen Holz bildet, bei Einkeimblättrigen nach außen Rindenzellen, nach innen Leitbündel u. Parenchym.

**Kambodscha,** amtl. *Kampuchea,* Staat in SO-Asien, 181 035 km², 7,7 Mio. Ew. (buddhist. Khmer), Hptst. *Phnom Penh*.

*Kambodscha*

Landesnatur. Das trop. Tief- u. Hügelland beiderseits des Mekong empfängt seine reichen Niederschläge vom Sommermonsun. Über die Hälfte des Landes ist von dichtem Regenwald bestanden.
Wirtschaft. Lebensgrundlage ist der Anbau von Reis, der neben Kautschuk u. Mais auch das wichtigste Exportgut ist. Der Wald liefert u.a. Teak, Mahagoni u. Ebenholz. In seinen Gewässern hat K. das bed. Fischreservoir SO-Asiens. An Bodenschätzen gibt es Phosphate, Edelsteine u. Eisenerze. Die Industrie verarbeitet zumeist Agrarprodukte. – Die wichtigsten Verkehrswege sind die Wasserstraßen. Haupthäfen sind der Binnenhafen Phnom Penh u. der Seehafen Kompong Som.
Geschichte. Das hinterind. Reich *Funan* wurde Anfang des 7. Jh. von den *Khmer* erobert. Das Khmer-Reich wurde im 13. Jh. von den Thai, Schan u. Mongolen angegriffen. 1353 fiel Angkor. Vorübergehend regierten Thai-Könige in K. Um 1660 geriet der letzte Khmer-König in siames. Gefangenschaft. K. fiel unter Fremdherrschaft.

1867 wurde K. von den Franzosen besetzt; als *Protektorat K.* gehörte es seit Ende des 19. Jh. zur *Union von Indochina.* Nach der Niederlage Frankreichs im 1. Indochinakrieg erhielt K. 1954 die volle Unabhängigkeit u. schied aus der Frz. Union aus. Norodom *Sihanouk* dankte 1955 als König ab, erließ eine neue Verf. u. wurde Min.-Präs.; 1960 auch formell Staatschef. 1970 wurde Sihanouk gestürzt. General *Lon Nol* übernahm die Macht. Es kam zum Bürgerkrieg, in dem die kommunist. Roten Khmer unter Pol Pot 1975 siegten. Sie proklamierten den Demokrat. K. u. errichteten ein Terrorregime (wahrsch. über 1 Mio. Todesopfer). 1979 besetzten vietnames. Truppen das Land u. setzten eine neue Reg. unter *Heng Samrin* ein. 1989 proklamierte Heng Samrin eine neue Verf. u. die vietnames. Truppen zogen im gleichen Jahr ab. Gegen die Reg. kämpften drei Widerstandsgruppen, mit denen man sich im Sept. 1990 auf die Bildung einer Übergangs-Reg. einigte.

**Kambrium** → Erdzeitalter.

**Kamee** → Gemme.

**Kamele,** *Camelidae,* Fam. der Paarhufer; hochbeinige u. langhalsige Steppen- u. Wüstentiere, Paßgänger; in Afrika, Asien u. S-Amerika verbreitet; können Fett (im Höcker) u. Wasser (im Magen) speichern; hierher gehören das einhöckrige *Dromedar,* das zweihöckrige *Trampeltier* u. die höckerlosen *Lamas.*

**Kamelie,** zu den *Teegewächsen* gehörende Zimmer- u. Kalthauspflanze aus O-Asien; mit großen, meist gefüllten, rosenähnl. Blüten.

**Kameliendame,** Titelheldin eines Romans des jüngeren A. *Dumas,* von diesem später zum Schauspiel umgearbeitet (von G. *Verdi* zur Vorlage für seine Oper »La Traviata« genommen).

**Kamen,** Stadt in NRW, sw. von Hamm, 45 000 Ew.; Steinkohlenbergbau, Metall-, Kunststoff-, Textil- u. opt. Ind.

**Kamenew** ['kaminjef], eigtl. *Rosenfeld,* Lew. B., *1883, †1936 (hingerichtet), sowj. Politiker; enger Mitarbeiter Lenins, bekleidete höchste Partei- u. Staatsämter; 1936 zum Tod verurteilt (das Urteil wurde 1988 aufgehoben).

**Kamenz,** Krst. in Sachsen, 18 000 Ew.; Lessingmuseum; Masch.-, keram., elektron. Ind.; Granitabbau.

**Kamera,** allg. jedes photograph. Aufnahmegerät; bestehend aus einem lichtdichten Gehäuse mit Objektiv, einer Mattscheibe u. einer Vorrichtung zur Aufnahme des Films; versch. K.modelle für versch. Zwecke. Die Möglichkeiten der Automatik wurden mit Hilfe von Mikrochips u. optoelektron. Bauelementen perfektioniert.

**Kameralismus,** Bez. für die Wirtsch.-Wiss. in Dtld. während des *Merkantilismus;* Lehre von der landesfürstl. Verw., die Rechtswiss., Verw.- u. Wirtsch.-Lehre (bes. Finanzlehre) umfaßte.

**Kamerlingh Onnes,** Heike, *1853, †1926, ndl. Physiker; verflüssigte 1908 als erster Wasserstoff u. Helium, entdeckte die Supraleitung; Nobelpreis 1913.

**Kamerun,** Staat in W-Afrika, 475 442 km², 10,8 Mio. Ew., Hptst. *Yaoundé.*

*Kamerun*

Landesnatur. Den größten Teil des Landes nimmt das *Hochland von K.* ein. Nach W schließt sich das feuchtheiße Küstentiefland an, aus dem sich der *K.berg* (4070 m) erhebt. Der S u. die Küsten werden von Regenwäldern eingenommen, die nach NO in Feucht- u. im N in Trockensavanne übergehen.
Die Bevölkerung besteht aus Bantu- u. Sudanvölkern, Fulbe, Arabern u. Pygmäen. 35% sind Christen, 20% Moslems u. 45% Anhänger von Naturreligionen.
Wirtschaft. Für den Export werden Kakao, Kaffee, Baumwolle, Kautschuk, Ölpalmen u. Bananen angebaut. Andere Ausfuhrgüter sind Fleischkonserven u. Edelhölzer. Es gibt bed. Bauxit- (Aluminiumwerk bei Edea), Erdöl- u. Erdgaslagerstätten, die fast die Hälfte des Gesamtausfuhrwerts stellen. Der Haupthafen Douala hat einen internat. Flughafen.

*Kambodscha: Dorf im Nordwesten des Landes*

Geschichte. K. wurde 1884 dt. Kolonie. 1919 wurde K. ein B-Mandat des Völkerbunds u. zw. Frankreich u. England geteilt. Die Mandate wandelten sich nach dem 2. Weltkrieg in Treuhandgebiete der Vereinten Nationen. 1960 wurde K. unabh. Rep. u. 1961 beide Teile des Landes vereint, wobei ein Nordteil bei Nigeria verblieb. 1972 wurde die seit 1961 bestehende Bundesrepublik in die zentralist. *Vereinigte Rep. K.* umgewandelt. Staats-Präs. ist seit 1982 P. *Biya.*

**Kamikaze,** jap. Kampfflieger im 2. Weltkrieg, die sich freiwillig mit bombenbestückten Flugzeugen auf feindl. Schiffe stürzten u. dabei den Tod fanden.

**Kamille,** *Matricaria,* Gatt. der *Korbblütler* mit drei einheim. Arten, darunter die bed. *Echte K.,* die als Heilpflanze Verwendung findet.

**Kamin, 1.** Schornstein. – **2.** Feuerstelle, dreiseitig umschlossen, zur Wohnung hin offen. – **3.** enger, steiler Felsspalt.

**Kaminski,** Heinrich, *1886, †1946, dt. Komponist; suchte die moderne Klangtechnik mit der Polyphonie des Barocks zu verbinden.

**Kamisarden,** hugenott. Bauern in den Cevennen, die sich gegen die Zwangskatholisierung durch Ludwig XIV. in einem Aufstand (1702–05) zur Wehr setzten *(Cevennen-Krieg).*

**Kamm, 1.** Gerät zur Haarpflege u. als Schmuck. – **2.** langgestreckte Erhebung der Erdoberfläche. – **3.** *Crista,* vorspringende Leiste an einem Knochen. – **4.** häutiger Anhang auf der Stirn der Hühner u. des Kondors sowie die häutigen Rückenzacken des *K.molchs* u. die verhornten der *K.eidechsen.*

**Kammer, 1.** urspr. die den fürstl. Haushalt lei-

*Kamerun: Inselberg im Kapsikigebirge im Norden des Landes*

tende Behörde, die auch für die Verw. der fürstl. Güter zuständig war; dann allg. eine Verwaltungsbehörde. – **2.** das Kollegialgericht unterster Instanz mit mehreren Berufsrichtern. – **3.** berufsständ. Körperschaft des öffentl. Rechts; z.B. Handwerks-, Ärzte-K. – **4.** Parlament oder ein Teil eines Parlaments.
**Kämmerer,** urspr. der Aufseher über den königl. Schatz; heute Finanzverwalter der Städte.
**Kammergericht, 1.** seit dem 15. Jh. persönl. Gericht des dt. Königs; seit 1945 Reichs-K. – **2.** oberstes preuß. Gericht in Berlin, dessen Name nach dem 1. Weltkrieg auf das Oberlandesgericht Berlin überging.
**Kammerjäger,** alte Bez. für den Desinfektor oder Gesundheitsaufseher, der v.a. die Bekämpfung von Wohnungsschädlingen durchführt.
**Kammermusik,** urspr. das nichtöffentl. Musizieren in kleinem Kreis; seit Beginn der klass. Epoche bezieht sich der Begriff nur noch auf die größeren Instrumentalformen wie die Solosonate u. auf Werke für wenige Instrumente, deren Grundlage ebenfalls zumeist die Sonatenform ist (Duo, Trio, Quartett, Quintett).
**Kammersänger,** Titel für hervorragende Sänger.

*Kammolch: Männchen im Hochzeitskleid*

**Kammerspiele,** Theater, das kleiner u. intimer ist als das große Schauspielhaus; auch die dort aufgeführten Bühnenstücke.
**Kammerton,** der Ton *a'* (eingestrichenes a), seit 1939 allg. auf 440 Schwingungen pro s bei 20 °C festgelegt; der Ton der genormten Stimmgabeln u. Stimmpfeifen.
**Kammgarn,** nach einem bes. Verfahren hergestelltes Garn aus reiner gekämmter Wolle, auch aus reinen Chemiefasern oder Mischungen von kämmfähiger Länge; haltbares Gewebe daraus.
**Kammolch,** bis 18 cm langer *Schwanzlurch* in Europa u. Kleinasien, schwarzbraun, Bauch orangerot gefleckt.
**Kammuscheln,** *Pecten,* Meeresmuscheln mit vielen Augen am Mantelrand u. gleichmäßig gerippten Schalen; bewegen sich durch ruckartiges Zuklappen der Schalen.
**Kampagne** [-'panjə], größere, zeitl. begrenzte Aktion in Wirtsch., Werbung oder Politik.
**Kampala,** Hptst. von Uganda (seit 1962), Ostafrika, 460 000 Ew.; Wirtsch.- u. Verkehrszentrum; Univ.; Hafen *Port Bell.*
**Kampanien,** ital. *Campània,* Region in → Italien.
**Kampen** ['kampə], ndl. Stadt nahe dem IJsselmeer, 32 000 Ew.; theol. HS; Masch.- u. Schiffbau.
**Kampfer,** *Campher,* kristalline, farblose oder weiße Verbindung, $C_{10}H_{16}O$, von stechendem Geruch; fr. aus dem Öl des K.baums, heute vorw. künstl. aus Terpentinöl hergestellt; als Weichmacher in der Celluloid-Ind. u. in der Medizin als Herz- u. Kreislaufmittel.
**Kampferbaum,** bis 40 m hohes *Lorbeergewächs* S-Chinas, Indochinas, u. S-Japans.
**Kampffisch,** farbenprächtiger *Labyrinthfisch,* der im Erregungszustand raschen Farbwechsel zeigt; oft als Zierfisch gehalten. Die Männchen tragen aggressive Revierkämpfe aus.
**Kampfläufer,** mittelgroßer *Schnepfenvogel* Eurasiens; Männchen mit spreizbarer Halskrause; Gruppenbalz mit Schaukämpfen.
**Kampfstoffe,** zusammenfassende Bez. für atomare, biol. u. chem. Waffen bzw. Kampfmittel, durch die der Feind vernichtet oder kampfunfähig gemacht werden soll.
**Kamp-Lintfort,** Stadt in NRW, 37 000 Ew.; ältestes dt. Zisterzienserkloster *Kamp* (1122–1802); Steinkohlenbergbau.

*Kampffisch-Paar beim Hochzeitstanz*

**Kampong Som,** Hafenstadt in Kambodscha, 53 000 Ew.; Ölraffinerie, Maschinenbau.
**Kampuchea** [-'tʃea], *Kamputschea,* amtl. Bez. für Kambodscha in der Khmer-Sprache.
**Kamtschatka,** NO-asiat. Halbinsel zw. Bering- u. Ochotskischem Meer, UdSSR, 370 000 km²; gebirgig, mit z.T. noch tätigen Vulkanen; Rentierzucht, Fischfang, Holzverarbeitung.
**Kanaan,** bibl. Name für *Palästina.*
**Kanaaniter, 1.** vorisraelit. Bev. Palästinas. – **2.** → Phönizier.
**Kanada,** amtl. *Canada,* Staat in N-Amerika, mit 9 976 139 km² das zweitgrößte Land der Erde, 25,7 Mio. Ew., Hptst. Ottawa. K. ist gegliedert in 10 Provinzen u. 2 Territorien (vgl. Tabelle).
*Landesnatur.* Die Hügel- u. Mittelgebirgslandschaften im O gehören zu den nördl. Appalachen. Nach W werden sie durch die fruchtbare Talllandschaft am St.-Lorenz-Strom u. das flache Hügelland nördl. der Großen Seen begrenzt. Rund um die Hudsonbai schließt sich der Kanad. Schild an, der im SO ins Hudsonbai-Tiefland übergeht. Westl. des Schilds dehnt sich das Tiefland der Großen Inneren Ebenen aus, das sehr trocken u. sommerwarm ist. Die kühlgemäßigten Rocky

*Kanada*

Mountains mit den pazif. Küstenketten (Mount Logan 6050 m) umgeben die Hochbecken von British Columbia u. des Yukonterritoriums. Fast die Hälfte der Fläche nimmt das flache, subpolare bis polare Arkt. Tiefland des N ein. – Viele Seen unterbrechen das Land: Großer Bärensee, Großer Sklavensee, Athabascasee, Rentiersee. Die großen Ströme – St.-Lorenz-Strom, Mackenzie, Saskatchewan-Nelson, Churchill – sind 4 – 9 Monate im Jahr von Eis bedeckt. Der Wald nimmt 36 % der Landesfläche ein. – → S. 436.
Die zu rd. 27 % frz., sonst engl. sprechende Bevölkerung besteht aus eingewanderten Weißen vorw. brit. u. frz. Herkunft, daneben aus 260 000 Indianern u. Eskimo. Die Bevölkerung verdichtet sich am St.-Lorenz-Strom, an den Großen Seen u. im Gebiet von Vancouver, während die übrigen Landesteile äußerst dünn besiedelt sind. Wichtigste Städte: Montreal, Toronto, Vancouver, Winnipeg, Ottawa, Hamilton, Quebec, Edmonton, Calgary, Windsor, London, Halifax, Kitchener.
*Wirtschaft.* Rd. 40 % der Agrarproduktion werden exportiert, hpts. Getreide u. Getreideerzeugnisse (v.a. Weizen), Milch- u. Fleischwaren u. Obst. Die atlant. Fischerei (die Neufundlandbank zählt zu den ertragreichsten Fischgründen der Welt) u. die pazif. Fischerei liefern Lachs, Kabeljau, Hummer, Hering u.a. Holz u. Holzerzeugnisse stehen mit rd. 20 % des Ausfuhrwerts an zweiter Stelle der Exportliste hinter Autos u. Autozubehör. In der Zinkförderung steht K. unter den Förderländern der Erde an 1. Stelle, mit Asbest, Nickel u. Molybdän an 2., mit Gold u. Uran an 3., mit Kupfer u. Erdgas an 4. Stelle; bed. Erdölfunde. – Für den ganzen N ist das Flugzeug wichtigstes Verkehrsmittel. Bedeutend ist die Binnenschiffahrt auf dem St.-Lorenz-Schiffahrtsweg u. auf den Großen Seen. Haupthäfen sind Montreal, Toronto u. Halifax im atlant. Bereich, Vancouver am Pazifik.
*Geschichte.* 1497 erreichte der Seefahrer u. Entdecker J. *Cabot* die kanad. Küste. 1534/35 erforschte J. *Cartier* den St.-Lorenz-Strom u. nahm das Gebiet beiderseits des Flusses für Frankreich in Besitz. Im Frieden von Paris 1763 trat Frankreich alle nordamerik. Festlandsbesitzungen an Großbrit. ab. Die Engländer garantierten den Franzosen in K. Religionsfreiheit u. ihr Eigentum. 1867 verabschiedete das Londoner Parlament die *British North America Act.* Sie schuf das *Dominion of Canada,* den ersten Staatsverband seiner Art im Empire. Im 1. Weltkrieg kämpfte K. an der Seite des Mutterlands. Die Folge war ein neues Dominion-Statut: K. erhielt volle Wehrhoheit, konnte mit fremden Staaten diplomat. Beziehungen aufnehmen u. Verträge schließen. Das Dominion näherte sich im 2. Weltkrieg unter W.L. Mackenzie *King* den USA, unterstützte aber auch Großbrit. Nach dem 2. Weltkrieg wurde K. Mitgl. der UN u. trat der NATO bei. 1949 wurden die Rechte des kanad. Parlaments erweitert, Neufundland u. Labrador schlossen sich dem Dominion an. Innenpolit. wurden bes. die Autonomiebestrebungen der Frankokanadier in Quebec in den 1970er Jahren zum Problem. 1982 wurde eine neue Verf. verabschiedet. Sie ersetzte die British North America Act. – Der Bundesstaat K. gründet sich auf die Verfassung von 1982. Kanadas Parlament hat 2 gleichrangige Kammern: Oberhaus u. Unterhaus. Die Exekutive liegt formal bei dem Generalgouverneur als Vertreter der brit. Krone, tatsächl. bei der Kabinettsregierung, deren Premier zugleich Führer der Mehrheitspartei ist. Seit 1984 regieren die Progressiv-Konservativen unter B. *Mulroney.* 1990 kam es aufgrund eines angestrebten Sonderstatus für Quebec zu einer Verfassungskrise.
**Kanadabalsam,** Harz der kanad. *Balsamtanne;* wird zum Kitten von Linsensystemen u.ä. benutzt (gleiche Brechung wie Glas).
**Kanadier,** offenes Sportboot, halbkniend einseitig gepaddelt.
**Kanadischer Schild,** Teil der alten Landmasse *Laurentia,* ein Urkontinent, der schon zu Beginn des Präkambriums bestand; umfaßte O-Kanada u. Grönland.
**Kanaken,** urspr. Name für Südsee-Bewohner (Polynesien); auch verächtl. für Menschen niederen Ranges gebraucht.

| Kanada: Verwaltungsgliederung | | | |
|---|---|---|---|
| Provinz/ Territorium | Fläche in km² | Einwohner in 1000 | Hauptstadt |
| *Provinzen:* | | | |
| Alberta | 661 190 | 2375 | Edmonton |
| Britisch-Kolumbien | 947 800 | 2889 | Victoria |
| Manitoba | 649 950 | 1071 | Winnipeg |
| Neubraunschweig | 73 440 | 710 | Fredericton |
| Neufundland | 405 720 | 568 | St. John's |
| Neuschottland | 55 490 | 873 | Halifax |
| Ontario | 1 068 580 | 9114 | Toronto |
| Prinz-Edward-Insel | 5 660 | 127 | Charlottetown |
| Quebec | 1 540 680 | 6540 | Quebec |
| Saskatchewan | 652 330 | 1010 | Regina |
| *Territorien:* | | | |
| Nordwest | 3 426 320 | 52 | Yellowknife |
| Yukon | 483 450 | 24 | Whitehorse |

# KANADA

*Indianersommer im nordkanadischen Wald*

*Eisenbahnlinie in den Rocky Mountains*

*City Hall in Toronto*

*Montreal, Handels- und Industriemetropole*

*Große regelmäßige Weizenfelder bestimmen das Landschaftsbild der Prärieprovinzen; im Bild eine Bauerngenossenschaft in Kronau/Saskatchewan*

**Kanal, 1.** künstl. Wasserweg für die Schiffahrt; [T] → S. 437. – **2.** Röhrensystem zum Ableiten von Abwässern. – **3.** Frequenzbereich für die Übertragung einer Nachricht, z.B. beim Fernsehen, Sprechfunk u.a.

**Kanal,** *Der K., Ärmelkanal,* engl. *English Channel,* frz. *La Manche,* Meeresteil zw. England u. Frankreich; Verbindung zw. Atlantik u. Nordsee, in der *Straße von Dover (Pas de Calais)* nur 33 km breit. Eine Untertunnelung des K. ist im Bau.

**Kanalinseln,** engl. *Channel Islands,* frz. *Îles de la Manche,* (seit 1204) brit. Inselgruppe (unmittelbar unter Oberhoheit der brit. Krone) vor der frz. Kanalküste; 3 größere *(Alderney, Guernsey, Jersey)* u. kleinere Inseln, zus. 194 km², 130 000 Ew., Hptst. *St. Hélier* (Jersey).

**Kanalisation, 1.** unterird. Kanalsystem zur Ableitung von Abwässern u. Niederschlagswasser zur Kläranlage. – **2.** Begradigung u. Vertiefung von Flußläufen zur Ermöglichung oder Verbesserung der Schiffahrt.

**Kananga,** Prov.-Hptst. in Zaire (Zentralafrika), 938 000 Ew.; Metall-, Textil- u. Nahrungsmittel-Ind.; Flughafen.

**Kanapee,** Sitzsofa des 18. u. 19. Jh. mit hoher Rückenlehne u. niedrigeren Seitenlehnen.

**Kanarienvogel,** Finkenvogel der Kanar. Inseln; in zahlr. Schlägen gezüchtet, die sich nach Farbe, Größe, Gefieder u. Gesang *(Harzer Roller)* unterscheiden.

**Kanarische Inseln,** span. *Islas Canarias* [»Hundeinseln«], span. Inselgruppe vor der afrik. NW-Küste: *Fuerteventura, Gran Canaria, Lanzarote, Gomera, Hierro, La Palma* u. *Teneriffa,* 7273 km², 1,4 Mio. Ew.; vulkan. Ursprungs, gebirgig; ozean.-subtrop. Klima, auf Lanzarote u. Fuerteventura trocken u. Halbwüstenvegetation; Anbau von Bananen, Tomaten, Kartoffeln, Getreide; bed. Fremdenverkehr.

**Kanazawa** [-za:va], *Kanasawa,* jap. Präfektur-Hptst. auf Honshu, 430 000 Ew.; Univ., HS; Metall-, Porzellan- u. Seiden-Ind.

**Kandahar,** *Qandahar,* Prov.-Hptst. im SO Afghanistans, 1100 m ü.M., 178 000 Ew.; Textil-Ind.; Gold-, Blei- u. Zinkvorkommen; Flughafen.

**Kandelaber,** Standleuchter aus Bronze, Marmor, Schmiedeeisen u.ä.

**Kander,** l. Nbfl. der Aare im Berner Oberland (Schweiz), 44 km.

**Kandidat,** Bewerber um ein Amt; Prüfling vor dem Examen, auch schon der Student höheren Semesters.

**kandieren,** Früchte mit stark konzentrierter Zuckerlösung durchtränken u. überziehen.

**Kandinsky,** Wassily, *1866, †1944, russ. Maler; Begr. der abstrakten Malerei; gründete 1909 die Münchner »Neue Künstlervereinigung«, aus der 1911 der Kreis des »Blauen Reiters« hervorging; 1922–33 Lehrer am Bauhaus.

**Kandis,** Zuckerkristalle, die aus konzentrierten Rohrzuckerlösungen an Zwirnsfäden in mehreren Tagen auskristallisieren; brauner K. enthält einen Zusatz von *Couleur.*

**Kandschur,** Sammlung hl. Schriften des tibet. Buddhismus.

**Kandy** [engl. 'kændi], *Maha Nuwara,* Hptst. der Zentral-Prov. Sri Lankas, am Nordrand des Hochlands, 600 m ü.M., 114 000 Ew.; buddhist. Wallfahrtsort mit jährl. Prozession; Univ., Forschungsinstitute; landw. Handelszentrum.

**Kaneel,** *Kanell, weißer Zimt,* die nach Zimt u. etwas nach Muskat riechende Rinde des westind. *Weißen K.baums.*

**Kanevas,** *Canevas,* Gewebe aus Baumwolle, Leinen oder Halbleinen; Grundgewebe für die Handstickerei.

**Känguruhratten, 1.** → Taschenmäuse. – **2.** *Rattenkänguruhs,* etwa kaninchengroße Känguruhverwandte, oft mit deutl. verlängerten Hinterbeinen; gefährdete Restbestände in Australien u. Tasmanien.

**Känguruhs,** Beuteltiere mit kleinen Vorderbeinen, stark verlängerten Hinterbeinen u. muskulösem Stützschwanz, der bei der hüpfenden Fortbewegung als »Balancierstange« dient; kleinere Arten nur hasengroß *(Hasen-K.),* die größten mehr als 2 m hoch *(Riesen-K.);* meist nur ein Junges, das seine Entwicklung (rd. 7 Monate) im mütterl. Brutbeutel durchmacht. Vorkommen: Australien u. umliegende Inseln.

**Kaninchen,** Bez. für das *Europ. Wild-K.* u. die von ihm abstammenden Hauskaninchenrassen; ha-

| Die wichtigsten Seekanäle der Erde | | | | | | |
|---|---|---|---|---|---|---|
| Kanal | Land | eröffnet | hergestellte Verbindung | Länge km | Tiefe m | Schleusen |
| *Europa* | | | | | | |
| Nordostseekanal | Deutschland | 21. 6. 1895 | Nordsee–Ostsee | 98,7 | 11,3 | 2 |
| Nordseekanal | Niederlande | 1876 | Nordsee–IJsselmeer (Amsterdam) | 27,0 | 15,0 | 4 |
| Amsterdam-Rhein-Kanal | Niederlande | 21. 5. 1952 | Waal (Rhein)–IJsselmeer (Nordsee) | 72,4 | 6,0 | 4 |
| Brügger Seekanal[1] | Belgien | 1907 | Nordsee (Zeebrügge)–Brügge | 12,0 | 8,5 | – |
| Brüsseler Seekanal[1] | Belgien | 1922 | Brüssel–Antwerpen (Nordsee) | 32,0 | 6,4 | 4 |
| Manchester-Kanal | Großbritannien | 1894 | Manchester–Liverpool (Irische See) | 58,0 | 8,5 | 5 |
| Alfons-XIII.-Kanal | Spanien | 1926 | Sevilla–Golf von Cádiz | 85,0 | – | 8 |
| Kanal von Korinth | Griechenland | 9. 11. 1893 | Ionisches Meer–Ägäisches Meer | 6,5 | 7,0 | – |
| Wolga-Don-Kanal | Sowjetunion | 27. 7. 1952 | Don (Schwarzes Meer)–Wolga (Kaspisee) | 101,0 | – | 13 |
| Moskaukanal | Sowjetunion | 1937 | Moskau–Wolga | 128,0 | 5,5 | 11 |
| Weißmeer-Kanal[2] | Sowjetunion | 1933 | Weißes Meer–Onegasee | 227,0 | 5,0 | 19 |
| *Afrika–Asien* | | | | | | |
| Suezkanal | Ägypten | 7. 11. 1869 | Mittelmeer–Rotes Meer (Indischer Ozean) | 161,0 | 12,9 | – |
| *Amerika* | | | | | | |
| Panamakanal | USA | 15. 8. 1914 | Atlantik–Pazifik | 81,3 | 13,7 | 6 |
| Wellandkanal | Kanada | 20. 4. 1931 | Eriesee–Ontariosee | 45,0 | 8,8 | 8 |
| Sankt-Lorenz-Seeweg | Kanada/USA | 1959 | Montreal–Ontariosee | 204,0 | 8,2 | 7 |
| Cape-Cod-Kanal | USA (Mass.) | 1914 | Cape Cod Bay–Buzzard Bay | 13,0 | 9,7 | – |
| Houstonkanal | USA (Texas) | 1940 | Houston–Galveston (Golf von Mexiko) | 91,2 | 10,3 | – |

Alle Kanäle sind für Seeschiffe befahrbar, außer: [1] bis 6000-t-Schiffe, [2] bis 3000-t-Schiffe

senartige Nagetiere mit wenig verlängerten Hinterläufen; leben gesellig in Erdbauten; Ohr ist kürzer als beim Feldhasen. – **K.-Pest** → Myxomatose.
**Kan Kiang** → Gan Jiang.
**Kannenpflanze,** *Nepenthes,* Gatt. trop. »fleischfressender« Kletterpflanzen, deren Blätter an der Spitze oft zu bedeckelten Schläuchen oder Kannen aufgerollt sind. Insekten werden durch ein Drüsensekret in diese Kannen gelockt u. dann verdaut.
**Kannibalismus, 1.** *Menschenfresserei,* aus mag. Gründen entstandene, heute nahezu ausgerottete Sitte, Teile von Menschen (erschlagenen Feinden, Kriegsgefangenen, verstorbenen Angehörigen) zu verspeisen, um sich deren Lebenskraft einzuverleiben. – **2.** bei einigen Tierarten das Fressen von Artgenossen; auch die Neigung zur Verstümmelung der Artgenossen bei Hühnern u. Schweinen; ausgelöst durch Überzüchtung u. schlechte Haltungsbedingungen.
**Kano,** jap. Fam. u. Schule von mehr als 1000 Malern, gegr. von K. *Masanobu* (*1434, †1530).
**Kano,** Hptst. des K.-Staats im nördl. Nigeria, 499 000 Ew.; Kulturzentrum der *Haussa;* Textil-, Kunststoff- u. Leder-Ind.; Flughafen.
**Kanoldt,** Alexander, *1881, †1939, dt. Maler u. Graphiker; Vertreter der »Neuen Sachlichkeit«.
**Kanon, 1.** Maßverhältnisse des menschl. Körpers in der bildenden Kunst. – **2.** musikal. Gatt., bei der die Stimmen in bestimmten Abständen nacheinander einsetzen, sich in ihrem Verlauf gleich sind u. sich dennoch harmonisch ergänzen. – **3.** Einzelstimmung in den kirchl. Gesetzessammlungen. – **4.** die als gültig anerkannten Schriften des AT u. NT. – **5.** *Canon missae,* das eucharist. Hochgebet in der kath. Meßfeier. – **6.** Verzeichnis der Heiligen.
**Kanone,** ein Flachfeuergeschütz mit großer Reichweite. – **K.nboot,** kleines Kriegsschiff mit leichten Geschützen zum Einsatz nahe den Küsten u. auf Flüssen.
**Kanonenofen,** runder, eiserner Ofen mit Kochplatte.
**Kanonier,** unterster Dienstgrad der Soldaten der Artillerie.
**Kanoniker,** *Canonicus,* einfaches Mitgl. eines an Kirchen oder Domen errichteten *Kapitels.*
**Kanonisation** → Heiligsprechung.
**Kanonisches Recht,** kath. → Kirchenrecht.
**Kanonissen,** Angehörige weltl. Damenstifte.
**Kanope,** altägypt. Eingeweidekrug für die Mumifizierung.
**Kanopus,** *Canopus,* α Carinae, hellster Stern im südl. Sternbild »Kiel des Schiffs Argo«; zweithellster Stern des Fixsternhimmels.
**Känozoikum,** Erdneuzeit, Neozoikum; → Erdzeitalter.
**Kanpur,** ind. Stadt am Ganges, in Uttar Pradesh, sö. von Delhi, 1,5 Mio. Ew.; zweitgrößte Industriestadt Indiens.
**Kansas** ['kænzəs], Abk. *Kans.,* Gliedstaat im zentralen Mittelwesten der → Vereinigten Staaten.
**Kansas City** ['kænzəs 'siti], Doppelstadt an der Mündung des Kansas River in den Missouri (USA), z.T. in Missouri, z.T. in Kansas; m.V. 1,3 Mio. Ew.; wichtiges Agrarzentrum; Fahrzeug- u. Flugzeugbau, chem., Papier- u. Druck-Ind.; Flughafen.
**Kansas River** ['kænzəs 'rivə], r. Nbfl. des Missouri (USA), mündet bei Kansas City; 275 km.
**Kant, 1.** Hermann, *14.6.1926, dt. Schriftst.; 1978–89 Präs. des Schriftstellerverbandes der DDR. – **2.** Immanuel, *1724, †1804, dt. Philosoph; lebte, studierte u. lehrte in Königsberg; legte seine krit. oder Transzendental-Philosophie in seinen drei Hauptwerken dar: »Kritik der reinen Vernunft«, »Kritik der prakt. Vernunft«, »Kritik der Urteilskraft«. – K. lehrte, daß alle Erkenntnis, weil an die sinnl. Anschauung gebunden, nur von der *Erfahrung* aus mögl. sei. Die Ideen des Übersinnlichen (Gott, Freiheit, Unsterblichkeit) seien notwendige Vernunftbegriffe, die wir, da sie theoret. unerkennbar seien, in der »prakt. Vernunft« realisieren, d.h. zur Grundlage unseres Handelns machen müßten. Diese Forderung sei selbst ein Vernunftgebot, das uns im *kategor. Imperativ* als dem unbedingten Sittengesetz entgegentrete.
**Kantabrisches Gebirge,** span. *Cordillera Cantábrica,* 470 km langes, wald- u. heidereiches Randgebirge entlang der span. N-Küste; in den *Picos de Europa* 2648 m.
**Kantate,** aus Italien stammende Kompositionsgattung für eine oder mehrere Singstimmen u. Instrumente; in ihrer ersten Blütezeit um 1650 rein weltl.; in Dtld. dann v.a. als *geistl. K.* (J.S. Bach).
**Kantele,** finn. Zither ohne Griffbrett in Flügelform mit bis zu 34 Drahtsaiten.
**Kanter,** leichter, langsamer Galopp. – **K.-Sieg,** urspr. im *Pferdesport* gebräuchl. Bez. für einen überlegenen Sieg; übertragen auch bei anderen Sportarten.
**Kanthaken,** Haken zum Verladen schwerer Hölzer; auch Bootshaken.
**Kantilene,** tragende, sangl. Melodie in einem mehrstimmigen vokalen oder instrumentalen Satz.
**Kantine,** Verkaufs- u. Speiseraum in Betrieben.
**Kanton,** *Canton,* in der Schweiz einer der 26 Gliedstaaten der Eidgenossenschaft; in Frankreich u. Belgien der untere Verw.-Bez. des *Arrondissements;* in Luxemburg der oberste Verw.-Bez.
**Kanton,** chin. Stadt, → Canton.
**Kantor,** im MA der Vorsänger u. Leiter der gregorian. Schola; seit der Reformation der Organist u. Kirchenchorleiter der ev. Gemeinde.
**Kantorei,** in der ev. Kirchenmusik der in der Regel gemischte Chor gehobenen Niveaus.
**Kantorowicz** [-'to:rovitʃ], Alfred, *1899, †1979, dt. Publizist u. Schriftst.; Mitarbeiter der »Weltbühne«, Hrsg. der Ztschr. »Ost u. West«.

*Kanusport: typische Haltung eines Kanuten in einem Kanadier-Rennboot*

**Kantorowitsch,** Leonid, *1912, †1986, sowj. Wirtschaftswiss.; Nobelpreis 1975 (mit T.C. Koopmans).
**Kanu, 1.** das Boot bei Naturvölkern, insbes. das Rindenkanu mit Spantengerüst bei den nordamerik. Indianern. – **2.** Sportboot, das seine Vorläufer im *Kajak* der Eskimo u. im K. der Indianer hat; *Kajak, Faltboot, Kanadier* u. *Segel-K.*

*Immanuel Kant; Gemälde, um 1768*

## 438 Kanüle

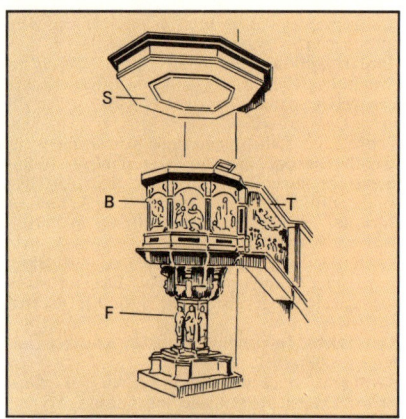

*Kanzel (Renaissance); S = Schalldeckel, B = Brüstung, T = Treppe, F = Kanzelfuß*

**Kanüle,** Hohlnadel unterschiedl. Stärke u. Länge mit abgeschrägter Spitze für Injektionen u. Punktionen.

**Kanzel,** hochgelegener, mit Brüstung versehener Stand des Predigers in Kirchen.

**Kanzerogen,** *Karzinogen,* Faktor (Stoff oder Einfluß), der Krebs erzeugen oder fördern kann.

**Kanzlei, 1.** im MA u. in der fr. Neuzeit der Ort zur Ausfertigung von Urkunden, Gerichtsurteilen u. landesherrl. Anordnungen. – **2.** oberste Geschäftsbehörde des Staatsoberhaupts oder Regierungschefs. – **3.** Büro, z.B. eines Rechtsanwalts, Abteilung einer Behörde (bes. in Östr.).

**Kanzleisprache,** (gehobene) Sprache der Urkunden einer Kanzlei. Die K. der kursächs. Kanzlei soll die Grundlage von M. *Luthers* Bibelübersetzung gewesen sein.

**Kanzler,** im MA einer der obersten Hofbeamten, der die königl. Urkunden ausstellte; seit karoling. Zeit ein Geistlicher. – In Preußen u. Östr. wurde der Titel *Staats-K.* eingeführt. – Der Norddt. Bund hatte ebenso wie heute die BR Dtld. u. Östr. einen *Bundes-K.,* das Dt. Reich einen *Reichs-K.* – In der Schweiz ist der *Bundes-K.* Vorsteher der Bundeskanzlei, nicht Regierungschef.

**Kanzone,** *Canzone,* frz. *Chanson,* lyr. Gedichtform; im 12. Jh. von provençal. Minnesängern ausgebildet, in Italien zur klass. Form gereift; seit dem 16. Jh. auch die einfache, volkstüml., gesungene Liedform, daneben auch instrumentale Formen.

**Kaohsiung,** *Gaoxiong,* Hafenstadt an der SW-Küste von Taiwan, 1,3 Mio. Ew.; Maschinenbau, Schiffswerft, Aluminiumwerk, Ölraffinerie; Flughafen.

**Kaolin,** *Tonerde, Porzellanerde,* ein vorw. aus dem Mineral *Kaolinit,* einem Aluminiumsilicat bestehendes, meist in lockeren, weißen Massen auftretendes Gestein; Rohstoff für die Herstellung von *Porzellan.*

**Kap,** kleiner Landvorsprung ins Meer.

**Kapaun,** kastrierter Hahn.

**Kapazität, 1.** die (geistige oder räuml.) Aufnahmefähigkeit; Fassungskraft; Leistungsfähigkeit; übertragen auch ein hervorragender Fachmann. – **2.** Leistungsfähigkeit eines Betriebs oder eines Wirtschaftszweigs innerhalb eines Zeitabschnitts. – **3.** in der Physik das Verhältnis der Elektrizitätsmenge zu der von ihr zw. zwei elektr. Leitern erzeugten Spannung.

**Kap der Guten Hoffnung,** Kap im S der Kaphalbinsel in S-Afrika; B. Díaz umfuhr es 1487 als erster.

**Kapella,** hellster Stern im Sternbild des Fuhrmann.

**Kapelle, 1.** kleiner kirchl. Raum oder ein bes. Zwecken vorbehaltener Nebenraum einer Kirche (*Tauf-, Gebets-K.*), auch ein kleines freistehendes Gebäude für Gottesdienste (*Wallfahrts-, Friedhofs-K.*) sowie ein Andachtsraum in Palästen u. Schlössern. – **2.** urspr. Bez. auch für einen Sängerchor, mit Beginn des 17. Jh. auch für Instrumentalgruppen; heute zur Unterscheidung vom *Sinfonieorchester* für bestimmte Instrumentalzusammenstellungen, die nicht alle Instrumente enthalten (*Blas-, Militär-K.*).

**Kaper** [die], das *Kapern, Kaperei,* in früheren Zeiten das Aufbringen von Handelsschiffen eines anderen Staates durch bewaffnete Handelsschiffe aufgrund bes. staatl. Ermächtigung (*Kaperbriefe*) außerhalb eines völkerrechtl. anerkannten Kriegszustands. Im modernen Seekrieg versteht man unter *K.* das Aufbringen von Handelsschiffen durch einzelne, zu diesem Zweck in die Weltmeere entsandte Kriegsschiffe.

**Kapern,** in Essig eingelegte Blütenknospen des *Echten K.strauchs;* ein Gewürz.

**Kapernaum** [-na:um], hebr. *Kefar Nahúm,* isr. Ort am NW-Ufer des Genezareth-Sees, ein Lieblingsort Jesu.

**Kapetinger,** frz. Königsgeschlecht 987–1328, in Nebenlinien (Valois, Bourbonen, Orléans) mit Unterbrechungen bis 1848.

**Kapfenberg,** östr. Stadt in der Steiermark, an der Mürz, 26 000 Ew.; Stahl- u. Eisen-Ind.

**Kapillaren, 1.** → Haargefäße. – **2.** Röhrchen mit sehr engem Hohlraum.

**Kapillarität,** durch Adhäsionskräfte zw. Wand- u. Flüssigkeitsmolekülen hervorgerufene Erscheinung, daß ein in eine Flüssigkeit getauchtes enges offenes Röhrchen (*Kapillare*) einen tieferen (z.B. bei Quecksilber) oder höheren (z.B. bei Wasser) Flüssigkeitsspiegel zeigt als außerhalb. Die K. hängt davon ab, ob die Flüssigkeit die Kapillarwände benetzet oder nicht.

**Kapital, 1.** allg. zinstragende Geldsumme. – **2.** in der Betriebswirtschaft die auf der Passivseite der *Bilanz* aufgeführten Finanzierungsquellen für die Vermögensgegenstände eines Betriebs, bestehend aus *Eigen-* u. *Fremd-K.* – **3.** in der Volkswirtschaft ein Vorrat an Geld (*Geld-K.*) u. produzierten Gütern (*Real-K.*), der weder direkt verbraucht noch gehortet, sondern zum Einschlagen von ergiebigeren Produktionsumwegen verwendet wird (*Produktionsmittel, Produktiv-K.*; z.B. Maschinen, Werkstätten, Verkehrs- u. Transportmittel).

**Kapitalanlagegesellschaft,** *Investmentgesellschaft, Investment Trust,* Unternehmung, die das gegen Ausgabe von *Investmentanteilen (Investmentzertifikaten)* erhaltene Geld in festverzinsl. Wertpapieren u. Aktien versch. Unternehmen nach dem Prinzip der Risikostreuung anlegt.

**Kapitälchen,** Großbuchstaben, aber in der Größe von Kleinbuchstaben.

**Kapitalerhöhung,** Vermehrung des Eigenkapitals eines Unternehmens: bei Personenunternehmen durch Einlagen des Einzelkaufmanns oder der Gesellschafter oder durch Verzicht auf Gewinnausschüttung, bei Kapitalgesellschaften durch Erhöhung des Nennkapitals gegen Ausgabe neuer Anteilscheine.

**Kapitalertragsteuer,** bes. Erhebungsform der Einkommensteuer im Wege des Quellenabzugsverfahrens von bestimmten inländ. Kapitalerträgen, im allg. 25 %.

**Kapitalflucht,** Verlagerung inländ. Kapitals in das Ausland aus polit. oder wirtsch. Gründen.

**Kapitalgesellschaft,** Unternehmungsform der Handelsgesellschaften, bei der die Beteiligung der Gesellschafter am Kapital der Gesellschaft im Vordergrund steht u. ihre Mitwirkung an der Unternehmensleitung nicht erforderl. oder für alle Gesellschafter gar nicht mögl. ist, z.B. Aktiengesellschaft, Kommanditgesellschaft auf Aktien, Gesellschaft mit beschränkter Haftung.

**Kapitalisierung,** Ermittlung des Barwertes einer Anlage bzw. eines ganzen Unternehmens oder einer Rente zu einem bestimmten Zeitpunkt nach der K.sformel: (Ertrag x 100) / Zinsfuß.

**Kapitalismus,** seit Mitte des 19. Jh. schlagwortartige Bez. für eine bestimmte Wirtsch.- u. Sozialordnung. Der Kern des K. ist die Auffassung, daß das *Kapital* ein Produktionsfaktor sei, der eine »Leistung« erbringe u. gleichberechtigt neben der menschl. Arbeit am Gewinn beteiligt sei. Kennzeichen des K. ist die Verwendung von Produktionsmitteln (Masch. u.a.), die nicht dem Arbeitenden gehören, wodurch sich eine Abhängigkeit der Besitzlosen, die entlohnt werden, von den *Kapitalisten,* denen die Produktionsmittel u. Fertigprodukte gehören, ergibt. Das treibende Motiv des Wirtschaftens im K. ist das Streben des Kapitaleigners nach möglichst hohem Gewinn (Profit, → Mehrwert). Man unterscheidet drei Phasen: 1. *Früh-K.* (etwa ab 1500) mit dem Einsetzen des *Merkantilismus;* 2. *Hoch-K.* (ab Ende des 18. Jh.) mit der rasch zunehmenden Verwendung von Maschinen u. unter dem Einfluß des *Liberalismus,* zur Befreiung der Wirtsch. von staatl. Bevormundung, zur Einführung der Gewerbefreiheit, zum freien Wettbewerb u. später zur Erstarkung des Kreditwesens führte; 3. *Spät-K.* (etwa mit Beginn des 20. Jh.), in dem der Staat lenkend durch Gebote, Verbote oder durch seine Finanzwirtschaft in das freie Spiel der wirtsch. Kräfte ein.

**Kapitalmarkt,** im Ggs. zum *Geldmarkt* der Teil des Kreditmarkts, an dem langfristige Kredite (über ein Jahr Laufzeit; Aktien, Pfandbriefe, Anleihen, Obligationen) gehandelt werden.

**Kapitalverbrechen,** schwere vorsätzl. Tötungsdelikte (*Mord* u. *Totschlag*) oder überhaupt für bes. schwere Verbrechen.

**Kapitalverkehr,** nat. oder internat. Finanztransaktionen, die nicht unmittelbar durch den Waren- u. Dienstleistungsverkehr bedingt sind.

**Kapitalverkehrsteuer,** zusammenfassende Bez. für die Gesellschaftsteuer, Börsenumsatzsteuer u. die fr. Wertpapiersteuer.

**Kapitän, 1.** Führer eines Schiffs mit entspr. Befähigungszeugnis (Patent); Flugzeugführer. – **2.** *K. zur See,* Marineoffizier im Dienstgrad eines Obersten. – **K.leutnant,** dem *Hauptmann* entspr. Dienstgrad bei der dt. Marine.

**Kapitel, 1.** im kath. Kirchenrecht: 1. beschlußfassende Versammlung aller ordentl. Mitgl. (**Kapitulare**) eines Klosters oder der Delegierten eines ganzen Ordens; 2. geistl. Körperschaft an Kirchen u. Domen; 3. Gesamtheit der Priester eines Bezirks (Dekanat). – **2.** abgeschlossenes Stück eines Romans oder eines Lehrwerks.

**Kapitell,** Bekrönung von Säulen u. Pfeilern, Bindeglied zw. den tragenden Stützen u. der Last.

**Kapitol** → Capitol.

**Kapitularien,** Rechtsverordnungen der fränk. Könige in der Karolingerzeit.

**Kapitulation, 1.** Vertrag, Verpflichtung. – **2.** Erklärung eines militär. Befehlshabers an den Gegner, keinen Widerstand mehr leisten zu wollen. – **3.** im 19. u. noch im 20. Jh. zw. den europ. Mächten einerseits u. der Türkei, den Staaten des Nahen Ostens, Asiens u. Afrikas andererseits abgeschlossene Verträge, die eine Sonderstellung der Europäer in diesen Ländern festlegten.

**kapitulieren,** aufgeben, sich unterwerfen.

**Kapiza,** Pjotr Leonidowitsch, *1894, †1984, russ. Physiker; entdeckte 1938 die Suprafluidität des Heliums, entwickelte die sowj. Wasserstoffbombe u. war maßgebend am Bau der »Sputniks« beteiligt; Nobelpreis 1978.

**Kaplan,** kath. Hilfsgeistlicher, einer Pfarrei beigestellt.

**Kapland,** *Kapprovinz,* größte Prov. der Rep. → Südafrika.

**Kapok,** *Pflanzendaune, Bombaxwolle,* Fruchtwolle des trop. *K.baums (Baumwollbaum)* aus der Fam. der Bombacaceae. Polstermaterial. Aus den Samen wird *K.öl* gewonnen.

**Kaposvár** [ˈkɔpoʃvaːr], Hptst. des ung. Komitats Somogy, südl. des Plattensees, 74 000 Ew.; Maschinenbau, Schuh-, Textil- u. Zuckerfabriken.

**Kapp,** Wolfgang, *1858, †1922, dt. Politiker; propagierte als Mitgr. der *Dt. Vaterlandspartei* (1917) einen »Siegfrieden« im 1. Weltkrieg. Zus. mit General W. von *Lüttwitz* leitete er am 13.3.1920 in Berlin den *K.-Putsch,* um die parlamentar.-rep. Staatsform zu beseitigen.

*Kapernstrauch*

*Kapstadt, die älteste südafrikanische Stadt, wird vom 1088 m hohen Tafelberg überragt*

**Kappadokien,** histor. Ldsch. zw. Taurus u. Schwarzem Meer, im östl. Kleinasien.

**Kappeln,** Stadt in Schl.-Ho., an der Schlei, 13 000 Ew.; Fischerei, Fischverarbeitung, Schiffbau.

**Kapp-Putsch** → Kapp.

**Kapriole, 1.** Bock-, Luftsprung; übertragen: übermütiger Einfall. – **2.** schwierige Sprungübung der *Hohen Schule*.

**kapriziös,** launisch, eigensinnig.

**Kaprun,** östr. Ort im Pinzgau (Salzburg), 3000 Ew.; Fremdenverkehr. – **K.er Tal,** rechtes Seitental der Salzach, durchflossen von der *K.er Ache;* Tauernkraftwerk Glockner-K. ist eine der größten östr. Stauanlagen.

**Kapsel, 1.** Umhüllung von Organen, meist aus Bindegewebe bestehend (z.B. *Leber-K., Gelenk-K.*). Auch Krankheitsherde (Abszesse, gutartige Geschwulste) können K. bilden. – **2.** aus mindestens 2 Fruchtblättern verwachsene Streufrucht.

**Kapstadt,** engl. *Cape Town,* afrikaans *Kaapstad,* Hptst. der südafrik. Prov. Kapland, 1,1 Mio. Ew.; Sitz des Parlaments der Rep. Südafrika, Univ. (gegr. 1918); Handels- u. Ind.-Zentrum (Waggonbau, Werften u.a.), Ölraffinerie; Hafen- u. Flughafen.

**Kapuziner,** kath. Bettelorden, von *Matthäus von Bascio* (*um 1492, †1552) 1525 angeregt; strenger Zweig der *Franziskaner;* vertreten in ihrer Lebenshaltung völlige Armut.

**Kapuzineraffen,** *Cebus,* Gatt. der *Breitnasen* oder Neuweltaffen S-Amerikas; Behaarung des Kopfes erinnert an die Kapuzinermönche.

**Kapuzinerkresse,** *Tropaeolum,* Gatt. krautiger, vielfach kletternder Pflanzen aus S-Amerika; hierzu die *Große K.,* die in vielen Formen u. Farben kultiviert wird.

**Kap Verde,** *Kapverdische Inseln, Kapverden,* portug. *Ilhas do Cabo Verde,* Inselstaat vor der afrik. W-Küste, 10 größere u. mehrere kleinere Inseln

*Kap Verde*

vulkan. Ursprungs, zus. 4033 km², 348 000 Ew. (70 % Mulatten, 28 % Schwarze, 2 % Weiße), Hptst. *Praia* (auf São Tiago); Anbau von Kaffee, Südfrüchten, Bananen, Rizinus u. Tabak; Viehzucht, Fischfang.
Geschichte. K.V. wurde um 1445 von dem Portugiesen Diego Gomes entdeckt. Seit 1495 waren die Inseln port. Kolonie. 1951 erhielten die Inseln den Status einer port. Überseeprovinz. Nach dem Sturz des *Caetano*-Regimes 1974 erklärte sich K.V. am 5.7.1975 für unabhängig.

**Kar,** sesselartige Hohlform mit steilen Rück- u. Seitenwänden im anstehenden Fels von Gebirgen; manchmal von einem *K.see* erfüllt.

**Karabiner,** Gewehr mit kurzem Lauf.

**Karachi** [kə'ra:tʃi], pakistan. Stadt, → Karatschi.

**Karadjordjević** [-vitɕ], *Karageorgewitsch,* serb. Herrscherfamilie, regierte 1842–58 (*Alexander K.*) u. 1903–41 (*Peter I., Alexander I. u. Peter II.*).

**Karadžić** [-dʒitɕ], Vuk Stefanović, *1787, †1864, serb. Philologe; Reformator des serb.-kyrill. Alphabets u. Schöpfer der modernen serb. Schriftsprache.

**Karäer,** *Karaiten, Karaim,* jüd. Sekte bibelgläubiger Richtung seit dem 8. Jh., heute noch auf der Krim u. in Israel. Die K. lehnen die Tradition, bes. den Talmud, ab.

**Karaffe,** bauchiges Gefäß aus Glas oder Keramik.

**Karaganda,** Hptst. der gleichn. Oblast im zentralen O der Kasach. SSR (Sowj.), in der Kasachensteppe, 625 000 Ew.

**Karagatsis,** Mitsos, eigtl. Dimitrios *Rodopulos,* *1908, †1960, grch. Schriftst.; beeinflußt vom Neorealismus.

**Karagöz** [-'gøs], das bis in die Mitte des 20. Jh. lebendige türk. Schattenspiel, das auch in Griechenland, Montenegro u. Rumänien gespielt wurde.

**Karaiben** → Kariben.

**Karajan,** Herbert von, *1908, †1989, östr. Dirigent; 1954–89 Leiter der Berliner Philharmoniker, 1954–60 u. 1967–87 im Direktorium der Salzburger Osterfestspiele.

*Herbert von Karajan*

**Kara-Kalpaken,** *Karkolpaken,* seßhaftes turksprachiges Volk (236 000) am Amudarja u. Syrdarja (UdSSR).

**Kara-Kalpakische ASSR,** Autonome Sowjetrep. innerhalb der Usbek. SSR, südl. des Aralsees, 165 600 km², 1,14 Mio. Ew., Hptst. *Nukus*.

**Karakorum, 1.** zentralasiat. Hochgebirge (zweithöchstes Gebirge der Erde); in mehreren Gipfeln über 8000 m (*K 2* 8611 m); einzige Allwetterstraße über den *Khunjerabpaß* (4934 m). – **2.** *Qara Qorum,* Ruinenstadt im Zentrum der Mongol. VR, 1218–59 Hptst. *Tschingis Khans* u. seiner Nachfolger.

**Karakulschaf,** Rasse der *Fettschwanzschafe;* die Felle der bis drei Tage alten Lämmer liefern den *Persianer,* die von Frühgeborenen den *Breitschwanz.*

**Karakum,** Sandwüste u. Oasensteppe in der Turkmen. SSR (Sowj.), 280 000 km², zw. Amudarja u. Kasp. Meer.

**Karamanlis,** Konstantin, *23.2.1907, grch. Politiker; 1955–63 Min.-Präs.; gründete 1956 die Nationalradikale Union (ERE); 1963–74 im Exil; nach dem Sturz der Militärjunta 1974–80 Min.-Präs., 1980–85 u. seit 1990 Staats-Präs.

**Karambolage** [-'la:ʒə], Zusammenstoß.

**Karamel,** *Zuckercouleur,* dunkelbrauner, etwas bitter schmeckender Stoff, der bei Zersetzung von Trauben- und Rohrzucker unter Erhitzung (bis 180–200 °C) entsteht; zur Färbung von Likör, Rum, Bier, Bonbons u. Essig verwendet.

**Karasee,** Teil des N-Polarmeers, durch die *Karastraße* mit der Barentssee verbunden.

**Karat, 1.** urspr. der Same des *Johannisbrotbaums;* galt fr. in Afrika als Goldgewicht. – **2.** *metrisches K.,* Abk. Kt, Einheit für die Gewichtsbestimmung von Schmucksteinen: 1 Kt = 0,2 g. – **3.** Maß für den Feingehalt einer Goldlegierung; reines Gold hat 24 K.

**Karate,** urspr. aus China stammende Verteidigungskunst, bei der die Hände als natürl. Waffen gebraucht werden; v.a. in Japan, von dort aus aber auch in Europa u. in den USA als Sportart verbreitet; beim sportl. K.-Wettkampf nur Scheinangriffe, da es andernfalls zu schweren Verletzungen käme.

**Karatschi,** *Karachi,* Wirtschaftszentrum u. bedeutendster Hafen Pakistans, am Arab. Meer, 5,1 Mio. Ew.; Univ. (gegr. 1951); Stahlwerk, Schiffswerft u.a. Ind., Erdölraffinerie, Kernkraftwerk; Flughafen. – Bis 1959 Hptst. von Pakistan.

**Karausche,** bis 30 cm langer Süßwasserfisch der *Karpfenartigen.*

**Karavelle,** kleines, schnelles, flachgehendes, dreimastiges Segelschiff des 15. Jh.

**Karawane,** Reisegesellschaft von Kaufleuten oder Pilgern in verkehrs- u. siedlungsfeindl. Gebieten Asiens u. Afrikas. Als Herberge dient die **Karawanserei.**

**Karawanken,** Gruppe der Südl. Kalkalpen im östr.-jugoslaw. Grenzgebiet, zw. Drau u. Save; im *Hochstuhl* 2238 m.

**Karbala,** *Kerbela,* irak. Prov.-Hptst., nahe dem Euphrat, 250 000 Ew.; Wallfahrtsort.

**Karbide** → Carbide.

**Karbol,** *Carbolsäure* → Phenol.

**Karbolineum** → Carbolineum.

**Karbon,** *Steinkohlenformation,* zw. Devon u. Perm liegende Formation des Paläozoikums; → Erdzeitalter.

**Karbonade,** Rippenstück vom Schwein, Kalb oder Hammel.

**Karbonate** → Carbonate.

**Karborundum** → Carborundum.

**Karbunkel** → Furunkel.

**Kardamom,** Gewürz aus den Samen zweier Ingwergewächse aus dem südl. Indien u. Java.

**kardanische Aufhängung,** schwingungslose Aufhängung, die eine allseitige Drehung ermöglicht; z.B. beim Kompaß, Chronometer u. Barometer auf Schiffen; ben. nach G. Cardano.

**Kardanwelle,** Gelenkwelle mit Kreuzgelenken; in Kraftfahrzeugen zur Übertragung der Motorleistung auf die Hinterräder.

**Karde, 1.** *Dipsacus,* Gatt. distelartiger Kräuter; *Weber-K.* (fr. zum Aufrauhen wollener Tuche verwendet) u. die *Wilde K.* – **2.** Vorbereitungsmaschine in der Baumwollspinnerei zum Auflösen des Faserguts.

**kardial,** das Herz betreffend.

**Kardinal,** höchster kath. Würdenträger nach dem Papst; Ratgeber u. Mitarbeiter in der Kirchenleitung. *K.kollegium* wählt den Papst; Insignien: rotes Birett u. purpurrote Kleidung.

**Kardinäle,** Gruppe der *Finkenvögel* aus Amerika, oft Stubenvögel, z.B. *Dominikaner.*

**Kardinalskongregationen,** seit 1967 → Kurienkongregationen.

**Kardinaltugenden,** Haupttugenden; in der kath. Ethik: Gerechtigkeit, Klugheit, Mäßigkeit u. Tapferkeit.

**Kardinalvikar,** Stellvertreter des Papstes für sein Bistum Rom.

**Kardinalzahlen,** *Grundzahlen* → Zahlen.

**Kardiologie,** med. Wiss. vom Herzen u. den Herzkrankheiten.

**Karelien,** Wald- u. Moor-Ldsch. mit zahlr. Seen in NO-Europa; polit. zur finn. Prov. N-Karelien u. zur Karel. ASSR (Sowj.) gehörig.

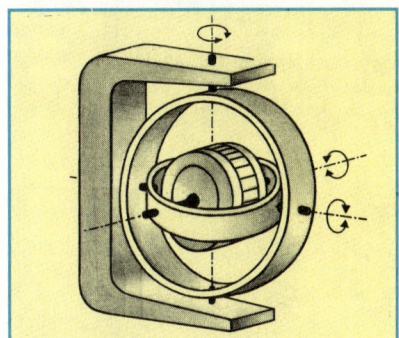

*kardanisch aufgehängter Kreisel*

## 440 Karelische ASSR

*Karikatur: J. Tenniel, »Der Lotse verläßt das Schiff«; Karikatur zur Entlassung Bismarcks, 1890*

**Karelische ASSR,** autonome Sowj.-Rep., das östl. *Karelien,* 172 400 km², 795 000 Ew., Hptst. Petrosawodsk.

**Karen,** Volk in S-Birma *(K.-Staat)* u. W-Thailand mit tibetobirman. Sprache; Christen; Bergbauern.

**Karenz,** Wartezeit. – **K.zeit,** im Versicherungswesen gesetzl. oder vertragl. Frist, vor deren Ablauf nur eine begrenzte oder keine Leistungspflicht des Versicherers besteht.

**Karerpaß,** ital. *Passo di Costalinga,* Übergang der S-Tiroler Dolomitenstraße vom Fassa- ins Eggental, 1753 m.

**Karersee,** ital. *Lago di Carezza,* norditel. See in den Südtiroler Dolomiten, sö. von Bozen.

**Karettschildkröte,** fast 1 m lange *Meeresschildkröte* der subtrop. u. trop. Ozeane. Der Rückenpanzer liefert das echte Schildpatt. Ähnl. ist die *Unechte K.*

**Karfreitag,** Freitag vor Ostern, Todestag Jesu; seit dem 2. Jh. als Trauertag begangen.

**Karfunkel,** blutroter Edelstein: bes. edler Granat.

**Kargo,** Schiffsladung.

**Kariba-Staudamm,** 120 m hoher Damm, der den mittleren Sambesi an der Grenze von Simbabwe u. Sambia zu einem 280 km langen u. über 5000 km² großen See, dem **Kariba-Stausee,** staut; großes Kraftwerk.

**Kariben,** *Karaiben,* Gruppen von Indianerstämmen im N Brasiliens u. Guyanas; fr. in Westindien (heute noch auf der Insel Dominica; Pflanzer, Fischer u. Jäger).

**Karibik,** *Karibische Inseln,* → Westindien.

**Karibisches Meer,** südl. Teil des Amerik. Mittelmeers zw. Zentralamerika u. S-Amerika, den Kleinen Antillen, Haiti u. Jamaika.

**Karibu** → Rentier.

**Karies** [-ri:es], Knochenfraß, chron. Knochenerkrankung mit Zerstörung u. Einschmelzung auch der festen Knochenteile; → Zahnkaries.

**Karikatur,** Darst., die Menschen, Ereignisse oder Lebensverhältnisse ins Satirische, Groteske, Witzige oder Humorvolle verzerrt; oft politisch.

**Karl,** Fürsten.

Dt. Könige u. Kaiser:

**1. K. IV.,** *1316, †1378, König 1346–78, Kaiser seit 1355; Luxemburger, Sohn *Johanns* von Böhmen; verlagerte das Schwergewicht des Reichs nach O, Böhmen wurde Kernland des Reichs; förderte Reichsstädte, Patriziat u. Bürgertum u. erließ das erste Reichsgrundgesetz, die *Goldene Bulle* (1356). – **2. K. V.,** *1500, †1558, Kaiser 1519–56; Habsburger, Sohn *Philipps des Schönen* von Östr.; Begr. des span. Imperiums; vereinigte in seiner Hand das seit Karl d. Gr. an Bevölkerungszahl, Ausdehnung u. Reichtum größte Reich; in vier siegreichen Kriegen gegen Frankreich sicherte er sich die Herrschaft in Italien u. den Ndl.; kämpfte gegen die *Reformation;* 1547 besiegte er den *Schmalkaldischen Bund* bei Mühlberg, mußte jedoch auf das *Augsburger Interim* von 1548 im *Augsburger Religionsfrieden* von 1555 verzichten. – **3. K. VI.** (Joseph Franz) *1685, †1740, Kaiser 1711–40, als *K. III.* König von Ungarn u. von Spanien; Sohn *Leopolds I.;* seit dem Tod seines einzigen Sohns 1716 der letzte männl. Habsburger; daher bestand sein Hauptanliegen in der Sicherung der weibl. Erbfolge durch die *Pragmatische Sanktion* (1713) zugunsten seiner Tochter *Maria Theresia.* – **4. K. VII.** (Albrecht), *1697, †1745, Kaiser 1742–45; Wittelsbacher, erkannte die *Pragmatische Sanktion* nicht an, sondern fiel in Östr. ein *(Östr. Erbfolgekrieg)* u. ließ sich 1741 in Prag zum böhm. König krönen.

Baden:

**5. K. Friedrich,** *1728, †1811, Markgraf seit 1738, Kurfürst seit 1803, Großherzog 1806–11; erbte 1771 Baden-Baden u. erhielt durch den Reichsdeputationshauptschluß (1803) u.a. das Bistum Straßburg, die Kurpfalz u. die Kurfürstenwürde.

Burgund:

**6. K. der Kühne,** *1433, †1477, Herzog 1467–77; Sohn *Philipps des Guten;* sein Versuch, aus den burgund. Ländern einen einheitl. Gesamtstaat zu schaffen, scheiterte; er verlor 1477 die Schlacht vor Nancy gegen Schweizer u. Lothringer u. fiel.

Frankenreich:

**7. K. Martell** [»Hammer«], *um 688, †741, Hausmeier, faktisch »König« 737–741; Sohn des Hausmeiers *Pippin II.* (des Mittleren); besiegte die Araber 732 bei Tours u. 737 bei Narbonne. – **8. K. d. Gr.,** *742, †814, König der Franken 768–814, Kaiser seit 800; Sohn *Pippins d. J.;* eroberte das Langobardenreich (773/74); unterwarf u. christianisierte in zahlr. Feldzügen (772–804) die Sachsen; 788 wurde auch Bayern dem fränk. Reich eingegliedert; 795/96 folgte die Unterwerfung des Awarenreichs. In Kämpfen über drei Jahrzehnte gelang es K., die Grenzen des Frankenreichs so zu erweitern, daß es zum bedeutendsten Großreich des abendländ. MA wurde. Mit seiner Ernennung zum Kaiser durch Papst *Leo II.* wurde die Tradition des *Röm. Reichs* wiederaufgenommen. – **9. K. II., K. der Kahle,** *823, †877, König 843–877, Kaiser 875; Sohn *Ludwigs des Frommen;* erhielt nach Bruderkrieg durch den *Vertrag von Verdun* 843 die Westhälfte des Reichs (Frankreich) zugesprochen; mußte Lotharingien 870 mit Ludwig dem Deutschen teilen *(Vertrag von Meersen).* – **10. K. III., K. der Dicke,** *839, †888, König 876–887, Kaiser seit 881; Sohn *Ludwigs des Deutschen;* erhielt bei der Teilung des fränk. Ostreichs 876 Schwaben u. Rätien u. wurde nach dem Tod seiner beiden Brüder Alleinherrscher, auch über das westl. Lotharingien; seit 879 König von Italien, seit 881 Kaiser u. 885 von den Westfranken zum König gewählt; vereinigte noch einmal das Reich Karls d. Gr.

Frankreich:

**11. K. V., K. der Weise,** *1338, †1380, König 1364–80; gewann gegen die Engländer fast ganz Frankreich zurück; förderte Wirtsch., Kunst u. Wiss. – **12. K. VII.,** *1403, †1461, König 1422–61; seit dem Auftreten von *Jeanne d'Arc,* der er die Krönung in Reims verdankte (1429), siegreich, vertrieb die Engländer 1453 endgültig aus Frankreich. – **13. K. IX.,** *1550, †1574, König 1560–74; Sohn *Heinrichs II.* u. *Katharinas von Medici,* unter deren Leitung er regierte. – **14. K. X. Philipp,** *1757, †1836, König 1824–30; stand als *Graf von Artois* an der Spitze der Emigranten gegen die Frz. Revolution u. gegen Napoleon I.

Großbritannien:

**15. K. I.,** *1600, †1649 (hingerichtet), König 1625–49; versuchte, in England den Absolutismus durchzusetzen, u. regierte 1629–40 ohne Parlament. – **16. K. II.,** Sohn von 15, *1630, †1685, König (1649) 1660–85; kehrte 1660 nach England zurück u. beendete die Zeit des republikan. »Commonwealth« (1649–59).

Neapel-Sizilien:

**17. K. I.** *von Anjou,* *1226, †1285, König 1265–85; besiegte den Staufen *Manfred* u. räumte durch Scheingericht u. Enthauptung den letzten Staufer, *Konradin,* aus dem Weg. Wegen seiner Härte kam es zur *Sizilianischen Vesper* (1282), durch die er vertrieben wurde.

Östr.-Ungarn:

**18. K. I.,** *1887, †1922, letzter Kaiser von Östr.

*Karl der Große; Reiterstatuette. Paris, Louvre*

1916–18 (1919), als König von Ungarn *K. IV.;* verhandelte ohne Wissen seines dt. Bundesgenossen über einen Sonderfrieden mit der Entente *(Sixtusbriefe).*

Rumänien:

**19. K. I.,** *Carol I.,* *1839, †1914, Prinz von Hohenzollern-Sigmaringen, Fürst 1866–81, König 1881–1914. – **20. K. II.,** *Carol II.,* *1893, †1953, König 1930–40.

Sachsen-Weimar:

**21. K. August,** *1757, †1828, Herzog seit 1758, Großherzog 1815–28; zog *Goethe, Herder* u. *Schiller* nach Weimar.

Schweden:

**22. K. XII.,** *1682, †1718, König 1697–1718; besiegte im *Nord. Krieg* Dänemark u. Polen, wurde aber 1709 von Zar Peter I. vernichtend geschlagen. Mit ihm endete die Großmachtstellung Schwedens. – **23. K. XIV. Johann,** eigtl. Jean Baptiste *Bernadotte,* *1763, †1844, König 1818–44 (auch von Norwegen); 1804 Marschall in Napoleons Heer; 1810 vom schwed. Reichstag zum Nachfolger Karls XIII. ernannt. – **24. K. Gustav,** *Carl Gustaf,* *30.4.1946, König seit 1973; Sohn des Erbprinzen *Gustaf Adolf* († 1947).

Württemberg:

**25. K. Eugen,** *1728, †1793, Herzog 1737–93;

*Kaiser Karl V.; Gemälde von Tizian*

übernahm 1744 selbst die Reg. seines Landes, das er im absolutist. Sinn führte u. durch prachtliebende Hofhaltung u. große Rüstungsausgaben mit hohen Schulden belastete.
**Karl der Große** → Karl (8).
**Karle,** Jerome, *18.6.1918, US-amerik. Physiker; erarbeitete zus. mit H. *Hauptmann* eine Methode zur Bestimmung von Kristallstrukturen; Nobelpreis für Chemie 1985.
**Karlfeldt,** Erik Axel, *1864, †1931, schwed. Lyriker; schrieb Gedichte über Natur u. Volkstum seiner Heimat; Nobelpreis 1931 (posthum).
**Karlistenkriege,** von den Anhängern des span. Thronbewerbers *Don Carlos* (→ Carlos [3]) gegen die Anhänger Königin Isabellas II. vergebl. geführte Kriege (1834–39 u. 1872–76).
**Karlmann, 1.** *vor 714, †754, Hausmeier von Austrien, Alemannien u. Thüringen 741–747; Karolinger, Sohn *Karl Martells*; regierte in einem Teil des Reichs neben *Pippin d. J.* – **2.** *751, †771, König der Franken 768–771; Sohn *Pippins d. J.*, 754 zus. mit seinem Vater u. seinem Bruder *Karl (d. Gr.)* zum König der Franken gesalbt. – **3.** *um 830, †880, König der Ostfranken 876–880; Sohn *Ludwigs des Deutschen*; erhielt Bayern mit seinen Marken u. der Hoheit über die Slawenstaaten des Südostens; erwarb Italien 877.
**Karl Martell** → Karl (7).
**Karl-Marx-Stadt** → Chemnitz.
**Karloff,** Boris, eigtl. William Henry Pratt, *1887, †1969, US-amerik. Schauspieler; weltberühmt durch die Darst. des Ungeheuers in »Frankenstein«.
**Karlsbad,** tschech. *Karlovy Vary,* Stadt in W-Böhmen (ČSFR), 58 000 Ew.; weltberühmter Kurort mit bis zu 73 °C heißen Glaubersalzquellen. Gewinnung des **K.er Salz,** ein Abführmittel.
**Karlsbader Beschlüsse,** auf Betreiben Metternichs 1819 im Dt. Bund gefaßte Beschlüsse als Reaktion auf die *Burschenschaftsbewegung* u. aus Anlaß der Ermordung A. von *Kotzebues,* die eine verschärfte Überwachung der Univ., Zensur von Büchern u. Ztschr. u. a. vorsahen.
**Karlsburg,** Stadt in Rumänien, → Alba Iulia.
**Karlshafen,** *Bad K.,* Stadt in Hessen, an der Mündung der Diemel in die Weser, 4200 Ew.; Solbad.
**Karlskrona** [-'kru:na], Hptst. der südschwed. Prov. Blekinge, an der Hanöbucht, 59 000 Ew.
**Karlspreis,** 1950 von der Stadt Aachen gestifteter Preis, der für Verdienste um die Einigung Europas verliehen wird.
**Karlsruhe,** Stadt in Ba.-Wü., in der Oberrhein. Tiefebene, Hptst. des gleichn. Reg.-Bez.; 268 000 Ew.; seit der Gründung 1715 planmäßig angelegtes Stadtbild, fächerförmig vom Residenzschloß ausstrahlend, klassizist. Gebäude; Univ. für bildende Künste, Musik u. a.; Bundesgerichtshof, Bundesverfassungsgericht, Bundesforschungsanstalt für Wasserbau; Bad. Landesmuseum, Kunsthalle, Bad. Staatstheater; Kernforschungszentrum; Maschinenbau, chem., Elektro-, Textil- u. a. Ind., Ölraffinerien; durch einen Stichkanal mit dem Rhein verbunden.
**Karlstad,** Hptst. der südschwed. Prov. Värmland, an der Mündung des Klarälven in den Vänern, 74 700 Ew.; chem., Masch.- u. Textil-Ind.; Binnenhafen.
**Karlstadt,** Stadt in Unterfranken (Bay.), am Main bei Würzburg, 14 000 Ew.; gut erhaltenes histor. Stadtbild mit Mauern u. Wehrtürmen (15./16. Jh.); metallverarbeitende u. Zement-Ind.
**Karlstadt, 1.** Andreas, eigtl. A. *Bodenstein,* *um 1480, †1541, dt. Theologe der Reformationszeit; stand M. *Luther* zunächst bei, vertrat später ein myst., auf die Aktivierung der Gemeindeglieder bezogenes Christentum. – **2.** Liesl, eigtl. Elisabeth *Wellano,* *1892, †1960, Münchner Volksschauspielerin; seit 1915 Partnerin von Karl *Valentin*.
**Karma,** *Karman,* Begriff der ind. Religionen zur Bez. der automat. Wirkungskraft menschl. Handlungen, durch die in deren Existenz Art u. Höhe der Wiedergeburt bestimmt werden.
**Karmel,** Bergrücken in Israel, bis 546 m, mit reicher Eichen-, Mandelbaum- u. Pinienvegetation; seit 1156 Heimatsitz des geistl. **Karmeliter-Ordens,** kath. Bettelorden; widmet sich der Seelsorge u. Wiss.
**Karmin,** roter Farbstoff; aus getrockneten Cochenilleschildläusen gewonnen.
**Karnak,** oberägypt. Ort bei Luxor, am Nil; mit einer Gruppe von Tempeln, die zur altägypt. Hptst. *Theben* gehörten.

**Karnallit,** *Carnallit,* → Mineralien.
**Karnataka,** fr. *Maisur,* Bundesstaat in → Indien.
**Karnation** → Inkarnat.
**Karneol,** *Carneol,* gelbl. bis blutrote Abart des *Chalzedon;* Schmuckstein.
**Karner,** »Beinhaus«, zweistöckige Friedhofskapelle im MA.
**Karneval,** rhein. Form der *Fastnacht*. Viele seiner Elemente, wie der Beginn am 11.11., Elferrat, Narrenmütze, Schunkeln, Mädchengarden, Funkenmariechen, Büttenrede u. Rosenmontag, wurden in die Fastnacht anderer Gebiete übernommen.
**Karnische Alpen,** westöstl. gerichtete Gebirgskette der S-Alpen aus Kalken u. Schiefern, an der ital.-öst. Grenze; in der *Hohen Warte* (Monte Coglians) 2780 m.
**Karnivoren, 1.** → insektenfressende Pflanzen. – **2.** fleischfressende Tiere.
**Kärnten,** Bundesland im S Östr., zw. Hohen Tauern u. Norischen Alpen im N u. Karnischen Alpen im S; dazwischen das Klagenfurter Becken, 9533 km², 542 000 Ew. Hptst. *Klagenfurt;* Ackerbau, Alm-Wirtschaft, Holznutzung, Fremdenverkehr; Metall-, Leder- u. Holz-Ind.; Bergbau auf Buntmetalle, Magnesit u. Eisenerz. – G e s c h .: K. ist wahrsch. nach dem kelt. *Karnern;* um 30 v. Chr. röm.; 976 dt. Herzogtum; kam 1335 an die Habsburger; 1849 östr. Kronland. Der Abwehrkampf der Kärntner 1918–20 verhinderte den Verlust Süd-K. an Jugoslawien.
**Karo,** durch Längs- u. Querstreifung erzeugte (auf der Spitze stehende) Vierecke als Muster.
**Karolinen,** größte Inselgruppe von Mikronesien, meist flache, von Wallriffen umgebene Koralleninseln (u. a. Ponape, Truk, Kosrae, Yap), Gesamtfläche 1180 km², 115 000 Ew., meist Mikronesier; trop. Seeklima; Regen- u. Mangrovenwälder, Kokospalmen; Export von Kopra, Kakao, Pfeffer; Fremdenverkehr. – Seit 1947 UN-Treuhandgebiet der USA; seit 1982 besitzen die K. als *Vereinigte Staaten von Mikronesien* volle Autonomie.
**Karolinger,** *Arnulfinger, Pippiniden,* fränk. Hausmeier- u. Königsgeschlecht (seit 751), ben. nach *Karl d. Gr.*, der 800 die Kaiserwürde erlangte; Stammvater war Bischof *Arnulf von Metz,* dessen Enkel *Pippin d. M.* 687 die zentrale Gewalt als Hausmeier des gesamten Frankenreichs gewann.
**karolingische Kunst,** die Kunst des Karolingerreichs vom Ende des 8. Jh. bis zur 1. Hälfte des 10. Jh. In bewußtem Rückgriff auf die christl. Spätantike (daher »karolingische Renaissance«) schufen höfische u. klerikale Kreise eine Kunst, die Elemente der röm.-frühchristl., byzantin. u. der ir.-kelt. Kunst in sich vereinte. Sie wurde die Grundlage der Kunst des MA. Baukunst: Basiliken mit angeschlossenem Westwerk, Klosteranlagen, Kaiserpfalzen. Plastik: Bronzegußwerke, Elfenbein- u. Goldschmiedearbeiten. Malerei: bes. Buchmalerei
**Karolus,** August, *1893, †1972, dt. Physiker u. Elektrotechniker; entwickelte aufgrund des *Kerr-Effekts* 1923/24 ein Verfahren für die Bildtelegraphie u. das Fernsehen.

*Karpfen: Zuchtform Spiegelkarpfen*

**Karosse,** Staatswagen, Galakutsche.
**Karosserie,** Fahrzeugaufbau auf dem Fahrgestell oder Rahmen.
**Karotin** → Carotinoide.
**Karotis,** *Carotis* → Halsschlagader.
**Karotte,** Zuchtform der *Möhre* mit spindelförmigen, verdickten Wurzeln.
**Karpaten,** ca. 1300 km langer Gebirgsbogen im sö. Mitteleuropa, der sich in einem nach SW offenen Oval von der Donau beim Eisernen Tor erstreckt; in der *Hohen Tatra* über 2600 m.
**Karpathos,** grch. Insel der Südl. Sporaden, zw. Kreta u. Rhodos, 301 km², 5400 Ew.; Hauptort *K.*
**Karpato-Ukraine** → Transkarpatien.
**Karpell,** *Carpellum* → Fruchtblatt.
**Karpfen,** Süßwasserfisch mit weichen Flossenstrahlen. Durch Züchtung aus der Naturform, dem *Schuppen-K.*, ist die heutige *Spiegel-K.* (wenige große Schuppen) entstanden, daneben der *Zeilen-K.* (durchgehende Reihe großer Schuppen) u. der *Leder-K.* (ohne Schuppen).
**Kärpflinge** → Zahnkarpfen.
**Karpow,** Anatolij, *23.5.1951, sowj. Schachspieler; 1975–85 Schachweltmeister.
**Karree,** Viereck.
**Karren,** *Schratten,* parallele Auslaugungs- u. Erosionsformen (Rinnen, Grate) an der Oberfläche vegetationsloser Kalkgesteine.
**Karrer,** Paul, *1889, †1971, schweiz. Chemiker; erforschte die Vitamine; Nobelpreis 1937.
**Karriere,** berufl. Aufstieg, (rasche, erfolgreiche) Laufbahn (»K. machen«).
**Karst,** alle Formen von wasserlösl. Gesteinen (z.B. Kalk, Gips), die durch Oberflächen- u. Grundwasser ausgelaugt werden. Es kommt dadurch zu charakterist. K.-Erscheinungen: an der Oberfläche z.B. *Karren (Schratten), Dolinen, Uvalas, Poljen, Schlotten, Erdorgeln.* Zu den unterird. K.-Erscheinungen gehören oft weitverzweigte Höhlen.
**Karst,** slowen. *Kras,* von Istrien bis nach Albanien an der dalmatin. Küste sich entlangziehendes zerklüftetes Kalkhochland.

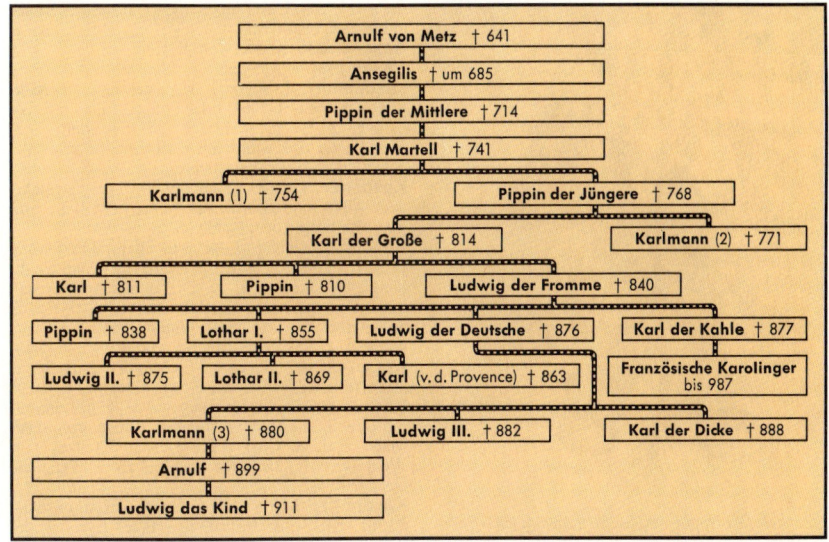

*Karolinger: Stammtafel*

**Kartätsche,** dünnwandiges Hohlgeschoß, das, mit Bleikugeln gefüllt, aus Geschützen auf kürzeste Entfernung gefeuert wurde.
**Kartaune,** großes, um 1500 verwendetes Geschütz.
**Kartäuser,** *Karthäuser,* ein geistl. → Orden.
**Karte, 1.** → Postkarte. – **2.** → Landkarte.
**Kartei,** nach Stichwörtern alphabet. oder sachl. geordnete Sammlung von Merkstoff auf einzelnen Karten oder Blättern.
**Kartell, 1.** Zusammenschluß (insbes. von bed. Unternehmen).
**Kartesianismus,** von dem frz. Philosophen R. *Descartes* ausgehende philosoph. Richtung.
**Karthago,** lat. *Carthago,* grch. *Karchedon,* im Altertum bed. Stadt an der nordafrik. Küste; 814 v. Chr. von Phöniziern aus Tyros als Kolonie zur Sicherung der Schiffahrt im westl. Mittelmeer gegr. Es wurde bald selbst. u. beherrschte den Handel im westl. Mittelmeer vollständig. Als die Römer S-Italien eingenommen hatten, begann der Kampf mit Rom um die Vorherrschaft über das westl. Mittelmeer: im 1. Punischen Krieg 264–241 v. Chr. gingen die Inseln verloren; im 2. Pun. Krieg 218–201 v. Chr. verlor K. seine Stellung als Weltmacht; nach dem 3. Pun. Krieg 149–146 v. Chr. wurde K. völlig zerstört u. der Restbestand des Hinterlands zur röm. Prov. (*Africa*) gemacht.
**Kartoffel,** *Erdapfel,* ein *Nachtschattengewächs* aus S-Amerika; einjährige krautige Pflanze, weiß oder violett blühend, mit ungenießbaren Beerenfrüchten u. unterird. knollig verdickten Ausläufern, den eigtl. K.n; gelangte im 16. Jh. nach Europa u. wurde in der Mitte des 18. Jh. durch Friedrich d. Gr. in Preußen eingeführt. – Süß-K. → Batate.
**Kartoffelbovist,** *Schweinetrüffel,* giftiger Bauchpilz.
**Kartoffelkäfer,** *Coloradokäfer,* gefürchteter Kartoffelschädling, aus N-Amerika eingeschleppt; etwa 1 cm langer *Blattkäfer* mit je 5 schwarzen Längsstreifen auf dem gelben Untergrund der Deckflügel. Die Weibchen legen bis zu 1500 Eier (in 2–5 Generationen je Sommer) auf die Blattunterseite der Kartoffelstauden. Die gefräßigen, gelbl.-rötl. Larven vernichten in kurzer Zeit das Blattwerk ganzer Kartoffelfelder.
**Kartoffelmehl,** aus Kartoffeln durch Zerkleinern u. Ausschlämmen gewonnenes Stärkemehl.
**Kartogramm,** graph. Darst. statist. Werte auf Umrißkarten oder Graudrucken, um räuml. Verbreitungsunterschiede (z.B. Bev.-Dichte) bildhaft darzustellen.
**Kartographie,** die Lehre von der Abb. der Erdoberfläche in Karten u. von der Herstellung der Karten (*Kartenlehre*), auch die Lehre von der Kartenbenutzung (*Kartenkunde*).
**Karton** [-'tɔ̃], **1.** dickes, steifes Papier; auch die daraus hergestellte Schachtel. – **2.** letzter, meist mit Kohle, Kreide oder Bleistift auf starkes Papier gezeichneter Entwurf (in Originalgröße) für Wandgemälde u. Gobelins.
**Kartusche, 1.** Schmucktafel, deren Rahmen aus Ornamenten zusammengesetzt ist. – **2.** Metallhülse der Artilleriegeschosse, in der sich die Treibpulverladung befindet.
**Karun,** *Rud-e K.,* längster Fluß in Iran, 800 km; mündet in den Schatt al-Arab.
**Karussell, 1.** Turnierspiel der Ritter: Ringelreiten u. Ringelstechen. – **2.** seit Anfang des 18. Jh. auf Jahrmärkten aufgebautes Gestell mit Wagen, Holzpferden, an Ketten aufgehängten Sitzen u. ä., das sich im Kreis dreht.
**Karwendelgebirge,** größte Gruppe der nordtiroler Kalkalpen; in der *Birkkarspitze* 2756 m.
**Karwoche,** *Stille Woche, Heilige Woche,* Woche zw. Palmsonntag u. Ostern; in allen christl. Konfessionen dem Gedächtnis des Leidens Christi gewidmet.
**Karyatide,** weibl. Figuren, die bei antiken Bauwerken Säulen oder Pfeiler ersetzen.
**Karyogamie,** *Kernverschmelzung,* der eigtl. Befruchtungsvorgang, d.h. die Verschmelzung der Kerne von Ei- u. Samenzelle.
**Karzer,** fr. der Arrestraum höherer Schulen u. Univ.
**Karzinogen** → Kanzerogen.
**Karzinom** → Krebs.
**Kasachen,** *Kasaken,* ein Turkvolk im Steppengebiet der Kasach. SSR (Sowj., 5,9 Mio.), in China (600 000) u. in der Mongol. VR (43 000); heute überw. in halbnomad. Wirtschaftsform in Kolchosen integriert.
**Kasachensteppe,** fr. auch *Kirgisensteppe,* 1,75 Mio. km² großes Steppenland im Innern *Kasachstans* (Sowj.).
**Kasachische SSR,** *Kasachstan,* zweitgrößte Unions-Rep. der Sowj., in Mittelasien, vom Kaspischen Meer bis zum Altai, 2 717 300 km², 16,24 Mio. Ew., Hptst. *Alma-Ata;* überwiegend Steppen u. Wüsten; künstl. Bewässerung (Anbau von Baumwolle, Weizen u.a.).
**Kasack,** dreiviertellanges Frauenobergewand, über dem Rock getragen.
**Kasack,** Hermann, *1896, †1966, dt. Schriftst.; sein Roman »Die Stadt hinter dem Strom« war ein Hauptwerk der Nachkriegsliteratur.
**Kasai,** l. Nbfl. des Kongo, 1950 km; kaum schiffbar.
**Kasaken** → Kasachen.
**Kasan,** Hptst. der Tatar. ASSR (Sowj.), an der Mündung der Kasanka in den Kujbyschewer Stausee, 1,07 Mio. Ew.; Univ. (gegr. 1804) u.a. HS; Maschinenbau, Pelz- u. Lederverarbeitung.
**Kasantsakis** → Kazantzakis.
**Kasbah,** Bez. für burgartige Bergdörfer der Berber im Atlasgebiet, auch für die arab. beeinflußten Altstädte der nordafrik. Städte.
**Kasbek,** einer der höchsten Gipfel des *Kaukasus,* 5047 m.
**Kaschau,** slowak. *Košice,* ung. *Kassa,* Stadt in der O-Slowakei (ČSFR), 224 000 Ew.; got. Kathedrale (15. Jh.), Univ. (gegr. 1657); Hütten-, Textil-, chem. u. Baustoff-Ind.
**Kaschemme,** minderwertige Kneipe.
**Kaschghar** → Kaxgar.
**kaschieren, 1.** verbergen, verstecken, überdekken. – **2.** Papierbahnen oder Folien, auch Gewebebahnen zwei- u. mehrfach übereinanderkleben; auch Papier u. Kartons mit Kaschierlacken u. flüssigen Kunststoffen beschichten.
**Kaschmir,** Gewebe aus K.wolle, auch weiche, matt glänzende Stoffe aus feinem Woll-Kammgarn, Halbseide oder Seide.
**Kaschmir,** Gebirgs-Ldsch. u. ehem. Fürstentum im nw. Himalaja u. Karakorum; nach der Unabhängigkeit Indiens 1947 zw. Indien u. Pakistan umstritten u. nach krieger. Auseinandersetzung aufgeteilt; zum ind. Teil (*Jammu and Kashmir*) gehören 138 995 km² mit 6,0 Mio. Ew.; der pakistan. Teil (83 888 km², 1,3 Mio. Ew., Hauptort *Muzaffarabad*) wird als *Azad Kashmir* (»Freies K.«) bez.; als Hptst. für das gesamte K. gilt das auf ind. Gebiet liegende *Srinagar;* Anbau von Reis, Mais, Weizen, Obst u. Gewürzen; Viehzucht u. Wald-Wirtsch.; berühmt sind Schals u. Teppiche aus der Wolle der *K.ziege.*
**Kaschnitz,** Marie Luise, eigtl. Freifrau von, *1901, †1974, dt. Schriftst.; schrieb Lyrik in der Spannung zw. resignierender Skepsis u. christl. Humanität; außerdem Erzählungen.

*Garri Kasparow*

**Kaschuben,** westslaw. Volksstamm im NO Pommerns u. in Pommerellen (*Kaschubei*) mit eig. Sprache (der poln. nahestehend) u. Sitte.
**Käse,** Milcherzeugnis mit hohem Gehalt an Eiweiß u. Fett; hergestellt mit Hilfe von Lab (*Lab-, Süßmilch-K.*) oder Milchsäurebakterien (*Sauermilch-K.*). Der ausgefüllte K.rohstoff (*Bruch, Quark*) wird von der verbleibenden Flüssigkeit getrennt u. weiterverarbeitet. Nach Zusatz von Salz, Gewürzen, Farbstoff oder Reinkulturen von Schimmelpilzen u. Bakterien folgt die Formung, dann die Reifung (eine Art Gärung) in K.kellern.
**Kasein** → Casein.
**Kasel,** liturg. Obergewand des kath. Priesters bei der Meßfeier.
**Kasematte, 1.** auf Kriegsschiffen gepanzerte Stellung für Geschütze; heute ersetzt durch drehbare Turmlafetten. – **2.** in Festungen u. Forts beschußsicherer Raum.
**Kaserne,** Gebäudekomplex zur ortsfesten, dauernden Unterbringung von Truppen.
**Kasimir,** *Kazimierz,* poln. Fürsten:
**1. K. III.,** *K. d. Gr.* (*Wielki*), *1310, †1370, König 1333–70; leitete eine neue, nach O gerichtete Politik Polens ein; erwarb Galizien u. Wolhynien; gründete die Univ. Krakau u. dt. Siedlungen. Mit ihm starben die poln. Piasten aus. – **2. K. IV.,** *K. der Jagiellone,* *1427, †1492, König 1447–92; erlangte 1466 im 2. Thorner Frieden vom Dt. Orden W-Preußen u. die Lehnshoheit über das Ordensland Preußen.
**Kasimir,** Heiliger (Fest: 4.3.), *1458, †1484, Sohn K. IV. von Polen; Patron von Polen u. Litauen.
**Kasino, 1.** ital. Landhaus in großem Garten. – **2.** Speiseraum. – **3.** → Spielbank. – **4.** → Offizierskasino.
**Kaskade, 1.** kleiner (natürl. oder künstl.) Wasser-

*Kartoffel: Die Knollen bilden sich an den Enden von Rhizomen, die an der Basis des Sprosses entspringen*

*Kaschmir: Wohnboote auf dem Jhelum in Srinagar*

fall über mehrere Stufen. – **2.** hinter- oder übereinandergeschaltete, völlig gleich gebaute Arbeitsapparate zur Vervielfachung der Einzelleistung *(K.nschaltung);* z.B. bei Transformatoren, Gleichrichterröhren u. Kondensatoren. – **3.** artist. Sprung, der einen Fall imitiert, vom Pferd u.ä., ausgeführt durch **Kaskadeure.**

**Kaskadengebirge,** *Cascade Range,* Hochgebirge im W der USA, nördl. Fortsetzung der Sierra Nevada, im *Mount Rainer* 4392 m.

**Kaskoversicherung,** Versicherung von Beförderungsmitteln (Schiffe, Kfz u.a.) gegen Schäden.

**Käsmark,** slowak. *Kežmarok,* Stadt in der O-Slowakei (ČSFR), Zentrum des *Zipser Landes,* 17 000 Ew.; im 12. Jh. von Deutschen gegr., bis 1945 hoher dt. Bevölkerungsanteil.

**Kaspar-Hauser-Versuch,** Versuch in der Verhaltensforschung, bei dem Tiere isoliert aufgezogen werden, um angeborene Verhaltensweisen festzustellen.

**Kasparow,** Garri, *13.4.1963, sowj. Schachspieler (Großmeister); Schachweltmeister seit 1985.

**Kasper,** *Kasperl, Kasperle,* Gestalt des Puppenspiels; 1781 als lustige Bühnenfigur von dem Wiener J. *Laroche* nach dem Muster des *Hanswurst* geschaffen.

**Kasperle-Theater** → Puppenspiel.

**Kassageschäft,** Börsengeschäft in Wertpapieren oder Waren, bei dem Lieferung u. Zahlung dem Geschäftsabschluß unmittelbar folgen. Ggs.: *Termingeschäft.*

**Kassandra,** auch *Alexandra,* in der grch. Myth. Tochter des Trojanerkönigs *Priamos,* Seherin, deren unheilverkündenden Weissagungen (*K.-Rufe*) niemand glaubte.

**Kassation, 1.** bei Beamten u. beim Militär fr. die strafweise Dienstentlassung. – **2.** Kraftloserklärung einer Urkunde. – **3.** Aufhebung einer rechtskräftigen, aber unrichtigen Gerichtsentscheidung durch ein höheres Gericht, ohne daß dieses (wie z.B. bei der *Revision*) in der Sache selbst entscheiden kann.

**Kassave,** *Cassavestrauch,* → Maniok.

**Kassel,** Krst. in Hessen, an der Fulda, 185 000 Ew.; Gesamt-HS (1971); hess. Landesmuseum, Brüder-Grimm-Museum u.a.; 'documenta'-Ausstellung moderner Kunst; Bundesarbeitsgericht, Bundessozialgericht; Schloß *Wilhelmshöhe* (Ende 18. Jh.), Orangerie; Fahrzeug- u. Maschinenbau, Metallwaren-, Elektro-, pharmazeut. u.a. Ind.

**Kassem,** *Qasim, Kasim,* Abd al-Karim, *1914, †1963 (erschossen), irak. Offizier u. Politiker; führte 1958 den Staatsstreich gegen König *Faisal II.* u. proklamierte die Rep.

**Kasserolle,** Kochtopf mit Stiel.

**Kassette, 1.** Kästchen, Behälter zur Aufbewahrung von Geld, Schmuck u.a.; Karton zum Schutz von Büchern, Schallplatten u.ä.; lichtdichter Behälter für Photofilm (-Platte). – **2.** vertieftes Feld einer in Kästchen unterteilten Decke. – **3.** genormte Kunststoffbehälter, in denen sich ein Band befindet, das entweder bespielt ist oder zur Aufzeichnung u. Wiedergabe von Sprache, Musik (bei Tonband-K.) u. Bild (bei Video-K.) dient.

**Kassiber,** heiml. schriftl. Mitteilung von Häftlingen an Mitgefangene oder an die Außenwelt.

**Kassie** [-siə], *Cassia,* Gatt. trop. Bäume oder Sträucher; Lieferanten der als Abführmittel dienenden *Sennesblätter.*

**Kassiopeia, 1.** *Kassiope,* grch. Sagengestalt, Mutter der *Andromeda.* – **2.** Sternbild des nördl. Himmels; die hellsten 5 Sterne bilden die Figur eines W.

**Kassiten,** *Kaschschu, Kossäer,* Grenzvolk des alten Babylonien in den Randgebirgen Irans; drangen seit 17. Jh. v. Chr. in Babylonien ein u. brachten es bis 1480 v. Chr. ganz unter ihre Herrschaft.

**Kaßler,** *K. Rippenspeer,* gepökeltes u. geräuchertes Rippenstück vom Schwein.

**Kassner,** Rudolf, *1873, †1959, östr. Kulturphilosoph; entwarf ein »physiognom. Weltbild«.

**Kastagnetten** [kasta'njɛtən], aus Spanien u. Italien stammende, meist bei Volkstänzen verwendete Schalenklappern aus Hartholz, die zu zweit mit ihren Höhlungen gegeneinandergeschlagen werden.

**Kastanie,** *Castanea,* Gatt. der *Buchengewächse.* Die wichtigste Art ist die *Edel-K.,* in S-Europa, Algerien u. Kleinasien heim., deren Früchte (*Maronen*) eßbar sind. Nicht verwandt ist die *Roß-K.*

**Kaste,** Gemeinschaft von nur untereinander heiratenden Familien angebl. gleicher Abstammung, mit gleichem Brauchtum, gemeinsamem Namen u. meist gleichem Beruf; bes. in Indien, wo es 2000 bis 4000 K.n u. Unter-K.n gibt. Ihr System beruht auf der ständ. Gliederung der alten indoeurop. Einwanderer: *Brahmanen* (Priester), *Kschatriyas* (Krieger, Adel), *Vaischyas* (Kaufleute), *Sudras* (unterworfene Bauern), zu denen noch die außerhalb stehenden *Parias* kommen.

**Kastell,** befestigter Platz, röm. Truppenlager, im MA kleine Burganlage.

**Kastellan,** urspr. Burgvogt, jetzt Verwalter von Schlössern oder öffentl. Gebäuden.

**Kastilien,** histor. Hochland u. die histor. Kernlandschaft Spaniens, durch das *Kastil. Scheidegebirge* in *Alt-K.* im N u. *Neu-K.* im S getrennt. – Gesch.: Um 750 erwarb König *Alfons I.* von Asturien Alt-K.; im 10. Jh. wurde K. selbst. Gft.; im 11. Jh. wurde es Kgr. u. um Navarra u. Neu-K. erweitert; im 15. Jh. wurde es mit Aragonien vereinigt u. die Einigung Spaniens durch Eroberung Granadas u. Navarras vollendet.

**Kastler** [kast'le:r], Alfred, *1902, †1983, frz. Physiker; Arbeiten zur Atomforschung (Doppelresonanz, Lasertechnik); Nobelpreis 1966.

**Kästner, 1.** Erhart, *1904, †1974, dt. Schriftst.; 1936–38 Sekretär G. *Hauptmanns.* – **2.** Erich, *1899, †1974, dt. Schriftst.; schrieb scharfsinnige u. witzige, zeitkrit. »Gebrauchslyrik«, ferner unterhaltsame Romane, Komödien u. weltbekannte Jugendbücher. W »Fabian«, »Der kleine Grenzverkehr«, »Emil u. die Detektive«, »Das fliegende Klassenzimmer«, »Das doppelte Lottchen«.

**Kastor, 1.** einer der → Dioskuren. – **2.** α Geminorum, der schwächere der beiden Hauptsterne der *Zwillinge.*

**Kastraten, 1.** Sänger, bei denen durch Kastration der Stimmbruch verhindert wurde, so daß sie die Sopran- oder Altstimme ihrer Knabenzeit behielten (bes. in der Oper des 16.–18. Jh.). – **2.** männl. oder weibl. Haustiere, deren Keimdrüsen entfernt oder funktionsunfähig gemacht werden.

**Kastration,** *Verschneidung, Sterilisation,* Ausschaltung der Keimdrüsen (Hoden oder Eierstöcke) durch Operation oder Röntgenbestrahlung.

**Kasuare,** Gatt. *Casuarius,* große flugunfähige *Laufvögel* aus Australien u. aus Neuguinea.

**Kasuistik, 1.** Bearbeitung von Einzelfällen einer Wissenschaft. – **2.** in der Sittenlehre eine Anleitung anhand von Beispielen, wie allg. sittl. Grundsätze bei schwierigen Einzelumständen in Gewissensentscheidungen anzuwenden sind. – **3.** Rechtsfindung, die sich in der Entscheidung von Einzelfällen ohne Beachtung allg. Grundsätze erschöpft.

**Kasus,** *Fall,* gramm. Kategorie deklinierbarer Wörter; im Neuhochdeutschen 4 K.: Nominativ, Genitiv, Dativ, Akkusativ.

**Katabolismus,** Stoffwechselvorgang, bei dem durch den Abbau von Kohlenstoffverbindungen Energie frei wird.

**Katafalk,** bei Trauerfeierlichkeiten das Gerüst, auf dem der Sarg steht.

**Katajew** [-jɛf], Walentin Petrowitsch, *1897, †1986, russ. Schriftst.; beschrieb Welt- u. Bürgerkrieg u. schilderte, teilw. satir., die wirtsch. u. gesellschaftl. Verhältnisse.

**Katakana,** vereinfachte jap. Schrift.

**Katakomben,** unterird. Begräbnisstätten des fr. Christentums; oft mehrstöckig mit weitverzweigten Verbindungsgängen, in deren Wänden die Toten in bogenüberwölbten Nischen bestattet wurden; v.a. in Rom u. Neapel, auch auf Sardinien, Sizilien, Malta u. in Ägypten.

**Katalanen,** *Katalonen,* rom. Volksstamm in den span. Ldsch. Katalonien, Valencia u. auf den Balearen. Das in das frz. Roussillon übergreifend, in Andorra, Italien, Argentinien u. in den USA; mit eig. Sprache u. Literatur.

**Katalaunische Felder,** bei Châlons-sur-Marne (Frankreich); übl. Bez. für den Ort der Hunnenschlacht 451, in der die Römer unter *Aetius* mit Franken u. Westgoten über die Hunnen unter *Attila* siegten.

**Katalepsie,** *Starrsucht,* ein krankhafter Zustand, in dem sich die Körpermuskeln nicht mehr aktiv bewegen lassen; bei manchen Geistes- u. Nervenkrankheiten, auch durch Hypnose erreichbar.

**Katalog,** alphabet. oder sachl. geordnetes Verzeichnis in den Büchereien, Waren- u. Verkaufslagern, Museen, Privatsammlungen, Archiven, auf Auktionen oder Ausstellungen enthaltenen Einzelstücke.

**Katalonien,** histor. Ldsch. NO-Spaniens, umfaßt die 4 Prov. *Gerona, Barcelona, Tarragona* u. *Lérida,* 31 930 km², 6,02 Mio. Ew. (*Katalanen*), alte Hptst. *Barcelona;* Anbau von Getreide, Kartoffeln, Wein, Obst u. Gemüse, Viehzucht; versch. Ind., Fremdenverkehr. – G e s c h.: K. war seit 217 v. Chr. röm. Prov.; 415 drangen die Westgoten, 711 die Araber ein; unter Karl d. Gr. als *Spanische Mark* in das Frankenreich eingegliedert (778); 1137 gelangte K. durch Heirat an Aragón; nach Abschaffung der Monarchie erhielt K. 1931–36 weitgehende Autonomie; 1977 neues Autonomiestatut.

**Katalysator, 1.** → Katalyse. – **2.** *Abgas-K.,* Teil zur Abgasbehandlung für Kfz mit Ottomotoren; die im Abgas enthaltenen Schadstoffe Kohlenmonoxid, Kohlenwasserstoffen u. Stickoxide werden in die unschädl. Verbindungen Kohlendioxid, Wasser u. Stickstoff umgewandelt. – B → S. 444.

**Katalyse,** Beschleunigung oder Verzögerung einer chem. Reaktion durch Zugabe einer Substanz (*Katalysator,* z.B. Platin), die während dieses Prozesses selbst nicht verändert wird. Organ. Katalysatoren heißen *Enzyme* oder *Fermente.*

**Katamaran,** von polynes. Auslegerbooten abstammende Schiffsform mit zwei schlanken, parallelen, durch eine Brücke verbundenen Rümpfen.

**Katanga,** Prov. in Zaire, → Shaba.

**Katapult, 1.** im Altertum u. im MA Wurfma-

*Kassel: Orangerie (18. Jahrhundert) mit Karlswiese*

schine zum Schleudern von Pfeilen oder Steinen. – **2.** Starthilfevorrichtung für Flugzeuge, mit der das Flugzeug durch einen Fremdantrieb (Preßluft, Dampf, Pulvertreibgase) innerhalb einer kurzen Startbahn auf die zum Abheben notwendige Geschwindigkeit beschleunigt wird; auf Flugzeugträgern u. für Schleudersitze.
**Katar,** *Qatar,* Staat in O-Arabien, am Pers. Golf, 11 000 km², 326 000 Ew. (Araber), Hptst. *Doha;*

*Katar*

wüstenhaftes Tafelland; Erdölförderung; Stahl-, Chemiewerk, Erdölraffinerien; Obst- u. Gemüseanbau bei künstl. Bewässerung; Meerwasserentsalzungsanlagen; Hauptseehäfen Doha u. Umm Said, internat. Flughafen bei Doha.
Geschichte. Das Scheichtum K. gehörte bis 1914 zum Osman. Reich. 1916 wurde es brit. Protektorat. 1971 erklärte es K. für unabh. Es ist seitdem Mitgl. der UN u. der Arab. Liga.
**Katarakt** [der], eine Reihe hintereinander liegender Stromschnellen oder Wasserfälle.
**Katarrh,** einfache entzündl. Reizung der Schleimhäute mit vermehrter Flüssigkeitsabsonderung.
**Kataster,** *Flurbuch,* am *K.amt* ausliegendes amtl. Verzeichnis von Grundstücken nach Kulturarten, Bodengüteklassen, Parzellen oder Gutseinheiten; dient zus. mit den großmaßstäbl. *K.plänen* u. *K.karten* zur Festsetzung der Grundsteuer oder der Immobilienversicherung.
**Katastrophe, 1.** Unglück, Zusammenbruch. – **2.** im Drama der Wendepunkt im letzten Teil der Handlung. Mit der K. entscheidet sich das Schicksal des Helden, entweder zum Untergang (Tragödie) oder zum Guten (Komödie).
**Katatonie,** Geisteskrankheit mit Krampf- u. Spannungszuständen der Muskulatur; Form der Schizophrenie.
**Katechese,** Unterweisung in den christl. Grundlehren.
**Katechet,** christl. Religionslehrer. – **Katechetik,** die Lehre von der christl. Unterweisung.
**Katechismus,** seit der Reformation in den ev. Kirchen Lehrbuch für die Glaubensunterweisung. Der Kleine K. M. Luthers (1529) u. der reform. Heidelberger K. (1563) bezeichnen den (luth. oder reform.) Bekenntnisstand der Gemeinden. – In der röm.-kath. Kirche folgten auf den Catechismus Romanus (1566) versch. Versuche eines gegenwartsnahen K.
**Katechumenen** [-çu:-], **1.** in der frühchristl. Kirche die am Taufunterricht teilnehmenden Taufanwärter. – **2.** bei einem zweijährigen Konfirmationsunterricht der ev. Kirchen die »Vorkonfirmanden« des 1. Unterrichtsjahrs.
**Kategorie,** Grundbegriff: Gatt., Art, Typ. Als philosoph. Terminus Grundaussage über Seiendes; Definition in der Gesch. der Logik schwankend.

**kategorischer Imperativ,** nach I. *Kant* die allein aus der Vernunft ableitbare Formel für das Sittengesetz: »Handle so, daß die Maxime deines Willens jederzeit zugleich als Prinzip einer allgemeinen Gesetzgebung gelten könnte.«
**Katene,** Bibelerläuterung durch aneinandergereihte Aussprüche von Kirchenvätern u. Theologen.
**Kater,** männl. Katze.
**Katgut,** *Catgut,* Nähmaterial aus Schafdärmen für chirurg. Nähte im Körpergewebe; wird nach einer gewissen Zeit vom Körper resorbiert u. verursacht deshalb keine Reizungen.
**Katharer,** Sekte des MA, seit dem 12. Jh., von den *Bogomilen* beeinflußt; glaubten an die Erlangung des Heils durch völlige Weltenthaltung; durch Abspaltung entstand die bed. Gruppe der *Albigenser;* Verfolgung durch die Inquisition; verschwanden erst mit der Entstehung der *Bettelorden* im 15. Jh.
**Katharina,** Fürstinnen:
England:
**1.** *1401, †1437, Königin, seit 1420 Frau *Heinrichs V.;* Tochter *Karls VI.* von Frankreich. Wegen ihrer Herkunft erhoben die engl. Könige Anspruch auf den frz. Thron. – **2. K. von Aragón,** *1485, †1536, Königin, Frau des engl. Thronfolgers *Arthur* (†1502), dann von dessen Bruder *Heinrich VIII.* (1509). Die von Heinrich seit 1526 erstrebte, vom Papst verweigerte Scheidung von K. war Ursache für den Abfall der engl. Kirche von Rom. 1533 ließ sich Heinrich ohne päpstl. Zustimmung scheiden. – **3. K. Howard,** *um 1520, †1542 (enthauptet), Königin, 5. Frau *Heinrichs VIII.* (1540); des Ehebruchs bezichtigt. – **4. K. Parr,** *1512, †1548, Königin, 6. Frau *Heinrichs VIII.* (1543).
Frankreich:
**5. K. von Medici,** *1519, †1589, Königin, Frau Heinrichs II. seit 1533. Als G. de *Colignys* antispan. Politik auf ihren Sohn *Karl IX.* zu großen Einfluß nahm, ließ sie die Hugenottenführer in der *Bartholomäusnacht* umbringen.
Portugal:
**6. K. von Bragança,** *1638, †1705, Tochter *Johanns IV.* von Portugal (*1604, †1656), Frau *Karls II.* von England; als Witwe Regentin von Portugal für ihren geisteskranken Bruder *Peter (Pedro) II.*
Rußland:
**7. K. I.,** eigtl. Marta Skawronskaja, *1684, †1727, Kaiserin 1725–27; Bauerntochter, Frau eines schwed. Dragoners, dann Geliebte A.D. *Menschikows,* schließl. *Peters d. Gr.,* der sie 1712 heiratete. Als Zarin nach Peters Tod (1725) überließ sie die Regierungsgeschäfte Menschikow. – **8. K. II., K. d. Gr.,** eigtl. *Sophie Friederike Auguste* von Anhalt-Zerbst, *1729, †1796, Kaiserin 1762–96; stürzte ihren Mann *Peter III.* u. ließ sich 1762 zur Kaiserin ausrufen. Ihre Reg. leitete den Aufstieg Rußlands zur europ. Großmacht ein.
**Katharina von Alexandria** → Heilige.
**Katharsis, 1.** Reinigung, körperl., geistige oder religiöse Läuterung; in der Psychotherapie seel. Gesundung durch Bewußtwerden unverarbeiteter Erlebnisse. – **2.** Begriff aus der »Poetik« des *Aristoteles:* Die Tragödie sollte durch Erregung von Furcht u. Mitleid eine Reinigung von solchen Leidenschaften bewirken.
**Katheder,** Lehrstuhl, Pult.

*Katharina die Große; Gemälde von Vigilius Erichsen. Chartres, Musée des Beaux Arts*

**Kathedrale,** bes. in England u. Frankreich übl. Bez. für die Bischofskirche; in Dtld. meist *Dom* oder *Münster* genannt.
**Kathete,** Seite im rechtwinkligen Dreieck.
**Katheter,** Röhre mit abgestumpftem Vorderteil zur Einführung in Körperöffnungen.
**Kathode,** negativer Pol einer elektr. Stromquelle; auch negativ elektr. Elektrode. – **K.nstrahlen,** in einer Hochvakuumröhre von der K. austretende Elektronen.
**Katholikentag,** *Deutscher K.,* Generalversammlung der Katholiken Deutschlands, die sich seit 1848 aus den Jahresversammlungen des Pius-Vereins entwickelte; vorbereitet vom Zentralkomitee der dt. Katholiken.
**Katholikos,** leitender Bischof in der orth. georg. Kirche u. in versch. morgenländ. Kirchen.
**katholisch,** »allgemein, ein Ganzes bildend«, urspr. Beiname für die den Erdkreis umspannende Kirche; später Konfessions-Bez. für die röm.-kath. Kirche.
**Katholische Briefe,** aus der grch. Kirche stammender Sammelname für sieben nicht von Paulus verfaßte, allg. gehaltene kleine Briefe des NT (Jakobus, 2 Petrus, 3 Johannes, Judas).
**katholische Kirche,** *röm.-kath. Kirche,* nach kath. Lehre die von Christus selbst gestiftete, nach Matth. 16,18 auf den »Felsen Petri« gebaute, eine, heilige, kathol., apostol., sichtbare, unvergängl., unfehlbare, alleinseligmachende Kirche, durch den *Papst* in Rom repräsentiert. Dieser ist nach der kath. Lehre als Stellvertreter des unsichtbaren Christus das sichtbare Haupt der k. K.
**Katholizismus,** Gesamtheit aller polit., staatl. u. soz. Lebensäußerungen, die sich aus einer im kath. Glauben verwurzelten Grundhaltung ergeben.
**Kation** → Ionen.
**Katmandu,** Hptst. des Himalayastaats Nepal, 350 000 Ew.; Univ., Bibliotheken; Königspalast (17. Jh.), zahlr. Tempel, Paläste u. Klöster; Fremdenverkehr; Flughafen.
**Katowice** [-'vitsɛ] → Kattowitz.
**Katschin** → Kachin.
**Katta,** fälschl. auch *Katzenmaki,* zu den *Makis* gehörender *Halbaffe* auf Madagaskar.
**Kattarasenke,** wüstenhafte Beckenldsch. in Ägypten, bis 134 m u.M.; Salzsümpfe.
**Kattegat,** bis 100 m tiefe Meerenge der westl. Ostsee zw. Schweden u. Jütland.
**Kattowitz,** poln. *Katowice,* Stadt im östl. Oberschlesien (Polen), Hptst. der Wojewodschaft Katowice, 350 000 Ew.; HS, wiss. Inst.; Ind.- u. Kohlenbergbauzentrum, Eisen-, Kupfer-, Zinkverarbeitung, Maschinenbau, chem. u. elektro-techn. Ind.
**Kattun,** Gewebe aus mittelfeinen Baumwollgarnen in Leinwandbindung; im allg. bedruckt.
**Katyn** [ka'tin], russ. Ort bei Smolensk, in dessen Nähe 1943 Massengräber von rd. 4000 (1940 auf Weisung sowj. Führung umgebrachten) poln. Offizieren gefunden wurden.
**Katz,** Sir Bernard, *26.3.1911, brit. Biophysiker

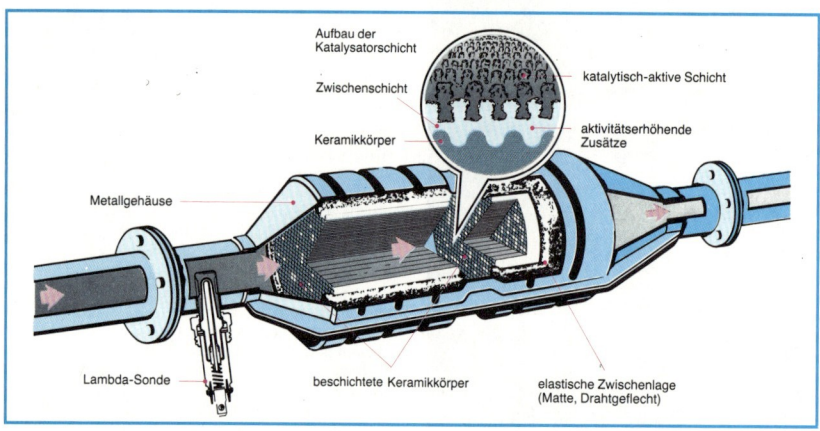

*Katalysator: Schema eines Dreiwege-Katalysators für Ottomotoren*

dt. Herkunft; arbeitet bes. über Probleme der Nervenerregungsübertragung; Nobelpreis für Medizin 1970.

**Kätzchen,** Ähren oder ährenähnl. Blütenstände der sog. *K.blüher* (Birke, Erle, Hasel, Walnuß, Weide u.a.).

**Katzen,** *Felidae,* Raubtier-Fam. mit schlankem Körper, rundem Kopf u. gutem Sprungvermögen; Zehengänger mit einziehbaren Krallen; hierzu *Löwe, Tiger, Leopard, Gepard, Puma, Luchs* u.a.; die *Hauskatze* stammt von der ägypt. *Falbkatze* ab.

**Katzenauge, 1.** stark reflektierender Rückstrahler an Fahrzeugen, auch als Fahrbahnmarkierung. – **2.** Schmuckstein: grüngelber, mit gewölbter Oberfläche geschliffener *Alexandrit.*

**Katzenbär,** *Kleiner Panda,* 60 cm groß, von bärenartiger Gestalt, mit rostbraunem Fell; lebt in Gebirgswäldern des östl. Himalaya in Höhen von 1800–3600 m.

**Katzenbuckel,** höchste Erhebung des Odenwalds, 626 m.

**Katzenfrett,** nordamerik. Kleinbär mit großen Augen u. Ohren u. dichtem Fell; nachtaktives Raubtier.

**Katzengold,** *Katzensilber,* volkstüml. Bez. für die glänzenden Glimmerminerale.

**Katzenhaie,** bis 1,5 m lange Haifischart der Küstengebiete des Atlantik u. der Nordsee.

**Katzenpfötchen,** *Antennaria,* Gatt. der Korbblütler; in Dtld. das *Gewöhnl. K.,* mit rötl. oder gelbl.-weißen Blütenköpfchen.

**Katzer,** Hans, *31.1.1919, dt. Politiker (CDU); 1965–69 Bundes-Min. für Arbeit u. Sozialordnung.

**Kaub,** Stadt in Rhld.-Pf., am Rhein, 1200 Ew.; auf kleiner Insel im Rhein die *Pfalz* (ehem. Zollburg); Weinbau, Schieferbrücke; Fremdenverkehr.

**Kauderwelsch,** aus mehreren Sprachen gemischte Ausdrucksweise, verworrene Sprechweise.

**Kauf,** nach den Vorschriften des BGB ein gegenseitiger schuldrechtl. Vertrag, durch den sich der Verkäufer verpflichtet, dem Käufer das Eigentum an einer Sache oder ein Recht zu verschaffen u. der Käufer sich verpflichtet, den vereinbarten *K.preis* zu zahlen u. die gekaufte Sache abzunehmen *(Abnahmepflicht).*

**Kaufbeuren,** Stadt in Schwaben (Bay.), an der Wertach, 42 000 Ew.; Wehrtürme (15. Jh.), Blasiuskapelle (1319); feinmechan., elektron., Textil- u. Holz-Ind.; nach 1945 angesiedelte Gablonzer Schmuck- u. Glas-Ind.

**Kauffmann,** Angelika, *1741, †1807, schweiz. Malerin; seit 1782 in Rom; dort berühmt als Malerin klassizist. Porträts (u.a. von Goethe).

**Kaufkraft,** Fähigkeit, aufgrund eines entspr. Geldbesitzes Güter zu erwerben. – **K. des Geldes,** Warenmenge, die man mit einer bestimmten Geldmenge kaufen kann.

*Kattas sind typische Vertreter der auf Madagaskar vorkommenden Lemuren. Ihr schwarzweiß geringelter Schwanz spielt im Sozialverhalten eine wichtige Rolle*

**Kaufmann,** im allg. Sprachgebrauch jede im Handel tätige Person; nach *Handelsrecht* jeder, der selbst. ein Handelsgewerbe betreibt. Wer einem der *Grundhandelsgeschäfte* nachgeht, ist damit ohne weiteres K., muß aber seine Firma ins Handelsregister eintragen lassen *(Muß-K.);* wer ein anderes gewerbl. Unternehmen betreibt, ist erst nach der Eintragung der Firma in das Handelsregister K. *(Soll-K.). Handelsgesellschaften* sind kraft ihrer Rechtsform K. *(Form-K.).*

**Kaufunger Wald,** Buntsandsteinrücken im Hess. Bergland, östl. von Kassel; im *Bilstein* 642 m.

**Kaugummi,** *Chiclegum,* kaubares, aber unlösl. Erzeugnis aus natürl. Kautschuk, Gutta (Chicle), Polyvinylacetat u.a.; mit Zusätzen von Zucker u. geschmackgebenden (Pfefferminz- u. Nelkenöl) u. weichmachenden Stoffen (Bienenwachs, Tolubalsam).

**Kaukasien,** Gebiet zw. Schwarzem u. Kasp. Meer, in der Sowj., 450 000 km²; gliedert sich in den eigtl. (Großen) *Kaukasus,* sein nördl. Vorland *(Nord-K.)* bis zur Manytschniederung u. das südl., subtrop. *Trans-K.*

**kaukasische Völker,** *Kaukasier,* das rass. bunte Gemisch vielerlei Völker u. Stämme in den Kaukasustälern: 1. die südkaukas. Gruppe, hpts. *Grusinier, Mingrelier, Swanen;* 2. die NW-Gruppe mit den *Tscherkessen* u. *Abchasen;* 3. die NO- oder Dagestan-Gruppe, u.a. *Tschetschenen, Inguschen, Awaren, Laken, Dargua, Lesghier.*

**Kaukasus,** *Großer K.,* 1200 km langes u. bis 200 km breites, im zentralen Teil vergletschertes Hochgebirge zw. Schwarzem u. Kasp. Meer; im *Elbrus* 5633 m. – Als *Kleiner K.* werden die nordöstl. Randgebirge des Armen. Hochlands in Transkaukasien bezeichnet.

**Kaulbach,** Wilhelm von, *1805, †1847, dt. Maler u. Graphiker (Historienbilder).

**Kaulbarsch,** bis über 20 cm langer Süß- u. Brackwasserfisch in Mittel- u. N-Europa.

**Kaulquappe,** Larvenstadium der → Froschlurche.

**Kaulun** → Kowloon.

**Kaumagen,** bei einigen Krebsen, Insekten u. Schnecken der mit Zähnen zum Zerkleinern der Nahrung ausgestattete Vorderdarm; bei Vögeln der *Muskelmagen.*

**Kaunas,** fr. *Kowno,* Stadt in der Litauischen SSR (Sowj.), an der Mündung der Neris in den Njemen (Hafen), 417 000 Ew.; HS; Landmasch.- u. Turbinenbau, Textil-, Nahrungsmittel-, Metall-, chem., Holz- u. Baustoff-Ind.

**Kaunda,** ['kɔndə], Kenneth David, *28.4.1924, samb. Politiker; erreichte 1964 die Unabhängigkeit N-Rhodesiens, das den Namen *Sambia* annahm; seit 1964 Staats-Präs.

**Kaunitz,** Wenzel Anton Fürst (seit 1764) von K.-Rietberg, *1711, †1794, östr. Staatsmann; seit 1753 Staatskanzler Maria Theresias u. Josephs II.; bemühte sich um ein Bündnis Östr. mit Frankreich, um Preußen niederzuwerfen u. Schlesien zurückzugewinnen.

**Kaurischnecke,** bis 3 cm lange *Porzellanschnecke* des Ind. Ozeans; mit gelbl., porzellanartigem Gehäuse; galt seit etwa 1300 in Mittel- u. O-Afrika als Zahlungsmittel *(Kaurigeld.)*

**kausal,** ursächlich. – **Kausalität,** Ursächlichkeit, gesetzmäßiger Zusammenhang zw. Ursache u. Folge. Nach dem **K.sprinzip** in der Philosophie kann es keine Wirkung ohne Ursache geben.

**Kaustik, 1.** *Medizin: Kauterisation,* Gewebszerstörung durch Hitze, chem. Ätzmittel oder elektr. Strom. – **2.** *Kata-K., Brennlinie,* gekrümmte Linie bzw. Fläche, in der sich die auf eine Linse (bzw. Hohlspiegel) fallenden Lichtstrahlen nach der Brechung (bzw. Reflexion) schneiden.

**Kautabak,** *Priem,* getrockneter, mit würzenden Zusätzen versehener Tabak.

**Kautel,** Sicherheitsmaßnahme oder -bedingung, bes. beim Abschluß von Verträgen.

**Kaution, 1.** Bürgschaft, Sicherheit, Hinterlegung. – **2.** Aussetzung der Vollstreckung eines Haftbefehls gegen Sicherheitsleistung in Geld, Wertpapieren u.ä.

**Käutner,** Helmut, *1908, †1980, dt. Schauspieler u. Filmregisseur; W »Große Freiheit Nr. 7«, »Des Teufels General«, »Der Hauptmann von Köpenick«, »Die Feuerzangenbowle«.

**Kautschuk,** organ. Substanz, aufgebaut aus mehreren tausend Isoprenresten pro Molekül, natürl. gewonnen od. synthet. hergestellt. Lieferanten des *Natur-K.* sind trop. Pflanzen, v.a. der brasil. K.baum *(Hevea brasiliensis);* sein eingedickter Milchsaft *(Latex)* bildet den Roh-K.; durch Schwefelbehandlung *(Vulkanisation)* entsteht daraus *Gummi;* Verwendung für Reifen, Schläuche, Dichtungen, Bodenbeläge u.a. – Synthet. K. → Buna.

**Kautsky,** Karl, *1854, †1938, östr. marxist. Theoretiker u. Publizist; Mitverfasser des *Erfurter Programms,* führender Theoretiker der SPD u. der Zweiten Internationale; vertrat einen orthodoxen Marxismus u. lehnte den Bolschewismus ab.

**Kauz,** Bez. für versch. *Eulen* ohne Ohrbüschel; meist kräftig, gedrungen; z.B. *Wald-, Stein-, Sperlings-K.*

**Kavalier,** fr.: Reiter, Ritter; heute: ein Mann, der sich Frauen gegenüber höfl.-aufmerksam verhält. – **K.sdelikt,** strafbare Handlung, die aber durch gesellschaftl. Konvention verharmlost oder sogar als bes. ehrenvoll hingestellt wird.

**Kavalkade,** prächtiger Aufzug eines Reitertrupps, Reiterzug.

**Kavallerie,** ehem. berittene Kampftruppe eines Heeres; *schwere K.:* Kürassiere, Ulanen; *leichte K.:* Dragoner, Husaren.

**Kavatine,** in der Oper kurzes melodiöses Gesangstück; auch Instrumentalstück mit lyr. Charakter.

**Kaventsmann,** eigtl. Bürge, Gewährsmann; beleibter Mann; Prachtexemplar.

**Kaverne, 1.** allg. Höhle. – **2.** in der Medizin: durch Gewebszerfall entstandener Hohlraum.

**Kaviar,** gesalzener *Rogen* (Eier) von Störarten (Stör, Hausen, Sterlet), die hpts. in russ. Gewässern (Kasp. Meer, Baikalsee) vorkommen.

**Kawa,** berauschendes, bitter schmeckendes Getränk auf den Südseeinseln; aus den Wurzeln des *K.pfeffers* gewonnen u. von den Einheim. bei religiösen u. soz. Zeremonien getrunken.

**Kawabata,** Jasunari, *1899, †1972, jap. Schriftst.; behandelte in trad. jap. Stil moderne Zeitprobleme, mit einem deutl. Unterton des Verzichtens u. der Unbeständigkeit; Nobelpreis 1968.

**Kawalerowicz,** [-vit∫], Jerzy, *19.1.1922, poln. Filmregisseur; profilierter Vertreter des poln. neorealist. Films, bes. der 1960er Jahre.

**Kawasaki,** jap. Stadt sw. von Tokio, 1,13 Mio. Ew.; Erdölraffineriezentrum, Schwer- u. chem. Ind., Kernforschungszentrum.

**Kaxgar,** *Kaschghar,* chin. Stadt in Zentralasien in der Autonomen Region Xinjiang, 140 000 Ew.; altes Zentrum des Karawanenverkehrs; Wollverarbeitung.

**Kaye,** Danny, eigtl. David Daniel *Kaminsky,* *1913, †1987, US-amerik. Filmschauspieler; spielte meist kom. Rollen.

**Kayser,** Wolfgang, *1906, †1960, dt. Literaturwissenschaftler; W »Das sprachl. Kunstwerk«.

**Kayseri,** Hptst. der gleichn. türk. Prov. in Inneranatolien, sö. von Ankara, 378 000 Ew.; versch. Ind.; Flughafen; Staudamm am Kizilirmak; in der Nähe das antike *Caesarea Cappadociae.*

**Kazan** [kə'za:n], Elia, *7.9.1909, US-amerik. Filmregisseur, -produzent u. -autor armen. Herkunft; W »Endstation Sehnsucht«, »Jenseits von Eden«, »Der letzte Tycoon«.

**Kazantzakis,** *Kasantsakis* [kazan'dzakis], Nikos, *1885, †1957, grch. Schriftst.; vermittelte eine urspr. Welt voller Tragik u. Leidenschaften; W »Alexis Sorbas«, »Grch. Passion«.

**Kazike,** Häuptling (meist Dorfhäuptling) bei mittel- u. südamerik. Indianern.

**Kea,** grch. Insel der Kykladen, 131 km², 2000 Ew., Hauptort *K.;* Ausgrabungen: Akropolis, Löwenskulptur.

**Keaton** [ki:tn], Buster, *1895, †1966, US-amerik. Komiker des Stummfilms.

**Keats** [ki:ts], John, *1795, †1821, engl. Schriftst.; Vollender der engl. Hochromantik.

**Kebab,** türk. Bez. für am Spieß gebratenes Hammelfleisch.

**Kebnekajse,** höchster Berg Schwedens, im N des Landes, stark vergletschert, 2123 m.

**Kebse,** *Kebsweib,* Nebenfrau, Konkubine.

**Kecskemét** ['kɛt∫kɛme:t], Stadt in Ungarn, sö. von Budapest, 104 000 Ew.; Weinbau; Maschinen- u. Nahrungsmittel-Ind.

**Kedah,** Teilstaat in → Malaysia.

**Keelung** [ki:-], *Jilong, Chilung,* Hafen- u. Industriestadt an der Nordküste von Taiwan, 346 000 Ew.

**Keetmanshoop** [ke:t-], Distrikt-Hptst. im südl. Namibia, 12 000 Ew.; Karakulschafzucht; Flughafen.

# Kefallinia

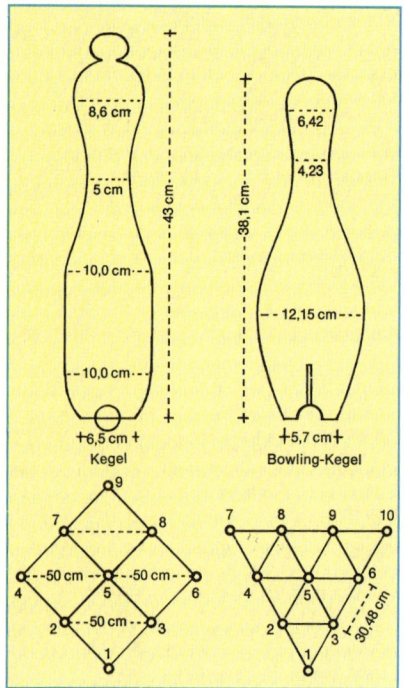

*Kegeln: Kegelformen (oben); Kegelstand für Asphalt-, Bohlen- und Scherenbahn (unten links); Kegelstand für Bowling (unten rechts)*

**Kefallinia,** Insel vor der grch. W-Küste, eine der Ion. Inseln, 781 km², 31 000 Ew., Hauptort *Argostolion*; Schafzucht, Wein- u. Olivenanbau, Fischfang; Fremdenverkehr. – 1953 schweres Erdbeben.

**Kefir,** schwach alkohol- u. kohlensäurehaltiges Getränk, das aus Milch unter Verwendung von Gärungserregern, den K.pilzen, hergestellt wird.

**Keflavík,** isländ. Hafenstadt, 6900 Ew.; seit 1946 an die USA verpachtet, NATO-Stützpunkt.

**Kegel,** *Konus,* **1.** Körper, der dadurch entsteht, daß eine K.fläche von einer Ebene geschnitten wird. Die K.fläche entsteht durch Bewegung einer Geraden im Raum um einen ihrer Punkte (Spitze). Der allg. (schiefe) *Kreis-K.* ist durch eine Kreisfläche u. die k.fläche *(Mantel)* begrenzt. Rauminhalt: ¹/₃ Grundfläche $(\pi r^2) \cdot$ Höhe. *K.stumpf:* K., dessen Spitze abgeschnitten ist. – **2.** *Schrift-K.,* in der Druckerei die Höhe der Letter.

**Kegeln,** *Kegelspiel,* schon im MA verbreitetes dt. Unterhaltungsspiel, bei dem Kegel am Ende einer Kegelbahn mit Kegelkugeln umzuwerfen sind; seit Anfang des 19. Jh. auch als sportl. Wettkampf.

**Kegelschnitte,** math. Kurven, die durch Schnitte einer Ebene mit einem geraden Kreiskegel entstehen. Je nach Neigung der Ebenen entstehen *Kreise, Ellipsen, Parabeln, Hyperbeln.*

**Kehl,** Stadt in Ba.-Wü., gegenüber von Straßburg, 30 000 Ew.; holzverarbeitende Ind., Elektrostahlwerk; Hafen.

**Kehle, 1.** der nach vorn gelegene Teil des Halses mit dem *Kehlkopf.* – **2.** *Kehlung,* rinnenartige Profilierung an Gesimsen u.ä.

**Kehlkopf,** *Larynx,* Eingangsteil der Luftröhre bei landbewohnenden Wirbeltieren; von einem Knorpelgerüst umgeben; enthält die *Stimmbänder* u. dient der Stimmbildung sowie der Überleitung der Luft aus dem Rachenraum in die Luftröhre; durch den *Kehldeckel* verschließbar als Schutz gegen Verschlucken.

**Kehrreim,** *Refrain,* an den Strophenenden eines Gedichts regelmäßig wiederholte Zeile(n), bes. in Volksliedern.

**Kehrwert,** Zahl, deren Produkt mit der gegebenen Zahl gleich 1 ist, z.B. K. von 3 = ¹/₃.

**Keil,** Körper, bei dem zwei Seiten unter einem spitzen Winkel zusammenlaufen.

**Keilbein, 1.** mittlerer Knochen der Schädelbasis der Wirbeltiere; enthält die K.höhle u. trägt im *Türkensattel* die Hirnanhangdrüse. – **2.** die drei vorderen Fußwurzelknochen des Menschen.

**Keilberg,** tschech. *Klinovec,* höchster Gipfel des Erzgebirges, nördl. von Karlsbad, 1244 m.

**Keilberth,** Joseph, *1908, †1968, dt. Dirigent; 1951 Generalmusikdirektor in Hamburg, seit 1959 an der Staatsoper in München.

**Keiler,** männl. Wildschwein.

**Keilriemen,** Riemen mit trapezförmigem Querschnitt; haben größere Durchzugskraft als Flachriemen.

**Keilschrift,** urspr. sumer. Bilderschrift aus der Zeit um 3000 v. Chr., deren Formen durch die keilartigen Eindrücke des Schreibgriffels in den Schreibstoff Ton entstanden; zuerst linksläufig in Vertikalreihen, später rechtsläufig in Horizontalreihen geschrieben; von mehreren Völkern des babylon. Kulturkreises übernommen. Die Zeichen der K. hatten Wort- u. Lautwerte. Erstmals 1802 durch G. F. *Grotefend* entziffert.

**Keim, 1.** *Krankheits-K.,* Bez. für alle Mikroorganismen, z.B. Bakterien. – **2.** das sich bildende Lebewesen, im Tierreich *Embryo,* im Pflanzenreich meist *Keimling* genannt.

**Keimblätter, 1.** *Kotyledonen,* die ersten Blätter der jungen Pflanze: eins bei Einkeimblättrigen, zwei bei Zweikeimblättrigen, zwei u. mehr bei Nacktsamern. – **2.** embryonale Zellschichten, aus denen bestimmte Körperteile u. Organanlagen hervorgehen. Bei den meisten Tieren bilden sich im Anschluß an die Furchung (→ Embryonalentwicklung) 3 K.: *äußeres K. (Ektoderm),* aus dem die Haut mit ihren Anhängen, das Nervengewebe u. die Sinnesorgane hervorgehen; *mittleres K. (Mesoderm),* das die Muskulatur, das Bindegewebe u. das Gefäßsystem bildet; *inneres K. (Entoderm),* das die Anlagen für Darm u. Lunge bzw. Schwimmblase enthält.

**Keimdrüsen,** *Geschlechtsdrüsen, Gonaden,* Drüsen, die *Keimzellen* u. *Sexualhormone* erzeugen; im männl. Geschlecht die *Hoden,* im weibl. Geschlecht die *Eierstöcke* (Ovarien).

**Keimung,** bei Pflanzen Entwicklungsbeginn eines neuen Organismus aus dem Keimling im Samen. Durch Wasseraufnahme quillt der Samen, die Samenschale wird gesprengt, u. der Keimling beginnt zu wachsen. Hierbei braucht er das im Samen oder in den Keimblättern gespeicherte Nährgewebe auf.

**Keimzellen,** bes. Zellen, die der Fortpflanzung dienen; meist geschlechtl. differenziert in weibl. u. männl. K. Diese müssen miteinander verschmelzen, damit sich ein neues Lebewesen entwickeln kann.

**Keiser,** Reinhard, *1674, †1739, dt. Komponist (Opern, Kantaten, Oratorien).

**Keitel,** Wilhelm, *1882, †1946 (hingerichtet), dt. Offizier; seit 1940 Generalfeldmarschall, engster militär. Mitarbeiter *Hitlers;* unterzeichnete 1945 in Berlin die Kapitulation der dt. Wehrmacht; vom Nürnberger Militärtribunal zum Tode verurteilt.

*Keilschrift: Gesetzestafel des Hammurapi; entstanden um 1730–1686 v.Chr.*

**Kekkonen,** Urho Kaleva, *1900, †1986, finn. Politiker (Bauernpartei); 1956–81 Staats-Präs.

**Kekulé von Stradonitz,** Friedrich August, *1829, †1896, dt. Chemiker; gab 1865 die heute übl. Benzolformel an.

**Kelantan,** Teilstaat in → Malaysia.

**Kelch, 1.** Trinkgefäß mit hohem Fuß; bes. als liturg. Gefäß zur Spendung des Weins beim Abendmahl u. zur Aufbewahrung u. Austeilung der Hostien. – **2.** bei Pflanzen die äußerste, meist aus grünen Blättchen bestehende Hülle der Blüte.

**Kelheim,** Krst. in Niederbay., an der Mündung der Altmühl in die Donau, 14 000 Ew.; Maschinenbau, Holz- u. chem. Ind. – In der Nähe *Befreiungshalle* u. das Benediktinerkloster *Weltenburg.*

**Kelim,** flach gewebter oder gewirkter Wandbehang oder Teppich, charakterisiert durch beidseitig gleiches Aussehen.

**Kelle, 1.** Maurerwerkzeug zum Auftragen des Mörtels. – **2.** löffelähnl. Schöpfgerät.

**Keller, 1.** Gottfried, *1819, †1890, schweiz. Schriftst.; einer der großen Vertreter der realist. Dichtung; W »Der grüne Heinrich«, »Die Leute von Seldwyla«, »Züricher Novellen«, »Martin Salander«. – **2.** ['kɛlə], Helen Adams, *1880, †1968, US-amerik. Schriftst.; blind u. taub; betätigte sich durch Schriften u. Vorträge als Sozialreformerin. – **3.** Paul, *1873, †1932, dt. Schriftst.; schrieb vielgelesene gemütvolle Romane aus Schlesien.

**Kellermann,** Bernhard, *1879, †1951, dt. Schriftst.; W Zukunftsroman »Der Tunnel«.

**Kellerwald,** östl. Ausläufer des Rhein. Schiefergebirges, im *Wüstegarten* 675 m.

**Kellgren** ['tçɛlgreːn], Johan Henrik, *1751, †1795, schwed. Schriftst.; Hauptvertreter der Aufklärung.

**Kellogg,** Frank Billings, *1856, †1937, US-amerik. Politiker (Republikaner); brachte als Außen-Min. (1925–29) 1928 zus. mit A. *Briand* den *Briand-K.-Pakt* zur Ächtung des Krieges zustande; Friedensnobelpreis 1929.

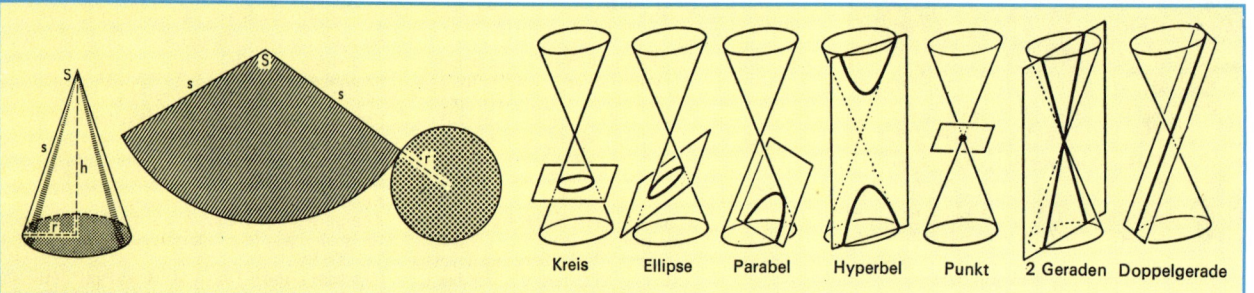

*Kegel, Kegelnetz und Kegelschnitte*

*Die Ausbreitung der Kelten*

**Kelly, 1.** Gene, *23.8.1912, US-amerik. Tänzer u. Schauspieler; durch viele Tanzfilme berühmt; W »Ein Amerikaner in Paris«. – **2.** Grace → Gracia Patricia.

**Kelten,** lat. *Celtae,* auch *Galli, Galatae,* uneinheitl. Volk, das große Teile W-, Mittel-, SO-Europas u. Kleinasiens bewohnte; erste Erwähnung um 500 v. Chr. Die große Ausbreitung der K. begann im 5. Jh. v. Chr. Im 3. Jh. v. Chr. reichte der kelt. Kulturraum von Britannien bis Anatolien. Der Niedergang kelt. Macht begann in Italien u. wurde durch die Eroberung Galliens von Cäsar (58–51 v. Chr.) besiegelt.

**Kelter,** Presse zur Trennung des Traubensafts von den Hülsen u. Kernen bei der Weinbereitung.

**Keltiberer,** kelt.-iber. Stämme in N-Spanien; Hauptort: *Numantia;* leisteten den Römern bis 44 v. Chr. erfolgreich Widerstand.

**Keltisch,** eine zur indoeurop. Sprachfam. gehörende Sprachgruppe, die in der Vorzeit über fast ganz Europa bis nach Spanien u. N-Italien verbreitet u. bis nach Kleinasien vorgedrungen war (Kelten). Man unterscheidet das ausgestorbene *Festland-K.* (in Spanien, Gallien, S- u. W-Dtld., Italien u. auf dem Balkan) u. das z.T. noch lebendige *Insel-K.* (*Irisch, Gälisch* oder *Schottisch, Manx, Walisisch, Kornisch* u. *Bretonisch*).

**Kelvin,** Kurzzeichen K, Einheit der thermodynam. Temperaturskala (K.skala), deren Nullpunkt bei –273,15 °C = 0 K (absoluter Nullpunkt) liegt.

**Kelvin,** K. of Largs → Thomson, Sir William.

**Kemal Atatürk** → Atatürk.

**Kemerowo** ['kje-], Hptst. der gleichn. Oblast in W-Sibirien (Sowj.), im N des Kusnezk-Beckens, 520 000 Ew.; Steinkohlenbergbau, Chemiekombinate.

**Kempen,** Stadt in NRW, bei Krefeld, 30 000 Ew.; Textil- u. Eisen-Ind.

**Kempff,** Wilhelm, *25.11.1895, dt. Pianist u. Komponist; Interpret der Klassik u. Romantik.

**Kempowski,** Walter, *29.4.1929, dt. Schriftst.; bek. v.a. durch eine Familienchronik; W »Aus großer Zeit«, »Tadellöser u. Wolf«.

**Kempten (Allgäu),** Stadt in Schwaben (Bay.), an der Iller, 57 000 Ew.; Sitz der Süddt. Butter- u. Käsebörse; Elektro-, Textil-, Möbel- u. Papier-Ind.

**Kendall** ['kendəl], Edward C., *1886, †1972, US-amerik. Mediziner u. Biochemiker; erforschte die Schilddrüsen- u. Nebennierenrindenhormone u. entdeckte Thyroxin u. Cortison; Nobelpreis 1950.

**Kendo,** eine fernöstl. Kampfsportart mit Bambusschlagstöcken.

**Kendrew** [-dru], John Cowdery, *24.3.1917, brit. Biochemiker; erforschte die Struktur des Hämoglobins u. des Myoglobins; Nobelpreis 1962 zus. mit M.F. *Perutz.*

**Kenia,** *Kenya,* Staat in O-Afrika, 580 367 km², 22,9 Mio. Ew., Hptst. *Nairobi.*
L a n d e s n a t u r. Dem Tiefland im O steht das Hochland im W gegenüber, das durch den nordsüdl. verlaufenden Ostafrik. Graben (Rift Valley) mit dem Turkanasee im N u. dem Aberdaregebirge als östl. Begrenzung sowie durch zahlr. erloschene Vulkane (Mt. Kenia 5200 m, Elgon 4321 m) stärker gegliedert ist. Im W grenzt das Land an den Victoriasee. Das kühle Hochland empfängt mit

*Kenia*

Ausnahme der trockeneren Grabenzone reichl. Niederschläge u. ist das Hauptsiedlungsgebiet.
Die B e v ö l k e r u n g besteht aus Bantuvölkern sowie Niloten u. Hamiten (Massai, Galla, Somal). Rd. 60 % sind Christen (2/3 Protestanten).
W i r t s c h a f t. Für den Export werden Kaffee, Tee, Pyrethrum u. Sisal angebaut. Bedeutend ist die Viehzucht. Die Industrie ist gegenüber den benachbarten Ländern weiter entwickelt; sie verarbeitet Agrarprodukte u. erzeugt Verbrauchsgüter (Möbel, Textilien, Schuhe, Papier u.a.). Das Handwerk hat durch den Tourismus neuen Aufschwung genommen (Holzschnitzereien, Sisalflechtereien, handgeschmiedete Massai-Waffen). – Das *Verkehrsnetz* ist im Hochland gut ausgebaut. Haupthafen ist Mombasa.

*Kendo: Die Kendoka tragen als Fechtkleidung Hosenrock, Baumwolljacke, Hüftschutz und Brustpanzer sowie einen Kopfschutz; gefochten wird mit einem Schlagstock aus Bambusstäben*

G e s c h i c h t e. 1895 kam das Land unter brit. Kolonialverwaltung. 1920 wurde K. brit. Kronkolonie. 1952 brach der *Mau-Mau-Aufstand* gegen die brit. Herrschaft aus, den die Engländer 1956 niederschlugen. 1963 erhielt K. die Unabhängigkeit. 1964 wurde es präsidiale Rep. Staats-Präs. ist seit 1978 D.A. *Moi.*

**Kennan,** George Frost, *16.2.1904, US-amerik. Diplomat u. Historiker; polit. Berater der Regierung in Ostfragen, entwarf die Politik der »Eindämmung« gegenüber dem Ostblock.

**Kennedy, 1.** Edward Moore, Bruder von 2) u. 3), *22.2.1932, US-amerik. Politiker (Demokrat); seit 1962 Senator für Massachusetts. – **2.** John Fitzgerald, Bruder von 1) u. 3), *1917, †1963, US-amerik. Politiker (Demokrat); 1953–61 Senator für Massachusetts, 1961–63 der 35. Präs. der USA; bed. innenpolit. Ereignis während seiner Amtszeit war die Integrationsgesetzgebung für die Schwarzen; wichtige außenpolit. Ereignisse: Berlin- (1961) u. Kuba-Krise (1962); Vertrag zw. den USA, Großbrit. u. der UdSSR über die Einstellung der Atomtests (1963). K. wurde in Dallas Opfer eines Attentats. – **3.** Robert Francis, Bruder von 1) u. 2), *1925, †1968, US-amerik. Politiker (Demokrat); enger Mitarbeiter u. Berater von 2), 1961–64 Justiz-Min., 1965–68 Senator für New York; als Bewerber um die Präsidentschaftskandidatur erschossen.

**Kennungswandler,** Vorrichtung zum Umwandeln der Motorcharakteristik (*Kennung*). Man unterscheidet *Drehzahlwandler,* die nur die Drehzahl verändern u. dabei die Drehzahldifferenz entsprechende Leistungsdifferenz (nutzlos) in Wärme umsetzen, u. *Drehmomentwandler,* bei denen Drehzahl u. Drehmoment gleichzeitig so verändert werden, daß die Leistung (abgesehen von kleineren Verlusten) unverändert bleibt.

*Kenia: Elefanten im Amboseli-Wildreservat*

**Kennziffer,** in der Statistik *Richtzahl,* Verhältniszahl, die als Maßstab für die Beurteilung gleichartiger Tatbestände gilt.

**Kenotaph,** Grabstätte zum Gedenken eines Toten, die aber seine Gebeine nicht enthält.

**Kent,** urspr. angelsächs. Königreich, dann engl. Earltitel, gebunden an die Gft. K.

**Kentaur, 1.** *Centaur, Zentaur,* grch. Fabelwesen mit Pferdeleib u. menschl. Oberkörper. – **2.** *Centaur(us),* Sternbild am südl. Himmel; Hauptstern: α Centauri, der nächste Fixstern.

**Kentucky** [ken'tʌki], Abk. *Ky.,* SO-Staat der → Vereinigten Staaten von Amerika.

**Kenyatta,** Jomo, *1891, †1978, afrik. Politiker in Kenia; einer der ältesten u. einflußreichsten Vorkämpfer des afrik. Nationalismus; im unabhängig gewordenen Kenia 1963 Min.-Präs., seit 1964 Staats-Präs.

**Kephalos,** in der grch. Sage Sohn des Phokerkönigs *Deion;* Gatte der *Prokris,* die er auf der Jagd versehentlich tötete.

**Kepler,** Johannes, *1571, †1630, dt. Astronom; 1600 Gehilfe Tycho *Brahes* in Prag u. nach dessen Tod (1601) sein Nachfolger als Kaiserl. Mathematiker; fand aufgrund der Beobachtungsergebnisse Tychos die nach ihm ben. Ges. der Planetenbewe-

# 448 Kerala

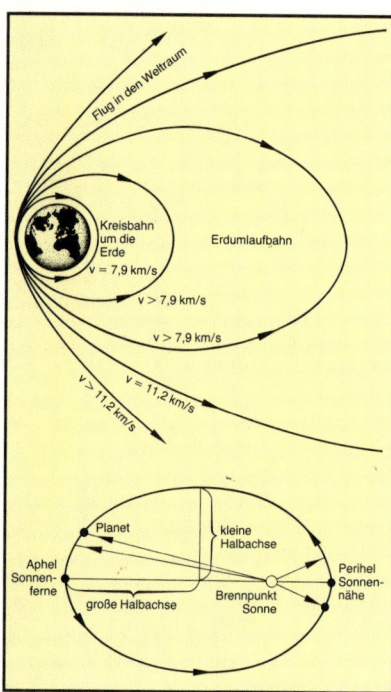

*Keplersche Gesetze: Satellitenbahn (oben), Planetenbahn (unten); v = Geschwindigkeit*

gung. – **K.sche Gesetze:** 1. Die Bahnen der Planeten sind Ellipsen, in deren einem Brennpunkt die Sonne steht. 2. Der Fahrstrahl von der Sonne zum Planeten überstreicht in gleichen Zeiten gleiche Flächen. 3. Die dritten Potenzen (Kuben) der großen Halbachsen der Planetenbahnen verhalten sich wie die Quadrate der Umlaufzeiten.

**Kerala,** Bundesstaat in → Indien, an der Malabarküste; eines der dichtestbesiedelten Gebiete Indiens.

**Keramik,** alle aus tonhaltigen Stoffen geformten u. dann gebrannten Gegenstände: 1. I r d e n g u t, mit porösem, nicht durchscheinendem Scherben; unterteilt in nicht feuerfeste *Ziegeleierzeugnisse*, *feuerfeste Erzeugnisse*, *Töpfereierzeugnisse* (nicht weißbrennend) u. *Steingut* (weißbrennend); 2. S i n t e r g u t, unterteilt in *Steinzeug*, mit dichtem, an den Kanten durchscheindem Scherben, verwendet als Baustoff u. als Geschirr, u. in *Porzellan*, mit dichtem, durchscheinendem Scherben, ebenfalls als Baustoff u. v.a. als Geschirr verwendet.

**Keratin,** von den Oberhautzellen gebildete widerstandsfähige Hornsubstanz (schwefelhaltiger Eiweißkörper); Hauptbestandteil der Oberhaut, Haare, Nägel, Federn, Hörner, Hufe u.a. Hautabkömmlinge.

**Keratom,** *Horngeschwulst,* Verdickung der Hornschicht der Haut, Schwiele.

**Kerbel,** *Anthriscus,* Gatt. der *Doldengewächse;* verbreitet sind der *Wiesen-K.* u. der *Gewöhnl. K.;* angebaut wird der *Garten-K.* als Suppenkraut u. Gewürz.

**Kerbholz,** *Kerbstock,* längsgespaltener Holzstab, in dessen Hälften Marken quer eingekerbt wurden; diente in Dtld. bis ins 19. Jh. zum Aufschreiben von Schulden, Arbeitstagen u.a.

**Kerbtiere** → Insekten.

**Kerenskij** [ˈkjɛrinskij], Alexander Fjodorowitsch, *1881, †1970, russ. Politiker; nach der Februar-Revolution 1917 Kriegs-Min. u. Min.-Präs.; von den Bolschewiki gestürzt; emigrierte u. lebte in New York.

**Kerfe** → Insekten.

**Kerguelen** [-ˈgɛlən], frz. Inselgruppe im Südind. Ozean, 6232 km²; rauh, vegetationsarm, z.T. vereist; Forschungsstationen.

**Kerkyra,** grch. Hafenstadt u. Hauptort der Insel Korfu, 36 000 Ew.; venezian. Festungsanlagen; Anbau von Oliven, Feigen, Wein; Fremdenverkehr; Flughafen.

**Kerman,** Prov.-Hptst. in SO-Iran, 240 000 Ew.; Stahlwerk, Teppich-Ind.

**Kermanshah,** jetzt *Bakhtaran,* Prov.-Hptst. in W-Iran, 566 000 Ew., überwiegend Kurden; Zuckerfabrik; Erdölraffinerie; Flughafen.

**Kermesbeeren, 1.** die mit rotem Saft gefüllten Eier u. Hüllen der *Kermesschildläuse,* die im Mittelmeergebiet auf der *Kermeseiche* leben. – **2.** *Phytolacca,* Gatt. subtrop. Pflanzen mit Beeren, aus denen ein schwarzroter Farbstoff zum Färben von Weinen u. Süßwaren gewonnen wird.

**Kern, 1.** → Zellkern. – **2.** → Atomkern. – **3.** in der Gießerei massiver Teil der Gußform, der im Gußstück einen gewünschten Hohlraum ausspart.

**Kern,** Jerome David, *1885, †1945, US-amerik.

# KERNENERGIE

*Blick in einen Druckwasserreaktor*

*Kernkraftwerk Biblis am Rhein*

*Keramik: bemalte Porzellanvase aus Meißen; um 1740. Düsseldorf, Museum Hetjens*

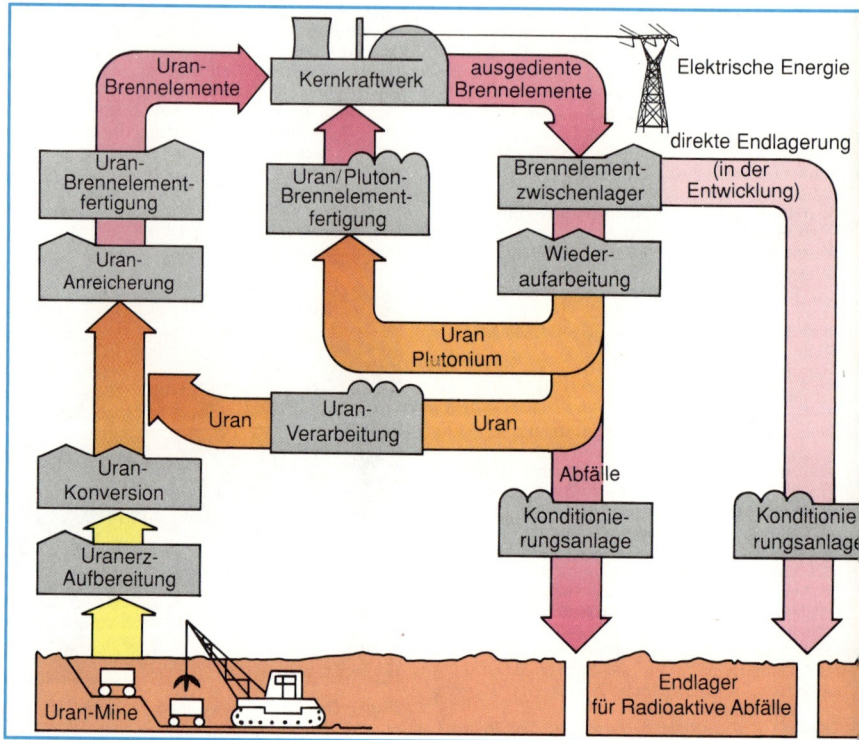

*Schema des Brennstoffkreislaufs*

Komponist; komponierte beliebte Musicals. W »Show-boat«, »Music in the air«.
**Kernbeißer,** weitverbreitete Gruppe von *Finkenvögeln,* mit außerordentl. kräftigem Schnabel; einheim. ist der *Kirsch-K.*
**Kernchemie,** Teilgebiet der *Kernphysik,* das sich mit den Atomkernumwandlungen, also mit der Erzeugung eines chem. Elements aus einem anderen durch Reaktionen in den Atomkernen sowie mit den Eigenschaften u. Anwendungen der in der Natur nicht vorkommenden radioaktiven Isotope chem. Elemente befaßt.
**Kernenergie,** *Atomenergie,* Energie eines Atomkerns *(kinet. Energie* u. *Bindungsenergie);* bei Kernumwandlungen wird ein Teil der Bindungsenergie frei u. techn. nutzbar. Zwei Prozesse sind bedeutend: 1. Kernspaltung, 2. Kernfusion. – Bei der *Kernspaltung* werden schwere Atomkerne (z.B. das Uran-Isotop 235) in leichtere Kerne gespalten; dabei wird Bindungsenergie frei. Bei der *Kernfusion* werden leichte Atomkerne (z.B. Wasserstoff) zu schwereren Kernen (z.B. Helium) ver-

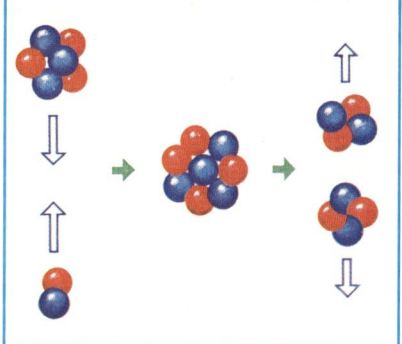

*Kernfusion: Beim Verschmelzen eines Lithium- und eines Deuteriumkerns entstehen zwei Heliumkerne (blau = Neutron, rot = Proton)*

schmolzen; auch dabei wird Energie frei. Voraussetzung für Fusionen sind Temperaturen von vielen Mio. Grad, weshalb dieser Prozeß bisher noch nicht techn. genutzt werden kann. An der Lösung dieses Problems wird noch gearbeitet.
**Kerner,** Justinus, *1786, †1862, dt. Schriftst.; Vertreter der »Schwäb. Schule«; befaßte sich mit der heimatl. Geschichte u. Spiritismus.
**Kernfusion** → Kernenergie.
**Kernkraftwerk,** Anlage zur Erzeugung von Energie mit Hilfe von *Kernreaktoren.*
**Kernladungszahl** → Ordnungszahl.
**Kernmodelle,** anschaul. Modelle zur Beschreibung bestimmter Eigenschaften der Atomkerne; z.B. *Tröpfchenmodell, Schalenmodell, opt. Modell.*
**Kernobst,** Früchte der zur Fam. der *Rosengewächse* gehörigen Obstarten, z.B. Quitte, Apfel, Birne; das Fruchtfleisch entstammt v.a. der Blütenachse; die verwachsenen Fruchtblätter bilden meist ein pergamentartiges Kerngehäuse, das die Samen (Kerne) enthält.
**Kernphysik,** Gebiet der Physik, das sich mit der Erforschung der Atomkerne beschäftigt. Die Untersuchungen werden durch Beschießen von Atomen mit *Elementarteilchen* durchgeführt. Dafür stehen heute große Apparaturen *(Teilchenbeschleuniger)* zur Verfügung. Die dabei entstehenden Teilchen u. Strahlenmengen geben Aufschluß über den Aufbau der Atomkerne.
**Kernreaktionen,** physikal. Vorgänge in Atomkernen, v.a. Umwandlungen von Kernen beim Zusammenstoß mit energiereichen Teilchen wie Protonen, Neutronen, Deuteronen, Alphateilchen, Elektronen u. elektromagnet. Strahlungsquanten.
**Kernreaktor,** *Atomreaktor,* techn. Anlage, in der *Kernspaltungen* in einer kontrollierten Kettenreaktion ablaufen. Als spaltbares Material dient z.B. das Uran-Isotop 235. Bei jeder Spaltung entstehen 2 oder 3 freie Neutronen, die wiederum zur Spaltung weiterer Kerne führen können. Diese *Kettenreaktion* wird so gesteuert, daß gleichmäßig pro s eine bestimmte Anzahl von Kernen gespalten wird. *Moderatoren* (Bremssubstanzen) bremsen die hohe Anfangsgeschwindigkeit der Neutronen ab. Bei jedem Spaltungsvorgang wird Energie *(Kernenergie)* frei, die in Form von Wärme anfällt. Diese wird mit Hilfe eines Kühlmittelkreislaufs abgeführt u. in einem Dampf- oder Gasturbinenprozeß in mechan. Energie u. schließl. im Generator in elektr. Energie umgewandelt. – Der erste K. wurde 1942 in den USA in Betrieb genommen. Heute gibt es zahllose K. versch. Typen u. Größen. Die überwiegende Anwendung finden K. in Kraftwerken zur Erzeugung elektr. Stroms u. in Schiffen als Antrieb.
Um die Bevölkerung sowie die pflanzl. u. tier. Umgebung vor den radioaktiven Spaltprodukten u. den von ihnen ausgehenden Strahlen zu schützen, müssen Sicherheitsvorkehrungen für alle möglichen *Störfälle* getroffen werden (Reaktorsicherheit). Für *innere Störfälle* müssen ein Reaktorschutzsystem, ein Notstrom- u. Notkühlsystem

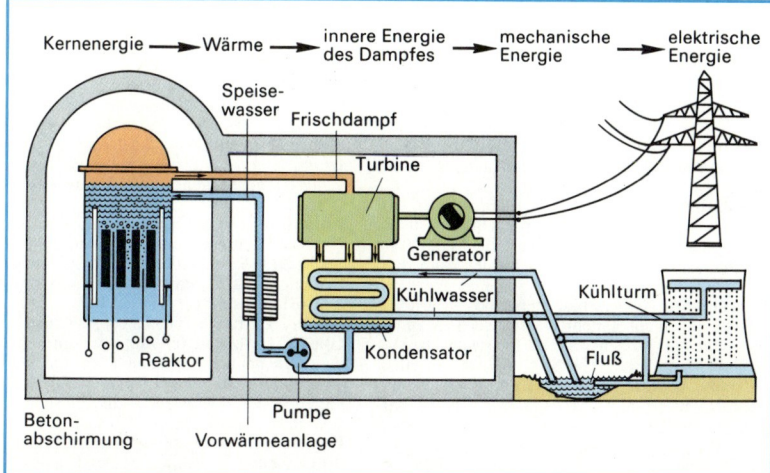

*Aufbau eines Kernkraftwerks (Schema)*

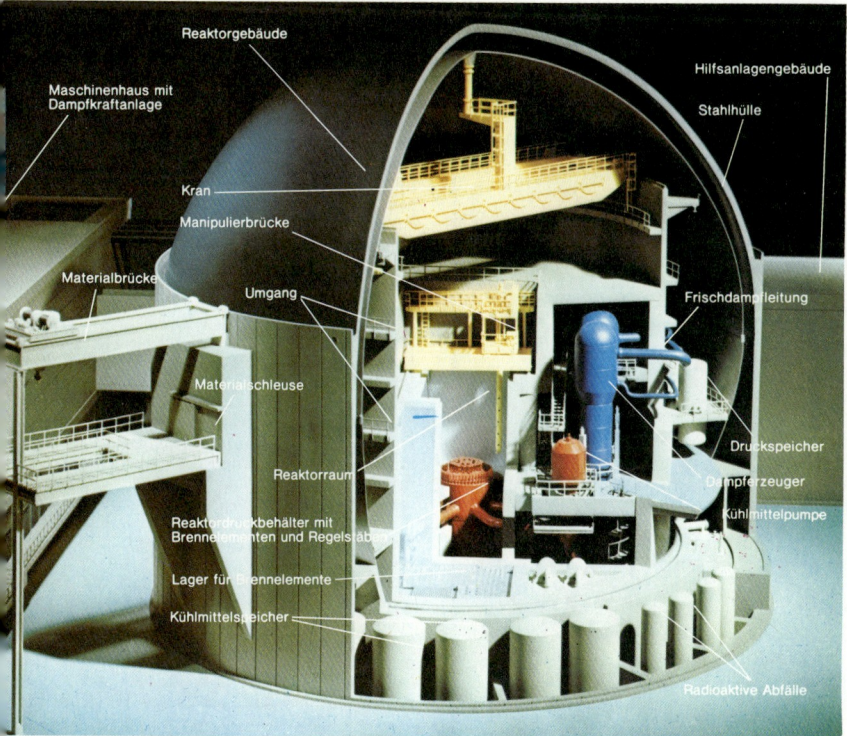

*Modell des Kernkraftwerks Stade*

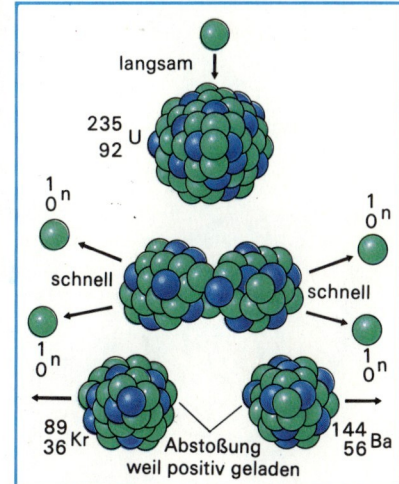

*Kernspaltung eines Urankerns durch Beschuß mit einem Neutron*

## 450 Kernspaltung

vorhanden sein; bauliche Sicherheitsbarrieren müssen für *äußere Störfälle* wie Erdbeben, Flugzeugabsturz, Explosion oder Sabotage vorgesehen werden. Zur ständigen Information über Reaktorsicherheit in der BR Dtld. dienen u. a. der Reaktorbericht an den Bundesumweltmin., der Erfahrungsaustausch der Kraftwerkbetreiber (ABE-Ausschuß) u. ein *Kernreaktor-Fernüberwachungs-System* (KFÜ), das automat. Meßergebnisse über Radioaktivität in der Umgebung liefert. – Die Reaktorsicherheit wird bes. seit dem Kernreaktorunfall von → Tschernobyl 1986 u. den bekannt gewordenen Störfällen in US-amerik., brit. u. dt. Kraftwerken in der Öffentlichkeit heftig diskutiert.
**Kernspaltung** → Kernreaktor.
**Kernspintomographie,** *Kernspinresonanz-Tomographie, Kernspin-Computertomographie,* med. Untersuchungsverfahren, das auf der Eigenrotation u. dem resultierenden Drehimpuls der Protonen u. Neutronen (Kernspin) beruht; gemessen wird die Kernspinresonanz körpereig. Wasserstoffatome, wobei der Patient in einem starken Magnetfeld liegt. Die K. gibt Aufschluß über den Zustand der Organe u. Gewebe u. deren Stoffwechselvorgänge.
**Kernspuremulsion,** sehr empfindl. photograph. Schicht zum Nachweis schneller geladener Teilchen; wichtiges Hilfsmittel der Kernphysik u. der Erforschung der Höhenstrahlen.
**Kerntechnik,** *Atomtechnik,* alle Verfahren zur Gewinnung von Kernenergie, bes. die Reaktortechnik, sowie die Methoden für den Umgang mit radioaktiven Stoffen, z.B. Isotopentechnik, Strahlenschutz u. kernphysikal. Meßgeräte.
**Kernteilung,** die der *Zellteilung* vorausgehende Teilung des Zellkerns; normalerweise in Form der *typ. indirekten K.* (Mitose, Karyokinese, Äquationsteilung), die die Aufgabe hat, die in den *Chromosomen* des Zellkerns enthaltene *genet. Information* qualitativ u. quantitativ unverändert an die Tochterzellen weiterzugeben. In der *Interphase,* dem Zeitraum zw. zwei K., findet statt: die Verdoppelung der Chromosomen statt: die *ident. Reduplikation* der DNS (→ Nucleinsäuren). – Bei der Bildung der Geschlechszellen findet eine bes. Form der K. statt, die *atyp. indirekte K.* (Meiose), die die Aufgabe hat, den bei der Befruchtung verdoppelten Chromosomensatz wieder zu reduzieren (→ Reifeteilung).
**Kernwaffen** → Atomwaffen.
**Kerosin,** amerik.-engl.-russ. Bez. für *Petroleum.*
**Kerouac** ['kɛruæk], Jack, *1922, †1969, US-amerik. Schriftst.; Vertreter der *Beat-Generation,* deren Lebensgefühl er in seinen Romanen Ausdruck gab; W »Unterwegs«.

**Kerpen,** Stadt in NRW, 55 000 Ew.; Steinzeugröhrenbau, Masch.-Ind.
**Kerr, 1.** Alfred, eigtl. A. *Kempner,* *1867, †1948, dt. Theaterkritiker; war mit eigenwillig impressionist., temperamentvollen u. geistreichen Kritiken führend im Berliner Theaterleben. – **2.** [ka:r], John, *1824, †1907, schott. Physiker; entdeckte zwei nach ihm ben. physik. Effekte: 1. *elektroopt. K.-Effekt,* eine Doppelbrechung, die opt. isotope Stoffe beim Anlegen eines elektr. Felds zeigen (*K.-Zelle*); 2. *magnetoopt. K.-Effekt,* bei der Reflexion an stark magnetisierten ferromagnet. Spiegeln auftretende Phasen- u. Amplitudenänderungen.
**Kerschensteiner,** Georg, *1854, †1932, dt. Pädagoge u. Schulorganisator; forderte die *Arbeitsschule;* Bildung zum Beruf müsse das Ziel der Schule sein.
**Kersting,** Georg Friedrich, *1785, †1847, dt. Maler; schuf romant. Interieurszenen mit Porträtfiguren.
**Kertsch, 1.** Halbinsel im O der *Krim,* rd. 3200 km²; durch die das Schwarze mit dem Asowschen Meer verbindende *Straße von K.* von Kaukasien getrennt. – **2.** Hafenstadt in der Ukrain. SSR (Sowj.), im O der gleichn. Halbinsel, 173 000 Ew.; archäolog. Museum; Eisenerzbergbau, Schiffswerft. – Antike Siedlung (grch. *Pantikapaion, Hermision*).
**Kerulen,** *Kherlen Gol,* Fluß in der Mongol. VR u. der Mandschurei, 1254 km; mündet in den Salzsee *Dalai Nuur.*
**Kerygma,** das Verkündigen u. die Verkündigung Jesu u. seiner Boten; heute die Verkündigung der christl. Botschaft.
**Kescher,** *Kä(t)scher, Hamen,* langstieliges Netz zum Fangen von Kleintieren im Wasser u. in der Luft.
**Kesselring,** Albert, *1885, †1960, dt. Offizier; im 2. Weltkrieg Luftflottenchef u. Oberbefehlshaber; 1947 von einem brit. Militärgericht zum Tode verurteilt, zu lebenslängl. Zuchthaus begnadigt, Okt. 1952 entlassen.
**Kesselstein,** Niederschlag von unlösl. Carbonaten u. Sulfaten aus hartem Wasser, der sich an der Innenseite von Kesseln als feste Kruste ansetzt.
**Keßler,** Harry Graf, *1868, †1937, dt. Schriftst. u. Diplomat; vielseitiger Mäzen.
**Kesten,** Hermann, *28.1.1900, dt. Schriftst.; sarkast. Gesellschaftskritiker in Romanen u. Essays.
**Ketchup** ['kɛtʃəp], *Catchup,* durch starkes Einkochen haltbar gemachte u. gewürzte Soße aus Tomatenmark.
**Ketone,** organisch-chemische Verbindungen, die die zweiwertige Carbonylgruppe (*Ketogruppe*) = C = O ein- oder mehrfach, verbunden mit zwei Kohlenwasserstoffresten, enthalten; z.B. $CH_3COCH_3$, Aceton.

*Kettenreaktion: Spaltungsreaktion im Kernreaktor. Ein Uran-235-Atom wird in Barium und Krypton gespalten. Die entstehenden Neutronen können von Uran 238 eingefangen werden, in der Luft verlorengehen oder ein neues Uran-235-Atom treffen*

**Ketschua,** *Quechua,* indian. Stammesgruppe im Hochland von Peru, einst das Staatsvolk des Inkareichs. Die Sprache der K. war Staatssprache des Inkareichs; sie wird heute noch von über 6 Mio. Indianern gesprochen.
**Kette, 1.** Reihe ineinandergreifender bewegl. Glieder aus Metall für Zug oder Antrieb. – **2.** in der Weberei die auf einen *K.nbaum* parallel gewickelten oder in einem *Gatter* in Spulenform untergebrachten Längsfäden zur Herstellung eines Gewebes.
**Ketteler, 1.** Klemens Freiherr von, *1853, †1900, dt. Gesandter in Peking. Seiner Ermordung beim *Boxeraufstand* folgte die bewaffnete Intervention der europ. Großmächte. – **2.** Wilhelm Emanuel Freiherr von, *1811, †1877, Bischof von Mainz seit 1850; 1848 als Abg. der Frankfurter Nationalversammlung Vorkämpfer für die Freiheit der Kirche u. der christl. Schule; vertrat im beginnenden Kulturkampf die Rechte der Kirche; erstrebte eine Sozialreform, die er in Auseinandersetzung mit liberalen u. sozialist. Lehren aus dem christl. Glauben heraus forderte.
**Kettenfahrzeug** → Gleiskettenfahrzeug.
**Kettengebirge,** langgestreckter Gebirgszug, häufig ein Faltengebirge, oft in mehrere parallele Höhenzüge aufgelöst; z.B. Alpen, Anden.
**Kettenreaktion,** jede chem. oder physik. Reaktion, die an einer Stelle im Reaktionsgemisch ausgelöst wird u. sich dann – weitere Reaktionen auslösend – mehr oder weniger rasch über das ganze Reaktionsgemisch ausbreitet.
**Kettware,** *Kettenware* → Wirkwaren.
**Ketzer,** von den *Katharern* abgeleitete Bez. für *Häretiker;* übertragen auch für Wissenschafter u. Politiker, die von einer herrschenden Meinung abweichen.
**Keuchhusten,** *Stickhusten, Pertussis,* Infektionskrankheit der Schleimhäute in den Luftwegen; bes. im Kindesalter, vereinzelt auch bei Erwachsenen. Erreger ist ein Bakterium *(Haemophilus pertussis),* das durch Tröpfcheninfektion übertragen wird. K.anfälle bestehen in krampfhaften, anstrengenden Hustenstößen mit Zurückziehen der Luft durch die verengte Stimmritze.
**Keulenpilze,** Fam. der *Schlauchpilze,* mit keulenförmigem Fruchtkörper; hierzu *Glucke, Ziegenbart* u.a.
**Keun,** Irmgard, *1910, †1982, dt. Schriftst.; humorist.-satir. Erzählerin; W »Das kunstseidene Mädchen«.
**Keuper,** oberste Stufe der geolog. Formation der *Trias;* → Erdzeitalter.
**Keuschheit,** geschlechtl. Enthaltsamkeit (phys. u. psych.). – **K.sgürtel,** aus Eisen oder festem Leder

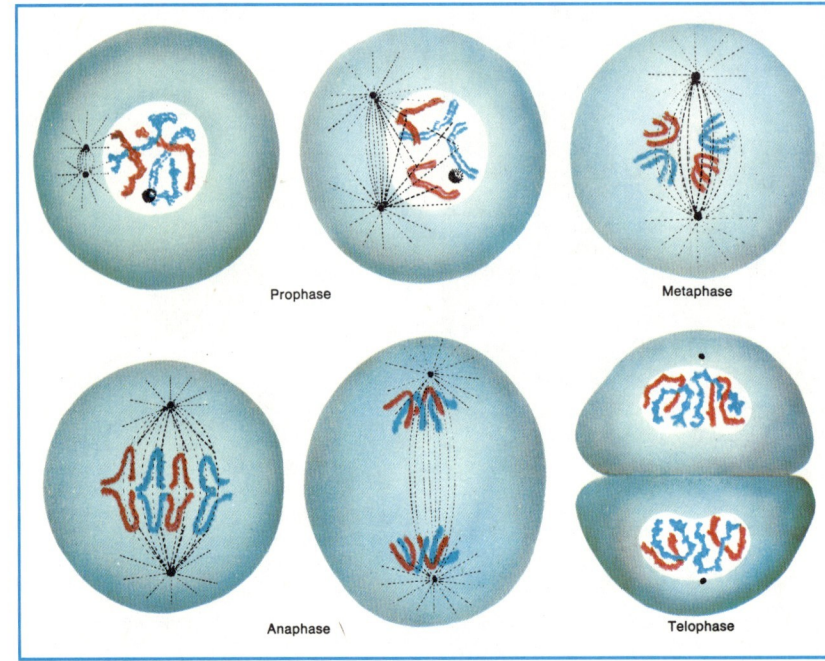

*Kernteilung: typische indirekte Mitose*

bestehender verschließbarer Gurt für Frauen, mit einem Steg versehen, der die Geschlechtsorgane bedeckte; sollte die sexuelle Enthaltsamkeit der Frau in Abwesenheit des Mannes garantieren.

**Kevelaer** [-vəla:r], Stadt in NRW, nahe der dt.-ndl. Grenze, 22 000 Ew.; Wallfahrtsort.

**Keyboards** ['ki:bɔ:ds], in der Jazz- u. Rockmusik gebräuchl. Bez. für elektron. Tasteninstrumente, z.B. Klavier, Orgel u.a.

**Keynes** [kɛinz], John Maynard, Baron *K. of Tilton* (1942), *1883, †1946, engl. Nationalökonom; Direktor der Bank von England u. Mitschöpfer der internat. Währungsordnung nach dem 2. Weltkrieg.

**Keyser** ['kɛi-], Hendrik de, *1565, †1621, ndl. Baumeister u. Bildhauer.

**Keyserling, 1.** Eduard Graf von, *1855, †1918, dt. Schriftst.; schilderte die versinkende Welt des balt. Adels. – **2.** Hermann Graf von, Neffe von 1), *1880, †1946, dt. Kulturphilosoph; entwickelte eine Philosophie der Sinn-Erkenntnis, die er als *Kulturpsychologie* anwandte.

**Key West** [ki:-], Hauptinsel der *Florida Keys*, mit der Stadt *K. W.*, 48 000 Ew.; Flottenstützpunkt u. Hafen, Badeort.

**KG**, Abk. für *Kommanditgesellschaft*.

**KGB** → Staatssicherheitsbehörden der UdSSR.

**K-Gruppen,** Sammelbez. für kommunist. Gruppen in der BR Dtld., die den sowj. Kommunismus ablehnen u. sich z.T. am Maoismus orientieren, z.B. Bund Westdeutscher Kommunisten (BWK), Kommunist. Bund Westdeutschlands (KBW), Kommunist. Partei Deutschlands (KPD).

**Khaibarpaß,** *Chaiberpaß,* engl. *Khyber,* strateg. wichtiger Paß zw. Pakistan u. Afghanistan, 50 km lang, 1030 m hoch, oft nur 5 m breit.

**Khaki,** *Kaki,* **1.** lehmfarbenes, kräftiges Baumwollgewebe für Tropenkleidung u. Uniformen. – **2.** schilfgrüne Farbe.

**Khakipflaume** → Kakipflaume.

**Khalif** → Kalif.

**Khan** [ka:n], *Chan,* alter türk. Herrschertitel, bei den Mongolen dem Reichsherrscher vorbehalten, später gleichbedeutend mit *Sultan*.

**Khanat, 1.** *Chanat,* Herrschaftsbereich u. Würde eines Khans. – **2.** *Qanat,* unterird. angelegte Führung von Wasserläufen in Iran; zum Schutz gegen Verdunstung.

**Khark,** *Charg,* kleine Insel im nördl. Pers. Golf; wichtigster Rohölexporthafen Irans.

**Khartum,** Hptst. der Rep. Sudan, am Zusammenfluß des Weißen u. des Blauen Nil, 557 000 Ew.; Kultur-, Handels- u. Verkehrszentrum; Univ. (gegr. 1956); versch. Ind.; Hafen, Flughafen.

**Khatschaturian** → Chatschaturjan.

**Khatstrauch,** in Afrika heim. Pflanze der *Spindelbaumgewächse;* die Blätter enthalten Coffein; dienen als anregendes Mittel *(Khat,* arab. *Qat).*

**Khmer,** *Kambodschaner,* hinterind. Volk (rd. 6 Mio.) in Kambodscha, Thailand, Vietnam u. Laos; gründeten im 3. Jh. n. Chr. ein Reich, das seine größte Blüte im 11.–13. Jh. erlebte; bed. Kunstwerke in der Tempelstadt *Angkor*.

**Khnopff,** Fernand, *1858, †1921, belg. Maler, Bildhauer, Graphiker u. Kunstschriftst.; Symbolist u. Vertreter des Jugendstils.

**Khomeini** → Chomeini.

**Khorana,** Har Gobind, *9.1.1922, US-amerik. Genetiker u. Biochemiker ind. Herkunft (Arbeiten zur Aufschlüsselung des genet. Codes); Nobelpreis 1968 zus. mit R.W. *Holley* u. M.W. *Nirenberg*.

**Khorasan,** Ldsch. u. Prov. in NO-Iran, 312 000 km², 4,2 Mio. Ew., Hauptort *Mäschhäd;* berühmte Teppichherstellung.

**Khulna,** Stadt in Bangladesch, im Mündungsdelta von Ganges u. Brahmaputra, 623 000 Ew.; Wirtsch.- u. Verkehrszentrum; Nahrungsmittel-, Textil- u. Masch.-Ind.; Schiffswerft; Flußhafen.

**Khusestan,** *Chusistan,* wirtschaftl. wichtigste iran. Prov. im Erdölgebiet am Nordende des Pers. Golfs, 117 713 km², 2,5 Mio. Ew.; Hptst. *Ahvas*.

**kHz,** Kurzzeichen für *Kilohertz;* → Frequenz.

**Kiangsi** → Jiangxi.

**Kiangsu** → Jiangsu.

**Kiautschou** → Jiaozhou.

**Kibbuz,** Gemeinschaftssiedlung in Israel, Genossenschaft auf freiwilliger Basis mit gemeinsamem Eigentum, gemeinsamer Produktion u. Arbeit sowie gemeinsamen Einrichtungen des Konsums u. der Lebensführung; ohne Privatbesitz u. privatwirtsch. Tätigkeit.

**Kibla,** die nach Mekka weisende Gebetsrichtung für die islam. Gläubigen; in der Moschee die Richtung der Hauptwand.

**Kibo** → Kilimandscharo.

**Kichererbse,** Gatt. der *Schmetterlingsblütler;* alte Kulturpflanze, heute im Mittelmeergebiet, im Orient, in Indien u. China angebaut. Die Samen dienen als Nahrungsmittel, Pferdefutter u. Kaffeesurrogat (Kaffee-Erbse).

**Kidnapping** [-næp-] → erpresserischer Menschenraub.

**Kidron,** *Kedron, Qidron,* nur gelegentl. wasserführender Fluß in dem ns. verlaufenden Tal östl. der Altstadt von Jerusalem, zw. Ölberg u. Tempel, fr. auch *Josaphat-Tal* genannt.

**Kiebitz,** mittelgroßer, schwarzweißer *Regenpfeifervogel* Eurasiens; Watvogel mit aufrichtbarem Federschopf am Hinterkopf. – **kiebitzen,** zuschauen beim Kartenspiel.

**Kiechle,** Ignaz, *23.2.1930, dt. Politiker (CSU) seit 1983 Bundes-Min für Ernährung, Landw. u. Forsten.

**Kiefer** [die], *Pinus,* Nadelholzgatt. der nördl. Halbkugel; Bäume u. Sträucher mit 2–5 Nadeln an einem Kurztrieb; in Dtld. des. *Gewöhnl. K.* oder *Föhre;* bildet etwa 45% des dt. Waldbestands; weitere Arten: Berg-, Schwarz-, Strand-, Weymouth-K., *Pinie* u.a.

**Kiefer,** bewegl., meist zangenförmig angeordnete Mundwerkzeuge vieler Tiere; bei höheren Wirbeltieren knöcherne Bildungen, die die Zähne tragen; unterteilt in *Ober-* u. *Unter-K.;* im *K.-Gelenk* bewegl. miteinander verbunden. – **K.höhlen,** beiderseits der Nase gelegene Nebenhöhlen im Ober-K.; zur Nase hin offen. – **K.klemme,** Unfähigkeit, den Mund zu öffnen, z.B. bei Entzündung des K.gelenks.

**Kiefer,** Anselm, *8.3.1945, dt. Maler, Aktionskünstler u. Photograph.

**Kiefernschwärmer,** Nachtschmetterling (bis 7 cm Flügelspannweite), dessen Raupe von Kiefern-, Fichten- u. Lärchennadeln lebt.

**Kiefernspanner,** im Frühjahr fliegender *Spanner* mit schwarzbrauner Zeichnung auf gelben Flügeln; bei Massenauftreten Forstschädling.

**Kiefernspinner,** braun bis grau gezeichneter Spinner aus der Fam. der *Glucken;* einer der gefürchtetsten Forstschädlinge.

**Kiel, 1.** nach innen hervorstehendes Kantholz oder verstärkte Eisenplatten als Längsverband eines Schiffs. – **2.** Schaft der Vogelfeder.

**Kiel,** Landes-Hptst. von Schl.-Ho., am Südende der *K.er Förde,* 244 000 Ew.; Univ. (gegr. 1665), Ing.-Schule für Masch.- u. Schiffbau, Inst. für Weltwirtsch.; versch. Ind., Reedereien; See- u. Marinehafen.

**Kielboot,** *Kieljacht,* Sportsegelboot, das im Gegensatz zum *Schwertboot* einen festen flossenförmigen Kiel hat, der durch sein Gewicht das Kentern verhindert.

*Khartum: Moschee*

**Kielce** ['kjɛltsɛ], Stadt in Polen, 206 000 Ew.; 2 HS; Metall-, Masch.- chem. u. Nahrungsmittel-Ind.

**Kieler Bucht,** Bucht der Ostsee zw. Schlei-Mündung u. Fehmarn.

**Kieler Förde,** 17 km lange, keilförmige Meeresbucht, bester Naturhafen der dt. Ostsee-Küste.

**Kieler Woche,** erstmals 1882 u. seitdem jährl. stattfindende Segelregatta auf der Kieler Förde.

**Kieling,** Wolfgang, *1924, †1985, dt. Schauspieler; Erfolge bei Film, Theater u. Fernsehen.

**Kielklavier,** Sammelbez. für Tasteninstrumente mit Saiten, die durch Federkiele angerissen werden: *Cembalo* (Kielflügel), u. *Spinett.*

**Kielland** ['çɛlan], Alexander, *1849, †1906, norw. Schriftst.; kämpfte gegen Unmoral u. Lüge.

**Kiellinie,** Anordnung von Schiffen in einer Reihe hintereinander.

**Kielwasser,** Spur, die hinter einem fahrenden Schiff entsteht.

**Kiemen,** *Branchien,* Atmungsorgane wasserbewohnender Tiere, die an versch. Stellen der Außenhaut oder des Darms entstehen; stets dünnhäutige Gebilde mit großer Oberfläche, an die außen das Atemwasser, innen die Körperflüssigkeit (Blut) herantritt u. durch deren Wand der Gasaustausch (Sauerstoff gegen Kohlendioxid) stattfindet.

**Kien,** *K.holz,* stark mit Harz angereichertes Holz, bes. Kiefernholz.

**Kienzl,** Wilhelm, *1857, †1941, östr. Komponist, Dirigent u. Musikschriftst.; W Oper »Der Evangelimann«.

**Kiepura** [kjɛ'pura], Jan, *1902, †1966, poln. Sänger (Tenor); Konzert- u. Opernsänger, auch in Operetten u. Filmen.

*Kiefernspinner*

**Kierkegaard** ['kjɛrgəgɔ:r], Sören, *1813, †1855, dän. Philosoph; bed. sind v.a. seine Schriften, die das Verhältnis von Angst, Existenz u. Zeitlichkeit für die Theol. fruchtbar machen; hatte Einfluß auf die spätere Existenz-Phil.; W »Entweder-Oder«, »Die Krankheit zum Tode«.

**Kies, 1.** Lockersediment aus Gesteinsbruchstücken, die durch Wasser gerundet wurden, von 2–60 mm Korngröße; meist Quarz. – **2.** metall. glänzendes Schwefelerz, z.B. *Eisen-, Kupfer-, Arsen-K.*

**Kieselalgen** → Diatomeen.

**Kieselgur,** *Infusorien-, Diatomeenerde,* sehr leichtes, hellgraues oder rötl., aus den kieselsäurehaltigen Schalen fossiler Kieselalgen bestehendes Pulver.

**Kieselsäure,** schwache Säure von der Formel $Si(OH)_4$, die unter Wasserabspaltung in $H_2SiO_3$ oder in *Siliciumdioxid* $SiO_2$ übergeht. Dieses kommt kristallin. als *Quarz, Tridymit* u. *Christobalit* u. in amorpher Form z.B. als *Opal* vor. Die Salze der K. sind die *Silicate*.

**Kiesinger,** Kurt Georg, *1904, †1988, dt. Politiker (CDU); 1958–66 Min.-Präs. in Ba.-Wü.; 1966–69 Bundeskanzler einer Großen Koalition der CDU/CSU mit der SPD; 1967–71 Vors. der CDU.

**Kiew** ['ki:ɛf], Hptst. der Ukrain. SSR (Sowj.) am Dnjepr, 2,6 Mio. Ew.; kultureller u. wirtsch. Mittelpunkt; zahlr. Klöster, Kirchen u. histor. Bauten; Univ. (gegr. 1834) u. zahlr. HS, Akad. der Wiss. der Ukrain. SSR; Museen, Theater; Maschinenbau, chem., Elektro-, Textil- u.a. Ind.; Flughafen. – Gesch.: 882–1169 Hptst. des *K.er Rus* (K.er Reich); 1240 mongol. (zerstört), 1322–1569 lit., dann poln., seit 1654 russ.; 1917–20 Hptst. der Rep. Ukraine.

## 452 Kigali

**Kigali,** Hptst. von Rwanda (O-Afrika), 182 000 Ew.; Verarbeitung landw. Produkte, Konsumgüter-Ind.; Flughafen.
**Kigoma,** wichtigster Hafen am Tanganjikasee in Tansania, 50 000 Ew.
**Kikuchi,** Kan, *1888, †1948, populärer jap. Schriftst. (Drama, Erzählungen).
**Kikuyu,** ostafrik. Bantuvolk (rd. 2,1 Mio.) in Kenia; Feldbauern mit Großviehzucht.
**Kilian,** Missionsbischof iroschott. Herkunft, ermordet in Würzburg um 689; Heiliger, Apostel Frankens (Fest: 8.7.).
**Kilikien,** *Cilicien,* heute türk. *Çukurova,* Ldsch. im östl. Kleinasien, um das heutige Adana; im Altertum als Zentrum der Seeräuber berüchtigt, seit 84 v. Chr. röm. Provinz.
**Kilimandscharo,** höchster Berg Afrikas, im NO Tansanias; vulkan. Berggruppe mit 3 Gipfeln: *Kibo* (5895 m), *Mawensi* (5355 m), *Schira* (4300 m).
**Kilius,** Marika, *24.3.1943, dt. Eiskunstläuferin; mit H.-J. *Bäumler* erfolgreich im Paarlauf.
**Kilo...,** Abk. k, Wortbestandteil bei Maßeinheiten, um 1000 Einheiten zu bezeichnen.
**Kilobyte,** Kurzzeichen kB oder KB; 1 kB = 1024 Bytes.
**Kilogramm,** Kurzzeichen kg, internat. Einheit der *Masse;* 1 kg = 1000 g.
**Kilohertz,** Kurzzeichen kHz, das 1000fache der Einheit *Hertz.*
**Kilometer,** Kurzzeichen km, das 1000fache der Längeneinheit *Meter.*
**Kilometerzähler,** ein Zählwerk, das aus den Radumdrehungen eines Fahrzeugs die zurückgelegte Wegstrecke in km anzeigt.
**Kilowattstunde,** Kurzzeichen kWh, Einheit der Energie, bes. in der Elektrotechnik. So verbraucht z.B. ein 1000-Watt-Ofen in 1 Stunde 1000 Wattstunden = 1 kWh.
**Kilt,** bis zum Knie reichender Faltenwickelrock, männl. Nationaltracht in Schottland, in den Clan-Farben kariert.
**Kimberley** ['kimbəli], Stadt im östl. Kapland (Rep. Südafrika), 145 000 Ew.; Zentrum der Diamantengewinnung (1871–1915); Mangan- u. Eisenerzbergbau; versch. Ind.; Flughafen.
**Kimbern,** *Cimbern, Zimbern,* germ. Volk im nördl. Jütland; wanderten gegen Ende des 2. Jh. v. Chr. zunächst nach Schlesien u. Böhmen, dann westwärts über den Rhein nach Gallien; sie vereinigten sich mit den *Helvetiern* u. *Teutonen* u. drangen in Italien ein; 101 v. Chr. bei *Vercellae* vernichtend geschlagen.
**Kim Il Sung,** *Kim Ir Sen,* *15.4.1912, korean. Politiker; seit 1946 Vors. (ab 1966 Generalsekretär) der (kommunist.) Partei der Arbeit; seit 1948 Min.-Präs., seit 1972 Staats-Präs. von N-Korea.

*Japanerin im Kimono*

**Kimme,** Kerbe am *Visier* der Schußwaffe.
**Kimmerier, 1.** indoeurop. nomad. Reitervolk in S-Rußland, nördl. des Schwarzen Meers. Unter dem Druck der Skythen drangen sie im 8. Jh. v. Chr. in Kleinasien u. in den Niederdonauraum ein, bis sie der Assyrerkönig *Asarhaddon* um 680 v. Chr. besiegte. Beim Zurückfluten vernichteten sie das phryg. Reich u. verwüsteten Lydien u. viele grch. Städte Kleinasiens. – **2.** bei *Homer* ein Volk am äußersten Rand der Welt, in der Nähe des Eingangs zum Hades.
**Kimon,** *etwa 510 v. Chr., †449 v. Chr., attischer Politiker u. Heerführer; erhob durch den Sieg über die Perser am Eurymedon zw. 469 u. 466 v. Chr. Athen zur Großmacht.
**Kimono,** jap. mantelartiges Gewand, von einem Gürtel *(Obi)* zusammengehalten; wird seit dem 8. Jh. getragen.
**Kindbett,** *Wochenbett,* für die Mutter die Zeit nach der Geburt eines Kindes; 6–8 Wochen, in denen sich die durch die Schwangerschaft veränderten Organe zurückbilden. – *K.fieber, Puerperalfieber,* durch Infektion der wunden Geburtswege im Anschluß an die Geburt oder eine Fehlgeburt entstehende, anzeigepflichtige Infektionskrankheit. Neben örtl. Eiterungen kommt auch zuweilen echte Blutvergiftung *(Puerperalsepsis)* vor. – Die infektiöse Ursache des K. wurde von I. Semmelweis entdeckt.
**Kinderarbeit** → Jugendarbeitsschutz.
**Kinderdorf,** *Jugenddorf,* Siedlung für eltern- u. heimatlose Kinder u. Jugendliche; familienähnl. Verbände unter der Leitung von K.eltern oder einer K.mutter; mit Schul- u. Berufsausbildungsstätten; auch → SOS-Kinderdörfer.
**Kinderehe,** in manchen Gesellschaften (z.B. fr. in Indien) ein in fr. Kindheit aus wirtsch. oder familienrechtl. Gründen gegebenes u. mit bestimmten Zeremonien verbundenes Eheversprechen. Der Vollzug der Ehe folgt jedoch erst nach der Reife des Mädchens.
**Kindergarten,** Einrichtung zur Pflege, kindgemäßen Beschäftigung u. Erziehung von Kindern von 3 bis 6 Jahren, mit halb- oder ganztägiger Betreuung *(Kindertagesstätte).*
**Kindergeld,** obligator. Geldzahlung an den Sorgepflichtigen für jedes Kind, zum Ausgleich der Familienlast; gezahlt von der *Bundesanstalt für Arbeit.*
**Kinderheim,** staatl., kirchl. oder privates Heim zur Pflege u. Erziehung von Kindern jeden Alters (Kindergarten, Kinderhort, Heime für körperl. oder geistig Behinderte); auch als Ferien- oder Erholungsheim.
**Kinderhort,** Einrichtung für jüngere Schulkinder u. für gefährdete Kinder in der schulfreien Zeit.
**Kinderkrankheiten,** *i.w.S.* die vorw. im Kindesalter vorkommenden Infektionskrankheiten, wie Scharlach, Masern, Windpocken, Kinderlähmung, Röteln u.a.; *i.e.S.* alle dem Kindesalter eigentüml. Krankheiten, bes. Ernährungs-, Wachstums- u. Entwicklungsstörungen.
**Kinderkreuzzug,** von frz. u. dt. Kindern 1212 unternommener *Kreuzzug,* bei dem diese, von religiösem Eifer ergriffen, zu Tausenden nach Genua u. Marseille zogen u. unterwegs elend umkamen oder als Sklaven verkauft wurden.
**Kinderkrippe,** tagsüber geöffnete Einrichtung zur Unterbringung von Kleinkindern bis zu 3 Jahren.
**Kinderlähmung,** *spinale K., Heine-Medinsche Krankheit, Poliomyelitis anterior acuta,* eine vorw. Kinder, aber auch Erwachsene befallende, oft epidem. auftretende, durch Viren hervorgerufene, meldepflichtige Infektionskrankheit, die zur Lähmung von Muskelpartien führt; Übertragung durch Tröpfchen- u. Schmierinfektion. Auch nach Ausheilung bleiben häufig Lähmungen zurück. Vorbeugung durch Schutzimpfung (meist Schluckimpfung).
**Kinderschutz-Zentren,** Einrichtungen, die in Fällen von Mißhandlung, Vernachlässigung u. sexuellem Mißbrauch sowie sonstigen schwerwiegenden Gefährdungen von Kindern auf freiwilliger Basis Hilfe für die gesamte Familie u. therapeut. Beratung anbieten.
**Kindesmißhandlung,** Gesundheitsschädigung eines Kindes oder Jugendlichen durch Zufügen körperl. oder seel. Qualen; strafbar mit Freiheitsstrafe von 3 Monaten bis zu 5 Jahren.
**Kindesmord,** *Kindestötung,* vorsätzl. Tötung eines nichtehel. Kindes durch seine Mutter bei oder gleich nach der Geburt; Freiheitsstrafe von 6 Monaten bis zu 5 Jahren.

*Kinderdorf Pestalozzi in Trogen (Schweiz)*

**Kindesraub,** *Kindesentführung,* strafbare Handlung, bei der eine minderjährige Person ihren Eltern, ihrem Pfleger oder Vormund durch List, Drohung oder Gewalt entzogen wird; Freiheitsstrafe bis zu 5 Jahren.
**Kindheit,** *Kindesalter,* Lebensabschnitt des Menschen, der sich von der Geburt bis zum Beginn der Geschlechtsreife erstreckt. Man unterteilt ihn in die *Säuglings-* (1 Jahr), *Kleinkind-* (2.–5. Jahr) u. *Schulkindzeit* (6.–14. Jahr).
**Kindslage,** Lage des Kindes in der Gebärmutter während Schwangerschaft u. Geburt; normalerweise Schädellage (Kopf nach unten, Gesicht nach hinten, 96%); selten Steiß-, Quer-, Schräg- oder andere Lage.
**Kindspech,** *Mekonium,* Darminhalt des Neugeborenen, der bis zum 2. Tag entleert wird.
**Kinemathek,** Filmsammlung, Filmarchiv.
**Kinematik** → Mechanik. Ggs.: *Dynamik.*
**Kinematographie,** allg. Kinopraxis u. Filmtechnik; alles, was mit dem Laufbild u. der bewegl. Photographie zusammenhängt.
**Kinetik,** Lehre von den Bewegungen unter dem Einfluß innerer oder äußerer Kräfte; Ggs.: *Statik.*
**kinetische Energie,** Bewegungsenergie → Energie.
**kinetische Gastheorie,** Theorie, nach der die Eigenschaften u. Gesetzmäßigkeiten der Gase aus der Vorstellung abgeleitet werden, daß die Moleküle in einem Gas rasch umherfliegende Teilchen sind, die einander stoßen u. Kräfte aufeinander ausüben.
**kinetische Kunst,** Richtung der modernen Plastik, die Licht u. Bewegung als gestalter. Merkmale zur Geltung bringt.
**King** [kiŋ], Martin Luther, *1929, †1968 (ermordet), Baptisten-Pfarrer u. Bürgerrechtler in den USA; wollte ohne Gewalt u. durch passiven Widerstand die Rassenschranken zu Fall bringen; Friedensnobelpreis 1964.
**Kingston** [-tən], **1.** Hptst., Hafen u. Ind.-Zentrum an der S-Küste von Jamaika, 565 000 Ew.; Univ. (gegr. 1962); Ölraffinerie; Flughafen. – **2.** kanad. Stadt am N-Ufer des Ontariosees, 53 000 Ew.; Univ. (gegr. 1841); versch. Ind.; Hafen.

*Martin Luther King 1963 vor Bürgerrechtlern in Washington*

**Kingston upon Hull** [-tən ə'pɒn 'hʌl], auch *Hull,* Hafenstadt in O-England, an der Mündung des Hull River in den Humber, 270 000 Ew.; einer der größten Häfen Großbritanniens.

**Kinsey** [-zi], Alfred G., *1894, †1956, US-amerik. Zoologe u. Sexualforscher; schrieb die »K.-Reports«: »Das sexuelle Verhalten des Mannes«, »Das sexuelle Verhalten der Frau«.

**Kinshasa** [kin'ʃaza], fr. *Léopoldville,* Hptst. von Zaire, am Kongo, 2,78 Mio. Ew.; Kultur-, Handels- u. Ind.-Zentrum des Landes; zwei Flughäfen.

**Kinski, 1.** Klaus, eigtl. Nikolaus *Nakaszynaski,* *18.10.1926, dt. Schauspieler; verkörpert oft den »Bösewicht« (in Verfilmungen von E.-Wallace-Romanen); auch in anspruchsvollen Rollen, u.a. in »Aguirre, der Zorn Gottes«, »Fitzcarraldo«, »Cobra Verde«, »Paganini«. – **2.** Nastassja, Tochter von 1), *24.1.1961, dt. Filmschauspielerin; u.a. in »Paris, Texas«, »Nachtsonne«.

**Kinzig, 1.** r. Nbfl. des Rheins, 112 km; mündet bei Kehl. – **2.** r. Nbfl. des Main, 82 km; mündet bei Hanau.

**Kiosk,** Vorbau an oriental. Palästen; auch Gartenhäuschen oder erkerartiger Vorbau an einem oberen Stockwerk; Verkaufshäuschen für Zeitungen, Tabakwaren u.a.

**Kipling,** Rudyard, *1865, †1936, engl. Schriftst.; ausgezeichneter Schilderer Indiens; bek. Jugendbücher: »Im Dschungel«, »Das neue Dschungelbuch«; Nobelpreis 1907.

**Kipper und Wipper,** im 17. Jh. die Edelmetallaufkäufer. Sie wandten bes. beim Wiegen betrüger. Methoden an (»Kippen u. Wippen« der Waage).

**Kipphardt,** Heinar, *1922, †1982, dt. Schriftst.; schrieb Dramen über Gegenwartsthemen, Dokumentarstücke; W »In der Sache J. Robert Oppenheimer«, »Bruder Eichmann«.

**Kippschwingungen,** Schwingungen in Form einer Sägezahnkurve, die durch eine *Glimmlampe* (Ausnützen des Unterschieds zw. Zünd- u. Löschspannung) oder einen *Sperrschwinger* mit Röhren oder Halbleitern erzeugt werden können; Anwendung z.B. beim Oszillographen u. Fernsehen zum Zeilenschreiben.

**Kirche, 1.** christl. Gotteshaus. – **2.** Gesamtheit der sich auf Jesus Christus als ihren Stifter berufenden christl. Kirchen u. Glaubensgemeinschaften.

**Kirchenaustritt,** nach staatl. Recht geregelter Austritt aus einer Religionsgemeinschaft; der Austretende verliert die Rechte zur Übernahme eines kirchl. Amtes u. kann die kirchl. Handlungen (z.B. Beerdigung) nicht mehr beanspruchen; der K. erfolgt vor staatl. Behörden (Amtsgericht oder Standesamt).

**Kirchenbann,** *Exkommunikation,* einstweiliger Ausschluß aus der Gemeinschaft mit der Kirche, nicht aus der Kirche selbst; nimmt insbes. das Recht auf Spendung u. Empfang der Sakramente.

**Kirchenbuch,** kirchl. Tauf-, Trau- u. Beerdigungsregister; beurkundete Auszüge gelten als öffentl. Urkunde.

**Kirchengebote,** 5 Gebote, die den kath. Christen verpflichten, den Sonn- u. Feiertag zu ehren, an ihm an der Messe teilzunehmen, die Fasttage zu halten, mindestens einmal im Jahr zu beichten u. die Kommunion zu empfangen.

**Kirchengemeinde,** örtl. Teilgemeinschaft der einen umfassenden Gemeinde Christi; zuerst gottesdienstl. Gemeinde; sodann das korporative Gefüge von leitendem Geistlichen u. mitverantwortl. Gemeindemitgliedern.

**Kirchengewalt,** nach k a t h. Kirchenrecht die der Kirche anvertrauten, vom Klerus ausgeübten Weihe- u. Leitungsbefugnisse einschl. der Lehrgewalt; in den e v. Kirche, d.h. grundsätzl. allen Kirchengliedern (Priestertum aller Gläubigen), zur öffentl. Ausübung jedoch den Pfarrern überantwortete Verw. von Wort u. Sakrament.

**Kirchenjahr,** im Unterschied zum *bürgerl. Jahr* in den christl. Kirchen das liturg. Jahr, das mit dem 1. Advent beginnt.

**Kirchenlehrer,** in der kath. Kirche durch Papst oder Konzil verliehener Ehrenname für Theologen, die durch Rechtgläubigkeit der Lehre, Heiligkeit des Lebens u. wiss. Leistung hervorragen.

**Kirchenmusik,** für den gottesdienstl. Bereich bestimmte Musik. Von der *geistl. Musik* im außerkirchl. Bereich unterscheidet sie sich dadurch, daß sie liturg. Gesetzen verpflichtet ist. – F o r m e n: Psalmengesang, Ambrosian. Hymnengesang, Gregorian. Choral, Kirchenlied, Motette, Messe, Oratorium, Passion, Orgelkompositionen, Kantaten.

---

**Kirchenjahr**

*Weihnachtsfestkreis*
1. Advent
2. Advent
3. Advent
4. Advent
24. 12. Heiligabend
25. 12. 1. Weihnachtsfeiertag
26. 12. 2. Weihnachtsfeiertag
1. Sonntag nach Weihnachten
2. Sonntag nach Weihnachten
6. 1. Epiphanias/Tag der Erscheinung Christi

*Allgemeine Kirchenjahreszeit*
2 bis 6 Sonntage nach Epiphanias
3. Sonntag vor der Passionszeit
2. Sonntag vor der Passionszeit
Estomihi/Sonntag vor der Passionszeit

*Osterfestkreis*
Aschermittwoch/Mittwoch nach Estomihi
Invokavit/1. Sonntag der Passionszeit
Reminiscere/2. Sonntag der Passionszeit
Okuli/3. Sonntag der Passionszeit
Lätare/4. Sonntag der Passionszeit
Judika/5. Sonntag der Passionszeit
Palmarum/6. Sonntag der Passionszeit
Karfreitag
Ostersonntag
Ostermontag
Quasimodogeniti
Misericordias Domini
Jubilate
Kantate
Rogate
Himmelfahrt Christi/Donnerstag der 6. Woche nach Ostern
Exaudi
Pfingstsonntag/50. Tag nach Ostern
Pfingstmontag

*Allgemeine Kirchenjahrzeit*
Trinitatis
Fronleichnam/2. Donnerstag nach Pfingsten
Sonntage nach Trinitatis bis zum Ende des Kirchenjahres
24. 6. Tag der Geburt Johannes des Täufers
29. 6. Tag der Apostel Petrus und Paulus
15. 8. Aufnahme Marias (Mariä Himmelfahrt)
1. Sonntag im Oktober: Erntedankfest
31. 10. Reformationsfest
1. 11. Allerheiligen
Mittwoch vor dem letzten Sonntag des Kirchenjahres: Buß- und Bettag
Letzter Sonntag des Kirchenjahres: Totensonntag/Ewigkeitssonntag

---

**Kirchenprovinz, 1.** in der ev. Kirche die heute zu *Landeskirchen* zusammengefaßten Kirchenkreise der früheren preuß. Provinzen. – **2.** in der kath. Kirche die unter einem Erzbischof zusammengefaßten Diözesen.

**Kirchenrecht,** Gesamtheit der Rechtsnormen, die das kirchl. Leben u. das Verhältnis von Staat u. Kirche regeln. Das *kath. K.* (auch *Kanonisches Recht* gen.) findet sich insbes. im *Codex Iuris Canonici* von 1983.

**Kirchenstaat,** Staatsgebiet des Papsttums; begr. durch Schenkungen des Frankenkönigs Pippin d. J. *(Pippinsche Schenkung);* umfaßte den Dukat Rom, das Exarchat Ravenna u. 5 Städte an der Adria; größte Ausdehnung unter Papst Julius II. (1503–13); 1809 von Napoleon I. säkularisiert; 1815 wiederhergestellt; ging dann (1860 u. 1870) im Kgr. Italien auf. 1929 wurde ein souveränes Territorium um Peterskirche u. Vatikan als Symbol päpstl. Unabhängigkeit geschaffen (Lateranverträge).

**Kirchensteuer,** die von den Angehörigen einer öffentl.-rechtl. anerkannten Religionsgemeinschaft meist in Form von Zuschlägen zur Einkommen- bzw. Lohnsteuer oder zum Grundsteuermeßbetrag an die Kirche zu entrichtende Steuer; von den staatl. Finanzbehörden erhoben u. an die Kirche abgeführt.

**Kirchentag,** *Dt. Ev. Kirchentag,* ev. Laienbewegung, die durch große mehrtägige Tagungen die kirchl. Arbeit lebendiger gestalten will; 1949 von R. von *Thadden-Trieglaff* ins Leben gerufen.

**Kirchentonarten,** vom fr. MA bis etwa 1600 gebräuchl. Tonarten, nach altgrch. u. kleinasiat. Stämmen ben.; sechs *authentische* (Haupt-)Tonarten u. sechs *plagale* (Neben-)Tonarten.

**Kirchenväter,** in der christl. Theol. die Schriftst. der Alten Kirche, in deren Schriften die Anfänge christl. Theol. u. die älteste Glaubenstradition dokumentiert sind.

**Kirchenvertrag,** allg. ein Vertrag zw. Staat u. Kirche zur Regelung des gegenseitigen Verhältnisses von Staat u. Kirche. Der K. mit der kath. Kirche heißt *Konkordat.*

**Kircher,** Athanasius, *1601, †1680, dt. Gelehrter; Jesuit; soll die *Laterna magica* (Vorform der Projektionsapparate) erfunden haben.

**Kirchheim unter Teck,** Stadt in Ba.-Wü., am Zusammenfluß von Lauter u. Lindach, sö. von Stuttgart, 34 000 Ew.; Papier-, Textil-, Möbel- u. Metall-Ind.

**Kirchhoff,** Gustav Robert, *1824, †1887, dt. Physiker; entdeckte mit R. *Bunsen* die Spektralanalyse; stellte in der Elektrizitätslehre die *K.schen Regeln* auf: 1. Bei Parallelschaltung von elektr. Widerständen ist die Summe der Teilströme gleich dem durch das ganze System fließenden Gesamtstrom. 2. Bei Hintereinanderschaltung von Widerständen ist die Summe der Teilspannungen gleich der an das System angelegten Gesamtspannung.

**kirchliche Hochschulen,** Institutionen zur Ausbildung von kath. u. ev. Geistlichen außerhalb der Theol. Fakultäten der Univ.

**Kirchner,** Ernst Ludwig, *1880, †1938 (Selbstmord), dt. Maler u. Graphiker; Mitgr. der Künst-

*Kirchentonarten*

**454 Kirchschläger**

*Ernst Ludwig Kirchner: Alte und junge Frau*

lervereinigung »Brücke«; einer der Hauptmeister des dt. Expressionismus.
**Kirchschläger,** Rudolf, *20.3.1915, östr. Diplomat u. Politiker; 1970–74 Außen-Min., 1974–86 Bundes-Präs.
**Kirchspiel,** *Kirchsprengel,* Bereich einer Pfarrei.
**Kirchweih,** urspr. feierl. Weihe eines Gotteshauses sowie kirchl. Feiertag zur Erinnerung daran; heute meist Volksfest (Kirmes).
**Kirgisen,** nomad. Turkvolk (1,9 Mio.) in den innerasiat. Gebirgen (Kirgis. u. Usbek. SSR, China, Mongol. VR u. Afghanistan).
**Kirgisensteppe** → Kasachensteppe.
**Kirgisische SSR,** Unions-Rep. der Sowj. in Mittelasien, 198 500 km², 4,14 Mio. Ew., Hptst. *Frunse;* umfaßt die z.T. vergletscherten Gebirgsketten des Tian Shan u. des östl. Alai, dazwischen breite Täler.
**Kiribati** [-bass], Inselstaat im W-Pazifik, 728 km², 66 000 Ew. (christl. Mikronesier), Hptst. *Bairiki.* K. besteht aus den *Gilbert-* u. *Phönixinseln, Ocean*

*Kiribati*

*Island, Christmas Island* u.a. kleinen Inseln; feuchttrop. Koralleninseln; Ausfuhr von Kopra, Fischfang.
G e s c h i c h t e. 1892 kamen die Inseln unter brit. Protektorat. 1916 faßte Großbrit. die *Gilbertinseln* u. die *Ellice-Inseln* zu einer Kolonie zusammen. Nach der Abtrennung der Ellice-Inseln 1976 erhielten die Gilbertinseln unter dem Namen K. 1979 die Unabhängigkeit.
**Kirikkale,** türk. Stadt östl. von Ankara, 321 000 Ew.; Stahlwerk, chem. Ind., Fahrzeugbau.
**Kirin** → Jilin.
**Kirke,** *Circe,* in der grch. Sage eine Zauberin, die die Gefährten des *Odysseus* in Schweine verwandelt, von ihm aber gezwungen wird, sie wieder zu entzaubern; im übertragenen Sinn: Verführerin.
**Kirkenes,** nordnorw. Hafenstadt am Varangerfjord, 10 000 Ew.; Eisenerz-, Bau-, Holz- u. chem. Ind.
**Kirkuk,** Prov.-Hptst. in Irak, 250 000 Ew.; Zentrum der Erdölförderung, Raffinerien.
**Kirlianphotographie,** von dem sowj. Techniker Semjon *Kirlian* entwickeltes photograph. Verfahren zur Abb. einer Hochspannungsentladung von lebenden Objekten (z.B. Finger, Blatt); die versch. Objekte ergeben charakt. Leuchterscheinungen auf der Photographie.

**Kirmes** → Jahrmarkt.
**Kirow** [-rɔf], Stadt in der europ. Sowj., 421 000 Ew.; TH; Textil-, Holz-, Papier-, Masch.-Ind.
**Kirow** [-rɔf], Sergej Mironowitsch, eigtl. S. M. *Kostrikow,* *1886, †1934, sowj. Politiker; gehörte zu den engsten Mitarbeitern *Stalins;* seine Ermordung war der Auftakt der großen »Säuberung« der Jahre 1934–38.
**Kirowabad,** 1918–35 u. seit 1990 *Gandscha,* Ind.-Stadt in der Aserbaidschan. SSR (Sowj.), am N-Rand des Kleinen Kaukasus, 270 000 Ew.; Textil-, Nahrungsmittel- u. chem. Ind.
**Kirsch,** 1. Rainer, *17.7.1934, dt. Schriftst. (Gedichte, Erzählungen, Hörspiele u.a.); 1990 Präs. des Schriftstellerverbandes der DDR. – 2. Sarah, *16.5.1935, dt. Schriftst. (Gedichte, auch sozialkrit. Reportagen u. Erzählungen); lebt seit Ausschluß aus der SED (1977) in Schl.-Ho.
**Kirsche,** *Prunus,* zu den *Rosengewächsen* gehörende Steinobstarten: *Süß-K.* u. *Sauer-K.;* mehrere ostasiat. Arten mit rosa Blüten sind als »Jap. K.« beliebte Zierbäume.
**Kirschlorbeer,** ein *Rosengewächs* aus SO-Europa u. Kleinasien, mit immergrünen, lederartigen Blättern.
**Kirschwasser,** *Kirschgeist,* farbloser, aus Süßkirschen hergestellter Obstbranntwein.
**Kirst,** Hans Hellmut, *1914, †1989, dt. Schriftst.; W Romantrilogie »Null-acht-fünfzehn«.
**Kiruna** ['kiryna], Bergbaustadt in N-Schweden, 27 000 Ew.; Zentrum des Eisenerzabbaus.
**Kisangani,** fr. *Stanleyville,* Prov.-Hptst. in Zaire, am Kongo, 557 000 Ew.; Univ.; versch. Ind.; Verkehrsknotenpunkt.
**Kisch,** Stadt sö. von Babylon, im 3. Jt. v. Chr. zeitw. Hptst. Babyloniens; heute die Ruinenstätte *el-Oheimir* (altsumer., babylon. u. parth. Funde).
**Kisch,** Egon Erwin, *1885, †1948, dt.-tschech. Journalist; schrieb literar. bed. zeitkrit. Reportagen; W »Der rasende Reporter«.
**Kischinjow** [-'njɔf], Hptst. der Moldauischen SSR (Sowj.), 663 000 Ew.; Univ. (gegr. 1945); seit dem 16. Jh. türk., seit 1812 russ., 1918–44 rumän.
**Kisfaludy** ['kiʃɔludi], Károly, *1788, †1830, ung. Schriftst.; Begr. des ung. Schauspiels u. Führer der ung. Romantik.
**Kishi,** Nobusuke, *1896, †1987, jap. Politiker; im 2. Weltkrieg hauptverantwortlich für die jap. Rüstungsproduktion; als Hauptkriegsverbrecher verurteilt, 1948 entlassen; gewann entscheidenden Einfluß auf den wirtsch. Wiederaufbau Japans.
**Kishon** [ki'ʃɔn], Ephraim, *23.8.1924, isr. Schriftst.; karikiert in Satiren das isr. Alltagsleben; W »Drehn Sie sich um, Frau Lot«, »Der Blaumilchkanal«, Das Kamel im Nadelöhr«.

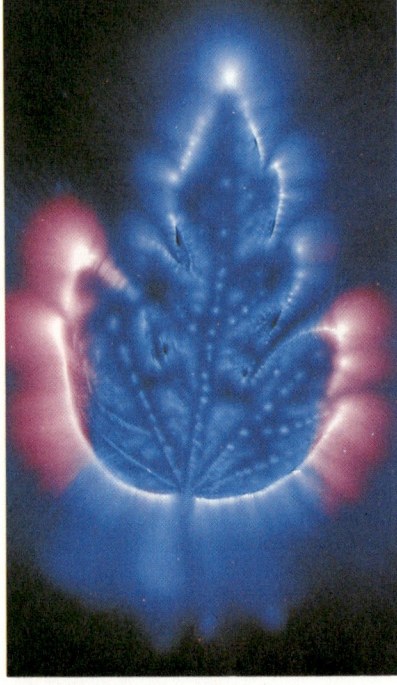

*Kirlianphotographie eines Blattes*

*Kiwi*

**Kismet,** im Islam das dem Menschen unabwendbar zugeteilte Schicksal, das in gläubiger Ergebung *(islam)* ertragen werden muß.
**Kissingen,** *Bad K.,* Krst. in Unterfranken (Bay.), 21 000 Ew.; seit dem 16. Jh. Sol- u. Moorbad.
**Kissinger** [-dʒə], Henry Alfred, *27.5.1923, US-amerik. Politiker dt. Herkunft; seit 1969 R. *Nixons* Sonderberater für Sicherheitsfragen, 1973 Außen-Min.; führte Verhandlungen über die Annäherung an China u. über die Beendigung des Vietnamkriegs sowie des Nahostkonflikts; Friedensnobelpreis 1973.
**Kisuaheli,** Sprache der *Suaheli,* aus der Bantufam.; eine der wichtigsten Verkehrssprachen in O-Afrika.
**Kitagawa,** Utamaro, *1753, †1806, jap. Maler; aus der *Kano-Schule,* bek. Holzschnittzeichner.
**Kita-Kyushu,** jap. Großstadt im N Kyushus, 1,04 Mio. Ew.; bed. jap. Ind.-Standort.
**Kitasato,** Schibasaburo, *1853, †1931, jap. Bakteriologe; entdeckte 1894 zugleich mit A. *Yersin* den Pestbazillus.
**Kitchener** ['kitʃinə], Horatio Herbert, Earl (1914) K. *of Khartoum,* *1850, †1916, brit. Offizier u. Politiker; eroberte 1896–98 den anglo-ägypt. Sudan u. zwang ein frz. Expeditionskorps bei Faschoda (1898) zum Rückzug; beendete als Generalstabschef der brit. Armee den Burenkrieg zugunsten Englands, 1914 Kriegs-Min.
**Kithara,** altgrch. Saiteninstrument; ein flacher Kasten mit zwei seitl. nach oben geschwungenen Armen, die oben durch ein Querholz verbunden waren. Von diesem liefen anfangs 4, dann bis zu 20 Saiten zum Schallkasten hinunter.
**Kitsch,** nach Gehalt u. Form unwahre Kunst, die mit mod.-gefälligen Mitteln u. Effekten Gefühle auslösen will.
**Kitt,** flüssige od. plast. Stoffe, die an der Luft erhärten u. zum Kleben u. Dichten von Gegenständen, zum Ausfüllen von Fugen u.a. dienen.
**Kitwe** ['kitwɛi], Bergbau- u. Ind.-Stadt in Sambia, wirtsch. Zentrum des Kupfergürtels, 315 000 Ew.
**Kitz,** Jungtier von Reh, Gemse u. Ziege.
**Kitzbühel,** östr. Bez.-Stadt im nördl. Tirol, an der *K.er Ache,* 8000 Ew.; Kur-, Bade- u. Wintersportort.
**Kitzingen,** Krst. in Unterfranken (Bay.), am Main, 21 000 Ew.; histor. Stadtkern; Zentrum des fränk. Weinbaus; Masch.-, Textil-, Leder- u. Nahrungsmittel-Ind.
**Kitzler,** *Klitoris, Clitoris,* schwellfähiges weibl. Geschlechtsorgan am vorderen Ende der kleinen *Schamlippen;* entspricht dem männl. Penis, ist jedoch sehr viel kleiner.
**Kiwi,** Frucht des *Chin. Strahlengriffels;* außen braunhaarig, mit säuerl., grünem Fruchtfleisch; reich an Vitamin C.
**Kiwis,** *Schnepfenstrauße,* Gatt. *Apteryx,* 2 Arten flugunfähiger Vögel in den Wäldern Neuseelands; hühnergroß, nachtaktiv; stehen als Wappentiere unter strengem Schutz.
**Kizilirmak** [-'zil-], der antike *Halys,* längster türk. Fluß, 1400 km, nicht schiffbar; mündet bei Bafra ins Schwarze Meer; sö. von Ankara zu einem großen See mit Kraftwerk aufgestaut.
**Klabautermann,** im Volksglauben ein Schiffskobold, der schadhafte Stellen oder den Untergang des Schiffes anzeigt.
**Kläber,** Kurt, als Jugendbuchautor unter dem Pseud. K. *Held,* *1897, †1959, dt. Schriftst.; stellt Kinder als die Leidtragenden der bestehenden Gesellschaftsordnung dar; W »Die rote Zora u. ihre Bande«.
**Klabund,** eigtl. Alfred *Henschke,* *1890, †1928, dt. Schriftst.; dem Expressionismus nahestehend;

freier Nachdichter von ostasiat. Gedichten u. Dramen; Ⓦ »Der Kreidekreis«.
**Kladderadatsch,** 1848 in Berlin von David *Kalisch* gegr. polit.-satir. Ztschr. von nationalist. Grundhaltung; 1944 eingestellt.
**Kladno,** Stadt in Mittelböhmen (ČSFR), westl. von Prag, 73 000 Ew.; Steinkohlenbergbau, Hütten-Ind.
**Klafter,** altes dt. Längenmaß (1,7–2,91 m) u. Raummaß für Schichtholz (1,8 u. 3,9 m³).
**Klage,** schriftl. Begehren einer gerichtl. Entscheidung in einem Rechtsstreit in Form eines *Urteils*. Die K.erhebung erfolgt durch Einreichung der *K.schrift* beim Prozeßgericht, das die Zustellung an die Gegenpartei (den *Beklagten*) von Amts wegen vornimmt; Formen: *Leistungs-K., Feststellungs-K.* u. *Gestaltungs-K.* Von der K. ist zu unterscheiden die öffentl. K. des Strafprozesses.
**Klagemauer,** *Westmauer,* wichtigstes jüd. Heiligtum in Jerusalem, Teil der alten Mauer des Tempels von Jerusalem, Höhe 18 m, Länge 48 m. Seit 638 n. Chr. (unter arab. Herrschaft) trafen sich die Juden hier, um den Verlust des Tempels zu beklagen.
**Klagenfurt,** Hptst. des östr. Bundeslands Kärnten, östl. vom Wörther See, 86 000 Ew.; Univ.; Dom (16. Jh.); Metall-, Holz-, Elektro-, Masch.- u. chem. Ind. – **K.er Becken,** größtes inneralpines Einbruchsbecken der O-Alpen, 75 km lang, zw. Gurktaler Alpen u. Karawanken.
**Klages,** Ludwig, *1872, †1956, dt. Psychologe u. Philosoph; kam über die *Graphologie,* die er wiss. begründete, zur Neubegründung einer allg. Ausdrucks- u. *Charakterkunde.* Ⓦ »Der Geist als Widersacher der Seele«.
**Klaipeda** → Memel (1).
**Klamm,** durch einen Fluß tief eingeschnittene, enge Talschlucht; bes. in den Alpen.
**Klammeraffen,** *Ateles,* Gatt. von Neuweltaffen aus den brasil. Urwäldern; mit Greifschwanz u. langen Armen.
**Klan** → Clan.
**Klang,** durch period. Schwingungen elast. Körper hervorgebrachter Gehörseindruck, im Ggs. zu dem durch unregelmäßige Schwingungen hervorgebrachten *Geräusch;* setzt sich aus mehreren Tönen zus., dem *Grundton* u. den *Obertönen*.
**Klapperschlangen,** zwei Gatt. von *Grubenottern* mit einer Rassel am Schwanzende, die aus der nicht abgestreiften, verhornten Haut des Schwanzendes entsteht; meist sehr gefährl. Giftschlangen N- u. S-Amerikas.
**Klaproth,** Martin Heinrich, *1743, †1817, dt. Apotheker u. Chemiker; entdeckte die Zirkonerde, das Uran u. (zus. mit J. J. *Berzelius*) das Cer u. den Polymorphismus von Kalkspat u. Aragonit.
**Kläranlage,** Anlage zur Reinigung von Abwässern; je nach Verschmutzungsgrad werden mechan., biol. u. chem.-physik. Verfahrensschritte eingesetzt.
**Klara von Assisi,** *1194, †1253, Schülerin des *Franz von Assisi;* Mitbegr. des *Klarissenordens.* – Heiligsprechung 1255 (Fest: 11.8.).
**Klarinette,** Holzblasinstrument mit zylindr. Röhre u. einem am Schnabel aufgelegten einfachen Rohrblatt.
**Klarissenorden,** *Klarissinnen,* geistl. Orden.
**Klärschlamm,** *Faulschlamm,* bei der Abwasserreinigung anfallende mineral. u. organ. Feststoffe; z.T. als Düngemittel verwendet; bei zu hoher

*Präriklapperschlange*

*Klagemauer in Jerusalem*

Schadstoffbelastung (z.B. Dioxine) Lagerung auf Giftmülldeponien.
**Klarschriftleser,** Eingabegerät für Computer, das Handschrift maschinell lesen kann.
**Klasse,** 1. Kategorie in der biol. Systematik, zw. Ordnung u. Stamm. – 2. Gruppe etwa gleichaltriger Schüler, die gemeinsam unterrichtet werden.
**Klassengesellschaft,** Gesellschaft, die in Großgruppen aufgeteilt ist, die einander über- u. untergeordnet sind. Nach marxist. Auffassung ist jede bisherige Gesellschaft seit dem Altertum eine K. *(Sklavenhaltergesellschaft, Feudalgesellschaft, bürgerl. Gesellschaft);* ihnen soll mit histor. Notwendigkeit eine klassenlose Gesellschaft freier u. gleicher Menschen folgen.
**Klassenkampf,** grundlegender Begriff der marxist. Staats- u. Geschichtstheorie: Die Geschichte erscheint dem Marxismus als eine Folge von Klassenkämpfen, hervorgerufen durch die Unterdrückung der arbeitenden Klasse seitens der herrschenden Klasse (Großgrundbesitz, Kapital).
**klassifizieren,** in Klassen einordnen.
**Klassik,** im urspr. Sinn der Höhepunkt der grch.-röm. Kultur: die grch. K. u. die röm. K. oder zus.: die *klass. Antike;* i.w.S. jeder kulturelle Abschnitt, der den Höhepunkt einer Entwicklung bildet.
Literatur: K. als literarhistorische Epoche ist der Höhepunkt der Literatur eines Volkes, in der Neuzeit bes. dann, wenn diese Epoche auf das Gedankengut der klassische Antike zurückgreift: die *griechische K.* (das Zeitalter des Perikles mit den Dramatikern *Äschylus, Sophokles* u. *Euripides*), die *römische K.* (das Zeitalter des Augustus mit *Vergil, Ovid, Horaz* u. *Catull*), die *französische K.* (das Zeitalter Ludwigs XIV. mit J. B. *Racine,* P. *Corneille* u. *Molière*), die mittelhochdeutsche oder *staufische K.* (höfische Dichtung 1190-1210) u. die *deutsche* oder *Weimarer K.* (Goethe u. Schiller).
Musik: In der Musik versteht man unter K. die von J. *Haydn,* W.A. *Mozart* u. L. van *Beethoven* geprägte Zeit *(Wiener K.).* Die klass. Grundform war der *Sonatensatz.*
**klassisch,** 1. in seiner Art vollkommen. – 2. zu einer *Klassik* gehörig.
**Klassizismus,** Sammelbez. für künstler. Richtungen, die durch klass. Formenstrenge u. Klarheit gekennzeichnet sind, ohne aber den Ausdrucksstärke, Lebensfülle u. Gefühlstiefe der echten *Klassik* zu erreichen.
In der Baukunst erstrebte der K. eine Neubelebung der antiken klass. Formen; in Frankreich vertreten durch J.-A. *Gabriel,* J.-G. *Soufflot,* Ch. *Percier* u. P. L. *Fontaine,* in Dtld. bes. durch F. W. von *Erdmannsdorff,* C. G. *Langhans* (Brandenburger Tor), K. F. von *Schinkel,* L. von *Klenze,* F. *Weinbrenner* u. G. *Semper.*
In der Plastik waren u.a. führend A. *Canova,* B. *Thorvaldsen* u. J. G. *Schadow.*
In der Malerei erhielt der K. v.a. in Frankreich seine Ausprägung durch J. L. *David,* J. A. D. *Ingres* u. A. J. *Gros.* Klassizist. Züge zeigen z.B. die *Nazarener,* aber auch Ph. O. *Runge* u. J. A. *Koch.*
In der Literatur wurde die formstrenge Nachahmung der antiken Dichter gepflegt, bes. in der Renaissance in Italien. In Frankreich prägte der K. die *frz. Klassik* unter Ludwig XIV. Von dort breitete sich der K. über ganz Europa aus. In Dtld. umfaßt er die gesamte Lit. der *Aufklärung.* Seit G.

# Klee 455

E. *Lessing* u. bes. seit J. J. *Winckelmann* griff der dt. K. unmittelbar auf die Antike zurück.
**Klatschmohn,** in Europa u. Asien wildwachsendes *Mohngewächs* mit leuchtendroten Blüten; auch Zierpflanze.
**Klaue,** verhornte Zehe der Wiederkäuer u. Schweine; → Kralle.
**Klaus,** Josef, *15.8.1910, östr. Politiker (ÖVP); 1964–70 Bundeskanzler.
**Klause,** 1. abgeschlossener Raum, Einsiedelei, Klosterzelle. – **Klausner,** Einsiedler. – **2.** *Klus(e),* enges, eine Gebirgskette durchbrechendes Quertal.
**Klausel,** Vorbehalt; einschränkende Bestimmung eines Vertrags.
**Klausenburg** → Cluj-Napoca.
**Klaustrophobie** [grch.], zu den sog. *Zwangsneurosen* gehörende Angst vor dem Alleinsein, bes. vor dem Aufenthalt allein in geschlossenen Räumen.
**Klausur,** 1. abgeschlossener Raum in Klöstern; darf von Personen des anderen Geschlechts nicht betreten werden. – 2. *K.arbeit,* schriftl. Prüfungsarbeit unter Aufsicht.
**Klaviatur,** Gesamtheit der Tasten eines Tasteninstruments (Orgel, Klavier u.a.). Die K. der Orgel u. des Harmoniums heißt auch *Manual* oder (wenn sie mit den Füßen gespielt wird) *Pedal.*
**Klavichord** [-'kɔrd], *Clavichord,* Saiteninstrument mit Tastatur, bei dem die Saiten in einem Gehäuse quer zu den Tasten verlaufen u. durch meist metallene *Tangenten* angeschlagen werden; Vorläufer unseres *Hammerklaviers.*
**Klavier** [-'viːr], Kurzwort für *Hammerklavier.*
**Klavierauszug,** Übertragung eines für andere Instrumente oder Singstimmen geschriebenen Tonsatzes auf das Klavier, bes. bei Opern- u. Orchesterwerken.
**Klebe,** Giselher, *28.6.1925, dt. Komponist; verwendet zwölftönige u. rhythm. Reihen (Orchesterwerke, Opern, Sinfonien).
**Klebstoffe,** chem. Stoffe, die Oberflächen versch. Werkstoffe miteinander fest verbinden, z.B. Leim, Kautschuk- oder Kunststofflösungen, Epoxidharze.
**Klee,** *Trifolium,* artenreiche Gatt. der *Schmetterlingsblütler;* Kräuter mit gefingerten Blättern; am häufigsten der *Wiesen-K.;* wird auch als Futter u. Stickstoffsammler angebaut.
**Klee,** Paul, *1879, †1940, schweiz. Maler u. Graphiker; durch Freundschaft mit den Künstlern des »Blauen Reiters« fand er zu einem abstrahierenden Bildaufbau, in dem die Farbe dem linearen Gerüst gleichwertig wurde; 1922–30 Lehrer am *Bauhaus.* – Ⓑ → S. 456.

*Klassizismus: Die Grazien mit Amor, von Bertel Thorvaldsen; 1817–1819. Kopenhagen, Thorvaldsen-Museum*

**Kleiber**, *Spechtmeise,* einheim., mit den Spechten nahe verwandter *Singvogel;* oberseits blaugrau, unterseits gelb bis rostbraun; kann an Baumstämmen kopfunter abwärts klettern.

**Kleiber, 1.** Carlos, *3.7.1930, argent. Dirigent östr. Herkunft; Sohn von 2). – **2.** Erich, *1890, †1956, östr. Dirigent; seit 1923 Generalmusikdirektor an der Berliner Staatsoper; 1935 Emigration.

**Kleid,** in der abendländ. Mode das Obergewand der Frau; auch allg. Bez. für *Bekleidung.*

**Kleidervögel,** Fam. der *Singvögel,* die mit rd. 20 Arten auf Hawaii vorkommt; mit äußerst versch. Schnabelformen an sehr versch. Lebensweisen angepaßt.

**Kleie,** beim Mahlen von Getreide anfallende Rückstände *(Schalen, Spelzen),* die ein hochwertiges Viehfutter ergeben.

**Klein, 1.** Felix, *1849, †1925, dt. Mathematiker; arbeitete über algebraische Gleichungen u. Funktionentheorie. – **2.** Hans, *11.7.1931, dt. Politiker (CSU); 1987–89 Bundes-Min. für wirtsch. Zusammenarbeit, seit 1989 Bundes-Min. für bes. Aufgaben; Regierungssprecher.

**Kleinasien,** *Anatolien,* zw. Schwarzem Meer u. Mittelmeer sich vorschiebende vorderasiat. Halbinsel; deckt sich heute weitgehend mit dem polit. Raum der *Türkei.*

**Kleinbären,** *Procyonidae,* Fam. amerik. *Raubtiere,* von bären- bis marderartiger Gestalt; hierzu *Katzenfrett, Wickelbär, Waschbären, Nasenbär.*

**Kleinbürgertum,** oft abwertend gemeinte Bez. für die städt. Mittelschichten, d.h. für Handwerker, Einzelhändler u. Kleingewerbetreibende, ferner aber auch für den sog. *neuen Mittelstand,* also die Beamten des einfachen u. mittleren Dienstes u. die kleinen u. mittleren Angestellten.

**Kleine Antillen,** der östl. westind. Inselbogen, Teil der *Antillen;* in die nördl. u. östl. *Inseln über dem Winde* u. die südl. *Inseln unter dem Winde* gegliedert.

**Kleine Entente** [-ã'tät], 1920–39 das Bündnissystem zw. der Tschechoslowakei, Jugoslawien u. Rumänien mit dem Ziel, den Status quo nach dem 1. Weltkrieg im Donauraum zu erhalten, ung. Gebietsforderungen abzuwehren u. eine habsburg. Restauration zu verhindern.

**Kleiner Panda** → Katzenbär.

**Kleines Walsertal,** *Kleinwalsertal,* 13 km langes Seitental der Iller in den Allgäuer Alpen, in Vorarlberg (Östr.); seit 1891 an das dt. Zoll- u. Währungsgebiet angeschlossen; Hauptort *Mittelberg.*

**Kleinhirn** → Gehirn.

**Kleinkaliberschießen,** Sportschießen mit Kleinkalibergewehren (Kaliber 5,6 mm).

**Kleinkatzen,** *Felini,* Gruppe von Katzen mit relativ kleiner Körpergestalt; hierzu: *Ozelot, Wildkatze, Puma, Luchs, Serval* u.a.

**Kleinkunst,** zusammenfassende Bez. für alle in den Kabaretts gebotenen Darstellungsformen, wie Artistik, Chanson, Pantomime, Tanz, Zauberkunst.

**Kleinod,** Schmuckstück, Kostbarkeit.

**Kleinrussen,** fr. Bez. für die Ukrainer.

**Kleinstadt,** Stadt mit etwa 5000–20 000 Ew.

**Kleist, 1.** Ewald Christian von, *1715, †1759, dt. Dichter; preuß. Offizier (Vorbild für G.E. Lessings *Tellheim* in »Minna von Barnhelm«); W epische Naturdichtung »Der Frühling«. – **2.** Heinrich von, *1777, †1811 (Selbstmord), dt. Dichter; W Dramen: »Amphitryon«, »Der zerbrochene Krug«, »Penthesilea«, »Käthchen von Heilbronn«, »Prinz Friedrich von Homburg«; außerdem meisterhaft gebaute Novellen: »Michael Kohlhaas«, »Die Marquise von O.«, »Das Erdbeben in Chili« u.a.

**Kleister,** Klebstoff aus Weizen- oder Roggenmehl *(Mehl-K.),* auch aus Kartoffel-, Getreide- oder Reisstärke *(Stärke-K.).*

**Kleisthenes,** athen. Staatsmann; führte ab 508 v. Chr. eine Verfassungsreform durch, die die Macht der adeligen Sippenverbände brach; Begr. der athen. Demokratie.

**Klemens, 1. K. V.,** eigtl. *Bertrand de Got,* †1314, Papst 1305–14; residierte seit 1309 in Avignon (»Babylonisches Exil« der Päpste bis 1376). – **2. K. VII.,** eigtl. *Giulio de Medici,* *1478, †1534, Papst 1523–34; zeitw. in schärfstem Gegensatz zu Karl V., den er dennoch 1530 zum Kaiser krönte. – **3. K. XIV.,** eigtl. *Giovanni Vincenzo Antonio Ganganelli,* *1705, †1774, Papst 1769–74; ordnete 1773 die von den bourbon. Staaten geforderte Aufhebung des Jesuitenordens an.

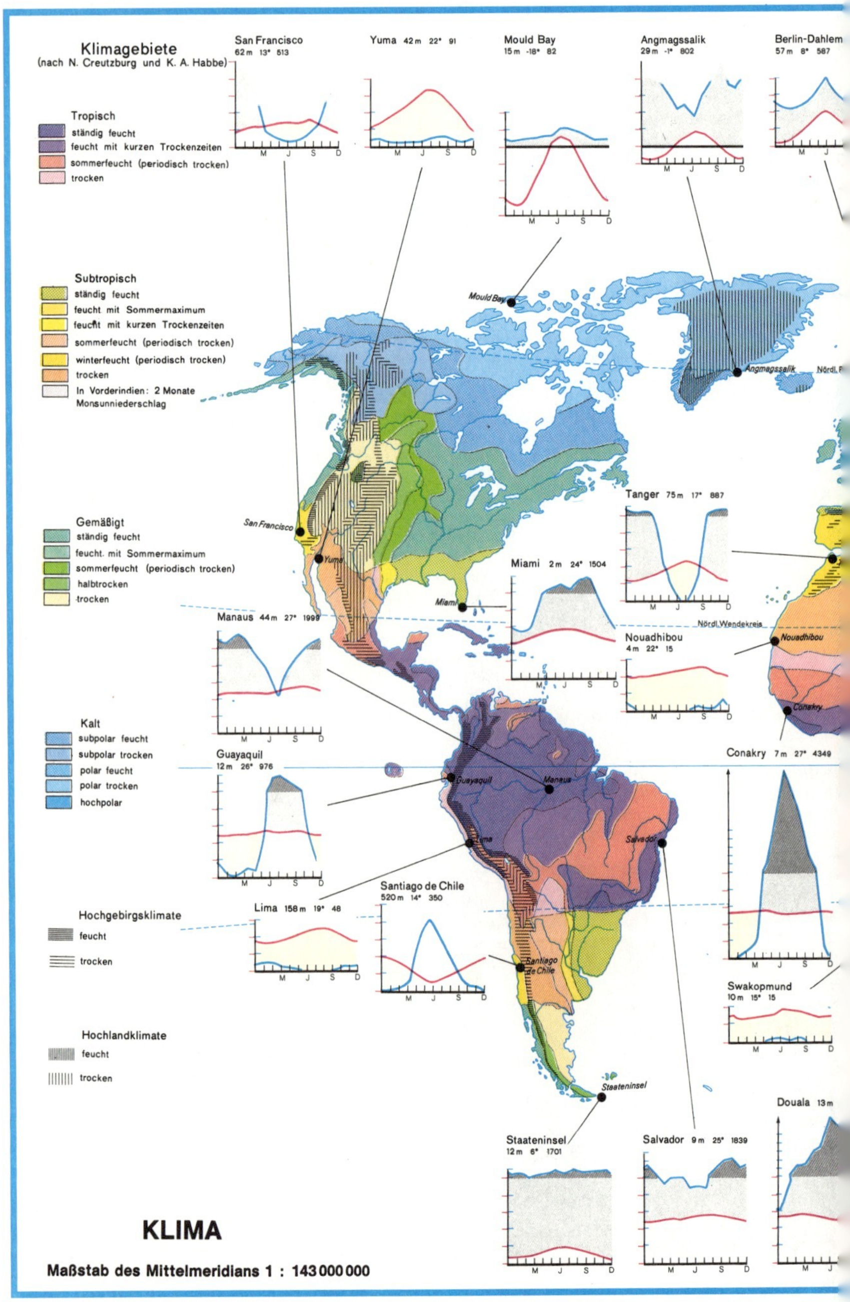

*Kleiber*

*Paul Klee: Rote und weiße Kuppeln; Aquarell, 1914. Düsseldorf, Kunstsammlung Nordrhein-Westfalen*

**Klemm,** Hanns, *1885, †1961, dt. Flugzeugkonstrukteur; entwickelte das erste Leichtflugzeug.

**Klemperer,** Otto, *1885, †1973, dt. Dirigent; setzte sich bes. für zeitgenöss. Musik ein; Interpret bes. der Musik der Wiener Klassik u. G. Mahlers.

**Klenze,** Franz Karl Leo von, *1784, †1864, dt. Architekt; seit 1815 Hofbaumeister *Ludwigs I.* von Bayern; schuf zahlr. klassizist. Bauten u. prägte bes. das Stadtbild von München (Glyptothek, Alte Pinakothek u.a.).

**Kleopatra,** *69 v.Chr., †30 v.Chr., ägypt. Königin, letzte Vertreterin der Ptolemäer-Dynastie, Geliebte *Cäsars* u. später des *Antonius;* beging nach dem Sieg *Octavians* über Antonius bei Aktium Selbstmord durch Schlangenbiß.

**Kleptomanie,** *Stehlsucht,* krankhafter, unwiderstehl. Trieb, sich fremdes Eigentum anzueignen, das der Kranke, der **Kleptomane,** gar nicht braucht, sondern wegwirft oder nur sammelt.

**klerikal,** kirchl.; die Kirche, die Geistlichen betreffend.

**Klerikalismus,** Bestreben, der (kath.) Kirche weitgehenden Einfluß auf das staatl. u. öffentl. Leben zu verschaffen.

**Klerk, 1.** Frederik Willem de, *18.3.1936, südafrik. Politiker (National Party), seit 1989 Vors. der National Party u. Staats-Präs.; veranlaßte 1990 die Freilassung N. *Mandelas.* – **2.** Michel de, *1884, †1923, ndl. Architekt; Vertreter des Expressionismus (Mietshäuser).

**Klerus,** Stand der kath. Geistlichen gegenüber den Laien. Man unterscheidet *Welt-* u. *Ordens-K.*

**Klette,** *Arctium,* Gatt. der *Korbblütler;* Hüllblätter der Blüten mit Widerhaken versehen zur Fruchtverbreitung durch Tiere.

**Kletterbeutler,** *Phalangeridae,* Fam. der *Beuteltiere;* geschickte Baumkletterer; in Australien u. Neuguinea verbreitet; hierzu: *Kuskuse, Kusus* u. *Schuppenschwanzpossum.*

**Kletterpflanzen,** *Lianen,* an Hauswänden, Zäunen, Spalieren, Bäumen u.ä. hinaufkletternde, aber im Boden wurzelnde Pflanzen, die dadurch ihr Laubwerk aus dem Schatten an das Sonnenlicht bringen.

**Kleve,** *Cleve,* ehem. Hzgt. in Westf., rechts u. links des Rheins, mit gleichn. Hptst. Herzog *Johann III.* von Jülich u. Berg (*1490, †1539) vereinigte 1521 diese Hzgt. mit K. u. führte 1533 die Reformation ein.

**Kleve,** Krst. in NRW, im Niederrhein. Tiefland, 45 000 Ew.; Schwanenburg (15.–17. Jh.), Ort der Lohengrinsage); Schuh-, Masch.- u.a. Ind.

**Klient,** Auftraggeber *(Mandant)* oder Kunde, bes. eines Rechts- oder Wirtschaftssachverständigen.

*Kletterbeutler: Fuchskusu*

**Klientel** [kli:ɛn'te:l], **1.** Gesamtheit der Schutzbefohlenen u. die Gefolgschaft eines röm. Patriziers. – **2.** Gesamtheit der *Klienten.*

**Kliff,** durch Brandung an Küsten geformter Steilabfall.

**Klima,** Gesamtheit der für ein bestimmtes Gebiet während eines bestimmten Zeitraums eigentüml. Witterungserscheinungen; *K.elemente* sind Temperatur, Luftdruck, Luftfeuchtigkeit, Niederschläge, Sonnenscheindauer, Windrichtung u. -stärke; *K.faktoren* wie geograph. Breite, Höhenlage, Meeresströmungen, Relief, Vegetation, Bebauung beeinflussen das K. u. liegen der Einteilung der Erde in *K.zonen* zugrunde: *kalte Zonen* (durchschnittl. Temperatur um unter 0°C), *gemäßigte Zonen* (um 8°C), *Subtropen* (um 18°C), *Tropen* (um 25°C). – **K.änderungen,** langphasige Veränderungen des Klimas im Ablauf der Erdgeschichte, erkennbar aus den Ablagerungen, bes. den Fossilien der Pflanzen u. Tiere der jeweiligen geolog. Formation. Als Ursache wird u.a. der Wechsel von Kalt- u. Warmphasen mit der sich im Laufe der Jahrzehntausende verändernden Lage der Erde in ihrer Sonnenumlaufbahn angenommen.

**Klimaanlage,** automat. Einrichtung zur Herstellung eines gleichbleibenden Klimas (gleichmäßige Temp., richtiger Feuchtigkeitsgehalt sowie reine u. unverbrauchte Luft) in geschlossenen Räumen, unabhängig von der Witterung; durch Belüftungs-, Befeuchtungs-, Heizungs- oder Kühl- u. Luftfilteranlagen.

**Klimakterium** → Wechseljahre.

**Klimatologie,** *Klimakunde,* die Lehre vom Klima u. dessen zeitl. u. räuml. Veränderungen; ein Teilgebiet der allg. Geographie (räuml. Aspekt: *Klimageographie*) u. der Meteorologie.

**Klimax,** Steigerung, Höhepunkt.

**Klimazonen** → Klima.

**Klimt,** Gustav, *1862, †1918, östr. Maler; Hauptmeister der Wiener Jugendstilmalerei.

**Klinge,** scharfer Teil an Waffen u. Werkzeugen.

**Klingel,** elektroakust. Signalvorrichtung, bei der über einem Elektromagneten ein Anker mit Klöppel befestigt ist, der bei Stromdurchfluß angezogen wird. Dabei unterbricht er selbst. den Strom u. kehrt in die Ruhelage zurück, so daß der Strom wieder fließt usw. Der Klöppel schlägt an eine Glocke.

**Klingenthal/Sa.** [d.h. Sachsen], Krst. im Erzgebirge, 13 000 Ew.; Wintersportort; bed. Musikinstrumentenbau.

**Klinger, 1.** Friedrich Maximilian von (seit 1780), *1752, †1831, dt. Schriftst.; schrieb leidenschaftl. pathet. Dramen (*»Sturm u. Drang«,* das der damaligen Bewegung den Namen gab), später ausgewogene Bildungs- u. Staatsromane. – **2.** Max, *1857, †1920, dt. Maler, Graphiker u. Bildhauer; letzter Vertreter der Malerei des Idealismus. Sein bildhauer. Hptw. ist das Beethoven-Denkmal.

**Klingsor,** *Klinschor,* mächtiger Zauberer im *»Parzival« Wolframs von Eschenbach.*

**Klingstein** → Phonolith.

**Klinik,** Krankenanstalt zur Behandlung bettlägeriger Patienten oder auch zur ambulanten Behandlung *(Poli-K.).*

**Klinikum, 1.** prakt. Teil der ärztl. Ausbildung. – **2.** Krankenhauskomplex aus versch. Fachkliniken, meist Universitätskliniken.

**Klinker,** bis zur Sinterung gebrannter, hochwertiger Mauerziegel von hoher Festigkeit u. Widerstandsfähigkeit gegen mechan. u. chem. Witterungsbeanspruchung.

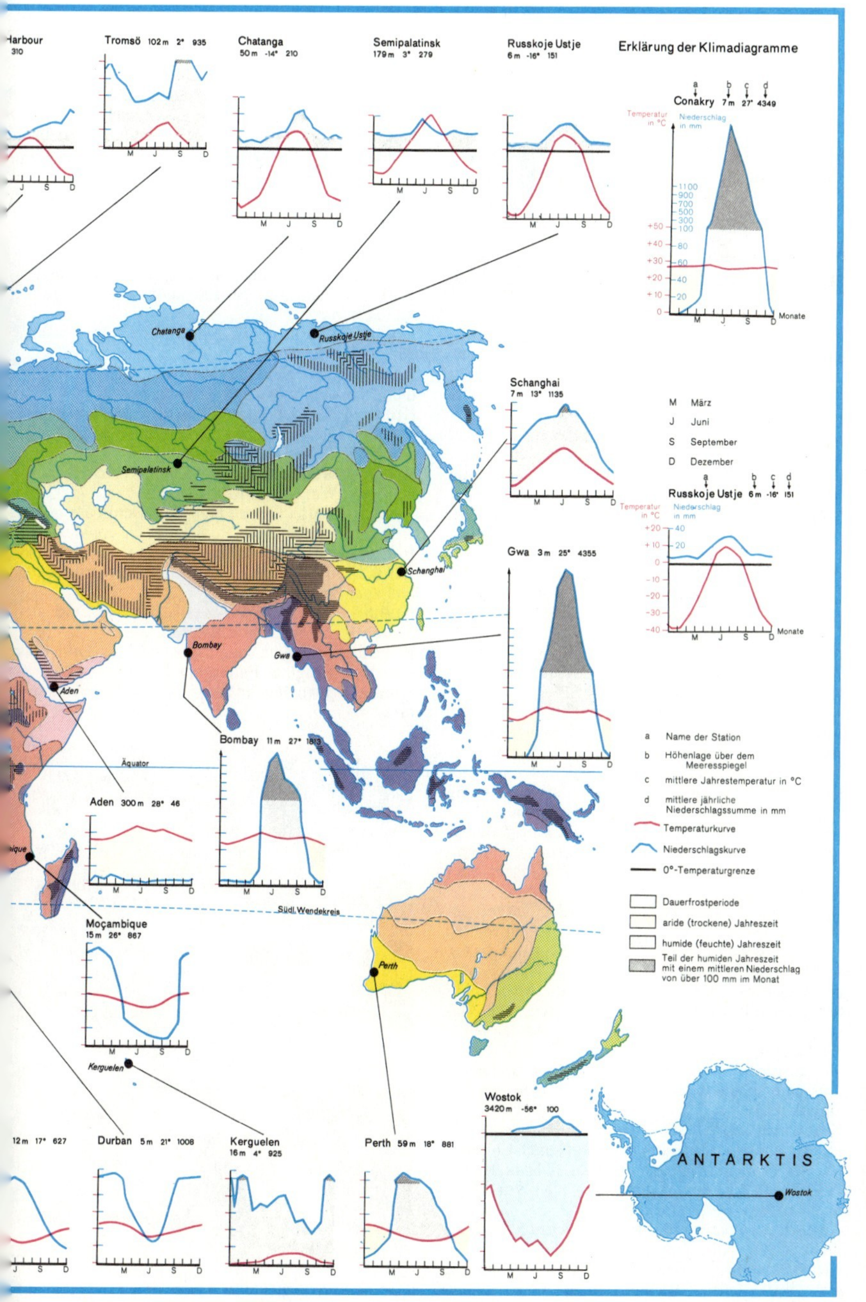

## Klio

*Klippspringer*

**Klio,** grch. Muse der Geschichtsschreibung.
**Klippe,** einzelner, aus dem Meer ragender, durch Brandung entstandener Fels; bes. vor Steilküsten.
**Klipper** schnelles Segelschiff (14 kn. u. mehr), um 1840–80 gebaut.
**Klippfisch** → Kabeljau.
**Klippschliefer,** *Procavia,* Gatt. der *Schliefer;* bewohnen in großen Kolonien Felsgebiete in Afrika u. Kleinasien.
**Klippspringer,** *Sassa,* zu den *Böckchen* gehörende Zwergantilope; bewohnt felsige Gebiete bis zu 2500 m in O- u. S-Afrika.
**Klirrfaktor,** Begriff der Elektroakustik: der Anteil (in %) der *Oberwellen* am Klangspektrum, die durch Verzerrungen bei der Übertragung hervorgerufen werden.
**Klischee, 1.** in der Drucktechnik der Druckstock oder die Druckplatte für die Hochdruck-Verfahren. – **2.** vielgebrauchter u. daher nichtssagender Ausdruck, abgegriffene Redensart.
**Klistier** → Einlauf.
**Klitoris** → Kitzler.
**Klitzing,** Klaus von, *28.6.1943, dt. Physiker; entdeckte 1980 den *Quanten-Hall-Effekt;* Nobelpreis 1985.
**Kloake, 1.** unterird. Abwasserkanal. – **2.** bei Wirbeltieren die gemeinsame Körperöffnung zur Entleerung von Geschlechts- u. Stoffwechselendprodukten; ausgebildet von den Knorpelfischen bis zu den Vögeln; bei den Säugetieren nur bei den **K.ntieren,** urtüml. eierlegende *Säugetiere* Australiens u. der eng benachbarten Inselwelt; heute nur noch durch *Ameisenigel* u. *Schnabeltier* vertreten.
**Kłodzko** → Glatz.
**Klon,** aus nur einem Vorfahren (»Elter«) durch ungeschlechtl. Vermehrung entstandene Nachkommenschaft.
**Klondike** [ˈklɔndaik], *Klondyke,* r. Nbfl. des Yukon im kanad. Yukon-Territorium; durchfließt das heute erschöpfte Goldgebiet der *K.region,* das während des Goldrauschs 1897–99 bed. Goldfunde hergab.
**Klonen,** *Klonieren,* Methode, um isoliertes genet. Material in Zellen zu verpflanzen, dort genet. zu vermehren u. ggf. die Genprodukte zu gewinnen (z.B. Insulin); auch die Erzeugung genet. ident. Nachkommen aus einem Spenderorganismus.
**Klonus,** klonische Krämpfe → Krampf.
**klopfen,** *klingeln,* Geräusch, das bei unkontrollierter, detonationsartiger Verbrennung des Kraftstoff-Luft-Gemisches in Ottomotoren auftritt. –
**Klopffestigkeit,** Eigenschaft des Kraftstoffs für Ottomotoren, sich nicht vorzeitig zu entzünden, sondern einen gleichmäßigen Zündverlauf zu ergeben; wird erreicht durch Zusatz von *Antiklopfmitteln* (z.B. Bleiverbindungen); gekennzeichnet durch die *Oktanzahl.*
**Klopfkäfer,** *Anobiidae,* Fam. kleiner, 6–13 mm langer, schwarzer *Käfer,* deren Larven (»Holzwürmer«) vornehml. in trockenem Holz leben; hierzu *Tabakkäfer, Brotkäfer* u. *Totenuhr.*
**klöppeln,** durch Flechten, Schlingen oder Knüpfen feine Spitzen, Borten, Litzen u. Tressen herstellen. Das vorgezeichnete Muster, der *Klöppelbrief,* wird auf einem *Klöppelkissen* mit Nadeln festgesteckt; die jeweils auf einen *Klöppel* gerollten Fäden werden nach dem vorgegebenen Muster miteinander verdreht, gekreuzt u. gewechselt. –

*klöppeln: Spitzenklöpplerin in Brügge*

**Klöppelspitze,** durch K. hergestellte Spitze, im Unterschied zur *Nähspitze.*
**Klopstock,** Friedrich Gottlieb, *1724, †1803, dt. Dichter; Hauptvertreter des pietist. verinnerlichten Vorklassik; Verkünder eines neuen Gefühls, des »Gemüts«, das sich im Erlebnis der Ldsch., der Freundschaft, des Vaterlandes u. Gottes seiner selbst bewußt wird; W Christus-Epos »Messias« u. enthusiast. Oden.
**Klose,** Hans-Ulrich, *14.6.1937, dt. Politiker (SPD), 1974–81 Erster Bürgermeister von Hamburg; seit 1987 Schatzmeister der SPD.
**Kloster,** zu einer Einheit zusammengefaßte Gebäude gemeinsam lebender Ordensangehöriger; entwickelte sich aus der *Einsiedelei;* älteste Formen von den Benediktinern ausgebildet mit der Kirche als Mittelpunkt, woran sich ein Kreuzgang anschließt. Um dieses Zentrum gruppieren sich die Mönchswohnungen, die eigtl. *Klausur:* Speisesaal (*Refektorium*), Schlafsaal (*Dormitorium*) u. Kapitelsaal. Dem K. steht i. allg. ein Abt, Prior oder Guardian vor.
Die Klöster waren bes. im fr. MA Träger der abendländ. Kultur. Da sie oft die einzigen Stätten waren, in denen das Kulturgut gepflegt u. erhalten wurde (Abschreiben literar. u. wiss. Werke, Aufbau von Bibliotheken u.a.), hatten die Mönche einen großen Einfluß auf die Bevölkerung. Die Klöster waren oft auch wirtschaftl. Mittelpunkte (St. Gallen, Corvey, Reichenau). Die Klöster im Hinduismus, Buddhismus, Lamaismus u. Daoismus unterscheiden sich in Anlage u. Idee von den christl. Klöstern.
**Klosterneuburg,** Stadt in Östr., nw. von Wien, an der Donau, 27 000 Ew.; Augustiner-Chorherrenstift (vor 1108 gegr.) mit got. Glasmalereien (13.–15. Jh.) u. dem *K.er Altar* (1181 von *Nikolaus von Verdun* gefertigt).
**Kloten,** schweiz. Gem. im Kt. Zürich, 15 000 Ew.; internat. Zentralflughafen der Schweiz.
**Klotz,** Mathias, *1653, †1743, dt. Geigenbauer; erster bed. Förderer des Geigenbaus in Mittenwald.
**Klub,** *Club,* private Vereinigung, die allg. dem geselligen Verkehr oder Pflege von Sport, gemeinsamen Hobbys oder Kunst dient.
**Klug,** Aaron, *11.8.1926, brit. Physiker u. Molekularbiologe; entwickelte Methoden, um insbes. Nucleinsäuren u. Viren dreidimensional zu analysieren; Nobelpreis 1982.
**Kluge,** Alexander, *14.2.1932, dt. Filmemacher u. Schriftst.; W »Abschied von gestern«, »Die Patriotin«.
**Klumpfuß,** Mißbildung des Fußes: Der Fuß ist einwärts geknickt, so daß die Fußsohle nach innen u. oben zeigt.
**Kluncker,** Heinz, *20.2.1925, dt. Gewerkschaftsführer; 1964–82 Vors. der Gewerkschaft »Öffentl. Dienste, Transport u. Verkehr« (ÖTV).
**Kluniazenser,** *Cluniazenser* → Cluniazensische Reform.
**Klüse,** Ring an Deck oder Öffnung in der Bordwand des Schiffs zum Durchführen von Trossen oder Ketten.
**Kluterthöhle,** größte dt. Naturhöhle, bei Ennepetal im Sauerland, 5,2 km lang.
**Klüver,** Stagsegel zw. *K.baum* (verlängertes Bugspriet) u. Fockmast.
**Klystron,** Laufzeitröhre zur Erzeugung von Mikrowellen.
**Klytämnestra,** in der grch. Sage Gattin des *Agamemnon,* den sie nach seiner Rückkehr aus dem Trojan. Krieg durch ihren Geliebten *Aigisthos* töten ließ. Ihr Sohn *Orestes* rächte später den Vater, indem er K. u. Aigisthos erschlug.
**km,** Kurzzeichen für *Kilometer;* 1 km = 1000 m.
**km/h,** Kurzzeichen für eine Geschwindigkeitseinheit, näml. die Anzahl der Kilometer, die in einer Stunde zurückgelegt wurden (umgangssprachl. *Stundenkilometer*).
**Knab,** Arnim, *1881, †1951, dt. Komponist; schrieb Lieder, Klavierwerke u. Chorkompositionen.
**Knabenliebe** → Päderastie.
**Knallgas,** Mischung von Wasserstoff mit Sauerstoff (oder Luft), die bei Entzündung explosionsartig verbrennt.
**Knallquecksilber,** *Knallsaures Quecksilber, Quecksilberfulminat,* $Hg(ONC)_2$, Salz der *Knallsäure,* das bei Stoß, Schlag oder Erhitzen explodiert; Verwendung als Initialsprengstoff.
**Knappe, 1.** im MA der Edelknabe, der bei einem Ritter in Dienst stand. – **2.** heute der junge Bergmann.
**Knappertsbusch,** Hans, *1888, †1965, dt. Dirigent (v.a. Wagner- u. Bruckner-Interpret).
**Knappschaft,** Gesamtheit der Bergleute eines Bergwerks oder eines Reviers. K.en entwickelten frühzeitig soz. Selbsthilfe-Einrichtungen (*K.skassen* u.a.), die im 20. Jh. in die Sozialversicherung eingebaut wurden.
**Knäuel,** Gatt. der *Nelkengewächse;* in Dtld. der *Einjährige K.* u. der *Ausdauernde K.*
**Knäuelgras,** Gatt. der *Süßgräser;* in Dtld. das *Gewöhnl. K.;* gutes Futtergras.
**Knaus-Ogino-Methode** → Empfängnisverhütung.

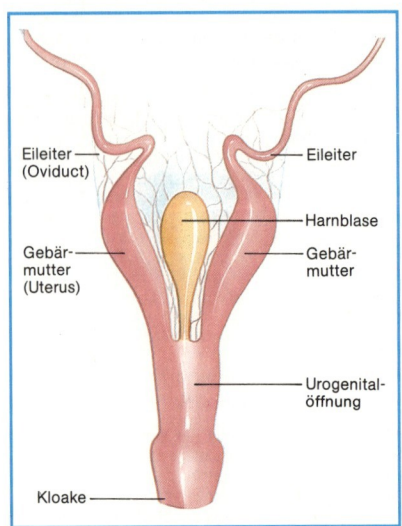
*Kloakentiere: Uterus und Kloake des Schnabeltiers*

*Buddhistisches Kloster in Ladakh*

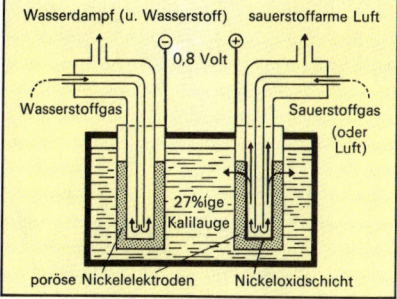
*Knallgaselement*

**Knautschzone,** Zone minderer Festigkeit am vorderen u. hinteren Ende eines Kfz, die sich im Fall eines Aufpralls zusammenschiebt u. so Energie schluckt.

**Knecht Ruprecht,** bärtige u. vermummte Gestalt, die allein oder als Begleiter des *Nikolaus* u. *Weihnachtsmanns* in der Weihnachtszeit Gaben bringt.

**Knef,** Hildegard, *28.12.1925, dt. Schauspielerin u. Chansonsängerin; W Film »Die Sünderin«; Autobiographien »Der geschenkte Gaul«, »So nicht«.

**Kneip,** Jakob, *1881, †1958, dt. Schriftst.; schrieb Gedichte, Romane, Erzählungen.

**Kneipp,** Sebastian, *1821, †1897, kath. Pfarrer; Anhänger der Wasserheilkunde, begr. die nach ihm ben. *K.kur.*

**Knesset,** Einkammerparlament Israels; Sitz: Jerusalem.

**Knick,** in Schl.-Ho. Hecke um Felder u. Wiesen.

**Knickerbocker** ['nikəbɔkə], **1.** Spitzname der Einwohner New Yorks (nach dem Decknamen, unter dem W. *Irving* 1809 eine humorist. Geschichte New Yorks geschrieben hatte). – **2.** [in Dtld. 'knikɐ], nach 1) ben., am Knie überfallende Sporthose; um 1925 sehr beliebt.

**Knie,** *K.gelenk,* Gelenk zw. Oberschenkelknochen u. Schienbein. Eine starke Gelenkkapsel bildet die Gelenkhöhle, in der vorn, in die Sehne des Oberschenkelmuskels eingelassen, die *K.scheibe (Patella)* liegt, die die Kapsel u. das Gelenk nach vorn schützt u. verstärkt. Zw. den beiden Knochenenden sind zwei halbmondförmige Knorpelscheiben *(Meniscus)* als Polsterung eingelassen.

**Knie,** Friedrich, *1784, †1850, dt. Artist. Seine Nachkommen gründeten 1919 in der Schweiz den Zirkus *K.*

**Knigge,** Adolf Frhr. von, *1752, †1796, dt. Schriftst.; gibt in seinem Buch »Über den Umgang mit Menschen« Regeln der Lebenskunst; dadurch wurde sein Name zum geflügelten Wort.

**Knight** [nait], Ritter; niederer engl. n. erbl. Adel, der den Titel *Sir* (Frauen: *Dame*) vor dem Vornamen trägt.

**Knipperdolling,** Bernhard, †1536, einer der Führer der Wiedertäufer in Münster; 1534 Bürgermeister der Stadt; wurde nach der Niederschlagung des Aufstands 1536 gemeinsam mit seinem Schwiegersohn *Johann von Leiden* hingerichtet u. seine Leiche in einem eisernen Käfig ausgestellt.

**Knittel,** John, eigtl. Hermann K., *1891, †1970, schweiz. Schriftst.; schrieb spannungsreiche, oft in Asien u. Afrika spielende Romane. W »Via Mala«, »El Hakim«.

**Knittelverse,** *Knüttelverse, Knüppelverse,* dt. Versform mit vierhebigen Reimpaaren; bes. beliebt im 16. Jh.; im 17. Jh. abgelehnt; durch *Goethe* (»Faust I«) wiederbelebt.

**knobeln,** würfeln; mit Würfeln oder Handzeichen eine Entscheidung treffen; übertragen: angestrengt nachdenken.

**Knobelsdorff,** Georg Wenzeslaus von, *1699, †1753, dt. Architekt u. Maler; Hauptmeister des preuß. Rokokos; Hptw.: Neuer Flügel am Schloß Charlottenburg, Opernhaus in Berlin, Schloß Sanssouci, Umbau des Schlosses Potsdam.

**Knoblauch,** *Knofel,* in Innerasien heim. *Liliengewächs;* die Zwiebeln werden als Gewürz verwendet. Der scharfe Geruch rührt vom *K.öl* her.

**Knöchel,** vorspringende Knochenenden der Unterschenkelknochen. Der innere K. gehört zum Schienbein, der äußere zum Wadenbein. Die K. bilden zus. mit dem von der *K.gabel* umfaßten Sprungbein das obere *Sprunggelenk.*

**Knochen,** feste Stützsubstanz des Skeletts der Wirbeltiere; aufgebaut aus einem faserigen Grundgewebe u. kalkhaltigem Kittmaterial (**K.gewebe**); durch Bänder u. Gelenke zum *Skelett* verbunden. Man unterscheidet: *lange* oder *Röhren-K.* sowie *platte* oder *breite K.* Alle K. sind außen von der *K.haut (Beinhaut, Periost)* umgeben, von der bei Verletzungen die Wiederherstellung ausgeht. Das *K.mark* erfüllt die Markhöhle der Röhrenknochen u. besteht aus Blutgefäßen u. Markzellen. Hier bilden sich rote Blutkörperchen.

**Knochenbruch,** *Fraktur,* gewaltsame Trennung eines Knochens in zwei oder mehr Teile, bei der sich durch Blutung u. Gewebszerstörung an der Bruchstelle eine schmerzhafte Schwellung bildet. Später entsteht dort eine Knochennarbe, der *Kallus.*

*Gelblicher Knollenblätterpilz*

**Knochenfische,** *Osteichthyes,* Fische mit ganz oder teilw. verknöchertem Skelett (Ggs.: *Knorpelfische);* die meisten der heute lebenden Fische.

**Knockout** [nɔk'aut], Abk. *K. o.,* Niederschlag (länger als 10 s) beim Boxen. *Technischer K. o.:* Kampfabbruch wegen Verletzung oder zu großer Überlegenheit eines Boxers.

**Knöllchenbakterien,** Bakterien der Gatt. *Rhizobium,* die symbiot. in Wurzelverdichtungen (Wurzelknöllchen) von Schmetterlingsblütlern (z.B. Lupinen, Seradella, Luzerne, Klee, Erbsen, Bohnen) leben u. Luftstickstoff binden. Die Wirtspflanzen sind landwirtschaftl. bedeutend, da sie als Gründünger untergepflügt werden, um den Stickstoffgehalt des Bodens zu verbessern.

**Knolle,** fleischig verdicktes pflanzl. Organ, das der Speicherung von Nährstoffen u. z.T. auch der vegetativen Vermehrung dient.

**Knollenblätterpilze,** Pilze der Gatt. *Amanita.* Der *Grüne K.* ist der gefährlichste Giftpilz überhaupt; sein Gift zerstört die Leber u. greift die Niere u. den Herzmuskel an. Ebenfalls giftig ist der *Weiße K.,* dessen Gefährlichkeit bes. darin besteht, daß er gelegentl. mit dem Champignon verwechselt wird. Von geringerer Giftigkeit ist der häufig im Wald vorkommende *Gelbl. K.*

**Knorpel,** festes, aber elast. Stützgewebe der Wirbeltiere, v.a. zw. den Gelenken, in Nase u. Ohren.

*Knossos: Schlangenkönigin; Fayence, um 1700 v.Chr. Iraklion, Archäologisches Museum*

**Knorpelfische,** *Chondrichthyes,* Fische mit einem Knorpelskelett (Ggs.: *Knochenfische);* hierzu gehören *Haie, Rochen* u. *Seedrachen.*

**Knospe,** bei Pflanzen die noch nicht voll entwickelte, von Blattanlagen umschlossene Sproßspitze; zur Überwinterung oft noch von *K.nschuppen* umhüllt; *Blatt-K.* enthalten nur junge Blattanlagen, *Blüten-K.* nur Anlagen von Blüten.

**Knossos,** bedeutendste Stadt der *minoischen Kultur* auf der Insel Kreta; Ausgrabungen seit 1900 durch den Engländer Sir A. *Evans,* der den Palast des Königs *Minos* teilw. rekonstruieren ließ; ein älterer Palast entstand um 2000 v.Chr., ein jüngerer im 16. Jh. v.Chr.; um 1400 v.Chr. soll die Stadt zerstört worden sein.

**Knötchenflechte,** *Lichen,* Sammelbez. für versch. Hautkrankheiten, die mit Knötchenbildung einhergehen.

**Knoten, 1.** Verschlingung zweier Faden- oder Seilenden (B → S. 460). – **2.** Schnittpunkt der Bahn eines Himmelskörpers mit einer Grundebene oder der Bahn eines anderen Himmelskörpers. – **3.** Abk. *kn,* seemänn. Maß für die Geschwindigkeit eines Schiffs: 1 kn = 1 Seemeile (1852 m) pro Stunde.

**Knotenschrift** → Quipu.

**Knöterich,** Gatt. der *K.gewächse* (→ Pflanzen); Unkraut.

**Know-how** [nou hau], theoret. Wissen, wie man etwas prakt. verwirklicht, bes. in der Wirtschaft.

**Knox** [nɔks], John, *um 1514 (oder 1505), †1572, Reformator Schottlands; prägte der schott. Kirche ihren puritan. Charakter auf u. setzte den Calvinismus als Staatsreligion durch.

**Knoxville** ['nɔksvil], Stadt im mittleren Tennessee (USA), 183 000 Ew.; Univ. (gegr. 1794); Eisen-, Zink-, Kupfererz- u. Steinkohleabbau; Maschinenbau, Tabakverarbeitung.

**Knüllgebirge,** Gebirgszug im Zentrum des Hess. Berglands; im *Eisenberg* 636 m.

**Knüppelverse** → Knittelverse.

**Knurrhähne,** Triglidae, Fam. der *Panzerwangen;* bis 60 cm lange, in gemäßigten u. trop. Meeren verbreitete Fische; dreieckiger Kopf, mit Knochenplatten gepanzert; erzeugen Knurrlaute mit der Muskulatur der Schwimmblase.

**Knut,** *Knud, Kanud,* dän. Könige:
**1. K. d. Gr.,** *um 1000, †1035, König 1018–35, in England seit 1016, in Norwegen seit 1028; Sohn *Sven Gabelbarts;* errichtete ein großes Nordsee-

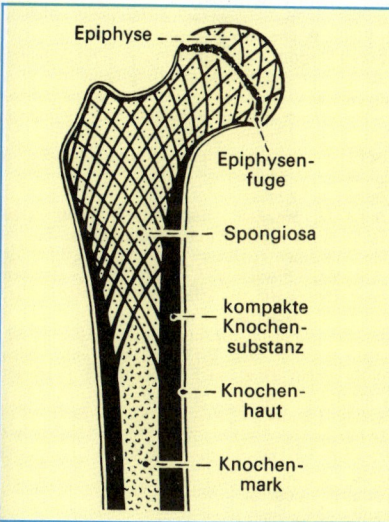
*Knochen: Struktur eines Röhrenknochens*

## Knute

*Koala (oder Beutelbär) mit Jungem*

reich, das bald nach seinem Tod zerfiel. – **2. K. der Heilige,** *um 1040, †1086, König 1080–86; versuchte, die Königsmacht zu stärken; von einer aufständ. Volksmenge gesteinigt. – Schutzheiliger Dänemarks.
**Knute,** Peitsche aus Lederriemen; übertragen für »Gewaltherrschaft«.
**Knuth,** Gustav, *1901, †1987, dt. Schauspieler; bek. geworden v.a. durch Fernsehserien, wie »Alle meine Tiere« u. »Salto mortale«.
**Knüttelverse** → Knittelverse.
**K.o.** → Knockout.
**Koadjutor,** Stellvertreter oder Gehilfe eines Geistlichen, bes. eines Bischofs oder Abts.
**Koagulation,** Gerinnung, Ausflockung einer kolloiden Lösung.
**Koala,** *Beutelbär,* ca. 60 cm großer *Kletterbeutler* von bärenartigem Aussehen; ernährt sich von Eukalyptusblättern; nur noch selten in O-Australien; vom Aussterben bedroht.
**Koalition, 1.** allg. Zusammenschluß, Bündnis. – **2.** Zusammengehen zweier oder mehrerer Staaten zur Verfolgung gemeinsamer Zwecke. – **3.** Zusammenschluß mehrerer in einem Parlament vertretener Parteien zur Bildung einer arbeitsfähigen Regierungsmehrheit **(K.sregierung).**
**Koalitionskriege,** nur durch kurze Friedenszeiten unterbrochene krieger. Auseinandersetzung 1792–1815 zw. Frankreich u. Monarchien Europas (bis 1802 auch *Französische Revolutionskriege* gen.).
**Kobalt,** fachsprachl. *Cobalt,* ein → chemisches Element; wird v.a. als Legierungsbestandteil in Dauermagneten u. Hartmetallen verwendet; ein radioaktives *K.-Isotop* ist *K. 60,* $^{60}Co$; wird in der Med. zur Strahlentherapie verwendet.
**Kobaltbombe,** Atom- oder Wasserstoffbombe mit einem Mantel aus Kobalt. Bei der Explosion wird das gewöhnl. Kobalt in radioaktives Kobalt umgewandelt, das innerhalb der entstehenden Explosionswolke mindestens fünf Jahre wirksam bleibt.
**Kobaltkanone,** *Gammatron,* Gerät zur Strahlentherapie mit den energiereichen Gammastrahlen, die radioaktives Kobalt *(Kobalt 60)* aussendet.
**Kobe,** jap. Präfektur-Hptst. im S von Honshu, 1,43 Mio. Ew.; Univ., TH; Textil-, Masch.-, Eisen-, chem. u. Papier-Ind.; Werften; neben Yokohama Japans größter u. bedeutendster Handelshafen.
**Kobell, 1.** Ferdinand, *1740, †1799, dt. Maler (Landschaftsgemälde). – **2.** Wilhelm von, Sohn von 1), *1766, †1853, dt. Maler u. Graphiker; einer der maßvollsten dt. Realisten im 19. Jh.; schuf Schlachtenszenen.
**Koberger,** *Coberger, Coburger,* Anton, *um 1445, †1513, Nürnberger Buchdrucker u. Verleger; verlegte u.a. *Schedels* »Weltchronik« u. *Dürers* »Apokalypse«.
**Koblenz,** Stadt in Rhld.-Pf., an der Mündung der Mosel in den Rhein *(Deutsches Eck),* 110 000 Ew.; Bundesarchiv; Erziehungswiss. HS; St.-Kastor-Kirche (9. Jh.), Florinskirche (11. Jh.), Kurfürstl. Schloß (18. Jh.), Festung *Ehrenbreitstein;* Weinhandels-Zentrum; versch. Ind.
**Kobold,** im Volksglauben ein meist gutmütiger, Possen spielender Hausgeist.
**Koboldmakis,** *Tarsiidae,* Fam. der Halbaffen; auf den Sundainseln u. Philippinen lebende nachtaktive Baumbewohner; etwa rattengroß, mit rundem Kopf u. übergroßen Augen; gefährdet.
**Kobra,** *Brillenschlange,* mit charakterist. Brillenzeichnung auf dem spreizbaren Nackenschild; gefährl. Giftschlange SO-Asiens.

*Koalitionskriege: Beschießung von Frankfurt a. M., 1796. Frankfurt a. M., Historisches Museum*

**Koch, 1.** Joseph Anton, *1768, †1839, östr. Maler; Hauptmeister der streng gegliederten heroischen Landschaftsmalerei in Rom. – **2.** Robert, *1843, †1910, dt. Arzt u. Bakteriologe; Begr.

*Robert Koch*

der modernen Bakteriologie; entdeckte 1882 die Tuberkulosebakterien u. 1883 die Choleraerreger; Nobelpreis 1905. – **3.** Thilo, *20.9.1920, dt. Journalist u. Fernsehautor; nimmt zu polit. Tagesfragen u. kulturellen Themen Stellung.
**Köchel,** Ludwig Ritter von, *1800, †1877, östr. Musikwissenschaftler; schuf das »Chronologisch-thematische Verzeichnis sämtl. Tonwerke W.A. Mozarts« *(Köchel-Verzeichnis,* Abk. KV).
**Kochel am See,** Gem. in Oberbay., sw. von Bad Tölz, 4000 Ew.; am O-Ufer des *Kochelsees.*
**Kocher,** r. Nbfl. des Neckar, 180 km.
**Kocher,** Emil Theodor, *1841, †1917, schweiz. Chirurg; erforschte Funktion u. Bedeutung der Schilddrüse u. erkannte die Bedeutung des Jods für deren Funktion; Nobelpreis 1909.
**Köcher,** röhren- oder taschenförmiger Behälter für Pfeile, Bogen oder Blasrohr.
**Köcherfliegen,** *Frühlingsfliegen, Trichoptera,* weltweit verbreitete schmetterlingsähnl. Insekten; Larven leben im Wasser in selbstgebauten Gehäusen aus Pflanzenteilen, Holzstücken u.ä. *(Köcher),* die sie mit sich herumtragen.
**Kochi,** jap. Präfektur-Hptst., an der S-Küste von Shikoku, 310 000 Ew.
**Kochin** → Cochin.
**Kochsalz,** *Siedesalz,* hpts. aus *Natriumchlorid* (NaCl) bestehendes, durch Eindunsten u. Einkochen von Solen erhaltenes Salzgemisch; dient als Speisesalz. – *Physiolog. K.lösung* hat den gleichen osmot. Druck wie das Blutplasma u. wird in der Medizin als Blutersatz verwendet.
**Koczian** [ˈkɔtʃian], Johanna von, *30.10.1933, dt. Schauspielerin; nach Erfolgen beim Film hpts. Bühnenarbeit; singt auch Chansons u. schreibt Kindergeschichten.
**Kodály** [ˈkodaːj], Zoltán, *1882, †1967, ung. Komponist u. Volksliedforscher; W »Psalmus hungaricus«, »Háry János«, »Te deum«.
**Kode** → Code.
**Kodein** → Codein.
**Kodex** → Codex.
**Kodiakbär** → Bären.
**Kodifikation,** systemat. Zusammenfassung der

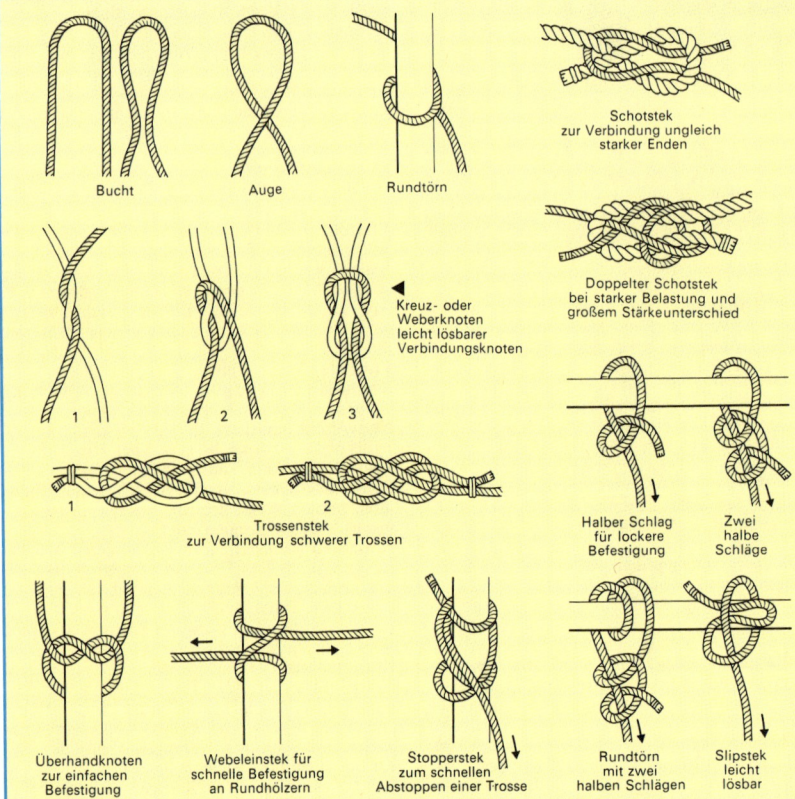

*Knoten*

Rechtsvorschriften eines Rechtsgebiets in einem Gesetzbuch *(Codex).*
**Koedukation,** *Gemeinschaftserziehung* von Jungen u. Mädchen.
**Koeffizient,** *Vorzahl,* in der Math. eine unbestimmte oder bestimmte Zahl, mit der eine unbekannte oder veränderl. Größe multipliziert wird.
**Koeppen,** Wolfgang, *23.6.1906, dt. Schriftst.; schrieb zeitkrit. Romane; W »Tauben im Gras«, »Das Treibhaus«, »Tod in Rom«.
**Koestler,** Arthur, *1905, †1983 (Selbstmord), engl.-dt. Schriftst. ung. Herkunft; setzte sich in seinen Romanen bes. mit dem Kommunismus auseinander; W »Sonnenfinsternis«.
**Koexistenz,** allg. Existieren nebeneinander, gleichzeitiges Vorhandensein; friedl. Nebeneinander von Staaten u. Blöcken mit unterschiedl. gesellschaftl. u. polit. Ordnungen u. Ideologien.
**Koffein** → Coffein.
**Kofferfische,** *Ostraciontidae,* Fische trop. Meere; Körper mit mehr- (meist 6-)eckigen Platten starr gepanzert; manche Arten mit hornartigen Auswüchsen an der Stirn *(Kuhfische).*
**Kofu,** jap. Präfektur-Hptst. in Honshu, westl. von Tokio, 202 000 Ew.; Glas- u. Seiden-Ind., Weinanbau.
**Kogel,** *Kofel, Kogl,* in den Alpen übl. Bez. für kegel- oder haubenförmige Bergspitzen.
**Kogge,** breites Last- oder Kriegsschiff der Hanse-Zeit (ab 13. Jh.), meist in nord. Gewässern.
**Kognak** ['kɔnjak] → Cognac.
**Kognaten, 1.** → Kunkelmagen. – **2.** im röm. Recht der weitere Kreis der Blutsverwandten, im Unterschied zu den *Agnaten.*
**Kogon,** Eugen, *1903, †1987, dt. Politologe u. Publizist; Hrsg. der »Frankfurter Hefte«; W »Der SS-Staat«, »Rückblick auf den Nat.-Soz.«.
**Kohäsion,** Zusammenwirken von Atomen u. Molekülen gleicher Art. Die auftretenden *K.skräfte* sind bei festen Körpern am größten, bei Flüssigkeiten klein, bei (realen) Gasen sehr klein.
**Kohinoor** [-'nu:r], *Koh-i-noor,* berühmter Diamant, im Besitz des brit. Königshauses; 108,93 Karat.
**Kohl,** *Brassica,* Gatt. der *Kreuzblütler;* viele Gemüse- u. Ölpflanzen; u.a. Raps, Rübsen, (Schwarzer) Senf, Grün-, Weiß-, Rot-, Rosen-, Blumen-K., Kohlrabi, Wirsing.
**Kohl,** Helmut, *3.4.1930, dt. Politiker (CDU); 1966–73 Landes-Vors. der CDU; 1969–76 Min.-Präs. von Rhld.-Pf., seit 1973 Partei-Vors., 1976–82 Vors. der CDU/CSU-Bundestagsfraktion, durch ein konstruktives Mißtrauensvotum 1982 zum Bundeskanzler einer Koalition aus CDU/CSU u. FDP gewählt, nach den Bundestagswahlen 1983

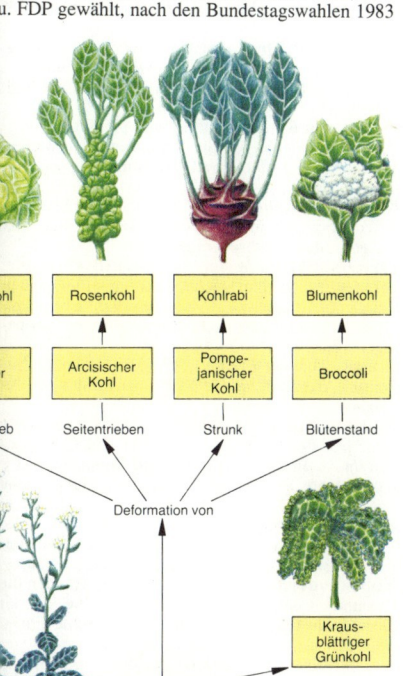

*Kohlvariationen unter Züchtungseinflüssen*

*Kofferfische: Kuhfisch*

u. 1987 wiedergewählt. Die von K. geführte Reg. betrieb eine aktive Wirtschafts- u. Sozialpolitik u. führte eine umfassende Steuerreform durch. Nach dem polit. Umsturz in der DDR 1989 realisierte die Reg. K. 1990 die dt. Einheit. K. wurde erster gesamtdt. Kanzler.

*Helmut Kohl*

**Kohle, 1.** Gestein, das im Lauf langer Zeiträume aus Pflanzen unter Luftabschluß entstanden ist. Bei diesem *Inkohlungsprozeß* werden Verbindungen des Kohlenstoffs (C) angereichert. Torf, Braun-K., Stein-K. u. Anthrazit sind versch. Stufen der Inkohlung. – Ein geringer Teil der K. wird direkt zur Wärmeerzeugung genutzt; der größere Teil wird mit Hilfe therm. *(Schwelung, Verkokung)* u. chem. Verfahren *(Vergasung, K.hydrierung)* zu höherwertigen Energieträgern *(Koks)* oder zu Kohlenstoffprodukten veredelt. – **2.** *medizinische K., Carbo medicinalis,* schwarzes, geruchloses, feinstes Pulver aus Tier- u. Pflanzenkohle, das wasserunlösl. u. außerordentl. saugfähig ist; aufsaugendes Mittel bei Vergiftungen, Magen-Darm-Katarrhen, Durchfall u.a.
**Kohlehydrierung,** *Kohle(n)verflüssigung,* Sammelbez. für Verfahren, mit denen durch Anlagerung von Wasserstoff an Kohle *Kohlenwasserstoffe* erzeugt werden. Aus energiepolit. Gründen steht heute die Gewinnung von schwerem Heizöl im Vordergrund.
**Kohlendioxid,** $CO_2$, unbrennbares, farb- u. geruchloses Gas, das bei allen Verbrennungsvorgängen u. bei der Atmung entsteht; zu 0,03% in der Luft enthalten; wird von den Pflanzen aufgenommen u. unter Mitwirkung des Chlorophylls in organ. Verbindungen umgewandelt *(Kohlenstoffkreislauf).*
**Kohlenhydrate,** organ. Verbindungen aus Kohlenstoff, Wasserstoff u. Sauerstoff; werden von den Pflanzen durch die *Photosynthese* aufgebaut; dienen als Energielieferanten *(Zucker),* Reservestoffe *(Stärke, Glykogen)* u. Stützsubstanzen *(Zellulose, Chitin);* neben den Fetten u. Eiweißstoffen wichtige Nährstoffe für Mensch u. Tier; Mindestzufuhr für ca. 10%, um Stoffwechselstörungen zu verhindern.
**Kohlenmonoxid,** CO, bei unvollständiger Verbrennung von Kohlenstoff entstehendes, farb- u. geruchloses, giftiges Gas, in Stadt- u. Generatorgas sowie in Gruben- u. in Auspuffgasen enthalten.
**Kohlensäure,** durch Lösen von *Kohlendioxid* in Wasser in geringer Menge entstehende schwache Säure, $H_2CO_3$. Die Salze der K. sind die *Carbonate.*
**Kohlenstoff,** nichtmetall. → chem. Element, chem. Zeichen C; kommt in freiem Zustand vor *(Graphit* u. *Diamant)* u. gebunden (in Carbonatgesteinen, im Pflanzen- u. Tierreich, in der Luft u. im Wasser) u. ist wesentl. Bestandteil aller lebenden Materie. Die Vielzahl der K. enthaltenden (organ.) Verbindungen beruht auf der einmaligen Fähigkeit des K.s, sich mit sich selbst u. anderen Elementen zu verbinden. – Das K.isotop C 14 ist radioaktiv u. dient zur *radioaktiven Altersbestimmung.*
**Kohlenstoffkreislauf,** Wechsel zw. organ. Bindung des Kohlenstoffs durch die *Photosynthese* der Pflanzen u. seiner Freisetzung durch physik. u. chem. Prozesse wie *Atmung* bei Menschen, Tieren u. Pflanzen, *Gärungen* u. *Fäulnisvorgänge* u. die *Verbrennung* von Brenn- u. Treibstoffen.
**Kohlenwasserstoffe,** ausschl. aus Kohlenstoff u. Wasserstoff aufgebaute, umfangreichste Gruppe chem. Verbindungen; unterteilt in *azyklische (aliphatische) K.* mit kettenförmiger Anordnung der Kohlenstoffatome u. *zyklische K.* mit ringförmiger Struktur, hierzu die *aromatischen K.* K. sind kaum wasserlösl., brennbar u. können z.T. mit Luft explosive Gemische bilden. K. finden sich in Erdöl u. Erdgas, Kohle, Teer u.a.
**Kohlepapier,** mit einem meist einseitigen Aufstrich von geschmolzener Farbe versehenes Seidenpapier zur Herstellung von Durchschlägen.
**Kohlepfennig,** in der BR Dtld. eine Abgabe, die von den Stromverbrauchern zu entrichten ist, um den Einsatz von Steinkohle bei der Stromerzeugung zu subventionieren.
**Köhler,** ein *Schellfisch* der nordeurop. Meeresgebiete; als »Seelachs« im Handel; gefärbt u. in Öl eingelegt als »Lachsersatz«.
**Köhler, 1.** Georges, *17.4.1946, Immunologe u. Molekularbiologe; Nobelpreis für Medizin 1984. – **2.** Wolfgang, *1887, †1967, dt. Psychologe; Mitbegr. der *Berliner Schule der Gestaltpsychologie;* bahnbrechende Untersuchungen über die Intelligenzleistungen von Schimpansen.
**Köhlerei,** handwerkl. Form der *Holzverkohlung* in einem Meiler.
**Kohlmeise** → Meisen.

*Kohle: Durch den Prozeß der sogenannten Inkohlung (der in der pflanzlichen Ablagerung enthaltene Sauerstoff verarmt, Kohlenstoff wird angereichert) entsteht zunächst Torf (oben), dann Braunkohle (Mitte) und schließlich Steinkohle (unten)*

**Kohlrabi,** Art des Gemüsekohls; verwendet wird die oberird. Sproßknolle.
**Kohlrübe,** *Steckrübe, Wruke,* Zuchtform des Rapses, verwendet als Gemüse u. Viehfutter.
**Kohlweißlinge,** zwei Arten der Gatt. *Pieris, Tagfalter,* deren Raupen an Kohlarten erheblichen Schaden anrichten können.
**Kohorte,** Truppeneinheit des röm. Heers in Stärke von 600 Mann, Abteilung der röm. *Legion* (= 10 K.).
**Kohout** [ˈkɔhɔut], Pavel, *20.7.1928, tschech. Schriftst.; 1978 emigriert; schreibt Märchen, Satiren, literar. Kritik, Dramen u. Hörspiele; Ⓦ »August, August, August«, »Krieg im dritten Stock«.
**Koine,** Gemeinsprache, für größere Gebiete geltende übermundartl. Sprach- oder Schreibform; zuerst für die grch. Sprache der hellenist. Zeit gebraucht.
**Koinzidenz,** Zusammenfallen mehrerer Ereignisse.
**Koitus** → Geschlechtsverkehr.
**Koivisto,** Mauno, *25.11.1923, finn. Politiker (Soz.-Demokrat); 1968–70 u. 1979–82 Min.-Präs.; seit 1982 Staats-Präs.
**Koje, 1.** Schlafgelegenheit für Besatzungsmitgl. auf Schiffen. – **2.** behelfsmäßig abgeteilter Raum in Ausstellungshallen.
**Koka,** *Coca,* in Bolivien u. Peru heim. Strauch, dessen Blätter *Cocain* enthalten u. von den Einheimischen zur Anregung gekaut werden.
**Kokain** → Cocain.
**Kokarde,** rundes Abzeichen in den Landesfarben.
**Kokerei,** Anlage zur Gewinnung von *Koks* aus Kohle durch trockene Destillation *(Verkokung).* – **K.gas,** bei der Verkokung anfallendes Gasgemisch aus Wasserstoff, Methan, Stickstoff u. Kohlenmonoxid.
**Kokken,** kugelförmige Bakterien, z.B. *Staphylo-* oder *Strepto-K.*
**Kokon** [koˈkɔŋ], von Tieren abgeschiedene Schutzhülle (meist aus Drüsensekreten), die zu einem festen Gebilde erstarrt; z.B. der Puppen-K. der Insekten.
**Kokoschka,** Oskar, *1886, †1980, östr. Maler, Graphiker u. Schriftst.; einer der führenden Meister des Expressionismus; Hauptmerkmale seines Stils sind eindringl. psycholog. Aussagekraft der Menschendarstellung, Monumentalwirkung der Landschafts- u. Stadtansichten u. sensible Strichführung der graph. Arbeiten.
**Kokosinseln,** *Cocos-, Keelinginseln,* austral. Inselgruppe (1857–1955 brit.) im Ind. Ozean, sw. von Sumatra, 2 Atolle mit 27 Koralleninseln, 14 km², 600 Ew.
**Kokospalme,** *Kokosnußpalme,* 20–30 m hohe Fiederpalme trop. Meeresküsten; wichtige Kulturpflanze; wirtsch. bedeutend sind die Früchte **(Kokosnüsse);** sie enthalten einen mit *Kokosmilch* gefüllten Hohlraum; dieser wird von dem ölreichen Nährgewebe des Samens umschlossen, das getrocknet als *Kopra* gehandelt wird; Preßrückstände als Viehfutter; die Fasern der Früchte **(Kokosfasern)** werden zu groben Garnen für Seile, Matten u. Läufer versponnen u. zu Bürsten verarbeitet.
**Koks,** wertvoller Brennstoff, durch *Verkokung* aus der Kohle gewonnen.
**Kokzidien,** *Coccidia,* parasit. lebende *Sporozoen;* rufen bei Mensch u. Haustieren versch. Krankheiten *(Kokzidiosen)* hervor.
**Kola,** *K.nußbaum,* Gatt. der *Sterkuliengewächse;* 6–15 m hohe Bäume des trop. Afrikas; die Samen enthalten *Coffein* u. werden als Anregungsmittel verwendet.
**Kola,** *Murmanhalbinsel,* nordruss. Halbinsel, von der Barentssee u. dem Weißem Meer umgeben, 128 500 km²; Abbau von Apatit, Nephelin, Steinkohle, Kupfer-, Eisen- u. Nickelerz; eisfreier Hafen Murmansk.
**Kołakowski** [koua-], Leszek, *23.10.1927, poln. Philosoph; Kritiker des Kommunismus u. Positivist; 1977 Friedenspreis des Dt. Buchhandels.
**Kolb,** Annette, *1875, †1967, dt. Schriftst.; wirkte für die dt.-frz. Verständigung; geistreiche Erzählerin u. Essayistin; Ⓦ »Daphne Herbst«, »Mozart«, »Schubert« u.a.
**Kolbe, 1.** Georg, *1877, †1947, dt. Bildhauer; schuf vorw. weibl. u. männl. Aktfiguren mit empfindsam-anmutiger Gestik u. Physiognomie. – **2.** Maximilian, eigtl. Rajmund K., *1894, †1941, poln. Franziskaner; ging als KZ-Häftling in Auschwitz freiwillig in den Tod, um mit Mithäftling das Leben zu retten. – Seligsprechung 1971, Heiligsprechung 1982.
**Kolben, 1.** kugelförmiges oder konisches Glasgefäß für chem. Reaktionen. – **2.** der im *Zylinder* einer Kolbenmaschine hin- u. hergehende oder sich drehende Maschinenteil, auf den in den Kraftmaschinen Dampf, Druckluft oder gasförmige Verbrennungsprodukte des Kraftstoffs einwirken. – **3.** *Gewehr-K.,* bei Handfeuerwaffen der hintere Teil des Schafts, zum bequemen Anlegen.
**Kolbenmaschinen,** Kraft- (z.B. Dampfmaschine, Verbrennungsmotoren) oder Arbeitsmaschinen (z.B. Kolbenpumpen, Kolbengebläse) mit einem in einem Zylinder bewegl. Kolben, der über eine Kolbenstange eine Hinundherbewegung in eine Drehbewegung (bei Arbeitsmaschinen umgekehrt) umsetzt.
**Kolbenwasserkäfer,** *Hydrophilidae,* Fam. wasserbewohnender *Käfer;* rd. 2300 Arten weltweit, von 1 mm bis 6 cm Länge; in Dtld. der unter Naturschutz stehende *Pechschwarze K.*
**Kolberg,** poln. *Kołobrzeg,* Hafenstadt u. Seebad in Pommern (Polen), 39 000 Ew.; Mariendom (13./14. Jh.); Fischerei u. Fischverarbeitung, Moor- u. Solbad.
**Kolchis,** antike Ldsch. an der SO-Küste des Schwarzen Meers; Heimat der *Medea,* Ziel des Argonautenzugs.
**Kolchose,** genossenschaftl. Betriebsform in der sowj. Landw.; Zusammenschluß mehrerer Höfe u. Gemeinden zur kollektiven landw. Produktion bei weitgehender Aufgabe des Privatbesitzes.
**Koldewey,** Robert, *1855, †1925, dt. Architekt u. Archäologe; leitete die Ausgrabungen von Babylon.
**Kolding** [ˈkɔleŋ], dän. Hafenstadt am *K.fjord,* O-Jütland, 57 000 Ew.; Metall- u. Textil-Ind.
**Kolhapur,** ind. Distrikt-Hptst., sö. von Bombay, 341 000 Ew.; landw. Handelszentrum.
**Kolibakterien,** *Escherichia coli,* wichtiger Bestandteil der normalen Dickdarm-Bakterienflora; spielen als Vitaminbildner u. beim Abbau der Kohlenhydrate u. Eiweiße eine bed. Rolle. Außerhalb des Dickdarms wirken sie als Krankheitserreger.
**Kolibris,** *Trochilidae,* Fam. hummel- bis schwalbengroßer *Vögel* des amerik. Kontinents; oft bes. farbenprächtig; durch Schwirrflug u. lange, spitze Schnäbel auf die Nektaraufnahme aus Blütenkelchen spezialisiert; daneben auch Insektenfang.
**Kolik** [auch koˈliːk], Anfall heftiger Schmerzen, verursacht durch krampfhaftes Zusammenziehen von Darm, Harnleiter oder Gallenblase.

*Breitschnabel-Kolibri*

*Oskar Kokoschka: Ansicht der Stadt Köln vom Messeturm aus; 1956. Köln, Wallraf-Richartz-Museum im Museum Ludwig*

**Kolin** [ˈkɔliːn], Ind.-Stadt in Mittelböhmen (ČSFR), an der Elbe, 31 000 Ew.; Elektro- u. chem. Ind., Erdölraffinerie; Verkehrsknotenpunkt, Flußhafen. – In der *Schlacht bei K.* 1757 im Siebenjährigen Krieg besiegte der östr. Feldherr L.J. *Daun* das Heer *Friedrichs II.* von Preußen.
**Kolitis,** *Colitis,* Dickdarmentzündung durch Infektion, mit Ruhrbakterien u. Ruhramöben.
**Kolk,** Hohlform im Flußbett, durch das fließende Wasser ausgestrudelt *(Strudelloch, Strudeltopf).*
**Kolkrabe,** größter einheim. *Rabenvogel* (bis 65 cm) mit glänzendschwarzem Gefieder, kräftigem Schnabel u. keilförmigem Schwanz; in Dtld. nur noch in den Alpen u. in Schl.-Ho.
**kollabieren,** einen *Kollaps* erleiden, zusammenbrechen.
**Kollaboration,** freiwillige, von den Mitbürgern als ehrenrührig u. verbrecherisch empfundene Zusammenarbeit mit dem im Land befindl. Feind.
**Kollage** [-ˈlaːʒə] → Collage.
**Kollagen,** Faserprotein; als Stützsubstanz weit verbreitet im Tierreich; Hauptkomponente des Bindegewebes, der Haut u. der Sehnen, auch in Knorpeln, Knochen, Zähnen u.a. Geweben.
**Kollaps,** akute Kreislaufschwäche mit Absinken des Blutdrucks.
**Kollár,** Ján, *1793, †1852, slowak. Schriftst. u. Wissenschaftler; Begr. des romant. Panslawismus.
**Kollation,** *Kollatur,* Übertragung eines Kirchenamts an seinen neuen Inhaber.
**Kolleg,** Vorlesung an Hochschulen.
**Kollegialgericht,** mit mehreren gleich stimmberechtigten Richtern besetztes Gericht; entscheidet durch einfache oder qualifizierte Mehrheit nach Beratung.
**Kollegialprinzip,** *Kollegialsystem,* Art der personellen Zusammensetzung u. Willensbildung von Organen u. Behörden öffentl. u. privater Organisationen: Das Organ bzw. die Behörde wird aus mehreren in der Beschlußfassung gleichberechtigten Personen gebildet; die Stimme eines etwaigen Vorsitzenden gibt allenfalls bei Stimmengleichheit den Ausschlag.
**Kollegium,** *Collegium,* **1.** eine aus gleichberechtigten Mitgl. zusammengesetzte Behörde u.ä. – **2.** der gesamte Lehrkörper einer Schule.
**Kollegstufe,** Form der gymnasialen Oberstufe, bei der die Schüler nicht mehr an einen festen Stundenplan gebunden sind, sondern Leistungskurse in bestimmten Fächerkombinationen frei belegen können.
**Kollek,** Theodor (Teddy), *27.5.1911, isr. Politiker ung. Herkunft; seit 1965 Bürgermeister von Jerusalem.
**Kollekte, 1.** im Gottesdienst vor der Schriftlesung stehendes Gebet. – **2.** Einsammeln von Geldspenden im Zusammenhang mit einem Gottesdienst.
**Kollektion,** Sammlung, Zusammenstellung, meist von Waren.
**Kollektiv,** Arbeits-, Produktions-, Ertrags- oder Lebensgemeinschaft, deren Mitgl. auf genossenschaftl. Ebene gemeinsam einem Ziel zustreben.
**Kollektivbewußtsein,** soziolog. Begriff, der die Gesamtheit der Anschauungen u. Gefühle, die der Durchschnitt der Mitgl. einer Gesellschaft hegt, bezeichnet.
**Kollektivismus,** allg. jede soziolog., geschichtsphilosoph. oder weltanschaul. Auffassung, die, im Ggs. zum *Individualismus,* nicht von den Einzelwesen, sondern von den *Kollektivitäten* (d.h. Mehrheiten, Gesamtheiten, überindividuellen Einheiten) ausgeht.

*Käthe Kollwitz: Weberzug; Radierung, 1897*

**Kollektivschuld,** gemeinsame Verantwortung aller Angehörigen eines Volks oder einer Organisation für die von ihrer Führung oder von einzelnen ihrer Glieder begangenen Handlungen.

**Kollektor, 1.** Sammler für Strahlungsenergie, z.B. zur Nutzung von Sonnenenergie. – **2.** Sammellinse, bes. beim Mikroskop.

**Koller, 1.** *Goller,* in Volkstrachten ein breiter Kragen; der ein- oder abgesetzte obere Rücken-Schulter-Teil eines Kleidungsstücks; enges ärmelloses Wams. – **2.** volkstüml. Bez. für einen *Tobsuchtsanfall.*

**Koller,** Arnold, *29.8.1933, schweiz. Politiker (CVP); seit 1987 Bundesrat; 1990 Bundes-Präs.

**kollidieren,** zusammenstoßen, aneinandergeraten.

**Kollier** [kɔˈlje], Halsschmuck.

**Kollision,** Überschneidung, Zusammenstoß, Widerstreit.

**Kollo, 1.** René, Enkel von 2), *20.11.1937, dt. Opernsänger (Tenor). – **2.** Walter, *1878, †1940, dt. Komponist (Operetten).

**Kollodium** → Collodium.

**Kolloide,** Stoffe, die sich wegen der Größe ihrer Teilchen nicht echt, d.h. unter Bildung völlig klarer Lösungen, lösen, sondern in Lösungsmitteln sehr fein verteilen *(kolloide Lösungen, Sole).* Wegen ihrer gleichn. elektr. Ladung flocken die Teilchen trotz ihrer Größe nicht aus. K. spielen bei den Vorgängen im tier. u. pflanzl. Organismus sowie in der Chemie u. Technik eine bed. Rolle.

**Kolloquium,** wiss. Gespräch; auch die Form der mündl. Prüfung bei der *Habilitation.*

**Kollusion,** Zusammenspiel; im Recht das verbotene gemeinschaftl. Handeln zum Nachteil eines Dritten.

**Kollwitz,** Käthe, *1867, †1945, dt. Graphikerin u. Bildhauerin; schuf naturalist. Graphiken mit Themen aus der Geschichte des Proletariats sowie sozialkrit. Elendsschilderungen aus großstädt. Industrie- u. Arbeiterviertln, die durch Formvereinfachung u. Verzicht auf sentimentale Effekte gekennzeichnet sind.

**Köln,** krfr. Stadt in NRW, am Rhein, inmitten der *K.er Bucht,* Handelsmetropole u. Ind.-Zentrum des Rheinlandes, 914 000 Ew.; Erzbischofssitz, bed. Kirchen, v.a. K.er Dom (1248–1560; 1842–80), *Gürzenich,* Univ. (1919), Musik- u. Sport-HS, zahlr. Theater, Ludwig/Wallraf-Richartz-Museum, Römisch-German. Museum; bed. Industriezweige; Verkehrsknotenpunkt, Binnenhäfen, Flughafen in Köln-Bonn. – Gesch.: K. war urspr. ein röm. Lager, aus dem 50 n. Chr. eine befestigte Stadt wurde. Im 5. Jh. kam die Stadt unter fränk. Herrschaft; 795 wurde sie Erzbistum; unter den Ottonen wuchs K. zur größten Stadt des MA heran. Der Erzbischof war zugleich der polit. Herrscher über die Stadt. 1288 erkämpfte sich die erstarkte Bürgerschaft die Selbständigkeit.

**Kölner Dom** *St. Peter,* größter got. Kirchenbau innerhalb des dt. Sprachgebiets, mit fünfschiffigem, an der W-Seite von zwei 157 m hohen Türmen überragtem Langhaus. 1248 wurde mit der Errichtung des Chors begonnen. Die Konzeption stammt von *Meister Gerard,* der bis 1279 die Bauarbeiten leitete. Der Chor war 1322 vollendet; die Bauarbeiten an Querhaus, Langhaus u. Türmen wurden bis 1560 weitergeführt. Nach alten Plänen betrieb man von 1842–80 die Fertigstellung. Kunstschätze: Dreikönigsschrein, Dombild von S. Lochner, Gerokreuz.

**Kol Nidre,** jüd. Gebet zum Widerruf aus Irrtum übernommener, die eig. Person betreffender Gelöbnisse.

**Kölnisch Wasser,** frz. *Eau de Cologne,* erfrischendes Parfüm: Lösung von natürl. äther. Ölen, wie Bergamotte-, Rosmarin-, Orangen- u. Portugalöl, sowie dem künstl. Riechstoff Neroliöl in 75–85 %igem Alkohol.

**Kołobrzeg** [ˈkɔuɔbʃɛk] → Kolberg.

**Kolonialismus,** schlagwortartiger Begriff für die Politik der Besiedelung u. Aneignung von Gebieten durch militär. überlegene Mächte seit dem 16. Jh. aus wirtsch. u. handelspolit. Interesse; 1. Phase seit Beginn des 16. Jh. mit den span. u. port. Eroberungen in S- u. Mittelamerika; gekennzeichnet durch Gründung von Handelsniederlassungen an den Küsten, allmähl. Vordringen in das Landesinnere, Arrondierung von territorialem Besitz u. Ausbeutung von Rohstoffen in den Kolonialräumen; es folgten die Engländer, Franzosen u. Niederländer, u. die Kolonialgebiete wurden auf Asien, Afrika u. den pazif. Raum ausgedehnt; Millionen von Menschen wurden zur Sklavenarbeit in fremde Kontinente verschleppt. 1880–1914 Höhepunkt des K.: der Kolonialbesitz erreichte seine größte Ausdehnung (mehr als die Hälfte der Erdoberfläche u. mehr als ein Drittel der Erdbevölkerung).

Nach dem 2. Weltkrieg (Vorstufen schon nach dem 1. Weltkrieg) setzte ein Prozeß der *Entkolonialisierung* in Afrika u. Asien ein, wie schon vorher (Anfang des 19. Jh.) in S- u. Mittelamerika.

**Kolonialstil,** in überseeische, insbes. amerik. Länder übernommene, z.T. abgewandelte Bauformen des europ. Stammlands, z.B. engl. Klassizismus in den engl. Kolonialgebieten.

*Köln: Dom und Museum Ludwig/Wallraf-Richartz-Museum*

**Kolonialwaren,** veraltete Bez. für Lebensmittel aus Übersee (aus den »Kolonien«), z.B. Kaffee, Tee, Reis, Gewürze.

**Kolonie, 1.** unselbst., meist überseeisches Gebiet, in dem eine fremde *Kolonialmacht* die direkte Herrschaft über die einheim. Bevölkerung ausübt. – **2.** Gruppe von Fremden, die als abgegrenzte Minderheit in einem anderen Land leben. – **3.** bei Algen oder Bakterien durch Teilung aus einer Ein-

*Kolonialismus: die koloniale Aufteilung der Erde 1914*

## Kolonisation

**zelzelle** hervorgegangener Verband selbst. Einzelorganismen. – **4.** Tierverband, Vereinigung gesellig lebender Tiere derselben Art; auch durch Knospung entstandener Tierstock, z.B. Korallen.
**Kolonisation,** wirtsch. Erschließung von unterentwickelten Gebieten durch Besiedlung, Rodung, Bebauung, Anlage von Verkehrswegen u. Anschluß an einen größeren Wirtschaftsraum; meist verbunden mit polit. Aneignung.
**Kolonnade,** Säulengang mit geradem Gebälk, im Unterschied zur bogengegliederten *Arkade.*
**Kolonne, 1.** beim Buchdruck die Druckspalte, Spalte innerhalb einer Tabelle. – **2.** Teil eines Destilliergeräts für die fraktionierte Destillation. – **3.** Marschformation von Truppen; Reihe von Fahrzeugen. – **4.** → Fünfte Kolonne.
**Kolophon,** antike Stadt an der W-Küste Kleinasiens, nw. von Ephesos; Blütezeit im 7. Jh. v.Chr.; wegen seiner Harzgewinnung *(Kolophonium)* berühmt.
**Kolophonium,** hellgelbes bis schwarzes Balsamharz, das bei der Destillation von Terpentin oder beim Erhitzen von Kiefernharz als Rückstand entsteht; verwendet für Lacke, Kitte, Bogenharze, Bodenbeläge, Kunstharze u.a.
**Koloratur,** virtuose Verzierung von Gesangs- u. Instrumentalstimmen durch Läufe, Passagen, Triller u.ä. – **K.sopran** → Stimmlage.
**kolorieren,** mit Farbe ausmalen.
**Kolorimetrie,** Verfahren der analyt. Chemie, das auf dem direkten oder indirekten Vergleich der konzentrationsabhängigen Farbintensität farbiger Lösungen beruht.
**Kolorit, 1.** Farbgebung, Farbwirkung in der Malerei. – **2.** Klangfarbe in der Musik. – **3.** in der Lit. die Stimmung einer Schilderung.
**Koloß,** Riese, riesengroße Figur. – *Koloß von Rhodos,* ca. 32 m hohes Erzstandbild des Sonnengotts *Helios* in Rhodos; im Altertum eines der 7 Weltwunder; 223 v.Chr. bei einem Erdbeben vernichtet.
**Kolosseum,** größtes Amphitheater des Altertums u. größtes Theater der Welt überhaupt; 72–80 n.Chr. in Rom erbaut für 50 000 Zuschauer; als eindrucksvolle Ruine erhalten.
**Kolping,** Adolf, *1813, †1865, dt. kath. Geistlicher; gründete die Gesellenvereine (Grundlage des späteren K.werks zur Förderung kath. Gesellen in religiöser, soz. u. berufl. Hinsicht).
**Kolportage** [-taːʒə], urspr. Bücherverkauf an der Haustür durch wandernde Buchhändler **(Kolporteure).** Dabei wurde vorw. volkstüml. Lit. von geringem literar. Wert vertrieben: **K.romane** *(Hintertreppenromane).* Übertragen: kitschige, reiße. Darstellung.
**Kolposkopie,** *Scheidenspiegelung,* gynäkolog. Untersuchungsverfahren, bei dem mit dem *Kolposkop* die Oberfläche des Muttermundes u. des angrenzenden Gewebes in vielfacher Vergrößerung betrachtet wird.

*Das Kolosseum in einer Rekonstruktion des antiken Rom; es war ursprünglich 57 m hoch*

**Kolumbien,** Staat im N Südamerikas, 1 138 914 km², 29,7 Mio. Ew., Hptst. *Bogotá.* Landesnatur. In K. spalten sich die Anden in drei Gebirgsketten (bis 5750 m) auf, die dichtbesiedelte Hochtäler einschließen. Im W u. N werden

*Kolumbien*

sie von feuchtheißen Küstentiefländern begrenzt, im O schließt sich ein niedriges Flachland an, das im N von Savannen u. im S von Regenwäldern bestanden ist.
Die kath. spanisch sprechende Bevölkerung besteht zu 47% aus Mestizen, 20% Weißen, 26% Mulatten, 5% Schwarzen u. 2% Indianern.
Wirtschaft. Für den Export werden v.a. Kaffee (60% der Ausfuhrwerts), daneben auch Bananen, Zucker, Tabak, Kakao u. Baumwolle angebaut. Die Viehzucht (vorw. Rinder) hat große Bedeutung. An Bodenschätzen gibt es v.a. Erdgas, Edelsteine, Platin, Gold u. Silber. Die wichtigsten Industriebranchen sind die Textil-, Papier-, Maschinenbau-, Fahrzeug- u. chem. Ind. – Das Verkehrsnetz ist nur im Andengebiet ausreichend entwickelt. Der Río Magdalena ist als Schiffahrtsweg wichtig. Haupthäfen sind Barranquilla, Cartagena, Santa Marta u. Buenaventura.
Geschichte. Das Gebiet des heutigen K. wurde 1536–39 von Spanien erobert. Die Spanier wurden von S. *Bolívar* aus dem Land vertrieben, 1819 wurde die Rep. *Großkolumbien* (K. u. Venezuela) proklamiert, der sich 1821 Panama u. 1822 auch Ecuador anschlossen. 1830 fielen Venezuela u. Ecuador ab. Der Rest nannte sich seit 1861 *Vereinigte Staaten von K.* u. seit 1886 *Rep. K.* Durch den Bürgerkrieg zw. Konservativen u. Liberalen wurde das Land schwer geschwächt. Unter dem Druck der USA trennte sich Panama 1903 von K. Nach vorübergehender Stabilisierung flammte der Bürgerkrieg 1948 wieder auf (200 000 Tote). Seit dem Ende der 1980er Jahre bestimmten zunehmend die Drogenmafia das polit. Leben K.s. Sie ist seit 1989 in eine blutige Auseinandersetzung mit der Reg. verwickelt (»Drogenkrieg«). Staats-Präs. ist seit 1990 C. *Gaviria Trujillo.*
**Kolumbus,** *Columbus,* Christoph(er), *1451, †1506, ital. Seefahrer in span. Diensten; gilt als Entdecker Amerikas (nach den Wikingern um 1000 n. Chr.); glaubte, über den Atlantik den westl. Seeweg nach Indien finden zu können; entdeckte auf seiner 1. Reise (1492/93) die Bahama-Insel *Guanahani* sowie Kuba u. Haiti, auf der 2. Reise (1493–96) die Kleinen Antillen, Puerto Rico u. Jamaika, auf der 3. Reise (1498–1500) die Orinoco-Mündung (damit S-Amerika) u. Trinidad, auf der 4. Reise (1502–04) die mittelamerik. Küste.
**Kolumne, 1.** beim Buchdruck Satzspalte. – **K.ntitel,** Seitenüberschrift in einem Buch; enthält z.B. Seitenzahl oder Seitentitel. – **2.** in Ztg. oder Ztschr. an gleichbleibender Stelle regelmäßig erscheinender Meinungsbeitrag von einem Journalisten **(Kolumnist);** auch in unterhaltsamem Stil zu gesellschaftl. Ereignissen (»Klatsch-K.«).
**Kolur,** größter Kreis der Himmelskugel, der durch die beiden Himmelspole u. den Frühlings- u. den Herbstpunkt geht.
**Kolwezi** [kɔlˈwezi], Bergbau- u. Hüttenzentrum in der zentralafrik. Prov. Shaba (Zaire), 384 000 Ew.; Gewinnung von Kupfer, Kobalt u. Zink.
**Kolyma,** 2600 km langer Strom in O-Sibirien; mündet mit großem Delta in die Ostsibir. See.
**Koma, 1.** [die], um den Kern eines *Kometen* liegende Nebelhülle (Gasatmosphäre). – **2.** [die], Bildfehler bei Linsen oder Linsensystemen: Seitl. der opt. Achse gelegene Punkte werden nicht punktförmig, sondern in Form eines Kometenschweifs abgebildet. – **3.** [das], tiefe Bewußtlosigkeit, z.B. bei Zuckerkrankheit, Harnvergiftung u.a.
**Komantschen** → Comanchen.
**Kombinat,** in den kommunist. Staaten Bez. für die organisator. Zusammenfassung von Betrieben mehrerer Produktionsstufen oder versch. Produktionszweige oder von Produktions- u. Versorgungsbetrieben.
**Kombination, 1.** Verbindung versch. Dinge, Tatsachen, Vorstellungen u.a. – **2.** im Sport das

planmäßige, flüssige Zusammenspiel von Mannschaften; Zusammenfassung mehrerer sportl. Disziplinen, z.B. *nordische K.*; beim *Jagdspringen* hintereinandergestellte Hindernisse in zwei- oder dreifacher Anordnung.
**Kombinatorik,** Zweig der Mathematik, der die mögl. Arten der Anordnung einer Anzahl von Dingen *(Elementen)* u. deren Zusammenfassung zu Gruppen *(Komplexionen)* untersucht; findet bes. bei der *Wahrscheinlichkeitsrechnung* Anwendung.
**Kombiwagen,** *Kombi* → Kraftwagen.
**Kombüse,** Schiffsküche.
**Komet,** *Schweif-, Haarstern,* Himmelskörper geringer Masse, meist eine lose Anhäufung von Meteoriten, kosmischem Staub, Eispartikeln u. Gasen. Der K. umwandert die Sonne auf einer oft langgestreckten ellipt. Bahn *(periodischer K.)* oder kommt auf einer Parallelbahn aus dem interstellaren Raum, in den er nach Durchlaufen der Sonnennähe wieder zurückkehrt. Er besteht aus dem *Kern* u. der ihn umgebenden, diffus leuchtenden *Koma.* Bei Annäherung an die Sonne entwickelt sich meist ein *Schweif* aus Kohlenoxid- u. Stickstoffionen.
**Komi,** fr. *Syrjänen,* ostfinn. Volk in der *Komi-ASSR* (UdSSR); Bauern mit Viehzucht, Jagd u. Handel.
**Komi-ASSR,** autonome Sowjetrep. westl. des nördl. Ural, 415 900 km², 1,2 Mio. Ew., Hptst. *Syktywkar.*
**Komik** [die], das *Komische,* eine Darst., die in Bild u. Wort überraschend das Illusionäre einer Erscheinung (eines Werts, eines Vorgangs, eines Dings) zeigt u. sie dadurch dem Lachen des Zuschauers (Zuhörers) preisgibt. Ihr Feld ist in der Literatur die *Komödie,* auch die *Posse.* – **K.er,** Vortragskünstler, der auf lustige Weise unterhält; auch: Darsteller komischer Rollen auf der Bühne.
**Kominform,** Kurzform für *Informationsbüro der kommunist. u. Arbeiterparteien,* 1947 gegr. als Nachfolgeorganisation der *Komintern;* 1956 aufgelöst.
**Komintern,** Kurzwort für *Kommunist. Internationale,* die *3. Internationale,* 1919 in Moskau gegr. Vereinigung der kommunist. Parteien aller Länder unter sowjetruss. Führung; in bewußtem Gegensatz zur sozialist. *2. Internationale;* Ziel war es, für die kommunist. Weltrevolution u. für die Diktatur des Proletariats zu kämpfen; 1943 durch *Stalin* aufgelöst u. 1947 durch das *Kominform* ersetzt.
**Komitat, 1.** feierl. Geleit, Abschiedsfeier für scheidende Hochschulstudenten. – **2.** *Megyék,* Verwaltungseinheit in Ungarn.
**Komitee,** leitender Ausschuß.
**Komitien,** *Comitia,* altröm. Volksversammlungen zur Rechtsprechung, Wahl der Beamten, Entscheidung über Krieg u. Frieden u. Abstimmung über Anträge u. Gesetze.
**Komma,** *Beistrich* → Zeichensetzung.
**Kommabazillus,** *Vibrio comma,* Erreger der *Cholera;* 1883 von R. *Koch* entdeckt.
**Kommagene,** antike Ldsch. im SO Kleinasiens am Euphrat, Hptst. *Samosata* (heute *Samsat*).

*Die Landung von Christoph Kolumbus am 12. Oktober 1492 auf der Insel Guanahani*

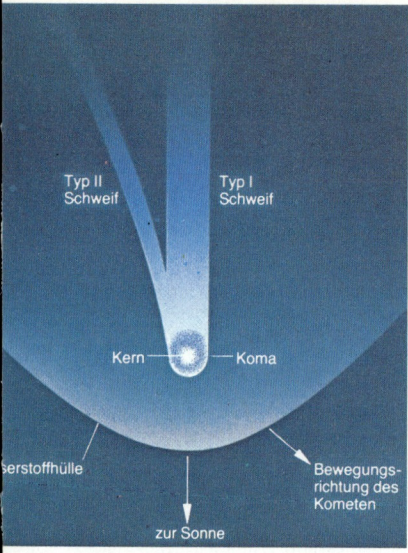

*Komet: schematischer Aufbau*

**Kommandant,** Befehlshaber einer Festung, eines Standorts, eines Panzers u.a.
**Kommandeur** [-'døːr], Befehlshaber eines Verbands des Heeres vom Bataillon bis zur Division; bei der Luftwaffe entsprechend.
**Kommanditgesellschaft,** Abk. *KG,* Personalgesellschaft, Sonderform der *Offenen Handelsgesellschaft;* unterscheidet sich von dieser dadurch, daß nur ein Teil der Gesellschafter (mindestens einer) gegenüber den Gesellschaftsgläubigern mit seinem gesamten Vermögen haftet *(Komplementär, persönl. haftender Gesellschafter),* während die anderen in ihrer Haftung auf eine bestimmte Vermögenseinlage beschränkt sind *(Kommanditist, Kommanditär).* – **K. auf Aktien,** Abk. *KGaA,* seltene Form der Kapitalgesellschaft, im Aufbau der *Kommanditgesellschaft* ähnlich: Die *Kommanditisten (Kommanditaktionäre)* sind an dem in Aktien zerlegten Grundkapital beteiligt, ohne persönl. zu haften; die Rechte u. Pflichten der *Komplementäre* entsprechen denen der Kommanditgesellschaft.
**Kommando, 1.** in der Form vorgeschriebener militär. *Befehl.* – **2.** Anzahl von Soldaten mit bes. Auftrag *(K.unternehmen).* – **3.** militär. Befehlsgewalt.
**Kommandobrücke,** *Deckshaus,* auf Schiffen ein Aufbau mit breiten Frontfenstern für freie Sicht voraus u. über das Schiff; enthält Kommandoelemente, Kompaß, Ruderapparat, Radar u.a.
**Kommende, 1.** Pfründe, Einkünfte aus einem Kirchenamt ohne dessen wirkl. Besitz. – **2.** Verwaltungseinheit beim Johanniterorden u. beim Dt. Orden.
**Kommensalismus,** *Nahrungsnutznießertum,* Verhältnis zweier Tiere versch. Art, aus dem der eine, der *Kommensale* (Mitesser), durch Beteiligung an der Nahrung des anderen, des *Wirtes,* einseitigen Vorteil zieht.
**kommensurabel,** mit gleichem Maß meßbar, vergleichbar.
**Komment** [kɔˈmɑ̃], bes. Verhaltensformen in student. Verbindungen.
**Kommentar, 1.** Erläuterungen u. Anmerkungen bei wiss. Ausgaben literar. Werke u. Gesetzestexte. – **2.** persönl. u. krit. Stellungnahme eines Journalisten zu aktuellen Ereignissen.
**Kommerell,** Max, *1902, †1944, dt. Literaturhistoriker, Schriftst. u. Übers.; Schüler u. Begleiter von S. *George.*
**Kommers,** im student. Verbindungswesen die zu bes. Gelegenheiten abgehaltene Festlichkeit mit festgelegtem Brauchtum; **K.buch,** Liederbuch für student. Verbindungen.
**Kommerz,** veraltete Bez. für *Handel.* – **kommerziell,** Handel u. Gewerbe betreffend, kaufmännisch.
**Kommilitone,** Mitstudent, Studiengenosse.
**Kommis** [kɔˈmiː], Handlungsgehilfe.
**Kommiß,** volkstüml. für den Militärdienst.
**Kommissar, 1.** im Auftrag des Staates arbeitende, mit bes. Vollmachten ausgerüstete Person. – **2.** Dienstrang im Polizeidienst. – **kommissarisch,** vertretungsweise, einstweilig.

**Kommission, 1.** Auftrag, Bevollmächtigung. – **2.** Personenmehrheit, der ein Auftrag erteilt wird, z.B. *Untersuchungs-K.*
**Kommissionär,** Vollkaufmann, der gewerbsmäßig **Kommissionsgeschäfte** tätigt, d.h. Waren oder Wertpapiere für Rechnung eines Auftraggebers **(Kommitent)** im eig. Namen kauft oder verkauft.
**Kommission der Europäischen Gemeinschaften** → Europäische Gemeinschaft.
**Kommode,** halbhohes Möbelstück mit Schubladen.
**Kommodore,** bei der Luftwaffe der Kommandeur eines Geschwaders; bei der Kriegsmarine der Kapitän zur See in Admiralstellung; bei der Handelsmarine Ehrentitel für verdiente Kapitäne.
**kommunal,** die Gemeinde *(Kommune)* betreffend, ihr gehörig.
**Kommunalbeamte,** Beamte der *Gemeinden* u. *Gemeindeverbände* (Landkreise, Ämter, Landschafts- u. kommunale Zweckverbände).
**kommunale Selbstverwaltung,** das in den meisten Staaten bestehende Recht der Gemeinden u. der Gemeindeverbände, ihre Angelegenheiten unter der Aufsicht des Staates selbst zu regeln. Organe sind: Oberbürgermeister, Bürgermeister, Stadtdirektor, Magistrat als Exekutivbehörden; *Ratsversammlung, Gemeinderat, Stadtverordnetenversammlung, Bürgerschaft* als Legislativorgan.
**Kommunalobligationen,** von *Hypothekenbanken* ausgegebene, festverzinsl. Schuldverschreibungen aufgrund von Darlehen an Gemeinden u. Gemeindeverbände.
**Kommunalpolitik,** Gesetzgebungs- u. Verwaltungstätigkeit zur Wahrnehmung innergemeindl. Aufgaben im Rahmen der *kommunalen Selbstverwaltung.*
**Kommunalwahl,** Wahl der Gemeindevertretungen.
**Kommunarde,** Mitgl. einer *Kommune* (2); auch Bez. für die Aufständischen der *Kommune von Paris* 1871.
**Kommune, 1.** urspr. das städt. Gemeinwesen, dann auch der republik. Stadtstaat im MA u. zu Beginn der Neuzeit; heute allg. die *Gemeinde.* – **2.** Lebensgemeinschaft mehrerer Einzelpersonen oder Paare *(Kommunarden);* als neue Form gemeinschaftl. Zusammenlebens in der Studentenbewegung der späten 1960er Jahre entstanden.
**Kommune von Paris,** *Pariser Kommune,* Aufstand der Pariser Arbeiterschaft u. Nationalgarde 1871 gegen die Nationalversammlung; wurde von den Regierungstruppen in blutigen Straßenkämpfen niedergeworfen.
**Kommunikation, 1.** Mitteilung, Verständigung. – **2.** Übermittlung einer Nachricht *(Information)* zw. einem »Sender« u. einem »Empfänger« mit Hilfe eines Übertragungsmediums *(Kanal).*
**Kommunion,** in der kath. Liturgie der Empfang des hl. *Abendmahls.*
**Kommuniqué** [-mynike:], amtl. Mitteilung.
**Kommunism,** *Pik Kommunizma,* fr. *Pik Stalin,* mit 7483 m höchster Berg der Sowj., im nördl. Pamir.
**Kommunismus,** eine vorgestellte Gesellschaftsordnung ohne Privateigentum, in der es keine Klassenunterschiede u. keine Herrschaft von Menschen über Menschen geben soll. Kommunist. Ideen sind seit der Antike bekannt. Die theoret. Grundlagen des modernen K. lieferten *Marx* u. *Engels* im 19. Jh. *(Marxismus). Lenin* schuf ab 1903 die bolschewist. Partei (später *KPdSU),* die 1917 in Rußland die Macht ergriff. Mit Verstaatlichung von Industrie u. Handel u. Kollektivierung der Landwirtschaft suchte sie ihr Programm zu verwirklichen. Ihre Herrschaft wurde unter *Stalin* zur terrorist. Diktatur *(Stalinismus).* Die nach dem 1. Weltkrieg in zahlr. Ländern gegr. kommunist. Parteien (KP; u.a. die *KPD* in Dtld.) waren ideolog. einheitl. ausgerichtet u. mußten bedingungslos die sowj. Politik unterstützen. Nach dem 2. Weltkrieg kamen mehrere Länder Mittel- u. O-Europas unter kommunist. Herrschaft, meist durch direkte sowj. Einwirkung. Selbständigkeitsbestrebungen in einigen dieser Länder wurden gewaltsam unterdrückt. Die Reformpolitik des sowj. Parteichefs *Gorbatschow* führte in den 80er Jahren zur Auflockerung der Blockdisziplin u. ermöglichte Massendemonstrationen gegen polit. Unterdrückung u. wirtsch. Mißstände. 1989/90 brachen die kommunist. Regimes in Polen, Ungarn, der DDR, der Tschechoslowakei, Bulgarien u. Rumänien zusammen; die Parteien lösten sich auf oder gaben sich neue Namen u. Programme. Die KPdSU verzichtete auf ihr Führungsmonopol in der sowj. Gesellschaft.
Außerhalb Europas kamen KP in der Mongolei, China, Vietnam, Nordkorea u. Kuba an die Macht. Die Regimes einiger afrik. Länder bekennen sich zum Marxismus-Leninismus, können aber nur bedingt als kommunist. gelten. Der polit.-ideolog. Bruch zw. der KPdSU u. der KP Chinas seit 1960 machte den Zerfall der einheitl. kommunist. Weltbewegung offenkundig. Die KP mehrerer westl. Länder, bes. die ital. KP, haben sich seit den 60er Jahren von der engen Bindung an die KPdSU gelöst u. den sog. *Euro-K.* entwickelt. Insges. haben die Vorgänge der Jahre 1989/90 zu einer tiefen Krise im internat. K. geführt. – T → S. 466.
**Kommunistische Internationale** → Komintern.
**Kommunistisches Manifest,** *»Manifest der Kommunistischen Partei«,* 1848 von *K. Marx* u. *F. Engels* für den »Bund der Kommunisten« verfaßte Programmschrift der marxist.-kommunist. Bewegung.
**kommunizieren, 1.** miteinander in Verbindung stehen, in *Kommunikation* treten. – **2.** die *Kommunion* empfangen.
**kommunizierende Röhren,** miteinander verbundene, oben offene Röhren. Füllt man sie mit

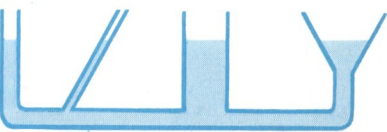

*kommunizierende Röhren (Schema)*

einer Flüssigkeit, so steht diese in allen Röhren (unabhängig von deren Durchmesser u. Form) gleich hoch, da überall der gleiche Druck herrscht.
**Kommutator,** *Stromwender,* Vorrichtung an elektr. Generatoren u. Elektromotoren, mit deren Hilfe die darin herrschende Wechselspannung gleichgerichtet werden kann.
**Komödiant,** im 18. Jh. urspr. Bez. für den Schauspieler; heute im übertragenen Sinn für einen Menschen, der eine Rolle zu spielen versucht, also »schauspielert«.
**Komödie,** *Lustspiel,* Schauspiel mit komischem oder heiterem Inhalt, das ein gutes Ende nimmt; neben der *Tragödie* wichtigste Gatt. des europ. Dramas; man kann nach der Zielrichtung die polit.-gesellschaftskrit., die didakt. u. die reine Unterhaltungs-K. (Boulevard-K.) unterscheiden; Übergänge zu derberen Formen wie *Burleske, Groteske, Farce, Schwank* oder zu ernsten Formen wie *Tragikomödie* sind möglich.
**Komoren,** Inselstaat im Ind. Ozean, zw. Madagaskar u. O-Afrika, 1862 km$^2$, 390 000 Ew. (Moslems), Hptst. *Moroni.* Die vier großen *(Ngazidia, Mwali, Ndzuwani* sowie das polit. nicht zur Rep. K. gehörende → Mayotte) u. einige kleinere Inseln sind vulkan. Ursprungs (tätiger Vulkan *Kar-*

*Kommunismus: KP der Sowjetunion: XXVII. Parteitag; Moskau 1986*

## 466 Komotau

*Komoren*

tala auf Ngazidia, 2560 m). Hauptausfuhrgüter sind äther. Öle, Vanille, Sisal, Kopra u.a.
Geschichte. 1886 wurden die K. frz. Protektorat, 1909 Kolonie, 1946 erhielt die Kolonie den Status eines Überseeterritoriums. 1961 wurde Autonomie gewährt. 1975 wurden die K. unabh. 1978 wurde die *Islam. Bundesrepublik K.* proklamiert.

**Komotau,** tschech. *Chomutov,* Stadt in N-Böhmen (ČSFR), am Fuß des Erzgebirges, 58 000 Ew.; barocke Kirchen, Maschinenbau, Hütten-Ind.; Braunkohlenabbau.

**Kompagnon** [-pa'njɔ̃], *Compagnon,* Gesellschafter, Teilhaber.

**kompakt,** dicht, fest.

**Kompanie, 1.** Handelsgesellschaft, Genossenschaft. – **2.** unterste Einheit der Truppe bei Heer, Luftwaffe u. Marine; in den fliegenden Verbänden auch *Staffel,* bei der Artillerie auch *Batterie* genannt; bei berittenen oder bespannten Truppen fr. *Schwadron* oder *Eskadron.*

**Komparation,** Steigerung des Adjektivs u. Adverbs; Grundform: *Positiv* (z.B. klein), 1. Steigerungsstufe: *Komparativ* (kleiner), 2. Steigerungsstufe: *Superlativ* (am kleinsten).

**Komparse,** *Statist,* stumme Rolle im Theater u. Film.

**Kompaß,** Gerät zur Bestimmung der Himmelsrichtung; 1. *Magnet-K.:* Eine frei bewegl. Magnetnadel stellt sich unter Einwirkung des magnet. Erdfelds in N-S-Richtung ein. Eine *Windrose* (Einteilung eines Kreises in Himmelsrichtungen) ermöglicht es, die gesuchte Richtung abzulesen. 2. *Kreisel-K.:* Ein schnell rotierender Kreisel, dessen Rotationsachse horizontal verläuft. 3. *Elektronen-K.:* Ein senkr. nach oben (oder unten) gerichteter Elektronenstrahl wird durch das magnet. Erdfeld nach O (oder W) abgelenkt.

**Kompaßpflanzen,** *Meridianpflanzen,* Pflanzen, die ihre Blätter in N-S-Richtung einstellen u. so ihre mit den Kanten nach oben gestellten Blattflächen nicht der schwächeren Abend- oder Morgenlicht zuwenden.

**Kompatibilität, 1.** Vereinbarkeit, Verträglichkeit. – **2.** Möglichkeit, versch. Ämter gleichzeitig innezuhaben oder die Amtsgewalt in bestimmten Situationen auszuüben. – **3.** Vereinbarkeit versch. techn. oder elektron. Systeme.

**Kompendium,** knappes Lehrbuch, Leitfaden, Abriß.

**Kompensation,** Aufrechnung, Ausgleich, Entschädigung. Zur *Über-K.* kommt es, wenn nicht nur Ausgleich, sondern gesteigerter Erfolg erreicht wird.

**Kompensationsgeschäft,** Tauschgeschäft unter Ausschaltung des Geldes; Tausch von Ware gegen Ware.

**Kompensator, 1.** Meßinstrument, das Spannung mißt, indem die gemessene Größe durch Vergleich mit der Normalspannung so kompensiert wird, daß keine Differenz mehr zw. beiden herrscht. – **2.** *Dehnungsausgleicher,* Stück einer Rohrleitung, das die durch Temperaturschwankungen hervorgerufenen Längenänderungen ausgleicht.

**Kompetenz,** Zuständigkeit (zur Gesetzgebung, zur Verw., für fachl. Fragen u.a.). – **K.konflikt,** Streit um die Zuständigkeit.

**Kompilation,** aus anderen Werken zusammengestellte wiss. oder literar. Arbeit.

**Komplement, 1.** Ergänzung. – **2.** Sammelbegriff für bestimmte Blutproteine, die auf eine im Blut befindl. (Stör-)Substanz (Fremdkörper) in einer festgelegten Reihenfolge der Bindung reagieren. – **K.bindungsreaktion,** Abk. *KBR,* Methode, mit der sowohl *Antikörper* als auch *Antigene* im Blut nachgewiesen werden u. quantitativ bestimmt werden können; wichtige Methode zum Nachweis von Infektionskrankheiten.

**Komplementär,** persönl. haftender Gesellschafter einer *Kommanditgesellschaft.*

**Komplementärfarbe,** *Ergänzungsfarbe,* Farbe, die eine andere bei additiver Farbmischung zu Weiß ergänzt (z.B. Rot-Grün, Blau-Gelb). Auch → Farbenlehre.

**Komplementarität,** zuerst von N. *Bohr* erkannte Erfahrungstatsache, daß atomare Teilchen zwei paarweise gekoppelte, scheinbar einander widersprechende Eigenschaften haben, z.B. sowohl Teilchen- als auch Wellencharakter. → Quantentheorie.

**Komplementwinkel,** zwei Winkel, die sich zu 90° ergänzen.

**Komplet, 1.** [kɔm'ple:t; die], *Completorium,* kirchl. Nachtgebet des Breviers. – **2.** [kɔ̃'ple; das], *Complet,* in der Damenmode zwei aufeinander in Farbe u. Stoff abgestimmte Kleidungsstücke (z.B. Kleid u. Jacke).

**komplett,** vollständig. – **komplettieren,** vervollständigen.

**Komplex, 1.** vielfältig zusammengesetzte Einheit, Gesamtheit; Fläche, Gebiet, Bereich. – **komplex,** vielfältig zusammengesetzt, verwickelt. – **2.** in der Psychoanalyse die Verbindung von (abgespaltenen, unverarbeiteten) Vorstellungen oder Erlebnissen mit peinl. Gefühlen; meist ins Unbewußte verdrängt, bleiben sie aber wirksam als fortwährende Bewußtseinsbeunruhigung u. können den Ausgangspunkt für *Neurosen* bilden.

**Komplexauge,** zusammengesetztes Auge der Insekten.

**komplexe Zahl,** Summe aus einer reellen u. einer imaginären Zahl: a + bi.

**Komplexverbindungen,** chem. Verbindungen höherer Ordnung, bei deren Aufbau andere Bindungskräfte als bei den einfachen Verbindungen mitwirken u. deren Zusammensetzung im allg.

---

| | **Wichtige Daten aus der Geschichte des Kommunismus** |
|---|---|
| 1848 | K. Marx und F. Engels verfassen für den „Bund der Kommunisten" das „Manifest der Kommunistischen Partei". Das Wort „Kommunismus" ist seit etwa 1840 in Gebrauch |
| 1864 | Gründung der Ersten Internationale |
| 1903 | Die 1898 gegründete Sozialdemokratische Arbeiterpartei Rußlands spaltet sich in die Fraktionen der gemäßigten Menschewiki und der radikalen Bolschewiki unter W. I. Lenin |
| 1912 | Die Bolschewiki konstituieren sich als selbständige Partei |
| 1917 | Machtergreifung der Bolschewiki in Rußland (Oktoberrevolution) |
| 1918 | Die Bolschewiki nennen sich „Russische Kommunistische Partei" (später KPdSU). – Gründung der Kommunistischen Partei Deutschlands. In den folgenden Jahren Gründung zahlreicher weiterer kommunistischer Parteien, z.B. 1920 in Frankreich, 1921 in Italien und China |
| 1919 | Gründung der Kommunistischen Internationale (Komintern). – Kurzlebige kommunistische Räterepubliken in Bayern und Ungarn |
| 1921 | „Neue Ökonomische Politik" in Sowjetrußland: begrenzte Zulassung der Privatwirtschaft |
| 1924 | Tod Lenins; danach Machtkämpfe in der Parteiführung |
| 1928 | J. W. Stalin schaltet die letzten Rivalen aus und wird Diktator der Sowjetunion. Forcierte Industrialisierung und Kollektivierung der Landwirtschaft. Linksschwenkung der Komintern: Als Hauptgegner gilt die Sozialdemokratie |
| 1931 | Die chinesischen Kommunisten errichten einen „Sowjetstaat" in der Provinz Jiangxi |
| 1933 | Verbot der KPD und Verfolgung ihrer Mitglieder durch das NS-Regime |
| 1934– 1935 | „Langer Marsch" der chinesischen Kommunisten aus Jiangxi nach der nördlichen Provinz Shaanxi. Mao Zedong setzt sich als Parteiführer durch |
| 1935 | Übergang der Komintern zur Volksfrontpolitik: Bündnisse mit sozialdemokratischen und linksbürgerlichen Parteien |
| 1936– 1938 | „Große Säuberung" in der Sowjetunion: Stalin läßt Hunderttausende von Partei- und Staatsfunktionären umbringen |
| 1943 | Auflösung der Komintern |
| 1945– 1948 | Nach dem 2. Weltkrieg kommen in mehreren Ländern Ost- und Mitteleuropas kommunistische Regimes an die Macht, meist im Gefolge der siegreichen Sowjetunion, in Jugoslawien und Albanien aus eigener Kraft |
| 1946 | In der Sowjetischen Besatzungszone muß sich die SPD mit der KPD zur SED vereinigen |
| 1948 | Bruch zwischen der Sowjetunion und den jugoslawischen Kommunisten unter J. Tito |
| 1949 | Sieg der chinesischen Kommunisten im Bürgerkrieg; Gründung der Volksrepublik China |
| 1949– 1952 | Schauprozesse gegen führende Parteifunktionäre in mehreren Satellitenstaaten, die als „titoistische und imperialistische Agenten" bezeichnet werden |
| 1953 | Tod Stalins. Die Gruppe der Nachfolger rückt von seinen Herrschaftsmethoden ab |
| 1953 | Ein Volksaufstand in der DDR wird von sowjetischen Truppen niedergeschlagen |
| 1955 | Aussöhnung zwischen der Sowjetunion und Jugoslawien, dem ein „eigener Weg zum Sozialismus" zugestanden wird |
| 1956 | XX. Parteitag der KPdSU. In einer geschlossenen Sitzung übt N. S. Chruschtschow heftige Kritik an Stalin. – In Polen kommt es zum Sturz der stalinistischen Parteiführung, in Ungarn zu einem Volksaufstand, der von sowjetischen Truppen niedergeschlagen wird |
| 1957 | Chruschtschow setzt sich als Parteichef durch und läßt seine Rivalen aus der Führung ausschließen. – In China eröffnet Mao die „Hundert-Blumen-Kampagne" für mehr Geistesfreiheit, bricht sie aber ab, als sie das Machtmonopol der Partei bedroht |
| 1958 | „Großer Sprung nach vorn" in China: Der Versuch, den sofortigen Übergang zum Kommunismus zu vollziehen, scheitert |
| 1960 | Weltkonferenz der kommunistischen Parteien in Moskau; offener Konflikt zwischen der sowjetischen und der chinesischen Partei |
| 1961 | Der XXII. Parteitag der KPdSU nimmt ein neues Parteiprogramm an, dem zufolge die UdSSR binnen 10 Jahren die USA in der Industrieproduktion überholen soll. – Der kubanische Revolutionsführer F. Castro bekennt sich zum Kommunismus |
| 1964 | Chruschtschow wird abgesetzt; neuer Parteichef wird L. I. Breschnew |
| 1966– 1969 | „Kulturrevolution" in China: Auf Weisung Maos werden Intellektuelle und Funktionäre mißhandelt, viele von ihnen getötet; wertvolle Kulturgüter werden vernichtet |
| 1968 | „Prager Frühling": Die neue Parteiführung der ČSSR leitet eine Demokratisierung ein, die durch den Einmarsch von Warschauer-Pakt-Truppen unterbunden wird |
| 1971 | W. Ulbricht, langjähriger Parteichef der SED, wird gestürzt; Nachfolger wird E. Honecker |
| 1975 | Sieg der Kommunisten im Vietnamkrieg; ganz Vietnam wird kommunistisch, ebenso Laos und Kambodscha. – Mehrere Regimes von Staaten der Dritten Welt bekennen sich zum Kommunismus (z.B. Angola, Moçambique, Äthiopien). – In westlichen Ländern, besonders in Italien, entwickelt sich der „Eurokommunismus", der den sowjetischen Führungsanspruch ablehnt und einen demokratischen Weg zum Sozialismus proklamiert |
| 1976 | Tod Mao Zedongs. Aus den anschließenden Machtkämpfen geht Deng Xiaoping als maßgebender Politiker hervor |
| 1980 | In Polen entsteht die unabhängige Gewerkschaftsbewegung „Solidarność", die von der Parteiführung zunächst anerkannt, dann aber verboten wird |
| 1982 | Tod Breschnews; ihm folgen J. W. Andropow († 1984) und K. U. Tschernenko († 1985) |
| 1985 | M. S. Gorbatschow wird Parteichef der KPdSU |
| 1987 | Unter den Schlagworten „Offenheit, Umgestaltung, Demokratisierung" kündigt Gorbatschow umfassende Reformen an. Die Reformbewegung greift auf die Satellitenstaaten über. Von den Regimes wird sie teils begrüßt (z.B. in Ungarn), teils bekämpft (vor allem in der DDR) |
| 1989 | In Polen, Ungarn, der DDR, der Tschechoslowakei, Bulgarien und Rumänien bricht das kommunistische System zusammen. Der Übergang zur parlamentarischen Demokratie und zur Marktwirtschaft wird eingeleitet |
| 1990 | In der UdSSR verzichtet die KPdSU auf ihren Führungsanspruch. Gorbatschow kündigt den Übergang zur Marktwirtschaft an. Versorgungskrisen und nationale Konflikte erschüttern das Land |

nicht der normalen Wertigkeit ihrer Bestandteile entspricht.
**Komplikation,** Verwicklung, Schwierigkeit; Verschlimmerung einer Krankheit durch hinzukommende Störungen.
**Kompliment,** Höflichkeitsbezeigung, Schmeichelei.
**Komplott,** Verschwörung, Verabredung zu Straftaten.
**Kompong Cham,** Prov.-Hptst. in Kambodscha, am Mekong, 33 000 Ew.
**komponieren,** zusammenstellen; eine *Komposition* schaffen. – **Komponist,** *Tonsetzer,* Verfasser musikal. Werke. – **Komposition,** Zusammenstellung, kunstvolle Anordnung; notenschriftl. festgehaltenes musikal. Werk.
**Kompositum,** aus mehreren Wörtern zusammengesetztes Wort; Ggs.: *Simplex.*
**Kompost,** Verrottungsprodukt aus pflanzl. u. tier. Abfällen; Humusdünger.
**Kompott,** frisch gekochtes oder eingemachtes Obst.
**Kompresse,** mehrf. gefaltetes u. zusammengedrücktes Stück Leinwand oder Mull zu Verbänden, feuchten Umschlägen u. ä.
**Kompression,** *Verdichtung,* Verringerung des Volumens eines festen Körpers, einer Flüssigkeit oder eines Gases durch Druck. – **K.sverband,** *Druckverband,* unter Druck angelegter, gepolsterter Verband zur Blutstillung.
**Kompressor,** *Gasverdichter,* Maschine zum Verdichten von Luft, Gasen u. Dämpfen bis zu Drücken von mehr als 100 bar; für Windkessel, Druckluft, Verbrennungsmotoren, Düsenantriebe u. chem. Synthesen.
**Kompromiß,** Zugeständnis, Ausgleich durch beiderseitiges Nachgeben.
**Komsomol,** russ. Kurzwort für den Kommunist. Jugendverband, 1918 gegr. sowj. Staatsorganisation; erfaßt die 14–26jährigen (**Komsomolzen**).
**Komtesse,** *Comtesse,* Gräfin; in Dtld. u. Östr. fr. die unverheiratete Grafentochter.
**Komtur, 1.** in den geistl. Ritterorden der Inhaber eines Ordensamtes; meist der Vorsteher eines Hauses *(Komturei, Kommende).* – **2.** Inhaber eines mittleren Verdienstordens.
**Konche,** muschelförmige Überwölbung des Altarraums in frühchristl. u. mittelalterl. Kirchen; später Bez. für die Apsis oder den Chor u. für jeden halbrunden, sich nach einem größeren Raum öffnenden Nebenraum.
**Konchylien,** harte Schalen der Weichtiere.
**Kondensation, 1.** chem. Reaktion, bei der sich zwei Moleküle unter Abspaltung eines einfachen Stoffs (z. B. Wasser) zu einem größeren Molekül verbinden. – **2.** Übergang eines Stoffs aus dem gasförmigen in den flüssigen Aggregatzustand, so bei Gasen u. Dämpfen durch Abkühlung oder Druckerhöhung oder beides. Die Temp., bei der die K. einsetzt, heißt *K.stemperatur.* Bei der K. wird die gleiche Wärmemenge *(K.swärme)* frei, die zur Verdampfung nötig ist.
**Kondensator, 1.** Bauteil, das entspr. seiner *Kapazität* elektr. Ladungen speichert; besteht aus zwei elektr. leitenden Belägen, zw. denen sich ein Dielektrikum (Nichtleiter) befindet. – **2.** Vorrichtung, die durch Niederschlagen des Abdampfs von Dampfmaschinen u. -turbinen zur Verringerung des Gegendrucks führt.
**kondensierte Milch,** *Kondensmilch,* durch Eindicken im Vakuum bei rd. 60 °C u. anschließendes *Homogenisieren* sowie *Sterilisieren* lange haltbar gemachte Milch.
**Kondensor,** Sammellinse (auch als Linsensystem), die von einer Lichtquelle ausgehenden Strahlen sammelt, z. B. in Diaprojektoren.
**Kondensstreifen,** weiße, schmale Streifen, die sich hinter Flugzeugen in großer Höhe bilden; entstehen durch Kondensation von Wasserdampf an den festen Teilchen, die in den Abgasen der Flugtriebwerke enthalten sind.
**Kondition, 1.** (Geschäfts-)Bedingung, erforderl. Beschaffenheit. – **2.** körperl. Verfassung eines Menschen, bes. im Sport. – **K.straining,** Übungsprogramm zur Vervollkommnung der körperl. Leistungsfähigkeit, v. a. Ausdauer, Kraft u. Schnelligkeit.
**Kondolenz,** Beileidsäußerung.
**Kondom,** *Condom, Präservativ,* dünner Überzug aus Gummi für das männl. Glied beim Geschlechtsverkehr; zur Verhütung einer Ansteckung mit Geschlechtskrankheiten u. zur Empfängnisverhütung.

*Kondor*

**Kondominium,** *Condominium, Kondominat,* die Ausübung gemeinsamer Staatsgewalt zweier oder mehrerer Staaten über ein Gebiet.
**Kondor,** rotköpfiger *Neuweltgeier* der Hochgebirge S-Amerikas; 1,60 m lang, mit über 3 m Flügelspanne u. bis 12 kg Gewicht. Vom gleich großen *Kaliforn. K.* leben noch einige Exemplare in einem Schutzgebiet nördl. von Los Angeles.
**Kondukt,** feierl. Geleit, Leichenzug.
**Konduktor,** isolierter elektr. Leiter, auf dem eine elektr. Ladung angesammelt oder transportiert wird.
**Konfekt,** Süßwaren, Pralinen, feinstes kleines Backwerk mit Schokolade, Marzipan, kandierten Früchten u. ä.
**Konfektion,** fabrikmäßiges Herstellen von Kleidungsstücken; auch diese selbst.
**Konferenz für Sicherheit und Zusammenarbeit in Europa** → KSZE.
**Konferenzschaltung,** Sammelschaltung bei Fernseh-, Fernsprech- u. Fernschreibanlagen: Jeder Teilnehmer ist mit allen anderen verbunden.
**Konfession,** *Bekenntnis,* allg. die Erklärung der Zugehörigkeit zu einer Glaubensgemeinschaft oder weltanschaul. Gruppe, bes. die verbindl. Formulierung der Glaubensinhalts in *Bekenntnisschriften.* – **K.sschule,** → Bekenntnisschule.
**Konfirmation,** in der ev. Kirchen feierl. Abschluß des Konfirmandenunterrichts, in dem der Jugendliche die Grundlagen des Glaubens verstehen gelernt hat. Mit der K. wird er zum Abendmahl zugelassen u. zum mündigen Gemeindemitgl. erklärt.
**Konfiserie,** *Confiserie,* Konditorei, Feinbäckerei; auch feines Backwerk.
**Konfiskation,** Beschlagnahme, Enteignung, Einziehung zugunsten des Staates oder allg. der öffentl. Hand.
**Konflikt,** Zusammenstoß, Streit; Widerstreit versch. Forderungen an dieselbe Person. – **K.forschung** → Friedensforschung.
**Konfluenz,** Zusammenschluß zweier Gletscherströme mit Stufenbildung.
**Konföderation, 1.** allg. Zusammenschluß, organisator. Verbindung. – **2.** Staatenbund, d. h. völkerrechtl. Verbindung unabh. Staaten, die nur einen Teil ihrer völkerrechtl. Souveränität an die Bundesorgane abtreten, im übrigen aber volle staatsrechtl. Souveränität behalten.
**Konföderierte Staaten von Amerika,** die 11 *Südstaaten* der USA, die 1861 in Montgomery u. Richmond einen Sonderbund gründeten, im *Sezessionskrieg* aber den Nordstaaten unterlagen.
**konform,** übereinstimmend, gleichgestimmt.
**Konformist,** jemand, der dazu neigt, seine persönl. Auffassung der vorherrschenden Meinung anzugleichen. Ggs.: *Nonkonformist.*
**Konfrontation,** Gegenüberstellung.
**konfus,** wirr, verworren. – **Konfusion,** Verwirrung.
**Konfuzius,** latinisiert aus *Kong fuzi, Kong Zi,* persönl. Name *Kong Qiu,* *551 v. Chr., †479 v. Chr., chin. Philosoph; stellte die Erlangung vollkommener Tugend als Ideal dar; der Staat sollte sich auf Sittlichkeit gründen. Vom 2. Jh. v. Chr. an wurden seine Lehren zum *Konfuzianismus* systematisiert. – **Konfuzianismus,** System von religiösen, philosoph. u. gesellschaftl.-polit. Ideen u. Wertvorstellungen; stellt Verhaltensnormen in den Vordergrund; Haupttugenden sind Menschenliebe, Rechtschaffenheit, Ehrerbietung u. Schicklichkeit; seit dem 2. Jh. v. Chr. zur chin. Staatsdoktrin erhoben; durch die Revolution 1912 abgeschafft.

**Kongreßpolen** 467

**kongenial,** geistesverwandt.
**Konglomerat, 1.** allg. Zusammenballung, Anhäufung; Gemenge, Gemisch. – **2.** Gestein aus grobkörnigem Kies, der durch ein kalkiges oder toniges Bindemittel fest verkittet ist.
**Kongo,** *Bakongo, Mba-Völker,* Gruppe mutterrechtl. Bantu-Stämme (2,5 Mio.) am unteren Kongo (in Zaire, Angola, der VR Kongo, Uganda).
**Kongo,** *Zaire,* zweitlängster, aber wasserreichster afrik. Strom, 4320 km lang; bildet zahlr. Stromschnellen, im Oberlauf die *Stanleyfälle,* im Unterlauf die 32 *Livingstonefälle;* fließt in das flache *K.-Becken,* die größte afrik. Beckenlandschaft; mündet (4,6 km breit) bei Boma in den Atlantik.
**Kongo,** Staat in Zentralafrika, 342 000 km², 1,8 Mio. Ew. (v. a. Bantuvölker), Hptst. *Brazzaville.*

*Kongo*

Landesnatur. Das Küstenland geht in die durchschnittl. 500–800 m hohe Niederguineaschwelle über, die sich nach NO zum Kongobecken abdacht. Der N des Landes hat feuchtheißes Klima. Im S tritt eine Trockenzeit auf. Das Bekkeninnere u. ein Teil der Schwelle sind mit Regenwald bedeckt, an der Küste gibt es Mangrove. Wirtschaft. Die Pflanzungswirtsch. liefert Ölpalmprodukte, Tabak, Zucker, Kakao u. Kaffee für den Export. Die Wälder erbringen Edelhölzer. An Bodenschätzen werden Erdöl, Blei u. Zinkerz, Kupfer, Kali, Gold u. Diamanten exportiert. – Im N sind der Kongo u. einige Nebenflüsse die einzigen Verkehrswege. Eine Eisenbahn verbindet den Hafen Pointe-Noire mit Brazzaville u. M'Binda an der Grenze nach Gabun.
Geschichte. 1880 sicherte P. *Savorgnan de Brazza* das Land für Frankreich; als Kolonie seit 1910 Teil von Frz.-Äquatorialafrika. Am 15.8.1960 wurde es unabh. Seit 1979 regiert D. *Sassou-Nguesso.*
**Kongregation, 1.** monastische K., Zusammenschluß mehrerer Klöster eines Mönchsordens. – **2.** religiöse K., Genossenschaft mit einfachen (ewigen oder zeitl.) Gelübden, im Ggs. zum *Orden* mit seinen feierl. Gelübden. Die Mitgl. sind an keine Klausur gebunden. – **3.** → Kurienkongregationen.
**Kongreß, 1.** period. Zusammenkunft zur Beratung u. Beschlußfassung, bes. von Berufs- oder Standesorganisationen u. Parteien; Tagung. – **2.** in zahlr. Staaten die Bez. für das *Parlament.* In den USA z. B. bilden *Repräsentantenhaus* u. *Senat* zus. den K.
**Kongreßpolen,** der Teil Polens, der durch Beschluß des *Wiener Kongresses* 1815 als Kgr. Polen

*Konfuzius*

**Kongruenz**

bis 1918 ein Teil Rußlands war (bis 1831 mit autonomer Verf.).

**Kongruenz, 1.** allg. Deckungsgleichheit, Übereinstimmung. – **2.** In der Geometrie heißen Figuren kongruent, die sich vollständig zur Deckung bringen lassen (Zeichen ≅).

**Koniferen** → Nadelhölzer.

**König, 1.** Träger der höchsten monarch. Würde nächst dem *Kaiser*. Das dt. K.tum ging wie das frz. aus dem fränk. hervor u. war in Fkr. Neuzeit zumindest rechtl. *Wahlmonarchie;* in Frankreich wie in England herrschte das Erbrecht. – **2.** beim Kartenspiel die zweithöchste Karte. – **3.** wichtigste Figur im Schachspiel, deren Gefangennahme das *Schachmatt* ist.

**Königgrätz,** tschechosl. *Hradec Králové,* Stadt in O-Böhmen (ČSFR), an der Mündung der Adler in die Elbe, 100 000 Ew.; got. Kathedrale (14. Jh.), Reste der Stadtbefestigung. – Im Dt. Krieg 1866 entscheidender preuß. Sieg *(Moltke)* über die Österreicher u. Sachsen.

**Königin der Nacht,** mittelamerik. *Kaktusgewächs;* mit 30 cm langen Blüten, die sich nur eine Nacht öffnen.

**Königsberg (Pr)** [d.h. Preußen], seit 1946 russ. *Kaliningrad,* Stadt in Ostpreußen, am Pregel nahe seiner Mündung ins Frische Haff, 394 000 Ew.; Univ. (gegr. 1544); Dom (13. Jh.), Ordensschloß; Schiff- u. Waggonbau u.a. Ind.; Flughafen; Marine- u. Militärstützpunkt; durch den *K.er Seekanal* (42 km) mit dem Vorhafen Pillau verbunden; z.Z. der drittgrößte Fischereihafen der Sowj. – Gesch.: 1255 durch den *Dt. Orden* gegr.; 1525–1618 Sitz der preuß. Herzöge, seit 1701 Krönungsstadt der preuß. Könige, 1805–1945 Hptst. der preuß. Prov. Ostpreußen, 1946 mit dem nördl. Ostpreußen der RSFSR eingegliedert.

**Königshütte,** poln. *Chorzów,* bis 1934 *Królewska Huta,* Stadt im oberschles. Ind.-Gebiet Polens, 140 000 Ew.; Steinkohlenbergbau, Hüttenind.

**Königskerze,** Gatt. der *Rachenblütler,* bis 1 m hohe Pflanze mit großen endständigen Blütentrauben; mitteleurop. Arten meist gelb- oder weißblühend; Blüten der *Großblütigen K.* u. der *Filzigen K.* getrocknet als Hustenmittel.

**Königskobra,** bis 4,5 m lange asiat. *Hutschlange;* die größte Giftschlange.

**Königslutter am Elm,** Stadt in Nds., östl. von Braunschweig, 16 000 Ew.; ehem. Benediktinerkloster (gegr. 1135) mit roman. Stiftskirche.

**Königsschlange** → Abgottschlange.

**Königssee,** von steilen Felswänden (Watzmann, Steinernes Meer) eingerahmter oberbay. Alpensee, südl. von Berchtesgaden, 601 m ü.M., 5,2 km²; am W-Ufer der Halbinsel *St. Bartholomä* mit Wallfahrtskirche (1711). Naturschutzgebiet im Nationalpark Berchtesgaden.

**Königstein,** *K. im Taunus,* Stadt in Hessen am S-Hang des Taunus, 16 000 Ew.; heilklimat. Kurort; Philos.-Theol. HS.

**Königswasser,** Gemisch aus 3 Teilen konzentrierter Salzsäure u. 1 Teil konzentrierter Salpetersäure; löst Edelmetalle auf, z.B. Gold u. Platin.

**Königswinter,** Stadt in NRW, am Siebengebirge,

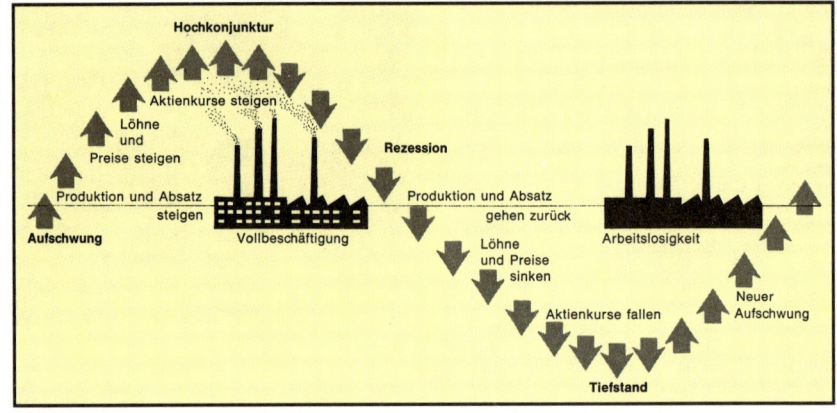

*Konjunkturzyklus*

34 000 Ew.; metallverarbeitende u. Elektro-Ind., Weinanbau u. -handel; Fremdenverkehr; Zahnradbahn zum *Drachenfels*.

**Königs Wusterhausen,** Krst. in Brandenburg, sö. von Berlin, 19 000 Ew.; 1920 erste dt. Rundfunksendung.

**Konin,** Stadt in Polen, an der Warthe, 77 500 Ew.; Aluminiumhütte, Maschinenbau.

**konisch,** kegelförmig.

**Köniz,** schweiz. Dorfgemeinde, sw. von Bern, 36 000 Ew.; Schloß.

**Konjektur,** Berichtigung oder Ergänzung eines schlecht überlieferten oder lückenhaften Textes in der begr. Annahme, den Original-Wortlaut wiederherzustellen.

**Konjugation, 1.** Beugung *(Flexion)* des Verbums. – **2.** Form der sexuellen Fortpflanzung bei Bakterien u. *Wimpertierchen,* bei der zwei Zellen genet. Material austauschen.

**Konjunktion, 1.** opt. Zusammentreffen zweier (oder mehrerer) Himmelskörper (Planeten, Sonne, Mond). – **2.** *Bindewort,* Wortart, die Satzteile, Hauptsätze u. Nebensätze gleichen Grades verbindet (»und, denn, aber«) oder die Haupt- mit Nebensätzen sowie Nebensätze versch. Grades miteinander verbindet (»daß, weil, als« u.a.).

**Konjunktiv,** *Möglichkeitsform* des Verbums, heute hpts. verwendet in indirekter Rede (»er sagte, er *werde kommen*«) u. in irrealen Bedingungssätzen (»wenn er *käme…* «).

**Konjunktur,** Schwankungen von Wirtschaftsdaten innerhalb eines *K.zyklus* (Zeitraum, der einen konjunkturellen Auf- u. Abschwung umfaßt); *K.phasen:* 1. *Depression (Tiefstand):* niedrige Produktionswerte, Unterbeschäftigung, niedriges Volkseinkommen bei sinkenden Preisen u. Löhnen, geringe Gewinne bzw. Verluste, schwache Investitionstätigkeit. 2. *Aufschwung (Erholung, Expansion):* Verstärkung der Produktionstätigkeit, steigende Einkommen, Anstieg der Konsumnachfrage, wachsende Gewinne, Zunahme an Investitionen. 3. *Vollbeschäftigung (Hoch-K., Prosperität):* Produktion erreicht denkbar größte Höhe, Geldeinkommen u. Preise rel. stabil. 4. *Überbeschäftigung (Boom, Krise):* Überschreiten der Vollbeschäftigung, Preisanstieg, sinkende Reallöhne, hohe Gewinne, insges. instabiler Zustand. 5. *Rezession (Niedergang, Abschwung):* zunehmende Unterbeschäftigung, Ende der Sachgüterkonjunktur, Rückgang der Investitionen, weitere Abwärtsbewegung kann zur Depression führen. – **K.politik,** alle auf eine Verhinderung oder Einschränkung der K.schwankungen gerichteten staatl. Maßnahmen; Ziele sind Preisniveaustabilität, hoher Beschäftigungsstand u. außenwirtsch. Gleichgewicht; Anwendungsbereiche sind Geld- u. Fiskalpolitik, außenwirtsch. Absicherung u. Einkommenspolitik.

**konkav,** hohl, nach innen gekrümmt, z.B. bei *K.linsen.*

**Konklave,** abgeschlossener Raum, in dem der Papst gewählt wird; auch die Versammlung der Kardinäle zur Papstwahl.

**konkludent,** eine bestimmte Schlußfolgerung erlaubend, schlüssig. – **Konklusion,** Schlußfolgerung.

**Konkordanz, 1.** Übereinstimmung in bestimmten Merkmalen, z.B. bei eineiigen Zwillingen. – **2.** alphabet. Zusammenstellung der Gedanken, Begriffe oder Wörter eines religiösen oder literar. Werkes mit Angabe aller Stellen.

**Konkordat** → Kirchenvertrag.

**Konkordienbuch,** maßgebl. Sammlung der luth. Bekenntnisschriften, 1580 veröffentlicht; enthält u.a. die 3 altkirchl. Glaubensbekenntnisse, das Augsburg. Bekenntnis, die Schmalkald. Artikel, M. Luthers Kleinen u. Großen Katechismus u. die *Konkordienformel,* als letzte luth. Bekenntnisschrift verfaßt.

**Konkremente,** harte mineral. Abscheidungen in Körpergeweben u. Körperflüssigkeit, z.B. Nierensteine, Gallensteine.

**konkret,** sinnfällig, anschaul., gegenständl.; Ggs.: *abstrakt.*

**Konkretionen,** unregelmäßige, meist kugelige oder knollige Zusammenballungen von Mineralien innerhalb eines Gesteins, z.B. die *Lößkindel.*

**Konkubinat,** dauernde außerehel. Geschlechts-

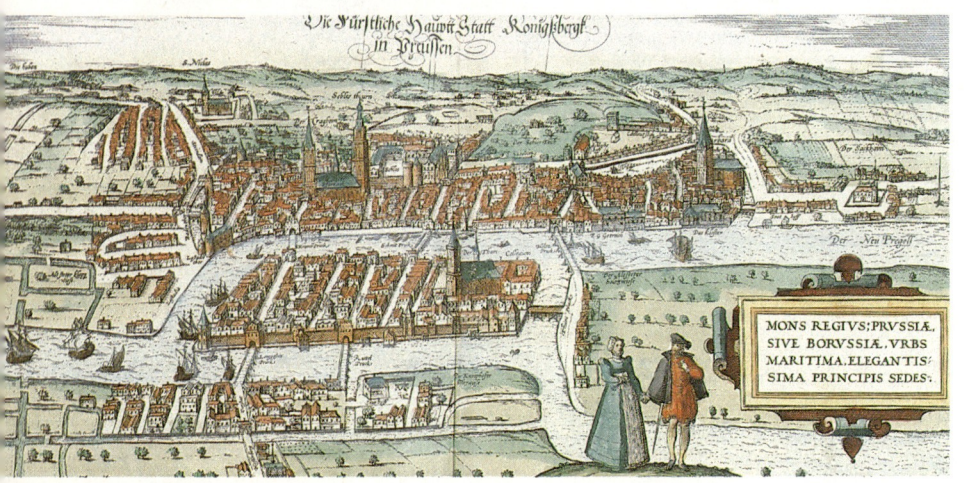

*Königsberg (Pr): Stadtansicht um 1590; kolorierter Kupferstich*

*Königssee*

gemeinschaft *(wilde Ehe).* – **Konkubine,** Frau, die im *K.* lebt.
**Konkurrenz,** Wettstreit, Wettbewerb, auch die Gesamtheit der Mitbewerber.
**konkurrierende Gesetzgebung,** Gesetzgebungskompetenz, die sowohl den Ländern als auch dem Bund zusteht. Die Länder haben Gesetzgebungsbefugnis, soweit der Bund von seinem Gesetzgebungsrecht keinen Gebrauch macht.
**Konkurs,** *Falliment, Gant, Bank(e)rott,* Verfahren zur gleichmäßigen Befriedigung aller Vermögens- u. schuldrechtl. *K.gläubiger* eines zahlungsunfähigen oder überschuldeten Schuldners *(Gemeinschuldner)* aus dessen vollstreckungsfähigem Vermögen **(K.masse);** geregelt in der *K.ordnung* (Abk. *KO*). Der K. wird auf Antrag des Schuldners oder eines Gläubigers beim zuständigen Amtsgericht *(K.gericht)* eröffnet u. unter dessen Leitung durch den von ihm ernannten *K.verwalter* durchgeführt. – **K.ausfallgeld,** bei K. von Betrieben durch das Arbeitsamt auf Antrag des Arbeitnehmers zu zahlende Summe von bis zu 3 rückständigen (Netto-)Monatslöhnen bzw.- gehältern. – **K.delikte,** *K.straftaten,* betrüger., wirtsch. verantwortungslose Machenschaften des Gemeinschuldners zum Nachteil der K.gläubiger, die unter Strafe gestellt sind: Bankrotthandlungen (Sonderfall: betrüger. Bankrott), Gläubiger- u. Schuldnerbegünstigung, Verletzung der Buchführungspflicht.
**Konnex,** Verflechtung, Verbindung; persönl. Verbindungen.
**Konnossement,** *Seefrachtbrief,* die Urkunde über den Abschluß eines Seefrachtvertrags, in der der Verfrachter verspricht, die darin bezeichneten, zur Beförderung angenommenen Güter an den jeweiligen berechtigten Inhaber der Urkunde auszuliefern.
**Konquistadoren** [-ki-], span. u. port. Eroberer S-, Mittel- u. z.T. auch N-Amerikas, die nach der Entdeckung Amerikas die Eingeborenen unterwarfen u. die span. bzw. port. Herrschaft errichteten; z.B. H. *Cortés* in Mexiko, F. *Pizarro* in Peru.
**Konrad, 1. K. I.,** †918, erster dt. König 911–18; Herzog von Franken (906) aus dem Geschlecht der *Konradiner;* nach dem Aussterben der Karolinger in Ostfranken zum König gewählt. – **2. K. II.,** *um 990, †1039, König seit 1024, Kaiser 1027–39; erster König aus dem Geschlecht der *Salier.* – **3. K. III.,** *1093/94, †1152, König 1138–52; Staufer, 1127–35 Gegenkönig, 1138 (durch Wahl) Nachfolger Lothars III. – **4. K. IV.,** *1228, †1254, König 1237/1250–54; Sohn Kaiser *Friedrichs II.,* von seinem Vater als Regent in Dtld. eingesetzt (1237 zum dt. König gewählt), mußte seine Herrschaft mit Hilfe der Städte u. Bayerns gegen die Gegenkönige *Heinrich Raspe* u. *Wilhelm von Holland* verteidigen.
**Konrad der Pfaffe,** Geistlicher in Regensburg, der um 1170 im Auftrag des Welfenhofs das frz. Epos »La Chanson de Roland« in dt. Reimpaare übertrug (»Rolandslied«).
**Konradin,** *Konrad der Junge,* *1252, †1268, der letzte legitime *Staufer;* Herzog von Schwaben, Sohn *Konrads IV.;* zog nach Italien, um seinen Anspruch auf das Kgr. Sizilien durchzusetzen; von *Karl von Anjou* geschlagen, auf der Flucht gefangen u. enthauptet.
**Konradiner,** fränk. Adelsgeschlecht, in Hessen, Mainfranken u. am Mittelrhein begütert; stellten in *Konrad I.* den ersten dt. König.
**Konrad von Soest** [-zo:st], dt. Maler, nachweisbar um 1370–1426; Hauptmeister der westfäl. Malerei des sog. weichen Stils.
**Konrad von Würzburg,** *um 1225, †1287, spätmhd. bürgerl. Epiker, Lieder- u. Spruchdichter.
**Konsalik,** Heinz G., eigtl. H. *Günther,* *28.5.1921, dt. Schriftst.; schreibt klischeehafte Unterhaltungsromane, W »Der Arzt von Stalingrad«, »Liebesnächte in der Taiga«, »Wer stirbt schon gerne unter Palmen«.
**Konsekration,** in der kath. Kirche die Weihe eines Bischofs, einer Kirche oder eines Altars; auch die Wandlung von Brot u. Wein in Christi Leib u. Blut durch Aussprechen der Einsetzungsworte in der Messe.
**Konsekutivsatz,** *Folgesatz,* der im Deutschen durch die Konjunktion »(so) daß« eingeleitete Nebensatztyp.
**Konsens,** Einigkeit in den Meinungen.
**konsequent,** folgerichtig, streng nach Prinzipien.
**Konservatismus** → Konservativismus.
**konservativ,** bewahrend, vom Bestehenden ausgehend, dessen Substanz zu erhalten versuchend.

*Konstantin der Große. Rom, Lateranmuseum*

**Konservativismus,** *Konservatismus,* eine sich am geschichtl. Gewordenen orientierende Einstellung. Die konservative Haltung darf nicht mit der *reaktionären* verwechselt werden, wenn beide auch häufig ineinander übergehen. Der K. begreift Geschichte als fortwirkende Vergangenheit u. ist bemüht, ihren Kräften auch in moderner Form zur Wirksamkeit zu verhelfen. Die konservative Staatsauffassung entwickelte sich zu Beginn des 19. Jh. als Gegenbewegung zur Frz. Revolution, durch die man die alten ständ. Gesellschaftsstrukturen gefährdet sah. In Dtld. sammelte sich der K. nach dem 1. Weltkrieg in der *Deutschnationalen Volkspartei,* die dem Nationalsozialismus zur polit. Macht verhalf. In der BR Dtld. werden heute konservative Zielsetzungen in allerdings vom urspr. K. stark abweichender Form von CDU u. CSU vertreten. In Östr. kann heute die *Österreichische Volkspartei* (ÖVP) als konservative Partei gelten. In der Schweiz entstand 1912 die *Schweizerische Konservative Volkspartei,* die sich 1957 in *Konservativ-christlichsoziale Volkspartei* u. 1971 in *Christlich-demokratische Volkspartei der Schweiz* umbenannte. In Großbrit. entstand die *Konservative Partei* um 1832 aus den *Tories;* sie ist seit 1979 Regierungspartei.
**Konservator,** im Museumsdienst oder in der Denkmalpflege *(Landes-K.)* tätiger Beamter, dem die Pflege u. Restaurierung von Kunstwerken untersteht; auch Berufsbez. für *Kustos.*
**Konservatorium,** Institut zur Ausbildung von Berufs- u. Laienmusikern. In Dtld. gingen die staatl. *Musikhochschulen* meist aus Konservatorien hervor.
**Konserven,** leichtverderbl. Waren, die durch *Konservierung* so hergerichtet sind, daß sie sich längere Zeit ohne wesentl. Veränderung halten.
**Konservierung** → Lebensmittelkonservierung.
**Konsilium,** *Consilium,* gemeinsame Untersuchung mehrerer Ärzte zur Beratung in schwierigen Krankheitsfällen.
**konsistent, 1.** dicht, haltbar, dickflüssig. – **2.** in der Logik widerspruchsfrei.
**Konsistenz,** Beschaffenheit eines Stoffs, z.B. feste, zähe, plastische K.
**Konsistorium, 1.** aus Theologen u. Juristen bestehende oberste Behörde einer ev. Landeskirche. – **2.** Versammlung der Kardinäle unter dem Vorsitz des Papstes.
**Konsole,** aus einer Wandfläche hervorspringender Stein oder Holz- oder Metallteil als Träger anderer Bauglieder (Balken, Balkone u.a.) u. freistehender Gegenstände (z.B. Skulpturen).
**Konsolidation, 1.** allg. Sicherung, Festigung. – **2.** Zusammenlegung von Schuldverpflichtungen mit unterschiedl. Bedingungen zu einer einheitl., meist langfristigen Schuld.
**Konsommee** [kõsɔ'me], klare Kraftbrühe.
**Konsonant,** Mitlaut, z.B. b, f, g, k, l; Ggs.: *Vokal.*
**Konsonanz,** als Wohlklang empfundenes Zusammenklingen von Tönen; Ggs.: *Dissonanz.*
**Konsorten, 1.** Genossen, Spießgesellen. – **2.** Mitgl. eines *Konsortiums.*
**Konsortium,** Zusammenschluß von Geschäftsleuten, bes. von Banken *(Banken-K.),* zur Durchführung eines Geschäfts, das ein großes Kapital erfordert.
**Konspiration,** Verschwörung, Komplott.
**Konstantan,** Kupfer-Nickel-Legierung mit hohem spezif. Widerstand $(0,49 \, \Omega \, mm^2/m)$, der in weiten Bereichen temperaturunabhängig (konstant) ist; für elektr. Drahtwiderstände verwendet.
**Konstante, 1.** feste, unveränderl. Größe; Ggs.: *Variable.* – **2.** wichtige Grundgröße in der Physik. Man unterscheidet *universelle Natur-K.n* (z.B. die Lichtgeschwindigkeit), die allg.-gültige Zahlenwerte sind, u. *Material-K.n* (z.B. der Brechungsindex), die eine Materialeigenschaft zahlenmäßig festlegen.
**Konstantin,** Fürsten.
Röm. Kaiser:
**1. K. I., K. d. Gr.,** Flavius Valerius Constantinus, *nach 280, †337, röm. Kaiser 306–37; sicherte 313 im *Mailänder Edikt* dem Christentum wie den heidn. Kulten Religionsfreiheit zu; war seit 324 Alleinherrscher u. kehrte durch Ernennung seiner Söhne zu Caesaren zur Erbmonarchie zurück; berief 325 das *Konzil von Nicäa,* auf dem die Lehre des *Arius* als Häresie verdammt u. die des *Athanasios* zur rechtgläubigen erhoben wurde; 330 machte er statt Rom *Byzanz* unter dem Namen *Konstantinopel* zur Hptst.
Griechenland:
**2. K. I.,** *1868, †1923, König der Hellenen 1913–17 u. 1920–22; wahrte im 1. Weltkrieg die grch. Neutralität, bis ihn die Franzosen u. Briten zur Abdankung zwangen. Durch Volksabstimmung zurückgerufen, mußte er infolge der Niederlagen gegen die Türken zurücktreten. – **3. K. II.,** *2.6.1940, König der Hellenen 1964–74; ging 1967 nach einem erfolglosen Versuch, die Militärregierung zu stürzen, ins Exil u. wurde 1974 abgesetzt.
**Konstantinische Schenkung,** lat. *Constitutum Constantini,* eine wohl zw. 752 u. 806 in Rom gefälschte Urkunde *Konstantins d. Gr.,* durch die der Papst *Silvester I.* neben anderen Rechten den Vorrang Roms über die Kirchen zuerkannt u. ihm die Herrschaft über die Stadt Rom, ganz Italien u. die Westhälfte des Röm. Reichs übertragen haben sollte; 1440 als Fälschung erkannt.
**Konstantinopel,** das 330 n. Chr. von Konstantin d. Gr. umbenannte *Byzanz,* Hptst. des Byzantin. Reichs bis 1453; seither türkisch; heute *Istanbul.*
**Konstanz,** Unveränderlichkeit.
**Konstanz,** Krst. in Ba.-Wü., am S-Ufer des Bodensees, 70 000 Ew.; Univ. (1966), roman.-got. Münster (10.–17. Jh.), zahlr. mittelalterl. Gebäude; Textil-, Masch.-, elektrotechn., pharmazeut.- kosmet. Ind.; Fremdenverkehr. – Konstanz: ehem. röm. Kastell; seit dem 6. Jh. Bischofssitz; 1192 Reichsstadt. – **K.er Konzil,** 1414–18, Absetzung der drei gleichzeitig regierenden Päpste u. Wahl eines neuen; brachte durch Beendigung des Schismas der Kirche die Einheit wieder.
**Konstanza,** rumän. *Constanţa,* Hptst. des rumän. Kr. Constanţa, Hafenstadt am Schwarzen Meer, 268 000 Ew.
**Konstanze,** *1154, †1198, dt. Königin u. Kaiserin, Tochter *Rogers II.* von Sizilien u. Erbin des sizilian. Normannenreichs, Frau Kaiser *Heinrichs VI.* (seit 1186).
**Konstellation, 1.** allg. Zusammentreffen von Umständen; Gruppierung, Lageverhältnis. – **2.** in der Astronomie die Stellung mehrerer Gestirne zueinander; bei Fixsternen in Form der *Sternbilder.*
**konsterniert,** bestürzt, verblüfft.
**Konstipation,** Verstopfung.
**Konstituante,** für den Erlaß der Verf. oder für Verfassungsänderungen zuständiges Organ.
**konstituieren,** bilden, gründen, einrichten.
**Konstitution, 1.** körperl., seel. u. geistige Verfassung eines Menschen, wie sie sich in seinen Eigenschaften äußert, u. die damit zusammenhängenden Reaktionsweisen (z.B. Anfälligkeit gegen Krank-

heiten). Man kann die Menschen grob in **K.stypen** einteilen. Die bekanntesten sind: 1. *Pykniker,* die eine gedrungene rundl. Form u. geringe Muskulatur sowie einen zarten Knochenbau haben; 2. *Athletiker,* die schlank, langknochig mit starkem Knochenbau u. kräftig-muskulös sind; 3. *Astheniker* oder *Leptosome,* die ebenfalls schlank u. langknochig sind, aber einen schwachen Knochenbau u. geringe Muskulatur aufweisen. Diesen K.stypen werden bestimmte psych. Eigenschaften zugeschrieben. – **2.** Verfassungsgesetz, Verfassungsurkunde.

**Konstitutionalismus,** polit. Idee, die die Staatsorgane an bestimmte, schriftl. festgelegte Rechtsvorschriften *(Verfassungsurkunde, Konstitution)* bindet; theoret. entwickelt von J. *Locke* u. *Montesquieu;* zunächst in Großbrit. (1649) u. in den USA (1776) verwirklicht; gelangte in Europa nach der Frz. Revolution zu großer Bedeutung.

**konstitutionell,** verfassungsmäßig, verfassungsstaatlich; Ggs.: *absolutistisch, diktatorisch.* – **k.e Monarchie,** monarch. Herrschaftsform, bei der eine *Verfassung* für die Ausübung der Staatsgewalt durch den Monarchen bestimmend ist; Ggs.: *absolute Monarchie.*

**Konstruktion, 1.** allg. Aufbau, Gestaltung, Entwurf. – **2.** *geometr. K.,* zeichner. Darst. einer Figur (eines Körpers). – **3.** Berechnung u. Entwurf eines Bauwerks oder einer Maschine.

**konstruktives Mißtrauensvotum** → Mißtrauensvotum.

**Konstruktivismus,** funktionalist. Stilströmung des 20. Jh., die die konstruktiven Bild- u. Architekturelemente bis zur Ausschaltung aller anderen betont; entstanden nach dem 1. Weltkrieg in Moskau; Hauptvertreter: N. *Gabo,* A. *Pevsner,* W. *Tatlin* u. E. *Lissitzky.*

**Konsul, 1.** höchstes Amt der altröm. Rep.; versehen von 2 K.n, die vom Volk auf ein Jahr gewählt wurden; Bedeutung der K.n schwand in der röm. Kaiserzeit. – **2.** ständiger Vertreter eines Staates in den wichtigsten Städten des Auslands, mit der Wahrung der wirtsch. u. persönl. Interessen seiner Landsleute beauftragt; Ggs.: *Diplomaten.*

**Konsulat, 1.** Amtssitz einer konsular. Vertretung.

**Konsultation, 1.** Aufsuchen eines Arztes, ärztl. Beratung. – **2.** Beratung zweier oder mehrerer Staaten über ein gemeinsames Vorgehen gegenüber dritten Staaten; v.a. bei Bündnissen.

**Konsum,** Verbrauch. – **Konsument,** Verbraucher.

**Konsumgenossenschaft,** *Konsumverein, Verbrauchergenossenschaft,* Genossenschaft, die den Einkauf des tägl. hauswirtsch. Bedarfs im großen u. den Verkauf im kleinen zugunsten ihrer Genossen betreibt. Aus den K.en entstand in der BR Dtld. die co op-Gruppe.

**Konsumgesellschaft,** Umschreibung für einen zentralen Aspekt der gegenwärtigen soz. u. wirtsch. Ordnung. Kennzeichnend für die K. sind Massenproduktion u. bes. Massenabsatz von kurzlebigen (häufig absichtl. verschleißanfällig hergestellten) Verbrauchs- u. Gebrauchsgütern, Herstellung von Wegwerfprodukten u. minderwertiger Billigware sowie eine auf den *Geltungsnutzen* (Prestige) einer Ware gerichtete Werbung. Dadurch entsteht bei vielen das Gefühl, unter *Konsumzwang* zu stehen.

**kontagiös,** ansteckend.

**Kontakt, 1.** allg. Berührung, Verbindung. – **2.** fester *Katalysator* bei techn. Prozessen. – **3.** Berührung stromführender Teile zum Herstellen einer elektr. Verbindung; auch die Teile, an denen der K. zustande kommt.

**Kontaktgesteine,** durch Berührung mit schmelzflüssigem Magma in ihrem Chemismus oder ihrer Struktur umgewandelte Gesteine; z.B. Marmor.

**Kontaktgifte,** *Berührungsgifte,* chem. Stoffe, die bei Berührung durch die Haut in den Körper eines Tiers, etwa eines Insekts gelangen u. dort lähmend wirken; z.B. DDT, Hexa, E 605.

**Kontaktlinsen,** *Haftgläser, Haftschalen,* linsenförmig geschliffene, dünne, durchsichtige Schalen aus Glas oder weichem Kunststoff, die anstatt Brillen zur Korrektur von Sehfehlern verwendet werden; schwimmen auf dem die Hornhaut benetzenden Tränenfilm.

**Kontamination,** Verseuchung von Wasser u. Räumen mit radioaktiven Stoffen.

**Kontemplation,** Beschaulichkeit, betrachtendes Erkennen u. Sinnen, i.e.S. über religiöse Gegenstände; bes. in der *Mystik* geübt.

**kontemporär,** zeitgenössisch.

**Kontenance** [kõtə'nãs], Haltung, Fassung.

**Konterbande** → Bannware.

**Konterfei,** Bildnis, Abbildung.

**kontern, 1.** umdrehen, die Seiten verkehren; z.B. ein seitenverkehrtes Bild oder eine Spalte seitenrichtig wiedergeben. – **2.** im Sport einen Angriff sofort erwidern.

**Konterrevolution,** das Bemühen zur Beseitigung der Ergebnisse einer Revolution u. zur Wiederherstellung der vorrevolutionären Zustände.

**Kontertanz,** mit Paartanz-Figuren durchsetzte Reigenform; beliebtester Gesellschaftstanz des 18. Jh.

**Kontext,** sprachl. Zusammenhang; ein Wort oder eine Wendung umgebender Text *(innersprachl. K.)* oder die im Text nicht ausgedrückte Sprecher-Hörer-Situation *(außersprachl. K.),* die für die Bedeutung wichtig sind.

**Kontinent,** Festland, Erdteil.

**Kontinentalklima,** Klima im Innern großer Landmassen; gekennzeichnet durch heißen Sommer, kalten Winter, kurzen Frühling u. Herbst u. große tägl. u. jährl. Temp.-Schwankungen.

**Kontinentalsockel** → Festlandsockel.

**Kontinentalsperre,** 1806 von *Napoleon I.* unternommener Versuch, nach Verlust der frz. Flotte mit einer gigant. Landblockade (Absperrung Festlandeuropas) England wirtschaftlich entscheidend zu treffen; scheiterte an der Unmöglichkeit, sie lückenlos durchzuführen.

**Kontinentalverschiebung,** von A. *Wegener* 1912 aufgestellte Theorie, die von der Annahme ausgeht, daß die Kontinente als leichtere Massen wie Eisschollen im Wasser auf dem schwereren magmat. Untergrund schwimmen u. durch Pol- u. Westdrift ihre heutige Lage erreicht haben.

**Kontingent,** Anteil, Beitrag; von Staat oder von Verbänden festgesetzte *(kontingentierte)* Gütermenge, die produziert oder verbraucht, ein- oder ausgeführt werden darf.

**kontinuierlich,** stetig, bruchlos ineinander übergehend. – **Kontinuität,** stetiger Zusammenhang ohne plötzliche Änderung.

**Konto,** zahlenmäßige Gegenüberstellung von Geschäftsvorfällen in der Buchführung u. im Bankwesen; auf der linken Seite Belastungen *(Soll),* auf der rechten Seite Gutschriften *(Haben);* der Kontenstand *(Saldo)* ergibt sich aus der Differenz zw. den Summen beider Seiten. – **K.korrent,** K., auf dem alle Gutschriften u. Belastungen aus dem Geschäftsverkehr mit einem Kunden oder Lieferanten gesammelt werden; in regelmäßigen Abständen wird ein *K.auszug* erstellt u. der Kontenstand mitgeteilt.

**Kontor,** Arbeitszimmer, Büro des Kaufmanns.

**Kontorsion,** Verdrehung einer Gliedmaße.

**kontra ...,** Vorsilbe mit der Bed. »gegen«; in der Musik »die tiefste Lage angebend«.

**Kontra,** beim Kartenspiel die Gegenansage eines Spielers.

**Kontrabaß,** *Violone, Baßgeige,* tiefstes u. größtes Streichinstrument, entstanden gegen Ende des 16. Jh.

**kontradiktorisch,** widersprechend, einander ausschließend.

**Kontrahent,** Gegner, Vertragspartner.

**kontrahieren, 1.** zusammenziehen (z.B. Muskeln). – **2.** einen Vertrag abschließen.

**Kontraindikation,** »Gegenanzeige«, Gründe, die dagegen sprechen, ein bestimmtes Behandlungsverfahren oder Arzneimittel bei einer bestimmten Krankheit anzuwenden; Ggs.: *Indikation.*

**Kontrakt,** Abkommen, Vertrags(urkunde).

**Kontraktion,** allg. Zusammenziehung; Anspannung eines Muskels.

**Kontraktur,** Verkürzung von Weichteilen (Muskeln, Sehnen, Haut u.a.) u. die Einschränkung der Gelenkbeweglichkeit durch Narbenbildungen, Minderdurchblutung, Schrumpfung oder Lähmungen.

**Kontrapunkt,** Komposition, bei der mehrere selbst. Stimmen melod. u. rhythm. sinnvoll nebeneinander geführt werden; kam zum erstenmal im *Kanon* zur Anwendung; Höhepunkt in der *Fuge.*

**Kontrast,** Gegensatz.

**Kontrastmittel,** für Röntgenstrahlen undurchlässige Substanz (z.B. Jod, Barium), die in der Röntgentechnik zum Sichtbarmachen von Körperhohlräumen verwendet wird.

**Kontrazeption** → Empfängnisverhütung.

**Kontribution, 1.** allg. Beitrag, Leistung. – **2.** *Kriegs-K.,* Zwangsauflage (in Gütern oder Geld) während des Kriegs in Feindesland.

**Kontrolle,** Überwachung, Nachprüfung, Beaufsichtigung; Steuerung techn. u. wirtsch. Prozesse.

**Kontrollrat,** *Alliierter K.,* 1945 eingesetztes Organ mit Sitz in Berlin, durch das die Besatzungsmächte (USA, UdSSR, Großbrit., Frankreich) die oberste Regierungsgewalt in allen Dtld. als Ganzes betreffenden Fragen ausüben wollten. Seine Tätigkeit endete 1948 mit dem Auszug des sowj. Vertreters anläßl. der geplanten Gründung eines westdt. Staates.

**Kontroverse,** Meinungsverschiedenheit.

**Kontur,** Umriß.

**Kontusion** → Quetschung.

**Konus,** Kegel; kegelförmig verjüngtes Maschinenelement.

**Konvektion,** Wärmetransport durch bewegte Materie, z.B. durch vertikale Luftbewegungen in der Atmosphäre.

**Konvent,** Zusammenschluß Gleichgesinnter, beratende Zusammenkunft; z.B. von stimmberechtigten Ordensmitgliedern *(Kloster-K.),* von student. *Korporationen.*

**Konventikel,** Zirkel zur religiösen Erbauung; bes. im Pietismus.

**Konvention, 1.** allg. Sitte, Herkommen, Überlieferung; Übereinkunft. – **2.** im Völkerrecht ein Vertrag zur umfassenden Regelung bestimmter Rechtsgebiete, mit Beteiligung zahlr. Staaten.

**Konventionalstrafe** → Vertragsstrafe.

**konventionell,** herkömmlich, förmlich. – **k.e Waffen,** alle Waffen, die nicht zu den *atomaren, biolog.* u. *chem. Kampfmitteln* gehören.

**Konvergenz, 1.** allg. Annäherung, Hinneigung; **konvergieren,** sich nähern, zusammenlaufen. – **2.** Entstehung ähnl. Merkmale u. Organe aus versch. Vorzuständen bei nicht näher verwandten Tiergruppen. – **3.** bei der Farbbildröhre des Fernsehens das Zusammenführen der drei Elektronenstrahlen durch Elektromagnete auf dem Leuchtschirm. – **4.** in der Math. bei einer *Folge* oder *Reihe* das Vorhandensein eines *Grenzwerts.* – **5.** in der Optik das Zusammenlaufen zweier oder mehrerer Linien oder Strahlen in einem Punkt.

**Konversation,** geselliges, leichtes Geplauder ohne geistigen Tiefgang.

**Konversationslexikon** → Enzyklopädie.

**Konversationsstück,** *Gesellschaftsstück,* Bühnenstück aus dem Leben der höheren Gesellschaftsschichten, dessen Reiz in geistvollen Dialogen, weniger in Handlung u. Charakteren liegt.

**Konversion, 1.** die Umdeutung eines an sich nichtigen Rechtsgeschäfts in ein gültiges, wenn anzunehmen ist, daß dieses bei Kenntnis der Nichtigkeit gewollt wäre. – **2.** Übertritt von einer christl. Konfession zur anderen. Wer eine K. vollzieht, heißt **Konvertit.** – **3.** *Konvertierung,* Anpassung der Schuldbedingungen an eine veränderte Lage am Kapitalmarkt; bes. Herabsetzung des Zinsfußes bereits begebener, im Verkehr befindl. *Anleihen.*

**Konverter, 1.** mit feuerfesten Steinen ausgekleideter, kippbarer, birnenförmiger Stahlbehälter zur Gewinnung von Kupfer u. Stahl aus Roheisen. – **2.** Kernreaktor, in dem Brutmaterial in spaltbares Material umgewandelt wird. – **3.** Hilfslinsensystem für Spiegelreflexkameras zur Verlängerung der Brennweite, zw. Kameragehäuse u. Objektiv eingesetzt.

**Konvertierbarkeit,** *Konvertibilität,* Einlösbarkeit, Eintauschbarkeit. Die *freie K. der Währungen* ist gegeben, wenn jede Landeswährung ohne mengenmäßige Beschränkung gegen eine beliebige andere eingetauscht werden kann.

**konvertieren,** den Glauben wechseln.

**konvex,** nach außen gewölbt; Ggs.: *konkav.*

**Konvikt,** Anstalt, in der (künftige) Theol.-Studenten zur Förderung der Ausbildung u. des religiösen Lebens gemeinschaftl. wohnen.

**Konvoi,** *Geleitzug,* im Seekrieg die unter dem Schutz von Kriegsschiffen fahrenden feindl. oder neutralen Handelsschiffe.

**Konvolut,** Aktenpaket; Bündel mit Briefen, Broschüren oder einzelnen bedruckten Blättern.

**Konvulsion,** Zuckungen, Schüttelkrampf.

**Konwicki** [-'vitski], Tadeusz, *22.6.1926, poln. Schriftst.; schildert in seinen Romanen Partisanentum, Nachkriegswirren u. Grenzlandverhältnisse.

**Konwitschny,** Franz, *1901, † 1962, dt. Dirigent; seit 1955 Generalmusikdirektor der Ostberliner Staatsoper.

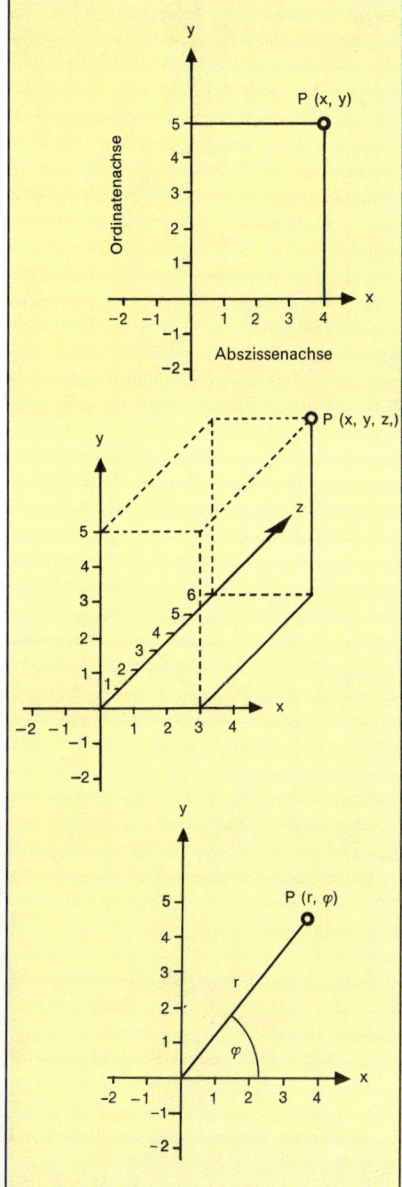

*kartesische Koordinaten in der Ebene (oben) und im Raum (Mitte); Polarkoordinaten (unten)*

**Konya,** das antike *Ikonion,* türk. Prov.-Hptst. nördl. des Taurus, in Inneranatolien, 439 000 Ew.; seldschuk. Moscheen, Teil-Univ.; Landmaschinenbau, Teppich- u. Baumwoll-Ind.; Quecksilbervorkommen; Verkehrszentrum.
**konzedieren,** zugestehen.
**Konzentrat,** das beim Anreichern entstehende, gegenüber dem Ausgangsmaterial hochwertigere Produkt.
**Konzentration, 1.** Zusammenballung, Zusammenfassung. – **2.** in der geistigen Arbeit allg. Steigerung der *Aufmerksamkeit*. – **3.** Gehalt einer Lösung an gelöstem Stoff; ausgedrückt in *Gewichtsprozenten* oder (bei gelösten Flüssigkeiten, z.B. Alkohol in Wasser) in *Volumprozenten*.
**Konzentrationslager,** Abk. *KZ,* Internierungslager, in denen ohne rechtl. Grundlage polit. Gegner u.a. unliebsame Bevölkerungsgruppen (z.B. aus rass. oder religiösen Gründen) gefangengesetzt werden. – Das nat.-soz. Regime in Dtld. begann bereits 1933 mit der Errichtung von K.n, anfangs von der Gestapo organisiert, 1934 in die Verw. der SS übernommen. Das 1. KZ entstand bei *Dachau*. 1944 bestanden 20 K., u.a. *Sachsenhausen, Buchenwald, Auschwitz, Bergen-Belsen, Theresienstadt.* Seit 1938 bestand die Hauptfunktion der K. in der Rekrutierung von Zwangsarbeitskräften (u. deren »Vernichtung durch Arbeit«). Die Mehrzahl der seit Kriegsausbruch Neuinhaftierten waren Angehörige besetzter Länder. Ab 1941 wurden zur sog. *Endlösung* der Judenfrage Vernichtungslager eingeführt. Das Zentrum war Auschwitz. In ihnen u. a. K.n sind bis 1945 mind. 5–6 Mio. jüd. u. 500 000 nichtjüd. Häftlinge umgekommen. – Nach dem 2. Weltkrieg wurden K. im Gebiet der SBZ von der *Sowjet. Militäradministration in Dtld.* bis 1950 weiterverwendet zur Internierung »aktiver Faschisten«, »Kriegsverbrecher« u.a. mißliebiger Deutscher, meist ohne Gerichtsverfahren *(Sachsenhausen, Buchenwald, Bautzen).* Die Zahl der Opfer dieser K. wird mit etwa 100 000 angegeben.
**konzentrisch,** mit gleichem Mittelpunkt.
**Konzept,** erster Entwurf eines Schriftstücks, Niederschrift einer Rede oder Vorlesung für den Vortragenden.
**Konzeption, 1.** Gesamtbegriff; Gedankenentwurf, schöpfer. Einfall, Grundauffassung. – **2.** → Empfängnis.
**Konzern,** Zusammenschluß rechtl. selbständig bleibender Betriebe unter einer einheitl. Leitung. Die einzelnen Gesellschaften verlieren ihre wirtsch. u. finanzielle, meist auch ihre organisator. Selbständigkeit. Die herrschende Gesellschaft *(Ober-* oder *Muttergesellschaft)* kann selbst produzieren oder ledigl. aus dem Kapitalbesitz heraus herrschen *(Holdinggesellschaft).*
**Konzert, 1.** Musikstück, in dem mehrere Stimmen oder Instrumente, einzeln oder in Gruppen, im »Wettstreit« miteinander abwechseln; urspr. als vokales *Kirchen-K*. Um 1620 entstand das *Kammer-K.* Es erfuhr seine Vollendung zu Ende des 17. Jh. im *Concerto grosso,* bei dem mehrere (meist 3) Instrumente eine kontrastierende Wirkung gegenüber dem vollen Orchester *(Tutti)* auslösen. – Etwa gleichzeitig entstand das *Solo-K*. für ein Instrument mit Orchesterbegleitung. – **2.** Veranstaltung (meist öffentlich) zur Aufführung musikal. Werke.
**konzertierte Aktion,** in der BR Dtld. das aufeinander abgestimmte Verhalten des Staates, der Gewerkschaften u. der Unternehmerverbände zur Erreichung wirtschaftspolit. (insbes. konjunktureller) Ziele.
**Konzertina,** Ziehharmonika mit Spielknöpfen u. vollständiger chromat. Tonfolge.
**Konzertmeister,** erster Geiger eines Orchesters; oft auch der Stimmführer der 2. Geigen, Bratschen u. Violoncelli. Er unterstützt den Dirigenten durch Abhalten von Streicherproben u.ä.
**Konzession, 1.** allg. Zugeständnis, Bewilligung. – **2.** amtl. Erlaubnis, bes. die Erteilung einer Gewerbezulassung.
**Konzessivsatz,** Nebensatztyp, der etwas einräumt; einleitende Konjunktionen im Deutschen: obgleich, obschon, wenn auch, wenngleich, wiewohl.
**Konzil,** Versammlung von christl. Kirchenführern (meist unter Leitung des Papstes) zur Beratung über Fragen der Lehre u. des Lebens. Neben den Partikular- u. Provinzialkonzilen stehen die *ökumenischen K.e,* an denen Bischöfe aus aller Welt teilnehmen.
**konziliant,** versöhnlich, verbindlich.

**konziliare Theorie,** *Konziliarismus,* die Lehre, daß die allg. *Konzile* über dem Papst stehen; prakt. angewandt vom *Konstanzer Konzil.* Das *5. Lateran-Konzil* 1516 entschied gegen die k.T. zugunsten des Papsttums.
**konzipieren,** entwerfen, planen.
**konzis,** kurz, bündig.
**Koog,** dem Meer abgerungenes, eingedeichtes Marschland, bes. in Schl.-Ho.
**Kooperation,** Zusammenarbeit, bes. im Wirtschaftsleben.
**Koopmans,** Tjalling Charles, *1910, †1985, US-amerik. Wirtschaftswissenschaftler ndl. Herkunft; Nobelpreis 1975.
**Koordinaten,** Angaben zur Festlegung der Lage eines Punktes in der Ebene oder im Raum. In der Math. werden unterschieden: 1. kartesische K.: Zugrunde liegt ein rechtwinkliges oder schiefwinkliges *K.system (Achsenkreuz),* dessen gerichtete Achsen *Abszissen-* u. *Ordinatenachse (x-* u. *y-Achse)* heißen. In der Ebene benötigt man zwei Achsen, im Raum drei Achsen. Ein Punkt wird durch die Längen der durch ihn zu den Achsen gezogenen Parallelen festgelegt *(Abszisse* u. *Ordinate).* – 2. Polar-K.: Die Lage eines Punktes wird festgelegt durch die Entfernung *r* von einem festen Punkt (Ursprung) u. den Winkel φ, den *r* mit einer Nullrichtung bildet; *r* heißt *Radiusvektor (Betrag),* φ *Abweichung (Argument).* – In der höheren Mathematik gibt es *Linien-, Zylinder-* u. *elliptische K.*
**Koordination, 1.** allg. Abstimmung mehrerer Vorgänge, Gedanken, Befugnisse aufeinander. – **2.** Zusammenspiel von Muskelbewegungen zu umfassenderen Leistungen, wie z.B. Fortbewegung. –
**koordinieren,** beiordnen, zuordnen.
**Kopal,** harte, spröde Harze versch. Art von trop. Bäumen; dienen zur Herstellung von K.lacken.
**Kopeke,** 1534 eingeführte russ. Silbermünze ($^{1}/_{100}$ Rubel) in ovaler Form *(Tropf-K.);* seit 1701 als runde Münze in Kupfer, seit 1926 in Messing geprägt.
**Kopelew** ['kɔpɛljef], Lew, *9.4.1912, sowj. Schriftst. u. Literaturwissenschaftler, als Regimekritiker verfolgt; 1945–55 in Haft; 1981 ausgebürgert; erhielt 1981 den Friedenspreis des dt. Buchhandels.
**Kopenhagen,** dän. *København,* Hptst. von Dänemark, am Öresund, 622 000 Ew.; Schloß Amalienborg, Vergnügungspark *Tivoli,* Museen, Univ. (gegr. 1479); Handelsmetropole mit Masch.-, Porzellan- u. Textil-Ind., Brauereien, Erdölraffinerie u. Schiffbau; Flughafen.
**Köper,** *K.gewebe,* Baumwollstoff in *K.bindung* (→ Bindung), geeignet zum Rauhen *(K.barchent);* für Hemden-, Wäsche- u. Futterstoff.
**Kopernikus,** *Copernicus,* Nikolaus, *1473, †1543, dt. Astronom; erkannte, daß sich die Erde u. die Planeten in Kreisen um die Sonne bewegen u. nicht umgekehrt, wie man bis dahin glaubte, u. begr. damit das *heliozentr. (kopernikan.) Weltsy-

*Kopenhagen; im Vordergrund Schloß Christiansborg*

## 472 Kopf

*Nikolaus Kopernikus*

stem. Dies leitete eine neue geistige Epoche der Menschheit ein *(kopernikan. Wende).*

**Kopf,** vom übrigen Körper abgesetztes Vorderende vieler Tiere. Der K. enthält u. umfaßt gewöhnl. den Anfang des Darmkanals *(Mundöffnung),* häufig das Nervenzentrum *(Gehirn)* u. versch. *Sinnesorgane.* Insbes. spricht man von K. bei den Gliedertieren (v. a. Insekten) u. bei den Wirbeltieren. Bei letzteren wird der K. von einem knöchernen Gerüst *(Schädel)* gebildet.

**Kopffüßer,** *Tintenfische, Cephalopoda,* Kl. von hochentwickelten *Weichtieren.* Der Kopf, der den Mund u. das Zentralnervensystem trägt, ist mit 4 oder 5 Paaren meist saugnapftragender Arme *(Tentakeln)* besetzt, die zum Ergreifen der Beute u. zur Fortbewegung dienen.

**Kopfgrippe,** volkstüml. Bez. für epidem. Gehirnentzündung u. epidem. Hirnhautentzündung.

**Kopfhörer,** empfindl. Hörer mit zwei Hörmuscheln, die durch elast., der Kopfform angepaßte Bügel verbunden sind.

**Kopflaus,** 1–2 mm lange, graue *Laus* im Kopfhaar des Menschen, bei starkem Befall auch an Bart- u. Körperhaaren.

**Kopfsalat,** *Gartensalat,* zu den *Korbblütlern* gehörende Gemüsepflanze.

**Kopfschmerzen,** *Cephalalgie,* Schmerzen, die ihre Ursache in Drucksteigerungen innerhalb der Schädelhöhle, in Krampfzuständen der Gefäßmuskulatur der Gehirngefäße oder in Reizungen der Gehirnhaut haben können. Daneben kann es sich um fortgeleitete Schmerzen von Ohr, Nebenhöhlen oder Augen handeln. Einfache K. sind meist Zeichen einer nervösen Überbelastung oder Erschöpfung.

**Kopfsteuer,** *Kopfgeld,* heute nur noch selten anzutreffende Form der Personalsteuer (seit 1990 in Großbrit.): Die Steuer wird ohne Rücksicht auf individuelle Verhältnisse (z.B. Einkommen, Familienstand, Alter) von jeder steuerpflichtigen Person in der gleichen Höhe erhoben.

**Kopfstimme,** *Falsett, Fistelstimme,* Art der Stimmerzeugung beim Gesang, bei der nur die Stimmlippenränder in Schwingungen versetzt werden u. außerdem statt der Brustresonanz die Resonanz des Ansatzrohrs (Mund- u. Rachenhöhle) u. der Resonanzhöhlen des Kopfs genutzt wird; eignet sich bes. für die höheren Tonlagen.

**Kopie, 1.** allg. genaue Abschrift, Nachbildung. – **2.** in der bildenden Kunst die genaue Nachbildung eines Werks durch den Künstler selbst *(Replik)* oder einen anderen. Im Unterschied zur *Reproduktion* gleicht die K. in Format, Material u. Technik dem Original. – **3.** in der Druckereitechnik die photomechan. Übertragung eines Negativs oder Positivs auf eine feste Druckform. – **kopieren,** eine K. herstellen.

**Kopilot** → Flugzeugführer.

**Kopisch,** August, *1799, †1853, dt. Schriftsteller u. Maler; schrieb volkstüml. Balladen.

*Kopten: altes Kreuz aus Äthiopien, das an die irische künstlerische Tradition erinnert*

**Koppel, 1.** [die], eingezäuntes Feld oder Weidestück. – **2.** [das], Leibgurt aus Leder oder Gewebe, an dem der Soldat Ausrüstungsgegenstände trägt.

**Köppen,** Wladimir Peter, *1846, †1940, Meteorologe u. Klimatologe; schuf die gebräuchl. Klimaklassifikation.

**Kopra** → Kokospalme.

**Koproduktion,** Gemeinschaftsherstellung (von Filmen, Industrieerzeugnissen u.a.).

**Koprolith,** versteinerte Exkremente fossiler Tiere.

**Kopten,** Sammelname für die Christen Ägyptens, die heute drei versch. kirchl. Gemeinschaften angehören (kopt.-orth. Kirche, kopt.-kath. Kirche, kopt.-ev. Kirche).

**Kopulation, 1.** Verbindung, (geschlechtl.) Vereinigung, Begattung. – **2.** eine Pfropfart *(Veredlung),* bei der Unterlage u. Edelreis sich völlig decken, wodurch ein schnelles u. festes Verwachsen erreicht wird.

**Korallen,** *K.tiere, Anthozoa, Blumentiere,* zu den *Nesseltieren* gehörige, vorw. festsitzende Meerestiere; kommen nur als *Polypen* vor; einige leben einzeln, die meisten bilden Kolonien, indem sie Kalk ausscheiden u. dadurch über lange Zeiträume mächtige K.stöcke aufbauen. So entstehen in trop. u. subtrop. Meeren die *K.riffe,* an deren Oberfläche die K.polypen eine dünne lebende Schicht bilden. Zu den K. gehören u.a. *Seeanemonen, Seefedern, Stein-K., Leder-K.* sowie die *Edel-K.,* deren rotes oder weißes Kalkskelett zu Schmuck verarbeitet wird.

**Korallenfische,** Bez. für Fische versch. Familien, die *Korallenriffe* bewohnen; meist außerordentl. farbenprächtig; u.a. *Korallenbarsche, Kugelfische, Papageifische.*

**Korallenmeer,** Meeresteil zw. NO-Australien, SO-Neuguinea u. den Salomonen.

**Korallenottern,** meist schwarz-rot-gelb oder weiß geringelte, bis 1,5 m lange *Giftnattern* versch. Gatt. in Afrika u. Amerika.

**Korallenriff,** aus den Kalkabscheidungen der Ko-

*Violette Hornkoralle*

rallen aufgebauter Wall in warmen Meeren; in Küstennähe entstehen *Saumriffe;* bei Senkung des Untergrunds oder Anstieg des Meeresspiegels wird das Riff in die Höhe gebaut; so entstehen *Wall-* oder *Barriereriffe;* versinkt eine von einem Wallriff umgebene Insel im Meer, entsteht ein *Atoll.*

**Korallenschmuck,** aus dem roten oder weißen Stützskelett der *Edelkoralle* hergestellter Schmuck.

**Koran,** heiliges Buch des *Islam,* eine Zusammenstellung der Offenbarungen *Mohammeds* in 114 Abschnitten *(Suren),* die nach der Länge geordnet sind. Ob der K. von Allah erschaffen wurde oder unerschaffen seit Ewigkeit existiert, ist eine dogmat. Streitfrage zw. der Orthodoxie u. best. Sekten.

**Korbach,** Krst. in Hessen, nw. der Edertalsperre, 22 000 Ew.; got. Kilianskirche.

**Korbball,** überwiegend von Frauen gespieltes Ballspiel: 2 Mannschaften von je 7 Spielerinnen versuchen, einen Ball in den gegner. »Korb« zu werfen.

**Korbblütler,** *Körbchenblütler,* → Pflanzen.

**Korbmacherei,** *Korbflechterei,* uraltes, über die ganze Erde verbreitetes Handwerk; als Flechtstoff dient natürl. (z.B. Weidezweige) u. künstl. Material.

**Korčula** [′kɔrtʃula], gebirgige jugoslaw. Insel an der dalmatin. Küste, bis 568 m hoch, 273 km², 18 000 Ew., Hauptort K.

**Korczak** [′kɔrtʃak], Janusz, eigtl. Henryk *Goldszmit,* *1878, †1942, poln. Arzt u. Pädagoge; begleitete die ihm anvertrauten Kinder freiwillig in das Vernichtungslager Treblinka; erhielt 1972 posthum den Friedenspreis des Dt. Buchhandels.

**Kord,** mehr oder minder feingeripptes Gewebe aus Kammgarn, Halbwolle oder Baumwolle.

**Kordilleren** [kɔrdil′jeːrən], die pazif. Küste des amerik. Doppelkontinents auf 15 000 km Länge begleitendes längstes Faltengebirge der Erde, von Alaska bis Feuerland; die nordamerik. K. teilen sich in 2 Hauptketten: *Küstengebirge (Coast Range)* u. *Felsengebirge (Rocky Mountains);* die südamerik. K. werden als *Anden* bezeichnet.

**Kordofan,** Prov. im mittleren Sudan, 381 000 km², 3,1 Mio. Ew., Hptst. *El Obeidh;* welliges Hügelland mit Trocken- u. Dornsavanne.

**Kordon** [-′dɔ̃], Schutzgürtel, urspr. die Postenkette, dann die Sicherung eines Landstrichs durch eine Kette militär. Abteilungen.

**Kore,** Beiname der Göttin *Persephone;* auch Bez. für antike Mädchenstatuen.

*Korallenfische: Gelbschwanz-Schmetterlingsfisch*

**Korea,** Halbinsel in O-Asien, polit. geteilt in die beiden Staaten *Nordkorea* u. *Südkorea.* – Das Land ist überw. gebirgig mit den höchsten Erhebungen im N (bis 2744 m). Die W- u. S-Küste ist stark gegliedert, im SO fällt die Küste im *Taebaeksanmaekgebirge* steil zum Jap. Meer ab. Das Klima weist erhebl. Temperaturschwankungen u. eine ungleichmäßige jahreszeitl. Verteilung der Niederschläge auf. – Die Bewohner sind Koreaner. Sie gehören vorw. dem Buddhismus, Konfuzianismus u. dem Christentum an.
G e s c h i c h t e . König Kija begr. um 1100 v. Chr. die *Kija-Dynastie.* Sie wurde 194 v. Chr. im S abgelöst von den Drei Han-Reichen. Ein korean. Einheitsstaat entstand 668 n. Chr. Im 13. Jh. litt K. unter einer mongol. Invasion, 1592–98 unter jap. Eroberungsversuchen; 1637 mußte K. die Oberhoheit der chin. Mandschu-Kaiser anerkennen. – Die über zweihundert Jahre währende Abschließung des Landes gegen Fremde wurde 1876 aufgegeben. Nach dem russ.-jap. Krieg 1904/05 annektierte Japan 1910 K. 1945 besetzten die UdSSR u. die USA das Land u. teilten es längs des 38. Breiten-

*Korea: Studenten demonstrieren nahe der Brücke nach Panmunjom, der Trennungslinie zwischen Süd- und Nordkorea, für die Wiedervereinigung*

grads in eine nördl. sowj. u. eine südl. US-amerik. Interessensphäre auf. Im Sept. 1948 wurde in Nordkorea die *Volksdemokrat. Republik K.* ausgerufen; Südkorea *(Republik K.)* gab sich im Juli 1948 eine Verf. Am 25.6.1950 begann mit dem Einmarsch nordkorean. Truppen in Südkorea der Korea-Krieg. 1953 wurde der *Waffenstillstand von Panmunjon* geschlossen. Eine polit. Lösung des K.-Problems kam nicht zustande. 1985 kam es erstmals zu Vereinbarungen über humanitäre Fragen. Staats- u. Parteichef des kommunist. Nordkoreas ist seit 1945 *Kim Il Sung.* In Südkorea ist seit 1987 *Roh Tae Woo* Präs.
**1.** N o r d k o r e a : *Demokr. VR K.,* Staat in O-Asien, 120 538 km², 21,4 Mio. Ew., Hptst. *Phyongyang.*

*Nordkorea*

W i r t s c h a f t . Die Landwirtschaft wird in Kollektiv- oder Staatsbetrieben durchgeführt. Sie erzeugt Reis, Gerste, Weizen, Sojabohnen, Tabak, Mais, Baumwolle u.a. Wichtig ist die Fischerei. Die reichen Bodenschätze (Kohle, Eisen, Gold, Kupfer, Wolfram u.a.) werden erst z.T. abgebaut. Wirtschaftl. bedeutend sind v.a. Eisen- u. Stahl-, Maschinenbau- u. chem. Ind. – Die Eisenbahn ist der wichtigste Verkehrsträger. Mit Moskau u. Peking bestehen direkte Bahnverbindungen. Haupthäfen sind Tsongjin, Hungnam, Najin, Nampo u. Wonsan.
**2.** S ü d k o r e a : *Rep. K.,* Staat in O-Asien, 99 016 km², 42 Mio. Ew., Hptst. *Seoul.*

*Südkorea*

W i r t s c h a f t . Hauptanbauprodukte sind Reis, Weizen, Sojabohnen, Gemüse u. Gerste. Bedeutung haben auch der Anbau von Ginseng, die Seidenraupenzucht u. der Fischfang. Die wichtigsten Bodenschätze sind Wolfram u. Wismut. Die Industrie hat sich in jüngster Zeit stark entwickelt. Sie umfaßt v.a. Textil-, Holz-, Nahrungsmittel-, elektron. u. chem. Ind. sowie die Eisen- u. Stahlerzeugung u. den Maschinenbau, in jüngster Zeit auch Kraftfahrzeug-Ind. Es gibt mehrere Erdölraffinerien u. Schiffswerften. – Die Eisenbahn ist der wichtigste Verkehrsträger. Haupthäfen sind Inchon, Pusan, Kunsan u. Mokpo.
**Korea-Krieg,** 25.6.1950 – 27.7.1953. Nach langjährigem Streit über die Wiedervereinigung Koreas sowie nach dem Ausschluß Südkoreas aus dem US-amerik. Verteidigungsbereich im Jan. 1950 drangen nordkorean. Streitkräfte in Südkorea ein. In Abwesenheit des sowj. Vertreters beschloß der UN-Sicherheitsrat auf US-amerik. Drängen die Unterstützung Südkoreas durch UN-Streitkräfte (unter dem US-amerik. UN-Oberbefehlshaber D. *MacArthur).* Um der Bedrohung durch ein antikommunist.-proamerik. Korea zu begegnen, entsandte die VR China Freiwilligenverbände (mehr als 200 000 Mann), was zum Zusammenbruch der alliierten Front führte. Nach einem Stellungskrieg am 38. Breitengrad u. zweijährigen Verhandlungen v.a. über die Gefangenenrückführung wurde der *Waffenstillstand von Panmunjon* am 27.7.1953 geschlossen.
**Koreaner,** ostasiat. Volk des mongol. Rassenkreises, auf der Halbinsel Korea, in der benachbarten Mandschurei u. in der Sowj.; gingen seit 1392 ganz in die chin. Kultur auf.
**kören,** männl. Haustiere auf ihre Zuchttauglichkeit überprüfen.
**Korfball,** *Korfbal,* ndl. Nationalspiel (ähnl. dem *Korbball),* in dem jedes körperl. Berühren verboten ist u. das als gemischtes Mannschaftsspiel (sechs Spielerinnen u. sechs Spieler je Mannschaft) ausgetragen wird.
**Korff,** Hermann August, *1882, †1963, dt. Literaturhistoriker; schrieb »Geist der Goethezeit«, das Hauptwerk der ideengeschichtl. Literaturgeschichtsschreibung.
**Korfu,** grch. *Kerkyra,* die nördl. der grch. Ionischen Inseln, 592 km², 100 000 Ew., Hauptort u. Hafen *Kerkyra;* Fremdenverkehr; 1387 venezian., 1864 grch.
**Koriander,** *Coriandrum,* Gatt. der Doldengewächse; Küchenkraut (Gurken- u. Soßengewürz u. für Backwaren).
**Korinth,** grch. *Korinthos,* grch. Hafenstadt am *Golf von K.,* der durch den *Kanal von K.* mit dem Saron. Golf verbunden ist, 23 000 Ew.; Zentrum eines intensiv genutzten Agrargebietes; Raffinerie, Metallverarbeitung, Schwefelwerk; mehrf. (zuletzt 1928) durch Erdbeben zerstört. – G e s c h .: Das antike K. lag weiter sw. am Fuße des Burggebietes von Akro-K.; es wurde im 10. Jh. v. Chr. von Doriern gegr. u. bald zu einem Mittelpunkt von Handel u. Gewerbe; Blütezeit im 7./6. Jh. v. Chr., Mitgl. des *Peloponnes. Bundes;* 146 v. Chr. von den Römern zerstört; von *Cäsar* 44 v. Chr. als röm. Kolonie neu gegr.; hat eine der bed. Ausgrabungsstätten Griechenlands.
**Korinthen,** nach dem Ausfuhrhafen *Korinth* ben., getrocknete kleine Weinbeeren *(Rosinen),* von einer kernlosen Züchtung des Weinstocks.
**Korintherbriefe,** zwei Briefe des Apostels *Paulus* an die von ihm gegr. Gemeinde in Korinth, wohl um 55 verfaßt.
**Korjaken,** altsibir. Volksstamm in O-Sibirien u. auf der Halbinsel Kamtschatka; Rentierzüchter mit Jagd auf Meeressäugetiere.
**Kork,** abgestorbenes Abschlußgewebe mancher

# Kornberg 473

Bodennutzung, Bergbau, Industrie und Verkehr

Pflanzen aus lufthaltigen Zellen, in deren Wände wasserabweisendes *Suberin* eingelagert ist. K. wird vornehml. aus der Rinde der im Mittelmeergebiet heim. *K.eiche* gewonnen, die alle 8–12 Jahre geschält wird. Er wird verwendet für Flaschenkorken, als Wärme- u. Schallisolierung, für Schwimmgürtel u. zerkleinert für Linoleum.
**Kormorane,** *Phalacrocoracidae,* Fam. der *Ruderfüßer;* mit 30 Arten weltweit verbreitete, meist dunkel gefärbte Wasservögel an Gewässern u. Meeresküsten jeder Art; ernähren sich schwimmtauchend von Fischen. An dt. Küsten ist der gänsegroße *Gewöhnl. K.* heute sehr selten geworden.
**Korn, 1.** allg. ein kleines Stück, z.B. von Salz, Hagel, Schrot, Erzen, Metallen u.a. – **2.** Frucht bei Gräsern u. Getreidearten. – **3.** Bez. für das Getreide, i.e.S. Roggen. – **4.** Sammelbez. für Branntwein aus Getreide. – **5.** fr. Bez. für den Feingehalt von Legierungen, bes. von Münzen. – **6.** durch gravierte Walzen hervorgerufene Narbung von Papier. – **7.** Silberpartikel photograph. Schichten. – **8.** Teil des *Visiers* bei Schußwaffen.
**Korn,** Arthur, *1870, †1945, dt. Physiker; bahnbrechende Arbeiten auf dem Gebiet der Bildtelegraphie u. des Fernsehens.
**Kornberg** ['kɔːnbəːg], Arthur, *3.3.1919,

*Kormorane beim Flügeltrocknen*

US-amerik. Biochemiker; entdeckte die biolog. Synthese der Nucleinsäuren *RNS* u. *DNS;* Nobelpreis 1959 zus. mit S. *Ochoa.*

**Kornblume,** Art der Flockenblume mit blauen Blüten.

**Kornelkirsche,** beliebte Ziersträucher der *Hartriegelgewächse; Rote K.* mit schwarzen Früchten u. blauroten Zweigen *(Blutweide); Gewöhnl. K.* mit gelben Blüten u. kirschroten Früchten, häufig in Parkanlagen.

**Körner, 1.** Christian Gottfried, *1756, †1831, Freund u. Förderer *Schillers.* – **2.** Hermine, *1882, †1960, dt. Schauspielerin, Regisseurin u. Theaterleiterin; gilt als eine der letzten großen Tragödinnen. – **3.** (Karl) Theodor, Sohn von 1), *1791, †1813, dt. Schriftst.; schrieb von Schiller abhängige Stücke, zuletzt patriot. Lieder. – **4.** Theodor, *1873, †1957, östr. Offizier u. Politiker (SPÖ); 1951–57 östr. Bundes-Präs.

**Kornett, 1.** [das], ein in Frankreich am Anfang des 19. Jh. aus dem Posthorn entwickeltes Blechblasinstrument. – **2.** [der], fr. jüngster Offizier u. Standarten- oder Fahnenträger der Schwadron.

**Korngold,** Erich Wolfgang, *1897, †1957, östr. Komponist; schrieb Opern, zahlr. Filmmusiken u. Orchesterwerke; W Oper »Die tote Stadt«.

**Kornkäfer,** *Kornrüßler, Getreiderüßler, Kornkrebs, Schwarzer Kornwurm,* braunroter, rd. 4 mm langer *Rüsselkäfer,* dessen Weibchen Eier in lagerndem Getreide ablegt; Vorratsschädling.

**Kornrade,** *Rade,* zu den *Nelkengewächsen* gehöriges Getreideunkraut mit purpurroten Blüten. Die Samen enthalten ein giftiges Saponin.

**Kornweihe** → Weihen.

**Kornwestheim,** Stadt in Ba.-Wü., nordöstl. von Stuttgart, 27 000 Ew.; Eisen-, Masch.- u. Schuh-Ind.

**Korolenko,** Wladimir Galaktionowitsch, *1853, †1921, russ. Schriftst.; schrieb Erzählungen u. bed. Memoiren; W »Die Geschichte meines Zeitgenossen«.

**Korolle,** *Corolla, Blumenkrone,* Gesamtheit der Blumenkronblätter *(Petalen).*

**Korona, 1.** leuchtender äußerster Teil der Sonnenatmosphäre. Die *äußere K.* wird überw. durch Streuung des Sonnenlichts an festen Partikeln bewirkt; die *innere K.* besteht überw. aus fein verteilten Gasen u. freien Elektronen u. Ionen. Die Temp. der K. beträgt etwa 1 Mio. °C u. ist die wichtigste Quelle der Radiostrahlung der Sonne. Sie kann mit dem *Koronographen* oder bei totaler Sonnenfinsternis beobachtet werden. – **2.** hörbare, im Dunkeln auch sichtbare Sprüherscheinung an elektr. Leitern hoher Spannung. – **3.** fröhl. Runde, (Zuhörer-)Kreis, Horde.

**Koronargefäße,** *Koronarien, Herzkranzgefäße,* die der Versorgung des Herzmuskels mit Blut dienen.

**Koronarinsuffizienz,** ungenügende Durchblutung u. damit mangelhafte Sauerstoffversorgung des Herzmuskels durch die Herzkranzgefäße *(Koronarien).* Chron. K. führt zur *Angina pectoris,* akute K. zum *Herzinfarkt.*

**Koronarsklerose,** Herzkranzader-Verkalkung; führt als Teil der Arterienverkalkung zu Durchblutungsstörungen im Herzmuskel u. zu *Angina pectoris* u. *Herzinfarkt.*

**Körper, 1.** in der Geometrie ein von allen Seiten begrenzter Raumteil mit 3 Ausdehnungen (Dimensionen). – **2.** in der Physik allg. ein makroskop. System, das aus einer sehr großen Zahl von Molekülen oder Atomen besteht. Bei einem *starren K.* verändert sich die räuml. Lage der Teilchen nicht, wie dies bei *deformierbaren, elast.* oder *plast. K.* der Fall ist. Von den *festen K.* werden *flüssige* u. *gasförmige K.* unterschieden.

**Körperfarben,** Farben nicht selbstleuchtender Körper, die zur Sichtbarmachung eine beleuchtende Strahlung benötigen; diese wird z.T. durchgelassen, zurückgeworfen oder absorbiert.

**Körperschaft, 1.** im *Privatrecht* mitgliedschaftl. verfaßte Organisation, deren Fortbestand unabh. vom Mitgliederwechsel ist u. deren Geschäftsführung u. Vertretung bes. Organen übertragen ist *(körperschaftl. Verf.);* z.B. eingetragener Verein, Aktiengesellschaft, Kommanditgesellschaft auf Aktien, Gesellschaft mit beschränkter Haftung, eingetragene Genossenschaft. – **2.** *K. des öffentl. Rechts,* mitgliedschaftl. verfaßte Organisation, die durch einen *Hoheitsakt* (Gesetz oder gesetzl. gestatteter Staatsakt) entsteht; dienen öffentl. Zwekken u. sind meist mit hoheitl. Befugnissen ausgestattet. Man unterscheidet: *Gebiets-K.* (z.B. Gemeinden, Gemeindeverbände), *Personal-K.* (z.B. Berufsverbände, Kirchen).

**Körperschaftsteuer,** eine aus der *Einkommensteuer* für jurist. Personen entstandene Steuer auf den Jahresgewinn der Körperschaften, Personenvereinigungen u. Vermögensmassen in der BR Dtld.

**Körperverletzung,** körperl. Mißhandlung oder Beschädigung der Gesundheit eines Menschen; bei Vorsatz oder Fahrlässigkeit strafbar.

**Korporal,** beim ital. u. frz. Heer ein höherer Mannschafts- oder der unterste Unteroffiziersdienstgrad.

**Korporale,** quadrat. leinenes Tuch, das als Unterlage für Kelch u. Hostie auf die Altartücher gelegt wird.

**Korporation, 1.** student. Verbindung. – **2.** Körperschaft.

**Korps** [ko:r], **1.** Truppenverband des Heeres: Zusammenfassung mehrerer *Divisionen* u. der eig. **K.truppen** (Artillerie-, Fernmelde- u. Pioniertruppen, Instandsetzungs- u. Transportverbände). – **2.** ab 1848 an den dt. Univ. maßgebl. werdende, exklusive, waffen- u. farbentragende Form der *Studentenverbindung.*

**Korpsgeist** ['ko:r-], Gesinnung, die engen Zusammenschluß oder Standesbewußtsein (z.B. im Offizierskorps) betont.

**korpulent,** beleibt.

**Korpus, 1.** [der], Körper; Schallkörper von Saiteninstrumenten. – **2.** [das], *Corpus,* bei Schriften ein vollständiges Sammelwerk.

**Korpuskeln,** *Elementarteilchen,* auch die daraus zusammengesetzten Atome u. Moleküle.

**Korral,** Gehege zum Einfangen wilder Pferde.

**Korrasion,** abschleifende Wirkung sandbeladenen Windes auf Gesteine *(Sandschliff).*

**Korreferat,** Gegenbericht; Referat, das ein vorausgehendes ergänzen oder widerlegen soll. – **Korreferent,** Mitberichterstatter.

**Korrektor,** Angestellter einer Druckerei oder eines Verlags, der *Korrektur* zu lesen hat, d.h. den Drucksatz durch Vergleich mit dem Manuskript auf seine Richtigkeit hin zu prüfen u. Fehler zu berichtigen.

**Korrektur,** Berichtigung, Verbesserung.

**Korrelation,** Wechselbeziehung; das Aufeinander-bezogen-Sein von zwei Begriffen, Vorgängen oder Dingen.

**Korrepetitor,** Pianist u. Hilfsdirigent an Theatern, der mit Sängern Einzelproben abhält.

**Korrespondent, 1.** Angestellter für die Erledigung des Briefwechsels einer Firma. – **2.** auswärtiger Nachrichtenagentur-, Presse- oder Funkmitarbeiter; beliefert seine Auftraggeber mit Nachrichten, Berichten u. Meinungsbeiträgen.

**Korrespondenz, 1.** wechselseitige Entsprechung, Übereinstimmung. – **2.** Briefwechsel, Schriftverkehr.

**Korridor, 1.** schmaler Gang, Flur. – **2.** Gebietsstreifen oder Flugschneise *(Luft-K.),* wodurch die Verbindung eines Territoriums mit einer Enklave gewährleistet werden soll.

**Korrosion, 1.** chem. Zerstörung u. Auslaugung von Gesteinen durch Salz- u. Süßwasser. – **2.** Schädigung u. Zerstörung von Werkstoffen durch chem. u. elektrochem. Reaktionen, die durch Elektrolytlösungen, feuchte Gase, Schmelzen u.a. hervorgerufen werden können.

**korrumpieren,** bestechen, moral. verderben. – **Korruption,** Bestechung, Bestechlichkeit, moral. Verfall.

**Korsage** [-ʒə], enganliegendes, trägerloses Kleidoberteil; im Dt. auch für *Korsett.*

**Korsar,** Seeräuber.

**Korsen,** Bev. der frz. Insel *Korsika;* sprechen eine ital. Mundart u. sind wohl iberischen Ursprungs.

**Korsett,** festes, durch Stützen versteiftes, enganliegendes Kleidungsstück, aus mod. u. kosmet. Gründen von der Frau getragen. – Als *Stütz-K.* ist es heute noch vorw. in der Orthopädie gebräuchlich.

**Korsika,** frz. *La Corse,* frz. Mittelmeerinsel nördl. von Sardinien, 8682 km$^2$, 229 000 Ew.; Hptst. *Ajaccio;* sehr gebirgig, im *Monte Cinto* 2710 m hoch; N- u. W-Küste fallen steil zum Meer ab, die O-Küste ist flach; milde, regenreiche Winter u. trockenwarme Sommer; Eichen- u. Nadelwälder, Edelkastanienhaine, Macchie; Oliven-, Wein- u. Obstkulturen; Fremdenverkehr. – Gesch.: Die Urbewohner sind Iberer, die im Lauf der Jh. von den verschiedensten Völkern überlagert wurden. 1077 anerkannte die Inselbevölkerung Papst *Gregor VII.* als ihren Oberherrn. *Urban II.* übertrug die Verw. der Insel an die Pisaner, die sie 1300 an Genua abtraten. 1729 erhoben sich die Korsen gegen Genua; der Aufstand wurde jedoch 1730 unterdrückt. Ein erneuter Aufstand (seit 1755) führte zum Verkauf der Insel an Frankreich. Während der Frz. Revolution kam K. vorübergehend an England, wurde aber nach der Wiedereroberung 1796 endgültig französisch. Seit den 1970er Jahren sind z.T. gewaltsam operierende Autonomiebewegungen tätig.

**Korso, 1.** festl. Hauptstraße. – **2.** Wettrennen reiterloser Pferde beim ital. Karneval. – **3.** Paradefahrt geschmückter Fahrzeuge.

**Korsör,** *Korsør,* Hafenstadt der dän. Amtskommune W-Seeland, am Großen Belt, 20 000 Ew.; Fährverkehr.

**Kortex,** *Cortex,* Rinde; in der Anatomie die Großhirnrinde.

**Kortner,** Fritz, *1892, †1970, östr. Schauspieler u. Regisseur; Protagonist des dt. expressionist. Theaters.

**Kortrijk** ['kɔrtrɛjk], frz. *Courtrai,* belg. Stadt an der Leie (Lys), im südl. W-Flandern, 76 000 Ew.; Handels- u. Ind.-Zentrum; Textil-Ind. – 1302 fand in der Nähe eine Schlacht zw. dem flandr. Städtebund u. frz. Rittern statt (»Sporenschlacht«), die über die Selbständigkeit Flanderns zugunsten der Städte entschied.

**Kortum,** Karl Arnold, *1745, †1824, dt. Schriftst.; schrieb in Knittelversen das kom. Heldengedicht »Die Jobsiade«.

**Korund,** verschiedenfarbiges, diamantglänzendes, sehr hartes → Mineral; *roter K.* oder *Rubin* u. *blauer K.* oder *Saphir* sind Edelsteine; *gemeiner K.* (Schmirgel) wird als Schleifmittel, *synthet. K.* für Lagersteine in Uhren verwendet.

**Körung,** Beurteilung von männl. Tieren in bezug auf ihre Eignung zur Zucht u. ihren Zuchtwert.

**Korvette,** leichtes, kleineres, dreimastiges Kriegsschiff der Segelschiffzeit mit Kanonen auf dem Deck; heute noch Bez. für Geleitschutzboote.

**Koryphäe,** im altgrch. Drama der Chorführer; heute Bez. für einen »Meister seines Fachs«, meist einen führenden Wissenschaftler.

**Kos** [ko:s], grch. Insel der Südl. Sporaden, 290 km$^2$, 17 000 Ew., Hauptort *K.* – Im Altertum ein bek. Kurort mit bed. Asklepiosheiligtum, Wirkungsstätte der Ärzteschule von K. *(Hippokrates).*

**Kosaken,** seit dem 15. Jh. militär. organisierte Bewohner der südl. u. sö. Grenzgebiete Rußlands u. Polen, gegenüber Tataren u. Türken; meist Unzufriedene versch. Völkerschaften, oft flüchtige Leibeigene; bildeten im 16. Jh. an Don u. Dnjepr weitgehend unabh. *K.reiche* mit gewähltem *Hetman;* vom Zaren unterworfen, bildeten sie später die gefürchtete leichte Reiterei des Zarenheers.

**Koschenille** [kɔʃə'niljə] → Cochenille.

**koscher** ['ko:-], nach den jüd. Speisegesetzen rituell rein u. den Gläubigen zum Genuß erlaubt.

**Koschnick,** Hans, *2.4.1929, dt. Politiker (SPD); 1967–85 Bürgermeister u. Senatspräsident von Bremen, 1975–79 stellvertr. Partei-Vors.

**Kosciusko,** *Mount K.* [maunt kɔ'zjʌskɔu], höchster Berg Australiens, in den *Snowy Mountains,* 2230 m; Wintersportgebiet.

**Kościuszko** [kɔsj'tsjuʃko], Tadeusz, *1746, †1817, poln. Armeeführer u. Nationalheld; 1794 Oberbefehlshaber der poln. Aufständischen gegen die Poln. Teilungen.

**Kösen,** *Bad K.,* Stadt bei Halle, an der Saale, 6200 Ew.; Herstellung der *Käthe-Kruse-Puppen.* Sole- u. Kochsalzquellen.

**Kosinski,** Jerzy, Pseud.: Josef *Novak,* *14.6.1933, US-amerik. Schriftst. poln. Herkunft; beschreibt in krit. Prosa das Leben in totalitären Systemen; später auch amerik. Themen.

**Kosinus,** Zeichen cos, eine der *Winkelfunktionen.*

**Köslin,** poln. *Koszalin,* Stadt in Pommern, Hptst. der Wojewodschaft Koszalin (Polen), 103 000 Ew.; got. Marienkirche, TH; Masch.-, elektrotechn., Textil- u. Holz-Ind.

**Kosmetik,** Schönheitspflege. – **kosmetische Chirurgie,** *chirurg. K.,* ärztl. Beseitigung von Schönheitsfehlern, Mißbildungen, Narben u. Alterserscheinungen *(Face-lifting).*

**kosmisch,** aus dem Weltall stammend, das Weltall betreffend.

**kosmische Hintergrundstrahlung,** schwache, offenbar aus allen Richtungen des Weltraums gleichmäßig einfallende Radiostrahlung, die das gesamte Weltall erfüllt u. der Strahlung im Innern eines Hohlraums der Temp. 3 K (Kelvin) entspricht. Sie hängt mit der Frühentwicklung u. der Urexplosion des Universums zus. u. ist eine Art Reststrahlung des »Urknalls«.

**kosmische Strahlung** → Höhenstrahlung.

**Kosmodrom,** russ. Bez. für den Startplatz von Raumfahrt-Trägerraketen.

**Kosmogonie,** Lehre von der Entstehung des Weltsystems; im vorwiss. Zeitalter repräsentiert durch die großen Mythen der Hochkulturen. Die erste wiss. Erklärung der Entstehung des Sonnensystems wurde 1755 von I. Kant gegeben. Nach heutigen Erkenntnissen nimmt man an, daß hochverdichtete Materie vor etwa 15 Mrd. Jahren, durch eine *Urexplosion* bedingt, anfing sich auszubreiten *(Hubble-Effekt).* Andere Forscher nehmen ein in der räuml. Dichte der Materie zeitl. im wesentl. unveränderl. Weltall an; Materie soll im Lauf der Expansion des Weltalls ständig neu erzeugt werden.

**Kosmologie,** Lehre vom Aufbau des Weltalls u. von seiner Einordnung in Raum u. Zeit.

**Kosmonaut,** sowj. Bez. für *Astronaut.*

**Kosmopolit, 1.** → Weltbürger. – **2.** Bez. für Pflanzen u. Tiere mit weltweiter Verbreitung.

**Kosmos,** allg. die Welt als Ganzes; in der Astronomie das Weltall.

**Kosovo,** autonome Prov. Serbiens (Jugoslawien), 10 887 km², 1,8 Mio. Ew., davon 13 % Serben, überw. Albaner, Hptst. *Priština;* Autonomiebestrebungen der Albaner führten zu Spannungen u. Unruhen.

**Kossel,** Albrecht, *1853, †1927, dt. Biochemiker; erforschte die Chemie der Zelle u. des Zellkerns; Nobelpreis 1910.

**Kossuth** ['kɔʃut], Lajos, *1802, †1894, ung. Politiker u. Nationalheld; erklärte 1849 Ungarns Unabhängigkeit von den Habsburgern u. wurde zum Reichsverweser (Staats-Präs.) gewählt.

**Kossygin,** Alexej Nikolajewitsch, *1904, †1980, sowj. Politiker; seit 1939 versch. Ministerämter; als Nachf. N. *Chruschtschows* 1964–80 Vors. des Ministerrats; neben L. *Breschnew* u. N. *Podgornyj* einer der Spitzenpolitiker der UdSSR.

**Kosten,** zur Hervorbringung eines wirtsch. Gutes entstandener oder geplanter Verbrauch an Gütern u. Dienstleistungen. Man unterscheidet: *direkte K.* (z.B. Fertigungslöhne, Material) u. *indirekte* oder *Gemein-K.* (z.B. Grundstücks-K., Mieten, Gehälter); auch *kalkulator. K.* (Zinsen für Eigenkapital, Unternehmerlohn u. Wagnisse). Nur ein Teil der K. entwickelt sich entspr. der jeweiligen Beschäftigung *(variable K.,* z.B. Löhne, Material-K., Energie-K.), ein anderer ist unabhängig vom Beschäftigungsgrad *(feste* oder *fixe K.,* z.B. Abschreibungen, Verw.-K., Mieten). – **K.rechnung,** Teil des Rechnungswesens einer Unternehmung, der die Erfassung u. angemessene Verteilung der *K.* auf die einzelnen Erzeugnisse *(K.träger)* als Grundlage der *Kalkulation* ermöglichen soll.

**Kostroma,** Hptst. der gleichn. Oblast, in der RSFSR (Sowj.), an der Mündung der K. (400 km) in die Wolga (Hafen), 276 000 Ew.; Maschinenbau, Schiffswerft, Flachsverarbeitung, Holz-Ind.

**Kostrzyn** ['kɔstʃin] → Küstrin.

**Kostüm, 1.** allg. charakt. Kleidung einer bestimmten Epoche u. für bestimmte Gelegenheiten. – **2.** zweiteiliges Damenkleid, bestehend aus Jacke u. Rock im gleichen Stoff. – **3.** Kleidung des Schauspielers auf der Bühne.

**Koszalin** → Köslin.

**Kot,** *Stuhl,* durch den After ausgeschiedene unverwertbare Nahrungsreste.

**Kota Baharu,** Hptst. des mal. Teilstaats Kelantan, an der O-Küste Malakkas, 171 000 Ew.; Reis- u. Kokoshandel; Flughafen.

**Kota Kinabalu,** fr. *Jesselton,* Hptst. von Sabah (N-Borneo), in O-Malaysia, 109 000 Ew.; Hafen, Flugplatz.

**Kotangens,** Zeichen cot, eine der → Winkelfunktionen.

**Kotau,** chin. Ehrenbezeigung: Niederwerfen u. dreimaliges Berühren des Bodens mit der Stirn; Zeichen völliger Unterwerfung.

**Kotelett,** Rippenstück von Hammel, Kalb oder Schwein.

**Kotelette,** schmaler *Backen-* oder *Schläfenbart,* lang heruntergezogener Haaransatz an den Schläfen.

**Köth,** Erika, *1927, †1989, dt. Sängerin (Koloratursopran).

**Köthen/Anhalt,** Stadt nördl. von Halle (Saale), 34 000 Ew.; Residenzschloß; HS; Maschinenbau, Eisengießerei, chem. Ind.

**Kothurn,** urspr. geschnürter, wadenhoher Schaftstiefel, Jagdstiefel des *Dionysos;* gehörte zum Kostüm der Schauspieler der grch. Tragödie.

**Kotillon** [kɔtil'jɔ̃], *Cotillon,* in der bäuerl. Tracht ein kurzer Unterrock.

**Kotingas,** mittel- u. südamerik. Fam. z.T. sehr farbenprächtiger *Sperlingsvögel,* u.a. *Felsenhahn, Glockenvogel.*

**Kotka,** finn. Hafenstadt u. Prov.-Hptst., 60 000 Ew.

**Kotor,** jugoslaw. Hafenstadt in Montenegro, 8000 Ew.; Festung, Stadtturm. – 1420 venezian., 1797 - 1918 östr., danach zu Jugoslawien.

**Kotschinchina** → Cochinchina.

**Kotzebue** [-bu:], August von, *1761, †1819, dt. Schriftst.; seit 1783 zeitw. in russ. Diensten, 1819 von dem Burschenschafter K.L. *Sand* als angebl. Spion erdolcht; schrieb rd. 200 Theaterstücke, die in der Goethezeit viel gespielt wurden.

**Kourou** [ku'ru], Stadt in Frz.- Guyana, in S-Amerika, 6500 Ew.; in der Nähe das europ. Raumfahrtzentrum.

**Kowa,** Victor de, eigtl. V. *Kowalski,* *1904, †1973, dt. Schauspieler u. Theaterleiter; v.a. in Komödien.

**Kowloon** [kau'lu:n], *Kaulun,* Hafenstadt in der brit. Kronkolonie Hongkong, 2,3 Mio. Ew.; chin. Univ.; Hafen; Textil-, Chemie-, Elektro- u. Elektronik-Ind.; Touristenzentrum.

**Kozhikode** ['kɔudʒikɔud], *Koylikota,* engl. *Calicut,* ind. Hafenstadt an der Malabarküste, in Kerala, 394 000 Ew.; landw. Handelszentrum.

**kp,** Kurzzeichen für *Kilopond.*

**KP,** Abk. für ***Kommunistische Partei,*** mit Zusatz des betr. Landes; z.B. *KPD,* Kommunistische Partei Deutschlands, *KPdSU,* Kommunistische Partei der Sowjetunion.

**Kra,** *Isthmus von K.,* schmalste Stelle der Halbinsel von Malakka in S-Thailand, 25 km breit.

**Krabben, 1.** *Brachyura,* umfangreichste u. stammesgeschichtl. fortschrittlichste Gruppe der *Zehnfußkrebse;* rd. 4500 Arten. Der Hinterleib ist stets unter den Kopf-Brust-Abschnitt geklappt. Die meisten Arten laufen seitwärts. Hierzu u.a. *Woll-K., Schwimm-K., Taschenkrebse.* – **2.** → Garnelen.

**Krabbenspinnen,** *Thomisidae,* Fam. der *Spinnen,* deren beide vorderen Beinpaare krabbenartig seitl. ausgestreckt sind.

**Kracken,** *Krackprozeß* ['kræk-] → cracken.

**Krad,** Kurzwort für *Kraftrad,* → Motorrad.

**Krafft,** Adam → Kraft.

**Kraft,** jede Größe, die den Bewegungszustand eines bewegl. Körpers (d.h. seinen *Impuls)* nach Größe u./oder Richtung zu ändern bestrebt ist. Es gilt das *Newtonsche Gesetz:* K. = zeitl. Änderung der Bewegungsgröße = Masse · Beschleunigung. Die K. ist ein Vektor (sie hat einen Betrag u. eine Richtung). Das Produkt aus K. · Weg heißt *Arbeit.* Die bei K.einwirkungen auf größere Flächenstücke auf den cm² entfallende K. heißt *Druck.* Die Einheit der K. ist 1 *Newton.* Ein Newton (1 N) ist diejenige K., die der Masse 1 kg die Beschleunigung 1 m pro s² erteilt: $1\ N = 1\ kg \cdot 1\ ms^{-2} = 1\ kg \cdot m \cdot s^{-2}$

**Kraft,** *Krafft,* Adam, *um 1460, †1508/09, dt. Bildhauer; schuf Steinbildwerke in einem spätgot. Stil, der in Formvereinfachung u. harmon. Ausgewogenheit bereits Renaissance-Elemente zeigt.

**Kräfteparallelogramm** → Parallelogramm der Kräfte.

**Kraftfahrt-Bundesamt,** Bundesoberbehörde für den Straßenverkehr, Sitz: Flensburg; Aufgaben: Typprüfung von Kraftfahrzeugen, Auswertung der Erfahrungen im kraftfahrtechn. Bereich, Prüf- u. Überwachungswesen, Führung des Verkehrszentralregisters *(Verkehrssünderkartei).*

**Kraftfahrzeug,** Abk. *Kfz,* mit eig. Maschinenkraft bewegtes, nicht an Schienen gebundenes Landfahrzeug. Man unterscheidet *Kraftrad* (→ Motorrad) u. → Kraftwagen. *Zugmaschinen* sind K., die ihrer Bauart nach überwiegend zum Ziehen von Anhängern oder von Geräten bestimmt sind (Straßenzugmaschinen, Ackerschlepper, Sattelzugmaschinen). Sie können auch als Gleiskettenfahrzeug gebaut sein.

**Kraftfahrzeugbrief,** Urkunde, die der Hersteller von serienmäßigen Kfz ausstellt; enthält Angaben über die Beschaffenheit u. Ausrüstung des Kfz u. bescheinigt, daß das Fahrzeug den geltenden Bestimmungen entspricht; dient auch der Sicherung des Eigentums am Kfz.

**Kraftfahrzeugschein,** öffentl. Urkunde, die aufgrund der Betriebserlaubnis oder als Ersatz für diese u. nach Zuteilung des amtl. Kennzeichens ausgefertigt u. dem Fahrzeughalter ausgehändigt wird; Ausweis über die behördl. Zulassung des Kfz.

**Kraftfahrzeugsteuer,** Steuer auf das Halten von Kfz zum Verkehr auf öffentl. Straßen; berechnet nach Hubraum oder Gesamtgewicht u. der Anzahl der Achsen.

**Kraftfahrzeugversicherung,** Sammelbez. für 4 Versicherungszweige: *Kraftfahrzeughaftpflichtversicherung* (zwangsweise vorgeschrieben), *-kaskoversicherung, -unfallversicherung* u. *Reisegepäckversicherung.*

**Kraftlinien,** *Feldlinien* → Feld.

**Kraftmaschine,** jede Maschine zur Umwandlung versch. Energieformen in mechan. Energie: z.B. *Dampfmaschine, Dampfturbine, Gasturbine, Verbrennungsmotor* (Umwandlung von Wärmeenergie in mechan. Energie; *Wärme-K.n); Elektromotor* (Umwandlung von elektr. Energie in mechan. Energie); *Wasserturbine* (Umwandlung von potentieller oder kinet. Energie des Wassers in mechan. Energie).

**Kraftmesser** → Dynamometer.

**Kraftrad** → Motorrad.

**Kraftstoffe,** alle brennbaren Stoffe, die zum Betrieb von Verbrennungskraftmaschinen geeignet sind. Die bei der Verbrennung frei werdende Wärmemenge wird im Motor in mechan. Arbeit übergeführt.

**Kraftwagen,** *Automobil, Auto,* drei-, vier- oder mehrrädriges Fahrzeug, das von einem *Motor* angetrieben wird u. zur Beförderung von Menschen u. Lasten dient. Für Personen-K. wird meist ein *Ottomotor,* für Last-K. vermehrt ein *Dieselmotor* verwendet. Von Art u. Lage des Motors hängt die Ausbildung der Kraftübertragung auf die Triebräder ab. Es gibt *Vorderrad-, Hinterrad-* u. *Allradantrieb* (letzterer bei geländegängigen Wagen). – Die Motorkraft wird über eine ausrückbare *Kupplung* auf das *Wechselgetriebe* geleitet. Dieses hat die Aufgabe, die Antriebskräfte (an den Antriebsrädern) den veränderl. Fahrwiderständen anzupassen; es wirkt als Drehmomentwandler (→ Kennungswandler). Neben den von Hand schaltbaren, vollsynchronisierten Zahnradgetrieben gibt es auch halb- u. vollautomat. Getriebe. – Der *Kraftstoff* wird dem Motor aus dem Kraftstoffbehälter in der Regel durch eine motorgetriebene Pumpe zugeführt. Eine oder mehrere Ölpumpen sorgen für die Versorgung mit *Schmieröl.* – Die K. werden in *Personen-* (*Pkw*) u. *Lastkraftwagen (Lkw)* eingeteilt. Bei den Pkw unterscheidet man je nach der Bauart: *offener Pkw, Kabriolett* (mit Klappverdeck u. versenkbaren Seitenfenstern), *geschlossener Pkw* wie *Limousine* u. *Coupé. Kombinationswagen (Kombiwagen)* haben einen Aufbau, der sowohl zur Personen- als auch Lastenförderung geeignet ist. – Gesch: Das erste funktionierende Kfz (mit Dampfmaschine) baute N.J. *Cugnot* 1769. 1863 verwendete J.J. *Lenoir* den von ihm erfundenen Gasmotor zum Antrieb eines Wagens. S. *Marcus* baute 1864 einen Wagen, den er mit einem *Benzinmotor* antrieb. Nachhaltigen Erfolg, auf dem die ganze moderne Automobilindustrie begründet ist, hatten jedoch erst C. *Benz* u. G. *Daimler* seit 1885. Das erste vierrädrige Kfz baute Daimler 1886 u. stattete es bereits 1889 mit vier Geschwindigkeiten aus. – B → S. 476.

**Kraftwerk,** *Elektrizitätswerk,* Anlage zur Erzeugung von elektr. Strom mit *Generatoren* aus versch. Energieformen. Wärme-K.e setzen die Wärmeenergie von Brennstoffen oder anderen Energieträgern frei u. wandeln sie in elektr. Energie um. Hierzu gehören *Dampf-K.e,* die die Energie fossiler Energieträger zum Betreiben einer Dampfmaschine nutzen, *Diesel-K.e,* die Dieselmotoren als Antrieb verwenden, *Gasturbinen-K.e,* die heißes Gas auf eine Turbine leiten, *geotherm. K.e,* die die Erdwärme nutzen, *Kern-K.e,* die bei der Kernspaltung frei werdende Energie einsetzen. Wasser-K.e nutzen die potentielle Energie gestauten Wassers. Hierzu auch *Gezeiten-K.e,* die Ebbe u. Flut zur Energieerzeugung einsetzen. Klimatolog. K.e nutzen z.B. die Sonneneinstrahlung in *Solar-K.en* u. die Windgeschwindigkeit in *Windkraftanlagen.*

**Kragenbär,** bis 1,80 m hoher *Bär* Zentralasiens;

schwarz, mit V-förmiger weißer Brustzeichnung; ben. nach den kragenartig verlängerten Haaren auf Nacken u. Schultern.

**Kragenechse,** bis 80 cm lange austral. *Agame;* spreizt bei Gefahr als Drohgebärde eine große, kragenartige Hautfalte des Halses.

**Kragstein,** aus der Wandfläche hervorragender Stein zum Tragen von Baugliedern.

**Kragujevac** [-vats], jugoslaw. Stadt an der Lepenica, sö. von Belgrad, 87 000 Ew.; Masch.- u. Fahrzeugbau, Elektro- u. Nahrungsmittel-Ind.

**Krähen,** große, kräftige *Rabenvögel* der Gatt. *Corvus.* Neben dem *Kolkraben* kommen in Dtld. vor: die westelbische, rein schwarze *Rabenkrähe;* die ostelbische, im Winter aber umherstreichende *Nebelkrähe* mit grauem Körper; die schwarze *Saatkrähe.*

**Krähenbeere,** *Rauschbeere,* in den nördl. gemäßigten u. in den arkt. Zonen verbreitete kleine, niederliegende Sträucher mit blaßroten Blüten u. schwarzen oder roten Beeren; in Heidegebieten u. auf Hochmooren.

**Krahl,** Hilde, *10.1.1917, dt. Schauspielerin; nach 1966 am Wiener Burgtheater; seit 1936 beim Film u.a. in »Der Postmeister«.

**Krähwinkel,** Inbegriff für kleinstädt. Beschränktheit; nach dem Lustspiel »Die dt. Kleinstädter« von A. von *Kotzebue.*

**Kraichgau,** *Pfinzgauer Hügelland,* Ldsch. zw. Odenwald u. Schwarzwald; ben. nach der *Kraich* (r. Nbfl. des Rhein).

**Krain,** slowen. *Kranjska,* Westteil der jugoslaw. Rep. *Slowenien;* gehört seit 1947 zu Jugoslawien.

**Krakatau,** vulkan. Insel in der Sundastraße, zw. Sumatra u. Java (Indonesien), bis 816 m; gewaltige Vulkanexplosion 1883, deren Flutwellen 36 000 Menschenleben auf Sumatra u. Java kosteten.

**Krakau,** poln. *Kraków,* Hptst. der gleichn. Wojewodschaft in Polen, an der oberen Weichsel, 744 000 Ew.; Univ. (gegr. 1364) u. weitere HS, Kunstakad., Museen; maler. Altstadt mit Tuchhallen, Bürgerhäusern u. Adelspalästen aus Gotik, Renaissance u. Barock; got. Marienkirche mit Veit-Stoß-Altar, got. Schloß u. roman.-got. Kathedrale auf dem Burgberg *Wawel.* – Im neuen Stadtteil *Nowa Huta* größtes Eisenhüttenkombinat Polens; elektrotechn., chem., Textil- u.a. Ind.; Verkehrsknotenpunkt. – Gesch.: 11. Jh. – 1596 poln. Hptst. u. Kulturzentrum, Krönungsstadt bis 1764; zeitw. Östr., 1815 Freistaat, 1918 wieder poln.

**Kraken,** *Oktopoden,* achtarmige *Kopffüßer* mit gedrungenem, sackförmigem Körper. Die 8 Fangarme liegen frei oder sind bei Tiefseeformen zu einem Fangtrichter verbunden. Hierher gehört die *Gemeine Krake* von den Küsten der Nordsee u. des Mittelmeers mit 1–3 m Spannweite.

**Kraków** ['krakuf] → Krakau.

**Krakowiak,** poln. Nationaltanz im 2/4-Takt mit Synkopen; Rundtanz mit Betonungswechsel von Ferse u. Stiefelspitze, Fersenzusammenschlag u. Umdrehung; seit dem 19. Jh. bes. in Rußland als Gesellschaftstanz beliebt.

**Kral,** *Kraal,* rund um den Viehhof angelegtes Dorf der afrik. Hirtennomaden.

**Kralle,** Hornbildung an der Zehenspitze von Wir-

## KRAFTWAGEN

*Elektro-Versuchswagen der General Motors/Adam Opel AG*

*»Röntgenblick« auf das Fahrwerk des BMW 850i*

*Günstige aerodynamische Formgebung (Audi 100); die hintere Dachpartie sorgt wie ein Spoiler für einen sauberen Abriß der Luftströmung (links). – Armaturenbrett mit Flüssigkeitsfalldisplay (rechts)*

*Fließtransport in einer Automobilfabrik*

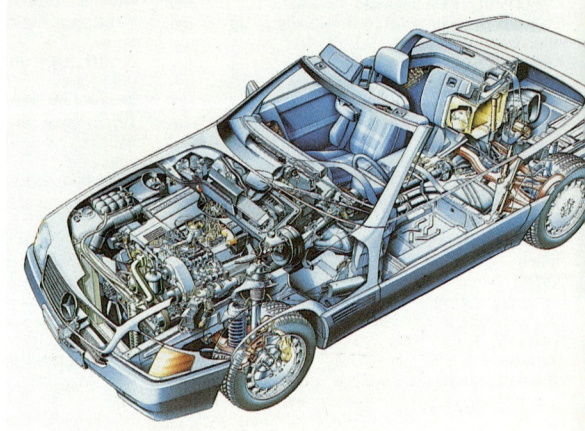

*Phantomdarstellung des Mercedes-Benz 500 SL*

*Krake*

beltieren (Amphibien, Reptilien, Vögel, Säugetiere).

**Krallenaffen,** *Callithricidae,* Fam. der *Breitnasen;* kleine südamerik. Affen, die nur an der Großzehe einen Nagel haben, sonst Krallen; hierzu *Löwenäffchen, Pinseläffchen* u. *Tamarine.*

**Krallenfrösche,** *Spornfrösche,* afrik. Arten der *Zungenlosen Frösche.* Arten der Gatt. *Xenopus* wurden Mitte des 20. Jh. für den Schwangerschaftstest *(Krötentest)* gezüchtet.

**Kramatorsk,** Ind.-Stadt in der Ukrain. SSR (Sowj.), im NW des Donez-Beckens, 198 000 Ew.; Maschinenbau, Eisenhütten u. Kohlechemie.

**Krammetsbeere** → Wacholder.

**Krammetsvogel,** Wacholderdrossel; → Drosseln.

**Krampf,** unwillkürl. Muskelkontraktion. *Tonische Krämpfe* sind Dauerkontraktionen der quergestreiften Skelettmuskulatur. Bei *klonischen Krämpfen* folgen aufeinander Kontraktionen u. Erschlaffungen in raschem Wechsel. Die *Kolik* ist eine Verkrampfung der glatten Eingeweidemuskulatur.

**Krampfadern,** *Varizen,* krankhaft erweiterte u. erschlaffte Venen; zeigen sich durch Schlängelung, Knotenbildung u. Heraustreten an die Oberfläche u. entwickeln sich in erster Linie an den Unterschenkeln, verursacht durch Stauung u. zu wenig Bewegung, sowie am Mastdarm *(Hämorrhoiden).*

**Kran,** Hebemaschine, die eine Last senkr. u. waagr. bewegen kann.

**Kraniche,** *Gruidae,* Fam. der *Kranichvögel;* mit 14 Arten in den Sumpfgebieten aller Erdteile; große, langbeinige Vögel; hierzu: der seltene einheim. *Graue K.,* der afrik. *Kronen-K.,* der graue asiat. *Jungfern-K.,* der südafrik. *Paradies-K.*

**Krankengymnastik,** *Heilgymnastik, Kinesiotherapie,* Einsatz körperl. Übungen zur Kräftigung geschädigter oder in der Entwicklung zurückgebliebener Organe, z.B. zur Beweglichmachung behinderter Gelenke oder zur Übung von Bewegungsfunktionen (z.B. Atmen durch Atemgymnastik).

**Krankenhaus,** *Krankenanstalt, Klinik, Hospital,* östr. *Spital,* öffentl. gemeinnützige oder priv. med. Einrichtung vorzugsweise zur *stationären* Beobachtung oder Behandlung von Kranken. Die Wahl des K.es steht dem Patienten frei.

**Krankenkassen,** Träger der soz. *Krankenversicherung: Allgemeine Orts-K.,* grundsätzl. für alle Versicherungspflichtigen zuständig; *Betriebs-K.,* für Betriebe mit mind. 450 Versicherungspflichtigen mögl.; *Innungs-K.,* können für eine oder mehrere Handwerksinnungen errichtet werden; *Land-K.,* für die in der Land- u. Forstwirtsch. u. im Reisegewerbe Beschäftigten; *See-K.,* für Angehörige seemänn. Berufe; *Knappschaft,* für alle im Bergbau Tätigen; *Ersatz-K.,* für freiwillige Mitgliedschaft Versicherungspflichtiger. Daneben gibt es die Möglichkeit, einer priv. *Krankenversicherung* beizutreten.

**Krankensalbung,** *Letzte Ölung,* in der kath. Kirche eines der *Sakramente,* gespendet an die in (entfernter oder direkter) Todesgefahr stehenden Kranken.

**Krankenversicherung, 1.** Zweig der Sozialversicherung, der die Versicherten bei Krankheit, Niederkunft u. Tod schützt. Träger der K. sind die *Krankenkassen.* Die *Beiträge* werden von den versicherten Arbeitnehmern u. den Arbeitgebern anteilig (je zur Hälfte) aufgebracht. Die *Versicherungsleistungen* bestehen in *Krankenhilfe, Mutterschaftshilfe* u. *Sterbegeld.* – **2.** *private K.,* Zweig der Individualversicherung, bes. die *Krankheitskostenversicherung.*

**Krankheit,** außerordentl. Ablauf von Lebensvorgängen als Reaktion des Organismus auf ihn schädigende Einflüsse; hervorgerufen durch belebte u. unbelebte äußere sowie innere *K.sursachen.* Man unterscheidet zw. der K. eines Organs u. der K. des Gesamtorganismus, zw. *organ.* u. *psych. K.*en sowie deren Bindeglied, der *psychosomat. K.* Die körperl. Reaktionen dienen z.T. der Abwehr u. Ausschaltung der Schädigung u. führen zu den *K.serscheinungen (Symptomen).*

**Krankheitserreger,** krankmachende *(pathogene)* Lebewesen, die durch ihr Eindringen in den Körper *(Infektion)* u. durch ihr Verhalten dort (Vermehrung, Stoffwechsel u.a.) sowie durch die hierauf gerichteten Reaktionen des befallenen Organismus spezif. Krankheiten, die *Infektionskrankheiten,* hervorrufen. Zu den K. gehören: 1. Mikroorganismen, z.B. versch. Bakterien u. Viren; 2. pathogene Pilze (pflanzl. Parasiten); 3. tierische Parasiten (z.B. Würmer, Einzeller).

**Kranzgefäße,** *Herz-K.* → Koronargefäße.

**Kranzgeld,** Anspruch der unbescholtenen Braut nach Auflösung des *Verlöbnisses* auf Entschädigung in Geld, wenn sie ihrem Verlobten den Geschlechtsverkehr mit ihr gestattet hat. Der K.-Anspruch ist durch das Gleichberechtigungsgesetz nicht aufgehoben oder geändert worden, jedoch wird seine Verfassungsmäßigkeit neuerdings angezweifelt.

**Krapfen,** *Kräpfel, Kräppel, Berliner (Pfannkuchen),* Hefegebäck aus Weizenmehl, in heißem Fett gesotten; auch gefüllt mit Obstmus oder Marmelade.

**Krapp** → Färberröte.

**Krasiński** [-'sjinjski], Zygmunt Graf, *1812, †1859, poln. Dichter der Romantik; sah Geschichtsdeutung als wesentl. Aufgabe der Dichtung.

**Krasnodar,** Stadt im nw. Kaukasus (Sowj.), am Kuban, 623 000 Ew.; HS; Landw.-Zentrum, Maschinenbau, Textil-, Baustoff- u. chem. Ind., Erdölraffinerie.

**Krasnojarsk,** Stadt im südl. Sibirien (Sowj.), unterhalb des *K.er Stausees,* 899 000 Ew.; Univ., Forschungs-Inst.; Lokomotiv-, Schiffs- u. Maschinenbau, Aluminiumhütte, Leder-, chem., Holz-, Papier-, Textil-Ind., Erdölraffinerie; Fluß- u. Flughafen.

**Krater, 1.** ['kra:tər], Trichter eines vulkan. Ausbruchsschlots an der Erdoberfläche, durch den Lava ausgestoßen wird; bei erloschenen Vulkanen oft durch einen *K.see* ausgefüllt. – **2.** [kra'tɛr], in der Antike glocken- oder kelchförmiges Gefäß zum Mischen von Wasser u. Wein beim Mahl, mit zwei Henkeln u. oft reicher Bemalung.

**Krätze,** *echte K., Skabies,* durch die *Krätzmilbe,* die sich in die Haut einbohrt, hervorgerufene juckende Hautreizung; leicht übertragbar.

**Kraul,** *Crawl* → Schwimmen.

**Kraus, 1.** Franz Xaver, *1840, †1901, dt. kath. Kirchenhistoriker; bekämpfte den polit. Katholizismus. – **2.** Karl, *1874, †1936, östr. Schriftst. u. Publizist; kämpfte in seiner Ztschr. »Die Fackel« (1899–1936) gegen die schlagworthafte Sprache der Presse u. die trüger. Bürgermoral.

**Krause, 1.** Günther, *13.9.1953, dt. Politiker (CDU); für die DDR Leiter der Verhandlungen über die Staatsverträge vom 18.5. u. 31.8.1990; 1990 Bundes-Min. für bes. Aufgaben. – **2.** Karl Christian Friedrich, *1781, †1832, dt. Philosoph; entwickelte einen *Panentheismus.* Seine Lebens- u. Sozialphilosophie ist den großen idealist. Systemen verwandt.

**Krauß,** Werner, *1884, †1959, dt. Schauspieler; wandlungsfähiger Charakterdarsteller auf der Bühne u. im Film, u.a. in »Das Kabinett des Dr. Caligari«, »Jud Süß«.

**Krauss,** Clemens, *1893, †1954, östr. Dirigent; bes. Mozart- u. Strauss-Interpret.

**Kraut, 1.** Bez. für manche Gemüsearten, z.B. *Kohl.* – **2.** sirupartig eingedickte pflanzl. Preßsäfte aus gekochten oder gedämpften u. dann ausgepreßten Rüben oder Äpfeln, Birnen u.a. Obst.

**Kräuter,** ein- oder mehrjährige, gewöhnlich unverholzte Pflanzen, die nach einmaliger Blüte u. Frucht absterben.

**Krawatte,** Halsbinde, Schlips; seit Mitte des 19. Jh. als *Langbinder* in einem Knoten oder als *Querbinder* in einer Schleife *(Fliege)* getragen.

**Kreatin,** in der Muskulatur vorkommender Eiweißbaustein.

**Kreation,** Schöpfung, bes. Modeschöpfung.

**kreativ,** schöpferisch; einfallsreich.

**Krebs, 1.** *Cancer,* Zeichen ♋, Sternbild des Tierkreises am nördl. Himmel. – **2.** krankhafte Gewebswucherungen bei Pflanzen, die meist parasitäre Ursachen haben. – **3.** im allg. Sprachgebrauch jede bösartige Geschwulst; im wiss. Sinn nur die bösartige (maligne) epitheliale Geschwulst *(Deckgewebsgeschwulst),* das *Karzinom.* Die bösartigen Bindegewebstumoren heißen *Sarkom.* – Das Karzinom ist durch folgende Eigenschaften gekennzeichnet: schrankenloses Wachstum auf Kosten des Organismus; dabei dringt es in Nachbargewebe ein u. zerstört es; es bilden sich Tochtergeschwülste *(Metastasen),* die auf dem Lymph- oder Blutweg in entfernter gelegene Organe gelangen. – Nach den Herz- u. Kreislaufkrankheiten ist der K. in der BR Dtld. die zweithäufigste Todesursache; jährl. sterben rd. 150 000 Menschen an K., das sind 21 % aller Sterbefälle. – Die Aussichten der K.behandlung sind desto besser, je früher der K. erkannt wird. Rechtzeitige, d.h. frühzeitige K.erkennung ist die Voraussetzung für eine erfolgreiche K.behandlung. Regelmäßige *Vorsorgeuntersuchungen* sollen der Frühdiagnose dienen. – Die K.behandlung stützt sich auf folgende Methoden: 1. *Operation,* möglichst vollständige Ausrottung der K.geschwulst durch chirurg. Entfernung; 2. *Bestrahlung* (Strahlentherapie), Zerstörung der K.zellen durch energiereiche Strahlen; 3. *Chemotherapie,* Schädigung der K.zellen durch bes. Medikamente *(Zytostatika);* 4. *Allgemeinbehandlung* zur Besserung der Folgeerscheinungen u. zur Unterstützung der Widerstandskraft des Körpers.

**Krebs,** Sir Hans Adolf, *1900, †1981, brit. Bio-

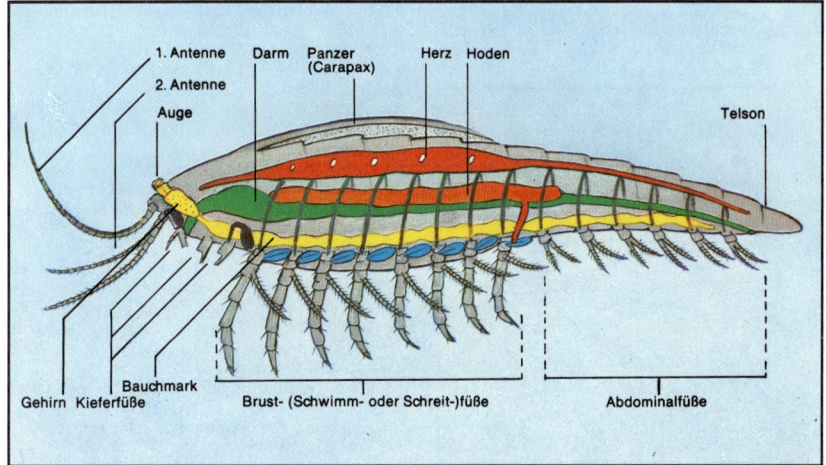

*Krebse: Bauplan*

**478 Krebse**

chemiker dt. Herkunft; klärte den Citronensäurecyclus (daher auch »K.-Zyklus«); Nobelpreis 1953.

**Krebse**, *Crustacea*, Kl. der *Gliederfüßer*; gekennzeichnet durch 2 Fühlerpaare, 3 Paare kauender Mundgliedmaßen *(Kieferfüße)* u. Kiemenatmung; Körper mit Chitinpanzer bedeckt; Entwicklung grundsätzl. indirekt, d.h. aus dem Ei schlüpft eine Larvenform, die sich über mehrere weitere Larvenstadien zum erwachsenen Tier umbildet. Die meisten K. leben im Wasser, vorw. im Meer. Hierzu u.a.: *Kiemenfuß-K., Blattfuß-K., Muschel-K., Ruderfuß-K., Rankenfuß-K.* sowie die *Höheren K.,* die umfangreichste Gruppe; hierzu: *Zehnfuß-K.* (z.B. *Garnelen, Krabben, Langusten, Hummer, Einsiedler-K.*), *Asseln.* – B → S. 477.

**Krebsnebel**, *Crab-Nebel*, ein planetar. Nebel im Sternbild des Stiers, der sich mit großer Geschwindigkeit (1300 km/s) ausdehnt.

**Kredenz**, halbhohes ital. Renaissance-Möbel zum Anrichten von Tafelgerät u. Speisen; in der kath. Kirche Tischchen für die im Gottesdienst erforderl. Geräte.

**Kreditgenossenschaften**, Kreditinstitute, die zur Förderung ihrer Mitgl. bankübl. Geschäfte in der Rechtsform der Genossenschaft betreiben. Übl. Bez. sind: *Volksbank, Raiffeisenbank, Spar- u. Darlehnskasse.* Bei den Raiffeisenbanken werden vorw. ländl. Warengeschäfte betrieben.

**Kreditinstitute**, Unternehmen, die Bankgeschäfte betreiben, wenn der Umfang dieser Geschäfte einen in kaufmänn. Weise eingerichteten Geschäftsbetrieb erfordert.

**Kreditkarte**, Identitätsnachweis für ein Mitgl. eines *Kreditkartensystems;* berechtigt gegen eine Aufnahmegebühr u. einen jährl. Beitrag dazu, Leistungen u. Lieferung auf Rechnung zu beziehen. Die Rechnungen werden zunächst von der K.norganisation bezahlt, die diese Auslage von K.ninhaber in der Regel monatl. begleichen läßt.

**Kreditor**, »Gläubiger«, Lieferant eines Unternehmens, mit dem dieses im *Kontokorrentverkehr* steht u. dem gegenüber es Verbindlichkeiten hat *(Buchgläubiger).* Die offenstehenden Rechnungsbeträge heißen *Buchschulden,* mitunter auch selbst *K.en.*

**Kreditprüfung**, die durch Banken oder andere Kreditgeber vorgenommene Prüfung von Sicherheiten u. persönl. Zuverlässigkeit vor Einräumung eines Kredits.

**Krefeld**, krfr. Stadt in NRW, nw. von Düsseldorf, 217 000 Ew.; Zentrum der Seiden- u. Samtwebereien, Masch.-, Teppich-, Stahl- u. chem. Ind.; Hafen K.-Uerdingen.

**Kreide, 1.** feinkörnige, weiß abfärbende Kalkablagerung marinen Ursprungs, bes. aus Schalen der *Foraminiferen.* Durch Schlämmen wird die Natur-K. von ihren Verunreinigungen getrennt u. zur *Schlämm-K.,* die bes. als Schreib-K. u. Deckfarbe verwendet wird. – **2.** *Kreidezeit,* → Erdzeitalter.

**kreieren**, wählen, ernennen, erschaffen.

**Kreis, 1.** ebene, geschlossene Kurve, deren Punkte vom Mittelpunkt die gleiche Entfernung r *(Radius)* haben. Die Randlinie heißt *K.linie (K.umfang, Peripherie).* Jede durch den Mittelpunkt gehende Strecke zw. 2 K.punkten heißt *Durchmesser* (d). Flächeninhalt u. Umfang eines Kreises: $F = \pi r^2$, $U = 2 \pi r$. – **2.** *Landkreis,* dt. Verwaltungseinheit mit Selbstverw., die überörtl. Aufgaben für das K.gebiet wahrnimmt.

**Kreisauer Kreis,** Gruppe der Widerstandsbewegung, ben. nach dem Besitz *Kreisau* (Schlesien) des Grafen H. J. von *Moltke.* Ein großer Teil der Mitgl. wurde nach dem 20.7.1944 verhaftet u. hingerichtet: H. J. Graf von *Moltke,* Peter Graf *Yorck von Wartenburg,* A. von *Trott zu Solz,* A. *Reichwein,* J. *Leber,* H. B. u. W. K. von *Haeften,* Pater A. *Delp* u.a.

**Kreisel,** jeder starre, sich drehende Körper; im alltägl. Sprachgebrauch nur ein starrer Körper, der in bezug auf eine durch den Schwerpunkt gehende Achse, die *Figurenachse,* symmetr. ist *(symmetr. K.).*

**kreisfreie Stadt,** ungenau *Stadtkreis,* Stadt, die nicht einem *Kreis* (2) angehört, sondern unmittelbar der nächsthöheren Behörde untersteht.

**Kreisky,** Bruno, *1911, †1990, östr. Politiker (SPÖ); 1959–66 Außen-Min.; 1967–83 Vors. der SPÖ, 1970–83 Bundeskanzler.

**Kreislauf** → Blutkreislauf. – **K.störungen,** Sammelbez. für eine Reihe von Symptomen, wie Herzschwäche, Versagen der Gefäßnerven, Unregelmäßigkeit des Blutdrucks, Ohnmachten, Wallungen u. örtl. Durchblutungsstörungen, die mit Unregelmäßigkeiten im Blutkreislauf verbunden sind. – **K.versagen,** Tod infolge Zusammenbruchs der Herz-K.-Funktion.

**Kreisler, 1.** Fritz, *1875, †1962, östr. Geiger u. Komponist; seit 1915 vorw. in den USA; einer der führenden Geiger seiner Zeit. – **2.** Georg, *18.7.1922, östr. Kabarettist; schrieb, komponierte u. interpretierte von »schwarzem Humor« erfüllte makabre Chansons.

**kreißen** [mhd. *kreischen,* »schreien«], in Geburtswehen liegen. – **Kreißsaal,** Raum einer geburtshilfl. Klinik, in dem entbunden wird.

**Kreisstadt,** Sitz der Kreisverwaltung.

**Kreistag,** Organ des Kreises, das von den Bürgern der kreisangehörigen Gemeinde gewählt wird; zuständig für alle den Kreis (2) betreffenden Entscheidungen grundsätzl. Art.

**Krematorium,** Feuerbestattungsanlage; neben den techn. Einrichtungen meist noch eine Halle zum Aufbahren des Toten u. für die Totenfeier.

**Kreml,** allg. der alte, befestigte Stadtteil russ. Städte; am bekanntesten: der *K.* in Moskau, mit zahlr. Kirchen u. Palästen; von vieltürmigen Mauern umgebene ehem. Residenz russ. Herrscher u. Patriarchen; nach 1918 Sitz der Sowjetregierung, jetzt nur noch den Obersten Sowjets u. der KP-u. Regierungsspitze (die danach übertragen als »der K.« bez. wird).

**Krempel, 1.** Kram, wertloses Zeug, Plunder. – **2.** Vorbereitungsmaschine in der Spinnerei zum Auflösen des Faserguts bis zur Einzelfaser, zum Ausrichten der Fasern u. Beseitigung von Verunreinigungen.

**Krempling,** *Paxillus,* Gatt. mittelgroßer bis großer Lamellenpilze mit am Stiel herablaufenden Lamellen u. anfängl. meist stark eingerolltem Hut; die meisten Arten sind giftig.

**Krems an der Donau,** niederöstr. Bez.-Stadt am Ostausgang der Wachau, 23 000 Ew.; mittelalterl. Stadtbild mit histor. Bauten; Weinanbau u. -handel, Masch.-, Metall- u. Nahrungsmittel-Ind.; Donauhafen.

**Kremser,** offener, vielsitziger Wagen mit Verdeck.

**Kremsier,** tschech. *Kroměříž,* Stadt in S-Mähren (ČSFR), 26 000 Ew.; barockes Schloß, got. Dom; landw. Zentrum.

**Kremsmünster,** oberöstr. Markt an der Krems, sw. von Linz, 5800 Ew.; Benediktinerstift (gegr. 777; Bibliothek); Glasherstellung.

**Kren,** östr.-süddt. für Meerrettich.

**Křenek,** fr. *Křenek,* Ernst, *23.8.1900, östr. Komponist u. Musikschriftst.; lebt seit 1938 in den USA; schrieb zahlr. Opern, Ballette, Kammermusik- u. Klavierwerke, Chöre, Sinfonien, Konzerte.

**Krenz,** Egon, *19.3.1937, dt. Politiker (SED); seit 1983 Mitgl. des Politbüros, 1983–89 Sekretär des ZK der SED; 1989 Erster Sekretär des ZK, Vors. des Nat. Verteidigungsrats u. Vors. des Staatsrats der DDR; verlor 1989 alle Ämter u. wurde 1990 aus der Partei ausgeschlossen.

**Kreolen,** in Mittel- u. S-Amerika geborene Mischlinge span. oder frz. Herkunft, auch reinblütige Nachkommen frz. oder anderer rom. Einwanderer der Kolonisationszeit.

**Kreon,** in der grch. Sage Herrscher von Theben, Bruder der *Iokaste,* Oheim der *Antigone.*

*Der Kreis und seine Teile*

*Kreta: Blick auf Ausläufer der »Weißen Berge«, dem südlichen Gebirge, das Höhen über 2450 m erreicht; im Vordergrund die Ruine einer venezianischen Festung*

**Kreosot,** durch alkal. Extraktion des Holzteers gewonnenes Gemisch von *Phenolen* (z.B. Guajakol, Kresol); antiseptisch u. antiparasitär.

**Krepp** → Crêpe.

**Kreppapier,** in enge, unregelmäßige Querfalten gelegtes Papier für Dekoration u. Verpackung.

**Kresol,** *Hydroxytoluol,* in drei isomeren Formen im Steinkohlen- u. Buchenholzteer vorkommender aromat. Kohlenwasserstoff der allg. Form $C_6H_4(CH_3)OH$; aus Steinkohlenteer u. aus Erdöl gewonnen.

**Kresse, 1.** Gatt. der *Kreuzblütler,* pfeffrig schmeckende Salat- u. Gewürzpflanzen, u.a. *Brunnen-K.,* an Bächen verbreitet, u. *Garten-K.,* in vielen Kulturformen angebaut. – **2.** → Kapuzinerkresse.

**Kreta,** größte grch. Insel im östl. Mittelmeer, 260 km lang, 8259 km², 502 000 Ew. *(Kreter, Kandioten),* Hauptort *Herakleion;* stark verkarstetes Gebirge (im Ida 2456 m); in den fruchtbaren Tälern Wein-, Oliven-, Weizen- u. Südfruchtanbau; im Gebirge Schaf- u. Ziegenzucht; Fischerei, Fremdenverkehr. Bed. Ausgrabungsstätten u.a. der *minoischen Kultur.* – Gesch.: K. ist seit der Jungsteinzeit besiedelt. Mit Beginn der Bronzezeit im 3. Jt. v.Chr. entfaltete sich die *minoische Kultur.* Seit etwa 1900 v.Chr. wirtsch. u. kultureller Mittelpunkt der bronzezeitl. Kulturen der östl. Mittelmeers *(ägäische Kultur)* bis um 1400 v.Chr. nach der krieger. Inbesitznahme der Insel durch die myken. Fürsten. Seit 1200 v.Chr. besetzten die Dorier von Griechenland her die Insel. 69/67 v.Chr. wurde K. von den Römern unterworfen. – Im 19. Jh., nach Aufständen gegen die türk. Herrschaft (seit 1669), erhielt K. Selbstverwaltung unter türk. Oberhoheit (1898), die 1908 an Griechenland überging. 1913 kam die Insel endgültig an Griechenland.

**Kretin** [-'tɛ̃], mißgestalteter Schwachsinniger. – **K.ismus,** auf angeborenem oder frühkindl. erworbenem Fehlen der Schilddrüse oder auf entspr. Schilddrüsenunterfunktion beruhende körperl. u. seel.-geistige Unterentwicklung mit Schwachsinn u. Zwergwuchs.

**Kretschmer,** Ernst, *1888, †1964, dt. Psychologe u. Psychiater; wies durch seine Untersuchungen über den Zusammenhang von Körperbau u. Charakter sowie mit der Unterscheidung dreier Grundtypen (→ Konstitution) der Charakterforschung neue Wege.

**Kreuder, 1.** Ernst, *1903, †1972, dt. Schriftst.; schrieb surrealist. Erzählwerke. – **2.** Peter, *1905, †1981, östr. Komponist; schrieb über 150 Filmmusiken, Opern u. Operetten.

**Kreuth,** *Wildbad K.,* Gem. in Oberbay., südl. vom Tegernsee, 4000 Ew.; Schwefelquellen, Solbad.

**Kreutzer, 1.** *Kreuzer,* Konrad (Conradin), *1780, †1849, dt. Komponist des Biedermeiers. W »Das Nachtlager von Granada«, »Der Verschwender«. – **2.** Rodolphe, *1766, †1831, frz. Geiger u. Komponist (Violinetüden). *Beethoven* widmete ihm die »K.-Sonate« für Violine u. Klavier op. 47.

**Kreuz, 1.** Körpergegend um das *Kreuzbein.* – **2.** eine der vier frz. Spielkartenfarben. – **3.** in der Notenschrift Zeichen (♯) für die Erhöhung eines Tons um einen Halbton. – **4.** zwei rechtwinklig oder schräg sich schneidende Balken, als Ornamentform oder symbol. Zeichen mit zahlr. Varianten in vielen Kulturen verbreitet. Symbol des *Christentums* schlechthin u. Zeichen für das Leiden u. die göttl. Persönlichkeit Christi wurde es durch den K.estod Christi.

**Kreuzbein,** aus 5 Wirbelkörpern *(Kreuzwirbel)* verschmolzener Teil der Wirbelsäule, der als einheitl. Knochen mit den beiden Darmbeinen den *Beckengürtel* bildet.

**Kreuzblume, 1.** artenreiche Gatt. der *K.ngewächse;* am häufigsten die *Gewöhnl. K. (Tausendschön),* meist blau oder rot blühendes kleines Kraut. Weitere Arten: *Bittere K., Schopfige K. Kalk-K., Quendel-K.* – **2.** blumenartige Bekrönung von Türmen, Giebeln u.a.; typ. für die Gotik.

**Kreuzblütler** → Pflanzen.

**Kreuz des Südens,** Sternbild in der südl. Milchstraße.

**Kreuzdorn,** *Rhamnus,* Gatt. der *K.gewächse;* vom *Purgier-K.* oder *Hirschdorn* (bis 3 m hoher Strauch) werden die Früchte als *Kreuzbeeren* medizinisch verwendet; hierzu auch der *Faulbaum.*

**kreuzen,** im Zickzackkurs gegen den Wind segeln.

**Kreuzer, 1.** Kriegsschiff mit hoher Geschwindigkeit u. großem Fahrbereich. – **2.** 1271 erstmals in Tirol geprägte Silbermünze, so genannt nach dem Doppelkreuz auf der Rückseite; vielfach nachgeahmt, im 16. Jh. auch in Dtld.

**Kreuzfahrer** → Kreuzritter.

**Kreuzgang,** Wandelhalle, die sich mit Arkaden nach dem von ihr allseitig umschlossenen Klosterhof öffnet; oft überwölbt u. mit reichem plast. u. maler. Schmuck.

**Kreuzgewölbe,** Wölbkonstruktion über quadrat. oder rechteckigem Grundriß aus zwei sich rechtwinklig durchdringenden, gleich hohen Tonnengewölben.

**Kreuzigung,** im Altertum schimpfl. Todesstrafe für Sklaven u. Schwerverbrecher: Die Hände u. Füße des Verurteilten wurden am Querholz u. am Stamm eines Holzkreuzes angenagelt; seltener festgebunden. Der Tod Christi am Kreuz durch Annagelung der Hände u. Füße ist Höhepunkt u. Ende des *Passionsgeschehens.*

**Kreuzkraut,** *Greiskraut, Senecio,* artenreiche Gatt. der *Korbblütler;* größtenteils Kräuter, jedoch in Afrika auch strauch- u. baumförmige Arten.

**Kreuzkuppelkirche,** auf dem Grundriß eines grch. Kreuzes gebaute Kirche; setzt sich zus. aus einem quadrat. Mittelraum (mit Pendentifkuppel) u. vier in den Hauptachsen liegenden Anräumen; wichtigster Kirchentyp der byzantin. Architektur.

**Kreuzlingen,** Bez.-Hauptort im schweiz. Kt. Thurgau, am Bodensee, 16 000 Ew.; ehem. Augustinerchorherrenstift (1125–1848).

**Kreuznach,** *Bad K.,* Krst. in Rhld.-Pf., an der Nahe, 40 000 Ew.; Heilbad, radiumhaltiges Wasser.

**Kreuzotter,** bis 90 cm lange Giftschlange aus der Fam. der *Vipern;* grau bis schwarzbraun, mit einem Zickzackband auf dem Rücken; in Mitteleuropa auf Heiden, Mooren u. in Bergregionen.

**Kreuzritter, 1.** *Kreuzfahrer,* adliger Teilnehmer an *Kreuzzügen.* – **2.** Angehöriger des *Dt. Ordens.*

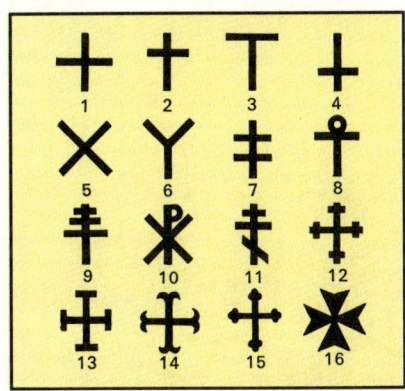

*Kreuz:* 1) Griechisches K.; 2) Lateinisches K., kürzerer Quer- und längerer Standbalken; 3) Tau-, Antonius-K.; 4) Petrus-K.; 5) Andreas-K.; 6) Gabel-, Schächer-, Deichsel-K.; 7) Lothringisches (Doppel-) K.; 8) Henkel-K.; 9) Päpstliches K.; 10) Konstantinisches K., Christusmonogramm; 11) Russisches K.; 12) Wieder-K.; die Balkenenden ergeben »wieder« ein K.; 13) Krücken-K.; 14) Anker-K.; 15) Kleeblatt-K.; 16) Malteser- oder Johanniter-K.

*Fichtenkreuzschnabel*

**Kreuzschnabel,** *Loxia,* in den nördl. Nadelwäldern lebende Gatt. der *Finkenvögel,* deren Schnabelhälften kreuzweise übereinander gewachsen sind.

**Kreuzspinnen,** *Araneus,* Gatt. der *Radnetzspinnen,* mit mehr als 25 Arten in Dtld. vertreten; meist mit weißer, kreuzartiger Zeichnung auf dem Hinterkörper.

**Kreuzung, 1.** in der Tier- u. Pflanzenzucht die bewußte Paarung bestimmter Zuchttiere und -pflanzen. – **2.** Schnittpunkt zweier Verkehrswege, entweder höhengleich oder planfrei ausgeführt.

**Kreuzverhör,** im Strafverfahren die Vernehmung von Zeugen durch den Staatsanwalt u. den Verteidiger; in der BR Dtld. ohne prakt. Bed., im anglo-amerik. Rechtskreis dagegen die Regel.

**Kreuzweg, 1.** *Kreuztragung Christi,* der Weg Christi vom Haus des Pilatus in Jerusalem nach Golgatha; in der christl. Kunst häufig dargestellte, der *Kreuzigung* vorausgehende Passionsszene, in der Christus das Kreuz trägt. – **2.** Wegscheide; galt schon in vorchristl. Zeit als unheiml. Ort, wahrsch., weil man dort gern Tote begrub.

*Kreuzotter*

**Kreuzworträtsel,** Buchstabenrätsel, bei dem die einzelnen Buchstaben (auch Silben) des zu erratenden Wortes in Kästchen eingetragen werden müssen. Da sich die Wörter, teils senkr., teils waagr. verlaufend, kreuzen, kommen zahlr. Buchstaben (oder Silben) in zwei Wörtern vor.

**Kreuzzüge,** von den christl. Völkern des Abendlands unternommene Kriegszüge zur Eroberung Palästinas, des *Heiligen Landes,* insbes. die im 12. u. 13. Jh. auf Veranlassung der Päpste unternommenen K. der *Kreuzfahrer* gegen die »Ungläubigen« (Mohammedaner). Anlaß war die Eroberung Jerusalems u. damit des Grabes Christi durch die türk. Seldschuken (1070). Die Beteiligung an den K.n erfolgte aus religiösem Fanatismus, Abenteuerlust, Beutegier u. wirtsch. Interessen. 1. Kreuzzug (1096–99) unter *Gottfried von Bouillon;* 2. Kreuzzug (1147–49), von *Bernhard von Clairvaux* initiiert, endete mit einer militär. Katastrophe. Am 3. Kreuzzug (1189–92) nahmen der dt. Kaiser *Friedrich I.,* der engl. König *Richard Löwenherz* u. König *Philipp II. August* von Frankreich teil; 1191 wurde Akko erobert, u. der Küstenstreifen von Tyros bis Jaffa konnte gesichert werden. – Der 4. Kreuzzug (1202–04) führte zur Eroberung Zaras (für Venedig) u. Konstantinopels, wo das *Latein. Kaiserreich* errichtet wurde. – 1212 kam es zu einem verlustreichen → Kinderkreuzzug. – Der 5. Kreuzzug (1228/29) brachte durch Vertrag Kaiser *Friedrichs II.* mit dem Sultan *al-Kamil* auf kurze Zeit Jerusalem wieder in christl. Besitz. – Der 6. u. der 7. Kreuzzug (1248–54 bzw. 1270), die der frz. König *Ludwig IX.* nach Ägypten u. Tunis unternahm, blieben ohne Erfolg. – K → S. 480.

**Kricket,** *Cricket,* traditionelles engl. Nationalspiel, Kombination von Tor- u. Schlagballspiel zw. 2 Mannschaften von je 11 Spielern.

**Kriebelmücken,** *Kribbelmücken,* in Gebieten mit rasch fließenden Wasserläufen häufige, sehr kleine *Mücken* (0,3–0,6 mm), deren Weibchen sehr stechfreudig sind.

**Kriechstrom,** unerwünschter, niedriger elektr. Strom, der bei Isolationsminderung auftritt; bei Freileitungs- oder Zündkerzen-Isolatoren z.B. durch Feuchtigkeit oder Verschmutzung.

**Kriechtiere** → Reptilien.

**Krieg,** mit Waffengewalt ausgetragener Konflikt zw. Staaten zur Durchsetzung ihrer Interessen. Bewaffnete innerstaatl. Auseinandersetzungen zw. versch. Volksgruppen werden als *Bürger-K.* bezeichnet. Der Beginn des K.szustands ist nach dem III. Haager Abkommen von 1907 durch eine K.serklärung eines Staates anzuzeigen. Die Möglichkeit ihrer Einhaltung wird heute jedoch weitgehend bestritten aufgrund des generellen K.sverbots der UNO-Charta, das nur noch die Führung eines Notwehr-K.s erlaubt, u. der modernen Kriegsformen (insbes. Raketenüberfall, »erster Schlag« mit Kernwaffen).

**Kriegsanleihe,** zur Deckung der Kriegskosten aufgenommene *Staatsanleihe.*

**Kriegsdienstverweigerung,** *Wehrdienstverweigerung,* die vom Staat als Ausnahme von der Militärdienstverpflichtung anerkannte u. grundrechtl. ausgestattete Möglichkeit, sich aus religiöser Überzeugung oder allg. aus Gewissensgründen vom Kriegs- bzw. Wehrdienst befreien zu lassen. Das Grundgesetz der BR Dtld. bestimmt hierzu in Art. 4 Abs. 3: »Niemand darf gegen sein Gewissen zum Kriegsdienst mit der Waffe gezwungen werden. Das Nähere regelt ein Bundesgesetz.« Die weiteren Einzelheiten, insbes. über den von den Kriegsdienstverweigerern zu leistenden *Zivildienst,* sind in der Verfassungsergänzung von 1956, im Wehrpflichtgesetz vom 21.7.1956 in der Fassung vom 13.6.1986, im K.sgesetz vom 28.2.1983 u. im *Zivildienstgesetz* in der Neufassung vom 31.7.1986 geregelt. In Österreich seit 1.1.1975 ziviler Ersatzdienst, ähnl. dem der BR Dtld.

**Kriegsentschädigung** → Reparationen.

**Kriegsgefangene,** Angehörige der feindl. Streitmacht, die im Krieg in die Gewalt eines Kriegführenden fallen. Die Rechtsstellung der K.n ist geregelt im Abkommen der *I. Haager Friedenskonferenz* (1899), in der *Haager Landkriegsordnung* (1907) sowie in den *Genfer Gefangenen-Konventionen* (1929 u. 1949).

**Kriegsgericht,** im Dt. Reich bis 1945 ein Organ der *Militärgerichtsbarkeit.*

*Kricket: Der Schlagmann wehrt den auf das Tor geworfenen Ball mit dem Schlagholz ab; dahinter links der Torwächter der Fangpartei*

## 480 Kriegsgräberfürsorge

**Kriegsgräberfürsorge,** Organisation zur Förderung der Pflege der Kriegsgräber im In- u. Ausland; für diesen Zweck bildete sich in der BR Dtld. 1919 der *Volksbund Dt. K. e. V.*

**Kriegsopferversorgung,** Versorgungsleistungen für die durch den Militär- oder Kriegsdienst oder durch Kriegsgefangenschaft gesundheitl. Geschädigten u. deren Witwen u. Waisen *(Kriegshinterbliebenenfürsorge);* geregelt im Bundesversorgungsgesetz in der Fassung von 1982.

**Kriegsrecht,** völkerrechtl. Regelung der Kriegführung, als *Völkergewohnheitsrecht* oder *Völkervertragsrecht.* – Das allg. K. ist in der *Haager Landkriegsordnung* von 1907 geregelt. Fragen der humanitären Behandlung von Verwundeten, Kranken u. Schiffbrüchigen sind darüber hinaus umfassend geregelt (Abkommen von 1864, 1899, 1906, 1929, zuletzt 1949). Ähnliches gilt für die Rechtsstellung der *Kriegsgefangenen* u. für den Schutz von Zivilpersonen (IV. Genfer Abkommen zum Schutz von Zivilpersonen in Kriegszeiten von 1949). Das *Genfer Protokoll* von 1925 verbietet den chem. u. bakteriolog. Krieg u. findet wegen seiner Generalklausel, nach überwiegender Ansicht, auch auf den *Atomkrieg* Anwendung.

**Kriegsschiff,** jedes bewaffnete schwimmende Fahrzeug der *Marine*. Dem Verwendungszweck nach unterscheidet man: *Großkampf-* oder *Schlachtschiff, Panzerkreuzer, schwere* u. *leichte Kreuzer, Zerstörer, Fregatte, Korvette, Torpedoboot, Unterssee-(U-)Boot, Minenfahrzeug, Schnellboot, Flugzeugträger, Hilfskreuzer.*

**Kriegsverbrechen,** strafbare Verstöße gegen das Kriegsrecht durch Gewaltanwendung oder andere Vergehen gegen Leib, Leben u. Eigentum von Kriegsgefangenen u. Zivilpersonen. – In großem Maßstab haben Verfahren wegen K. nach dem 2. Weltkrieg in Dtld. (→ Nürnberger Prozesse) stattgefunden.

**Kriemhild,** im Nibelungenlied Schwester König *Gunthers,* Gattin *Siegfrieds* u. Gegenspielerin *Brunhilds.*

**Krill,** zu den *Leuchtkrebsen* zählender, garnelenartiger Hochseebewohner; bildet ausgedehnte Schwärme u. ist die Hauptnahrung der Heringe u. Wale.

**Krim,** *Krym,* Halbinsel in der südl. Ukrain. SSR (Sowj.), am Schwarzen Meer, durch die 8 km breite Landenge von *Perekop* mit dem Festland verbunden, 25 600 km², Hptst. *Simferopol;* zahlr. Kurorte an der S-Küste (»sowj. Riviera«). – Im Altertum gehörte die K. zum Machtbereich der Skythen, seit 1475 unter türk. Oberhoheit. 1783 wurde die K. russisch.

**Krimgebirge,** *Jailagebirge,* 150 km langes, bewaldetes Gebirge im S der Halbinsel Krim, bis 1545 m hoch; fällt steil zum Schwarzen Meer ab.

**Kriminalistik,** Lehre von der Verbrechensaufklärung.

**Kriminalität,** Gesamtheit der Straftaten innerhalb einer gesellschaftl. Einheit (meist eines Staates) während eines bestimmten Zeitabschnitts.

**Kriminalpolizei,** Kurzwort *Kripo,* mit der Bekämpfung u. Verhütung von Verbrechen befaßter Teil der Polizei, dessen Beamte *(Kriminalbeamte)* nicht uniformiert sind.

**kriminell,** verbrecherisch.

**Kriminologie,** Wiss. vom Verbrechen; beschäftigt sich mit der Erforschung des Verbrechens, der Täterpersönlichkeit, der Bekämpfung des Verbrechens u. der Kontrolle des sonstigen soz. abweichenden Verhaltens.

**Krimkrieg,** 1853–56, Krieg zw. Rußland u. der Türkei, an deren Seite 1854 England u. Frankreich, später (1855) auch Sardinien in den Krieg eintraten. Ursache war das Expansionsstreben Rußlands auf dem Balkan. Nach der Belagerung u. Besetzung der Krimfestung *Sewastopol* wurde Rußland 1856 zum *Frieden von Paris* gezwungen.

**Krimmer,** *Kräuselplüsch,* urspr. das lockige Fell von Lämmern des Karakulschafs; heute für Persianerimitation.

**Krimml,** östr. Ort in Salzburg, unterhalb des Gerlospasses, 1072 m ü.M., 800 Ew.; vielbesuchter Ausflugsort wegen der **K.er Wasserfälle** (380 m Fallhöhe über 3 Stufen).

**Krimtataren,** Turkvolk auf der Krim; wegen angebl. Kollaboration mit den Deutschen 1944 nach Zentralasien deportiert; 1967 polit. rehabilitiert, 1988 wurden alle Diskriminierungen aufgehoben.

**Krinoline,** 1842 entworfener, bes. steif abstehender Unterrock aus mit Roßhaar verwobenem Leinen; 1856 durch den leichteren *Reifrock* aus horizontalen Stahlreifen verdrängt.

**Kripo,** Kurzwort für **Kriminalpolizei.**

*Krischnas Tanz mit den Hirtinnen (Rasalila, »Spiel der Leidenschaft«); Andachtsbild der Gemeinschaft der Vallabhacarya, Rajasthan, 19. Jahrhundert. Marburg, Religionskundliche Sammlung*

**Krippe,** 1. Futtertrog in Ställen. – **2.** *Weihnachts-K.,* plast. Darst. der Geburt Christi im Stall zu Bethlehem, mit den Figuren von Maria u. Joseph, Ochs u. Esel, Hirten u. den Hl. Drei Königen; aus Holz, Porzellan oder Wachs. – **3.** *Kinder-K.,* Tagesheim für Kleinkinder.

**Krippenspiel,** Teil des *Weihnachtsspiels* im geistl. Schauspiel des MA.

**Kris,** dolchartige, oft reich verzierte Stoßwaffe (mit ca. 30 cm langer, welliger Klinge) in Indonesien.

**Krischna,** *Krishna,* ind. Heroengestalt u. hinduist. Gottheit; gilt als eine der Inkarnationen des Wischnu.

**Krise,** *Krisis,* **1.** allg. Wendepunkt, entscheidende Situation; Schwierigkeit. – **2.** plötzl. Abfall hohen Fiebers als Übergang zur Heilung. – **3.** tiefgreifende Störung im Ablauf des ind. Produktionsprozesses.

**Krisen-Management** [-'mænidʒmənt], Planung u. Durchführung von außergewöhnl. Maßnahmen zur Beherrschung gefährl. polit., militär. oder wirtsch. Situationen. Häufig wird zu diesem Zweck ein *Krisenstab* gebildet.

**Krishna** ['kriʃ-] → Krischna.

**Krishna** ['kriʃ-], *Kistna,* Fluß auf dem mittleren Dekanhochland in Indien, 1291 km; mündet in den Golf von Bengalen.

**Kristall,** von gleichmäßig angeordneten, ebenen Flächen begrenzter fester Körper, in dem die Atome, Moleküle oder Ionen raumgitterartig angeordnet sind, d.h. in einer regelmäßigen, räuml. period. Struktur (**K.gitter**). Durch einen K. kann man 3 gedachte Achsen legen, die sich im K.-Mittelpunkt schneiden. Bezogen auf diese Achsenkreuze lassen sich alle K.e in 7 **K.systeme** einordnen: 1. *trikline K.e* (3 ungleiche, zueinander schiefe Achsen), 2. *monokline K.e* (3 ungleiche Achsen, davon 2 schief zueinander), 3. *orthorhombische K.e* (3 ungleiche, zueinander senkr. Achsen), 4. *tetragonale K.e* (3 zueinander senkr. Achsen, davon 2 Achsen gleich), 5. *kubische K.e* (3 gleiche, zueinander senkr. Achsen), 6. *hexagonale K.e* (3 gleiche Nebenachsen, je 60° zueinander; ungleiche Hauptachse senkr. dazu), 7. *trigonale K.e* (wie 6, jedoch von geringerem Symmetriegrad). – **kristallin,** Bez. für Stoffe, die K.e bilden. – **K.isation,** Abscheidung von K.en aus Lösungen, Schmelzen oder Dämpfen. – **K.ographie,** Teilgebiet der Mineralogie, befaßt sich mit K.en u. ihren Eigenschaften. – **K.wasser,** im *K.gitter* bestimmter Verbindungen enthaltene Wassermoleküle.

**Kristallglas** → Bleiglas.

**Kristallnacht,** *Reichs-K.,* die Nacht vom 9. auf den 10.11.1938, in der in Dtld. über 250 Synagogen u. zahlr. Geschäfte u. Wohnungen jüd. Bürger zerstört u. geplündert wurden. Als Anlaß diente der Mord an dem dt. Botschaftssekretär E. *vom Rath* in Paris durch den Juden Herschel *Grynszpan*. 91 jüd. Bürger wurden ermordet, über 25 000 in *Konzentrationslager* verschleppt. Mit der K. begann die radikale Phase der nat.-soz. *Judenverfolgung*.

**Kristiansand** [kristjan'san], südnorw. Hafen u. Prov.-Hptst. am Skagerrak, 61 000 Ew.; Schiffbau, Textil-, Holz- u. chem. Ind.

**Kristianstad** [kri'ʃansta:d], südschwed. Prov.-Hptst., 69 000 Ew.; Konserven- u. Textil-Ind.

**Kristiansund** [kristjan'syn], westnorw. Hafenstadt auf drei Inseln, sw. von Trondheim, 18 000 Ew.; Fischerei.

**Kriterium,** Unterscheidungsmerkmal, entscheidendes Kennzeichen.

**Kritias,** *um 460 v.Chr., †403 v.Chr., athen. Politiker u. Schriftst.; Onkel *Platons*; Wortführer der *Dreißig Tyrannen*.

**Kritik,** jede objektive Beurteilung anhand von begriffl. festgelegten Maßstäben (*Kriterien*). In diesem Sinn ist K. ein Grundelement der Wiss. u. des aufgeklärten Denkens.

**kritisch, 1.** streng prüfend, bedenklich; gefährlich, die Entscheidung, Wende bringend. – **2.** Zustand eines Kernreaktors, in dem genauso viele Neutronen erzeugt wie absorbiert werden. Die Kettenreaktion wird gerade aufrechterhalten.

**kritische Ausgabe,** textkritisch durchgesehene Ausgabe eines Schriftwerks, die in einem *kritischen Apparat* alle Abweichungen aus den versch. überlieferten Vorlagen und Fassungen anführt.

**kritische Drehzahl,** Drehzahl, die mit den Eigenschwingungszahlen rotierender Körper zusammenfällt; bes. bei Motoren gefährl., wenn nicht alle Teile gut ausgewuchtet sind.

**kritische Masse,** für den Ablauf einer sich selbst erhaltenden Kettenreaktion von Atomkernspaltungen erforderl. Mindestmenge an spaltbarem Material; von Bed. für Atombomben u. für den Kernreaktor.

**kritische Temperatur,** Temp., oberhalb derer ein Gas auch durch starken Druck nicht mehr verflüssigt werden kann.

**kritische Theorie,** sozialphilosoph. Lehre der *Frankfurter Schule* (gegr. von Th.W. *Adorno* u. M. *Horkheimer*), die im erklärten Ggs. zur empir.-positivist. Soziologie steht; verbindet die Lehre des Marxismus mit den Erkenntnissen der Psychoanalyse zwecks Analyse der kapitalist. u. bürokrat. Gesellschaften der Gegenwart; übte in den 1960er Jahren starken Einfluß auf die antiautoritären Bewegungen aus.

**Kritizismus,** von I. *Kant* begr. Philosophie, die sich mit den Möglichkeiten von Erkenntnis u. ihren Grenzen beschäftigt; auch die Philosophie seiner Vorläufer (J. *Locke,* D. *Hume,* J.H. *Lambert* u.a.) sowie die an Kant anschließende Erkenntnislehre, v.a. die des *Neukantianismus*.

**Kriwoj Rog,** Bergbau- u. Ind.-Stadt in der Ukrain. SSR (Sowj.), 657 000 Ew.; großes Eisenerzvorkommen; Erzaufbereitung, Eisen-, Stahl- u. Walzwerke.

**Krk,** größte jugoslaw. Insel, vor Rijeka, 408 km², 13 000 Ew., Hauptort *K.;* Fremdenverkehr; Flughafen.

**Krnov,** dt. *Jägerndorf,* Stadt in Nordmähren (ČSFR), an der Oppa, 26 000 Ew.; Maschinen- u. Textilind., Orgelbau. – Sitz des ehem. schles. Fürstentums Jägerndorf.

**Kroaten,** südslaw. Stamm (über 5 Mio.) in Jugoslawien, Östr., Ungarn, Italien; den *Serben* nahe verwandt, jedoch urspr. röm.-kath. u. mit lat. Schrift.

**Kroatien,** kroat. *Hrvatska,* Teil-Rep. im nördl. u. westl. Jugoslawien, 56 538 km², 4,66 Mio. Ew.; Hptst. *Zagreb.* – Gesch.: Im Altertum war K. von Illyrern besiedelt, die später von Kelten überlagert wurden. 1527 wurden die Habsburger Herrscher; 1849 wurde die Trennung von Ungarn vollzogen. 1918 erklärten die Kroaten ihre Vereinigung mit Slowenen u. Serben zu einem eig. Staat Jugoslawien. 1941–45 bestand ein formal selbst. K. unter A. *Pavelić*.

**Krocket,** Spiel auf Rasen oder ebenem Boden, bei dem mit einem Holzhammer Kugeln von 7,5 cm Durchmesser durch kleine Tore zum Zielpfosten getrieben werden müssen.

**Krockow,** Christian Graf von, *26.5.1927, dt. Rechtswissenschaftler u. Publizist; W »Soziologie des Friedens«, »Politik u. menschl. Natur«, »Die Reise nach Pommern«.

**Kroetz,** Franz Xaver, *25.2.1946, dt. Schriftst. u. Schauspieler; schildert gesellschaftskrit. proletar. u. kleinbäuerl. Schicksale. W »Wildwechsel«, »Agnes Bernauer«.

**Kröger, 1.** Theodor, *1891, †1958, dt. Schriftst.; 1914 nach Sibirien verbannt; W »Das vergessene Dorf«, »Vier Jahre Sibirien«. – **2.** Timm, *1844, †1918, niederdt. Erzähler; schrieb Novellen u. Skizzen von Land u. Leuten Schleswig-Holsteins.

**Krogh** [kro:g], Schack August Steenberg, *1874, †1949, dän. Physiologe; arbeitete bes. über die Physiologie des Blutes u. der Atmung. Nobelpreis 1920.

**Krokant,** Konfekt aus geschmolzenem Kristallzucker u. zerkleinerten Mandeln oder Nüssen.

**Kroketten,** in Fett gebackene längl. Klöße aus Fleisch, Fisch, Kartoffeln, Gemüse oder Obst.

**Krokodile,** *Panzerechsen, Crocodylia,* Ordnung der *Reptilien;* große, seitlich zusammengedrückten Ruderschwanz; leben in den Tropen u. Subtropen in u. am Wasser; Lebensweise räuberisch; im Erdmittelalter in großer Artenzahl bekannt; heute noch in 3 Fam. mit etwa 20 Arten: *Alligatoren, Echte K.* (z.B. *Nil-, Leisten-, Spitz-K.*) u. *Gaviale*.

*Nilkrokodil*

**Krokus,** *Crocus,* Gatt. der *Schwertliliengewächse;* in den Alpen wild der *Weiße* oder *Frühlings-K.;* der *Safran-K.* liefert *Safran.*

**Krolow** ['kro:lo], Karl, *11.3.1915, dt. Schriftst. (Naturlyrik, später surrealist. Gedichte).

**Kronach,** Krst. in Oberfranken (Bay.), am Zusammenfluß von Haßlach, K. u. Rodach, 18 000 Ew.; oberhalb die Festung Rosenberg (14.–18. Jh.); mittelalterl. Stadtbild; Porzellan-, Keramik-, Kunststoff-, chem. u. Elektro-Ind.

**Kronacher,** Carl, *1871, †1938, dt. Vererbungsforscher; mit L. *Adametz* Begr. der modernen Tierzüchtung.

**Kronberg im Taunus,** hess. Stadt am Südhang des Taunus, 18 000 Ew.; Luftkurort; Elektro-Ind.

**Krone, 1.** Kopfzierde als Zeichen der Herrscherwürde, Teil der Krönungsinsignien; nach oriental. Vorbild (Stirnreif) u. aus der Helmform entwickelt; heute noch gültige Formen sind Platten- u. Bügel-K. – **2.** Abk. *kr,* Währungseinheit in Dänemark, Norwegen, Schweden, Island u. der Tschechoslowakei. – **3.** → Zahnersatz.

**Krone,** Karl, *1870, †1943, dt. Zirkusdirektor; gründete 1905 den späteren »Circus K.«.

**Kronglas,** Spezialglas, das als Bauelement für Linsen u.ä. Verwendung findet.

**Kronkolonie,** Kolonie der brit. Krone; von einem brit. Gouverneur verwaltet; daneben meist ein Verwaltungsrat sowie ein Gesetzgebungsrat oder Parlament mit einheim. Mitgl.

**Kronländer,** Erbländer des Hauses Habsburg, bzw. 1867–1918 die im Reichsrat vertretenen Kgr. u. Länder: Niederöstr., Oberöstr., Steiermark, Kärnten, Siebenbürgen, Tirol, Vorarlberg, Küstenland, Böhmen, Mähren, Östr.-Schlesien, Galizien, Bukowina u. Dalmatien.

**Kronos** ['kro-], altgrch. Wetter- u. Erntegott; in der Sage der jüngste der *Titanen.* Er bemächtigte sich der Weltherrschaft, indem er seinen Vater Uranos entthronte, u. heiratete seine Schwester *Rhea,* die ihm *Hestia, Demeter, Hera, Hades, Poseidon* u. *Zeus* (die **Kroniden**) gebar. Unter K. lebten die Menschen im »Goldenen Zeitalter«.

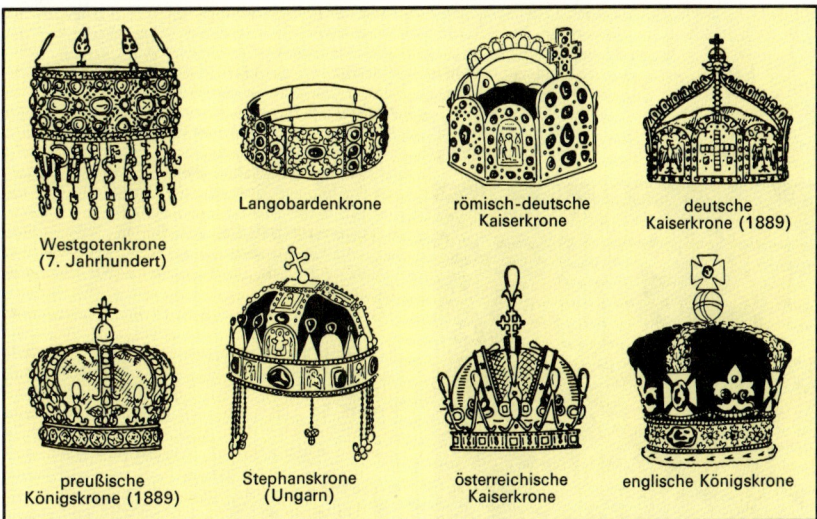

*Verschiedene Kronen*

**Kronprinz,** Thronerbe direkter Abstammung in Kaiser- oder Königreichen; oft Träger eines bes. Titels: z.B. Prince of Wales (Großbrit.), Dauphin (Frankreich), Infant (Spanien).
**Kronstadt, 1.** Stadt in Rumänien, → Brașov. – **2.** russ. *Kronštadt,* Hafenstadt u. Seefestung in der RSFSR (Sowj.), auf der Insel *Kotlin,* in der *Kronstädter Bucht* des Finn. Meerbusens, 50 000 Ew.; durch einen Seekanal mit dem Leningrader Hafen verbunden.
**Krönung,** feierl. Einsetzung eines Monarchen durch Aufsetzen einer Krone, meist verbunden mit religiöser Weihe (Salbung), Schwur u. Huldigung.
**Krönungsinsignien** → Reichskleinodien.
**Kronzeuge,** Hauptzeuge in einem Gerichtsverfahren; im angloamerik. Recht ein Mittäter, der gegen Straffreiheit zu Lasten der anderen Mittäter aussagt; seit 1989 auch in der BR Dtld. geregelt.
**Kropf, 1.** *Struma,* Schilddrüsenvergrößerung, entweder gleichmäßig weich oder knotighart; kann durch Jodmangel entstehen, bes. in manchen Alpentälern, oder als Begleitung der *Basedowschen Krankheit* auftreten, verbunden mit Schilddrüsenüberfunktion. – **2.** bei vielen Vögeln eine Erweiterung oder Ausstülpung der Speiseröhre, die zur vorübergehenden Aufnahme der Nahrung dient.
**Kropotkin,** *Krapotkin,* Peter Fürst, *1842, †1921, russ. Offizier; Vertreter des kommunist. Anarchismus; erstrebte die Abschaffung des Privateigentums u. des Staates.
**Krösus,** *Kroisos,* König der Lyder um 560–547 v. Chr.; sagenhaft reich; eroberte Kleinasien bis zum Halys.
**Kröten,** *Bufonidae,* Fam. der *Froschlurche;* vorw. Tiere von plumper Körpergestalt, mit kurzen Beinen u. oft drüsenreicher, warziger Haut; auf dem Land lebende Nachttiere, suchen das Wasser meist nur zur Paarungszeit auf; Entwicklung über Kaulquappengestaltung; hierzu die einheim. *Erd-, Kreuz-* u. *Wechsel-K.*
**Krötenfrösche,** *Pelobatidae,* Fam. der *Froschlurche;* nächtl. lebende, glatthäutige, kurzbeinige Tiere; Hinterfüße mit Grabschaufel, mit der sich die K. tagsüber eingraben; hierzu die einheim. *Knoblauchkröte.*
**Kroton,** *Croton,* Gatt. der *Wolfsmilchgewächse;* in den Tropen verbreitet; eine Art enthält in ihren Samen (»Purgierkörner«) das als Abführmittel gebräuchl. *K.öl.*
**Kru,** westafrik. Küstenvölker in Liberia u. Elfenbeinküste; heute stark europ. beeinflußtes Volk von Seeleuten.
**Krueger,** Felix, *1874, †1948, dt. Psychologe u. Philosoph; gelangte zu einer Ganzheits- u. Strukturpsychologie.
**Kruger** [ˈkryɡər], Paulus, gen. *Oom Paul, Ohm Krüger,* *1825, †1904, burischer Politiker; 1883–1900 Präs. von Transvaal; ging 1900 nach Europa, um (erfolglos) Hilfe für die gegen England kämpfenden Buren *(Burenkrieg)* zu gewinnen.
**Krüger, 1.** Franz, *1797, †1857, dt. Maler u. Graphiker des Biedermeiers; seit 1825 preuß. Hofmaler. – **2.** Hardy, *12.4.1928, dt. Schauspieler u. Schriftst.; hpts. im Film erfolgreich, u.a. »Einer kam durch«, »Die Wildgänse kommen«.
**Krüger-Rand,** südafrik. Goldmünze; enthält 1 Unze (31,1 g) Feingold; seit 1980 auch in kleineren Gewichtseinheiten gehandelt.
**Krugersdorp** [ˈkryɡərs-], Stadt in Transvaal (Rep. Südafrika), nw. von Johannesburg,

*Erdkrötenpaar*

103 000 Ew.; Zentrum des Goldbergbaus, Uran- u. Manganerzbergbau.
**Krummhorn,** ein Schalmei-Instrument von sanftem Klang (14.–17. Jh.).
**Krummstab,** Bischofsstab.
**Krümmung,** Maß für die Abweichung einer Kurve von einer Geraden bzw. einer Fläche von einer Ebene.
**Krupp,** *Croup,* bes. schwere Entzündung der Rachenschleimhaut in seltenen Fällen von *Diphtherie,* die den Luftröhreneingang verengt; → Pseudokrupp.
**Krupp, 1.** Alfred, Sohn von 3), *1812, †1887, dt. Unternehmer; erweiterte die von seinem Vater übernommene Gußstahlfabrik *Friedrich K.* in Essen zu einem Weltunternehmen der Stahlind. – **2.** Alfried K. von Bohlen u. Halbach (Sohn von 4), *1907, †1967, dt. Unternehmer; übernahm 1943 die Leitung der Fa. *Friedrich K.;* 1948 in Nürnberg von den Alliierten anstelle seines kranken Vaters

*Alfred Krupp*

zu 12 Jahren Gefängnis u. Vermögenseinziehung verurteilt; 1951 aus der Haft entlassen; übernahm 1953 wieder die Leitung des Unternehmens. – **3.** Friedrich, *1787, †1826, dt. Unternehmer; gründete 1811 die Gußstahlfabrik *Friedrich K.* in Essen. – **4.** Gustav K. von Bohlen u. Halbach, eigtl. G. von *Bohlen u. Halbach,* *1870, †1950, dt. Unternehmer; heiratete 1906 Bertha K. u. erhielt den Namen *K. von Bohlen u. Halbach;* leitete 1903–43 die *Friedrich K. AG,* die sich nach 1933 v.a. der Rüstungsproduktion widmete.
**Kruse, 1.** Käthe, *1883, †1968, stellte naturalist. Puppen mit Naturhaar her; eig. Puppenfabrik in Bad Kösen. – **2.** Martin, *21.4.1929, dt. ev. Geistlicher, seit 1977 Bischof der Ev. Kirche in Berlin-Brandenburg (Berlin-West), seit 1985 Ratsvors. der EKD.
**Krüss,** James, *31.5.1926, dt. Schriftst.; dt. Jugendbuchautor; erhielt 1960 u. 1964 den Dt. Jugendbuchpreis; W »Der Leuchtturm auf den Hummerklippen«, »Timm Thaler oder Das verkaufte Lachen«.
**Krustenechsen,** *Gilatiere, Helodermatidae,* Fam. der *Echsen;* plumpe, bis 60 cm lange, giftige Tiere; zwei Arten in den Wüsten Mexikos u. den SW-Staaten der USA: *Gilatier* u. *Escorpion.*
**Kruzifix,** in der christl. Kunst die gemalte oder plast. Darst. Jesu am Kreuz.
**Krylow** [-ˈlɔf], Iwan Andrejewitsch, *1769, †1844, russ. Schriftst.; schrieb Milieukomödien u. sehr erfolgreiche Fabeln.
**Kryochirurgie,** Sammelbez. für versch. Verfahren der lokalen Anwendung von tiefen u. sehr tiefen Temp. (bis –190 °C) in der Medizin.
**Kryogen-Treibstoffe,** Mischungen von Brennstoffen (wie Wasserstoff) u. Oxidatoren (wie Sauerstoff oder Fluor) für Raketen; nur bei sehr tiefen Temp. flüssig.
**Kryolith,** ein schneeweißes, perlmutterglänzendes Mineral.
**Kryotechnik,** Tieftemperaturtechnik unterhalb des Siedepunkts von Luft (–192,3 °C) u. Stickstoff (–195,8 °C).
**Krypta,** in frühchristl. Zeit eine Gruft für Heiligengebeine unter dem Altar, später auch Begräbnisstätte anderer kirchl. Würdenträger; seit dem 10. Jh. Halle unter dem Chor.
**Kryptogamen,** *Sporenpflanzen,* blütenlose Pflanzen, bei denen sich die neuen Individuen aus einzelligen Keimen *(Sporen)* entwickeln; hierzu: *Algen, Pilze, Moose* u. *Farnpflanzen.*

**Kryptologie,** Wiss. von der Verschlüsselung (Chiffrierung) u. Entschlüsselung (Dechiffrierung) von Nachrichten.
**Krypton,** ein → chemisches Element.
**Kryptorchismus,** angeborene Entwicklungsstörung bei Knaben, bei der die Hoden nicht in den Hodensack hinabgestiegen sind, sondern sich noch in der Bauchhöhle oder im Leistenkanal befinden.
**Kshatriya,** *Kschatrija,* zweite ind. Kaste (nach den *Brahmanen):* Fürsten, Adel u. Krieger.
**KSZE,** Abk. für *Konferenz für Sicherheit und Zusammenarbeit in Europa,* Konferenz, an der 33 europ. Staaten sowie die USA u. Kanada teilnahmen. Kommissionsberatungen in Genf 1973–75 behandelten 3 Themenkreise: 1. Sicherheit in Europa, 2. wirtsch. u. kulturelle Zusammenarbeit, 3. Zusammenarbeit auf humanitärem u. anderen Gebieten. Die Schlußakte wurde 1975 in Helsinki unterzeichnet. 1980–83 tagte in Madrid das 2. Folgetreffen der KSZE. Dort wurde u.a. die Abhaltung versch. Expertentreffen beschlossen. Außerdem erzielte man Einigung über die *KVAE.* Beim 3. KSZE-Folgetreffen 1986–89 in Wien einigte man sich auf ein umfangreiches Folgeprogramm mit weiteren Treffen. Außerdem erteilte die Konferenz ein neues Mandat für die KVAE u. initiierte *Verhandlungen über die konventionellen Streitkräfte in Europa.* Mit der Verabschiedung der *Charta für ein neues Europa* wurde 1990 der Ost-West-Konflikt beendet.
**Ktesiphon,** antike Stadt in Mesopotamien, am Tigris; Residenz der *Parther* im 2. Jh. v.Chr., ab etwa 230 n. Chr. der *Sassaniden;* wurde 637 von den Arabern eingenommen u. verfiel.
**Kuala Lumpur,** Hptst. von Malaysia, nahe der SW-Küste der Halbinsel Malakka, 1,1 Mio. Ew.; altes Kulturzentrum; 2 Univ.; bed. Ind.-Stadt; Zinnbergbau; internat. Flughafen.
**Kuala Terengganu,** Hptst. des Teilstaats Terengganu in Malaysia, 190 000 Ew.
**Kuba,** *Bakuba,* bed. Bantuvolk in Zaire; bekannt für ihr hochentwickeltes Kunsthandwerk (bes. Schmiede- u. Webwaren, geflochtene Schilde).
**Kuba,** Inselstaat auf den Großen Antillen in Mittelamerika, 110 861 km², 10,3 Mio. Ew., Hptst. *Havanna.*

*Kuba*

*Landesnatur.* Überw. Tiefebenen u. Hügelländer, im SW in der Sierra Maestra bis 2005 m hoch; trop. warm mit mehreren Regenzeiten.
Die kath., spanisch sprechende B e v ö l k e r u n g setzt sich aus rd. 72% Weißen, 15% Mulatten, 12% Schwarzen sowie 1% Chinesen zusammen.
W i r t s c h a f t. Die Landwirtschaft baut für den Export v.a. Zuckerrohr, Tabak, Kaffee, Früchte u. Gemüse an. Von Bedeutung sind auch Viehwirtschaft u. Fischerei. Die Industrie erzeugt in erster Linie Zucker für den Export (über 80% des Ausfuhrwerts), Tabakwaren, Textilien u.a. Konsumgüter. An Bodenschätzen gibt es Chrom, Nickel, Kobalt, Mangan, Kupfer u. Erdöl.
G e s c h i c h t e. Die Insel wurde 1492 von Kolumbus entdeckt, seit 1511 span. 1898 wurde K. an die USA abgetreten, 1902 formell selbständig (bis

*Krypta in der Kirche St.-Eutrope in Saintes*

*Kubismus: Pablo Picasso, Les Demoiselles d'Avignon; 1907. New York, Museum of Modern Art*

1934 Interventionsrecht der USA). Der seit 1933 regierende Diktator F. Batista wurde 1959 durch F. *Castro* gestürzt, der einen sozialist. Staat aufbaute. Durch die Stationierung sowj. Raketen auf der Inscl kam es 1962 zur *K.-Krise*. K. unterstützte revolutionäre Bewegungen in Lateinamerika u. Asien. Staatsoberhaupt, Regierungschef u. Generalsekretär des ZK der kuban. KP ist F. Castro.

**Kuba-Krise,** 1962, Konflikt zw. den USA u. der UdSSR wegen der Stationierung sowj. Mittelstreckenraketen auf Kuba, die die strateg. Weltlage zugunsten der UdSSR verändern sollte. Der US-amerik. Präs. J. F. *Kennedy* verhängte eine partielle Seeblockade gegen weitere sowj. Lieferungen. Nach Tagen dramat. Spannung gab der sowj. Min.-Präs. N. S. *Chruschtschow* nach u. zog die Raketen ab.

**Kuban,** Fluß im nw. Kaukasus, 907 km; mündet ins Asowsche Meer.

**Kubelik, 1.** Jan, *1880, †1940, tschech. Violinvirtuose u. Komponist; schrieb 6 Violinkonzerte u. -stücke. – **2.** Rafael, Sohn von 1), *29.6.1914, tschech. Dirigent u. Komponist; schrieb Opern, Orchesterwerke u. Vokalkompositionen.

**kubik ...,** Wortbestandteil bei Maßen zur Bez. der räuml. Größe.

**Kubikmeter,** Abk. m³, Einheit des Volumens. Ein K. entspricht dem Volumen eines Würfels von 1 m Kantenlänge.

**Kubikwurzel, 3.** Wurzel aus einer Zahl *a*, geschrieben $\sqrt[3]{a}$.

**Kubikzahl,** Zahl, die als dritte Potenz darstellbar ist, z.B.: $8 = 2^3$; $27 = 3^3$.

**Kubin,** Alfred, *1877, †1959, östr. Graphiker u. Schriftst.; schuf zahlr. Mappenwerke u. Buchillustrationen in expressiv bewegtem Stil.

**Kubismus,** Stilrichtung der modernen Malerei, 1907/08 von P. *Picasso* u. G. *Braque* in konsequenter Weiterentwicklung der Malweise P. *Cézannes* begr. Der K., der die darzustellenden Gegenstände auf ihre stereometr. Grundformen (Kugel, Kubus, Zylinder, Kegel) zurückführte, schuf wichtige Voraussetzungen für das Entstehen der *abstrakten Kunst.*

**Kublai Khan,** *1215, †1294, mongol. Herrscher, Enkel *Tschingis Khans;* einigte China u. begr. die Yuan-Dynastie.

**Kubus, 1.** Rauminhalt eines Würfel. – **2.** 3. Potenz einer Zahl.

**Küchenlatein,** schlechtes Latein, z.B. das im MA in Klosterküchen u. Apotheken gesprochene.

**Küchenschabe,** *Kakerlak,* bis 25 mm lange, schwarzbraune *Schabe* mit verkürzten Flügeln; fr. in Mitteleuropa häufig, jetzt stark zurückgegangen.

**Küchenschelle** → Anemone.

**Kuching** ['ku:tʃiŋ], Hptst. von *Sarawak* (NW-Borneo), 300 000 Ew.; Hafen, Flughafen.

**Kuckucke,** *Cuculidae,* weltweit verbreitete Fam. schlanker, langschwänziger *Kuckucksvögel;* viele sind *Brutschmarotzer,* d.h., sie legen ihre Eier in die Nester fremder Vogelarten; einheim. ist der bis 35 cm große gewöhnl. *Kuckuck.*

**Kuckucksspeichel,** an Kräutern u. Bäumen vorkommender weißer Schaum, der von den Larven der *Schaumzikaden* stammt.

**Kudrun,** *Gudrun,* mhd. Epos, im *»Ambraser Heldenbuch«* überliefert u. um 1240 nach älteren Motiven in der abgewandelten Nibelungenstrophe in Östr. gedichtet.

**Kudus,** *Waldböcke, Schraubenantilopen, Tragelaphus,* Gatt. afrik. *Echter Antilopen.* Der *Große Kudu,* von 170 cm Schulterhöhe u. mit über 100 cm langem schraubenförmigem Gehörn, bewohnt Buschsteppen vom Nil bis zum Kap. Der *Kleine Kudu,* von 100 cm Schulterhöhe, ist in ostafrik. Waldgebieten von Äthiopien bis Tanganjika verbreitet.

**Kufa,** Ruinenstadt in Irak; gegr. 638 als Militärlager der Araber, 656–61 Residenz des Kalifen *Ali;* bek. als Sitz islam. Gelehrsamkeit (bis etwa 800); um 1000 verfallen.

**Kufe, 1.** hölzernes Gefäß, Bottich. Hiervon leitet sich die Bez. **Küfer** (Böttcher) ab. – **2.** Gleitschiene bei Schlitten u. Schlittschuhen.

**Kuff,** ndl. Frachtschiff mit Segeln u. flachem Boden.

**Kufrah,** Oasengruppe in der nordafrik. Libyschen Wüste, rd. 18 000 km², 10 000 Ew. (Senussi).

**Kufstein,** östr. Bez.-Stadt in Tirol, Sommerfrische u. Wintersportplatz am Inn, 13 000 Ew.; Fremdenverkehr.

**Kugel,** Körper, bei dem die Punkte der Oberfläche von einem Punkt (Mittelpunkt) die gleiche Entfernung (Radius, *r*) haben. *K.oberfläche:* $O = 4\pi r^2$; *K.volumen:* $V = 4/3 \pi r^3$.

**Kugelblitz,** Sonderform des Blitzes; in vielen Farben des Spektrums leuchtende Erscheinung von annähernd kugelförmiger Gestalt mit einem Durchmesser von etwa 20 cm; Erscheinung bis heute nicht eindeutig geklärt.

**Kugelfische,** *Tetradontidae,* Fam. der *Haftkiefer;* Riffbewohner trop. Meere; können sich bei Gefahr kugelförmig aufblähen, indem sie Wasser oder Luft schlucken. Die Innereien (Leber u. Keimdrüsen) mehrerer Arten sind giftig, z.B. von *Fugu rupestris,* der in Japan als Delikatesse gilt.

**Kugelgelenk, 1.** Gelenk, bei dem sich der Gelenkkopf in einem Teil einer Hohlkugel dreht, z.B. Schultergelenk. – **2.** gelenkige Kupplung zweier Wellen, deren Achsen gegeneinander abgewinkelt sind. Das K. besteht aus einer Kugel mit zwei senkr. aufeinanderstehenden Bohrungen, in die die Zapfen von Gabeln eingreifen.

**Kügelgen, 1.** Gerhard von, *1772, †1820, dt. Maler; malte klassizist. Historienbilder u. Porträts (z.B. von *Goethe, Schiller*). – **2.** Wilhelm von, Sohn von 1), *1802, †1867, dt. Schriftst. u. Maler; Hofmaler in Ballenstedt; W »Jugenderinnerungen eines alten Mannes«.

**Kugelhaufenreaktor,** Variante des Hochtemperatur-Kernreaktors. Charakterist. ist die Verwendung von Brennelementen in Form von Graphitku-

*Kleiner Kudu*

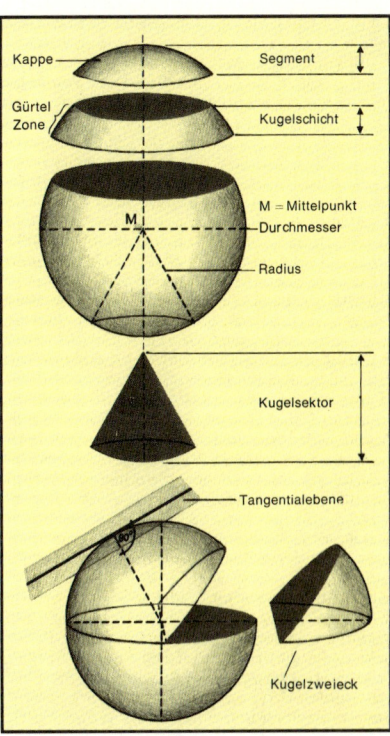
*Die Kugel und ihre Teile*

geln mit 6 cm Durchmesser, in die beschichtete Teilchen als Kernbrennstoff eingepreßt werden.

**Kugellager,** Wälzlager (→ Lager) aus einem auf der Welle befestigten *Innenring,* den *Stahlkugeln,* die eine nur geringe Reibung verursachen, dem *Kugelkäfig,* der die Kugeln in gleichem Abstand voneinander hält, u. einem *Außenring.* K. haben einen geringen Anlaufwiderstand u. ermöglichen eine hohe Umdrehungszahl.

**Kugelspinnen,** *Theridiidae,* Fam. der *Spinnen* mit mehr als 1300 Arten; hierzu sehr giftige Arten: *Schwarze Witwe, Malmignatte, Schwarzer Wolf.*

**Kugelstoßen,** leichtathlet. Disziplin, mit Kugeln aus Eisen, Stahl oder Messing mit Bleifüllung; Männerkugel mindestens 7,257 kg schwer, 110–130 mm Durchmesser; Frauenkugel 4 kg, 95–110 mm. Gestoßen wird aus einem Kreis von 2,135 m.

**Kugler,** Franz, *1808, †1858, dt. Historiker, Kunsthistoriker u. Schriftst.; W »Geschichte Friedrichs des Großen«.

**Kuh,** Muttertier bei größeren Huftieren.

**Kuhantilope,** Antilopenart; rinder- bis pferdeähnl.; fr. über alle Steppen Afrikas verbreitet, heute nördl. von Tansania ausgerottet.

**Kuhlau,** Friedrich, *1786, †1832, dän. Komponist dt. Herkunft; Opern u. Klavierwerke.

**Kühler, 1.** Gerät zur Abkühlung u. Kondensation des Dampfes. – **2.** Vorrichtung bei Verbrennungsmotoren zur Rückkühlung des zur Abkühlung des Motors verwendeten Wassers. Anstatt Wasserkühlung ist auch Abkühlung durch vorbeiströmende Luft möglich *(Luftkühlung).*

**Kühlhaus,** große Halle in Schlachthäusern, Lebensmitteldepots u.ä., die durch *Kältemaschinen* eine niedrige, gleichmäßige Temp. erhält, um leicht verderbl. Lebensmittel über längere Zeit aufbewahren zu können.

**Kühlschrank,** schrankartiger Behälter zur Frischhaltung von Lebensmitteln, doppelwandig mit Wärmeisolation zw. den Wänden. Nach Art des Kühlungsvorgangs unterscheidet man *Kompressor-K.* u. *Absorptions-K.* (→ Kältemaschinen). Beim *Haushalts-K.* beträgt die Kühltemp. 2–8 °C.

**Kühlturm,** *Kaminkühler,* ein turmartiges Gerüst aus Stahlbeton, Stahl oder Holz zur Kühlung von Kühlwasser durch Luft z.B. in Kraftwerken: Heißes Wasser tropft abwärts u. wird durch von unten kommende Luft u. durch Verdunsten (Verdunstungskälte) abgekühlt. Heiße Dämpfe u. Gase dagegen läßt man von unten in den K. eintreten u.

kühlt sie durch von oben entgegenrieselndes Wasser.

**Kühlwagen,** Eisenbahn- oder Lastkraftwagen zum Transport leicht verderbl. Waren; Wände mit Wärmeschutzmassen isoliert, die Türen durch Doppelfalz gut verschlossen.

**Kuhn, 1.** Paul, *12.3.1928, dt. Unterhaltungsmusiker; 1968–80 Leiter des SFB-Tanzorchesters. – **2.** Richard, *1900, †1967, dt. Biochemiker (Untersuchungen auf dem Gebiet der Vitamine u. Fermente); Nobelpreis 1938.

**Kühn,** Heinz, *18.2.1912, dt. Politiker (SPD); 1966–78 Min.-Präs. von NRW, 1973–75 stellv. Partei-Vors. der SPD.

**Kuhnau,** Johann, *1660, †1722, dt. Komponist; Vorgänger J.S. *Bachs* als Thomaskantor in Leipzig; schrieb zahlr. geistl. Werke.

**Kuhreigen,** Gesang der schweiz. Kuhhirten; auch bei wallon. u. norw. Hirten.

**Kujbyschew,** bis 1934 *Samara,* Hptst. der gleichn. Oblast in der RSFSR (Sowj.), an der Mündung der Samara in die Wolga (Hafen), unterhalb des *K.er Stausees,* 1,28 Mio. Ew.; landw. HS; Hüttenwerk, Maschinenbau, Werften, chem. Ind., Textilfabriken; großes Wasser- u. Wärmekraftwerk.

**k.u.k.,** Abk. für kaiserlich u. königlich; im ehem. Östr.-Ungarn zur Bez. beider Reichsteile gebräuchlich.

**Ku Klux Klan** ['kju: 'klʌks 'klæn], terrorist. US-amerik. Geheimbünde: **1.** 1867 nach dem Bürgerkrieg in den Südstaaten der USA gegr. Gesellschaft, die die frei gewordenen Schwarzen durch Schrecken (Lynchjustiz) den Weißen gefügig halten wollte; 1871 verboten. – **2.** 1915 neu gegr., auch in den Nordstaaten der USA verbreitete Gesellschaft, die im Sinn eines kleinbürgerl., prot., weißen Amerikanertums gegen Minderheiten kämpfte (u.a. Schwarze, Juden, Katholiken, Gewerkschaften); gelangte 1916–26 zu großem Einfluß.

**Kukuruz** → Mais.

**kulant,** entgegenkommend (im Geschäftsleben).

**Kulenkampff,** Hans-Joachim, *27.4.1921, dt. Schauspieler u. Quizmaster; hpts. bek. durch die Fernsehquizserie »Einer wird gewinnen«.

**Kuli,** ind., chin. u. jap. Tagelöhner; übertragen: ausgebeuteter Arbeiter in fernöstl. Kolonien.

**Kulierware,** gestrickte u. gewirkte Stoffe.

**kulinarisch,** auf feiner Küche u. Kochkunst beruhend.

**Kulisse,** seit dem 17. Jh. zum Seitenabschluß des Bühnenbilds benutzte Wand; heute auch großes Setzstück einer aufstellbaren Bühnendekoration.

**Kulm,** *Culm,* poln. *Chełmno,* Stadt an der Weichsel, 20 000 Ew.; mittelalterl. Stadtkern; 1231 als Ordensburg gegr.

**Kulmbach,** Krst. in Oberfranken (Bay.), am Weißen Main, zu Füßen der Hohenzollern-Festung *Plassenburg,* 27 000 Ew.; Zinnfiguren-Museum; pharmazeut. Ind., Maschinenbau, Brauereien.

**Kulmbach,** Hans *Sueß von,* *um 1480, †1522, dt. Maler u. Graphiker (bes. Altarbilder in lichter Farbigkeit u. Holzschnitte).

**Kulmination, 1.** Erreichen eines Höhepunkts; auch dieser selbst; **kulminieren,** den Höhepunkt erreichen. – **2.** Durchgang eines Gestirns durch den Meridian infolge der scheinbaren tägl. Umdrehung der Himmelskugel.

**Kult, 1.** »Umgang« mit der Gottheit in Wort u. Handlung (v.a. Gebet u. Opfer), meist in festen, durch Gewohnheit oder durch bewußte Fixierung seitens einer Religionsgemeinschaft entstandenen Formen. – **2.** übertriebene Verehrung einer Person oder Sache, übertrieben sorgfältige Behandlung.

**Kultur, 1.** allg. die Veränderung der *Natur* durch den Gebrauch von Werkzeugen u., darauf beruhend, die Gesamtheit der Lebensformen einer menschl. Gruppe (Volk, Klasse, Stand). – In der Vorgeschichte werden die einzelnen Perioden der Entwicklung des Menschen nach Material u. Form der Werkzeuge als versch. *K.en* oder *K.kreise* unterschieden. Mit der Entwicklung der *Früh-K.en,* aus denen die *Hoch-K.en* entstanden, verschiebt sich der Sinn des K.begriffs u. dehnt sich auf das Ganze der soz. Einrichtungen, Gebräuche u. Lebensordnungen aus. Dieses ist Gegenstand der *K.geschichte.* – **2.** geistige u. seel. Bildung, verfeinerte Lebensweise, Lebensart. – **3.** Züchtung von Organismen, Zellen u. Geweben unter künstl. Lebensbedingungen; angewandt u.a. in der Mikrobiologie u. Pflanzenzucht. – **4.** junge Waldbestände, die durch Saat oder Pflanzung entstanden sind. – **5.** Vorbereitung, Pflege u. Verbesserung des landw. genutzten Bodens; auch Bestand von Jungpflanzen.

**Kulturflüchter,** Pflanzen- u. Tierarten, die durch die landschaftsverändernden Maßnahmen des Menschen aus ihren natürl. Verbreitungsgebieten verdrängt werden u. sich nicht den veränderten Bedingungen anpassen.

**Kulturfolger,** Pflanzen- u. Tierarten, die durch die landschaftsverändernden Maßnahmen des Menschen geeignete Lebensbedingungen erhalten u. deshalb im Gefolge des Menschen auftreten; z.B. Brennessel, Ackerunkräuter, Stubenfliege, Amsel, Gartenrotschwanz, Hausmaus.

**Kulturgeschichte,** Verlauf der geistigen, kulturellen u. soz. Entwicklung eines Volks oder der gesamten Menschheit u. ihre Erforschung.

**Kulturkampf,** Auseinandersetzung zw. dem Staat u. der kath. Kirche, die in Preußen u. im Dt. Reich seit 1871 geführt wurde; ausgelöst durch die Frontstellung der kath. Kirche gegen die liberale Staatslehre u. die oppositionelle Haltung der Zentrumspartei im neugegründeten Dt. Reich; führender Repräsentant des K. war *Bismarck;* die wichtigsten staatl. Maßnahmen waren: Aufhebung der kath. Abt. im preuß. Kultusministerium, Gesetze gegen Kanzelmißbrauch, über Schulaufsicht des Staates, über Kirchenaustritt u. Zivilehe u. Staatsaufsicht über die Vermögensverwaltung der kirchl. Gemeinden.

**Kulturlandschaft,** vom Menschen umgeformte Ldsch., z.B. Agrar-, Industrie-, Stadtlandschaft u.a.

**Kulturpflanzen,** vom Menschen aus Wildgewächsen mittels Züchtung u. Pflege entwickelte Pflanzen, die sich durch anderes Aussehen, höhere Ertragsfähigkeit, Resistenz gegen bestimmte Krankheiten u.a. auszeichnen.

**Kulturphilosophie,** philosoph. Frage nach Wesen u. Ziel der menschl. Kultur; auch Bez. für philosoph. Richtungen, die den Begriff *Kultur* in den Mittelpunkt ihrer Betrachtungen stellen.

**Kulturpolitik,** Betätigung von Staaten, Gemeinden, Kirchen, Gewerkschaften, Betrieben, Parteien, Vereinen u. überstaatl. Organisationen in kulturellen Fragen; *i.e.S.* nur die staatl. Tätigkeit im kulturellen Bereich. Die staatl. K. ist in der BR Dtld. überw. Ländersache.

**Kulturrevolution,** *Große Proletarische K.,* 1965/66 von einer Gruppe in der Führung der Kommunist. Partei Chinas eingeleitete Bewegung mit dem Ziel, überlieferte Denk- u. Verhaltensweisen abzubauen; diente zugleich dazu, die Macht Maos zu festigen; zu ihrer Durchführung wurden aus Jugendlichen bestehende *Rote Garden* geschaffen; Angriffsziele waren neben Maos Hauptrivalen *Liu Shaoqi* die Partei- u. Staatsbürokratie sowie die Intellektuellen. Millionen von Funktionären, Wissenschaftlern, Künstlern u. Lehrern wurden amtsenthoben, gedemütigt, mißhandelt u. zu körperl. Arbeit aufs Land geschickt. Die Zahl der Todesopfer geht schätzungsweise in die Hunderttausende. Einen vorläufigen Abschluß fand die K. mit dem 9. Parteitag 1969; bis 1976 blieben allerdings viele Wesenszüge der K. erhalten. Nach der seit 1981 geltenden parteiamtl. Interpretation war die K. eine Katastrophe.

**Kultursteppe,** vom Menschen durch Entwaldung geschaffene Agrarlandschaft.

**Kultusministerium,** diejenige oberste Staatsbehörde, die sich mit der Wahrung der kulturellen Angelegenheiten befaßt (Schulen, HS, Kunst u. Wiss., aber auch kirchl. Angelegenheiten).

**Kumamoto,** jap. Präfektur-Hptst. an der Shimabara-Bucht, im W von Kyushu, 556 000 Ew.; Univ. (gegr. 1949); Ind.-Zentrum, Agrarmarkt, Töpfereien.

**Kumanen,** *Komanen, Kun, Kiptschak,* slaw. *Polowzer,* turksprachiges Steppenvolk; drangen seit 1050 bis zur Moldau u. Walachei vor u. fielen im 11. Jh. in Ungarn ein; um 1240 z.T. von den Mongolen unterworfen u. assimiliert, z.T. nach Ungarn abgewandert.

**Kumasi,** Hptst. der *Ashanti-Region* in der westafrik. Rep. Ghana, 349 000 Ew.; Univ.; Zentrum eines Gold-, Bauxit- u. Manganerzgebiets sowie des Kakaohandels; Flughafen.

**Kümmel,** *Carum,* Gatt. der *Doldengewächse;* hierzu der *Echte K.,* in Europa u. Asien als Gewürzpflanze (Früchte) genutzt; medizin. dienen die Früchte als blähungstreibendes Mittel.

**Kumpan,** Geselle, Genosse.

**Kumran** → Qumran.

**Kumulation,** Anhäufung, wechselseitige Wirkungsverstärkung.

**Kundera,** Milan, *1.4.1929, tschech. Schriftst.; sucht in seinen tragikom. u. satir. Erzählungen, Romanen u. Dramen den Zusammenhang zw. privater Existenz u. gesellschaftl. Verhältnissen aufzuzeigen; [W] »Die unerträgl. Leichtigkeit des Seins«.

**Kündigung,** die einseitige Erklärung einer Vertragspartei, die ein auf Dauer angelegtes Rechtsverhältnis (Arbeitsverhältnis, Miete, Pacht, Darlehen, Gesellschaftsvertrag) für die Zukunft aufhebt. Die *ordentl. K.* ist an die Einhaltung von bestimmten *K.sfristen* u. *K.sterminen* gebunden. Die *außerordentl. K.* (z.B. als *fristlose K.)* setzt einen bes. Umstand voraus, den sog. *wichtigen Grund.* – **K.sschutz,** gesetzl. Regelung, durch die die ordentl. K. eines *Arbeits-* oder *Mietverhältnisses* aus soz. Gründen beschränkt wird. Ein *weitergehender K.sschutz* besteht für Betriebsratsmitgl., schwangere Frauen, stillende Mütter u. Schwerbeschädigte.

**Kunert,** Günter, *6.3.1929, dt. Schriftst.; schreibt Gedichte u. Erzählungen, in denen er mit pessimist. Grundstimmung die Gegenwart detailliert beschreibt.

**Küng,** Hans, *19.3.1928, schweiz. kath. Theologe. Wegen einiger liberaler Thesen wurde ihm 1979 die kirchl. Lehrbefugnis entzogen; seitdem Dir. des Ökumen. Instituts in Tübingen.

**Kunkel,** Spindel, Spinnrocken; im alten dt. Recht Sinnbild des weibl. Geschlechts.

**Kunkelmagen,** auch *Spindelmagen, Kognaten,* im germ. u. alten dt. Recht die weibl. Verwandten u. die durch Frauen (insbes. durch die Mutter) verwandten Männer.

**Kunlun,** rd. 4000 km langes asiat. Hochgebirgssystem, erstreckt sich vom Pamir ostwärts am N-Rand des tibet. Hochlands entlang bis in die mittelchin. Tiefebene, im *Ulugh Mus Tagh* 7723 m.

**Kunming,** Hptst. der chin. Prov. Yunnan, 1,5 Mio. Ew.; Univ. (gegr. 1936); metallverarbeitende Ind. u. Maschinenbau.

**Künneke,** Eduard, *1885, †1953, dt. Operettenkomponist; [W] »Der Vetter aus Dingsda«.

**Kunst, 1.** *i.w.S.* die Anwendung angeborener oder erworbener Fähigkeiten in hochentwickelter, spezialisierter Form als »Können« oder »K.fertigkeit« u. das Resultat dieser Betätigung *(K.werk),* sofern es durchschnittl. Leistungen übersteigt; *i.e.S.* nur das schöpfer.-ästhet. Gestalten u. dessen jeweiliges Ergebnis auf den Gebieten der einzelnen K.arten u. -gattungen. – **2.** *bildende K.,* Sammelbez. für die Gatt. Architektur (Bau-K.), Plastik, Malerei, Graphik u. K.handwerk (K.gewerbe); Gegenstand der *K.geschichte.*

**Kunstdünger** → Dünger.

**Kunstfälschung,** jedes Kunsterzeugnis, das von seinem Verfertiger zum Zweck materieller Bereicherung u. öffentl. Irreführung für das Werk eines anderen Urhebers ausgegeben wird, im Unterschied zur *Kopie.*

**Kunstfasern** → Chemiefasern.

**Kunstfehler,** Verstoß gegen die Regeln der ärztl. Kunst bei der Krankenbehandlung. Der Nachweis eines K.s verpflichtet zum Schadensersatz u. führt zu Strafbarkeit wegen fahrlässiger Tötung oder Körperverletzung.

**Kunstflug,** Wettbewerb im Motorflugsport; bekannteste Flugfiguren: Looping (Überschlag mit kreisförmiger Schleife nach oben oder unten), Rückenflüge, Kehren (Turns), Rollenkreise.

**Kunstgeschichte,** *i.w.S.* die Entwicklungsgeschichte der *bildenden Kunst* von ihren Anfängen bis zur Gegenwart; *i.e.S.* als Teilgebiet der *Kunstwissenschaft* die wiss.-histor. Erforschung der abendländ. bildenden Kunst seit dem Ende der Antike.

**Kunstgewerbe,** *Werkkunst,* handwerkl. u. maschinelle Herstellung von künstler. Erzeugnissen, die als Gebrauchs- u. Schmuckgegenstände oder in Verbindung mit diesen vorw. dekorativen Charakter haben; v.a. Schmiedearbeiten in Gold, Silber u. Eisen, Schnitzereien in Holz, Elfenbein u. Horn, Glas-, Leder- u. Emailarbeiten, Textil- u. Buchkunst, Keramik, Raumkunst u. künstler. gearbeitetes Mobiliar.

**Kunsthandwerk,** Teilgebiet des *Kunstgewerbes,* das maschinell hergestellte Erzeugnisse (Serienprodukte) ausschließt, sich also auf die rein handwerkl. Einzelanfertigung beschränkt.

**Kunstharze,** Harze, die aus niedermolekularen Verbindungen durch Polymerisation, Polykondensation oder Polyaddition künstl. hergestellt werden, oder chem. veränderte Naturharze.
**Kunsthonig,** dem Bienenhonig ähnl. Nahrungsmittel aus rd. 75 % *Invertzucker* u. Zusätzen von Stärkesirup sowie Aroma- u. Farbstoffen; aus einer Rübenzuckerlösung gewonnen.
**Kunstleder,** Erzeugnisse der Chemie, die dem natürl. Leder in Aussehen u. Eigenschaften ähnl. sind u. es vielfach ersetzen; aus geeigneten Kunststoffen durch Pressen oder Walzen hergestellt (Folien-K.); aus Leder- oder Textilfasern, verbunden durch Kunststoff, gefertigt (Faser-K.); oder aus einer Faserstoffgrundlage mit Kunststoffbeschichtung gewonnen (Gewebe-K.).
**künstliche Besamung,** *künstliche Befruchtung*, → Besamung, → Retortenbaby.
**künstliche Intelligenz,** Abk. *KI*, Forschungsbereich der Informatik, der sich mit der Entwicklung von Computern beschäftigt, die Intelligenzleistungen ähnl. denen, wie sie der Mensch vollbringt, nachvollziehen können, z.B. Dialogfähigkeit, Lernfähigkeit, Mustererkennung.
**künstliche Niere,** *extrakorporale Dialyse, Hämodialyse*, Apparatur zur Entfernung harnpflichtiger Stoffe aus dem Blut, die bes. bei akutem Nierenversagen benutzt wird, um die dem Kranken hierbei drohende *Urämie (Harnvergiftung)* zu vermeiden.
**künstlicher Horizont,** Bordinstrument für Flugzeuge, das bei Flug ohne Bodensicht (Nacht-, Nebel- u. Wolkenflug) die Lage des Flugzeugs zum natürl. Horizont anzeigt.
**Kunstseide,** fr. Bez. für künstl. hergestellte seidenähnl. Spinnstoffe; von Naturseide chem. stark unterschieden; besteht aus chem. behandeltem Zellstoff (Naturseide aus Eiweiß); man unterscheidet: *Viskoseseide (Reyon), Kupferseide, Acetatseide* u. *Nitroseide (Chardonnet-Seide)*.
**Kunstspringen,** *Kunst- u. Turmspringen, Wasserspringen*, zusammenfassende Bez. für die schwimmsportl. Disziplinen Kunstspringen (vom 1 oder 3 m hohen Sprungbrett) u. Turmspringen (von den 5, 7,5 oder 10 m hohen Plattformen des Sprungturms); internationale Wettbewerbe: 3-m-Brett, 10-m-Plattform. Die Sprungbecken müssen eine Mindestwassertiefe von 4,5 m haben.
**Kunststoffe,** organ.-chem. makromolekulare Werkstoffe; hergestellt durch chem. Veränderung von Naturstoffen (Cellulose, Casein) oder aus einfachen Rohstoffen, die künstl. durch Polymerisation, Polykondensation oder Polyaddition verändert werden: K. treten in versch. Gestalt auf: als Flüssigkeiten, feste Formteile, klebrige Massen, Folien, Fasern u.a.; feste K. werden auch als *Plastik, Plaste* oder *Kunstharze* bezeichnet. – Fast alle K. lassen sich leicht formen. *Thermoplastische K. (Thermoplaste)* können beliebig oft durch Temperaturerhöhung erweicht u. durch Abkühlen wieder verfestigt werden; *duroplastische K. (Duroplaste)* sind nur anfangs bei höherer Temperatur plastisch, härten dann aus u. behalten ihre Härte danach auch in der Wärme. K. eignen sich ganz bes. für die Massenfabrikation. Die meisten K. sind beständig gegen Oxidation, Fäulnis, Witterungseinflüsse u. viele Chemikalien; die chem. Unangreifbarkeit mancher Sorten (*Teflon*) wird von Edelmetallen übertroffen. Ein Nachteil der K. ist die gegenüber den anorgan. Werkstoffen geringe Wärmebeständigkeit, die häufig kaum bis 100 °C geht. Einige K. sind brennbar.
**Kunstturnen,** die höchste Leistungsstufe im → Turnen.
**Kunze,** Rainer, *16.8.1933, dt. Schriftst., übersiedelte 1977 aus der DDR in die BR Dtld.; W »Die wunderbaren Jahre«.
**Künzelsau,** Krst. in Ba.-Wü., am Kocher, nördl. von Schwäb. Hall, 12 000 Ew.; Wein- u. Obstanbau, metallverarbeitende u. Elektro-Ind.
**Kuomintang** → Guomindang.
**Kuopio,** Hptst. der gleichn. Prov. in Finnland, auf einer Halbinsel im Kallavesi, 79 000 Ew.; Univ.; holzverarbeitende Ind.
**Küpenfarbstoffe,** Farbstoffe, die vor dem Aufbringen auf die Faser durch Einwirkung von Reduktionsmitteln in farblose Verbindungen *(Leukoverbindungen)* übergeführt werden, so auf die Fasern aufziehen u. erst dort durch Aufnahme von Luftsauerstoff ihre wirkl. Farbe erhalten; z.B. *Indigo, Indanthrenfarbstoffe*.
**Kupfer,** → chem. Element; hellrotes, zähes, dehnbares, ziem. weiches Metall; sehr guter elektr. u.

*Kupferstich von Albrecht Dürer: Ritter, Tod und Teufel*

Wärmeleiter; kommt vorw. in Form von Erzen *(K.kies, K.glanz)* vor; verwendet zu Legierungen mit anderen Metallen (v.a. *Messing, Bronze);* außerdem für elektr. Leitungen, als Dachbelag, als Münzmetall u.a.; an feuchter Luft überzieht es sich mit einer grünen Schicht K.carbonat (Patina).
**Kupferglanz,** Mineral mit hohem Kupfergehalt.
**Kupferkies,** ein Mineral, wichtiges Kupfererz.
**Kupferstich,** *Chalkographie*, um 1430 entwickeltes graph. Verfahren (ein *Tiefdruck*), auch Bez. für das damit hergestellte Druckbild. Die K.technik besteht aus dem Eingravieren einer Zeichnung in die polierte Oberfläche einer Kupferplatte mittels Grabstichel, dem anschließenden Einfärben der Platte mit Druckfarbe, dem Abwischen der nicht in die Gravurrillen eingedrungenen Farbe u. dem Druck auf der K.-Presse, deren Walze das leicht angefeuchtete Papier gegen die Platte drückt.
**Kupferzeit,** *Chalkolithikum*, die Periode zw. Jungsteinzeit u. Bronzezeit, in der neben den Steingegenständen schon Waffen, Geräte u. Schmuck aus Kupfer verwendet wurden.
**kupieren, 1.** abschneiden, stutzen, z.B. Ohren oder Schwanz bei manchen Hundearten. – **2.** durch geeignete Behandlungsmethoden die Weiterentwicklung eines Krankheitsprozesses unterdrücken oder eine Krankheit im Beginn zum Stillstand bringen.
**Kupka,** František, *1871, †1957, tschech. Maler; Wegbereiter der abstrakten Malerei.
**Kupolofen,** *Kuppelofen*, Schachtofen mit feuerfestem Futter, in der *Gießerei* zum Schmelzen von Roheisen verwendet.
**Kupon** [ku'pɔ̃], *Coupon*, **1.** allg. Gutschein, Abschnitt. – **2.** Abschnitt, der festverzinsl. Wertpapieren u. Aktien im *K.bogen (Zinsbogen)* beigefügt ist u. zum Empfang der jährl. Dividende oder des Zinses berechtigt.
**Kuppel,** Wölbung über einem Raum mit runder, recht- oder vieleckiger Grundfläche in Form einer Halbkugel *(Kugel-K.)* oder anderer Kugelabschnitte *(Flach-K., Spitz-K., Prismen-K.* u.a.).
**Kuppelei,** Förderung sexueller Handlungen zw. anderen durch Vermittlung, Gewährung oder Verschaffung von Gelegenheit; strafbar, wenn Minderjährige unter 16 Jahren betroffen sind, ferner die K. an noch nicht 18-jährigen, wenn die Förderung gegen Entgelt oder unter Mißbrauch eines Abhängigkeitsverhältnisses geschieht.
**Kuppelgrab,** bes. in der späteren myken. Kultur vorkommende Form des Fürstengrabs, wobei eine hohe Grabkammer in Form eines »falschen Gewölbes« (Überkragen der Steine nach innen, so daß der Raum nach oben immer enger wird) ausgebildet ist; zugängl. durch einen Gang.
**Kupplung, 1.** Verbindung zw. einem ziehenden u. einem gezogenen Fahrzeug (Anhänger-K.). – **2.** Maschinenteil zur Verbindung zweier bewegl. Teile.
**Kur,** über längere Zeit sich erstreckende, regelmäßige Anwendung von Heilmitteln (Arzneimittel oder physikal. Behandlungsverfahren); meist in einem *Kurort*.

# Kure 485

**Kür,** selbstgewählte oder zusammengestellte Übung; z.B. *K.lauf* beim Eiskunstlauf; Ggs.: *Pflicht*.
**Kura,** Hauptfluß des südl. Kaukasusvorlands, 1520 km; mündet in das Kasp. Meer.
**Kurantgeld,** *Kurant*, voll ausgeprägtes (vollwertiges) Geld (Gold- u. Silbermünzen), bei dem der Metallwert dem aufgeprägten Geldwert entspricht; heute auch Bez. für Geld mit voller gesetzl. Zahlungskraft; Ggs.: *Scheidegeld*.
**Kürassiere,** Reitertruppe seit dem 16. Jh.; trugen bis ins 18. Jh. noch einen Harnisch, der Brust u. Rücken schützte **(Küraß)** u. bildeten einen Teil der *schweren Kavallerie*.
**Kuratel** → Pflegschaft; volkstüml. auch für Vormundschaft.
**Kuratorium,** Aufsichtsgremium, z.B. über eine öffentl. Körperschaft, Stiftung o.ä.
**Kurbel,** einarmiger Hebel zum Drehen einer Welle.
**Kurbelwelle,** ein- oder mehrf. gekröpfte Welle; in der Kröpfung greift die *Pleuelstange* an.
**Kürbis,** *Cucurbita*, in Amerika heim. Gatt. der *K.gewächse* (→ Pflanzen); rankende oder kriechende Pflanzen mit großen dickschaligen Beerenfrüchten; zahlr. Kulturpflanzen; man unterscheidet: Speise-K. u. Zier-K.

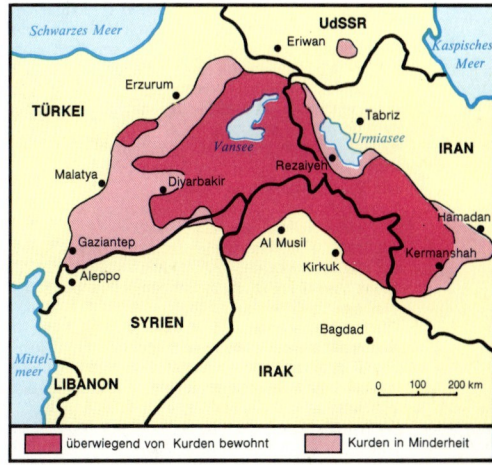

*Verbreitungsgebiet der Kurden*

**Kurden,** Bergvolk in W-Iran, in Armenien, im nördl. Irak, im nordöstl. Syrien u. in der östl. Türkei, mit indoeurop. (iran.) Sprache *(Kurdisch);* meist Moslems; Ackerbauern u. Viehzüchter, berühmt für ihre Knüpfteppiche. – Bes. ausgeprägt sind die Unabhängigkeitsbestrebungen der K. im Irak, wo es seit 1958 mehrf. zu bewaffneten Erhebungen kam.
**Kurdistan,** überw. von *Kurden* bewohnte vorderasiat. Ldsch. zw. dem Armen. Hochland, dem Euphrat u. dem Sagrosgebirge, rd. 200 000 km²; polit. zur Türkei, Sowj., zum Iran, Irak u. zu Syrien gehörig.
**Kure,** jap. Hafenstadt in SW-Honshu,

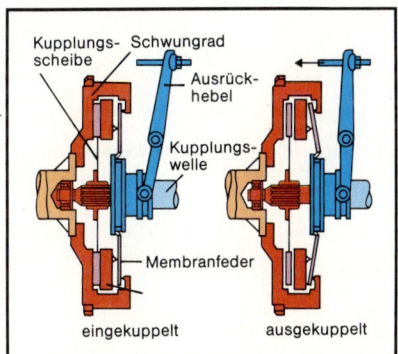

*Kupplung: Membranfederkupplung mit gezogener Ausrückung*

## 486 Kürenberg

230 000 Ew.; Maschinenbau; bis 1945 größter jap. Kriegshafen.

**Kürenberg,** *Der von K.,* der *Kürenberger* oder *Kürnberger,* der älteste namentl. bek. mhd. Minnesänger (um 1160); ein donauländ. Ritter.

**Kurfürsten,** *Elektoren,* im Röm.-Dt. Reich seit dem 13. Jh. die zur Königswahl berechtigten Fürsten; nach dem *Sachsenspiegel* um 1250 die *Erzbischöfe von Trier, Mainz* u. *Köln,* der *Pfalzgraf bei Rhein,* der *Herzog von Sachsen,* der *Markgraf von Brandenburg,* später auch der *König von Böhmen;* 1692 wurde der Herzog von Braunschweig-Lüneburg Kurfürst von Hannover; 1777 ging eine 8. Kurstimme durch Erbgang an Bayern.

**Kurgan,** Hptst. der gleichn. Oblast in W-Sibirien (Sowj.), am Tobol, 354 000 Ew.; Maschinenbau, chem., pharmazeut., Leder- Textil- u. Holz-Ind.; Flughafen.

**Kuriale** [der], Angehöriger der Röm. Kurie.

**Kurie** [-ri:ə], 1. *Röm. K., Päpstl. K.,* die röm.-kath. Zentralbehörde in Rom: 1. Staatssekretariat, 2. Kurienkongregationen, 3. Tribunale-Gerichtshöfe, 4. Päpstl. Räte: für die Laien, für die Einheit der Christen, für die Familie, für den Dialog mit den Nichtglaubenden u.a., 5. Ämter: Apostol. Kammer, Verwaltung der Güter des Apostol. Stuhls. – **2.** im MA rechtl. lehnsrechtl. Institution zur Wahrnehmung der Rechtsprechungs- u. Verwaltungsaufgaben. Seit dem späten MA setzten sich die Reichs- u. Landtage aus Kurien (korporative Standeseinheiten) zusammen. – **3.** im alten Rom Bez. für die 30 Geschlechterverbände, in die nach ältester Ordnung die *Tribus* eingeteilt waren; auch das Versammlungsgebäude des altröm. Senats auf dem Forum Romanum.

**Kurienkongregationen,** Hauptbehörden der Röm. Kurie für bestimmte Sachgebiete, vergleichbar den Ministerien im Staat.

**Kurier,** Eilbote.

**kurieren,** heilen, gesund machen.

**Kurilen,** 1270 km lange Inselkette zw. Kamtschatka u. Hokkaido; 15 600 km², 18 000 Ew. (Giljaken, Ainu); 1875 zu Japan, seit 1945 zur Sowj. gehörig.

**Kuriosität,** Seltsamkeit, Merkwürdigkeit.

**Kurisches Haff,** ostpreuß. Strandsee, 1619 km², bis 10 m tief; durch die **Kurische Nehrung,** eine schmale, 96 km lange Landzunge, von der Ostsee getrennt.

**Kurland,** histor. Ldsch. in Lettland; ben. nach dem lett. Stamm der *Kuren,* die K. spätestens seit dem 10. Jh. bewohnten; seit 1918 lett. Prov.; seit 1940 Teil der UdSSR.

**Kurlande,** allg. der Teil der kurfürstl. Territorien, mit dem die Kurwürde verbunden war.

**Kurmark,** Bez. für die Kurlande (13. Jh.-1806) der Mark *Brandenburg.*

**Kurosawa,** Akira, *25.3.1910, jap. Filmregisseur; »Rashomon«, »Die sieben Samurai«, »Kagemusha«.

**Kuro-Schio,** warme Meeresströmung im nw. Pazif. Ozean; bedingt das milde Klima Japans.

**Kurpfalz,** Bez. für die ehem. Kurlande der → Pfalz.

**Kurpfuscherei,** die unsachgemäße Krankenbehandlung durch nicht ausgebildete u. nicht zugelassene Heilpersonen u. entgegen den Regeln der ärztl. Kunst, sehr häufig mit betrüger. Absicht.

**Kurrende,** Schülerchöre, die vor Straßen u. bei Amtshandlungen sangen, um den Unterhalt der Schüler bestreiten zu können; später Knabenchöre, die beim liturg. Dienst mitwirkten.

**Kurs, 1.** Lehrgang. – **2.** an der Börse festgestellter Preis für Wertpapiere, Devisen u. börsengängige Massengüter. – **3.** festgelegte Strecke; Fahrtrichtung.

**Kursbuch,** Buchfahrplan für öffentl. Verkehrsverbindungen (Eisenbahn, Kraftpost), eingeteilt nach Streckennummern.

**Kürschner,** Joseph; *1853, †1902, dt. Lexikograph; gab eine 220 Bde. umfassende Auswahl dt. Dichtung von den Anfängen bis ins 19. Jh. heraus (»Dt. Nationalliteratur«); bearbeitete den seit 1879 erscheinenden »Dt. Literaturkalender« mit Biographien der lebenden dt. Schriftst.; außerdem K.s »Dt. Gelehrtenkalender«.

**Kursive,** *Kursivschrift,* lat. Schrägschrift; schräggestellte Druckschrift.

**Kursk,** Hptst. der gleichn. Oblast in der RSFSR (Sowj.), am schiffbaren Sejm, 434 000 Ew.; Med., Pädagog. u. Landw. HS; Eisenhütten, Maschinenbau, Nahrungsmittel-Ind.

**kursorisch,** fortlaufend, nicht unterbrochen, hintereinander.

**Kurswagen,** Reisezugwagen der Eisenbahn, der zw. zwei bestimmten Punkten verkehrt, obwohl er nacheinander versch. Zügen angehängt wird.

**Kurswert,** aufgrund des Börsenkurses sich ergebender Wert für ein Wertpapier, im Ggs. zum *Nominal-* (Nenn-)Wert.

**Kurszettel,** *Kursblatt,* regelmäßig erscheinende, nach Wertpapierarten geordnete Liste der Börsenkurse.

**Kurtisane,** urspr. die Hofdame (männ. *Kurtisan,* Hofmann, Höfling), seit dem 16. Jh. eine vornehme, von der aristokrat. Gesellschaft anerkannte, manchmal selbst den Oberschichten entstammende Prostituierte.

**Kurve,** in der Math. jede Linie (auch die gerade). K.n, deren Punkte in einer Ebene liegen, heißen *ebene K.n,* sonst *Raum-K.n.* Eine ebene K. läßt sich durch eine Gleichung mit 2 Veränderlichen, eine Raum-K. durch 2 Gleichungen mit 3 Veränderlichen darstellen.

**Kurzarbeit,** Herabsetzung der Arbeitszeit unter das regelmäßige Maß bei gleichzeitiger Kürzung des Lohns; bedarf grundsätzl. einer Vereinbarung zw. Arbeitgeber u. Arbeitnehmern. Die Lohnminderung wird den Arbeitnehmern von den Arbeitsämtern teilw. ersetzt (*K.ergeld*).

**Kürzel,** *Sigel,* feststehende Buchstaben- oder Zeichenabkürzung für Wörter in der Kurzschrift.

**Kurzgeschichte,** kleine Erzählung, die ein in sich abgeschlossenes Erlebnis darstellt, oft zu einem unerwarteten Ergebnis führend; entwickelte sich unter angloamerik. Einfluß zur literar. Modeform der Gegenwart.

**Kurzschluß,** starke Widerstandsverminderung in einem elektr. Stromkreis; kann durch schadhafte elektr. Geräte oder Leitungen entstehen. Allzu starke elektr. Belastung u. damit Erhitzung wird durch *Sicherungen* verhindert.

**Kurzschrift,** *Stenographie,* zur Beschleunigung der Niederschrift erfundene Schrift aus Kurzzeichen für Laute, Lautgruppen, Silben u. Wörter; seit etwa 1600 in England in ihrer modernen Form als Wortzeichenschrift entwickelt (*geometr. K.,* Ende des 18. Jh. verbessert), durch F.X. *Gabelsberger* (1834) auf Handlichkeit u. Zügigkeit umgestellt (graph. oder kursives System); von F. *Schrey* 1924 zur *Einheits-K.* 

**Kurzsichtigkeit,** *Myopie,* mangelhafte Funktion des Auges, die auf einer Verlängerung der Augenachse oder auf zu starker Brechkraft der Linse beruht; dadurch vereinigen sich die von der Linse gebrochenen Strahlen bereits vor dem Auftreffen auf die Netzhaut. Auf kurze Entfernung ist das Sehen noch möglich, auf normale u. weitere Entfernung indes wird das Bild unklar. Ausgleich: durch Konkavgläser.

**Kurzwellen,** Radiowellen mit einer Wellenlänge von 10 bis 100 m. Längere elektromagnet. Wellen heißen *Mittelwellen,* kürzere *Ultra-K.* Während die längeren Wellen sich vorw. an der Erdoberfläche ausbreiten, werden die K. mit Richtstrahlern unter einem bestimmten Winkel in den Raum hinausgestrahlt, weil sie in 200–400 km Höhe von der Ionosphäre wie von einem Spiegel reflektiert werden u. so weite Strecken zurücklegen können; bes. geeignet für den Funkverkehr über große Entfernungen. Nachteilig ist, daß der Empfang nachts schlechter ist als tagsüber u. daß es um den Sender herum eine tote Zone gibt, in der nicht empfangen werden kann. – **K.therapie,** med. Durchwärmungsbehandlung mit *K.*

**Kuşadasi** [kuʃa-], Hauptort eines Fremdenverkehrsgebiets an der Ägäischen Küste in der Türkei, 14 000 Ew.; Hafen.

**Kusch,** das altägypt. *Nubien,* Land am mittleren Nil; von Hamiten (*Kuschiten*) bewohnt, schon in vorgeschichtl. Zeit von Ägypten stark beeinflußt. Um 850 v.Chr. gründete ein einheim. Fürstengeschlecht das Reich K. mit der Hptst. *Napata.* Es wurde so mächtig, daß es als 25. Dynastie (um 712–665 v.Chr.) über Ägypten herrschte; dehnte später seine Macht nach S über den Sudan aus.

**Kusch** [kuːʃ], Polykarp, *26.1.1911, US-amerik. Physiker; Arbeitsgebiete: Physik der Atome u. Moleküle, Atom- u. Molekularstrahlen; Nobelpreis 1955 zus. mit W.E. Lamb.

**Kuschiten,** fr. Osthamiten gen.; Sammelbez. für eine große Sprach- u. Völker-Fam. im NO Afrikas; heute nur noch wenige Stämme rein erhalten. Sie gehören hpts. der äthiopiden Rasse an.

**Kusel,** Krst. in Rhld.-Pf., nw. von Kaiserslautern, 5000 Ew.; Maschinenbau, Textil- u. Schuh-Ind., Brauereien.

**Kuskus,** *Couscous,* marokkan. u. tunes. Gericht aus gedünstetem, grobem Weizengrieß mit versch. Fleisch- u. Gemüsesorten u. einer scharfen Sauce.

**Küsnacht,** Villenvorort von Zürich, am N-Ufer des Zürichsees.

**Kusnezker Becken,** russ. Kurzwort *Kusbass,* Bergbau- u. Ind.-Gebiet (Kohlenbecken) der Sowj. in W-Sibirien; große Steinkohlenvorräte; Zentrum der sibir. Schwer-Ind. (Hütten-, Stahl- u. Walzwerke, chem. Betriebe).

**Küssnacht am Rigi,** Bez.-Stadt im schweiz. Kt. Schwyz, am *Küssnachter See* (Nordteil des Vierwaldstätter Sees), 8000 Ew.; bek. durch die *Geßlerburg* (Ruine) u. die *Hohle Gasse* (mit Tellskapelle, 1638) aus der Tell-Sage u. Schillers »Wilhelm Tell«.

**Küste,** *Gestade,* Berührungsraum zw. Land u. Meer. Man unterscheidet die *Flach-K.* (Flachland stößt ans Meer) mit Nehrungen, Strandseen, Lagunen, Haffs, Dünenzügen u. Strandversetzungen von der *Steil-K.* (Gebirge oder Flachland mit Steilabfall stoßen ans Meer) mit Kliff u. Brandungsplatte. Spezielle K.nformen sind: Fjord-, Förden-, Schären-, Bodden-, Delta-, Watten-, Rias-K.

**Küstengebirge,** mehrere Gebirgsketten an der pazif. Küste der USA u. Kanadas, *Coast Mountains* u. *Coast Ranges.*

**Küster,** *Glöckner, Mesner, Sakristan, Sigrist, Kirchendiener,* Angestellter einer Kirchen-Gem. für Glöckner- u. Helferdienste im Gottesdienst.

**Kustos,** *Kustode,* wiss. Angestellter oder Beamter an Museen, Sammlungen u. Bibliotheken.

**Küstrin,** poln. *Kostrzyn,* Stadt in Ostbrandenburg (Polen), nahe der Mündung der Warthe in die Oder, 14 000 Ew.; ehem. preuß. Festung.

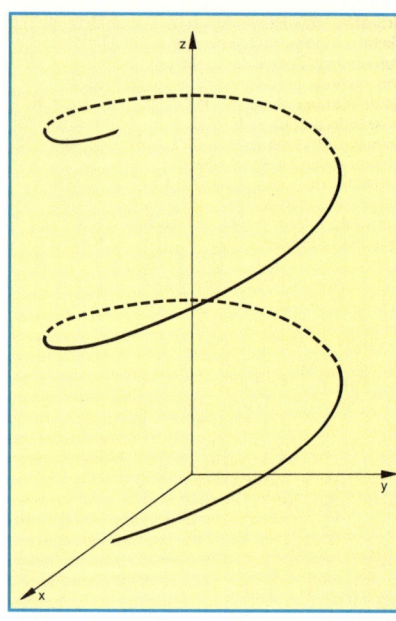

*Kurve:* Die Schraubenlinie ist eine dreidimensionale Kurve

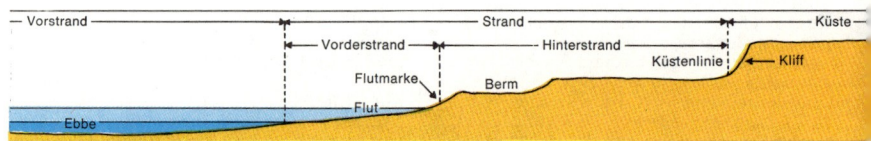

*Küste:* Gliederung der Küstenzone

**Kutikula,** *Cuticula,* bei bestimmten Tieren u. Pflanzen ein von den Zellen der Körperoberfläche (Epidermis, Hypodermis) ausgeschiedenes Häutchen aus organ. Material, das für Wasser u. Gase fast undurchlässig ist; besteht bei Pflanzen aus Korkstoff *(Kutin).* Bei Tieren besteht die K. aus Proteinen u. Polysacchariden u. bildet bei den Gliederfüßern das feste Außenskelett *(Panzer* der Krebstiere mit Kalk-Einlagerungen, *Chitin*-K. der Spinnentiere u. Insekten).
**Kutsche,** Pferdewagen zur Personenbeförderung, mit guter Federung.
**Kutte,** mit Kapuze u. Gürtel (Cingulum oder Strick) getragenes langes Mönchsgewand.
**Kutter, 1.** hochgetakelter Küstensegler mit einem Schonermast. – **2.** *Fisch*-K., kleines motorgetriebenes Fahrzeug für die Küstenfischerei. – **3.** Beiboot auf Kriegsschiffen.
**Kutusow** [-zɔf], *Golenischtschew*-K., Michail Illarionowitsch, Fürst *von Smolensk,* *1745, †1813, russ. Offizier; 1805 Kommandeur des unterlegenen russ.-östr. Heeres bei *Austerlitz;* nach der Schlacht bei *Borodino* zum Feldmarschall ernannt. Seine ausweichende u. abwartende Kriegführung in Winter 1812/13 rieb die Armee Napoleons I. auf.
**Kuvasz** [ˈkuvɔs], ung. kräftiger Hirtenhund mit langen weißen Haaren.
**Kuvert,** Briefumschlag.
**Kuvertüre,** *Couverture,* Schokoladenüberzug für Pralinen und Gebäck.
**Küvette,** kästchenartiges Glasgefäß mit planparallelen Seitenflächen; wird bei opt. Untersuchungen verwendet.
**Kuwait,** arab. Scheichtum am Pers. Golf, 17 818 km², 1,9 Mio. Ew. (Moslems), Hptst. *Kuwait.*

*Kuwait*

**Landesnatur:** Kies- u. Sandwüsten mit wenigen Oasen; an der Küste feuchtheiß, ansonsten Steppenklima.
**Wirtschaft.** Wichtigster Wirtschaftszweig ist die Erdölförderung. An Industrie gibt es Meerwasserentsalzungsanlagen sowie chem. u. Baustoff-Ind.; zahlr. Erdölraffinerien; Fischerei.
**Geschichte.** K. war 1899–1961 brit. Protektorat. 1961 wurde es unabh. K. ist ein erbl. Scheichtum. 1990 wurde K. von Irak annektiert. Emir *Jabir Al Ahmad Al Sabbah* floh nach Saudi-Arabien.
**Kux,** Beteiligung an einer *bergrechtlichen Gewerkschaft;* heute nur noch selten.
**Kuznets,** Simon, *1901, †1985, US-amerik. Wirtschaftswissenschaftler russ. Herkunft; befaßte sich mit Konjunkturforschung; Nobelpreis 1971.
**kV,** Kurzzeichen für *Kilovolt;* 1 kV = 1000 Volt; → Volt.
**KVAE,** Abk. für *K*onferenz über *V*ertrauensbildung und *A*brüstung in *E*uropa, aufgrund von Beschlüssen der KSZE ins Leben gerufene Konferenz, auf der vertrauens- u. sicherheitsbildende Maßnahmen (Austausch von Informationen über Truppenstationierungen u.a.) für Europa beraten werden; Verhandlungen 1984–86 in Stockholm; seit 1989 in Wien.
**Kvarner,** Bucht an der jugoslaw. Adriaküste, sö. der Halbinsel Istrien, mit den K. Inseln Cres, Krk, Lošinj, Pag, Rab u. Unije.
**KVO,** Abk. für *K*raftverkehrsordnung für den Güterfernverkehr mit Kraftfahrzeugen.
**Kwajalein** [ˈkwɔdʒəlɪn], Korallenatoll der pazif. Marshallinseln; US-amerik. Raketenbasis.
**Kwangju,** *Gwangju,* Prov.-Hptst. in Südkorea, 906 000 Ew.; zwei Univ.; chem. Ind.; Flughafen.
**Kwas,** russ. alkoholarmes Getränk, durch Vergären von Getreide oder Brot u. Zusatz von Malz hergestellt, meist mit Gewürzen verfeinert.
**Kwashiorkor,** *Polykarenz-Syndrom,* in den Ländern der Dritten Welt, bes. W-Afrika, außerordentl. häufige, schwere Ernährungsstörung der Kleinkinder, die auf einem chron. Mangel an vollwertigen Nahrungseiweiß u. an Vitaminen beruht.
**Kwazulu,** *Zululand,* Homeland der Zulu in der Prov. Natal u. Transvaal (Rep. Südafrika), 29 Gebietsteile mit 31 443 km², 7 Mio. Ew.; Hptst. *Ulundi.* Innere Selbstverwaltung seit 1.2.1977.

*Kuwait: Diese drei Türme sind das Wahrzeichen des Landes; im höchsten ist ein Restaurant untergebracht, während die beiden anderen zum Zwecke der Elektrizitäts- bzw. Wasserversorgung errichtet worden sind*

**kWh,** Kurzzeichen für *K*ilo*w*att*h*unde.
**Kybele** [auch ˈky-], eine kleinasiat. Naturgottheit der grch.-röm. Religion, in Wäldern u. Bergen verehrt, der *Rhea* als All-Mutter gleichgesetzt. Der K.-Kult äußerte sich in wilden, ekstat. Festen.
**Kyber,** Manfred, *1880, †1933, dt. Schriftst.; trat für Tierschutz u. Pazifismus ein.
**Kybernetik,** 1948 von N. *Wiener* eingeführter zusammenfassender Begriff für einen interdisziplinären Wissenschaftszweig, der die Gesetzmäßigkeiten, wie sie bei den Regel- u. Steuerungsvorgängen in der Technik auftreten, in Beziehung setzt zu ähnl. Vorgängen in Medizin, Biol. u. Soziologie.
**Kyffhäuser,** nordthüring. Bergrücken in der südl. *Goldenen Aue,* im *Kulpenberg* 477 m; reich an Höhlen (Barbarossa-Höhle). 1896 wurde das K.denkmal eingeweiht (mit den Figuren Barbarossas u. Wilhelms I.).
**Kykladen,** grch. Inselgruppe im Ägäischen Meer, Hauptort *Hermoupolis* auf Syros; schroffe Berge, wasserarm; bed. Fremdenverkehr.
**Kyklopen,** *Zyklopen,* in der grch. Sage ein Volk von Riesen mit nur einem Auge auf der Stirn. Der bekannteste unter ihnen ist *Polyphemos,* der die Gefährten des Odysseus fraß.
**kyklopische Mauern** [ben. nach den *Kyklopen*], Bez. für die Festungsmauern der myken. Burgen: Große, unbehauene Steinblöcke sind ohne Bindemittel aufeinandergefügt, die Lücken mit kleinen Steinen ausgefüllt.
**Kyll,** *Kill,* l. Nbfl. der Mosel, 142 km; mündet nordöstl. von Trier.
**Kyma,** *Kymation,* verzierte Gesimsleiste an grch. u. röm. Bauwerken.
**Kymren,** *Cymry,* die *Kelten* in Wales, mit eig. Sprache, Lit. u. bis heute bewahrtem Volkstum.
**Kynast,** poln. *Chojnik,* nördl. Vorberg des Riesengebirges, sw. von Hirschberg, 627 m.
**Kyniker,** von den Sokratesschüler *Antisthenes* begr. grch. Philosophenschule, die nur die Tugend der Selbstgenügsamkeit als gut anerkannte. Die Verachtung aller anderen Tugenden u. kulturellen Werte kennzeichnet ihre Weltanschauung, den Kynismus (→ Zynismus).
**Kyoto,** *Kioto,* fr. *Mijako, Miyako,* jap. Präfektur-Hptst. im südl. Honshu, nordöstl. von Osaka, am Kamofluß, 1,4 Mio. Ew.; altes Kulturzentrum, Krönungsstadt Japans, buddhist. Mittelpunkt: Klöster, Schinto-Schreine, Tempel (u.a. »Goldener Pavillon«), Paläste mit ber. Landschaftsgärten;

Kaiserl. Univ. (gegr. 1897); Kunstgewerbe, Seidenweberei, Porzellanherstellung, Textil-, Metall-, Elektro-, Glas- u. chem. Ind.; Fremdenverkehr; Verkehrsknotenpunkt. – **Gesch.:** 794 als *Heiankyo* Hptst. des jap. Reichs; bis 1868 Sitz der Regierung u. Mittelpunkt des kulturellen u. religiösen Lebens in Japan.
**Kyphose,** *Buckel, Rundbuckel,* Ausbiegung (Verkrümmung) der Wirbelsäule nach hinten. – **Kyphoskoliose,** Verkrümmung der Wirbelsäule gleichzeitig nach hinten u. zur Seite.
**Kyprianou,** Spyros, *28.10.1932, zypr. Politiker; 1977–88 Staats-Präs.
**Kyrene,** *Cyrene,* altgrch. Stadt in N-Afrika, Hptst. der *Cyrenaica;* unter dem Königsgeschlecht der *Battiaden* (7.–5. Jh. v.Chr.) bed. Handelsstadt, während des Judenaufstands 114 n. Chr. verwüstet, unter *Traian* u. *Hadrian* wieder aufgebaut.
**Kyrie eleison,** »Herr, erbarme Dich«, seit dem 6. Jh. am Anfang der christl. Gottesdienste stehender grch. Bittruf.
**kyrillische Schrift,** *Kyrilliza,* aus der grch. Majuskel entwickeltes Alphabet des ältesten kirchenslaw. Schrifttums, den Slawenaposteln *Kyrillos* u. *Methodios* zugeschrieben; in der UdSSR (außer Grusinien, Armenien, Litauen, Lettland u. Estland), in Bulgarien, Serbien u. der Mongol. VR in vereinfachter Form bis heute Gebrauchsschrift.
**Kyrillos und Methodios,** grch. Bruderpaar aus Saloniki: *Kyrill(os),* eigtl. *Konstantin,* *826/27, †869; *Method(ios),* *um 815, †885. Sie schufen slaw. Völkern durch Übers. aus dem Griechischen eine eig. slaw. Literatur u. führten die Organisation der Kirche im Großmähr. Reich durch. – Heilige (Fest: 14.2.).
**Kyros,** lat. *Cyrus,* altpers. *Kurusch,* altpers. Könige aus dem Geschlecht der *Achämeniden:*
**K. II.,** *K. d. Gr.,* regierte 559–530 v. Chr.; begr. die Vormachtstellung der Perser im Vorderen Orient; unterwarf Medien; eroberte 546 v.Chr. Lydien u. kurz darauf das übrige Kleinasien.
**Kysylkum** [»rote Wüste«], Sandwüste im sowj. Mittelasien, zwischen Amudarja u. Syrdarja, 300 000 km²; in den Flußtälern Bewässerungsfeldbau (Baumwolle, Reis, Weizen); Erdöl-, Erdgas-, Blei- u. Goldvorkommen.
**Kythera,** *Kythira,* grch. Insel südl. des Peloponnes, 278 km², 5400 Ew.; Hauptort *K.;* höhlenreiches Plateau mit Steilküsten; Wein-, Oliven- u. Getreideanbau.
**Kyu,** die untersten Grade im Judosport.
**Kyudo,** jap. zeremonielle Form des Bogenschießens.
**Kyushu,** *Kiuschiu,* südlichste u. drittgrößte der japanischen Hauptinseln, gegenüber von Korea, 41 971 km², 13,3 Mio. Ew.; mit tätigen Vulkanen (*Aso* u.a.) u. zahlr. heißen Quellen; im N eines der größten Ind.-Gebiete Japans.
**KZ,** Abk. für *K*onzentrations*l*ager.

*Kykladen-Kultur: Idolfigur einer Göttin mit zwei Trägern; um 2700 v.Chr. Karlsruhe, Badisches Landesmuseum*

# L

**l, L,** 12. Buchstabe des dt. Alphabets; entspr. dem grch. *Lambda*.
**l,** Kurzzeichen für *Liter*.
**L,** röm. Zahlzeichen, = 50.
**L-,** *Chemie:* Kurzzeichen für *linksdrehend;* Zusatzbez. für opt. aktive Verbindungen, die die gleiche Konfiguration wie die linksdrehende L-Weinsäure haben. Ggs.: *D-*.
**La,** chem. Zeichen für *Lanthan*.
**La.,** Abk. für Louisiana.
**Laacher See,** das größte Maar der Eifel, nw. von Koblenz, 3,3 km², bis 53 m tief; am Ufer die Abtei *Maria Laach*.
**Laasphe** ['laːsfə], Stadt in NRW, an der Lahn, 14 000 Ew.; Kneipp-Heilbad.
**Laatzen,** Stadt in Nds., an der Leine, 37 000 Ew.; Gelände der *Hannover-Messe*.
**Lab,** Enzym im Magen des Kalbs u. des Schafs; bringt das Kasein der Milch zum Gerinnen.
**Labadie,** Jean de, *1610, †1674, frz. Theologe; wollte das Urchristentum wiederherstellen. Seine Anhänger (**Labadisten**) lebten in Gütergemeinschaft den urchristl. Gemeinden nach.
**Laban,** im AT Schwiegervater Jakobs, Vater von Lea u. Rahel.
**Laban,** Rudolf von, *1879, †1958, ung. Tänzer, Tanzpädagoge u. -theoretiker; schuf unter Ablehnung des klass. Balletts den *Ausdruckstanz*.
**Labarum,** kaiserl. Heerfahne der spätröm. Zeit.
**La Baule-Escoublac** [laˈboːlɛskuˈblak], frz. Stadt u. Seebad in der Bretagne, 15 000 Ew.; Fremdenverkehr.
**Labdakos,** in der grch. Sage Vater des Laios, Großvater des *Ödipus*.
**Labdanum,** Gummiharz von Bäumen der Zistrosengewächse; in der Parfümerie verwendet.
**Labé,** Louise, gen. »Die schöne Seilerin«, *um 1525, †1566, frz. Dichterin; berühmt durch ihre leidenschaftl. Liebessonette.
**Label** ['leɪbəl], Etikett, Firmenname auf dem Etikett (bes. bei Schallplatten); in den USA eine Kennzeichnung (Marke) für Waren, die unter vorbildl. Lohn- u. Arbeitsbedingungen hergestellt worden sind.
**Labenwolf,** Pankraz, *1492, †1563, dt. Erzgießer (Püttenbrunnen am Nürnberger Rathaus).
**Labeo,** Marcus Antistius, *vor 42 v.Chr., †nach 22 n.Chr., röm. Jurist; Vorbild der Rechtsschule der nach seinem Schüler *Proculus* benannten *Proculianer*.
**Laberdan,** eingepökelter Dorsch.
**Labial,** durch Zusammenpressen von Ober- u. Unterlippe gebildeter Laut: p, b, m; mit Unterlippe u. oberen Schneidezähnen gebildet: f, w.
**Labialpfeife,** *Lippenpfeife,* eine Orgelpfeife, bei der der Ton durch Schwingung einer Luftsäule erzeugt wird.
**Labiaten,** Lippenblütler, → Pflanzen.

**Labiche** [-ˈbiʃ], Eugène, *1815, †1888, frz. Schriftst.; schrieb zahlr. Possen.
**labil,** schwächlich (Gesundheit); leicht beeinflußbar, schwankend (Charakter).
**Labilität, 1.** leichte Wandelbarkeit, Beeinflußbarkeit, Anfälligkeit. – **2.** Zustand einer Luftschicht, wenn die Abnahme der Temperatur mit der Höhe größer als 1 °C für 100 m ist.
**Labkraut,** *Galium,* Gatt. der *Rötegewächse,* weiß oder gelb blühend; hierzu auch der *Waldmeister*.
**Labmagen,** Magen der Wiederkäuer.
**Laboe,** Gem. in Schl.-Ho., Ostseebad an der Kieler Förde, 4000 Ew.; Marine-Ehrenmal.
**Labor,** Kurzwort für *Laboratorium.* Arbeitsraum für die experimentelle Durchführung wiss. oder techn. Untersuchungen u. Arbeiten, z.B. chem., physik., biol., med.-techn., photograph. L. – **L.ant,** Gehilfe im L., auch Apothekergehilfe.
**Labortiere,** Tiere, die durch leichte Haltung u. schnelle Vermehrung für wiss. Versuche, insbes. für die Erprobung neuer Heilmittel, sehr geeignet sind; z.B. weiße Mäuse u. Ratten.
**Labour Party** ['leɪbə 'pɑːti], »Arbeitspartei«, Abk. *LP,* brit. polit. Partei, hervorgegangen aus dem 1900 hpts. von den Gewerkschaften zur Vertretung wirtschaftl.-soz. Interessen der Arbeiter im Parlament gegr. *Labour Representation Committee.* Sie verdrängte nach dem 1. Weltkrieg allmähl. die liberale Partei aus ihrer Rolle im Zweiparteiensystem. Ihrem Selbstverständnis nach ist die LP nicht marxist.-sozialist., vielmehr bestimmen Begriffe wie *soz. Sicherheit* oder *Fortschritt* u. *Modernisierung* den geistigen Standort der Partei.
**Labrador,** nordamerik. Halbinsel zw. Hudsonbai u. L.see, Kanada, rd. 1,5 Mio. km², 50 000 Ew. (darunter Eskimo u. Indianer); kaltgemäßigtes subarkt. Klima; waldreich. – **L.becken,** Meeresbecken östl. der Halbinsel L., bis 4459 m tief. – **L.see,** Randmeer des Nordatlant. Ozeans, über 4000 m tief; reiche Fischvorkommen entlang der Schelfgebiete von Grönland u. L.; im Winter stark vereist. – **L.strom,** klimat. bed. kalte Meeresströmung vor der nordamerik. Ostküste, fließt nach S.
**La Bruchollerie** [-bryʃɔlˈri], Monique de, *1915, †1972, frz. Pianistin.
**La Bruyère** [-bryˈjɛːr], Jean de, *1645, †1696, frz. Schriftst.; W »Die Charaktere«.
**Labskaus,** Hamburger Seemannsgericht aus Ochsenpökelfleisch, Kartoffelmus u. Matjes.
**Labyrinth, 1.** ein Gebäude oder Garten (Irrgarten) mit unübersichtl. Gängen u. Wegen; für die Griechen der Palast von *Knossos* auf Kreta, Behausung des *Minotauros*. – **2.** → Ohr.
**Labyrinthfische,** *Kletterfische,* Unterordnung der *Barschfische* in Afrika u. im wärmeren Asien. Namengebend ist das Luft-Atemorgan, *Labyrinth,* das als stark durchblutetes Schleimhautorgan über dem 1. Kiemenbogen liegt.

**Lacalle** [laˈkalje], Luis Alberto, *13.7.1941, uruguay. Politiker (Nationale Partei); seit 1990 Staats-Präs.
**La Chaux-de-Fonds** [-ʃodˈfɔ̃], schweizer. Bez.-Stadt im Kt. Neuenburg, 991 m ü.M., 36 000 Ew.; Uhrenind.
**Lachenmann,** Helmut, *27.11.1935, dt. Komponist; studierte bei L. *Nono;* vielfach mit Geräuschen durchsetzte Musik.
**Lachesis,** eine der drei grch. Schicksalsgöttinnen, teilt das Lebenslos zu.
**Lachgas,** *Rauschgas,* Distickstoffmonoxid ($N_2O$), schnelle, relativ schwache Narkosewirkung.
**Lachkrampf,** triebhaftes, unmotiviertes, schwer unterdrückbares Lachen, das anfallsweise auftreten kann.
**Lachmann,** Karl, *1793, †1851, dt. Germanist; begr. die philolog. Textkritik u. besorgte Ausgaben der mhd. Klassiker (Nibelungenlied).
**Lachmöwe,** 40 cm große *Möwe,* an den Küsten u. im Binnenland Eurasiens; benannt nach der Vorliebe für lachenartige Binnengewässer als Brutplätze.
**Lachs,** *Salm,* bis 1,5 m langer u. bis über 35 kg schwerer Raubfisch der nord. Meere. Er laicht auf Kiesgrund in Fließgewässern. Die Jungfische leben 1–5 Jahre im Süßwasser u. ziehen dann ins Meer. Die Rückwanderung der L. (oft mehrere tausend km) zu den Laichplätzen führt sie in die Flüsse, in denen sie aufgewachsen sind.
**Lachsschinken,** zart geräucherter Schweineschinken, nach Form u. Farbe geräucherten Lachsscheiben ähnlich.
**Lacke,** zur Oberflächenveredelung oder zum Oberflächenschutz verwendete Lösungen aus Harzen, Kunstharzen oder Cellulosederivaten in geeigneten Lösungsmitteln (Terpentin- oder Leinöl, Benzin, Alkohole, Ester), die mit Farbstoffen versetzt sein können (**Lackfarben**).
**lackieren,** mit *Lack* überziehen.
**Lackkunst,** die künstler. Oberflächenbehandlung von Möbeln u.a. Gegenständen mit dem gefärbten Saft des *Lackbaums,* ergänzt durch dekorative Einzeichnungen, Verwendung von Gold- u. Silberstaub, Einlagen von Perlmutt u.a.; in China seit

*Labyrinthformen*

Ende des 2. Jt. v.Chr. entwickelt; im europ. Rokoko vielfach nachgeahmt.
**Lackmus,** Farbstoff der Flechte *Roccella fuciformis;* Indikator in der Chemie: färbt sich mit Säuren rot, mit Basen blau; als Indikator durch synthet. Farbstoffe ersetzt. – **L.papier,** mit L.tinktur getränkter Filtrierpapierstreifen.
**Lackschildläuse,** S-asiat. *Schildläuse,* die aus Hautdrüsen *Schellack* ausscheiden; 300 000 L. erzeugen 1 kg Schellack.
**Lackschuh,** Schuh aus mit Lack überzogenem, glänzendem Leder.
**Laclos** [-ˈklo], Pierre Ambroise François *Choderlos de,* *1741, †1803, frz. Schriftst.; schrieb einen Briefroman über die Sittenverderbnis seiner Zeit: »Die gefährl. Liebschaften«.
**La Condamine** [lakɔ̃daˈmiːn], die Neustadt (19. Jh.) von *Monaco;* terrassenförmig über dem Hafen gelegen.
**La Condamine** [lakɔ̃daˈmiːn], Charles-Marie de, *1701, †1774, frz. Mathematiker u. Forschungs-

*Labor für medizinische Untersuchungen*

*Lachmöwe auf dem Nest*

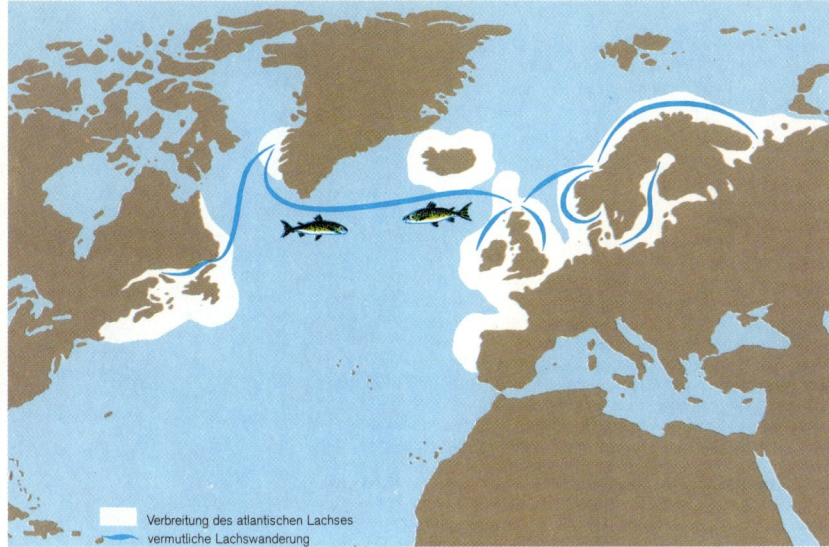

*Lachs: Verbreitung und Wanderungen*

reisender; zeichnete die 1. genaue Karte des Amazonas, schuf die Voraussetzung zur Berechnung der Erdmaße.
**La Corniche** [la kɔr'niːʃ], ital. *Cirnice,* die Küstenstraße der westl. Riviera, von Nizza nach Menton.
**La Coruña** [-'runja], NW-span. Hafenstadt in Galicien, 239 000 Ew.; Sardinenfischerei, Schiff- u. Maschinenbau.
**La Cour** [-'kuːr], Paul de, *1902, †1956, dän. Schriftst.; (von der frz. Lyrik beeinflußte Gedichte).
**Lacq** [lak], SW-frz. Gem. nw. von Pau, 700 Ew.; große Erdgasvorkommen.
**Lacretelle** [lakrə'tɛl], Jacques de, *1888, †1985, frz. Schriftst.; pessimist., scharfsinnige Romane.
**Lacrima Christi,** dunkler, sherryähnl. Málagawein.
**Lacrosse** [la'krɔs], dem Hockey u. Tennis verwandtes Ballspiel; in Nordamerika, England u. Frankreich verbreitet.
**Lactanz,** *Lactantius,* Lucius Caecilius Firmianus, *um 250, †um 320, lat. Kirchenschriftst. aus N-Afrika; schrieb ein Lehrbuch der christl. Religion.
**Lactase,** *β-Galactosidase,* ein im Darmsaft enthaltenes Enzym, das Lactose in Galactose u. Glucose spaltet.

**Lactate,** Salze der Milchsäure; Glycerinersatz.
**Lactose** → Milchzucker.
**Lada,** Josef, *1887, †1957, tschech. Zeichner u. Schriftst.; Illustrationen zum »Schwejk«-Roman von J. Hašek.
**Ladakh,** Gebirgslandschaft (4000–6000 m ü.M.) am oberen Indus in Kaschmir, Hptst. *Leh.*
**Ladegerät,** *Ladeaggregat,* Gerät zum Aufladen von *Akkumulatoren;* im wesentl. ein Gleichrichter zur Erzeugung von Gleichstrom aus Netzstrom.
**Ladenburg,** Stadt in Ba.-Wü., am Neckar, 11 000 Ew.; mittelalterl. Stadtbild; elektrotechn. Ind.
**Ladenhüter,** umgangssprachl. Bez. für schwer verkäufl. Waren.
**Ladenkette,** mehrere gleichartige, durch eine Verw. miteinander verbundene Läden.
**Ladenpreis,** der Endverkaufspreis von Waren, vom Einzelhändler berechnet; kann auch durch Produzenten (Hersteller) festgelegt sein, z.B. bei Markenartikeln oder Büchern.
**Ladenschlußgesetz,** *Gesetz über den Ladenschluß,* die gesetzl. Regelung der Öffnungszeiten für Verkaufsstellen (Ladengeschäfte aller Art, Kioske u.a.). Ausgenommen sind z.B. Apotheken u. Tankstellen, Verkaufsstellen auf Bahnhöfen u. Flughäfen; geändert durch Ges. über Dienstleistungsabend 1989.
**Ladhaqiye** [-'kiːjə] → Ladiqiyah.
**Ladiner,** rätoroman. Volksteile Südtirols.
**Ladinisch** → rätoromanische Sprache.
**Ladino,** auf dem Balkan, in Kleinasien, Israel u. Nordafrika von einem Teil der jüd. Bevölkerung gesprochener Dialekt des Span., den die Juden nach ihrer Vertreibung aus Spanien (1492) beibehalten hatten.
**Ladino,** Mischling zw. Europäer u. Indianer im südl. Mexiko.
**Ladipo,** Duro, *18.12.1931, nigerian. Schriftst. u. Regisseur.
**Ladiqiyah,** *Ladhaqiye,* frz. *Lattaquié,* wichtigster Hafen Syriens an der Mittelmeerküste, 241 000 Ew.; Univ.; Flughafen.
**Ladogasee,** größter europ. Süßwassersee, nordöstl. von Leningrad, 17 700 km², bis 225 m tief.
**La Dôle** [la'doːl], Bergzug im Waadtländ. Jura, an der schweiz.-frz. Grenze, 1677 m.
**Ladung, 1.** die → elektr. Ladung; *spezifische L.,* die L. eines Teilchens dividiert durch seine Masse. – **2.** die Aufforderung, vor Gericht zu erscheinen. – **3.** das in den Patronen u. Kartuschen der Feuerwaffen befindl. Treibmittel (*Treib-L., Pulver*), das dem Geschoß die Anfangsgeschwindigkeit gibt.
**Lady** ['leɪdi], **1.** engl. Adelstitel: Gattin eines Peers, Baronets oder Knights, entspr. dem *Lord.* – **2.** allg. engl. Bez. für *Dame* (entspr. *Gentleman* für *Herr*).
**Lae,** Distrikt-Hptst., Hafenstadt u. Handelsplatz in Papua-Neuguinea, am Huongolf, 75 000 Ew.
**Laer** [laːr], Pieter van, *1582, †1642, ndl. Maler; gen. *Bamboccio* [»Krüppel«]; malte realist.-groteske Darst. des Volkslebens.
**Laertes,** bei *Homer* Vater des *Odysseus.*

*Ladakh: Straße nach Leh*

**Laetare** [ɛ-; lat., »freue dich«], 3. Sonntag vor Ostern.
**Lafargue** [-'farg], Paul, *1842, †1911, frz. Sozialist, Schüler u. Schwiegersohn von K. *Marx;* führend in der radikalen frz. Arbeiterbewegung.
**La Fayette** [lafa'jɛt], **1.** *Lafayette Marie Joseph Motier,* Marquis de, *1757, †1834, frz. Offizier u. Politiker; kämpfte als General seit 1777 im nordamerik. Unabhängigkeitskrieg gegen die Engländer; seit dem Bastille-Sturm Befehlshaber der Pariser Nationalgarde. – **2.** *Marie-Madeleine* Comtesse de, *1634, †1693, frz. Schriftst.; Freundin F. de *La Rochefoucaulds;* psycholog. Roman »Die Prinzessin von Kleve«.
**Lafette,** Untergestell eines Geschützes.
**Lafontaine** [lafɔ̃'tɛn], Oskar, *16.9.1943, dt. Politiker (SPD); 1976–85 Oberbürgermeister von Saarbrücken, seit 1985 Min.-Präs. des Saarlandes, 1990 Kanzlerkandidat der SPD.
**La Fontaine** [lafɔ̃'tɛn], **1.** Henri, *1854, †1943, belg. Völkerrechtslehrer; Friedensnobelpreis 1913. – **2.** Jean de, *1621, †1695, frz. Schriftst.; verfaßte u.a. in 12 Büchern Fabeln mit Stoffen aus der Weltliteratur; zeichnete ein oft iron. gefärbtes Bild der Gesellschaft.
**Laforet,** Carmen, *6.9.1921, span. Schriftst.; realist. Roman »Nada«.
**Laforgue** [la'fɔrg], Jules, *1860, †1887, frz. Schriftst.; antibürgerl. Lyrik.
**La Fosse** [la'fɔs], Charles de, *1636, †1716, frz. Maler (mytholog. Wand- u. Deckenmalereien).
**Lag,** *Wirtsch.:* die zeitl. Spanne, nach deren Ablauf erst mit Wirkungen von Veränderungen ökonom. Größen zu rechnen ist.

*Lager: Kugellager, Rollenlager, Nadellager (von vorn nach hinten)*

**Lagarde** [la'gard], Paul Anton de, eigtl. P. A. *Bötticher,* *1827, †1891, dt. Orientalist u. Kulturphilosoph; vertrat einen antisemit. gefärbten Nationalismus.
**Lagasch,** sumer. Stadt, das heutige *Tello,* 100 km sö. von Kut Al-Amara (Irak); bed. durch die altsumer. Dynastie von L., begr. von *Urnanse* (um 2500 v. Chr.).
**Lage, 1.** der Bereich einer Stimme, die → Stimmlage; **2.** bei Streichinstrumenten die Stellung der linken Hand auf dem Griffbrett, z.B. 1., 2., 3. L.; **3.** in Harmonielehre der Abstand der Töne eines Akkords (enge oder weite L.).
**Lage,** Stadt in NRW, an der Werre, 32 000 Ew.; versch. Ind.
**Lagebericht,** Teil des Geschäftsberichts einer AG.
**Lagenschwimmen,** Wettbewerb beim Schwimmen: eine Verbindung von 4 Schwimmarten in der Reihenfolge *Delphin – Rücken – Brust – Kraul.*
**Lager, 1.** Liege- u. Schlafgelegenheit; Stätte für Schulung (Schulungs-L.); Massenunterkunft für Flüchtlinge (Flüchtlings-L.), Internierungsstätte für Kriegsgefangene (Gefangenen-L.). – **2.** Vorratsraum für Waren. – **3.** Bauteil, der die Lasten von Tragwerken (Balken, Trägern) aufnimmt; auch zur Aufnahme u. Führung von schwingenden u. sich drehenden Maschinenteilen dienender Maschinenteil (Gleit-, Kugel-L.).
**Lagerbier,** helles, leichtes, untergäriges Vollbier.
**Lagergeschäft,** das gewerbsmäßige Lagern u. Aufbewahren von lagerfähigen Gütern (außer Geld u. Wertpapieren) gegen Entgelt (*Lagergeld*) durch *Lagerhalter;* gesetzl. geregelt.

*Lahore: Badschahi-Moschee*

**Lagerkvist,** Pär, *1891, †1974, schwedischer Schriftst.; suchte in der Nachfolge A. *Strindbergs* in seinen Werken die Überwindung der menschl. Verzweiflung u. Lebensangst; Roman »Barrabas«. Nobelpreis 1951.

**Lagerlöf,** Selma, *1858, †1940, schwedische Schriftst.; erzählte Stoffe aus heimatl. Sagen u. Märchen; W »Gösta Berling«, »Wunderbare Reise des kleinen Nils Holgersson mit den Wildgänsen«. Nobelpreis 1909.

**Lagermetalle,** Metall-Legierungen zur Herstellung von Lagern bewegter Maschinenteile. Sie bestehen aus Kupferlegierungen oder Weißmetallen (weiche Grundmetalle, dadurch geringe Reibung).

**Lagerpflanzen,** → Thalluspflanzen.

**Lagerstätten,** natürl. Anreicherung von Mineralien u. Gesteinen in der Erdkruste, deren Abbau volkswirtschaftl. Nutzen bringt oder bringen kann, z.B. Erz-L., Erdöl- u. Erdgas-L.

**Lago Maggiore** [-ma'dʒo:re], dt. *Langensee*, oberital. Alpenrandsee, an der schweiz. Grenze, 212 km², 65 km lang, bis 372 m tief; vom *Tessin* durchflossen; im Westzipfel die *Borromäischen Inseln*; Fremdenverkehr.

**La Gomera,** eine der span. Kanar. Inseln, westl. von Teneriffa, 378 km², 18 000 Ew.; Hauptort u. Hafen *San Sebastián de la Gomera*.

**Lagos, 1.** Hptst. u. Haupthafen von Nigeria, westl. des Niger-Deltas, 1,1 Mio. Ew.; kath. Erzbischofssitz; Univ.; Flughafen. – **2.** ['laguʃ], Stadt an der Südküste Portugals, 13 000 Ew.; Fremdenverkehr; einst ein wichtiger Seehafen, der durch das Erdbeben von 1755 zerstört wurde; Ausgangspunkt der Entdeckungsreisen des 15./16. Jh.

**La Grande Motte** [lagrɑ̃d'mɔt], frz. Fremdenverkehrsort am Mittelmeer; Jachthafen.

**Lagrange** [-'grɑ̃:ʒ], Joseph-Louis Comte de, *1736, †1813, frz. Mathematiker u. Astronom; begr. die Variationsrechnung; Arbeiten über theoret. Astronomie.

**Lagting,** das norw. Oberhaus, bestehend aus einem Viertel der Abgeordneten des *Storting*.

**La Guaira,** Haupthafen Venezuelas, an der karib. Küste, 38 000 Ew.

**Laguerre** [-'gɛ:r], Edmond-Nicolas, *1834, †1886, frz. Mathematiker; Mitbegr. der modernen Geometrie.

**Lagune,** durch eine halbinselförmige Landzunge (*Nehrung, Lido*) oder durch eine Reihe von Inseln nicht ganz vom Meer getrennte flache Bucht (mit Brackwasser); auch die Wasserfläche im Atoll.

**Lähmung,** durch Schädigung der Nerven bedingte Aufhebung der Muskelbeweglichkeit (*motorische L.*) oder der Gefühlsempfindungen (*sensible L.*). Man unterscheidet die *schlaffe L.*, die zur Aufhebung jegl. Beweglichkeit eines Muskels führt, u. die *spastische L.*, die durch Verkrampfung der Muskeln eine unbehinderte Bewegung unmögl. macht.

**Lahn,** *Plätte*, feine plattgewalzte Metalldrähte.

**Lahn,** r. Nbfl. des Rhein, 245 km.

**Lahnstein,** Stadt in Rhld.-Pf., an der Mündung der Lahn in den Rhein, 18 000 Ew.; Luftkurort; Burg *Lahneck*.

**Lahnstein,** Manfred, *20.12.1937, dt. Politiker (SPD) u. Manager; 1980–82 Chef des Bundeskanzleramts; April-Okt. 1982 Bundes-Min. der Finanzen; seit 1983 im Vorstand der Bertelsmann AG.

**Lahore** [engl. lə'hɔ:], Hptst. der pakistan. Prov. Punjab, an der Ravi, 3,2 Mio. Ew.; Univ.; Eisen-, Textil-, Teppich-Ind.; Flughafen. – 11./12. Jh. Hptst. unter den Ghasnawiden u. Ghoriden, im 16.–18. Jh. Mogul-Residenz.

**Lahr/Schwarzwald,** Krst. in Ba.-Wü., am Rand des Schwarzwalds, 35 000 Ew.; Elektro- u. feinmechan. Ind., Weinanbau.

**Lahti** ['laxti], südfinnische Stadt am Vesijärvi, 94 000 Ew.; Wintersport.

**Lai** [lɛ], ein altfrz. oder provençal. episches Lied mit Wechsel zw. gesungener u. gesprochener Strophe; mit Harfenbegleitung vorgetragen.

**Laibach** → Ljubljana.

**Laible,** Otto, *1898, †1962, dt. Maler; Malerei mit konstruktiven Tendenzen.

**Laich,** die ins Wasser abgelegten, von einer Schleim- oder Gallerthülle umgebenen Eier der Weichtiere, Fische u. Lurche.

**Laichingen,** ba.-wü. Stadt in der Schwäb. Alb, 8000 Ew.; Höhlenmuseum.

**Laichkraut,** Wasserpflanzen mit im Schlamm kriechenden Grundachsen; gern von Fischen zum Laichen aufgesucht.

**Laichkrautgewächse** → Pflanzen.

**Laichwanderungen,** die Wanderungen von Fischen zu den Laichplätzen (Eiablageplätzen); nur bei Arten, die sich im Lauf ihrer Entwicklung von diesen Plätzen entfernt haben, z.B. Lachs u. Aal.

**Laie, 1.** Nichtfachmann. – **2.** jemand, der kein geistl. Amt innehat. Trennung von Klerus u. L. ist ein Grundsatz der kath. Kirchenverfassung.

**Laienapostolat,** in der kath. Kirche die Verpflichtung des Laien zum selbstverantwortl. apostol. Wirken in seinem eigenen Bereich, um an der Sendung der Kirche mitzuarbeiten.

**Laienbrüder,** Laien, die einem geistl. Orden beitreten u. die gewerbl. Aufgaben der Klöster erfüllen; entspr. *Laienschwestern*.

**Laieninvestitur,** die Einsetzung eines Geistl. in sein Amt durch einen weltl. Herrscher; → Investiturstreit.

**Laienkelch,** die Austeilung des konsekrierten Weins an die Laien beim *Abendmahl;* seit etwa dem 12. Jh. in der röm.-kath. Kirche nicht mehr geübt, nach dem 2. Vatikan. Konzil in bes. Fällen wieder eingeführt.

**Laienrichter,** ehrenamtl., nicht rechtsgelehrte Richter, die wegen bes. Sachkunde (Handelsrichter oder bei Arbeits- u. Sozialgerichten) oder als Schöffen an der Rechtsprechung mitwirken.

**Laienspiegel,** ein das Privat-, Straf- u. Prozeßrecht umfassendes Rechtsbuch von Ulrich *Tengler,* gedruckt 1509 in Augsburg.

**Laienspiel,** von nicht berufsmäßigen Schauspielern ausgeübtes Theater. Frühe L. waren die *Mysterienspiele* des MA.

**Laientheologie,** die von u. für Laien (im kath.-kirchl. Sinn) erarbeitete Theologie.

**Laing** [læn], Ronald David, *1927, †1989, engl. Psychoanalytiker u. Philosoph; Hauptvertreter der sog. Antipsychiatrie. W »Das geteilte Selbst«, »Die Politik der Familie«.

**Laios,** myth. König von Theben, Vater des → Ödipus.

**Laisierung** [la:i-], die Rückversetzung von Klerikern in den Laienstand.

**laissez faire,** *laissez aller, laissez passer* [lɛsɛ'fɛ:r, -a'le, -pa'se; frz.; »laßt geschehen, laßt gehen«], Grundsatz der Physiokratie u. bes. des Liberalismus, der das Nichteingreifen des Staates in die Wirtschaft forderte.

**Laizismus** [la:i-], eine Bewegung, die sich gegen jeden Einfluß des Klerus auf Staat, Kultur u. Erziehung wendet u. die Kirchen in den rein sakralen Bereich zurückdrängen will.

**Lajos** ['lɔjoʃ], ung. für → Ludwig.

**Lajtha** ['lɔitɔ], László, *1892, †1963, ung. Komponist u. Volksmusik-Forscher.

**Lakai,** fürstl. od. herrschaftl. Diener; unterwürfiger oder kriecher. Mensch.

**Lake,** Salzlösung zum Pökeln von Fleisch.

**Lakedämon,** Lakedaimon, amtl. Bez. für das antike spartan. Staatsgebiet. – **Lakedämonier,** die Spartaner.

**Lake District** ['leik 'distrikt], engl. Gebirgs- u. Seenlandschaft in den Cumbrian Mountains; Nationalpark; Fremdenverkehr.

**Lake Placid** ['leik 'plæsid], nordamerik. Wintersportzentrum im Staat New York, 530 m ü.M., 2500 Ew.; Olymp. Winterspiele 1932 u. 1980.

**Lakhnau,** engl. Lucknow, Hptst. des ind. Bundesstaats Uttar Pradesh, 896 000 Ew.; Univ.; Textil-, Papier- u. opt. Ind., Teppichfabrikation.

**Lakkadiven,** 19 Koralleninseln im Arab. Meer, vor der Malabarküste SW-Indiens, 30 000 Ew. Hauptort: *Kavaratti.*

**Lakkolith,** pilzförmig innerhalb der Erdkruste erstarrte Magmamasse.

**Lakonien,** grch. Ldsch. u. Bez. im SO des Peloponnes, Hptst. *Sparta.*

**lakonisch,** wortkarg; kurz u. treffend, nach der im Altertum sprichwörtl. kurzen Redeweise der Spartaner.

**Lakritze,** der eingedickte Saft der Süßholzwurzel.

**Lakschmi,** indische Göttin des Glücks, Gemahlin *Wischnus.*

**Laktation,** Milchabsonderung in den Milchdrüsen.

**Laktose,** *Lactose* → Milchzucker.

**La Laguna,** Stadt auf der span. Kanar. Insel Teneriffa, 114 000 Ew.; Univ.; kath. Bischofssitz. Ehem. Hptst. von Teneriffa.

**Lalebuch** [»Narrenbuch«], Schwanksammlung eines Elsässers (Straßburg 1597).

**La Línea,** südspan. Stadt in Andalusien, am neutralen Grenzstreifen zw. Spanien u. der brit. Kolonie *Gibraltar,* 57 000 Ew.

**Lalo,** Edouard, *1823, †1892, frz. Komponist span. Herkunft; Vorläufer des Impressionismus. W »Symphonie espagnole«.

**La Louvière** [lalu'vjɛ:r], Bergbaustadt in der belg. Prov. Hennegau, 76 000 Ew.; Metallind.

**Lam,** Wifredo, *1902, †1982, kuban. Maler kreolisch-chin. Herkunft; Schüler P. *Picassos;* verband den Pariser Surrealismus mit den myth. Vorstellungen seiner Heimat.

**Lama, 1.** Titel der Geistl. im → Lamaismus. – **2.** Gatt. höckerloser *Kamele.* Die graubraunen Wildarten bewohnen die Steppen u. Halbwüsten Südamerikas: Das *Guanako* steigt bis 4000 m, das zier-

*Lamaismus: tibetisches Meditationsbild mit der »d'pal-Idan Lha-mo«, eine der »acht schrecklich mächtigen Töter« aus dem tibetanischen Totenbuch; Malerei auf Seide, 19. Jahrhundert*

*Lama: Alpaka*

liche *Vikunja* bis über 6000 m hoch. Von den beiden Haustierrassen dient das kräftigere *L. i.e.S.* mehr als Last- u. Fleischtier, das kleinere *Alpaka* als Wolltier.

**Lamaismus,** tibetische Form des *Mahayana-Buddhismus,* der im 7. Jh. n. Chr. eingeführt wurde u. sich nach Konflikten mit der Bon-Religion durchsetzte. Besonderheit des L. ist die *Chubilghan. Erbfolge.* Tibet wurde Kirchenstaat, regiert vom *Dalai-Lama* als Träger der weltl. Macht u. dem *Pantschen-Lama* als Träger der geistl. Macht. Seit der chines. Besetzung ist die lamaist. Geistlichkeit entmachtet.

**La Mancha** [-'mantʃa], zentralspan. Ldsch. im südl. Neukastilien, vorwiegend Steppenland mit rauhem Klima, heißen Sommern u. Wassermangel; Heimat des *Don Quijote.*

**La Manche** [-'mãʃ], frz. Bez. für den → *Kanal (Ärmelkanal).*

**Lamarck,** Jean-Baptiste de *Monet,* Chevalier de L., *1744, †1829, frz. Naturforscher, verneinte die Unveränderlichkeit der Arten u. nahm an, daß die Tierwelt auf gemeinsame Urformen zurückgehe. – **L.ismus,** wiss. überholte Lehrmeinung über die Verwandtschaft u. Abstammung der Lebewesen, behauptete, daß die Abänderung von Gestalt u. Funktion der Organe eines Lebewesens in erster Linie durch Umwelteinflüsse bedingt sei; diese Änderungen sollten erbl. sein (Bildung neuer Arten). Im Gegensatz zum L. steht der → *Darwinismus.*

*La Mancha: Windmühlen*

**Lamartine** [-'tiːn], Alphonse de, *1790, †1869, frz. Schriftst. der Frühromantik; melanchol.-myst. »Poet. Betrachtungen«.

**Lamb** [læm], **1.** Charles, *1775, †1834, engl. Schriftst.; geistreiche Essays; Nacherzählungen von Shakespeares Dramen für die Jugend. – **2.** Willis Eugene, *12.7.1913, US-amerik. Physiker; Arbeitsgebiet: Atomphysik; Nobelpreis 1955.

**Lambach,** oberöstr. Markt an der Traun, 3300 Ew.; Benediktinerstift.

**Lambaesis,** frz. *Lambèse,* röm. Ruinenstadt im alger. Hochland, zw. Kleinem u. Sahara-Atlas, 1180 m ü.M.; gegr. als Legionslager.

**Lambaréné,** zentralafrik. Prov. Hptst. in Gabun, am Ogooué, 24 000 Ew. 3 km flußabwärts liegt das Krankenhaus, in dem A. *Schweitzer* tätig war.

**Lambeaux** [lã'bo], Jef, *1852, †1908, belg. Bildhauer; Hauptmeister des fläm. Neubarocks.

**Lambert,** †706 oder 706, Bischof von Maastricht; bei Streitigkeiten innerhalb der fränk. Adels ermordet. – Heiliger (Fest: 18.9.).

**Lambert,** Johann Heinrich, *1728, †1777, dt. Mathematiker, Physiker u. Philosoph; arbeitete über Trigonometrie u. Analysis, stellte Methoden zur Lichtmessung der Gestirne auf.

**Lambeth-Konferenzen** ['læmbəθ-], seit 1867 etwa alle 10 Jahre stattfindende Versammlungen aller anglikan. Bischöfe im Lambeth-Palast in London.

**Lambrequin** [lãbrə'kɛ̃], Querbehang mit Quasten über Türen, Fenstern u. Himmelbetten.

**Lambsdorff,** Otto Graf, *20.12.1926, dt. Politiker (FDP); seit 1972 MdB, 1977–84 Bundes-Min. für Wirtsch., seit 1988 Vors. der FDP; seit Aug. 1990 Vors. der neu gebildeten gesamtdeutschen FDP.

**Lambswool** ['læmzwuːl], Lammwolle (Qualitätsbez. für Strickwaren).

**Lamé,** mit Metallfäden (Schuß) gemusterter Stoff für Abendkleider u. Theaterkostüme.

**Lamech,** im AT ein Nachkomme *Kains* u. ein Nachkomme *Seths,* Vater *Noahs.*

**Lamelle,** dünnes Blättchen, Häutchen; bei Blätterpilzen auf der Schirmunterseite; bei Heizkörpern ein einzelnes Glied (Rippe).

**Lamellenbremse,** eine Reibbremse, bei der die Bremsflächen aus mehreren Lamellen bestehen; zur Verstärkung der Bremswirkung.

**Lamellenstores** [-stors], horizontal bewegliche Kunststofflamellen zum Schutz gegen Sonne.

**Lamennais** [lamə'nɛ:], Hugues Félicité-Robert de, *1782, †1854, frz. kath. Theologe, Philosoph u. polit. Schriftst.; trat für die Unabhängigkeit der Kirche vom Staat u. innere Liberalisierung ein.

**Lamentation,** Jammern, Wehklagen. – **lamentieren,** laut wehklagen.

**Lametta,** dünne Metallfäden aus Zinn- oder Aluminiumfolie; Christbaumschmuck.

**Lamettrie,** Julien Offray de, *1709, †1751, frz. Philosoph; Vertreter des *Materialismus* u. *Atheismus.* Aus Frankreich vertrieben, gewährte ihm Friedrich d. Gr. 1748 Asyl. – Ⓦ »Der Mensch als Maschine«.

**Lamia,** in der grch. Sage eine libysche Königstochter, der *Hera* die Kinder tötet, weil sich *Zeus* in sie verliebt hat. Im Volksglauben wurde sie zum kinderraubenden Ungeheuer.

**Lamina, 1.** blattförmiger Organteil. – **2.** dünnes Metallblättchen.

**laminare Strömung,** eine Strömung von Gasen oder Flüssigkeiten, in der keine Wirbel auftreten.

**Laminaria,** Gatt. großer Braunalgen.

**laminieren,** einen Bucheinband mit Folie überziehen.

**Lamischer Krieg** [nach der Stadt *Lamia*], 323/322 v.Chr., Kampf der Hellenen unter Führung Athens gegen die Makedonen; endete mit der Unterwerfung Athens.

**Lämmergeier** → Bartgeier.

**Lammers,** Hans Heinrich, *1879, †1962, dt. Politiker (NSDAP); 1933–45 Chef der Reichskanzlei als Staatssekretär u. (1937) Reichsmin.; 1949 wegen Kriegsverbrechen u. Verbrechen gegen die Menschlichkeit verurteilt.

**Lammfell,** Rauchwarenbez. für Felle von höchstens 1 Woche alten Lämmern.

**Lamming** ['læ-], George, *1927, afrokaribischer Schriftst.; Hauptthema seiner Romane ist die Begegnung der Farbigen mit Europa.

**Lamorisse** [-'ris], Albert, *1922, †1970, frz. Filmregisseur (»Der weiße Hengst«, »Der rote Ballon«).

**Lamormain** [-'mɛ̃], Wilhelm, *1570, †1648, luxemburg. Jesuit; Beichtvater Ferdinands II., fanat. Vorkämpfer der Gegenreformation.

**La Motte Fouqué** [la'mɔt fu'ke] → Fouqué.

**Lamoureux** [lamu'rø], Charles, *1834, †1899, frz. Dirigent; Wagner-Vorkämpfer in Frankreich; Begr. der noch bestehenden *Concerts L.* in Paris.

**Lampe,** ein Leuchtgerät, das durch Erhitzung, etwa durch Verbrennung (Flamme) oder elektr. Strom (Glüh-, Leuchtstoff-, Röhren-L.) oder auch durch Gasentladung Licht erzeugt; früher Öl- u. Petroleum-L.

**Lampe,** Name des Hasen in der Tierfabel.

**Lampe,** Friedo, *1899, †1945 (irrtüml. erschossen), dt. Schriftst.; schrieb realist. Prosa mit roman. Elementen.

**Lampedusa,** ital. Insel im Mittelmeer, sw. von Malta, 20 km², 5000 Ew.

**Lampedusa,** Giuseppe → Tomasi di Lampedusa.

**Lampertheim,** Stadt in Hessen, in der Oberrhein. Tiefebene, 30 000 Ew.; Tabak- u. Spargelanbau; Elektro- u. Möbel-Ind.

**Lampion** [lampi'ɔ̃:], Papierlaterne mit Kerze im Innern.

**Lamprecht, 1.** Günter, *1.1.1930, dt. Schauspieler (Fernsehserie »Berlin Alexanderplatz«). – **2.** Karl, *1856, †1915, dt. Historiker Ⓦ »Dt. Geschichte«, »Dt. Wirtschaftsleben im MA«.

**Lamprecht der Pfaffe,** Geistlicher aus Trier; verfaßte um 1145 nach frz. Vorlage ein Alexander-Epos.

**Lamprete** → Neunaugen.

**Lamprophyr,** meist feinkörniges Ganggestein mit dunklen Gemengteilen, wie Amphibol.

**Län,** finn. *Lääni* [»Lehen«], schwed. bzw. finn. Verwaltungsbezirk.

**Lana,** ital. Ort in Trentino-Südtirol, südl. von Meran, 7000 Ew.; Fremdenverkehr.

**Lançade** [lã'saːd], eine Sprungübung der Hohen *Schule:* Das Pferd springt mit erhobener Vorhand auf den Hinterbeinen einen Sprung nach vorn.

**Lancaster** [-'læŋkəstə], nordwestengl. Hafenstadt, 46 000 Ew.; Univ.

**Lancaster** ['læŋkəstə], engl. Königshaus, Nebenlinie der *Plantagenets;* Kennzeichen: rote Rose (→ Rosenkriege). Mit *Heinrich IV.* gelangte in L. erstmals auf den engl. Thron (1399). 1471 erlosch das Haus L.

**Lancaster** ['læŋkəstə], **1.** Burt, *2.11.1913, US-amerik. Filmschauspieler (»Verdammt in alle Ewigkeit«, »Der Leopard«). – **2.** Joseph, *1778, †1838, engl. Pädagoge; Begr. des Helfer-(Monitoren-)Systems im Unterricht: ältere Schüler unterrichten die jüngeren.

**lancieren** [lã'siːrən], in Gang bringen; geschickt in eine vorteilhafte Stellung bringen.

**Lancret** [lã'krɛ], Nicolas, *1690, †1743, frz. Maler (Rokoko-Szenen u. Landschaften).

**Land, 1.** die feste Erdoberfläche, im Gegensatz zum *Meer.* – **2.** das landwirtschaftl. genutzte Gebiet, im Gegensatz zur *Stadt.* – **3.** ein polit. genau abgegrenztes Gebiet, in der Regel → *Staat.* – **4.** *Bundesland,* Gliedstaat eines Bundesstaates (in der BR Dtld. mit eigener Verfassung).

**Landa,** Diego de, *1524, †1579, dritter Bischof von Yucatán; verfaßte ein erst im 19. Jh. wiederaufgefundenes Werk über die späte Maya-Kultur.

**Landammann,** der Vors. der Reg. in einigen Kt. der Schweiz.

**Landarbeiter,** Sammelbez. für alle in der Landw. hauptberufl. erwerbstätigen abhängigen Lohnarbeiter.

**Landart** ['lænd aːt], »Landschaftskunst«, eine Sonderform der *Arte Povera,* greift verändernd in das Landschaftsbild ein. – Ⓑ → S. 492.

**Landau, 1.** *L. an der Isar,* Stadt in Niederbayern, 12 000 Ew.; Maschinenbau, Textil-Ind. – **2.** *L. in der Pfalz,* krfr. Stadt in Rhld.-Pf., an der Queich, 35 000 Ew.; Hochschule; Mineralöl-, Elektro-, Textil-Ind., Sekt- u. Weinkellereien.

**Landau,** Lew Dawidowitsch, *1908, †1968, sowj. Physiker; arbeitete über Diamagnetismus, Tieftemperaturphysik u. bes. über die Superfluidität des Heliums II; Nobelpreis 1962.

**Landauer,** viersitziger Wagen mit Klappverdeck, seit dem 18. Jh.

**Landauer,** Gustav, *1870, †1919, dt. Schriftst.; polit. der anarchist. Richtung P. *Kropotkins* nahestehend; beteiligte sich 1919 an der Räterepublik Bayern u. wurde nach Gefangennahme ermordet.

**Landeck, 1.** östr. Bez.-Hptst. im oberen Inntal (Tirol), 816 m ü.M., 7000 Ew.; Fremdenverkehr. – **2.** *Bad L. in Schlesien,* poln. Lądek Zdrój, Stadt in Schlesien, 7000 Ew.; Mineral- u. Moorbad.

**Landeklappen,** ein Flugzeugbauteil; klappen-

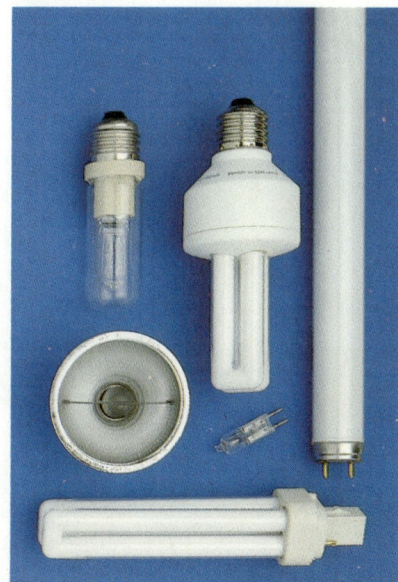

*Lampen: ein Sortiment verschiedener stromsparender Lichtquellen, von der Dreibandenleuchtstofflampe bis zu Halogenglühlampen*

## 492 Landenge

förmig nach unten bewegl. Teile an der Tragflächenhinterkante, die eine Erhöhung des Auftriebs u. damit eine Verkürzung der Start- u. Landestrecken bewirken.

**Landenge,** *Isthmus,* schmale Landverbindung zw. zwei größeren, durch ein Meer fast ganz voneinander getrennten Landmassen, z.B. L. von Korinth.

**Länderkunde,** *regionale Geographie,* Wiss. von den geograph. Eigenarten der Länder.

**Länderpokal,** vom Dt. Fußball-Bund durchgeführter Pokalwettbewerb für Amateur-Auswahlmannschaften der Fußball-Regional- bzw. -Landesverbände.

**Landerziehungsheim,** *Landschulheim,* Heimschule auf dem Land; erste Gründungen 1898 von Hermann *Lietz;* Pflege des Gemeinschaftslebens, des Sports, der Land- u. Werkarbeit.

**Landes** [läd], SW-frz. Ldsch. in der Gascogne, zw. Garonne u. dem Golf von Biscaya, Wald- u. Heidegebiet.

**Landesaufnahme,** die planmäßige staatl. Vermessung u. kartograph. Darstellung eines Landes.

**Landesbanken,** die öffentl.-rechtl. Kreditinstitute, vom Staat oder von sonstigen öffentl. Körperschaften mit dem Ziel gegr., unter Garantie des Staates öffentl. Kredite langfristig den Gemeinden oder Grundbesitzern zur Verfügung zu stellen.

**Landesbeamte,** alle Beamte, die ein Bundesland zum Dienstherrn haben.

**Landesbehörden,** die Verw.-Organe der Länder bzw. Bundesländer in der BR Dtld. sowie in Österreich.

**Landesbischof,** Titel für den leitenden Geistlichen einiger ev. Landeskirchen.

**Landesgerichte,** die Gerichte der Länder im Gegensatz zu den Gerichten des Bundes.

**Landesgeschichte,** die histor. Erforschung regional begrenzter Gebiete (Territorien, Ldsch. u.a.); in Dtld. als bes. histor. Fach mit Lehrstühlen an Univ. u. Instituten.

**Landeshauptmann,** in Östr. der Vors. einer Landesregierung. In Wien ist der L. zugleich Bürgermeister.

*Landart: R. Smithson, Spiral-Jetty (1970) in Utah, Great Salt Lake*

**Landeshoheit,** im Hl. Röm. Reich die Regierungsgewalt der Landesherren in ihren Territorien.

**Landeshut,** poln. *Kamienna Góra,* Stadt in Schlesien, am oberen Bober, 22 000 Ew.

**Landeskirchen,** urspr. Bez. für die in einem luther. oder reformierten Territorium allein anerkannte Kirchenorganisation. Oft haben die Kirchen bis heute an der Bez. der alten dt. Länder u. Provinzen festgehalten. Innerhalb der EKD bestehen 17 L. (Nordelbien, Bremen, Oldenburg, NW-Dtld., Berlin-Brandenburg, Hannover, Braunschweig, Schaumburg-Lippe, Lippe, Westfalen, Rheinland, Hessen u. Nassau, Kurhessen-Waldeck, Pfalz, Baden, Württemberg, Bayern), innerhalb des Bundes Ev. Kirchen in der DDR 8 L. (Berlin-Brandenburg, Pommern, Mecklenburg, Sachsen, Thüringen, Provinz Sachsen, Anhalt, Görlitz).

**Landeskultur,** alle Maßnahmen, die der besseren Nutzung des Bodens u. seiner Verteilung sowie der Neulandgewinnung dienen.

**Landespflege,** alle Maßnahmen zum Schutz u. zur Pflege der natürl. Lebensgrundlagen des Menschen; beinhaltet Landschaftspflege, Grünordnung, Naturschutz.

**Landesplanung,** zusammenfassende Planung eines größeren Gebiets nach seiner voraussichtl. Entwicklung; stellt die künftigen Entwicklungslinien von Siedlung, Industrie, Verkehr, Land- u. Forstwirtschaft sowie von Landschafts- u. Naturschutz dar.

**Landesrecht,** das in Bundesstaaten geltende Recht der (Bundes-)Länder (im Ggs. zum *Bundesrecht* des Gesamtstaats).

**Landesregierung,** in der BR Dtld. allg. die Reg. eines Landes (Gliedstaats), in Bayern *Staatsreg.,* in Hamburg, Bremen u. Westberlin *Senat* genannt. Chef der L. ist der *Min.-Präs.* (in Westberlin *Regierender Bürgermeister,* in Bremen *Präs. des Senats,* in Hamburg *Erster Bürgermeister* genannt).

**Landessteuern,** Steuern, deren Aufkommen al-

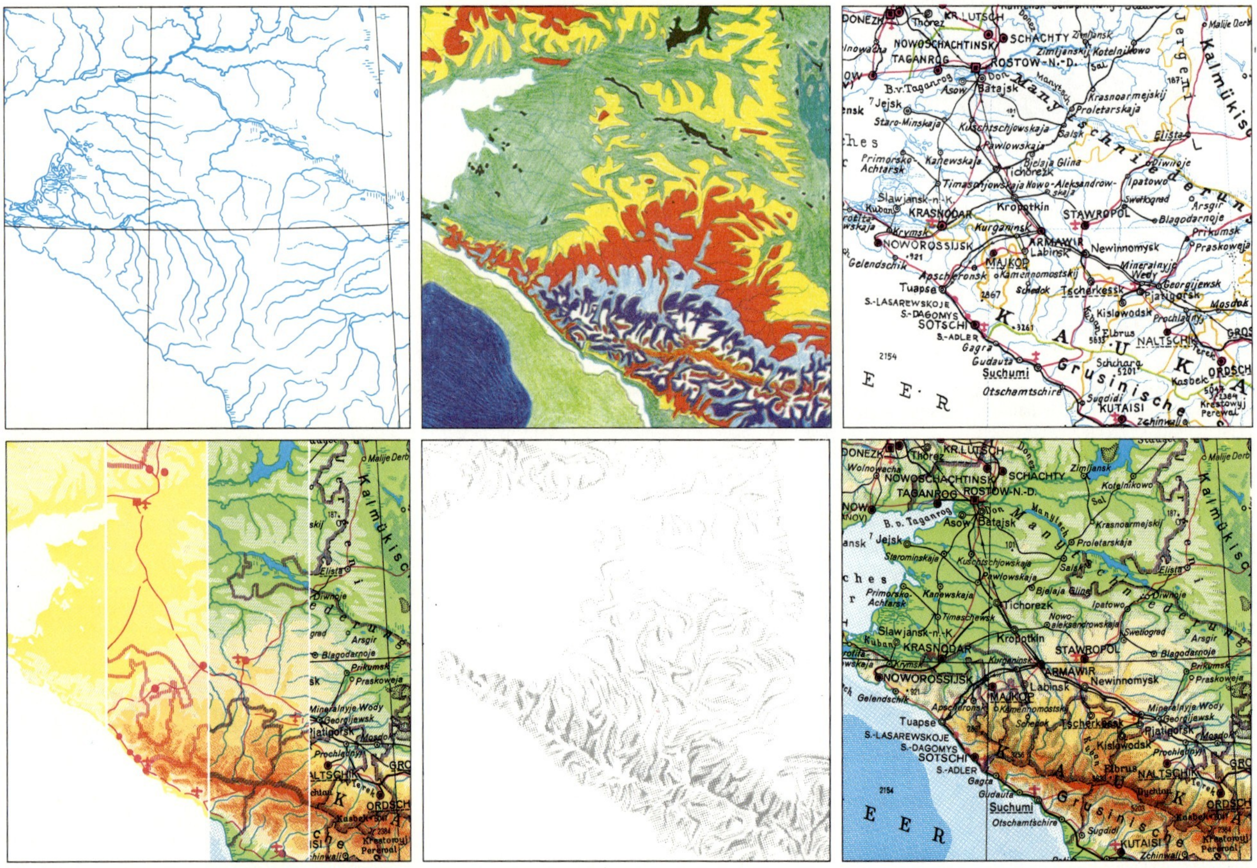

*Entstehung einer Landkarte (Ausschnitt): Gradnetz und Flußplatte; Höhen- und Tiefenschichten mit Kolorit (Arbeitsfarben); Grundriß- und Schriftentwurf; einzelne Farbauszüge bei Druck mit vier Farben; Schummerung; Zusammendruck aller Farben (von links oben nach rechts unten)*

lein den Ländern zusteht: Vermögen-, Erbschaft-, Kraftfahrzeug-, Biersteuer, Verkehrsteuern u. Abgaben von Spielbanken.

**Landessynode,** im ev. Kirchenverfassungsrecht ein Kollegialorgan mit kirchenleitenden Aufgaben, insbes. dem Gesetzgebungsrecht für die Landeskirche; setzt sich aus geistl. u. nichtgeistl. Mitgl. zusammen.

**Landesverrat,** staatsgefährdender Verrat von Staatsgeheimnissen. In der BR Dtld. macht sich vorsätzl. strafbar, wer *Staatsgeheimnisse* (Tatsachen, Gegenstände oder Erkenntnisse, bes. Schriften oder Nachrichten darüber, deren Geheimhaltung vor einer fremden Reg. erforderl. ist) öffentl. bekanntmacht oder sie vorsätzl. an einen Unbefugten gelangen läßt. Strafbar ist auch die Zugehörigkeit zu einem landesverräter. Nachrichtendienst.

**Landesversicherungsanstalten,** die Träger der *Arbeiterrentenversicherung;* Körperschaften des öffentl. Rechts.

**Landesverteidigung,** die Gesamtheit der militär. u. zivilen Maßnahmen zur Verteidigung eines Landes; dazu gehören die Aufstellung der Streitkräfte u. die Mobilisierung der für den Krieg nutzbaren personellen u. materiellen Kräfte.

**Landeszentralbanken,** Hauptverwaltungen der Dt. Bundesbank in den Ländern.

**Landflucht,** das Schlagwort für die Hauptrichtung der *Binnenwanderung* u. der berufl. *Mobilität* vom Land zur Stadt u. aus der Landw. in die übrige Wirtschaft; Voraussetzung u. Begleiterscheinung der *Industrialisierung.*

**Landfriede,** im dt. MA das Fehdeverbot durch Kaisergesetz, im *Ewigen L.* dem Wormser Reichstags von 1495 für dauernd beansprucht.

**Landfriedensbruch,** Teilnahme an Gewalttätigkeiten gegen Menschen oder Sachen; strafbar nach § 125 StGB.

**Landgemeinde,** nichtstädt. Gebietskörperschaft der untersten Stufe.

**Landgericht,** Gericht der ordentl. Gerichtsbarkeit, für Zivil- u. Strafsachen; steht zw. Amtsgericht u. Oberlandesgericht. – B → Recht

**Landgewinnung,** *i.w.S.* allg. die Gewinnung von Neuland (Ödlandkultivierung), *i.e.S.* die L. an den Meeresküsten mit günstigen Anschwemmungsbedingungen (z.B. Schl.-Ho.).

**Landgraf,** seit dem 12. Jh. in Thüringen, im Elsaß u. in einigen schwäb. Landschaften Titel eines vom König belehnten, vom Herzog unabhängigen Amtsträgers.

**Landgrebe,** Erich, *1908, †1979, östr. Schriftst. (Romane, Kinder- u. Jugendbücher).

**Land Hadeln,** nds. Ldsch. südl. der Elbmündung.

**Landino, 1.** Christoforo, *1424, †1498, ital. Humanist; Lehrer für Poetik u. Rhetorik. – **2.** *Landini,* Francesco, *um 1335, †1397, ital. Komponist u. Dichter; blind, ein bewunderter Organist, Hauptmeister des ital. Trecento.

**Landjäger** → Gendarm.

**Landkärtchen,** ein *Fleckfalter.* Die Frühjahrsgeneration ist braun, die Sommergeneration schwarz mit hellen Flügelbinden.

**Landkarte,** verkleinertes Grundrißbild eines Ausschnitts der Erdoberfläche. Das Problem der Darst. der gekrümmten Erdoberfläche in der Ebene wird durch die *Kartennetzentwürfe* gelöst. Die Verkleinerung gegenüber der Natur gibt der *Maßstab* an. Man teilt die Karten ein nach Maßstäben, Inhalt (topograph. u. themat. Karten), Herkunft (amtl.

*Landkärtchen (Sommerform)*

Karten u. Karten der Verlagskartographie), Darstellungsformen (phys., polit. Karten u.a.).

**Landklima,** im Ggs. zum *Seeklima* das durch verhältnismäßig große Tages- u. Jahresschwankungen der Temperatur u. kurze Übergangsjahreszeiten gekennzeichnete Klima im Innern großer Landflächen.

**Landkreis** → Kreis.

**Ländler,** Tanz im ruhigen 3/4- oder 3/8-Takt; Vorläufer des Walzers.

**ländliche Kreditgenossenschaften,** *Spar- u. Darlehnskassen, Raiffeisenkassen,* auf genossenschaftl. Grundlage aufgebaute Kreditinstitute für Landbewohner.

**Landmacht,** ein größerer Staat, der seine Streitkräfte ausschl. oder überwiegend zur Landkriegführung ausrüstet; in der Neuzeit vor allem Preußen, Frankreich, Rußland bzw. Sowj., heute auch China; Ggs.: *Seemacht.*

**Landmann,** Salcia, *18.11.1911, schweizer. Schriftst. poln. Herkunft; befaßt sich mit der Geschichte u. Sprache des Ostjudentums.

**Landmaschinen,** Masch., die im landw. Betrieb eingesetzt werden: zur Bodenbearbeitung, zum Mähen u. Weiterverarbeiten der Erzeugnisse.

**Landmesser,** fr. Berufsbez. für den *Geometer;* heute: Vermessungsingenieur.

**Landnahme,** die Inbesitznahme eines Landes durch einen Stamm oder eine Völkerschaft als Abschluß einer Wanderungsbewegung.

**Landois** [lã'dwa], **1.** Hermann, *1835, †1905, dt. Zoologe; Prof. in Münster, wo er 1874 den Zoolog. Garten gründete. – **2.** Leonard, Bruder von 1), *1837, †1902, dt. Physiologe; W »Lehrbuch der Physiologie«.

**Landolfi,** Tommaso, *1908, †1979, italien. Schriftst.; Romane in surrealist. Stil.

**Landolt,** Hans Heinrich, *1831, †1910, schweiz. Physikochemiker; erforschte die opt. Aktivität von organ. Verbindungen u. die Massenerhaltung bei chem. Reaktionen.

**Landowska,** Wanda, *1879, †1959, poln. Cembalistin; setzte sich für die Wiederbelebung der Barockmusik ein.

**Landpfleger,** in der Bibelübersetzung M. *Luthers* der röm. Prokurator für Judäa u. Jerusalem mit Amtssitz in Caesarea.

**Landrat, 1.** leitender Beamter eines *Landkreises,* in Nds. u. NRW der vom *Kreistag* aus seiner Mitte gewählte Vors. – **2.** Gesetzgebungsorgan in mehreren schweiz. Kantonen.

**Landrecht, 1.** im MA das *allg. Recht,* im Ggs. zu den versch. Sonderrechten (Lehns-, Stadt-, Hof- u. Dienstrecht); (später) in einigen der dt. Länder geltendes Recht.

**Landregen,** meteorolog. Bez. *Dauerniederschlag,* 6 Std. bis mehrere Tage anhaltende Regenfälle von mehr als 0,5 l/m² je Std.

**Landrover** ['lændrəvər], geländegängiges Kraftfahrzeug mit Allradantrieb.

**Landry** [lã'dri], Jean Baptiste Octave, *1825, †1865, frz. Arzt; beschrieb die nach ihm *L.sche Paralyse* genannte Lähmungsform (akute aufsteigende Lähmung).

**Landsassen, 1.** im Hl. Röm. Reich die Untertanen eines Territorialfürsten. – **2.** freie Landbebauer, die gegen Zins fremden Boden bestellten.

**Landsat,** Serie von 4 US-amerik. Erdbeobachtungssatelliten (1972 bis 1982) zur Erforschung der Land-, Forst- u. Wasserwirtschaft sowie der Erkundung der Bodennutzung u. Rohstoffvorräte.

**Landsberg, 1.** *L. am Lech,* Krst. in Oberbayern, südl. von Augsburg, 20 000 Ew.; mittelalterl. Stadtbild; Holz- u. Nahrungsmittel-Ind. – **2.** *L. (Warthe),* poln. *Gorzów Wielkopolski,* Hauptort von O-Brandenburg, 118 000 Ew.; Metall-, Masch.- u. chem. Industrie.

**Landsberger,** Artur, *1876, †1933 (Selbstmord), dt. Schriftst. (Romane über Berlin).

**Landsbergis,** Vitautas, *Okt. 1932, lit. Politiker (SAJUDIS); seit 1990 Präs. des Obersten Rates Litauens; bemüht sich um die Unabh. Litauens von der UdSSR.

**Landschaft,** ein Ausschnitt der Erdoberfläche, der durch vorhandene Geofaktoren u. durch seine Lage bestimmt wird. Die urspr. *Natur-L.* ist durch Einwirkung des Menschen weithin in eine *Kultur-L.* verwandelt worden.

**Landschaftsmalerei,** die Darstellung von Landschaftsformen als umfassende Ansicht oder ausschnitthafte Teilwiedergabe in der Malerei. Die L. kann den Schauplatz für eine figürl. Szene liefern u. von dieser ihren Sinn erhalten, sie kann aber auch alleiniger Gegenstand der Darstellung sein. L. ist schon aus dem ägypt. Altertum überliefert.

**Landschaftsökologie,** *Landschaftsbiologie,* Wiss. von den ökolog. bzw. biol. Gegebenheiten in der durch den Menschen veränderten Umwelt; grundlegend für Landschaftspflege u. Umweltschutz.

**Landschaftsschutz,** Maßnahmen zur Erhaltung u. zum Schutz der nicht bebauten Landschaft. – **L.gebiet,** ein Landschaftsteil von bes. Eigenart, der durch das *Naturschutzgesetz* geschützt ist gegenüber Eingriffen u. Änderungen, die die Natur schädigen.

**Landschildkröten,** *Testudinidae,* weitverbreitete Gruppe landbewohnender *Schildkröten;* vorwiegend Pflanzenfresser.

**Land's End** ['lændz-], 18 m hohes Granitkliff in Cornwall; der südwestlichste Punkt des brit. Festlandes.

**Landser,** in der Soldatensprache alle Angehörigen des Mannschaftsstands.

**Landsgemeinde,** in den schweiz. Kt. Ob- u. Nidwalden, Appenzell-Außerrhoden, Appenzell-Innerrhoden u. Glarus die Versammlung der stimmfähigen Bürger zur Ausübung der polit. Rechte. Jeder Teilnehmer der L. darf das Wort er-

*Beispiele für thematische Karten: Klimakarte (Niederschläge); Wirtschaftskarte; historische Karte (von links nach rechts)*

**Landshut**

greifen u. Anträge stellen. Die L. ist in Europa der einzige Fall der unmittelbaren Demokratie.

**Landshut,** kreisfreie Stadt in Bayern, an der Isar, am Fuß der Burg *Trausnitz,* 57 000 Ew.; histor. Altstadt; Münster St. Martin (15. Jh., 133 m hoher Turm, kostbare Ausstattung: u.a. *L.er Madonna*); Elektro-, Glas-, Maschinen- u.a. Ind. – G e s c h .: 1255–1503 herzogl. Residenz, 1839–1932 u. wieder seit 1956 Hptst. des Reg.-Bez. Niederbayern. Das alle 3 Jahre veranstaltete Festspiel »Die L.er Hochzeit« erinnert an die Hochzeit des Herzogs *Georg* mit der poln. Königstochter *Jadwiga* 1475.

**Landsknecht,** im 15./16. Jh. Angehöriger der bes. unter Maximilian I. aufkommenden *Söldnertruppen,* bestehend aus lanzentragendem Fußvolk (*Lanzknechte*).

**Landskrona** [lans'kru:na], S-schwed. Hafenstadt am Öresund, 35 000 Ew.; Schloß; Werften.

**Landsmål** [-mo:l], aus norw. Mundarten gebildete neunorw. Schriftsprache; → Riksmål.

**Landsmannschaften, 1.** seit dem 16. Jh. entstandene Studentenverbindungen aufgrund territorialer Herkunft; wandelten sich im 19. Jh. zu schlagenden, farbentragenden Verbindungen. – **2.** nach 1945 entstandene, nach ihren Herkunftsgebieten gegliederte Vereinigungen von Heimatvertriebenen u. Flüchtlingen.

**Landstände,** im Hl. Röm. Reich die ständisch gegliederte Vertretung der Territorien, meist *Ritter* (die adligen Grundherren), *Prälaten* (die Inhaber geistl. Herrschaften) u. *Städte.* Grundlage ihrer Machtstellung war das Steuererhebungs- oder Steuerbewilligungsrecht. Sie regierten zus. mit dem Landesherrn das Land. Mit dem Ausbau der landesherrl. Machtstellung wurden die L., bes. im *Absolutismus,* polit. bedeutungslos.

**Landsteiner,** Karl, *1868, †1943, US-amerik. Serologe östr. Herkunft; entdeckte 1901 das ABO-Blutgruppensystem u. 1940 zus. mit A. S. *Wiener* das Rhesus-System; Nobelpreis 1930.

**Landstreicher** → Nichtseßhafte.

**Landstuhl,** Stadt in Rhld.-Pf., nördl. der Sickinger Höhe, 8000 Ew.; Porzellan- u. Elektro-Ind.; Moorbad.

**Landsturm,** v.a. im 19. Jh. Bez. für die noch unausgebildeten u. die ältesten Jahrgänge der Wehrpflichtigen.

**Landtag,** in der BR Dtld. die Volksvertretung (Parlament) der Länder; in Berlin: *Abgeordnetenhaus,* in Bremen u. Hamburg: *Bürgerschaft.*

**Landungsbrücke,** Brücke zum Anlegen von Schiffen. Bei veränderl. Wasserstand (z.B. Ebbe u. Flut) werden die Brückenglieder von *Pontons* getragen.

**Landvogt,** im Hl. Röm. Reich vom Ende des 13. Jh. bis 1806 ein vom König eingesetzter Verwalter eines reichsunmittelbaren Gebietes.

**Landvolkshochschulen,** Einrichtungen der Erwachsenenbildung, die den spezif. gesellschaftl. u. berufsständischen Bedürfnissen der Landbevölkerung dienen.

**Landwehr, 1.** allg. ein bewaffnetes Aufgebot zum Schutz des Landes bei der Abwehr des Feindes; umfaßte in Dtld. neben den aktiven Truppen u. der Reserve die Wehrpflichtigen bis zum 39. bzw. seit 1935 vom 35. bis zum 45. Lebensjahr. – **2.** Grenz-

*Landsknechte um 1500; zeitgenössische Darstellung*

befestigung (Graben u. Wall) bei den Germanen u. im frühen MA.

**Landwehrkanal,** die rd. 10 km lange, durch Berlin führende Verbindung zw. Ober- u. Unterspree.

**Landwind,** ablandige nächtl. Luftströmung an der Küste.

**Landwirtschaft,** Nutzung des Bodens, bes. durch Ackerbau u. Tierzucht. Erzeugungshöhe u. Richtung werden stark beeinflußt von der Art des Bodens u. vom Klima. Beide Faktoren bedingen die *Betriebstypen* wie Weide-, Futterbau-, Getreide- u. Hackfruchtwirtschaft. In der BR Dtld., der Schweiz u. Österreich liegt die Erzeugung tier. Produkte wertmäßig über der pflanzl. Die Größe des landw. Betriebs richtet sich in erster Linie nach den Produktionsbedingungen. Die jeweiligen Preise für die landw. Erzeugnisse einerseits u. die notwendigen Betriebsmittel andererseits bedingen den Grad der mögl. Aufwendungen, d.h. sie entscheiden ob extensiv oder intensiv gewirtschaftet werden kann.

**landwirtschaftliche Genossenschaften,** die zur Förderung der wirtschaftl. Interessen der Landwirte gebildeten Genossenschaften, von F. W. *Raiffeisen* gegr.; Dachverband: *Deutscher Raiffeisenverband e.V.,* Sitz: Bonn.

**Landwirtschaftliche Produktionsgenossenschaft,** Abk. *LPG,* kollektive landw. Betriebsform in der DDR; 1952 begonnener Zusammenschluß der bis dahin selbst. Bauern u. sonstiger Berufszugehöriger zum Zweck gemeinsamer Bewirtschaftung u. Nutzung der eingebrachten u. vom Staat bereitgestellten Bodenflächen u. Produktionsmittel; ab 1990 aufgelöst bzw. in andere genossenschaftl. Form umgewandelt.

**Landwirtschaftskammern,** in einzelnen Ländern der BR Dtld. Selbstverwaltungskörperschaften des öffentl. Rechts. Aufgabe der L. ist die Förderung der Erzeugung u. des Absatzes sowie die Schulung u. Betreuung der Mitglieder, ferner die Unterhaltung von Fachschulen, Wirtschaftsberatungsstellen u. Versuchsgütern.

**Landwirtschaftsministerium,** in der BR Dtld. das *Bundesministerium für Ernährung, Landw. u. Forsten;* → Bundesbehörden.

**Lang, 1.** Fritz, *1890, †1976, östr. Filmregisseur; Vertreter des expressionist. Films u. des Monumentalfilms; seit 1933 in den USA. Filme: »Der müde Tod«, »Die Nibelungen«, »Metropolis«, »M«, »Das Testament des Dr. Mabuse«, »Fury«, »Das indische Grabmal«, »Die 1000 Augen des Dr. Mabuse«. – **2.** Konrad, *1898, †1985, dt. Biochemiker u. Mediziner; Arbeiten zur Entwicklung der künstl. Ernährung u. der Blutersatzmittel. – **3.** Siegfried, *1887, †1970, schweiz. Lyriker u. Übersetzer.

**Langbehn,** August Julius, gen. der *Rembrandt-Deutsche,* *1851, †1907, dt. Kulturphilosoph; vertrat in seinem Buch »Rembrandt als Erzieher« einen völkischen Irrationalismus.

**Langbeinfliegen,** *Dolichopodidae,* Fam. meist metall. grün gefärbter orthoraphrer Fliegen mit langen, meist gelben Beinen.

**Länge,** neben der *Breite* die zweite Bestimmungsgröße für die Lage eines Ortes auf dem Koordinatennetz der Erdkugel. Die geograph. L. nennt den Winkelbogen (*Längengrad*) zw. dem *Längenkreis (Meridian)* des betr. Ortes u. dem Nullmeridian. Sie wird vom Meridian von Greenwich aus bis 180° nach W bzw. 180° nach O gerechnet. Alle Orte gleicher L. haben die gleiche Ortszeit.

**Lange, 1.** Christian Louis, *1869, †1938, norw. Politiker; 1920–37 norw. Völkerbunddeputierter; Friedensnobelpreis 1921. – **2.** Friedrich Albert, *1828, †1875, dt. Philosoph u. Sozialwissenschaftler; einer der Begr. des *Neukantianismus.* Sein ethischer Sozialismus (»Die Arbeiterfrage«) war Grundlage des sozialdemokrat. *Revisionismus.* – **3.** Helene, *1848, †1930, Förderin der dt. Frauenbewegung; forderte gleiche Bildungsmöglichkeiten für Frauen; 1890–1921 erste Vors. der Allg. Dt. Lehrerinnenvereins. – **4.** Horst, *1904, †1971, dt. Schriftst.; Romane: »Schwarze Weide«, »Verlöschende Feuer«. – **5.** Per, *30.8.1901, dän. Lyriker; griff grch. Vorbilder auf.

**Langeland,** dän. Ostsee-Insel zw. Fünen u. Lolland, 284 km², 17 000 Ew.; Hauptort *Rudkøbing.*

**Langemark,** *Langemarck,* Gem. in Westflandern (Belgien), nördl. von Ypern, 7000 Ew. – Im 1. Weltkrieg hart umkämpft: 22./23.10.1914 verlustreicher Sturmangriff dt. Kriegsfreiwilliger.

**Langen,** Stadt in Hessen, südl. von Frankfurt a.M., 29 000 Ew.; Maschinen-, Textil- u.a. Ind.

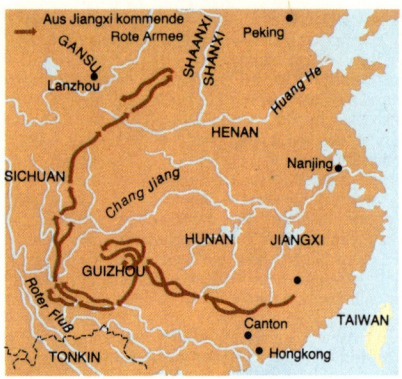

*Langer Marsch*

**Langen,** Albert, *1869, †1909, dt. Verleger; gründete 1896 zus. mit T. T. *Heine* den »Simplicissimus«.

**Langenbeck,** Bernhard von, *1810, †1887, dt. Chirurg; entwickelte plastische Operationsverfahren; gründete 1872 die *Dt. Chirurgische Gesellschaft.*

**Langenberg,** höchster Berg des Rothaargebirges (Hochsauerland), 843 m.

**Langenbielau,** poln. *Bielawa,* Stadt in Schlesien, am Eulengebirge, 33 000 Ew. – 1844 Aufstand der Weber (Schauspiel von G. *Hauptmann*).

**Langeneß,** Hallig sö. der Nordfries. Insel Föhr, 11 km², 130 Ew.

**Langenfeld (Rheinland),** Stadt in NRW, sö. von Düsseldorf, 49 000 Ew.; Eisen- u. Textil-Ind.

**Längengrad** → Gradnetz, → Länge.

**Langenhagen,** Stadt in Nds., nördl. von Hannover, 47 000 Ew.; Flughafen für Hannover.

**Langensalza,** *Bad L.,* Krst. in Thüringen, an der Salza, 18 000 Ew.; Schloß *Dryburg* (14. Jh.); Schwefelbad.

**Langensee** → Lago Maggiore.

**Langeoog,** eine der Ostfries. Inseln, zw. Baltrum u. Spiekeroog, 19,7 km², 3000 Ew.; Seebad.

**Langer,** František, *1888, †1965, tschech. Dramatiker u. Erzähler; kam von der Neoromantik zum Realismus mit soz. Thematik.

**Langerhans,** Paul, *1847, †1888, dt. Pathologe u. Arzt; entdeckte 1869 die *L.schen Inseln* in der *Bauchspeicheldrüse.*

**Langer Marsch,** der Marsch der chin. kommunist. Roten Armee 1934/35 über 10 000 km von Jiangxi, ihrem Hauptstützpunkt, nach Yan'an in der Prov. Shaanxi, um der Vernichtung durch die Truppen Chiang Kai-sheks zu entgehen. Während des Marsches konnte Mao Zedong seine Stellung als Parteiführer festigen.

**Langes Parlament,** das von *Karl I.* 1640 einberufene engl. Parlament, das durch die gewaltsame Vertreibung der Presbyterianer 1648 zum »Rumpfparlament« wurde, dann 1653 von *Cromwell* persönl. auseinandergetrieben, 1659 wieder eingesetzt wurde.

**Langevin** [lãʒ'vɛ̃], Paul, *1872, †1946, frz. Physiker; stellte mit Hilfe der Elektronentheorie eine Theorie des Magnetismus auf.

**Langfus,** Anna, *1920, †1966, poln. Schriftst.; schildert eigene Erlebnisse unter der nat.-soz. Herrschaft in Polen.

**Langgässer,** Elisabeth, *1899, †1950, deutsche Schriftst.; religiös-mythische Gedichte u. Romane (»Das unauslöschl. Siegel«, »Märk. Argonautenfahrt«).

**Langhans,** Carl Gotthard, *1732, †1808, dt. Architekt (klassizist. Monumentalbauten in Berlin); W Brandenburger Tor, in freier Nachgestaltung der Propyläen in Athen.

**Langhaus, 1.** der Teil einer Kirche zw. ihren westl. Baugliedern u. dem Querhaus. Das L. kann ein- oder mehrschiffig gebildet sein. – **2.** langgestrecktes, von mehreren Fam. bewohntes Giebeldachhaus (bei nordamerik. Indianern, in Asien).

**Langkofel,** Berg in den Dolomiten, südl. des Grödner Tals (Italien), 3181 m.

**Langlais** [lãg'lɛ], Jean, *15.2.1907, frz. Organist u. Komponist; als Kind erblindet.

**Langland** ['læŋlənd], *Langley,* William, *1332, †1400, engl. Dichter (religiöse Allegorien).

**Langlauf,** Skilauf über größere Strecken, auf ebenem Gelände.

**Langley** ['læŋli], Samuel Pierpont, *1834, †1906,

US-amerik. Astrophysiker; Gründer des Smithsonian Astrophysical Observatory.
**Langmuir** ['læŋmjuːr], Irving, *1881, †1957, US-amerik. Physikochemiker; Arbeitsgebiet: Gas- u. Oberflächenreaktionen, Oberflächenchemie katalyt. wirksamer Metalle; Nobelpreis für Chemie 1932.
**Langner,** Ilse, *1899, †1987, dt. Schriftst.; sozialkrit. u. pazifist. Dramen, Romane u. Berichte (»Die purpurne Stadt«, »Jap. Tagebuch«).
**Langobarden,** ein elbgerm. Stamm. Nach Wanderungen durch das heutige N- u. O-Dtld. besetzten um 490 Gebiete nördl. von Noricum, siedelten dann, um 500 christianisiert (Arianismus), in Pannonien. Unter *Alboin* vernichteten sie gemeinsam mit den Awaren 567 das Gepidenreich. Seit 568 eroberten sie Norditalien *(Lombardei),* Tuszien, Spoleto u. Benevent u. gründeten ein Reich mit der Hptst. Pavia. Im 8. Jh. führte die Eroberungspolitik König *Liutprands* zum päpstl.-fränk. Bündnis gegen die L. *Karl d. Gr.* nahm König *Desiderius* gefangen u. ließ sich selbst zum König der L. krönen (774). Die langobard. Fürstentümer von Benevent, Capua u. Salerno blieben bis zur Eroberung durch die Normannen im 11. Jh. selbständig.
**Langreo,** nordspan. Stadt im astur. Bergbau- u. Industriegebiet, 57 000 Ew.
**Langres** [lāgr], frz. Stadt u. Festung auf einem Bergsporn des Plateau de L., 11 000 Ew.
**Langschwänze,** *Berglaxe, Grenadierfische,* artenreiche trop. Fam. der *Schellfische;* leben in 500 bis 3000 m Tiefe.
**Langspielplatte,** eine *Schallplatte* mit einer Spieldauer bis zu rd. 30 Min. pro Seite.
**Längsschnitte,** bei techn. Zeichnungen eine Darstellungsweise, die den Gegenstand entlang seiner Längsachse aufgeschnitten zeigt.
**Langstabisolatoren,** Isolatoren für hohe Spannung, aus einem Stück hergestellt.
**Langstreckenlauf,** sportl. Lauf über lange Strecken (ab 3000 m).
**Längswellen,** *Longitudinalwellen,* Wellen mit Schwingungen in Fortpflanzungsrichtung (z.B. elast. Stoßwellen).
**Langton** ['læŋtən], Stephen, *um 1150, †1228, Erzbischof von Canterbury; zwang gemeinsam mit den engl. Baronen den König *Johann ohne Land,* die von L. maßgebl. beeinflußte »Magna Charta libertatum«, die älteste engl. Verfassungsurkunde, anzuerkennen.
**Languedoc** [lãgə'dɔk], histor. Prov. in S-Frankreich, histor. Zentrum *Montpellier.* Hinter einer flachen Küste mit vielen Strandseen *(Étangs)* erstreckt sich eine fruchtbare Schwemmlandebene; Weinanbau.
**Langue d'oc** [lãgə'dɔk], die S-frz., südl. der Loire gesprochene Sprache, wo für »ja« *oc* gebraucht wurde. Nördl. der Loire hingegen stand für »ja« *oïl* (später *oui*) **(Langue d'oïl).**
**Langusten,** *Palinuridae,* große, wertvolle *Ritterkrebse* mit schwach entwickeltem erstem Scherenpaar, bewohnen felsige Küstenzonen. Im Ostatlantik u. Mittelmeer lebt vor allem die *Gewöhnl. L.,* bis 8 kg schwer.
**Langvers,** *Langzeile,* ein Vers, der aus zwei verschiedenwertigen Kurzzeilen *(An-* u. *Abvers)* besteht; die rhythm. Einheit der germ. Stabreim-Dichtung; später auch in Endreim-Dichtungen, z.B. in der »Nibelungen-Strophe«.
**Langwellen** → elektromagnet. Wellen.
**Langzeitausscheider,** Sulfonamide, die infolge verzögerter Ausscheidung aus dem Körper eine verlängerte Wirksamkeit haben.
**Laniel,** Joseph, *1889, †1975, frz. Politiker; 1946

*Gewöhnliche Languste*

*Langobarden: Anbetung der Könige; 8. Jahrhundert. Cividale del Friuli*

Mitgr. u. 1947 Präs. der Republikan. Freiheitspartei, 1953/54 Min.-Präs.; nach dem Fall von Dien Bien Phu (N-Vietnam) 1954 gestürzt.
**Lanner,** Josef, *1801, †1843, östr. Komponist; erweiterte den Walzer zu einer zykl. Form; zahlr. Walzer, Ländler, Galopps.
**Lanolin,** wachsartige Emulsion aus Wollfett, Paraffin u. Wasser; Grundstoff für Salben.
**Lansdowne** ['lænzdaun], Henry Charles *Petty-Fitzmaurice,* Marquess of, *1845, †1927, brit. Politiker; 1888–93 Vizekönig von Indien, dann Kriegs- u. Außen-Min.; brachte 1904 die *Entente cordiale* mit Frankreich zustande.
**Lansel,** Peider, *1863, †1943, rätorom. Schriftst.; einer der führenden Erneuerer der rätorom. Sprache.

*Laokoon-Gruppe; um 50 v. Chr. Vatikan, Belvedere*

**Lansing** ['lænsiŋ], Hptst. des USA-Staats Michigan, 130 000 Ew.; Staatsuniv. in East L.; Agrarzentrum, Kraftfahrzeugbau.
**Lansing** ['lænsiŋ], Robert, *1864, †1928, US-amerik. Politiker; 1915–20 Außen-Min.
**Lanthan,** ein → chemisches Element.
**Lanthanoide,** die meistens dreiwertigen Elemente der Gruppe der Seltenen Erdmetalle mit den Ordnungszahlen 58 bis 71, u. zwar die Metalle *Cer* bis *Lutetium.*
**Lantschou** → Lanzhou.
**Lanugo,** *Wollhaar, Flaum,* weiche u. kurze Haare, die den menschl. Körper vom Embryonalstadium (4. Monat) an bedecken.
**Lanús,** selbst. sö. Vorstadt der argent. Hptst. Buenos Aires, 510 000 Ew.
**Lanza,** Mario, eigtl. Alfredo Arnold *Cocozza,* *1921, †1959, US-amerik. Sänger (Tenor) ital. Herkunft; Opern-, Konzert- u. Schlagersänger; spielte in einem Hollywood-Film E. Caruso.
**Lanzarote** [lanθa'rote], span. Kanar. Insel, 845 km², 54 000 Ew., Hauptort *Arrecife;* vulkan. Bergland; Fremdenverkehr.

# Laos

**Lanze,** alte Stoßwaffe, anfangs aus Holz mit Stahlspitze, dann aus Stahlrohr.
**Lanzelot,** *Lancelot,* Held frz. Ritterromane; dem kelt.-ir. Sagenkreis um *Artus* entnommen, dessen Tafelrunde er angehört.
**Lanzenfisch,** *Großer Nilhecht,* bis 2 m langer Süßwasserfisch, vom oberen Nil bis Zentralafrika in Seen u. Flüssen; mit elektr. Organen ausgerüstet.
**Lanzenrosette,** *Aechmea,* Gatt. der Ananasgewächse in Mittel- u. S-Amerika; die starren Blätter bilden Trichter, in denen sich Wasser u. Nährstoffe sammeln; beliebte Zimmerpflanze.
**Lanzettbogen,** schmaler Spitzbogen (bes. in der engl. Gotik).
**Lanzette,** schmales, spitzes Messer mit doppelter Schneide.
**Lanzettfenster,** in der got. Baukunst ein schmales, spitzbogiges Fenster ohne Maßwerk.
**Lanzettfischchen,** *Branchiostomata,* Fam. der → Schädellosen. Das bis 5 cm lange L. hat keinen Schädel, keine Wirbel, wohl aber die für Chordatiere kennzeichnende *Chorda;* lebt am Meeresgrund.
**Lanzhou** [landʃou], *Lantschou,* Hptst. der N-chin. Prov. Gansu, am Huang He, 1,4 Mio. Ew.; Univ.; Stahl-, chem. u.a. Ind., Ölraffinerie.
**Laodicea,** antiker Name von *Ladiqiyah.*
**Laokoon** [-kɔɔn], in der grch. Sage ein Priester in Troja, der die List der Griechen, die Stadt mit Hilfe des trojan. Pferdes zu erobern, erkannt hatte, aber auf Befehl der Götter, die den Sieg der Griechen wünschten, mit seinen 2 Söhnen von Schlangen erwürgt wurde. – Berühmte Marmorgruppe (um 50 v. Chr.) heute im Belvedere des Vatikan.
**Laon** [lã], N-frz. Stadt in der Île-de-France, 27 000 Ew.; got. Kathedrale, Zitadelle; versch. Ind.
**Laos,** Staat in Hinterindien (Asien), 236 800 km², 3,8 Mio. Ew., Hptst. *Vientiane.*

*Laos*

**Landesnatur.** Im N u. an der Ostgrenze gebirgig, sonst mit Ausnahme einiger Flußebenen hügelig oder plateauartig. Das Klima ist feuchtheiß mit sommerl. Monsunregen. 60% des Landes sind mit Wald bestanden. – Die buddhist. Bevölkerung besteht vorw. aus *Lao* u.a. Thai-Völkern. Hauptsiedlungszone ist das Tal des *Mekong.*
**Wirtschaft.** Die Landw. liefert für den Export Kaffee, Tee, Gewürze, Baumwolle, Mais u. Süßkartoffeln. L. ist der wichtigste Weltlieferant von Rohopium. Die Wälder bringen Nutz- u. Edelhölzer, darunter Teak. Von großer Bedeutung ist der Abbau u. die Ausfuhr von Zinn.
**Geschichte.** 1355 begr. der Lao-Prinz *Fa Ngum* (1353–73) auf dem Gebiet des heutigen L. das Königreich *Lan Chang.* Die nachfolgenden, miteinander rivalisierenden Reiche wurden ab 1829

*Laos: der Xayaphom-Tempel in der ehemaligen Königsresidenz Savannakhet*

*Lappenfamilie vor ihrem Zelt*

von Siam erobert. 1893 erzwang Frankreich von Siam die Abtretung des Gebiets. Seit 1941 unter jap. Besatzung, erklärte sich L. 1945 für unabh., wurde jedoch von frz. Truppen besetzt. 1949 erhielt es die Autonomie, 1954 die völlige Unabhängigkeit. 1954–73 eroberte die kommunist. Partisanenbewegung des *Pathet-Lao* einen großen Teil des Staatsgebiets. 1975 wurde die Demokrat. Volksrepublik ausgerufen. Staats-Präs. war bis 1986 *Souphanouvong;* ihm folgte *Phoumi Vongvichit.*

**Lao She** [lau ə], *1899, †1966, chin. Schriftst.; wurde während der »Kulturrevolution« verfolgt u. in den Selbstmord getrieben; gesellschaftskrit. Werke, v.a. Romane.

**Laotse** → Lao Zi.

**Lao Zi** [laudsz], *Lao-tse,* chin. Philosoph; soll nach der Tradition 604 v.Chr. geboren sein, lebte aber wahrsch. im 4. bis 3. Jh. v.Chr. Das mit seinem Namen verbundene Grundwerk des → Daoismus »Dao-De-Jing« enthält die archaisch-myth. Philosophie des L., die von dem Leeren (Nichts) als Ursprung der Welt ausgeht, das seine Macht auch in der Welt nicht verliert, vielmehr als Dao (Weg) weiterwirkt.

**La Palma,** span. Kanar. Insel, 729 km², 74 000 Ew.; Spitze eines untermeer. Vulkans (2426 m ü.M.) mit großer Caldera im Zentrum; Fremdenverkehr; Hauptort u. Hafen *Santa Gruz de la Palma.*

**Laparoskopie,** *Bauchspiegelung,* endoskopische Untersuchung der Baucheingeweide mit Hilfe des **Laparoskops,** eines opt. Instruments mit Beleuchtungsvorrichtung.

**Laparotomie,** operative Öffnung der Bauchhöhle.

**La Paz** [-'pas], amtl. *La Paz de Ayacucho,* Reg.-Sitz der südamerik. Rep. Bolivien, mit 3600–4000 m ü.M. die höchstgelegene Großstadt der Erde, 993 000 Ew.; Kultur-, Ind.- u. Handelszentrum; Univ. (1674); internat. Flughafen; 1548 an der Stelle einer Inkasiedlung gegr.

**La Pérouse** [-pe'ru:z], Jean-François de *Galaup,* Comte de, *1741, †1788 (auf Samoa erschlagen), frz. Seefahrer; umsegelte 1785 Kap Hoorn; entdeckte die **L.-P.-Straße,** Meeresstraße zw. Hokkaido u. Sachalin.

**lapidar,** kurz u. knapp.

**Lapilli,** bei einem Vulkanausbruch herausgeschleuderte kleine Lavabrocken.

**Lapislazuli,** *Lasurstein,* ein blauer, undurchsichtiger Schmuckstein; kompliziertes Gemenge aus versch. Mineralien mit Silicaten.

**Lapithen,** wohl historischer, aber früh verschollener Volksstamm im nördl. Thessalien (Kämpfe mit den *Kentauren*).

**Laplace** [-'plas], Pierre Simon Marquis de; *1749, †1827, frz. Mathematiker u. Astronom; entwickelte eine *Nebularhypothese* über die Entstehung des Planetensystems. In der Mathematik begründete er die Theorie der Kugelfunktionen u. entwickelte die Wahrscheinlichkeitsrechnung.

**La Plata, 1.** argent. Prov.-Hptst., 473 000 Ew.; Wirtschafts- u. Kulturzentrum; Univ.; Ölraffinerie. – **2.** *Rio de la Plata,* das gemeinsame Mündungsästuar der südamerik. Flüsse *Paraná* u. *Uruguay,* rd. 300 km lang, bis 250 km breit.

**La-Plata-Länder,** zusammenfassende Bez. für Argentinien, Uruguay u. Paraguay, die im Stromgebiet des Rio de la Plata liegen.

**Lappalie,** Nichtigkeit, Kleinigkeit.

**Lappeenranta** [-pe:n], schwed. *Villmanstrand,* Stadt im SO Finnlands, am Saimaa, 54 000 Ew.; Kurort; Handelsplatz, Holz-Ind.

**Lappen,** *Samen,* altsibir. Volk der finn.-ugr. Sprachfam., im N Norwegens, Schwedens, Finnlands u. auf der sowj. Halbinsel Kola *(Skolter-L.).* Man unterscheidet *Küsten-L.,* die z.T. in festen Siedlungen wohnen u. vom Fischfang leben, *Wald-L.,* die Ackerbau, Renzucht, Jagd u. Fischfang betreiben u. *Berg-L.,* die mit ihren Rentierherden jahreszeitl. zw. festen Weideplätzen wandern.

**Läppen,** spanendes Feinbearbeitungsverfahren für Metalle zur Verbesserung von Maß, Form u. Rauheit.

**Lappentaucher,** *Taucher, Steißfüße, Podieipediformes,* Ordnung sehr gewandt tauchender, schlecht fliegender *Vögel* großer Binnengewässer, deren Zehen nicht mit durchgehenden Schwimmhäuten, sondern nur mit Hautlappen ausgerüstet sind; in Europa: Haubentaucher, Rothalstaucher, Schwarzhalstaucher, Zwergtaucher.

**Lappland,** zu Norwegen, Schweden, Finnland u. zur Sowj. gehörende nordeurop. Landschaft, 320 000 km², 450 000 Ew. (davon rd. 34 000 Lappen); Seen, Sümpfe, im S Nadelwald, im N Tundra; die Bewohner sind meist Rentierzüchter u. Fischer. Eisenerzlager bei Kiruna, Gällivare, Kolari u. Kirkenes.

**Laprade** [la'prad], Pierre, *1875, †1932, frz. Maler; von A. *Renoir* u. P. *Cézanne* beeinflußt.

**Lapsus,** Fehler, Ungeschicklichkeit.

**Laptop,** Kunstwort aus engl. Lap (Schoß) u. Desk-Top (Schreibtisch) für leichte, tragbare, zeitweilig netzunabhängige Computer, mit einem klappbaren, auch als Deckel dienenden LCD- oder Plasma-Flachbildschirm.

**L'Aquila** ['la:kwila], mittelital. Prov.-Hptst. in den Abruzzen, 67 000 Ew.; Univ.; Kastell; Fremdenverkehr.

**Lar,** *Hylobates lar,* 90 cm großer *Gibbon,* in den Wäldern Sumatras, Malayas u. Birmas.

**Larbaud** [-'bo:], Valéry, *1881, †1957, frz. Schriftst.; Romane u. Erzählungen.

**Lärche,** *Larix,* Gatt. laubabwerfender *Nadelhölzer* der nördl. Halbkugel; bis 40 m hoch, liefert harzreiches Holz (für Schiffs- u. Wasserbauten) u. Terpentin.

**Laredo,** Grenzstadt nach Mexiko, im USA-Staat Texas, 91 000 Ew.; starker Fremden- u. Durchgangsverkehr.

**Laren,** röm. Schutzgötter für Feld, Weg u. Haus, meist paarweise auftretend.

**Larestan,** *Laristan,* gebirgige, wasserarme Ldsch. in Iran, am Pers. Golf.

**larghetto,** musikal. Vortragsbez.: weniger breit (als **largo**).

**Largo,** langsamer Satz einer Sinfonie oder Sonate.

**Largo Caballero** ['larjo kaba'jero], Francisco, *1869, †1946, span. Politiker (Sozialist); 1934 führend in der Aufstandsbewegung gegen die Reg. Lerroux, 1936/37 während des Bürgerkrieges Min.-Präs. einer Volksfrontregierung; emigrierte nach Frankreich, wurde verhaftet u. war 1942–45 im KZ Sachsenhausen.

**Larionow,** Michail Fedorowitsch, *1881, †1964, russ. Maler u. Bühnenbildner; entwickelte einen eigenen Stil, den *Rayonismus.*

**Larisa,** *Larissa,* grch. Stadt in Thessalien, am Pinios, 103 000 Ew.; Textil-, Nahrungsmittel- u. Papier-Ind.

**Larkana,** pakistan. Stadt westl. des unteren Indus, 70 000 Ew.; südl. von L. die Ruinen von *Mohenjo-Daro* (Induskultur, 4./3. Jt. v.Chr.).

**Lärm,** als lästig empfundener kulturell. Straßen-, Luftverkehr u. Industrie sind die Hauptquellen des L.s, der bei 80 Phon liegt. Die L.bekämpfung beruht auf konstruktiven baul. Gegenmaßnahmen *(Lärmschutz).* L. kann zu Gesundheitsschäden führen **(Lärmschäden).** L. wirkt stets als Streß u. führt, abgesehen von direkten Schädigungen des Gehörorgans *(Schwerhörigkeit),* über das vegetative Nervensystem zu versch. funktionellen, u.U. auch organ. Schäden, u.a. zu Nervosität, Herz- u. Kreislaufbeschwerden, Verdauungsstörungen, Schlaflosigkeit, Kopfschmerzen.

**larmoyant** [larmwa'jant], weinerl., rührselig.

**Lärmschutz,** *Schallschutz,* Maßnahmen, die den Lärm vermindern, z.B. durch geeignete Konstruktionen, Betriebsweisen u. Verfahren; Schallschutzwände oder Verwendung von Gehörschutz.

**Larnaka,** das antike *Kition,* Hafenstadt an der SO-Küste von Zypern, 53 000 Ew.; Salz- u. Umbragewinnung, Erdölraffinerie; internat. Flughafen.

**La Roche** [-'rɔʃ], Sophie von, geb. *Gutermann von Gutershofen,* *1731, †1807, dt. Schriftst.; Großmutter von Clemens u. Bettina von *Brentano;* Roman »Geschichte des Fräuleins von Sternheim«.

**La Rochefoucauld** [-rɔʃfu'ko], François Herzog von, Prinz von *Marcillac,* *1613, †1680, frz. Schriftst.; Offizier u. Diplomat am Hof Ludwigs XIV., Ⓦ »Réflexionen oder moral. Sentenzen u. Maximen«.

**La Rochelle** [-rɔ'ʃɛl], W-frz. Hafenstadt am Atlantik, 76 000 Ew.; einer der wichtigsten Handels- u. Fischereihäfen Frankreichs; Fremdenverkehrszentrum. – Im 16. Jh. stark befestigt u. Hauptstützpunkt der Hugenotten.

**La Roche-sur-Yon** [-rɔ'syr'jɔ̃], Stadt in Westfrankreich, am Yon, 44 000 Ew.; Metall- u. Schuh-Ind.

**Larousse** [la'rus], Pierre Athanase, *1817, †1875, frz. Sprachwiss. u. Lexikograph; gründete 1852 den Verlag *Librairie L.* in Paris.

**Larra,** Mariano José de, *1809, †1837 (Selbstmord), span. Schriftst. u. Publizist.

**Larreta,** Enrique, eigtl. E. Rodríguez *Maza,* *1875, †1961, argentin. Schriftst.; schrieb in der klass. kastilischen Sprache.

**Larrey** [-'rɛ:], Jean Dominique Baron, *1766, †1842, frz. Chirurg; seit 1805 Generalinspekteur des Sanitätswesens der napoleon. Armeen, führte die fliegenden Feldlazarette ein.

**Larrocha** [la'rɔtʃa], Alicia de, *23.5.1923, span. Pianistin; Interpretin der span. Klaviermusik.

**Larsson, 1.** Carl, *1853, †1919, schwed. Maler u. Graphiker; Gemälde, Aquarelle u. Zeichnungen, Ⓦ »Das Haus in der Sonne«. – **2.** Lars-Erik, *15.5.1908, schwed. Komponist; Vertreter einer National-Romantik.

**L'art pour l'art** [la:r pur la:r, frz; »die Kunst für die Kunst«], 1836 von V. *Cousin* geprägtes Schlagwort für eine auch im dt. Klassizismus begründete Kunsttheorie, die das Kunstwerk als eigengesetzl. Gebilde auffaßt, frei von religiösen oder eth. Bindungen.

**Larve, 1.** Maske, insbes. Gesichtsmaske. – **2.** die Jugendform von Tieren mit indirekter Entwicklung *(Metamorphose):* L. sind z.B. Raupen (von Schmetterlingen), Maden (von Fliegen), Kaulquappen (von Fröschen).

**Larvenroller,** *Paguma,* zu den *Palmenrollern* gehörige *Schleichkatzen,* aus Osttibet bis Südchina.

**Larvenschwein,** Unterart des Flußschweins aus Madagaskar; dort einziges wildlebendes Huftier.

**Larventaucher,** *Papageitaucher* → Alken.

**Larvik,** S-norw. Hafenstadt u. Bad am *Larvikfjord,* 8000 Ew.; Holzhandel.

**Laryngal,** im Kehlkopf gebildeter Laut; z.B. das H.

**Laryngitis,** Kehlkopfentzündung.

**Laryngoskopie,** Untersuchung des Kehlkopfs mit einem Kehlkopfspiegel.

**Larynx** → Kehlkopf.

**Lasagne** [la'zanjə], ital. Speise aus abwechselnd mit Hackfleisch geschichteten Bandnudeln, die mit Käse überbacken werden.

*Carl Larsson: Nachsommer; 1908. Malmö-Museum*

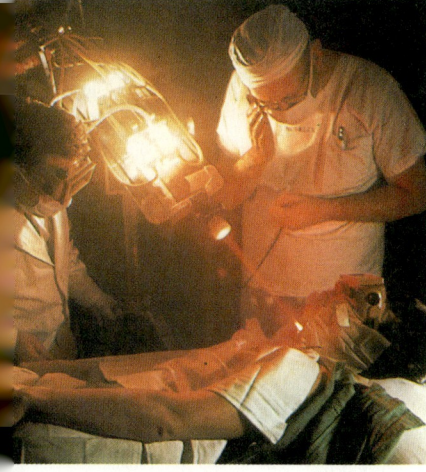

*Laser: In der Medizin können mit Hilfe eines Laserstrahls Augenoperationen fast schmerzlos ausgeführt werden (links). – Laserschneiden mit Brennfleck-Durchmessern von wenigen hundertstel Millimeter, hier sogar in drei Dimensionen (rechts)*

**La Salle** [-'sal], **1.** Jean-Baptiste de, *1651, †1719, Domherr in Reims; Gründer der Genossenschaft der Christl. Schulbrüder; einer der Begr. des Volksschulwesens in Frankreich. – Heiliger (Fest: 7.4.). – **2.** Robert Chevalier de, *1643, †1687 (ermordet), frz. Nordamerika-Forscher; befuhr 1682 den Mississippi bis zur Mündung, nannte das Land zu beiden Seiten des Stromes Louisiana u. nahm es für Frankreich in Besitz.

**Las Casas,** Bartolomé de, *1474, †1566, span. Geistlicher u. Chronist; kämpfte für die Verbesserung der Lebensbedingungen der Indianer; 1544–47 Bischof von Chiapas (Mexiko).

**Las Cases** [las'ka:z], Emmanuel Graf, *1766, †1842, frz. Offizier; 1809 Kammerherr Napoleons I., dem er nach St. Helena folgte, wo er Napoleons Memoiren aufzeichnete.

**Lascaux** [las'ko], 1940 bei Montignac (S-Frankreich) entdeckte Höhle mit Felsmalereien aus der Altsteinzeit (Bisons, Wildpferde).

**Lasche,** metallenes Verbindungsstück zweier Teile, z.B. von Eisenbahnschienen; Lederstück, z.B. als Verschluß an Handtaschen.

**Laser** ['lɛizə], Abk. für engl. *light amplification by stimulated emission of radiation,* »Lichtverstärkung durch angeregte Emission von Strahlung«. Der L. ist ein Gerät zur Erzeugung intensiver, stark gerichteter, monochromatischer u. kohärenter Lichtstrahlen. Er beruht auf demselben physik. Prinzip wie der *Maser.* Das wichtigste Teil des L. ist ein Medium (Gas, Flüssigkeit, Festkörper) mit einer sog. Besetzungsinversion, bei dem durch zugeführte Hilfsenergie (z.B. Blitzlampenlicht, elektr. Entladung) ein höheres Energieniveau stärker besetzt ist als ein energetisch tiefer liegendes. Bringt man das Medium zw. zwei parallele Spiegel, einen hochreflektierenden u. einen teildurchlässigen, so wird hin u. her reflektiertes Licht, dessen Frequenz der Energiedifferenz der beiden Niveaus entspricht, bei jedem Durchgang durch das Medium verstärkt u. verläßt die Anordnung durch den teildurchlässigen Spiegel als *L.strahl.* L. sind heute aus vielen Bereichen von Wiss. u. Technik nicht mehr wegzudenken; sie finden u.a. Anwendung in der Spektroskopie u. Fusionsforschung, in Druckern, bei der Holographie, in Vermessungswesen, in der Chirurgie u. Augenheilkunde, in der Meß- u. Nachrichtentechnik, beim Bohren, Schneiden u. Schweißen von Werkstücken, beim Härten u. Legieren von Oberflächen. – Die theoret. Grundlagen des Verfahrens wurden 1950 in den USA von A.L. *Schawlow* u. C.H. *Townes* entwickelt, den ersten Festkörper-Rubin-L. baute 1960 T.H. *Maiman.*

**Laserdrucker,** ein elektron., hochwertiges Ausgabegerät für Computerdaten, bei dem ein Laserstrahl die Zeichen (bis zu 20 000 Zeichen pro Minute) auf eine elektrophotograph. Schicht überträgt, die mit Papier in Kontakt kommt.

**La Serena,** Hptst. der nordchilen. Region Coquimbo, 107 000 Ew.; Brauerei, Obstverarbeitung, Gerberei; Fremdenverkehr; Flugplatz.

**Laserkraut,** ein *Doldengewächs,* in Europa verbreitete, kräftige Pflanze auf Kalkboden.

**La Seyne-sur-Mer** [la sɛnsyr'mɛːr], Ind.-Stadt an der frz. Mittelmeerküste, 58 000 Ew.; bed. Werft-Ind.

**Lash-Verkehr** [læʃ-], Abk. für engl. *Lighter aboard ship, Huckepackverkehr,* Verkehr mit Spezialschiffen, die zahlr. Leichter (rd. 18 x 9 m große Lastkähne) über See befördern.

**lasieren,** mit durchsichtiger Farbe überziehen.

**Läsion,** Störung, Verletzung.

**Lasker,** Emanuel, *1868, †1941, dt. Philosoph, Mathematiker u. Schachspieler; Schachweltmeister 1894–1921; emigrierte 1935 in die USA.

**Lasker-Schüler,** Else, *1869, †1945, dt. Schriftst.; gehörte zum Umkreis des Expressionismus; ließ Bilder oriental. Märchen u. alttestamentl. Motive in ihre Lyrik einfließen. Lyrik: »Styx«, »Hebr. Balladen«, »Mein blaues Klavier«; Drama: »Die Wupper«; Prosa: »Der Prinz von Theben«.

**Laski** ['læski], Harold Joseph, *1893, †1950, brit. Staatswiss. u. Politiker; 1945/46 Vors. der Labour Party.

**Łaski** ['uaski], poln. Adelsgeschlecht: **1.** Jan, *1455 oder 1456, †1531, Krongroßkanzler 1503 bis 1510, Erzbischof u. Primas von Polen seit 1510. – **2.** Jan (Johannes), Neffe von 1), *1499, †1560, poln. Reformator; kath. Geistlicher, näherte sich 1539 dem Protestantismus; Bibelübersetzer.

**Las Marismas,** 490 000 ha großes Gebiet an der Mündung des Guadalquivir (S-Spanien), durch eine Dünenkette vom Meer getrennt; seit 1870 Landgewinnungsmaßnahmen; im Nationalpark *Doñana* amphib. Ldsch.

**Las Palmas,** größte Stadt der span. Kanar. Inseln, auf *Gran Canaria,* 380 000 Ew.; Handelszentrum; kath. Bischofssitz; Fremdenverkehr.

**La Spèzia,** ital. Hafenstadt in Ligurien, sö. von Genua, 107 000 Ew.; Werft-, Elektro-, Rüstungs-Ind.; Seebad.

**Lassa-Fieber,** sehr ansteckende, lebensgefährl. Viruskrankheit; 1969 in dem nigerian. Dorf *Lassa* erstmals registriert.

**Lassalle** [-'sal], Ferdinand, *1825, †1864 (im Duell), dt. Politiker u. polit. Theoretiker; wurde 1845 in Paris für sozialist. Ideen gewonnen, schloß sich in Dtld. K. *Marx* an. L. entwarf das Programm einer sozialist. Arbeiterpartei u. wurde 1863 zum Präs. des *Allgemeinen Deutschen Arbeitervereins* (der 1875 in die Sozialdemokratie aufging) gewählt. Er forderte allg. u. gleiches Wahlrecht u. setzte sich für eine sozialist. Gesellschaft ohne Privateigentum ein.

**Laßberg,** Joseph Frhr. von, *1770, †1855, dt. Germanist.

**Lassell** ['læsəl], William, *1799, †1880, engl. Astronom.

**Lassen Peak** ['læsn 'piːk], Vulkan im südl. Kaskadengebirge (California, USA), 3187 m; Naturschutzgebiet; Fremdenverkehr.

**Lasso, 1.** v.a. von amerik. Viehhirten verwendetes Wurfseil mit Schlinge zum Einfangen von Tieren. – **2.** eine Hebefigur beim Eiskunst-Paarlauf.

**Lasso,** Orlando di, *Orlandus Lassus,* *1532, †1594, ndl. Komponist; 1564 Leiter der Hofkapelle in München; der letzte große universale Musiker des 16. Jh.; etwa 2000 Kompositionen (Messen, Motetten, Passionen, Chansons u.a. weltl. Musik).

**Last, 1.** *Belastung,* die unmittelbar auf einer Sache, bes. auf einem Grundstück, ruhende rechtl. Verpflichtung (z.B. Hypothek). – **2.** altes Hohlmaß für Getreide; in der Schiffahrt ein veraltetes Maß für die Tragfähigkeit eines Schiffs *(Kommerz-L.).* – **3.** die auf einen Hebelarm *(L.arm)* einwirkende Belastung.

**Last,** James, eigtl. Hans L., *17.4.1929, dt. Komponist u. Orchesterleiter; mit eigenen Arrangements sehr erfolgreich; Filmmusiken.

**last but not least** ['laːst bʌt nɔt 'liːst], geflügeltes Wort aus Werken von Shakespeare: »zuletzt (genannt), aber nicht am geringsten (bewertet)«.

**Lastenausgleich,** in der BR Dtld. die Anerkennung der Ansprüche der durch den Krieg (Bombenschäden) u. seine Folgen (Vertreibung u. Umsiedlung von Menschen dt. Staats- oder Volkszugehörigkeit; Währungsreform) bes. betroffenen Bevölkerungsteile auf einen soz. gerechten Ausgleich mit den nicht oder wenig geschädigten Bevölkerungsteilen. Vermögensabgabe, Hypothekengewinnabgabe u. Kreditgewinnabgabe. Ausgleichsleistungen: Hauptentschädigung, Kriegsschadenrente, Hausratsentschädigung, Aufbaudarlehen, Wohnraumhilfe.

**Lastensegler,** ein von Motorflugzeugen geschlepptes Segelflugzeug zum Transport von Lasten, das nach Trennung der Schleppverbindung selbst. im Gleitflug landet; im 2. Weltkrieg zum Transport von Luftlandetruppen eingesetzt.

**Lastex,** elast. Gewebe aus umsponnenen Gummifäden.

**Lasthebemagnet,** *Hubmagnet,* zum Verladen von Stahl u. Eisen dienender, am Lasthaken eines Kranes angebrachter Elektromagnet.

**Lastkraftwagen,** Abk. *Lkw, Laster,* Kraftwagen zur Beförderung von Lasten.

**Lastman,** Pieter, *1583, †1633, ndl. Maler; Lehrer von *Rembrandt* (1622/23); bibl. u. mytholog. Bilder.

**Lastovo,** ital. *Lagosta,* jugoslaw. Adria-Insel in S-Dalmatien, 53 km², 1600 Ew.

**Lästrygonen,** menschenfressendes Riesenvolk der grch. Sage.

**Lastschrift,** Buchung im *Soll* eines Kontos.

**Lasurfarben,** transparente Farben, die im Unterschied zu Deckfarben die darunterliegende Farbschicht oder bei Holz die Maserung durchscheinen lassen.

**Las Vegas,** Stadt in der Wüste im S des USA-Staates Nevada, 217 000 Ew.; bekanntestes Vergnügungszentrum der USA; Fremdenverkehr.

**lasziv,** zweideutig, unanständig.

**László** [la:slo:], Alexander, *22.11.1895, ung. Pianist u. Komponist; Erfinder eines Farblichtklaviers (Sonchromatoskop) mit neuer Notation.

**Lätare** → Laetare.

**Latein** → lateinische Sprache.

**Lateinamerika,** *Iberoamerika,* die von Spanien u. Portugal kolonisierten Gebiete Mittelamerikas (einschl. Mexiko) u. Südamerikas.

**Lateinamerikanische Freihandelsassoziation,** Abk. span. *ALALC,* engl. *LAFTA,* 1961 erfolgter Zusammenschluß lateinamerik. Staaten zu einer Freihandelszone; 1981 abgelöst durch die *Asociación Latino-Americana de Integración (ALADI).*

**lateinamerikanische Tänze,** Turniertanz-Disziplin mit eig. Meisterschaften, umfaßt die Tänze Rumba, Samba, Cha-Cha-Cha, Jive u. Pasodoble.

*Las Vegas: »The Strip«, die Straße des Vergnügens*

**lateinische Kirche,** der Teil der kath. Kirche, der im Unterschied zu den 5 Riten der kath. Ostkirche den latein. Ritus befolgt, ein eigenes Kirchenrecht (CIC) hat u. dem Papst als Patriarchen des Abendlandes untersteht.
**Lateinischer Münzbund,** *Lateinische Münzunion,* frz. *Union Latine,* 1865 zw. Frankreich, Belgien, Italien u. der Schweiz geschlossenes Abkommen über Kurs u. Prägung von Gold- u. Silbermünzen; 1927 gekündigt.
**Lateinisches Kaiserreich,** das 1204 (auf dem 4. Kreuzzug) durch die Kreuzfahrer in Konstantinopel gegr. Kaiserreich. Es bestand bis 1261.
**lateinische Sprache,** *Latein,* zur *italischen* Gruppe der indoeurop. Sprachfamilie gehörende Sprache; urspr. die Sprache der Bewohner Roms u. Latiums (der *Latiner*), seit dem 3. Jh. v. Chr. mit der Machtentfaltung Roms über Italien, dann über das Gebiet des westl. Mittelmeers ausgedehnt u. Sprache des röm. Weltreichs *(klass. Latein);* im MA als Sprache der Kirche, Geistlichen, Gelehrten u. als Verkehrssprache lebendig *(Mittellatein).* Die gesprochene l. S. entwickelte sich zum *Vulgärlatein,* das für die roman. Volkssprachen die Grundlage war. Das *Neulatein* war bis ins 19. Jh. hinein die Sprache der europ. Wiss. u. der kath. Kirche.
**Lateinschrift,** um 600 v. Chr. aus der grch. Alphabet entstandene Buchstabenschrift; mit vielen Zwischenstufen u. Varianten Grundlage aller westeurop. Druck- u. Schreibschriften.
**Lateinschule,** Gymnasium, das alte Sprachen (vor allem Latein) lehrte. Griechisch trat erst seit etwa 1500 hinzu, wurde aber bis 1750 nur zum Studium des NT erlernt.
**Latènezeit** [laˈtɛːn-], die auf die *Hallstattzeit* folgende jüngere Stufe der vorröm. *Eisenzeit* in Mitteleuropa, 400 v. Chr. bis Christi Geburt; ben. nach dem Fundort *La Tène* am Neuenburger See (W-Schweiz). Die Latènekultur gilt als Kultur der Kelten. Von den mehr als 2500 Fundstücken sind über ein Drittel Schwerter, Lanzen u. Schilde; außerdem Schmuck, Keramik, Werkzeuge, z.T. als Grabbeigaben. In der Spät-L. gab es ummauerte Siedlungen (bis zu mehreren hundert Hektar).
**latent,** verborgen (vorhanden). – **l.es Bild,** das in der belichteten, lichtempfindl. Schicht vorhandene, nicht entwickelte Bild. – **l.e Wärme,** die Wärmemenge, die ein Körper (beim Schmelzen, Verdampfen) ohne Temperaturänderung aufnimmt (u. die er beim Erstarren, Kondensieren wieder abgibt).
**Latenzzeit,** bei nervlichen Vorgängen der Zeitraum zw. Reizung u. Reaktion, z.B. zw. dem Eintreffen des Nervenimpulses am Muskel u. der Muskelkontraktion.
**lateral,** seitlich.
**Lateralis,** *Laterallaut, Seitenlaut,* ein Laut, bei dessen Bildung infolge Berührung von Zungenspitze u. Gaumendach die Luft seitl. aus der Mundhöhle entweicht, z.B. »l«.
**Lateran,** *L.palast,* Papstpalast in Rom bis 1308; seit 1841 Museum. – **L.konzilien,** *L.-Synoden,* 5 allg. Konzilien, die im *L.* stattfanden: 1123, 1139, 1179, 1215, 1512–17. – **L.verträge,** drei 1929 im *L.* zw. Italien u. dem Hl. Stuhl zugleich mit einem Konkordat abgeschlossenen Verträge. Die Souveränität des Hl. Stuhls über die Vatikanstadt *(Kirchenstaat)* wurde staatsrechtl. anerkannt, dagegen gewährte der Papst dem Königreich Italien die An-

*Latènezeit: Der Silberkessel von Gundestrup in Nordjütland. Kopenhagen, Nationalmuseum. Auf der Außenwand befinden sich einzelne Platten mit Brustbildern von Göttern und Göttinnen*

*Seiden-Laubenvogel*

erkennung. Die kath. Religion wurde als Staatsreligion Italiens bestätigt. Nach dem Konkordat von 1584 ist sie nicht mehr Staatsreligion.
**Lateranuniversität,** die auf die Seminarschulen des »Röm. Kollegs« (gegr. 1773) zurückgehende, 1913 in den *Lateran* übergesiedelte, 1959 zur Univ. erhobene päpstl. Hochschule; sie hat eine theol., kanonist., zivilrechtl. u. philos. Fakultät.
**Laterit,** rötl., durch Austrocknung entstandener extrem verhärteter Boden, der vorw. aus Eisen- u. Aluminiumoxidhydraten besteht; in den Tropen weit verbreitet.
**Laterna magica,** »Zauberlaterne«, ein 1646 entwickelter einfacher *Bildwerfer* mit Linse u. Öllampe, mit dem gemalte Bilder projiziert wurden; Vorläufer der heutigen *Projektionsapparate.*
**Laterne, 1.** durch Glas- oder Papiergehäuse geschützte Lichtquelle. – **2.** türmchenartiger Kuppelaufsatz mit Lichtöffnungen; durchbrochene Bekrönung von Türmen oder Aufbau über Fachwerkdachkonstruktionen von Industriehallen.
**Laternenfische,** *Myctophidae,* Fam. kleiner Meeresfische mit Leuchtorganen; der Ordnung *Myctophiformes* oder der Ordnung *Scopeliformes,* den *Leuchtsardinen,* zugeordnet.
**Laternenträger,** *Fulgorae,* Fam. der *Zikaden.* Sie haben blasen- oder zapfenartig aufgetriebene Stirnfortsätze, denen fälschl. ein Leuchtvermögen zugeschrieben wurde.
**Latex,** Milchsaft der Kautschuk liefernden Pflanzen.
**Latifundien,** sehr ausgedehnter, im Eigentum einer Privatperson befindl. Großgrundbesitz; heute bes. in Lateinamerika.
**Latina,** ital. Prov.-Hptst. in den Pontin. Sümpfen, 100 000 Ew.; Kernkraftwerk; Konserven-, chem. u.a. Ind.
**Latiner,** an der Wende vom 2. zum 1. Jt. v. Chr. in Mittelitalien *(Latium)* eingewanderter Stamm der *Italiker.*
**Latinismus,** auf eine andere Sprache übertragene Eigenart der lat. Sprache.
**Latinum,** Zeugnis über Kenntnisse der lat. Sprache, das als Voraussetzung für das Studium z.B. der Geschichte, klass. Sprachen u. Theologie verlangt wird.
**Latium,** ital. *Làzio,* Region in → *Italien;* das alte Siedlungsgebiet der *Latiner.*
**Latona** → Leto.
**Latorre,** Mariano, *1886, †1955, chilen. Erzähler; beschrieb eindringlich Ldsch. u. Menschen.
**Latosol,** verbreiteter Bodentyp der Tropen; *roter L.* (Roterde), *gelber L.* (Gelberde).
**La Tour** [-ˈtuːr], **1.** *Latour,* Georges de, *1593, †1652, frz. Maler (mytholog. u. religiöse Szenen, oft als Nachtstücke). – **2.** Maurice Quentin de, *1704, †1788, frz. Maler; Pastellmaler.
**La Tour du Pin** [-ˈtuːrdyˈpɛ̃], Patrice de, *1911, †1975, frz. Lyriker; metaphys. Dichtungen.
**Latourette** [-tuəˈrɛt], Kenneth Scott, *1884, †1968, US-amerik. ev. Theologe; Förderer der ökumen. Bewegung, Missionshistoriker.
**Latrine,** Abtritt, Senkgrube.
**Latrobe** [ˈlætrəʊb], Benjamin Henry, *1764, †1820, US-amerik. Architekt engl. Herkunft; Kirchen u. öffentl. Gebäude im klassizist. Stil.
**Latsche** → Legföhre.
**Latte,** Schnittholz mit einem Querschnitt von höchstens 40 cm².
**Lattich,** *Lactuca,* Gatt. der *Korbblütler;* meist gelb blühend; *Garten-L.* ist die Stammpflanze der Kulturformen *Kopfsalat* u. *Sommerendivie.*

*Laubfrosch*

**Lattmann,** Dieter, *15.2.1926, dt. Schriftst. u. Politiker (SPD); 1969–74 Vors. des Verbands dt. Schriftst.; MdB 1972–80; schrieb Romane u. zeitkrit. Abhandlungen.
**Latwerge,** ältere Arzneiform: Arzneimittelpulver mit Mus oder Sirup verrührt.
**Latzhose,** Hose mit angesetztem, vorderem Trägeroberteil; Arbeitshose u. jugendl. Modehose.
**Laub,** die Gesamtheit der Blätter der grünen Pflanzen, v.a. der Holzgewächse.
**Laub,** Gabriel, *24.10.1928, tschech. Schriftst.; lebt seit 1968 in der BR Dtld.; Satiriker u. Aphoristiker.
**Lauban,** poln. *Lubań,* Stadt in Schlesien, am Queis, 22 000 Ew.; Masch.- u. Textil-Ind.
**Laubbäume,** alle Holzgewächse, die zu den bedecktsamigen zweikeimblättrigen Pflanzen gehören u. einen deutl. Stamm ausbilden, so daß der Vegetationskörper sich in Wurzel, Stamm u. Krone gliedert.
**Laube,** *Garten-L.,* leichtes Holzbauwerk mit Schlingpflanzen bewachsen. – **L.ngang,** überwölbter Gang im Erdgeschoß von Wohn- u. Geschäftshäusern. – **L.nkolonie,** Kleingartenanlage mit L.
**Laube,** Heinrich, *1806, †1884, dt. Schriftst. u. Theaterleiter; 1849–67 Leiter des Wiener Burgtheaters; schrieb Romane u. Dramen; ein Wortführer des *Jungen Deutschland.*
**Laubenvögel,** Unterfam. der *Paradiesvögel, Singvögel.* Zur Balz bauen die männl. L. laubenähnl. Gänge aus Zweigen, deren Eingänge sie mit auffallenden Gegenständen schmücken.
**Laubfrosch,** *Hyla arborea,* bis 5 cm langer Frosch aus Mittel- u. S-Europa, grün oder dunkelbraun gefärbt; lebt vorwiegend auf Gebüsch oder im Schilf, Laichablage im Wasser.
**Laubheuschrecken,** *Tettigoniidae,* Fam. der *Heuschrecken;* gekennzeichnet durch körperlange Fühler, Gehörsinnesorgane an den Vorderbeinen u. Zirpvorrichtung an den Vorderflügeln; Räuber. Die *Grüne L.* oder *Heupferd* ist eine bis 35 mm lange Art Mitteleuropas.
**Laubhüttenfest,** hebr. *Sukkoth,* Erntedankfest der

*Laubhüttenfest: jüdische Familie beim festlichen Essen in der traditionellen Laubhütte*

Juden im Herbst, drittes u. größtes der drei Wallfahrtsfeste zur Erinnerung an die Wanderung Israels durch die Wüste.

**Laubkäfer,** Unterfam. der *Skarabäen;* als Laubfresser schädl.; hierzu: *Maikäfer, Junikäfer.*

**Laubmoose** → Moose.

**Laubsäge,** Bügelsäge mit dünnen Sägeblättern zur Herstellung feiner Holzarbeiten.

**Laubsänger,** *Phylloscopus,* Gatt. von *Grasmücken-Singvögeln;* meist graugrüne, kleine Vögel mit oft auffallendem Gesang. Einheim. sind der *Weiden-L.* oder *Zilpzalp,* der *Fitis* u. der *Wald-L.*

**Lauch** [das; lat.], *Allium,* Gatt. der *Liliengewächse,* krautige Pflanzen mit Zwiebeln, die aber zuweilen an waagerechten Wurzelstöcken sitzen. Hierher gehören *Zwiebel, Knoblauch, Porree, Schalotte, Winterzwiebel.*

**Lauchhammer,** Stadt in Brandenburg, 24 000 Ew.; Braunkohlengewinnung.

**Lauchstädt,** *Bad L.,* Stadt in Sachsen-Anhalt, 5000 Ew.; Kurort; Goethe-Theater.

**Lauckner,** Rolf, *1887, †1954, dt. Schriftst. (histor. Schauspiele u. Drehbücher).

**Laud** [lɔ:d], William, *1573, †1645, Erzbischof von Canterbury (seit 1633); Berater Karls I. Seine Maßnahmen führten 1637 zum Aufstand; er wurde wegen Hochverrats enthauptet.

**Lauda,** Andreas-Nikolaus (»Niki«), *22.2.1949, östr. Automobil-Rennfahrer; Weltmeister 1975, 77 u. 84.

**Lauda-Königshofen,** Stadt in Ba.-Wü., an der Tauber, 14 000 Ew.; Metall-Ind., Weinanbau.

**Laudanum,** histor. Bez. für jedes schmerzstillende (bes. opiumhaltige) Mittel.

**Laudatio,** feierl. Lobrede.

**Laudes,** Morgenlob des kirchl. Stundengebets.

**Laudon,** Gideon Ernst Freiherr von, *1717, †1790, östr. Feldherr; Truppenführer im *Siebenjährigen Krieg* u. in den *Türkenkriegen.*

**Laue,** Max von, *1879, †1960, dt. Physiker; entdeckte die Beugung von Röntgenstrahlen in Kristallen; Nobelpreis 1914.

**Lauenburg, 1.** ehem. Herzogtum an der Niederelbe um Ratzeburg; → Lauenburg/Elbe. – **2.** poln. *Lębork,* Stadt in Pommern (Polen), an der Leba, 30 000 Ew.; Elektro-, Textil- u.a. Industrie.

**Lauenburg/Elbe,** Stadt in Schl.-Ho., an der Mündung des Elbe-Lübeck-Kanals in die Elbe, 11 000 Ew.; ehem. Hptst. des Herzogtums Lauenburg; Reedereien, Holz- u. Textil-Ind.

**Lauf, 1.** Bein u. Fuß bei Haarwild u. beim Hund; zu einem Teil des Beins umgewandelter Fußknochen der Vögel. – **2.** *Läufer, Passage,* schnelle Folge von Tönen, in Form einer Tonleiter oder eines gebrochenen Akkords. – **3.** Rohr von Handfeuerwaffen u. Maschinengewehren, in dem das Geschoß seine Anfangsgeschwindigkeit, seinen Drall u. seine Richtung erhält.

**Laufachse,** Achse mit Rädern (*Laufrädern*) bei Lokomotiven, Triebwagen u. Kraftfahrzeugen, die nicht angetrieben wird.

**Lauf an der Pegnitz,** Krst. in Bayern, nordöstl. von Nürnberg, 22 000 Ew.; Wenzelsschloß (14. Jh.); Porzellan-, Holz- u.a. Ind.

**Laufbahn,** berufl. Werdegang.

**Laufen,** eine der Hauptgruppen der Leichtathletik u. die Grundlage der meisten übrigen Sportarten, bes. der Spiele. In der modernen Leichtathletik teilt man die Laufwettbewerbe ein in *Kurzstreckenläufe* (50 bis 400 m), *Mittelstreckenläufe* (800 bis 1500 m, Meile 1609 m) u. *Langstreckenläufe* (2000 bis 30 000 m), ferner in *Hürdenlauf, Hindernislauf, Staffellauf, Marathonlauf* (über 42,195 km) u. *Gelände(Cross-)läufe.*

**Laufen, 1.** Stadt in Bayern, an der Salzach, 5000 Ew.; Erholungsort; Textil-Ind. – **2.** schweiz. Bez.-Hptst. im Kt. Bern, an der Birs, 4000 Ew.; Aluminium- u. Papier-Ind.

**Laufende Scheibe,** Bez. für drei Wettbewerbe im Schießsport, bei denen auf eine bewegl. Scheibe geschossen wird. Zielscheiben sind Jagdtieren nachgebildet. Disziplinen: Laufender Keiler, Laufender Hirsch, Laufender Rehbock.

**Läufer, 1.** langer, schmaler Teppich. – **2.** umlaufender Teil einer elektr. Maschine. – **3.** Schachfigur, die nur diagonal, entweder auf weißen oder schwarzen Feldern, ziehen u. schlagen darf.

**Lauffen am Neckar,** Stadt in Ba.-Wü., sw. von Heilbronn, 9000 Ew.; Wein-, Obst- u. Gemüsebau.

**Laufhunde,** *Bracken i.w.S.,* sehr alte Hunderassen, die vor dem Jäger herlaufen u. Laut geben sollen. Hierzu: *Dackel, Bracke, Pharaonenhund* u.a.

**Läufigkeit,** die zweimal jährl. auftretende Brunftzeit der Hündin.

**Laufkäfer,** *Carabidae,* Fam. räuber. lebender, mitunter glänzend bunter *Käfer* aus der Gruppe der *Raubkäfer;* nützl. Schädlingsvertilger.

**Laufkatze,** ein Wagen, der sich bei Laufkranen auf dem Querträger bewegt.

**Laufmilben,** *Trombidiidae,* Fam. räuber., landbewohnender Milben; Krankheitsüberträger.

**Laufrad,** bei Wasser-, Gas- u. Dampfturbinen der Maschinenteil, der durch das treibende Mittel in Bewegung gesetzt wird u. die *Laufschaufeln* trägt.

**Laufvögel,** *Struthioniformes,* Ordnung der *Vögel,* die das Fliegen zugunsten einer laufenden Lebensweise in der Steppe aufgegeben haben, z.B. *Strauß, Nandu, Emu, Kasuar u. Kiwi.*

**Laufzeitröhre,** eine Mikrowellenröhre, bei der der Effekt der endlichen Laufzeit der Elektronen, die bei normalen Elektronenröhren störend wirkt, zur Erzeugung u. Verstärkung elektromagnet. Wellen im Bereich von etwa 1–100 GHz (Gigahertz) ausgenützt wird.

**Lauge,** wäßrige Lösung von → Basen.

**Laughton** [ˈlɔ:tn], Charles, *1899, †1962, brit. Schauspieler; wandlungsfähiger Charakterdarsteller; Filme: »Meuterei auf der Bounty«, »Der Glöckner von Notre-Dame«, »Zeugin der Anklage«.

**La Unión,** Dep.-Hptst. u. wichtigster Hafen von El Salvador (Zentralamerika), am Golf von Fonseca, 27 000 Ew.

**Laupheim,** Stadt in Ba.-Wü., sw. von Ulm, 15 000 Ew.; Schloß (14. u. 18. Jh.); chem. u. Textil-Ind.

**Laura** → Lavra.

**Laurana,** Luciano da, *um 1420, †1479, ital. Architekt; wirkte in Urbino als Hofbaumeister.

**Laureat,** mit dem Lorbeerkranz gekrönter Dichter.

**Laurel** [ˈlɔ:rəl], Stan, *1890, †1965, US-amerik. Schauspieler; zus. mit O. *Hardy* Komikerpaar »Dick u. Doof«.

**Lauremberg,** Johann, Pseud.: Hans *Willmsen,* *1590, †1658, plattdt. Satiriker.

**Laurens** [loˈrɑ̃], Henri, *1885, †1954, frz. Bildhauer; ging vom Kubismus aus.

**Laurent** [loˈrɑ̃], Auguste, *1807, †1853, frz. Chemiker; zus. mit Ch. *Gerhardt* Begr. der organ. Typentheorie, aus der sich die moderne organ. Chemie entwickelte.

**Laurentius,** †258, Erzdiakon des Papstes *Sixtus II.;* wurde nach der Legende auf einem Rost zu Tode gefoltert. – Heiliger (Fest: 10.8. ).

**Laurentius von Brindisi,** *1559, †1619, ital. Kapuziner; förderte die Wiedererstarken des Katholizismus. – 1959 zum Kirchenlehrer erhoben, Heiliger (Fest: 21.7.).

**Laurenziana,** im 15. Jh. von den *Medici* in Florenz gegr. öffentl. Bibliothek. Sie erhielt im 16. Jh. einen Neubau nach den Plänen *Michelangelos.* Wertvolle Handschriften u. alte Drucke.

**Laurier** [ˈlɔrio oder loˈrje], Sir Wilfried, *1841, †1919, kanad. Politiker frz. Abstammung; 1896–1911 Prem.-Min.; vertrat eine versöhnl. Politik zw. Franko- u. Anglokanadiern.

**Laurin,** in der dt. Sage Tiroler Zwergenkönig, Herr des Rosengartens bei Bozen, mit dem Dietrich von Bern kämpft u. zum Christentum bekehrt.

**Laurinsäure,** höhere gesättigte Fettsäure; als Glycerinester in der Kokosnußbutter enthalten; für Seifen u. zur Kunstharzherstellung.

**Lauritzen,** Lauritz, *1910, †1980, dt. Politiker (SPD); 1966–72 Bundes-Min. für Wohnungswesen u. Städtebau, 1972 auch für Verkehr u. Post- u. Fernmeldewesen, 1972–74 Bundes-Min. für Verkehr.

**Lausanne** [loˈzan], Hptst. des schweiz. Kt. *Waadt,* am Genfer See, 125 000 Ew.; Handels-, Kongreß- u. Messestadt; Nahrungsmittel-, Metall- u. Tabak-Ind.; Fremdenverkehr.

**Lauscha,** Wintersportort in Thüringen, nördl. von Sonneberg, 5000 Ew.

**Lauscher,** in der Jägersprache die Ohren des edlen Schalenwilds.

**Läuse,** etwa 1–3 mm große, blutsaugende Außenparasiten. Die für den Menschen z.T. als Krankheitsüberträger gefährl. L. sind *Filzlaus, Kleiderlaus* u. *Kopflaus.*

**Läusekraut,** *Pedicularis,* Gatt. der *Rachenblütler;* halbparasit. Kräuter. Eine Abkochung der Kräuter wurde früher gegen Läuse verwendet.

**Lausfliegen,** *Pupipara,* den *Echten Fliegen* sehr nahestehende Fam. der *Fliegen.* Alle Arten leben als blutsaugende Außenparasiten auf Warmblütlern. Zu den L. gehören die *Pferde-, Vogel-, Mauersegler-* u. *Schaf-Lausfliege.*

**Lausick,** *Bad L.,* Stadt in Sachsen, 6000 Ew.; Eisenquellen, Moorbad.

**Lausitz,** histor. Ldsch. im SO der DDR u. in Niederschlesien bis zum Bober, im N bis zum Spreewald. Sie bestand aus zwei Markgrafschaften: der größtenteils übrigen Ober-L. u. der flachen Nieder-L. – Im äußersten SO Dtld.s (dortiger Anteil: *Zittauer Gebirge*) u. hpts. in der Tschechoslowakei erhebt sich das **L.er Gebirge,** in der *Lausche* 793 m. – **L.er Kultur,** bronzezeitl. Kulturgruppe im östl. Mitteleuropa, nach Funden in der Nieder-L. benannt; Untergruppe der *Urnenfelderkultur.*

**Lausitzer Neiße,** Grenzfluß zw. Dtld. u. Polen, → Oder-Neiße-Linie.

**Laut,** *Phon,* die kleinste akust. Einheit der Sprache. Der L. wird durch den Luftstrom der Lunge, der die Stimmritzen des Kehlkopfs in Schwingungen versetzt, getragen; so gelangt er in den Mund-Nasen-Raum, wo er durch die verschiedenen Einstellungen der Sprechwerkzeuge (Lippen, Zunge, Vorder- u. Hintergaumen, Gaumensegel, Unterkiefer u.a.) geformt wird (*L.bildung*). Haben die L.e eine wortunterscheidende Funktion (z.B. p u. b in »Bein« gegenüber »Pein«), nennt man sie *Phoneme.* – B → S. 500.

**Laute,** Zupfinstrument pers.-arab. Herkunft, heute mit 6 Saiten; im 14. Jh. über Spanien u. Italien nach Europa gekommen. Der Schallkörper ist bauchig; an seiner Spitze ist der mit Bünden versehene

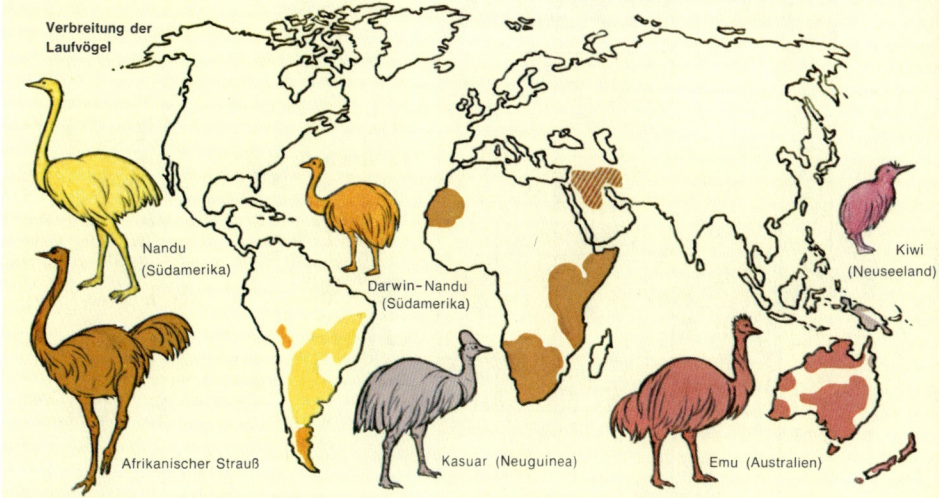

*Laufvögel: Verbreitung*

Hals angesetzt, der oben den abgeknickten Wirbelkasten trägt.

**Lautensach,** Hermann, *1886, †1971, dt. Geograph; Verdienste um die Methodik der wiss. Geographie.

**Lautensack,** Heinrich, *1881, †1919, dt. Schriftst. u. Kabarettist; schrieb Dramen u. Gedichte.

**Lauter,** l. Nbfl. des Rhein, 82 km.

**Lauterbach (Hessen),** Krst. nordöstl. des Vogelsbergs, 14 000 Ew.; spätbarockes Schloß; Holz-, Papier- u.a. Ind.; Fremdenverkehr.

**Lauterberg im Harz,** *Bad L. i. H.,* Stadt in Nds., an der Oder, 13 000 Ew.; Luft- u. Kneippkurort.

**Lauterbrunnen,** schweiz. Kurort im Kt. Bern, im *L.tal* nw. der Jungfrau, 796 m ü.M., 3000 Ew.; Lautertal mit 20 großen Wasserfällen (z.B. Staubbachfall).

**Lautlehre,** Teil der Sprachwiss., der Bildung *(Phonetik),* Geschichte *(histor. L.)* sowie Funktion u. Distribution *(Phonologie)* der Laute untersucht.

**Lautmalerei,** *Klangmalerei, Onomatopöie,* sprachl. Wiedergabe von Gegenständen, Empfindungen oder Vorgängen durch lautl. Nachahmung (Beispiele: rasseln, zirpen, miauen); ein Mittel zur Wortschöpfung oder Intensivierung einer sprachl. Aussage.

**Lautréamont** [lotrea'mɔ̃], Comte de, eigtl. Isidore *Ducasse,* *1846, †1870, frz. Schriftst.; Vorläufer des Symbolismus; metaphernreiche Dichtungen: »Die Gesänge des Maldoror«.

**Lautschrift,** ein Schriftsystem für die sowohl eindeutige als auch relativ genaue Wiedergabe der gesprochenen Sprache, unabhängig von dem durch das jeweilige *Alphabet* festgelegten Schriftbild.

**Lautsprecher,** ein elektroakust. Wandler, der tonfrequente elektr. Schwingungen in mechan. Schwingungen der Lautsprechermembran im hörbaren (akust.) Frequenzbereich (30–20 000 Hz) umwandelt. Am verbreitetsten ist der *dynamische L.,* bei dem eine in einen topfförmigen Dauermagneten eintauchende Spule mit einer Membran verbunden ist (Tauchspulenprinzip). Fließt durch diese Spule ein modulierter Wechselstrom, so wird die Membran im Takt des Wechselstroms angeregt. Um das gesamte Tonfrequenzspektrum optimal übertragen zu können, sind deshalb *Zwei-* oder *Dreiwegboxen* erforderlich, in denen der modulierte Wechselstrom mittels Frequenzweichen in geeignete Frequenzbereiche aufteilt u. den entsprechenden L.n *(Hochtöner,* ggf. *Mitteltöner* u. *Baß-L.)* zugeführt wird.

**Lautstärke,** die Stärke der von einem Schall hervorgerufenen Schallempfindung; in → Phon gemessen.

**Lautverschiebung,** seit J. *Grimm* Bez. für mehrere Vorgänge in der Lautgeschichte der germ. bzw. dt. Sprache. Die 1. oder *german. L.* bezeichnet die Grenze zw. dem indogerman. u. dem german. Abschnitt unserer sprachl. Vorgeschichte (etwa 500 v.Chr.); sie wirkte sich u.a. als Verschärfung der älteren stimmhaften Verschlußlaute aus (b, d, g zu p, t, k; z.B. lat. genu, dt. Knie). – Die 2. (hochdt.) L. leitete die Sonderentwicklung

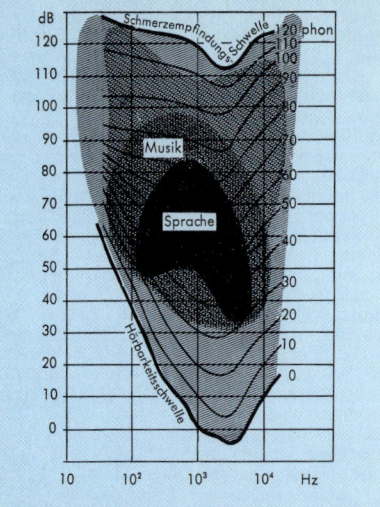

*Lautstärke: Hörbereiche*

der hochdt. Mundarten ein (450–650 n. Chr.); die niederdt. Mundarten wurden von ihr gar nicht, die mitteldt. nur teilw. betroffen. In ihr entwickelten sich u.a. p, t, k zu pf, ss kch (z.B. niederdt. Water, Wasser) u. b, d, g zu p, t, k (z.B. niederdt. Deer zu Tier).

**Lauwersmeer,** ehem. Nordseebucht in den nördl. Ndl., 1961–69 eingedeicht; Erholungs- u. Naturschutzgebiet.

**Lava,** heiße Gesteinsschmelze, die bei Vulkanausbrüchen an die Erdoberfläche gelangt u. dort zu Ergußgestein erstarrt.

**Lavabo,** Handwaschung des Priesters in der Messe.

**Laval,** 1. Hptst. des N-frz. Dép. Mayenne, 50 000 Ew.; alte Kirchen u. Schlösser; Metall-, Elektro-, Textil-Ind. – 2. Stadt in der kanad. Prov. Quebec, auf der Jésus, 284 000 Ew.

**Laval,** 1. Carl Gustav Patrik de, *1845, †1913, schwed. Ingenieur; erbaute eine schnellaufende Dampfturbine mit der *L.-Düse.* – 2. Pierre Étienne, *1883, †1945 (hingerichtet), frz. Politiker; mehrmals Min. u. Min.-Präs.; 1940 Vizepräs. u. Außen-Min. in der Reg. Pétain, von diesem Dez. 1940 verhaftet, 1942 unter dt. Druck zurückgerufen u.

| Lautstärken in dB (A) | |
|---|---|
| 0 | Hörschwelle |
| 10 | Normales Atmen |
| 20 | Flüstern |
| 40 | Wohngegend bei Nacht |
| 60 | Unterhaltung zweier Personen |
| 80 | starker Verkehrslärm/Staubsauger |
| 100 | Auto mit defekter Auspuffanlage |
| 130 | Schmerzschwelle |
| 140 | Strahlflugzeug beim Start |
| 160 | Windkanal |

bis 1944 erneut Min.-Präs.; 1945 in Frankreich als Kollaborateur zum Tode verurteilt.

**La Valetta,** *Valletta,* Hptst. der Mittelmeerinsel u. des Staates Malta, 14 000 Ew.; Kathedrale (16. Jh.), Univ.; Tiefwasserhafen, Fischerei.

**La Valette Saint Georg** [-va'lɛt sɛ'ʒɔrʒ], Adolf Freiherr von, *1831, †1910, dt. Anatom; Arbeiten über die Entwicklungsgesch. der Tiere.

**La Vallière** [-va'ljɛːr], *Lavallière,* Louise Françoise de *La Baume Le Blanc,* Herzogin, *1644, †1710; seit 1661 Mätresse Ludwigs XIV., ging 1674 ins Kloster.

**Lavant,** Christine, eigtl. Ch. *Habernig,* *1915, †1973, östr. Lyrikerin.

**La Varende** [-'rɑ̃d], Jean *Mallard,* Vicomte de, *1887, †1959, frz. Schriftst.; chronikartige Romane.

**Lavater** [-va:-], Johann Kaspar, *1741, †1801, schweiz. Schriftst.; prot. Pfarrer u. Religionsphilosoph; vertrat die Auffassung, daß sich der Charakter des Menschen in der Körperform u. in der Gesichtsbildung ausdrücke. W »Physiognom. Fragmente«; auch religiöse Gedichte.

**Lavendel,** *Lavandula,* im Mittelmeergebiet heim. Gatt. der Lippenblütler aus den (blauen) Blüten wird das bes. in der Parfümind. verwendete äther. Öl gewonnen.

**La-Venta-Kultur,** die früheste (800–400 v.Chr.) bekanntgewordene Hochkultur Mittelamerikas, an der mexikan. Golfküste, ben. nach der Fundstätte *La Venta* in Tabasco (Mexiko).

**Laveran** [-'rɑ̃], Charles Louis Alphonse, *1845, †1922, frz. Arzt; entdeckte 1880 die Malariaparasiten im Blut; Nobelpreis 1907.

**lavieren,** 1. gegen den Wind segeln (»kreuzen«). – 2. eine aufgetragene Farbe mit Wasser verteilen, bes. in der Federzeichnungen. – 3. geschickt Schwierigkeiten ausweichen.

**Lavigerie** [-viʒə'ri], Charles Martial Allemand, *1825, †1892, frz. Kardinal (1882) in N-Afrika; gründete 1868 die Missionsgesellschaft der *Weißen Väter.*

**Lavin** ['lævin], Mary, *11.6.1912, ir. Schriftst.; schreibt Romane u. Erzählungen aus dem ir. Alltag.

**Lavoisier** [-vwa'zje:], Antoine Laurent, *1743, †1794, frz. Chemiker; erkannte die Vorgänge bei der Verbrennung u. widerlegte damit die *Phlogiston-Theorie;* entdeckte die Zusammensetzung des Wassers, verwendete als erster die Waage bei der Untersuchung chem. Vorgänge u. führte die Elementaranalyse ein. Als Steuerpächter wurde er in der Frz. Revolution zum Tode verurteilt.

*Lavafluß vom Kilauea (Hawaii)*

**Lavongai,** *Neuhannover,* pazif. Insel nordöstl. von Neuguinea, 1191 km², 21 000 Ew.; vulkanisch. – 1884–1919 dt., heute Teil von Papua-Neuguinea.

**Lavra,** *Laura,* in den orth. Kirchen Bez. für eine Mönchssiedlung, später größerer Klöster.

**Law** [lɔː], John *L. of Lauriston,* *1671, †1729, frz. Nationalökonom u. Finanzmann schott. Herkunft. Die von ihm angeregte starke Vermehrung des Papiergeldes führte 1720 in Frankreich zu einer Wirtschaftskrise.

**Law and Order** [lɔː ænd 'ɔːdə], engl.: »Recht u. Ordnung«; negativ kennzeichnende Formel für hartes Durchgreifen von Polizei u. Justiz sowie eine strenge Kriminalpolitik.

**Lawine,** von Bergen herabstürzende u. dabei noch an Umfang wachsende Schnee- oder Eismassen, vor allem nach heftigen Schneefällen u. bei plötzl. eintretendem Tauwetter. *Staub-L.* aus lockerem Neuschnee; *Grund-* oder *Schlag-L.* aus altem, schwer gewordenem Schnee; *Eis-* oder *Glet-*

*Lavendel*

| | | Artikulationsstelle | | | |
|---|---|---|---|---|---|
| | | Lippenlaute (Labiale) | Zahnlaute (Dentale) | Vordergaumenlaute (Palatale) | Hintergaumenlaute (Velare) |
| **Artikulationsart** | Stimmlaute (Sonore) Schmelzlaute (Liquiden) | | l | r | |
| | Nasenlaute (Nasale) | m | n | | ng [ŋ] |
| Konsonanten | Verschlußlaute (Explosivae) stimmhaft (Mediae) | b | d | | g |
| | stimmlos (Tenues) | p | t | | k |
| Geräuschlaute | Reibelaute (Spiranten) stimmhaft | w [v] | s [z] (in: sein) | j | |
| | stimmlos | f | s/ß (in: ist) sch [ʃ] | ch [ç] (in: ich) | ch [x] (in: ach) h |
| | angeriebene Laute (Affrikaten) | pf | (t)z [ts] tsch [tʃ] | | |

*Laut: System der Konsonanten im Deutschen*

*Schneemassen nach einem Lawinenabgang*

scher-L., von Gletschern abgerissene Eismassen; *Schneebrett*-L. wird oft von Skifahrern ausgelöst. Durch den *Bannwald* u. durch L.nbrecher (Mauern) schützen sich gefährdete alpine Talsiedlungen gegen herabstürzende L. Vielfach besteht ein L.warndienst.

**Lawinenschnur,** 20–25 m lange rote Schnur, deren eines Ende um den Bergsteiger umbindet, um im Fall einer Verschüttung die Rettungsarbeit zu erleichtern.

**Lawinensuchgerät,** meist elektron. Hilfsgeräte zum Auffinden Verschütteter, die nach dem Sender-Empfänger-Prinzip arbeiten.

**Lawn Tennis** [ˈlɔːn-], Tennis auf Rasenplätzen (z.B. in Wimbledon).

**Lawrence** [ˈlɔːrəns], Stadt im USA-Staat Kansas, 53 000 Ew.; Staats-Univ.; Indianerschule; Nahrungsmittel- u. graph. Ind.

**Lawrence** [ˈlɔːrəns], **1.** David Herbert, *1885, †1930, engl. Schriftst.; verkündete ein aus primitiven Naturreligionen entwickeltes myth. Bewußtsein u. die Bejahung eines unverkrampften Sexuallebens. Romane: »Söhne u. Liebhaber«, »Lady Chatterley u. ihr Liebhaber«. – **2.** Ernest Orlando, *1901, †1958, US-amerik. Atomphysiker; baute 1930 das erste *Zyklotron* zur Erzeugung energiereicher Protonen; Nobelpreis 1939. – **3.** Sir Thomas, *1769, †1830, engl. Maler; seit 1792 königl. Hofporträtist. – **4.** Thomas Edward, gen. *L. of Arabia*, *1888, †1935, engl. Schriftst., Archäologe, Abenteurer u. polit. Agent; organisierte im 1. Weltkrieg als Agent des brit. Geheimdienstes die arab. Erhebung gegen die Türkei. Als Gegner der brit. Nahostpolitik quittierte er seinen Dienst. W »Die sieben Säulen der Weisheit«.

**Lawrencium** [lɔːˈrɛntsium], ein künstl. → chemisches Element.

**Lawrenjow** [-ˈjɔf], Boris Andrejewitsch, *1891, †1959, russ. Schriftst.; schrieb anfangs vom Akmeismus beeinflußte Lyrik, behandelte später revolutionäre u. psycholog. Themen.

**lax,** nachlässig in Verhalten u. Grundsätzen.

**Laxantien,** *Laxiermittel,* milde Abführmittel.

**Laxness,** Halldór Kiljan, *23.4.1902, isl. Schriftst.; vorübergehend kath., zeigte später sozialist. Tendenzen; Romane aus Gesch. u. Gegenwart seiner Heimat: »Islandglocke«, »Atomstation«, »Das Fischkonzert«. Nobelpreis 1955.

**Layard** [ˈleəd], Sir Austen Henry, *1817, †1894, engl. Archäologe; leitete 1845–51 Grabungen in Ninive, Bagdad, Kujundschik u. Mosul.

**Laye** [ˈlajɛ], Camara, *1928, †1980, guines. Schriftst.; schildert in seinen Romanen den Gegensatz zw. afrik. u. westl. Weltanschauung.

**Layout** [lɛiˈaut], ein Situationsplan für die Gestaltung der Seiten von Druckschriften, der nach sachl. u. ästhet. Gesichtspunkten die räuml. Anordnung der Texte, Überschriften u. Illustrationen festlegt. Das L. wird vor dem Umbruch bes. bei illustrierten Werken sowie Zeit- u. Werbeschriften angefertigt u. ist die verbindl. Vorlage für die Setzerei.

**Lázár,** György, *15.9.1924, ung. Politiker (Kommunist); 1975–88 Mitgl. des Politbüros, 1975–85 Min.-Präs.

**Lazarett,** Krankenhaus, heute bes. das militär. Krankenhaus; auch *L.zug* u. *-schiff.*

**Lazaristen,** *Vinzentiner,* kath. Genossenschaft von Weltpriestern mit privaten Gelübden; gegr. 1625 von *Vinzenz von Paul.*

**Lazarus, 1.** Hauptgestalt in Jesu Gleichnis vom reichen Mann u. armen L. – **2.** *L. von Bethanien,* der Bruder von Maria u. Martha, den Jesus vom Tode erweckte.

**Lazarus,** Moritz, *1824, †1903, dt. Psychologe; mit H. *Steinthal* Begr. der *Völkerpsychologie.*

**Lazarusorden,** um 1150 in Palästina entstandene kath. Kongregation von Weltpriestern zur Pflege von Leprakranken.

**Lazulith,** *Blauspat,* ein Mineral.

**Lazzaroni,** alte Bez. für ital. Gelegenheitsarbeiter, bes. in Neapel; Bettler.

**LCD,** Abk. für engl. *liquid cristal display,* → Flüssigkeitskristallanzeige.

**LD.,** Abk. für *Limited.*

**LD₅₀,** Abk. für *Letaldosis 50,* in der Toxikologie die Dosis eines tödl. wirkenden Stoffes, die 50% der betroffenen Versuchsorganismen abtötet.

**LDP,** Abk. für *Liberal-Demokratische Partei.*

**LDPD,** Abk. für *Liberaldemokratische Partei Deutschlands.*

**Lea,** im AT Schwester Rahels, erste Frau Jakobs.

**Leacock** [ˈliː-], Stephen Butler, *1869, †1944, kanad. Schriftst. (humorist., gesellschaftskrit. Erzählungen).

**Lead** [liːd], Führungsstimme in einer Jazzband.

**League** [ˈliːg], engl. Wegemaß: 1 L. = 3 engl. Meilen = 4,827 km.

**Leakey** [ˈliːki], Louis Seymour Bazett, *1903, †1972, brit. Anthropologe u. Paläontologe; ihm gelangen zus. mit seiner Frau Mary u. seinem Sohn Richard in der *Oldoway-Schlucht* (O-Afrika) bed. fossile Funde von Frühmenschen (z.B. Homo habilis).

**Leamington** [ˈlemiŋtən], mittelengl. Stadt am Leam, 43 000 Ew.; Badeort.

**Lean** [liːn], David, *25.3.1908, engl. Filmregisseur; Hptw.: »Die Brücke am Kwai«, »Lawrence von Arabien«, »Dr. Schiwago«, »Reise nach Indien«.

**Leander,** Zarah, *1907, †1981, schwed. Filmschauspielerin u. Sängerin; sehr erfolgreich in Filmen der 1930er Jahre.

**Lear** [liə], sagenhafter König Britanniens; Titelheld eines Trauerspiels von *Shakespeare.*

**Leary** [ˈliəri], Timothy Francis, *22.10.1922, US-amerik. Psychologe; befaßte sich experimentierend mit psychedelischen Drogen.

**Leasing** [ˈliːziŋ], Mieten oder Vermieten von Gegenständen des betriebl. Anlagevermögens (einzelne Maschinen, vollständige Werksanlagen, auch Fernsehgeräte, Kraftwagen u.a.); wirtschaftl. gesehen mittel- oder langfristiger Kredit; in den 1950er Jahren in USA entwickelt.

**Léaud** [leˈo], Jean-Pierre, *5.5.1944, frz. Filmschauspieler; arbeitete u.a. mit F. Truffaut u. J. L. Godard; Filme: »Sie küßten u. sie schlugen ihn«, »Die Mama u. die Hure«.

**Leavitt** [ˈlɛvit], Henrietta Swan, *1868, †1921, US-amerik. Astronomin; entdeckte die Perioden-Helligkeits-Beziehung der Cepheiden u. damit eine der genauesten Methoden zur Entfernungsbestimmung von Sternhaufen u. Spiralnebeln.

**Łeba,** poln. *Łeba,* Fluß in Pommern, 117 km; bildet den Strandsee *L.see* (71 km², bis 6 m tief).

**Lebach,** Stadt im Saarland, nördl. von Saarbrücken, 21 000 Ew.; Maschinenbau, Textilind.

**Le Bel** [ləˈbɛl], Josef Achille, *1847, †1930, frz. Chemiker; arbeitete über Isomerie, deutete die opt. Aktivität organ. Verbindungen durch die Annahme von asymmetr. Kohlenstoffatomen.

**Leben,** physiologisch eine Vielzahl von chem. u. physik. Vorgängen an Materie bestimmter Zusammensetzung, die auf eine Erhaltung u. Vermehrung dieser Materie hinauslaufen (Fortpflanzung, identische Reproduktion). Es gibt keine scharfe Grenze zw. Lebendigem u. Unbelebtem; man kennt Systeme, die nur einige Merkmale des Lebens aufweisen, z.B. Makromoleküle mit der Fähigkeit zur Selbstvermehrung (Gene, Viren). Die kleinste lebendige Einheit ist die Zelle. Das Substrat aller Lebenserscheinungen ist das Protoplasma. Das L. ist gebunden v.a. an Eiweiße, Nucleinsäuren, ferner Kohlehydrate u. Fette. Ein lebendes System lebt nur dann, wenn ständig Veränderungen an ihm vor sich gehen. Diese Vorgänge äußern sich als *Stoffwechsel,* der immer mit einem Energiewechsel einhergeht. – Nach heutigen naturwiss. Auffassungen ist das L. auf der Erde unter bes. Bedingungen, wie sie in vorbiolog. Zeit herrschten, in einem langsamen Entwicklungsprozeß aus unbelebter Materie entstanden. Es ist erwiesen, daß die Lebewesen früherer Zeiten einfacher in ihrer Organisation waren als die heutigen. Die ältesten Spuren des L. auf der Erde sind etwa 3,5 Mrd. Jahre alt: Aminosäuren, Proteinoide (»Voreiweißstoff«), Nucleinsäuren. Die Frage, ob sich L. völlig mit physik.-chem. Gesetzen erklären läßt, wird von der modernen Naturwiss. bejaht; von den Vitalisten wird dagegen ein grundsätzl. Unterschied zw. L. u. unbelebter Materie gesehen u. eine dynamische, übernatürl. Lebenskraft angenommen, die dem Lebewesen innewohnt.

**Lebende Steine,** *Lithops,* Wüstenpflanzen (S-Afrika); haben nur ein entwickeltes, hochsukkulentes Blattpaar, das wenig über den Boden hinausragt u. in Form u. Tönung einem Kieselstein ähnl. sieht.

**Lebendgewicht,** das Gewicht eines lebenden Fleischtiers; Ggs.: *Schlachtgewicht.*

**Lebensanschauung,** Parallelbildung zu *Weltanschauung:* die Einstellung zum Leben (z.B. optimist., pessimist., religiös, irreligiös).

**Lebensbaum,** *Thuja,* Gatt. der *Zypressengewächse,* schuppig belaubte Bäume u. Sträucher; wertvolles Nutzholz; im östl. N-Amerika u. in Asien heimisch. – In der Mythologie sinnbildl. Darst. des Lebens in Form eines Baumes, in vorderoriental. Kulturen wie auch im antiken Griechenland u. im Rom mit dem Baumkult verbunden, bei den Germanen mit der Vorstellung der Weltesche Yggdrasil.

**Lebensborn,** 1935 von H. *Himmler* gegr. Einrichtung, entspr. der nat.-soz. Rassenideologie den Kinderreichtum in der SS zu unterstützen u. »jede Mutter guten Blutes zu schützen u. zu betreuen«. In den L.-Heimen wurden bis 1945 rd. 8000 Kinder geboren.

**Lebenserinnerungen** → Memoiren.

**Lebenserwartung,** statist. Begriff zur Bez. der mittleren Lebensdauer. Die L. eines Neugeborenen in Dtld. lag um die Jahrhundertwende bei rd. 45 Jahren; heute liegt sie für Männer bei 71,2, für Frauen bei 77,8 Jahren.

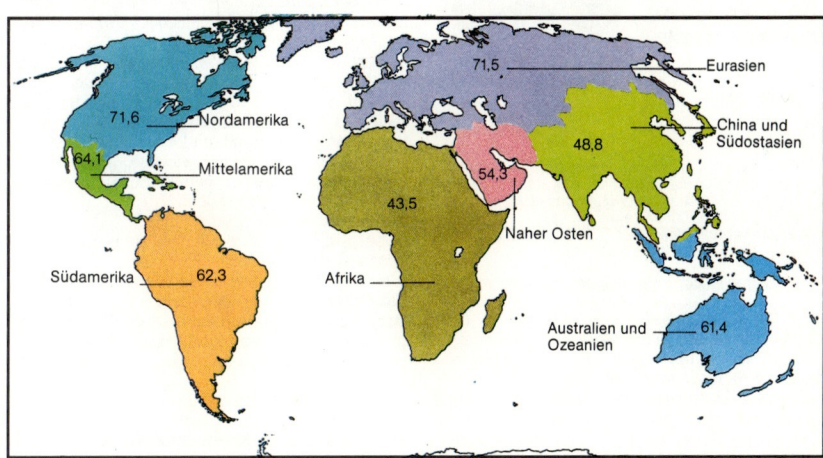
*Lebenserwartung in acht geographischen Großräumen der Erde*

## 502 Lebensgemeinschaft

**Lebensgemeinschaft, 1.** → Biozönose. – **2.** ehel. oder eheähnl. Gemeinschaft von Mann u. Frau.
**Lebenshaltung,** das von der Kaufkraft des Einkommens abhängige Ausmaß des (durchschnittl.) Verbrauchs eines Haushalts oder der Bevölkerung. Die Entwicklung der L. wird maßgebl. bestimmt von der Entwicklung der (nominalen) Einkommen u. der Preise. → Preisindex.
**Lebensknoten,** *Nodus vitalis,* das Atemzentrum im verlängerten Mark, dem hintersten Gehirnteil der Wirbeltiere. Verletzungen dieses Zentrums führen augenblickl. zum Tod.
**Lebensmittel,** nach dem *L.gesetz* alle Stoffe, die dazu bestimmt sind, in unverändertem, zubereitetem oder verarbeitetem Zustand gegessen oder getrunken zu werden (außer Arzneimitteln). Das L.recht verbietet die Erzeugung u. den Verkauf von L., die gesundheitsschädigend sind. Die **L.kontrolle** wird von Landesbehörden u. amtl. bestellten Sachverständigen ausgeübt.
**Lebensmittelchemie** → Nahrungsmittelchemie.
**Lebensmittelkonservierung,** die Haltbarmachung *(Konservierung)* von Nahrungs- u. Genußmitteln durch *Wärmeentzug,* d.h. Kühlen u. Gefrieren; *Wasserentzug,* d.h. Trocknen (Dörren), ferner Einsalzen, Räuchern, Zuckern (Kandieren), *Einlegen* in bakterienfeindl. Säuren u. Alkohol; *Erhitzen* u. damit verbundene Vernichtung der Mikroorganismen, d.h. Sterilisieren u. Pasteurisieren; *chem. Konservierungsmittel* nach der Zusatzstoff-Zulassungs-VO (1981); *Anwendung ionisierender Strahlen* nach der Lebensmittel-Bestrahlungs-VO (1959).
**Lebensmittelrecht,** Gesamtheit der Rechtsvorschriften über Herstellung, Zubereitung, Vertrieb aller Lebensmittel; stehen im *Bundesgesetz zur Gesamtreform des L.s* vom 15.8.1974, das auch Kosmetika, Tabakerzeugnisse u. gewisse Bedarfsgegenstände erfaßt.
**Lebensmittelvergiftung,** *Nahrungsmittelvergiftung,* Vergiftungszustände oder Infektionskrankheiten, hervorgerufen durch verdorbene oder infizierte Lebensmittel: Muschelvergiftung, Pilzvergiftung, Fleischvergiftung; Verursacher sind meist Bakterien u. Salmonellen.
**Lebensphilosophie,** eine dem Neuidealismus verwandte Richtung der modernen Philosophie, die entweder vom Erlebnis des Lebens (W. *Dilthey*) oder von der Lebensschau (H. *Bergson,* L. *Klages,* O. *Spengler*) ausgeht. Der Lebensbegriff steht anstelle des Geistsbegriffs im Mittelpunkt des Denkens.
**Lebensqualität,** von J.K. *Galbraith* 1958 geprägter Begriff, der den Standard der Lebensbedingungen, gemessen an Umfang u. Leistung der sozialen u. öffentl. Einrichtungen, beinhaltet. Wirtschafts- u. gesellschaftspolit. Leitgröße soll weniger wirtschaftl. Wachstum u. materieller Lebensstandard sein als vielmehr die Verbesserung der qualitativen Lebensbedingungen. In den 1970er Jahren war L. innenpolit. Ziel der sozialliberalen Koalition, später Forderung den Grünen: Erhaltung der natürl. Umwelt, Ausbau der soz. Infrastruktur.
**Lebensschutz,** *Bioprotektion,* *Biophylaxe,* Schutz der Lebewesen (Mensch, Tier, Pflanze) u. ihres Lebensraums.
**Lebensstandard,** der Stand der *Lebenshaltung* in Abhängigkeit vom Stand der wirtschaftl. Möglichkeiten sowie vom kulturellen, soz. u. polit. Entwicklungsniveau.
**Lebensversicherung,** eine Summenversicherung, die den Vermögensbedarf deckt, der durch die Ungewißheit der Dauer des menschl. Lebens entstehen kann. Es gibt versch. Grundformen, bei denen der Tod oder das Erleben eines bestimmten Zeitpunkts für die Leistung des Versicherers maßgebend ist. Die Sterbegeldversicherung soll nur die Beerdigungskosten decken.
**Leber,** *Hepar,* zentrales Stoffwechselorgan u. größte Drüse der Wirbeltiere; beim Menschen ein etwa 1½ kg schweres, den rechten Oberbauch unter dem Rippenbogen ausfüllendes Organ. Die L.zellen, die zu *L.läppchen* zusammengefaßt sind, bilden die *Galle,* die der Fettverdauung dient. Außerdem wird die L. durch die *L.pfortader* unmittelbar mit Darmblut versorgt, dem sie Traubenzucker entnimmt u. als *Glykogen* speichert. Ferner wird in der L. der rote Blutfarbstoff zu Gallenfarbstoffen abgebaut. – K r a n k h e i t e n d e r L.: Stauungs-L. bei Herzinsuffizienz, Fett-L. bei Fettsucht, L.zirrhose *(L.schrumpfung),* Untergang von L.zellgewebe einerseits u. Bildung von bindegewebigem Ersatz andererseits; Ursachen: Vergiftung, v.a. Alkoholismus; *L.entzündung (Hepatitis),* durch Virusinfektion oder durch Bakterien u. Ruhramöben verursacht. L.krebs ist meist eine Tochteransiedlung anderer Körperkrebse.
**Leber, 1.** Georg, *7.10.1920, dt. Politiker (SPD); 1966–72 Bundes-Min. für Verkehr, 1969–72 auch für Post- u. Fernmeldewesen, 1972–78 Bundes-Min. der Verteidigung. – **2.** Julius, *1891, †1945 (hingerichtet), führend in der Widerstandsbewegung gegen das nat.-soz. Regime tätig (Kreisauer Kreis); am 20.10.1944 vom Volksgerichtshof zum Tode verurteilt.
**Leberblümchen,** blau blühendes *Hahnenfußgewächs;* frühe Blüte im März.
**Leberegel,** ein *Saugwurm,* 20–50 mm lang, der in den Gallengängen von Menschen, Wiederkäuern, Pferden, Schweinen u. Hasen parasitisch lebt; ruft schwere Lebererkrankungen hervor *(Leberfäule).*
**Leberfleck,** Muttermal mit leberartiger Farbe.
**Leberkäse,** viereckig geformte Pastete aus Schweinefleisch, Leber, Fett, Eiern, Kardamom u. Macis; bes. in Bayern beliebt.
**Lebermoose** → Moose.
**Leberpilz,** ein Röhrenpilz mit zungenförmigem, dickfleischigem Fruchtkörper; bes. an Eichenstümpfen. Junge L.e sind sehr wohlschmeckend.
**Lebertran,** Öl aus der Leber vom Kabeljau, Dorsch oder Schellfisch, enthält bes. Vitamin A u. D; dient als Stärkungsmittel bes. bei Kinderkrankheiten u. Unterernährung sowie zur Verhütung von Rachitis.
**Lebertransplantation,** *Leberverpflanzung,* Übertragung einer gesunden Leber von einem toten Spender auf einen sonst unheilbar leberkranken Empfänger (z.B. bei Leberkrebs).
**Leberzirrhose** → Leber.

*Leberblümchen*

**Lebkuchen,** östr. *Lebzelt,* Gewürzkuchen, Honig- oder Pfefferkuchen nach versch. Rezepten.
**Leblanc** [lə'blã], Nicolas, *1742, †1806 (Selbstmord), frz. Chemiker; erfand ein Verfahren zur Herstellung von *Soda.*
**Le Bon** [lə'bõ], Gustave, *1841, †1931, frz. Arzt u. Sozialpsychologe; befaßte sich mit der Kollektivpsychologie, bes. mit der Massenpsychologie.
**Lebowa,** *North Sotho,* Homeland der Nord-Sotho u. Ndebele im nördl. Transvaal (Rep. Südafrika), 25 180 km², 1,9 Mio. Ew.; Hptst. *Lebowakgomo;* innere Selbstverwaltung seit 1973.
**Lebrun** [lə'brœ̃], **1.** Albert, *1871, †1950, frz. Politiker; 1911–19 mehrf. Min., 1932–40 letzter Präs. der 3. Republik. – **2.** *Le Brun,* Charles, *1619, †1690, frz. Maler u. Dekorateur; seit 1663 Direktor der Königl. Gobelinmanufaktur, seit 1664 erster Hofmaler, verwirklichte den *Louis-quatorze-Stil.*
**Lec** [lɛts], Stanisław Jerzy, *1909, †1966, poln. Schriftst.; schrieb Lyrik, Satiren, Aphorismen, in denen er sich bes. mit dem Thema Freiheit beschäftigte.
**Le Carré** [ləka're], John, eigtl. David *Cornwell,* *19.10.1931, engl. Schriftst.; schreibt spannende Spionageromane. Hptw.: »Der Spion, der aus der Kälte kam«.
**Lecce** ['lɛttʃɛ], ital. Prov.-Hptst. im südl. Apulien, 102 000 Ew.; Dom, Kastell, Universität.
**Lecco** ['lɛkko], ital. Stadt in der Lombardei, am SO-Ausläufer des Comer Sees, 50 000 Ew.; Stahlwerk; Fremdenverkehr.
**Lech,** r. Nbfl. der Donau, 263 km; mündet östl. von Donauwörth.
**Lecher,** Ernst, *1856, †1926, östr. Physiker; arbeitete über elektr. Schwingungen u. magnet. Induktion.
**Lechfeld,** bay. Ldsch. zw. Wertach u. Lech, südl. von Augsburg. – In der sog. *Schlacht auf dem L.* (10.8.955) besiegte Otto I. die Ungarn.
**Lechner,** Leonhard, *um 1553, †1606, dt. Komponist; Hofkapellmeister in Stuttgart; Hptw.: »Johannespassion«; Lieder.
**Lechoń** [lɛ'xɔnj], Jan, *1899, †1956 (Selbstmord), poln. Schriftst. der Skamander-Gruppe; 1930–40 Diplomat in Paris, seit 1940 als Emigrant in den USA; schrieb formvollendete Lyrik u. Prosa.
**Lechtaler Alpen,** Kalkgebirgskette zw. Lech- u. Inntal (Östr.), in der *Parseier Spitze* 3038 m.
**Lechthaler,** Josef, *1891, †1948, östr. Komponist (Messen, Chormusik u. Orgelwerke).
**Lecithine,** fettähnl. Verbindungen, die zu den Lipoiden gehören; bestehen aus Fettsäuren, Glycerin, Phosphorsäure u. Cholin u. finden sich in allen pflanzl. u. tier. Zellen; wirken als Medikament leistungssteigernd.
**Leck,** undichte Stelle, Loch (im Schiffsrumpf).
**Leck,** Bart Anthony van der, *1876, †1958, ndl. Maler, Graphiker u. Teppichkünstler; malte seit 1917 in abstrakt-geometr. Stil, kehrte später zur gegenständl. Malerei zurück.
**Leckage** [-'ka:ʒə], Flüssigkeitsverlust beim Warenversand durch Auslaufen oder Verdunsten.
**Leckstein,** Stücke von gemahlenem Steinsalz, die Haus- u. Wildtieren zum Ablecken vorgelegt werden, um sie mit Mineralstoffen zu versorgen.
**Leclair** [lə'klɛːr], Jean Marie, *1697, †1764 (ermordet), frz. Violinist, Komponist u. Tänzer; Hauptmeister der frz. Violinmusik im 18. Jh.
**Leclanché-Element** [ləklã'ʃe:-], ein galvan. Element aus einem Graphitstab, der von einem Zinkmantel umgeben ist; enthält 10 bis 30%ige Ammoniumchlorid-Lösung als Elektrolyt.
**Le Clezio** [ləklə'zjo], Jean Marie Gustave, *13.4.1940, frz. Schriftst.; Vertreter des Nouveau

*Leber: Im Pfortaderkreislauf gelangen die im Blut resorbierten Nährstoffe aus Magen und Darm durch die Pfortader (A) in die Leber. Über die Leberarterie (B) wird sauerstoffreiches Blut zugeführt; die Endprodukte des Leberstoffwechsels werden durch die Lebervene (C) abtransportiert. Die Galle wird in der Leber produziert und in der Gallenblase gespeichert. Von dort gelangt sie durch den Gallengang (D) in den Zwölffingerdarm*

Roman; schildert das Verhältnis von Ich u. Umwelt im Labyrinth der modernen Großstadt.
**Lecocq** [ləˈkɔk], Alexandre Charles, *1832, †1918, frz. Komponist; schrieb hpts. Operetten.
**Leconte de Lisle** [ləˈkõtdəˈlil], Charles Marie, *1818, †1894, frz. Schriftst.; Haupt der *Parnassiens*, deren Programm er 1852 entwickelte: »Logische Klarheit, Ungerührtheit u. Unpersönlichkeit«.
**Le Corbusier** [ləkɔrbyˈzje], eigtl. Charles-Édouard *Jeanneret*, *1887, †1965, schweiz.-frz. Architekt; erstrebte die Zurückführung der Baukörper auf stereometr. Grundformen, u. die Betonung der Funktionen des Bauganzen u. seiner Teile auch bei Wohngebäuden (Marseille, Berlin) in standardisierter Form; W Schweizer Haus der Cité Universitaire in Paris; Erziehungsministerium in Rio de Janeiro; Verwaltungs- u. Kulturzentrum in Chandigarh (Indien); Wallfahrtskirche in Ronchamp.
**Lecouvreur** [ləkuˈvrœːr], Adrienne, *1692, †1730, frz. Schauspielerin; seit 1717 Heroine an der Comédie Française, wo sie für natürl. Sprechweise u. histor. getreue Kostüme eintrat.
**Le Creusot** [ləkrøˈzo], O-frz. Ind.-Stadt in Burgund, 32 000 Ew.; Schwerindustriezentrum, Textil- u. Glas-Ind.
**LED**, Abk. für engl. *light emitting diode*, Leuchtdiode.
**Leda**, nach der grch. Sage Mutter der *Helena* u. *Klytämnestra* u. der *Dioskuren*; Geliebte des *Zeus*, der sich ihr als Schwan näherte.
**Leda**, r. Nbfl. der Ems, 75 km lang; mündet bei Leer.
**Leder**, von Haaren befreite, mit Gerbstofflösungen behandelte Tierhaut, deren Fasergeflecht durch Gerbstoffe chem. verändert u. mit Fettstoffen imprägniert ist.
**Lederband**, Bucheinband aus ganz (*Ganzleder*, *Franzband*) oder halb (*Halbleder*) mit Leder überzogener Pappe, meist aus Ziegen- oder Schweinsleder.
**Lederberg**, Joshua, *23.5.1925, US-amerik. Genetiker; Arbeiten zur Genetik von Bakterien; Nobelpreis für Medizin 1958.
**Lederer**, Hugo, *1871, †1940, dt. Bildhauer; entwickelte einen monumentalen Denkmalstil mit vereinfachter Formgebung.
**Lederhaut**, **1.** Schicht der Haut; bei Tieren zu Leder verarbeitet. – **2.** → Auge.
**Lederkorallen**, *Schwammkorallen*, Ordnung der *Korallen* mit etwa 800 Arten, hierzu die *Tote Manushand*.
**Lederschildkröten**, Meeresschildkröten mit glattem, lederartigem Panzer; die größten lebenden Schildkröten, über 2 m lang u. bis 600 kg schwer.
**Ledertapete**, Wandverkleidung aus Kalb-, Ziegen- oder Schafleder, maurischen Ursprungs, bemalt, vergoldet, reliefiert; trat im 18. Jh. zugunsten von Stoff- u. Papiertapeten zurück.
**Ledig**, Gert, *4.11.1921, dt. Schriftst. u. Hörspielautor; schrieb Kriegsromane (»Die Stalinorgel«).
**Ledóchowski** [lɛduˈxɔfski], **1.** Maria Theresia Gräfin *Ledóchowska*, *1863, †1922; Nichte von 2), gründete 1894 die »Petrus-Claver-Sodalität« für die Afrikamission. – **2.** Mieczysław Halka Graf von, *1822, †1902, poln. Kardinal (1875); 1866–86 Erzbischof von Posen-Gnesen, im Kulturkampf 1874 von der preuß. Reg. abgesetzt u. bis 1876 in Haft.
**Ledoux** [ləˈduː], *Le Doux*, Claude-Nicolas, *1736, †1806, frz. Architekt; streng geometr. Gestaltung von Grund- u. Aufriß mit Würfel, Kugel u. Pyramide als Grundformen (Entwürfe für die Idealstadt Chaux).
**Leduc** [ləˈdyk], Violett, *1907, †1972, frz. Schriftst.; beschäftigt sich in z.T. autobiograph. Werken mit den Problemen von Außenseitern.
**Le Duc Tho**, *1911, †1990, vietnames. Politiker (Kommunist); 1955–86 Mitgl. des Politbüros, 1960–86 ZK-Sekretär der KP Vietnams; führte 1968–73 am Rande der Pariser Vietnam-Konferenz Verhandlungen, die zum Waffenstillstandsabkommen führten; lehnte den Friedensnobelpreis 1973 ab.
**Lee**, die dem Wind abgekehrte Seite, Windschatten; Ggs.: *Luv*. – **leegierig**, Tendenz des Segelschiffs, nach L. abzufallen. – **L.segel**, Schönwettersegel, stets an der Luvseite.
**Lee** [liː], **1.** Ann, *1736, †1784, engl. Quäkerin; übernahm 1758 die Führung der *Shakers* in Manchester, siedelte nach N-Amerika über, wo die ersten Shaker-Kolonien entstanden. – **2.** Bruce, *1940, †1973, US-amerik. Schauspieler chin. Herkunft; bekannt durch Action-Filme mit Kung-Fu-Kampfszenen. – **3.** Robert Edward, *1807, †1870, US-amerik. General; Oberbefehlshaber der Streitkräfte der Südstaaten im Sezessionskrieg. – **4.** Tsung Dao, *25.11.1926, US-amerik. Physiker. Für Forschungen über Verletzung der *Parität* erhielt er den Nobelpreis 1957. – **5.** Yuan Tseh, *29.11.1936, US-amerik. Chemiker taiwanes. Herkunft; erhielt für Arbeiten zur Dynamik der chem. Reaktionen den Nobelpreis 1986.
**Leeds** [liːdz], mittelengl. Stadt am Aire, 709 000 Ew.; Univ.; Textil-, Eisen-, Stahl- u.a. Ind.; Flugplatz.
**Leer (Ostfriesland)**, Krst. in Nds., an der Mündung der Leda in die Ems, 32 000 Ew.; Schiffbau, Eisen-, Maschinen- u.a. Ind.
**Leergewicht**, Gewicht eines unbelasteten Fahrzeugs.
**Leerlauf**, Maschinenbewegung ohne Arbeitsleistung.
**Leerverkauf**, im *Termingeschäft* Verkauf von Wertpapieren oder Waren, die der Verkäufer noch nicht besitzt, sondern bis zum Erfüllungstermin billiger erwerben zu können glaubt.
**Leeuw** [ˈleːu], Ton de, *16.11.1926, ndl. Komponist; schrieb Opern, Ballette, Orchester- u. elektron. Musik.
**Leeuwarden** [ˈleːvardə], ndl. Prov.-Hptst. an der Dokkumer Ee, 85 000 Ew.; Altstadt mit histor. Bauten; landw. Markt; Kanalkreuzung.
**Leeuwenhoek** [ˈleːvənhuk], Antony van, *1632, †1723, ndl. Naturforscher; baute das erste Mikroskop u. machte wichtige biolog. Entdeckungen (Bakterien, Protozoen, Blutzellen).
**Leeward Islands** [ˈliːwəd ˈailəndz], Nordgruppe der westind. → Inseln über dem Winde.
**Lefebvre** [ləˈfɛːvr], Marcel, *29.11.1905, frz. kath. Geistlicher, Erzbischof; traditionalist. Gegner des 2. Vatikan. Konzils, 1976 amtsenthoben, wegen unerlaubter Priesterweihen 1988 exkommuniziert.
**Leffler**, Anne Charlotte, *1849, †1892, schwed. Schriftst.; forderte die Frauenemanzipation.
**le Fort** [ləˈfɔːr], Gertrud Freiin von, *1876, †1971, dt. Schriftst.; Tochter eines Offiziers aus alter Hugenottenfamilie, wurde in Rom kath. W Lyrik »Hymnen an die Kirche«; Romane (»Das Schweißtuch der Veronika«, »Der Papst aus dem Ghetto«, »Die Letzte am Schafott«).
**Lefzen**, Lippen der Hunde.
**legal**, gesetzlich.
**Legalisation**, Beglaubigung amtl. Urkunden.
**Legalität**, **1.** nach *Kant* Sittlichkeit im Hinblick auf das (äußerl.) geltende Gesetz, nicht aus *Moralität*. – **2.** Gesetzmäßigkeit, Rechtmäßigkeit; Maßstab hierfür ist das positive Recht, insbes. der Inhalt der Verfassungsurkunde. – **L.sprinzip**, Verfolgungs- u. Anklagezwang; die Verpflichtung der *Staatsanwaltschaft*, wegen aller strafbaren Handlungen einzuschreiten.
**Legano** [leˈnjaːno], ital. Stadt in der Lombardei, 48 000 Ew.; Baumwollind. – 1176 Sieg des Lombard. Städtebunds über Kaiser Friedrich I. Barbarossa.
**Legasthenie**, Lese- u. Rechtschreibschwäche bei sonst normaler Intelligenz.
**Legat**, **1.** [das], Vermächtnis. – **2.** [der] im Röm. Reich Sonderbeauftragter, in der kath. Kirche päpstl. Gesandter, bes. zur Erledigung kirchl. Aufgaben, meist ein Kardinal.
**Legationsrat**, Amtsbez. im Auswärtigen Dienst; entspr. dem Regierungsrat.
**legato**, musikal. Vortragsbez.: gebunden.
**Legenda aurea**, »Goldene Legende«, lat. Sammlung von Heiligenleben um 1270.
**Legende**, **1.** Unterschrift bei Bildern; erläuternder Text zu geograph. Karten; Umschrift bei Münzen. – **2.** die Lebens- u. Leidensgeschichte eines Heiligen.
**Legendre** [ləˈʒãdr], Adrien Marie, *1752, †1833, frz. Mathematiker; arbeitete über elliptische Integrale, Kometenbahnen, Zahlentheorie.
**leger** [leˈʒɛːr], ungezwungen, formlos.
**Léger** [leˈʒe], Fernand, *1881, †1955, frz. Maler u. Graphiker; beeinflußt vom Kubismus, entwickelte einen von Maschinenformen ausgehenden großflächigen Stil mit leuchtendem Kolorit.
**Legföhre**, *Latsche*, *Bergkiefer*, *Krummholzkiefer*, Art der *Kiefern*; niederliegender mehrstämmiger Busch; im Gebirge an der Baumgrenze.
**Leghorn**, weiße Haushuhnrasse mit hoher Legeleistung.
**Legien**, Karl, *1861, †1920, dt. Gewerkschaftsführer; 1919 Vors. des Allg. Dt. Gewerkschaftsbunds, 1903–19 Vors. der Internat. Vereinigung der Gewerkschaften.
**legieren**, **1.** ein Vermächtnis (*Legat*) aussetzen. – **2.** eine Suppe oder Soße durch Zugabe von Eigelb, Stärkemehl u.ä. sämig machen. – **3.** Metalle zu einer **Legierung** zusammenschmelzen. Der entstehende Stoff kann auch kleine Mengen von Nichtmetallen, z.B. Silicium, Kohlenstoff, enthalten.
**Legimmen**, *Terebrantes*, Fam. einer Unterordnung der *Hautflügler*, der *Apocrita*, bei denen der Legebohrer noch als echter Legeapparat ausgebildet ist. Zu den L. gehören die Unterfam. der *Schlupfwespen*, der *Erzwespen* u. der *Gallwespen*.
**Legion**, **1.** große Menge von Menschen. – **2.** im Röm. Reich eine Truppeneinheit, in der nur röm. Bürger dienten; gegliedert in 10 *Kohorten* zu 600 Mann, die Kohorte in 3 *Manipel* zu 200 Mann, der Manipel in 2 *Zenturien* zu 100 Mann. Zu jeder L. gehörten 300 Reiter. – **3.** Sonderformationen von Freiwilligen; → Fremdenlegion.
**Legionärskrankheit**, meist akute, schwere Infektionskrankheit, führt zu Lungenentzündung; 1976 in den USA erstmals beobachtet.
**Legion Condor**, ein dt. Truppenverband, der 1936–39 im Span. Bürgerkrieg auf seiten General Francos gegen die Regierungstruppen kämpfte.
**Legislative**, die gesetzgebende Gewalt im Sinn der Gewaltenteilungslehre (L., Exekutive, Judikative); auch die gesetzgebende Institution des Staates, meist das *Parlament*.
**Legislaturperiode**, der Zeitraum für die Tätigkeit des gewählten Parlaments.
**legitim**, rechtmäßig, richtig; veraltet auch für *ehelich*.
**Legitimation**, **1.** Beglaubigung, Beweis, Ausweis. – **2.** Begr. eines ehel. Kindesverhältnisses durch nachfolgende Ehe des Vaters mit der Kindesmutter. – **3.** Erhebung der Klage durch oder gegen die richtige Partei (z.B. Aktiv-L. des Klägers, Passiv-L. des Beklagten im Zivilprozeß).
**Legitimisten**, Vertreter einer Lehre von der Unantastbarkeit der dynast. Rechtmäßigkeit, die auch für Fürsten, denen die Thronrechte entzogen sind, uneingeschränkte Wiedereinsetzung verlangt.
**Legitimität**, die Übereinstimmung mit einem allg. anerkannten Verfassungsprinzip, Begründung für die Rechtmäßigkeit einer polit. Herrschaft.
**Legrenzi**, Giovanni, *1626, †1690, ital. Komponist des venezian. Spätbarocks; Opern, Kirchen- u. Kammersonaten.
**Legros** [ləˈgroː], Alphonse, *1837, †1911, frz. Maler, Graphiker u. Bildhauer; schloß sich dem Kreis um G. *Courbet* an. W Totentanzionen.
**Leguane**, *Iguaniden*, Fam. der *Echsen*, den altweltl. *Agamen* sehr ähnl.; leben vorwiegend in N- u. S-Amerika. Zu den L. gehören *Anolis*, *Basilisken*, *Kielschwanz*, u. *Stachel-L*.
**Leguminosen** → *Hülsenfrüchtler*.
**Leh**, Hptst. von *Ladakh* (Indien), am Indus, 3500 m ü.M., 5000 Ew.; Verkehrszentrum zw. Indien u. Tibet (China).
**Lehár** [ˈleːhar], Franz, *1870, †1948, ung. Operettenkomponist; W »Die lustige Witwe«, »Der Zarewitsch«, »Das Land des Lächelns«.
**Le Havre** [ləˈaːvr], N-frz. Hafen- u. Krst., an der Trichtermündung der Seine, 199 000 Ew.; bedeutendster Atlantikhafen Frankreichs; Schiff- u. Maschinenbau, Automobil-, Textil- u. chem. Ind., Erdölraffinerie; Seebad.
**Lehen**, ein vom Lehnsherrn an einen Lehnsmann

*Grüner Leguan*

**(Vasallen)** gegen Dienst u. Treue verliehenes Gut (Grundbesitz, Amt) u. zwar mit (meist erbl.) Nutzungs-, nicht mit Eigentumsrecht. Das eigtl. L. war das *Ritter-L.*, das den Vasallen zum Kriegsdienst verpflichtete. → Lehnswesen.

**Leherb,** eigtl. *Leherbauer*, Helmut, *14.3.1933, östr. Maler; surrealist.-phantast. Bilder.

**Lehesten,** Stadt in Thüringen, Luftkurort u. Wintersportplatz im östl. Thüringer Wald, 640 m ü.M., 2000 Ew.

**Lehm,** Gemisch aus Sand, Schluff u. Ton; zur Herstellung keram. Erzeugnisse u. als Baustoff verwendet.

**Lehmann, 1.** Arthur Heinz, *1909, †1956 (Autounfall), dt. Schriftst.; verfaßte heitere Bücher über Menschen u. Pferde. – **2.** Else, *1866, †1940, dt. Schauspielerin; v.a. an O. *Brahms* Dt. Theater in Berlin; Vertreterin naturalist. Schauspielkunst bes. in Ibsen- u. Hauptmann-Stücken. – **3.** Fritz, *1904, †1956, dt. Dirigent. – **4.** Karl, *16.5.1936, dt. kath. Theologe; seit 1983 Bischof von Mainz, seit 1987 Vors. der Dt. Bischofskonferenz. – **5.** Kurt, *31.8.1905, dt. Bildhauer; Porträtbüsten, Bauplastiken, Monumentalgruppen. – **6.** Lilli, *1848, †1929, dt. Sängerin (Koloratursopran); v.a. Wagner- u. Mozart-Sängerin. – **7.** Lotte, *1888, †1976, dt. Opern- u. Liedsängerin (lyrisch-dramat. Sopran). – **8.** Rosamond Nina, *1903, †1990, engl. Schriftst.; gestaltet in Romanen mit psychologischer Einfühlung Frauenschicksale. – **9.** Wilhelm, *1882, †1968, dt. Lyriker u. Erzähler; neben seinem Freund O. *Loerke* der einflußreichste Vertreter der naturmag. Dichtung.

**Lehmann-Hartleben,** Karl, *1894, †1960, dt. Archäologe; Leiter der Grabungen auf Samothrake.

**Lehmbau,** ein Bauverfahren, bei dem Erde, am besten magerer Lehm, vermengt mit Stroh, zw. Bretterformen zu Wänden aufgestampft wird.

**Lehmbruck,** Wilhelm, *1881, †1919 (Selbstmord), dt. Bildhauer u. Graphiker; entwickelte unter dem Einfluß von A. Rodin, C.E. Meunier u. A. Maillol einen Stil, der in Aktfiguren, Büsten u. Torsi durch überlängte Proportionen u. melanchol. Ausdruckshaltung gekennzeichnet ist.

**Lehmden,** Anton, *2.1.1929, östr. Maler; Hauptvertreter der Wiener Schule des phantast. Realismus.

**Lehn,** Jean-Marie, *30.9.1939, frz. Chemiker; stellte kugelförmige Kronenether her, die er *Kryptanden* nannte; Nobelpreis 1987.

**Lehnin,** Ort in Brandenburg, rd. 3000 Ew.; Ruinen eines 1180 gegr. Zisterzienserklosters.

**Lehnswesen,** die im frühen MA entstandene Staats- u. Gesellschaftsordnung des Feudalismus.

*Lehnswesen: Lehnseid; Darstellung auf einem mittelalterlichen Siegel*

Das *fränk. L.* entstand aus der persönl. *Vasallität* u. dem dingl. *Benefizium*, d.h. der Ausstattung von Vasallen meist mit Land *(Lehen)*. Die Vasallität beruhte auf dem germ. *Gefolgschaftswesen,* d.h. dem gegenseitigen Treueverhältnis von Herr u. Gefolgsmann, der Ergebung eines Vasallen in den Schutz u. die Gewalt eines Herrn, dem er gegen Unterhalt lebenslang Gehorsam u. beliebigen Dienst schuldete (später meist nur militär. Dienst). Mit der wachsenden Machtfülle der Landesfürsten wurde das L. vom *Absolutismus* abgelöst.

**Lehnwort,** ein ehem. Fremdwort, das sich den Betonungs-, Laut- oder Wortbildungsgesetzen der gastgebenden Sprache angepaßt hat u. nicht mehr als Fremdling empfunden wird (z.B. *Straße* aus lat. *strata*).

**Lehr,** Ursula, *5.6.1930, dt. Psychologin u. Politikerin (CDU); seit 1988 Bundes-Min. für Jugend, Fam., Frauen u. Gesundheit.

**Lehramt, 1.** Amt eines Schul- oder Hochschullehrers. – **2.** in der kath. Theologie Vollmacht u. Auftrag der Gesamtkirche, unter dem Beistand Christi den Offenbarungsinhalt in unfehlbarem Glauben zu bezeugen. Organe des Lehramts sind durch göttl. Recht Papst u. Bischöfe als Apostelnachfolger, durch kirchl. Recht auch die anderen Amtsträger sowie Laien. Nach ev. Lehre kann die Kirche auch in der Auslegung des Wortes Gottes irren; oberste Norm ist das Wort Gottes, das sich selbst bezeugt. Das L. bedeutet den Auftrag, dieses Wort zur Geltung zu bringen u. über die reine Lehre zu wachen.

**Lehramtsanwärter,** *Referendar,* eine Lehrkraft, die noch die 2. Lehrerprüfung bzw. das Assessorenexamen abzulegen hat.

**Lehrauftrag,** die Verpflichtung, an einer Hochschule Vorlesungen u. Übungen abzuhalten. Lehrbeauftragte sind zumeist hauptberufl. außerhalb der Hochschule tätig oder sind gleichzeitig Lehrstuhlinhaber an einer anderen Hochschule.

**Lehrdichtung,** *didaktische Poesie,* Dichtung, die in einer künstler. Form Wissen vermitteln will; in erster Linie das **Lehrgedicht**, ein Epos, das von Philosophie, Astronomie, Medizin oder anderen Wissensgebieten handelt. Andere Formen der L., die nur teilweise lehrhaften Charakter haben, sind *Fabel, Parabel, Legende, Satire* u. *Tendenzdrama*.

**Lehre, 1.** Ausbildung in einem handwerkl. oder kaufmänn. Beruf; nach dem Berufsbildungsgesetz von 1969 heute als *Berufsausbildung* bezeichnet; Dauer 2 bis 3½ Jahre, endet mit einer Abschlußprüfung. → Auszubildender. – **2.** allg. ein Meßwerkzeug, das auf eine bestimmte Länge, einen Winkel oder Durchmesser fest eingestellt ist. Am meisten gebräuchl. sind *Grenzlehren* zur Prüfung der durch Toleranz u. Passung vorgeschriebenen Maße.

**Lehrer,** die Lehrenden aller Schularten, die Befähigung u. Berechtigung zur Lehrtätigkeit haben. Nach Ausbildung u. Schulart unterscheidet man Grundschul-, Hauptschul-, Sonderschul-, Realschul-, Berufsschul-, Fachschul-L., Studienräte u.a. Die Ausbildung erfolgt im allg. an der Univ.; Voraussetzung ist Hochschulreife.

**Lehrfreiheit,** das im GG verankerte Grundrecht, die in Wiss. u. Forschung gewonnenen Einsichten u. Überzeugungen ungehindert von staatl. Einmischung frei zu äußern u. zu verbreiten.

**Lehrling,** jemand, der nach der Handwerksordnung für einen anerkannten handwerkl. oder kaufmänn. Beruf ausgebildet wird; amtl. Bez. *Auszubildender.*

**Lehrmaschine,** *Lernmaschine,* elektr. oder elektron. gesteuerter Apparat für den Programmierten Unterricht. Der Unterrichtsstoff wird nach einem bestimmten Lernprogramm in kleinste Lernschritte zerlegt, die den Lernenden von Stufe zu Stufe bis zum angestrebten Ziel hinführen. Nur in Sprachlabors angewandt.

**Lehrmittel,** im Ggs. zu → Lernmitteln Hilfsmittel u. Arbeitsmaterialien für den Unterricht, die ausschl. für den Lehrer bestimmt sind.

**Lehrplan,** Übersicht, Anordnung u. Begrenzung des Lehrstoffs für Schulen je nach ihrem Aufbau.

**Lehrstück,** *Lehrtheater,* Sonderform des epischen Theaters nach B. *Brecht,* die erzieherisch wirken u. zur Auseinandersetzung mit Problemen anregen sollte.

**Lehrstuhl,** planmäßige Stelle eines ordentl. Professors an einer Hochschule.

**Lehrte,** Stadt in Nds., östl. von Hannover, 39 000 Ew.; Kaliberbau, Masch.-, elektrotechn. u. chem. Ind.; Verschiebebahnhof.

**Lehrvertrag,** Ausbildungsvertrag im Handwerk, im Berufsbildungsgesetz vom 14.8.1969 geregelt.

**Leibbrand,** Werner, *1896, †1974, dt. Kliniker u. Medizinhistoriker.

**Leibeigenschaft,** die persönl. Abhängigkeit eines Menschen von einem Herrn, ohne Freizügigkeit u. mit Geld-, Sach- u. Dienstpflichten des *Leibeigenen.* Die L. war bes. ausgeprägt: 1. im MA in westl. Dtld. als Abhängigkeit mit meist nur in geringer Höhe erhobenen Abgaben (Leib- u. Heiratszins); z.T. erhalten bis ins 18. Jh.; 2. im östl. Dtld. im Gebiet der Gutsherrschaft als *Erbuntertänigkeit* ein der antiken Sklaverei ähnl. Rechtsverhältnis, das aber den Gutsherrn (zumindest rechtl.) zur Fürsorge verpflichtete; erst mit der Bauernbefreiung aufgehoben; 3. im zarist. Rußland als stärkste persönl. Abhängigkeit der Bauern von ihren Herren mit Eigentumscharakter (z.T. bis 1917 erhalten).

**Leibeserziehung,** von den Reformpädagogen in den 1920er Jahren eingeführte Bez., heute durch die Bez. *Sport* ersetzt.

**Leibesstrafen,** strafweise Beeinträchtigung der körperl. Unversehrtheit (Geißelung, Verstümmelung u.a.); heute nur noch in wenigen Ländern (z.B. Republik Südafrika) als *Prügelstrafe* erhalten; Züchtigungsrecht.

**Leibesübungen,** → Sport.

**Leibesvisitation,** körperl. Durchsuchung.

**Leibgarde** → Garde.

**Leibgedinge, 1.** → Altenteil. – **2.** lebenslängl. Nießbrauch an Grundstücken zur Versorgung der Witwe.

**Leibholz,** Gerhard, *1901, †1982, dt. Staatsrechtslehrer; Prof. in Greifswald 1929–35, nach Zwangsemeritierung Lehrauftrag in Oxford, 1947–51 in Göttingen, 1951–71 Richter am Bundesverfassungsgericht.

**Leibl,** Wilhelm, *1844, †1900, dt. Maler u. Graphiker; Hauptvertreter des Realismus in der dt. Malerei des 19. Jh. Seine Themen nahm er mit Vorliebe aus der Welt der bay. Bauern.

**Leibnitz,** östr. Bezirksstadt in der Steiermark, an der Mur, 7000 Ew.

**Leibniz,** Gottfried Wilhelm Frhr. von, *1646, †1716, dt. Philosoph, Mathematiker u. Forscher auf

*Lehmbau: die Moschee von Agadès in Niger*

*Gottfried Wilhelm Leibniz*

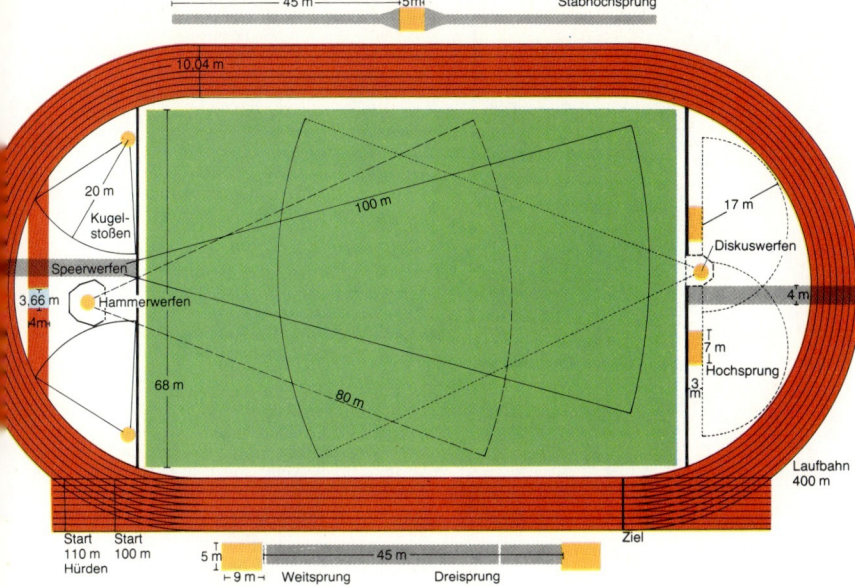

*Schema einer Leichtathletik-Kampfbahn: Die Anlaufbahnen für die Sprungwettbewerbe und die Wurfsektoren können bei Bedarf auch an andere Stellen verlegt bzw. vergrößert werden. Die zusätzliche Laufbahn links mit dem 3,66 m langen Wassergraben wird beim 3000-m-Hindernislauf benutzt*

nahezu allen Wissensgebieten; seit 1676 Bibliothekar u. Hofrat des Herzogs *Johann Friedrich* von Hannover, 1691 Leiter der Bibliothek in Wolfenbüttel, gründete 1700 die Berliner Akademie. Die Arbeiten von L. waren bahnbrechend in Mathematik (*Differential-* u. *Integralrechnung*), Philosophie (*Logistik*), Psychologie, Sprachwiss. (*Ursprache*) u.a. Sein philos. System ist das letzte klass. System des Barock. Es ist pluralist. (unendl. viele Substanzen [*Monaden*], Kritik an der spinozist. Lehre von der einen Substanz), rationalist. (Unterscheidung von Vernunft- u. Tatsachenwahrheiten, Satz vom zureichenden Grund), optimist. (die von Gott geschaffene Welt ist die beste aller mögl. Welten) u. lehrt einen psychophys. Parallelismus (*prästabilierte Harmonie* von Leib u. Seele anstelle der Wechselwirkung oder Identität beider). Hptw.: »Theodizee«.

**Leibowitz,** René, *1913, †1972, frz. Komponist u. Dirigent poln. Abstammung; wichtiger Vertreter der frz. Dodekaphonisten.
**Leibrente,** eine auf Lebensdauer zu zahlende Rente, z.B. Altersrente in der Sozialversicherung.
**Leibung,** innere Fläche einer Maueröffnung, eines Bogens.
**Leicester** [ˈlɛstə], Hptst. der mittelengl. Gft. *L*.shire, 280 000 Ew.; Univ.; Textil-, Schuh- u. Masch.-Ind.
**Leicester** [ˈlɛstə], Robert Dudley, Earl of, *1532, †1588, Günstling der engl. Königin Elisabeth I.; 1553/54 im Tower gefangen, da er nach Eduards VI. Tod versucht hatte, seine Schwägerin Jane Grey auf den Thron zu bringen.
**Leich,** *Lai*, mhd. religiöses Tanz- u. Minnelied; bek. L.-Dichter *Walther von der Vogelweide.*
**Leiche,** *Leichnam*, der menschl. Körper nach eingetretenem Tod (bei Tieren *Kadaver*). Danach treten die L.nveränderungen (*L.nstarre, L.nflecke*) auf, u. es beginnt durch Selbstzersetzung mittels der Körperfermente der Zerfall; dabei entstehen u.a. *L.ngifte (Ptomaine).*
**Leichenfledderei,** Ausplünderung von Toten.
**Leichenöffnung,** *Sektion, Obduktion, Autopsie*, die patholog.-anatom. Untersuchung der Leiche zur Klärung der Todesursache.
**Leichenschändung,** Beschimpfung, Beschädigung oder unzüchtige Berührung einer Leiche; strafbar.
**Leichenschau,** *Totenschau*, die gesetzl. vorgeschriebene Untersuchung der Leiche zur Feststellung des Todes u. der Todesursache. Sie wird von approbierten Ärzten durchgeführt, die darüber den Totenschein, zur Vorlage beim Standesamt, ausstellen.
**Leichenverbrennung** → Feuerbestattung.
**Leichenvergiftung,** die durch Eiweißzersetzung bedingte Bildung z.T. giftiger organ. Basen (*Ptomaine, Leichengifte*). Eine Berührung von Hautwunden mit Leichenflüssigkeit kann zu Blutvergiftungen führen.
**Leichhardt,** Ludwig, *1813, †1848 (verschollen), dt. Australienforscher.
**Leichlingen (Rheinland),** Stadt in NRW, an der Wupper, 24 000 Ew.; Obstanbau, Konserven- u. Textil-Ind.
**Leichtathletik,** die sportl. Übungen des *Laufens, Gehens, Springens* (Hoch-, Weit-, Drei- u. Stabhochsprung), *Werfens* u. *Stoßens* (Ball-, Speer-, Hammer-, Diskuswerfen sowie Kugel- u. Steinstoßen). Die L. ist die Grundlage der körperl. Erziehung u. der beste Vorbereitungssport für fast alle anderen Sportarten; sie bildet den Mittel- u. Höhepunkt der *Olymp. Spiele.*
**Leichter,** *Schute*, kleines Wasserfahrzeug zum Be- oder Entladen von Schiffen benutzt.
**Leichtfliegengewicht,** eine der → Gewichtsklassen beim Boxen u. Ringen.
**Leichtgewicht,** eine der → Gewichtsklassen in der Schwerathletik.
**Leichtmatrose,** jüngerer Matrose zw. Jungmann u. Vollmatrose.
**Leichtmetalle,** Metalle, deren Dichte unter 5 liegt; techn. bes. wichtig sind Aluminium, Magnesium, Titan.
**Leichtöl,** aus Steinkohlenteer (Rohöl) durch Destillation bei 100–180 °C gewonnenes Öl; als Heizöl verwendet.
**Leideform** → Passiv.
**Leiden,** *Leyden*, ndl. Stadt am Rhein, Prov. Südholland, 108 000 Ew.; Univ. (gegr. 1575); Renaissancebauten, Sternwarte; Metall-, Textil- u.a. Ind.
**Leidener Flasche,** 1746 in Leiden erfundener Kondensator, in dem größere Elektrizitätsmengen gesammelt werden können; ein Glasgefäß, das innen u. außen einen Metallbelag trägt. Das Glas dient dabei als Isolator (Dielektrikum).
**Leidenfrostsches Phänomen,** Bez. für die zuerst von dem dt. Gelehrten Johann Gottlieb *Leidenfrost* (*1715, †1794) entdeckte Erscheinung, daß auf einer hocherhitzten Metallplatte Flüssigkeiten Tropfen bilden, die sich eine Zeitlang halten wegen einer Dampfschicht, die sich an der Auflagefläche des Tropfens bildet.
**Leidenschaft,** durch Vernunft nicht bezähmbarer Gefühlsdrang; heftige Zuneigung, starke Begierde, Begeisterung. Die moderne Psychologie verwendet das Wort nicht; sie spricht stattdessen von *Affekt* u. *Trieb.*
**Leider,** Frida, *1888, †1975, dt. Sängerin (Sopran); bes. Wagner-Interpretin.
**Leie,** belg. Fluß, → Lys.
**Leier, 1.** *Lyra*, Sternbild des nördl. Himmels; Hauptstern: *Wega.* – **2.** → Lyra.
**Leierantilopen,** *Halbmondantilopen, Damaliscus*, Gatt. *Echter Antilopen* in Afrika; mit rinderähnl. Hörnern.
**Leierkasten,** mechan. Musikwerk mit Handkurbel-Antrieb, meist eine kleine Drehorgel.
**Leierschwänze,** *Menuridae*, Fam. der *Singvögel*, fasanengroße Bodenvögel der südostaustral. Urwälder. Zur Balzzeit spreizt das Männchen leierförmig die langen Schwanzfedern.
**Leif Eriksson,** normann. Seefahrer, fuhr um 1000 n. Chr. von Grönland aus u. erreichte die amerik. Küste; gilt als erster Entdecker Amerikas.
**Leifs** [lɛjfs], Jón, *1899, †1968, isl. Komponist,

| Leichtathletik-Disziplinen bei internationalen Meisterschaften | |
|---|---|
| Frauen | Männer |
| *Laufwettbewerbe* | |
| 100 m | 100 m |
| 200 m | 200 m |
| 400 m | 400 m |
| 800 m | 800 m |
| 1500 m | 1500 m |
| 3000 m | 5000 m |
| 10 000 m | 10 000 m |
| 4 × 100 m-Staffel | 4 × 100 m-Staffel |
| 4 × 400 m-Staffel | 4 × 400 m-Staffel |
| 100 m Hürden | 110 m Hürden |
| 400 m Hürden | 400 m Hürden |
| | 3000 m-Hindernislauf |
| Marathonlauf (42,2 km) | Marathonlauf (42,2 km) |
| *Sprungwettbewerbe* | |
| Hochsprung | Dreisprung |
| Weitsprung | Hochsprung |
| | Stabhochsprung |
| | Weitsprung |
| *Wurfwettbewerbe* | |
| Diskuswerfen | Diskuswerfen |
| Kugelstoßen | Hammerwerfen |
| Speerwerfen | Kugelstoßen |
| | Speerwerfen |
| *Straßengehen* | |
| 10 km | 20 km |
| | 50 km |
| *Mehrkämpfe* | |
| Siebenkampf: | Zehnkampf: |
| 1) 100 m Hürden/Kugelstoßen/ Hochsprung/200 m | 1) 100 m/Weitsprung/Hochsprung/ Kugelstoßen/400 m |
| 2) Weitsprung/Speerwerfen/800 m | 2) 110 m Hürden/Diskuswerfen/ Stabhochsprung/Speerwerfen/1500 m |

## 506 Leigh

Dirigent u. Musikschriftsteller; suchte in seinen Werken bei moderner Haltung einen nationalen Stil zu wahren.

**Leigh** [li:], NW-engl. Stadt westl. von Manchester, 46 000 Ew.; Kohlenbergbau, Textil-Ind.

**Leigh** [li:], Vivien, eigtl. Vivien Mary *Hartley,* *1913, †1967, engl. Schauspielerin; Filme »Vom Winde verweht«, »Endstation Sehnsucht«.

**Leihbücherei,** eine Unternehmung, die gewerbsmäßig Bücher ausleiht; überwiegend für Unterhaltungsschrifttum u. aktuelle Literatur.

**Leihe,** im bürgerl. Recht die unentgeltl. (Ggs.: *Miete*) Überlassung des Gebrauchs einer Sache.

**Leihhaus,** Pfandleihanstalt; → Pfandleihe.

**Leihmutter,** ugs. eine Frau, die (gegen Bezahlung) für eine andere ein Kind austrägt.

**Leim,** in Wasser lösl. Klebstoffe: 1. *synthet. L.* (aus Kunstharzen), 2. *Haut-* u. *Leder-L.,* 3. *Knochen-L.,* 4. *Casein-* oder *Kalt-L.,* 5. *Pflanzen-L.* (Stärke, Dextrin, Gummiarabikum).

**Leimen,** Stadt in Ba.-Wü., südl. von Heidelberg, 18 000 Ew.; Weinanbau.

**Leimfarbe,** Anstrichfarbe aus wasserlösl. Leimen u. meist mineral. Pigmenten (Kreide).

**Leimkraut,** *Silene,* Gatt. der *Nelkengewächse;* z.T. mit klebrigem Stengel. In Dtld. sind u.a. zu finden: *Stengelloses L.,* eine polsterbildende Alpenpflanze mit roten Blüten; *Nickendes L.,* mit nickenden, in Trugdolden vereinigten Blüten, die sich nur nachts öffnen; *Aufgeblasenes L.* oder *Taubenkropf,* mit aufgeblasenem Kelch, auf trockenen Wiesen häufig.

**Leimruten,** mit Vogelleim (aus Mistelbeeren) bestrichene Hölzchen, an denen Vögel beim Berühren hängenbleiben; in Dtld. verboten.

**Lein** → Flachs.

**Leinberger,** Hans, *um 1480/85, †1531/35, dt. Bildhauer; Hptw.: Madonna in Landshut, St. Martin; hl. Georg in München, Frauenkirche.

**Leindotter,** *Camelina,* Gatt. der *Kreuzblütler,* gelb blühend; Samen dienen der Gewinnung von *Leinöl* (Dt. Sesamöl).

**Leine,** l. Nbfl. der Aller, 281 km; mündet bei Schwarmstedt.

**Leinen,** *Leinwand, Linnen,* Gewebe aus Flachsfasergarnen. L. ist sehr haltbar, wasseraufsaugend u. guter Wärmeleiter; Rohfarbe ist graubraun oder gelb; hpts. als Bett- u. Tischwäsche verwendet. *Halb-L.* enthält in einer Fadenrichtung L., in der anderen Baumwolle.

**Leinenband,** *Ganzleinen,* ein Bucheinband, bei dem sowohl die Deckel als auch der Rücken mit *Buchbinderleinen* überzogen sind.

**Leinfelden-Echterdingen,** Stadt in Ba.-Wü., bei Stuttgart, 35 000 Ew.; Elektro- u.a. Ind.

**Leingewächse** → Pflanzen.

**Leinkraut,** *Linaria,* Gatt. der *Rachenblütler* mit gespornten Blüten; hierzu das *Echte L.* mit gelben Blüten.

**Leinkuchen,** kreisrund gepreßte Rückstände aus der Leinölgewinnung; eiweißhaltiges Kraftfutter.

**Leino** [ˈlɛinɔ], Eino, eigtl. Armas E. Leopold *Lönnbohm,* *1878, †1926, finn. Schriftst. (patriot. Lyrik) u. Übersetzer.

**Leinöl,** Gemisch von versch. Glycerinestern mit meist ungesättigten Fettsäuren, wird durch Auspressen aus Leinsamen als hellgelbes, trocknendes Öl erhalten; zur Herstellung von Linoleum sowie zur Gewinnung von Speiseöl u. Margarine.

**Leinpfad,** *Treidelweg,* Weg längs eines Ufers für Menschen oder Tiere, die früher Lastkähne an Seilen flußaufwärts zogen.

**Leinsamen,** *Flachssamen,* Samen des Flachses; enthalten 36–40% Öl u. ca. 5% Schleim; Anwendung in der Medizin äußerl. zur Wärmebehandlung, innerl. bei Stuhlverstopfung.

**Leinsdorf,** Erich, *4.2.1912, US-amerik. Dirigent östr. Herkunft.

**Leinster** [ˈlɛnstə], ir. *Laighin,* Prov. in SO-Irland, 19 792 km², 1,8 Mio. Ew., wichtigste Stadt *Dublin;* Hauptsiedlungs- u. -wirtschaftsgebiet der Rep. Irland.

**Leip,** Hans, *1893, †1983, dt. Schriftst.; bek. durch sein Soldatenlied »Lili Marleen«; Romane (u.a. »Jan Himp u. die kleine Brise«).

**Leipzig,** Stadt in Sachsen, in der *L.er Tieflandsbucht,* 547 000 Ew.; Messestadt (Muster-, Buch- u. Techn. Messe); Univ. (1409), TH u.a. HS; Museum der bildenden Künste; Dt. Bücherei; Oper, Schauspielhaus; Nikolaikirche, Thomaskirche (Thomanerchor); Gewandhausorchester; Völkerschlachtdenkmal. – Buchdruckerei u. Handel, Rauchwarenproduktion u. -handel, Masch.-, elektrotechn., Textil-, Musikinstrumenten-, Holz- u.a. Ind.; Verkehrsknotenpunkt, Flugplatz. – G e s c h .: Um 1165 Stadt, Handelszentrum (seit dem 13. Jh. Messen); 1519 **L.er Disputation** zw. Luther, A. Karlstadt u. J. Eck; im 18. Jh. führend im kulturellen Leben Dtld. Die *Völkerschlacht bei L.* 1813 war die Entscheidungsschlacht über napoleon. Herrschaft über Dtld.

**Leipziger Allerlei,** gemischte Gemüse wie grüne Erbsen, Möhren, Spargel, Blumenkohl, Pilze.

**Leis,** *Leise,* kirchl. Bittgesang mit dem Kehrreim »Kyrie eleison« (»Herr, erbarme dich«); Grundlage des dt. Kirchenlieds.

**Leisewitz,** Johann Anton, *1752, †1806, dt. Dramatiker des *Sturm u. Drang*.

**Leishman** [ˈliːʃmən], Sir William Boog, *1865, †1926, brit. Pathologe u. Tropenmediziner; entdeckte die nach ihm ben. *Leishmanien,* die Erreger der **L.iosen** in trop. u. subtrop. Ländern vorkommende Infektionskrankheiten, die durch Mückenstiche übertragen werden. Hierzu: *Aleppobeule, Kala-Azar* u. *Bahia-Beule*.

**Leisnig,** Stadt in Sachsen, an der Freiberger Mulde, 10 000 Ew.; Schloß Mildenstein; Apparatebau, Textil- u.a. Ind.

**Leisten,** *L.gegend,* die Beugeseite des Hüftgelenks, Übergang zw. Unterbauch u. Oberschenkel. Sie wird vom *L.band,* an dem die Bauchmuskeln ansetzen, durchzogen.

**Leistenbruch,** *Hernia inguinalis,* ein Eingeweidebruch oberhalb des Leistenbands.

**Leistenhoden** → Kryptorchismus.

**Leistikow** [-ko], Walter, *1865, †1908, dt. Maler; Mitgr. u. Präs. der Berliner Sezession; malte stimmungsvolle Seenlandschaften.

**Leistung,** 1. das Tun oder Unterlassen, das ein Gläubiger kraft des Schuldverhältnisses von einem Schuldner zu fordern hat. – **2.** physikal. Größe, Zeichen $P$ und $N;$ definiert als der Quotient von Arbeit u. Zeit; auch Produkt aus Kraft u. Geschwindigkeit. Die SI-Einheit der L. ist 1 Nms$^{-1}$ = 1 Watt.

**Leistungsautomat,** ein Gerät, das keine Waren verkauft, sondern Dienstleistungen verrichtet, z.B. Geldwechsler, Parkzeituhren, Münzfernsprecher, Musikautomaten.

**Leistungsgesellschaft,** Gesellschaftsform, in der sich der soz. Status aller Mitgl. u. Gruppierungen ausschl. nach den erbrachten *Leistungen* (nicht nach Stand u. Herkunft) bestimmt. Dieses **Leistungsprinzip** dient in industriellen Gesellschaften als Erklärungsmittel für bestehende soz. Ungleichheiten u. wird gleichzeitig als wichtige Voraussetzung für soz. Fortschritt u. Steigerung der Produktivität gesehen, weil im leistungsorientierten Gemeinwesen jeder die Möglichkeit hat, seine Fähigkeiten ohne Einschränkungen von Standesschranken zu entwickeln.

**Leistungslohn,** ein Lohn, bei dem nicht nur die Anwesenheitszeit im Betrieb vergütet wird, sondern die tatsächl. erbrachte Leistung. Formen des L. sind *Akkordlohn* u. *Prämienlohn*.

**Leistungsmesser,** *Wattmeter,* Gerät zur Messung der Wirkleistung eines elektr. Stroms.

**Leistungsschutz,** Rechtsschutz für kulturelle Leistungen, die keine geistigen Schöpfungen sind; z.B. für ausübende Künstler (Schutz gegen ungenehmigte Bildschirm- u. Lautsprecherübertragung), für Tonträgerhersteller, Rundfunkanstalten u. Filmhersteller.

**Leistungssport,** im Unterschied zu *Volks-* u. *Breitensport* eine sportl. Betätigung, bei der eine hohe Leistungsfähigkeit angestrebt wird.

**Leistungszulagen,** *Lohnzulagen,* die den regelmäßigen (Zeit-)Lohn übersteigenden, von bes. Leistungen des Arbeitnehmers abhängigen Zulagen; nicht zu verwechseln mit dem *Leistungslohn*.

**Leitartikel,** ein durch Stellung oder Aufmachung hervorgehobener Artikel in Zeitungen, der aktuelle Themen mit meinungsbildender Absicht behandelt.

**Leitbild,** eine vorbildl., richtungsweisende Lebensform, an der sich die individuelle Lebensgestaltung orientieren kann.

**Leitbündel** → Leitgewebe.

**leitende Angestellte,** Sondergruppe innerhalb der Arbeitnehmerschaft, die erhebl. unternehmer. Teilfunktionen wahrnimmt; vertreten häufig den Arbeitgeber gegenüber den Arbeitnehmern, vor allem bei Ausübung des Weisungsrechts. Das Betriebsverfassungs-Ges. findet auf l. A. eingeschränkt Anwendung.

**Leiter,** 1. [der], allg. ein Material, das bestimmte Energiearten (z.B. Elektrizität, Schall, Wärme) fortleitet. – Die elektr. *Leitfähigkeit* ist bei Metallen (bes. bei Silber u. Kupfer) am größten u. wächst mit sinkender Temperatur. Sie wird gemessen nach der Größe der Ladung, die einen L. von 1 cm Länge u. 1 cm² Querschnitt in 1s bei einer Spannungsdifferenz von 1 Volt durchläuft. Einheit: 1 Siemens = $1/\Omega$. – **2.** [die], hölzernes oder eisernes Steiggerät aus zwei Längsstangen *(Holmen),* die durch Querstangen *(Sprossen)* verbunden sind.

**Leitfossilien,** die einer bestimmten geolog. Schicht angehörenden, versteinerten Lebewesen

Leipzig: Plakat der Leipziger Frühjahrsmesse 1990

Echtes Leinkraut

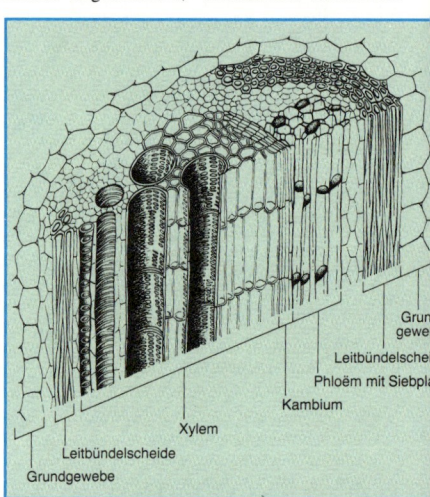

Leitbündel: Im Phloëm werden organische Stoffe transportiert. Das Xylem dient der Wasserleitung. Zwischen Phloëm und Xylem bleibt beim offenen kollateralen Leitbündel eine Zone teilungsfähiger Zellen (Kambium) erhalten

(*Fossilien*), die zur vergleichenden Altersbestimmung herangezogen werden können.

**Leitgeb,** Joseph, *1897, †1952, östr. Lyriker u. Erzähler.

**Leitgewebe,** röhrenförmig langgestrecktes Stofftransportgewebe der Pflanzen. Man unterscheidet: 1. Siebröhren zum Transport organ. Stoffe; 2. Gefäße zur Wasserleitung, tote Röhren mit verholzten Wandversteifungen. Das L. ist bei allen höheren Pflanzen zu einem strangförmigen *Leitbündel* vereint.

**Leith** [li:θ], nördl. Vorort u. Seehafen von *Edinburgh*.

**Leitha,** r. Nbfl. der Donau in Östr., 180 km; mündet in Ungarn.

**Leitha-Gebirge,** rd. 35 km langer Höhenzug am Ostrand des Wiener Beckens, im *Sonnenberg* 484 m.

**Leitlinie, 1.** bei Kegelschnitten eine feste, zur Hauptachse senkrechte Gerade; das Entfernungsverhältnis aller Kurvenpunkte von der L. u. einem festen Punkt (Brennpunkt) ist konstant. – **2.** der Verkehrslenkung dienende, auf der Straße aufgezeichnete gestrichelte Linie, die überfahren werden darf, wenn der Verkehr nicht gefährdet ist.

**Leitmeritz,** tschech. *Litoměřice,* Stadt in Nordböhmen (ČSFR), an der Elbe, 25 000 Ew.; Nahrungsmittel- u. chem. Ind.

**Leitmotiv,** ein mehrfach wiederkehrendes musikal. Motiv von melod., rhythm. u. harmon. Prägnanz, zur Charakterisierung von Personen u. Situationen (bes. in den Musikdramen R. *Wagners*); auch literar. Stilmittel.

**Leitner,** Ferdinand, *4.3.1912, dt. Dirigent; bes. für zeitgenöss. Musik u. Werke A. *Bruckners.*

**Leitstrahl,** ein stark gebündelter Funkstrahl, mit dessen Hilfe Flugzeuge u. Flugkörper (Fernlenkwaffen) in der gewünschten Richtung geführt werden.

**Leittier,** das eine Tiergruppe anführende Alttier.

**Leitton,** im Dur-Moll-System der Ton, der im Gehör die Forderung erweckt, zu einem anderen Ton in einem Halbtonschritt weitergeleitet zu werden (Spannung-Entspannung). So seit 1600 der 7. Ton der Tonleiter (in C-Dur: h).

**Leitung,** Vorrichtung zur Beförderung von Flüssigkeiten, Gasen oder elektr. Energie; → elektr. Leitungen, → Kabel, → Pipeline.

**Leitungsanästhesie,** die Schmerzfreimachung bestimmter Körpergebiete durch das Einspritzen schmerzaufhebender Mittel in die diese Gebiete versorgenden Nerven.

**Leitwährung,** die Währung eines Landes, zu der andere Staaten ihre eigene Währung in einem festen Austauschverhältnis halten u. in der sie ihre Währungsreserven anlegen; seit dem 2. Weltkrieg der US-Dollar.

**Leitwerk, 1.** Flugzeugbauteil zur Stabilisierung der Fluglage u. zur Steuerung des Flugzeugs; speziell: *Höhenruder* u. *Seitenruder.* – **2.** ein Damm, der in einem Fluß zur Festlegung der künftigen Uferlinie des Niedrig- oder Mittelwasserbetts dient.

**Lek,** Währungseinheit in Albanien.

**Lek** [lɛk], 61 km langer mittlerer Teil des nördl. Mündungsarms des Niederrhein in den Ndl.

**Lekai,** László, *1910, †1986, ung. Theologe; seit 1976 Erzbischof von Esztergom u. damit Primas von Ungarn; Kardinal.

**Lektion,** Abschnitt in einem Lehrbuch, Lehrvortrag; auch liturg. Schriftlesung.

**Lektionar, 1.** Lesepult. – **2.** ein Buch, in dem die Lesungen für die einzelnen Tage des Kirchenjahrs niedergelegt sind.

**Lektor, 1.** an Hochschulen Lehrbeauftragter, bes. für neuere Fremdsprachen, techn. oder mus. Fächer; unabhängig vom akadem. Grad. – **2.** in der kath. u. ev. Kirche ein Laie, der im Gottesdienst Abschnitte der Bibel vorliest. – **3.** wiss. Mitarbeiter eines Verlags, der Manuskripte prüft u. bis zur Drucklegung bearbeitet u. in Zusammenarbeit mit Autoren Werks- u. Programmkonzeptionen entwirft.

**Lektüre,** das Lesen eines Textes; auch der Lesestoff.

**Lekythos,** antikes einhenkliges Ölfläschchen.

**Le Locle** [lə'lɔkl], schweiz. Stadt im Kt. Neuenburg, 11 000 Ew.; Uhrmacherschule u. Uhrenmuseum.

**Leloir** [lə'lwa:r], Luis Federico, *1906, †1987, argent. Biochemiker frz. Herkunft; klärte die Polysaccharidbiosynthese auf; 1970 Nobelpreis für Chemie.

*Franz von Lenbach: Knabe in der Sonne; um 1860. Darmstadt, Hessisches Landesmuseum*

**Lelouch** [lə'luʃ], Claude, *30.10.1937, frz. Filmregisseur; W »Ein Mann u. eine Frau«, »Der Gute u. die Bösen«.

**Lelystad** ['le:li-], Stadt im Polder Ost-Flevoland (Ndl.), 58 000 Ew.

**Lem,** Stanislaw, *12.9.1921, poln. Schriftst.; wiss. abgesicherte Science-fiction-Romane.

**Lemacher,** Heinrich, *1891, †1966, dt. Komponist u. Musikschriftst. (bes. kath. Kirchenmusik).

**Le Maire** [lə'mɛ:r], Jakob, *1585, †1616, ndl. Seefahrer; entdeckte die *Staateninsel,* die *L.-M.-Straße* u. einige Inseln in der Südsee.

**Le Mans** [lə'mã], frz. Ind.-Stadt an der Sarthe, Sitz des Dép. Sarthe, 148 000 Ew. Südl. der Stadt wird seit 1923 das berühmte *24-Stunden-Rennen von L. M.* für Kraftfahrzeuge ausgetragen.

**Lemberg,** russ. *Lwow,* Hptst. der Oblast Lwow, in der Ukrain. SSR (Sowj.), 767 000 Ew.; Univ. (1661); Handels- u. Verkehrsknotenpunkt, Maschinenbau, Erdölraffinerie. – G e s c h.: Mitte des 14. Jh. Hptst. der poln. Ukraine, 1772–1918 Hptst. des österr. Galizien, 1919–39 polnisch.

**Lembke,** Robert, *1913, †1989, Journalist; 1949–60 Fernsehdirektor beim Bay. Rundfunk; wurde als Quizmaster der Fernsehserie »Was bin ich« populär.

**Lemercier** [ləmɛr'sje:], Jacques, *um 1585, †1654, frz. Baumeister; neben J.-H. *Mansart* einer der führenden Architekten zur Zeit *Richelieus.*

**Lemgo,** Stadt in NRW, in Lippe, 39 000 Ew.; ehem. Hansestadt mit altertüml. Stadtbild (Hexenbürgermeisterhaus, 1571); versch. Ind.

**Lemke, 1.** Helmut, gen. *von Soltenitz,* *1907, †1990, dt. Politiker (CDU); 1963–71 Min.-Präs. von Schl.-Ho. – **2.** Klaus, *13.10.1940, dt. Filmregisseur; Filme u.a.: »48 Stunden bis Acapulco«, »Ein komischer Heiliger«.

**Lemma,** Stichwort (in Wörterbüchern).

**Lemmer,** Ernst, *1898, †1970, dt. Politiker (CDU); 1956 Bundes-Min. für Post- u. Fernmeldewesen, 1957–62 für gesamtdeutsche Fragen, 1964/65 für Vertriebene.

**Lemminge,** kurzschwänzige *Wühlmäuse* im N Eurasiens u. in N-Amerika. In period. Abständen verlassen L. in riesigen Scharen infolge einer Überbevölkerung ihre Wohngebiete u. richten großen Schaden an, wonach ein Massensterben folgt.

**Lemmon,** Jack, *8.2.1925, US-amerik. Filmschauspieler; bes. erfolgreich in kom. Rollen (»Extrablatt«, »Das China-Syndrom«, »Macaroni«).

**Lemnitzer,** Lyman Louis, *1899, †1988, US-amerik. Offizier; 1955–57 Oberkommandierender der UN-Truppen in Korea u. der amerikan. Streitkräfte Fernost, 1962–69 Oberkommandierender der NATO-Streitkräfte in Europa.

**Lemnos** → Limnos.

**Lemoyne** [lə:mwan], **1.** François, *1688, †1737, frz. Maler; schuf große dekorative Figurenkompositionen, u.a. im Versailler Schloß. – **2.** Jean-Baptiste, *1704, †1778, frz. Bildhauer; Statuen u. Denkmäler im Rokokostil.

**Lemuren, 1.** in der röm. Religion die Seelen Verstorbener, die als nächtl. Gespenster umgehen. – **2.** Fam. der → Halbaffen auf Madagaskar.

**Lena,** Strom in Ostsibirien (Sowj.), 4270 km lang, Einzugsgebiet 2,49 Mio. km²; mündet mit weitverzweigtem Delta in die Laptewsee; etwa 7 Monate eisbedeckt.

**Le Nain** [lə'nɛ̃], drei frz., seit etwa 1630 in Paris in Werkstattgemeinschaft lebende Maler, die Brüder: Antoine, *um 1588, †1648, Louis, *1593, †1648, u. Mathieu, *1607, †1677; realist. Genreszenen aus dem Bauernmilieu.

**Lenard,** Philipp, *1862, †1947, dt. Physiker; untersuchte die Eigenschaften der Kathodenstrahlen; Nobelpreis 1905.

**Lenau,** Nikolaus, eigtl. N. Franz *Niebsch, Edler von Strehlenau,* *1802, †1850, östr. Dichter; seit 1844 geistig gestört; brachte in Versen von großer Musikalität Weltschmerz, Einsamkeit u. Landschaftsstimmungen zum Ausdruck; daneben dramat.-epische Versdichtungen (»Faust«).

**Lenbach,** Franz von, *1836, †1904, dt. Maler; in München gefeierter Bildnismaler der Aristokratie; Bildnisse Bismarcks, Kaiser Wilhelms I. u.a.

**Lenclos** [lã'klo], Anne, gen. *Ninon de L.,* *1620, †1705, frz. Kurtisane; durch ihre Schönheit u. Bildung berühmt.

**Lenden,** *Lumbi,* die aus starker Rückenmuskulatur bestehende Gegend zw. Rippenbogen, Darmbeinkamm u. Lendenwirbelsäule.

**Lendenschurz,** Gesäß u. Schamteile bedeckendes Kleidungsstück, von Naturvölkern getragen.

**Lendenwirbel,** Wirbel zw. Kreuzbein u. Brustwirbeln.

**Lendl,** Ivan, *7.3.1960, tschechosl. Tennisspieler; einer der weltbesten Spieler, 1985–88 u. seit 1989 Erster der Weltrangliste.

**Lendvai** [-vɔi], Erwin, *1882, †1949, ung. Komponist u. Chorleiter; Oper »Elga«.

**Leng,** bis 1,5 m langer u. 25 kg schwerer *Schellfisch* der atlant. Küsten Europas; in Norwegen u. Island zu *Klippfisch* verarbeitet; auch als »Seeaal« u. geräucherter »Seelachs« im Handel.

**Lengefeld,** Charlotte von, *1766, †1826, Frau F. *Schillers.*

**Lengerich,** Stadt in NRW, am Teutoburger Wald, 20 000 Ew.; Zement-, Papier- u.a. Ind.

**Lenggries,** oberbay. Ort an der Isar, 750 m ü.M., 8000 Ew.; Luftkurort u. Wintersportort.

**Lengyel** [lɛndjɛl], József, *1896, †1974, ung. Schriftst.; 1938 in der Sowj. verhaftet u. verbannt, 1955 rehabilitiert; Novellen über seine seel. Konflikte u. Leiden.

**Lenica** ['lɛnitsa], Jan, *4.1.1928, poln. Zeichner u. Plakatkünstler; vielfach ausgezeichnet für seine Kurz- u. Zeichenfilme.

**Lenin,** *Pik L.,* mit 7134 m höchster Gipfel im Transalai (UdSSR).

**Lenin,** eigtl. *Uljanow,* Wladimir Iljitsch, *1870, †1924, russ. Revolutionär u. Politiker, Theoretiker des Sozialismus *(L.ismus);* 1897–1900 in Sibirien verbannt, 1900–05 in der Emigration, dann Teilnahme an der Revolution 1905, 1908–12 u. während des 1. Weltkriegs in der Schweiz. Nach der russ. Februar-Revolution 1917 gelangte er mit Hilfe der dt. Heeresleitung nach Rußland; nach dem Sturz der Kerenski-Reg. wurde L. Vors. des Rates der Volkskommissare (Min.-Präs.). Er etablierte die bolschewist. Macht in Rußland. Der **L.ismus** paßt den Marxismus an die Bedingungen in Rußland des 20. Jh. an. Proletariat u. Bauern-

*Wladimir Iljitsch Lenin*

**Leninabad**

schaft sollten unter Anleitung von Berufsrevolutionären die bürgerl. Revolution möglichst schnell in eine proletar. überleiten.

**Leninabad,** fr. *Chodschent,* Hptst. der gleichn. Oblast in der Tadschik. SSR (Sowj.), am Syrdarja, 153 000 Ew.; Baumwoll-, Seiden- u.a. Ind.

**Leninakan,** fr. *Alexandropol,* Stadt im NW der Armen. SSR (Sowj.), 228 000 Ew.; Elektro- u. Textilind.

**Leningrad,** bis 1914 *Sankt Petersburg,* 1914–24 *Petrograd,* Hptst. der Oblast L. in der RSFSR (Sowj.), an der Mündung der Newa in den Finn. Meerbusen, mit 4,4 Mio. Ew. die zweitgrößte Stadt der Sowj.; das kulturelle u. wirtschaftl. Zentrum Nordrußlands; viele bed. Bauwerke: Isaak-Kathedrale (1819–58), Peter- u. Pauls-Kathedrale (1714–33), Palais Stroganow; Alexander-Newskij-Kloster (1713 gegr.) u. Zarenschloß Peterhof in der Umgebung; Univ. (1819 gegr.) u. HS, Bibliotheken, Museen (Eremitage im Winterpalais, u.a.); Standort hochentwickelter Ind., Verkehrsmittelpunkt, wichtigster Hafen für den sowj. Überseehandel, Flughafen. – G e s c h.: 1703 von *Peter d. Gr.* gegr., 1712–1918 Residenz u. Hptst. Rußlands; 1917 Ausgangsort der Russ. Oktoberrevolution.

**Leninismus** → Lenin.

**Leninogorsk,** Stadt im O der Kasach. SSR (Sowj.), 68 000 Ew.; chem. Ind., Maschinenbau.

**Leninsk-Kusnezkij,** Ind.-Stadt in Westsibirien (Sowj.), im Kusnezk-Becken, 167 000 Ew.; Steinkohlenbergbau.

**Lenkung,** Einrichtung zur Änderung der Fahrtrichtung eines Fahrzeugs. Man unterscheidet: L. angetriebener Fahrzeuge u. Anhängerlenkung. Bei Fahrrädern u. Krafträdern werden nur ein Rad, bei Vierradfahrzeugen in der Regel nur die vorderen Räder, bei Geländefahrzeugen meist alle Räder gelenkt.

**Lenne,** l. Nbfl. der Ruhr, 131 km; mündet bei Hagen. – **L.gebirge,** Bergrücken des Sauerlands, im Homert 656 m. – **L.stadt,** Stadt in NRW, an der L., 26 000 Ew.; Schwerkiesbergbau; im Stadtteil *Elspe* Freilichtbühne (Karl-May-Festspiele).

**Lenné,** Peter Joseph, *1789, †1866, dt. Gartenkünstler; seit 1854 Generaldirektor der königl. Gärten in Preußen; Vertreter des engl. Gartenstils.

**Lennon** [ˈlɛnən], John, *1940, †1980 (ermordet), brit. Rockmusiker u. -komponist; prägte durch seine Songs den Stil der *Beatles.*

**Le Nôtre** [ləˈnoːtr], André de, *1613, †1700, frz. Gartenkünstler; leitete die Anlage des Parks von Versailles.

**Lens** [läs], N-frz. Industriestadt im Artois, 38 000 Ew.; Metall- u. Textil-Ind.

**Lensing,** Elise, *1804, †1854, Geliebte F. *Hebbels.*

**Lentizęllen,** vorspringende Warzen *(Korkwarzen)* auf den Korkmänteln der Zweige von Holzgewächsen; dienen dem Gasaustausch.

**lento,** musikal. Tempobez.: langsam.

**Lenya,** Lotte, *1895, †1981, dt. Schauspielerin; erste Erfolge als Seeräuber-Jenny in Brechts »Dreigroschenoper«; 1933 Emigration in die USA mit ihrem Mann K. *Weill.*

**Lenz, 1.** Heinrich Friedrich Emil, *1804, †1865, dt. Physiker; stellte die *L.sche Regel* auf, nach der induzierte Ströme immer so gerichtet sind, daß sie die erzeugende Bewegung zu hemmen suchen. – **2.** Hermann, *26.2.1913, dt. Schriftst.; schreibt Romane mit histor.-biograph. Hintergrund u. irreale Traumerinnerungen. – **3.** Jakob Michael Reinhold, *1752, †1792, dt. Dramatiker des *Sturm u. Drang;* 1771 Hofmeister in Straßburg, wo er *Goethe* begegnete, 1776 in Weimar, führte dann ein unruhiges Wanderleben; starb geistesgestört; soz. Prosakomödien: »Der Hofmeister«, »Die Soldaten«. – **4.** Max, *1850, †1932, dt. Historiker; vertrat eine geistes- u. ideengeschichtl. Geschichtsdarstellung. – **5.** Peter, *1832, †1928, dt. Maler; Begr. der *Schule von Beuron,* die sich eine Erneuerung der religiösen Malerei zum Ziel setzte. – **6.** Siegfried, *17.3.1926, dt. Schriftst.; Mitgl. der »Gruppe 47«; befaßt sich in Romanen u. Erzählungen mit Problemen der Kriegs- u. Nachkriegszeit, mit Fragen von Schuld u. Einsamkeit. Ⓦ »So zärtl. war Suleyken«, »Deutschstunde«, »Heimatmuseum«, »Das serb. Mädchen«; Dramen; Träger des Friedenspreis des Dt. Buchhandels.

**Leo,** Päpste:
**1. L. I.,** *L. der Große,* †461, Papst 440–61; konnte seinen Jurisdiktionsprimat auf das ganze Abendland ausdehnen. Beim Wandalenherrscher Geiserich erreichte er die Schonung Roms. – Kirchenlehrer; Heiliger (Fest: 10.11.). – **2. L. III.,** †816, Papst 795–816; krönte *Karl d. Gr.* Weihnachten 800 zum Kaiser. – Heiliger (Fest: 12.6.). – **3. L. IV.,** †855, Papst 847–55; bemühte sich um den militär. Schutz des 846 von den Sarazenen heimgesuchten Rom. – Heiliger (Fest: 17.7.). – **4. L. VIII.,** †965, Papst 963–65; von der unter dem Einfluß Kaiser *Ottos d. Gr.* stehenden Synode, die *Johannes XII.* abgesetzt hatte, gewählt. – **5. L. IX.,** eigtl. Bruno Graf von *Egisheim* u. *Dagsburg,* *1002, †1054, Papst 1049–54; leitete die gregorian. Reformen ein; bekämpfte Simonie, Laieninvestitur u. Priesterehe. – Heiliger (Fest: 19.4.). – **6. L. X.,** eigtl. Giovanni de'*Medici,* *1475, †1521, Papst 1513–21; wurde durch den Einfluß seines Vaters (Lorenzo il Magnifico) bereits mit 14 Jahren Kardinal. Problematik der Reformation verkannte er vollständig; förderte Wiss. u. Künste. – **7. L. XII.,** eigtl. Annibale della *Genga,* *1760, †1829, Papst 1823–29; vertrat eine reaktionäre Politik, die für den Kirchenstaat verhängnisvoll wurde. – **8. L. XIII.,** eigtl. Vincenzo Gioacchino *Pecci,* *1810, †1903, Papst 1878–1903. Sein Pontifikat war erfüllt von den Bemühen, den Gegensatz zw. der Kirche u. den polit., kulturellen u. soz. Bestrebungen der modernen Welt zu beseitigen; schuf die Grundlagen der kath. Soziallehre, beendete den Kulturkampf.

**Leo,** byzantin. Kaiser, → Leon.

**Leo,** Leonardo, *1694, †1744, ital. Komponist; Vertreter der spätneapolitan. Oper, schrieb außerdem Oratorien u. Kirchenmusik.

**Leoben,** östr. Bezirksstadt u. Hauptort der Obersteiermark, an der Mur, 32 000 Ew.; Hütten- u. Stahlind.; HS für Bergbau.

*Leningrad: Dekabristenplatz mit Reiterdenkmal Peters I.; im Hintergrund Universität und Akademie*

*Leonardo da Vinci: Heilige Anna Selbdritt, 1500–1507. Paris, Louvre*

**Leobschütz,** poln. *Głubczyce,* Stadt in Schlesien, an der Zinna, 13 000 Ew.; Textil- u. landw. Ind.

**Leochares,** athen. Bildhauer, etwa 380–320 v. Chr.; Mitarbeiter am Mausoleum in Halikarnassos.

**Leon,** *Leo,* byzantin. Kaiser: **1. L. I.,** *L. d. Gr.,* *um 400, †474, Kaiser 457–74; kämpfte erfolglos gegen die Wandalen in Afrika, griff mehrfach in die Thronfolge Westroms ein. – **2. L. III.,** *L. der Syrier,* *um 675, †741, Kaiser 717–41; stürzte durch das Verbot der christl. Bilderverehrung 730 das nach außen (gegen die Araber) erstarkte Reich in eine mehr als 100jährige innere Krise (Bilderstreit). – **3. L. VI.,** *L. der Weise,* *866, †912, Kaiser 886–912; bed. als Gesetzgeber u. gelehrter Schriftst.

**León, 1.** histor. Ldsch. u. Prov. im nw. Spanien, nördl. Teil des dünnbesiedelten innerspan. Hochlands; im Duerotal Weinanbau. – **2.** span. Prov.-Hptst., am Zusammenfluß von Torio u. Bernesga, 137 000 Ew.; got. Kathedrale; Leder- u. Nahrungsmittel-Ind. – **3.** *L. de los Aldamas,* Stadt in Mexiko, 596 000 Ew.; vielseitige Ind. – **4.** Dep.-Hptst. im westl. Nicaragua, 101 000 Ew.; Univ., Kathedrale; Ind.-Zentrum. 1610 vom Vulkan *Momotombo* zerstört, bis 1852 Hptst. Nicaraguas.

**León,** Fray, Luis Ponce de, *1527, †1591, span. Theologe u. Dichter; Lyriker u. Prosaist.

**Leonardo da Vinci** [-ˈvintʃi], *1452, †1519, ital. Maler, Bildhauer, Architekt, Kunsttheoretiker, Naturforscher u. Erfinder; zunächst Schüler A. *del Verrocchios* in Florenz, wirkte in Mailand (am Hof Ludovico Sforzas) u. Rom seit 1516 auf Einladung Franz' I. in Frankreich. – L. kann als beispielhafte Verkörperung des von der Renaissance geforderten Universalmenschen gelten. Auf allen Kunst- u. Wissensgebieten war er forschend u. schöpfer. tätig. Er konstruierte u.a. zahlr. Maschinen, arbeitete auf den Gebieten der Optik, Botanik, Astronomie u. sezierte als einer der ersten den menschl. Leichnam. Als M a l e r hat er die Schönheitsideale der ital. Hochrenaissance am reinsten verwirklicht. Er verband szenisch agierende Personen mit Landschaftshintergründen in einheitl. Körper- u. Raumauffassung sowie in einer die lineare Schärfe mildernden Lichtführung *(Sfumato).* – Ⓦ »Madonna in der Felsengrotte«, »Abendmahl«, »Mona Lisa«, »Hl. Anna Selbdritt«, »Johannes der Täufer«.

**Leonberg,** Stadt in Ba.-Wü., westl. von Stuttgart, 40 000 Ew.; Maschinenbau, opt. u.a. Ind.

**Leoncavallo,** Ruggiero, *1857, †1919, ital. Komponist; errang mit seiner veristischen Oper »Der Bajazzo« einen Welterfolg.
**Leone, 1.** Giovanni, *3.11.1908, ital. Politiker (DC); 1963 u. 1968 Min.-Präs., 1971–78 Staats-Präs. – **2.** Sergio, *1921, †1989, ital. Filmregisseur; Filme: »Spiel mir das Lied vom Tod«, »Es war einmal in Amerika«.
**Leonhard,** Einsiedler, lebte wahrscheinl. im 6. Jh.; gründete nach der Legende das Kloster Noblat bei Limoges. – Patron der Gefangenen u. der Pferde, Heiliger (Fest: 6.11.).
**Leonhard, 1.** Rudolf, *1889, †1953, dt. Schriftst.; Anhänger K. Liebknechts; Mitarbeiter der »Weltbühne«. – **2.** Wolfgang, Sohn von 1, *16.4.1921, dt. Politologe; in der Sowj. erzogen, 1945–49 leitend im Parteiapparat der KPD bzw. SED tätig; seit 1950 in der BR Dtld., seit 1972 Prof. in Yale (USA). W »Die Revolution entläßt ihre Kinder«, »Kreml ohne Stalin«, »Euro-Kommunismus«, »Dämmerung im Kreml«.
**Leonhardt,** Gustav, *30.5.1928, ndl. Cembalist; widmet sich bes. der Pflege barocker Musik.
**Leonidas,** †480 v.Chr., spartan. König; verteidigte mit 7000 Mann den Engpaß der Thermopylen gegen das pers. Heer; fiel durch Verrat des Griechen *Ephialtes*.
**Leoniden,** ein Sternschnuppenschwarm, der Mitte Nov. aus dem Sternbild des Löwen auftritt.
**Leoninus,** frz. Komponist, Meister der *Ars antiqua* des 12. Jh.; Organist an der Pariser Kathedrale Notre-Dame.
**Leonische Drähte** [nach der span. Stadt León], *Leonische Fäden,* fein vergoldete oder versilberte Drähte für Tressen, Litzen, Spitzen; seit dem 16. Jh. u.a. in Nürnberg u. Umgebung hergestellt.
**Leonow** [-nɔf], **1.** Alexej, *30.5.1934, sowj. Kosmonaut; hielt sich 1965 als erster Mensch im freien Weltraum auf (20 min. lang außerhalb des Raumschiffs »Woschod 2«). – **2.** Leonid Maximowitsch, *31.5.1899, sowj. Schriftst.; ein Klassiker der nachrevolutionären sowj. Literatur in den 1920er Jahren.
**Leontief** [li'ɔntiəf], Wassily, *5.8.1906, US-amerik. Nationalökonom russ. Herkunft; stellte in Tabellenform die Güter- u. Leistungsströme einer Volkswirtschaft mit statist. ermittelten Zahlen dar (Input-Output-Analyse); Nobelpreis für Wirtschaftswiss. 1973.
**Leopard,** *Panther, Pardel,* eine *Großkatze* Afrikas u. S-Asiens mit gelber Grundfarbe u. dunkler Punktfärbung, bis 1,50 m lang. Bes. bei Inselrassen treten sog. *Schwarze Panther (Melanismus)* auf.
**Leopardi,** Giacomo Graf, *1798, †1837, ital. Dichter; Vertreter des weltschmerzl. Pessimismus u. der Todessehnsucht.
**Leopold,** Fürsten.
Dt. K a i s e r :
**1. L. I.,** *1640, †1705, Kaiser 1658–1705; Habsburger. Obwohl friedliebend, wurde er in die Kriege der Zeit verwickelt. Der Gegensatz zu Frankreich zog ihn 1674 in die Reunionskriege (Holländ. Krieg; Pfälz. Erbfolgekrieg). In den Türkenkriegen kämpfte L. 1662–64 wenig glückl. – **2. L. II.,** *1747, †1792, Kaiser 1790–92; Sohn der Kaiserin *Maria Theresia*; bildete 1765 Großherzog von Toskana; hob 1787 die Inquisition auf; um Frieden mit Preußen u. der Türkei bemüht.
A n h a l t - D e s s a u :
**3. L. I,** der »(Alte) Dessauer«, *1676, †1747, seit 1712 preuß. Feldmarschall; Reformer des bran-

*Leopard*

*Lerchen: Haubenlerche*

denburg.-preuß. Heeres; führte die preuß. Truppen im Span. Erbfolgekrieg (1701–17), eroberte im Nord. Krieg (1700–21) Stralsund u. Rügen u. gewann im 2. Schles. Krieg 1745 die Schlacht bei Kesselsdorf.
B e l g i e n :
**4. L. I.,** *1790, †1865, König der Belgier 1831–65; Sohn des Herzogs Franz von Sachsen-Coburg; regierte als streng konstitutioneller Herrscher. – **5. L. II.,** *1835, †1909, König der Belgier 1865–1909; mit ihm begann der Aufstieg Belgiens zum Industriestaat. Er erwarb 1876 riesige Gebiete im Bereich des Kongo-Stroms (Afrika), die er durch Verträge von 1907/08 dem belg. Staat vermachte (Belgisch-Kongo). – **6. L. III.,** *1901, †1983, König der Belgier 1934–51; kapitulierte 1940 vor den dt. Truppen. Sein Versuch, nach dem Krieg wieder den Thron zu übernehmen, scheiterte. 1950 übertrug er alle Rechte auf seinen Sohn *Baudouin*.
Ö s t e r r e i c h :
**7. L. III.,** *L. der Heilige,* *1073, †1136, Markgraf 1095–1136; Patron von Östr. (Fest: 15.11.). –
**8. L. V.,** *1157, †1194, Herzog 1177–94; nahm 1192 bei Wien *Richard Löwenherz* von England gefangen u. lieferte ihn an Kaiser Heinrich VI. aus; 1192 mit der Reichsacht belehnt. – **9. L. VI.,** *L. der Glorreiche,* *1176, †1230, Herzog 1198–1230, seit 1194 Herzog von Steiermark; führte Kreuzzüge in Spanien (gegen die Mauren) u. in Kleinasien; unterstützte den Dichter Walther von der Vogelweide.
**Léopoldville** [-'vi:l] → Kinshasa.
**Lepanto,** ital. Name für *Naupaktos,* Ort am Golf von Korinth; 1571 Seesieg der Spanier u. Venezianer unter Don Juan d'Austria über die Türken.
**Le Parc,** Julio, *23.9.1928, argent. Künstler; kinet. Plastiken.
**Lepidodendron,** ein fossiler Bärlappbaum der *Steinkohlenwälder* des Karbon, Stamm bis 30 m hoch.
**Lepidoptera** → Schmetterlinge.
**Lepidus,** Marcus *Aemilius L.,* *90 v.Chr., †13 v.Chr., röm Politiker; Anhänger *Cäsars;* bildete 43 v.Chr. mit *Octavian* u. *Antonius* das 2. Triumvirat.
**Le Play** [lə'plɛ:], Pierre Guillaume Frédéric, *1806, †1882, frz. Bergwerksingenieur, Sozialwissenschaftler u. kath. Sozialreformer; gilt als Pionier der Soziologie.
**Leporello-Album** [nach dem Diener in Mozarts »Don Juan«], Buch, dessen Seiten nicht gebunden, sondern wie ein Harmonikabalg gefaltet sind; für Bilderbücher u. Prospekte.
**Leppich,** Johannes, *16.4.1915, dt. Jesuit; seit 1946 in der Arbeiterseelsorge tätig, hielt Massenansprachen auf Straßen u. Plätzen.
**Lepra,** *Aussatz,* bakterielle Infektionskrankheit mit oft jahrelanger Inkubationszeit u. schleichendem Verlauf. Es bilden sich Knoten **(Leprom)**, vor allem im Gesicht. Bei der *Nerven-L.* erlöschen die Nervenempfindungen, u. es kommt zu verstümmelndem Abfall von Gliedmaßen. Trotz strenger Isolierung gibt es einige Millionen L.kranke, meist in Afrika u. Asien.
**Lepsius,** Carl Richard, *1810, †1884, dt. Ägyptologe.
**Leptis Magna,** *Lepcis Magna,* antike Stadt in N-Afrika, östl. von Tripolis; gegr. von Phöniziern;

hatte große Bedeutung in der röm. Kaiserzeit; Umschlagplatz des Sahara- u. Sudan-Handels; wurde im 11. Jh. aufgegeben.
**Leptonen,** Sammelbez. für leichte *Elementarteilchen:* Neutrinos, Elektronen, Positronen u. Myonen sowie ihre Antiteilchen.
**leptosom,** schmalwüchsig, dünngliedrig; ein Körperbautyp; → Konstitution.
**Leptospirosen,** Infektionskrankheit bei Tieren u. auch Menschen, durch *Leptospiren* hervorgerufen. Überträger sind Ratten, Mäuse, Hunde u.a. Die wichtigsten L. sind: Weilsche Krankheit, Feldfieber u. Kanikola-Fieber.
**Le Puy** [ləpy'i], S-frz. Dép.-Hptst. in der Auvergne, an der Borne, 24 000 Ew.; Wallfahrtsort; Spitzenklöppelei, Nahrungsmittel-Ind. – Auf steilem Felskegel die Kapelle St.-Michel-d'Aiguilhe.
**Lerchen,** *Alaudidae,* Fam. der *Singvögel* mit rd. 70 Arten. Einheim. sind: die *Haubenlerche,* erdfarben, Bodenbrüter, meist Zugvögel mit langem Schopf; die *Heidelerche* u. die *Feldlerche* mit kurzem Schopf.
**Lerchensporn,** *Corydalis,* Gatt. der *Mohngewächse;* meist Frühblüher, mit roten oder weißen Blüten.
**Lèrici** ['lɛritʃi], ital. Seebad in Ligurien, sö. von La Spèzia, 14 000 Ew.
**Lérida,** span. Prov.-Hptst. in Katalonien, am Segre, 112 000 Ew.; Bischofssitz, Alte u. Neue Kathedrale; Glas- u. Textil-Ind.
**Lermontow,** Michail Jurjewitsch, *1814, †1841 (im Duell), russ. Schriftst. der Romantik; schrieb weltschmerzl. Lyrik, Verspoeme im Geist der Volksdichtung u. den ersten russ. psycholog. Roman.
**Lermoos,** östr. Sommerkurort u. Wintersportplatz an der Loisach (Tirol), 995 m ü.M., 950 Ew.
**lernäische Schlange** → Hydra.
**Lernbehinderung,** Beeinträchtigung der schul. Leistungen infolge von Aufnahme- u. Verarbeitungsschwäche bzw. Beeinträchtigung von Sinnesfunktionen (Blindheit, Taubheit, Sprachstörungen), auch Milieuschädigungen sind wesentlich.
**Lernen,** bei Menschen u. Tieren der Vorgang der Aufnahme, Speicherung u. Verarbeitung nicht ererbter Informationen, die eine Änderung des Verhaltens ermöglichen oder bewirken.
**lernende Automaten,** elektron. Datenverarbeitungsanlagen, die gespeicherte Programme mit neu anfallenden Ergebnissen so kombinieren, daß sich eine Verbesserung (Änderung) des angestrebten Prozeßablaufs ergibt. L. A. werden zur Verkehrssteuerung, zur Steuerung von Ind.-Anlagen, für Sprachübersetzung u.a. herangezogen.
**Lernet-Holenia,** Alexander, *1897, †1976, östr. Schriftst.; schrieb Romane u. Dramen, konservativ geprägt.
**Lernfreiheit,** die Möglichkeit, der Schulpflicht in bestimmten Fällen auch durch privaten Unterricht zu genügen.
**Lernmaschine** → Lehrmaschine.
**Lernmittel,** die in der Hand der Schüler befindl. Hilfsmittel für den Unterricht. Herkömml. L. sind Lehrbücher, Karten, Bilder; hinzu gekommen sind Funk, Film, Fernsehen, Videogeräte u. naturwiss. Geräte.
**Léros,** grch. Insel des Dodekanes, 53 km², 8100 Ew.
**Lersch, 1.** Heinrich, *1889, †1936, dt. Arbeiterdichter; Gedichte u. Romane über die ind. Arbeitswelt. – **2.** Philipp, *1898, †1972, dt. Psychologe; entwickelte eine Schichtontologie der Persönlichkeit.
**Lerwick** ['lə:wik], Verw.-Sitz der Shetlandinseln (Schottland), an der Ostküste von Mainland, 7000 Ew.
**Lesage** [lə'sa:ʒ], Alain René, *1668, †1747, frz. Schriftst; hielt sich an das Vorbild des span. Schelmenromans.
**Les Baux** [le:'bo:], mittelalterl. Ruinenstadt (Zentrum der Troubadore) u. bed. Fremdenverkehrsort in S-Frankreich, 400 Ew.; seit 1821 Abbau von Bauxit.
**lesbische Liebe,** *Sapphische Liebe,* grch. *Tribadie,* die weibl. Form der Homosexualität, ben. nach der Insel *Lesbos.* Die Dichterin *Sappho,* die dort lebte, gilt als Anhängerin der l. L.
**Lesbos,** neugrch. *Lesvos,* grch. Insel vor der türk. Ägäisküste, 1630 km², 105 000 Ew.; Wein- u. Olivenanbau; Fremdenverkehr; Hauptort Mytilini.

**Leschetizky,** Theodor, *1830, †1915, östr. Pianist u. Komponist poln. Herkunft.

**Lescot** [-'ko:], Pierre, *um 1510, †1578, frz. Architekt; Hauptmeister der frz. Renaissance-Architektur.

**Les Diablerets** [-dja:blə'rɛ], wild zerklüftetes, stark vergletschertes Massiv der Berner Alpen, bis 3210 m; Höhenluftkurort u. Wintersportplatz L. D., 1162 m ü.M., 1200 Ew.

**Leser,** Sammelbegriff für Lesegeräte, Peripheriegeräte zur Eingabe von Daten oder Programmen in einen Computer. Neben der Technik, auf der sie aufbauen (magnet., opt.), unterscheidet man Hand- (Lesepistole, Handscanner) u. Tischgeräte. Es gibt L. für Strichcodes, spez. Maschinenschriften wie die OCR (Optical Character Recognition), Schriften u. Handschriften. Sog. Klartextbeleg-L. werden vor allem in Banken u. Postämtern zur Kontrolle von Schecks eingesetzt, mit Kapazitäten von mehr als 100 000 Belegen je Stunde. Weit verbreitet sind Mikrofilm-L., neuerdings auch in Verbindung mit Computern.

**Lese- u. Rechtschreibschwäche** → Legasthenie.

**Lesezirkel,** gewerbl. Leihverkehr mit regelmäßig umlaufenden Ztschr.

**Lesgier,** fr. Bez. für islam. Stämmegruppe der östl. Kaukasusvölker, heute für Angehörige der lesgischen Sprachgruppe in der Dagestan. ASSR u. der Aserbaidschan. SSR.

**Leskow** [-'kɔf], Nikolaj Semjonowitsch; Pseud.: M. *Stebnizkij,* *1831, †1895, russ. Schriftst.; schilderte wirklichkeitsnah, humorvoll Russen in ihrer Umwelt.

**Lesort** [lə'sɔ:r], Paul André, *14.11.1915, frz. Schriftst.; kath. Romancier.

**Lesotho,** Binnenstaat in S-Afrika, 30 355 km², 1,6 Mio. Ew. (Basuto), Hptst. *Maseru.*

*Lesotho*

Landesnatur. L. besteht vorw. aus einer mit Gasländern bedeckten Hochebene, die im N u. O von den *Drakensbergen* (3482 m hoch) begrenzt wird. Die Temperaturen sind rel. niedrig mit großen tägl. u. jährl. Schwankungen, sommerl. Niederschläge.

Wirtschaft. Exportiert werden Diamanten, etwas Weizen, Wolle, Mohair, lebendes Vieh u. Häute. Die Landw. ist der einzige Wirtschaftszweig. Rd. 40% der männl. Bev. arbeitet in der Rep. Südafrika. Die reichl. vorhandenen Wasserkräfte werden zur Energiegewinnung genutzt.

Geschichte. Seit 1868 brit. Protektorat *Basutoland;* seit 1966 unabhängige Monarchie innerhalb des Commonwealth. Staatsoberhaupt ist König *Moshoeshoe II.*

*Lesotho: im Hochland*

*Gotthold Ephraim Lessing*

**Lesparre-Médoc** [lɛ'sparmeˈdɔk], frz. Krst. nw. von Bordeaux, 4000 Ew.; Weinmarkt *(Médoc-Weine).*

**Lespinasse** [lɛspi'nas], Julie de, *1732, †1776, frz. Schriftst.; in ihrem Salon verkehrten die *Enzyklopädisten*.

**Les Sables-d'Olonne** [le sablədɔ'lɔn], frz. Krst. im Dép. Vendée, am Atlantik, 16 000 Ew.; Seebad.

**Lesseps,** Ferdinand Vicomte de, *1805, †1894, frz. Diplomat; baute 1859–69 den Suezkanal; begann 1881 den Bau des Panamakanals, scheiterte aber infolge finanzieller Schwierigkeiten.

**Lessing, 1.** Doris, *22.10.1919, engl. Schriftst.; wuchs im heutigen Simbabwe auf, emigrierte nach Großbrit.; schildert die Probleme des Einzelmenschen als Angehöriger einer Minorität (Rassenfrage in Südafrika: »Afrikan. Tragödie«), der linksintellektuellen Gruppen u. der Emanzipation der Frau (»Das goldene Notizbuch«); weitere Romane: »Shikasta«, »Martha Quest«, »Das fünfte Kind«. – **2.** Gotthold Ephraim, *1729, †1781, dt. Dichter u. Dramaturg in Hamburg (»Hamburgische Dramaturgie«), schließl. herzogl. Bibliothekar in Wolfenbüttel. – L. war Vollender der dt. Aufklärung; mit den Mitteln der Vernunft u. einer kampfkräftigen Sprache erstrebte er die Läuterung der christl. Glaubenswelt u. eine sittl. humane »Erziehung des Menschengeschlechts«. Literar. wurde er zum Wegbereiter der dt. Klassik; er trat für *Shakespeare* ein u. bekämpfte den frz. Klassizismus. – W Dramen: »Minna von Barnhelm«, »Emilia Galotti«, »Nathan der Weise«. – **3.** Karl Friedrich, *1808, †1880, dt. Maler; schuf Landschafts- u. Historienbilder. – **4.** Theodor, *1872, †1933 (ermordet), dt. Schriftst. u. Philosoph; Vertreter einer kulturpessimist. Geschichtsdeutung.

**Lessivierung,** bodenbildender Prozeß der Tonverlagerung; dadurch Tonverarmung im Oberboden u. Tonanreicherung im Unterboden. L. tritt v.a. bei geringer bis mäßiger Versauerung auf.

**Lester,** Richard, *19.1.1932, US-amerik. Filmregisseur; Filme: »Yeah! Yeah! Yeah!«, »Die drei Musketiere«, »Superman II – Allein gegen alle«.

**Le Sueur** [ləsy'œ:r], **1.** Eustache, *1617, †1655, frz. Maler; schuf mytholog. Malereien als Wanddekorationen für Schlösser. – **2.** Lesueur, Jean François, *1760, †1837, frz. Komponist; Vertreter der Revolutionsoper.

**Lesung, 1.** parlamentarische Beratung einer Vorlage oder eines Antrags. – **2.** *liturg. Schriftlesung, Lektion,* im Gottesdienst vorgetragene Bibeltexte.

**Lesur** [lə'sy:r], Daniel, *Daniel-L.,* *19.11.1908, frz. Komponist; Mitgr. der *Jeune France;* Kammer- u. Orchestermusik.

**Leszczyński** [lɛʃ'tʃinjski], poln. Adelsfam.; → Stanislaus (1).

**Leszno** poln. Name der Stadt Lissa.

**letal,** tödlich.

**Letaldosis,** Kurzzeichen *LD,* die tödliche Dosis eines Giftes oder einer Strahlung.

**Letalfaktoren,** Erbanlagen, die den Tod des Individuums vor Erreichen des fortpflanzungsfähigen Alters bewirken.

**Letalität,** Sterblichkeit in der Statistik, das Verhältnis der Todesfälle zur Zahl der Erkrankten.

**Lethargie,** Schläfrigkeit, aus der man nur schwer erwacht; i.w.S. geistige Teilnahmslosigkeit.

**Lethe,** in der grch. Myth. ein Fluß in der Unterwelt, aus dem ein Trunk den Seelen der Verstorbenen Vergessen schenkt.

**Leto,** grch. Göttin, durch *Zeus* Mutter des *Apollon* u. der *Artemis.*

**Lettau,** Reinhard, *10.9.1929, dt. Schriftst.; zunächst phantast. u. surrealist., später polit. u. gesellschaftskrit. Werke.

**Letten,** balt. Volk an der Ostsee, bes. in Lettland; rd. 1,5 Mio. Im 2. Weltkrieg wanderten 115 000 L. aus (nach USA, Kanada u. Australien); ein weiterer Teil (bes. der führenden Schichten) wurde 1940/41 u. nach 1945 in die Sowj. umgesiedelt.

**Lettern,** Schriftkörper mit spiegelbildl. u. erhabener Darst. von Buchstaben.

**Lettgallen,** ehem. Prov. im O der Lett. SSR (Sowj.); unterscheidet sich in Kultur, Sprache u. Konfession (kath.) vom übrigen Lettland.

**lettische Sprache** → baltische Sprachen.

**Lettland,** *Lettische SSR,* die mittlere der drei balt. Sowjetrepubliken an der Ostsee, 64 500 km², 2,6 Mio. Ew., davon 60% Letten, ferner Russen u. Polen, Hptst. *Riga;* seen- u. waldreiches hügeliges Land; Flachküste mit Sanddünen. – Gesch.: Die 1918 gebildete Rep. L. bestand aus Kurland, einem Teil Livlands u. Lettgallen. 1932 schloß L. einen Nichtangriffspakt mit der UdSSR, revidiert 1939 durch einen Vertrag, der der Sowj. Stützpunkte einräumte u. die Aussiedlung der Deutschbalten veranlaßte. 1940, nach Einmarsch der sowj. Truppen wurde L. als *Lettische SSR* der UdSSR eingegliedert. Nach dt. Besetzung (1941–44) erfolgte eine strikte Russifizierung, gegen die sich seit Ende der 1980er Jahre verstärkt Protest- u. Autonomiebewegungen richteten. Am 4.4.1990 stellte das Parlament in L. einseitig den Status einer unabhängigen Rep. wieder her.

**Lettner,** Trennwand zw. dem Laienraum u. dem nur der Geistlichkeit zugängl. Chor einer Kirche.

**Lettow-Vorbeck** [-to-], Paul von, *1870, †1964, dt. Offizier; 1914–18 Kommandeur der dt. Schutztruppe in Ostafrika.

**Letzte Ölung** → Krankensalbung.

**Letzter Wille** → Testament.

**Letztes Wort,** das Recht des Angeklagten im *Strafprozeß,* vor der Urteilsfindung zu seiner Verteidigung das Wort zu ergreifen.

**Leu,** rumän. Währungseinheit.

**Leuchtdichte,** die Lichtstärke, die von der Flächeneinheit in die Raumwinkeleinheit ausgestrahlt wird; die Einheit dafür ist: 1 cd/cm²; → Candela.

**Leuchtdiode,** *Lumineszenzdiode,* Abk. *LED,* wichtige Halbleiterdiode, v.a. zur Datenanzeige (Taschenrechner, Uhren).

**Leuchtelektron,** ein Elektron, das sich auf der äußersten, nicht abgeschlossenen Schale eines *Atoms* befindet. Das L. gibt bei der Emission oder Absorption einer elektromagnet. Strahlung durch Atome oder Moleküle die Strahlungsenergie ab bzw. nimmt sie auf.

**Leuchtenberg,** Eugène de *Beauharnais,* Herzog von L., *1781, †1824, Vizekönig von Italien seit 1805; Sohn von Alexandre de Beauharnais u. der späteren Kaiserin Joséphine.

**Leuchtfarben,** aus *Luminophoren,* Sulfiden, Silicaten u. Wolframaten des Bariums, Calciums, Strontiums oder Zinks unter Beimengung von Schwermetallsalzen (Aktivatoren) hergestellte Massen *(Leuchtstoffe),* die nach Anregung durch sichtbares oder ultraviolettes Licht, Kathoden- u. Röntgenstrahlen nachleuchten. → Lumineszenz.

**Leuchtfeuer,** intensives Licht, das von Leuchttürmen, -bojen u. -tonnen oder Feuerschiffen zur genauen Kurs- u. Ortsbestimmung ausgestrahlt wird; auch in der Luftfahrt (Anflug-, Flugplatz- sowie Hindernis-L.).

**Leuchtgas,** ältere Bez. für → Stadtgas.

**Leuchtkäfer,** *Johanniskäfer, Käfer* aus der Verwandtschaft der *Weichkäfer.* Sowohl die Käfer als auch die Larven haben Leuchtorgane; dazu *Glühwürmchen.*

**Leuchtkraft,** die je Sekunde von einem Stern ausgestrahlte Energie, ausgedrückt in kW. Die L. der Sterne liegt zw. 1/100000 u. dem 100 000fachen der L. der Sonne. Nach ihrer versch. absoluten Helligkeit Einstufung der Sterne in **L.klassen:** 0 hellste Überriesen, Ia helle u. Ib schwächere Überriesen, II helle Riesen, III normale Riesen, IV Unterriesen, V Hauptreihen- oder Zwergsterne, VI Unterzwerge.

**Leuchtmoose,** Höhlen u. Felsspalten bewohnende zarte *Moose* mit linsenförmigen Zellen, in denen das seitl. einfallende Licht gesammelt u. teilweise grün leuchtend zurückgeworfen wird.

**Leuchtmunition,** mit *Leuchtpistolen* abgeschossene oder aus Flugzeugen abgeworfene Munition, deren Leuchtsatz in der Luft abbrennt u. das Gelände beleuchtet oder als Signal dient.

**Leuchtorganismen,** Lebewesen, die durch ihren Stoffwechsel Licht erzeugen, z.B. Leuchtmoose, Leuchtkäfer, Leuchtsardinen.
**Leuchtqualle,** eine *Fahnenqualle* des Mittelmeers u. des wärmeren Atlantiks; bis 6 cm Durchmesser, nachts leuchtend.
**Leuchtröhre,** eine Gasentladungslampe, bei der man das Leuchten der positiven Säule ausnutzt; vor allem für Lichtreklame u. Tunnelbeleuchtung.
**Leuchtsardinen,** Tiefseefische mit Leuchtorganen. Die *Echten L.* oder *Laternenfische* haben bes. große Augen, halten sich am Tag in etwa 800 m Tiefe auf, steigen nachts bis nahe an die Wasseroberfläche auf.
**Leuchtsätze,** Feuerwerksmischungen aus Salpeter, Schwefel u. Holzkohle, die unter Zumischung vom Metalloxiden oder -salzen mit Dextrin oder Leim gebunden sind. Beim Abbrennen erscheint die Flamme je nach dem Metall in einer bestimmten Farbe.
**Leuchtschirm,** eine Glasfläche, auf die eine Schicht aus Zinksulfid aufgetragen ist; leuchtet beim Auftreffen von Röntgen-, Kathoden-, Alphastrahlen auf u. findet z.B. als Röntgenschirm oder bei der Fernseh-Bildröhre Anwendung.
**Leuchtstoffe** → Leuchtfarben.
**Leuchtstofflampe,** eine *Gasentladungslampe,* die mit Quecksilberdampf unter geringem Druck gefüllt ist. Die Innenwand der rohrförmigen Lampe ist mit *Leuchtstoff* belegt, der durch ultraviolettes Licht zum Strahlen angeregt wird.
**Leuchtturm,** ein Seezeichen: weithin sichtbarer hoher Turm an Hafeneinfahrten oder gefahrvollen Stellen der Küste. Jeder L. zeigt nachts ein typisches *Leuchtfeuer* zur exakten Ortsbestimmung.
**Leuk,** schweiz. Bez.-Hptst. im Wallis, an der Rhône, 3000 Ew.; im *Leukertal* der Badeort *Leukerbad* (Schwefelthermen).
**Leukämie,** *Leukose,* schwere Erkrankung des die weißen Blutkörperchen bildenden Gewebes in Knochenmark, Milz u. Lymphknoten; durch außergewöhnl. Vermehrung der weißen Blutkörperchen gekennzeichnet. Man unterscheidet *Knochenmarks-L. (myeloische L., Myelose)* u. *Milz-Lymphknoten-L. (lymphat. L., Lymphadenose).* L. kommt bei Kindern u. Erwachsenen vor; sie kann akut oder chronisch verlaufen. Therapeutisch angewendet werden versch. Zytostatika u. Bestrahlungen, auch Knochenmarkstransplantation. Die Ursache der L. ist ungeklärt.
**Leukas,** *Levkas,* eine der grch. Ionischen Inseln, 302 km², 21 000 Ew., Hauptort *L.;* bis 1158 m; Oliven- u. Weinanbau.
**Leukippos,** *Leukipp von Milet,* grch. Philosoph um 450 v. Chr.; Mitbegr. des Atomismus.
**Leukoderma,** stellenweise Entfärbung der Haut durch Pigmentverminderung als Folge von Hautkrankheiten.
**Leukom,** eine weiße, undurchsichtige Narbe der Augenhornhaut, die nach einem Hornhautgeschwür zurückbleiben kann.
**Leukoplast,** Wz., mit einer zinkoxidhaltigen Masse bestrichener Textilstreifen, der als Heftpflaster dient.
**Leukotomie,** *Lobotomie,* Gehirnoperation zur Linderung schwerster Geisteskrankheiten: Durchtrennung von Nervenbahnen.
**Leukozyten,** weiße Blutkörperchen, → Blut.
**Leukozytose,** deutl. Vermehrung der *Leukozyten* als Ausdruck von Abwehrvorgängen des Körpers bei entzündl. u. infektiösen Erkrankungen.

*Leuchtkäfer: Glühwürmchen*

**Leuktra,** Ort in Böotien, sw. von Theben; berühmt durch den 371 v. Chr. aufgrund einer neuen »schiefen Schlachtordnung« errungenen Sieg des *Epaminondas* über die Spartaner.
**Leumund,** Ruf, Nachrede. – **L.zeugnis,** Zeugnis über den Ruf eines Angeklagten.
**Leuna,** Stadt in Sachsen-Anhalt, an der Saale, 10 000 Ew. Das *L.werk* stellt Ammoniak, synthet. Benzin, Methylalkohol u.a. Erzeugnisse der Braunkohlenchemie her.
**Leupold,** Ernst, *1884, †1961, dt. Pathologe; arbeitete bes. über Krebsforschung.
**Leuschner, 1.** Bruno, *1910, †1965, dt. Politiker; 1945–49 in leitenden Funktionen in der KPD bzw. SED, 1952–61 Vors. der Staatl. Plankommission der DDR, 1950–65 Mitgl. des ZK der SED, 1958–65 Mitgl. des Politbüros des ZK. – **2.** Wilhelm, *1890, †1944 (hingerichtet), dt. Politiker (SPD) u. Gewerkschaftsführer; 1933/34 polit. Häftling, danach gegen das nat.-soz. Regime tätig, führend in der Widerstandsbewegung tätig, nach dem 20. Juli 1944 verhaftet u. zum Tode verurteilt.
**Leuthen,** poln. *Lutynia,* schles. Ort westl. von Breslau. – In der Schlacht bei L. besiegte *Friedrich d. Gr.* im Siebenjährigen Krieg 1757 die Österreicher.
**Leutkirch im Allgäu,** Stadt in Ba.-Wü., 20 000 Ew.; Luftkurort; Holz- u. Textilind.
**Leutnant,** ein Offiziersdienstgrad.
**Leuwerik,** Ruth, *23.4.1926, dt. Schauspielerin (u.a. in »Königliche Hoheit«).
**Levade,** Übung der *Hohen Schule:* Das Pferd hebt die Vorhand, winkelt die Vorderbeine an u. hält sich auf der weit unter den Leib gesetzten Hinterhand im Gleichgewicht.
**Levante,** »Morgenland«, die um das östl. Mittelmeer liegenden Länder, bes. die Küste von Kleinasien, Syrien u. Ägypten.
**Lever** [ləˈveː], Morgenempfang bei einem Fürsten (17./18. Jh.).
**Leverkusen,** kreisfreie Stadt in NRW, am Rhein, 155 000 Ew.; Metall-, Textil- u. chem. Ind. *(Bayer AG, Agfa Gevaert-Gruppe);* Hafen am Rhein.
**Leverrier** [ləvɛˈrje:], Urbain Jean Joseph, *1811, †1877, frz. Astronom; berechnete aus Störungen der Uranus-Bewegung den Ort des Neptun, der nach seinen Angaben 1846 von J.F. *Galle* entdeckt wurde.
**Levetzow** [-tso], Ulrike Freifräulein von, *1804, †1899, *Goethes* letzte Liebe. Sie wurde der Anlaß zu Goethes »Marienbader Elegie«.
**Levi, 1.** Carlo, *1902, †1975, ital. Schriftst.; Gegner des Faschismus; machte mit seinem dokumentar. Roman »Christus kam nur bis Eboli« auf die soz. Not der südital. Bauern aufmerksam. – **2.** Primo, *1919, †1987, ital. Schriftst.; schrieb einen Dokumentarbericht über seine Erlebnisse im Vernichtungslager Auschwitz.
**Leviathan,** im AT mythischer Drache; in der christl. Überlieferung mit dem Satan gleichgesetzt.
**Levi-Montalcini** [-montalˈtʃini], Rita, *22.4.1909, ital.-US-amerik. Medizinerin; erhielt für Forschungen über Wachstumsfaktoren von Nerven u. Haut den Nobelpreis 1986.
**Levin** [ləˈviːn], **1.** Ira, *27.8.1929, US-amerik. Schriftst.; spannende Romane u. Kurzgeschichten. – **2.** Rahel, *1771, †1833, Frau von K. A. *Varnhagen von Ense;* beeinflußte das literar. Leben durch ihren Salon in Berlin.
**Levine** [ləˈviːn], James, *24.5.1943, US-amerik. Dirigent.
**Levirat,** *Schwagerehe,* die im AT überlieferte Sitte, daß der (jüngere) Bruder der kinderlose Frau des verstorbenen (älteren) heiraten muß; die Witwe wird dadurch wirtschaftl. u. soz. abgesichert.
**Lévi-Strauss,** Claude, *28.11.1908, frz. Ethnologe; forschte in Asien u. Südamerika; Begr. der »strukturalen Anthropologie« unter Einfluß der Psychoanalyse.
**Levitation,** freies Schweben von Gegenständen oder eines menschl. Körpers (bei Fakiren, Magiern).
**Leviten, 1.** im AT die Nachkommen *Levis* u. Angehörige des Priesterstandes. – **2.** in der kath. Kirche Bez. für Diakone bei feierl. liturg. Funktionen.
**Levitikus,** das 3. Buch Mose, das hpts. gottesdienstl. (levitische) Ordnungen u. Anweisungen enthält.
**Levkoje,** *Matthiola,* im Mittelmeergebiet heim. Gatt. der *Kreuzblütler;* Gartenpflanze.
**Lévy-Bruhl** [ˈlevi bryːl], Lucien, *1857, †1939, frz. Philosoph u. Ethnologe; arbeitete bes. auf dem Gebiet der Moralphilosophie u. Ethnosoziologie.

**Lévy-Dhurmer** [-dyrˈmɛːr], Lucien, *1865, †1953, frz. Maler u. Kunsthandwerker; ein Hauptvertreter des Symbolismus.
**Lew,** bulgar. Währungseinheit.
**Lewes** [ˈluːis], Hptst. der südengl. Teil-Gft. East Sussex, an der Ouse, 14 000 Ew.; Normannenschloß (1088).
**Lewin,** Kurt, *1890, †1947, US-amerik. Psychologe dt. Herkunft; Vertreter der Berliner Schule der *Gestaltpsychologie.* Seine Lehre vom *sozialen Feld* ist zur *Gruppendynamik* weiterentwickelt worden.
**Lewis** [ˈluːis], größte u. nördl. Insel der schott. Hebriden, 2273 km², 17 000 Ew.; Hauptort *Stornoway.*
**Lewis** [ˈluːis], **1.** Clive Staples, *1898, †1963, engl. Schriftst.; religiös gefärbte phantast. u. Science-fiction-Romane. – **2.** Clarence Irving, *1883, †1964, US-amerik. Philosoph; Vertreter des *Pragmatismus.* – **3.** Gilbert Newton, *1875, †1946, US-amerik. Physikochemiker; forschte auf dem Gebiet der chem. Bindungen u. Elektrolyse. – **4.** Harry Sinclair, *1885, †1951, US-amerik. Schriftst.; beschrieb satir. u. gesellschaftskrit. das amerik. Leben; erhielt 1930 (als erster Amerikaner) den Nobelpreis für Literatur. – **5.** Jerry, *16.3.1926, US-amerik. Filmschauspieler u. Regisseur; spielte meist kom. Rollen: »Der verrückte Professor«, »Which way to the front?« – **6.** John, *3.5.1920, afroamerik. Jazzmusiker (Klavier, Bandleader, Komposition). – **7.** John Llewellyn, *1880, †1969, US-amerik. Gewerkschaftsführer; 1920–60 Präs. der amerik. Bergarbeitergewerkschaft; gründete 1938 mit anderen die CIO *(Congress of Industrial Organizations).* – **8.** Percy Wyndham, *1884, †1957, engl. Maler u. Schriftst.; neben abstrakten Gemälden auch Porträts.
**Lewitan,** Isaak Iljitsch, *1860, †1900, russ. Maler; bed. Landschaftsmaler.
**Lex** [lat.], Gesetz.
**Lexer, 1.** Erich, *1867, †1937, dt. Chirurg; förderte bes. die plastische u. Wiederherstellungschirurgie. – **2.** Matthias von, *1830, †1937, dt. Germanist; veröffentlichte noch heute gebräuchl. Wörterbücher; Mitarbeiter an *Grimms* »Dt. Wörterbuch«.
**Lexikographie,** die Beschreibung des Wortschatzes einer Sprache oder mehrerer Sprachen in Wörterbüchern.
**Lexikon,** alphabet. geordnetes Nachschlagewerk; *Konversations-L.* (→ Enzyklopädie); Wörterbuch.
**Lexington** [-tən], **1.** Stadt im USA-Staat Kentucky, 204 000 Ew.; Univ.; Zentrum der Pferdezucht, Tabak-, Whisky- u.a. Ind. – **2.** Stadt im USA-Staat Massachusetts, 29 000 Ew. – Hier begann 1775 der amerik. Unabhängigkeitskrieg.
**Ley,** Robert, *1890, †1945 (Selbstmord), dt. Politiker (NSDAP); 1934–45 Reichsorganisationsleiter der NSDAP, zugleich Führer der *Dt. Arbeitsfront.* Angeklagter im Nürnberger Prozeß gegen die Hauptkriegsverbrecher.
**Leyden, 1.** Ernst Viktor von, *1832, †1910, dt. Kliniker. Nach ihm u. J. M. Charcot sind die *Charcot-L.schen Kristalle* benannt. – **2.** → Gerhaert von Leyden. – **3.** → Lucas van Leyden.
**Leyen,** Friedrich von der, *1873, †1966, dt. Germanist; Forschungen zu Sage, Märchen, Religion der Germanen.
**Leysin** [leˈzɛ̃], schweiz. Luftkurort im Kt. Waadt, bis 1450 m ü.M., 2000 Ew.
**Leyte** [ˈləitə], philippin. vulkan. Insel, 8003 km², 1,6 Mio. Ew., Hauptort *Tacloban;* Hanf- u. Kokospalmenanbau, Fischerei.
**Lhasa,** Hptst. der chin. Autonomen Region Tibet, an einem Nbfl. des Brahmaputra, 3630 m ü.M., 90 000 Ew.; ehem. hl. Stadt des Lamaismus, mit dem *Potala* (bis 1959 Sitz des Dalai-Lama).
**Lhotse,** Himalaya-Gipfel im östl. Nepal, im *Mt.-Everest-Massiv,* 8516 m.
**Li, 1.** chin. Längenmaß (Meile): 1 L. = 180 chang (Faden) = 644,4 m. – **2.** chin. Gewicht: 1 L. = 1/1000 Tael = 37,8 mg.
**Li,** *Lü,* Gruppe der Thai-Stämme in Südostchina u. auf Hainan.
**Liaison** [liɛˈzɔ̃], Verbindung, Liebesverhältnis.
**Lianen** → Kletterpflanzen.
**Liang Kai,** chin. Maler, tätig um 120 vom Chan-Buddhismus inspirierter Maler, Vertreter des »Natürl. Stils«.

**Lianyungang,** Stadt in der chin. Prov. Jiangsu, am Gelben Meer, 397 000 Ew.; Seehafen.

**Liaodong** [liaudʊŋ], *Liaotung,* chin. Halbinsel in der südl. Mandschurei, am Gelben Meer; wichtige Hafenstädte.

**Liao He** [liau hə], Hauptfluß der südl. Mandschurei (China), rd. 1300 km; mündet in den Golf von Liaodong.

**Liaoyang,** Stadt in der chin. Prov. Liaoning, 430 000 Ew.; Baumwoll- u. Nahrungsmittel-Ind.

**Lias,** der untere (schwarze) → Jura.

**Li Bai,** *Li Po, Li Tai-po,* \*um 701, †762, chin. Dichter; Anhänger des Daoismus. Hauptthemen seiner Lyrik sind Natur, Freundschaft, Vergänglichkeit, Trunkenheit.

**Libanon,** Staat in Vorderasien, an der O-Küste des Mittelmeers, 10 400 km², 2,8 Mio. Ew., Hptst. *Beirut.*

*Libanon*

Landesnatur. Hinter der Küstenebene erhebt sich das Gebirge des *Libanon* (3083 m), das durch die fruchtbare *Beqaebene* vom *Antilibanon* (2814 m) getrennt wird. Es herrschen trockenheiße Sommer; die Niederschläge fallen hpts. im Winter, im Gebirge als Schnee. – Die Bevölkerung (40% Christen, 60% Moslems) besteht überw. aus Arabern.

Wirtschaft. Anbau von Zitrusfrüchten, Obst, Gemüse u. Bananen auf künstl. bewässertem Boden; Milchvieh- u. Geflügelhaltung; Nahrungsmittel-, Textil-, Leder-, Möbel- u. Druckindustrie. Der seit 1975 andauernde Bürgerkrieg hat die Wirtschaft größtenteils zum Erliegen gebracht.

Geschichte. 1920 wurde das Land von Frankreich besetzt u. 1923 frz. Mandatsgebiet, das von Syrien gelöst wurde. 1941 wurde L. nominell unabh., 1944 das Mandat aufgehoben. Durch die Verwicklung L. in den Nahostkonflikt verschärften sich die Spannungen zw. den polit. u. wirtschaftl. gleichgewichteten religiösen Gruppierungen. Seit 1975/76 entwickelte sich ein Bürgerkrieg zw. christl. Milizen einerseits u. linken Moslems u. Palästinensern andererseits. 1976 besetzten syr. Truppen das Land. 1982 marschierten isr. Truppen in L. ein, um militär. Aktivitäten der PLO zu unterbinden. 1985 wurden die isr. Truppen wieder abgezogen. Die Kämpfe zw. den Bürgerkriegsparteien u. auch innerhalb der einzelnen Gruppierungen flammten immer wieder auf. Nachdem die Amtszeit des Präs. A. *Gemayel* 1988 endete, versuchte der christl. General M. *Aoun* vergeblich, die syr. Truppen zu vertreiben. Seit 1989 ist E. *Hrawi* neuer Staats-Präs. Der Bürgerkrieg ging auch 1990 weiter.

**Libau,** Handelsstadt u. eisfreier Ostseehafen in der Lett. SSR (Sowj.), 109 000 Ew.; Eisen-Ind., Werften.

**Libby,** Willard Frank, \*1908, †1980, US-amerik. Chemiker; entwickelte die Radiocarbonmethode (C¹⁴-Methode) zur Altersbestimmung von Gegenständen aus organ. Material. Nobelpreis 1960.

**Libelle** → Wasserwaage.

**Libellen,** *Wasserjungfern,* Ordnung der *Insekten,* umfaßt rd. 3700 Arten in allen Erdteilen; bis 15 cm lange, räuberische, oft farbenprächtige Insekten mit großen Facettenaugen u. 2 Flügelpaaren.

**liberal,** vorurteilsfrei.

**Liberal-Demokratische Partei,** *LDP,* polit. Partei in der DDR, gegr. 1945 als *Liberaldemokrat. Partei Deutschlands (LDPD),* ordnete sich seit 1949/50 als Blockpartei der SED unter. 1989 trat sie aus dem Demokrat. Block aus. Für die Volkskammerwahl 1990 bildete sie mit der FDP der DDR u. der DFP das Wahlbündnis *Bund Freier Demokraten (BFD).* Nach der Wahl konstituierte sie sich neu als *BFD – Die Liberalen.* Sie vereinigte sich im Aug. 1990 mit der FDP der DDR, der FDP der BR Dtld. u. der DFP zur gesamtdt. FDP.

**liberaler Staat,** als histor. Erscheinungsform der bürgerl. Rechts- u. Verfassungsstaat des 19. Jh.; als polit. Erscheinungsform in der Gegenwart: liberaler Rechtsstaat der parlamentar. (»westl.«) Demokraten.

**Liberalismus,** freiheitl. u. freisinnige Welt-, Staats- u. Wirtschaftsanschauung. Der L. entstand gegen den Zwang des *Absolutismus* im Zeitalter der *Aufklärung* aus dem Glauben an die Allgemeingültigkeit der menschl. *Vernunfterkenntnis;* er glaubt an den Fortschritt der Menschheit aus dem freien Spiel der Kräfte (*Konkurrenz*) u. lehnt obrigkeitl. (kirchl. oder staatl.) Eingriffe in die freie geistige oder materielle Betätigung des Individuums ab, aus grundsätzl. Mißtrauen gegen jeden Zwang. Die Menschenrechte sind sein erstes polit. Glaubensbekenntnis.

**Liberec** [-rɛts], Stadt in Böhmen, → Reichenberg.

**Liberia,** Staat an der westafrik. Küste, 111 369 km², 2,5 Mio. Ew., Hptst. *Monrovia.*

Landesnatur. Hinter einer feuchttrop. Küstenebene steigt das Land zum 1000 m hohen, trockneren Bergland der Oberguineaschwelle an.

Die Bevölkerung (67% Animisten, 15% Christen, 18% Moslems) besteht aus 16 versch. Sudanneger-Stämmen sowie aus etwa 20 000 Nachkommen der früher rückgewanderten »Ameriko-Liberianer«, die zur wirtschaftl. Oberschicht gehören.

*Liberia*

Wirtschaft. Hauptexportgüter sind neben dem Eisenerz (über 60% des Ausfuhrwerts) u. Naturkautschuk (fast 20%) Diamanten, Holz, Kaffee u. Palmkerne. – Der bed. Seehafen ist Monrovia. Offiziell besitzt L. eine der größten Handelsflotten der Erde. Die Registrierung ausländ. Schiffe unter liberian. Flagge hat v.a. steuerl. Vorteile.

Geschichte. L. wurde 1822 gegr. als Siedlung freigelassener amerik. Sklaven. 1847 wurde es unabhängige Rep. mit einer Verf. nach amerik. Vorbild. Seit dem Militärputsch von 1980 regiert S. *Doe,* der 1985 zum Staats-Präs. gewählt wurde. 1990 begann eine Rebellenbewegung unter Führung von C. *Taylor* einen Guerillakrieg gegen die Reg. Doe. Trotz der Intervention einer westafrik. Friedensstreitmacht im Aug. 1990 konnten die Rebellen die Hptst. erobern u. Präs. Doe töten.

**Libero,** beim Fußballspiel der Abwehrspieler, der »frei« ist, d.h., der keinen bestimmten Gegenspieler zu bewachen hat; daher »letzter« Verteidiger oder zusätzl. Stürmer.

**Libertas,** altröm. Personifikation der Freiheit.

**Liberté, Égalité, Fraternité,** »Freiheit, Gleichheit, Brüderlichkeit«, die Grundforderungen der Frz. Revolution 1789.

**Libertin** [-'tɛ̃], veraltet für: ausschweifend lebender Mensch, Wüstling; auch Freigeist. – **Libertinage,** *Libertinismus,* Ausschweifung, Zügellosigkeit.

**Libido,** Begierde, Geschlechtstrieb.

**Liborius,** †397(?), Bischof von Le Mans, Heiliger; 836 Übertragung der Reliquien nach Paderborn; dort Wallfahrt (Fest: 23.7.).

**Libration,** scheinbare Schwankung der Mondscheibe infolge der ellipt. Form der Mondbahn (*optische L.*). Infolge der L. kann von der Erde aus mehr als die Hälfte (⁴/₇) der Mondoberfläche beobachtet werden.

**Libretto,** Textbuch für Opern, Operetten, Musicals.

**Libreville** [librə'viːl], Hptst. der afrikan. Rep. Gabun, Hafen am Mündungstrichter des Flusses Gabun, 350 000 Ew.; kath. Erzbischofssitz, Univ.; Flughafen.

**Libussa,** tschech. Sagengestalt, angebl. Gründerin von Prag u. Ahnherrin der *Přemysliden.*

**Libyen,** Staat in N-Afrika, 1 759 540 km², 4,1 Mio. Ew., Hptst. *Tripolis.*

*Libellen in einem sogenannten Paarungsrad; oben Männchen, unten Weibchen*

*Libyen*

Landesnatur. Bis auf einen schmalen Küstenstreifen mit Mittelmeerklima wird das ganze Land von Wüsten mit nur wenigen Oasen eingenommen. Die Bevölkerung besteht aus rd. 35% Arabern, 25% Berbern, 30% arab.-berber. Mischlingen, 6% arab.-türk. Mischlingen.

Wirtschaft. Hauptexportgüter sind Erdöl u. Erdgas (fast 90% des Ausfuhrwerts). An der Küste u. in den Oasen werden Dattelpalmen, Ölbäume, Tabak, Wein, Gemüse u.a. angebaut. Die Viehzucht wird nomadisch betrieben. Die Industrie verarbeitet v.a. Produkte der Landw. u. Küstenfischerei. – Haupthäfen sind Tripolis und Bengasi.

Geschichte. Im Altertum war *Libya* die Bez. für ganz N-Afrika westl. von Ägypten. Das heutige L. wurde im 1. Jh. v. Chr. röm. 1517 wurde L. türk. 1911/12 besetzten die Italiener das Land, das im 2. Weltkrieg von brit. Truppen erobert wurde. 1951 wurde L. unabhängiges Kgr. 1969 stürzte Oberst M. *Al Ghadafi* die Monarchie u. proklamierte die Rep. Er betrieb einen strengen Islamisierungskurs u. verfolgte eine militante panarab. Politik. 1976 wurde die Rep. L. zur *Volks-Dschamahiria* (etwa »Volksöffentlichkeit«) mit einer Verf., die formal eine direkte Demokratie auf der Grundlage des Korans beinhaltet.

**libysche Schrift,** *numidische Schrift,* eine im Altertum in N-Afrika u. S-Spanien verbreitete Schrift mit einfachen Zeichenformen ohne Vokale; heute noch bei den *Tuareg* gebräuchlich.

**libysche Sprache,** eine ausgestorbene, durch Inschriften seit dem 4. Jh. v. Chr. bekannte Sprache des libysch-berber. Zweigs der hamit. Sprachen.

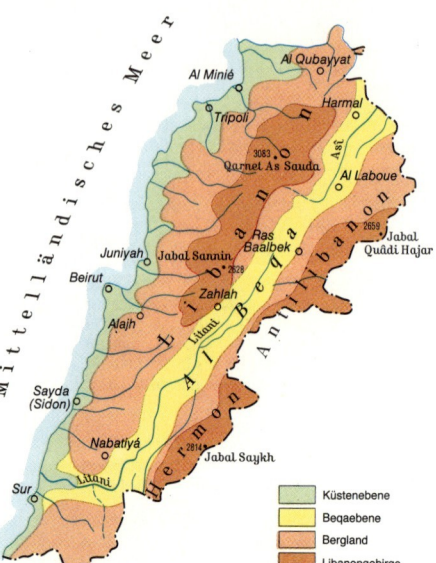

*Libanon: landschaftliche Gliederung*

**Libysche Wüste,** nordöstl. Teil der Sahara rd. 2 Mio. km² in Libyen, Ägypten u. Sudan mit extremem Wüstenklima; im *Jabal Al Uwaynat* 1892 m hoch; wenige Oasen; Erdölförderung.
**Lich,** Stadt in Hessen, an der Wetter, 11 000 Ew.; Schloß (18. Jh.); Möbel- u. chem.-pharmazeut. Ind.
**Lichen,** Bez. für Hautausschläge, die mit der Bildung kleiner Hautknötchen einhergehen (Knötchenflechte).
**Lichnowsky,** schles. Fürstengeschlecht: **1.** Felix Fürst, *1814, †1848; in der *Frankfurter Nationalversammlung* führender Vertreter der Rechten; bei den Frankfurter Septemberunruhen ermordet. – **2.** Karl Max Fürst, *1860, †1928, dt. Diplomat; als dt. Botschafter in London 1912–14 um eine Verständigung mit England bemüht. – **3.** Mechtilde, Frau von 2), *1879, †1958, dt. Schriftst.; seit 1937 in England.
**Licht,** der Teil der elektromagnet. Strahlung, den wir sehen können. Die L.strahlen verhalten sich teils als Strahlung vieler Teilchen *(Korpuskularstrahlen),* wie I. *Newton* annahm, teils aber als Wellen (mit Beugungs-, Interferenz- u. Polarisationserscheinungen), wie Ch. *Huygens* vermutete. Erst durch die Relativitätstheorie u. die Quantenelektrodynamik ist es mögl., alle Erscheinungen in einer Theorie zusammenzufassen. Das L. wird dabei (ebenso wie die materiellen Teilchen) durch ein in Raum u. Zeit veränderl. Wellenfeld beschrieben, das durch den Vorgang der Quantisierung die Zahl der vorhandenen L.teilchen *(L.quanten, Photonen)* anzugeben gestattet. Die L.quanten zählt man zu den *Elementarteilchen.* Das weiße *Sonnenlicht* ist aus L.wellen verschiedener Wellenlänge zusammengesetzt (→ *Farbenlehre).* Durch ein Prisma kann das weiße L. in seine verschiedenen farbigen Bestandteile (d.h. in seine *Spektralfarben)* zerlegt werden.
**Lichtbogen,** die selbst. *Gasentladung* zw. zwei Elektroden bei genügend hoher Stromstärke. Mit Hilfe des L. lassen sich sehr hohe Temperaturen (bis zu 50 000°C, Stromstärke 1500 A) erzeugen. Verwendung u.a. in *L.öfen* (vor allem in Elektrostahlöfen) für Metallschmelzen, zum *L.schweißen* oder in *Bogenlampen* (Projektionslampen) verwendet.
**Lichtbrechung** → Brechung.
**Lichtdruck, 1.** Herstellung von Druckwerken mit Hilfe einer belichteten u. angefärbten Chromatgelatineschicht; eignet sich bes. für die Reproduktion von Gemälden u. für Faksimile-Wiedergaben. – **2.** *Strahlungsdruck,* die mechan. Wirkung des Lichts beim Auftreffen auf feste Partikeln. Auf den L. wird z.B. das Entstehen der Kometenschweife zurückgeführt.
**lichtelektrische Zelle** → Photozelle.
**lichte Maße,** nutzbare innere Abmessungen *(lichte Höhe, lichte Weite)* einer Öffnung (Fenster, Türen) oder eines Raums.
**lichten,** aufhellen; leichter machen, heben (z.B. den Anker); einen Wald ausholzen.
**Lichtenberg,** Bez. in Ostberlin; Trabrennbahn, Tierpark.
**Lichtenberg,** Georg Christoph, *1742, †1799, dt. Schriftst. u. Physiker; vielseitiger Gelehrter, Menschenbeobachter u. geistvoller Satiriker, Meister des Aphorismus.
**Lichtenfels,** Krst. in Oberfranken (Bay.), am Main, 20 000 Ew.; Korbwaren-, Leder- u.a. Ind.
**Lichtenstein, 1.** Gem. in Ba.-Wü., auf der Schwäb. Alb, 8000 Ew.; Schloß des Herzogs von *Urach.* – **2.** *L./Sa.* (Sachsen), Stadt in Sachsen, an der Rödlitz, 12 000 Ew.; Textil-Ind.
**Lichtenstein,** Roy, *27.10.1923, US-amerik. Maler; Hauptvertreter der amerik. Pop-art.
**Lichtfilter** → Farbfilter.
**Lichtfreunde,** 1841 von dem ev. Pfarrer Leberecht *Uhlich* (*1799, †1872) gegr. rationalist.-religiöse Bewegung; → freireligiöse Gemeinden.
**Lichtgeschwindigkeit,** die Geschwindigkeit, mit der sich elektromagnet. Wellen aller Wellenlängen (auch das Licht) im Vakuum ausbreiten. Ihr genauer Wert beträgt 299 792 458 m/s. Die L. ist eine wichtige *Naturkonstante;* sie ist die größtmögl. Geschwindigkeit für die Ausbreitung physikal. Wirkungen u. Signale im Raum. → Relativitätstheorie.
**Lichthof, 1.** ein enger, allseitig umschlossener Hof, der den anliegenden Räumen Tageslicht zuführen soll. – **2.** unerwünschte Schwärzung photograph. Schichten, hervorgerufen bei der Aufnahme durch Reflexion des Lichts am Schichtträger oder durch Streuung in der Schicht.

*Roy Lichtenstein: Stilleben mit Buch, Trauben und Apfel. Basel, Galerie Beyeler*

**Lichthupe,** kurzes Aufblenden (Fernlicht) der Scheinwerfer des Kraftfahrzeugs als Warnzeichen.
**Lichtjahr,** Kurzzeichen *Lj,* astronom. Längeneinheit, der Weg des Lichts in einem Jahr: 1 Lj = 9,46 Billionen km.
**Lichtleiter** → Lichtwellenleiter.
**Lichtmaschine,** elektr. *Generator* im Kraftwagen. Er wird vom Motor angetrieben u. dient zur Speisung der Akkumulators.
**Lichtmeß,** *Mariä L., Mariä Reinigung, Darstellung des Herrn* (seit 1969), kath. Fest 40 Tage nach Weihnachten (2.2.); schon im 4. Jh. Prozessionsfest mit Lichtern.
**Lichtmetaphysik,** eine philosoph.-religiöse Strömung, die das Göttl. durch Lichtsymbolik zu erfassen versuchte; so u.a. bei *Philon von Alexandria, Bonaventura, Dante,* J. *Böhme* u. F. W. *von Schelling.*
**Lichtnelke,** Gatt. der *Nelkengewächse;* in Dtld. *Kuckucks-L.* mit fleischfarbenen Blüten.
**Lichtorgel,** ein Zusatzgerät für Verstärkeranlagen, das es ermöglicht, eine oder mehrere Lampen im Rhythmus der Musik aufleuchten zu lassen.
**Lichtpause,** die Vervielfältigung einer auf durchsichtigem Papier *(Ozalidpapier)* oder Film angefertigten Zeichnung in der *Lichtpausmaschine.*
**Lichtquant,** *Photon,* von A. *Einstein* 1905 im Rahmen der *Quantentheorie* eingeführter Begriff, der die teilchenhafte Struktur des Lichts zum Ausdruck bringt.
**Lichtsatz** → setzen.
**Lichtschacht,** tageslichtführender Schacht innerhalb eines Gebäudes.
**Lichtscheu,** *Photophobie,* unangenehme Empfindlichkeit gegen jeden Lichtreiz als Folge von Erkrankungen des Auges u. seiner Schutzapparate.
**Lichtschranke,** eine elektron. Vorrichtung, die aus einer Lichtquelle u. einem lichtempfindl. Bauelement (Photozelle) besteht, das von der Lichtquelle beleuchtet wird. Ein Unterbrechen des Lichtstrahls löst einen elektr. Impuls aus, der ein Relais betätigt. Die L. wird u.a. zum Zählen von Stücken auf einem Förderband, für Alarmanlagen u. beim Sport (Ziel-L.) benutzt.

**Lichtschutzfaktor,** Zahl, die anzeigt, wie stark ein Sonnenschutzmittel vor UV-Strahlen schützt.
**Lichtsinnesorgane,** Sehorgane der Tiere, Augen i.w.S. Bei vielen Einzellern kommen lichtempfindl. Plasmabezirke *(Augenflecken)* vor. Die einfachsten L. der Mehrzeller sind einzelne *Sehzellen,* die ein Helligkeitssehen ermöglichen. Ein gewisses Richtungssehen entsteht, wenn Sehzellen von einem undurchlässigen Pigmentbecher umgeben sind *(Pigmentbecherozellen).* Ein verbessertes Richtungssehen ermöglichen die *Gruben-* oder *Napfaugen* der Schnecken; hier sind die Sehzellen in eine grubenförmige Einsenkung eingelassen. Mit höchstentwickelten L., die aus vielen Sehzellen zusammengesetzt sind u. komplizierte Linsenapparate bilden, ist ein Bildsehen möglich. Hierher gehören die *Kameraaugen* der Wirbeltiere u. Kopffüßer sowie die *Komplexaugen* der Insekten. → Auge.

*Lichttechnik: spektroskopische Untersuchung eines Hochdruckplasmas mit einem Monochromator*

**Lichtstärke, 1.** der Lichtstrom, der von einer Lichtquelle in einem bestimmten Raumwinkel ausgestrahlt wird; Einheit: *Candela.* – **2.** bei photograph. Objektiven das Verhältnis des wirksamen Blendendurchmessers zur Brennweite.
**Lichtstrom,** die von einer Lichtquelle in der Zeiteinheit durch eine gegebene Fläche gesendete Lichtmenge, in *Lumen* gemessen.
**Lichttechnik,** ein Teilgebiet der Technik, das sich mit der *Lichterzeugung,* der *Lichtanwendung,* bes. der *Beleuchtung,* u. der *Lichtbewertung,* d.h. der Meßtechnik nach physiolog. u. psycholog. Gesichtspunkten, befaßt.
**Lichtton-Verfahren,** beim Tonfilm die Umwandlung von Schallwellen in Helligkeitsschwankungen, die über eine Photozelle in elektr. Spannungsschwankungen rückverwandelt u. durch einen Lautsprecher wieder hörbar gemacht werden.

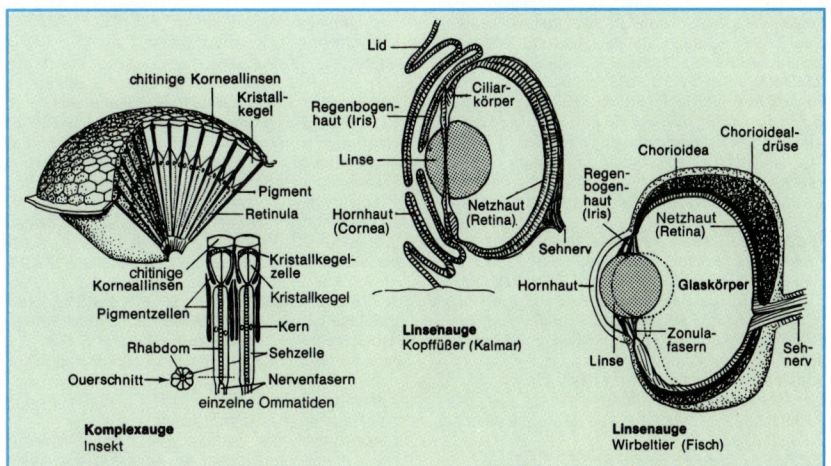

*Lichtsinnesorgane*

## 514 Lichtwellenleiter

*Herstellung von Lichtwellenleitern: Prozeß des Faserziehens*

**Lichtwellenleiter,** ein optisches System zur Fortleitung von Licht u. Übertragung von Bildern auf beliebig gekrümmten Wegen. Ein L. ist ein dünner biegsamer Faden von wenigen hundertsteln Millimetern Durchmesser. Im Innern besteht er aus Glas mit hohem Brechungsindex, außen ist er von einem niedrigen lichtbrechenden *Mantel* umhüllt *(Stufenindexfaser)*. Dieser Mantel trennt die einzelnen Fasern opt. dadurch voneinander, daß das Licht innerhalb eines L.s immer total reflektiert wird. Es kann kein Licht von einer Faser zur benachbarten übergehen. Ein Lichtleitkabel besteht aus mehreren tausend Fasern. Die größte Bedeutung haben L. für die Nachrichtentechnik. Sie ersetzen hier das weltweit immer knapper werdende Kupfer (Telefon, Kabelfernsehen). Die Intensität des Lichts kann dabei im Rhythmus der Nachricht verändert werden, allerdings werden meist im digitalen Verfahren die Nachrichten als Lichtimpulse einer kohärenten Lichtquelle (→ Laser) übertragen. Voraussetzung für diese Anwendung war eine drastische Verringerung der zeitl. Verbreiterung der Lichtimpulse. Das gelingt mit der *Gradientenfaser* u. mit der *Einmodenfaser*. Die hohe Übertragungskapazität (rd. 100 000 Telefongespräche oder 20 Fernsehprogramme mit einer Faser) u. die völlige Unempfindlichkeit gegenüber äußeren elektromagnet. Einflüssen machen opt. Nachrichtenkabel zum idealen Übertragungsmedium der modernen Telekommunikation. In der Medizin werden L. u.a. für Endoskope u. für flexible Laserskalpelle eingesetzt.
**Lichtwert,** veraltet für → Belichtungswert.
**Lichtzeit,** die Zeitspanne, die der Lichtstrahl auf seinem Weg von einem Gestirn zur Erde benötigt. Die L. der Sonne für die mittlere Entfernung Erde-Sonne beträgt 8 min, 18,7 s.
**Licinius,** *Flavius Valerius Licinianus L.,* †325, röm Kaiser 308–24; erließ 313 mit *Konstantin d. Gr. das Edikt von Mailand,* in dem die Christen als gleichberechtigt anerkannt wurden. L. wurde von Konstantin vernichtend geschlagen u. hingerichtet.
**Lick,** die dem Flaggenmast zugewandte Seite einer Flagge.
**Lictoren,** *Liktoren,* im alten Rom Amtsgehilfen hoher röm. Beamter, meist aus dem Freigelassenenstand. Sie schritten den röm. Magistraten in der Öffentlichkeit als Repräsentanten voran u. trugen als Zeichen ihrer Würde das L.-Bündel *(Fasces).*
**Lid,** bewegl., innen von Bindehaut überzogene Hautfalte zum Schutz des Augapfels.
**Liddell Hart** [-ha:t], Sir Basil Henry, *1895, †1970, engl. Militärschriftst.
**Liderung,** die Dichtung von Maschinenteilen z. B. durch Leder.
**Lidholm,** Ingvar Natanael, *24.2.1921, schwed. Komponist u. Dirigent; schrieb Orchester-, Chor- u. Kammermusik.

**Lidice** ['liditsɛ], dt. *Liditz,* böhm. Dorf bei Kladno; von der SS 1942 als Vergeltung für das Attentat auf den stellv. Reichsprotektor R. *Heydrich* vollständig zerstört. Die Männer wurden erschossen, die Frauen ins KZ Ravensbrück gebracht, die Kinder verschleppt.
**Lidingö,** schwed. Villenstadt nordöstl. von Stockholm, 37 000 Ew.
**Lidköping** ['li:tɕøpiŋ], schwed. Stadt am Vänern, 35 000 Ew.; Zucker-, Porzellan- u. Zündholzfabriken.
**Lido,** Küste, Ufer, bes. der Landstreifen (Nehrung) zw. einer Lagune u. dem Meer; z.B. der L. von Venedig; auch allg. Bez. für Badestrand.
**Lidschatten,** Schminkpräparat zum Färben der Augenlider.
**Lie,** 1. Jonas, *1833, †1908, norw. Schriftst.; schrieb stimmungsvolle, realist. See-, Arbeiter- u. Familienromane. – 2. Sophus, *1842, †1899, norw. Mathematiker; schuf die Theorie der kontinuierl. Transformationsgruppen. – 3. Trygve, *1896, †1968, norw. Politiker (Sozialdemokrat); 1946 zum 1. Generalsekretär der UN gewählt (Rücktritt 1952).
**Liebe,** Gefühl der Zuneigung. Man unterscheidet die personenbezogene L. zu einem Partner, die Sexualität mit einschließt, oder zu Eltern, Freunden u.a., u. die objektbezogene L. zur Natur, zur Freiheit, zum Eigentum. In der christl. Theologie gilt L. als Inbegriff der Sittlichkeit, die Gott für sich u. den Nächsten fordert.
**Lieben,** Robert von, *1878, †1913, östr. Physiker; erfand die erste brauchbare Verstärkerröhre *(L.röhre).*
**Liebeneiner,** Wolfgang, *1905, †1987, dt. Filmregisseur; 1942–45 Produktionschef der Ufa; Filme: »Liebe 47«, »Die Trapp-Familie«.
**Liebenstein,** *Bad L.,* Ort sw. von Eisenach, 8000 Ew.; Heilbad.
**Liebenwerda,** *Bad L.,* Krst. in Brandenburg, 6000 Ew.; Eisenmoorbad.
**Liebenzell,** *Bad L.,* Stadt in Ba.-Wü., im nördl. Schwarzwald, 6000 Ew.; Heilbad u. Luftkurort; Sitz der L.er Missionsgesellschaft.
**Lieber,** Franz (Francis), *1800, †1872, US-amerik. polit. Schriftst. dt. Herkunft; Berater A. *Lincolns* im Bürgerkrieg; gab die »Encyclopedia Americana« heraus.
**Liebermann,** 1. Max, *1847, †1935, dt. Maler u. Graphiker; Hauptmeister des dt. Impressionismus, gründete 1898 die *Berliner Sezession;* malte Bildnisse u. Landschaften. – 2. Rolf, Großneffe von 1), *14.9.1910, schweiz. Komponist; unorthodoxer Zwölftonkomponist (Opern, Orchesterwerke, u.a. Konzert für Jazzband u. Sinfonieorchester); Intendant der Hamburger Staatsoper, 1973–80 der Pariser Oper.
**Liebesapfel,** alter Name für die Tomatenfrucht.
**Liebesmahl,** in Anlehnung an die *Agape* die gemeinsame Mahlzeit der Brüdergemeine; auch alljährl. *Ostasiatisches L.* von Kaufleuten in Hamburg.
**Liebeszauber,** die Anwendung bestimmter Mittel (mag. Handlungen, Arzneien), die einen Partner zum Entgegenkommen bewegen sollen.
**Liebig,** Justus Frhr. von (seit 1845), *1803, †1873, dt. Chemiker; führte die künstl. Düngung ein, verbesserte die Elementaranalyse u. erfand den nach ihm ben. Fleischextrakt.
**Liebknecht,** 1. Karl, Sohn von 2), *1871, †1919 (ermordet), dt. Politiker; für die SPD (linker Flügel) seit 1912 Mitgl. des Reichstags; gehörte zu den Gründern der *»Gruppe Internationale«,* Vorstufe des *Spartakusbunds,* aus dem nach Kriegsende die Kommunist. Partei Dtld. hervorging. Nach einer öffentl. Antikriegskundgebung 1916 zu Zuchthaus verurteilt, 1918 begnadigt. Nach dem Berliner Spartakusaufstand wurde er zus. mit R. Luxemburg verhaftet u. von Freikorpsoffizieren ermordet. – 2. Wilhelm, *1826, †1900, dt. Politiker; beteiligte sich am badischen Aufstand 1848/49 u. emigrierte 1850 nach London, wo er sich K. *Marx* anschloß. 1862 nach Dtld. zurückgekehrt, gründete er zus. mit A. *Bebel* die *Sozialdemokrat. Arbeiterpartei* (1869) u. mit anderen die *Sozialist. Arbeiterpartei,* aus der die SPD hervorging; Chefredakteur der Parteizeitung »Vorwärts«.
**Liebmann,** Otto, *1840, †1912, dt. Philosoph; Anhänger des *Neukantianismus.*
**Liebstöckel,** *Levisticum,* Gatt. der *Doldengewächse;* beliebtes Küchengewürz (»Maggikraut«).
**Liechtenstein,** Fürstentum in den Alpen, zw. Schweiz u. Österreich, 157 km², 28 000 Ew.,

*Liechtenstein: Schloß Vaduz*

Hptst. *Vaduz.* Im W vom Alpenrhein, im O u. S von Ketten des Rätikon (bis 2500 m) begrenzt; Anbau v.a. von Getreide, Obst u. Wein; Industrieprodukte: Maschinen u. Apparate, Chemikalien, Nahrungsmittel, Holzerzeugnisse, Lederwaren u. Keramik; Fremdenverkehr; formeller Sitz vieler Auslandsfirmen (»Steuerparadies«).

*Liechtenstein*

*Geschichte.* Das Fürstentum L. wurde 1719 reichsunmittelbar, gehörte 1806–14 zum Rheinbund u. 1815–66 zum Dt. Bund u. war danach selbst. Staat, seit Ende des 1. Weltkriegs in Post-, Wirtschafts- u. Zolleinheit mit der Schweiz. Staatsoberhaupt ist seit 1989 Fürst *Hans-Adam II.*
**Lied,** das singbare lyr. Gedicht, ein- oder mehrstrophig, u. die Vertonung dieses Textes. Nach der Entstehung her unterscheidet man *Volks-L.* u. *Kunst-L.,* von der Besetzung her *Solo-* u. *Chor-L.,* vom Inhalt her *weltl.* u. *geistl. L.* Das Volks-L. ist in erster Linie Gemeinschafts-L. u. Ausdruck kultureller Gemeinsamkeiten eines Volkes; mündl. überliefert, Autoren unbekannt. In altgerman. Zeit wurde bes. das *Helden-L.* gepflegt, im Hoch-MA das höf. *Minne-L.,* später das bürgerl. *Meister-L.* Der Höhepunkt des komponierten *Kunst-L.* (für solist. Vortrag mit Instrumentalbegleitung bestimmt) lag in der dt. Romantik.
**Liedermacher,** Sänger, die selbst Text u. Musik eines Stückes schreiben u. es interpretieren; Anfang der 1960er Jahre von W. *Biermann* eingeführt. Die Texte behandeln meist polit. Themen u. Alltagsprobleme. Bek. Vertreter sind: L. Cohen, B. Dylan, F. Degenhardt, R. Mey, D. Süverkrüp, H. Wader, K. Wecker.
**Liedertafel,** Männerchor.
**Liedtke,** Harry, *1882, †1945, dt. Schauspieler.
**Lieferwagen,** leichter Lastkraftwagen zur Auslieferung leichter Güter.
**Liefmann,** Robert, *1874, †1941, dt. Nationalökonom; untersuchte die Formen der Unternehmenskonzentration.
**Liège** [ljɛ:ʒ], frz. Name für *Lüttich.*
**Liegegeld,** Entschädigung, die dem Schiffer zu zahlen ist, falls er über die Ladezeit hinaus auf Ladung warten muß.
**Liegendes,** die unmittelbar unter einer Erdschicht oder einer Lagerstätte liegende Schicht.
**Liegenschaften** → Immobilien.
**Liegnitz,** poln. *Legnica,* Stadt in Schlesien, an der Kathbach, 98 000 Ew.; Textil-, Nahrungsmittel- u. Maschinen-Ind.
**Lienhard,** Friedrich, *1865, †1929, dt. Schriftst.; kämpfte für die Heimatkunst gegen die »Vorherrschaft Berlins«.
**Lienz** ['li:ɛnts], östr. Bez.-Hptst. in Osttirol, an der Einmündung der Drau, 678 m ü.M., 12 000 Ew.; Burg Liebburg.
**Lieschgras,** *Hirtengras,* Gatt. der *Süßgräser;* wichtiges Futtergras ist das *Wiesen-L.*
**Liesegang,** Raphael Eduard, *1869, †1947, dt. Chemiker; Entdecker der *L.schen Ringe* (Kristallisationserscheinungen in Gelen).
**Liestal,** Hptst. des schweiz. Kt. Basel-Land, 12 000 Ew.; chem. u. Textil-Ind.

**Lietz,** Hermann, *1868, †1919, dt. Schulreformer; gründete Landerziehungsheime, in denen die Jugend bäuerl. u. handwerkl. Arbeit erlernen u. in musischem Gemeinschaftsleben erzogen werden sollte.

**Lietzau,** Hans, *2.9.1913, dt. Schauspieler, Regisseur u. Theaterleiter.

**Lietzmann,** Hans, *1875, †1942, dt. ev. Theologe; Neutestamentler u. Kirchengeschichtler.

**Lifar,** Serge, *1905, †1986, russ.-frz. Tänzer, Choreograph u. Tanztheoretiker; seit 1923 in Paris.

**Liften,** kosmet.-chirurg. Verfahren zum Straffen erschlafften Gewebes.

**Liga, 1.** Name für Bündnisse mehrerer Mächte, bes. im 16./17. Jh. *Heilige L.* von 1576, Zusammenschluß der Katholiken in Frankreich gegen die Hugenotten, Heinrich III. u. Heinrich von Navarra. – *Katholische L.* 1609, Zusammenschluß der kath. Reichsstände Oberdeutschlands u. der Rheinlande unter Führung Maximilians I. von Bayern gegen die 1608 gegr. prot. *Union*; 1632 endgültig aufgelöst. – **2.** Name für internat. Zusammenschlüsse, z.B. *Arab. L.* – **3.** im Sport Bez. für eine Gruppe von Mannschaften, die zu einer Klasse zusammengefaßt werden.

**Liga für Menschenrechte,** gegr. 1898 in Paris; polit. Zusammenschluß zur Revision des Dreyfusprozesses; allg. zur Förderung der persönl. Freiheit gegenüber dem Staat u. zur friedl. Regelung internat. Konflikte. Seit 1922 internat. Föderation (Sitz: Paris).

**Ligatur, 1.** zusammengegossene Buchstabentypen, z.B. ff, fi; auch œ, æ – **2.** Unterbindung von Blutgefäßen zur Blutstillung bei Operationen. – **3.** Verbindung mehrerer Noten zu einer zusammenhängenden Gruppe.

**Ligeti,** György, *28.5.1923, östr. Komponist ung. Herkunft; seit 1956 in Wien, Berlin u. Hamburg. Neben K. *Penderecki* der bedeutendste Komponist zeitgenöss. geistl. Musik.

**Ligne** ['linjə], Charles Joseph Fürst von, *1735, †1814, östr. Offizier; als Diplomat in St. Petersburg, wo ihn Katharina II. zum russ. Feldmarschall ernannte.

**Lignin,** der verholzende u. festigende, in das Cellulosegerüst eingelagerte Bestandteil des Holzes.

**Lignit,** eine Braunkohle mit noch sichtbarer Holzstruktur.

**Liguori,** Alfons Maria di, *1696, †1787, ital. Ordensstifter *(Redemptoristen,* 1732); Heiliger (Fest: 1.8.), Kirchenlehrer.

**Ligurer,** vorindogerman. Volk in S-Frankreich u. N-Italien; seit 328 v.Chr. von den Römern allmähl. unterworfen.

**Ligurien,** ital. *Ligùria,* Region in → Italien; an der Küste des Golfs von Genua, mit dem gebirgigen Hinterland den *Ligur. Apennin* u. der *Ligur. Alpen.*

**Ligurisches Meer,** Teil des Mittelmeers zw. der frz.-ital. Riviera u. Korsika.

**Liguster,** Gatt. der *Ölbaumgewächse,* ein Strauch mit glänzenden grünen Blättern, weißen Blüten u. schwarzen Beeren.

**Ligusterschwärmer,** rosa u. grau gefärbter, großer eurasiat. Nachtschmetterling, dessen Raupe auf Liguster lebt.

*Limburg an der Lahn: der spätromanisch-frühgotische Dom*

**Li Hongzhang** [-xuŋdʒaŋ], *1823, †1901, chin. General u. Politiker; 1870 Vizekönig von Zhili. 1901 unterzeichnete er in Peking den Vertrag mit den europ. Mächten, der den Boxeraufstand abschloß.

**liieren,** eng verbinden.

**Likasi,** Bergbau- u. Ind.-Stadt in Shaba (Zaire), 1240 m ü.M., 194 000 Ew.

**Likör,** süßer Trinkbranntwein, mit aromat. Stoffen, Fruchtsäften u. äther. Ölen.

**Liktoren** → Lictoren.

**Likud,** 1973 gegr. isr. Parteienföderation (»Block«); bildet das bürgerl. Gegengewicht zur Arbeiterpartei.

**Lilie,** Gatt. der *L.ngewächse* (→ Pflanzen); Zwiebelgewächse mit großen, trichterförmigen Blüten. In Mitteleuropa kommen wild vor: in Laubwäldern die *Türkenbund-L.* u., im Gebirge vereinzelt die *Feuer-L.* – Die *Schwert-L.* ist keine L.

**Liliencron,** Detlev Frhr. von, *1844, †1909, dt. Schriftst.; führender dt. Lyriker des Impressionismus; schrieb auch Balladen u. Kriegsnovellen.

**Lilienfeld,** östr. Bez.-Hptst. im Traisental, 3000 Ew.; Zisterzienserkloster (1202 gegr.) mit berühmter Hallenkirche u. Bibliothek.

**Lilienthal, 1.** Gustav, Bruder von 2), *1849, †1933, dt. Flugpionier; Mitarbeiter seines Bruders; beschäftigte sich mit Schlagflügelflugzeugen. – **2.** Otto, *1848, †1896 (Absturz), dt. Flugpionier; führte 1891 mit einem von ihm gebauten Flugapparat den ersten Gleitflug durch. Seine Forschungen brachten das Flugwesen entscheidend weiter. – **3.** Peter, *27.11.1929, dt. Filmregisseur; Filme mit polit. Thematik.

**Liliput,** das Land der Zwerge in »Gullivers Reisen« von J. *Swift.* Danach ben. die **L.aner,** Menschen von Zwergenwuchs, bei dem die Kinder sich geistig u. körperl. normal entwickeln, nur stets deutl. kleiner bleiben.

**Lilith,** in antiker jüd. Tradition Adams erste Frau, die ihn verließ u. zum Dämon wurde.

**Lilje,** Hanns, *1899, †1977, dt. ev. Theologe; gründete mit M. *Niemöller* die *Jungreformatorische Bewegung,* aus der die *Bekennende Kirche* hervorging; 1947–71 Landesbischof der Landeskirche Hannover, 1955–69 Leitender Bischof der VELKD, 1952–57 Präs. des Luth. Weltbunds.

**Lille** [lil], N-frz. Ind.- u. Handelsstadt an der Deûle, alte Hptst. von *Flandern,* jetzt Dép.-Hptst., 168 000 Ew.; 2 Univ.; Textil-, Masch.- u. chem. Ind.

**Lillehammer,** norw. Prov.-Hptst. am Mjösa-See, 20 000 Ew.; Freilichtmuseum.

**Lillo** ['liloʊ], George, *1693, †1739, engl. Dramatiker; begr. das *bürgerl. Trauerspiel.*

**Lilongwe,** Hptst. von Malawi (Ostafrika), 1067 m ü.M., 187 000 Ew.; Handelszentrum; Flughafen.

**Lima,** Hptst. Perus, am Rio Rimac in der bewässerten Küstenebene, 5,2 Mio. Ew.; kulturelles Zentrum, 10 Univ.; Textil-, Auto-, Möbel-, Zement-Ind.; Flughafen. – G e s c h. : 1535 von F. *Pizarro* gegr., bed. polit., kulturelles u. wirtschaftl. Zentrum des span. Kolonialreichs in S-Amerika, 1542–1821 Hptst. des Vizekönigreichs Peru; seit 1930 rapides Wachstum, am Stadtrand Elendsviertel.

**Lima-Kultur,** altperuan. Kultur in der Umgebung der heutigen peruan. Hptst. *Lima*; etwa zeitgleich mit den Kulturen von Moche u. Nazca.

**Liman,** durch eine Nehrung abgeschnürte u. erweiterte seichte (»ertrunkene«) Ästuarmündung eines Flusses, bes. im nw. Schwarzen Meer.

**Limassol,** grch. *Lemissons,* Hafenstadt an der S-Küste von Zypern, 114 000 Ew.; wichtigster Ausfuhrhafen des grch. Sektors.

**Limbach-Oberfrohna,** Stadt in Sachsen, 22 000 Ew.; Textil-Ind.

**Limburg, 1.** ['limbyrx] sö. Prov. der → Niederlande. – **2.** nordöstl. Prov. → Belgiens. – **3.** *L. an der Lahn,* Krst. in Hess., 28 000 Ew.; maler. alte Stadt, spätroman. Dom (13. Jh.); Elektro-, Metall-, Kunststoff-Ind.

**Limburg,** Brüder von L., Paul, Herman u. Jan, ndl. Miniaturmaler Anfang des 15. Jh.; Hptw.: das Stundenbuch »Très riches heures« des Herzogs Jean de Berry.

**Limbus,** *Vorhölle,* Aufenthaltsort für die ohne persönl. Schuld vom Himmel Ausgeschlossenen (für ungetauft gestorbene Kinder, für die alttestamentl. Frommen).

**Limeira** [li'meːra], Stadt in São Paulo (Brasilien), 109 000 Ew.; Nahrungsmittel-, Metall- u. chem. Ind.

*Brüder von Limburg: Der Tierkreismann aus dem Stundenbuch »Les très riches heures« des Herzogs von Berry; kurz vor 1416. Chantilly, Musée Condé*

**Limerick,** engl. Strophenform mit 5 Versen u. grotesk-komischem, absurdem Inhalt.

**Limerick** ['limərik], W-ir. Hafenstadt am Shannon, 56 000 Ew.; Masch.-, Textil- u. Nahrungsmittel-Ind.; Flughafen.

**Limes, 1.** befestigter Grenzwall oder durch Wachttürme u. Kastelle gesicherte Grenzstraße der Römer. Der *obergerman. L.* (Baubeginn 84) war etwa 382 km lang u. ging von Rheinbrohl am Rhein bis etwa Lorch; dort begann der 166 km lange *Raetische L.,* der bis an die Donau führte. Die Römer behaupteten den L. in Obergermanien bis gegen 260. K → S. 516. – In Britannien waren *Antonius-* u. *Hadrianswall* L.anlagen. – **2.** *Math.:* Grenzwert.

**Limette,** dünnschalige, grünl. bis gelbe Citrusfrucht.

**Limfjord** [-fjoːr], buchten- u. inselreiche Meeresstraße, verbindet Nordsee u. Kattegat quer durch das nördl. Jütland; 180 km lang.

**Limit,** Grenze, Grenzbetrag.

**Limited,** Abk. *Ld., Ltd.,* begrenzt, mit beschränkter Haftung (Zusatz zu engl. Firmennamen).

**Limmat,** r. Nbfl. der Aare (Schweiz), 140 km; mündet bei Brugg.

**Limnologie,** *Binnengewässerkunde,* die Lehre von den Binnengewässern u. ihren Organismen.

**Limnos,** *Lemnos,* grch. Insel im ö. Ägäischen Meer, 476 km², 15 000 Ew.; Hauptort *Myrina*; Anbau von Wein u. Oliven.

**Limoges** [li'moːʒ], frz. Dép.-Hptst. an der Vienne, Hptst. des *Limousin,* 144 000 Ew.; got. Kathedrale; Fayence-, Porzellan-, Nahrungsmittel-Ind., Emailmalerei.

**Limonade,** süßes, alkoholfreies Erfrischungsgetränk, aus Fruchtauszügen hergestellt.

**Limone, 1.** → Strandnelke. – **2.** → Zitrone.

**Limonit,** *Brauneisenstein,* braunes bis schwarzes, schwach glänzendes oder mattes Mineral.

**Limosin** [limoˈzɛ̃], *Limousin,* Léonard, *um 1505, †zw. 1575 u. 77, frz. Emailmaler; schuf emaillierte Tafelgeschirre u. Bildnis-Emailminiaturen.

**Limousin** [limuˈzɛ̃], mittelfrz. Ldsch. des Zentralmassivs, Hptst. *Limoges.*

**Limousine** [limu-], geschlossener Personenkraftwagen.

**Limpopo,** Fluß in Südafrika, rd. 1600 km; bildet die Grenze Südafrikas nach Botswana u. Simbabwe, mündet in den Ind. Ozean.

**Linard,** Piz L., höchster Gipfel der Silvretta-Gruppe, in Graubünden, 3411 m.

**Linares,** südspan. Ind.-Stadt in Andalusien, 55 000 Ew.; Bergbaugebiet; Getreide- u. Ölhandel.

**Lin Biao** [-biau], *Lin Piao,* *1907, †1971, chin. Offizier u. Politiker (Kommunist); nahm 1934/35 am »Langen Marsch« teil u. wurde einer der maßgebenden kommunist. Heerführer, 1959 Verteidi-

**Lincke**

Abraham Lincoln

gungs-Min.; seit 1970 Kritiker Mao Zedongs. Bei Fluchtversuch abgestürzt oder auf Weisung Maos getötet.

**Lincke,** Paul, *1866, †1946, dt. Komponist; gab der Operette ein typisches Berliner Kolorit: W »Frau Luna«; auch viele Tänze, Märsche (»Das ist die Berliner Luft« u. Couplets.

**Lincoln** ['liŋkən], **1.** Hptst. des USA-Staats Nebraska, 183 000 Ew.; 2 Univ.; Handels- u. Versicherungszentrum, Motoren- u. Waggonbau. – **2.** Hptst. der mittelengl. Gft. *L.shire,* am Witham, 77 000 Ew.; roman.-got. Kathedrale, normann. Burg; landw. Handelszentrum.

**Lincoln** ['liŋkən], Abraham, *1809, †1865 (ermordet), US-amerik. Politiker (Republikaner); 16. Präs. der USA (1861–65). Die Südstaaten traten nach seiner Wahl aus der Union aus, es kam zum *Sezessionskrieg* 1861–65. L. proklamierte 1862 die Sklavenbefreiung. Ein fanat. Südstaatler erschoß ihn.

**Lind, 1.** Jakov, *10.2.1927, östr. Schriftst.; lebt in London; stellt eine absurde Konsumwelt in eigenwilliger Sprache dar. – **2.** Jenny, *1820, †1887, schwed. Sängerin (Sopran); galt durch die ungewöhnl. Höhe, Ausdruckskraft u. makellose Technik ihrer Stimme als die bedeutendste Sängerin ihrer Zeit (»schwed. Nachtigall«).

**Lindau (Bodensee),** Krst. in Bayern, Inselstadt im östl. Bodensee, durch Straße u. Eisenbahndamm mit dem Ufer verbunden, 23 000 Ew.; Altes Rathaus (im Renaissancestil), St.-Peters-Kirche (1480), Pfarrkirche St. Stephan, am Hafeneingang Leuchtturm u. Löwe als Wahrzeichen der Stadt; Fremdenverkehr; Nahrungsmittel-, Masch.- u.a. Ind. – 1275–1803 Freie Reichsstadt.

**Lindbergh** ['lindbə:g], Charles Augustus, *1902, †1974, US-amerik. Flieger; überflog 1927 im Alleinflug als erster den Atlantik von New York nach Paris in 33,5 Stunden.

**Lindblad** ['lindbla:d], Adolf Fredrik, *1801, †1878, schwed. Komponist; über 200 Lieder.

**Linde,** *Tilia,* Gatt. der *L.ngewächse.* In Dtld. sind zwei Arten heimisch: die *Winter-L.,* u. die *Sommer-L.* Die bis 30 m hohe Sommer-L. hat beiderseits gleichfarbig grüne, unterseits behaarte Blätter, während die Winter-L. unterseits blaugrüne, kahle Blätter besitzt. Das Holz der L. ist weich u. eignet sich als Schnitzholz. *L.blüten* werden zur Bereitung eines schweißtreibenden Tees benutzt. Außer den gen. Arten werden bei uns sonst noch angepflanzt: *Silber-L.* u. *Schwarz-L.*

**Linde, 1.** Carl von (seit 1897), *1842, †1934, dt. Ingenieur; erfand 1870/71 die nach ihm ben. Eismaschine. Begr. der modernen Kältetechnik. – **2.** Otto zur, *1873, †1938, dt. Schriftst.; bemühte sich um eine neue philos.-ethische, dem Expressionismus nahestehende Wortkunst.

**Lindegren** [-gre:n], Erik, *1910, †1968, schwed. Schriftst. (surrealist. Lyrik).

**Lindemann,** Ferdinand von, *1852, †1939, dt. Mathematiker; bewies 1882 die Transzendenz der Kreiszahl π u. damit die Unmöglichkeit der Quadratur des Kreises mit Zirkel u. Lineal.

**Lindenberg,** Udo, *17.5.1946, dt. Rockmusiker; Texte mit satir. u. sozialkrit. Themen.

**Lindenberg im Allgäu,** Stadt in Bayern, 10 000 Ew.; Textil- u. Käse-Ind., Fremdenverkehr.

**Lindengewächse** → Pflanzen.

**Lindenschwärmer,** bräunlichgelb u. grün gezeichneter *Schwärmer* (Schmetterling) Mitteleuropas. Die Raupe frißt v.a. an Linden u. Ulmen.

**Linderhof,** im Auftrag Ludwigs II. von Bayern 1874–77 von G. *Dollmann* erbautes Schloß bei Ettal, im Rokokostil.

**Lindgren** [-gre:n], Astrid, geb. *Ericsson,* *14.11.1907, schwed. Schriftst.; erfolgreiche Kinderbuchautorin; schuf *Pippi Langstrumpf,* den »Meisterdetektiv« *Kalle Blomquist* u.a. Figuren; 1978 Friedenspreis des Dt. Buchhandels.

*Lindau (Bodensee):* An der Hafeneinfahrt stehen der Löwe und der alte Leuchtturm als Wahrzeichen der Stadt

**Lindner,** Richard, *1901, †1978, US-amerik. Maler dt. Abstammung; der Pop-art nahestehend.

**Lindos,** Ort an der O-Küste von Rhodos, eine der drei alten Städte auf der Insel; Akropolis mit Tempel der *Athena Lindia* aus dem 4. Jh. v. Chr.

**Lindsay, 1.** John V., *24.11.1921, US-amerik. Politiker; 1966–73 Oberbürgermeister von New York. L., der vorher dem liberalen Flügel der Republikan. Partei angehörte, trat 1971 zur Demokrat. Partei über. – **2.** Jack, *20.10.1900, austral. Schriftst.; lebt in England; histor. Romane u. sozialkrit. Zeitromane.

**Lindtberg,** Leopold, *1902, †1984, schweiz. Regisseur östr. Herkunft; arbeitete u.a. in Düsseldorf, Zürich u. Wien.

**Lindwurm** → Lintwurm.

**Lineal,** ein Stab, meist mit Maßeinteilung, zum Ziehen gerader Linien.

**linear,** geradlinig, linienförmig.

**Linearbeschleuniger,** Gerät zur Beschleunigung elektr. geladener Teilchen auf gerader Bahn. Die Teilchen durchlaufen in einer evakuierten Röhre hochfrequente elektr. Felder, die ihnen dauernd Energie zuführen. L. für Elektronen bzw. ihre Antiteilchen, die Positronen, finden z.B. Anwendung in der Elementarteilchenphysik. In der Schwerionenforschung wird u.a. die Schädigung von Festkörpern durch hochenergetische Ionen untersucht. → Teilchenbeschleuniger.

**lineare Algebra,** ursprüngl. die Theorie der Lösungen linearer Gleichungssysteme; in der modernen Strukturmathematik: die Theorie des linearen Vektorraums einschl. der Matrizen.

**lineare Gleichung,** eine Gleichung, in der die Unbekannten nur in der ersten Potenz (daher auch: Gleichung 1. Grades) vorkommen; Beispiel: $ax+by = 0$.

**lineare Programmierung,** ein mathemat. Verfahren zur Maximierung oder Minimierung (Berechnung der Höchst- bzw. Tiefstwerte) einer linearen Funktion mit mehreren Variablen unter Nebenbedingungen, die in Form von *linearen Gleichungen* oder Ungleichungen auftreten. Die l. P. ist eine wichtige Methode der *Operations Research.* Die zu maximierende Funktion ist meist die Gleichung für den Gewinn, die zu minimierende Funktion die Gleichung für die Kosten eines Unternehmens.

**Linearmotor,** Bauform des Elektromotors, bei der nicht eine rotierende, sondern eine geradlinige Bewegung erzeugt wird. Der L. läßt sich als Asynchronmotor beschreiben, bei dem der Stator mit den Erregerwicklungen u. der Rotor zu zwei parallel liegenden Geraden aufgebogen sind. Das Drehfeld des Stators wird dann zu einem Wanderfeld, das den abgewickelten Rotor magnetisch mitzieht; z.B. bei der Magnetschwebebahn Transrapid.

**Linearschrift** → minoische Schrift.

**Liner** ['lainər], Linienschiff, Überseedampfer.

**Linga,** *Lingam,* die Nachbildung des männl. Glieds, Kultsymbol des ind. Gottes *Schiwa,* als Gott der Fruchtbarkeit.

**Lingen (Ems),** Krst. in Nds., 45 000 Ew.; Zentrum der emsländ. Erdöl- u. Erdgasgewinnung; Kernkraftwerk; Maschinenbau.

**Lingen,** Theo, eigtl. Theodor *Schmitz,* *1903, †1978, dt. Schauspieler u. Filmkomiker.

**Linguist,** Sprachwissenschaftler. – **L.ik,** *i.w.S.* die Sprachwiss.; *i.e.S.* die formalisierte moderne Sprachwiss.

**Linhartová** [-tɔva:], Věra, *23.3.1938, tschech. Schriftst. u. Kunsthistorikerin; schreibt intellektuell bestimmte Prosastücke über die Unsicherheit menschl. Existenz.

**Linie**, 1. gerade, gebrochene oder gekrümmte Verbindung zw. 2 Punkten. – 2. Abstammungsreihe, Folge von Abkömmlingen (Haupt- u. Seiten-L.).

**Linienrichter**, Helfer des *Schiedsrichters* bei Fußball, Handball, Tennis, Hockey u.a.; überwacht Seiten- u. Abseitslinien.

**Linienschiffahrt**, eine Betriebsform der kommerziellen Seeschiffahrt: Ein *Linienschiff* fährt nach festem Fahrplan auf einer festen Route.

**Linienspektrum**, die Gesamtheit der von einem Atom emittierten (absorbierten) Spektrallinien.

**Linienzugbeeinflussung**, Abk. *LZB*, die kontinuierl. Beeinflussung eines Eisenbahnfahrzeugs. Die L. besteht aus einem zw. den Gleisen als *Linienleiter* verlegten Antennensystem, das an einen elektron. Rechner angeschlossen ist. Übertragung aller Signale von der Strecke auf den Führerstand, ständige Überprüfung der Soll- mit der Ist-Geschwindigkeit. Bei Überschreitung der zulässigen Geschwindigkeit wird Zwangsbremsung ausgelöst.

**Liniment**, dickflüssige Mischung aus Seife, Öl oder Alkohol u. Arzneimitteln für Einreibungen.

**Linklater** ['lɪŋkleɪtə], Eric; *1899, †1974, schott. Schriftst. satir.-humorist. Schelmenromane.

**Linköping** [-tçø-], Prov.-Hptst. in SO-Schweden, 119 000 Ew.; got. Dom; Textil- u. Flugzeug-Ind.

**Linksextremismus** → Linksparteien.

**Linkshändigkeit**, die Bevorzugung der linksseitigen Gliedmaßen bei allen Tätigkeiten; hervorgerufen durch eine angeborene Verlagerung der Bewegungszentren im Gehirn auf die rechte Seite.

**Linksparteien**, die auf vorwärtsgerichtete Veränderungen abzielenden (*fortschrittl., progressiven*) Parteien, deren Abgeordnete in den meisten parlamentarischen Körperschaften auf der linken Seite sitzen (vom Vorsitzenden aus gesehen). Für die L. standen seit dem 19. Jh. polit. Forderungen (allg. Wahlrecht, republikan. Staatsordnung) u. soz. Zielsetzungen (Sozialismus, Kommunismus) im Vordergrund. – **Linksextremisten** u. **Linksradikale** nennt man diejenigen, die »linke« Ziele am schärfsten formulieren u. am energischsten vertreten.

**Link-Trainer** [-'trɛɪnə], Flugsimulator zur Schulung von Piloten am Boden.

**Linna**, Väinö, *20.12.1920, finn. Schriftst.; errang durch seinen Anti-Kriegsroman »Kreuze in Karelien« 1954 einen Welterfolg.

**Linné**, Carl von (seit 1757), *1707, †1778, schwed. Naturforscher. Sein Lebenswerk ist die Schaffung der *binären Nomenklatur*, mit der er für jedes Lebewesen lat. Gattungs- u. Artnamen als international verständl. Bez. einführte. Das von ihm aufgestellte *L.sche System* des Pflanzenreichs ist ein künstl. System, das durch natürl. Systeme ersetzt wurde.

**Linnemann**, Hans-Martin, *30.12.1930, dt. ev. Geistlicher; seit 1985 Präses der Ev. Kirche von Westfalen.

**Linoleum** [-e:um], ein starkes Jutegewebe, auf das eine Masse aus Kork- oder Holzmehl, Leinöl oder Sojabohnenöl u.a. aufgepreßt wird; dient als wärme- u. schallisolierender Fußbodenbelag.

**Linolsäure**, ungesättigte, flüssige Fettsäure; wird für Firnisse u. in der Seifenind. verwendet.

**Linolschnitt**, ein Verfahren der modernen Graphik zur Herstellung von Druckstöcken aus Linoleumplatten; dem *Holzschnitt* ähnlich.

**Linon** [li'nɔ̃], feinfädiges, gebleichtes Baumwollgewebe.

**Linotype** ['laɪnotaɪp], Zeilengieß- u. Setzmaschine, setzt u. gießt ganze Zeilen, erfunden 1884 von O. *Mergenthaler*.

**Linse**, 1. ein Teil bestimmter Lichtsinnesorgane (Augen), der zum Sammeln der Lichtstrahlen dient (dioptrischer Apparat). – 2. Gatt. der *Schmetterlingsblütler*, im Mittelmeerraum u. in Vorderasien. Die Samen sind eßbar (*Hülsenfrüchte*). – 3. ein durchsichtiger Körper (Glas, Steinsalz, Quarz, Kunststoff), der von 2 lichtbrechenden Flächen begrenzt ist. *Sammel-* oder *Konvex-L.* sind in der Mitte dicker als am Rand u. vereinigen parallel einlaufende Strahlen in einem Punkt, dem *Brennpunkt. Zerstreuungs-* oder *Konkav-L.* sind in der Mitte dünner als am Rand u. brechen parallel einfallendes Licht so, als käme es geradlinig von einem Punkt vor der L.; dieser Punkt heißt auch Brennpunkt. – 4. Bez. für geeignete elektr. oder magnet. Felder, die Strahlen geladener Teilchen sammeln oder zerstreuen; Anwendung z.B. im Elektronenmikroskop.

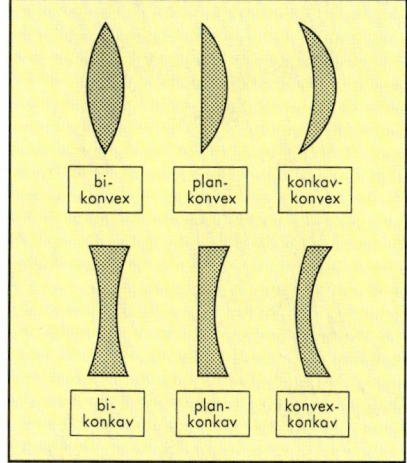

*Linsenformen*

**Linsenhoff**, Liselott, *27.8.1927, dt. Dressurreiterin; Olympiasiegerin in der Dressur-Einzelwertung 1972 u. mit der Mannschaft 1968.

**Linsenimplantation**, augenchirurg. Verfahren zum Ersatz der bei Grauem Star getrübten Augenlinse. Die Kunstlinse besteht aus gut verträgl. u. haltbarem Kunststoff.

**Linters**, kurze Baumwollfasern für die Herstellung von Chemiefasern.

**Lintwurm**, *Lindwurm*, in der germ. Sage ein dem *Drachen* ähnl. Ungeheuer, das Schätze bewacht.

**Linus**, Papst 67–76 (?), Heiliger; nach allen alten Papstkatalogen der erste Nachfolger Petri.

**Lin Yutang**, *1895, †1976, chin. Schriftst.; lebte seit 1936 in den USA; schrieb geistreiche Interpretationen des kulturellen u. geistigen Lebens im alten China.

**Linz**, Hptst. des östr. Bundeslands Oberösterreich, an der Donau, 198 000 Ew.; kath. Bischofssitz; Univ.; am rechten Donau-Ufer die Altstadt mit zahlr. Kirchen, ehem. kaiserl. Burg; L. ist wichtige Ind.-Stadt; Donauhafen, Flughafen.

**Linz am Rhein**, Stadt in Rhld.-Pf., gegenüber der Mündung der Ahr in den Rhein, 5000 Ew.; Fremdenverkehr; Sektkellerei, Weinanbau.

**Linzgau**, oberschwäb. Hügelland nördl. des Bodensees.

**Lioba**, *um 710, †um 782, angelsächs. Benediktinerin; von *Bonifatius* nach Dtld. berufen. – Heilige (Fest: 28.9).

**Lion**, *Golfe du L.* ['gɔlf dy li'ɔ̃], Bucht des Mittelmeers südl. des Rhône-Deltas; Haupthafen *Marseille*.

**Lionni**, Leo, *5.5.1910, ital. Maler, Schriftst. u. Buchkünstler; Autor von Kinderbüchern.

**Lions International** ['laɪənz ɪntə'næʃənəl], Abk. für engl. *Liberty, Intelligence, Our Nations' Safety*, internat. Organisation von Personen des öffentl. Lebens zu geistiger Verständigung u. Pflege des Gemeinwohls; 1917 von Melvin *Jones* in Illinois (USA) gegründet.

**Liotard** [-'ta:r], Jean Étienne, *1702, †1789 Genf, schweiz.-frz. Maler u. Graphiker; Pastell- u. Emailbildnisse.

**Liouville** [liu'vil], Joseph, *1809, †1882, frz. Mathematiker; gab ein Verfahren zur Konstruktion transzendenter Zahlen an.

**Lipa**, philippin. Stadt südl. von Manila, 121 000 Ew.; Metall-, Reis- u. Textil-Ind.

**Liparische Inseln**, *Äolische Inseln*, vulkan. Inseln nordöstl. von Sizilien, 117 km², 10 000 Ew.; Hauptinsel *Lipari*, noch tätige Vulkane: Stromboli, Vulcano.

**Lipasen**, im Verdauungskanal des Menschen u. der Tiere sowie in Pflanzensamen vorkommende Enzyme, die Fette in Fettsäuren u. Glycerin spalten.

**Lipatti**, Dinu, *1917, †1950, rumän. Pianist u. Komponist; bes. Bach- u. Chopin-Interpret.

**Lipchitz** [-ʃits], *Lipschitz*, Jacques, *1891, †1973, frz. Bildhauer poln. Herkunft; seit 1909 in Paris, wo ihn die Malerei des Kubismus beeinflußte.

**Li Peng**, *1928, chin. Politiker (Kommunist); seit 1985 Mitgl. des Politbüros, seit 1987 Min.-Präs.

**Lipezk**, Hptst. der gleichn. Oblast in der RSFSR (Sowj.), am Woronesch, 465 000 Ew.; Eisenhüttenwerke, Traktoren-, Kunstdüngerfabrik; Mineralbad.

**Lipica** [-tsa], *Lipizza*, jugosl. Ort in Slowenien, nahe der Grenze zu Italien. – Das Stammgestüt der **Lipizzaner** (meist Schimmel) wurde 1580 gegr. Die urspr. aus Spanien eingeführten Pferde begr. einst den Ruf der Wiener *Hofreitschule* (heute: *Span. Reitschule*). Lipizzaner werden heute auch im östr. Bundesgestüt *Piber* gezüchtet.

**Lipinsky-Gottersdorf**, Hans, *5.2.1920, dt. Schriftst.; schreibt Romane über seine schles. Heimat.

**Lipizza** → Lipica.

**Lipmann**, Fritz Albert, *1899, †1986, US-amerik. Biochemiker dt. Herkunft; Untersuchungen über den intermediären Kohlenhydratstoffwechsel, Fermente u. Vitamine. Nobelpreis für Medizin u. Physiologie 1953.

**Li Po** → Li Bai.

**Lipoide**, fettähnl. Substanzen der Tier- u. Pflanzenzelle; bes. für die Nervenzellen wichtige Nährstoffe, z.B. die *Phosphatide* (Lecithin), *Sterine* (Gallensäuren, Sexualhormone u.a.) u. *Cerebroside*. L. sind Hauptbestandteil des Hirns.

**Lipom**, gutartiges, ziemlich langsam wachsendes Fettgewebegeschwulst.

**Lippe**, 1. r. Nbfl. des Rhein, 214 km; mündet bei Wesel. – 2. ehem. Land des Dt. Reiches zw. der Weser u. dem sö. Teutoburger Wald, Hptst. *Detmold;* 1720 Reichsfürstentum, 1918 Freistaat, 1947 NRW eingegliedert.

**Lippen**, lat. *Labia*, in der tier. Anatomie paarige, spaltförmige Körperöffnungen begrenzende Hautfalten oder -säume; beim Menschen die L. des Mundes, deren Kern von einem ringförmigen Schließmuskel gebildet wird.

**Lippenbär**, ein bis 1,80 m großer *Bär* Vorderindiens u. Sri Lankas, der bei der Nahrungsaufnahme seine weiße Schnauze rüsselförmig vorstülpen kann u. seine Zunge als Saugstempel benutzt.

**Lippenblütler** → Pflanzen.

**Lippenpflöcke**, Schmuck aus Holz, Knochen oder Stein in Form von Scheiben oder Klötzchen, die die Lippen stark ausdehnen; bes. bei afrik. Naturvölkern getragen.

**Lippfische**, *Labridae*, Fam. der *Barschähnlichen;* farbenprächtige Meeresfische an trop. Küsten. Sie haben sehr große Lippen u. leben von Muscheln.

**Lippi**, 1. Filippino, Sohn von 2), *um 1457, †1504, ital. Maler; leitete zum Manierismus des 16. Jh. über. – 2. Fra Filippo, *um 1406, †1469, ital. Maler; entwickelte einen anmutig verklärten Realismus, der die florentin. Malerei nachhaltig beeinflußte.

*Linz: Hauptplatz, Dreifaltigkeitssäule und Dom*

**Lippisch,** Alexander, *1894, †1976, dt. Flugzeugkonstrukteur; Deltaflügel-Flugzeug.
**Lippmann, 1.** Edmund von, *1857, †1940, dt. Chemiker; arbeitete über die Gesch. des Zuckers, der Chemie u. der Alchemie. – **2.** Gabriel, *1845, †1921, luxemburg. Physiker; entwickelte ein auf der Interferenz beruhendes Verfahren der Farbphotographie; Nobelpreis 1908. – **3.** ['lipmæn], Walter, *1889, †1974, US-amerik. Publizist; 1917/18 an der Vorbereitung der Versailler Friedenskonferenz beteiligt.
**Lippold,** Richard, *3.5.1915, US-amerik. Plastiker dt. Herkunft; fertigt abstrakte Drahtplastiken.
**Lipps,** Theodor, *1851, †1914, dt. Philosoph u. Psychologe; Hauptvertreter der introspektiven Psychologie um die Jahrhundertwende.
**Lippspringe,** *Bad L.,* Stadt in NRW, an der Lippe, 12 000 Ew.; heilklimat. Kurort.
**Lippstadt,** Stadt in NRW, an der Lippe, 60 000 Ew.; Elektro-, Metall-, Möbel- u. Textil-Ind.
**Lipscomb** ['lipsku:m], William Nunn, *9.12.1919, US-amerik. Chemiker; quantentechn. Berechnungen bei Boranen u. Corboranen. Nobelpreis 1976.
**Liquidation, 1.** die Auflösung einer Unternehmung durch Verkauf aller Vermögenswerte u. Einzug aller Forderungen; häufig nach vorherigem Konkurs. – **2.** Rechnung eines Arztes oder Rechtsanwalts an Patienten bzw. Klienten.
**Liquidität,** Zahlungsfähigkeit, finanzielle Verfügungskraft.
**Liquor,** in Wasser gelöste Arzneien. – *L. cerebro spinalis,* Gehirn- u. Rückenmarksflüssigkeit.
**Lira, 1.** im 15.–18. Jh. verbreitete Streichinstrumentengruppe, in der Regel mit 7 Griff- u. 2 Bordunsaiten. Kleinere Form: *L. da braccio* in Altlage, die größere *L. da gamba* in Tenorlage. – **2.** Mehrzahl *Lire,* Abk. *Lit,* Währungseinheit in Italien u. in Malta, Abk. *Lm.*
**Lisboa** [liʒ-] → Lissabon.
**Liselotte von der Pfalz** → Elisabeth (3).
**Lisieux** [li'zjø], N-frz. Krst. u. Wallfahrtsort im Dép. Calvados, 25 000 Ew.; Basilika der Hl. Theresia vom Kinde Jesu; Textil- u. Nahrungsmittel-Ind.
**Lisinski,** Vratoslav, eigtl. Ignatz *Fuchs,* *1819, †1854, jugosl. Komponist; begr. die kroat. Nationalmusik.
**Lisitschansk,** Stadt in der Ukrain. SSR (Sowj.), am Donez, 123 000 Ew.; Steinkohlenbergbau.
**Lispector** [lispɐ'tor], Clarice, *1925, †1977, brasil. Schriftst.; befaßte sich in Romanen mit dem Identitätsproblem.

*Lissabon: Nationaltheater*

**lispeln,** mit der Zunge anstoßen, die S-Laute zw. den Zähnen (wie engl. th [ð] oder [θ]) aussprechen.
**Liss,** *Lys,* Johann (Jan), *um 1597, †1629/30, dt. Maler; neben A. *Elsheimer* der bedeutendste Maler im 17. Jh.; religiöse u. mytholog. Gemälde.
**Lissa,** poln. *Leszno,* Stadt in Polen, sw. von Posen, 54 000 Ew.; Textil-, Metall- u. Masch.-Ind.
**Lissabon,** port. *Lisboa,* Hptst. von Portugal, wichtigster Hafen u. Handelsplatz des Landes; am r. Ufer des hier seenartig erweiterten Tejo, 830 000 Ew.; Sitz eines Erzbischofs; 2 Univ., mehrere HS, Kathedrale (14. Jh.); Schiffbau, Eisen-, Textil-, Nahrungsmittel-, elektrotechn. u.a. Ind.; Ölraffinerie; Fremdenverkehr; internat. Flughafen. – Gesch.: Seit 1260 port. Residenz, im 15. Jh. einer der bed. Handelsplätze Europas, 1755 von Erdbeben zu mehr als 50 % zerstört.
**Lissitzkij,** El (Eliezer), *1890, †1941 (?), russ. Maler u. Architekt; vom Konstruktivismus ausgehend.
**Lissner,** Ivar, *1909, †1967, dt. Schriftst. (kulturgeschichtl. Werke).
**List,** Gem. in Schl.-Ho., auf Sylt, 3000 Ew.; Seebad.
**List,** Friedrich, *1789, †1846 (Selbstmord), dt. Nationalökonom u. Wirtschaftspolitiker; gründete 1819 den *Deutschen Handels-* u. *Gewerbeverein* zur Vorbereitung der dt. Zolleinigung; trat für Schutzzölle u. für den Bau eines dt. Eisenbahnnetzes ein.
**Lista y Aragón,** Alberto, *1775, †1848, span. Dichter; Klassizist im Übergang zur Vorromantik.
**Listenwahl,** Wahl, bei der keine Personen, sondern in Listen aufgeführte Personengruppen (Parteien) gewählt werden; Ggs.: *Persönlichkeitswahl.*
**Lister, 1.** l. Nbfl. der Bigge, mündet in den Bigge-Stausee (Sauerland). – **2.** *Mount L.* [maunt 'listə], 3962 m hoher Gipfel in Victorialand (Antarktis).
**Lister** ['listə], Sir Joseph, *1827, †1912, brit. Chirurg; begr. das Verfahren der *Antisepsis,* der Wundbehandlung mit desinfizierenden Lösungen. – Nach ihm ben. die **L.iose,** eine Tierinfektionskrankheit (Zoonose), die auch auf den Menschen übertragbar ist.
**Liszt** [list], **1.** Franz von (seit 1859), *1811, †1886, Klaviervirtuose u. Komponist östr.-ung. Abstammung; der gefeiertste Klaviervirtuose seiner Zeit, setzte sich vor allem für das Werk seines Freundes u. Schwiegersohns R. *Wagner* ein. Sein Werk zeichnet sich durch pathet. Großartigkeit, melod. Erfindung u. kühne Chromatik aus (sinfon. Dichtungen, Kirchenmusik, Oratorien, Lieder u. Klavierkompositionen). – **2.** Franz von, *1851, †1919, dt. Rechtswissenschaftler (Straf- u. Völkerrecht); führender Vertreter der soziolog. Strafrechtsschule.
**Li Tai-po** → Li Bai.
**Litanei, 1.** ein Wechselgebet zw. Vorbeter u. Gemeinde, in dem Gott u. die Heiligen mit wiederkehrenden Bittformeln angerufen werden. – **2.** eintöniges Gerede.
**Litani,** im Altertum *Leontes* wichtigster Fluß des Libanon, 170 km lang, mündet ins Mittelmeer.
**Litauen,** litauisch *Lietuva, Litauische SSR,* die südl. der drei balt. Sowjetrepubliken (seit 1940) an der Ostsee, 65 200 km² (mit Memel-Gebiet), 3,6 Mio. Ew., Hptst. *Wilna;* ein eiszeitl. geformtes Land mit vielen Seen, Sümpfen, Mooren u. lichten Wäldern, an der Flachküste Sanddünen; überwiegend Ackerland. – Gesch.: Ein Großfürstentum L. wurde von *Gedymin* (1316–41) gegr. Nach der völligen Verschmelzung mit Polen durch die *Lubliner Union* 1569 kam L. 1795 an Rußland. 1918 wurde es unabhängige Republik. 1940, nach Einmarsch sowj. Truppen, wurde es Sowjetrepublik; nach der dt. Besetzung 1941–45 folgte die Wiederherstellung der Litauischen SSR. Ende der 1980er Jahre verstärkten sich die Autonomiebestrebungen in L. Im März 1990 erklärte L. einseitig seine staatl. Unabhängigkeit, die von der Moskauer Reg. nicht anerkannt wurde.
**Litauer,** balt. Volk in Litauen, Nordpolen u. Weißrußland, rd. 2,7 Mio.
**litauische Sprache,** in der Litauischen SSR gesprochene, zu den ostbalt. Sprachen der indoeurop. Sprachfam. gehörende Sprache.
**Liten,** *Lassiten,* rechts- u. vermögensfähige Halbfreie der fränk. Zeit, die zinspflichtig u. an die Scholle gebunden waren.
**Liter,** Kurzzeichen l, Einheit der metr. Raummaße: $1\,l = 1\,dm^3 = 1000\,cm^3$.

*Franz Liszt; Gemälde von C. Lehmann*

**Literat,** urspr. der Gelehrte, der wiss. Gebildete; seit dem 18. Jh. Bez. für den hauptberufl. *Schriftst.* (zuweilen abwertend).
**Literatur,** Schrifttum; i.w.S. eine Gesamtheit von Schriften jeder Art, z.B. *wiss. L., Fach-L., Sekundär-L.;* i.e.S. die Sprachkunstwerke, wie *schöngeistige L. (Belletristik);* auch die *Unterhaltungs-L. (Trivial-L.).*
**Literaturgeschichte,** ein Teil der *Literaturwiss.:* die Wiss. von der Gesch. der Schönen Literatur (unter bes. Berücksichtigung der eigtl. Dichtung). Die allg. L. beschäftigt sich mit der gesamten überlieferten Schönen Literatur, die spezielle L. nur mit der eines Volkes oder einer Epoche; die vergleichende L. untersucht das Gemeinsame im geschichtl. Verlauf der Literaturen einzelner Völker u. Epochen.
**Literaturkritik,** wertende Betrachtung von Lit.; als Beurteilung einer Neuerscheinung *(Buchbesprechung, Rezension)* oder als Auseinandersetzung mit anderen Werken in einer Dichtung.

*Litauen: Demonstration für Unabhängigkeit in Wilna 1990*

*Lira da braccio, gebaut um 1511 von Giovanni d'Andrea, Verona. Wien, Kunsthistorisches Museum*

**Literaturwissenschaft,** die Wiss. von der *Schönen Literatur* (bes. von der Dichtung); neben der Sprachwiss. ein Teil der *Philologie.* Die L. zerfällt in die allgemeine L. (literar. Ästhetik oder *Poetik*), die sich mit dem Wesen der Dichtung u. des Dichtens befaßt, u. die histor. L. → Literaturgeschichte.

**Litewka,** blusige Hausjacke aus Litauen, weit geschnittener Uniformrock.

**Litfaßsäule,** Säule zum Aufkleben von Werbeplakaten; zuerst 1855 von dem Drucker Ernst *Litfaß* in Berlin aufgestellt.

**Lithium** [-tium], ein → chemisches Element; u.a. in der Reaktortechnik verwendet.

**Lithographie,** *Steindruck,* 1798 von Aloys *Senefelder* erfundenes Flachdruckverfahren; eine Technik der künstler. Graphik u. gewerbl. Reproduktion, bei der die zu reproduzierende Darstellung einer Steinplatte (Solnhofer Kalkstein) mit fetthaltiger lithograph. Tusche oder Kreide aufgezeichnet wird. Die Platte wird dann mit Säure bestrichen; diese Ätzung verschließt die Poren des Steins, so daß die Druckfarbe nur an der Zeichnung haftet.

**Lithopone,** Gemisch aus Zinksulfid u. Bariumsulfat, als Deckweiß verwendet.

**Lithosphäre,** die 80–200 km dicke, oberste Gesteinsschale der Erde.

**Lithotripsie,** Zertrümmerung von Blasen- u. Nierensteinen. Ein modernes Verfahren wie die berührungsfreie *Stoßwellen-L.* (ESWL) kann den operativen Eingriff ersetzen.

**Lithyalinglas,** in der Masse gefärbtes, marmoriertes Glas, Nachahmung von Halbedelsteinen; beliebt in der Zeit des Biedermeiers.

**litoral,** dem Ufer, der Küste zugehörig.

**Litoral** [das], der Lebensraum in Gewässern, der die Uferzone umfaßt.

**Litotes,** eine *rhetor. Figur,* die das Gemeinte durch Verneinung des Gegenteils verstärkt zum Ausdruck bringt; z.B. »nicht schlecht« für »recht gut«.

**Litschi,** *Lychee, Zwillingspflaume,* bis 10 m hoher Baum, Obstpflanze aus S-China; nicht die hartschaligen roten Früchte, sondern die weißen Samenmäntel werden gegessen.

**Litt,** Theodor, *1880, †1962, dt. Philosoph u. Pädagoge; begr. im Anschluß an G. W. F. Hegel, W. Dilthey u. E. Husserl eine dialekt. Philosophie u. Kulturpädagogik.

**Littau,** Großgem. im schweiz. Kt. Luzern, an der Kleinen Emme, 15 000 Ew.; Möbelfabrikation.

**Little Rock** [litl 'rɔk], Hptst. des USA-Staats Arkansas, am Arkansas River, 158 000 Ew.; Univ.; Baumwoll-, chem., Nahrungsmittel-Ind.

**Littlesche Krankheit** ['litl-; nach dem engl. Chirurgen William John *Little,* *1810, †1894], angeborene Krampflähmung bes. der Beine, u.U. mit Störungen des Zentralnervensystems verbunden. Ursache sind Hirnschädigungen bei der Geburt.

**Littmann, 1.** Enno, *1875, †1958, dt. Orientalist; schuf die erste vollständige dt. Übers. der Märchenerzählungen aus »1001 Nacht«. – **2.** Max, *1862, †1931, dt. Architekt; Theaterbauspezialist, bes. in München u. Berlin tätig.

**Liturgie,** die Gesamtheit der offiziellen gottesdienstl. Handlungen in den christl. Kirchen.

**Liturgik,** *Liturgiewiss.,* eine Disziplin innerhalb der kath. u. ev. Theologie, deren Aufgabe es ist, das gottesdienstl. Leben in seinen kult. Grundformen zu erforschen u. die Bedeutung der Liturgie u. ihren konkreten Vollzug darzustellen.

**liturgische Bewegung,** die neuzeitl. Bemühungen, die *Liturgie* wieder zum Mittelpunkt des Gemeindelebens zu machen; in der ev. Kirche v. a. um den 1923 gegr. *Berneuchener Kreis* konzentriert. In der kath. Kirche bemühte man sich unter Führung der Benediktinerabteien Maria Laach u. Beuron um Erneuerung der Liturgie. Den Höhepunkt brachten die Reformen des 2. Vatikan. Konzils (aktive Teilnahme der Gemeinden, Gebrauch der Landessprache statt des Lateinischen).

**liturgische Farben,** die nach dem Kirchenjahr wechselnden Farben der Altar- u. Kanzelbekleidung, in der kath. Kirche auch für die liturg. Gewänder: Weiß für die Christusfeste Weihnachten, Epiphanias, Ostern, kath. Marienfeste; Rot für die Feste der Kirche: Pfingsten, Aposteltage, Reformationsfest; Violett für die Vorbereitungs- u. Fastenzeit (Advents-, Fasten- u. Passionszeit) sowie für Bußtage; Grün für die ungeprägten Zeiten (nach Epiphanias u. Trinitatis); Schwarz am Karfreitag (in der kath. Kirche Rot) u. zu Trauergottesdiensten.

**Litvak,** Michael Anatole, *1902, †1974, US-amerik. Filmregisseur russ. Herkunft; Hptw.: »Schlangengrube«, »Entscheidung vor Morgengrauen«, »Anastasia«, »Die Nacht der Generale«.

**Litwinow** [-nɔf], Maxim Maximowitsch, eigtl. M. M. *Wallach,* *1876, †1951, sowj. Politiker; 1930–39 Volkskommissar des Äußeren (Außen-Min.).

**Litze, 1.** elektr. Leitung aus mehreren dünnen Einzeldrähten, die miteinander verdrillt sind. – **2.** *Tresse,* symmetrisches Flachgeflecht in Bandform aus Textil- oder Metallfäden (an Uniformen).

**Liudger,** *Ludger,* *um 742, †809, 1. Bischof von Münster (Westf.); Heiliger (Fest: 26.3.).

**Liudolfinger,** sächs. Adelsgeschlecht, zurückgehend auf Herzog *Liudolf* (*um 806, †866); 1024 erloschen.

**Liu Shaogi** [-ʃauçi], *Liu Schao-tschi,* *1898, †1969, chin. Politiker (Kommunist); nach Gründung der VR in höchsten Partei- u. Staatsämtern, Vors. der VR (Staatsoberhaupt); während der »Kulturrevolution« entmachtet, 1968 aller Ämter enthoben u. verhaftet; 1980 rehabilitiert.

**Liutprand,** *Luitprand,* König der Langobarden 712–744; eroberte weite Gebiete in Italien.

**Liuzhou** [-dʃɔu], *Liutschou,* chin. Stadt in Guangxi, am Liu Jiang, 500 000 Ew.; Baustoff- u. Elektronik-Ind.

**live** [laif] → Live-Sendung.

**Liven,** finn.-ugrischer Stamm in Livland, weitgehend in den *Letten* aufgegangen.

**Liverpool** ['livəpu:l], NW-engl. Hafenstadt an der Mündung des Mersey in die Irische See, 476 000 Ew.; anglikan. u. kath. Bischofssitz; Univ., zwei Kathedralen; wichtiges Handels- u. Ind.-Zentrum, Haupthafen des mittelengl. Ind.-Gebiets um Manchester, Flughafen.

**Live-Sendung** ['laif-], eine Hörfunk- oder Fernsehsendung, die direkt übertragen wird.

**Livingstone** [-stən], vorübergehend *Maramba,* Prov.-Hptst. in Sambia, in der Nähe der Victoriafälle, 986 m ü.M., 95 000 Ew.; Tabak-, Textil- u. Nahrungsmittel-Ind.; Fremdenverkehr; Flughafen.

**Livingstone** [-stən], David, *1813, †1873, brit. Missionar u. Afrikaforscher; bereiste S- u. Innerafrika. 1871 galt er als verschollen, wurde aber von M. H. *Stanley* gefunden. – Nach ihm ben. sind die **L.fälle,** Wasserfälle am unteren Kongo, u. das **L.gebirge,** nordöstl. des Malawisees in Tansania, bis 2500 m hoch.

**Livius,** Titus, *59 v. Chr., †17 n. Chr., röm. Geschichtsschreiber; schrieb eine Gesch. Roms in 142 Büchern.

**Livius Andronicus,** Lucius, *um 284 v. Chr., †um 204 v. Chr., legte durch die Nachdichtung grch. Tragödien u. Komödien u. die Übertragung der »Odyssee« die Grundlagen der lat. Literatur.

**Livland,** histor. Landschaft zw. dem Rigaer Meerbusen u. dem Peipussee. – Im 12. Jh. von Deutschen besiedelt, bis 1561 zum Dt. Orden, bis 1629 polnisch, bis 1721 schwedisch, bis 1918 russisch. 1918 fiel L. teils an Lettland, teils an Estland. Seit 1940 mit Eingliederung Lettlands u. Estlands in die UdSSR ist L. Teil der Sowjetunion.

**Livorno,** ital. Prov.-Hptst. in der Toskana, 174 000 Ew.; Dom, Kastell; Hafen, Seebad; Schiffbau, Ölraffinerie.

**Livre** [livr], frz. Rechnungsmünze (1 L. = 20 Sous) bis zum 18. Jh., abgelöst vom *Franc.*

**Livree,** uniformähnl. Kleidung der Dienerschaft.

**Li Xiannian** [li çiɛnniɛn], *Li Hsien-nien,* *23.6.1909, chin. Politiker (Kommunist); Teilnehmer am »Langen Marsch« 1934/35, 1945–87 Mitgl. des ZK, 1956–87 des Politbüros, nach 1949 in hohen Staatsämtern, 1983–88 Präs. der VR.

**Li Yü, 1.** *937, †978, chin. Liederdichter; regierte 961–75 das Tang-Reich u. starb als Gefangener der Song-Dynastie. – **2.** *Li Liweng,* *1611, †1680, chin. Dichter u. Schauspieldirektor; schrieb volkstüml. Lustspiele u. Novellen.

**Lizard Point** ['lizəd-], *Kap Lizard,* südlichster Punkt Englands, auf der Halbinsel Cornwall.

**Lizentiat,** *Licentiat,* Abk. *Lic.,* bis 1947 Doktortitel von prot. theol. Fakultäten in Dtld., heute durch *Dr. theol.* ersetzt.

**Lizenz,** Befugnis, Genehmigung zur Ausübung eines Gewerbes; Erlaubnis zur Benutzung eines Patents; im Verlagswesen die Ermächtigung für eine **L.ausgabe** durch den Originalverlag. Nachdruckrecht für eine best. Anzahl von Exemplaren oder für eine best. Zeit.

**Lizenzspieler,** Fußballspieler, die als Berufssportler in der obersten Liga spielen u. eine Lizenz vom nat. Fachverband haben müssen. Sie sind Angestellte der Vereine.

**Ljubimor,** Jurij Petrowitsch, *30.9.1917; russ. Regisseur u. Schauspieler; 1984 ausgebürgert; experimentelle Inszenierungen: »10 Tage, die die Welt erschütterten«, »Hamlet«.

**Ljubljana,** dt. *Laibach,* N-jugosl. Stadt, Hptst. von Slowenien, 305 000 Ew.; Univ., barocker Dom, Bischofspalast; Papier-, Elektro-, chem. u.a. Ind.

**Lkw,** *LKW,* Abk. für *Lastkraftwagen.*

**Llanos** ['ljanɔs], baumarme Grasländer (Ebenen) im SW der USA u. in Südamerika.

**Llewellyn** [lju:'ɛlin], Richard, *1906, †1983, walis. Schriftst.; Hptw. »So grün war mein Tal«.

**Lloyd** [lɔid], **1.** Harold, *1893, †1971, US-amerik. Filmkomiker der Stummfilmzeit. – **2.** John Selwyn, Baron Selwyn-L. (1976), *1904, †1978, brit. Politiker (Konservativer), 1955–60 Außen-Min., 1960–62 Schatzkanzler.

**Lloyd George** [lɔid 'dʒɔ:dʒ], *1863, †1945, brit. Politiker (Liberaler); führte als Schatzkanzler (1908–15) eine Sozialgesetzgebung nach dt. Muster ein; 1915/16 Munitions- u. Kriegs-Min., Prem.-Min. 1916–22; verfolgte nach dem 1. Weltkrieg eine mäßigende Politik gegenüber Dtld.; gewährte Irland 1921 Selbständigkeit.

**Lloyd's,** *L. Underwriters,* Zusammenschluß von mehr als 3000 brit. Versicherungskaufleuten aller Versicherungszweige, bes. Transport- u. Seeversicherung; gibt seit 1760 das »L. Register of Shipping« (Verzeichnis aller Schiffe der Welt über 100 BRT, der Werften u.a.) heraus.

**Lloyd Webber** [lɔid 'wɛbə], Andrew, *22.3.1948, brit. Komponist; schrieb erfolgreiche Musicals: »Jesus Christ Superstar«, »Evita«, »Cats«, »The Phantom of the Opera«.

**Llull** [ljul], Ramón, Raimundus *Lullus,* *1235, †1315 oder 1316, katalan. Dichter u. Mystiker; schrieb die erste bed. katalan. Prosa. Er wurde als Missionsprediger in N-Afrika von Moslems gesteinigt.

**Lob** [lɔb], Schlagart bei Tennis (u.a. Netzspielen): der Ball wird hoch u. unerreichbar über den (oder die) am Netz stehenden gegner. Spieler hinweggeschlagen.

**Löbau,** Krst. in Sachsen, in der Oberlausitz, 18 000 Ew.; Nahrungs-, Kunststoff- u. Textil-Ind.

**Lobby,** Interessengruppe, die Parlamentarier in ihrem Sinne zu beeinflussen sucht. – **L.isten,** die am Sitz des Parlaments tätigen Vertreter von Verbänden u. Firmen.

**Löbe,** Paul, *1875, †1967, dt. Politiker (Sozialdemokrat); 1920–33 Präs. des Reichstags; zw. 1933 u. 45 zeitw. in Haft.

**Lobelie,** Gatt. der *Glockenblumengewächse,* Kräuter oder seltener Sträucher. Viele Arten enthalten ein giftiges Alkaloid.

**Lobenstein,** Krst. in Thüringen, am Frankenwald, 5000 Ew.; Kur- u. Erholungsort; Gießerei.

**Lobito** [lu'bitu], wichtigste Hafenstadt von Angola, 150 000 Ew.; Fischverarbeitung, Ölraffinerie.

**Lobkowitz,** *Lobkovic,* böhm. Fürstengeschlecht, 1459 Reichsfreiherren, 1624 Reichsfürsten.

**Lob Nur,** *Lopnor,* ehem. großes See- u. Sumpfgebiet (rd. 2500 km², 788 m ü.M.) in der chin. Autonomen Region Xinjiang-Uygur; ausgetrocknet; heute Kernwaffentestgelände.

**Locarno,** schweiz. Kurort u. Seebad am Lago Maggiore, Bez.-Hptst. im Kt. Tessin, 14 000 Ew.

**Locarno-Verträge,** *Locarno-Pakt,* Garantieverträge zw. Dtld., Frankreich, Belgien, Großbrit. u. Italien, in dem sich die drei erstgenannten unter Garantie der beiden anderen zur Wahrung der dt.-frz. u. der dt.-belg. Grenze verpflichteten; auf Vorschlag G. *Stresemanns* 1925 in Locarno geschlossen; 1936 von Hitler gekündigt.

**Locatelli,** Pietro Antonio, *1695, †1764, ital. Geiger u. Komponist; ein gefeierter Virtuose.

**Loccum,** Stadtteil von Rehburg-L. westl. des Steinhuder Meers; ehem. Zisterzienserabtei (gegr. 1163), heute das einzige dt. ev. Männerkloster; Akademie.

**Lochien,** *Wochenbettfluß,* in den ersten Tagen nach der Geburt Ausfluß aus der Scheide.

**Lochkartensystem,** von H. *Hollerith* um 1890 erfundenes Verfahren, auf einer Karte *(Lochkarte)* durch Lochung in bestimmten vorgedruckten Feldern Zahlen u.a. Angaben festzuhalten. Die Löcher werden von *Lochkartenlesern* abgetastet. Die entstandenen Impulse werden an elektron. Datenver-

*John Locke*

arbeitungsanlagen weitergegeben. Lochkarten sind die ältesten Datenträger. Heute weitgehend durch magnet. Datenaufzeichnung ersetzt.

**Lochner,** Stefan, *um 1400, †1451, dt. Maler; Hauptmeister der Kölner Malerschule. Seine Werke sind gekennzeichnet durch strenge Zentralkomposition, leuchtende Farbgebung, realist. Stofflichkeitswiedergabe. W »Weltgericht«, »Anbetung der Könige«, »Maria im Rosenhag«.

**Loch Ness** [lɔx 'nes], See in N-Schottland, im Grabenbruch des Glen More, 65 km², 230 m tief; durch angebl. Seeungeheuer »Nessie« bekannt geworden.

**Lochstreifen,** ein Papierstreifen, in den Löcher eingestanzt werden, die Buchstaben, Zahlen u.ä. entsprechen; früher viel in EDV-Anlagen verwendet.

**Locke** [lɔk], John, *1632, †1704, engl. Philosoph; wichtigster u. einflußreichster Vertreter der *Aufklärung* im Sinne des Empirismus. Sein Hptw. »Versuch über den menschl. Verstand« war die Begründung des engl. *Empirismus*. Er läßt als Quelle der Erkenntnis nur die »sensation« (Sinneswahrnehmung) u. die »reflection« (Selbstwahrnehmung) zu; die Seele wird zur »tabula rasa«, die die aus der Erfahrung kommenden Erkenntnisse aufnimmt u. bewahrt. In seiner Staatsphilosophie wird der Charakter des Staates im Sinn der *Volkssouveränität* bestimmt.

**Lockstoffe,** Substanzen, die auf bestimmte Tiere anlockend wirken. Sie entstammen dem Fraß- oder Brutmaterial des Tieres oder aber dem Tier selbst (z.B. Sexual-L.). Synthet. L. werden zur Bekämpfung von Schädlingen eingesetzt (z.B. Insektizide).

**Lockyer** [-je], Sir Joseph Norman, *1836, †1920, brit. Astrophysiker; entdeckte 1868 das Helium im Sonnenspektrum u. erfand das Protuberanzenspektroskop.

**Locle** [lɔkl] → Le Locle.

**Locri,** ital. Seebad an der O-Küste Kalabriens, 12 000 Ew.

**Lod,** das antike *Lydda,* isr. Stadt im Vorortbereich von Tel Aviv, 40 000 Ew.; Zentralflughafen.

**Loden,** gewalktes u. aufgerauhtes Gewebe für Mantel- u. Trachtenstoffe, wasserabstoßend imprägniert.

**Lodge** [lɔdʒ], **1.** Henry Cabot, *1850, †1924, US-amerik. Politiker (Republikaner); verhinderte den Beitritt der USA zum Völkerbund. – **2.** Henry Cabot, Enkel von 1), *1902, †1985, US-amerik. Diplomat; 1967–69 Botschafter in der BR Dtld., 1969 Leiter der amerik. Delegation bei den Pariser Vietnam-Friedensgesprächen.

**Lodi,** ital. Stadt in der Lombardei, an der Adda, 42 000 Ew.; Dom (12. Jh.); Nahrungsmittel- u. Textilind.

**Lodsch,** poln. *Łódź,* 1940–45 *Litzmannstadt,* zweitgrößte Stadt Polens, sw. von Warschau, 847 000 Ew.; Hptst. der gleichn. Wojewodschaft; Univ. u. 6 HS; Textilind.

**Loest,** Erich, *24.4.1926, dt. Schriftst. (Romane im Stil des sozialist. Realismus, Kriminalromane).

**Loewe, 1.** Carl, *1796, †1869, dt. Komponist; Vertreter der neueren Ballade (»Erlkönig«, »Heinrich der Vogler«). – **2.** Frederick, *1904, †1988, US-amerik. Komponist dt. Abstammung (Musical »My Fair Lady«).

**Loewenstein,** Karl, *1891, †1973, US-amerik. Staatsrechtslehrer u. Politologe dt. Herkunft; 1933 aus Dtld. vertrieben, seit 1934 Prof. in den USA.

**Loewi,** Otto, *1873, †1961, dt. Pharmakologe; emigrierte 1938 in die USA; wies 1921 nach, daß die Nervenimpulse auf chem. Wege auf das Erfolgsorgan übertragen werden (sog. Überträgerstoffe); Nobelpreis für Medizin 1936.

**Löffelkraut,** *Cochlearia,* Gatt. der *Kreuzblütler;* bes. an Meeresküsten.

**Löffler,** *Löffelreiher,* weißer Stelzvogel aus der Fam. der *Ibisse* in Eurasien; auffällig sein löffelartig verbreiteter Schnabel.

**Löffler,** Friedrich August Johannes, *1852, †1915, dt. Hygieniker; Mitarbeiter R. *Kochs,* entdeckte die Erreger von Pferderotz, Diphtherie, Schweinerotlauf; entwickelte ein Schutzserum gegen Maul- u. Klauenseuche.

**Lofoten,** *Lofotinseln,* Inselgruppe vor der NW-norw. Küste, 1308 km², 28 000 Ew.; vegetationsarme, bis 1161 m hohe Felsen, mildes Klima; Dorsch- u. Heringsfang.

**Lofting,** Hugh, *1886, †1947, US-amerik. Jugendschriftst. (Geschichten von Dr. Dolittle u. seinen Tieren).

**Log,** Meßgerät zur Bestimmung der Schiffsgeschwindigkeit.

**Logan,** Mount L. [maunt 'lougən], der höchste Berg der kanad. Saint Elias Mountains, 5951 m.

**Logarithmen** [Sg. *logarithmus*], Abk. log., lg, die Zahl mit der man in der Gleichung $a^b = c$ die Zahl $a$ (Basis) potenzieren muß, um die Zahl $c$ zu erhalten; z.B. ist 3 der L. von 1000 zur Basis 10, da $10^3$ = 1000. Im allg. beschränkt man sich auf die Basis 10 (*Briggssche* oder *dekadische L.;* stets mit lg gekennzeichnet). Die L. der Zahlen größer als 1 sind positiv, die der Zahlen zw. 0 u. 1 negativ, lg 1 = 0. L. werden mit Hilfe von Reihen berechnet u. in *L.tafeln* (seit Einführung von elektron. Taschenrechnern weniger bedeutend) zusammengefaßt. Dabei unterscheidet man die *Kennziffer* u. die *Mantisse;* z.B. hat lg 20 = 1,30103... die Kennziffer 1 u. die Mantisse 30 103... . – In der höheren Mathematik werden durchweg die *natürl. L.* (Abk. ln oder lg nat) mit der Basis e = 2,71828... benutzt. Durch das Rechnen mit L. werden Multiplikation u. Division auf Addition u. Subtraktion, Potenzieren u. Radizieren auf Multiplikation u. Division zurückgeführt.

**Logau,** Friedrich Frhr. von, Pseud.: Salomon von *Golaw* *1604, †1655, dt. Epigrammdichter.

**Logbuch,** gesetzl. vorgeschriebenes Tagebuch für Schiffe; enthält genaue Eintragungen über Kurs, Wetter sowie alle Vorkommnisse an Bord.

**Loge** ['lo:ʒə], **1.** nach einer Seite offener kleiner Raum, bes. als Zuschauernische in Theatern. – **2.** in der Freimaurerei der Versammlungsraum sowie der einzelne (örtl.) Verband.

**Logger,** *Lugger,* ein Küstensegelschiff; seit etwa 1950 meistens vollmotorisiert; in der Fischerei eingesetzt.

**Loggia** ['lɔdʒa], offene, von Säulen oder Pfeilern getragene Bogenhalle; auch überdachter Balkon.

**Logik,** die Lehre von der Folgerichtigkeit; von *Aristoteles* als Grundlage u. Voraussetzung jeden exakten Denkens begr. Zur reinen (formalen) L. gehörte traditionell die Lehre vom Begriff, Urteil u. Schluß, die angewandte L. umfaßte die Lehre von der Definition, vom Beweis u. der Methode. In der Math. behandelt die L. die Strukturen, Beziehungen, Gesetze u. Verbindungen von Aussagen. Eine bed. Rolle spielt die L. in der Informatik.

**Logis** [-'ʒi], Unterkunft, Wohnung.

**Logistik,** Organisation, Planung u. Steuerung der gezielten Bereitstellung u. des Einsatzes von Personen, Material, Waren u.ä.; bes. die materielle Versorgung der Truppe mit Waffen, Munition, Verpflegung u. Bekleidung; außerdem das Transportwesen der Streitkräfte.

**logo...,** Wortbestandteil mit der Bedeutung »Wort, Rede«.

**Logogramm,** das Zeichen für ein Wort in einer Wortschrift (Bilderschrift).

**Logographie,** Wortschrift.

**Logogriph,** ein Buchstabenrätsel, bei dem aus einem Wort durch Zusatz, Tausch oder Weglassen von Buchstaben ein neues Wort entsteht, z.B. aus »Eimer« kann werden »Reim«, »Meer«.

**Logone,** Fluß in Afrika, 965 km; wichtigster Zufluß des Chari, mündet bei N'Djamena (Tschad).

**Logopädie,** Sprachheilkunde; Wiss. u. Lehre von der Erkennung u. Behandlung der Sprachstörungen. – **Logopäde,** Berufsbez. eines Erziehers von Gehörlosen u. Sprachbehinderten zum natürl. Sprechen u. Artikulieren der Worte.

**Logos** ['lɔ-], Rede, Wort, Sprache; Denkinhalt (Gedanke), Begriff, Vernunft, (göttl.) Weltvernunft; Grundbegriff der abendländ. Philosophie; im AT Wort Gottes, im NT auch Bez. für den Sohn Gottes.

**Logothetis,** Anestis, *27.10.1921, östr. Komponist grch. Herkunft; entwickelte eine graph. Notation zu reinen Aktionszeichen erstellt.

**Logroño** [-njo], nordspan. Prov.-Hptst., am oberen Ebro, 119 000 Ew.; Nahrungsmittel- u. Woll-Ind.

**Lo-han,** buddhist. Gläubige, die durch eigene Bemühungen zur Einsicht des *Nirwana* gelangten.

**Lohausen,** Ortsteil von Düsseldorf, Flughafen.

**Lohe,** Gerbmittel; zerkleinerte gerbstoffreiche Rinde (z.B. Eiche).

**Lohengrin,** Held der Schwanrittersage, durch *Wolfram von Eschenbach* mit der Gralsgeschichte verbunden (der Sohn *Parzivals*). – Oper von R. Wagner.

**Lohenstein,** Daniel Casper von, *1635, †1683, dt. Barock-Dichter der sog. zweiten schles. Schule; Drama »Sophonisbe«, Tragödien, Gedichte u. Romane.

**Lohfelden,** Gem. in Hess. sö. von Kassel, 12 000 Ew.; Kunststoff- u.a. Ind.

**Lohmar,** Gem. in NRW, nordöstl. von Bonn, 25 000 Ew.; metallverarbeitende Ind.

**Lohn,** allg. das Entgelt für geleistete Arbeit, hpts. die an die Zahl der geleisteten Arbeitsstunden (*Zeit-L.*) oder an die hergestellte Menge (*Akkord-L.*) gebundene Entlohnung von Arbeitern. – Die aktuelle L.höhe hängt auch von der jeweiligen Marktkonstellation ab (insbes. von Angebot u. Nachfrage auf dem Arbeitsmarkt) u. wird durch die zw. Arbeitgebern u. Gewerkschaften ausgehandelten Tarifverträge fixiert, in denen u.a. *Mindestlöhne (Tariflöhne)* festgelegt sind. Von dem tarifl. vereinbarten L. ist der tatsächl. gezahlte L. (*Effektiv-L.*) zu unterscheiden. L.unterschiede werden begründet mit unterschiedl. Leistungen, mit der relativen Seltenheit der angebotenen Arbeitsleistungen, aber auch mit soz. Ursachen.

**Löhndorff,** Ernst Friedrich, *1899, †1976, dt. Schriftst. (Abenteurer-Romane, Reportagen).

**Lohne (Oldenburg),** Stadt in Nds., 19 000 Ew.; Korken-, Kunststoff- u.a. Ind.

**Löhne,** Stadt in NRW, 36 000 Ew.; Möbel-Ind.

**Lohner, 1.** Helmut, *24.4.1933, östr. Schauspieler; arbeitet in Theater, Film u. Fernsehen. – **2.** Reny, *24.9.1915, östr. Malerin u. Bühnenbildnerin; dem Surrealismus der Wiener Schule nahestehend.

**Lohnfortzahlung,** die seit 1970 dem Arbeitgeber gesetzl. auferlegte Verpflichtung, infolge Krankheit arbeitsunfähigen Arbeitern (ebenso wie Angestellten) den Lohn bis zur Dauer von 6 Wochen fortzuzahlen.

**Lohnnebenkosten,** alle Aufwendungen, die nicht im Zusammenhang mit der tatsächl. geleisteten Arbeit stehen u. wozu die Unternehmen durch Gesetz oder Tarifvertrag verpflichtet sind bzw. die sie freiwillig leisten.

*Löffelreiher*

**Lohnsteuerklassen**

Klasse I: ledige und geschiedene Arbeitnehmer
Klasse II: ledige und geschiedene Arbeitnehmer, bei denen mindestens ein Kind zu berücksichtigen ist
Klasse III: verheiratete Arbeitnehmer
Klasse IV: verheiratete Arbeitnehmer, wenn beide Ehegatten Arbeitslohn beziehen
Klasse V: einer der Ehegatten (an Stelle der Steuerklasse IV), wenn der andere Ehegatte in die Steuerklasse III eingereiht wird
Klasse VI: Arbeitnehmer, die gleichzeitig von mehreren Arbeitgebern Arbeitslohn erhalten, mit ihren zweiten und weiteren Lohnsteuerkarten

**Lohnpfändung,** Pfändung von Arbeitseinkommen gemäß §§ 850 ff. ZPO; unterliegt Beschränkungen (*Pfändungsschutz*).

**Lohnquote, 1.** Anteil des Lohns an den gesamten Produktionskosten eines Betriebs oder Produktionszweiges. – **2.** Anteil der Bruttoeinkommen aus unselbständiger Arbeit am Volkseinkommen.

**Lohnsteuer,** die für Einkünfte aus nichtselbst. Arbeit erhobene → Einkommensteuer. Der Arbeitgeber hat sie bei der Lohnzahlung vom Arbeitslohn abzuziehen u. an das Finanzamt abzuführen. – **L.-Jahresausgleich,** steuertechn. Verfahren der L.erstattung. Übersteigt der Gesamtbetrag der im Kalenderjahr einbehaltenen L. die auf den Jahresarbeitslohn entfallende Jahres-L., so wird auf Antrag der Unterschiedsbetrag gegenüber der Jahres-L. erstattet.

**Lohr am Main,** Stadt in Bayern, nw. von Würzburg, 16 000 Ew.; Glas-, Textil- u. Holz-Ind.

**Lohse, 1.** Eduard, *19.2.1924, dt. ev. Theologe; Prof. für NT, 1975–78 Leitender Bischof der VELKD, 1979–85 Rats-Vors. der EKD. – **2.** Richard Paul, *1902, †1988, schweiz. Maler; streng konstruktivist., math. Stil.

**Loibl,** *L.paß,* 1368 m hoch gelegener Übergang in den Karawanken, zw. Klagenfurt (Östr.) u. Ljubljana (Jugoslawien).

**Loipe,** markierte Laufstrecke für Skilanglauf.

**Loir** [lwa:r], l. Nbfl. der *Sarthe* in Frankreich, 310 km; mündet nordöstl. von *Angers*.

**Loire** [lwa:r], längster Fluß in Frankreich, 1010 km lang, 121 000 km² Einzugsgebiet; entspringt in den Cevennen, mündet bei *Saint-Nazaire* in den Atlantik. – Im mittleren Abschnitt, zw. Gien u. Angers, viele prunkvolle Renaissanceschlösser der frz. Könige u. von Feudalherren, meist umgeben von großen Parkanlagen, u.a. Chambord, Blois, Cheverny.

**Loisach,** l. Nbfl. der Isar, 120 km; mündet bei Wolfratshausen.

**Loja** [ˈlɔxa], Dep.-Hptst. im S von Ecuador, in den Anden, 86 000 Ew.; Bischofssitz, Univ.

**Lo-Johansson** [ˈluːjuː-], Ivar, *1901, †1990, schwed. Schriftst.; Vorkämpfer der Landarbeiter.

**lokal,** örtlich (beschränkt).

**Lokalanästhesie,** örtl. Betäubung, durch Kälte oder durch Aufpinseln oder Einspritzen von schmerzstillenden Mitteln.

**Lokalgötter,** Götter, deren Wesen u. Wirken an einen Ort (Berg-, Baum-, Flußgottheiten u.ä.) gebunden sind.

**Lokalkolorit,** anschaul. Schilderung von Landschaften, Milieu, Bräuchen des Handlungsortes in literar. Werken.

**Lokaltermin,** gerichtl. Termin am Tatort.

**Lokativ,** der Kasus zur Bez. des Ortes in manchen Sprachen. Im Dt. finden sich an seiner Stelle Präpositionen (»in, auf«).

**Loki,** in ihrer Bedeutung (Unterwelts-, Todes-, Feuerdämon?) noch nicht aufgeklärte Gestalt der altnord. Mythologie.

**Lokogeschäft,** an Warenbörsen ein Geschäft, bei dem die sofortige Lieferung der Ware vereinbart wird; Ggs.: *Termingeschäft*.

**Lokomotive,** kurz *Lok,* eine Zugmaschine des Schienenverkehrs, deren Zugkraft aus der Haftreibung zw. Antriebsrädern u. Schienen resultiert (Ausnahme: Zahnradbahn). Dem Antrieb nach unterscheidet man *Dampf-, Elektro-* u. *Diesel-L.* → Eisenbahn.

**Lokris,** zwei antike mittelgrch. Landschaften: das westl. L. am Golf von Korinth; das östl. an der Meerenge von Euböa.

**Lolang,** *Lelang,* alte chin. Kolonial-Hptst. in Nordkorea, archäolog. bed. durch mehr als 10 000 Holzkammer- u. Ziegelgräber der Han-Zeit.

**Lolch,** *Lolium,* Gatt. der *Süßgräser* mit wertvollen Nutzgräsern: der *Ausdauernde L. (Englisches Raygras, Wiesen-L.)* u. der *Vielblütige L. (Ital. Raygras).* Der *Taumel-L.* enthält einen giftigen Pilz mit narkot. Wirkung.

**Lolland** [ˈlɔlan], dän. Ostsee-Insel, 1241 km², 80 000 Ew., Hauptort *Nakskov*.

**Lollarden, Lollharden,** Anhänger J. *Wiclifs*, die als Wanderprediger das Evangelium verkündigten.

**Lollobrigida** [-dʒida], Gina, *4.7.1928, ital. Filmschauspielerin; Filmidol Italiens der 1950er Jahre; später auch Photographin.

**Lolo,** sprachl. eng verwandte Völkergruppe in S-China (Yunnan u. Sichuan) u. im nördl. Hinterindien, rd. 5 Mio., Sprache tibetobirmanisch.

**Lomami,** l. Nbfl. des Kongo, rd. 1500 km; mündet bei Isangi.

**Lombard,** die Beleihung von Waren oder Wertpapieren durch ein Kreditinstitut; → Lombardgeschäft.

# Long 521

**Lombardei,** ital. *Lombàrdia,* norditai. Region, 23 856 km², 8,9 Mio. Ew., Hptst. *Mailand,* im N Anteil am Hochgebirge mit Alpenrandseen, im S fruchtbarer, gut bewässerter Boden in der Po-Ebene. – G e s c h.: 569 eroberten die germ. *Langobarden* Mailand. 774 eroberte *Karl d. Gr.* das oberital. Langobardenreich u. fügte es als *Königtum L.* 781 dem karoling. Weltreich ein. 1183 erkämpften die lombard. Städte von Kaiser Friedrich Barbarossa ihre Unabhängigkeit; bis zur Mitte des 14. Jh. tobten Parteikämpfe zw. Guelfen u. Ghibellinen. 1535 wurde die L. einem span. Statthalter unterstellt, 1714 fiel sie an Östr. Unter Napoleon I. vorübergehend frz. Vasallenstaat, kam sie 1815, mit Venetien zum *Lombardisch-Venezianischen Königreich* vereint, wieder an Östr., 1850 an das Königreich Italien.

**Lombardgeschäft,** *Lombardkredit,* kurzfristige Kreditgewährung gegen Verpfändung von Waren oder Wertpapieren. Der Zinsfuß (*Lombardsatz*) liegt gewöhnl. 1 % über dem *Diskontsatz*.

**Lombardo,** ital. Bildhauer- u. Baumeisterfamilie: Antonio, *um 1458, †1516, Pietro, *um 1435, †1515 u. Tullio, *um 1455, †1532.

**Lombok,** eine der indones. Kleinen Sundainseln, 4600 km², 1,5 Mio. Ew., Hauptort *Mataram.*

**Lombroso** [-so], Cesare, *1836, †1909, ital. Arzt; Vertreter der umstrittenen Lehre vom »geborenen Verbrecher«; gilt als Begr. der Kriminologie.

**Lomé,** Hptst. von Togo, am Golf von Guinea (W-Afrika), 366 000 Ew.; kath. Erzbischofssitz, Univ.; Nahrungsmittelind.; Flughafen. – **L.-Abkommen,** mehrere Verträge zw. EG u. Entwicklungsländern (AKP-Staaten).

**Lomond** [ˈloumən], *Loch L.,* schott. See, im sw. Hochland, 71 km², bis 192 m tief; fischreich.

**Lomonossow** [-sɔf], Michail Wassiljewitsch, *1711, †1765, russ. Schriftst. u. Wiss.; bahnbrechend auf dem Gebiet der Geographie u. Geologie in Rußland, regte 1755 die Gründung der Univ. Moskau an; schrieb eine »Russ. Grammatik«.

**London** [ˈlʌndən], **1.** Hauptstadt von Großbrit., an der Themse 75 km vor ihrer Mündung in die Nordsee, bildet die Gft. *Greater L.,* 1596 km², 6,8 Mio. Ew., die administrativ in 33 Boroughs aufgeteilt ist. Der innerste Teil ist die nur 2,7 km² große *City,* die Geschäftsstadt mit der Bank von England, der Börse, dem Rathaus, dem königl. Opernhaus *Covent Garden* u. der St.-Pauls-Kathedrale (17./18. Jh.). Im SO der City am Hafenende liegt der *Tower* mit *Tower Bridge,* im SW u. W das Regierungsviertel mit Buckingham Palace, Downing u. Regent Street, Trafalgar Square (mit Nelson-Säule), Westminster Abbey u. Parlamentsgebäuden; im O liegen die Hafenanlagen mit Docks u. Werften; Bildungs- u. Kultureinrichtungen: Univ. (1836), TU, Brit. Museum, National Gallery, Victoria and Albert Museum u.a. Bed. Handels- u. Ind.-Standort, Welthafen, zentrale Flughäfen (*Heathrow* u. *Gatwick*). ▣ → S. 522. – G e s c h.: L. ist eine kelt. oder röm. Gründung (*Londinium*); schon im 11. Jh. bed. Handelsstadt. 1215 bestätigte die *Magna Charta* die städt. Privilegien. Der Blüte der Stadt im 16. Jh. setzten 1665 die Pest u. 1666 ein Großbrand ein vorübergehendes Ende, doch entwickelte sich L. im 18. u. 19. Jh. schnell wieder zum Handels-, Finanz- u. Verkehrszentrum des Landes. – **2.** Ind.-Stadt in S-Ontario (Kanada), 269 000 Ew.; Univ.; Masch.-, Textil-, Eisen- u. Nahrungsmittel-Ind.

**London** [ˈlʌndən], Jack, eigtl. John *Griffith,* *1876, †1916 (Selbstmord), US-amerik. Schriftst. Nach einem Leben als Tramp, Seemann, Goldsucher u. Kriegskorrespondent beschrieb er seine Erfahrungen in rd. 50 Romanen; auch Tiergeschichten. Ⓦ »Der Ruf der Wildnis«, »Lockruf des Goldes«, »Seewolf«.

**Londonderry** [ˈlʌndənderi], Verw.-Sitz u. Hafen der nordir. Gft. L., 51 000 Ew.; Eisen- u. Textil-Ind., Schiffbau.

**Londoner Schuldenabkommen,** zw. der BR Dtld. u. dem Dreimächteausschuß (USA, Großbrit., Frankreich) geschlossenes Abkommen zur Regelung der dt. Auslandsschulden, die vor u. nach dem 2. Weltkrieg entstanden waren.

**Londrina,** brasil. Stadt im Staat Paraná, 172 000 Ew.; Zentrum eines Kaffeeanbaugebiets, Papier- u. Möbel-Ind.

**Long** [lɔŋ], Richard; *2.6.1945, engl. Objektkünstler; Vertreter der Landart.

*Schlösser an der Loire und ihren Nebenflüssen*

**522 Long Beach**

*Baldassare Longhena: Santa Maria della Salute in Venedig; 1631–1682 erbaut*

**Long Beach** [ˈlɔŋ biːtʃ], kaliforn. Hafenstadt u. Seebad südlich von Los Angeles (USA), 379 000 Ew.; Herstellung von Flugzeug- u. Autoteilen u. elektron. Apparaten, Erdölraffinerie.
**Long drink** [lɔŋ-], alkoholhaltiges, meist mit Mineralwasser verdünntes Mixgetränk.
**Longe** [ˈlɔŋʒə], eine ca. 8 m lange Laufleine, an der man Pferde zur Ausbildung im Kreis laufen läßt *(longieren).*
**Longfellow** [ˈlɔŋfɛlou], Henry Wadsworth, *1807, †1882, US-amerik. Schriftst.; stark von der engl. u. dt. Romantik beeinflußt; Indianerepos »Das Lied von Hiawatha«.
**Longhena** [lɔŋˈgeːna], Baldassare, *1598, †1682, ital. Architekt des venezian. Barocks.
**Longhi** [ˈlɔŋgi], Pietro, *1702, †1785, ital. Maler; schuf Bildnisse u. kleinformatige Genreszenen mit humorvoll-anekdotischer Pointe.
**Long Island** [lɔŋ ˈailənd], Insel vor der Atlantik-Küste der USA-Staaten New York u. Connecticut, 190 km lang, 3630 km²; im westl. Teil die New Yorker Stadtteile *Brooklyn* u. *Queens,* an der S-Küste Seebäder.
**longitudinal,** in der Längserstreckung.
**Longitudinalwellen** → Längswellen.
**Longo,** Luigi, *1900, †1980, ital. Politiker; 1964–72 als Nachfolger P. *Togliattis* Generalsekretär der ital. KP.
**Longos,** *Longus,* *3. (?) Jh. n. Chr., grch. Schriftst. aus Lesbos; schrieb den Hirtenroman »Daphnis u. Chloë«.
**Longseller,** Buch, das lange gut verkauft wird.
**Longwy** [lɔ̃ˈvi], frz. Bergbau- u. Ind.-Stadt, nahe der luxemburg. Grenze, 17 000 Ew.
**Löningen,** Stadt in Nds., an der Hase, 11 000 Ew.; Erholungsort; Maschinenbau.
**Lon Nol,** *1913, †1985, kambodschan. Politiker; 1966 u. 69 Min.-Präs., 1972–75 Staats-Präs.; stürzte 1970 Prinz Sihanouk; ging 1975 ins Exil.
**Lönnrot,** Elias, *1802, †1884, finn. Volkskundler u. Sprachforscher; stellte das finn. Nationalepos »Kalevala« zusammen.
**Löns,** Hermann, *1866, †1914 (gefallen), dt. Schriftst.; einer der frühesten Tierschilderer (»Mümmelmann«); gilt als der »Dichter der Lüneburger Heide«, schrieb volksliednahe Lieder.
**Lons-le-Saunier** [lɔ̃ lə soˈnje], O-frz. Dép.-Hptst. in der Franche-Comté, 20 000 Ew.; Solbad; Spielwaren- u.a. Ind.
**Look** [luk], Aussehen; Moderichtung.
**Looping** [ˈluːpiŋ] → Kunstflug.
**Loos,** Adolf, *1870, †1933, östr. Architekt; Vorkämpfer der modernen Sachlichkeit.
**Lopatnikow** [-kɔf], Nikolai, *1903, †1976, russ. Komponist; seit 1939 in den USA; Oper »Danton«.
**Lop Buri,** Provinzial-Hptst. in Zentralthailand, 38 000 Ew.; zahlr. Paläste, Tempel u. Klöster.
**Lope de Vega** [ˈlope ðe-] → Vega Carpio.
**López y Fuentes** [ˈlopɛs i-], Gregorio, *1897, †1966, mexikan. Schriftst.; Erzähler der mexikan. Revolution.
**Lorain** [lɔˈrɛin], Hafenstadt am Erie-See, US-Staat Ohio, 75 000 Ew.; Textil- Masch. u. Kfz-Ind.

**Loran-Verfahren,** Abk. für engl. *Long range navigation* [»Weitstrecken-Navigation«], ein Funkortungsverfahren in der Schiff- u. Luftfahrt.
**Lorbeer,** *Laurus,* Charakterpflanze der Hartlaubformationen im Mittelmeergebiet; spielte im grch. wie im röm. Altertum eine kult. Rolle (Symbol des Sieges). Heute werden die Blätter als Gewürz u. die Früchte sowie das daraus gewonnene Öl arzneilich verwendet.
**Lorbeergewächse** → Pflanzen.
**Lorca,** SO-span. Stadt in der Prov. Murcia, 65 000 Ew.; maur. Kastell; Textil- u. chem. Ind.
**Lorca** → García Lorca.
**Lorch, 1.** Stadt in Ba.-Wü., an der Rems, 10 000 Ew.; Luftkurort; Benediktinerkloster. – **2.** Stadt in Hessen, am Rhein, 5000 Ew.; Erholungsort; Weinanbau.
**Lorchel,** *Helvella,* Gatt. der *Schlauchpilze; Früh-L.* (schwach giftig) u. *Herbst-L.*
**Lord** [lɔːd], engl.: »Herr«; Titel der Mitgl. des engl. Oberhauses *(Peers),* erbl. Titel vom Baron aufwärts für die ältesten Söhne des Adels, nicht erbl. Titel für die geistl. Lords. – **L. High Chancellor,** urspr. der geistl. u. weltl. Berater (»Kanzler«) des engl. Königs; heute Justiz-Min., Präs. des Oberhauses. – **L. Mayor,** Oberbürgermeister von London u.a. engl. Großstädten.
**Lordose,** Rückgratverkrümmung nach vorn.
**Lore,** offener Eisenbahngüterwagen.
**Loreley,** *Lorelei,* ein 132 m über den Rhein aufragender Felsen, am rechten Ufer bei St. Goarshausen. Die Sage erzählt von einer Nixe oder Zauberin, die Rheinschiffer ins Verderben lockt.
**Loren,** Sophia, eigtl. Sofia *Scicolone,* *20.9.1934. ital. Filmschauspielerin; verh. mit C. *Ponti;* Filme: »Schade, daß Du eine Kanaille bist«, »Die Gräfin von Hongkong«.
**Lorentz, 1.** Hendrik Antoon, *1853, †1928, ndl. Physiker; stellte 1895 die klass. Elektronentheorie auf, entdeckte die nach ihm benannte *L.-Transformation;* Nobelpreis 1902. – **2.** Lore, *12.9.1925; mit ihrem Ehemann Kay Wilhelm L. (*17.2.1920) Inhaberin u. Leiterin des 1946 in Düsseldorf gegr. Kabaretts »Das Kom(m)ödchen«.
**Lorenz, 1.** Adolf, *1854, †1946, östr. Orthopäde; begr. die moderne Orthopädie. – **2.** Konrad, Sohn von 1), *1903, †1989, östr. Verhaltensforscher; Leiter des Max-Planck-Instituts für Verhaltensphy-

# LONDON

*Im Vergnügungsviertel Soho*

*Redner an Speaker's Corner*

*Themse mit Parlamentsgebäuden; rechts »Big Ben«*

siologie in Seewiesen. W »Er redete mit dem Vieh, den Vögeln u. den Fischen«, »Das sogenannte Böse«. Nobelpreis für Medizin 1973.
**Lorenzetti, 1.** Ambrogio, 1319–47 nachweisbar, ital. Maler; Wandgemälde im Rathaus von Siena. – **2.** Pietro, Bruder von 1), 1280–1348 nachweisbar, ital. Maler; Fresken in der Unterkirche von S. Francesco in Assisi.
**Loreto,** ital. Stadt u. Wallfahrtsort, südl. von Ancona, 11 000 Ew.
**Lorgnon** [lɔr:njõ], *Lorgnette,* fr. übl. Stielbrille.
**Lorient** [lɔri'ã], W-frz. Hafen- u. Krst. an der S-Küste der Bretagne, 63 000 Ew.; Schiffbau; Austernzucht.
**Loriot** [lɔri'o], eigentlich Vico von *Bülow,* *12.11.1923, dt. Karikaturist, Schriftst. u. Fernsehautor. W »Der Weg zum Erfolg«, »Loriots heile Welt«; Spielfilm »Ödipussi«; Operninszenierungen.
**Loris, 1.** Fam. der *Halbaffen.* Vorkommen: Zentralafrika *(Bärenmaki, Potto),* Südostasien *(Schlank-L.). –* **2.** Unterfam. der *Papageien* in Papua-Neuguinea, zu denen die *Zwergpapageien* u. die *Pinselzungenpapageien* gehören.

**Lörrach,** Krst. in Ba.-Wü., an der schweiz. Grenze, 41 000 Ew.; Burgruine Rötteln; Schokolade-, Metall- u. Textilind.
**Lorrain,** *Claude L.* [klo:d lɔ'rɛ̃], eigtl. Claude *Gellée,* *1600, †1682, frz. Maler u. Graphiker; malte stimmungsvolle Landschaften.
**Lorraine** [lɔ'rɛ:n], frz. für Lothringen.
**Lorre,** Peter, eigtl. Laszlo *Löwenstein,* *1904, †1964, US-amerik. Schauspieler östr. Herkunft; emigrierte 1935 in die USA. Filme »M«, »Arsen u. Spitzenhäubchen«.
**Lorsch,** Stadt in Hessen, in der Oberrhein. Tiefebene, 11 000 Ew.; Benediktinerabtei; Spargel- u. Obstanbau.
**Lorscheider,** Aloisio, *8.9.1924, brasil. Kardinal (1976).
**Lortzing,** Albert, *1801, †1851, dt. Komponist; neben O. *Nicolai* u. F. von *Flotow* bed. Vertreter der dt. romant.-kom. Oper; W »Zar u. Zimmermann«, »Der Wildschütz«, »Undine«, »Der Waffenschmied«.
**Los, 1.** der einzelne Spielschein der *Lotterie.* – **2.** ein Mittel der Schicksalsbefragung; → Orakel.
**Los Alamos** [lɔs 'æləmɔus], Stadt im N des USA-Staats New Mexico, nw. von Santa Fe, 2225 m ü. M., 15 000 Ew.; Forschungs- u. Versuchsanlagen für Kernspaltung; Entwicklung von Atom- u. Wasserstoffbomben.
**Los Angeles** [lɔs 'ændʒilis], drittgrößte Stadt der USA, Wirtschaftszentrum von S-Kalifornien, 3,26 Mio. Ew.; auf einer über 40 km breiten Küstenebene am Pazifik; mehrere Univ., Kongreßstadt; Filmmetropole *Hollywood;* Schiff- u. Maschinenbau, Flugzeug-, Auto-, Elektro-, Nahrungsmittel- u.a. Ind.; große Erdöllager im Stadtgebiet; Überseehafen; 3 große Flughäfen; starker Fremdenverkehr. L. A. war Austragungsort der Olymp. Sommerspiele 1932 u. 1984. – 1781 als span. Missionssiedlung gegründet.
**Los Angeles** [lɔs 'anxɛlɛs], Victoria de, eigtl. Victoria *Gomez Cima,* *1.11.1923, span. Sängerin (Sopran).
**löschen, 1.** einen Brand bekämpfen. – **2.** eine Eintragung (z.B. im Handelsregister, Grundbuch) tilgen. – **3.** ein Schiff entladen. – **4.** Aufnahmen auf Ton- oder Bildträgern tilgen.
**Loschmidt,** Joseph, *1821, †1895, östr. Chemiker u. Physiker; berechnete 1865 erstmals die nach ihm benannte *Loschmidtsche Zahl* (Anzahl der Moleküle, die ein *Mol* einer Substanz enthält); $L = 6{,}022 \cdot 10^{23}$ mol$^{-1}$. – **L.-Konstante,** Anzahl der Moleküle je m$^3$ eines idealen Gases, $2{,}686754 \cdot 10^{25}$ m$^{-3}$.
**Löschpapier,** *Fließpapier,* ungeleimtes Papier mit porösem Fasergefüge, aus Baumwolle oder weichen Zellstoffen; bes. saugfähig.
**Loseblattausgabe,** eine Ausgabe von Nachschlagewerken, Gesetzessammlungen u.ä., die auf Einzelblättern erscheint u. so ständig ergänzt u. berichtigt werden kann.
**Losey** ['lu:zi], Joseph, *1909, †1984, US-amerik. Regisseur; drehte psycholog. Filme: »Accident – Zwischenfall in Oxford«, »Nora«, »Monsieur Klein«.
**Löß,** gelblicher, mehlfeiner Lehm, besteht u.a. aus Quarz (60–80%), Kalk (10–15%); vom Wind abgesetzter Staub, bes. im Vorland ehem. vereister Gebiete Europas u. N-Amerikas, verbreitet in China; sehr fruchtbar.
**Lößnitz, 1.** Stadt in Sachsen, nördl. von Aue, 8000 Ew. – **2.** klimat. begünstigte, fruchtbare Ldsch. am rechten Elbufer unterhalb von Dresden; Gemüse-, Wein- u. Obstanbau.
**Lostage,** bestimmte Jahrestage wie *Lichtmeß* oder *Siebenschläfer,* an denen nach dem Volksglauben die Zukunft gedeutet werden kann.
**Lösung,** die homogene Verteilung eines Stoffs in einem anderen, bes. die homogene Verteilung von Gasen, Flüssigkeiten oder festen Stoffen in Flüssigkeiten (*L.smittel*). Die Löslichkeit, d.h. die gelöste Menge eines Stoffs pro Einheit des L.mittels, ist für verschiedene Stoffe verschieden, so daß man *leicht lösl., schwer lösl.* u. (prakt.) *unlösl. Stoffe* unterscheidet. Eine L., die die höchstmögl. Menge eines Stoffs enthält, nennt man *gesättigt.*
**Losung, 1.** *Lösung,* Kot von Hund, Haar- u. Federwild. – **2.** *Parole,* militär. Kennwort. – **3.** *Losungen der Brüdergemeine,* von *Zinzendorf* für jeden Tag eines Jahres durch Auslosen (aus dem AT) u. Auswahl (aus dem NT) ermittelte Bibelsprüche.
**Los-von-Rom-Bewegung,** eine 1897 in Östr. entstandene Bewegung, die wegen der oft deutschfeindl. Haltung des kath. Klerus den Übertritt zur ev. Kirche propagierte u. für einen späteren Anschluß an Dtld. warb. Es kam zu Massenaustritten aus der kath. Kirche.
**Lot, 1.** *Senklot, Senkblei,* eine Schnur mit daran befestigtem Gewicht, Hilfsgerät des Bauhandwerkers zum Prüfen des senkrechten (lotrechten) Verlaufs einer Kante. – **2.** die von einem Punkt gezogene Gerade, die auf einer zweiten Geraden senkrecht steht. – **3.** ehem. Handelsgewicht, meist 16²⁄₃ g. – **4.** Gerät zum Messen von Wassertiefen; → Echolot.
**Lot** [lɔt], r. Nbfl. der Garonne im südl. Frankreich, 480 km; mündet bei Aiguillon.
**Lot,** im AT ein Neffe Abrahams, der den Untergang Sodoms überlebte. Seine Frau wurde in eine Salzsäule verwandelt, weil sie trotz Verbot nach Sodom zurückblickte.
**löten,** zwei Werkstücke aus gleichem oder verschiedenem Metall durch ein geschmolzenes metall. Bindemittel *(Lot)* verbinden, dessen Schmelz-

*Trafalgar Square*

*Gentleman in der City*

*Piccadilly Circus mit Eros-Statue*

## 524 Loth

temperatur unterhalb der Schmelztemperatur der zu verbindenden Metalle liegt. *Weichlot,* eine Legierung aus Blei u. Zinn, schmilzt bei 185–305 °C; Lot u. Werkstück werden mit Lötkolben erwärmt; *Hartlot* ist eine Legierung aus Kupfer u. Zink (Schmelzpunkt: 710–1020 °C); es wird in bes. Gasöfen erhitzt.

**Loth,** Wilhelm, *24.9.1920, dt. Bildhauer.

**Lothar,** fränkische u. deutsche Kaiser u. Könige: **1. L. I.,** *795, †855, fränk. König u. Kaiser 840–55; als ältester Sohn *Ludwigs des Frommen* 817 Mitregent, 823 zum Kaiser gekrönt. Im *Vertrag von Verdun* 843 bekam er das Zwischenreich Italien, Burgund u. das Gebiet zw. Rhein, Maas u. Schelde. – **2. L. II.,** Sohn von 1), *um 835, †869, fränk. König 855–69; seit 855 Herrscher in einem durch Alpen, Rhein, Nordsee, Schelde, Maas u. Saône umgrenzten Reich (*Lotharingien*). – **3. L. III.,** *L. von Supplinburg,* *1075 (?), †1137, dt. König 1125–37, seit 1133 Kaiser. In Wiederaufnahme der Ostpolitik Ottos d. Gr. sicherte er die Oberhoheit des Reichs über Polen, Böhmen u. Dänemark u. leitete die *Ostsiedlung* ein.

**Lothar,** eigtl. *E. Müller,* *1890, †1974, östr. Schriftst. u. Regisseur; Romane: »Die Mühle der Gerechtigkeit«, »Der Engel mit der Posaune«. – **2.** Hanns, eigtl. Hans Lothar *Neutze,* *1929, †1967, dt. Schauspieler. – **3.** Mark, *23.5.1902, dt. Komponist; schrieb v.a. Bühnen- u. Filmmusiken u. Opern.

**Lothringen,** frz. *Lorraine,* histor. Ldsch. in NO-Frankreich, zw. Argonnen, Vogesen u. Ardennen, 23 540 km², 2,3 Mio. Ew., Hptst. *Nancy.* Anbau von Getreide, Obst, Wein; reiche Eisenerz- u. Steinkohlenlager. – G e s c h.: Nach dem Tod Kaiser *Lothars I.* 855 wurde dem fränk. König *Lothar II.* das Gebiet von Friesland bis Hochburgund zugesprochen; damit beginnt die Geschichte des eigtl. L. (*Lotharingien*). 870 kam der östl., größere Teil mit Friesland, 880 auch der westl. Teil L. an das Ostfränk. u. spätere dt. Reich. Unter *Bruno von Köln* wurde L. 953 in *Ober-L.* (um Metz u. Nancy) u. *Nieder-L.* (Limburg u. Löwen) geteilt. Der letzte Herzog, der spätere Kaiser *Franz I.,* mußte 1738 L. an *Stanislaus Leszczynski* von Polen abtreten. Nach Stanislaus' Tod 1766 fiel ganz L. an Frankreich. 1871–1918 mußte Frankreich Teile an Dtld. abtreten (→ Elsaß-Lothringen).

**Loti,** Pierre, eigtl. *Julien Viaud,* *1850, †1923, frz. Schriftst. (Romane u. Reisebücher).

**Lotion,** milchige Flüssigkeit für kosmet. Zwecke.

**Lotophagen,** in *Homers* Odyssee ein Volk an der libyschen Küste, das sich von Lotos nährte.

*Indischer Lotos*

**Lotos,** *Nelumbo,* Gatt. der *Seerosengewächse* in Indien u. Ägypten; Wasserpflanze mit langgestielten Blättern, rosa oder weißen Blüten u. eßbaren Samen; Sumpfpflanze für Aquarien u. Terrarien.

**Lötschberg,** *L.paß,* 2695 m hoher Paß (ohne Straße) in den zentralen Berner Alpen.

**Lotse,** ein erfahrener Schiffsoffizier, der sein See-, Fluß- oder Kanalrevier so genau kennt, daß er fremde Schiffskapitäne zuverlässig beraten kann. Für best. Häfen besteht *L.nzwang.*

**Lotsenfisch,** 30–60 cm lange *Stachelmakrele* in Mittelmeer u. Atlantik; begleitet Haie u. Schiffe.

**Lotterie,** Glücksspiel in Form einer Auslosung von Gewinnen u. Nieten; meist als staatl. Klassen-L., bei der eine bestimmte Zahl von Losen (auch geteilt in ½, ¼, ⅛) in mehreren Ziehungen nach festem Gewinnplan ausgelost wird.

**Lotto,** *Zahlen-L., Zahlenlotterie,* ein Glücksspiel, bei dem ursprüngl. auf eine oder mehrere (höchstens 5) Zahlen von 1–90 eine bestimmte Geldsumme gesetzt wurde; werden diese Zahlen gezogen, so erhält der Spieler ein Mehrfaches des Einsatzes. – Das dt. Zahlen-L. ist seit 1953 in der BR Dtld. zugelassen. Bei dieser Form der Lotterie werden bei jeder Ziehung 6 Gewinnzahlen u. eine Zusatzzahl aus den Zahlen 1 bis 49 ausgelost. Die Gewinnausschüttung umfaßt 50% der Spieleinsätze. Es gibt insges. 6 Gewinnklassen (Ränge).

**Lotto,** Lorenzo, *um 1480, †1556, ital. Maler der venezian. Hochrenaissance.

**Lotze,** Hermann, *1817, †1881, dt. Philosoph. Seine krit. Metaphysik half den werttheoret. Neuidealismus vorbereiten.

**Lötzen,** poln. *Gizycko,* Stadt in Ostpreußen, in Masuren, 25 000 Ew.; Ordensburg (14. Jh.).

**Loubomo,** fr. *Dolisie,* Stadt in der VR Kongo, 36 000 Ew.; landw. Handelszentrum.

**Louis** ['luis], **1.** Joe, *1914, †1981, US-amerik. Berufsboxer (Schwergewicht); Weltmeister 1937 bis 1949; verlor 1936 gegen M. *Schmeling.* – **2.** Morris, *1912, †1962, US-amerik. Maler; schloß sich dem Color-field-painting an.

**Louisdor** [lui'dɔ:r], die 1640–1793 in Frankreich geprägte Hauptgoldmünze.

**Louis Ferdinand** ['lui-], **1.** *1772, †1806, Prinz von Preußen, Neffe Friedrichs d. Gr.; fiel 1806 als Kommandant der preuß. Vorhut, die von den Franzosen vernichtet wurde. – **2.** *9.11.1907, Prinz von Preußen; Sohn des Kronprinzen *Wilhelm,* seit 1951 Chef des Hauses Hohenzollern.

**Louisiade-Archipel** [luisi'a:d-], Inselbogen sö. von Papua-Neuguinea, rd. 80 Inseln, zusammen 2200 km², 16 000 Ew. (meist Papuas).

**Louisiana** [luizi'ænə], Abk. *La.,* Gliedstaat der → Vereinigten Staaten. Der nahezu subtrop. Südteil – das Deltagebiet des Mississippi – wurde geprägt von span.-franz. Siedlern u. ist ein altes Plantagengebiet; Haupthafen *New Orleans.*

**Louis Napoleon** [lwinapɔle'ɔ̃] → Napoleon III.

**Louis Philippe** [lwifi'lip], der »Bürgerkönig«, *1773, †1850, frz. König 1830–48; Herzog von Chartres u. Orleans, kam durch die Julirevolution 1830 zur Regierung, wurde aber durch die reaktionäre Politik des Kabinetts F. P. G. *Guizot* unpopulär. Durch die Februarrevolution 1848 vertrieben, ging er nach England.

**Louis-quatorze** [lwika'tɔ:rz], Stilbez. für die frz.

*Löwe*

Barockkunst unter der Regierung *Ludwigs XIV.* (1643–1715).

**Louis-quinze** [lwi'kɛ̃s], Stilbez. für die frz. Rokokokunst unter der Reg. *Ludwigs XV.* (1723–74).

**Louis-seize** [lwi'sɛ:z], Stilbez. für die frz. klassizist. Kunst unter der Regierung *Ludwigs XVI.* (1774–92).

**Louisville** ['ljuisvil], größte Stadt im USA-Staat Kentucky, am Ohio, 290 000 Ew.; Univ. (1798); Ind.- u. Handelszentrum.

**Lourdes** [lurd], SW-frz. Stadt im Dép. Hautes-Pyrénées, 17 000 Ew.; kath. Wallfahrtsort (jährl. über 5 Mio. Pilger) mit der Grotte, in der Bernadette *Soubirous* (1933 heiliggesprochen) am 11.2.1858 Marienerscheinungen hatte, u. mit heilkräftiger Quelle. Eine Reihe von Heilungen sind nach strenger ärztl. Prüfung von der kath. Kirche als Wunder anerkannt worden.

**Lourenço Marques** [lo'rẽsu 'markiʃ] → Maputo.

**Loussier** [lus'je:], Jacques, *26.10.1934, frz. Jazzpianist.

**Louvière** [lu'vjɛ:r] → La Louvière.

**Louvois** [lu'vwa], François Michel *Le Tellier,* Marquis de L., *1641, †1691, frz. Kriegs-Min.; schuf durch Reorganisation u. Ausbau des Heeres die Voraussetzungen für die Kriegs- u. Eroberungspolitik *Ludwigs XIV.*

**Louvre** [lu:vr], urspr. Schloß der frz. Könige in Paris, seit 1793 Museum. Der von Franz I. u. Heinrich II. im 16. Jh. veranlaßte Neubau des L. ist ein

*Wilhelm Loth: Am Strand; Aluminium, 1970. Berlin, Staatliche Museen Preußischer Kulturbesitz, Nationalgalerie*

*Lourdes: vor der Grotte*

*Lübeck: Holstentor (1477/78 erbaut)*

Hauptwerk der frz. Renaissance u. des Manierismus; der Architekt war P. *Lescot.*
**Loveč** [lo'vetʃ], *Lowetsch,* bulgar. Bez.-Hptst., am Osäm, 51 000 Ew.; Holzwirtschaft, Fremdenverkehr.
**Lovecraft** ['lʌvkra:ft], Howard Philipp, *1890, †1937, US-amerik. Schriftst. (Horrorgeschichten).
**Lovejoy** ['lʌvdʒɔi], Arthur Oncken, *1873, †1962, US-amerik. Philosoph; krit. Realist in Auseinandersetzung mit dem Pragmatismus.
**Lovell** ['lʌvəl], Alfred Charles Bernard, *31.8.1913, brit. Astrophysiker.
**Low** [lou], Sir David, *1891, †1963, engl. Karikaturist u. Illustrator.
**Low Church** ['lou tʃə:tʃ] → Anglikanische Kirche.
**Löwe, 1.** gelbbraune, manchmal gefleckte *Großkatze* Afrikas u. Asiens. Der männl. L. trägt eine Mähne, wird 1 m hoch u. 2 m lang. L. bewohnen in Rudeln die Savannen u. Steppen Afrikas. Der nordafrik. *Berber-L.* mit bes. dunkler Mähne ist ausgestorben. – **2.** *Leo,* 2 Sternbilder am nördl. Himmel: *Großer L.,* Hauptstern *Regulus; Kleiner L.* nördl. davon.
**Lowell** ['louəl], **1.** Amy, *1874, †1925, US-amerik. Lyrikerin u. Kritikerin. – **2.** Robert, *1917, †1977, US-amerik. Schriftst.; sprachkräftige Lyrik.
**Löwen,** fläm. *Leuven,* frz. *Louvain,* Stadt in der belg. Prov. Brabant, 84 000 Ew.; Univ. (1425); Metall-, Elektro-, Konfektions- u.a. Ind.
**Löwenäffchen,** zu den *Krallenaffen* gehörende *Breitnase;* im Amazonasgebiet.
**Löwenmaul,** *Antirrhinum,* Gatt. der *Rachenblütler,* bes. in N-Amerika verbreitet. In vielen Sorten wird das aus S-Europa stammende *Große L.* kultiviert.
**Löwenzahn,** *Butterblume, Pusteblume, Kuhblume,* gelb blühende Gatt. der *Korbblütler;* auf Weiden, Grasplätzen, an Gräben; junge Blätter werden als Salat gegessen.
**Lowestoft** ['lous-], ostengl. Hafenstadt an der Mündung des Waveny in die Nordsee, 55 000 Ew.; Schiffbau; Seebad.
**Lowetsch** → *Loveč.*
**Löwith,** Karl, *1897, †1973, dt. Philosoph; Kritiker des Historismus u. der Existenzphilosophie.
**Lowlands** ['loulændz], schott. Tiefland zw. Southern Uplands u. Grampian Mountains.
**Lowry** ['louri], Malcolm, *1909, †1957, engl. Schriftst.; Roman »Unter dem Vulkan«.
**Loxodrome,** eine Kurve, die jede Kurve einer Schar unter dem gleichen Winkel schneidet.
**loyal** [lwa'ja:l], polit. (der Reg.) treu ergeben; anständig, redlich.
**Loyalisten** [lwaja-], eine Partei *(Tories)* im nordamerik. Freiheitskrieg 1775–83, die zum engl. Mutterland hielt. Etwa 35 000 L., größtenteils Angehörige der Oberschicht, wanderten 1783 nach Kanada aus.
**Loyalität** [lwaja-], gesetzestreue Gesinnung; Ehrlichkeit, Anständigkeit.
**Loyalitätsinseln** [lwaja-] → Îles Loyauté.
**Loyang** → Luoyang.
**Loyola** → Ignatius von Loyola.
**LP** [engl. 'ɛlpi], Abk. für *Langspielplatte.*
**LPG,** Abk. für *Landwirtschaftl. Produktionsgenossenschaften.*

**LPH,** Abk. für *lipotropes Hormon.*
**LSD,** Abk. für *Lysergsäurediethylamid.*
**Ltd.,** Abk. für *Limited.*
**Lualaba,** westl. Hauptquellfluß des Kongo, rd. 1800 km; unterhalb der *Stanleyfälle* wird der L. *Kongo* genannt.
**Luanda,** *São Paulo de L., Loanda,* Hptst. u. Hafen von Angola, 1,2 Mio. Ew.; kath. Erzbischofssitz, Univ.; Handels- u. Ind.-Zentrum, Erdölraffinerie; Flughafen.
**Luang Prabang,** ehem. Königsresidenz im nördl. Laos, am Mekong, 45 000 Ew.; zahlr. buddhist. Tempel.
**Luanshya** [-ʃia], Ind.-Stadt in Sambia, an der Grenze nach Zaire, 161 000 Ew.; Kupfergewinnung.
**Luapula,** östl. Quellfluß des Kongo, rd. 1800 km; mündet in den *Lualaba.*
**Luba,** *Baluba,* Bantuvolk im SO von Zaire.
**Lübbe,** Hermann, *31.12.1926, dt. Philosoph u. Bildungspolitiker.
**Lübbecke,** Stadt in NRW, nördl. des Wiehengebirges, 22 000 Ew.; Getränkeherstellung, Maschinenbau.
**Lübbenau/Spreewald,** Stadt in Brandenburg, im Spreewald, 21 000 Ew.; klassizist. Schloß; Gemüseanbau; Fremdenverkehr.
**Lübben/Spreewald,** Krst. in Brandenburg, im Spreewald, 14 000 Ew.; Gemüseanbau.
**Lubbers,** Ruud, *17.5.1939, ndl. Politiker (Kath. Volkspartei); seit 1982 Min.-Präs.
**Lubbock** ['lʌbək], Stadt in NW-Texas (USA), 174 000 Ew.; Baumwoll- u. Getreidemarkt; Maschinen- u. petrochem. Ind.
**Lübeck,** *Hansestadt Lübeck,* kreisfreie Stadt in Schl.-Ho., Hafen- u. Handelsstadt an der Ostsee *(Lübecker Bucht),* nahe der Travemündung, 209 000 Ew.; in der Altstadt bed. Baudenkmäler der norddt. Backsteingotik: Marienkirche, Dom, Holstentor, Rathaus; Seehafen mit Vorhafen *Travemünde,* Reedereien, Hochseefischerei; Nahrungs- u. Genußmittel-Ind. – Gesch.: *Heinrich der Löwe* gab L. seine städt. Verfassung u. eigenes Recht, das vorbildl. für viele Städte im Ostseeraum wurde, vor allem im Osten *(Ostsiedlung);* u. machte es auch zum Bischofssitz. 1226 wurde L. *Reichsstadt* u. 13.–15. Hptst. der Hanse; 1815 Freie u. Hansestadt. 1866 trat L. dem *Norddt. Bund* bei, 1868 dem *Dt. Zollverein* u. 1871 als Bundesstaat dem *Dt. Reich.* Seit 1937 gehört L. zu Schl.-Holstein.
**Lüben,** polnisch *Lubin,* Stadt in Schlesien, 68 000 Ew.; Kupferbergbau.
**Lubitsch,** Ernst, *1892, †1947, dt. Filmregisseur; inszenierte die ersten UFA-Großfilme (»Madame Dubarry«); ging 1922 in die USA. Komödien u. Musikfilme: »Ninotschka«, »Sein oder Nichtsein«.
**Lübke,** Heinrich, *1894, †1972, dt. Politiker (CDU); 1953–59 Bundes-Min. für Ernährung, Landw. u. Forsten, 1959–69 Bundes-Präs.
**Lublin,** poln. Stadt an der Bystrzyca, 333 000 Ew.; 2 Univ.; Kathedrale (16. Jh.), Schloß (14. Jh.); Fahrzeug-, Masch.-, Textil-, chem. u.a. Ind. – **L.er Union,** 1569–1791 die bundesstaatl. Verbindung (Realunion) zw. Polen u. Litauen mit gemeinsamem Herrscher u. Reichstag, jedoch mit getrennter Verwaltung.
**Lubumbashi** [-'baʃi], fr. *Elisabethville,* Hptst. der Prov. *Katanga (Shaba)* in Zaire, 1230 m ü.M., 765 000 Ew.; kath. Erzbischofssitz, Univ.; Kupfererzbergbau, Flughafen.

*Heinrich Lübke*

*Luchs*

**Lucas** ['lu:kəs], George, *14.5.1944, US-amerik. Filmregisseur; Science-fiction-Filme (»Krieg der Sterne«, »Die Rückkehr der Jedi-Ritter«).
**Lucas van Leyden,** *1494, †1533, ndl. Maler u. Graphiker; Hauptmeister der ndl. Renaissance; bes. von A. *Dürer,* M. *Raimondi* u. der venezian. Malerei beeinflußt; schuf Altartafeln, Bildnisse, Kupferstiche.
**Lucca,** ital. Prov.-Hptst. in der Toskana, 88 000 Ew.; Dom (11./12. Jh.), mittelalterl. Befestigungen, bed. Paläste u. Kirchen; Woll-, Tabak- u. Papier-Ind.
**Lucebert** ['lys-], eigtl. Lubertus Jacobus *Swaanswijk,* *15.9.1924, ndl. Maler, Zeichner u. Lyriker.
**Lucera** [lu'tʃɛ:ra], ital. Stadt in Apulien, 33 000 Ew.; Dom; Reste der hohenstauf. Festung.
**Lüchow** [-ço], Krst. in Nds., an der Jeetzel, im Wendland, 9000 Ew.; Landw.-Zentrum.
**Luchs,** Sternbild am nördl. Himmel.
**Luchse,** *Lynx,* Gatt. von *(Klein-)Katzen,* bis 1,10 m lang; mit Ohrpinseln, Stummelschwanz u. starker Hinterhand. Hierher gehören *Pardel-L., Wüsten-L., Rot-L. u. Polar-L.* Verbreitet von der Baumgrenze im N bis in die gemäßigten Breiten auf der ganzen Welt; in Mitteleuropa außer in Polen u. der Tschechoslowakei ausgerottet.
**Lucia** [lu'tʃia], Märtyrerin in Syrakus; in Schweden zur Wintersonnenwende bes. volkstüml. gefeiert (lichtergeschmückte »Lussibrud«). – Heilige (Fest: 13.12.)
**Lucianus,** grch. Schriftst., → Lukian.
**Lucifer** [»Lichtbringer«], *Luzifer,* grch. *Phosphoros,* lat. Name des Morgensterns; nach Deutung der Bibel (Jes. 14,12; Lukas 10,18) ein gestürzter Engel, der Teufel.
**Luciferin,** *Luziferin,* tier. Substanzen, die bei Anwesenheit von bestimmten Enzymen **(Luciferasen)** u. Sauerstoff Licht aussenden.
**Lucilius,** Gaius, *um 180 v.Chr., †102 v.Chr., röm. Dichter, begr. die röm. zeit- u. gesellschaftskrit. *Satire.*
**Lucius, L. III.,** †1185, Papst 1181–85; Zisterzienser; beschloß 1184 mit Kaiser *Friedrich Barbarossa* einen Kreuzzug sowie gemeinsames Vorgehen gegen Katharer u. Waldenser (Inquisition).
**Luckau,** Krst. in Brandenburg, in der Niederlausitz, 7000 Ew.; landw. Mittelpunkt, Textil-Ind.
**Lücke,** Paul, *1914, †1976, dt. Politiker (CDU); 1957–65 Bundesminister für Wohnungsbau, 1965–68 Innenminister.
**Luckenwalde,** Krst. in Brandenburg, 27 000 Ew.; Textil-, Masch.- u. Holz-Ind.
**Lückert,** Heinz-Rolf, *3.9.1913, dt. Psychologe; arbeitet auf dem Gebiet der pädagog. Psychologie.
**Luckhardt,** Wassili, *1889, †1972, dt. Architekt; Vertreter der *Neuen Sachlichkeit* (Berlin: Alexanderplatz u. Wohnsiedlungen).
**Luckner,** Felix Graf, *1881, †1966, dt. Seeoffizier u. Schriftst.; unternahm mehrere Weltreisen auf Segelschiffen; Ⓦ »Seeteufel«.
**Lucknow,** Stadt in Indien, → Lakhnau.
**Lucretia,** nach der röm. Sage die Frau des *Tarquinius Collatinus;* von *Sextus,* dem Sohn des letzten röm. Königs, geschändet. Der Vorfall soll die Vertreibung der altröm. Könige (510 v.Chr.) veranlaßt haben.
**Lucretius** → Lukrez.

Ludwig XIV., der »Sonnenkönig«

**Lucrezia Borgia** [-'bɔrdʒa] → Borgia (3).
**Lucullus**, Lucius Licinius, *117 v.Chr., †56 v.Chr., röm. Feldherr; 74 v.Chr. als Konsul, mit der Führung des Krieges gegen *Mithradates* betraut, 66 v.Chr. von *Pompeius* abgelöst. L. war einer der reichsten Römer seiner Zeit. Seine üppigen Gastmähler waren berühmt (»lukull. Mahl«).
**Lüda**, *Lüta*, chin. Stadt in der mandschur. Prov. Liaoning, zusammengeschlossen aus den Hafenstädten *Lüshun* (früher Port Arthur) u. *Dalian;* rd. 4,2 Mio. Ew.
**Ludendorff**, Erich, *1865, †1937, dt. Offizier; als Chef des Generalstabs unter *Hindenburg* an den Siegen bei *Tannenberg* u.a. beteiligt; 1916 Erster Generalquartiermeister. Hindenburg u. L. bildeten zus. die sog. 3. Oberste Heeresleitung. L. setzte 1917 den uneingeschränkten U-Boot-Krieg durch u. wurde 1918 nach dem Zusammenbruch der großen Westoffensive entlassen. Nach dem Krieg schloß sich L. vorübergehend *Hitler* an, gründete dann eine eigene nationalist. polit.-weltanschaul. Organisation (*Tannenbergbund*), in der seine Frau Mathilde mit ihren rassist. u. antichristl. Ideen Einfluß gewann.
**Lüdenscheid**, Krst. in NRW, im Sauerland, 73 000 Ew.; Eisen-, Textil-, Elektro- u.a. Ind.
**Luder**, totes Tier, Aas; dient oft als Köder.
**Lüderitz**, Adolf, *1834, †1886, dt. Großkaufmann aus Bremen; erwarb 1883 Angra Pequena (portug.) u. das Hinterland dieser Bucht (*L.-Bucht*), die Ausgangsbasis des dt. Schutzgebiets Dt.-Südwestafrika (heute Namibia).
**Lüders**, 1. Günter, *1905, †1975, dt. Schauspieler. – 2. Marie-Elisabeth, *1878, †1966, dt. Politikerin (FDP); setzte sich für die Gleichberechtigung der Frau u. die Reform des Fam.- u. Strafrechts ein.
**Ludhiana**, ind. Distrikt-Hptst. in Panjab, am Sutlej, 607 000 Ew.; landw. Handelszentrum, Textil-Ind.
**Lüdinghausen**, Stadt in NRW, sw. von Münster, 19 000 Ew.; Wasserburg *Vischering;* Nahrungsmittel-, Bekleidungs- u. Holz-Ind.
**Ludmilla**, *um 860, †921 (ermordet), Herzogin von Böhmen, Erzieherin ihres Enkels *Wenzel I.* – Heilige (Fest: 16.9.).
**Ludolfsche Zahl** [nach dem Mathematiker *Ludolf von Ceulen*, *1540, †1610], Kreiszahl → Pi.
**Ludwig**, Fürsten.
D t. K ö n i g   u.   K a i s e r :
**1. L. IV.**, *L. der Bayer,* *1282, †1347, König 1314–47; Wittelsbacher. Wegen seiner wachsenden Hausmacht wählten 5 Kurfürsten unter päpstl. Einfluß den Luxemburger *Karl VI.* 1346 zum Gegenkönig. Bevor es zur Auseinandersetzung kam, starb L.
B a d e n :
**2. L. Wilhelm I.**, *1655, †1707, Markgraf 1677 bis 1707, gen. *Türkenlouis;* erfolgreich in den Türkenkriegen u. im Span. Erbfolgekrieg.
B a y e r n :
**3. L. I.**, *1786, †1868, König 1825–48; machte München zu einem Zentrum der Kunst. Seine reaktionäre Politik erregte öffentl. Kritik, die sich noch steigerte, als seine Beziehungen zu der Tänzerin L. *Montez* bekannt wurden. Nach der erzwungenen Bestätigung der liberalen Forderungen während der Märzrevolution 1848 dankte er ab. – **4. L. II.**, Enkel von 3), *1845, †1886, König 1864–86. Die Politik der wirklichkeitsfremden L. wurde von seinen Ministern bestimmt. L. förderte R. Wagner u. verbrauchte große Geldmittel für Schloßbauten (Herrenchiemsee, Neuschwanstein, Linderhof). 1886 erklärten ihn Ärzte für geisteskrank; Prinz *Luitpold* übernahm die Regierung. Wenige Tage darauf ertrank L. zus. mit dem Arzt A. von *Gudden* im Starnberger See. – **5. L. III.**, *1845, †1921, Regent (seit 1912) u. letzter bay. König 1913–18; 1918 bei der Novemberrevolution durch K. *Eisner* für abgesetzt erklärt.
F r ä n k.  K ö n i g e  u.  K a i s e r :
**6. L. I.**, *L. der Fromme,* *778, †840, Kaiser 814–840; 3. Sohn *Karls d. Gr.*, 813 Mitkaiser, 814 Alleinherrscher. 830 erhoben sich seine Söhne, *Lothar* (I.), *Ludwig der Deutsche* u. *Pippin,* gegen ihn. In den anhaltenden Kämpfen zerbrach die Einheit des karoling. Reichs (*Vertrag von Verdun* 843). – **7. L. II.**, *um 822, †875, König 855–75; Sohn *Lothars I.;* seit 844 Unterkönig von Italien u. König der Langobarden; bekämpfte die Sarazenen u. behauptete während sein. Reg. die Autorität in Italien. – **8. L. III.**, *L. der Blinde,* *882, †928, König 890–928; folgte 890 seinem Vater *Boso von Vienne* im Königreich Provence; empfing 900 die langobard. Königskrone u. im nächsten Jahr auch die röm. Kaiserkrone. 905 wurde er von *Berengar* in Verona überfallen, geblendet u. in die Provence zurückgebracht. – **9. L. der Deutsche**, Sohn von 6), *um 806, †876, König 843–76; teilte 870 im *Vertrag von Meersen* mit *Karl dem Kahlen* das Reich Lothars II. Ludwigs ostfränk. Reichsbildung war die unmittelbare Vorstufe des dt. Reichs (Hl. Röm. Reich). – **10. L. III.**, *L. der Jüngere,* Sohn von 9), *um 830, †882, 876–82 König in Sachsen, Thüringen u. Ostfranken (i.e.S.); verteidigte den ostfränk. Teil Lotharingiens, der ihm 878 zufiel. Nach dem Tod seines Bruders *Karlmann* († 880) regierte er auch in Bayern. – **11. L. IV.**, *L. das Kind,* *893, †911, König 900–911; Erzbischof *Hatto von Mainz* regierte für den unmündigen L., den letzten *Karolinger* in Dtld.
F r a n k r e i c h :  frz. *Louis*.
**12. L. VII.**, *L. der Junge,* *1120, †1180, König 1137–80; gab durch die Scheidung von *Eleonore von Aquitanien* den Anlaß zu langwierigen Kriegen um die Vorherrschaft im Land. – **13. L. VIII.**, *1187, †1226, König 1223–26; führte 1226 den Feldzug gegen die Albigenser u. legte damit das Fundament für die Herrschaft des frz. Königtums im S Frankreichs. – **14. L. IX.**, *L. der Heilige,* Sohn von 13), *1214, †1270, König 1226–70; unternahm 1248–54 einen Kreuzzug gegen Ägypten, 1270 gegen Tunesien, wo er starb. – **15. L. XI.**, *1423, †1483, König 1461–83; stellte nach dem Tod Karls des Kühnen von Burgund in der Schlacht bei Nancy die frz. Einheit her. – **16. L. XIII.**, *1601, †1643, König 1610–43; übertrug 1617 die Staatsleitung dem Herzog von *Luynes,* dann 1624 *Richelieu,* 1642 *Mazarin*. – **17. L. XIV.**, Sohn von 16), *1638, †1715, König 1643–1715; zunächst unter Vormundschaft seiner Mutter *Anna von Österreich* u. *Mazarins* (bis 1661), führte dann das frz. Königtum auf den Gipfel seiner Macht u. verkörperte den Höhepunkt des frz. Absolutismus (»Sonnenkönig«). Ziel seiner Politik war die Schwächung der Habsburger (im Dt. Reich u. in Spanien). Obwohl er über die stärkste Militärmacht der damaligen Zeit verfügte, endeten die Kriege gegen Spanien, Dtld. u. die Ndl. sowie der Pfälzische Erbfolgekrieg ohne große Erfolge. – **18. L. XV.**, Urenkel von 17), *1710, †1774, König 1715–74. Seine Mätressenwirtschaft (Mme. de Pompadour, Mme. de Dubarry) u. seine Prachtentfaltung trugen zur Finanzschwäche des Staates u. zur Vermehrung der Steuerlasten bei. – **19. L. XVI.**, Enkel von 18), *1754, †1793 (hingerichtet), König 1774–92. Finanznot veranlaßte ihn zur Einberufung der Generalstände, deren 3. Stand die *Frz. Revolution* 1789 auslöste. 1792 wurde er abgesetzt, zum Tode verurteilt u. guillotiniert. Er war verh. mit der Habsburgerin *Marie-Antoinette*. – **20. L. XVIII.**, eigtl. *Louis Stanislas Xavier,* Bruder von 19), *1755, †1824, König 1814–24; bestieg

| | Wichtige Daten zur Geschichte der Luftfahrt |
|---|---|
| 1783 | Heißluftballon der Brüder Montgolfier |
| | Wasserstoffballon von J. A. C. Charles |
| 1784 | Erste Überquerung des Ärmelkanals mit einem Ballon |
| 1797 | Erster Fallschirmabsprung aus einem Ballon durch den Franzosen A. J. Garnerin |
| 1852 | Erste Fahrtversuche bemannter Luftschiffe mit Dampfmaschinenantrieb |
| 1891 | Erste bemannte Gleitflüge mit einem Luftfahrzeug schwerer als Luft (O. Lilienthal) |
| 1900 | Erstes Starrluftschiff (F. von Zeppelin) |
| 1903 | Erste Motorflüge der Brüder O. u. W. Wright |
| | Gründung der Aerodynamischen Versuchsanstalt Göttingen |
| 1907 | Erster bemannter Hubschrauberflug (P. Cornu) |
| 1909 | Erste Überquerung des Ärmelkanals mit einem Flugzeug durch L. Blériot |
| 1910 | Beginn des kommerziellen Luftverkehrs mit Luftschiffen |
| | Flug des ersten Wasserflugzeugs (H. Fabre) |
| 1915 | Erstes Ganzmetallflugzeug (H. Junkers) |
| 1919 | Beginn planmäßiger Luftverkehrsdienste mit Flugzeugen |
| | Erste Überquerung des Nordatlantiks durch J. W. Alcock |
| 1926 | Erste Überfliegung des Nordpols (R. E. Byrd) |
| | Gründung der Deutschen Luft Hansa AG |
| 1927 | Erster Nonstopflug von New York nach Paris (Ch. Lindbergh) |
| 1929 | Erste Überfliegung des Südpols (R. E. Byrd) |
| 1939 | Linienverkehr mit Flugzeugen über den Nordatlantik |
| | Erstes Strahlflugzeug (He 178) |
| 1946 | Erste Schleudersitz-Versuche (B. Lynch) |
| 1947 | Erster Überschallflug (C. E. Yeager mit Bell X–1) |
| 1949 | Erste Umrundung der Erde ohne Zwischenlandung |
| 1952 | Beginn des Luftverkehrs mit Strahlflugzeugen (Comet) |
| 1954 | Neugründung der Deutschen Lufthansa AG |
| 1955 | Erste Versuche mit strahlgetriebenen Senkrechtstartern |
| 1957 | Erste Luftverkehrsdienste über den Nordpol |
| 1958 | Erster Transatlantik-Verkehr mit Düsenverkehrsflugzeugen (Comet 4) |
| 1967 | Erste Transatlantik-Überquerung mit einem Hubschrauber |
| 1968 | Flug des ersten Überschallverkehrsflugzeugs der Welt (Tupolew Tu-144) |
| 1976 | Beginn des Überschall-Flugverkehrs (Concorde) |
| 1978 | Erstmalige Überquerung des Nordatlantiks mit einem Freiballon |
| 1979 | Ein Muskelkraft-Fahrzeug überquert erstmals den Ärmelkanal |
| 1981 | Überquerung des Ärmelkanals mit einem Sonnenenergie-getriebenen Flugzeug |
| 1986 | Vorstellung des X-Wing-Hubschraubers (Test-Kombination Drehflügler-Starrflügler der NASA) |
| 1986 | Erste Erdumrundung ohne Zwischenlandung u. Nachbetankung mit dem Propellerflugzeug „Voyager" (D. Rutan, J. Yeager) |
| 1987 | Erstes Verkehrsflugzeug mit elektrohydraulischer Flugsteuerung (fly-by-wire, Airbus A 320) |
| 1988 | Erstes mit Wasserstoff getriebenes Verkehrsflugzeug (Tupolew Tu-155) |

*Luftkissenfahrzeug im Fährdienst*

nach der Abdankung Napoleons I. 1814 den Thron u. erließ eine liberale Verfassung. Nach der Ermordung des Herzogs von *Berry* (1820) führte er eine reaktionäre Reg. – **21. L. Philipp** → Louis Philippe.

Thüringen:
**22. L. II.,** *L. der Eiserne,* * um 1129, † 1172, Landgraf 1140–72. Der Sage nach wurde er von dem Schmied von Ruhla durch die Worte »Landgraf, werde hart!« zum Einschreiten gegen Übermut, Räuberei u. Willkür im Land veranlaßt. –
**23. L. IV.,** *L. der Heilige,* * 1200, † 1227, Landgraf 1217–27; verh. mit der hl. *Elisabeth;* starb auf dem 5. Kreuzzug.

Ungarn:
**24. L. I.,** *L. der Große,* * 1326, † 1382, König von Ungarn 1342–82, König von Polen 1370–82; aus dem Haus Anjou; entmachtete die Magnaten u. förderte das städt. Bürgertum.

**Ludwig, 1.** Christa, * 16.3.1928, öster. Sängerin (Mezzosopran); an der Wiener Staatsoper; v.a. Mozart- u. Strauss-Interpretin. – **2.** Emil, eigtl. E. *Cohn,* * 1881, † 1948, dt. Schriftst.; ein Hauptvertreter der »histor. Belletristik« (Biographien). – **3.** Otto, * 1813, † 1865, dt. Schriftst.; Vertreter des »poetischen Realismus«. – **4.** Peter, * 9.7.1925, dt. Unternehmer, Kunstsammler u. Mäzen (Museum L. in Köln). – **5.** Walther, * 1902, † 1981, dt. Sänger (Tenor); Mozart- u. Bach-Interpret.

**Ludwigsburg,** Krst. in Ba.-Wü., am Neckar, 77 000 Ew.; Barockschloß, Porzellanmanufaktur (gegr. 1756); Masch.-, Orgelbau, Textilind.

**Ludwigshafen am Rhein,** kreisfreie Stadt in Rhld.-Pf., gegenüber von Mannheim, 152 000 Ew.; Masch.-, chem. (BASF), Metall- u. pharmazeut. Ind.; großer Binnenhafen.

**Ludwigslust,** Krst. in Mecklenburg, 14 000 Ew.; Neues Schloß (1772–76), Landschaftspark; Spargelanbau.

**Lueger** [luˈeːɡər], **1.** Karl, * 1844, † 1910, öster. Politiker; seit 1893 Führer der Christlichsozialen (antisemit.) Partei. Als Bürgermeister von Wien veranlaßte er große kommunale Aufbauleistungen. – **2.** Otto, * 1843, † 1911, dt. Wasserbauingenieur; gab das »Lexikon der gesamten Technik« heraus.

**Lues** → Syphilis.

**Luffa,** trop. Gatt. der *Kürbisgewächse*. Die in Japan, Mexiko u.a. kultivierte *L. cylindrica* hat eßbare Früchte, deren Fasernetz die *L.schwämme* liefert.

**Luft,** das Gasgemisch, das die Erde umhüllt. Es besteht an der Erdoberfläche aus rd. 78 % Stickstoff, 21 % Sauerstoff, 1 % Edelgasen u. kleineren Mengen Kohlendioxid, Wasserstoff u.a. Gasen.

**Luft,** Friedrich, * 24.8.1911, dt. Kritiker u. Feuilletonist.

**Luftakrobatik,** Akrobatik an Geräten über der Erde, vor allem Übungen am Trapez, an hängenden Stangen oder Seilen.

**Luftaufnahme,** *Luftbild,* die photograph. Aufnahme aus Luftfahrzeugen; Anwendung: Landesvermessung zur Kartenaufnahme, Archäologie, militär. Luftaufklärung.

**Luftbildforschung,** Methode der Archäologie, um Bodendenkmäler (Grundrisse von ehem. Siedlungen, Befestigungen) nach Lage u. Gestalt zu erkennen, die von der Erde aus nicht zu sehen sind.

**Luftbrücke,** Versorgung räuml. abgetrennter Gebiete durch Flugzeuge. Der Begriff entstand mit der Versorgung *Westberlins* während der Berliner Blockade durch die Sowj. 1948/49.

**Luftdruck,** der Druck, den die Luft der Erdatmosphäre aufgrund der Schwerkraft auf ihre Unterlage ausübt; gemessen in Hektopascal (fr. Millibar). Im Mittel u. auf Meeresniveau (NN) beträgt der L. 1013 hPa bzw. 1013 mbar. Er nimmt mit der Höhe ab u. schwankt entspr. den Bewegungsvorgängen in der Atmosphäre. Ein Gebiet geringen Luftdrucks (meist auf die Erdoberfläche bezogen) heißt *Tief,* ein solches hohen Luftdrucks *Hoch.* L.-Unterschiede verursachen Strömungen, die *Winde.*

**Luftelektrizität,** die elektr. Erscheinungen in der Atmosphäre, bes. das allg. luftelektr. Feld mit den in der Atmosphäre fließenden Strömen u. die Wolken- u. Gewitterelektrizität.

**Luftfahrt,** Nutzung des die Erde umgebenden Luftraums für unterschiedl. Zwecke (zivile L. sowie militär. L.) mit Hilfe von Luftfahrzeugen versch. Art. Da zur Fortbewegung im Luftraum die Erdschwerkraft durch bes. techn. Einrichtungen kompensiert werden muß, stellten sich entscheidende Erfolge erst mit wachsendem techn. Wissensstand zu Beginn dieses Jahrhunderts ein.

**Luftfahrzeuge,** Sammelbez. für Fahrzeuge, die sich in der Luft fortbewegen, entweder (heute ganz überwiegend) »schwerer als Luft« (→ Flugzeug) oder »leichter als Luft« (→ Ballon, → Luftschiff).

**Luftfeuchtigkeit,** die Menge des in der Luft enthaltenen Wasserdampfs. Die *absolute L.* gibt die jeweils vorhandene Wassermenge in Gramm pro cm³ an; die *relative L.* (mit einem *Hygrometer* gemessen) mißt in Prozenten das Verhältnis der absoluten L. zu der, die man bei mit Wasserdampf gesättigter Luft hat. Die für Gesundheit u. Wohlbefinden beste L. in Wohn- u. Arbeitsräumen liegt bei 45–60 %.

**Luftfilter,** Filteranlagen, die die Um- u. Außenluft in Klima- u. Lüftungszentralen reinigen.

**Luftgewehr,** *Windbüchse,* ein Sportgewehr, bei dem das Geschoß durch Druckluft aus dem Lauf getrieben wird.

**Lufthoheit,** der Grundsatz, daß der Luftraum über dem Staatsgebiet (einschl. Küstengewässer) der Hoheitsausübung des betr. Staates unterliegt.

**Luftkissenfahrzeug,** *Bodeneffekt-Fluggerät,* engl. *Hovercraft,* ein schiffähnl. Schwebefahrzeug, das sich auf einem durch Hubgebläse erzeugten Luftpolster einige Dezimeter über den Wasserspiegel (oder den ebenen Boden) erhebt. Der Rumpf ist zur Aufnahme von Passagieren oder Lasten ausgebildet. L. dienen vor allem als Fähren über See.

**Luftkorridore,** die drei Flugschneisen von Hamburg, Hannover u. Frankfurt a.M. nach Berlin; 1945 vom Alliierten Kontrollrat eingerichtet, um den ungestörten Flugverkehr der drei westl. Besatzungsmächten zw. ihren Zonen u. Berlin zu ermöglichen.

**Luftkrankheit,** ein der → Seekrankheit ähnliches Übelsein, das beim Flug in turbulenten Luftströmungen auftritt.

**Luftkrieg,** die Kriegführung in u. aus der Luft mit militär. Luftfahrzeugen u. Flugkörpern (als Waffenträger u. Aufklärer); im 1. Weltkrieg erstmals verstärkt eingesetzt. Im 2. Weltkrieg wurde die *Luftwaffe* zur kriegsentscheidenden Waffengattung. Nach dem 2. Weltkrieg wurden die strateg. Konzeptionen eines mögl. L. immer stärker abhängig von der schnellen Entwicklung der Technik (Atombomben, Strahlflugzeuge, Raketen, Warnsysteme).

**Luftkurorte,** *Klimakurorte,* Orte mit bes. klimatischen Bedingungen, die je nach ihrer Art auf versch. Erkrankungen günstig einwirken u. v.a. für *Klimabehandlungen* geeignet sind.

**Luftlandetruppen,** Truppen, die durch Flugzeuge an ihren Bestimmungsort gebracht werden; zu ihnen gehören auch die *Fallschirmtruppen.*

**Luftlinie,** die kürzeste Entfernung zw. zwei Punkten auf der Erdoberfläche.

**Lüftlmalerei,** im südl. Bayern im 18. u. 19. Jh. verbreitete Fassadenmalerei an Häusern u. Kirchen.

**Luftloch,** irreführende Bez. für atmosphär. Verhältnisse, unter denen der Auftrieb eines Flugzeugs sich plötzl. vermindert; verursacht durch absteigende Luftströmungen oder eine dem Auftrieb ungünstige Änderung der horizontalen Luftbewegung.

**Luftmasse,** eine Luftmenge mit einheitl. meteorolog. Eigenschaften.

**Luftpiraterie,** engl. *Hijacking,* die unter Androhung oder Anwendung von Gewalt angemaßte Kontrolle über ein Flugzeug, meist verbunden mit erzwungener Kursänderung. Die von Terroristen, Untergrundkämpfern u. polit. Flüchtlingen ausgeübte Praxis hat zu internat. Vereinbarungen über Abwehrmaßnahmen geführt.

**Luftpost,** *Flugpost,* engl. *air mail,* beschleunigte Beförderung von Postsendungen mittels Luftfahrzeugen gegen Entrichtung erhöhter Gebühren.

**Luftpumpe,** Apparat zur Verdichtung von atmosphärischen Gasen (z.B. Aufpumpen von Fahrrad- u. Kraftfahrzeugreifen, Schlauchbooten), meist als Kolbenverdichter aufgebaut; auch Bez. für → Vakuumpumpen, insbes. zur Entlüftung der Kondensatoren von Dampfturbinen, die häufig als Dampf- oder Wasserstrahlpumpe ausgeführt sind.

**Luftrecht,** *Luftfahrtrecht,* die Vorschriften über die Benutzung des Luftraums durch Luftfahrzeuge, bes. über den zivilen Luftverkehr, die Flugsicherung u. die Luftfahrtverwaltung. Es gibt inner- u. zwischenstaatl. Regelungen.

**Luftreifen** → Reifen.

**Luftröhre,** *Trachea,* der Atmungsweg der lungenatmenden Wirbeltiere vom Kehlkopf abwärts in die Lunge. Die L. beginnt beim Menschen im Hals

*Zeppelin-Luftschiff LZ 130, das letzte deutsche Luftschiff (Länge 245 m, größter Durchmesser 41,2 m, Gasinhalt 200 000 m³). Der Schnitt zeigt vorn die Führergondel, anschließend im Innern die Fahrgasträume, dann eine Gaszelle mit Entlüftungsschacht, im Schiffskiel die Mannschafts- und Frachträume; Antrieb durch 4 Daimler-Benz-Dieselmotoren von je 1000 PS*

**Luftschiff**

in der Mittellinie vor der Speiseröhre u. teilt sich in einen rechten u. linken Hauptbronchus. – **L.nschnitt**, *Tracheotomie*, ein Operationseingriff, der bei Verengung der Atemwege (z.B. bei Diphtherie, Kehlkopfkrebs) notwendig werden kann.
**Luftschiff**, ein Luftfahrzeug (leichter als Luft) von meist zylindrischer oder Tropfenform, getragen durch den statischen Auftrieb eines Gases, bewegt durch Luftschraubenantrieb, steuerbar durch eine Anordnung von bewegl. Steuerflächen. Das *Starr-L.* hat ein starres Gerüst aus Leichtmetall (*Zeppelin-L.*), das im Innern die mit Wasserstoff oder Helium gefüllten Traggaszellen aufnimmt. – B → S. 527.
**Luftschraube**, *Propeller*, Vortriebsschraube bes. für Luftfahrzeuge, bestehend aus 2–5 in einer Nabe befestigten Flügeln aus Metall oder Kunststoff, die eine Drehbewegung um eine in Flugrichtung liegende Achse ausführen.
**Luftschutz** → Zivilschutz.
**Luftspiegelung**, die Brechung der Lichtstrahlen beim Durchgang durch Luftschichten mit verschiedenem Brechungsindex. Über Wüstensand z.B. ist die Luftdichte wegen der Hitze in Erdnähe kleiner als in einiger Höhe (*Fata morgana*).
**Luftverflüssigung**, Herstellung flüssiger Luft durch Abkühlen u. gleichzeitiges Komprimieren (Verfahren von C. *Linde*). *Flüssige Luft* hat eine bläul. Farbe u. eine Temperatur von etwa –192 °C. Man verwendet sie zur Herstellung von Sauerstoff, Stickstoff (z.B. für die Ammoniaksynthese) u. Edelgasen, als Sprengstoff u. für Kühlzwecke.
**Luftverkehr**, *Flugverkehr*, die gewerbsmäßige Beförderung von Personen, Gütern u. Nachrichten mit Luftfahrzeugen, insbes. *Flugzeugen*. Seit Mitte der 1920 Jahre bildeten sich dichte kontinentale

*Luftverkehrsgesellschaften (Auswahl)*

### Die wichtigsten Luftverkehrsgesellschaften (Auswahl)

| Staat | Luftverkehrsgesellschaft | Staat | Luftverkehrsgesellschaft |
|---|---|---|---|
| Ägypten | Egyptair | Pakistan | PIA – Pakistan International Airlines |
| Argentinien | Aerolíneas Argentinas | | |
| Australien | Qantas Airways | Polen | LOT – Polski Linie Lotnicze |
| Belgien | SABENA – Société anonyme belge d'exploration de la navigation aérienne | Portugal | TAP – Air Portugal |
| | | Saudi-Arabien | SAUDIA – Saudi Arabian Airlines |
| Brasilien | VARIG – Viação Aérea Rio-Grandese | Schweiz | Swissair – Swiss Air Transport |
| | | Singapur | Singapore Airlines |
| Deutschland | Deutsche Lufthansa Interflug | Skandinavien (Dänemark, Norwegen, Schweden) | SAS – Scandinavian Airlines System |
| Finnland | Finnair | | |
| Frankreich | Air France | | |
| Griechenland | Olympic Airways | Sowjetunion | Aeroflot |
| Großbritannien | British Airways | Spanien | Iberia – Lineas Aéreas de España |
| Indien | Air India | | |
| Indonesien | Garuda Indonesian Airways | Südafrikanische Republik | SAA – South African Airways |
| Irak | Iraqi Airways | | |
| Iran | Iran Air | Thailand | Thai Airways International |
| Israel | El Al Israel Airlines | Tschechoslowakei | ČSA – Československe Aerolinie |
| Italien | Alitalia – Linee Aéree Italiane | | |
| Japan | Japan Air Lines | Türkei | THY – Türk Hava Yollari |
| Jugoslawien | JAT – Jugoslovenski Aerotransport | USA | American Airlines |
| | | | Flying Tiger Line |
| Kanada | Air Canada | | Pan American World Airways |
| Kolumbien | AVIANCA – Aerovías Nacionales de Columbia | | TWA – Trans World Airlines |
| | | | United Airlines |
| Korea, Süd | KAL – Korean Air | | US Air |
| Libanon | MEA – Middle East Airlines TMA – Trans Mediterranean | | |
| Niederlande | KLM – Royal Dutch Airlines | | |
| Österreich | Austrian Airlines | | |

**Luftverkehrsnetze,** bes. in Europa u. den USA, die dann durch interkontinentale Linien miteinander verbunden wurden. 1945 wurde die *International Air Transport Association (IATA)* als internat. L.sverband gegründet.

**Luftverschmutzung,** Verunreinigung der Luft durch Abgase von Industriebetrieben, Motorfahrzeugen, häusl. Feuerungsanlagen u. durch Staub erzeugende Industrieanlagen. Luftschadstoffe sind bes. Kohlenmonoxid, Schwefeldioxid, Stickoxide u. Photooxidantien.

**Luftwaffe,** Teil der Streitkräfte eines Landes mit der Aufgabe, den *Luftkrieg* zu führen oder zu verhindern; in der Bundeswehr neben Heer u. Marine eine der *Teilstreitkräfte*.

**Luftwege,** bei Lungenatmern die Wege der Atemluft durch Nase, Mund, Luftröhre u. Bronchien.

**Luftwiderstand,** der Teil des Fahrwiderstands von Fahrzeugen (Eisenbahnzügen, Kraftfahrzeugen, Flugzeugen u.a.), der durch die Verdrängung der umgebenden Luft u. durch deren Reibung an der Fahrzeugoberfläche entsteht. Er wächst mit dem Quadrat der Relativgeschwindigkeit zw. Fahrzeug u. Luft u. ist abhängig von der Formgebung.

**Luftwurzeln,** Wurzeln an oberirdischen Stammteilen, bes. bei Epiphyten u. Lianen.

**Luganer See,** verzweigter großer Alpensee zw. Lago Maggiore u. Comer See, in den Luganer Alpen, 49 km²; größtenteils auf schweiz. Gebiet.

**Lugano,** schweiz. Bez.-Hptst. am Luganer See, 28 000 Ew.; Süßwaren- u. Textilind.; internat. Fremdenverkehrsort.

**Lugansk** → Woroschilowgrad.

**Lugau/Erzgebirge,** Stadt in Sachsen, 10 000 Ew.; Masch.- u. Textilind.

**Lügde,** Stadt in NRW, sw. von Hameln, 11 000 Ew.; Luftkurort.

**Lügendetektor,** in den USA entwickeltes Meßgerät, das u.a. Blutdruck, Puls u. Hautfeuchtigkeit mißt u. bei Aussagen innere Erregung anzeigt, aus der man auf die Unwahrheit schließt, in der BR Dtld. in der Rechtspflege verboten.

**Luginbühl,** Bernhard, *16.2.1929, schweiz. Bildhauer u. Graphiker.

**Lugo,** NW-span. Provinz-Hptst. in Galicien, 78 000 Ew.; Kathedrale; Schwefel- u. Eisengewinnung.

**Lugol** [ly'gɔl], Jean Georges Antoine, *1786, †1851, frz. Arzt; führte 1829 die Jodbehandlung bei Schilddrüsenerkrankungen ein.

**Lugones Argüello** [-'gu̯eʎo], Leopoldo, *1874, †1938 (Selbstmord), argent. Schriftst.; mit R. *Darío* Erneuerer der hispano-amerik. Dichtung.

**Lu Hsün** → Lu Xun.

**Luini,** Bernardino, *um 1485, †1531/32, ital. Maler; von *Leonardo da Vinci* beeinflußte Fresken u. Tafelbilder.

**Luise, 1.** *1776, †1810, Königin von Preußen; seit 1793 mit dem späteren König *Friedrich Wilhelm III.* von Preußen verh.; Mutter *Friedrich Wilhelms IV.* u. *Wilhelms I.* Versuchte vergeblich, in einer Unterredung mit Napoleon 1807 in Tilsit bessere Friedensbedingungen zu erreichen. Sie wurde wegen ihrer menschl. Schlichtheit sehr volkstümlich. – **2. L. Ulrike,** *1729, †1782, Königin von Schweden 1743–72; verh. mit Adolf F. von Schweden, Schwester Friedrichs d. Gr.

**Luitpold,** *1821, †1912, Prinzregent von Bayern; seit 1886 Regent für seine Neffen *Ludwig II.* u. *Otto I.*

**Luitprand** → Liutprand.

**Lukács** ['luka:tʃ], Georg (György von), *1885, †1971, ung. marxist. Philosoph u. Literaturwissenschaftler; W »Geschichte u. Klassenbewußtsein«, »Die Zerstörung der Vernunft«.

**Lukanien,** Ldsch. in S-Italien, 1932–45 Bez. für die heutige Region *Basilicata*. – Seit 700 v.Chr. von Griechen besiedelt, Anfang des 4. Jh. v.Chr. von den *Lukanern* erobert.

**Lukas,** Mitarbeiter des Apostels *Paulus,* Arzt (Kol. 4,14), nach später Legende auch Maler; gilt als Verfasser des *L.evangeliums* (das jüngste u. umfangreichste der drei »synoptischen Evangelien«) u. der Apostelgeschichte; Patron der Ärzte u. der Maler; Symbol: Stier. **L.gilden,** seit dem 15. Jh. zunftartige Vereinigungen von Malern, Bildschnitzern u. Buchdruckern; ben. nach L.

*Luftwurzeln: Die Wurzeln des Schraubenbaumes dienen als Stützelemente*

### Lunda

**Lukian,** *Lucianus,* aus Samosata am Euphrat, *um 120, †um 180, grch. Schriftst.; verfaßte u.a. geistreich-witzige Gespräche u. Literaturparodien.

**Lukmanierpaß,** Alpenpaß der Schweiz, in der St.-Gotthard-Gruppe, 1916 m.

**lukrativ,** gewinnbringend.

**Lukrez,** Titus Lucretius Carus, *um 97 v.Chr., †55 v.Chr. (Selbstmord), röm. Dichter; vertrat die Lehre Epikurs, daß sich die ewigen Gesetze des Weltgeschehens ohne göttl. Zutun vollziehen.

**Luksor,** ägypt. Stadt, → Luxor.

**Lukull** → Lucullus.

**Lul,** *Lullus,* *um 710, †786, Bischof von Mainz; angelsächs. Benediktiner; Gründer der Klöster Hersfeld u. Bleidenstadt. – Heiliger (Fest: 16.10.).

**Luleå** ['lyləo], N-schwed. Prov.-Hptst., an der Mündung des *Lule Älv* in den Bottnischen Meerbusen, 67 000 Ew.; Erzausfuhrhafen, Walzwerk.

**Lullus, 1.** → Lul. – **2.** → Llull.

**Lully** [ly'li], Jean-Baptiste, *1632, †1687, frz. Komponist ital. Herkunft; Meister u. Organisator der frz. Barock-Oper, deren Prunk den polit. u. kulturellen Ansprüchen Ludwigs XIV. entsprach. W »Alceste«.

**Lumb,** ein *Schellfisch* des N-Atlantik u. Polarmeers; in Norwegen getrocknet u. gesalzen genossen.

**Lumbago** → Hexenschuß.

**Lumbalanästhesie,** Betäubung durch Einspritzung eines Anästhetikums in den Rückenmarksack, wodurch die Empfindungsleitung unterbrochen wird.

**Lumbalpunktion,** zur Entnahme von Gehirn-Rückenmarkflüssigkeit durchgeführter Einstich in den Wirbelkanal zum Zweck der Untersuchung oder der Druckentlastung.

**Lumberjack** ['lʌmbədʒæk], lose Sportjacke mit engem Taillenbund u. Bündchenärmeln.

**Lumen,** Abk. lm, Einheit des Lichtstroms: die Lichtmenge, die eine Lichtquelle von der Lichtstärke 1 Candela in die Raumwinkeleinheit ausstrahlt.

**Lumet** ['lu:mit], Sidney, *25.6.1924, US-amerik. Regisseur; Thriller u. Kriminalfilme: »Die zwölf Geschworenen«, »Die Clique«, »Mord im Orientexpress«, »Network«.

**Lumière** [ly'mjə:r], Gebrüder: Auguste (*1862, †1954) u. Louis (*1864, †1948), frz. Erfinder; führten mit einem *Kinematographen,* der gleichzeitig Filmkamera, Kopiergerät u. Projektor war, 1895 in Paris erstmalig öffentl. Filme vor.

**Lumineszenz,** Leuchterscheinung bei Stoffen (*Luminophoren*) in kaltem Zustand, im Gegensatz zur Temperaturstrahlung. *Photo-L.:* Erregung durch Licht (→ Fluoreszenz, → Phosphoreszenz); *Elektro-L.:* Erregung durch elektr. Gasentladung (z.B. in Leuchtstofflampen); *Radio-L.:* durch radioaktive Strahlung (z.B. Leuchtziffern bei Uhren); *Bio-L.:* Leuchten von Lebewesen, z.B. Glühwürmchen. – **L.diode** → Leuchtdiode.

**Luminophoren,** *Leuchtstoffe,* Stoffe, die infolge Lumineszenz Licht aussenden.

**Lummen,** Arten der → Alken.

**Lumumba,** Patrice, *1925, †1961 (ermordet), kongoles. Politiker; setzte sich für die Unabhängigkeit der belg. Kolonie Kongo ein u. wurde 1960 1. Min.-Präs. des unabhängigen Kongo; überwarf sich mit Präs. J. *Kasavubu,* wurde abgesetzt, verhaftet u. unter ungeklärten Umständen ermordet.

**Luna** [»Mond«], **1.** röm. Mondgöttin, entspricht der grch. *Selene.* – **2.** sowj. Raumfluggeräte zur Mondumkreisung oder Mondlandung. *L. 9* landete als erste Sonde 1966 weich auf dem Mond. – B → S. 530.

**Lunar Orbiter** ['lu:nə 'ɔ:bitə], US-amerik. Photosatelliten (1966) zur kartograph. Erfassung fast der gesamten Mondoberfläche.

**Lunation,** Periode des Mondwechsels, von Neumond zu Neumond gezählt; mittlere Dauer einer L.: 29,53059 Tage *(synodischer Monat).*

**Lunatscharski,** Anatoli Wassiljewitsch, *1875, †1933, russ. Lit.-Wiss. u. Politiker; 1917–29 Volkskommissar für das Bildungswesen.

**Lunch** [lʌntʃ], engl.: Gabelfrühstück, leichte Mittagsmahlzeit.

**Lund,** Stadt in der S-schwed. Prov. (Län) Malmöhus, 83 000 Ew.; Univ.; roman. Dom; Verlage.

**Lunda,** *Balunda,* Bantustamm in Zaire, Angola u. Sambia; im 16. Jh. mächtiges Reich im südl. Kongobecken.

## 530 Lundaschwelle

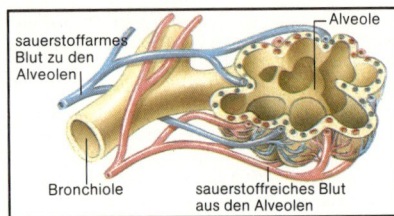

*Die Lungenbläschen am Ende der feinen Bronchiolen sind eng von Luftkapillaren umschlossen, mit denen der Gasaustausch stattfindet*

**Lundaschwelle,** afrik. Hochland zw. Kongo- u. Kalaharibecken, 1000–1600 m hoch.
**Lundberg** [-bɛrj], Gustaf, *1695, †1786, schwed. Maler; Pastellbildnisse in lebendiger, psycholog. Charakterisierung.
**Lundbye** ['lɔnby:], Johann Thomas, *1818, †1848, dän. Maler (romant. Landschaften).
**Lundegård** ['lɔndəgo:rd], Axel, *1861, †1930, schwed. Schriftst. (biograph. Romane).
**Lundkvist,** Artur, *3.3.1906, schwed. Lyriker u. Literaturkritiker.
**Lüneburg,** Krst. in Nds., Hptst. des gleichn. Reg.-Bez., im N der *L.er Heide,* 60 000 Ew.; Luftkurort, Kneippbad; HS; Häuser u. Kirchen in Backsteingotik; Textil-, Möbel-, Elektro- u.a. Ind. – Ehem. Hansestadt, durch Salzmonopol reich geworden.
**Lüneburger Heide,** Ldsch. des Norddt. Tieflands zw. Unterelbe u. Aller, rd. 7200 km², im *Wilseder Berg* 169 m; Naturpark L. H. im NW u. Südheide nördl. von Celle; typ. Vegetation: Heidekraut, Ginster, Wacholder. Bienen- u. Schafzucht; Erdölgewinnung; Fremdenverkehr.
**Lünen,** Stadt in NRW, an der Lippe, 84 000 Ew.; Steinkohlenbergbau, Metall-, Holz- u.a. Ind.
**Lünette, 1.** nach oben durch einen Rundbogen abgegrenztes Wandfeld, bes. über Maueröffnungen. – **2.** halbkreisförmiges Fenster.
**Lunéville** [lyne'vi:l], frz. Stadt in Lothringen, an der Mündung der Vezouze in die Meurthe, 22 000 Ew. – Nach dem *Frieden von L.* 1801 zw. Frankreich u. Östr. kam das linke Rheinufer an Frankreich.
**Lunge,** das Atmungsorgan der luftatmenden Wirbeltiere. Es besteht aus zwei Säcken, in denen der Austausch von Sauerstoff u. Kohlendioxid zw. Atemluft u. Blut vor sich geht. Die L. der Säuger ist in eine sehr große Zahl halbkugeliger Bläschen *(L.nbläschen, Alveolen)* aufgeteilt (beim Menschen rd. 300 Mio.). Sie besteht aus den beiden *L.nflügeln,* die rechts aus 3, links aus 2 *L.nlappen* zusammengesetzt sind. Die Atemluft tritt durch die *Luftröhre,* die *Bronchien* u. die *Bronchiolen* in die L.nbläschen ein, die von einem Netz von Blutgefäßen (L.nkapillaren) umgeben werden.
**Lungenemphysem,** *Lungenblähung, Lungenerweiterung,* das Nachlassen der Elastizität der Lunge infolge Schwundes der elast. Fasern im Gewebe.
**Lungenentzündung,** *Pneumonie,* eine durch Erreger, bes. *Pneumokokken,* auch Viren hervorgerufene Erkrankung der Lunge. Die *katarrhalische L.,* ausgehend von Entzündungen der Luftröhrenäste, führt zu herdförmigen Entzündungen *(Bronchopneumonie).* Die *kruppöse L.* entsteht durch Erkältungsschäden oder Einatmung reizender Gase; hierbei werden ganze Lungenlappen betroffen.

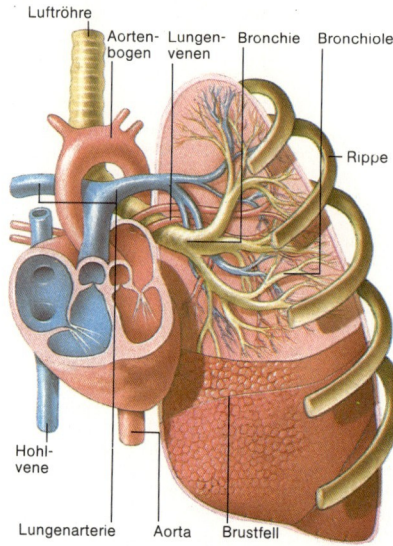

*Lunge: Die Lungen bestehen aus schwammigem Gewebe, das von zahllosen verästelten Venen, Arterien und Bronchiolen durchzogen ist. Beide Lungenflügel werden durch einen doppelwandigen Hautsack, das Brustfell, geschützt, der ein widerstandsfreies Gleiten der Lungen im Brustkorb ermöglicht*

**Lungenfische,** *Dipnoi,* Überordnung der *Muskelflosser;* durch lungenartige Bildungen zum Landaufenthalt befähigt; hierzu die austral. *Lurchfische* u. die afrik. *Molchfische.*
**Lungenkraut,** *Pulmonaria,* Gatt. der *Rauhblattgewächse,* mit rosa, später blauen Blüten; fr. gegen Lungenkrankheiten benutzt.
**Lungenkrebs,** i. allg. gleichbedeutend mit *Bronchialkarzinom,* von der Bronchialschleimhaut ausgehende bösartige Geschwulst. – I.e.S. der von dem Epithelzellen ausgehende Krebs; meist Metastasen anderer Krebsgeschwülste.
**Lungenschnecken,** Gruppe der *Schnecken,* deren Mantelhöhle mit einer stark durchbluteten Haut (Lunge) versehen ist, mit der sie den Sauerstoff aus der Luft aufnehmen können; i. allg. Zwitter. Hierher gehören die meisten Süßwasser- u. Landschnecken.
**Lunik,** Bez. für sowj. Mondraketen (1959).
**Luns** [lyns], Joseph Marie Antoine, *28.8.1911, ndl. Politiker (Kath. Volkspartei); Jurist, 1956–71 Außen-Min.; 1971–84 Generalsekretär der NATO.
**Lunte, 1.** Schwanz des Fuchses u. des übrigen Haarraubwilds. – **2.** eine mit Bleiacetat- u. Salpeterlösung getränkte Hanfschnur, die langsam glimmt u. eine Sprengladung entzünden soll.
**Luo,** nilot. Völkergruppe im westl. Kenia u. nördl. Tansania, 2 Mio.; Großviehzüchter.
**Luoyang,** *Loyang,* Stadt in der chin. Prov. Henan, 1,05 Mio. Ew.; Traktorenfabrik, Maschinenbau. – Seit der Jungsteinzeit besiedelt; seit 770 v. Chr. bis 534 n. Chr. mit Unterbrechungen Hptst. Chinas.
**Lupe,** *Vergrößerungsglas,* eine Sammellinse, bei der sich der beobachtete Gegenstand innerhalb der Brennweite befindet. Die Vergrößerung (bis höchstens zehnfach) ist um so stärker, je stärker die L. gewölbt ist, d.h. je kleiner ihre Brennweite ist.

*Lüneburg: alter Kran*

**Lupine,** Gatt. der *Schmetterlingsblütler,* mit typ. traubigen Blütenständen. Die bekanntesten Arten sind die *Gelbe,* die *Vielblättrige,* die *Blaue* u. die *Weiße L.* Sie werden zur Gründüngung (Stickstoff) u. als Viehfutter angebaut.
**Lupot** [ly'po], Nicolas, *1758, †1824, frz. Geigenbauer; der »frz. Stradivari«.
**Lurçat** [lyr'sa], Jean, *1892, †1966, frz. Maler, Bildteppichkünstler, Keramiker u. Schriftsteller.
**Lurche,** *Amphibien,* Klasse der *Gnathostomata;* Wirbeltiere mit nackter, feuchter, drüsenreicher Haut, die oft einen Teil der Atemfunktion übernimmt; 4 manchmal zurückgebildete Gliedmaßen. Die L. atmen als erwachsene Landtiere durch die Lungen, als im Wasser lebende Larven (z.B. Kaulquappen) durch Kiemen. 3 Ordnungen: *Blindwühlen, Schwanz-L.* u. *Frosch-L.*
**Lure,** bronzenes Blasinstrument der Bronzezeit im südl. u. westl. Ostseeraum, in S-Form.
**Luren,** mit den Kurden verwandtes Volk in Iran.
**Luria,** Salvador Edward, *13.8.1912, US-amerik. Mikrobiologe ital. Herkunft; Arbeitsgebiet: Phagengenetik; Nobelpreis für Medizin 1969.
**Lusaka,** Hptst. des afrik. Staats Sambia, 1300 m ü.M., 819 000 Ew.; kath. Erzbischofssitz, Univ.; Textil-, Nahrungsmittel-, Kunststoff-Ind.; Flughafen.
**Lusen,** Berg im Böhmerwald, an der dt.-tschechosl. Grenze, 1370 m.
**Luserke,** Martin, *1880, †1968, dt. Erzieher u. Schriftst.; Anreger des Jugend- u. Laienspiels.
**Lusignan** [lyzi'njã], frz. Adelsgeschlecht aus dem Poitou, stellte Könige von Jerusalem (1179–1291) u. von Zypern (1192–1489).
**Lusitaner,** mit *Kelten* vermischtes u. den *Keltiberern* ähnl. Volk im Gebiet des heutigen Portugal; bekannt durch ihre Kämpfe mit den Römern, die 194 v.Chr. begannen u. erst unter Cäsar endeten. 27 v.Chr. wurde das Gebiet zur röm. Prov. *Lusitania.*
**Lüst,** Reimar, *25.3.1923, dt. Physiker; Arbeiten über Astrophysik; 1971–83 Präsident der Max-Planck-Gesellschaft, 1984–89 Generaldirektor der ESA.
**Lustenau,** östr. Marktort in Vorarlberg, am Rhein, 17 000 Ew.; Textil-Ind., Stickerei.

*Lurche: Der Baumfrosch aus Madagaskar gehört zu den Ruderfröschen*

*Luna: Die Planetensonde »Luna 16« brachte vom Mond Gesteinsproben mit*

**Lüster, 1.** Hängeleuchter, Kronleuchter. – **2.** Glanz von Edelsteinen u. Perlen.

**Lustig** ['lustik], Arnošt, *21.12.1926, tschech. Schriftst.; im 2. Weltkrieg im dt. KZ, lebt in den USA; setzt sich mit dem jüd. Schicksal unter nat.-soz. Herrschaft auseinander.

**Lustiger** [lysti'ʒɛːr], Jean-Marie, *17.9.1926, frz. kath. Theologe; 1981 Erzbischof von Paris, 1983 Kardinal.

**Lustmord,** Tötung eines Menschen aus sexuellen Motiven.

**Lustration,** religiöse Reinigung (durch Opfer oder Sühne).

**Lustrum,** das alle fünf Jahre dargebrachte Sühneopfer des röm. Volkes an Mars; auch Zeitraum von fünf Jahren.

**Lustspiel** → Komödie.

**Lut,** *Dasht-e-Lut,* Wüste im östl. Iran, mit Dünen u. Salzsümpfen *(Kävir);* eines der lebensfeindl. Gebiete der Erde.

*Lupine*

**Lutein,** *Xanthophyll,* ein z.B. in grünen Blättern, Eidotter u. Kuhbutter vorkommender gelber organ. Farbstoff.

**Luteolin,** im Gelbkraut u. Fingerhut vorkommender gelber Pflanzenfarbstoff; im Altertum zur Textilfärbung.

**Lutetium,** ein → chemisches Element.

**Luther, 1.** Hans, *1879, †1962, dt. Politiker; 1925/26 Reichskanzler, 1930–33 Reichsbank-Präs., 1933–37 Botschafter in den USA. – **2.** Martin, *1483, †1546, dt. Reformator; trat 1505 in den Orden der Augustiner-Eremiten zu Erfurt ein, 1512 in Wittenberg Doktor der Theologie. Gegen die Ablaßverkündigung durch J. *Tetzel* formulierte er 95 Thesen, die er am 31.10.1517 in Wittenberg öffentl. verkünden ließ. Auf der Leipziger Disputation 1519 zw. J. *Eck* u. A. *Karlstadt* bestritt er den Primat des Papstes u. lehnte die Irrtumslosigkeit der allg. Konzilien ab. Auf die päpstl. Bannandrohungsbulle antwortete L. 1520 mit den 3 großen Programmschriften »An den christl. Adel deutscher Nation von des christl. Standes Besserung«, »Von der babylon. Gefangenschaft der Kirche« u. »Von der Freiheit eines Christenmenschen«. Am 3.1.1521 wurde L. exkommuniziert; Kaiser Karl V. verhängte über L. die Reichsacht. Kurfürst *Friedrich der Weise* von Sachsen ließ L. auf die Wartburg bringen, wo Luthers Übers. des NT entstand (1534 durch die Übers. des AT ergänzt). 1525 heiratete L. die ehem. Zisterzienserinnen Katharina von Bora. Zur Belehrung für das Volk verfaßte er 1529 den »Kleinen Katechismus«, für die Pfarrer den »Großen Katechismus«. – L.s Theologie hat ihr Zentrum in der Rechtfertigungsverkündigung. Er hielt an der Klarheit der Hl. Schrift fest u. betonte den Ursprung der Kirche in Bibelwort u. Sakrament, ohne menschl. Zusätze. Er verstand sich als Lehrer der Hl. Schrift, nicht als Reformator der Kirche oder des Staats im Rahmen der damaligen Gesellschaftsordnung. Seine Bibel-Übers. hat zur Durchsetzung einer allg. dt. Hochsprache wesentl. beigetragen.

*Martin Luther*

**Lutheraner,** Mitgl. der durch die Reformation Martin *Luthers* entstandenen Kirchen u. Gemeinden.

**Lutherische Kirche** → Vereinigte Evangelisch-Lutherische Kirche Deutschlands.

**Lutherischer Weltbund,** Vereinigung luth. Kirchen, 1947 in Lund gegr. Ihm gehören 105 luth. Kirchen mit 55 Mio. Mitgl. an.

**Luthuli,** Albert John, *1898, †1967, südafrik. Politiker aus dem Volk der Zulu; seit 1952 Präs. des 1960 in der Südafrik. Republik verbotenen *African National Congress* (ANC), der sich für die Gleichberechtigung der Rassen einsetzt; Friedensnobelpreis 1960.

**Lutizen,** *Liutizen,* ein westslaw., den *Elb-* u. *Ostsee-Slawen* zugehöriger Stammesverband. Der L.bund wurde 983 zum Zentrum des großen allg. Slawenaufstands. Im 12. Jh. wurden die L. durch die Ostsiedlung eingedeutscht.

**Lütke,** *Litke,* Fjodor Petrowitsch, *1797, †1882, russ. Seefahrer u. Arktis-Forscher. – **L.tiefe,** größte Tiefe des östl. Nordpolarmeers, 5449 m.

**Luton** ['luːtən], SO-engl. Stadt in der Gft. Bedford, 166 000 Ew.; Eisen- u. Auto-Ind.

**Lutosławski** [-'suafski], Witold, *25.1.1913, poln. Komponist; führender Vertreter der internat. Avantgarde; experimentierte mit der zwölftönigen Reihentechnik u. mit der Aleatorik; schrieb Sinfonien, »Trauermusik für Streichorchester«, »Trois poèmes d'Henric Michaux«.

**Lutter am Barenberge,** Gem. in Nds., sw. von Salzgitter, 2500 Ew. – Im 30jähr. Krieg 1626 Sieg Tillys u. Wallensteins über Christian IV. von Dänemark.

**Lüttich,** frz. *Liège,* fläm. *Luik,* in O-Belgien, Prov.-Hptst., an der Mündung der Ourthe in die Maas, 200 000 Ew.; kulturelles Zentrum der Wallonen; Univ. (1817) u. a. Hochschulen, Museen; Zitadelle; Steinkohlenbergbau, Stahlwerk, Metall-, Masch.- u.a. Ind.

**Lützen,** Stadt in Sachsen-Anhalt, sw. von Leipzig, 5000 Ew.; Bau-, Metall-, Zuckerind. – Im 30jähr. Krieg trafen bei L. 1632 die Heere Gustavs II. Adolf u. Wallensteins aufeinander. Der schwed. König wurde tödl. verwundet, doch konnten seine Truppen unter Führung Bernhards von Sachsen-Weimar das Schlachtfeld behaupten.

**Lützow** [-tso], Ludwig Adolf Wilhelm Frhr. von,

*Martin Luther: Schon 1516 entwickelte Luther aus seinem Familienwappen das Zeichen der Lutherrose, das er als Symbol seiner Theologie deutete*

# Luxemburg 531

*1782, †1834, preuß. Offizier; bildete 1813 aus nichtpreuß. Freiwilligen für die Befreiungskriege das *L.sche Freikorps*.

**Luv,** die dem Wind zugekehrte Seite (Ggs.: *Lee*).

**Lux,** Kurzzeichen lx, Maßeinheit für die Beleuchtungsstärke.

**Luxation,** *Verrenkung,* Verschiebung zweier durch ein Gelenk miteinander verbundener Knochen aus der Normallage.

**Luxemburg,** Hptst. u. Residenz des Groß-Hzgt. L., an der Alzette, 76 000 Ew.; Sitz zahlr. Banken u. Versicherungen, der Sekretariate des Europaparlaments u. des Europ. Gerichtshofs; Univ., Europaschule, Rundfunkanstalt *Radio L.* u. Fernsehstation *Tele-L.;* Stahl-, Masch.-, Metall- u.a. Ind.; internat. Flughafen.

**Luxemburg,** Staat in W-Europa, 2586 km², 367 000 Ew., Hptst. L.

*Luxemburg*

**Landesnatur.** Nördl. erstreckt sich die stark zertalte Hochebene des *Ösling,* südl. davon das fruchtbare, durchschnittl. 300 m hohe *Gutland.* Die Mosel bildet die dt.-luxemburg. Grenze.

Die **Bevölkerung** ist fast ausschl. kath. Glaubens. Amtssprachen sind Französisch, Deutsch u. Letzeburgisch.

**Wirtschaft.** Hauptanbauprodukte sind Getreide, Kartoffeln, Futterpflanzen u. Obst; Weinbau an den Moselhängen; Rinder- u. Schweinezucht. Von Bedeutung sind Eisen- u. Stahlind., ferner die chem., keram., Tabak-, Zement-, Metall- u. Nah-

*Luxemburg an der Alzette*

rungsmittelindustrie (Großbrauereien, Molkereien) u. das graph. Gewerbe. Haupthandelspartner sind die EG-Länder.

**Geschichte.** Die Gft. L. wurde 1354 Hzgt., kam 1443 an Burgund u. 1477 an die Habsburger. 1684–97 geriet L. unter frz. Herrschaft, dann wurde es wieder habsburg., 1794 bis 1814 erneut Teil Frankreichs, 1815 Groß-Hzgt. in Personalunion mit den Ndl. 1866 wurde L. selbständig u. 1867 neutralisiert. Die Personalunion mit den Ndl. wurde 1890 gelöst. 1922 schloß L. eine Wirtschaftsunion mit Belgien; in beiden Weltkriegen von dt. Truppen besetzt; 1947 Abschluß der Benelux-Union, 1949 Beitritt zur NATO u. 1957 zur Europ. Gemeinschaft. Seit 1964 regiert Großherzog Jean. Min.-Präs. ist seit 1984 J. Santer.

**Luxemburg,** Rosa, *1871, †1919, dt. sozialist. Politikerin; Nationalökonomin; stand auf dem linken Flügel der SPD, bekämpfte den Revisionismus u. Reformismus, lehnte zugl. die Kaderpolitik u. den Zentralismus der russ. Bolschewiki ab. Als Kriegsgegnerin 1914/15 im Gefängnis, 1916–18 in »Schutzhaft«. Ende 1918 gründete sie mit K. *Liebknecht* u.a. Linken die KPD. Nach dem von ihr

## 532 Luxemburger

mißbilligten Spartakusaufstand wurde sie zus. mit Liebknecht von Freikorpsoffizieren ermordet.

**Luxemburger,** *Lützelburger,* dt. Königsgeschlecht aus dem Haus der Grafen von Luxemburg; erlangte mit Kaiser Heinrich VII. u. Erzbischof Balduin von Trier europ. Bedeutung u. stellte mit Heinrich IV., Karl IV., Wenzel, Jobst von Mähren u. Sigismund nach den Habsburgern die meisten dt. Könige im späten MA.

**Luxor,** *Luksor,* oberägypt. Stadt am Nil, 148 000 Ew.; Flugplatz; Fremdenverkehr. – An der Stelle des antiken *Theben;* Amun-Tempel (1400 v. Chr. von *Amenophis III.* erbaut).

**Lu Xun** [lu çyn], *Lu Hsün,* eigtl. *Zhou Shujen,* *1881, †1936, chin. Erzähler, Literaturhistoriker u. Zeitkritiker; Vorkämpfer der literar. Revolution von 1917; schrieb bed. Erzählungen u. Novellen.

**Luxurieren,** *Heterosis,* übermäßiges Wachstum, das bei der Kreuzung von Bastarden manchmal auftritt, z.B. die Ausbildung von übermäßigen Körperformen u. -farben (Prachtvögel u. monströse Insekten der warmen Zonen).

**Luxus,** überdurchschnittl., nicht lebensnotwendiger Aufwand. – **L.steuern,** Verbrauchsteuern auf bestimmte, als L. geltende Aufwendungen, früher erhoben als Karossen- u. Dienstbotensteuer.

**Luzern,** Hptst. des schweiz. Kt. L., Kurort u. Seebad am Vierwaldstätter See, 60 000 Ew.; Wasserturm an der Kapellbrücke (älteste Holzbrücke Europas); Verkehrshaus der Schweiz; Metall-, Textil-, Uhren- u.a. Ind.; Fremdenverkehr.

**Luzerne,** *Alfalfa,* ein *Schmetterlingsblütler;* eine der wichtigsten Futterpflanzen.

**Luzidität,** Helligkeit, Durchsichtigkeit; auch Hellsehen.

**Luzifer** → Lucifer.

**Luzk,** *Luck,* Hptst. der Oblast Wolynien, in der Ukrain SSR (Sowj.), 179 000 Ew.; Lastwagenfabrik, Elektro- u. Nahrungsmittel-Ind., Sägewerke.

**Luzón** [luˈθɔn], Hauptinsel der Philippinen, 108 172 km², 23,9 Mio. Ew., Hptst. *Manila;* sehr gebirgig, mit erloschenen u. tätigen Vulkanen (im *Mount Pulog* 2928 m) u. fruchtbaren Ebenen (Anbau von Reis, Mais, Zuckerrohr, Tabak); Erdölraffinerien, bed. Eisen-, Kupfer-, Gold- u. Kohlenbergbau; rel. gut ausgebautes Verkehrsnetz, zahlr. Häfen u. Flugplätze.

**Lwoff,** André, *8.5.1902, frz. Serologe. Für die Entdeckung eines andere Gene steuernden Gens *(Regulator-Gen)* erhielt er mit F. *Jacob* u. J. *Monod* den Nobelpreis für Medizin 1965.

**Lwow** [lvɔf], russ. Name der Stadt → Lemberg.

**Lyallpur** [ˈlaiəl-], jetzt *Faisalabad,* pakistan. Stadt im Pandschab, westl. von Lahore, 1,3 Mio. Ew.; Nahrungsmittel-, Textil-, Metall-Ind.

**Lycaste,** in Gewächshäusern kultivierte amerik. Orchideengattung.

**Lyck,** poln. *Ełk,* Stadt in Ostpreußen am L.see, 39 000 Ew.; landw. Zentrum, Erholungszentrum.

**Lycra** [ˈlaikra], Wz. für eine elast. Kunstfaser aus mindestens 85 % Polyurethan.

**Lydien,** im Altertum Ldsch. u. Königreich im westl. Kleinasien; Hptst. *Sardeis* (das heutige *Sart*); Blütezeit im 7./6. Jh. v. Chr. nach dem Niedergang Phrygiens. Der letzte lyd. König, *Krösus,* unterlag 547 v. Chr. den Persern unter *Kyros II.*

**lydische Tonart,** Haupttonart der grch. Musik; im MA eine Kirchentonart.

**Lyell** [ˈlaiəl], Sir Charles, *1797, †1875, brit. Geologe; wurde durch sein »Prinzip des Aktualismus« zum Mitbegr. der modernen Geologie.

**Lykien,** in der Antike gebirgige Ldsch. im sw. Kleinasien, Zentrum *Xanthos;* bewohnt von den *Lykiern,* die aus Kreta eingewandert waren. Um 540 v. Chr. wurde L. durch die Perser erobert, 43 n. Chr. röm. Provinz.

**Lykurgos, 1.** sagenhafter Gesetzgeber Spartas, zw. dem 11. u. 8. Jh. v. Chr. – **2.** athen. Redner u. Politiker, *390 v. Chr., † wohl 324 v. Chr.

**Lyly** [ˈlili], John, *1554 (?), †1606, engl. Erzähler u. Dramatiker; begr. mit seinen Komödien das höf. Lustspiel der engl. Renaissance.

**Lyme-Krankheit** [-ˈlaim-], durch Zecken übertragene Infektionskrankheit (Gelenk-, Hirnhautentzündung u.a.).

**lymphatisch,** auf die *Lymphe* bezogen.

**lymphatische Konstitution,** eine durch feine, weiße Haut, blasses Aussehen u. Neigung zu Hautentzündungen bestimmte Körperkonstitution.

**lymphatisches Gewebe,** *lymphatische Organe,*

*Luzón: Dorf der Ifugao inmitten der Reisterrassen, die von alters her angelegt worden sind*

in das → Lymphgefäßsystem eingeschaltete Lymphknoten sowie die Milz u. das Knochenmark. Funktion ist Entgiftung der Lymphe vor ihrem Eintritt ins Blut u. Bildung von Lymphzellen.

**Lymphdrüse,** fr. fälschl. Bez. für Lymphknoten.

**Lymphe, 1.** → Vakzine. – **2.** farblose bis gelbl., wäßrige Gewebsflüssigkeit. Die L. sammelt sich in den Lymphkapillaren u. -gefäßen u. mündet in das Venensystem; sie enthält die *Lymphozyten.*

**Lymphgefäßsystem,** ein bes. Gefäßsystem der Wirbeltiere. Die *Lymphe* tritt in den versch. Körperorganen in die Lymphgefäße ein, die sich zu größeren Gefäßen sammeln u. mit dem *Brustlymphgang (Milchbrustgang)* im Brustraum in die venöse Blutbahn (obere Hohlvene) einmünden. Im L. werden von Darm her die Fette (durch sog. *Chylusgefäße*) dem Blutgefäßsystem zugeleitet. In das L. eingeschaltet sind **Lymphknoten,** die als Filter wirken u. *Lymphozyten* produzieren.

**Lymphgeschwulst** *Lymphdrüsengeschwulst, Lymphon,* aus entzündl. oder anderer Ursache entstandene Lymphknotenschwellung.

**Lymphogranulomatose** → Hodgkinsche Krankheit.

**Lymphozyten** → Leukozyten.

**Lynchjustiz** [ˈlynç-], illegales u. gewaltsames Vorgehen einer Menschenmenge gegen vermeintl. Rechtsbrecher.

**Lynd** [lind], Robert Staughton, *1892, †1970, US-amerik. Soziologe; gilt als Pionier der Gemeindesoziologie.

**Lynen,** Feodor Felix Konrad, *1911, †1979, dt. Biochemiker (Arbeiten über den Cholesterinstoffwechsel); Nobelpreis für Medizin 1964 zus. mit K. E. *Bloch.*

**Lynkeus** [-kɔis], grch. Sagengestalt: Sohn des Aphareus, begabt mit einem alles durchdringenden Blick.

**Lyon** [liˈɔ̃], S-frz. Dép.-Hptst., Ind.- u. Handelsstadt an der Mündung der Saône in die Rhône, 413 000 Ew.; Univ. u.a. HS; seit dem 15. Jh. Hauptort der frz. Seidenweberei, heute überwiegt Kunststoffverarbeitung; Börsenzentrum, Messestadt; Flughafen. – Als *Lugdunum* (43. v. Chr. gegr.) war L. röm. Kolonie, Hptst. u. wirtschaftl. Mittelpunkt der Prov. Gallien.

**Lyot** [ljo], Bernard, *1897, †1952, frz. Astronom; baute neue opt. Geräte, z.B. den L.-Filter, ein zur Erforschung der Sonne benutztes Interferenzfilter.

**Lyra, 1.** *Leier,* im klass. Altertum ein Zupfinstrument mit meist rundem Schallkörper. Die L. des Apollon gilt als Symbol der Musik schlechthin. – **2.** in der Militärmusik ein Stahlstab-Glockenspiel.

**Lyrik,** formaler Sammelbegriff für *Gedichte.* Die *lyrische Form* ist kurz u. vielf. in Verse u. Strophen gegliedert. Häufig benutzte Formen der L. sind *Lied, Ode, Hymne, Gesang, Elegie, Ballade.* In der Form des *Volkslieds* ist die L. über die ganze Erde verbreitet. Die europ. Kunst-L. begann in enger Verbindung mit der Musik in Griechenland, sowohl als Einzelgesang wie als Chorlied.

**lyrisch, 1.** als formaler Begriff: in Gedichtform. – *Lyriker,* jmd., der Gedichte schreibt. – **2.** als Stilbegriff: neben *episch* u. *dramatisch* eine dichterische Darstellungsart; nicht an die Form des Gedichts gebunden, aber hier am deutlichsten entwickelt. Das *Lyrische* ist der unmittelbare Ausdruck innerseel. Vorgänge u. kann als subjektivste Gattung in der Dichtung bezeichnet werden. Die immer wiederholten Themen sind Liebe, Natur, Freude, Einsamkeit, Tod, Gott u. Schöpfung, Krieg.

**Lys** [lis], *Leie,* l. Nbfl. der Schelde, 205 km.

**Lysander,** *Lysandros,* †395 v. Chr., spartan. Feldherr. Seine Siege über Athen entschieden den Peloponnes. Krieg.

**Lysergsäurediethylamid,** Abk. *LSD,* eine synthet. organ.-chem. Verbindung, ein zur Gruppe der *Halluzinogene* (Psychedelika) gehörendes Rauschgift. Es führt u.U. zu schizophrenieähnl. psychot. Zuständen mit opt. u. akust. Halluzinationen; auch genet. Schäden sind möglich.

**Lysias,** *um 445 v. Chr., † um 380 v. Chr., grch. Redner in Athen.

**Lysimachos,** *um 361 v. Chr., †281 v. Chr., General *Alexanders d. Gr.,* König über Thrakien u. Teile von Kleinasien; fiel in der Schlacht bei Kurupedion gegen Seleukos I.

**Lysin,** eine Aminosäure in Hühnereiweiß, Fleisch, Milch u.a.

**Lysine,** eine Gruppe von *Antikörpern,* die Fremdkörper aufzulösen vermögen, z.B. Bakterio- u. Hämo-L.

*Lyra: Der sagenhafte Sänger Orpheus begleitet sich auf einer Lyra; Kolonettenkrater (Mischgefäß), um 450 v. Chr. Berlin, Stiftung Preußischer Kulturbesitz, Antikenmuseum*

**Lysippos,** *Lysipp,* grch. Bildhauer, etwa 380–310 v. Chr.; Hofbildhauer Alexanders d. Gr., Wegbereiter des hellenist. Stils.

**Lysis,** langsames, allmähliches Absinken des Fiebers. Ggs.: *Krisis.*

**Lysistratos,** grch. Bildhauer, tätig in der 2. Hälfte des 4. Jh. v. Chr.; Bruder des *Lysippos;* nach Plinius d. J. der erste, der Gipsabgüsse vom lebenden Modell abnahm.

**Lyskamm** [ˈliːs-], zweigipfeliges Bergmassiv in der schweiz. Monte-Rosa-Gruppe (Walliser Alpen), 4527 m u. 4480 m.

**Lysoform,** eine 2–3 %ige Kaliseifenlösung mit Formaldehyd; für Desinfektionszwecke.

**Lysol,** eine Kresolseifenlösung; in verdünnter Lösung (0,5–2 %ige) für Desinfektionszwecke.

**Lysozym** [grch.], hydrolytisches Enzym, das die Bakterienmembran auflösen kann.

**Lyssa** → Tollwut.

**Lyssenko,** Trofim Denissowitsch, *1898, †1976, russ. Biologe; wurde bek. durch seine von den Mendelschen Gesetzen abweichende u. wiss. widerlegte Vererbungstheorie, die die Entstehung neuer Erbeigenschaften als durch die Umwelt gesteuert erklärte. L. wurde von *Stalin* u. *Chruschtschow* gefördert u. hemmte jahrzehntelang die Entwicklung der Biologie in der UdSSR.

**Lyswa,** Stadt in der RSFSR (Sowj.), im W des Mittleren Ural, 75 000 Ew.; Eisenhütte, Masch.- u. Textilind.

**Lytham Saint Anne's** [ˈliθəm sint ˈænz], W-engl. Seebad an der Irischen See, 40 000 Ew.

**Lyzeum,** in vielen europ. Staaten Bez. für höhere Schulen; in Dtld. fr. für höhere Mädchenschule; heute Gymnasium.

# M

**m, M,** 13. Buchstabe des dt. Alphabets; entspricht dem grch. *My* (μ, M).
**M,** röm. Zeichen für 1000.
**M.A.,** Abk. für den akad. Grad *Magister Artium* u. des engl. *Master of Arts*.
**Mäander, 1.** Flußschlingen, die bei Flachlandflüssen auftreten; nach dem türk. Fluß *M.* (→ Menderes). – **2.** geometr., aus rechtwinklig gebrochenen Linien bestehendes Ornament in Friesform.
**Maar,** durch vulkan. Gasexplosionen entstandene kraterartige Vertiefung in der Erdoberfläche, meist kreisförmig u. häufig mit Wasser gefüllt; bes. in der Eifel u. in der Auvergne (Frankreich).
**Maariw,** der jüd. Abendgottesdienst.

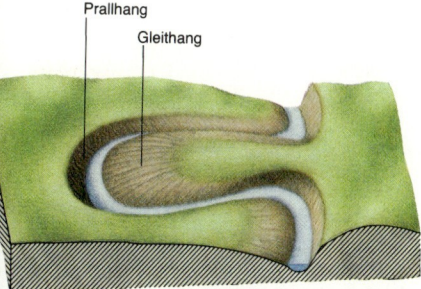

*Mäander*

**Maas,** frz. *Meuse,* Fluß in Westeuropa, 925 km; durchfließt Lothringen, Belgien u. die Ndl., mündet in die Nordsee.
**Maass, 1.** Edgar, Bruder von 2), *1896, †1964, dt. Schriftst.; 1926–34 u. seit 1938 in den USA; histor. Romane. – **2.** Joachim, *1901, †1972, dt. Schriftst.; seit 1931 meist in den USA; Zeitromane, Biographien.
**Maaßen,** Karl Georg, *1769, †1834, preuß. Min.; einer der Schöpfer des *Dt. Zollvereins.*
**Maastricht** [-'trixt], Hptst. der ndl. Prov. Limburg, an der Maas, 116 000 Ew.; vielfältige Ind., Verkehrszentrum.
**Maat,** altägypt. Göttin des Rechts, der Ordnung u. Wahrheit, Tochter des Re.
**Maat,** *Marine:* ein Unteroffiziersdienstgrad.
**Maazel** ['ma:zəl], Lorin, *6.3.1930, US-amerik. Dirigent; u.a. 1982–86 Direktor der Wiener Staatsoper.

*Niccolò Machiavelli; bemalte Terrakottabüste aus dem 16. Jahrhundert*

**Mabillon** [mabi'jɔ̃], Jean, *1632, †1707, frz. Geschichtsforscher; Benediktiner, begr. die Paläographie, Diplomatik u. Chronologie.
**Mabuse** [ma'by:z] → Gossaert, Jan.
**Mac** [mæk], abgekürzt *Mc, M',* Bestandteil schott. Familiennamen mit der Bedeutung »Sohn«.
**MacArthur** [mək'a:θə], Douglas, *1880, †1964, US-amerik. Offizier; 1945 Oberbefehlshaber der Besatzungstruppen in Japan; nach Ausbruch des *Korea-Kriegs* Oberbefehlshaber der UN-Streitkräfte; 1951 abgesetzt.
**Macau,** *Macao,* port. Überseeprov. an der südchin. Küste, westl. von Hongkong, 16 km², 429 000 Ew. (überw. Chinesen); besteht aus der Hptst. M. u. zwei Inseln; Fischerei, Fremdenverkehr; seit 1557 port., seit 1976 autonom.
**Macaulay** [mə'kɔ:li], Thomas Babington, Lord M. *of Rothley,* *1800, †1859, brit. Historiker u. Politiker (Liberaler); 1839–41 Kriegsminister; Schriften zur engl. Geschichte.
**Macbeth** [mæk'bɛθ], †1057, König von Schottland 1040–57. Als Heerführer König Duncans I. tötete er diesen 1040; er fiel gegen Duncans Sohn Malcolm III. bei Lumphanan. – Tragödie von *Shakespeare,* danach Oper von G. *Verdi.*
**Macchiavelli,** Niccolò → Machiavelli.
**Macchie** ['makkiɛ], frz. *Maquis,* aus Hartlaubwäldern hervorgegangenes immergrünes Gebüsch des Mittelmeerraums.
**MacClure** [mə'klu:ə], Sir Robert, *1807, †1873, brit. Nordpolarfahrer; passierte 1853 die nw. Durchfahrt als erster.
**Macdonald** [mək'dɔnəld], **1.** Alexander, *um 1700, †um 1760, schott. Dichter; schrieb in gälischer Sprache patriot. Gedichte u. Liebeslyrik. – **2.** James Ramsay, *1866, †1937, brit. Politiker; Mitgr. u. Führer der Labour Party, 1924 u. 1929–35 Prem.-Min.
**Macdonnell Ranges** [mək'dɔnəl 'reindʒiz], *Macdonnell-Kette,* größtes Gebirge im Innern Australiens, 640 km lang; im *Mt. Zeil* 1510 m.
**MacDowell** [mək'dauəl], Edward Alexander, *1861, †1908, US-amerik. Komponist der Spätromantik.
**Maceió** [mase'jo], Hptst. des brasil. Bundesstaats Alagoas, 376 000 Ew.
**Macerata** [matʃɛ-], ital. Prov.-Hptst. in der Region Marken, 44 000 Ew.
**Mach,** Geschwindigkeitsmaß, → Machzahl.
**Mach,** Ernst, *1838, †1916, östr. Physiker u. Philosoph; arbeitete auf den Gebieten der Dynamik, Akustik u. Optik *(M.scher Kegel, M.zahl)*.
**Mácha,** Karel Hynek, *1810, †1836, tschech. Schriftst. der Romantik; [W] »Der Mai«.
**Machado de Assis** [ma'ʃadu di-], Joaquim Maria, *1839, †1908, brasil. Schriftst.; von den Parnassiens beeinflußte Erzählungen u. Lyrik.
**Machandelbaum** → Wacholder.
**Machatschkala,** bis 1921 *Petrowsk-Port,* Hptst. der ASSR Dagestan in der RSFSR (Sowj.), am Kaspischen Meer, 320 000 Ew; Hafen, Industrie.
**Machaut** [ma'ʃo], *Machault,* Guillaume de, *um 1300, †1377, frz. Komponist u. Dichter; neben P. de *Vitry* Repräsentant der *Ars nova,* Versromane.
**Mache-Einheit** [nach dem östr. Physiker Heinrich *Mache,* *1876, †1954], Zeichen ME, Einheit für den Gehalt an Radiumemanation in der Luft u. im Wasser (Heilquellen).
**Machete** [ma'tʃɛtɛ], langes gebogenes Haumesser.
**Machiavelli** [makia'vɛlli], *Macchiavelli,* Niccolò, *1469, †1527, ital. Staatstheoretiker u. Geschichtsphilosoph; 1498–1512 Kanzler des Rats der Zehn der Republik Florenz. Mit seinem bekanntesten Werk, »Il Principe« (»Der Fürst«, 1513 geschrieben, gedruckt erst 1532) wurde er zum Begr. einer Wiss. über Politik. Er entdeckte im Prinzip der *Staatsräson* das Grundgesetz der modernen europ. Staatenwelt. »Il Principe« hatte eine große Ausstrahlung im 17. u. 18. Jh. u. wurde oft als Rechtfertigung absolutist. Macht gedeutet. –

**Machiavellismus,** Bez. für rücksichtslose Machtpolitik.
**Macho** [-tʃo:; span. »männlich«], ein sich betont männlich verhaltender Mann.
**Machorka,** russ. Tabak.
**Machscher Kegel,** der Kegel, der von Wellenfronten kugelförmiger Stoßwellen *(Kopfwellen)* erzeugt wird, die von der Spitze eines mit Überschallgeschwindigkeit fliegenden Objekts ausgehen.

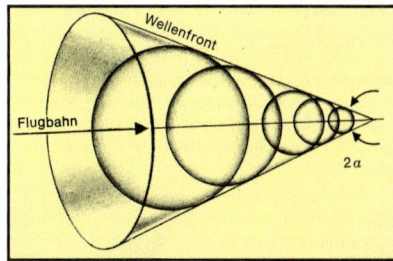

*Machscher Kegel (Schema)*

**Macht,** die Summe von Mitteln u. Fähigkeiten, eigene Absichten durchzusetzen. Die noch heute für die Soziologie gültige Definition von Max Weber faßt M. als »Chance, innerhalb einer sozialen Beziehung den eigenen Willen auch gegen Widerstreben durchzusetzen, gleichviel, worauf diese Chance beruht«.
**Mächtigkeit,** die Dicke einer Erdschicht oder einer Lagerstätte.
**Mächtigkeitsspringen,** im Reitsport ein Jagdspringen über 6–8 schwere Hindernisse, bei dem nur die Fehler (nicht die Zeit) gewertet werden.
**Machu Picchu** ['matʃu 'pitʃu], Ruinenstadt der Inka über dem Urubamba-Tal in Peru, etwa 100 km nw. von Cuzco; mächtige, ohne Mörtel errichtete Steinbauten.
**Machzahl,** *Machsche Zahl,* Zeichen M, physik. Kennwert für die Geschwindigkeit eines Körpers, definiert als Verhältnis der Geschwindigkeit des bewegten Körpers zur Schallgeschwindigkeit (in Flüssigkeiten u. Gasen); bes. gebräuchlich in der Luftfahrttechnik. Strömungen mit gleicher M. verhalten sich ähnlich. In Luft von 20 °C entspricht 1 *Mach* ungefähr 340 m/s oder 1200 km/h.

*August Macke: Granatbaum und Palme im Garten. Österreich, Privatsammlung*

**Macis** [ma'si], *Muskatblüte,* der Samenmantel der wohlriechenden Muskatnuß, der als Gewürz dient.
**Mack,** Heinz, *8.3.1931, dt. Objektkünstler.
**Macke,** August, *1887, †1914 (gefallen), dt. Maler; entscheidend angeregt durch die ihm befreundeten Künstler des »Blauen Reiters« u. den Futurismus. Er schilderte in leuchtenden, farbkräftigen Bildern eine zart empfundene, heiter gestimmte Welt u. gelangte in den letzten Lebensjahren zu einem stark abstrahierenden Stil. – B → S. 533.
**Mackeben,** Theo, *1897, †1953, dt. Komponist; schrieb Operetten, Film- u. Unterhaltungsmusik.
**Mackensen, 1.** August von, *1849, †1945, dt. Offizier; Generalfeldmarschall im 1. Weltkrieg. – **2.** Fritz, *1866, †1953, dt. Maler u. Graphiker; 1889 Mitgr. der Künstlerkolonie Worpswede.
**Mackenzie** [mə'kɛnzi], Sir Alexander, *1755, †1820, schott. Entdeckungsreisender in Kanada. Nach ihm benannt: *M. River,* Strom in NW-Kanada; bis zum Großen Sklavensee *Sklavenfluß,* mit diesem 3512 km; mündet ins Nordpolarmeer.
**Macleaya** [mək'leːa], aus China u. Japan stammende Staude der *Mohngewächse.*
**MacLeish** [mək'liːʃ], Archibald, *1892, †1982, US-amerik. Schriftst.; gestaltete soziale Themen.
**Macleod** [mək'laud], John James Richard, *1876, †1935, kanad. Physiologe brit. Herkunft; mit F.G. *Banting* u. Ch.H. *Best* an der Insulin-Entdeckung beteiligt; Nobelpreis für Medizin 1923.
**Mac-Mahon** [makma'ɔ̃], Patrice Maurice Comte de, Herzog von *Magenta,* *1808, †1893, frz. Offizier u. Politiker; schlug 1871 den Aufstand der *Kommune von Paris* nieder; 1873 Staats-Präs., 1879 zurückgetreten.
**Macmillan** [mək'milən], Harold, *1894, †1986, brit. Politiker (Konservativer); seit 1942 mehrfach Min., 1957–63 Prem.-Min.; befürwortete eine engere Zusammenarbeit Großbrit. mit Europa.
**Mâcon** [ma'kɔ̃], frz. Dép.-Hptst. in Burgund, an der unteren Saône, 40 000 Ew.
**Mac Orlan** [makɔr'lɑ̃], Pierre, *1883, †1970, eigtl. P. *Dumarchey,* frz. Schriftst.; schrieb abenteuerl. u. phantast. Romane, auch Lyrik.
**Macpherson** [mək'fəːsən], James, *1736, †1796, schott. Schriftst.; wirkte mit seinen gefälschten »Fragments of Ancient Poetry« 1760 stark auf die europ. Romantik.
**Macquarie-Inseln** [mə'kwɔri-], austral. Inselgruppe im Südpazifik, 1500 km sö. von Tasmanien.
**Macrobius,** röm. Neuplatoniker, um 400 n. Chr.
**MAD,** Abk. für *Militär. Abschirmdienst.*
**Madách** ['mɔdɑːtʃ], Imre, *1823, †1864, ung. Schriftst.; wurde durch sein Weltgeschichtsschauspiel »Die Tragödie des Menschen« bekannt.
**Madagaskar** Staat vor der SO-Küste Afrikas, viertgrößte Insel der Erde, 587 041 km², 10,9 Mio. Ew., Hptst. *Antananarivo.*

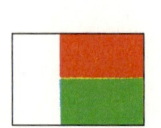

*Madagaskar*

Landesnatur. Über das zentrale, nach O ansteigende Hochland (800–1600 m) erheben sich Inselberge u. vulkan. Gebirgsstöcke (*Maromokotro* 2886 m). Nach O fällt das Hochland steil zur Küste ab. An der O-Seite fallen das ganze Jahr über reichlich Niederschläge; alle anderen Gebiete erhalten nur im Sommer Regen.
Die Bevölkerung (*Madagassen*) ist zu 30% christl. u. besteht aus mehreren Volksgruppen mit malaiischem u. negroidem Einschlag.
Die Wirtschaft basiert auf der Landw., die mit 90% am Export beteiligt ist. Wichtige Anbaupflanzen für den Export sind Reis, Zuckerrohr, Baumwolle, Kaffee (32% des Ausfuhrwerts), Vanille, Gewürznelken, Sisal, Tabak u. Kakao. Im trockeneren W werden Zeburinder u. Schafe gehalten. An Bodenschätzen gibt es Uran, Graphit, Glimmer, Bauxit, Kohle u.a. Die Ind. verarbeitet u.a. Agrarprodukte u. erzeugt Verbrauchsgüter. Haupthäfen sind Toamasina, Mahajanga u. Antsiranana.
Geschichte. Die Insel wurde in früher Zeit von S-Asien aus besiedelt. Im 16. Jh. setzten sich Portugiesen u. Franzosen an der Küste fest. M. wurde 1896 frz. Kolonie. Zusammen mit den anderen frz. Kolonien in Afrika erhielt M. 1956 begrenzte Autonomie, 1960 Unabhängigkeit. 1975 übernahm nach einem Putsch das Militär die Macht. Staatsoberhaupt ist seit 1975 D. *Ratsiraka.*

**Madagaskar-Schleichkatzen,** eine urspr. Unterfamilie der *Schleichkatzen,* die auf die Riesenfarnwälder Madagaskars beschränkt ist; den Mungos ähnlich.
**Madagaskar-Strauße,** bis 3 m große Laufvögel Madagaskars; ausgerottet.
**Madagassen,** *Madegassen, Malagasy,* → Madagaskar.
**Madagassisch,** *Madegassisch, Malagasy,* die auf Madagaskar gesprochenen Mundarten der indones. Sprachen; bes. wichtig das *Howa* oder *Merina,* die Schriftsprache der Insel.
**Madame** [ma'dam], frz.: »meine Dame«; Abk. *Mme.,* Anrede der verheirateten Frau.
**Madariaga y Rojo** [-i 'rɔxo], Salvador de, *1886, †1978, span. Schriftst. u. Diplomat; Essayist, Romancier u. Historiker, als Franco-Gegner 1936 nach England emigriert.
**Mädchenweihe,** verschiedenartige (der *Jünglingsweihe* entspr.) Zeremonien, denen Mädchen bei manchen Naturvölkern zu Beginn der Geschlechtsreife unterworfen werden.
**Maddalena,** ital. Insel im O der Straße von Bonifacio, zwischen Korsika u. Sardinien, 20 km², 10 000 Ew., Hauptort *La M.*
**Made,** beinlose Larve mancher Insekten, bes. bei *Fliegen* u. *Hautflüglern.*
**Made in Germany** [mɛid in 'dʒəːməni], seit 1887 engl. Bez. für alle dt. Exportwaren (»hergestellt in Deutschland«).

*Mädesüß*

**Madeira** [ma'dɛira], Bez. für die Südweine von der Insel M., aus der Malvasiertraube.
**Madeira** [ma'dɛira], **1.** Insel im Atlant. Ozean, westl. von Marokko, 741 km²; bildet mit einigen benachbarten Inseln einen Überseedistr. des port. Mutterlands mit innerer Autonomie, 797 km², 270 000 Ew.; im *Pico Ruivo* 1861 m hoch. Die Bevölkerung ist überwiegend weiß u. port. Herkunft. Haupthafen ist die Hptst. *Funchal;* Anbau von Südfrüchten, Fischerei; Fremdenverkehr. – **2.** *Rio M.,* r. Nbfl. des Amazonas in Brasilien, 3240 km; mündet bei Itacoatiara.
**Mädelegabel,** Berggipfel bei Oberstdorf in den Allgäuer Alpen, 2645 m.
**Mademoiselle** [madmwa'zɛl], Abk. *Mlle.,* frz. Anrede: (gnädiges) Fräulein.
**Madenhacker, 1.** → Ani. – **2.** *Buphagus,* afrik. Gattung der *Stare,* die Parasiten von Großtieren absammeln.
**Madenwurm,** *Springwurm,* ein *Fadenwurm;* im menschl. Dickdarm lebender Parasit.
**Maderna, 1.** Bruno, *1920, †1973, ital. Komponist u. Dirigent; setzte sich seit 1954 mit der elektron. Musik auseinander. – **2.** *Maderno,* Carlo, *1556, †1629, ital. Baumeister; u.a. Schöpfer der säulengegliederten westl. Fassade u. des Langhauses von St. Peter (1607–17) in Rom. – **3.** Stefano, Bruder von 2), *um 1576, †1636, ital. Bildhauer; schuf frühbarocke Skulpturen.
**Madersperger,** Joseph, *1768, †1850, östr. Schneider; Erfinder der Nähmaschine.
**Mädesüß,** ein *Rosengewächs.* Die Blüten (*Spierblumen*) werden als Fiebermittel u. gegen Rheuma angewandt.
**Madhya Pradesh** [-'dɛʃ], Bundesstaat → Indiens.
**Madie** ['maːdiə], *Madia,* eine Gatt. der *Korbblütler.* Als Ölpflanze hat die in Kalifornien u. Chile heim. *Öl-M.* Bedeutung.
**Madison** ['mædisən], Hptst. des USA-Staats Wisconsin, 170 000 Ew.
**Madison** ['mædisən], James, *1751, †1836, US-amerik. Politiker; 4. Präs. der USA 1809–17, hatte maßgebenden Einfluß auf die Verfassung der USA 1787.
**Madjaren,** *Magyaren,* die → Ungarn.
**Madonna,** ital.: »meine Herrin«; in Italien früher gebräuchl. Anrede an die Dame, auch Bez. für die Jungfrau Maria.
**Madonna** [mə'dɔnə], eigtl. *M. Louise Ciccone,* *16.8.1958 (n. a. A. 1959), US-amerik. Popsängerin u. Filmschauspielerin; seit 1983 mit Schallplatten u. auf Welttourneen erfolgreich; Filme u.a. »Susan... verzweifelt gesucht«, »Dick Tracy«.
**Madras, 1.** früherer Name von → Tamil Nadu. – **2.** Hptst. u. Hafen des Bundesstaats Tamil Nadu im S der Ind. Union, an der Coromandel-Küste, 3,3 Mio. Ew.; Univ. (1847); bed. Ind.-Standort, internat. Flughafen, einer der wichtigsten ind. Häfen, 1639 gegr.
**Madre de Dios,** *Rio M. D. D.,* l. Nbfl. des Beni in O-Peru u. N-Bolivien; 1100 km, z.T. schiffbar.

*Madagaskar: Weidewirtschaft im zentralen Hochland*

*Madrid: Cervantes-Denkmal*

**Madrid,** Hptst. Spaniens (seit 1561) u. der gleichn. Provinz auf dem öden u. trockenen Hochland *Neukastiliens* unweit der Sierra de Guadarrama (2430 m), am Manzanares, 650 m ü. M., in rauhem Klima. Das Stadtgebiet umfaßt 587 km² mit 3,9 Mio. Ew.; Alte u. Neue Kathedrale, zahlr. Kirchen, Klöster u. Adelspaläste, königl. Schloß, 4 Univ., Prado (Museum); vielseitige Ind. – Ehem. Königsschlösser der Umgebung sind → Aranjuez u. → Escorial.

**Madrigal,** 1. ein nicht-strophisches Gedicht mit versch. langen Versen; im 14. Jh. in Italien als ländl.-idyll. Lied entstanden. – 2. polyphones weltl. Lied; im 14.–17. Jh. mehrstimmig komponiert (Giovanni *da Cascia*, F. *Landino* u. a.); Lieblingsform des gesellig-künstler. Musizierens. Das M. trug durch seinen musikal. Affekt-Ausdruck in Melodik u. Harmonik viel zur Entstehung des dramat. Sologesangs um 1600 bei (Oper, Oratorium, Kantate).

**Madura,** indones. Insel vor der NO-Küste von Java, gebirgig, bis 470 m hoch, 5300 km², 2,5 Mio. Ew. (*Maduresen*), Hauptort *Pamekasan*.

**Madurai,** *Madura, Madhura,* Stadt in Tamil Nadu (S-Indien), 850 000 Ew.; im 3.–10. Jh. Mittelpunkt des Pandya-Königreichs, im 16.–18. Jh. Glanzzeit unter den Naik.

**Maduresen,** jungindones. Kulturvolk (6,3 Mio.) der Insel Madura u. in O-Java; Moslems.

**Madü-See,** poln. *Jezioro Miedwie,* See in Pommern, sw. von Stargard, 36,8 km².

**Maebashi** [ma:eba∫i], jap. Präfektur-Hptst. in Zentralhonshu, 275 000 Ew.

**Maecenas** [mɛ:-], Gaius, *um 69 v. Chr., †8 v. Chr., Vertrauter u. Berater des Kaisers *Augustus*; Mittelpunkt eines literar. Kreises, in dem er Nachwuchstalente sammelte u. bes. *Horaz, Vergil* u. *Properz* förderte. Daher wird ein freigebiger Kunstfreund noch heute als *Mäzen* bezeichnet.

**maestoso** [maes-], musikal. Vortragsbez.: majestätisch, feierlich.

**Maestro,** ital.: »Meister«, »Künstler«.

**Maeterlinck** ['ma:-], Maurice, *1862, †1949, belg. Schriftst. (symbolist. Dramen u. Gedichte); Nobelpreis 1911. W »Pélleas u. Melisande« (vertont von C. *Debussy*).

**Mäeutik** [grch. »Hebammenkunst«], die von Platon dem Sokrates zugeschriebene Kunst der geistigen »Entbindung«, d. h. die Fähigkeit, andere, (scheinbar) ohne deren eigenes Zutun, durch geschicktes Fragen zu Erkenntnissen zu bringen.

**Maffei,** Joseph Anton von, *1790, †1870, dt. Industrieller; gründete 1839 eine Lokomotivfabrik in München (heute *Krauss-Maffei AG*).

**Mafia,** sizilian. terrorist. Geheimbund seit dem 18. Jh., der unter Gewaltandrohung Erpressung betreibt; als Verbrecherorganisation auch in den USA verbreitet.

**Mafra,** port. Stadt nw. von Lissabon, 3000 Ew.; Barock-Palast (1717–35); Gegenstück zum *Escorial* bei Madrid.

**Magadan,** Stadt im Autonomen Kreis der Tschuktschen, in der fernöstl. RSFSR (Sowj.),
Hptst. der gleichn. Oblast, am Ochotsk. Meer, 145 000 Ew.

**Magadha,** nordind. Königreich vom 6. Jh. v. Chr. bis 1. Jh. n. Chr.; Keimzelle der Großreiche der Maurya u. Gupta.

**Magalhães** [maga'ljãis], *Magellan,* Fernão de, *um 1480, †1521, port. Seefahrer; suchte den westl. Seeweg zu den Gewürzinseln (Molukken). Dabei entdeckte er 1519/20 die nach ihm ben. Meeresstraße, durchkreuzte als erster den Pazifik u. erreichte 1521 die Philippinen, wo er von Eingeborenen erschlagen wurde. – **M.straße,** *Magellanstraße,* 583 km lange, an engster Stelle 3 km breite, schwer zu durchfahrende Meeresstraße zw. S-Amerika u. Feuerland; verbindet Atlantik u. Pazifik.

**Magazin,** 1. Vorratshaus, Lagerraum. – 2. populäre, heute durchwegs bebilderte Zeitschrift. Sonderform ist das *Nachrichten-M.* – 3. Mehrladevorrichtung bei Feuerwaffen.

**Magdalena** [magða'lena], *Rio M., Magdalenenstrom,* Hauptstrom Kolumbiens, 1550 km (250 000 km² Stromgebiet); mündet bei Barranquilla ins Karib. Meer.

**Magdalenerinnen,** Büßerinnen von der hl. Maria Magdalena, auch *Reuerinnen, Weißfrauen,* kath. Frauenorden, seit dem 13. Jh.

**Magdalénien** [-le'njɛ̃], nach der Höhle von *La Madeleine* bei Tursac (Dép. Dordogne, Frankreich) ben. Kulturstufe der jüngeren Altsteinzeit in Mittel- u. Westeuropa (15 000–10 000 v. Chr.).

**Magdeburg,** 1. Stadt in Sachsen-Anhalt, 283 000 Ew.; an der Elbe inmitten der durch Löß sehr fruchtbaren *M.er Börde;* reich an Kunstschätzen; M.er Dom (1363 geweiht); bed. Binnenhafen u. Industriestandort, Maschinenbau, chem. Ind. – Gesch.: Alte Hansestadt, 1631 von Tilly erobert u. fast völlig zerstört, von O. von *Guericke* wieder aufgebaut (Barock); 1680 zu Brandenburg, Ansiedlung von Hugenotten; 1807–13 zum Königreich Westfalen; seit 1816 Hptst. der preuß. Prov. Sachsen; 1945 fast völlig zerstört. – 2. ehem. Erzbistum, gegr. 968 durch Kaiser Otto d. Gr. als Zentrum der Slawenmission; 1680 erloschen. Das Territorium fiel an Brandenburg-Preußen.

**Magdeburger Börde,** fruchtbares, lößbedecktes Vorland am Nordrand der dt. Mittelgebirge, 931 km², begrenzt durch Saale, Elbe, Ohre, Aller u. Bode, sehr flach, um 130 m ü.M., Anbau vorw. von Weizen u. Zuckerrüben.

**Magdeburger Halbkugeln,** 2 exakt aufeinandergesetzte halbkugelige Metallgefäße. Sie wurden von O. von *Guericke* zum Nachweis des Luftdrucks gebaut. Guericke pumpte die Luft des Innenraums heraus u. zeigte, daß selbst ein Pferdegespann die M. H. infolge des äußeren Luftdrucks nicht auseinanderreißen konnte.

**Magellan** → Magalhães.

**Magellansche Wolken,** *Kapwolken,* 2 Sternsysteme am Südhimmel, ca. 165 000 Lichtjahre entfernt; 1987 erschien in der größeren eine Supernova.

**Magelone,** sagenhafte Prinzessin von Neapel; treuduldende Heldin eines frz. Romans (1435); später beliebtes dt. Volksbuch.

**Magen,** lat. *Ventriculus,* grch. *Gaster, Stomachos,* ein Organ, das der Verdauung dient. Der M. des Menschen hat im leeren Zustand annähernd die Form eines Horns, dessen Spitze am *M.ausgang* (*M.pförtner, Pylorus*) etwa 1–2 Fingerbreit rechts von der Mittellinie liegt u. von dort nach links oben bis zum Zwerchfell in den linken Oberbauch (*M.eingang, M.mund, Kardia*) verläuft. Hier mündet die Speiseröhre nach ihrem Durchtritt durch das Zwerchfell in den M. ein. Der menschl. M. faßt etwa 2,5 Liter Speisemenge. Die M.muskeln arbeiten selbsttätig u. sorgen für die Durchmischung des Speisebreis u. seine Vorwärtsbewegung auf den M.ausgang zu (*Peristaltik*). Die Drüsen der M.schleimhaut liefern in ihrer Gesamtheit den *M.saft,* der Salzsäure u. Pepsin, Steapsin u. Lab enthält. Die Enzyme dienen der Aufbereitung des Eiweißes u. des Fetts u. der Gerinnung der Milch; die Salzsäure aktiviert die Verdauung u. macht Bakterien u.a. unschädlich. Der M. ist ein empfindliches Organ. Erkrankungen betreffen oft seine Schleimhaut: **M.schleimhautentzündung,** *Gastritis, M.katarrh;* **M.geschwür,** Ursache sind Durchblutungsstörungen (auch nervös bedingt) im Gefäßnetz der Schleimhaut, z.T. mit Blutungen verbunden; **M.erweiterung** ist durch Überfüllung oder Verschluß des M.ausgangs verursacht. **M.krebs** ist eine der häufigsten Krebsformen. –

**M.blutung,** Blutaustritt aus der M.wand. Die häufigsten Ursachen: M.geschwür, Zwölffingerdarmgeschwür u. Geschwülste im M.

**Magendie** [maʒã'di], François, *1783, †1855, frz. Mediziner; schuf bes. auf den Gebieten der Physiologie u. Pathologie, Arzneimittellehre u. Toxikologie die Grundlagen der modernen, naturwiss.-experimentell begr. Medizin.

**Magengrube,** *Herzgrube,* die unmittelbar unter dem Brustbein beginnende, recht flache Vertiefung der Körperoberfläche. Hier liegt das *Sonnengeflecht (Solarplexus),* so daß viele Beschwerden des Magen- u. Darmkanals in der M. empfunden werden.

**Magenresektion,** chirurg. Entfernung eines Teils des Magens, z.B. bei Magendarmgeschwüren.

**Magensonde,** auch *Magenschlauch,* ein Gummischlauch zur Entleerung oder Spülung des Magens; auch zur laufenden Abnahme des Magensafts.

**Magenspiegelung,** *Gastroskopie,* endoskop. Untersuchung der Magenschleimhaut mit Hilfe des in den Magen einzuführenden *Gastroskops,* eines mit Optik u. Beleuchtungsvorrichtung versehenen Instruments.

**Magenspülung,** Entleerung u. Auswaschung des Magens mittels der Magensonde.

**Magerkohle,** Steinkohle mit rd. 92% Kohlenstoff; ergibt weichen, bröckeligen Koks.

**Magermilch,** durch Entrahmen entfettete Milch.

**Magerøy** [-rø:], *Magerö,* norw. Insel mit dem nördlichsten Punkt Europas, dem *Knivskjellodden,* 288 km²; Hafenort *Honningsvåg.*

**Magersucht,** übermäßiges Abmagern trotz normalerweise ausreichender Nahrungszufuhr. Zu den Ursachen der M. gehören schwere psych. Störungen, allg. Infektionskrankheiten, zehrende Krankheiten, Störungen im Hormonhaushalt u.a.

**Maggi** ['madʒi], Julius, *1846, †1912, schweiz. Industrieller; Erfinder der Maggi-Erzeugnisse (Suppenwürfel, -würzen).

**Maggini** [ma'dʒini], Giovanni Paolo, *1579, †nach 1630, ital. Geigenbauer.

**Maghreb,** der W der arab. Welt; umfaßt die N-afrik. Staaten Marokko, Algerien u. Tunesien (bisweilen auch Libyen); im Deutschen meist als *Atlas-Länder* bezeichnet.

**Magie** [pers.], Zauberei; die in den Anfängen aller Religionen nachweisbare, das Denken der Naturvölker beherrschende Praxis, geheime Kräfte unter Beachtung eines bestimmten Rituals dienstbar zu machen, als *schwarze* (böswillige) oder *weiße* M. Das magische Denken ist auch auf höheren Kulturstufen nachweisbar in Formen des sog. Aberglaubens (*Amulett, Talisman*).

**Magier,** urspr. ein vielleicht medischer Stammname, auch Bez. für Priester der altiran. Religion u. des späteren Parsismus; in der Folgezeit Bez. für Astrologen, Traumdeuter u.a., auch in der Bedeutung von *Zauberer.*

*Magdeburger Dom: Portal*

## Maginot

**Maginot** [maʒi'no], André, *1877, †1932, frz. Politiker (Demokrat. Linke); 1922–24 u. 1929–32 Kriegs-Min. Unter seiner Führung wurde der Bau der **Maginot-Linie** an der frz. Ostgrenze eingeleitet. Die starke Befestigungszone wurde 1940 von dt. Truppen bei Sedan durchstoßen.
**magischer Realismus** → Neue Sachlichkeit.
**magisches Quadrat,** Zauberquadrat, ein Quadrat mit 9, 16, 25,... Feldern, in denen Zahlen derart angeordnet sind, daß ihre Summen in jeder Reihe u. Spalte sowie in beiden Diagonalen den gleichen Wert haben.
**Magister,** ein akad. Grad; urspr. als höchster akad. Grad aller Fakultäten u. Berufslose. vollberechtigter Hochschullehrer nicht vom Doktortitel unterschieden; verschwand in Dtld. etwa um die Mitte d. 19. Jh., seit 1957 an vielen dt. Hochschulen wieder eingeführt (*M.A.*, dem Namen nachgestellt) für Studenten, die eine wiss. Prüfung ablegen, aber nicht promovieren wollen; in Großbritannien u. den USA *Master of Arts* sowie *Master of Science* (mit Lehrbefugnis).
**Magistrat,** Stadtverw.; in Hess., Bremerhaven u. Schl.-Ho.: Gemeindebehörde.
**Magma,** glutheiße, gashaltige Gesteinsschmelze in den tieferen Bereichen der Erdkruste. Das aus Vulkanen austretende M. heißt → Lava.
**Magna Charta** [-'karta], *Magna Charta Libertatum,* engl. *The Great Charter,* die »Große Freiheits-Urkunde«, die dem engl. König Johann ohne Land 1215 als zweiseitiger Herrschaftsvertrag von Adel u. Klerus abgenötigt wurde; die erste Verfassungsurkunde. Sie schränkte die königl. Allmacht vor allem zugunsten des Adels ein u. beurkundete feudale Vorrechte. In den späteren revolutionären Auseinandersetzungen zwischen Krone u. Parlament im England des 17. Jh. wurde sie in ein Dokument engl. Freiheitsrechte umgedeutet.
**magna cum laude** [lat., »mit großem Lob«], zweitbeste Bewertung einer Doktorprüfung.
**Magnani** [ma'nja-], Anna, *1908, †1973, ital. Schauspielerin; vitale Charakterdarstellerin.
**Magnasco** [ma'nja-], Alessandro, *1667, †1749, ital. Maler; schuf kleinfigurige Bilder aus dem Volksleben u. phantast. Landschaftsszenerien.
**Magnaten, 1.** in Polen (Adelsrep.) u. Ungarn der Hochadel. – **2.** *übertragen:* Großindustrielle, Großgrundbesitzer.
**Magnentius,** Flavius Magnus, †353 (Selbstmord), röm. Kaiser 350–353; Usurpator german. Herkunft; erhob sich 350 in Gallien gegen Kaiser Constans u. ließ ihn ermorden.
**Magnesia,** *Bittererde,* das Magnesiumoxid MgO₂; zur Herstellung von hochfeuerfesten Steinen u. Laboratoriumsgeräten, in der Medizin als mildes Neutralisationsmittel verwendet.
**Magnesium,** ein → chemisches Element.
**Magnet,** ein Körper, der in seiner Umgebung ein M.feld erzeugt, z.B. Eisen, Cobalt, Nickel u. einige andere Stoffe, die sog. *Ferromagnetika.* Jeder M. hat 2 Pole, Nord- u. Südpol, u. stellt sich bei freier Beweglichkeit in Nord-Süd-Richtung ein. M.e haben meist Stab-, Hufeisen- oder Topfform. → Elektromagnet, Magnetismus.
**Magnetband,** Kunststoffband mit einer magnet. Schicht (z.B. aus Chromdioxid, $CrO_2$, o. Bindelack), das zur Speicherung von Schallimpulsen (Tonband) oder Datenmengen verwendet wird.
**Magnetfeld,** Bez. für den Zustand des Raums in der Umgebung eines Dauer- oder Elektromagneten. Im M. wirken auf andere Magnete u. Eisenteile Anziehungs- u. Ausrichtungskräfte. Das M. wird veranschaulicht durch die *Feldlinien,* die in jedem Punkt die Richtung der Kraft haben, die auf einen isolierten magnet. Nordpol im Feld wirken würde.
**magnetische Aufzeichnung,** ein Verfahren zur dauerhaften Speicherung von Schall (z.B. Sprache u. Musik), Bild u. Daten in Form von in magnetisierbaren Substanzen fixierten Magnetfeldern. Die zu speichernden Informationen müssen dabei als analoge oder digitale elektr. Signale vorliegen bzw. in diese umgewandelt werden. Anwendung findet die m. A. bei Tonbandgeräten, Videorecordern u. Massenspeichern (Disketten, Festplatten) von Computern.
**magnetische Mißweisung,** *magnetische Deklination,* die Abweichung der Nordrichtung einer Magnetnadel von der geograph. Nordrichtung.
**magnetische Pole,** *erdmagnetische Pole, geomagnetische Pole,* nicht mit den geograph. Polen übereinstimmende Pole des Magnetfelds der Erde. Der Winkel, um den die magnet. von der geograph. Nordrichtung abweicht, ist die *Mißweisung.* Die Lage der m. P. ist Schwankungen unterworfen. Der *magnet. Nordpol* (der streng physikalisch eigtl. magnet. Südpol heißen müßte, weil er das Nordende der Kompaß-Magnetnadel anzieht), liegt auf 75° 50′ n. Br., 102° 30′ w. L., der *magnet. Südpol* (physikal. gesehen eigtl. Nordpol) auf 67° 30′ s. Br., 142° ö. L. Die Endpunkte der Achse des hypothet. Erdmagneten (*hypothet. magnet. Pole*) liegen auf 78° 30′ n. Br., 69° w. L. u. 78° 30′ s. Br. → Erdmagnetismus.
**magnetisches Moment,** eine physikal. Größe (Moment), die die Stärke eines magnet. Dipols (kleinster Stabmagnet) charakterisiert. Viele Elementarteilchen u. Atomkerne haben ein m. M. (→ Magneton).
**Magnetisierung, 1.** das Hervorrufen eines magnet. Zustands in einem Stoff durch Anlegen äußerer magnet. Felder. – **2.** eine physikal. Größe: das magnet. Moment per Volumeneinheit in einem Stoff.
**Magnetismus,** Sammelbegriff für alle Erscheinungen des magnet. Feldes u. seiner Wirkung auf die Materie. Ein Magnetfeld entsteht in der Umgebung von Dauermagneten oder jeder bewegten elektr. Ladung, z.B. eines stromdurchflossenen Leiters (Elektromagnet). Die Pole eines Magneten (stets ein Dipol) werden nach den Erdmagnetpolen Nord- u. Südpol genannt. Gleichnamige Pole stoßen sich ab, ungleichnamige ziehen sich an. Die Materie zeigt fünf verschiedene Arten magnet. Verhaltens: 1. *Dia-M.* zeigen alle Stoffe, deren Atome kein natürliches magnet. Moment haben; sie werden von einem Magnetfeld immer abgestoßen (z.B. Wismut). 2. *Para-M.* zeigen die Stoffe, deren Atome ein magnet. Moment haben. Wegen der Temperaturbewegung der Atome sind diese sog. *Elementarmagnete* zunächst willkürl. ausgerichtet. In einem Magnetfeld stellen sie sich überwiegend in Richtung der magnet. Feldlinien ein u. werden in ein Magnetfeld stets hineingezogen (z.B. Aluminium). 3. *Ferro-M.* zeigen nur die 4 chem. Elemente: Eisen, Cobalt, Nickel, Gadolinium u. einige Legierungen. Die Elementarmagnete haben hier das Bestreben, sich schon ohne äußeres magnet. Feld parallel zu stellen. In einem Magnetfeld richten sie sich in Richtung des Magnetfeldes aus, u. man erhält einen Magneten, der einen Teil seines M. auch noch nach Abschalten des Feldes behält (*magnet. Remanenz*). 4. *Antiferro-M.* zeigen einige Metalle u. Metalloxide. Die Elementarmagnete richten sich wie beim Ferro-M. in ganzen Kristallbereichen aus, stehen jedoch bei direkt benachbarten Atomen antiparallel (entgegengesetzt gerichtet). 5. Einen Übergangsfall zwischen Ferro- u. Antiferro-M. bilden die *Ferrite,* Metalloxid-Eisenoxidverbindungen, in denen sich die Elementarmagnete teils ferromagnet., teils antiferromagnet. verhalten; man spricht in dem Fall auch von *Ferri-M.*
**Magnetit,** *Magneteisenstein,* ein Mineral, wichtiges Eisenerz.
**Magnetkies,** *Pyrrhotin, Magnetopyrit,* ein Mineral.
**Magnetnadel,** ein Magnetstäbchen, das in vertikaler (*Inklinationsnadel*) oder in horizontaler Richtung (*Deklinationsnadel*) leicht drehbar angebracht ist. Es stellt sich parallel zur Richtung des Erdmagnetfelds, z.B. beim Kompaß.
**Magnetohydrodynamik,** Abk. *MHD,* die Lehre von den Strömungsvorgängen, die in stark ionisierten Gasen (sog. Plasmen) oder Flüssigkeiten mit großer elektr. Leitfähigkeit bei der Anwesenheit magnet. Felder vor sich gehen; von Bed. für die Entwicklung von Fusionsreaktoren.
**Magneton,** Maß für magnet. Momente im atomaren Bereich. Man unterscheidet das *Bohrsche M.,* das das kleinste magnet. Bahnmoment eines Elektrons im Wasserstoffatom angibt, u. das 2000mal kleinere *Kernmagneton* für nukleare magnet. Momente.
**Magnetosphäre,** das Gebiet des Magnetfelds der Erde, das von der *Magnetopause,* der Grenze gegen den interplanetaren Raum, begrenzt wird.
**Magnetostriktion,** *Joule-Effekt,* die Längen- u. Volumenänderung eines ferromagnet. Materials im Magnetfeld. Sie beträgt etwa $10^{-5}$ cm auf 1 cm u. kann technisch zur Erzeugung von Ultraschall ausgenutzt werden.
**Magnetotherapie,** *Heilmagnetismus, Mesmerismus,* auf F.A. *Mesmer* zurückgehender Begriff für eine Laienbehandlungsmethode mit Hilfe »magnet. Heilströme«, die vom Behandler, auch Heilmagnetiseur oder *Magnetopathen,* auf den Kranken übergehen sollen, z.B. durch Handauflegen.
**Magnetron,** eine Elektronenröhre zur Erzeugung sehr hochfrequenter elektr. Schwingungen (cm-Wellen) größerer Leistung, z.B. für Radarsender, Mikrowellenherde u.a.
**Magnetschwebebahn,** *Magnetschienenbahn,* eine Hochleistungsbahn, die sich z.Z. noch im Versuchsstadium (→ Transrapid) befindet. Zum prinzipiellen Aufbau gehören ein Trag- u. ein Antriebssystem. Das Tragsystem beruht auf elektrodynam. Effekten: supraleitende Spulen an der Fahrzeugunterseite induzieren bei Bewegung des Fahrzeugs in Aluminiumschienen Wirbelströme, die eine magnet. Abstoßungskraft hervorrufen, so daß die Bahn schwebt. Als Antriebssystem dient ein → Linearmotor.
**Magnetstähle,** Stahllegierungen, die leicht magnetisierbar sind; Verwendung als Dauermagnete.
**Magnetton-Verfahren,** die magnet. Tonauf-

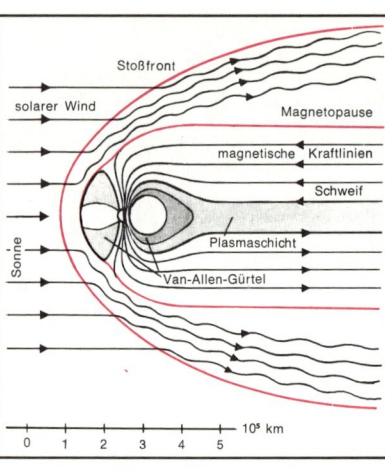

*Magnetosphäre (Schema)*

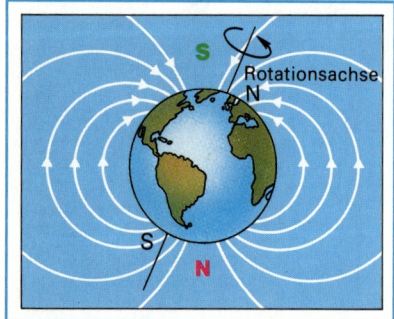

*Das Magnetfeld der Erde; Magnetpole: Nord (= rot), Süd (= grün)*

*Magnetschwebebahn: Transrapid 06*

zeichnung u. -wiedergabe zur Vertonung von Filmen.
**Magnifikat,** Lobgesang Marias (Luk. 1,46–55), ein Teil der Vesperliturgie.
**Magnifizenz,** Anrede für einen Hochschulrektor.
**Magnitogorsk,** Ind.-Stadt in der RSFSR (Sowj.), im Tal des oberen Ural-Flusses, 430 000 Ew.; Abbau der Magneteisenerze des »Magnetbergs« *(Magnitnaja Gora)* im Tagebau.
**Magnus,** lat.: »der Große«; Beiname von Herrschern u. Gelehrten.
**Magnus, 1.** *M. VI. Lagaboetir,* *1238, †1280, König von Norwegen 1263–80; richtete eine ständige Volksversammlung ein, die Anteil an der Steuerbewilligung u. Gesetzgebung hatte. – **2.** *M. VII., M. Eriksson Smek,* *1316, †1375, König von Schweden 1319–63, 1319–55 auch in Norwegen; führte erfolglos Krieg gegen Rußland u. Dänemark.
**Magnus,** Heinrich Gustav, *1802, †1870, dt. Physiker u. Chemiker. Die Anwendung des von ihm 1852 entdeckten *M.-Effekts* als Schiffsantrieb *(Flettner-Rotor)* blieb wegen Unwirtschaftlichkeit ohne Erfolg.

*Gustav Mahler; Bronzebüste von Auguste Rodin*

**Magot,** *Berberaffe,* zu den *Hundskopfaffen* gehörender schwanzloser Affe NW-Afrikas; einziger in Europa frei lebender Affe, der auch auf dem Affenfelsen von Gibraltar lebt.
**Magritte** [ma'grit], René, *1898, †1967, belg. Maler; führender Vertreter des Surrealismus.
**Magyaren** [ma'dja-] → Ungarn.
**magyarische Sprache** → ungarische Sprache.
**Mahabharata,** »das große Epos vom Kampf der Nachkommen des Bharata«, ein ind. Epos von rd. 100 000 Doppelversen bes. über den Bruderzwist der Kauravas u. Pandavas im Raum des heutigen Delhi. Das Werk dürfte sich zw. dem 5. Jh. v. Chr. u. dem 4. Jh. n. Chr. zu seiner jetzigen Gestalt entwickelt haben. Als legendärer Verfasser wird *Wjasa* genannt.
**Mahabharat-Kette,** Zone der Himalaya-Vorberge im südl. Nepal, bis 2758 m hoch.
**Mahagoni,** trop. Laubholz hoher technolog. u. ästhet. Qualität von etwa 90 Baumarten, die versch. systemat. Familien u. Erdteilen angehören. Das *Echte M.* liefern Bäume der zentralamerik. Art *Swietenia mahagoni.*
**Mahajana** → Mahayana.
**Mahajanga,** Hafenstadt u. Prov.-Hptst. im nw. Madagaskar, 110 000 Ew.; Flughafen.
**Mahalla el-Kubra,** *El Mahalla el-Kubra,* ägypt. Stadt im Nil-Delta, 385 000 Ew.; Textilind.
**Mahanadi,** Strom in Indien, 900 km; vom Hirakud-Staudamm aufgestaut, mündet bei Cuttack in einem Delta in den Golf von Bengalen.
**Maharadscha,** *Maharadja,* ind. Großfürst, → Radscha.
**Maharashtra,** Bundesstaat → Indiens.
**Mahatma,** »große, erleuchtete Seele«, ind. Ehrentitel, z.B. für M. Gandhi.
**Mahaweli Ganga,** längster Fluß Sri Lankas, 331 km; mündet bei Trincomalee in den Golf von Bengalen.
**Mahayana** [sanskr., »großes Fahrzeug«], *Mahajana,* die um 200 n. Chr. im N Indiens in Blüte stehende Form des Buddhismus, die sich dann als die eigtl. Weltreligion des Buddhismus in Nepal, China, Korea, in der Mongolei u. in Japan ausbreitete.

*Mähnenwolf*

**Mahdi,** *Machdi* ['maxdi], der im Islam erwartete letzte Erneuerer des Glaubens u. Wiederhersteller der göttl. Ordnung.
**Mahdi,** *Machdi,* eigtl. *Machdi Mohammed Ahmed,* *1844, †1885, der »M. des Sudan«. Er führte seine Anhänger zum Aufstand *(M.stenaufstand)* gegen die ägypt. Regierung. Sein Nachfolger *Abdullah* regierte in Omdurman, bis Lord Kitchener der Herrschaft der Mahdisten 1898 ein Ende bereitete.
**Mähdrescher,** eine Erntemaschine, die das Getreide abmäht u. im gleichen Arbeitsgang ausdrischt.
**Mahé** [ma'e], Hauptinsel der Gruppe der Seychellen, nordöstl. von Madagaskar im Ind. Ozean, 144 km², 50 000 Ew., Hauptort *(Port) Victoria.*
**Mah-Jongg** [-dʒɔŋ], auch in Europa eingebürgertes chin. Spiel mit vier *Platzsteinen* u. 144 *Steinen* (Karten), die nach Spielbildern geordnet werden.
**Mahler,** Gustav, *1860, †1911, östr. Dirigent u. Komponist; seit 1907 an der Metropolitan Opera in New York. Seine Sinfonik setzt die Linie Beethovens (Einbeziehung von Chören) u. Bruckners fort. Zunehmende Polyphonie u. Linearität erweitern die Grenzen des Harmonischen bis zur Atonalität. M. schrieb 10 Sinfonien u. mehrere Liederzyklen (u.a. »Lieder eines fahrenden Gesellen«, »Kindertotenlieder«, Sinfonie »Das Lied von der Erde«). Er gilt heute als Repräsentant eines musikal. Jugendstils.
**Mahler-Werfel,** Alma, *1879, †1964, Witwe G. *Mahlers;* heiratete 1915 W. *Gropius* (Trennung 1918) u. 1929 F. *Werfel.*
**Mahlzähne,** die *Back(en)zähne;* → Zahn.
**Mähmaschine,** Maschine zum Abmähen von Gras, Futterpflanzen u. Halmfrüchten. M.n bei der Getreideernte sind *Mähbinder* (die gleichzeitig das Getreide einbinden) u. *Mähdrescher.*
**Mahmud** [max-], *Machmud,* osman. Fürsten:
**1. M. I.,** *1696, †1754, Sultan 1730–54; gewann im Krieg gegen Österreich u. Rußland 1736–39 die Kleine Walachei u. Nordserbien bis Belgrad zurück. – **2. M. II.,** *1785, †1839, Sultan 1808–39; folgte seinem ermordeten Bruder, Mustafa IV.; konnte unter dem Druck der europ. Mächte die Unabhängigkeit Griechenlands 1829 (Friede von Adrianopel), Serbiens u. Ägyptens nicht verhindern.
**Mähne,** bei Tieren (Pferd, Löwe u.a.) die den Nacken bedeckenden, langen Haare.
**Mähnenschaf,** *Afrikanischer Tur,* besser *Mähnenziege,* da es mit der Ziege, aber nicht mit dem Schaf kreuzbar ist; lebt in nordafrik. Gebirgen.
**Mähnenwolf,** *Mähnenhund,* Art der *Hunde;* harmloser Kleintierfresser Mittelbrasiliens.
**Mahnung,** die mündl. oder schriftl. *(Mahnbrief)* Aufforderung des Gläubigers an den Schuldner, die geschuldete Leistung zu erbringen.
**Mahnverfahren,** eine bes. Verfahrensart des Zivilprozeßrechts der BR Dtld., durch die der Gläubiger einer Forderung in Geld oder anderen vertretbaren Sachen ohne mündl. Verhandlung einen Vollstreckungstitel erhalten soll. Auf seinen Antrag erläßt das Amtsgericht (Rechtspfleger) einen *Mahnbescheid* (früher Zahlungsbefehl), gegen den *Widerspruch* eingelegt werden kann.
**Mahomed** → Mohammed.

## Mailand 537

**Mahón** [ma'ɔn], befestigter Hafen u. Hptst. der span. Baleareninsel *Menorca,* an einer fjordartigen Bucht der SO-Küste, 22 000 Ew.
**Mahonie,** *Mahonia,* Gattung der *Sauerdorngewächse.* Eine Zierpflanze ist die *Stechdornblättrige M.*
**Mahr,** ein Nachtgespenst.
**Mähren,** tschech. *Morava,* der mittlere Teil der Tschechoslowakei, im O von den Westbeskiden u. Weißen Karpaten, im S von der Thaya, im W von den Böhm.-Mähr. Höhen u. im N von den östl. Sudeten begrenzt; administrativ in die Kreise (tschech. *Kraj*) Nord-M. (Sitz: Ostrau) u. Süd-M. (Sitz: Brünn) gegliedert, mit zus. 26 095 km², 4 Mio. Ew. Zu der vorw. tschech. Bev. *(Mährer)* gehören auch Slowaken u. Polen. – Gesch.: Das Großmährische Reich wurde seit 863 christianisiert. Im 12./13. Jh. bes. stark von Deutschen besiedelt, fiel M. 1526 an Habsburg u. wurde 1849 östr. Kronland; seit 1918 Teil der Tschechoslowakei.
**Mährische Pforte,** tschech. *Moravská brána,* Paß (310 m) zw. Sudeten u. Karpaten, nördl. von Roßbach.
**Maiano,** Benedetto da, *1442, †1497, ital. Bildhauer u. Architekt der Florentiner Frührenaissance.
**Maibaum** → Maifeiern.
**Maidenhead** ['meɪdnhɛd], Stadt in der Gft. Berkshire (S-England), an der Themse, 50 000 Ew.; Fahrzeugbau.
**Maidstone** ['meɪdstən], Hptst. der Gft. Kent (SO-England), am Medway, 72 000 Ew.; Brauereien.
**Maiduguri,** Stadt in Nigeria, → Yerwa Maiduguri.
**Maier, 1.** Hans, *18.6.1931, dt. Politiker (CSU); 1970–86 bay. Kultusmin., 1976–88 Präs. des Zentralkomitees der dt. Katholiken. – **2.** Josef (»Sepp«), *28.2.1944, dt. Fußballspieler; mit Bayern München mehrfach dt. Meister, Nationaltorhüter; Weltmeister 1974. – **3.** Reinhold, *1889, †1971, dt. Politiker (FDP); 1945–52 Min.-Präs. von Württemberg-Baden, 1952/53 von Ba.-Wü., 1957–60 Bundesvors. der FDP.
**Maier-Leibnitz,** Heinz, *28.3.1911, Kernphysiker; plante den ersten dt. Kernreaktor in Garching, 1974–79 Präs. der Dt. Forschungsgemeinschaft.
**Maifeiern,** volkstüml. Feiern zum Maibeginn, am Maitag (1. Mai). Die M. waren vielfach durch den feierl. Viehaustrieb, Schmuck (Maibaum), Spiele (z.B. Maipaar) u. Umzüge gekennzeichnet. Jüngere Traditionen (»Tag der Arbeit«, → Erster Mai) haben diesen Termin beibehalten.
**Maifeld** → Märzfeld.
**Maigelein,** kleine Becherschale aus Glas, oft gerillt; hergestellt in Dtld. im 15. u. 16. Jh.
**Maiglöckchen,** *Maiblume,* zu den *Liliengewächsen* gehörende Pflanze mit weißen, wohlriechenden Blüten. Aus M. lassen sich u.a. herzwirksame Glykoside gewinnen.
**Maihofer,** Werner, *20.10.1918, dt. Politiker (FDP); 1972–74 Bundes-Min. für bes. Aufgaben, 1974–78 Bundesinnen-Min.
**Maikäfer,** *Melolontha,* Gattung der *Scarabäen;* ein brauner *Käfer,* dessen Larven *(Engerlinge)* sich im Boden entwickeln u. nach 3–5 Jahren als Imago an die Oberfläche kommen.
**Mailand,** ital. *Milano,* das antike *Mediolanum,* Stadt in N-Italien an der Olana, Hptst. der Lombardei u. der gleichn. Prov., 1,7 Mio. Ew.; got. Marmordom (14.–19. Jh.) u. viele Kirchen, z.B.

*Maikäfer*

**Mailänder Edikt**

Sta. Maria delle Grazie (mit dem »Abendmahl« von Leonardo da Vinci), bed. Kunstsammlungen, weltberühmt ist die Mailänder Oper (Teatro alla Scala); Wirtschaftszentrum, Messestadt; internat. Flughafen. – Gesch.: Unter *Ambrosius* (374–397) wurde M. bedeutendstes Bistum im Röm. Reich (355 Mailänder Konzil) u. bald größte Stadt Italiens. 774 wurde es fränkisch, im 12. Jh. führend im antistaufischen lombard. Städtebund, 1162 durch Kaiser Friedrich I. zerstört, 1167 neu erbaut. Die Stadt fiel 1395 an die *Visconti,* 1450 an die *Sforza,* 1535 an die span. Habsburger, 1714 an die östr. Habsburger, 1859 an Italien. → Lombardei.

**Mailänder Edikt,** 313 erreichte Einigung zw. *Konstantin d. Gr.* u. *Licinius,* wodurch das Christentum im Röm. Reich zugelassen wurde.

**Mailer** ['meilə], Norman, *31.1.1923, US-amerik. Schriftst.; gesellschaftskrit. Prosa. W »Die Nackten u. die Toten«, »Heere aus der Nacht«.

**Maillart** [ma'ja:r], 1. Louis, gen. *Aimé,* *1817, †1871, frz. Komponist; schrieb 6 Opern. – 2. Robert, *1872, †1940, schweiz. Ingenieur; Pionier des modernen Brückenbaus.

**Maillol** [ma'jɔl], Aristide, *1861, †1944, frz. Bildhauer, Maler u. Graphiker; vorw. Akte in klass. Geschlossenheit.

**Mail-order** ['meil 'ɔ:də], Warenbestellung aufgrund eines per Post zugeschickten Werbebriefs.

**Maimon,** Salomon, *Salomon ben Josua,* *1753, †1800, dt. Philosoph; Jude aus Litauen, wandte sich kritisch gegen I. *Kants* Begriff des »Ding an sich«.

**Maimonides,** Moses, *Rabbi Mose ben Maimon,* *1135, †1204, span.-jüd. Religionsphilosoph u. Arzt; hervorragendster jüd. Denker des MA, versuchte eine Systematisierung der jüd. religiösen Überlieferung mit Hilfe der aristotelischen Philosophie. Als Arzt formulierte er den »Eid des M.« (»in dem Patienten niemals etwas anderes als ein leidendes Mitgeschöpf zu sehen«).

**Main,** r. Nbfl. des Rhein, 524 km; entsteht aus *Weißem M.* (Fichtelgebirge) u. *Rotem M.* (Fränk. Schweiz); mündet gegenüber von Mainz; wird durch den Europakanal Rhein-Main-Donau mit der Donau verbunden.

**Mainau,** Insel im westl. Bodensee *(Überlinger See),* 0,6 km²; großherzogliches Schloß mit Park; sehr mildes Klima; internat. Begegnungsstätte; 1272–1805 im Besitz des Dt. Ordens, heute gehört sie der schwed. Familie Bernadotte.

**Mainburg,** Stadt in Niederbayern, in der Hallertau, 10 300 Ew.; Hopfenanbau.

**Maine,** 1. [mein], Abk. *Me.,* Staat der → Vereinigten Staaten von Amerika. – 2. [mɛ:n], histor. Prov. (ehem. Gft.) in NW-Frankreich, Hauptort ist *Le Mans.* – 3. [mɛ:n], r. Nbfl. der Loire in W-Frankreich, mündet sw. von Angers.

**Mainfranken,** die Ldsch. zw. Spessart u. Rhön im W, Steigerwald u. Haßberge im O, Mittelpunkt ist *Würzburg.*

**Mainland** ['meinlənd], 1. *Pomona,* größte Orkney-Insel, 492 km², 14 000 Ew., Hptst. *Kirkwall.* – 2. größte Shetland-Insel, 970 km², 15 000 Ew., Hptst. *Lerwick.*

*Mailand: Dom*

*Mainz: neues Rathaus*

**Maintal,** Stadt in Hessen, 36 000 Ew.; elektron. Ind.

**Maintenon** [mɛ̃tə'nɔ̃], Françoise d'*Aubigné,* Marquise de M., *1635, †1719, Mätresse u. spätere Frau Ludwigs XIV. von Frankreich.

**Mainz,** Hptst. des Landes Rhld.-Pf., gegenüber der Mündung des Main in den Rhein, 183 000 Ew.; M.er Dom (roman. Doppelchoranlage; 975 erbaut, 1009 abgebrannt, bis 1036 wiederhergestellt); Univ. (1477–1803 u. seit 1946), zahlr. Hochschulen (u.a. Dt. Fernsehakad.); Gutenberg-Museum, Schloß (17. u. 18. Jh.); Sitz des ZDF; vielseitige Ind., Binnenhafen am Rhein. – Gesch.: Ende des 1. Jh. v. Chr. röm. Kastell *Mogontiacum* (auch *Maguntiacum*), Hptst. der um 300 gegr. röm. Prov. »Germania prima«; seit 346 frühchristl. M.er Bischöfe. Das Bistum M. wurde 746–754 von *Bonifatius* übernommen u. um 780 zum Erzbistum erhoben. Seit 965 war der Erzbischof Reichserzkanzler mit dem Recht der Berufung zur Königswahl u. seit dem 13. Jh. der erste der Kurfürsten. Seit dem 11. Jh. Entwicklung zu einer unabhängigen Stadtgemeinde, durch die *M.er Stiftsfehde* beendet. Das Erzbistum wurde 1798 frz. besetzt u. 1803 aufgehoben. 1816 kam M. als Hptst. der Prov. Rheinhessen an das Großherzogtum Hessen (-Darmstadt).

**Maipilz,** *Hufpilz,* ein elfenbeinfarbiger *Blätterpilz;* Speisepilz.

**Maipo,** tätiger Vulkan in den südamerik. Anden, sö. von Santiago de Chile, 5290 m.

**Maire** [mɛ:r], frz.: Bürgermeister; **Mairie** [mɛ:'ri], Rathaus.

**Maire** [mɛ:r], Jakob → Le Maire.

**Mairenke,** *Schiedling,* 15–30 cm langer *Weißfisch* in oberbay. u. östr. Seen.

**Mairet** [mɛ'rɛ], Jean, *1604, †1686, frz. Tragödiendichter; Vorläufer des klass. frz. Theaters.

**Mais** [indian.], *Kukuruz,* eine 1493 aus Mittelamerika eingeführte, bis 3 m hohe, zu den *Süßgräsern* gehörende Getreidepflanze, deren Anbau sich über die ganze Erde verbreitet hat. Verwendet werden entweder die ganzen Pflanzen als Grün- oder Silofutter oder die Körner. Aus jedem Korn bildet sich bei der Kultur nur ein einziger, unverzweigter Stengel, der an der Spitze in einer endständigen Rispe die männl. Ähren u. weiter unten in den Blattwinkeln die weibl. Kolben trägt. Die *M.stärke (Maizena, Mondamin)* wird vielseitig verwendet, besonders in der Industrie u. als Zusatz zu Lebensmitteln (z.B. Pudding); M.flocken, M.kleie u. geschrotete M.körner sind wichtige Nahrungs- u. Futtermittel.

**Maisbirne,** Trainingsgerät zur Erhöhung der Schlagkraft beim Boxen: ein großer, birnenförmiger, an einem Seil aufgehängter Ledersack.

**Maische,** Brei u.a. aus Malzschrot u. Wasser bei der Bierherstellung.

**Maistre** [mɛ:str], Joseph Marie Comte de, *1753, †1821, frz. Staatstheoretiker; Hauptvertreter der Restauration.

**Maisur,** 1. → Karnataka. – 2. ind. Distrikt-Hptst., auf dem südl. Dekanhochland, 450 000 Ew.; ehem. Hptst. des Fürstenstaats *Kodagu.*

**Maitani,** Lorenzo, *vor 1275, †1330, ital. Bildhauer u. Architekt.

**Maître** ['mɛ:trə], Abk. *Me.,* frz.: Meister, Herr; Titel der frz. Rechtsanwälte u. Notare.

**Maître de plaisir** ['mɛ:trədəplɛ'zir], jemand, der bei gesellschaftl. Vergnügungen die Leitung hat.

**Maíz** [ma'iθ], *Islas Del M., engl. Corn Islands,* nicaraguan. Inselgruppe vor der karib. Küste Nicaraguas, 11 km², 2000 Ew.

**Maizena,** Handelsname für Maisstärke.

**Maizière** [mɛ'zjɛ:r], 1. Lothar de, (Neffe von 2), *2.3.1940, dt. Politiker (CDU); 1987 stellv. Vors. des Ost-Berliner Anwaltskollegiums; 1989 Vors. der CDU in der DDR; 1989/90 stellv. Min.-Präs., 1990 Min.-Präs. der DDR; nach der Wiedervereinigung Bundes-Min. für bes. Aufgaben. – 2. Ulrich de, *24.2.1912, dt. General; 1966–72 Generalinspekteur der Bundeswehr.

**Maizuru** [-zuru], jap. Hafenstadt auf Honshu, am Jap. Meer, nw. von Kyoto, 100 000 Ew.; Fischereihafen.

**Maja,** *Maya,* die den ind. Göttern zugeschriebene Kraft, die Weltillusion hervorzurufen; auch diese selbst (»Schleier der M.«).

**Majakowskij,** Wladimir Wladimirowitsch, *1893, †1930 (Selbstmord), sowjetruss. Schriftst.; begleitete mit aufreizender Tribünendichtung die russ. Revolution.

**Majdanek,** Stadtteil von *Lublin* (Polen); 1941 errichtetes nat.-soz. KZ, seit 1942 auch Vernichtungslager; mindestens 250 000 Todesopfer.

**Majerová,** Marie, eigtl. M. *Bartošvá,* *1882, †1967, tschechosl. Schriftst. (realist., psychologisierende Romane aus der Welt der Arbeiter).

**Majestät** [lat. *maiestas,* »Erhabenheit«], Titel für Kaiser u. Könige (einschl. ihrer ebenbürtigen Frauen).

**Majkop,** Hptst. der Adygischen AO in der RSFSR (Sowj.), im Kaukasus-Vorland, 140 000 Ew.; vorgeschichtl. Hügelgräber.

**Major,** unterster Dienstgrad der *Stabsoffiziere;* früher im allg. Kommandeur eines Bataillons oder einer Abteilung.

**Majoran,** in SO-Europa, Vorder- u. Mittelasien beheimateter *Lippenblütler;* Heil- u. Würzpflanze.

**Majorat,** *Seniorat,* Vorrecht des Ältesten auf das Erbe, Ältestenerbgut; Ggs: *Minorat.*

**Majorist,** im kath. Kirchenrecht der Kleriker der höheren Weihen (Diakon, Priester, Bischof).

**Majorität,** Mehrheit. – **M.swahl,** *Mehrheitswahl:* Die M. wählt den Kandidaten, die Stimmen der Minderheit bleiben unberücksichtigt.

**Majuro** [ma'dʒu:ro], größtes Atoll in der Ratak-Gruppe der Marshall-Inseln (Ozeanien), rd. 60 kleine Inseln, 30 km², 10 000 Ew.

**Majuskel,** Großbuchstabe; Ggs: *Minuskel.* Im Buchdruck: *Versalie* u. *Gemeine.*

**Makaken,** *Macaca,* Gatt. der *Hundskopfaffen,* in S- u. SO-Asien u. NW-Afrika verbreitet; hierzu *Rhesusaffe, Schweinsaffe, Magot.*

**Makalu,** *Makulu,* nepales. Berggipfel östl. des Mount Everest, 8470 m.
**Makame,** oriental. Stegreifdichtung in kunstvoll gereimter Prosa mit eingestreuten Versen.
**Makarios III.** *Myriarthes,* eigtl. Michail Christodoulos *Mouskos,* *1913, †1977, grch.-orth. Erzbischof (1950) von Zypern; seit der Unabhängigkeit Zyperns (1959) Präs. der Republik.
**Makart,** Hans, *1840, †1884, östr. Maler; mit seinem überladenen Stil von großem Einfluß auf Mode, Kunstgewerbe u. Innenarchitektur der Gründerjahre.
**Makasar** → Ujung Padang.
**Makasaren,** das jungindones. Staatsvolk (über 1 Mio.) des im 16./17. Jh. mächtigen Reichs *Makasar (Gowa),* das von S-Celebes aus Teile der kleinen Sunda-Inseln beherrschte u. dem Islam seinen Aufstieg verdankte.
**Makedonen,** byzantin. Herrscherdynastie, regierte 867–1056.
**Makedonien, 1.** *Mazedonien,* Kernlandschaft der Balkanhalbinsel, gliedert sich in stark gekammerte Gebirgsländer u. in fruchtbare, gut besiedelte Beckenlandschaften; heute Region *(Makedonia)* im NW u. N Griechenlands, Hptst. u. Wirtschaftszentrum *Saloniki.* – Die krieger. Bewohner des antiken M. waren Hellenen. M. errang im 4. Jh. v. Chr. unter *Philipp II.* die Herrschaft über die Griechen u. unter *Alexander d. Gr.* die Herrschaft über ein kurzlebiges Weltreich. Seit dem 6. Jh. war M. vorwiegend slaw. besiedelt, wechselnd unter byzantin., bulgar. u. serb. Herrschaft, seit 1371/89 türkisch. Die *Makedonische Frage* wurde seit Ende des 19. Jh. ein ständiges Thema der internat. Politik; Bulgaren, Griechen u. Serben (neben der Türkei) stritten sich um den Besitz, bes als M. nach den Balkankriegen 1912/13 den Türken entrissen u. zwischen Griechenland, Bulgarien u. Serbien aufgeteilt worden war. Die Bevölkerung *(Makedonier)* ist heute stark von slaw. u. türk. Volksteilen durchsetzt. *Makedonija,* Teilrepublik im S → Jugoslawiens, Hptst. *Skopje.* – **2.** serbokroat. *Makedonija,* Teilrepublik im S → Jugoslawiens, Hptst. *Skopje.*
**Makedorumänen,** die rumän. Gruppe der → Aromunen.
**Makejewka,** Stadt in der Ukrain. SSR (Sowj.), im SW des Donez-Beckens, 460 000 Ew.
**Make-up** [meik'ʌp], allg. Aufmachung (z. B. einer Ware); bes. Schminken, Pudern u. ä.
**Makifrösche,** mittel- u. südamerik., meist grüne *Baumfrösche.*
**Makimono,** O-asiat. Bildrolle aus Papier oder Seide; im Unterschied zum Kakemono auf Tisch u. Fußboden ausgerollt.
**Makis,** *Fuchsaffen, Lemur,* Gattung der *Halbaffen* mit hundeartigem Gesicht; gesellig lebende Baumtiere Madagaskars.
**Makkabäer,** Beiname des jüd. Herrschergeschlechts der *Hasmonäer.* Sie befreiten 167–142 v. Chr. das jüd. Volk von der Herrschaft u. stellten den jüd. Staat wieder her (begonnen durch den Priester *Mattathias,* vollendet durch seine Söhne *Judas Makkabäus, Jonathan* u. *Simon*).
**Makkaroni,** ital. Hohl- oder Röhrennudeln.
**Makler,** engl. *broker,* Vermittler; Gewerbetreibender, der gegen Entgelt *(Provision)* für andere den Kauf oder Verkauf von Waren, Wertpapieren *(Börsen-M.),* Immobilien *(Immobilien-* oder *Grundstücks-M.)* usw. vermittelt.
**Mako,** hochwertige Gewebe u. Maschenwaren aus ägyptischer Baumwolle.
**Makonde,** mutterrechtl. Bantu-Volk im Grenzgebiet von Tansania u. Moçambique (über 600 000).
**Makore,** afrik. Birnbaum, trop. Holz einer *Sapotazee.*
**Makos,** *Isurus,* Gattung von bis 3,50 m langen Haien.
**Makramee** [das; türk., arab.] geknüpfte u. geknotete Spitze arab. Herkunft.
**Makrele,** als Speisefisch (frisch oder geräuchert) sehr geschätzter, etwa 40 cm langer u. 450–500 g schwerer Meeresfisch; zur Familie der M. gehören auch *Pelamide* u. *Thunfische.*
**Makrelenhecht,** ein dem Hornhecht ähnlicher Schwarmfisch des Nordatlantik, Mittelmeers u. Schwarzen Meers.
**Makrobiose,** Langlebigkeit.
**Makrobiotik,** von C. W. *Hufeland* geprägter Begriff mit der Bedeutung »die Kunst, ein hohes Lebensalter zu erreichen«. Nach Hufeland kann die Lebenskraft eines jeden Menschen durch Luft, Licht, Wärme, Wasser u. eine natürl. Ernährung aus wenig Fleisch, dafür aber aus viel Gemüse, Salat u. Obst, gestärkt werden. Der japan. Arzt Georges *Ohsawa* (*1893, †1966) propagierte eine makrobiot. Ernährungsweise, die fast ausschl. aus Getreideprodukten besteht.

**Makrokosmos,** die Welt im großen, das Weltall; Ggs.: *Mikrokosmos.*
**Makromolekül** → Molekül.
**Makrone,** rundes Kleingebäck aus Mandeln, Zucker, Eiweiß u. Mehl.
**Makropoden,** *Großflosser,* Gatt. der *Labyrinthfische,* bis 10 cm lang; in Tümpeln Ostasiens; beliebte Aquarienfische (z. B. die *Paradiesfische*).
**makrozyklische Verbindungen,** organ.-chem. Verbindungen mit mehr als 12 Kohlenstoffatomen im Molekül, die in Ringform angeordnet sind.
**Makrozyten,** große Blutzellen, die im Blut des Gesunden nur vereinzelt auftreten, bei *Anämie* aber vermehrt vorkommen.
**Makua,** *Wa-M.,* mutterrechtl. Bantuvolk in Ostafrika (von Tansania bis zum Sambesi), über 4,1 Mio.; Savannenbauern.
**Makulatur,** fehlerhafte, unbrauchbare Drucke.
**Malabarküste,** *Malewar-, Pfefferküste,* die SW-Küste Indiens etwa südl. von Mangalore; vorwiegend Schwemmland, meist bewohnt von *Malabaren* (Drawidas u. ind.-arab. Mischlinge); gehört polit. zum Bundesstaat Kerala.
**Malabo,** fr. *Santa Isabel,* Hptst. u. Hafen von Äquatorialguinea, auf Bioko, 40 000 Ew.
**Malachias,** der Prophet → Maleachi.
**Malachit,** ein dunkles, grünes Mineral.
**Maladeta,** *Maladetta,* span. *Montes Malditos,* frz. *Monts Maudits,* Granitstock der Zentralpyrenäen auf span. Gebiet, im 3404 m hohen *Pico de Aneto* (frz. *Pic de Néthou*) die höchste Pyrenäen-Erhebung.
**Málaga,** S-span. Hafenstadt in Andalusien, an der Mündung des Guadalmedina ins Mittelmeer, Hptst. der gleichn. Prov., 540 000 Ew.; Ind.- u. Handelszentrum.
**Malagasy** → Madagassisch.
**Malaien,** ein jungindones. Volk, über 10 Mio. (auf Borneo u. Ostsumatra, in Malaysia u. Thailand). Die M. entstammen dem Volk der Minangkabau; sie bildeten zunächst einen hindu-javan. Vasallenstaat, übernahmen den Islam, gründeten 1160 Singapur, dann Malakka; nach Eroberung durch die Portugiesen erfolgte die Ausbreitung über die mal. Halbinsel (Sultanat Johore u.a.) u. Indonesien unter Gründung einflußreicher Staaten. Ihre Sprache (mit arab. Schrift) wurde Verkehrssprache auf Borneo u. Ostsumatra.
**Malaienbär,** *Sonnenbär,* ein bis 1,4 m großer Bär mit kurzhaarigem schwarzem Fell u. orangegelbem Brustfleck; Verbreitungsgebiet: Birma, Malakka, Sumatra, Borneo.
**Malaiische Halbinsel** → Malakka.
**Malaiischer Archipel,** *Insulinde,* die australasiat. Inselwelt Indonesiens, Malaysias u. der Philippinen.
**malaiische Sprache,** *Malai,* indones. Sprache auf Malaja, in Handelsplätze auch in Indonesien u. über Hinterindien bis nach China verbreitet; heute die offizielle Staatssprache Indonesiens (*Bahasa Indonesia*).
**Malaita,** viertgrößte u. am stärksten besiedelte Insel der Salomonen (Ozeanien), 3885 km², 81 000 Ew.; gebirgig, bewaldet, bis 1303 m hoch.
**Malajalam,** *Malayalam,* eine drawid. Sprache (über 20 Mio. Sprecher) an der SW-Küste Indiens.
**Malakka,** *Malacca,* Halbinsel im südl. Teil Hinterindiens, im N durch die Landenge von *Kra,* im O vom Golf von Thailand, im W vom Andamanischen Meer u. von der *M.-Straße* begrenzt, rd. 230 000 km², 11 Mio. Ew. (5 Mio. Chinesen); sehr gebirgig (im *Tahan* 2190 m). Polit. gehört M. im N zu Thailand, im S zu Malaysia. – **M.-Straße,** Meeresstraße zw. M. u. Sumatra, an der schmalsten Stelle 67 km breit. Im sö. Teil liegt Singapur.
**Malan,** Daniel François, *1874, †1959, südafrik. Politiker; 1948–54 Prem.-Min. der Südafrik. Union; begr. die Politik der *Apartheid.*
**Malang,** Stadt in Indonesien, im östl. Java, 560 000 Ew.; Wirtschaftszentrum.
**Malaparte,** Curzio, eigtl. Kurt Erich *Suckert,* *1898, †1957, ital. Schriftst. u. Journalist dt. Herkunft; schrieb krasse u. zynische Reportagen mit polem. Tendenz.
**Mälaren,** *Mälarsee,* See in S-Schweden, westl. von Stockholm, ohne die über 1000 Inseln 1140 km².
**Malaria,** kaltes Fieber, Wechsel-, Sumpf-, Tropen-, Quartana-, Tertianafieber, im südl. Europa u. in den Tropen als epidemisch auftretende Infektionskrankheit, die durch einzellige Lebewesen im Blut (*Plasmodien*) hervorgerufen wird; meldepflichtig. Als Zwischenwirt dient den Plasmodien die *Fiebermücke;* durch deren Stich wird der Erreger in das Blut des Menschen übertragen. Hier verbrauchen die Erreger den Blutfarbstoff u. scheiden ein dunkles Pigment aus, das in Leber u. Milz gespeichert wird. Es sind 3 Arten von Plasmodien bekannt: 1. *Plasmodium vivax,* der Erreger des *Dreitagefiebers,* 2. *Plasmodium malariae,* der Erreger des *Viertagefiebers* u. 3. *Plasmodium immaculatum,* der Erreger der *tropischen M.* Je nach der Erregerart ist die Folge der Fieberanfälle u. der Verlauf verschieden. – Das älteste Mittel gegen M. ist die Rinde des Chinabaums bzw. ihr Hauptalkaloid *Chinin* u. dessen Salze oder Derivate.
**Malaspina,** ital. Adelsfamilie, u. a. bis 1738 Herzöge von Massa u. Fürsten von Carrara.
**Malaspina-Gletscher,** größter nordamerik. Gletscher, im Vorland der St. Elias Mountains im SW Alaskas, über 4000 km².
**Malatesta,** ital. Adelsfamilie in Rimini, 1708 ausgestorben.
**Malatya** [-tja], Hptst. der gleichn. O-türk. Provinz, am oberen Euphrat, 255 000 Ew.
**Malawi,** Staat im südl. O-Afrika, 118 484 km², 7,5 Mio. Ew. (vorw. Bantuneger), Hptst. *Lilongwe.*

*Malawi*

Landesnatur. Plateauartige Hochländer zwischen 900 u. 1400 m Höhe liegen zu beiden Seiten des Ostafrik. Grabens, der im N vom M.see u. im S von dessen Abfluß *Shire* eingenommen wird. Das Hochland ist kühler, die Ufer des M.sees u. das Shiretal sind sehr heiß. Die Dauer der Trockenzeit nimmt von N nach S zu. – Wirtschaft. Die Landw. produziert Tabak, Tee, Kaffee u. Erdnüsse für den Export. Die Ind. verarbeitet vorw. Agrarprodukte.
Geschichte. 1891 wurde M. (seit 1907 als Nyassaland) brit. Protektorat, 1953 der Föderation von *Rhodesien u. Nyassaland* eingegliedert, 1964 unabh. Seit 1966 ist M. Rep. Staats-Präs. ist seit 1966 H. K. *Banda.*
**Malawisee,** fr. *Nyasa-, Njassasee,* drittgrößter See Afrikas, im N Teil des O-afrik. Grabensystems, zw. Tansania, Moçambique u. Malawi, 472 m ü. M., 30 800 km², bis 706 m tief.
**Malaysia,** Staat in SO-Asien, 329 749 km², 16,6 Mio. Ew., Hptst. *Kuala Lumpur.* – M. besteht aus 2 Bundesterritorien u. 13 Teilstaaten, von denen 11 auf der Halbinsel Malakka liegen u. als *West-M.* oder *Malaya* bez. werden; die beiden anderen Teilstaaten, Sarawak u. Sabah, liegen im

*Málaga; im Vordergrund die Stierkampfarena*

# Malbaum

*Malaysia*

N-Teil der Insel Borneo u. heißen amtl. *Ost-M.* (vgl. Tabelle).
Landesnatur. Hinter fruchtbaren, z.T. versumpften Küstenebenen erheben sich Gebirgszüge (im *Kinabalu* in Sabah 4101 m), die mit dichten Regenwäldern bestanden sind. Das Klima ist trop.-feuchtheiß. Die Küsten werden z.T. von Mangrovewäldern gesäumt.
Über die Hälfte der Bevölkerung sind Moslems, 7% sind Hindus (Inder), daneben gibt es Buddhisten u. Konfuzianer (Chinesen), Christen u. Anhänger von Naturreligionen. Im östl. Landesteil ist der Anteil der Urbevölkerung erhebl. (*Dajak, Dusun*).
Wirtschaft. Die trop. Pflanzungswirtsch. liefert für den Export vor allem Kautschuk, Pflanzenöle, Kopra, Pfeffer, Kakao, Reis, Tee u. Ananas. An Bodenschätzen werden exportiert: Zinn ($^1/_5$

| Malaysia: Verwaltungsgliederung ||||
|---|---:|---:|---|
| Bundesstaat/ Bundes-territorium | Fläche in km² | Ein-wohner in 1000 | Hauptstadt |
| *Bundesstaaten:* ||||
| Johore | 18 986 | 1 867 | Johore Bahru |
| Kedah | 9 426 | 1 263 | Alor Setar |
| Kelantan | 14 943 | 1 048 | Kota Bahru |
| Malakka | 1 650 | 524 | Malakka |
| Negeri Sembilan | 6 643 | 647 | Seremban |
| Pahang | 35 965 | 921 | Kuantan |
| Perak | 21 005 | 2 020 | Ipoh |
| Perlis | 795 | 167 | Kangar |
| Pinang | 1 031 | 1 049 | Pinang (Georgetown) |
| Sabah | 73 619 | 1 600 | Kota Kuabalu |
| Sarawak | 124 449 | 1 477 | Kuching |
| Selangor | 7 956 | 1 731 | Shah Alam |
| Terengganu | 12 955 | 639 | Kuala Terengganu |
| *Bundesterritorien:* ||||
| Kuala Lumpur | 243 | 1 103 | Kuala Lumpur |
| Labuan | 91 | 12 | Victoria |

Weltförderung), Erdöl, Bauxit u.a. Die Wälder liefern Edelhölzer u. Harze. Seehäfen sind Pinang, Port Swettenham, Malakka.
Geschichte. Die *Föderation von M.* entstand 1963 durch Zusammenschluß von *Malaya* (1906–57 brit. Föderation), *Singapur, Sarawak* u. *Sabah*. 1965 trat Singapur aus dem Bund aus. Nach der Verf. von 1963 ist M. ein Bundesstaat als Wahlmonarchie. Staatsoberhaupt (Wahlkönig) ist seit 1989 Sultan *Azlan Muhibuddin Shah*.
**Malbaum**, ein Baum, an dem sich das Rotwild oder das Schwarzwild scheuert.
**Malbork**, poln. Name der Stadt → Marienburg.
**Malchin**, Krst. in Mecklenburg, der Peene, zw. Malchiner u. Kummerower See, 11 000 Ew.
**Malchow** [-ço], Stadt in Mecklenburg, am Fleesensee, 8500 Ew.; alte Tuchmacherstadt, Kloster (13. Jh.).
**Malcolm** ['mælkəm], Könige von Schottland: **1. M. III.** *Canmore* (Dickkopf), *um 1031, †1093 (gefallen), König 1058–93; errang in der Schlacht von Lumphanan gegen *Macbeth* die Herrschaft über Schottland. – **2. M. IV.**, *M. The Maiden*, *1142, †1165, König 1153–65. Im Frieden mit Heinrich II. von England (1157) wurde die Grenze zwischen England u. Schottland festgelegt.
**Malden** ['mɔːldən], unbewohnte Koralleninsel in der Südgruppe der Zentralpolynes. Sporaden, 90 km²; ehem. brit. Atom- u. Wasserstoffbombenversuche.
**Male**, Hptst. der *Malediven,* auf der Insel M., 40 000 Ew.
**Maleachi**, *Malachias*, einer der Kleinen Propheten im AT, um 450 v. Chr.
**Malebranche** [mal'brã:ʃ], Nicolas de, *1638, †1715, frz. Philosoph; verband den Rationalismus R. Descartes' mit der Religionsphilosophie des Augustinus; Hauptvertreter des *Okkasionalismus*.
**Malediven**, engl. *Maldive Island,* Inselstaat im Ind. Ozean, 298 km², 195 000 Ew. (islam. Singhalesen), Hptst. *Male;* trop., feuchtheißes Klima; Hauptprodukte: Fischwaren u. Kopra; zunehmender Fremdenverkehr.
Geschichte. Seit dem 12. Jh. ein Sultanat; 1645–1796 unter ndl. Schutzherrschaft; seit 1887 brit. Protektorat; erhielt 1965 volle Unabhängigkeit, seit 1968 Republik.

*Malediven*

**Malefizgericht,** Straf-, Kriminalgericht.
**Malekula,** Insel der Neuen Hebriden (Ozeanien), 1994 km², 11 000 Ew.
**Malenkow** ['kɔf], Georgij Maximilianowitsch, *1902, †1988, sowjet. Politiker; 1953–55 Min.-Präs. u. Erster Parteisekretär der KPdSU, 1957 aller Ämter enthoben, 1961 aus der Partei ausgeschlossen.
**Malente,** Gem. in Schl.-Ho.; in der Holstein. Schweiz, 10 000 Ew.; Kneippkurort.
**Maler,** Wilhelm, *1902, †1976, dt. Komponist.
**Malerei,** die Kunst, mit Farbe eine Fläche in ein Bild zu verwandeln u. das Resultat dieses schöpferisch-gestaltenden Vorgangs (*Gemälde*): neben Architektur, Plastik, Graphik u. Kunstgewerbe (Kunsthandwerk) eine der Gattungen der bildenden Kunst; unterteilt nach *Maltechnik* (Öl-, Aquarell-M. u. a.), Material u. Größe des Malgrundes (Wand-, Glas-, Tafel-M. u. a.) u. Sujet (z. B. Stilleben, Landschafts-M.).
**Malesherbes** [mal'zɛrb], Chrétien Guillaume de *Lamoignon de M.*, *1721, †1794 (guillotiniert), frz. Politiker; maßgebl. Minister der vorrevolutionären Zeit.
**Maleuda,** Günther, *20.1.1931, dt. Politiker (DBD); seit 1987 Vors. der DBD; 1989/90 Präs. der Volkskammer der DDR.
**Malewitsch,** Kasimir Sewerinowitsch, *1878, †1935, ukr. Maler; entwickelte den *Kubofuturismus* u. *Suprematismus*.
**Malherbe** [ma'lɛrb], François de, *1555, †1628, frz. Kritiker u. Schriftst.; strebte eine mundartfreie frz. Sprache an u. stellte strenge Versregeln auf.
**Mali,** Staat in W-Afrika, 1 240 192 km², 8,7 Mio. Ew., Hptst. *Bamako*.

*Mali*

Landesnatur. Den SW des Landes nimmt das westsudan. Tafelland ein, das nach N in die Sahara übergeht. Im NO erhebt sich das Gebirgsland von *Adrar des Iforas*. Der Niger-Fluß bildet oberhalb von Timbuktu ein großes Binnendelta. M. wird größtenteils von Trockensavanne, im N von Wüste eingenommen.
Die Bevölkerung ist vorw. islamisch. Am Niger leben Sudanneger, im W vorw. nomad. u. halbnomad. Fulbe, im wüstenhaften N berber. Tuareg u. Mauren.
Wirtschaft. Die Landwirtschaft liefert Erdnüsse, Baumwolle, Reis, Maniok, Mais u. Hirse; ferner Viehzucht. An Bodenschätzen werden Gold, Marmor, Kalk u. Steinsalz abgebaut.
Geschichte. Bereits um 1100 entstand am oberen Niger ein Großreich M. 1904 wurde das ganze Gebiet am Senegal u. Niger als *Frz.-Sudan* ein Glied *Frz.-Westafrikas*. 1958 erhielt die frz. Kolonie innere Autonomie u. schloß sich 1959 mit der Rep. Senegal zur *M.-Föderation* zusammen, 1960 entstand die heutige Rep. M. Seit dem Militärputsch von 1968 regiert M. *Traoré*.
**maligne,** bösartig, bes. in der Medizin.
**Malinke,** das am weitesten verbreitete Volk der Mande-Gruppe im W-Sudan (rd. 1,5 Mio.), die Gründer des alten Mali-Reichs.

*Malediven: Die Koralleninseln sind von dichten Kokosbaumwäldern bedeckt; im Hintergrund ist ein Atoll zu erkennen*

**Malipiero,** Gian Francesco, *1882, †1973, ital. Komponist; knüpfte an das Barock an, verwendete Zwölftontechniken.
**maliziös** [frz.], boshaft, hämisch.
**Mallarmé,** Stéphane, *1842, †1898, frz. Dichter; einer der Hauptvertreter des frz. Symbolismus. W »Der Nachmittag eines Fauns« (Vorlage der Komposition von C. *Debussy*).
**Malle** [mal], Louis, *30.10.1932, frz. Filmregisseur. W »Fahrstuhl zum Schafott«, »Herzflimmern«, »Auf Wiedersehen, Kinder«.
**Mallee** ['maːli], populäre Bez. für die Eukalyptusstrauchformation Australiens.
**Malleus,** Infektionskrankheit der Einhufer; → Rotz.
**Mallia,** Dorf u. Seebad an der N-Küste der Insel Kreta, 22 km östl. von Knossos; in der Nähe minoische Palast- u. Stadtruinen.
**Mallinckrodt,** Pauline von, *1817, †1881, kath. Ordensfrau; gründete 1849 die Kongregation »Schwestern der Christl. Liebe« für erzieher. u. karitative Aufgaben; Seligsprechung 1985.
**Mallnitz,** östr. Wintersportplatz u. Sommerfrische in Kärnten, am Südende des Tauerntunnels, 1190 m ü. M., 1050 Ew.
**Mallophaga** → Haarlinge.
**Mallorca** [ma'(l)jɔrka], Hauptinsel der span. Balearen im westl. Mittelmeer, 3660 km², 560 000 Ew., Hptst. *Palma*. Den NW der Insel durchzieht ein zerklüftetes, weitgehend verkarstetes u. stellenweise gut bewaldetes Gebirge (*Cordillera Norte*), das im *Puig Mayor* 1445 m erreicht u. mit schroffer Steilküste zum Meer abbricht. Die Insel

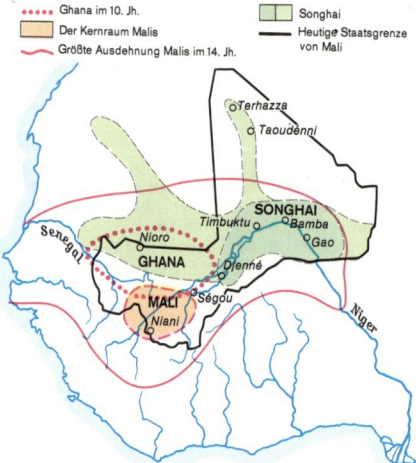

*Reiche auf dem Boden Malis vor 1600*

ist dicht besiedelt u. hat sich zu einem Hauptzielpunkt des internat. Fremdenverkehrs entwickelt.
**Malm,** *Geologie:* der obere (weiße) → Jura.
**Malmédy,** O-belg. Krst. am Hohen Venn, 10 000 Ew.
**Malmignatte** [-mi'njatə], zu den *Kugelspinnen* gehörige nahe Verwandte der *Schwarzen Witwe*, im Mittelmeerraum. Ihr Biß kann für den Menschen gefährlich sein.
**Malmö,** schwed. Prov.-Hptst., künstl. Hafen am Öresund, 241 000 Ew.; Schloß *M.hus* (15. Jh.); vielfältige Ind. – Bis 1658 gehörte M. zu Dänemark.
**Malmström,** August, *1829, †1901, schwed. Maler u. Graphiker (Historienbilder).
**Malory** ['mæləri], Sir Thomas, *um 1408, †1471, engl. Dichter; gab in seinem »The Morte Darthur« eine Prosazusammenfassung der Artus-Sage.
**Malossol,** schwach gesalzener, fast flüssiger Winterkaviar von mildem Geschmack.
**Malouel** [malu'ɛl], *Maelwael,* Jean, †1419, frz.-ndl. Maler; seit 1397 Hofmaler der Herzöge von Burgund in Dijon.
**Malpass** ['mælpæs], Eric Lawson, *14.11.1910, engl. Schriftst. (humorvolle Familienromane); W »Morgens um sieben ist die Welt noch in Ordnung«.
**Malpighi** [-gi], Marcello, *1628, †1694, ital. Arzt u. Naturforscher, Begr. der mikroskop. Anatomie. Nach ihm benannt sind die **M.schen Körperchen,** die Gefäßknäuel der Niere in der *Bowmanschen Kapsel* u. die Lymphknötchen der Milz, ferner die **M.sche Schicht,** die Keimschicht der Oberhaut, u. die **M.schen Gefäße,** die Ausscheidungsorgane der Insekten.
**Malraux** [-'ro], André, eigtl. *A. Berger,* *1901, †1976, frz. Schriftst., Archäologe u. Politiker; 1945/46 u. seit 1958 Informations-, 1959–69 Kultus-Min. unter Ch. de Gaulle u. G. Pompidou.
**Malta,** Inselstaat im Mittelmeer, 316 km², 344 000 Ew. (→ Malteser [1]), Hptst. *La Valetta.* – Die waldlose Inselgruppe aus flachen Kalksteinta-

*Malta*

feln hat typ. Mittelmeerklima mit trockenheißen Sommern u. feuchtmilden Wintern. Ausgeführt werden vor allem Blumen u. Frühkartoffeln. Ein wichtiger Wirtschaftsfaktor ist der internat. Fremdenverkehr.
Geschichte. Im 8./7. Jh. v. Chr. phöniz. Kolonie, im 5. Jh. v. Chr. karthagisch, 218 v. Chr. röm.; 870 eroberten die Araber die Insel; 1090 gliederten die Normannen M. in ihr sizilian. Kgr. ein. 1530 erhielt der *Johanniterorden* M. als Lehen. Im Pariser Frieden (1814) wurde Großbrit. die Insel als Kolonie zugesprochen. 1947 wurde innere Autonomie gewährt, 1964 die Unabhängigkeit. Seit dem 13.12.1974 ist M. Rep. Staats-Präs. ist seit 1989 V. *Tabone,* Prem.-Min. E. *Fenech-Adami.*
**Malta-Fieber,** *Mittelmeer-Fieber, Febris undulans,* eine bes. im Mittelmeergebiet auftretende, durch rohe Ziegenmilch übertragbare, fieberhafte Infektionskrankheit *(Brucellose).*
**Maltase,** ein Enzym, das *Maltose* unter Aufnahme von Wasser in zwei Moleküle *Glucose* spaltet.
**Malter** [der oder das], altes Getreidemaß.
**Malteser, 1.** die Bewohner des Inselstaats *Malta;* Herkunft unklar; mit Italienern u. Arabern vermischte Urbevölkerung mit arab.-ital. Mischsprache (**Maltesisch,** in Lateinschrift). – **2.** weißer Schoßhund mit seidiger Behaarung.
**Malteserkreuz,** *Johanniterkreuz,* ein achtspitziges Kreuz, dessen 4 gleichlange Arme sich zur Mitte hin verjüngen; Zeichen des Johanniter- (Malteser-) Ordens.
**Malteserorden** → Johanniterorden.
**Malthus** ['mælθəs], Thomas Robert, *1766, †1834, brit. Nationalökonom; Geistlicher; vertrat eine pessimist. Bevölkerungstheorie *(M.sches Gesetz):* Die Bevölkerung vermehre sich in geometr. Progression (1, 2, 4, 8... ), die Nahrungsmittel dagegen in arithmet. Progression (1, 2, 3, 4... ).
**Maltose,** *Malzzucker,* ein Disaccharid. Es wird durch Spaltung von Stärke mit Hilfe des im Malz enthaltenen Fermentkomplexes *Diastase* (genauer: *Amylase)* gebildet u. besteht aus zwei Molekülen

*Wilde Malve*

Glucose. M. ist ein wichtiges Zwischenprodukt in der Bierbrauerei.
**malträtieren** [frz.], mißhandeln.
**Malvengewächse,** *Malvaceae,* Familie der *Columniferae,* Kräuter, Sträucher u. Bäume mit 5 farbigen Blütenblättern. Zu den M. gehören die *Baumwolle* als wichtige Nutzpflanze u. die *Malve* als bekannte Zierpflanze, ferner der *Hibiscus.*
**Malwinen,** *Islas Malvinas* → Falklandinseln.
**Malz,** angekeimtes Getreide (meist Gerste), das vor dem *Mälzen* erst eingequollen u. nach einer Zeit des Keimens wieder getrocknet *(gedarrt)* wird. Zweck des Keimens ist die Umwandlung der Stärke in Maltose durch die Diastase. – **M.bier** ist ein alkoholarmes, malzreiches Getränk. – **M.kaffee** ist geröstetes Gersten-M.
**Mälzel,** Johann Nepomuk, *1772, †1838, dt. Instrumentenbauer; seit 1792 in Wien, konstruierte das »Metronom M.« zur exakten Festlegung musikal. Tempi.
**Mamba,** *Dendroaspis,* sehr gefährliche, baumbewohnende Gatt. der *Giftnattern;* hierzu: *Schwarze M.* bis 3 m, von Äthiopien bis W-Afrika; *Grüne M.* im dichtbewachsenen Gelände des gleichen Gebiets.
**Mambo,** moderner Gesellschaftstanz im ⁴/₄-Takt, aus der afrik.-kuban. Tanzmusik entstanden.
**Mameluco,** Mischling zw. einem Weißen u. einer Mulattin.
**Mamluken,** *Mameluken,* Leibwache islam. Herrscher seit dem 9. Jh., meist türk. oder tscherkess. Sklaven. In Ägypten schwangen sich die M. 1250–1517 selbst zu Herrschern des Landes auf. Der *M.-Staat* umfaßte Ägypten mit Syrien u. Palästina.
**Mammalia,** *Mammalier,* die → Säugetiere.
**Mammea,** Gatt. der *Johanniskrautgewächse.* Der *Mammeybaum* aus Westindien liefert rötl.-gelbe, eßbare Früchte *(Mammeyäpfel).*
**Mammographie,** Untersuchung der weibl. Brust unter Verwendung weicher Röntgenstrahlen, bes. zur Früherkennung von Brustdrüsenkrebs.
**Mammon** [aram.], Geld, Reichtum.
**Mammut,** langhaarige Elefantenart mit bis 5 m

*Malta: Die »Blaue Grotte« gehört zu den meistbesuchten Naturschönheiten der Insel*

langen Stoßzähnen; Kaltsteppenbewohner; am Ende der Eiszeit ausgestorben.
**Mammutbaum,** *Sequoiadendron,* zur Fam. der *Taxodiengewächse* gehörende Gatt. der *Nadelhölzer.* Der Riesen-M. wächst am westl., kaliforn. Abhang der Sierra Nevada; er erreicht eine Stammhöhe von über 100 m u. einen Stammdurchmesser von 12 m. Das Alter der Bäume liegt bei ca. 1500 Jahren, manchmal auch erheblich darüber. Fast ebenso groß ist der *Küsten-M. (Redwood).*
**Mammuthöhle,** engl. *Mammoth Cave,* größtes bekanntes Höhlensystem der Erde, im USA-Staat Kentucky; mit insges. ca. 250 km langen Gängen.
**Mamoré,** *Rio M.,* größter Quellstrom des *Rio Madeira* in Bolivien, 1800 km; bildet streckenweise die bolivian.-brasilian. Grenze.
**Mamre,** *Mambre,* Aufenthalts- u. Begräbnisort Abrahams u. Saras bei Hebron, alter Kultort.
**Mamsell** [von frz. *mademoiselle*], Wirtschafterin auf einem Gut.
**Man** [mæn], *Isle of M., Mannin,* brit. Insel in der Irischen See, 595 km², 64 500 Ew., Hptst. *Douglas.* Die Insel ist kein Teil des Vereinigten Königreichs, sondern steht unmittelbar unter Oberhoheit der brit. Krone.
**Mana,** im Glauben der Südseevölker eine übernatürl., unpersönl. Kraft, die hervorragenden Personen (Häuptlingen, tapferen Kriegern, Priestern, Ärzten), Tieren, Pflanzen, Geistern oder Dingen innewohnen u. übertragbar sein soll.
**Mänaden,** im antiken Griechenland die ekstatisch verzückten Verehrerinnen des Gottes *Dionysos.*
**Manado,** indones. Hafenstadt, Hauptort von N-Celebes, 220 000 Ew.
**Management** ['mænidʒmənt], die Gesamtheit der Führungskräfte (**Manager**), auch die Leitung eines Unternehmens. Die Führungsmethode eines Unternehmens od. Betriebes.
**Managerkrankheit** ['mænidʒə-], irreführende Bez. für eine allg. Erkrankung auf nervöser Grundlage, deren Kennzeichen vor allem Kreislaufstörungen sind (die oft zu plötzlichem Herztod führen). Gründe können Arbeitsüberlastung, Unsicherheit u. Existenzangst sein.
**Managua,** Hptst. von Nicaragua, am Südufer des *M.-Sees* (1234 km²), 700 000 Ew.; 1972 durch starkes Erdbeben zu 70–80% zerstört.
**Manama,** *Al M.,* Hptst. des arab. Fürstentums Bahrain, 120 000 Ew.; Freihafen.
**Manaslu,** Himalaja-Gipfel in Nepal, 8128 m.
**Manasse, 1.** im AT Sohn Josephs, Stammvater eines Stamms Israels. – **2.** König von Juda 696–642 v. Chr.
**Manatis,** *Trichechidae,* Fam. der *Seekühe,* mit drei Arten im Küstengebiet u. in Flüssen W-Afrikas u. S-Amerikas; hierzu der *Lamantin.*
**Manaus,** bis 1939 *Manáos,* Hptst., Haupthafen (für Seeschiffe zugänglich) u. wirtschaftl. Zentrum des brasilian. Bundesstaats Amazonas, nahe der Rio-Negro-Mündung, 650 000 Ew.; Opernhaus; Flughafen.
**Mancha** ['mantʃa] → La Mancha.
**Manche** [mãʃ] → La Manche.
**Manchester** ['mæntʃistə], *Genua-Kord,* ein kräftiges Arten in NW-England, 450 000 Ew.; durch den *M.-Shipcanal* (64 km) mit der Irischen See verbunden; Zentrum der Baumwollind. – Im 19. Jh. Mittelpunkt der engl. Arbeiterbewegung.
**Manchestertum,** die extreme Form des wirtschaftl. *Liberalismus;* sie forderte Freihandel u. verwarf jede staatl. Einmischung in den Wirtschaftsablauf. Das M. ging im 19. Jh. von der engl. Baumwollindustrie (Hauptsitz: Manchester) u. von der 1839 gegr. *Anti-Corn-Law-League* (forderte Fortfall der Getreide-Einfuhrzölle) aus.
**Manching,** Gem. in Oberbayern, an der unteren Paar, 11 000 Ew.; NATO-Flugplatz, Flugerprobungsstelle. – Östl. von M. lag ein kelt. Oppidum, vermutl. die Hptst. der Vindeliker.
**Mandäer,** *Nazoräer, Sabier,* eine Sekte, die Johannes den Täufer als ihren Meister ansieht u. Christus als falschen Propheten verwirft; nachweisbar seit dem 4. Jh. n. Chr.
**Mandala,** in Tibet u. im jap. Buddhismus ein mystisches Diagramm (Schaubild) in Form eines Kreises oder Vielecks, das bestimmte geistige Zusammenhänge versinnbildlichen soll.
**Mandalay** ['mændəlei], *Mandale,* Prov.-Hptst. in

*Mandarinente (Erpel)*

Birma, Binnenhafen am Irrawaddy, 530 000 Ew.; buddhist. Wallfahrtsort.

**Mandant,** der Auftraggeber eines Rechtsanwalts.

**Mandarin,** europ. Bez. für die hohen chin. Staatsbeamten der Kaiserzeit.

**Mandarine,** in Indochina heim. Strauch oder kleiner Baum mit apfelsinenähnl. aromat. Früchten.

**Mandarinente,** kleine ostasiat. *Ente* mit im männl. Geschlecht bes. prächtigem Gefieder; häufig als Ziergeflügel gehalten.

**Mandat, 1.** Auftrag. – **2.** der »Auftrag« des von den Wahlberechtigten in eine parlamentar. Körperschaft (z.B. Gemeinderat, Landtag, Bundestag) entsandten Vertreters (Abgeordneten). Das Verhältnis zu den Wählern kann auf dem *imperativen M.* beruhen; dann hat der Abgeordnete den ihm aufgetragenen detaillierten Wünschen zu entsprechen. Beim *freien M.* sind die Abgeordneten Vertreter des ganzen Volkes, an Aufträge u. Weisungen nicht gebunden u. nur ihrem Gewissen unterworfen (so in der BR Dtld. Art. 38 GG).

**Mandatsgebiete,** die nach dem 1. Weltkrieg aus türk. Gebieten u. dt. Kolonien gebildeten Verwaltungsbereiche, über die der *Völkerbund* die Aufsicht ausübte, während die Verwaltung in den Händen der jeweiligen *Mandatsmächte* lag; das Mandat wird heute von den *Vereinten Nationen* ausgeübt.

**Mande,** *Mandingo,* eine westsudan. Völker- u. Sprachgruppe im Gebiet des oberen Niger, Gambias u. Senegals, als Volk über 3,5 Mio., als Sprachgruppe 7,5 Mio.

**Mandela,** Nelson Rolihlahla, *18.7.1918, südafrik. Politiker aus dem Volk der Xhosa; gründete 1962 die Geheimorganisation *Umkonto we Sizwe* (»Speer der Nation«) zur Vorbereitung des bewaffneten Kampfes gegen die weiße Minderheitsherrschaft; seit 1967 wichtigster Führer des Afrik. Nationalkongresses ANC; 1964 zu lebenslängl. Zuchthaus verurteilt, 1990 aus der Haft entlassen.

**Mandelbaum,** *Prunus amygdalus,* Fam. der *Rosengewächse;* in Vorder- u. Zentralasien heim., bis 6 m hoher Baum. Die *bitteren Mandeln* sind wegen der chem. leicht abspaltbaren Blausäure giftig, wenn sie in größeren Mengen genossen werden; aus ihnen wird in der Parfümerie verwendete äther. Bittermandelöl gewonnen. Die aus dem Mittelmeergebiet stammenden *süßen Mandeln* werden bes. in Konditoreien u. Marzipanfabriken verwendet.

**Mandelentzündung** → Tonsillitis.

**Mandeln, 1.** *Tonsillae, Tonsillen,* die aus lymphat. Gewebe bestehenden weichen Knoten im *Rachenring.* Die beiden *Gaumen-M.* liegen in der Schleimhautfalte der Gaumenbögen beiderseits in der Mundhöhle direkt sichtbar, während die *Rachenmandel* im Nasen-Rachen-Raum nur durch Spiegelung sichtbar ist; die *Zungenmandel* befindet sich am Zungengrund. – **2.** → Mandelbaum.

**Mandelsteine,** Ergußsteine mit blasiger Struktur, bei denen die Hohlräume mit Mineralbildungen (Kalkspat, Achat u. a.) ausgefüllt sind.

**Mander,** Carel van, *1548, †1606, niederl. Maler u. Kunstschriftst.; Lehrer von F. Hals.

**Mandeville** ['mændəvil], Bernard de, *um 1670, †1733, engl. Schriftst.; wandte sich gegen den Optimismus von A. *Shaftesbury*.

**Mandingo** → Mande.

**Mandoline,** ein Zupfinstrument mit lautenförmigem, tiefbauchigem Korpus u. kurzem Hals.

**Mandrill,** *Mandrillus,* Gatt. W-afrik., sehr kräftiger *Hundskopfaffen* mit rotblauen Gesäßschwielen, beim Männchen mit roter Nase u. blauen Wangen.

**Mandschu,** *Mandschuren,* tungus. Stämme, Nachkommen der Dschurdschen-Stämme (*Kin*), die in der Mandschurei beheimatet waren; fast völlig im chin. Volk aufgegangen; begr. im 17. Jh. die *Qing-(M.)-Dynastie.*

**Mandschukuo,** *Mandschutikuo,* 1932–45 in der Mandschurei mit jap. Hilfe errichteter Staat mit dem letzten Mandschu-Kaiser *Pu Yi* an der Spitze.

**Mandschurei,** chin. *Manzhuo* oder *Dongbei,* Gebiet im NO der Volksrep. China; im N vom Amur, im O vom Ussuri, im SO von Yalu u. Tumen, im W vom Großen Khingan begrenzt; umfaßt die Prov. *Liaoning, Jilin* u. *Heilongjiang,* zus. rd. 1,23 Mio. km², 93 Mio. Ew.; wegen der zahlr. Bodenschätze ind. Zentrum Chinas. – Gesch.: Ende des 16. Jh. wurde die M. von dem tungus. Volk der *Mandschu* geeint, das im 17. Jh. China eroberte u. dort 1644–1912 herrschte (Mandschu-Dynastie). In der 2. Hälfte des 19. Jh. verstärkte sich der Einfluß Rußlands von N her u. stieß auf den Widerstand Japans. 1904/05 kam es zum *russ.-jap. Krieg,* in dem Japan siegte. Seit 1918 wurde der chin. Marschall *Zhang Zuolin* zum eigtl. Beherrscher der M.; 1931 griff Japan erneut militär. ein u. bildete mit dem letzten Kaiser der Mandschu-Dynastie als Regenten den von Japan abhängigen Staat *Mandschukuo.* – 1945 vertrieben die Russen die Japaner aus der M. u. gaben das Land an China zurück.

**Manege** [ma'ne:ʒə; frz.], kreisförmige Vorführungsfläche im Zirkus.

**Manen,** in der altröm. Religion die göttlich verehrten Seelen der Toten.

**Manescu,** Manea, *9.8.1916, rumän. Politiker (KP); 1974–79 Min.-Präs.

**Manessier** [-'sje], Alfred, *5.12.1911, frz. Maler; abstrakte Glasmalereien u. Staffeleibilder.

**Manessische Handschrift,** die Große → Heidelberger Liederhandschrift; benannt nach dem Zürcher Sammler Rüdiger *Manesse* († 1304).

**Manet** [-'nε], Édouard, *1832, †1883, frz. Maler u. Graphiker; Wegbereiter des Impressionismus, gelangte unter allmähl. Aufhellung der Palette zur Freilichtmalerei; eigtl. »Frühstück im Freien«, »Olympia«, »Erschießung Kaiser Maximilians«.

**Manetho,** ägypt. Priestergelehrter, schrieb im 3. Jh. v. Chr. eine Geschichte Ägyptens.

**Manfred,** *1232, †1266, König von Sizilien 1258–66; unehel. Sohn Kaiser Friedrichs II., erbte von seinem Vater das Fürstentum Tarent; unterwarf 1255–57 ganz Sizilien u. Neapel. 1266 fiel er in der Schlacht bei Benevent gegen Karl von Anjou.

**Manfredini,** Francesco Maria, *um 1680 oder 1688, †1748, ital. Komponist.

**Manfredònia,** Hafenstadt in Italien im nördl. Apulien, 45 000 Ew.

**Mangaben,** *Cercocebus,* afrik. Gatt. düster gefärbter *Hundskopfaffen;* bis 90 cm groß; 4 Arten, von denen die *Schopfmangabe* am bekanntesten ist.

*Nelson Mandela mit seiner Frau nach der Haftentlassung 1990*

*Mandschurei: Pu Yi (Mitte), der letzte chinesische Kaiser, als Präsident des von Japan abhängigen Satellitenstaates Mandschukuo; 1932*

**Mangalia,** rumän. Stadt am Schwarzen Meer, 40 000 Ew.; Seebad; radioaktive, schwefelhaltige Thermen.

**Mangalore** [-'luːr], Stadt an der Malabarküste SW-Indiens, 200 000 Ew.; Exporthafen.

**Mangan,** ein → chemisches Element.

**Manganknollen,** faustgroße Erzablagerungen der Tiefsee, die aus Mangan u.a. Metallen; durch Abscheidungen von Mikroorganismen entstanden.

**Mangano,** Silvana, *1930, †1989, ital. Schauspielerin; erfolgreich in »Bitterer Reis«.

**Mängelhaftung,** die Verpflichtung des Vertragspartners, für Mängel an der Sache oder am Recht einzustehen; → Gewährleistung.

**Mangelkrankheiten,** Störungen des Wohlbefindens u. a. Krankheitsbilder bei Menschen, Tieren u. Pflanzen, die durch das Fehlen eines oder mehrerer Stoffe in der Nahrung hervorgerufen werden, z. B. die *Avitaminosen.*

**Mangelsdorff,** Albert, *5.9.1928, dt. Jazzmusiker (Posaune, Komposition).

**Manger,** Jürgen von, *6.3.1923, Schauspieler u. Kabarettist; verkörpert den Ruhrgebietstyp »Adolf Tegtmeier«.

**Mangfall,** l. Nbfl. des Inn, 55 km; mündet bei Rosenheim. – **M.-Gebirge,** Teil der Bay. Alpen, zw. Isar u. Inn, in der *Rotwand* 1884 m.

**Manglebaumgewächse,** *Rhizophoraceae,* Fam. der *Myrtales,* Pflanzen der Küstenregion (Mangrovepflanzen).

**Mango,** Mischling zw. Negern u. Zambos.

**Mangobaum,** *Mangifera,* südasiat. Gatt. der *Sumachgewächse.* Der *Indische M.* ist die wichtigste trop. Obstpflanze (*Mangopflaumen*).

**Mangold,** eine Kulturform der *Runkelrübe.*

**Mangrove,** eine Pflanzengesellschaft der trop. Küstensümpfe aus immergrünen, baumartigen Salzpflanzen. Ihre Vertreter haben Stelzwurzeln, senkrecht aus dem Wasser herausragende Luftwurzeln als Anpassung an den sauerstoffarmen Boden u. vermehren sich durch auf der Mutterpflanze bereits ausgekeimte junge Pflanzen. Wichtigste Gatt. sind *Bruguiera, Rhizophora, Ceriops, Avicennia, Sonneratia.*

**Mangusten** → Ichneumons, → Mungos.

**Manhatten** [mæn'hætən], zentraler Stadtteil von New York, auf der von Hudson, East River u. Harlem River umflossenen Insel M.; im Südteil liegt das Zentrum der Wolkenkratzer mit *Wallstreet* u. *Rockefeller Center.*

**Mani,** *Manes,* *216, †276, babyl. Religionsstifter pers. Abstammung; trat seit 242 als Abgesandter Gottes in Persien auf u. wollte die Religion Zarathustras durch eine neue Heilslehre, die buddhist., jüd. u. christl. Lehren verband (**Manichäismus**), verdrängen.

**Manie, 1.** Erregungszustand der manisch-depressiven Psychose. – **2.** abnormes (zwang- u. suchtartiges) Verhalten psychopathischer Menschen: *Monomanie, Kleptomanie, Nymphomanie* u.a.

**Manier,** allg. Lebensart, Umgangsform, speziell der bestimmte Stil eines Künstlers, abwertend auch Künstelei.
**Manierismus** [-niːˈrɪs-], die Stilbewegung der europ. Kunst zw. Renaissance u. Barock, die um 1520 begann u. um 1600 endete. Grundmotive des M. sind das Interesse am Absonderlichen u. Überwirklichen, die Bevorzugung extremer Ausdrucksmittel, eine gespreizte Gestik u. die Neigung zu gekünstelter Stilisierung u. deformierender Abstraktion. In der bildenden Kunst begann die Hauptperiode des europ. M. in Florenz; er verkörpert sich bes. deutlich in Werken von J. *Pontormo*, G. *Arcimboldi*, *Tintoretto* u.a. Der wichtigste Vertreter außerhalb Italiens ist El Greco.
**Manifest, 1.** *Manifestation,* öffentl. Erklärung. – **2.** *S e e r e c h t :* Ladungsverzeichnis.
**Maniküre,** Handpflege, bes. die Pflege der Nägel.
**Manila,** Hptst. der Philippinen, an der *M.-Bucht* auf Luzón, 1,6 Mio. Ew.; Univ.; Hütten-, Nahrungsmittel- u. Tabakind., bed. Hafen, internat. Flughafen.
**Manila-Pakt,** Bez. für → SEATO.
**Maniok,** *Cassavestrauch, Tapioka,* bis 3 m hohe, in Südamerika beheimatete Sträucher aus der Fam. der *Wolfsmilchgewächse;* wichtige Nährpflanzen der Tropen. Die stärkereichen Knollen sind in frischem Zustand infolge ihres Gehalts an Blausäure giftig; durch Kochen, Rösten u. durch einfaches Trocknen wird die Blausäure entfernt.
**Manipulation,** geschickte Handhabung, Kunstgriff; meist negativ verstanden als eine Bewußt-

*Maniok ist eines der Hauptnahrungsmittel in Ostafrika; hier werden die geschälten Maniokknollen zerkleinert und zum Trocknen auf dem Boden ausgebreitet*

*Manierismus: Agnolo Bronzino, Pygmalion. Rom, Istituto Centrale del Restauro*

seinsbeeinflussung, die vom Betroffenen nicht wahrgenommen wird (z. B. in der Werbung).
**Manipulator,** ein Apparat, der es erlaubt, Bewegungen der menschl. Hand u. einzelner Finger auf entfernte Gegenstände zu übertragen; vor allem zum Hantieren mit radioaktiven Substanzen.
**Manipur,** engl. *Manipore,* Bundesstaat → Indiens; ehem. Fürstenstaat, 1949–72 ind. Unionsterritorium.
**manisch-depressives Syndrom,** *manisch-depressives Irresein, Zyklophrenie,* zu den endogenen Psychosen gehörendes Krankheitsbild, bisher ohne erkennbare organ. Grundlage. Das m. S. ist gekennzeichnet durch einen period. Wechsel zw. gehobener Stimmung u. erhöhter Erregung *(Manie)* einerseits u. gedrückter Stimmung u. gehemmter Antriebslage *(Depression)* anderseits. Das m. S. ist ein *Gemütsleiden*.
**Manismus,** der in manchen Religionen von Naturvölkern verbreitete Glaube an eine geheimnisvolle Kraft (→ Mana), die sich in Personen u. Sachen manifestieren kann; daher auch *Dynamismus* genannt.
**Manitoba** [mænɪˈtoʊbə], Prov. in → Kanada.

**Manitoba-See** [mænɪˈtoʊbə-], engl. *Lake Manitoba,* See im S der kanad. Prov. Manitoba, 4705 km².
**Manitu,** *Manito,* bei den Algonkin-Indianern eine unpersönliche, außerordentl. wirksame Kraft, die in allen Wesen, Dingen, Tätigkeiten u. Erscheinungen enthalten ist.
**Manizales** [-ˈsa-], Hptst. des kolumbian. Dep. Caldas, am Cauca, 2150 m ü.M., 330 000 Ew.
**Mankiewicz** [ˈmæŋkəvɪts], Joseph, *11.2.1909, US-amerik. Filmregisseur (psychol. Komödien).
**Manko,** Mangel, Fehlbetrag.
**Mann, 1.** Erika, älteste Tochter von 5), *1905, †1969, dt. Schauspielerin u. Schriftst. – **2.** Golo, Sohn von 5), *27.3.1909, dt. Historiker, W »Dt. Geschichte im 19. u. 20. Jh.«, »Wallenstein«. – **3.** Heinrich, Bruder von 5), *1871, †1950, dt. Schriftst.; 1930–33 Präs. der Preuß. Dichterakad., dann Emigrant, ging 1940 in die USA; ein betont antibürgerl. Kämpfer für Fortschritt, radikale Demokratie u. Pazifismus; W Romane: »Professor Unrat« (als Film: »Der blaue Engel«), »Der Untertan«, »König Henri Quatre«. – **4.** Klaus, Sohn von 5), *1906, †1949 (Selbstmord), dt. Romanschriftst.; emigrierte 1936 in die USA, W »Mephisto«. – **5.** Thomas, *1875, †1955, dt. Schriftst.; ging 1939 in die USA, wo er 1944 US-amerik. Staatsbürger wurde; seit 1952 in der Schweiz. Sein Werk lebt aus den Spannungen zwischen Geist u. Leben, Kunst u. Bürgertum, Todessehnsucht u. Lebenspflicht u. verbindet sprachl. Artistik mit Ironie. W Romane: »Buddenbrooks« (1929 dafür Nobelpreis), »Königl. Hoheit«, »Der Zauberberg«, »Joseph u. seine Brüder«, »Lotte in Weimar«, »Doktor Faustus«, »Der Erwählte«, »Bekenntnisse des Hochstaplers Felix Krull«; Novellen: »Tristan«, »Der Tod in Venedig«, »Tonio Kröger«, »Wälsungenblut«.
**Manna, 1.** wunderbares Brot vom Himmel, mit dem Gott die Israeliten in der Wüste speiste (2. Mose 16). – **2.** durch den Insektenstich aus der

*Manna (1) fällt vom Himmel als göttliche Speise für die Israeliten in der Wüste (2. Mose 16)*

## Mansfeld 543

Rinde der ital. M.- oder Blumenesche austretende zuckerhaltige Masse; auch süße Säfte anderer Pflanzen, z.B. *Lärchen-M*.
**Mannbarkeitsfeier,** die Reifeweihen bei Naturvölkern; → Initiation.
**Mannequin** [-ˈkɛ̃], urspr. eine Gliederpuppe; seit Mitte des 19. Jh. Vorführdame für Moden.
**Männerhaus,** bei manchen Naturvölkern der Tagesaufenthaltsort der Männer des Dorfes; der Mittelpunkt des polit. Dorflebens.
**Mannerheim,** Carl Gustaf Frhr. von, *1867, †1951, finn. Marschall u. Politiker; 1917/18 Führer des finn. Freiheitskampfes, kämpfte als Oberbefehlshaber 1939/40 u. 1941–44 gegen die Sowjetunion; 1944–46 Staats-Präs., trat zurück u. emigrierte in die Schweiz.
**Männertreu,** die Pflanze → Ehrenpreis.
**Mannesmann,** Reinhard, *1856, †1922, dt. Industrieller; fand mit seinem Bruder Max 1885 ein Verfahren, nahtlose Stahlrohre *(M.-Rohre)* herzustellen.
**Mannheim,** krfr. Stadt in Ba.-Wü., an der Mündung des Neckars in den Rhein, 300 000 Ew.; Barockschloß, Wasserturm, Altstadt mit schachbrettartigem Grundriß (136 mit Buchstaben u. Ziffern benannte Rechtecke), Univ.; Binnenhafen, vielfältige Ind. – 1606 als Festungsstadt gegr. (vorher Siedlung), 1689 zerstört, danach in heutiger Anlage aufgebaut, 1720–78 kurpfälz. Residenz.
**Mannheim, 1.** Karl, *1893, †1947, dt. Soziologe. – **2.** Lucie, *1899, †1976, dt. Schauspielerin.
**Mannheimer Schule,** eine Gruppe von Musikern am Hof des 1743–78 in Mannheim residierenden Kurfürsten Karl Philipp Theodor von der Pfalz, die durch ihr vorzügliches, sehr diszipliniertes Spiel u. durch einen z. T. neuartigen Kompositionsstil (ungewohnte dynamische Effekte, »Mannheimer Crescendi«) Aufsehen erregten; Hauptvertreter: J. *Stamitz*, F.X. *Richter*, I. *Holzbauer*.
**Mannsschild,** *Androsace,* Gatt. der *Primelgewächse* mit doldig stehenden Blüten; Polsterpflanzen der Hochgebirge.
**Mannstreu,** *Eryngium,* Gatt. der *Doldengewächse*. In Dtld. wächst vor allem die *Stranddistel,* mit stahlblauen Blütenköpfchen.
**Manometer,** Druckmesser für Gase u. Flüssigkeiten (z.B. Luftdruck, Dampfdruck), als *Flüssigkeits-M.* (Quecksilber in einem U-förmigen Rohr) oder *Membran-M.* (der Druck auf eine Membran wird über ein Hebelwerk angezeigt).
**Manor** [ˈmænə], altengl. Ritter- oder Landgut mit Sonderrechten, Lehnsgut.
**Manöver,** Truppenübungen unter möglichst kriegsähnl. Verhältnissen in unbekanntem Gelände.
**Mans** [mã] → Le Mans.
**Mansarde,** zum Wohnraum ausgebautes Dachgeschoß.
**Mansart** [mãˈsaːr], *Hardouin-M.,* Jules, *1646, †1708, frz. Baumeister; seit 1685 erster Hofbaumeister *Ludwigs XIV.,* leitete seit 1679 den Bau des Schlosses in Versailles, entwarf u. a. das Invalidendom in Paris. Er führte das nach ihm benannte *Mansardendach* ein.
**Mansen,** *Mansi, Wogulen,* ein ugrisches Volk (rd. 7000) nordöstl. des Ural.
**Mansfeld, 1.** ehem. Grafengeschlecht u. mitteldt. Gft. – **2.** Stadt in Sachsen-Anhalt, an der Wipper östl. vom Harz, 5600 Ew.
**Mansfeld,** Ernst II. Graf von, *1580, †1626, Heerführer im *Dreißigjährigen Krieg;* kämpfte mit

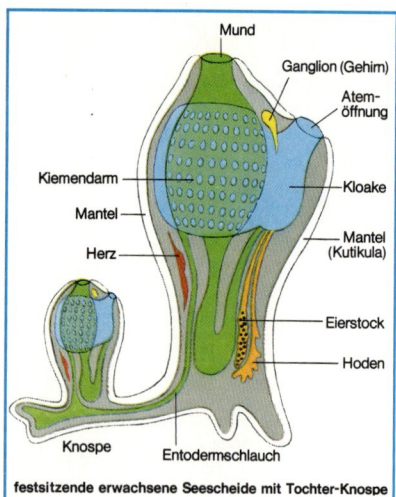

*Manteltiere: Seescheide (Bauplan)*

Söldnertruppen um Kriegsgewinn u. Beute; siegte 1622 über Tilly, 1626 von Wallenstein entscheidend geschlagen.

**Mansfield** [ˈmænsfiːld], **1.** Jayne, *1934, †1967, US-amerik. Filmschauspielerin; verkörperte den Typ der »Sexbombe«. – **2.** Katherine, Deckname für Kathleen *Beauchamp,* *1888, †1923, engl. Schriftst. (impressionist. Erzählkunst).

**Mansi,** Giovanni Domenico, *1692, †1769, ital. kath. Theologe, Erzbischof von Lucca; gab die vollständigste, bis heute benutzte Konziliensammlung heraus (31 Bände).

**Manstein,** Fritz Erich von *Lewinski,* gen. von M., *1887, †1973, dt. Offizier, Generalfeldmarschall; im 2. Weltkrieg führender dt. Stratege u. Heerführer, 1944 abgelöst.

**Mansur,** *Almansor, al-Mansur,* Name mehrerer Kalifen. *Abu Djafar al-M.,* *712, †775, zweiter Abbasidenkalif 754–775, erhob 762 das Dorf Bagdad zur neuen Residenz des Islam. Reichs.

**Mansura,** *Al M.,* Prov.-Hptst. im nördl. Ägypten, am Damietta-Arm des Nil, 335 000 Ew.

**Manta,** → Teufelsrochen.

**Mantegna** [-ˈtɛnja], Andrea, *1431, †1506, ital. Maler u. Kupferstecher; Hauptmeister der Renaissance in Oberitalien, seit 1460 Hofmaler in Mantua. Bei meist kühler Farbigkeit sind seine Fresken u. Altarbilder vor allem auf das Dreidimensionale von Körper u. Raum gerichtet.

**Mantel, 1.** Übergewand zum Schutz gegen Witterungseinflüsse, auch Herrscherattribut (*Königs-M.*) u. Sinnbild beschützender Obhut. – **2.** der das Anteilsrecht verbriefende Teil eines Wertpapiers im Gegensatz zu den zur Einlösung der Zinsen, Dividenden u. ä. zu verwendenden Kuponbogen.

**Mantelfläche,** die Begrenzungsfläche eines prismat. oder pyramidenförmigen Körpers, die nicht Deck- oder Grundfläche ist.

**Mantelgeschoß,** ein Geschoß, dessen (Blei-)Kern mit einer Hülle (*Mantel*) aus härterem Metall überzogen ist.

**Mantelpavian,** felsenbewohnender *Hundskopfaffe* NO-Afrikas u. S-Arabiens; am Gesäß große rote Brunftschwielen. Die Haare der Schulterregion sind bei den Männchen zu einem mantelartigen Behang verlängert.

**Manteltarif,** für einen längeren Zeitraum bestimmter Tarifvertrag, der die allg. Arbeitsbedingungen festlegt, während die Lohnhöhe durch den *Lohntarif* mit regelmäßig kürzerer Laufdauer bestimmt wird.

**Manteltiere,** *Tunicata,* Klasse der *Chordaten*; meist sackähnliche, festsitzende Meerestiere mit gallert- oder knorpelartiger Körperumhüllung (*Mantel*), die Cellulose enthält; Klassen: *Appendicularia, Seescheiden* u. *Salpen.*

**Manteuffel, 1.** Edwin Freiherr von, *1809, †1885, preuß. Offizier, Generalfeldmarschall; als Chef des 1858 erneuerten Militärkabinetts mit A. von *Roon* maßgebl. an der preuß. *Heeresreform* beteiligt. – **2.** Otto Theodor Freiherr von, *1805, †1882, preuß. Politiker; setzte sich für einen Beamtenstaat u. gegen die Entwicklung Preußens zum Verfassungsstaat ein; 1848 Innen-Min., 1850–58 Min.-Präs. u. Außen-Min.

**Mantik,** die oft in Ekstase geübte Kunst der Weissagung.

**Mantilla** [-ˈtilja], ein Kopf- oder Schulterumhang, meist aus Spitzen gefertigt; bes. in der Kleidung der span. Frauen.

**Mantisse** → Logarithmus.

**Mantra,** ind. Bez. für hl. Texte, bes. Hymnen des Veda; allg. myst. oder mag. Formel, auch als Meditationshilfsmittel.

**Mantua,** ital. *Màntova,* ital. Stadt in der Lombardei, am Unterlauf des Mincio, Hptst. der gleichn. Prov., 66 000 Ew.; 1328–1627 von den *Gonzaga* beherrscht, 1785 zu Mailand, 1814–66 österreichisch.

**Manu,** im hinduist. Mythos der Urvater des Menschengeschlechts, Sohn *Brahmas.*

**Manual, 1.** *Manuale,* Tagebuch, (liturg.) Handbuch. – **2.** die Handklaviatur bei der Orgel u. a. Tasteninstrumenten mit mehr als einer Klaviatur (Harmonium, Cembalo); Ggs.: Fußtastatur (*Pedal*).

**Manuel,** Niklas, gen. *Deutsch,* *um 1484, †1530, schweiz. Maler, Graphiker u. Dichter; Anhänger der Reformation.

**manuell** [lat. manus, »Hand«], mit der Hand hergestellt.

**Manufaktur,** die Form des frühkapitalistischen gewerbl. Großbetriebs, ohne Maschinen oder zumindest mit vorherrschender Handarbeit; von der *Fabrik* abgelöst.

**Manul,** *Pallaskatze,* kurzbeiniger *Luchs* der Wüsten u. Hochsteppen Innerasiens.

**Manuskript,** Abk. *MS., ms., Mskr.,* urspr. die handschriftl. Originalfassung eines Textes im Gegensatz zu den anfangs handschriftl., später gedruckten Vervielfältigungen; dann jede hand- oder maschinengeschriebene Druckvorlage.

**Manutius,** *Manuzzi,* eine ital. Buchdrucker- u. Buchhändlerfamilie, deren sorgfältige Drucke nach Aldus *M. dem Älteren* (*um 1448, †1515) als *Aldinen* bezeichnet werden.

**Manyoshu,** große jap. Gedichtsammlung, abgeschlossen um 760.

**Manytsch,** l. Nbfl. des unteren Don im nördl. Kaukasus-Vorland, als *Westl. M.* 219 km. Der Östl. M. (230 km) erreicht nur in niederschlagsreichen Jahren die untere Kuma.

**Manzanillo** [mansaˈniljo], Hafenstadt im sö. Kuba, 87 000 Ew.; wichtiger Ausfuhrhafen.

**Manzoni,** Alessandro, *1785, †1873, ital. Schriftst.; entwickelte sich zum ital. Patrioten; kämpfte im Geist der Romantik gegen die Aufklärung; W Roman »Die Verlobten«.

**Manzù,** Giacomo, eigtl. G. *Manzoni,* *24.12.1908, ital. Bildhauer u. Graphiker.

**Mao Dun,** *Shen Yanbing,* *1896, †1981, chin. realist. Schriftst.; 1949–65 Kultus-Min. der Volksrep. China; schrieb Romane u. Erzählungen.

**Maoismus,** die Lehren *Mao Zedongs,* die auf der Grundlage des *Marxismus-Leninismus* den klass. Marxismus weiterentwickelt u. den Gegebenheiten Chinas angepaßt haben. Der M. sieht in den bäuerl. Massen die Basis der revolutionären Umgestaltung; Hauptanliegen war die Vergesellschaftung der Landwirtschaft. Durch ständige »Kulturrevolutionen« soll die Entfremdung zwischen Parteielite u. Volk verhindert u. ein neuer Mensch geprägt werden. Wichtig im M. ist auch die Lehre vom *Guerillakrieg.*

**Maori,** die polynes. Ureinwohner Neuseelands; rd. 310 000; seit 1814 christianisiert.

**Mao Zedong,** *Mao Tsetung,* *1893, †1976, chin. Politiker (Kommunist); nahm 1921 an der Gründung der chin. KP teil. 1923 wurde er Mitgl. des ZK, zugleich bekleidete er Funktionen in der mit der KP verbündeten *Guomindang* (Nationalpartei). Ab 1927 organisierte M. Z. im Bergland zwischen Hunan u. Jiangxi eine revolutionäre Bauernbewegung. 1934 durchbrach er die Umzingelung durch Guomindang-Truppen u. führte Zehntausende seiner Anhänger auf dem »Langen Marsch« (1934/35) in die nördl. Prov. Shaanxi. 1935 wurde er Vors. des Politbüros u. war seither unbestrittener Parteiführer. Im Okt. 1949 rief er die Volksrep. China aus; er wurde Vors. der Zentralen Volksregierung, 1954 nach Annahme der neuen Verfassung Vors. der Volksrep. China (Staatsoberhaupt). Unter seiner Leitung begann die sozialist. Umgestaltung Chinas. 1958 proklamierte er den »Großen Sprung nach vorn«, die sofortige Errichtung der kommunist. Gesellschaftsordnung. Nach Rückschlägen in der Wirtschaft u. im Zusammenhang mit Machtkämpfen trat M. Z. 1959 als Staatsoberhaupt zurück, behielt aber seine Parteiämter. In der *Großen Kulturrevolution* (1966–69) gelang es ihm, seine auf eine gemäßigte Politik dringenden innerparteil. Gegner auszuschalten. Anschließend (1971) entmachtete er seinen designierten Nachfolger *Lin Biao.* In der Folge unterstützte er mit seiner Autorität die von Min.-Präs. *Zhou Enlai* repräsentierte Politik, die innenpolit. auf Konsolidierung u. wirtschaftl. Wachstum, außenpolit. auf Durchbrechung der Isolierung Chinas abzielte. Nach seinem Tod distanzierte sich die neue Führung teilweise von seiner Politik. → Maoismus.

**Mapai,** Kurzwort für *Mifleget Poalei Erez Israel,* die *Arbeiterpartei* Israels; 1930 entstandene nichtreligiöse, zionistische, gemäßigt sozialistische u. demokratische Partei Israels.

**Mapam,** Kurzwort für *Mifleget Hapoalim Hame'uchedet,* 1948 gegr. linkssozialist. Partei Israels mit bes. starker Bindung an die Kibbuz-Bewegung.

**Mapuche,** südamerik. Indianer (*Araukaner*), u. a. in Chile, wo sie wegen radikaler Forderungen nach indian. Autonomie zunehmender Verfolgung ausgesetzt waren.

**Maputo,** fr. *Lourenço Marques,* Hptst. von Moçambique, 890 000 Ew.; bed. Hafen (Transit), internat. Flughafen.

**Maquis** [maˈki], **1.** → Macchie. – **2.** im 2. Weltkrieg in Frankreich eine Untergrundorganisation.

**Mär,** *Maere,* im MA eine erzählende Versdichtung; auch der Inhalt einer Erzählung, Nachricht.

**Mara,** *Pampashase,* ein dem Meerschweinchen verwandtes *Nagetier,* von hasenartiger Gestalt; lebt in den patagon. Steppen Südamerikas als Erdhöhlenbewohner.

**Marabu,** ein kräftiger afrik. *Storch* mit nacktem Hals u. Kopf u. großem Kropfsack (»Kropfstorch«).

**Marabut,** *Marbut,* ein Einsiedler (*Derwisch*) im westl. Islam; auch Grabkapelle eines Einsiedlers, dann allg. Heiligengrab.

**Maracaibo,** Hafenstadt in Venezuela, Hptst. des Bundesstaats Zulia, 900 000 Ew.; Zentrum eines Erdölgebiets, internat. Flughafen.

**Maracay,** Hptst. des Bundesstaats Aragua im nördl. Venezuela, am Valencia-See, 360 000 Ew.

**Maracuja** → Passionsblume.

**Maradona,** Diego, *30.10.1960, argentin. Fußballspieler; Weltmeister 1986.

**Márai** [ˈmaːrɔi], Sándor, *1900, †1989, ung. Schriftst. u. Publizist; lebte in New York.

**Marais** [maˈrɛ], Jean, eigtl. J. *M.-Villain,* *11.12.1913, frz. Schauspieler (wirkte in Filmen von Jean *Cocteau*).

**Marajó** [-ˈʒɔ], brasil. Insel in der Mündung des Amazonas in den Atlantik; größte Schwemmlandinsel der Erde, 47 573 km², 25 000 Ew., Hauptort Soure.

**Maramures** [-reʃ], ung. *Mármaros,* Ldsch. an der oberen Theiß, in NW-Rumänien.

*Mao Zedong*

*Marathonlauf: Teilnehmer am Stadtmarathon von New York*

**Maran** [ma'rã], René, *1887, †1960, afrokarib. Schriftst.

**Maräne,** örtl. auch *Renke, Kilch, Schnäpel, Felchen, Coregonus,* Fischgattung der *Lachsartigen;* Plankton- u. Kleintierfresser. Zu ihnen gehören: *Große M., Kleine M., Bodenrenke* (Unterrasse: *Blaufelchen); Gangfisch, Nordsee-Schnäpel,* u. *Madümaräne, Ostsee-Schäpel.*

**Maranhao** [-'njau], Bundesstaat von → Brasilien.

**Maranón** [-'njɔn], ein Quellfluß des Amazonas.

**Maraschino** [-'ski:no], ein Likör aus der dalmatin. Maraskakirsche.

**Marasmus,** allg. Kräfteverfall, verbunden mit starker Abmagerung.

**Marat** [-'ra], Jean-Paul, *1743, †1793 (ermordet), frz. Revolutionär; schloß sich nach dem Sturz des Königtums G. J. *Danton* an u. betrieb als Präs. des Jakobinerklubs den Vernichtungskampf gegen die Girondisten. Er wurde von Ch. *Corday* erstochen.

**Marathen,** *Mahratta,* Marathi sprechendes ind. Krieger-, Hirten- u. Bauernvolk (40 Mio.) im Bundesstaat Maharashtra (Westghats).

**Marathon,** grch. Ort an der O-Küste von Attika. – 490 v.Chr. erlitten die Perser hier eine Niederlage durch *Miltiades.* Mit der Siegesnachricht soll ein Soldat *(Diomedon)* nach Athen gelaufen u. hier tot zusammengebrochen sein. Darauf beruht der **M.lauf** (über 42,195 km), ein Höhepunkt der Olymp. Spiele (zuerst in Athen, 1896, seit 1985 auch für Frauen).

**Maratti,** *Maratta,* Carlo, *1625, †1713, ital. Maler; schuf Altargemälde im spätbarocken Klassizismus.

**Marbach am Neckar,** Stadt in Ba.-Wü., nördl. von Stuttgart, 12 500 Ew.; Schiller-Nationalmuseum u. Dt. Literaturarchiv.

**Marbod,** †37 n. Chr., König der Markomannen; führte sein Volk zus. mit einem Teil der *Quaden* aus dem Maingebiet nach Böhmen, wo er das erste german. Reich schuf, das etwa Böhmen, Mähren u. Schlesien umfaßte. 19 n. Chr. zerbrach sein Reich wegen Streitigkeiten mit dem Cheruskerfürsten *Armin.*

**Marburg,** hess. Stadt an der Lahn, 73 000 Ew.; Univ. (1527); ehem. Residenz der hess. Landgrafen; Schloß, maler. Altstadt.

**Marburger Bund,** freiwillige Vereinigung zur Vertretung der berufl. u. wirtschaftl. Interessen der angestellten u. beamteten Ärzte der BR Dtld. u. Westberlins, gegr. 1947; Sitz: Köln.

**Marburger Schule** → Neukantianismus.

**Marc,** Franz, *1880, †1916 (gefallen), dt. Maler u. Graphiker; bes. Tierdarstellungen mit geometrisierendem u. rhythmisch gegliedertem Bildaufbau. Neben Kandinsky der Hauptmeister der 1911 von beiden Künstlern in München gegr. Gruppe »Der blaue Reiter«; W »Turm der blauen Pferde« (verschollen), »Die roten Pferde«.

**marcato,** musikal. Vortragsbez.: deutlich, betont.

**Marc Aurel,** *Marcus Aurelius Antonius,* *121, †180, röm. Kaiser 161–180; verteidigte das Reich im O erfolgreich gegen die Parther, im Donau-Raum gegen die Markomannen, Quaden u. Azygen. Er war ein Anhänger der stoischen Philosophie, stärkte Verwaltung u. Rechtsprechung.

**Marceau** [mar'so], Marcel, *22.3.1923, frz. Pantomime; schuf die Gestalt des »Bip«.

**Marcel** [mar'sɛl], Gabriel, *1889, †1973, frz. Philosoph u. Schriftst.; entwickelte im Unterschied zu M. Heidegger, K. Jaspers u. J.-P. Sartre eine vom Problem der Existenz Gottes ausgehende *Existenzphilosophie.*

**Marcello** [-'tʃɛlo], Benedetto, *1686, †1739, ital. Komponist; schrieb kantatenhafte Psalmenvertonungen.

**Marcellus, M. II.,** eigtl. Marcello *Cervini,* *1501, †1555, Papst 9.4.–1.5.1555; päpstl. Legat auf dem Konzil von Trient.

**March** [març], tschech. *Morava,* l. Nbfl. der Donau, 358 km; durchfließt das niederöstr. **M.feld** (Schauplatz bed. Schlachten), mündet westl. von Preßburg.

**Marchais** [mar'ʃɛ], Georges, *7.6.1920, frz. Politiker; seit 1972 Generalsekretär der frz. KP.

**Marche, 1.** [marʃ], histor. frz. Ldsch. – **2.** ['markɛ], *Marken,* Region in → Italien.

**Märchen,** eine kurze Prosaerzählung, die von phantast. Zuständen u. Vorgängen berichtet. Als eine Urform des Erzählens (für Kinder wie für Erwachsene) ist das M. bei allen Völkern verbreitet. Das europ. *Volks-M.* erzählt neben naiven Stoffen auch zahlr. oriental., die sich seit den Kreuzzügen, bes. aber seit der Übersetzung der arab. Slg. »Tausendundeine Nacht«, stark verbreitet haben. Die lebendige mündl. Überlieferung des Volks-M. hat mit der verbreiteten Slg. »Kinder- u. Haus-M.« (1812/14) der Brüder *Grimm* u. mit ähnl. Slg. einen gewissen Abschluß gefunden. Der erzähler. Reiz des M. gab den Anstoß zu zahlr. *Kunst-M.,* die die Eigenarten des Volks-M. als bes. Stilmittel einsetzen. Die bekanntesten Kunst-M. schrieben L. *Tieck, Goethe,* C. *Brentano,* W. *Hauff,* E. *Mörike* u. H.Ch. *Andersen.*

**Marchesa** [-'ke:sa], ital.: Markgräfin.

**Marcheschwan,** *Cheschwan,* der 2. Monat des jüd. Kalenders (Oktober/November).

**Marchese** [-'ke:sa], ital.: Markgraf.

**Marchfeld** → March.

**Marchlewski,** Julian, Pseud.: W. *Karski,* *1866, †1925, poln. Politiker (Sozialist); 1893 zus. mit Rosa *Luxemburg* Gründer der Sozialdemokrat. Partei Polens u. Litauens, 1918 Mitgr. der KP Polens.

**Marcion** ['martsiɔn], *Markion,* *um 85, †um 160, Sektengr. in Rom. Seine Lehre setzte sich aus christl. u. gnostisch-dualist. Elementen zusammen.

**Marcks, 1.** Erich, *1861, †1938, dt. Historiker. – **2.** Gerhard, *1889, †1981, dt. Bildhauer u. Graphiker; 1919–24 Lehrer am Bauhaus.

**Marconi,** Guglielmo, *1874, †1937, ital. Erfinder; Begr. des drahtlosen Nachrichtenverkehrs (1895). 1901 gelang ihm die erste Funkverbindung über den Atlantik. Nobelpreis für Physik 1909.

**Marco Polo** → Polo.

**Marcos,** Ferdinand, *1919, †1989, philippin. Offizier u. Politiker (Partido Nacionalista); 1966–86 Staats-Präs., seit 1972 mit diktator. Vollmachten; ging nach seinem Sturz 1986 ins Exil.

**Marcuse, 1.** Herbert, *1898, †1979, dt. Philosoph, Soziologe u. Politologe; Mitarbeiter am Frankfurter *Institut für Sozialforschung,* mit dem er 1933 nach New York emigrierte; seit 1965 an der Universität von California in San Diego; wurde mit seiner Aufforderung zur polit. Tat zu einem führenden Ideologen der student. Linksopposition. – **2.** Ludwig, *1894, †1971, dt. Schriftst., Literaturwiss. u. Publizist.

**Mar del Plata,** Hafenstadt u. internat. Seebad an der Atlantik-Küste Argentiniens, sö. von Buenos Aires, 420 000 Ew.

**Marder,** *Mustelidae,* artenreiche Fam. der *Landraubtiere,* mit gestrecktem Körper, niedrigen Beinen u. langem Schwanz; vorw. nachtaktiv; Fell als Pelzwerk begehrt. Alle M. sondern einen unangenehm riechenden Duftstoff ab. Zu den eigtl. M.n gehören u. a. *Edel-M., Stein-M., Wiesel, Iltis, Nerz, Vielfraß, Zobel, Zorilla, Grison.* Ferner zählen zu den M.n *Dachs, Otter* u. *Seeotter.*

**Marderhaie,** *Triakidae,* Fam. bis 1,50 m langer *Echter Haie;* häufigste Haie der Küstengewässer wärmerer Meere.

**Marderhund,** *Enok,* urtümlicher *Hund* mit waschbärähnl. Habitus; mit graubraunem Pelz (im Handel als »Seefuchs«).

**Marduk,** hebr. *Merodach,* urspr. ein Stadtgott von *Babylon.* Als *Hammurapi* (um 1700 v.Chr.) Babylon zur Hptst. des Reichs erhob, trat M. an die Spitze der babylon. Götterwelt.

**Marées** [ma're:], Hans von, *1837, †1887, dt. Maler; einer der Hauptvertreter des dt. Idealismus; schuf bes. mytholog. Bilder mit Aktfiguren vor Landschaftshintergründen.

**Marek,** Kurt W. → Ceram, C. W.

*Margarete I.: Sarkophag in der Domkirche zu Roskilde*

**Maremmen,** sumpfige Küstenstreifen im westl. Mittelitalien am Tyrrhen. Meer; heute entwässert u. besiedelt.

**Marengo,** *Mischgraustoff, Wollstoff* aus zart meliertem Garn; für Herrenanzüge u. Kleider.

**Marenzio,** Luca, *1553, †1599, ital. Komponist; mit etwa 500 vier- bis sechsstimmigen ausdrucksstarken *Madrigalen* ein Klassiker dieser Gattung.

**Margarete,** *Margarethe,* Fürstinnen.

Dänemark:

**1. M. I.,** *1353, †1412, Königin von Dänemark, Norwegen u. Schweden; ließ auf dem Unionstreffen in Kalmar 1397 ihren Großneffen Erich von Pommern zum König aller drei nord. Reiche wählen *(Kalmarer Union).* – **2. M. II.,** *16.4.1940, Königin seit 1972; seit 1967 verh. mit Graf Henri de *Laborde de Monpezat.*

Frankreich:

**3. M. von Angoulême,** aus dem Haus Orléans, *1492, †1549; Schwester Franz I., in zweiter Ehe verh. (1527) mit Heinrich d'Albret, König von Navarra; duldete den Protestantismus. – **4. M. von Valois,** *1553, †1615, Königin 1589–99; heiratete 1572 Heinrich (IV.) von Navarra (Anlaß für die Bartholomäusnacht); 1599 geschieden.

Niederlande:

**5. M. von Österreich,** *1480, †1530, Generalstatthalterin der Niederlande; Tochter Kaiser Maximilians I. u. der Maria von Burgund; versuchte, das Eindringen der Reformation zu verhindern. –

**6. M. von Parma,** *1522, †1586, Generalstatthalterin der Niederlande; Tochter Kaiser Karls V.; verzichtete auf ihr Amt, als der Aufstand offen ausbrach u. 1567 Alba mit einschneidenden Vollmachten erschien.

*Franz Marc: Rehe im Walde II; 1913/14. Karlsruhe, Staatliche Kunsthalle*

## 546 Margarine

**Margarine,** butterähnl. Speisefett aus pflanzl. Ölen u. Waltran, daneben Palmkern- u. Kokosfett sowie tier. Fette. Die Fette werden von unangenehmen Geruchs- u. Geschmacksstoffen befreit u. mit Magermilch sowie Zusatzstoffen (Lecithin, Geschmacks-, Duft- u. Farbstoffe, Salz, Vitamine A, D u. E) vermischt.

**Margarita,** *Isla de M.,* Insel der Venezolan. Antillen im Karib. Meer, 1150 km², 90 000 Ew.; Hptst. *La Asunción;* Fremdenverkehr. – 1498 von Kolumbus entdeckt.

**Marge** [maːrʒ], die Differenz zw. An- u. Verkaufspreisen, zw. Soll- u. Habenzinsen *(Zins-M.);* im Wertpapiergeschäft die Spanne zw. den (gleichzeitig notierten) Kursen desselben Papiers an zwei Börsen *(Arbitrage).*

**Margerite** → Wucherblume.

**Marggraf,** Andreas Sigismund, *1709, †1782, dt. Chemiker; entdeckte 1747 den Rohrzucker in der Zuckerrübe.

**Marginalien,** Randbemerkungen (Anmerkungen) in Handschriften, Büchern oder Akten.

**Mari,** Tscheremissen, ostfinn. Volk (530 000) in Streusiedlungen zw. mittlerer Wolga u. Wjatka; mit Feldwirtschaft, Jagd u. Waldarbeit.

**Mari,** heutiger Ruinenhügel *Tell Hariri* am mittleren Euphrat, bed. Königssitz u. Handelsplatz im 3. u. Anfang des 2. Jt. v. Chr., 1694 v. Chr. von *Hammurapi* zerstört.

**Maria,** hebr. *Mirjam,* die Mutter *Jesu.* Neben dem Glauben an ihre Jungfräulichkeit vor, bei u. nach der Geburt Jesu setzte sich der Glaube an ihre absolute Sündlosigkeit u. an ihre Aufnahme in den Himmel mit Leib u. Seele durch. In der kath. Kirche wurde die Marienverehrung u.a. durch die Dogmen von der »Unbefleckten Empfängnis« (1854), von der »Aufnahme in den Himmel« (1950), durch die Proklamation als »Mutter der Kirche« (1964) u. durch die Enzyklika »Redemptoris Mater« (»Mutter des Erlösers«, 1987) bestärkt. – Die ev. Lehre lehnt die über Gottesmutterschaft u. Jungfrauengeburt hinausgehenden marianischen Dogmen ab. – *Marienfeste* sind: Empfängnis (8.12.), Heimsuchung (Begegnung Mariens mit Elisabeth; 31.5.), Mariä Himmelfahrt (15.8.), Mariä Geburt (8.9.); früher auch: Mariä Lichtmeß (2.2.) u. Mariä Verkündigung (25.3.).

*Maria Theresia mit ihrem Gemahl Franz I. und dem Kronprinzen Joseph; anonymes Gemälde. Wien, Heeresgeschichtliches Museum*

**Maria,** Fürstinnen.
Röm.-deutsche Kaiserin:
**1. M. Theresia,** *1717, †1780, Kaiserin 1745–80, Königin von Ungarn u. Böhmen, Erzherzogin von Österreich; älteste Tochter Kaiser *Karls VI.,* heiratete 1736 Franz Stephan von Lothringen, mit dem sie 16 Kinder hatte. M. übernahm 1740 die Regierung der habsburg. Erblande. Zwar mußte sie sich im *Östr. Erbfolgekrieg* (1740–48) erst gegen Bayern, Preußen, Sachsen, Spanien u. Frankreich behaupten u. 1745 endgültig auf Schlesien verzichten, 1748 auch auf Parma u. Piacenza, aber sie hatte sich als Erbin der Monarchie durchgesetzt. Nach dem Tod Franz' I. (1765) wurde ihr Sohn *Joseph II.* Mitregent u. Kaiser. M. nahm sich der inneren Verwaltung, der Belebung von Handel u. Gewerbe, der Gründung von Volksschulen u. der Förderung der Landwirtschaft an.
England:
**2. M. I.,** *M. die Blutige, M. die Katholische,* *1516, †1558, Königin 1553–58; Tochter Heinrichs VIII., heiratete 1554 Philipp II. von Spanien; setzte sich für Katholizismus u. Papsttum ein u. ging gewaltsam gegen ihre religiösen Gegner vor.
Frankreich:
**3. M. von Medici,** *1573, †1642, Königin 1600–31; heiratete 1600 *Heinrich IV.;* nach der Ermordung ihres Mannes 1610–14 Regentin für ihren Sohn *Ludwig XIII.,* der sie später nach Blois verbannte. – **4. M. Theresia,** gen. *M. von Österreich,* *1638, †1683, Königin 1660–83; Tochter Philipps IV. von Spanien u. Elisabeths von Frankreich; verzichtete wegen ihrer Heirat 1660 mit *Ludwig XIV.* auf Erbansprüche. – **5. Marie-Antoinette,** *1755, †1793, Königin 1770–93; Frau *Ludwigs XVI.;* Tochter Kaiser Franz' I. u. M. Theresias von Österreich; nach Ausbruch der Frz. Revolution starre Gegnerin der Nationalversammlung; nach einem Schauprozeß hingerichtet.
**6. Marie-Louise,** *1791, †1847, Kaiserin 1810–14; Frau *Napoleons I.,* Tochter Kaiser Franz' II.; trennte sich 1814 von Napoleon u. wurde Herzogin von Parma, Piacenza u. Guastalla.
Schottland:
**7. M. Stuart,** *1542, †1587, Königin 1542–67; Tochter des Schottenkönigs Jakob V. (*1512, †1542), als Frau Franz' II. (*1544, †1560) kurze Zeit frz. Königin; kehrte 1561 nach Schottland zurück u. versuchte hier erfolglos eine Rekatholisierung. Den engl. Katholiken galt sie als rechtmäßige Erbin des engl. Throns, was sie in Gegensatz zur engl. Königin *Elisabeth I.* brachte. 1565 heiratete sie ihren Vetter Lord Henry Stuart *Darnley,* der 1566 ihren Vertrauten *Riccio* ermorden ließ. Darnley wurde 1567 von Lord James Hepburn *Bothwell* ermordet. 3 Monate später heiratete sie Bothwell. Diese Heirat gab den Anlaß zu einem Aufstand des calvinist. Adels; M. wurde abgesetzt u. floh 1568 nach England. Hier wurde sie 19 Jahre in Haft gehalten u. wegen einer (angebl.) Verschwörung gegen Elisabeth I. enthauptet. – »M. Stuart«, Trauerspiel von *Schiller;* vielfältige dramat. Gestaltungen.
Ungarn:
**8.** *1505, †1558, Königin 1522–26; Tochter Philipps des Schönen von Burgund; wurde 1522 mit *Ludwig II.* von Ungarn vermählt. Nach dessen Tod wurde sie von ihrem Bruder *Karl V.* zur Regentin der Niederlande ernannt.

**Maria Enzersdorf,** *Enzersdorf am Gebirge,* niederöstr. Erholungsort sö. von Wien, am Ostrand des Wienerwalds, 9000 Ew.; Wallfahrtsort.

**Mariage** [marɪˈaʒə], frz.; Heirat, Ehe.

**Maria Laach,** Benediktinerabtei am Laacher See (Eifel), gegr. 1093, geistiges Zentrum der kath. liturg. Bewegung; roman. Basilika (11.–13. Jh.).

**Maria Magdalena,** im NT eine aus Galiläa stammende Frau, die von Jesus geheilt wurde u. zu seinen frühesten Anhängerinnen zählte; im mittelalter. Legende mit Maria von Bethanien u. der reuigen Sünderin zu einer Person verwoben.

**Mariamne,** *um 60, †29 v. Chr., Frau Herodes' d. Gr.

**Marianao,** Stadt in Kuba, westl. Wohn- u. Industrievorort von Havanna, Seebad, 455 000 Ew.

**Marianen,** vulkan. Inselkette im Pazifik, im nördl. Mikronesien, rd. 400 km² u. 20 000 Ew. (meist Mischlinge von Filipinos u. Mikronesiern), Hauptort *Susupe* auf Saipan; 15 Inseln (Saipan, Tinian, Rota, Pagan u.a.). – 1521 von Magalhães entdeckt, 1565–1899 span., bis zum 1. Weltkrieg dt. Besitz, danach jap. Völkerbundsmandat, seit 1947 UN-Treuhandgebiet unter US-Verwaltung, seit 1978 ein assoziiertes Territorium der USA mit innerer Autonomie. – Westl. u. östl. der M. liegen zwei Tiefseebecken; zum östl. gehört der **M.graben** mit den bisher größten gemessenen Meerestiefen: Witjastiefe (11 034 m), Triestetiefe (10 916 m), Challenger-Tiefe (10 899 m).

*Maria Stuart; zeitgenössisches Gemälde. London, National Portrait Gallery*

**Marianisten,** lat. *Societas Mariae,* Abk. *SM,* kath. Kongregation für Unterricht u. Seelsorge, 1817 von Guillaume-Joseph *Chaminade* gegr.

**Marianne** [mariˈan], urspr. eine linksextreme Geheimgesellschaft in Frankreich, später Symbolfigur der frz. Revolutionsfreiheit; heute personifizierte Umschreibung für Frankreich.

**Maria Saal,** Wallfahrtsort an der Glan in Kärnten (Östr.), 2500 Ew.

**Mari-ASSR,** Autonome Sowjetrepublik (ASSR) innerhalb der RSFSR, nördl. der mittleren Wolga, 23 200 km², 740 000 Ew. (Mari, Russen, Tschuwaschen, Tataren), Hptst. *Joschkar-Ola.*

**Maria Taferl,** niederöstr. Wallfahrtsort, über dem linken Donau-Ufer, 730 Ew.

**Maria-Theresien-Orden,** höchste Kriegsauszeichnung der östr. Monarchie bis 1918, 1757 von Kaiserin Maria Theresia gestiftet.

**Maria-Theresien-Taler,** seit 1753 geprägter östr. Taler mit dem Bildnis der Kaiserin; seit 1780 mit dieser Jahreszahl bis heute geprägt; noch im 20. Jh. beliebtes Zahlungsmittel im Orient.

**Mariaviten,** ein von der Nonne Felicja Kozłowska (*1862, †1921) in Polen in den 1880er Jahren gegr. Frauenorden, der sich (wegen übertriebener Marienverehrung 1904 von Rom verboten) 1906 als romfreie kath. Kirche konstituierte.

**Mariazell,** östr. Wallfahrtsort, Luftkurort u. Wintersportplatz, in der nördl. Steiermark, 868 m ü. M., 2200 Ew.

**Marib,** Hauptstadt des Reiches Saba; Tempelreste (1. Jt. bis ins 7. Jh. v. Chr.).

**Maribor,** dt. *Marburg,* Stadt in Jugoslawien, an der Drau, 105 000 Ew.; vielseitige Ind.

**Marie de France** [maˈridə ˈfrãs], frz. Dichterin des 12. Jh.; lebte am engl. Hof; schuf höfische Versnovellen *(Lais)* nach breton. Liedern.

**Marienbad,** tschech. *Mariánské Lázně,* Badeort im nördl. W-Böhmen, am Kaiserwald, 19 000 Ew.; Glaubersalz- u. Stahlquellen.

**Marienberg,** Krst. in Sachsen, im Erzgebirge, 10 300 Ew.

**Marienburg,** poln. *Malbork,* Stadt in Ostpreußen, an der Nogat, 35 000 Ew. – Das *Schloß M.* wurde 1276 als Komturschloß des Deutschritterordens gegr.; es war 1309–1457 Residenz des Hochmeisters.

**Marienfeste** → Maria.

**Marienglas,** *Fraueneis,* durchsichtige Gipsplatten, früher zum Bedecken kleiner Heiligenbilder verwendet.

**Marienkäfer,** *Sonnenkäfer,* Fam. der *Käfer,* deren schwarze, gelbe oder rotbraune Flügeldecken mit einer wechselnden Zahl von andersfarbigen Punkten besetzt sind (je nach Art, aber auch von Individuum zu Individuum verschieden); häufigste Art: *Gewöhnl. M. (Siebenpunkt);* die Larven ernähren sich hpts. von Blattläusen.

**Marienwerder,** poln. *Kwidzyń,* Stadt in Ostpreußen, an der Liebe (poln. *Liwa*), 35 000 Ew.; Schloß u. Dom (14. Jh.).
**Marignac** [mari'njak], Jean Charles de, *1817, †1894, schweiz. Chemiker; Entdecker der Elemente *Gadolinium* u. *Ytterbium.*
**Marihuana,** ein Rauschgift aus dem Harz einer bes. in Mittelamerika u. den südl. Staaten der USA angebauten Hanfart (*Cannabis sativa*); mit *Cannabinol* als rauscherzeugendem Bestandteil. Die Wirkung entspricht der des Haschisch.
**Marille,** östr. für Aprikose.
**Marimba,** ein *Xylophon* Afrikas, bei dem die Holzstäbe in einer Ebene oder Mulde auf einem Gestell in Längsrichtung zum Spieler liegen; wichtiges Instrument der lateinamerik. Tanzmusik. Ein techn. verbessertes M. ist das *M.phon,* mit Metallstäben versehen heißt es *Vibraphon.*
**Marin** ['mærin], John, *1870, †1953, US-amerik. Maler u. Graphiker; schuf kubist. Landschaftsgemälde in expressiven Farben.
**marin** [lat.], zum Meer gehörend, vom Meer gebildet.
**Marinade,** ein gewürzter Salz-Essig-Aufguß u. die darin zubereiteten Fleisch- u. Fischpräserven.
**Marine,** *i. w. S.* die Flotte eines Landes; *i. e. S.* die *Seestreitkräfte.* In der Bundeswehr ist die M. neben Heer u. Luftwaffe eine der *Teilstreitkräfte.*
**Mariner** ['mærinə], US-amerik. Serie von Raumfluggeräten zur Erforschung der Planeten Mars u. Venus, um 1962–74.
**Marinetti,** Filippo Tommaso, *1876, †1944, ital. Schriftst.; Begr. des *Futurismus.*
**Marini,** Marino, *1901, †1980, ital. Bildhauer; gilt als einer der führenden europ. Bildhauer der Gegenwart; angeregt von der etrusk. u. altägypt. Plastik. Hauptthema: Reiter.
**marinieren,** *beizen,* Fleisch oder Fisch in eine abgekochte Essiglösung mit Gewürzen einlegen.
**Marino,** *Marini,* Giambattista, *1569, †1625, ital. Dichter. Seine Werke sind in dem nach ihm benannten Stil des *Marinismus* geschrieben, der sich durch gekünstelte Sprache u. gesuchte Bilder auszeichnet.
**Marionettentheater,** 1584 von Guillaume *Bouchet* geprägte Bez. für das Puppenspiel, außer im Französischen jedoch nur für das Spiel mit der vom Spieler, der über der Bühne steht, an Fäden, Stangen oder Drähten bewegten *Gliederpuppe* (**Marionette**). Das M. war schon im grch. u. röm. Altertum u. im islam. MA bekannt u. wurde auch in Japan, China u. auf Java früh geübt; in Dtld. ist es seit dem 12. Jh. bekannt u. war bes. im 17.–19. Jh. sehr beliebt. Ein erstes ständiges M. gab es 1802 in Köln.
**Mariotte** [-'ɔt], Edme, *um 1620, †1684, frz. Physiker u. kath. Geistlicher; arbeitete auf dem Gebiet der Hydrostatik u. fand unabhängig von R. *Boyle* das *Boyle-M.sche Gesetz.*
**Marischka,** Hubert, *1882, †1959, östr. Regisseur u. Schauspieler.
**Maritain** [-'tɛ̃], Jacques, *1882, †1973, frz. Philosoph; Neuthomist u. Vertreter eines christl. Humanismus.
**maritim,** zum Meer gehörig, Meeres…
**Maritza,** bulg. *Marica,* türk. *Meriç Nehri,* grch. *Ebros,* bed. Fluß der Balkanhalbinsel, mündet an der grch.-türk. Grenze ins Ägäische Meer, 514 km.
**Marius,** Gaius, *158 oder 157 v. Chr., †86 v. Chr., röm. Feldherr; besiegte 107 v. Chr. *Jugurtha,* 102 v. Chr. u. 101 v. Chr. die in Italien eingefallenen *Kimbern* u. *Teutonen;* von seinem Hauptgegner *Sulla* vorübergehend aus Rom vertrieben.
**Marius,** eigtl. *Mayr,* Simon, *1573, †1624, dt. Mathematiker u. Astronom; entdeckte unabhängig von *Galilei* die Jupitermonde, 1611 die Sonnenflecken u. 1612 den M.-Nebel.

*Marienkäfer*

**Marivaux** [-'vo], Pierre Carlet de *Chamblain de M.,* *1688, †1763, frz. Schriftst. (Romane u. psychologisierende Liebeslustspiele); Ⓦ »Das Spiel von Liebe u. Zufall«.
**Mark, 1.** das innere Gewebe der Knochen (*Knochen-M.*); das Nervengewebe zentralisierter Nervensysteme (*Bauch-* oder *Rücken-M.*), das im Gegensatz zur Rinde abweichend gebaute Innere von Organen (z. B. *Nieren-M., Nebennieren-M.*) u. die fetthaltige isolierende Hülle der einzelnen Nervenfasern; auch Bez. für das Nachhirn (verlängertes M., *Medulla oblongata*). – **2.** im Zentrum der pflanzl. Sprosse gelegenes Speichergewebe. – **3.** [die], 1. mittelalterl. Gewichtseinheit (etwa 230 g), bis 1857 Grundlage der dt. Münzprägung. – 2. mittelalterl. Münzrechnungseinheit: 1 M. = 144 oder 160 Pfennige. – 3. Währungseinheit im Dt. Reich 1871–1924: 1 M. = 100 Pfennige. – 4. als *M. der DDR* von 1968–90 Währungseinheit der DDR. – **4.** seit der Zeit Karls d. Gr. Bez. für ein militär. bes. wichtiges Gebiet an der Grenze oder außerhalb des eigtl. Reichs auf erobertem Land; unterstand einem *M.graf.*
**Mark,** *Märkisches Land,* Teil der ehem. *Grafschaft M.,* von der Lippe oberhalb von Lünen bis ins westl. Sauerland reichend; heute Teil des Reg.-Bez. Arnsberg (NRW).
**Markasit,** ein Mineral.
**Mark Aurel** → Marc Aurel.
**Mark Brandenburg** → Brandenburg (1).
**Marke,** im Handel ein Erkennungszeichen für Waren von allg. gleichbleibender Qualität (Markenartikel); an kunsthandwerkl. Erzeugnissen das Zeichen, das über Herkunft, Entstehungszeit u. Meister Auskunft gibt.
**Marken,** ital. *Marche,* Region in → Italien.
**Markenschutz** → Gebrauchsmuster, → Geschmacksmuster, → Urheberrecht, → Warenzeichen.
**Markerwaard,** 600 km² projektierter Polder im SW des IJsselmeers in den Niederlanden.
**Marketender(innen),** in früherer Zeit die Truppen außerhalb ihrer Standorte begleitenden Kaufleute, die den Soldaten Lebensmittel u. Getränke verkauften.
**Marketing,** alle Maßnahmen eines Unternehmens zur Förderung des Absatzes, unter Beachtung der wirtsch. Erkenntnisse der *Markt-* u. *Meinungsforschung.*
**Markevitch** [mar'kevitʃ], Igor, *1912, †1983, frz. Dirigent russ. Herkunft; auch als Komponist hervorgetreten.
**Markgraf,** Stellvertreter des Königs in den *Marken* für den Grenzschutz; mit Sondervollmachten (Heerbann, hohe Gerichtsbarkeit, Befestigungsrecht), vor allem für militär. Aufgaben; zuerst von *Karl d. Gr.* eingesetzt. – Der engl. u. frz. Titel *Marquis* u. der ital. *Marchese* gehen nur selten auf ein *Markgraf* zurück.
**Markgräflerland,** *Markgrafenland,* fruchtbare Ldsch. des S-Schwarzwalds zw. Basel u. Freiburg 300–600 m ü.M.; Weinbaugebiet.
**Markgröningen,** Stadt in Ba.-Wü., 12 400 Ew.; Rathaus im Schwäb. Fachwerk.
**Markion** → Marcion.
**Markise** [frz.], *Marquise,* Sonnendach aus kräftigen Stoffen vor Fenstern oder über Balkonen.
**Markkleeberg,** Stadt in Sachsen, Wohnvorort von Leipzig, 21 600 Ew.; vielseitige Ind.
**Markneukirchen,** Stadt in Sachsen, im Vogtland, 8600 Ew.; Zentrum der Musikinstrumentenind.
**Markomannen,** ein sweb. Stamm. Sie zogen aus dem Main-Gebiet 9 v. Chr. unter *Marbod* nach Böhmen u. gründeten dort ein großes Reich. Es kam mehrfach zu schweren Zusammenstößen mit den Römern, u. a. in den *M.kriegen* 166–180. 433 kamen die in Pannonien ansässigen M. unter die Herrschaft der Hunnen; Anfang des 6. Jh. wanderten sie nach Bayern aus.
**Markow** [-kɔf], Andrej Andrejewitsch, *1856, †1922, russ. Mathematiker (Arbeiten zur Zahlentheorie u. Wahrscheinlichkeitsrechnung).
**Markscheide,** Grenze eines Grubenfelds.
**Markscheider,** Vermessungsingenieur im Bergbau.
**Markt,** ein Platz, auf dem (in regelmäßigen Abständen) Waren verkauft werden (Wochen-M., Jahr-M., Messen). Danach bezeichnet man mit M. auch die Gesamtheit der ökonom. Beziehungen zw. Angebot u. Nachfrage nach einem bestimmten Gut innerhalb eines bestimmten Gebiets u. Zeitraums. → Marktformen.
**Marktflecken,** ein Ort, dem im MA das Marktrecht (*ius fori*) vom König verliehen wurde.

**Marktformen,** die Struktur der Angebots- u. Nachfrageseite eines Marktes. Hauptmerkmal ist der Grad der Marktbeherrschung: → Konkurrenz, → Monopol, → Oligopol.
**Marktforschung,** die Erforschung aller den wirtsch. Markt betreffenden Fragen. Die M. bedient sich meist statist. Methoden. Sie kann die Marktverhältnisse zu einem bestimmten Zeitpunkt erkunden wollen (*Marktanalyse*) oder auch die Erforschung der zeitl. Entwicklung (z. B. Feststellung der Saisonschwankungen oder des Konjunkturverlaufs) zum Ziel haben (*Marktbeobachtung*).
**Marktheidenfeld,** Stadt in Unterfranken (Bay.), am Main, 9300 Ew.
**Marktoberdorf,** *Markt Oberdorf,* Stadt in Schwaben (Bay.), an der Wertach, 15 500 Ew.; Schmuckwaren- u. Uhrenind.
**Marktordnung,** die durch gebundene Preise u. mit Hilfe von Marktverbänden bewirkte Regulierung von Angebot u. Nachfrage auf einem Markt.
**Marktredwitz,** Stadt in Oberfranken (Bay.), im sö. Fichtelgebirge, 19 600 Ew.; Porzellan- u. Elektromotorenind.
**Markt Schwaben,** Markt in Oberbayern, nordöstl. von München, 8700 Ew.; Schloß der bay. Herzöge.
**Mark Twain** [-'twɛin], seit 1862 Pseud. für Samuel Langhorne *Clemens,* *1835, †1910, US-amerik. Schriftst.; begr. seinen Weltruf mit seinen Erzählungen von den Erlebnissen der Jungen »Tom Sawyer« u. »Huckleberry Finn«, in denen er Erinnerungen an die eigene abenteuerl. Jugend am Mississippi verwertete; schrieb humorist. Reiseberichte (zahlreiche Europareisen) u. satir. Romane.
**Marktwirtschaft,** *Verkehrswirtschaft,* eine Wirtschaftsordnung, in der die individuellen, am Eigeninteresse ausgerichteten wirtsch. Handlungen durch den *Markt* in Form von Preisbewegungen bestimmt u. mit den wechselnden Bedürfnissen abgestimmt werden; Ggs.: *Zentralverwaltungswirtschaft* (sog. *Planwirtschaft*). – Eine völlig freie M. führt sehr bald zu einer hemmungslosen Bereicherungswirtschaft u. zur Unterdrückung der wirtsch. Schwächeren. Die *soziale M.* räumt dem Staat das Recht ein, eine sozial ausgestaltete Wettbewerbsordnung zu schaffen u. über ihr Funktionieren zu wachen.
**Markus,** genauer *Johannes M.* (Apg. 12,12), zeitweilig Begleiter des Paulus (Apg. 12,25 ff.), später des Petrus (1. Petr. 5,13) u. Sammler u. »Dolmetscher« von dessen Lehrvorträgen über Leben u. Verkündigung Jesu; nach der Überlieferung Verfasser des *M.-Evangeliums;* Symbol: Löwe. – Heiliger (Fest: 25.4.). Seine Gebeine ruhen der Legende nach seit dem 9. Jh. in Venedig.
**M.-Evangelium,** vermutl. das älteste der vier Evangelien des NT, eine der Quellen des Matthäus- u. des Lukas-Evangeliums; um 70 n. Chr. verfaßt.
**Marl,** Ind.-Stadt in NRW, 90 000 Ew.; im Stadtteil *Hüls* chem. Ind.
**Marlborough** ['mɔ:lbərə], John *Churchill,* Herzog von M. (1702), *1650, †1722, engl. Heerführer; siegte als Oberbefehlshaber des engl. Heers im Span. Erbfolgekrieg bei Höchstädt (Blenheim) 1704; verh. mit Sarah *Jennings.*
**Marley** ['ma:li], Bob, *1945, †1982, jamaikan. Musiker; bed. Einfluß auf die Reggae-Musik.
**Marlitt,** *Eugenie John,* *1825, †1887, dt. Schriftst.; Mitarbeiterin der Familienzeitschrift »Die Gartenlaube« u. typische Vertreterin der sentimentalen Frauen- u. Unterhaltungsliteratur ihrer Zeit.
**Marlowe** ['ma:loʊ], Christopher, *1564, †1593, engl. Schauspieler u. Bühnendichter; bedeutendster Vorläufer Shakespeares; Ⓦ »Dr. Faustus«.
**Marmarameer,** die antike *Propontis,* ein Nebenmeer zw. dem Ägäischen u. dem Schwarzen Meer, mit ersterem durch die *Dardanellen,* mit letzterem durch den *Bosporus* verbunden, rd. 11 500 km², 280 km lang, bis 1355 m tief.
**Marmarica,** wüstenhafter Küstenstreifen am Mittelmeer in der östl. *Cyrenaica,* Hauptort *Tobruk.*
**Marmelade,** streichfähige, mit Zucker eingekochte Fruchtmasse.
**Marmelo,** *Belbaum,* der Gatt. *Citrus* verwandter kleiner Baum mit kleinen, grünl. Früchten; Blüten liefern Parfümöl.
**Marmion** [-'miɔ̃], Simon, †1489, frz. Maler; einer der Hauptmeister der frz. Buchmalerei.

## 548 Marmolada

**Marmolada,** vergletscherter, höchster Gipfel der Südtiroler Dolomiten, 3342 m.

**Marmontel** [-mɔ̃'tɛl], Jean-François, *1723, †1799, frz. Schriftst. der Aufklärung, Mitarbeiter an der Encyclopédie.

**Marmor,** körniges, kristallines, kohlensaures Kalkgestein, unter hohem Druck u. hoher Temperatur entstanden; schneeweiß oder in verschiedenen Farben u. Zeichnungen durch spurenhafte Nebenbestandteile (meist Eisen, Silicium u. Graphit); Vorkommen: Erzgebirge, Schwäb. Alb, Salzburg, Italien (Carrara), Griechenland u. a.

**Marne** [marn], r. Nbfl. der *Seine* im Pariser Becken, 525 km. – **M.-Schlachten,** zwei Schlachten im 1. Weltkrieg: 1. Angriffsschlacht der dt. Westfront (5 Armeen) gegen 5 frz. Armeen u. die Engländer, vom 5. bis 12.9.1914; 2. Übergang der dt. 7. Armee über die M. 15.–17.7.1918.

**Marodeur** [-'dø:r], früher ein Soldat, der der Truppe wegen angebl. Erschöpfung nicht folgen konnte u. plünderte.

**Marokko,** Staat im NW Afrikas, 446 550 km², 22,3 Mio. Ew., Hptst. *Rabat.*

*Marokko*

**Landesnatur.** Hinter einer gut beregneten u. fruchtbaren Küstenebene u. der Hochfläche der Meseta erhebt sich das *Atlas-Gebirge* (bis 4165 m hoch). Der Mittelmeerküste folgt das *Rif-Gebirge* (2456 m). Zw. den von lichten Wäldern bestandenen Gebirgen erstrecken sich steppenhafte Hochbecken; nach SO geht das Land in die Wüste der Sahara über.

Die überwiegend islam. **Bevölkerung** besteht zu über 50% aus Arabern, zu 45% aus berber. Volksstämmen.

**Wirtschaft.** Die Landw. baut v.a. Gerste, Oliven, Zitrusfrüchte, Wein, Obst u. Gemüse für den Export an. M. ist der drittgrößte Korkproduzent der Erde u. der zweitgrößte Produzent von Sardinenkonserven. Der Bergbau liefert in erster Linie Phosphat sowie Mangan, Blei, Eisen, Erdgas u.a. Die Ind. erzeugt u.a. Nahrungsmittel, Textilien, Metallwaren u. Baustoffe.

**Geschichte.** Das im Altertum *Mauretania* genannte Land wurde 42 n. Chr. röm. Prov. Nach der Herrschaft der Wandalen (429–534) kam es im 6. Jh. an das Byzantin. Reich; 680–700 unterwarfen die islam. Araber das Land. Seit 890 herrschen selbständige Dynastien. 1904 begann Frankreich

*Marrakesch: Jahrmarkt auf dem Platz Djemaa el Fnaa*

*Mars von Todi; etruskische Bronzestatue aus dem 4. Jahrhundert v. Chr. Rom, Villa Giulia*

seine Vormachtstellung in M. auszubauen (*M.krisen*). 1912 kam es zur Errichtung eines frz. u. span. Protektorats. 1956 wurden die Protektorate aufgelöst. M. wurde unabh. u. 1957 zum Kgr. proklamiert. Seit den 1970er Jahren kam es immer wieder zu Auseinandersetzungen zw. M., Mauretanien u. Algerien um die ehem. span. Kolonie *Span.-Sahara,* deren Unabhängigkeitsbestrebungen von M. bekämpft wurden. Seit 1988 bemüht man sich um eine Verhandlungslösung. Staatsoberhaupt ist seit 1961 König *Hassan II.*

**Marone,** die Frucht der Edelkastanie; → Kastanie.

**Maronen,** Abkömmlinge von Schwarzen, die urspr. als Sklaven in Niederländisch-Guayana (heute Suriname) u. Teilen Westindiens lebten, ihren Herren entflohen waren u. in den Wäldern ein selbständiges Stammesleben führten.

**Maronenpilz,** *Maronenröhrling,* ein guter Speisepilz; kastanienbraun, Röhren grüngelb.

**Maroni,** ndl. *Marowijne,* Grenzfluß im nördl. Südamerika, zw. Frz.-Guyana u. Suriname, rd. 700 km.

**Maroniten,** mit der röm.-kath. Kirche unierte Christen (→ unierte Kirchen) im Libanon, in Ägypten, in Nord- u. Südamerika.

**Maroquin** [-'kɛ̃; frz.], leichtes genarbtes Ziegenleder bester Qualität.

**Marozia,** *Mariuccia,* *um 892, †um 937, toskan. Prinzessin; Frau von Alberich I., die dann Guido von Tuszien (*917, †929) u. schließlich 932 König Hugo von Italien (†948) heiratete u. die Geliebte Papst Sergius' III. war. Sie beherrschte Papsttum, Rom u. Kirchenstaat.

**Marquesasinseln** [mar'ke:sas-], frz. *Îles Marquises,* frz. Inselgruppe im Pazifik, der nördl. Teil des Inselterritoriums Frz.-Polynesien, 1274 km², 6500 Ew., Hauptort Taihoae.

**Marquess** ['ma:kwis], *Marquis,* urspr. ein engl. *Markgraf* oder Herzog im Grenzmarkdistrikt; seit 1385 zweithöchster Rang im engl. Adel.

**Marquet** [-'kɛ], Albert, *1875, †1947, frz. Maler u. Graphiker; schloß sich vorübergehend den »Fauves« an.

**Márquez** ['markes] → García Márquez, Gabriel.

**Marquis** [mar'ki], »Markgraf«, frz. Adelstitel, im Rang zwischen Graf u. Herzog.

**Marquise** [-'ki:zə], weibl. Form zu *Marquis.*

**Marquisette** [-ki'zɛt], dünnes u. durchsichtiges Gewebe.

**Marrakesch,** *Marrâkech,* Oasenstadt in Marokko, am Hohen Atlas, 511 000 Ew.; Univ., traditionelle Sultanresidenz, viele Paläste u. Moscheen, Handelszentrum.

**Marriner** ['mærinə], Neville, *15.4.1924, brit. Dirigent; gründete 1954 die *Academy of Saint Martin-in-the-Fields.*

**Mars, 1.** altröm. Hauptgott, bes. Gott des Krieges, aber auch des Frühlings; als Vater von *Romulus* u. *Remus* Stammvater der Römer. – **2.** Zeichen ♂, einer der großen → Planeten. M. hat eine dünne Atmosphäre, die zu 95% aus Kohlendioxid besteht. Es gibt Jahreszeiten (Eisbildungen an den Polen). An der Oberfläche gibt es Krater, ferner Canyons u. trockene Flußtäler. Die im 19. Jh. gesehenen »Kanäle« sind opt. Täuschungen. Die Temp. beträgt am Äquator mittags 16–20 °C, nachts –70 °C. Die US-amerik. Viking-Sonden konnten kein organ. Leben nachweisen.

**Marsa al Buraiqa** → Port Brega.

**Marsala,** süßer Dessertwein von goldgelber Farbe u. hohem Alkoholgehalt.

**Marsala,** das antike *Lilybaeum,* ital. Hafenstadt an der W-Spitze Siziliens, 83 000 Ew.; röm. Ruinen; Weinbau u. -verarbeitung.

**Marsberg,** Stadt u. Kurort in NRW, an der Diemel, 22 000 Ew.

**Marsch, 1.** [die], durch Deiche geschütztes, fruchtbares Schwemmland an der Küste oder an Flußmündungen, die unter Gezeiteneinfluß stehen. – **2.** [der], Hauptform der Militärmusik, entwickelt aus dem Soldaten- u. Söldnerlied (*M.lied*) u. aus Trommelrhythmen; zum Marschieren geblasene Instrumentalmusik mit geradem Takt.

**Marschall,** urspr. Aufseher über Pferde u. Stall; seit der Zeit Kaiser Ottos I. Inhaber eines der *Erzämter.* Der *Hof-M.* übte die Aufsicht über die Haushaltung des Hofs u. das Personal aus. *Feld-M.* bezeichnete seit dem Dreißigjährigen Krieg den Befehlshaber eines Heeres (→ Generalfeldmarschall).

**Marschflugkörper,** unbemanntes, fliegendes Waffensystem mit im Vergleich zu Raketen niedrigerer Geschwindigkeit. Der erste einsatzfähige M. war die im 2. Weltkrieg gegen England eingesetzte dt. V 1. Seit den 1970er Jahren spielt das *Cruise Missile* eine bed. Rolle im westl. Verteidigungskonzept als nukleare Mittelstreckenwaffe.

**Marschner,** Heinrich, *1795, †1861, dt. Komponist der Romantik; Oper »Hans Heiling«.

**Marseillaise** [marsɛ'jɛ:z], frz. Freiheits- u. Revolutionsgesang, gedichtet u. komponiert von Claude Joseph *Rouget de Lisle* (*1750, †1836) im April 1792. Durch den Vortrag am 25.6.1792 in Marseille erhielt das Lied die Bezeichnung *M.;* sie ist seit 1795 Nationalhymne Frankreichs.

**Marseille** [-'sɛ:j], Stadt in S-Frankreich, Mittelmeerhafen an einer breiten Bucht des Golfe du Lion, östl. der Rhône-Mündung, 875 000 Ew. Univ. (1854), Wallfahrtskirche (19. Jh.), Museen; Werften, Masch.- u. chem. Ind., bed. Handelszentrum. – Im 6. Jh. v. Chr. von Griechen gegr., 1216 selbst. Rep., 1481 frz.

**Marshall, 1.** Bruce, *1899, †1987, schott. Erzähler; schrieb kath. Priesterromane. – **2.** George Catlett, *1880, †1959, US-amerik. Offizier u. Politiker; 1939–45 Chef des Generalstabs des Heeres; 1947–49 Außen-Min., Urheber des *M.-Plans;*

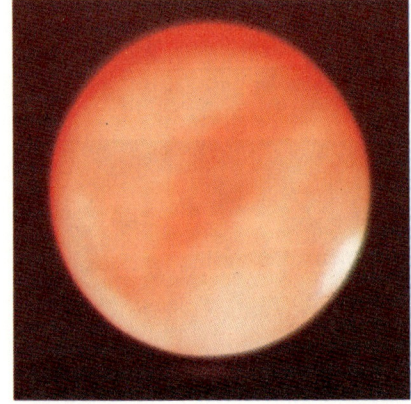

*Planet Mars*

*Marseille: am Alten Hafen*

1950/51 Verteidigungs-Min.; Friedensnobelpreis 1953. – **M.-Plan,** Bez. für die am 5.6.1947 unterbreiteten Vorschläge, die für die europ. Länder, die sich damit einverstanden erklärten, Warenlieferungen, Aufträge u. (z.T. nicht zurückzuzahlende) Kredite zum Wiederaufbau, zur wirtsch. Entwicklung u. damit zum Schutz gegen eine Aggression aus dem Osten vorsahen; seit 1948 verwirklicht.
**Marshallinseln,** Inselgruppe im östl. Mikronesien, 183 km², 35 000 Ew. (meist Mikronesier); 34 niedrige Atolle (u.a. Majuro, Kwajalein, Eniwetok, Jaluit) u. 870 Riffe in zwei Reihen – der *Ratak-* u. der *Ralik-Gruppe;* Hauptort *Jabor* auf *Jaluit.* Bikini u. Eniwetok wurden als Atombombenversuchsgebiete bekannt. – Bis zum 1. Weltkrieg dt. Besitz, danach jap. Völkerbund, seit 1945 UN-Treuhandgebiet unter US-Verwaltung, seit 1982 in »freier Assoziation« mit USA.
**Marsilius von Padua,** *um 1280, †1343, ital. Staatstheoretiker; vertrat eine auf der Volkssouveränität aufgebaute Staatslehre; wurde exkommuniziert u. als Ketzer verurteilt, flüchtete 1326 an den Hof *Ludwigs des Bayern* u. wurde dessen Leibarzt u. Ratgeber.
**Marstall,** *i.e.S.* Pferdestall; *i.w.S.* Gebäude zur Unterbringung von Pferden, Wagen u. Geschirr an Fürstenhöfen.
**Marsyas,** Quelldämon vorgrch. Ursprungs; im grch. Mythos *Silen.*
**Marterung,** Zufügung heftiger körperl. Schmerzen (→ Folter); bei Indianern einst gegenüber Kriegsgefangenen *(Marterpfahl)* geübt.
**Martha,** Schwester des Lazarus (Joh. 11) u. der Maria von Bethanien (Luk. 10,38 ff.).
**Martí,** José, *1853, †1895 (gefallen), kuban. Schriftst.; kämpfte für die Unabhängigkeit Kubas von Spanien u. organisierte die Erhebung von 1895; Vorläufer des *Modernismo.*
**Martial,** Marcus *Valerius Martialis,* *um 40, †um 102, röm. Dichter von Epigrammen.
**martialisch,** kriegerisch, wild.
**Martianus Capella,** lat. Schriftst. in Karthago; schrieb in der 1. Hälfte des 5. Jh. n. Chr. in Prosa u. Versen eine im MA viel gelesene Enzyklopädie der 7 freien Künste.
**Martin, 1. M. I.,** †655, Papst 649–653; verurteilte 649 den Monotheletismus u. wurde deshalb auf Befehl Kaiser Constans' II. gefangengenommen u. verbannt. – Heiliger (Fest: 13.4.). – **2. M. V.,** *1368, †1431, Papst 1417–31; eigtl. *Odo Colonna;* 1405 Kardinal. Seine Wahl auf dem Konstanzer Konzil beendete das große abendländ. Schisma.
**Martin,** *316/317, †397, Bischof von Tours seit 371. Nach der Legende teilte er als Soldat seinen Mantel mit einem Bettler zu Amiens. Vorbild des abendländ. Mönchtums, verband das asket. Mönchsideal mit dem Apostolat. Sein Grab in Tours war fränk. Nationalheiligtum. – Heiliger (Fest: 11.11.; → Martinstag).
**Martin, 1.** [maˈtin], Archer John Porter, *1.3.1910, engl. Physikochemiker; entwickelte zus. mit R. *Synge* die Verteilungschromatographie; Nobelpreis für Chemie 1952. – **2.** Dean, eigtl. Dino *Crocetti,* *17.6.1917, US-amerik. Filmschauspieler u. Sänger; auch als Entertainer tätig. – **3.** [marˈtɛ̃], Frank, *1890, †1974, schweiz. Komponist; kam über impressionist. Werke zur Zwölftontechnik. – **4.** Konrad, *1812, †1879, dt. kath. Theologe; seit 1856 Bischof von Paderborn, führender Theologe auf dem 1. Vatikan. Konzil.
**Martin du Gard** [-'tɛ̃ dy'gaːr], Roger, *1881, †1958, frz. Schriftst.; Nobelpreis 1937 für seine Romanreihe »Die Thibaults«.
**Martinet** [-'nɛ], **1.** Jean-Louis, *8.11.1912, frz. Komponist; verarbeitet in seinen Orchesterwerken Anregungen von I. Strawinsky, B. Bartók u. A. Schönberg. – **2.** Marcel, *1887, †1944, frz.

*Marshallinseln: Majuro-Atoll*

Schriftst.; wandte sich gegen Krieg u. Unterdrückung.
**Martínez de la Rosa** [marˈtineθ ðe laˈrɔsa], Francisco, *1787, †1862, span. Schriftst. u. Politiker; unter Ferdinand VII. verbannt; führte das romant. Drama in Spanien ein.
**Martínez Ruiz** [marˈtineθ ˈruiθ], José → Azorín.
**Martini, 1.** Giovanni Battista, *1706, †1784, ital. Musikgelehrter u. Komponist; Franziskaner; Lehrer u.a. von Joh. Christian Bach u. W.A. Mozart. – **2.** Simone, *Simone di Martino,* *1280/85, †1344, ital. Maler; Hauptmeister der got. Malerei in Siena, seit 1339 am Papsthof in Avignon.
**Martinique** [-'nik], vulkan. Insel in der Gruppe der Kleinen Antillen, 1102 km², 370 000 Ew. (90% Schwarze u. Mulatten), Hauptstadt *Fort-de-France.* – 1502 von Kolumbus entdeckt, dann span. Kolonie, seit 1674 frz. Kolonie, seit 1946 Übersee-Dép.
**Martinon** [-'nɔ̃], Jean, *1910, †1976, frz. Dirigent u. Komponist.
**Martinshorn,** Warn-(Tonfolge-)Signal für Polizei-, Feuerwehr- u. Krankenfahrzeuge, benannt nach der Herstellungsfirma.
**Martinson, 1.** Harry Edmund, *1904, †1978, schwed. Schriftst.; schilderte in Lyrik u. Romanen myst. Naturerlebnisse; Nobelpreis 1974. – **2.** Moa, geb. Helga *Svartz,* *1890, †1964, schwed. Schriftst.; schrieb sozialkrit. Romane.
**Martinstag,** *Martini,* Tag des hl. Martin von Tours (11.11.), früher das Ende der Pacht- u. Dienstzeit, Beginn der Winterwirtschaft; viele Bräuche: Kinderumzüge mit Martinslaternen, Martinssingen, Essen der Martinsgans u.a.
**Martinů** [-tjinu:], Bohuslav, *1890, †1959, tschech. Komponist (Opern, Sinfonien u.a.); 1923–40 in Paris, bis 1953 in den USA; bediente sich barocker Formen.
**Martius, 1.** Heinrich, *1885, †1965, dt. Frauenarzt u. Geburtshelfer; arbeitete bes. an der Krebsbekämpfung, schrieb mehrere Lehrbücher. – **2.** Karl Alexander von, *1838, †1920, dt. Chemiker; entdeckte 1867 den nach ihm benannten Wollfarbstoff *M.-Gelb,* Mitgr. u. Leiter der Gesellschaft für Anilinfabrikation (spätere Agfa).
**Märtyrer,** *Martyrer,* in der Antike der Zeuge vor Gericht, dann Bez. ausschl. für diejenigen ge-

*Der heilige Martin und der Bettler; Gemälde von El Greco aus der Capilla de S. José in Toledo; 1597–1599. Washington, National Gallery of Art*

## Marvin

*Karl Marx*

braucht, die wegen ihres Glaubens an Christus getötet werden; später allg. ein Mensch, der um seiner Überzeugung willen Leiden u. Tod erträgt (**Martyrium**). – **Martyrologium,** ein Verzeichnis zunächst der M., dann aller Heiligen in kalendarischer Anordnung nach ihren Gedenktagen.

**Marvin,** Lee, *1924, †1987, US-amerik. Filmschauspieler; spielte meist liebenswerte Bösewichte.

**Marx, 1.** Joseph, *1882, †1964, östr. Komponist; in seinem Liedschaffen H. Wolf u. dem Impressionismus verpflichtet. – **2.** Karl, *1897, †1985, dt. Komponist; Vertreter der musikal. Jugendbewegung. – **3.** Karl Heinrich, *1818, †1883, dt. Philosoph u. Nationalökonom, Begr. des *Marxismus;* schloß sich in Berlin dem Kreis der radikalen Junghegelianer an. 1842/43 war er Mitarbeiter, dann Chefredakteur der liberal-oppositionellen »Rheinischen Zeitung« in Köln. Unter dem Einfluß L. *Feuerbachs* kam er zum philosoph. Materialismus, unter dem der frz. utop. Sozialisten zum revolutionären Sozialismus. 1847 traten er u. sein engster Vertrauter, F. *Engels,* dem *Bund der Kommunisten* bei u. verfaßten als Programmschrift für ihn das »Kommunist. Manifest« 1848. 1848/49 war er Chefredakteur der radikaldemokr. »Neuen Rheinischen Zeitung« in Köln. 1849 emigrierte er nach London, wo er histor. u. ökonom. Studien betrieb. Seine ökonom. Hptw. »Zur Kritik der polit. Ökonomie« u. »Das Kapital« blieben unvollendet. Später war M. maßgebend an der Gestaltung der *Internat. Arbeiterassoziation* (→ Internationale) beteiligt. Von der dt. Sozialdemokratie wurde M. als Autorität anerkannt. → Marxismus. – **4.** Wilhelm, *1863, †1946, dt. Politiker (Zentrum); Vors. der Zentrumspartei, 1923–25 u. 1926–28 Reichskanzler.

**Marx Brothers** [maːks ˈbrʌðəz], US-amerik. Komikergruppe, bestehend aus den Brüdern Chico (*1891, †1961), Harpo (*1893, †1964), Groucho (*1895, †1977) u. Zeppo Marx (*1900, †1979); durch anarch. Komik geprägte Filme: »Die M. B. im Krieg«, »Die M. B. in der Oper«, »Eine Nacht in Casablanca«.

**Marxismus,** die von K. *Marx,* F. *Engels* u. ihren Anhängern u. Schülern aufgestellten philosoph., histor., polit. u. wirtsch. Theorien. Der M. bedient sich *Hegels* Idee der Dialektik, jedoch sehen Marx u. Engels im Gegensatz zu Hegel die bewegenden Kräfte der Geschichte nicht im Bewußtsein, sondern im Sein: Die Wirklichkeit präge das Bewußtsein der Menschen u. nicht umgekehrt.

Vom Verlauf der Menschheitsgeschichte entwirft der M. folgendes Bild: In der Frühzeit gab es eine klassenlose Urgesellschaft. Die zunehmende Arbeitsteilung führte zur Trennung von geistiger u. körperl. Tätigkeit. Dadurch entstanden Oberklassen, die von der Arbeit der Unterklassen lebten u. auf diese Weise Muße zur Entwicklung von Kultur u. Wissenschaft erhielten. Die Oberklassen erwerben zudem das Eigentum an den Produktionsmitteln der Gesellschaft (Sklaven; Grund u. Boden, Maschinen u. Fabriken). Dieses Eigentum ist die Grundlage ihrer Herrschaft. Darüber hinaus eignen sie sich auch den Anteil an der Produktion an, der über dem Anteil liegt, der zur Befriedigung der Existenzbedürfnisse der Produzierenden liegt. – In Europa lösten in einer Abfolge von Klassenkämpfen Sklavenhaltergesellschaft, Feudalgesellschaft u. bürgerl. Gesellschaft einander ab. Die revolutionäre Umwandlung einer Gesellschaftsform in eine andere vollzieht sich stets dann, wenn der Stand der *Produktivkräfte* (also der ganze wiss. u. techn. Entwicklungsstand) in Widerspruch zu den bestehenden *Produktionsverhältnissen* (Eigentumsverhältnissen) gerät. In diesem Sinn steht die auf umfassender Zusammenarbeit (als Folge der Arbeitsteilung) u. hochqualifizierter Tätigkeit beruhende neuzeitl. Produktionsweise, die sich beim heutigen Stand der Produktivkräfte nahezu von selbst ergibt, im Widerspruch zu den Produktionsverhältnissen, d.h. zur gegenwärtigen Trennung der Arbeitenden vom Eigentum an den Produktionsmitteln, mit denen sie arbeiten. Nur der internat. revolutionäre Kampf der unterdrückten Arbeiterklasse, des *Proletariats,* gegen die *Bourgeoisie* kann die kapitalist. Klassengesellschaft beseitigen u. so den Weg für eine neue techn., wiss. u. kulturell hochentwickelte *klassenlose Gesellschaft* freimachen. Der M. ist eng mit der Bewegung des → Sozialismus u. dem → Kommunismus verbunden, er wurde im → Leninismus u. im Maoismus variiert. Viele Annahmen des M. haben sich als unzutreffend erwiesen. Durch die Reformpolitik M. *Gorbatschows* u. durch die Umwälzungen in den sozialist. Staaten stellen sich auch für den M. neue Fragen.

**Marxistischer Studentenbund Spartakus,** bis 1971 *Spartakus-Assoziation marxistischer Studenten,* ein der DKP nahestehender Studentenverband der BR Dtld.; 1990 aufgelöst.

**Mary** [maːri], bis 1937 *Merw,* Oasenstadt in der Wüste Karakum, Turkmen. SSR (Sowj.), 87 000 Ew.; Ruinenstadt Merw (6./5. Jh. v. Chr.).

**Maryland** [ˈmɛərilænd], Abk. *Md.,* Gliedstaat der → Vereinigten Staaten von Amerika.

**Märzbecher, 1.** *Leucojum vernum,* Gatt. der *Amaryllisgewächse;* weiße Blüten von März bis April; geschützt. – **2.** die gelbe → Narzisse.

**Märzfeld,** *Campus Martis, Campus Martius,* allg. die Heeresversammlung im *Frankenreich,* die in der Regel im März abgehalten wurde; auch zur Entscheidung polit. Fragen u. zur Beschließung von Gesetzen. *Pippin d. J.* verlegte 755 die Heeresversammlung vom März in den Mai, weshalb sie nunmehr *Maifeld* hieß.

**Marzipan,** als Rohmasse ein Gemisch aus ²/₃ zerriebenen süßen Mandeln u. ¹/₃ Zucker; stammt aus dem Orient.

**März-Revolution 1848,** die Erhebungen in den meisten dt. Staaten, ausgelöst durch die erfolgreiche frz. *Februar-Revolution;* wichtigste Ereignisse: 13.3. Wiener Aufstand (Sturz Metternichs); 16.3. Ministerwechsel in Sachsen; 18.3. Barrikadenkämpfe in Berlin; 20.3. Abdankung Ludwigs I. von Bayern.

**Masaccio** [maˈsatʃo], eigtl. *Tommaso di Giovanni di Simone Guidi,* *1401, †1428, ital. Maler; Mitbegr. der toskan. Frührenaissance.

**Masada,** *Mezada,* antike Bergfestung über dem SW-Ufer des Toten Meers; von *Herodes d. Gr.* um 25 v. Chr. ausgebaut, 71–73 n. Chr. im jüd. Freiheitskrieg von den Römern zwei Jahre lang belagert u. erst nach Anlage einer künstl. Rampe u. nach dem gemeinschaftl. Selbstmord der Verteidiger eingenommen; das Nationalheiligtum des isr. Volks.

**Masai** → Massai.

**Masan,** südkorean. Hafenstadt nahe der S-Küste, westl. von Pusan, 450 000 Ew.

**Masaoka,** Skiki, *1867, †1902, jap. Dichter; bed. Haiku-Dichter der Neuzeit.

**Masaryk** [ˈmasarik], **1.** Jan, Sohn von 2), *1886, †1948 (Selbstmord?), tschechosl. Diplomat; während des 2. Weltkriegs Außen-Min. der Londoner Exilreg. unter Beneš, 1945–48 Außenmin. der ČSR. – **2.** Tomáš Garrigue, *1850, †1937, tschechosl. Politiker; förderte mit Beneš die Errichtung des tschechosl. Nationalstaats; 1918–35 Staats-Präs.

**Masbate,** philippin. Insel südl. von Luzón, 4048 km², 600 000 Ew.; Hptst. *M.,* See- u. Flughafen.

**Mascagni** [masˈkanji], Pietro, *1863, †1945, ital. Komponist; errang Welterfolg mit der verist. Oper »Cavalleria rusticana«.

**Mascara,** eine Wimpernschminke.

**Mascara,** Handelsstadt in NW-Algerien, 90 000 Ew.; Weinanbau.

**Masche,** urspr. Schlinge oder Netz der Jäger; jetzt die einzelne *Garnschlinge* eines gestrickten, gehäkelten oder gewirkten Erzeugnisses. – **M.ndichte,** bei Wirk- u. Strickwaren die Anzahl M.n je Maßeinheit der Warenlänge oder -breite.

**Mäschhäd,** *Meschhed, Mashad,* Hptst. der iran. Prov. Khorasan, 680 000 Ew.; schiitischer Wallfahrtsort, Grab des Imam *Reza.*

**Maschinen,** mechan. Vorrichtungen aus festen u. bewegl. Teilen, bei denen die bewegl. Teile von außen zugeleitete Energie in vorgeschriebenen Bahnen u. regelmäßiger Wiederkehr bewegt werden; man unterscheidet *Kraft-M.,* die Energie in eine andere Energieform umwandeln, u. *Arbeits-M.,* die die zugeführte Energie zur Umformung eines Stoffes verwenden.

**Maschinengewehr,** Abk. *MG,* eine automat. Feuerwaffe, deren Ladevorgang durch den Rückstoß oder durch das Pulvergas bewirkt wird; seit 1901 im dt. Heer eingeführt. Das M. schießt mit einer Feuergeschwindigkeit von über 1000 Schuß in der Min.

**Maschinenhammer,** Werkzeugmaschine, v.a. zum Schmieden.

**Maschinenpistole,** Abk. *MP,* im Prinzip ein leichtes Maschinengewehr, das ein Mann allein u. freihändig schießend handhaben kann; Feuergeschwindigkeit bis zu 600 Schuß in der Min.

**Maschinensprache,** interne Codierung der Befehle einer Datenverarbeitungsanlage, die keine Übersetzung mehr braucht.

**Maschinenstürmer,** aufständ. Arbeitergruppen zu Beginn des 19. Jh., die aus Protest gegen die Mechanisierung der Textilind. (womit Massenentlassungen verbunden waren) die Maschinen zerstören wollten. In Dtld. kam es 1844 (Schlesien) u. 1848 zu Ausschreitungen.

*Mäschhäd: Blick auf den heiligen Bezirk, zu dem nur die Anhänger des Islam Zugang haben*

*Frans Masereel: Der Griff nach den Sternen*

**Masefield** ['mɛisfi:ld], John, *1878, †1967, engl. Schriftst. (Abenteuer- u. Seeromane).

**Maser** ['mɛizə], Abk. für engl. *microwave amplification by stimulated emission of radiation*, Molekularverstärker, ein Gerät zur Erzeugung u. Verstärkung elektromagnet. Wellen mit Wellenlängen im cm-Bereich. Beim M. werden Atome oder Moleküle durch einfallende elektromagnet. Strahlung in einen angeregten Energiezustand gebracht. Bei der Rückkehr in einen tieferen Energiezustand strahlen sie wiederum elektromagnet. Wellen ab. Die einfallende Strahlung wird verstärkt. M. findet Anwendung in Verstärkern von Radioteleskopen u. Radaranlagen.

**Masereel,** Frans, *1889, †1972, belg. Graphiker u. Maler (expressionist. Holzschnittfolgen mit pazifist. u. gesellschaftskrit. Tendenz).

**Masern,** *Rotsucht, Morbilli,* eine vorw. Kinder befallende akute, sehr ansteckende Infektionskrankheit, gekennzeichnet durch fleckigen, bläulichroten, verwaschenen Hautausschlag, Fieber, Bindehautkatarrh u. Katarrh der oberen Luftwege. In schweren Fällen können Mittelohrentzündung u. Lungenentzündung u.a. Komplikationen hinzutreten. Die Inkubationszeit beträgt 10–14 Tage.

**Maseru,** Hptst. des S-afrik. Staats Lesotho, am Caledon, 1571 m ü.M., 110 000 Ew.

**Maserung,** *Maser, Maserwuchs,* unregelmäßiger Verlauf der Holzfaser, verursacht durch Jahrringgrenzen, durch Wundreiz oder durch das gehäufte Auftreten von schlafenden Knospen.

**Masharbrum** ['maʃər-], Gipfel des zentralasiat. Karakorum-Gebirges, 7821 m.

**Mashona** [ma'ʃo:na], *Shona,* eine sprachl. u. kulturell verwandte Gruppe von Bantustämmen in Simbabwe.

**Masina,** Giulietta, *21.2.1922, ital. Schauspielerin; bek. aus Filmen ihres Ehemannes F. *Fellini*.

**Masip,** Vicente Juan, gen. *Juan da Juanes,* *um 1500, †1579, span. Maler; Hauptvertreter des span. Manierismus.

**Maskarenen,** Vulkaninseln östl. von Madagaskar: *Réunion* (frz.), *Mauritius* u. *Rodrigues*.

**Maskaron,** in Stein gehauene Maske an Barock-Fassaden.

**Maskat,** *Masqat,* engl. *Muscat,* Hptst. u. Hafen von Oman, am Golf von Oman, 100 000 Ew.

**Maskat und Oman** → Oman.

**Maske,** hohle, künstl. Gesichts- oder Kopfform zum Verdecken der Gesichtszüge, mit u. ohne Verkleidung des Körpers; diente urspr. zur Dämonenabwehr; heute noch bei Naturvölkern für Kulthandlungen (z.B. Totenmaske, Tiermaske) gebraucht, bei uns als Volks- u. Faschingsbrauchtum erhalten. Daneben versteht man in der modernen Schauspielkunst unter M. die Gesichtsmodellierung des Schauspielers durch Schminke, Perücke, Bart u.ä.

**Maskotte,** *Maskottchen,* Glücksbringer.

**Maskulinum,** in der Grammatik das männl. Geschlecht *(Genus)*.

**Masochismus** [nach L. von *Sacher-Masoch*], Bez. für eine Störung des Geschlechtsempfindens, bei der es beim Erleiden körperl. oder seel. Miß-handlungen durch den Partner zur geschlechtl. Erregung kommt; meist mit dem Gegenteil *Sadismus* zum Sado-M. verbunden.

**Masolino,** eigtl. *Tommaso di Christoforno Fini,* *1383, †um 1440, ital. Maler; schuf von *Fra Angelico* angeregte Fresken.

**Mason** [mɛisn], James, *1909, †1984, engl. Schauspieler, Charakterdarsteller.

**Masora,** *Massora,* eine Sammlung erklärender Anmerkungen zum hebr. AT, seit dem 6. Jh. nach mündl. Überlieferung aufgezeichnet.

**Masowien,** poln. *Mazowsze,* poln. Ldsch. an der mittleren Weichsel u. den Unterläufen von Narew u. Bug; Zentrum *Warschau.*

**Masqat** → Maskat.

**Maß,** altes Hohlmaß (Flüssigkeit), rd. 1–2 l.

**Massa,** ital. Prov.-Hptst. in der nördl. Toskana, 70 000 Ew.

**Massachusetts** [mæsə'tʃu:sɛts], Abk. *Mass.,* Gliedstaat der → Vereinigten Staaten von Amerika.

**Massage** [ma'sa:ʒə], die mechan. Beeinflussung der Körpergewebe von Hand oder durch geeignete Instrumente oder elektr. Apparate; vom *Masseur* ausgeführt.

**Massageten,** ein Nomadenvolk im Iran, das im Altertum östl. vom Kasp. Meer lebte.

**Massai,** *Masai,* ein äthiopides Volk im nordöstl. Tansania u. im südl. Kenia, 200 000; nomad. Viehhirten.

**Massaker,** Blutbad, Gemetzel.

**Maßanalyse,** *Titrieranalyse, Volumetrie,* die in der analyt. Chemie angewandten Verfahren zur quantitativen Bestimmung eines in einer Lösung gelösten Stoffs.

**Massaua,** *Mitsawa,* bedeutendste Hafenstadt in Äthiopien, am Roten Meer, 35 000 Ew.

**Masse,** 1. ein ungeformter, meist zähflüssiger Stoff; auch größere Menge irgendeines Stoffs. – 2. *Physik:* eine Grundgröße, man unterscheidet 1. *träge M.,* sie bewirkt den Widerstand eines Körpers gegen Beschleunigung; 2. *schwere M.,* Ursache für das Gewicht eines Körpers im Schwerefeld (z.B. der Erde). Jede M. ist mit einem Schwerefeld verknüpft (→ Gravitation). Nach der *Relativitätstheorie* nimmt die bewegte M. gegenüber der ruhenden M. *(Ruh-M.)* mit der Geschwindigkeit zu. Beim Erlangen der Lichtgeschwindigkeit würde

*Maske: Geistermaske aus Nordost-Neuguinea*

*Massai mit Hals- und Armschmuck*

sie unendlich groß werden; daher kann diese Geschwindigkeit von einem materiellen Körper nie erreicht werden. Träge M. u. schwere M. werden hier gleichgesetzt. – 3. *Recht:* ein bestimmter Vermögensbestand, z.B. Konkurs-M. – 4. *Soziologie:* 1. ein vorwiegend kulturkrit. gebrauchter, abwertender Gegenbegriff zu *Elite;* 2. eine große, undifferenzierte oder im Hinblick auf den angesprochenen Sachverhalt nicht näher zu differenzierende Menge (z.B. die »breite M.«).

**Massegläubiger,** Personen, die erst durch den Konkurs oder erst nach seiner Eröffnung Ansprüche unmittelbar an die *Konkursmasse* erworben haben u. deshalb vor den *Konkursgläubigern* befriedigt werden.

**Maßeinheiten,** Einheiten, die nach wiss. oder Zweckmäßigkeitsgesichtspunkten gewählt sind u. auf die sich die Messung einer Größe bezieht. → SI-Einheiten.

**Massenanziehung** → Gravitation.

**Massenentlassung,** die Kündigung mehrerer Arbeitnehmer durch Arbeitgeber; heute im *Kündigungsschutzgesetz* geregelt. Bei Entlassung einer größeren Zahl von Arbeitnehmern innerhalb von 4 Wochen besteht *Anzeigepflicht* des Arbeitgebers an das Arbeitsamt; Rechtsfolge ist u.U. eine *Entlassungssperre* innerhalb eines Monats.

**Massenet** [mas'nɛ], Jules, *1842, †1912, frz. Komponist. Seine Opern verbinden das Pathos der Großen Oper mit lyr. Empfindsamkeit. W »Manon«, »Werther«.

**Massenfabrikation,** *Massenfertigung, Massenproduktion,* die Herstellung gleichartiger Güter in großen Mengen; führt zur Verminderung der Stückkosten.

**Massengesteine,** die nicht geschichteten (meist magmatischen) Gesteine.

**Massengüter,** Güter, die in großen Mengen hergestellt u. verbraucht oder auch befördert werden.

**Massengutfrachter,** *Bulkcarrier,* ein Frachtschiff ohne eigenes Ladegeschirr für die Beförderung von festem Massengut *(Schüttgut* wie Erz, Kohle u.ä.) in großen siloähnl. Laderäumen *(Bulks);* Ggs.: *Stückgutfrachter.*

**Massenmedien,** techn. Einrichtung zur Verbreitung von Aussagen u. Nachrichten, wie Presse, Film, Rundfunk u. Fernsehen, aber auch Video, Schallplatte u. Buch, an ein sehr verschiedenartiges, großes Publikum.

**Massenpsychologie,** ein Zweig der Psychologie, der sich mit dem Verhalten *aktueller Menschenmassen* u. mit der Beeinflussung des einzelnen durch sie befaßt.

**Massenspektrometrie,** Bestimmung der Massen geladener Teilchen beim Durchgang durch ein elektr. oder magnet. Feld; auch zur Trennung verschiedener *Isotope* desselben chem. Elements.

**Massenvernichtungsmittel** → ABC-Kampfmittel.

**Massenwirkungsgesetz,** ein grundlegendes

**552  Massenzahl**

chem. Gesetz, nach dem das Produkt der Konzentration der Reaktionsausgangsprodukte zu dem der Konzentration der Reaktionsendprodukte in einem für die betreffende Reaktion konstanten Verhältnis steht. Die Geschwindigkeiten der Bildung u. des Zerfalls der Produkte haben einen Gleichgewichtszustand. Das M. wurde 1867 von C.M. *Guldberg* u. P. *Waage* abgeleitet.

**Massenzahl,** die Anzahl der *Nukleonen,* d.h. der Protonen u. Neutronen, in einem Atomkern. Die M. wird oft zur Kennzeichnung eines Atomkerns als linker oberer Index dem Elementsymbol angefügt, z.B. beim Uranisotop mit 235 Nukleonen: $^{235}$U. → Periodensystem der Elemente.

**Maße und Gewichte,** histor. Bez. für Vergleichsgrößen, die zur Größen- u. Mengenbestimmung von Gegenständen dienen. Man bestimmt Längen, Flächen, Raummaße u. Gewichte durch Vergleich mit festgesetzten Einheiten. In Dtld. unterliegen alle im öffentl. Leben benutzten Maße u. Meßgeräte der Eichpflicht. → Einheit (2).

**Masseur** [ma'sø:r], Medizinalhilfsberuf, zu dessen Aufgaben Massagen, Bestrahlungen, Packungen, medizin. Bäder u.a. gehören.

**Massillon** [masi'jɔ̃], Jean-Baptiste, *1663, †1742, frz. kath. Kanzelredner; Oratorianer, hielt berühmte Fastenpredigten u. Trauerreden.

---

**Metrische Maße und Gewichte**

*Längenmaße*
1 Kilometer (km)   = 1000 m
1 Hektometer (hm)  = 100 m
1 Dekameter (dam)  = 10 m
1 Meter (m)        = 100 cm
1 Dezimeter (dm)   = 10 cm
1 Zentimeter (cm)  = 10 mm
1 Millimeter (mm)  = 1000 µm
1 Mikrometer (µm)  = $^1/_{1000}$ mm

*Flächenmaße*
1 Quadratkilometer (km$^2$) = 100 ha = 10 000 a
1 Hektar (ha) = 100 a = 10 000 m$^2$
1 Ar (a) = 100 m$^2$
1 Quadratmeter (m$^2$) = 100 dm$^2$ = 10 000 cm$^2$
1 Quadratdezimeter (dm$^2$) = 100 cm$^2$ = 10 000 mm$^2$
1 Quadratzentimeter (cm$^2$) = 100 mm$^2$

*Raummaße (Hohlmaße)*
1 Kubikmeter (m$^3$) = 1000 dm$^3$ = 1 000 000 cm$^3$
1 Hektoliter (hl) = 100 dm$^3$ (= 100 l)
1 Kubikdezimeter (dm$^3$) = 1 Liter(l) = 1000 cm$^3$
1 Deziliter (dl) = $^1/_{10}$ l = 100 cm$^3$
1 Zentiliter (cl) = $^1/_{100}$ l = 10 cm$^3$
1 Kubikzentimeter (cm$^3$) = 1000 Kubikmillimeter (mm$^3$)

*Gewichte*
1 Tonne = 10 dz = 1000 kg
1 Doppelzentner (dz) = 100 kg
1 Kilogramm (kg) = 1000 g
1 Hektogramm (hg) = 100 g
1 Dekagramm (dag) = 10 g
1 Gramm (g) = 10 dg = 100 cg = 1000 mg
1 Dezigramm (dg) = 10 cg = 100 mg
1 Zentigramm (cg) = 10 Milligramm (mg)

---

**Massine** [ma'si:n], Leonide Fedorowitsch, *1896, †1979, russ. Tänzer u. Choreograph.

**Massinissa,** *um 238 v.Chr., †148 v.Chr., König von Numidien, kämpfte im *2. Punischen Krieg* auf seiten Karthagos, trat aber 206 v.Chr. zu den Römern über. Karthagos Erhebung gegen M. löste 149 v.Chr. den *3. Punischen Krieg* aus.

**Massiv,** größere Gebiete (Schollenlandschaften) der Erdoberfläche, die oft mehrfach gehoben u. teilw. wieder abgetragen wurden.

**Maßliebchen, 1.** *Margerite* → Wucherblume. – **2.** → Gänseblume.

**Masson** [ma'sɔ̃], André, *1896, †1987, frz. Maler; vom Kubismus u. Surrealismus beeinflußt.

**Massora** → Masora.

**Maßstab,** das Verkleinerungsverhältnis zwischen

---

**Nichtmetrische Maße und Gewichte**

| Land | Längenmaß | m | Flächenmaß | m$^2$, a, ha | Hohl-(Körper-)Maß | l | Gewicht | kg |
|---|---|---|---|---|---|---|---|---|
| Baden | 1 Rute = 10 Fuß | 3,0 | 1 Morgen = 4 Viertel = 400 Quadratruten | 36 a | 1 Maß = 10 Becher | 1,5 | 1 Zentner = 100 Pfund | 50 |
| Bayern | 1 Rute = 10 Fuß | 2,918 | Tagwerk (Morgen, Juchart) | 34,07 a | 1 Schäffel (Schaff) = 6 Metzen | 222,36 | 1 Zentner = 100 Pfund | 56 |
| Hannover | 1 Rute = 16 Fuß | 4,673 | 1 Quadratrute | 21,84 m$^2$ | 1 Quartier = 2 Stößel | 0,97 | 1 Zentner = 112 Pfund | 54,84 |
| Hessen | 1 Klafter = 10 Fuß | 2,50 | 1 Morgen = 4 Viertel = 400 Quadratklafter | 25 a | 1 Maß = 4 Schoppen | 2 | 1 Zentner = 100 Pfund | 50 |
| Preußen | 1 Meile = 2000 Ruten<br>1 Rute = 12 Fuß<br>1 Elle | 7532,485<br>3,766<br>0,667 | 1 Morgen = 180 Quadratruten | 25,53 a | 1 Scheffel = 16 Metzen<br>1 Tonne = 100 Quart<br>1 Ohm = 120 Quart | 54,96<br>114,5<br>137,4 | 1 Zentner = 110 Pfund | 51,45 |
| Sachsen | 1 Postmeile<br>1 Rute = 16 Fuß | 7500<br>4,53 | 1 Acker = 2 Morgen (Scheffel) = 300 Quadratruten | 55,34 a 7 | 1 Kanne<br>1 Scheffel = 16 Metzen | 0,935<br>103,83 | 1 Zentner = 110 Pfund | 51,4 |
| Württemberg | 1 Rute = 10 Fuß<br>1 Meile = 26 000 Fuß | 2,865<br>7448,75 | 1 Morgen = 384 Quadratruten | 31,52 a | 1 Eimer = 16 Imi = 160 Maß<br>1 Maß = 4 Schoppen | 293,93<br>1,67 | 1 Zentner = 104 Pfund | 48,64 |
| Argentinien | 1 Legua = 6000 Varas<br>1 Vara = 3 Pie | 5196<br>0,866 | Legua cuadrada | 2699,84 ha | 1 Pipa<br>1 Fanega | 456<br>137,2 | 1 Quintal = 100 Libras<br>1 Arroba = 25 Libras | 45,94<br>11,49 |
| China | 1 Zhang = 10 Qi = 100 Cun | 3,20 | 1 Qing = 100 Mu | 6,1 ha | 1 Dan = 2 Hu | 103,5 | 1 Jin = 16 Liang | 0,56 |
| Dänemark | 1 Rode = 5 Alen = 10 Fod | 3,14 | 1 Qvadratrode = 10 Qvadratfod | 9,85 m$^2$ | 1 Kande = 2 Potter<br>1 Aam | 1,93<br>154,5 | 1 Centner = 100 Pfund | 50 |
| Frankreich Belgien | 1 Pied = 12 Pouces = 144 Lignes<br>1 Perche = 18 Pieds | 0,325<br>5,85 | 1 Arpent (Morgen) = 100 Perches carrées | 34,18 a o. 51,07 a | 1 Pinte | 0,93 | 1 Quintal = 100 Livres | 48,95 |
| Großbritannien | 1 Yard = 3 Feet = 36 Inches<br>1 Pole (Perch) = 5,5 Yards<br>1 Statute mile | 0,914<br>5,03<br>1609,3 | 1 Yard of Land = 30 acres<br>1 Square Mile = 640 acres | 12,14 ha<br>259 ha | 1 Gallon = 4 Quarts = 8 Pints<br>1 Bushel = 8 Gallons = 256 Gills | 4,546<br>36,37 | 1 Hundredweight = 112 Pounds<br>1 Pound = 16 ounces | 50,80<br>0,45 |
| Japan | 1 Ken = 6 Schaku | 1,818 | 1 Tan = 10 Se = 300 Tsubo | 991,7 m$^2$ | 1 Koku = 10 To = 100 Scho | 180,4 | 1 Tan = 100 Kin | 60,48 |
| Niederlande | 1 Roede = 12 Voet | 3,677 | 1 Vierkante-roede | 13,54 m$^2$ | 1 Stoop = 4 Pintjes | 2,43 | 1 Centenaar = 100 Ponden | 49,4 |
| Österreich | 1 Rute = 2 Klafter = 12 Fuß<br>1 Postmeile | 3,793<br>7585,94 | 1 Joch = 400 Quadratruten | 57,55 a | 1 Maß = 4 Seidel<br>1 Metzen | 1,41<br>69,49 | 1 Zentner = 100 Pfund | 56 |
| Rußland (UdSSR) | 1 Werst = 500 Saschen<br>1 Saschen = 3 Arschin = 7 Fuß | 1066,8<br>2,133 | 1 Deßjatine | 109,25 a | 1 Kruschka = 10 Tscharki<br>1 Wedro = 10 Kruschkas | 1,23<br>12,3 | 1 Pud = 40 Funt | 16,38 |
| Schweden | 1 Stång = 5 Aln = 10 Fot | 2,97 | 1 Tunnland = 32 Kappland | 49,36 a | 1 Kanna = 32 Jumfrur | 2,62 | 1 Skålpund = 100 Ort | 0,425 |
| Schweiz | 1 Stab = 4 Fuß = 2 Ellen<br>1 Wegstunde = 16 000 Fuß | 1,20<br>4800 | 1 Juchart = 40 000 Quadratfuß | 36 a | 1 Maß = $^1/_{100}$ Ohm | 1,5 | 1 Zentner = 100 Pfund | 50 |
| USA | 1 Rod = 5,5 Yards | 5,029 | 1 Square mile = 640 Acres | 2,59 km$^2$ | 1 Gallon = 8 Pints | 3,78 | 1 Cental = 100 Pounds | 45,36 |

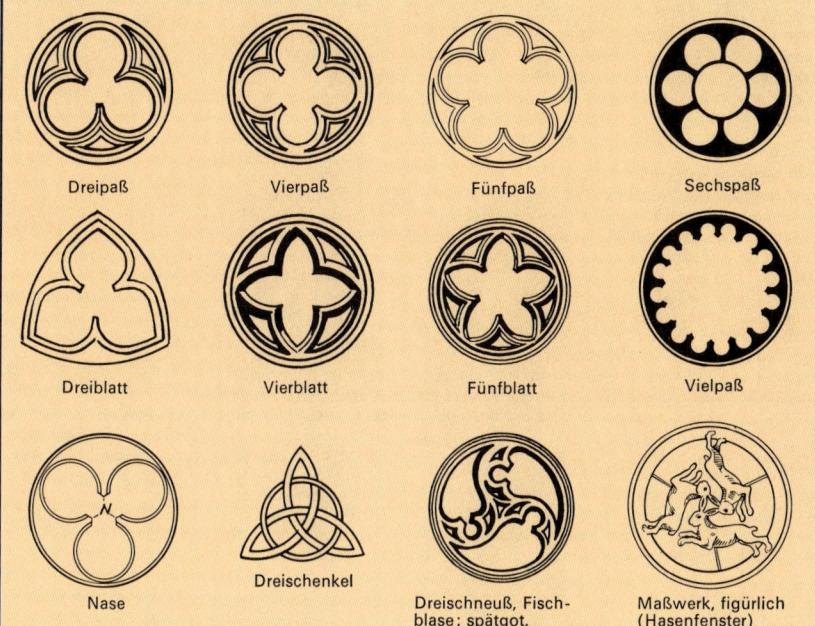

*Gotische Maßwerkformen*

einer Strecke in der Natur u. in der Karte, z.B. 1 : 25 000 bedeutet 1 cm auf der Karte sind 25 000 cm (250 m) in der Natur.

**Maßwerk,** in der Gotik die aus Paßformen, Fischblasen u. flammenähnl. Gebilden zusammengesetzte, geometr. konstruierte Steinfüllung in den Bogenwinkeln von Fenstern, an Turmhelmen, Brüstungen u.ä.

**Massys** [ˈmasɛis], *Metsys,* Quentin (Quinten), *1465/66, †1530, ndl. Maler; Hauptmeister der ndl. Malerei des frühen 16. Jh.

**Mast, 1.** [der], auf dem Schiff ein vertikal stehendes Rundholz oder eine Stahl(rohr)konstruktion zum Tragen von Segeln, Funk- u. Radarantennen, Ladegeschirr, Signallampen u. Flaggen, beim Segelschiff 2–3teilig: Mars- u. Bramstenge u. zugehörige Rahen u. Segel. – **2.** [die], *Mästung,* spezielle Fütterung von Schlachtvieh zur Erhöhung der Fett- u. Fleischmasse.

**Mastaba,** ägypt. Grabform aus dem Alten Reich (3. Jt. v.Chr.): ein rechteckiger Bau mit geböschten Seitenwänden.

**Mastdarm,** *Rectum,* Endteil des → Darms. In seinem erweiterten Teil *(Ampulla recti)* sammelt sich der Kot.

**Master of Arts** [ˈmaːstə əv ˈaːts], → Magister.

**Master of Science** [ˈmaːstə əv ˈsaiəns], Abk. *M. Sc.,* höherer akad. Grad der naturwiss. Fächer in angelsächs. Ländern.

**Masters** [maːstəz], »Meister«, »Sieger«, engl. Bez. für Endkämpfe (Turniere) bes. qualifizierter Einzelsportler oder Mannschaften.

**Mastiff,** große engl. Dogge; bei den Römern als Kampfhund verwendet.

**Mastitis,** eine Entzündung des Brustdrüsenkörpers (im Unterschied zur Brustwarzenentzündung).

**Mastix,** grünl. bis farbloses Harz, aus dem M.strauch (in Amerika der *Pfefferstrauch,* im Mittelmeergebiet die *Pistacia lentiscus*) gewonnen; in der Medizin als Klebe- u. Kittmittel verwendet.

**Mastodonten,** ausgestorbene *Rüsseltiere* des Tertiärs (ab Oligozän) u. Quartärs; sie leiten über von tapirgroßen Tieren mit Stoßzähnen im Ober- u. Unterkiefer zu den *Elefanten,* deren Ahnen sie sind.

**Mastroianni,** Marcello, *28.9.1924, ital. Schauspieler; Charakterdarsteller im Film, u.a. »La dolce vita«, »Das große Fressen«.

**Masturbation,** auch *Selbstbefriedigung, Ipsation, Onanie,* das Erreichen des *Orgasmus* durch Reizung u. Erregung der eigenen Geschlechtsteile. Die M. ist während der Pubertät als eine normale Erscheinung anzusehen, die bei den meisten Menschen (bei Knaben praktisch ausnahmslos) eine »Durchgangsphase« der normalen geschlechtl. Entwicklung ist. Die M. hat keinerlei gesundheitsschädigende Wirkungen.

**Masuccio** [maˈsutʃo], gen. *Salernitano,* eigtl. Tommaso *Guardati,* *um 1420, †um 1480, ital. Dichter; schrieb eine Novellensammlung.

**Masur,** Kurt, *15.7.1927, dt. Dirigent, seit 1970 Leiter des Leipziger Gewandhausorchesters; engagierte sich bei dem polit. Umsturz in der DDR 1989.

**Masuren,** Ldsch. im S der ostpreuß. Seenplatte, rd. 12 000 km²; bestimmt durch die Höhen der balt. Endmoränen, die *Masurischen Seen* (die größten: Spirdingsee, Mauersee, Löwentinsee, Niedersee) u. weite Nadelwälder. – Gesch.: 1277–83 unterwarf der *Dt. Orden* die in M. ansässigen pruzzisch-balt. *Sudauer.* Ende des 14. Jh. begann der Orden mit der Ansiedlung von Kolonisten aus dem poln. Fürstentum *Masowien.* – 1920 erklärte sich die Bev. von M. in einer Volksabstimmung zu 98% für weiteren Verbleib beim Dt. Reich. Nach dem 2. Weltkrieg wurde 1945 das Gebiet der poln. Verwaltung unterstellt.

**Matabeleland,** Ldsch. in Simbabwe, Wohngebiet der *Ndebele;* Hauptort *Bulawayo.*

**Matadi,** wichtigste Hafenstadt u. Prov.-Hptst. in Zaire (Zentralafrika), am unteren Kongo, 220 000 Ew.

**Matador,** der Stierkämpfer, der dem Stier den Todesstoß geben soll.

**Mata Hari,** Künstlername für Margarete Gertruida Zelle, *1876, †1917, ndl. Tänzerin in Paris; wurde der Spionage für Dtld. beschuldigt, zum Tod verurteilt u. erschossen.

**Matamata,** *Fransenschildkröte,* südamerik. Schlangenhalsschildkröte mit flachem, dreieckigem Kopf u. bizarren Hautwucherungen.

**Matamoros,** Hafenstadt am Unterlauf des Rio Grande in N-Mexiko, 270 000 Ew.

**Matanzas,** Hafenstadt u. Prov.-Hptst. an der NW-Küste von Kuba, am Rio San Juan, 100 000 Ew.

**Mataré,** Ewald, *1887, †1965, dt. Bildhauer, Tierplastiken von abstrahierter Formgebung; Bronzetüren am Kölner Dom, Portale der Weltfriedenskirche in Hiroshima.

**Match** [mætʃ], sportl. Wettkampf, bes. zw. zwei Sportlern oder Mannschaften.

**Mate,** *Yerba,* südamerik. Nationalgetränk, aus den Blättern des M.baums (ein Stechpalmengewächs) u. verwandter Arten hergestellt, enthält u.a. 0,5–1,5% Coffein.

**Matelot** [matˈlo], ein runder Matrosenhut mit leicht hochgerollter Krempe, um 1900 von Kindern getragen, seither auch als Damenhut.

**Mater** [lat., »Mutter«], in der Drucktechnik die → Matrize; in der Medizin Bez. für zwei Hirnhäute.

**Matera,** ital. Prov.-Hptst. in der östl. Basilicata, 55 000 Ew.; berühmte Felsenwohnungen *(Sassi).*

**Mater Dolorosa,** die Darstellung der leidenden Maria.

**Material,** die zur Herstellung eines Arbeitsstücks oder für die Ausführung einer Arbeit benötigten Werk- u. Hilfsstoffe.

**Materialisation, 1.** die angebl. Erscheinung, daß bestimmte *Medien* im Trancezustand Gebilde materieähnl. Beschaffenheit *(Ektoplasma)* aus sich hervorgehen lassen, die vom *Spiritismus* als Verkörperungen von Geistern gedeutet werden. – **2.** die Umwandlung von Energie in → Materie.

**Materialismus,** eine Einstellung, die das Materielle als grundlegend u. allein wirklich betrachtet u. damit das Geistige niedriger bewertet.

**Materie,** physikalisch jede in Form von Masseteilchen auftretende Energieform (→ Elementarteilchen). Da nach der Einsteinschen Beziehung $E = mc^2$ Energie u. Masse äquivalent sind, kann massenlose Energie in M. umgewandelt werden *(Materialisation,* z.B. Erzeugung eines Elektron-Positron-Paares durch ein Lichtquant). Man unterscheidet 3 Aggregatzustände der M.: fest, flüssig u. gasförmig, die allerdings bei hohen Temperaturen u. Drücken (z.B. im Erdinnern, auf der Sonne) ihren Sinn verlieren. Als vierter Aggregatzustand der M. wird das → Plasma angesehen. – In der Philos. meint man mit M. dreierlei: 1. der Stoff, das *Material,* das behandelt wird (Ggs.: *Form*); 2. das inhaltl. *Was,* der Gehalt; 3. die unbelebte Wirklichkeit, das *Materielle* (Ggs.: *Geist*).

**Materiewellen,** *de-Broglie-Wellen,* kurzer, formelhafter Ausdruck für die von L.-V. de *Broglie* vorausgesagte u. später experimentell nachgewiesene wellenhafte Natur der Materie; die Wellenlänge $\lambda$ ergibt sich aus Impuls $p$ des Teilchens u. dem Planckschen Wirkungsquantum h: $\lambda = h/p$. → Quantentheorie.

**Mathematik** [grch. *mathema,* »Wissenschaft«], Wiss., die aus Problemen des Zählens, Messens, Rechnens u. geometr. Zeichnens entstand. M. beschäftigt sich heute mit algebraischen, geometri-

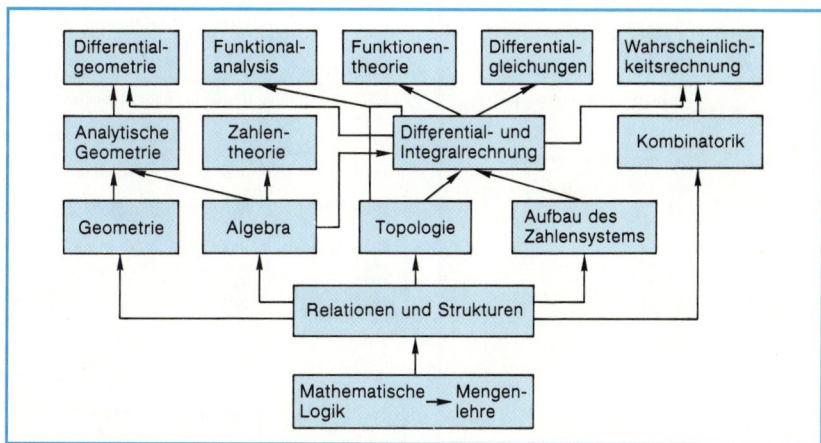

*Die wichtigsten Teilgebiete der Mathematik und ihre gegenseitigen Abhängigkeiten*

## mathematische Logik

| Zeichen | Sprechweise (Erläuterung) |
|---|---|
| % | von Hundert (Prozent) |
| ‰ | von Tausend (Promille) |
| / | je, pro, durch (Beispiel km/h) |
| + | plus (Additionszeichen und Vorzeichen positiver Zahlen) |
| − | minus (Subtraktionszeichen u. Vorzeichen negativer Zahlen) |
| ± | plus oder minus |
| · | mal (Multiplikationszeichen) |
| × | mal (nur bei Maßangaben, z. B. 3 m × 4 m); kreuz (Vektormultiplikation) |
| :, /, − | geteilt durch (Divisionszeichen) |
| = | gleich |
| ≡ | identisch, gleich |
| ≠ | nicht gleich, ungleich |
| ≈ | angenähert, nahezu gleich |
| < | kleiner als (z. B. 3 < 7) |
| ≤ | kleiner oder gleich |
| ≪ | sehr klein gegen |
| > | größer als (z. B. 5 > 0) |
| ≥ | größer oder gleich |
| ≫ | sehr groß gegen |
| ∞ | unendlich |
| π | pi (Ludolfsche Zahl, = 3,14159...) |
| √ | Wurzel aus (z. B. √8) |
| ∛ | dritte Wurzel aus |
| $a^x$ | $a$ hoch $x$; $x$te Potenz von $a$ |
| $\log_a$ | Logarithmus zur Basis $a$ |
| lg | (dekadischer) Logarithmus |
| ln | natürlicher Logarithmus ($\log_e$) |
| Σ | Summe |
| Π | Produkt |
| $|x|$ | Betrag von $x$ |
| $n!$ | $n$ Fakultät |
| $\binom{n}{k}$ | $n$ über $k$ (Binomialkoeffizient) |
| $a|b$ | $a$ teilt $b$ ($a$ ist Teiler von $b$) |
| $a \nmid b$ | $a$ teilt nicht $b$ |
| ∫ | Integral (Integrationszeichen) |
| → | gegen, nähert sich, strebt nach |
| lim | Limes, Grenzwert |
| i | imaginäre Einheit (= $\sqrt{-1}$) |
| ° | Grad (= 60′) |
| ′ | Minute (= 60″) |
| ″ | Sekunde |
| ∥ | parallel |
| ⊥ | rechtwinklig zu, senkrecht auf |
| △ | Dreieck |
| ≅ | kongruent, isomorph |
| ≙ | entspricht |
| ∼ | ähnlich, proportional |
| ∢ | Winkel |
| $\overline{AB}$ | Länge der Strecke $AB$ |
| $\overset{\frown}{AB}$ | Bogenlänge, Bogen $AB$ |
| ∟ | rechter Winkel |
| ⌀ | Durchmesser |
| $\bar{z}, z^*$ | konjugierte komplexe Zahl zu $z$ |
| Re $z$ | Realteil von $z$ |
| Im $z$ | Imaginärteil von $z$ |
| $f(x)$ | Bild von $x$ unter der Funktion $f$ |
| $\frac{df(x)}{dx}, f'(x)$ | $df$ nach $dx$, $f$ Strich von $x$ (Differentialquotient, Ableitung) |
| $\frac{d^n f(x)}{dx^n}, f^{(n)}(x)$ | $n$-te Ableitung von $f$ nach $x$ |
| $\frac{\partial f(x,y)}{\partial x}$ | partieller Differentialquotient |
| $df(x, y)$ | totales Differential der Funktion $f(x, y)$ |
| ∧ | und (Konjunktion) |
| ∨ | oder (Disjunktion) |
| ¬ | nicht (Negation) |
| ⇒ | wenn..., dann...; daraus folgt (Implikation) |
| ⇔ | genau dann, wenn; dann und nur dann, wenn (logische Äquivalenz) |
| $\mathbb{N}$ | Menge der natürlichen Zahlen |
| $\mathbb{Z}$ | Menge der ganzen Zahlen |
| $\mathbb{Q}$ | Menge der rationalen Zahlen |
| $\mathbb{R}$ | Menge der reellen Zahlen |
| $\mathbb{R}^n$ | $n$-dimensionaler euklidischer Raum (über $\mathbb{R}$) |
| ∈ | Element von |
| ∉ | nicht Element von |
| ∅, { } | leere Menge |
| $\{x | A(x)\}$ | Menge aller $x$ mit der Eigenschaft $A(x)$ |
| ∪ | vereinigt (Vereinigung von Mengen) |
| ∩ | geschnitten (Durchschnitt von Mengen) |
| ⊆ | enthalten in, Teilmenge von |
| ⊄ | nicht enthalten in |
| ⊊ | echt enthalten in, echte Teilmenge von |
| $A × B$ | Produktmenge aus $A$ und $B$ |
| $x R y$ | $x$ steht zu $y$ in der Relation $R$ |
| $(a, b)$ | geordnetes Paar |
| ∘ | Verknüpfungszeichen für Relationen, Funktionen usw. |
| $f: A → B$ | Funktion $f$ aus der Menge $A$ in die Menge $B$ |
| $f: x ↦ y$ | Funktion $f$, unter der dem Element $x$ das Element $y$ zugeordnet wird |
| ∧, ∀ | für alle $x$ gilt (Allquantor) |
| ∨, ∃ | es gibt ein $x$, so daß ... (Existenzquantor) |
| $\vec{a}$, **a** | Vektor $a$ |

*Mathematische Zeichen*

schen u. Ordnungs-Strukturen sowie ihrer axiomatischen (→ Axiom) Begründung, ferner mit *Arithmetik* (auch Zahlentheorie u. Kombinatorik), *Geometrie* (auch Topologie), *Analysis* (z.B. Infinitesimalrechnung), heute ferner mit *Wahrscheinlichkeitstheorie, Statistik, Numerik* u. *Informatik,* mit *Mengenlehre* u. *mathemat. Logik,* neuerdings auch mit dem Verhältnis von Ordnung u. Chaos *(Chaostheorie).*

**mathematische Logik** → Logik.

**mathematische Zeichen,** Zeichen, die in der Mathematik gebraucht werden, um eine Rechenoperation oder eine mathemat. Beziehung auszudrücken oder eine mathemat. Größe zu bezeichnen.

**Mathieu** [ma'tjø], **1.** Georges, *27.1.1921, frz. Maler (ungegenständl. Kompositionen). – **2.** Mireille, *22.7.1946, frz. Schlagersängerin.

**Mathilde, 1.** *1102, †1167, dt. Königin 1114–25, engl. Königin 1135–48; Tochter *Heinrichs I.* von England, seit 1114 mit Kaiser *Heinrich V.* verheiratet, nach dessen Tod 1125 von ihrem Vater zur Thronerbin erklärt; mußte 1148 nach Frankreich gehen. – **2.** *1046, †1115, seit 1052 Markgräfin von Tuszien (Toskana). 1111 setzte sie Kaiser *Heinrich V.* zum Erben ihres Hausguts ein. Nach ihrem Tod entbrannte ein jahrhundertelanger Streit zw. Kaiser u. Papst um die *Mathildischen Güter,* bis Friedrich II. 1213 in der *Egerer Goldbulle* das Recht der Kirche darauf anerkannte.

**Mathura,** engl. *Muttra,* ind. Stadt an der Yamuna, südl. von Delhi, 150 000 Ew.; als Geburtsort *Krischnas* einer der sieben heiligsten Orte der Hindu.

**Matinee,** künstler. Veranstaltung am Vormittag.

**Matisse** [ma'tis], Henri, *1869, †1954, frz. Maler, Graphiker u. Bildhauer; geistiges Haupt der 1905 erstmals geschlossen an die Öffentlichkeit getretenen »Fauves«. Das Gesamtwerk von M. (Landschaften, Stilleben, Akte, figürl. Szenen, Bühnendekorationen) verkörpert am deutlichsten die auf Ausgewogenheit u. heitere Wirklichkeitsdeutung gerichtete Komponente des *Fauvismus.*

**Matjeshering,** junger, fetter, noch nicht geschlechtsreifer Hering (ohne Rogen u. Milch).

**Mato Grosso,** dünn besiedeltes Hoch- u. Schichtstufenland im SW Brasiliens; im N Urwälder, im W Überschwemmungssavannen des Paraguay *(Pantanal),* im S u. O Baum- u. Grassavannen.

**Matosinhos** [matuˈʒiɲuʃ], nördl. Vorstadt von Porto in N-Portugal, 40 000 Ew.; wichtigster Fischereihafen Portugals.

**Mätresse,** Geliebte, bes. von Fürsten zur Zeit des Absolutismus.

**Matriarchat,** eine (gedachte) Gesellschaftsform mit ausschl. Autorität der Frauen, oft mit dem *Mutterrecht* verwechselt.

**Matrikel,** Verzeichnis, Liste; z.B. *Universitäts-M.,* Verzeichnis der aufgenommenen (immatrikulierten) Studenten.

### Wichtige Daten zur Geschichte der Mathematik

**v. Chr.**

| | |
|---|---|
| um 3000 | In Ägypten gibt es Zahlenzeichen bis 100 000 |
| | Die Babylonier kennen das Sexagesimalsystem |
| um 1750 | Der Papyrus Rhind (Ägypten) wird geschrieben; er enthält u. a. die Rechentechnik der Multiplikation, der Division und der Bruchrechnung |
| um 450 | Die Pythagoreer erkennen, daß $\sqrt{2}$ (bei der Berechnung der Diagonale eines Quadrats) keine Zahl im üblichen Sinn ergibt |
| um 300 | *Euklid* sammelt und systematisiert das mathematische Wissen seiner Zeit in seinem Werk „Elemente" |
| | *Archimedes* berechnet den Kreisumfang und Kreisinhalt durch Grenzwertbetrachtung |
| um 200 | *Apollonius von Perge* vollendet die Kegelschnittlehre der Antike |

**n. Chr.**

| | |
|---|---|
| um 700 | Das Zeichen Null (0) wird in Indien in die Mathematik eingeführt; es erlaubt das Positionsrechnen |
| 850 | *Al Chwarizmi* schreibt seine „Algebra" |
| 1202 | *Leonardo von Pisa* verwendet arabische Ziffern im kaufmännischen Rechnen |
| 1518–1550 | A. *Ries(e)* veröffentlicht die ersten deutschen Rechenlehrbücher |
| 1545 | G. *Cardano* veröffentlicht die Formel zur Lösung kubischer Gleichungen |
| 1630 | P. *de Fermat* arbeitet über Zahlentheorie und Flächenberechnungen |
| 1637 | R. *Descartes* begründet die Methode der analytischen Geometrie |
| 1640 | B. *Pascal* verfaßt eine Abhandlung über Kegelschnitte |
| 1665/1666 | I. *Newton* arbeitet über die Grundlagen der Differential- und Integralrechnung |
| 1672–1693 | G. W. *Leibniz* entwickelt die Grundlagen der Differential- und Integralrechnung und der Determinantenrechnung |
| 1701 | J. *Bernoulli* veröffentlicht seine Arbeit über Variationsrechnung |
| 1738 | D. *Bernoulli* veröffentlicht eine mathematische Arbeit zur Hydrodynamik |
| 1743 | L. *Euler* löst die lineare Differentialgleichung n-ter Ordnung mit konstanten Koeffizienten |
| 1755 | J. L. *Lagrange* arbeitet über Variationsrechnung sowie Differentialgleichung der Minimalflächen |
| 1796 | C. F. *Gauß* konstruiert das regelmäßige 17-Eck mit Zirkel und Lineal |
| 1799 | C. F. *Gauß* gibt den ersten einwandfreien Beweis des Fundamentalsatzes der Algebra |
| 1810 | J. B. J. *Fourier* arbeitet über trigonometrische Reihen |
| 1812 | P. S. *Laplace* veröffentlicht seine „Theorie der Wahrscheinlichkeiten" |
| 1827 | A. F. *Möbius,* Mitbegründer der neueren Geometrie, veröffentlicht sein Hauptwerk „Der baryzentrische Kalkül" |
| 1830 | E. *Galois* schreibt seine Arbeit über Auflösbarkeit algebraischer Gleichungen |
| 1854 | G. *Boole* arbeitet über Grundlagen der mathematischen Logik |
| | B. *Riemann* schreibt „Über die Hypothesen, welche der Geometrie zugrunde liegen" |
| 1872 | F. *Klein* veröffentlicht das sogenannte Erlanger Programm |
| 1874 | G. *Cantor* begründet die Mengenlehre |
| 1879 | K. *Weierstraß* arbeitet über die analytischen Funktionen mehrerer komplexer Variabler |
| 1882 | F. *Lindemann* beweist die Transzendenz der Zahl π |
| 1887 | R. *Dedekind* schreibt seine klassische Arbeit: Was sind und was sollen die Zahlen? |
| 1889 | G. *Peano* stellt 5 Axiome des Aufbaues des Systems der natürlichen Zahlen auf |
| 1899 | D. *Hilbert* bringt sein grundlegendes Werk „Grundlagen der Geometrie" heraus |
| 1907 | L. E. J. *Brouwer* begründet den Intuitionismus |
| 1910 | B. *Russell* und N. *Whitehead* beginnen mit der Veröffentlichung der „Principia mathematica" |
| 1920–1930 | E. *Noether* erkennt die Bedeutung der algebraischen Strukturen und wird zur Mitbegründerin der modernen Algebra |
| 1925/1926 | H. *Weyl* arbeitet über die Darstellungstheorie von Gruppen |
| 1928 | J. v. *Neumann* liefert (seit 1928) bahnbrechende Arbeiten über die Spieltheorie |
| 1931 | K. *Gödel* veröffentlicht den nach ihm benannten Vollständigkeitssatz |
| 1934 | Nicolas *Bourbaki* (Pseudonym für eine Gruppe von Mathematikern) beginnt die Grundzüge der Mathematik auf mengentheoretischer Grundlage darzustellen |
| 1948 | N. *Wiener* veröffentlicht sein berühmtes Buch über Kybernetik |
| 1954 | A. A. *Markow* veröffentlicht seine Theorie der Algorithmen |
| 1972 | R. *Thom* entwickelt die Katastrophentheorie (Stabilität geometrischer Formen in der Natur) |
| 1976 | Lösung des berühmten „Vierfarbenproblems" |
| 1983 | G. *Faltings* beweist die Mordellsche Vermutung, ein wichtiger Schritt auf dem Weg zur Lösung des Fermatproblems |

*Henri Matisse: Odaliske; 1923. Amsterdam, Stedelijk Museum*

**Matrix,** ein Begriff der höheren Arithmetik. Das Rechnen mit Matrizen hat eigene Gesetze. Eine M. von $m \cdot n$ Elementen $a_{mn}$ ist ein in Form eines Rechtecks angeordnetes System von $m$ Zeilen u. $n$ Spalten:

$$\begin{pmatrix} a_{11} & a_{12} & a_{13} & \cdots & a_{1n} \\ a_{21} & a_{22} & a_{23} & \cdots & a_{2n} \\ \cdots & \cdots & \cdots & \cdots & \cdots \\ a_{m1} & a_{m2} & a_{m3} & \cdots & a_{mn} \end{pmatrix}$$

**Matrixdrucker,** Ausgabegerät für Schrift- u. Graphikzeichen in der elektron. Datenverarbeitung aus 5 x 7 oder 7 x 9 Punkten.
**Matrize,** *Mater,* der untere Teil einer Preßform, in die der Werkstoff durch das Oberteil (die *Patrize*) hineingedrückt wird; in der Drucktechnik Form in Celluloid, Wachs oder Blei zur Herstellung von Galvanos; Folien aus Wachspapier, Kunststoff, Metall u.a. zur Herstellung von Vervielfältigungen.
**Matrone,** Familienmutter, ältere verh. Frau.
**Matrose,** ein Seemann.
**Matsue** [-suːɛ], Präfektur-Hptst. in Japan, an der NW-Küste von Honshu, 140 000 Ew.; Schloß.
**Matsumoto,** Stadt in Japan, im zentralen Honshu, 200 000 Ew.; Seidenmarkt.
**Matsuo Basho,** *1644, †1694, jap. Dichter; wanderte als Laienmönch durch Japan; befreite die *Haiku-Dichtung* vom Formalismus u. gestaltete sie zu reiner Naturlyrik.
**Matsuoka,** Yosuke, *1880, †1946, jap. Politiker; schloß 1940 mit dem Dt. Reich u. Italien den Dreimächtepakt; 1945 als Kriegsverbrecher verhaftet.
**Matsuyama,** Präfektur-Hptst. in Japan, im W von Shikoku, 430 000 Ew.; Univ.; Hafen.
**Matt,** Schlußstellung u. Entscheidung des Schachspiels: Der König ist matt gesetzt, wenn ihm kein weiterer Zug mehr möglich ist, ohne geschlagen zu werden.
**Mattathias,** †166 v.Chr., jüd. Priester, Stammvater des jüd. Herrschergeschlechts der *Makkabäer.*
**Matterhorn,** frz. *Mont Cervin,* ital. *Monte Cervino,* pyramidenartiger Berggipfel in den Walliser Alpen, sw. von Zermatt, 4478 m.
**Matthau** [ˈmæθu], Walter, *1.10.1920, US-amerik. Filmschauspieler; bes. kom. Rollen.
**Matthäus,** in NT einer der zwölf Jünger u. Apostel Jesu (Matth. 10,3), nach der Überlieferung identisch mit dem Zöllner *Levi* (Matth. 9,9), Symbol: Engel. – Heiliger (Fest: 21.9.). Das **M.-Evangelium** ist das erste Buch des NT. Es hat die Verkündigung Jesu vor allem in fünf großen »Reden« (darunter die »Bergpredigt«) zusammengefaßt.
**Matthias,** der für *Judas Ischariot* nachgewählte Apostel (Apg. 1,15 ff.); Heiliger (Fest: 14.5.).
**Matthias,** *1557, †1619, dt. Kaiser 1612–19; Habsburger; zwang seinen Bruder *Rudolf II.,* wegen Regierungsunfähigkeit ihm nach u. nach in allen Erbländern die Regierung zu übergeben u. 1611 abzudanken; 1612 selbst zum Kaiser gewählt.
**Matthias Corvinus,** *Matthias I.,* *1443, †1490, König von Ungarn 1458–90, König von Böhmen 1469–90; erhielt durch Vertrag mit *Wladislaw von Polen* Mähren, Schlesien u. die Lausitz; 1485 eroberte er Wien u. gewann Niederöstr., die Steiermark u. Kärnten.
**Matthisson,** Friedrich von, *1761, †1831, dt. Lyriker; »Adelaide« wurde von Beethoven vertont.
**Matthöfer,** Hans, *25.9.1925, dt. Politiker (SPD); 1974–78 Bundes-Min. für Forschung u. Technologie, 1978–82 der Finanzen, 1982 für das Post- u. Fernmeldewesen.
**Mattscheibe,** eine einseitig mattierte Glasplatte, die auftreffendes Licht in alle Richtungen diffus zerstreut. Dadurch kann auf ihrer Oberfläche ein reelles Bild entstehen, das von der Rückseite aus beobachtet wird.
**Matura,** *Maturum,* Reifeprüfung, Abitur.
**Maturin** [ˈmætju-], Charles Robert, *1782, †1824, angloirischer Schriftst.; Geistlicher; Schauerroman »Melmoth der Wanderer«.
**Maturín,** Hptst. des venezolan. Bundesstaats Monagas, westl. des Orinoco-Deltas, 180 000 Ew.
**Maturität,** Reife; schweiz.: Hochschulreife.
**Matutin** → Mette.
**Matze** → Mazza.
**Maubeuge** [moˈbøːʒ], Ind.-Stadt in N-Frankreich, an der Sambre, 36 000 Ew.; alte Grenzfestung.
**Mauch,** Karl, *1837, †1875, dt. Afrika-Forscher; erforschte 1871 die Ruinen von *Zimbabwe.*
**Mauerassel,** bis 18 mm lange Landassel mäßig feuchter Lebensräume.
**Mauerbiene,** *Osmia,* artenreiche Gatt. der *Bienen;* einzeln lebend, bis 10 mm lang; *Bauchsammler.* Sie legen ihre Nester in Mauerlöchern, hohlen Stengeln u.a. an.
**Mauergecko,** der häufigste *Gecko* aller Mittelmeerländer, bis 18 cm.
**Mauerläufer,** zu den *Kleibern* gehöriger, rotflügeliger *Singvogel.*
**Mauerpfeffer** → Fetthenne.
**Mauersalpeter,** Ausblühungen durch *Kalksalpeter,* $Ca(NO_3)_2$ an Stellen, wo das Mauerwerk mit stickstoffhaltigen, meist organ. Stoffen (Fäkalien, Stalldung) in Berührung gekommen ist.
**Mauersberger,** 1. Erhard, *1903, †1982, dt. Kirchenmusiker; 1961–72 Thomaskantor in Leipzig. – 2. Rudolf, Bruder von 1), *1889, †1971, dt. Chordirigent u. Komponist; seit 1930 Kreuzkantor in Dresden; komponierte geistl. Chorwerke.
**Mauersee,** poln. *Jezioro Mamry,* zweitgrößter See in Masuren, 102,3 km², bis 44 m tief.
**Mauersegler** → Segler.
**Mauerverbände,** die versch. Verbindungen der Steine zu Mauerwerk. Sie tragen entscheidend zur Festigkeit eines Mauerkörpers bei.
**Mauerwespen,** lebhaft gelb u. schwarz gezeichnete *Wespen,* die ihre röhrenförmigen Brutnester in Lehmwände nagen.
**Maugham** [mɔːm], William Somerset, *1874,

*Matterhorn mit Stellisee*

†1965, engl. Schriftst.; schrieb satir.-skept. Romane, meist aus der Welt der gehobenen Gesellschaft, ferner Kurzgeschichten, Komödien u. sozialsatir. Schauspiele.
**Maui,** die zweitgrößte Hawaii-Insel, 1885 km², 80 000 Ew., größter Ort *Wailuku;* erloschener Vulkan Haleakala (3055 m).
**Mauke,** 1. *Grind,* krebsartige Wucherung an Trieben von Weinreben. – 2. verschiedenartige entzündl. Hauterkrankungen in der Fesselbeuge des Pferdes.
**Maulbeerbaum,** *Morus,* Gatt. der *Maulbeergewächse* (→ Pflanzen). Der bis 25 m hohe *Schwarze M.,* hat schwarzviolette, brombeerähnl. Früchte, die als Nahrungsmittel u. als Färbemittel für Wein wichtig sind; der urspr. in China heimische, bis 12 m hohe *Weiße M.,* liefert in seinen Blättern fast ausschl. das Futter für die Seidenraupe (→ Seidenspinner).
**Maulbertsch,** *Maulpertsch,* Franz Anton, *1724, †1796, östr. Maler des Spätbarocks.
**Maulbronn,** Stadt in Ba.-Wü., nordöstl. von Pforzheim, 6000 Ew.; vollständig erhaltene mittelalterl. Zisterzienserabtei (gegr. 1146).

*Kaiser Matthias; Halbgouache, um 1630*

**Maulbrüter,** zusammenfassende Bez. für Fische mit hochentwickelten Brutpflege-Instinkten, bei denen die Jungfische im Maul (*Brutraum*) schlüpfen u. bei Gefahr wieder in das Maul aufgenommen werden.
**Maulesel,** *Mulus* → Maultier.
**Maulnier** [moˈnje], Thierry, eigtl. Jacques Louis Talagrand, *1909, †1988, frz. Schriftst. (traditionsgebundene Dramen u. krit. Essays).
**Maulstachlerfische,** Unterordnung der *Heringsfische;* räuber. Tiefseefische.
**Maultier,** der Bastard von Eselhengst u. Pferdestute, dessen Körpereigenschaften u. Verhalten mehr dem Pferd ähneln. Der Bastard aus Pferdehengst u. Eselstute heißt dagegen *Maulesel (Mulus),* der bis auf die Stimme dem Esel ähnelt. Er hat nur noch geringe Bedeutung. M. u. Maulesel sind fast stets unfruchtbar. Sie werden in südl. Ländern zum Lastentragen verwandt.
**Maultrommel,** *Brummeisen,* ein primitives Zupfzungeninstrument, bei dem die Mundhöhle als Resonanzraum dient.
**Maul- und Klauenseuche,** Abk. *MKS, Aphthenseuche,* eine akute, fieberhafte, sehr ansteckende Infektionskrankheit bes. der Huftiere, erregt durch ein Virus. Auf Schleimhäuten, bes. in der Mundhöhle u. zw. den Klauen, bilden sich charakterist. Blasen. Der Ausbruch oder auch nur Verdacht ist anzeigepflichtig.

## 556 Maulwürfe

*Maulwurf*

**Maulwürfe,** *Talpidae,* Fam. der *Insektenfresser;* typ. Vertreter mit walzenförmigem Körper, kurzem, dichtem Pelz, rudimentären Augen u. schaufelförmigen Grabbeinen, bis zu 15 cm Körperlänge. Am bekanntesten ist der auch in Asien lebende *Europ. Maulwurf (Mull);* er lebt in unterird. Gangsystemen als Einzelgänger u. ernährt sich hpts. von Regenwürmern u. Insektenlarven.

**Maulwurfsgrille,** eine bis 6,5 cm lange, unterirdisch lebende *Grille,* deren Vorderbeine zu Grabfüßen umgewandelt sind.

**Mau-Mau,** Bez. der brit. Kolonialbehörden für eine Aufstandsbewegung der *Kikuyu* in Kenia, die 1952 zum Ausbruch kam u. bis 1954 anhielt. Ziel der Bewegung war die Rückgewinnung des an weiße Siedler verteilten Landes u. polit. Unabhängigkeit.

**Mauna Kea,** erloschener Vulkan auf Hawaii, 4205 m; astronom. Observatorium.

**Mauna Loa,** tätiger Vulkan auf Hawaii, 4170 m.

**Maupassant** [mopaˈsã], Guy de, *1850, †1893, frz. Schriftst. Außer seinen nahezu 300 naturalist.-pessimist. Novellen, die stark auf die dt. Erzähler der Zeit wirkten, schrieb er Romane, meist aus dem Pariser Gesellschaftsleben. W »Fräulein Fifi«, »Bel ami«.

**Maupertuis** [moperˈtɥi], Pierre-Louis *Moreau de M.,* *1698, †1759, frz. Physiker u. Mathematiker; entdeckte das *Prinzip der kleinsten Wirkung* als ein Naturgesetz von allg. Gültigkeit; stellte als erster die Abplattung der Erde fest.

**Mauren, 1.** lat. *Mauri,* im Altertum die Berber-Bev. N-Afrikas. – **2.** span. *Moros,* die aus Berbern u. Arabern gemischten Eroberer Spaniens, die hier 711–1492 eine Herrschaft mit hoher Kultur errichteten. – **3.** die arabisierten, moslem. Stämme Mauretaniens.

**Maureske,** eine ornamentale Schmuckform aus pflanzl. Rankenwerk mit stilisierten Blüten u. Blättern, bes. seit dem 16. Jh. in Dtld.

**Mauretanien,** Staat in W-Afrika, 1 025 520 km², 1,9 Mio. Ew., Hptst. *Nouakchott.* – M. ist ein wü-

*Mauretanien*

stenhaftes Tief- u. Tafelland. Die islam. Bevölkerung besteht überwiegend aus Mauren. Wichtig für den Export sind Eisen (bis 80% des Ausfuhrwerts), Kupfer sowie Gummi arabicum. Die Ind. verarbeitet die Erzeugnisse der Viehzucht u. des Fischfangs. Die wichtigsten Häfen u. Flughäfen sind Nouadhibou u. Nouakchott.

Geschichte. Als Teil *Frz.-Westafrikas* erhielt M. 1960 die Unabhängigkeit. 1978 kam es zu einem Militärputsch. Den 1975 von Spanien übernommenen Südteil von Span.-Sahara überließ M. 1979 der Unabhängigkeitsbewegung Polisario; das Gebiet wurde jedoch von Marokko besetzt. 1989 kam es zu anti-senegales. Unruhen.

**Mauriac** [moriˈak], François, *1885, †1970, frz. Schriftst.; schrieb psycholog. Romane aus kath. Sicht; Nobelpreis 1952. W »Die Tat der Therese Desqueyroux«, »Die Pharisäerin«.

**Mauriner,** frz. Benediktinerkongregation, gegr. 1618, 1789 aufgehoben.

**Maurische Landschildkröte** → Griechische Landschildkröte.

**Mauritius,** Insel östl. von Madagaskar im Ind. Ozean, bildet zus. mit *Rodrigues* u. kleineren Inseln den Staat M., 2040 km², 1 Mio. Ew. (zu ²/₃ Inder), Hptst. *Port Louis.* – Die Inseln sind vulkan. Ursprungs. Das Klima ist trop.-wechselfeucht. Der natürl. Regenwald mußte größtenteils dem Kultur-

*Mauritius*

land weichen. Ausgeführt werden v.a. Zucker u. Rum (zus. 95% des Exportwerts), außerdem Tee. Der Fremdenverkehr spielt eine wichtige Rolle. Haupthafen ist Port Louis, das auch einen internat. Flughafen hat.

Geschichte. M. wurde 1510 von Portugiesen entdeckt; es war 1598–1710 ndl., seit 1715 als *Île de France* frz. u. seit 1810 brit. 1968 wurde M. als parlamentar. Monarchie im Commonwealth unabhängig.

**Mauritius,** die ersten engl. Kolonialpostwertzeichen von 1847, die wegen ihrer Seltenheit u. eines Fehlers in der 1. Aufl. (»Post Office« statt »Post Paid«) die teuersten Briefmarken der Welt sind.

**Mauritius,** 280/300 der Anführer der *Thebäischen Legion,* die um ihres christl. Glaubens willen hingerichtet wurde. – Heiliger (Fest: 22.9.).

**Mauritiuspalme,** *Mauritia,* südamerik. Palmengatt.; bek. ist die *Gebogene M.* Ihre Blätter liefern Fasermaterial für Hängematten u. Seile; das Mark liefert Stärke.

**Maurois** [moˈrwa], André, eigtl. Emile *Herzog,* *1885, †1967, frz. Schriftst.

**Maurras** [moˈras], Charles Marie, *1868, †1952, frz. polit. Schriftst.; Mitgr. der *Action française;* royalist. u. antisemit.

**Maurya,** *Maurja,* nordind. Dynastie um 320–185 v. Chr.; begründet von *Tschandragupta M.*

**Mäuse,** *Muridae,* artenreiche Familie der *Nagetiere,* mit spitzer Schnauze u. langem Schwanz. Hierher gehören die *Hausmaus,* die *Ratten,* die *Zwergmaus* u.a.

**Mäusebussard** → Bussarde.

**Mauser,** *Mauserung,* Federwechsel bei Vögeln. Die Haupt-M. liegt bei freilebenden Tieren nach der Brutzeit.

**Mauser,** Brüder Paul, *1838, †1914, u. Wilhelm, *1834, †1882, dt. Waffenkonstrukteure; *M.gewehr* (ein Einzellader).

**Mäuseturm,** Turm aus dem 13. Jh. (jetzige Gestalt 1855) auf einer Rhein-Insel bei Bingen; Signalwarte für die Schiffahrt durch das *Binger Loch;* in der Sage soll Erzbischof *Hatto von Mainz* zur Strafe für die Verbrennung von Hungernden hier von Mäusen gefressen worden sein.

**Mausohr,** *Myotis,* Gatt. der *Glattnasen-Fledermäuse;* hierzu gehört das *Große M.* mit bis zu 40 cm Spannweite.

**Mausoleum,** das monumentale, etwa 46 m hohe Grabmal des Königs *Mausolos* von Karien (†353 v.Chr.), in Halikarnassos. Das 1856–59 ausgegrabene M. galt im Altertum als eines der 7 Weltwunder; die Bez. *M.* übertrug sich auf ähnl. monumentale Grabanlagen.

**Maut,** veraltete Bez. für Binnenzölle. Gebühr für Straßen- u. Brückenbenutzung in Östr. *(Brücken-M.).*

**Mauthausen,** Ort in Östr. an der Donau, sö. von Linz, 4400 Ew.; Schloß *Pragstein* (16. Jh.); 1939–45 nat.-soz. Konzentrationslager.

**Mauthner,** Fritz, *1849, †1923, östr. Schriftst. u. Kulturhistoriker.

**Mauve** [ˈmoʊvə], Anton, *1838, †1888, ndl. Maler (Heide- u. Waldlandschaften).

**Mauvein** [moveˈiːn], violetter Farbstoff aus Anilin; erster synthet. Farbstoff.

*Hausmaus*

**Max,** *Prinz von Baden,* *1867, †1929, dt. Politiker; wurde am 3.10.1918 Reichskanzler u. versuchte unter dem Druck E. *Ludendorffs* zu einem Waffenstillstand zu gelangen; gab am 9.11.1918 die Abdankung Kaiser *Wilhelms II.* bekannt u. trat die Regierungsgeschäfte an F. *Ebert* ab.

**Maxentius,** Marcus Aurelius Valerius, †312, röm. Kaiser 306–312; von Konstantin d. Gr. 312 in der Schlacht an der *Milvischen Brücke* vernichtend geschlagen u. im Tiber ertrunken.

**Maxhütte-Haidhof,** Stadt in der Oberpfalz (Bay.), 9000 Ew.; Stahlwerk.

**Maxilla,** die Mundwerkzeuge der Krebse u. Insekten; der Oberkiefer der Wirbeltiere.

**Maximaldosis,** Abk. *MD,* die höchstzulässige Einzel- u. Tagesgabe (EMD, TMD) von starkwirkenden Arzneien.

**Maxime,** Leitsatz, Richtschnur des Handelns.

**Maximianus,** Marcus Aurelius Valerius, *um 240, †310, röm. Kaiser 285–305; 285 von *Diocletian* zum Mitkaiser erhoben, dankte mit ihm ab, griff jedoch 306 noch einmal zugunsten seines Sohns *Maxentius* in Italien ein; von Konstantin d. Gr. 310 besiegt.

*Mauretanien: Karawane im Zentrum des Landes*

**Maximilian,** Fürsten.
Dt. Kaiser:
**1. M. I.,** *1459, †1519, Kaiser 1493–1519; Habsburger, Sohn u. Nachfolger Kaiser *Friedrichs III.,* schon zu dessen Lebzeiten (1486) zum Röm. König gewählt; verh. mit *Maria,* Tochter Karls des Kühnen aus Burgund; vertrieb 1490 die Ungarn aus Östr. u. schlug 1492 die Türken bei Villach. Er wurde vom Volk »der letzte Ritter« genannt. –
**2. M. II.,** *1527, †1576, Kaiser 1564–76; Habsburger, Sohn Kaiser *Ferdinands I.* 1562 wurde er zum Röm. König u. zum König von Böhmen gewählt, 1563 zum König von Ungarn u. am 25.7.1564 zum Kaiser.
Bayern:
**3. M. I.,** *1573, †1651, Kurfürst 1597–1651; gründete die kath. *Liga.* Er siegte am 8.11.1620 in der Schlacht am Weißen Berg bei Prag. Im *Westfäl. Frieden* erhielt er die Oberpfalz u. die Kurwürde bestätigt. – **4. M. II., Emanuel,** Enkel von 3), *1662, †1726, Kurfürst 1679–1726 im *Span. Erbfolgekrieg* auf der Seite Frankreichs; wurde zeitw. geächtet. – **5. M. III. Joseph,** *1727, †1777, Kurfürst 1745–77; Sohn Kaiser *Karls VII.,* verzichtete im *Frieden zu Füssen* 1745 auf östr. Gebiet u. erhielt die bay. Erblande zurück. –
**6. M. IV. Joseph,** *1756, †1825, seit 1799 Kurfürst 1745–77, als *M. I. J.* König von Bayern 1806–25. Da er auf Napoleons Seite trat u. Mitgl. des *Rheinbunds* wurde, erhielt er im Frieden von Preßburg in Schönbrunn 1805 u. 1809 die Königswürde u. umfangreiche Ländereien. 1818 gab er Bayern eine Verfassung. – **7. M. II. Joseph,** *1811, †1864, König 1848–64; Sohn König *Ludwigs I.;* setzte sich für einen Bund der dt. Mittel- u. Kleinstaaten als dritte Kraft *(Trias)* neben Östr. u. Preußen ein.
Mexiko:
**8. M. Ferdinand Joseph,** *1832, †1867, Kaiser von Mexiko 1864–67; Erzherzog von Österreich, Bruder Kaiser *Franz Josephs I.;* wurde auf Veranlassung *Napoleons III.* Kaiser, konnte sich aber nach Abzug der frz. Truppen gegen Präs. *B. Juárez* nicht halten. Er wurde standrechtl. erschossen.
**Maximinus,** röm. Kaiser:
**1.** Gaius *Iulius Verus M. Thrax,* †238, Kaiser 235–238; erster »Soldatenkaiser«, siegte über Germanen (Wiederherstellung des Limes), Daker u. Sarmaten; von Soldaten ermordet. – **2.** Gaius *Galerius Valerius M. Daia,* †313, Kaiser 309–313; Neffe u. Adoptivsohn des Kaisers *Galerius;* erneuerte 311 im Osten des Reichs die Christenverfolgungen.
**Maximum,** das Größte, der Höchstwert. Bei einer mathemat. Kurve der Punkt, dessen Ordinate größer ist als die Ordinaten der Punkte seiner Umgebung.
**Maximus Confessor,** *um 580, †662, grch. Kirchenvater; bekämpfte den Monophysitismus u. bes. den Monotheletismus, der auf sein Betreiben 649 verurteilt wurde. M. wurde deswegen 653 verschleppt.
**Max-Planck-Gesellschaft** *zur Förderung der Wissenschaften e. V.,* Abk. *MPG,* 1948 in Göttingen gegr. Nachfolgegesellschaft der 1946 aufgelösten Kaiser-Wilhelm-Gesellschaft zur Förderung der Wiss.; Aufgabe der M. ist die zweckfreie Grundlagenforschung, die in den einzelnen *Max-Planck-Instituten* betrieben wird.

**Maxwell** ['mækswəl], James Clerk, *1831, †1879, schott. Physiker; der bed. theoret. Physiker des 19. Jh. Er stellte 1873 die *M.schen Gleichungen (M.sche Theorie)* auf u. gab damit die theoret. Grundlagen für die von M. Faraday u. H.Ch. Oerstedt gefundenen Zusammenhänge zw. Strom u. Magnetfeld. Nach M. (1865) besteht auch das Licht aus kurzen elektromagnet. Wellen. 1886 wies H. Hertz die von M. vorausgesagten Wellen (Rundfunkwellen) nach. Weiterhin baute M. die kinet. Gastheorie auf *(M.-Verteilung).*
**May, 1.** Ernst, *1886, †1970, dt. Architekt; gehörte zu den führenden dt. Städteplanern (Römerstadt in Frankfurt a. M., 1925–30). – **2.** Karl, *1842, †1912, dt. Schriftst.; schrieb spannende Indianer- u. Reisebücher, die dem jugendl. Abenteuererbedürfnis u. dem Verlangen nach einfachen sittl. Werten entsprechen; W *Winnetou* (mit den Idealgestalten des gleichn. Indianerhäuptlings u. seines weißen Freundes *Old Shatterhand),* »Im Lande des Mahdi«, »Der Schatz im Silbersee«, »Das Vermächtnis des Inka«, »Im Reiche des silbernen Löwen«, »Durch die Wüste«, »Der Schut«. – *Karl-May-Festspiele,* in Bad Segeberg u. Elspe.
**Maya,** im ind. Mythos: → Maja.
**Maya,** indian. Stammes- u. Sprachgruppe: 20 Indianervölker u. -stämme mit heute etwa 2 Mio. Menschen in Mittelamerika, bes. in Mexiko. Sie leben heute als Maisbauern, ohne Kenntnis ihrer einstigen hohen Kultur. Ihr Höhepunkt lag etwa 300–850 n. Chr. Im Petén-Gebiet (Ruinenstätten von Uaxactún, Tikal, in Copán u. zahlr. anderen Orten entstanden Zeremonialzentren mit großen, durch Hieroglypheninschriften genau datierten Steinmonumenten (Stelen). Die Städte wurden nach astronom. Gesichtspunkten u. religiösen Zwecken um einen Mittelpunkt gebaut u. wiesen zahlr. Tempel, Kultbauten, Priesterpaläste u. Ballspielplätze auf. In Astronomie u. Math. überragten die M. die übrigen indian. Kulturen. Zur Zeit der größten Ausdehnung reichte das Gebiet der M. von N-Yucatán bis an die pazif. Abdachung, von Copán u. Quiriguá im O bis nach Palenque im W (um 790 mit 19 Zeremonialzentren). Während der Verfallsperiode (850–900) wurde in schneller Folge aus noch ungeklärten Gründen ein Zeremonialzentrum nach dem anderen preisgegeben. Die Spätzeit (900–1541) wurde von den um das Jahr 1000 aus dem Hochtal von Mexiko eindringenden *Tolteken* bestimmt. Sie brachten neue religiöse Vorstellungen (Kult der Federschlangen-Gottheit *Quetzalcoatl;* Menschenopfer) u. neue Kunstelemente mit. Die Metallbearbeitung hielt ihren Einzug. Es bildeten sich Stadtstaaten mit geistl. u. weltl. Führern. Diese Zersplitterung erleichterte den Spaniern die Eroberung der Halbinsel Yucatán (1527–46). – Die komplizierte Hieroglyphenschrift der M. ist erst zu einem Teil entziffert.
**Mayagüez** [-gu'εθ], Hafenstadt an der W-Küste der Antillen-Insel Puerto Rico, 100 000 Ew.
**Mayday** ['mɛideɪ], beim Flugzeugsprechfunk der Notruf auf der Frequenz 121,5 MHz; eine Verballhornung des frz. *m'aidez* [»helfen Sie mir«].
**Mayen,** Stadt in Rhld.-Pf., an der Nette, in der Voreifel, 21 000 Ew.

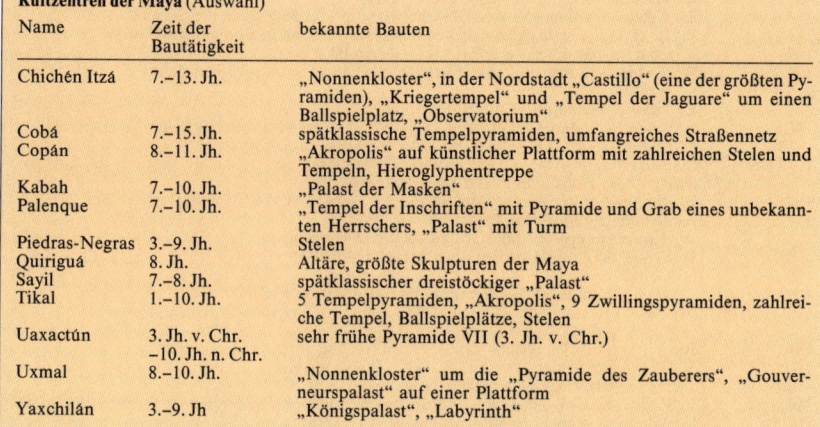

| Kultzentren der Maya (Auswahl) | | |
|---|---|---|
| Name | Zeit der Bautätigkeit | bekannte Bauten |
| Chichén Itzá | 7.–13. Jh. | „Nonnenkloster", in der Nordstadt „Castillo" (eine der größten Pyramiden), „Kriegertempel" und „Tempel der Jaguare" um einen Ballspielplatz, „Observatorium" |
| Cobá | 7.–15. Jh. | spätklassische Tempelpyramiden, umfangreiches Straßennetz |
| Copán | 8.–11. Jh. | „Akropolis" auf künstlicher Plattform mit zahlreichen Stelen und Tempeln, Hieroglyphentreppe |
| Kabah | 7.–10. Jh. | „Palast der Masken" |
| Palenque | 7.–10. Jh. | „Tempel der Inschriften" mit Pyramide und Grab eines unbekannten Herrschers, „Palast" mit Turm |
| Piedras-Negras | 3.–9. Jh. | Stelen |
| Quiriguá | 8. Jh. | Altäre, größte Skulpturen der Maya |
| Sayil | 7.–8. Jh. | spätklassischer dreistöckiger „Palast" |
| Tikal | 1.–10. Jh. | 5 Tempelpyramiden, „Akropolis", 9 Zwillingspyramiden, zahlreiche Tempel, Ballspielplätze, Stelen |
| Uaxactún | 3. Jh. v. Chr. –10. Jh. n. Chr. | sehr frühe Pyramide VII (3. Jh. v. Chr.) |
| Uxmal | 8.–10. Jh. | „Nonnenkloster" um die „Pyramide des Zauberers", „Gouverneurspalast" auf einer Plattform |
| Yaxchilán | 3.–9. Jh | „Königspalast", „Labyrinth" |

*Verbreitung der Mayakultur*

**Mayenne** [ma'jɛn], Fluß in NW-Frankreich, 195 km; bildet nach Vereinigung mit der *Sarthe* bei Angers die *Maine;* auf 125 km schiffbar.
**Mayer, 1.** Hans, *19.3.1907, dt. Literarhistoriker; Arbeiten über G. Büchner, Th. Mann, B. Brecht. – **2.** Julius Robert von, *1814, †1878, dt. Naturforscher; Arzt; stellte 1842 das Gesetz von der Erhaltung der Energie auf. – **3.** Rupert, *1876, †1945, dt. kath. Priester; Jesuit, in München in der Männerseelsorge tätig; Gegner des Nat.-Soz. (mehrfach verhaftet); 1987 selig gesprochen.
**Mayflower** ['mɛiflauə], Name des Schiffs, das die puritan. → Pilgerväter, die ersten Siedler, 1620 nach Neuengland an die amerik. O-Küste brachte.
**Mayo** ['mɛiou], Elton, *1880, †1949, US-amerik. Soziologe; Mitbegr. u. Hauptvertreter der US-amerik. Betriebssoziologie.
**Mayo-Klinik** ['mɛiou-], berühmte US-amerik. chirurg. Klinik in Rochester, Minn.; ben. nach den Chrirugen (Brüdern) Charles Horace *Mayo* (*1865, †1939) u. William James *Mayo* (*1861, †1939), die 1889 die M. gründeten; spezialisiert u.a. im Bereich der *Diagnostik.*
**Mayonnaise** [-'nɛːzə], kalt hergestellte, dickflüssige Tunke aus Öl, Eigelb, Essig u. Gewürzen.
**Mayotte** [ma'jɔt], Insel der Komoren, 375 km²,

*Mayflower: nachgebautes Modell im Hafen von Brixham; 1957*

*Jules Mazarin; zeitgenössischer Stich*

74 000 Ew., Hauptort *Dzaoudzi;* seit 1976 frz. Überseedépartement.

**Mayreder,** Rosa, *1858, †1938, östr. Schriftst. u. Frauenrechtlerin.

**Mayrhofen,** östr. Luftkurort im Tiroler Zillertal, 630 m ü.M., 3300 Ew.

**Mayröcker,** Friederike, *20.12.1924, östr. Schriftstellerin; experimentelle Lyrik u. Prosa.

**MAZ,** Abk. für *magnet. Aufzeichnung* (von Fernsehbildern).

**Mazarin** [maza'rɛ̃], Jules, eigtl. Giulio *Mazarini,* Herzog von *Nevers* (1659), *1602, †1661, frz. Min. u. Kirchenfürst; gebürtiger Italiener, seit 1641 Kardinal; wurde 1642 *Richelieus* Nachfolger als leitender Min. u. führte Frankreich zu europ. Vormachtstellung.

**Mazatlán** [maθat-], Hafenstadt an der mex. Pazifik-Küste, 210 000 Ew.; Seebad, vielseitige Ind.

**Mazedonien** → Makedonien.

**Mäzen,** Kunstförderer; nach *Maecenas.*

**Mazepa** [ma'zɛpa], *Mazeppa,* Iwan Stephanowitsch, bei Jan *Kolodynski,* *um 1644, †1709, Hetman der ukrain. Kosaken seit 1687. Sein Streben nach Unabhängigkeit der Ukraine von Rußland scheiterte in der Schlacht bei Poltawa (1709).

**Mazeration,** die Auflösung tier. Gewebe, v.a. bei der Skelettierung; auch die Herstellung eines wässerigen Pflanzenauszugs.

**Mazis** [-bait], → Macis.

**Mazowiecki** [mazɔ'vjɛtski], Tadeusz, *18.4.1927, poln. Politiker u. Journalist; wurde 1989 erster nichtkommunistischer Min.-Präs. Polens nach dem 2. Weltkrieg.

**Mazurka** [ma'zurka], *Masurka,* ein alter poln. Tanz im ¾-Takt.

**Mazza,** *Mazze, Matze,* ungesäuertes Brot, Pessachspeise der Juden, in flachen Scheiben gebakken; → Mazzoth.

**Mazzini,** Giuseppe, *1805, †1872, ital. Politiker; erstrebte die nat. Einheit Italiens, die mit einer Umwälzung der soz. Verhältnisse verbunden sein sollte; meist im Exil.

**Mazzoth,** in der jüd. Religion das »Fest der ungesäuerten Brote«, mit *Pessach* zu einem Fest vereinigt.

**Mbabane** [-'ba:n], Hptst. von Swasiland (S-Afrika), 1143 m ü.M., 55 000 Ew.; Textilind.

**Mbandaka,** fr. *Coquilhatville,* Prov.-Hptst. in Zaire, am Kongo, 300 000 Ew.

**Mbini,** Teil von Äquatorialguinea.

**Mbuji-Mayi** [m'buʒima'ji], fr. *Bakwanga,* Prov.-Hptst. in Zaire, am M.-Fluß, 630 000 Ew.; Gewinnung von Industriediamanten.

**Mbundu,** *Ovimbundu,* Bantu-Volk in Angola (1,75 Mio.); Sprache: *Kimbundu.*

**MByte** [-bait], Abk. für *Megabyte,* entspr. 1 048 576 Zeichen.

**McCarthy** [mə'ka:θi], **1.** Joseph Raymond, *1909, †1957, US-amerik. Politiker (Republikaner); seit 1947 Senator; führte seit 1950 einen

---

**Wichtige Daten zur Geschichte der Medizin**

| | |
|---|---|
| um 5000–500 v. Chr. | (frühe Hochkulturen): empirische, magisch-dämonische und religiös gegründete Medizin; umfassende Kenntnisse in der Krankendiät und wirksame Naturheilmittel; um 3000 v. Chr. altägyptische Chirurgie von hohem Niveau; in Indien hochwertige plastische Operationen; in China und Japan Akupunktur |
| 5. Jh. v. Chr. | *Hippokrates* überwindet die magisch-religiösen Vorstellungen in der Medizin u. begründet die abendländische wissenschaftliche Heilkunde; Diagnostik durch Beobachtung und Beschreibung der Krankheitssymptome |
| 400–1000 | Mönchsmedizin im Abendland: Das medizinische Wissen bleibt praktisch auf die Klöster beschränkt |
| 600–1500 | Islamische Medizin: Übernahme und Weiterverbreitung des antiken Wissens in arabische Übertragungen. In Ägypten und Spanien entstehen selbständige Ärzteschulen |
| 1137 | Beginn der Universitätsmedizin |
| 1231 | Medizinalordnung Kaiser *Friedrichs II.,* Trennung von Apotheker und Arzt |
| um 1300: | Die Harnschau wird eines der wichtigsten diagnostischen Verfahren |
| 1493–1541 | *Paracelsus* übt Kritik an der alten Medizin; Begründer der Iatrochemie, wonach die Lebensvorgänge und krankhaften Veränderungen des Organismus auf chemischen Vorgängen beruhen und daher mit chemischen Mitteln beeinflußbar sind; legt die Grundlagen der modernen Medizin |
| 1543 | Erster historisch belegter Kaiserschnitt |
| | A. *Vesal* schafft das erste vollständige Lehrbuch der Anatomie |
| 1628 | W. *Harvey* veröffentlicht seine Entdeckung des Blutkreislaufs. Er ist der Begründer der modernen Physiologie |
| 1661 | M. *Malpighi* entdeckt die Blutkapillaren |
| 1667 | J. *Denis* überträgt das Blut von einem Schaf auf den Menschen |
| 1673–1677 | A. v. *Leeuwenhoek* entdeckt mit selbst gebauten Mikroskopen Bakterien, Spermien und die roten Blutkörperchen |
| 1761 | G. B. *Morgagni* begründet die Lehre von den krankhaften Veränderungen der Organe, die pathologische Anatomie |
| 1796 | E. *Jenner* führt Pockenimpfung mit Kuhpocken durch |
| 1804 | F. W. *Sertürner* gewinnt Morphin aus Opium |
| 1810 | S. *Hahnemann* begründet die Homöopathie |
| 1824 | J. *Blundell* führt die erste Blutübertragung von Mensch zu Mensch durch |
| 1844 | H. *Wells* benutzt Lachgas als Narkosemittel |
| 1846 | W. *Morton* führt die erste Äthernarkose durch |
| 1847 | I. P. *Semmelweis* erkennt die Ursache des Kindbettfiebers und bekämpft es erfolgreich durch Desinfektion mit Chlorwasser |
| 1854 | L. *Pasteur* entdeckt Mikroorganismen als Ursache der alkoholischen Gärung und ansteckender Krankheiten und schafft damit die Grundlagen für Asepsis und Antisepsis |
| 1858 | R. *Virchow* postuliert, daß Krankheiten auf einer Störung im Zellgeschehen basieren, und begründet damit die Zellularpathologie |
| 1867 | J. *Lister* führt die Antisepsis ein |
| 1882 | R. *Koch,* Begründer der Bakteriologie, entdeckt den Tuberkelbazillus |
| 1882 | R. *Koch* entdeckt den Erreger der Cholera |
| 1890 | E. v. *Behring* entwickelt das Diphtherieserum und begründet die Serumtherapie |
| 1895 | W. C. *Röntgen* entdeckt die später nach ihm benannten Röntgenstrahlen |
| 1896 | L. *Rehn* gelingt die erste erfolgreiche Herznaht |
| 1901 | W. *Einthoven* konstruiert das Saitengalvanometer und begründet damit die Elektrokardiographie |
| | K. *Landsteiner* entdeckt die Blutgruppen |
| 1903 | F. *Sauerbruch* begründet die Methode der Lungenoperation in der Unterdruckkammer |
| 1910 | P. *Ehrlich* gelingt die Bekämpfung der Syphilis mit Salvarsan |
| 1911 | O. *Förster* untersucht die Hirnrinde mittels Gehirnpunktion und operiert am Rückenmark; damit begründet er die Neurochirurgie |
| 1921 | F. *Banting* und C. *Best* stellen Insulin aus tierischen Bauchspeicheldrüsen her |
| 1929 | A. *Fleming* entdeckt das Penicillin |
| | W. *Forßmann* erprobt im Selbstversuch den Herzkatheter |
| | H. *Berger* weist mit Hilfe des Elektroenzephalogramms (EEG) elektrische Aktionsströme im Gehirn nach |
| 1934 | G. *Domagk* entdeckt die Wirkung der Sulfonamide auf Bakterien |
| 1935 | M. *Sakel* führt die Schockbehandlung seelischer Krankheiten ein |
| 1940 | Einführung der ersten Tuberkulostatika |
| 1941 | Einführung des Penicillins zur Bekämpfung von Infektionskrankheiten |
| 1943 | S. *Waksmann* isoliert das Antibiotikum Streptomycin |
| 1944 | Erster Einsatz einer künstlichen Niere |
| 1948 | P. S. *Hench* und E. C. *Kendall* entdecken die entzündungshemmende, antirheumatische Wirkung des Nebennierenrindenhormons Cortison |
| 1952 | Die Einführung des blutdrucksenkenden Mittels Reserpin (ein Rauwolfia-Alkaloid) leitet eine neue Ära in der Bluthochdrucktherapie ein |
| 1954 | J. E. *Salk* entwickelt einen Impfstoff gegen Kinderlähmung |
| 1955 | Entdeckung der oralen Antidiabetika zur Behandlung der Zuckerkrankheit |
| 1957 | Die gentechnische Herstellung von Insulin gelingt |
| | Ultraschall wird zur Schwangerschaftsuntersuchung eingesetzt |
| 1962 | Einführung der „Antibabypille" zur hormonalen Empfängnisverhütung |
| | Erste Nierentransplantation beim Menschen durchgeführt |
| 1967 | C. *Barnard* führt die erste Herztransplantation durch |
| | Laserstrahlen werden zur Behandlung von Netzhautablösungen und Hauttumoren eingesetzt |
| 1978 | P. C. *Steptoe* und R. G. *Edwards* führen eine extrakorporale (außerkörperliche) Befruchtung durch, die zur Geburt eines gesunden Kindes führt |
| 1979 | Einführung eines neuartigen Röntgenverfahrens, der Computertomographie |
| 1980 | Die Weltgesundheitsbehörde (WHO) erklärt offiziell die Pockenviren für ausgerottet; ein einmaliger Fall in der Geschichte der Medizin |
| | Den weißen Blutkörperchen anhaftende Antigene, die für die Transplantationsmedizin von großer Bedeutung sind, werden entdeckt |
| | In den USA wird erstmals eine neue schwere Allgemeinerkrankung beobachtet, die mit AIDS (Acquired Immune Deficiency Syndrome) bezeichnet wird |
| 1982 | W. C. *DeVries* pflanzt einem Menschen zum erstenmal ein Kunstherz ein |
| | Mit Hilfe der Kernspintomographie werden Querschnitte des Körpers ohne jede Strahlenbelastung hergestellt |
| | Harnblasensteine können mit Hilfe von Stoßwellen zertrümmert werden (Lithotripsie) |
| 1983 | L. *Montagnier* entdeckt das Aids-Virus |
| 1988 | Entdeckung des Hepatitis Non-A-Non-B-Erregers, nunmehr Hepatitis-C-Virus genannt |
| 1989 | M. J. *Bishop* und H. E. *Varmus* entdecken, daß krebsauslösende Gene normale Bestandteile des Genoms (Erbguts) aller Zellen sind und erhalten für diese Entdeckung den Nobelpreis |
| | Das Gen für eines der häufigsten Erbleiden, die Mukoviszidose, wird entdeckt, ein Meilenstein in der biomedizinischen Forschung |

Feldzug gegen eine angebl. Unterwanderung hoher u. höchster US-amerik. Staatsämter durch Kommunisten u. deren Agenten *(McCarthyismus).* – **2.** Mary Therese, *1912, †1989, US-amerik. Schriftst. u. Theaterkritikerin. W »Die Clique«.

**McClintock** [məˈklɪntɔk], Barbara, *16.6.1902, US-amerik. Genetikerin; entdeckte die bewegl. Strukturen der Erbmasse; Nobelpreis für Medizin u. Physiologie 1983.

**McCloy** [məˈklɔɪ], John Jay, *1895, †1989, US-amerik. Politiker; 1949–52 Hoher Kommissar für Dtld.

**McCullers** [məˈkʌləz], Carson, geb. *Smith,* *1917, †1967, US-amerik. Schriftst.; gestaltete in ihren Romanen psycholog. Situationen einsamer Menschen.

**McEnroe** [ˈmækənrou], John Patrick, *16.2.1959, US-amerik. Tennisspieler; Sieger in Wimbledon 1981, 83 u. 84, Davis-Cup-Gewinner 1981 u. 82, mehrfach WCT-Weltmeister.

**McKim** [məˈkɪm], Charles Follen, *1847, †1909, US-amerik. Architekt; gehörte mit William *Mead* (*1846, †1928) u. Stanford *White* (*1853, †1906) einer um die Jahrhundertwende führenden amerik. Architektenfirma an.

**McKinley**, *Mount M.* [maunt məˈkɪnli], höchster N-amerik. Berg, in der Alaska-Kette, 6194 m; stark vergletschert.

**McKinley** [məˈkɪnli], William, *1843, †1901 (ermordet), US-amerik. Politiker (Republikaner); 25. Präs. der USA 1897–1901, erreichte 1890 die Annahme der Hochschutzzölle *(M.-Gesetz).*

**McMillan** [məkˈmɪlən], Edwin Mattison, *18.9.1907, US-amerik. Physiker; entdeckte 1940 das erste Transuran (Neptunium); Nobelpreis 1951.

**McNamara** [məknəˈmɑːrə], Robert Strange, *9.6.1916, US-amerik. Politiker (Demokrat); 1961–68 Verteidigungs-Min., 1968–81 Präs. der Weltbank.

**McQueen** [məˈkwiːn], Steve, *1930, †1980, US-amerik. Filmschauspieler (Typ des »harten Mannes« in Abenteuerfilmen).

**MdB**, Abk. für *Mitglied des Bundestags* (der BR Dtld.).

**MdL**, Abk. für *Mitglied des Landtags.*

**MdR**, Abk. für *Mitglied des Reichstags.*

**Mead** [miːd], **1.** George Herbert, *1863, †1931, US-amerik. Sozialphilosoph. – **2.** Margaret, *1901, †1978, US-amerik. Völkerkundlerin.

**Meaux** [mo], N-frz. Krst., an Marne u. Ourcq-Kanal, 45 000 Ew.; berühmte got. Kathedrale.

**Mechanik, 1.** Teilgebiet der Physik: die Lehre von Kräften u. ihren Wirkungen auf starre u. deformierbare Körper. Zur *Klassischen M.* gehören folgende Gebiete: *Statik, Dynamik* u. *Kinematik.* Die *M. der deformierbaren Körper* läßt sich nach den Aggregatzuständen in Elastizitätslehre, Festigkeitslehre, Hydromechanik u. Aerodynamik. Die *relativist. M.* berücksichtigt die Erkenntnisse der Relativitätstheorie. → Quantenmechanik. – **2.** bei Musikinstrumenten, bes. bei Blasinstrumenten u. bei Hammerklavieren, die bewegl. Spielvorrichtung zw. Fingern u. Tonerzeuger.

**Mechanismus,** allg. das Ineinandergreifen von Teilvorgängen; selbsttätiger Ablauf; *i.e.S.* die innere funktionelle Einrichtung einer Maschine aus bewegl. Einzelteilen.

**mechanistische Weltanschauung,** *Mechanismus,* metaphys. Lehre; die Zurückführung aller Naturvorgänge auf mechan. Vorstellungen; *i.e.S.* das der *Mechanik* zugeordnete Weltbild, herrschend zu Zeiten, als man noch alle Vorgänge innerhalb des Naturgeschehens auf Ursachen (Bewegung, Stoß, Druck) zurückführen zu können glaubte, z.B. in der *Aufklärung.* Welt, Lebewesen u. Mensch wurden als »Maschinen« gedacht.

**Mecheln,** *Mechelen,* frz. *Malines,* Stadt in der belg. Prov. Antwerpen, an der Dijle, 76 000 Ew.; Kathedrale (13./14. Jh.), Bürgerhäuser aus dem 13.–17. Jh.; Herstellung von Spitzen, Teppichen.

**Mechernich,** Stadt in NRW, in der Eifel, 22 000 Ew.; Maschinenbau.

**Mechthild von Hackeborn,** *1241, †1299, dt. Mystikerin; Zisterzienserin in Helfta bei Eisleben. – Selige (Fest: 19.11.).

**Mechthild von Magdeburg,** *um 1210, †1283, dt. Mystikerin; Begine in Magdeburg, später Zisterzienserin im Kloster Helfta bei Eisleben.

**Meckauer,** Walter, *1889, †1966, dt. Schriftst.

**Meckel, 1.** Christoph, *12.6.1935, dt. Schriftst. u. Graphiker; expressionist. Lyrik. – **2.** Markus, *18.8.1952, dt. Politiker (SPD); 1989 Mitgr., 1990 amtierender Vors. der SPD in der DDR; 1990 Außen-Min. der DDR.

**Mecklenburg,** Land in N-Dtld., Hauptort Schwerin. Das Landschaftsbild bestimmen eiszeitl. Moränenablagerungen *Balt. Höhenrücken,* der waldreich u. in den *Ruhner Bergen* 178 m hoch ist, die *M.er Seenplatte* mit ihren über 650 Seen u. unfruchtbare Sandflächen; neben Ackerbau starke Rindviehzucht; Küsten- u. Binnenfischerei. – Gesch.: Urspr. von german. Stämmen besiedelt, wurde das Gebiet seit etwa 600 n. Chr. von den slaw. *Wenden* in Besitz genommen. Eingedeutscht u. christianisiert wurde M. durch die Ostsiedlung, hpts. durch Heinrich den Löwen. 1621 wurde M. geteilt in die Herzogtümer *M.-Schwerin* u. *M.-Güstrow.* 1701 kam es zur Teilung des Landes in die Herzogtümer *M.-Schwerin* u. *M.-Strelitz.* Auf dem Wiener Kongreß (1814/15) wurden ihre Fürsten zu Großherzögen erhoben. Aus den Großherzogtümern entstanden 1919/20 die Freistaaten M.-Strelitz u. M.-Schwerin. 1934 wurden beide Teilstaaten vereinigt. 1952 wurde M. als Land der DDR aufgelöst. Aus M. wurden die Bezirke *Neubrandenburg, Rostock* u. *Schwerin* gebildet. Das Land hatte bei Auflösung 22 893 km² u. 2,1 Mio. Ew. 1990 wurde es als Bundesland **M.-Vorpommern** wiederhergestellt.

**Medaille** [meˈdaljə], *Schaumünze,* ein münzähnl. rundes oder eckiges Erinnerungsstück, mit Reliefdarstellungen geschmückt, ohne Geldcharakter; im 15. Jh. in Italien entstanden.

**Medaillon** [medaˈjõ], zu dekorativen Zwecken verwendetes, rund oder oval gerahmtes Bild, oft im Miniaturformat.

**Medan,** Hauptort von N-Sumatra (Indonesien), 2 Mio. Ew.; islam. Univ.; Tabakanbau.

**Medawar** [ˈmɛdəwə], Peter Brian, *1915, †1987, brit. Biologe; erforschte die biolog. Abwehrvorgänge bei Transplantationen; Nobelpreis für Medizin 1960.

**Medea,** in der grch. Sage die zauberkundige Tochter des Königs *Aietes* von Kolchis. Sie schläferte den Drachen ein, der das Goldene Vlies bewachte, u. floh mit *Iason,* dem Anführer der *Argonauten.*

**Medellín** [medeˈljin], Hptst. des kolumbian. Dep. Antioquia, 2,1 Mio. Ew.; Univ., Ind.-Standort, Flughafen; Zentrum der Drogenmafia.

**Meckenheim,** Stadt in NRW, sw. von Bonn, 20 000 Ew.; Baumschulen, Obstplantagen.

**Meder,** indoiran. Volk im westl. Teil des alten Persien, erstmals 836 v.Chr. erwähnt. *Kyaxares d.Gr.* zerschlug 618–608 v.Chr. die Vorherrschaft Assyriens (612 v.Chr. Eroberung von Ninive), unterwarf große Teile des Iran, eroberte Armenien u. drang weit in Kleinasien ein; Hptst. des Reichs war *Ekbatana* (heute *Hamadan).* Sein Nachfolger *Astyages* unterlag schließl. 550 v.Chr. den Persern unter *Kyros II.*

**median,** in der Symmetrieebene (Mittelebene) eines Körpers liegend.

**Mediaș** [-aʃ], dt. *Mediasch,* Stadt in Siebenbürgen (Rumänien), 73 000 Ew.; Weinanbau.

**Medici** [ˈmeditʃi], ein florentin. Patriziergeschlecht, urspr. Kaufleute u. Bankiers, das 1434 die Reg. der Stadtrep. Florenz übernahm; 1494–1512 u. 1527–31 vertrieben; 1737 im Hauptstamm ausgestorben. – Der älteren Linie entstammen u.a.: *Cosimo* de'M. *(Cosimo der Alte,* *1389, †1464) u. *Lorenzo I.* de'M. *(der Prächtige, il Magnifico,* *1449, †1492; führte Florenz zu höchster wirtschaftl. u. kultureller Blüte, selbst Dichter, förderte Gelehrte u. Künstler); ferner die Päpste *Leo X.* (1513–21) u. *Clemens VII.* (1523–34) u. *Katharina von M.,* die Frau des frz. Königs Heinrich II. – Der Begr. der jüngeren Linie, Cosimo I. de'M. (*1519, †1574), entstammt einer Seitenlinie. 1569 wurde er von Papst Pius V. zum Großherzog (von Toskana) erhoben. Der jüngeren Linie entstammen Papst *Leo XI.* (1605) u. Maria von M., die Frau Heinrichs IV. von Frankreich.

**Medien,** Mehrzahl von *Medium;* → Massenmedien.

**Medien,** antike Ldsch. in NW-Iran, von den → Medern bewohnt.

**Medienverbund,** der Zusammenschluß mehrerer Kommunikationsmittel in einer Organisation; z.B. von Film- u. Rundfunkunternehmen in einem System; hierzu gehört auch die Konzentration von Presseverlagen.

**Medikament,** Arzneimittel; → Arznei.

**Medikus,** *Medicus,* veraltete Bez. für den Arzt.

**Medina,** *Medinet,* Altstadt oriental. Städte, bes. in NW-Afrika; enthält Hauptmoschee, Basar u. Kasbah (Burg).

**Medina,** *Madinah,* saudi-arab. Stadt im Hedjas, 300 000 Ew.; heilige Stadt der Moslems; Moschee mit Gräbern *Mohammeds* u. seiner Tochter *Fatima.* – 622 Zufluchtsort Mohammeds, dann Residenz der drei ersten Kalifen; 1926 zu Saudi-Arabien.

**Meditation,** beschaul. Nachdenken, Sich-Vertiefen in philos. oder myst. Betrachtungen; ind. *sam-adhi,* d.i. das Aufsteigen zu höherem Bewußtsein durch Versenken in einen Prozeß der Verinnerlichung. Verb: *meditieren.*

**mediterran,** zum (europ.) Mittelmeer gehörig.

**Medium, 1.** Mittel, Mittler, Mittelglied. – **2.** eine Person, die (angebl.) in der Lage ist, Botschaften zw. einer Geisterwelt u. den Menschen zu vermitteln. – **3.** ein Stoff, der den Raum kontinuierl. ausfüllt, in dem sich physikal. Wirkungen ausbreiten (z.B. Schall in der Luft) oder der zum Experimentieren dient. – **4.** Massenkommunikationsmittel; → Massenmedien.

**Medizin, 1.** die → Arznei. – **2.** die *Heilkunde.* Zur M. gehört das Studium des gesunden u. des kranken Menschen. Mit dem ersten befassen sich Ana-

*Medina: Pilger beim Abendgebet vor der Moschee*

## 560 Medizinball

*Meerechse*

tomie, Histologie, Entwicklungsgeschichte, Physiologie u. physiolog. Chemie, mit dem zweiten die *Pathologie*, die sich weiter aufteilt in Nosologie (Krankheitslehre), Symptomatologie (Anzeichenlehre), Ätiologie (Ursachenlehre), Diagnose (Erkennung), Prophylaxe (Verhütung) u. Therapie (Behandlung). Mit den einzelnen Krankheitsgruppen befassen sich die versch. Teildisziplinen der M. (Klin. M.), z.B. *Innere M., Chirurgie, Frauenheilkunde* u. *Geburtshilfe, Kinderheilkunde, Hals-Nasen-Ohren-Heilkunde, Augenheilkunde, Neurologie* u. *Psychiatrie*. – Geschichte → T S. 558.

**Medizinball,** 2–5 kg schwerer Lederball für gymnast. Wurf- u. Stoßübungen.

**Medizinmann,** bei Naturvölkern ein Heilkundiger u. Priester (in Asien: *Schamane*), oft der Führer von Stammesgemeinschaften.

**Medley** ['mɛdli], engl. Begriff für *Potpourri*, Zusammenstellung bek. Melodien.

**Médoc,** Ldsch. im SW Frankreichs am linken Ufer der *Gironde;* Weinanbau.

**Medrese,** *Medresse,* islam. Lehranstalt für Studierende der islam. Wiss. (Theologie, Recht u. Philologie), meist einer Moschee angegliedert.

**Medusa,** in der grch. Sage eine der → Gorgonen.

**Medusen** → Quallen.

**Meer,** *Weltmeer, Hohe See,* die Gesamtheit der Ozeane, die mit rd. 363 Mio. km² 71 % des gesamten Erdoberfläche (510 Mio. km²) bedecken. Man unterscheidet 3 Ozeane: den *Atlant. Ozean,* den *Ind. Ozean* u. den *Pazif. Ozean,* von denen sich die *Nebenmeere* abgliedern. Dringen diese tief in die Kontinente ein u. sind sie nur durch schmale Zugänge mit den Ozeanen verbunden, so spricht man von *Mittelmeeren* (Amerikan., Europ., Arkt., Australasiat. Mittelmeer); sind sie den Landmassen nur angelehnt, so spricht man von *Randmeeren.* Von beiden zweigen sich *Golfe* u. *Buchten* ab. Die mittlere Tiefe des M.es beträgt −3790 m; die größte Tiefe wurde mit −11 034 m im *Marianengraben* gemessen. In allen M.en ist der Boden mit Meeresablagerungen bedeckt. Bemerkenswert ist mit 3,5 % der durchschnittl. *Salzgehalt* des M.wassers; mehr als 75 % dieses Salzes bestehen aus Kochsalz. Die mittlere Oberflächentemperatur liegt zw. dem Gefrierpunkt in den Polar-M.en (bis −1,9 °C) u. 29 °C in den trop. M.en. Die mittlere Temperatur der Welt-M.s beträgt 3,8 °C. *M.esbewegungen* sind Wellen, Strömungen u. durch Anziehung des Mondes verursachte *Gezeiten.*

Das M. ist Urheimat der Lebewesen; die Flachseegebiete enthalten das reichste Leben; weniger reich sind die Hochsee- u. Tiefseeregionen. Für den Menschen liefert das M. lebensnotwendige Mineralien, wie Salze, Magnesium- u. Jodverbindungen, ferner Fische, Muscheln, Krabben.

**Meer,** 1. Jan van der → Vermeer. – 2. Simon van der, *24.11.1925, ndl. Physiker; seit 1956 bei CERN, erhielt 1984 zus. mit C. *Rubbia* den Nobelpreis.

**Meeraale,** *Seeaale, Congridae,* Fam. der *Aalfische* im Schwarzen Meer, Mittelmeer u. N-Atlantik. Der *Meeraal* erreicht bei 65 kg Gewicht über 3 m Länge.

**Meeralpen,** *Seealpen,* frz. *Alpes maritimes,* ital. *Alpi Marittime,* südl. Teil der W-Alpen, von der Mittelmeerküste (frz.-ital. Riviera) bis zum Tal der Stura di Demonte; in der *Punta (dell') Argentera* 3297 m hoch.

| Meere und Meeresteile | |
|---|---:|
| Name | Fläche (Mio. km²) |
| *Atlantischer Ozean* | 106,10 |
| Nordsee | 0,58 |
| Ostsee | 0,42 |
| Mittelländisches Meer | 2,51 |
| Schwarzes Meer | 0,41 |
| Hudsonbai | 1,23 |
| Baffinbai | 0,69 |
| St.-Lorenz-Golf | 0,24 |
| Golf von Mexiko | 1,54 |
| Karibisches Meer | 2,75 |
| *Indischer Ozean* | 74,90 |
| Rotes Meer | 0,44 |
| Persischer Golf | 0,23 |
| Arabisches Meer | 3,68 |
| Andamanensee | 0,60 |
| Golf von Bengalen | 2,17 |
| *Pazifischer Ozean* | 179,70 |
| Beringmeer | 2,27 |
| Ochotskisches Meer | 1,58 |
| Japanisches Meer | 0,98 |
| Gelbes Meer | 0,42 |
| Ostchinesisches Meer | 0,75 |
| Südchinesisches Meer | 3,45 |
| Golf von Kalifornien | 0,15 |
| Australasiatisches Mittelmeer | 8,61 |
| *Nordpolarmeer* | 14,06 |

**Meerane,** Ind.-Stadt in Sachsen, nördl. von Zwickau, 24 000 Ew.

**Meeräschen,** geschätzte Speisefische aus trop. u. subtrop. Meeren. Die Gestalt ist torpedoartig gestreckt, M. besitzen zwei getrennt stehende Rückenflossen. Es gibt über 100 Arten (u.a. im Mittelmeer der *Großkopf*), sie gehören zur Ordnung der Barschfische.

**Meeraugspitze** → Hohe Tatra.

**Meerbarben,** *Seebarben, Mullidae,* Fam. farbenprächtiger, etwa 30 cm langer barschartiger Fische. Die M. haben bes. in der UdSSR große wirtsch. Bedeutung.

**Meerbrassen** → Brassen.

**Meerbusch,** Stadt in NRW, zw. Düsseldorf u.

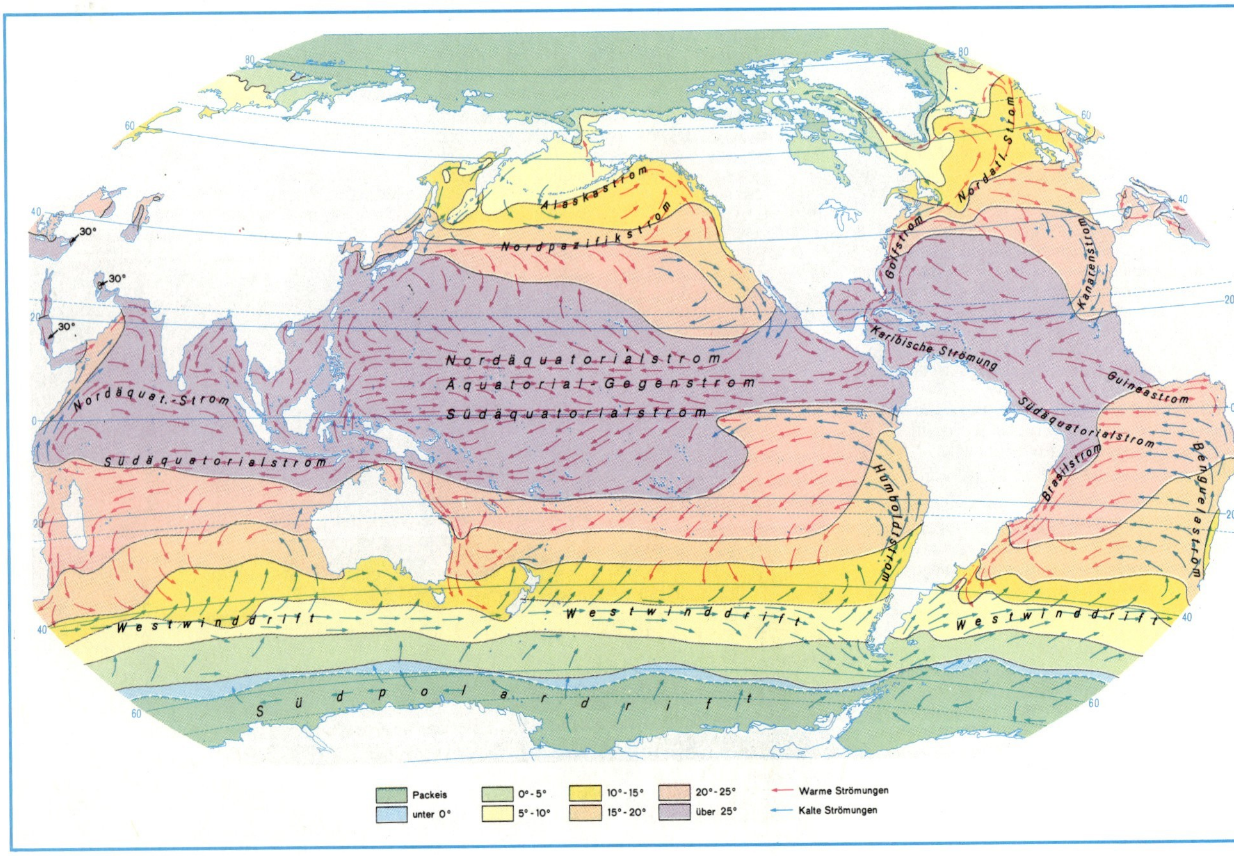

*Meer: Oberflächentemperatur und Strömungen im Nordsommer*

| Meeresstraßen | engste Stelle in km |
|---|---|
| Kleiner Belt (zwischen dem dänischen Festland und der Insel Fünen) | 0,6 |
| Bosporus (verbindet das Schwarze Meer mit dem Marmarameer/Türkei) | 0,7 |
| Dardanellen (verbindet die Ägäis mit dem Marmarameer/Türkei) | 1,6 |
| Magalhãesstraße (zwischen dem chilenischen Festland und Feuerland) | 2,0 |
| Öresund (zwischen Schweden und der Insel Seeland/Dänemark) | 3,0 |
| Straße von Messina (zwischen dem italienischen Festland und Sizilien) | 3,5 |
| Straße von Bonifacio (zwischen Korsika und Sardinien) | 11,0 |
| Straße von Gibraltar (zwischen Spanien und Marokko) | 14,0 |
| Großer Belt (zwischen Fünen und Seeland/Dänemark) | 16,0 |
| Bab Al Mandab (verbindet das Rote Meer mit dem Golf von Aden) | 18,0 |
| Belle-Isle-Straße (zwischen dem kanadischen Festland und der Insel Neufundland) | 20,0 |
| Sundastraße (zwischen Sumatra u. Java) | 25,0 |
| Straße von Calais (zwischen Frankreich und Großbritannien) | 31,0 |
| Straße von Malakka (zwischen Sumatra und der Malaiischen Halbinsel) | 35,0 |
| Straße von Hormus (verbindet den Persischen Golf mit dem Golf von Oman) | 63,0 |
| Straße von Otranto (zwischen Italien und Albanien) | 71,0 |
| Beringstraße (zwischen Alaska und Sibirien/UdSSR) | 92,0 |
| Straße von Tunis (zwischen Tunesien und Sizilien/Italien) | 140,0 |
| Koreastraße (zwischen Südkorea und der Insel Tsuschima/Japan) | 160,0 |
| Floridastraße (zwischen Kuba und Florida/USA) | 200,0 |
| Davisstraße (zwischen Grönland und Baffinland/Kanada) | 350,0 |

Krefeld, 50 000 Ew.; Stahl- u. metallverarbeitende Ind.
**Meerdrachen,** Bez. für versch. Fische wie *Adlerrochen, Teufelsrochen* oder *Seedrachen.*
**Meerechse,** bis 1,75 m langer *Leguan* der Galapagos-Inseln.
**Meeresleuchten,** von vielen in Massen im Meer vorkommenden Organismen (einige Bakterien u. Dinoflagellaten) hervorgerufene Lichterscheinung. *Noctiluca,* ein Dinoflagellat, ruft das M. in der Nordsee hervor.
**Meeressäugetiere,** *Meeressäuger,* zusammenfassende Bez. für Säuger, die fast ausschl. im Meer vorkommen: die *Wale,* die *Robben,* die *Seekühe* u. der *Seeotter.*
**Meeresschildkröten,** *Seeschildkröten, Cheloniidea,* Fam. der *Halsberger-Schildkröten.* Die M. bewohnen trop. u. subtrop. Meere u. gehen nur zur Eiablage an Land. Zu den M. gehört die Fam. der *Lederschildkröten.*
**Meeresströmungen,** durch die Schubkraft des Windes u. durch Dichteunterschiede im Wasser entstehende Bewegungen. Geschwindigkeit u. Richtung der Wasserbewegungen werden durch Reibungskräfte u. durch die Ablenkung infolge der Erdrotation beeinflußt. M. sind für das Klima des angrenzenden Festlands von großer Bedeutung.
**Meeresverschmutzung,** die Verunreinigung der Meere durch Schadstoffe, bes. durch den Zufluß verunreinigter Flüsse u. durch Einbringung flüssiger u. fester Abfallstoffe über Rohrleitungen oder durch Transportschiffe. Schmutzstoffe werden durch Meeresströmungen weiträumig transportiert, die Verhinderung einer globalen M. erfordert daher internat. Übereinkommen, z.B. 1954 in London zur Verhütung der Verschmutzung der See durch Öl.
In der BR Dtld. zählt die Reinhaltung der Meere zu den Aufgaben des *Deutschen Hydrographischen Institutes.* Für die Küstengewässer sind die einzelnen Bundesländer verantwortlich.
**Meerfenchel,** *Seefenchel,* halbstrauchiges *Doldengewächs;* Salat u. Küchengewürz.
**Meerjungfrau,** *Seejungfrau,* im Volksglauben eine im Meer wohnende, mit Zauberkräften ausgestattete Frau mit Fischschwanz; → *Nixen.*
**Meerkatzen,** Unterfam. der *Schmalnasen:* meist schlanke, bewegl., in Herden lebende Affen, bes. in W-Afrika; mit Backentaschen, Gesäßschwielen u. langem Schwanz.
**Meerkohl,** *Crambe,* Gatt. der *Kreuzblütler.* Die wichtigste Art ist der *Gewöhnl. M.* (Kohlgemüse), eine weißblühende Strandpflanze der europ. Küsten.
**Meerrettich,** ein *Kreuzblütler* mit dickem, fleischigem Wurzelstock; ein scharfaromat. Küchengewürz.
**Meersalat,** mehrzellige *Grünalge* von großem, blattartigem Wuchs.
**Meersalz,** im Meerwasser gelöste Mineralbestandteile: Chlorid (55%), Natrium (30%), Sulfat (7,7%), Magnesium (3,7%) u.a.
**Meersburg,** Stadt in Ba.-Wü., am nördl. Bodensee, 4500 Ew.; 1526–1803 Residenz der Konstanzer Bischöfe.
**Meerschaum,** *Sepiolith,* ein poröses, weißes Mineral, hpts. in Anatolien; wird für Pfeifenköpfe verwendet.
**Meerschweinchen,** *Caviidae,* Fam. der *Nagetiere* S-Amerikas. In den Hochsteppen der Anden lebt neben vielen verwandten Arten das wilde M., aus dem bereits zur Inka-Zeit das zahme M. domestiziert wurde, das im 16. Jh. von Holländern nach Europa gebracht wurde.
**Meerspinne,** bis 18 cm lange *Dreieckskrabbe* des Atlantik u. Mittelmeers, mit großen Stelzenbeinen.
**Meerteufel,** volkstüml. Bez. für den → *Adlerrochen.*
**Meerträubel,** *Ephedra,* Sträucher trocken-warmer Gebiete mit wacholderähnl. Blütenständen; versch. Arten enthalten das Alkaloid *Ephedrin.*
**Meerut** → Merath.
**Meeting** ['mi:tiŋ], Treffen, Zusammenkunft.
**Megachip** [-tʃip], *Megabitchip,* ein Halbleiterchip mit einer Speicherkapazität von einer Million Bit, d.h. über 100 000 Zeichen; wird in europ. Zusammenarbeit entwickelt.
**Megalithbauten,** Anlagen aus großen Steinen, in der jüngeren Phase der Jungsteinzeit über W-, NW- u. N-Europa verbreitet, mit Ursprung im Mittelmeerraum. Am bekanntesten sind die Megalithgräber (*Großsteingräber, Riesensteingräber,* volkstüml. *Hünengräber, Hünenbetten),* aus Blöcken oder Platten errichtete Grabkammern, meist für viele Bestattungen, daneben auch als Einzelgräber. Andere M. sind *Menhire* u. *Kuppelgräber* (z.B. *Nuraghen* u. *Talayots).* Nach ihnen werden verschiedenartige Kulturgruppen, die im Zusammenhang mit bestimmten gemeinsamen Glaubensvorstellungen u. Gesellschaftsstrukturen M. errichteten, benannt *(Megalith-Kultur).*
**Megalopolis,** Ballungsraum mehrerer Millionenstädte; insbes. die Städtezone an der Atlantikküste der USA.
**Megaphon,** urspr. ein Schalltrichter zum Bündeln des Schalls; heute ein Sprechgerät mit Mikrophon, Verstärker u. Lautsprecher.
**Megara,** im Altertum Hptst. der von Dorern bewohnten mittelgrch. Ldsch. *Megaris.*
**Megäre,** *Megaira,* eine der → Erinyen; übertragen: böses Weib.
**Megariker,** die von *Euklid von Megara* (*um 450, †380 v.Chr.) begr. sokrat. Schule.
**Megaron,** altgrch. Haustyp mit Vorhalle u. einem Raum, Grundform des grch. Tempels.
**Meghalaya,** Bundesstaat v. → Indien.
**Megiddo,** das bibl. *Armageddon,* antike Hügelfestung in Palästina.
**Megilloth,** die fünf im jüd. Festritual verwendeten, in den alttestamentl. Kanon aufgenommenen Schriften: *Hohes Lied, Ruth, Klagelieder des Jeremia, Prediger Salomo, Esther.*
**Mehl,** *i.w.S.* der durch Mahlen fester Körper entstehende Staub (z.B. Stein-M.); *i.e.S.* das durch Mahlen von Getreidekörnern entstehende feine Pulver, mit einem durchschnittl. Nährstoffgehalt von 64% Stärke, 13% Eiweiß (Kleber), 6% Dextrin u. Zucker, 1% Fett, 1% Cellulose, 1% Mineralsalze, 14% Wasser. Dunkle M.e sind reich an Vitaminen u. Mineralien. – *M.schädlinge* sind u.a. der *M.käfer,* mit gelbl. Larven *(M.würmer),* die *M.milbe* u. die Raupen der *M.motte.*
**Mehlschwamm,** *Mehlpilz, Moosling, Pflaumenpilz,* ein eßbarer weißer *Blätterpilz.*
**Mehltau,** durch versch. Pilze hervorgerufene Blattkrankheiten, die auch auf junge Triebe u. Früchte übergreifen; ein schimmelartiger, grauweißer Überzug, der aus dem Myzel oder den Konidien der Parasiten besteht. Befallen werden zahlr. Kulturpflanzen, z.B. Apfel, Stachelbeere, Rose, Getreidearten, Weinreben.
**Mehmed** [meç'met], türk. Form von *Mohammed,* arab. *Muhammad:*
Ägypten:
**1. M. Ali,** *1769, †1849, erbl. Statthalter (Vizekönig) von Ägypten 1805–48; beendete die Herrschaft der Mamluken.
Osmanisches Reich:
**2. M. II. Fatih** [»der Eroberer«], *1432, †1481, Sultan 1451–81; eroberte 1453 Konstantinopel u. das Byzantin. Reich. – **3. M. IV.,** *1642, †1693, Sultan 1648–87; nach den Mißerfolgen gegen Östr. (vergebl. Belagerung Wiens 1683) von Janitscharen abgesetzt. – **4. M. VI. Wahideddin,** *1861, †1926, letzter Sultan 1918–22; ging im Nov. 1922 ins Exil, 1924 abgesetzt.
**Mehnert,** Klaus, *1906, †1984, dt. Journalist u. Politologe; behandelte bes. sowj. u. chin. Themen.
**Mehrheitsprinzip,** der Grundsatz, nach dem die Entscheidung der Mehrheit einer Körperschaft oder Versammlung verbindl. ist. In der Regel genügt die *einfache Mehrheit,* d.h. die vergleichsweise höchste Stimmenzahl. In manchen Fällen sind *qualifizierte Mehrheiten* erforderlich, z.B. *absolute Mehrheit* (über 50%) oder *Zweidrittel-, Dreiviertelmehrheit.*
**Mehring, 1. Franz,** *1846, †1919, dt. Politiker (SPD) u. Publizist; 1918 Mitgründer der KPD; führender Historiker der dt. Arbeiterbewegung vor

*Blaumaul-Meerkatze*

*Megalithbauten: Der »Gollenstein« bei Blieskastel ist mit 7 m der größte Menhir Mitteleuropas*

dem 1. Weltkrieg. – **2.** Walter, *1896, †1981, dt. Schriftst.; seit 1933 im Exil; Mitarbeiter des »Sturm«, Mitgr. der Berliner »Dada«-Sektion, ein Erneuerer des Bänkelsangs.

**Mehrkampf,** ein Wettbewerb, in dem (für einen Wettkämpfer) mehrere Disziplinen zusammengefaßt sind u. hintereinander absolviert werden müssen, z.B. Dreikampf, Fünfkampf, Zehnkampf.

**Mehrlingsgeburt,** die Geburt mehrerer aus einer Schwangerschaft stammender Kinder; durch die Einf. von Hormonbehandlungen ist die Zahl der M.en gestiegen.

**Mehrphasenstrom,** ein elektr. Wechselstrom, der als Kombination mehrerer in der Phase gegeneinander verschobener Einphasenströme auf entspr. vielen Leitungen übertragen wird. Techn. wichtig ist der → Drehstrom.

**Mehrwert,** in der *Arbeitswerttheorie* der Unterschied zw. dem Wert einer Arbeitsleistung u. dem vom Arbeitgeber dafür gezahlten Arbeitslohn; in marxist. Sicht als leistungsloser Profit des Unternehmers verstanden.

**Mehrwertsteuer,** *Nettoumsatzsteuer,* eine Form der Umsatzsteuer, die vom Verbraucher getragen werden soll. Bemessungsgrundlage ist der Wertzuwachs *(Mehrwert)* der Waren auf jeder einzelnen Produktions- oder Handelsstufe. Seit 1.7.1983: 14%.

**Mehta,** Zubin, *29.4.1936, ind. Dirigent, Chefdirigent mehrerer US-amerik. Orchester u. seit 1979 der Israel. Philharmoniker.

**Méhul** [me'yl], Étienne Nicolas, *1763, †1817, frz. Komponist; von *Gluck* beeinflußt, schuf überwiegend Opern.

**Meidan,** Platz in oriental. Städten mit Hauptmoschee u. Bazar.

**Meidner,** Ludwig, *1884, †1966, dt. Maler, Graphiker u. Schriftst. des Expressionismus; emigrierte 1939 nach London.

**Meidschi-Restauration,** *Meiji-Restauration,* die Wiederherstellung der kaiserl. Macht in Japan 1868–1912 nach einer fast 7 Jh. währenden Shogunatsregierung.

**Meidschi-Tenno,** *Meiji Tenno,* 1868–1912 Kaiser von Japan, posthumer Name des Prinzen *Mutsuhito* (*1852, †1912), ben. nach seiner Regierungsdevise *Meidschi* (»aufgeklärte Regierung«).

**Meier,** *Maier,* im MA ein vom Grundherrn eingesetzter Verwalter *(Haus-M.),* bis in die neuere Zeit ein landw. Vorarbeiter, der die Aufsicht ausübte; in Westfalen Eigentümer eines großen Hofs.

**Meier, 1.** Hermann Henrich, *1809, †1898, dt. Kaufmann; Gründer (1857) des *Norddt. Lloyds.* – **2.** John, *1864, †1953, dt. Volksliedforscher.

**Meier-Graefe,** Julius, *1867, †1935, dt. Kunsthistoriker u. Schriftst.; beeinflußte das zeitgenöss. Kunstleben.

**Meile,** engl. *mile,* urspr. im alten Rom *milia passuum,* »1000 (Doppel-)Schritte« (rd. 1470 bis 1480 m). Die *geograph. M.* beträgt 7420,438 m (= 1/15 des Äquatorgrads), die engl., auch in den USA gültige *Statute mile* 1609,3 m, die *Seemeile* 1852 m.

**Meiler,** ein mit einer Erdschicht überdeckter Holzstoß, der in Brand gesetzt wird u. langsam unter Luftabschluß zu *Holzkohle* verkohlt; → Holzverkohlung.

**Meilhac** [mɛ'jak], Henri, *1831, †1897, frz. Theater-Schriftst. (Lustspiele, Operetten- u. Operntexte).

**Meinberg,** *Bad M.* → Horn-Bad Meinberg.

**Meinecke,** Friedrich, *1862, †1954, dt. Historiker; Mitbegr. der Geistes- u. Ideengeschichte, Vertreter des Historismus; 1949 erster Rektor der Freien Univ. Berlin. W »Die Entstehung des Historismus«.

**Meineid,** vorsätzliches falsches Schwören vor Gericht oder vor einer anderen zur Abnahme von Eiden zuständigen Stelle; strafbar nach § 154, 155 StGB.

**Meiner,** Felix, *1883, †1965, dt. Verlagsbuchhändler; gründete 1911 in Leipzig den Verlag *F. M.,* der sich zum führenden philos. Verlag entwickelte; seit 1951 in Hamburg.

**Meinerzhagen,** Stadt in NRW, 19 000 Ew.; Metallind.

**Meinhof,** Ulrike, *1934, †1976 (Selbstmord), dt. Journalistin; Mitgl. der terrorist. *Baader-Meinhof-Gruppe.* Wegen anarchist. Gewalttaten war M. seit 1972 in Haft.

**Meinhold,** Wilhelm, *1797, †1851, dt. Schriftst.; förderte mit seinem als angebl. Handschrift des 17. Jh. hrsg. Roman »Maria Schweidler, die Bernsteinhexe« 1843 die Entwicklung der dt. kulturgeschichtl. Erzählung.

**Meiningen,** Krst. in Thüringen, 26 500 Ew.; Schloß *Elisabethenburg;* traditionsreiches Theater *(Meininger);* 1680–1918 Residenz der Herzöge von *Sachsen-M.*

**Meinrad,** Josef, *21.4.1913, östr. Schauspieler; nach W. *Krauß* Träger des Iffland-Rings.

**Meinungsforschung,** *Demoskopie,* Umfrageerhebungen bei einem repräsentativen Bevölkerungsquerschnitt zu bestimmten Einzelfragen polit., wirtsch., kultureller u.a. Art; zuerst in den USA (G. H. Gallup) entwickelt.

**Meinungsfreiheit,** das Recht der freien Meinungsäußerung, in der BR Dtld. ein verfassungsrechtl. gesichertes *Grundrecht.*

**Meir,** Golda, eigtl. G. *Meyerson,* *1898, †1978,

*Golda Meir*

isr. Politikerin (Mapai, Arbeiterpartei); 1949–56 Arbeits-Min., 1956–66 Außen-Min., 1969–74 (zurückgetreten) Min.-Präs.

**Meisel,** Kurt, *18.8.1912, östr. Schauspieler u. Regisseur.

**Meisen,** *Paridae,* in Eurasien u. N-Amerika vertretene Fam. von rd. 50 Arten kleiner, gewandter *Singvögel.* Einheim. sind: *Blaumeise, Kohlmeise, Tannenmeise, Sumpf-* u. *Weidenmeise, Haubenmeise, Schwanzmeise,* die seltene *Beutelmeise, Bartmeise.*

**Meisner,** Joachim, *25.12.1933, kath. Theologe; seit 1980 Bischof von Berlin, 1983 Kardinal, seit 1989 Erzbischof von Köln.

**Meißel,** Stahlwerkzeug zum Abtrennen von Spänen von einem Werkstück, vorn mit einer gehärteten u. geschliffenen Schneide.

**Meißen,** Krst. in Sachsen, an der Elbe, 38 000 Ew.; got. Dom (13./14. Jh.), *Albrechtsburg* (1471–1521), Porzellanmanufaktur (→ Meißner Porzellan). – Gesch.: Die ehem. Mark(grafschaft) M. (seit 1089 im Besitz der Wettiner) war das Kernland des Kurfürstentums u. späteren Königreichs *Sachsen.*

**Meißner,** *Hoher M.,* 750 m hoher Tafelberg im NO des hess. Berglands, westl. von Eschwege.

**Meißner** Alexander, *1883, †1958, dt. Physiker; gab 1913 als erster die Rückkopplungsschaltung

*Meißen: Albrechtsburg und Dom*

*Meißner Porzellan: J. J. Kändler, Der indiskrete Harlekin, 1791. Berlin, Staatliche Museen*

zur Erzeugung ungedämpfter elektr. Schwingungen an.

**Meißner Porzellan,** Erzeugnisse der 1710 durch Kurfürst *August II.* in Dresden gegr., noch im selben Jahr auf die *Albrechtsburg* bei Meißen verlegten ältesten europ. Porzellanmanufaktur. Der Errichtung der Fabrik ging 1708 die Erfindung des europ. Porzellans durch J.F. Böttger u. E.W. Graf von *Tschirnhaus(en)* voraus. Die Erzeugnisse sind mit der traditionellen blauen Kurschwerter-Marke ausgezeichnet.

**Meistbegünstigung,** die durch bes. Klauseln *(M.sklausel)* in zwischenstaatl. Verträgen vereinbarte Regelung, derzufolge der Staat u. seine Staatsangehörigen im Gebiet des Vertragspartners alle Vorteile genießen sollen, die der versprechende Staat in Verträgen mit dritten Staaten bereits eingeräumt hat oder in Zukunft einräumen wird.

**Meister, 1.** *Handwerks-M.,* Handwerker, die nach einer Gesellenzeit die *M.prüfung* bestanden haben, die zur Führung eines Betriebes u. zur Anleitung von Auszubildenden (Lehrlingen) berechtigt. – **2.** Künstler, deren Namen nicht oder nur teilw. bek. sind u. die nach ihrem Hauptwerk, ihrem Wirkungsort oder bes. Stilmerkmalen ben. werden.

**Meister Bertram** von Minden, *um 1340, †um 1415, dt. Maler; Hauptmeister der norddt. Malerei im ausgehenden 14. Jh.

**Meister Francke,** *um 1380, †1430, dt. Maler; bes. von der Buchmalerei angeregt, wandte sich dem neu aufkommenden Weichen Stil zu.

**Meistergesang,** *Meistersang,* der schulmäßige, fast ausschl. von Handwerkern gepflegte bürgerl. Gesang des 14.–16. Jh., der sich aus die Spätformen des höf. *Minnesangs* u. aus der Spruchdichtung des 13. Jh. entwickelte. Aus kirchl. organisierten Singgemeinschaften entstanden zu Beginn des 14. Jh. die ersten Meistersinger-Zünfte, zuerst in Mainz, dann in Straßburg, Frankfurt, Würzburg, Augsburg, Zwickau, Prag u. Nürnberg, das zu Lebzeiten H. *Sachs'* 250 Meistersinger zählte. Die Meistersinger-Schulen bestanden z. T. bis ins 19. Jh. (Memmingen 1875) u. wurden dann von den *Männergesangvereinen* abgelöst.

**Meistermann,** Georg, *1911, †1990, dt. Maler u. Graphiker; einer der führenden Meister der modernen Glasmalerei u. Mosaikkunst.

**Meistersinger** → Meistergesang.

**Meistgebot,** das höchste wirksame Gebot, das ein Bieter bei der Versteigerung abgibt.

**Meit,** Conrad, *um 1480, †1550/51, dt. Bildhauer; entwickelte sich zu einem der bedeutendsten dt. Renaissance-Meister.

**Meitner,** Lise, *1878, †1968, östr. Physikerin; langjährige (seit 1913) Mitarbeiterin von Otto *Hahn;* arbeitete auf dem Gebiet der Atomphysik u. der Kernspaltung (Uranspaltung 1938).

**Mekka,** *Makkah,* W-arab. Stadt im Hedjas (Saudi-Arabien), 550 000 Ew.; islam. Hauptwallfahrtsort, heilige Stadt der Moslems u. Keimzelle der islam. Religion; islam. Universität; Zentrum ist die Große Moschee *El-Haram* mit dem Zentralheiligtum des Islams, der *Kaaba.*

**Meknès,** Stadt in Marokko, sw. von Fès, 320 000 Ew.; Sommerresidenz des Königs.

**Mekong,** chin. *Lansang Jiang,* der Hauptfluß Hinterindiens, rd. 4500 km; mündet mit einem 70 000 km² großen, versumpften Delta ins Südchin. Meer; 810 000 km² Stromgebiet.

**Melancholie,** allg. Schwerblütigkeit, Trübsinn; als Krankheitssymptom eine Form der Depression.

**Melancholiker,** ein Charaktertyp, bei dem die *Melancholie* als Temperament vorherrscht.

**Melanchthon,** Philipp, eigtl. Ph. *Schwarzerd,* *1497, †1560, dt. Reformator; Humanist, bedeutendster Mitarbeiter M. *Luthers;* verfaßte 1520/21 die »Loci communes« (»Hauptpunkte«), eine erste Zusammenfassung von Luthers Rechtfertigungslehre. 1530 verfaßte er für den Reichstag zu Augsburg die »Confessio Augustana« (»Augsburg. Bekenntnis«) u. deren Verteidigung, die Apologie. Wegen seiner humanist. geprägten Schulreformen erhielt er den Ehrentitel »Praeceptor Germaniae« (»Lehrmeister Deutschlands«).

**Melanesien,** der Westteil der Inseln Ozeaniens im Pazif. Ozean: Neuguinea, Admiralitätsinseln, Bismarckarchipel, Salomonen mit Santa Cruz, Neue Hebriden, Îles Loyauté u. Fidschi-Inseln; zus. (ohne Westirian) 525 300 km², 4,5 Mio. Ew.; Bewohner sind auf Neuguinea schwarze *Papuas,* auf den übrigen Inseln dunkelhäutige *Melanesier.*

*Melanesier von den Fidschi-Inseln*

*Mekong-Delta*

Flußebenen
Flußarme und Dämme
Zwischenstrom-Marschen und Becken
Dünen
Zeitweilig überschwemmte Mangrovesümpfe
Höhergelegenes Land und Terrassen

**Melange** [me'lãʒ], in Wien Bez. für mittelbraunen *Milchkaffee.*

**Melanine,** rote bis schwarze Pigmente, die weitverbreitet in allen Tierklassen vorkommen. Bestrahlung der Haut mit ultraviolettem Licht bewirkt vermehrte Melaninbildung (Sommerbräune). Die M. schützen die Haut vor kurzwelligem Licht.

**Melanom,** *Melanoblastom,* eine sehr bösartige, gelbbraune bis schwärzliche Geschwulst an Haut u. Schleimhaut.

**Melasse,** Rückstand bei der Verarbeitung des Rübensafts zu Zucker; eine zähe dunkelbraune Flüssigkeit. M. ist ein beliebtes Futtermittel u. Rohstoff für die Spiritusbereitung.

**Melbourne** ['mɛlbə:n], Hptst. von Victoria (Australien), Hafenstadt an der Mündung des Yarra, m. V. 2,9 Mio. Ew.; 4 Universitäten, Verwaltungs-, Kultur-, Finanz- u. Handelszentrum; versch. Industrien, Raffinerie.

**Melchior,** Johann Peter, *1742, †1825, dt. Bildhauer u. Porzellanmodelleur; schuf figürl. Porzellan im Stil des Rokoko u. frühen Klassizismus.

**Melchiten,** *Melkiten,* urspr. Bez. für die Christen im oström. Raum mit byzantin. Liturgie. Heute ist M. Bez. für die mit dem päpstl. Stuhl unierten Christen (→ unierte Kirchen).

**Melde,** *Atriplex,* Gattung der *Gänsefußgewächse.* Die *Garten*-M. wird als Gemüsepflanze angebaut (Heimat: Asien). An der Küste der Nord- u. Ostsee findet sich die *Strand*-M. An Wegen u. auf Schutt ist die *Gewöhnl.* M. verbreitet.

**Meldepflicht,** die Pflicht des Staatsbürgers zur Meldung bestimmter Tatsachen; bes. die allg. polizeil. M. bei Wohnungswechsel u. die *gewerbepolizeil.* M. aufgrund der Gewerbeordnung. Ferner besteht eine M. für bestimmte Straftaten oder bei Änderungen des Personenstandes sowie die Pflicht zur gesundheitspolizeil. Meldung von Seuchen u.a. Krankheiten an die Gesundheitsbehörden.

**meldepflichtige Krankheiten,** Seuchen u. andere Krankheiten, die nach dem Bundes-Seuchengesetz an die Gesundheitsbehörden zu melden sind.

**Meleagros,** *Meleager,* grch. Sagenheld. Er bezwingt auf der *Kalydonischen Jagd* den Eber.

**Melibocus,** *Melibokus, Malchen,* höchster Berg im westl. Odenwald, an der Bergstraße, 517 m.

**meliert,** aus zwei oder mehreren Farben gemischt.

**Méliès** [me'ljɛs], Georges, *1861, †1938, frz. Filmpionier; arbeitete als erster mit Filmtricks. W »Die Reise zum Mond«.

**Melilla** [me'lilja], arab. *Melîlia,* span. verwaltete Hafenstadt im nördl. Marokko, 95 000 Ew.

**Melioration,** Maßnahmen zur Urbarmachung ungenutzten Bodens oder zur Steigerung der Fruchtbarkeit: Ent- u. Bewässerung, Eindeichung, Einebnung u. Aufbringen von Schlamm, Schlick oder Moorerde auf Sandboden.

**Melisma,** melod. Verzierung meist auf einer Textsilbe, Koloratur.

**Melisse,** *Zitronenkraut,* ein *Lippenblütler* aus dem Orient; Gartenpflanze, deren stark nach Zitrone duftende Blätter als Gewürz verwendet werden.

**Melk,** östr. Stadt an der Donau, 5000 Ew.; Benediktinerabtei Stift M. (Grablege der Babenberger).

**Melle,** Stadt in Nds., an der Else, sö. von Osnabrück, 41 000 Ew.

**Mellum,** *Alte Mellum,* dt. Nordsee-Insel zw. Außenjade u. Außenweser; Vogelschutzgebiet.

**Melodie,** eine in sich geschlossene Folge von Tönen, an die in der Musiklehre des 18. u. 19. Jh. u.a. die Forderung der Überschaubarkeit u. Sanglichkeit gestellt wurde.

**Melodrama,** *Melodram,* die Verbindung von gesprochenem Text mit begleitender, den Ausdruck steigernder Musik. I.w.S. auch ein pathet. Bühnenstück.

**Melone,** 1. im trop. Asien u. Afrika verbreitetes *Kürbisgewächs,* dessen Früchte in den heißen Gebieten für die Ernährung u. Erfrischung von Bedeutung sind. Die in Afrika heim. *Wassermelone* wird in fast allen wärmeren Ländern kultiviert. – 2. *Bowler,* runder, steifer Herrenhut aus schwarzem Filz, seit Mitte des 19. Jh. in Mode.

**Melonenbaum,** *Papaya,* 6–8 m hoher Baum aus den Tropen Mittelamerikas, heute in allen warmen Zonen angebaut. Die kopfgroßen Früchte schmecken melonenähnlich.

**Melos,** grch. Insel, → Milos.

**Melozzo da Forlì,** *1438, †1494, ital. Maler; schuf Fresken, die in illusionist. Raumperspektive u. aufgehellter Farbigkeit die Hochrenaissance vorbereiten.

**Melpomene,** grch. Muse der Tragödie.

**Melsungen,** Stadt in N-Hessen, an der Fulda, 13 000 Ew.; maler. Altstadt, Schloß.

**Melun** [mə'lœ̃], N-frz. Stadt an der Seine, sö. von Paris, 35 000 Ew.; Fahrzeugbau, pharmazeut. Ind.; Flußhafen.

**Melusine,** in der altfrz. Sage eine Meerfrau, die der Graf von *Lusignan* heiratet u. die Stammutter des Grafengeschlechts wird.

**Melville** ['mɛlvil], Herman, *1819, †1891, US-amerik. Schriftst.; schilderte, vielfach autobiograph., seine Südsee-Erlebnisse sowie die Erfahrungen bei der Handels- u. Kriegsmarine. W Roman »Moby Dick«.

**Membran,** dünnes, gespanntes Häutchen.

# Mendel

**Memel,** 1. lit. *Klaipėda,* Stadt in der Litau. SSR (Sowj.), ehem. Hpst. des *M.lands,* am Kurischen Haff, 188 000 Ew. – **2.** auch *Njemen,* litau. *Nemunas,* russ. *Neman,* O-europ. Fluß, 937 km; mündet mit den Armen *Ruß* u. *Gilge* ins Kurische Haff.

**Memelland,** *Memelgebiet,* der nördl. der Memel liegende Teil der ehem. Prov. Ostpreußen, 2848 km². – G e s c h.: Die Burg *Memel* wurde 1252 durch den Dt. Orden angelegt, im Schutz der Burg entstand eine Stadt mit niederdt. Siedlern, die im 16. Jh. wichtiger Handelsplatz war. Seit 1525 war das M. Teil Preußens. Durch den Versailler Vertrag wurde es von Dtld. abgetrennt u. dem Völkerbund unterstellt. 1923 von Litauen annektiert. 1939 wurde das M. an Dtld. zurückgegeben. Nach dem 2. Weltkrieg kam es an die Litau. SSR.

**Memling,** Hans, *um 1433, †1494, dt.-ndl. Maler; würdevoll-schlichte Porträts u. Darst. der thronenden Madonna.

**Memmingen,** Stadt in Schwaben (Bay.), an der Aach, 37 700 Ew.; mittelalterl. Altstadt.

**Memnon,** in der grch. Sage Äthiopenkönig, Sohn der *Eos;* erschlug den Sohn Nestors, *Antilochos;* zur Vergeltung von Achilles vor Troja getötet.

**Memoiren** [me'mwa:-], *Lebenserinnerungen,* eine Darst. der eig. Erlebnisse, bei der im Ggs. zur *Autobiographie* das Gewicht auf die objektiven äußeren Geschehnisse gelegt wird.

**Memorandum,** Denkschrift, ausführl. diplomat. Note.

**Memoria,** lat.: Gedächtnis; *in memoriam* »zur Erinnerung«.

**Memorial,** Merkbuch, Denkschrift.

**Memphis,** 1. *Menfi,* Hptst. des alten Ägypten, 30 km südl. von Kairo, auf dem l. Nilufer; nur noch geringe Baureste (13./12. Jh. v.Chr.). – 2. Stadt in Tennessee (USA), am Mississippi, 655 000 Ew.; Univ.; Handelszentrum für Baumwolle u. Holz.

**Menage** [me'na:ʒə], Tischgestell für Gewürze (Essig, Öl, Salz u. Pfeffer), auch Traggestell zum Essenholen.

**Menagerie** [-ʒə], Tiergehege, Tierschau.

**Menam,** *Mä Nam Tschao Phraya,* Hauptfluß von Thailand, rd. 960 km; mündet bei Bangkok in den Golf von Thailand.

**Menander,** *Menandros,* *342 oder 341 v.Chr., †um 291 v.Chr., grch. Komödiendichter; Hauptvertreter der neuen attischen Komödie; W »Der Menschenfeind« (vollständig überliefert).

**Menarche,** die erste *Menstruation* beim Mädchen, Zeichen der Geschlechtsreife.

**Mende,** Erich, *28.10.1916, dt. Politiker; 1945 Mitgründer der FDP, 1960–68 Bundesvors. der FDP; 1963–66 Vizekanzler u. Min. für gesamtdt. Fragen; 1970 Übertritt zur CDU.

**Mendel,** Gregor Johann, *1822, †1884, östr. Biologe; seit 1843 Mönch (Augustiner), entdeckte 1865 die nach ihm ben. *Mendelschen Gesetze*

*Memphis*

**564 Mendelejew**

(→ Genetik), indem er systemat. Kreuzungsversuche mit Erbsen u. Bohnen durchführte.

**Mendelejew** [-jɛf], Dimitrij Iwanowitsch, *1834, †1907, russ. Chemiker; stellte 1869 gleichzeitig mit L. *Meyer,* jedoch unabhängig von ihm, das Periodensystem der Elemente auf.

**Mendele Moicher Sforim,** eigtl. Schalom Jakob *Abramowitsch,* *1835, †1917, jidd. Schriftst.; Begr. der neuen jidd. Literatur.

**Mendelsche Gesetze,** die von G.J. *Mendel* zuerst entdeckten, für alle geschlechtl. Fortpflanzungsvorgänge geltenden Vererbungsgesetze (→ Genetik).

**Mendelssohn, 1.** Arnold, *1855, †1933, dt. Komponist. Mit seiner geistl. Chormusik begann die Erneuerung der ev. Kirchenmusik. – **2.** Dorothea → Schlegel, Dorothea. – **3.** Moses, *1729, †1786, dt. Philosoph; neben F. *Nicolai* Hauptvertreter der *Aufklärung* in Berlin, wichtigster Förderer der dt. Judenemanzipation.

**Mendelssohn-Bartholdy,** Felix, *1809, †1847, dt. Komponist; Enkel von Moses *Mendelssohn;* seit 1835 Leiter der Gewandhauskonzerte in Leipzig u. Mitgründer (1843) des Leipziger Konservatoriums. Er verband in seinem Schaffen Klassizität der Form mit romant. Empfinden. – Ⓦ Musik zu Shakespeares »Sommernachtstraum«, 5 Sinfonien, Orchesterwerke, Violinkonzert e-Moll; Klavierstücke »Lieder ohne Worte«.

**Menden (Sauerland),** Stadt in NRW, 53 000 Ew.; Metall- u. Elektro-Ind.

**Mendès** [mɛ̃'dɛs], Catulle, *1841,†1909, frz. Schriftst.; Mitgl. der *Parnassiens.*

**Mendesantilope,** gelbbraune Antilopenart Afrikas u. Arabiens mit schraubenförmigem Gehörn.

**Mendès-France** [mɛ̃dɛs'frãs], Pierre, *1907, †1982, frz. Politiker (Radikalsozialist, seit 1959 PSU); 1954/55 Min.-Präs. u. Außen-Min., bis Mai 1956 Min. ohne Geschäftsbereich; Gegner Ch. de Gaulles.

**Mendoza** [men'dosa], Hptst. der gleichn. argent. Anden-Prov. am O-Fuß der Anden, 130 000 Ew.; Erdöl- u. Erdgasförderung; Wein- u. Obstanbau.

**Menelaos,** in der grch. Sage König von Sparta, Sohn des *Atreus,* Gatte der *Helena;* rief die Griechen zum Trojan. Krieg auf.

**Menelik,** *Menilek,* äthiop. Fürsten:
**1. M. I.,** sagenhafter Begr. der sog. salomon. Dynastie Äthiopiens, von der sich die bis 1974 regierende Dynastie ableitete. M. gilt als Sohn König Salomos u. der Königin von Saba. – **2. M. II.,** *1844, †1913, Kaiser von Äthiopien 1889–1913; besiegte 1896 die Italiener bei Adua u. erreichte die Anerkennung der Selbständigkeit Äthiopiens.

**Menem,** Carlos Saul, *2.7.1935, argent. Politiker (Peronist); seit 1989 Staats-Präs.

**Menetekel,** Warnzeichen, »Mene tekel u-pharsin« lautete die (aramäische) Schrift, die eine Geisterhand beim Festmahl des Königs *Belsazar* an die Wand schrieb. Vom Propheten *Daniel* wurde die Schrift gedeutet: »Er (Gott) hat (dein Reich) gezählt, gewogen, zerteilt« (Dan. 5); daher die Redensart:»Gewogen u. zu leicht befunden«.

**Menge,** von G. *Cantor* eingeführter math. Grundbegriff: Eine M. ist die Zusammenfassung von unterscheidbaren Objekten zu einem Ganzen. Die zur M. gehörenden Objekte heißen ihre *Elemente.* Die **M.nlehre** untersucht die einzelnen Arten von M.n; es gibt z.B. *endliche* M. (z.B. die 25 Primzahlen zw. 1 u. 100) u. *unendliche* M. (z.B. die Punkte innerhalb eines Kreises). Die M.nlehre ermöglichte eine einheitl. Betrachtungsweise vieler math. Gebiete.

**Mengennotierung,** *Quantitätsnotierung,* bes. in London u. New York übl. Art der Notierung der Devisenkurse: Die M. gibt an, wieviel ausländ. Währungseinheiten auf einen feststehenden Betrag der inländ. Währung entfallen. Ggs.: *Preisnotie-*

# MENSCH

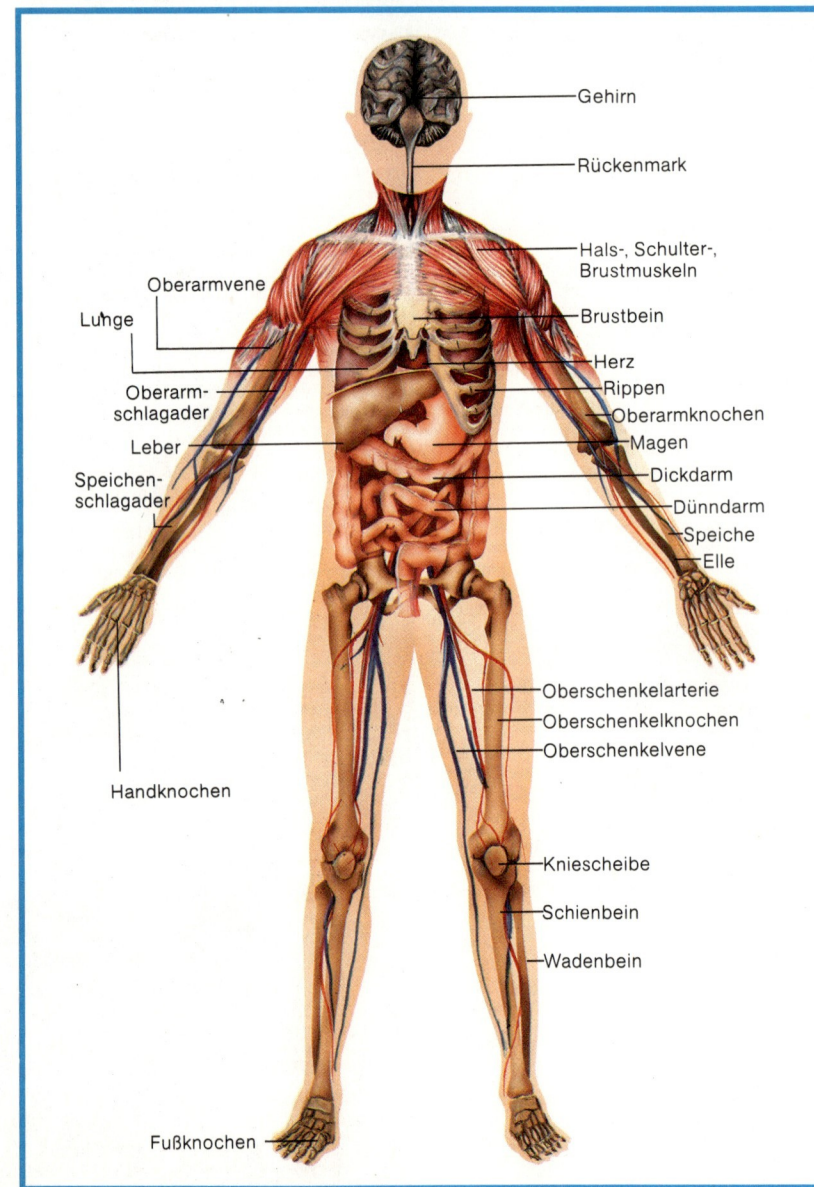

*Der Körper des Menschen besteht aus einer Vielzahl ineinandergreifender Systeme*

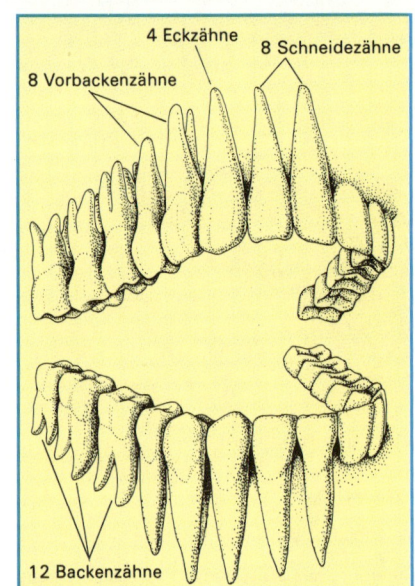

*Das menschliche Gebiß*

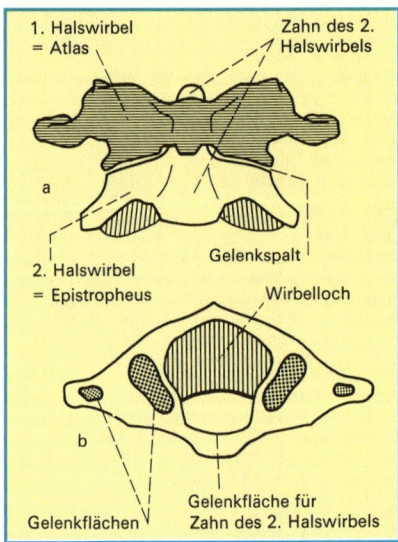

*Halswirbel mit Drehgelenk, a von vorn, b von oben*

*rung,* die den Preis in inländ. Währung für eine (oder eine Mehrzahl, z.B. 100) ausländ. Währungseinheit(en) angibt.

**Mengistu,** Haile Mariam, *1939, äthiop. Offizier, seit 1984 Generalsekretär der äthiop. Arbeiterpartei, seit 1987 zugleich Staats-Präs.

**Mengs,** Anton Raphael, *1728, †1779, dt. Maler u. Kunsttheoretiker; fand eine linear gefestigte Bildform, die den Klassizismus in der dt. Malerei begründete.

**Meng Zi,** lat. *Mencius,* *372 v.Chr., †289 v.Chr., chin. Philosoph; gilt als »zweiter Heiliger« des *Konfuzianismus,* der das System wiss. begründete.

**Menhir,** aufrecht stehender einzelner Stein aus der Jungsteinzeit, von kult. Bed.; hpts. in W-Europa, bes. in der Bretagne verbreitet; → Megalithbauten.

**Meningitis** → Hirnhautentzündung.

**Meniskus,** knorplige u. bindegewebige Bandscheibe (Zwischengelenkscheibe) im Kniegelenk. In jedem Knie liegen ein *äußerer* u. ein *innerer* M., die dazu dienen, Oberschenkel u. Schienbein abzupuffern. Der **M.riß** ist ein häufiger Sportunfall.

**Mennige,** *Bleirot,* $Pb_3O_4$, Bleioxid, in Öl oder Harz suspendiert als hellroter Schutzanstrich für Eisenteile.

**Mennoniten,** *Taufgesinnte,* ev. Gemeinschaften, die durch die Lehren Menno *Simons'* (*1496, †1561) geprägt sind. Erwachsenentaufe, Eidesverweigerung u. ethisches Christentum ohne Lehrzucht sind die Hauptmerkmale der mennonit. Gemeinden. Von Dtld. verbreiteten sich die M. seit 1683 nach Amerika u. seit 1789 nach Rußland.

**Menopause,** das Aufhören der Menstruation im Klimakterium.

**Menora,** der siebenarmige Leuchter in der Synagoge als ein Symbol des jüd. Volkes.

**Menorca,** Minorca, die nördlichste u. zweitgrößte Insel der span. *Balearen* im westl. Mittelmeer, 668 km², 60 000 Ew., Hptst. *Mahon;* Fremdenverkehr.

**Menorrhoe,** *Monats-, Regelblutung,* bei der Frau die → Menstruation. – *Hyper-M.,* zu starke, *Hypo-M.,* zu schwache, *Oligo-M.,* zu seltene, *Poly-M.,* zu häufige Regelblutung; *Eu-M.,* normale, *Dys-M.,* schmerzhafte Regelblutung.

**Menotti,** Gian-Carlo, *17.7.1911, ital. Komponist; einfallsreicher Librettist, Epigone der ital. Operntradition.

**Mensa,** 1. *M. academica,* Kantine für Studenten. – 2. die Platte des christl. Altars.

**Mensch,** *Homo sapiens,* eine Art der *Säugetiere* mit stärkster Entwicklung des Gehirns, insbes. der Großhirnrinde; Sohlengänger mit aufrechtem Gang. Die Körperbehaarung ist stark zurückgebildet. Gebiß u. Darm kennzeichnen den Menschen als Gemischtköstler. Körpergröße, Pigmentierung (Haut-, Haar- u. Augenfarbe) und Schädelform sind nach Menschenrassen verschieden. Biolog. ist der M. von den übrigen Tieren nicht verschieden; doch befähigt ihn die starke Entwicklung seines Gehirns im Verein mit einigen anderen Körpereigentümlichkeiten zur Begriffsbildung u. zum abstrakten Denken, zur artikulierten Sprache u. zum Werkzeuggebrauch; diese Fähigkeiten zus. heben den Menschen über das übrige Tierreich hinaus u. sind die Ursache seiner beherrschenden Rolle in der Natur. Skelettfunde deuten daraufhin, daß der eigtl. Jetztmensch (Homo sapiens sapiens) seit etwa 40 000 Jahren existiert.

**Menschenaffen,** *Anthropoide,* 1. i.w.S.: *Pongidae,* Fam. der *Menschenartigen,* deren Gliedmaßen dem Leben in Bäumen angepaßt sind; 2 Unterfam.: *Gibbons* u. *Menschenaffen i.e.S.* – 2. *i.e.S.:* Anthropomorpha, *Ponginae,* Unterfam. von 1), deren Junge in der Schädelform menschenähnl. Züge aufweisen, mit zunehmendem Alter allerdings immer affenartiger werden. Die M. ernähren sich meist pflanzlich u. leben in familienartigen Gruppen. Hierher gehören *Gorilla, Schimpanse* u. *Orang-Utan.*

**Menschenhai,** *Weißer Hai,* bis über 10 m langer *Heringshai;* lebt in allen Ozeanen. Er greift alles an, was sich im Wasser bewegt.

**Menschenhandel,** ältere Bez. für *Frauenhandel.*

**Menschenkunde** → Anthropologie.

**Menschenopfer,** die Tötung von Menschen aus kult. Gründen; oft mit *Kannibalismus* verbunden. Bes. bek. durch M. sind die Azteken. M. gehören zu den frühen Stufen fast aller Religionen.

**Menschenrassen,** mehr oder weniger systemat. Unterarten des *Menschen,* d.h. Gruppen, die sich in der Häufigkeit von Erbmerkmalen von anderen Gruppen unterscheiden. Die Rassenklassifikationen beruhen auf den meß- u. sichtbaren Merkmalen, bes. Merkmale der Blutgruppen werden seit den 1970er Jahren berücksichtigt. Am weitesten verbreitet ist die Unterscheidung in:
1. *Europide* mit reliefreichem Gesicht, schmaler Nase u. Tendenz zur Aufhellung (Depigmentation) von Haut-, Haar- u. Augenfarbe; in Europa, N-Afrika u. W-Asien. 2. *Negride* mit dunkler Hautfarbe, Kraushaar, breiterer Nase u. dicken Lippen; in Afrika südl. der Sahara. 3. *Mongolide* mit flachem Gesicht u. straffem schwarzem Haar; in O-Asien u. Indonesien. – B → S. 566.
Die wechselnde Ausprägung der Merkmale der Hauptrassenkreise sowie der Größen- u. Proportionsmerkmale dient weiteren Untergliederungen.

**Menschenraub,** Freiheitsberaubung durch List, Drohung oder Gewalt, um das Opfer in hilfloser Lage auszusetzen oder in Sklaverei, Leibeigenschaft oder auswärtige Kriegs- oder Schiffsdienste zu bringen; nach § 234 StGB mit Freiheitsstrafe nicht unter einem Jahr strafbar, in Östr. Freiheitsstrafe von 10 bis 20 Jahren (§ 103 StGB).

**Menschenrechte,** die dem Individuum zustehenden Rechte auf Schutz vor Eingriffen des Staates. Die inhaltl. Ausgestaltung der M. hängt von der kulturellen u. soz. Entwicklung ab. Die M. werden heute als dem Staat vorgegebene Rechte verstanden, die er zu achten hat. Dies entspricht auch der in die moderne Zeit fortwirkenden *naturrechtl.* Grundauffassung. Bei der von *Konstitutionalismus* u. *Liberalismus* erzwungenen Aufnahme dieser Garantien in die Verfassungsurkunden erscheinen sie jedoch als staatl. Gewährungen. Sie führen dann die Bez. *Grundrechte.* Zu den Grundrechten des GG der BR Dtld. zählen u.a.: die Menschenwürde, Gleichheit vor dem Gesetz, Religions- u. Gewissensfreiheit, Pressefreiheit u.a. – Die erste verfassungsrechtl. Formulierung erfuhren die M. 1776 in der US-amerik. Verfassung.

**Menschewiki** [russ., »Minderheitler«], die gemäßigte Minderheit bei der Spaltung der russ. Sozialdemokratie 1903, im Ggs. zu den *Bolschewiki* (Radikale Fraktion). Nach der Oktober-Revolution wurden sie von den Bolschewiki verfolgt.

**Menschikow** [-kɔf], Alexander Danilowitsch Fürst (seit 1707), *1672, †1729, russ. Politiker u. Heerführer; Mitarbeiter *Peters d. Gr.* Nach dessen Tod führte er als Vormund Zar *Peters II.,* mit dem er seine Tochter verlobte, die Regierungsgeschäfte. 1727 wurde er gestürzt u. nach Sibirien verbannt.

**Menschlichkeit** → Humanität.

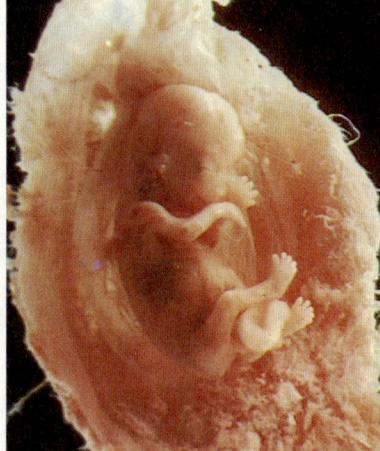

*Blutgefäße des menschlichen Körpers* — *Fetus, vier Monate alt*

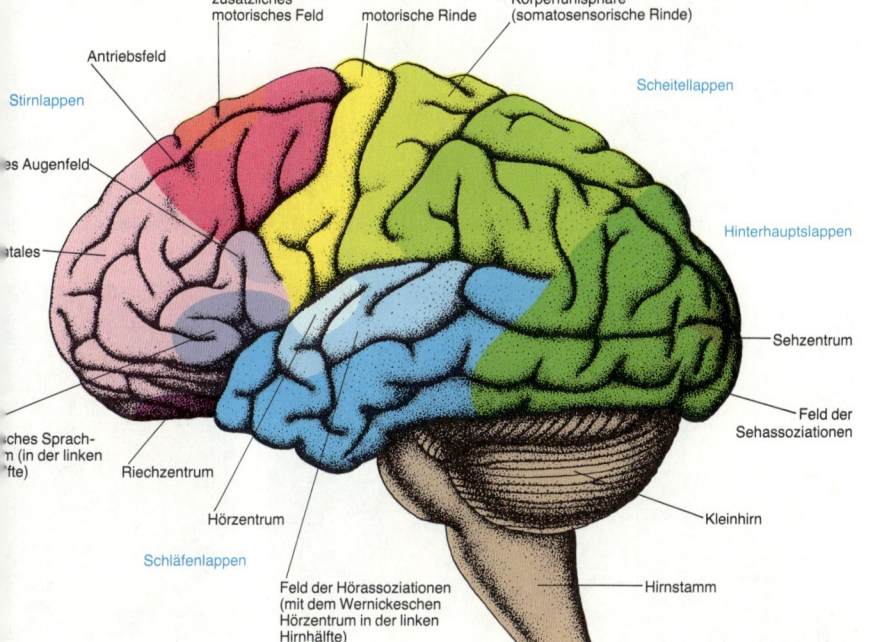

*Das Großhirn des Menschen in der Aufsicht mit den verschiedenen Feldern und ihren Funktionen*

**Menstruation** [lat.], *Periode, Monatsblutung, Menorrhoe, Regel, Menses,* die regelmäßig in monatl. Abständen erfolgende Gebärmutterblutung der geschlechtsreifen Frau. Die M. tritt außer beim Menschen nur bei den Affen auf u. erfolgt in individuell versch. Abständen von etwa 21–31, meist von 28 Tagen; Dauer 4–6 Tage, Stärke individuell verschieden. Der Beginn der M. *(Menarche)* liegt zw. dem 11. u. 16. Lebensjahr.

Im einzelnen beruht die M. auf folgenden Vorgängen: Die Gebärmutter ist zur Aufnahme des befruchteten Eies u. zur Fruchtentwicklung bestimmt; ihre Schleimhaut wächst unter dem Einfluß des *Follikelhormons,* das von den Follikelzellen des Eibläschens gebildet wird. Zwischen 2 M.sperioden erfolgt der Eisprung *(Ovulation)* durch Platzen eines reifen Eibläschens im Eierstock. Das Ei wird von den Fangarmen des Eileiters aufgefangen u. zur Gebärmutter weitertransportiert. Aus den Resten des Eibläschens im Eierstock bildet sich der *Gelbkörper,* der ein die Gebärmutterschleimhaut beeinflussendes Hormon, das *Progesteron,* abscheidet; die Gebärmutterschleimhaut wächst daraufhin weiter, wird aufgelockert u. saftreich u. so zur Einbettung des Eies bereit. Kommt nun die Befruchtung zustande, erhält sich der Gelbkörper über die Schwangerschaft hinaus bis nach Beendigung der Stillzeit u. verhindert durch das Progesteron das Reifen der nachfolgenden Eizelle; bleibt die Befruchtung jedoch aus oder ist die Stillzeit beendet, so stirbt der Gelbkörper ab, so daß das Follikelhormon des nächsten heranreifenden Eies wieder zur Wirkung kommt. Bei Untergang des Gelbkörpers stößt sich die Gebärmutterschleimhaut unter starker Blutung, der *M.sblutung,* ab (was anzeigt, daß das Ei in dieser Periode unbefruchtet geblieben ist). Danach baut sich unter dem Einfluß des Follikelhormons eine neue Schleimhaut auf, u. der M.szyklus beginnt von neuem. Die Vorgänge im Eierstock (Eireifung, Eisprung u. Gelbkörperbildung sowie die Hormonbildung) werden von den sog. gonadotropen Hormonen der Hirnanhangdrüse gesteuert.

**Mensur, 1.** ein Meßzylinder für Flüssigkeiten. – **2.** beim Fechten der Abstand zw. den Gegnern; auch ein Zweikampf mit der blanken Waffe, z.T. heute noch bei Studenten in den schlagenden Korporationen. – **3.** in der Musik 1. der Zeitwert der Noten u. ihr Wertverhältnis zueinander; 2. die Maßverhältnisse bei Musikinstrumenten.

**Mensuralnotenschrift,** *Mensuralnotation,* die aus den Neumen im 13. Jh. allmähl. entwickelte

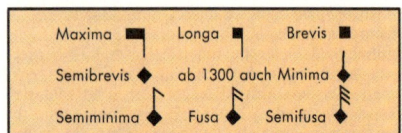

*Mensuralnotation*

Aufzeichnung der Musik, bei der erstmals durch ein kompliziertes Regelsystem die exakte Aufzeichnung des Rhythmus möglich war.

**Mentalität,** geistige Eigenart, Charakterprägung; *mental,* geistig.

**Menthol,** der wichtigste gesättigte Alkohol der Terpenreihe; farblose Kristalle, aus Pfefferminzöl gewonnen; Formel: $C_{10}H_{19}OH$. Es wird u.a. zur Inhalierung u. in Likören, Zuckerwaren u.a. verwendet.

**Menton** [mã'tõ], ital. *Mentone,* Stadt u. Kurort an der frz. Riviera, nahe der ital. Grenze, 25 500 Ew.

**Mentor,** in *Homers* »Odyssee« Freund des *Odysseus,* Erzieher des *Telemachos;* übertragen: erfahrener älterer Berater.

**Mentu-hotep,** *Mente-hotep,* mehrere Pharaonen der 11. theban. Dynastie; der bekannteste: **M. I.,** Gründer des Mittleren Reichs, 2061–10 v.Chr.; theban. König von Oberägypten, nach dem Sieg über die Dynastie Herakleopolis (9./10. Dynastie) König von ganz Ägypten.

**Menü, 1.** *Menu,* Mahlzeit mit festgelegter Speisenfolge, im Unterschied zum Essen nach Wahl von der Karte *(à la carte).* – **2.** in der Datenverarbeitung eine Liste, über die man versch. Unterprogramme aufrufen kann.

**Menuett,** alter frz. Volkstanz aus der Prov. Poitou, im ³/₄-Takt; im 17. Jh. (seit 1635) unter *Ludwig XIV.* Hof- u. Gesellschaftstanz; schon im Barock in die Suite u. durch die Mannheimer Schule in die Sinfonie als Bestandteil aufgenommen.

**Menuhin,** Yehudi, *22.4.1916, US-amerik. Geiger, auch Dirigent; 1979 Friedenspreis des Dt. Buchhandels.

**Menzel,** Adolph von, *1815, †1905, dt. Maler u. Graphiker; führender Maler des dt. Realismus; meist in Berlin. Von seinen Zeitgenossen wurde er bes. als Darsteller histor. Themen geschätzt (»Das Flötenkonzert«; »Abreise König Wilhelms I. zur Armee«). Sein »Eisenwalzwerk« 1875 ist die erste Darstellung eines Industriewerks in der dt. Malerei. Er schuf 400 Federzeichnungen zu F. Kuglers »Geschichte Friedrichs d. Gr.«.

# MENSCHENRASSEN

*Mädchen aus Mittelschweden (links). – Sardin in Landestracht (Mitte). – Wedda aus Ceylon (rechts)*

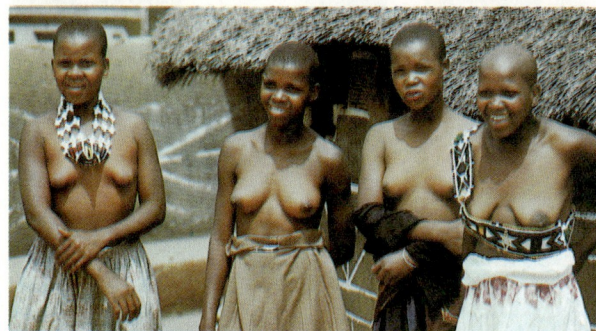

*Mädchen der Ndebele aus Transvaal; Südafrika*

*Mann von der Südküste Neuguineas (links). – Usbeke aus Samarkand (Mitte). – Ceylonesin (rechts)*

*Mädchen aus Heho, Birma (links). – Sioux-Indianer (Mitte). – Ketschua aus Cuzco, Peru (rechts)*

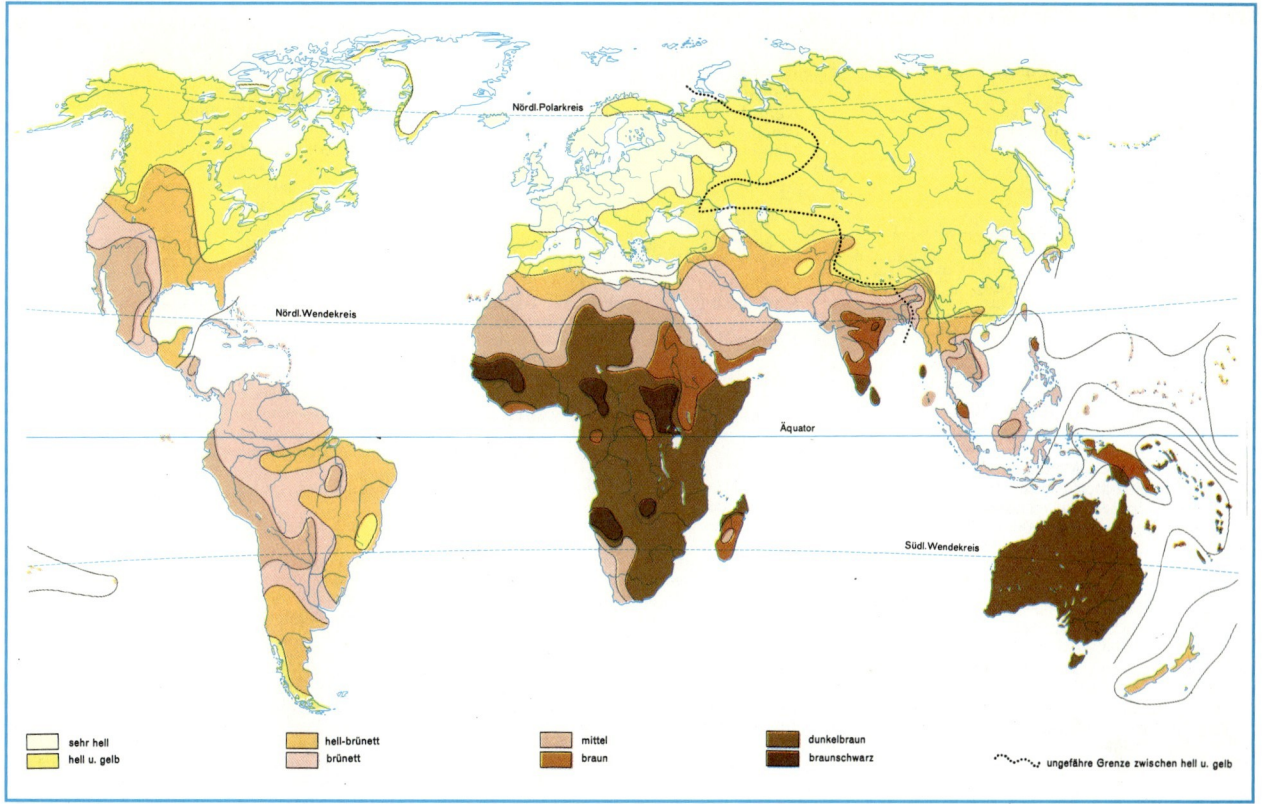

*Menschenrassen: Hautfarben der Menschheit vor dem Zeitalter der Entdeckungen*

**Mephisto,** *Mephistopheles,* eine dämon. Macht, die sich in Menschengestalt mit *Faust* verbindet; in der Sage der Diener des Satans, bei *Goethe* weltmänn., zynisch u. vieldeutig.

**Meppen,** Krst. in Nds., an der Mündung der Hase in die Ems, 29 000 Ew.; Erdölgewinnung.

**Meran,** ital. *Merano,* ital. Kurort in Trentino-Südtirol, an der Mündung des Passeiertals ins Etschtal, 34 000 Ew.; Edelobst- u. Weinanbau; bis 1420 Hptst. Tirols, 1919 zu Italien. – B → S. 568.

**Merath,** *Meerut,* Stadt in Uttar Pradesh (Indien), zw. Ganges u. Yamuna, 420 000 Ew.; landw. Handelszentrum.

**Mercalli-Skala,** zwölfteilige Skala der Erdbebenstärke, ben. nach dem Vulkanologen G. *Mercalli* (*1850, †1914).

**Mercator, 1.** Gerhard, eigtl. G. *Kremer,* *1512, †1594, dt. Kartograph; bek. durch die nach ihm benannte **M.-Projektion,** eine v.a. für Seekarten geeignete winkeltreue Zylinderprojektion in der Kartendarst., die er für eine 1569 erschienene Weltkarte benutzte; → Kartennetzentwürfe. – **2.** Nikolaus, eigtl. N. *Kauffmann,* *1620, †1687, dt. Mathematiker; gehörte zu den Gründern der »Royal Society« von London; ging später nach Frankreich.

**Mercedarier,** *Nolasker,* ein kath. Bettelorden (seit 1690); 1218 als Ritterorden gegr. zum Loskauf der christl. Gefangenen in Afrika.

**mercerisieren,** *merzerisieren,* nach dem engl. Chemiker John *Mercer* (*1791, †1866) ben. Verfahren zur Veredelung von Baumwollgarn oder -gewebe mittels Natronlauge unter Spannung.

**Merchandising** [mə:tʃəndaizɪŋ], Bez. für die absatzschaffenden u. -beschleunigenden Tätigkeiten eines Unternehmens.

**Merck,** Johann Heinrich, *1741, †1791 (Selbstmord), dt. Schriftst., Kritiker u. Übersetzer; Freund *Goethes,* wahrsch. Vorbild für dessen Mephisto-Figur.

**Merckx** [mɛrks], Eddy, *17.6.1945, belg. Radrennfahrer; mehrfach Straßenweltmeister u. Gewinner der Tour de France (1969–72 u. 1974).

**Mercouri** [-ku-], Melina, *1925, grch. Schauspielerin (u.a. im Film »Sonntags – nie«) u. Politikerin; 1967–74 im Exil, 1981–89 Kulturmin.

**Mercury** [ˈmə:kjuri], Name einer Serie US-amerik., z.T. bemannter Raumkapseln, Vorgänger der Gemini- u. Apollo-Kapseln; erster bemannter Orbitalflug einer M.-Kapsel (J. *Glenn*) am 20.2.1962.

**Mereau** [meˈro], Sophie, geb. *Schubart,* *1770,

| Menschenrassen | | |
|---|---|---|
| Rasse | Merkmale | Hauptverbreitungsgebiet |
| *Europider Rassenkreis* | reliefreiches Gesicht, schmale Nase, Tendenz zur Aufhellung von Haut-, Haar- u. Augenfarbe | Europa, Nordafrika, Westasien |
| Nordide | hellfarbig, hochwüchsig, schlank, schmale Nase u. Lippen, relativ langköpfig | Nord- u. Westeuropa |
| Osteuropide | mittelgroß, gedrungen, kurzbreiter Kopf, hellfarbig | Osteuropa |
| Dinaride | hochwüchsig, schlank, braune Haar- u. Augenfarbe, kurzköpfig | Mittel- u. Südosteuropa, Westukraine |
| Alpinide | klein- bis mittelgroß, kurzer u. runder Kopf, braune Haar- u. Augenfarbe | westl. Mitteleuropa |
| Lappide | kurzköpfig, dunkelbraune Haar- u. Augenfarbe | Lappland |
| Mediterranide | klein- bis mittelgroß, relativ langköpfig, dunkelbraune Haar- u. Augenfarbe, stark pigmentiert | Mittelmeerküsten Schwarzmeerküste |
| Orientalide | langköpfig, mittelgroß, schwarzes, lockiges Haar, braunäugig, mandelförmige Augen | Arabien, Mesopotanien, Nordafrika |
| Indide | mittelgroß, schlank, langköpfig, schwarzbraunes Haar, dunkelbraune Augen, hellbraune Haut | Vorderindien |
| Polyneside | groß, kräftig, schwarzes, gewelltes Haar, dunkelbraune Augen, lichtbraune Haut | Polynesien, Mikronesien |
| Weddide | klein, untersetzt, schwarzes, gewelltes Haar, dunkelbraune Augen, langköpfig mit rundem Gesicht | Vorderindien, Sri Lanka |
| Armenide | mittelgroß, braune Augen, schwarzbraunes Haar, kurzköpfig, große Nase, bräunliche Haut | Armenien |
| Turanide | mittelgroß, schlank, dunkle Augen-, Haut- u. Haarfarbe | Westturkestan |
| Ainuide | kleinwüchsig, schwarzes Haar, braune Augen, breite u. kurze Nase, starke Körperbehaarung | Nordjapan |
| *Mongolider Rassenkreis* | Gelbton der Haut, schwarzhaarig, Mongolenfalte, großflächiges Gesicht mit betonten Jochbeinen | Ostasien, Indonesien |
| Tungide | untersetzt, kurzköpfig, stark ausgeprägte Mongolenfalte | nördl. Zentralasien |
| Sinide | relativ hoher u. schlanker Wuchs, schwache Ausprägung der Flachgesichtigkeit | China |
| Palämongolide | kleinwüchsig, rundes Gesicht mit breiter Nase | Südostasien |
| Sibiride | kleinwüchsig, gering ausgeprägte Mongolenfalte | Sibirien |
| Eskimide | kleinwüchsig, untersetzt, relativ langköpfig mit großem rautenförmigen Gesicht | Arktis |
| Indianide | schwarzhaarig, Gelbton der Haut | Amerika |
| Pazifide | großköpfig mit breitem Gesicht, mittelgroß | Nordwest-Amerika |
| Silvide | hochwüchsig, kräftig, großes u. breites Gesicht, hohe oft konvexe Nase | Wälder- u. Prärien Nordamerikas |
| Margide | kleiner, länglicher Kopf, dunkle Hautfarbe, kleinwüchsig u. grobknochig | Kalifornien, Sonora (Mexiko) |
| Zentralide | mittelgroß, dunkelhäutig, stark kurzköpfig, breite Nase | Süden Nordamerikas |
| Andide | kleinwüchsig, untersetzt, kurzköpfig mit großer Nase | Anden |
| Patagonide | hochwüchsig, breiter, massiger Körperbau, großes, flaches Gesicht mit breiten Jochböden | Steppen Südamerikas |
| Brasilide | kleinwüchsig, weiche Gesichtszüge | Amazonasgebiet |
| Lagide | mittelgroß, grobes Gesicht mit breiter Nase u. breiten Jochbögen, starke Überaugenbögen | ostbrasilian. Bergland |

*Fortsetzung S. 568*

† 1806, dt. Schriftst.; in zweiter Ehe seit 1803 mit C. *Brentano* verheiratet.

**Meredith** ['mɛrədiθ], George, *1828, †1909, engl. Schriftst. In eigenwillig stilisierten Romanen stellte er verwickelte seel. Lagen dar.

**Mereschkowskij,** Dmitrij Sergejewitsch, *1865, †1941, russ. Schriftst.; Vertreter eines neuchristl. Symbolismus.

**Mergel,** ein Gestein: Gemenge von Kalk oder Dolomit mit 20–60 % Ton; Düngemittel.

**Mergenthaler,** Ottmar, *1854, †1899, dt.-amerik. Uhrmacher; Erfinder der Zeilensetz- u. Gießmaschine *Linotype* (1886).

**Mergentheim,** *Bad M.,* Stadt in Ba.-Wü., an der Tauber, 19 400 Ew.; Deutschordensschloß mit Rokoko-Schloßkirche; 1527–1809 Sitz des Hoch- u. Deutschmeisters des Dt. Ordens.

**Merian, 1.** Anna Maria Sibylla, Tochter von 2), *1647, †1717, schweiz. Malerin u. Graphikerin; Blumen- u. Insektenbuch mit farbenprächtigen Darstellungen. – **2.** Matthäus, *1593, †1650, schweiz. Kupferstecher; gab seit 1642 in Frankfurt a. M. die »Topographia« Europas heraus, ein 30bändiges Stichwerk mit mehr als 2000 Stadtansichten u. Karten, die z.T. auf ältere Vorlagen zurückgehen.

**Mérida** [-ða], **1.** Stadt im W Spaniens, in Estremadura, am Guadiana, 45 000 Ew.; einstige Hptst. *Lusitaniens;* zahlr. Ruinen aus röm. Zeit. – **2.** Hptst. des mex. Bundesstaats Yucatán, 350 000 Ew.; in der Umgebung die Ruinen von *Mayapán, Chichen Itzá* u. *Uxmal* der Maya.

**Meridian, 1.** *Astronomie:* Mittagslinie, der größte Kreis der Himmelskugel, der durch Nord- u. Südpunkt des Horizonts sowie durch Zenit u. Nadir geht. Er steht auf dem Horizont senkrecht. – **2.** *Geographie:* → Gradnetz.

**Mérimée** [-'me], Prosper, *1803, †1870, frz. Schriftst.; verband Romantik u. Realismus zu einer neuen Einheit.

**Merina,** fälschl. auch *Hova,* Volk malaiischer Abstammung im Innern Madagaskars, rd. 1,6 Mio.; bis zum 19. Jh. das staatstragende Volk des ehem. Königreichs *Imerina.*

**Merino,** eine urspr. span. Feinwoll-Schafrasse; heute über die ganze Welt verbreitet.

**Meriten,** Verdienste; gute Werke.

**Merk,** *Sium,* ein *Doldengewächs.* An Gräben, Bächen u. Quellen wächst die *Aufrechte M.,* an stehenden Gewässern die *Hohe M.*

**Merkantilismus,** die Wirtschaftspolitik des Staates im *Absolutismus* vom 16. bis 18. Jh.; löste die Wirtschaft der Zünfte u. Städte ab. Oberstes Ziel war die Beschaffung von Geld für die Staatskasse zur Stärkung der Staatsmacht. Die *aktive Handelsbilanz* (größere Ausfuhr als Einfuhr) wurde gefördert, um die Geldmenge im Inland zu vergrößern; das Ausfuhrgewerbe (Manufakturen) wurde begünstigt (Privilegien, Monopole), während die Einfuhr von Fertigwaren u. die Ausfuhr von Rohstoffen möglichst gehemmt wurden. Kolonien u. Handelskompanien wurden gegründet.

| Rasse | Merkmale | Hauptverbreitungsgebiet |
|---|---|---|
| **Negrider Rassenkreis** | dunkle Hautfarbe, Kraushaar, breite Nase, wulstige Lippen | Afrika südl. der Sahara |
| Sudaniden | mittelgroß, stämmig, sehr dunkle Haut, dicke Wulstlippen | Sudan, Guinea-Küste |
| Kafride (Bantuide) | etwas hellere Hautfarbe, mittelgroß, kräftig, gerade und breite Nase | Süd- u. Ostafrika |
| Nilotide | hochwüchsig, langbeinig, sehr dunkle Hautfarbe, langer, schmaler Kopf, relativ schmale Lippen | Oberlauf des Weißen Nils |
| Äthiopide | Übergangsform von Europiden zu Negriden, hochwüchsig, schlank, langköpfig mit europid-hoher Nase, Kraushaar | Äthiopien, Ostafrika |
| Palänegride | mittelgroß mit langem Rumpf, breites Gesicht mit breiter Nase u. Wulstlippen | Trop. Regenwaldgebiete Afrikas |
| **Sonderformen** | | |
| Khoisanide | kleinwüchsig mit kindlichen Proportionen, Pfefferkornhaar, gelblichbraune Haut | Kalahari, Namib |
| Hottentotten | etwas größer als die Buschmänner, Fettsteiß u. verlängerte innere Schamlippen bei den Frauen, Oberlidfalte | Namibia |
| Buschmänner | relativ langköpfig, starke Oberlidfalte, breite u. niedrige Nase | Kalahari |
| Pygmide | zwergwüchsig, Kraushaar, dunkle Haut | Südostasien, Zentralafrika |
| Bambutide | hellbraune Haut, Pfefferkornhaar, kindliche Proportionen mit großem Kopf u. langem Rumpf | Zentralafrika |
| Negritos | kräftig, schlank, normale Proportionen, dunklere Haut | Südostasien |
| Melaneside | dunkelhäutig, spiralkrauses Haar | Melanesien, Neuguinea |
| Palämelaneside | mittelgroß, untersetzt, niedriges Gesicht mit breiter, fleischiger Nase u. großem Mund | Melanesien |
| Neomelaneside | mittelgroß, schlank, kräftig, langes Gesicht mit hoher, oft gebogener u. breiter Nase | Neuguinea |
| Australide | mittelgroß, hochbeinig, langer, schmaler Kopf mit starken Überaugenbögen, breiter Nase u. fliehendem Kinn | Australien |

**Merkur, 1.** *Mercurius,* altröm. Gott des Handels, entspr. dem grch. Gott *Hermes.* – **2.** Zeichen ☿, der innerste → Planet des Sonnensystems. Die Oberfläche ähnelt der des Mondes (Aufschlagskrater). M. hat eine sehr dünne Atmosphäre. Auf der Sonnenseite beträgt die Temp. ca. 430 °C, auf der Nachtseite wahrsch. –200 °C.

**Merlan,** ein Schellfisch der europ. Küstengewässer.

**Merle** → Amsel.

**Merleau-Ponty** [mɛr'lopɔ̃'ti], Maurice, *1908, †1961, frz. Philosoph; einer der wichtigsten Vertreter des frz. Existentialismus.

**Merlin, 1.** ein Zauberer der kelt. Sage, Beschützer u. Weissager des Königs *Artus.* – **2.** sehr kleiner Falke.

**Meroë,** Ruinenstätte im nördl. Sudan, zw. dem 5. u. 6. Nil-Katarakt; um 300 v. Chr. bis 300 n. Chr. Hptst. des Reichs *Kusch.*

**Merowinger,** fränk. Königsgeschlecht bis 751, vermutl. nach einem *Mero* (zeitl. noch vor dem sal. Gaukönig *Merowech,* 5. Jh.) benannt. Die M. gründeten das Frankenreich. Der bed. Herrscher war *Chlodwig I.*

**Merseburg/Saale,** Krst. in Sachsen-Anhalt, 51 000 Ew.; mittelalterl. Stadtbild mit Dom u. Schloß; TH für Chemie; Maschinenbau, chem. Ind. – In einer Handschrift der Dombibliothek sind die stabreimenden *Merseburger Zaubersprüche* (german. Volksglauben) überliefert, zwei frühe Zeugnisse (10. Jh.) des Althochdeutschen.

**Mersey** ['mə:zi], W-engl. Fluß, 113 km; mündet bei Liverpool in die Irische See.

**Merseyside** ['mə:zisaid], die Stadtregion um Liverpool, 1,6 Mio. Ew.

**Mersin,** türk. Hafenstadt am Golf von Iskenderun, 315 000 Ew.

**Meru,** O-afrik. Vulkan westl. vom Kilimandscharo, in Tansania, 4567 m.

**Merulo,** Claudio, *1533, †1604, ital. Komponist, bes. Orgelwerke.

**Merveilleuse** [mɛrvɛ'jø:z], ausgefallene frz. Damenmode zur Zeit des Directoire (um 1795).

**Merw** → Mary.

**Merzig,** saarländ. Stadt an der Saar, 30 500 Ew.; Keramikmanufaktur.

**Mescalin,** *Meskalin,* ein Alkaloid aus den mex. Kakteen der Gattung *Lophophora;* ein Rauschmittel (Halluzinogen).

**Meschede,** Stadt in NRW, an der Ruhr, 32 000 Ew.

**Meschuar,** Ratsversammlung im westl. Islam.

**Mesdames** [me'dam], Abk. *Mmes.,* Mehrzahl von *Madame.*

**Mesdemoiselles** [medmwa'zɛl], Abk. *Mlles.,* Mehrzahl von *Mademoiselle.*

**Meseta,** das innere Hochland der Pyrenäen-Halbinsel; von hohen Gebirgszügen im N, O u. S begrenzt, durch das *Kastil. Scheidegebirge* in die N-Meseta (León u. Altkastilien ohne die Küsten-Prov. Santander) u. die S-Meseta (Estremadura u. Neukastilien mit der Mancha) geteilt.

**Meskalin** → Mescalin.

**Mesmer,** Franz Anton, *1734, †1815, dt. Arzt u. Theologe; erfand die nach ihm *M.ismus* gen. Behandlungsmethode mit Hilfe »magnet. Heilströme« (→ Magnetotherapie).

**Mesner,** Kirchendiener.

**Mesoamerika,** in der Archäologie das Gebiet der mex. u. der Maya-Kultur (N-Mexiko bis W-Honduras u. der SW der USA).

**Mesolithikum,** die → Mittelsteinzeit.

**Mesolongion,** ital. *Missolunghi,* mittelgrch. Hafenstadt am Golf von Patras, 12 000 Ew.; im Freiheitskampf Hauptstützpunkt der Griechen; 1825/26 von den Türken belagert, 1829 zurückerobert.

**Mesomerie,** *Strukturresonanz,* ein durch die Verlagerung von Bindungselektronen vorkommendes Bindungsverhältnis bei bestimmten Substanzen (z.B. Aromaten). Die M. bewirkt, daß die Abstände aller Atome im Molekül gleich sind. Mesomere Verbindungen sind bes. stabil.

**Mesonen,** Elementarteilchen, deren Masse zw. der des Elektrons u. der des Protons liegt. Sie sind nicht stabil, sondern zerfallen in leichtere Elementarteilchen.

**Mesopause** → Atmosphäre.

**Mesophyll,** großzelliges Gewebe im Innern pflanzl. Blätter.

**Mesopotamien,** »Zwischenstromland«, die vom Armen. Hochland bis zum Pers. Golf sich erstreckende Ldsch. zw. Euphrat u. Tigris. Der Hauptteil gehört heute zum Irak, der N u. NW zur Türkei u. zu Syrien.
*Gesch.:* M. war kulturell nie eine Einheit. Die frühe Hochkultur im 4. Jt. v.Chr. wird mit der Einwanderung der Sumerer in Verbindung gebracht *(Ur, Uruk).* Im 3. u. 2. Jt. v. Chr. deckte sich die Gesch. des südl. u. nordöstl. Teils von M. weitgehend mit der von Babylonien u. Assyrien. Den nw. Teil von M. besetzten um 2000 v.Chr. aus Armenien eingewanderte *Hurriter.* 1450–1350 v.Chr. war er der Mittelpunkt des Reichs der *Mitanni.* Nach dem Untergang des Assyrerreichs fiel es 539 v.Chr. an die Perser, darauf an die Griechen, schließl. an die Parther. In den ersten Jh. n. Chr. stand es zeitw. unter röm. Herrschaft; im 7. Jh. wurde es endgültig von den Arabern erobert.

**Mesothorium,** radioaktives Zerfallsprodukt des *Thoriums;* zur Herstellung von Leuchtmassen.

**Mesozoen,** *Mesozoa,* sehr kleine Innenparasiten von Meerestieren.

**Mesozoikum,** das in *Trias-, Jura-* u. *Kreidezeit* zerfallende »Mittelalter« der Erdgeschichte (→ Erdzeitalter [Tabelle]). In der Fauna treten die ersten Säugetiere, Vögel u. Knochenfische auf; unter den Pflanzen gibt es seit der Kreidezeit neben den reich entwickelten Gymnospermen die Laubhölzer u.a. bedecktsamige Blütenpflanzen. Das M. ist die Zeit der Riesensaurier.

*Meran: Blick vom Tappeiner Weg*

**Mespelbrunn,** Gem. in Unterfranken (Bay.), 2000 Ew.; Wasserschloß im Spessart.
**Mesquitebaum** [-'kitɛ-], *Mezquite,* ein *Mimosengewächs,* im südl. N-Amerika heim. Baum mit hartem Nutzholz; liefert das *Mesquite-* oder *Sonoragummi* (Verwendung als Klebstoff u.a.). Bek. als »Vielzweckstrauch der Wüste«.
**Messalina,** Valeria, *25 n. Chr., †48 n. Chr., 3. Frau des röm. Kaisers *Claudius* (41–54); wegen ihrer Sittenlosigkeit berüchtigt; auf Befehl des Claudius getötet.
**Meßbuch** → Missale.
**Messe, 1.** in der kath. Kirche die wichtigste Gottesdienstform. Die heutige Form der Meßfeier ist festgelegt im *Missale Romanum,* das vom 2. Vatikan. Konzil erneuert u. von Papst *Paul VI.* (1969) eingeführt wurde. Die Reihenfolge der einzelnen ist: *Eröffnung* (Gesang zur Eröffnung [Introitus], Begrüßung, Einführung in die Meßfeier, Bußakt, Kyrie, Gloria, Tagesgebet), *Wortgottesdienst* (1. Lesung u. Zwischengesang, 2. Lesung u. Zwischengesang, Evangelium, Homilie, Glaubensbekenntnis, allg. Gebet oder Fürbitten), *Eucharistiefeier* (Gabenbereitung, Gabengebet, Eucharist. Hochgebet mit Wandlung, Gebet des Herrn, Friedensgruß, Kommunion des Priesters u. der Gemeinde, Kommunionsgesang, Besinnung u. Dankhymnus, Schlußgebet), *Entlassung* (Verlautbarungen für die Gemeinde, Segen u. Entlassung). – Arten der Meßfeier: Hochform ist die Meßfeier des Bischofs inmitten seines Presbyteriums u. anderer Mitwirkender (Pontifikalamt). Einen bes. Rang nimmt die Gemeindemesse am Sonntag ein. Früher pflegte man die vom Priester gesungene M. Hochamt zu nennen. Die stille M. hieß je nach Art gemeindlicher Mitwirkung »missa recitata«, Gemeinschaftsmesse oder Betsingmesse. Wenn die Gemeinde nur Lieder sang, sprach man von Singmessen. Nach der Neuordnung soll jede M. in tätiger Teilnahme der Gemeinde gefeiert werden. Jeder Katholik (ab 7 Jahren) ist zur Mitfeier der M. an allen Sonn- u. Feiertagen verpflichtet. – **2.** eine kirchenmusikal. zykl. Großform, umfaßt das *Ordinarium Missae* (Kyrie, Gloria, Credo, Sanctus u. Agnus Dei). Die musikal. Gestaltung der lat. M. führt stilist. von der Ein- u. Mehrstimmigkeit des hohen u. späten MA über die Polyphonie der Niederländer u. die als Muster geltende Palestrina-M. (16. Jh.) zur konzertierenden M. Bed. Beispiel einer Barock-M. ist J.S. *Bachs* M. in h-Moll. Im 18. Jh. schufen J. *Haydn* u. W.A. *Mozart* den Typus der sinfon. M.; Gipfel der konzertant-sinfon. M. ist L. van *Beethovens* »Missa solemnis«. – **3.** Wohnu. Speiseraum an Bord von Schiffen für Offiziere oder Mannschaften. – **4.** *Handels-M.,* period. abgehaltener Großmarkt (z.B. *Frühjahrs-, Herbst-M.*) in bes. Ausstellungshallen. Bed. M.städte in Dtld. sind Düsseldorf, Frankfurt a.M., Hannover, Köln, München, Nürnberg, Leipzig.
**Messel,** Alfred, *1853, †1909, dt. Architekt; verband als einer der ersten dt. Architekten historisierende mit konstruktivist. Bauformen.
**Messel,** Gem. in Hessen, bei Darmstadt; die Kiesgrube in M. gilt als eine der weltweit bed. Fundstätten für Fossilien.
**messen,** eine (physik.) Größe mit einer festgelegten Einheit, einem *Normal,* vergleichen; → Meßtechnik.
**Messenien,** grch. *Messenia,* fruchtbare grch. Ebene im S des Peloponnes; dorisches Siedlungsgebiet. Hptst. war das 369 v.Chr. gegr. *Messene* an den Abhängen des Ithome, eine der stärksten Festungen Griechenlands; in 3 *Messenischen Kriegen* (zw. 740 u. 455 v.Chr.) unterwarf Sparta M.
**Messerfische,** *Notopteridae,* Unterordnung der *Heringsfische;* flacher, hinten spitzzulaufender Körper u. langer Flossensaum; in Afrika u. S-Asien.
**Messermuscheln,** *Scheidenmuscheln,* ungleichseitige *Muscheln* mit längl., klaffender Schale. Sie graben sich mit dem seitl. Fuß in Sand ein. 4 Arten leben auch in der Nordsee.
**Messerschmidt,** Franz Xaver, *1736, †1783, dt. Bildhauer; schuf eine originelle Serie von Charakterköpfen.
**Messerschmitt,** Willy, *1898, †1978, dt. Flugzeugkonstrukteur; gründete 1923 in Bamberg die *M.-Flugzeugbau Gesellschaft* (seit 1969 *M.-Bölkow-Blohm GmbH*).
**Meßgewand,** dt. Bez. für *Kasel.*
**Messiaen** [mɛ'sjã], Olivier, *10.12.1908, frz. Komponist u. Organist; Mitgr. der »Jeune France« u. einflußreicher Lehrer einer ganzen Generation junger Komponisten. Seine ekstat. Klangwelt ist geprägt von einem myst. Katholizismus u. verschmilzt zahlr. Einflüsse; er beschäftigte sich intensiv mit den Rhythmen fernöstl. Musikkulturen; bed. Orgel- u. Orchesterwerke. W »Turangalîla-Sinfonie«.
**Messias** [aramäisch, »der Gesalbte«], Würdebez. für den König u. Hohepriester Israels als den unter Salbung des Hauptes eingesetzten Bevollmächtigten Gottes; durch an *David* anknüpfende Hoffnungen auch Bez. für den universalen Heilskönig der Endzeit aus david. Geschlecht. – Das NT sieht in *Jesus von Nazareth* diesen M. (grch. Übers.: *Christos*).
**Messier** [mɛ'sje], Charles, *1730, †1817, frz. Astronom; entdeckte mehrere Kometen, bek. durch seinen Katalog (1771) von Nebeln u. Sternhaufen.
**Messieurs** [mɛ'sjø], Abk. *MM.,* Mehrzahl von *Monsieur.*
**Messina,** ital. Hafenstadt, Seebad u. Prov.-Hptst. auf Sizilien, an der *Meerenge von M.* (*Straße von M.,* ital. *Stretto di M.*), 265 000 Ew.; Dom, Univ. (1549); im 8. Jh. grch. Kolonie; 1783 u. 1908 von Erdbeben völlig zerstört.
**Messina** → Antonello da Messina.
**Messing,** Kupfer-Zink-Legierungen versch. Zusammensetzung: *Rotguß (Rot-M.)* mit etwa 80% Kupfer, sehr dehnbar u. widerstandsfähig; *Gelbguß* mit 65–80% Kupfer, für Maschinenteile verwendet; *Weißguß* mit 50–80% Kupfer, schwachgelb gefärbt, nur gießbar. *Guß-M.* hat 35–45% Zink, der Rest besteht aus Kupfer u. etwas Blei. *Schmiede-M.* (mit 40% Zink) läßt sich kalt verarbeiten u. ziehen. *Sonder-M.* wie *Deltametall, Tombak* u. *Duranametall* hat Zusätze von Aluminium, Mangan, Zinn u. Eisen. M. läßt sich gut verarbeiten u. polieren u. ist gegen atmosphär. Einflüsse nicht sehr empfindlich; wird zu Schmuckwaren, Kunstgegenständen u.a. verarbeitet.
**Messingsch** → Missingsch.
**Messner,** Reinhold, *17.9.1944, ital. Bergsteiger u. Schriftst.; bezwang als erster Mensch alle 14 über 8000 m hohen Berge; durchquerte 1990 zus. mit Arved *Fuchs* die Antarktis.
**Meßtechnik,** Sammelbez. für alle messenden Verfahren mit Hilfe von Meßgeräten. Die M. ist eng mit der *Regeltechnik* verbunden, weil bei vielen Produktionsprozessen die vorgeschriebenen Meßwerte durch dauerndes Regeln genau eingehalten werden müssen.
**Meßtisch,** ein auf einem Stativ montiertes, mit Papier bespanntes Zeichenbrett, das in Verbindung mit der *Kippregel* zu topograph. Aufnahmen benutzt wird; danach **M.blatt,** topograph. Karte 1 : 25 000.
**Meßwandler,** ein *Transformator* meist nur kleiner Leistung zum Übersetzen der in elektr. Anlagen u. Geräten auftretenden Spannungen u. Ströme auf genormte Werte.

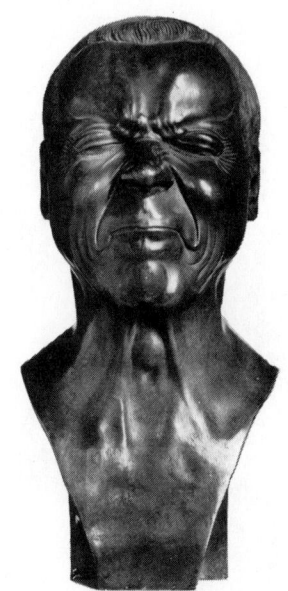

*Franz Xaver Messerschmidt: Charakterkopf. Wien, Barockmuseum*

**Meßziffern,** *Meßzahlen,* statist. Verhältniszahlen, die eine Reihe zu einem Glied dieser Reihe in Beziehung setzen. Die gewählte Bezugszahl (*Basis*) wird üblicherweise gleich 100 gesetzt, u. die übrigen Reihenglieder werden in Prozenten zu dieser Zahl ausgedrückt.
**Mestize,** Mischling zw. Weißen u. Indianern, in Indonesien zw. Weißen u. Malaien.
**Meštrović** [mɛʃ'trɔvitj], Ivan, *1883, †1962, jugoslaw. Bildhauer, Maler u. Graphiker.
**Mesusa,** ein mit dem Text von 5. Mose 6,4–9 u. 11,13–21 beschriebenes Pergamentblatt, das in einem Kästchen am rechten Türpfosten der jüd. Häuser aufbewahrt wird.
**Met,** *Honigwein,* das älteste alkohol. Getränk, aus vergorenem Honigwasser gewonnen; früher in ganz Europa bekannt.
**Meta,** *Rio M.,* l. Nbfl. des Orinoco, 1100 km; mündet an der Grenze von Venezuela.
**Metabolie,** *Metabolismus* → Stoffwechsel.
**Metalle,** mit Ausnahme des Quecksilbers feste u. kristalline Stoffe, die einen charakterist. (Metall-)Glanz u. ein hohes elektr. u. Wärmeleitvermögen haben. Bei der Einwirkung von Säuren bilden sie Salze (ausgenommen einige Edel-M.), aus deren wäßrigen Lösungen sie sich bei der Elektrolyse an der Kathode abscheiden. Ihre Oxide u. Hydroxide haben meist einen mehr oder weniger starken bas. Charakter. Je nach ihrer Fähigkeit, positive Ionen zu bilden, d.h. Elektronen abzugeben, unterscheidet man *unedle M.* (die oxidierenden, rostenden M.) u. *edle M.* Nach der Dichte werden *Leicht-M.* (Dichte bis 4,5, z.B. Magnesium, Aluminium) u. *Schwer-M.* (Dichte über 4,5, z.B. Eisen, Zinn, Blei) unterschieden. Von allen Metallen, deren Zahl 79 beträgt, haben nur knapp ein Drittel techn. Bedeutung. Die meisten M. werden aus Erzen gewonnen. → chemische Elemente.
**Metallurgie,** ein Zweig der Hüttenkunde: die Wiss. von der Gewinnung u. Verarbeitung der Metalle.
**metamorphe Gesteine,** *Metamorphite,* aus Sediment- oder aus Eruptivgesteinen durch *Metamorphose* entstandene Gesteine; z.B. *Gneis.*
**Metamorphose,** *Verwandlung,* **1.** *Botanik:* eine Gestaltumbildung der drei Hauptorgane der höheren Pflanzen (Blatt, Sproßachse, Wurzel) infolge einer Funktionsänderung. M.n der Wurzel sind z.B.: Wurzelknollen, Luftwurzeln, Atemwurzeln, Wurzeldornen u. Stelzwurzeln. – **2.** *Zoologie:* die indirekte Entwicklung während der Jugendperiode vieler Organismen. Die Jugendformen weichen in Organisation u. Körperform von den erwachsenen Tieren ab u. werden als *Larven* bezeichnet, bes. auffällig bei Bandwürmern (*Finne*), Krebsen, Insekten u. Lurchen (*Kaulquappe*). – **3.** *Gesteinskunde:* die Vorgänge (Druck, hohe Temperaturen u.a.), durch die ein Mineralbestand, die Struktur oder die Textur eines Gesteins grundlegend umgestaltet wird. – **4.** *Myth.:* die Verwandlung von Menschen in Tiere, Steine, Bäche, Bäume u.ä. in den Sagen fast aller Kulturkreise.
**Metapher,** ein sprachl. Ausdruck, der das Gemeinte durch eine Vorstellung (meist ein Bild, *metaphorisch*) zum Ausdruck bringt.
**Metasprache,** eine Sprache, in der über eine vorgegebene Sprache Aussagen gemacht werden.
**metastabil,** in Chemie, Mechanik u. Quantenmechanik Bez. für den Zustand eines Systems, der zwar nicht von sich aus in einen anderen Zustand übergeht, bei dem aber ein geringer Anstoß genügt, um diesen Übergang zu bewirken.
**Metastase,** die Verschleppung von Krankheitsherden innerhalb des Körpers auf dem Blut- oder Lymphwege oder unmittelbar, z.B. von Krankheitskeimen oder Zellen; bes. bei bösartigen Geschwülsten (Krebs).
**Metastasio,** Pietro, eigtl. P. Antonio Domenico Bonaventura *Trapasse,* *1698, †1782, ital. Schriftst. Seine der klass. Tradition entstammenden Bühnenstücke wurden vielfach zu Oratorien, Kantaten u. Opern verarbeitet.
**Metawissenschaften,** in der Wissenschaftstheorie Bez. für Wiss. oder Richtungen, die Aussagen über andere Wiss. machen; als *Grundlagenforschung, Metakritik* oder *Metasprache* verstanden.
**Metaxas,** Ioannis, *1871, †1941, grch. Politiker u. Offizier (Monarchist); 1932 Innen-Min., 1936 Kriegs-Min., bildete 1936 eine autoritäre Reg. (bis 1941).

**Metazoen,** *Metazoa,* alle *Gewebetiere (Histozoa)* im Ggs. zu den nicht gewebl. differenzierten Zellverbänden u. den einzelligen Protozoen.

**Meteor,** die Leuchterscheinung, die entsteht, wenn ein kosm. Kleinkörper in die Erdatmosphäre eindringt u. dabei seine kinet. Energie in Wärme umsetzt, bzw. bei der Verdampfung der Materie verbraucht. Das Aufleuchten geschieht meist in großer Höhe (10–330 km). Größere M.e zerspringen oft in kleinere Stücke, die als **Meteoriten** auf die Erde fallen. Dabei entstehen, allerdings selten, *Meteoritenkrater,* in Arizona/USA (1260 m Durchmesser), Vredefort-Ring in S-Afrika (40 km Durchmesser), Nördlinger Ries (24 km Durchmesser). Kleine M., die beim Aufleuchten nicht heller als Fixsterne werden, heißen *Sternschnuppen.* M. können zu bestimmten Jahreszeiten als *M.ströme* (Schwärme) auftreten.

**Meteora,** eine Reihe von Klöstern in einer Felsenlandschaft im westl. Thessalien (Griechenland).

**Meteoroid,** ein Teilchen, das sich auf einer Ellipsenbahn um die Sonne bewegt, beim Eintritt in die Erdatmosphäre entsteht ein *Meteor.*

**Meteorologie,** die Wetterkunde; die Wiss. von den physikal. Vorgängen in der Lufthülle der Erde, ein Teilgebiet der *Geophysik.*

**Meteorotropismus,** *Wetterfühligkeit,* durch bes. Empfindlichkeit gegenüber Wetterveränderungen hervorgerufener Vorkrankheitszustand mit versch. Gesundheits- u. Befindensstörungen.

**Meteosat,** erster europ., von der ESA entwickelter meteorolog. Satellit; Start 1977; auf einer geostationären Bahn (in 36 000 km Höhe). Seine Satellitenaufnahmen dienen der Analyse des Wettergeschehens.

**Meter,** Kurzzeichen m, Längeneinheit; seit 1795 in Frankreich eingeführt; internat. festgesetzt in der *M.konvention* vom 20.5.1875: 1 m = der vierzigmillionste Teil des Erdmeridians *(Ur-M.);* das Ur-M., ein Platin-Iridium-Stab, liegt in Paris. 1983 wurde der M. neu definiert als die Strecke, die Licht im Vakuum innerhalb des Zeitintervalls von $1/299\,792\,458$ Sekunden zurücklegt.

**Methadon,** Wz. *Polamidon,* ein synthet. Opiat, das von einigen staatl. Stellen versuchsweise als Ersatzdroge für Heroin eingesetzt wird. Man hofft, damit die Verbreitung von Aids eindämmen zu können, da die mehrf. Benutzung infizierter Spritzen entfällt. Kritiker befürchten davon eine staatl. Sanktionierung des Drogenmißbrauchs.

**Methan,** ein farb- u. geruchloses, brennbares Gas, $CH_4$. Es entsteht bei der Zersetzung organ. Stoffe durch Cellulosegärung u. ist Bestandteil der aus Sümpfen aufsteigenden Gase *(Sumpfgas).* Es ist auch in den Spalten u. Klüften von Bergwerken enthalten *(Grubengas)* u. bildet mit Luft explosive Gemische *(schlagende Wetter).* M. ist wichtiger Bestandteil des *Erdgases,* des *Leucht-* u. *Kokereigases,* der Abgase der Benzinsynthese u. Erdölraffinerien u. des Faulschlamms von Abwasserkläranlagen.

**Methanol,** *Methylalkohol,* der einfachste aliphat. Alkohol, $CH_3OH$; eine farblose, angenehm riechende, mit Wasser mischbare Flüssigkeit, die aber sehr giftig ist (Genuß führt zur Erblindung); wird synthetisch aus Kohlenmonoxid u. Wasserstoff gewonnen. Verwendung: Lösungsmittel. Zusatz zu Motorentreibstoffen (hohe Oktanzahl), zur Herstellung von Formaldehyd.

**Methode,** die Art u. Weise des Vorgehens; in der Wiss. das jeweilige Verfahren der Erkenntnisgewinnung u. -darstellung.

**Methodenlehre,** *Methodologie, Methodik,* die Reflexion über das den wiss. *Methoden* logisch Gemeinsame, z.B. das Analyt. u. das Synthet., das Induktive u. das Deduktive, die Analogien- u. Hypothesenbildung, das Wesen von Annahme, Definition u. Theorie überhaupt.

# MEXIKO

*Straßenumzug anläßlich des Volksfestes zu Ehren der heiligen Jungfrau von Guadalupe am 12.12. (links). – Die Atlanten von Tula, der Tolteken-Hauptstadt (Mitte). – Felsküste bei Acapulco am Pazifik (rechts)*

*Die Kathedrale in Ciudad de México*      *In den »schwimmenden Gärten« von Xochimilco*

**Methodisten,** Anhänger einer von John u. Charles *Wesley* u. George *Whitefield* um 1740 begr. Erweckungsbewegung. Die M. zeichnen sich durch Milde in den Lehrfragen u. durch ein Tat- u. Willenschristentum aus, das auf verinnerlichtem Glauben beruht.

**Methusalem,** *Methusala,* nach der israelit. Sage ein Urvater, der 969 Jahre gelebt haben soll; Sohn des *Henoch,* Vater des *Lamech* (1. Mose 5,25 f.).

**Methyl,** das in freiem Zustand unbeständige aliphat., einwertige Radikal – $CH_3$.

**Methylalkohol** → Methanol.

**Methylen,** die zweiwertige, unbeständige Atomgruppierung $=CH_2$.

**Methylenblau,** ein Thiazinfarbstoff; in der Biologie zur Färbung anatom. Präparate sowie als Indikator in der chem. Analyse verwendet.

**Metöken,** im alten Athen ständig wohnende Fremde unter Staatsschutz, ohne Bürgerrecht, aber steuer- u. wehrpflichtig; etwa ein Drittel der Bürgerschaft.

**Meton,** grch. Astronom u. Mathematiker um 440 v.Chr. in Athen; brachte durch eine Kalenderreform die grch. Zeitrechnung in Ordnung. → Kalender.

**Metonymie,** eine *rhetor. Figur,* die das eigtl. Gemeinte durch einen anderen Begriff zum Ausdruck bringt, der aber (im Ggs. zur *Metapher*) eine offensichtl. reale Beziehung dazu hat (z.B. »Eisen« für »Schwert«).

**Metope,** rechteckige Platte zw. den *Triglyphen* am Fries des dor. Tempels.

**Metrik, 1.** *Geometrie:* Maßbestimmung; die M. legt die Längenmessung in einem Raum fest. – **2.** *Literatur:* die Lehre vom Vers. – **3.** *Musik:* die Lehre vom Takt u. von der jeweiligen Akzentuierung im Takt oder im Motiv.

**metrisches System,** das System der Maßeinheiten von Länge, Masse u. den daraus abgeleiteten Größen (z.B. Fläche, Rauminhalt), das auf dem *Meter* u. dem *Kilogramm* aufgebaut u. dezimal unterteilt ist. Es wurde in Frankreich 1795, in Dtld. 1872 eingeführt u. gilt jetzt in allen Großstaaten außer den USA.

**Métro,** die *Untergrundbahn* von Paris; erste Linie 1900 eröffnet.

**Metrologie,** die Wiss. von den Maßen u. Gewichten.

**Metronom,** ein von einem Uhrwerk getriebenes Pendel, bei dem ein auf einer Skala verschiebbares Gewicht die Zahl der Pendelausschläge in der Minute bestimmt; Hilfsmittel für die eindeutige Tempobestimmung eines Musikstücks; 1816 von J.N. Mälzel gebaut.

**Metropole,** Mittelpunkt, Landeshauptstadt, Hochburg.

**Metropolis,** »Mutterstadt«, grch. Bez. für eine Stadt im antiken Griechenland, die Kolonisten in einem anderen Land ansiedelte.

**Metropolit,** ein Erzbischof als Vorsteher einer Kirchenprov.; urspr. Bischof einer *Metropole.*

**Metropolitan Area** [mɛtrəˈpɔlitən ˈɛəriə], vollst. *Standard Metropolitan Statistical Area,* Abk. SMSA, in der Statistik der USA u. Kanadas das über die Grenzen der polit. Gem. hinaus mehr oder weniger geschlossene Siedlungsgebiet einer Großstadt (Stadtregion, Ballungsgebiet).

**Metropolitan Opera** [mɛtrəˈpɔlitən ˈɔpərə], Abk. *Met,* 1883 eröffnetes Opernhaus in New York, seit 1966 im Lincoln Center.

**Metrum,** i.w.S. die Gesetzmäßigkeit, nach der ein *Vers* gebaut ist; das Schema, das dem *Rhythmus* eines Verses zugrunde gelegt ist; *i.e.S.* der *Versfuß,* die kleinste rhythm. Einheit des antiken Verses. Die wichtigsten Metren waren: *Daktylus* (–⌣⌣), *Anapäst* (⌣⌣–), *Jambus* (⌣–) u. *Trochäus* (–⌣).

**Metschnikow** [-kɔf], Ilja Iljitsch, *1845, †1916, russ. Zoologe u. Bakteriologe; entdeckte die Phagozytose von Bakterien durch die weißen Blutkörperchen; Nobelpreis für Medizin 1908.

**Metsu** [-sy], Gabriel, *1629, †1667, ndl. Maler (erzählende Genrebilder).

**Metsys,** Quentin → Massys.

**Mette,** *Matutin,* der frühmorgendl. Gottesdienst des kirchl. Stundengebets.

**Metternich,** Klemens Wenzel Lothar Fürst von, *1773, †1859, östr. Staatskanzler 1810–48; Hauptvertreter der europ. *Restauration.* Er eröffnete u. leitete den *Wiener Kongreß* 1814/15, löste die poln. u. sächs. Frage, war bestrebt, Frankreich in seinen alten Grenzen zu erhalten, u. regelte die dt. Verhältnisse durch Schaffung des *Dt. Bunds* mit Österreich als Vormacht. Außenpolit. erstrebte

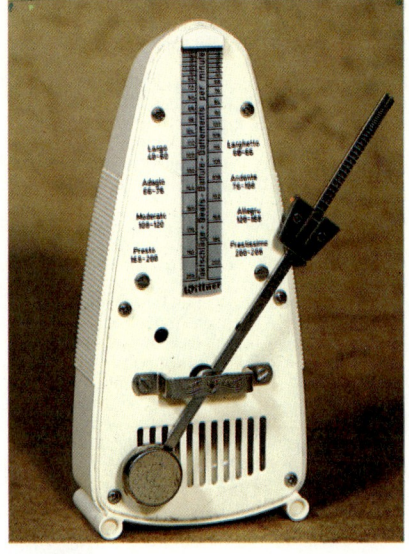

*Metronom*

er das Gleichgewicht zw. den europ. Mächten, um die Vormachtstellung eines einzelnen Landes zu unterbinden. Sein auf Polizeigewalt gestütztes innenpolit. System konnte der *März-Revolution* 1848 nicht mehr standhalten: M. mußte als Hof- u. Staatskanzler seine Entlassung nehmen (13.3.).

**Mettmann,** Krst. in NRW, östl. von Düsseldorf, 37 000 Ew.; Metallind., Maschinenbau.

**Metz,** alte Stadt u. Festung in Lothringen, Hptst. des frz. Dép. Moselle, an der Mündung der Seille in die Mosel, 120 000 Ew.; got. Kathedrale, Reste der Befestigungsanlagen; vielseitige Ind. – Gesch.: Seit dem 6. Jh. Bistum, 511 Hptst. des fränk. *Austrier,* 870 zum Ostfränk. Reich, zu Anfang des 13. Jh. freie Reichsstadt, 1552 von Frankreich besetzt, 1871 zum dt. Reich, seit 1918 wieder frz.

**Metzger, 1.** Arnold, *1892, †1974, dt. Philosoph; aus der ontolog. Richtung der *Phänomenologie.* – **2.** Max Josef, *1887, †1944 (hingerichtet), dt. kath. Priester; gründete 1919 die *Missionsgesellschaft vom Weißen Kreuz* (späterer Name *Christkönigsgesellschaft*). – **3.** Wolfgang, *1899, †1979, dt. Psychologe; arbeitete über Wahrnehmungs- u. Gestaltpsychologie.

**Metzingen,** Stadt in Ba.-Wü. nordöstl. von Reutlingen, 19 600 Ew.; Obst- u. Weinanbau.

**Meuchelmord,** heimtück. Tötung eines Menschen; strafbar als → Mord.

**Meudon** [møˈdɔ̃], Krst. sw. von Paris, auf dem l. Ufer der Seine, 53 000 Ew.; Schloß (17. Jh., astrophysikal. Observatorium), Rodin-Museum.

**Meunier** [møˈnje], Constantin Émile, *1831, †1905, belg. Bildhauer, Maler u. Graphiker.

**Meurthe** [mœrt], r. Nbfl. der Mosel in O-Frankreich, 180 km; mündet bei *Frouard.*

**Meuse** [møːz], frz. Name für die *Maas.*

**Meuselwitz,** Stadt in NO-Thüringen, 13 300 Ew.

**Meute,** Rudel von Jagdhunden meist gleicher Rasse, die zur gemeinsamen Jagd abgerichtet sind.

**Meuterei,** die Zusammenrottung von Soldaten zur gemeinsamen *Gehorsamsverweigerung, Bedrohung* oder *Nötigung* gegenüber einem Vorgesetzten oder zum tätl. Angriff auf einen solchen; strafbar ist auch die M. von Gefangenen oder von Seeleuten *(M. auf See).*

**Mexicali** [mɛxi-], Hptst. des mex. Bundesstaats Baja California, im Delta des Colorado an der USA-Grenze, 560 000 Ew.; Univ.; Baumwollverarbeitung.

**México** [ˈmɛxiko], *Ciudad de México,* engl. *Mexico City,* Hptst. der Rep. Mexiko, im südl. Hochland von Mexiko, 2277 m ü.M., m.V. 16 Mio. Ew., kultureller Mittelpunkt Mexikos mit 5 Univ. (älteste von 1551), Kathedrale (16./17. Jh.); bed. Ind.-Standort des Landes, internat. Flughafen; im 16. Jh. auf den Ruinen der von Spaniern zerstörten Aztekenstadt *Tenochtitlán* erbaut; 1985 durch ein Erdbeben z.T. zerstört.

**Mexiko, 1.** Staat zw. Nord- u. Mittelamerika, 1 972 547 km², 81,2 Mio. Ew., Hptst. *(Ciudad de) México.* M. ist gegliedert in 31 Bundesstaaten u. den Bundesdistrikt (vgl. Tabelle).

## Mexiko 571

Landesnatur. Der Kernraum ist ein 1000–2500 m hohes, von Steppen eingenommenes Hochland, das von hohen Randgebirgen bis über 3000 m Höhe (Sierra Madre Oriental im O, Sierra Madre Occidental im W) gesäumt wird. Im Hochland erheben sich die erloschenen Vulkanberge des *Popocatépetl* (5452 m), des *Iztaccihuatl* (5286 m) u. des *Citlaltépetl* (5700 m). Südl. schließt sich die *Sierra Madre de Chiapas* (bis 2948 m) an; nach NO liegen die feuchtheiße Küstenebene von *Tabasco* u. die teilw. sumpfige Kalktafel der Halbinsel Yucatán. Zu M. gehört auch die Halbinsel *Niederkalifornien* (Baja California).

Bevölkerung. Die überwiegend kath., span. sprechende Bev. besteht zu 96% aus Mestizen; 3% sind Indianer (Maya, Nahua, Otomi, Zapoteken), 1% Weiße.

Wirtschaft. Die Landw. liefert Baumwolle, Obst u. Gemüse, Kaffee, Kakao, Zuckerrohr, Sisalhanf u. Tabak für den Export. Eisen-, Blei-, Zink-, Kupfer-, Silbererze, Gold, Quecksilber u. Schwefel werden abgebaut, Kohle, Erdöl u. Erdgas gefördert. Schwerpunkte der Ind. sind die Herstellung von Nahrungs- u. Genußmitteln, Textilien, Stahl u. Chemieprodukten. Große Bed. hat der Tourismus. Die wichtigsten Häfen sind *Veracruz* u. *Tampico.*

*Mexiko*

Geschichte. 1519–21 eroberte H.*Cortés* das Aztekenreich für Spanien; 1535 wurde M. das span. Vize-Kgr. *Neuspanien.* 1822 erkämpfte es

| Mexiko: Verwaltungsgliederung | | |
|---|---|---|
| Bundesstaat/ Bundesdistrikt | Fläche in km² | Einwohner in 1000 | Hauptstadt |
| Aguascalientes | 5 471 | 684 | Aguascalientes |
| Baja California Norte | 69 921 | 1 388 | Mexicali |
| Baja California Sur | 73 475 | 316 | La Paz |
| Campeche | 50 812 | 593 | Campeche |
| Chiapas | 74 211 | 2 519 | Tuxtla Gutiérrez |
| Chihuahua | 244 938 | 2 239 | Chihuahua |
| Coahuila | 149 982 | 1 906 | Saltillo |
| Colima | 5 191 | 419 | Colima |
| Durango | 123 181 | 1 385 | Victoria de Durango |
| Guanajuato | 30 491 | 3 542 | Guanajuato |
| Guerrero | 64 281 | 2 560 | Chipancingo |
| Hidalgo | 20 813 | 1 822 | Pachuca de Soto |
| Jalisco | 80 836 | 5 198 | Guadalajara |
| México | 21 335 | 11 571 | Toluca de Lerdo |
| Michoacán | 59 928 | 3 378 | Morelia |
| Morelos | 4 950 | 1 258 | Cuernavaca |
| Nayarit | 26 979 | 846 | Tepic |
| Nuevo León | 64 924 | 3 146 | Monterrey |
| Oaxaca | 93 952 | 2 650 | Oaxaca de Juárez |
| Puebla | 33 902 | 4 068 | Puebla de Zaragoza |
| Querétaro | 11 449 | 953 | Querétaro |
| Quintana Roo | 50 212 | 393 | Ciudad Chetumal |
| San Luis Potosí | 63 068 | 2 021 | San Luis Potosí |
| Sinaloa | 58 328 | 2 368 | Culiacán Rosales |
| Sonora | 182 052 | 1 800 | Hermosillo |
| Tabasco | 25 267 | 1 300 | Villahermosa |
| Tamaulipas | 79 384 | 2 267 | Ciudad Victoria |
| Tlaxcala | 4 016 | 666 | Tlaxcala |
| Veracruz | 71 699 | 6 659 | Jalapa Enriquez |
| Yucatán | 38 402 | 1 303 | Mérida |
| Zacatecas | 73 252 | 1 252 | Zacatecas |
| Distrito Federal (Bundesdistrikt) | 1 479 | 10 263 | México |

**Mey**

die Unabhängigkeit u. wurde 1824 Rep. Im Krieg gegen die USA (1846–48) verlor M. seine gesamten N-Provinzen. 1858–61 kam es zu einem schweren Bürgerkrieg. Napoleon II. setzte 1864 den östr. Erzherzog *Maximilian* als Kaiser in M. ein (1867 erschossen). 1877–1911 (mit Unterbrechung) war P. *Díaz* Präs. von M. Sein Sturz leitete die Epoche der mex. Revolution (1911–20) ein. Die sozialist. Richtung setzte sich durch u. organisierte sich schließl. in der »Institutionellen Revolutionspartei«, der bis heute regierenden Staatspartei. Staats-Präs. ist seit 1988 C. *Salinas de Gortari.* – **2.** *Golf von M., Golfo de México,* der nw. Teil des Amerikan. Mittelmeers, bis 4376 m tief.

**Mey,** Reinhard, eigtl. Alfons *Yondraschek,* *21.12.1942, dt. Liedermacher.

**Meyer, 1.** Conrad Ferdinand, *1825, †1898, schweiz. Schriftst. Seine Themen waren die schweiz. Landschaft, die christl. Religion u. die Geschichte, das Problem von Macht u. Sittlichkeit. – W Epos »Huttens letzte Tage«, Roman »Georg Jenatsch«, Novellen: »Das Amulett«, »Der Schuß von der Kanzel«, »Gustav Adolfs Page«, »Die Versuchung des Pescara«. – **2.** Eduard, *1855, †1930, dt. Althistoriker; stellte die grundlegende Chronologie der ägypt. Geschichte auf. – **3.** Hans, Enkel von 5), *1858, †1929, dt. Verleger u. Geograph; bereiste S- u. O-Afrika sowie die Anden, bestieg 1889 als erster den Kilimandscharo. – **4.** Heinrich, *1760, †1832, schweiz. Maler u. Schriftst.; 1791 von Goethe als Lehrer an die Weimarer Zeichenschule berufen; Hausfreund Goethes, nahm großen Einfluß auf die Kunsttheorie Goethes. – **5.** Joseph, *1796, †1856, dt. Verleger; gründete 1826 das *Bibliographische Institut* in Gotha (heute Leipzig u. Mannheim), für das er u.a. »Meyers Konversations-Lexikon« schuf. – **6.** Julius Lothar, *1830, †1895, dt. Chemiker; stellte 1869 unabhängig von D. *Mendelejew* das *Periodensystem der Elemente* auf.

**Meyerbeer,** Giacomo, eigtl. Jakob Liebmann Meyer *Beer,* *1791, †1864, dt. Komponist; errang Welterfolg mit Opern im prunkhaften Stil der frz. Großen Oper; W »Robert der Teufel«, »Die Hugenotten«, »Der Prophet«, »Die Afrikanerin«.

**Meyerhof,** Otto, *1884, †1951, dt. Biochemiker u. Physiologe; klärte die chem. Vorgänge bei den Energieumsätzen im Muskel; Nobelpreis für Medizin 1922.

**Meyerhold,** Wsewolod Emiljewitsch (Karl Theodor Kasimir), *1874, †1940 (hingerichtet), russ. Schauspieler u. Regisseur; vertrat eine radikal antirealist. Bühnenkunst (»Konstruktivismus«); wegen seines Formalismus kritisiert.

**Meyern,** Wilhelm Friedrich von, *1762, †1829, dt. Schriftst.; stand literar. zw. Ch. M. *Wieland* u. *Jean Paul.*

**Meyfarth,** Ulrike, *4.6.1956, dt. Sportlerin; 1972 u. 1984 Olympiasiegerin im Hochsprung.

**Meynert,** Theodor Hermann, *1833, †1892, östr. Psychiater dt. Herkunft; begr. das systemat. Studium der Hirnstruktur.

**Meyrin** [mɛˈrɛ̃], schweiz. Stadt in der Agglomeration Genf, 20 000 Ew.; Europ. Kernforschungszentrum (CERN).

**Meyrink,** Gustav, eigtl. G. *Meyer,* *1868, †1932, östr. Schriftst.; schrieb antibürgerl. Satiren u. grausig-okkulte Erzählwerke; W Roman »Der Golem«.

**Meysel,** Inge, *30.5.1910, dt. Schauspielerin; verkörpert Frauengestalten des Alltags.

**MEZ,** Abk. für *Mitteleurop. Zeit.*

**Mézières** [meˈzjɛːr] → Charleville-Mézières.

**Mezzanin,** Halb- oder Zwischengeschoß in Renaissance- u. Barock-Palästen.

**Mezzogiorno** [-ˈdʒɔrno], die südl. von Rom liegenden Teile des ital. Festlands u. Inseln; umfaßt den Teil Italiens, der keine ausreichende wirtsch. Basis für die Bevölkerung bietet.

**Mezzosopran,** die Stimmlage zw. Alt u. Sopran.

**Mezzotinto** → Schabkunst.

**Mg,** chem. Zeichen für *Magnesium.*

**Miami** [maiˈæmi], Stadt an der SO-Küste des USA-Staats Florida, 418 000 Ew.; Zentrum eines der größten Fremdenverkehrsgebiete der USA mit dem 10 km östl. auf einer Nehrung gelegenen *M. Beach.*

**Miami River** [maiˈæmi ˈrivə], r. Nbfl. des Ohio (USA), mündet bei Cincinnati; 250 km.

**Miao,** thai-chin. Volk (2,7 Mio.) mit über 80 Stämmen in SW-China (Heimat in der Prov. Guizhou); von dort im 19. Jh. Masseneinwanderung nach Tonkin (Vietnam), heißen dort *Meo.*

**Miass,** Stadt in der RSFSR (Sowj.), am südl. Ural, 160 000 Ew.

**Micha,** *Michäas,* einer der zwölf Kleinen Propheten des AT, um 750 bis 710 oder 701 v. Chr.

**Michael,** einer der Erzengel; im AT (Daniel 10) Engel des Volkes Israel, im NT (Offb. 12) Führer der himml. Streitscharen gegen das Satansheer; Schutzpatron der Deutschen (Fest. 29.9., »Michaelistag«).

**Michael,** Fürsten. **1. M. VIII. Palaiologos,** *1224, †1282, Kaiser von Byzanz 1258–82; Heerführer der Laskariden-Dynastie; in Nicäa zum Mitkaiser erhoben, verdrängte den jungen Kaiser Johannes IV. Laskaris. Mit Hilfe der Genuesen eroberte M. 1261 Konstantinopel zurück, womit das Lat. Kaiserreich sein Ende fand. – **2. Mihai Viteazul,** *der Tapfere,* *1558, †1601 (ermordet), 1593–1601 Fürst der Walachei, auch Siebenbürgens u. der Moldau; von der rumän. Geschichtslegende als Vorkämpfer des modernen »Großrumäniens« bezeichnet. – **3. M. I.,** *25.10.1921, König von Rumänien 1927–30 u. 1940–47; stürzte am 23.8.1944 den »Staatsführer« I. Antonescu u. schloß sich den Alliierten an; 1947 von den Kommunisten zur Abdankung gezwungen. – **4. Michail Fjodorowitsch,** *1596, †1645, russ. Zar 1613–45; Gründer der Dynastie *Romanow;* nach Vertreibung der Polen gewählt, beendete die Anarchie im Innern. – **5. M. III.** *Obrenović,* *1823, †1868, Fürst von Serbien 1839–42 u. 1860–68; erreichte den Abzug der türk. Besatzungen.

**Michaelis,** Georg, *1857, †1936, dt. Politiker; Juli/Oktober 1917 Reichskanzler; scheiterte bei dem Versuch, zw. der Obersten Heeresleitung (E. Ludendorff) u. den Friedensbemühungen der Reichstagsmehrheit zu vermitteln.

**Michaelsbruderschaft,** ev. Bruderschaft des Berneuchener Kreises.

**Michael von Cesena** [-tʃe-], †1342, ital. Franziskaner; 1316 Ordensgeneral, schärfster Vertreter des kirchl. Armutsideals; floh 1328 zu Avignon zu Kaiser Ludwig IV. dem Bayern; wurde gebannt u. 1331 aus dem Orden ausgestoßen.

**Michaux** [miˈʃo], Henri, *1899, †1984, frz.-belg. Schriftst., Maler u. Zeichner; Surrealist.

**Michel,** Hartmut, *18.7.1948, Biochemiker; erhielt für die Entschlüsselung des Reaktionszentrums des Photosyntheseapparates 1988 den Nobelpreis für Chemie, zus. mit J. *Deisenhofer* u. R. *Huber.*

**Michelangelo** [mikeˈlandʒelo], eigtl. *M. Buonarroti,* *1475, †1564, ital. Bildhauer, Maler, Baumeister u. Dichter, Hauptmeister der ital. Hoch- u. Spätrenaissance; arbeitete 1495–1501 in Rom (Bacchus, Pietà), 1501–05 in Florenz (David). 1505 begann er in Rom die bis 1545 mehrfach unterbrochene Arbeit am Julius-Grab (S. Pietro in Vincoli); 1508–12 schuf er die Gewölbefresken der Sixtin. Kapelle, nach Themen aus der Schöpfungsgeschichte. Seit 1517 arbeitete er in Florenz an der Grabkapelle der Medici-Herzöge in S. Lorenzo (1520–34); nach Aufenthalten in Ferrara u. Venedig (1529) war er seit 1534 wieder ständig in Rom tätig (Fresken des »Jüngsten Gerichts« in der

*Michelstadt: Rathaus*

Sixtin. Kapelle, 1536–41; Pietà Rondanini, seit 1555; Entwürfe für den Petersdom u. dessen Kuppe, Palazzo Farnese u. Kapitolsplatz). M. knüpfte als Maler an *Giotto* u. *Masaccio* an. entwickelte einen Stil von plast. gesehener Körperbewegung u. heller Farbigkeit. Die großen Fresken der Spätzeit enthalten in ihren Gebärden Elemente des Manierismus. Als Bildhauer ging M. u.a. von *Donatello* aus. Sein plast. Frühwerk bildet den Höhepunkt der Hochrenaissance. Seine Bauwerke nehmen Elemente des Manierismus u. Barocks vorweg. Als Dichter setzte M. die von *Dante* u. Petrarca begonnene Tradition fort (bes. Sonette).

**Michelet** [miˈʃlɛ], Jules, *1798, †1874, frz. Historiker; stark von der Romantik beeinflußt u. vom Subjektivismus bestimmt.

**Michelozzo** [mikeˈlɔttso], *M. di Bartolomeo,* *1396, †1472, ital. Architekt u. Bildhauer; in der Nachfolge F. *Brunelleschis.*

**Michelson** [ˈmaikəlsən], Albert Abraham, *1852, †1931, US-amerik. Physiker; machte den berühmten *M.-Versuch,* der die Annahme eines Äthers widerlegte. Weiterhin bestimmte er die Geschwindigkeit des Lichts mit einer sehr hohen Genauigkeit u. löste Spektrallinien in ihre Feinstruktur auf (*M.-Interferometer*). – Nobelpreis 1907.

**Michelstadt,** hess. Stadt im Odenwald, 14 500 Ew.; mittelalterl. Altstadt.

**Michener** [ˈmitʃənə], James Albert, *3.2.1907, US-amerik. Schriftst.; vielgelesene Romane, bes. zu histor. Themen. W »Hawaii«, »Die Quelle«.

**Michiels** [miˈxiːls], Ivo, eigtl. Rik *Ceuppens,* *8.1.1923, fläm. Lyriker u. Erzähler; führender Vertreter eines neuen Realismus.

**Michigan** [ˈmiʃigən], Abk. *Mich.,* Gliedstaat der → Vereinigten Staaten von Amerika.

**Michigan-See** [ˈmiʃigən], *Lake Michigan,* dritt-

*Michelangelo: Die Erschaffung Adams; Fresko von der Decke der Sixtinischen Kapelle in Rom*

größter der Großen Seen in N-Amerika, 58 016 km², 281 m tief, 177 m ü.M.

**Michon** [mi'ʃɔ̃], Jean Hippolyte, *1806, †1881, frz. Graphologe; Begr. der method. Handschriftendeutung.

**Mickiewicz** [mits'kjɛvitʃ], Adam, *1798, †1855, poln. Nationaldichter; seit 1829 im Ausland. Nach Überwindung des Pseudoklassizismus ebnete er der Romantik den Weg in die poln. Literatur. – Ⓦ Drama »Die Ahnenfeier«, Epos »Herr Thaddäus«.

**Micky-Maus**, engl. *Mickey-mouse,* beliebte Figur aus W. *Disneys* Zeichentrickfilmen (seit 1926); 1930 erschien der erste M.-Comic.

**Midas**, phryg. König, um 710 v.Chr.; berühmt wegen seines Reichtums. Nach der Sage erbat er von Dionysos, daß sich alles, was er berührte, in Gold verwandele.

**Middelburg** ['midəlbyrx], Hptst. der ndl. Prov. Seeland, auf der Insel Walcheren, 39 000 Ew.; mittelalterl. Stadtbild.

**Middlesbrough** ['midlzbrə], Hafenstadt im nordöstl. England, an der Mündung des *Tees* in die Nordsee, 143 000 Ew.; chem. Ind.; Schiffbau.

**Midgard**, nach dem myth. Bericht der *Edda* die aus den Brauen des Urriesen erbaute Menschenwelt, die zw. *Asgard* (Götterwelt) u. *Utgard* (Dämonenwelt) im Ozean liegt, von *Fenriswolf* u. *M.schlange* umgeben. In der Mitte von M. steht die Weltesche *Yggdrasil*.

*Micky-Maus mit Donald Duck in einer typischen Zeichentrickfilm-Szene*

**Midlands** [-ləndz], das mittelengl. Tiefland mit reichen Kohlen-, Eisen- u. Tonlagerstätten; große Industriezentren: Birmingham, Leeds, Manchester, Nottingham, Derby, Sheffield u.a.

**Midlife Crisis** ['midlaif 'kraisiz; engl.], Phase in der Lebensmitte (etwa 40.–50. Lebensjahr), in der viele Menschen am Sinn ihres bisherigen u. gegenwärtigen Lebens zweifeln.

**Midrasch**, in der jüd. Religion: Auslegung bibl. Texte.

**Midwayinseln** [-wɛi-], zwei US-amerik., von Hawaii aus verwaltete pazif. Koralleninseln, 5,2 km², 500 Ew.; Flotten- u. Luftstützpunkt. – Durch den Sieg in der Seeschlacht bei den M. 4.–7.6.1942 brachen die USA die jap. Flottenüberlegenheit im 2. Weltkrieg.

**Mieder**, das den Oberkörper eng umschließende Kleidungsstück (Leibchen) der Frauentracht.

**Miegel**, Agnes, *1879, †1964, dt. Schriftst.; schilderte in Balladen u. Erzählungen ihre ostpreuß. Heimat in Vergangenheit u. Gegenwart.

**Mielke**, Erich, *28.12.1907, dt. Politiker (SED); seit 1957 Min. für Staatssicherheit im Rang eines Armeegenerals (1980); verlor nach dem Umsturz in der DDR 1989 alle Ämter u. wurde aus der Partei ausgeschlossen.

**Miere**, *Minuartia*, mit rd. 130 Arten über die kalten bis subtrop. Zonen der N-Halbkugel verbreitete Gatt. der *Nelkengewächse*; zierl. Pflanzen mit kleinen weißen Blüten, ein- oder mehrjährig; hierzu: Stern-M., Vogel-M., Frühlings-M., Sternblume.

**Mierendorff**, Carlo, *1897, †1943, dt. Politiker (SPD); einer der führenden Köpfe in der Widerstandsbewegung *(Kreisauer Kreis)* gegen Hitler.

**Miesbach**, oberbay. Krst. nw. vom Schliersee, 9000 Ew.

**Miescher**, Johann Friedrich, *1844, †1895, schweiz. Physiologe; entdeckte die Nucleinsäuren u. das Protamin.

**Miesmuschel**, *Pfahlmuschel*, eine eßbare *Muschel,* die sich mit Byssusfäden an Pfählen, Steinen u.ä. im Flachwasser der Küstengebiete, u.a. in der Gezeitenzone der Nordsee, festsetzt.

**Mies van der Rohe**, Ludwig, *1886, †1969, dt. Architekt; 1920–33 Lehrer am Bauhaus; neben W. *Gropius*, *Le Corbusier* u. F.L. *Wright* der einflußreichste Bauschöpfer der 1. Hälfte des 20. Jh.; entwickelte nach neoklassizist. Anfängen einen damals allg. als revolutionär empfundenen Baustil, der Elemente des holländ. »Stijl«-Architektur, des Expressionismus u. des Konstruktivismus vereinte; seit 1937 in den USA. – Ⓦ Nationalgalerie Berlin.

**Miete, 1.** eine Art der Aufbewahrung von Feldfrüchten (Kartoffeln, Rüben, Gemüse) im Freien. Die Feldfrüchte werden auf trockenem Boden gleichmäßig geschichtet (Schüttbreite bis 150 cm, Schütthöhe bis 110 cm), mit Stroh u. bis auf den First mit einer Schicht Erde abgedeckt. – **2.** die entgeltl. (Ggs.: *Leihe*) Überlassung des Gebrauchs einer Sache (z.B. von Wohnraum) aufgrund des (auch mündl. oder stillschweigenden) *Mietvertrags;* häufig auch Bez. für das Entgelt, den *Mietzins.*

**Mieterschutz**, die Beschränkungen des Kündigungsrechts des Vermieters sowie allg. der Schutz des Mieters vor unangemessenen Vertragsvereinbarungen. Rechts- u. Sachmängel geben dem Mieter z.B. das Recht, den Mietzins zu mindern.

**Mietspiegel**, von Städten hrsg. Übersicht über die durchschnittl. zu zahlende Miete pro m², differenziert nach Wohnlage, Alter der Wohnung usw.

**Mietwucher**, durch Forderung eines übermäßigen Mietpreises begangener = *Wucher*; strafbar.

**Mietzel**, poln. *Myśla,* r. Zufluß der unteren Oder, 60 km; mündet unterh. von Küstrin.

**Mietzuschuß** → Wohngeld.

**Mi Fu**, *Mi Fei,* *1051, †1107, chin. Kalligraph, Maler u. Kunstkritiker.

**MiG**, abkürzende Bez. für die von den sowj. Konstrukteuren A.J. *Mikojan* u. M.J. *Gurewitsch* entwickelten sowj. Jagdflugzeuge.

**Migenes**, Julia, *13.3.1949, US-amerik. Sopranistin.

**Mignon** [mi'njɔ̃], in Goethes »Wilhelm Meister« Name einer zum Sinnbild verklärten, rätselhaften Mädchengestalt.

**Migräne**, in Anfällen auftretender, heftiger, meist einseitiger Kopfschmerz *(Hemikranie)* bei gleichzeitig starker Übererregbarkeit der Sinnesorgane, beruht vermutl. auf Gefäßstörungen im Gehirn.

**Migration**, Wanderung; insbes. die Wanderung von Tieren; auch das Fließen von Erdöl u. Erdgas vom Muttergestein in das Speichergestein.

**Miguel** [mi'gɛl], Dom, *1802, †1866, Regent von Portugal 1826–34; regierte für *Maria da Glória;* suchte sich als usurpierter König (1828) mit Gewalt zu halten; mußte abdanken u. das Land verlassen.

**Mihrab** [mix'rab], eine flache Nische in der *Qibla-Wand* der Moschee, die die Gebetsrichtung auf die Kaaba in Mekka anzeigt.

**Mikado, 1.** früher huldigende Bez. für den jap. Kaiser. – **2.** [das], ein Geschicklichkeitsspiel mit langen Holzstäbchen von unterschiedl. Punktwert (der »M.« als höchstes).

**Miki**, Takeo, *1907, †1988, jap. Politiker (Liberaldemokrat); 1974–76 Min.-Präs.

**Mikkeli**, schwed. *Sankt Michel,* Hptst. der finn. Prov. (Lääni) M., an einem Seitenarm der Saimaa, 29 600 Ew.

**Miklas**, Wilhelm, *1872, †1956, östr. Politiker (christl.-soz.); 1928–38 Bundes-Präs.; Gegner des »Anschlusses«, trat deshalb zurück.

**Mikojan, 1.** Anastas Iwanowitsch, *1895, †1978, sowj. Politiker; seit 1955 Erster stellv. Min.-Präs., 1964/64 Staatsoberhaupt der UdSSR (Vors. des Präsidiums des Obersten Sowjets). – **2.** Artjom Iwanowitsch, Bruder von 1), *1905, †1970, sowj. Flugzeugkonstrukteur; baute mit M.J. Gurewitsch die Düsenjäger *MiG.*

**Mikroben** → Mikroorganismen.

**Mikrocomputer**, elektron. Rechner, der als Einzelplatzsystem genutzt wird (je nach Leistungsfähigkeit als *Personalcomputer [PC], Hobby-* oder *Bürocomputer* bez.). Als Massenspeicher dient meist eine Diskette.

**Mikroelektronik**, Zweig der Elektronik, der sich mit der Entwicklung u. dem Einsatz von *integrierten Schaltungen* befaßt, d.h. Schaltungen, bei denen zahlr. Bauelemente gleichzeitig auf einem gemeinsamen Halbleiterplättchen, das nur wenige Millimeter groß ist, zusammengefaßt werden. Bei den *integrierten Schaltungen* strebt man völlig neue Herstellungsverfahren an, indem man z.B. eine komplette Baustufe (etwa einen Verstärker) ohne jede Lötstelle auf einer Trägerplatte anordnet. Die Schaltung wird im Hochvakuum aufgedampft. Auf die Trägerplatte gelegte Masken mit Aussparungen verhindern, daß das Material an unerwünschte Stellen gelangt.

**Mikrofilm**, die stark verkleinerte Abbildung von Text- u. Bilddokumenten auf feinkörnigem Filmmaterial. Die Bilder werden entweder hintereinander auf einem fortlaufenden Film (Rollfilm) oder reihen- u. kolumnenweise auf einem *Mikrofiche* aufgenommen. Gängig sind Verkleinerungen um das 24-, 42- u. 48fache. Verbreitet ist die direkte Niederschrift der Ergebnisse von Elektronenrechnern mit Hilfe eines Lichtstrahls auf M. *(Computer Output on Microfilm,* Abk. *COM).*

**Mikrokosmos** [grch.], die »kleine Welt«, d.h. im allg. der Mensch als Gegenstück u. Abbild des *Makrokosmos* (der »großen Welt«).

**Mikrolith, 1.** kleinstes einzelnes Mineral von rundl., nadel- oder haarförmiger Gestalt. – **2.** kleines Feuersteingerät der späten Altsteinzeit u. der Mittelsteinzeit.

**Mikrometer, 1.** [der], früher *Mikron,* Kurzzeichen μm (früher μ), Längeneinheit, das 10⁻⁶fache des Meters; 1 μm = ¹/₁₀₀₀ mm. – **2.** [das], ein Gerät zur genauen Messung von kleinen Längen.

**Mikron** → Mikrometer (1).

**Mikronesien, 1.** die Inselwelt im westl. Pazifik, nordöstl. von Australien; umfaßt: *Karolinen* mit *Palau-Inseln, Marianen, Marshall-* u. *Gilbert-Inseln* (meist Koralleninseln), zus. rd. 2765 km², 300 000 Ew. Die **Mikronesier**, aus einer Mischung von Polynesiern (Rassemerkmale) u. Melanesiern (Sprachen) hervorgegangen, sind verwandt mit den Protomalaien Indonesiens. → Ozeanien. – **2.** Föderierte Staaten von M., engl. *Federated States of Micronesia,* mit den USA in »freier Assoziation« verbundene Inselgruppen im westl. Pazifik, hierzu: Kosrae, Ponape, Truk u. Yap; zus. 721 km², 115 000 Ew.; Hauptort Colonia.

**Mikroorganismen**, *Mikroben*, mikroskop. kleine, meist einzellige Lebewesen. Es werden aufgrund der Zellstruktur die kernhaltigen *Algen, Pilze* u. *Protozoen* u. die nur Kernsubstanz enthaltenden *Bakterien* u. *Blaualgen* unterschieden; zu den M. zählt man außerdem die nichtzellulären *Viren.* Zahlr. M. sind Erreger ansteckender Krankheiten bei Mensch, Tier u. Pflanze. Viele M. leben saprophyt. von toter organ. Substanz, die sie zu anorgan. Substanz abbauen *(Mineralisation),* u. sind dadurch von großer Bedeutung für den Stoffkreislauf in der Natur.

**Mikrophon**, Gerät zur Umwandlung von Schallschwingungen in elektr. Schwingungen (Wechselspannungen). Bei den meisten Mikrophonen geschieht diese Umwandlung mit Hilfe einer dünnen Membran, die von den Schallschwingungen in

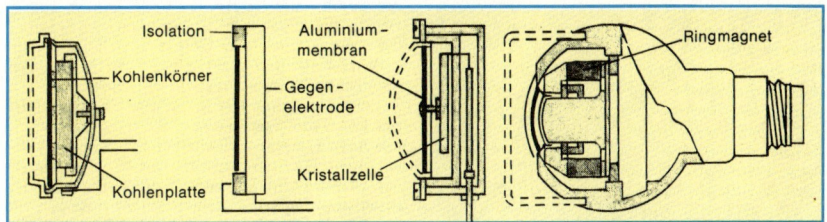

*Mikrophon: schematische Darstellung von Kohle-, Kondensator-, Kristall- und Tauchspulenmikrophon (von links nach rechts)*

**Mikrophyten**

Bewegung gesetzt wird. Diese Bewegung erzeugt elektr. Wechselspannungen oder steuert über versch. Techniken (*Tauchspulen-M., Kondensator-M.*) einen elektr. Strom im Takt der Schallschwingungen. *Kristall-M.e* nutzen den piezoelektr. Effekt eines Kristalls, auf dem bei Druckschwankungen elektr. Ladungen entstehen.

**Mikrophyten,** frühere Bez. für *Bakterien*.

**Mikroprozessor,** elektron. Bauelement der Halbleitertechnik; enthält zahlr. Schaltungen auf einem Halbleiterträger auf kleinstem Raum, wird als Standardbaustein vielfältig eingesetzt, z.B. im Mikrocomputer.

**Mikroskop,** ein Gerät zur Vergrößerung des Sehwinkels, so daß auch Gegenstände, die normalerweise unter einem zu kleinen Sehwinkel erscheinen (zu klein sind), dennoch betrachtet werden können. Das *Licht-M.* besteht aus zwei Linsensätzen u. einem Verbindungsrohr (*Tubus*). Der dem Beobachtungsobjekt zugewandte Linsensatz kleiner Brennweite (*Objektiv*) wirkt wie eine Sammellinse u. erzeugt ein reelles vergrößertes Bild des Gegenstands. Durch den als Lupe wirkenden zweiten Linsensatz (*Okular*) wird das Bild nochmals vergrößert. Das Präparat (Gegenstand) ruht auf einer dünnen Glasplatte (*Objektträger*); es wird mit Hilfe einer Beleuchtungseinrichtung durchleuchtet. Eine Erhöhung des Auflösungsvermögens wird z.B. durch kurzwelligeres Licht, wie es im *Ultraviolett-M.* verwendet wird, erreicht oder durch die Einbringung eines Öltropfens zw. Objekt u. Okular (*Immersions-M.*). → Elektronenmikroskop.

**Mikrosporie,** eine übertragbare, meldepflichtige Hautpilzerkrankung der behaarten Kopfs, die bes. Kinder befällt; hervorgerufen durch das *Mikrosporon audouini*.

**Mikrosystemtechnik,** Technologiezweig, der die Herstellung mikroskop. kleiner mechan. oder elektromechan. Bauteile (Teilgebiet Mikromechanik) u. ihre Kombination mit mikroelektron. Schaltkreisen, opt. Elementen u. Sensoren auf der Basis von einkristallinem Silizium zum Ziel hat.

**Mikrotom,** Schneideapparat zur Herstellung sehr dünner Gewebsschnitte (bis zu 0,001 mm), die zu histolog. Untersuchungen verwendet werden.

**Mikrotubuli,** mit Hilfe des Elektronenmikroskops entdeckte röhrenförmige Zellbestandteile; sie bil-

*Mikrosystemtechnik: funktionstüchtiger Mikro-Elektromotor aus Silizium; er ist kleiner als ein Menschenhaar*

den u.a. das Muster der Wimpern u. Geißeln u. die Spindelfasern u. Polstrahlen bei der *Kernteilung*.

**Mikrowellen,** Wellen des elektromagnet. Spektrums zw. dem Gebiet der ultrakurzen Radiowellen u. dem infraroten Bereich des opt. Spektrums (→ elektromagnetische Wellen [Übersicht]); bes. in der Nachrichtentechnik (*Richtfunk*) u. in der Radartechnik verwendet.

**Mikrowellenherd,** Gerät zum Garen, Auftauen u. Erwärmen von Lebensmitteln durch elektromagnet. Strahlen von 2450 MHz Frequenz. Die absorbierte elektromagnet. Energie wird dabei in Wärme umgewandelt. Es wird kein spezielles Geschirr benötigt.

**Mikrowellen-Spektroskopie,** die Methoden zur Untersuchung von Molekülen u. Atomen mit Hilfe von Mikrowellen. Sie beruhen darauf, daß auch im Mikrowellenbereich die Atome u. Moleküle nur gewisse jeweils charakterist. Wellenlängen absor-

bieren u. emittieren können. Die M. erlaubt Messungen von sehr hoher Genauigkeit.

**Mikrozensus,** »kleine Volkszählung«, nach amerik. Vorbild 1957 in der BR Dtld. eingeführte Repräsentativstatistik zur laufenden Beobachtung der bevölkerungs- u. erwerbsstatist. Daten. Die Angaben werden mit Hilfe bes. geschulter Personen (*Interviewer*) durch vierteljährl. Befragung ausgewählter Haushalte gewonnen.

**Mikwe,** im Judentum ein rituelles Tauchbad, z.B. für Frauen nach einer Geburt. Es dient auch zum Eintauchen neuer Kultgeräte.

**Milane,** *Milvus,* Gatt. altweltl. *Greifvögel,* die durch ihren Gabelschwanz (*Gabelweihen*) auffallen; z.T. Aasfresser. Einheim. sind der *Schwarze Milan* u. der größere *Rote Milan,* mit bes. stark gegabeltem Schwanz.

**Milano** → Mailand.

**Milazzo,** ital. Hafenstadt auf Sizilien, westl. von Messina, 25 000 Ew.; Kastell.

**Milben,** *Acari,* artenreichste Ordnung der *Spinnentiere,* deren urspr. gegliederter Hinterleib mit dem Kopfbrustabschnitt zu einem ungegliederten Körper verschmolzen ist. Viele der oft mikroskop. kleinen etwa 10 000 bek. Arten sind Tier- u. Pflanzenparasiten. Hierzu: *Krätz-M., Haarbalg-M., Vogel-M., Hafer-M., Jecken* u.a.

**Milch, 1.** i.w.S. die Absonderung der Milchdrüsen der weibl. Säugetiere u. der Frau. Die M. enthält alle für die Ernährung der Nachkommen während der ersten Zeit nach der Geburt notwendigen Nähr- u. Wirkstoffe. Für die Fähigkeit der M.absonderung ist das Hormon *Prolactin* entscheidend. Zusammensetzung: Die M. ist eine Emulsion feinster Fett-Tröpfchen in einer wäßrigen Lösung von Eiweißen (Kasein u. Lactalbumin), Kohlenhydraten (*M.zucker*) u. Vitaminen. Das M.- oder *Butterfett* ist in Form kleinster Tröpfchen vorhanden (Emulsion); spezif. leichter als M., steigen sie beim Stehen der M. an die Oberfläche. Bei Erschütterung der M. ballen sich die Fett-Tröpfchen zu Klumpen zus. (Butterherstellung). Die Ma-

ger-*M.* ist eiweißreiches Nahrungsmittel; die beim Buttern anfallende *Butter-M.* wirkt durch ihren Gehalt an M.säure u. M.säurebakterien fäulnishemmend im Darm.

Reine, frische M. hat eine weiße Farbe, ist undurchsichtig, hat einen schwach süßl. Geschmack u. spezif. Geruch. Für die versch. M.sorten werden nachfolgend aufgeführte Bez. verwendet. *Vorzugs-M.:* amtl. überwachte M.sorten mit unverändertem Fettgehalt, roh für den Verzehr bestimmt. *Voll-M.:* Fettgehalt von mindestens 3,5%. *Teilentrahmte (fettarme) M.:* Fettgehalt zw. 1,5 u. 1,8%. *Entrahmte M.:* Fettgehalt höchstens 0,3%. Vollmilch, teilentrahmte u. entrahmte M. werden pasteurisiert oder ultrahocherhitzt (H-Milch) oder sterilisiert angeboten. – **2.** der Milchsaft der pflanzl. *M.röhren.* Er ist meist weiß gefärbt u. fließt nach Verletzung der Pflanze oft in großer Menge aus den M.röhren aus. M.saft haben viele Pflanzenfam., z.B. Wolfsmilchgewächse, Mohngewächse, Korbblütler.

**Milchbaum,** in Venezuela heim., zu den *Maulbeergewächsen* gehörender Baum, der einen süß schmeckenden Rindensaft liefert. Durch Kochen des Safts wird ein dem Bienenwachs ähnl. Wachs gewonnen.

**Milchbrätling,** *Brätling, Milchreizker,* eßbarer *Blätterpilz* mit zimtrotem oder gelbbraunem Hut; kommt in lichten Laub- u. Nadelwäldern vor.

**Milchdrüsen,** nur den Säugetieren einschl. des Menschen eigene, an der Bauchseite gelegene Hautdrüsen, die der Milchsekretion (Laktation) dienen. Bei den höheren Säugern münden mehrere Milchdrüsenschläuche zus. in einer Zitze (Brustwarze, *Mamilla*). Die M. sind bei beiden Geschlechtern vorhanden, jedoch nur beim weibl. Geschlecht zeitw. tätig. → Euter.

| Zusammensetzung einiger Milcharten | | | | | | | | | | | |
|---|---|---|---|---|---|---|---|---|---|---|---|
| 100 g enthalten bei | Eiweiß | Fett | Kohlenhydrate | Kilojoule | Mineralstoffe | Wasser | Vitamine | | | | |
| | | | | | | | A | Carotin | $B_1$ | $B_2$ | C | Niacin |
| | g | g | g | kJ | g | g | mg | mg | mg | mg | mg | mg |
| Muttermilch | 1,2 | 4,1 | 6,93 | 297,5 | 0,2 | 87,6 | 0,05 | 0,02 | 0,01 | 0,04 | 4,1 | 0,17 |
| Kuhmilch | 3,5 | 3,5 | 4,7 | 276,5 | 0,7 | 87,6 | 0,02 | 0,02 | 0,04 | 0,18 | 1,47 | 0,09 |
| Magermilch | 3,5 | 0,1 | 4,8 | 146,7 | 0,8 | 90,8 | – | – | 0,04 | 0,17 | – | – |
| Schafmilch | 5,3 | 6,3 | 4,9 | 406,4 | 0,9 | 82,7 | 0,05 | 0,01 | 0,05 | 0,23 | 4,25 | 0,45 |
| Ziegenmilch | 3,6 | 4,2 | 4,8 | 310,1 | 0,8 | 86,6 | 0,07 | 0,04 | 0,05 | 0,15 | 2,0 | 0,32 |

**Milchkraut,** ein *Primelgewächs;* eine Strandpflanze mit dichtstehenden Blättern u. blaßrosa Blüten.

**Milchlattich,** *Cicerbita,* milchsaftführende Gatt. der *Korbblütler,* mit blauen Blütenköpfen.

**Milchling,** *Milchblätterpilz,* Gruppe der Blätterpilze, mit weißem oder rotgelbem Milchsaft, z.B. die Reizker.

**Milchner,** der männl. Fisch, so gen. wegen der milchartigen Samenflüssigkeit (»Milch«).

**Milchsäure,** α-Hydroxypropionsäure, eine aliphat. Oxycarbonsäure, $CH_3\text{-}CH(OH)\text{-}COOH$. Die Gärungs-M. entsteht bei der Gärung von saurer Milch (aus dem Milchzucker), aus Stärke u. Traubenzucker sowie bei der Säuerung pflanzl. Materials (in Silos u. bei der Sauerkrautherstellung) unter Mithilfe von M.bakterien. Die Fleisch-M. wird aus dem Reservekohlenhydrat im arbeitenden Muskel durch Glykolyse erzeugt (→ Glykogen). Bei körperl. Anstrengungen tritt M. vermehrt im Blut auf. – **M.bakterien,** zu den *Eubacteriales* gehörende

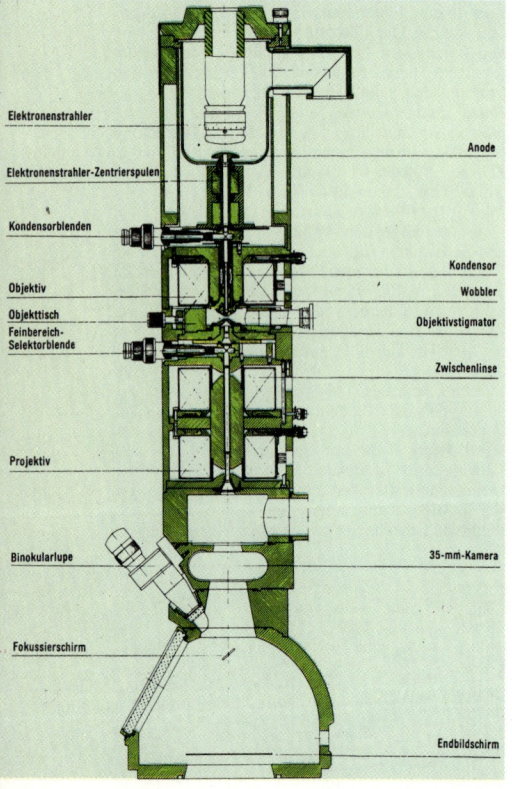

*Mikroskop: Schema eines 100-kV-Routine-Hochauflösungs-Elektronenmikroskops*

*Milben: Wassermilben*

*Milchbrätling*

*Bakterien* von glatter, schlanker Stäbchenform. Sie spalten Zucker; als Endprodukte entstehen M. u. Essigsäure. *Lactobacillus caucasicus* bewirkt die Milchgerinnung zu Kefir, u. *Lactobacillus bulgaricus* läßt aus Milch Joghurt entstehen.

**Milchschorf,** *Crusta lactea,* mit Bläschen, Borken u. Schuppenbildung verbundener, teil nässender, teil trockener, heftig juckender Hautausschlag des Kopfes bei Säuglingen.

**Milchstern,** *Vogelmilch, Ornithogalum,* Gatt. der *Liliengewächse;* hierzu gehören Pflanzen mit einem eiweißähnl. Saft, der beim Abbrechen des Stengels austritt. Der *Doldige M.* (»Stern von Bethlehem«) findet sich auf Äckern, Wiesen u. in Weinbergen.

**Milchstraße,** *Galaxis,* ein mattleuchtendes Band von unregelmäßiger Begrenzung, das längs eines großen Kreises die Himmelskugel umspannt; hervorgerufen durch unzählige schwache Sterne, die nur durch ihre Gesamtlichtwirkung sichtbar werden. Es ist der sichtbare Teil des **M.nsystems,** in dem die Sterne in einer flachen Scheibe von 100 000 Lichtjahren Durchmesser u. 16 000 Lichtjahren maximaler Dicke angeordnet sind u. zu dem auch unsere Sonne zählt. Das Zentrum des M.nsystems liegt in der Richtung nach dem Sternbild des Schützen im Abstand von 30 000 Lichtjahren. Die Umlaufzeit des Sonnensystems um dieses Zentrum beträgt 200 Mio. Jahre bei einer Geschwindigkeit von 250 km/s. Die Masse des M.nsystems beträgt 220 Mrd. Sonnenmassen. Davon entfallen mindestens 10 % auf interstellares Gas u. Staub. Das M.nsystem hat die Form eines Spiralnebels. Ähnl. Sternsysteme nennt man → Galaxien.

**Milchzähne,** *Milchgebiß* → Gebiß.

**Milchzucker,** *Lactose,* eine Zuckerart der Gruppe der Disaccharide, die aus je einem Molekül Glucose u. Galactose aufgebaut ist; findet sich allein in der Milch der Säugetiere.

**mildernde Umstände,** Umstände, die das kriminelle Gewicht einer Straftat oder die Schuld des Täters mindern u. deswegen bei der Strafzumessung berücksichtigt werden können.

**Mile** [mail], Längenmaß in England u. den USA: 1 M. = 1760 yards = 1609,34 m in der Seefahrt: *International Nautical M.* = 1852 m; → Meile.

**Milet,** *Miletos,* antike Stadt an der Küste Kariens (im SW Kleinasiens), im 11. Jh. v. Chr. von ionischen Griechen anstelle einer myken. Siedlung gegr.; Ausgangspunkt einer bed. Kolonisationsbewegung, blühende Handels- u. Hafenstadt, Zentrum des frühgriech. Geisteslebens.

**Milhaud** [mi'jo], Darius, *1892, †1974, frz. Komponist; studierte u.a. bei V. d'*Indy* u. P. *Dukas,* schloß sich der Gruppe »Les Six« an. Die Merkmale seiner Musik sind pastorale Melodienfreudigkeit u. konsequente Anwendung der Polytonalität. W »Suite provençale«, »Saudades do Brazil«, »Scaramouche«, »La création du monde«.

**Miliarkarzinose,** Verbreitung von Krebs in versch. Organen durch Aussaat in kleinsten Knötchen, bes. auf dem Lymphweg.

**Milieu** [mil'jø:], *Umwelt,* die soz. Verhältnisse, aus denen ein Mensch kommt oder in denen er lebt.

**militant,** kämpferisch.

**Militär,** die Gesamtheit der Soldaten (das M.) oder ein Vertreter, Offizier (der M.).

**Militärakademie,** Militärhochschule.

**Militärattaché** [-'ʃe], ein Offizier, der als Bearbeiter für militär. Angelegenheiten zum Personal einer Botschaft gehört.

**Militärdiktatur,** die Übernahme der Staatsgewalt durch einen Offizier oder durch eine Gruppe von Offizieren (z.B. Militärjunta). Innenpolit. wirkt sich die M. meist in der Einführung eines autoritären Systems aus, vielfach unter Beschränkung der Grundrechte. → Diktatur.

**Militärgerichtsbarkeit,** *Militärjustiz,* eigene militär. Gerichte für alle militär. u. die meisten allg. Strafsachen der Soldaten; → Kriegsgerichte, → Wehrstrafrecht.

**Militärhoheit** *Militärgewalt,* die sich auf Militärangelegenheiten beziehende Staatsgewalt.

**Militärischer Abschirmdienst,** Abk. *MAD,* unter Leitung des *Amtes für Sicherheit der Bundeswehr* tätiger Dienst zum Schutz der Bundeswehr gegen Spionage, Sabotage u. Zersetzung; untersteht dem Bundes-Min. der Verteidigung.

**Militarismus,** die Überbewertung des Militärischen gegenüber dem Politischen. Der M. äußert sich sowohl als Vorrang der militär. Stärke im Staatshaushalt (Rüstungsausgaben) wie auch als Prägung des zivilen Lebens durch nachgeahmte militär. Formen (z.B. Uniformierung in Schulen u. Vereinen).

**Militärmission,** eine Gruppe von Soldaten, meist Offiziere, die von ihrem Heimatstaat in einen anderen entsandt worden ist, um diesen in militär. Angelegenheiten zu beraten u. zu unterstützen.

**Militärstrafrecht** → Wehrstrafrecht.

**Military** ['militəri], große Vielseitigkeitsprüfung; eine schwierige reitsportl. Disziplin, bei der versch. Prüfungen (Dressur, Geländeritt u. Springen) mit einem Pferd an drei aufeinanderfolgenden Tagen zu absolvieren sind.

**Miliz, 1.** eine Form der Wehrorganisation, bei der entweder die gesamte militär. Ausbildung durch eine geringe Zahl von *Kaderformationen* übernommen wird (z.B. schweizer. Bundesheer), so daß das stehende Heer nur aus diesen u. den jeweils kurzfristig Dienenden besteht, oder die M. als eine zweite militär. Organisation neben dem stehenden Heer (z.B. *National Guard* der USA) besteht. Schließlich kann die M. auch eine spontane Gründung beim Herannahen des Feindes in der Form von *Volkswehren* u.ä. sein. – **2.** *Volks-M.,* in einigen kommunist. Ländern Bez. für die *Polizei.*

**Mill,** John Stuart, *1806, †1873, brit. Philosoph u. Nationalökonom; Vorkämpfer der Frauenemanzipation, Theoretiker des Utilitarismus u. Liberalismus. Er baute die Lehre von A. *Smith* u. D. *Ricardo* aus. Als Philosoph vertrat er einen psycholog. begr. Empirismus.

**Millais** ['mileɪ], Sir John Everett, *1829, †1896, engl. Maler; Mitbegr. des Präraffaelismus; wandte sich später dem Realismus zu.

**Millau** [mi'lo], S-frz. Krst. im Dép. Aveyron, am Endpunkt der *Gorges du Tarn* (Engtal des Tarn), 23 000 Ew.; Lederindustrie.

**Mille,** Abk. *M*, das Tausend; *pro (per) mille,* Abk. *p.m.,* Zeichen ‰, von (auf je) tausend.

**Mille** [mil], Cecil Blunt de, *1881, †1959, US-amerik. Filmregisseur u. Produzent; inszenierte die ersten Großfilme u. entwickelte den sog. Monumentalfilmstil. W »Die zehn Gebote«.

*Military: Geländeritt*

**Millefiori,** vielfarbiges Kunstglas aus verschiedenfarbigen, bündelartig verschmolzenen Glasstäben, deren Gesamtquerschnitt geometr. Muster oder figürl. Zeichen von mosaikartigem Charakter ergibt.

**Millennium, 1.** Jahrtausend. – **2.** das nach Offb. 20 zu erwartende 1000jährige Reich am Ende der Tage; → Chiliasmus.

**Miller, 1.** Arthur, *17.10.1915, US-amerik. Dramatiker; in 2. Ehe verh. mit Marilyn *Monroe* (1956–60). Von einem psycholog. Realismus ausgehend, gewinnt sein Werk durch surrealist. Züge an Tiefe; W »Der Tod des Handlungsreisenden«, »Hexenjagd«, »Nicht gesellschaftsfähig«, »Der Preis«. – **2.** Glenn, *1904, †1944, US-amerik. Posaunist u. Bandleader, einflußreich durch seine Arrangements. – **3.** Henry, *1891, †1980, US-amerik. Schriftst.; suchte durch das Schockierende u. Obszöne die falschen Wertsetzungen unserer Zivilisation zu stürzen u. zu einer echteren Wirklichkeitserfahrung zu gelangen; W Romane »Wendekreis des Krebses«, »Wendekreis des Steinbocks«, »Sexus«, »Stille Tage in Clichy«. – **4.** Johann Martin, *1750, †1814, dt. Erzähler u. Lyriker; Mitgr. des *Göttinger Hain.* – **5.** Oskar von, *1855, †1934, dt. Ingenieur; führte 1882 die erste elektr. Kraftübertragung durch, war Mitgr. der AEG sowie der Berliner Elektrizitätswerke; gründete 1903 das Dt. Museum in München.

**Millerand** [mil'rã], Alexandre, *1859, †1943, frz. Politiker (Sozialist, später Konservativer); 1899–1904 erster sozialist. Min.; 1920 Min.-Präs., 1920–24 Präs. der Republik.

**Milles,** Carl, *1875, †1955, schwed. Bildhauer (Brunnen u. Figurenplastiken).

**Millet** [mi'lɛ], Jean François, *1814, †1875, frz. Maler; Darstellungen des bäuerl. Lebens in schweren Grau- u. Brauntönen.

**Milliarde,** Abk. *Mrd.,* die Zahl 1000 Millionen = $10^9$.

**Millibar,** Abk. *mbar,* Maßeinheit für den barometr. Luftdruck, der früher auch in mm-Quecksilbersäule gemessen wurde. 1 mbar = $1/1000$ bar = 100 Pa (Pascal).

**Millikan** [-kən], Robert Andrews, *1868, †1953, US-amerik. Physiker; maß als erster im *M.schen Öltröpfchenversuch* die elektr. Elementarladung; Nobelpreis 1923.

**Millimeter,** Kurzzeichen mm, metr. Längeneinheit: 1 mm = $1/1000$ m.

**Million,** Abk. *Mill., Mio.,* die Zahl 1 000 000 = $1000 \times 1000 = 10^6$.

**Millöcker,** Karl, *1842, †1899, östr. Operettenkomponist; 1864 Kapellmeister in Graz, 1866 in Wien; W »Gräfin Dubarry«, »Der Bettelstudent«, »Gasparone«.

**Millowitsch,** Willy, *8.1.1909, dt. Volksschauspieler in seiner Mundart u. Theaterleiter in Köln.

**Millstatt,** östr. Marktgem. in Kärnten, nw. von Villach, 3300 Ew.; ehem. Benediktinerkloster (11. Jh.); Sommerfrische; am N-Ufer des **Millstätter Sees,** 580 m ü.M., 13 km².

**Milos,** *Melos,* ital. *Milo,* grch. Kykladeninsel, 151 km², 4900 Ew.; Hauptort M.; 1820 wurde auf M. die antike Marmorstatue *»Venus von M.«* gefunden (heute im Louvre, Paris).

**Miloš Obrenović** ['miluʃ ɔ'brɛnɔvitj], *1780, †1860, Fürst von Serbien 1817–39 u. 1858–60; stellte sich 1815 an die Spitze des 2. serb. Aufstands gegen die Türken, schuf das Fürstentum Serbien u. begr. die Dynastie Obrenović.

**Miłosz** ['miuɔʃ], Czesław, *30.6.1911, poln. Schriftst.; emigrierte 1951 nach Frankreich, seit 1958 in den USA; bes. Lyriker u. Essayist; 1980 Nobelpreis für Literatur.

**Milseburg,** Berg in der Hohen Rhön, östl. von Fulda, 835 m; Wallfahrtskapelle des hl. Gangolf.

**Milstein, 1.** César, *8.10.1927, argent. Molekularbiologe; arbeitet über Antikörper. Nobelpreis für Medizin 1984. – **2.** Nathan, *31.12.1904, US-amerik. Geiger russ. Herkunft; seit 1929 in den USA.

**Miltenberg,** Krst. in Unterfranken (Bay.), am Main, zw. Spessart u. Odenwald, 9300 Ew.; mittelalterl. Altstadt, Schloß Mildenburg.

**Miltiades,** *Melchiades,* †314, Papst 311–14; Heiliger; verurteilte auf einer Synode im Lateran 313 den Donatus (*Donatistenstreit*).

**Miltiades,** *um 550 v.Chr., †489 v.Chr., athen. Adliger; Führer des Widerstands gegen die Perser, besiegte diese 490 v.Chr. in der Entscheidungsschlacht bei *Marathon.*

## 576 Milton

**Milton** [-tən], John, *1608, †1674, engl. Dichter; Gegner der Staatskirche u. Kämpfer für die republikan. Staatsform u. für religiöse Toleranz. Er hat nachhaltig auf die spätere engl. Literatur, bes. der Romantik, gewirkt. W »Paradise Lost« (»Das verlorene Paradies«).

**Milva**, eigtl. Maria Ilva *Biolcati*, *17.7.1939, ital. Sängerin (Chanson, Schlager).

**Milwaukee** [-'wɔːki], größte Stadt u. bedeutendster Hafen u. Handelsplatz sowie Industriezentrum im USA-Staat Wisconsin, an der Mündung des *M. River* in den Michigan-See, 620 000 Ew.; 2 Univ.; vielseitige Ind.

**Milz**, lat. *Lien*, grch. *Splen*, bei den Wirbeltieren ein Körperorgan, das als Filter u. zur Blutspeicherung in die Blut- u. Lymphbahn eingeschaltet ist. Beim Menschen liegt die rd. 200 g schwere M. unter dem linken Rippenbogen im Oberbauch u. ist nur bei Anschwellung u. Vergrößerung vom Leib aus zu tasten. Sie baut die roten Blutkörperchen ab u. bildet in den Lymphknötchen ihres Gewebes neue weiße Blutkörperchen (Lymphzellen). Bei Blutkrankheiten kann sich die M. stark vergrößern. Nach einer operativen Entfernung der M. übernehmen andere Organe ihre Funktion.

**Milzbrand**, *Anthrax*, durch den *M.bazillus*, hervorgerufene akute, fieberhafte, tödl. verlaufende Krankheit der Tiere u. des Menschen; eine anzeigepflichtige Seuche.

**Mimas**, ein Saturn-Mond mit 520 km Durchmesser.

**Mime**, seit Mitte des 18. Jh. allg. Bez. für den Schauspieler.

**Mimese**, die körperl. Übereinstimmung der äußeren Form u. Farbe eines Tiers mit einem belebten oder unbelebten Teil seiner Umgebung als Schutz vor opt. orientierten Feinden.

**Mimesis**, *Mimese*, Nachahmung der Wirklichkeit in der künstler. Darstellung; Begriff urspr. aus der antiken Rhetorik.

**Mimik**, das Mienen- u. Gebärdenspiel des menschl. Gesichts.

**Mimikry**, auf Signalfälschung beruhende Schutzanpassung bei Tieren: z.B. die Nachahmung eines geschützten – wehrhaften oder giftigen – Tieres durch ein harmloses, genießbares, das dadurch geschützt ist (z.B. Hornisse u. Hornissenschwärmer); oder als *Tarn-* oder *Irritier-M.*: z.B. abschreckende Augenflecken u. bewegl. Stacheln bei Fischen u. Schmetterlingsraupen.

**Mimir**, 1. in der dt. Heldensage Name des Schmieds, der *Wieland* lehrte u. *Siegfried* erzog. – 2. *Mime*, elb. Wesen der nord. Myth., Hüter der Weisheitsquelle, Ratgeber Odins.

**Mimnermos**, grch. Lyriker aus Xolophon, um 600 v.Chr.; schrieb Elegien, die als älteste Beispiele einer Liebesdichtung gelten.

**Mimosengewächse**, *Mimosaceae*, Fam. der *Leguminosae*, trop. u. subtrop. Kräuter u. Holzpflanzen. Zu den M. gehört z.B. die *Akazie* oder die *Mimose* aus den amerik. Tropen. Am bekanntesten bei uns ist die kultivierte *Sinnpflanze*.

*Mimosengewächse: Mimose*

*Minden: Dom*

**Mimus**, in der Antike urspr. die improvisierte Darstellung von derb realist. Alltagsszenen ohne Maske u. Bühnenausstattung in vulgärer Volkssprache. *Sophron* u.a. formten sie literarisch, u. es entwickelte sich daraus später die klass. Form des Lustspiels aus dem Alltagsleben.

**Mina al-Ahmadi**, Stadt u. Erdölhafen in Kuwait, 27 000 Ew.; Raffinerie.

**Minäer**, S-arab. Volk des Altertums. Die M. schufen im 1. Jt. v.Chr. den Staat *Ma'in*.

**Minamata-Krankheit**, chron. Quecksilbervergiftung durch Umweltverschmutzung, Ende der 1950er Jahre erstmals bei Fischern an der Minamata-Bucht in S-Japan aufgetreten.

**Minangkabau**, jungindones. Volk mit malaiischer Sprache in Sumatra (Indonesien), rd. 4 Mio.

**Minarett**, der Turm für den Gebetsrufer (*Muezzin*) der Moschee.

**Minas Gerais** ['minaʒ ʒɛ'rais], Bundesstaat in → Brasilien.

**Minbar**, hölzerne oder steinerne Predigtkanzel der Moschee zum Vortragen der Freitagspredigt (*Khutba*) des Gemeindeleiters (*Imam*).

**Mincio** ['mintʃo], l. Nbfl. des Po, 192 km; mündet sö. von Mantua.

**Mindanao**, südlichste u. zweitgrößte der Philippinen-Inseln, 94 594 km², 13,4 Mio. Ew., Hptst. *Zamboanga;* mit tätigen Vulkanen (*Mt. Apo* 2953 m); vielseitiger Bergbau u. Ind.

**Mindel**, r. Nbfl. der Donau, 75 km; mündet nordöstl. von Günzburg. Nach ihr ist die **M.-Eiszeit** benannt, die zweite größere Vereisung im *Pleistozän* in den Alpen; → Eiszeit.

**Mindelheim**, Stadt in Schwaben (Bay.), an der Mindel, 12 200 Ew.; mittelalterl. Stadtbild, Schloß *Mindelburg*.

**Minden**, Krst. in NRW, Binnenhafen an der Weser u. am Mittellandkanal, nördl. der Porta Westfalica, 78 500 Ew.; roman.-frühgot. Dom (11. bis 14. Jh.); chem.-pharmazeut. Ind. – Um 800 Bischofssitz; im 13. Jh. Entwicklung zur Stadt, Mitgl. der Hanse; 1648 an Brandenburg-Preußen.

**Minderbrüder**, Bez. für Angehörige des Franziskanerordens.

**Minderheiten**, *Minoritäten*, im Staats- u. Völkerrecht Volksgruppen, die sich durch Abstammung, Sprache, Kultur oder Konfession von der Mehrheitsbevölkerung unterscheiden u. subjektiv ein polit. Gruppenbewußtsein verfügen; z.B. die arab. Minderheit in Israel; dt. Minderheit in Polen, UdSSR, Südtirol; slowen. u. kroat. Minderheiten in Kärnten, im Burgenland u.a.

**Minderjährigkeit**, im Recht die Zeit bis zur Erlangung der vollen *Geschäftsfähigkeit;* in der BR Dtld. (seit 1975) bis zur Vollendung des 18. Lebensjahrs (Östr.: 19., Schweiz: 20.).

**Minderung**, das Recht des Käufers, wegen eines Sachmangels die Herabsetzung des Kaufpreises zu verlangen.

**Minderwertigkeitsgefühl**, das Gesamtgefühl der Unterlegenheit, das sich in zwischenmenschl. Beziehungen äußern kann. Das M. wird meist durch ein bes. dynam. oder aggressives Verhalten überspielt. Ein *Minderwertigkeitskomplex* entsteht, wenn das Gefühl der seel. oder körperl. Unzulänglichkeit übermächtig wird, von dem Betroffenen aber ins Unterbewußte verdrängt wird. Dadurch wird der normale Ablauf des Denkens u. Handelns meist schwer gestört.

**Mindestgebot**, bei der *Zwangsversteigerung* von Grundstücken 7/10 des Grundstücksverkehrswerts. Bei der *Versteigerung* von gepfändeten bewegl. Sachen ist M. die Hälfte des gewöhnl. Verkaufswerts der Sache. Liegt das *Meistgebot* unter dem M., so kann der *Zuschlag* versagt werden.

**Mindestreserven**, im allg. unverzinsl. Guthaben, die die Geschäftsbanken im Verhältnis zu ihren kurzfristigen Verbindlichkeiten meist bei der Zentralnotenbank unterhalten müssen, um die Zahlungsfähigkeit zu sichern. Die Erhöhung oder Senkung der M. ist ein wirksames Mittel der Geld- u. Kreditpolitik.

**Mindoro**, Insel der Philippinen, waldreiches, vulkan. Gebirgsland, 9735 km², 670 000 Ew.; Hauptort u. Hafen *Calapan.*

**Mindszenty** ['mindsɛnti], urspr. *Pehm,* József, *1892, †1975, ung. Kardinal (1946); 1945–74 Erzbischof von Gran (ung. Esztergom) u. Primas von Ungarn; als Gegner des Kommunismus 1949–56 in Haft, danach in der US-amerik. Botschaft in Budapest im Exil. 1971 verließ er Ungarn ohne Rehabilitierung (erfolgte erst 1989) u. lebte in Wien.

**Mine**, 1. unterird. Erzgang, auch Erzgrube. – 2. Einlage in Blei-, Bunt- u. Kugelschreibern. – 3. ein Sprengkörper, der so ausgelegt wird, daß ein Gebiet nicht betreten oder befahren werden kann. Bei den Gelände-M.n unterscheidet man nach der Form *Kasten-M.n* u. *Teller-M.n*, nach dem Anwendungszweck *Panzer-M.n* u. *Schützen-M.n*. – *See-M.n* werden durch *M.nleger* (Überwasserschiffe, U-Boote) ausgelegt. Die *Ankertau-M.* wird ins Wasser geworfen u. bleibt (2–6 m) unter Wasser. *Treib-M.n* schwimmen frei ohne Verankerung. *Grund-M.n* werden in seichten Gewässern auf den Grund gelegt u. bei Annäherung von Schiffen entweder akust. oder magnet. gezündet. – 4. die charakterist. Fraßspur bestimmter Insekten in versch. Pflanzenteilen.

**Minensuchboot**, *Minenräumboot,* ein kleineres Kriegsschiff, das Minen auf akust., magnet. oder mechan. Weise zur Detonation bringt u. so den Weg für andere Schiffe freimacht.

**Mineralbäder**, die Benutzung des aus den natürl. Mineralquellen gewonnenen Wassers zu Heilzwecken; auch die Verwendung künstl. oder aus natürl. Quellsalzen angesetzter Wässer in Haus- oder Krankenhauskuren. Die Wirkung der M. beruht auf den in den Wässern gelösten festen oder gasförmigen Stoffen u. eventuellen Temperaturunterschieden.

**Mineraldünger** → Dünger.

**Mineralien** [Ez. das *Mineral;* lat.], *Minerale,* alle natürl. gebildeten chem. Substanzen der Erdkruste, die eine bestimmte, mehr oder weniger homogene chem. Zusammensetzung u. eine charakterist. Kristallstuktur aufweisen, sowie bestimmte organ. Verbindungen, die keine Kristallstruktur haben u. in ihrer stoffl. Zusammensetzung schwanken. Sie entstehen vorw. aus übersättigten, wäßrigen oder Schmelzlösungen, wobei sich *Kristalle* bilden, die bestimmte Formgesetze (*Kristallsysteme*) innehalten. Physikalisch erforscht werden opt. Eigenschaften (Farbe, Glanz, Durchsichtigkeit, Lichtbrechung, Dichroismus, Fluoreszenz), Artgewicht u. Härte. Die chem. Untersuchung folgt den Regeln der qualitativen u. quantitativen Analyse. Eine Klassifizierung erfolgt ebenfalls nach chem. Prinzipien: 1. Elemente, 2. Sulfide u. Sulfosalze, 3. Oxide, 4. Haloidsalze, 5. Carbonate, Nitrate, Borate, Sulfate, Wolframate, Phosphate, 6. Silicate, 7. Harze. – T → S. 578.

**Mineralisation**, der Abbau toter organ. Substanz zu anorgan. (mineral.) Substanz durch *Mikroorganismen.*

**Mineralogie**, die Wiss. von den *Mineralien.*

**Mineralöle**, die vorw. bei der Destillation von Erdöl, Stein- u. Braunkohlenteer gewonnenen Öle; Ggs.: fette Öle des Pflanzenreichs.

**Mineralquellen**, Quellen, deren Wasser (*Mineralwasser*) gegenüber den normalen Quellen einen erhöhten Gehalt an gelösten festen u. (oder) gasförmigen Stoffen hat; oft als Heilquellen verwendet.

**Mineralsalze**, i.w.S. die anorgan. Salze; i.e.S. die Salze, die bei der Ernährung von Bedeutung sind.

**Mineralstoffwechsel,** der Stoffwechsel von Ionen anorgan. Salze im Organismus, so: Kalium-, Natrium-, Calcium-, Magnesium-, Eisen-, Chlorid-, Nitrat-, Sulfat-, Phosphat-Ionen u. andere in geringerer Konzentration (Spurenelemente). Die Aufnahme erfolgt bei Pflanzen nur in Form von Ionen u. hpts. über die Wurzel. Tiere erhalten die Ionen mit der Nahrung u. scheiden sie mit Kot, Harn u. Schweiß wieder aus. Fehlen einer Ionenart führt zu Mangelerscheinungen. Eisen ist Bestandteil des Blutfarbstoffs *Hämoglobin* u. von Enzymen; Magnesium ist ein Teil des Blattgrüns *Chlorophyll;* Nitrat-Ionen sind Grundlage für die gesamte Eiweißproduktion; Phosphat-Ionen sind Bausteine der Erbsubstanz u. von Enzymen; Alkalisalze bedingen das osmot. Gleichgewicht im Körper.

**Mineralurgie,** die Lehre von der Gewinnung u. Verarbeitung der Mineralien.

**Mineralwasser,** Wasser, das mindestens 1 g gelöster mineral. Stoffe oder 0,25 g freies Kohlendioxid pro 1 kg enthält. Der Mineralgehalt besteht meist aus Salzen des Natriums, Calciums, Magnesiums, Eisens sowie Aluminiums.

**Minerva,** altröm. Göttin des Handwerks, der Künstler, Dichter u. Ärzte; der *Athene* gleichgestellt.

**Minestrone,** *Minestra,* ital. Gemüsesuppe aus allen der Jahreszeit entspr. Gemüsesorten.

**Minette,** oolith. Brauneisenerz in Lothringen u. Luxemburg; ein phosphorhaltiger *Limonit.*

**Minetti,** Bernhard, *26.1.1905, dt. Schauspieler; bes. bek. als Charakterdarsteller in Werken T. Bernhards.

**Ming,** Dynastie 1368–1644 in *China.*

**Mingetschaur,** Stadt in der Aserbaidschan. SSR (Sowj.), 65 000 Ew.; Wasserkraftwerk am *M.er Stausee;* Baumwollverarbeitung.

**Mingrelien** Ldsch. im westl. Grusinien (Sowj.), am Schwarzen Meer, rd. 9100 km$^2$, ca. 200 000 Ew. *(Mingrelier);* das antike *Kolchis.*

**Mingus** [ˈmiŋəs], Charles, *1922, †1979, US-amerik. Jazzmusiker (Kontrabaß, Komposition, Bandleader), Vertreter des Modern Jazz.

**Minhag,** im Judentum der religiöse Brauch u. gottesdienstl. Ritus.

**Minho** [ˈminju], **1.** frühere Prov. im nördl. Portugal; ein von schmalen, ebenen Küstenstreifen ansteigendes Bergland *(Serra do Marao* 1415 m); dicht besiedelt. – **2.** port. Name des Flusses → Mino.

**Miniaturmalerei,** Malerei in kleinem Format, bes. als *Buchmalerei* u. als *Bildnisminiatur.* Textillustrationen schmücken bereits ägypt. To-

## MINERALIEN

*Zu den optischen Erkennungsmerkmalen von Mineralien zählen die Leuchterscheinungen, die von manchen Kristallen ausgehen, wenn sie von bestimmten Lichtquellen bestrahlt werden. Das rechte Bild zeigt eine schalige Zinkblende im normalen Licht, links das gleiche Mineral im ultravioletten Licht, das eine typische gelbgrüne Farberscheinung hervorruft*

*Schwefelkristalle* — *tropfsteinartige, stalagmitische Chalcedon-Gruppe* — *Beryll mit Glimmer*

 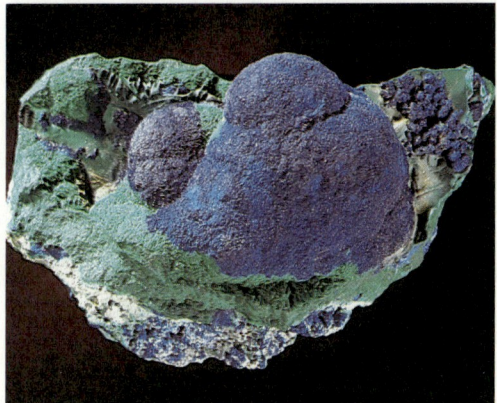 

*würfeliger Steinsalzkristall* — *dunkelblauer Azurit auf Malachit* — *Bernstein*

## Minigolf

tenbücher des 2. Jt. v. Chr. Die europ. M. fand ihren Höhepunkt in den mittelalterl. Prachthandschriften. Neben Klöstern als Pflegestätten der M. traten im 15. Jh. zunehmend bürgerl. Handwerksbetriebe. In der Thematik verstärkte sich der schon im 14. Jh. begonnene Wandel von der fast ausschl. religiösen zur weltl. Darstellung; neue Aufgaben erwuchsen der M. vor allem in der Illustrierung von histor. Handschriften (Weltchroniken), Kriegs- u. Feuerwerksbüchern, naturwiss. Abhandlungen u. Werken der Dichtkunst. Mit dem Aufkommen des Buchdrucks u. der Möglichkeit billiger Vervielfältigung wurde die M., soweit sie als Handschriftenillustrierung betrieben wurde, abgelöst.

Bildnisminiaturen sind kleinformatig gemalte Porträts, die in Schmuckgegenstände eingelassen u. häufig am Hals getragen wurden. Als Malgrund diente vor allem Elfenbein. Die ersten Bildnisminiaturen entstanden im 16. Jh. (H. *Holbein* d. J., B. *Grien*, F. *Clouet*); ihre Blütezeit war im Rokoko.

**Minigolf,** vom Golf abgeleitetes Spiel auf Kleingolfplätzen. Eine M.anlage besteht aus 18 Betonbahnen mit künstl. Hindernissen; der Ball (3,8 cm Durchmesser) ist mit möglichst wenig Schlägen in das Zielloch jeder Bahn zu bringen.

**Minimal Art** ['miniməl a:t], eine Richtung der bildenden Kunst, die gekennzeichnet ist durch eine geometr. Reihung gleicher Elemente, die auf einfache Grundformen (Kuben) reduziert u. häufig überdimensioniert sind. Hauptvertreter der in den 1960er Jahren in den USA entstandenen M. A.: Ronald *Bladen,* Dan *Flavin,* Don *Judd,* Sol *Le Witt,* Robert *Morris* u. Robert *Smithson.* Analog wurden seit den 1970er Jahren bestimmte bewußt einfach gehaltene Kompositionen als **Minimal Music** bezeichnet.

**Minimen,** lat. *Ordo Minimorum, Mindeste Brüder, Paulaner,* von Franz von Paula 1454 gegr. kath. Bettelorden nach verschärfter Franziskanerregel.

**Minimum,** Tiefstwert, das Kleinste.

**Minister,** Leiter einer höchsten Staatsbehörde, des Ministeriums. *Staats-M.* ist der Titel für bestimmte *parlamentar. Staatssekretäre.*

**Ministerialbeamte,** die in den *Ministerien* des Bundes u. der Länder tätigen Beamten des höheren Dienstes; Rangstufen: *Referent, Oberregierungsrat, Regierungsdirektor, Ministerialrat, Leitender Ministerialrat, Ministerialdirigent, Ministerialdirektor, Staatssekretär.* Staatssekretäre u. Ministerialdirektoren sind sog. *polit. Beamte,* d.h. sie können jederzeit in den Wartestand versetzt werden.

**Ministerialen,** in fränk. Zeit vom König, von weltl. u. geistl. Herren zu Verwaltungs- u. Kriegsdienst herangezogene *Unfreie in gehobener Stellung,* die meist mit Dienstgütern entlohnt wurden. Daraus entstand seit dem 11. Jh. ein *Dienstadel.*

**Ministerium,** höchste Staatsbehörde des neuzeitl. Staats, auch unter anderer Bez., z.B. *Departement* (Preußen im 17. u. 18. Jh.; USA, Schweiz) oder *Volkskommissariat* (Sowj. bis 1947); heute als *Fach-M.,* in dem Gesetzesvorlagen vorbereitet u. Haushaltsmittel verwaltet werden. Regelmäßig ist es auch Zentralbehörde einer bes. gebietl. gegliederten Behördenorganisation mit Mittel- u. Unterbehörden.

**Ministerpräsident,** Bez. für Regierungschef, Premiermin.; in der BR Dtld. u. in Östr. *Bundeskanzler.* In den dt. Ländern ist der M. der Vorsitzende der Landesreg. (in Westberlin: *Regierender Bürgermeister,* in Bremen: *Präsident des Senats,* in Hamburg: *Erster Bürgermeister*).

**Ministerrat, 1.** Reg., Gesamtministerium. – **2.** ein bes. Organ der Reg. für bestimmte Fragen, z.B. M. für Wirtschaftsfragen. – **3.** gemeinsames Organ der Europ. Gemeinschaften; → Europäische Gemeinschaft.

**Ministrant,** *Meßdiener,* im kath. Gottesdienst ein dem Priester am Altar zur Hand gehender Laie.

**Min Jiang** [-djiaŋ], *Min Kiang,* l. Nbfl. des Chang Jiang (China), 800 km; mündet bei Yibin.

**Mink** → Nerz.

**Minkowski,** Hermann, *1864, †1909, dt. Mathematiker; zählt zu den Begr. der *Zahlentheorie.* Der M.-Raum dient zur Darstellung physik. Vorgänge in der Einsteinschen Relativitätstheorie.

**Minne,** im Lehnswesen die Bez. für das gegenseitige Treueverhältnis zw. Lehnsherrn u. Lehnsmann. Dieser Begriff wurde im 12. Jh. auf das Liebesverhältnis zw. Ritter u. Dame übertragen: In der höf. Gesellschaft verehrt der Ritter eine hochgestellte, meist verheiratete Dame *(frouwe)* als das Ideal aller Frauen u. vollbringt, um sich der geliebten Herrin würdig zu erweisen, zahlr. Heldentaten *(aventiuren).* → Minnesang.

**Minne** [min], **1.** George, *1866, †1941, belg. Bildhauer u. Graphiker. – **2.** Richard, *1891, †1965, fläm. Schriftst.

**Minneapolis** [mini'æpəlis], größte Stadt des USA-Staats Minnesota, am Mississippi, 435 000 Ew.; Univ. (1851); Getreidehandelszentrum, Maschinen- u. Computerbau.

**Minnelli,** Liza May, *13.3.1946, US-amerik. Schauspielerin; Tochter von Judy *Garland;* begann als Musicaldarstellerin u. profilierte sich in eigenen Shows; drehte auch erfolgreiche Filme (»Cabaret«, »New York, New York« u.a.).

**Minnesang,** die höf. Liebeslyrik des Hochmittelalters, künstler. Ausdruck der *Minne* zw. Ritter u. Dame. Die Blütezeit des M.s waren die Jahre um 1200. Die großen Lyriker dieser Zeit waren *Reinmar von Hagenau, Heinrich von Morungen* u. *Walther von der Vogelweide.* Der M. war immer Gesang: die Noten sind aber in der Regel nicht überliefert. Die Texte sind schon seit dem 13. Jh. aufgezeichnet u. in prunkvollen Handschriften erhalten: *Große Heidelberger Liederhandschrift* (Manessische Handschrift), *Jenaer Liederhandschrift, Weingartner Liederhandschrift* u.a.

**Minnesota** [mini'soutə], Abk. *Minn.,* Gliedstaat der → Vereinigten Staaten von Amerika. – **M. River** ['rivə], *Saint Peter's River,* r. Nbfl. des Mississippi in M., 534 km; mündet südl. von Minneapolis.

**Mino** ['minjo], port. *Minho,* der antike *Minius,* Fluß in Galicien (NW-Spanien), 340 km; mündet bei *Caminha* in den Atlantik.

**Mino da Fiesole,** *1431/32, †1484, ital. Bildhauer der florentin. Frührenaissance.

**minoische Kultur,** die bronzezeitl. Kultur Kretas, ben. nach dem sagenhaften König *Minos* von Kreta, Teil der *kretisch-mykenischen Kultur.* Die frühminoische Periode dauerte etwa 2600–2000 v. Chr. In der mittelminoischen Periode (2000–1600 v. Chr.) entstanden die ältesten Palastbauten von *Knossos, Phaistos* u. *Mallia.* Um 1700 v. Chr. wurden die ersten Paläste vermutl. durch ein Erdbeben vollst. zerstört. Mit ihrem Wiederaufbau entstand eine neue Blütezeit, die bis in die spätminoische Periode (1600–1150 v. Chr.) reichte. Der Untergang der minoischen Kultur wurde durch Flut- u. Erdbebenkatastrophen um 1500 oder 1470 v. Chr. (Vulkanausbruch des *Santorin*) mit der Zerstörung der Paläste vorbereitet u. mit der krieger. Inbesitznahme der Insel durch die myken. Heerfürsten um 1400 v. Chr. besiegelt.

**Minorat,** das Vorrecht des Jüngsten auf das Erbe; Ggs.: *Majorat.*

**Minorist,** ein kath. Kleriker, der wenigstens eine niedere Weihe empfangen hat.

### Die wichtigsten gesteinsbildenden Mineralien

| Name | Mohs-Härte | Dichte | Farbe | Vorkommen |
|---|---|---|---|---|
| Andalusit | 7,5–8 | 2,6–2,8 | grau, rötlichgelb | Kontaktmineral; in Gneisen und Schiefern |
| Anhydrit | 3–3,5 | 2,9–3 | farblos, weiß, grau, bläulich | in Salzlagern (mit Steinsalz, anderen Kalisalzen u. Gips) |
| Apatit | 5 | 3,2 | farblos oder sehr verschieden gefärbt | in Magmagesteinen, als Knollen in Kalk- oder Dolomitgesteinen |
| Augit | 6 | 3,3–3,5 | pechschwarz, grünlichschwarz | in Ergußgesteinen und metamorphen Gesteinen |
| Biotit (Magnesiaeisenglimmer) | 2,5–3 | 2,8–3,2 | braun, braunschwarz, dunkelgrün | in Magmagesteinen und kristallinen Schiefern |
| Chlorit | 1–2 | 2,8–2,9 | graugrün | in Chloritschiefer |
| Disthen | 4,5–7 | 3,5–3,7 | grau, weiß, meist mit blauen Streifen | in kristallinen Schiefern |
| Dolomit | 3,5–4 | 2,85–2,95 | grauweiß, gelblich, bräunlich | in Dolomit- u. Gipsgestein, Chlorit- u. Talkschiefer |
| Epidot | 6–7 | 3,3–3,5 | dunkelgrün, schwarzgrün, grau | Kontaktmineral |
| Flußspat | 4 | 3,1–3,2 | farblos oder sehr verschieden gefärbt | auf Erzgängen |
| Gips | 1,5–2 | 2,3–2,4 | farblos, weiß, gelblich | in Salzlagern |
| Glaukonit | 2 | 2,3 | graugrün, olivgrün | in Meeressedimenten |
| Graphit | 1 | 2,1–2,3 | schwarz, braunschwarz, stahlgrau | in Gneis, Phyllit und Glimmerschiefer, auf Gängen |
| Hornblende | 5–6 | 2,9–3,4 | schwarz, graubraun, grün | in Magmagesteinen und kristallinen Schiefern |
| Kalkspat (Calcit) | 3 | 2,6–2,8 | farblos, weiß, gelb | in Magmagesteinen |
| Kaolinit | 1 | 2,2–2,6 | weiß, gelb, grünlich, bläulich | Hauptmineral der Kaolinlager |
| Leuzit | 5,5–6 | 2,5 | weiß, grau | in Ergußgesteinen |
| Magnetit (Magneteisenerz) | 5,5 | 5–5,2 | eisenschwarz | in allen Magmagesteinen |
| Muskowit (Kaliglimmer) | 2–2,5 | 2,78–2,88 | farblos, gelblich, bräunlich | in kristallinen Schiefern (Glimmerschiefer, Gneis) |
| Nephelin | 5,5–6 | 2,6–2,65 | weiß, farblos, lichtgrau | in jüngeren Ergußgesteinen |
| Olivin | 6,5–7 | 3,3 | grün, braun, schwarz, gelbgrün | in basischen Magmagesteinen (Basalt, Melaphyr) u. kristallinen Schiefern |
| Orthoklas (Kalifeldspat) | 6 | 2,53–2,56 | farblos, weiß, grünlich, fleischfarben | in fast allen magmatischen u. metamorphen Gesteinen |
| Plagioklas (Kalknatronfeldspat) | 6–6,5 | 2,61–2,77 | farblos, weiß, gelb, grünlich, grauschwarz | in fast allen magmatischen u. metamorphen Gesteinen |
| Pyrit (Eisenkies, Schwefelkies) | 6–6,5 | 5–5,2 | messinggelb | in verschiedenartigen Lagerstätten |
| Quarz | 7 | 2,65 | farblos, verschieden gefärbt | in Magma-, Sediment- und metamorphen Gesteinen |
| Schwerspat | 3–3,5 | 4,48 | an sich farblos, weiß, grau | auf Gängen und als Begleiter sulfider Erze |
| Serpentin | 3–4 | 2,5–2,6 | graugrün, gelb | in kristallinen Schiefern |
| Siderit (Spateisenstein) | 4–4,5 | 3,7–3,9 | gelblich, gelbbraun, grau | wichtiges Eisenerz; auf Gängen und in sedimentären Lagerstätten |
| Sillimanit | 6–7 | 2 | gelblichgrau, grünlich, bräunlich | in Gneis und Glimmerschiefer, auf Gängen |
| Staurolith | 7–7,5 | 3,7–3,8 | bräunlichgelb, rotbraun | in metamorphen Gesteinen |
| Steinsalz | 2 | 1,9–2 | farblos, verschieden gefärbt | auf Kalisalzlagerstätten |
| Talk | 1 | 2,7–2,8 | blaßgrün, grau, weiß | in Talkschiefer |
| Titanit | 5–5,5 | 3,4–3,6 | gelb, grünlich, braun, rotbraun | in Magmagesteinen (Syenit) und kristallinen Schiefern |

*Theseus tötet den Minotauros; Vasenbild auf einer attischen Hydria, 6. Jahrhundert v.Chr. Rom, Museo Gregoriano Etrusco*

**Minorität,** Minderheit.

**Minos,** in der grch. Sage König von Kreta, Sohn von *Zeus* u. *Europa*. Er wurde nach seinem Tod Totenrichter in der Unterwelt. – M. war urspr. vielleicht der Titel der kret. Königs.

**Minot** ['minət], George Richards, *1885, †1950, US-amerik. Mediziner; Mitentdecker der Leberbehandlung der perniziösen Anämie; Nobelpreis 1934.

**Minotauros,** in der grch. Sage ein von *Pasiphaë*, der Frau des *Minos*, geborenes, menschenfressendes Ungeheuer: Mensch mit Stierkopf. Er hauste im *Labyrinth* u. wurde von *Theseus* getötet.

**Minsk,** Hptst., kulturelles u. wirtschaftl. Zentrum der Weißruss. SSR 1,5 Mio. Ew.; eine der ältesten Städte Rußlands.

**Minstrel,** Spielmann u. Sänger im alten England (13.–16. Jh.). – **M.song,** volkstüml. Negergesang des frühen 19. Jh. in N-Amerika.

**Mintoff,** Dominic, *6.8.1916, maltes. Politiker (Labour Party); 1955–58 u. 1971–84 Premier-Min.

**minus,** weniger, abzüglich; mathemat. Zeichen (-) für die Subtraktion.

**Minuskel,** Kleinbuchstabe; Ggs.: *Majuskel*.

**Minute, 1.** Kurzzeichen min, der 60. Teil einer Stunde. – **2.** *Bogen-M.,* Kurzzeichen ', der 60. Teil des Grades eines Winkels.

**Minya,** *El M.,* ägypt. Prov.-Hptst. am mittleren Nil, 180 000 Ew.; Baumwollhandel.

**Minze,** *Mentha,* Gatt. der *Lippenblütler*. Von den in Dtld. heim. Arten sind häufig: Acker-M., Wasser-M., Grüne M., Roß-M., Polei-M. Die M. findet sich an feuchten Standorten. Die *Pfeffer-M.,* ist ein Bastard zw. der Grünen M. u. der Wasser-M. Sie wird wegen des Gehalts an äther. Öl *(Menthol)* feldmäßig angebaut. Die Blätter werden als Magentee verwendet.

**Miombo,** ein laubabwerfender, offener Trockenwald (Savannenwald) im trop. O- u. S-Afrika.

**Miose,** *Miosis,* die Pupillenverengung; → Pupille.

**Miozän,** Zeitabschnitt des *Tertiärs;* → Erdzeitalter.

**Miquel** ['mi:kəl], Johannes von, *1828, †1901, dt. Politiker (Nationalliberaler); führte die Reform der direkten Steuern in Preußen durch (Einführung der Einkommen- u. Vermögensteuer).

**Miquelon** [mikə'lɔ̃] → Saint Pierre et M.

**Mir** [russ., »Friede«], **1.** die altruss. Gem. mit Feldgemeinschaft u. solidar. Haftung der Gemeindemitgl. – **2.** eine sowj. bemannte Raumstation, die am 19.2.1986 (MEZ) gestartet wurde u. seitdem die Erde in 300–400 km Höhe umkreist. Sie wird von Solarzellen mit Energie versorgt. An die Station können versch. Module angeschlossen werden, die Forschung sowie Produktion von Werkstoffen im Weltraum ermöglichen.

**Mira,** *M. Ceti,* veränderl. Stern im Walfisch; verändert sein Licht in 330tägigem Rhythmus; Prototyp einer Klasse von langperiod. Veränderlichen, den *M.sternen*. Diese sind rote Überriesen.

**Mira,** Brigitte, *20.4.1916, dt. Schauspielerin; Bühnen- u. Fernsehtätigkeit.

**Mirabeau** [-'bo], Honoré Gabriel de *Riqueti*, Graf von M., *1749, †1791, frz. Politiker; kam 1789 als Abg. des 3. Standes in die Generalstände, trat für eine konstitutionelle Monarchie nach engl. Vorbild ein u. für eine Versöhnung von König u. Volksvertretung; 1791 Präs. der Nationalversammlung.

**Mirabelle,** eine *Pflaumensorte;* Sonnenfrüchte goldgelb, Schattenfrüchte grünlich-gelb.

**Mirakelspiel,** *Miracle,* frz. Bez. für ein geistl. Drama aus dem 11. bis 18. Jh., das seinen Stoff aus einer Legende nimmt.

**Miranda,** einer der Monde des *Uranus*.

**Miranda,** Bundesstaat in → Venezuela.

**Mirikina,** ein *Nachtaffe* mit graubraunem Pelz; von Guyana bis Peru verbreitet.

**Mirjam,** lat. *Maria,* im AT eine Prophetin, Schwester Aarons u. Moses'.

**Mirliton** [mirli'tɔ̃], eine Membran, durch die Finger oder einen Rahmen gespannt oder als Verschluß einer Röhre. Das M. wird angesungen; es ist bek. u.a. als Kammblasen.

**Miró,** Joan, *1893, †1983, span. Maler u. Graphiker; anfangs vom Kubismus beeinflußt; entwickelte seit 1924 einen weitgehend abstrakten, von Symbolen u. figurativen Bildzeichen geprägten Stil.

**Mirza,** pers. Titel: vor dem Namen »Herr«; hinter dem Namen Titel der Prinzen.

**Mirzapur** [-za-], ind. Stadt im SO des Bundesstaats Uttar Pradesh, 150 000 Ew.; hinduist. Wallfahrtsort.

**Misanthrop,** Menschenfeind.

**Mischabelhörner,** vergletscherte Berggruppe in den Walliser Alpen (Schweiz), im *Dom* 4545 m.

**Mischehe, 1.** die Ehe zw. Personen versch. Rasse; gelegentl. staatl. verboten (z.B. in der Rep. Südafrika). – **2.** die Ehe zw. Personen versch. Religion oder Konfession.

**Mischling, 1.** jede Person, deren Eltern versch. Rassenkreisen angehören. Bez. für Mischlinge sind z.B.: *Halfcast (Eurasier):* Weiße u. Inder; *Mestizen:* Weiße u. Indianer; *Mulatten:* Weiße u. Schwarze; *Zambos (Sambos):* Schwarze u. Indianer oder Schwarze u. Mulatten. – **2.** *Biol.:* → Bastard.

**Mischna,** jüd. Sammlung der Gesetzesüberlieferung am Ende des 2. Jh. n. Chr.; Grundlage des → Talmud.

**Mischnick,** Wolfgang, *29.9.1921, dt. Politiker (FDP); 1961–63 Bundesvertriebenen-Min., seit 1968 Fraktionsvors. im Bundestag.

**Mischpult,** elektr. Gerät mit mehreren Eingängen, Meßgeräten u. Reglern zur Mischung von Tonfrequenzspannungen (von Mikrophon, Rundfunkgerät, Plattenspieler), die an einen einzigen Ausgang geführt werden.

**Mischwald,** aus zwei oder mehreren Holzarten zusammengesetzter Wald, in dem keine Baumart über 90% der Fläche einnehmen darf.

**Misdroy,** poln. *Międzyzdroje,* Stadtteil von Swinemünde, in Pommern, auf der Insel Wollin, 6000 Ew.; Ostseebad.

**Misereor,** 1959 gegr. bischöfl. Fasten- u. Spendenaktion der dt. Katholiken zur Bekämpfung von Hunger u. Krankheit in der Welt.

**Miserere,** ein kath. Kirchengesang für Buß-, Trauer- u. Passionsfeiern.

**Misericordias Domini** [lat., »Barmherzigkeit des Herrn«], der 2. Sonntag nach Ostern; ben. nach dem Introitus (Ps. 33,5).

**Mises, 1.** Ludwig von, *1881, †1973, östr. Nationalökonom; lebte seit 1945 in den USA; Vertreter des Neoliberalismus. – **2.** Richard von, *1883, †1953, östr. Mathematiker; bed. Arbeiten zur Wahrscheinlichkeitsrechnung.

**Mishima,** Jukio, eigtl. *Hiraoka Kimitake,* *1925, †1970 (Selbstmord), jap. Schriftst.; Hauptvertreter einer patriot.-nationalist. Richtung.

**Misiones,** Prov. in → Argentinien.

**Miskolc** ['miʃkolts], ung. Komitats-Hptst., nahe dem Sajo, 210 000 Ew.; TH; vielseitige Ind.; Thermalbad.

**Misool** ['misɔɔ:l], von Korallenriffen gesäumte, bergige Insel westl. von Neuguinea, 1750 km².

**Mispel,** *Mespilus,* Gatt. der *Rosengewächse*. Die *Echte M.* ist ein bis 3 m hohes Bäumchen. Heimat: Vorderer Orient.

**Misquito** [-'kito], *Mosquito,* Indianervolk mit starkem negriden Einschlag an der Mosquitoküste Nicaraguas.

**Misrach,** die Gebetsrichtung des jüd. Beters zum Tempel in Jerusalem oder nach O.

**Miß,** engl. Anrede: Fräulein.

**Missale** [das], *M. Romanum,* das Meßbuch der röm.-kath. Kirche.

**Missa solemnis,** das frühere feierl. Hochamt der kath. Kirche; Kompositionen u.a. von L. van *Beethoven* u. A. *Bruckner*.

**Mißbildungen,** Abweichungen in der Ausbildung des Normaltyps von Lebewesen, die meist durch Störungen der Wachstumszentren der Organe oder des ganzen Organismus bedingt sind; mögl. Störursachen: Erbanlagen, chem. Substanzen, ionisierende Strahlung u.a.

**Mißbrauch** → Rechtsmißbrauch.

**Mißhandlung** → Körperverletzung, → Tierquälerei.

**Missing link,** engl. Bez. für ein fehlendes Bindeglied in den Evolutionsreihen der Organismen, bezogen v. a. auf die Übergangsformen zw. Mensch u. Menschenaffen.

**Missingsch,** *Missingisch, Messingsch, Messingisch,* mit niederdt. Elementen vermischtes Hochdt. in N-Dtld.

**MISSIO,** internat. kath. Missionswerk.

**Missio canonica,** die Verleihung eines kirchl. Amts mit Jurisdiktionsgewalt u. die Verleihung der kirchl. Lehrbefugnis in der kath. Kirche.

**Mission, 1.** die Ausbreitung insbes. des christl. Glaubens unter Andersgläubigen, bes. die Aussendung von Lehrern u. Predigern (Missionare) zu diesem Zweck. Man unterscheidet zw. *Äußerer M.* (unter Nichtchristen), *Volks-M.* (M. in christl. Ländern) u. *Innerer M.* (die Arbeit der Kirche im eigenen Land). – **2. 1.** ein Auftrag an diplomat. Vertreter zur Erfüllung bes. Aufgaben; 2. allg. die Auslandsvertretung.

**Mississippi, 1.** Abk. *Miss.,* Gliedstaat im S der → Vereinigten Staaten von Amerika. – **2.** längster Fluß u. bed. Schiffahrtsweg N-Amerikas, 3820 km; entwässert mit 3,25 Mio. km² Einzugsgebiet fast 40% der USA (über 100 große Nebenflüsse). Der

*Joan Miró: Die kleine Blonde im Vergnügungspark; 1950. Berlin, Staatliche Museen Preußischer Kulturbesitz, Nationalgalerie*

# 580 Missouri

*Mistel*

M. entspringt aus dem *Lake Itasca* im nördl. Minnesota. Oberhalb von St. Louis vereinigt er sich mit dem *Missouri*. Bereits ab Baton Rouge bildet er mehrere Seitenarme, die z.T. selbst in den Golf von Mexiko münden.

**Missouri** [-'suri oder -'zuəri], ein Stamm der Sioux-Indianer am unteren *Missouri*.

**Missouri** [-'suri oder -'zuəri], **1.** Abk. *Mo.,* Gliedstaat der → Vereinigten Staaten von Amerika. – **2.** längster Nbfl. des Mississippi, mündet bei St. Louis, 2192 km.

**Mißtrauensvotum,** der Beschluß des Parlaments, dem Regierungschef oder einem Min. das Vertrauen zu entziehen u. ihn dadurch zum Rücktritt zu zwingen. Der Bundestag der BR Dtld. muß beim M. gegen den Bundeskanzler zugleich einen Nachfolger wählen. Damit wird vermieden, daß man sich zwar über den Sturz der Reg. einigt, aber nicht über deren Nachfolge *(konstruktives M.)*.

**Mißweisung** → magnetische Mißweisung.

**Mistel,** zu den *M.gewächsen* gehörender, immergrüner Halbschmarotzer, der v.a. Laubhölzer befällt. Die von Vögeln auf andere Bäume übertragenen Samen bilden zunächst eine Haftscheibe, von der aus die primäre Saugwurzel in die Rinde eindringt; von dort aus dringen sekundäre Senker in den Holzkörper ein. Der Parasitismus besteht darin, daß die M. den Wirtspflanzen Wasser u. Mineralstoffe entnimmt. – Die M. spielt im engl. Weihnachtsbrauchtum eine Rolle.

**Mister,** Abk. *Mr.,* engl. Anrede: Herr.

**Misti,** tätiger Vulkan in den Anden, bei Arequipa (S-Peru), 5842 m.

**Mistkäfer,** *Roßkäfer,* Unterfam. der *Skarabäen;* Käfer von etwa 20 mm Länge, stahlblauer bis schwarzer glänzender Panzer; ernährt sich vom Mist von Pflanzenfressern, den er zu Kugeln rollt.

**Mistral,** sturmartig einsetzender, kalter, trockener N-Wind im südl. Frankreich.

**Mistral, 1.** Frédéric, *1830, †1914, frz.-provençal. Schriftst.; Vorkämpfer der Neubelebung der provençal. Schriftsprache; Nobelpreis 1904. – **2.** Gabriela, *1889, †1957, chilen. Schriftst. (human.-christl. Lyrik); Nobelpreis 1945.

**Mistras,** byzantin. Ruinenstadt in Griechenland; seit 1349 Sitz des byzantin. Statthalters u. Mittelpunkt des byzantin. Geisteslebens; verfiel seit 1834.

**Miszellen,** Kurzbeiträge für wiss. Ztschr.

**Mitanni,** hurrit. Staat in Mesopotamien zw. oberem Euphrat u. Tigris, mit der Hptst. *Wassukanni,* um 1600–1250 v. Chr. → Hurriter.

**Mitbestimmung,** die Mitentscheidung u. Mitwirkung der Arbeitnehmer durch ihre Vertretungen bzw. Vertreter in Wirtschaftsbetrieben u. Behörden der BR Dtld. In kleineren u. mittleren Betrieben steht das Recht zur innerbetriebl. M. ausschl. dem Betriebsrat zu. Geregelt wird die M. durch das Gesetz vom 4.5.1976. Die M. der Arbeitnehmer in den Unternehmungen des Bergbaus sowie der Eisen u. Stahl erzeugenden Ind. ist durch das Mitbestimmungsgesetz vom 21.5.1951 *(Montanmodell)* bes. geregelt. Die M. der Beamten, Angestellten u. Arbeiter des *öffentl. Dienstes* ist im *Personalvertretungsgesetz* vom 15.3.1974 geregelt, nach dem bei jeder Dienststelle von den Bediensteten ein dem Betriebsrat entspr. *Personalrat* zu wählen ist.

**Mitchell** ['mitʃəl], **1.** Margaret, *1900, †1949, US-amerik. Schriftst.; errang einen Welterfolg mit ihrem Roman über den Sezessionskrieg: »Vom Winde verweht«. – **2.** Peter Dennis, *29.9.1920, brit. Biochemiker; Arbeiten über biolog. Energieübertragung; Nobelpreis für Chemie 1978.

**Mitchum** ['mitʃəm], Robert, *6.8.1917, US-amerik. Filmschauspieler; bek. durch Rollen in Kriegs- u. Westernfilmen.

**Mitella,** *Armschlinge, Armtragetuch,* ein Tuchverband, der um den Nacken geschlungen wird u. in dem der Arm hängend ruht.

**Miterbe,** der neben anderen als *Erbe* Berufene (Ggs.: *Alleinerbe*); bei der *gesetzl. Erbfolge* regelmäßig jeder Angehörige derselben Erbordnung. Die M. bilden eine Erbengemeinschaft.

**Mitesser,** *Komedonen,* Talg, der die Ausführungsgänge der Hauttalgdrüsen verstopft u. sich mit Staub an der Oberfläche schwarz färbt.

**Mitgift,** die der Tochter gewährte → Ausstattung.

**Mithradates,** *Mithridates,* mehrere Könige von Pontos. – *M. VI. Eupator,* *132 v.Chr., †63 v.Chr. (Selbstmord), war ein gefürchteter Feind der Römer.

**Mithras,** *Mithra, Mitra,* Gottheit des Rechts u. des Vertrags in Indien; Erlöser-Gottheit der späteren pers. Mysterienreligion, die von röm. Legionären bis weit nach Germanien verbreitet wurde. M. wurde mit dem Sonnengott gleichgesetzt. Sein Festtag war der 25. Dezember (Wintersonnenwende).

**Mitla,** Ruinenstätte im mex. Bundesstaat Oaxaca; Residenz der *Zapoteken,* ab 1300 bis zur Eroberung durch die Spanier der *Mixteken.*

**Mitlaut** → Konsonant.

**Mito,** jap. Präfektur-Hptst. nordöstl. von Tokio, 229 000 Ew.; Schloßstadt mit berühmten Parkanlagen.

**Mitochondrien,** *Chondriosomen,* faden- bis kugelförmige Zellorganellen. Ihre wichtigste Funktion ist Energiegewinnung durch oxidative Phosphorylierung bei der Zellatmung. Sie bewegen sich in der Zelle u. gelangen so zu Orten des Energiebedarfs (»fahrende Kraftwerke«). Sie enthalten *DNS* u. üben genet. Funktionen aus.

**Mitose,** die indirekte → Kernteilung.

**Mitra, 1.** pers. Gottheit: → Mithras. – **2.** die Bischofsmütze *(Inful);* in Babylonien u. Assyrien Kopfbedeckung der Könige; in röm. Zeit Frauenhaarband.

**Mitraschnecken,** *Mitra,* Gattung von Meeresschnecken mit Gehäusen, die an die Bischofsmütze erinnern.

**Mitropoulos** [-pulɔs], Dimitri, *1896, †1960, US-amerik. Dirigent grch. Herkunft.

**Mitsawa** → Massaua.

**Mitscherlich, 1.** Alexander, Sohn von 3), *1836, †1918, dt. Chemiker; fand 1876 das Verfahren zur Gewinnung von Cellulose aus Fichtenholz. – **2.** Alexander, *1908, †1982, dt. Mediziner u. Psychologe; bek. durch sozialkrit. Arbeiten u. als einer

*Mistkäfer: Das Männchen formt eine Dungkugel, die es als Futter für seine Larven vergräbt*

der Initiatoren der *Friedensforschung;* erhielt 1969 zus. mit seiner Frau Margarete M. den Friedenspreis des Dt. Buchhandels; W »Die Unfähigkeit zu trauern«. – **3.** Eilhard, *1794, †1863, dt. Chemiker; entdeckte die Isomorphie u. die Polymorphie von Kristallen.

**Mitschurin,** Iwan Wladimirowitsch, *1855, †1935, russ. Obstzüchter. Durch Artkreuzung gelang es ihm, frostresistente Obstsorten zu schaffen. Er lehnte die *Mendelschen Gesetze* für den Obstbau ab. Die erzielten Veränderungen beim *Pfropfen* hielt er irrtüml. für erblich.

**Mitsubishi** [-ʃi], Gruppe von jap. Unternehmen, deren Geschäftsbereich fast alle Industriezweige, Handel, Bank- u. Versicherungswesen umfaßt.

**Mitsui,** ältester jap. Familienkonzern; entwickelte sich seit dem 17. Jh. aus einem Pfandleihgeschäft.

**Mitsunaga** *Kasuga,* jap. Maler, in der 2. Hälfte des 12. Jh. als Hofmaler tätig.

**Mittag,** als Zeitpunkt: Ein Ort hat M., wenn die Sonne seinen Meridian überschreitet. – **M.slinie,** die Verbindungslinie des N- u. S-Punkts in der Ebene des Horizonts.

**Mittag,** Günther, *8.10.1926, DDR-Politiker; 1962–73 u. 1976–89 Sekretär des ZK der SED (für Wirtsch. zuständig), 1973–76 Erster Stellvertreter des Vors. des Ministerrats der DDR; verlor nach dem Umsturz 1989 alle Ämter u. wurde aus der Partei ausgeschlossen.

**Mittäterschaft,** das gemeinsame Begehen einer Straftat als Täter, zu unterscheiden von der Teilnahme.

**Mittelalter,** Abk. *MA,* lat. *media aetas, medium aevum,* von den Humanisten geprägter Begriff für den Zeitraum zw. *Altertum* u. *Neuzeit.* Innerhalb dieses aus rein prakt. Gründen auf ca. 500 bis 1500 festgesetzten Zeitraums vollzog sich die für Europa wesensbestimmende Verschmelzung von *Germanentum, Christentum* u. dem Erbe der *Antike.*

Tiefgreifende Wandlungen der gesellschaftl. u. wirtsch. Struktur bestimmen das Bild des MA: von der Adels- u. Grundherrschaft im *Früh-M.* (ca. 6.–9. Jh.) über das aufblühende Rittertum u. Lehnswesen im *Hoch-M.* (10.–13. Jh.) bis zum erstarkenden Bürgertum im *Spät-M.* (13.–15. Jh.). Wenn das MA immer noch das Bild einer durch aus eigenständigen Epoche bietet, so trugen der auch polit. wirksame Gedanke von der Einheit des christl. *Abendlands* u. in erster Linie die Kirche dazu bei.

**Mittelamerika,** zusammenfassende Bez. für *Zentralamerika* (mit Mexiko) u. *Westindien.*

**mittelamerikanische Kulturen,** die altamerik. Kulturen im Gebiet des heutigen Mexiko, Guatemala, Honduras, Nicaragua, Costa Rica u. Panama vor der Zeit der span. Eroberung. Im Hochtal von Mexiko war die von der La-Venta-Kultur beeinflußte Kultur von *Tlatilco* die wichtigste unter den archaischen Kulturen.

Um 200 v. Chr. trat die klass. Kultur von *Teotihuacan* (Blüte um 500 n. Chr.) hervor. Sie beeinflußte weite Teile Mittelamerikas. Die *Tolteken,* die im 10. Jh. in das Hochtal von Mexiko einbrachen, waren bis zur Mitte des 12. Jh. polit. u. kulturell führend. Nach dem Untergang ihrer Hptst. Tula (um 1160) folgten neue Gruppen der *Nahua-Völker.* Eine der letzten dieser Gruppen waren die *Azteken,* deren mächtiges Reich im Hochtal von Mexiko erst mit der Eroberung durch die Spanier endete (1521 Zerstörung Tenochtitlans). Die Steinplastik erreichte in dieser Zeit ihren Höhepunkt. Viele der Kunstwerke, bes. die farbenprächtigen Bilderhandschriften, die die Spanier von den Azteken erbeuteten, waren jedoch Erzeugnisse der *Mixteken (Mixteca-Puebla-Kultur,* 800–1521). Sie traten um 1100 die Nachfolge der *Zapoteken* (Blütezeit 3.–5. Jh.) in deren Zentren *Mitla* u. *Monte Albán* an. An der mex. Golfküste blühte zu dieser Zeit die klass. Kultur von *Veracruz (Tajín-Kultur,* 300–650). Hauptsitz war die heutige Ruinenstadt *El Tajín;* sie war zur Zeit der span. Eroberung von den *Totonaken* bewohnt. Schon sehr früh bestanden Beziehungen zw. Monte Albán u. der älteren *Maya-Kultur* (→ Maya) im sö. Mexiko u. in Guatemala (etwa 500 v. Chr. – 900 n. Chr.).

**Mittelatlantischer Rücken,** ein untermeer. Gebirge im Atlantik, das sich durch den ganzen Ozean von Island im N bis zu den Bouvet-Inseln auf 55°S hinzieht. Es teilt den Atlantik in die *Westatlantische* u. die *Ostatlantische Mulde.*

**Mittelberg,** östr. Höhenluftkurort im Hinteren Bregenzer Wald, in Vorarlberg, 1218 m ü.M., 4600 Ew.

Völker und Kulturen Mittelamerikas
- Maya
- Nahua
- Otomí
- Mixteken
- Totonaken
- Zapoteken
- Tarasken
- ● wichtige Fundorte und Städte

**Mitteldeutschland,** im natur- u. wirtschaftsgeograph. Sinn der Raum zw. Harz, Elbe, Erzgebirge u. Thüringer Wald.
**Mitteleuropa,** das Kernstück Europas, zw. Nord- u. Ostsee u. Alpen.
**Mitteleuropäische Zeit,** Abk. *MEZ,* die mittlere Ortszeit des 15. Längenkreises östl. von Greenwich. Sie liegt um eine Stunde vor der Weltzeit u. dient als konventionelle Zeit *(Zonenzeit)* in: Skandinavien, Dtld., Polen, Ndl., Belgien, Frankreich, Irland, Spanien, Östr., Tschechoslowakei, Ungarn, Jugoslawien, Schweiz, Italien u. mehreren außereuropäischen Ländern.
**Mittelfranken,** bay. Reg.-Bez., 7290 km², 1,5 Mio. Ew., Hptst. *Ansbach.*
**Mittelgebirge,** Gebirge bis zu 1000 m, vereinzelt auch bis zu 1500 m, die sich v.a. durch abgerundete Formen auszeichnen.
**Mittelgewicht,** eine der → Gewichtsklassen in der Schwerathletik.
**Mittelhand,** Abschnitt der vorderen Gliedmaßen der vierfüßigen Wirbeltiere zw. Handwurzel u. Fingern, aufgebaut aus 5 *M.knochen (Metacarpalia).* Beim Menschen bildet die M. die Handfläche.
**Mittelhochdeutsch,** Abk. *mhd.,* → deutsche Sprache.
**Mittelholzer,** Walter, *1894, †1937 (Unfall), schweiz. Flieger u. Schriftst.; bahnbrechend auf dem Gebiet der Luftphotographie.
**Mittelländisches Meer,** das Europ. → Mittelmeer.
**Mittellandkanal,** *i.w.S.* Wasserstraßenverbindung zw. Rhein u. Elbe; verbindet beide Ströme durch die Teilstrecken *Lippe-Seitenkanal, Rhein-Herne-Kanal, Dortmund-Ems-Kanal* u. den *M. i.e.S. (Ems-Weser-Elbe-Kanal);* zus. 465 km; 1938 eröffnet.
**mittellateinische Literatur,** das christl., von Geistlichen für die Bedürfnisse der Kirche, der Klöster oder der Fürstenerziehung geschaffene Schrifttum des europ. MA in mittel- oder vulgärlat. Sprache. Hierzu zählen u.a. wiss. u. theolog. Literatur, Dichtungen über bibl. Stoffe, geistl. Spiele sowie weltl. Liedsammlungen (u.a. *Carmina Burana).*
**Mittelmächte,** auch *Zentralmächte,* Dtld. u. Östr.-Ungarn, dann auch deren Verbündete, die Türkei u. Bulgarien, im 1. Weltkrieg.
**Mittelmark,** mittlerer Teil von Brandenburg, das Gebiet um u. südl. von Berlin.
**Mittelmeer, 1.** allg. Bez. für ein Nebenmeer, das zw. großen Landmassen eingebettet ist. Man unterscheidet *interkontinentale* (z.B. das Europ. u. das Amerik. M.) u. *intrakontinentale* M.e (z.B. die Ostsee, die Hudson-Bai, das Rote Meer u. der Pers. Golf). – **2.** *Europäisches M., Mittelländisches Meer,* das M. zw. S-Europa, Kleinasien u. N-Afrika; größtes Binnenmeer der Erde, 2,5 Mio. km², bis 5121 m tief; infolge starker Verdunstung hoher Salzgehalt (3,8 %); durchschnittl. Wassertemperatur 13 °C (im Sommer bis 29 °C); geringe Gezeitenwirkung; 4 Tiefseebecken, die von untermeer. Schwellen u. Rücken begrenzt werden: das *Algerisch-Provençalische,* das *Tyrrhenische,* das *Ionische* u. das *Levantische Becken.*
**Mittelmeerklima,** *Etesienklima,* ein sich durch heiße, trockene Sommer u. milde, feuchte, fast frostfreie Winter auszeichnender Klimatyp (auch subtrop. Winterregenklima).
**Mittelohr** → Ohr. – **M.entzündung,** *Otitis media,* die häufigste, mit Schmerzen u. Fieber einhergehende Erkrankung des Ohrs. Die eitrige Entzündung wird durch direkte Infektion des M.s bei Trommelfellverletzungen, durch Aufwandern einer Infektion in der Ohrtrompete oder auf dem Blutweg ausgelöst.
**Mittelöle,** *Carbolöle,* Mineralöle, die bei der Steinkohlenteer-Destillation anfallen; als Dieseltreibstoff oder Heizöl verwendet.
**Mittelschule,** bis 1964 Bez. für → Realschule.
**Mittelstand,** die Gesamtheit der soz. Schichten zw. der Arbeiterschaft u. der wirtsch. Oberschicht: handwerkl. Berufe, freie Berufe, Dienstleistungsgewerbetreibende, Beamte, Angestellte u. qualifizierte Facharbeiter.
**Mittelsteinzeit,** *Mesolithikum,* die in die Nacheiszeit fallende, auf die Altsteinzeit folgende vorgeschichtl. Epoche (etwa 9.–5. Jt. v.Chr.). Die Lebensgrundlage bildeten das Sammeln von Wildfrüchten u. -getreide, die Jagd, der Vogel- u. Fischfang u. die Weichtierernährung. Mit dieser Wirtschaftsweise war eine längere Seßhaftigkeit verbunden. → Vorgeschichte.
**Mittelstreckenraketen,** militär. Flugkörper mit einer Reichweite von 1000 bis 5500 km; können mit nuklearen Sprengköpfen versehen sein. 1987 verpflichteten sich die USA u. die Sowjetunion ihre M. schrittweise zu zerstören.
**Mittelwellen,** Abk. *MW,* Wellen des elektromagnet. Spektrums von etwa 100 m (3000 kHz) bis 1000 m (300 kHz) Wellenlänge. Speziell für die internat. Rundfunkdienste ist der Bereich von 535 kHz bis 1605 kHz freigegeben.
**Mittelwert,** Durchschnittswert; von *n* Zahlen $a_1, a_2, ..., a_n$ ist das *arithmetische Mittel* durch

$$\frac{1}{n}(a_1 + a_2 + ... + a_n),$$

das *geometrische Mittel* durch

$$\sqrt[n]{a_1 \cdot a_2 \cdot ... \cdot a_n},$$

das *harmonische Mittel* durch

$$n \bigg/ \left(\frac{1}{a_1} + \frac{1}{a_2} + ... + \frac{1}{a_n}\right)$$

gegeben. → Wahrscheinlichkeitsrechnung.
**Mittelwort** → Partizip.
**Mittenwald,** oberbay. Markt u. Luftkurort an der Isar, zw. Karwendel- u. Wettersteingebirge, 920 m ü.M., 8 400 Ew.; berühmtes Zentrum für Musikinstrumentenbau (bes. Violinen).
**Mitterer,** Erika, verh. *Petrowsky,* *30.3.1906, östr. Schriftst.
**Mitterhofer,** Peter, *1822, †1893, östr. Erfinder; baute 4 Exemplare einer Schreibmaschine (2 aus Holz).

## Möbel 581

**Mittermaier,** Rosi, *5.8.1950, dt. Skiläuferin; Olympiasiegerin 1976 (Abfahrt u. Slalom).
**Mitternachtssonne,** die in den arkt. Zonen im Sommer eine Zeitlang (am Pol ein halbes Jahr) auch während ihrer unteren Kulmination (um Mitternacht) über dem Horizont bleibende Sonne.
**Mitterrand** [mitɛˈrã], François, *26.10.1916, frz. Politiker; in den Präsidentschaftswahlen 1965 u. 1974 Kandidat der Linksparteien, 1971–81 Erster Sekretär der neuen Sozialist. Partei; seit 21.5.1981 Staats-Präs., 1988 wiedergewählt.
**Mittersill,** östr. Markt u. Höhenluftkurort an der Salzach, Hauptort des *Oberpinzgaus,* 790 m ü.M., 5000 Ew.
**Mitterteich,** bay. Stadt in der Oberpfalz, 6400 Ew.; Glas- u. Porzellanind.
**mittlere Reife,** Schulabschluß an einer Realschule, einer Hauptschule, dem Gymnasium u. der Gesamtschule nach Abschluß der 10. Klasse.
**Mittlerer Osten,** der im wesentl. von Afghanistan, Indien u. Pakistan eingenommene Raum zw. dem *Nahen* u. dem *Fernen Osten.* Im anglo-amerik. Sprachbereich versteht man unter *Middle East* dagegen die arab. Länder um den Pers. Golf bis nach Libyen (N-Afrika).
**Mittweida,** Stadt in Sachsen, an der Zschopau, 19 300 Ew.; Textil- u. feinmechan. Ind.
**Mitverschulden,** das eigene Verschulden des Verletzten bei Entstehung eines Schadens.
**Mixed Media** [mikst ˈmidiə], *Multimedia,* Kunstbestrebungen der Gegenwart, die durch Aufhebung der Gattungsgrenzen von Architektur, Malerei u. Plastik, durch Einbeziehung von Wort u. Ton u. durch Gleichsetzung von Kunst u. Leben gekennzeichnet sind.
**mixolydisch,** eine der 12 → Kirchentonarten.
**Mixteken** [mis-], im W des Bundesstaats Oaxaca u. im Bundesstaat Puebla in Mexiko lebender Indianerstamm mit eigener, heute noch von 200 000 Menschen gesprochener Sprache der *Oto-Mangue-Familie.* In vorspan. Zeit waren die M. Träger der *Mixteca-Puebla-Kultur* (800–1521); Hauptzentrum *Cholula,* Ruinenstätte *Mitla.* 1506 wurden sie von den Azteken unterworfen.
**Mixtur, 1.** Mischung. – **2.** Orgelregister mit mehreren Pfeifenarten.
**Miyamoto,** Yuriko, *1899, †1951, jap. Schriftst.; kämpfte für soz. Reformen u. Frauenemanzipation.
**Miyazaki,** jap. Präfektur-Hptst. an der Ostküste von Kyushu, 280 000 Ew.
**Mizoram,** Bundesstaat in → Indien.
**Mjaskowskij,** Nikolaj Jakowlewitsch, *1881, †1950, russ. Komponist; Schüler N. *Rimskij-Korsakows.*
**Mjöllnir,** *Mjölnir,* der Hammer des german. Bauern- u. Wettergotts *Thor,* Sinnbild des Blitzes.
**Mjösa,** *Mjös(en)-See,* größter See Norwegens, nördl. von Oslo, 366 km².
**MKS-System,** Einheitensystem der Physik mit den Grundeinheiten *Meter, Kilogramm* u. *Sekunde.*
**Mlle.,** Abk. für *Mademoiselle.*
**mm,** Abk. für *Millimeter.*
**M.M.,** Abk. für *Metronom Mälzel.*
**Mme.,** Abk. für *Madame.*
**Mn,** chem. Zeichen für *Mangan.*
**Mnemosyne,** Mutter der grch. *Musen,* Göttin der Erinnerungsgabe.
**Mnemotechnik,** früher *Mnemonik* (grch.) »Gedächtniskunst«, die Unterstützung des Gedächtnisses durch Bildung fester *Assoziationen,* z.B. durch Bilder oder Verse.
**Mnouchkine** [mnuʃˈkiːn], Ariane, *3.3.1938, frz. Theaterleiterin, Regisseurin u. Schauspielerin.
**Mo,** chem. Zeichen für *Molybdän.*
**Moab,** *Moav,* Mittelstück des ostjordan. Berglands in Jordanien, östl. des Toten Meers; Hauptorte: *Madaba* im N, *El Karak* im S; ehem. von den semit. *Moabitern* bewohnt, die von *David* unterworfen u. später assyr. Untertanen wurden.
**Moabit,** Ortsteil des Westberliner Bez. Tiergarten.
**Moas,** *Dinornithidae,* ausgestorbene Fam. neuseeländ. straußenähnl. Vögel. Verwandter des noch jetzt dort lebenden Kiwis. Die robust gebauten M. erreichten in den größten Arten 3,50 m.
**Mob,** Pöbel, Gesindel.
**Möbel,** beweg. Einrichtungsgegenstände; nach Zweck u. Beschaffenheit unterteilt in *Kasten-M.* (Schränke, Truhen, Kommoden), *Tafel-M.* (Tische, Schreib- u. Lesepulte), *Sitz- u. Liege-M.* (Stühle, Bänke, Betten u.a.).

**Mobile**

**Mobile,** von A. *Calder* geprägte Bez. für bewegl., meist frei im Raum schwebende, ausbalancierte Plastiken; heute oft als Dekorationsmittel.

**Mobile** [mɔuˈbiːl], Hafenstadt im USA-Staat Alabama, an der Mündung des *M. River* in den Golf von Mexiko, 204 000 Ew.; vielseitige Ind.

**mobilisieren,** bewegl. machen, in Bewegung setzen; Truppen auf Kriegsstand bringen **(Mobilmachung);** Kapitalien flüssig machen.

**Mobilität,** Beweglichkeit.

**Möbius, 1.** August Ferdinand, *1790, †1868, dt. Mathematiker u. Astronom; schuf die »homogenen« Koordinaten. – **M.sches Band,** ein Papierstreifen, bei dem die beiden Schmalseiten zusammengeklebt sind, nachdem das Band ½mal in sich gedreht worden ist. Es hat nicht, wie ein Ring, eine Innen- u. eine Außenseite, sondern ist eine *einseitige Fläche.* – **2.** Karl August, *1825, †1908, dt. Zoologe; wies als erster auf die Beziehungen der Lebensgemeinschaft *(Biozönose)* hin.

**Mobutu,** Sese Seko Kuku, bis 1972 Joseph-Désiré M., *14.10.1930, Offizier u. Politiker in Zaire; übernahm durch Staatsstreich 1960 die Reg., gab sie aber 1961 an zivile Politiker zurück. 1965 machte er sich durch einen zweiten Staatsstreich zum Präs. der Rep. (1966 auch Min.-Präs.) u. liquidierte seine polit. Gegner.

**Moçambique** [mosamˈbik], Hafenstadt im N der gleichn. Republik in O-Afrika, auf einer Insel vor der Küste, 20 000 Ew.

**Moçambique** [mosamˈbik], Staat an der SO-Küste Afrikas, 801 590 km², 14,5 Mio. Ew. (Bantuneger), Hptst. *Maputo.*

*Moçambique*

Landesnatur. M. wird überwiegend von einem 1000–2000 m hohen Tafelland mit aufgesetzten Inselbergen eingenommen. An der Küste u. im S erstreckt sich z.T. versumpftes Flachland. Das trop. Klima wird von den sommerl. Monsunregenfällen bestimmt. Der größte Teil des Landes wird von Trockenwäldern u. Savannen eingenommen. Wirtschaft. Die wichtigsten Exportprodukte der Landw. sind Cashewnüsse, Baumwolle u. Zuckerrohr. Sie liefern über 50 % des gesamten Ausfuhrwerts. Der Abbau der umfangreichen Bodenschätze (Kohle, Erdöl, Eisen, Bauxit u.a.) hat erst begonnen. Das Wasserkraftwerk *Cabora Bassa* am Sambesi ist das wichtigste Erzeuger von elektr. Energie, die größtenteils in die Rep. Südafrika exportiert wird. Geschichte. 1505 besetzte Portugal die Küste M. 1752 wurde das Gebiet port. Kolonie; auf der Berliner Kongo-Konferenz wurden die Grenzen M. endgültig festgelegt. 1951 wurde M. zur port. Überseeprovinz erklärt. Seit 1964 führte die Guerillabewegung FRELIMO einen Befreiungskrieg gegen das Mutterland. 1975 wurde die unabhängige Volksrepublik M. proklamiert. Seit 1986 ist J.A. *Chissano* Staats-Präs. 1989/90 wurde eine Liberalisierung des marxist. Einparteiensystems eingeleitet.

**Moche-Kultur** [ˈmotʃə-], frühe Hochkultur an der Nordküste von Peru; 2. Jh. v. Chr. – 1000 n. Chr., Blütezeit im 1. Jh. n. Chr.

**Mock,** Alois, *10.6.1934, östr. Politiker (ÖVP); 1979–89 Obmann der ÖVP; 1987–89 Vizekanzler, seit 1987 Außenmin.

**Moctezuma** → Motecuzoma.

**Modalität,** der jeweilige Zustand, die Art u. Weise, Umstände.

**Modalnotation** → Mensuralnotenschrift.

**Mode,** die der kurzfristigen Veränderlichkeit unterworfene Form der inneren u. äußeren Lebenshaltung, bes. die jeweils vorherrschende Art der Kleidung, Bart- u. Haartracht.

**Model,** eine in Holz geschnittene Drucktafel (erhabene Muster, in Linien u. Punkte aufgeteilt) zum Bedrucken von Stoffen oder eine vertiefte Form zum Einformen von Keramik oder Gebäck.

**Modell,** das Vorbild einer Nachbildung, Muster; z.B. das natürl. Vorbild einer künstler. Darstellung, bes. das Porträt- oder Aktmodell.

**Modem,** Kurzwort für *Modulator/Demodulator,* Zusatzgerät für die Übertragung digitaler Daten auf elektr. Nachrichtenwegen. Im Modulationsgerät werden die Signale von Gleichstrom- in Tonfrequenzlage umgesetzt; im Demodulationsgerät findet der umgekehrte Vorgang statt.

**Mòdena,** ital. Prov.-Hptst. in der Region Emilia-Romagna, 180 000 Ew.; Univ. (1175), Kunsthochschule; Maschinen- u. Fahrzeugbau; im 15.–18. Jh. Herzogtum; mittelalterl. Baudenkmäler.

**Moder,** Bez. für Stoffe, die durch Fäulnis oder Verwesung entstanden sind.

**moderato,** musikal. Tempobez.: gemäßigt.

**Moderator, 1.** *Bremssubstanz,* ein Stoff, der schnelle Neutronen abbremst, in Kernreaktoren z.B. Wasserstoff, Deuterium, Beryllium. – **2.** ein Rundfunk- oder Fernsehredakteur, der in aktuellen Magazinen die verbindenden Informationen u. Kommentare spricht (»moderiert«); auch der Leiter einer Diskussionsrunde.

**Moderne,** urspr. Bez. für den *Naturalismus,* dann für jede moderne Richtung in der Kunst; auch allg. moderner (Zeit-)Geist.

**moderne Kunst,** i. w. S. die das MA überwindende Kunst, i. e. S. die Kunst seit dem Impressionismus, bes. die in der Malerei von Cézanne, Kandinsky u. Mondrian, in der Plastik von Maillol, Brancusi u. Gonzales sowie in der Architektur von Wright, Gropius, Le Corbusier u. Mies van der Rohe begr. Entwicklung. Die m. K. ist nicht so sehr Darstellung des Menschen u. seiner Wirklichkeit, sondern mehr u. mehr der Vergegenwärtigung geistiger, mag. u. kosm. Geschehnisse zugewandt. Die Pole ihrer Entwicklung sind die mehr inhaltsbetonten (*Dadaismus, Surrealismus* u. *Tachismus*) sowie die mehr formbetonten, konstruktivist. Bewegungen (*Bauhaus, Stijl*) alle mehr oder weniger ausgehend vom *Jugendstil, Kubismus* u. *Expressionismus* u. einmündend in die zahlr. Modifikationen der *abstrakten Kunst.*

**Moderner Fünfkampf** → Fünfkampf.

**Modernismo,** eine Strömung der Literatur Hispanoamerikas u. Spaniens. Schöpfer des M. war der frz. *Parnassiens* u. *Symbolisten* verwandte Nicaraguaner R. *Darío.* Der M. ist geprägt vom Prinzip »l'art pour l'art« u. hat eine Vorliebe für aristokrat. Tönung u. Exotisches.

**Modernismus,** eine Richtung der kath. Theologie, die der modernen Wiss. u. Phil. innerhalb der Glaubenslehre u. Bibelexegese einen größeren Einfluß verschaffen wollte; ähnl. der *liberalen Theologie* in der ev. Kirche. 1907 verwarf Papst *Pius X.* alle modernist. Bestrebungen.

**Modern Jazz** [ˈmɔdɛən dʒæz] → Jazz.

**Modersohn,** Otto, *1865, †1943, dt. Maler (schwermütige Landschaftsbilder u. Porträts); seit 1895 Mitgl. der Künstlerkolonie in *Worpswede,* verh. mit Paula *M.-Becker* (1901).

**Modersohn-Becker,** Paula, *1876, †1907, dt. Malerin; Schülerin von F. *Mackensen* in Worpswede, wo sie seit 1898 lebte; malte Stilleben, Landschaften, Figurenbilder u. Bildnisse in verhaltener Expressivität mit flächig aufgebauter Farbgebung.

*Moche-Kultur: figürliches Tongefäß; um 700*

*Mode: New Look; Tuschezeichnung von Elli Kowalski, 1951*

**Modifikation, 1.** Veränderung, Abwandlung; bes. nicht erbl. (→ Mutation), nur durch Einflüsse der Umwelt verursachte Abweichung im Erscheinungsbild *(Phänotypus)* eines Lebewesens vom Normaltyp. – **2.** verschiedenartiges physikal. u. chem. Verhalten desselben Stoffs infolge unterschiedl. Kristallsysteme.

**Modigliani** [mɔdiˈljaːni], **1.** Amedeo, *1884, †1920, ital. Maler u. Bildhauer; verband in melanchol. gestimmten Bildnissen u. Akten einen das Gegenständliche begrenzenden Linienstil mit flächiger, von P. *Cézanne* angeregter Farbgebung. – **2.** Franco, *18.6.1918, US-amerik. Wirtsch.-Wiss. ital. Herkunft; arbeitete bes. über Sparverhalten u. Finanzmärkte; Nobelpreis 1985.

**Mödl,** Martha, *22.3.1912, dt. Sängerin (dramat. Sopran, Alt), bes. Wagner-Interpretin.

**Mödling,** niederöstr. Bez.-Hptst. südl. von Wien, 19 000 Ew.; Wohnvorort von Wien.

**Modoc,** N-amerik. Indianerstamm, größtenteils im Great Basin (USA).

**Modrow,** Hans, *27.1.1928, dt. Politiker (PDS); 1973–89 Erster Sekretär der Bezirksleitung Dresden der SED, 1989/90 Min.-Präs. der DDR u. stellv. Vors. der SED/PDS.

**Modul, 1.** *Model,* ein Grundmaß, das in bestimmten einfachen Beziehungen zw. den Bauteilen wiederkehrt; in der antiken Baukunst der untere Säulenhalbmesser als Maßeinheit. – **2.** in der Elektronik: kompakte, fest in Isoliermasse eingebettete Schaltungseinheit aus mehreren Bauteilen.

**Modulation, 1.** *Musik:* der Wechsel von einer Tonart zur anderen inmitten eines Stückes. – **2.** *Nachrichtentechnik:* Verfahren, um einen Informationsinhalt auf eine Trägerwelle zu geben. Dazu kann man entweder die Trägerwelle unterbrechen (*Puls-M.*) oder die Ausschlagweite (Amplitude) der Schwingungen verändern (*Amplituden-M.*) oder auch die Frequenz der Schwingungen in gewissen Grenzen beeinflussen (*Frequenz-M.*).

**Modus** [ˈmɔ-; lat.], **1.** die Art u. Weise; **M. vivendi,** »eine Art, zu leben«, erträgl. Übereinkunft. – **2.** Eigenschaft des Verbs, die Aussage zu gestalten. Im Deutschen unterscheidet man 3 Modi: den *Indikativ* (»ich stehe«), den *Konjunktiv* (»ich stünde«) u. den *Imperativ* (»steh!«); in anderen Sprachen gibt es noch einen *Optativ* (Wunschform).

**Moede,** Walther, *1888, †1958, dt. Psychologe; einer der Begr. der Wirtschaftspsychologie.

**Moeller van den Bruck,** Arthur, *1876, †1925 (Selbstmord), dt. Schriftst.; suchte das Konservative u. das Sozialistische zu vereinen u. eine jungkonservative Elite zu schaffen (»Juniklub«; Zeitschrift »Das Gewissen«).

**Moers,** Stadt in NRW, links des Rhein, westl. von Duisburg, 98 000 Ew.; Bergbau, Maschinenind.; in der Nähe Schloß Blömersheim.

**Moesia** → Mösien.
**Mofa,** Abk. für *Motorfahrrad,* Fahrrad mit Hilfsmotor oder Batterie u. bauartbedingter Höchstgeschwindigkeit von 25 km/h, zulassungs- u. steuerfrei; Haftpflichtversicherung erforderl.
**Moffo,** Anna, *27.6.1935, US-amerik. Sängerin (Sopran) ital. Herkunft.
**Mofolo,** Thomas, *1876, †1948, afrik. Schriftst. aus Basutoland; schrieb in Sesuto-Sprache den ersten modernen afrik. histor. Roman: »Chahaka, der Zulu«.
**Mogadischo,** ital. *Mogadiscio,* Hptst. von Somalia (O-Afrika), an der Küste des Ind. Ozeans, 600 000 Ew.; Wirtsch.- u. Kulturzentrum des Landes; Univ., internat. Flughafen.
**Mogador** → Saouîra.
**Mögel-Dellinger-Effekt,** kurzzeitiges Aussetzen der Kurzwellenverbindungen auf der sonnenbeschienenen Erdhalbkugel durch intensive, bei einer Eruption auf der Sonne erzeugte Ultraviolettstrahlung.
**Möggingen,** Stadtteil von Radolfzell, am Bodensee; Vogelwarte *Rossitten*.
**Moghul** → Mogul.
**Mogiljow** [-'jɔf], *Mogilew,* weißruss. *Mohilew,* Hptst. der gleichn. Oblast in der Weißruss. SSR (Sowj.), am oberen Dnjepr, 350 000 Ew.; Maschinenbau, chem. Ind.
**Mogul,** *Moghul,* Angehöriger der 1526–1858 in Delhi herrschenden islam. Dynastie mongol. Abstammung; Gründer des M.-Reichs: *Babur;* Höhepunkt unter *Akbar.*
**Mohács** ['moha:tʃ], Stadt in S-Ungarn, an der Donau, 20 000 Ew. – 1526 Niederlage *Ludwigs II.* von Ungarn (gefallen) gegen die Türken: Ungarn geriet für 150 Jahre unter die Herrschaft der Osmanen. Die türk. Niederlage bei M. 1687 beendete die osman. Herrschaft über Ungarn.
**Mohair** [mo'hɛːr], Angoraziegenhaar; auch ein glänzendes, etwas hartes Gewebe daraus.
**Mohammed,** *Mahomed,* eigtl. *Abul Kasim Muhammad Ibn Abdallah,* Begr. des Islams, *um 570, †632; durch Offenbarungen ekstat. Art wurde er (etwa 610) aus seinem bisherigen Lebenskreis herausgehoben. Inhalt der Offenbarungen war das Erlebnis des einen willensmächtigen Gottes *(Allah)* u. dessen bevorstehendes Kommen zum Gericht. Der starke Widerstand der Mekkaner gegen seine nach der Berufung beginnende Lehrtätigkeit zwang ihn 622 zur Auswanderung nach Medina *(Hedschra).* 630 konnte er im »heiligen Krieg« den Angriff auf das zum Heiligtum erklärte Mekka wagen u. siegreich durchführen. Die daraus folgende Unterwerfung ganz Arabiens erlebte er nicht mehr. Seine Nachfolger, die *Kalifen,* gewannen weitere große Gebiete.
**Mohammed,** Fürsten.
Iran:
**1. M. Riza (Resa) Pahlewi,** *1919, †1980, Schah 1941–79; führte in enger Anlehnung an die USA die von seinem Vater *Riza Schah Pahlewi* begonnene Modernisierungspolitik fort, regierte diktatorisch; verließ während der von islam. Kräften getragenen Revolution 1979 ohne förml. Rücktritt das Land; lebte zuletzt in Ägypten.
Marokko:
**2. M. V. ben Jussuf,** *1910, †1961, Sultan 1927–57, König 1957–61; 1953 von den Franzosen für abgesetzt erklärt u. verbannt, mußte jedoch 1955 nach Marokko zurückgeholt werden.
Osmanisches Reich: → Mehmed.
**Mohammedaner,** abendländ. Bez. für die Anhänger *Mohammeds* u. des *Islams;* eine Bez., die von den Moslems abgelehnt wird, da nach ihrer Ansicht der Islam von Mohammed nicht gestiftet, sondern nur erneuert wurde; besser *Muslime* oder *Moslems.*
**Mohave-Wüste** [mɔu'haːvi-] → Mojave Desert.
**Mohawk** ['mɔuhɔːk], r. Nbfl. des Hudson im USA-Staat New York, 238 km; *M.tal,* bed. Verkehrsachse.
**Mohawk** ['mɔuhɔːk], Stamm der → Irokesen.
**Mohel,** im Judentum die Person, die die *Beschneidung* vornimmt.
**Mohendscho Daro,** *Mohenjo Daro,* neben *Harappa* die wichtigste ausgegrabene Stadt der *Indus-Kultur,* am Indus in Sindh (Pakistan), zw. 2300 u. 1700 v. Chr. besiedelt; planmäßig angesiedelt.
**Mohikaner,** *Mahican,* ehem. Stamm der Algonkin-Indianer, am Hudson; bekannt durch J.F. Coopers Erzählung »Der letzte M.«.
**Mohler,** Philipp, *1908, †1982, dt. Komponist; schrieb volkstüml. Vokalwerke.
**Mohn,** *Papaver,* Gatt. der *M.gewächse* (→ Pflanzen); milchsaftführende Kräuter oder Stauden mit gekammerten Fruchtkapseln *(M.kopf).* Der *Schlaf-M.* wird zur Gewinnung von *Opium* u. *M.öl* (leichtes Speiseöl) feldmäßig angebaut (Hauptanbaugebiete: Kleinasien, Indien, Hinterindien u. China). In Dtld. finden sich als Unkräuter: *Klatsch-* oder *Feuer-M., Saat-M., Sand-M.*
**Mohn,** Reinhard, *29.6.1921, dt. Unternehmer; übernahm 1947 die Leitung des Hauses Bertelsmann; war bis 1981 Vorstands-Vors. u. ist seither Aufsichtsrats-Vors.
**Möhne,** rechter Nebenfluß der Ruhr, 57 km; bei Günne aufgestaut zur 1908–13 erbauten *Möhnetalsperre.*
**Moholy-Nagy** ['mohoj nɔdj], László, *1895, †1946, ung. Maler, Graphiker u. Bildhauer; 1923–28 Lehrer am Bauhaus u. Mithrsg. der »Bauhausbücher«, gründete 1937 in Chicago das *New Bauhaus.*
**Mohorovičić-Diskontinuität** [mɔhɔro'vitʃitɕ-], die von dem jugoslaw. Erdbebenforscher Andrija *Mohorovičić* (*1857, †1936) entdeckte Unstetigkeitsfläche (Übergangsschicht, Sprungschicht) zw. Erdkruste u. Erdmantel.
**Mohr,** veraltet für *Neger;* eigtl. der *Maure.*
**Möhre,** *Mohrrübe,* in den gemäßigten Zonen der Alten Welt verbreitetes *Doldengewächs.* Kultiviert werden Sorten mit langspindelförmigen, verdickten Wurzeln: die *Gelben Rüben.*
**Mohrenhirse** → Hirse.
**Mohrenkopf, 1.** *Negerkuß,* Biskuitgebäck in Becher- oder Kugelform, mit Schokoladenguß. – **2.** farbloser oder zartgrüner *Turmalin* mit braunem Ende; Schmuckstein.
**Mohrrübe** → Möhre.
**Mohrungen,** poln. *Morąg,* Stadt in Ostpreußen, am Schertingsee, 13 500 Ew.
**Mohs,** Friedrich, *1773, †1839, dt. Mineraloge; stellte die nach ihm ben. Härteskala auf.
**Moi,** in Vietnam die Bergvölker *(Kha).*
**Moi,** Daniel Arap, *1924, kenian. Politiker; seit 1978 Staats-Präs.
**Moilliet** [mwa'je], Louis, *1880, †1962, schweiz. Maler; Schüler von F. *Mackensen* u. L. Graf von *Kalckreuth.*
**Moira,** in der grch. Religion zunächst der Anteil des Einzelmenschen am Gesamtschicksal; dann die allmächtige Schicksalsgöttin, die das Schicksal zumaß; später in den Gestalten dreier Spinnerinnen *(Moiren)* versinnbildlicht: *Klotho* spinnt den Lebensfaden, *Lachesis* teilt das Lebenslos zu, *Atropos* durchscheidet den Lebensfaden; in der röm. Religion den *Parzen* gleichgesetzt.
**Moiré** [mwaˈre], *Mor,* ein Gewebe (meist leicht gerippt) mit glänzenden Musterungen.
**Moissan** [mwa'sɑ̃], Henri, *1852, †1907, frz. Chemiker; entdeckte das Fluor; Nobelpreis 1906.
**Moissejew** [-'sejef], Igor Alexandrowitsch, *21.1.1906, russ. Tänzer u. Choreograph; seit 1937 Leiter des von ihm gegr. Staatl. Volkstanzensembles der Sowj. *(M.-Ensemble).*
**Moissi,** Alexander, *1880, †1935, östr. Schau-

*Mogadischo: am alten Hafen*

spieler ital. Herkunft; berühmt in Shakespeare-, Ibsen- u. Tolstoj-Rollen.
**Moivre** [mwaːvr], Abraham de, *1667, †1754, frz. Mathematiker; Hugenotte, lebte seit 1687 in London; Entdecker der *M.schen Formel:*
$(\cos x + i \sin x)^n = \cos nx + i \sin nx$.
**Mojave Desert** [mɔu'haːvi'dezət], *Mohave-Wüste,* abflußlose Beckenlandschaft in S-Kalifornien, episod. vom *Mojave River* durchflossen, 35 000 km²; sehr heiße, trockene Wüstensteppe; Salz- u. Boraxlager.
**Mokassin** [auch 'mɔ], sohlen- u. absatzloser, meist mit farbigen Stachelschweinborsten *(Quillword)* bestickter Schuh aus frisch gegerbtem Leder bei Prärie- u. Pueblo-Indianern u. kanad. Jägerstämmen.
**Mokka,** arab. u. äthiop. kleinbohnige Kaffeesorte.
**Mokka,** *Mukha,* Hafen am Roten Meer in Jemen, 10 000 Ew.; um die Mitte des 15. Jh. bed. Handelsplatz u. Ausfuhrhafen für Kaffee.
**Mokpho,** *Mokpo,* Hafenstadt an der SW-Küste Südkoreas, 230 000 Ew.; Erdölraffinerie, Werft.
**Mokscha,** r. Nbfl. der Oka, 600 km.
**Mol,** Kurzzeichen *mol,* Einheit der Stoffmenge: Die Stoffmenge 1 mol ist diejenige Menge, die aus ebenso vielen Teilchen (Atome, Moleküle, Ionen u.a.) besteht, wie in 12 g des Kohlenstoff-Nuklids $^{12}C$ enthalten sind.
**Molar,** der Backenzahn der Säuger; → Zahn.

*Otto Modersohn: Herbstmorgen am Moorkanal*

*Molière*

**Molasse,** eine tertiäre Schichtenfolge, vor den Alpen (bes. im N) abgelagert. Eine gröbere Form ist der *Nagelfluh* (Schweiz).
**Molche** → Schwanzlurche.
**Moldau, 1.** rumän. *Moldova,* Landesteil im NO Rumäniens, zw. Bessarabien u. Siebenbürgen, umfaßt das von Sereth u. Pruth durchflossene Tiefland, 38 060 km², 2,9 Mio. Ew., Zentrum *Iaşy.* – G e s c h.: Das Fürstentum M. wurde im 18./19. Jh. in den russ.-türk. Kriegen wiederholt von Rußland besetzt, 1829 autonom unter russ. Schutzherrschaft, 1859 mit dem Fürstentum *Walachei* verbunden u. 1861 als Rumänien unter der Herrschaft des Bojaren A.J. *Cuza* vereinigt. – **2.** rumän. *Moldova,* r. Nbfl. des Sereth im NO Rumäniens; mündet nördl. von Bacău. – **3.** tschech. *Vltava,* l. Nbfl. der Elbe in der Tschechoslowakei, 440 km (Stromgebiet 28 090 km²); entspringt mit *Warmer* u. *Kalter M.* im Böhmerwald, mündet bei Mělník.
**Moldauische SSR,** Unionsrep. im SW der europ. Sowj., zwischen Pruth u. Dnjestr, 33 700 km², 4 Mio. Ew., Hptst. *Kischinjow;* 1924 als ASSR innerhalb der *Ukrain. SSR* errichtet, nach Eingliederung *Bessarabiens* 1940 in die heutige SSR umgebildet.
**Moldoveanu,** höchster Berg der Südkarpaten in Rumänien, 2543 m.
**Mole,** Damm zum Schutz eines Hafens oder einer Hafeneinfahrt gegen Sturm, Wellenschlag, Strömung u. Versanden.
**Molekül,** *Molekel,* das Grundteilchen der *chem. Verbindung:* aus mindestens zwei artgleichen (zweiatomige Gase: $H_2$, $O_2$) oder artversch. Atomen aufgebautes kleinstes, frei bewegl. u. elektr. neutrales Teilchen. Die einzelnen Atome werden im M. durch verschiedenartige chem. Bindungen zusammengehalten. Der Durchmesser der einfachen M. beträgt etwa $10^{-8}$ cm. Während die einfachen M. mikroskop. nicht sichtbar sind, können die M. hochmolekularer Verbindungen im Elektronenmikroskop beobachtet werden. → Makromoleküle. – **molekular,** in M.en vorkommend, auf M.e bezogen.
**Molekularbewegung** → Brownsche Molekularbewegung.
**Molekularbiologie,** Forschungsrichtungen in der Biologie, die sich mit den Reaktionsmechanismen zw. u. innerhalb von molekularen Strukturen der Organismen befassen. Die M. beschränkt sich auf wenige grundlegende Probleme wie Atmung, Art u. Wirkung der Gene *(Molekulargenetik),* gewisse Erbkrankheiten (molekulare Krankheiten, z.B. Sichelzellenanämie), Eiweißsynthese u.a.
**Molekulargenetik,** Teilgebiet der *Genetik.*
**Molekulargewicht,** veraltete Bez. für die relative → Molekülmasse.
**Molekularkräfte,** die zw. neutralen Molekülen, bes. bei starker gegenseitiger Annäherung, wirkenden Anziehungskräfte. Sie spielen z.B. bei der Oberflächenspannung, der Kohäsion u. der Adhäsion eine Rolle.
**Molekularverstärker** → Maser.
**Molekülmasse,** die Summe der relativen Atommassen der Atome, die in einem Molekül enthalten sind.
**Molenaer** [-naːr], Jan Miese, *um 1610, †1668, ndl. Maler u. Radierer (Bildnisse u. heitere Volksszenen).
**Moleschott** [-sɔt], Jakob, *1822, †1893, dt. Naturforscher u. Philosoph ndl. Herkunft; vertrat einen wiss. u. weltanschaul. *Materialismus,* in dem er das Denken als eine stoffl. Bewegung interpretierte.
**Molfetta,** ital. Hafenstadt in Apulien, nw. von Bari, 65 000 Ew.
**Molière** [mɔˈljɛːr], eigtl. Jean Baptiste *Poquelin,* *1622, †1673, frz. Komödiendichter; bereiste die frz. Prov. mit einer Schauspieltruppe, für die er ital. Komödien bearbeitete; übernahm 1660 das Théâtre du Palais-Royal in Paris, für das er dann eigene Werke schrieb u. in dem er selbst auftrat. Er entwickelte das ital. Intrigenstück zur hintergründig-tragikom. Sittenkomödie. W »Die Schule der Ehemänner«, »Die Schule der Frauen«, »Tartuffe«, »Don Juan«, »Der Misanthrop«, »Amphitryon«, »Der Geizige«, »Der Bürger als Edelmann«, »Die gelehrten Frauen«, »Der eingebildete Kranke«.
**Molina, 1.** Luis de, *1535, †1600, span. kath. Theologe; Jesuit, erster Thomas-Kommentator seines Ordens, begr. die Gnadenlehre des **Molinismus,** eine Gnaden- u. Freiheitslehre, in der die freie Entscheidung des Menschen zum Heil von der Gnade Gottes zwar unmittelbar vorbereitet, aber nicht von ihr bewirkt wird. Der M. führte zum »Gnadenstreit« mit dem Thomismus. – **2.** → Tirso de Molina.
**Molise,** Region im mittleren → Italien.
**Molke,** wäßriger Rückstand der Milch nach Abscheidung des Kaseins u. des Milchfetts bei der Quark- u. Käseherstellung, eiweißfreie M. nennt man *Schottenwasser.*
**Molkerei,** *Meierei, Käserei,* in den Alpen *Sennerei,* Betrieb zur Verarbeitung von Milch, u.a. zu Butter u. Käse. Die wirtsch. Betriebsform der M. ist meist die der Genossenschaft milcherzeugender Landwirte.
**Moll,** Tongeschlecht. Charakterist. M.-Intervalle sind – vom Grundton aus gesehen – die kleine Terz u. die reine Sexte. Ggs.: *Dur.*
**Moll, 1.** Balthasar Ferdinand, *1717, †1785, östr. Bildhauer; vollzog den Übergang vom Rokoko zum frühen Klassizismus. W Doppeltumba Kaiser Franz' I. u. Maria Theresias. – **2.** Carl, *1861, †1945 (Selbstmord), östr. Maler u. Graphiker; Mitgr. der *Wiener Secession.* – **3.** Oskar, *1875, †1947, dt. Maler (starkfarbige Stilleben u. Ldsch. in Anlehnung an den Stil der »Fauves«).
**Möll,** l. Nbfl. der Drau (Östr.), 65 km.
**Möllemann,** Jürgen, *15.7.1945, dt. Politiker (FDP); seit 1987 Bundesmin. für Bildung u. Wiss.
**Möller,** das in Verhüttungsöfen eingebrachte Gemenge von Erz u. Zuschlägen. *Erz-M.* ist das Erz allein.
**Mölln,** Stadt in Schl.-Ho., südl. von Lübeck, 16 000 Ew.; angebl. Grabstätte Till *Eulenspiegels.*
**Mollusken, 1.** kleine weiche Hautgeschwülste (»Dellwarzen«), z.T. durch Viren erzeugt. – **2.** → Weichtiere.
**Mollweide,** Karl Brandan, *1774, †1825, dt. Mathematiker u. Astronom; erstellte Formeln zur Dreiecksberechnung.
**Molnár** [-naːr], Ferenc (Franz), *1878, †1952, ung. Schriftst. (Gesellschaftskomödien); W »Liliom«.
**Mölndal,** S-schwed. Stadt, sö. von Göteborg, 49 000 Ew.
**Molo,** Walter von, *1880, †1958, östr.-dt. Schriftst.; biograph. Romane.
**Moloch, 1.** *Molek,* im AT (3. Mose 18,21; Jer. 32,35 u.a.) ein kanaanit. Gott (?), dem im Feuer Menschen, bes. Kinder, geopfert wurden. – **2.** *Wüstenteufel,* bis 20 cm lange austral. *Agame;* mit starken Stacheln besetzt.
**Mologa,** r. Nbfl. der oberen Wolga, 440 km; speist den *Rybinsker Stausee.*
**Molokanen,** russ. religiöse Gruppe, im 18. Jh. entstanden. Die M. lehnten den Ritualismus u. die Fastengebote der orth. Kirche ab.
**Molosser,** führender illyr. Stamm in Epirus; Glanzzeit unter König *Pyrrhos* am Beginn des 3. Jh. v. Chr.
**Molotow** [-tɔf], 1940–57 Name der Stadt → Perm.
**Molotow** [-tɔf], Wjatscheslaw Michajlowitsch, eigtl. W. M. *Skrjabin,* *1890, †1986, sowj. Politiker; 1930–41 Vors. des Rats der Volkskommissare (Min.-Präs.), 1939–49 u. 1953–56 Volkskommissar (seit 1946 Min.) des Auswärtigen; enger Mitarbeiter *Stalins;* 1957 aus dem ZK ausgeschlossen u. aller wichtigen Ämter enthoben, 1962–84 war er aus der KPdSU ausgeschlossen.
**Molotow-Cocktail** [-tɔf ˈkɔktɛil], eine Art Brandbombe: eine Flasche mit einem Öl- u. Benzingemisch u. einem einfachen Zünder.
**Moltebeere,** *Moorbeere,* ein *Rosengewächs,* mit orangegelber Sammelfrucht; in N-Dtld. u. in Ost- u. Westpreußen auf Hoch- u. Zwischenmooren.
**Moltke, 1.** Helmuth Graf von, *1800, †1891, preuß. Heerführer; 1836–39 Instrukteur der türk. Armee, seit 1858 Chef des preuß. Generalstabs, seit 1871 Generalfeldmarschall. – **2.** Helmuth von (d.J.), Neffe von 1), *1848, †1916, dt. Offizier; Nachfolger A. von *Schlieffens,* nach dessen Plan er die Operationen im 1. Weltkrieg begann; 1914 zurückgetreten. – **3.** Helmuth James Graf von, Großneffe von 1), *1907, †1945 (hingerichtet); in der Widerstandsbewegung gegen Hitler, Gründer des *Kreisauer Kreises;* im Jan. 1944 verhaftet u. vom Volksgerichtshof zum Tod verurteilt.
**Moltmann,** Jürgen, *8.4.1926, dt. ev. Theologe; versucht, marxist. Gedanken in der Deutung von Ernst *Bloch* mit der christl. Zukunftserwartung u. Hoffnung zu verbinden.
**Molukken,** *Gewürzinseln,* indones. Inselgruppe *(Maluku)* zw. Celebes u. Neuguinea; Verwaltungsgebiet M.: 83 675 km², 1,4 Mio. Ew. (Malaien, Alfuren), Hauptort *Ambon;* Südgruppe: *Seram, Buru* u. *Ambon;* Nordgruppe: *Sula, Batjan, Halmahera, Ternate, Tidore, Morotai* u. *Obi.* – **M.see,** Binnenmeer im Australasiat. Mittelmeer zw. N-Celebes u. Halmahera.
**Molybdän,** ein → chemisches Element.
**Mombasa,** Stadt in Kenia (O-Afrika), an der Küste des Ind. Ozeans, auf der durch einen Damm mit dem Festland verbundenen Insel M., 430 000 Ew.; wichtigster Hafen für Kenia, Uganda u. Rwanda.
**Mombert,** Alfred, *1872, †1942, dt. Schriftst.; Frühexpressionist.
**Mombinpflaume,** *Spondias,* Gatt. der *Sumachgewächse;* in den Tropen u. Subtropen häufig Obstbäume. Die Steinfrüchte werden v.a. für Konserven u. Marmeladen verwendet. Hierzu: *Echte M. (Tahitiapfel), Rote M. (Jamaikapflaume)* mit tiefroten Früchten, *Span. Pflaume (Imbu).*
**Moment, 1.** [der], Augenblick, Zeitpunkt. – **2.** [das], ausschlaggebender Punkt. – **3.** [das], in der Physik. 1. das Produkt aus Kraft u. Abstand eines Punkts von der Angriffslinie der Kraft. Ist der Punkt ein festgehaltener Punkt eines starren Körpers, so macht sich das M. physikal. als *Dreh-M.* bemerkbar. – 2. das elektr. oder magnet. Moment eines Dipols oder Quadrupols.
**Mommsen,** Theodor, *1817, †1903, dt. Historiker u. Jurist; Abg. im Preuß. Landtag 1863–66 als Mitgl. der Fortschrittspartei, 1873–1879 als Nationalliberaler, im Reichstag 1881–84; Gegner O. von *Bismarcks.* Durch sein »Röm. Staatsrecht« 1871–88 wurde er der Begr. der systemat. antiken Rechtsgeschichte. Seine umfassende Quellenbenutzung u. exakte Kritik wirkten vorbildhaft auf die Geschichtswiss. In seiner »Röm. Geschichte« erwies er sich als Meister der Geschichtsschreibung. – Nobelpreis für Literatur 1902.
**Momper, 1.** Joos (Jodocus, Josse) de, *1564,

*Mön: Kreidefelsen*

*Monaco: Blick auf Monte Carlo (Bildmitte) und Monaco (oben)*

† 1635, fläm. Maler; beeinflußt von P. *Bruegel* d. Ä. – **2.** Walter, *21.2.1945, dt. Politiker (SPD); seit 1989 Regierender Bürgermeister von Berlin (West).
**Mon,** jap. Wappen.
**Mon,** *Talaing,* südostasiatisches Volk mit M.-Khmer-Sprache, Buddhisten. Die M. gründeten das Reich *Pegu* (Blütezeit im 15. Jh.). Sie wurden in jahrhundertelangen Kämpfen mit den Birmanen u. durch Aufstände zurückgedrängt.
**Mön,** dän. Insel u. Gem. zw. Seeland u. Falster, 217 km², 12 400 Ew., Hauptort *Stege.*
**Monaco,** Zwergstaat in Europa, an der frz. Riviera, 1,49 km², 27 000 Ew.; besteht neben der Hptst. M. (2100 Ew., Schloß, Kathedrale) aus den

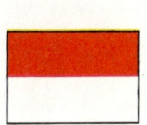 

*Monaco*

Siedlungen *Monte Carlo* u. *La Condamine;* wintermildes Klima; Fremdenverkehr; Parfümerie-, Nahrungs- u. Genußmittelind.; Steuerfreiheit für Privatpersonen. – Nach der Verfassung von 1962 ist M. eine konstitutionelle Monarchie.
**Geschichte.** M. wurde im 5. Jh. v. Chr. gegr. 1454 gelangte M. unter die Herrschaft der *Grimaldi.* 1793 annektierte Frankreich M. (bis 1814); 1815–60 war es der Schutzherrschaft von Sardinien unterstellt. M. bildet mit Frankreich, mit dem seit 1918 ein Schutzvertrag besteht, ein einheitl. Zollgebiet. Beim Aussterben der Grimaldi wird M. frz. Protektorat. Regierender Fürst ist seit dem Jahr 1949 *Rainier III.*
**Monaco,** Lorenzo, *um 1370/71, † 1425, ital. Maler; lebte als Mönch in Florenz.
**Monaghan** [ˈmɔnəhən], ir. *Muineachán,* Hptst. der gleichn. ir. Gft. in Ulster, 6500 Ew.
**Mona Lisa,** gen. *La Gioconda,* *1479, seit 1495 Frau des Marchese Francesco del Giocondo in Florenz; um 1503–06 von *Leonardo da Vinci* in einem Bildnis dargestellt, das sich seit 1804 im Louvre in Paris befindet.
**Monarchie,** die Staatsform der »Alleinherrschaft« eines *Monarchen* (König, Fürst). Hierbei hat sich das System der Erbfolge in einer Familie gegenüber der Bestimmung durch Wahl durchgesetzt. Die M. ist entweder eine *absolute* (d.h. in der Ausübung der Staatsgewalt unumschränkte (→ Absolutismus) oder eine *konstitutionelle* (durch die Verfassung beschränkte, mit Zuständigkeitsteilung zw. Monarch u. Reg. u. Parlament [*parlamentar. M.*]). In den heutigen europ. M. weist die Rechtsstellung des Monarchen, abgesehen von gewissen Ehrenrechten, kaum mehr Unterschiede gegenüber derjenigen eines republikan. Staatspräsidenten auf. M. bestehen in Europa noch in Großbritannien, Dänemark, Schweden, Norwegen, Spanien, den Niederlanden, Belgien, Luxemburg, Liechtenstein u. Monaco.

**Monarchist,** Anhänger der *Monarchie,* im Ggs. zu den Befürwortern der Republik.
**Monarchomachen,** »Fürstenbekämpfer«, im 16. Jh. Gegner des Absolutismus u. Verfechter des Widerstands gegen die Staatsgewalt mit Beseitigung des tyrannischen Fürsten bei rechts- u. gesetzwidrigem Regieren.
**Monarde,** *Monarda,* nordamerik. Gatt. der *Lippenblütler;* als Zierpflanzen kultiviert.
**Monasterium,** Kloster, Klosterkirche.
**Monastir, 1.** türk. Name der jugoslaw. Stadt *Bitola.* – **2.** O-tunes. Stadt auf einer Halbinsel im Mittelmeer, 27 000 Ew.; Seebad, islam. Klosterburg (8. Jh.).
**monastische Kongregation** → Kongregation (1).
**Monat,** in unserem Kalender der 12. Teil eines Jahres. Die Länge der M. (30 oder 31 Tage, Februar 28 oder – in Schaltjahren – 29 Tage) ist seit der *Julianischen Kalenderreform* (46 v. Chr.) unverändert geblieben. Urspr. war sie durch den *synodischen Mondumlauf* (Zeit von Neumond zu Neumond, 29,53 Tage bestimmt; so sind die M. des jüd. u. islam. Kalenders abwechselnd 29 u. 30

| Monatsnamen | | | | |
|---|---|---|---|---|
| deutsche (seit dem 18 Jh.) | Herkunft | lateinisch | altdeutsch (um 800 von Karl d. Gr. zusammengestellt) | 15.–18. Jh. |
| Januar | Janus, dem altitalischen Gott des Eingangs, Anfangs geweiht | Januarius (mensis) | Wintarmanoth Hartung | Jänner (noch jetzt in Österreich), Hartung |
| Februar | Monat der Reinigung, Sühne; dem altitalischen Sühnegott geweiht | Februarius (mensis) | Hornung (Herkunft unsicher) | Hornung |
| März | dem römischen Kriegsgott Mars geweiht | Martius (mensis) | Lenzinmanoth | Lenzing, Lenzmonat |
| April | wohl vom Lateinischen „aperire" = öffnen; bezieht sich auf Knospen und Blüten | Aprilis (mensis) | Ostarmanoth | Ostermonat, April |
| Mai | wohl nach dem italischen Gott des Wachstums (Iuppiter Maius) | Maius | Wunnimanoth (= Weidemonat) | Mai, Wonnemonat |
| Juni | der römischen Himmelskönigin Iuno geweiht | Iunonius (mensis) | Brachmanoth (= Monat des ersten Pflügens) | Brachmonat |
| Juli | zu Ehren von Iulius Cäsar | Iulius (mensis) | Hewimanoth (Heumonat) | Heumonat |
| August | zu Ehren von Kaiser Augustus | Augustus (mensis) | Aranmanoth (Erntemonat) | Erntemonat |
| September | der Siebente (lateinisch; das römische Jahr begann ursprünglich mit dem 1. März) | September (= mensis septimus) | Witumanoth (Monat des Holzsammelns) | Herbstmonat |
| Oktober | der Achte (lateinisch) | October (mensis) | Windumemanoth (Weinlesemonat) | Weinmonat |
| November | der Neunte (lateinisch) | November (mensis) | Herbistmanoth | Wintermonat |
| Dezember | der Zehnte (lateinisch) | December (mensis) | Heilagmanoth (heiliger Monat) | Christmonat, Julmonat |

Tage lang. – Die aus dem lateinischen stammenden M.snamen wurden zw. dem 16. u. 18. Jh. bei uns eingeführt. Vorher galten von Karl dem Großen eingeführte Namen nach den Feldarbeiten u. Erscheinungen in der Natur.
**monaural** → mono.

*Monarchie: Mit königlichen Ehren umgibt sich der Häuptling eines westafrikanischen Stammes*

**Mönch,** urspr. ein gläubiger Mann, der sich aus der weltl. Gemeinschaft zurückzog, um im Streben nach religiöser u. sittl. Vollkommenheit zur Selbstheiligung zu gelangen (→ Mönchtum); dann Angehöriger eines Mönchsordens; weibl.: Nonne.
**Mönch,** schweiz. Berggruppe in den Berner Alpen, zw. Eiger u. Jungfrau, im *Weißen M.* 4099 m; daneben die *Schwarze M.* (2648 m) u. der *Kleine M.* (3695 m).
**Mönchengladbach,** bis 1951 *München-Gladbach,* Stadt in NRW, westl. von Düsseldorf, 259 000 Ew.; Hauptquartier der NATO-Streitkräfte Mitteleuropa-Nord; Münsterkirche (11.–13. Jh.); Schloß Rheydt; Dt. Forschungsinstitut für Textilindustrie; Textil-, Leder-, Maschinen-Ind.
**Mönchsfisch,** bis 12 cm langer *Korallenbarsch* des Mittelmeers.
**Mönchsgeier,** der größte altwelt. *Geier,* Flügelspannweite bis fast 3 m.
**Mönchsrobbe,** *Seemönch,* ein Seehund, bis 3,8 m lang; selten im Mittelmeer u. Schwarzen Meer.

**Mönchtum,** die in versch. Religionen geübte Lebensform zur bes. Vertiefung der geistigen Entwicklung durch Abkehr vom weltl. Leben, abgesondertes Wohnen (Kloster), Enthaltung von Genüssen, Verzicht auf Besitz u. Ehe. – In der christl. Kirche der Frühzeit wurde das Ideal der *Askese* gepredigt; man versuchte, die menschl. Wünsche u. Begierden zu unterdrücken, um so zu sittl. u. christl. Vollkommenheit zu gelangen. Zu Beginn des 6. Jh. begr. *Benedikt von Nursia* mit seiner Regel das abendländ. M., das sich vor dem morgenländ., weltabgewandten, kontemplativen M. durch Übernahme weltl. Aufgaben (Ackerbau, Armenpflege u. bes. Wiss.) auszeichnete. So wurde das M. Träger des mittelalterl. Kultur. Mit dem Aufkommen der *Bettelorden* im 12./13. Jh. erfuhr auch das mönchische Ideal eine Umwandlung. Die Kritik der Reformation am M. aufgrund des Rechtfertigungsglaubens führte zur Abschaffung der Klöster im Protestantismus. Das außerchristl. M. ist bes. in Indien, Tibet, China u. Japan verbreitet. → Orden.
**Monck** [mʌŋk], *Monk,* George, Herzog von *Albemarle* (seit 1660), *1608, † 1670, engl. General u. Admiral; kämpfte unter O. *Cromwell* gegen Schotten u. Holländer.
**Mond,** lat. *Luna,* grch. *Selene,* Zeichen ☾, ein Himmelskörper, der die Erde als Trabant (Satellit) ständig umkreist. Seine mittlere Entfernung von der Erde (60,31 Erdhalbmesser = 384 405 km) war schon im Altertum annähernd bekannt. Weitere Bahnelemente: mittlere Exzentrizität 0,055; Bahnneigung gegen die Ekliptik 5° 8' 43,4". Der M. hat einen Durchmesser von 0,2725 Erddurchmesser = 3480 km, eine Masse von $1/81$ Erdmasse u. eine

# MOND

mittlere Dichte von 0,606 Erddichte = 3,34 g/cm³. Die Schwerkraft auf der M.oberfläche beträgt ⅙ der irdischen Schwerkraft. Der M. rotiert in 27,32 Tagen um seine Achse. In derselben Zeit bewegt er sich um die Erde *(siderischer Monat);* daher kehrt er der Erde stets die gleiche Seite zu. Begegnungen des M. mit der Sonne (Neumond) finden im Mittel alle 29,53 Tage statt *(synodischer Monat);* in dieser Periode *(Lunation)* läuft der Wechsel der Lichtgestalten *(M.phasen)* des M. ab: Neumond (☻), Erstes Viertel (☽), Vollmond (☺), Letztes Viertel (☾).

Der M. hat keine Atmosphäre; die Oberfläche ist mit einer nur wenige Zentimeter dicken Staubschicht überlagert u. besteht aus meist dunklen, relativ festen Gesteinen, die eine etwas andere chem. Zusammensetzung haben als irdische Gesteine gleicher Art. Bes. Formationen sind dunkle Ebenen (»Meere«), hohe Gebirgsketten sowie Ringgebirge *(Krater)* verschiedenster Größe (bis zu 200 km Durchmesser) u. Strahlensysteme. – Erste bemannte Landung am 20.7.1969 durch Apollo 11. → Weltraumfahrt, → Apollo-Programm.

**Mondale** ['mɔndɛil], Walter Frederick, *5.1.1928, US-amerik. Politiker (Demokrat. Partei); 1977–81 Vize-Präs. der USA.

**mondän,** extravagant, luxuriös.

**Monde,** *Trabanten, Satelliten,* kleinere Himmelskörper, die (ähnl. dem Erdmond) einige Planeten begleiten u. ständig umkreisen (Mars, Jupiter, Saturn, Uranus, Neptun, Pluto).

**Mondego** [mɔ̃'degu], Fluß in N-Portugal, 225 km; große Wasserschwankungen; mündet bei *Figueira da Foz* in den Atlantik.

**Mondfinsternis,** der Durchgang des Mondes durch den Schattenkegel der Erde, dessen Durchmesser in der Mondentfernung noch etwa das Dreifache des Monddurchmessers beträgt. Die Dauer einer totalen M. kann (bei zentralem Durchgang) bis zu 3½ Std. betragen, die totale Phase selbst bis zu 1¾ Std.

**Mondfisch,** ein *Haftkiefer;* Hochseefisch mit scheibenartig seitl. abgeplattetem Körper, bis über 2 m lang.

**Mondjahr** → Kalender.

**Mondrian,** Piet, *1872, †1944, ndl. Maler u. Kunstschriftst.; 1917 Mitbegr. u. Hauptmeister der »Stijl«-Bewegung; malte gegenstandslos-konstruktive Bilder mit strenger Farbflächenrhythmik.

**Mondringe,** helle, splintähnl. Ringe im Kernholzquerschnitt von Eiche, Kirsche, Walnuß u.a.; hervorgerufen durch den *Rauhhaarigen Lederschwamm.*

**Mondsame,** *Menispermum,* Gatt. der M.ngewächse. Zierpflanzen sind der *Kanad. M.,* u. der *Sibir. M.*

**Mondsee,** östr. See im Salzkammergut, östl. von Salzburg, 481 m ü.M., 14,3 km²; am NW-Ufer der

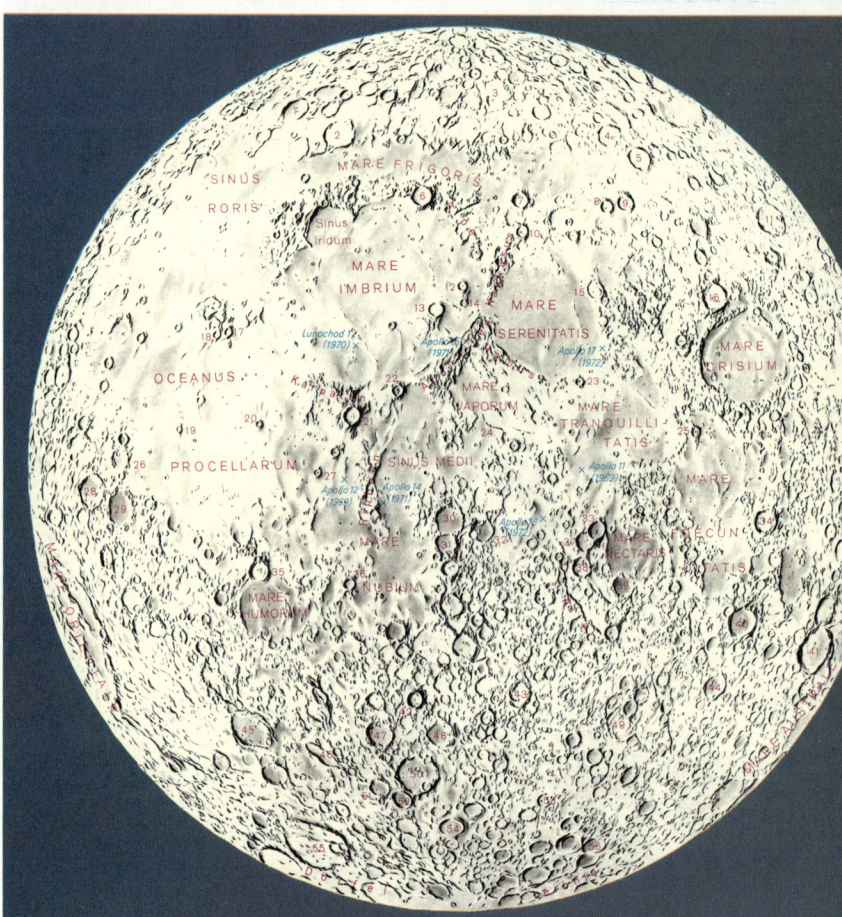

*Vorderseite des Mondes:* 1) Pythagoras, 2) J. Herschel, 3) Meton, 4) Strabo, 5) Endymion, 6) Plato, 7) Aristoteles, 8) Hercules, 9) Atlas, 10) Eudoxus, 11) Gauß, 12) Aristillus, 13) Archimedes, 14) Autolycus, 15) Posidonius, 16) Cleomedes, 17) Aristarch, 18) Herodot, 19) Reiner, 20) Kepler, 21) Kopernikus, 22) Eratosthenes, 23) Plinius, 24) Hyginus-Rille, 25) Taruntius, 26) Hevellus, 27) Landsberg, 28) Riccioli, 29) Grimaldi, 30) Ptolemäus, 31) Alphonsus, 32) Albategnius, 33) Theophilus, 34) Langrenus, 35) Gassendi, 36) Bullialdus, 37) Cyrillus, 38) Katharina, 39) Fracastorius, 40) Petavius, 41) W. Humboldt, 42) Tycho, 43) Maurolycus, 44) Furnerius, 45) Schickard, 46) Schiller, 47) Longomontanus, 48) Maginus, 49) Janssen, 50) Clavius, 51) Scheiner, 52) Blancanus, 53) Mutus, 54) Moretus, 55) Bailly, 56) Helmholtz

*Piet Mondrian: Broadway Boogie Woogie; 1942/43. New York, Museum of Modern Art*

*Die Erde steht rund 5° über dem Mondhorizont. Die Nachtlichtgrenze schneidet auf der Erde Afrika in zwei Teile*

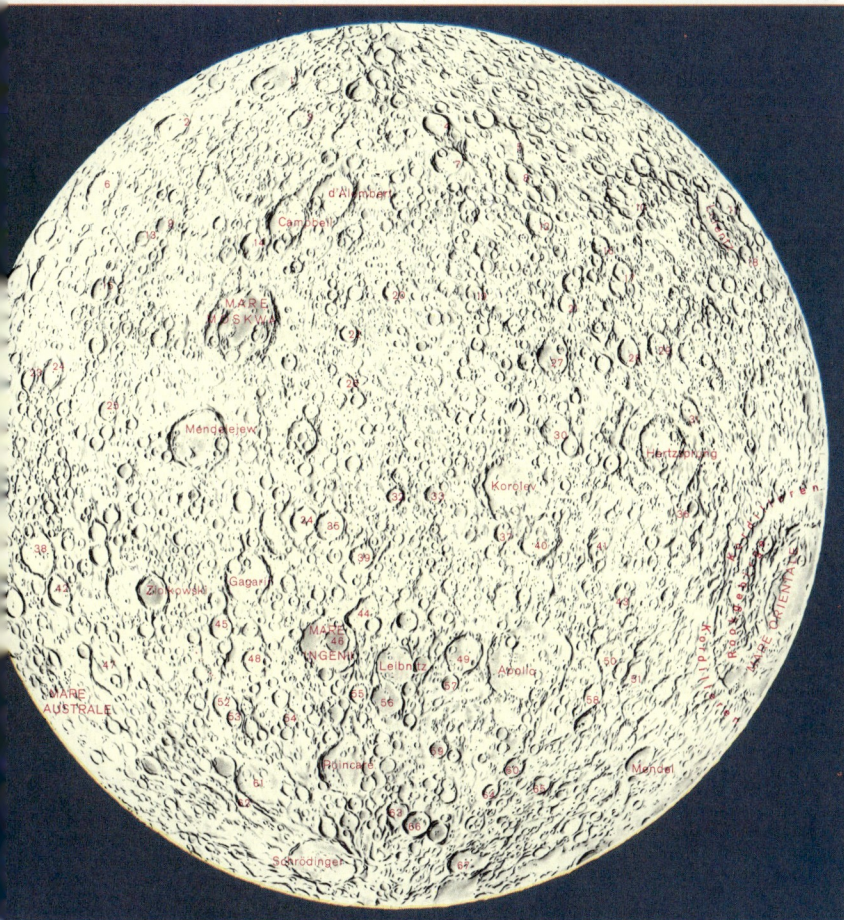

*Rückseite des Mondes:* 1) *Schwarzschild,* 2) *Compton,* 3) *Gamov,* 4) *Sommerfeld,* 5) *Birkhoff,* 6) *Fabry,* 7) *Rowland,* 8) *Carnot,* 9) *H. G. Wells,* 10) *Landau,* 11) *Nernst,* 12) *Fowler,* 13) *Cantor,* 14) *Wiener,* 15) *Seyfert,* 16) *Charlier,* 17) *Kowalewskaja,* 18) *Laue,* 19) *Cockcroft,* 20) *Larmor,* 21) *Joule,* 22) *Thomirov,* 23) *Hertz,* 24) *Fleming,* 25) *Ostwald,* 26) *Anderson,* 27) *Mach,* 28) *Poynting,* 29) *Fersman,* 30) *Zander,* 31) *Michelson,* 32) *Dädalus,* 33) *Ikarus,* 34) *Keeler,* 35) *Heaviside,* 36) *Lucretius,* 37) *Doppler,* 38) *Pasteur,* 39) *Aitken,* 40) *Galois,* 41) *Paschen,* 42) *Hilbert,* 43) *Strömgren,* 44) *van de Graaff,* 45) *Pawlow,* 46) *Thomson,* 47) *Milne,* 48) *Jules Verne,* 49) *Oppenheimer,* 50) *Tschebyschew,* 51) *Brouwer,* 52) *Roche,* 53) *Pauli,* 54) *Koch,* 55) *Oresme,* 56) *von Karman,* 57) *Maksutov,* 58) *Buffon,* 59) *Bosse,* 60) *Minkowski,* 61) *Planck,* 62) *Fechner,* 63) *Rayleigh,* 64) *Lemaitre,* 65) *Fizeau,* 66) *Antoniadi,* 67) *Zeeman*

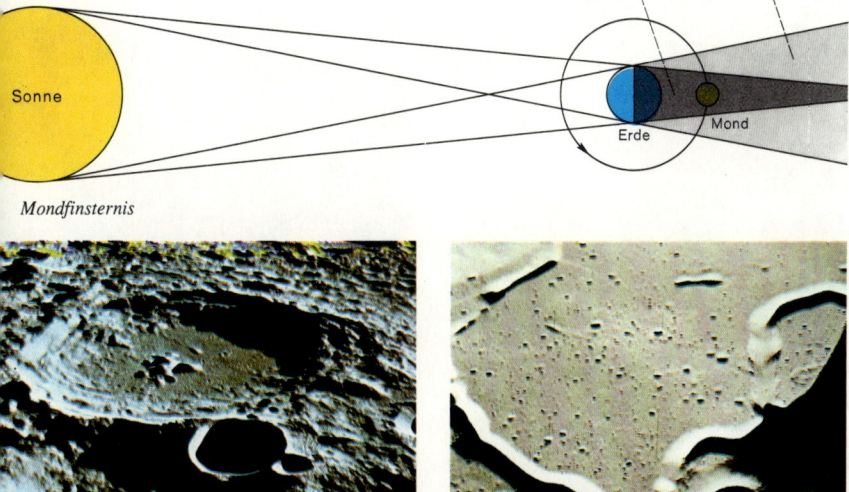

*Landschaft auf der Mondrückseite. Der Krater im Bildmittelpunkt ist IAU 308 mit einem Durchmesser von etwa 80 km (links). – Apollo-15-Landegebiet in den Hadley-Apenninen (rechts)*

## Mongolen

Ort *M.:* 2050 Ew., 748 gegr. Benediktinerstift (bis 1791).

**Mondstein,** *Ceylon-Opal,* ein Schmuckstein: bes. reine Varietät des *Adulars.*

**Mondsüchtigkeit,** *Lunatismus,* eine Form des Nachtwandelns: das Ausführen geordneter Handlungen u. Bewegungen im tiefen, traumhaften Schlaf, an die keine Erinnerung zurückbleibt; die Bedeutung eines Einflusses des Mondes ist dabei noch nicht endgültig geklärt.

**Mondvogel,** *Mondfleck,* zu den *Zahnspinnern* gehörender Falter mit gelbem Fleck an den Vorderflügeln.

**Monegassen,** die Einwohner Monacos.

**Monet** [mɔˈnɛ], Claude, *1840, †1926, frz. Maler; Hauptvertreter des frz. *Impressionismus;* lernte 1859 in Paris C. *Pissarro* u. 1862 A. *Renoir,* A. *Sisley* u. F. *Bazille* kennen, mit denen er vom dunkeltonigen Figurenbild zur pleinairist. Landschaftsmalerei überging.

**Monferrato,** hügelige Ldsch. in N-Italien, zw. Po u. Tànaro, Hauptort *Asti;* Weinanbau.

**Monge** [mɔ̃ʒ], Gaspard, *1746, †1818, frz. Mathematiker; gründete 1794 die »École polytechnique«; Begr. der darstellenden Geometrie.

**Mongolei,** zentralasiat. Hochland zw. dem Khingan im O, dem Altin Tagh u. Nan Shan (bis 6346 m) im S, dem Tian Shan im W u. dem Altai (bis 4506 m), Sajan u. Jablonowyj-Gebirge im N; 2,8 Mio. km², 4 Mio. Ew.; umfaßt Wüsten *(Gobi)* u. von Gebirgen umrahmte, hochgelegene (über 1000 m ü.M.) Beckenlandschaften, die bes. im S u. O abflußlos sind. Die vorw. mongol. Bevölkerung besteht aus Viehzüchtern u. gehört dem Lamaismus an. Politisch gliedert sich das Gebiet in die Mongol. Volksrep. (Äußere M.), die chin. *Innere M.* u. Randgebiete Xinjiangs u. der Sowjetunion.

**Mongolen,** Selbstbez. *Mongchol,* chin. *Mongku,* urspr. *Tataren,* eine umfangreiche Völkergruppe Innerasiens: ca. 5 Mio., davon 2,8 Mio. in China (Innere Mongolei), 1,7 Mio. in der Mongol. Volksrep. u. 500 000 in der Sowj. Urspr. Wald- u. Pelztierjäger, dann größtenteils Steppennomaden mit Übergang zum Ackerbau. Nur noch in abgelegenen Gebieten trifft man heute berittene Nomaden mit Jurten-Unterkunft an. Ethn. Gliederung in: Ost-M. (hierzu: *Khalka,* Staatsvolk der Mongol. VR, u. *Burjaten*), West-M. (hierzu: *Kalmüken, Torguten* u.a.).

G e s c h.: Die M. waren eines der größten Eroberervölker der Geschichte. Um 1196 schwang sich *Temudschin* zum Fürsten des Stamms *Mongchol* auf, der dann dem ganzen Volk den Namen M.

*Claude Monet: Die Japanerin; 1876. Boston, Museum of Fine Arts*

## Mongolenfalte

*Mongolen: Zum Einfangen der Pferde benutzen die Mongolen die Urga. Sie besteht aus einer langen biegsamen Stange, an deren Ende eine lederne Schlinge befestigt ist*

gab. Temudschin unterwarf alle Stämme, gestaltete die Sozialordnung in eine Lehnsherrschaft um u. wurde 1206 durch eine Volksversammlung zum *Tschingis Khan* (»Groß-Khan«) ernannt. Er eroberte N-China, Buchara, Samarkand u. Merw. *Batu* eroberte 1237–40 Rußland u. Polen, schlug 1241 dt. Ritter u. Polen bei Liegnitz u. die Ungarn bei Mohi. Unter *Göjük* (1246–48) u. *Möngke* (1252–59) hielt das Großreich noch zusammen. *Hülägü* eroberte 1256–58 Persien u. den Vorderen Orient, wurde aber von den ägypt. Mamluken 1260 geschlagen. Er begr. in Iran die Herrschaft der *Ilchane* (bis 1335), *Kublai* in China die *Yuan-Dynastie* (bis 1368), *Batu* in S-Rußland das Reich der Goldenen Horde. Den größten Teil des Mongolreichs vereinigte erneut für kurze Zeit *Timur* (1370–1405), der aus W-Turkistan stammte. *Babur* drang in Indien ein (1524–26) u. errichtete die Herrschaft der Mogule (bis 1858). Uneinigkeit, Überschätzung der Kräfte u. rasche Vermischung mit den unterworfenen Völkern führten zum Niedergang der Macht der M.

**Mongolenfalte,** Schlitzauge, Epikanthus, bei vielen mongoliden Völkern auftretende Hautfalte am Auge.

**Mongolenfleck,** *Blauer Fleck, Sakralfleck, Steißfleck,* erbsen- bis handtellergroße, bläul. bis bräunl. pigmentierte Hautstelle, meist in der Kreuzbeingegend, angeboren u. harmlos; gilt als Kennzeichen der mongol. Rasse.

**Mongolide,** zusammenfassender Begriff für die mongoliden → Menschenrassen.

**Mongolischer Altai,** Gebirgszug im W der Mongol. Volksrep., im *Mönkh Khairkhan Uul* 4231 m, teilweise vergletschert (Potaningletscher, 20 km lang); Gebirgssteppe.

**mongolische Schrift,** Ende des 12. Jh. auf der Grundlage einer von den *Uiguren* weiterentwickelten aramäischen Schrift bei den Mongolen eingeführtes Alphabet. Daneben wurde 1269–1369 eine nach dem Vorbild der tibet. Schrift geschaffene *Quadratschrift* als offizielle Schrift verwendet; heute durch die kyrillische Schrift ersetzt.

**mongolische Sprachen,** eine Gruppe der *altaischen Sprachfam.*; hierzu die *mongolische* (i.e.S.), *burjatische, kalmükische* u.a. Sprachen. Erstere ist die heute in der Mongol. Volksrep. gesprochene Sprache.

**Mongolische Volksrepublik,** Staat in Zentralasien, 1 565 000 km², 2 Mio. Ew. (überw. lamaist. Mongolen), Hptst. *Ulan Bator.*

Landesnatur. Das wüsten- u. steppenhafte Hochland wird im NW von Hochgebirgen (*Khangai, Mongol. Altai*) durchzogen. Im S u. SO erstreckt sich die Wüste *Gobi*. Bis auf den N, der von der *Selenga* entwässert wird, ist der größte Teil des Landes abflußlos.

*Mongolische Volksrepublik*

Wirtschaft. Grundlage ist die Viehzucht (Schafe, Ziegen, Rinder, Pferde, Kamele). Die reichen Bodenschätze (Kupfer, Molybdän, Wolfram, Erdöl, Gold, Kohle u.a.) werden erst z.T. abgebaut. Die Ind. befindet sich im Aufbau. Sie verarbeitet u.a. Viehzuchtprodukte, liefert aber auch Baustoffe, Textilien, Metalle u.a. – Die wichtigste Eisenbahnverbindung führt von der sowj. Grenze über Suche Bator nach Ulan Bator.

Geschichte. Nach dem Zerfall des mittelalterl. Mongolenreichs gehörte die *Mongolei* seit dem 17. Jh. zu China. 1911 erklärte die *Äußere Mongolei* ihre Unabhängigkeit, während die *Innere Mongolei* bei China blieb. 1924 rief die *Mongolische Revolutionäre Volkspartei* in der Äußeren Mongolei die M.V. aus, die sich eng an die Sowjetunion anlehnte. Sie gehört seit 1962 dem COMECON an. 1990 setzte ein Demokratisierungsprozeß ein. Das Machtmonopol der Mongol. Revolutionären Volkspartei wurde abgeschafft, u. es fanden freie Parlamentswahlen statt.

**Mongolismus** → Down-Syndrom.

**Mongoloide,** Menschengruppen mit vorwiegenden, aber nicht allen Merkmalen der *mongoliden* Rasse.

**Monheim,** Stadt in NRW am Rhein, 41 000 Ew.

**Monier** [mɔ'nje], Joseph, *1823, †1906, frz. Gärtner; gilt als Erfinder der Eisenbetonbauweise (*M.-Bauweise*).

**Monika,** *Monnika,* *um 332, †387, Mutter des *Augustinus;* Heilige, Patronin der kath. Müttervereine (Fest: 27.8.).

**Monismus,** Bez. für philosoph. Lehren, die nur *ein* Prinzip für die Gesamtheit des Wirklichen, nicht zwei (*Dualismus*) oder mehrere (*Pluralismus*) anerkennen u. nach einer einheitl. Auffassung der Welt suchen. Der M. kann inhaltl. sehr verschiedenartig sein.

**Monitor, 1.** allg. ein Registriergerät zum Überwachen einer physikal. Größe. – **2.** Kontrollfernsehgerät in Fernsehstudio oder -übertragungswagen. – **3.** in der elektron. Datenverarbeitung der Bildschirm zur Verfolgung interner Vorgänge.

**Moniuszko** [mɔn'juʃko], Stanislaw, *1819, †1872, poln. Komponist; schrieb die poln. Nationaloper »Halka« 1848.

**Moniz** [mu'niʃ], Antonio Caetano de Egas M., *1874, †1955, port. Neurologe u. Neurochirurg; entwickelte die Verfahren der Angiographie der Hirngefäße u. der präfrontalen Leukotomie; Nobelpreis für Medizin 1949.

**Monk** [mʌŋk], **1.** George → Monck. – **2.** Thelonious, *1920, afroamerik. Jazzpianist u. -komponist; Mitbegr. des *Bebop.*

**Mon-Khmer-Sprachen,** Sprachfam. in Kambodscha, im südl. Laos (*Khmer*) u. westl. von Rangun (*Mon*); darunter das *Kambodschanische*.

**Mon-Khmer-Völker,** *Austroasiaten,* mongolide Völkergruppe SO-Asiens; später von den *Thai* verdrängt. Zu den M. gehören die *Khmer, Palaung, Khasi, Mon, Nikobarer, Munda* u.a.

**Monnet** [mɔ'ne], Jean, *1888, †1979, frz. Politiker; Schöpfer der *M.-Pläne* zur Modernisierung der frz. Wirtsch., beteiligt am *Schuman-Plan;* 1952–55 (1.) Präs. der Hohen Behörde der Montanunion; gründete 1955 das Aktionskomitee für die Vereinigten Staaten von Europa.

**Monnier** [mɔ'nje], **1.** Henri Bonaventure, *1805,

*Mongolenreiche und Mongolenfeldzüge*

† 1877, frz. Graphiker, Schriftst. u. Schauspieler; sarkast. Sittenschilderer u. Chronist der Restaurationszeit. – **2.** Thyde (Mathilde), *1887, †1967, frz. Schriftst. (Romane aus der Welt der kleinen Leute ihrer S-frz. Heimat). Ⓦ »Liebe, Brot der Armen«.

**mono,** Abk. für *monaural* oder *Monophonie,* einkanalige Tonaufnahme u. -wiedergabe; Ggs.: *stereo(phon).*

**Monochasium,** *Scheinachse,* eine Sproßverzweigung (z.B. Blütenstand), bei dem ein Seitentrieb die Führung übernimmt.

**Monochord,** seit dem 6. Jh. v.Chr. in Griechenland bek. Tonmeß- u. auch Musikinstrument: in längl. Kasten, über den eine zu zupfende Saite gespannt war. Durch Mechanisierung des Stegprinzips u. Verbindung mit einer Klaviatur entwickelte sich daraus das *Klavichord.*

**monochromatisch,** »einfarbig«, Bez. für einen aus dem Spektrum der elektromagnet. Schwingungen ausgesonderten schmalen Frequenzbereich.

**Monod** [mɔ'no], Jaques, *1910, †1976, frz. Molekularbiologe u. Naturphilosoph; erhielt zus. mit F. *Jacob* u. A. *Lwoff* für die Entdeckung eines Regulator-Gens den Nobelpreis für Medizin 1965.

**Monodie,** der einstimmige, auf homophoner Grundlage basierende Gesang mit instrumentaler Begleitung; zu Beginn des 17. Jh. in Italien entwickelt.

**Monodrama,** ein Schauspiel mit nur einer handelnden u. sprechenden Person; Urform des grch. Dramas; im 18. Jh. bes. in Frankreich gepflegt (als *Melodrama*).

**Monogamie,** die Ehe zw. e i n e m Mann u. e i n e r Frau, im Unterschied zu *Bigamie* u. *Polygamie.*

**Monogatari,** eine Gattung der jap. Prosa; umfaßt große Zeitromane wie das *Genji-M.,* romant. Kriegserzählungen wie das *Heike-M.* u. Geschichtensammlungen.

**Monogramm,** urspr. ein Einzelbuchstabe, dann die kunstvoll zu einem Zeichen zusammengefügten Anfangsbuchstaben eines Namens.

**Monographie,** eine möglichst vollständige wiss. Untersuchung über ein spezielles Problem oder über eine Person.

**Monokel,** frz. *Monocle, Einglas,* in die Augenhöhle geklemmtes Brillenglas; gebräuchl. bes. zw. 1870 u. 1920.

**monoklin** → Kristallsystem.

**Monokotyledonen,** *Monocotyledonae,* die *einkeimblättrigen Pflanzen,* die 2. Klasse der *Bedecktsamer (Angiospermae).* M. haben nur ein einziges Keimblatt. Äußerl. zu erkennen sind sie an den meist parallelnervigen Blättern u. an meist 3zähligen Blüten.

**Monokratie,** »Einzelherrschaft«, die Vereinigung der obersten Staatsgewalt in einer Person u. ihre Ausübung als persönl. Herrschaftssystem.

**Monokultur,** der Anbau nur einer Pflanzenart auf einer Fläche. Vorteile: Es wird die Pflanze angebaut, die Boden u. Klima entsprechend den höchsten Ertrag liefert; durch Einsatz von Großmaschinen wird ein hoher Rationalisierungseffekt erreicht. M.en mindern jedoch auf die Dauer durch Bodenermüdung die Bodenqualität, fördern die Ausbreitung von Pflanzenkrankheiten u. Schädlingen (artenarme Tierwelt, gestörtes biolog. Gleichgewicht).

**Monolith,** ein künstler. bearbeiteter u. einzeln aufgestellter Steinblock, z.B. als *Menhir* oder *Obelisk.*

**monolithische Schaltung,** in der Mikroelektronik eine aus einem einzigen Block bestehende integrierte Schaltung.

**Monolog,** Selbstgespräch; eine Rede, die nicht an einen Zuhörer gerichtet ist; im Drama, im Ggs. zum *Dialog,* jedes Stück Rede, das eine Person spricht, die allein auf der Bühne steht; im Roman auch als *innerer M.*

**Monomane,** jemand, der unter dem Zwang einer *fixen Idee* lebt.

**Monomanie,** die zwanghafte Verfolgung einer *fixen Idee.*

**Monomer,** der einzelne Grundbaustein der aus zahlr. Einzelmolekülen aufgebauten *Polymere* (Makro- oder Riesenmoleküle); → *Polymerisation.*

**Mononucleose,** *infektiöse M., Pfeiffersches Drüsenfieber, Studentenfieber, Monozyten-Angina,* eine akute fieberhafte Infektionskrankheit mit Vermehrung der mononuclearen (einkernigen) Leukozyten *(Monozyten).*

**Monophylie,** in der biol. Systematik u. Abstammungslehre die Entwicklung einer Artengruppe (Gatt., Fam. usw.) aus einer ihr gemeinsamen Stammart; Ggs.: *Polyphylie.*

*Marilyn Monroe*

**Monophysitismus,** die christolog. Lehre, wonach sich die göttl. u. die menschl. Natur in Christus zu einer Natur u. Person, der göttlichen, vereinen. Der M. entstand aus Opposition gegen das auf dem Konzil von *Chalcedon* (451) formulierte Dogma, das zwei Naturen in Christus in einer Person definierte. → morgenländ. Kirchen.

**Monopol,** eine Marktkonstellation, bei der das Gesamtangebot eines Guts *(Angebots-M.),* seltener die Gesamtnachfrage nach einem Gut *(Nachfrage-M.)* in einer Hand (beim *M.isten*) vereinigt ist. Das Wesen des M. besteht in der marktbeherrschenden Machtstellung durch Ausschaltung des Wettbewerbs. In wettbewerbsorientierten Wirtschaftsordnungen werden M.bildungen deshalb als freiheits- u. leistungsschädl. bekämpft. – **M.kapitalismus,** ideolog. Bez. für eine gesteigerte Form des Kapitalismus, die durch erhöhte Konzentration der Wirtschaftsmacht in wenigen Händen u. wenigen Klans gekennzeichnet wird.

**Monopoly,** ein aus den USA stammendes Gesellschaftsspiel (bis zu 6 Spieler), bei dem Abläufe von Wirtschafts- u. Geldmarktmechanismen nachgespielt werden; 1928 erfunden.

**Monopteros,** antiker Rundtempel ohne Cella; in der Baukunst des 18./19. Jh. als offener Gartenpavillon nachgebildet.

**Monosaccharide** [-zaxa], *einfache Zucker,* Kohlenhydrate, die im Molekül außer Hydroxygruppen (-OH) auch eine Aldehydgruppe (-CHO, *Aldosen*) oder eine Ketogruppe (=CO, *Ketosen*) enthalten. Die Zahl der Kohlenstoffatome im Molekül liefert die entsprechende Bezeichnung.

**Monosyllabum,** einsilbiges Wort.

**Monotheismus,** der Glaube an die Existenz eines einzigen Weltgotts, sofern die Leugnung anderer Götter eingeschlossen ist; im Unterschied zum *Henotheismus* u. im Ggs. zum *Polytheismus.* – Monotheistisch sind Parsismus, Judentum, Christentum u. Islam.

**Monotheletismus,** die Lehre von der einen Person u. den zwei Naturen Christi, aber nur einem Willen in ihm. Der Streit um den M. entwickelte sich aus der zw. den Anhängern von *Chalcedon* u. den *Monophysiten* vermittelnden Formel, daß in den zwei Naturen Christi nur eine »energeia« wirke *(Monenergismus).* Der M. wurde auf dem 6. ökumen. Konzil von Konstantinopel 680/81 verurteilt.

**Monozyten** → Leukozyten.

**Monreale,** ital. Stadt bei Sizilien, sw. von Palermo, 26 000 Ew.; normann. Dom (12. Jh.), Benediktinerkloster (12. Jh.).

**Monro** [mən'rou], Harold, *1879, †1932, engl. Schriftst.; gründete 1912 in London den »Poetry Bookshop«.

**Monroe** [mən'rou], **1.** Harriet, *1860, †1936, US-amerik. Schriftst.; förderte die moderne Lyrik durch ihre Zeitschrift »Poetry«. – **2.** James, *1758, †1831, US-amerik. Politiker (Jefferson-Republikaner); 1811–17 Außen-, 1814/15 auch Kriegs-Min.; 1817–25 (5.) Präs. der USA; ließ durch J.G. *Adams* Florida kaufen (1819); verkündete die **M.-Doktrin** (1823), die besagt, daß die USA sich nicht in europ. Verhältnisse einmischen würden, daß aber auch keinem europ. Staat die Einmischung in amerik. Verhältnisse oder die Schaffung von Kolonien in Amerika gestattet sein solle (»Amerika den Amerikanern«). – **3.** Marilyn, eigtl. Norma Jean *Mortenson,* *1926, †1962 (Selbstmord), US-amerik. Filmschauspielerin; Sexidol der 50er Jahre; in 3. Ehe 1956–61 verh. mit Arthur *Miller.* Bek. Filme: »Blondinen bevorzugt«, »Manche mögen's heiß«, »Misfits – Nicht gesellschaftsfähig«.

**Monrovia,** Hptst. der W-afrik. Rep. Liberia, an der Mündung des Saint Paul River in den Atlantik, 465 000 Ew.; Univ. (1863); Handels- u. Industriezentrum, bed. Seehafen, internat. Flughafen.

**Mons** [mɔ̃s], fläm. *Bergen,* Hptst. der belg. Prov. Hennegau, 97 000 Ew.

**Monschau,** Stadt in NRW, am Hohen Venn u. an der Rur, 11 000 Ew.; maler. Stadtbild.

**Monseigneur** [mɔ̃sɛ'njø:r; frz.], Abk. *Mgr.,* Anrede für Prinzen u. hohe Geistliche.

**Monsieur** [mə'sjø], Abk. *M.,* die frz. Anrede »mein Herr«.

**Monsignore** [mɔnsi'njo:re; ital.], Abk. *Msgr., Mgr.,* vom Papst verliehener Titel für Prälaten u. Bischöfe.

**Monster,** *Monstrum,* Ungeheuer.

**Monstera,** *Fensterblatt,* Gatt. der *Aronstabgewächse.* Als Zierpflanze ist der kletternde Epiphyt *M. deliciosa* beliebt, fälschl. *Philodendron* genannt.

**Monstranz,** *Ostensorium,* in der kath. Kirche ein kostbares Behältnis zur Aufbewahrung u. Vorzeigung einer einzelnen geweihten Hostie.

**Monsun** [der; arab. »Jahreszeit«], ein Wind, der durch die jahreszeitl. versch. Lage der innertrop. Konvergenzzone auftritt. Die Verschiebung bedeutet eine wechselnde Temperatur- u. Luftdruckverteilung in den Grenzgebieten zw. ausgedehnten Land- u. Wasserflächen, bes. in S- u. O-Asien: Wenn sich im Sommer während der Erwärmung der asiat. Festlandsmasse über ihr ein Tiefdruckgebiet bildet, entsteht der Südwest-M. (über Südasien) bzw. Südost-M. (über Ostasien). Der Sommer-M. bringt in S-Asien überwiegend die für die Landw. nötigen Niederschläge.

**Mont** [mɔ̃; frz.], Abk. *Mt.,* Bestandteil geograph. Namen: Berg.

**Montabaur,** Stadt in Rhld.-Pf., am Südhang des Westerwalds, 10 500 Ew.; Schloß (13.–17. Jh.).

**Montafon,** östr. Tal im südl. Vorarlberg, von der oberen Ill durchflossen, Hauptort *Schruns.*

**Montage** [mɔn'taʒə], **1.** *D r u c k e r e i :* das Zusammensetzen aller Einzelteile (Filme) eines Druckbilds vor der Übertragung auf die endgültige

*Monstranz mit einem Nagel Christi; vor 1657. Wien, Kunsthistorisches Museum*

Druckform; beim Hochdruck die Vorbereitung der Druckstöcke. – **2.** *Film:* das Zusammenfügen der einzelnen, geschnittenen Szenen zum Gesamtfilm; auch ein von der Photographie übernommenes Stilmittel *(Photo-M.)*, z.B. durch Überblenden in einer Szene versch. opt. Eindrücke zusammenzustellen. – **3.** *Technik:* das Einpassen u. Zusammenbauen von Einzelteilen; auch das Aufstellen fertiger Masch. bis zur Inbetriebnahme.

**Montagna** [mɔn'tanja], Bartolomeo, *um 1450, †1523, ital. Maler; Hauptmeister der Schule von Vicenza.

**Montagu** ['mɔntəgju:], Mary *Wortley,* Lady *M.,* *1689, †1762, engl. Schriftst.

**Montaigne** [mɔ̃'tɛnj], Michel *Eyquem,* Seigneur de M., *1533, †1592, frz. Philosoph u. Schriftst.; begr. mit seinen skept., epikureisch gefärbten »Essais de messire Michel« die Gattung des *Essays.* Angesichts der Fragwürdigkeit alles Menschl. empfahl er, das Unvermeidl. mit gelassener Heiterkeit zu ertragen.

**Montale,** Eugenio, *1896, †1981, ital. Schriftst.; begr. mit G. *Ungaretti* die surrealist. Lyrik Italiens, die »hermetische Dichtung«; 1975 Nobelpreis.

**Montalvo,** Garcí *Ordóñez (Rodríguez) de M.* → Amadis.

**montan,** das Bergbau- u. Hüttenwesen betreffend.

**Montana** [mɔn'tænə], Abk. *Mont.,* Staat im NW der → Vereinigten Staaten von Amerika.

**Montand** [mɔ̃'tã], Yves, eigtl. Y. *Livi,* *13.10. 1921, frz. Filmschauspieler u. Chansonsänger.

**Montanindustrie,** *i.e.S.* die Unternehmen, die sich mit der Förderung von Kohle, Erz u.ä. befassen; *i.w.S.* auch die weiterverarbeitende Schwerindustrie.

**Montanismus,** von dem Phygier *Montanus* um 150 begr. christl. Sekte. Die *Montanisten* forderten volle Weltverneinung, u. erwarteten die baldige Herabkunft des Hl. Geistes.

**Montanunion,** *Europ. Gemeinschaft für Kohle u. Stahl,* Abk. *EGKS,* die erste übernationale europ. Organisation mit eigenen Souveränitätsrechten; auf Anregung des frz. Außen-Min. R. *Schuman (Schuman-Plan)* am 18.4.1951 in Paris geschlossener Vertrag u. Belgien, der BR Dtld., Frankreich, Italien, Luxemburg u. den Niederlanden; weitere EG-Länder folgten. Die Organe der M., wie *Hohe Behörde* u. *Ministerrat,* wurden mit den entsprechenden Organen der EWG u. Euratom verschmolzen.

**Montauban** [mɔ̃to'bɑ̃], Stadt im SW Frankreichs, an der Mündung des Tescou in den Tarn, 50 000 Ew.

**Montbéliard** [mobe'lja:r], dt. *Mömpelgard,* Krst. im O Frankreichs, im Dép. Doubs, am Rhein-Rhône-Kanal, 32 000 Ew.; Uhren-Ind.; 1397–1793 bei Württemberg.

**Mont Blanc** [mɔ̃'blɑ̃], höchste Berggruppe der Alpen, an der frz.-ital.-schweizer. Grenze, im Hauptgipfel 4807 m. Das kristalline Massiv bildet die Wasserscheide zw. Rhône u. Po; seine Bergketten sind von scharfzackigen Zinnen *(Aiguilles)* überragt u. stark vergletschert. Der M. B. wurde 1786 zuerst von J. *Balmat* u. M.-G. *Paccard* bestiegen. Der *M.-B.-Tunnel* (1965 fertiggestellt, 11,6 km Länge) führt von *Les Pélerins* (Frankreich) nach *Entreves* (Italien).

**Montbretia** [mɔnt'bre:tsia], *Montbretie, Tritonia,* S-afrik. Gatt. der *Schwertliliengewächse.*

**Montceau-les-Mines** [mɔ̃'sole'mi:n], mittelfrz. Ind.-Stadt sw. von Le Creusot, am Canal du Centre, 28 000 Ew.; Steinkohlenbergbau.

**Mont-de-Marsan** [mɔ̃dəmar'sɑ̃], SW-frz. Stadt in der Gascogne, an der Midouze, 30 000 Ew.

**Mont d'Or** [mɔ̃'dɔ:r], frz. Berg im Jura-Gebirge, nahe der frz.-schweiz. Grenze, 1463 m.

**Monte,** Philipp de, *1521, †1603, ndl. Komponist; seit 1568 kaiserl. Hofkapellmeister in Wien u. Prag.

**Monte Albán,** altindian. Ruinenstätte im mex. Bundesstaat Oaxaca; Kulturzentrum der *Zapoteken,* wahrsch. im 1. vorchristl. Jt. gegr.; Blüte im 3./4. Jh. n. Chr., Niedergang um 800; ab 1300 Metropole der *Mixteken.*

**Monte Carlo,** Luxuskurort des Fürstentums *Monaco* an der frz. Riviera, 10 000 Ew.; *Kasino* (1879 erbaut) mit Spielbank (1863 gegr.); 3,3 km lange Grand-Prix-Rennstrecke.

**Montecassino,** ital. Kloster im südl. Latium, oberhalb der Stadt *Cassino;* um 581 von *Benedikt von Nursia* gegr., Mutterkloster des abendländ. Mönchtums; mehrmals zerstört. Blüte im 10./11. Jh.; im 2. Weltkrieg hart umkämpft, am 15.2.1944 von den Alliierten zerstört, 1950–54 in alter Form wieder aufgebaut.

**Montecatini Terme,** ital. Heilbad am Südrand des Apennin, 25 000 Ew.; alkal. Thermalquellen.

**Montecorvino,** Johannes von, *1247, †1328, ital. Franziskanermissionar; seit 1288 in Ostasien, erster Missionar in China (1294), 1307 erster Erzbischof von Peking.

**Montecristo,** *Isola di M.,* ital. Insel im Tyrrhen. Meer, südl. von Elba, 10 km²; bek. durch den Roman »Der Graf von Monte Christo« von A. Dumas d.Ä.

**Montecuccoli,** Raimund Graf von, Reichsfürst u. Herzog von *Melfi,* *1609, †1680, ital.-dt. Heerführer; erfolgreich im *Dreißigjährigen Krieg,* 1658 zum Feldmarschall im kaiserl. Heer ernannt.

**Montego Bay** [-bɛi], Hafenstadt an der NW-Küste Jamaikas, 60 000 Ew.; Flughafen.

**Montejus** [mɔ̃t'ʒy], Drucktopfpumpe zum Wegpumpen stark verschmutzter oder ätzender Flüssigkeiten.

**Montélimar** [mɔ̃teli'ma:r], Stadt in Frankreich im unteren Rhône-Tal, 29 000 Ew.; Kraftwerk.

**Montelius,** Oscar, *1843, †1921, schwed. Prähistoriker; entwickelte die typolog. Forschungsmethode.

**Montemayor,** port. *Montemôr,* Jorge de, *um 1520, †1561, span. Dichter port. Herkunft. Sein Schäferroman »Diana« regte zu vielen Nachahmungen an.

**Montenegro,** serbokroat. *Crna Gora,* Teilrep. im südl. Jugoslawien, 13 812 km², 620 000 Ew., Hptst. *Titograd;* waldreiches Hochland mit steilem Abfall zum Adriat. Meer; Bauxitlager, Fremdenverkehr; 1979 schwere Erdbeben.
*Gesch.:* Im frühen MA war M. Schauplatz erster Einigungsversuche der serb. Stämme (Fürstentum *Zeta* im 11. Jh.), später Teil des großserb. Reichs der *Nemanjiden.* Seit 1516 übten die Bischöfe von Cetinje ein theokrat. Regime aus. 1852 wurde M. weltl. Fürstentum. *Nikita I.* (Nikola) erhielt auf dem Berliner Kongreß 1878 die Unabhängigkeit bestätigt u. nahm 1910 den Königstitel an. Nach seiner Absetzung schloß sich M. 1918 an Serbien an u. wurde im gleichen Jahr ein Teil Jugoslawiens. 1941–45 war M. nominell selbständig; seit 1946 gehört es wieder zu Jugoslawien.

**Montepulciano** [-'tʃano], Stadt in Italien, 14 000 Ew.; Dom (16. Jh.), Renaissance-Paläste; Zentrum eines Weinbaugebiets.

**Montereau-faut-Yonne** [mɔ̃tə'rofot'jɔn], frz. Ind.-Stadt an der Mündung der Yonne in die Seine, 22 000 Ew.; Wärmekraftwerk.

**Monterey** [mɔnti'rɛi], Stadt im USA-Staat California, südl. von San Francisco, an der *M.-Bucht,* 27 000 Ew.; Fischfang, Seebad.

**Monteria,** Hptst. des kolumbian. Dep. Córdoba, 230 000 Ew.; Univ.

*Montenegro: Kloster Ostrog liegt nordwestlich von Titograd*

**Monte Rosa,** stark vergletschertes Gebirgsmassiv an der ital.-schweiz. Grenze, in den Walliser Alpen; in der *Dufourspitze* 4634 m.

**Monterrey** [-'rɛi], Hptst. des NO-mex. Bundesstaats Nuevo León, 1,9 Mio. Ew.; 4 Univ., vielfältige Ind.

**Montes,** in Italien seit dem 13. Jh. zinsfreie Staatsanleihen, deren Gläubiger sich zu Kapitalgesellschaften vereinigten, die manchmal Banken wurden. Die *M. pietatis* (frz. *Monts-de-Piété*) waren gemeinnützige Leihhäuser.

**Montespan** [mɔ̃tɛs'pã], Françoise Athénaïs de *Rochechouart de Mortemar,* Marquise de M., *1640, †1707, seit 1667 Mätresse *Ludwigs XIV.* von Frankreich, mit dem sie 8 Kinder hatte; von der Marquise de *Maintenon* verdrängt, ging sie 1691 ins Kloster.

**Montesquieu** [mɔ̃tɛs'kjø], Charles de *Secondat,* Baron de *La Brède et de M.,* *1689, †1755, frz. Schriftst., Rechts- u. Staatsphilosoph der Aufklärung; begann seine schriftsteller. Laufbahn mit dem gesellschaftskrit. Schlüsselroman »Pers. Briefe«. Sein Hptw. ist die staats- u. kulturphilosoph. Schrift »De l'esprit des lois« (»Vom Geist der Gesetze«), in der er *Gewaltenteilung* als Prinzip des inneren Staatsaufbaus fordert, wodurch jede durch einzelne oder Gruppen ausgeübte Willkür vermieden werden soll.

**Montesquiou-Fezensac** [mɔ̃tɛs'kjufəzã'sak], Robert Comte de, *1855, †1921, frz. Schriftst.; Dandy u. Ästhet der »Belle Époque«.

**Montessori,** Maria, *1870, †1952, ital. Ärztin u. Pädagogin; Begr. eines modernen Unterrichts, der der individuellen Entwicklung des Kindes Spielraum läßt.

**Monteverdi,** Claudio, *1567, †1643, ital. Komponist; seit 1613 Musikdirektor an St. Markus in Venedig. Neben einzelnen Kirchenwerken im alten Stil des strengen Kontrapunkts (»Prima pratica«) schrieb er v.a. »moderne« Musik (»Seconda pratica«), in der auf affektvolle Textdeklamation Wert gelegt wurde; bedeutsam als einer der ersten Opernkomponisten »L'Orfeo«, »L'Arianna«, »Il Ritorno d'ulisse in Patria« u. »L'Incoronazione di Poppea«.

**Montevideo** [-'ðeo], Hptst., Kultur- u. Wirtschaftszentrum der südamerik. Rep. Uruguay, am Río de la Plata, vom *Monte Cerro* (149 m) überragt, 1,5 Mio. Ew.; 2 Univ.; Kathedrale (18. Jh.), bed. Hafen, internat. Flughafen. – 1724 gegr.

**Montez** [-tɛs], Lola, eigtl. Maria Dolores *Gilbert,* *1818, †1861, schott.-kreol. Tänzerin; kam 1846 nach München. Als Geliebte des bay. Königs *Ludwig I.* wurde sie zur *Gräfin von Landsfeld* erhoben. Ihr Verhältnis trug zur Abdankung des Königs 1848 bei.

**Montezuma** → Motecuzoma.

**Montfort,** *Burg Starkenberg,* Kreuzfahrerfestung in Obergaliläa; 1271 von den Sarazenen erobert.

**Montfort,** schwäb.-vorarlberg. Grafengeschlecht, ben. nach der Stammburg *M.* bei Götzis in Vorarlberg.

**Montfort** [mɔ̃'fɔ:r], französisches Grafengeschlecht: **1.** *Simon IV.,* *1150, †1218 (vor Toulouse gefallen), Führer des Kreuzzugs gegen die *Albigenser;* eroberte Carcassonne u. das Languedoc. – **2.** [engl. 'mɔntfət], Simon de, Earl of *Leicester,* Sohn von 1), *um 1208, †1265 (gefallen); leitete die Rebellion der niederen Barone u. der Städte gegen König *Heinrich III.* von England; bei Evesham geschlagen.

**Montgelas** [mɔ̃ʒə'la], Maximilian Joseph Graf von, *1759, †1838, bay. Min.; 1817 gestürzt, als er eine Repräsentativ-Verf. einführen wollte.

**Montgolfier** [mɔ̃gɔl'fje], Brüder: Jacques-Étienne, *1745, †1799 u. Joseph-Michel, *1740, †1810, frz. Papierfabrikanten u. Erfinder; entwickelten einen durch erwärmte Luft gehobenen Ballon *Montgolfière,* der am 21.11.1783 bei Paris den ersten bemannten freien Flug ausführte. Joseph M. erfand 1784 einen Fallschirm u. 1796 den hydraulischen Widder.

**Montgomery** [mənt'ɡʌməri], **1.** Hptst. des USA-Staats Alabama, 180 000 Ew.; Handelszentrum für Baumwolle u. Vieh; 1861 erste Hptst. der Konföderierten Staaten. – **2.** *Sahiwal,* Distr.-Hptst. im Pandschab, nahe der Ravi, 140 000 Ew.; in der Nähe die Ruinen von *Harappa.*

**Montgomery** [mənt'ɡʌməri], Bernard *Law,* Viscount *M. of Alamein,* *1887, †1976, brit. Offizier; siegte als Befehlshaber der 8. brit. Armee im 2. Weltkrieg bei *El Alamein* (Nordafrika) über das dt. Afrika-Korps unter Rommel; 1944 Feldmar-

*Montgolfier: Aufstieg der Montgolfière in Versailles am 23. Juni 1784; zeitgenössischer kolorierter Kupferstich*

schall, 1945/46 Oberbefehlshaber der brit. Besatzungstruppen in Dtld. u. brit. Vertreter im Alliierten Kontrollrat.

**Montherlant** [mɔ̃tɛr'lã], Henry de, *1896, †1972 (Selbstmord), frz. Schriftst.; von aristokrat. Grundhaltung, strebte nach einem klass. Stil. Seine Werke sind geprägt von elitärem Bewußtsein.

**Monthey** [mɔ̃'tɛ], Bez.-Hptst. im schweiz. Kt. Wallis, am Ausgang des *Val d'Illiez,* 11 500 Ew.

**Monti,** Vincenzo, *1754, †1828, ital. Schriftst.; der letzte Vertreter des ital. Neuklassizismus u. ein Vorläufer der Romantik.

**Monticelli** [-'tʃɛlli], Adolphe, *1824, †1886, frz. Maler ital. Herkunft; unter dem Einfluß von A. *Watteau,* E. *Delacroix* u. Diaz de la *Peña.*

**Montignac** [mɔ̃ti'njak], Gem. im Pérgord, an der unteren Vézère im SW Frankreichs, 3000 Ew.; in der Umgebung die *Grotte de Lascaux* mit Felsbildern der Altsteinzeit.

**Montini,** Giovanni Battista, Papst → Paul VI.

**Montluçon** [mɔ̃ly'sɔ̃], mittelfrz. Krst. im Dép. Allier, am Cher, 60 000 Ew.; Schloß; Metall-, Maschinen- u. chem. Ind.

**Montmartre** [mɔ̃'martr], nördl. Stadtteil von Paris, auf einem 127 m hohen Hügel; Kirche *Sacré-Cœur* (1876–1914 erbaut, 1919 geweiht); im 19. Jh. Künstlerwohnviertel.

**Montmorillonit** [mɔ̃morijo'ni:t], neben *Kaolin* das bek. Tonmaterial; Rohmaterial für feuerfeste Tone.

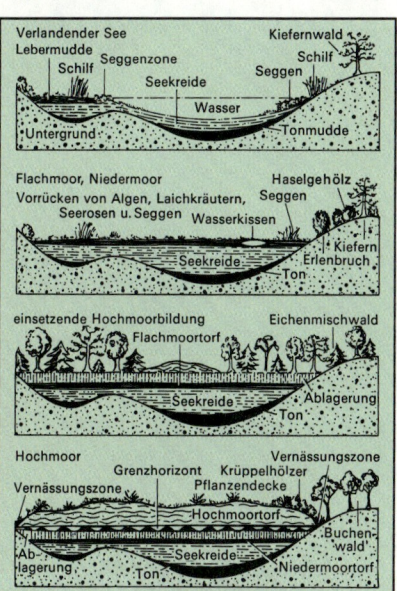

*Moor: Entstehung und Aufbau*

**Montparnasse** [mɔ̃par'nas], sw. Stadtteil von Paris, Künstlerviertel; bek. Friedhof.

**Mont Pelée** [mɔ̃pə'le] *Montagne Pelée,* → Martinique.

**Montpelier** [mɔnt'pi:ljə], Hptst. des USA-Staats Vermont, östl. des Lake Champlain, 9000 Ew.; Holzverarbeitung.

**Montpellier** [mɔ̃pɛ'lje], S-frz. Stadt im Languedoc, unweit der hier lagunenreichen Mittelmeerküste, 200 000 Ew.; 3 Univ., Kathedrale (14. Jh.), Paläste (17./18. Jh.); Zentrum eines Weinbaugebiets, elektron. Ind.

**Montreal** [mɔntri'ɔ:l], frz. *Montréal,* die bed. Handels- u. Ind.-Stadt Kanadas, in der Prov. Quebec, auf einer Insel im Sankt-Lorenz-Strom, vom vulkan. *Mount Royal* überragt, 1,2 Mio. Ew.; 3 Univ.; Banken- u. Versicherungszentrum, Getreideumschlagplatz, internat. Flughafen; Weltausstellung 1967; Olymp. Spiele 1976.

**Montreuil,** *M.-sous-Bois* [mɔ̃'trœjsu'bwa], östl. Industrievorstadt von Paris, 96 000 Ew.

**Montreux** [mɔ̃'trø], schweiz. Kurort u. Touristenzentrum an der NO-Ufer des Genfer Sees, im Kt. Waadt, 21 000 Ew.; Schloß *Chillon;* internationale Konferenzen; internationaler Festspielort: Fernseh- (»Goldene Rose von M.«) sowie Jazz- u. Musikfestspiele.

**Mont-Saint-Michel** [mɔ̃sɛ̃mi'ʃɛl], *Le M.,* Felseninsel (900 m Umfang, 90 m hoch) im N Frankreichs, inmitten der gleichn. breiten Bucht des Ärmelkanals, mit dem Festland durch einen Damm (1800 m lang) verbunden. Die bei einer 709 erbauten Kapelle 966 gegr. Benediktinerabtei gehörte zu den bedeutendsten Klöstern Frankreichs (1790 aufgehoben); einzigartiges Denkmal mittelalterl. Kloster- u. Festungsbaukunst.

**Montsalvatsch,** Name der Gralsburg bei *Wolfram von Eschenbach.*

**Montserrat, 1.** [mɔnsɛr'rat], zerklüftetes Bergmassiv des Katalon. Randgebirges in Spanien, bis 1224 m hoch; nw. von Barcelona; in halber Höhe das Benediktinerkloster *Nuestra Señora de M.* (gegr. 880) mit dem Bild der Schwarzen Muttergottes; Wallfahrtsort. – **2.** [mɔnsə'ræt], Antilleninsel der brit. Leeward Islands (Karibik), 102 km², 13 000 Ew., Hptst. Plymouth; vulkan. mit heißen Quellen.

**Montt,** Manuel, *1809, †1880, chilen. Staatsmann; 1851–61 Staats-Präs.; leitete die moderne Entwicklung Chiles ein.

**Montur,** militär. Ausrüstung, Dienstkleidung.

**Monument,** Denkmal.

**Monumenta Germaniae Historica** [lat., »histor. Denkmäler Dtlds.«], Abk. *MGH,* die wichtigste Sammlung mittelalterl. Geschichtsquellen Dtlds. für die Zeit von 500 bis 1500. Zur Herausgabe bildete sich 1819 auf Anregung des Frhr. vom Stein die *Gesellschaft für ältere dt. Geschichtskunde.* 1946 Neugründung unter dem Namen *Dt. Institut für Erforschung des MA;* Sitz: München.

**monumental,** von riesigem Ausmaß; einfach, aber überwältigend groß.

**Monza,** ital. Stadt in der Lombardei, am Lambro, 125 000 Ew.; 5,8 km lange Autorennstrecke.

**Moor,** natürl. Bildungs- u. Lagerstätten von → Torf an der Erdoberfläche. Sie bilden sich in Gegenden mit Staunässe, d.h. wo dem Boden mehr Wasser zugeführt wird als abläuft, versickert oder verdunstet. Das *Flach-M. (Niederungs-M., Ried, Wiesen-M.)* ist vom Grundwasserstand abhängig u. bildet sich bei der Verlandung nährstoffreicher Seen, Teiche u. Flußläufe. – Das *Hoch-M. (Heide-, Torf-M., Moos, Fenn, Fehn)* verdankt seine Entstehung allein den atmosphär. Niederschlägen. Die fehlende Verbindung zum Grundwasser bedingt, daß das Wasser hier extrem nährstoff- u. kalkarm ist. Entsprechend ist die Pflanzenwelt dürftig u. arm an Arten; die Hauptrolle spielen Torfmoose *(Sphagnum-Arten),* daneben Wollgräser Seggen u. versch. Zwergsträucher, v.a. aus der Fam. der Heidegewächse *(Ericaceae).* Die *Torfmoose* bilden dichte, wasseraufsaugende Polsterdecken, die an der Oberfläche weiterwachsen, während die tieferen Schichten absterben u. in Torf übergehen. – **M.bäder,** Aufschwemmungen von M. oder M.erde in Wasser oder Mineralwasser *(Mineral-M.),* die bes. bei Rheumatismus u. Frauenleiden als Heilbäder Anwendung finden.

**Moor,** *Mor,* span. Antonio *Moro,* Anthonis, *um 1520, †1576/77, ndl. Maler; entwickelte unter venezian. Einfluß (Tizian) einen eleganten Porträtstil.

**Moore** [muːr], **1.** Edward, *1712, †1757, engl. Schriftst. (moralisierende Dramen aus seiner bürgerl. Umwelt). – **2.** George, *1852, †1933, anglo-ir. Schriftst.; zunächst beeinflußt vom frz. Naturalismus, darauf von W.H. *Pater* u. W.B. *Yeats.* – **3.** George Edward, *1873, †1958, engl. Philosoph; begr. den engl. Neurealismus, der sich am Erkenntnisideal der Naturwiss. orientierte; wichtige Arbeiten zur Ethik. – **4.** Henry, *1898, †1986, engl. Bildhauer u. Maler; ungegenständl. Arbeiten tragen organ., Wachstum u. Bewegung verkörpernde Merkmale. – **5.** Marianne, *1887, †1972, US-amerik. Schriftst. (experimentierende, intellektuelle Gedichte). – **6.** Roger, *14.10.1927, brit. Filmschauspieler (bekannt in der Rolle des Agenten James Bond). – **7.** Stanford, *1913, †1982, US-amerik. Biochemiker; Arbeiten zu Enzymen, Nobelpreis für Chemie 1972. – **8.** Thomas, *1779, †1852, anglo-ir. Schriftst. (auf ir. Volksweisen gedichtete Lieder); ir. Nationaldichter.

**Moorkultur,** die Umwandlung von Moorflächen in landwirtschaftl. nutzbares Kulturland durch

*Henry Moore: Innere und äußere Form; 1950. Hamburg, Kunsthalle*

## 592 Moorleichen

Entwässerung, zweckentspr. Bearbeitung u. Zufuhr fehlender Nährstoffe durch Düngung.

**Moorleichen,** durch die konservierende Wirkung von Moor u. Luftabschluß oft mit Haut u. Haar erhaltene menschl. Leichen aus vor- u. frühgeschichtl. Zeit, überwiegend aus der Eisenzeit. Sie geben eine genaue Kenntnis von der german. Tracht u. Textilverarbeitung der Eisenzeit. Die meisten der bisher gefundenen M. (über 700) wurden erst nach ihrem Tod im Moor versenkt.

**Moos, 1.** → Moose. – **2.** süddt. Bez. für → Moor.

**Moosbeere,** ein *Heidekrautgewächs;* mit sauren, rötl. Beeren.

**Moosbrugger,** Kaspar, *1656, †1723, schweiz. Baumeister; seit 1681 Laienbruder in Stift Einsiedeln; baute zahlr. Barock-Kirchen, bes. in der Schweiz.

**Moosburg an der Isar,** oberbay. Stadt nahe der Mündung der Amper in die Isar, 14 700 Ew.; roman. Basilika.

**Moose,** *Bryophyta,* Abteilung des Pflanzenreichs: zierl., immergrüne, autotrophe Pflanzen ohne echte Wurzeln, die noch zu den *Thalluspflanzen* gerechnet werden. Wie die *Farnpflanzen* sind die M. ans Landleben angepaßt, brauchen zur Fortpflanzung aber noch das Wasser. Dem Entwicklungsgang liegt ein *Generationswechsel* zugrunde. An der Moospflanze entwickeln sich weibl. u. männl. Geschlechtsorgane *(Archegonien* u. *Antheridien);* aus der durch bewegl. *Spermatozoiden* befruchteten Eizelle geht dann die sporenliefernde, ungeschlechtl. Generation hervor, die gestielte Mooskapsel, die nicht selbständig wird, sondern auf der Moospflanze bleibt u. von ihr ernährt wird. Die M. umfassen 2 Klassen: *Leber-M.* u. *Laub-M.*

**Moosfarne,** *Selaginellales,* Ordnung der *Bärlappgewächse;* Fam. *Selaginellaceae,* Gatt. *Selaginella,* in den Tropen rd. 700 Arten. Die schuppenförmigen Blättchen tragen am Grund der Blattoberseite eine häutige Schuppe, die *Ligula,* ein wasseraufnehmendes u. -ausscheidendes Organ.

**Moostierchen,** *Bryozoa,* artenreichste Klasse der *Tentakeltiere;* mikroskop. kleine, festsitzende Wasserbewohner mit einem einziehbaren Tentakelapparat rings um die Mundöffnung. Die Einzeltiere stecken in festen Körperhüllen, aus denen sie den Vorderkörper mit den Tentakeln herausstrecken können u. die durch Deckel verschließbar sind. M. mit verkalkten Hüllen sind Riffbildner, die z.B. im Frühtertiär ausgedehnte Kalksteinlager aufgebaut haben.

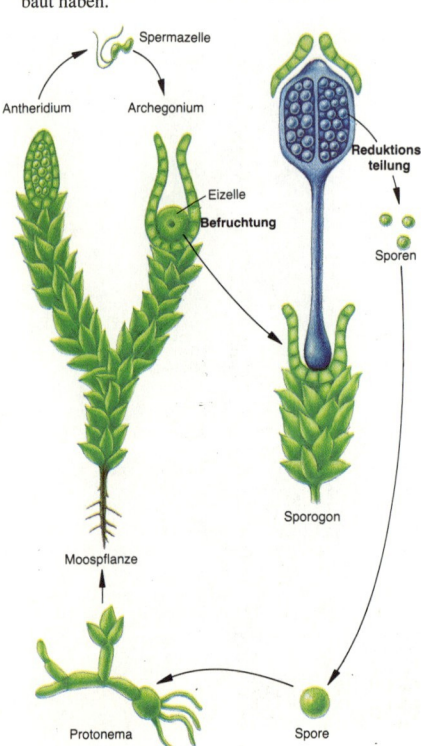

*Moose: Generationswechsel*

*Moose: Beckenmoos mit Sporogonen*

**Moped,** Kurzwort für *motorisiertes Pedal* oder *Motorpedalfahrzeug,* ein Fahrrad mit Hilfsmotor bis 50 cm³ Hubvolumen, Höchstgeschwindigkeit 40 km/h. Ein Führerschein der Klasse 4 ist notwendig, ebenso eine Haftpflichtversicherung; zulassungs- u. steuerfrei.

**Mops,** alte, aus China stammende Hunderasse; kurzhaarig, gelb bis grau.

**Mopti,** Stadt in Mali, im Binnendelta des Niger, 78 000 Ew.; Moschee; landw. Handelszentrum.

**Mora,** José de, *1642, †1724, span. Bildhauer (religiöse Bildwerke in spätbarockem Stil).

**Móra** ['mo:rɔ], Ferenc, *1879, †1934, ung. Schriftst. (Kurzerzählungen u. Romane aus dem bäuerl. u. kleinbürgerl. Milieu).

**Moradabad** → Muradabad.

**Moral,** Sittlichkeit, Sitte, sittl. Haltung eines einzelnen oder einer Gruppe; auch sittl. Lehre (z.B. die in einer Fabel oder Erzählung enthaltene M.), als solche gleichbedeutend mit → Ethik.

**Morales, 1.** Cristóbal, *um 1500, †1553, span. Komponist; der erste bed. Vertreter des polyphonen Stils in Spanien. – **2.** Luis de, *um 1520 (?), †1586, span. Maler; arbeitete in einem von Leonardo u. Raffael beeinflußten manierist. Stil.

**Moralismus,** Betonung der sittl. Grundsätze.

**Moralisten,** Sittenbeobachter u. -kritiker, Schilderer des menschl. Lebens unter bes. Betonung der sittl. Einstellung u. Entlarvung eines »Sittenverfalls«; hpts. die frz. Schriftst. des 17. Jh.

**Moralität,** ein allegor. Schauspiel des ausgehenden MA in Frankreich, England u. Italien, in dem personifizierte Tugenden u. Laster auftreten; aus dem *Mysterienspiel* entstanden, z.B. »Jedermann«.

**Moralphilosophie** → Ethik.

**Moraltheologie,** das Teilgebiet der kath. Theologie, in dem die religiös-sittl. Verpflichtungen des durch die Taufe zum übernatürl. Sein erhobenen Menschen behandelt werden (theolog. Ethik).

**Morand** [mɔˈrã], Paul, *1888, †1976, frz. Schriftst. (Reisebücher, Romane); in den 20er Jahren bed. Romancier der frz. Avantgarde.

**Morandi,** Giorgio, *1890, †1964, ital. Maler; stand der Pittura metafisica nahe (Stilleben aus streng gebauten Grundformen).

**Moräne,** von Gletschern mitgeführter oder nach Abschmelzen des Eises abgelagerter Gesteinsschutt. Man unterscheidet: *Grund-M.,* unter dem Gletscher mitgeführtes, zerriebenes Gesteinsmaterial; *Seiten-, Rand-M.,* an den Gletscherseiten mitgeführter Schutt, der sich beim Zusammenfließen zweier Gletscher in der Mitte des neuen zur *Mittel-M.* vereinigt u. dort mitgeführt wird; *End-M.,* von Gletschern an der Stirnseite mitgeführte Gesteinstrümmer, die nach dem Abschmelzen des Eises zu einem meist bogenförmigen Wall aufgetürmt liegenbleiben.

**Morast,** Schlamm, Sumpf.

**Morat** [mɔˈra] → Murten.

**Moratorium,** *Notstundung,* eine dem Schuldner eingeräumte Zahlungsfrist durch den Gläubiger *(Stundung)* oder den Staat *(Indult).*

**Moratuwa** [-'tuə], Stadt in Sri Lanka, an der Westküste, 140 000 Ew.

**Moratín,** Leandro *Fernández de M.,* *1760, †1828, span. Schriftst.; als Parteigänger der Franzosen verbannt; bed. Lustspieldichter Spaniens im 18. Jh.

**Morava, 1.** r. Nbfl. der Donau in Jugoslawien, mündet östl. von Belgrad. – **2.** tschech. Name der → March.

**Moravia,** Alberto, eigtl. A. *Pincherle,* *1907, †1990, ital. Schriftst.; schilderte in psycholog. u. psychoanalyt. Durchdringung den Zerfall der bürgerl. Gesellschaft u. seine Folgen, bes. in den Kreisen der modernen Jugend. W »Adriana, ein röm. Mädchen«, »La Noia«.

**Morbidität,** *Morbilität,* ein statist. Begriff: die Häufigkeit der Erkrankung von 1000 oder 10 000 beobachteten Personen in einem bestimmten Zeitraum.

**Morchel,** *Morchella,* Gatt. der *Schlauchpilze;* gegliedert in einen weißl. aufgeblasenen Stiel u. einen unregelmäßig-rundl., bräunl. Kopf oder Hut; hierzu *Rund-M. (Speise-M.)* u. *Spitz-M.*

**Morcote,** schweiz. Dorf am Luganer See, 600 Ew.; Wallfahrtskirche; Weinanbau.

**Mord,** vorsätzl. Tötung eines Menschen unter bes. schweren Umständen: im Strafrecht der BR Dtld. nach § 211 StGB die Tötung aus M.lust, zur Befriedigung des Geschlechtstriebs, aus Habgier (meist *Raub-M.*) oder sonst aus niedrigen Beweggründen, auf heimtück. oder grausame Weise oder mit gemeingefährl. Mitteln oder um eine andere Straftat zu ermöglichen oder zu verdecken. In der BR Dtld. in der Regel mit lebenslängl. Freiheitsstrafe bestraft. – In der S c h w e i z wird M. nach Art. 112 StGB mit lebenslängl. Zuchthaus, in Österreich nach § 75 StGB mit 10–20 Jahren oder lebenslanger Freiheitsstrafe bestraft.

**Mörderwal** → Schwertwal.

**Mordillo** [-'dijo], Guillermo, *4.8.1932, argent. Karikaturist; schuf Cartoons von hintergründigem Humor.

**Mordwinen,** ostfinn. Volk mit eigener Sprache; beiderseits der mittleren Wolga in Kasachstan u. Sibirien; mit den Stämmen *Ersa* u. *Mokscha.*

**Mordwinische ASSR,** Autonome Sowjetrep. innerhalb der RSFSR, westl. des Kujbyschewer Stausees der Wolga, 26 200 km², 966 000 Ew., Hptst. *Saransk.*

**More** [mɔː], **1.** Henry, *1614, †1687, engl. Philosoph; gehörte zu den Platonikern der *Schule von Cambridge.* – **2.** latinisiert *Morus,* Sir Thomas, *1478, †1535, engl. Staatstheoretiker u. Humanist; 1529–32 Lordkanzler *Heinrichs VIII.,* legte 1532

*Thomas More; Gemälde von Rubens*

seine Ämter nieder aus Opposition gegen die antipäpstl. Politik des Königs u. wurde wegen Verweigerung des Suprematseids hingerichtet (1935 heiliggesprochen). – In seiner satir. Schrift »Utopia« schilderte er eine auf Gemeineigentum aufgebaute Gesellschaft, die zugleich als Sozialkritik für das England seiner Zeit gedacht war. Seine Schrift gab dieser Literaturgattung (»Utopien«) den Namen.

**Moréas,** Jean, eigtl. Joannis *Papadiamantopoulos*, *1856, †1910, frz. Schriftst. grch. Abstammung; Neoklassizist.

**Moreau** [mɔ'ro], **1.** Gustave, *1826, †1898, frz. Maler; Vertreter des maler. Symbolismus; mytholog. u. bibl. Stoffe mit myst. Lichtwirkungen. – **2.** Jean-Michel, *1741, †1814, frz. Graphiker u. Maler (Buchillustrationen). – **3.** Jeanne, *23.1.1928, frz. Filmschauspielerin u.a. in »Jules et Jim«, »Die Braut trug schwarz«. – **4.** Jean Victor, *1763, †1813, frz. Offizier; erfolgreicher Revolutionsgeneral der *Koalitionskriege*, 1804 des Landes verwiesen.

**Morelia,** Hptst. des zentralmex. Bundesstaats Michoacán, nw. der Stadt México, 240 000 Ew.; Univ.; Nahrungsmittelind.

**Morelle,** eine Varietät der *Sauerkirsche*.

**Morelos,** Bundesstaat in → Mexiko.

**Moreno** [mə'ri:nou], Jacob Levy, *1892, †1974, US-amerik. Psychiater u. Soziologe; Begr. der Gruppentherapie.

**Moresca,** *Morisca, Moriskentanz,* pantomim. Charaktertanz im 15./16. Jh.; stellte urspr. den Kampf zw. Christen u. Mauren dar.

**Moreto y Cabaña,** *Moreto y Cavana* [-i ka'vanja], Agustín, *1618, †1669, span. Schriftst.; schrieb 69 *Comedias*, meist nach älteren Vorlagen.

**Mörfelden-Walldorf,** hess. Stadt in der Oberrhein. Tiefebene, 29 000 Ew.

**Morgagni** [-ganji] Giovanni Battista, *1682, †1771, ital. Anatom u. Chirurg; Begr. der patholog. Anatomie.

**Morgan, 1.** ['mɔ:gən], Augustus → De Morgan. – **2.** ['mɔ:gən], Charles, *1894, †1958, engl. Schriftst. Seine Romane suchen ethische Fragen aus metaphys. Sicht zu gestalten. – **3.** [mɔr'gã], Jacques-Jean-Marie de, *1857, †1924, frz. Archäologe; leitete 1884–89 Grabungen in Persien, Indien u. Armenien, 1897 in Susa; fand u.a. das Gesetzbuch des Hammurapi. – **4.** ['mɔ:gən], John Pierpont sen.,*1837, †1913, US-amerik. Bankier; gründete 1871 das Bankhaus *J. P. M. & Co.,* New York, das er zu einem der mächtigsten Kreditinstitute der USA entwickelte; Kunstsammler. – **5.** ['mɔ:gən], John Pierpont jun., Sohn von 4), *1867, †1943, US-amerik. Bankier; erweiterte den Einfluß des Bankhauses *J. P. M & Co.* auf die internat. Wirtsch. u. Politik. – **6.** [mɔr'gã], Michèle, eigtl. Simone *Roussel,* *29.2.1920, frz. Filmschauspielerin. – **7.** ['mɔ:gən], Thomas Hunt, *1866, †1945, US-amerik. Biologe; entdeckte an der Taufliege *Drosophila* die Vererbungsvorgänge u. begr. damit die moderne Genetik; Nobelpreis für Medizin 1933.

**morganatische Ehe,** *Ehe zur linken Hand,* die Ehe zw. einem Angehörigen des Adels u. dem eines niedrigeren Stands, auch eines niedrigeren Rangs innerhalb des Adels.

**Morgarten,** schweizer. Ldsch. am SO-Ende des Aegerisees (Kt. Zug), bis 1245 m hoch. Hier besiegten am 15.11.1315 die Bauern der eidgenöss. Urkantone das Ritterheer Herzog *Leopolds I.* von Österreich u. erreichten endgültig ihre Freiheit.

**Morgen,** als Flächenmaß: urspr. der Teil des Akkers, der an einem M. (Vormittag) umgepflügt werden kann; meist zw. 25 u. 36 a, jedoch auch bis 122,5 a.

**Morgengabe,** im alten dt. Recht das Geschenk des Mannes an seine Frau nach der Hochzeitsnacht; als Entgelt für die verlorene Jungfräulichkeit verstanden.

**Morgenland** → Orient.

**morgenländische Kirchen,** *vorderoriental. Kirchen,* eine der Kirchengruppen der → Ostkirchen. Nach ihrer dogmat. Herkunft sind zu unterscheiden: 1. die nestorian. Kirche des Ostens, 2. die monophysit. Kirchen (syr.-orth. Kirche, kopt.-orth. Kirche, äthiop. Kirche, armen.-gregorian. Kirche); *i.w.S.* 3. die orth. Kirchen im Orient (Melkiten, georgisch-orth. Kirche), 4. die mit Rom unierten Kirchen, dazu die Maroniten. Eine eigene Gruppe bilden die (konfessionell den Gruppen 1, 2, 4 zugehörigen) Thomaschristen. – Veraltet ist die Bez. »m. K.« für die orth. Kirchen O- u. SO-Europas.

**Morgenstern, 1.** Name des Planeten *Venus* am

*Moritzburg: Das kürzlich renovierte Jagdschloß Moritzburg wurde im 16. Jahrhundert erbaut*

Morgenhimmel. – **2.** keulenartige Schlagwaffe des MA.

**Morgenstern, 1.** Christian, Enkel von 2), *1871, †1914, dt. Schriftst. Am erfolgreichsten waren seine tiefsinnig grotesken »Galgenlieder«. – **2.** Christian Ernst, *1805, †1867, dt. Maler u. Graphiker (romant.-gestimmte Landschaftsgemälde).

**Morgenthau** [engl. 'mɔ:gənθɔ:], **1.** Henry sen., *1856, †1946, US-amerik. Politiker (Demokrat) dt. Herkunft; unterstützte W. *Wilson.* – **2.** Henry jr., Sohn von 1), *1891, †1967, US-amerik. Politiker; Freund F.D. *Roosevelts,* 1934–45 Finanz-Min. – **M.-Plan,** der von M. jr. während des 2. Weltkriegs entwickelte Plan zur endgültigen Sicherung vor mögl. Aggressionen Dtlds.: Es sollte territorial stark reduziert, durch prakt. Zerstückelung föderalisiert u. durch radikale Demontage seiner Ind., Zerstörung der Bergwerke u.ä. in einen Agrarstaat verwandelt werden. Der Plan wurde 1944 fallengelassen.

**Morgenweite,** der Winkelabstand des Aufgangspunkts der Sonne oder eines anderen Gestirns vom Ostpunkt des Horizonts.

**Morgner, 1.** Irmtraud, *1933, †1990, dt. Schriftst.; Erzählungen u. Romane in der Tradition des Schelmenromans. – **2.** Wilhelm, *1891, †1917 (vermißt), dt. Graphiker u. Maler; Frühexpressionist.

**Mörike,** Eduard, *1804, †1875, dt. Dichter; einer der großen Lyriker dt. Sprache. Bei ihm verbindet sich klass. Schönes mit romant. Zwielichtigem u. Volksliedhaftem. Als Erzähler schrieb er u.a. den Künstlerroman »Maler Nolten« u. die Novelle »Mozart auf der Reise nach Prag«. Als Lyriker schuf er u.a. Balladen u. Idyllen.

**Morioka,** jap. Präfektur-Hptst. im N von Honshu, 240 000 Ew.

**Morisca** → Moresca.

**Moriscos,** *Morisken,* die nach der Rückeroberung *(Reconquista)* des arab. Spanien durch die Christen im Land gebliebenen, getauften Araber.

**Moriskentanz** → Moresca.

**Moritat** [eigtl. *Mordtat*], das balladenartige Lied des *Bänkelsängers.*

**Moritz,** Fürsten.

Oranien:

**1.** *1567, †1625, Prinz, Graf von *Nassau-Dillenburg,* Statthalter der Niederlande; Sohn *Wilhelms I.* von Oranien; siegte mehrfach über die bis dahin unbesiegten Spanier mit einem völlig neuartig organisierten Heer u. wurde so das Vorbild für das schwed., frz. u. brandenburg.-preuß. Heeres- u. Kriegswesen.

Sachsen:

**2.** *1521, †1553, Herzog, seit 1547 Kurfürst; trat, obwohl 1539 prot. geworden, dem *Schmalkald. Bund* nicht bei, sondern kämpfte auf seiten des Kaisers, der ihm die sächs. Kurwürde versprach, gegen seine Glaubensbrüder (»Judas von Meißen«); verbündete sich mit anderen norddt. Fürsten u. Frankreich gegen Kaiser Karl V. u. vertrieb ihn 1552 aus Dtld.; fiel im Kampf gegen den Markgrafen *Albrecht Alcibiades* von Brandenburg-Kulmbach.

**Moritz,** Karl Philipp, *1756, †1793, dt. Schriftst.; schrieb mit realist. Aufrichtigkeit den selbstbiograph. Entwicklungsroman »Anton Reiser«, fortgeführt in »Andreas Hartknopf«.

**Moritzburg,** ehem. Jagdschloß der Wettiner,

nördl. von Dresden; 1723–36 von M.D. *Pöppelmann* u.a. umgebaut u. erweitert.

**Morlaix** [mɔr'lɛ], frz. Stadt an der Nordküste der Bretagne, 21 000 Ew.; berühmter Calvaire (Kalvarienberg).

**Morley** ['mɔ:li], Thomas, *1557, †1602, engl. Komponist der ital. Gattungen Madrigal, Kanzonette u. Ballett.

**Mormonen,** *Kirche Jesu Christi der Heiligen der Letzten Tage,* engl. *Church of Jesu Christ of Latter-Day-Saints,* von Joseph *Smith* 1830 in den USA gegr. christl. Glaubensgemeinschaft, die auf angebl. von ihm gefundenen, von einem Propheten *Mormon* gesammelten Schriften beruht (»The Book of Mormon« 1830). – Nach schweren Verfolgungen wurde 1848 von Brigham *Young* der Mormonenstaat »Deseret« in der Ebene des Großen Salzsees gegr. u. nach Verzicht der M. auf die 1843 eingeführte Mehrehe 1896 als Staat Utah in die USA aufgenommen. Kennzeichnend ist ein vielfältig gegliedertes Priestertum.

**Moro, 1.** Aldo, *1916, †1978 (ermordet von linksextremen Terroristen), ital. Politiker (Democrazia Cristiana); mehrfach Min. 1963–68 u. 1974–76 Min.-Präs.; seit 1976 Partei-Vors. – **2.** Antonio → Moor.

**Morón,** Vorort der argent. Hptst. Buenos Aires, 550 000 Ew.

**Moroni,** Hptst. der Inselrep. Komoren, auf Grande Comore, 22 000 Ew.

**Moros,** Sammelbez. für die islam. Bev. der südl. Philippinen.

**Morphem,** die kleinste bedeutungshaltige Einheit einer Sprache, wobei die Bedeutung auch eine grammat. Funktion (z.B. Plural) sein kann; so besteht z.B. »Menschen« aus den M. »Mensch« u. »-n«.

**Morpheus,** grch. Gott des Traums.

**Morphin,** früher *Morphium,* ein um 1804 von F.W. *Sertürner* aus *Opium* rein gewonnenes Alkaloid; ein lähmendes Gift, das zunächst die Schmerzempfindung herabsetzt, die Atmung vertieft u. ein ausgesprochenes Wohlgefühl *(Euphorie)* verursacht. Da es Gewöhnung u. Sucht hervorruft *(M.ismus),* ist seine medizin. Verwendung bes. gesetzl. Beschränkungen unterworfen.

**Morpho,** S-amerik. Gatt. von Tagfaltern, den *Edelfaltern* verwandt; mit einer Flügelspannweite von 18–20 cm.

**Morphologie,** allg. die Lehre von den Gebilden, Formen, Gestalten, Strukturen.

**Morris,** William, *1834, †1896, engl. Schriftst. u. Kunsthandwerker; schrieb spätromant. Dichtungen; Erneuerer des Kunstgewerbes u. Buchkünstler, Vorbereiter des Jugendstils.

**Morrison** ['mɔrisən], Herbert Stanley, Baron of *Lambeth* (1959), *1888, †1965, brit. Politiker (Labour Party); mehrfach Min.; einer der Vorkämpfer der engl. Sozialisierungspolitik, bes. im Verkehrswesen.

**Mors,** dän. Insel im Limfjord, 363 km², 25 000 Ew.; Hauptort *Nyköbing M.*

**Morse** [mɔ:s], Samuel Finley Breese, *1791, †1872, US-amerik. Maler (Porträts u. Ldsch. im Stil der Romantik) u. Erfinder; hatte die Idee des ersten brauchbaren Maschinentelegraphen, der Buchsta-

*Mormonen: Tempel in Salt Lake City*

**Morseapparat**

| Buch-stabe | Zeichen | Satzzeichen | Zeichen |
|---|---|---|---|
| a | .- | Punkt | .-.-.- |
| ä | .-.- | Komma | --..-- |
| b | -... | Fragezeichen | ..--.. |
| c | -.-. | Doppelpunkt | ---... |
| ch | ---- | Apostroph | .----. |
| d | -.. | Anführungsstriche | .-..-. |
| e | . | Bindestrich | -....- |
| f | ..-. | Doppelstrich = | -...- |
| g | --. | Klammer () | -.--.- |
| h | .... | Bruchstrich | -..-. |
| i | .. | Trennung (zw. Zahl u. Bruch) | | |
| j | .--- | Unterstreichung | ..--.- |
| k | -.- | Anfangszeichen | -.-.- |
| l | .-.. | Warten | .-... |
| m | -- | Irrung | ........ |
| n | -. | Verstanden | ...-. |
| o | --- | Aufforderung zum Geben (K) | -.- |
| ö | ---. | | |
| p | .--. | Kreuz, Schluß der Übermittlung | .-.-. |
| q | --.- | Schluß des Verkehrs (SK) | ...-.- |
| r | .-. | | |
| s | ... | | |
| t | - | | |
| u | ..- | Zahlen 1 | .---- |
| ü | ..-- | 2 | ..--- |
| v | ...- | 3 | ...-- |
| w | .-- | 4 | ....- |
| x | -..- | 5 | ..... |
| y | -.-- | 6 | -.... |
| z | --.. | 7 | --... |
| á, å | .--.- | 8 | ---.. |
| ñ | --.-- | 9 | ----. |
| | | 0 | ----- |

*Morsealphabet*

ben als Zickzackzeichen auf ein Papierband schrieb (1837) u. den er mit J. *Henry* u. A. *Vail* entwickelte. Später verwendete er ein Zeichensystem von kürzeren u. längeren Strichen (**M.alphabet**), das heute noch im Seefunk u. von Funkamateuren verwendet wird. 1843 baute er die erste Versuchstelegraphenlinie zw. Washington u. Baltimore.

**Morseapparat**, Gerät zum Senden u. Empfangen von telegraph. Nachrichten. Es besteht (zum Sen-

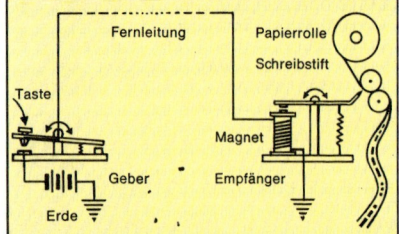

*Morseapparat (Schema)*

den) aus einer Taste, mit der kurze u. lange elektr. Impulse (»Punkte« u. »Striche«) auf die Leitung gegeben werden können, u. (zum Empfangen) aus einem Elektromagneten mit Anker, der im Takt der Impulse den Schreibstift gegen einen bewegten Papierstreifen drückt u. so Punkte oder Striche erzeugt (auch zum Hörempfang geeignet).

**Mörser, 1.** ein schalenförmiges Gefäß, in dem mit einem Kolben (*Pistill*) Stoffe fein gestoßen oder verrieben werden. – **2.** ein schweres Steilfeuergeschütz.

**Mortadella**, eine Bologneser Kochwurst.
**Mortalität**, Sterblichkeit, statist. Sterblichkeitsziffer; → Letalität.
**Mörtel**, *Speis*, feiner *Beton*. Bindemittel (Kalk, Zement, Gips) bewirken die Erhärtung, die Zuschlagstoffe (meist Sand) dienen der Magerung, während das Wasser die chem. Reaktion des Erhärtens u. die Verarbeitbarkeit ermöglicht.
**Morteratsch**, *Piz M.,* Gipfel der schweizer. Bernina-Alpen, im Kt. Graubünden, 3751 m.
**Morton** ['mɔːtən], **1.** Jelly Roll, eigtl. Ferdinand Joseph *La Menthe*, *1885, †1941, US-amerik. Jazzpianist, Bandleader u. Sänger. – **2.** William Thomas Green, *1819, †1868, US-amerik. Zahnarzt; gilt als Erfinder der Äthernarkose.
**Mortuarium**, *Sterbefall, Seelrecht, Todfall,* der Teil des Nachlasses, der der Kirche anheimfällt; im MA allg., örtl. heute noch üblich.
**Morungen** → Heinrich von Morungen.
**Morus**, Thomas → More.
**MOS**, Abk. für engl. *metal oxide semiconductor,* ein Metalloxid-Halbleiter.
**Mosaik**, eine Kunsttechnik, die durch flächiges Zusammenfügen von farbigen Steinen oder Glasstücken figürl. Bilder oder ornamentale Dekorationen gestaltet. – Die ältesten, über 5000 Jahre alten M.-Funde stammen aus Uruk.
**mosaisch**, *i.e.S.* von Mose, auf Mose bezogen; *i.w.S.* jüdisch.
**Mosaisches Gesetz**, die Gesetzesbestimmungen der 5 Bücher Mose; das kultisch verankerte Gesetz des Judentums.
**Mosbach**, Stadt in Ba.-Wü., an der Elz, nördl. von Heilbronn, 22 600 Ew.; Metall-, Masch.- u. keram. Ind.
**Mosch**, Ernst, *7.11.1925, Posaunist u. Orchesterleiter; weltberühmt. Blasmusik.
**Moschav**, *M. Ovdim*, der verbreitetste Typ von Genossenschaftssiedlungen in Israel. Er beruht auf Nationaleigentum. Jeder Siedler führt seinen eigenen Betrieb u. bewohnt ein eigenes Haus; gemeinschaftl. sind Maschinenpark u. Planung.
**Moschava**, Bez. für isr. Dörfer mit privatem Bodenbesitz, Einzelwirtsch., individueller Vermarktung u. Beschäftigung von Lohnarbeitern; zu unterscheiden von *Moschav* u. *Kibbuz*.
**Moschee**, Anlage mit gedecktem Raum für das gemeinsame Gebet der islam. Gemeinde, zurückgehend auf das Haus des Propheten *Mohammed* in Medina; meist gegliedert um einen quadrat. oder rechteckigen Hof mit seitl. Hallen *(Riwaqs)*. An der nach Mekka gerichteten Seite *(Qibla)* befindet sich der Betsaal *(Haram)* mit Gebetsnische *(Mihrab),* im Hof ein Brunnen für rituelle Waschungen. Die mit Balkonen versehenen *Minarette* (Türme) dienen der Gebetsausrufung durch den Muezzin. Im Innern haben große M.n eine Kanzel *(Minbar)* für die Freitagspredigt, u.U. auch eine Fürstenloge *(Maqsura)* u. eine Vorbeter-Estrade *(Dikka)*.
**Moscheles**, Ignaz, *1794, †1870, dt. Pianist, Dirigent u. Komponist; Klavierpädagoge.
**Moscherosch**, Johann Michael, Pseud.: *Philander von Sittewald*, *1601, †1669, dt. Schriftst.; barocker Erzähler u. Satiriker, Mitgl. der »Fruchtbringenden Gesellschaft«.
**Moschus**, das Sekret aus den M.drüsen der männl. M.tiere. Es enthält als Riechstoff *Muscon* u. ist noch in äußerst geringer Konzentration wahrnehmbar. M. wird als Parfümeriegrundstoff verwendet. – **M.bock**, bis 35 mm langer, nach M. riechender *Bockkäfer*. – **M.ente**, *Türkenente,* kurzschnäbelige, metallisch schwarz-grüne *Ente* aus Südamerika. Die Erpel verbreiten während der Paarungszeit M.- oder Bisamgeruch. – **M.ochse**, büffelähnl. Herdentier der nördl. N-Amerika u. Grönlands. Die Stiere haben M.drüsen. – **M.tiere**, *Moschinae,* artenarme Unterfam. der *Hirsche.* Das *M.tier*, von 55 cm Schulterhöhe u. mit einer

*Mosaik: Apollon im Sonnenwagen; um 200 n. Chr. Boscéaz bei Orbe, Schweiz*

M.drüse in der Nabelgegend, lebt in Bergwäldern Mittel- u. SO-Asiens.
**Mościcki** [mɔʃˈtʃitski], Ignacy, *1867, †1946, poln. Chemiker u. Politiker; 1926–39 als Anhänger J. Piłsudkis Staats-Präs.
**Mose**, *Moses*, im AT der Empfänger der Offenbarung Gottes (Jahwes) am Sinai, der Vermittler des Gesetzes (10 Gebote) u. der von Gott beauftragte Führer des Volkes Israel beim Zug von Ägypten bis ins Ostjordanland (um 1225 v. Chr.). Die 5 Bücher M. *(Pentateuch)* im AT sind nach ihm ben., aber nicht von ihm verfaßt.
**Mosel**, frz. *Moselle*, l. Nbfl. des Rhein, 545 km; entspringt in den S-Vogesen (Frankreich), mündet bei Koblenz; an den Talhängen Weinanbau.
**Moseley** [ˈmɔuzli], Henry, *1887, †1915, engl. Physiker; entdeckte 1913 das *M.sche Gesetz,* das

*Mose und der brennende Dornbusch, aus dem Gott zu Mose sprach; Lithographie von Marc Chagall, 1966. Hannover, Sprengel-Museum*

den Zusammenhang zw. der Frequenz eines von einem Atom ausgesandten Röntgenstrahls u. der Ordnungszahl des betreffenden Atoms angibt.
**Moselle** [moˈzɛl], frz. Bez. für die Mosel.
**Moser, 1.** Edda, Tochter von 3), *27.10.1942, dt. Sopranistin. – **2.** Hans, eigtl. Jean *Juliet*, *1880, †1964, östr. Schauspieler; verkörperte meist im Film Wiener Originale. ⌨ »Hallo, Dienstmann«, »Ober, zahlen«. – **3.** Hans Joachim, *1889, †1967, dt. Musikwissenschaftler. – **4.** Hugo, *1909, †1989, dt. Germanist; Veröff. zur Sprach- u. Literaturgeschichte u. zur Sprachsoziologie. – **5.** Kolo (Koloman), *1868, †1918, östr. Graphiker u. Maler; erneuerte das östr. Kunstgewerbe. – **6.** Lucas,

*Mosaik: Fritz Winter, Außenwandglasmosaik an einem U-Bahnhof in Berlin; 1958*

*Moskau: Blick über die Moskwa auf Kreml (links) und Hotel Rossija (rechts). Im Hintergrund in der Bildmitte die Turmgebäude der Lomonossow-Universität*

\*um 1390, †nach 1434, dt. Maler; wahrsch. aus Ulm. W Tiefenbronner Altar.

**Möser,** Justus, \*1720, †1794, dt. Schriftst. u. Historiker; wandte sich gleichermaßen gegen Absolutismus, Aufklärung u. Frz. Revolution; er trug entscheidend zur Entstehung des *Historismus* bei.

**Moses** → Mose.

**Moses** ['mɔʊziz], Grandma → Robertson-Moses.

**Moshav** ['mɔʃav] → Moschav.

**Moshava** ['mɔʃava] → Moschawa.

**Moshi** ['moʃi], Stadt am Südfuß des Kilimandscharo, im O-afrik. Tansania, 52 000 Ew.; landw. Zentrum, Kaffeehandel; internat. Flughafen.

**Mosi** → Mossi.

**Mösien,** lat. *Moesia,* in der Antike Bez. für die Ldsch. zw. der unteren Donau u. dem Balkangebirge, etwa dem heutigen Serbien, N-Bulgarien u. der rumän. Dobrudscha entsprechend; ben. nach den thrakischen **Moesern** (29/28 v. Chr. von den Römern unterworfen).

**Moskau,** russ. *Moskwa,* Hpst. (seit 1918), polit., kulturelles u. wirtsch. Zentrum der Sowjetunion, in deren europ. Mittelpunkt, im Hügelland der Moskwa; mit 8,8 Mio. Ew. u. einer Fläche von 875 km² die größte Stadt des Landes, zugleich Hptst. der UdSSR, der RSFSR u. der Oblast M. Den Kern der Stadt bilden der *Kreml* (15./16. Jh.) u. der davor gelegene *Rote Platz* mit dem Lenin-Mausoleum u. der Basilius-Kathedrale (16. Jh.); ihn umschließen die Altstadt, moderne Straßenzüge (»Prospekte«) u. Ringstraßen mit neu angelegten Stadtvierteln. – Sitz des russ.-orth. Patriarchen, Akademie der Wiss. der UdSSR, 5 Fachakademien, etwa 80 HS (darunter die *Lomonossow-Universität,* 1755 gegr.) u. zahlr. FS, mehrere Bibliotheken *(Lenin-Bibliothek),* 50 Museen (u.a. *Tretjakow-Galerie)* u. über 20 Theater (darunter das *Bolschoj-Theater).* M. ist Zentrum des *M.er Industriegebiets* u. die bed. Industriestadt der Sowj. Als Verkehrsmittelpunkt hat M. 11 Haupteisenbahnlinien (Kopfbahnhöfe), 3 Flughäfen (Wnukowo, Scheremetjewo, Domodedowo) u. den größten sowjet. Binnenhafen. Ein Hauptverkehrsmittel ist (seit 1935) die Untergrundbahn (über 475 km Streckenlänge). In M. fanden die Olymp. Sommerspiele 1980 statt.
Gesch.: Seit etwa 1300 mit der Einigung Rußlands unter den Großfürsten von M. stieg die Stadt schnell auf u. wurde Hptst. des Russ. Reichs, bis diese von *Peter d. Gr.* 1712 nach *St. Petersburg* verlegt wurde. Die zahlr. großen Brände, u.a. 1552 u. bes. 1812 nach der Eroberung durch Napoleon I. u. der Angriff 1941 konnten die Entwicklung der Stadt, die seit März 1918 wieder Regierungssitz ist, nicht aufhalten.

**Moskauer Vertrag,** deutsch-sowj. Vertrag, am 12.8.1970 unterzeichneter Vertrag zw. der BR Dtld. u. der UdSSR; trat am 3.6.1972 in Kraft. Beide Parteien gingen darin von der in Europa »bestehenden wirklichen Lage« aus, wozu nach dt. Auffassung neben der Existenz der DDR auch die polit. Zugehörigkeit West-Berlins zur Bundesrepublik gehörte. Sie verpflichteten sich, nach den Grundsätzen der UN-Charta »ihre Streitfragen ausschließl. mit friedl. Mitteln zu lösen« u. »die territoriale Integrität aller Staaten in Europa in ihren heutigen Grenzen uneingeschränkt zu achten«. Sie erklärten, »daß sie keine Gebietsansprüche gegen irgend jemand haben u. solche in Zukunft auch nicht erheben werden«, u. »betrachten heute u. künftig die Grenzen aller Staaten in Europa als unverletzl., wie sie am Tage der Unterzeichnung dieses Vertrages verlaufen, einschließl. der Oder-Neiße-Linie... u. der Grenze zwischen der BR Dtld. u. der DDR«. In einem »Brief zur dt. Einheit« stellte die BR Dtld. ferner unwidersprochen fest, daß der Vertrag nicht im Widerspruch zum polit. Ziel der BR Dtld. auf Wiederherstellung der Einheit des dt. Volkes in freier Selbstbestimmung stehe.

**Moskitos,** Sammelname für stechende, blutsaugende *Mücken* trop. Länder, die meist den Fam. *Stechmücken* u. *Kriebelmücken* angehören. Einige Arten übertragen Malaria, Gelbfieber u.a.

**Moskowiter,** *Moskowiten,* urspr. Bez. für die Bewohner *Moskaus,* dann für die Großrussen.

**Moskwa,** 1. l. Nbfl. der in die Wolga mündenden Ika, 502 km; durchfließt die sowj. Hptst. (ab hier schiffbar), mündet bei Kolomna. – 2. russ. Name für *Moskau.*

**Moslem** ['mɔs-], ältere (engl.) Schreibung der Selbstbez. der Anhänger *(Muslim)* des Islams. – **M.bruderschaft,** Muslimbruderschaft, arab. *Ichwan Al-Muslimin,* religiös-polit. Vereinigung in den arab. Ländern; anti-europ. eingestellt; um 1928 in Isma'iliya (Ägypten) als Geheimbund gegr., 1954 endgültig aufgelöst, heute in Ägypten wieder toleriert. – **M.liga,** *Muslimliga,* 1906 in Brit.-Indien gegr. polit. Organisation zur Wahrung der Rechte der islam. Minderheit in Indien. Ihr späteres extremes Ziel wurde mit der Gründung *Pakistans* (1947) erreicht. 1955 spaltete sich die *Awami-Liga* ab.

**Mosquitoküste** [-'kito-], *Moskitoküste,* sumpfige Küstenlandschaft Nicaraguas am Karib. Meer.

**Mößbauer,** Rudolf, \*31.1.1929, dt. Physiker; entdeckte den nach ihm ben. *M.-Effekt;* Nobelpreis 1961. – **M.-Effekt,** die rückstoßfreie Emmission oder Absorption von Spektrallinien der Gammastrahlung durch Atomkerne, die in ein Kristallgitter eingebaut sind. Wenn ein Atomkern im Gitter ein Gammaquant aussendet, muß nicht der einzelne Kern, sondern es kann der ganze Kristall den Rückstoß aufnehmen. Entsprechendes gilt für die Absorption. Es wird eine hohe Meßgenauigkeit für den Nachweis einiger Teile der Relativitätstheorie erreicht.

**Mossi,** *Mosi,* Sudanneger (1,8 Mio.) mit jungsudan. Einflüssen, im Volta-Gebiet Burkina Faso. Sie gehören sprachl. zu den *Gurvölkern.*

**Mössingen,** Stadt in Ba.-Wü., sw. von Reutlingen, 15 000 Ew.; Textil- u. Metallind.

**Most,** 1. ungegorener Fruchtsaft. – 2. gegorener Apfelsaft, »Nationalgetränk« in den SW-dt. u. östr. Obstbaugebieten. – 3. junger gärender Wein.

**Mostaert** [-ta:rt], Jan, \*um 1475, †1555/56, ndl. Maler; Hofmaler der ndl. Statthalterin Margarete von Österreich.

**Mostaganem,** Bez.-Hptst. u. Hafenstadt in Algerien, 270 000 Ew.

**Mostar,** jugoslaw. Stadt an der Neretva, in der Herzegowina, 63 000 Ew.; oriental. Stadtbild.

## Motiv 595

**Mostar,** Gerhart Herrmann, eigtl. G. *Herrmann,* \*1901, †1973, dt. Schriftst.; gründete 1945 das polit. Kabarett »Die Hinterbliebenen«; schrieb zeitbezogene Stücke, bes. Gerichtsreportagen, auch kulturhistor. Erzählungen.

**Mostrich** → Senf (1).

**Mostwaage,** Gerät zur Feststellung des Zuckergehalts im Most (3). Die *Öchsle-M.,* eine Glasspindel, gibt die Dichte an; aus den gemessenen »Öchsle«-Graden läßt sich der Zuckergehalt in Prozenten errechnen. In Österreich ist die *Klosterneuburger M.* üblich.

**Mosul,** *Mossul,* irak. Stadt am Tigris, 860 000 Ew.; Erdölraffinerie; im MA bed. Umschlagplatz (feine Leder u. Baumwollstoffe, Musselin); gegenüber die Ruinen von *Ninive, Tarbis* u. *Nimrud.*

**Motecuzoma** [-'zo:ma], *Moctezuma, Montezuma,* **M. II.,** gen. *Xocoyotzin,* Azteken-Herrscher, \*1467, †1520; regierte 1502–20; er sah in der Ankunft der Spanier unter H. *Cortés* die Erfüllung des Glaubens an die Rückkehr des Gottes *Quetzalcoatl* u. setzte ihnen daher keinen Widerstand entgegen.

*Moskauer Vertrag: Unterzeichnung durch Willy Brandt und Alexej N. Kossygin am 12.8.1970 in Moskau*

Er wurde von Cortés bei dessen Einmarsch in die Hptst. Tenochtitlan als Geisel gefangengenommen u. beim Aufstand der Azteken verletzt. – Das Schicksal M. ist mehrfach in Literatur u. Musik behandelt worden.

**Motel,** Abk. für engl. *motorists' hotel,* ein Hotel an Autobahnen oder vielbefahrenen Autostraßen.

**Motette,** eine mehrstimmige Vokal-Komposition, zunächst geistl., oft mit mehreren Texten; im 14. Jh. erster Höhepunkt als *isorhythm. M.* Im 15./16. Jh. war die M. streng polyphon gearbeitet. Der um 1600 aufkommende »konzertierende« Stil (Rezitativ, Arie, Generalbaß) verdrängte die M. weitgehend durch die *Kantate* (die noch lange als *M.* bezeichnet wurde).

**Motilität** → Motorik.

**Motiv,** 1. der Gegenstand eines Bildthemas, auch

*Mostar: Alte Brücke über die Neretva*

## 596 Motivation

*Motocross: das Feld der Rennfahrer kurz nach dem Start*

ein ausschnitthafter Teil der Darstellung. – **2.** die kleinste melod. Einheit, aus der sich das musikal. *Thema* entwickelt. – **3.** *Beweggrund,* der Antriebshintergrund des Handelns, der oftmals von bestimmten Zielvorstellungen geprägt ist. Ein M. kann bewußt oder unbewußt sein.

**Motivation** [lat.], die Bereitschaft zu einem bestimmten Verhalten.

**Motocross,** Geschwindigkeitswettbewerb für Motorräder auf schwierigem Geländekurs (ca. 2 km).

**Motonobu,** Kano, *1476, †1559, jap. Maler (Ldsch. mit Blumen u. Vögeln).

**Motor** [auch mo'to:r; lat. »Beweger«], eine Kraftmaschine, die (z.B. Wärme- oder elektr.) Energie in mechan. Arbeit umwandelt, zum Antrieb von Arbeitsmasch.; z.B. → Elektromotor, → Verbrennungsmotor.

**Motorboot,** ein Wasserkleinkraftfahrzeug das durch einen Verbrennungsmotor angetrieben wird (als Innen- oder Außenbordmotor). Je nachdem, ob Form u. Leistung es erlauben, daß sich das Boot etwas aus dem Wasser heraushebt (gleitet), spricht man von *Gleit-* oder *Verdrängungsbooten.* → Tragflügelboote.

**Motorbremse,** der Kraftfahrzeugmotor als Bremse: Wird ein Motor bei Drosselung der Kraftstoffzufuhr von außen her (durch das rollende Fahrzeug) angetrieben, so übt er je nach Bauart eine größere oder geringere Bremswirkung aus. Die Bremswirkung kann durch Herabschalten in einen niedrigeren Gang bestärkt werden.

**Motorik, 1.** die aktiven, von der Großhirnrinde gesteuerten Bewegungsvorgänge eines Organismus, wie Gehen, Sprechen u.ä. Im Gegensatz dazu bezeichnet man reflektorische, vom Hirnstamm oder vegetativen Nervensystem ausgehende Bewegungen wie Verdauung, Kreislauf u.ä. als *Motilität.* – **2.** gleichmäßig drängender Rhythmus.

**Motorrad,** *Kraftrad, Krad,* einspuriges, zweirädriges, durch Verbrennungsmotor (Ottomotor) angetriebenes Fahrzeug. Als Motor werden überwiegend luftgekühlte ein- oder zweizylindrige Zwei- oder Viertakt-Motoren verwendet. Die Motorkraft geht über die (meist Mehrscheiben-) *Kupplung* u. über das 2–4gängige *Wechselgetriebe* (meist Fußschaltung) in die Triebkette *(Kettenrad)* oder Kardanwelle *(Kardanrad)* zum Hinterrad. – Typeneinteilung: Solomasch. u. Gespanne (Beiwagen), Gebrauchs- u. Sportmasch., Zweitakt- u. Viertaktmasch. – S o n d e r b a u a r t e n : → Motorroller, Fahrräder mit Einbaumotoren → Moped, → Mofa.

**Motorroller,** ein Kraftrad, das ohne Knieschluß gefahren wird; mit Vollverkleidung des Triebwerks u. kleinen Rädern.

**Motorschlepper** → Traktor.

**Motorsport,** alle Sportarten mit motorgetriebenen Fahr- oder Flugzeugen auf dem Land, auf dem Wasser oder in der Luft; Automobilsport, Motorradsport, Rallye, u.a.

**Mott, 1.** John Raleigh, *1865, †1955, US-amerik. ev. Geistlicher; Leiter des Weltbunds der YMCA, maßgebend an der ökumen. Bewegung beteiligt; Friedensnobelpreis 1946. – **2.** Sir Neville Francis, *30.9.1905, brit. Physiker; arbeitete über Festkörperphysik; Nobelpreis 1977 zus. mit P.W. *Anderson* u. J.H. *van Vleck.*

**Motta,** Giuseppe, *1871, †1940, schweiz. Politiker (kath.-konservativ); seit 1920 Leiter der Außenpolitik, setzte den Beitritt der Schweiz zum Völkerbund durch (1920); mehrmals Bundes-Präs.

**Motte Fouqué** [mɔtfu'ke] → Fouqué.

**Mottelson,** Ben, *9.7.1926, dän. Physiker amerik. Herkunft; Arbeiten über die Theorie des Atomkerns; Nobelpreis 1975 zus. mit A. *Bohr* u. J. *Rainwater.*

**Motten,** volkstüml. Ausdruck für alle kleinen, unscheinbar gefärbten Schmetterlinge; in zoolog. systemat. Sinn nur die Überfam. der *Tineoidea.* Zu diesen M. gehören: *Kleider-, Pelz-, Tapeten-, Korn-, Lauch-M.* u. *Kohlschabe.* Die Larven fressen z. T. Textilien.

**Mottenschildläuse,** *Aleurodina,* Gruppe der *Pflanzensauger;* zarte, bis 1,5 mm lange *Schnabelkerfe.* Einige Arten sind schädlich *(Weiße Fliegen).*

**Mottl,** Felix, *1856, †1911, östr. Dirigent u. Komponist.

**Mottlau,** poln. *Motława,* l. Nbfl. der Weichsel, 65 km. Die Mündung ist ein Teil des Danziger Hafens.

**Motto,** Leitspruch, Wahlspruch, Devise.

**Motu proprio,** aus eigener Initiative des Papstes erlassenes Schriftstück.

**Mouche, 1.** Schönheitspflästerchen, bes. beliebt im 17./18. Jh. – **2.** kleine Bartform (die Fliege) unterhalb der Unterlippe.

**Moulage** [muˈlaːʒə], farbiges anatom. Modell aus Wachs, Kunststoff u.ä.

**Mouliné,** Gewebe mit gesprenkeltem Aussehen aus *M.-Zwirn,* der aus zwei verschiedenfarbigen Fäden gedreht u. als Kette verwendet wird.

**Moulin Rouge** [mulɛ̃'ruːʒ], berühmtes Pariser Kabarett u. Tanzlokal im Viertel Montmartre.

**Moulins** [mu'lɛ̃], Dep.-Hptst. in Frankreich am Allier, früher Hptst. des Herzogtums *Bourbon,* 27 000 Ew.; Kathedrale (15./16. Jh.).

**Moulmein** [mul'mɛin], *Maulamyaing,* Prov.-Hptst. von Tenasserim (Birma), an der Mündung des Saluen in den Golf von Bengalen, 210 000 Ew.; Seehafen, Schiffswerft.

**Mounier** [mu'nje], Emmanuel, *1905, †1950, frz. Philosoph. seine existenzphilosoph. Gedanken über *Kommunikation* u. der Gewissenserforschung sind gegen den Kollektivismus gerichtet, stehen aber dem sozialist.-materialist. Denken nahe.

**Mount** [maunt], *Mountain,* Abk. *Mt.,* Bestandteil geograph. Namen: Berg.

**Mount** [maunt], William Sidney, *1807, †1868, US-amerik. Maler (naturalist. Landschafts- u. Genrebilder).

**Mountbatten** [maunt'bætən], die engl. Linie (seit 1917) der aus Hessen stammenden Familie *Battenberg:* **1.** Louis, *Earl M. of Burma* (1947), *1900, †1979, brit. Admiral u. Politiker; 1943–46 alliierter Oberbefehlshaber in SO-Asien, 1947 letzter Vizekönig von Brit.-Indien, 1947/48 erster Generalgouverneur von Indien. Von ir. Terroristen ermordet. – **2.** Prinz → Philip.

**Mount Everest** [maunt 'ɛvərist] → Everest.

**Mount Godwin Austen** [maunt 'gɔdwin 'ɔːstin] → K 2.

**Mount St. Helens** [maunt-], Vulkan im SW des Staates Washington (USA); der seit 1857 untätige Vulkan brach 1980 aus; dabei wurde der Gipfel des 2950 m hohen Berges weggesprengt.

**Mount Vernon** [maunt 'vəːnən], **1.** Landgut im USA-Staat Virginia, am Potomac, sw. von Washington; 1747–99 Wohnsitz u. heute Grabstätte George *Washingtons.* – **2.** Stadt im USA-Staat New York, 76 000 Ew.; Villenvorort nördl. von New York.

**Mouskouri** [mus'kuri], Nana, *13.10.1936, grch. Chanson- u. Schlagersängerin.

**moussieren** [mu-], schäumen (bei Getränken), leicht gären, perlen.

**Moustérien** [mustəˈrjɛ̃], Kulturstufe der mittleren Altsteinzeit, ben. nach dem Fundort *Le Moustier* im Vézère-Tal, Dép. Dordogne (Frankreich). Träger der M. war der *Neandertaler.*

**Moutier** [mu'tje], dt. *Münster,* schweiz. Bez.-Hptst. im Kt. Bern, an der Sorne, 8000 Ew.; Uhren-, Masch.- u. Glasind.

**Mouvement Républicain Populaire** [muv'mɑ̃ repybli'kɛ̃ pɔpy'lɛːr], Abk. *MRP,* 1944 von G. *Bidault* u.a. aus kleineren Parteien u. kath. Gruppen der frz. *Widerstandsbewegung* gebildete christl.-soz. Partei; trat bes. für die europ. Einigung ein. In der 4. Rep. eine der stärksten Parteien, stellte sie etliche Min.-Präs. u. Min. Die Partei löste sich 1967 auf.

*Wolfgang Amadeus Mozart; Ausschnitt aus einem unvollendeten Ölbild von Joseph Lange; 1782/83*

**Möwen,** *Laridae,* Fam. der *Regenpfeifervögel;* schwimmfähige Seevögel mit ausgezeichnetem Flugvermögen u. Hakenschnabel; nisten in oft riesigen Kolonien. Das Nest ist meist nur eine einfache Bodenvertiefung; 2–4 meist buntbefleckte Eier werden von beiden Eltern abwechselnd brütet. Zu den M. gehören: die einheim. *Lachmöwe,* die kräftige *Mantelmöwe,* mit schwarzen Flügeln; ähnl., aber kleinere *Heringsmöwe,* die *Silbermöwe* mit grauen Flügeln; die ähnl. aber kleinere *Sturmmöwe.* – Andere Unterfam. der M. sind *Raub-M., Seeschwalben* u. *Scherenschnäbel.*

**Mozaraber,** die Christen Spaniens unter der Maurenherrschaft (711–1492).

**Mozart, 1.** Leopold, Vater von 2), *1719, †1787, östr. Komponist; Vizekapellmeister u. Hofkomponist des Erzbischofs von Salzburg; erster u. wichtigster Lehrer seines Sohnes. – **2.** Wolfgang Amadeus, *1756, †1791, östr. Komponist; vor L. van *Beethoven* u. neben J. *Haydn* der bedeutendste Komponist der klass. Periode; erregte bereits im Alter von 6 Jahren als Klaviervirtuose am Wiener Hof (gemeinsam mit seiner Schwester »Nannerl«) u. auf einer 3jährigen Reise 1763–66 durch zahlr. dt. Städte sowie Paris u. London größtes Aufsehen u. Bewunderung. 1769 ernannte der Erzbischof von Salzburg den Dreizehnjährigen zu seinem Konzertmeister. Noch im selben Jahr unternahm er eine Konzertreise nach Italien, auf der er starke Eindrücke von der ital. Oper empfing. Seine folgende Tätigkeit in Salzburg wurde durch 2 weitere Reisen, nach Italien u. über München u. Mannheim nach Paris, unterbrochen. 1781 übersiedelte er, veranlaßt durch die würdelose Behandlung in Salzburg, nach Wien u. machte sich zum ersten völlig unabhängigen Komponisten. Hier heiratete er 1782 Konstanze *Weber.*

M. Werke integrieren sehr eigenständig alle musikal. Strömungen seiner Zeit. Kennzeichnend ist der unübertreffl. melod. Reichtum u. eine vor ihm unerreichte Ausgeglichenheit von Form u. Inhalt,

*Motorsport: Motorradrennen der 500-cm³-Klasse auf einem Straßenrundkurs*

Durchsichtigkeit u. feinstem Klangempfinden. Auf dem Gebiet der Oper löste er die überkommenen Formen von *Opera seria, Opera buffa* u. Wiener *Singspiel* aus ihrer starren Schematik, indem er die typisierten Figuren in handelnde Personen verwandelte u. die Musik durch textbezogenen Ausdruck, Erweiterung der Schlußszenen u. Betonung der Ensembleszenen ein dramat. Gewicht gab (»Idomeneo«, »Die Entführung aus dem Serail«, »Figaros Hochzeit«, »Don Giovanni«, »Cosi fan tutte«, »Die Zauberflöte«). Das chronologisch-themat. Verzeichnis seiner Werke veröffentlichte 1862 Ludwig Ritter von *Köchel* (Köchel-Verzeichnis, Abk. *KV*); es nennt neben den Opern u. dem »Requiem« (durch F.X. *Süßmayer* beendet): 40 Lieder, Konzertarien, Duette, Terzette, Kanons u.a., 40 Sinfonien, 31 Serenaden, 43 Instrumentalkonzerte (darunter 25 Klavierkonzerte), über 30 Streichquartette u. Streichquintette, zahlr. Klaviertrios, Violinsonaten, Klaviersonaten, Sonatensätze für Orgel, Messen, Vespern, Litaneien, ferner Fantasien, Variationen, Tänze u.a.

**Mozarteum,** 1841 gegr. Musikschule in Salzburg, heute »Akademie für Musik u. Darstellende Kunst M. in Salzburg«. 1870 wurde die »Internationale Stiftung M.«gegr.

**Mo Zi** [mo dsz], *Mo Ti*, chin. Philosoph um 480–400 v.Chr.; vertrat eine allg. Menschenliebe, führte die log. Beweisführung in die chin. Philosophie ein. Seine Lehre unterlag schließlich dem Konfuzianismus.

**M.P., 1.** Abk. für engl. *Member of Parliament,* Abg. des brit. Parlaments. – **2.** Abk. für engl. *Military Police,* Militärpolizei. – **3.** Abk. für *Maschinenpistole.*

**Mrozek** [ˈmrɔʒɛk], Sławomir, *26.6.1930, poln. Schriftst.; lebt in Paris; schreibt surrealist. Bühnenstücke mit meist sozialkrit. Hintergrund.

**Ms.,** Abk. für *Manuskript.*
**MS,** Abk. für *Multiple Sklerose.*
**Msgr.,** Abk. für *Monsignore.*

**Msta,** Fluß im W der RSFSR (Sowj.), 450 km; entfließt dem *Mstino-See.*

**MTA,** Abk. für *Medizinisch-techn. Assistentin.*

**Mubarak,** Mohammed Hosni, *4.5.1928, ägypt. Politiker; zunächst militär. Karriere, dann aktiv in der Opposition; 1975 Vize-Präs., seit 1981 Präs. Ägyptens.

**Mu-ch'i** → Muxi.

**Mucius, 1.** Gaius *M. Scaevola* [»Linkshand«], Held der röm. Frühzeit; in der Sage nach einem erfolglosen Anschlag auf den etrusk. König *Porsenna* gefangen. Er hielt um seine Furchtlosigkeit zu zeigen, die rechte Hand ins Feuer. – **2.** Quintus *M. Scaevola,* †82 v.Chr., röm. Konsul u. Pontifex Maximus. Seine 18 Bücher, mit denen er eine Systematisierung des bürgerl. Rechts schuf, wurden grundlegend für die späteren Bearbeitungen des röm. *Ius civile.*

**Mücken,** *Nematocera,* Unterordnung der *Zweiflügler;* meist langbeinige, zart gebaute u. oft behaarte Insekten mit langen, fadenförmigen Fühlern. Viele M. übertragen beim Stechen Krankheitserreger in das Blut (z.B. Malaria, Gelbfieber). Zu den M. gehören die Fam. *Gnitzen, Schnaken, Schmetterlings-, Stech-, Zuck-, Kriebel-, Fenster-, Haar-, Pilz-, Trauer-, Gall-* u. *Winter-M.*

**Mudanjiang** [-djiaŋ], Ind.-Stadt im SO der chin. Prov. Heilongjiang, 490 000 Ew.

**Mudéjar-Stil** [muˈdexar-], von den *Mudéjaren* (d.h. den »zum Bleiben ermächtigten« Moslems), aber auch von christl. Baumeistern v.a. in S-Spanien entwickelter Bau- u. Dekorationsstil seit dem 13. Jh., Blütezeit im 14. Jh. als Mischung got. u. islam. Stilelemente.

**Mudschahidin,** *Mudjahed(d)in,* islam. Glaubenskämpfer; im Iran eine Gruppe radikaler, sozialrevolutionärer Moslems *(M.-e Chalk);* in Afghanistan islam. Untergrundkämpfer.

**Mudschib ur-Rahman,** *1920, †1975 (ermordet), Politiker; organisierte die Unabhängigkeitsbewegung in dem damaligen Ost-Pakistan; 1971 Min.-Präs. von Bangladesch; 1975 Staats-Präs. mit diktator. Vollmachten.

**Müelich,** *Mielich, Muhlich,* Hans, *1516, †1573, dt. Maler u. Zeichner für den Holzschnitt; der bedeutendste Münchner Renaissance-Maler.

**Mueller,** Otto, *1874, †1930, dt. Maler u. Graphiker; schloß sich 1908 in Dresden der Künstlergemeinschaft »Brücke« an; milderte das expressionist. Pathos der »Brücke«-Kunst.

**Mueller-Stahl,** Armin, *17.12.1930, dt. Schauspieler, u.a. in »Oberst Redl«, »Musicbox«.

*Mufflon-Widder*

**Muezzin,** islam. Gemeindebeamter, der vom Minarett einer Moschee aus tägl. fünfmal die Gebetszeiten ausruft.

**Muff,** zur Mode des 17./18. Jh. gehörende, aber auch später noch von Damen, Herren u. Kindern getragene gefütterte Pelz- oder Stoffröhre, in die die Hände zum Wärmen gesteckt wurden.

**Muffe,** Verbindungsstück für Rohre.

**Muffel** [die], Behälter aus feuerfestem Ton oder (selten) Gußeisen mit gut verschließbarem Deckel; zum langsamen Brennen empfindl. Tonwaren.

**Mufflon,** i.e.S. ein *Wildschaf,* das von Korsika u. Sardinien aus in vielen Gegenden Europas u. anderer Erdteile eingebürgert wurde; i.w.S. alle Angehörigen der euras. Unterart des Schafs, z.B. *Argali, Steppenschaf, Kara-Tau-Schaf.*

**Mufti,** islam. Rechtsgelehrter, Gutachter bes. in religiösen Rechtsfragen.

**Mufulira,** Bergbaustadt im Copper Belt (Sambia), an der Grenze nach Zaire, 190 000 Ew.; Kupfermine.

**Mugabe,** Robert Gabriel, *21.2.1924, simbabw. Politiker; 1980 erster Prem.-Min. des unabhängigen Simbabwe, seit 1987 Staats-Präs.

**Muhammad,** *Muhammed* → Mohammed [arab.], → Mehmed [türk.].

**Muhammad Ali,** eigtl. Cassius *Clay,* *17.1.1942, US-amerik. Boxer; 1960 Olympiasieger im Halbschwergewicht; wurde seit 1964 dreimal Profi-Schwergewichts-Weltmeister.

**Mühlacker,** Stadt in Ba.-Wü., nordöstl. von Pforzheim, 24 000 Ew.

**Mühlberg/Elbe,** Stadt in Brandenburg, in der Elbniederung bei Bad Liebenwerda, 3500 Ew.; ehem. Zisterzienserinnenkloster (1228 gegr.); 1547 Sieg Kaiser *Karls V.* über den (Prot.) *Schmalkald. Bund.*

**Mühldorf am Inn,** Krst. in Oberbay., 15 000 Ew.; mittelalterl. Stadtbild.

**Mühle, 1.** Gerät oder Anlage zum Zerkleinern von festen Körpern; → Müllerei. – **2.** *Mühlespiel,* ein Brettspiel für 2 Personen mit je 9 Steinen.

**Mühlhausen,** *Thomas-Müntzer-Stadt,* Krst. in Thüringen, an der Unstrut, 43 600 Ew.; Textilind.

**Mühlheim am Main,** Stadt in Hessen, 24 000 Ew.; Leder-, elektrotechn. Ind.

**Mühlviertel,** von der *Großen Mühl* (54 km) u. der *Kleinen Mühl* (32 km) durchflossene oberöstr. Ldsch. zw. Donau u. Böhmerwald.

**Muhme,** urspr. Mutterschwester, dann auch Schwägerin u. Base.

**Mühsam,** Erich, *1878, †1934 (im KZ), dt. Schriftst. u. Publizist; revolutionärer Anarchist u. Pazifist, schrieb expressionist Lyrik.

**Muhu,** dt. *Moon,* russ. *Muchu,* estn. *Muhu,* Ostsee-Insel nordöstl. von Ösel, vor der Rigaer Bucht, 207 km².

**Mujibur Rahman** → Mudschib ur-Rahman.

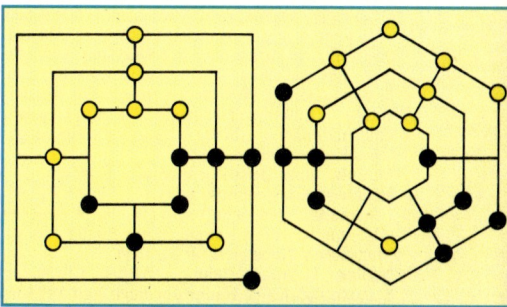
*Mühle wird von zwei Spielern entweder auf quadratischem Brett mit jeweils 9 Steinen oder auf einem sechseckigen Brett (je 13 Steine) gespielt*

**Mukalla,** *Al M., Al Makalla,* Hafenstadt in Süd-Jemen (S-Arabien), 100 000 Ew.

**Mukden** → Shenyang.

**mukös,** schleimig, Schleim absondernd.

**Mukoviszidose** [lat.], *Mucovisidose,* erbl. Stoffwechselanomalie, die durch eine Funktionsstörung aller schleim- u. schweißbildenden Drüsen(zellen) gekennzeichnet ist. Die Drüsensekrete sind zäh u. dickflüssig (viskös), so daß es zu Verstopfung der Ausführungsgänge, Rückstauung u. Zystenbildung kommt. Betroffen sind v.a. die Atemorgane, der Verdauungskanal sowie bes. die Bauchspeicheldrüse *(Pankreas).*

**Mulatte,** Mischling zw. Weißen u. Negern.

**Mulchen,** das Abdecken des Bodens mit organ. Stoffen (Stroh, Torf, Laub).

**Mulde,** l. Nbfl. der Elbe, 124 km; entsteht aus *Freiberger M.* (102 km) u. *Zwickauer M.* (128 km), mündet bei Dessau.

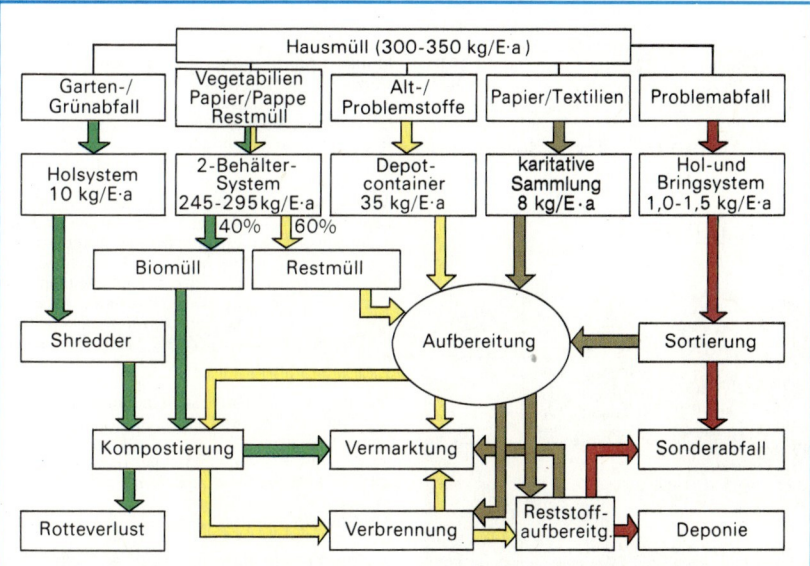
*Müll: Bestandteile und Entsorgung des Hausmülls; Mengen pro Einwohner (E) und Jahr (a)*

## Mulhacén

**Mulhacén** [mula'θen], höchste Erhebung der Iber. Halbinsel, in der *Sierra Nevada* Andalusiens (Spanien), 3478 m.

**Mülhausen**, frz. *Mulhouse*, oberelsäss. Ind.-Stadt, Hauptort des *Sundgaus*, an der Ill u. am Rhein-Rhône-Kanal, 120 000 Ew.; Textil-, chem. u.a. Ind.; seit 1261 Reichsstadt, 1515–1798 zur Schweiz, 1871–1918 zum Dt. Reich.

**Mülheim an der Ruhr**, Stadt in NRW, zw. Duisburg u. Essen, 187 000 Ew.; Schlösser *Broich* u. *Styrum;* Masch.-, Stahl-, Eisen-, Glas- u.a. Ind., Hafen.

**Mull**, feines, lose eingestelltes Baumwollgewebe in Leinwandbindung; Verbandmaterial, auch Kleider- u. Gardinenstoff.

**Mull** [mʌl], schott. Insel der Inneren Hebriden, 941 km², 2500 Ew.; Hauptort *Tobermory*.

**Müll**, feste Abfallstoffe versch. Herkunft, die entweder verbrannt u. dadurch im Volumen reduziert *(M.verbrennungsanlagen),* gelagert *(Deponien)* oder anderweitig behandelt werden (z.B. M.kompostwerke, in denen nach Ausscheidung von Metall, Glas u.a. durch Mikroorganismen die organ. M.bestandteile kompostiert werden). Für Sonderabfälle (Lösemittelrückstände, Krankenhausabfälle, radioaktive Abfälle u.a.) gibt es eigene gesetzl. Bestimmungen. – B → S. 597

**Mullah**, schiit. Geistliche (der niedrigste Rang).

**Muller** ['mʌlə], Hermann Joseph, *1890, †1967, US-amerik. Genetiker; erzeugte bei Taufliegen (Drosophila) durch Röntgenbestrahlung künstl. Mutationen; Nobelpreis für Medizin 1946.

**Müller**, **1.** Adam Heinrich, *1799, †1829, dt. Staatstheoretiker u. Nationalökonom, seit 1813 im östr. Dienst, verfocht einen ständ. Korporativismus. – **2.** Albin, gen. *Albinmüller*, *1871, †1941, dt. Architekt; baute u.a. für die Darmstädter Künstlerkolonie (seit 1906). – **3.** Eduard, *1848, †1919, schweiz. Politiker; führend in der Berner demokrat. Bewegung; Bundes-Präs. 1899, 1907 u. 1913. – **4.** Friedrich, gen. *Maler Müller*, *1749, †1825, dt. Schriftst. u. Maler; schrieb naturnahe Idyllen u. im Geist des *Sturm u. Drang* ep. Dramen. – **5.** Gebhard, *1900, †1990, dt. Politiker (CDU) 1953–58 Min.-Präs. von Ba.-Wü., 1958–71 Präs. des Bundesverfassungsgerichts. – **6.** Georg, *1877, †1917, dt. Verleger; gründete 1903 einen neuen literar. Verlag, der sich 1932 mit dem von Albert Langen verband. – **7.** Georg Elias, *1850, †1934, dt. Psychologe; neben W. *Wundt* einer der Begr. der *experimentellen Psychologie,* insbes. Gedächtnisforscher. – **8.** Gerhard, *3.11.1945, dt. Fußball-Nationalspieler; Weltmeister 1974. – **9.** Heiner, *9.1.1929, dt. Dramatiker, Dramaturg beim Berliner Ensemble; eigenwillige Bearbeitungen antiker Stoffe. – **10.** Hermann, gen. *M.-Franken*, *1876, †1931, dt. Politiker (SPD); unterzeichnete als Außen-Min. 1919 den *Versailler Vertrag;* von März bis Juni 1920 u. wieder 1928–30 Reichskanzler. – **11.** Johannes, *1801, †1858, dt. Physiologe; arbeitete bes. auf dem Gebiet der Nervenphysiologie u. der Entwicklungsgeschichte. – **12.** Karl Alex, *20.4.1927, schweiz. Physiker; erhielt 1987 zus. mit J.G. Bednorz den Nobelpreis für Forschungsarbeiten auf dem Gebiet der Hochtemperatur-Supraleiter. – **13.** Ludwig, *1883, †1945, dt. ev. Geistlicher; seit April 1933 Vertrauensmann Hitlers für Kirchenfragen, seit Sept. 1933 Reichsbischof der ev. Kirche. – **14.** Paul Hermann, *1899, †1965, schweiz. Chemiker; Erfinder des Insektenvertilgungsmittels DDT; Nobelpreis für Medizin 1948. – **15.** Wilhelm, *1794, †1827, dt. Schriftst.; spätromant. Lyriker; schrieb die von F. Schubert vertonten »Müllerlieder« sowie die vom Aufstand gegen die Türken angeregten »Lieder der Griechen«.

**Müller-Armack**, Alfred, *1901, †1978, dt. Nationalökonom, Soziologe u. Geschichtsphilosoph; prägte den Begriff »soziale Marktwirtschaft«.

**Müllerei**, die Gewinnung von pulverförmigen (mehlartigen) Produkten aus groben, festen Stoffen; im alltägl. Sprachgebrauch nur die Aufbereitung von *Getreide* zu Mehl, Grieß, Dunst u. Schrot. Nach der Trennung von Spreu u. Fremdkörpern durch Siebe u. ggf. Waschungen des Getreides, wird es im *Weizenvorbereiter* auf den für die Vermahlung günstigsten Feuchtigkeitsgehalt gebracht. Die Körner werden dann in *Walzstühlen* zermahlen, wobei je nach Anzahl der Arbeitsvorgänge dunkleres oder weißes Mehl entsteht.

**Müller-Thurgau**, Hermann, *1850, †1927, schweiz. Weinbauforscher; züchtete die *M.-T.-Rebe*, eine Kreuzung zw. *Riesling* u. *Sylvaner*.

**Müllheim**, Stadt in Ba.-Wü., sw. von Freiburg i.Br., im Markgräflerland, 14 000 Ew.; Weinanbau.

**Mulligan** ['mʌligən], Gerry (Gerald Joseph), *6.4.1927, US-amerik. Jazzmusiker (Baritonsaxophon).

**Mulliken** ['mʌlikən], Robert Sanderson, *1896, †1986, US-amerik. Physikochemiker; entwickelte die Molekülorbital-Theorie; Nobelpreis für Chemie 1966.

**Müllkompostierung**, die Verrottung von Müll in Gärzellen mit Hilfe von Mikroorganismen. Zur M. eignet sich bes. Hausmüll, der zuvor von Eisenteilen in einem Magnetabscheider u. von Hartstoffen in einer Schleudermühle befreit worden ist. Bei der M. wird Müll in eine nährstoffhaltige Komposterde überführt.

**Müllverbrennung**, die Beseitigung von Müll in Großverbrennungsanlagen unter Ausnutzung der dabei entstehenden Energie. In einer Dampfkraftanlage erbringt 1 Tonne Müll eine Leistung von rd. 500 kWh. Wird neben der Dampferzeugung zusätzlich die Abwärme in ein Fernwärmenetz eingespeist, spricht man von einem *Müllheizkraftwerk*.

**Mulroney** [mʌl'rəuni], Brian, *20.3.1939, kanad. Politiker (Konservativer); 1963 Partei-Vors., seit 1984 Prem.-Min.

**Multan**, engl. *Mooltan*, Stadt in Pakistan, am Chanab, 760 000 Ew.; vielseitige Ind., Heimgewerbe; Flughafen.

**multi...**, Wortbestandteil mit der Bed. »viel«.

**multilateral**, mehrseitig; Bez. für ein Abkommen mit mehr als zwei Partnern.

**Multimedia**, *Multi-Media* [engl. 'mʌlti 'mi:diə] → Mixed Media, → Medienverbund.

**multinationale Unternehmungen**, Wirtschaftsunternehmen mit Tochterfirmen in mehreren Ländern, die sich dadurch der nat. Kontrolle entziehen.

*Edvard Munch: Die Sonne; Leinwand 455 x 780 cm, 1910–1916. Oslo, Aula der Universität*

**Multipara**, eine Frau, die mehrfach geboren hat; im Ggs. zu *Primipara*, der erstmals Gebärenden.

**Multiple Choice** ['mʌltipl 'tʃɔis; engl.], Testverfahren, bei dem man aus mehreren vorgegebenen Antworten die richtige aussuchen soll.

**Multiple Sklerose**, Abk. *MS*, eine Erkrankung des Nervensystems mit Bildung verstreuter Zerfallsherde, die zu Störungen der Bewegungen, der Sinnesempfindungen u. auch zur Beeinträchtigung von Sinnesorganen führt. Ursache ist wahrsch. ein Virus.

**Multiplex-Funkfernschreibsystem**, ein Telegraphiesystem mit automat. Fehlerkorrektur, das beim Kurzwellen-Überseefunk angewandt wird, um dessen Anfälligkeit für kurzzeitige Störungen auszugleichen.

**Multiplier** ['mʌltiplaiə] → Elektronenvervielfacher.

**Multiplikation**, Vervielfältigung; eine Grundrechenart (Zeichen · oder x). Ergebnis der M. ist das *Produkt*. *Multiplikand* heißt die zu vervielfältigende Größe, *Multiplikator* die vervielfältigende Größe; beide Größen heißen *Faktoren*.

**Multscher**, Hans, *um 1400, †1467, dt. Bildhauer u. Maler; neben Konrad Witz Hauptmeister des Realismus im 15. Jh., durchbrach als Bildhauer die Idealität des »Weichen Stils«.

**Mulus**, *Maulesel* → Maultier.

**Mumie**, vor dem Zerfall geschützte Leiche. In trockener, heißer Gegend ergibt sich bei salzhaltigem Boden eine natürl. **Mumifizierung** *(Mumifikation)*. Künstl. entstehen M., indem Leichen am Feuer gedörrt (Australien, Sudan) oder (nach Entfernung von Hirn u. Eingeweiden) längere Zeit in Salzlauge gelegt u. dann mit Ölen, Harzen u. Kräutern behandelt werden *(Einbalsamierung),* wie in Ägypten, wo die Sitte seit dem 3. Jt. v.Chr. bekannt ist. Dort wurde die M. mit Binden umwickelt u. einer Bildmaske oder einem *M.nporträt* ausgestattet.

**Mummelsee**, See im Schwarzwald, an der Hornisgrinde, 1032 m ü.M. 3,7 ha groß.

**Mumps**, *Ziegenpeter, Parotitis epidemica*, eine epidemieartig auftretende Infektionskrankheit, von der vorw. Kinder befallen werden. Der Erreger ist ein Virus. Schwellungen der Ohrspeicheldrüse rufen ein gedunsenes Aussehen hervor.

**Munch** [muŋk], Edvard, *1863, †1944, norw. Maler u. Graphiker; Wegbereiter des Expressionismus. Die 1892 veranstaltete M.-Ausstellung in Berlin führte zur Gründung der dortigen *Sezession*. Sein Werk ist themat. von Einsamkeit, Tod u. Geschlechterfeindschaft bestimmt.

**Münch**, Charles, *1891, †1968, frz. Dirigent.

**München**, Landes-Hptst. von Bayern, Hptst. des Reg.-Bez. Oberbayern, 518 m ü.M., an der Isar, 1,29 Mio. Ew.; Zentrum der Kunst u. Kultur, Sitz des Erzbischofs von M. u. Freising; Univ. (in Ingolstadt 1472 gegr., seit 1826 in M.), TH (1827), Schauspielschule, Hochschule der Bildenden Künste (1809), Akademie der Wissenschaften (1759), Dt. Patentamt; Max-Planck-Institute; bed. Museen: Alte u. Neue Pinakothek, Dt. Museum (Technik)

*Müllverbrennungsanlage*

u.a.; Bay. Staatsbibliothek, Bay. Staatsoper, Residenztheater, Münchener Kammerspiele; Engl. Garten, Schloß → Nymphenburg; zweitürmige Liebfrauenkirche (spätgot. Backsteinbau 15. Jh.), St.-Michaels-Kirche (16. Jh.), Theatinerkirche (17./18. Jh.), Maximilianeum; Tierpark *Hellabrunn;* Flughafen *M.-Riem.* Vielfältige Ind. u.a. Elektrotechnik, Fahzeugbau (BMW), Verlags- u. Filmzentrum; Olymp. Sommerspiele 1972.
Gesch.: M. ist zuerst erwähnt in den *Klosterannalen von Tegernsee* 1102-54. Unter *Ludwig dem Strengen* 1255 wurde es Residenz. Unter *Ludwig I.* u. *Maximilian II.* im 19. Jh. wurde es ein Zentrum des Kulturlebens. Im 20. Jh. war M. Schauplatz revolutionärer Erhebungen: Am 7./8.11.1918 rief K. *Eisner* die bay. Rep. aus; am 7.4.1919 wurde die *Räte-Rep.* verkündet; am 9.11.1923 fand der *Hitler-Putsch* statt.
**Münchhausen, 1.** Börries Frhr. von, Pseud.: H. *Albrecht,* *1874, †1945 (Selbstmord), dt. Schriftst.; erneuerte die Balladendichtung; 1896 bis 1923 Hrsg. des »Göttinger Musenalmanachs«. – **2.** Karl Friedrich Hieronymus Frhr. von, der »*Lügenbaron*« aus Bodenwerder, *1720, †1797; Held der »Wunderbaren Reisen zu Wasser u. Lande, Feldzüge u. lustigen Abenteuer des Freiherrn von M.«, einer zuerst 1785 in England veröffentlichten Geschichtensammlung, die 1786 von G.A. *Bürger* ins Deutsche übersetzt u. zum Volksbuch wurde.
**Münchinger,** Karl, *1915, †1990, dt. Dirigent; gründete 1945 das *Stuttgarter Kammerorchester.*
**Münchner Abkommen,** Vertrag zur Lösung der dt.-tschechosl. Frage 1938 zw. Italien (Mussolini), England (Chamberlain), Frankreich (Daladier) u. Deutschland (Hitler). Die dt.-tschechosl. Frage war aus der ohne Volksabstimmung durchgeführten Eingliederung von rd. 3,5 Mio. *Sudetendeutschen* in den 1919 geschaffenen tschechosl. Staat entstanden. Im M. A. wurde die Abtretung des sudetendt. Gebiets bis zum 10.10.1938 u. die kurzfristig nachfolgende dt. Besetzung beschlossen. Mit dem Einmarsch in Prag am 15.3.1939 zerstörte Hitler die Grundlagen des Abkommens. – 1973 wurde ein Vertrag zw. der BR Dtld. u. der ČSSR unterzeichnet, der das M. A. für nichtig erklärte.
**Münchner Räterepublik,** die am 7.4.1919 von den Arbeiterräten ausgerufene bay. Rep. Die Regierungsgewalt übernahm einem Rat der Volksbeauftragten aus Mitgl. der USPD u. des bay. Bauernbunds. Die M. R. fand am 2.5.1919 ihr Ende, als die Stadt von Freikorps gestürmt wurde.
**Mund,** lat. *Os,* grch. *Stoma,* im tier. Bauplan die Eingangsöffnung des Darmkanals, die häufig mit Einrichtungen zur Nahrungsaufnahme u. -zerkleinerung (Mundwerkzeuge) versehen ist. – Beim Menschen ist der *M.* der durch die Lippen u. die Lippenmuskulatur gebildete Eingang zur *M.höhle,* i.w.S. auch die M.höhle selbst. Sie ist mit Schleimhaut ausgekleidet, enthält die Zahnreihen von Ober- u. Unterkiefer u. geht nach hinten in den Rachen über. In die M.höhle münden Speicheldrüsen.
**Munda,** Stämmegruppe (rd. 6 Mio.) mit austroasiat. Sprachen in Indien (Bihar, Westbengalen, z.T. Orissa u. Zentralindien). Die M. gehören zu den ältesten Bev. Indiens.
**Mundart,** *Dialekt,* im Unterschied zur allg. Schrift-

u. Umgangssprache die landschaftl. versch. Redensweise.
**Mündel,** Minderjähriger unter → Vormundschaft.
**Münden,** *Hannoversch-M.,* Stadt in Nds., am Zusammenfluß von Werra u. Fulda zur Weser, 26 800 Ew.; Forstl. Fakultät der Univ. Göttingen; Altstadt in Fachwerkbauweise, Welfenschloß.
**Münder,** *Bad M. am Deister,* Stadt in Nds., 20 000 Ew.; Schwefel- u.a. Quellen.
**Mundfäule,** *Stomatitis ulcerosa,* infektiöse geschwürige Mundentzündung mit Zahnfleischeiterung u. üblem Mundgeruch; oft mit Lymphknotenschwellung verbunden.
**Mundharmonika,** ein Blasinstrument mit durchschlagenden Zungen, die auf zwei parallel liegenden Metallplatten befestigt sind u. durch Saugoder Druckluft zum Schwingen gebracht werden.
**Mündigkeit** → Volljährigkeit.
**Mundraub,** die Entwendung oder Unterschlagung von Nahrungs- oder Genußmitteln oder anderen Gegenständen des hauswirtsch. Verbrauchs *(Verbrauchsmittelentwendung)* in geringer Menge; strafbar nur auf Strafantrag oder bei bes. öffentl. Interesse. – Ähnl. im östr. u. schweiz. Recht.
**Mundschenk,** eines der vier alten Ämter an dt. Höfen, mit der Aufsicht über Keller u. Weinberge betraut; → Erzämter.
**Mundstück,** die Anblasvorrichtung bei Blasinstrumenten.
**Mundt,** Theodor, *1808, †1861, dt. Schriftst. u. Publizist; Vertreter des »Jungen Dtld.«; Freund von Charlotte *Stieglitz.*
**Mundus** [lat.], Welt, Weltall, Weltordnung.
**Mundwerkzeuge,** bes. Einrichtungen im Bereich des Mundes zur Nahrungsaufnahme u. -zerkleinerung. M. sind i.e.S. die Mundgliedmaßen *(Mundextremitäten)* der Gliederfüßer; das sind Kopfgliedmaßen (Fühler, Taster, Zangen u.a.), die an ihre Funktion angepaßt u. vielfach hochkompliziert abgewandelt sind. Die M. der Wirbeltiere bezeichnet man als *Gebiß.* Bei Vögeln u. Schildkröten sind die Zähne durch Hornschilde *(Schnabel)* ersetzt.
**Mungos,** *Mangusten, Herpestes,* zu den *Ichneumons* gehörige Gatt. der *Schleichkatzen;* in Gestalt u. Verhalten dem Marder ähnl., schwarz-grau gestreiftes Fell. M. fressen Schlangen u. Kleintiere. Zu den asiat. M. gehört der *Ind. Mungo.*
**Municipio** [-'sipjo], *Munizip,* der städt. Verw.-Bez. in Brasilien u.a. Ländern, der neben der eigtl. Stadt auch das umliegende ländl. Gebiet umfaßt.
**Munition,** die Geschosse aller Feuerwaffen sowie Abwurf-, Nahkampf-, Spreng-, Zünd- u. Leuchtmittel.
**Munizipium,** röm. Ldsch. mit bestimmten staatsrechtl. Stellung.
**Munk, 1.** Andrzej, *1921, †1961, poln. Filmregisseur; leitete die Befreiung des poln. Films vom Stalinismus ein. – **2.** Georg, eigtl. Paula *Buber,* geb. *Winkler,* *1877, †1958, dt. Schriftst.; verh. mit M. *Buber,* verfaßte von der Romantik beeinflußte Romane. – **3.** [mɔŋ], Kaj, eigtl. Harald *Leininger,* *1898, †1944, dän. Schriftst.; anfangs ein Bewunderer, dann aber ein entschiedener Gegner der Diktatur; von der Gestapo ermordet.
**Münnich,** *Minich,* Burckhard Christoph Graf

*Münster (2): das gotische Rathaus am Prinzipalmarkt, in dessen berühmtem Friedenssaal 1648 der Westfälische Friede geschlossen wurde*

(1728), *1683, †1767, russ. Feldmarschall dt. Herkunft; führend in der Politik unter Zarin *Anna Iwanowna.*
**Mun-Sekte** → Vereinigungskirche.
**Münsingen,** Stadt in Ba.-Wü., auf der Schwäb. Alb, 11 000 Ew.; Stadtkirche (13. Jh.), Schloß (17. Jh.).
**Munster,** Stadt in Nds., in der Lüneburger Heide, 17 200 Ew.; Truppenübungsplatz *M.lager.*
**Münster,** bes. in S-Dtld. gebräuchl. Bez. für Dome u. größere Pfarrkirchen.
**Münster, 1.** *Bad M. am Stein-Ebernburg,* Stadt in Rhld.-Pf., an der Nahe, 3500 Ew.; *Ebernburg* (1523 zerstört). – **2.** *M. (Westf.),* Stadt in NRW, Hptst. des Reg.-Bez. M., an der Aa u. am Dortmund-Ems-Kanal, 267 000 Ew.; Univ.; Westfäl. Landesmuseum, Dom (13. Jh.), Lambertikirche (14./15. Jh.), got. Rathaus (berühmter Friedenssaal), Schloß (18. Jh., fürstbischöfl. Residenz); Zoolog. Garten. – Gesch.: Um 800 von *Ludger,* dem 1. Bischof von M., gegr., im 13. Jh. Mitgl. der Hanse; 1534/35 *Wiedertäuferherrschaft;* 1648 *Westfälischer Friede* im Friedenssaal; 1815 preußisch, bis 1947 Hptst. der Prov. Westfalen. – **3.** rätoroman. *Müstair,* schweiz. Bergdorf im Kt. Graubünden, 700 Ew.; Benediktinerinnenkloster, Klosterkirche (8. Jh.) mit berühmten karoling. Wandmalereien. – **5.** frz. *Munster,* oberelsäss. Stadt in den S-Vogesen (Frankreich), 5000 Ew.; Fremdenver-

*München: Karlsplatz (Stachus) mit Karlstor (links). – Rechts: Neues Rathaus und Frauenkirche*

**600 Münster**

kehrsort, Käserei; früher Reichsstadt; 634–1791 Benediktinerabtei.
**Münster,** Sebastian, *1489, †1552, dt. Kosmograph; Verfasser der ersten dt. Länderkunde (»Cosmographia universalis«).
**Münstereifel,** *Bad M.,* Stadt in NRW, an der Erft, 15 000 Ew.; Kneippkurort; Radiosternwarte des Max-Planck-Instituts für Radioastronomie.
**Münsterländer,** sehr alte Rassen von Vorstehhunden (Jagdhunde).
**Münsterländer Bucht,** *Westfäl. Bucht,* Tieflandbucht zw. Teutoburger Wald u. dem Nordrand des Rhein. Schiefergebirges; mit vereinzelten Höhen *(Baumberge, Beckumer Berge);* im Mittelpunkt die Stadt *Münster (Westf.)*
**Münstermann,** Ludwig, *um 1575, †1637/38, dt. Bildhauer; bed. Bildschnitzer des dt. Manierismus.
**Münter,** Gabriele, *1877, †1962, dt. Malerin; Schülerin u. Lebensgefährtin W. *Kandinskys,* 1911 Mitgl. des »Blauen Reiters«.
**Munthe,** 1. Axel, *1857, †1949, schwed. Arzt u. Schriftst.; schrieb das Erinnerungsbuch »Das Buch von San Michele« (engl. 1929). – **2.** Gerhard, *1849, †1929, norw. Maler (impressionist. Landschaften, kunstgewerbl. Arbeiten im Jugendstil).
**Muntjakhirsche,** *Muntiacinai,* bis 75 cm hohe *Hirsche* S- u. SO-Asiens, deren Männchen im Oberkiefer hauerartige Eckzähne haben.
**Müntzer,** Thomas → Münzer.

*Muntjakhirsch*

**Münze,** als Geld dienendes, von der staatl. Obrigkeit durch Stempel wertmäßig garantiertes Metallstück; hergestellt durch Prägung oder Guß. Die Vorderseite wird *Avers,* die Rückseite *Revers* genannt. – Die ersten M. entstanden um 650 v.Chr. in Kleinasien (Lydien, Ionien). Erste Porträtdarstellungen von zeitgenöss. Persönlichkeiten gab es seit 44 v.Chr. Bis zum Ausgang des MA wurden M.n mit der Hand aus gravierten Stempeln geprägt. Die ersten Prägemaschinen wurden am Ende des 15. Jh. eingeführt. Seit dem 17. Jh. wird auch der Rand der M. geprägt *(Rändelung).* – Die Münzstätte (Prägeort), in der M.n geprägt werden, ist auf vielen M.n durch *M.buchstaben* gekennzeichnet, z.B. München (D), Stuttgart (F), Karlsruhe (G), Hamburg (I).
**Münzer,** *Müntzer,* Thomas, *um 1490, †1525, dt. Prediger u. Revolutionär, anfangs Anhänger Luthers. Unter Berufung auf seine innere Erleuchtung forderte er eine radikale Umgestaltung des kirchl. u. polit. Lebens. Er wurde zum Führer des *Bauernkriegs* in Thüringen. Nach der vernichtenden Niederlage am 15.5.1525 bei Frankenhausen wurde er gefangengenommen u. enthauptet.
**Münzfuß,** die gesetzl. festgelegte Anzahl der Münzeinheiten, die aus dem Münzgrundgewicht (Gewichtseinheit) des Währungsmetalls (Gold, Silber u.a.) hergestellt werden darf.
**Münzhoheit** → Münzrecht.
**Münzkunde,** *Numismatik,* die Wiss. von der Münze u. ihrer Geschichte. Die M. ist Hilfswiss. der Gesch., Archäologie, Wirtsch.- u. Kunstgeschichte.
**Münzrecht,** *Münzhoheit, Münzregal,* das Recht, Münzen zu prägen, das urspr. nur der staatl. Obrigkeit zustand. In der BR Dtld. steht die Gesetzgebung über das Münzwesen dem Bund zu.

*Tierkreiszeichen (Waage) des Mogulherrschers Jahangir; 1620*

*Silbermünze Demetrios' I. (294–287 v.Chr.). Makedonien*

*Pfennig (Brakteat); um 1160. Halberstadt*

*Denar Karls des Großen; um 800. Pavia*

*Silbermedaille anläßlich der Probefahrt des Luftschiffes Graf Zeppelin über Straßburg; 4./5. August 1908*

*Vorderseite der 5-DM-Sondermünze für Gottfried Wilhelm Leibniz*

*Belagerungsklippe; 1660. Münster*

*Vorderseite der 5-DM-Sondermünze »Umweltschutz«; 1982*

*Vorderseite eines Maria-Theresien-Talers*

*Goldgulden; um 1300. Florenz*

*Vorderseite einer modernen Gedenkmedaille für die Fußballweltmeisterschaft 1982 in Spanien*

*Münzen und Medaillen*

**Muonio Älv,** finn. *Muonionjoki,* l. Nbfl. des Torne Älv, an der schwed.-finn. Grenze, 333 km.

**Mur,** *Mura,* l. Nbfl. der Drau, 440 km; bildet streckenweise die östr.-jugoslaw. u. ung.-jugoslaw. Grenze, mündet sw. vom Plattensee.

**Murad,** türk. Sultane:
**1. M. I.,** *1319, †1389 (ermordet auf dem Amselfeld), Sultan 1359–89; eroberte 1361 Adrianopel u. machte es zur Hptst.; führte als erster türk. Sultan den Titel *Kalif.* – **2. M. II.,** *1401, †1451; Sultan 1421–51; eroberte 1430 Saloniki; schlug die Ungarn 1444 bei Warna, 1448 auf dem Amselfeld. – **3. M. IV.,** *1612, †1640, Sultan 1623–40; eroberte Bagdad von den Persern zurück.

**Muradabad,** *Moradabad,* ind. Stadt, in Uttar Pradesh, 330 000 Ew.; Metall- u. Textilind.

**Muräne,** *Muraena,* räuber., aalartige Fische, bis zu 3 m lang; besitzen Giftdrüsen hinter den Zähnen. Im Mittelmeer bewohnt die bis 1 m lange u. 6 kg schwere *Muraena helena* Höhlen felsiger Küsten.

**Murano,** ital. Insel in der Lagune von Venedig; Herstellung von *Venezianischem Glas* (seit dem 13. Jh.).

**Murasaki Shikibu,** *um 978, †um 1030, jap. Dichterin; verfaßte das *Gendschi-Monogatari,* das in 54 Kapiteln das Leben bei Hof u. die Liebesabenteuer des Prinzen *Gendschi* schildert; klass. Vorbild der jap. Romanliteratur.

**Murat** [my'ra], Joachim, *1767, †1815, frz. Marschall; Reitergeneral Napoleons I., seit 1808 König von Neapel (*Gioacchino*).

**Murau,** Bez.-Hptst. im steir. Murtal (Östr.), 832 m ü.M., 3000 Ew.; Wintersportort.

**Murcia** ['murθia], **1.** histor. Ldsch. SO-Spaniens, umfaßt die Prov. *M.* u. *Albacete;* das östl. Bergland der *Betischen Kordillere.* – **2.** Hptst. der gleichn. span. Prov. *M.,* in der bewässerten Tal des Segura, 280 000 Ew.; Kathedrale (14. Jh.), Univ. (1945); Nahrungsmittel- u. Seidenind.

**Murdoch** ['mə:dɔk], Iris, *15.7.1919, anglo-ir. Schriftst. (philosoph.-symbol. Romane).

**Murdock** ['mə:dɔk], William, *1754, †1839, brit. Ingenieur; Erfinder (1792) der Gasbeleuchtung.

**Mure,** *Murbruch, Murgang,* schweiz. *Risi, Rüfe, Ribi,* Schlamm- u. Gesteinsstrom im Gebirge. Die niedergehenden Massen bilden im Tal breite Schutt- oder Schwemmkegel (*Vermurung*).

**Mures** ['mureʃ], ung. *Maros,* l. Nbfl. der Theiß, 797 km; durchfließt Siebenbürgen, mündet bei Szeged (Ungarn).

**Murg,** r. Nbfl. des Rhein, 96 km; mündet bei Rastatt; aufgestaut zur 1922–26 erbauten *M.talsperre* (*Schwarzenbach-Stausee*).

**Murgab,** *Murghab,* der antike *Margos,* Fluß im N Afghanistans, 800 km; endet in der Karakum-Wüste.

**Murger** [myr'ʒɛ:r], Henri, *1822, †1861, frz. Schriftst. Seine Erzählungen »Scènes de la vie de bohème« regten G. *Puccini* zur Oper »La Bohème« an.

**Murillo** [mu'riljo], Bartolomé Estéban, *1617, †1682, span. Maler; einer der Hauptmeister des span. Spätbarocks; vorw. sakrale Darstellungen; z.T. drastisch realist. Genreszenen.

**Müritz,** mecklenburg. See nw. von Neustrelitz, zweitgrößter dt. See, 116,8 km²; O-Ufer ist Naturschutzgebiet.

**Murmann,** Klaus, *3.1.1932, dt. Unternehmer, seit 1987 Präs. der Bundesvereinigung der Dt. Arbeitgeberverbände.

**Murmansk,** Hptst. der gleichn. Oblast im NW der RSFSR (Sowj.), an der *Murmanküste* (Halbinsel Kola), 430 000 Ew.; eisfreier Hafen u. Endpunkt der *Murman-Bahn* (*Kirow-Bahn,* von Leningrad; 1915–17 erbaut); Flottenstützpunkt.

**Murmeltiere,** *Marmota,* Gatt. der *Hörnchen.* Das über 50 cm große *Alpen-M.* bewohnt die höheren Lagen der Alpen, Pyrenäen u. Karpaten; der Winterschlaf dauert fast 7 Monate. M. leben in selbstgegrabenen Höhlen. Das etwas größere *Steppen-M.* lebt in den Steppen O-Europas u. Asiens.

**Murnau,** Friedrich Wilhelm, eigtl. F.W. *Plumpe,* *1889, †1931, dt. Filmregisseur; seit 1919 beim Film tätig, seit 1927 in den USA. W »Nosferatu«, »Faust«, »Tabu«.

**Murner,** Thomas, *1475, †1537, elsäss. Moralist u. satir. Schriftst.; Franziskanerpater, setzte die von S. *Brant* eingeführte Narrenliteratur fort.

**Murom,** Stadt in der RSFSR (Sowj.), an der unteren Oka, 120 000 Ew.; eine der ältesten russ. Städte.

**Muromachi-Zeit,** *Muromatschi-Zeit,* 1338–1573, die Periode der jap. Gesch., in der *Muromachi,* ein Stadtviertel von Kyoto, Sitz der *Shogune* aus dem Haus der *Ashikaga* war; auch *Ashikaga-Zeit* genannt.

**Muroran,** *Mororan,* jap. Hafenstadt an der S-Küste von Hokkaido, 180 000 Ew.; zweitgrößter jap. Hafen; Nahrungsmittel- u. Schwer-Ind.

**Murphy** ['mə:fi], William Parry, *1892, †1987, US-amerik. Arzt; erforschte die Wirkung des Insulins bei der Zuckerkrankheit; führte die Leberbehandlung der perniziösen Anämie ein; Nobelpreis 1934.

**Murray** ['mʌri], längster Fluß Australiens, im SO, 2674 km (mit *Darling-Barwon* 5310 km); mündet bei Wellington in das Haff des *Lake Alexandrina;* mehrere Staudämme.

**Murray** ['mʌri], **1.** Sir James, *1837, †1915, engl. Philologe u. Lexikograph; Hrsg. des »New English Dictionary«. – **2.** *Moray,* James *Stuart,* Earl of M., *um 1531, †1570 (ermordet), Regent von Schottland 1567–70; unehel. Sohn König *Jakobs V.* von Schottland, Halbbruder *Maria Stuarts.*

**Mürren,** schweiz. Luftkurort u. Wintersportplatz im Berner Oberland, über dem Lauterbrunnental, 1645 m ü.M., 470 Ew.

**Murrhardt,** Stadt in Ba.-Wü., im Quellgebiet der Murr, 13 700 Ew.; Luftkurort; Holz-, Metall-, Lederverarbeitung.

**Murrhardter Wald,** Teil der Schwäb.-Fränk. Waldberge, nördl. von Backnang, bis 585 m.

**Murrumbidgee** [mʌrəm'bidʒi], r. Nbfl. des Murray in Neusüdwales (Australien), 2160 km; im *Burrinjuck-Stausee* aufgestaut.

**Murten,** frz. *Morat,* Hauptort des Seebezirks im schweiz. Kt. Freiburg, am Ostufer des *M.sees* (*Lac de Morat,* 23 km²; vorgeschichtl. Ufersiedlungen); 4500 Ew.; guterhaltenes Stadtbild des 15.–18. Jh. – In der *Schlacht von M.* besiegten die verbündeten Eidgenossen am 22.6.1476 Karl den Kühnen von Burgund.

**Mururoa,** Atoll am SW-Rand der *Tuamotu-Inseln* (Frz.-Polynesien), frz. Testgebiet für Atombombenversuche.

**Mürzzuschlag,** östr. Stadt in der Steiermark, an der Mürz, 669 m ü.M., 11 500 Ew.

**Musaios,** *Musäus,* grch. Dichter im 6. Jh. n. Chr., Epos »Hero u. Leander«.

**Musala,** höchster Berg der Balkanhalbinsel, im NO des Rila-Gebirges (Bulgarien), 2925 m.

**Musalla,** islam. Gebetsplatz außerhalb der Moschee für bes. Gebete u. für die Totenfeier.

**Musäus,** Johann Karl August, *1735, †1787, dt. Schriftst.; schrieb satir. Romane gegen die Empfindsamkeit u. »Volksmärchen der Deutschen«.

**Muscarin,** das Gift des *Fliegenpilzes;* ein Rauschgift.

**Muschel** → Muscheln.

**Muschelblümchen,** *Isopyrum,* Gatt. der Hahnenfußgewächse. In Europa außer Dtld. wächst die giftige Art *Isopyrum thalictroides.*

**Muschelgeld,** zu Scheiben geschliffene u. auf Schnüre gezogene Abschnitte von Muschelschalen, die bei Naturvölkern Ozeaniens, Indonesiens, Australiens u. Amerikas als Wertmesser dienten.

**Muschelkalk,** kalkige, mittlere Schichtenfolge der German. Trias; reich an tier. Schalenresten (meist Brachiopoden).

**Muschelkrebse,** *Ostracoda,* Klasse der *Krebse;* von einer zweiklappigen, stark verkalkten, muschelähnl. Schale umschlossen; hierzu die Gatt. *Cypris,* die sich parthenogenet. fortpflanzen kann.

**Muscheln,** *Lamellibranchia, Bivalvia,* Klasse der *Weichtiere;* mit den Körper ganz oder teilw. bedeckenden Kalkschalen, die vom Mantelrand abgeschieden werden. Ein Kopf ist nicht ausgeprägt; die Sinnesorgane, wie Riech-, Schmeck-, Gleichgewichts- u. Sehorgane, liegen am Fuß oder am Mantelrand verteilt. M. ernähren sich von Schwebestoffen, die mit dem Atemwasser (Kiemenatmung) angeschwemmt werden. Viele Muscheln sind eßbar, z.B. Herz-, Miesmuschel u. Auster. Einige können Perlen erzeugen. Man kennt heute etwa 25 000 Arten.

**Muschg,** Adolf, *13.5.1934, schweiz. Schriftst. (iron.-parodist. Romane u. Erzählungen).

**Muselman,** → Moslem.

**Musen,** in der grch. Myth. die göttl. Schützerinnen von Kunst u. Wiss., 9 Töchter des *Zeus* u. der *Mnemosyne: Erato* (lyr. Liebesdichtung), *Euterpe* (lyr. Gesang zum Flötenspiel), *Kalliope* (Epos), *Klio* (Geschichte), *Melpomene* (Tragödie), *Polyhymnia* (ernster Gesang), *Terpsichore* (Tanz), *Thalia* (Komödie), *Urania* (Astronomie).

## Musical 601

### Berühmte Museen

| Ort | Name | Inhalt |
|---|---|---|
| Amsterdam | Rijksmuseum | Kunst |
| Athen | Archäologisches Museum | Archäologie |
| Berlin | Staatliches Museum, Nationalgalerie | Kunst |
| | Pergamon-Museum | Archäologie |
| | Staatliche Museen Preußischer Kulturbesitz, Gemäldegalerie u. Nationalgalerie | Kunst |
| Bern | Kunstmuseum | Kunst |
| Chicago | Art Institute | Kunst |
| | Museum of Natural History | Naturkunde |
| Detroit | Ford Museum | Technik |
| Dresden | Grünes Gewölbe | Kunst |
| Düsseldorf | Kunstsammlung Nordrhein-Westfalen | Kunst |
| Florenz | Uffizien | Kunst |
| | Palazzo Pitti | Kunst |
| Köln | Wallraf-Richartz-Museum/Museum Ludwig | Kunst |
| | Rautenstrauch-Joest-Museum | Ethnologie |
| Leningrad | Eremitage | Kunst |
| London | National Gallery | Kunst |
| | Tate Galery | Kunst |
| | British Museum | Archäologie, Kunstgeschichte |
| Madrid | Prado | Kunst |
| Moskau | Tretjakow-Galerie | Kunst |
| München | Alte u. Neue Pinakothek | Kunst |
| | Deutsches Museum | Technik |
| New York | Metropolitan Museum of Art | Kunst |
| | Museum of Natural History | Naturkunde |
| Nürnberg | Germanisches National-Museum | Kulturgeschichte |
| Oxford | Ashmolean Museum | Archäologie, Naturkunde |
| Paris | Louvre | Kunst |
| | Centre National d'Art et de Culture Georges Pompidou | Kunst |
| Philadelphia | Franklin Institute | Technik |
| Rom | Vatikanische Museen | Kunst |
| Washington | National Gallery of Art | Kunst |
| | Smithsonian Institute | Naturkunde |
| Wien | Albertina | Kunst |
| | Kunsthistorisches Museum | Kunst |

**Musenalmanach,** nach frz. Vorbild seit 1769 jährl. veröffentl. Sammlung meist lyr. Dichtungen des vorangegangenen Jahres, bes. von Mitgl. des »Göttinger Hains«.

**Musette** [my'zɛt], **1.** eine *Sackpfeife* des 17./18. Jh. – **2.** am Hof Ludwigs XIV. u. Ludwigs XV. ein beliebter Tanz im Tripeltakt mit liegenbleibendem Baß.

**Museum,** öffentl. Sammlung von Zeugnissen der menschl. Kulturentwicklung; eine bes. Form ist das *Freilicht-M.* (z.B. ganze Dorfanlagen). Zielsetzung des traditionellen M. ist die Bildung der Öffentlichkeit durch das Mittel der *Ausstellung.*

**Musical** ['mjuzikəl], Kurzform von *Musical Comedy, Musical Play,* eine urspr. spezif. amerik. Form der Unterhaltungsbühne, am Broadway in New York um 1900 entwickelt; Showelemente werden mit einbezogen. Quellen für das M. sind u.a. Burleske u. Pantomine, Minstrel-Show, Vandeville u. Revue, Jazz u. Operette.
Wichtige Namen aus der Geschichte des M.s: Jerome *Kern:* »Show boat«; Irving *Berlin:* »Annie get your gun«, »Mr. President«; C. *Porter:* »Kiss me Kate«, »Oklahoma«, »South pacific«, »The King and I«; Harold *Rome:* »Fanny«; L. *Bernstein:* »West side story«; Jerry *Bock:* »Fiddler on the roof« (dt. »Anatevka«); Galt *MacDermot:* »Hair«; Andrew Lloyd *Webber:* »Jesus Christ Superstar« u. »Cats«. Eines der erfolgreichsten M.s ist »My Fair Lady« nach G.B. *Shaws* »Pygmalion«; Alan Jay

### Music-Hall

*Lerner* gelang es hier, aus einer guten Komödie ohne Veränderung ihrer Struktur ein M. mit Geist u. Charme zu machen, die Musik stammt von Frederick *Loewe*.

**Music-Hall** ['mjuzik hɔ:l] → Vaudeville.

**Musik,** bei den Griechen zunächst zusammenfassender Begriff für Ton-, Dicht- u. Tanzkunst, dann die *Tonkunst,* d.h. Ausdruck des menschl. Gefühls- u. Seelenlebens durch Töne, allein. – Jede Epoche u. Kultur hat einen eigenen M.begriff geprägt. Gemeinsam scheint nur, daß es sich um absichtsvoll gestaltete akust. Vorgänge handelt. Die Mittel der musikal. Gestaltung sind Rhythmus, Melodie, Instrumentation, Tonstärke u. harmon. bzw. disharmon. Ordnungsstrukturen. Mögliche Klangträger sind die menschl. Stimme (Vokal-M.) oder einzelne bzw. mehrere Instrumente (Instrumental-M.). In der histor. Entwicklung unterlag die M. vielfältigen grundlegenden Wandlungen von der kultisch gebundenen M. bis zu der aus Arbeitsrhythmen entstandenen Volks-M., von der magischen Vergegenwärtigung in der primitiven M., der wechselnden Abfolge linearer u. polyphoner Epochen bis zu den Ergebnissen der Zwölfton-M. im 20. Jh.

Die M.geschichte ist für den abendländ. Kulturkreis am besten nachvollziehbar. Die abendländ. M. begann in altchristl. u. frühmittelalterl. Zeit als einstimmige vokale Kirchen-M., aus der z.Z. der *Romanik* (1000–1200) u. *Gotik* (1200–1500) die Mehrstimmigkeit entstand. Die Übertragung von Vokal-M. auf Instrumente fand bed. weltl. Ausdruck in der Niederländ. u. Venezian. Schule u.

## MUSIKINSTRUMENTE

*Thomas Hart Benton: Die Musikstunde; 1943. Privatsammlung (links). – Saxophonist (Mitte). – Sringa, ein Messinghorn aus Indien (rechts)*

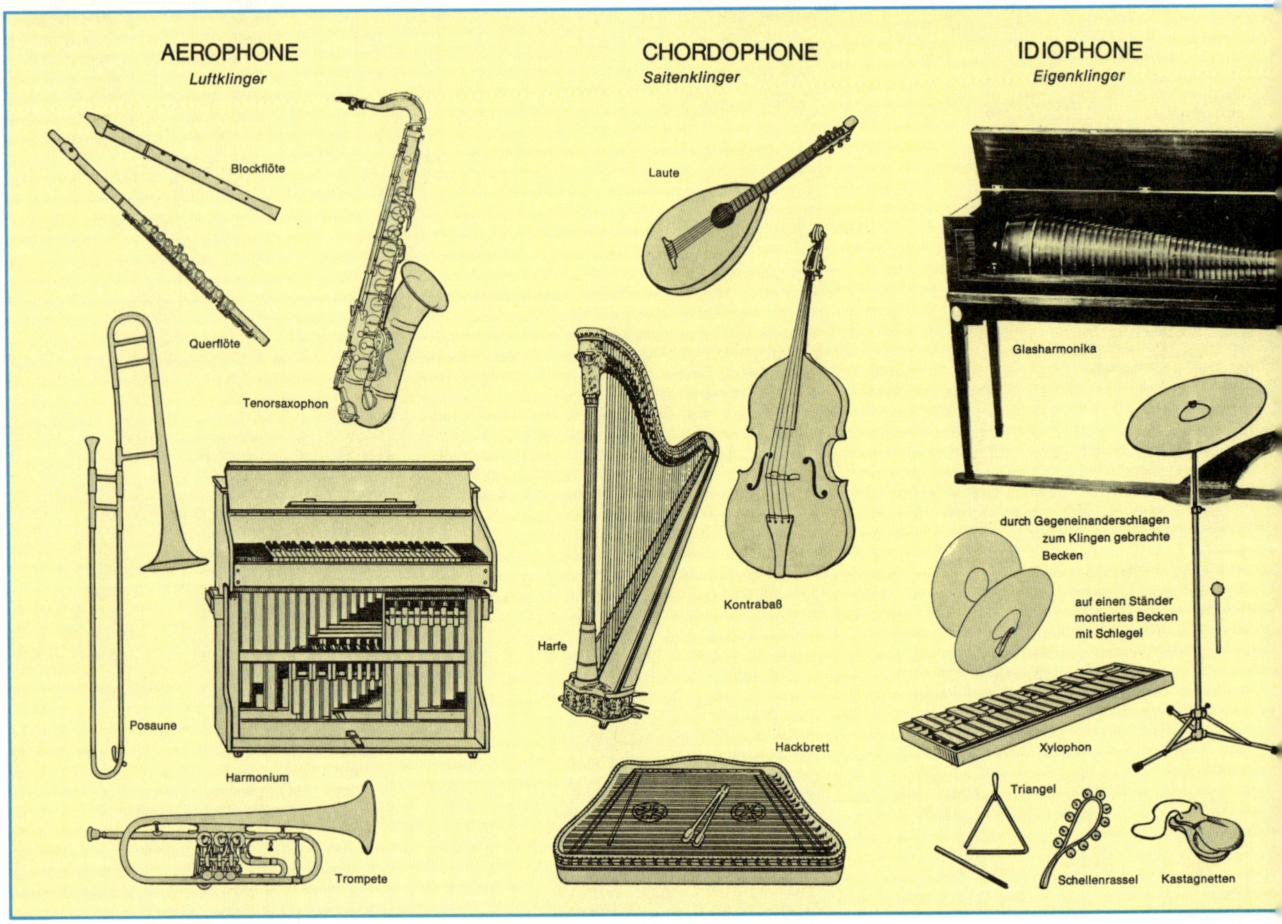

**AEROPHONE** *Luftklinger*: Blockflöte, Querflöte, Tenorsaxophon, Posaune, Harmonium, Trompete

**CHORDOPHONE** *Saitenklinger*: Laute, Kontrabaß, Harfe, Hackbrett

**IDIOPHONE** *Eigenklinger*: Glasharmonika, durch Gegeneinanderschlagen zum Klingen gebrachte Becken, auf einen Ständer montiertes Becken mit Schlegel, Xylophon, Triangel, Schellenrassel, Kastagnetten

gipfelte mit der Entwicklung des Dur-Moll-Systems u. des Generalbasses im *Barock* (1600–1750). Das *Rokoko* (um 1750) pflegte bes. die ital. Oper, die nach strenger dt. Reformierung später auf Italien zurückwirkte. Auf die Mannheimer Schule folgte die sinfon. Kunst der *Klassik* (1750–1800), in der die Lösung von der strengen Kontrapunktik stattfand. Sie leitete unmittelbar zur *Romantik* (1800–1900) über. Alle musikal. Formen erlebten in beiden Epochen eine Blütezeit. Seit Mitte des 19. Jh. datiert die *Spätromantik,* die bis in die Gegenwart hineinwirkt. Während der *Impressionismus* (um 1900) einem letzten verfeinerten Klangreiz huldigte, fand die *Zwölfton-M.* überall Anhänger, die um musikal. Neuland bemüht sind, zumindest eine Verbindung zw. *Atonalität* u. barocker linearer Kontrapunktik suchen. Außerhalb Europas haben sich bes. in Afrika u. Asien sehr hochstehende M.kulturen entwickelt, deren Existenz durch europ. Einflüsse heute gefährdet ist. Die im 20. Jh. in Mitteleuropa erklingende M. läßt sich vereinfacht in folgende Kategorien einteilen: 1. nach ästhet. Wertung in Kunst-M. (sog. *E-Musik,* d.h. erste M.), Unterhaltungs-M. (sog. *U-Musik*), Volks-M. u.a.; 2. nach Zweckanwendungen u. sozialen Funktionen in Film-, Kirchen-, Tanz-, Konzert-M. u.a.; 3. nach Merkmalen ihrer Gestaltung z.B. in serielle M., Monodie; 4. nach ihren Darstellungsmitteln (Besetzung), z.B. in Vokal-M., sinfon. M., elektron. M.; 5. innerhalb der Kunstmusik nach Gattungen, z.B. Oper, Sinfonie, Kantate. Natürlich überschneiden sich die Bereiche vielfach.

**Musikalität,** musikalische Begabung, die Fähigkeit, Musik mit ihren Elementen Melodik, Harmonik u. Rhythmik u. in ihrer formalen Gliederung aufzunehmen u. ihre Aussage zu erfassen; nicht unbedingt mit instrumentaltechn., sänger. oder schöpfer. Begabung verbunden; objektiv ist die musikal. Begabung nicht meßbar.

**Musikantenknochen,** volkstüml. Bez. für den Knochenvorsprung am Ellbogengelenk.

**Musikdrama,** die urspr. Form der um 1600 in Italien geschaffenen Oper; im bes. Sinn dann die von R. *Wagner* erstrebte Verschmelzung dramat. u. menschl. Gestaltung.

**Musikethnologie,** früher *vergleichende Musikwiss.,* die Wiss. von der Musik der außereurop. Völker sowie (als »musikal. Volkskunde«) von der europ. Volksmusik.

**Musikinstrumente.** Am Anfang stehen Urformen, die naturgegebenes Material verwenden, so Holzstäbe als Klappern, Fruchtkapseln als Rasseln, Bambusrohr, Tierhörner u. Schneckengehäuse als Blasgeräte, gehöhlte Baumstämme als Trommeln, Bogensehnen als Saiten u. Kürbisschalen, Kokosnüsse oder Schildkrötenpanzer als Resonanzkörper. Schon für die frühesten Epochen antiker Hochkulturen bezeugten Funde u. Ausgrabungen das Vorhandensein zahlr. M. Die M. werden in der Praxis eingeteilt in: *1. Tasteninstrumente; 2. Saiteninstrumente:* a) Streich-, b) Zupfinstrumente; *3. Blasinstrumente:* a) Holzblas-, b) Blechblasinstrumente; *4. Schlaginstrumente:* a) mit bestimmter Tonhöhe (Pauke, Xylophon, Glockenspiel); b) mit unbestimmter Tonhöhe (Trommel, Kastagnetten, Triangel); *5. mechan. M.* (Musikwerke); *6. elektron. M.*

E. M. von *Hornbostel* u. Curt *Sachs* haben 1914 eine heute in der Musikwiss. allg. gebräuchl. Systematik der M. aufgestellt mit den Hauptgruppen *Idiophone, Membranophone, Chordophone, Aerophone.* Hinzu kommen die bei der Abfassung der Systematik noch nicht gebräuchl. *Elektrophone.*

**Musiklehre,** Musiktheorie, die Fachkunde für den Tonsatz: 1. *Elementartheorie (Allg. M.),* behandelt Notenlehre, Tonbenennung, Intervall-Lehre, Tonsysteme, Tonarten, Rhythmik, allg. Akkordlehre, Tempo- u. Vortragsbez.; 2. *Harmonielehre:* Akkordfunktionen u. Stimmführung; 3. *Kontrapunkt:* polyphone Stimmführung; 4. *Formenlehre,* Aufbau größerer musikal. Sätze; 5. *Metrik u. Rhythmik,* behandelt Gewichtsverhältnisse, Betonung, Takt, Länge u. Kürze der Noten, ihr zeitl. Verhältnis zueinander; 6. *Instrumentationslehre.*

**Musikschule,** früher *Jugendmusikschule,* durch F. Jöde 1924 angeregt; pflegt die Jugend- u. Laienmusikerziehung von der elementaren Arbeit mit Kindern über die instrumentale Ausbildung bis zur Vorbereitung auf ein Berufsstudium.

**Musikwerke,** Apparate, die mit mechanisch-akust. Mitteln vorgegebene Musikstücke automatisch wiedergeben (außer Schallplatte u. Tonband). Der Mechanismus wird durch Handbetrieb, Uhrwerke oder Elektromotoren in Bewegung gesetzt.

| Lautstärkebezeichnungen in der Musik | | |
|---|---|---|
| Abkürzung in Noten | italien. Bezeichnung | Bedeutung |
| fff | forte fortissimo | äußerst laut (weitere Steigerungen wie ffff möglich) |
| ff | fortissimo | sehr kräftig, sehr laut |
| f | forte | kräftig, laut |
| mf | mezzoforte | halbstark |
| mp | mezzopiano | halbleise |
| p | piano | leise |
| pp | pianissimo | sehr leise |
| ppp | piano pianissimo | äußerst leise (weitere Abschwächungen wie pppp möglich) |
| sf; sfz | sforzato | kurzer, kräftiger Akzent |
| <; cresc. | crescendo | allmählich lauter werden |
| >; decresc.; dim. | decrescendo; diminuendo | allmählich leiser werden |

Gespeichert werden die Musikstücke auf Stift- oder Nockenwalzen, Lochstreifen u.a. Seit dem 17. Jh. sind M. bekannt; eine Hochblüte erlebten sie im 18. Jh. *(Drehorgel, Spieldose, Orchestrion).*

**Musikwissenschaft,** unter Ausschluß der Fächer der prakt. *Musiklehre* die Erforschung aller die Musik berührenden Fragen. Ihre Anfänge reichen in die grch.-röm. Antike zurück; im MA gehörte sie als Ars musica zu den vier »mathemat.« Disziplinen der *Septem artes liberales.* Als vorw. histor. orientierte Disziplin wurde sie im Anschluß an die Literatur- u. Kunstgesch. Ende des 19. Jh. wieder in den Kreis der Universitätsfächer aufgenommen. Hauptgebiete: 1. *historische M.* (Musikgesch., verstanden als abendländ. Musikgesch.); 2. *systematische M.:* erforscht die allg. Grundlagen der Musik, soweit sie sich vom histor. Wandel u. von der ethn. Vielfalt isolieren lassen. Hierher gehören in erster Linie die psycholog., physiolog. u. physikal. Bedingungen des musikal. Hörens *(musikal. Akustik);* 3. *Musikethnologie.*

**Musil,** Robert Edler von, *1880, †1942, östr. Schriftst.; seit 1938 in der Schweiz. Sein Grundthema ist der exakte u. zugleich iron.-distanzierende Analyse des modernen Lebens u. das Leben als Experiment; W »Die Verwirrungen des Zöglings Törleß«, »Der Mann ohne Eigenschaften«, »Die Schwärmer«.

**Musique concrète** [my'sik kɔ̃'krɛːt] → elektron. Musik.

**Musivgold,** *Jugendgold, Mosaikgold,* feines Pulver aus goldglänzendem Schwefelzinn; zur »Vergoldung« von Papier u. Pappe.

**Musivsilber,** feines Pulver aus Zinn-Wismut-Amalgam; zur »Versilberung« von Papier u. Pappe u. (mit Firnis gemischt) zum Malen.

**Muskarin** → Muscarin.

**Muskat** → Muskatnußbaum.

**Muskateller,** süßer, zuckerreicher Wein, meist gelb oder rot, mit Muskatgeschmack; aus Griechenland, Ungarn, Italien u. Frankreich.

**Muskatnußbaum,** in der SO-asiat. Inselwelt

*Orgelbauer*

*Muskatnußbaum*

# Muskau

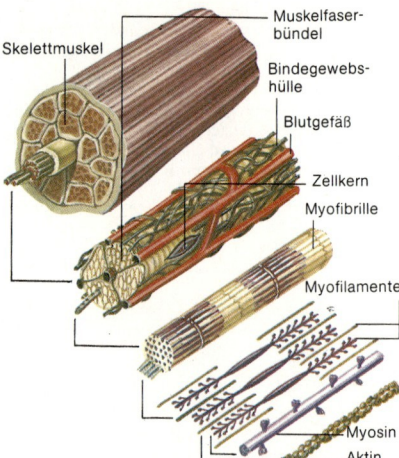

*Muskel: Ein Skelettmuskel setzt sich aus Bündeln mehrkerniger Einzelfasern zusammen, die von einer Bindegewebshülle umgeben sind und von Blutgefäßen und Nerven versorgt werden*

heim. Baum; mit maiglöckchenähnl. Blüten. Genutzt wird die Frucht des M., eine einsamige rundl. Beere von Pfirsichgröße: Als Gewürze werden hiervon gehandelt die *Muskatblüte* u. die *Muskatnüsse* (**Muskat**; die vom Samenmantel befreiten u. getrockneten Samen).

**Muskau**, *Bad M.*, Stadt in Sachsen, an der Lausitzer Neiße, 5200 Ew.; Moor- u. Mineralbad.

**Muskel**, das fleischige Gewebe des tier. u. menschl. Körpers, durch das die Bewegung einzelner Körperteile u. die Fortbewegung ermöglicht wird. Die M. bestehen aus *M.bündeln*, die von einer bindegewebigen Hülle umgeben sind. Die Bauelemente des M. sind einkernige, spindelförmige *M.zellen* (0,2–0,8 mm lang) u. mehrkernige, mehrere cm lange *M.fibrillen* (*Myofibrillen*). Je nach der Feinstruktur dieser M.fibrillen unterscheidet man *glatte* u. *quergestreifte* M.; eine Zwischenstellung nimmt der *Herz-M.* ein. Glatte M. kontrahieren sich langsam u. können die Kontraktion ohne erhebl. Energieverbrauch aufrechterhalten, während quergestreifte M. sich schnell kontrahieren u. schnell wieder erschlaffen. Der M. führt nur auf *Erregungsanstöße* vom Nervensystem hin Bewegungen aus. Gewisse M. üben stets eine rhythm. Folge von Zuckungen aus (z.B. Herz-M.);

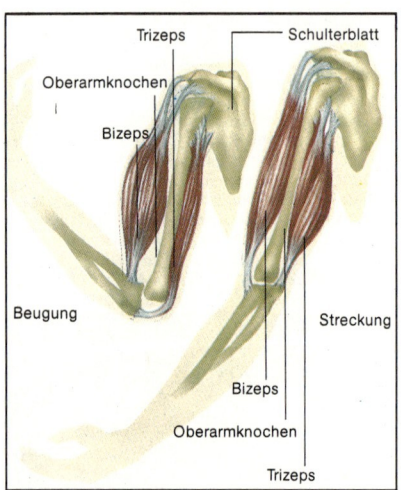

*Muskeln können sich nur aktiv verkürzen oder passiv erschlaffen, d.h., sie ziehen sich zusammen oder dehnen sich, eine Stoßbewegung ist nicht möglich. Aus diesem Grunde sind an allen Gelenken mindestens zwei als Gegenspieler wirkende Muskeln erforderlich. Im Oberarm bewirkt der Bizeps die Bewegung des Unterarms und heißt entsprechend »Beuger«; der Trizeps, sein Gegenspieler, streckt den Unterarm und wird daher als »Strecker« bezeichnet*

andere erfahren eine *Dauerverkürzung*. Man unterscheidet bei Dauerverkürzungen den willkürl. *Tetanus* u. den unwillkürl. *Tonus*. Die M.fasern der Skelett-M. der Wirbeltiere laufen an den Enden in Sehnenfasern aus, die zu Sehnenplatten oder -strängen zusammengefaßt, an den Knochen ansetzen u. deren Bewegung ermöglichen.

**Muskelatrophie**, *Muskelschwund*, Verminderung der Muskelfasern nach Zahl u. Masse infolge Untätigkeit oder degenerativer Vorgänge.

**Muskelentzündung**, *Myositis*, aufgrund mechan., chem., physikal. u. infektiöser Reize verursachte akute oder chron. Entzündung der Muskulatur. Auch beim *Rheumatismus* spielen spezif. entzündl. Herde *(Aschoffsche Knötchen)* in der Muskulatur eine Rolle.

**Muskelgeschwulst**, *Myom*, aus Muskelgewebe bestehende Geschwulst; fast immer gutartiger Natur.

**Muskelkater**, eine Schmerzempfindung in der Muskulatur nach Anstrengung; durch die starke Anhäufung von Milchsäure u.a. Stoffwechselprodukten bedingt.

**Muskelriß**, *Muskelruptur*, durch Überbeanspruchung des bereits angespannten Muskels entstehende Ruptur. Die dabei entstandene Lücke füllt ein schmerzhafter Bluterguß aus. Ein M. muß meist genäht werden, um dauernde Funktionsbeeinträchtigungen zu vermeiden.

**Muskelstarre**, Bewegungsunfähigkeit des Muskels.

**Muskeltonus**, *Muskelspannung* → Tonus.

**Muskete**, aus Spanien stammendes, in der ersten Hälfte des 16. Jh. in Dtld. eingeführtes Gewehr großen Kalibers mit Luntenschloß; beim Schießen vom *Musketier* auf eine Gabel aufgelegt.

**Muskhogee** [mʌsˈkɔugi], *Maskoki*, Indianer-Stämmegruppe im SO der USA; hierzu die *Creek, Choctaw, Chickasaw, Natchez* u. *Seminolen.*

**Muskowit**, *Katzensilber*, ein gesteinsbildendes → Mineral.

**Muslim** → Moslem.

**Muspelheim**, in der nord. Myth. das von *Surtrs* (eines Feuerriesen) Scharen beherrschte Reich, das beim Weltuntergang verbrennen wird.

**Muspilli**, stabreimendes ahd.-bair. Gedicht (Fragment) vom Anfang des 9. Jh.; schildert die Schicksale der Seele nach dem Tod, Weltuntergang u. Jüngstes Gericht.

**Mussaf**, im jüd. Gottesdienst ein Zusatzgebet an Sabbat- u. Festtagen im Anschluß an das Morgengebet.

**Musselin** [musˈliːn], *Mousseline*, leichtes, glattes u. weiches Gewebe in Leinwandbindung, meist bedruckt. – **M.bindung**, Leinwandbindung in Kammgarnweberei.

**Musset** [myˈsɛ], Alfred de, *1810, †1857, frz. Schriftst.; bes. in seiner romant. Frühzeit gekennzeichnet durch schwermütige Stimmungen; 1833–35 eng befreundet mit G. *Sand*.

**Mussolini**, Benito, *1883, †1945, ital. Politiker (Faschist); 1912–14 Chefredakteur des sozialist. Parteiorgans »Avanti« in Mailand. 1919 gründete er in Mailand den ersten *Fasci di combattimento* (»Kampfbund«), wurde Abg. der 1921 in der *Partito Nazionale Fascista (PNF)* umgewandelten Fasci u. nach dem »Marsch auf Rom« (28.10.1922) am 31.10. vom König mit der Regierungsbildung beauftragt. Durch den Staatsstreich vom 5.1.1925 erlangte er fast absolute Vollmacht; er wurde *Duce* [»Führer«] u. *Capo del Governo* [»Regierungschef«]. Nach den Niederlagen der Italiener im 2. Weltkrieg (Griechenland, Afrika) sprach ihm der Große Faschist. Rat am 25.7.1943 sein Mißtrauen aus, u. er wurde auf Befehl des Königs gefangengesetzt. Aus der Haft auf dem Campo Imperatore am Gran Sasso d'Italia wurde er von dt. Fallschirmjägern befreit; er wurde mit seiner am 23.9. proklamierten *Repubblica Sociale Italiana* völlig von Hitler abhängig. Kurz vor Kriegsende wurde er von ital. Partisanen erschossen.

**Mussorgskij** [ˈmusɔrg-], Modest, *1839, †1881, russ. Komponist; gehörte zur »Gruppe der Fünf«. Seine Musik ist expressiv u. voll harmon. Kühnheiten, die manche Errungenschaften des Impressionismus vorwegnehmen. W Oper »Boris Godunow« (Text nach A.S. Puschkin).

**Mussurana**, 2 m lange, schwarze, giftschlangenfressende *Natter* Mittel- u. Südamerikas.

**Mustafa**, türk. Sultane; u.a. *M. II.* *1664, †1703, Sultan 1695–1703; mußte im Frieden von *Karlowitz* 1699 große Gebiete an Österreich, Polen u. Rußland abtreten.

**Mustafa Kemal Pascha** → Atatürk.

**Müstair** [myʃˈtaːir] → Münster.

**Mustang**, verwildertes Pferd der N-amerik. Prärien.

**Musterrolle**, öffentl. Urkunde über angeheuertes Schiffspersonal.

**Musterung**, die Prüfung der *Wehrpflichtigen* auf Tauglichkeit u. militär. Verwendbarkeit.

**Mut**, altägypt. Göttin, bes. in Karnak u. Theben verehrt; Gattin des *Amun*; mit einem Geierkopf oder als Geier dargestellt.

**mutagen**, mutationsauslösend.

**Mutankiang** → Mudanjiang.

**Mutation**, eine Abänderung der Eigenschaften eines Lebewesens, die im Ggs. zur *Modifikation* erbl. ist u. sich deshalb als Evolutionsfaktor auswirkt. Es können sich Veränderungen bei *Genen* oder bei der Struktur der Chromosomen ergeben.

**Muth**, Carl, Pseud.: *Veremundus*, *1867, †1944, dt. kath. Publizist.

**Muthesius**, Hermann, *1861, †1927, dt. Architekt; verbreitete die von England ausgehenden Ideen des Funktionalismus in Dtld.

**Muti**, Riccardo, *28.7.1941, ital. Dirigent.

**Mutianus Rufus**, Conradus, eigtl. Konrad *Mut(h)*, *1470/71, †1526, dt. Humanist; neigte anfangs M. *Luther* zu, dann jedoch *Erasmus von Rotterdam*.

**Muttenz**, Industriedorf im schweiz. Kt. Basel-Land, 17 500 Ew.; Rheinhafen.

**Mutter**, *Schraubenmutter* → Schraube.

**Mutter**, Anne-Sophie, *29.6.1963, dt. Geigerin.

**Mutterboden**, oberste, humushaltige Schicht einer Kulturfläche.

**Müttergenesungswerk**, *Deutsches M.*, 1950 von Elly *Heuss-Knapp* gegr. gemeinnützige Stiftung (Sitz: Stein bei Nürnberg). Träger der Stiftung sind die Müttergenesungsfürsorge des DRK, der Arbeiterwohlfahrt u. des Dt. Paritätischen Wohlfahrtsverbands sowie die Frauengruppen der ev. u. kath. Kirche.

**Mutterherrschaft** → Matriarchat, → Mutterrecht.

**Mutterkorn**, ein pilzl. Getreideparasit, der zu förmig gekrümmten Gebilden führt. Sie enthalten giftige Alkaloide (Ergotamin). – **M.vergiftung** → Ergotismus.

**Mutterkuchen** → Plazenta.

**Mutterkult**, die Vorstellung u. Verehrung der Gottheit als Mutter, die das Sinnbild der Fruchtbarkeit, des Lebens u. vielfach auch der Barmherzigkeit ist (Demeter, Ischtar, Astarte, Isis, Kuan-jin).

**Muttermal**, *Naevus*, angeborene, oft erst später durch Wachstum sichtbar werdende Hautmißbildung in Form fleck- oder flächenförmiger Anhäufungen von Farbstoffzellen (Leberfleck).

**Mutterrecht**, eine Gesellschaftsordnung, die den einzelnen nach seiner Abstammung in der mütterl. Linie *(Mutterfolge)* einordnet; der Vater gilt als Fremder in der Fam. Die Frau hat stärkeren Einfluß, auch polit., ohne jedoch zum *Matriarchat* zu kommen.

**Mutterschaftsurlaub**, seit 1986 → Erziehungsurlaub.

**Mutterschutz**, die Maßnahmen zum Schutz der in einem Arbeitsverhältnis oder in Heimarbeit stehenden Frau während der Schwangerschaft, der Niederkunft u. des Stillens; für die BR Dtld. geregelt im *M.gesetz* von 1952, in der Fassung von

*Mykene: Blick auf die Schachtgräber*

*Mykonos*

1968. Für alle in einem Arbeitsverhältnis stehenden Frauen sind für die Zeit der Schwangerschaft Mehrarbeit, Sonntags- u. Nachtarbeit u. bestimmte Arbeiten ganz verboten. 6 Wochen vor der Niederkunft bis 8 Wochen nachher (bei Früh- u. Mehrlingsgeburten 12 Wochen nachher) darf die Frau überhaupt nicht beschäftigt werden. Während der Schwangerschaft u. bis zum Ablauf von 4 Monaten nach der Niederkunft besteht ein *Kündigungsverbot* (Ausnahmegenehmigung nur durch den Landesarbeits-Min.). Bei Wahrnehmung des Erziehungsurlaubs erstreckt sich das Kündigungsverbot auf seine Dauer.

**Muttersprache**, um 1500 in Dtld. aufgekommener Begriff für die angestammte, eigenständige Sprache (Volkssprache) gegenüber den 3 »heiligen Sprachen« (Griechisch, Latein, Hebräisch). Heute versteht man unter *M.* die Sprache, die der Mensch ohne Vermittlung durch eine andere Sprache lernt u. gewöhnl. am besten beherrscht.

**Muttertag**, Feiertag am 2. Maisonntag zu Ehren der Mutter; fand 1910 von England aus in Amerika Eingang u. wurde in Dtld. nach dem 1. Weltkrieg aus den USA übernommen.

**Mutualismus**, Wechselbeziehung zw. zwei Lebewesen versch. Art, die für beide förderlich, für einen der Partner aber lebensnotwendig ist, z.B. Blütenbestäubung durch Tiere.

**Mutung**, der Antrag bei der Bergbehörde auf Verleihung des Mineralgewinnungsrechts innerhalb eines bestimmten Grubenfelds.

**Muxi** [muçi], Pinselname des Mönchs *Fachang*, chin. Maler im 13. Jh.

**Muzorewa**, Abel, *14.4.1925, simbabw. Politiker; methodist. Bischof; 1979/80 erster schwarzer Prem.-Min. von Simbabwe-Rhodesien.

**Mwanza** ['mwa:nza:], *Muansa*, Regions-Hptst. im nördl. Tansania (O-Afrika), am Victoria-See, 170 000 Ew.

**Mweru-See**, *Meru-See*, afrik. See an der Grenze von Sambia u. Zaire, 4920 km²; vom *Luapula* durchflossen, der nach dem Austritt *Luvua* heißt.

**MX-Rakete**, US-amerik. Interkontinentalrakete mit 10 Mehrfachsprengköpfen von hoher Treffgenauigkeit u. großer Sprengkraft.

**Myanmar**, amtl. Landesname von → Birma.

**Myelom**, Knochenmarkgeschwulst.

**Mykene**, *Mykenai*, altgrch. Stadt u. Burg in der Ldsch. Argolis auf dem Peloponnes. Die Burg, bei *Homer* Sitz des Königs *Agamemnon*, wurde um 1200–1180 v. Chr. zerstört. Ausgrabungen (1874 begonnen durch H. *Schliemann*) erbrachten Spuren von Besiedlungen im 3. Jt. v. Chr.; aus dem 16. Jh. v. Chr. stammen königl. Schachtgräber, in denen Goldmasken, Goldschmuck u. Gefäße aus Gold u. Silber gefunden wurden. Erhalten blieben ferner der Mauerring mit dem Löwentor, Teile des Palastes sowie zahlr. große Kuppelgräber (13. Jh. v. Chr.), darunter das sog. Schatzhaus des Atreus.

**mykenische Kultur**, die von den myken. Griechen getragene spätbronzezeitl. Kultur des grch. Festlands, 1600–1100 v. Chr.; Endstufe der → helladischen Kultur. Zw. 2200 u. 1900 v. Chr. waren indoeurop. Volksstämme (die später als *Achäer, Ionier* bezeichneten Frühgriechen) auf das grch. Festland eingewandert. Auf der Grundlage dieser Mischkultur entstand um 1600 v. Chr. durch Kontakte mit der minoischen Kultur die plötzl. reich aufblühende m. K. Seit 1450 v. Chr. besetzten myken. Heerfürsten das seit den Zerstörungen durch den Vulkanausbruch auf Santorin (um 1500 oder 1470 v. Chr.) darniederliegende Kreta, bereiteten der kret. Vorherrschaft im Mittelmeer den Untergang u. dehnten ihren Einfluß seit dem 14. Jh. v. Chr. über das ganze östl. Mittelmeer aus. – Die m. K. ging in den Stürmen der *Ägäischen Wanderung* des 13./12. Jh. v. Chr. unter. Die Erinnerung an diese Zeit lebt in den Epen *Homers* weiter.

**Mykobakterien**, *Mycobacteria*, zu den *Actinomycetales* gehörende, unbewegl. *Bakterien* von stäbchenförmiger Gestalt; hierzu die Erreger der *Tuberkulose* u. der *Lepra*.

**Mykologie**, die Pilzkunde.

**Mykonos**, griechische Kykladen-Insel, 86 km², 3700 Ew.; Fremdenverkehr.

**Mykoplasmen**, zellwandlose, wegen ihrer Kleinheit auch Membranfilter passierende Organismen von der Größe der *Viren.*

**Mykorrhiza**, *Pilzwurzel*, die Wurzeln höherer Pflanzen, die in ihrer Rindenzone von Pilzen besiedelt werden. M.bildungen gibt es bei Orchideen, Farnen, Heidekrautgewächsen u.a. Bes. bekannt ist die M. bei den Waldbäumen, da hier die Pilzpartner Ständerpilze sind.

**Mykosen** *Pilzkrankheiten*, durch pathogene Pilze hervorgerufene Erkrankungen.

**Mylady** [mi'lɛidi], Anrede für eine Lady.

**Mylord** [mi'lɔ:d], Anrede für einen Lord.

**Mynheer** [mə'ne:r], ndl. Anrede: mein Herr; auch Spottname für Niederländer.

**Myoglobin**, roter Farbstoff in der Muskulatur.

**Myokarditis**, die Herzmuskelentzündung.

**Myom** → Muskelgeschwulst.

**Myonen**, positive oder negative Elementarteilchen aus der Gruppe der Leptonen.

**Myopie** → Kurzsichtigkeit.

**Myotonie**, Muskelspannung, tonischer Muskelkrampf.

**Myrdal**, 1. Alva, *1902, †1986, schwed. Politikerin; 1966–73 Min. für Abrüstungsfragen; 1970 Friedenspreis des Dt. Buchhandels, 1982 Friedensnobelpreis. – 2. Gunnar, *1898, †1987, schwed. Nationalökonom u. Wirtschaftspolitiker. Nobelpreis für Wirtschaftswiss. 1974.

**Myriade**, die Zahl 10 000; auch Unzahl, Unmenge.

**Myriapoden**, *Myriapoda* → Tausendfüßler.

**Myron**, grch. Bildhauer, tätig um die Mitte des 5. Jh. v. Chr. in Athen; einer der Hauptmeister des frühklass. Stils.

**Myronsalbung**, das zweite der sieben Sakramente in den orth. Kirchen, das in unmittelbarem Anschluß an die Taufe gespendet wird. Die M. entspricht der *Firmung*.

**Myrrhe**, *Commiphora*, Gatt. der *Burseragewächse.* Der *M.-Balsam* ist ein altes Räuchermittel. *Tinctura Myrrhae* wird heute bei Entzündungen der Mundschleimhaut angewandt.

**Myrte**, *Myrtus*, Gatt. der *M.ngewächse* (→ Pflanzen); Hauptverbreitung in Südamerika. Die *Gewöhnl. M.*, ist aber auch in den Hartlaubgehölzen des Mittelmeergebiets vertreten. Aus kleinblättrigen Varietäten macht man Brautkränze. – Der Name *M.* wird volkstüml. auch für andere Pflanzen verwendet, z.B. *Gerber-M., Toten-M.*

**Mysien**, antike Ldsch. an der Westküste Kleinasiens, mit den Städten *Troja, Pergamon* u. *Lampsakos;* seit 280 v. Chr. Kernland des pergamen. Königreichs.

**Mysterien**, religiöse Geheimkulte seit dem 7. Jh. v. Chr. in Griechenland aus Thrakien oder Phrygien übernommen; nur Eingeweihten *(Mysten)* zugängl., die einen Reinigungs- u. Initiationsakt durchgemacht hatten. Im Zentrum der M. steht die Verbindung mit dem jeweils im Mittelpunkt stehenden Kultgott (Persephone, Dionysos u.a.). Im 2. Jh. v. Chr. kamen bes. ägypt. M. (Isis) auf. Sie beeinflußten vielfach Kultformen u. Glaubensvorstellungen der vordringenden frühen Christentums.

**Mysterienspiele**, mittelalterl. Schauspiele über Stoffe aus der Bibel, bes. über Geburt, Leiden u. Wiederkunft Christi; neben den *Legendenspielen* die wichtigste Form des *geistl. Dramas.*

**Mysterium**, heiliges Geheimnis; etwas Geheimnisumwittertes.

**Mystik**, eine Grundform religiösen Lebens, die durch Versenkung (Ekstase, Rausch, Meditation, Askese) die Trennung zw. dem menschl. Ich u. dem göttl. Sein im Erlebnis der Vereinigung *(Unio mystica)* oder der geistigen Schau aufzuheben sucht u. meist als höchste Stufe der *Frömmigkeit* gilt. – Größten Einfluß auf die christl. M. hatten die vom Neuplatonismus abhängigen Schriften des *Dionysius Areopagita*. Eine bes. Blüte erlebte die M. im Hochmittelalter durch *Bernhard von Clairvaux* (»Brautmystik«), durch die M. der Mönchs- u. Nonnenorden (franziskan. Kreuzesmystik) u. bes. durch die spekulative M. des Meister *Eckhart* u., von ihm abhängig, H. *Seuses* u. J. *Taulers*. Über die M. der Barockzeit (V. *Weigel*, J. *Böhme*) wirkten Kräfte der M. bis in den *Pietismus.*

*Gewöhnliche Myrte*

**Mystizismus**, krankhaftes Verfallen in ekstat., phantast. Frömmigkeit; religiöse Verstiegenheit; Geheimniskrämerei.

**Mythen** → Mythos.

**Mythen** ['mi:tən], Berggipfel im schweiz. Voralpen, am Vierwaldstätter See, bei Schwyz; im *Großen M.* 1899 m, im *Kleinen M.* 1815 m.

**Mythologie**, die Gesamtheit der Mythen eines Volkes oder Kulturkreises; die Sagenwelt; → Mythos; die Wiss. von den Mythen, ihrer Entstehung u. Deutung.

**Mythos**, Pl. *Mythen,* die Götter- u. Heroengeschichte der Frühkulturen. Der M. ist eine Weltauslegung u. Lebensdeutung in erzähler. Berichtsform, gesättigt von Symbolen, Visionen u. fabulierenden Darstellungen.

**Myxödem**, Verdickung der Haut durch Vermehrung schleimigen Bindegewebes im Unterhautdegewebe, verursacht durch Unterfunktion der Schilddrüse; angeboren als → Kretinismus.

**Myxom**, gutartige Geschwulst aus Schleimgewebe.

**Myxomatose**, seuchenhafte, meist tödl. verlaufende Viruskrankheit der Kaninchen.

**Myzel**, *Mycelium* → Pilze.

**Mzab**, regenarme Kreideplateau-Ldsch. in der alger. Sahara, Hauptort *Ghardaïa*. Hauptbewohner sind berber. *Mozabiten* (Mzabiten, Mosabiten), eine islam. Sekte (rd. 50 000).

*Myron: Diskuswerfer; um 450 v. Chr.*

# N

**n, N,** 14. Buchstabe des dt. Alphabets.
**N, 1.** chem. Zeichen für *Stickstoff* (lat. *Nitrogenium*). – **2.** Abk. für *Norden.*
**Na,** chem. Zeichen für *Natrium.*
**Naab,** l. Nbfl. der Donau, 165 km; entsteht aus *Wald-* u. *Fichtelnaab* (Böhmerwald u. Fichtelgebirge), mündet bei Regensburg.
**Nabatäer,** arab. Volk, das sich im 5./4. Jh. v. Chr. in NW-Arabien ansiedelte u. ein großes Reich mit der Hptst. *Petra* gründete; Blüte im 1. Jh. v. Chr. 106 von Trajan unterworfen, der den Nordteil ihres Reichs zur röm. Prov. *Arabia* machte.

| In- und ausländische Nachrichtenagenturen (Auswahl) | | |
|---|---|---|
| Abkürzung | Name | Ort |
| AAP | Australian Associated Press | Sydney |
| ADN | Allgemeiner Deutscher Nachrichtendienst | Berlin |
| AFP | Agence France Presse | Paris |
| AICA | Agencia de Información Católica Argentina | Buenos Aires |
| ANA | Athenagence | Athen |
| ANOP | Agência Noticiosa Oficial Portuguesa | Lissabon |
| ANP | Algemeen Nederlandsch Persbureau | Den Haag |
| ANSA | Agenzia Nazionale Stampa Associata | Rom |
| AP | Associated Press | New York |
| APA | Austria-Presse-Agentur | Wien |
| APN | Agentstvo Pechati Novosti | Moskau |
| ATS-SDA | Agence Télégrafique Suisse – Schweizer. Depeschenagentur | Bern |
| BELGA | Agence Télégraphique Belge de Presse | Brüssel |
| ČTK | Československá Tisková Kancelář | Prag |
| ddp | Deutscher Depeschendienst | Bonn |
| dpa | Deutsche Presse-Agentur | Hamburg |
| EFE | Agencia EFE | Madrid |
| epd | Evangelischer Pressedienst | Frankfurt a. M. |
| EXTEL | The Exchange Telegraph | London |
| ITIM | Honut Israel Meougnedet/Associated Israel | Tel Aviv |
| Kyodo | Kyodo Tsushin (Kyodo News Service) | Tokio |
| MENA | Middle East News Agency | Kairo |
| MTI | Magyar Távirati Iroda | Budapest |
| NTB | Norsk Telegrambyrå | Oslo |
| PA | The Press Association | London |
| PAP | Polska Agencja Prasowa | Warschau |
| PTI | Press Trust of India | Bombay |
| RB | Ritzaus Bureau | Kopenhagen |
| REUTER | Reuters Ltd. | London |
| SAD | Springer-Auslands-Dienst | Hamburg |
| SAPA | The South African Press Association | Johannesburg |
| sid | Sport-Informationsdienst | Neuss |
| STT-FNB | Suomen Tietotoimisto – Finska Notisbyrån | Helsinki |
| TANJUG | Telegrafska Agencija Nova Jugoslavija | Belgrad |
| TASS | Telegrafnoye Agentsvo Sovietskovo Soyuza | Moskau |
| TT | Tidningarnas Telegrambyrå | Stockholm |
| UPI | United Press International | New York |
| Xinhua | Xinhua | Peking |

**Nabe,** Mittelteil des Rads, mit dem es auf der Welle oder dem Zapfen sitzt.
**Nabel,** *Umbilicus,* eingezogene, vernarbte Stelle etwa in der Bauchmitte; während der Embryonalzeit Ansatzstelle der *N.schnur* (Verbindung zw. Embryo u. Mutterkuchen). – **N.bruch,** *Hernia umbilicalis,* Nachgiebigkeit der N.narbe, die sich dehnen u. einen Bruchsack bilden kann.
**Nabelschweine,** *Pekaris, Tayassuidae,* Familie nicht wiederkäuender *Paarhufer;* mit kurzem Rüssel, Stummelschwanz u. raubtierähnl. Gebiß, auf dem Rücken ein nabelförmiges Drüsenfeld; von den südl. USA bis Uruguay verbreitet.
**Nabl,** Franz, *1883, †1974, östr. Schriftst. (realist.-psycholog. Gesellschaftsromane).
**Nablus,** *Nabulus,* hebr. *Sichem,* grch. *Neapolis,* Stadt in Samaria, W-Jordanien (seit 1948 unter jordan., seit 1967 unter isr. Verw.), 64 000 Ew.; Ind.-Zentrum, Flughafen.
**Nabob,** abfällige Bez. für in Indien reich gewordene Engländer.
**Nabokov,** Vladimir, *1899, †1977, US-amerik. Schriftst. russ. Herkunft (Romane »Lolita« u.a.).
**Nabupolassar,** *Nabopolassar,* König von Babylonien 625–606 v.Chr.; vernichtete im Bündnis mit den Medern Assyrien.
**Nachbild,** im Auge ein nachbleibender Eindruck eines vorher fixierten kontrastreichen Gegenstands als subjektive Seherscheinung.
**Nachdruck, 1.** widerrechtl. Vervielfältigung eines urheberrechtl. geschützten Werks. – **2.** unveränderte Neuauflage eines Buchs.
**Nacherbe,** im Erbrecht der BR Dtld. derjenige, der vom Erblasser erst nach einem anderen, dem *Vorerben,* als Erbe berufen ist. Der N. ist im Zweifel auch gleichzeitig *Ersatzerbe.*
**Nachf.,** Abk. für *Nachfolger(in).*
**Nachfolgestaaten,** *Sukzessionsstaaten,* die nach dem Zerfall der östr.-ung. Monarchie (1918) entweder auf deren Gebiet neu gegr. (Östr., Tschechoslowakei, Ungarn) oder durch deren Gebiet beträchtl. vergrößerten (Jugoslawien, Rumänien, Polen) souveränen Staaten in O- u. SO-Europa.
**Nachfrage,** Verlangen nach Gütern, wird bestimmt durch die Anzahl der Käufer auf dem Markt u. die Menge der Waren. Angebot u. N. beeinflussen die Preisbildung.
**Nachgeburt,** bei den *Plazentatieren* (also auch beim Menschen) die Ausstoßung der Eihäute u. des Mutterkuchens mit der Nabelschnur als Abschluß des Geburtsaktes.
**Nachitschewan,** Hptst. der gleichn. ASSR in der Aserbaidschan. SSR (Sowj.), nahe der iran. Grenze, 32 000 Ew.; Baumwoll-Ind.
**Nachlaß,** Erbschaft, das Vermögen des *Erblassers,* das beim *Erbfall* auf den *Erben* übergeht; in Östreich: *Verlassenschaft.* – **N.gericht,** in der BR Dtld. Abt. des Amtsgerichts, die sich mit Erbangelegenheiten befaßt. – **N.konkurs,** Konkursverfahren über den N. eines Verstorbenen; dient der Befriedigung der *N.gläubiger.* – **N.pfleger,** der vom *N.gericht* bestellte Pfleger zur Sicherung des N. bis zur Annahme der Erbschaft.
**Nachnahme,** Einziehung eines Rechnungsbetrags durch die Post bei Aushändigung der Sendung (mit dem Vermerk »N«) oder die Einziehung einer Forderung bis zu einem Höchstbetrag von 1000 DM.
**Nachodka,** sowj. Hafenstadt am Jap. Meer, 150 000 Ew.; Handelshafen, Fischverarbeitung.
**Nachrichtenagentur,** *Nachrichtendienst, Nachrichtenbüro,* auch *Telegraphenbüro, Telegraphenagentur, Depeschenbüro,* ein publizist.-kommerzielles, ott auch staatl. Unternehmen, das Nachrichten sammelt u. (meist im Abonnement) an Zeitungen, Zeitschriften u. Rundfunkanstalten liefert. Die N.en beliefern ihre Kunden z.T. über Fernschreiber u.a. elektron. Textübermittlungssysteme, aber auch mit schriftl. Material oder Telefon.
**Nachrichtendienst** → Geheimdienst.
**Nachrichtensatellit,** *Kommunikations-S., Fernmeldesatellit,* künstl. Erdsatellit zur Übertragung von Telefonaten, Daten, Bildern u. Fernsehsendungen im weltweiten, kontinentalen, regionalen u. lokalen Verkehr. Im Fernseh- u. Rundfunkbereich unterscheidet man zw. *aktiven* N.en (Relais-N.en), die Sendungen zw. den Sende- u. Empfangsbodenstationen der Rundfunkanstalten übertragen, von wo sie über die terrestrischen Sender unmittelbar oder zeitversetzt an die Empfangsgeräte der Rundfunkteilnehmer abgestrahlt werden, u. *direkt* strahlenden N.en (z.B. TV-Sat, TDF; Satellitenfernsehen), von denen man Sendungen unmittelbar über

*Nabelschweine: Weißbartpekari oder Bisamschwein*

eine Spezialantenne zu Hause empfangen kann. Sog. *Synchronsatelliten,* die in einer Höhe von ca. 36 000 km am Himmel positioniert sind u. bei gleicher Umlaufzeit von 24 Std. mit der Erde »synchron« gehen, können etwa ein Drittel der Erdoberfläche versorgen.
**Nachrichtentechnik,** die Technik der Verarbeitung u. Übertragung von Signalen (Sprache, Bilder, Zeichen, Daten) auf elektr. Weg. Der Begriff N. ist weiter als der Begriff *Fernmeldetechnik;* er umfaßt z.B. auch die elektron. Datenverarbeitung.
**Nachschußpflicht,** die im Gesetz vorgesehene u. im Gesellschaftsvertrag festgesetzte Verpflichtung der Gesellschafter einer GmbH, der Genossen einer eingetragenen Genossenschaft oder der Gewerken einer bergrechtl. Gewerkschaft *(Zubuße),* bei Bedarf über die Einlage hinaus zusätzl. Einzahlungen zu leisten.
**Nacht,** die Zeit vom Untergang bis zum Aufgang der Sonne. Auf der nördl. Erdhalbkugel ist die kürzeste N. am 21. Juni, die längste am 22. Dezember; am Äquator sind Tag u. Nacht gleich lang.
**Nachtblindheit,** *Hemeralopie,* verminderte Sehkraft bei Dämmerlicht; kann angeboren sein oder z.B. durch Vitamin-A-Mangel verursacht werden.
**Nachtfalter,** *Nachtschmetterlinge,* volkstüml. Bez. für alle nachts fliegenden Schmetterlinge; wiss. alle Falter ohne die typ. Keulenfühler der Tagfalter; Hauptgruppen: *Spinner, Spanner, Schwärmer, Eulen* u. eine Reihe von *Kleinschmetterlingen.*
**Nachtigal,** Gustav, *1834, †1885, dt. Afrikaforscher; bereiste 1863–74 Sahara u. Sudan; stellte 1884 Togo u. Kamerun unter dt. Schutzherrschaft.
**Nachtigall,** unscheinbar rötl.-brauner *Singvogel* aus der Drosselverwandtschaft; durch den Gesang des Männchens (»Nachtigallenschlag«) berühmt.
**Nachtkerze,** *Oenothera,* Gatt. der *N.ngewächse;* meist mit gelben, in langen Ähren stehenden Blüten; Arten: u.a. *Gewöhnl. N., Wiener* oder *Französ. Rapunzel, Große N., Strauchartige N.*
**Nachtpfauenaugen,** Nachtfalter mit je einem bunten Augenfleck auf den Flügeln; u.a. das *Große* u. das *Kleine Nachtpfauenauge.*
**Nachtschattengewächse,** *Solanaceae,* Fam. der

*Nachtigall*

zweikeimblättrigen Pflanzen; reich an Giftstoffen, mit Kapseln oder Beeren als Früchten; hierzu u.a. *Bittersüßer* u. *Strauchiger Nachtschatten*, *Tollkirsche*, *Stechapfel* u. als Nutzpflanzen die *Eierpflanze* (Aubergine), *Kartoffel* u. *Tomate*.

**Nachtschwalben**, *Caprimulgi formes*, Ordnung von rd. 90 Arten nächtl. lebender Vögel; mit großen Augen u. stark zurückgebildeten Füßen, den *Eulen* nächstverwandt. Einheim. ist der *Ziegenmelker*, in S-Amerika der *Fettschwalm*.

**Nachtsichtigkeit**, *Tagblindheit*, *Nyktalopie*, in infolge Netzhautüberempfindlichkeit gegenüber dem Licht tagsüber stark herabgesetztes Sehvermögen; angeboren bei Albinismus u. totaler Farbenblindheit, erworben bei Augenkrankheiten mit ständiger Pupillenerweiterung.

**Nachtviole**, *Hesperis*, Gatt. der *Kreuzblütler*; im östl. Mittelmeergebiet; hierzu die *Gewöhnl. N*.

**Nachtwandeln**, *Schlafwandeln*, *Noktambulismus*, *Somnambulismus*, Bewegungshandlungen während des Schlafs, verursacht durch Fortdauer der Bewegungsunruhe in Schlaf oder Traum, bes. bei nervösen oder hyster. Personen u. Epileptikern.

**Nachwehen**, vereinzelte Zusammenziehungen der Gebärmutter während des Wochenbetts, die zur Verkleinerung der in der Schwangerschaft vergrößerten Gebärmutter beitragen; nicht mit den *Nachgeburtswehen* zu verwechseln.

**Nacktsamer**, *Gymnospermen*, → Blütenpflanzen.

**Nacktschnecken**, Schnecken, die kein Gehäuse tragen, z.B. die *Wegschnecke*.

**Nadelhölzer**, *Nadelbäume*, *Koniferen*, *Coniferae*, Kl. der *Nacktsamer*; immergrüne Bäume (selten Sträucher) mit meist nadel- oder schuppenförmigen Blättern u. eingeschlechtigen Zapfenblüten; über die ganze Erde verbreitet, bes. aber auf der Nordhalbkugel; häufig forstl. Nutzung; hierzu u.a. Fichte, Eibe, Kiefer, Lärche, Tanne, Wacholder, Zeder u. Zypresse. – B → S. 608.

**Nadir**, *Fußpunkt*, Gegenpunkt des *Zenits* an der Himmelskugel, die Richtung senkr. nach unten.

**Nadir**, *1688, †1747 (ermordet), Schah von Persien 1736–47; bekämpfte erfolgreich Afghanen u. Türken, dehnte Persien bis an den Indus u. Euphrat aus.

**Nadjaf** ['nadʒaf] → Najaf.

**Nadjd** [nadʒd], *Nedschd*, innerarab. Hochland, Kern des Reichs der *Wahhabiten*, seit 1926/27 mit Hedjas in Personalunion verbunden, seit 1932 Teil des Königreichs Saudi-Arabien.

**Nador**, Hafenstadt in Marokko, 130 000 Ew.

**Nadschibullah**, *6.8.1947, afgh. Politiker; 1979 (nach dem sowj. Einmarsch) – 1985 Leiter der Geheimpolizei; seit 1986 Staats-Präs. u. kommunist. Parteiführer (Demokrat. Volkspartei Afghanistans, DVPA).

**Naevius**, Gnaeus, *um 270 v.Chr., †um 201 v.Chr., röm. Dichter aus Kampanien; Schöpfer der röm. Nationalliteratur.

**Naga**, Bergstämme mit tibeto-birman. Sprache im NO Indiens, Grenzgebiet von Assam u. Birma.

**Nagaland**, *Naga Pradesh*, Bundesstaat der Ind. Union (seit 1962, bis dahin ein Teil Assams), Gebirgsland zwischen Brahmaputra-Tal u. Birma, 16 579 km$^2$, 1,03 Mio. Ew. (Naga-Stämme), Hptst. *Kohima*.

**Nagana**, durch parasitierende Einzeller (*Trypanosomen*) hervorgerufene fieberhafte Haustierseuche im trop. Afrika, durch die Tsetsefliege übertragen.

**Nagano**, jap. Präfektur-Hptst. in Honshu, nw. von Tokio, 339 000 Ew.; buddhist. Wallfahrtsort; Ind.-Zentrum.

**Nagasaki**, jap. Hafen- u. Präfektur-Hptst. an der W-Küste von Kyushu, 449 000 Ew.; Zentrum des jap. Katholizismus; Univ.; Ind.-Zentrum, Schiffswerften; größtes Aquarium Ostasiens. – 1923 durch ein Erdbeben, am 9.8.1945 durch die 2. US-amerik. Atombombe stark zerstört.

**Nagel**, *Unguis*, Anhangsgebilde der Haut, das beim Menschen die oberen Finger- u. Zehenenden

*Gewöhnliche Nachtviole*

bedeckt; leicht gewölbte Platte aus Horn, die dem *N.bett* aufliegt. Die *N.wurzel* ist ein Teil der Haut.

**Nagel**, Otto, *1894, †1967, dt. Maler (Bildnisse u. Straßenszenen aus dem Arbeitermilieu im Stil des sozialist. Realismus).

**Nagelfluh**, grobe Sedimente (Konglomerat) aus Kalkgeröllen oder kristallinen Geröllen mit Sandstein als Bindemittel.

**Nagetiere**, *Rodentia*, Ordnung der *Säugetiere*. Typ. sind das Fehlen der Eckzähne u. ein meißelförmiges Paar Nagezähne im Oberkiefer, die ständig nachwachsen. Zu den N. gehören u.a. die Fam. *Hörnchen*, *Biber*, *Wühler*, *Mäuse*, *Bilche*, *Stachelschweine*, *Meerschweinchen*, *Wasserschweine*, *Agutis*, *Chinchillas* u. *Ratten*.

**Nagib**, *Naguib*, Ali Mohammed, *1901, †1984, ägypt. Offizier u. Politiker; zwang König *Faruk* 1952 zur Abdankung u. übernahm das Amt des Min.-Präs., nach Ausrufung der Rep. 1953 zugleich das des Staats-Präs.; 1954 von G.A. *Nasser* verdrängt.

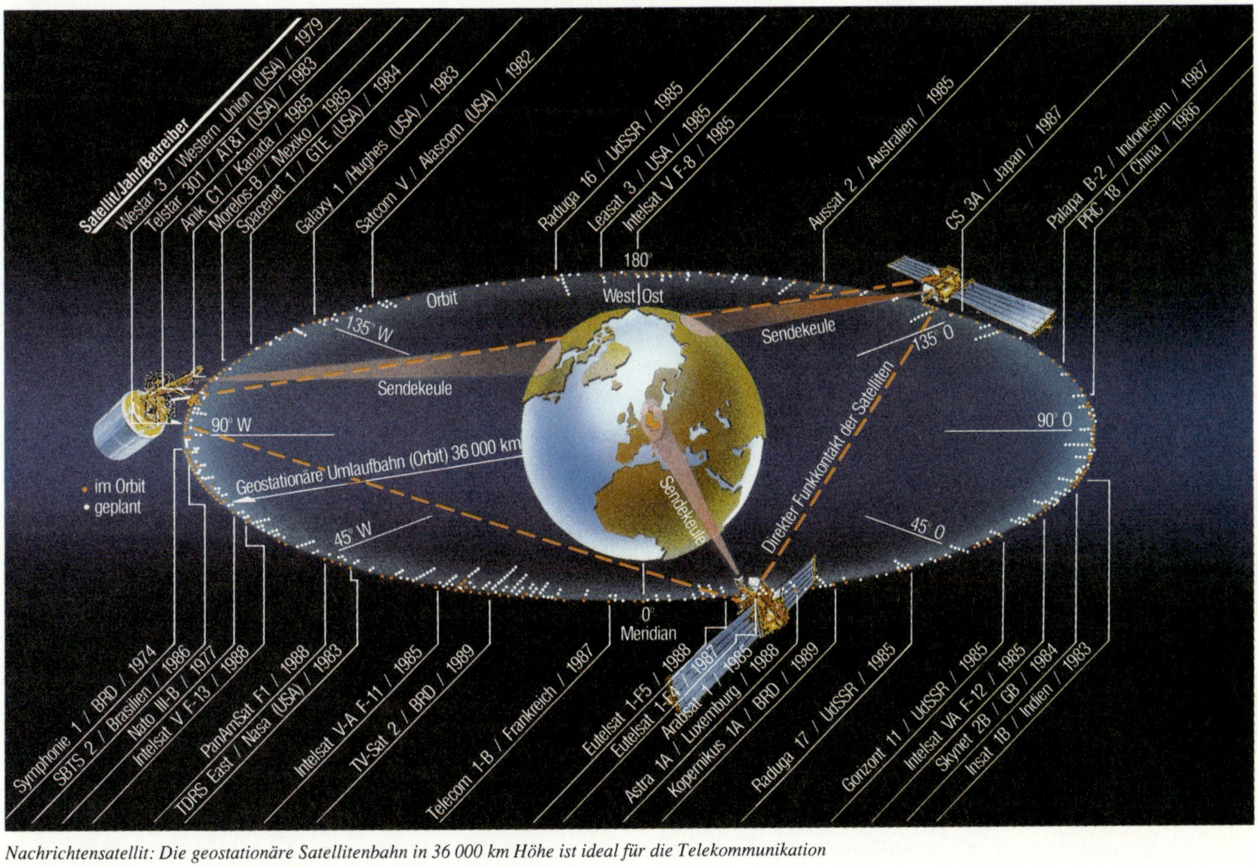

*Nachrichtensatellit: Die geostationäre Satellitenbahn in 36 000 km Höhe ist ideal für die Telekommunikation*

*Nagoya: Schloß*

**Nagold, 1.** r. Nbfl. der *Enz,* 92 km; entspringt im Schwarzwald, mündet bei Pforzheim. – **2.** Stadt in Ba.-Wü., an der N., westl. von Tübingen, 21 000 Ew.; Luftkurort, Holz- u. Textil-Ind.
**Nagorno-Karabachskaja AO,** *Nagorny Karabach,* → Bergkarabachen-AO.
**Nagoya,** drittgrößte jap. Stadt, Präfektur-Hptst. an der pazif. Küste der südl. Honshu, 2,2 Mio. Ew.; Univ.; Ind.-Zentrum, Flughafen, Hafen *Atsuta.*
**Nagpur,** ind. Stadt in Maharashtra, auf dem nördl. Dekanhochland, 1,22 Mio. Ew.; Univ.; versch. Ind.; Flughafen.
**Nagy,** Imre, *1896, †1958 (hingerichtet), ung. Politiker (KP); 1953–55 Min.-Präs., Vertreter des antistalinist. Kurses, suchte wirtsch. u. polit. Reformen durchzusetzen; während der ung. Erhebung 1956 wieder Min.-Präs., nach der sowj. Intervention nach Rumänien deportiert u. in einem geheimen Prozeß hingerichtet. 1989 rehabilitiert; alle früheren Urteile wurden aufgehoben; 1989 rehabilitiert.
**Nagykanizsa** [ˈnɔdjkɔniʒɔ], ung. Stadt sw. des Plattensees, 55 000 Ew.; Erdölgewinnung.
**Nagykőrös** [ˈnɒtdjkøːrøʃ], ung. Stadt im Alföld, 28 000 Ew.; Wein- u. Obstanbau.
**Naha,** Hafen- u. Präfektur-Hptst. an der W-Küste der jap. Ryukyu-Insel Okinawa, 309 000 Ew.; Univ.; Zucker-, Baumwoll-, Seiden- u.a. Ind.

**Nahe,** l. Nbfl. des Rheins, 116 km; entspringt im Hunsrück, mündet bei Bingen; Weinbau.
**Naher Osten,** *Nahost, Vorderer Orient,* Gebiet der Länder Vorderasiens (einschl. Ägypten); in der jüngeren Gesch. polit. Krisenherd: seit Gründung eines jüd. Staates in Palästina 1947/48 jahrzehntelange Auseinandersetzungen zw. Arabern u. Juden, z.T. mit internat. Ausmaß *(Nahostkonflikt).*
**Näherungsverfahren,** *Approximationsverfahren,* in der Math. graph. oder rechner. Verfahren zur angenäherten Berechnung von Größen.
**Nahostkonflikt,** das seit über 40 Jahren bestehende, ständig gespannte Verhältnis zw. Israel u. den umliegenden arab. Staaten. Begonnen hatte dieser Konflikt im Nov. 1947, als die UNO beschloß, Palästina in einen arab. u. einen jüd. Staat aufzuteilen. Man wollte so den Juden in aller Welt ein Zuhause geben. Die Araber erkannten die Entscheidung nicht an. Nach ihrer Auffassung gehörte Palästina allein den Palästinensern. Sie konnten aber die Gründung des Staates Israel am 14.5.1948 nicht verhindern. Schon am selben Tag begannen die Araber daraufhin den ersten israelisch-arabischen Krieg. Israel konnte sich in diesem »Unabhängigkeitskrieg« behaupten, gewann sogar noch Land hinzu u. schob seine Grenzen über die von den Vereinten Nationen festgelegten hinaus. Der Kampf endete mit einem Waffenstillstandsabkommen (1949). Sieben Jahre später jedoch brachen die Feindseligkeiten erneut aus. Als Ägypten den Suezkanal für die israel. Schiffahrt schloß u. die Straße von Tiran u. den Eingang zum Golf von Eilat für alle Schiffsbewegungen blockierte, griffen israel. Truppen am 29.10.1956 auf der Sinai-Halbinsel an. Sie überrannten in kurzer Zeit die ägypt. Stellungen u. erzwangen die Öffnung der Straße von Tiran. Am 8. Nov. wurden die Kämpfe eingestellt. Israel zog sich wieder von der Sinai-Halbinsel zurück. Am 5.6.1967 jedoch brach ein neuer Konflikt aus. In einem 6-Tage-Blitzkrieg schlugen die Israelis die von der Sowjetunion aufgerüsteten Staaten Ägypten, Jordanien u. Syrien so entscheidend, daß sie am Ende ein Gebiet von der dreifachen Größe ihres bisherigen Staatsgebiets besetzt hielten. Bereits am 6.10.1973 kam es dann zum sogenannten *Yom-Kippur-Krieg,* in dem die Ägypter mit der Rückeroberung des Suezkanals verbuchen konnten. Am 21.12.1973 versammelte sich in Genf eine Nahost-Friedenskonferenz, an der unter der Schirmherrschaft der USA u. der Sowjetunion die Staaten Israel, Ägypten u. Jordanien teilnahmen, Syrien blieb fern. Mit US-amerik. Vermittlung schlossen Israel u. Ägypten am 26.3.1979 einen Friedensvertrag. Die meisten arab. Staaten lehnten den Friedensschluß ab. Der N. wird durch innerarab. Konflikte (z. B. Irak/Kuwait 1990) verkompliziert.

Im W-Jordanland u. Gazastreifen begannen Ende 1987 heftige Demonstrationen gegen die israel. Besatzungsmacht. 1988 wurde von der PLO ein unabh. Palästinenserstaat ausgerufen. Ein weiterer Krisenherd des N.s ist der Staat → Libanon.
**Nährböden,** flüssige oder feste Substrate zur Kultur von Mikroorganismen. *Natürl. N.* können Hefeextrakt, Fleischextrakt, Bierwürze enthalten.
**Nährhefe,** aus Hefepilzkulturen gewonnenes, eiweiß- u. vitaminreiches Produkt, das u. a. als Arznei u. zur Bereitung von Speisen verwendet wird.
**Nährlösung, 1.** Lösung von Nährstoffen in Wasser; in der Pflanzenzüchtung erdlose Kulturen (Hydrokultur), in der Mikrobiologie die Reinkultur von Bakterien u. Hefen. – **2.** flüssiges Gemisch von Nahrungsstoffen mit hohem Nährwert u. Mineralsalzen zur künstl. Ernährung.
**Nährmittel,** *Nährpräparate,* chem. oder biolog. aufgeschlossene, mit wichtigen Nährstoffen angereicherte, leicht verdaul. Einzel- oder Mischnährstoffe für die Kinder- u. Krankenernährung, z.B. Lebertran u. Vitaminpräparate.
**Nährsalze,** die für den Körperaufbau u. Stoff-

### Nährstoff- und Energiegehalt von Nahrungsmitteln (je 100 g)

| Nahrungsmittel | Eiweiß (g) | Fett (g) | Kohlenhydrate (g) | Energiegehalt (kJ) | (kcal) |
|---|---|---|---|---|---|
| **1.** *Fleisch und Fleischwaren* | | | | | |
| Kalbfleisch | 16,1 | 6,9 | 0,2 | 548 | 131 |
| Rindfleisch | 16,7 | 6,6 | 0,3 | 548 | 131 |
| Schweinefleisch | 11 | 20,1 | 0,2 | 976 | 233 |
| Kochwurst | 11 | 14 | 17 | 1026 | 245 |
| Rohwurst | 22 | 44 | — | 2095 | 500 |
| Speck | 9 | 73 | — | 3000 | 716 |
| **2.** *Milch und Milchwaren* | | | | | |
| Magermilch | 3,7 | 0,1 | 4,8 | 151 | 36 |
| Vollmilch | 3,4 | 3,1 | 4,8 | 260 | 62 |
| Käse, vollfett | 25,6 | 26,6 | 2,1 | 1512 | 361 |
| Kondensmilch | 8 | 9 | 11 | 679 | 162 |
| Quark | 17,6 | 0,1 | 4,1 | 377 | 90 |
| Schlagsahne | 2,7 | 30 | 3 | 1265 | 302 |
| **3.** *Fette* | | | | | |
| Butter | 0,9 | 80 | 0,9 | 3151 | 752 |
| Margarine | 0,5 | 80 | 0,4 | 3134 | 748 |
| Pflanzenöl | — | 99,5 | — | 3876 | 925 |
| Schmalz | — | 100 | — | 3896 | 930 |
| **4.** *Eier* | 12,3 | 10,7 | 0,5 | 637 | 152 |
| **5.** *Fisch und Fischwaren* | | | | | |
| Aal | 12,5 | 28 | — | 1299 | 310 |
| Hering, gesalzen | 14 | 11,4 | 0,9 | 699 | 167 |
| Kabeljau | 8,3 | 0,1 | — | 146 | 35 |
| Karpfen | 7,5 | 4,4 | — | 301 | 72 |
| Schellfisch | 21,2 | 0,4 | — | 440 | 105 |
| **6.** *Mehle* | | | | | |
| Haferflocken | 14,4 | 6,8 | 66,5 | 1655 | 395 |
| Roggenschrot | 9 | 1,5 | 72,1 | 1450 | 346 |
| Weizenmehl | 11,6 | 0,9 | 72,5 | 1462 | 349 |
| **7.** *Backwaren* | | | | | |
| Kuchen | 7 | 12 | 63 | 1676 | 400 |
| Knäckebrot | 11 | 2 | 78 | 1608 | 384 |
| Roggenbrot | 7,4 | 1,1 | 50,4 | 1035 | 247 |
| Weizenbrot | 9 | 0,9 | 58 | 1190 | 284 |
| **8.** *Zucker und Zuckerwaren* | | | | | |
| Bienenhonig | 0,4 | — | 81 | 1399 | 334 |
| Marmelade | 1 | — | 65 | 1148 | 274 |
| Schokolade | 7 | 26 | 62 | 2199 | 525 |
| Zucker | — | — | 100 | 1718 | 410 |
| **9.** *Gemüse und Kartoffeln* | | | | | |
| Blumenkohl | 1,5 | 0,2 | 2,8 | 84 | 20 |
| Karotten | 0,5 | 0,1 | 3,9 | 79 | 19 |
| Kopfsalat | 1,3 | 0,1 | 1,5 | 50 | 12 |
| Sauerkraut | 1,4 | 0,3 | 2,8 | 109 | 26 |
| Spinat | 1,8 | 0,2 | 1,6 | 67 | 16 |
| Weißkohl | 1,2 | 0,2 | 3,2 | 84 | 20 |
| Kartoffeln | 2 | 0,2 | 20,9 | 402 | 96 |
| **10.** *Hülsenfrüchte* | | | | | |
| Bohnen | 23,7 | 2 | 56,1 | 1450 | 346 |
| Erbsen | 23,4 | 1,9 | 52,7 | 1382 | 330 |
| Linsen | 26 | 1,9 | 52,8 | 1429 | 341 |
| **11.** *Obst* | | | | | |
| Apfel | 0,4 | — | 13 | 243 | 58 |
| Apfelsine | 0,6 | — | 9 | 180 | 43 |
| Banane | 0,9 | — | 15,5 | 285 | 68 |
| Kirsche süß | 0,8 | — | 15,1 | 285 | 68 |
| Walnuß | 6,7 | 23,5 | 5,2 | 1118 | 267 |
| Zitrone | 0,6 | — | 2,3 | 134 | 32 |

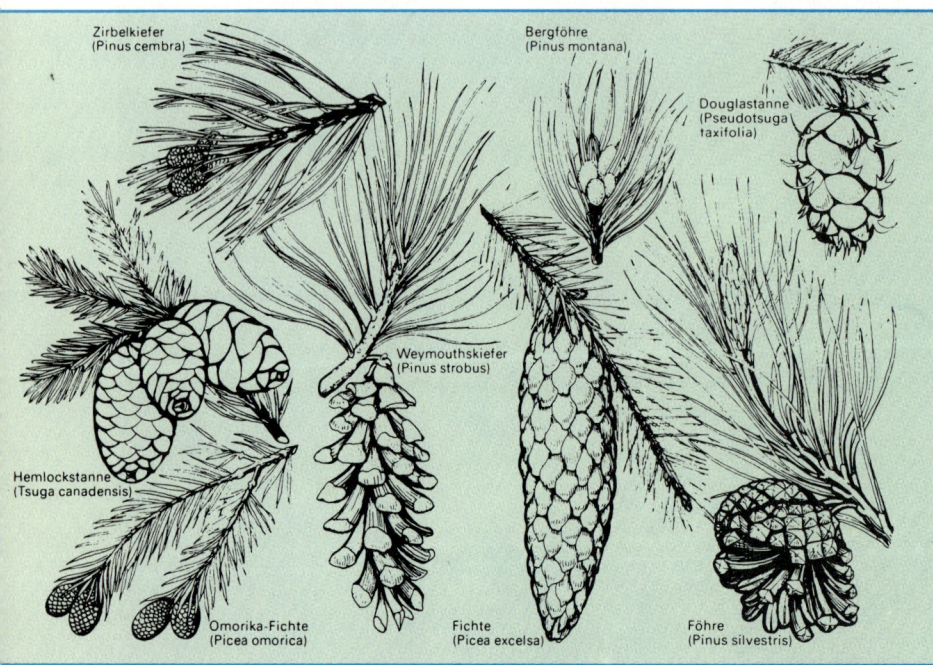

*Nadelhölzer; charakteristische Zapfen- und Nadelformen*

wechsel lebensnotwendigen Mineralstoffe, die in den Nahrungsmitteln enthalten sein müssen, z.B. Natrium-, Calcium- u. Eisenverbindungen.

**Nährstoffe,** für die Ernährung der Lebewesen notwendigen organ. u. anorgan. Stoffe als Nahrungsmittelbestandteile.

**Nahrungskette,** eine Reihe von einseitigen Ernährungsbeziehungen zw. versch. Lebewesen. Am Anfang steht die sog. Urnahrung: im Meer Plankton, auf dem Land Pflanzen; darauf folgen Tiere versch. Ernährungsweise: zuerst Pflanzenfresser *(Phytophagen),* dann Fleischfresser *(Zoophagen)* versch. Größe, schließlich Aasfresser *(Nekrophagen).* Innerhalb einer N. kann es zur Anreicherung von Schadstoffen kommen, die sich in den jeweils nachfolgenden Gliedern verstärkt.

**Nahrungsmittel,** die rohen oder bearbeiteten Grundstoffe unserer Ernährung. Es gibt tierische u. pflanzl. N. *Tierische N.* sind Fleisch, tierische Fette, Milch, Eier u. die daraus bereiteten N., wie Käse, Butter, Wurst, Konserven. *Pflanzl. N.* sind die Körnerfrüchte (bzw. die daraus bereiteten Mehle u. Backwaren), Obst, Nüsse, Gemüse, Stärkefrüchte (Kartoffeln, Topinambur usw.) u. die daraus bereiteten Präparate u. Konserven (Lebensmittelkonservierung). → auch Lebensmittel.

**Nahrungsmittelchemie,** ein Zweig der angewandten Chemie; Hauptaufgabe: Überprüfung der im Handel befindl. Nahrungsmittel auf der Grundlage der gesetzl. Bestimmungen (→ Lebensmittel).

**Nährwert,** Maßstab für den quantitativen u. qualitativen Wert eines Nahrungsmittels für die Ernährung. Bei quantitativen Angaben bezieht man sich auf den Energiegehalt, den experimentell ermittelten »physiolog. Brennwert«. Er wird in Joule (J), veraltet auch in Kalorien (cal), angegeben u. beträgt für 1 g Fett 38,9 kJ (9,3 kcal), für 1 g Eiweiß u. für 1 g Kohlenhydrate jeweils 17,2 kJ (4,1 kcal). Wichtig für den qualitativen N. ist der Gehalt des Nahrungsmittels an essentiellen Nährstoffen (Vitaminen). Die Kenntnis des N.s ist eine Voraussetzung für Diätvorschriften.

**Naht, 1.** Verbindung zweier Teile durch Vernähen, Nieten, Löten oder Schweißen. – **2.** *Sutura,* Verwachsungslinie zweier embryonal aufeinanderstoßender Schalen- oder Knochenelemente; z.B. beim Schneckenhaus oder Schädel. – **3.** *chirurg. N.* zur Verbindung getrennter Gewebeteile durch Katgut, Seide- oder Kunststoffäden u. (für Knochennähte) Drähte.

**Nahua** ['na:wa], *Naua,* die *Nahuatl* sprechenden altindian. Stämme im mittleren u. südl. Mexiko, i.e.S. Azteken, Nicarao, Sigua u.a.

**Nahum,** einer der zwölf kleinen Propheten im AT.

**Nairobi,** Hptst. von Kenia (O-Afrika), 1,3 Mio. Ew.; Univ.; Handels-, Wirtsch.- u. Kulturzentrum; Flughafen.

**naiv,** natürl., ungekünstelt, auch kindl. u. einfältig.

**naive Malerei,** *Sonntagsmalerei, Laienmalerei,* die Malerei als Freizeit- oder Ruhestandsbeschäftigung; i.w.S. jede vorklass. oder abseits der »offiziellen« Kunst gepflegte volkstüml. Malerei.

**Najaden, 1.** → Nymphen (1). – **2.** *Unionidae,* Süßwassermuscheln, deren Larven *(Glochidien)* zunächst an den Kiemen der Mutter, später an Süßwasserfischen angeheftet als Halb- oder Ganzschmarotzer leben; hierzu *Malermuschel, Flußperlmuschel* u. *Teichmuschel.*

*Nairobi: Blick über den Uhuru-Park auf das »Kenyatta-Konferenzzentrum« (Mitte)*

**Najaf** ['nadʒaf], *An N., Nadjaf,* Stadt in Irak, westl. des Euphrat, 243 000 Ew.; Wallfahrtsort der *Schiiten* mit Grabmoschee.

**Nakasone,** Yasuhiro, *27.5.1918, jap. Politiker (Liberaldemokrat); 1982–87 Prem.-Min. u. Partei-Vors.; 1989 aus der Partei ausgetreten.

**Naltschik,** Hptst. der Kabardiner- u. Balkaren-ASSR in der RSFSR (Sowj.), im nördl. Kaukasus, 236 000 Ew.; Univ.; Maschinenbau-, Elektro- u.a. Ind.; Fremdenverkehr; Flugplatz.

**Namaland,** *(Groß-)Namakwaland,* altes Stammesland der *Nama* (Hottentotten) im SW Afrikas (Namibia).

**Namangan,** Hptst. der gleichn. Oblast im O der Usbek. SSR (Sowj.), 291 000 Ew.; Baumwoll-, Seiden- u. Nahrungsmittel-Ind.

**Name,** Bez. eines Einzelwesens, -dinges, einer als Individuum gesehenen Menschengruppe (Eigen-N.) oder einer Gattung (Gattungs-N.). Zu den *Eigen-N.* gehören: Personen-N. einschl. der Namen für Personengruppen (z.B. Völker-N., N. für Vereine), geograph. N. (z.B. Orts-, Gewässer-, Gebirgs-, Länder-N.) u. Sach-N. Bei *Personen-N.* un-

*Nahrungskette: Schema der vielfältigen Nahrungsbeziehungen zwischen niederen und höheren Meerestieren (-pflanzen), Landtieren (Insekten, Vögel) und dem Menschen*

*naive Malerei: Ivan Generalić, Erster Schnee. Hinterglasbild, Teil eines Triptychons; 1973*

# Namenkunde

terscheidet man *Familien-N.* bzw. *Zu-N.* (der von den Eltern ererbte N. zur Kennzeichnung der Familienzugehörigkeit) u. *Vor-N.* bzw. *Ruf-N.* (der von den Eltern nach freier Wahl gegebene individuelle N.). Zu den *Gattungs-N.* gehören u.a. Pflanzen-, Tier-, Krankheits-, Verwandtschafts-, Tages- u. Monatsnamen. – **N.nsrecht,** Befugnis, einen bestimmten N. (auch ein *Pseudonym*) zu führen. Das ehel. Kind erhält den N. der Eltern, das nichtehel. Kind den der Mutter. Eheleute sollen bei ihrer Heirat einen ihrer Geburts-N. ausdrückl. zum Ehe-N. machen. Der Ehepartner, dessen N. nicht gewählt wurde, kann seinen früheren N. dem Ehe-N. voranstellen.

**Namenkunde,** *Onomastik, Onomatologie,* Wiss. von den Namen, hpts. den Eigennamen, ihrem Wesen, ihren Bildungsgesetzen, ihrer Entstehung, Gesch., Verbreitung u.a.

**Namensaktie,** Aktie, die auf den Namen des Inhabers lautet u. im *Aktienbuch* der AG auf diesen Namen eingetragen ist; wird durch *Indossament* übertragen; Ggs.: *Inhaberaktie.*

**Namenspapier,** *Rektapapier,* auf den Namen des Berechtigten lautendes Wertpapier, ohne dessen Vorlage das in ihm verbriefte Recht nicht geltend gemacht werden kann; z.B. Hypothekenbrief. Ggs.: *Inhaberpapier.*

**Namensrecht** → Name.

**Namenstag,** der Kalendertag des Heiligen, dessen Namen man trägt; nach kath. Brauch ähnl. dem Geburtstag gefeiert.

**Namib,** 50 000 km² große Wüste entlang der gesamten Küste Namibias, 1300 km lang, bis 100 km breit; durch den kalten *Benguelastrom* extrem geringe Niederschläge. Reiche Diamantenvorkommen bei Lüderitz u. am unteren Oranje.

**Namibia,** bis 1968 *Südwestafrika,* Staat im SW Afrikas, 824 292 km², 1,7 Mio. Ew., Hptst. *Windhuk.*

*Namibia*

Landesnatur. Das Land steigt von der Küstenwüste der *Namib* zum Südwestafrikan. Hochland (1000–1500 m) an. Im O erstreckt sich das *Kalaharibecken.* Die geringen Niederschläge fallen unregelmäßig. Das Landesinnere u. der NO werden von Dorn- u. Trockensavannen eingenommen. Die namib. Bevölkerung umfaßt Bantuvölker (Ovambo, Okavango, Herero), Bergdama, Hottentotten, Buschmänner, rd. 78 000 Weiße u. Mischlingsgruppen.

Wirtschaft. In der Landw. überwiegt die Viehzucht (Schafe im S, Rinder im N); nur im N wird Hackbau betrieben. Die Fischerei ist ein wichtiger Wirtschaftszweig. Der Bergbau liefert den Hauptteil des Exports, v.a. Uran u. Diamanten, ferner Kupfer, Zink, Blei, Zinn, Silber, Wolfram u. Lithium. – Haupthäfen sind Walfischbucht (gehört zur Rep. Südafrika) u. Lüderitz. Windhuk hat einen internat. Flughafen.

Geschichte. 1884 wurde N., noch unter dem Namen »Südwestafrika«, dt. Kolonie. Im 1. Weltkrieg eroberten südafrik. Truppen das Land; es wurde 1919 der Südafrikan. Union als C-Mandat des Völkerbunds überlassen. 1966 erklärte die UN-Vollversammlung das Mandat für erloschen; 1968 gab sie dem Land den Namen N.; später erkannte sie wiederholt die Unabhängigkeitsbewegung *SWAPO (South West African People's Organization)* als einzige legitime Vertreterin des Volkes von N. an. 1978 ohne Teilnahme der SWAPO abgehaltene Wahlen wurden von den UN nicht anerkannt. 1985 wurden – ohne Teilnahme der SWAPO – aus Vertretern von acht Parteien eine Nationalversammlung u. eine mehrheitlich schwarze Interimsregierung gebildet. 1988 wurde eine gemeinsame Verwaltung N. durch Südafrika u. die UNO bis zur völligen Souveränität des Landes vereinbart. 1990 wurde das Land als Rep. N. unabh. Die SWAPO wurde Regierungspartei. Staats-Präs. ist seit 1990 S. *Nujoma.*

**Nampo,** *Tschinnampho,* nordkorean. Hafenstadt am Gelben Meer, 241 000 Ew.

**Nampula,** Distrikt-Hptst. im nördl. Moçambique, 183 000 Ew.; landw. Handelszentrum; Flugplatz.

**Namur** [-'my:r], fläm. *Namen,* Hptst. der gleichnamigen belg. Prov., an der Mündung der Sambre in die Maas, 103 000 Ew.; Kathedrale Saint-Aubain, Univ.; Kohlen- u. Eisenerzbergbau, Stahl-, Masch.-, Glas-, keram. u. Papier-Ind.

**Nanchang** [-tʃaŋ], *Nantschang,* Hptst. der südchin. Prov. Jiangxi, 1,12 Mio. Ew., altes Zentrum des Porzellanhandels; Textil-, Nahrungsmittel-, Papier-Ind., Maschinenbau.

**Nancy** [nã'si], dt. *Nanzig,* alte Stadt u. ehem. Festung in Lothringen, an der Meurthe u. am Marne-Rhein-Kanal, 96 000 Ew.; ehem. Herzogspalast, barocke Kathedrale (18. Jh.), Univ. (1572) HS; Wirtschaftszentrum O-Frankreichs.

**Nandu,** *Pampasstrauß,* südamerik. Laufvogel aus der Ordnung der Straußenvögel.

**Nanga Parbat,** *Dajarmur, Diamir, Dyamar,* höchster Gipfel (8126 m) des westl. Himalaya, im pakistan. Teil Kaschmirs; Erstbesteigung des Gipfels 1953 durch H. *Buhl.*

**Nänie,** altröm. Totenklage; Trauergesang.

**Nanjing** [-djiŋ], *Nanking,* Hptst. der ostchin. Prov. Jiangsu, am unteren Chang Jiang, 2,25 Mio. Ew.; Kultur- u. Wissenschaftszentrum, Univ., Techn. Univ.; Grabmal *Sun Yatsens;* u.a. Eisen- u. Stahl-Ind., Ölraffinerie; Flughafen; 1368–1421 u. 1928–49 Hptst. Chinas.

**Nanking,** 1. Rohseidengewebe. – 2. kräftiges Gewebe aus chin. (neuerdings auch anderer) Baumwolle in Leinwandbindung.

**Nanning,** Hptst. der südchin. Autonomen Region Guangxi-Zhuang, am Yu Jiang, 963 000 Ew.; Nahrungsmittel-Ind.; Flug- u. Binnenhafen.

**nano...,** Kurzzeichen n, Vorsatzsilbe vor Maßeinheiten mit der Bedeutung $10^{-9}$ (Milliardstel).

**Nanometer,** Kurzzeichen nm, Längeneinheit:

*Namibia: Wahl zur verfassunggebenden Versammlung im November 1989; nach offiziellen Angaben lag die Wahlbeteiligung bei 95 Prozent*

*Nandu*

$1 \text{ nm} = 10^{-9} \text{ m} = 1$ Milliardstel $\text{m} = 10$ Angströmeinheiten.

**Nansen,** Fridtjof, *1861, †1930, norw. Polarforscher, Zoologe u. Diplomat; durchquerte 1888/89 als erster Grönland von O nach W; 1893–96 Driftfahrt mit dem Schiff »Fram« durch das Nordpolarmeer; leitete 1918 die Rückkehr der Kriegsgefangenen aus Rußland, bekämpfte 1921–23 die Hungersnot in der Sowj.; 1921–30 Völkerbundkommissar für Flüchtlingsfragen. – Friedensnobelpreis 1922.

**Nan Shan,** innerasiat. Gebirge in der chin. Prov. Qinghai, bis 6346 m.

**Nanterre** [nã'tɛr], westl. Industrievorort von Paris, an der Seine, 89 000 Ew.; neue Univ.

**Nantes** [nãt], Hafenstadt im W Frankreichs, in der Bretagne, 241 000 Ew.; got. Kathedrale, ehemaliges Herzogsschloß (15./16. Jh.), Museen; Univ.; versch. Ind.; Ind.-Hafen. – Gesch.: N. war bis 1491 Residenz der Herzöge der Bretagne u. fiel dann an die frz. Krone. Das **Edikt von N.,** erlassen am 13.4.1598 von Heinrich IV., gab den Hugenotten Glaubensfreiheit (1685 aufgehoben).

**Napalm** [Kunstwort aus *Natriumpalmitat],* Brandbombenfüllung aus Benzin, das durch Zusatz von Natriumpalmitat oder Naphthensäuren eingedickt ist; entwickelt eine Hitze von über 2000 °C.

**Napfschnecke,** *Patella,* zu den *Vorderkiemern* gehörende *Schnecke* mit napfartiger flacher Schale, die in der Gezeitenzone des Meers an Felsen sitzt.

**Naphtha,** fr. Bez. für *Erdöl.*

**Naphthalin,** im Steinkohlenteer vorkommender aromat. Kohlenwasserstoff, $C_{10}H_8$, dient u.a. zur Herstellung von Farbstoffen, Kunststoffen u. Lösungsmitteln.

**Naphthene,** ringförmige gesättigte Kohlenwasserstoffe mit der allg. Formel $C_nH_{2n}$ (alicycl. Verbindungen); z.B. Cyclopentan u. Cyclohexan.

**Naphthole,** organ.-chemische Verbindungen des Naphthalins. Sie sind in zwei isomeren Formen (α- u. ß-Naphthol) bekannt u. werden in der Farbstoff-Ind. als Zwischenprodukt verwendet.

**Napier** ['nɛipiə], *Neper,* John, Laird of Merchiston, *1550, †1617, schott. Mathematiker; Haupterfinder der Logarithmen.

**Napoleon,** *Napoléon* [napɔleˈɔ̃; dt. naˈpoleɔn], **1. N. I.,** *1769, †1821, Kaiser der Franzosen 1804–14/15; aus der kors. Fam. *Bonaparte.* Im Auftrag des Konvents schlug er 1795 den royalist. Aufstand in Paris nieder u. leitete als Oberbefehlshaber 1797 den ital. Feldzug. 1798 unternahm er die Expedition nach Ägypten, um England entscheidend zu treffen, doch wurde seine Flotte bei Abukir geschlagen. N. stürzte am 18./19. Brumaire (9./10.11.1799) das *Direktorium* durch einen Staatsstreich u. erhielt als Erster Konsul auf 10 Jahre die Alleinherrschaft. Im Frieden von Lunéville 1801 mit Östr. u. im Frieden von Amiens 1802 mit England beendete er den *2. Koalitionskrieg* gegen Frankreich. 1802 durch Plebiszit zum Konsul auf Lebenszeit gewählt, krönte er sich am 2.12.1804 zum erbl. »Kaiser der Franzosen« u. 1805 zum König von Italien. Sein Anspruch auf Hegemonie in Europa u. seine weltpolit. Pläne führten seit 1803 zu immer neuen Kriegen mit den

*Napoleon I.; Gemälde von H. Vernet*

*Narbonne*

europ. Mächten *(Napoleonische Kriege)*. Mit den siegreichen Feldzügen in Dtld., der Gründung des *Rheinbunds*, der *Kontinentalsperre* (1806) u. der Allianz mit Zar Alexander I. im Frieden von Tilsit (1807) stand N. auf dem Höhepunkt seiner Macht. Die Absage des Zaren an die Kontinentalsperre (1810) u. das Scheitern des *Rußlandfeldzugs* 1812 wurden zum Wendepunkt. In den *Befreiungskriegen* erlag N. der übermächtigen Koalition England-Rußland-Österreich-Preußen-Schweden (die Völkerschlacht bei Leipzig 16.–19.1.1813). Der Fall von Paris (31.3.1814), seine Absetzung durch den Senat (2.4.), seine Abdankung in Fontainebleau (6.4.) u. seine Verbannung nach Elba waren das unabwendbare Ende. Die Episode der *Hundert Tage* nach der Rückkehr N. von Elba (1.3.1815) endete mit seiner Niederlage in der Schlacht von Waterloo (18.6.) u. seiner Internierung auf Lebenszeit auf St. Helena. N. hat in Verwaltung u. Rechtsprechung *(Code civil)* das moderne Frankreich entscheidend geprägt. – **2.** N. (II.), Franz Joseph, Herzog von → Reichstadt. – **3.** N. III., Neffe von 1), *1808, †1873, Kaiser der Franzosen 1852–70; eigtl. Charles Louis Napoléon *Bonaparte*, Sohn von König Ludwig (Louis) Bonaparte u. Hortense Beauharnais; in die Nationalversammlung u. am 10.12.1848 zum Präs. der frz. Rep. gewählt u. 1851 für 10 Jahre in diesem Amt bestätigt; 1852 Proklamation zum erbl. Kaiser; geriet im Dt.-Frz.-Krieg 1870/71 nach der Kapitualtion von Sedan (2.9.1870) in Kriegsgefangenschaft; wurde abgesetzt u. starb im Exil in England.

**Napoleonische Kriege,** die Kriege, die Napoleon I. seit 1803 mit den europ. Mächten führte; → Koalitionskriege, → Befreiungskriege.

**Nappaleder,** glacégegerbtes Ziegen- oder Schafsleder, weich u. waschbar; bes. für Bekleidungsstücke u. Taschen geeignet.

**Nara,** jap. Präfektur-Hptst. im südl. Honshu, 334 000 Ew.; Univ.; zahlr. Schreine u. Buddhatempel (Wallfahrtsort). – 710–784 Hptst. Japans *(N.-Zeit)*.

**Narayanganj** [naːˈraːjəngændʒ], Ind.- u. Hafenstadt in Bangladesch, sö. von Dhaka, 298 000 Ew.; u.a. Jute- u. Baumwoll-Ind.

**Narbe, 1.** oberster Teil des Fruchtknotens, der den Blütenstaub aufnimmt. – **2.** *Cicatrix*, Endergebnis der Wundheilung. Das fehlende u. zugrunde gegangene Körpergewebe wird zuerst durch ein gefäßreiches *Granulationsgewebe* ersetzt (*rote N.*), das sich durch Rückbildung in ein festes, wenig elast. Bindegewebe, das *N.ngewebe*, umwandelt *(weiße N.)*.

**Narbonne** [-ˈbɔn], südfrz. Stadt (urspr. Hafenstadt), sw. der Mündung der Aude ins Mittelmeer, mit Seebad *N.-Plage*, 42 000 Ew.; got. Kathedrale (13./14. Jh.), ehem. erzbischöfl. Palast; Weinhandelszentrum, Ölmühlen. – Gesch.: Im 2. Jh. v.Chr. röm. Militärkolonie u. Zentrum der röm. Prov. *Gallia Narbonensis*; im MA bed. Hafenstadt; seit 1507 frz.

**Narew** [-rɛf], r. Nbfl. der Weichsel, bildet nach Zusammenfluß mit dem Bug die *Bugonarew*, 484 km; mündet nördl. von Warschau.

**Narkissos,** *Narcissus*, → Narziß.

**Narkose,** die Allgemeinbetäubung durch künstl. Schlaf mit narkot. Mitteln (Narkotikum). N.methoden: *Einatmungs-(Inhalations-)N.* durch verdampfende Flüssigkeiten (Ether, Halothan) oder Gase (Lachgas), *Intubations-N.*, *intravenöse N.* u. *Mastdarm-N.* (Einlauf mit narkot. Mitteln). Als *potenzierte N.* bezeichnet man bes. schonende u. wirksame N.methoden bei längeren Operationen durch spezif. Arzneimittel *(Gangioplegika)*.

**Narkotikum,** *narkot. Mittel*, jedes Mittel, das Betäubung u. Schlaf *(Narkose)* hervorruft; chem. Stoffe, die die Tätigkeit der Nervenzellen vorübergehend beeinträchtigen, z.B. Alkohole, Alkaloide, Ether, Aldehyde, Ketone, Säureester u. Amide, Harnstoff- u. Halogenderivate.

**Narkotin,** ein Alkaloid des Opiums, wirkt selbst nicht narkot., verstärkt aber die Wirkung des *Morphins*.

**narkotisieren,** in *Narkose* versetzen, betäuben.

**Narmada,** *Narbada*, Fluß in Indien, am nördl. Rand des Dekanhochlands, 1310 km; mündet in den Golf von Khambhat. Der N. ist für die Hindu neben dem Ganges der heiligste Strom Indiens.

**Narodnaja Gora,** höchster Gipfel des Ural, im Polarural, 1894 m; z.T. vergletschert.

**Narodniki,** Vertreter einer polit. u. ideolog. Strömung in der russ. radikalen *Intelligenzija* 1860–95 mit dem Ziel, in Rußland den Sozialismus durch Revolutionierung des bäuerl. Volkes zu erreichen. Geistige Wegbereiter waren A. I. *Herzen* u. N. G. *Tschernyschewskij*.

**Narr,** Spaßmacher, Possenreißer; kom. Figur im Fastnachtsspiel u. bis ins 18. Jh. auch im Drama (Hanswurst, Harlekin).

**Narrenliteratur,** satir. Dichtung versch. Gattung, in der menschl. Schwächen u. Fehler als Narrheiten geschildert werden; bes. im MA (z.B. S. Brants »Narrenschiff«).

**Narses,** *um 480, †574 (?), Heerführer des byzantin. Kaisers Justinian; vernichtete bis 553 das Ostgotenreich in Italien.

**Narva, 1.** Hafenstadt in Estland, nahe dem Finn. Meerbusen, 75 000 Ew. – **2.** Abfluß des Peipussees in den Finn. Meerbusen, 78 km; Grenzfluß zw. Estland u. RSFSR (Rußland).

**Narvik,** Hafenstadt in N-Norwegen, 19 000 Ew.; stets eisfreier Ausfuhrhafen für nordschwed. Eisenerze.

**Narwal,** *Einhornwal*, ein *Gründelwal* mit nur zwei nach vorn gerichteten, hohlen Oberkieferzähnen, von denen beim Männchen der eine (meist der linke) zu einem schraubenförmigen, kräftigen Stoßzahn *(Einhorn)* wird.

**Narziß,** *Narkissos*, *Narcissus*, in der grch. Sage schöner Jüngling, der die Liebe der Nymphe *Echo* nicht erwiderte u. deshalb von den Göttern mit unstillbarer Liebe zu seinem Spiegelbild *(Narzißmus)* bestraft wurde; von der Erdmutter in eine Blume *(Narzisse)* verwandelt.

**Narzisse,** *Feenlilie*, *Narcissus*, Gatt. der *Amaryllisgewächse*; in Mitteleuropa u. im Mittelmeergebiet heimisch; Zwiebelgewächse mit linealischen Blättern u. weißen oder gelben Blüten. In Dtld. kommt stellenweise die gelbblühende *Trompeten-N. (Osterblume, Osterglocke)* vor, die aber auch als Zierpflanze kultiviert wird.

**Narzißmus,** *Autoerotismus*, Verliebtheit in den eigenen Körper. (→ Narziß.)

**NASA,** Abk. für engl. *National Aeronautics and Space Administration*, US-amerik. Bundesamt für Luft- u. Raumfahrtforschung, gegr. 1958 zur Durchführung von Forschungsarbeiten auf dem Gebiet der Luft- u. Raumfahrt.

**nasal,** zur Nase gehörig; näselnd, durch die Nase gesprochen.

**Nasal,** ein Laut, bei dessen Artikulation der Luftstrom völlig (m, n) oder z.T. (die nasalen Vokale ã, ẽ, õ) durch die Nase entweicht.

**Nasca-Kultur** → Nazca-Kultur.

**Nase,** Organ des *Geruchssinns* der Wirbeltiere, das ein Riechepithel aus primären Sinneszellen enthält, an das bei Wassertieren mit dem Wasserstrom, bei Landtieren mit der Atemluft Reizstoffe (Geruchsreize) herangeführt werden. Die menschl. N. springt aus dem *N.nrücken* in der Gesichtsmittellinie vor. Ihren Eingang bilden die von der *N.nscheidewand* u. den beiden *N.nflügeln* gebildeten *N.nlöcher*. Die Scheidewand ist zum größten Teil knöchern, im vorderen Teil knorplig *(N.nknorpel)*. Im oberen Teil an der *N.nwurzel* liegen die aufnehmenden Fasern des Riechnervs. Die *N.nhöhle* ist durch feine Kanäle direkt mit den *Nebenhöhlen* verbunden.

**Nasenaffe,** baumbewohnender *Schlankaffe* der Insel Borneo.

**Nasenbär,** *Coati, Nasua*, Gatt. der *Kleinbären*; mit langgestrecktem 60 cm langem Körper u. ebenso langem, geringeltem Schwanz, rüsselförmige Nase; von den Südstaaten der USA bis Argentinien verbreitet.

**Nasenbein,** *Os nasale*, ein Schädelknochen der Wirbeltiere, paariger Deckknochen auf der knorpligen Nasenkapsel.

**Nasenbluten,** durch Verletzungen, Fremdkörper in der Nase, bei Blutandrang zum Kopf als Folge von Herz- u. Nierenkrankheiten, bei hohem Blutdruck, Blutkrankheiten oder Nasengeschwüren auftretende Blutungen aus der Nase.

**Nash** [næʃ], Paul, *1889, †1946, brit. Maler; gelangte nach kurzer romant.-neoimpressionist. Phase zu einer expressiven, realist. Darstellungsweise.

**Nashörner,** *Rhinocerotidae*, Fam. der *Unpaarhufer*; plumper u. kaum behaarter Körper, mit ein oder zwei Hörnern auf dem verlängerten Nasenrücken; Pflanzenfresser; hierzu *Panzer-, Sumatra-, Breitmaul-* u. *Spitzmaul-N.*; alle Arten bedroht.

**Nashornkäfer,** bis 4,5 cm langer europ. Vertreter der *Riesenkäfer*.

**Nashornvögel,** *Bucerotidae*, Fam. großer *Rakkenvögel*, die in rd. 45 Arten in S-Asien u. Afrika vorkommen u. fast alle durch hornförmige Aufsätze auf dem kräftigen Schnabel auffallen.

**Nashville** [ˈnæʃvil], Hptst. der USA-Staats Tennessee, am Cumberland River, 474 000 Ew.; 2 Univ.; Holz-, Textil-, Nahrungsmittel- u. Metall-Industrie; Zentrum der Unterhaltungsmusik (»N. Sound«, Country Music).

**Nasi-goreng,** indones. Nationalgericht aus gebratenem Reis mit Hühnerfleisch, Garnelen, Krabben, Schweinefleisch, Pilzen u.a.

**Nasik,** ind. Stadt in Maharashtra, 262 000 Ew.; eine der heiligsten hinduist. Pilgerstätten.

**Nassau, 1.** ehem. dt. Fürstentum (bis 1866) an der unteren Lahn; seit 1255 mehrf. unter den Linien des Hauses geteilt, 1866 an Preußen. – **2.** Stadt in Rhld.-Pf., an der unteren Lahn, 4400 Ew.; Luftkurort; Schloß (17. Jh. Geburts- u. Wohnhaus des Frhr. vom Stein). – **3.** Hptst. der Bahamas, 140 000 Ew.; auf *New Providence*; Fremdenverkehr; Naturhafen, Flughafen.

**Nasser,** Gamal Abd el-, *1918, †1970, ägypt. Offizier u. Politiker; 1952 führend am Staatsstreich gegen *Faruk* beteiligt, 1953 stellv. Min.-Präs., 1954 Staats-Präs.; verstaatlichte 1956 den Suezkanal u. löste damit die *Suez-Krise* aus. Nach der Niederlage im Sechstagekrieg im Juni 1967 übernahm er auch die Ämter des Min.-Präs. u. des Generalsekretärs der Staatspartei Arab. Sozialist. Union (ASU).

**Nasser-Stausee,** zweitgrößter Stausee der Welt,

*Nashörner: Spitzmaulnashorn*

durch Erweiterung des alten *Assuan-Stausees* im Niltal Ägyptens u. der Rep. Sudan geschaffen, 500 km lang, 5000 km²; mit einem 111 m hohen, 3,6 km langen Staudamm *(Sadd-el-Ali,* 1960–70 erbaut).

**Nastie,** von der Reizrichtung unabhängige, auffällige Bewegung von Teilen festgewachsener Pflanzen auf Reize hin.

**Natal, 1.** Prov. im O der Rep. S-Afrika, mit dem »Bantu-Homeland« Zululand 86 967 km², 2,1 Mio. Ew., Hptst. *Pietermaritzburg,* Hafen: *Durban;* Zuckerrohr-, Tee- u. Bananenpflanzungen; Viehzucht; Kohlen- u. Goldvorkommen; Schwer-Ind. – G e s c h.: 1837 von den Buren kolonisiert, 1845 brit., 1893 Autonomie, seit 1910 Prov. der damals gegr. Südafrik. Union (seit 1961: Rep. S-Afrika). – **2.** Hptst. u. wichtigster Hafen des NO-brasil. Bundesstaats Rio Grande do Norte, 264 000 Ew.; Univ.; Stahlwerk, Ausfuhr von landw. Erzeugnissen.

**Nathan,** im AT einer der am Hof Davids lebenden Propheten, Erzieher Salomos.

**Nathanael,** einer der ersten Jünger *Jesu.*

**Nathans** ['nɑːθənz], Daniel, *30.10.1938, US-amerik. Mikrobiologe; Arbeiten auf dem Gebiet der Molekular-Genetik; Nobelpreis 1978 für Medizin u. Physiologie (zus. mit W. *Arber* u. H.O. *Smith).*

**Nation,** eine bewußte u. gewollte polit. Gemeinschaft, die zwar in vielen Fällen von einer Mehrheit eines Volkes mit gleicher Sprache getragen wird, aber darüber hinaus auch fremdstämmige u. anderssprachige Volksteile u. Rassen aufnehmen kann. Prägend für die N. ist u.a. die gemeinsame Geschichte. Gegen diesen Begriff der *Staats-N.* entwickelte sich am Ausgang des 18. Jh. die Vorstellung einer *Kultur-N.* im Sinn einer über alle staatl. Grenzen hinausgreifenden ethn. u. Sprachgemeinschaft, wie z.B. BR Dtld., DDR, Östr. u. die deutschsprachige Schweiz.

**national,** einer *Nation* zugehörend oder eigentüml.; vaterländ., völk., staatl.

**Nationalchina** → Taiwan.

**National-Demokratische Partei Deutschlands,** *NDPD,* polit. Partei in der DDR, gegr. 1948 auf Betreiben der SED, der sie sich von Anfang an unterordnete; ging 1990 in der gesamtdt. FDP auf.

**Nationaldemokratische Partei Deutschlands,** Abk. *NPD,* in der BR Dtld. 1964 gegr. rechtsradikale u. nationalist. Partei.

**Nationale Befreiungsfront** → FLN.

**Nationalepos,** ein Epos, das in Stil u. Thematik am deutlichsten den Charakter u. die Kultur eines Volkes widerspiegelt; in Griechenland: Homers »Ilias«, im Röm. Reich: Vergils »Aeneis«, in Frankreich: »Rolandslied«, in England: »Beowulf«, in Dtld. »Nibelungenlied«.

**Nationales Olympisches Komitee,** Abk. *NOK,* Organisation der einzelnen Staaten zur Vorbereitung der Olymp. Spiele.

**Nationale Volksarmee,** Abk. *NVA,* die Streitkräfte der ehem. DDR, hervorgegangen aus der 1948 aufgestellten *Kasernierten Volkspolizei,* die am 18.1.1956 entspr. umbenannt wurde. 1962 wurde die allg. Wehrpflicht eingeführt, die für Männer vom 18. bis zum 50. (bei Offizieren bis zum 60.) Lebensjahr einen Grundwehrdienst von 18 Monaten vorschrieb u. für diensttaugl. Frauen gleichen Alters Sonderdienste in den Streitkräften vorsah. Wehrdienstverweigerern war ein waffenloser militär. Ersatzdienst mögl. – Neben den regulären Streitkräften der NVA gab es bis 1990 paramilitär. Kräfte in der DDR, »Grenztruppen«, Sicherheitstruppen sowie die *Kampfgruppen der Arbeiterklasse* u. die *Gesellschaft für Sport u. Technik.* Der nat. Oberbefehl über die NVA lag bis 1989 beim 1960 eingerichteten *Nationalen Verteidigungsrat;* die oberste Kommandogewalt lag bis zur Vereinigung mit der BR Dtld. beim Min. für Abrüstung u. Verteidigung. Alle Truppen der fast ausschl. mit sowj. Waffen ausgerüsteten u. auf Führungsebene vielfach in der Sowj. ausgebildeten NVA unterstanden auch im Frieden dem Vereinigten Oberkommando des *Warschauer Pakts.*

**Nationalfarben,** *Landesfarben,* die Farben, mit denen ein Staat seine Nationalflagge, Schlagbäume, Ordensbänder u.ä. versieht. Die N. haben urspr. oft symbol. Bed., häufig sind sie Wappen entlehnt.

**Nationalfeiertag,** Staatsfeiertag zur Erinnerung an ein entscheidendes geschichtl. Ereignis oder Ziel, das das Selbstverständnis der betreffenden Nation, eines Volkes oder eines Regimes symbolisiert; oft der Jahrestag der Unabhängigkeitserklärung in jungen Staaten.

**Nationalgarde,** in Frankreich die während der Frz. Revolution gegr. Bürgerwehr, die später der Armee angegliedert, bis 1871 bestand; in den USA die im Unabhängigkeitskrieg entstandene Miliz.

**Nationalhymne,** Hymne mit meist volkstüml. Melodie, die staatl. Zusammengehörigkeit einer Nation symbolisieren soll; bes. bei Staatsbesuchen u. sportl. Veranstaltungen.

**Nationalismus,** übersteigerte, aggressive Form des *Nationalbewußtseins.*

**Nationalität, 1.** Volkszugehörigkeit, Zugehörigkeit zu einer *Nation.* – **2.** Staatsangehörigkeit. – **3.** nationale Minderheit in einem Staat.

**Nationalitätenstaat,** *Vielvölkerstaat,* ein Staat, dessen Bevölkerung aus versch. nationalen Gruppen besteht, z.B. Jugoslawien, Sowj.; Ggs.: *Nationalstaat.*

*Nationalsozialismus: Hitler begrüßt kirchliche Würdenträger auf einem Parteitag*

**Nationalkirche,** eine infolge ihres Rechts u. ihrer Betätigung auf eine Nation beschränkte Kirche.

**Nationalkonvent,** frz. *Convention nationale,* in der Frz. Revolution die nach dem Sturz des Königtums (1792) gewählte verfassunggebende Versammlung (bis 1795).

**Nationalliberale Partei,** 1867 gegr. rechtsliberale Partei; Hauptstütze der Politik O. von *Bismarcks;* 1918 aufgelöst.

**Nationalökonomie** → Volkswirtschaftslehre.

**Nationalpark,** großräumige Ldsch., die wegen ihrer Schönheit u. ihrer Naturschätze von nationaler Bedeutung ist, darum geschützt u. ggf. mit Erholungseinrichtungen ausgestattet wird.

**Nationalrat,** in Österreich (1919–33 u. seit 1945) die aus allg. Wahlen hervorgegangene Volksvertretung, auch Bez. für ihre einzelnen Abg.; in der S c h w e i z eine der beiden Kammern der Bundesversammlung, auch Amtsbez. für deren Mitgl.

**Nationalsozialismus,** die maßgebl. von Adolf *Hitler* begr. u. organisierte polit. Bewegung, die 1933–45 die Politik Dtld.s bestimmte u. 1945 durch den Zusammenbruch des Dt. Reichs ihr Ende fand. Allg. Voraussetzungen für das Aufkommen des N. waren die im 1. Weltkrieg, durch die Niederlage von 1918 u. durch die Versailler Friedensbestimmungen verschärften Spannungen u. Klassengegensätze im dt. Volk (Gegnerschaft gegen Rep. u. Demokratie), die durch die Inflation hervorgerufene Verarmung u. Verunsicherung des Mittelstands sowie die Auswirkungen der Weltwirtschaftskrise von 1929.

P a r t e i p o l i t. E n t w i c k l u n g: Die ersten Ansätze des N. gehen auf die völk. großdt. Bewegung G. von *Schönerers* zurück. Aus ihren Reihen wurde 1903 die »Dt. Arbeiterpartei« gegr., die sich seit Mai 1918 »Dt. Nationalsozialist. Arbeiterpartei« (DNSA) nannte. In Dtld. knüpfte die Entwicklung des N. an die belanglose Splitterpartei an, die 1919 in München von dem Schriftst. K. *Harrer* u.a. als »Dt. Arbeiterpartei« (urspr. »Dt. Arbeiterverein«) gegr. u. 1920 in »Nationalsozialist. Dt. Arbeiterpartei« (NSDAP) umbenannt wurde. Sie erhielt erst durch Hitler Auftrieb, der 1921 die Parteiführung in seine Hand brachte u. sich mit der Einführung des »Führerprinzips« diktator. Vollmachten verschaffte. Eine seiner ersten Maßnahmen war die Gründung der SA (Sturmabteilung) als Saalschutz u. Propagandatruppe. Nachdem der »Hitler-Putsch« von Nov. 1923 gescheitert war, geriet die Bewegung zunächst in eine Krise, die aber mit der Neugründung der Partei durch Hitler nach seiner Rückkehr aus der Festungshaft in Landsberg überwunden wurde. Mit der Aufstellung der SS (Schutzstaffeln) seit 1925, der Bildung der Hitler-Jugend 1926 u. der Errichtung einer Reihe berufsständ. Gliederungen wurde die Parteiorganisation in den nächsten Jahren immer weiter ausgebaut. Presse u. Propaganda wurden 1929 J. *Goebbels* als Reichspropagandaleiter unterstellt. Doch konnte sich die Partei in den Wahlkämpfen dieser Jahre kaum durchsetzen. Erst seit der Weltwirtschaftskrise 1929 u. der zunehmenden Arbeitslosigkeit begannen ihr die Massen zuzuströmen. Bei der Reichspräsidentenwahl 1932 erhielt Hitler 30 % der abgegebenen Stimmen. Mit der Ernennung Hitlers zum Reichskanzler am 30.1.1933 gelangte der N. in Dtld. zur Macht. Alle anderen Par-

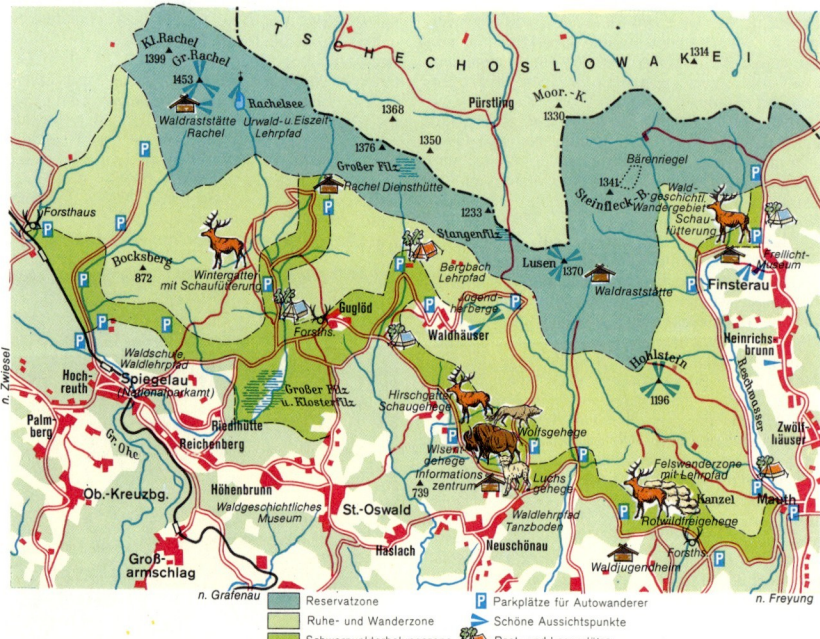

*Nationalpark Bayerischer Wald*

teien u. die Gewerkschaften wurden verboten u. unterdrückt.

Wesen u. Ziele: Die Repräsentation des »gesunden Volksempfindens« war die NSDAP u. in ihr letztl. die Parteiführung, schließl. der »Führer« selbst, dessen Entscheidungen als unfehlbar u. unanfechtbar durchgeführt wurden. Im Interesse einer möglichst straffen Konzentration u. Steigerung der so gelenkten staatl. Macht wurde das Reich als zentralist. Einheitsstaat durchorganisiert (»Gleichschaltung«), wobei alle eigenständigen Organisationen fielen (Beseitigung der Länderparlamente, der Selbstverw. der Gem.). Die NSDAP durchdrang alle Gebiete des öffentl., wirtsch., geistigen u. privaten Lebens durch ein System von oben gesteuerter Organisationen (NS-Frauenschaft, NS-Dozentenbund u.ä.). Auch die *Wehrmacht*, die urspr. als polit. neutraler »Waffenträger der Nation« proklamiert worden war, geriet mehr u. mehr in den Sog des N.; sie wurde trotz innerer Widerstände, bes. mit ihrem schnell fortschreitenden Ausbau, geistig u. personell immer mehr vom N. durchsetzt u. ihm seit den Ereignissen vom 30.6.1934 (sog. »Röhm-Putsch«), vom Februar 1938 (Entlassung von Generaloberst W. von *Fritsch*) u. vom 20.7.1944 (Attentat auf Hitler) vollst. unterworfen.

Der N. lebte v.a. aus emotionalen Kräften, nicht aus einem klar durchdachten Programm oder System. Daher erklärt sich auch sein dauernder Appell an Instinkt u. Gefühl (»Blut u. Boden«) u. seine betonte Verachtung des Intellekts u. der Intellektuellen. Höchstwerte des N. waren »Volk« u. »Rasse«, vorw. das eigene Volk »arischer« Abstammung. Alle »nichtarischen«, bes. jüd. Bestandteile wurden mit erbarmungsloser Konsequenz durch Massenmord »ausgemerzt«; »rassisch Minderwertige« wurden durch Unfruchtbarmachung ausgeschaltet u. planmäßig ermordet. Beherrschender u. bezeichnender Faktor des nat.-soz. Staates wurden immer mehr die SS u. die von ihr beherrschten Organe *(Sicherheitsdienst* [SD] u. *Gestapo)*, vor deren Zugriff u. Spitzelsystem schließl. niemand mehr sicher war.

**Nationalsozialistische Deutsche Arbeiterpartei**, Abk. *NSDAP*, → Nationalsozialismus.

**Nationalstaat**, ein Staatswesen, in dem sich die Gesamtheit seiner Angehörigen als einheitl. Nation fühlt u. bekennt; Ggs.: *Nationalitätenstaat*.

**Nationalversammlung**, seit dem frz. Beispiel von 1789 eine v.a. zum Zweck der Verfassunggebung bestellte Volksvertretung *(Frankfurter N., Weimarer N.);* in einigen Ländern auch die parlamentar. Gesamtrepräsentation (Frankreich, 3. Rep.) oder die Abgeordnetenkammer (Frankreich, 4. u. 5. Rep.).

**Nativität**, Stand der Gestirne bei der Geburt.

**NATO**, Abk. für engl. *North Atlantic Treaty Organization*, Nordatlantik-Pakt, Atlantikpakt, 1949 gegr. westl. Verteidigungsbündnis, dem folgende Staaten angehören: Belgien, BR Dtld., Dänemark, Frankreich, Griechenland, Großbritannien, Island, Italien, Kanada, Luxemburg, Niederlande, Norwegen, Portugal, Spanien, USA, Türkei. Die Partner sind zur gegenseitigen Unterstützung, jedoch nicht zur automat. militär. Beihilfe verpflichtet. Das NATO-Hauptquartier ist in Brüssel.

**NATO-Doppelbeschluß**, am 8.12.1979 gefaßter Beschluß der NATO, ab 1983 neue US-amerik. nukleare Mittelstreckenwaffen in Europa zum Ausgleich der sowj. Überlegenheit auf diesem Gebiet zu stationieren, gleichzeitig aber mit der UdSSR über den Abbau solcher Waffen zu verhandeln. Da diese Verhandlungen zunächst erfolglos blieben, wurde 1983 mit der Stationierung der Waffen (Raketen u. Marschflugkörper) begonnen. Nach Wiederaufnahme der Verhandlungen schlossen die USA u. die UdSSR am 8.12.1987 ein Abkommen über die Beseitigung aller landgestützten Mittelstreckenwaffen in Europa.

**Natorp**, Paul, *1854, †1924, dt. Philosoph u. Pädagoge; Vertreter des Neukantianismus.

**Natrium**, silberweißes, weiches Alkalimetall; zu 2,43 % in der Erdrinde enthalten, jedoch ausschl. in Form seiner Verbindungen; sehr reaktionsfähiges Element, das an feuchter Luft oxidiert. Verbindungen: **N.carbonat**, $Na_2CO_3$ (Soda); **N.chlorid**, NaCl (Kochsalz); **N.hydroxid**, NaOH (Ätznatron, bei Auflösung in Wasser *Natronlauge;* zur Seifenherstellung verwendet); **N.nitrat**, $NaNO_3$ (Natronsalpeter, Chilesalpeter); **N.sulfat**, $Na_2SO_4$ (Glaubersalz). → chemische Elemente.

**Natron**, *Natriumbicarbonat, Natriumhydrogencarbonat, doppeltkohlensaures N.,* $NaHCO_3$, ein weißes Pulver, das beim Erhitzen oder bei der Einwirkung von Säure Kohlendioxid freisetzt; als Back- u. Brausepulver u. bei Sodbrennen verwendet.

**Natronsalpeter** → Natrium.

**Natta**, Giulio, *1903, †1979, ital. Chemiker; Arbeiten zur Kunststoffchemie; Nobelpreis (zus. mit K. *Ziegler)* 1963.

**Nattern**, *Colubridae*, artenreiche, über alle Erdteile verbreitete Fam. der *Schlangen;* meist ungiftig, in Mitteleuropa u.a. die *Ringel-N.*

**Natternkopf**, *Echium*, Gatt. der *Rauhblattgewächse;* hierzu der *Gewöhnl.N.*, ein erst rot, dann blau blühendes Unkraut.

**Natur**, 1. die uns umgebende, von den Menschen nicht geschaffene Welt, die den *N.gesetzen* unterliegt, z.B. Pflanze, Tier. – 2. das Wesen eines Dinges; Charakter, Veranlagung.

**Naturalien**, Naturerzeugnisse, bes. landw. Erzeugnisse.

**Naturalismus**, 1. die ein Naturbild möglichst wirklichkeitsgetreu vergegenwärtigende Darstellungsweise; an keine bestimmte Epoche der bildenden Kunst gebunden. Übergänge zum *Realismus* sind fließend. – 2. Richtung des ausgehenden 19.Jh., die ein möglichst genaues Abbild des wirkl. Lebens schaffen wollte; stand im Ggs. zum *Idealismus* u. schilderte den Menschen in seiner Abhängigkeit von Milieu u. Erbanlage. Bed. Vertreter des N.: É. *Zola*, F.M. *Dostojewskij*, L.N. *Tolstoj*, H. *Ibsen*, A. *Strindberg*, A. *Holz* u. G. *Hauptmann*. – 3. philos. Weltanschauung, die alles Seiende auf die Natur zurückzuführen sucht.

**Naturallohn**, Vergütung von Arbeitsleistungen in Sachgütern.

**Naturalwirtschaft**, eine Wirtschaftsform, in der der Gebrauch des Geldes als Tausch- u. Zahlungsmittel unbekannt oder beschränkt ist; bei Durchführung von Tauschgeschäften in der Form der *Tauschwirtschaft* (Tausch von Ware gegen Ware).

**Natura morta**, frz. für Stilleben.

**Naturell**, Charakter, Temperament, Wesensart.

**Naturgesetze**, feste Regel, nach der ein Geschehen in der Natur verläuft, z.B. das *Newtonsche Kraftgesetz* (Kraft = Masse mal Beschleunigung).

**Naturheilkunde**, die auf der Lehre von der Überwindung der Krankheiten durch die dem Kör-

*Natur- und Nationalparks in der Bundesrepublik Deutschland*

## 614 Naturlandschaft

per innewohnende *Naturheilkraft* beruhende Heilkunde. Es kommt ihr bes. auf die Lenkung u. Steigerung der natürl. Abwehrregulationen an. Zur N. gehören die Behandlung durch Ernährung, Wasser, Licht, Luft, Sonne, Bewegung, natürl. Mineralien, organ. Stoffe u. Heilpflanzen.

**Naturlandschaft,** die vom Menschen unberührte Ldsch. im Ggs. zur *Kulturlandschaft*.

**natürliche Kinder,** die leibl. Kinder, im Ggs. zu den adoptierten. Auch die nichtehel. gezeugten Kinder sind n.K.

**natürliche Landschaft,** das Ergebnis einer natürl. Entwicklung der *Kulturlandschaft* bei Ausscheiden des menschl. Einflusses; im Unterschied zur unberührten *Naturlandschaft*.

**natürliche Person,** der einzelne Mensch als Rechtsträger; Ggs.: *jurist. Person*.

**natürliche Zahlen,** die unendl. Menge der positiven ganzen Zahlen 0, 1, 2, 3…

**Naturpark,** großräumiges Gebiet, das sich wegen seiner landschaftl. Voraussetzungen für die Erholung bes. eignet u. nach Grundsätzen u. Zielen von Raumordnung u. Landesplanung hierfür oder für den Fremdenverkehr vorgesehen ist. Im N. wird die Ldsch. als Ganzes vor Verunstaltungen u. vor Veränderungen ihrer Tier- u. Pflanzenwelt geschützt u. durch Anlage von Wanderwegen, Park- u. Rastplätzen, Schutzhütten u.ä. für den erholungsuchenden Menschen erschlossen u. gepflegt. N.s enthalten *Naturschutzgebiete* oder *Landschaftsschutzgebiete*, sind aber überwiegend naturnahe Kulturlandschaften, in denen die wirtsch. Nutzung nicht eingeschränkt ist (z.B. die durch den Menschen entstandene Lüneburger Heide, das erste Naturschutzgebiet Dtld.s [1910] u. der erste N.).

**Naturphilosophie,** philosoph. Fragen nach der Natur sowie nach den Grundlagen der Natur (u.a. bei Aristoteles u. den Vorsokratikern); in der Neuzeit meist als Grundlagenforschung verstanden.

**Naturrecht,** in der Rechtsphilosophie das überstaatl., überpositive Recht, das nicht auf menschl. Rechtsetzung oder -formung beruht. Es ist Grundlage u. Ziel der staatl. Rechtsetzung, kann aber u. U. zum staatl. Recht in Widerspruch stehen *(richtiges Recht, natürl. Recht)*. Teils wird es als *ewiges, göttl. Recht* aufgefaßt, teils als das für alle Menschen einsehbare *Vernunftrecht*.

**Naturschutz,** alle Bemühungen um den Schutz u. die Erhaltung der Natur: Pflege u. Entwicklung von Natur u. Ldsch. im besiedelten u. unbesiedelten Bereich, nachhaltige Sicherung der Leistungsfähigkeit des Naturhaushaltes, der Pflanzen- u. Tierwelt, der Vielfalt, Eigenart u. Schönheit von Natur u. Ldsch. Geschützt werden Einzelobjekte *(Naturdenkmäler, Pflanzen- u. Tierarten)* oder ganze Lebensgemeinschaften. Der *Artenschutz* ist gemäß den modernen Erkenntnissen der Ökologie am reichhaltigsten durch *Biotopschutz*, d.h. unter Einbeziehung der gesamten Umwelt gefährdeter Arten. Der *Flächenschutz* unterscheidet nach Zielsetzung u. rechtl. Stellung die Begriffe *Landschaftsschutzgebiet, N.gebiet, Naturpark* u. *Nationalpark*. – Der moderne N. trennt die herkömml. Aufgaben der reinen Erhaltung *(konservierender N.)* vom *gestaltenden N.*, der aktiv Einfluß zu nehmen sucht auf die Gestaltung der natürl. Um-

*Naturschutz: Taucher der Umweltorganisation Greenpeace nehmen Wasserproben vor einem Atomkraftwerk*

*Naturschutz: ein durch ausgelaufenes Öl getöteter Meeresvogel*

welt, auch der des Menschen. Aktuelle Probleme des gestaltenden N.es sind: die Pflege der Gewässer u. des Waldes, die Eindämmung der Verschmutzung von Luft, Wasser u. Boden durch Chemikalien (Ind., Landw.), der Schutz der Naturlandschaft vor Müll, vor Zerstückelung durch Ind.- u. Verkehrsanlagen, vor Zersiedelung u.a. Mit der Einsicht in die zunehmende Gefährdung der natürl. Lebensgrundlagen durch die menschl. Nutzung hat sich der N.begriff zum Begriff des *Umweltschutzes* fortentwickelt. – **N.gebiet,** Gebiet das bes. Schutz von Natur u. Ldsch. erfordert: 1. zur Erhaltung von Lebensgemeinschaften oder -stätten bestimmter wildwachsender Pflanzen bzw. wildlebender Tierarten, 2. aus wiss., naturgesch. oder landeskundl. Gründen oder 3. wegen ihrer Seltenheit, bes. Eigenart oder hervorragenden Schönheit. Handlungen, die zur Zerstörung, Beschädigung oder Veränderung des N.gebiets oder seiner Bestandteile oder zu nachhaltiger Störung führen können, sind verboten.

**Naturvölker,** Menschengruppen (Stämme, Sippen, Kasten u.ä.) abseits der techn. Zivilisation mit starker Abhängigkeit von Natur u. religiösen Vorstellungen. Die N. leben heute in Rand- oder Rückzugsgebieten. Ihre Zahl geht ständig zurück, teils durch Aussterben, teils durch Aufgehen in anderen Volksgruppen oder durch Angleichung ihrer Kultur. Der Wirtschaftsform nach werden sie aufgeteilt in *Wildbeuter-, Hirten-, Grabstock-, Hackbau-* u. *Ackerbauvölker.*

**Naturwissenschaften,** Wiss. von den Naturerscheinungen u. -gesetzen. Man kann den *exakten N.* (Physik, Chemie) die vorw. *beschreibenden N.* (Biologie einschl. Mikrobiologie u. Paläontologie, Geographie, Geologie, Kristallographie u.a.) gegenüberstellen. Aufgabenbereiche der N. sind v.a. die zweckfreie Forschung *(Grundlagenforschung),* die die Naturgesetze sucht, u. die *angewandte Forschung,* die durch Naturerkenntnis zu Naturbeherrschung zu gelangen sucht (z.B. Technik u. Medizin).

**Nauen,** Krst. in Brandenburg, 12 000 Ew.; ehem. Großfunkstelle der Dt. Post; Zuckerfabrik.

**Nauheim,** *Bad N.*, Stadt in Hessen, am Ostfuß des Taunus, 27 000 Ew.; eisen- u. radiumhaltige Kochsalzthermen (34° C), Moorbäder; Salzmuseum; Max-Planck-Inst. (Herzforschung).

**Naumann,** Friedrich,*1860,†1919, dt. Politiker; gründete 1896 den *Nationalsozialen Verein;* erstrebte eine demokrat. u. soz. Umbildung von Staat u. Wirtsch.; Mitgl. des Reichstags (seit 1907) u. Mitgr. der Dt. Demokrat. Partei 1918 u. deren Vors. 1919.

**Naumburg (Saale),** Krst. in Sachsen-Anhalt, an der Mündung der Unstrut in die Saale, 32 000 Ew.; roman.-got. Dom (12.–14. Jh.) mit berühmten 12 Stifterfiguren; versch. Ind.

**Naupaktos** → Navpaktos.

**Nauplion** → Navplion.

**Nauplius,** typ. Larvenform der *Ruderfußkrebse, Rankenfußkrebse* u. einiger *Muschelkrebse.*

**Nauru,** Inselstaat im nördl. Pazifik, Koralleninsel mit vulkan. Kern, nahe am Äquator, 21,4 km$^2$, 8000 Ew. (meist Polynesier), Hptst. *Yaren;* bed. Phosphatabbau. G e s c h i c h t e . 1888–1914 Kolonie des Dt.

*Nauru*

Reichs, 1920–47 unter Mandatsverw. des Völkerbunds, 1942–45 jap. besetzt, 1947–68 UN-Treuhandgebiet, seit 1968 unabhängige Republik.

**Nausea,** Übelkeit, Schlechtwerden; *N. marina,* die Seekrankheit.

**Nausikaa,** in *Homers* »Odyssee« Tochter des Phäakenkönigs *Alkinoos.*

**Nautik,** Schiffahrtskunde.

**Nautilus,** *Perlboot, Schiffsboot,* Gatt. der *Vierkiemer* mit vielkammerigem, gasgefülltem Kalkgehäuse, das spiralig aufgerollt ist u. in dessen äußerer u. größter Kammer das eigtl. Tier sitzt.

**Navaho** [ˈnævəhoʊ], span. *Navajo,* eigener Name *Diné,* volkreichster Indianerstamm der *Athapasken* in N-Amerika; bekannt wegen ihrer reichgemusterten Wolldecken u. Silberschmiedearbeiten; leben in Reservationen in Arizona, New Mexico u. Utah.

*Nautilus oder Schiffsboot, einziger rezenter vierkiemiger Kopffüßer*

**Navarra,** frz. *Navarre,* histor. Ldsch. beiderseits der westl. Pyrenäen; gehörte zur Span. Mark des Frankenreichs; seit 905 bask. Kgr. mit Hptst. *Pamplona;* seit 1234 unter frz. Dynastien; 1512 (südl. Teil) an Spanien u. 1589 (nördl. Teil) durch *Heinrich von N.* (Heinrich IV.) an Frankreich.

**Navigation,** eigtl. die Schiffahrtskunde *(Nautik),* heute allg. die Bestimmung des Standorts u. Kurses von Schiffen u. Luft- u. Raumfahrzeugen; meist durch Anpeilen von Funksendern.

*Navaho: Hirte mit seiner Schafherde im Monument Valley*

**Navigationsakte,** 1651 von O. *Cromwell* eingeführtes Gesetz zur Förderung des engl. Seehandels; ließ für die Einfuhr ausländ. Waren nur engl. Schiffe bzw. Schiffe des Ursprungslandes zu; 1849 aufgehoben.

**Navpaktos,** *Naupaktos, Nafpaktos,* ital. *Lepanto,* mittelgrch. Ort am Golf von Korinth, 8000 Ew.; mittelalterl. Festung *Lepanto.*

**Navplion,** *Nauplion, Nafplion,* grch. Hafenstadt auf dem Peloponnes, am Golf von Argolis, 11 000 Ew.; 1831–34 erster grch. Regierungssitz.

**Navratilova,** Martina, *18.10.1956, US-amerik. Tennisspielerin tschechosl. Herkunft; mehrf. Wimbledonsiegerin (zuletzt 1990) sowie Gewinnerin zahlr. internat. Meisterschaften u. Turniere.

**Naxos,** grch. Kykladeninsel im Ägäischen Meer, 428 km$^2$, 14 000 Ew., Hauptort *N.;* Abbau von Marmor; Gemüse-, Obst- u. Weinanbau; Fremdenverkehr.

**Nay,** Ernst Wilhelm, *1902, †1968, dt. Maler u. Graphiker; ungegenständl. Kompositionen in leuchtenden Farben.

**Nazarener, 1.** 1809 von F. *Overbeck,* F. *Pforr*

u. a. gegr. dt. Malervereinigung, die sich zu streng religiöser, sittl. einwandfreier Lebensführung verpflichtete u. für ihre Werke nur Themen religiöser Art wählte: Ihr Stil ist durch strenge Linearität u. kühle Farbgebung gekennzeichnet. – **2.** *Nazaräer,* Beiname Jesu u. seiner Anhänger sowie jüd. Bez. für die Urchristen.

**Nazareth,** hebr. *Nazeret,* arab. *An Nasira,* isr. Stadt am Rand Untergaliläas, 48 000 Ew.; neben Jerusalem die größte Arabersiedlung in Israel; christl. heilige Stätten: Verkündigungskirche, Marienquelle.

**Nazca-Kultur** ['naska-], *Nasca-Kultur,* altindian. vorgeschichtl. Hochkultur (100–800 n. Chr.) in Peru; Stadtkultur mit Tempelanlagen u. pyramidenähnl. Gebäuden, Kunsthandwerk (v. a. mehrfarbige Tongefäße) u. »Scharrbilder« in Form von geometr. Gebilden u. Tierfiguren.

**Nazi,** Kurzwort für *Nationalsozialist.*

**n. Chr.,** Abk. für *nach Christi (Geburt).*

**N'Djaména,** fr. *Fort-Lamy,* Hptst. der afrik. Rep. Tschad, 512 000 Ew.; Univ.; Flughafen.

**Ndola,** Prov.-Hptst., Handels- u. Verkehrszentrum des Copper Belt in Sambia (Afrika), 418 000 Ew.; Bergbau, vielseitige Ind.; Flughafen.

**NDPD,** Abk. für *National-Demokratische Partei Deutschlands.*

**NDR,** Abk. für *Norddeutscher Rundfunk.*

**Ndzuwani,** fr. *Anjouan,* Insel in der Gruppe der Komoren, 425 km², 138 000 Ew., Hauptort *Mutsamudu.*

**Ne,** chem. Zeichen für *Neon.*

**Neandertal-Gruppe** [nach einem Fund (1856) im *Neandertal* zw. Düsseldorf u. Wuppertal-Elberfeld], *Paläanthropinae,* Gruppe der Urmenschen aus dem Jungpleistozän (Würm) Europas, Asiens u. Afrikas; vom *Homo sapiens* (Jetztzeit-Menschen) abweichende Merkmale: niedrige Scheitelhöhe, fliehende Stirn, starke Überaugenwülste, stark entwickelter Gesichtsschädel, unentwickeltes Kinn, breite Nase, kurze u. breite Augenhöhlen. Alle Funde können zu einer Art *(Homo neanderthalensis [primigenius])* vereint werden.

**Neapel,** ital. *Nàpoli,* südital. Hafenstadt am *Golf von N.,* Hptst. v. *Kampanien* u. der Prov. N., 1,2 Mio. Ew.; Univ. (1224) u. versch. HS; Museen; Königl. Palast (17. Jh.), got. Dom (13./14. Jh.), Kastell dell'Ovo, Palazzo Reale (15. Jh.); vielseitige Ind. – Gesch.: Ehem. Kgr. (S-Italien u. Sizilien), im 11. Jh. von Normannen erobert, durch Heirat (1186) an die Staufer, 1495 vorübergehend in Frankreich, 1504 an Spanien, 1713 an Östr., 1734 an die span. Bourbonen; nach frz. Herrschaft (1799–1815) Vereinigung zum Kgr. beider Sizilien (1816), 1861 Angliederung an das neue Kgr. Italien.

**Neapolitanische Schule,** die von A. Scarlatti ausgehende ital. Kompositionsschule des 18. Jh., die als »Schule des schönen Stils« großen Einfluß auf die Entwicklung der Oper gewann; Mitgl. u. a.: F. *Provenzale,* G. B. *Pergolesi,* D. *Cimarosa,* N. *Jommelli,* G. *Paisiello.*

**Nebel, 1.** Sammelbez. für alle flächenhaft ausgedehnten Objekte des Himmels, die nicht dem Sonnensystem angehören. Es werden heute unterschieden: 1. *extragalakt. N.* (darunter die *Spiralnebel*), Fixsternsysteme außerhalb des Milchstraßensystems; 2. *galakt. N.,* Objekte, die dem Milchstraßensystem selbst angehören, u. zwar: a) *planetar. N.,* neblige (meist expandierende) Hüllen um Sterne, die eine Explosion durchgemacht haben; b) *diffuse N.,* weiträumige Anhäufungen von interstellarer Materie. – **2.** Wolken am Erdboden, die die Sicht bis unter 1 km herabsetzen. N. entsteht durch Abkühlung feuchter Luft unter den Taupunkt. Er besteht aus schwebenden Tröpfchen mit durchschnittlichem Durchmesser von 0,018 mm. Als *Hoch-N.* bezeichnet man eine tiefliegende Schichtwolke.

**Nebel, 1.** Gerhard, *1903, †1974, dt. Schriftst.; an der Antike orientierte Essays. – **2.** Rudolf, *1894, †1978, dt. Raketenpionier.

**Nebelhorn,** Signalgerät für Schiffe im Nebel; z. B. Dampfpfeife, Typhon, Sirene.

**Nebelhorn,** Berggipfel in den Allgäuer Alpen, bei Oberstdorf, 2224 m.

**Nebelkammer,** *Wilsonsche N.,* Gerät zum Sichtbarmachen der Bahnen elektr. geladener Teilchen, die z. B. aus einem radioaktiven Präparat oder aus der Höhenstrahlung stammen.

**Nebelkrähe** → *Krähen.*

**Nebenhoden,** dem Hoden aufsitzendes Organ, Speicher für die im Hoden gebildeten Spermien.

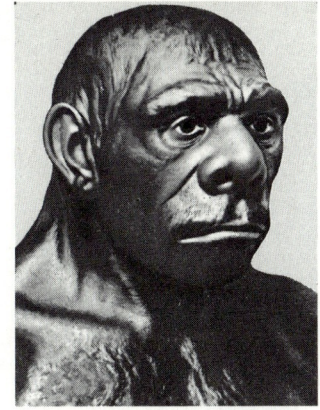

*Neandertaler, Homo neanderthalensis (Rekonstruktion)*

**Nebenhöhlen,** an den Nasenraum mit feinen Gängen angeschlossene Höhlen versch. Größe, die mit Schleimhaut ausgekleidet u. normal luftgefüllt sind: im Stirnbein die beiden *Stirnhöhlen,* im Keilbein die *Keilbeinhöhlen,* im Nasendach die zahlr. kleinen *Siebbeinhöhlen,* im Oberkiefer die *Kieferhöhlen.* – **N.entzündung,** *N.katarrh, Sinusitis,* entzündl., seröse oder eitrige Erkrankung der N.

**Nebenklage,** Beteiligung an einem Strafverfahren als Ankläger neben dem Staatsanwalt. Zur N. sind berechtigt: wer Privatklage erheben darf, Angehörige eines durch eine Straftat Getöteten, die durch eine Straftat Verletzten nach erfolgreichem Klageerzwingungsverfahren, ferner der Bundes-Präs. u. bestimmte Staatsorgane oder ihre Mitgl. im Fall ihrer Verunglimpfung.

**Nebenmeer,** ein Meeresgebiet, das durch Festlandflächen oder Inselketten vom Ozean teilw. getrennt ist.

**Nebennieren,** beiderseits dem oberen Nierenpol aufsitzende, beim Menschen 11–18 g schwere Organe mit hormoneller Funktion. – **N.mark,** Produktionsort der Hormone *Adrenalin* u. *Noradrenalin.* – **N.rinde,** Produktionsort von *Gluco-* u. *Mineralocorticoiden* u. *androgenen Hormonen.*

**Nebensatz,** für sich allein unverständl., einem *Hauptsatz* untergeordneter (ihm vorausgehender, folgender oder eingeschobener) Satz.

**Nebenschilddrüsen,** *Epithelkörperchen,* Drüsen innerer Sekretion bei Wirbeltieren, die entwicklungsgeschichtl. dem Epithel des Kiemendarms entstammen; beim Menschen vier etwa erbsengroße Drüsen, die hinter der Schilddrüse liegen u. den Kalkstoffwechsel regeln.

**Nebenschluß,** *elektr. N.,* der Zweig einer Parallelschaltung, der den größeren Widerstand *(N.widerstand, Shunt)* aufweist u. daher nur einen Bruchteil des Gesamtstroms aufnimmt.

**Nebensonne,** heller, häufig farbiger, durch Brechung u. Spiegelung an Eiskristallen entstandener Fleck in Eiswolken, ebenso hoch über dem Horizont wie die Sonne, gewöhnl. in etwas mehr als 20° Abstand von ihr.

**Nebenwinkel,** *Supplementwinkel,* Winkel, die den Scheitel u. einen Schenkel gemeinsam haben. Ihre anderen Schenkel bilden eine Gerade. Summe zweier N.: 180°.

**Neblina,** *Pico da N.,* höchster Berg Brasiliens, in der Serra Imeri, 3014 m.

**Nebraska,** Gliedstaat der → *Vereinigten Staaten von Amerika.*

**Nebukadnezar,** Könige von Babylonien: **1. N. I.,** etwa 1128–1106 v. Chr.; verschaffte Babylon für kurze Zeit die Vorherrschaft. – **2. N. II.,** 605–562 v. Chr.; bedeutendster König der Chaldäer-Dynastie; eroberte Syrien (Sieg über *Necho II.* 605 v. Chr.), vernichtete den Staat Juda (597 v. Chr. Einnahme Jerusalems) u. führte die jüd. Oberschicht in die »Babylonische Gefangenschaft«.

**nebulös,** unklar, verschwommen.

**Neckar,** r. Nbfl. des Rhein, 371 km; mündet bei Mannheim; 202 km schiffbar (kanalisierte Strecke bis Plochingen).

**Neckargemünd,** Stadt in Ba.-Wü., am Neckar, östl. von Heidelberg, 15 000 Ew.; Leder-, Textil- u. landw. Ind.

**Neckarsulm,** Stadt in Ba.-Wü., am Neckar, 22 000 Ew.; Motoren-, Metall- u. Textil-Ind.

**Necker** [nɛ'kɛːr], Jacques, *1732, †1804, frz. Staatsbeamter u. Bankier; Fin.-Min. 1777–81 u. 1788–89/90; setzte 1789 die Einberufung der Generalstände durch.

**Neckermann,** Josef, *5.6.1912, dt. Versandkaufmann; als Dressurreiter erfolgreich (Goldmedaillengewinner 1964 u. 1968, Weltmeister 1966 u. a.); 1967–88 Vors. der Stiftung Dt. Sporthilfe. – 1948 Gründung der *Textilgesellschaft N. KG* (1950 Umfirmierung in *N. Versand KG),* seit 1977 Tochtergesellschaft der *Karstadt AG.*

**Nedbal,** Oskar, *1874, †1930 (Selbstmord), tschech. Komponist, Bratschist u. Dirigent (Operetten, Ballette).

**Neefe,** Christian Gottlob, *1748, †1798, dt. Komponist; Lehrer L. van *Beethovens.*

**Néel** [ne'ɛl], Louis Eugène Felix, *22.11.1904, frz. Physiker; arbeitete über die Natur des Magnetismus; Nobelpreis 1970.

**Neer,** Aert van der, *1603/04, †1677, ndl. Maler (v. a. Landschaftsbilder).

**Neffe,** Sohn des Bruders oder der Schwester.

**Negation,** Verneinung, Ablehnung, Gegenteil.

**negativ,** ablehnend (z. B. Antwort, Bescheid); nachteilig (z. B. Entwicklung, Tendenz); schlecht (z. B. Charakterzug); kleiner als Null (Math.).

**Negativ,** photograph. Bild, dessen helle Partien den Schatten u. dessen dunkle den Lichtern des Aufnahmeobjekts entsprechen. *Farb-N.e* sind tonwertvertauscht u. komplementärfarbig.

**Neger,** Hauptteil der farbigen Bev. Afrikas südl.

*Neapel; im Hintergrund der Vesuv*

der Sahara (rd. 200 Mio.), heute meist als Afrikaner oder Schwarze bezeichnet; die kennzeichnende Gruppe der *negriden Rasse;* kamen durch Sklavenhandel in großer Zahl in die Südstaaten der USA, nach Westindien u. S-Amerika.

**Negev,** *Negeb,* Wüstengebiet im S Israels, zw. Elat, Totem Meer u. der Mittelmeerküste bei Ashqelon u. Gaza, Hauptort *Beer Sheva;* seit 1948 durch künstl. Bewässerung in Kultur genommen; Bodenschätze (v.a. Phosphate u. keram. Rohstoffe).

**negieren,** verneinen, ablehnen.

**Négligé** [negli'ʒe], leichtes Haus- u. Morgengewand.

**Negrelli,** Alois, Titter von *Moldelbe,* *1799, †1858, östr. Ing.; entwarf die Pläne zum Suezkanal.

**Negri, 1.** Ada, *1870, †1945, ital. Schriftst. (v.a. soz. u. religiöse Lyrik). – **2.** Pola, eigtl. Barbara Apolonia *Chałuek,* *1897, †1987, dt.-amerik. Filmschauspielerin poln. Herkunft; verkörperte v.a. mondäne Frauen- u. Vamptypen.

**Negride,** die dunkelhäutigen, kraushaarigen Rassen Afrikas, SO-Asiens u. der Südsee (Ost-N.).

**Negritos,** *Negritde,* zwergwüchsige, dunkelhäutige, kurz-kraushaarige Bevölkerungsschicht (Pygmäen) in SO-Asien u. auf vorgelagerten Inselgruppen; nomadisierende Wildbeuter, z.B. *Andamaner* u. *Aetas.*

**Négritude** [-'ty:d], von A. *Césaire* 1939 geprägter Begriff für die Rückbesinnung der Afrikaner u. Afroamerikaner auf die Werte der altafrik. Kulturtradition. Die bekanntesten Schriftst. der N. sind A. *Césaire, L.S. Senghor* u. L. *Damas.*

**Negroide,** negerähnl. Rassengruppen.

**Negros,** Philippineninsel nw. von Mindanao, im *Canlaón-Vulkan* 2464 m; 12 703 km², 2,7 Mio. Ew., Hauptorte *Bacolod* u. *Dumaguete.*

**Negro Spiritual** ['niːgrəu 'spiritjuəl], kurz *Spiritual,* religiöser Gesang der Schwarzen in den USA, als Folge der Berührung mit dem Christentum im 18. Jh. entstanden; urspr. ohne instrumentale Begleitung; eine der Quellen des *Jazz;* heute durch den *Gospel Song* ersetzt.

**Negus,** Titel des Kaisers von Äthiopien (seit dem 13. Jh.).

**Neheim-Hüsten,** Ortsteil von *Arnsberg.*

**Nehemia,** jüd. Statthalter des pers. Königs *Artaxerxes I.;* Gestalt des AT.

**Nehru,** Jawaharlal, gen. Pandit N. [»Gelehrter«], *1889, †1964, ind. Politiker (Kongreßpartei); An-

*Nehru*

hänger Gandhis, zw. 1929 u. 1954 mehrf. Präs. der Kongreßpartei, 1947–64 Min.-Präs. u. Außenmin.; verfolgte eine Politik des blockfreien Neutralismus. Seine Tochter war die Politikerin Indira *Gandhi.*

**Nehrung,** schmale, langgestreckte Landzunge, welche die dahinterliegende Meeresbucht *(Haff)* vom offenen Meer abschließt.

**Neidhart von Reuenthal,** *Neithart von Reuental,* *1180/90, †nach 1237, ritterl. mhd. Minnesänger; wandte sich gegen die höf. Überfeinerung u. versetzte das Minnelied in die Welt des Bauerntanzes (»körperl. Dichtung«). Später wurde er zur Gestalt des dt. Fastnachtsspiels *(Neidhartspiel).*

**Neill** [niːl], Alexander Sutherland, *1883, †1973, brit. Pädagoge; gründete 1921 die Internatsschule *Summerhill* in S-England, wo er die Grundsätze einer *antiautoritären Erziehung* zu verwirklichen suchte.

*Horatio, Viscount of Nelson; Gemälde von F. L. Abbett*

**Neiße,** poln. *Nysa,* zwei linke Nebenflüsse der Oder: **1.** *Görlitzer* oder *Lausitzer N.,* 252 km; Grenzfluß zw. Polen u. Brandenburg/Sachsen, die sog. Oder-Neiße-Linie. – **2.** *Glatzer N.,* 182 km; mündet sö. von Brieg.

**Neisse,** poln. *Nysa,* Stadt in Schlesien (Polen), an der Glatzer Neiße, 42 000 Ew.; mittelalterl. Stadtanlage; Eisen-, Masch.-, Automobil-, landw. u.a. Ind.

**Neisser,** Albert, *1855, †1916, dt. Dermatologe; entdeckte 1879 den Erreger der Gonorrhoe.

**Neithardt,** *Nithardt,* Mathis, änderte seinen Familiennamen in *Gothardt,* gen. → Grünewald.

**Nekrassow** [-sɔf], **1.** Nikolai Alexejewitsch, *1821, †1878, russ. Schriftst.; schrieb soz. u. polit. engagierte Gedichte. – **2.** Wiktor Platonowitsch, *1911, †1987, russ. Schriftst.; schrieb v.a. vom Kriegserlebnis bestimmte Romane.

**Nekrobiose,** langsames Absterben von Zellen u. Geweben.

**Nekrolog,** Totenverzeichnis, Nachruf.

**Nekromantie,** Totenbeschwörung, das Wahrsagen durch Zitieren Verstorbener.

**Nekrophilie,** *sexuelle Leichenschändung,* sexuelle Handlungen an Leichen.

**Nekropole,** Totenstadt, Begräbnisstätten des Altertums u. der vorgeschichtl. Zeit.

**Nekrose,** örtl. begrenzter Gewebstod, das Absterben von Geweben, Organen oder Teilen von ihnen.

**Nektar, 1.** von den *Nektarien* (Honigdrüsen) ausgeschiedener, zuckerhaltiger Saft, der von Insekten aufgenommen wird. – **2.** in der grch. Myth. der Trank der Götter, der Unsterblichkeit verleiht.

**Nektarinen,** Pfirsichsorten mit glattschaligen Früchten.

**Nektarvögel,** Honigsauger, Nectariniidae, Fam. der *Sperlingsvögel;* von Afrika über Vorder-, S- u. O-Asien bis NO-Australien verbreitet; langer, dünner, leicht gekrümmter Schnabel, mit dem sie Nektar aus Blüten schlürfen.

**Nekton,** die mit eigener Kraft schwimmend sich fortbewegende Tierwelt des Wassers; Ggs.: *Plankton.*

**Nelke,** *Dianthus,* Gattung der *Nelkengewächse* (→ Pflanzen); mit weiter Verbreitung in Europa, Asien u. Afrika, bes. im Mittelmeergebiet; in Dtld. z.B. Heide-N., Karthäuser-N., kultiviert z.B. Garten-N., Bart-N. u. Feder-N.

**Nelkenöl,** *Oleum Caryophylli,* äther. Öl aus den Blütenknospen des Gewürznelkenbaums.

**Nelkenpfeffer,** *Gewürzkörner,* → Pimentbaum.

**Nelkenwurz,** *Geum,* Gatt. der *Rosengewächse;* Stauden mit gefiederten Blattrosetten u. gelben, seltener roten oder weißen Blüten; hierzu: Echte N., Berg-N., Kriechende N.

**Nell-Breuning,** Oswald von, *1890, dt. Sozialwissenschaftler; vertritt die christl.-kath. Wirtschafts- u. Gesellschaftslehre des *Solidarismus.*

**Nelson** ['nelsən], Horatio, Viscount of (1801), *1758, †1805, brit. Admiral; besiegte die span. Flotte bei Kap *St. Vincent* 1797, die frz. Flotte bei *Abukir* 1798, zerstörte die dän. Flotte bei Kopenhagen 1801 u. sicherte mit dem Sieg über die span.-frz. Flotte bei *Trafalgar* 1805 die brit. Alleinherrschaft über die Meere.

**Nematoden** → Fadenwürmer.

**Němcová** ['njɛmtsɔva:], Božena, *1820, †1862, tschech. Schriftst. (Erzählungen aus dem tschech. Volksleben).

**Nemesis** → griechische Religion.

**NE-Metalle,** Abk. für Nichteisenmetalle.

**Nemeter,** *Nemetes,* germ. Volksstamm am Mittelrhein; Hauptort *Noviomagus Nemetum* (das heutige Speyer).

**Nemrut Daği** [-daːˈi], 3050 m hohes Vulkanmassiv in O-Anatolien (Türkei), westl. des Vansees; mit 8 km Kraterdurchmesser einer der größten Vulkane der Erde. Auf ihm befinden sich die Überreste eines Totentempels *Antiochos' I.* von Kommagene.

**Nenner** → Bruch.

**Nennform** → Infinitiv.

**Nenni,** Pietro, *1891, †1980, ital. Politiker (Sozialist); baute seit 1943 die Sozialist. Partei wieder auf; 1945/46 u. 1963–68 stellv. Min.-Präs., 1946/47 u. 1968/69 Außen-Min.; 1966–69 Präs. der wiedervereinigten Sozialist. Partei, die nur diese 3 Jahre Bestand hatte.

**Nennleistung,** Leistungsfähigkeit von Maschinen in bezug auf den Energieverbrauch als Grundlage für die Bewertung des Energieeinsatzes u. -verbrauchs.

**Nennspannung,** Spannung, für die ein elektr. Gerät oder ein Stromkreis bemessen ist. Meist ist im Betrieb ein Abweichen um einen bestimmten Prozentsatz zulässig *(Betriebsspannung).*

**Nennwert,** *Nominalwert,* die auf Wertpapieren (z.B. Aktien) u. Geldscheinen oder Münzen aufgedruckte oder eingeprägte Wertangabe; entspricht nicht immer dem tatsächl. dafür gezahlten Preis *(Kurswert).*

**Nenzen,** fr. *Jurak-Samojeden,* Polarvolk mit finn.-ugr. Sprache in der UdSSR, im westsibir. Tiefland, im Mündungsgebiet des Ob u. an Inseln u. Halbinseln der Nordpolarmeerküste; fr. nomad. Rentierzüchter u. Jäger, heute seßhaft.

**neo...,** Wortbestandteil mit der Bed. »neu«, »jung«; vor Vokal meist *ne...*

**Neodarwinismus,** Weiterentwicklung der Selektionstheorie C. *Darwins (Darwinismus).* Der N. geht von der *Population* als Evolutionseinheit aus, in deren Genpol (Gesamtheit der in einer Population vorhandenen Gene) sich entwicklungsgeschichtl. Veränderungen vollziehen. Hauptfaktoren, deren Zusammenwirken diese Veränderungen hervorrufen, sind nach dem N. *Mutabilität* (durch Mutationen ermögliche Veränderungen des Erbanlagenmaterials), *Selektion* (natürl. Auswahl), *Zufallsereignisse* u. *Isolation* (Abtrennung von der übrigen Population).

**Neodym** → chemische Elemente.

**Neofaschismus,** faschist. Bestrebungen nach dem 2. Weltkrieg, insbes. in den ehem. faschist. Hauptländern Dtld. u. Italien. In der BR Dtld. werden neofaschist. Aktivitäten auch als *Neonazismus* bezeichnet. Seit 1946 bildeten sich in der BR Dtld. mehrere zum N. neigende Parteien: die *Deutsche Reichspartei* (DRP, 1946–65); die 1949 gegr. *Sozialist. Reichspartei,* die 1952 vom Bundesverfassungsgericht verboten wurde; die 1964 gegr. *Nationaldemokrat. Partei Deutschlands* (NPD). Daneben entwickelten sich in den 1970er Jahren mehrere kleinere neonazist. Gruppen, z.B. die verbo-

*Nemrut Daği: die wiederaufgerichteten Köpfe der zerstörten Kolossalstatuen*

tene *Wehrsportgruppe Hoffmann,* in den 1980er Jahren die Partei der Republikaner. Wichtigste Organisation der N. in Italien ist die 1946 gegr. *Movimento Sociale Italiano (MSI, »Ital. Sozialbewegung«).* Seit Beginn der 1980er Jahre ist eine verstärkte multilaterale Zusammenarbeit neofaschist. Organisationen zu beobachten.

**Neoklassizismus** in der Architektur eine zu Beginn des 20. Jh. entstandene Bewegung gegen Historismus u. Jugendstil, die zur Wiederaufnahme klassizist. Stilelemente strebte.

**Neokolonialismus,** polem. Bez. für das Verhältnis der heutigen Industriestaaten gegenüber Entwicklungsländern.

**Neoliberalismus,** wirtschaftspolit. u. sozialphilosoph. Lehre einer liberalen Wettbewerbsordnung mit staatl. Eingriffen u. Wettbewerbsgarantien; Hauptvertreter: W. *Röpke,* A. *Rüstow,* F.A. von *Hayek,* W. *Eucken.*

**Neolithikum,** *Jungsteinzeit,* → Vorgeschichte.

**Neologismus,** von der Sprachgemeinschaft noch nicht allg. akzeptierte Neuprägung eines Worts oder Ausdrucks.

**Neomarxismus,** Sammelbegriff für eine Vielzahl von Strömungen in der Nachfolge des Marxismus; in der BR Dtld. nach dem 2. Weltkrieg u.a. W. *Abendroth,* E. *Bloch,* R. *Havemann,* L. *Kofler* sowie die *Frankfurter Schule.*

**Neon,** farb- u. geruchloses Edelgas; Verwendung in Leuchtröhren für Beleuchtungs- u. Reklamezwecke. → chemische Elemente.

**Neonsalmler,** zwei Arten der *Salmler,* bis 4 cm große *Karpfenfische* des Amazonasgebietes: *Echte N.* u. *Rote N.* Beide Arten tragen von der Stirn bis zur Fettflosse einen strahlend blau-grün irisierenden Strich (»Neonröhre«); Aquarienfische.

**Neopositivismus,** die aus der Elementenlehre E. *Machs* hervorgegangene Philosophie des *Wiener Kreises,* die sich vom älteren *Positivismus* durch den engen Anschluß an die math. Logik (*Logistik*) unterscheidet.

**Neorealismus** → Verismus.

**Neotenie,** Vorverlegung der Geschlechtsreife in Jugendstadien (insbes. Larvenstadien).

**Neozoikum,** *Känozoikum,* die *Tertiär* u. *Quartär* umfassende Erdneuzeit; → Erdzeitalter.

**Nepal,** ein Staat im Himalaya, 140 797 km², 17,8 Mio. Ew., Hptst. *Katmandu.*

*Nepal*

L a n d e s n a t u r. Zw. den Hauptketten des Himalaya (im Mount Everest 8848 m hoch) u. seinen südl. Vorbergen gelegen, hat N. ein gemäßigtes Monsunklima.

Die B e v ö l k e r u n g besteht aus Nepali u. tibetisch-mongol. Stämmen. Fast 90% bekennen sich zum Hinduismus.

W i r t s c h a f t. Angebaut werden für den Export Reis u. Jute. Die Viehzucht exportiert Lebendvieh. Die ehem. wichtigen Waldbestände sind stark zurückgegangen. Der Fremdenverkehr weist hohe Zuwachsraten auf.

G e s c h i c h t e. 1768 eroberten die *Gurkhas* das Land. Im 18. Jh. wurde das Kgr. von Gurkhas begr. 1846 übernahm die Adelsfamilie *Rana* die Macht und regierte bis 1950 diktator. 1951 wurde N. konstitutionelle Monarchie; 1959/60 gab es ein demokrat. Mehrparteiensystem; 1962 Verf., die keine Parteien mehr zuließ *(Panchayat-System).* Nach blutigen Unruhen 1990 hob *Birendra Bir Bikram Schah* (König seit 1972) das Parteienverbot auf u. demokratisierte das polit. System.

**Neper,** Kurzzeichen N, dimensionslose Maßeinheit in der Nachrichtentechnik.

**Nephelin,** durchsichtiges bis trübes, rotbraunes, auf Bruchflächen stark fettglänzendes Mineral.

**Nephrit,** *Beilstein,* tonerdefreier, zäher, schwer zerbrechbarer, dunkelgrüner *Aktinolith* (»Strahlstein«); in der Steinzeit Werkzeug u. Waffe.

**Nephritis,** Nierenentzündung.

**Nephrom,** Nierengeschwulst.

**Nephron,** funktionelle Einheit der Wirbeltierniere, bestehend aus dem *Malpighischen Körperchen* u. einem davon abgehenden *Nierenkanälchen;* dient der Harnbildung u. -ausscheidung.

**Nephrose,** Sammelbez. für nichtentzündl. degenerative Nierenkrankheiten. – **nephrotisch,** zur N. gehörend, durch die N. bedingt.

**Nepos,** Cornelius, *um 100 v.Chr., †um 25 v.Chr., röm. Geschichtsschreiber aus Oberitalien.

**Nepotismus,** *Vetternwirtschaft,* die Begünstigung von Verwandten **(Nepoten)** bei der Vergabe von Ämtern u. Würden.

**Nepp,** Geldschneiderei, Wucher.

**Neptun, 1.** röm. Meergott, → griechische Religion. – **2.** Zeichen ♆, der äußerste der vier »Riesenplaneten«, 1846 von J.G. *Galle* entdeckt; Rotationszeit etwa 17 Std. 50 Min.; Atmosphäre dicht, enthält Methan, Wasserstoff u. Helium; von zwei Satelliten, den *N.monden,* begleitet. → Planeten.

**Neptunie,** *Wassermimose, Neptunia oleracea,* Gatt. der *Mimosengewächse;* eine Schwimm- u. Sumpfpflanze, bes. in trop. SO-Asien.

**Neptunium** → chemische Elemente.

**Nereiden, 1.** *Doriden, Meernymphen* die 50 schönen Töchter des grch. Meer- u. Wassergotts **Nereus,** → griechische Religion. – **2.** *Nereidae,* Fam. freischwimmender *Borstenwürmer* des Meeres.

**Neri,** Filippo, *1515, †1595, ital. Ordensgründer (Oratorianer [Filippiner] 1575); bed. Persönlichkeit der Gegenreformation. – Heiligsprechung 1622 (Fest: 26.5.).

**Nernst,** Walther, *1864, †1941, dt. Physiker u. Chemiker; Mitbegr. der modernen physikal. Chemie; arbeitete das *N.sche Wärmetheorem,* den 3. Hauptsatz der Wärmelehre; konstruierte 1897 die **N.-Lampe (N.-Stift, N.-Brenner),** die aus einem elektr. zum Glühen gebrachten Stäbchen aus Erdmetalloxide besteht u. ein sehr weißes Licht gibt; Nobelpreis für Chemie 1920.

**Nero,** Claudius Drusus Germanicus Caesar, *37, †68, röm. Kaiser 54–68; wegen seiner Grausamkeit berüchtigter Despot; ließ seine erste Frau *Octavia* u. seine Mutter ermorden u. war am Tod seiner zweiten Frau *Poppaea Sabina* schuldig. Den Verdacht, den Brand Roms 64 verursacht zu haben, wälzte er auf die Christen ab, die er in großer Zahl hinrichten ließ. Er endete durch Selbstmord, als bei einem Aufstand in Gallien u. Spanien *Galba* zum Kaiser aufgerufen u. er selbst zum Staatsfeind erklärt worden war.

**Nero,** Franco, *23.11.1941, ital. Schauspieler, u.a. in »Django«.

**Neruda, 1.** ['ne-], Jan, *1834, †1891, tschech. Schriftst. u. Journalist; Wegbereiter des tschech. Realismus (humorvoll-charakterist. Prager Milieustudien). – **2.** [ne'ruða], Pablo, eigtl. Neftali Ricardo *Reyes Basualto,* *1904, †1973, chilen. Schriftst.; polit. Lyriker im Dienst des Kommunismus; Ⓦ »Der große Gesang«; »Ich bekenne, ich habe gelebt« (Autobiographie); Nobelpreis 1971.

**Nerva,** Marcus Cocceius, *30, †98, röm. Kaiser 96–98 n. Chr.; adoptierte *Trajan* u. machte ihn zum Mitregenten.

**Nerval,** Gérard de, eigtl. G. *Labrunie,* *1808, †1855 (Selbstmord), frz. Schriftst.; Romantiker, von der dt. Dichtung der Klassik u. Spätromantik beeinflußt.

**Nerven, 1.** die aus Nerven- oder Ganglienzellen gebildeten Organe *(Faserbahnen)* zur Übertragung der Erregungen von Sinnesorganen auf Erfolgsorgane (z.B. Muskeln, Drüsen); z.T. auch Träger von Erregungsabläufen, die nicht auf äußere Reize zurückgehen *(autonome Tätigkeiten).* Die N. vermitteln Bewegungs- u. Empfindungsimpulse, regeln die Drüsentätigkeit, die Gewebsernährung, die Gewebsspannung u. bilden in ihrer Gesamtheit das *Nervensystem.* – **2.** Flügeladern der Insekten. – **3.** Hauptleitbündelstränge der Blätter ein- u. zweikeimblättriger Pflanzen.

**Nervenentzündung,** *Neuritis,* schmerzhafte u. mit Funktionsstörungen verbundene Erkrankung der Nerven auf entzündl. Basis. Sind mehrere Nerven befallen, spricht man von *Polyneuritis.*

**Nervengase,** chem. Kampfstoffe, die im 2. Weltkrieg in Dtld. entwickelt, in größeren Mengen hergestellt, aber nicht eingesetzt worden sind. Bekannte N. sind: *Tabun, Sarin, Soman.* Neuere Forschungen auf diesem Gebiet werden geheimgehalten.

**Nervengewebe,** Gewebe, aus dem das *Nervensystem* aufgebaut ist; besteht aus erregungsleitenden *Nervenzellen* u. stützenden u. ernährenden *Gliazellen.*

**Nervengifte,** speziell das Nervensystem angreifende Gifte: u.a. Kohlenwasserstoffe, Alkohol(e), Ether, Nervengase, Schlangengifte, versch. Erregergifte (Diphtherie, Kinderlähmung); i.w.S. auch Betäubungs- u. Rauschmittel, Alkaloide u.a.

**Nervenschock,** ein Schock aufgrund seel. Erlebnisse (Angst, Erschrecken, Freude).

**Nervensystem,** Gesamtheit des reizleitenden u. verarbeitenden *Nervengewebes.* Es steuert alle Körperfunktionen u. besteht beim Menschen aus Zentral-N., peripherem N. u. vegetativem N. (Eingeweide-N.). Das *Zentral-N.* als die eigtl. Steuerzentrale wird aus Gehirn u. Rückenmark gebildet. Das Gehirn reguliert alle dem Willen unterworfenen Organe; das Rückenmark dient im wesentl. als Bahn für die versch. vom Gehirn kommenden u. zum Gehirn ziehenden Nervenbahnen. Das *periphere N.* besteht aus den vom Gehirn oder verlängerten Mark herkommenden *Gehirnnerven* u. den im Rückenmark entspringenden *peripheren (spinalen) Nerven,* die zum Körper u. seinen Organen ziehen u. der Bewegung u. Empfindungsaufnahme dienen. Das *vegetative N.* (Eingeweide-N.) mit Sympathikus u. Parasympathikus reguliert die Tätigkeit der inneren Organe u. steuert jene Lebensvorgänge, die normalerweise ohne unseren Willen u. ohne unser Bewußtsein ablaufen, z.B. Atmung, Verdauung, Blutkreislauf, Drüsensekretion usw. Der *Sympathikus* aktiviert die Funktionen von Herz, Lunge u. anderen Organen, richtet sie auf Leistung u. Energieverbrauch aus; der *Parasympathikus* dagegen dämpft ihre Funktionen u. sorgt für Entspannung u. Erholung.

**Nervenzellen,** *Neurone, Ganglienzellen,* Bauelemente der *Nervensysteme,* die auf die Erregungs-

*Nepal: Buddhisten-Kloster Tengpoche und der 6856 m hohe Berg Ama Dablam*

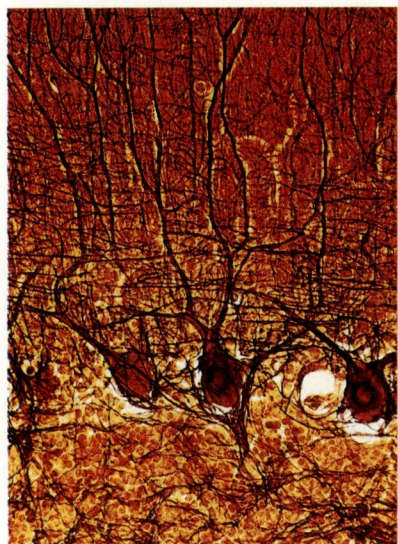

*Nervenzellen (Neuronen) des menschlichen Gehirns im Schnitt*

## Nervenzusammenbruch

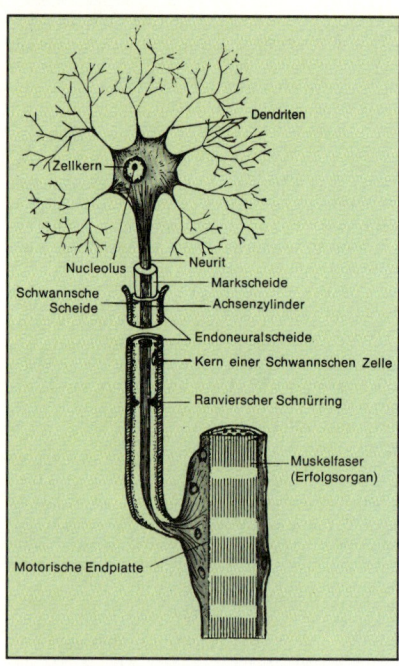

*Nervenzelle: Erregungsleitung zum Erfolgsorgan*

leitung von Sinneszellen zu Erfolgsorganen (Muskeln, Drüsen) spezialisiert sind. Die N. können zwei Arten erregungsleitender Fortsätze (*Nervenfasern*) haben: kurze, stark verästelte *Dendriten*, die v.a. der Verbindung der N. untereinander dienen, u. bis zu 1 m lange, unverzweigte *Neuriten*, die die Erregung an andere N. u. an Erfolgsorgane weiterleiten. Oft sind Nervenfasern verschiedenster Art zu *Nerven* gebündelt.

**Nervenzusammenbruch,** Versagen des Nervensystems infolge seel. oder nervl. Überbeanspruchung oder Belastung.

**Nervi,** Pier Luigi, *1891, †1979, ital. Architekt (Bauten aus Stahlbeton mit kühnen Dachkonstruktionen).

**Nervosität,** Sammelbez. für funktionelle Störungen im Nervensystem. Hierunter fallen anlagemäßig bedingte *Nervenschwäche (Neurasthenie)* u. Neigung zu *Nervenstörungen (Neuropathie)*, aber auch seel. Schwäche u. Krankheitsveranlagung (*Psychasthenie*).

**Nerz,** *Sumpfotter, Nörz,* zu den *Mardern* gehörendes braunes Pelztier von ca. 45 cm Körperlänge; lebte räuberisch an Gewässern in Mittel- u. N-Europa u. in N- u. O-Asien; größtenteils ausgerottet. Der N. wird in Amerika durch den etwas größeren *Mink* vertreten, der überall in Pelztierfarmen gezüchtet wird (*Farm-N.*) u. von dort aus vielfach in Europa verwildert ist.

**Nesselausschlag,** *Nesselsucht, Nesselfieber, Urtikaria,* juckende, gerötete Quaddeln auf der Haut infolge Reizung der Hautnerven u. Hautblutgefäße; bes. als allerg. Reaktion.

**Nesselgewächse** → Pflanzen.

**Nesseltiere,** *Cnidaria,* ein Tierstamm der *Hohltiere;* mit Nesselorganen (*Nesselkapseln*), deren Nesselfäden zum Beutefang oder zur Verteidigung lassoartig ausgeschleudert werden. Die N. treten in zwei Gestalten auf (*Generationswechsel*): als festsitzender, ungeschlechtl. fortpflanzender *Polyp* u. als freischwimmende *Meduse* (*Qualle*).

**Nesselwang,** bay. Markt in Schwaben, Wintersportplatz u. Luftkurort im Allgäu, 865 m ü.M., 3000 Ew.

**Nessos,** *Nessus,* in der grch. Sage ein Kentaur, der von *Herakles* getötet wird.

**Nester,** die von versch. Tieren (Vögel, Säugetiere, Fische, Insekten) errichteten Wohnstätten, die zur Aufzucht der Nachkommen u. (oder) als Daueraufenthalt des Einzeltiers oder des ganzen Tierverbands (bei soz. Tieren) dienen.

**Nestflüchter,** meist nicht wehrhafte Tiere, deren Junge sofort nach dem Schlüpfen oder nach der Geburt das Nest verlassen (z.B. Hühner, Enten, Huftiere); Ggs.: *Nesthocker.*

**Nesthocker,** meist wehrhafte oder versteckt lebende Tiere, deren Junge noch längere Zeit nach der Geburt oder nach dem Schlüpfen von den Eltern im Nest gehütet u. gefüttert werden (z.B. Greifvögel, Nage- u. Raubtiere); Ggs.: *Nestflüchter.*

**Nestor,** bei *Homer* ein grch. Held, Herrscher von Pylos; weiser u. ältester Ratgeber im Trojan. Krieg.

**Nestorianer,** Anhänger des Patriarchen *Nestorius*; altchristl. Sekte im Vorderen Orient, die 484 in Persien zur Hauptkirche wurde (*Nestorianismus*); breitete sich bis Indien aus (*Thomaschristen*); im 16. Jh. teilweise mit der röm. Kirche uniert (*chaldäische Kirche*).

**Nestorius,** *nach 381, †um 451, Patriarch von Konstantinopel 428–431; lehrte die Trennung der göttl. u. menschl. Person in Christus (nicht zwei Naturen, sondern zwei Personen); 431 auf dem Konzil zu Ephesos verurteilt.

**Nestroy,** Johann Nepomuk, *1801, †1862, östr. Komödiendichter u. Schauspieler; Vertreter der Altwiener Volkskomödie, wandelte die einheim. Zauberposse zur realist. biedermeierl. Lokalposse mit glänzender Charakterschilderung, urwüchsiger Komik u. drast. Gesellschafts- u. Zeitkritik um.

**Nestwurz,** *Neottia,* Gatt. der *Orchideen;* in Mitteleuropa die *Bräunl. N.,* eine gelbl. Pflanze mit schuppenförmigen Blättern u. nestartig verflochtenen Wurzeln.

**Netanya,** *Nathania,* isr. Küstenstadt nördl. von Tel Aviv, 112 000 Ew.; größtes Seebad Israels u. Zentrum der Diamantschleiferei.

**netto,** nach Abzug (z.B. von Rabatt, Skonto, Steuern, Verpackung, Kosten); Ggs.: *brutto.*

**Nettoertrag,** nach Abzug sämtl. Aufwendungen vom Verkaufspreis übrigbleibender Ertrag.

**Nettogewicht,** Gewicht einer Ware ausschl. Verpackung.

**Nettokasse,** bei Barzahlung: Kaufpreis ohne jeden Abzug.

**Nettolohn,** nach Abzug der Steuern u. der Sozialversicherungsbeiträge verbleibende, ausgezahlte Lohnsumme.

**Nettopreis,** niedrigster Preis, von dem kein Abzug mehr gewährt wird.

**Nettoregistertonne,** Abk. NRT, Raummaß bei Schiffen für die Ladefähigkeit.

**Netz, 1.** aus Fäden, Haar, Draht o.ä. geknüpftes Maschenwerk als Fanggerät (*Fischer-N.*), zum Schutz (*Draht-N.*), zum Befestigen (*Haar-N.*) oder als Stütze (*Gepäck-N.*). – **2.** *Omentum,* schürzenförmige Falte des Bauchfells über den Darmschlingen. – **3.** die Leitungssysteme der Post (*Fernsprech-N.*) u. der elektr. Energieversorgung (Hochspannungs-, Orts-, Licht-N.).

**Netze,** poln. *Noteć,* r. Nbfl. der *Warthe,* 388 km; entwässert im Unterlauf den *N.bruch,* mündet östl. von Landsberg (Warthe).

**Netzflügler,** *Planipennia, Neuroptera,* Ordnung der Insekten mit aderreichen, durchsichtigen Flügeln; z.B. Florfliegen.

**Netzgewölbe,** spätgot. Gewölbe mit netzartig sich überschneidenden Rippen.

**Netzhaut,** *Retina* → Auge.

**Netzhautablösung,** *Ablatio retinae, Amotio retinae,* Abhebung der Netzhaut von der Aderhaut des Auges u. dadurch in der Folge Schädigung u. Zugrundegehen der Sehzellen.

*Nestwurz als grüne, assimilierende Pflanze (rechts) und als brauner Parasit*

**Netzmittel,** chem. Verbindungen, die die Oberflächen-(Grenzflächen-)Spannung von Wasser oder anderen Lösungsmitteln herabsetzen u. dadurch eine weitgehende Benetzung u. Reinigung ermöglichen.

**Netzplantechnik,** Verfahren zur Planung u. Überwachung von Großprojekten (z.B. Fabrikanlagen).

**Netzpython,** *Gitterschlange,* bis zu 9 m lange *Riesenschlange* SO-Asiens; mit gitterartigem Muster auf der Oberseite.

**Netzspannung,** die elektr. Spannung der Stromversorgungsnetze; in der BR Dtld. meist 220 Volt.

**Netzwerk,** ein System mehrerer, auch unterschiedlicher, untereinander verbundener Computer (Netzknoten), das den Austausch von Nachrichten u. die gemeinsame Nutzung von Dienstleistungen (z.B. Druckausgabe, Programme, Datenbanken) erlaubt.

**Neuapostolische Kirche,** aus einer 1860 begonnenen Abspaltung von der kath.-apostol. Gemeinde erwachsen; erhob das *Apostelamt* zu einem Daueramt u. versah es mit hohen Vollmachten. Der 1896 eingeführte *Stammapostel* ist der vollgültige Vertreter Christi u. darum mit absoluter Autorität ausgestattet.

**Neuauflage,** der (veränderte oder unveränderte) Neudruck eines schon früher veröffentlichten Werks.

**Neuber,** Friederike Karoline, gen. die *Neuberin,* *1697, †1760, dt. Schauspielerin u. Theaterleiterin; setzte mit ihrer Wandertruppe den Stil der frz. Klassik gegen die damals noch volkstüml. Hanswurstspiele durch.

**Neubrandenburg,** Krst. in Mecklenburg, an der Tollense, 90 000 Ew.; alte Stadtmauer, got. Backsteinbauten; Maschinenbau, chem., Nahrungsmittel- u. Bau-Ind.

**Neubraunschweig,** dt. Name für die kanad. Prov. *New Brunswick.* → Kanada.

**Neubritannien** → New Britain.

**Neuburg an der Donau,** Krst. in Bay., westl. von Ingolstadt, 24 000 Ew.; histor. Altstadt mit gut erhaltener Stadtummauerung, altes Residenzschloß (15./17. Jh.); versch. Ind.

**Neuchâtel** [nøʃaˈtɛl], frz. Name des schweiz. Kt. *Neuenburg.* → Schweiz.

**Neu-Delhi,** Hptst. Indiens, sw. Stadtteil von → Delhi.

**Neudeutsche Schule,** im 19. Jh. eine Gruppe von Musikern, die sich den von R. *Wagner* vertretenen Grundsätzen anschloß u. sich bes. für das Musikdrama u. die sinfon. Dichtung einsetzte. Neben Wagner u. F. *Liszt* waren H. von *Bülow,* P. *Cornelius,* K. *Klindworth,* J. *Raff,* K. *Tausig* u. H. *Wolf* die bed. Vertreter dieser Richtung, die bis zu R. *Strauss* weiterwirkte.

**Neue Hebriden,** engl. *New Hebrides,* frz. *Nouvelles-Hébrides,* Inselgruppe in Melanesien, bildet seit 1980 den selbst. Staat → Vanuatu.

**Neue Linke,** zusammenfassende Bez. für den *Neomarxismus* nach dem 2. Weltkrieg den Großteil der Außerparlamentarischen Opposition u. der *antiautoritären Bewegungen.*

**Neue Medien,** Sammelbez. für versch. Techniken im Bereich der Unterhaltungselektronik, der Datenverarbeitung u. der Nachrichtentechnik sowie für Neuentwicklung bei der Informationsspeicherung, -übertragung, i.w.S. auch die neuen Formen der Massenkommunikation, z.B. *Kabel-* u. *Satellitenfernsehen.* Neue Formen der Informationsspeicherung sind u.a. *Videokassette, Compact Disc* u. *Bildplatte;* neue Formen der Informationsübertragung sind die jedermann zugängl. Dienste wie *Bildschirmtext* u. *Videotext* sowie die zahlr. neuen Möglichkeiten auf dem Gebiet der Telekommunikation, wie z.B. *Telefax* u. *Teletex.* Alle Kommunikations- u. Informationsdienste (Telefon, Bildschirmtext, *Telex, Teletex, Datex-L, Datex-P;* demnächst auch *Textfax, Temex, Bigfon*) sollen zukünftig über ein einheitl. Netz mit einem einzigem Schnittstellentyp angeboten werden, dem sog. *ISDN,* einem »Integrierten Service- u. Datennetz« der Dt. Bundespost.

**Neue Musik,** *i.e.S.* die von A. Schönbergs Kammersinfonie op. 9 (1906) bis zur jüngsten Musik reichende Entwicklung. Hauptvertreter: A. *Schönberg,* A. *Webern,* A. *Berg,* I. *Strawinsky,* B. *Bartók,* P. *Hindemith,* E. *Křenek,* A. *Honegger,* D. *Milhaud.*

**Neuenahr-Ahrweiler,** *Bad N.,* Krst. in Rhld.-Pf., an der unteren Ahr, 25 000 Ew.; Kurort, Natronthermen; Weinanbau u. -handel.

*Neuenburg: Schloß*

**Neuenburg, 1.** frz. *Neuchâtel*, Kt. in der → Schweiz. – **2.** Hptst. des schweiz. Kt. *N.*, am *N.er See*, 33 000 Ew.; Univ. (1909); Museen, Schloß (12./13. Jh.), roman. Stiftskirche (12./13. Jh.); u.a. Uhren- u. Schokoladen-Ind.

**Neuenburger See,** frz. *Lac de Neuchâtel,* See in der westl. Schweiz, 429 m ü.M., 218 km², bis 153 m tief; der größte ganz zur Schweiz gehörende See.

**Neuendettelsau,** bay. Gem. in Mittelfranken, 7000 Ew.; 1846 gegr. ev. Missionsanstalten, ev.-theol. HS.

**Neuenfels,** Hans, *31.5.1941, Theaterregisseur; Schauspiel- u. Operninszenierungen, provozierende Klassikeraufführungen.

**Neuengland,** *N.-Staaten,* engl. *New England,* die 6 nordöstl. USA-Staaten *Maine, New Hampshire, Vermont, Massachusetts, Rhode Island* u. *Connecticut,* die zuerst überwiegend von Engländern besiedelt wurden.

**neuer Stil,** Abk. *n. St.*, die Zeitrechnung nach dem *Gregorian. Kalender* (in kath. Ländern seit 1582, in prot. Ländern seit 1700 u. später, in der UdSSR seit 1918); → alter Stil.

**Neue Sachlichkeit,** auch *mag. Realismus,* Stilrichtung der dt. Malerei um u. nach 1920, die Wert auf strenge Bildanordnung u. überdeutl. konturscharf wiedergegebene Gegenständlichkeit legt. Hauptvertreter: A. *Kanoldt,* M. *Unold,* F. *Radziwill,* G. *Schrimpf,* zeitweilig O. *Dix,* G. *Grosz* u. M. *Beckmann.*

**Neues Forum,** *NF,* unter dem SED-Regime in der DDR 1989 gegr. oppositionelle Bürgerbewegung, trat nach der polit. Wende für Basisdemokratie u. stufenweise Herstellung der dt. Einheit ein. 1990 spaltete sich die Dt. Forumpartei ab. Das NF bildete mit den Bewegungen *Demokratie Jetzt* u. *Initiative Frieden u. Menschenrechte* die Wahlkoalition *Bündnis 90.*

**Neue Sterne,** *Novae,* Fixsterne, die einen plötzl. Helligkeitsausbruch erleiden. Sie werden innerhalb weniger Stunden um durchschnittl. 13 Größenklassen (etwa 100 000mal) heller, um dann allmähl. unter Schwankungen ihre urspr. Helligkeit wieder anzunehmen.

**Neues Testament,** Abk. NT, die Sammlung der kanon. Schriften des Christentums, bestehend aus vier Evangelien (Matthäus, Markus, Lukas, Johannes), der Apostelgeschichte, 13 Paulin. Briefen, 7 kath. Briefen, dem Hebräer-Brief u. der Apokalypse des Johannes; im ganzen 27 Schriften; → Bibel.

**Neue Wilde,** *Junge Wilde,* eine um 1980 v.a. in Deutschland aufgekommene Richtung der Malerei. Hauptmerkmale der meist großformatigen Bilder: Mischung versch. Stile, grelle Farbigkeit, figürl. Motive; auch in den USA *(New image painting)* in Frankreich *(figuration libre)* u. in Italien *(Arte cifra)* vertreten.

**Neufundland,** engl. *Newfoundland,* frz. *Terre Neuve,* **1.** kanad. Insel vor der O-Küste N-Amerikas, vor dem St.-Lorenz-Golf, 108 860 km², 520 000 Ew.; flachwelliges Bergland mit steiler, fjordreicher Küste. – **2.** Prov. in → Kanada.

**Neufundlandbank,** *Große N.,* Schelfgebiet des Atlantik westl. u. sw. von Neufundland, mit Untiefen bis zu –4 m (Virgin Rocks); wichtiges Fischereigebiet.

**Neufundlandbecken,** Tiefseebecken des Atlantik östl. u. sö. von Neufundland, bis 5883 m tief.

**Neufundländer,** massige Hunderasse mit langer (meist schwarzer) Behaarung u. buschiger Rute; in Neufundland aus Indianer- u. europ. Fischerhunden entstanden.

**Neugotik,** die Wiederaufnahme der *Gotik* im 18./19. Jh.; bes. die in der Baukunst seit etwa 1750 zunächst in England aufkommende, später auf Kontinentaleuropa übergreifende Bestrebung, got. Bauformen (Spitzbögen, Fialen u.a.) nachzubilden; in Zusammenhang mit einer romantisierenden Verherrlichung des MA.

**Neugrad,** veraltete Bez. der Einheit → Gon.

**Neugranada,** *Nueva Granada,* span. Generalkapitanat 1547–1739 im Vizekönigreich Peru, dann selbst Vizekönigreich, das etwa das Gebiet der heutigen Staaten Kolumbien u. Ecuador umfaßte.

**Neuguinea** [-gi'nea], engl. *New Guinea,* zweitgrößte Insel der Erde, nordöstl. von Australien, 771 900 km², über 3 Mio. Ew. Sie gliedert sich polit. in den indones. Westteil (→ Irian Jaya) u. in → Papua-Neuguinea.
Die Insel wird in ihrer ganzen Länge von einem Zentralgebirge durchzogen, das in der *Jayaspitze* (5030 m) seine größte Höhe erreicht. Nördl. u. südl. schließen sich breite Flach- u. Hügelländer an. N. ist bis in 3000 m Höhe von trop. Regenwald bestanden. Das Klima ist trop.-heiß mit sehr hohen Niederschlägen. Die Bev. besteht überw. aus melanes. *Papuas.* Wichtige Wirtschaftsgüter sind Edelhölzer, Kautschuk, Kaffee u. Erdöl (in Irian Jaya). Bed. sind die Küsten- u. Flußschiffahrt sowie der Luftverkehr. – Gesch.: 1526 von Portugiesen entdeckt; 1828 betraten Holländer den W der Insel, 1884 Engländer den SO u. Deutsche den NO. 1884–1920 war das nördl. N. als *Kaiser-Wilhelms-Land* dt. Kolonie u. wurde dann Völkerbund-, 1945 UN-Mandat unter austral. Verwaltung (Territorium von N.). Der SO der Insel, das *Territorium von Papua,* wurde 1906 von Australien erworben, das seit 1945 beide Gebiete gemeinsam verwaltete. 1973 erhielten sie innere Autonomie *(Papua-Neuguinea)* u. 1975 die Unabhängigkeit. Der W Neuguineas *(Westirian)* blieb bis 1963 in ndl. Besitz.

**Neuhannover** → Lavongai.

**Neuhegelianismus,** Erneuerung u. Weiterbildung des Hegelianismus um die Jahrhundertwende u. im ersten Drittel des 20. Jh.

**Neuhumanismus,** um 1750 einsetzende Geistesströmung, die erneut auf das Gedankengut der klass. Antike zurückgriff u. der Begriff der *Humanität* zu ihrem Leitmotiv machte; eingeleitet durch J.G. *Herder* u. von W. von *Humboldt, Goethe, Schiller,* F.A. *Wolf,* J.F. *Herbart* u.a. weitergeführt. Der N. entwickelte den Begriff *Bildung;* er reformierte das humanist. Gymnasium u. brachte es in seine moderne Form.

**Neuilly-sur-Seine** [nœ'jisyr'sɛ:n], westl. Ind.-Vorstadt von Paris, am *Bois de Boulogne,* 64 000 Ew.; 1919 Friedensschluß zw. den Alliierten u. Bulgarien.

**Neuirland** → New Ireland.

**Neu-Isenburg,** Stadt in Hess., Vorort von Frankfurt a. M., 35 000 Ew.; Metall-, Elektro-, Glas-, Photo- u. kosmet. Ind.

**Neujahr,** der festl. Jahresanfang *(N.stag;* davor: *N.sabend, N.snacht).* Im Röm. Reich wurde als N.stag der 1. Januar *(Kalenderfest)* gefeiert. Das Kirchenjahr begann bis ins 4. Jh. mit Epiphanias am 6. Januar, dann mit dem Weihnachtsfest am 25. Dez. Papst Innozenz XII. verlegte 1691 den N.stag auf den 1. Januar.

**Neukaledonien,** frz. *Nouvelle-Calédonie,* Inselgruppe zw. Neuseeland u. den Salomonen, frz. Überseeterritorium, umfaßt außer der Insel N. *(Grande Terre* 16 750 km²) die *Îles Loyauté* (2072 km²), die *Île des Pins* (159 km²), die *Îles Chesterfield, Walpole, Surprise, Belep, Matthew* u. *Huon.* Insgesamt hat es eine Fläche von 19 103 km² u. 154 000 Ew. (Melanesier, Polynesier, Franzosen); Hauptort ist *Nouméa* (60 000 Ew.) auf N.; reiche Nickelvorkommen. – Gesch.: 1774 von J. *Cook* entdeckt, seit 1853 frz.; 1864–97 Strafkolonie; seit 1984 verstärkte Autonomieforderungen der Kanaken.

**Neukantianismus,** *Neokritizismus,* in Dtld., Frankreich, England u.a. Ländern im 2. Drittel des 19. Jh. einsetzende Bewegung zur Erneuerung der Kantischen Philosophie; 2 Hauptrichtungen: *Marburger Schule* (H. *Cohen,* P. *Natorp,* E. *Cassirer)* u. *Badische* oder *Südwestdeutsche Schule* (W. *Windelband,* H. *Rickert,* E. *Lask,* B. *Bauch).*

**Neuklassizismus** → Neoklassizismus.

**Neumann, 1.** Alfred, *1895, †1952, dt. Schriftst. (v.a. histor. Romane). – **2.** Balthasar, *1687, †1753, dt. Baumeister des Spätbarock; W Residenz in Würzburg (1720–44), Treppenhäuser in Bruchsal (1731, 1945 zerstört) u. Brühl (1743–48), Kirchenbauten: Pfarr- u. Wallfahrtskirche Gößweinstein (1730–39), Wallfahrtskirche Vierzehnheiligen (1743–72), Abteikirche von Neresheim (1749–92). – **3.** John von, *1903, †1957, US-amerik. Mathematiker östr.-ung. Herkunft; schuf die wesentl. theoret. Grundlagen für programmgesteuerte Automaten, denen heute alle Digitalrechner gehorchen; Begr. der *Spieltheorie.* – **4.** Robert, *1897, †1975, östr. Schriftst.; bek. durch seine Parodien. – **5.** Vaclav, *29.9.1920, tschech. Dirigent; 1968–90 Chefdirigent der Tschech. Philharmonie in Prag.

**Neumark,** östl. Teil der ehem. Mark Brandenburg; seit 1945 poln.

**Neumark,** Georg, *1621, †1681, dt. Barockdichter; Schüler von M. *Opitz.*

**Neumarkt, 1.** → Tîrgu Mureș. – **2.** *N. in der Oberpfalz,* Krst. in der Fränk. Alb (Bay.), 32 000 Ew.; got. u. barocke Hofkirche (15. Jh.), ehem. pfalzgräfl. Schloß (1593); vielseitige Ind.

**Neumecklenburg** → New Ireland.

**Neumeier,** John, *24.2.1942, US-amerik. Tänzer u. Choreograph; seit 1973 Ballettdirektor an der Hamburg. Staatsoper; v.a. Choreographien zu klass. Ballettmusiken.

**Neumen,** aus dem frühen MA überlieferte Notenschrift mit über den Textworten angegebenen Zeichen in Form von Punkten, Strichen u. Haken, die noch nicht die genaue Tonhöhe u. Tondauer angeben, sondern nur die Richtung des Melodieverlaufs andeuten; im 8.–11. Jh. in der Kirchenmusik verwendet.

**Neumond** → Mond.

**Neumünster,** kreisfreie Stadt in Schleswig-Holstein, 78 000 Ew.; u.a. Metall-, Textil-, Papier- u. Masch.-Ind.

**Neunaugen,** *Pricken, Lampreten, Petromyzoniformes,* Ordnung der *Rundmäuler;* Bewohner von

| | St.Gallen | Römische Choralnotation | Deutsche Choralnotation |
|---|---|---|---|
| Punctum | · (˙) | ■ | ◆ |
| Tractulus | — | | |
| Virga | / / | ⌐ | ʅ |
| Pes (Podatus) | ʃʃ | ɔ | ♩ |
| Flexa (Clivis) | ∧ | ┍ | ┍ |
| Climacus | ʌ·ʌ | ┍· | ┍·. |
| Scandicus | // | ʃ | ʌʃ |
| Torculus | ʃS— | ♫ | ♫ |
| Porrectus | N | | ℳ |
| Pes subbipunctis | ʃ.ʃ. | ʒ.. | ♩.. |
| Climacus resupinus | ʌ·ʌ | ┍·. | ┍·. |
| Oriscus | ɣ | ■ | ♪ |
| Pressusverbindungen | ſ ſ ſ | (˥) | |
| Salicus | ⌒ | (·⌐) | ↔ |
| Strophicus | ʺ ʺʺ | ■■■ | ››› |
| Quilisma | ω | | |
| Liquescens, besonders Cephalicus | ʃ | ┍ | ┍ |
| Epiphonus | ⌒ | | ┙ |

*Neumen (Beispiele)*

### 620 Neunburg vorm Wald

*Neunaugen: Bachneunaugen*

Gewässern der gemäßigten Breiten mit schlangenähnl. Körper; hierzu: *Flußneunauge, Meerneunauge, Bachneunauge*.

**Neunburg vorm Wald,** Stadt in der Oberpfalz (Bay.), 7000 Ew.; Schloß mit Pfarrkirche (15. Jh.); Textil- u. Nahrungsmittel-Ind.

**Neunkirchen,** *N./Saar,* Krst. im Saarland, an der Blies, 50 000 Ew.; Steinkohlenbergbau u. Schwer-Ind.

**Neuntöter,** ein Vogel, → Würger.

**Neupersisches Reich** → Iran (Geschichte).

**Neuplatonismus,** philosoph. Richtung des 3.–6. Jh. n. Chr., entstanden durch Verschmelzung platon., aristotel., pythagoreischen Gedankenguts mit christl. u. oriental. Mystik u. Religion; Begr. des N. sind *Ammonias Sakkas* u. *Plotin*. Bek. Vertreter u. a. *Plutarch, Proklos, Boethius*.

**Neupommern** → New Britain.

**neur…, neuro…,** Wortbestandteil mit der Bed. »Nerven«.

**Neuralgie,** anfallsweiser Nervenschmerz. – **neuralgisch,** 1. auf einer N. beruhend; 2. kritisch, problematisch, empfindlich.

**Neurasthenie,** nervöse Übererregbarkeit u. geringe nervöse Belastbarkeit.

**Neurath,** Konstantin Freiherr von, *1873, †1956, dt. Diplomat u. Politiker; 1932–28 Reichs-Min. des Auswärtigen in den Regierungen Papen, Schleicher u. Hitler, 1939–43 Reichsprotektor in Böhmen u. Mähren; 1946 zu 15 Jahren Haft verurteilt (1954 entlassen).

**Neurit** → Nervenzelle.

**Neuritis** → Nervenentzündung.

**Neurochirurgie,** Chirurgie des Nervensystems, bes. die operativen Eingriffe an Gehirn u. Rückenmark.

**Neurodermitis,** mit starkem Juckreiz verbundene Hauterkrankung; meist chron. Verlauf.

**Neuroleptika,** zu den Psychopharmaka gehörende, dämpfend-entspannende Arzneimittel, die das Bewußtsein nicht beeinträchtigen.

**Neurologie,** *Nervenheilkunde,* Lehre von der Erkennung u. Behandlung der organ. bedingten Nervenkrankheiten.

**Neuron** → Nervenzelle.

**Neuropathie,** *Nervenleiden,* anlagebedingte Neigung zu vegetativ-nervl. Störungen.

**Neurophysiologie,** Teilgebiet der Physiologie, das sich mit der Tätigkeit des Nervensystems befaßt.

**Neurose,** abnorme Erlebnisreaktion, die in gestörter, krankhafter Verarbeitung seel. Erlebnisse besteht u. zu einem dauernden, teils körperl. (*Organ-N.*), teils seel. (*Psycho-N.*) Leidenszustand u. Gestörtsein der Gesamtpersönlichkeit führen kann.

**Neurotransmitter,** Substanzen mit Hormoneigenschaften, die auf chem. Wege die Erregung bzw. Information von einer Nervenzelle auf eine andere oder auf das Erfolgsorgan übertragen (u. a. *Acetycholin, Adrenalin, Noradrenalin*).

**Neuruppin,** Krst. in Brandenburg, am *N.er See (Ruppiner See, Rhinsee),* inmitten der *N.er Schweiz,* 27 000 Ew.; Luftkurort.

**Neuscholastik,** *Neoscholastik, Neuthomismus,* Erneuerung der scholast. Philosophie gegen Ende des 19. Jh., im wesentl. ein Zurückgehen auf die Lehre *Thomas von Aquins*.

**Neuschottland,** amtl. *Nova Scotia,* Prov. in → Kanada.

**Neuschwanstein,** neuroman. Schloß bei Füssen im Allgäu, erbaut 1869–86 für *Ludwig II*.

**Neuseeland,** Staat südöstl. von Australien, 268 676 km², 3,3 Mio. Ew., Hptst. *Wellington*. – Außer den beiden Hauptinseln gehören zu N.: die *Stewart-, Chatham-, Kermadec-, Campbell-, Antipoden-, Three-Kings-, Auckland-, Bounty-, Snares-* u. *Solander-Inseln,* die *Tokelau-Inseln* u. *Niue*.
Landesnatur. Die kleinere Nordinsel weist lebhaften Vulkanismus u. einzelne Höhen über 2500 m auf, während die Südinsel in den teilweise vergletscherten *Neuseeländ. Alpen* bis 3764 m (*Mt. Cook*) aufsteigt. Vom subtrop. N abgesehen, ist das Klima warmgemäßigt u. an der W-Küste sehr feucht.
Die überw. ev. Bevölkerung ist bis auf 294 000 *Maori* weiß (93%) u. vorw. brit. Herkunft. ²⁄₃ wohnen auf der Nordinsel.
Wirtschaft. Der beherrschende Wirtschaftszweig ist die Viehzucht u. die auf ihr beruhende Verarbeitungsind.; Wolle, Fleisch, Butter, Käse u. a. Viehzuchtprodukte werden exportiert. Die Ind. (Stahlerzeugung, Maschinenbau, Nahrungsmittel-,

*Neuseeland*

Textil-, Holzind.) ist auf die Nordinsel konzentriert. Die wichtigsten Häfen sind Auckland, Wellington u. Lyttelton bei Christchurch.
Geschichte. 1642 entdeckte A. *Tasman* N.; die Engländer erwarben 1840 von den eingeborenen Maori das Besitzrecht. 1852 garantierten sie den Siedlern Selbstregierung. 1907 erhielt N. den Dominionstatus. Das polit. System N. ist nach brit. Vorbild gestaltet. Seit 1990 regiert die konservative National Party unter J. *Bolger*.

**Neusiedler See,** ung. *Fertő-tó,* See an der östr.-ung. Grenze, mit schwankender Größe (maximal 320 km²), 1–2 m tief; schwach salzhaltig; Schilfgürtel mit reicher Vogelwelt (Schutzgebiet).

**Neusilber,** Legierung aus 45–70% Kupfer, 5–30% Nickel u. 8–45% Zink (Spuren von Blei, Zinn, Mangan oder Eisen); veraltete Handelsbez.: *Alpaka*.

**Neusohl,** slowak. *Banská Bystrica,* Stadt in der ČSFR, am Gran, 79 000 Ew.; got. Kirchen, Bürgerhäuser; im MA dt. Bergbaustadt.

**Neuspanien,** *Nueva España,* span. Vizekönigreich in Lateinamerika 1535–1822, umfaßte etwa das Gebiet des heutigen Mexiko u. seit dem 17./18. Jh. auch den größten Teil des W der heutigen USA. 1810 begannen die ersten Unabhängigkeitskämpfe.

**Neuss,** Krst. in NRW, an der Erft u. am Rhein, gegenüber Düsseldorf, 144 000 Ew.; roman.-got. Dom St. Quirin (13. Jh.); u. a. Maschinenbau, chem. u. metallverarbeitende Ind.; Hafen.

*Schloß Neuschwanstein*

*Neuseeland: Wellington*

**Neustadt, 1.** *N. am Rübenberge,* Stadt in Nds., an der Leine, 38 000 Ew.; roman.-got. Kirche (um 1500), Schloß (16. Jh.); versch. Ind. – **2.** *N. an der Aisch,* Krst. in Mittelfranken (Bay.), nw. von Fürth, 11 000 Ew.; got. Johanneskirche (15. Jh.), 2 Schlösser (15. u. 17. Jh.). – **3.** *Bad N. an der Saale,* Krst. in Unterfranken (Bay.), an der Fränk. Saale, 14 000 Ew.; mittelalterl. Stadtmauer, Solbad (*Bad Neuhaus*). – **4.** *N. an der Waldnaab,* Krst. in der Oberpfalz (Bay.), 5 000 Ew.; Schloß Lobkowitz (1698); Glasind. – **5.** *N. an der Weinstraße,* krfr. Stadt in Rhld.-Pfl., an der mittleren Haardt, 48 000 Ew.; mittelalterl. Altstadt, ehem. Stiftskirche (14./15. Jh.); Weinhandel; Masch.-, Papier-, Textil-u. a. Ind. – **6.** *N. bei Coburg,* Stadt in Oberfranken (Bay.), nordöstl. von Coburg, 16 000 Ew.; Spielwaren- u. Möbel-Ind. – **7.** *N. im Schwarzwald* → Titisee-Neustadt. – **8.** *N. in Holstein,* Hafenstadt u. Seebad in Schl.-Ho., an der Lübecker Bucht, 16 000 Ew.; got. Stadtkirche (13./14. Jh.); Fischerei. – **9.** *N. (Oberschlesien),* poln. *Prudnik,* Stadt in Schlesien, im Sudetenvorland, 23 000 Ew.; Barockbauten; versch. Ind. – **10.** *N./Orla,* Stadt im östl. Thüringen, 11 000 Ew.; Schloß, Stadtkirche (15./16. Jh.; Altar von L. *Cranach*); vielseitige Ind.

**Neustettin,** poln. *Szczecinek,* Stadt in Pommern (Polen), 36 000 Ew.; Masch.-, Metall- u. Nahrungsmittel-Ind.

**Neustrelitz,** Krst. im Gebiet der Mecklenburg. Seenplatte, 27 000 Ew.; Erholungszentrum, Schloß (18. Jh.), barocke Stadtkirche (1768–78); landw. Markt; vielseitige Ind.

**Neustrien,** der westl. Teil des nach Chlothars I. Tod (561) erneut geteilten merowing. *Frankenreichs* (zw. Schelde u. Loire).

**Neusüdwales** [-'weilz], engl. *New South Wales,* Bundesstaat in → Australien.

**Neuthomismus** → Neuscholastik.

**Neutitschein,** tschech. *Nový Jičín,* Stadt an der Mährischen Pforte (ČSFR), Mittelpunkt des (fr. deutschsprachigen) *Kuhländchens,* 33 000 Ew.

**Neutra,** slowak. *Nitra,* **1.** Stadt in der westl. Slowakei (ČSFR), am gleichn. Fluß, nordöstl. von Preßburg, 85 000 Ew.; pädagog. u. landw. HS; versch. Ind. – **2.** l. Nbfl. der Waag, 243 km.

**neutral,** unbeteiligt, keiner von 2 streitenden Parteien zugehörig oder zuneigend; weder positiv noch negativ elektr. geladen; weder sauer noch basisch. – **Neutralisation,** *i.w.S.* Überführung eines Systems in einen indifferenten Zustand, z.B. die Überführung eines geladenen Teilchens in einen elektr. neutralen Zustand oder die Aufhebung einer Basenwirkung (Säurewirkung) durch Säurezugabe (Basenzugabe); *i.e.S.* die Bildung von Wasser aus Wasserstoff- u. Hydroxid-Ionen. Die dabei freiwerdende Wärmemenge (*N.wärme*) beträgt 57,54 kJ pro Mol gebildeten Wassers.

**Neutralisierung, 1.** Aufhebung einer Wirkung, eines Einflusses. – **2.** meist vertragl. u. durch innerstaatl. Gesetzgebung gesicherter Rechtszustand, demzufolge ein Staat nicht an bewaffneten Konflikten anderer Staaten teilnimmt (**Neutralität**). Neben der N. von Staaten gibt es auch die N. von Gebietsteilen, meist aber *Befriedung* oder *Entmilitarisierung* gen. (Verbot militär. Anlagen, Befestigungsverbot, Verbot der Stationierung von Truppen).

**Neutrino,** ein elektr. neutrales Elementarteilchen mit Spin ¹⁄₂ u. der Ruhmasse Null (wie das Lichtquant); konnte 1956 experimentell festgestellt werden.

**Neutron,** ein 1932 von J. *Chadwick* entdecktes elektr. neutrales Elementarteilchen, dessen Masse der des *Protons* nahezu gleich ist; zus. mit dem Proton Baustein der Atomkerne.

**Neutronenwaffe,** seit Mitte der 1960er Jahre konzipierte, noch im Planungsstadium befindl. Kernwaffe, die eine erhebl. stärkere Strahlenwirkung als die bisherigen hat; reduzierte Hitze- u. Druckwirkung u. geringere Gefährdung durch bleibende Strahlung; tötet Menschen, ohne Material zu zerstören; als Sprengköpfe für Raketen u. als Artilleriemunition vorgesehen.

**Neutrum,** *Grammatik:* das sächl. Geschlecht *(Genus).*

**Neu-Ulm,** Krst. in Schwaben (Bay.), an der Donau gegenüber von Ulm, 46 000 Ew.; vielseitige Ind.

**Neuweltaffen** → Breitnasen.

**Neuweltgeier,** *Cathartidae,* Fam. der *Schreitvögel,* aasfressende Vögel Amerikas; hierzu: *Kondor, Königs-, Truthahngeier* u.a.

**Neuwerk,** Nordseeinsel vor der Elbmündung, 2,9 km²; Wehrturm (14. Jh.).

**Neuwied,** Krst. in Rhld.-Pf., nw. von Koblenz, 58 000 Ew.; Schloß (18. Jh.); Bimsstein-, chem. Holz-, Metall- u. pharmazeut. Ind.; seit dem 17. Jh. Zufluchtsort für Glaubensvertriebene.

**Neuzeit,** in der Gesch.-Wiss. die Zeit seit 1500.

**Nevada,** Gliedstaat der → Vereinigten Staaten von Amerika.

**Nevado del Ruiz** [- 'ruis], Vulkan in der kolumbian. Cordilllera Central, westl. von Bogotá, 5400 m; bei seinem Ausbruch Ende 1985 wurde die Stadt *Armero* zerstört.

**Nevers** [nə'vɛːr], mittelfrz. Stadt an der Mündung der Nièvre in die obere Loire, 43 000 Ew.; Maschinenbau, Metall-, Textil-, Porzellan- u. chem. Ind.

**Nevis** ['niːvis], *Ben N.,* höchster Berg der Brit. Inseln, in den Grampian Mountains (Schottland) 1343 m.

**Newa,** *Neva,* Fluß in der nw. RSFSR (Sowj.), 74 km; entfließt dem Ladogasee, mündet bei Leningrad in den Finn. Meerbusen.

**New Age** [njuː 'eidʒ], Strömung der populären Gegenwartsphilosophie, die als Wegweiser in ein neues Zeitalter verstanden wird; ganzheitl. Denkansatz, der sich gegen das einseitig rationalist. Weltbild der Wiss. richtet; bekannter Vertreter F. *Capra.*

**Newark** ['njuːək], Wirtschaftszentrum u. größte Stadt von New Jersey (USA), westl. von New York, 329 000 Ew.; Univ.; vielseitige Ind.; Überseehafen.

**New Bedford** [njuː'bɛdfəd], Hafenstadt in Massachusetts (USA), 98 000 Ew.; Maschinenbau, Textil- u. Kunststoff-Ind.

**New Britain,** *Neubritannien,* größte Insel im Bismarckarchipel (Papua-Neuguinea), 36 647 km², 223 000 Ew., Hauptort *Rabaul;* gebirgig, aktiver Vulkanismus; trop. Regenwald; gehörte 1884 bis 1919 unter dem Namen *Neupommern* zum kolonialen Gebiet Deutsch-Neuguinea.

**New Brunswick** [njuː 'brʌnswik], *Neubraunschweig,* Prov. in → Kanada.

**Newcastle** ['njuːkaːsl], **1.** *N. upon Tyne,* Hafenstadt in N-England, nahe der Mündung des Tyne in die Nordsee, 192 000 Ew.; Schloß (12. Jh.); Univ. (1852); Schiff-, Flugzeug-, Schwer- u. chem. Ind. – **2.** Hafenstadt an der Mündung des Hunter River im australischen Bundesstaat Neusüdwales, 420 000 Ew.; Univ.; Stahl-, Metall- u. chem. Ind., Schiffbau; Steinkohlenbergbau.

**Newcomb** ['njuːkəm], Simon, *1835, †1909, US-amerik. Astronom; berechnete neue Tafeln der Bewegungen der Großen Planeten.

**New Deal** [njuː diːl], die zur Überwindung der 1929 in den USA ausgebrochenen Wirtschaftskrise von Präs. F.D. Roosevelt eingeleitete Politik der staatl. Wirtschaftsintervention: u.a. scharfe Eingriffe in Bank- u. Kreditwesen, Ausbau der Sozialversicherung, Angleichung von Lohn- u. Preisniveau, Preisgabe des Goldstandards, Abwertung des Dollars, intensive Außenhandelspolitik.

**Newfoundland** [njuː:fənd'lænd], Prov. in → Kanada.

**New Hampshire** [njuː 'hæmpʃə], Gliedstaat der → Vereinigten Staaten von Amerika.

**New Haven** [njuː 'hɛivən], Hafenstadt in Connecticut (USA), am Long-Island-Sund, 126 000 Ew.; Yale-Univ. (1701), Colleges u. Akademien; u.a. Stahl- u. Waffen-Ind.

**New Ireland** [njuː 'aiələnd], *Neuirland,* 1899 bis 1914 *Neumecklenburg,* langgestreckte vulkan. Insel im Bismarckarchipel (Papua-Neuguinea), 9600 km², 66 000 Ew., Hauptort *Kavieng;* Kopragewinnung, Fischfang.

**New Jersey** [nju: 'dʒəːzi], Gliedstaat im NO der → Vereinigten Staaten von Amerika.

**Newman** [njuːmən], **1.** John Henry, *1801, †1890, engl. Geistlicher; 1828 anglikan. Pfarrer, Führer der Oxford-Bewegung, trat 1845 zur kath. Kirche über; 1879 Kardinal. – **2.** Paul, *26.1.1925, US-amerik. Schauspieler (u.a. in den Filmen »Die Katze auf dem heißen Blechdach«; »Flammendes Inferno«).

**Newmarket** ['njuːmaːkit], engl. Stadt, nordöstl. von Cambridge, Zentrum der Rennpferdezucht.

**New Mexico** [njuː 'mɛksikou], Gliedstaat im SW der → Vereinigten Staaten von Amerika.

**New Orleans** [njuː 'ɔːliənz, auch -ɔːˈliːnz], Hafenstadt u. größte Stadt des USA-Staats Louisiana, 556 000 Ew.; mehrere Univ. u. Colleges; Handelszentrum, vielseitige Ind.; Flugplatz; Seehafen.

**N.-O.-Stil,** der um 1900 in N. O. entstandene früheste Jazz, der aus *Blues, Marching Band* u. *Ragtime* hervorging; Vorbild für den *Dixieland-Jazz.*

**New Plymouth** [njuː 'plimǝθ], Hafenstadt an der Westküste der Nordinsel von Neuseeland, 45 000 Ew.

**Newport** ['njuːpɔːt], **1.** Hafen- u. Ind.-Stadt in S-Wales, am Bristolkanal, 105 000 Ew.; chem., Eisen- u. Stahl-Ind.; Schiffbau. – **2.** Hptst. der S-engl. Insel *Wight,* 24 000 Ew.

**New Providence** [njuː 'prɔvidəns], am dichtesten bevölkerte Bahamainsel (Westindien), 207 km², 140 000 Ew.; Hptst. *Nassau;* Fremdenverkehr.

**Newton** ['njuːtən], Kurzzeichen N, SI-Einheit der Kraft: 1 N ist gleich der Kraft, die einer Masse von 1 kg eine Beschleunigung von 1 m/s² erteilt.

**Newton** ['njuːtən], Sir Isaac, *1643, †1727, engl. Physiker, Mathematiker u. Astronom; entdeckte die 3 Bewegungsgesetze der klass. Mechanik *(N.sche Axiome)* sowie das Gravitationsgesetz; wandte diese Gesetze auch auf Himmelskörper an u. legte damit die Grundlage für die heutige einheitl. Naturwissenschaft; erforschte das Licht beim Durchgang durch Materie u. entdeckte das Sonnenspektrum u. die Farbenringe *(N.sche Ringe);* fand (unabhängig von *Leibniz)* die Grundlagen der Differential- u. Integralrechnung *(Fluxionsrechnung).*

**Newtonmeter** ['njuːtən-], Kurzzeichen Nm, Einheit der Arbeit, Energie u. Wärmemenge: 1 Nm = 1 Joule.

**New York** [nju: 'jɔːk], **1.** Gliedstaat im NO der → Vereinigten Staaten von Amerika. – **2.** größte Stadt der USA, an der Mündung des Hudson River in den Atlantik. Das heutige *Groß-N. Y.* umfaßt *N. Y. City,* 4 Counties des Bundesstaats N. Y. u. 8 Counties des Bundesstaats New Jersey, zus. 19 180 km² mit rd. 16,6 Mio. Ew. Das eigtl. N. Y. (N. Y. City) gliedert sich in die 5 Verw.-Bez. *Manhattan, Brooklyn, Bronx, Queens* u. *Richmond,* insges. 776 km², 7,16 Mio. Ew. Die Bev. setzt sich aus Menschen aller Nationalitäten zusammen, die sich meist in eigenen Vierteln zusammengeschlossen haben, z.B. Chinatown, Harlem (Schwarze) u. Bronx (Juden). Das Zentrum N. Y. ist die 21 km lange u. durchschnittl. nur 3 km breite Insel *Manhattan,* auf der sich Geschäfts- u. Kulturleben konzentrieren, u.a. das Bankenviertel um die *Wall Street,* das *World Trade Center, Broadway, Fifth* 

*Isaac Newton*

*Avenue, Lincoln Center, Central Park* sowie zahlr. Hochhäuser *(Empire State Building).* N.Y. ist Sitz der UN, hat 29 Universitäten u. Colleges, zahlr. Colleges u. HS u. berühmte Museen (z.B. *Metropolitan Museum of Art)* u. Theater (u.a. die *Metropolitan Opera).* Am Eingang zum Hafen steht auf einer Insel die *Freiheitsstatue.* N. Y. ist einer der größten Ind.-Standorte der USA u. einer der wichtigsten Verkehrsknotenpunkte der Welt, drei Großflughäfen. Der Hafen hat fast 3000 Piers u. ist auch für Hochseeschiffe erreichbar. – G e s c h.: N. Y. wurde nach Entdeckung des Hudson River durch H. *Hudson* 1609 auf der S-Spitze der Halbinsel Manhattan als Fellhandelsplatz gegr. u. zunächst *Neu-Amsterdam* gen.; 1626 kaufte der Niederländer Peter *Minnewit* die Insel Manhattan für 24 $ von den Indianern; 1664 wurde die holländ. Kolonie von Engländern erobert u. in N. Y. umbenannt. – 🅱 → S. 622/623.

**New Zealand** [nju: 'zi:lənd] → Neuseeland.

**Ney, 1.** Elly, *1882, †1968, dt. Pianistin; bes. Beethoven-Interpretin. – **2.** [nɛ], Michel, Herzog von *Elchingen* (seit 1808), Fürst von der *Moskwa* (seit 1813), *1769, †1815, frz. Marschall (seit 1804); ging 1815 nach Napoleons Rückkehr von Elba mit den von ihm befehligten königl. Truppen zu Napoleon über; von den Royalisten als Hochverräter standrechtl. erschossen.

**NF,** Abk. für *Neues Forum.*

**Ngazidja,** fr. *Grande Comore,* die größte Insel der Komoren, 1147 km², 192 000 Ew., Hptst. *Moroni.*

**Ngorongoro,** O-afrik. Riesenkrater *(Caldera)* im Hochland Tansanias, 22 km Durchmesser, 700 m hohe Kraterwände.

**Nguni,** Gruppe der Südostbantu, im O von S-Afrika, etwa 10 Mio.; hierzu: *Xhosa, Ndebele, Swazi, Zulu* u.a.

**Nguyen Van Thieu** [-tjøː, frz.; -tjuː, engl.], *5.4.1923, vietnames. Politiker u. Offizier; seit 1965 Staatsoberhaupt, 1967–75 Staats-Präs. von S-Vietnam; seither im Exil.

**Nha Trang,** Hafenstadt im Süden Vietnams, 216 000 Ew.; Ölraffinerie, Flughafen.

**Ni,** chem. Zeichen für *Nickel.*

**Niagara** [engl. nai'ægərə], Flußverbindung zw.

*Niagara: Blick auf den kanadischen Hufeisenfall (rechts) und den Fall auf US-amerikanischem Terrain*

## 622 Niamey

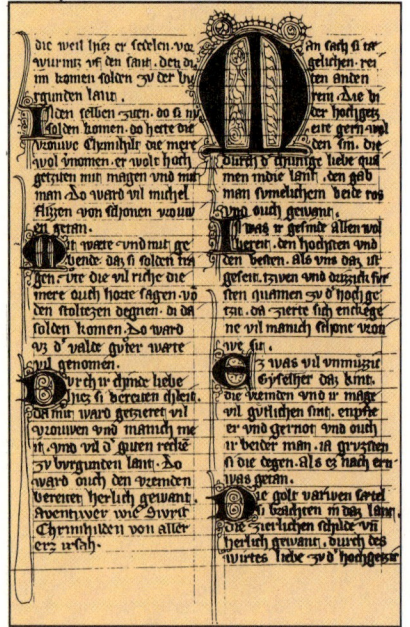

*Nibelungenlied: Seite aus der Prünn-Münchener Handschrift; Ende des 14. Jahrhunderts*

dem Erie- u. dem Ontariosee, 40 km lang; bildet an einer dolomit. Schichtstufe die **N.-Fälle** an der Grenze zw. den USA u. Kanada. Die *Ziegeninsel* teilt die Fälle in den 790 m breiten, 50 m hohen kanad. *Hufeisenfall* u. den 300 m breiten, 51 m hohen US-amerik. Fall.

**Niamey** [nia'mɛ:], Hptst. der W-afrik. Rep. Niger, am Niger, 540 000 Ew.; Nahrungsmittel-, Leder- u. Kunststoff-Ind.; Flußhafen; internat. Flughafen.

**Niarchos,** Stavros Spiros, *3.7.1909, grch. Reeder; besitzt eine der größten Tankerflotten der Welt.

**Nibelungen,** im *Nibelungenlied* ein Zwergengeschlecht, dessen König Alberich den *Nibelungenhort* hütet. Der von Siegfried erbeutete Schatz fällt nach dessen Ermordung an die Burgunderkönige, an welche damit auch der Name *N.* übergeht.

**Nibelungenlied,** um 1200 entstandenes mhd. stroph. Heldenepos eines unbekannten Dichters aus dem Donauraum; verknüpfte durch die herausgehobene Gestalt der liebenden u. rächenden *Kriemhild* die myth. Sagen um *Brunhilde* u. *Siegfried* mit der histor. Sage vom Untergang der *Burgunden* durch die *Hunnen* u. sucht das trag. gesinnte german. Heldenethos mit dem höf. Geist des christl. geprägten stauf. Rittertums zu verschmelzen. Die über 30, teilweise bruchstückhaften Handschriften der Dichtung liegen in drei Hauptfassungen vor.

**Nicäa** [ni'tse:a], *Nicaea, Nikaia, Nikäa,* antike Stadt in Phrygien, von Antigonos I. (4. Jh. v. Chr.) gegr.; seit Bestehen des Lat. Kaiserreichs (1204) Hptst. des Byzantin. Restreichs *(Kaiserreich von N.)*.

**Nicänisches Glaubensbekenntnis,** 1. *Nicaenum,* auf dem Konzil von Nicäa 325 angenommene altchristl. Bekenntnisformel, welche die Gottheit Christi stark hervorhebt. – 2. auf dem 1. Konzil zu Konstantinopel 381 beschlossenes (erst 451 bestätigtes) »erweitertes Nicaenum«, das auch die Gottheit des Hl. Geistes betont; gehört zu den drei von der luth. Reformation anerkannten Bekenntnissen.

**Nicaragua,** Staat auf der zentralamerik. Landbrücke, 130 000 km², 3,5 Mio. Ew.; Hptst. *Managua.*

*Nicaragua*

Landesnatur. Den Kern des Landes bildet die Zentralamerik. Kordillere (bis 1963 m). Nach O schließt sich eine breite Küstenebene, nach SW die *N.-Senke* an. Klimatisch ist das Land in einen trop. immerfeuchten Bereich im O u. einen trop. wechselfeuchten Bereich im SW geteilt.

Die Bevölkerung besteht zu 70% aus Mestizen, 13% sind Schwarze, Mulatten oder Zambos, 14% Weiße, 4% Indianer. Das Hauptsiedlungsgebiet liegt an der pazif. Küste.

Wirtschaft. Die Landw. liefert v.a. Kaffee (40% des Ausfuhrwerts) u. Baumwolle (17%) sowie Zuckerrohr u. Bananen. Die Rinderzucht ist von Bedeutung. Die nutzbaren Waldbestände sind durch Raubbau stark zurückgegangen. Wirtschaftl. Bedeutung hat der Abbau von Kupfer, Gold u. Silber.

Geschichte. N. wurde 1524 von Spanien erobert, ist seit 1821 unabh. u. seit 1839 selbst. Rep., 1912–32 war N. von US-amerik. Truppen besetzt. Seit 1937 bestand die Diktatur der Familie *Somoza,* die das Land auch wirtschaftl. beherrschte. Präs. A. Somoza d. J. wurde 1979 nach einem verlustreichen Bürgerkrieg gestürzt. Die *Sandinist. Befreiungsfront* wurde zur beherrschenden Kraft N. Ihr Führer D. *Ortega* wurde 1984 zum Präs. gewählt. Gleichzeitig bildete sich eine antisandinist. Guerilla (»Contras«), die von den USA unter-

*Nicaragua: nach dem Sieg der Sandinisten im Bürgerkrieg, Juli 1979; am Mikrophon D. Ortega*

stützt wurde. Bei den Parlamentswahlen 1990 siegte ein gegen die Sandinisten geschlossenes Bündnis von 14 Oppositionsgruppen. Präsidentin wurde V. *Chamorro.*

**Nicaraguasee,** *Lago de Nicaragua,* größter zentralamerik. See, in der *Nicaragua-Senke,* 8430 km², bis 70 m tief; verbunden mit *Managuasee.*

# NEW YORK

*Der Broadway bei Nacht*

*Die Südspitze Manhattans wird von den*

*Blick vom Empire State Building nach Nordosten; rechts im Bild das Chrysler Building*

**Nicholson** ['nikəlsən], **1.** Ben, *1894, †1982, engl. Maler (v.a. Stilleben u. Architekturen in sparsamer Strichführung). – **2.** Jack, *22.4.1937, US-amerik. Filmschauspieler (u.a. in »Chinatown«, »Einer flog über das Kuckucksnest«, »Batman«).

**Nichtangriffspakt,** zwei- oder mehrseitiger völkerrechtl. Vertrag, durch den sich die beteiligten Staaten verpflichten, keine militär. Gewalt gegeneinander anzuwenden.

**nichteheliche Kinder,** *außerehel. Kinder,* nicht von Ehegatten erzeugte Kinder, fr. als *unehel.* bezeichnet. N. K. stehen unter der elterl. Sorge ihrer Mutter, deren *Namen* sie auch erhalten. Bis zur Vollendung des 18. Lebensjahrs muß der Vater mindestens einen Regelunterhalt zahlen.

**nichteheliche Lebensgemeinschaft** → Ehe.

**Nichteinmischung,** engl. *non-intervention,* Verzicht eines Staates auf Einmischung in die inneren Angelegenheiten eines anderen Staates; Art. 2 der UNO-Satzung.

**Nichteisenmetalle,** *NE-Metalle,* alle Metalle außer Eisen. Man unterscheidet *unedle N.* u. *Edelmetalle, Buntmetalle, Leichtmetalle, Schwermetalle* u.a.

**nichteuklidische Geometrie,** *Metageometrie,* eine abstrakte Geometrie, die alle Axiome der euklid. Geometrie mit Ausnahme des *Parallelenaxioms* beibehält (entwickelt von N. I. *Lobatschewski,* J. *Bolyai,* B. *Riemann*).

**Nichtigkeit,** absolute u. urspr. Unwirksamkeit staatl. oder privater Rechtsakte; tritt bei Widerspruch von Rechtsvorschriften mit einer Rechtsnorm höheren Rangs (z.B. eines Ges. mit der Verf.) u. zw. privaten Rechtsgeschäften u. gesetzl. Verboten oder den guten Sitten ein. – **N.sklage,** Klage, mit der in bestimmten Fällen die Wiederaufnahme eines rechtskräftig abgeschlossenen Verfahrens betrieben werden kann.

**Nichtleiter,** *Isolator,* ein Stoff der Elektrizität oder Wärme schlecht leitet.

**Nichtseßhafte,** Selbstbez. *Berber,* teilw. diskriminierend *Landstreicher, Obdachlose, Penner, Stadtstreicher, Tippelbrüder,* in den USA *Hobo,* Bez. für Personen, die ohne gesicherte wirtsch. Lebensgrundlage umherziehen oder sich in einer Einrichtung für N. aufhalten.

**Nickel,** silberweißes, zähes Metall; magnet.; beständig gegen Luft, Wasser u. Alkalien; bes. zur Herstellung korrosionsbeständiger Überzüge auf unedlen Metallen verwendet. → chemische Elemente.

**Nickelblüte,** *Annabergit,* ein Mineral.

**Nickelstahl,** ein Stahl, der durch Zusatz von Nickel sehr zäh u. hart ist.

**Nicol** ['nikəl], William, *um 1768, †1851, schott. Physiker; verbesserte die Dünnschnitt-Technik für Mikroskope; erfand 1828 das *N.sche Prisma,* ein Gerät zur Erzeugung (Polarisator) u. Untersuchung (Analysator) von polarisiertem Licht.

**Nicolai** [auch -'lai], **1.** Friedrich, *1733, †1811, dt. Publizist, Kritiker u. Erzähler der Aufklärung; zog sich mit seinem einseitigen Rationalismus die Gegnerschaft der klass. wie romant. Dichter zu. – **2.** Otto, *1810, †1849, dt. Komponist; W Oper »Die lustigen Weiber von Windsor«.

**Nicosia,** *Nikosia,* grch. *Levkosia,* türk. *Lefkoşa,* Hptst. von Zypern, 164 000 Ew.; zahlr. orth. Kirchen; Nationalmuseum; Flughafen. – Seit 1974 verläuft durch N. die Grenze zw. dem türk-zypriot. u. dem grch.-zypriot. Teilstaat.

**Nicotin,** *Nikotin,* $C_{10}H_{14}N_2$, giftiges Alkaloid der

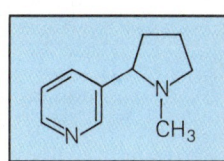
*Nicotin*

Tabakpflanzen, Reiz- u. Genußmittel, das durch Rauchen, Schnupfen u. Kauen von Tabak dem Körper zugeführt werden kann. N. wirkt bes. auf das Zentralnervensystem. – **N.vergiftung,** durch übermäßig aufgenommene Mengen N. hervorgerufene Erkrankung; Symptome: Schwindel, Übelkeit, Erbrechen; bei ca. 50 mg N. (auf einmal) tödl. Wirkung.

**Nicotinsäure,** ein Derivat des Pyridins. Das Amid der N. zählt zu dem Vitaminen (Vitamin-$B_2$-Komplex).

**Nidation,** *Implantation,* Einnistung des befruchteten Eies in die Gebärmutterschleimhaut, bis zum 13. Tag nach der Befruchtung spätestens abgeschlossen; Beginn der Schwangerschaft.

**Nidda, 1.** r. Nbfl. des Main, 98 km; mündet bei Höchst. – **2.** Stadt in Hess., sö. vom Vogelsberg, 17 000 Ew.; Holz-, Papier- u. Stahlbau-Ind.

**Nidwalden,** Halbkanton der → Schweiz.

**Niebuhr, 1.** Barthold Georg, *1776, †1831, dt. Historiker; Mitbegr. der philolog.-krit. Geschichtswissenschaft. – **2.** Reinhold, *1892, †1971, US-amerik. ev. Theologe; trat für eine Einbeziehung von christl. Gedankengut in das polit. u. soz. Leben ein.

**Niebüll,** Stadt in Schl.-Ho., 7000 Ew.; Verladebahnhof für Kfz nach Sylt.

**Niederbayern,** bayer. Reg.-Bez., umfaßt den Hauptteil des Bayer.-Böhm. Waldes u. das östl. Alpenvorland, 10 331 $km^2$, 1 Mio. Ew., Hptst. *Landshut.*

**Niedere Tauern,** Gebirge in Östr. nordöstl. Fortsetzung der Hohen Tauern, 150 km lang; bis 2863 m.

**Niederfinow,** Ort in Brandenburg, am Oder-Havel-Kanal, 1000 Ew.; Schiffshebewerk.

**Niederfrequenz,** Kurzzeichen *NF,* elektrische Schwingungen mit einer Frequenz bis 20 000 Hz; umfaßt v.a. den Bereich der hörbaren Töne.

**Niederkalifornien,** span. *Baja California,* engl. *Lower California,* mex. Halbinsel an der pazif. Küste, durch den *Golf von Kalifornien* vom Festland getrennt, 143 790 $km^2$, 1,7 Mio. Ew.; gebirgig; trockenheißes Klima mit vorw. steppenhafter Vegetation; bed. Baumwollanbaugebiet.

**Niederlande,** Staat in W-Europa, 40 844 $km^2$, 14,7 Mio. Ew., Hptst. *Amsterdam/Den Haag.* N. ist gegliedert in 12 Provinzen (vgl. Tabelle).

Landesnatur. Das Land ist zu seinem allergrößten Teil die westl. Fortsetzung des Norddt. Tieflands (europ. Tiefebene); 1/3 der Fläche liegt unter dem Meeresspiegel, hinter schützenden Deichen u. Dünen, von Entwässerungskanälen durchzogen, fruchtbar u. dicht besiedelt. Im SO greifen die Grenzen auf die Randgebiete des Rheinischen

*des World Trade Centers beherrscht; im Vordergrund die Freiheitsstatue*

*Saint Patrick's Cathedral zwischen Hochhäusern (links). – Im Rockefeller Center (rechts)*

*Niederlande*

## Niederländer

| Niederlande: Verwaltungsgliederung | | | |
|---|---|---|---|
| Provinz | Fläche in km² | Einwohner in 1000 | Hauptstadt |
| Drenthe | 2 681 | 437 | Assen |
| Flevoland | 1 136 | 194 | Lelystad |
| Friesland | 3 788 | 599 | Leeuwarden |
| Gelderland | 5 128 | 1 784 | Arnheim |
| Groningen | 2 607 | 557 | Groningen |
| Limburg | 2 209 | 1 095 | Maastricht |
| Nordbrabant | 5 106 | 2 156 | 's-Hertogenbosch |
| Nordholland | 2 935 | 2 353 | Haarlem |
| Overijssel | 3 926 | 1 010 | Zwolle |
| Seeland | 3 017 | 356 | Middelburg |
| Südholland | 3 363 | 3 208 | Den Haag |
| Utrecht | 1 396 | 965 | Utrecht |

Schiefergebirges über (*Vaalser Berg,* 322 m). Das stark ozean., mildfeuchte Klima bietet in dem waldarmen Land (8 % Wald) v.a. der Viehzucht gute Möglichkeiten.

Die etwa zu gleichen Teilen ev. u. kath. Bevölkerung besteht zu 90 % aus Niederländern u. zu 10 % aus Friesen. 88 % der Bevölkerung wohnt in Städten, 29 % davon in Großstädten (Amsterdam, Rotterdam, Den Haag, Utrecht, Eindhoven, Haarlem, Tilburg, Nimwegen, Enschede, Arnheim). Wirtschaft. Die Landw. exportiert Erzeugnisse der Viehzucht u. des Blumen-, Gemüse- u. Obstanbaus. Die wichtigsten Ind.-Zweige sind Metall-, Maschinen-, Werft-, elektrotechn., Nahrungs- u. Genußmittel-, Textil-, Glas-, keram., Holz- u. chem. Ind. Der Bergbau fördert Erdöl, Erdgas u. Steinsalz. – Eisenbahn- u. Straßennetz sind dicht. Wichtig ist die Schiffahrt auf dem Rhein u. seinen Nebenflüssen sowie auf Kanälen. Rotterdam ist der bed. Hafen der Welt.

Geschichte. Das german. besiedelte Gebiet wurde im 8. Jh. von den *Franken* erobert; im 9. Jh. kam es an Lothringen bzw. an das Ostfränk. Reich, im 10. Jh. an Dtld. Eine Reihe seiner z.T. selbst. Territorien waren im MA Kultur- u. Wirtschaftszentren: Flandern, Brabant u.a. Im 14. u. 15. Jh. gehörte fast der ganze ndl. Raum zu *Burgund.* Durch Heirat erwarben die *Habsburger* 1477 die N., u. bei der Teilung der habsburg. Länder kamen sie an die span. Linie. Aufstände gegen die Generalstatthalterin Philipps II. veranlaßten Philipp, span. Truppen unter Herzog Alba zu entsenden, der die Anführer der Unabhängigkeitsbewegung, die Grafen *Egmont* u. *Hoorn,* hinrichten ließ. 1579 bildeten die sieben nördl. Prov. die *Utrechter Union,* die südl. (kath.) Prov. blieben bei Spanien *(Span. N.).* 1581 lösten sich die Unionsstaaten von der span. Herrschaft (als Rep. der Vereinigten N.) u. ernannten *Wilhelm von Oranien* zu ihrem Statthalter. Die förml. Anerkennung der nördl. N. wurde erst 1648 (Westfäl. Friede) ausgesprochen. 1689 kam *Wilhelm III. von Oranien* auf den engl. Thron. England u. die N. wurden in Personalunion regiert. Nach der Entdeckung Amerikas erwarben die N. im 17. Jh. in SO-Asien, Indien, Amerika u. Afrika Kolonialbesitz. Nach dem Span. Erbfolgekrieg kamen die Span. N. 1713 an Östr., 1810 wurden sie Frankreich angegliedert. – Die nördl. N. nahmen an den Kriegen gegen Napoleon I. teil, wurden von frz. Truppen besetzt. 1810 ebenfalls Frankreich angeschlossen. Zusammen mit den südl. N. (→ Belgien) erhoben sich die nördlichen N. 1814 gegen Frankreich u. schlossen sich 1815 zum Königreich der Vereinten N. zusammen. Wegen des Übergewichts des kalvinist.-fläm. Nordens löste sich Belgien 1830 aus dem Staatenverband. 1848 gewährte *Wilhelm II.* den N. eine liberale Verf. Während des 1. Weltkriegs blieben die N. neutral. 1940–44 waren die N. von dt. Truppen besetzt. Die nach Kriegsende zurückgekehrte Königin dankte 1948 zugunsten ihrer Tochter *Juliana* ab. Juliana ihrerseits überließ den Thron 1980 ihrer Tochter *Beatrix.*

Seit 1982 ist der Christdemokrat R.F.M. *Lubbers* Min.-Präs. – Die N. sind eine konstitutionelle Monarchie, die parlamentarisch regiert wird. Das Parlament, die »Generalstaaten«, besteht aus zwei Kammern: »Eerste Kamer« (indirekt von den Provinzialstaaten gewählt) u. – verfassungspolit. wichtiger – »Tweede Kamer« (nach allg. gleichem, direktem u. geheimem Wahlrecht in Verhältniswahl gewählt). Die wichtigsten Pateien sind der *Christlich-Demokrat. Appell,* die *Partei der Arbeit,* die *Volkpartei für Freiheit u. Demokratie* u. die *Demokraten '66.*

**Niederländer,** *Holländer,* germ. Volk im Gebiet zw. Schelde- u. Ems-Mündung, rd. 13 Mio. E.; hervorgegangen aus Friesen, Sachsen u. salischen Franken.

**Niederländische Antillen,** amtl. *Nederlandse Antillen,* die Inseln *Curaçao, Aruba* u. *Bonaire* vor der Küste Venezuelas sowie *Sint Maarten* (Saint-Martin, Südteil), *Sint Eustatius* u. *Saba* in der Gruppe der Leeward Islands. Die N. A. bilden einen autonomen, gleichberechtigten Teil der Niederlande (seit 1954); Hptst. der 993 km² großen N. A. mit 267 000 Ew. ist *Willemstad* auf Curaçao. Die Bevölkerung besteht überw. aus Schwarzen u. Mulatten; Erdölraffinerien auf Curaçao u. Aruba.

**niederländische Kunst.** Die Kunst im Bereich der heutigen Niederlande, bis 1830 auch Belgiens, erlangte erst im 14. Jh. Eigenständigkeit gegenüber der benachbarten frz. Kunst. In der Baukunst wurden weitgehend die herrschenden europ. Baustile übernommen; doch spielte der Profanbau in der bürgerl. Kultur der Niederlande schon seit dem 13. Jh. eine wichtige Rolle.

In der ndl. Malerei setzte im 16. Jh. eine Verselbständigung der Bildgattungen ein. Auch entwickelten sich der kath. Süden u. der kalvinist. Norden künstlerisch immer stärker auseinander. Dem barocken Pathos fläm. Kunstwerke, v.a. der Bilder von P. P. *Rubens,* stand die Verinnerlichung der holländ. Kunst – wie sie dem Betrachter am eindrucksvollsten im Werk *Rembrandts* begegnet – gegenüber.

**Niederländische Schule,** *franko-fläm.* oder *burgund.-fläm.* Musik, mehrere Musikergenerationen von etwa 1430 bis 1600, deren Musik durch zunehmende rationale Beherrschung des mehrstimmigen Satzes gekennzeichnet ist; im 15. Jh. bed. Musik ihrer Zeit, sowohl in den kirchl. Werken (Messen, Motetten) als auch in den weltl. (Chanson). Bed. Vertreter: G. *Dufay,* G. *Binchois,* J. *Okkeghem,* A. *Busnois,* J. *Desprez,* J. *Obrecht,* P. de *La Rue,* N. *Gombert,* A. *Willaert, Clemens non Papa, Orlando di Lasso,* P. de *Monte.*

**Niederländisch-Guyana** → Suriname.

**Niederländisch-Indien,** *Niederländisch-Ostindien,* das ehem. ndl. Kolonialreich im Malaiischen Archipel; heute → Indonesien.

**Niederlausitz,** nördl. Teil der → Lausitz.

**Niederösterreich,** östr. Bundesland zw. ČSFR, Steiermark u. Ober-Östr., Hptst. *St. Pölten;* hat Anteil an den N- u. Zentral-Alpen (Bucklige Welt, Leithagebirge), am Alpenvorland, am Böhm. Massiv, am hügeligen Weinviertel u. am Wiener Becken. – Gesch.: N. ist das histor. Kernland Östr. Auf seinem Gebiet wurde die *Karolingische,* später die *Otton. Mark* errichtet, die 976 von den *Babenbergern* (bis 1246) übernommen wurde. Bis 1156 Markgrafschaft, dann 1180 Hzgt. Österreich; 1246–1918 bei den Habsburgern. → Österreich.

*Niederlande: Wassertor in Sneek, Friesische Seenplatte*

**Niederrheinisches Tiefland,** Ldsch. an Niederrhein, Niers u. Rur; SO-Ausläufer ist die *Kölner Bucht.*

**Niedersachsen,** das zweitgrößte Bundesland der BR Dtld., 47 439 km², 7,2 Mio. Ew., Hptst. *Hannover;* entstand nach dem 2. Weltkrieg aus der preuß. Prov. Hannover u. den früheren Ländern Braunschweig, Oldenburg u. Schaumburg-Lippe; reicht von der Nordseeküste mit den Ostfries. Inseln bis zur mitteldt. Gebirgsschwelle mit Weserbergland, Deister, Elm, Solling u. dem westl. Harz im S, vom Emsland an der ndl. Grenze im W bis zur Lüneburger Heide u. Unterelbe im O; neben Bay. u. Schl.-Ho. das wichtigste landwirtschaftl. Produktionsgebiet der BR Dtld. (v.a. Getreide-, Futtermais- u. Kartoffellieferant; Weizen-, Zuckerrüben- u. Gemüseanbau; Viehzucht; Erdöl u. Erdgas im Emsland u. im Nordseesektor, Braunkohle-, Eisenerz-, Kali- u. Steinsalzvorkommen. Große Bed. hat die Küsten- u. Hochseefischerei.

| Niedersachsen: Regierungsbezirke | | | |
|---|---|---|---|
| Regierungsbezirk | Fläche in km² | Einwohner in 1000 | Hauptstadt |
| Braunschweig | 8 096 | 1 586 | Braunschweig |
| Hannover | 9 044 | 2 001 | Hannover |
| Lüneburg | 15 348 | 1 447 | Lüneburg |
| Weser-Ems | 14 952 | 2 128 | Oldenburg |

**Niederschachtofen,** Ofen zur Roheisengewinnung mit geringerer Höhe (8–10 m) als ein Hochofen.

**Niederschlag, 1.** sich aus einer Lösung abscheidender fester Stoff. – **2.** *Meteorologie:* flüssige u. feste Ausfällungsprodukte des Wasserdampfs, die aus der Atmosphäre auf die Erde fallen. Voraussetzung für die Bildung von N. ist die Abkühlung feuchter Luft unter den Taupunkt. Flüssiger N.: *Regen, Niesel, Nebelreißen;* fester N.: *Schnee, Griesel, Eisregen, Hagel.*

**Niederschlesien,** 1919–34 u. 1941–45 preuß. Prov.; bis 1941 nw. Teil der Prov. *Schlesien* zu beiden Seiten der mittleren Oder; Hptst. *Breslau;* seit 1945 poln.

**Niederspannung,** Wechselspannung zw. 50 u. 1000 Volt (in Haushalten nicht mehr als 250 Volt), Gleichspannung zw. 75 u. 1500 Volt. Niedrigere Spannungen werden als *Kleinspannung,* höhere als *Mittel-* oder *Hochspannung* bezeichnet.

**Niederwald,** ein *Ausschlagwald,* Laubholzwald mit flächenweise gleichaltrigem Bestand, wird schlagweise bewirtschaftet.

**Niederwald,** 350 m hoher Bergrücken im sö. Taunus, mit dem 1877–83 erbauten *N.-Denkmal.*

**Niederwild,** das zur *Niederen Jagd (Niederjagd,* Ggs.: *Hohe Jagd)* zählende Wild, z.B. Marder, Fuchs, Hase, Dachs, Schnepfe, Wildente.

**Niedrigwasser,** period. wiederkehrender Tiefstand des Wasserspiegels; beim Meer als Folge von Ebbe u. Flut.

**Niekisch,** Ernst, *1889, †1967, dt. sozialist. Poli-

*Niederlande: Der Käsemarkt in Alkmaar ist eine Touristenattraktion*

tiker u. Publizist; 1918/19 Vors. des Zentralen Arbeiter- u. Soldatenrats in München; sympathisierte später mit nationalbolschewist. Strömungen; erbitterter NS-Gegner; 1946–54 Mitgl. der SED.

**Niello,** ein Schmuckverfahren, bei dem in Edelmetall (meist Silber) Figuren, Ornamente u.ä. eingeschnitten, eingeätzt oder breit eingearbeitet werden; die Vertiefungen werden mit erhitztem schwarzem *N.-Metall* (Schwefelsilber, Kupfer, Blei) ausgefüllt, geschliffen u. poliert.

**Nielsen,** Asta, *1881, †1972, dän. Schauspielerin; gab dem Stummfilm erstmals hohen künstler. Ausdruck.

**Niemeyer,** Oscar, *15.12.1907, brasil. Architekt; maßgebl. beteiligt an der Gestaltung der neuen brasil. Hptst. *Brasilia*.

**Niemöller,** Martin, *1892, †1984, dt. ev. Kirchenführer; gründete 1933 den *Pfarrernotbund*, bed. Vertreter der *Bekennenden Kirche*, Symbolfigur des Widerstandes gegen den Nat.-Soz.; 1938–45 in Konzentrationslagern; 1947–64 erster Kirchen-Präs. der Ev. Kirche in Hessen u. Nassau, 1961–68 einer der 6 Präs. des Ökumen. Rats der Kirchen.

**Nienburg,** *N./Weser*, Krst. in Nds. an der Weser, 30 000 Ew.; spätgot. Kirche (15. Jh.), Fachwerk-Rathaus (16. Jh.); Glas- u.a. Ind.

**Nieren,** *Renes,* Organ zur Harnausscheidung; beim Menschen zwei bohnenförmige Organe, die beiderseits der Lendenwirbelsäule der hinteren Bauchwand aufliegen, umgeben von einer bindegewebigen Kapsel. Die N. dienen v.a. der Ausscheidung von Stoffwechselprodukten u. der Regelung des Wasser- u. Salzhaushaltes. Sie werden tägl. von ca. 1500 Litern Blut durchströmt u. erzeugen aus diesem riesigen Volumen in einem komplizierten Prozeß ca. 1,5 Liter Harn (Urin), der die ausgefilterten Giftstoffe enthält, im **N.becken** gesammelt u. über *Harnleiter, Harnblase* u. *Harnröhre* ausgeschieden wird. → künstliche Niere. – **N.krankheiten**: **N.beckenentzündung**, *Pyelitis*, bakterielle Entzündung des N.beckens, häufig durch Kolibakterien; Symptome: hohes Fieber, N.schmerzen u. Störungen der Harnausscheidung. **N.entzündung**, *Nephritis,* durch Erkältung oder Infektion hervorgerufene Entzündung des N.gewebes mit Eiweiß- u. Blutausscheidung im Urin, Ödemen u. Blutdrucksteigerung. – **N.schrumpfung**, *Schrumpfniere,* Schädigung u. Untergang des N.gewebes infolge Durchblutungsstörungen der N. oder versch. entzündl. N.krankheiten; führt zu Blutdruckerhöhung u. N.versagen (*N.insuffizienz*). – **N.steine**, körnige, harte Ablagerungen von Harnsalzen im N.becken, Harnleiter oder in der Blase; kleinere N.steine können mit dem Urin abgehen, größere führen bei Einklemmung zu schmerzhaften Krämpfen (*N.koliken*). – **N.transplantation,** *Nierenverpflanzung,* Übertragung einer gesunden Niere von einem Spender auf einen Nierenkranken, dessen beide Nieren ausgefallen sind.

**Nießbrauch,** unvererbbares u. unübertragbares Recht einer Person zur Nutzung einer Sache oder eines Rechts.

**Nieswurz,** *Helleborus,* Gatt. der *Hahnenfußgewächse;* von Europa bis Zentralasien verbreitet; Giftpflanzen: *Grüne N., Stinkende N., Christrose.*

**Niet,** Element zur festen Verbindung zweier Werkstücke.

**Nietzsche,** Friedrich, *1844, †1900, dt. Philosoph; von A. *Schopenhauer* u. R. *Wagner* beeinflußt; suchte ein neues Wertesystem zu schaffen; lehnte die christl. Religion der Nächstenliebe als eine Religion der Schwachen (»Sklavenmoral«) ab u. entwarf das Bild des neuen, freien, gottähnl. Menschen (»Herrenmoral«); Lehre von der ewigen Wiederkehr«. Seine Psychologie der Entlarvung der herkömml. Moral wurde oft mißinterpretiert u. fälschlicherweise vom Nat.-Soz. in Anspruch genommen; W »Menschliches, Allzumenschliches«, »Die fröhliche Wiss.«, »Also sprach Zarathustra«, »Jenseits von Gut u. Böse«, »Der Antichrist«, »Wille zur Macht« (Nachlaßwerk).

**Niger,** afrikan. Binnenstaat im zentralen Sudan, 1 267 000 km², 6,5 Mio. Ew., Hptst. *Niamey*.

*Niger*

L a n d e s n a t u r. Der trop. (Trockensavanne) S geht nach N über die breite *Sahelzone* mit spärl. Dornsavanne in die Sahara über. Die vorw. islam. B e v ö l k e r u n g besteht im S aus Sudannegerstämmen (Hausa, Dyerma); in den Weidegebieten leben Fulbe u. Tuareg. In der W i r t s c h a f t liefert der Hackbau Erdnüsse für den Export. Wichtig sind die Viehzucht u. die Fischerei am Tschadsee u. am Niger. Der Bergbau liefert v.a. Uran (viertgrößter Lieferant der Welt). Die Industrialisierung erstreckt sich bes. auf die Verarbeitung von Agrar- u. Fischereiprodukten. – Vom Nigergebiet u. S-Grenze bestehen Verbindungen zu den Häfen an der Oberguineaküste. G e s c h i c h t e. Das Gebiet war seit 1890 frz. u. seit 1911 ein Teil von Frz.-Westafrika. 1958 wurde N. autonome Rep. innerhalb der Frz. Gemeinschaft. Seit 1960 ist N. unabh. Seit dem Staatsstreich von 1974 regiert das Militär. Präs. ist seit 1987 A. Seybou.

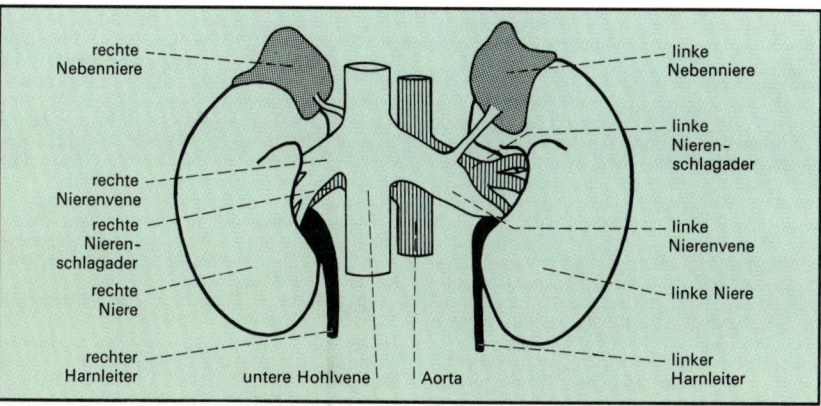

*Die Nieren mit ihren kapuzenartig aufsitzenden Nebennieren (Schema; von vorn)*

*Niger: die Moschee in Agadès*

# Nigeria 625

*Friedrich Nietzsche*

**Niger,** der drittlängste Fluß Afrikas, 4160 km lang; entspringt auf der Oberguineaschwelle u. mündet mit seinem 25 000 km² großen Delta in den Golf von Guinea.

**Nigeria,** Staat in W-Afrika, am Golf von Guinea, 923 768 km², 101,9 Mio. Ew., Hptst. *Lagos*.

*Nigeria*

L a n d e s n a t u r. Bis auf die Küstenebene wird das Land von Berg- u. Hügelländern eingenommen, die im *Bauchiplateau* (2010 m) gipfeln. Der S ist von dichten Regenwäldern bedeckt, die nach N über Feucht- u. Trockensavanne in die Dornbuschsavannen der Sahelzone übergehen. B e v ö l k e r u n g. Die im N überw. islam., im S größtenteils christl. Bev. gehört zahlr. Stämmen von Sudannegern u. hamit. Völkern an. W i r t s c h a f t. Die Landw. liefert für den Export Erdnüsse u. Erdnußöl, Kakao, Kautschuk u. Palmprodukte. Aus den Wäldern werden Edelhölzer ausgeführt. Erdöl u. Erdgas sind die wichtigsten Exportgüter. Außerdem verfügt N. über Vorkommen von Steinkohle, Zinn, Blei, Zink, Wolfram u. Eisen. Die Industrie umfaßt v.a. Nahrungsmittel-, Textil-, chem., Metall- u. Zement-Ind. – Das Straßennetz ist rel. dicht; die Binnenwasserstraßen spielen für den Güterverkehr eine bed. Rolle. Die wichtigsten Seehäfen sind Lagos, Port Harcourt u. der Erdölhafen Bonny. In Lagos, Kano u. Port Harcourt gibt es internat. Flughäfen. G e s c h i c h t e. In vorkolonialer Zeit gründeten die Yoruba, Haussa u. Nupe Staaten auf dem Gebiet des heutigen N. 1903 wurde das *Fulbe-Reich* von Sokoto von den Briten unterworfen. 1914 wurde N. brit. Kolonie, 1960 unabh. u. 1963 Rep. 1966 versuchten jüngere Offiziere einen Staatsstreich.

*Nigeria: Straßenszene in der Hauptstadt Lagos*

# Nightingale

*Nikolaus von Kues (links) mit seinem Sekretär. Der Krebs im Wappen symbolisiert den Familiennamen des Philosophen; Ausschnitt aus dem Passionsaltar der Kapelle des von Nikolaus gegründeten Armenstifts in Kues, um 1460*

Die Abspaltung der O-Region (Biafra) am 30.5.1967 führte zu einem Bürgerkrieg, der 1970 mit der Kapitulation Biafras endete. Nach Zulassung von Parteien – seit 1966 bestand eine Militärregierung – fanden 1979 allg. Wahlen statt. 1983 übernahm wieder das Militär die Macht. Staats- u. Regierungschef ist seit 1985 I. *Babangida*.

**Nightingale** ['naitiŋɛil], Florence, *1820, †1910, engl. Krankenschwester; förderte die Krankenpflege u. Ausbildung der Krankenschwestern (bes. im *Krim-Krieg*).

**Nihilismus,** Verneinung aller Werte, Ziele, Glaubensinhalte, manchmal auch der bestehenden Ordnungen u. Einrichtungen; *i.e.S.* eine dem Anarchismus nahestehende Richtung der russ. Revolutionsbewegung im 19. Jh.

**Niigata,** jap. Hafen- u. Präfektur-Hptst. an der W-Küste von Honshu, 467 000 Ew.; kath. Bischofssitz, Univ., Medizin. HS; chem., Metall-, Papier- u. Textil-Ind., Erdölraffinerien.

**Nijinskij** [ni'ʒin-], *Nischinskij,* Waclaw, *1890, †1950, russ. Tänzer; Schüler S. *Diaghilews*.

**Nike** → griechische Religion.

**Nikias,** *um 470 v.Chr., †413 v.Chr., athen. Heerführer; im *Peloponnes. Krieg* Führer der zur Verständigung mit Sparta bereiten Kreise (sog. *N.friede*).

**Nikisch,** Arthur, *1855, †1922, dt. Dirigent; setzte sich bes. für A. *Bruckner* u. P. I. *Tschaikowskij* ein.

**Nikko,** jap. Stadt in Zentralhonshu, nördl. von Tokio, 22 000 Ew.; buddhist. Wallfahrtsort; »3-Affen«-Standbild.

**Nikobaren,** engl. *Nicobar Islands,* 19 Inseln im O des Golfs von Bengalen, zw. den Andamanen u. Sumatra, 1645 km², 20 000 Ew.; Hauptort *Nancowrie*; gehören polit. zu → Indien.

**Nikolajew** [-jef], ukrain. *Mykolajiw,* Hptst. der gleichn. Oblast in der Ukrain. SSR (Sowj.), am Bug-Liman, 501 000 Ew.; Schiffbau u. versch. Ind.; Hafen; Flugplatz.

**Nikolajewsk-na-Amure** [-jefsk-], Stadt in Sowjet.-Fernost (RSFSR), nahe der Mündung des Amur in den Tatar. Sund, 35 000 Ew.; Lachsfischerei.

**Nikolaj Nikolajewitsch,** *1856, †1929, russ. Großfürst, 1914/15 Oberbefehlshaber der russ. Truppen im 1. Weltkrieg.

**Nikolaus,** Bischof von *Myra* (Kleinasien), → Heilige.

**Nikolaus,** Päpste: **1. N. I.,** †867, Papst 858 bis 867; bemühte sich um die Durchsetzung der geistl. Obergewalt des Papsttums über die Gesamtkirche gegen Fürsten u. Erzbischöfe. – Heiliger (Fest: 13.11.). – **2. N. II.,** eigtl. *Gerhard,* †1061, Papst 1058–61; erließ 1059 das Papstwahldekret, das die Wahl ausschl. den 7 Kardinalbischöfen übertrug u. das Bestätigungsrecht der dt. Könige zurückdrängte; von den unterital. Normannen als Lehnsherr anerkannt. – **3. N. V.,** eigtl. Tommaso *Parentucelli,* *1397, †1455, Papst 1447–55; schloß 1448 mit *Friedrich III.* das Wiener Konkordat u. erreichte 1449 die Unterwerfung des Gegenpapstes *Felix V.* u. die Auflösung des Basler Konzils; der erste Renaissance-Papst; gründete die Vatikan. Bibliothek.

**Nikolaus,** Fürsten:
Montenegro:
**1. N.** (*Nikola, Nikita*) **I.,** *1841, †1921, Fürst 1860–1910, König 1910–18; setzte im Kampf gegen die Türkei die Unabhängigkeit Montenegros durch. Verbündeter Serbiens im 1. Weltkrieg.
Rußland:
**2. N.** (*Nikolaj*) **I. Pawlowitsch,** *1796, †1855, Zar 1825–55; begann seine Reg. mit der Unterdrückung des *Dekabristenaufstands*. 1830/31 Unterdrückung des poln., 1849 des ung. Aufstands; unterlag im Krimkrieg. – **3. N.** (*Nikolaj*) **II. Alexandrowitsch,** *1868, †1918, Zar 1894–1917; letzter Zar aus der Dynastie *Romanow-Gottorf*; gab Rußland unter dem Druck der Revolution 1905 eine Verf.; dankte in der Februarrevolution 1917 ab u. wurde nach der Oktoberrevolution 1918 zus. mit seiner Fam. von Bolschewisten erschossen.

**Nikolaus von Autrecourt** [-o:trə'ku:r], †nach 1350, frz. Scholastiker; erklärte nur die unmittelbare Wahrnehmung sowie das Widerspruchsprinzip u. die unmittelbar aus ihm gewonnenen Sätze für gewiß.

**Nikolaus von Flüe,** *Niklas von Flüe, Bruder Klaus,* *1417, †1487, schweiz. Mystiker u. Einsiedler. – 1947 heiliggesprochen (Fest: 21.3., in der Schweiz 25.9.), Patron von Unterwalden.

**Nikolaus von Kues** [-ku:s], *Nicolaus Cusanus,* eigtl. Nikolaus *Chrypffs* oder *Krebs,* *1401, †1464, dt. Philosoph u. Kirchenpolitiker; 1448 Kardinal, 1450 Bischof von Brixen; steht am Übergang des MA zur Neuzeit; Vorwegnahme moderner physikal. Vorstellungen: Erdbewegung, Trägheitsgesetz, Relativität der Bewegungen, Infinitesimalrechnung u.a.; gelangte in Anknüpfung an den Neuplatonismus u. die dt. Mystik zu seiner Lehre von der *coincidentia oppositorum* [»Zusammenfall der Gegensätze«] in Gott, wobei es allerdings keine wahre Erkenntnis Gottes, sondern nur ein Begreifen unseres Nichtbegreifens (*docta ignorantia*) gebe.

**Nikolaus von Verdun** [-vɛr'dœ̃], lothring. Goldschmied u. Emailmaler, durch datierte Werke nachweisbar zw. 1181 u. 1205, u.a. *Klosterburger Altar,* Teile des *Dreikönigschreins* im Kölner Dom.

**Nikolsburg,** tschech. *Mikulov,* Stadt in S-Mähren (ČSFR), 6000 Ew. – Der *Vorfriede von N.* beendete 1866 den *Dt. Krieg* zw. Östr. u. Preußen.

**Nikomedia,** *Nikomedeia,* antiker Name für die türk. Stadt Izmit, fr. Hptst. von Bithynien.

**Nikopol,** ukrain. *Nykopil,* Stadt im S der Ukrain. SSR (Sowj.), am Kachowkaer Stausee (Dnjepr), 156 000 Ew.; Binnenhafen; in der Nähe Manganerzbergbau.

**Nikosia** → Nicosia.

**Nikotin** → Nicotin.

**Nil,** arab. *Bahr An Nil,* längster Fluß der Erde, 6671 km, über 2,8 Mio. km² Einzugsgebiet; entspringt als *Kagera-N.* in Rwanda u. Burundi, durchströmt den Victoria- u. den Mobutu-Sese-Seko-See (ehem. Albertsee), nimmt den Gazellenfluß (*Bahr Al Ghazal*) von links u. den *Sobat* von rechts auf, trifft bei Khartum als *Weißer N.* (*Nil Al Abyad*) mit dem *Blauen N.* (*Nil Al Azraq*) zusammen, nimmt bei Berber noch den *Atbara* auf u. fließt dann nordwärts durch die Wüste nach Kairo. Durch die Ablagerung des N.-Schlamms bedingt er die Fruchtbarkeit der ägypt. Stromoase. Unweit von Kairo bildet er sein 22 000 km² umfassendes Delta u. mündet in mehreren Armen zw. Alexandria u. Damiatta ins Mittelmeer. Zur künstl. Bewässerung u. zur Energiegewinnung wird der N. an mehreren Stellen gestaut, u.a. zum Nasser-Stausee bei Assuan.

**Nilgiri,** Gebirgsmassiv in S-Indien, 2633 m hoch; Tee- u. Kaffeeplantagen.

**Nilhechte,** Süßwasserfische im trop. Afrika; unterscheiden sich von anderen Wirbeltieren durch ein riesiges Kleinhirn; am Schwanz häufig elektr. Organe.

**Nilkrokodil,** bis zu 7 m langes Krokodil; lebt in ganz Afrika in Brack- u. Süßwasser.

**Niloten,** verwandte afrik. Völker in den Trockensteppen u. Papyrussümpfen des oberen Nil; Großviehzüchter mit Hackbau, körperl. (großwüchsig, sehr dunkle Hautfarbe) u. kulturell weitgehend einheitl. Gruppe in O-Afrika; ca. 5 Mio.

**Nilpferd** → Flußpferde.

**Nilsson,** Birgit, *17.5.1918, schwed. Sängerin (hochdramat. Sopran); bed. Wagner- u. Strauss-Interpretin.

**Nimbus, 1.** *Heiligenschein, Glorie, Gloriole,* aus der frühen Kunst des Alten Orients von der christl. Kunst übernommene Form eines Lichtkreises um das Haupt göttl. u. heiliger Gestalten. – **2.** *übertragen:* Ruhm, Ansehen.

**Nîmes** [ni:m], das antike *Nemausus,* S-frz. Stadt im Languedoc, 124 000 Ew.; korinth. Tempel, röm. Amphitheater; in der Nähe *Pont du Gard* (röm. Aquädukt); Weinhandel; versch. Ind. – Gesch.: Keltensiedlung, seit 121 v.Chr. röm., 1229 frz.; Hauptsitz der Hugenotten.

**Nimitz,** Chester William, *1885, †1966, US-amerik. Seeoffizier; 1941–45 Oberbefehlshaber im Pazifik.

**Nimmersatt,** *Ibis,* Gatt. der *Störche,* in Afrika u. S-Asien.

**Nimrod,** im AT mächtiger Herrscher Babylons, Städtegründer (Ninive) u. leidenschaftl. Jäger.

**Nimwegen,** ndl. *Nijmegen,* Stadt in der Prov. Gelderland, an der *Waal,* 146 000 Ew.; Univ. (1923); Museen; mittelalterl. Stevenskerk (13./14. Jh.), Stadthaus (16. Jh.), versch. Ind. – Der *Friede von N.* beendete 1678/79 den *Holländ. Krieg.*

**Nin,** Anaïs, *1914, †1977, US-amerik. Schriftst. span.-frz. Abstammung (v.a. psychoanalyt. Romane).

**Ningxia Hui** [niŋçia], *Ninghsia,* Autonome Region in → China am Mittellauf des Huang He, hpts. von islam. *Dunganen* (*Hui*) bewohnt.

**Ninive,** heute die Ruinenhügel *Kujundschik u. Nebi Junus,* antike Stadt in Mesopotamien, am linken Tigrisufer; 700–612 v.Chr. Hptst. von *Assyrien,* 612 v.Chr. von dem babyl. König *Nabupolassar* zerstört.

**Niob,** *Niobium,* fr. *Columbium,* ein → chemisches Element.

**Niobe,** in der grch. Sage Tochter des *Tantalos* u. Gattin des Königs *Amphion* von Theben.

**Nipkow** [-ko], Paul, *1860, †1940, dt. Ing.; erfand 1884 die **N.sche Scheibe** mit spiralig angeordneten Löchern zur mechan. Zerlegung (Abtasten) eines Bildes (Prinzip jeder Fernsehübertragung).

**Nippel,** kurzes Rohrstück mit Gewinde zum Verbinden von Rohren; in der Glühlampenfassung das Fußstück zum Durchführen der Leitungsschnur; beim Fahrrad ein Gewindestück zum Befestigen der Speichen.

**Nippes,** kleine, aufstellbare Schau- u. Zierfiguren, meist aus Porzellan.

**Nippflut** → Gezeiten.

**Nippon,** *Dai Nippon, Nihon, Nihong,* jap. Bez. für *Japan.*

**Nippur,** heute *Niffer,* babylon. Stadt sö. von Bagdad, ehem. religiöses Zentrum der *Sumerer.*

**Nirenberg,** Marshall Warren, *10.4.1927, US-amerik. Biochemiker; Arbeiten zur Aufschlüsselung des genet. Codes; Nobelpreis für Medizin 1968.

*Die Stromoase des Nil ist das Hauptsiedlungs- und -anbaugebiet Ägyptens*

**Nirvana,** Heilsziel des *Buddhismus:* das Erlöschen des unheilvollen Daseinsdrangs *(tanha)* u. damit das Aufhören der zu immer neuen Geburten führenden Tat *(karma)*-Kausalität.
**Niš** [niːʃ], dt. *Nisch,* Stadt in S-Jugoslawien, 161 000 Ew.; vielseitige Ind.; türk. Festung.
**Nisan,** *Nissan,* der 7. Monat des jüd. Kalenders (März/April).
**Nische,** runde oder eckige Wandvertiefung.
**Nischnewartowsk,** sowj. Stadt am mittleren Ob, 200 000 Ew.; Erdöl- u. Erdgas-Ind.
**Nischnij Nowgorod,** bis 1932 u. wieder seit 1990 Name der sowj. Stadt → Gorkij.
**Nischnij Tagil,** *Nižnij Tagil,* Ind.-Stadt in der RSFSR (Sowj.), am Ostrand des Mittleren Ural, 427 000 Ew.; in einem Bergbaugebiet, Eisenhütten- u. chem. Ind.
**Nishinomiya,** jap. Stadt zw. Osaka u. Kobe, 412 000 Ew.; Univ. (1889); Schwer-, Nahrungsmittel- Textil-, Gummi- u.a. Ind.
**Nissen,** die an den Haaren der Wirtstiere festgeklebten Eier von *Läusen.*
**Niterói,** brasil. Ind.-Stadt, gegenüber von Rio de Janeiro, 443 000 Ew.
**Nithard,** † 844, fränk. Geschichtsschreiber, Enkel Karls d. Gr.
**Nithardt,** Mathis, → Grünewald.
**Nitrate,** die Salze der *Salpetersäure* ($HNO_3$) mit der allg. Formel $MeNO_3$; wegen Überdüngung in der Landw. häufig im Trinkwasser u. in pflanzl. Nahrung enthalten.
**Nitride,** Metall-Stickstoff-Verbindungen, z.B. $Mg_3N_2$ (Magnesiumnitrid); seltener auch Nichtmetall-Stickstoff-Verbindungen, z.B. BN (Bornitrid); für feuerfeste Werkstoffe u. harte Legierungen.
**nitrieren,** Nitrogruppen ($-NO_2$) in organ. Verbindungen einführen.
**Nitriersäure,** Gemisch aus konzentrierter Salpetersäure u. konzentrierter Schwefelsäure versch. Zusammensetzung zum Nitrieren organ. Verbindungen.
**Nitrifikation,** *Nitrifizierung,* Oxidation des als Ausscheidungsprodukt oder durch Eiweißzersetzung bei Fäulnis anfallenden *Ammoniaks* durch Bakterien, die im Boden oder Wasser leben, im Rahmen der *Chemosynthese.*
**Nitrile,** organ.-chem. Verbindungen, die die Cyan-Gruppe (−C≡N) an Alkyl- oder Aryl-Reste gebunden enthalten; allg. Formel: R−C≡N.
**Nitrite,** die Salze der *salpetrigen Säure* ($HNO_2$) mit der allg. Formel $MeNO_2$; toxische Verbindungen. Auf biolog. Wege können unter bestimmten Bedingungen in einigen Gemüsearten (z.B. Spinat) N. aus Nitraten gebildet werden; Verwendung z.B. als Korrosionsmittel.
**Nitrocellulosen** → Schießbaumwolle.
**Nitrofarbstoffe,** wenig verwendete synthetische, gelbe bis orangefarbene Farbstoffe, die die farbverstärkende Nitrogruppe ($-NO_2$) enthalten.
**Nitrogenium,** lat. Bez. für *Stickstoff.*
**Nitroglycerin,** *Glycerintrinitrat, Nobels Sprengöl,* Trisalpetersäureester des Glycerins, $C_3H_5(ONO_2)_3$; eine gelbl., ölige, stark giftige Flüssigkeit, die durch Nitrieren von Glycerin mit *Nitriersäure* gewonnen wird; Verwendung zur Herstellung von *Dynamit* u. *Sprenggelatine;* in kleinen Mengen wirkt N. gefäßerweiternd u. wird bei Angina pectoris u. Arterienverkalkung verordnet.
**Nitrophosphat,** aus Rohphosphat u. Salpetersäure hergestelltes Düngemittel.
**Nitrosamine,** Stickstoff-Nitrosoverbindungen von Aminen; entstehen durch Einwirkung von salpetriger Säure bzw. ihren Salzen auf sekundäre Amine. Viele der N. gelten als kanzerogen.
**Nitroverbindungen,** anorgan. u. organ. Verbindungen, die die Nitro-Gruppe ($-NO_2$) enthalten; z.B. *Nitramid* $NH_2NO_2$ u. *Nitrobenzol* $C_6H_5NO_2$.
**Niue** [niˈuɛi], *Savage Island,* Koralleninsel in der Gruppe der neuseeländ. Cookinseln, im Pazif. Ozean, 259 km², 2400 Ew.; Hauptort *Alofi;* Export von Passionsfrüchten, Bananen u. Kopra. − 1774 von J. Cook entdeckt.
**Niugini** → Papua-Neuguinea.
**nivales Klima,** *Schneeklima,* der Klimabereich, in dem die Niederschläge in fester Form fallen u. durch Gletscher abtransportiert werden; z.B. Polargebiete u. Hochgebirge.
**Niveau** [niˈvo], **1.** Oberfläche, horizontale Ebene, (gleiche) Höhe. − **2.** Energiezustand eines Atoms, Moleküls oder Atomkerns; oft auch als *Term* bez. − **3.** Wasserwaage, Libelle. − **4.** *übertragen:* Entwicklungsstufe, Bildungsstufe, geistige Höhe; Lebensstandard.

*Richard Nixon*

**Nivellement** [nivɛlə'mã], eine auf Vertikalmessungen mit dem *Nivellierinstrument* beruhende Vermessung größerer Gebiete. Das *Nivellieren* besteht in der Addition u. Subtraktion ermittelter Höhenunterschiede von Geländepunkten.
**nivellieren, 1.** einebnen, gleichmachen, verflachen. − **2.** → Nivellement.
**Niven** ['nivən], David, *1909, † 1983, brit. Filmschauspieler u. Schriftst.; meist Verkörperung des engl. Gentleman, erfolgreich u.a. in »In 80 Tagen um die Welt«.
**Nixen,** in der germ. Myth. männl. oder weibl. Wassergeister, ähnl. wie *Nöck* u. *Meerweibchen.*
**Nixon** ['niksən], Richard Milhous, *9.1.1913, US-amerik. Politiker (Republikaner); 1953–60 Vize-Präs. der USA, 1969–74 (37.) Präs. der USA, 1972 wiedergewählt; besuchte 1972 als erster US-Präs. die UdSSR u. China; beendete 1973 durch einen Waffenstillstand mit Nordvietnam den Vietnamkrieg. Die *Watergate-Affäre* führte 1974 zu seinem Rücktritt.
**Nizza,** frz. *Nice,* Stadt in S-Frankreich, 20 km sw. von Monaco am Mittelmeer, 337 000 Ew.; Kur- u. Hauptort der *Côte d'Azur;* Univ.; Hotelpaläste, Spielkasinos; Parfümherstellung, Blumenzucht u. versch. Ind.; Fremdenverkehr; Flughafen.
**Njassaland,** das heutige → Malawi.
**Njassasee,** fr. Name des → Malawisees.
**Nkomo,** Joshua, *19.6.1917, simbabw. Politiker; 1962 Präs. der *Zimbabwe African People's Union* (ZAPU); gründete 1976 mit R. *Mugabe* die auf Sturz der weißen Vorherrschaft gerichtete *Patriot. Front;* 1980–82 u. seit 1987 Min. der Reg. Mugabe.
**Nkrumah,** Kwame, *1909, † 1972, ghanaischer Politiker; 1951 erster Prem.-Min. der Goldküste (seit 1957 von *Ghana*); 1960–66 Staats-Präs.
**NN,** Abk. für *Normalnull.*
**N.N.,** Zeichen für *Unbekannt,* gedeutet als Abk. für lat. *Nomen nescio,* »den Namen weiß ich nicht«.
**No,** klass. jap. Schauspiel ritterl.-buddhist. Geisteshaltung; entstanden im 14. Jh.
**Noah,** *Noach, Noë,* im AT der Stammvater der Menschheit, den Gott wegen seiner Frömmigkeit mit seiner Familie in der »Arche N.« die Sintflut überstehen ließ.
**Nobel,** Name des Löwen in der Fabel.
**Nobel,** Alfred, *1833, † 1896, schwed. Ing. u. Erfinder; erfand 1863 *Dynamit* u. führte die Initialzündung mit Knallquecksilber in die Sprengtechnik ein; stiftete den *N.preis.*
**Nobelium,** ein → chemisches Element.
**Nobelpreis,** aus dem Zinsertrag einer Stiftung A. *Nobels (Nobelstiftung)* gewonnener internat. Geldpreis für bes. Leistungen auf dem Gebiet der Physik, Chemie, Physiologie/Medizin u. Literatur sowie für Personen oder Organisationen, die sich um die Verständigung der Völker *(Friedensnobelpreis)* verdient gemacht haben. Die schwed. Reichsbank hat 1969 einen N. für Wirtschaftswiss. gestiftet. − T → S. 628 f.
**Nobile,** Umberto, *1885, † 1978, ital. Offizier; überflog mit den von ihm konstruierten Luftschiffen »Norge« 1926 (mit R. *Amundsen*) u. »Italia« 1928 den Nordpol.
**Nobility** [nou-], der hohe Adel in Großbritannien, im Unterschied zur *Gentry.*
**Nocht,** Bernhard, *1857, † 1945, dt. Arzt u. Tropenhygieniker; begr. das Institut für Schiffs- u. Tropenkrankheiten in Hamburg *(Bernhard-N.-Institut).*

**Nolde** 627

**Nocken** [der], kurven-, kreisring- oder dreieckförmiger Vorsprung auf einer Welle *(N.welle)* oder einer sich drehenden Scheibe *(N.scheibe);* vorw. zur Betätigung von Steuerungselementen oder Maschinenteilen, z.B. Ventilen oder Hebeln.
**Nockerln,** östr. u. bay. Mehlspeise.
**Nocturne** [nɔk'tyrn; frz.], ital. *Notturno, Nocturno,* urspr. ein mehrsätziges, für Blasinstrumente (meist Hörner) geschriebenes »Nachtstück« (Ständchen), im 19. Jh. in der Form gleichbedeutend mit *Divertimento* u. *Serenade;* in der Klaviermusik ein einsätziges lyr. Stück träumer. Stimmung.
**Noelle-Neumann,** Elisabeth, *19.12.1919, dt. Publizistikwissenschaftlerin; Gründerin u. seither Leiterin des *Instituts für Demoskopie,* Allensbach.
**Noetik,** Lehre vom Erkennen; Erkenntnistheorie.

*Nofretete*

**Nofretete,** Frau des ägypt. Königs *Echnaton* (um 1350 v. Chr.); berühmt durch ihre bemalte Kalksteinbüste aus Tell Al Amarna, heute in den Staatl. Museen Berlin.
**Nogaier,** *Nogai-Tataren,* turksprachiges Tatarenvolk (52 000) in den Steppen N-Kaukasiens.
**Nogat,** östl. Mündungsarm der Weichsel, 62 km.
**Nogi,** Kiten Maresuke Graf, *1849, † 1912, jap. Offizier; Armeeführer im russ.-jap. Krieg 1904/05, eroberte Port Arthur; Nationalheld.
**Nohl,** Herman, *1879, † 1960, dt. Pädagoge u. Philosoph; Theoretiker der Reformpädagogik.
**NOK,** Abk. für *Nationales Olympisches Komitee.*
**Nolde,** Emil, eigtl. E. *Hansen,* *1867, † 1956, dt. Maler u. Graphiker; einer der Hauptmeister des dt. Expressionismus (v.a. Blumen-, Ldsch.- u. Mee-

*Emil Nolde: Flamingos; Seebüll, Ada-und-Emil-Nolde-Stiftung*

## Die Nobelpreisträger

| Jahr | Physik | Chemie | Medizin | Literatur | Friedenspreis |
|---|---|---|---|---|---|
| 1901 | W. Röntgen (Deutschland) | J. H. van't Hoff (Niederlande) | E. A. von Behring (Deutschland) | R. F. A. Sully Prudhomme (Frankreich) | H. Dunant (Schweiz) F. Passy (Frankreich) |
| 1902 | H. A. Lorentz, P. Zeemann (Niederlande) | E. Fischer (Deutschland) | R. Ross (Großbritannien) | T. Mommsen (Deutschland) | E. Ducommun, A. Gobat (Schweiz) |
| 1903 | H. A. Becquerel, P. u. M. Curie (Frankreich) | S. A. Arrhenius (Schweden) | N. R. Finsen (Dänemark) | B. Björnson (Norwegen) | W. R. Cremer (Großbritannien) |
| 1904 | Lord J. W. S. Rayleigh (Großbritannien) | W. Ramsay (Großbritannien) | J. P. Pawlow (Rußland) | F. Mistral (Frankreich) J. Echegaray (Spanien) | Institut für Internationales Recht (Belgien) |
| 1905 | P. Lenard (Deutschland) | A. von Baeyer (Deutschland) | R. Koch (Deutschland) | H. Sienkiewicz (Polen) | B. von Suttner (Österreich) |
| 1906 | J. J. Thomson (Großbritannien) | H. Moissan (Frankreich) | C. Golgi (Italien) S. Ramón y Cajal (Spanien) | G. Carducci (Italien) | T. Roosevelt (USA) |
| 1907 | A. A. Michelson (USA) | E. Buchner (Deutschland) | C. L. Laveran (Frankreich) | R. Kipling (Großbritannien) | E. T. Moneta (Italien) L. Renault (Frankreich) |
| 1908 | G. Lippmann (Frankreich) | E. Rutherford (Großbritannien) | J. Metschnikow (Rußland) P. Ehrlich (Deutschland) | R. Eucken (Deutschland) | K. P. Arnoldson (Schweden) F. Bajer (Dänemark) |
| 1909 | G. Marconi (Italien) F. Braun (Deutschland) | W. Ostwald (Deutschland) | T. Kocher (Schweiz) | S. Lagerlöf (Schweden) | A. M. F. Beernaert (Belgien) P. H. B. d'Estournelles de Constant (Frankreich) |
| 1910 | J. D. van der Waals (Niederlande) | O. Wallach (Deutschland) | A. Kossel (Deutschland) | P. Heyse (Deutschland) | Internationales Friedensbüro (Bern) |
| 1911 | W. Wien (Deutschland) | M. Curie (Frankreich) | A. Gullstrand (Schweden) | M. Maeterlinck (Belgien) | T. M. C. Asser (Niederlande) A. H. Fried (Österreich) |
| 1912 | G. Dalén (Schweden) | V. Grignard, P. Sabatier (Frankreich) | A. Carrel (Frankreich) | G. Hauptmann (Deutschland) | E. Root (USA) |
| 1913 | H. Kamerlingh-Onnes (Niederlande) | A. Werner (Schweiz) | C. Richet (Frankreich) | R. Tagore (Indien) | H. La Fontaine (Belgien) |
| 1914 | M. von Laue (Deutschland) | T. W. Richards (USA) | R. Barany (Österreich) | — | — |
| 1915 | H. W. Bragg, W. L. Bragg (Großbritannien) | R. Willstätter (Deutschland) | — | R. Rolland (Frankreich) | — |
| 1916 | — | — | — | V. von Heidenstam (Schweden) | — |
| 1917 | C. G. Barkla (Großbritannien) | — | — | K. Gjellerup, H. Pontoppidan (Dänemark) | Internationales Komitee vom Roten Kreuz |
| 1918 | M. Planck (Deutschland) | F. Haber (Deutschland) | — | — | — |
| 1919 | J. Stark (Deutschland) | — | J. Bordet (Belgien) | C. Spitteler (Schweiz) | W. Wilson (USA) |
| 1920 | C. E. Guillaume (Frankreich) | W. Nernst (Deutschland) | A. Krogh (Dänemark) | K. Hamsun (Norwegen) | L. Bourgeois (Frankreich) |
| 1921 | A. Einstein (Deutschland) | F. Soddy (Großbritannien) | — | A. France (Frankreich) | K. H. Branting (Schweden) C. L. Lange (Norwegen) |
| 1922 | N. Bohr (Dänemark) | F. W. Aston (Großbritannien) | A. V. Hill (Großbritannien) O. Meyerhof (Deutschland) | J. Benavente (Spanien) | F. Nansen (Norwegen) |
| 1923 | R. A. Millikan (USA) | F. Pregl (Österreich) | F. G. Banting, J. J. R. Macleod (Kanada) | W. B. Yeats (Irland) | — |
| 1924 | K. M. Siegbahn (Schweden) | — | W. Einthoven (Niederlande) | W. S. Reymont (Polen) | — |
| 1925 | J. Franck, G. Hertz (Deutschland) | R. Zsigmondy (Deutschland) | — | G. B. Shaw (Großbritannien) | A. Chamberlain (Großbritannien) C. G. Dawes (USA) |
| 1926 | J. Perrin (Frankreich) | T. Svedberg (Schweden) | J. Fibiger (Dänemark) | G. Deledda (Italien) | A. Briand (Frankreich) G. Stresemann (Deutschland) |
| 1927 | A. H. Compton (USA) C.T. R. Wilson (Großbritannien) | H. Wieland (Deutschland) | J. Wagner-Jauregg (Österreich) | H. Bergson (Frankreich) | F. Buisson (Frankreich) L. Quidde (Deutschland) |
| 1928 | O. W. Richardson (Großbritannien) | A. Windaus (Deutschland) | C. Nicolle (Frankreich) | S. Undset (Norwegen) | — |
| 1929 | L. V. de Broglie (Frankreich) | A. Harden (Großbritannien) H. von Euler-Chelpin (Schweden) | C. Eijkman (Niederlande) F.G. Hopkins (Großbritannien) | T. Mann (Deutschland) | F. B. Kellogg (USA) |
| 1930 | C. V. Raman (Indien) | H. Fischer (Deutschland) | K. Landsteiner (Österreich) | S. Lewis (USA) | N.S. Söderblom (Schweden) |
| 1931 | — | C. Bosch, F. Bergius (Deutschland) | O. H. Warburg (Deutschland) | E. A. Karlfeldt (Schweden) | J. Addams, N. M. Butler (USA) |
| 1932 | W. Heisenberg (Deutschland) | J. Langmuir (USA) | C. Sherrington, E. A. Adrian (Großbritannien) | J. Galsworthy (Großbritannien) | — |
| 1933 | E. Schrödinger (Österreich) P.A.M. Dirac (Großbritannien) | — | T. H. Morgan (USA) | J. A. Bunin (russ. Emigrant) | N. Angell (Großbritannien) |
| 1934 | — | H. C. Urey (USA) | G. Minot, W. Murphy, G. Whipple (USA) | L. Pirandello (Italien) | A. Henderson (Großbritannien) |
| 1935 | J. Chadwick (Großbritannien) | F. Joliot, I. Curie-Joliot (Frankreich) | H. Spemann (Deutschland) | — | C. von Ossietzky (Deutschland) |
| 1936 | C. C. Anderson (USA) V. F. Heß (Österreich) | P. J. W. Debye (Niederlande) | Sir H. Hallet Dale (Großbritannien) O. Loewi (Österreich) | E. G. O'Neill (USA) | C. de Saavedra Lama (Argentinien) |
| 1937 | C. J. Davisson (USA) G. P. Thomson (Großbritannien) | W. N. Haworth (Großbritannien) P. Karrer (Schweiz) | A. Szent-Györgyi von Nagyrapolt (Ungarn) | R. Martin du Gard (Frankreich) | Lord E.Algernon Cecil of Chelwood (Großbritannien) |
| 1938 | E. Fermi (Italien) | R. Kuhn (Deutschland) | C. Heymans (Belgien) | Pearl S. Buck (USA) | Internationales Nansen-Amt für Flüchtlinge (Genf) |
| 1939 | E. O. Lawrence (USA) | L. Ruzicka (Schweiz) A. F. J. Butenandt (Deutschland) | G. Domagk (Deutschland) | F. E. Sillanpää (Finnland) | — |
| 1943 | O. Stern (USA) | G. Hevesy de Heves (Ungarn) | H. Dam (Dänemark) E. A. Doisy (USA) | — | — |
| 1944 | I. I. Rabi (USA) | O. Hahn (Deutschland) | J. Erlanger, H. S. Gasser (USA) | J. V. Jensen (Dänemark) | Internationales Komitee vom Roten Kreuz (Genf) |
| 1945 | W. Pauli (Österreich) | A. I. Virtanen (Finnland) | A. Fleming, E. B. Chain, H. W. Florey (Großbritannien) | G. Mistral (Chile) | C. Hull (USA) |
| 1946 | P.W. Bridgman (USA) | J. B. Summer, J. H. Northrop, W.M. Stanley (USA) | H. J. Muller (USA) | H. Hesse (Schweiz/Deutschland) | E. G. Balch, J. R. Mott (USA) |
| 1947 | E. V. Appleton (Großbritannien) | R. Robinson (Großbritannien) | C.F. Cori, G. Cori (USA) B. A. Houssay (Argentinien) | A. Gide (Frankreich) | Friends Service Council (Großbritannien) Friends Service Committee (USA) |
| 1948 | P. M. S. Blackett (Großbritannien) | A. W. K. Tiselius (Schweden) | P. H. Müller (Schweiz) | T. S. Eliot (Großbritannien) | — |

| Jahr | Physik | Chemie | Medizin | Literatur | Friedenspreis |
|---|---|---|---|---|---|
| 1949 | H. Yukawa (Japan) | W. F. Giauque (USA) | W. R. Heß (Schweiz) A. C. Moniz (Portugal) | W. Faulkner (USA) | J. Boyd Orr (Großbritannien) |
| 1950 | C. F. Powell (Großbritannien) | O. Diels, K. Alder (BR Deutschland) | E. C. Kendall, P. S. Hench (USA) T. Reichstein (Schweiz) | B. Russell (Großbritannien) | R. Bunche (USA) |
| 1951 | J. D. Cockcroft (Großbritannien) E.T.F. Walton (Irland) | E. McMillan, G. T. Seaborg (USA) | M. Theiler (USA) | P. Lagerkvist (Schweden) | L. Jouhaux (Frankreich) |
| 1952 | F. Block, E. M. Purcell (USA) | A.J.P.Martin, R.L.M.Synge (Großbritannien) | S. A. Waksman (USA) | F. Mauriac (Frankreich) | A. Schweitzer |
| 1953 | F. Zernike (Niederlande) | H. Staudinger (BR Deutschland) | F. A. Lipmann (USA) H. A. Krebs (Großbritannien) | W. Churchill (Großbritannien) | G. C. Marshall (USA) |
| 1954 | M. Born, W. Bothe (BR Deutschland) | L. Pauling (USA) | J. Enders, F. Robbins, T. Weller (USA) | E. Hemingway (USA) | Flüchtlingskommissariat der UNO |
| 1955 | W. E. Lamb, P. Kusch (USA) | V. du Vigneaud (USA) | H. Theorell (Schweden) | H. Laxness (Island) | — |
| 1956 | W. Shockley, J. Bardeen, H. Brattain (USA) | N.N. Semjonow (UdSSR) C. N. Hinshelwood (Großbritannien) | D. Richards, A. Cournand (USA), W. Forßmann (BR Deutschland) | J. R. Jiménez (Spanien) | — |
| 1957 | Tsung Dao Lee, Cheng Ning Yang (USA) | A. Todd (Großbritannien) | D. Bovet (Italien) | A. Camus (Frankreich) | L. Pearson (Kanada) |
| 1958 | P.A.Tscherenkow, I.M.Frank, I. Tamm (UdSSR) | F. Sanger (Großbritannien) | G. W. Beadle, E. L. Tatum, J. Lederberg (USA) | B. Pasternak (UdSSR) | G. Pire (Belgien) |
| 1959 | E. Segré, O. Chamberlain (USA) | J. Heyrovsky (Tschechoslowakei) | S. Ochoa, A. Kornberg (USA) | S. Quasimodo (Italien) | P. Noel-Baker (Großbritannien) |
| 1960 | D. Glaser (USA) | W. F. Libby (USA) | F. Burnet (Australien) P. B. Medawar (Großbritannien) | Saint-John Perse (Frankreich) | A. J. Luthuli (Südafrikanische Republik) |
| 1961 | R. Hofstadter (USA) R. L. Mößbauer (BR Deutschland) | M. Calvin (USA) | G. von Békésy (USA) | I. Andrić (Jugoslawien) | D. H. A. C. Hammarskjöld (Schweden) |
| 1962 | L. D. Landau (UdSSR) | J. C. Kendrew, M. F. Perutz (Großbritannien) | F. H. C. Crick, M.H.F. Wilkins (Großbritannien) J. D. Watson (USA) | J. Steinbeck (USA) | L. Pauling (USA) |
| 1963 | E. P. Wigner, M. Goeppert-Mayer (USA) H. D. Jensen (BR Deutschland) | K. Ziegler (BR Deutschland) G. Natta (Italien) | A. L. Hodgkin, A. F. Huxley (Großbritannien) J. C. Eccles (Australien) | G. Seferis (Griechenland) | Internationales Komitee vom Roten Kreuz u. die League of Red Cross Societies |
| 1964 | C. H. Townes (USA) N. Bassow, A. Prochorow (UdSSR) | D. Crawfoot-Hodgkin (Großbritannien) | F. Lynen (BR Deutschland) K. Bloch (USA) | J.-P. Sartre (Frankreich) | M. L. King (USA) |
| 1965 | S. Tomonaga (Japan) R. P. Feynman, J. S. Schwinger (USA) | R. B. Woodward (USA) | F. Jacob, A. Lwoff, J. Monod (Frankreich) | M. Scholochow (UdSSR) | UNICEF |
| 1966 | A. Kastler (Frankreich) | R. Mulliken (USA) | F. P. Rous, C. B. Huggins (USA) | S. J. Agnon (Israel) N. Sachs (Schweden) | — |
| 1967 | H. A. Bethe (USA) | M. Eigen (BR Deutschland) R.G.W. Norrish, G. Porter (Großbritannien) | R. Granit (Schweden) G. Wald, K. H. Hartline (USA) | M. A. Asturias (Guatemala) | — |
| 1968 | L. W. Alvarez (USA) | L. Onsager (USA) | M. W. Nirenberg, H. G. Khorana, R. W. Hulley (USA) | Y. Kawabata (Japan) | R. Cassin (Frankreich) |
| 1969 | M. Gell-Mann (USA) | O. Barton (Großbritannien) O. Hassel (Norwegen) | M. Delbrück, S. Luria, A. Hershey (USA) | S. Beckett (Irland) | Internationale Arbeitsorganisation |
| 1970 | H. Alfvén (Schweden) L. Néel (Frankreich) | L. Leloir (Argentinien) | B. Katz (Großbritannien) J. Axelrod (USA) U. von Euler (Schweden) | A. Solschenizyn (UdSSR) | N. E. Borlaug (USA) |
| 1971 | D. Gabor (Großbritannien) | G. Herzberg (Kanada) | E. W. Sutherland (USA) | P. Neruda (Chile) | W. Brandt (BR Deutschland) |
| 1972 | J. Bardeen, L. Cooper, R. Schrieffer (USA) | C. Antinsen, S. Moore, W. Stein (USA) | G. M. Edelmann (USA) R. R. Porter (Großbritannien) | H. Böll (BR Deutschland) | — |
| 1973 | B. D. Josephson (Großbritannien) L. Esaki, J. Giaever (USA) | E. O. Fischer (BR Deutschland) G. Wilkinson (Großbritannien) | K. von Frisch, K. Lorenz (Österreich), N. Tinbergen (Niederlande) | P. White (Australien) | H. Kissinger (USA) Le Duc Tho (Vietnam) |
| 1974 | M. Ryle, A. Hewish (Großbritannien) | P. L. Flory (USA) | A. Claude, C. de Duve (Belgien), G. E. Palade (USA) | H. Martinson, E. Johnson (Schweden) | E. Sato (Japan) S. MacBride (Irland) |
| 1975 | A. Bohr, B. Mottelson (Dänemark) J. Rainwater (USA) | J. W. Cornforth (Großbritannien) V. Prelog (Schweiz) | D. Baltimore, H. Temin (USA) R. Dulbecco (Italien) | E. Montale (Italien) | A. Sacharow (UdSSR) |
| 1976 | B. Richter, S. Ting (USA) | W. N. Lipscomb (USA) | B. S. Blumberg, D. C. Gajdusek (USA) | S. Bellow (USA) | M. Corrigan, B. Williams (Nordirland) |
| 1977 | P. Anderson, J. van Vleck (USA) N. Mott (Großbritannien) | J. Prigogine (Belgien) | R. Yalow, R. Guillemin, A. Schally (USA) | V. Aleixandre (Spanien) | Amnesty International |
| 1978 | P. Kapiza (UdSSR) A. Penzias, R. Wilson (USA) | P. Mitchell (Großbritannien) | W. Arber (Schweiz) D. Nathans, H. Smith (USA) | I. B. Singer (USA) | M. Begin (Israel) A. Sadat (Ägypten) |
| 1979 | H. Glashow, S. Weinberg (USA), A. Salam (Pakistan) | G. Wittig (BR Deutschland) H. Brown (USA) | A. Cormack (USA), G. N. Hounsfield (Großbritannien) | O. Elytis (Griechenland) | Mutter Teresa (kath. Ordensschwester) |
| 1980 | J.W. Cronin, V.L. Fitch (USA) | F. Sanger (Großbritannien) W. Gilbert, P. Berg (USA) | B. Benacerraf, G. D. Snell (USA) J. Dausset (Frankreich) | C. Miłosz (Polen) | A. P. Esquivel (Argentinien) |
| 1981 | N. Bloembergen, A. L. Schawlow (USA) K. M. Siegbahn (Schweden) | K. Fukui (Japan) R. Hoffmann (USA) | R. W. Sperry, H. Hubel, T. N. Wiesel (USA) | E. Canetti | UNO-Flüchtlingskommissariat |
| 1982 | K. G. Wilson (USA) | A. Klug (Großbritannien) | S. Bergström, B.J. Samuelson (Schweden), J. R. Vane (Großbritannien) | G. García Márquez (Kolumbien) | A. Myrdal (Schweden) A. García Robles (Mexiko) |
| 1983 | S. Chandrasekhar (USA) W. Fowler (USA) | H. Taube (USA) | B. McClintock (USA) | W. Golding (Großbritannien) | L. Wałęsa (Polen) |
| 1984 | C. Rubbia (Italien), S. van der Meer (Niederlande) | R. B. Merrifield (USA) | N. K. Jerne (Großbritannien), J. F. Köhler (BR Deutschland), C. Milstein (Argentinien) | J. Seifert (Tschechoslowakei) | D. Tutu (Südafrika) |

| Jahr | Physik | Chemie | Medizin | Literatur | Friedenspreis |
|---|---|---|---|---|---|
| 1985 | K. von Klitzing (BR Deutschland) | H. A. Hauptmann, J. Karle (USA) | M.S. Brown, J.L. Goldstein (USA) | C. Simon (Frankreich) | Internationale Ärzte für die Verhütung des Atomkrieges |
| 1986 | R. Ruska, G. Binnig (BR Deutschland) H. Rohrer (Schweiz) | D. R. Herschbach, Y. T. Lee (USA) J.C. Polanyi (Kanada) | R. Levi-Montalcini (Italien), S. Cohen (USA) | W. Soyinka (Nigeria) | E. Wiesel (USA) |
| 1987 | J. G. Bednorz (BR Deutschland) K. A. Müller (Schweiz) | C. J. Pedersen, D. J. Cram (USA), J.-M. Lehn (Frankreich) | S. Tonegawa (Japan) | J. Brodsky (UdSSR/USA) | O. Arias Sánchez (Costa Rica) |
| 1988 | L. Lederman, M. Schwartz, J. Steinberger (USA) | J. Deisenhofer, R. Huber, H. Michel (BR Deutschland) | J. Black (Großbritannien) G. Elion, G. Hitchings (USA) | N. Mahfuz (Ägypten) | Friedenstruppe der Vereinten Nationen |
| 1989 | W. Paul (BR Deutschland) H. G. Dehmelt, N. F. Ramsey (USA) | S. Altmann (Kanada) T. R. Cech (USA) | M. J. Bishop, H. E. Varmus (USA) | C. J. Cela (Spanien) | Dalai-Lama (Tibet) |
| 1990 | J. I. Friedman, H. W. Kendall (USA) R. E. Taylor (Kanada) | E. J. Corey (USA) | J. W. Murray (USA) E. D. Thomas (USA) | O. Paz (Mexiko) | M. Gorbatschow (UdSSR) |

| | Wirtschaftswissenschaften | | | | | | |
|---|---|---|---|---|---|---|---|
| 1969 | R. Frisch (Norwegen) J. Tinbergen (Niederlande) | 1974 | F. A. von Hayek (Österreich) G. Myrdal (Schweden) | 1978 | H. Simon (USA) | 1984 | R. Stone (Großbritannien) |
| 1970 | P. Samuelson (USA) | 1975 | L. Kantorowitsch (UdSSR) T. Koopmans (USA) | 1979 | T. Schultz (USA) A. Lewis (Großbritannien) | 1985 | F. Modigliani (USA) |
| 1971 | S. Kuznets (USA) | | | 1980 | L. Klein (USA) | 1986 | J. Buchanan (USA) |
| 1972 | J. R. Hicks (Großbritannien) K. J. Arrow (USA) | 1976 | M. Friedman (USA) | 1981 | J. Tobin (USA) | 1987 | R. Solow (USA) |
| | | 1977 | B. Ohlin (Schweden) J. E. Meade (Großbritannien) | 1982 | G. Stigler (USA) | 1988 | M. Allais (Frankreich) |
| 1973 | W. Leontief (USA) | | | 1983 | G. Debreu (USA) | 1989 | T. Haavelmo (Norwegen) |
| | | | | | | 1990 | H. Markowitz, M. Miller, W. Sharpe (USA) |

resbilder sowie religiöse Darstellungen), 1906–08 Mitgl. der »Brücke«. N.s Kunst galt in der NS-Zeit offiziell als »entartet«; 1941 erhielt er Malverbot.

**nolens volens**, wohl oder übel.

**Nomaden**, Völker u. Volksgruppen ohne festen Wohnsitz.

**Nomadismus**, *Wanderhirtentum*, eine ausschl. durch die *Weidewirtschaft* geprägte Wirtschaftsform bei Völkern der Alten Welt (Hirtenvölker), die ohne einen ständigen Wohnsitz, jedoch mit festumgrenzten Weidegebieten (Stammeseigentum), leicht transportablen Zelten u. Trag- oder Zug-, oft auch Reittieren leben. Man unterscheidet *Vollnomaden* (völlig ohne eigenen Ackerbau, oft in Symbiose mit Feldbauern) u. *Halbnomaden* (feste Winterquartiere). *I.w.S.* bez. man auch *Wildbeuter* (z.B. Pygmäen, Buschmänner) u. umherziehende *Zigeuner* als N.

**Nome** [noum], Hafenstadt am Fuß des Kap N. in Alaska (USA), rd. 3000 Ew.; Goldbergbau; Luftstützpunkt.

**Nomen**, Sammelbez. für deklinierbare Wortarten (im Dt. Substantive, Adjektive, Pronomina, Artikel, z.T. auch Numeralien).

**Nomenklatur, 1.** System der Fachbezeichnungen (Terminologie) auf einem Wissensgebiet. – **2.** krit. für die priviligierte Schicht der Funktionäre in kommunist. Staaten.

**nominal, 1.** dem Namen nach; zum Namen gehörig. – **2.** dem *Nennwert* nach.

**Nominalismus**, Richtung im *Universalienstreit*, die Allgemeinbegriffen (*Universalien*) außerhalb des Denkens keine reale Existenz zuschreibt. Die Begriffe seien nur *Namen (nomina)* für näherungsweise vergleichbare Dinge. Hauptvertreter: J. Roscelin, W. von Ockham, J. Buridan.

**Nominalwert** → Nennwert.

**Nominativ**, *Werfall, 1. Fall*, der Kasus des grammat. Subjekts u. des Prädikatsnomens.

**nominieren**, nennen, benennen, vorschlagen.

**Nomogramm**, *Netztafel, Leitertafel, Funktionsleiter*, ein Schaubild, das den Zusammenhang von math. Größen darstellt.

**Nomographie**, die Gesamtheit der Verfahren, mit Hilfe von *Nomogrammen* math., naturwiss. u. techn. Probleme zu lösen.

**None**, die 9. Stufe der diaton. Tonleiter u. das Intervall zw. dem 1. u. dem 9. Ton.

**Nonen**, im altröm. Kalender der 5. Monatstag; im März, Mai, Juli u. Oktober der 7. Monatstag.

**Nonius**, bewegl. Hilfsmaßstab an Meßgeräten zum Ablesen der Zehntelgrößen (z.B. bei Längenmessungen).

**Nonkonformisten**, jene engl. Christen, die sich der von *Karl II.* für die Anglikan. Kirche 1662 erlassenen »Uniformitätsakte« nicht fügten. Später wurden N. für die *Dissenters* gebraucht, dann verallgemeinert für Menschen, die von einer allg. Haltung oder Meinung abweichen.

**Nonne, 1.** *Monialis*, Klosterfrau, Angehörige eines weibl. kath. Ordens, in dem feierl. Gelübde abgelegt werden; im Unterschied dazu heißt die *Schwester* mit einfachen Gelübden. – **2.** *Fichtenspinner*, Nachtschmetterling aus der Fam. der *Schadspinner*; gefährl. Forstschädlinge.

**Nonnenwerth**, Insel im Rhein bei Bad Honnef; 1122–1902 Benediktinerinnenkloster.

**Nono**, Luigi, *1924, †1990, ital. Komponist; führender Vertreter der seriellen Musik.

**Nonproliferation** ['nɔnprəulifə'reiʃən], Nichtweitergabe von Kernwaffen an andere Länder. → Atomwaffensperrvertrag.

**Nonsense** ['nɔnsɛns], Unsinn, Widersinn, dummes Gerede.

**Nonstopflug** ['nɔn'stɔp-], Langstreckenflug ohne Zwischenlandung.

**Non-valeurs** [nɔ̃va'løːr], Vermögensbestandteile (bes. Wertpapiere) von nur sehr geringem Wert.

**Noradrenalin**, *Arterenol*, neben dem *Adrenalin* ein Hormon des Nebennierenmarks.

**Norbert von Xanten** → Heilige.

**Nordamerika**, Kontinent auf der N-Halbkugel der Erde, umgeben vom Nordpolarmeer im N, vom Pazifik im W u. vom Atlantik im O. → Amerika. – Gesch.: Nach seiner Entdeckung (1492) wurde N. span. Einflußgebiet. Spanier u. Portugiesen drangen nach N, S u. W vor. Ihr wichtigstes Ziel war neben der Eroberung goldreicher Indianerländer die Entdeckung einer W-Passage nach O-Asien. Die Vernichtung der span. Armada (1588) machte den Weg frei für eine dauerhafte brit. Kolonisation. Die Hauptgegner der brit. Kolonie wurden die Franzosen in Kanada, am Missouri u. am Mississippi. Im Siebenjährigen Krieg (1756–63) wurden die Franzosen besiegt. Die wichtigsten Stufen der Westexpansion nach Entstehung der USA waren der Louisiana-Kauf (1803), die Aufnahme von Texas (1845) u. Oregon (1846) in die Union, der Friede von Guadalupe Hidalgo (1848), der kaliforn. »gold run« (1850), der sog. Gadsden-Kauf (1853) u. der Alaska-Kauf (1867).

**Nordatlantik-Pakt** → NATO.

**Nordbrabant**, *Noord-Brabant*, ndl. Prov. → Brabant.

**Norddeutscher Bund**, der von O. von *Bismarck* nach dem *Dt. Krieg* seit Aug. 1866 geschaffene dt. Bundesstaat, in dem sich die auf preuß. Seite am Krieg beteiligten 17 Staaten unter Führung Preußens zusammenschlossen. Durch Friedensverträge (Sept./Okt. 1866) traten auch Hessen-Darmstadt

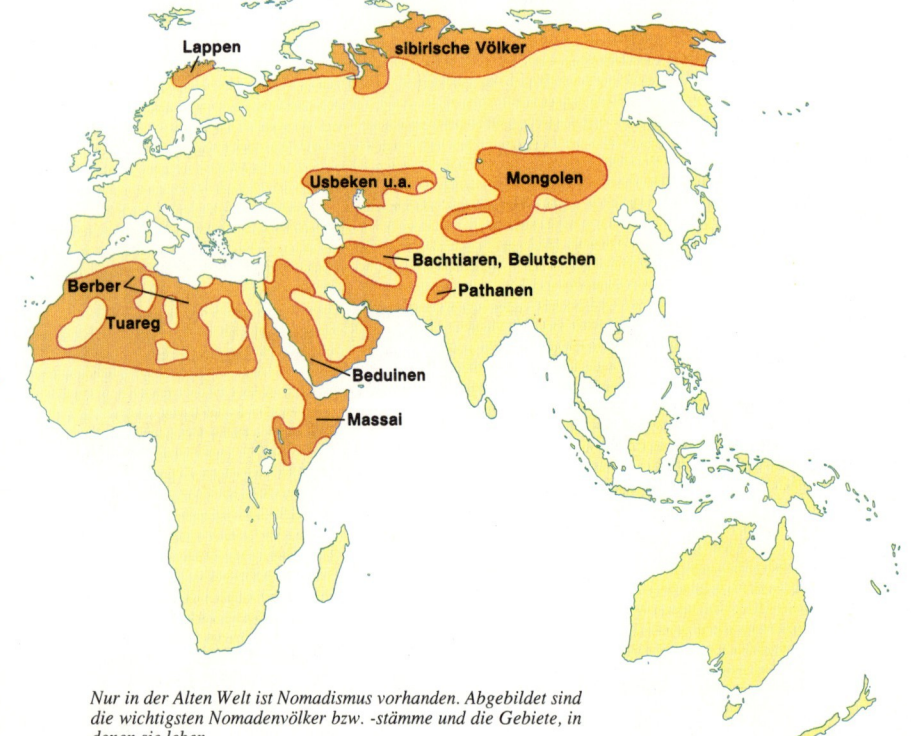

*Nur in der Alten Welt ist Nomadismus vorhanden. Abgebildet sind die wichtigsten Nomadenvölker bzw. -stämme und die Gebiete, in denen sie leben*

(nur nördl. des Main), Reuß ältere Linie, Sachsen u. Sachsen-Meiningen bei. Entsprechend der am 1.7.1867 in Kraft getretenen Verf. übernahm der preuß. König (Wilhelm I.) die *Bundespräsidentschaft.* Dem *Bundesrat* als »Zentralbehörde« u. oberstem Regierungsorgan stand als einziger verantwortl. Bundes-Min. der von Preußen zu ernennende *Bundeskanzler* (Bismarck) vor. Die Verf. des N.B. bildete die Grundlage für die dt. Reichsverf. von 1871.

**Norddeutscher Rundfunk,** Abk. *NDR,* 1955 nach Auflösung des *Nordwestdeutschen Rundfunks* gegr. öffentl.-rechtl. Rundfunkanstalt mit Sitz u. Hauptfunkhaus in Hamburg.

**Norddeutsches Tiefland,** *Norddeutsche Tiefebene,* dt. Anteil an dem von N-Frankreich bis O-Europa reichenden europ. Tieflandgürtel.

**Norden** → Himmelsrichtungen.

**Norden,** Stadt in Ostfriesland (Nds.), 24 000 Ew.; mit Seehafen *Norddeich;* feinmechan. u. Masch.-Ind.

**Nordenham,** Stadt in Nds., an der Unterweser, 28 000 Ew.; Seehafen, Reedereien, Hochseefischerei, Kernkraftwerk.

**Nordenskiöld** ['nu:rdənʃœld], Adolf Erik Frhr. von, *1832, †1901, schwed. Geograph u. Polarforscher; bezwang die Nordostpassage (1878/79 *Vega-Expedition*). Nach ihm ist die *N.-See* benannt.

Luigi Nono

**Nordenskjöld,** Otto, *1869, †1928, schwed. Polarforscher (Leiter der schwed. Südpolarexpedition, 1901–04).

**Norderney,** Ostfries. Insel zw. Juist im W u. Baltrum im O, 26,3 km², 8000 Ew.; Seebad.

**Norderstedt,** Stadt in Schl.-Ho., am Nordrand von Hamburg, 69 000 Ew.; vielseitige Ind.

**Nordfriesland,** der westl. Küstensaum Schleswigs, zw. der dän. Grenze bis Husum; ihm vorgelagert die *Nordfries. Inseln* (→ Friesische Inseln).

**Nordgermanen,** germ. Stämme in N-Europa, aus denen die späteren Wikinger, Dänen, Schweden, Norweger u. Isländer hervorgingen.

**Nordhausen,** Krst. in Thüringen, am Südhang des Harz, 48 000 Ew.; Dom (12.–15. Jh.); Kornbrennerei, Fahrzeugbau u. versch. Ind. – Im 9. Jh. Kaiserpfalz, 1220 Reichsstadt, 1802 preuß.

**Nordhelle,** höchster Berg des Ebbegebirges (Sauerland), sö. von Lüdenscheid, 663 m.

**Nordholland,** *Noord-Holland,* Prov. der → Niederlande.

**Nordhorn,** Krst. in Nds., an der Vechte, 48 000 Ew.; pharmazeut. u. Textil-Ind., Torfwerk.

**Nordirland,** engl. *Northern Ireland,* Teil des Königreichs *Großbritannien u. N.* im NO der Insel Irland, 14 148 km², 1,6 Mio. Ew.; Hptst. *Belfast.*
Gesch.: Im Jahre 1921 erreichten die Iren ihre Unabhängigkeit mit der Proklamation des *Freistaats Irland;* die engl. Prov. *Ulster* wurde von Irland getrennt u. blieb unter dem Namen N. bei Großbritannien. Seit dieser Trennung beider Teile der irischen Insel kämpft in N. die kath. Minderheit – repräsentiert in der *Social Democratic and Labour Party* (SDLP) u. in der verbotenen militantan IRA (*Irisch Republikanische Armee*) – für polit., soziale u. wirtschaftl. Gleichberechtigung, u. für den Anschluß Nordirlands an Irland (darin von Irland unterstützt). Die Interessen der Protestanten werden durch die *Ulster Defence Association* (UDA) u. den *Oranier-Orden* vertreten. Die Auseinandersetzungen haben seit 1969 bürgerkriegsähnl. Formen angenommen. 1972 entsandte die brit. Reg. starke Truppenverbände nach N. u. übernahm die direkte Exekutivgewalt. 1985 erhielt Irland eine begrenzte Mitsprache in Angelegenheiten N.

**Nordische Kombination,** Wettbewerb im nord. Skilauf, bei dem ein Sprunglauf u. ein 15-km-Langlauf zusammengefaßt werden.

**Nordische Kriege, 1.** *Siebenjähriger Nord. Krieg, Dreikronenkrieg,* 1563–70 von Dänemark, Polen u. Lübeck gegen Schweden geführt. Der Friede von Stettin 1570 brachte keine Machtverschiebung. – **2.** *Schwed.-Poln. Krieg* 1655–60: *Karl X.* von Schweden nahm 1655 den Anspruch des in Polen regierenden kath. Wasa *Johann II. Kasimir* auf die schwed. Krone zum Anlaß, um in Polen einzufallen, schloß mit Kurfürst *Friedrich Wilhelm* von Brandenburg ein Bündnis u. besiegte mit dessen Hilfe die Polen 1656. Nach dem Tod Karls X. (1660) kam der *Friede von Oliva* (1660) zw. dem Kaiser, Polen, Brandenburg u. Schweden zustande, der den Status quo von 1655 wiederherstellte, den Verzicht der poln. Wasa auf den schwed. Thron bestätigte u. Brandenburg die Souveränität im Herzogtum Preußen garantierte. – **3.** *Nord. Krieg* (i.e.S.), *Großer Nord. Krieg,* 1700–21 um die Herrschaft in der Ostsee u. ihren Randländern geführte Krieg, der durch den dän.-gottorf. Konflikt mit dem Hzgt. Schleswig u. Holstein ausgelöst wurde u. in dem Dänemark, Sachsen, Polen u. Rußland, seit 1713 auch Preußen u. Hannover, gegen Schweden kämpften. *Karl XII.* von Schweden, der die Gottorfer unterstützte, unterlag 1709 *Peter d. Gr.* bei Poltawa. Schweden trat seine beherrschende Stellung im Ostseeraum an Rußland ab.

**Nordischer Rat,** 1952 gegr. Organ für die Zusammenarbeit der Parlamente Dänemarks, Norwegens, Schwedens, Islands u. (seit 1955) Finnlands.

**Nordjemen** → Jemen.

**Nordkanal,** engl. *North Channel,* an der engsten Stelle nur 28 km breiter Nordeingang vom Atlantik in die Irische See, trennt Schottland von Irland.

**Nordkap,** zweitnördlichster Punkt Europas, auf der norw. Insel Magerøy (unter 71°10'21" n. Br.), mit einem 307 m hohen, steil zum Eismeer abfallenden Fels. Der nördlichste Punkt liegt auf einer Landzunge *(Knivskjellodden)* der gleichen Insel unter 71°11'08" n. Br.

**Nordkirchen,** Gem. in NRW, 9000 Ew.; Wasserschloß (ab 1724 von J. C. *Schlaun* vollendet).

**Nordkorea** → Korea.

**Nördliche Kalkalpen,** Teil der O-Alpen zw. dem Wiener Becken im O u. dem Rheintal im W; stark verkarstet.

**Nördliches Eismeer** → Nordpolarmeer.

**Nordlicht,** auf der Nordhalbkugel der Erde sichtbares → Polarlicht.

**Nördlingen,** Stadt in Schwaben (Bay.), im Ries, 18 000 Ew.; kreisförmige mittelalterl. Stadtanlage; u.a. Holz-, Metall- u. feinmechan. Ind. – Ehem. Reichsstadt.

**Nordossetische ASSR,** russ. *Sewero-Osetinskaja ASSR,* Autonome Sowjetrepublik innerhalb der RSFSR, im nördlichen Kaukasus, 8000 km², 619 000 Ew., Hptst. *Ordschonikidse.*

**Nordostpassage** [-pa'sa:ʒə], *Nordöstl. Durchfahrt, Sibir. Seestraße,* Durchfahrt vom Europ. Nordmeer durch die fischreichen Küstenmeere N-Eurasiens bis zur Beringstraße.

**Nordostpazifisches Becken,** untermeer. Becken im Pazifik, nimmt den ganzen östl. Nordpazifik ein; im *Aleutengraben* –7822 m.

**Nordostpolder,** *Noordoostpolder,* 1937–42 fertiggestellter Polder im IJsselmeer, 480 km², 47 000 Ew., Hauptort Emmeloord.

**Nord-Ostsee-Kanal,** ehem. *Kaiser-Wilhelm-Kanal,* in der internat. Schiffahrt *Kiel-Canal* gen., die kürzeste Verbindung zw. Nord- u. Ostsee, von *Brunsbüttel* (an der Unterelbe) bis *Holtenau* (an der Kieler Förde), 98,7 km lang; meistbefahrene künstl. Wasserstraße der Welt; 1887–95 gebaut, 1907–14 erweitert.

**Nordpol,** der eisbedeckte Nordpunkt der Erdachse, im Nordpolarmeer über einer Meerestiefe von 4087 m; am 6.4.1909 von R. E. *Peary* erreicht.

**Nordpolargebiet** → Arktis.

**Nordpolarmeer,** *Nördl. Eismeer,* Nebenmeer des Atlant. Ozeans, 12,3 Mio. km²; umgeben von Sibirien, dem nördl. N-Amerika, Grönland, Spitzbergen u. Franz-Josef-Land; in der *Litketiefe* –5449 m. Das Meereis – im Mittel zw. 2,5 u. 3,5 m dick – gibt nur im Sommer offene Wasserflächen in Küstennähe frei. Das N. wurde 1893–96 erstmals von F. *Nansen* mit dem Schiff »Fram« unter Ausnutzung der transarkt. Eisdrift gequert.

**Nordrhein-Westfalen,** das bevölkerungsreichste Land der BR Dtld., 34 068 km², 16,7 Mio. Ew., Hptst. *Düsseldorf.* 1946 aus dem Nordteil der preuß. Rheinprov. u. der Prov. Westfalen gebildet; 1947 wurde das Land Lippe eingegliedert. An die Stelle der alten Provinzialverwaltungen traten 1953 als Träger der kommunalen Selbstverw. die Landschaftsverbände *Rheinland* (Sitz: Köln) u. *Westfalen-Lippe* (Sitz: Münster). – Die Landesnatur wird zu zwei Dritteln vom Norddt. Tiefland bestimmt, das mit der *Kölner (Niederrhein.)* u. der *Münsterländer (Westfäl.) Bucht* weit nach S in die Mittelgebirgszone reicht, die das restl. Drittel einnimmt. Wirtschaftl. ist N. eines der leistungsfähigsten Länder der BR Dtld. Industrielle Kernzonen sind das Ruhrgebiet (v.a. Steinkohle, Schwer- u. chem. Ind.), der Kölner Raum (v.a. Braunkohle, chem. u. Fahrzeug-Ind.), Ostwestfalen, Niederrhein u. Siegerland. Fruchtbare Tieflandsbuchten am Rand der Mittelgebirge bilden den Schwerpunkt der Landwirtschaft. Zahlr. Talsperren im

| Nordrhein-Westfalen: Regierungsbezirke | | |
|---|---|---|
| Regierungsbezirk | Fläche in km² | Einwohner in 1000 |
| Arnsberg | 7999 | 3605 |
| Detmold | 6515 | 1794 |
| Düsseldorf | 5288 | 5068 |
| Köln | 7368 | 3856 |
| Münster | 6898 | 2390 |

Sauerland, Siegerland u. Bergischen Land dienen der Trinkwasserversorgung u. Energiegewinnung.

**Nordrhodesien,** das heutige → Sambia.

**Nordschleswig,** 1920 von Dtld. an Dänemark abgetretener Teil Schleswigs, mit den Städten *Tondern, Hoyer, Apenrade* u. *Hadersleben* sowie den Inseln *Röm* u. *Alsen;* deckt sich weitgehend mit der dän. Amtskommune *Südjütland.*

**Nordsee,** Nebenmeer des Atlantik zw. den Brit. Inseln u. dem europ. Festland, 580 000 km²; ein flaches Schelfmeer mit nach N zunehmender Tiefe, im Skagerrak bis 725 m, durchschnittl. 94 m tief. Der SO ist die *Dt. Bucht,* der Arm zw. Jütland u. S-Norwegen das *Skagerrak,* das über das *Kattegat* mit der Ostsee verbunden ist. Die N. hat eine starke Gezeitenströmung mit Tidenhüben bis über 2,5 m (Helgoland) u. einen Salzgehalt bei 35‰; bed. Fischereigebiet, bed. Doggerbank, u. reiche Erdöl- u. Erdgasvorkommen (v.a. im brit. u. norweg. Hoheitsgebiet). – K → S. 632

**Nordseegarnele,** *Granat, Crevette, Shrimp,* bis 9 cm lange *Garnele* der Nord- u. Ostsee; wird zur Futtermittelherstellung u. als Nahrungsmittel (»Krabben«) in großen Mengen gefangen.

**Nordseekanal,** ndl. Schiffahrtsweg von Amsterdam u. der Nordsee bei IJmuiden, 27 km, 15,5 m tief.

**Nordstrand,** Nordfries. Insel vor der Westküste Schleswigs, westl. von Husum, 50 km², 2400 Ew.; mit dem Festland durch einen 2,5 km langen Damm verbunden.

**Nord-Süd-Konflikt,** das polit., wirtsch. u. soz. Spannungsverhältnis zw. den Industrieländern der nördl. Halbkugel u. den Entwicklungsländern Asiens, Afrikas u. Lateinamerikas. Dabei wird von den Entwicklungsländern die Errichtung einer neuen Weltwirtschaftsordnung gefordert, mit der die bestehenden Ungerechtigkeiten des Weltwirtschaftssystems beseitigt werden sollen. Dieses Ziel will man über eine völlige Neu- u. Umverteilung der wirtsch. Ressourcen erreichen.

**Nordterritorium,** engl. *Northern Territory,* nördl. Gebietsteil von → Australien.

**Nordvietnam** → Vietnam.

**Nordwestpassage** [-pa'sa:ʒə], *Nordwestliche Durchfahrt,* Durchfahrt von der *Labradorsee* durch die Küstengewässer Nordamerikas bis zur Beringstraße.

**Nordwestterritorien** → Northwest Territories.

**Norfolk** ['nɔ:fək], **1.** Gft. im SO Englands, Hptst. *Norwich.* – **2.** Hafenstadt im SO von Virginia (USA), 267 000 Ew.; Schiffbau, Textil-, Holz-,

**632 Norfolkinsel**

Nahrungsmittel- u.a. Ind.; Marine-Stützpunkt; Überseehafen.

**Norfolkinsel,** engl. *Norfolk Island,* vulkan. Insel u. austral. Bundesterritorium in der Tasmansee des Pazif. Ozeans, 34,2 km², 1400 Ew. (Weiße u. polynes. Mischlinge), Hauptort: *Kingston.* – 1788 bis 1851 brit. Sträflingskolonie, seit 1914 australisch.

**Noricum,** im Altertum röm. Prov. im Ostalpenraum; bewohnt von einer urspr. illyr., später mit Kelten vermischten Bev., deren führender Stamm die *Noriker* waren; 16 v. Chr. von den Römern unterworfen.

**Norilsk,** Stadt in der RSFSR (Sowj.), am nw. Rand des Mittelsibir. Berglands, 181 000 Ew.; nördlichste Großstadt der Erde; Nickel-, Kupfer- u. Kobaltabbau.

**Norische Alpen,** sö. Teil der östr. Zentralalpen, zw. den Hohen Tauern u. Graz; im *Eisenhut* 2441 m.

**Norm, 1.** Durchschnittsmaß, Richtschnur, Forderung. – **2.** die Kurzangabe von Buchtitel u. Verfasser unten links auf der ersten Seite jedes Druckbogens (*Bogensignatur*). – **3.** → Normung.

**normal,** regelrecht, regelmäßig, vorschriftsmäßig, allg. üblich; geistig gesund.

**Normale,** eine auf der Tangente einer ebenen Kurve oder auf der Tangentialebene einer krummen Fläche im Berührungspunkt senkr. Gerade.

**Normalelemente,** nach bestimmten Vorschriften hergestellte, reproduzierbare elektr. (galvan.) Elemente, die eine bestimmte, konstante Spannung haben u. zu Vergleichsmessungen dienen.

**Normalnull,** Abk. *NN,* für alle dt. Höhenmessungen verwendete Bezugsfläche in Höhe des mittleren Wasserstands des Amsterdamer Pegels.

**Normandie** [-mã'di], histor. Prov. (ehem. Hzgt.) N-Frankreichs, erstreckt sich zw. der Bretagne u. der Maine im SW u. der Picardie im NO von der Île-de-France bis zum Ärmelkanal, 29 841 km², 3,01 Mio. Ew.; Hptst. *Rouen.* – G e s c h.: In der Römerzeit zur Prov. *Gallia Lugdunensis secunda,* in der Merowingerzeit zu *Neustrien* gehörend, wurde die N. seit dem 9. Jh. Durchzugs- u. Siedlungsgebiet der dän. *Normannen.* Die Eroberung Englands durch Herzog *Wilhelm von der N.* (1066) u. seine Krönung zum König von England legte den Grundstein für die von seinem Sohn *Heinrich I.* begonnene, von *Heinrich II. Plantagenet* 1154 vollendete Vereinigung der N. mit England. Erst 1204 gelang dem frz. König *Philipp II. August* der Erwerb der N., den England 1259 anerkannte. Im Hundertjährigen Krieg kam die N. erneut (1415–50) in Besitz Englands.

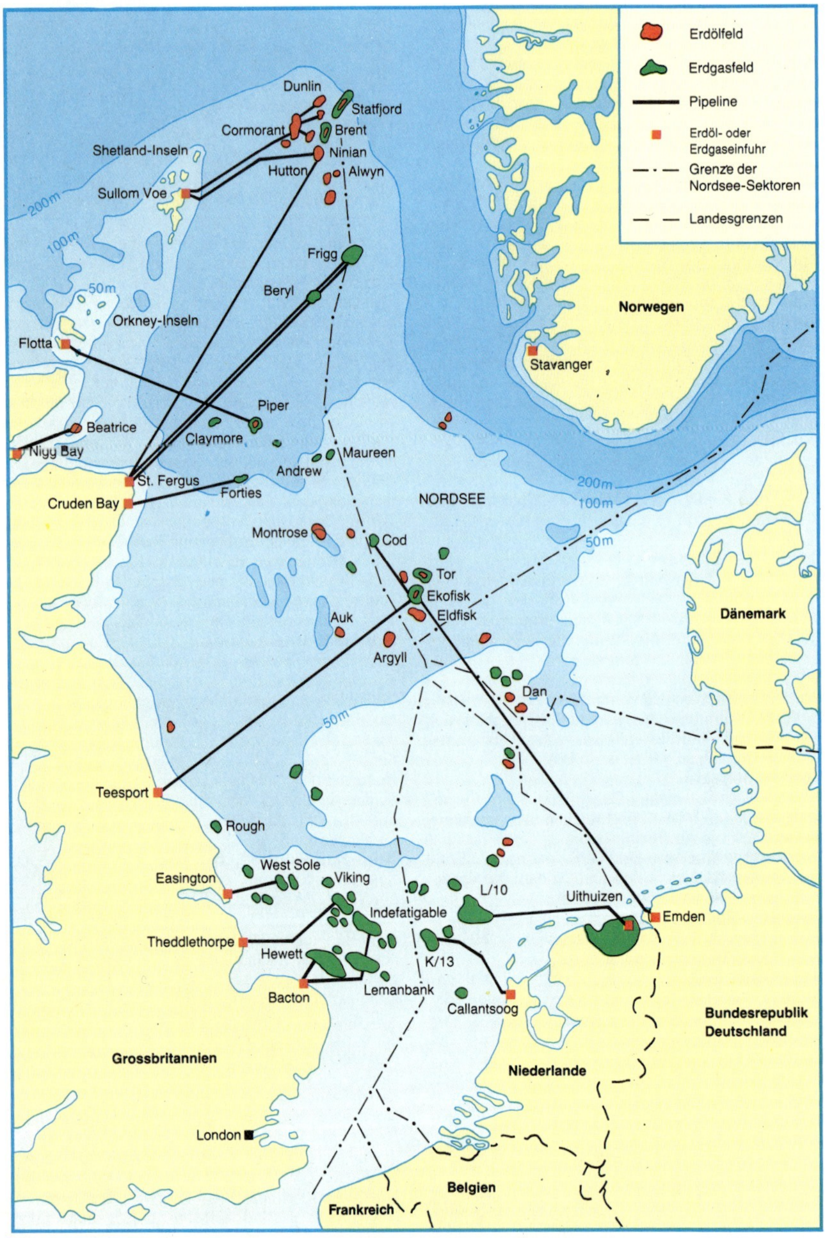

*Normannen: Ruine der Abtei von Jumièges in der Normandie*

**Normannen,** *Nordmannen, Wikinger,* mittelalterl. Bez. für Skandinavier, bes. für die seit dem Ende des 8. Jh. die europ. Küstenstädte u. -gebiete plündernden Seefahrer aus den nord. Ländern. Ihre Flotten drangen bis ins Mittelmeer vor (Plünderung Asturiens u. Portugals 844; Eroberung des arab. Sevilla; Vorstöße gegen Marokko, die Balearen, in die Provence u. die Toskana). Eine Gruppe unter *Rollo* ließ sich in der Gegend um Rouen nieder u. gründete 911 das Hzgt. *Normandie.* Andere Scharen setzten sich seit 866 in England fest. *Knut d. Gr.* vereinte Dänemark, England u. Norwegen unter seine Krone. 1066 eroberten die nordfrz. N. England. Seit 860 kamen die N. nach Island, seit etwa 981 nach Grönland, um 1000 nach Amerika. Schwedische N. *(Waräger)* drangen in den Ostseeraum u. nach Rußland vor (9. Jh.), wo sie die Herrschaften von *Kiew* u. *Nowgorod* gründeten. Auf der Wolga u. durchs Schwarze Meer drangen N. bis Byzanz vor. R. *Guiscard* eroberte ganz Unteritalien. *Roger I.* entriß den Arabern Sizilien u. Malta. Die Kreuzfahrerstaaten in Syrien wurden z.T. von N. getragen. *Roger II.* wurde 1130 vom Papst, der die N. als Gegengewicht gegen die dt. Könige u. Kaiser brauchte, als König von Sizilien, Kalabrien u. Apulien anerkannt.

**normativ,** normgerecht, als Norm dienend.

**Normenkontrolle,** Prüfung der förml. (verfahrensmäßigen) oder sachl. (inhaltl.) Vereinbarkeit von Rechtsvorschriften mit höherrangigem Recht, z.B. Gesetzen mit der Verf. von Landesrecht mit Bundesrecht. In der BR Dtld. üben das Bundesverfassungsgericht u. die Verfassungsgerichte der Länder die N. aus.

**Normospermie,** *Normozoospermie,* das der Norm entspr. Vorhandensein von 20–120 Mio. Samenzellen pro ml Samenflüssigkeit; davon sollen mindestens 60–80 % lebhaft beweglich sein.

**Normung,** Vereinheitlichung (Normalisierung) der Abmessung, Benennungen, Qualitätsanforderungen, Verfahren u.ä., durch die eine rationale Fertigung in großen Stückzahlen, Verminderung der Lagerbestände u. leichtere Ersatzbeschaffung erreicht werden sollen. N. auf höherer Ebene ist die *Typisierung* zusammengesetzter Erzeugnisse (Maschinen u.a.), die den Übergang von der Einzel- zur Serienfertigung gestattet.

**Nornen,** in der nord. Myth. die drei Schicksalsgöttinnen: *Urd* (Vergangenheit), *Werdandi* (Gegenwart), *Skuld* (Zukunft).

**Norrbotten,** Provinz (Län) in N-Schweden, 98 906 km², 261 000 Ew., Hptst. *Luleå;* Eisenerzabbau bei Kiruna.

**Norris,** Frank, *1870, †1902, US-amerik. Schriftst.; Vertreter des Naturalismus.

**Norrish** ['nɔriʃ], Ronald George Wreyford, *1897, †1978, brit. Physikochemiker; arbeitete über Reaktionskinetik; Nobelpreis für Chemie 1967.

**Norrköping,** Hafenstadt in der südschwed. Prov. (Län) Östergötland, 119 000 Ew.; Holz-, Papier- u. Textil-Ind.

**Norrland,** Ldsch. im N Schwedens, 243 300 km², 1,2 Mio. Ew.; moor-, nadelwald- u. erzreiche Hügelländer, siedlungsarm.

**Northampton** [nɔ:'θæmptən], Hptst. der mittelengl. Gft. *N.shire,* 145 000 Ew.; Leder-, Metall- u. Textil-Ind.

**North Carolina** [nɔ:θ kærə'lainə], Gliedstaat der → Vereinigten Staaten von Amerika.

**North Dakota** [nɔ:θ də'koutə], Gliedstaat der → Vereinigten Staaten von Amerika.

*Nordsee: Erdöl- und Erdgasvorkommen und ihre Nutzung durch die Anrainerstaaten*

**Northeim,** Krst. in Nds., westl. des Harzes, 31 000 Ew.; mittelalterl. Altstadt; versch. Ind.
**Northrop** [ˈnɔːθrəp], John Howard, *1891, †1987, US-amerik. Biochemiker; arbeitete über Enzyme u. Viren; Nobelpreis für Chemie (zus. mit J.B. *Sumner* u. W.M. *Stanley*) 1946.
**Northumberland** [nɔːˈθʌmbələnd], **1.** Gft. im nördlichsten England, 5032 km², 301 000 Ew., Hptst. *Newcastle upon Tyne;* im NW Nationalpark. – **2.** bis 1066 angelsächs. (Teil-)Königreich *(Northumbrien).*
**Northwest Territories** [ˈnɔːθˈwɛst ˈtɛrɪtərɪz], *Nordwestterritorien,* Territorium im N von → Kanada, umfaßt den festländ. Bereich zw. dem Yukon Territory im W u. der Hudsonbai im O sowie den nördl. vorgelagerten Kanad. Archipel.
**Norwegen,** Staat in N-Europa, 323 895 km², 4,2 Mio. Ew., Hptst. *Oslo.*
L a n d e s n a t u r. Hinter der reich gegliederten atlant. Fjordküste mit ihrem Schärengürtel erhebt

*Norwegen*

sich der größte Teil des Festlands zu einer gebirgigen Hochfläche *(Fjell,* 1000–2000 m ü.M.). Nur die S-Küste wird von einem größeren Tiefland eingenommen. An der Küste ist das Klima ozeanisch mild u. feucht, auf dem Hochland nimmt es kontinentaleren Charakter an.
Die B e v ö l k e r u n g gehört zu 94% der luth. Staatsreligion an u. konzentriert sich zu fast ⅓ an der S-Küste.
W i r t s c h a f t. Rd. 3% der Landfläche werden landwirtschaftl. genutzt. Eine wirtsch. große Rolle haben Viehzucht, Seefischerei u. Waldnutzung. An Bodenschätzen finden sich Schwefelkies, Eisen-, Kupfer-, Titan-, Zink- u. Bleierze. Aus der Nordsee werden bed. Erdöl- u. Erdgasmengen gefördert. Die Ind. umfaßt bes. Schiffbau-, Holz-, Metall-, Papier-, Textil-, Nahrungsmittel- u. Elektroindustrie. Ausgeführt werden Holz, Papier u. Fischereiprodukte. Das Verkehrsnetz ist nur im S dicht. Die Küstenschiffahrt spielt eine große Rolle. Die Handelsflotte umfaßt 22,3 Mio. BRT. Haupthäfen sind Oslo, Bergen, Stavanger u. Narvik.
G e s c h i c h t e. *Harald Schönhaars* Sieg (um 872) über die Stammeskönige vereinigte N. *Olaf I. Trygvasson* sowie *Olaf II., der Heilige* christianisierten das Land. *Haakon IV. Haakonsson* (1217–63) konnte die Königsmacht endgültig festigen. Er sicherte dem Land den Besitz Islands u. Grönlands. 1319 wurde N. in Personalunion mit Schweden regiert, 1380 in Personalunion mit Dänemark. Königin *Margarete* vereinigte 1397 die drei Reiche N., Dänemark u. Schweden in der *Kalmarer Union.* (Die dän. Könige blieben bis 1814 auch Könige von N.). N. behielt den Status einer dän. Prov. Im Kieler Frieden 1814 kam N. an Schweden. 1905 wurde die Union aufgelöst. Der dän. Prinz Karl wurde zum König gewählt u. regierte als *Haakon VII.* bis 1957. N. blieb während des 1. Weltkriegs neutral. Im 2. Weltkrieg wurde N. 1940–45 von dt. Truppen besetzt. 1949 trat N. der NATO bei. N. ist Gründungsmitglied der UN u. Mitgl. des Nordischen Rats. Staatsoberhaupt ist seit 1967 König *Olaf V.* Min.-Präs. ist seit 1990 *G.H. Brundtland.* – N. ist eine konstit. Erbmonarchie auf parlamentar.-demokrat. Grundlage.
**Norwich** [ˈnɔrɪdʒ], Hptst. der ostengl. Gft. Norfolk, 122 000 Ew.; Univ.; normann. Kathedrale (14./15. Jh.), Schloß (12. Jh.); Eisen-, Maschinen-, Nahrungsmittel-Ind.
**Noske,** Gustav, *1868, †1946, dt. Politiker; 1919/20 erster Reichswehr-Min. (Rücktritt nach dem *Kapp-Putsch*).
**Nossack,** Hans Erich, *1901, †1977, dt. Schriftst. (Dramen, Essays, Lyrik u. Romane).
**Nostalgie,** Sehnsucht nach der Vergangenheit.
**Nöstlinger,** Christine, *13.10.1936, österreich. Schriftst. (Kinder- u. Jugendbücher).
**Nostradamus,** eigtl. *Michel de Notre-Dame,* *1503, †1566, frz. Astrologe; Leibarzt *Karls IX.,* bek. durch seine geheimnisvollen »*Centuries*« (Prophezeiungen bis 3000 n. Chr.).
**Nota,** Vorbemerkung, Aufzeichnung; Rechnung.
**Notabeln,** durch Vermögen oder Rang ausge-

zeichnete Personen; in Frankreich seit dem 15. Jh. bis zur Frz. Revolution eine vom König berufene Versammlung *(Assemblée des notables).*
**notabene,** Abk. *NB,* wohlgemerkt, übrigens, Achtung!
**Notar,** Jurist, der v.a. für Beurkundungen (z.B. Erbverträge) zuständig ist. – **notariell,** vom, durch den N. (ausgeführt).
**Notation,** Aufzeichnung eines Musikstücks in Notenschrift. Der erste Versuch, Töne schriftl. festzuhalten, stammt aus Ägypten ca. 2700 v. Chr. Pers. u. byzantin. N. waren Grundlage der *Neumen* (»Winke«), die vom 8. bis 11. Jh. in Europa verwendet wurden. Von etwa 1260 bis um 1600 diente dann die *Mensural-N.* der Aufzeichnung der Vokalmusik mit Ausnahme des Gregorian. Chorals. Vom frühen 14. Jh. bis ins späte 18. Jh. waren zahlr. *Buchstabennotenschriften* für Orgel u. Zupfinstrumente verbreitet *(Tabulaturen). Partituren* gibt es erst seit Beginn des Generalbaßzeitalters (um 1600). Die heutige N. mit einem Fünf-Linien-System hat sich aus der Mensural-N. entwickelt. Die elektron. Musik arbeitet mit einer völlig neuen N., z.T. werden graph. Zeichen verwendet.
**Notbremse,** Bremseinrichtung zur Schnellbremsung im Fall einer Gefahr bei Eisenbahn, Straßenbahn u. U-Bahn; kann vom Fahrer, jedoch auch vom Fahrgast ausgelöst werden.
**Note, 1.** offizielle (diplomat.) schriftl. Mitteilung. – **2.** Bemerkung, Anmerkung. – **3.** musikal. Schriftzeichen. – **4.** kurz für Banknote. – **5.** Bewertung, Zensur.
**Notenbank,** mit dem Recht zur Notenausgabe *(Notenprivileg)* ausgestattete Bank; in der BR Dtld. die *Dt. Bundesbank;* in Östr.: Oesterreichische Nationalbank.
**Notenschlüssel,** in der Musik Zeichen am Beginn der Notenlinien, das die Tonlage der Noten bestimmt, z.B. Baß-, Violinschlüssel. – B → S. 634
**Nothelfer,** Vierzehn Heilige, die in der Volksfrömmigkeit als Helfer in vielen Anliegen gelten; in Dtld. im 14. Jh. zusammengestellt: Achatius, Ägidius, Barbara, Blasius, Christophorus, Cyriakus, Dionysius, Erasmus, Eustachius, Georg, Katharina, Margareta, Pantaleon u. Vitus.
**Notierung,** Festsetzung von Kursen oder Warenpreisen an der Börse.
**Notifikation,** Bekanntmachung, Mitteilung in Form einer *Note,* bes. im Völkerrecht.
**Nötigung,** Erzwingung eines Verhaltens, das der Betroffene nicht will; strafbar als *rechtswidrige N.* mit Gewalt oder durch Drohung mit einem empfindl. Übel.
**Notke,** Bernt, *um 1435, †1509, dt. Bildhauer, Maler u. Graphiker; Hauptmeister der Spätgotik im Ostseeraum.
**Notker, 1.** *N. Balbulus* [»der Stammler«], *um 840, †912, mittellat. geistl. Dichter; Benediktinerpater in St. Gallen; entwickelte die *Sequenz* textl. u. musikal. zur selbständigen Form. – **2.** *N. Labeo* [»der Großlippige«], auch *N. Teutonicus* [»der Deutsche«], *um 950, †1022, spät-ahd. Gelehrter;

Übersetzung lat. Texte unter Beifügung eigener Erklärungen ins Althochdeutsche; bemühte sich um aussprachegetreue Rechtschreibung.
**notorisch,** offenkundig; gewohnheitsmäßig.
**Notre Dame** [nɔtrəˈdam; frz. »Unsere (liebe) Frau«], Bez. für die Gottesmutter Maria u. die ihr geweihten Kirchen. Am bekanntesten ist die Kathedrale in Paris (1163–1330), ein Hauptwerk der frz. Gotik.
**Notstand, 1.** Rechtfertigungsgrund zur Zerstörung oder Beschädigung einer Sache, um eine Gefahr abzuwenden. Ggf. besteht aber Schadenersatzpflicht des Handelnden. – **2.** *polizeil. N.,* Rechtfertigungsgrund für die Heranziehung von unbeteiligten Dritten (»Nichtstörern«) zur Beseitigung einer Störung der öffentl. Sicherheit u. Ordnung oder einer unmittelbar bevorstehenden Gefahr im Sinn des Polizeirechts *(polizeil. Gefahr),* wenn diese nicht von einem Störer verursacht oder wenn der Störer nicht greifbar ist. – **3.** die Notlage des Staates infolge äußerer oder innerer Bedrohung der Sicherheit sowie bei Naturkatastrophen. – **4.** 1. als *Schuldausschließungsgrund* der unverschuldete, nicht anders zu beseitigende N. für Handlungen zur Rettung aus gegenwärtiger Gefahr für Leib oder Leben des Täters oder eines Angehörigen oder für Handlungen, zu denen der Täter durch unwiderstehliche Gewalt oder durch Drohung mit gegenwärtiger, nicht anders abwendbarer Gefahr für Leib oder Leben (auch eines Angehörigen) genötigt wird *(Nötigungs-N.);* 2. als *rechtfertigender N.* für Handlungen, durch die ein geringerwertiges Rechtsgut zugunsten eines höherwertigen geopfert wird, das nur auf diese Weise gerettet werden kann *(Güterabwägung).*
**Nottingham** [ˈnɔtɪŋəm], Hptst. der mittelengl. Gft. *N.shire,* 278 000 Ew.; Univ.; Kohlenbergbau, versch. Ind. – Nach engl. Balladen des 14./15. Jh. lebte im Sherwood Forest bei N. der Volksheld *Robin Hood.*
**Notturno** → Nocturne.
**Notverordnung,** nur im Notstand zulässige VO (anstelle eines Gesetzes) der Reg. ohne Mitwirkung des Parlaments, nach der Weimarer Verf. Art. 48; im GG der BR Dtld. nicht vorgesehen.
**Notwehr,** zur Abwehr eines gegenwärtigen, rechtswidrigen Angriffs von sich oder einem anderen erforderl. Verteidigung; jedes Rechtsgut darf durch N. geschützt werden. Die N. ist *Rechtfertigungsgrund* in den meisten Rechtsordnungen; bei einem *Mißbrauch* der N. (z.B. Tötung zum Schutz wertloser Güter) entfällt die Rechtfertigung.
**Notzucht** → Vergewaltigung.
**Nouadhibou** [nuadiˈbu], fr. *Port-Etienne,* Hafenstadt in Mauretanien (W-Afrika), 24 000 Ew.; Flughafen.
**Nouakchott** [nuakˈʃɔt], Hptst. von Mauretanien, an der Fernstraße Dakar-Agadir, 285 000 Ew.; Hafen; Meerwasserentsalzungsanlage.

*Norwegen: Ålesund, Fischereizentrum und Industriestadt, liegt auf zahlreichen Inseln zwischen dem Storfjord und dem offenen Meer*

## 634 Nougat

*Novemberrevolution: Massenversammlung vor dem Reichstag in Berlin, 1918*

**Nougat** ['nu:], *Nugat,* Konfektmasse aus gerösteten Nüssen oder Mandeln u. Zucker, mit oder ohne Kakao *(Weißer N.* oder *Türk. Honig).*

**Nouméa** [nu-], Hptst. des frz. Überseeterritoriums *Neukaledonien,* 74 000 Ew.; Nickelverarbeitung.

**Nouveau Roman** [nu'vo rɔ'mã], in den 1950er Jahren entstandene Richtung der frz. Romanliteratur, die eine objektive Darstellung u. die Distanz des Erzählers von seinem Gegenstand verlangt: A. *Robbe-Grillet,* N. *Sarraute,* M. *Butor* u.a.

**Nova,** *Novae* → Neue Sterne.

**Novalis** [auch 'nɔ-], eigtl. Friedrich Frhr. von *Hardenberg,* \*1772, †1801, dt. Dichter der Romantik; entwickelte ein Weltbild des »magischen Idealismus« sowie ein verklärendes Bild des religiös geeinten u. geordneten MA. W »Hymnen an die Nacht«, »Die Christenheit oder Europa«, »Heinrich von Ofterdingen« (Entwicklungsroman).

**Novara,** ital. Stadt im östl. Piemont, Hptst. der gleichn. Prov., 103 000 Ew.; Bischofssitz; Maschinenbau, chem., Nahrungsmittel- u. Textil-Ind.

**Nova Scotia** ['nɔuvə 'skɔuʃə], Prov. im östl. → Kanada.

**Novation,** (Schuld-)Umwandlung.

**Novelle, 1.** Erzählung, die ein ungewöhnl., für die beteiligten Personen wichtiges Ereignis berichtet u. ohne Umschweife auf den Höhepunkt der Handlung zustrebt; knappe, gestraffte Form u. ein vom Inhalt her bestimmter, meist dramat. Stil (überw. in Prosa) ohne bes. Hervortreten des Erzählers; als lit. Gatt. in der Renaissance ausgebildet; Blütezeit der dt. N. im 19. Jh. (u.a. A. von *Droste-Hülshoff,* A. *Stifter,* G. *Keller,* C.F. *Meyer,* T. *Storm*). Der engl. Begriff *novel* u. span. *novela* entsprechen nicht der dt. N., sondern dem Roman. – **2.** Änderungs- oder Ergänzungsgesetz, meist zur Anpassung eines Gesetzes an eine neuere Entwicklung.

**Novemberrevolution,** der polit. Umsturz im Nov. 1918, der am Ende des 1. Weltkriegs das dt. Kaiserreich in eine Rep. verwandelte *(Weimarer Republik).* Die N. begann mit Meutereien auf der Schlachtflotte in Kiel u. breitete sich auf die Arbeiterschaft zahlr. dt. Großstädte aus. Bereits am 7. u. 8. Nov. wurden in München u. Braunschweig Republiken ausgerufen. Hier wie überall im Dt. Reich dankten die Monarchen ab. Gleichzeitig setzte sich die *SPD* an die Spitze der Revolution, um ein Abgleiten in die Anarchie zu verhindern. Am 9. Nov. verkündete Reichskanzler Prinz *Max von Baden* die Abdankung des Kaisers, P. *Scheidemann* rief die dt. Rep. aus.

**Novi Sad** ['nɔvi:'sa:d], dt. *Neusatz,* Stadt in Jugoslawien, an der Donau, nw. von Belgrad, Hptst. der autonomen Prov. Vojvodina, 170 000 Ew.; Maschinenbau u.a. Ind.; Binnenhafen.

**Novität,** Neuheit, Neuigkeit; im Buchhandel auch Neuerscheinung.

**Novize** [der], die *Novizin,* eine Person, die in die Gemeinschaft eines kath. Ordens aufgenommen werden will. Sie muß 15 Jahre alt sein u. vor Ablegung der Ordensgelübde eine mindestens einjährige Probezeit *(Noviziat)* bestehen.

**Novum,** Neuheit, noch nicht Dagewesenes; neuer Gesichtspunkt.

**Nowa Huta,** Stadtteil von Krakau; Stahlwerke.

**Nowaja Semlja,** sowj. Inselgruppe im Nördl. Eismeer, 82 600 km², 450 Ew. (meist Samojeden); Pelztierfang, Fischerei; Kupfer- u. Steinkohlenbergbau.

**Nowgorod,** Hptst. der gleichn. Oblast in der RSFSR (Sowjetunion), nördl. des Ilmensees, 228 000 Ew.; Sophienkathedrale (11. Jh.), Kreml (14. Jh.); Holz-, Metall- u. Nahrungsmittel-Ind., Binnenhafen. – Vom 12.–15. Jh. Blütezeit als Hansestadt.

*Nowosibirsk: Das Opern- und Balletttheater ist das größte Opernhaus der Sowjetunion*

**Nowokusnezk,** Ind.-Stadt in der RSFSR (Sowj.), im südl. Sibirien, 589 000 Ew.; mehrere HS; Zentrum des *Kusnezker Beckens;* Eisenhüttenkombinat u.a. Ind.

**Nowomoskowsk,** Ind.-Stadt in der RSFSR (Sowj.), sö. von Tula, im Moskauer Kohlenbecken, 147 000 Ew.; Braunkohlenbergbau, Kalk- u. Stickstoffkombinat; Wärme-Großkraftwerk.

**Noworossijsk,** Stadt in der RSFSR (Sowj.), am Schwarzen Meer, 179 000 Ew.; verschiedene Ind., Schiffswerften; einer der größten sowj. Häfen.

**Nowosibirsk,** Hptst. der gleichn. Oblast in der RSFSR (Sowj.), in W-Sibirien, am Ob unterhalb des *N.er Stausees,* 1,4 Mio. Ew.; Univ., HS; Maschinen-, Flugzeug-, Traktoren-, Automobilbau u.a. Ind.; Großkraftwerke; Binnenhafen; Flughafen.

**Nowotscherkassk,** Stadt in der RSFSR (Sowj.), nordöstl. von Rostow am Don, 188 000 Ew.; mehrere HS; Lokomotivfabrik, Textil-Ind.; Wärmekraftwerk.

**NPD,** Abk. für *Nationaldemokratische Partei Deutschlands.*

**NSC,** Abk. für engl. *National Security Council, Nationaler Sicherheitsrat,* das oberste Organ der USA in Verteidigungsfragen (nächst dem Präsidenten); Sitz: Washington.

**NSDAP,** Abk. für *Nationalsozialistische Deutsche Arbeiterpartei,* → Nationalsozialismus.

**NT,** Abk. für *Neues Testament.*

**NTC-Widerstand,** ein elektrotechn. Bauelement, dessen Widerstand mit steigender Temperatur abnimmt; in der Meß- u. Regeltechnik angewandt.

**Nuance** [ny'ã:sə], feiner Unterschied.

*Nuba: Frauen vor einem Lehmhaus, in dem die täglichen Speisen zubereitet werden*

**Nuba,** *Berg-N.,* afrik. Volk im Bergland der Rep. Sudan.

**Nubien,** das bibl. *Kusch,* arab. *Bilâd Al Barâbra,* Ldsch. am Nil, zw. Assuan (Ägypten) u. Khartum (Sudan), außerhalb des Niltals Savannen- u. Wüstengebiet, rd. 550 000 km², rd. 3,5 Mio. Ew. *(Nubier* u. *Bedja);* Kamel-, Ziegen- u. Schafzucht, Ackerbau im Niltal.

**Nubier,** vorw. bäuerl. islam. Bev. des Niltals südl. von Assuan u. in O-Kordofan, mit Negriden vermischte Hamiten.

**Nubische Wüste,** NO-afrik. Ldsch. in der Rep. Sudan, zw. dem Nil bei Wadi Halfa u. Port Sudan am Toten Meer, 400 000 km², vorw. Fels- u. Sandwüste; extrem trocken, unbewohnt.

**Nuclein,** *Nuklein,* Eiweißstoff des Zellkerns; enthält Phosphorsäure.

**Nucleinsäuren,** Abk. *NS,* hochmolekulare, aus *Nucleotiden* aufgebaute chem. Verbindungen, die bei Hydrolyse in stickstoffhaltige Basen, Phosphorsäure u. Zucker zerfallen. N. sind im Organismus stets in Verbindung mit Proteinen vorhanden. Man unterscheidet *Ribo-N.* (Abk. *RNS*) u. *Desoxyribo-N.* (Abk. *DNS*). RNS enthält als gebundenen Zucker *Ribose (D-Ribose)* u. die Base *Uracil,* DNS als Zucker *Desoxyribose* u. die Base *Thymin.* DNS ist in der Zelle in den Chromosomen enthalten; aus DNS bestehen die Gene. Über Millionen von Zellgenerationen werden diese unverändert weitergegeben, weil die DNS die Fähigkeit zur sterl. Reduplikation hat. Einige Pflanzenviren haben RNS anstelle von DNS als genet. Material.

**Nucleoproteine,** *Nukleoproteide,* makromolekulare Substanzen aus Nucleinsäuren u. Eiweiß; kommen hpts. im Zellkern vor.

**Nucleotide,** organ.-chem. Verbindungen aus Pu-

*Notenschlüssel*

rinbasen (wie Adenin u. Guanin) oder aus Pyrimidinbasen (wie Cytosin, Uracil u. Thymin), aus Zucker (Ribose, Desoxyribose) u. Phosphorsäure. Hochmolekulare, aus Nucleotid-Einheiten aufgebaute Verbindungen sind die → Nucleinsäuren.
**Nucleus,** *Nukleus,* der Zellkern.
**Nudismus** → Freikörperkultur.
**Nuevo León,** Bundesstaat im gebirgigen NO von → Mexiko.
**Nugat** → Nougat.
**Nugget** [′nʌgit], Stück gediegenen (reinen) Goldes.
**nuklear,** den (Atom-) Kern betreffend.
**nukleare Waffen** → Atomwaffen.
**Nuklearmedizin,** med. Fachgebiet, das sich mit der diagnost. u. therapeut. Anwendung der Kernenergie (Radioaktivität) befaßt.
**Nukleonen,** die schweren Elementarteilchen des Atomkerns: *Protonen* u. *Neutronen*.
**Null,** Zahlzeichen 0, Grenze zw. den positiven u. negativen Zahlen. Die Addition/Subtraktion von N. liefert die urspr. Zahl; die Multiplikation mit N. ergibt N.; die Division durch N. ist nicht definiert u. hat keinen Sinn.
**Nulldiät,** Fastenkur zur starken Gewichtsabnahme in kurzer Zeit; erlaubt sind nur ausreichende Aufnahme von Flüssigkeit ohne Brennwert sowie Zusätze von Vitaminpräparaten u. Mineralstoffen. Die N. sollte nur unter ärztl. Kontrolle durchgeführt werden.
**Nulleiter,** *Mittelleiter,* der vierte, geerdete Leiter im Drehstromsystem zum Führen des Sternpunktstroms bei unsymmetr. Belastung.
**Nullmeridian,** *Anfangsmeridian,* Ausgangsmeridian für die Zählung der Längenkreise; seit 1911 gilt nach internat. Vereinbarung der Längenkreis der Londoner Sternwarte *Greenwich* als N.
**Nulltarif,** unentgelt. Beförderung mit öffentl. Verkehrsmitteln; Forderung der polit. Linken seit etwa 1968.
**Numeiri,** *Nimeiri,* Dschafar (Jafar) Mohammed An, *1.1.1930, sudanes. Politiker u. Offizier; am Staatsstreich von 1969 beteiligt, seit 1971 Staats-Präs.; 1985 nach soz. Unruhen gestürzt.
**Numen,** gottheitl. Wesen mit dem Charakter der Heiligkeit.
**Numerale,** das *Zahlwort*. Man unterscheidet: *Grundzahl (Kardinale),* z.B. »drei«; *Ordnungszahl (Ordinale),* z.B. »dritter«; *Multiplikativum,* z.B. »dreifach«; *Distributivum,* z.B. »je drei«; *Zahladverb,* z.B. »dreimal«; *Teilungszahl,* z.B. »Drittel«.
**Numeri,** das 4. Buch Mose; enthält kulturgesetzl. Vorschriften.
**numerieren,** durchzählen u. beziffern.
**numerisch,** zahlenmäßig, (nur) der Zahl nach, auf Zahlen bezüglich.
**numerische Steuerung,** *NC-Steuerung,* Steuerung von Werkzeugmaschinen, bei der die Befehle für die Arbeitsgänge digital, d.h. in Form von Zahlen (numerisch), eingegeben werden. Als Datenspeicher dienen Lochstreifen, Magnetbänder u. Halbleiterspeicher.

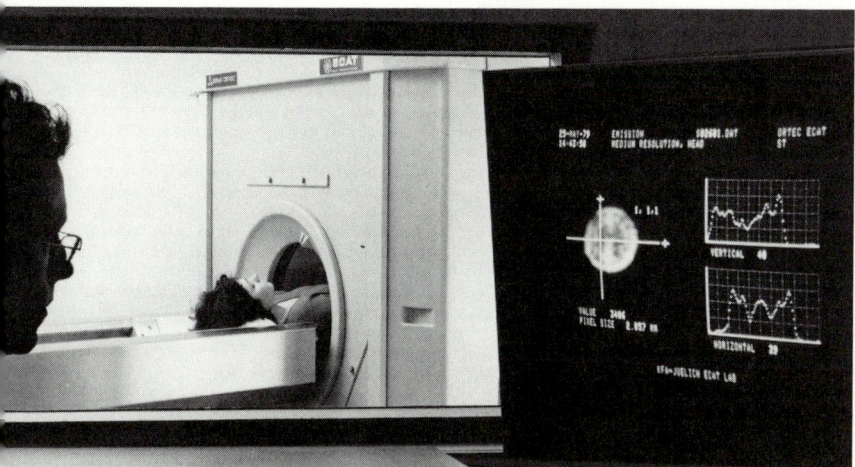

*Nuklearmedizin: Patientin im Emissionstomographen*

**Numerus,** 1. Zahlform der Nomina u. Verba. Man unterscheidet *Singular* u. *Plural.* – **2.** Zahl; insbes. die Zahl, die logarithmiert wird.
**Numerus clausus,** zahlenmäßig beschränkte Zulassung zum Hochschulstudium.
**Numidien,** im Altertum das Gebiet westl. u. südl. von Karthago, das urspr. von afrik. Nomaden **(Numider)** bewohnt war; 46 v. Chr. röm. Prov.
**Numismatik,** die Münzkunde.
**Nummernkonto,** anonymes Konto, das nur durch die Kontonummer bez. ist; in der Schweiz zulässig, wenn das Kreditinstitut vor Eröffnung eines N.s die Identität des Inhabers geprüft hat.
**Nummuliten** → Foraminiferen.
**Nunatak,** in polaren Landgebieten aus dem Inlandeis herausragender eisfreier Berg.
**Nuntius,** *Apostol. N.,* diplomat. Vertreter des hl. Stuhls (Vatikan) im Rang eines Botschafters; in manchen Staaten aufgrund eines Konkordats ständiger *Doyen* (Sprecher) des *Diplomat. Korps.*
**Nupe,** afrik. Volk in N-Nigeria; gründeten im 13. Jh. ein Reich; höf. Kultur mit despot. König; im 18. Jh. islamisiert; 1806 von den Fulbe, 1901 von Engländern unterworfen.
**Nürburgring,** größte u. schwierigste dt. Rennstrecke für den Motorsport, an der *Nürburg* in der Eifel gelegen.
**Nurejew** [-jef], *Nureev,* Rudolf Gametowitsch, *17.3.1938, brit. Tänzer u. Choreograph russ. Herkunft; erfolgreich im Leningrader *Kirow-Ballett,* seit 1961 im Londoner Royal Ballet; seit 1982 Leiter des Balletts der Pariser Oper.
**Nurmi,** Paavo, *1897, †1973, finn. Leichtathlet; 9facher Olympiasieger im Langstreckenlauf, 22 Weltrekorde.

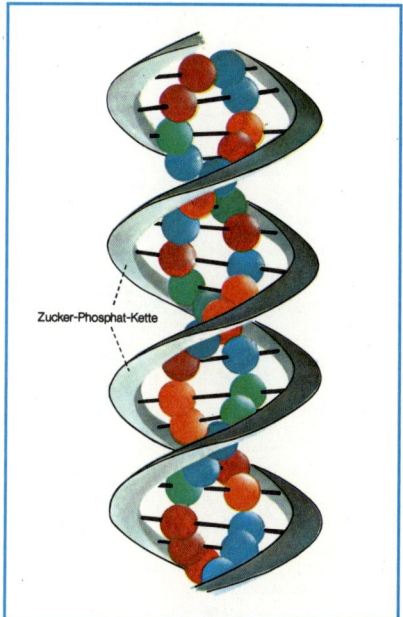

*Nucleinsäuren: das räumliche Strukturmodell der Desoxyribonucleinsäure (DNS) nach J. D. Watson und F. H. C. Crick, die sogenannte »Doppelhelix«*

*Rudolf Nurejew tanzt im klassischen und im modernen Ballett mit hinreißendem Ausdruck*

**Nürnberg,** Stadt in Bay., im mittelfränk. Becken, zu beiden Seiten der Pegnitz, mit *Fürth* zusammengewachsen, 467 000 Ew.; Wirtschafts- u. Verkehrszentrum in N-Bayern; Bundesanstalt für Arbeit; z.T. mittelalterl. Stadtbild; Sebalduskirche (1225–73) mit got. Hallenchor, Kreuzkirche (13.–15. Jh.) mit spätgot. Hallenchor, Albrecht-Dürer-Haus (15. Jh.), Burg (12.–16. Jh.); Christkindlmarkt (seit 1600); Germ. Nationalmuseum, Spielzeug-, Verkehrs- u. Gewerbemuseum; Zool. Garten; Planetarium; Univ. Erlangen-N., FHS; breitgefächerte Industrie, Binnenhafen am Rhein-Main-Donau-Kanal, Flughafen. – G e s c h.: Burggrafen von N. waren seit 1192 die *Hohenzollern,* 1219–1806 reichsfreie Stadt; um 1500 wirtsch., polit. u. kultureller Höhepunkt; 1806 bayr.; 1835 wurde von N. nach Fürth die erste dt. Eisenbahn gebaut. 1933–38 war N. Schauplatz der *Reichsparteitage* der NSDAP, 1945–49 der *N.er Prozesse.*
**Nürnberger Eier,** Bez. für die ältesten Taschenuhren; im 16. Jh. in Nürnberg hergestellt.
**Nürnberger Gesetze,** die 1935 auf dem Nürnberger Parteitag der NSDAP beschlossenen Rassengesetze.
**Nürnberger Prozesse,** die aufgrund des Londoner Vertrags vom 8.8.1945 zur Beendigung des 2. Weltkriegs in Nürnberg durchgeführten Prozesse zur Aburteilung dt. Kriegsverbrechen während des nat.-soz. Regimes. Der eigtl. Prozeß gegen die »Hauptkriegsverbrecher« endete mit zahlr. Todesurteilen, aber auch mit Gefängnisstrafen u. mit Freisprüchen (H. *Fritzsche,* F. von *Papen,* H. *Schacht*). Die Todesurteile wurden am 16.10.1946 vollstreckt (J. von *Ribbentrop,* W. *Keitel,* E. Kaltenbrunner, A. *Rosenberg,* H. *Frank,* J. *Streicher,* W. *Frick,* A. *Jodl,* A. von *Seyß-Inquart;* H. *Göring* u. R. *Ley* hatten Selbstmord begangen, ebenso vor

*Nürnberg: Burgviertel*

## Nürnberger Religionsfriede

*Nutria*

dem Prozeß A. *Hitler*, H. *Himmler*, J. *Goebbels* u.a.). Andere Verurteilte (K. von *Neurath*, K. *Dönitz*, E. *Raeder*, A. *Speer*, B. von *Schirach*, R. *Heß*) wurden nach Spandau überführt. Weitere Prozesse wurden nicht mehr unter internat. Beteiligung durchgeführt, sondern vor US-amerik., frz. u. brit. Militärgerichten.

**Nürnberger Religionsfriede,** am 23.7.1532 zw. Kaiser *Karl V.* u. dem *Schmalkaldischen Bund* geschlossener Vertrag, der den prot. Reichsständen bis zum nächsten Konzil bzw. Reichstag freie Religionsausübung gewährte, wogegen diese dem Kaiser Unterstützung gegen die Türken zusagten.

**Nürnberger Trichter,** spött. Bez. für ein mechan. Lehrverfahren, in Anlehnung an G. P. *Harsdörffers* »Poet. Trichter« 1647–53.

**Nürtingen,** Stadt in Ba.-Wü., am Neckar, sö. von Stuttgart, 36 000 Ew.; Maschinenbau; Textil-, Möbel- u. elektrotechn. Ind.

**Nus,** *Nous,* in der grch. Philosophie Geist, Vernunft, Sinn, Seele, Gedanke.

**Nuß, 1.** einsamige Schließfrucht mit einer festen, oft holzigen Schale; hierzu *Erdnüsse, Haselnüsse, Kokosnüsse, Paranüsse* u. *Walnüsse.* – **2.** Teilstück von der Keule bei Schlachttieren.

**Nußbaum, 1.** wichtigste Gatt. der *Nußbaumgewächse,* bek. v.a. der *Echte N.*, ein 15–20 m hoher, im Mittelmeergebiet u. westl. Asien heim. Baum mit unpaarig gefiederten Blättern u. eßbaren Steinfrüchten *(Walnüsse).* Das gut polierfähige Kernholz wird für Möbel u. Furniere genutzt. – **2.** *Japanischer N.*, → Ginkgo.

**Nüstern,** Nasenlöcher bes. beim Pferd.

**Nut,** *Nute,* in der Technik allg. eine rinnen- oder nischenartige Vertiefung an Balken, Brettern, Wellen u.ä. zur Befestigung anderer Teile.

**Nutation** *Physik:* das Wandern der Figurenachse eines symmetr. Kreisels um eine raumfeste Drehimpulsachse. In der Astronomie eine period. Schwankung in der *Präzession* der Erdachse.

**Nutria,** *Sumpfbiber, Biberratte,* biberähnliches Nagetier aus der Meerschweinchenverwandtschaft; Körper u. Schwanz je rd. 50 cm lang; Schwimmhäute an den Hinterfüßen; leben in kleinen Kolonien an den Gewässern des gemäßigten S-Amerikas, als Pelztier auch in Dtld. verwildert. Der N.pelz zählt zu den wertvollen Pelzwerken.

**Nutzholz,** für wirtsch. u. techn. Zwecke bestimmtes Holz.

**Nutzlast, 1.** die aus Verkehrslast u. ständiger Last (von gelagerten Gütern, Masch., Möbeln u.a.) bestehende, auf eine Brücke oder Decke ausgeübte Belastung. – **2.** *Nutzladung,* das Gewicht der beförderten Personen oder Güter als Zuladung eines Schiffs, Fahr- oder Flugzeugs.

**Nutzleistung,** die Leistung, die von einer Kraftmaschine zum Antrieb einer anderen Maschine abgegeben wird.

**Nutzpflanzen,** Pflanzen, die der menschl. Ernährung oder der Fütterung von Haustieren dienen oder die Genuß- oder Heilmittel oder Rohstoffe liefern. Die ältesten N. waren die *Getreide* (seit dem 8./7. Jt. v.Chr. nachweisbar), daneben seit dem 6. Jt. *Hülsenfrüchte.*

**Nyborg** ['nybɔr], Hafenstadt an der O-Küste der dän. Insel u. Amtskommune *Fünen,* 18 000 Ew.; Königsschloß (12. Jh.); Fähre über den großen Belt nach Korsör (Seeland).

**Nyerere,** Julius Kambarage, *März 1922, ostafrik. Politiker (Sozialist); gründete 1954 die *Tanganyika African National Union* (TANU) als nat. Massenpartei; seit 1962 Staats-Präs. von Tanganjika; 1965–85 Staats-Präs. von Tansania.

**Nyíregyháza** ['njiːrɛdjhaːzɔ], ungar. Komitats-Hptst., 117 000 Ew.; Zentrum des Landwirtschaftsgebiets *Nyírség* (»Feuchtland«).

**Nyköping** ['nyːtçø:-], Hptst. der schwed. Prov. (Län) Södermanland, an der Ostsee, 64 000 Ew.; Textil-, Holz- u. Fahrzeug-Ind.

**Nylon** ['nailɔn], aus einem Polyamid bestehende Kunstfaser.

**Nymphen, 1.** in der grch. Myth. weibl. Naturdämonen, die auf Bergen *(Oreaden),* in Grotten, im Meer *(Nereiden, Okeaniden),* in Quellen *(Najaden)* u. Bäumen *(Dryaden, Hamadryaden)* wohnten. – **2.** die letzten Larvenstadien bei bestimmten Insekten (z.B. Blasenfüße, Schildläuse) mit unvollkommener Verwandlung, bei denen erst im N.- oder Pronymphen-Stadium die Flügelanlagen erkennbar werden.

**Nymphenburg,** Vorort im NW von München, mit barockem Schloß (17./18. Jh.) u. Park mit den Rokokobauten *Amalien-, Baden-* u. *Pagodenburg;* berühmt durch das *N.er Porzellan.*

**Nymphensittich,** *Papagei* aus der Unterfam. der *Kakadus,* mit grauem Gefieder, rotem Wangenfleck u. gelbl. Federhaube; in Australien heim.; beliebter Käfigvogel.

**Nymphomanie,** *Mannstollheit,* übersteigerter Geschlechtstrieb bei Frauen.

**Nyon** [njɔ̃], Bez.-Hptst. im schweiz. Kt. Waadt, am Genfer See, 14 000 Ew.

**Nysa** ['nisa], poln. Name der Stadt *Neisse* u. des Flusses *Neiße.*

**Nystagmus,** *Augenzittern,* unwillkürl. rhythm. Bewegungen der Augäpfel.

**Nyx,** lat. *Nox,* in der grch. Myth. die die Nacht verkörpernde Göttin, Tochter des *Chaos;* mit Erebos zeugte sie Aither (Himmel) u. Hemera (Tag).

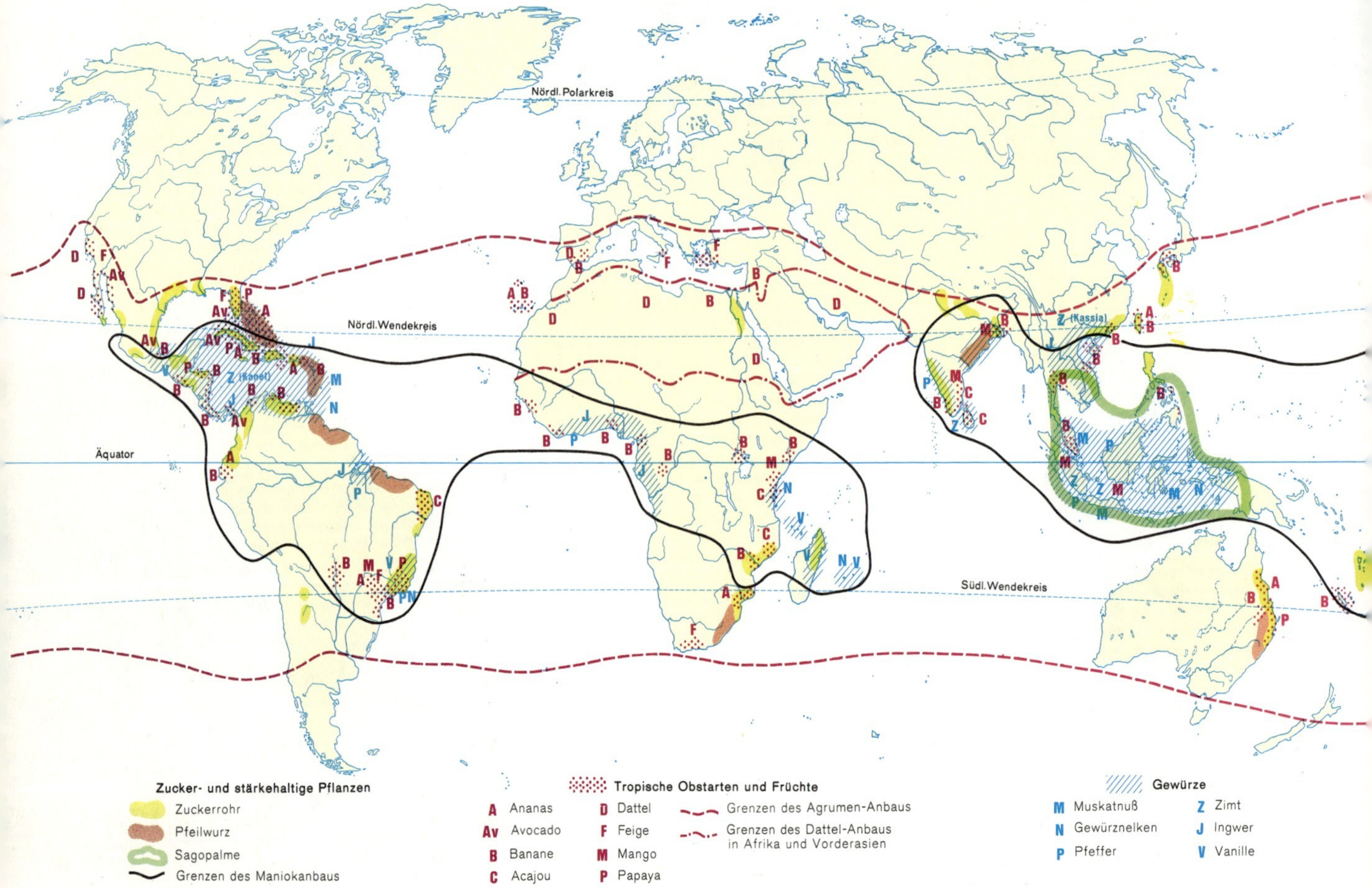

*Nutzpflanzen: Hauptverbreitung in den warmen Zonen*

# O

**o, O,** 15. Buchstabe des dt. Alphabets. Kurzes O entspricht dem grch. *Omikron (o, O),* langes O dem grch. *Omega (ω, Ω).*
**O,** chem. Zeichen für → Sauerstoff.
**Oahu,** drittgrößte Hawaii-Insel, 1575 km², 817 000 Ew., Hauptort *Honolulu* mit Flottenstützpunkt *Pearl Harbor* an der Südküste.
**Oakland** ['ɔuklənd], Ind.- u. Hafenstadt in California (USA), an der Bucht von San Francisco, 339 000 Ew.; Colleges; Schiffbau; Erdölraffinerien, 2 Flughäfen; durch eine 13 km lange Brücke mit San Francisco verbunden.
**Oak Ridge** ['ouk 'ridʒ], Stadt im NO von Tennessee (USA), 27 000 Ew.; Kernforschungsinstitute.
**OAS, 1.** Abk. für *Organisation Amerikanischer Staaten,* engl. *Organization of American States,* in Bogotá am 30.4.1948 gegr., Sitz in Washington; Mitgl. sind fast alle unabh. amerik. Staaten. Die OAS soll u.a. die friedl. Beilegung von Konflikten fördern u. die polit. u. wirtsch. Zusammenarbeit sichern. – **2.** Abk. für frz. *Organisation de l'armée secrète,* »geheime Armeeorganisation«, die extrem nationalist., terrorist. militär. Untergrundorganisation der frz. Siedler u. der Armee in Algerien 1960–62.
**Oasen,** durch Flüsse, Quellen (z.B. artes. Brunnen) od. Grundwasservorkommen mit Wasser versorgte Stellen in Wüsten oder Wüstensteppen.
**Oates** [ɔuts], Joyce Carol, *16.6.1938, US-amerik. Schriftst. (Analysen des amerik. Alltagslebens; Erzählungen u. Romane).
**OAU,** Abk. für engl. *Organization of African Unity,* Organisation für die Einheit Afrikas, frz. *OUA,* gegr. am 25.5.1963 in Addis Abeba. Der OAU gehören alle unabh. Staaten Afrikas an (Ausnahme: Marokko u. die Rep. Südafrika); sie setzt sich für die wirtsch. Zusammenarbeit der afrik. Staaten ein u. schlichtet in Streitfällen. Sitz ist Addis Abeba.
**Oaxaca** [wa'xaka], überwiegend gebirgiger Bundesstaat in → Mexiko, am Pazifik.
**Ob,** Strom in W-Sibirien, 3675 km, mit dem Katun 4330 km. Die im Altai entspringenden Quellflüsse *Katun* u. *Bija* vereinigen sich bei Bijsk; mündet in den 800 km langen u. 30–90 km breiten Ob-Busen (Westsibir. See).
**Oba,** Titel des Königs von *Benin;* auch allg. gebraucht als Amtsbez. für die Stadtkönige im Kulturbereich der *Yoruba.*
**Obadja,** lat. *Abdias,* einer der kleinen Propheten im AT, verkündigte (nach der Zerstörung Jerusalems 587 v. Chr.) das Gericht über Edom.
**Obando y Bravo,** Miguel, *2.2.1926, nicaraguan. kath. Theologe; 1968 Erzbischof von Managua, 1985 Kardinal.
**Obduktion** → Leichenöffnung.
**Obedienz,** in der kath. Kirche der Gehorsam der Kleriker gegenüber geistl. Oberen.
**Obeidh,** *Al O.,* Hptst. der Prov. *Kordofan* im Sudan, 140 000 Ew.; Flugplatz.
**O-Beine,** *Genu varum,* nach Knochenerweichung auftretende Verbiegung der Beine (»*Säbelbeine*«).
**Obelisk,** ein hoher, vierkantiger Steinpfeiler, der sich nach oben verjüngt u. in einer pyramidenförmigen Spitze endet; urspr. ein ägypt. Fruchtbarkeits- u. Sonnensymbol.
**Ober, 1.** volkstüml. Anrede für den Kellner. – **2.** Figur der dt. Spielkarte, entspricht der *Dame* der frz. Spielkarte.
**Oberammergau,** Gem. in Oberbay., an der Ammer, 840 m ü.M., 4700 Ew.; seit 1634 meist alle 10 Jahre stattfindende Passionsspiele.
**Oberbayern,** bay. Reg.-Bez., umfaßt das Alpenvorland etwa zw. dem Lech im W u. Niederbay., Hptst. *München.*
**Oberbundesanwalt, 1.** fr. Bez. für den höchsten Beamten der Staatsanwaltschaft am *Bundesgerichtshof;* jetzt Generalbundesanwalt. – **2.** ein Beamter beim Bundesverwaltungsgericht, der sich zur Wahrung des öffentl. Interesses an jedem vor dem Bundesverwaltungsgericht anhängigen Verfahren beteiligen kann.
**Oberbürgermeister,** der hauptamtl. Leiter der Verw. einer krfr. Stadt; in Nds. u. NRW der (ehrenamtl.) Vors. des Gemeinderats einer krfr. Stadt.
**Obereigentum,** die obere bürgerlich- oder öffentl.-rechtl. Sachherrschaft bei Rechtsordnungen mit geteiltem Eigentum; z.B. das O. des Lehns- u. Grundherrn im Verhältnis zum *Untereigentum* des Vasallen bzw. Hörigen im Recht des MA.
**Oberer See,** engl. *Lake Superior,* der größte der nordamerik. *Großen Seen,* 82 103 km², bis 405 m tief.
**Oberfinanzdirektionen,** Mittelbehörden für die Finanzverwaltung des Bundes u. die Landesfinanzverwaltungen.
**Oberflächenschutz,** der Schutz von Metalloberflächen gegen Einwirkung von Luft u. Feuchtigkeit.

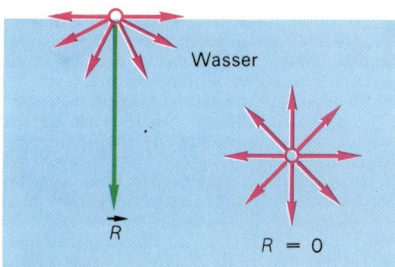

*Oberflächenspannung: Das Wassermolekül rechts erfährt durch seine Nachbarmoleküle Kräfte nach allen Richtungen; deren Resultierende (Kräftesumme) R ist Null. Dagegen ist R links stark ins Innere gerichtet; die Oberfläche ist »gespannt«*

**Oberflächenspannung,** eine Materialkonstante: die Arbeit, die bei Oberflächenvergrößerung einer Flüssigkeit um 1 cm² aufgewandt werden muß. Das Auftreten der O. beruht darauf, daß die Flüssigkeitsmoleküle sich anziehen. Im Innern der Flüssigkeit heben sich diese Kräfte gegenseitig auf; an der Oberfläche sind sie nach innen gerichtet u. bestrebt, die Oberfläche möglichst klein zu halten (z.B. Ursache der Kugelform von Tropfen).
**Oberfranken,** bay. Reg.-Bez., umfaßt das Einzugsgebiet des oberen Main zw. dem Steigerwald im W, Thüringen im N u. dem Fichtelgebirge im O, Hptst. *Bayreuth.*
**obergärig** → Bier.
**Oberhaus,** die meist nicht aus allg. Wahlen hervorgegangene erste Kammer eines Zweikammerparlaments; insbes. die erste Kammer des brit. Parlaments (engl. *House of Lords*): 26 geistl. (Bischöfe der engl. Staatskirche) u. über 1100 weltl. Lords (erbl. Amt der königl. Prinzen u. engl. Peers, nichterbl. Amt der ir. u. schott. Peers sowie der Lordrichter). Das O. bildete sich als bes. Kammer im 14. Jh. heraus. Es hat in der heutigen Gesetzgebung nur noch ein Einspruchsrecht mit lediql. aufschiebender Wirkung.
**Oberhausen,** krfr. Stadt in NRW, an der Emscher u. am Rhein-Herne-Kanal, im westl. Ruhrgebiet, 222 000 Ew.; Schloß O.; Eisen- u. Stahlind.; chem. Ind.
**Oberhaut,** *Epidermis* → Haut.
**Oberhof,** im MA das Gericht einer Stadt (z.B. Magdeburg, Lübeck, Freiburg i.Br.), deren Recht auch in anderen Städten galt.
**Oberhof,** Wintersport- u. Luftkurort im mittleren Thüringer Wald, 820 m ü.M., 2000 Ew.
**Oberin,** die Leiterin einer Schwesternschaft.
**Oberitalienische Seen,** die am oberital. Südrand der Alpen liegenden Seen (von W nach O): Lago Maggiore, Luganer See, Comer See, Iseo- u. Gardasee.
**Oberkiefer,** *Maxillare,* zahntragender Schädelknochen der Wirbeltiere.
**Oberkirch,** Stadt in Ba.-Wü., bei Offenburg, 17 000 Ew.; Obst- u. Weinanbau; Papierind.
**Oberkirchenrat, 1.** in mehreren dt. Landeskirchen die oberste Verwaltungsbehörde, die aus Theologen u. Juristen besteht. – **2.** Titel eines Mitgl. in landeskirchl. Verwaltungsbehörden, in einigen Behörden *Oberlandeskirchenrat.*
**Oberkochen,** Stadt in Ba.-Wü., zw. Härtsfeld u. Albuch, 8000 Ew.; opt.-feinmechan. Ind.
**Oberkommando der Wehrmacht,** Abk. *OKW,* 1938 (bis 1945) nach der Auflösung des Reichskriegsministeriums von Hitler als oberstem Befehlshaber der Wehrmacht errichteter militär. Stab (unmittelbar unter seinem Befehl stehend, hervorgegangen aus dem *Wehrmachtsamt*).
**Oberkreisdirektor,** leitender Verwaltungsbeamter eines Kreises in Nds. u. NRW.
**Oberländer,** Adolf, *1845, †1923, dt. Maler u. Graphiker (humorist. Zeichnungen, bes. von Tieren).
**Oberlandesgericht,** Gericht der ordentl. Gerichtsbarkeit im Dt. Reich u. in der BR Dtld.
**Oberlausitz,** sächs. Teil der Lausitz.
**Oberleder,** alle Lederarten, aus denen die Schäfte der Schuhe geschnitten werden; z.B. Boxcalf, Rindbox, Chevreau u. Fahlleder; Ggs.: *Unterleder.*
**Oberleitung,** *Fahrleitung,* bei elektr. Straßenbahnen, O.-Omnibussen (Obus) u. Vollbahnen eine über der Fahrbahn aufgehängte blanke Leitung aus Hartkupfer, aus der die Fahrzeuge ihren Betriebsstrom entnehmen. Als *Rückleitung* dienen die Schienen, beim Obus eine zweite, parallele Leitung.
**Oberlicht,** Öffnung für den Einfall von Tageslicht.
**Oberlin,** Johann Friedrich, *1740, †1826, dt. Sozialpädagoge; richtete Kinderbewahranstalten u. Bildungsabende für Erwachsene ein.
**Obernautalsperre,** Stauanlage am Zusammenfluß von Obernau- u. Nauholzbach bei Brauersdorf, im Siegerland (NRW), 14,9 Mio. m³ Stauraum.
**Obernburg am Main,** bay. Stadt in Unterfranken, 7400 Ew.; ehem. Römerkastell; Kunstfaserwerk.
**Oberndorf,** *O. am Neckar,* ba.-wü. Stadt, nw. von Rottweil, 14 000 Ew.; Textilind.

*Die Oase Tarhit in der algerischen Sahara am Rande des Westlichen Großen Erg*

**Oberon, 1.** frz. *Auberon,* hilfreicher Erlenkönig. – **2.** einer der Monde des *Uranus.*

**Oberösterreich,** histor. Name *Österreich ob der Enns,* östr. Bundesland an der mittleren Donau, zw. Bay., der Tschechoslowakei, Niederöstr., Steiermark u. Salzburg, 11 979 km², 1,3 Mio. Ew., Hptst. *Linz.* O. hat Anteil am Böhm. Massiv *(Mühlviertel),* am Alpenvorland u. an den Nordalpen; Holzwirtsch., Schwer- u. chem. Ind.; Fremdenverkehr. – Gesch.: 976 übernahmen die *Babenberger* das östl. Mühlviertel, 1192 den steier. Traungau u. das westl. Mühlviertel. 1784 wurde O. Kronland, 1861 Erzherzogtum, 1918 östr. Bundesland.

**Oberpfalz,** bay. Reg.-Bez. zw. Fichtelgebirge, Donau u. Niederbay., Hptst. *Regensburg.*

**Oberpfälzer Wald,** Grenzgebirge zw. Böhmen u. N-Bayern; in der *Schwarzkoppe* 1039 m, im *Entenbühl* 936 m.

**Oberrheinische Tiefebene,** *Oberrheinebene,* im Mitteltertiär eingesunkener, seitdem vom Oberrhein durchflossener, 280 km langer u. 30–50 km breiter Grabenbruch, von Basel bis Mainz; die wärmste Ldsch. in Dtld.

**Obers,** bay.-östr. Bez. für Sahne oder Rahm; *Schlagobers,* Schlagsahne.

**Obersalzberg,** 1000 m hoher Berg bei Berchtesgaden (Oberbay.). *Hitlers* »Berghof« auf dem O. wurde 1945 zerstört.

**Oberschlesien,** südöstlichster Teil Schlesiens, vom *Schles. Landrücken* beherrscht; seit dem 12. Jh. dt. Siedlungen; 1914–34 u. ab 1941 preuß. Prov. (Hptst. *Oppeln,* 1941 *Kattowitz);* 1921 in *Polnisch-Ost-O.* u. *Deutsch-O.* geteilt. 1945 wurde O. insges. poln. Verw. unterstellt.

**Oberst,** fr. *Obrist,* urspr. der oberste Befehlshaber einer Streitmacht, seit dem 17. Jh. der ein *Regiment* befehligende Offizier; in der Bundeswehr höchster Offizierdienstgrad in der Dienstgradgruppe der Stabsoffiziere.

**Oberstaatsanwalt** → Staatsanwaltschaft.

**Oberstadtdirektor,** leitender Gemeindebeamter krfr. Städte.

**oberständig,** *hypogyn,* Bez. für einen Fruchtknoten, der an einer kegelförmigen Blütenachse über den anderen Blütenbestandteilen steht.

**Oberstaufen,** bay. Markt in Schwaben, Kurort in den nw. Allgäuer Alpen, 793 m ü.M., 6000 Ew.

**Oberstdorf,** bay. Markt in Schwaben, Kurort in den südl. Allgäuer Alpen, 843 m ü.M., 11 000 Ew.; Wintersportplatz (eine der größten Sprungschanzen der Erde mit 72 m hohem Turm).

**Oberste Heeresleitung,** Abk. *OHL,* im 1. Weltkrieg die oberste militär. Kommandobehörde in Dtld.

**Oberster Sowjet,** das seit 1936 (2. sowj. Verf.) bestehende Parlament der Sowj. Der O.S. ist ein ständig tagendes Berufsparlament. Er besteht aus 2 Kammern, dem *Unionssowjet* u. dem *Nationalitätensowjet.* Die Mitgl. beider Kammern wählt der *Kongreß der Volksdeputierten* aus seiner Mitte jährl. bis zu einem Fünftel neu. Der O.S. ist ein zentrales Beschluß- u. Kontrollorgan der UdSSR.

**Oberstes Gericht,** Bez. für höchste Gerichte der ordentl. Gerichtsbarkeit.

**Oberstimme,** im Chor- oder Instrumentalsatz die höchste, meist melodietragende Stimme.

**Oberstleutnant,** Rang (zw. Major u. Oberst) in der Dienstgradgruppe der Stabsoffiziere.

**Oberstudiendirektor,** Amtsbez. für den Leiter einer neunstufigen höheren Schule.

**Oberstufenreform,** die Neugestaltung der Oberstufe an den Gymnasien der BR Dtld., die seit 1960 in Rahmenvereinbarungen der Kultusminister der Länder u. im *Bildungsgesamtplan* von 1973 geregelt wurde. Danach sind alle Bildungsgänge der Klassen 11–13 *(Sekundarstufe II)* so gegliedert, daß die Schüler ihren Neigungen u. Fähigkeiten entspr. Schwerpunkte bilden können.

**Oberth,** Hermann, *1894, †1989, dt.-ung. Physiker u. Mathematiker; Pionier der Weltraumforschung; kam 1941 an die Heeresversuchsanstalt Peenemünde, arbeitete 1955–58 in den USA; W »Die Rakete zu den Planetenräumen«.

**Obertöne,** *Teiltöne, Partialtöne,* in der Musik die neben jedem *Grundton* mitklingenden, für die *Klangfarbe* maßgebenden Töne.

**Oberursel (Taunus),** hess. Stadt am SO-Rand des Taunus, 38 800 Ew.; ev. Theol. HS; Maschinenind.

**Oberverwaltungsgericht,** Abk. *OVG,* **1.** bis 1941 das höchste Gericht der Verwaltungsgerichtsbarkeit versch. dt. Länder. – **2.** in der BR Dtld. das zweitinstanzl. Gericht der Verwaltungsgerichtsbarkeit, das in Ba.-Wü, Bay. u. Hess. *Verwaltungsgerichtshof* (Abk. VGH) heißt.

**Obervolta,** bis 1984 Name von → Burkina Faso.

**Oberwellen,** Schwingungen, deren Frequenz ein ganzzahliges Vielfaches einer Grundschwingung (Grundwelle) ist. In der Elektroakustik wird der Anteil der (störenden) O. (Verzerrungen) an der Gesamtschwingung prozentual durch den *Klirrfaktor (Klirrgrad)* angegeben.

**Oberwiesenthal,** Stadt im Krs. Annaberg, in Sachsen, am Fichtelberg, 911 m ü.M., 3000 Ew.; Luftkurort u. Wintersportort; Ski-Industrie.

**Objekt, 1.** Sache, Angelegenheit, Gegenstand. – **2.** in der Philos. das dem *Subjekt* Gegenüberstehende; dasjenige, worauf sich das Subjekt erkennend oder handelnd richtet.

**objektiv,** sachl., frei von Vorurteilen, durch die Sache gegeben.

**Objektiv** [das], die Linse (Linsensystem) bei allen opt. Geräten auf der Seite des Geräts, die dem Objekt zugekehrt ist. Auf der dem Auge zugewandten Seite befindet sich das *Okular.*

**objektives Recht,** alle Rechtsnormen des positiven Rechts, die die *Rechtsordnung* bilden.

**objektives Verfahren,** eine Verfahrensart des Strafprozeßrechts, bei der, ohne daß eine bestimmte Person angeklagt ist, lediglich auf Einziehung, Verfall oder Unbrauchbarmachung von Gegenständen erkannt werden kann.

**Objektivierung,** *Objektivation,* die Vergegenständlichung von subjektiven Zuständen oder Erlebnissen; die Darst. von Geistigem in Kunst-, Sprach-, Bild- u. Tonwerken.

**Objektivismus,** der Standpunkt, daß alle unsere Normen, Erkenntnisse u. Handlungen objektiv bestimmt seien oder sein sollten; in der Moralphilos. z.B. die Überzeugung, daß es allgemeingültige u. verbindl. sittl. Gesetze, Werte an sich, gebe; Ggs.: *Subjektivismus.*

**Objektivität,** Sachlichkeit, Einstellung auf den Gegenstand; die Fähigkeit, sich in der Beurteilung von Menschen, Situationen u. Sachverhalten so wenig wie möglich von Vorurteilen, Sympathien, Antipathien, Wünschen u.ä. leiten oder beeinflussen zu lassen.

**Objektkunst,** Richtungen der zeitgenöss. bildenden Kunst (z.B. *Arte Povera, Environment, Kinetik, Land-Art* u. *Nouveau Réalisme),* die vorgegebene Gegenstände *(Objets trouvés)* durch bes. Arrangement zum Kunstwerk erheben.

**Objektträger,** rechteckige Glasplatte (meist im Format 76 x 26 mm) zur Aufnahme mikroskop. Untersuchungsobjekte u. Präparate.

**Objet trouvé** [ɔb'ʒɛtru've], Bez. für »Fundstücke« aus der Alltagsumwelt, die unbearbeitet in das Kunstwerk *(Objektkunst)* übernommen werden.

**Oblast,** sowj. Verwaltungseinheit einer Unionsrep.; als *Autonome O.* in der RSFSR einem Kraj untergeordnet; in *Rayons* untergliedert.

**Oblate, 1.** [der], 1. im MA ein von den Eltern zum Klosterstand bestimmtes Kind (ein seit dem Trienter Konzil verbotener Brauch); 2. Bez. für Angehörige einiger kath. Klostergemeinschaften; 3. Bez. für Laienbrüder oder -schwestern einiger kath. Ordensgemeinschaften. – **2.** [die], dünnes Plätzchen aus gärfreiem Weizenmehlteig; Unterlage für Lebkuchen, Makronen u.ä. sowie für Arzneikapseln; in der kath. Kirche als *Hostie,* in der prot. Kirche als *Abendmahlsbrot* verwendet.

**obligat,** verbindlich, unerläßlich.

**Obligation, 1.** die Schuld(verpflichtung); Schuldverhältnis. – **2.** Wertpapier über eine Forderung, Schuldverschreibung.

**Obligationenrecht,** das → Schuldrecht.

**obligatorisch,** verbindlich, verpflichtend.

**Obligo,** Verbindlichkeit; das Risiko finanzieller Inanspruchnahme infolge Gewährleistung oder Garantie.

**Obmann,** Vorsitzender, Präsident.

**Obodriten,** *Obotriten, Abodriten,* Völkerschaft der *Elb-* u. *Ostseeslawen* ab ca. 600 n. Chr. im (späteren) O-Holstein, Lauenburg u. W-Mecklenburg. Die O. gingen nach der dt. Ostsiedlung in der neuen Bev. auf.

**Oboe,** ein Holzblasinstrument mit konischer Röhre u. Doppelrohrblatt-Mundstück; Tonbereich: h-f⁴. Größere Formen der O. sind das *Englischhorn,* das eine Quinte, u. die *O. d'amore,* die eine kleine Terz tiefer als die O. steht.

**Obolus,** *Obolos,* im grch. Altertum eine Tauschhandelsmünze aus Eisen, 1/6 Drachme; später allg. Bez. für Gewicht u. Münze; übertragen: kleiner Geldbetrag, Scherflein.

**Obote,** Apollo Milton, *1925, ugand. Politiker; wurde 1962 Min.-Präs.; ließ sich 1966 zum Staats-Präs. von Uganda wählen. 1971 wurde er durch einen Militärputsch von Idi *Amin* gestürzt u. ging ins Exil; kehrte nach Amins Sturz zurück u. wurde 1980 erneut Präs., 1985 erneut gestürzt.

**Obra,** l. Nbfl. der Warthe, 253 km; mündet bei Schwerin.

**Obrenović** [-vitj], serb. Herrschergeschlecht, das sich seit 1815 in der Herrschaft Serbiens mit den *Karadjordjević* ablöste.

**O'Brien** [ɔu'braiən], **1.** Edna, *15.12.1932, ir. Schriftst. (Romane u. Erzählungen über weibl. Emanzipationsprobleme). – **2.** Flann, *1911, †1966, ir. Schriftst. (experimentelle Prosa). – **3.** Kate, *1897, †1974, ir. Schriftst. (Romane u. Dramen aus der kath. Welt).

**Obrigkeit,** histor. Begriff für den Träger der öffentl. Gewalt, insofern diese als wesensmäßig über dem einzelnen *Untertan* stehend gedacht wird. – **O.sstaat,** Untertanenstaat.

**Obrist** → Oberst.

**Observable,** meßbare Größe, bes. am Atom.

**Observanten,** die Mitgl. der strengeren Richtung der *Franziskaner.*

**Observanz,** Gewohnheitsrecht von örtl. begrenzter Geltung, oft als *Herkommen* bezeichnet.

**Observatorium,** wiss. Beobachtungsstelle für astronom. *(Sternwarte),* meteorolog. *(Wetterwarte)* u.a. Forschungen.

**observieren,** (wiss.) beobachten; (polizeil.) überwachen. – **Observation,** Beobachtung, Überwachung.

**Obsidian,** fast wasserfreies, dunkles, glasglänzendes Gestein mit muscheligem Bruch; Schmuckstein.

**obskur,** zweifelhaft, anrüchig. – **Obskurität,** Zweifelhaftigkeit, Anrüchigkeit.

**obsolet,** ungebräuchl., unüblich.

**Obst,** Sammelbegriff für das eßbare Fruchtfleisch oder die Samen kultivierter oder wildwachsender Bäume u. Sträucher. Man unterscheidet: *Kern-O.* (Apfel, Birne, Quitte u. Zitrusfrüchte), *Stein-O.* (Kirsche, Pflaume, Pfirsich, Aprikose, Dattel, Olive), *Beeren-O.* (Erd-, Him-, Brom-, Heidel-, Preisel-, Johannisbeere u. Weintraube), *Schalen-O.* (Nüsse, Mandeln, Kastanie, Pistazie); außerdem gibt es die Kapselfrucht (Banane) u. den Fruchtstand (Ananas). Aus südl. Ländern stammendes O. faßt man unter der Bez. *Südfrüchte* zusammen.

**Obstetrik,** die Geburtshilfe.

**Obstetrix,** die Hebamme.

**Obstfelder,** Sigbjørn, *1866, †1900, norw. Schriftst.; von A. *Schopenhauer* u. den Symbolisten beeinflußter Lyriker u. Novellist.

**obstinat,** starrsinnig, widerspenstig.

**Obstipantia,** *obstipierende Mittel, Antidiarrhoika,* stopfende Mittel, die einen Durchfall zum Stehen bringen. – **Obstipation,** Verstopfung.

**Obstler,** süddt. u. östr. für Obstbranntwein.

**Obstruktion,** die Verhinderung von Entscheidungen durch mißbräuchl. Ausnutzung legaler Mittel; eine Kampfform von Minderheiten gegen Mehrheiten, v.a. im *Parlament:* Die Minderheit versucht, die Mehrheit an der Verabschiedung eines Gesetzes zu hindern, z.B. durch *Filibustern.*

**obszön** [ɔps'tsø:n], anstößig, unanständig, schamlos.

**Obturation,** Verlegung, Undurchgängigkeit eines Hohlorgans, z.B. des Darms *(Darmverschluß).*

**Obus,** *O-Bus,* Kurzwort für *Oberleitungsomnibus;* → Oberleitung.

**Obwalden,** zentralschweiz. Halbkanton von *Unterwalden,* → Schweiz.

**O'Casey** [ɔu'kɛisi], Sean, *1884, †1964, ir. Schriftst.; verband in seinen Dramen aus dem Leben der Dubliner Proletarier Realismus u. Expressionismus. W »Der Pflug u. die Sterne«, »Der Preispokal«.

**Ochab,** Edward, *1906, †1989, poln. Politiker (KP); 1954–68 Mitgl. des Politbüros; 1964–68 Staatsoberhaupt (Vors. des Staatsrats).

**Ochlokratie,** die Herrschaft der (unvernünftigen) Masse, Pöbelherrschaft.

**Ochoa** [engl. ɔu'tʃɔuə], Severo, *24.9.1905, US-amerik. Biochemiker span. Herkunft; entdeckte den biolog. Synthesemechanismus der RNS u. DNS (Ribo- u. Desoxyribonucleinsäure); Nobelpreis für Medizin 1959.

*Odenwald: Landschaft nordöstlich von Heppenheim*

**Ochotskisches Meer,** durch Einbruch entstandenes ostasiat.-pazif. Randmeer zw. Kamtschatka, Kurilen, Sachalin u. dem asiat. Festland, bis 5210 m tief; sehr fischreich.

**Ochrana,** 1881–1917 die polit. Geheimpolizei des russ. Zarenreichs.

**Ochs,** Peter, *1752, †1821, schweiz. Politiker u. Historiker; entwarf 1797 die Verf. der Helvet. Rep. u. rief 1798 die Helvet. Rep. aus.

**Ochse,** kastriertes männl. Rind.

**Ochsenauge, 1.** rundes Fenster, Bullauge bei Schiffen. – **2.** ein europ. *Korbblütler* mit großen gelben Köpfchen. – **3.** ein mittelgroßer *Augenfalter*, mit großen Augenflecken.

**Ochsenfurt,** bay. Stadt in Unterfranken am Main, 11 300 Ew.; mittelalterl. Altstadt; Brauerei; Zucker-Ind.

**Ochsenzunge,** *Anchusa,* Gatt. der *Rauhblattgewächse;* etwa 40 Arten; in Mitteleuropa heim. die violett blühende *Gewöhnl. O.*

**Öchsle-Grad,** nach dem Goldschmied F. *Oechsle* (*1774, †1852) ben. Einheit zur Kennzeichnung des Extraktgehaltes von Most *(Mostgewicht)*. Die Ö. geben den ersten drei Stellen der Dichte nach dem Komma an (Dichte 1,085 g · cm$^{-3}$ ≙ 85° Öchsle). Gemessen werden die Öchsle mit einem *Aräometer.*

**Ochtrup,** Stadt in NRW, sw. von Rheine, 16 700 Ew.; Textilind.

**Ockeghem** [ˈɔkəχəm], *Okeghem,* Johannes, *um 1425, †um 1495, ndl. Komponist; seit 1453 am Pariser Hof; Lehrmeister des damals neuen polyphonen Stils.

**Ocker,** gelbl.-braunes, erdiges Brauneisenerz; meist stark mit Ton vermengt.

**Ockham** [ˈɔkəm], *Occam,* Wilhelm von (William of), *1285/95, †1349/50, engl. Spätscholastiker u. Kirchenpolitiker; Franziskaner; der wichtigste Vertreter der nominalist. Richtung im *Universalienstreit.*

**O'Connell** [oʊˈkɔnəl], Daniel, *1775, †1847, ir. Politiker; erreichte die Gleichstellung der Katholiken mit den Protestanten (Katholikenemanzipation 1829).

**O'Connor** [oʊˈkɔnə], **1.** Flannery, *1925, †1964, US-amerik. Schriftst. (Romane u. Novellen aus den Südstaaten). – **2.** Frank, eigtl. Michael *O'Donovan,* *1903, †1966, ir. Schriftst. (humorvolle, dramat. Kurzgeschichten).

**OCR-Schrift** [engl. Abk. für *optical character recognition,* opt. Zeichenschrift], bes. geschnittene Schrifttypen, die von automat. Textlesemaschinen gelesen werden.

**Octavia, 1.** †11 v. Chr., Frau des *Marcus Antonius,* Schwester des Kaisers *Augustus.* – **2.** *um 40, †62, Tochter des röm. Kaisers *Claudius,* Frau des *Nero;* von Nero unter dem Vorwurf des Ehebruchs verstoßen u. ermordet.

**Octavian,** *Octavianus* → *Augustus.*

**Octocorallia,** Unterkl. der *Blumentiere,* die achtstrahlig angelegt sind; etwa 2500 Arten, deren größte 3 m hoch werden, in 4 Ordnungen: Lederkorallen, Hornkorallen, Seefedern u. Blaue Korallen.

**Oculi** → *Okuli.*

**oculieren,** Bäume u. Sträucher (bes. Rosen) veredeln, indem eine Knospe mit noch anhaftendem Rindenstück (auch ein Splintstück) einer hochwertigen Sorte auf einen anderen Baum oder Strauch zum Anwachsen übertragen wird; häufigste Methode der Veredelung.

**Ocypodidae,** Fam. der *Krabben;* hierzu *Reiter-* u. *Winkerkrabben.*

**Oda,** Nobunaga, *1534, †1582, jap. Heerführer; konnte die Kernlande Japans einigen.

**Odal** [ˈuːdaːl], Stamm-(auch Erb-)Gut eines freien Bauern- oder Adelsgeschlechts.

**Odaliske,** fr. weiße Sklavin im Sultansharem.

**Odd Fellows** [ɔdˈfɛlouz], *Independent Order of O. F.* [»Unabhängiger Orden der überzähligen (d.h. nicht organisierten) Gesellen«], eine nach Organisation u. Zielsetzung den *Freimaurern* verwandte, um 1750 in England entstandene Gesellschaft.

**Odds** [ɔdz], Vorgabe; bes. bei Trabrennen der Abstand der schwächeren Pferde zu den stärkeren am Start.

**Ode,** urspr. jedes singbare Gedicht; im neueren Sprachgebrauch ein feierl. erhabenes Gedicht mit strengem Strophenbau u. ohne Reim.

**Odelsting,** norw. Unterhaus, gebildet von den Abg. des *Stortings,* die nicht in das *Lagting* gewählt werden.

**Odem,** Atem (dichterisch).

**Ödem,** *Oedem, Oedema, Wassersucht,* Anschwellung im Unterhautzellgewebe durch Wasseransammlung; bes. bei Herz- u. Nierenversagen.

**Ödenburg** → *Sopron.*

**Odense** [ˈoːdənsə], Hptst. der dän. Insel u. Amtskommune Fünen, mit *O.fluß,* 173 000 Ew.; Univ.; Schloß; got. Knuds-Kirche; Schiffbau; Motoren- u. Elektroind.

**Odenthal,** Gem. in NRW, 13 000 Ew.; in *O.-Altenberg* frühgot. Kirche (»*Berg. Dom*«).

**Odenwald,** südwestdt. Mittelgebirge zw. dem Neckar im S, dem Main im O u. der Oberrhein. Tiefebene im W (Bergstraße), im Katzenbuckel 626 m. Der O. ist Teil des Naturparks Bergstraße-O.

**Odeon,** *Odeion, Odeum,* antikes überdachtes Gebäude für musikal. Aufführungen, mit halbrundem Zuschauerraum; heute Bez. für Theater, Musikhallen oder auch Tanzhallen u. Kinosäle.

**Oder, 1.** poln. *Odra,* Fluß in der westl. Polen u. an der heutigen dt.-poln. Grenze, 912 km lang; die Ost-Oder mündet in den Dammschen See, der dann mit der West-Oder als *Papenwasser* ins Stettiner Haff mündet; 733 km schiffbar. – **2.** Fluß im S-Harz, 57 km; entspringt am Brocken, bei Bad Lauterberg aufgestaut zur 1930–34 erbauten *O.talsperre* (30,6 Mio. m³).

**Oderbruch,** ebene Niederung westl. der Oder (1) zw. Küstrin u. Bad Freienwalde, 56 km lang, 10–30 km breit; 1747–53 unter *Friedrich d. Gr.* trockengelegt.

**Oder-Havel-Kanal,** Wasserstraße in Brandenburg, Hauptteil des ehem. Hohenzollernkanals u. Teil des Berlin-Stettiner Großschiffahrtswegs; verbindet Berlin über die kanalisierte Havel mit der Oder, 82,8 km.

**Odermennig,** *Agrimonia,* Gatt. der *Rosengewächse,* mit gelben Blütenähren; hierzu der *Gewöhnl. O.,* bes. an Wegrändern.

**Oder-Neiße-Linie,** die in Abschnitt IXb des Potsdamer Abkommens beschriebene »Linie, die von der Ostsee unmittelbar westl. von Swinemünde die Oder entlang bis zur Einmündung der westl. Neiße u. die westl. Neiße entlang bis zur tschechoslow. Grenze verläuft«. Die O. ist von der DDR (Görlitzer Abkommen oder *Oder-Neiße-Abkommen* mit Polen vom 6.7.1950) als Westgrenze Polens anerkannt worden. Die BR Dtld. hat die O. im dt.-poln. Vertrag als Staatsgrenze Polens bestätigt. Die endgültige Anerkennung wurde durch die Unterzeichnung eines völkerrechtl. Vertrags zw. Polen u. der BR Dtld. am 14.11.1990 besiegelt.

**Oder-Spree-Kanal,** kanalisierte Wasserstraße in Brandenburg, 83,7 km; verbindet die Oder (bei Eisenhüttenstadt) mit der Spree (bei Fürstenwalde) u. der Dahme in Berlin; 1891 eröffnet.

**Odessa,** Hptst. der gleichn. Oblast in der Ukrain. SSR (Sowj.), am Schwarzen Meer, 1,14 Mio. Ew.; Univ.; HS; Museen; Handels- u. Fischereihafen, Ind.-Zentrum; Fremdenverkehr. – 1794 als Kriegshafen gegr.; 1905 Meuterei auf dem Panzerkreuzer Potjomkin.

**Odets,** Clifford, *1906, †1963, US-amerik. Schriftst.; schilderte sozialkrit. den unteren Mittelstand.

**Odeur** [oˈdœːr], Duft; Wohlgeruch.

**Odilienberg,** *Ottilienberg,* fr. *Hohenburg,* frz. *Mont-Sainte-Odile,* bewaldeter Bergrücken am Ostrand der mittleren Vogesen, sw. von Straßburg, 763 m; mit einem wahrsch. spätröm., ca. 10 km langen Ringwall (»Heidenmauer«) u. dem *Odilienkloster* (gegr. um 680).

**Odilo,** *um 962, †1048, 5. Abt von Cluny (seit 994); förderte das Anwachsen der *Cluniazens. Reform* zu einer mächtigen Bewegung. – Heiligsprechung 1063 (Fest: 1.1.).

**Odin** → *Wodan.*

**Odinshühnchen,** ein *Wassertreter* Islands u. des nördl. Skandinaviens, der zur Zugzeit auch in Dtld. zu finden ist.

**Ödipus,** in der grch. Sage Sohn des Thebanerkönigs *Laios* u. der *Iokaste;* als Säugling ausgesetzt, weil ein Orakelspruch in ihm den künftigen Mörder seines Vaters verkündet hatte. Von Hirten gerettet, erschlug er auf einer Wanderung ahnungslos den ihm unbekannten Vater, rettete Theben von der *Sphinx* u. erhielt zur Belohung die Hand seiner ihm unbekannten Mutter Iokaste. Als Ö. durch das delph. Orakel die Wahrheit erfuhr, blendete er sich, ging in die Fremde u. starb.

**Ödipus-Komplex,** die ins Unterbewußte verdrängte sexuelle Neigung des Sohns zur Mutter oder der Tochter zum Vater sowie der Drang, den gleichgeschlechtl. Elternteil zu beseitigen. Die *ödipale Phase* ist nach S. Freud ein allg. Entwicklungsabschnitt im menschl. Leben (beginnend etwa im 3. Lebensjahr).

**Odium,** Anrüchigkeit, Makel.

**Odo,** *Eudes der Tapfere,* *um 860, †898, Graf von Paris, König des westfränk. Reichs 888–898.

**Odoaker,** *Odovakar, Odowakar,* *um 430, †493, germ. Edler skirischer Abkunft; röm. Offizier, setzte 476 den (letzten) weström. Kaiser *Romulus Augustulus* ab u. machte sich zum Herrn Italiens; von *Theoderich d. Gr.* ermordet.

**odontogen,** von den Zähnen ausgehend.

**Odontoglossum,** amerik. Orchideengatt. mit zahlr. Zierpflanzen.

**Odontospermum,** ein gelbblühender *Korbblütler* aus S-Europa u. Vorderasien. Vermutl. die echte *Rose von Jericho (Auferstehungspflanze)* der Kreuzfahrer.

**Odyssee,** dem grch. Dichter *Homer* zugeschriebenes Epos von den Irrfahrten u. der Heimkehr des *Odysseus.*

**Odysseus,** lat. *Ulysses, Ulixes,* König von Ithaka, in *Homers* »Odyssee« Ehemann der *Penelope.* Im Trojan. Krieg tritt er bes. durch seine Klugheit hervor, die Eroberung Trojas glückt schließlich durch das von ihm angeratene hölzerne Pferd *(Trojan. Pferd).* Seine Heimfahrt wird zur 10jährigen Irrfahrt.

**OECD,** Abk. für engl. *Organization for Economic Cooperation and Development,* Organisation für wirtsch. Zusammenarbeit u. Entwicklung, die 1961 gegr. Nachfolgeorganisation der OEEC mit Sitz in Paris. Mitgl.: Australien, Finnland, Island, Japan, Kanada, Neuseeland, Norwegen, Östr., Schweden, Schweiz, Türkei, USA u. die EG-Staaten; die Spitzenorganisation der westl. Industrieländer.

**OEEC,** Abk. für engl. *Organization for European Economic Cooperation,* Organisation für europ. wirtsch. Zusammenarbeit, Europ. Wirtschaftsrat, der 1948 gegr. Zusammenschluß von 16, später 18 W-europ. Staaten zum Zweck des gemeinsamen Wiederaufbaus der europ. Wirtsch. u. der Ausweitung des europ. Handels- u. Zahlungsverkehrs; Sitz: Paris. → OECD.

**Oehlenschläger** [ˈøːlənslɛːɡər], Adam Gottlob,

*Odessa: Opernhaus*

**Oelde**

*1779, †1850, dän. Schriftst.; Romantiker; versuchte in seinen Dramen u. Epen, die Stoffwelt des nord. Altertums wiederzubeleben.

**Oelde,** Stadt in NRW, sw. von Gütersloh, 27 000 Ew.; Metall- u. Holzind.

**Oelsnitz,** Krst. in Sachsen, im Vogtland, 13 000 Ew.; Katharinenkirche; Textilindustrie.

**Oelze,** Richard, *1900, †1980, dt. Maler (surrealist. Landschafts- u. Figurenkompositionen in altmeisterl. Detailwiedergabe).

**Oer-Erkenschwick** [o:r], Stadt in NRW, nordöstl. von Recklinghausen, 27 000 Ew.; Steinkohlenbergbau.

**Oerlinghausen,** Stadt in NRW, im Teutoburger Wald, 15 000 Ew.; Freilichtmuseum »Germanengehöft«; Segelflugplatz mit Segelflugschule.

**Oersted** [ˈøːrsdəð], Hans Christian, *1777, †1851, dän. Physiker; entdeckte, daß jeder elektr. Strom von einem Magnetfeld begleitet wird (1820); stellte als erster Aluminium dar.

**Oesophagus** [ø:-], die *Speiseröhre.*

**Oestrogen,** *oestrogene Hormone* → Hormon.

**Oetinger,** Friedrich Christoph, *1702, †1782, dt. ev. Theologe u. Philosoph; schwäb. pietist. Theosoph (der »dt. Swedenborg«).

**Oetker,** August, *1862, †1918, dt. Apotheker; gründete 1891 die *Dr. August O. Nährmittelfabrik GmbH,* Bielefeld, die das Backpulver, Puddingpulver, Backaromen, Kindernährmittel u.a. herstellt. Zur *O.-Gruppe* gehören heute u.a. Reedereien, Banken u. Brauereien.

**Œuvre** [œ:vr], Werk, Gesamtwerk (eines Künstlers).

**Oever** [ˈuːvər], Karel van den, *1879, †1926, fläm. Schriftst.; kath. Expressionist.

**Oeynhausen** [øn-], *Bad O.,* Stadt in NRW, sw. der Porta Westfalica, 43 000 Ew.; Kurort u. Heilbad; Möbelind.

**O'Faoláin** [ouˈfælən], Seán, *22.2.1900, ir. Schriftst.; steht der kelt. Erneuerungsbewegung nahe; Kurzgeschichten u. Reiseberichte.

**Ofen,** durch Holz-, Kohlen-, Öl- oder Gasfeuer, auch elektr. oder durch andere Brennmittel betriebener Wärmespender mit feuerfester Ummantelung, im Unterschied zur offenen Feuerstelle. Der älteste bekannte Typ ist der aus Lehm geformte *Back-O.,* der schon in der Jungsteinzeit verbreitet war. Aus ihm entwickelte sich der *Kachel-O.* Die ersten eisernen *Öfen* kamen im 14. Jh. auf. Der Schmuck ihrer gußeisernen Platten geht, zumal in der Renaissance, häufig auf Entwürfe bedeutender Künstler zurück.

*Jacques Offenbach; historische Aufnahme um 1868. Wien*

**Ofenpaß** → Alpen.

**Offenbach,** Jacques (Jacob), *1819, †1880, frz. Komponist, Kapellmeister u. Theaterdirektor dt. Herkunft; gründete in Paris das Theater *Bouffes-Parisiens;* schrieb über 100 Operetten; »Orpheus in der Unterwelt«, »Die schöne Helena«; Oper: »Hoffmanns Erzählungen«.

**Offenbach am Main,** krfr. Stadt in Hess., 107 000 Ew.; Dt. Wetterdienst, HS für Gestaltung, Dt. Ledermuseum; Lederwarenmesse; Leder-, Metall-Ind.; Hafen.

**Offenbarung,** allg. das Kundmachen von Verborgenem; übermenschl. Erkenntnis (als Vorgang u. als Inhalt). Im Christentum ist O. das geschichtl. Sichkundgeben Gottes seinem Wesen u. Willen nach in seinem Heilshandeln an der Menschheit, wobei Gott in Person u. Wirken Christi das endgültig rettende, eschatologisch unüberholbare Heil, nämlich sich selbst, kundgibt u. darbietet. Auf die O. antwortet der Mensch durch *Glauben* (personale Hingabe an Gott).

**Offenbarung des Johannes** → Apokalypse.

**Offenbarungseid** → eidesstattliche Versicherung.

**Offenburg,** Krst. in Ba.-Wü., an der Kinzig, 51 000 Ew.; Ritterhausmuseum; graph. Gewerbe.

**Offene Handelsgesellschaft,** Abk. *OHG, oHG,* eine im Handelsregister eingetragene *Personalgesellschaft,* deren Zweck auf den Betrieb eines Handelsgewerbes unter gemeinsamer Firma gerichtet ist u. bei der jeder Gesellschafter den Gläubigern der Gesellschaft mit seinem Gesamtvermögen haftet.

**offener Biß,** eine Kieferanomalie, bei der die Frontzähne beim Beißen nicht mehr zusammentreffen u. nur die Mahlzähne sich berühren.

**offener Brief,** eine briefl. Mitteilung, die dem Empfänger zugestellt u. gleichzeitig der Presse zur Veröffentlichung übergeben wird.

**Offenmarktpolitik,** ein Mittel der Geldmengenregulierung durch die *Notenbank* zur direkten Beeinflussung des Kapitalmarkts: Durch den Ankauf festverzinsl. Wertpapiere wird bei Geldmangel *(Deflation)* die Wirtsch. mit zusätzl. Geld versorgt, zu dessen Deckung die Wertpapiere verwendet werden; im Fall eines Zuviel an Geld *(Inflation)* werden die Wertpapiere wieder verkauft, der dafür erzielte Erlös eingezogen u. damit die umlaufende Geldmenge verringert.

**Offensive,** Angriff, Vorstoß, Angriffshandlung.

**öffentliche Anleihe,** die Anleihe einer Körperschaft des öffentl. Rechts (Bund, Land, Gemeinde).

**öffentliche Hand,** die Organisationen des öffentl. Rechts (Staat, Länder usw.) bes. in ihrer Eigenschaft als gewerbl. Unternehmer *(öffentl. Betriebe)* oder im Hinblick auf ihr Vermögen *(Fiskus).*

**öffentliche Klage,** die Anklage durch den Staatsanwalt im *Strafprozeß.*

**öffentliche Meinung,** die Summe aller relevanten Einzelmeinungen; der Querschnitt durch das Meinungsgefälle eines Volkes.

**öffentlicher Dienst,** das Beschäftigungsverhältnis zu Staat, Gemeinden oder anderen Körperschaften, Stiftungen u. Anstalten des öffentl. Rechts; auch Bez. für die Gesamtheit der im öffentl. Dienst stehenden Personen.

**öffentlicher Glaube,** die stärkste Wirkung der Eintragung von Rechtstatsachen in bestimmte Urkunden, bes. in öffentl. Register (z.B. Grundbuch, Schiffsregister u. Erbschein). Der Inhalt der Eintragung gilt sowohl hinsichtl. seines ursp. Bestehens als auch des Nichtbestehens späterer Änderungen oder Beschränkungen *(positive* u. *negative Publizität)* zugunsten desjenigen als materiell richtig, der Rechte aus ihm ableiten will, ohne die Unrichtigkeit zu kennen. Der ö. G. wird durch die Vermutung der Richtigkeit ergänzt.

**öffentliches Recht,** *Jus publicum,* 1. *im objektiven Sinn:* alle Rechtssätze, die im öffentl. Interesse die Rechtsverhältnisse des Staates u. der sonstigen mit Hoheitsbefugnissen ausgestatteten Personen, Verbände u. Einrichtungen als solche betreffen. Zum öffentl. Recht gehören: *Staatsrecht, Völkerrecht, Verwaltungsrecht, Strafrecht, Gerichtsverfassungs-* u. *Verfahrensrecht, Kirchenmitgl. gegenüber auch Kirchenrecht.* – 2. *im subjektiven Sinn:* die dem Hoheitsträger oder dem Staatsbürger im einzelnen zustehende öffentl.-rechtl. Befugnis; als *subjektives ö. R.* v. a. Abwehr- u. Leistungsansprüche des einzelnen gegen den Hoheitsträger (Art. 19 GG).

**Öffentlichkeit,** gesellschaftspolit. Kategorie, die im weitesten Sinn die Gesamtheit derjenigen Verhältnisse umfaßt, in denen sich der gesellschaftl. Austausch u. die Bildung öffentl. Meinung abspielen.

**Öffentlichkeitsarbeit** → Public Relations.

**Offerte,** Angebot, Antrag.

**Offertorium,** der 1. Hauptteil der kath. Messe, Zubereitung von Brot u. Wein u. die Gebete des Priesters dabei.

**Officium,** Kirchenamt; die Gesamtheit der liturg. Amtshandlungen, bes. das kirchl. Stundengebet

**Offizial,** in der kath. Kirche 1. der vom Bischof mit der Ausübung der richterl. Gewalt beauftragte Priester; 2. (partikularrechtl.) der vom Bischof für einen Teil der Diözese mit den Vollmachten eines Generalvikars ausgestattete Priester.

**Offizialbetrieb,** *Amtsbetrieb,* ein Grundsatz des Prozeßrechts, nach dem ein Prozeß von Amts wegen in Gang gebracht u. weitergeführt wird. Der O. beherrscht den Strafprozeß u. vorw. die Freiwillige Gerichtsbarkeit.

**Offizialdelikte,** von Amts wegen zu verfolgende Straftaten; Ggs.: *Antragsdelikte.*

**Offizialverteidiger,** in den Fällen notwendiger Verteidigung der von Amts wegen bestellte Verteidiger im Strafprozeß; Ggs.: *Wahlverteidiger.*

**offiziell,** amtlich, beglaubigt; dienstlich; förmlich.

**Offizier,** Sammelbez. für soldat. Führer, seit dem 16. Jh. in Dtld.; Ggs.: *Mannschaften.*

**Offizierskasino,** Räumlichkeiten für Offiziere zur Einnahme der Mahlzeiten, zum Aufenthalt außerhalb der Dienststunden u. zur Veranstaltung von Vorträgen u. Geselligkeiten.

**offizinell,** Bez. für Arzneimittel, die in die amtl. Pharmakopöe (Arzneibuch) aufgenommen sind u. in jeder Apotheke *(Offizin)* geführt werden.

**offiziös,** halbamtlich.

**Offizium,** 1. (Dienst-)Pflicht, Obliegenheit. – 2. → Officium.

**off limits** [engl.], »Zutritt verboten«.

**Off-line-Betrieb** [ˈɔfˈlain-], eine Betriebsart in der elektron. Datenverarbeitung, bei der die Peripheriegeräte entweder nicht an einen Computer angeschlossen, oder falls angeschlossen, kurzfristig abgekoppelt sind. Die Daten werden dann zunächst auf einem Informationsträger gespeichert u. anschließend zum Rechner durchgegeben. Ggs.: On-line-Betrieb.

**Offsetdruck,** ein Flachdruckverfahren von Stein-, Aluminium-, Zink- oder mehrschichtigen Metallplatten, bei dem der Druck zunächst auf einen mit Gummituch versehenen Zylinder übertragen wird. Dieser überträgt dann das Druckbild auf das Papier.

**Offshore-Käufe** [ˈɔfʃɔː-], von den USA bezahlte Warenlieferungen, die nicht die amerik. Küste berühren; insbes. im Rahmen der *NATO* (Beschaffungskäufe für die Streitkräfte der USA in europ. Ländern).

**Offshore-Technik** [ˈɔfʃɔː-], ein Teilgebiet der Meerestechnik, das alle die Techniken, Geräte u. Bauwerke umfaßt, die der Suche nach u. der För-

*Offenbach am Main: Renaissanceschloß*

derung von Erdöl u. Erdgas aus den küstennahen Festlandsockelbereichen dienen.

**O'Flaherty** [ou'flɛəti], Liam, *1897, †1984, ir. Schriftst. (Romane vor dem Hintergrund der selbsterlebten ir. Geschichte).

**Ofnet-Höhle,** Höhle bei Nördlingen, mit alt- u. mittelsteinzeitl. Kulturschichten.

**Ofterdingen** → Heinrich von Ofterdingen.

**Ögädäi,** *Ugedai, Ogotai,* *um 1185, †1241, Mongolenherrscher (Groß-Khan) seit 1229; dritter Sohn u. Nachf. *Tschingis Khans.*

**Ogaden,** hochgelegene, wasserarme Tafellandschaft in Äthiopien; von Somalia beansprucht.

**Ogaki,** jap. Stadt im NW von Nagoya (Nobi-Ebene), am Ibi-Fluß, 146 000 Ew.; Metallverarbeitung, chem. Ind.

**Ogbomosho** [-ʃo], Stadt im sw. Nigeria, 527 000 Ew.; HS; Handelszentrum.

**Ogburn** ['ɔgbə:n], William F., *1886, †1959, US-amerik. Soziologe; beschäftigte sich mit Phänomenen des soz. Wandels. Von ihm stammt die These des »cultural lag«, wonach die Entwicklung der nichtmateriellen Kultur (z.B. Werte, Ideen) zeitl. hinter derjenigen der materiellen Kultur zurückbleibt, bevor sie sich dieser anpaßt.

**Ogi,** Adolf, *18.7.1942, schweiz. Politiker (SVP); seit 1988 Bundesrat (Verkehrs- u. Energiewirtschafts-Dep.).

**Ogino,** Kyusako, *1882, †1975, jap. Frauenarzt u. Geburtshelfer; wies (1924) erstmalig auf die fruchtbaren u. unfruchtbaren Tage der Frau hin. Nach ihm u. H. *Knaus* ist die *Knaus-O.-Methode* der »natürl. Geburtenregelung« benannt.

**Oglio** ['ɔljo], l. Nbfl. des *Po,* 280 km; mündet sw. von Mantua.

**Ogooué** [ɔgɔ'we], *Ogowe,* Fluß in Gabun (Zentralafrika), 1200 km; mündet bei Kap Lopez; im Delta Erdöl- u. Erdgasförderung.

**O'Hara** [ou'ha:rə], John, *1905, †1970, US-amerik. Schriftst. (Unterhaltungsromane).

**OHG,** *oHG,* Abk. für *Offene Handelsgesellschaft.*

**O'Higgins,** Bernardo, *1776, †1842, chilen. Unabhängigkeitskämpfer irischer Herkunft; kämpfte 1810–14 erfolglos gegen die Spanier; wurde 1817 Diktator von Chile (1823 gestürzt).

**Ohio** [ou'haiou], **1.** Gliedstaat der → Vereinigten Staaten von Amerika. – **2.** größter l. Nbfl. des Mississippi, 1586 km, Einzugsgebiet 528 000 km²; entsteht aus den Quellflüssen *Allegheny* u. *Monongahela.*

**Ohlin** [u'li:n], Bertil, *1899, †1979, schwed. Nationalökonom u. Politiker (liberale Partei); Hauptforschungsgebiete: Währungspolitik u. Außenwirtschaft; Nobelpreis 1977.

**Ohm, 1.** [nach G.S. *Ohm*], Zeichen Ω, die SI-Einheit des elektr. Widerstands. Ein O.scher Leiter hat den elektr. Widerstand 1 O., wenn er bei einer Spannung von 1 Volt von einem zeitl. unveränderl. Strom von 1 Ampère durchflossen wird. – **2.** *Ahm,* fr. Flüssigkeitsmaß, bes. für Weine.

**Ohm,** l. Nbfl. der Lahn, 60 km; entspringt am Vogelsberg, mündet bei Marburg.

**Ohm,** Georg Simon, *1789, †1854, dt. Physiker; stellte 1826 das *O.sche Gesetz* auf; arbeitete ferner über die Theorie der Obertöne sowie über Kristalloptik.

**Ohmberge,** bewaldete thüring. Hochfläche (Muschelkalk) im Eichsfeld, im *Birkenberg* 535 m.

**Ohmmeter,** Gerät zum Messen von elektr. Widerständen.

*Ohio: Ausflugsdampfer »Mississippi Queen«*

**Ohmscher Widerstand,** der elektr. Widerstand, der auf Energieverlusten der Elektronen durch Wechselwirkung mit den Atomen des Leiters beruht.

**Ohmsches Gesetz,** ein Gesetz der Elektrizitätslehre: Bei bestimmten Leitern ist die Stromstärke $I$ der angelegten Spannung $U$ proportional: $I \sim U$. Solche Leiter bezeichnet man als *Ohmsche Leiter.* Ihr Widerstand $R = U/I$ ist konstant.

**Ohnmacht,** durch mangelhafte Durchblutung des Gehirns erzeugter, vorübergehender Zustand der Bewußtlosigkeit, meist mit kurz vorher auftretender Übelkeit oder Schwindelgefühl.

**Ohnsorg,** Richard, *1876, †1947, dt. Schauspieler u. Theaterleiter; gründete 1902 eine plattdt. Mundartbühne, das heutige *Richard-O.-Theater* in Hamburg.

**Ohr,** lat. *Auris,* das paarig am Kopf außen u. innen angelegte Gehörsinnesorgan der Wirbeltiere, zugleich Sitz des Gleichgewichtssinnesorgans. Die Sinnesorgane sind im inneren O. *(O.labyrinth)* enthalten u. werden ergänzt durch den schalleitenden Apparat des *Mittel-O.,* das nach außen durch das *Trommelfell* abgeschlossen ist. Säugetiere einschl. des Menschen haben noch ein äußeres O., einen schallfangenden Apparat, der aus *O.muschel (Auricula)* mit *O.läppchen* u. äußerem *Gehörgang* besteht.

Das *O.labyrinth* ist ein dreiteiliges, häutiges Organ, eingebettet in das *knöcherne O.labyrinth* in der Pyramide des Schläfenbeins. Der oberste Teil des O.labyrinths, der *Utriculus,* trägt die drei Bogengänge, die Organe des Drehbeschleunigungssinns. Darunter liegen der *Sacculus* u. schließl. die *Lagena.* Alle drei Teile enthalten bei Fischen u. Amphibien ein *Statolithenorgan* (Gleichgewichtsorgan); bei Reptilien u. Vögeln bildet die lang ausgezogene Lagena das Gehörorgan; bei den Säugern windet sie sich zur Schnecke *(Cochlea)* auf u. enthält die Sinneszellen in Form des *Cortischen Organs.*

Bei den Säugern wird der Raum des knöchernen Labyrinths, der Sacculus u. Utriculus einschließt, als *Vorhof (Vestibulum)* bezeichnet. – Das innere O. ist gegen das Mittelohr durch zwei Membranen abgeschlossen, das *ovale Fenster (Fenestra ovalis)* u. das *runde Fenster (Fenestra rotunda).*

Das Mittelohr besteht aus der *Paukenhöhle* u. wird nach außen abgeschlossen durch das *Trommelfell.* Trommelfell u. ovales Fenster werden verbunden durch den schalleitenden Apparat der *Gehörknöchelchen.* Amphibien, Reptilien u. Vögel haben nur ein einziges Gehörknöchelchen, die *Columella;* bei den Säugern kommen *Hammer (Malleus)* u. *Amboß (Incus),* die Knochen des primären Kiefergelenks der niederen Wirbeltiere, zur Columella hinzu, die hier *Steigbügel (Stapes)* heißt. Die Paukenhöhle ist durch die *Eustachische Röhre (Tuba eustachii, O.trompete)* mit dem Nasenrachenraum verbunden.

**Ohre,** Nbfl. der Elbe, 105 km; entspringt sö. von Uelzen, mündet bei Wolmirstedt.

**Ohrenkriecher** → Ohrwürmer.

**Ohrenmakis,** *Galagos,* Gatt. nächtl. aktiver afrik. Halbaffen mit großen häutigen Ohren u. Augen. Der *Riesengalago* wird 33 cm groß.

**Ohrenqualle,** *Aurelia aurita,* eine marine *Fahnenqualle,* deren Schirm bis zu 40 cm Durchmesser erreicht. Ihr Polyp ist sehr klein.

**Ohrenrobben,** *Otariidae,* mit kleinen äußeren Ohrmuscheln ausgestattete Fam. der *Robben.* Nach der Beschaffenheit des Pelzes unterscheidet man *Seelöwen* u. *Seebären;* ihr Pelz heißt *Seal.*

**Ohrensausen** → Ohrgeräusche.

**Ohrenschmalz,** Ausscheidung der Ohrdrüsen im äußeren Gehörgang.

**Ohrenschwindel,** durch Reizung des *Gleichgewichtsorgans* im Innenohr erzeugter Drehschwindel; meist mit Augenzittern verbunden.

**Ohrenspiegel,** *Otoskop,* ein konisches, beleuchtetes Metallröhrchen *(Ohrentrichter),* das, in den äußeren Gehörgang eingeführt, das Trommelfell sichtbar macht.

**Ohrgeräusche,** Störungen des Gehörs (Ohrenklingen, -sausen), die sehr versch. Ursachen haben können. Sie sind einmal bei Erkrankungen des Ohrs häufig, können aber auch bei Störungen des Kreislaufs, bei Blutarmut, Blutdruckerhöhung, Giftenwirkungen u.a. vorkommen.

**Ohrid** ['ɔxrid], Stadt in Jugoslawien, nördl. des *O.-Sees* (348 km²), 30 000 Ew.; das alte *Lychnidos,* religiöses Zentrum des westl. Balkan; 971–1018 Hptst. des Großbulgar. Reichs.

# Okavango 641

*Ohrwurm-Weibchen beleckt seine Eier in der Bruthöhle*

**Öhringen,** Stadt in Ba.-Wü., bei Heilbronn, 16 600 Ew.; Barockschloß; Masch.-Ind.

**Ohrlabyrinth** → Ohr.

**Ohrmuschel,** *Auricula* → Ohr.

**Ohrspeicheldrüse,** *Glandula parotis,* eine große, paarige, vor dem Ohr über dem Unterkieferwinkel gelegene Drüse mit einem an der Wange gegenüber den ersten Backenzähnen in die Mundhöhle mündenden Ausführungsgang. Sie bildet den Speichel mit dem für die Stärkeverdauung wichtigen Ferment *Ptyalin.* – **O.nentzündung** → Mumps.

**Ohrwürmer,** *Dermaptera,* Ordnung der *Insekten,* aus der Gruppe der *Geradflügler;* mit in Zangen umgewandelten Cerci am Hinterleibsende, die zum Beute-Ergreifen, zur Verteidigung u. zur Flügelentfaltung dienen; über 1300 Arten, davon 7 in Dtld.

**Ohser,** Erich, *1903, †1944 (Selbstmord), dt. Graphiker u. Karikaturist; schuf unter dem Pseud. E.O. *Plauen* u.a. die Karikaturenserie »Vater u. Sohn«.

**Oise** [wa:z], r. Nbfl. in NO-Frankreich, 300 km; mündet nw. von Paris.

**Ojstrach, 1.** David, *1908, †1974, russ. Geiger; internat. anerkannter Virtuose seit 1925. – **2.** Igor, Sohn u. Schüler von 1), *27.4.1931, russ. Geiger; seit 1958 Dozent am Moskauer Konservatorium.

**Oita,** jap. Präfektur-Hptst. im nördl. Kyushu, 390 000 Ew.; Agrarmarkt, Fischereihafen; Erdölraffinerie.

**Ojos del Salado** ['ɔxɔs ðel sa'laðo], zweithöchster Andengipfel u. höchster erloschener Vulkan der Erde, an der argent.-chilen. Grenze, 6863 m.

**Ojukwu,** Chukwuemeka Odumegwu, *4.11.1933, nigerian. Offizier u. Politiker; erklärte als Militärgouverneur am 30.5.1967 die Ostregion als Rep. *Biafra* für unabh. u. war bis zur Niederlage 1970 dessen Staatschef.

**Oka, 1.** r. Nbfl. der Wolga, 1480 km; mündet bei Gorkij. – **2.** l. Nbfl. der Angara im südl. Sibirien, 953 km; mündet in den Bratsker Stausee.

**Okapi,** *Okapia johnstoni,* eine pferdegroße *Giraffe* mit kurzem Hals; in den Urwäldern Zentralafrikas, erst 1901 entdeckt.

**Okarina,** eine moderne Form der Gefäßflöte aus Ton oder Porzellan, in Rüben- oder Muschelform mit Schnabelmundstück; um 1860 von G. *Donati* entwickelt; farblos-dumpfer Klang. – 🅱 S. 642

**Okavango,** südafrik. Fluß, 1800 km; entspringt

*Okapi*

## Okayama

*Okarina aus Meißner Porzellan; 18. Jahrhundert. London, Horniman Museum*

als *Cubango* im Bihé-Hochland (Angola), versickert mit großem Binnendelta im *O.-Becken* der trockenen nördl. Kalahari.

**Okayama,** jap. Präfektur-Hptst. im sw. Honshu, an der Inlandsee, 572 000 Ew.; Burg; chem., Nahrungsmittel- u. Textilind.

**Okazaki** [-za:ki], *Okasaki,* jap. Stadt an der Ostküste von Honshu, 285 000 Ew.; Kunstfaserherstellung.

**Okeanos,** lat. *Oceanus,* in der grch. Myth. einer der *Titanen,* Beherrscher des die Erde umfassenden Weltstroms.

**O'Keeffe** [ɔuˈkiːf], Georgia, *1887, †1986, US-amerik. Malerin; verh. mit A. *Stieglitz*, verwirklichte eine eig. Art des magischen Realismus, bes. in Blumenbildern.

**O'Kelly** [ɔuˈkɛli], ir. *O'Ceallaigh,* Seán Tomás, *1882, †1966, ir. Politiker; Mitgr. (1908) der *Sinn-Fein-Bewegung,* 1945–59 Staats-Präs.

**Oken,** Lorenz, eigtl. L. *Ockenfuß,* *1779, †1851, dt. Naturforscher u. Philosoph; einer der bedeutendsten Naturphilosophen der Romantik.

**Oker,** Ocker, l. Nbfl. der Aller, 105 km; entspringt am Bruchberg im Oberharz; unterhalb von Altenau aufgestaut zur **O.-Talsperre** (2,2 km² großer Stausee).

**Okinawa,** Hauptinsel der jap. Ryukyu-Inseln, zw. Kyushu u. Taiwan, 1,18 Mio. Ew.; Hptst. *Naha;* 1945 Schauplatz der letzten entscheidenden Schlacht des 2. Weltkriegs; nach dem 2. Weltkrieg US-amerik. Militärstützpunkt; Rückgabe der Inselgruppe an Japan 1972.

**Okkasion,** veraltete Bez. für (günstige) Gelegenheit. – **okkasionell,** gelegentlich.

**Okkasionalismus,** die im *Kartesianismus* ent-

*Oker: Okertalsperre im Harz*

wickelte Lehre, daß die scheinbare psychophys. Kausalität, d.h. die Wechselwirkung von Seele u. Leib, in Wirklichkeit auf unmittelbarem göttl. Eingreifen beruhe.

**Okklusion, 1.** Einschluß, Umfassung, Umwachsung. – **2.** Verschluß, z.B. des Darms (Darmverschluß) oder bei Verwachsungen der Regenbogenhaut mit der Linse.

**Okkultismus,** die Lehre von verborgenen, geheimen Dingen, urspr. auf die *Mysterien* bezogen; jetzt Bez. für die sog. *Geheimwissenschaften:* Magie, Spiritismus, Zauberei u.ä.

**Okkupation,** Besetzung fremden Staatsgebiets, entweder mit Gewalt oder aufgrund vertragl. Abmachungen oder *Inbesitznahme bisher staatenlosen Gebiets.*

**Oklahoma** [ɔuklǝˈhɔumǝ], Gliedstaat der → Vereinigten Staaten von Amerika.

**Oklahoma City** [ɔuklǝˈhɔumǝ ˈsiti], Hptst. von Oklahoma (USA), am North Canadian River, 445 000 Ew.; Univ.; Erdöl-Ind.; Handels- u. Industriezentrum.

**Ökokatastrophen,** Störungen ökolog. System mit katastrophalen Folgen, v.a. aufgrund großräumiger u. nachhaltiger Eingriffe durch den Menschen.

**Ökolampad,** *Oekolampadius,* Johannes, *1482, †1531, dt. Humanist u. Reformator; wirkte seit 1523 für die Durchführung der Reformation in Basel, führte 1531 die Reformation in Ulm ein.

**Ökologie,** Teilgebiet der Biologie: die Wiss. von den vielfältigen Beziehungen zw. den Lebewesen u. ihrer Umwelt; oder umfassender: die Lehre vom Gesamthaushalt der Natur. Zw. der *Individual-Ö.*, deren Betrachtungsweise vom einzelnen Individuum ausgeht, u. der *Syn-Ö.*, die von der ganzen Lebensgemeinschaft *(Biozönose [Biozönologie])* ausgeht, steht die Ö. der tier. Bevölkerungen *(Populationen),* die *Populations-Ö.* oder *Dem-Ö.* → Umweltschutz.

**Ökologiebewegung,** weitgehend aus der *alternativen Bewegung* entstandene Gruppierung, die die Wohn-, Lebens- u. Arbeitswelt umweltschonend menschlicher gestalten will.

**ökologische Nische,** die Gesamtheit der bes. Lebensbedingungen einheitl. Tiergruppen *(Populationen),* z.B. Arten oder Rassen.

**ökologische Potenz,** die Fähigkeit eines Organismus, bestimmte Verhältnisse oder Veränderungen seiner Umwelt zu ertragen. Große ö. P. *(weite Anpassungsgrenzen):* euryök; geringe ö. P. *(enge Anpassungsgrenzen):* stenök.

**ökologisches Gleichgewicht,** *biozönotisches, biologisches Gleichgewicht,* das bewegl. (dynam.) Gleichgewicht zw. den Mitgl. einer Lebensgemeinschaft *(Biozönose),* bedingt durch die vielfältigen Nahrungsbeziehungen untereinander. Je komplexer diese Beziehungen sind, um so enger schwanken die Bevölkerungsdichten um einen Mittelwert *(Selbstregulation im ökolog. Gleichgewicht).* Bei Störung kommt es zu Massenvermehrungen *(Gradationen)* einzelner Arten.

**ökologische Zelle,** kleine Landschaftseinheit, die in einer Kulturlandschaft als Zufluchtsraum für Tiere u. Pflanzen dient.

**Ökonom,** Wirtschaftswissenschaftler; Verwalter größerer Güter; Landwirt.

**Ökonometrie,** der Versuch, durch statist. Überprüfung der Modelle der Nationalökonomie Theorie u. Wirklichkeit in Übereinstimmung zu bringen sowie mit Hilfe numer. Werte konkrete Angaben über wirtsch. Zusammenhänge zu erhalten.

**Ökonomie, 1.** Hauswirtschaft, Haushalt, auch Wirtschaft überhaupt. – **2.** die Wirtschaftswissenschaft *(National-, Sozial-Ö.).* – **3.** in der *Biologie* die rein zweckgebundene Ausbildung von Merkmalen u. Organen mit geringsten Mitteln; Ggs.: *Luxurieren.*

**Ökosystem,** das Gefüge aller Organismen *(Lebensgemeinschaft, Biozönose),* die einen bestimmten Lebensraum *(Biotop)* besiedeln, mit der Gesamtheit der unbelebten Faktoren dieses Lebensraums.

**Ökotechnik,** den ökolog. Strukturen u. Entwicklungen angepaßte techn. Bauweisen u. Verfahren.

**Ökotop,** eine landschaftl. Raumeinheit, in der gleichartige Umweltbedingungen herrschen.

**Ökotrophologie,** Haushalts- u. Ernährungswissenschaft.

**Okoumé** [okuˈmeː], *Okume, Gabun,* ein trop. Laubholz (Niederguinea-Küste).

**Okra,** *Hibiscus esculentus,* ein *Malvengewächs* des trop. Afrika; heute auch in S-Europa verbreitet.

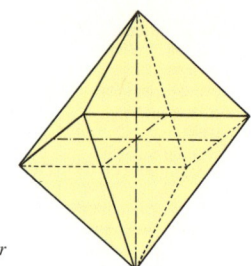

*Oktaeder*

– **O.faser,** Stengelfaser von *Hibiscus esculentus* (Indien, Südstaaten der USA); Jute-Ersatz.

**Oktaeder,** *Achtflach,* 4seitige Doppelpyramide mit 8 kongruenten gleichseitigen Dreiecken.

**Oktant,** *Spiegel-O.,* ein Winkelmeßgerät zur Orts-

## ÖKOLOGIE

*Algenteppich an der Adriaküste*

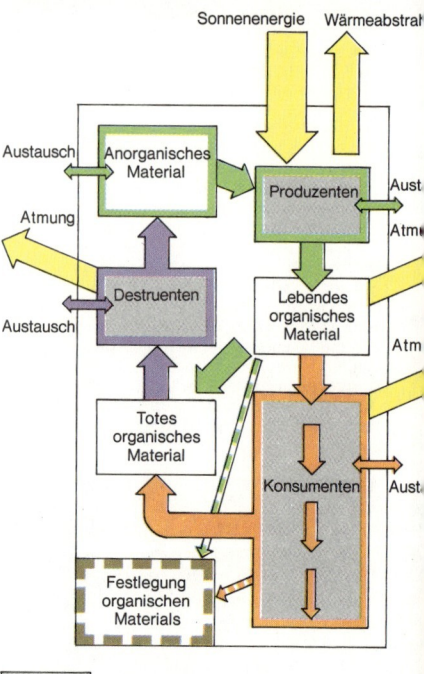

*einfaches, vollständiges Ökosystem. In ihm sind die »funktionellen Gruppen« – Produzenten (z.B. Pflanzen), sumenten (z.B. Tiere) und Destruenten (z.B. Bakterien) –*

bestimmung auf See, ähnl. dem *Sextanten,* nur mit kürzerem Kreisbogen.

**Oktanzahl,** *Octanzahl,* Maßzahl zur Kennzeichnung der Klopffestigkeit von Motortreibstoffen. Als Eichtreibstoffe dienen das sehr klopffeste *Isooctan* u. das sehr klopffreudige Normalheptan, von denen ersteres die O. 100, letzteres die O. Null hat. Die O. eines Treibstoffs gibt an, wieviel Volumenprozent Isooctan sich in einem Gemisch mit Normalheptan befindet, das in einem Prüfmotor gleiches Klopfverhalten zeigt wie der zu prüfende Kraftstoff.

**Oktateuch,** die 5 Bücher Mose samt den Büchern Josua, Richter u. den als Einheit verstandenen beiden Samuelisbüchern. Rechnet man noch die beiden ebenfalls als Einheit aufgefaßten Königsbücher hinzu, dann spricht man vom *Enneateuch.*

**Oktav, 1.** [das], *O.format,* Zeichen 8°, ein Papier- u. Buchformat, bei dem der Bogen aus 8 Blättern (16 Seiten im Buch) besteht; *Klein-O.* hat bis 18,5 cm, *Mittel-O.* bis 22,5 cm, *Groß-* u. *Lexikon-O.* bis 25 cm Höhe. – **2.** [die], auf acht Tage ausgedehnte Nachfeier kirchl. Feste oder wenigstens am achten Tag; seit 1969 auf die Hauptfeste Weihnachten u. Ostern beschränkt.

**Oktave,** der auf den Leitton folgende 8. Ton der diaton. Tonleiter u. das Intervall zw. diesen beiden Tönen, die im Schwingungsverhältnis 2:1 stehen u. dadurch die vollkommene Konsonanz hervorrufen.

**Oktett,** Musikstück für 8 Instrumente oder Singstimmen; auch ein Ensemble von 8 Instrumentalisten.

**Oktoberfest,** seit 1810 (Hochzeit des späteren Königs Ludwig I. von Bayern) in München gefeiertes Volksfest auf der Theresienwiese.

**Oktoberrevolution,** die *Große Sozialist. O.* vom 25./26.10. a. St. (7./8.11. n. St.) 1917 in Petrograd (St. Petersburg) u. 30.10. (a. St.) in Moskau. Sie stürzte die bürgerl. Provisor. Regierung u. begr. das bolschewist. Regime in Rußland.

**Oktogon, 1.** regelmäßiges Achteck. – **2.** ein Gebäude oder Raum mit achteckigem Grundriß, z.B. das Aachener Münster.

**Oktopode** → Kraken.

**Oktroi** [ɔk'trwa], *Oktroy,* die Gewährung von (Handels-)Vorrechten; im MA Bez. für eine Gemeindeabgabe, die als Binnenzoll auf Lebensmittel erhoben wurde.

**oktroyieren** [ɔktrwa'jiːrən], jmd. etwas gegen das geltende Recht aufzwingen, auferlegen.

**Okular,** die Linse (Linsensystem), die bei opt. Geräten dem Auge zugewandt ist; Ggs.: *Objektiv.*

**Okuli,** *Oculi,* 4. Sonntag vor Ostern.

**Ökumene,** der Siedlungsraum des Menschen, die ganze bewohnte Erde; Ggs.: *Anökumene.* – **ökumenisch,** die ganze bewohnte Erde betreffend, weltumspannend.

**Ökumenische Bekenntnisse,** die 3 auch in den ev. Kirchen anerkannten altkirchl. Bekenntnisse: Nicaeno-Constantinopolitanum, Apostolisches u. Athanasianisches Glaubensbekenntnis.

**ökumenische Bewegung,** Einigungsbestrebungen innerhalb der christl. Kirchen, die seit dem Ende des 1. Weltkriegs immer wirksamer geworden sind. 1921 wurde der *Internationale Missionsrat* gegr.; 1925 trat die erste Weltkonferenz der *Bewegung für prakt. Christentum* (»for Life and Work«) zusammen; die Weltkonferenz der *Bewegung für Glauben u. Kirchenverfassung* (»for Faith and Order«) tagte 1927 in Lausanne. Daraus folgte die Bildung eines *Ökumenischen Rats der Kirchen* (1948).

**ökumenische Gottesdienste,** Gebets- u. Wortgottesdienste, die von versch. Bekenntnissen gemeinsam gestaltet u. begangen werden.

**Ökumenischer Patriarch,** Titel des Patriarchen von Konstantinopel; → Patriarch.

**Ökumenischer Rat der Kirchen,** engl. *World Council of Churches, Weltrat der Kirchen,* 1948 aus der *ökumen. Bewegung* hervorgegangene Gemeinschaft von Kirchen zu gemeinsamem Handeln u. zur Förderung des ökumen. u. missionar. Bewußtseins. Der Rat tritt als Vollversammlung alle 7 Jahre mit Delegierten der etwa 300 prot., angli-

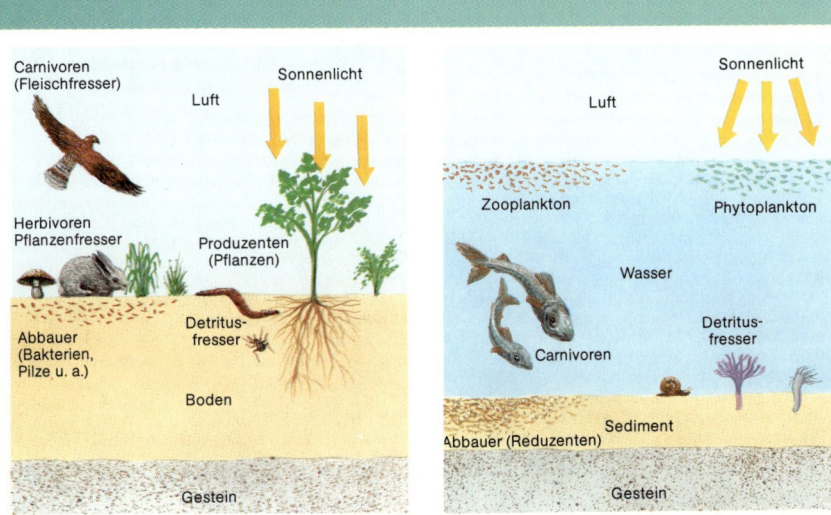

*Grüne Pflanzen sind die einzigen Organismen, die sich selbst die notwendige Nahrung herstellen. Der durch die Photosynthese freiwerdende Sauerstoff stellt die Grundlage für die Atmung dar und ist für das Leben der Tiere unentbehrlich. An Land produzieren insbesondere die Gefäßpflanzen Sauerstoff, während im Meer kleine Algen, das Phytoplankton, die Produktion leisten*

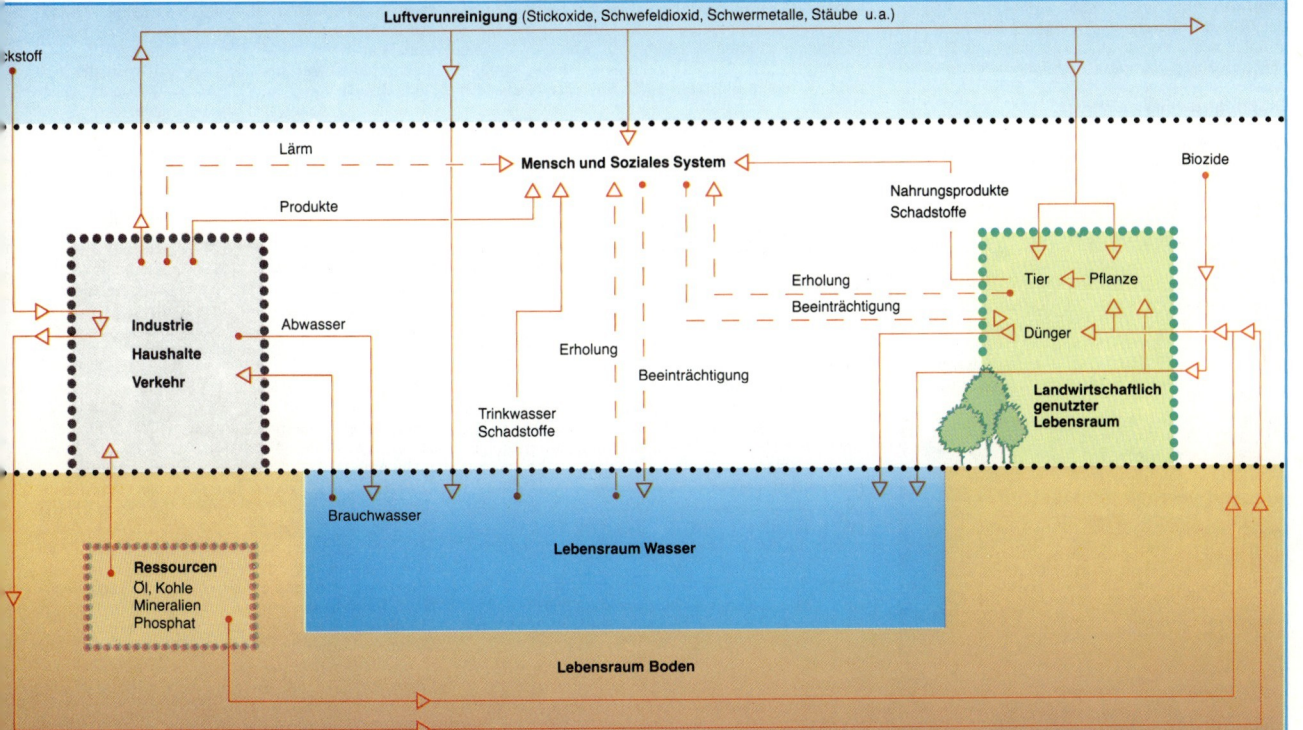

*vorhandenen anorganischen Material (z.B. Mineralien) in einem »Material-Kreislauf« verknüpft. Energiezufluß und -abfluß, die zeitweise Festlegung organischen Mate- und der Austausch von Organismen und totem Material über die Grenzen des Ökosystems hinaus sind angedeutet (links). – Die gegenseitige Beeinflussung der Ökosy- typen am Beispiel ausgewählter Stoffströme (rechts)*

kan. u. orth. Mitgliedskirchen zusammen. Ein Drittel der Delegierten sind Laien.

**ökumenisches Konzil** → Konzil.

**Ökumenismus,** Sammelbegriff für die Bestrebungen der kath. Kirche um eine Einigung aller Christen.

**Okzident,** *Occident,* das Abendland.

**okzipital,** *occipital,* zum Hinterhaupt gehörend.

**Okzipitallappen,** die Hinterhauptslappen des Gehirns, paarig u. spiegelbildl. an beiden Großhirnhälften angelegt. Sie enthalten die Wahrnehmungszentren für das Sehen.

**Öl** → Öle.

**Olaf,** *Olav,* Fürsten:
Dänemark:
**1. O. IV.** *Haakonsson,* *1370, †1387, König 1376–87, seit 1380 auch in Norw.; mit ihm begann die Union zw. Norwegen u. Dänemark, die bis 1814 dauerte.
Norwegen:
**2. O. I.** *Tryggvason,* *um 960, †1000 (gefallen), König 995–1000; erfolgreich in der Christianisierung Norwegens, Islands u. Grönlands. – **3. O. II.,** *O. der Heilige, O. II. Haraldsson,* *995, †1030 (gefallen), König etwa 1015–28; 1028 von den Kleinkönigen, die Knut d. Gr. von Dänemark unterstützten, vertrieben. – Schutzpatron Norwegens (Fest: 29.7.). – **4. O. V.,** *2.7.1903, König seit 1957; Sohn Haakons VII.

**Öland,** Hallig sö. der Nordfries. Insel *Föhr.*

**Öland,** schwedische Ostsee-Insel, 1344 km², 23 000 Ew., zentrale Stadt *Borgholm.* Die 6 km lange *Kalmarsund-Brücke* verbindet Ö. mit dem Festland.

**Ölbaum,** *Olivenbaum, Olea,* Gatt. der Ö.gewächse (→ Pflanzen), etwa 20 Arten; kleine Bäume mit fleischigen Steinfrüchten. Der *Echte Ö.* ist ein Charakterbaum des Mittelmeergebiets u. ein immergrüner Baum. Aus den grünen, später schwarzblauen Früchten **(Oliven)** wird das Olivenöl gewonnen.

**Ölberg, 1.** Bergzug östl. von Jerusalem, durch das Kidron-Tal von der Stadt getrennt, 828 m; im NT Schauplatz der Gefangennahme Jesu u. seiner Himmelfahrt. – **2.** höchste Erhebung im Siebengebirge, 460 m.

**Olbrich,** Joseph Maria, *1867, †1908, östr. Architekt u. Maler; Mitgr. der Wiener Sezession, als Architekt Vertreter des Jugendstils.

**Olbricht,** Friedrich, *1888, †1944, dt. Offizier; trat 1940 der *Widerstandsbewegung* bei; nach dem mißglückten Attentat auf Hitler zus. mit C. Graf Schenk von *Stauffenberg* u.a. standrechtl. erschossen.

**Oldenbarnevelt,** *Barnevelt,* Jan van, *1547, †1619 (hingerichtet), ndl. Politiker; Führer der aristokrat.-republikan. Partei, brachte 1609 den 12jährigen Waffenstillstand mit Spanien zustande.

**Oldenburg, 1.** ehem. Land des Dt. Reiches; reichte bis zur Nordseeküste bis zu den Dammer Bergen. – Kernland war die Gft. O., die nach dem Aussterben des Grafenhauses 1667 an Dänemark fiel, 1773 wurde es wieder selbst., 1777 Hzgt., 1815 Großhzgt., 1871 trat O. dem Dt. Reich bei. 1918 wurde es Freistaat u. 1946 dem neuen Land Nds. eingegliedert (bis 1978 mit dem Status eines Verw.-Bez.). – **2.** *O. (Oldenburg),* krfr. Stadt in Nds., an der Hunte u. am Küstenkanal, 139 000 Ew.; Univ.; Schloß; Hafen; Schiffswerft;

*Oldenburg (2): Schloß und Lambertikirche*

Motorenbau, Nahrungsmittel-Ind. – G e s c h.: 1774–1946 Hptst. des Landes O., seit 1946 des Verw.-Bez. O., seit 1978 des Reg.-Bez. *Weser-Ems.* – **3.** *O. in Holstein,* Stadt in Schl.-Ho., 9900 Ew.; rom. Kirche; Textilind.; Hauptburg der *Wagrier.*

**Oldenburg,** Claes, *28.1.1929, US-amerik. Objektkünstler schwed. Abstammung; Plastiker der *Pop-Art.*

**Oldendorp,** Johann, *1480, †1567, dt. Rechtsgelehrter; wiss. Begr. der luth. Naturrechtslehre, im Ggs. zur calvinistischen (J. *Althusius*).

**Oldesloe** [-'lo:], *Bad O.,* Krst. in Schl.-Ho., an der Trave, sw. von Lübeck, 20 000 Ew.; Landmaschinenbau.

**Old Faithful** [ɔuld 'feiθful], Geysir im Yellowstone National Park (USA), mit regelmäßigen Eruptionen (alle 65 Min.).

**Oldoway,** *Olduvai,* Schlucht am Rand der Serengeti-Steppe in Tansania; Funde ältester Menschenreste: Schädel der *Australopithecinen,* Skelettreste der *Pithecanthropus-Gruppe,* ein Skelett des *Homo sapiens;* von der Fam. *Leakey* erforscht.

**Öldruck,** mehrfarbige Reproduktion von Ölgemälden im Steindruck.

**Öldruckbremse,** eine hydraul. Bremse.

**Öldrüsen,** Hautdrüsen vieler Insekten (Wasserinsekten, z.B. Gelbrandkäfer), deren Sekrete die Benetzbarkeit der Kutikula herabsetzen.

**Old Shatterhand** [ɔuld 'ʃætəhænd], Held der Indianerbücher von K. *May,* weißhäutiger Freund des Indianer-Häuptlings *Winnetou.*

**Oldtimer** [ɔuldtaimə], Automodell aus der Frühzeit des Automobilbaus.

**Olduvai** → Oldoway.

**Öle,** chem. verschiedenartige, meist wasserunlösl., dickflüssige Stoffe: *Fette u. fette Öle, äther. Öle, Mineralöle, Ölfirnis.*

**Oleaceae,** *Ölbaumgewächse* (→ Pflanzen).

**Oleander,** *Rosenlorbeer,* zu den *Hundsgiftgewächsen* gehörender Strauch; mit giftigem Milchsaft; im Mittelmeergebiet u. im Orient verbreitet.

**Olearius,** Adam, eigtl. A. *Ölschläger,* *1603, †1671, dt. Gelehrter u. Reiseschriftst.; übersetzte pers. Dichtungen u. beschrieb seine Reisen in den Orient (1647).

**Olefine** → Alkene.

**Oleg,** *O. der Weise,* †912 oder 922, Fürst von Kiew seit 882; warägischer (normann.) Herkunft, 879 Fürst von Nowgorod, 882 auch (Begr.) des Kiewer Reichs.

**Olein,** *O.säure,* rohe → Ölsäure.

**Oléron,** *Île d'O.* [iːdleˈrɔ̃], W-frz. Insel vor der Mündung der Charente in den Atlantik, 175 km², 16 000 Ew.; Fremdenverkehr.

**Oleśnicki** [ɔlɛsjˈnitski], Zbigniew, *1389, †1455, poln. Kirchenfürst; seit 1439 Kardinal, 1434–47 Regent.

**Oleum, 1.** rauchende *Schwefelsäure.* – **2.** Öl; z.B. *O. jecoris aselli,* Lebertran; *O. arachidis,* Erdnußöl.

**Ölfarben,** Farben, die mit trocknenden Ölen angerieben werden; wasser- u. wetterbeständig.

**Ölfeuerung,** eine Feuerung, die als Brennstoff Erdöl, Rohöl, Teeröl, Masut, Gasöl u.ä. verwendet. Das Öl muß zerstäubt u. wie Gas frei im Verbrennungsraum schwebend verbrannt werden. Die Ö. ist sowohl für Einzelöfen als auch für Zentralheizungen *(Ölheizung)* geeignet.

**Ölfrüchte,** ölhaltige Früchte oder Samen. Das Öl wird durch Abpressen oder Extrahieren gewonnen u. zur Bereitung von pflanzl. Fetten u. Margarine verwendet. In Europa angebaut werden neben dem *Ölbaum:* Raps, Rübsen, Senf, Lein, Sonnenblume, Hanf, Rizinus u. Sojabohne, außerhalb Europas noch Leindotter, Ölrettich, Ölpalme, Kokospalme, Erdnuß u. Baumwolle.

**Olga,** nord. *Helga,* *um 890, †969, Großfürstin von Kiew, Frau *Igors;* 945 Regentin für ihren unmündigen Sohn *Swjatoslaw,* ließ sich als erste russ. Fürstin taufen (Helena).

**Ölgas,** *Fettgas,* ein Gasgemenge, das bei Erhitzung von schwereren Kohlenwasserstoffen (Öl, Petroleum, Teer) unter Luftabschluß durch Zersetzung entsteht; fr. als *Stadtgas* verwendet.

**Olgerd,** *Olgierd,* lit. *Algirdas,* *1296, †1377, Großfürst von Litauen 1345–77; vereinigte große Teile des zerfallenen Kiewer Reichs (Ukraine, Weißrußland) mit Litauen.

**Olibanumöl** [auch -'ba:-] → Weihrauch.

**Olifanthorn,** *Olifant,* das Hifthorn *Rolands,* danach Gattungsbez. für die mit Schnitzerei verzierten Elfenbeinhörner des byzant. u. islam. MA.

**Oligarchie,** die Herrschaft weniger, wobei die Macht nicht im Gemein-, sondern im Gruppeninteresse ausgeübt wird.

**Oligochäten,** *Wenigborster, Oligochaeta,* Kl. der *Ringelwürmer.* Zu den O. gehören die *Regenwürmer* u. eine Reihe von wasserbewohnenden Würmern, z.B. den *Brunnenwurm, Tubifex.*

**Oligoklas,** ein Mineral (→ Mineralien).

**oligophag,** zoolog. Bez. für Tiere (Nahrungsspezialisten) mit geringem Nahrungswahlvermögen; Ggs.: *polyphag.*

**Oligophrenie,** angeborener, erbl. oder in frühester Kindheit erworbener Intelligenzrückstand.

**Oligopol,** eine Marktform, bei der nur wenige Marktteilnehmer ein Gut anbieten oder nachfragen; jeder verfügt also über einen beachtl. Anteil am Gesamtmarkt. Der Wettbewerb verlagert sich meist in den Bereich der Qualität, des Kundendienstes, der Werbung u.a. *(Nicht-Preis-Wettbewerb).*

**Oligosaccharide** [-zaxa-], Kohlenhydrate, die 2–10 Monosaccharidbausteine, acetalartig zu einem größeren Molekül vereinigt, enthalten.

**oligotroph,** nährstoffarm; Ggs.: *eutroph.*

**Oligozän,** erdgeschichtl. Entwicklungsstufe des Tertiär, → Erdzeitalter.

**Ölimmersion,** bes. Verfahren in der Mikroskopie zur Erhöhung des Auflösungsvermögens; dabei taucht die Frontlinse des Mikroskopobjektivs in einen Öltropfen (z.B. Zedernholzöl), der auf dem Präparat liegt.

**Olinda,** brasil. Hafenstadt im Staat Pernambuco, 223 000 Ew.; Fremdenverkehrsort.

**Oliva,** poln. *Oliwa,* Ort nw. von Danzig, ehem. Zisterzienserkloster; 1926 eingemeindet. Der *Friede von O.* beendete (3.5.1660) den → Nord. Krieg.

**Olive,** die Frucht des *Ölbaums.*

**Oliveira, 1.** Alberto de, *1859, †1937, brasil. Schriftst.; Vorläufer des *Modernismo* in Brasilien, schrieb pantheist. Naturlyrik. – **2.** Francisco Xavier de, gen. *Cavaleiro de O.,* *1702, †1783, port. Schriftst.; seit 1744 in England, übertrat zur Anglikan. Kirche; als Aufklärer von der Inquisition verfolgt.

**Olivenöl,** aus Fruchtfleisch u. Kernen des *Ölbaums* gewonnenes, nicht trocknendes Öl. Kaltes Pressen ergibt das helle *Jungfernöl* (Speiseöl), heißes Pressen das weniger reine *Baumöl* (Industrieöl).

**Oliver** ['ɔlivə], Isaak d.Ä., *um 1556, †1617, engl. Maler (Miniaturporträts).

**Olivier, 1.** [ɔli'vje] Ferdinand von, Bruder von 2) u. 3), *1785, †1841, dt. Maler u. Graphiker; Landschaftsbilder. – **2.** [ɔli'vje] Friedrich von, Bruder von 1) u. 3), *1791, †1859, dt. Maler; trat bes. als Landschaftsmaler hervor. – **3.** [ɔli'vje] Heinrich von, Bruder von 1) u. 2), *1783, †1848, dt. Maler (Bildniss u. religiöse Darst., meist in altdt. Figurenkostümierung). – **4.** [ɔ'liviə], Sir (seit 1947) Laurence, *1907, †1989, engl. Schauspieler, Theater- u. Filmregisseur; trat bes. in Shakespeare-Rollen hervor.

**Olivin,** *Peridot,* als Edelstein *Chrysolith,* ein Mineral.

**Ölkäfer,** *Meloidae,* Fam. bis 5 cm langer, dunkelbrauner bis schwarzer Käfer; lassen bei Gefahr gelbe, giftige Blutströpfchen aus den Beingelenken austreten; hierzu der *Maiwurm* u. die *Span. Fliege.*

**Ölkuchen,** *Preßkuchen,* Preßrückstand bei der Ölgewinnung; Viehfutter.

**Ollenhauer,** Erich, *1901, †1963, dt. Politiker (SPD); 1928–33 Vors. des Verbandes der Sozialist. Arbeiterjugend Deutschlands; 1933–46 in der Emigration; 1952–63 als Partei- u. Fraktions-Vors. Oppositionsführer; 1963 Vors. der Sozialist. Internationale.

**Ölmalerei,** das Malen mit *Ölfarben,* deren Bindemittel Lein-, auch Nuß- oder Mohnöle mit Harzbeimischungen sind; in größerem Umfang zuerst im 15. Jh. von den ndl. Malerbrüdern H. u. J. van *Eyck* geübt, danach in Italien durch A. da *Messina* eingeführt; verdrängte im 16. Jh. die *Temperamalerei.* Ingredienzen u. Mischungsverhältnisse der Ö. wurden oft als Werkstattgeheimnis gehütet.

**Olme,** *Proteida,* Fam. der *Schwanzlurche* in Europa u. N-Amerika; in Europa der *Grottenolm.*

**Olmedo** [ɔl'meðo], José Joaquín, *1780, †1847, ecuadorian. Schriftst. (klassizist. Oden).

**Olmeken,** die z.Z. der span. Eroberung im inneren Golfwinkel von Mexiko lebende indian. Bevölkerung. Nach ihnen wird eine ältere Kultur ben., deren Träger jedoch nicht mit den histor. O. identisch sind *(La-Venta-Kultur).*

**Ölmotor,** ein Verbrennungsmotor, der schwersiedende Erdöl-, Braunkohlen- oder Steinkohlendestillate als Treibstoff verbrennt: *Diesel-* u. *Glühkopfmotor;* Ggs.: *Vergasermotor.*

**Ölmühle,** Anlage zur Ölgewinnung.

**Olmütz,** tschech. *Olomouc,* Stadt in Mähren (Tschechoslowakei), an der March, 106 000 Ew.; Univ. (1569); Wenzelsdom; wirtsch. Mittelpunkt des mittleren *Mähren.*

**Ölpalme,** *Elaeis guineensis,* im Regenwaldgebiet des trop. Afrika u. Südamerika heim., 6–9 m hohe *Fiederpalme.* Die Früchte enthalten im Fruchtfleisch u. in den Samen *(Palmkerne)* Öl, das zur Herstellung von Seifen u. Kerzen dient.

**Olpe,** Krst. in NRW, im südl. Sauerland, am Bigge-Stausee, 22 400 Ew.; Maschinenbau, Metall- u. Textilind.

**Ölpest,** *Ölverseuchung,* die Verunreinigung von Gewässern u. Böden mit Mineralölprodukten. Durch Tanker- u. Bohrinselunfälle, Ablassen des Altöls, Tankreinigung u.a. ist eine zunehmende Verschmutzung der Gewässer mit mineralölhaltigen Produkten zu beobachten. Neben präventiven Maßnahmen werden Ölverseuchungen durch Abscheidung, Abbrennen, Ausbaggern u.a. bekämpft. Auf der Wasseroberfläche bildet das Öl einen hauchdünnen Film, während der Boden mehr oder weniger stark durchtränkt wird. Dabei wird die Wechselwirkung zw. Wasser u. Atmosphäre unterbrochen mit schweren Folgen für Flora u. Fauna des Wassers u. des Strandes. Im Extremfall kann 1 Liter Öl 1 Mio. Liter Grundwasser verseuchen. Während die leichtflüchtigen Ölbestandteile innerhalb weniger Tage verdunsten, verbleiben die schwerflüchtigen Bestandteile (aromat. Kohlenwasserstoffe) mehrere Monate im Gewässer.

**Olsa,** r. Nbfl. der oberen Oder, 99 km.

**Ölsande,** dunkel gefärbte Sande, die mit zähflüssigem Erdöl durchtränkt sind. Die Gesamtvorräte an Öl aus Sanden werden mit rd. 350 Mrd. t angegeben; größtes bekanntes Vorkommen in Alberta (Kanada).

**Ölsäure,** eine einfach ungesättigte aliphat. Carbonsäure, $C_{17}H_{33}COOH$; die häufigste Fettsäure, in Form des Glycerinesters **(Olein)** in fast allen Fetten u. fetten Ölen zu finden. Die isomere Transform der Ö. wird als *Elaidinsäure* bez. Die Salze der Ö. heißen **Oleate.**

**Olsberg,** Stadt in NRW, an der Ruhr, 14 500 Ew.; Luft- u. Kneippkurort, Wintersportort; Naturdenkmal *Bruchhauser Steine.*

**Ölschiefer,** asphalt(bitumen-)reiche Tonschiefer; die bekannten Weltvorräte belaufen sich auf rd. 500 Mrd. t.

**Olson** [ˈɔulsən], Charles, *1910, †1970, US-amerik. Schriftst.; Wegbereiter der »Beat-Generation«.

**Olsztyn** [ˈɔl|tin] → Allenstein.

**Olten,** Bez.-Hptst. im schweiz. Kt. Solothurn, 18 000 Ew.; Altstadt mit bek. Holzbrücke; schweiz. Buchzentrum; Auto-, Masch.- u. Holzind.

**Ölweide,** *Elaeagnus,* Gatt. der *Ö.ngewächse,* in S-Europa, Asien u. N-Amerika heimisch; wertvolles hartes Holz.

**Olymp, 1.** grch. *Olympos,* Berg in Mittelgriechenland, westl. des Thermäischen Golfs, 2911 m; galt in der altgrch. Myth. als Sitz der Götter **(Olympier).** – **2.** *Uludag,* türk. Gebirge bei Bursa, am Marmarameer, bis 2543 m.

**Olympia,** altgrch. Heiligtum für Zeus u. Hera in der Ldsch. Elis, im NW des Peloponnes, berühmteste Wettkampfstätte des Altertums, 522 u. 551 n. Chr. von Überschwemmungen u. Erdbeben betroffen; Ruinen (seit 1829 ausgegraben).

**Olympiade,** im antiken Griechenland der Zeitraum von 4 Jahren zw. zwei *Olympien* (→ Olympische Spiele). Die Zeitrechnung nach O. *(Olympische Ära)* beginnt 776 v.Chr.; sie endet 394 n. Chr. (293. O.) mit dem Verbot (393 n. Chr.) der Olympischen Spiele durch Kaiser Theodosius.

**Olympieion,** Tempel des olymp. Zeus; berühmt sind das O. in Athen u. das O. in Agrigent.

**Olympionike,** urspr. der Olympiasieger im antiken Griechenland, später allg. Olympiawettkämpfer, Olympiateilnehmer.

**Olympische Fahne** → Olympische Ringe.

**Olympischer Eid,** *Olymp. Versprechen,* von einem Sportler (weibl. u./oder männl.) des Landes, in dem die Spiele stattfinden, am Eröffnungstag gesprochen: »Im Namen aller Teilnehmer verspreche ich, daß wir uns bei den Olympischen Spielen als loyale Wettkämpfer erweisen, die Regeln achten u. teilnehmen im ritterlichen Geist zum Ruhme des Sports u. zur Ehre unserer Mannschaften.«

**Olympische Ringe,** fünf ineinander verschlungene Ringe in den Farben Blau-Gelb-Schwarz-Grün-Rot (drei in der oberen, zwei in der unteren Reihe). Die O.R. bilden auf weißem Grund die *Olymp. Fahne;* sie sind das Symbol der Olymp. Spiele u. sollen das Verbundensein der 5 Erdteile (in der Reihenfolge der Farben: Europa-Asien-Afrika-Australien-Amerika) versinnbildlichen.

**Olympische Spiele,** *Olympien,* im alten Griechenland die über ein Jahrtausend lang alle 4 Jahre zu Ehren des Zeus in *Olympia* ausgetragenen sportl. Wettkämpfe. Seit 776 v. Chr. wurden die Namen der Sieger aufgezeichnet; 393 n. Chr. wurde die weitere Abhaltung durch Kaiser Theodosius (als »heidn. Feste«) verboten.

Die neuzeitlichen (internat.) O.S. wurden durch Baron Pierre de *Coubertin* ins Leben gerufen, der 1894 einen internat. Kongreß nach Paris einberief. Dieser gründete das *Internationale Olymp. Komitee.* Die ersten O.S. der Neuzeit fanden 1896 in Athen statt, seitdem wieder alle 4 Jahre (mit Unterbrechung 1916, 1940, 1944 wegen der Weltkriege). Seit 1924 gibt es auch *Olymp. Winterspiele,* die im gleichen Jahr wie die Sommerspiele durchgeführt werden. – ▣ → S. 646

**Olympos,** höchster Gipfel Zyperns, 1952 m.

**Olynth,** grch. *Olynthos,* seit 479 v.Chr. altgrch. Stadt auf der Halbinsel Chalkidike in Makedonien; 382–379 v.Chr. durch Sparta belagert u. erobert; erneut 349/48 v.Chr. durch *Philipp II.* von Makedonien erobert u. zerstört u. nicht wieder aufgebaut.

**Ölzeug,** wasserdichte Seemannskleidung aus (fr.) öl- u. firnisgetränkter Leinwand; heute mit Kautschuk präpariertes oder kunststoffbeschichtetes Gewebe.

**Omaha** [ˈɔuməhaː], größte Stadt von Nebraska (USA), am Missouri, 312 000 Ew.; Univ.; Sitz des *Strategic Air Command* (Oberkommando der nuklearen Fernwaffen der USA); Agrarmarkt, Großschlachtereien.

**Omajjaden,** *Umaijaden,* die erste Kalifen-Dynastie, 661–750 in Damaskus; begr. von *Moawija I.* Um 740 begannen in Khorasan Aufstände, die 750 zum Sturz der O. durch die *Abbasiden* führten. Daraufhin bildeten die O. 756–1031 in Spanien ein Emirat (seit 929 Kalifat), das Höhepunkt der arab. Macht u. Kultur in Spanien war.

**Oman,** fr. *Maskat und Oman,* seit 1971 unabhängiges Sultanat an der O-Spitze der Arab. Halbinsel,

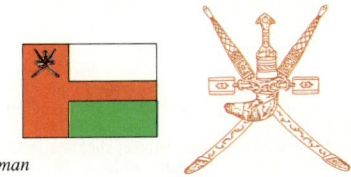

*Oman*

212 457 km², 2,0 Mio. Ew.; Hptst. *Maskat.* – Das wüsten- u. steppenhafte Land erhebt sich im NO im Hochgebirge *Al Hadjar* (3107 m), im SW im *Dofar* (1678 m). Die Bevölkerung besteht überw. aus islam. Arabern. – Seit 1970 gehört O. zu den arab. Erdölproduzenten.

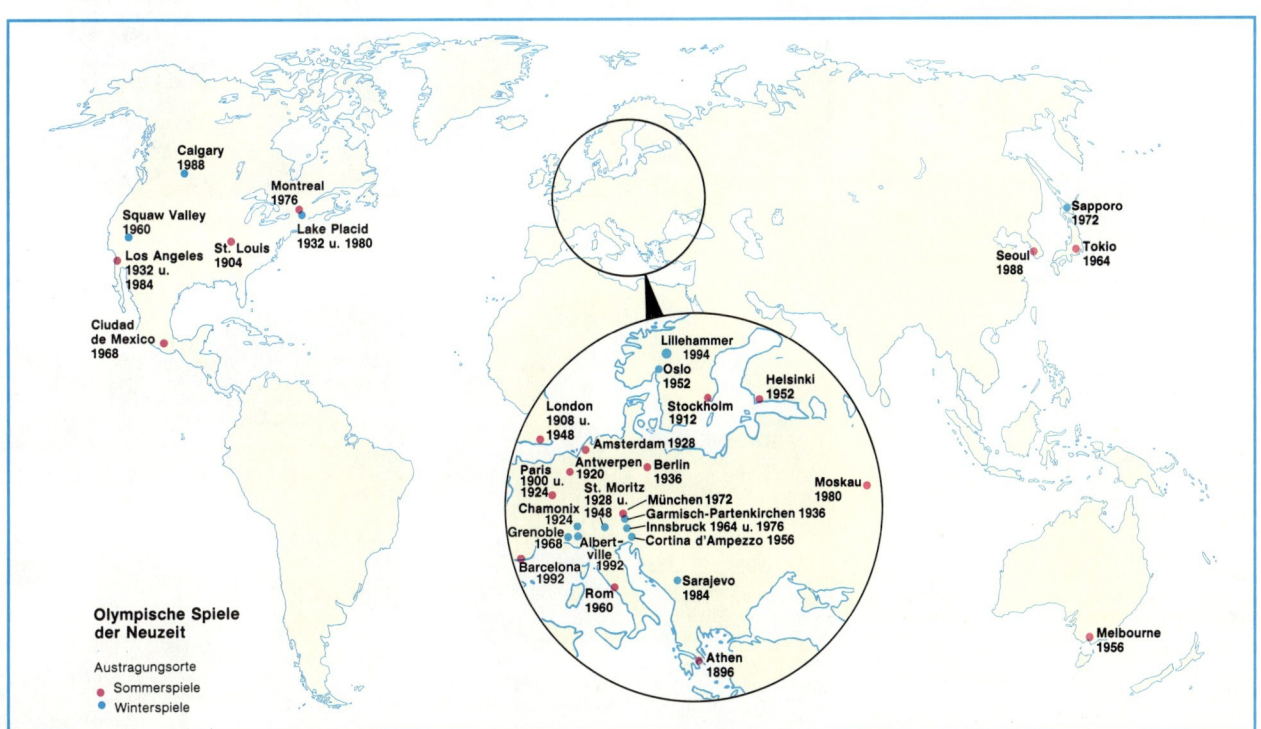

*Olympische Spiele der Neuzeit: Austragungsorte*

**Omar**

Geschichte: O. wurde 634 dem Islam. Reich eingegliedert. Im 8. Jh. machten sich Gruppen der Charidschiten, die heutigen *Ibaditen,* unabhängig. Im 16. u. 17. Jh. war O. von Portugiesen besetzt. 1741 kam die noch heute herrschende Dynastie an die Macht. 1890 entwickelte sich das Sultanat O. unter *Kabus ibn Said* zu einem modernen Staat.

**Omar,** *Umar, O. I., O. Ibn Al Chattab,* *um 592, †644 (von einem christl. Sklaven ermordet). Kalif 634–64. Unter seiner Reg. dehnte sich das Islam. Reich über Ägypten, Syrien u. Persien aus.

**Omar Chajjam** [-xai'ja:m], *um 1045, †um 1130, pers. Dichter u. Gelehrter; verfaßte ein Werk über die Algebra.

**Ombré** [õ'bre], Gewebe mit farbigen Streifen, wobei eine Farbe in die andere feinnuanciert übergeht.

**Ombudsman** ['ɔmbyds-], *Ombudsmann,* ein Parlamentsbeauftragter für die Untersuchung von Beschwerden einzelner Bürger gegen Mißbräuche der öffentl. Verw., an den sich jedermann direkt wenden kann; zuerst in Schweden (seit 1809).

**Omdurman,** Stadt in der Rep. Sudan, am Weißen Nil gegenüber Al Khartum, 526 000 Ew.; Kultur- u. Handelszentrum. – Bei O. siegte Lord *Kitchener* 1898 über die Mahdisten.

**Omega,** ω, Ω, 24. u. letzter Buchstabe des grch. Alphabets (langes o).

**Omeganebel,** heller Gasnebel im Sternbild *Schütze,* Abstand rd. 3000 Lichtjahre.

**Omelette** [ɔm'lɛt; die], das *Omelett,* feiner Eierkuchen, in der Pfanne gebacken.

**Omen,** Vorzeichen, Vorbedeutung.

**Omer,** in jüd. Religion die Zeit zw. den Feiertagen Pessach u. Schawuot, gilt als Trauerzeit.

**Omikron,** *o, O,* 15. Buchstabe des grch. Alphabets.

**ominös,** von schlimmer Vorbedeutung, unheilvoll.

**Omiya,** jap. Stadt in Zentralhonshu, nördl. von Tokio, 373 000 Ew.; berühmtes Schinto-Heiligtum (5. Jh.).

**Ommochrome,** Naturfarbstoffe, die u.a. typisch für Insekten sind u. als Augen-, Haut-, Flügel- u. Organpigmente auftreten; chem. Abkömmlinge des *Phenoxazons.*

**Omnibus,** *Autobus, Bus,* großer Pkw zur Beförderung einer größeren Personenzahl; mit Antrieb durch Verbrennungsmotor (Otto- oder Dieselmotor) oder Elektromotor *(Obus).*

**Omnipotenz,** Allmacht.

**Omnitypie,** Verfahren zur Herstellung von Offsetdruckformen im Positivkopierverfahren.

**omnivor,** *pantophag,* allesfressend. Die **Omnivoren** verzehren tier. u. pflanzl. Nahrung (z.B. Schwein, Schabe).

**Omphale** [auch -'fa:-], in der grch. Sage die Königin von Lydien, bei der *Herakles* eine Zeitlang als Magd spinnen mußte.

**Omphalos,** halbkugelförmiges Kultmal im Tempel des Apollon von Delphi (nur in Kopien erhalten); galt als Nabel der Welt.

**Omsk,** Hptst. der gleichn. Oblast in der RSFSR (Sowj.), an der Mündung des Om in den Irtysch, 1,1 Mio. Ew.; kultureller Mittelpunkt W-Sibiriens; Handels- u. Industriezentrum; Bahn, Flughafen u. Hafen.

**Omuta,** jap. Stadt in W-Kyushu, 159 000 Ew.; Zentrum des Kohlenreviers *Miike;* Hafen.

**Onager** → Halbesel.

**Onan,** im AT ein Sohn *Judas,* der in der *Leviratsehe* mit der Witwe seines verstorbenen Bruders keine Kinder zeugen wollte, obwohl er mit ihr ehelich verkehrte.

**Onanie** → Masturbation.

**Onassis,** Aristoteles Sokrates Homer, *1906, †1975, grch. Reeder; besaß eine der größten privaten Tankerflotten; seit 1968 mit Jacqueline *Kennedy* verh.

**Onchozerkose,** *Onchocerciasis,* eine in trop. Gegenden vorkommende Erkrankung, deren Erreger von Kriebelmücken übertragen wird. Hauptanzeichen sind Augenbindehaut- u. -hornhautentzündung, die zu Erblindung führt, sowie Wurmknoten.

**Oncken,** Hermann, *1869, †1945, dt. Historiker (Geschichtsschreibung in der Tradition Rankes).

**Ondatra** → Bisamratte.

**Ondes Martenot** [õdmartə'no], *Ondes musicales,* ein von dem Franzosen Maurice *Martenot* 1928 erfundenes, nach dem Prinzip des Schwebungsummers arbeitendes Tasteninstrument, das nur einstimmiges Spiel zuläßt.

**Ondit** [õ'di:; die], Gerücht.

**Ondra,** Anny, eigtl. Anna Sophie *Ondrakova,* *1903, †1987, dt.-öst. Filmschauspielerin; seit 1933 verh. mit M. *Schmeling;* erfolgreich in Filmen der 1930er Jahre.

**ondulieren,** das Haar mittels einer Brennschere oder anderer Verfahren in Wellen legen.

**O'Neal** [oʊ'niːl], Ryan, *20.4.1941, US-amerik. Filmschauspieler; u.a. in »Love Story«, »Is' was Doc?«, »Paper Moon«.

**Onega,** Fluß in der nw. Sowj., 411 km; mündet bei der Hafenstadt O. in die O.-Bucht des Weißen Meers.

**Onegasee,** 9549 km² großer, schiffbarer Binnensee im SO der Karel. ASSR, RSFSR (Sowj.), bis 115 m tief.

**O'Neill** [oʊ'niːl], Eugene, *1888, †1953, US-amerik. Schriftst.; verband in seinen Dramen eine scharf-realist. Schau mit psychoanalyt. Erkenntnissen; Nobelpreis 1936; W »Trauer muß Elektra tragen«, »Eines langen Tages Reise in die Nacht« (posthum), »Fast ein Poet« (posthum).

**Onestep** ['wʌnstɛp], in Amerika entstandener lebhafter, marschartiger Gesellschaftstanz im 2/4- oder 6/8-Takt.

**Onitsha** [-ʃa], Stadt im südl. Nigeria, 269 000 Ew.; kath. Erzbischofssitz; 1000 m lange Brücke über den Niger.

**Onkel,** Bruder des Vaters oder der Mutter.

**Onkelehe,** das eheähnl. Zusammenleben einer Witwe u. ihrer Kinder mit einem Mann, den sie aus wirtsch. Gründen (Verlust von Rentenansprüchen u.ä.) nicht heiraten will.

**Onkel Sam,** *Uncle Sam* [ʌnkl sæm], Scherz- u. Spottname für die N-Amerikaner.

**Onkogen,** Abschnitt auf den Chromosomen, der die Eigenschaft hat, u.U. zu entarten u. Krebserkrankungen hervorzurufen (sog. *Krebsgene).* Im menschl. Erbgut rechnet man mit etwa 100 O.en.

**onkogen,** tumor-, geschwulsterzeugend.

**Onkologie,** Geschwulstlehre, Geschwulstforschung, die Wiss. von den Geschwülsten (Tumoren).

**On-line-Betrieb** ['ɔnlain-], in der Datenverarbeitung eine Betriebsart, bei der Peripheriegeräte direkt an ein Computersystem angeschlossen sind, so daß der Entstehungsort von Daten u. der Rechner ständig verbunden sind. Ggs.: *off-line-Betrieb.*

**Önologie,** die Lehre vom Wein (Anbau, Bearbeitung, Behandlung).

**Onomasiologie,** *Bezeichnungslehre,* diejenige Forschungsrichtung der *Semantik,* die im Unterschied zur *Semasiologie* feststellt, mit welchen sprachl. Ausdrucksformen (z.B. Wörtern) eine Sache, Vorstellung oder ein Begriff in einer oder mehreren Sprachen bezeichnet werden kann.

**Onomastik,** Namenkunde.

**Onomastikon,** Namenverzeichnis, Namenbuch.

**Onomatologie** → Namenkunde.

**Onomatopöie,** *Onomatopoesie* → Lautmalerei.

**Önometer,** ein *Aräometer* zur Bestimmung des Alkoholgehalts im Wein.

## OLYMPISCHE SPIELE

*Olympische Ringe*

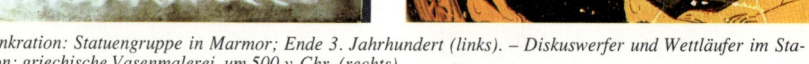

*Pankration: Statuengruppe in Marmor; Ende 3. Jahrhundert (links). – Diskuswerfer und Wettläufer im Stadion; griechische Vasenmalerei, um 500 v.Chr. (rechts)*

*Tunnel zum Stadion (links) und der Einlauf (rechts) ins Stadion des antiken Olympia*

**Onsager,** Lars, *1903, †1976, US-amerik. Physikochemiker norw. Herkunft; arbeitete über Isotopentrennung, Elektrolyte u. Reaktionskinetik; Nobelpreis 1968.

**Ontario** [ɔn'tɛəriəu], Prov. in → Kanada.

**Ontariosee** [ɔn'tɛəriəu-], engl. *Lake Ontario,* östlicher u. mit 19 544 km$^2$ der kleinste der *Großen Seen* Nordamerikas; Haupthäfen: Toronto, Hamilton, Rochester.

**Ontogenese,** *Ontogenie,* die Individualentwicklung; → Entwicklung.

**Ontologie,** die Lehre vom *Sein* (Seinsart, Seinsschicht, Seinsvollkommenheit) des Seienden.

**Onyx,** schwarz-weiß gebänderter Achat, Sonderform des *Chalzedons;* mit rot-weißen Bändern *Karneol-O.,* mit braun-weißen Bändern *Sard-O.*

**Onyxglas,** mehrfarbiges Kunstglas aus zusammengeschmolzenen, unregelmäßig gebildeten u. verschiedenfarbigen Glasstücken; mit marmorähnl. Wirkung.

**Oolith,** Sedimentgestein aus 0,1–2 mm großen, konzentr.-schaligen oder radialfaserigen Kügelchen *(Ooiden).*

**Oologie,** Eierkunde; Zweig der *Vogelkunde.*

**op.,** Abk. für *Opus.*

**Opal,** ein Mineral aus amorpher Kieselsäure; Varietäten (Schmucksteine): *Feuer-* oder *Gold-O., Edel-* oder *Wasser-O.*

**Opaleszenz,** das Schillern von halbdurchsichtigen Stoffen (wie Opal, verdünnte Milch u.ä.), die feinverteilte Teilchen enthalten, an denen das Licht gestreut wird.

*Op-Art: Bridget Riley, Lichterscheinung 1; 1962. London, Privatsammlung*

**Opalglas,** *Milchglas,* getrübtes, aber lichtdurchlässiges Glas.

**Oparin,** Alexander Iwanowitsch, *1896, †1980, sowj. Biologe u. Biochemiker; trat 1924 mit der grundlegenden Arbeit »Die Entstehung des Lebens auf der Erde« hervor.

**Op-Art** [ɔp a:t], *optische Kunst,* eine Richtung der zeitgenöss. bildenden Kunst, Mitte der 1960er Jahre in Weiterentwicklung der geometr. Abstraktion u. als Reaktion auf neuexpressionist. Strömungen entstanden. Die O., als deren Führer V. *Vasarely* gilt, erstrebt opt. Illusion durch musterähnl. Wiederholung geometr.-abstrakter Motive.

**Opatija,** jugoslaw. Seebad u. Winterkurort in Istrien, am Kvarner, 9000 Ew.

**Opava** → Troppau.

**Opazität,** 1. Undurchlässigkeit, das Verhältnis der Intensität des auf ein Medium fallenden Lichts zum durchgelassenen. Der Kehrwert der O. ist der Durchlaßgrad (Durchlässigkeit, Transparenz). – **2.** in der Photographie der Grad der Schwärzung.

**OPEC,** Abk. für engl. *Organization of the Petroleum Exporting Countries,* die Organisation der Erdölexportländer, gegr. 1960; Ziel: Koordinierung u. Vereinheitlichung der Erdölpolitik der Mitgliedsländer (Algerien, Ecuador, Gabun, Indonesien, Irak, Iran, Katar, Kuwait, Libyen, Nigeria, Saudi-Arabien, Venezuela, Vereinigte Arab. Emirate); Sitz: Wien.

**Opel,** **1.** Adam, *1837, †1895, dt. Industrieller; gründete 1862 in Rüsselsheim die *O.-Werke,* die erst Nähmaschinen, dann Fahrräder herstellten, seit 1898 dann Kfz; heute im Besitz der *General Motors Corporation.* – **2.** Georg von, Enkel von 1), *1912, †1971, dt. Industrieller u. Sportführer; 1951–69 Präs. der von ihm gegr. *Dt. Olymp. Gesellschaft.*

*Der finnische Langstreckenläufer Paavo Nurmi*

*Emil Beck mit den erfolgreichen Florettfechterinnen (von links): Sabine Bau, Anja Fichtel und Zita Funkenhauser (links). – Mit deutlichem Vorsprung gewann der gedopte Kanadier Ben Johnson das olympische 100-m-Finale in Seoul*

*Marina Kiel bei der Olympia-Abfahrt (links). – Eröffnungsfeier der XX. Olympischen Sommerspiele in München 1972 (rechts)*

**Oper,** ein Bühnenwerk, in dem das im Wortlaut festgelegte dramat. Geschehen *(Libretto)* mit den Mitteln der vokalen u. instrumentalen Musik ausgedeutet wird u. nach der Darst. auf dem Theater verlangt (im Ggs. zum *Oratorium,* das dem Konzertsaal vorbehalten bleibt). Im Zusammenwirken von dichter., musikal. u. szen. Element bildet die O. in ihrer idealen Ausprägung eine Art »Gesamtkunstwerk«.
Geschichte. Ein Kreis kunstbegeisterter Adliger, Dichter, Musiker u. Maler in Florenz (»Camerata florentina«) im Haus des Grafen Giovanni *Bardi* (*1534, †1612) versuchte, die antike Tragödie, die man sich vorw. gesungen vorstellte, neu zu beleben. Mit der Aufführung der von O. *Rinuccini* gedichteten, von Jacopo *Peri* vertonten »Dafne« 1594 glaubte man, den dramat. Stil der Griechen wiedergefunden zu haben. Die ersten O. *(Dramma per musica* oder *Melodrama* gen.) bestanden aus rezitativen Einzelgesängen, die eine möglichst natürl. musikal. Deklamation des Textes geben wollten. Einen ersten Höhepunkt erreichte die neue Gattung mit C. *Monteverdi.* Zur Zeit der »venezianischen« Oper traten dann das bereits von Monteverdi gepflegte ariose Element, nunmehr zur *Arie* verdichtet, u. mit ihm die Rolle des Sängers immer deutlicher in den Vordergrund. In der »neapolitanischen« O. gewann die O. stärker konzertanten Charakter. Der *Opera seria* mit ihrer Bevorzugung mytholog. u. heroischer Stoffe trat die heitere *Opera buffa* gegenüber (G.B. *Pergolesi*). Eine Mischgatt., die ernste u. heitere Elemente miteinander verband, entstand in der *Opera semiseria* u. im *Dramma giocoso.* – V.a. die Einbeziehung des *Balletts* unterscheidet die *Tragédie lyrique* der Franzosen von der ital. Opera seria. Angeregt durch die Opera buffa, erwuchs in Frankreich auch eine heitere Gattung *(Opéra comique).* – Gegen die Erstarrung der Opera seria wandte sich Ch. W. *Gluck.* W. A. *Mozart,* das bed. O.genie des 18. Jh., u. L. van *Beethoven* schufen die Grundlagen für eine dt. Oper, wie sie dann von C. M. von *Weber* weiterentwickelt wurde. Doch erst R. *Wagner* gelangte von der »Nummernoper« zum Gesamtkunstwerk des *Musikdramas.* Die ital. O. erreichte mit G. *Verdi* u. G. *Puccini* Ende des 19. Jh. ihren Höhepunkt. – Auch das 20. Jh. brachte eine Reihe bed. Opernkomponisten hervor (P. *Hindemith,* C. *Orff,* W. *Egk,* B. *Britten,* H.W. *Henze,* G. *Ligeti,* A. *Reimann* u.a.).
**operabel,** so beschaffen, daß man es (noch) operieren kann.
**Opéra bouffe** [-'buf] → Operette.
**Opera buffa** → Oper.
**Opéra comique** [-'mik] → Oper.
**Opera seria** → Oper.
**Operation, 1.** Verrichtung, Arbeitsvorgang. – **2.** chirurg. Eingriff zur Beseitigung krankhafter Störungen. Die O. wird in örtl. oder allg. Betäubung (→ Narkose) unter asept. oder antisept. Bedingungen ausgeführt. – **3.** Bewegung von Truppenverbänden in Armee- oder Korpsstärke.
**Operations Research** [ɔpə'reiʃənz ri'sə:tʃ], *Verfahrensforschung, Entscheidungsforschung,* Sammelbegriff für die während des 2. Weltkriegs in den USA u. England entwickelten Methoden zur Beschaffung u. math. Auswertung quantitativer Angaben für die Führung militär. Verbände u. für die Organisation des Nachschubs; nach dem Krieg als *Unternehmensforschung* auf wirtsch. Probleme angewandt u. weiterentwickelt.
**Operator** ein math. Symbol, das eine bestimmte Operation (Rechen- oder Zuordnungsvorschrift) für eine Größe vorschreibt.
**Operette,** im 18. u. zu Beginn des 19. Jh. Bez. für ein Werk singspielartigen Charakters. Zu einem Gattungs- u. Stilbegriff ist *O.* erst seit Mitte des 19. Jh. geworden. In musikal. Hinsicht bedient sich die O. nicht der durchkomponierten Form der großen Oper, sie ist vielmehr durch den Gebrauch der Sprechdialoge zw. den einzelnen Musiknummern als Sonderart der *komischen Oper* anzusehen. Ihr eigtl. Schöpfer war J. *Offenbach,* der seine erst einaktigen, später abendfüllende Gestalt annehmenden O. »Opéras bouffes« nannte. Ein Zentrum der O. war Wien, wo J. *Strauß* den Wiener Walzer in den Mittelpunkt der O. stellte. Einen weiteren Höhepunkt erlebte die Wiener O. mit F. *Lehár.* In Berlin schuf P. *Lincke* die Volks-O. Heute ist die O. als Gatt. vom *Musical* abgelöst.
**Opernglas,** kleines doppeläugiges *Fernglas,* mit geringer Vergrößerung, aber großem Gesichtsfeld.
**Opfer,** eine unter Gebet vollzogene Darbringung von Besitz an eine Gottheit oder andere übermenschl. Mächte. Die O. zerfallen ihrem Gegenstand nach in vegetabil. (Feld- u. Baumfrüchte), animal. (Tiere, aber auch Menschen; blutige O.) u. aromat. (Räucherwerk). Im Christentum wird der Tod Jesu als O. gedeutet.
**Opferstock,** *Gotteskasten, Kirchenstock,* Behälter für freiwillige Geldspenden der Gemeinde in christl. Kirchen.
**Ophir,** sagenhaftes Goldland im AT, wahrsch. das sw. Arabien oder O-Afrika.
**Ophiten,** gnost. Sekten, die die Schlange in den Mittelpunkt ihrer spekulativen Betrachtung stellten im 2.–5. Jh. nachweisbar.
**Ophthalmie,** Augenentzündung; entzündl., u.U. eitrige Augapfelerkrankung.
**Ophthalmologe,** Augenarzt, Facharzt für Augenheilkunde.
**Ophthalmologie,** *Ophthalmiatrie,* Augenheilkunde.
**Ophthalmometer,** Apparat zur Messung der Hornhaut- u. Linsenkrümmung des Auges.
**Ophüls,** Max, *1902, †1957, dt. Filmregisseur u. -autor; inszenierte bes. romant. Filme, u.a. »Liebelei«.
**Opiate,** opiumhaltige Arzneimittel, Abkömmlinge der Opiumalkaloide oder die Opiumalkaloide selbst; → Opium.
**Opinion leader** [ɔ'pinjən 'li:də], eine gesellschaftl. (jeweils in ihrer Schicht) geachtete Person, die im Bekanntenkreis u. an der Arbeitsstätte zu aktuellen Fragen gehört wird u. insofern zur Verstärkung der Wirkung von Massenmedien beiträgt.
**Opitz,** Martin (1627 geadelt: O. von *Boberfeld*), *1597, †1639, dt. Barock-Dichter; kämpfte für die Reinheit der Muttersprache u. überzeugte seine Zeitgenossen davon, daß Wort- u. Verston in Gedicht zusammenfallen müssen; W »Buch von der Dt. Poeterey«.
**Opium,** fr. *Laudanum, Meconim,* eingetrockneter Milchsaft aus den Fruchtkapseln des oriental. *Schlafmohns, Papaver somniferum.* Hauptalkaloid des O. ist das Morphin, daneben noch fast 30 andere Alkaloide. O. wird arzneil. in kleiner Dosis als beruhigendes, schmerz- u. krampfstillendes, schlafförderndes Mittel verwendet, in größerer Dosis als Betäubungsmittel. Es kann süchtig machen.
**Opiumkrieg,** der Krieg 1840–42 zw. England u. China, ausgebrochen wegen des chin. Opiumeinfuhrverbots u. zerstörter brit. Opiumladungen. Im Frieden von Nanjing 1842 wurde China gezwungen, 5 Häfen für den engl. Handel zu öffnen u. Hongkong an England abzutreten. – Ein zweiter O. *(Lorcha-Krieg)* brach 1856 aus. In den Friedensschlüssen von Tianjin (1858) u. Peking (1860) mußte China den europ. Mächten weitere Zugeständnisse machen.
**Opole** → Oppeln.
**Opopanax** [auch ɔ'po-], Gatt. der *Doldengewächse* mit gelben Blütenständen. Die Art *O. chironium* liefert das Gummiharz O.
**Opossum,** baumbewohnende *Beutelratte* von beinahe 50 cm Körperlänge mit körperlangem Greifschwanz in N- u. S-Amerika. Das Fell wird als *Amerik. O.* gehandelt.
**Oppa,** l. Nbfl. der oberen Oder, 120 km; mündet bei Ostrau.
**Oppeln,** poln. *Opole,* Stadt in Schlesien, an der Oder sö. von Brieg, 128 000 Ew.; HS; zoolog. Garten; Zement-, Masch.- u. Möbelind.; bis 1945 Hptst. der ehem. preuß. Prov. *Oberschlesien.*
**Oppeln-Bronikowski,** Friedrich von, *1873, †1936, dt. Schriftst. u. Kulturhistoriker.
**Oppenheim,** Stadt in Rhld.-Pf., am Rhein, 5000 Ew.; Weinbau.
**Oppenheimer, 1.** Sir Ernest, *1880, †1957, dt.-südafrik. Diamantenhändler; war unbestrittener Herrscher des Diamanten-Weltmarkts. – **2.** Joseph, *Jud Süß* → Süß-Oppenheimer. – **3.** Robert, *1904, †1967, US-amerik. Physiker; leitete 1943–45 die Atombombenentwicklung in Los Alamos (»Vater der Atombombe«).
**Oppolzer,** Theodor Ritter von, *1841, †1886, östr. Astronom; W »Canon der Finsternisse«, in dem alle Sonnen- u. Mondfinsternisse von 1206 v. Chr. bis 2161 n. Chr. berechnet sind.
**Opponent,** Gegner, Widersacher. – **opponieren,** sich widersetzen, eine gegenteilige Meinung vertreten.
**opportun,** vorteilhaft.
**Opportunismus,** das Handeln nach Zweckmäßigkeit; bereitwillige Anpassung an die jeweilige Lage, um Vorteil daraus zu ziehen; grundsatz- u. charakterloses polit. Verhalten.
**Opportunisten,** im Frankreich des 19. Jh. die gemäßigten Republikaner u. Anhänger L. *Gambettas.*
**Opportunitätsprinzip,** ein Grundsatz der Strafrechtspflege, wonach die Erhebung der öffentl.

*Oper:* Szene mit den 3 Rheintöchtern aus Wagners »Rheingold« in der abstrahierenden Inszenierung von Ruth Berghaus; Frankfurter Opernhaus, 1985 (links). – *Operette:* Szene aus »Die lustige Witwe« von Franz Lehár

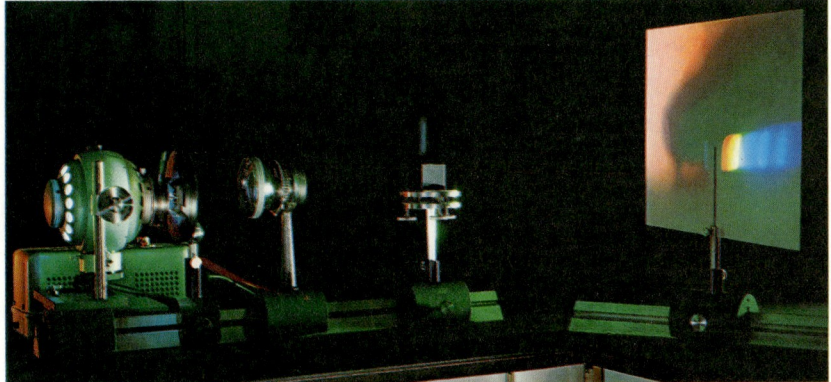
*Optik: Weißes Licht wird mit Hilfe eines Glasprismas in seine Spektralfarben zerlegt*

Klage in bes. Fällen in das Ermessen der Staatsanwaltschaft gestellt ist; Ggs.: *Legalitätsprinzip*.
**Opposition, 1.** Gegenüberstellung, Gegensatz, Widerstand. – **2.** die Stellung zweier Gestirne (Sonne, Mond, Planeten) an gegenüberliegenden Orten des Himmels. – **3.** die Gesamtheit der nicht an der Regierung beteiligten oder sie unterstützenden Parteien im Parlament.
**Opsonin,** ein im Blutserum vorkommender *Immunstoff,* der die Bakterien in einen Zustand versetzt, in dem sie leichter von den weißen Blutzellen aufgenommen werden.
**optieren,** wählen; → Optionsrecht.
**Optik, 1.** ein Teilgebiet der Physik, das sich sowohl mit der Ausbreitung als auch mit der Entstehung u. Absorption der elektromagnet. Strahlung, insbes. des Lichts, befaßt. – **2.** Linsen u. Linsensysteme in opt. Geräten.
**Optiker,** Fachmann für die Herstellung u. den Verkauf opt. Geräte.
**Optimaten,** röm. Adelsbez.; seit der Zeit der *Gracchen* die Verfechter der Senatspolitik.
**Optimierung,** die Erzielung eines bestmögl. *(optimalen)* Zustands; in der Math. das Festlegen von Größen durch Extrema unter Berücksichtigung der Nebenbedingungen; in der Datenverarbeitung Anpassung eines speziellen Programms an einen speziellen Computer ohne inhaltl. Änderungen.
**Optimismus,** eine weltzugewandte, heitere Lebenseinstellung, die von der Zukunft immer das Beste erwartet; Ggs.: *Pessimismus*.
**Optimum,** das Bestmögliche, das Günstigste.
**Option,** freie Wahl; die Möglichkeit, sich zu entscheiden.
**Optionsanleihe,** eine Anleihe mit Zusatzrechten, insbes. mit dem Recht, innerhalb einer Frist Aktien der emittierenden Gesellschaft zu einem in den Ausgabebedingungen festgesetzten Verhältnis zu beziehen.
**Optionsgeschäft,** *Optionshandel,* ein Termingeschäft mit Wertpapieren, bei dem der Käufer eine *Kauf-* oder *Verkaufsoption* gegen Zahlung eines *Optionspreises* (Prämie) an den *Stillhalter* erwirbt.
**Optionsrecht, 1.** das Recht der Kardinäle, den Wunsch auf Zuweisung einer freiwerdenden röm. Titelkirche oder Diakonie auszusprechen. – **2.** die meist befristete Befugnis der Bewohner eines bei Gebietswechsel unter eine fremde staatl. Herrschaft kommenden Territoriums, die alte Staatsangehörigkeit zu behalten; oft mit der Auswanderung verbunden.
**optische Aktivität,** die Eigenschaft chem. Verbindungen, die Ebene des polarisierten Lichts um einen für die betreffende Verbindung charakterist. Betrag zu drehen *(Drehwert)*.
**optische Aufheller,** *opt. Bleichmittel, Aufheller, Weißmacher,* farblose Substanzen, die wie eine Farbe auf die Textilfaser aufziehen u. unter dem Einfluß der im Tageslicht enthaltenen ultravioletten Strahlen bläulich fluoreszieren u. dadurch den Stoff bes. leuchtend hell erscheinen lassen; u.a. in Vollwaschmitteln enthalten.
**optisches Glas,** bes. langsam abgekühltes, spannungs- u. schlierenfreies Glas, das für Linsen u.ä. benötigt wird; Hauptsorten: *Kron-* u. *Flintglas*.
**optische Täuschung,** die Verschiedenheit von realem Gegenstand u. dessen optischer Wahrnehmung aufgrund einer falschen Beurteilung des retinalen Bilds durch das Gehirn.
**Optoelektronik,** ein Grenzgebiet der *Elektronik,* das opt. u. elektron. Vorgänge, insbes. für die Informationsübertragung, behandelt (entsprechende Geräte: z.B. Photozelle u. Bildwandler).
**Opuntie,** *Opuntia* → Feigenkaktus.
**Opus,** Abk. *op.,* Werk eines Komponisten, mit einer Zahl versehen zur Bez. der (meist chronolog.) Reihenfolge der Werke.
**Opus Dei,** Abk. für *Prälatur vom heiligen Kreuz und Opus Dei,* 1928 in Madrid gegr. kath. Vereinigung, 1947 päpstl. Approbation als kath. *Säkularinstitut;* seit 1982 eine Personalprälatur, d.h. ein Organ der kath. Kirche zum Dienst an Weltkirche u. Bistümern.
**Oradea,** dt. *Großwardein,* ung. *Nagyvárad,* Stadt am Austritt der Schnellen Kreisch aus dem Siebenbürger Gebirge, 214 000 Ew.; Kathedrale (18. Jh.); Metall-, chem. u. keram. Ind.
**Oradour-sur-Glane** [-'du:rsyr'glan], Ort im zentralfranzös. Dép. Haute-Vienne, 1400 Ew.; am 10.6.1944 von Angehörigen der SS-Angehörigen als Vergeltung für Partisanenüberfälle zerstört. Die Bev. wurde zum großen Teil erschossen.
**ora et labora** [lat., »bete u. arbeite«], Leitspruch der Benediktiner.
**Orakel,** Weissagung u. (oft poetisch verkleidete u. undeutl.) Enthüllung der Zukunft, des räuml. Entfernten oder des Götterwillens. Berühmte O.stätten des Altertums waren das O. zu Delphi, die Zeus-O. zu Dodona u. Olympia u. das Amon-O. in der Libyschen Wüste.
**oral,** den Mund betreffend, zum Mund gehörig, durch den Mund (z.B. Arzneimittel einnehmen).
**Oral,** ein Laut, bei dem die Luft nur durch den Mund (u. nicht zugleich durch die Nase) ausströmt; z.B. die dt. Vokale; Ggs.: *Nasal*.
**orale Phase,** nach S. *Freud* die 1. Phase der frühkindl. Sexualentwicklung, in der der Mund die *erogene Zone* für den Lustgewinn ist.
**Oran,** Hafen- u. Bez.-Hptst. in Algerien, an der Bucht von O., 650 000 Ew.; Univ.; Eisen- u. Stahlind.; Flughafen.
**Orange** [o'rãʒə] → Apfelsine, → Citrus.
**Orange** [ɔ'rãʒ], S-frz. Stadt in der Provence, nahe der Rhône, 26 500 Ew.; röm. Amphitheater (2. Jh. n. Chr.); das antike *Arausio* (105 v. Chr. Sieg der Kimbern über die Römer); im MA Hptst. des Fürstentums *Oranien*.
**Orangeade** [ɔrã'ʒa:də], Orangensaft, -limonade.
**Orangeat** [ɔrã'ʒa:t], die kandierte Schale der bitteren Apfelsine; entspr. dem Zitronat.
**Orangenöl** [o'rãʒən-], *Apfelsinen(schalen)öl,* ein äther. Öl, das in rohem Zustand hpts. aus *Limonen* u. *Citral* besteht.
**Orange Pekoe** ['ɔrindʒ 'pi:kou], Gütegrad bei der Siebung der Teeblätter: die zarten ersten u. zweiten Blätter.
**Orangerie** [ɔrãʒə'ri], Gewächshaus zur Überwinterung kälteempfindl. Kübelpflanzen.
**Orang-Utan** [mal. »Waldmensch«], *Pongo pygmaeus,* in feuchten Wäldern Borneos u. Sumatras lebende Art der *Menschenaffen*. Die größten Tiere werden bis fast 2 m lang u. zeigen sehr kräftigen Körperbau, rötl. Behaarung, aufblasbaren Kehlsack, Turmschädel, starke Eckzähne.
**Oranien,** frz. *Orange,* ehem. frz. Fürstentum im Dép. Vaucluse, Hptst. *Orange;* kam 1530 an die Grafen von Nassau-Dillenburg, 1544 an Wilhelm I., den späteren Statthalter der Niederlande *(Nassau-O.)*. Nach dem *Oranischen Erbfolgestreit* fiel O. im Frieden von Utrecht 1713 an Frankreich.
**Oranienburg,** Krst. in Brandenburg, an der Havel, nördl. von Berlin, 28 700 Ew.; Barockschloß; chem.-pharmazeut. Ind.; nördl. von O. das ehem. KZ im Stadtteil *Sachsenhausen*.
**Oranierorden,** engl. *Orangemen,* Organisation der radikalen Protestanten Nordirlands, ben. nach Wilhelm III. von Oranien. Im 20. Jh. bildete der O. die paramilitär. *Ulster-Verteidigungsvereinigung (UDA),* die die IRA bekämpft.
**Oranje,** engl. *Orange,* Fluß in Südafrika, 1860 km; bildet die Grenze zw. dem O.-Freistaat u. dem Kapland sowie im Unterlauf die Grenze nach Namibia; mündet in den Atlantik.
**Oranjefreistaat,** afrikaans *Oranje-Vrystaat,* engl. *Orange Free State,* Prov. der Rep. Südafrika, 129 152 km², 1,78 Mio. Ew., Hptst. *Bloemfontein;* eine vom Vaal u. Oranje begrenzte, rd. 1200 m hohe, gleichförmige Hochfläche. – Gesch.: Das Gebiet wurde seit 1835 von den *Buren* besiedelt. Im *Burenkrieg* wurde der O. von engl. Truppen besetzt u. 1902 unter dem Namen *Orange River Colony* engl. Kolonie, 1910 unter dem Namen O. Prov. der Südafr. Union.
**Oranjestad,** Hptst. der ndl. Antilleninsel *Aruba,* 17 000 Ew.; Fremdenverkehr; Erdölraffinerie.
**Oration,** liturg. Gebet in Messe u. Brevier.
**Oratorianer,** kath. Weltpriestervereinigungen für Seelsorge u. Jugenderziehung:
**1.** *Institutum Oratorii Sancti Philippi Nerii,* volkstüml. auch *Philippiner, Filippiner,* gegr. 1575 von Filippo *Neri*. – **2.** *Congregatio Oratorii Jesu et Mariae,* gegr. 1611 von Pierre *Bérulle;* 1792 aufgehoben, 1864 neu gegr.
**Oratorium, 1.** *Kapelle,* ein liturg. Raum, der nicht dem allg. Gottesdienst gewidmet ist. – **2.** ein großes, vielfach abendfüllendes Gesangswerk, meist für Soli, Chor u. Orchester, geistl. oder weltlich. Mit der Entwicklung der Oper läuft die des O. parallel, bes. in der Verwendung von Rezitativ, Arie, Generalbaß u. Orchester. Der entscheidende Unterschied ist, daß das O. auf Bühnendarstellung verzichtete; dadurch wurde die Einführung einer Erzähler-Partie möglich. Hauptmeister des O. sind u.a. G. F. *Händel,* J. *Haydn,* J. S. *Bach;* in neuerer Zeit J. *Haas,* A. *Honegger*.
**Orb,** *Bad O.,* hess. Stadt am NW-Rand des Spessart, 8200 Ew.; Heilbad mit Solquellen.
**Orbis,** Kreis; *O. terrarum,* Erdkreis.
**Orbit** ['ɔ:bit], Umlaufbahn von Satelliten.
**Orbital** → Orbitaltheorie.
**Orbitalobservatorium,** Beobachtungsstation auf Umlaufbahnen um die Erde, bes. für astronom. Zwecke gedacht.
**Orbitalstation** → Raumstation.
**Orbitaltheorie,** eine Theorie der Elektronenzustände in Atomen u. Molekülen aufgrund der u.a. von W. *Heisenberg* u. E. *Schrödinger* entwickelten *Quantenmechanik*. Der *Orbital* ist der Bereich, in dem sich nach den Gesetzen der Wahrscheinlichkeit ein Elektron am häufigsten aufhält. Jeder Orbital kann mit maximal zwei Elektronen besetzt sein, die aber entgegengesetzten Spin haben müssen. Mit Hilfe der O. ist eine Deutung der Atombin-

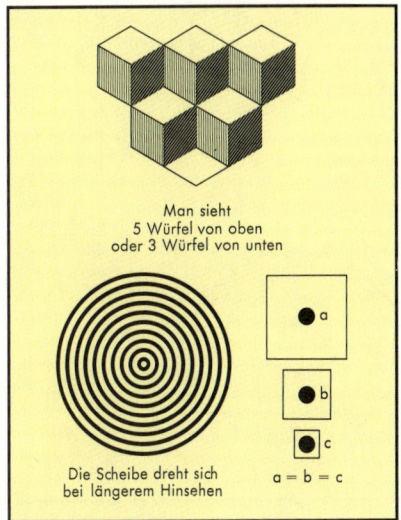
*optische Täuschungen*

dungen möglich, die bes. beim Kohlenstoffatom von Interesse sind.

**Orcagna** [ɔrˈkanja], Andrea di *Cione,* gen. *O.,* †1368, ital. Baumeister, Maler u. Bildhauer; um 1343–68 in Florenz u.a. als Dombaumeister tätig.

**Orchan,** *Orhan, Or Khan Gazi,* *um 1279, †1359, osman.-türk. Sultan 1326–59; eroberte 1326 Bursa u. den größten Teil des nw. Kleinasien; gründete die Janitscharen-Armee.

**Orchester,** urspr. der Raum für den (tanzenden) Chor vor der Bühne des grch. Theaters *(Orchestra),* später der Raum für die Instrumentalisten zw. Bühne u. Zuschauerraum, endlich die Gesamtheit der Instrumentalisten; Arten: Streich-, Blas-, Sinfonie-, Kammer-, Opern-, Rundfunk-, Jazz-, Militär-, Unterhaltungs-, Tanzorchester.

**Orchestrierung** [-ˈkɛ- oder -ˈçɛ-], die Ausarbeitung von Kompositionsentwürfen, Klavier- u. Kammermusik für Orchester.

**Orchestrion** [-ˈkɛ- oder -ˈçɛ-], ein mechan. Musikwerk mit Zungenpfeifen, das möglichst vielseitige Klangfarben aufweisen soll.

**Orchideen** [grch.], *Orchidaceae,* Fam. der *Mikrospermae,* Ordnung der *Monokotyledonen;* junge, sehr umfangreiche Pflanzenfam. mit über 25 000 Arten u. etwa 500 Gattungen; Hauptverbreitung in trop. Gebieten; die trop. Arten leben meist als *Epiphyten* auf Bäumen; zu diesen Formen gehören die meisten der in den Gewächshäusern kultivierten O. Die Blüten sind meist sehr stattlich, i.d.R. zweiseitig-symmetr. gebaut, häufig von bizarrer Gestalt. O.gattungen sind: *Frauenschuh, Knabenkraut, Nestwurz, Ragwurz, Riemenzunge, Waldvögelein, Widerbart* u.a.

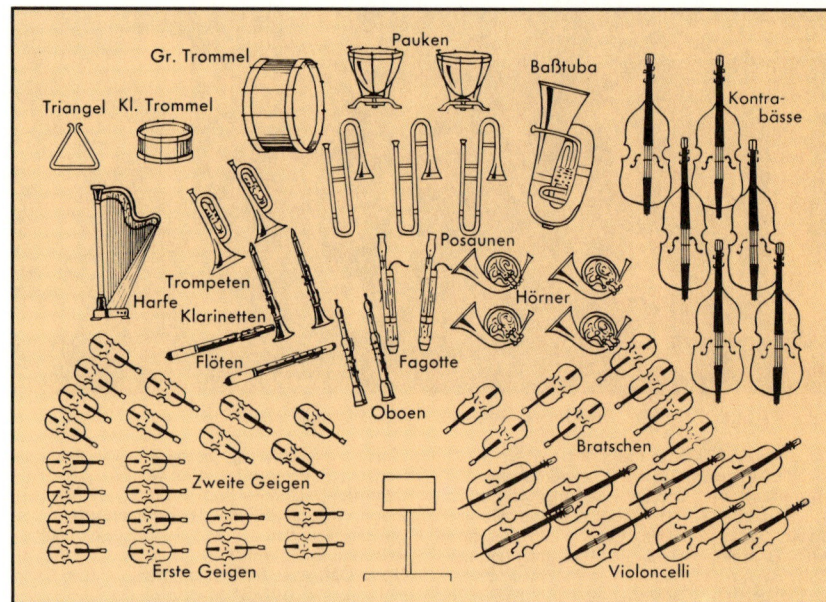

*Orchester: Die Anordnung der Musikinstrumente innerhalb eines Orchesters ist von den Klangwirkungen, die erzielt werden sollen, und den akustischen Verhältnissen des Raumes abhängig. Darüber hinaus müssen die Instrumente so gruppiert sein, daß sie klanglich voll zur Geltung kommen. Die Abbildung zeigt ein Beispiel des Sinfonieorchesters*

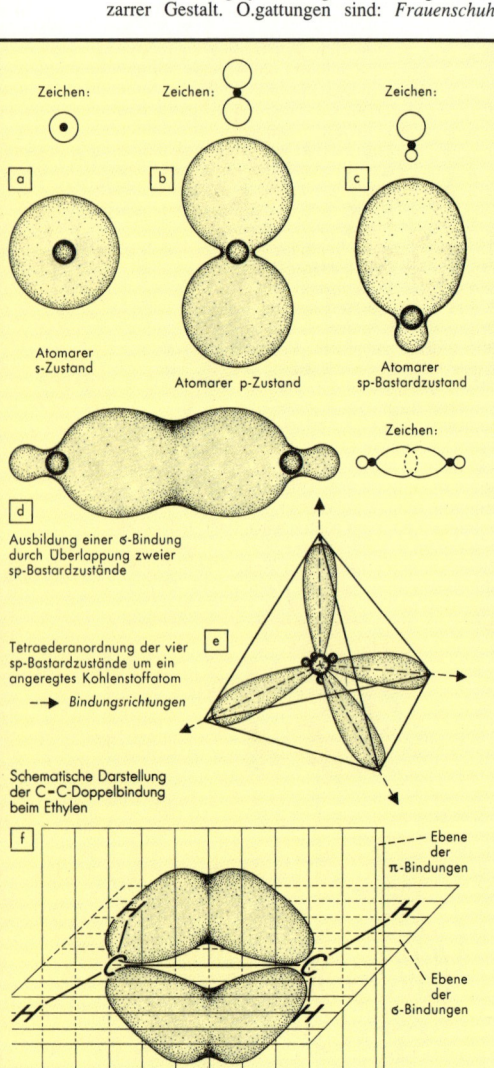

*Orbitaltheorie: Darstellung von Elektronenzuständen*

**Orden, 1.** eine Gemeinschaft, deren Mitglieder sich auf bestimmte Regeln u. Ordnungen verpflichtet haben u. diese außerhalb der Familie u. Gemeinde zu verwirklichen suchen. Solche geistl. O. sind in fast allen Religionen anzutreffen. Das äußere Kennzeichen der meisten O. ist eine bestimmte O.stracht.

Die kath. O. sind Gemeinschaften von Männern (Mönchen) oder Frauen (Nonnen), in eig. Häusern (→ *Kloster*) zur Erlangung religiöser Vollkommenheit nach vorgeschriebenen O.regeln leben (auf den drei »Evangelischen Räten« der Armut, der Ehelosigkeit u. des Gehorsams aufgebaut). Die Entwicklung der O. begann mit einer zunächst wohl kaum geregelten Askese, die durch die ersten *Einsiedler* geübt wurde. Bei den ersten Klostergemeinschaften im Abendland handelte es sich um Gemeinschaften von Mönchen u. Regularkanonikern. Im Zeitalter der Kreuzzüge bildeten sich die geistl. Ritter-O. (Dt. O., Johanniter-O., Templer-O.); im Anschluß daran die Kongregationen u. die Gemeinschaften der Regularkleriker. In der Entwicklungsgeschichte der O. sind Sodalitäten u. Säkularinstitute die jüngsten Formen eines religiösen Gemeinschaftslebens.

In der ev. Kirche: Neben den am Anfang des 20. Jh. entstandenen *Bruderschaften,* die keine endgültige Lösung aus Beruf u. Familie fordern, streben die ev. *Kommunitäten* ein gemeinschaftl. Leben an, das unter den Verpflichtungen zu Armut, Ehelosigkeit, Gehorsam u. einer gemeinsamen Lebensordnung steht. Die wichtigsten sind die frz. *Communauté de Taizé, Grandchamp, Pomeyrol* u. die schott. *Iona Community.* – **2.** Seit dem späten MA schufen die Monarchen nach dem Vorbild der *Ritter-O.* Gemeinschaften, deren Angehörige durch Verdienst u. Herkunft ausgezeichnet waren, u. stellten sie in ihren Dienst. Später hörten sie auf, wirkl. Standesvereinigungen zu sein; die Ernennung zum Mitgl. eines O. wurde ein Mittel zur Auszeichnung für bes. Verdienste. Schließl. ging die Bez. O. von der Gemeinschaft auf die O.sembleme (Kreuz, Stern, Medaillen) über u. wurde im Sinn der modernen Auszeichnungen, der *Verdienst-O. (O. u. Ehrenzeichen),* verwendet.

**Ordensbänder,** die größten u. farbenprächtigsten Nachtschmetterlinge aus der Fam. der *Eulen;* Spannweite bis 10 cm.

**Ordensburg,** die für die Bautätigkeit des *Deutschen Ordens* im ehem. Ordensland Preußen u. in den seit 1237 angegliederten balt. Gebieten typische Form der *Burg;* meist dreigeschossige Backsteinbauten. Architektonisches Hptw. der Deutschordenskunst ist die *Marienburg.*

**Ordensregel,** die von den Ordensstiftern (z.B. Basilius, Augustinus, Benedikt, Franz von Assisi) stammende grundlegende Lebensordnung eines Ordens.

**Ordensstaat,** das Gebiet des Deutschen Ordens.

**ordentliche Gerichtsbarkeit,** die Gerichtsbarkeit in Zivilrechtsstreitigkeiten u. Strafsachen. Der o.G. sind auch Angelegenheiten der *Freiwilligen Gerichtsbarkeit* zugewiesen. Organisation (Aufbau, Besetzung, Instanzenweg) u. Zuständigkeit der o.G. sind geregelt im *Gerichtsverfassungsgesetz* (Abk. *GVG*) von 1877/1975, jeweils mit Ergänzungen in den einzelnen *Prozeßordnungen,* ferner im *Richtergesetz* u. in sonstigen Gesetzen. Die o.G. gliedert sich in Amtsgerichte, Landgerichte, Oberlandesgerichte u. den Bundesgerichtshof.

**Orderpapiere,** *Ordrepapiere, indossable Papiere,* auf den Namen des Berechtigten lautende *Wertpapiere,* deren verbriefte Rechte durch *Indossament* u. Papierübergabe übertragen werden können. Der Schuldner ist nur gegen Aushändigung der quittierten Urkunde zur Leistung verpflichtet. Hierzu:

*Orden: Großes Verdienstkreuz der BR Deutschland als Halsorden mit Bruststern*

**Namensaktien**, Wechsel, Schecks; bestimmte kaufmänn. Anweisungen u. Verpflichtungsscheine.
**ordinär**, gewöhnlich, gemein.
**Ordinariat**, 1. der Lehrstuhl eines ordentl. Hochschulprofessors. – 2. die Verwaltungs- u. Regierungsbehörde einer Diözese.
**Ordinarium**, die feste Ordnung eines Gottesdienstes mit den gleichbleibenden Texten.
**Ordinarius**, 1. *ordentlicher Professor*, Abk. *o. P.*, Inhaber eines Lehrstuhls. – **2.** der Bischof einer Diözese oder der mit bes. Vollmacht ausgestattete höchste Amtsträger eines kirchl. Bezirks; ferner die höheren Oberen exemter klerikaler Orden u. Kongregationen.
**Ordinate** → Koordinaten.
**Ordination**, 1. *Ordo,* in der kath. Kirche der sakramentale Akt der Aufnahme in den Klerus durch die Weihe; in der ev. Kirche die im Auftrag der Kirchenleitung ausgesprochene Ermächtigung zum Predigtamt, zur Verwaltung der Sakramente u. zur Ausübung der kirchl. Amtshandlungen. – 2. ärztliche Verordnung.
**Ordnung,** 1. in der biol. Systematik die obligator. Kategoriestufe zw. *Familie* u. *Klasse;* in der Botanik auch *Reihe.* – **2.** 1. die O. des äußerl. menschl. Zusammenlebens. Die Bekämpfung von Gefahren für die öffentl. u. Sicherheit ist die wichtigste Aufgabe der Polizei. 2. *Rechts-O.,* der Inbegriff der geltenden Rechtsnormen; 3. Bez. für zusammenfassende Gesetzes- oder sonstige Normenwerke, z.B. Zivilprozeßordnung, Geschäftsordnung.
**Ordnungsamt**, kommunale Behörde der Verwaltungspolizei, u.a. für die Fremden- u. Meldepolizei.
**Ordnungsmittel**, gerichtl. Maßnahmen zur Erzwingung bestimmter Handlungen, Duldungen oder Unterlassungen oder zur Ahndung von Ungehorsam oder Ungebühr in einem Verfahren.
**Ordnungsstrafe**, früher Sammelbegriff für staatl. Eingriffe zur Ahndung von nichtkriminellem Unrecht (Ordnungsrecht); jetzt: *Ordnungsmittel*.
**Ordnungswidrigkeiten**, Verstöße gegen Rechts- u. (oder) Verwaltungsvorschriften (z.B. im Straßenverkehrsrecht); im Ggs. zur kriminellen *Straftat*. O. werden nicht mit krimineller Strafe, sondern mit Geldbuße oder Verwarnung (mit u. ohne Verwarnungsgeld) geahndet.
**Ordnungszahl**, 1. *Ordinale, Ordinalzahl,* ein Zahlwort, das die Stellung eines Dings in einer Menge angibt; z.B. der (die, das) erste, zweite usw. – **2.** *Kernladungszahl, Atomnummer,* die Zahl, die die Anzahl der positiven Kernladungen eines Atoms u. die Stellung des betreffenden Elements innerhalb des Periodensystems der Elemente angibt.
**Ordo**, Sammelbegriff für die als Oberschicht anzusehenden Stände, die in der röm. Kaiserzeit voneinander u. von den unteren Schichten fest abgegrenzt waren.
**Ordonnanz**, ein Soldat, der zu Hilfsarbeiten im Geschäftszimmerbetrieb, z.B. zu Botengängen oder im Offizierskasino u.ä. eingeteilt ist; *O.offizier,* entspr. bei den Stäben.
**Ordovizium,** geolog. Formation, → Erdzeitalter.
**Ordschonikidse**, Hptst. der Nordosset. ASSR in der RSFSR (Sowj.), im nördl. Kaukasus, am oberen Terek, 313 000 Ew.; Univ.; Zink- u. Bleierzwerke; chem. u. Nahrungsmittelind.
**Öre**, urspr. nord. Gewichtsbez.; 1522 erstmals in Schweden als Silbermünze geprägt, seit 1624 schwed. Kupfermünze, seit etwa 1875 in Dänemark, Norwegen u. Schweden kleine Währungseinheit.
**Örebro** [-'bru:], Hptst. der gleichn. mittelschwed. Prov. (Län), westl. des Hjälmaren, 118 000 Ew.; Schloß (12.–16. Jh.); Papier-, Leder-, Textilind.
**Oregon** ['ɔrigən], Gliedstaat der → Vereinigten Staaten von Amerika.
**Orel** [or'jɔl], *Orjol,* Hptst. der gleichn. Oblast in der RSFSR (Sowj.) an der oberen Oka, 335 000 Ew.; landw. Handelszentrum; Maschinenbau, Nahrungsmittelind.; Eisenbahnknotenpunkt.
**Orenburg**, 1938–57 *Tschkalow,* Hptst. der gleichn. Oblast in der RSFSR (Sowj.), am Ural-Fluß, 537 000 Ew.; Maschinenbau, Textilind., Seidenkombinat, Erdgasgewinnung, Flugplatz.
**Orense** NW-span. Prov.-Hptst. in Galicien, am linken Ufer des Miño, 98 000 Ew.; Kathedrale (13.–17. Jh.); Thermalquellen; im 6./7. Jh. Residenz der sweb. Könige.
**Oresme** [ɔ'rɛ:m], Nicole d', latinisiert: *Nicolaus Oresmius,* *um 1320, †1382, frz. Mathematiker,

Physiker u. Nationalökonom; Bischof von Lisieux (seit 1377); erkannte u.a. das Fallgesetz u. die Grundgesetze der analyt. Geometrie (vor R. Descartes).
**Orest**, *Orestes,* in der grch. Sage Sohn des *Agamemnon* u. der *Klytämnestra,* Bruder der *Elektra* u. *Iphigenie;* rächte an seiner Mutter u. ihrem Liebhaber *Aigisthos* die Ermordung seines Vaters.
**Öresund** [-'zun], der *Sund,* Meeresstraße zw. der dän. Insel Seeland u. der schwed. SW-Küste, an der engsten Stelle nur 4,5 km breit.
**Orff**, Carl, *1895, †1982, dt. Komponist; erstrebte eine Erneuerung des magisch-kult. Musiktheaters; entwickelte eine elementare Musiklehre in seinem »Schulwerk«; weitere Werke »Carmina Burana, cantiones profanae«; »Die Kluge«, »Oedipus der Tyrann«, »Prometheus«.
**Organ**, 1. ein einheitlich aufgebauter Körperteil mit selbständigem Tätigkeits- u. Aufgabengebiet. – **2.** Zeitung oder Zeitschrift eines Vereins, Verbands, einer Partei oder sonstigen Gruppe. – **3.** ein relativ selbständiges Glied einer Organisation, z.B. des Staates *(Staats-O.)* oder einer Handelsgesellschaft.
**Organell**, *Organoid,* ein Teil eines einzelligen Lebewesens, der wie ein *Organ* der Vielzeller fungiert.
**Organisation**, 1. Gruppe, Verband mit (sozial)polit. Zielen, z.B. Partei, Gewerkschaft. – **2.** innerer Aufbau, Struktur; die Regelung der Arbeitsverteilung, Zuständigkeit u. Verantwortung im Betrieb.
**Organisation Amerikanischer Staaten** → OAS.
**Organisation für die Einheit Afrikas** → OAU.
**Organisation für wirtschaftliche Zusammenarbeit und Entwicklung** → OECD.
**Organisationszwang**, die auf Gesetz oder behördlicher Anordnung beruhende Pflicht, einer Organisation, bes. einem Verband, beizutreten oder Mitgl. kraft Gesetzes zu sein; z.B. bei Industrie-, Handelskammern, Handwerkskammern u. Berufsgenossenschaften.
**organisch**, ein Organ betreffend, von ihm ausgehend; der belebten Natur angehörend, tierisch-pflanzlich; Kohlenstoffverbindungen betreffend; gegliedert, gesetzmäßig geordnet.
**organische Basen**, chem. Verbindungen des Kohlenstoffs, die außer Kohlenstoff u. Wasserstoff noch Stickstoff (bisweilen auch andere Atome) enthalten u. mit Säuren salzartige Anlagerungsverbindungen geben.
**organische Chemie**, ein Teilgebiet der Chemie, das die Analyse, Synthese, Konstitutionsermittlung u. techn. Herstellung der *organischen Verbindungen* zum Gegenstand hat; Ggs.: *anorganische Chemie*.
**organische Krankheiten**, Krankheiten, die auf anatomischen Veränderungen von Organen beruhen; Ggs.: *funktionelle Krankheiten*.
**organische Säuren**, chem. Verbindungen, die die Carboxylgruppe (–COOH) ein- oder mehrfach enthalten.
**organisches Bauen**, ein Bauprogramm, das das natürl. u. soziale Verhalten des Menschen in die Planung einbezieht.
**organische Verbindungen**, die chem. Verbindungen des Kohlenstoffs, ausgenommen die Kohlenstoffoxide, die Kohlensäure u. deren Salze sowie die Carbide. Die Zahl der chem. Verbindungen läßt sich lediglich bei den anorganischen Verbindungen mit z.Z. rd. 100 000 ziemlich genau angeben, während man die Zahl der o.V. auf über 7

## Geistliche Orden

| deutscher Name | lateinischer Name | Gründung bzw. Bestätigung | Gründer |
|---|---|---|---|
| Assumptionisten | Congregatio Augustianorum ab Assumptione | 1845 | Emmanuel d'Alzon |
| Augustiner | Ordo Sancti Augustini | 1244 | Regel durch Alexander IV. |
| Benediktiner | Ordo Sancti Benedicti | 6. Jh. | Benedikt von Nursia |
| Claretiner | Cordis Mariae Filii | 1849 | Antonio Maria Claret y Clará |
| Dominikaner | Ordo Fratrum Praedicatorum | 1216 | Dominikus |
| Eucharistiner | Congregatio Presbyterorum a Sanctissimo Sacramento | 1856 | Pierre Julien Eymard |
| Franziskaner | Ordo Fratrum Minorum | 1209/10 | Franz von Assisi |
| Gesellschaft Mariens (Maristen) | Societas Mariae | 1824 | Jean-Claude-Marie Colin |
| Herz-Jesu-Priester | Congregatio Sacerdotum a Sacro Corde Jesu | 1854 | Jules Chevalier |
| Jesuiten | Societas Jesu | 1540 | Ignatius von Loyola |
| Kamillianer | Ordo Clericorum Regularium Ministrantium Infirmis | 1582 | Kamillus von Lellis |
| Kapuziner | Ordo Fratrum Minorum Capuccinorum | um 1525 | Matthäus von Bascio |
| Karmeliten, Beschuhte (K. der alten Observanz) | Ordo Fratrum Beatae Mariae Virginis de Monte Carmelo | 1593 | Trennung der Karmeliten, die aus einer Eremitengruppe des 12. Jh. hervorgingen |
| Karmeliten, Unbeschuhte (Teresianischer Karmel) | Ordo Fratrum Carmelitarum Discalceatorum | 1593 | |
| Kartäuser | Ordo Cartusiensis | 1084 | Bruno der Kartäuser |
| Lazaristen (Vinzentiner) | Congregatio Missionis | 1625 | Vinzenz von Paul |
| Marianisten | Societas Mariae | 1817 | Guillaume-Joseph Chaminade |
| Montfortaner | Societas Mariae Montfortana | 1705 | Louis Maria Grignion de Montfort |
| Oblaten des hl. Franz von Sales | Institutum Oblatorum S. Francisci Salesii | 1871 | Louis-Alexandre Brisson |
| Oblaten der Makellosen Jungfrau Maria | Congregatio Missionariorum Oblatorum B.M.V. Immaculatae | 1816 | Charles-Joseph de Mazenod |
| Pallottiner | Societas Apostolatus Catholici | 1835 | Vincenzo Pallotti |
| Passionisten | Congregatio Passionis Iesu Christi | 1720 | Paul vom Kreuz |
| Piaristen | Ordo Clericorum Regularium Pauperum Matris Dei Scholarum Piarum | 1617 | Joseph von Calasanza |
| Prämonstratenser | Ordo Praemonstratensis | 1120 | Norbert von Xanten |
| Redemptoristen | Congregation Sanctissimi Redemptoris | 1732 | Alfons Maria di Liguori |
| Salesianer Don Boscos | Societas Sancti Francisci Salesii | 1859 | Giovanni Don Bosco |
| Salvatorianer | Societas Divini Salvatoris | 1881 | Johann Baptist Jordan |
| Serviten | Ordo Servorum Mariae | 1233 | von 7 Florentinern gegründet |
| Steyler Missionare | Societas Verbi Divini | 1875 | Arnold Janssen |
| Trappisten | Ordo Cisterciensium Reformatorum seu Strictioris Observantiae | 1664 | A.-J. Le Bothillier de Rancé |
| Weiße Väter | Patres Albi | 1868 | C.-M.-A. Lavigerie |
| Zisterzienser | Sacer Ordo Cisterciensis | 1098 | Robert von Molesme |

## 652 organisieren

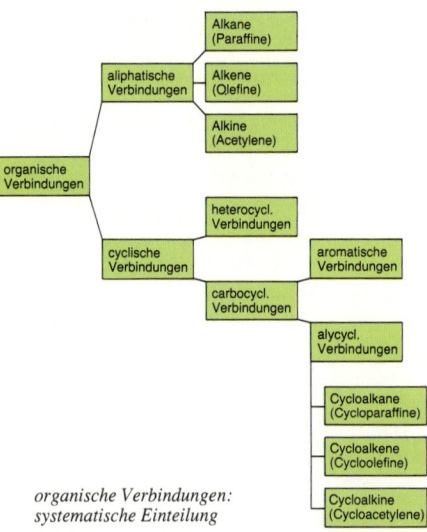

*organische Verbindungen: systematische Einteilung*

Mio. schätzt. Die jährl. Zuwachsrate wird mit 300 000 angenommen.

**organisieren,** aufbauen, planmäßig ordnen, einrichten; etwas auf nicht ganz einwandfreie Weise beschaffen.

**Organismus,** das *Lebewesen* als räuml. abgegrenztes Einzelwesen, im Ggs. zum anorgan. Körper. Der O. ist ein materielles System, das äußerl. beharrend u. gleichbleibend ist, aber in ständigem Stoffaustausch mit seiner Umgebung steht u. laufend die materiellen Bestandteile verändert u. ersetzt (sich im *Fließgleichgewicht* erhält). Der O. kann als System höherer Ordnung untergeordnete Systeme in sich zusammenschließen. In diesem Sinn ist der Begriff *O.* aus der Tier- u. Pflanzensoziologie in die Soziologie des Menschen eingedrungen.

**Organist,** ein Kirchenmusiker; Hauptaufgabe: Orgelspiel im Gottesdienst u. Leitung des Kirchenchors.

**organogene Sedimente,** aus abgestorbenen Lebewesen im Meer gebildete Ablagerungen; z.B. Korallenkalk, Kreide.

**Organotherapie,** die Verwendung menschl. oder tier. Organe, Zellen *(Zellulartherapie),* Gewebssäfte oder Ausscheidungen *(Organpräparate)* zur Behandlung von Krankheiten; meist als Ersatz bei mangelnder Eigenproduktion des erkrankten Körpers (Hormonbehandlung, Fermentsubstitution).

**Organtransplantation,** *Organverpflanzung,* die Übertragung von gesunden Organen (z.B. Niere, Leber, Herz) lebender oder toter Spender *(Donor)* auf einen anders nicht mehr zu rettenden Empfänger *(Rezeptor)* zum Ersatz kranker Organe. Bei der O. sind die chirurg. Probleme heute schon weitgehend gelöst, während die immunologischen noch entscheidende Schwierigkeiten bereiten. → Transplantation.

**Organum,** die in der »Musica enchiriadis« (um 800) gelehrte älteste Form der Mehrstimmigkeit, bei der sich die eine gregorian. Melodie begleitenden Stimmen in Quart- u. Quint-Parallelen bewegten.

**Orgasmus,** der Höhepunkt der sexuellen Erregung.

**Orgel,** ein Tasteninstrument, bei dem Pfeifen als Tonerzeuger durch Wind zum Klingen gebracht werden. Die Hauptteile der O. sind das *Pfeifenwerk* mit *Windladen,* die *Windversorgung, Traktor* u. *Spieltisch.* Das Pfeifenwerk gliedert sich in einzelne *Register,* das sind Pfeifen mit gleichem Klangcharakter. Der *Spieltisch* weist schräg übereinander angeordnete *Manuale* auf sowie ein, selten zwei *Pedale.* Neben u. z.T. über den Manualen sind *Registerzüge* angeordnet, ferner Knöpfe für die Kombinationen, d.h. Registerzusammenstellungen. Manuale u. Pedal dienen dem eigtl. Spiel, alle anderen Vorrichtungen der Klangfarbe u. Lautstärke. – Der Tastendruck wird vom Spieltisch über die meist recht komplizierte Traktur u. das Reglerwerk in das Innere der O. zum *Pfeifenwerk* (Lippen- u. Zungenpfeifen) weitergeleitet. Hier stehen die Pfeifen auf *Windladen* in der Ordnung, daß je eine Reihe ein Register bildet. Die Windladen erhalten den Wind durch den Windkanal vom Gebläse, das früher aus einer Anzahl Blasebälge bestand, jetzt aber ein motorisch getriebenes Turbogebläse ist.

Die erste erwähnte O. ist die Wasser-O. des *Ktesibios* (3. Jh. v.Chr. in Alexandria). Sie kam 757 ins Abendland (Geschenk Konstantins V. an Pippin d.J.); seit dem 10. Jh. wurde die O. im Gottesdienst verwendet; berühmte dt. O.bauer: *A. Schnitger* u. *G. Silbermann.* – Die *elektron.* O. hat mit der O. nur den Spieltisch gemein.

**Orgelpunkt,** ein länger ausgehaltener Ton im Baß, über dem die einzelnen Stimmen eines Tonsatzes wechselnde, teils vorübergehend dissonierende Harmonien ausführen.

**Orgie,** ekstat. Feier in grch. Geheimkulten, bes. im Dionysos-Kult; danach: ausschweifendes Fest.

**Orient,** im Ggs. zum Abendland (Okzident) das *Morgenland;* umfaßt *i.e.S.* nur den Vorderen O. (Naher Osten), *i.w.S.* auch den Mittleren O. (Mittlerer Osten), nicht aber den Fernen Osten (Ostasien).

**Orientalide,** *oriental. Rasse,* Randform der *europiden Rasse* in Vorderasien u. N-Afrika.

**Orientalismus,** die Hinwendung zu Folklore u. Kultur bes. des Nahen Ostens.

**Orientalistik,** *oriental. Philologie,* zusammenfassender Begriff für die Wissenschaften von den oriental. Sprachen, Literaturen u. Kulturen.

**Orientierung, 1.** Ortung, Ausrichtung nach Himmelsrichtungen; Unterrichtung, Verschaffung eines Überblicks. – **2.** *Ostung,* die Praxis, sakrale Bauten u. Gräber nach bestimmten Orten gerichtet anzulegen sowie eine bestimmte Gebetsrichtung einzuhalten.

**Orientierungssinn,** *Ortssinn,* die Fähigkeit verschiedener Sinnesorgane u. des damit verbundenen Zentralnervensystems, bestimmte Raumpunkte zu finden (kein eigtl. Sinn wie Geruchs- oder Hörsinn).

**Orientteppich** → Teppich.

**Origami,** in Japan geschätzte Kunst des Papierfaltens.

**Origenes** *um 185, †253/54, altchristl. Kirchenschriftst.; beeinflußte stark Theologie u. Frömmigkeit (Mönchtum); bemühte sich als erster um einen wissenschaftl. geklärten Bibeltext in seiner *Hexapla* u. stellte der Gnosis das erste christl. Lehrsystem gegenüber.

**Original,** Urbild, Urschrift; eigene Schöpfung; übertragen auch: eigenwilliger, eigenartiger Mensch.

**Orinoco,** Strom im nördl. Südamerika, 2500 km lang, Einzugsgebiet 1,086 Mio. km²; entspringt als *Paragua* im Bergland von Guyana, verliert durch Bifurkation etwa ⅓ seines Wassers über den *Casiquiare* an den Rio Negro, bildet auf etwa 300 km die Grenze zw. Kolumbien u. Venezuela u. mündet südl. von Trinidad mit einem großen Delta (jährl. Längenwachstum 45 m) in den Atlantik.

*Orgel: Die Passauer Domorgel ist mit über 16 000 Pfeifen eine der größten Orgeln der Welt*

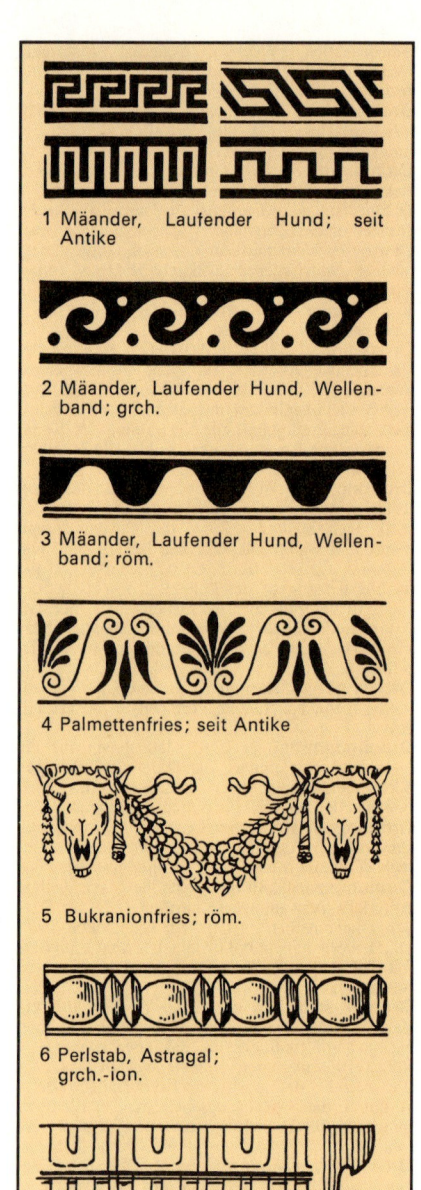

*Ornamente*

**Orion, 1.** in der grch. Myth. ein in Böotien verehrter Jäger; wurde mit seinem Hund *Sirius* unter die Sterne versetzt. – **2.** Sternbild in der Äquatorzone des Himmels; hellste Sterne: Beteigeuze u. Rigel. – **O.nebel,** großer chaotischer Gas- u. Staubnebel im Sternbild; Abstand 1300, Durchmesser 100 Lichtjahre.

**Orissa,** Bundesstaat in → Indien, am Golf von Bengalen; bis zum 16. Jh. selbst. Hindureich.

**Orizaba** [-'θaba], Stadt in Veracruz, am Ostrand des Hochlands von Mexiko, 115 000 Ew.; Papier-, Jute-Ind.

**Orkan,** schwerer Sturm von Windstärke 12 an; bes. häufig auf dem Meer.

**Orkney-Inseln** [ɔ:kni-], rd. 90 brit. Inseln nördl. von Schottland, zusammengefaßt im Verw.-Gebiet *Orkney,* 976 km², 19 300 Ew.; Hptst. *Kirkwall;* Hauptinsel *Mainland;* mildes Klima; Viehhaltung u. Fischfang.

**Orkus,** *Orcus,* altröm. Gott der Unterwelt u. des Todes, auch Totenreich u. Unterwelt selbst; entspr. dem grch. *Hades.*

**Orlando,** Stadt im Inneren Floridas (USA), nordöstl. von Tampa, 148 000 Ew.; Univ.; Fremdenverkehr.

**Orlando di Lasso** → Lasso.

**Orléans** [ɔrle'ã], frz. Stadt rechts an der mittleren Loire, 102 000 Ew.; spätgot. Kathedrale; Museen; Univ.; Markt u. Handelszentrum für das Loire-Tal.

**Orléans** [ɔrle'ã], mehrere Zweige des frz. Königshauses, denen das Herzogtum O. verliehen wurde. Der erste Herzog 1344–75 war *Philipp I.*, ein Sohn König Philipps VI. König Karl VI. gab das heimgefallene Lehen 1392 seinem Bruder *Ludwig I.,* Grafen von Valois, dem Begr. der Linie O.-V a l o i s. 1660 übergab König Ludwig XIV. das Lehen seinem Bruder *Philipp,* dem Begr. der Linie Bourbon-O. 1848 wurde die Fam. (mit dem »Bürgerkönig« *Louis-Philippe*) verbannt, erhielt aber 1872 ihre Besitzungen zurück.
**Orley** ['ɔrlɛi], Bernaert (Barend, Barent) van, *um 1491/92, †1542, ndl. Maler; beeinflußt von *Raffael,* Mitbegr. des ndl. Romanismus; Altarbilder u. Porträts.
**Orlopdeck,** *Overlopdeck,* unterstes Deck eines Schiffs mit mehreren Decks.
**Orlow** [-'lɔf], **1.** Alexej Fjodorowitsch Fürst, *1786, †1861, russ. Offizier u. Politiker; schlug 1825 den Dekabristenaufstand nieder; später Präs. des Reichs- u. Min.-Rats. – **2.** Alexej Grigorjewitsch Graf (1762), *1737, †1808, russ. Großadmiral; spielte eine Rolle beim Sturz Zar *Peters III.*
**Orłowski** [ɔru'ɔfski], Aleksander, *1777, †1832, poln. Maler u. Graphiker (Soldatendarstellungen u. satir. Genreszenen).
**Orly** [ɔr'li], südl. Vorstadt von Paris, 26 000 Ew.; einer der Großflughäfen.
**Ormandy** ['ɔːməndi], Eugene, eigtl. E. *Blau,* *1899, †1985, US-amerik. Dirigent ung. Herkunft.
**Ormuzd,** der von *Zarathustra* verkündete Weltgott.
**Ornament,** eine in sich geschlossene Verzierungsform als Schmuck u. zur Gliederung von Gegenständen, auch zur Hervorhebung bestimmter Einzelheiten. Die Anwendungsmöglichkeiten des O. als künstler. Schmuckform in den einzelnen Kunstgattungen sind nahezu unbegrenzt.
**Ornamentik,** Sammelbegriff für die Ornamente eines bestimmten Stils, einer Kulturepoche, eines Bauwerks, Kunstgegenstands u. a.
**Ornat,** die den Geistlichen bei Amtshandlungen vorgeschriebene Kleidung; bei weltl. Würdenträgern: Krönungs- u. festl. Amtstracht.
**Orne** [ɔrn], frz. Küstenfluß in der Normandie, 152 km; mündet in die Seinebucht.
**Ornithologie,** *Vogelkunde,* die Zoologie der Vögel.
**Orogenese,** *Gebirgsbildung,* die episodisch auftretenden gebirgsbildenden Bewegungen (Faltung, Bruchbildung) der Erdkruste.
**Orographie,** Beschreibung des Reliefs der Erde bezügl. der Höhenverhältnisse (Verlauf u. Anordnung der Gebirge); Vorstufe der *Geomorphologie.* Ein *orograph. Atlas* enthält Reliefkarten.
**Orontes,** arab. *Nahr Al Asi,* Fluß in N-Syrien, 570 km; mündet bei Antakya ins Mittelmeer.
**Orozco** [o'rɔsko], José Clemente, *1883, †1949, mex. Maler (monumentale, starkfarbige Fresken, die oft polit.-soz. Tendenzen verfolgen).
**Orpheus** ['ɔrfɔis], in der grch. Sage ein Sänger, dessen Kunst sogar wilde Tiere, Pflanzen u. Steine bezauberte. Er holte mit Erlaubnis des Hades seine Gattin *Eurydike* aus dem Schattenreich, verlor sie aber wieder, da er sich trotz Verbots unterwegs nach ihr umsah.
**Orsini,** ein röm. Adelsgeschlecht (heute Fürsten), das im 12. Jh. mit *Orso,* einem Neffen Papst Cölestins III., auftaucht; die schärfsten Gegner der (ghibellinischen) Colonna. Außer den Päpsten Cölestin III., Nikolaus III. u. Benedikt XIII. gingen Kardinäle, Staatsmänner u. Feldhauptleute aus dem Geschlecht hervor. *Felice O.* (*1819, †1858) beging 1858 ein Attentat auf Napoleon III.
**Orsk,** Ind.-Stadt in der RSFSR (Sowj.), an der Mündung des Or in den Ural-Fluß, 273 000 Ew.; Erdölraffinerien, Schwermaschinenbau, Nickelkombinat.
**Ort, 1.** [das], im Bergbau die Arbeitsstelle, bes. am Streckenende (»vor Ort«). – **2.** Zahlenangaben, durch die die Lage eines Gestirns im Raum oder an der Himmelskugel *(sphärischer O.)* zu einem bestimmten Zeitpunkt gekennzeichnet wird. – **3.** → geometrischer Ort. – **4.** eine Stelle in der Natur oder auf der Karte, deren Lage nach Breite, Länge u. Höhe fixiert ist.
**Ortasee,** *Lago d'Orta,* westlichster Alpenrandsee in Oberitalien, 18 km².
**Ortega Saavedra,** Daniel, *1945, nicaraguan. Politiker; seit 1962 Mitgl. der Sandinist. Befreiungsfront (FSLN); 1984–90 Staats-Präs.
**Ortega y Gasset** [-i-], José, *1883, †1955, span. Essayist u. Philosoph; vertrat eine Philosophie der

*Oryxantilope*

»lebendigen Vernunft« im Sinn des *Perspektivismus;* Ⓦ »Der Aufstand der Massen«.
**Ortenau,** Rand der Oberrheinebene am Westfuß des Schwarzwalds, zw. Kinzig u. Oos; Wein- u. Obstanbau.
**Orthikon,** ein elektron. Bildzerleger als Kameraröhre für das Fernsehen; Weiterentwicklung des Ikonoskops; → Vidikon.
**Orthodontie,** *Kieferorthopädie,* die Lehre von der Erkennung u. Behandlung der Zahn- u. Kieferstellungsanomalien.
**orthodox,** rechtgläubig, strenggläubig; an veralteten Lehrsätzen festhaltend, allen Neuerungen abgeneigt; rechthaberisch dogmatisch.
**orthodoxe Kirchen,** die aus den Kirchen im Osten des Byzantin. Reichs hervorgegangenen christl. Kirchen. Ihre theolog. Tradition ist fixiert durch die Beschlüsse der ersten 7 ökumen. Konzilien (1. Nicäa 325 bis 7. Nicäa 787); sie ist ferner durch die Lehren der Kirchenväter, die Aussagen im nachkirchl. Zeitalter u. durch spätere wichtige Synoden bestimmt (1642 Iași [Rumänien], 1670 Jerusalem). Die Feier der »göttlichen Liturgie«, die 7 Sakramente, der Vollzug von Sakramentalien (Weihehandlungen), die Verehrung der Ikonen, Gebete u. Hymnen nehmen im Leben der o. K. einen breiten Raum ein.
In ihrem äußeren rechtl. Aufbau haben die o. K. wie die anderen Ostkirchen das Prinzip der *Autokephalie.* Alle sind hierarchisch gegliedert. An ihrer Spitze stehen Patriarchen, Metropoliten, Erzbischöfe, die aber grundsätzl. keine andere Stellung als die Bischöfe haben. Zu den alten 4 *Patriarchaten* (Alexandria, Antiochia, Konstantinopel, Jerusalem) traten zahlreiche autokephale Kirchen hinzu; unter eig. Patriarchen die bulgar.-orth. Kirche, die serbisch-orth. Kirche, die russ.-orth. Kirche, die rumän.-orth. Kirche, die georg.-orth. Kirche. Erzbischöfe bzw. Metropoliten leiten die o. K. von Zypern, Griechenland, Kreta, Finnland, Polen, Tschechoslowakei u. vom Berg Sinai.
**Orthodoxie,** Rechtgläubigkeit, Strenggläubigkeit.
**Orthodrome,** die kürzeste Verbindung zweier Punkte auf der Erde. Sie ist ein Stück eines Kugelgroßkreises.
**Orthogon,** das Rechteck.
**orthogonal,** rechtwinklig, rechteckig.
**Orthographie,** Rechtschreibung.
**Orthoklas,** *Kalifeldspat,* der häufigste *Feldspat.*
**Orthopädie,** ein Fachgebiet der Medizin, das sich mit der Behandlung der angeborenen oder erworbenen Fehler im System der Bewegungsorgane befaßt.
**Ortleb,** Rainer, *5.6.1944, dt. Politiker (FDP); 1990 zunächst Vors. der LDP; danach stellv. Vors. der FDP u. Bundes-Min. für bes. Aufgaben.
**Ortler,** vergletscherte Berggruppe in den Ostalpen, in Südtirol; im *O.* 3899 m.
**Ortolan,** Gartenammer, → Ammern.
**Ortscheit,** *Zugscheit,* ein kurzes Querholz, an dem bei bespannten Fahrzeugen die Stränge des Zugtiers befestigt werden.
**Ortslinie** → geometrischer Ort.
**Ortsnamen** → Name.
**Ortsnetzkennzahl,** die drei- bis fünfstellige Zahl, die im Selbstwählferndienst vor der Teilnehmer-Anschlußnummer gewählt wird. Die einzelnen Ziffern der O. bezeichnen die zugehörige Zentral-, Haupt-, Knoten- u. Endvermittlungsstelle.
**Ortstein,** durch humussaure Eisenverbindungen

verkittete, sandige, feste Bodenschicht. Weniger verfestigt ist die *Orterde.*
**Ortszeit,** die auf den Meridian des Beobachtungsorts bezogene Zeit; im Ggs. zur → Zonenzeit u. Weltzeit, die sich auf ausgewählte Normalmeridiane beziehen.
**Ortszuschlag,** früher *Wohnungsgeld,* Zuschlag zum Grundgehalt der Beamten u. Angestellten des öffentl. Dienstes mit dem Zweck, örtl. Unterschiede in den Lebenshaltungskosten auszugleichen.
**Ortung,** die Bestimmung der Entfernung u. der Lage von Objekten (Schiffen, Flugzeugen u. a.) durch Funk- oder Radarpeilung; auch das Auffinden von Rohrleitungen oder Kabeln im Erdboden sowie von Fehlern in Leitungen mit elektron. Geräten; → Navigation.
**Oruro,** Hptst. des gleichn. Dep. im W Boliviens, 3700 m ü. M., 178 000 Ew.; Univ.; Erzbergwerke; Fremdenverkehr.
**Orvieto,** ital. Stadt in Umbrien, nw. von Terni, 22 500 Ew.; Dom (13.–16. Jh.), ehem. Papstsitz; Weinanbau; Fremdenverkehr.
**Orwell** ['ɔːwɛl], George, eigtl. Eric Arthur *Blair,* *1903, †1950, engl. Schriftst.; anfangs dem Kommunismus nahestehend, dann Sozialist; weltberühmt sind die polit.-satir. Tierfabel »Farm der Tiere« u. die Zukunftsvision vom totalitären Staat »1984«.
**Oryxantilope,** *Spießbock,* eine echte *Antilope* in Trockensteppen u. Wüsten Afrikas u. Arabiens; mit bis 1,20 m Körperhöhe u. geraden Hörnern.
**Os, 1.** [oːs; Pl. *Oser*], langer Sand- oder Kieswall, Ablagerung der eiszeitl. Gletscherbäche. – **2.** [ɔs; Pl. *Ossa*], der Knochen. – **3.** [oːs; Pl. *Ora*], der Mund.
**Osage-Orange** ['ousɛid3 'o'rəndʒ], ein 10 m hohes, nordamerik. *Maulbeergewächs.* Die großen, saftigen Fruchtstände sind eßbar.
**Osaka,** Präfektur-Hptst. u. drittgrößte Stadt Japans, an der Mündung des Yodo, Hafen an der SW-Küste von Honshu, 2,63 Mio. Ew.; kath. Erzbischofssitz; 5 Univ.; Daimyo-Schloß; mehrere Tempel; bed. jap. Handels- u. Ind.-Zentrum; U-Bahn; Flughafen.
**Osaki,** Koji, *1867, †1903, jap. Schriftst.; einer der ersten bed. Romanschriftst. Japans im europ. Stil.
**Osborne** ['ɔzbən], John, *12.12.1929, engl. Schriftst.; Vertreter der Generation der »zornigen jungen Männer«; Ⓦ »Blick zurück im Zorn«, »Der Entertainer«.
**Oscar,** eigtl. *Academy Award,* US-amerik. Filmpreis in Form einer Statuette (die den Spitznamen O. erhielt); jedes Jahr in mehreren Ausführungen an Filmschaffende (z. B. Drehbuchautoren, Regisseure, Schauspieler) für die besten Filme des ver-

*Oscar-Statuette*

## 654 Osch

*Oseberg: das Osebergschiff im Bygdöy-Museum bei Oslo*

gangenen Jahres verliehen; 1929 von der *Academy of Motion Picture Arts and Sciences* in Hollywood gestiftet.

**Osch,** Hptst. der gleichn. Oblast in der Kirgis. SSR (Sowj.), am Ostrand des Ferganatals, 209 000 Ew.; Seidenweberei; Tabak-Ind.

**Oschatz,** Krst. in Sachsen, westl. von Riesa, 19 000 Ew.; histor. Bauten; geophysik. Observatorium.

**Oschersleben/Bode,** Krst. in Sachsen-Anhalt, an der Bode, 17 000 Ew.; Schloß (16./17. Jh.); chem.-pharmazeut. Ind.

**Öse,** *Öhr,* Drahtschlinge zum Durchziehen von Schnüren, Befestigen von Haken u. a.

**Oseberg** ['uːsəbɛrj], Ort westl. des Oslofjords in Norwegen; bekannt durch den 1903 aus einem Grabhügel geborgenen *O.-Fund,* ein Bootgrab des 9. Jh.

**Ösel,** estn. *Saaremaa,* die größte estn. Ostseeinsel vor dem Rigaer Meerbusen, 2714 km², 60 000 Ew., Hauptort *Arensburg;* Fischerei.

**Oshawa** ['ɔʃəwə], Stadt am Ontario-See (Kanada), östl. von Toronto, 124 000 Ew.; Auto-Ind.

**Oshima,** Nagisa, *31.3.1932, jap. Filmregisseur (Filme über Probleme der jungen Generation).

**Oshogbo** [ɔ'ʃɔgbo], Stadt im sw. Nigeria, 344 000 Ew.; landw. Handelszentrum.

*Osiris zwischen Imiut-Symbolen, Schutzzeichen in Form eines kopflosen, an einer Stange aufgehängten Fells. Theben-West, Grab des Sen-Nedjem*

**Osiander,** Andreas *1498, †1552, dt. luth. Theologe; erster ev. Prediger in Nürnberg (seit 1522), seit 1549 Prof. u. Prediger in Königsberg; löste dort den »Osiandr. Streit« über die Rechtfertigungslehre aus.

**Osiris,** altägypt. Fruchtbarkeitsgott, Gemahl der *Isis.*

**Osker,** latein. *Osci, Opici,* ostitalisches Bergvolk, schon um die Mitte des 8. Jh. v. Chr. allmähl. im röm. Volk aufgegangen.

**Ösling** ['øːs], der luxemburg. Anteil an den *Ardennen.*

**Oslo** [norw. 'uslu], 1624–1924 *Kristiania, Christiania,* Hptst. von Norwegen u. der Prov. (Fylke) *Askershus,* am Ende des *O.fjords,* 451 000 Ew.; Univ. (1811); Bischofssitz; Königsschloß; Schiffbau, Textil- u. Elektroind.

**Osman,** *O. I.,* arab. *Othman,* *1259, †1326, türk. Sultan 1299–1326; begr. das nach ihm benannte O.ische Reich u. die O.en-Dynastie.

**Osmanen,** die von *Osman I.* begr. Dynastie türk. Sultane bis 1924. – O wurden auch die im Osman. Reich lebenden Türken genannt.

**Osmanisches Reich** → Türkei (Geschichte).

**Osmium,** ein → chemisches Element.

**Osmose,** das Hindurchwandern von Flüssigkeit infolge Diffusion durch eine halbdurchlässige *(semipermeable)* Trennwand, die zwei Flüssigkeiten (bzw. Lösungen verschiedener Konzentration) trennt u. nur für eine Flüssigkeit (bzw. ein Lösungsmittel; nicht aber für den gelösten Stoff) durchlässig ist. Die O. ist für die Stoffwechselvorgänge von großer Bedeutung, weil die äußeren Schichten vieler pflanzl. u. tier. Zellen halbdurchlässige Membranen sind.

**Osnabrück,** krfr. Stadt in Nds., nördl. des Teutoburger Walds, 154 000 Ew.; rom. Dom (11. bis 16. Jh.); barockes Schloß; Univ.; Metall-, Textil-, Autoind. – Gesch.: Unter Karl dem Großen Bischofssitz; Mitgl. der Hanse. Der *Friede zu O.* schloß am 24.10.1648 als Teil des →Westfälischen Friedens die 1644 begonnenen Friedensverhandlungen zw. dem Reich u. Schweden ab.

**Osning** → Teutoburger Wald.

**Ösophagus,** *Oesophagus,* die Speiseröhre.

**Ossa, 1.** poln. *Osa,* r. Nbfl. der Weichsel, 95 km; mündet nördl. von Graudenz. – **2.** Küstengebirge im mittleren Griechenland, bis 1978 m; durch das Tempi-Tal vom Olymp getrennt; in der grch. Myth. Sitz der Giganten u. Kentauren.

## ÖSTERREICH Geographie

*Lech am Arlberg*

*Weinernte in der Wachau*

*Die Großglockner-Hochalpenstraße wurde als Panoramastraße angelegt. Sie verbindet die Bundesländer Kärnten und Salzburg miteinander, als Seitenstrecken zweigen die Gletscher- und die Edelweißstraße (im Bild) ab*

**Osseten,** richtiger *Ossen,* eigener Name *Iron,* indoeurop. Bergvolk am Nord- u. Südhang des Kaukasus.

**Ossiach,** östr. Kurort am Südufer des **O.er Sees** (501 m ü.M., 10,6 km²), in Kärnten; 570 Ew.; ehem. Benediktinerstift.

**Ossian,** *Oisin,* Held eines südir. Sagenkreises, als greiser, blinder Sänger gedacht; in Prosa- u. Verstexten des 9.–12. Jh. vorkommend. – Als angebl. Werke des O. veröffentlichte J. *Macpherson* 1760 ff. eigene Dichtungen.

**Ossietzky,** Carl von, *1889, †1938, dt. Publizist; 1927–33 Chefredakteur der »Weltbühne«, warnte vor Militarismus u. Nationalsozialismus; 1933–36 in Konzentrationslagern. Er erhielt 1935 den Friedensnobelpreis, den er aufgrund eines Verbots der nat.-soz. Regierung nicht annehmen durfte.

**Osswald,** Albert, *16.5.1919, dt. Politiker (SPD); 1969–76 Min.-Präs. von Hessen.

**Ostade,** Adriaen van, *1610, †1685, ndl. Maler u. Radierer; Schüler von F. *Hals,* einer der Hauptmeister des Bauerngenres.

**Ostafrikanischer Graben,** der östl. Zweig des afrikan. Grabensystems, zu dem u.a. der Zentralafrikan. Graben, der Nyasa-Graben, der Äthiopische Graben u. in nördl. Fortsetzung das Rote Meer mit dem Jordan-Graben gehören; begleitet von zahlr. Vulkanen.

*Oslo: in der Bildmitte das Rathaus, das Wahrzeichen der Stadt*

**Ostaijen** [ɔsˈtaːjə], Paul van, *1896, †1928, fläm. Schriftst.; Wegbereiter des Expressionismus in Flandern.

**Ostasien,** zusammenfassende Bez. für die *Mandschurei, Sachalin, Japan, Korea* u. große Teile *Chinas* (bis etwa 110° ö. L. im Inneren).

**Ostblock,** nach dem 2. Weltkrieg in der westl. Welt üblich gewordene Bez. für die Gesamtheit der kommunist. regierten Staaten; wegen der zwischenzeitlich eingetretenen Differenzierung (Abfall Jugoslawiens, Konflikt der UdSSR mit China u.a.) nur noch für die Staaten des *Warschauer Pakts* u. des *COMECON* (UdSSR, Bulgarien, DDR, Polen, Rumänien, Tschechoslowakei, Ungarn; bedingt: Mongol. VR, Kuba, Vietnam) gebraucht. Nach den polit. Umwälzungen seit 1989 begann sich der polit. u. militär. fest geschlossene Verband der Staaten des O. aufzulösen.

**Ostchinesisches Meer,** pazif. Randmeer zw. Taiwan, Ryukyu, Kyushu, Korea u. der Ostküste von China, 1,25 Mio. km², größte Tiefe: 2719 m. Der Nordteil heißt *Gelbes Meer.*

**Ostdeutschland,** nach 1945 in Gebrauch gekommene Bez. für die ehem. dt. Ostgebiete jenseits der Oder-Neiße-Linie.

**Oste,** l. Nbfl. der unteren Elbe, 145 km.

**Ostende,** fläm. *Oostende,* Stadt, Fischereihafen u. Seebad in der belg. Prov. Westflandern, am Kanal, 68 300 Ew.; Fährverkehr nach Dover (England).

**Ostenso** [ˈɔstənsou], Martha, *1900, †1963, US-amerik. Erzählerin norw. Herkunft. W »Der Ruf der Wildgänse«.

**Ostensorium** → Monstranz.

**ostentativ,** augenfällig.

**Osteoblasten,** knochenbildende Zellen an der inneren Wand der Knorpelschichten, die sich in Knochengewebe umwandeln.

**Osteologie,** die Lehre von den Knochen.

**Osteomyelitis,** Knochenmarkentzündung.

**Osteoporose,** *Knochenschwund,* Abbau der festen Knochensubstanz mit enstpr. Erweiterung der Knochenmarkhöhle, die bes. in höherem Alter auftritt u. zu Knochenbrüchigkeit führt. Die O. ist oft mit einer Osteomalazie (Knochenerweichung) verbunden.

**Oster,** Hans, *1887, †1945 (im KZ ermordet), dt. Offizier; führend in der *Widerstandsbewegung* gegen das NS-Regime; am 21. Juli 1944 verhaftet.

**Osterblume,** *Osterglocke,* → Narzisse.

**Osterburg,** Krst. in Sachsen-Anhalt, in der Altmark, 8400 Ew.; Nahrungsmittel-, opt., Holzind.

**Osterhase,** im Brauch u. Glauben der Kinder Eierbringer zum Osterfest; seit 1682 in Dtld. bezeugt, vielleicht aus einer falsch gedeuteten Osterlammdarstellung entstanden.

**Osterholz-Scharmbeck,** Krst. in Nds., nördl. von Bremen, 23 000 Ew.; rom. Kirche; Nahrungsmittel-Ind.

**Osteria,** ital. Wirtshaus mit einfacher Küche u. Weinausschank.

**Osterinsel,** span. *Isla de Pascua,* polynes. *Rapanui,* chilen. Insel im sö. Pazifik, 3500 km westl. der chilen. Küste, 165 km², 1900 Ew. (meist *Pascuenser:* polynes. Eingeborene, mit Weißen vermischt); am Ostersonntag 1722 (daher der Name) entdeckt; 1888 chilen. Kennzeichnend sind über 240 Monolithe (*Moais,* bis 25 m hohe Kolossalbüsten aus Lava), ferner Holztafeln u. hölzerne Brustschilde der Könige mit eingeritzten Zeichen (**O.-Schrift**).

**Österling,** Anders, *1884, †1981, schwed. Schriftst. (impressionist. Landschaftsidyllen, dann expressionist. Werke).

**Osterluzei,** Gatt. der *O.gewächse* (→ Pflanzen) mit rd. 500 Arten; windende, meist trop. Kletterpflanzen. In Europa die gelbblühende *Gewöhnl. O.* Viele Arten dienen als Gegengift bei Schlangenbiß.

**Ostern,** Fest der Auferstehung Christi, das älteste christl. Fest; seit dem 2. Jh. als jährlich wiederkehrendes Fest bezeugt. O. ist Höhepunkt des *Osterfestkreises,* der bis Pfingsten reicht. Es wird heute allg. am Sonntag nach dem ersten Frühlingsvollmond gefeiert.

**Osterode,** 1. *O. am Harz,* Krst. in Nds., an der Söse, am SW-Hang des Harzes, 27 000 Ew.; altes Stadtbild; Textil-, Elektroind.; Fremdenverkehr. – 2. *O.* in Ostpreußen, poln. *Ostróda,* Stadt am *Drewenz-See,* 28 000 Ew.; Ordensschloß; Holzind.

**Österreich,** Staat im S Mitteleuropas, 83 849 km², 7,6 Mio. Ew., Hptst. *Wien.* Ö. ist gegliedert in 9 Bundesländer (T → S. 656).

*Eisenerz-Förderung am Erzberg in der Steiermark*

*Der Silvretta-Stausee ist der höchstgelegene der drei Stauseen, die zum Verbund der Vorarlberger Illwerke gehören*

*Osterinsel: Die Moai, bis 25 m hohe Kolossalbüsten aus Lavagestein, werden als Götterbilder einer vergangenen Religion gedeutet. Sie sind frühestens im 14. Jahrhundert entstanden*

## Österreich

*Österreich*

**Landesnatur.** Das Staatsgebiet liegt zu ²/₃ in den Ostalpen, die im S u. O in Beckenlandschaften (Klagenfurter, Grazer, Wiener Becken) übergehen. Das nördl. Alpenvorland reicht ungefähr bis zur Donau. Im N hat Ö. im Mühl- u. Waldviertel Anteil an der Mittelgebirgslandschaft des Böhm. Massivs. Der O des Landes mit dem Neusiedler See u. Umgebung gehört zur Kleinen Ungar. Tiefebene. Das Gewässernetz ist im größten Teil zur Donau ausgerichtet. Seenreich sind Kärnten u. Salzkammergut. – K l i m a : Ö. hat mitteleurop. Übergangsklima mit zunehmend kontinentalen Zügen gegen O u. alpines Klima in den höheren Gebirgslagen. Gegen O nehmen die jährl. Niederschläge ab. – Nadel- u. Nadelmischwald herrschen vor. Die Waldgrenze liegt zw. 1600 u. 1900 m.

**Bevölkerung.** Zentren der Besiedlung sind das Alpenvorland, das Wiener Becken u. die großen Täler. Die Bevölkerung ist zu 98 % deutschsprachig. 89 % sind Katholiken, 6 % Protestanten.

**Wirtschaft.** Die Landwirtschaft deckt rd. 90 % des Eigenbedarfs. Landwirtschaftl. Zentren sind die Gebiete im O mit bed. Weizen-, Hackfrucht- (Zuckerrüben) u. Futterpflanzenanbau sowie Obst u. Wein. Die Viehzucht übertrifft die Agrarproduktion an Wert; sie herrscht in Gebirgslagen vor. Die Nutzung der Wälder, die fast 40 % der Landesfläche bedecken, ist für den Export wichtig. Im Bergbau hat die Erdölförderung größte Bedeutung. Weiterhin gibt es Eisenerzabbau, Magnesit- u. Salzgewinnung. Die Elektrizität ist der wichtigste Energieträger; sie stützt sich zu rd. 60 % auf Wasserkraft. Von größter wirtschaftl. Bedeutung ist der Fremdenverkehr. Haupthandelspartner ist mit Abstand die BR Dtld., dann folgen die Schweiz, Italien, Großbritannien, USA. Die wichtigsten Exportgüter liefert die Industrie: Eisen u. Stahl, Maschinen, Apparate, Holz u. Papier sowie Textilien. – **Verkehr.** Trotz der gebirgigen Landesnatur ist das Verkehrsnetz sehr gut entwickelt. Linz ist der Haupthafen der Donauschiffahrt. Internat. Flughäfen: Wien-Schwechat, Linz, Salzburg, Graz, Klagenfurt u. Innsbruck. Der ital. Hafen Triest an der Adria ist Ö. wichtigster Seehafen.

| Österreich: Verwaltungsgliederung | | | |
|---|---|---|---|
| Bundesland | Fläche in km² | Einwohner in 1000 | Hauptstadt |
| Burgenland | 3 966 | 270 | Eisenstadt |
| Kärnten | 9 533 | 536 | Klagenfurt |
| Niederösterreich | 19 172 | 1 428 | Sankt Pölten |
| Oberösterreich | 11 980 | 1 270 | Linz |
| Salzburg | 7 154 | 442 | Salzburg |
| Steiermark | 16 387 | 1 187 | Graz |
| Tirol | 12 647 | 587 | Innsbruck |
| Vorarlberg | 2 601 | 305 | Bregenz |
| Wien | 415 | 1 531 | Wien |

**Geschichte.** Seit Beginn des 6. Jh. gab es bair. Siedlungen, die bereits einen Teil der östr. Kernländer umfaßten. Durch Karl d. Gr. wurde das gesamte bair. Gebiet in das Frankenreich einbezogen u. durch Marken geschützt. Nach dem Sieg Ottos d. Gr. auf dem Marchfeld (955) wurde die Mark Ö. gebildet. In der Folgezeit wurde Kärnten selbständiges Hzgt., entstanden die *Markgrafschaften Ö., Steiermark* (1180 Hzgt.) u. *Krain*. Die *Babenberger* waren 976–1246 Markgrafen der Ostmark. Nach ihrem Aussterben kamen Ö. u. die Steiermark vorrübergehend unter die Herrschaft des

## ÖSTERREICH Geschichte

*Die Familie Kaiser Maximilians I.; Gemälde von B. Striegel, um 1515 (links). – Die Kaiserlichen in der Schlacht bei Belgrad (1717); Gemälde eines unbekannten Meisters (rechts)*

*Maria Theresia mit ihren Söhnen. Gemälde von J. Maurice. Wien, Kunsthistorisches Museum (links). – Thronfolger Franz Ferdinand kurz vor seiner Ermordung 1914 in Sarajevo (rechts)*

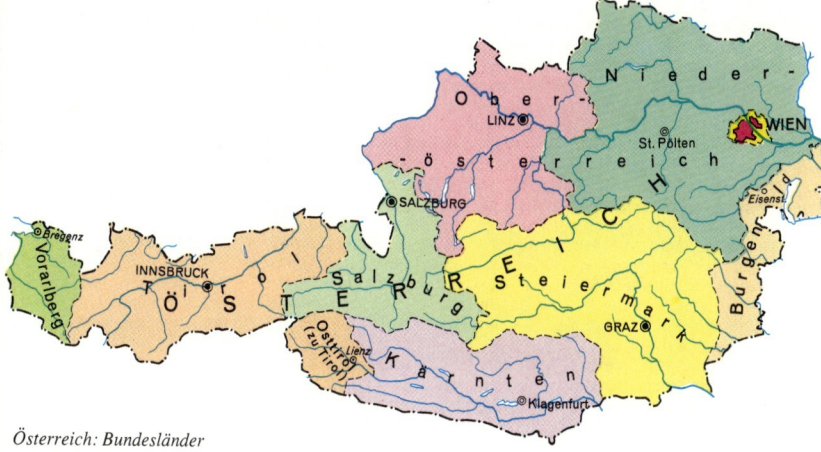

*Österreich: Bundesländer*

Böhmenkönigs *Ottokar II. Přemysl.* 1278 besiegte *Rudolf von Habsburg* Ottokar bei Dürnkrut u. gewann damit Land u. Krone Ö. Nach mehreren Teilungen entstanden drei habsburg.-östr. Länder: *Nieder-Ö., Inner-Ö.* u. *Vorder-Ö.* Die Schweizer konnten ihre Reichsunmittelbarkeit durchsetzen. 1526 kamen Böhmen u. Ungarn endgültig an Habsburg.
Von 1438 bis 1806 stellte das Haus Habsburg die Kaiser des Röm.-Dt. Reichs. Durch Heiratspolitik gewannen sie die Ndl., den größten Teil Burgunds, Spanien u. das große Kolonialreich in Amerika. *Ferdinand,* der Bruder Karls IV., wurde der Begr. der östr. Linie der Habsburger *(Philipp II.* wurde Begr. der *span. Linie)* u. 1556 Kaiser. – In den Religionskämpfen waren die adligen Stände Ö.s meist Vorkämpfer des Protestantismus. Unter Kaiser *Rudolf II.* begann die *Gegenreformation.* Die Verfolgung der Protestanten setzte unter Kaiser *Ferdinand II.* in stärkstem Maße ein. Die darüber erbitterten prot. Stände in Böhmen lösten 1618 den *Dreißigjährigen Krieg* aus, durch den Habsburg seine Besitzungen im Elsaß an Frankreich verlor. Durch den Sieg der Gegenreformation über den prot. Adel Ö.s u. durch eine geschickte Politik *Leopolds I.* (Abwehr der Türken vor Wien 1683, Gewinn von Ungarn u. Siebenbürgen) entstand ein neuer, vorw. kath. absolutist. Gesamtstaat: Erwerbungen auf dem Balkan *(Prinz Eugen,* Türkenkrieg 1716–1718), Annahme der *Pragmat. Sanktion* durch Ungarn. – Nach dem Span. Erbfolgekrieg mußte Habsburg auf das span. Erbe verzichten, doch wurden *Karl VI.* 1713/14 die span. Niederlande u. Sardinien zugesprochen, er verlor aber 1739 fast alle Eroberungen des Türkenkriegs auf dem Balkan wieder an die Türkei. Im *Östr. Erbfolgekrieg* verlor Ö. Schlesien an Preußen, konnte sein Gebiet jedoch in den *Poln. Teilungen* 1772 um Galizien, 1775 um die Bukowina erweitern. Unter *Maria Theresias* Regierung (Min. *Kaunitz* u. *Haugwitz*) wurde die Staatsverw. reformiert. Während der Reg. ihres Sohnes *Joseph II.* entbrannten in Ungarn u. in den Östr. Niederlanden heftige Kämpfe um deren Sonderrechte. Kaiser *Leopold II.* verständigte sich mit ihnen u. schloß Frieden mit der Türkei. Nach den *Frz. Revolutionskriegen* mußte Ö. die Östr. Niederlande u. die Lombardei im Tausch gegen die Rep. Venedig aufgeben; durch den *Reichsdeputationshauptschluß* 1803 fielen Trient u. Brixen an Ö. Nach dem 3. *Koalitionskrieg* verlor es Venetien an Italien u. Tirol, Vorarlberg u. die Vorlande an Bay., erhielt dafür aber Salzburg. 1806 legte Kaiser *Franz II.* die röm.-dt. Kaiserkrone nieder, nachdem er schon 1804 als *Franz I.* die östr. Kaiserkrone angenommen hatte. Nach dem mißglückten Feldzug von 1809 (Wagram; Aufstand Andreas *Hofers*) mußten zwar Salzburg, das Innviertel, W- u. Teile von O-Galizien u. die illyr. Prov. aufgegeben werden. Nach der Verbannung Napoleons erhielt Ö. auf dem *Wiener Kongreß* die abgetretenen Gebiete zurück, verlor jedoch endgültig die Vorlande.

| Die Bundespräsidenten | |
|---|---|
| Michael Hainisch (parteilos) | 1920–1928 |
| Wilhelm Miklas (christlich-sozial) | 1928–1938 |
| („Anschluß" an Deutschland | 1938–1945) |
| Karl Renner (SPÖ) | 1945–1950 |
| Theodor Körner (SPÖ) | 1951–1957 |
| Adolf Schärf (SPÖ) | 1957–1965 |
| Franz Jonas (SPÖ) | 1965–1974 |
| Rudolf Kirchschläger (parteilos) | 1974–1986 |
| Kurt Waldheim (parteilos) | 1986– |

| Die Bundeskanzler | |
|---|---|
| Karl Renner (Staatskanzler) (Sozialdemokrat) | 1919–1920 |
| Michael Mayr (christlich-sozial) | 1920–1921 |
| Johann Schober (deutschliberal) | 1921–1922 |
| Ignaz Seipel (christlich-sozial) | 1922–1924 |
| Rudolf Ramek (christlich-sozial) | 1924–1926 |
| Ignaz Seipel (christlich-sozial) | 1926–1929 |
| Ernst Streeruwitz (christlich-sozial) | 1929 |
| Johann Schober (deutschliberal) | 1929–1930 |
| Carl Vaugoin (christlich-sozial) | 1930 |
| Otto Ender (christlich-sozial) | 1930–1931 |
| Karl Buresch (christlich-sozial) | 1931–1932 |
| Engelbert Dollfuß (christlich-sozial) | 1932–1934 |
| Kurt Schuschnigg (christlich-sozial) | 1934–1938 |
| Arthur Seyß-Inquart (Nationalsozialist) | 1938 |
| („Anschluß" an Deutschland | 1938–1945) |
| Karl Renner (SPÖ) | 1945 |
| Leopold Figl (ÖVP) | 1945–1953 |
| Julius Raab (ÖVP) | 1953–1961 |
| Alfons Gorbach (ÖVP) | 1961–1964 |
| Josef Klaus (ÖVP) | 1964–1970 |
| Bruno Kreisky (SPÖ) | 1970–1983 |
| Fred Sinowatz (SPÖ) | 1983–1986 |
| Franz Vranitzky (SPÖ) | 1986– |

*Außenminister L. Figl mit dem am 15. Mai 1955 geschlossenen Staatsvertrag; neben ihm u.a. der sowjetische Außenminister Molotow und Bundeskanzler Raab*

# Österreich

Im Innern wurde Ö. nach den Grundsätzen der *Hl. Allianz* restaurativ-absolutist. regiert. Dadurch kam es zur Revolution in Wien (13.3.1848); Metternich mußte fliehen, eine liberale Verf. für die nichtung. Länder wurde erlassen. Zw. der Reg. u. dem ung. Reichstag kam es im September 1848 zum Bruch. Fürst *Windischgrätz* schlug den Aufstand in Wien nieder, Kaiser *Franz Joseph I.* übernahm die Reg. Am 4.3.1849 wurde eine konstitutionelle Gesamtverf. oktroyiert. Die Ungarn wurden mit russ. Hilfe unterworfen. In Italien warf Graf *Radetzky* die Aufstände nieder. Es gelang Preußen, Gesamt-Ö. aus dem *Dt. Bund* u. auch aus dem *Zollverein* herauszuhalten. 1866 brach der *Dt. Krieg* aus, an dessen Ende Ö. die *kleindt. Lösung* hinnehmen mußte. Nach dem Verlust seiner ital. Gebiete (Wiener Frieden 1866, Niederlage bei Solferino) mußte Ö. auch als Hegemonialmacht in Dtld. abtreten. Ungarn wurde die Sonderverf. von 1848 garantiert, u. es entstand die Doppelmonarchie Österreich-Ungarn (der östr. Kaiser war zugleich König von Ungarn). Durch die Okkupation Bosniens u. der Herzegowina (*Berliner Kongreß* 1878) verschoben sich die Gewichte in Ö. zugunsten des slaw. Elements. Der Nationalitätenkampf spitzte sich immer mehr zu. Durch die Bulgar. Krise seit 1885 wurde die Spannung zw. Ö.-Ungarn u. Rußland erneut heraufbeschworen. *Zwei-* u. *Dreibund* wurden durch Verträge mit Dtld. u. Rumänien u. durch das *Mittelmeer-Abkommen* mit England u. Italien gestärkt. Die Lage auf dem Balkan verschärfte sich nach der östr. Annexion Bosniens u. der Herzegowina 1908. Als der östr. Thronfolger *Franz Ferdinand* am 28.6.1914 in Sarajewo ermordet wurde, brach der 1. Weltkrieg aus.

Nach dem Zusammenbruch der Monarchie erklärten die Mandatare der dt. Parteien am 12.11.1918 Dt.-Österreich zu einer demokrat. Republik als Bestand der »Dt. Republik«. Doch unter dem Druck der Siegermächte mußte die östr. Delegation die Bedingungen des Friedens von *Saint-Germain* 1919 annehmen: Verzicht auf Südtirol u. die sudetendt. Gebiete, Anerkennung der neuen Staaten Tschechoslowakei, Polen, Ungarn u. Jugoslawien, Verzicht auf den Anschluß an das Dt. Reich, Zahlung hoher Reparationen. Wirtschaftl. u. finanziell war der östr. Rumpfstaat katastrophal geschwächt. Die Weltwirtschaftskrise, der bedrohl. Anstieg der Arbeitslosenzahl u. dauernde Krisen im Parlament ließen den Ruf nach antidemokrat., radikalen Lösungen laut werden. Bundeskanzler E. *Dollfuß* verbot die Betätigung der NSDAP u. löste SA u. SS auf (19.6.1933). Der vom ebenfalls verbotenen Republikanischen Schutzbund im Februar 1934 ausgelöste Aufstand wurde blutig niedergeworfen. Die am 1.5.1934 erlassene Verf. des Ständestaats verstand sich als Verwirklichung der Richtlinien der Enzyklika »Quadragesimo anno«. Am 25.7.1934 wurde Dollfuß bei einem Putschversuch der NSDAP ermordet. Der neue Bundeskanzler, K. *Schuschnigg*, mußte am 11.3.1938 sein Amt dem Nationalsozialisten A. *Seyß-Inquart* überlassen. Am 12.3. marschierten dt. Truppen in Ö. ein, am 13.3. wurde der *Anschluß Ö.s* an das Dt. Reich vollzogen.

Am 2. Weltkrieg nahm Ö. auf dt. Seite teil. Es wurde 1945 von den Alliierten besetzt. Die Regierungsgewalt lag zunächst bei den Besatzungsmächten. Am 27.4.1945 wurde die Rep. Ö. proklamiert. Die Verf. von 1920 wurde wiederhergestellt. Mit dem *Staatsvertrag* vom 15.5.1955 erhielt Ö. Souveränität u. wirtschaftl. Unabhängigkeit u. verpflichtete sich zu immerwährender Neutralität. 1955 trat Ö. den UN, 1956 dem Europarat u. 1960 der EFTA bei. 1971 fand nach jahrelangen Verhandlungen mit Italien die Südtirolfrage eine befriedigende Lösung. 1989 richtete Ö. ein Beitrittsgesuch an die EG. Seit 1987 regiert eine Koalition aus ÖVP u. SPÖ mit F. *Vranitzky* (SPÖ) als Bundeskanzler. Bundespräsident ist seit 1986 K. *Waldheim*.

Staat und Verfassung. Die Rep. Ö. ist eine parlamentar. Demokratie auf der Grundlage der Verf. vom 1.10.1920. Staatsoberhaupt ist der auf 6 Jahre vom Volk gewählte Bundespräsident. Der Bundesstaat Ö. hat ein parlamentar. Zweikammersystem. Es besteht aus dem Nationalrat (183 Abg., für 4 Jahre gewählt) u. dem Bundesrat, dessen Abg. von den Landtagen entsandt werden. National- u. Bundesrat bilden zusammen die Bundesver-

## ÖSTERREICH Kultur

*Volkstracht in der Wachau*

*Walter Pichler: Bewegliche Figur; 1982*

*Das Parlament in Wien*

*Oberes Belvedere in Wien, Gartenseite der Sommerresidenz des Prinzen Eugen; 1721–1723 von Johann Lucas von Hildebrandt errichtet (links). – Franz Anton Maulbertsch: Allegorie. Sonne und Wahrheit vertreiben die Mächte der Finsternis, Köln, Wallraf-Richartz-Museum (rechts)*

sammlung. Die wichtigsten östr. Parteien sind die Sozialist. Partei Ö.s (SPÖ), die Östr. Volkspartei (ÖVP), die Freiheitl. Partei Ö.s (FPÖ) sowie die Grüne Alternative.

**Österreichische Bundes-Sportorganisation,** Abk. *BSO,* die 1969 gegr. Dachorganisation des östr. Sports; Sitz: Wien.

*Österreichische Bundes-Sportorganisation: Verbandszeichen*

**österreichische Kunst.** Architektur, Plastik, Malerei u. Kunsthandwerk Österreichs entstanden in enger Verbindung mit der dt. Kunst.

Architektur. Die großartigsten Kunstleistungen Österreichs sind die Architekturschöpfungen des Barocks, im 17. Jh. eingeleitet durch den Neubau des Salzburger Doms u. die Stiftskirche in St. Florian, die ital. Formcharakter tragen. Erst nach der Befreiung Wiens von den Türken (1683) fand das östr. Barock zu eigenen Bauformen durch Architekten wie J. B. *Fischer von Erlach,* J. L. *von Hildebrandt* u. J. *Prandtauer* (Stift Melk).

Plastik. Die got. Plastik entfaltete sich bes. in Pietà-Darstellungen u. sog. Schönen Madonnen (Admont, Krumau, Maria Zell, Wien). Gesamtkunstwerke aus Architektur, Schnitzkunst u. Malerei sind die großen Flügelaltäre in Heiligenblut (1520), Mauer bei Melk (um 1520) u. v. a. St. Wolfgang (1471–81, von M. *Pacher).*

Bed. Bildhauer im 18. Jh. waren G. R. *Donner,* M. *Steinl,* F. X. *Messerschmidt.* In der Gegenwart fand v. a. F. *Wotruba* internat. Anerkennung. A. *Hrdlicka* wurde auch als Graphiker bekannt.

Malerei. Salzburg war Jahrhunderte hindurch ein weithin ausstrahlendes Zentrum bildnerischer Form, sowohl in der Buchmalerei wie im Fresko. Allmähl. verstärkte sich der Einfluß der Ndl. Am Ende des 15. Jh. faßte M. *Pacher* die heimischen, die ital. u. die ndl. Strömungen genial zusammen.

Im Barock schufen D. *Gran* u. P. *Troger* v.a. in Wien u. Klosterneuburg schwungvoll festliche Deckenfresken. Eine Sonderstellung nahm F. A. *Maulbertsch* durch seine visionären Bilder mit eigenwilliger Licht- u. Schattenwirkung ein.

Die Malerei des 19. Jh. stand zunächst unter dem Einfluß der Nazarener. M. von *Schwind* drückte romant. Empfinden in volkstüml. Märchenbildern aus. F. G. *Waldmüller* war als Landschaftsmaler u. Porträtist meisterhaft. H. *Makart* stellte in historisierenden, sinnlich-schwelgerischen Kompositionen das Fin de siècle wienerisch-theaterfroh dar. G. *Klimt* war Vertreter des Jugendstils u. betonte in seinen Bildern das ornamentale Element. F. *Hundertwasser* hat in unserer Zeit sein Erbe angetreten. Zum Expressionismus leitete E. *Schiele* über. Der überragende Maler dieser Richtung war O. *Kokoschka,* Porträtist, Schöpfer von Städtebildern u. Erfinder mythischer Szenen. Neben ihm haben die Maler der Wiener Schule internat. Bedeutung: R. *Brauer,* E. *Fuchs,* R. *Hausner,* A. *Lehmden.*

**österreichische Literatur,** die deutschsprachige Lit. auf dem Gebiet Österreichs. Auf geistl. Dichtungen *(Wiener Genesis, Frau Ava)* u. weltl. Lyrik *(Dietmar von Aist, Kürenberg)* im 9. u. 10. Jh. folgte der höf. Minnesang *(Reimar der Alte, Walther von der Vogelweide);* fast gleichzeitig entstanden Heldenepen, die auf german. Sagen fußten *(Nibelungenlied, Kudrun).* Im Spät-MA entstanden Passionsspiele, Volkslieder u. Schwänke. An der Wiener Universität (gegr. 1365) wurde der Humanismus gepflegt (K. *Celtis).* Die Predigten von *Abraham a Santa Clara* waren wirkungsvolle Kampfmittel der Gegenreformation. In der Barockzeit erwuchs aus dem lat. Schultheater u. dem Jesuitendrama das höf. Repräsentationstheater; daneben standen Hanswurstkomödie, Singspiel u. Wiener Volksstück; die Glanzzeit des Volkstheaters lag im 19. Jh. (Zauberkomödien u. Lustspiele von D. *Nestroy* u. F. *Raimund).* In dieser Zeit begannen auch der Dramatiker F. *Grillparzer,* der Lyriker N. *Lenau* u. der Epiker A. *Stifter* ihr Schaffen. Der Volkserzähler P. *Rosegger* u. der Volksdramatiker L. *Anzengruber* schrieben in spezif. östr. Tradition. Den Zerfall der Monarchie beschrieb J. *Roth;* der führende Satiriker war K. *Kraus;* die Lebenskultur schilderten A. *Lernet-Holenia* u. R. *Musil,* eine gegenwärtige Vergangenheit H. von *Doderer.*

Vom Wiener Impressionismus kamen R. *Beer-Hofmann,* P. *Altenberg,* der Dramatiker A. *Schnitzler* u. S. *Zweig.* Die Neuromantik repräsentierte H. von *Hofmannsthal.* Weltgeltung erlangte R. M. *Rilke.* Surrealist. Einflüsse zeigen A. *Kubin,* Max *Brod,* F. *Kafka* u. H. *Broch.*

H. *Bahrs* Schrift »Expressionismus« (1920) beeinflußte die Dichtung des folgenden Zeitraums: G. *Trakl,* T. *Däubler,* A. *Ehrenstein,* den Lyriker F. *Werfel,* O. *Kokoschka,* A. *P. Gütersloh.* Die Zwischenkriegszeit prägten Gertrud *Fussenegger,* Ö. von *Horváth,* J. *Weinheber* u. E. *Canetti.* Vielgestaltig entfaltete sich die Lyrik nach 1945: C. *Lavant,* P. *Celan,* C. *Busta,* I. *Bachmann,* E. *Jandl,* F. *Mayröcker.* Drama: R. *Bayr,* F. *Hochwälder,* F. *Weigel.* Erzähler: G. von *Rezzori,* I. *Aichinger,* M. *Dor,* T. *Bernhard* (melanchol.-pessimist., stark autobiograph. Erzählungen), P. *Handke* (nonkonformist. Romane u. Erzählungen).

Experimentelles u. Eigenständiges brachten hervor K. *Bayer,* W. *Bauer,* H.C. *Artmann,* C. *Rühm,* F. *Achleitner.*

**österreichische Musik.** Ö. hat großen Anteil an der Entwicklung der europ. Musik. Charakteristisch sind in allen Epochen die Einschmelzungs- u. Vermischungsvorgänge europ. Kulturwerte auf östr. Boden. Komponisten wie G.C. *Wagenseil* u. M.G. *Monn* sind Vorläufer der Wiener Klassik, die mit J. *Haydn,* W.A. *Mozart,* L. van *Beethoven* u. F. *Schubert* Wien zum Schauplatz der größten musikal. Ereignisse werden ließ. Im 19. Jh. wirkten J. *Brahms,* A. *Bruckner* u. H. *Wolf* in Östr. Neben der ernsten Musik blühten auch der heitere, beschwingte Wiener Walzer u. die Wiener Operette (J. *Strauß).* Anfang des 20. Jh. vollzog sich in Wien auch die Wende zur neuen Musik. Arnold *Schönbergs* Zwölftonsystem hat das gesamte Musikschaffen des 20. Jh. entscheidend beeinflußt ebenso wie das Werk seiner Schüler Alban *Berg* u. Anton *Webern* (sog. *Zweite Wiener Schule).* Die Moderne ist durch F. *Schmidt,* F. *Schreker,* A. *Zemlinsky,* G. von *Einem* u. F. *Cerha* vertreten.

**Österreichische Nationalbibliothek,** aus der um 1526 gegr. Hofbibliothek in Wien hervorgegangen u. 1920 zur Nationalbibliothek erklärt; rd. 2,5 Mio. Bände, 40 000 Handschriften.

**Österreichischer Erbfolgekrieg,** der 1740–48 zw. europ. Mächten geführte Krieg um die Erbfolge Maria Theresias in den östr. Erblanden. Nach dem Tod Kaiser *Karls VI.* erkannte *Karl Albrecht* von Bayern die Pragmatische Sanktion nicht an. Er fand Unterstützung bei Sachsen u. Spanien; Großbrit. u. die Ndl. traten auf östr. Seite. Gleichzeitig marschierte Preußen in das von ihm beanspruchte Schlesien ein u. eroberte es im 1. u. 2. *Schlesischen Krieg.* Karl Albrecht krönte sich 1741 in Prag zum böhm. König u. wurde 1742 als *Karl VII.* zum Kaiser gewählt. Sein Sohn verzichtete jedoch nach dessen Tod auf seine Erbansprüche. Im *Aachener Frieden* 1748 wurde die Pragmat. Sanktion nun allg. anerkannt.

**Österreichischer Gewerkschaftsbund,** Abk. ÖGB, 1945 gegr. überparteiliche Interessenvertretung (Verein) der Arbeitnehmer Österreichs; umfaßt 15 Gewerkschaften.

**Österreichischer Rundfunk GmbH,** Abk. *ORF,* 1957 gegr. staatl. Rundfunkgesellschaft mit Sitz in Wien.

**Österreichisches Staatsarchiv,** urspr. *Haus-, Hof- u. Staatsarchiv,* 1918 umbenannt; 4 Abteilungen: 1. Haus-, Hof- u. Staatsarchiv; 2. allg. Verwaltungsarchive; 3. Finanz- u. Hofkammerarchiv; 4. Kriegsarchiv.

**Österreichische Volkspartei,** *Abk. ÖVP,* eine der beiden großen östr. Parteien, als konservative Volkspartei im April 1945 gegr. 1945–66 stellte die ÖVP in der Großen Koalition mit der Sozialist. Partei Österreichs (SPÖ) den Bundeskanzler, 1966–70 regierte sie allein, 1970–87 war sie in der Opposition; seit 1987 regiert sie wieder mit der SPÖ.

**Österreichisch-Ungarische Monarchie,** 1869 bis 1918 der amtl. Name für *Österreich-Ungarn.* Es bestand aus dem Kaiserreich Östr. (»die im Reichsrat vertretenen Kgr.e u. Länder«: Kgr.e Böhmen, Dalmatien, Galizien; Erzherzogtümer Östr. unter der Enns u. ob der Enns; Herzogtümer Salzburg, Steiermark, Kärnten, Krain, Schlesien, Bukowina; Markgrafschaften Mähren, Istrien; gefürstete Grafschaften Tirol, Görz, Gradisca; Land Vorarlberg, Stadt u. Gebiet Triest) u. dem Kgr. Ungarn mit Siebenbürgen, Kroatien u. Slawonien (»Länder der ung. Krone«) sowie den Reichslanden Bosnien u. Herzegowina. Die beiden Reichshälften wurden auch (nach ihrer Lage zum Fluß Leitha) als *Cisleithanien* u. *Transleithanien* bezeichnet.

**Österreichisch-Ungarischer Ausgleich,** Übereinkommen über das staatsrechtl. Verhältnis zw. Österreich u. Ungarn 1867, mit Wiederherstellung der Sonderverfassung Ungarns von 1848. Durch den Ausgleich entstand die Doppelmonarchie *Österreich-Ungarn* als Realunion zweier autonomer Staaten.

**Österreich-Ungarn** → Österreichisch-Ungarische Monarchie.

**Osterspiel,** die älteste Form des *geistl. Dramas;* im 10. Jh. aus der Osterliturgie entstanden, z.T. zum *Passionsspiel* ergänzt.

**Östersund,** Hptst. der mittelschwed. Prov. (Län) Jämtland, am Storsjön, 56 7000 Ew.; Nahrungsmittel- u. Holzind.

**Ostflandern,** fläm. *Oost-Vlaanderen,* Prov. in → Belgien.

**Ostfranken, 1.** *Ostfrankenreich, ostfränk. Reich,* 833 von *Ludwig dem Deutschen* benutzte Bez. (lat. *Francia orientalis*) für seinen Herrschaftsbereich im östl. Teil des karoling. *Frankenreichs,* der 843 durch die Verträge von *Meersen* (870) u. *Ribémont* (880) vergrößert u. schließl. zum *Dt. Reich* wurde. – **2.** im 8. Jh. aufgekommener Name für einen Raum, der ungefähr dem bonifatian. *Bistum Würzburg* entsprach.

**Ostfriesische Inseln** → Ostfriesland, → Friesische Inseln.

**Ostfriesland,** Küstenlandschaft im nördl. Nds., zw. Ems- u. Weser-Mündung, mit den vorgelagerten *Ostfries. Inseln;* Hauptorte sind Aurich, Emden, Leer, Norden u. Jever.

**Ostgebiete** *des Dt. Reichs,* die Gebiete des ehem. Dt. Reichs zwischen der → Oder-Neiße-Linie u. der östl. Reichsgrenze vom 31.12.1937, die aufgrund Abschnitt IX b des → Potsdamer Abkommens »bis zur endgültigen [d.h. friedensvertragl.] Festlegung der Westgrenze Polens« unter die Verwaltung Polens oder der Sowjetunion gestellt werden sollten. Der nördl. Teil Ostpreußens wurde schon 1945 als selbst. verwaltetes Gebiet, 1946 als Oblast Kaliningrad der RSFSR der Sowj. eingegliedert; die übrigen O. wurden als »wiedergewonnene Gebiete« dem poln. Staatsverband 1945/46 eingegliedert. Im Zusammenhang mit dem dt. Wiedervereinigungsprozeß wird eine endgültige vertragl. Regelung für die O. angestrebt.

**Ostgermanen,** german. Stämme, die ursprüngl. an der Ostsee, der unteren Weichsel u. im O südl. bis zur Donau siedelten; zu ihnen gehörten u.a. die *Bastarnen, Burgunder, Gepiden, Goten, Lugier, Skiren* u. *Wandalen.*

**Ostgoten** → Goten.

**Osthaus,** Karl Ernst, *1874, †1921, dt. Kunsthistoriker u. Kunstsammler; Gründer u. bis 1921 Leiter des Museums Folkwang in Essen.

**Ostia,** *Lido di Ò.* ital. Seebad, Stadtteil von Rom. – Das antike *O.,* heute 7 km vom Meer entfernt, entwickelte sich in der röm. Kaiserzeit an der Tiber-Mündung zu einem Welthafen mit 80 000 bis 100 000 Ew.

**Ostinato,** *Musik:* fortgesetzte Wiederkehr eines Themas oder Motivs.

**Ostindienkompanie** → Handelskompanien.

**Ostium,** der altröm. Hauseingang.

**Ostjaken,** *Chanten,* finno-ugr. Nomadenvolk (21 000) in Sibirien, zw. Ob, Irtysch u. Jenissej.

**Ostkirchen,** die im östl. Mittelmeerraum entstandenen u. die aus diesen durch Mission u. Ausbreitung hervorgegangenen christl. Kirchen. Sie gliedern sich in die folgenden, ungleich großen Gruppen: 1. orthodoxe Kirchen; 2. morgenländische Kirchen; 3. mit der röm.-kath. Kirche verbundene, aus den Gruppen 1) u. 2) entstandene unierte Kirchen u. Teilkirchen, deren offizielle röm.-kath. Bezeichnung *kath. O.* lautet.

**ostkirchliche Liturgien,** alte Formen der Gottesdienst- u. Eucharistiefeiern, die in den *Ostkirchen* erhalten geblieben sind.

**Ostkolonisation** → Ostsiedlung.

**Ostmark, 1.** *Bayerische O.,* von Karl d. Gr. 803 als *Pannonische* oder *Awarische Mark* eingerichtet, umfaßte etwa das Gebiet zw. Enns u. Raab; Kerngebiet des späteren Herzogtums Östr. – **2.** *Sächsische O., Mark Lausitz,* 965 durch Teilung der Mark des Markgrafen *Gero* entstanden; gegen die Sorben u. Wenden eingerichtet. – **3.** 1938–45 amtl. Bez. für *Österreich.* – **4.** die in der dt.-poln. Grenzzone gelegenen preuß. Ostprovinzen. Die Germanisierungsversuche in den dortigen sprachl. Mischgebieten vor dem 1. Weltkrieg (Schul- u. Ansiedlungsgesetze) wurden als *O.enpolitik* bezeichnet.

**Ostpakistan** → Bangladesch.

**Ostpreußen,** ehem. preuß. Prov., hatte 1939 eine Fläche von 36 996 km² u. 2,5 Mio. Ew. (ehem. Hptst. *Königsberg*). Als Folge des 2. Weltkriegs bildet das nördl. O. (etwa ⅓ der Fläche) heute die sowj. Oblast Kaliningrad der RSFSR; das südl. O. bildet die poln. Wojewodschaften Olsztyn, Elbląg u. Suwałki.
Geschichte. Der östl. Teil Preußens wurde 1525 zum weltl. *Herzogtum Preußen* u. kam 1618 an die kurbrandenburg. Linie der Hohenzollern. 1815 entstand die Prov. O., die 1824–78 mit Westpreußen zur Prov. *Preußen* vereinigt war. Nach dem 1. Weltkrieg (Versailler Vertrag) mußte der Kreis um Soldau an Polen, das Memelland an die Alliierten (später an Litauen) abgetreten werden. Der durch den *Polnischen Korridor* vom Reich getrennte restl. Teil der ehem. Prov. Westpreußen rechts der Weichsel wurde als Reg.-Bez. Westpreußen O. zugeschlagen. Auf der *Potsdamer Konferenz* nach dem 2. Weltkrieg wurde O. bis zum Friedensvertrag in einen sowj. u. einen poln. Verw.-Bez. geteilt (→ Ostgebiete). Die noch ansässige dt. Bevölkerung wurde fast völlig zwangsausgesiedelt.

**Ostpunkt,** der Punkt des Horizonts, der von den beiden Schnittpunkten des Himmelsmeridians mit dem Horizont 90° entfernt ist; in ihm geht zur Tagundnachtgleiche die Sonne auf.

**Ostrakismos,** *Ostrazismus,* im alten Athen das auf *Kleisthenes* zurückgeführte »Scherbengericht«; eine Volksabstimmung, bei der jeder Teilnehmer den Namen eines zu Verbannenden auf eine Scherbe (*Ostrakon*) schreiben mußte.

**Ostrau,** *Mährisch-O.,* tschech. Ostrava, Stadt in NO-Mähren (Tschechoslowakei), an der Oder, 328 000 Ew.; Wenzelskirche (13. Jh.); Steinkohlenbergbau; Schwermaschinenbau.

**Ostrčil** [ˈɔstrʃil], Otakar, *1879, †1935, tschech. Komponist; steht mit seinem Orchesterwerk »Kreuzweg« zw. G. Mahler u. A. Schönberg.

**Ostróda** [ɔˈstruda] → Osterode (2) in Ostpreußen.

**Östrogen,** *Follikelhormon,* weibl. steroides Keimdrüsenhormon, das hpts. von den *Follikeln* des Eierstocks u. von der *Plazenta* gebildet wird. Die Ö.e wirken auf die Entwicklung der Gebärmutterschleimhaut, auf das Wachstum der Brustdrüsen u. auf die Ausbildung der sekundären Geschlechtsmerkmale. Zus. mit *Progesteron* u. den *Gonadotropinen* sind sie für den normalen Ablauf des Menstruationszyklus verantwortlich.

*Ostsee: Strand von Travemünde*

**Oströmisches Reich** → Römisches Reich, → Byzantinisches Reich.

**Ostrowskij,** Alexander Nikolajewitsch, *1823, †1886, russ. Schriftst.; schilderte in seinen Schauspielen das russ. Kleinbürgertum (bes. den Kaufmannsstand) u. die Welt der Künstler; W »Der Wald«.

**Ostrumelien,** bulgar. *Rumelija,* fruchtbare Beckenldsch. in Bulgarien, zw. Balkan u. Rhodopen, von Maritza u. Tundscha durchflossen; Hauptort *Plowdiw,* ind. Schwerpunkt *Dimitrowgrad.*

**Ostsee,** *Baltisches Meer,* flaches, im Mittel nur 55 m tiefes Nebenmeer des Atlantik zw. Schweden, Finnland, der Sowj., Polen, Dtld. u. Dänemark, 420 000 km² (einschl. Kattegat). Sund, Großer u. Kleiner Belt u. Kattegat sowie der Nord-Ostsee-Kanal schaffen die Verbindung zur Nordsee u. damit zum Weltmeer. Bottnischer, Finnischer u. Rigaer Meerbusen greifen weit ins Land ein. Die O. erreicht die größte Tiefe mit 459 m im *Landsort-Tief* nördl. von Gotland. Gezeiten sind kaum bemerkbar.

**Ostseeprovinzen,** *Baltische Provinzen,* die ehem. russ. Gouvernements Kurland, Livland u. Estland; heute Estnische, Lettische, Litauische SSR.

**Ostsiedlung,** *Ostkolonisation,* die Ansiedlung von Deutschen in den von Slawen, Awaren u. Ungarn nur dünn bevölkerten Gebieten im O u. SO des Röm.-Dt. Reichs im MA. Die ersten Anfänge einer O. gingen im 8. Jh. von Bayern aus in die *Donau-Ebene* u. die *Ostalpenländer.* Während die *Ottonen* mit der Gründung zahlr. Missionsbistümer eine wichtige Voraussetzung der späteren O. schufen u. die mittelelb. Lande gewannen, setzte sich im NO des Reichs erst im 12. Jh. durch. Die slaw. Bev. wurde teilweise verdrängt, bes. wenn sie sich der Umstellung widersetzte, sonst aber in das Siedlungswerk miteinbezogen. Aus der Verschmelzung der Einwanderer mit der slaw. Bev. sind die mittel- u. ostdt. Neustämme hervorgegangen. – Ein Sonderfall der dt. O. war die Staatsgründung des Deutschen Ordens, durch den *Ostpreußen,* Kurland u. Livland christianisiert u. dt. Städte gegr. wurden (bäuerl. Siedlungen nur in Ostpreußen). Die Volks- u. Sprachgrenzen waren weitgehend verwischt, als um 1350 aus nicht völlig erklärbaren Gründen die Siedlungsbewegung abebbte u. schließl. stillstand.

**Ostverträge** → Moskauer Vertrag, → Warschauer Vertrag.

**Oswald, 1.** Hans, *1873, †1940, dt. Schriftst. u. Publizist; von M. Gorkij beeinflußter Erzähler. – **2.** Wilhelm, *1853, †1932, dt. Chemiker u. Philosoph; erfand das Verfahren zur Herstellung von Salpetersäure durch katalyt. Verbrennung von Ammoniak; Nobelpreis 1909. – In der Philos. begr. O. die naturphil. *Energetik.*

**Ost-West-Konflikt,** das nach Ende des 2. Weltkriegs entstandene Spannungsverhältnis zw. den beiden Blöcken oder Lagern um die »Supermächte« USA u. UdSSR. Als Folge der Politik M. Gorbatschows entschärfte sich der O.

**Osumi-Inseln,** jap. Inselgruppe zw. Kyushu u. den Ryukyu-Inseln, vulkan. Ursprungs; größte Inseln *Yaku* u. *Tanega.*

**Oswald von Wolkenstein,** *1377, †1445, spätmittelalterl. Tiroler Minnesänger; schuf Minne- u. Zechlieder, aber auch Mariendichtung.

**Oszillation,** Schwingung, rasches Hinundherschwingen, z.B. eines Lichtstrahls.

**Oszillator,** jedes schwingungsfähige System. In der *Fernmeldetechnik* Spezialschaltung zur Erzeugung ungedämpfter elektromagnet. Schwingungen (Wellen). Ein O. besteht im einfachsten Fall aus einem *Schwingkreis* u. einem *Transistor* (Elektronenröhre) zum Anfachen oder Steuern der Wellen.

**Oszillogramm,** Bild oder Aufzeichnung (photograph. Aufnahme) von schnell veränderl. Vorgängen mit Hilfe eines Oszillographen.

**Oszillograph,** *Schwingungsschreiber,* Gerät zum Sichtbarmachen u. Aufzeichnen schnell veränderl. elektr. u. mechan. Schwingungsvorgänge. Heute wird der *Kathoden-* oder *Elektronenstrahl-O.* verwendet, bei dem ein Elektronenstrahl abgelenkt u. auf dem Schirm einer *Braunschen Röhre* sichtbar gemacht wird.

**Otalgie,** Ohrenschmerzen.

**Otaru,** jap. Hafenstadt in Hokkaido, am Jap. Meer, 172 000 Ew.; Univ.; Handels- u. Fischereizentrum; Fremdenverkehr.

**Otfried von Weißenburg,** *Otfrid von Weißenburg,* *um 790, †nach 870, elsäss. Benediktinermönch; vollendete zw. 863 u. 871 in seinem Heimatkloster Weißenburg eine ahd. *Evangelienharmonie,* die erste dt. Dichtung (in südrheinfränk. Mundart) mit Endreim.

**Othello,** der Mohr von Venedig; Titelheld der gleichn. Tragödie von Shakespeare.

**Othman,** *Uthman,* †656, 3. Kalif 644–56; mit einer Tochter Mohammeds verh.; von Aufständischen ermordet.

*Otter: Fischotter*

**Otho,** Marcus Salvius, *32 n. Chr., †69 (Selbstmord), röm. Kaiser 69 n. Chr.; verbündete sich 68 mit *Galba,* den er mit Hilfe der Prätorianergarde 69 ermordete, unterlag dann aber *Vitellius.*

**Otiatrie,** *Otologie,* Ohrenheilkunde.

**Otitis,** Ohrenentzündung; *O. media,* Mittelohrentzündung.

**Otmar,** *Othmar,* †759, erster Abt von St. Gallen; Heiliger (Fest: 16.11.).

**otogen,** von den Ohren ausgehend.

**Otomí,** altindian. Volk der Oto-Mangue-Gruppe in den Hochtälern des mex. Bundesstaats Tlaxcala, heute noch 300 000.

**O'Toole** [ɔuˈtuːl], Peter, *2.8.1932, ir. Schauspieler; Shakespeare-Darsteller, auch beim Film erfolgreich.

**Otosklerose,** erbl., fortschreitende Ohrerkrankung, die zur Unbeweglichkeit des Steigbügels u. damit verbunden zur Schwerhörigkeit führt.

**Otranto,** ital. Hafenstadt in sö. Apulien, an der *Straße von O.,* 4900 Ew.

**Otsu,** jap. Präfektur-Hptst. im südl. Honshu, bei Kyoto, am Biwasee, 235 000 Ew.; Textil- u. Kunstfaserind.

**Ottawa** [ˈɔtəwə], **1.** bis 1854 *Bytown,* Hptst. von Kanada, am *O. River,* in der Prov. Ontario, 304 000 Ew.; Parlament; Univ.; Holz-, Papier-, Elektro-Ind.; Flughafen. – Seit 1864 Hptst. – **2.** *O. River,* l. Nbfl. des St.-Lorenz-Stroms in Kanada, 1271 km; mündet bei Montreal.

**Otten,** Karl, *1889, †1963, dt. Schriftst., als Sozialist u. Expressionist Mitarbeiter der »Aktion«, emigrierte 1933.

**Otter, 1.** [der], *Lutrinae,* Unterfam. der *Marder;* Raubtiere mit kurzem dichtem Fell u. kurzen Beinen mit Schwimmhäuten zw. den Zehen; Meeres- u. Süßwasserbewohner, die mit Ausnahme Australiens alle Erdteile bewohnen; der häufigste Vertreter ist der *Fisch-O.* von etwa 1 m Körperlänge. – **2.** [die], Giftschlangen aus der Fam. der Vipern.

**Otterzivette,** *Mampalon, Cynogale bennetti,* zu den Schleichkatzen gehörig, in Indonesien u. Malakka beheimatet; gedrungener Körperbau, gelbbraunes Fell.

**Otto,** Fürsten:
Dt. Könige u. Kaiser:
**1. O. I.,** *O. d. Gr.,* *912, †973, König 936–73, Kaiser seit 962; unterwarf die Stammesherzogtümer; baute die dt. Reichskirche als Stütze der Königsgewalt aus (*ottonisch-salisches Reichskirchensystem*); sicherte die Grenzen gegen die Slawen durch Errichtung zweier Marken, förderte die Slawenmission u. errichtete mehrere neue Bistümer im N u. O des Reichs, v.a. das Erzbistum *Magdeburg* (968). 955 beendete sein Sieg auf dem Lechfeld die lange Epoche der Ungarneinfälle. 962 wurde er zum Kaiser gekrönt. – **2. O. II.,** Sohn von 1), *955, †983, (allein regierender) Kaiser 973–983; mit der byzant. Prinzessin *Theophano* verh.; 961 zum dt. König, 967 zum Kaiser gekrönt, seit 973 Nachf. seines Vaters; wandte sich gegen Dänemark (974) u. den aufständ. Herzog *Heinrich II. den Zänker* (974–78); griff in Unteritalien die Sarazenen an, erlitt aber 982 eine schwere Niederlage bei *Cotrone.* – **3. O. III.,** Sohn von 2), *980, †1002, König 983–1002, Kaiser seit 996; zog 996 nach Rom, erhob seinen Vetter *Bruno von Kärnten* zum Papst (*Gregor V.*) u. wurde von die-

sem zum Kaiser gekrönt. Nach Vertreibung Gregors durch den röm. Stadtadel *(Crescentier)* eroberte O. 998 Rom u. erhob 999 Gregors Tod seinen Freund *Gerbert von Aurillac* als *Silvester II.* zum Papst. – **4. O. IV.,** *um 1173 oder 1182, †1218, König 1198–1218, Kaiser seit 1209; Welfe, Sohn *Heinrichs des Löwen;* von den Gegnern des Staufers *Philipp von Schwaben* zum König gewählt; nach dessen Tod 1208 allg. anerkannt. Er vertrat rücksichtslos die Reichsinteressen in Italien u. Sizilien, wurde deshalb gebannt u. durch die Gegnerschaft Frankreichs u. des vom Papst unterstützten Staufers *Friedrich (II.)* neutralisiert.
B a y e r n :
**5. O. I.,** *Graf von Wittelsbach,* *um 1117, †1183, Herzog 1180–83; enger Vertrauter u. Berater *Friedrichs I. Barbarossa,* dafür nach Absetzung Heinrichs des Löwen mit der bay. Herzogswürde belehnt. – **6. O. I.,** *1848, †1916, König 1886–1913; seit 1872 geisteskrank, als Nachf. seines Bruders *Ludwigs II.* zum König proklamiert. Prinz *Luitpold* u. *Ludwig III.* (seit 1913 König) führten die Regentschaft für ihn.
G r i e c h e n l a n d :
**7. O. I.,** *1815, †1867, König 1832–62; Sohn König *Ludwigs I.* von Bayern; von der Londoner Konferenz 1832 vorgeschlagen u. von der grch. Nationalversammlung gewählt; 1862 durch Putsch gestürzt.
P f a l z :
**8. O. Heinrich,** *Ottheinrich,* *1502, †1559, Pfalzgraf bei Rhein, Kurfürst seit 1556; 1542 luth. geworden, verlor sein Land im Schmalkald. Krieg u. erhielt es seit 1552 wieder. Nach dem Tod seines kinderlosen Onkels *Friedrich II.* (*1482, †1556) erhielt er mit der Kurpfalz auch die Kurwürde.
**Otto, 1.** Berthold, *1859, †1933, dt. Erzieher u. Schulreformer; forderte den »Gesamtunterricht«, der den Impulsen der Kinder folgen soll, sowie die Pflege der »Altersmundart« einer jeden Stufe. – **2.** Luise → Otto-Peters. – **3.** Nikolaus August, *1832, †1891, dt. Ingenieur; Erfinder des nach ihm ben. Verbrennungsmotors (1862, 1864 verwirklicht); 1864 mit Eugen *Langen* Gründer der Deutzer Maschinen-Fabrik.
**»Otto«,** Künstlername von Otto Waalkes, Komiker, *22.1.1948 Emden; erfolgreich im Fernsehen u. im Film.
**Ottobeuren,** bay. Markt u. Sommerfrische in Schwaben, 7300 Ew.; Benediktinerabtei (764 bis 1802, wieder seit 1834) mit barocker Stiftskirche; Fremdenverkehr.
**Ottobrunn,** Gem. in Oberbay., sö. von München, 20 700 Ew.; Luft- u. Raumfahrtindustrie.
**Ottokar,** *Otokar,* böhm. Könige:
**1. O. I.** *Přemysl,* †1230, Herzog 1197, König 1198–1230; Sohn *Wladislaws II.,* gewann die kaiserl. u. päpstl. Anerkennung der Erblichkeit des Königstitels. – **2. O. II.** *Přemysl,* Enkel von 1), *um 1230, †1278, König 1253–78; nutzte das *Interregnum,* um sich eine Machtstellung zu schaffen, u. widersetzte sich der Wahl *Rudolfs von Habsburg* zum dt. König. 1275 wurden ihm die Reichs-

lehen Böhmen u. Mähren entzogen u. über ihn die Reichsacht verhängt; 1276 wurde ihm Östr. abgesprochen. 1278 wurde er bei Dürnkrut (Schlacht auf dem Marchfeld) besiegt, auf der Flucht gefangen u. erschlagen.
**Ottomane** [die], niedriges, breites Sofa.
**Ottomotor** → Verbrennungsmotor.
**Ottonen,** zusammenfassende Bez. (nach dem Namen der Hauptvertreter) für die 919–1024 regierenden dt. Könige u. Kaiser *Heinrich I., Otto I. (d. Gr.), Otto II., Otto III.* u. *Heinrich II.* aus dem sächs. Geschlecht (darum auch, außer Heinrich I., *Sachsenkaiser* gen.) der Liudolfinger.
**ottonische Kunst,** die Kunst z.Z. der Sachsenkaiser *(Ottonen)* vom letzten Viertel des 10. bis zum 1. Drittel des 11. Jh. in Mitteleuropa, bes. im dt. Sprachgebiet. Die in direkter Anknüpfung an die christl. Antike übernommenen naturalist. Elemente der o. K. wurden durch eine anaturalist. Bildauffassung umgeformt. Träger der o. K. waren die Domschulen u. Klöster. In den meisten Bischofsstädten entstanden um die Jahrtausendwende großartige Domneubauten. Die otton. Plastik zeigt bereits Ansätze einer Monumentalskulptur; es entstand der Typus des großfigurigen Christus-Bilds am Kreuz (z.B. das *Gero-Kreuz* des Kölner Doms, 969–976).
**Otto-Peters,** Luise, *1819, †1895, dt. Schriftst. u. Frauenrechtlerin; gründete 1848 die erste dt. »Frauenzeitung« (bis 1850) u. 1865 in Leipzig den »Allg. Dt. Frauenverein«.
**Otto von Bamberg,** *um 1060, †1139, seit 1102 Bischof von Bamberg; missionierte seit 1124 mit großem Erfolg unter den Pommern. –Heiliger (Fest: 2.7.).
**Ottweiler,** saarländ. Stadt an der Blies, 16 000 Ew.; eisenverarbeitende Ind.
**Ötztal,** 65 km langes rechtes Seitental des oberen Inntals, in Tirol.
**Ötztaler Alpen,** stark vergletscherter Teil der Zentralalpen in Tirol (Östr.); in der *Wildspitze* 3774 m, in der *Weißkugel* 3736 m.
**Ouachita** [ˈwɒʃitɑː], *Washita,* l. Nbfl. des Red River (USA), 974 km; entspringt in den *O. Mountains* (878 m), durchfließt Arkansas u. Louisiana.
**Ouadaï** [waˈdaːi], *Wadai,* **1.** sudanes. Hochland mit vorw. Dornsavanne im O der afrik. Rep. Tschad, 440 000 km², Hauptort *Abéché.* – **2.** ehem. Königreich im mittleren Sudan.
**Ouagadougou** [uagaduˈgu], *Wagadugu,* Hptst. der W-afrik. Rep. Burkina Faso, 375 000 Ew.; Nahrungsmittel-, Metallind., wichtiger Handelsplatz; Flughafen; 1450–1896 Hptst. des afrik. Staats *Mossi.*
**Ouahran** [uaxˈran] → Oran.
**Oud** [ɔut], Jacobus Johannes Pieter, *1890, †1963, ndl. Architekt; Mitgl. der »Stijl«-Bewegung, bis 1935 einer der Hauptvertreter des *Funktionalismus,* baute später in einem freieren Stil.
**Oudenaarde** [ɔudəˈnaːrdə], Stadt in der belg. Prov. Ostflandern, 27 000 Ew.; Textil-Ind.; Bierbrauerei.
**Oudry** [uˈdri], Jean Baptiste, *1686, †1755, frz. Maler u. Graphiker; übernahm 1734 die Leitung der Teppich-Manufaktur in Beauvais, 1736 die Oberaufsicht über die Pariser Gobelin-Werkstätten.
**Ouezzan** [wɛˈzaːn], Wallfahrtsort in Marokko, 35 000 Ew.; Teppichknüpferei.
**Oûjda** [uʒˈda], *Uidah,* Stadt in Marokko, 260 000 Ew.; Handelszentrum.
**Oulu** [ˈoulu], schwed. *Uleåborg,* Hptst. der gleichn. finn. Prov., an der Mündung des *Oulujoki* in den Bottn. Meerbusen, 97 900 Ew.; Univ.; Hafen; Holzhandel.
**Oulujärvi** [ˈoulu-], See in Mittelfinnland, sö. von *Oulu,* 900 km²; durch den *Oulujoki* (104 km) mit dem Bottn. Meerbusen verbunden.
**Oum er Rbia,** *Oued Oum er Rbia* [uˈɛd umɛrˈbja], längster Fluß Marokkos; mündet nach 600 km bei Azemmour in den Atlantik.
**Ounce** [auns], Kurzzeichen oz, *Unze,* Gewichtseinheit in Großbrit. u. den USA: 1 O. = ¹/₁₆ pound = 28,35 g. – *Troy-O.* → Troygewicht.
**Our** [uːr], schlingenreicher l. Nbfl. der Sauer (Sûre) in Belgien, mündet bei Wallendorf, 78 km.
**Ouro Preto** [ˈoru ˈpretu], Stadt im brasil. Staat Minas Gerais, 37 000 Ew.; Zentrum des brasil. Kolonialbarock.
**Ourthe** [urt], r. Nbfl. der Maas in Belgien, 166 km; mündet bei Lüttich.
**Ouse** [uːz], **1.** *Great O., Northamptoner O.,* Fluß in Mittel- u. O-England, 258 km; mündet bei

King's Lynn in den Wash. – **2.** Fluß in SO-England, 45 km; mündet östl. von Brighton. – **3.** *Nördl. O.,* schiffbarer Fluß in NO-England, 72 km; O. u. Trent bilden den *Humber.*
**Ousmane** [usˈman], Sembène, *8.1.1923, senegales. Schriftst. u. Filmregisseur; Verfasser sozialkrit. Romane.
**Outcast** [ˈautkɑːst], **1.** ein aus der Gesellschaft (z.B. als Mischling) Ausgestoßener; bes. die ind. Parias. – **2.** im einstigen »Wilden Westen« der USA der von den Gerichten wegen eines Verbrechens Gesuchte.
**Outlaw** [ˈautlɔː], jemand, der außerhalb der Gesetzesordnung lebt; Berufsverbrecher.
**Output** [ˈautput], **1.** *Ausgang,* der Anschluß, hinter dem einem Verstärker die Spannung abgenommen wird, die einem Lautsprecher u.ä. zugeführt wird; auch die Ausgangsleistung eines elektron. Geräts. – **2.** Ausgabe aus einem laufenden Rechnersystem. – **3.** *W i r t s c h a f t :* → Input-Output-Analyse.
**Ouvertüre** [uːvɛr-], Einleitungsstück der Oper durch das Orchester, häufig auch einleitender Satz der Suite.
**Ou-yang Xiu** [ɔujaŋxiu], *Ou-yang Hsin,* *1007, †1072, chin. Schriftst.; Lyriker, Essayist u. Historiker.
**Ouzo,** grch. Anisbranntwein mit sehr hohem Alkoholgehalt.
**oval,** länglichrund.
**Ovambo,** *Ambo,* Stämmegruppe mutterrechtl. Bantuvölker (Kwanyama, Ndonga) im Grenzgebiet Namibias u. Angolas.
**Ovamboland,** *Amboland,* teilautonomes Bantuland (Homeland) in N-Namibia, 56 072 km², 516 000 Ew.; Hauptort *Oshakati.*
**ovarial,** zum Eierstock *(Ovarium)* gehörig.
**Ovarialgravidität,** *Eierstockschwangerschaft,* eine Form der → Extrauteringravidität.
**Ovarium** → Eierstock.
**Overall** [ˈouvərɔːl], einteiliger Überanzug als Brustlatzhose mit Trägern; Arbeitskleidung.
**Overath,** Gem. in NRW, östl. von Köln, 23 200 Ew.; Armaturenherstellung.
**Overbeck, 1.** Franz, *1837, †1905, dt. ev. Theologe; Kritiker der Theologie u. des Christentums. – **2.** Fritz, *1869, †1909, dt. Maler; Mitgl. der Künstlerkolonie in Worpswede; stimmungsvolle Landschaftsgemälde. – **3.** Johann Friedrich, *1789, †1869, dt. Maler; gründete mit F. *Pforr* u.a. 1809 in Wien den »Lukasbund«, der 1810 nach Rom übersiedelte *(Nazarener).*
**Overdrive** [ˈouvədraiv], Zusatzgetriebe für Kennungswandler von Kraftwagen; meist als Zweigang-Zwischengetriebe für die elektr.-hydraul. Wahl von zwei Schaltebenen.
**Overhead-Projektor** [ˈouvəhɛd], *Tageslichtprojektor, Hellraumprojektor,* ein Diaprojektor großer Lichtleistung; er gestattet eine Projektion im nicht verdunkelten Raum. Man schreibt u. zeichnet auf einer Bildbühne mit bes. geeigneten Stiften.

*Otto der Große und seine erste Frau Editha; vermutlich zwischen 1230 und 1240 entstanden. Magdeburg, Dom*

*Ottobeuren; Ansicht von Westen*

**Overijssel** [ˈoːvərɛisəl], Prov. im O der → Niederlande.

**Overkill** [ˈouvəkil], *O.-capacity*, ein Vorrat an Waffen, der über den zur Vernichtung eines Gegners erforderlichen hinausgeht.

**Øverland** [ˈøːvərlan], Arnulf, *1889, †1968, norw. Schriftst.; begann mit der Dichtung; schlichte Lyrik im Nachf. der Neuromantiker u. polit. engagierte Lyrik.

**Overloadtraining** [ˈouvəloudtreiniŋ], Überbelastungsprinzip im Sport, bei dem im Training eine größere Belastung als im Wettkampf gefordert wird.

**Ovid**, Publius *Ovidius Naso*, *43 v. Chr., †17 oder 18 n. Chr., röm. Dichter; begann mit erot. Dichtungen (»Amores«, »Heroides«, »Ars amatoria«), fand in seinen röm. Reifejahren zur Sagendichtung (»Metamorphosen«, etwa 250 Verwandlungssagen; »Fasti«, Festkalender mit Gründungssagen, unvollendet) u. verfaßte in der Einsamkeit seiner Verbannung in Tomis Elegien.

**Ovidukt** → Eileiter.

**Oviedo** [oˈvjeðo], N-span. Prov.-Hptst. in Asturien, 191 000 Ew.; got. Kathedrale; Eisen-, Metall- u. chem. Ind.; im 8.–10. Jh. Hptst. des Kgrs. *Asturien*.

**ovipar**, eierlegend; Ggs.: *vivipar* (lebendgebärend).

**ovovivipar**, unmittelbar nach der Eiablage aus der Eihülle schlüpfende Embryonen hervorbringend; z. B. manche Insekten, Fische, Lurche u. Reptilien.

**ÖVP**, Abk. für *Österreichische Volkspartei*.

**Ovulation** → Eisprung.

**Ovulationshemmer**, Hormonpräparate, die den Eisprung verhindern u. der Empfängnisverhütung dienen (»Pille«).

**Owen** [ˈouin], **1.** David Anthony Llewellyn, *2.7.1938, brit. Politiker (Sozialdemokrat); 1961–81 Mitgl. der Labour-Party; 1977–79 Außen-Min.; 1981 Mitgr. u. 1983 Führer der *Social Democratic Party (SDP)*. – **2.** John, *1563/64, †1622, neulat. Dichter aus Wales; lat. Deckname: *Audoenus*. – **3.** Robert, *1771, †1858, brit. Sozialreformer; suchte seine Ideen zur Verbesserung der soz. Verhältnisse in seinem Unternehmen *New Lanark* in Schottland u. in der Siedlung *New Harmony* in Indiana zu verwirklichen u. wurde durch seine in London errichtete »Arbeiterbörse« (*Labour Exchange* 1832) geistiger Urheber des engl. Genossenschaftswesens.

**Owens** [ˈouənz], Jesse, *1913, †1980, US-amerik. Leichtathlet; Olympiasieger 1936 im 100-m- u. 200-m-Lauf sowie im Weitsprung u. in der 4 x 100-m-Staffel.

**Owlglaß** [ˈaul-; engl. »Eulenspiegel«], *Dr. O.*, eigtl. Hans Erich *Blaich*, *1873, †1945, dt. Schriftst.; humorvoller Lyriker u. Erzähler.

**Oxalate**, die Salze der *Oxalsäure*.

**Oxalsäure**, *Kleesäure*, eine zweibasische, aliphat. Dicarbonsäure, HOOC–COOH; in Form ihrer Salze im Pflanzenreich weit verbreitet, so im Rhabarber, Sauerklee u. Sauerampfer.

**Oxazine**, synthet. blaue Beizenfarbstoffe.

**Oxenstierna** [ukˈsɛnˌʃɛrna], **1.** Axel, Graf von Södermöre, *1583, †1654, seit 1612 schwed. Reichskanzler unter *Gustav II. Adolf*; einigte nach Gustav Adolfs Tod fast alle dt. prot. Reichsstände im *Heilbronner Bund* 1633; übernahm 1636 die Vormundschaftsregierung für Königin *Christine* (bis 1644). – **2.** Johan Gabriel Graf, *1750, †1818, schwed. Diplomat u. Schriftst. (symbolhafte Naturlyrik u. Epigramme).

**Oxer**, im Reitsport ein Hindernis beim *Jagdspringen*: 2 Stangenaufbauten mit dazwischenliegender Bepflanzung (Busch oder Hecke).

**Oxford** [ˈɔksfəd], Hptst. der S-engl. Gft. *O.shire*, an der Themse, nw. von London, 99 000 Ew.; mittelalterl. Stadtbild; got. Kathedrale; um 1170 gegr. traditionsreiche Univ., die mit *Cambridge* das geistige Leben Englands bestimmt; Herstellung von Flugzeugen, Autos, Waffen, Elektroind., Maschinenbau.

**Oxford** [ˈɔksfəd], engl. Herzogstitel: Robert *Harley*, Earl of O., *1661, †1724, brit. Politiker (Tory); Vertrauter der Königin *Anna Stuart*, übernahm 1710 mit Lord *Bolingbroke* (*1678, †1751) die Reg.; entzweite sich 1714 mit Bolingbroke, was zu seiner Entlassung führte; 1715–17 wegen angebl. Hochverrats zugunsten Frankreichs im Tower gefangengehalten.

**Oxid**, fr. *Oxyd*, chem. Verbindung von Metallen oder Nichtmetallen mit Sauerstoff. Sind mehrere Sauerstoffatome mit einem Atom eines Elements verbunden, so spricht man von *Di-, Tri-, Tetra-, Pentoxid*.

**Oxidation**, i. w. S. die Abgabe von Elektronen, z. B. der Übergang eines Metalls aus dem elementaren in den Ionenzustand (Fe → Fe$^{3+}$) oder eines Nichtmetalls aus dem Ionen- in den elementaren Zustand, i. e. S. die Aufnahme von Sauerstoff oder der Entzug von Wasserstoff. O.svorgänge sind in der Technik (Verbrennung) u. biol. Vorgängen (Atmung, Gärung) von großer Bedeutung, da sie unter Energieabgabe verlaufen. Ggs.: *Reduktion*. – **O.smittel**, *Oxidantien*, chem. Verbindungen, die ihren Sauerstoff leicht abgeben, z. B. Salpetersäure, Kaliumpermanganat, Ozon.

**Oxidkathode**, in Elektronenröhren eine Glühkathode, die mit einer Oxidschicht eines der Erdalkalimetalle Calcium, Barium oder Strontium überzogen ist. Durch diese Schicht wird der Austritt von Elektronen aus dem Kathodenmaterial erleichtert.

**oxy...**, Wortbestandteil mit der Bed. »scharf, herb, sauer«, »Sauerstoff enthaltend oder benötigend.«

**Oxycarbonsäuren**, *Hydro-O., Oxysäuren*, organ.-chem. Säuren, die eine oder mehrere Oxy-(OH)-Gruppen neben Carboxylgruppen im Molekül enthalten, z. B. Milchsäure.

**Oxygenium**, der Sauerstoff.

**Oxyhämoglobin**, ein hellroter Blutfarbstoff; entsteht in der Lunge, wenn die vier zweiwertigen Eisenatome des *Hämoglobins* durch Nebenvalenzen vier Moleküle Sauerstoff binden.

**Oxyliquit**, Sprengstoff aus Kohlen- oder Torfpulver, Sägemehl, Paraffin u. a., das mit flüssiger Luft getränkt ist.

**Oxymoron**, eine *rhetorische Figur*, in der zwei einander widersprechende Begriffe verbunden sind; z. B. »alter Junge«.

**Oxytocin**, ein Hormon des *Hypophysenhinterlappens*; bewirkt während der Geburt eine Kontraktion der Muskulatur des Uterus (Wehen).

**Oya-Schio**, kalte Meeresströmung im Nordpazif. Ozean; fließt an der Ostseite der Kurilen u. von Hokkaido südwärts bis N-Honshu; trifft dort auf den *Kuro-Schio*.

**Oyo**, Stadt im sw. Nigeria, 185 000 Ew.; Textil-Ind.; Kunsthandwerk; bis ins 19. Jh. Hptst. eines Yoruba-Königreichs.

**Oz**, Amos, *4.5.1939, isr. Schriftst.; schildert das Leben im Kibbuz.

**Özal** [ˈøːzal], Turgut, *13.10.1927, türk. Politiker; gründete 1983 die Mutterlandspartei, 1983–89 Min.-Präs., seit 1989 Staats-Präs.

**Ozalidpapier**, Handelsbez. für ein mit einer lichtempfindl. Substanz beschichtetes Lichtpauspapier, das mit Ammoniak trocken entwickelt werden kann. Es entstehen positive Kopien.

**Ozean**, *Weltmeer* → Meer.

**Ozeanien**, engl. *Pacific Island*, frz. *l'Océanie*, die über den Pazifik, v. a. zw. den beiden Wendekreisen verstreute Inselwelt (über 10 000 Inseln); vorw. Koralleninseln, z. T. auch vulkan. Ursprungs, mit der Kokospalme als Charakterpflanze. Die größten Inselketten u. -gruppen sind Melanesien, Mikronesien u. Polynesien mit Neuseeland u. den Hawaii-Inseln. Das Gesamtgebiet, verteilt über einen Meeresraum von 66 Mio. km², hat eine Fläche von nur 826 200 km².

**ozeanisches Klima**, maritimes Klima → Seeklima.

**ozeanische Sprachen**, austrones. Sprachen, zusammenfassende Bez. für die *malaiisch-polynesischen* u. die *melanesischen Sprachen*.

**Ozeanograph**, akadem. ausgebildeter Meereskundler.

**Ozeanographie**, urspr. *Meereskunde* (i. e. S.), eine *Geowissenschaft*; behandelt Größe, Gestalt, Tiefe u. Gliederung der Meere, die physikal. u. chem. Eigenschaften des Meerwassers, die Wellen, Gezeiten, Meeresströmungen, die Gestalt der Meeresböden sowie die marine Flora u. Fauna, die Meteorologie u. das Klima des Luftraums über den Ozeanen; heute werden nur noch die physikal. Disziplinen der Meereskunde zur O. gerechnet, gleichbedeutend mit **Ozeanologie**.

**Ozelot**, *Pardelkatze, Pantherkatze, Leopardus pardalis*, gelbl.-braun gefleckte (Klein-)Katze; bis 1,45 m lang (davon 1/3 Schwanzlänge); von N-Mexiko bis N-Argentinien; ernährt sich von kleinen Nagern, Affen, kleinen Hirscharten u. Vögeln.

**Ozenfant** [oˈzɑ̃fɑ̃], Amédé, *1886, †1966, frz. Maler u. Kunsttheoretiker; wandte sich gegen die dekorativen Tendenzen des Kubismus u. gründete in New York die *O. School of Fine Arts*.

**Ozokerit**, *Erdwachs, Montanwachs*, ein wachsartiges Mineral von hellgelber bis braunschwarzer Farbe; Oxidationsprodukt paraffinischer Erdöle; liefert bei Destillation *Ceresin*.

**Ozon**, eine unbeständige, gasförmige Verbindung aus 3 Sauerstoffatomen ($O_3$), die sich u. a. bei elektr. Entladungen bildet; verwendet zur Bleichung u. zur Desinfektion (z. B. von Trinkwasser).

**Ozonschicht**, *Ozonosphäre*, der Teil der Stratosphäre zw. etwa 20 u. 50 km Höhe, in dem unter der Einwirkung ultravioletter Sonnenstrahlung ständig molekularer Sauerstoff ($O_2$) in Ozon ($O_3$) umgewandelt wird. Der O. kommt für die Lebensvorgänge auf der Erde große Bedeutung zu, da sie den größten Teil der lebensfeindl. »harten« UV-Strahlung fernhält. Auch für den Energiehaushalt der höheren Atmosphäre ist die O. wichtig. Die O. wird nach der Überzeugung vieler Wissenschaftler durch die Fluorchlorkohlenwasserstoffe (FCKW) angegriffen u. zerstört. Seit Ende der 1970er Jahre wird eine bes. drast. Abnahme des stratosphär. Ozons über der Südpolarregion beobachtet (»Ozonloch«). Mittlerweile wird ein globaler Ozonabbau in der O. registriert. 1987 beschlossen 46 Nationen die stufenweise Reduktion von FCKW in Industrie u. Technik. Bei einer Zerstörung der O. erreicht mehr schädl. UV-Licht die Erdoberfläche. Die Folge wäre ein Anstieg der Hautkrebs- u. Mutationsraten.

**Ozu**, Yasujiro, *1903, †1963, jap. Filmregisseur; zeigte in seinen Filmen das Zerbrechen familiärer u. gesellschaftl. Traditionen.

| Ozeanien: Staaten | | | |
|---|---|---|---|
| Staat | Hauptstadt | Staat | Hauptstadt |
| Fidschi | Suva | Salomonen | Honiara |
| Kiribati | Bairiki | Samoa | Apia |
| Nauru | Yaren | Tonga | Nuku'alofa |
| Neuseeland | Wellington | Tuvalu | Funafuti |
| Papua-Neuguinea | Port Moresby | Vanuatu | Port Vila |

*Ozeanien: Hausbau auf den Nuguriainseln*

*Ozonschicht: Atommodell der FCKW-Stoffe, die die Ozonschicht zerstören*

# P

**p, P,** 16. Buchstabe des dt. Alphabets; entspricht dem grch. *Pi* (π, Π).
**P,** chem. Zeichen für *Phosphor*.
**Pa,** Kurzzeichen für *Pascal*.
**Pa.,** Abk. für *Pennsylvania*.

*Wolfgang Paalen: Die Erde erhebt sich; 1953. Paris, Privatsammlung*

**Paalen,** Wolfgang, *1907, †1959 (Selbstmord), östr. Maler (phantast. Landschaften mit Fabelwesen).
**Päan,** *Paian,* altgrch. Chorlied; urspr. Dankhymnus auf Apollon.
**Paarerzeugung,** *Atomphysik:* die gleichzeitige Erzeugung zweier Elementarteilchen gleicher Masse, aber entgegengesetzter Ladung (Teilchen u. Antiteilchen). Der umgekehrte Vorgang ist die **Paarvernichtung** (Zustrahlung); z.B. kann ein Positron beim Zusammenstoß mit einem Elektron in 2 oder 3 Lichtquanten von zus. rd. 1 MeV Energie zustrahlen.
**Paarhufer,** *Paarzeher,* Ordnung der *Huftiere.* Meist tragen die stark ausgeprägten 3. u. 4. Zehen Hufe, während die 2. u. 5. noch als »Afterzehen« vorhanden sind. Man unterscheidet *Wiederkäuer* u. *Nichtwiederkäuer.*
**Paarung,** 1. *Begattung,* →*Befruchtung.* – 2. *Paarbildung,* der vorübergehende oder dauerhafte Zusammenschluß eines Männchens mit einem Weibchen zum Zwecke der Fortpflanzung.
**Paarzeher** → Paarhufer.
**Paasikivi,** Juho Kusti, *1870, †1956, finn. Politiker (Fortschrittspartei); 1944–46 Min.-Präs., 1946–56 Staats-Präsident.
**Pabel,** Hilmar, *17.9.1910, poln. Photograph; soz. engagierte Photoreportagen.
**Pabianice** [pabja'nitsɛ], Stadt in Polen, sw. von Lodsch, 73 000 Ew.; Textil-, Papier-, Masch.-Ind.
**Pabst,** Georg Wilhelm, *1885, †1967, östr. Filmregisseur; Filme: »Die freudlose Gasse«, »Die Dreigroschenoper«, »Der Prozeß«.
**Pacelli** [pa'tʃɛlli], Eugenio, Papst → Pius XII.
**Pachacamac** [patʃa-], nach dem gleichn. Gott ben. altindian. Tempelstadt in Peru; Palast- u. Tempelanlagen (100–1200 n. Chr.).
**Pachelbel** [auch -'xɛl-], Johann, *1653, †1706, dt. Organist u. Komponist (Choralbearbeitungen u. Orgelchoräle).
**Pacher,** Michael, *um 1435, †1498, östr. Maler u. Bildhauer; Hptw.: Hochaltar in St. Wolfgang.
**Pa Chin,** chin. Schriftst., → Ba Jin.
**Pachomius,** *um 287, †347, ägypt. Mönch; erbaute um 320 das erste christl. Kloster (in Tabennisi, Oberägypten). – Heiliger (Fest: 14.5.).
**Pacht,** die entgeltl. Überlassung eines Gegenstands (auch eines Rechts, z.B. eines Jagdrechts) zu Gebrauch u. (Ggs.: *Miete*) zur Nutznießung; auch Bez. für das Entgelt, den *P.zins*.
**Pachuca de Soto** [pa'tʃuka-], Hptst. des mex. Staats Hidalgo, 2385 m ü.M., 106 000 Ew.; Silber-, Gold- u. Eisenerzbergbau.
**Pacino** [pæ'tsinoʊ], Al, *25.4.1940, US-amerik. Filmschauspieler; Hauptrollen in »Der Pate«, »Scarface«, »Dick Tracy«.
**Pacioli** [pa'tʃɔ:li], Luca, *um 1445, †um 1518, ital. Mathematiker; Franziskaner, mit *Leonardo da Vinci* befreundet; entwickelte die doppelte Buchführung.
**Packard** ['pækəd], Vance, *22.5.1914, US-amerik. Publizist; populäre kultur- u. sozialkrit. Bücher. W »Die geheimen Verführer«.
**Päckchen,** eine Postsendung bis 2 kg Höchstgewicht.
**Packeis,** durch Meeresbewegungen zusammengeschobene Eisschollen.
**Packung,** Einwicklung des ganzen Körpers oder einzelner Teile in Tücher, die je nach dem Zweck der Heilmaßnahme feucht oder trocken oder mit Zusätzen wie Lehm oder Schlamm versehen sind.
**Pädagoge,** Erzieher (von Beruf), Lehrer; auch der Erziehungswissenschaftler.
**Pädagogik** [grch.], die prakt. u. theoret. Lehre von der Erziehung, auch die Erziehung selbst. Als *Erziehungswiss.* ist die P. eine handlungsorientierte Sozialwiss., in der Theorie u. Praxis eng miteinander verknüpft sind. Sie beschäftigt sich mit den Zielen u. Inhalten, den Interaktions- u. Vermittlungsformen u. den sozialen u. institutionellen Rahmenbedingungen des Erziehungsprozesses.
**pädagogische Hochschule,** Einrichtung zur Ausbildung von Grund-, Haupt- u. z.T. auch Realschullehrern, meistens in Univ. integriert.
**pädagogische Psychologie,** der Zweig der Psychologie, der sich mit den für die Pädagogik wichtigen psycholog. Fragen beschäftigt; umfaßt *Entwicklungspsychologie* des Kindes- u. Jugendalters, Erarbeitung von *Begabungs-* u. *Schulreifetests, Sozialpsychologie* kleiner Verbände (z.B. Schulklassen), *Psychagogik.*
**Padang,** indones. Ausfuhrhafen u. Prov.-Hptst. in W-Sumatra, an der Mündung des P.-Flusses, 726 000 Ew.; kath. Bischofssitz, Univ.; Flugplatz.
**Paddel,** ein *Ruder,* das frei (d.h. ohne Dollen) geführt wird u. mit dem **P.boote** (Faltboote, Kajaks u. Kanadier) fortbewegt werden.
**Paddock** ['pædək], Auslauf für Pferde.
**Päderastie,** *Knabenliebe,* das erotisch-sexuelle Verhältnis zw. einem erwachsenen Mann u. einem etwa 12–18jährigen männl. Jugendlichen; eine bes. Form der Homosexualität.

*Paderborn: Rathaus; 1613–1615 erbaut*

**Paderborn,** Krst. in NRW, in der Münsterländer Bucht, 110 000 Ew.; Erzbischofssitz, roman. Dom, Bartholomäuskapelle (11. Jh.); Gesamthochschule; Maschinenbau, elektron., Textil- u.a. Ind.
**Paderewski,** Ignacy Jan, *1860, †1941, poln. Pianist, Komponist u. Politiker; als Pianist weltberühmt, seit 1913 in den USA; 1919 poln. Min.-Präs. u. Außen-Min.
**Pädiater,** Facharzt für Kinderkrankheiten.
**Pädiatrie,** Kinderheilkunde.
**Padischah,** Ehrentitel pers. u. afghan. Landesfürsten, fr. des osman.-türk. Sultans u. der Großmogule.
**Pädogenese,** die Eigenschaft bestimmter Lebewesen, bereits im Jugendstadium Nachkommen zu erzeugen; Sonderfall der → Parthenogenese.
**Padre,** »Vater«, Titel der Ordenspriester in Italien.
**Padua,** ital. Prov.-Hptst. in Venetien, 224 000 Ew.; Univ., Grabkirche des hl. Antonius von P.; Masch.-Ind., Fremdenverkehr.
**Paella** [-'ɛlja], span. Gericht aus Reis mit Fleisch, Fisch u. Muscheln.
**Paestum,** ital. Ort in Kampanien, am Golf von Salerno. – Als grch. Kolonie *Poseidonia* im 7. Jh. v.Chr. gegr.; 273 v.Chr. röm. Kolonie, die rasch verfiel. Erhalten blieben drei dorische Tempel des 6./5. Jh. v.Chr. Aufsehen erregten Gräber aus der frühen Bronzezeit mit Wandmalereien.
**Pafos** → Ktima.

*Paestum: Ceres-Tempel*

**664 Pag**

*Niccolo Paganini; Zeichnung von Jean Ingres, 1819*

**Pag,** jugosl. Insel, im dalmatin. Kvarnerič des Adriat. Meers, 285 km², 10 000 Ew., Hauptort *P.*; Wein- u. Olivenanbau, Salzgärten, Fischerei.

**Pagalu,** *Annobón,* Vulkaninsel im Golf von Guinea, 17 km², 3000 Ew.; gehört polit. zu Äquatorial-Guinea.

**Pagan,** Ruinenstadt in Birma, am Irrawaddy; 847 gegr. Residenzstadt des ersten birman. Staats *(Reich P.),* 1287 von den Mongolen erobert; Tempel u. Pagoden.

**Paganini,** Niccolo, *1782, †1840, ital. Violinvirtuose u. Komponist. Seinem äußerst artist. Spiel wurde dämon. Wirkung nachgesagt; schrieb Violinkonzerte.

**Paganismus,** Glaubens- u. Kulturformen aus untergegangenen Volksreligionen, die sich in den späteren Weltreligionen als Volksglaube erhalten haben.

**Page** ['paːʒə], **1.** im MA Edelknabe (7–14 Jahre) an einem Hof oder auf einer Burg. – **2.** junger Hotelbediensteter.

**Pagenkopf** ['paːʒən-], weibl. Kurzhaarfrisur, die Ohren u. Stirn bedeckt; bes. in den 1920er Jahren in Mode.

**Paget** ['pædʒit], Sir James, *1814, †1899, brit. Chirurg. Nach ihm werden eine deformierende Knochenerkrankung u. eine Form des Brustkrebses mit ekzemartigem Ausschlag genannt.

**Pagina,** Seite eines Buchs. – **paginieren,** mit Seitenzahlen versehen.

**Pagnol** [pa'njɔl], Marcel, *1895, †1974, frz. Schriftst.; schrieb Sittenschilderungen aus dem Kleinbürgertum u. volkstüml., oft wehmütig-satir. Komödien; wandte sich später auch dem Film zu; Autobiographie »Marcel«.

**Pagode,** turmartiger Tempelbau O-Asiens mit mehreren Stockwerken, von denen jedes ein eigenes Dach hat; von China über Korea nach Japan gelangt.

**Pago Pago,** Hafen an der SO-Seite der Samoa-Insel *Tutuila,* 3100 Ew.; Flottenstützpunkt.

**Pahang,** Teilstaat in → Malaysia.

**Pahlewi** ['paxlevi], Name der 1925–79 herrschenden Dynastie in Iran; auch Name der mittelpers. Sprache in der Parther- u. Sassaniden-Zeit.

**Pàideia** [-'deia], das im klass.-antiken Athen erstrebte Ideal der musischen, körperl. u. geistigen Erziehung, die dem Staat körperl. u. geistig durchgebildete Bürger stellen sollte.

**Päijänne,** langgestreckter, zerlappter See im SW der Finn. Seenplatte, 1090 km², bis 93 m tief.

**Pailleron** [pajə'rɔ̃], Édouard, *1834, †1899, frz. Schriftst. (geistreiche Komödien).

**Pailletten** [pa'jetən], kleine glitzernde Plättchen aus Metall oder Kunststoff in allen Farben.

**Paine** [pein], *Payne,* Thomas, *1737, †1809, nordamerik. Politiker engl. Herkunft; trat für die amerik. Unabhängigkeit ein; agitierte in England (seit 1786) für die Sache der Frz. Revolution, floh 1792 nach Frankreich u. wurde führendes Mitglied des frz. Konvents.

**Paionios,** grch. Bildhauer, 2. Hälfte des 5. Jh. v. Chr., W Nike-Statue, Olympia.

**Pair** [pɛːr], seit dem 13. Jh. Titel polit. privilegierter Hochadeliger in Frankreich; 1814–48 Mitgl. der 1. Kammer *(P.skammer);* engl. Form *Peers.*

**Paisiello,** *Paësiello,* Giovanni, *1740, †1816, ital. Komponist; Vertreter der neapolitan. Opera buffa (»Der Barbier von Sevilla«).

**Paisley** ['peizli], Stadt in Mittelschottland, westl. von Glasgow, 84 000 Ew.; Textil- u. chem. Ind.

**Pak,** Abk. für *Panzerabwehrkanone,* ein zur Abwehr von Panzerkampfwagen bestimmtes, leichtbewegl. Geschütz mit niedriger Lafette.

**Paka,** *Agouti paca,* ein *Nagetier,* bewohnt Erdbauten in Waldgebieten S-Amerikas.

**Pakanbaru,** Prov.-Hptst. in Zentralsumatra, 186 000 Ew.; in einem Erdölgebiet; Univ.; Flußhafen, Flughafen.

**Paket,** Postsendung von 2–20 kg Gewicht.

**Pakistan,** Staat in Vorderindien, 796 095 km², 102,2 Mio. Ew. (97% Moslems), Hptst. *Islamabad.* P. ist gegliedert in 4 Provinzen, Hauptstadtdistrikt u. zentral verwaltete Stammesgebiete.
L a n d e s n a t u r . Kerngebiet ist die Tiefebene des Indus; sie geht nach O in die Wüstensteppe Thar über. Den W des Landes nehmen die Ostiran. Randketten u. die Sulaimankette ein. Im NO erhebt sich das Hochgebirge Karakorum (K 2 8611 m) u. der nw. Himalaya (Nanga Parbat 8126 m). Das Klima ist subtropisch u. wird vom Monsun bestimmt. Der Anbau bedarf mit Ausnahme des Himalayarandgebiets überall künstl. Bewässerung.
W i r t s c h a f t . Dem Export dienen v.a. Baumwolle, Reis, Häute, Felle u. Trockenfisch. Die Industrie liefert neben Agrarprodukten v.a. Eisen, Stahl, Maschinen u. chem. Produkte. – Hauptverkehrsträger ist die Eisenbahn.
G e s c h i c h t e . P. war bis 1947 ein Teil Britisch-Indiens. Nach Abstimmung u. Volksentscheid in den überwiegend islam. Teilen Indiens wurde am 14.8.1947 der aus Ost-P. u. West-P. (das heutige P.) bestehende Staat *P.* gegr. Bis 1956 war P. brit. Dominion. 1948 u. 1965 kam es zum Kampf gegen Indien um Kaschmir. 1956 wurde die *Islamische Republik P.* ausgerufen. Neuer Staats-Präs. wurde 1958 *Ayub Khan,* der 11 Jahre autoritär regierte. Mit ind. Militärhilfe gelang den Ostbengalen im Dezember 1971 die Gründung des Staats Bangladesch. Im Reststaat P. wurde Zulfikar Ali *Bhutto* Staats-Präs. 1973 gab sich P. eine neue Verf. (Zweikammersystem). 1977 wurde Bhutto gestürzt: die Macht übernahm eine Militärregierung unter General *Zia ul-Haq.* Bhutto wurde 1979 hingerichtet. 1988 kam Zia bei einem Flugzeugabsturz ums Leben. Nach den Parlamentswahlen im gleichen Jahr wurde B. *Bhutto* Premierministerin. 1990 entließ Staats-Präs. *Ishaq Khan* die Reg. Bhutto u. löste das Parlament auf. Nach den Wahlen im Okt. 1990 wurde N. *Sharif* Prem.-Min.

*Pakistan*

| Pakistan: Verwaltungseinheiten | | | |
|---|---|---|---|
| Provinz/ Sonderbezirk | Fläche in km² | Einwohner in 1000 | Hauptstadt |
| *Provinzen:* | | | |
| Belutschistan | 347 190 | 4908 | Quetta |
| North West Frontier Province | 74 521 | 12 287 | Peshawar |
| Punjab | 205 344 | 53 840 | Lahore |
| Sindh | 140 914 | 21 682 | Karatschi |
| *Sonderbezirke:* | | | |
| Islamabad (Hauptstadtbezirk) | 907 | 379 | Islamabad |
| Stammesgebiete | 27 219 | 2467 | – |

**Pakkala,** Teuvo, eigtl. Theodor Oskar *Frosterus,* *1862, †1925, finn. Schriftst.; schildert soz. Mißstände seiner Heimat.

**Pakt,** Vertrag, Vereinbarung, Bündnis.

**PAL,** Abk. für engl. *Phase Alternation Line,* ein Verfahren zum Farbfernsehen (von W. *Bruch*/Telefunken entwickelt); ist von Phasenfehlern bei der Übertragung (zeilenweise Umpolung) u. bei örtl.

*Pakistan: Benazir Bhutto, 1990 entlassene Premierministerin, bei ihrer Vereidigung 1988; neben ihr Präsident Ghulam Ishaq Khan*

Empfangsstörungen unabhängig *(Farbtonstabilisierung).*

**Paläanthropologie,** ein Teilgebiet der *Anthropologie,* das sich mit der Abstammung u. Entwicklung des Menschen beschäftigt; die Wiss. von den fossilen *Hominiden.*

**Palacio Valdés** [-'ðio-], Armando, *1853, †1938, span. Schriftst. (realist. Romane).

**Palacký** ['palatski:], František (Franz), *1798, †1876, tschech. Politiker u. Historiker; wandte sich dem Panslawismus zu; begr. eine tschech.-nationale Geschichtsschreibung.

**Palade,** George Emil, *19.11.1912, US-amerik. Biochemiker; Arbeiten über die strukturelle u. funktionelle Organisation der Zelle; Nobelpreis für Medizin 1974.

**Paladin,** urspr. einer der zwölf Begleiter Karls d. Gr.; danach: Ritter, Gefolgsmann.

**Palaiologen,** letzte byzantin. Herrscherdynastie, 1258–1453.

**Palais** [pa'lɛ], Palast, Schloß.

**Palamas,** **1.** → Gregorios Palamas. – **2.** Kostis, *1859, †1943, grch. Schriftst.; machte die Volkssprache zur Literatursprache.

**Palämongolide,** eine überwiegend kleinwüchsige, wenig spezialisierte Gruppe der *Mongoliden;* Hauptgebiete: Korea, Japan, SO-Asien.

**Palankin,** ostasiat. Tragsessel auf Bambusstangen, Sänfte.

**Paläoasiaten,** *Altasiaten, Altsibirier,* fr. in ganz N-Sibirien verbreitete, heute nur noch einige tausend Menschen umfassende Gruppe unterschiedl. sibir. Stämme. Hierher gehören u.a. *Jukagiren, Udehe, Giljaken, Itelmen, Tungusen, Lamuten, Nenzen, Korjaken.*

**Paläogeographie,** die Wiss., die die geograph. Verhältnisse in der geolog. Vergangenheit erforscht.

**Paläographie,** die Lehre von der Entwicklungsgeschichte u. den histor. Formen der Schrift, eine histor. Hilfswissenschaft.

**Paläoklimatologie,** die Wiss. von den Klimaten der Vorzeit.

**Paläolithikum,** Altsteinzeit, → Vorgeschichte.

**Paläomagnetismus,** das erdmagnet. Feld in versch. geolog. Zeitabschnitten. Die heutige Lage des Feldes gibt es erst seit ca. 700 000 Jahren. Paläomagnet. Untersuchungen erlauben Aussagen über geolog. Probleme, wie Umkehrung der geomagnet. Feldrichtung, Kontinentalverschiebung u. tekton. Bewegungen der Erdkruste *(Plattentektonik).*

**Paläontologie,** die Wiss. vom Leben der Vorzeit; ihre Untersuchungsobjekte sind die *Fossilien.* Als Hilfswiss. der histor. Geologie dient die angewandte P. der Zeit- u. Altersbestimmung von Gesteinen.

**Paläozoikum,** das erdgeschichtl. Altertum; umfaßt die Formationen *Kambrium, Ordovizium, Silur, Devon, Karbon* u. *Perm,* → Erdzeitalter.

**Palas,** der Wohnbau einer mittelalterl. Burg; auch Fest- u. Repräsentationssaal.

**Palast,** monumentales, schloßähnl. Wohn- oder Repräsentationsgebäude; unbewehrt, meist mit großen Innenhöfen.

**Palästina,** arab. *Falastin,* hebr. *Erez Israel,* das bibl. *Kanaan,* »Gelobtes Land« der Juden,

»Hl. Land« der Christen; erstreckt sich vom Libanon bis zum Golf von Eilat, von der Mittelmeerküste bis zu den Bergländern östl. des Jordangrabens. P. war bis 1922 nie eine polit. Einheit u. hatte daher keine eindeutigen Grenzen. Der Name P. stammt aus der Zeit der Römerherrschaft im 2. Jh. n. Chr. Geschichte. Im 3. Jt. v. Chr. bestanden in P. zahlr. Stadtstaaten. Zw. dem 14. u. 12. Jh. v. Chr. wanderten die *Israeliten* (→ Juden) in das Landesinnere u. die *Philister* in den Küstenstreifen ein. Im 10. Jh. v. Chr. bildete sich das israelit. Königtum, das 926 v. Chr. in die Teilstaaten *Israel* u. *Juda* zerfiel. 721 v. Chr. wurde Israel von den Assyrern, 597 v. Chr. Juda von den Babyloniern erobert. Nach wechselnden Herrschaften wurde P. 63 v. Chr. römisch. Nach der Teilung des Röm. Reichs gehörte P. zum Byzantin. Reich. 636 eroberten es islam. Araber. 1099–1187 bestand das christl. Kgr. Jerusalem. Seit 1291 gehörte P. zu Ägypten, seit 1517 zum Osman. Reich. Ende des 19. Jh. begann die organisierte Einwanderung von Juden (→ Zionismus). 1922 wurde P. brit. Völkerbundsmandat; das anfangs dazugehörende Gebiet östl. des Jordan wurde 1923 als Emirat *Transjordanien* abgetrennt. Großbrit. hatte 1917 in der *Balfour-Deklaration* seine Unterstützung bei der Errichtung einer »nat. Heimstätte des jüd. Volkes« in P. zugesagt. Die Gegensätze zw. Juden u. Arabern waren jedoch unüberwindl. Die UN-Vollversammlung beschloß 1947 die Teilung P.s in einen arab. u. einen jüd. Staat. Die Juden akzeptierten den Plan u. gründeten 1948 den Staat → Israel, die Araber lehnten ihn ab. Daraus erwuchs der bis heute ungelöste → Nahostkonflikt. Seit dem 3. isr.-arab. Krieg (1967) befindet sich das ganze ehem. Mandatsgebiet unter isr. Herrschaft. Die → PLO verkündete in ihrem Programm von 1968 als Ziel die »Befreiung« ganz P.s, d.h. die Beseitigung Israels. 1988 proklamierte sie die Errichtung eines unabh. Staates P., ohne dessen Grenzen zu definieren.

**Palästinenser,** urspr. alle Bewohner Palästinas, im heutigen Sprachgebrauch meist nur die arab. sprechenden Bewohner des ehem. brit. Mandatsgebiets Palästina u. ihre Nachkommen. P. leben in Israel (als isr. Staatsbürger), in den von Israel besetzten Gebieten, in arab. Ländern (dort z.T. in Flüchtlingslagern) u. außerhalb der arab. Welt. Von den arab. Staaten hat nur Jordanien den dort lebenden P. staatsbürgerl. Rechte gewährt. Ein eigenes Nationalbewußtsein der P. hat sich erst in der Auseinandersetzung mit dem 1948 gegr. Staat Israel entwickelt. Den Anspruch, legitime Vertreterin aller P. zu sein, erhebt die → PLO.

**Palästra,** in der Antike ein meist von Säulenhallen umgebener Platz für die sportl. Erziehung der Jugend.

**Palatin,** in Ungarn der Vertreter des Königs in der Rechtsprechung.

**Palatin,** einer der 7 Hügel Roms, fr. Residenz der Kaiser.

**Palatina,** lat. *Bibliotheca P.,* die im 16. Jh. entstandene Bibliothek der Kurfürsten von der Pfalz in Heidelberg; 1622 in die Vatikan. Bibliothek nach Rom überführt. Die dt. Handschriften kehrten 1816 zurück.

**Palatschinken,** mit Konfitüre oder Quark gefüllter, zusammengerollter Eierkuchen; östr. u. ung. Spezialität.

*Palästinenser: Jasir Arafat trifft in Straßburg ein, um vor dem Europäischen Parlament zu sprechen*

**Palau-Inseln** → Belau.

**Palaver,** urspr. ausgedehnte Verhandlung zw. Weißen u. Afrikanern; übertragen: langes, oft sinnloses Gerede.

**Palawan,** Insel im SW der Philippinen, 11 784 km², 372 000 Ew., Hauptort *Puerto Princesa* (Hafen u. Flugplatz).

**Palazzeschi** [-ski], Aldo, eigtl. A. *Giurlani*, *1855, †1974, ital. Schriftst. (Lyrik, Romane, Erzählungen).

**Palazzo,** ital. Stadthaus, Palast.

**Palembang,** indones. Prov.-Hptst. in S-Sumatra, am unteren Musi, 903 000 Ew.; kath. Bischofssitz, Univ.; Masch.- u. Schiffbau, Erdölraffinerie; Flugplatz.

**Palencia** [-θia], span. Prov.-Hptst. im Hochland von Altkastilien, 74 000 Ew.; Metall-, Textil- u. Nahrungsmittel-Ind.; im 12. Jh. Sitz der kastil. Könige.

**Palenque** [-kɛ], im N von Chiapas (Mexiko) gelegene Ruinenstätte der *Maya* mit Tempel- u. Palastbauten; Blütezeit 600–900 n. Chr.

**Palermo,** ital. Hafen- u. Handelsstadt an der Nordküste Siziliens, Hptst. von Sizilien u. der Prov. P., 729 000 Ew.; Univ. u.a. HS; Dom (12./13. Jh.) mit byzantin. Mosaiken u. 300 andere Kirchen; Paläste; Ölraffinerie, Schiffbau, Textil-, Glas-, chem. u.a. Ind. – Geschichte: Von Phöniziern gegr., 254 v. Chr. röm., 535 n. Chr. byzantin.; 831 von Arabern erobert, 1072 Residenz des sizil. Normannenreichs, Kulturzentrum des Stauferreichs, Blütezeit unter Friedrich II., kam 1268 an die *Anjou*, 1282 an *Aragón*; 1503–1860 zum Kgr. Neapel-Sizilien.

**Palestrina,** Giovanni Pierluigi da, *um 1525(?), †1594, ital. Komponist; seit 1571 Kapellmeister an der Peterskirche. Seine fast ausschl. kirchenmusikal. Werke (Messen, Motetten) waren Vorbild für die kath. Kirchenmusik.

**Paletot** [-to], doppelreihiger Herrenmantel.

**Palette, 1.** Arbeitsgerät des Malers zum Mischen der Farben; eine Holz- oder Metallscheibe mit einer Öffnung für den Daumen. – **2.** ein Untersatz für Stapelgüter, die dadurch mit *Gabelstaplern* leicht u. in größerer Menge bewegt werden können.

**Palfijn** [pal'fɛin], Jan, *1650, †1730, ndl. Chirurg u. Anatom; erfand 1723 eine Geburtszange.

**Pali,** mittelind. Sprache des Buddhismus; eine religiöse Literatursprache.

**Palimpsest,** eine Pergament- oder Papyrushandschrift, die im Altertum oder MA nach Abkratzen oder Abwaschen ein zweites Mal beschrieben worden ist. Die oft wertvollen urspr. Texte werden heute mittels Fluoreszenzphotographie wieder sichtbar gemacht.

**Palindrom,** eine Buchstabenfolge, die vorwärts u. rückwärts gelesen werden kann u. denselben Wortlaut oder zumindest einen Sinn ergibt (z.B. Anna; stets; Regen/Neger).

**Palingenese, 1.** Wiederentstehung, Wiedergeburt, Wiederkehr; bei Ch. *Darwin* die Wiederholung älterer Zustände der Stammesgeschichte in der Keimentwicklung; bei F. *Nietzsche* die ewige Wiederkehr des Gleichen. – **2.** die Neubildung eines Magmas durch völlige Aufschmelzung älterer Gesteine.

**Palisade,** eingegrabener, oben zugespitzter Pfahl; auch das aus nebeneinandergesetzten P.npfählen gebildete Hindernis.

*Palermo: Dom*

# Palme 665

**Palisadenwurm,** in der Niere von Robben u. Hunden, selten auch bei Menschen schmarotzender *Fadenwurm.*

**Palisander,** engl. *rose wood* (daher oft mit *Rosenholz* verwechselt), trop. Laubholz; schokoladen- bis violettbraun, schwer, witterungsfest. Zu unterscheiden sind *Ostind. P.* (Indien, Java) u. *Jacaranda-Holz* (östl. Brasilien).

**Palitzsch,** Peter, *11.9.1918, dt. Theaterregisseur; prägte den *Bremer Stil* durch polit. Aktualisierung der Shakespeare-Dramen.

**Palla,** viereckiger Umhang der altröm. Frauentracht; in der kath. Kirche quadratisches Leinentuch zur Bedeckung des Meßkelchs.

**Palladio,** Andrea, *1508, †1580, ital. Baumeister; wirkte bes. in Venedig u. Vicenza. Seine Bauten bestehen durch strenge Ausgewogenheit der Proportionen; von nachhaltiger Wirkung auf die engl. Baukunst.

**Palladion,** *Palladium,* Kultbild der bewaffneten *Pallas Athene*; i.w.S. die Schutzgottheit einer Stadt.

**Palladium,** ein → chemisches Element.

**Pallas,** Beiname der Athene.

**Pallasch,** schwerer Säbel für die schwere Kavallerie.

**Pallenberg,** Max, *1877, †1934, dt. Schauspieler; bed. Komiker der dt. Bühne; seit 1918 mit Fritzi *Massary* verheiratet.

**palliativ,** schmerzlindernd, nicht heilend. – **Palliativmittel,** Mittel, die Krankheitssymptome nur lindern.

**Pallium, 1.** im MA der Königs- oder Kaisermantel, auch Krönungsmantel. – **2.** in der kath. Kirche das Zeichen der erzbischöfl. Jurisdiktionsgewalt: ein weißer Wollstreifen, der mit 6 schwarzen Kreuzen bestickt ist u. um die Schulter gelegt wird.

**Pallottiner,** kath. Kongregation ohne Gelübde, gegr. 1835 von dem Italiener V. *Pallotti*; widmet sich dem Apostolat, der Seelsorge u. Mission. Die Schwesternkongregation der *P.innen* wurde 1843 gegründet.

**Palm, 1.** Johann Philipp, *1768, †1806, dt. Buchhändler; veröff. 1806 die gegen Napoleon I. gerichtete anonyme Flugschrift »Dtld. in seiner tiefen Erniedrigung«; nach kriegsgerichtl. Urteil erschossen. – **2.** Siegfried, *25.4.1927, dt. Cellist; Interpret zeitgenöss. Musik.

**Palma, 1.** eine der Kanar. Inseln, → La Palma. – **2.** *P. de Mallorca,* Hafen u. Hauptort der span. Baleareninsel Mallorca, an der Südwestküste, 313 000 Ew.; got. Kathedrale; Nahrungsmittel-, keram., Leder- u. Textilind.; Flughafen, internat. Fremdenverkehr.

**Palmarum** = Palmsonntag.

**Palmas** → Las Palmas.

**Palma Vecchio** [-'vɛkjo], *1480, †1528, ital. Maler; neben *Giorgione* u. *Tizian* ein Hauptvertreter der venezian. Hochrenaissance.

**Palm Beach** [pa:m bi:tʃ], Badeort auf einer Nehrung vor der Südostküste Floridas (USA), 10 000 Ew.

**Palmblad** [-bla:d], Vilhelm Fredrik, *1788, †1852, schwed. Schriftst. (Romane im romant. Stil).

**Palme,** Olof, *1927, †1986 (ermordet), schwed.

*Palma de Mallorca: Blick auf die Strandpromenade*

# Palmen

*Palmen: Fächerpalme*

Politiker (Sozialdemokrat); 1969–76 u. 1982–86 Min.-Präs.

**Palmen,** zu den *Monokotyledonen* gehörende Holzgewächse, bilden bis zu 40 m hohe Stämme u. große, gefiederte *(Fieder-P.)* oder fächerförmige *(Fächer-P.)* Blätter aus. Sie sind trop.-subtrop. verbreitet. Systemat. teilt man sie ein in: *Beerenfrucht-, Panzerfrucht-, Steinfrucht-Fächer- u. Steinfrucht-Fieder-P.).* P. werden vielseitig wirtsch. genutzt.

**Palmendieb,** bis 32 cm langer, landbewohnender *Einsiedlerkrebs;* ersteigt Palmenstämme bis 20 m Höhe u. kann mit der Schere das Keimloch von Kokosnüssen öffnen.

**Palmenmark,** der innere, weiche Teil der Palmenstämme; für Palmwein u. Sago verwendet.

**Palmenroller,** *Musangs,* Unterfam. der *Schleichkatzen;* von marderähnl. Gestalt; nachtaktive Allesfresser.

**Palmer, 1.** Lilli, eigtl. L. *Peiser,* *1914, †1986, dt. Schauspielerin u. Schriftst.; Filme: »Teufel in Seide«, »Lotte in Weimar«; Autobiographie »Dicke Lili – gutes Kind«. – **2.** ['pa:mə], Samuel, *1805, †1881, engl. Maler u. Graphiker; Vertreter des Naturmystizismus in der engl. Landschaftsmalerei.

**Palmerston** ['pa:məstən], Henry John *Temple,* Viscount P., *1784, †1865, engl. Politiker; seit 1830 mehrf. Außen-Min., Prem.-Min. 1855–58 u. 1859–65; förderte die liberalen Strömungen in Europa.

**Palmesel,** hölzerner Esel mit Christusfigur, fr. bei der Palmprozession mitgeführt.

**Palmette, 1.** ein symmetr. geordnetes, palmblattähnl. Ornament. – **2.** Spalierbaum mit waagrechten Seitenzweigen.

**Palmfett,** *Palmöl, Palmbutter,* aus den Früchten von Ölpalmarten gepreßtes, fettes Öl; zu Speisefetten, Kerzen u. Seifen verarbeitet.

**Palmgren,** Selim, *1878, †1951, finn. Pianist u. Komponist.

**Palmin,** Wz., reines, weißes Kokosspeisefett.

**Palmira,** Stadt in W-Kolumbien, östl. von Cali, 235 000 Ew.; Erzbischofssitz; Handels- u. Verarbeitungszentrum einer Agrarregion; Flughafen.

**Palmitin,** ein weißes, festes Fett; Glycerinester der *P.säure,* einer in den meisten festen tier. Fetten vorkommenden Fettsäure, bes. aber im Palmöl.

**Palmlilie** → Yucca.

**Palmnicken,** russ. *Jantarnyi,* Seebad in Ostpreußen, 5000 Ew.; einziges Bernsteinbergwerk der Erde.

**Palmsonntag,** *Palmarum,* erster Tag der Karwoche, Sonntag vor Ostern; nach dem Einzug Jesu in Jerusalem (Matth. 21,8) benannt.

**Palmwein,** der vergorene Saft hpts. der *Weinpalme.*

**Palmyra** [-'myra], antike Handelsstadt in Zentralsyrien; seit *Hadrian* Ausbau zur Weltstadt; machte sich um 260 n. Chr. unter der Königin *Zenobia* von der röm. Herrschaft frei; 273 von *Aurelian* zurückerobert; 634 von Arabern erobert; heute Ruinen.

**Palo Alto** ['pælou 'æltou], Stadt im W von California (USA), 55 000 Ew.; Stanford-Univ. (1885); Flugplatz.

**Palolowurm,** Gatt. meeresbewohnender *Ringelwürmer.* Der hintere Körperabschnitt löst sich vom Vorderkörper, gibt an der Wasseroberfläche die Geschlechtsprodukte ab u. stirbt.

**Palomar,** Mount *P.* [maunt 'pæləma:], Berg in California, USA (1871 m); Sternwarte mit einem der größten u. lichtstärksten Spiegelteleskope der Welt.

**Palpation,** Untersuchung des Körpers durch Abtasten u. Befühlen.

**PAL-System** → PAL.

**Palü,** *Piz P.,* vergletscherter Gipfel der Bernina-Alpen, 3905 m.

**Palucca,** Gret, *8.1.1902, dt. Tänzerin u. Tanzpädagogin; wandte sich vom abstrakten Tanz dem Ausdruckstanz zu.

**Paludan,** Jacob, *1896, †1975, dän. Schriftst.; Kultur- u. Zeitkritiker.

**Paludan-Müller,** Frederik, *1809, †1876, dän. Schriftst.; klassizist. Realist; Versroman »Adam Homo«.

**Pamir,** »Dach der Welt«, zentralasiat. Faltengebirge, von dem *Tian Shan, Kunlun, Karakorum, Hindukusch* u. *Himalaya* ausstrahlen; im *Qungur Tagh* 7719 m hoch.

**Pampa,** weitgehend ebene Großldsch. in O-Argentinien u. S-Uruguay; fr. Grasland, heute zum landw. Kernraum umgewandelt; Anbau von Getreide, Rinder- u. Schafzucht.

**Pampasgras,** *Silbergras,* ein 2–3 m hohes, südamerik. Süßgras feuchter Standorte; mit 40–80 cm langer, silberweißer Blütenrispe; Ziergras.

**Pampashase** → Mara.

**Pampasindianer,** nomad. Jäger- u. Sammlerstämme in der argent. Pampa, in O-Patagonien u. in Uruguay, die vor 1700 durch Übernahme des Pferdes von den Spaniern zu Reitervölkern wurden; fast gänzl. ausgerottet.

**Pampelmuse,** Hauptkulturform der *Breitflügeligen Orange,* eines in S-Asien beheimateten, 5–10 m hohen Baums mit bitter-aromat. Früchten. – Nicht zu verwechseln mit der *Grapefruit.*

**Pampero,** kalter, plötzl. einsetzender Südsturm im La-Plata-Gebiet von Argentinien u. Uruguay.

**Pamphlet,** Kampfschrift, polit. Schmähschrift.

**Pamphylien,** antike Küstenldsch. an der türk. Antalya-Bucht.

*Palmyra: Tempel des Baal Schamin*

**Pamplona,** span. Prov.-Hptst. u. alte Festung im Baskenland, 184 000 Ew.; got. Kathedrale; Textil-, Metall- u.a. Ind. Hptst. des ehem. Königreichs *Navarra.* Im Juli findet in P. die berühmte *Fiesta* (»Feria«) statt.

**Pan,** grch. Wald- u. Weidegott, Sohn des *Hermes;* dargestellt halb als Bock, halb als Mensch; versetzt durch sein plötzl. Erscheinen Tiere u. Menschen in »panischen« Schrecken.

**Panade,** Suppeneinlage oder Füllsel aus Weißbrot, Butter u. Eiern, oder aus Mehl, Milch u. Butter.

**Panafrikanismus,** das Bestreben der Völker u. Staaten Afrikas, sich wirtsch. u. kulturell zusammenzuschließen. Die Bewegung begann um 1900 unter den Schwarzen Nordamerikas u. Westindiens. Vor allem auf wirtsch. Gebiet werden panafrik. Ideen im Rahmen der 1963 gegr. *Organisation für afrik. Einheit* (OAU) verfolgt.

**Panagia,** *Panhagia,* in den orth. Kirchen Maria, die Mutter Christi.

**Panainos,** grch. Maler aus Athen, tätig in der 2. Hälfte des 5. Jh. v. Chr.; Bruder des *Phidias.*

**Panaitios** von *Rhodos,* *um 180 v. Chr., †110 v. Chr., grch. Philosoph; milderte den Rigorismus der alten *Stoa* u. begr. damit die *mittlere Stoa.*

**Panajotopulos,** Ioannis M., *23.10.1901, grch. Schriftst. u. Literaturkritiker; Mitgestalter des heutigen grch. literar. Lebens als Lyriker u. Erzähler.

**Panama,** Gewebe in *P.bindung,* bei der ein Würfelmuster dadurch entsteht, daß Kettfäden mit der gleichen Anzahl Schußfäden verbunden werden.

**Panama** [auch -'ma], Staat in Zentralamerika, 77 082 km², 2,8 Mio. Ew., Hptst. *(Ciudad de) Panamá.*

Landesnatur. Das Land wird von der Zentralamerik. Kordillere (im *Chiriquí* 3477 m) durchzo-

*Panama*

gen, der im S u. N Küstenebenen vorgelagert sind. Trop. Regenwald überzieht die feuchtheiße atlant. Abdachung, während die Pazifikseite Trockenwald u. Savanne trägt.

Die zu rd. 95 % röm.-kath. Bevölkerung besteht zu 60 % aus Mestizen; 10 % sind Indianer, 20 % Schwarze u. Mulatten, 10 % Weiße. Die Gebiete an der pazif. Küste u. um die Kanalzone sind am dichtesten besiedelt.

Die Wirtschaft des Landes wird entscheidend durch den *P.kanal* bestimmt. Die Landwirtschaft liefert für den Export Zuckerrohr, Bananen, Kaffee u. Kakao. Die Fischerei hat große Bedeutung. Wichtig für den Export ist die Weiterverarbeitung von eingeführtem Rohöl. – Das Straßennetz ist hpts. auf die Carretera Panamericana ausgerichtet. Haupthäfen sind Colón u. Panamá.

Geschichte. Seit der Entdeckung durch R.G. *de Bastidas* 1501 war P. span. (bis 1821), dann Teil der Rep. Großkolumbien; von dieser fiel es 1903 ab u. wurde selbständige Rep. unter Einfluß der USA. 1977 einigten sich die USA u. P. auf die Überführung des Kanals unter die Hoheit P. bis

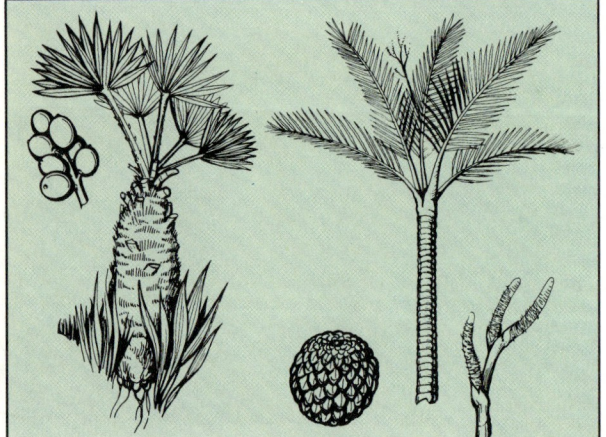

*Palmen: Die Blattspreite der Zwergpalme ist ein breiter Fächer; die Früchte sind runde, glänzende Steinfrüchte (links). Aus dem Schaft der Sagopalme (rechts) wird Stärke gewonnen, die zu Sago verarbeitet wird (rechts männliche Blüten, links Frucht)*

zum Jahre 2000. 1989 ließ sich der militär. Machthaber in P., General M. *Noriega,* zum Staatschef mit außerordentl. Vollmachten ernennen. P. erklärte den Kriegszustand mit den USA. Die USA entsandten Kampftruppen u. verhafteten Noriega, dem sie Verwicklung in Mord u. Drogenhandel vorwarfen. Neuer Präs. wurde G. Endara.

**Panama,** *Ciudad de P.,* Hptst. des zentralamerik. Staats Panama, 388 000 Ew.; wichtigster Handels- u. Ind.-Standort des Landes, Univ.

**Panamahut,** breitrandiger Herrensommerhut aus den Blättern der Panamapalme.

**Panamakanal,** Kanal zw. dem Pazifik u. dem Atlantik in Zentralamerika, durch die 55 km breite Landenge des Isthmus von Panama. Die Fahrrinne ist 81,3 km lang u. hat eine Tiefe bis 14,3 m u. eine Mindestbreite von 152,4 m, 6 Schleusen mit 2 Staubecken *(Gatunbecken,* 426 km²). – G e s c h . : Unter F. de *Lesseps* begannen 1879 die Arbeiten am Kanal, scheiterten aber an finanziellen Schwierigkeiten. 1901 erwarben die USA das Recht zur Fertigstellung des Kanals. 1914 wurde der Kanal eröffnet. Ein 1977 zw. Panama u. den USA geschlossener Vertrag sieht eine schrittweise Übereignung des P. bis 2000 an Panama vor.

**Panamakanalzone,** seit 1903 zum Hoheitsgebiet der USA gehörender, 16 km breiter Landstreifen beiderseits des Panamakanals, 1432 km²,

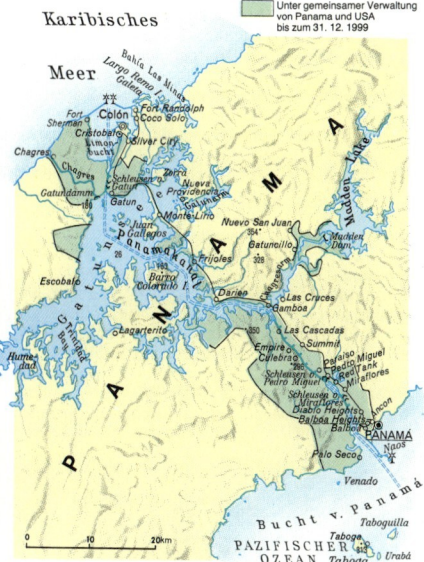

*Panamakanalzone*

50 000 Ew., Verwaltungssitz *Balboa.* – 1979 übernahm Panama vertragl. die Hoheitsrechte.

**Panamarenko,** eigtl. Henri van *Herwegen,* *5.2.1940, belg. Objektkünstler; Konstruktion phantast., funktionsunfähiger Flugobjekte.

**Panamerikanische Spiele,** seit 1951 für alle Staaten Nord-, Mittel- u. Südamerikas veranstaltete Sportwettkämpfe in ungefähr 20 Sportarten.

**Panamerikanismus,** das Streben nach einer allamerik. Solidarität, bes. zur Abwehr der europ. Mächte. 1910 wurde die *Panamerik. Union,* (PAU) gegr., 1948 als Nachfolgerin die *Organisation Amerikanischer Staaten* (OAS).

**panarabische Bewegung,** das Bestreben der arab. Staaten, sich zum gemeinsamen polit. Handeln zusammenzuschließen. Die p. B. entstand um die Mitte des 19. Jh. 1945 wurde die *Arabische Liga* gegründet.

**Panaritium,** *Umlauf,* eitrige Entzündung an den Fingern u. der Hand durch Infektion mit Eitererregern.

**panaschieren,** Bez. für eine bes. Art der Stimmgebung bei der Wahl nach *Listen,* die es dem Wähler gestattet, auf seinem Stimmzettel Kandidaten versch. Listen zu wählen; in der BR Dtld. nur bei *Gemeindewahlen* in Ba.-Wü. u. Bayern möglich.

**Panathenäen,** das 7tägige, der *Athena* geweihte, alle 4 Jahre stattfindende Staatsfest der Athener.

**Panay,** Insel der Philippinen, zw. Mindoro u. Negros, 11 514 km², 2,2 Mio. Ew., Hptst. *Iloilo.*

**Panazee,** ein utopisches Universalmittel, das alle Krankheiten heilen soll.

**Panchen rinpoche** [pantʃən rinpotʃe] → Pantschen-Lama.

**panchromatisch,** Bez. für photograph. Aufnahmematerial, das für alle Farben des sichtbaren Spektrums empfindl. ist.

**Panda, 1.** *Großer P.* → Bambusbär. – **2.** *Kleiner P.* → Katzenbär.

**Pandämonium,** in der spätgrch. Vorstellung die Gesamtheit der Dämonen (bösen Geister).

**Pandekten** → Digesten.

**Pandemie,** über weite Gebiete (Länder u. Erdteile) ziehende Seuche.

**Pandit,** ind. Gelehrtentitel, urspr. für den Brahmanen.

**Pandora,** in der grch. Sage die von *Hephaistos* geschaffene erste Frau. Einem Gefäß (»Büchse der P.«), das P. öffnete, entwichen alle Übel u. überkamen die Menschen, zurück blieb die Hoffnung.

**Pandschab,** Ldsch. in Vorderindien, Schwemmlandebene, die von den 5 linken Indus-Zuflüssen gebildet wird. – G e s c h . : Im P. entfaltete sich um 2500 v. Chr. die *Induskultur.* Für Eindringlinge aus dem NW war der P. die erste Station, so für Alexander d. Gr., Skythen, Afghanen u. Mongolen. Im 16. Jh. gründeten die *Sikh* im P. einen Orden, 1792 ein Großreich. Dieses eroberten 1849 die Engländer u. machten es zur Prov. Brit.-Indiens. 1947 wurde der P. zw. Indien u. Pakistan geteilt; → Punjab.

**Pandschabi,** engl. *Punjabi,* eine neuind. Sprache; im *Pandschab* gesprochen u. als Sprache der *Sikh* über ganz Indien u. bis nach China verbreitet.

**Panduren,** im 17./18. Jh. Bez. für östr. Soldaten in S-Ungarn.

**Paneel,** vertieftes Feld einer Holzvertäfelung; auch die Wandtäfelung insgesamt.

**Panegyrikos,** die bei einer Festversammlung des grch. Volks gehaltene Festrede; dann eine (überschwengl.) Lobrede auf eine Persönlichkeit.

**Panel-Methode** ['pænəl-], in der Markt- u. empir. Sozialforschung die wiederholte Befragung eines bestimmten Personenkreises im Lauf eines längeren Zeitraums.

**Panentheismus,** Bez. für die Theismus u. Pantheismus verbindende Lehre, nach der alles, d.h. die Welt »in Gott« sei. Diese Anschauung findet sich bei vielen Denkern der mystisch-neuplatonisch-augustin. Richtung.

**Paneuropa** → europäische Unionsbewegungen.

**Panfjorow** [-rɔf], Fjodor Iwanowitsch, *1896, †1960, russ. Schriftst. (Romane über die Kollektivierung der Landwirtschaft).

**Panflöte,** *Syrinx,* altes Blasinstrument aus einer Reihe grifflochloser Eintonpfeifen verschiedener Länge; meist aus Rohr gefertigt.

**Pangani,** *Rufu,* Fluß im nordöstl. Tansania, 525 km; mündet in den Ind. Ozean; an den *P.-Fällen* im Unterlauf zwei große Wasserkraftwerke.

**Pangermanismus,** die Bestrebungen zur Vereinigung der germ. Völker in einem »Großgerm. Reich« unter dt. Führung, in den Plänen des nat.-soz. Führung.

**Pangwe,** *Fang,* einst krieger. afrik. Bauernvolk, mit Bantusprache, in S-Kamerun u. Gabun, Hackbauern mit Ahnenkult, heute christianisiert.

**Panhellenismus,** im antiken Griechenland die Vorstellung einer über den einzelnen grch. Staaten stehenden Gemeinschaft aller Griechen; spielte bes. im 4. Jh. v. Chr. aufgrund des polit. Gegensatzes zum Perserreich eine Rolle.

**Panier,** Banner, Fahne, Wahlspruch.

**panieren,** Fleisch oder Fisch vor dem Braten mit Ei u. Mehl oder **Paniermehl** (geriebene Semmel) überziehen.

**Panik,** ein bes. in großen Menschengruppen bei Gefahr auftretendes Erschrecken u. »Kopflos«-Werden; oft verbunden mit ungerichteten Fluchtaktionen.

**panislamische Bewegung,** *Panislamismus,* europ. Bez. für die Bestrebungen, die religiöse u. polit. Kraft des Islams zu erneuern. Das Ideal der p. B. ist ein einheitl. islam. Reich auf der Grundlage der islam. Rechtsordnung *(Scharia).*

**Panizza, 1.** Hector, *1875, †1967, argent. Komponist u. Dirigent ital. Herkunft; schrieb Opern-, Orchester- u. Chormusik. – **2.** Oskar, *1853, †1921, dt. Schriftst.; wegen Religionsfrevels u. Majestätsbeleidigung mehrmals im Gefängnis; schrieb phantast. Erzählungen u. Satiren.

**Panjab** [-dʒab] → Punjab.

**Panje,** russ. u. poln. »Bauer«. – **P.pferd,** kleines russ. Pferd.

**Pankhurst** ['pæŋkhəːst], Emmeline, geb. Goulden, *1858, †1928, brit. Frauenrechtlerin; setzte sich für das Frauenwahlrecht ein.

**Pankok, 1.** Bernhard, *1872, †1943, dt. Maler, Graphiker u. Architekt des Jugendstils. – **2.** Otto, *1893, †1966, dt. Maler u. Graphiker; Expressionist, von van Gogh beeinflußt; neben Landschaftsdarst. Szenen aus dem Leben der Arbeiter u. Zigeuner.

**Pankow** [-ko], Bez. in Ostberlin. Da sich in P. fr. der Amtssitz des Präs. der DDR befand, zeitweilig abwertende Bez. für die Reg. der DDR.

**Pankration,** im antiken Griechenland eine Kombination von Faust- u. Ringkampf.

**Pankratius,** *Pankraz,* röm. Märtyrer, einer der *14 Nothelfer* u. der *Eisheiligen* (Fest: 12.5.).

**Pankreas,** die Bauchspeicheldrüse.

**Pankreatitis,** Bauchspeicheldrüsenentzündung.

**Panlogismus,** die Lehre von der Vernünftigkeit der Welt; bes. die Auffassung G.W.F. *Hegels,* wonach die Wirklichkeit der vernünftige Begriff ist.

**Panmunjon** [-dʒʌm], korean. Ort (38° n. Br.). Der Waffenstillstand von P. 1953 beendete den *Koreakrieg.*

**Panne,** Schaden, Betriebsstörung.

**Pannenberg,** Wolfhart, *2.10.1928, dt. ev. Theologe; untersuchte bes. das Verhältnis von Offenbarung u. Geschichte.

**Pannini,** Giovanni Paolo, *um 1691/92, †1765, ital. Maler; einer der Schöpfer des Ruinenbilds.

**Pannonien,** altröm. Prov. zw. Donau, Save u. Alpen; Hauptstützpunkte: *Vindobona* (Wien), *Carnuntum* u.a.

**Pannwitz,** Rudolf, *1881, †1969, dt. Kulturphilosoph u. Schriftst.; strebte nach einer neuen Einheit von Philosophie, Kunst u. Wissenschaft.

**Panofsky,** Erwin, *1892, †1968, US-amerik. Kunsthistoriker dt. Herkunft; Hauptvertreter der ikonolog. Schule, die eine Synthese aus Formanalyse u. ikonograph. Beschreibung anstrebt.

**Panoptikum,** Sammlung von Sehenswürdigkeiten; bes. das *Wachsfigurenkabinett.*

**Panorama,** Rundblick, photograph. oder zeichner. Wiedergabe eines Rundblicks.

**Panowa,** Wera Fjodorowna, *1905, †1973, sowj. Schriftst. unpathet. Kriegserzählungen u. gesellschaftskrit. Romane.

**Panpsychismus,** die Lehre von der Allbeseelung, derzufolge es in der Natur keine »tote« Materie, kein Physisches ohne Psychisches gibt.

**panschen,** Wein oder Milch mit Wasser verfälschen.

**Pansen,** größte Vormagenabteilung der Wiederkäuer.

**Pansexualismus,** von Kritikern S. *Freuds* gebrauchte Kennzeichnung seiner Er. Trieblehre als Versuch, alles menschl. Verhalten auf sexuelle Motive zurückzuführen.

**Panslawismus,** eine Bewegung mit dem Ziel eines kulturellen u. polit. Zusammenwirkens aller slaw. Völker. Der 1. Slawenkongreß 1848 in Prag war geprägt vom *Austroslawismus,* der eine Föderierung der slaw. Völker in Östr. anstrebte. Der poln. *Messianismus* sah in den Polen die einzig wahren Vertreter einer slaw. Sendungsidee. Bei den Russen entstand der eigtl., machtpolit. P., eher ein *Panrussismus* mit Stoßrichtung zum Balkan u. nach Konstantinopel.

**Pansophie,** eine religiös-philosph. Bewegung, die alles menschl. Wissen von der Welt u. von Gott zusammenfassen wollte; geht zurück auf *Paracelsus* u. wurde weitergetragen durch A. *Come-*

*Panflöte*

**Pantaleon**

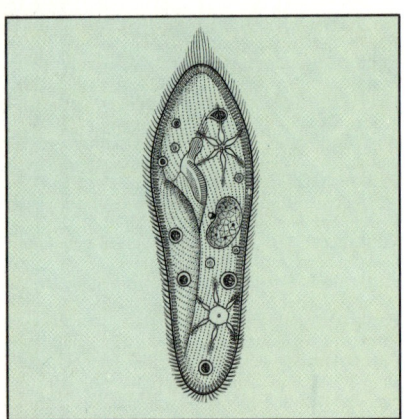

*Pantoffeltierchen, Gattung Paramaecium*

*nius,* einige Mystiker sowie durch die *Rosenkreuzer* u. die *Freimaurer.*
**Pantaleon,** Heiliger, Märtyrer um 305; einer der *14 Nothelfer,* Patron der Ärzte.
**Pantalone,** komische Figur der *Commedia dell'arte;* ein ältl., geiziger, argwöhnischer u. immer verliebter Kaufmann aus Venedig.
**Pantalons** [pãta'lɔ̃], lange venezian. Männerhosen, während der Frz. Revolution von den Jakobinern getragen.
**Pantanal,** Ldsch. in Mato Grosso (Brasilien), rd. 100 000 km²; Mastviehzucht.
**panta rhei** [grch. »alles fließt«], dem *Heraklit* fälschl. zugeschriebener Satz, nach dem das Sein ein ewiges Werden, ewige Bewegung u. einem steten Wandel unterworfen sei.
**Pantelleria,** das antike *Cossyra,* ital. Vulkaninsel zw. Sizilien u. Tunesien, 83 km², 8000 Ew., Hptst. *P.;* Weinanbau.
**Pantheismus,** *Allgottlehre,* eine Auffassung, die nicht die Existenz, wohl aber die Personhaftigkeit Gottes u. die Transzendenz Gottes bestreitet. Gott u. Natur fallen zusammen.
**Pantheon** [grch. »Tempel aller Götter«], **1.** in Rom 27 v. Chr. erbauter Tempel, 80 n. Chr. abgebrannt u. nach 126 n. Chr. von *Hadrian* in seiner heutigen Form als größter Zentralkuppelraum der Antike erbaut. Das P. wurde 609 Marienkirche u. ist Begräbnisstätte berühmter Italiener *(Raffael,* König *Viktor Emanuel II.).* – **2.** in Paris 1757–90 errichtete Genoveva-Kirche, Hptw. des frz. Klassizismus; Ehrentempel u. Mausoleum berühmter Franzosen (u.a. für *Voltaire* u. J.-J. *Rousseau).*
**Panther** → Leopard.
**Pantherkatze** → Ozelot.
**Pantherpilz,** *Pantherschwamm,* giftiger Pilz mitteleurop. Laub- u. Nadelwälder.
**Pantine,** Holzschuh, Holzpantoffel mit Oberleder.
**Pantoffel,** bequemer (Haus-)Schuh ohne Fersenleder.
**Pantoffelblume,** *Tigerblume, Calceolaria,* Gatt. der *Rachenblütler* mit pantoffelförmigen Blüten; Hauptverbreitung in S- u. Zentralamerika.
**Pantoffelheld,** scherzhafte Bez. für einen verh. Mann, der sich von seiner Ehefrau beherrschen läßt.
**Pantoffeltierchen,** Wimpertierchen von pantoffelförmiger Gestalt, bis 0,3 mm groß; bes. in fauligem Wasser.
**Pantograph** → Storchschnabel.
**Pantokrator,** »Allherrscher«, orth. Bez. für Christus, häufig in Kirchenkuppeln dargestellt.
**Pantomime,** ein Bühnenspiel, das nur durch Mimik, stummes Gebärdenspiel u. Bewegung, bei vereinfachter Handlungsgestaltung, meist mit Musik u. Tanz verbunden, zu wirken sucht. P. heißt auch der Darsteller der P. – **Pantomimik,** die Kunst der P.
**Pantry** ['pæntri], Anrichteraum auf Schiffen u. in Flugzeugen.
**Pantschatantra,** ältestes ind. Fabelbuch in 5 Teilen; in mehr als 50 Sprachen in die Weltliteratur eingegangen.
**Pantschen-Lama,** *Panchen rinpoche,* Titel des Vorstehers des Klosters Taschilhunpo bei Xigaze (Tibet), der als Verkörperung des *Buddha Amitabha* angesehen wird. Obwohl der P. L. den höheren geistl. Rang hat, stand er meist dem *Dalai-Lama* an polit. Macht nach.
**Panzer, 1.** Schutzhülle gegen die Einwirkung feindl. Waffen; im Altertum u. im MA Bestandteil der Rüstung. – **2.** Sammelbez. für gepanzerte Fahrzeuge, meist Voll- oder Halbkettenfahrzeuge, Vorläufer waren die im 1. Weltkrieg entwickelten *Tanks.* P. sind mit Funk, Bordsprechanlage u. z.T. mit einem Infrarotnachtsichtgerät ausgerüstet. Die Panzerung hat eine Stärke bis zu 300 mm. Die Bewaffnung eines P. besteht aus Bordkanonen u. Maschinengewehren im Drehturm. Der P. entwickelt Geschwindigkeiten bis zu 70 km/h bei einem Aktionsradius von 100–400 km. – **3.** schützende Körperbedeckung von Tieren, z.B. bei Schildkröten u. Krokodilen; auch die → Kutikula von Krebsen u. Insekten.
**Panzer,** Friedrich, *1870, †1956, dt. Germanist; arbeitete über die germ. Altertum u. das dt. MA sowie über Sage u. Märchen.
**Panzerechsen** → Krokodile.
**Panzerfaust,** im 2. Weltkrieg auf dt. Seite eingeführte Infanterie-Handfeuerwaffe zur Bekämpfung von Panzern (Reichweite bis 200 m).
**Panzerfische,** früher Bez. für alle mit knöchernem Außenpanzer versehenen fischgestaltigten Wirbeltiere des Paläozoikums; heute nur noch benutzt für die kiefertragenden Formen.
**Panzerglas,** Sicherheitsglas, bestehend aus mehreren Schichten, mit großer Widerstandskraft gegen Beschuß.
**Panzergrenadier,** ein Soldat der Infanterie, der entweder vom Schützenpanzer aus oder zu Fuß (abgesessen) kämpft.
**Panzerkreuzer,** stark gepanzerter, schwerer Kreuzer.
**Panzernashorn,** bis 3,50 m langes u. 1,70 m hohes *Nashorn* aus Vorderindien, mit starkem Rumpf- u. Nackenpanzer aus Hautplatten. Eine etwas kleinere Art ist das *Javanashorn.*
**Panzerschrank,** Geldschrank, → Tresor.
**Panzersperre,** künstl. Hindernis aus Gräben, Betonhöckern u. eingegrabenen Minen gegen feindl. Panzerverbände.
**Panzertruppe,** die mit Panzerkampfwagen ausgerüsteten Heeresverbände. In der Bundeswehr gehört die P. zu den gepanzerten Kampftruppen.
**Panzini,** Alfredo, *1863, †1939, ital. Schriftst.; iron. Erzähler zw. Positivismus u. Idealismus; witziger Reiseschilderer.
**Paoli,** Pasquale, *1725, †1807, kors. Freiheitskämpfer; kämpfte an der Spitze einer kors. Unabhängigkeitsbewegung 1755–69 gegen Genua u. Frankreich.
**Paolo Veronese** → Veronese.
**Paolozzi,** Eduardo, *7.3.1924, brit. Bildhauer u. Graphiker ital. Herkunft; schuf Phantasieformen aus verchromtem Stahl, die der Minimal Art nahestehen.
**Päonie** → Pfingstrose.
**Paotou** → Baotou.

*Pantomime: Marcel Marceau*

*Panzer: Kampfpanzer »Leopard« der Bundeswehr*

**Papa,** in der röm.-kath. Kirche seit dem 5. Jh. Titel des Papstes.
**Papabile,** aussichtsreicher Kandidat der Papstwahl.
**Papadiamantis,** Alexandros, *1851, †1911, grch. Schriftst.; schrieb psycholog. fein nuancierte Schilderungen des Lebens seiner Heimat.
**Papadopoulos** [-pulɔs], Georgios, *5.5.1919, grch. Offizier u. Politiker; nach dem Putsch 1967 Min.-Präs. der »Revolutionsregierung«, 1973 Staats-Präs., im selben Jahr gestürzt.
**Papagallo,** in Mittelmeerländern einheim., zu Liebesabenteuern mit Touristinnen bereiter junger Mann.
**Papageien,** *Sittiche,* in den wärmeren Zonen der ganzen Erde mit über 300 Arten verbreitete Ordnung der *Vögel;* durch Kletterfüße u. einen gelenkig an den Schädel angesetzten Oberschnabel gekennzeichnet. P. leben gesellig, die Eier werden in Baumhöhlen gelegt. Aufgrund ihrer Farbenpracht u. Gelehrigkeit sind sie beliebte Käfigvögel. Hierzu: *Nestor-P., Kakadus, Specht-P., Loris, Unzertrennliche, Fledermaus-P.* u. *Strumpfschwanz-P., Sittiche.*
**Papageienkrankheit,** *Psittakose,* eine anzeigepflichtige, schwere Viruskrankheit, übertragen durch Papageien u. Wellensittiche. Nach einer Inkubationszeit von 1–2 Wochen tritt schwere Lungenentzündung auf.
**Papageifische,** bunte *Barschfische* wärmerer Meere; mit papageienartigem Schnabel; beliebte Aquarienfische.

*Eduardo Paolozzi: Kyklop; 1967. London, Tate Gallery*

**Papageitaucher,** schwarzweißer Vogel aus der Fam. der *Alken,* mit rot u. gelb quergestreiftem Schnabel; brütet an den Küsten des N-Atlantik.
**Papaioannou** [papεɔ'anu], Yannis, *6.1.1911, grch. Komponist; schuf Werke in frei atonaler, zwölftöniger u. serieller Technik.
**Papalismus,** *Papalsystem,* die päpstl. Kirchenhoheit, im Ggs. zum *Episkopalismus.*
**Papandreou** [-'drε:u], **1.** Andreas, Sohn von 2), *5.2.1919, grch. Politiker; 1964 Min. im Kabinett seines Vaters, nach dem Militärputsch 1967 in Haft, bis 1974 im Exil; gründete 1974 die »Panhellen. Sozialist. Bewegung« (PASOK); 1981–89 Min.-Präs. – **2.** Georgios, *1888, †1968, grch. Politiker (Liberaler); 1944 Min.-Präs. der grch. Exilreg., dann Führer der »Demokrat. Sozialisten«, 1961 der »Zentrumsunion«; 1963–65 Min.-Präs. Der Militärputsch 1967 richtete sich bes. gegen die von P. u. seinem Sohn (1) vertretene Politik.

3. *holzhaltiges P.,* für das auch mechan. aufbereitete Fasern eingesetzt werden. Seinen Namen hat das P. vom ägypt. *Papyrus.* Das erste aus fasrigen Streifen bestehende P. wurde um 100 v.Chr. in China hergestellt.
**Papierformate,** seit 1922 nach DIN festgelegte Formate. Das Ausgangsformat ist ein Rechteck von 1 m² Flächeninhalt mit den Seitenlängen 841 u. 1189 mm. Sämtl. weiteren Formate entstehen durch Halbieren oder Verdoppeln. Die *Vorzugsreihe A* gilt für alle *unabhängigen Papiergrößen* (Geschäftsbriefe, Zeitschriften). Die *Zusatzreihen B* u. *C* sind für *abhängige Papiergrößen* (Briefhüllen, Mappen, Aktendeckel) maßgebend.
**Papiergarn,** Garn aus geleimtem Zellstoffpapier, verwendet als Bindegarne, Sackgewebe u. Bespannungen.
**Papiergeld,** Zahlungsmittel in Form von bedrucktem Papier, dessen Wert vom Staat (*Staatspapier*),

schieren mit Klarsichtfolie (Laminieren) erhält man einen *laminierten* oder *glanzfoliekaschierten* P.
**Pappe,** feste Bogen aus Papierrohstoff. *Grau-P.,* für Versandkisten, wird aus geringwertigem Altpapier gearbeitet; *Holz-P.* vorw. aus Holzschliff; *Stroh-P.* aus gelbem Strohstoff.
**Pappel,** *Populus,* Gatt. der *Weidengewächse.* In Dtld. verbreitet: die *Zitter-P. (Espe),* mit fast runden, langgestielten u. beim geringsten Luftzug zitternden Blättern; die *Schwarz-P.,* mit dreieckig-eiförmigen, unterseits grünen Blättern; P. sind beliebte, schnellwüchsige Alleebäume; P.holz ist weich u. nicht sehr dauerhaft.
**Pappenheim,** Gottfried Heinrich Graf zu, *1594, †1632, kaiserl. Feldherr im Dreißigjährigen Krieg. Chef eines Kürassierregiments (die »P.er«); wurde bei Lützen tödl. verwundet.
**Paprika,** *Spanischer Pfeffer,* Gatt. der *Nachtschattengewächse.* Zahlr. Kulturformen, die in allen wärmeren Ländern gezüchtet werden, liefern in ihren Früchten (*P.schoten*) das P.-Gewürz. Milde Sorten werden als Gemüse gegessen.
**Papst,** alter Bischofstitel, heute nur noch für den Bischof von Rom als Oberhaupt der kath. Kirche. Diese versteht den P. als Nachfolger des Apostels *Petrus* u. dieses Petrusamt als von *Christus* eingesetzte Dauereinrichtung (Matth. 16,18). Rechtl. ist die Stellung des P. in der Kirche durch das 1. Vatikan. Konzil (1870) definiert als oberster Jurisdiktionsprimat (Gesetzgebungsgewalt, Aufsichtsrecht, Gerichtsbarkeit) u. oberstes Lehramt (Unfehlbarkeit bei der Verkündigung von Lehrsätzen in Glaubens- u. Sittenfragen). Der P. wird von allen in Rom anwesenden (nicht mehr als 120) Kardinälen gewählt, die sich am 16., spätestens am 19. Tag nach dem Tod des P. im → Konklave versammeln. Seit 1971 nehmen Kardinäle, die das 80. Lebensjahr überschritten haben, nicht mehr an der P.wahl teil. Gewählt werden kann durch einstimmige Akklamation oder durch Übertragung an einen Ausschuß von Kardinälen; tatsächl. wird aber stets durch *Skrutinium* gewählt, d.h. durch geheime Abstimmung mit Wahlzettel, bei der der Gewählte eine Stimme mehr als zwei Drittel der Stimmen erhalten muß. Wählbar ist jeder rechtgläubige männl. Katholik, theoret. auch ein Laie, der freilich die Bedingungen für den Erhalt der Priester- u. Bischofsweihe erfüllen müßte. Seit 1389 sind nur Kardinäle u. 1523–1978 stets Italiener gewählt worden. Die Wahl erfolgt auf Lebenszeit; eine Absetzung ist nicht mögl., jedoch ein freiwilliger Rücktritt.
G e s c h i c h t e. Der Primat (Vorrang) des Bischofs von Rom in der Kirche bildete sich allmähl. seit dem 2. Jh. heraus. *Stephan I.* (254–257) gründete

*Papageien: Gelbbrustara aus dem mittleren Südamerika und Soldatenara aus Zentralamerika (links). – Hellroter Ara aus Brasilien (Mitte). – Gelbwangen-Kakadu aus Bali (rechts)*

**Papaver** → Mohn.
**Papaverin,** im *Opium* vorkommendes, hpts. aber synthet. gewonnenes Alkaloid; mit krampflösender Wirkung.
**Papaya** → Melonenbaum.
**Papeete,** Hptst. von Frz.-Polynesien, Hafenstadt auf der frz. Südseeinsel Tahiti, eine der größten Südseestädte, 79 000 Ew.; Flottenstützpunkt, Flugplatz, Fremdenverkehr.
**Papel,** *Knötchen,* entzündl., etwa reiskorngroße Hauterhebung.
**Papen,** Franz von, *1879, †1969, dt. Politiker (Zentrum); im Juni 1932 als Nachfolger H. *Brünings* zum Reichskanzler ernannt, wurde aber bereits im Dez. durch K. von *Schleicher* abgelöst. Durch seine Besprechungen mit *Hitler* am 4.1.1933 ebnete P. diesem den Weg an die Macht u. trat am 30.1. als Vizekanzler in das Kabinett Hitler ein. Nach dem Röhm-Putsch schied er aus der Reg. aus.
**Papenburg,** Stadt in Nds., nahe der Ems, 28 000 Ew.; Torf-, Holz- u. Textilind.; 1638 als älteste dt. Fehnkolonie angelegt.
**Paperback** ['peɪpəbæk], Bez. für kartonierte Bücher (unter Ausschluß von Taschenbüchern).
**Paphos,** zwei antike Städte in SW-Zypern; *Alt-P.* (beim heutigen Dorf *Kouklia*). Nach der Sage stieg Aphrodite (»die Schaumgeborene«) dort aus dem Meer. Im 4. Jh. v.Chr. wurde es abgelöst von *Neu-P.* (nahe der heutigen Stadt *Ktima*).
**Papier,** ein Werkstoff, der vor allem zum Beschreiben, Bedrucken u. Verpacken dient. Er besteht hpts. aus Fasern, die unter Einwirkung von Wasser verfilzt worden sind. Früher wurde P. ausschl. aus Leinen- u. Baumwoll-Lumpen (*Hadern*) hergestellt. Heute dienen meist Holz (Kiefer, Fichte, Birke) sowie Stroh, Halfagras, Esparto bzw. aus diesen gewonnener Zellstoff als Rohmaterial. Synthet. P. kann aus Chemiefasern hergestellt werden. Die Herstellung ist fast gänzl. mechan. Man unterscheidet drei Hauptgruppen: 1. *Hadern-P.* u. *hadernhaltiges P.* (letzteres ist einer Mischung von Hadern u. Zellstoffen), bes. hochwertig; 2. *holzfreies P.,* das aus Zellstoff, d.h. chem. aufbereiteten Fasern, hergestellt wird;

von einer Bank (*Banknote*) oder einer anderen Institution garantiert wird. – Das älteste P. war in China im Umlauf (nachweisbar seit dem 14. Jh.); in Europa brachte Schweden 1660 das erste P. heraus.
**Papiergewicht,** Leichtfliegengewicht; → Gewichtsklassen.
**Papiermaché** [-ma'ʃe], plast. Masse aus aufgelöstem Altpapier, Kreide, Gips oder Ton; mit Leimwasser angerührt, in Formen gepreßt u. getrocknet; für Bildhauerarbeiten u. Spielzeug.
**Papillarlinien,** *Hautleisten,* charakterist. Linien in der Haut der Innenhand u. der Fußsohle; wegen der Erblichkeit ihrer Formen zur Vaterschaftsbestimmung, wegen ihrer individuellen Einmaligkeit zur Personenidentifizierung (*Fingerabdrücke*) verwendet.
**Papille,** *Papilla,* warzenförmige Hauterhebung, z.B. *Zungen-P., Brustwarze.*
**Papillom,** *Zottengeschwulst, Warzengeschwulst,* Geschwulst mit warzenartig zerklüfteter Oberfläche. Hierzu gehören z.B. die Warzen (*hartes P.*), die *Kondylome* (kleine Wucherungen an Eichel, Vorhaut, Vulva) u. die *weichen P.,* z.B. das Harnblasen-P.
**Papin** [pa'pɛ̃], Denis, *1647, †1714, frz. Physiker; erfand den *P.schen Topf* u. das dazugehörige Sicherheitsventil für Überdruck; entdeckte als erster die Möglichkeit, großen Druck zur Arbeitsleistung zu verwenden.
**Papini,** Giovanni, Pseud.: Gian Falco, *1881, †1956, ital. Schriftst.; gründete u.a. das futurist. Blatt »Lacerba« 1913; schrieb Romane u. Biographien.
**Papinianus,** Aemilius, *um 140, †212, röm. Jurist; Mitschöpfer des röm. Rechts; von Kaiser *Caracalla* hingerichtet, weil er den Mord an dessen Bruder u. Mitregenten *Geta* nicht rechtfertigen wollte.
**Papismus,** abwertende Bez. für Papsttum. – **Papist,** abwertende Bez. für Katholik.
**Pappataci-Fieber** [-tʃi-], *Dreitagefieber,* in trop. u. subtrop. Ländern heim. Viruskrankheit mit hohem Fieber; übertragen durch eine Sandmücke.
**Pappband,** Bucheinband aus Pappe. Durch Ka-

*Papier: Durch den Kalander wird das Papier beidseitig geglättet*

ihn erstmals auf die Bibelstelle Matth. 16,18. *Leo d. Gr.* (440–46) konnte seine Autorität auf das ganze Abendland ausdehnen. Im Machtbereich des Patriarchen von Konstantinopel war der Primat jedoch nicht durchzusetzen. *Gregor d. Gr.* (590 bis 604) legte den Grund zum Kirchenstaat. Nach längerer Abhängigkeit von Byzanz verbündete sich das P.tum im 8. Jh. mit den Franken; durch die Schenkung *Pippins d. J.* wurde der Kirchenstaat definitiv geschaffen. Nach dem Untergang des karoling. Reichs hatten röm. Adelsparteien, sodann die dt. Kaiser bestimmenden Einfluß auf das P.tum. Eine grundlegende Erneuerung brachte die Cluniazens. Kirchenreform. *Gregor VII.* (1073 bis 1085) beanspruchte den Vorrang des P. vor jeder weltl. Gewalt. Der Investiturstreit (1075–1122) beendete das Miteinander von P. u. Kaiser an der Spitze der Christenheit. Unter *Innozenz III.* (1198–1216) erreichte das P.tum den Höhepunkt seiner weltl. Macht, wurde aber dann von den frz. Königen entmachtet (»babylon. Gefangenschaft« in Avignon 1309–76). Das Große Schisma (1378–1417) erschütterte die päpstl. Autorität vollständig. *Martin V.* (1417–31) konnte die Primat-Idee erneut durchsetzen. Die Renaissance bedeutete für das P.tum eine Zeit höchsten weltl. Glanzes. Die geistl. Aufgaben traten ganz hinter machtpolit. Interessen zurück; Nepotismus u. Sittenlosigkeit breiteten sich aus. Mit *Paul III.* (1534–49) wandte sich die Kurie wieder mehr ihren geistl. Aufgaben zu. Seit dem 17. Jh. wurde die weltl. Machtstellung des P. immer schwächer. Die Frz. Revolution schien den Niedergang zu besiegeln. Der Kirchenstaat wurde von *Napoleon I.* 1809 beseitigt. Seine Wiederherstellung auf dem Wiener Kongreß (1815) führte zu heftigen Konflikten mit der ital. Nationalbewegung; 1870 wurde er endgültig aufgehoben. Die polit. Umwälzungen seit Ende des 18. Jh. beraubten die Kirche weitgehend ihres materiellen Rückhalts, lösten sie aber zugleich aus vielen polit. Verstrickungen. Die Folge war ein vollständiger Sieg des päpstl. Zentralismus, der seinen Ausdruck im 1870 verkündeten Unfehlbarkeitsdogma fand. Die Päpste des 20. Jh. nahmen häufig Stellung zu sozialen u. polit. Fragen u. wandten sich verstärkt der Leitung der Weltkirche zu. *Paul VI.* (1963–78) u. *Johannes Paul II.* (seit 1978, erster nicht-ital. P. seit 1523) unternahmen deshalb zahlr. Auslandsreisen.

**Papua**, die Bewohner von Neuguinea (bis auf die Küstengebiete im NO u. SO) u. den benachbarten Inseln; stehen rassisch den *Melanesiern* nahe (Kraushaar, dunkle Haut), von denen sie sich jedoch sprachl. als eine Vorbevölkerung deutl. abheben. Trotz Missionierung haben sich Ahnenverehrung u. Geisterglaube erhalten.

**Papua-Neuguinea**, Staat am westl. Rand des Pazifik, 462 840 km², 3,5 Mio. Ew. (Papuas), Hptst.

*Papua-Neuguinea*

*Port Moresby;* umfaßt den O-Teil von → *Neuguinea,* die *Admiralitäts-, D'Entrecasteaux-, Trobriandinseln,* den *Bismarck-* u. *Louisiadearchipel* sowie die Inseln *Bougainville* u. *Buka.* Abbau von Kupfer (Hauptexportgut), Gold, Silber u. Mangan; Ausfuhr von Kakao, Kautschuk, Kopra u. Edelhölzern.

Geschichte. Den größten Teil P. bildet die östl. Hälfte der Insel → Neuguinea. 1975 wurde P. unabh. Es blieb im Commonwealth. Auf der Insel *Bougainville* wirken starke separatist. Kräfte gegen die Zentralregierung.

**Papyrus,** *P. staude,* zu den *Ried-* oder *Sauergräsern* gehörende 1–3 m hohe Wasserpflanze; Blü-

## Päpste-Zeittafel

Die Fragezeichen nach den Regierungszahlen der ersten Päpste zeigen an, daß die Regierungszeit nicht eindeutig feststeht. Die Namen der Gegenpäpste sind in Klammern gesetzt

| | | | | | | | | |
|---|---|---|---|---|---|---|---|---|
| Petrus, Hl. | bis 67? | Johannes II. | 533–535 | Bonifatius VI. | 896 | Gelasius II. | 1118–1119 | Kalixt III. | 1455–145 |
| Linus, Hl. | 67–76? | Agapetus I., Hl. | 535–536 | Stephan VI. | 896–897 | (Gregor VIII. 1118–1121) | | Pius II. | 1458–146 |
| Anaklet, Hl. | 76–88? | Silverius, Hl. | 536–537 | Romanus | 897 | Kalixt II. | 1119–1124 | Paul II. | 1464–147 |
| Klemens, Hl. | 88–97? | Vigilius | 537–555 | Theodor II. | 897 | Honorius II. | 1124–1130 | Sixtus IV. | 1471–148 |
| Evaristus, Hl. | 97–105? | Pelagius I. | 556–561 | Johannes IX. | 898–900 | (Cölestin II. 1124) | | Innozenz VIII. | 1484–149 |
| Alexander I., Hl. | 105–115? | Johannes III. | 561–574 | Benedikt IV. | 900–903 | Innozenz II. | 1130–1143 | Alexander VI. | 1492–150 |
| Sixtus I., Hl. | 115–125? | Benedikt I. | 575–579 | Leo V. | 903 | (Anaklet II. 1130–1138) | | Pius III. | 1503 |
| Telesphorus, Hl. | 125–138? | Pelagius II. | 579–590 | (Christophorus 903–904) | | (Viktor IV. 1138) | | Julius II. | 1503–151 |
| Hyginus, Hl. | 136/138–140/142 | Gregor I., Hl. | 590–604 | Sergius III. | 904–911 | Cölestin II. | 1143–1144 | Leo X. | 1513–152 |
| Pius I., Hl. | um 142–155? | Sabinianus | 604–606 | Anastasius III. | 911–913 | Lucius II. | 1144–1145 | Hadrian VI. | 1522–152 |
| Aniketos, Hl. | 155–166? | Bonifatius III. | 607 | Lando | 913–914 | Eugen III., Sel. | 1145–1153 | Klemens VII. | 1523–153 |
| Soter, Hl. | 166–174? | Bonifatius IV., Hl. | 608–615 | Johannes X. | 914–928 | Anastasius IV. | 1153–1154 | Paul III. | 1534–154 |
| Eleutherus, Hl. | 175–189? | Deusdedit, Hl. | 615–618 | Leo VI. | 928 | Hadrian IV. | 1154–1159 | Julius III. | 1550–155 |
| Viktor I., Hl. | 189–198? | Bonifatius V. | 619–625 | Stephan VII. | 928–931 | Alexander III. | 1159–1181 | Marcellus II. | 155 |
| Zephyrinus, Hl. | 198/199–217 | Honorius I. | 625–638 | Johannes XI. | 931–935 | (Viktor IV. 1159–1164) | | Paul IV. | 1555–155 |
| Kalixt I., Hl. | 217–222 | Severinus | 640 | Leo VII. | 936–939 | (Paschalis III. 1164–1168) | | Pius IV. | 1559–156 |
| (Hippolytos, Hl. 217–235) | | Johannes IV. | 640–642 | Stephan VIII. | 939–942 | (Kalixt III. 1168–1178) | | Pius V., Hl. | 1566–157 |
| Urban I., Hl. | 222–230 | Theodor I. | 642–649 | Marinus II. | 942–946 | (Innozenz III. 1179–1180) | | Gregor XIII. | 1572–158 |
| Pontianus, Hl. | 230–235 | Martin I., Hl. | 649–653 | Agapetus II. | 946–955 | Lucius III. | 1181–1185 | Sixtus V. | 1585–159 |
| Anteros, Hl. | 235–236 | Eugen I., Hl. | 654–657 | Johannes XII. | 955–964 | Urban III. | 1185–1187 | Urban VII. | 159 |
| Fabianus, Hl. | 236–250 | Vitalian, Hl. | 657–672 | Leo VIII. | 963–965 | Gregor VIII. | 1187 | Gregor XIV. | 1590–159 |
| Cornelius, Hl. | 251–253 | Adeodatus II. | 672–676 | Benedikt V. | 964 | Klemens III. | 1187–1191 | Innozenz IX. | 159 |
| (Novatian 251) | | Donus | 676–678 | Johannes XIII. | 965–972 | Cölestin III. | 1191–1198 | Klemens VIII. | 1592–160 |
| Lucius I., Hl. | 253–254 | Agatho, Hl. | 678–681 | Benedikt VI. | 973–974 | Innozenz III. | 1198–1216 | Leo XI. | 160 |
| Stephan I., Hl. | 254–257 | Leo II., Hl. | 682–683 | (Bonifatius VII. 974, 984–985) | | Honorius III. | 1216–1227 | Paul V. | 1605–162 |
| Sixtus II., Hl. | 257–258 | Benedikt II., Hl. | 684–685 | Benedikt VII. | 974–983 | Gregor IX. | 1227–1241 | Gregor XV. | 1621–162 |
| Dionysius | 259–268 | Johannes V. | 685–686 | Johannes XIV. | 983–984 | Cölestin IV. | 1241 | Urban VIII. | 1623–164 |
| Felix I., Hl. | 269–274 | Konon | 686–687 | Johannes XV. | 985–996 | Innozenz IV. | 1243–1254 | Innozenz X. | 1644–165 |
| Eutychianus, Hl. | 275–283 | (Theodor 687) | | Gregor V. | 996–999 | Alexander IV. | 1254–1261 | Alexander VII. | 1655–166 |
| Cajus, Hl. | 283–296 | (Paschalis 687) | | (Johannes XVI. 997–998) | | Urban IV. | 1261–1264 | Klemens IX. | 1667–166 |
| Marcellinus, Hl. | 296–304 | Sergius I., Hl. | 687–701 | Silvester II. | 999–1003 | Klemens IV. | 1265–1268 | Klemens X. | 1670–167 |
| Marcellus I., Hl. | 308–309 | Johannes VI. | 701–705 | Johannes XVII. | 1003 | Gregor X., Sel. | 1271–1276 | Innozenz XI., Sel. | 1676–168 |
| Eusebius, Hl. | 309 | Johannes VII. | 705–707 | Johannes XVIII. | 1004–1009 | Innozenz V., Sel. | 1276 | Alexander VIII. | 1689–169 |
| Miltiades, Hl. | 311–314 | Sisinnius | 708 | Sergius IV. | 1009–1012 | Hadrian V. | 1276 | Innozenz XII. | 1691–170 |
| Silvester I., Hl. | 314–335 | Konstantin I. | 708–715 | Benedikt VIII. | 1012–1024 | Johannes XXI. | 1276–1277 | Klemens XI. | 1700–172 |
| Markus, Hl. | 336 | Gregor II., Hl. | 715–731 | (Gregor 1012) | | Nikolaus III. | 1277–1280 | Innozenz XIII. | 1721–172 |
| Julius I., Hl. | 337–352 | Gregor III., Hl. | 731–741 | Johannes XIX. | 1024–1032 | Martin IV. | 1281–1285 | Benedikt XIII. | 1724–173 |
| Liberius | 352–366 | Zacharias, Hl. | 741–752 | Benedikt IX. | 1032–1044 | Honorius IV. | 1285–1287 | Klemens XII. | 1730–174 |
| (Felix II. 355–358) | | Stephan II. | 752–757 | Silvester III. | 1045 | Nikolaus IV. | 1288–1292 | Benedikt XIV. | 1740–175 |
| Damasus I., Hl. | 366–384 | Paul I., Hl. | 757–767 | Benedikt IX. | 1045 | Cölestin V., Hl. | 1294 | Klemens XIII. | 1758–176 |
| (Ursinus 366–367) | | (Konstantin II. 767–768) | | (zum zweitenmal) | | Bonifatius VIII. | 1294–1303 | Klemens XIV. | 1769–177 |
| Siricius, Hl. | 384–399 | (Philippus 768) | | Gregor VI. | 1045–1046 | Benedikt XI., Sel. | 1303–1304 | Pius VI. | 1775–179 |
| Anastasius I., Hl. | 399–402 | Stephan III. | 768–772 | Klemens II. | 1046–1047 | Klemens V. | 1305–1314 | Pius VII. | 1800–182 |
| Innozenz I., Hl. | 402–417 | Hadrian I. | 772–795 | Benedikt IX. | 1047–1048 | Johannes XXII. | 1316–1334 | Leo XII. | 1823–182 |
| Zosimus | 417–418 | Leo III., Hl. | 795–816 | (zum drittenmal) | | (Nikolaus V. 1328–1330) | | Pius VIII. | 1829–183 |
| Bonifatius I., Hl. | 418–422 | Stephan IV. | 816–817 | Damasus II. | 1048 | Benedikt XII. | 1334–1342 | Gregor XVI. | 1831–184 |
| (Eulalius 418–419) | | Paschalis I., Hl. | 817–824 | Leo IX., Hl. | 1049–1054 | Klemens VI. | 1342–1352 | Pius IX. | 1846–187 |
| Cölestin I., Hl. | 422–432 | Eugen II. | 824–827 | Viktor II. | 1055–1057 | Innozenz VI. | 1352–1362 | Leo XIII. | 1878–190 |
| Sixtus III., Hl. | 432–440 | Valentin | 827 | Stephan IX. | 1057–1058 | Urban V., Sel. | 1362–1370 | Pius X., Hl. | 1903–191 |
| Leo I., Hl. | 440–461 | Gregor IV. | 827–844 | (Benedikt X. 1058–1059) | | Gregor XI. | 1370–1378 | Benedikt XV. | 1914–192 |
| Hilarus, Hl. | 461–468 | (Johannes 844) | | Nikolaus II. | 1058–1061 | Urban VI. | 1378–1389 | Pius XI. | 1922–193 |
| Simplicius, Hl. | 468–483 | Sergius II. | 844–847 | Alexander II. | 1061–1073 | (Klemens VII. 1378–1394) | | Pius XII. | 1939–195 |
| Felix III. (II.), Hl. | 483–492 | Leo IV., Hl. | 847–855 | (Honorius II. 1061–1064) | | Bonifatius IX. | 1389–1404 | Johannes XXIII. | 1958–196 |
| Gelasius I., Hl. | 492–496 | Benedikt III. | 855–858 | Gregor VII., Hl. | 1073–1085 | (Benedikt XIII. 1394–1417) | | Paul VI. | 1963–197 |
| Anastasius II. | 496–498 | (Anastasius II. 855) | | (Klemens III. 1080, 1084–1098) | | Innozenz VII. | 1404–1406 | Johannes Paul I. | 197 |
| Symmachus, Hl. | 498–514 | Nikolaus I., Hl. | 858–867 | Viktor III., Sel. | 1086–1087 | Gregor XII. | 1406–1415 | Johannes Paul II. | seit 197 |
| (Laurentius 498, 501–506) | | Hadrian II. | 867–872 | Urban II., Sel. | 1088–1099 | (Alexander V. 1409–1410) | | | |
| Homisdas, Hl. | 514–523 | Johannes VIII. | 872–882 | Paschalis II. | 1099–1118 | (Johannes XXIII. 1410–1415) | | | |
| Johannes I., Hl. | 523–526 | Marinus I. | 882–884 | (Theoderich 1100) | | Martin V. | 1417–1431 | | |
| Felix IV. (III.), Hl. | 526–530 | Hadrian III. | 884–885 | (Albert 1102) | | Eugen IV. | 1431–1447 | | |
| Bonifatius II. | 530–532 | Stephan V. | 885–891 | (Silvester IV. 1105–1111) | | (Felix V. 1440–1449) | | | |
| (Dioscurus 530) | | Formosus | 891–896 | | | Nikolaus V. | 1447–1455 | | |

tenstand doldig; vom trop. Afrika bis Kalabrien verbreitet. – Im alten Ägypten seit etwa 2500 v. Chr. papierähnl. Schreibmaterial aus dem Mark der P.staude, das in Streifen geschnitten u. kreuzweise übereinandergeklebt wurde; im 2. Jh. n. Chr. vom Pergament verdrängt.

**Papyrussäule,** in der altägypt. Baukunst eine der Papyrusstaude nachgebildete Säulenform.

**Pará, 1.** Bundesstaat → Brasiliens, im östl. Amazonasbecken. – **2.** *Rio do Pará,* im nördl. Brasilien Mündungsarme des *Amazonas* u. des *Tocantins.*

**Parabel, 1.** eine axialsymmetr., nicht geschlossene Kurve; einer der Kegelschnitte. Die P. ist die Menge der Punkte, deren Abstände von einer festen Geraden (Leitlinie) u. einem festen Punkt (Brennpunkt) gleich sind. Gleichungen: $y = a \cdot x^2$ (Ursprungs-P.); $y = x^2$ (Normal-P.). – **2.** eine einfache *metaphor.* Erzählung, die dazu benutzt wird, einen erzieher. Gedanken, eine sittl. Idee oder eine Lebensweisheit sinnfällig zu verdeutlichen; im NT meist *Gleichnis* genannt. Bekanntes Beispiel: Lessings »Ring-P.« in »Nathan der Weise«.

**Parabiose,** operative Vereinigung zweier Tiere (künstl. *Siamesische Zwillinge*).

**parabolisch,** in der Art einer Parabel.

**Paraboloid,** eine Fläche 2. Ordnung. Ein *Dreh-* oder *Rotations-P.* entsteht durch Drehung einer Parabel um die Achse.

**Parabolspiegel,** Spiegel in Form eines Rotationsparaboloids; als Scheinwerferspiegel verwendet, da alle vom Brennpunkt ausgehenden Strahlen als parallele Strahlen reflektiert werden.

**Paracelsus,** eigtl. Philippus Aureolus Theophrastus *Bombastus von Hohenheim,* \*1493/94, †1541, dt. Arzt, Naturforscher u. Philosoph; wirkte in Straßburg u. Basel. kämpfte gegen die scholast. Einstellung der Medizin seiner Zeit, indem er das naturwiss. Experiment über die Buchüberlieferung stellte, u. forderte die Unterstützung der Heilkraft der Natur durch ein naturgemäßes Leben.

**Parade, 1.** Truppenschau aus bes. Anlaß (z.B. Gedenktag). – **2.** beim Fechten Abwehr eines

## PÄPSTE

*Papst Alexander VI.; Ausschnitt aus einem Fresko von Pinturicchio. Città del Vaticano (links). – Papst Paul III.: Ignatius von Loyola überreicht dem Papst die Ordensregel seiner »Societas Jesu«. Gemälde; 17. Jh. Rom, Kirche Il Gesù (Mitte). – Paul VI. und Athenagoras I. in Jerusalem 1964 (rechts)*

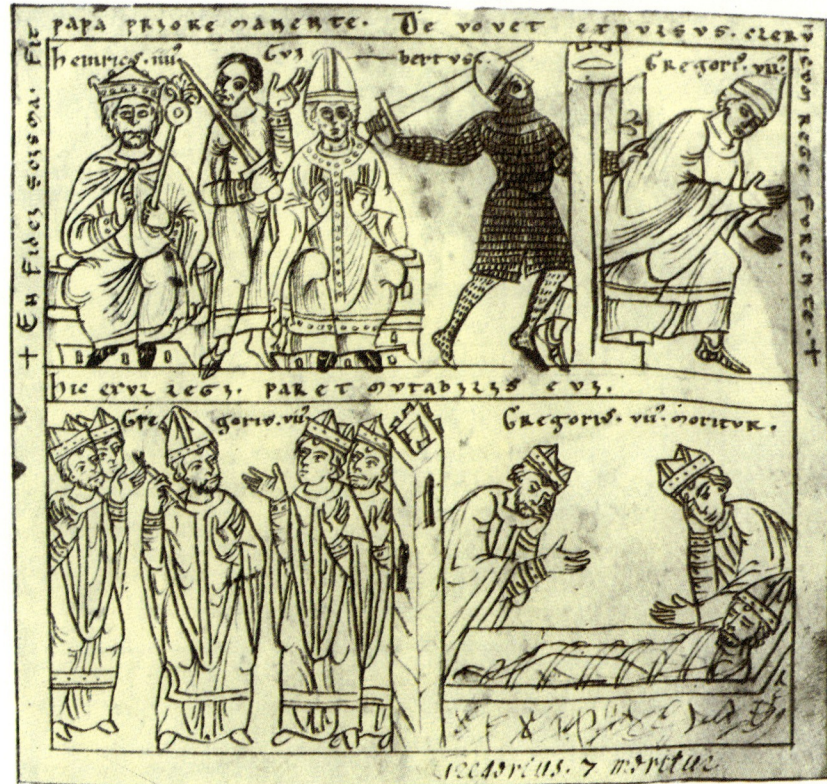

*Bismarck und Papst Pius IX.; Karikatur aus dem »Kladderadatsch«, 1875*

*Heinrich IV. und Papst Klemens III. (oben links); Vertreibung und Tod Gregors VII.; 1084/85, Miniatur aus der Handschrift Ottos von Freising. Jena, Universitätsbibliothek (links). – Engelsbrücke und Peterskirche (rechts)*

# Paradies

*Großer Paradiesvogel*

Hiebs oder Stichs. – **3.** im Reitsport Anhalten des Pferdes aus dem Lauf zum Stillstand.
**Paradies, 1.** in Natur- u. Weltreligionen weit verbreitete Vorstellung von einem urzeitl. oder künftigen Ort der Seligkeit; im AT Aufenthaltsort des Menschen vor dem Sündenfall, der »Garten Eden«. – **2.** Vorhof oder Vorhalle der altchristl. Basiliken, zuweilen auch bei roman. Kirchen.
**Paradiesapfel, 1.** → Tomate. – **2.** Granatapfel.
**Paradiesfische** → Makropoden.
**Paradiesflüsse,** nach Gen. 2,10–14 vier Flüsse, die dem Paradiesstrom entspringen: *Pison, Gihon, Euphrat* u. *Tigris*.
**Paradiesvögel,** Fam. der *Singvögel,* durch Schmuckfedern u. prachtvolle Färbung der Männchen gekennzeichnet; rd. 45 Arten auf Neuguinea u. in Australien.
**Paradigma,** Musterbeispiel, in der Sprachwiss. Flexionsmuster, nach dem alle Wörter der gleichen Klasse flektiert werden.
**paradox,** widersinnig, einen inneren Widerspruch enthaltend. – **Paradoxie,** Widersinnigkeit.
**Paradoxon,** eine scheinbar widerspruchsvolle Aussage, die aber doch einen Sinn ergibt.
**Paraffin,** farbloses Gemisch von gesättigten, höheren aliphat. Kohlenwasserstoffen; wasserunlösl., aber in Benzin, Benzol, Alkohol, Ether u. Chloroform lösl.; aus den Rückständen der Destillation des Erdöls oder aus Braunkohlenteer gewonnen; zur Herstellung von Kerzen, Bohner- u. Schuhwachsen, Imprägnier- u. Poliermitteln, als Salbengrundlage u. für techn. Schmiermittel verwendet; *P.öl* für Uhrenöle u. als Abführmittel.
**Paragraph,** Zeichen §, (kleiner) Abschnitt, bes. eines Gesetzes.
**Paraguay,** Staat in S-Amerika, 406 752 km², 3,9 Mio. Ew. (zu 95 % Mestizen), Hptst. *Asunción.*

*Paraguay*

Landesnatur. Das Zentrum nehmen die sumpfigen Savannenniederungen am Fluß P. ein; östl. davon erhebt sich von trop.-subtrop. Regenwald überzogenes Hügelland; im W erstreckt sich die mit Trockenwald bestandene Ebene des *Gran Chaco*.
Wirtschaft. Die Landwirtschaft liefert für den Export Baumwolle, Tabak, Kaffee u. Ölpflanzen. Die Viehzucht erwirtschaftet Exportüberschüsse. Aus den Wäldern, die 50 % der Landesfläche bedecken, werden Quebracho-Extrakte, Edelhölzer u. äther. Öle gewonnen u. ausgeführt.
Geschichte. P. wurde im 16. Jh. von Spaniern besiedelt. Seit 1542 gehörte es zum span. *Vizekönigreich Peru.* Dann wurde das Gebiet Teil des *Vizekönigreichs Buenos Aires* (bzw. *La Plata*). 1811 wurde es unter J. G. R. *Francia* unabh. u. nahm einen raschen wirtschaftl. u. polit. Aufschwung. 1864–70 kämpfte P. gegen Argentinien, Brasilien u. Uruguay, unterlag u. verlor große Teile seines Staatsgebiets. Den *Chaco-Krieg* gegen Bolivien (1932–35) gewann P. In der Folge löste eine Diktatur die andere ab, bis General Alfredo *Stroessner* 1954 die Reg. übernahm. Er regierte bis zu seinem Sturz 1989 diktatorisch. Im gleich Jahr fanden Parlaments- u. Präsidentschaftswahlen statt. StaatsPräs. ist seit 1989 General A. *Rodriguez.*
**Paraguay,** r. Nbfl. des Paraná in Südamerika, 2200 km; entspringt im Bergland von Mato Grosso, mündet bei Corrientes.
**Parakinese,** Störung des Bewegungsablaufs infolge mangelhafter Koordination.
**Paraklet,** in den johanneischen Schriften des NT der von Jesus verheißene Hl. Geist.
**Parakou** [-'ku], Stadt im Innern der W-afrikan. Rep. Benin, 92 000 Ew.; Güterumschlagplatz der Rep. Niger.
**Paralbiose,** das Nebeneinanderleben von Organismen ohne wechselseitigen Vorteil; Ggs.: *Symbiose.*
**Paraldehyd,** Polymerisationsprodukt des Acetaldehyds; Lösungsmittel für Gummi, Harze u. Fette.
**Paralipomena,** Nachträge, Zusätze, Randbemerkungen; im AT die Chronikbücher.
**Parallaxe, 1.** die scheinbare Verschiebung der Richtung eines Gestirns infolge Bewegung des Beobachtungsstandpunkts, also der Winkel zw. den Blickrichtungen nach dem Gestirn von den beiden Endpunkten einer Standlinie aus. Die P. ist um so kleiner, je weiter das Gestirn entfernt ist, u. daher ein Maß für die Entfernung (bis etwa 300 Lichtjahre). Die *tägl. P.* ist die Schwankung des Sternorts infolge der Drehung der Erde; Standlinie ist der Äquatorhalbmesser der Erde; tägl. P. des Mondes im Mittel 57'; tägl. P. der Sonne 8,8"). – **2.** der Winkel zw. der opt. Achse eines Objektivs, dem zu photographierenden Gegenstand u. dem Sucher bei einer Kamera.
**Parallaxensekunde** → Parsek.
**parallel,** Bez. für Geraden in einer Ebene oder im Raum oder für Ebenen im Raum, die sich nicht schneiden. – **Parallele,** parallele Gerade.
**Parallelenaxiom,** eine Grundannahme *Euklids* für den Aufbau seiner Geometrie: Parallel zu einer gegebenen Geraden kann durch einen gegebenen Punkt nur eine einzige Gerade gezogen werden.
**Parallelflach,** *Parallelepiped,* von drei Paaren kongruenter, in parallelen Ebenen liegender Parallelogrammen begrenzter Körper; Sonderfälle:

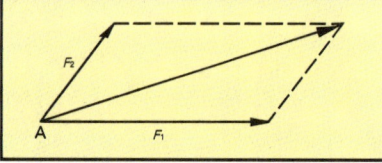

*Parallelogramm der Kräfte: Die beiden am Punkt A angreifenden Kräfte F1 und F2 ergeben als resultierende Kraft nach Größe und Richtung die Diagonale*

*Quader,* begrenzt von 6 Rechtecken, *Rhomboeder,* begrenzt von 6 Rauten; *Würfel,* begrenzt von 6 Quadraten.
**Parallelismus, 1.** Übereinstimmung versch. Dinge oder Vorgänge. – **2.** formale u. inhaltl. Übereinstimmung zw. aufeinanderfolgenden Satz- oder Redeteilen. – **3.** Ausbildung übereinstimmender Verbreitungstypen in der Tierwelt.
**Parallelkreis,** Schnittkurve paralleler Ebenen mit einer Kugel; auf der Erdoberfläche: *Breitenkreis.*
**Parallelogramm,** Viereck mit 2 Paar parallelen Seiten. Im P. sind die gegenüberliegenden Seiten u. Winkel gleich. Sonderfälle: *Rechteck,* mit 4 rechten Winkeln; *Rhombus,* mit 4 gleichen Seiten; *Quadrat,* mit 4 rechten Winkeln u. gleichen Seiten.
**Parallelogramm der Kräfte,** zeichner. Konstruktion zur Bestimmung der resultierenden Kraft bei Zusammensetzung zweier an einem Punkt angreifender Kräfte. In einem Parallelogramm, dessen Seiten der Länge u. Richtung nach den Einzelkräften entsprechen, gibt die Diagonale die resultierende Kraft an.
**Parallelschaltung,** *Nebeneinanderschaltung,* die Zusammenschaltung von mindestens zwei elektr. Schaltelementen, deren Anschlußklemmen gemeinsam an den Zuleitungen liegen u. die daher nur von einem Teil des Betriebsstroms durchflossen werden.
**Paralleltonart,** die zu einer Dur-Tonart gehörende Moll-Tonart mit denselben Vorzeichen, z.B. D-Dur u. h-Moll.
**Paralogismus,** auf Denkfehlern beruhender Fehlschluß.
**Paralympics,** olymp. Spiele der Behinderten, seit 1960 veranstaltet.
**Paralyse,** vollkommene Bewegungslähmung als Folge von Schädigungen in den motor. Nervenbahnen. *Progressive P.* (sog. *Gehirnerweichung*) ist eine syphilit. Gehirnerkrankung, die erst 10 oder mehr Jahre nach der Erstansteckung auftritt, wenn die Erkrankung seinerzeit nicht restlos ausgeheilt war. Der Schwund von Hirnrinde u. Markfasern führt über Vergeßlichkeit, Gemütsabstumpfung zur völligen Verblödung, schließl. zum Tod. –
**Paralysis agitans,** die *Parkinsonsche Krankheit,* oder Schüttellähmung.
**Paramaribo,** Hptst. u. wichtigster Hafen von Suriname, 67 000 Ew.; Univ.; landw. Handelszentrum, Werften; Flughafen.
**Paramente,** liturg. Gewänder, Kanzel- u. Altarbehänge.
**Parameter, 1.** *Math.:* in Gleichungen u. Funktionen eine Hilfsvariable, die in der Regel für einen konstanten, jedoch nicht näher bestimmten Zahlenwert steht, z.B. stellt die Gleichung $y = x + m$, mit m als P., eine Parallelenschar mit der Steigung 1 dar. – **2.** In der Physik (Chemie) Größen (z.B. Druck, Temperatur), die bei einem bestimmten Experiment (Prozeß) konstant gehalten werden, von Fall zu Fall aber variiert werden können. – **3.** In der Datenverarbeitung kann ein für bestimmte Aufgaben erstelltes Programm durch die Änderung von Programm-P. in seinem Ablauf gesteuert werden.
**Paraná, 1.** Bundesstaat im S von → Brasilien. – **2.** argent. Prov.-Hptst., am Fluß P., 224 000 Ew.; Sitz eines kath. Erzbischofs, Univ.; Fluß- u. Flughafen. – 1853–62 Hptst. von Argentinien. – **3.** Hauptstrom des südamerik. La-Plata-Systems, 3560 km lang, entsteht aus *Paranaíba* u. *Rio Grande de Minas,* nimmt bei Corrientes den *Paraguay* auf. mündet in 3 Hauptarmen (Delta) in den *Río de la Plata.*
**Paranaguá,** brasil. Hafenstadt in Paraná, am *Golf von P.,* 57 000 Ew.; Kaffee-Export.
**Paränese,** Mahnrede; die christl. Predigt.
**Paranoia,** Geisteskrankheit mit Ausbildung eines in sich geordneten Wahnsystems; als *Paraphrenie* eine bes. Verlaufsform der → Schizophrenie.
**Paranußbaum,** bis 40 m hoher Urwaldbaum, aus NO-Brasilien u. Venezuela. Die Kapselfrüchte enthalten **Paranüsse,** 15–40 ölhaltige Samen.
**Paraphe,** abgekürzter Namenszug. – **paraphieren,** den ausgehandelten Text eines völkerrechtl. Vertrages vorläufig abzeichnen, d.h. mit den Namenszeichen der Unterhändler versehen.
**Paraphrase, 1.** die mit phantasiereicher Ausschmückung versehene, variierende Übertragung von Liedern, Arien oder Opernmelodien auf ein Instrument, meist Klavier. – **2.** Umschreibung bzw. Wiedergabe eines Wortes, Satzes oder Textes mit anderen sprachl. Mitteln.
**Parapluie** [para'ply], veraltete Bez. für Regenschirm.
**Parapsychologie,** ein Seitenzweig der Psychologie, der sich mit außerhalb unserer Sinneswahrnehmung auftretenden Phänomenen wie Telepathie, Hellsehen, Gedankenlesen, Materialisationen befaßt.
**Parasit,** *Schmarotzer,* ein Lebewesen (Tier oder Pflanze), das in oder an einem anderen Partner (*Wirt*) lebt u. sich auf dessen Kosten ernährt.
**Parästhesie,** das Auftreten von abnormen Sinnesempfindungen als Folge von Nerven- oder Durchblutungsstörungen; z.B. das Gefühl des Pelzigwerdens der Haut oder des Kribbelns.
**Parasympathikus** → Nervensystem.
**parat,** bereit, gerüstet.
**Parathormon,** Hormon der Nebenschilddrüse mit Wirkung auf den Calcium- u. Phosphatstoffwechsel.
**Paratyphus,** akute, anzeigepflichtige, infektiöse Darmerkrankung, hervorgerufen durch *Salmonel-*

*len* in verdorbenen Fleisch-, Fisch-, Wurst- u. Eierwaren; cholera- u. typhusähnl. Krankheitsbilder.

**Paraíba,** Bundesstaat im nordöstl. → Brasilien.

**Parchim,** Krst. in Mecklenburg, 23 000 Ew.; Metall-, Tuch- u. Nahrungsmittel-Ind.

**Parcours** [-'ku:r], im Pferdesport die für Jagdspringen angelegte Hindernisbahn.

**Pardel** → Leopard.

**Pardo Bazán** ['parðo va'θan], Emilia, *1851, †1921, span. Schriftst.; schilderte in naturalist. Romanen ihre galic. Heimat.

**Pardon** [par'dɔ:], Verzeihung, Gnade.

**Pardubitz,** tschech. *Pardubice,* Stadt im östl. Böhmen (ČSFR), an der Elbe, 95 000 Ew.; landw. Markt, Erdölraffinerie; berühmtes Hindernisrennen.

**Pardune,** ein starkes Tau, das einen Mast nach hinten u. nach den Seiten abspannt.

**Parenchym, 1.** bei Wirbeltierorganen das entsprechend der Funktion spezialisierte Gewebe; bes. in drüsigen Organen, z.B. in Leber, Niere u. Milz; Ggs.: *Bindegewebe.* – **2.** das Grundgewebe der Pflanzen aus meist lebenden, dünnwandigen u. plastidenreichen Zellen, die umfangreiche Crafträume enthalten.

**parenterale Aufnahme,** Zufuhr von Nährstoffen in flüssiger Form unter Umgehung des Verdauungstraktes (z.B. Traubenzucker-, Mineralstoff-, Vitaminlösungen); häufig nach Operationen durch Infusionen in die Blutbahn angewandt.

**Parenthese,** der Einschub eines formal selbst. Gedankens (Satzes) in eine vorhandene Satzkonstruktion; meist durch Klammern oder Gedankenstriche gekennzeichnet.

**Parese,** unvollständige Lähmung bei verminderter Funktion eines Nervs.

**Pareto,** Vilfredo, *1848, †1923, ital. Nationalökonom u. Soziologe; Vertreter der mathemat. Methode der Nationalökonomie (Lausanner Schule). Seine Ansichten von der Zirkulation der *Eliten* beeinflußten den Faschismus.

**Paretti,** Sandra, eigtl. Irmgard Schneeberger, *5.2.1935, dt. Schriftst.; histor. Romane (»Der Winter, der ein Sommer war«).

**Paret y Alcázar** [-i al'kaθar], Luis, *1746, †1799, span. Maler (Historienbilder, Landschaften u. Genredarstellungen).

**Parfait** [par'fɛ], **1.** Halbgefrorenes, aus Eierschnee, Zucker u. Obst hergestelltes Speiseeis. – **2.** feinste Gänseleber.

**par force** [par'fɔrs], mit Gewalt. – **Parforcejagd,** Hetzjagd mit Pferden u. Hunden.

**Parfüm,** *Parfum,* [par'fœ̃], wäßrig-alkohol. Lösung tier. oder synthet., vorw. pflanzl. Duftstoffe; enthält außerdem den *Fixateur,* der ein längeres Haften des Dufts auf dem parfümierten Gegenstand bewirken soll.

**pari,** zum Nennwert.

**Parias,** die *Unberührbaren,* engl. *Outcasts,* die niedrigste Bevölkerungsschicht Indiens; rd. 70 Mio. Menschen, üben die verachtetsten Berufe aus (Straßenfeger, Totengräber), leben oft unter menschenunwürdigen Bedingungen u. erhielten erst im neuen Indien das Wahlrecht. – Übertragen: Rechtloser.

**parieren, 1.** gehorchen. – **2.** einen Angriff abwehren (beim Fechten). – **3.** *durchparieren,* das Pferd anhalten.

**Paris,** in der grch. Sage Sohn des Trojanerkönigs Priamos u. der Hekabe; entschied den Streit zw. Hera, Athene u. Aphrodite um den Preis der Schönheit zugunsten Aphrodites, entführte *Helena* u. löste damit den *Trojanischen Krieg* aus.

**Paris,** Hptst. von Frankreich, inmitten des *P.er Beckens* u. der *Île de France,* an der Seine, 105 km², 2 Mio. Ew. (viele Ausländer). Der Ballungsraum *(Région Parisienne)* umfaßt mit der Innenstadt u. den dazugehörigen rd. 280 Gemeinden 12 008 km² mit 10 Mio. Ew. Verwaltungsmäßig ist P. zugleich eine Gemeinde u. ein Dép. mit 20 Arrondissements u. 80 Quartiers. P. ist Sitz der obersten staatl. u. kirchl. Behörden u. wichtiger internat. Organisationen wie UNESCO, OECD, WEU sowie geistiger u. wirtsch. Mittelpunkt Frankreichs; Universität (Sorbonne) u.a. HS, Forschungs-Inst., Bibliotheken, Museen (Louvre, Centre Georges Pompidou), Oper, Theater; berühmte Bauten: Kirche Saint-Germain des Prés (9. u. 12. Jh.), got. Kathedrale Notre-Dame, Wallfahrtskirche Sacré-Cœur, Panthéon, Arc de Triomphe,

# PARIS

*Blick durch die Rue Soufflot auf das Panthéon, Quartier Latin (links). – Die 1989 fertiggestellte Glaspyramide, 21,65 m hoch, ist der neue Eingang zum Louvre-Museum (rechts)*

*Der Eiffelturm. Im Hintergrund halbrechts UNESCO-Haus; unter dem Turmbogen die École Militaire (links). – Ein architektonisches Meisterwerk ist der 1989 anläßlich der 200-Jahr-Feiern der Französischen Revolution eingeweihte »Große Bogen« (La Grande Arche) im Pariser Geschäftsvorort La Défense. Erbaut aus Beton, Stahl, Marmor und Glas verfügt dieser neue Triumphbogen mit seiner Höhe von 110 m über 35 Stockwerke, in denen sich rd. 87 000 m² Bürofläche und große Ausstellungshallen befinden. Die Dachterrasse (rd. 1 Hektar) ist öffentlich zugänglich und bietet eine der schönsten Aussichten über Paris (rechts)*

## Pariser Bluthochzeit

Eiffelturm. – Industrien: bes. Modewaren u. Luxusartikel, Parfüme, Verbrauchsgüter u. Lebensmittel; Mittelpunkt eines zentral ausgerichteten Eisenbahn- u. Straßennetzes; internat. Luftverkehrsknotenpunkt (3 Großflughäfen). – Gesch.: Zur Zeit Cäsars war P. *(Lutetia P.iorum)* eine Siedlung des gall. Volksstamms der *P.ier* auf der *Île de la Cité.* 52 v.Chr. von den Römern eingenommen, 508 Hptst. des Merowingerreichs, 987 Hptst. Frankreichs. Unter *Ludwig XIV.* wurde P. geistiger u. kultureller Mittelpunkt Europas. 1814/15 wurde P. von den verbündeten Mächten besetzt; im 2. Weltkrieg 1940–44 von dt. Truppen.

**Pariser Bluthochzeit** → Bartholomäusnacht.

**Pariser Friedensschlüsse, 1.** 1763 zw. England, Portugal, Frankreich u. Spanien; beendete den *Siebenjährigen Krieg* zw. England u. Frankreich um die koloniale Vorherrschaft. Großbrit. gewann u.a. Kanada (von Frankreich) u. Florida (von Spanien). – **2.** 1783 zw. Großbrit. u. den USA: Großbrit. erkannte die Unabhängigkeit der Vereinigten Staaten. – **3.** 1814 *(1. Pariser Friede)*: Beendigung der *Koalitionskriege.* Frankreich behielt die Grenzen von 1792. – **4.** 1946/47 zum Abschluß des *2. Weltkriegs* Friedensverträge der Alliierten mit Bulgarien, Finnland, Italien, Ungarn u. Rumänien.

**Pariser Übereinkunft** *zum Schutze des gewerbl. Eigentums* 1883, völkerrechtl. Vertrag zw. etwa 90 Staaten zur Regelung des internat. Patent-, Geschmacks- u. Gebrauchsmuster-, Marken- u. Firmen(schutz)rechts sowie zum Schutz gegen unlauteren Wettbewerb.

**Pariser Verträge,** 1954 zw. den W-europ. Staaten u. den USA getroffene Abkommen zur Einbeziehung der BR Dtld. in die westl. Verteidigungsverträge; über die Beendigung des Besatzungsregimes in der BR Dtld.; über die Stationierung fremder Streitkräfte in der BR Dtld.; über den Beitritt der BR Dtld. u. Italiens zur Westeuropäischen Union (WEU) u. zur NATO; dt.-frz. Abkommen über die Saar *(Saar-Statut).*

**Pariser Vorortverträge,** die den Mittelmächten nach dem 1. Weltkrieg von der Entente auferlegten Friedensverträge, ben. nach den Orten der Unterzeichnung; → Versailler Vertrag; Saint-Germain mit Östr. (Abtretung Südtirols an Italien); Neuilly mit Bulgarien; Trianon mit Ungarn; Sèvres mit der Türkei.

**Parität,** Gleichberechtigung, Gleichwertigkeit. – **1.** das offiziell festgesetzte Austauschverhältnis zw. den Währungen zweier Länder bzw. zw. einzelnen Länderwährungen u. dem Gold *(Gold-P.)* oder einem künstl. internat. Zahlungsmittel wie der Europ. Währungseinheit (ECU). **2.** die zahlenmäßige Gleichstellung bestimmter Bevölkerungsgruppen bei der Besetzung von Stellen in Staat u. Wirtschaft.

**Paritätischer Wohlfahrtsverband** → Deutscher Paritätischer Wohlfahrtsverband e.V.

**Park,** ein künstl. geschaffener Naturausschnitt, der den engeren Rahmen des *Gartens* überschreitet; meist in landschaftl. freier Gestaltung.

**Park** [pa:k], **1.** Mungo, *1771, †1806, schott. Arzt u. Afrikareisender; bereiste das Nigergebiet. – **2.** Ruth, *24.8.1921, austral. Schriftst.; Unterhaltungsromane über das Leben der unteren Schichten.

**Parka,** gesteppter Anorak mit Kapuze.

**Park-and-ride-System** [pa:k ænd raid-], in den USA entwickeltes Verfahren zur Entlastung der Innenstädte, bei dem Pendler ihr Kraftfahrzeug am Stadtrand abstellen u. mit öffentl. Verkehrsmittel in die Stadt fahren.

**Park Chung Hee** [-tʃuŋhi], *1917, †1979 (ermordet), S-korean. General u. Politiker; seit 1963 Staats-Präs.; regierte zunehmend diktatorisch; wurde vom Chef seines Geheimdienstes erschossen.

**Parker** ['pa:kə], **1.** Charlie (Charles Christopher), gen. »Bird«, *1920, †1955, afroamerik. Jazzmusiker (Altsaxophon); Mitschöpfer des *Bebop.* – **2.** Dorothy, geb. *Rothschild,* *1893, †1967, US-amerik. Schriftst. (satir. Kurzgeschichten u. Gedichte). – **3.** Horatio William, *1863, †1919, US-amerik. Komponist (Kirchen- u. Instrumentalmusik). – **4.** Matthew, *1504, †1575, erster anglikan. Erzbischof von Canterbury (seit 1559).

**Parkes** [pa:ks], Alexander, *1813, †1890, engl. Chemiker; erfand die **P.-Verfahren** zur Anreicherung u. Gewinnung von Silber im Werkblei durch Zugabe von Zink. 1850 entdeckte er das Celluloid.

**Parkett, 1.** stab- oder lamellenförmiger Fußbodenbelag aus Hartholz (Eiche, Buche). – **2.** im Theater der untere Zuschauerraum, im Ggs. zu Rang u. Logen.

**Parkinson** ['pa:kinsən], **1.** Cyril Northcote, *30.7.1909, brit. Historiker u. Journalist; stellte, auf der Grenze von Ironie u. Ernst, drei *»P.sche Gesetze«* auf (Kritik am Wachstum der Bürokratie). – **2.** James, *1755, †1824, engl. Arzt; gab die erste Beschreibung der nach ihm ben. **P.schen Krankheit,** *Schüttellähmung,* einer Stammhirnerkrankung mit Muskelstarre, Bewegungsarmut, Zittern, Schütteln u.a. Störungen.

**Parlament,** die Volksvertretung als Staatsorgan. Das vom Volk gewählte P. ist Wesensmerkmal jeder Demokratie. Wahl, Aufgaben u. Befugnisse des P. sind in der Verfassung geregelt. Dem P. ist die Rechtsetzung vorbehalten, daneben Funktionen wie Wahl der Minister, Mitwirkung bei der Wahl des Staatsoberhaupts. Die P. bestehen aus einer oder zwei *Kammern,* so in Großbrit.: *Ober-* u. *Unterhaus;* Vereinigte Staaten: *Repräsentantenhaus* u. *Senat;* Frankreich: *Nationalversammlung* u. *Senat;* Schweiz: *Nationalrat* u. *Ständerat;* Österreich: *Nationalrat* u. *Bundesrat.* In Bundesstaaten ist die Zweite Kammer meist die Vertretung der Gliedstaaten; im übrigen dient das Zweikammersystem dem Ausgleich unterschiedl. Interessen. Die BR Dtld. hat als gesetzgebendes Organ den → Bundestag; daneben besteht der → Bundesrat als föderalist. Organ.

**Parlamentär,** militär. Unterhändler (zw. feindl. Heeren).

**Parlamentarier** → Abgeordnete.

**Parlamentarischer Rat,** die 1948 von den Ministerpräsidenten der 11 Länder der Westzonen im Auftrag der westl. Militärgouverneure einberufene Versammlung zur Vorbereitung u. Abfassung des *Grundgesetzes* für die BR Dtld.

**parlamentarischer Staatssekretär** → Staatssekretär.

**Parlamentarismus,** Oberbegriff für die Existenz repräsentativer oder parlamentarischer Einrichtungen, die die staatl. Willensbildung beeinflussen, herbeiführen u. kontrollieren. Darunter fallen versch. Regierungstypen: das *präsidiale System* (z.B. USA), in dem Exekutive (Präsident) u. Legislative (in den USA: Kongreß, gebildet aus Senat u. Repräsentantenhaus) unabhängig nebeneinanderstehen; das Direktorialsystem der Schweiz. Heute ist das *parlamentar. System* am häufigsten, womit insbes. der im 19. Jh. vollzogene Übergang der Gesetzgebung vom absoluten Monarchen auf das Parlament gemeint ist. Das betrifft nicht nur die Gesetzgebung i.e.S., sondern auch die wichtigsten Entscheidungen der Exekutive, für die Gesetzesform verlangt wird: Verabschiedung des Haushaltsplans, Entscheidung über Krieg u. Frieden, Zustimmung (Ratifizierung) zu völkerrechtl. Verträgen u.ä. – Im *parlamentar. System* kommt hinzu, daß die Regierung aus dem Parlament hervorgeht u. in enger Verbindung mit seiner Mehrheit verbleibt.

**parlando,** bes. in der ital. Oper: das sich dem Sprechen nähernde Singen.

**Parler,** dt. Baumeisterfamilie des 14. Jh.; stilbestimmend für die Entwicklung der spätgot. Baukunst u. Plastik in Dtld., tätig u.a. in Köln, Ulm, Regensburg, Freiburg, Nürnberg u. Prag. Als Herkunftsort wird Köln angenommen. – **1.** Peter, *1330, †1399; 1353 nach Prag berufen, um den Dombau zu leiten; baute die Karlsbrücke in Prag. – **2.** Wenzel, Sohn von 1); übernahm zus. mit seinem Bruder Johann die Leitung der Prager Dombauhütte; 1400 Dombaumeister in Wien.

**parlieren,** rasch u. eifrig reden.

**Parma,** ital. Prov.-Hptst. in der mittleren Po-Ebene, 175 000 Ew.; Univ. (1065), Kunstakademie, Musikhochschule; roman. Dom, Kloster San Paolo; Schuh-, Tabak-, Uhren-, Nahrungsmittel-Ind. (Parmesankäse, P.-Schinken). – Gesch.: 1512 gliederte Papst *Julius II.* P. dem Kirchenstaat ein. Papst *Paul III.* erhob P. 1545 zum Hzgt., mit dem er seinen unehel. Sohn Pietro Luigi *Farnese* belehnte. 1731 fiel P. an die span. Bourbonen *(Bourbon-P.),* wurde 1735 östr., 1748 span., 1802 frz., 1860 ital.

**Parmäne,** zu den *Goldrenetten* zählende Apfelsorte, lange haltbar.

**Parmenides** *aus Elea,* *um 540 v.Chr., †nach 480 v.Chr., grch. Philosoph; Vorsokratiker, Begr. der *Eleatischen Schule;* führte das logischbegriffl. Denken in die Philos. ein. Dem trüger. *Schein* der Wahrnehmung stellte er das nur im Denken zu erfassende, unveränderl. *Sein* entgegen.

**Parmesankäse,** halbfetter Hartkäse aus Oberitalien (bes. Parma); gerieben als Würze für Teigwaren u. Suppen.

**Parmigianino** [-dʒa-], eigtl. Francesco *Mazzola,* *1503, †1540, ital. Maler; Mitbegr. des Manierismus; malte hpts. Madonnenbilder in elegant kühlem Linien- u. Farbstil.

**Parnaß,** grch. *Parnassós,* Kalkmassiv in Mittelgriechenland, bis 2457 m. Am SW-Hang liegt *Delphi.* Der P. galt den alten Griechen als Sitz der *Musen* u. des *Apollon* (daher auch Symbol für die Dichtkunst).

**Parnassiens** [-'sjɛ̃], gegen die Romantik gerichtete frz. Dichtergruppe mit hohen Ansprüchen an die Form u. innere Logik des dichter. Kunstwerks (u.a. Ch. M. *Leconte de Lisle,* J.-M. de *Hérédia,* Ch. *Baudelaire* u. *Sully Prudhomme*).

**Parnaíba,** NO-brasil. Fluß, 1700 km; mündet in den Atlantik.

**Parochie** [-'xi:] → Pfarrei.

**Parodie, 1.** Darstellungsweise, die ein als bekannt vorausgesetztes Werk durch Entstellung oder Verformung des Inhalts, aber unter Beibehaltung der Form lächerl. macht. Gewöhnl. wird ein ernster Inhalt durch einen banalen oder komischen ersetzt. – **2.** die umformende Nachahmung einer Komposition, bei der die musikal. Substanz erhalten bleibt, der Text meist geändert wird. Stücke in einem neuen Kontext erscheinen, z.B. weltl. Melodien in kirchl. Musik.

**Parodist,** Verfasser einer Parodie oder jemand, der eine Parodie öffentl. vorträgt.

**Parodontitis,** entzündl. Erkrankung des Zahnbetts.

**Parodontose,** *Paradentose,* Rückbildungsvorgänge an Kieferknochen, Zahnfleisch u. Zahnbettgewebe. Die P. führt zu Lockerung der Zähne, Zahnverlust u. Schwund des Kieferknochens.

**Parole,** militär. Kennwort, Losung.

**Parole d'honneur** [pa'rɔl dɔ'nœ:r], Ehrenwort.

**Paroli,** im *Pharaospiel* die Verdoppelung des Einsatzes. – **P. bieten,** sich jemandem widersetzen.

**Paros,** grch. Insel der Kykladen, 194 km², 6800 Ew., Hauptort *Parikia;* bis 706 m hohes Bergland; Abbau von Marmor; Fremdenverkehr.

**Paroxysmus,** Anfall, höchste Steigerung von Krankheitserscheinungen.

**Parrhasios,** grch. Maler, tätig im letzten Drittel des 5. Jh. v.Chr.

**Parricidium,** Vatermord, Verwandtenmord, auch Mord am Herrscher.

**Parry** ['pæri], **1.** Sir Charles Hubert Hastings, *1848, †1918, engl. Komponist; schrieb romant. Chorwerke, Sinfonien, Kirchenmusik. – **2.** Sir William Edward, *1790, †1855, engl. Polarforscher; erreichte 1827 als erster die nördl. Breite von 82°45'; entdeckte u.a. die nach ihm ben. *P.inseln* im kanad.-arkt. Archipel im Nordpolarmeer.

**Parsberg,** Stadt in der Oberpfalz, Bayern, 5000 Ew.; Schloß (16. Jh.); feinmechan. Ind.

**Parseier Spitze,** höchste Erhebung der Lechtaler Alpen in Tirol (Östr.), 3038 m.

**Parsek,** *Parsec,* Kurzzeichen pc, Kurzwort für

*Pariser Verträge: Unterzeichnung der Souveränitätsabmachungen durch Adenauer, Dulles, Mendès-France und Eden (von links)*

*Parallaxensekunde,* in der Astronomie gebräuchliches Längenmaß: 1 pc = 30,86 Billionen km = 3,262 Lichtjahre.

**Parsen,** die Anhänger des *Parsismus.* Die meisten der P., die den Islam nicht annehmen wollten, wanderten im 8. Jh. aus Persien nach Indien aus. Dort (bes. in Gujarat u. Bombay) leben heute rd. 100 000 P., meist als wohlhabende Kaufleute mit *Gujarati* als Sprache.

**Parsenn,** schweiz. Wintersportgebiet nördl. von Davos (Graubünden).

**Parseval,** August von, *1861, †1942, dt. Ingenieur; Erbauer des Drachenballons u. Erfinder eines Luftschiffs.

**Parsifal** → Parzival.

**Parsismus,** *Mazdaismus,* die in Persien entstandene, auf *Zarathustra* (1. Hälfte des 1. Jt. v. Chr.) zurückgehende Religion. Grundanschauung des P. ist ein doppelter Dualismus von Gut u. Böse u. von geistiger u. körperl. Wirklichkeit. Dem guten Gott *Ahura Mazda* steht der böse Gott *Ahriman* gegenüber. Die parsist. Eschatologie erwartet den Sieg des guten Geistes über den bösen, ein Endgericht u. die Verklärung der Welt. Vor dem Weltgericht erwartet man das Kommen eines Heilands (*Saoschjant).* Für den Kult sind bes. die zahlr. Reinigungsriten u. der *Feuerkult* bezeichnend. Wegen der Heiligkeit des Feuers dürfen die Parsen ihre Toten nicht im Feuer verbrennen, daher setzen sie sie auf den »Türmen des Schweigens« aus, wo sie von Raubvögeln gefressen werden.

**Parsons** ['pa:sənz], **1.** Sir Charles Algernon, *1854, †1931, engl. Ingenieur; Erfinder einer nach ihm ben. Dampfturbine. – **2.** Talcott, *1901, †1979, US-amerik. Soziologe u. Nationalökonom; Mitgl. der »strukturell-funktionalen Theorie« u. der »Theorie des soz. Handelns«.

**Part** [der], Teil, Anteil; in der Musik beim Zusammenwirken mehrerer Instrumente oder Stimmen die Einzelaufgabe; z.B. der Violinpart; auch die Rolle in einem Theaterstück.

**Partei,** ein Zusammenschluß von Menschen gleicher oder ähnl. polit., soz., wirtschaftl. u. weltanschaul. Willensrichtung, um sich im staatl. Leben Einfluß zu verschaffen. Die Entwicklung der modernen P. als festgefügte Körperschaften war im allg. ein Vorgang des 18./19. Jh. Schärfer umrissene P.engruppen bildeten sich in den amerik. Unabhängigkeitskämpfen u. in der Frz. Revolution, dann in den dt. Verfassungsbewegungen des »Vormärz«. In der Frankfurter Nationalversammlung begannen sie, sich in Dtld. klarer abzuzeichnen. Ziel einer P. ist es, die Mehrheit im *Parlament* zu erhalten u. damit den polit. beherrschenden Einfluß zu gewinnen; ihre Gegner im Parlament sind dann die im Wahlkampf unterlegenen *Oppositions-P.en.* Das Wechselspiel der P.en ist eine der Grundvoraussetzungen des modernen Verfassungslebens, bes. des parlamentar. Systems. Dabei wird vorausgesetzt, daß die P.en gemeinsam den Volkswillen repräsentieren. Wo eine P. allein den wahren Volkswillen zu verkörpern vorgibt (als Mehrheit oder Minderheit) oder sich als Elite betrachtet, kommt es zum *Einparteiensystem* (z.B. in der Diktatur). Die Organisation der P. ist je nach ihrer inneren Einstellung demokrat., aristokrat. oder autoritär. Gemäß Art. 21 GG muß die innere Ordnung der P.en der BR Dtld. den demokrat. Grundsätzen entsprechen.

**Partei des demokratischen Sozialismus** → Sozialistische Einheitspartei Deutschlands.

**Parteien, 1.** Mieter eines Hauses. – **2.** die gleichberechtigten Gegner eines Rechtsstreits.

**Parteifähigkeit,** die Fähigkeit, in einem Zivilprozeß Partei zu sein, d.h. den Prozeß als Kläger oder Beklagter im eigenen Namen zu führen; an die *Rechtsfähigkeit* geknüpft.

**Parteiverrat,** *Prävarikation,* pflichtwidrige Unterstützung beider Parteien einer Rechtssache durch einen Anwalt oder Rechtsbeistand.

**Parterre** [-'tɛr], **1.** das Erdgeschoß. – **2.** die hinteren Reihen des *Parketts.*

**Parthenogenese,** *Jungfernzeugung,* die Entwicklung der Eizelle ohne vorhergegangene Besamung, z.B. bei Stabheuschrecken, Platt- u. Rundwürmern u. einigen Blütenpflanzen (Tabak, Reis, Weizen). Bei einigen Tieren kommt P. nur gelegentl. neben normaler geschlechtl. Fortpflanzung vor, wie bei einigen Schmetterlingen. Die männl. Bienen (Drohnen) entstehen immer aus unbefruchteten Eiern.

**Parthenokarpie,** *Jungfernfrüchtigkeit,* die Bildung samenloser Früchte ohne Befruchtung; v.a. bei Kulturpflanzen (z.B. Banane, kernlose Mandarinen u. Sultaninen, Feige).

**Parthenon,** ein der jungfräul. *Athene* geweihter dorischer Tempel auf der Akropolis von Athen, 447–432 v. Chr. von *Iktinos* u. *Kallikrates* errichtet; beherbergte das von *Phidias* geschaffene Gold-Elfenbeinbild der Göttin.

**Parther,** iran. Stamm, der unter den *Arsakiden* (247 v. Chr. – 224 n. Chr.), bes. unter *Mithridates I.,* um 150 v. Chr. zur Großmacht des Ostens wurde u. fast ganz Mesopotamien eroberte. 96 v. Chr. begannen die 300 Jahre währenden Auseinandersetzungen mit den Römern. Nach dem Tod des letzten P.königs 224 herrschte die Dynastie der Sassaniden.

*Parther: lebensgroße Statue eines parthischen Königs. Bagdad, Nationalmuseum*

**partial,** *partiell,* teilweise, anteilig.

**Partialdruck,** der von jedem einzelnen Gas einer Mischung mehrerer idealer Gase ausgeübte Teildruck. Der P. ist gleich dem Druck, den es auch ausüben würde, wenn es allein anwesend wäre. Der Gesamtdruck ist also gleich der Summe der P. (*Daltonsches Gesetz*).

**Partialtöne** → Obertöne.

**Partie, 1.** Teil, Anzahl, (Waren-) Menge; Gang in einem Wettbewerb oder Spiel; Ausflug (*Land-P.);* Heirat (gute oder schlechte P.). – **2.** *Part,* Bühnenrolle.

**Partikel, 1.** nicht flektierbares Wort (u.a. alle Konjunktionen u. Präpositionen). – **2.** Teilchen, z.B. mikroskop. kleines Wassertröpfchen im Nebel; auch Sammelbez. für atomare Teilchen wie Elektronen, Protonen, Atome, Ionen.

**partikular,** nur ein Teil betreffend, einzeln.

**Partikularismus,** die Bewahrung der polit. Selbständigkeit gegenüber einer größeren staatl. Einheit.

**Partikularrecht,** eine Rechtsordnung, die nur für einen Teil eines größeren einheitl. Rechtsgebiets gilt; z.B. die Gesetzgebung der ehem. dt. Territorialstaaten im Ggs. zum röm. Recht u. zu dem Reichsgesetzen, dem *Gemeinen Recht.* In der BR Dtld. entspricht diesem Ggs. der von *Bundesrecht* u. *Landesrecht.*

**Partisan,** ein bewaffneter Parteigänger hinter u. zw. den feindl. Fronten, der nicht als Soldat gekennzeichnet ist; völkerrechtl. nicht als Kombattant anerkannt. Der Begriff überschneidet sich z.T. mit → Guerilla.

**Partisane,** lange, der *Hellebarde* ähnl. Stoßwaffe des Fußvolks im 16./17. Jh.; mit zweischneidiger, spitzer Klinge.

**Partita,** seit dem 17. Jh. Bez. für die Suite; bes. Form: *Choral-P.,* bei der dem Choralthema figurierte Variationen folgen.

**Partitur,** die übersichtl. nach einzelnen Instrumentengruppen u. Instrumenten oder Gesangsstimmen geordnete Niederschrift von Musikwerken, so daß die gleichzeitig erklingenden Noten untereinander stehen.

**Partizip,** *Mittelwort,* eine nominale Form des Verbums; im Dt. in 2 Typen: 1. für die Gegenwart, z.B. »singend« (*P. Präsens);* 2. für die Vergangenheit, z.B. »gesungen« (*P. Perfekt).*

**partizipieren,** teilnehmen, beteiligt sein.

**Partnach,** r. Nbfl. der Loisach in Oberbayern, 18 km; durchbricht sö. von Garmisch-Partenkirchen in der 500 m langen *P.-Klamm* das Wettersteingebirge.

**Partner,** Teilhaber, Gefährte, Mitspieler.

**Partnerstadt,** Stadt, die kulturelle Beziehungen zu einer anderen (ausländ.) Stadt pflegt.

**partout** [-tu:], durchaus, unbedingt.

**Partus,** die Geburt. – *P. immaturus,* Fehlgeburt. – *P. praematurus,* Frühgeburt.

**Partwork** ['pa:twə:k], ein umfangreiches Werk, das in Form regelmäßig erscheinender Hefte veröffentl. u. hpts. über den Zeitschriftenvertriebsweg verbreitet wird.

**Party,** geselliges Beisammensein, privates Fest.

**Parusie,** im NT die Wiederkunft Jesu zum Jüngsten Gericht.

**Parzelle,** Waldbezirk, Flurstück, Teil eines Grundstücks oder eines Abbaugebiets für Schürfungen.

**Parzen,** die drei röm. Schicksalsgöttinnen; den grch. *Moiren* (Moira) gleichgesetzt.

**Parzival,** *Parsifal,* Titelheld eines um 1200–1210 entstandenen Versepos von *Wolfram von Eschenbach* (Vorlage war die altfrz. Versroman von Chrétien de Troyes). »P.« ist ein mittelalterl. Bildungsroman, in dem der Auszug des Ritters nach Abenteuern (Artus-Epik) zur Suche nach dem Menschen nach Gott wird (Grals-Epik). Erst nach langen Irrwegen, auf denen P. ohne Gott auszukommen glaubt, wird er schließl. als ein Geläuterter zum Gralskönig gekrönt. Bühnenweihfestspiel »Parsifal« von R. Wagner (1882).

**Pas** [pa], Schritt, Tanzschritt. – **Pas de deux,** im Ballett einer Tanz zu zweit.

**PAS,** Abk. für *Para-Aminosalicylsäure,* ein Derivat der Benzoesäure; ein Tuberkulostatikum (wirkt wachstumshemmend auf Tuberkelbazillen).

**Pasadena** [pæsə'di:nə], Stadt im nordöstl. Vorortbereich von Los Angeles, Calif. (USA), 119 000 Ew.; Raumfahrtbehörden; nördl. von P. der *Mt. Wilson* mit Sternwarte.

**Pasay** [-'aj], fr. *Rizal,* philippin. Stadt in Luzon, südl. von Manila, 288 000 Ew.; Univ.; Tabak-Ind.; Flughafen.

**Pascal, 1.** ab 1970 entwickelte höhere Programmiersprache. – **2.** Kurzzeichen Pa, Einheit des Drucks: 1 Pa = 1 N/m² (Newton pro Quadratmeter), 100 Pa = 1 Hektopascal (hPa).

**Pascal,** Blaise, *1623, †1662, frz. Mathematiker, Physiker u. Philosoph; erfand eine Rechenmaschine, begr. u.a. die *Wahrscheinlichkeitsrechnung* u. arbeitete über die Zahlenkombinatorik. Mit 26 Jahren gewann er Anschluß bei den *Jansenisten* von *Port-Royal.* Philos. Hptw.: »Pensées sur la religion« (posthum zuerst 1670). Ihm ging es um die Grenzen rationaler Erkenntnis, um das Recht intuitiver Gewißheit, um Gebrochenheit, Elend u. Größe des Menschen u. um die Absolutheit des Christentums.

**Pascalsches Dreieck,** ein Zahlendreieck, gebildet aus den Binomialkoeffizienten. Alle Randzahlen einer Zeile sind 1, die übrigen Zahlen einer Reihe entstehen durch Addition der beiden nächstgelegenen Zahlen der vorhergehenden Reihe.

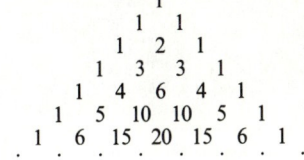

# Pasch

**Pasch,** ein Wurf, bei dem 2 oder mehr Würfel die gleiche Augenzahl zeigen.
**Pascha, 1.** ['paʃa] → Pessach. – **2.** [-'ʃa], fr. Titel der höchsten Beamten u. Offiziere im Osman. Reich, auch in Ägypten.
**Paschalis,** Päpste:
**1. P. I.,** †824, Papst 817–824; Kaiser *Ludwig I.* (der Fromme) bestätigte ihm den Besitz des Kirchenstaats. – Heiliger (Fest: 14.5.). – **2. P. II.,** eigtl. *Rainer,* †1118, Papst 1099–1118; Mönch aus Cluny, versuchte vergebl., den Investiturstreit gegen *Heinrich V.* zu beenden. – **3. P. (III.),** eigtl. *Guido von Crema,* †1168, Gegenpapst 1164–68; sprach Karl d. Gr. heilig.
**Paschasius Radbertus** [pas'çazius], *um 790, †um 860, karoling. Theologe; Benediktiner, Abt von Corbie. – Heiliger (Fest: 26.4.).
**Paschen,** Friedrich, *1865, †1947, dt. Physiker; führte genaue Wellenlängenmessungen bei Wasserstoff u. Helium zur Bestimmung der Rydberg-Konstanten durch; erfand empfindl. elektr. Meßgeräte *(P.-Galvanometer).*
**Paschto,** *Paschtu,* eine neuiran. Sprache im NW Pakistans u. in Afghanistan (dort Amtssprache).
**Paschtunen,** Volk in Afghanistan u. Pakistan.
**Pascoli,** Giovanni, *1855, †1912, ital. Schriftst. Seine Lyrik schildert die idyll. Welt von Blumen, Vögeln u. Kindern.
**Pas de Calais** [pɑdəkaˈlɛ], *Straße von Dover,* die Meerenge im Kanal, zw. Calais u. Dover.
**Pasewalk,** Krst. in Mecklenburg, an der Uecker, 15 000 Ew.; Masch.- u. Lebensmittel-Ind.
**Pašić** ['paʃitʃ], *Paschitsch,* Nikola, *1846, †1926, serb. Politiker; an der Gründung Jugoslawiens maßgebl. beteiligt u. 1921–26 dessen Min.-Präs.; Verfechter großserb. Ideen.
**Pasigraphie,** Begriffsschrift, Darst. der Begriffe durch festgelegte Symbole; z. B. in der *Logistik.*
**Paskai** ['paʃkai], László, *8.5.1927, ung. kath. Theologe; 1987 Erzbischof von Esztergom u. Oberhaupt der kath. Kirche in Ungarn.
**Pašman** ['paʃ-], jugosl. Insel im Adriat. Meer, 57 km², 1900 Ew.; Fischfang, Fremdenverkehr.
**Pasmore** ['pa:smɔ:], Victor, *3.12.1908, engl. Maler; erweiterte in seinen »Konstruktionen« den Bildraum in die Dreidimensionalität.
**Paso doble,** schneller span. Paartanz im $^2/_4$- oder $^3/_4$-Takt; auch schneller Marsch im $^6/_8$-Takt.
**Pasolini,** Pier Paolo, *1922, †1975 (ermordet), ital. Filmregisseur u. Schriftst.; sozialkrit. Filme (»Accatone«, »Das 1. Evangelium – Matthäus«, »Edipo Re«, »Teorema«, »Medea«, »Decamerone«, »Die 120 Tage von Sodom«); schrieb auch Lyrik u. Romane.
**Paspel,** Zierstreifen an Kleidungsstücken u. Uniformen.
**Pasquill,** meist anonyme Schmähschrift.
**Paß, 1.** Figur des Maßwerks in Form eines Kreises, Halb- oder Dreiviertelkreises. – **2.** die als Leitlinien des Verkehrs wichtigen Übergänge in Einsattelungen von Gebirgskämmen. – **3.** das genaue Zuspielen des Balls (bes. beim Fußball) oder des Pucks (beim Eishockey) zwischen zwei Spielern einer Mannschaft. – **4.** *Reisepaß,* öffentl. Urkunde zur Legitimation einer Person, insbes. im internat. Verkehr.

*In Passau, der »Drei-Flüsse-Stadt«, vereinigen sich Inn, Donau und Ilz (von links)*

**passabel,** leidl., annehmbar.
**Passacaglia** [-'kalja], ein der *Chaconne* nahestehendes Tonstück von ernster, würdevoller Haltung im ruhigen Zeitmaß u. $^3/_4$-Takt; bes. in der Orgelmusik des 17./18. Jh.
**Passage** [paˈsaːʒə], **1.** Überfahrt, Durchfahrt; Gang; Reise mit dem Schiff oder Flugzeug. – **2.** Durchgang eines Gestirns durch den Meridian; beobachtet durch das *P.instrument.* – **3.** überdachter Gebäudedurchgang. – **4.** beim Dressurreiten erhabener schwungvoller Trab mit starker *Versammlung,* wobei die diagonalen Beinpaare vor jedem Aufsetzen in der Beugung kurz verhalten werden. – **5.** → Lauf.
**Passah** → Pessach.
**Passameter,** Meßinstrument für genaue Außenmessungen.
**Passarge,** poln. *Pasłęka,* Fluß im Ermland, 169 km; mündet ins Frische Haff.
**Passarowitz,** serb. *Požarevac,* serb. Stadt in Jugoslawien, sö. von Belgrad, 33 000 Ew. – Der *Friede von P.* beendete den Türkenkrieg 1716–18.
**Passat,** ganzjährig wehender, mäßiger Wind in den Tropen, von den Roßbreiten zum Äquator; infolge der ablenkenden Kraft der Erdrotation auf der Nordhalbkugel als *Nordost-P.,* auf der Südhalbkugel als *Südost-P.*
**Passau,** krfr. Stadt in Niederbayern, am Zusammenfluß von Donau, Inn u. Ilz, 52 000 Ew.; kath. Bischofssitz, Univ.; Dom (15.–17. Jh., große Orgel) u.a. bed. Kirchen, Alte u. Neue Residenz, Nibelungenhalle; Masch.-, Elektro- u. chem. Ind.
**Passavant** [-'vã], Johann David, *1787, †1861, dt. Maler u. Kunsthistoriker; schloß sich 1817–24 in Rom den *Nazarenern* an.
**Passe,** bei Kleidern u. Mänteln angesetztes Stück über beide Schultern.
**passé,** vergangen, überholt.
**Passeiertal,** waldreiches Seitental der Etsch, bei Meran (Italien), 35 km lang.
**Passepartout** [paspar'tu], Hauptschlüssel; Papp- oder Kartonrahmen (ohne Glas) für Bilder.
**Passepied** [pasˈpje], alter frz. Rundtanz aus der Bretagne im $^3/_8$-Takt.
**Passer,** das Zusammenstimmen beim Übereinanderdrucken von Farbplatten; → Register.
**Paßgang,** die bei Bären, Elefanten, Kamelen u.a. übl. Gangart, bei der die Beine der gleichen Seite gleichzeitig u. gleichförmig nach vorn gesetzt werden.
**passieren, 1.** überqueren, hindurchgehen. – **2.** Speisen durch ein Sieb hindurchgießen oder seihen.
**Passion, 1.** starke Neigung, Liebhaberei. – **2.** das Leiden Jesu von der Festnahme bis zum Tod am Kreuz in den Evangelien aufgezeichnet. – Die 40tägige *P.szeit* vor Ostern (in der kath. Kirche *Fastenzeit*) ist dem Gedenken des Leidens u. Sterbens Jesu gewidmet. – Vertonung der *P.sge*schichte bes. seit H. Schütz u. J. S. Bach bis hin zu K. Penderecki.
**Passionsblumen,** *Passiflora,* rankende Gewächse im trop. Amerika, mit großen Blüten, in denen man Dornenkrone, Nägel, Kreuz u. Geißel Christi sah. Die P. liefern wohlschmeckende Früchte (**Passionsfrüchte**) mit gelbroter, glänzender Schale.
**Passionsspiel,** die häufigste Form des *geistl. Schauspiels* im MA; behandelt die Leidensgeschichte Christ. Das P. blühte bes. im 14./15. Jh. u. hat sich bis in die Gegenwart erhalten (Oberammergau).
**passiv,** untätig, teilnahmslos.
**Passiv,** *Passivum, Leideform,* ein *Genus verbi,* durch das das Subjekt als Erleider der durch das Verbum bezeichneten Handlung hingestellt wird; mit Hilfsverben gebildet (»ich werde geschlagen«). Ggs.: *Aktiv.*
**Passiva,** zusammenfassende Bez. für die der Aktivseite einer *Bilanz* gegenüberstehenden Posten. Während die Passivseite die finanzielle Herkunft der im Betrieb arbeitenden Mittel ausweist, zeigt die Aktivseite die Verwendung dieser Mittel. Die P. werden auf der rechten Bilanzseite dargestellt; sie bestehen aus Schulden (Passiva i.e.S.), Rückstellungen für ungewisse Schulden, Eigenkapital.
**passiver Widerstand,** Widerstand, der auf dem Prinzip der Gewaltlosigkeit basiert; Gewaltanwendung wird abgelehnt, um die Eskalation der Gegengewalt zu verhindern. Formen: Verweigerung jeder Zusammenarbeit mit der herrschenden Regierung, Boykott öffentl. Einrichtungen, ziviler Ungehorsam.
**passives Wahlrecht,** *Wählbarkeit* → Wahlrecht.
**Passivgeschäfte,** die Entgegennahme von Einlagen (Depositen u. Spareinlagen) u. die Aufnahme von Krediten durch Kreditinstitute; im Ggs. zum *Aktivgeschäft* der Kreditgewährung.
**Passung,** Art u. Weise, wie zusammengehörige Maschinenteile (z.B. Bohrung u. Welle) zusammenpassen.
**Passus,** Stelle oder Absatz in einer Schrift.
**Passuth** ['pɔʃut], László, *1900, †1979, ung. Schriftst. (histor. Romane).
**Pastasciutta** [-'ʃuta], ital. Nationalspeise aus Nudeln mit versch. Beilagen.
**Paste, 1.** *Pasta,* breiige zähe Masse; Salbe-Pulver-Mischung (z.B. *Zink-P.*). – **2.** Ersatz u. Nachbildung einer Gemme aus farbigem Glas.
**Pastellmalerei,** Trockenmalerei mit *Pastellstiften* (mit Schlemmkreide oder Tonerde versetzt). Die in staubigen Schichten aufgetragenen u. oft verriebenen Farben ermöglichen zarteste Werte von samtartiger Wirkung. Die Anfänge der P. liegen im

*Passionsspielhaus in Oberammergau*

15. Jh.; vom 17. Jh. an entwickelte sie sich zum selbst. Kunstmittel (bes. Bildnismalerei); auch Impressionisten u. Symbolisten bedienten sich dieser Technik.

**Pasternak,** Boris Leonidowitsch, *1890, †1960, russ. Schriftst.; schrieb esoterische, durch Musikalität bestimmte Lyrik (»Wenn es aufklart«). Sein Roman »Doktor Schiwago« brachte ihm 1958 den Nobelpreis ein, den er jedoch unter staatl. Druck ablehnen mußte.

**Pasterze,** größter ostalpiner Gletscher, am Großglockner (Östr.); eine über 9 km lange u. bis 1650 m breite Eiszunge.

**Pastete,** hohles Backwerk aus Blätterteig mit feiner Fleisch-, Fisch- oder Gemüsefüllung.

**Pasteur** [pas'tœ:r], Louis, *1822, †1895, frz. Chemiker u. Bakteriologe; entwickelte Impfstoffe gegen Tollwut, Rotlauf, Milzbrand; begr. durch die Entdeckung der Kleinstlebewesen u. ihrer Mitwirkung bei Gärungs- u. Krankheitsprozessen die Lehre von der *Mikrobiologie.* – **P.isierung,** die Inaktivierung von Mikroorganismen durch kurzfristige Temperaturbehandlung unter 100 °C; bes. für Entkeimung von Getränken (Milch, auch Obstsäfte) eingesetzt. Bei der P. werden die Lebensmittel *keimarm,* nicht *keimlos* wie bei der → Sterilisation.

**Pasticcio** [-'titʃo], **1.** gefälschtes Kunstwerk; auch die virtuose Nachahmung eines anderen Stils ohne fälschende Absicht. – **2.** aus den Werken versch. Komponisten zusammengesetztes Musikstück, bes. Oper oder Singspiel.

**Pastille,** Täfelchen oder Scheibchen, offizinelle Arzneizubereitung.

**Pastinak,** gelb blühendes *Doldengewächs,* dessen

*Pasterze*

Wurzeln als Gemüse u. Viehfutter dienen.

**Pasto,** *San Juan de P.,* Dep.-Hptst. in SW-Kolumbien, 2560 m ü.M., 245 000 Ew.; kath. Bischofssitz; Univ.; landw. Handelszentrum, Flugplatz.

**Pastor(in),** Seelsorger(in), bes. der (die) ev. → Pfarrer(in).

**Pastor,** Ludwig, Frhr. von *Campersfelden,* *1854, †1928, dt. Historiker; W »Gesch. der Päpste seit dem Ausgang des MA«.

**pastoral, 1.** idyllisch. – **2.** feierlich, seelsorgerisch.

**Pastoralbriefe,** im NT die Briefe an *Timotheus* u. *Titus,* die unter dem Namen des Apostels Paulus verfaßt worden sind.

**Pastorale, 1.** in der Malerei eine idyllische Hirtenszene. – **2.** die musikal. Wiedergabe ländl. Motive; »P.« heißt die 6. Sinfonie L. van *Beethovens.*

**Pastoraltheologie,** ein Gebiet der kath. Theologie, das alle zur seelsorger. Praxis gehörigen Bereiche umfaßt, *Homiletik, Katechetik* u. *Liturgik,* Sondergebiet *Pastoralmedizin.* Im ev. Bereich ist die P. ein Teil der »praktischen Theologie«.

**pastos,** teigig; in dickem Farbauftrag gemalt.

**Patagonien,** der Südteil von Südamerika, vom Rio Negro bis zur Magellan-Straße; besteht aus den Patagon. Anden *(West-P.)* in Chile u. dem Patagon. Tafel- u. Schichtstufenland *(Ost-P.)* in Argentinien.

**Patan,** Stadt in Nepal, bei Katmandu, 1220 m ü.M., 70 000 Ew.; religiöses Zentrum; Leder- u. Textil-Ind.

**Pataria,** Reformbewegung im 11. Jh. in Oberitalien, bes. in Mailand, gegen die Verweltlichung des Klerus, gegen Priesterehe, Ämterkauf u. Investitur.

**Patchen** ['pætʃən], Kenneth, *1911, †1972, US-amerik. Schriftst.; schrieb avantgardist. Lyrik u. oft experimentell gefärbte Prosa; Wegbereiter der »Beat Generation«.

**Patchwork** ['pætʃwəːk], »Flickwerk«, aus Stoffresten in versch. Farben u. Dessins zusammengesetzte Stoffbahnen für Decken u. Vorhänge u.ä.

**Pate,** »geistl. Vater«, Zeuge der christl. Taufe (in der kath. Kirche auch Firmung) u. Bürge für die Erziehung des getauften Kindes im christl. Glauben.

**Patella,** Kniescheibe.

**Patene,** Hostienteller.

**Patent, 1.** das vom Staat erteilte ausschl. Recht, eine Erfindung zu benutzen. Rechtsgrundlage ist in der BR Dtld. das *P.gesetz* vom 16.12.1980. Dritten ist es verboten, das geschützte Erzeugnis herzustellen, anzubieten, in Verkehr zu bringen oder zu gebrauchen. P. werden nur erteilt für Erfindungen, die neu sind, auf einer erfinder. Tätigkeit beruhen u. gewerbl. anwendbar sind. Nicht schutzfähig sind: Entdeckungen sowie wiss. Theorien u. math. Methoden, ästhet. Formschöpfungen, Programme für Datenverarbeitungsanlagen sowie biolog. Verfahren zur Züchtung von Pflanzen oder Tieren. Das Recht auf das P. hat der Erfinder oder sein Rechtsnachfolger. Die Erfindung muß beim *P.amt* schriftl. zur Eintragung in die *P.rolle* angemeldet werden. – Das Dt. *P.amt* (München) nimmt die Aufgaben des gewerbl. Rechtsschutzes wahr. Prüfungsstellen prüfen die angemeldeten P., Gebrauchsmuster u. Warenzeichen auf ihre Schutzfähigkeit u. entscheiden über Widersprüche. – **P.anwalt,** beim Patentamt der BR Dtld. eingetragene Person, die zur Rechtsberatung u. Vertretung vor dem P.gericht befugt ist. – **2.** öffentl. Urkunde über die Verleihung eines Rechtes (Kapitäns-P.).

**Patentlösung,** die alle Beteiligten zufriedenstellende Lösung eines Problems.

**Pater. 1.** [pa'tɛr], Jean-Baptiste, *1695, †1736, frz. Maler; Schüler von A. *Watteau,* malte Genreszenen u. Darst. galanter Feste im Stil des Rokoko. – **2.** ['peitə], Walter Horatio, *1839, †1894, engl. Schriftst. (kulturhistor. Studien).

**Paternalismus,** Bestreben (des Staates), den Bürger zu bevormunden.

**Paternò,** ital. Stadt auf Sizilien, am Ätna, 47 000 Ew.; Schwefeltherme.

**Paternoster, 1.** das nach den lat. Anfangsworten benannte → Vaterunser. – **2.** → Aufzug.

**Pater patriae,** »Vater des Vaterlands«, Ehrenname für röm. Kaiser u. verdiente hohe Staatsbeamte.

**Paterson** ['pætəsən], Stadt in New Jersey (USA), an den Wasserfällen des *Passaic River,* 138 000 Ew.; kath. Univ.; Textil-, Auto- u. Flugzeug-Ind.

**pathetisch,** leidenschaftl., erhaben, übertrieben gefühlvoll.

**pathogen,** krankmachend. – **Pathogenese,** Entstehung, Entwicklung einer Krankheit. – **Pathogenität,** Fähigkeit eines Keims (Bakterium, Virus), Infektionskrankheiten verursachen zu können.

**Pathologie,** die Lehre von den Krankheiten, d.h. die Erforschung der Gesetzmäßigkeiten krankhaften Geschehens. Die *patholog. Anatomie* untersucht die Gewebs- u. Organveränderungen, die *patholog. Histologie* die feingewebl. Veränderungen, die *patholog. Physiologie* die Veränderungen der Organfunktionen durch die Krankheiten. – **Pathologe,** Arzt für P. – **pathologisch,** die P. betreffend; krankhaft.

**Pathos,** Leidenschaft, Erregung; leidenschaftl. Vortragsweise.

**Patience** [pa:sjãs], Kartengeduldspiel, meist für eine Person.

**Patient,** der Leidende, der Kranke.

**Patina,** graugrüne Oberflächenschicht aus Kupfercarbonat auf Kupfer, die sich unter Einfluß der Witterung bildet; an Schmuckgegenständen oft künstl. erzeugt.

**Patinir,** *Patinir,* Joachim, *um 1480, †1524, ndl. Maler; bahnbrechend in der Behandlung weiträumiger Landschaften.

**Patio,** Innenhof span. Häuser.

**Pâtisserie,** feines Backwerk; Feinbäckerei.

**Patmos,** grch. Insel des Dodekanes, 34 km², 2400 Ew., Hauptort *Chora;* felsig; Johanneskloster (11. Jh.). Nach der Legende Verbannungsort des Apostels Johannes.

**Patna,** Hptst. des N-ind. Bundesstaats Bihar, am Ganges, 776 000 Ew.; Univ.; Metall-, Leder- u. Nahrungsmittel-Ind.

**Patois** [pa'twa], Bez. für versch. frz. Dorfmundarten innerhalb eines größeren Dialektgebietes; später abwertend für frz. Dialekte schlechthin.

**Paton** ['peitən], Alan, *1903, †1988, südafrik. Schriftst.; kämpfte für die Gleichstellung der Schwarzen u. behandelte in seinen Romanen die Rassenproblematik. W »Denn sie sollen getröstet werden«.

**Patras,** grch. Hafenstadt an der Nordküste des Peloponnes, am *Golf von P.,* 140 000 Ew.; Univ.; Baumwoll-, Papier- u.a. Ind.

**Patriarch, 1.** bibl. Erzvater. – **2.** Oberhaupt der Juden im röm. Reich (bes. in Palästina) zw. 2. u. 5. Jh., aus der Fam. *Hillel.* – **3.** Titel leitender Bischöfe in Konstantinopel, Alexandria, Antiochia, Jerusalem.

**Patriarchat, 1.** Stellung u. Amt eines *Patriarchen (3).* – **2.** *Männerherrschaft, Vaterherrschaft,* die Herrschaft des Vaters im Fam.- u. Sippenverband; Ggs.: *Matriarchat.*

**Patrick** ['pætrik], *um 385, †461, Apostel Irlands; organisierte eine eigenständige Nationalkirche. – Heiliger (Fest: 17.3.).

**Patrimonialgerichtsbarkeit,** die gutsherrl. Gerichtsbarkeit, in Dtld. abgeschafft durch die Reichsjustizgesetze von 1877.

**Patrimonium,** im röm. Recht das väterl. Erbgut; allg. Vermögen.

**Patriot,** Vaterlandsfreund.

**Patriotismus,** die »vaterländ. Gesinnung«, die auf einem starken Zugehörigkeitsgefühl zur Heimat beruht u. bis zur selbstlosen Hingabe an die staatl. Gemeinschaft gesteigert werden kann. Für die nationale Einigung war der P. v.a. nach 1866 einer der stärksten Antriebe. Von den Nationalsozialisten wurde die Idee des P. für ihre Zwecke mißbraucht.

**Patrize,** in der Schriftgießerei ein stählerner Schriftstempel zum Einprägen des Buchstabenbilds in die *Matrize,* aus der dann die *Type* (Letter) gegossen wird.

**Patrizier, 1.** Adeliger im alten Rom. – **2.** im MA Mitgl. des wohlhabenden Bürgertums.

**Patroklos,** in *Homers* »Ilias« Freund des *Achilles,* von *Hektor* getötet.

**Patrologie,** die Wiss. von den Schriften u. der Theologie der *Kirchenväter* (2.–7. Jh.). In der prot. Forschung seit Ende des 19. Jh. von *altchristl. Literaturgeschichte.*

**Patron, 1.** *Schutz-P.,* ein Heiliger, dessen Schutz eine einzelne Person, eine Gemeinschaft oder ein Ort anbefohlen ist (Schutzheiliger, Namens-, Kirchen-P.). – **2.** Inhaber eines *Patronats.* – **3.** im röm. Recht der *Herr* im Verhältnis zu seinen Freigelassenen u. Schutzbefohlenen.

**Patronat,** ein Inbegriff von Rechten (bes. Stellenbesetzung) u. Pflichten (bes. Baulast); urspr. von der Kirche Stiftern u. ihren Rechtsnachfolgern im Grundeigentum zugestanden.

**Patrone, 1.** als Munition für Handfeuerwaffen dienende Hülse mit Zünder, Treibladung u. aufgesetztem Geschoß. – **2.** auswechselbare Tintenkapsel für Füllfederhalter.

**Patronymikon,** aus dem Namen des Vaters oder Stammvaters gewonnener Personenname; z.B. »Petersen« (= Peter-Sohn).

*Patras: Sankt-Andreas-Kirche*

**Patrouille** [-'truljə], Spähtrupp.
**Patrozịnium, 1.** die »Schutzherrschaft« eines Heiligen über die ihm geweihte Kirche; auch das kirchl. Fest des Patrons einer Kirche. – **2.** im alten Rom Vertretung durch einen Patron vor Gericht; im MA Rechtsschutz des Gutsherrn für seine Untergebenen (Übergang zum *Lehnswesen* u. *Feudalismus*).
**Patscherkofel**, Berggipfel sö. von Innsbruck (Östr.), 2246 m.
**Patt**, beim Schachspiel eine Stellung, in der der am Zug befindl. Spieler keine seiner Figuren mehr ziehen kann. Das Spiel endet dadurch *remis*. – Übertragen: eine polit. oder militär. Situation, in der die Gegner gleich stark u. daher bewegungsunfähig sind.
**Pattaya**, Badeort an der O-Küste von Thailand, 45 000 Ew.; Touristenzentrum.
**Pattern** ['pætən], Muster, Struktur, Modell; in den Sozialwiss. Bez. für spezif. Modelle, die schemat. ein Bild von der Struktur individuellen oder kollektiven Verhaltens ergeben.
**Pattern Painting** ['pætən 'pɛintiŋ], Schablonen-Malerei; eine Kunstrichtung seit etwa 1968, die aus Protest gegen die Eintönigkeit der Minimal Art das dekorative Element betont.
**Patzak**, Julius, *1898, †1974, östr. Sänger (Tenor).
**Pau** [po], SW-frz. Dép.-Hptst. auf einer Hochebene über dem Tal des *Gave de P.*, 83 000 Ew.; Luftkurort; Metall-, Textil- u. Leder-Ind.
**Pauke**, *Kessel-P.*, ein Schlag- u. Rhythmusinstrument des Orchesters; ein metallener Kessel, über den ein Kalbs-, Esels- oder synthet. Fell gespannt ist. Die Spannung des Fells u. damit die Tonhöhe kann erhöht u. erniedrigt werden.
**Paukenhöhle**, Teil des *Mittelohrs* der Wirbeltiere.
**Paul**, Päpste:
**1. P. I.**, †767, Papst 757–67; Heiliger (Fest: 28.6.). – **2. P. III.**, eigtl. Alexandro *Farnese*, *1468, †1549, Papst 1534–49; ausgeprägter Renaissanceherrscher; verkündete die Exkommunikation *Heinrichs VIII.* von England, bestätigte den Jesuitenorden u. berief 1545 das Konzil von Trient ein. – **3. P. IV.**, eigtl. Giampietro *Caraffa*, *1476, †1559, Papst 1555–59; setzte sich für die innere Reform der verweltlichten Kirche ein; Mitgr. des *Theatinerordens*. Die Inquisition handhabte er mit äußerster Härte. – **4. P. V.**, eigtl. Camillo *Borghese*, *1552, †1621, Papst 1605–21; setzte die Kirchenreform fort, bes. durch die Förderung der neuen Orden. – **5. P. VI.**, eigtl. Giovanni Battista *Montini*, *1897, †1978, Papst 1963–78; führte das 2. Vatikan. Konzil zu Ende; mahnte zu Frieden u. Gerechtigkeit. Die päpstl. Autorität betonte er stark, gegenüber neuen Strömungen in der kath. Theologie verhielt er sich reserviert.
**Paul**, Fürsten:
Griechenland:
**1. P. I.**, *1901, †1964, König der Hellenen 1947–64; Prinz von Dänemark, seit 1938 mit *Friederike Luise* von Hannover-Braunschweig verheiratet.
Jugoslawien:
**2. P. Karadjordjević**, *1893, †1976, Prinzregent 1934–41 für *Peter II.*; wegen seines Beitritts zum Dreimächtepakt (1941) durch einen Offiziersputsch abgesetzt.
Rußland:
**3. P. I.**, russ. *Pawel Petrowitsch*, *1754, †1801, Zar 1796–1801; verschärfte unter dem Eindruck der Frz. Revolution die Zensur u. unterband den kulturellen Verkehr mit W-Europa; wurde durch eine Offiziersverschwörung unter Führung P. Graf *Pahlens* ermordet.
**Paul**, **1.** Bruno, *1874, †1968, dt. Architekt u. Graphiker; mit öffentl. u. privaten Bauten, Möbel- u. Lampendesigns überwand er Historismus u. Jugendstil u. gelangte zu neuen, zweckgebundenen Formen. – **2.** Hermann, *1846, †1921, dt. Sprachforscher u. Germanist; W »Dt. Wörterbuch«, »Dt. Grammatik«. – **3.** → Jean Paul. – **4.** Wolfgang, *10.8.1913, dt. Experimentalphysiker; Arbeiten zur Atomphysik, Massenspektroskopie, Elementarteilchenphysik. Nobelpreis 1989.
**Paulding** ['pɔ:ldiŋ], James Kirke, *1778, †1860, US-amerik. Schriftst.; verherrlichte in Romanen die junge amerik. Demokratie.
**Paulhan** [po'lã], Frédéric, *1856, †1931, frz. Philosoph; vertrat pessimist. Thesen über die Lüge als Grundelement unserer Kultur.
**Pauli**, **1.** Johannes, *um 1455, †nach 1530, dt. Wanderprediger; Hrsg. von Predigten des *Geiler von Kaysersberg* sowie von volkstüml. Schwänken. – **2.** Richard, *1886, †1951, dt. Psychologe; entwickelte aus einem Arbeitsversuch (fortlaufendes Addieren) E. *Kraepelins* den P.-Test zur Beurteilung der psych. Leistungsfähigkeit u. -dynamik. – **3.** Wolfgang, *1900, †1958, östr. Physiker; einer der Mitbegr. der Quantentheorie, Entdecker des **P.-Prinzips**, aus dem sich u.a. der Aufbau der Elektronenhülle im Atom u. damit das Periodensystem der Elemente ableiten läßt. Das P.-Prinzip gilt für alle Teilchen mit halbzahligem Spin, z.B. für die Protonen u. Neutronen im Atomkern. Nobelpreis 1945.
**Pauliner**, ung. Eremitenkongregation, um 1250 entstanden. Neben eigenen strengen Satzungen nahmen sie die Augustinerregel an; Klöster in Tschenstochau u. Krakau.

Paulus; Mosaik in der Erzbischöflichen Kapelle von Ravenna, um 500

**Pauling** ['pɔ:liŋ], Linus, *28.2.1901; US-amerik. Chemiker; arbeitete über chem. Bindungen u. Strukturen von Eiweißstoffen; 1954 Nobelpreis für Chemie, 1963 Friedensnobelpreis.
**Paulsen**, **1.** Friedrich, *1846, †1908, dt. Philosoph; Kant-Forscher u. Vertreter des Neuidealismus; W »System der Ethik«. – **2.** Rudolf, Sohn von 1), *1883, †1966, dt. Schriftst.; gehörte zum »Charon«-Kreis um O. zur *Linde*; stimmungsvolle Lyrik.
**Paulskirche**, ev. Kirche in Frankfurt a.M.; 1786–1833 in klassizist. Stil von J.A. *Liebhardt* erbaut; 1848/49 Tagungsstätte der *Frankfurter Nationalversammlung*.
**Paulus**, hebr. *Saulus*, Apostel, der bedeutendste Missionar des Urchristentums, *um 10, †um 64 als Märtyrer in Rom; aus jüd. Familie, aber von Geburt an röm. Bürger; leidenschaftl. Verfechter des jüd. Gesetzes u. Verfolger der christl. Gemeinde. Wohl aufgrund einer Vision (Damaskuserlebnis) kam er um 33/34 zum christl. Glauben. Mehrjährige Missionstätigkeit auf Zypern, in Kleinasien, Syrien, Griechenland, Makedonien. Durch kompromißlose Verkündigung eines Evangeliums frei von Gesetzesbindungen trat er in Ggs. zum Judenchristentum der Urgemeinde, konnte jedoch beim »Apostelkonzil« in Jerusalem die Einheit des fr. Christentums bewahren. – Fest: 29.6. –

Paulus: Reisewege des Apostels

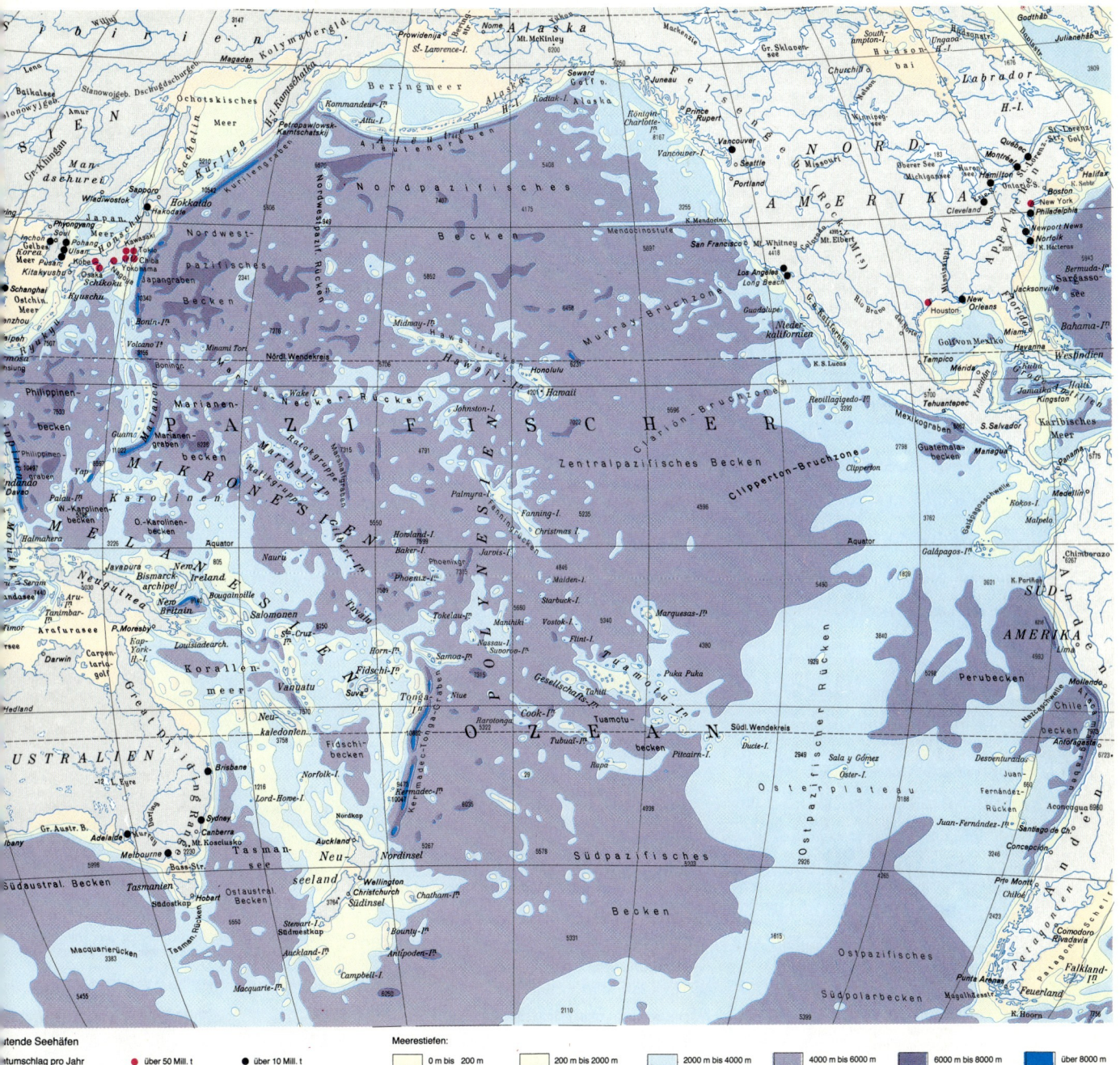

*Pazifischer Ozean: Becken und Schwellen*

**P.briefe,** *Paulinische Briefe,* im NT 13 Briefe des P. Als echt gelten: *Römerbrief, Korintherbriefe, Galaterbrief, Philipperbrief, 1. Thessalonicherbrief* u. *Philemonbrief;* umstritten hinsichtl. der Verfasserschaft sind bes. der *Epheserbrief* u. die *Pastoralbriefe,* z.T. auch der *Kolosserbrief* u. der *2. Thessalonicherbrief.* Nicht von P. stammt der *Hebräerbrief.*

**Paulus,** Friedrich, *1890, †1957, dt. Offizier; Generalfeldmarschall; 1942 Oberbefehlshaber der 6. Armee, die bei *Stalingrad* eingeschlossen wurde; kapitulierte gegen Hitlers Befehl am 31.1.1943 u. schloß sich in der Kriegsgefangenschaft dem »Nationalkomitee Dtld.« an; lebte seit 1953 in der DDR.

**Paulus Diaconus,** *um 720, †um 800, mittellat. Geschichtsschreiber; Langobarde, Mönch in Montecassino, am Hof *Karls d. Gr.;* schrieb eine Gesch. der Langobarden.

**Paul vom Kreuz,** *1694, †1775, ital. Bußprediger; Stifter der *Passionisten,* einer Kongregation zur inneren u. äußeren Mission. – Heiliger (Fest: 19.10.).

**Pauly,** August, *1756, †1845, dt. Altphilologe; Begr. der »Real-Encyclopädie der class. Alterthumswiss.«; »Der kleine Pauly«.

**Paumann,** Konrad, *um 1415, †1473, dt. Organist u. Komponist; begr. eine bed. Orgelschule.

**Paumgartner,** Bernhard, *1887, †1971, östr. Dirigent u. Komponist; Mitbegr. der Salzburger Festspiele.

**pauperieren,** vom Züchter gewünschte Eigenschaften durch Inzucht verlieren.

**Pauperismus,** dauernde Verarmung u. Verelendung der unterbäuerl. u. unterbürgerl. Schichten.

**Pausanias,** 1. †467 v. Chr. (?), spartan. Feldherr; Sieger über die Perser bei *Plataiä* 479 v. Chr. Einer Verschwörung bezichtigt, flüchtete er in den Tempel der Athena zu Sparta, wo er eingemauert wurde. – **2.** grch. Schriftst. des 2. Jh. n. Chr.; schrieb ein Reisehandbuch über Griechenland von hohem Quellenwert.

**pauschal,** alles zusammen (gerechnet), rund.

**Pauschalreise,** Gesellschaftsreise, bei der Kosten für Fahrt, Unterbringung, Verpflegung im Gesamtpreis eingeschlossen sind.

**Pause, 1.** vorübergehendes Aufhören einer Tätigkeit, kurze Rast. – **2.** das vorübergehende Aussetzen einzelner gesungener Stimmen oder Instrumente. Das gemeinsame Pausieren aller Vokalstimmen oder Instrumente heißt *General-P.* – **3.** Durchzeichnung nach einer Vorlage mit Hilfe von *Pauspapier.*

**Pausewang,** Gudrun, *3.3.1928, dt. Schriftst.; lebt in Kolumbien; schildert Welt u. Menschen Südamerikas.

**Pauspapier,** hochtransparentes Papier, meist aus reiner Cellulose hergestellt; zur Herstellung von Kopien u. techn. Zeichnungen, von denen direkt *Lichtpausen* hergestellt werden können.

**Paustowskij,** Konstantin Georgijewitsch, *1892, †1968, russ. Schriftst.; schilderte in Romanen u. Novellen, oft lyrisch getönt, das zeitgenöss. Leben in der Sowjetunion.

**Pavane,** *Paduane,* alter Tanz ital. Ursprungs, geradtaktiger höfischer Schreittanz.

**Pavarotti,** Luciano, *12.10.1935, ital. Sänger (Tenor); bes. Interpret ital. Opern.

**Pavelić** [-litç], Pawelitsch, Ante, *1889, †1959, kroat. Politiker; Führer der vom Faschismus beeinflußten kroat. Unabhängigkeitsbewegung (*Ustascha*); 1941 mit Hilfe der Achsenmächte Staatschef des selbständigen Kroatien, floh 1945; wurde in Abwesenheit zum Tode verurteilt.

**Pavese,** Cesare, *1908, †1950 (Selbstmord), ital. Schriftst.; Neorealist, von pessimist. resignierender Grundhaltung; Romane (»Der schöne Sommer«).

**Pavia,** ital. Prov.-Hptst. in der Lombardei, am Tessin, 81 000 Ew.; Univ. (1361), Dom, Basilika San Michele; Masch.-Ind.

**Paviane,** *Hundskopfaffen* des mittleren Afrika; mit schnauzenartig verlängertem Gesichtsteil, kräftigem Gebiß, Gesäßschwielen u. langem Schwanz; hierzu der *Babuin* u. der *Mantel-P.*

**Pavillon** [pavijɔ̃], kleines, meist offenes Gebäude in Garten- u. Parkanlagen; auch Einzelbau einer im *P.-System* angelegten Gruppe von Gebäuden (Ausstellungsbauten, Schulen).

**Pavlović** [-vitj], Miodrag, *28.11.1928, jugosl. Schriftst.; führender serb. Lyriker; die Antike u. die slaw. Gesch. formten sein Denken.

**Pawlodar,** Stadt im NO der Kasach. SSR (Sowj.), am Irtysch, 331 000 Ew.; HS: Traktorenbau, Nahrungsmittel-Ind., Erdölraffinerie.

**Pawlow** [-lɔf], Iwan Petrowitsch, *1849, †1936, russ. Physiologe; erforschte bes. den Einfluß des Nervensystems auf die Magensaftabsonderung **(P.scher Reflex:** allein der Anblick der Speise löst die Magensekretion aus); entdeckte die *bedingten Reflexe;* Nobelpreis 1904.

**Pawlowa,** Anna, *1882, †1931, russ. Ballettänzerin; verkörperte den Höhepunkt der klass. Ballettkunst (»Der sterbende Schwan«); gehörte 1903–13 zur Truppe S. *Diaghilews.*

**Pawnee** [ˈpɔːni], nordamerik. Indianerstamm der Caddo-Sprachgruppe, urspr. zu den Prärie-Indianern gehörend, seit 1876 in einer Reservation in Oklahoma.

**Pax,** Friede; röm. Friedensgöttin. – **P. Christi,** internat. kath. Friedensbewegung; 1983 Friedenspreis der UNESCO. – **P. Romana, 1.** »röm. Friede«, von *Augustus* konzipierte Reichsidee im Sinne einer das ganze röm. Weltreich umfassenden kaiserl. Fürsorge. – **2.** intern. Zusammenschluß der kath. Studentenverbände, gegr. 1921.

**Paxton** [ˈpækstən], Sir Joseph, *1803, †1865, engl. Architekt u. Landschaftsgärtner; schuf den *Kristallpalast* in London für die Weltausstellung 1851 (zerstört durch Brand 1936), der früheste rein funktionalist. Bau aus Glas u. Eisen.

**Pay-TV** [ˈpeɪtiːviː], auch *Abonnentenfernsehen,* Fernsehprogramm, das gegen Entrichtung von Gebühren an die privaten Anbieter abonniert werden kann; 1986 erstmals in der BR Dtld. eingeführt.

**Paz** [paːs], Octavio, *13.3.1914, mex. Schriftst.; zeitweise im diplomat. Dienst; verbindet europ. u. mex. Elemente in seiner der konkreten Poesie zuzurechnenden Lyrik; Nobelpreis 1990.

**Pazardžik** [ˈpazardʒik], bulgar. Bez.-Hptst., an der Maritza, 77 000 Ew.

**Paz Estenssoro** [paːs-], Victor, *2.10.1907, bolivian. Politiker; 1952–56 u. 1960–64 Staats-Präs.; durch Militärrevolte gestürzt, nach peruan. Exil 1985–89 erneut Staats-Präs.

**Pazifischer Ozean,** *Großer* oder *Stiller Ozean,* kurz *Pazifik,* das größte Weltmeer, zw. Asien u. Australien, dem antarkt. u. Amerika. Es bedeckt mit Nebenmeeren 179,7 Mio. km² (mehr als 1/3 der Erdoberfläche); mittlere Tiefe 3940 m, größte Tiefe 11 034 m; Salzgehalt 32–37‰ wichtigste Nebenmeere: Beringmeer, Ochotskisches, Jap., Ost- u. Südchin. Meer u. Australasiat. Mittelmeer. Die Meeresströmungen beschreiben einen südpazif. Kreislauf (im Gegenuhrzeigersinn). Im Bereich des Australasiat. Mittelmeers u. des Südchin. Meers bildet sich unter dem Einfluß der Monsune eine jahreszeitl. wechselnde *Monsundrift* aus. – Die Bedeutung des Pazifik als Verkehrsträger begann erst nach der Öffnung der jap. u. chin. Häfen. Von negativer Wirkung sind die trop. Wirbelstürme: die *Willy-Willies* im austral. Bereich, die *Taifune* in asiat. Gewässern u. die *Hurrikane* vor der kaliforn. Küste. – K ➞ S. 679

**Pazifismus,** *i.e.S.* absolute Kriegsgegnerschaft aus eth. u. prakt. Überlegungen; *i.w.S.* alle Friedensbewegungen, die den Krieg als Fortsetzung der Politik mit anderen Mitteln ausschalten wollen. Vorläufer der modernen P. waren die *Quäker* u. die *Mennoniten* als radikale Kriegsdienstverweigerer. In Dtld. lebte der P. bes. nach dem 1. Weltkrieg auf u. wurde vom Nat.-Soz. gewaltsam unterdrückt. Nach dem 2. Weltkrieg äußerte er sich bes. im Protest gegen die atomare Aufrüstung u. in der *Friedensbewegung* seit den 1980er Jahren.

**Pázmány** [ˈpaːzmaːnj], Péter, *1570, †1637, ung. kath. Theologe; Jesuit, 1616 Erzbischof von Gran u. Primas von Ungarn; Führer der Gegenreformation in Ungarn.

**Pb,** chem. Zeichen für *Blei* (lat. *plumbum*).

**PC,** Abk. für engl. *Personal Computer;* ➞ Personalcomputer.

**PCP,** Abk. für *Pentachlorphenol.*

**PDS,** Abk. für *Partei des demokratischen Sozialismus,* ➞ Sozialistische Einheitspartei Deutschlands.

**Peace Corps** [piːs kɔː] ➞ Friedenskorps.

**Peace River** [piːs ˈrɪvə], Fluß in W-Kanada, 1923 km; bildet mit dem *Athabasca* den *Sklavenfluß.*

**Peacock** [ˈpiːkɔk], Thomas Love, *1785, †1866, engl. Schriftst.; Freund P. B. *Shelleys;* schrieb witzige, teilweise parodist. Romane.

**Peale** [piːl], Charles Willson, *1741, †1827, nordamerik. Maler; gründete das erste amerik. Museum (Philadelphia), malte v.a. Porträts.

**Pearl Harbor** [pəːl ˈhaːbə], Flottenstützpunkt der USA auf der Hawaii-Insel *Oahu.* Am 7.12.1941 vernichtete Japan hier ohne Kriegserklärung einen Großteil der Pazifik-Flotte der USA; Beginn des jap.-amerik. Krieges.

**Pearlstein** [pəːl-], Philipp, *24.5.1924, US-amerik. Maler; Vertreter des Photorealismus.

**Pears** [pɪəs], Peter, *1910, †1986, brit. Sänger (Tenor); konzertierte mit B. Britten u. J. Bream; trat bes. für die ältere engl. Musik ein.

**Pearson** [ˈpiːəsn], Lester Bowles, *1897, †1972, kanad. Politiker (Liberaler); 1948–57 Außen-Min., 1963–68 Prem.-Min.; entscheidend beteiligt an der Gründung der NATO; Friedensnobelpreis 1957.

**Peary** [ˈpɪəri], Robert Edwin, *1856, †1920, US-amerik. Polarforscher; bewies durch die nördl. Umfahrt die Inselnatur Grönlands; erreichte am 6./7.4.1909 als erster das Gebiet um den Nordpol.

**Peć** [petʃ], jugosl. Stadt im SW Serbiens, 42 000 Ew.; 1235–1922 Mittelpunkt der serb.-orth. Kirche.

**PeCe-Faser,** eine Kunstfaser aus nachchloriertem *Polyvinylchlorid;* von hoher Festigkeit u. Dehnbarkeit; für techn. Gewebe.

**Pech,** Rückstand bei der Destillation von Stein-, Braun- u. Holzkohleteer u. Erdöl; enthält neben rußähnl. Substanzen viel hochmolekulare Kohlenwasserstoffe; schwarz bis bräunl., zäh, brennbar. Das weiße *Faß-P.* zum Auspichen der Bierfässer wird aus Fichtenharz, das schwarze *Schuster-P.* aus Holzkohleteer hergestellt. – **P.blende,** *Uranpecherz,* ein Mineral.

**Peche,** Dagobert, *1887, †1923, östr. Kunsthandwerker u. Graphiker; entwarf Tapeten, Schmuck, Keramik.

**Pechkohle,** tiefschwarze, harte, dichte Kohle, die altersmäßig der *Braunkohle* entspricht, die bei starken Erdkrustenbewegungen jedoch so hohem Druck ausgesetzt war, daß sie steinkohlenähnl. Charakter angenommen hat.

**Pechnase,** ein unten offener Erker an mittelalterl. Befestigungsanlagen, aus dem siedendes Pech auf den Feind gegossen wurde.

**Pechnelke,** eine *Lichtnelke,* mit klebrigem Stengel, Blüten hellrot.

**Pechstein,** Max, *1881, †1955, dt. Maler u. Graphiker; seit 1906 Mitgl. der Künstlergemeinschaft »Brücke«; malte starkfarbige Aktfiguren, Landschaften in expressivem Stil.

**Peck,** Gregory, *5.4.1916, US-amerik. Filmschauspieler; erfolgreich bes. in »Moby Dick«, »Wer die Nachtigall stört«, »Das Omen«, »MacArthur«, »Old Gringo«.

**Peckinpah,** [ˈpɛkɪnpaː], Sam, *1925, †1984, US-amerik. Filmregisseur; seine Filme haben die Gewalt zum Thema (»Wer Gewalt sät«, »Getaway«, »Das Osterman Weekend«).

**Pécs** [peːtʃ], dt. *Fünfkirchen,* ung. Stadt südl. des Mecsekgebirges, 179 000 Ew.; Kathedrale, Univ.; keram., Zement-, Textil- u.a. Ind.

**Pedal, 1.** Fußhebel, z.B. am Auto, Flugzeug oder Fahrrad. – **2.** bei Orgel u. Harmonium Fußklaviatur oder -hebel, am Hammerklavier schmale Trethebel zur Betätigung von Mechanikteilen (Dämpfung, Verschiebung, Moderator), bei Pauken u. Harfen zum Bedienen der Umstimmvorrichtung.

**Pedant,** kleinl., peinl. genauer Mensch. – **Pedanterie,** übertriebener Ordnungssinn. – **pedantisch,** übertrieben genau u. gewissenhaft.

**Peddigrohr,** *Span. Rohr,* Rohr aus dem Innern des Stamms der *Rotangpalme.*

**Pedell,** Hausmeister (Schule u. Univ.).

**Pedersen,** Charles, *1904, †1989, US-amerik. Chemiker norweg. Herkunft; arbeitete über Polymere; Nobelpreis 1987.

**Pedigree** [ˈpɛdɪɡriː], die Ahnentafel von Pferden.

**Pediküre,** Fußpflege.

**Pedologie** ➞ Bodenkunde.

**Pedrell,** Felipe, *1841, †1922, span. Komponist u. Musikschriftst.; Erneuerer der span. Musik.

**Pedro,** span. u. portug. für ➞ Peter.

**Peel** [piːl], Sir Robert, *1788, †1850, brit. Politiker (Tory); 1834/35 u. 1841–46 Prem.-Min.; setzte die Einkommensteuer u. die *Bankakte (Peel's Act)* durch, mit Unterstützung der Whigs ferner Freihandel u. Abschaffung der Kornzölle.

**Peele** [piːl], George, *um 1556, †um 1596, engl. Dichter (Hirtenlegenden u. Märchenstücke).

**Peene, 1.** westl. Mündungsarm der Oder zw. der Küste Vorpommerns u. Usedom. – **2.** mecklenburg.-vorpommerscher Fluß, 128 km; mündet östl. von Anklam in den ebenfalls *P.* gen. Teil des Kleinen (Stettiner) Haffs zw. Usedom u. Festland.

**Peenemünde,** Gem. an der NW-Spitze der Insel Usedom, 600 Ew.; 1935–45 Versuchsgelände für Raketengeschosse (bes. V-Waffen).

**Peep-Show** [ˈpiːpʃoʊ], Zurschaustellung einer unbekleideten Frau auf einer runden, drehbaren Bühne, die gegen Entgelt betrachtet werden kann.

**Peer** [pɪə], engl. Hochadliger (Baron, Viscount, Earl, Marquis, Duke) mit Sitz im Oberhaus u. mit dem Titel *Lord;* die P.würde ist erblich.

**Pegasus,** *1.* Flügelroß der grch. Myth., springt aus dem Rumpf der von Perseus enthaupteten Medusa, wurde von Bellerophon gezähmt. Durch den Hufschlag des P. entstehe die Quelle Hippokrene. P. wurde im 18. Jh. als »Richterroß« Sinnbild des künstler. Elans. – **2.** Sternbild des nördl. Himmels.

**Pegel, 1.** *Wasserstandsmesser,* ein Maßstab, der in das Wasser hineinragt u. den Wasserstand des betreffenden Gewässers anzeigt; auch als Schwimmer mit Übertragung auf einen Zeiger (*P.uhr*). – **2.** das logarithm. Verhältnis elektr. u. akust. Größen (z.B. Leistung, Spannung, Strom, Schalldruck); z.B. *Stör-P.* eines Verstärkers, *Geräusch-P.* u.a. Der Vergleich mit internat. festgelegten Bezugswerten eines Normalgenerators liefert den *absoluten P.* Der P. wird in *Dezibel* oder *Neper* gemessen.

**Pegmatit,** grob kristallisiertes Ganggestein; oft das Muttergestein reicher Mineralfunde.

**Pegnitz, 1.** Stadt in Oberfranken, Bayern, 13 000 Ew.; Burgruine *Böheimstein;* Metall-, Masch.- u. Textil-Ind. – **2.** Fluß in Franken, 117 km; vereinigt sich bei Fürth mit der *Rednitz.*

**Pegu,** Prov.-Hptst. in Birma, 150 000 Ew.; Reisanbau, Textil-, Nahrungsmittel- u.a. Ind.; buddhist. Wallfahrtsort, *Schwemada-Pagode* mit einer 55 m langen Statue des liegenden Buddha.

**Péguy** [peˈɡi], Charles Pierre, *1873, †1914, frz.

*Pegu: Diese liegende Buddha-Statue ist die größte der Welt*

*Pekinese*

*Rosapelikan*

**Schriftst.;** zunächst Sozialist, später Vorkämpfer der kath. Erneuerungsbewegung u. des Nationalismus; schrieb Versdichtungen.

**Pehlewi** ['pɛç-], *Mittelpersisch*, die Sprache der Arsakiden (in NW-Iran) u. der Sassaniden (in der Prov. Fars), mit einer eigenen, bis ins 14. Jh. verwendeten Schrift.

**Peichl**, Gustav, Pseud. *Ironimus*, *18.3.1928, östr. Architekt u. Karikaturist; Karikaturen für östr. u. dt. Tageszeitungen.

**Peierls**, Rudolf Ernst, *5.6.1907, engl. Physiker dt. Herkunft (Arbeiten zur Quantentheorie der Festkörper u. Theorie der Elementarteilchen).

**Pejes**, Schläfenlocken, die nach jüd. (orth. u. chassid.) Brauch nicht abgeschnitten werden.

**Peilung**, *Peilen*, Navigationsverfahren zur Feststellung des Ortes *(Ortung)* eines Gegenstands (z.B. Flugzeug, Schiff, Funkfeuer) nach Richtung u. Entfernung; entweder optisch durch Anpeilen bekannter Punkte (Leuchttürme, Gestirne) oder (heute meist) mittels elektromagnet. Wellen (Funk-P.). Hierbei wird ausgenutzt, daß Richtantennen die Richtung der empfangenen Wellen zu bestimmen gestatten.

**Peine**, Krst. in Nds., am Mittellandkanal, 45 000 Ew.; eisenverarbeitende Ind., Zucker-, Schuh- u. Möbel-Ind.

**Peipus-See**, fischreicher Binnensee an der Grenze zw. Estland u. der RSFSR (Sowj.); verbunden mit dem *Pskower (Pleskauer) See*, zus. 4300 km².

**Peirce** [piːəs], Charles Sanders, *1839, †1914, US-amerik. Philosoph; Begr. des *Pragmatismus*.

**Peire Vidal** [pɛːr-], *um 1175, †um 1210, provençal. Troubadour.

**Peisistratos**, *um 600 v. Chr., †um 528 oder 527 v. Chr., Tyrann von Athen; entmachtete den Adel, förderte Bauern, Handel u. Gewerbe, führte regelmäßige Steuern ein. Der wirtsch. Aufschwung ermöglichte Bautätigkeit u. Kulturpolitik.

**Peißenberg**, Markt in Oberbayern, sw. von Weilheim, 10 000 Ew.; westl. von P. der *Hohe P.* mit Wallfahrtskirche.

**Peitschenschlange**, *Baumschnüffler*, mit schlankem grünem Körper; in Regenwäldern Malayas auf Bäumen, tagsüber aktiv.

**Peitschenwurm**, zu den *Fadenwürmern* gehörender, bis 5 cm langer Schmarotzer im Dickdarm des Menschen.

**Peixoto** [peiˈʃotu], Júlio Afrânio, *1876, †1947, brasil. Schriftst. (symbolist. Jugendlyrik u. Heimatromane).

**pejorativ**, verschlechternd, abwertend.

**Pekalongan**, indones. Hafenstadt in N-Java, 133 000 Ew.; Zucker-Ind., Webereien, Batikwerkstätten.

**Pekari** → Nabelschweine.

**Pekinese**, chin. Zwerghundrasse mit stark verkürzter Schnauze u. langem Fell.

**Peking**, *Beijing*, 1928–49 *Peiping*, Hptst. der VR China, am NW-Rand der Großen Ebene, 5,8 Mio. Ew., als »Stadtbezirk« (der Reg. direkt unterstellt) 9,6 Mio. Ew.; wirtsch., kulturelles u. Verwaltungszentrum: 2 Univ., 2 TH u. a. HS, Museen, Verlage, Masch.- u. Kraftfahrzeugbau, chem., Nahrungsmittel- u.a. Ind.; internat. Flughafen. – Das alte P., die »Ummauerte Stadt«, ist in 4 Bezirke gegliedert: im Mittelpunkt die ehem. »Verbotene Stadt« *(Purpurstadt)* mit Kaiserpalast (heute Palastmuseum); *Kaiserstadt* (Dienst- u. Wirtschaftsgebäude, Tor des Himml. Friedens, P.-Bibliothek; im N Innere Stadt *(Mandschu-, Tatarenstadt);* im S Äußere Stadt *(Chinesenstadt)* mit Himmelstempel (15. Jh.). – Gesch.: Im 12./13. Jh. Hptst. *(Zhongdu)* der Jin-Dynastie, 1215 von Mongolen zerstört, 1264–1368 Hptst. *(Dadu)* des Mongolenreichs; im 14. Jh. bereits Millionenstadt, 1403 Hptst. der Ming-Dynastie; mit Ausnahme der Jahre 1928–49 seither Hptst. Chinas.

**Pekingente**, weiß-gelbl. Hausentenrasse aus China, Fleisch- u. Legeente; Gewicht 3–3,5 kg.

**Peking-Mensch**, *Sinanthropus pekinensis* (jetzt *Homo erectus pekinensis*), ausgestorbene eiszeitl. Menschenform; erste Funde 1921 bei Peking.

**Peking-Oper**, chin. Musiktheater mit mimischen u. akrobat. Elementen aus dem 18. Jh.; volkstüml. Darst. meist histor. Stoffe.

**Pekoe Souchon** ['piːkou 'suːʃɒn], Gütegrad bei der Siebung der Teeblätter; große dritte bis sechste Blätter.

**Pektin**, sehr quellfähiger, kohlenhydratähnl. Stoff, der bes. in saurem Obst enthalten ist. Zus. mit Zucker u. Säure bewirkt P. das Gelieren der Obstsäfte beim Kochen.

**pektoral**, die Brust betreffend.

**Pektorale**, *Brustkreuz*, seit dem MA Teil der bischöfl. Insignien: ein mit Edelsteinen geschmücktes, meist goldenes Kreuz mit Reliquien.

**pekuniär**, geldlich.

**Pelagial**, der Lebensraum des freien Meers, bewohnt von Organismen mit *(Nekton)* u. ohne *(Plankton)* Eigenbewegung.

**Pelagianismus**, von dem Mönch *Pelagius* begr. Lehre, wonach der Mensch einen freien Willen zum Guten oder Bösen hat. Hauptgegner des P. war *Augustinus*.

**pelagisch**, Tiere u. Pflanzen der küstenfernen, offenen Meere u. der Binnengewässer betreffend.

**Pelagische Inseln**, ital. Mittelmeerinseln zw. Tunesien u. Malta, 28 km², 4000 Ew.; mit *Lampedusa*, *Lampione* u. *Linosa*.

**Pelagius**, **1. P. I.**, †561, Papst 556–561; von Kaiser Justinian designiert, nachdem er die Verdammung der »Drei Kapitel« *(Dreikapitelstreit* zur Zeit des Vigilius) anerkannt hatte. – **2. P. II.**, †590, Papst 579–590; got. Abstammung, bemühte sich als erster Papst um die Hilfe der Franken gegen die Langobarden (jedoch vergebl.); leitete die Bekehrung der arian. Westgoten ein.

**Pelagius**, Mönch aus Britannien, †418; entschiedener Gegner der Gnadenlehre des *Augustinus*; → Pelagianismus.

**Pelargonie**, Gatt. der *Storchschnabelgewächse*, fälschl. *Geranie* gen.; aus S-Afrika; beliebte Balkonpflanze.

**Pelasger**, nach antiken grch. Autoren die Ureinwohner Griechenlands; heute Bez. für die vorindoeurop. Ureinwohner des Mittelmeerraums u. W-Kleinasiens.

**Pelé**, eigtl. *Edson Arantes do Nascimento*, *21.10.1940, brasil. Fußballspieler.

**Pelemele** [pɛːlˈmɛːl], Mischmasch, Durcheinander.

**Pelerine**, urspr. ein Pilgermantel, später ein weitgeschnittener Umhang.

**Peleus** [-lɔis], thessalischer Heros, in der grch. Sage Vater des *Achilles*.

**Pelikane**, Fam. großer *Ruderfüßer*, die in 6 Arten die Binnengewässer, in einer weiteren die Küsten der wärmeren Zonen bewohnen; ernähren sich von Fischen; kennzeichnend ist der große, dehnbare Kehlsack zur Nahrungsaufnahme.

**Pelion** → Pilion.

**Pelite**, feinkörnige klastische Sedimentgesteine mit Korngrößen unter 0,02 mm.

**Pella**, Hptst. Makedoniens bis 168 v. Chr.

**Pellagra**, bei einseitiger Ernährung mit Mais auftretende Erkrankung der dem Licht ausgesetzten Hautpartien, verbunden mit Darmstörungen u. Schädigung des Nervensystems.

**Pellico**, Silvio, *1789, †1854, ital. Schriftst. (romant. Versnovellen u. Schauspiele).

**Pellworm**, Nordfries. Insel zw. Amrum u. Nordstrand, 37 km², 1200 Ew.; 1634 durch Sturmflut von Nordstrand abgetrennt.

**Pelopidas**, †364 v. Chr., theban. Heerführer; mit seinem Freund *Epaminondas* 371 v. Chr. Sieger über die Spartaner in der Schlacht bei Leuktra.

**Peloponnes**, *Morea*, die südl. Halbinsel Griechenlands, durch den *Isthmus von Korinth* mit dem Festland verbunden, bildet die Region P. 21 429 km², 1 Mio. Ew., Hptst. *Patras;* gebirgig (im Taygetos 2407 m), im S in langgestreckte Halbinseln aufgelöst.

**Peloponnesischer Krieg**, der Krieg zw. Sparta u. Athen um die Vorherrschaft in Griechenland, 431–404 v. Chr. Mit Athen waren der Attische Seebund, Thessalien u. Teile W-Griechenlands verbündet; auf Spartas Seite standen der Peloponnes. Bund, die meisten mittelgrch. Staaten u. die Kolonien Korinths. Athen war finanziell u. zur See, Sparta zu Land überlegen. 405 v. Chr. vernichtete der Spartaner *Lysander* die letzte athen. Flotte u. zwang Athen 404 v. Chr. durch Einschließung zur Kapitulation. Athen wurde teilweise zerstört. Über Griechenland errichtete Sparta eine rücksichtslose Hegemonie.

**Pelops**, in der grch. Sage Sohn des *Tantalos*; Stammvater der *Pelopiden*, des Herrschergeschlechts von Mykene. Nach ihm wurde der *Peloponnes* benannt.

**Pelota**, ein Rückschlagspiel für zwei Spieler oder Mannschaften, aus dem bask. Nationalspiel *Blaid a chistera* entwickelt.

**Pelotas**, brasil. Stadt in Rio Grande do Sul, 176 000 Ew.; Univ.; Handelszentrum, Schlachtereien, Industrie.

**Peltier-Effekt** [pɛlˈtje-], die nach dem frz. Physiker J. C. *Peltier* (*1785, †1845) ben. Erscheinung, daß die von einem elektr. Strom durchflossene Lötstelle zweier verschiedenartiger Metalle sich je nach der Stromrichtung erwärmt oder abkühlt. Der P. ist die Umkehrung des *thermoelektr. Effekts*.

**Pelton** ['pɛltən], Lester Allan, *1829, †1908, US-amerik. Ingenieur; erfand um 1880 eine nach ihm ben. Freistrahlturbine.

**Pelvoux** [-ˈvu], *Massiv du P.*, Berggruppe in den frz. Zentralalpen; höchster Gipfel: *Barre des Écrins* (4103 m), Nationalpark P.

**Pelz**, *Fell*, die mit Haaren bedeckte Haut von Säugetieren, die u.a. zu Kleidung verarbeitet wird. Die bekanntesten Edel-P.e sind: *Chinchilla, Nerz, Zobel* sowie gefleckte Katzenfelle *(Ozelot, Luchs, Leopard)*, versch. Fuchsfelle *(Rot-, Blau-, Silber-, Graufuchs)*, Lammfelle *(Persianer, Breitschwanz), Seal, Otter, Marder, Biber, Hermelin, Bisam* u. *Nutria*.

*Peking: Himmelstempel*

## 682 Pelzbiene

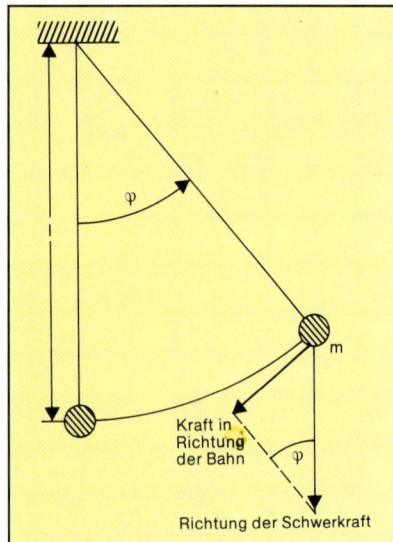

*mathematisches Pendel*

**Pelzbiene,** langbehaarte, hummelähnl. *Stechimme,* einzeln lebend.
**Pelzflatterer,** *Großgleitflieger, Flugmakis,* eine Ordnung der *Säugetiere,* die Merkmale von Halbaffen, Fledermäusen u. Insektenfressern aufweist; nachtaktive Tiere in Waldgebieten von Hinterindien bis zu den Philippinen.
**Pelzrobben** → Seebären.
**Pemán y Pemartín,** José María, *1898, †1981, span. Schriftst. u. Politiker; behandelt polit. Themen in seiner symbolist. Lyrik u. in seinen die andalus. Folklore verwertenden ideolog. Dramen.
**Pematangsiantar,** indones. Stadt in N-Sumatra, zw. dem Tobasee u. Medan, 150 000 Ew.
**Pemba,** Koralleninsel vor der Küste O-Afrikas im Ind. Ozean, gehört zu *Tansania,* 984 km², 257 000 Ew., Hptst. *Chake Chake.*
**Pemmikan,** urspr. ein lange haltbares Nahrungsmittel der nordamerik. Indianer aus zerriebenem u. getrocknetem Büffel- oder Elenfleisch; jetzt amerik. Fleischkonserve aus Fleischpulver u. Fett.
**Penang,** *Pinang,* Teilstaat → Malaysias.
**Penaten,** in der röm. Religion Schutzgötter des Hauses (Vorratskammer u. Herd).
**Pence** [pɛns], Pl. von → Penny.
**PEN-Club,** *PEN,* Abk. für engl. *Poets and Playwrights, Essayists and Editors, Novellists,* »Dichter u. Dramatiker, Essayisten u. Herausgeber, Romanschriftst.«, 1921 in London gegr. internat. Vereinigung von Schriftst.
**Pencz** [pɛnts], Georg, *um 1500 (?), †1550, dt. Maler u. Kupferstecher; beeinflußt von A. *Dürer;* schuf v.a. Porträts.
**Pendant** [pã'dã], Gegenstück, inhaltl. u. formale Entsprechung von etwas.
**Pendel,** ein starrer Körper, der um eine Achse hin- u. herschwingen (pendeln) kann. Der Abstand Aufhängepunkt – Schwerpunkt heißt *P.länge.* Beim *Sekunden-P.* beträgt die halbe Schwingungsdauer 1 s, die P.länge rd. 1 m (99,4 cm).
**Pendelachse,** eine Achse (meist für Hinterräder) von Kraftfahrzeugen, bei der die Räder an Halbachsen befestigt sind, die um ihre Endpunkte schwingen.
**Pendelverkehr,** das Hin- u. Herfahren eines öffentl. Verkehrsmittels auf einer kurzen Strecke.
**Pendentif** [pãdã-], *Hängezwickel,* der als sphärisches Dreieck gebildete Gewölbeansatz einer *Hängekuppel.*
**Penderecki** [pɛndɛ'rɛtski], Krzysztof, *23.11.1933, poln. Komponist; ging von A. Webern, A. Schönberg u. P. Boulez aus; nähert durch Vierteltonintervalle, Clusterbildungen u. verfremdende Spielanweisungen das traditionelle Instrumentarium dem Geräuschklang an. W »Stabat Mater«, »Lukaspassion«; Oratorium »Dies Irae«; Oper »Die Teufel von Loudun«.
**Pendüle,** Pendeluhr.
**Penelope,** Frau des Odysseus, Vorbild ehel. Treue.

**penetrant,** durchdringend, aufdringlich.
**penibel,** sehr eigen, übertrieben genau.
**Penicillin,** das Stoffwechselprodukt verschiedener Arten des *Pinselschimmels (Penicillium),* heute auch synthet. herstellbar, das als *Antibiotikum* gegen viele Krankheitserreger (z.B. Kokken, Syphilisspirochäten) wirkt; 1928/29 von A. *Fleming* entdeckt, 1939 als erstes Antibiotikum eingeführt.
**Peninsula,** Halbinsel.
**Penis,** das männl. Glied; → Geschlechtsorgane.
**Penisknochen,** *Os priapi,* bei vielen männl. Säugetieren im Penis liegender Knochen.
**Penki** → Benxi.
**Penn, 1.** Arthur, *27.9.1922, US-amerik. Filmregisseur. W »Bonnie und Clyde«. – **2.** Irving, Bruder von 1), *16.6.1917, US-amerik. Photograph. – **3.** William, *1644, †1718, engl. Quäker; wanderte nach Amerika aus u. erwarb für die in Europa verfolgten Quäker 1681 das Gebiet des heutigen *Pennsylvania;* gründete 1683 Philadelphia.
**Penney** ['pɛni], Sir (seit 1952) William George, *24.6.1909, brit. Atomforscher; konstruierte die erste brit. Atombombe.
**Penni,** finn. Münzeinheit: 100 P. = 1 Finnmark.
**Pennine Chain** ['pɛnain 'tʃein], *Penninen,* N-engl. Berg- u. Hügelland, im *Cross Fell* 893 m.
**Penninische Alpen** → Walliser Alpen.
**Pennsylvania** [pɛnsil'veinjə], Abk. *Pa.,* Gliedstaat der → Vereinigten Staaten von Amerika; 1681 als Quäkerkolonie von W. *Penn* gegründet.
**Pennsylvaniadeutsch** [pɛnsil'veinjə], die dt. Sprache in Nordamerika, bes. in O-Pennsylvania u. Westmaryland; ein auf pfälz. Grundlage entstandener Dialekt mit vielen engl. Elementen.
**Penny,** Münzeinheit in Großbrit.; seit 1971: 1 Neuer P. = 1/100 *Pfund Sterling.*
**Pensa,** Hptst. der Oblast P. in der RSFSR (Sowj.), an der Sura, 540 000 Ew.; Holz-, Papier-, Masch.-Ind., Flugplatz.
**Pensacola** [pɛnsə'koulə], Hafenstadt im NW Floridas (USA), an der *P.-Bucht* des Golfs von Mexiko, 61 000 Ew.; Fisch- u. Holzhandel; Erholungsgebiet.
**Pension** [pã'zjoŋ], **1.** das Ruhegehalt der Beamten, auch Witwengeld u. Altersrente. Die P. bei Arbeitern u. Angestellten beruht auf Betriebsvereinbarung. – **2.** Fremdenheim; Unterkunft u. Verköstigung.
**Pensionat** [pã-], priv. Institut zur gesellschaftl. u. hauswirtschaftl. Ausbildung junger Mädchen (bes. in der Schweiz).
**Pensionierung** [pã-], die Versetzung eines Beamten in den Ruhestand.
**Pensum,** in einer bestimmten Zeit zu erledigende Arbeit, Aufgabe.
**Pentachlorphenol,** Abk. *PCP,* umweltbelastende u. gesundheitsschädl. Chemikalie, wurde wegen starker Giftwirkung bes. als Fungizid u. Desinfektionsmittel verwendet; in der BR Dtld. seit 1987 verboten.
**Pentaeder,** von 5 Flächen begrenzter Körper.
**Pentagon, 1.** Fünfeck. – **2.** ['pɛn-], das in Form

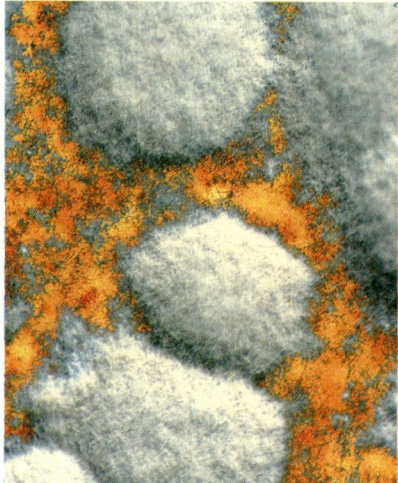

*Penicillin: Verschiedene Antibiotika werden aus den Stoffwechselprodukten von Lebewesen, meist einfachen Pilzarten, gewonnen, das Penicillin aus einem dem Brotschimmel verwandten Schimmelpilz; im Bild eine Kultur von Streptomyces lividans*

eines Fünfecks angelegte Gebäude des Verteidigungsministeriums der USA in Washington; auch das Verteidigungsministerium selbst.
**Pentagramm** → Drudenfuß.
**Pentameter,** ein 6hebiger Vers mit einem Einschnitt nach der 3. Hebung; nach einem Hexameter als 2. Teil eines *Distichons* verwendet.
**Pentan,** im Erdöl vorkommender, gesättigter aliphat. Kohlenwasserstoff, als Lösungsmittel verwendet.
**Pentapolis,** Zusammenschluß von 5 Städten (5 Philisterstädte *Ekron, Gath, Asdod, Askalon* u. *Gaza;* 5 Griechenstädte *Kyrene, Apollonia, Ptolemaïs, Arsinoë* u. *Berenike* in der heutigen Cyrenaika in N-Afrika; im MA 5 Städte an der ital. Ostküste: *Rimini, Pesaro, Fano, Senigàllia* u. *Ancona).*
**Pentateuch,** im wiss. Sprachgebrauch die »fünf Bücher Mose« des AT: *Genesis, Exodus, Leviticus, Numeri, Deuteronomium.*
**Pentathlon,** der altgrch. Fünfkampf (Stadienlauf, Weitsprung, Speer- u. Diskuswurf, Ringkampf).
**Pentatonik,** »Fünftönigkeit«, bereits in der Antike verwendete musikal. Systeme mit 5 Tönen. Die *halbtonlose P.* wird aus einer Folge von 5 Quinten gewonnen:
c-g-d-a-e = c-d-e-g-a  f-c-g-d-a = f-g-a-c-d
*Hemitonische P.* (mit Halbtönen) existiert vor allem in Asien.
**Pentélikon,** Bergland im mittelgrch. Attika, bis 1109 m; Marmorbrüche *(Pentelischer Marmor,* z.B. für die Akropolis).
**Penthesilea,** in der grch. Sage Königin der *Amazonen;* fiel im Kampf vor Troja durch *Achilles,* der sich in die Sterbende verliebte.
**Penthouse** ['pɛnthaus], Komfortwohnung in Bungalowform auf dem Dach eines Hochhauses.
**Pentlandit,** *Eisennickelkies,* ein Mineral.
**Pentode,** *Fünfpolröhre,* Elektronenröhre mit Kathode, Anode, Steuer-, Schirm- u. Bremsgitter.
**Pentosen,** Zuckerarten mit 5 Kohlenstoffatomen, die zur Gruppe der *Monosaccharide* zählen; z.B. Arabinose, Ribose u. Xylose.
**Penumbra,** Randgebiet um den Kern eines Sonnenflecks.
**Penzance** [-'zæns], SW-engl. Seebad u. Fischereihafen in Cornwall, 19 000 Ew.; Frühgemüseanbau, Fremdenverkehr.
**Penzberg,** Stadt in Oberbayern, westl. von Bad Tölz, 13 000 Ew.; Masch.- u. Elektro-Ind.
**Penzias,** Arno Allan, *26.4.1933, US-amerik. Physiker; Nachweis der kosmischen Hintergrundstrahlung; Nobelpreis 1978.
**Penzoldt,** Ernst, *1892, †1955, dt. Schriftst.; Bildhauer, Kunstgewerbler; schrieb Romane (»Der arme Chatterton«, »Die Powenzbande«).
**Peon,** landw. Arbeitskraft auf mittel- u. südamerik. Gutsbetrieben, oft in wirtsch. Abhängigkeit vom Grundbesitzer.
**Peoria** [pi'ɔ:riə], Hafenstadt in Illinois (USA), am Illinois River, 124 000 Ew.; Univ.; Kohlenbergbau, metallverarbeitende Ind.
**Pep,** ugs. Schwung.
**Peperoni,** kleine, bes. scharfe Paprikaschoten in Essig.
**Pepita,** kleinkariertes (meist schwarz-weiß) Gewebe aus Wolle oder Baumwolle.
**Pepping,** Ernst, *1901, †1981, dt. Komponist u. Organist; Erneuerer der geistl. u. weltl. Chormusik in Dtld.
**Pepsin,** ein Enzym aus dem Magensaft des Menschen u.a. Wirbeltiere; wichtig für die Eiweißverdauung. *P.präparate* bei bestimmten Verdauungsstörungen.
**Peptide,** aus Aminosäure aufgebaute Verbindungen, Zwischenprodukte beim Abbau von Eiweißkörpern.
**Peptidhormone,** Hormone, die ihrer chem. Natur nach *Peptide* sind, wie das *Oxytocin* u. das *Vasopressin* des Hypophysenhinterlappens. Auch die Hormone des Pankreas, das *Insulin* u. das *Glucagon,* werden zu den P. gerechnet.
**Peptone,** bei der Verdauung von Proteinen entstehende hochmolekulare, wasserlösl. Abbauprodukte; auch industriell hergestellt; für diätetische Zwecke verwendet.
**Pepusch,** Johann Christoph, *1667, †1752, dt. Komponist; seit 1700 in England; schuf mit J. *Hay* die gesellschaftskrit. »Beggar's Opera« (»Bettleroper«, zur »Dreigroschenoper« von K. *Weill* / B. *Brecht* umgeformt).
**Pepys** ['pɛpis, auch pi:ps], Samuel, *1633, †1703, engl. Schriftst.; verfaßte ein Tagebuch, des-

sen schonungslos offene Aufzeichnungen einen hohen kulturgeschichtl. Wert haben.

**Pera,** früherer Name eines europ. Stadtteils von Istanbul, jetzt *Beyoğlu.*

**Peräa,** eine der 4 Provinzen des antiken Palästina, östl. des Jordangrabens, Hptst. *Gadara.*

**Perak,** Teilstaat in → Malaysia, im W der Halbinsel Malakka.

**Perborate,** Verbindung aus Wasserstoffperoxid u. Boraten, Wasch- u. Bleichmittel.

**Perche** [pɛrʃ], Ldsch. in N-Frankreich, zw. der Normandie u. dem Ostteil des Maine; bis 300 m hohes Hügelland; Apfelbaumkulturen; Zuchtgebiet der Ackerpferd-Rasse *Percherons.*

**Percht,** *Berchta,* im Volksglauben eine dämon. Frau, die den *Zwölften,* bes. am Dreikönigstag, umgeht; daher der Brauch, in Masken als »P.en« durch den Ort zu ziehen (*P.enlaufen*).

**Percy** [ˈpəːsi], Thomas, *1729, †1811, engl. Geistlicher u. Folklorist; veröffentlichte 1765 eine Sammlung alter schott. u. engl. Balladen u. Lieder.

**perdu** [-'dy], verloren, dahin.

**Père** [pɛːr, frz. »Vater«], Pater (Anrede für Geistliche).

**Pereira,** kolumb. Dep.-Hptst., südl. von Manizales, 390 000 Ew.; kath. Bischofssitz; TU; Kaffeehandelszentrum.

**Perekop,** das antike *Taphros,* Ort in der Ukrain. SSR (Sowj.); auf der *Landenge von P.,* die die Halbinsel Krim mit dem Festland verbindet.

**peremptorisch,** vernichtend; zwingend.

**perennierend,** 1. mehrjährig, ausdauernd (bei Pflanzen). – 2. Bez. für Quellen, die das ganze Jahr hindurch schütten, u. für Flüsse, die das ganze Jahr über Wasser führen.

**Peres,** Shimon, *15.8.1923, isr. Politiker (Rafi, Arbeiterpartei); Mitgr. der *Rafi;* seit 1969 mehrf. Min.; seit 1977 Vors. der Arbeiterpartei, 1977 u. seit 1984–86 Min.-Präs., 1986–88 Außen-Min., 1988–90 Finanz-Min.

**Perestrojka** [russ., »Umbau, Umgestaltung«], von dem sowj. Parteichef M. *Gorbatschow* seit 1985 verwendetes Schlagwort für seine auf eine Reform des Staats- u. Wirtschaftssystems der UdSSR abzielende Politik.

**Perez,** Itzhok Lejb, *1851, †1915, jidd. Schriftst.; schilderte die Welt des ostjüd. Chassidismus.

**Pérez** [ˈpereθ], Carlos Andrés, *27.10.1922, venezol. Politiker; 1974–79 u. seit 1989 Staats-Präs.

**Pérez de Ayala** [ˈpereθ ðe-], Ramón, *1881, †1962, span. Schriftst.; essayist. Romane u. symbolist. Lyrik.

**Pérez de Cuéllar** [ˈpereθ de kueˈjar], Javier, *19.1.1920, peruan. Politiker; seit 1944 im diplomat. Dienst; seit 1982 Generalsekretär der UNO.

**Pérez Esquivel** [ˈpereθ eskiˈbel], Adolfo, *26.11.1931, argent. Bürgerrechtler; Generalsekretär der Organisation »Dienst für Frieden u. Gerechtigkeit«; 1980 Friedensnobelpreis.

**Pérez Galdós** [ˈpereθ-], Benito, *1843, †1920, span. Schriftst.; gelangte zu einem ethisch begründeten Spiritualismus.

**perfekt,** vollkommen; abgeschlossen.

**Perfekt,** ein Tempus des Verbums, das einen Zustand als Ergebnis einer abgeschlossenen Handlung bezeichnet; z.B. »ich habe gelesen«, »er ist gekommen«.

**Perfektionismus,** übertriebener Drang zur Vervollkommnung.

**perfid,** hinterhältig, heimtückisch.

**Perforation,** Durchbohrung; Durchbruch (von Geschwüren).

**Performance** [pəˈfɔːməns], *Demonstrationskunst,* seit Ende der 1960er Jahre Bez. für die gestisch-theatral. Aktion eines Künstlers, bei der das Publikum nur zusieht u. nicht einbezogen wird.

**Pergamenisches Reich** → Pergamon.

**Pergament,** ungegerbte, enthaarte Tierhaut (Schaf, Ziege, Kalb); vor Erfindung des Papiers zum Schreiben verwendet, heute noch für Bucheinbände, auch für Lampenschirme u. Bespannung von Trommeln.

**Pergamentpapier,** mit Schwefelsäure behandeltes saugfähiges Rohpapier; durchscheinend, weitgehend wasserfest, fettdicht u. dampfdurchlässig.

**Pergamon,** antike Stadt in Mysien, im nordwestl. Kleinasien, Hptst. des *Pergamenischen Reichs* (283–133 v.Chr.), der späteren röm. Prov. *Asia;* das heutige *Bergama.* Der Relieffries des **P.-Altars,** der als Altar des Zeus u. der Athene um 180 v.Chr. unter Eumenes II. errichtet wurde, befindet sich heute in Berlin (P.-Museum). Die *Pergamenische Bibliothek* war nach der Alexandrin. Bibliothek die bedeutendste der hellenist. Zeit.

**Pergola,** offener, meist überrankter Laubengang.

**Pergolesi,** Giovanni Battista, *1710, †1736, ital. Komponist in Neapel. Opera buffa »La serva padrona« (»Die Magd als Herrin«); Kirchenmusik (»Stabat Mater«).

**Perhydrol,** 30%ige wäßrige Lösung von Wasserstoffperoxid, u.a. zur Wunddesinfektion.

**Peri, 1.** Giovanni Domenico, Genueser Kaufmann um 1650; verfaßte eine Abhandlung, die als erstes Lehrbuch der Handlungswissenschaft (Betriebswirtschaftslehre) gilt. – **2.** Jacopo, *1561, †1633, ital. Komponist; sein Musikdrama »Euridice« 1600 gilt als älteste vollständig erhaltene »Oper«.

**Periander,** Tyrann von Korinth von 627–587 v.Chr.; unter ihm erreichte Korinth den Höhepunkt seiner Macht.

**Peridot,** ein Mineral, → Olivin.

**Perigäum** → Erdnähe.

**Perigon,** nicht in Kelch u. Krone gegliederte Blütenhülle höherer Pflanzen, z.B. Tulpe.

**Périgord** [-ˈgɔːr], Ldsch. im SW Frankreichs, nordöstl. Teil der *Guyenne;* Obst-, Walnuß-, Wein-, Tabakanbau; bes. bekannt durch Trüffeln.

**Périgueux** [-ˈgø], SW-frz. Dep.-Hptst., an der Isle, alte Hptst. des *Périgord,* 32 000 Ew.; Reste röm. Bauten, roman. Kathedrale; landw. Handelszentrum.

**Perihel,** *Sonnennähe,* sonnennächster Punkt einer Planeten- oder Kometenbahn. – **P.bewegung,** die Drehung der Bahnellipsen von Planeten u. Monden.

**Perikard,** Herzbeutel. – **Perikarditis,** Erkrankung des Herzbeutels, fortgeleitet von einer Lungenfellentzündung oder nach akutem Gelenkrheumatismus. Man unterscheidet trockene u. feuchte Formen der P.

**Perikles,** *um 490 v.Chr., †429 v.Chr., athen. Politiker; seit 461 v.Chr. »Führer des Demos« u. Stratege, seit 443 v.Chr. mit demokrat. Legitimation fast Alleinherrscher von Athen. In seine Regierungszeit (nach ihm das *Perikleische Zeitalter* gen.) fällt die Glanzzeit Athens: Blüte von Handel u. Gewerbe, Ausbau der Akropolis, Aufschwung von Kunst, Literatur u. Wiss. Außenpolit. Erfolge

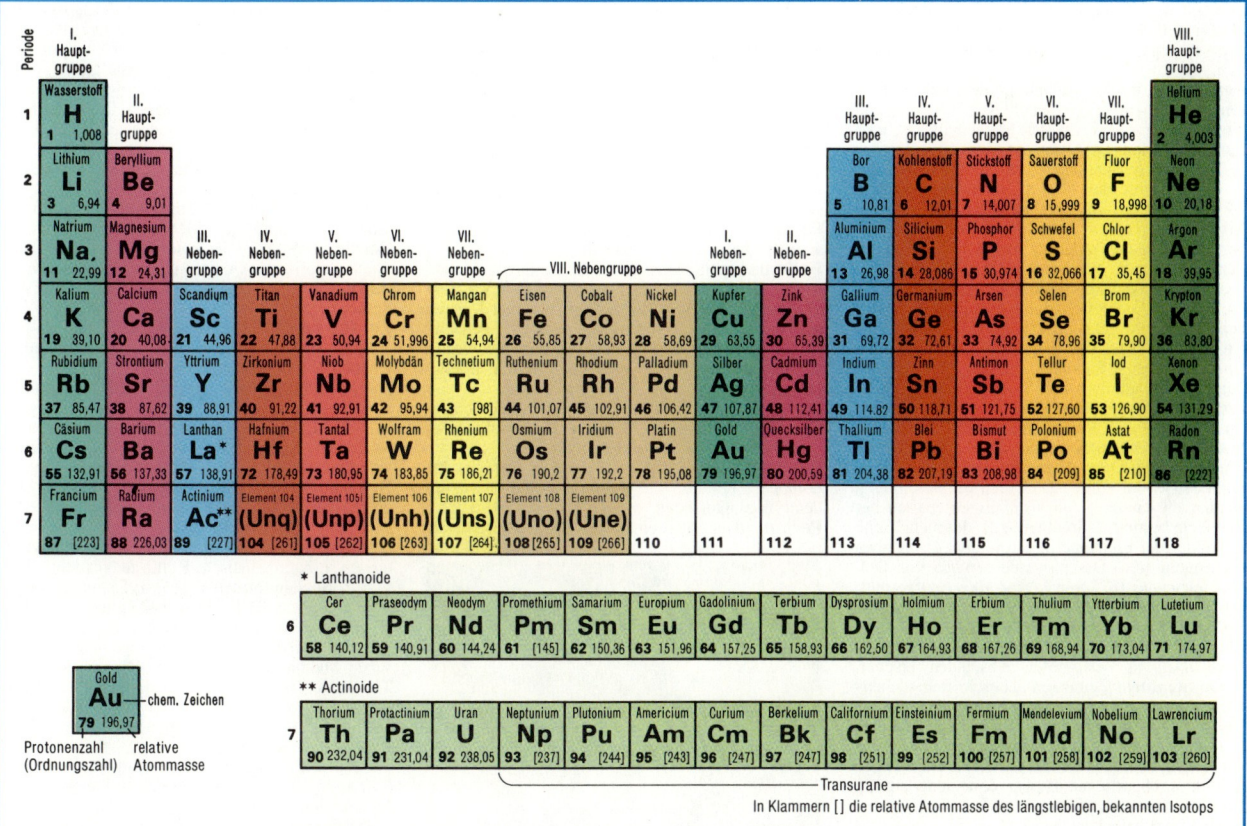

*Im (Lang-)Periodensystem der Elemente ist jedem Element ein Platz zugeordnet, der auch Aufschluß gibt über die Elektronenhüllenstruktur der Atome. Jeder Zeile (Periode) entspricht eine neue Hüllenschale*

# 684 Perikopen

*Perikles. London, British Museum*

in Kriegen gegen Persien u. Sparta. 431 v.Chr. Ausbruch des *Peloponnesischen Kriegs.* P. starb in Athen an der Pest.

**Perikopen,** bibl. Abschnitte, die in der kath. Kirche als Lesungen für die Meßfeier vorgeschrieben sind u. als Lesungen u. Predigttexte in den ev. Gottesdienst übergegangen sind.

**Perimeter,** augenärztl. Instrument zur Bestimmung des Gesichtsfelds.

**Perinatalmedizin,** *Perinatologie,* ein spezielles Arbeitsgebiet der geburtshilfl. *Gynäkologie,* das sich mit den Erkrankungen u. Gefährdungen von Mutter u. Kind im *perinatalen* Zeitraum (d.h. kurz vor, während u. bis 7 Tage nach der Geburt) befaßt.

**Periode, 1.** der Zeitabschnitt, in dem sich eine Erscheinung regelmäßig wiederholt; z.B. Umlaufzeit eines Gestirns. – **2.** in der Mathematik ist eine Funktion periodisch, wenn gilt: $f(x+nw) = f(x)$, $n = 1, 2, 3…$ ; $w$ ist dann die P.; z.B. die Sinusfunktion $y = \sin x$ mit der P. $2\pi$. – **3.** *Regelblutung,* → Menstruation. – **4.** ein symmetrisch aufgebautes Element der musikal. Form, 8 Takte, die sich in einen viertaktigen Vordersatz mit Halbschluß u. einen viertaktigen Nachsatz mit Ganzschluß gliedern. Die P. liegt hpts. dem Volkslied u. Tanz zugrunde. – **5.** *Epoche,* ein durch einheitl. Grundzüge des Geschehens gekennzeichneter Zeitraum.

**Periodensystem der Elemente,** Anordnung der → chemischen Elemente nach ihrer Ordnungs-(Kernladungs-)zahl. Sie entspricht mit einigen Abweichungen einer Anordnung nach steigender Atommasse. In den waagerechten *Perioden* u. in den senkrechten *Gruppen* werden die Elektronenschalen der chem. Elemente nach energet. Gesetzmäßigkeiten aufgebaut. Durch die Anordnung werden die chem. u. physikal. Eigenschaften der Elemente bestimmt. So nimmt z.B. der metallische Charakter der Elemente in den Gruppen von oben nach unten zu. – Das P. wurde 1868/69 von D. I. *Mendelejew* u. 1872 von Lothar *Meyer* aufgestellt. Das heute bevorzugte Langperiodensystem wurde 1905 von A. *Werner* aufgestellt. – B → S. 683

**Periodentitis,** Wurzelhautentzündung.

**Periodika,** in bestimmten Abständen erscheinende Schriften: Zeitungen, Zeitschriften u. Jahrbücher.

**Periöke,** in Altertum urspr. der benachbart Wohnende im geograph. Sinn, später in einer bestimmten Rechtsstellung stehende; auf Kreta die unfreien Bauern; in Sparta die Bürger ohne aktive polit. Rechte, aber militärpflichtig.

**Periost,** die Knochenhaut.

**Periostitis,** Knochenhautentzündung.

**Peripatetiker,** die Angehörigen der aristotel. Schule; ben. nach dem *Peripatos,* der Säulenhalle, in der die Gespräche mit den Schülern im Umherwandeln geführt wurden.

**peripher,** am Rand befindl.; nebensächl., unbedeutend.

**Peripherie, 1.** Umfangslinie, z.B. eines Kreises; Rand (einer Stadt). – **2.** die Körperoberfläche.

**Periskop,** *Sehrohr,* ein opt. Instrument für Bunker, U-Boot, Panzer. Der Strahlengang im P. wird durch Prismen oder Spiegel entsprechend geknickt.

**Peristaltik,** durch den Willen nicht beeinflußbare Kontraktionswellen der glatten Muskulatur in Hohlorganen. Durch abwechselndes Kontrahieren u. Erschlaffen wird der Inhalt von Darm, Harn-, Ei- u. Samenleiter vorwärtsbewegt.

**Peristase,** Gesamtheit der Umwelteinflüsse, die auf den Organismus während des vorgeburtl. Lebens (von seiten der Mutter) u. während des nachgeburtl. Lebens einwirken (Ernährung, Lebensweise, Klima u.a.).

**Peristyl,** von einem Säulenumgang umgebener Innenhof des grch. u. röm. Hauses.

**Peritoneum,** Bauchfell. – **Peritonitis,** Bauchfellentzündung.

**Perkal** [der], feinfädiges Baumwollgewebe in Leinwandbindung.

**Perkins** [ˈpəːkinz], Anthony, *4.4.1932, US-amerik. Schauspieler; Filme: »Psycho«, »Mord im Orient-Express«.

**Perkonig,** Josef Friedrich, *1890, †1959, östr. Schriftst.; schilderte Grenzgebirgswelt u. Volkstum der Kärntner u. Südslawen.

**Perkussion,** von L. von *Auenbrugger* erfundene Untersuchungsmethode, durch Beklopfen des Körpers (mit Fingern oder *P.shammer*) aus den Schallqualitäten auf die Beschaffenheit des Körperinneren zu schließen.

**Perkussionsinstrumente** → Schlaginstrumente.

**perkutan,** durch die Haut hindurch.

**Perleberg,** Krst. in Mecklenburg, 14 000 Ew.; Konserven- u. Masch.-Ind.

**Perlen,** von *Perlmuscheln* erzeugte Gebilde aus Calciumcarbonat. Ausgelöst durch Verletzung oder durch das Eindringen eines Fremdkörpers. Das Mantelepithel rundet sich im Bindegewebe ab u. scheidet nach innen Schichten von *Perlmutt* aus. Heute zieht man künstl. P. *(Zucht-P.),* indem man den Muscheln Fremdkörper in den Mantel pflanzt.

**Perlfluß,** *Cantonfluß, Zhu Jiang,* Flußarm im Deltagebiet des Xi Jiang (China), mündet zw. Hongkong u. Macau ins Südchin. Meer.

**Perlgarn,** *Perlwolle,* Strick- u. Stickgarn, das durch mehrf. Zwirnung perliges Aussehen erhält.

**Perlhühner,** *Numidinae,* Unterfam. der *Fasanenartigen,* in Afrika u. Madagaskar, mit weißen »Perlen« auf grauem Gefieder; typ. Bodenbewohner. Das *Helmperlhuhn* ist zu einem Haustier geworden.

**Perlis,** Teilstaat in → Malaysia, an der Malakkastraße.

**Perlman** [ˈpəːlmən], Itzhak, *31.8.1945, US-amerik. Geiger israel. Herkunft.

**Perlmuscheln,** Muscheln, die in ihrem Mantel → Perlen erzeugen. An erster Stelle steht die *Seeperlmuschel,* die in den meisten warmen Meeren vorkommt, durch Taucher oder in Netzen gefischt. Vor der Verschmutzung der Süßgewässer war in Europa die *Flußperlmuschel* von wirtsch. Bedeutung.

**Perlmutt** [das], die *Perlmutter,* die innere Schicht der Schalen der Perlmuscheln u. verschiedener Seeschnecken; mit irisierendem Farbenspiel.

**Perlmutterfalter,** zur Fam. der *Fleckenfalter* gehörende Tagfalter, mit perlmuttartigem Glanz auf den Flügelunterseiten.

**Perlon** [das], aus einem Polyamid bestehende

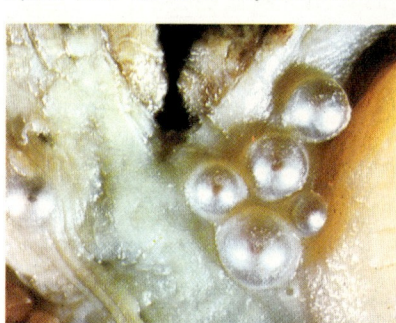

*Perlen im Mantel der Muschel Pinna nobilis*

*Helmperlhühner*

Kunstfaser; sehr fest, elast. u. beständig gegen Fäulnis u. Alkalien, aber nicht gegen Säuren u. Temperaturen über 120 °C.

**Perlpilz,** in Größe u. Farbe des Huts wechselnder *Blätterpilz;* Speisepilz, leicht mit dem giftigen *Pantherpilz* zu verwechseln.

**Perlzwiebel,** kleine, eßbare Nebenzwiebeln einer Lauchart.

**Perm,** die jüngste Formation des Paläozoikums, → Erdzeitalter.

**Perm,** 1940–57 *Molotow,* Hptst. der gleichn. Oblast in der RSFSR (Sowj.), westl. des Mittleren Ural, 1 Mio. Ew.; Univ., TH; Masch.-, Flugzeug-, Schiffbau, Erdölraffinerie; Hafen, Flugplatz.

**Permalloy,** eine Legierung von hoher magnet. Permeabilität, aus 78 % Nickel u. 21,5 % Weicheisen; für Transformatorkerne.

**permanent,** dauernd, ständig.

**Permanganate,** Salze der (hypothet.) *Permangansäure;* violett gefärbte Oxidationsmittel.

**Permeabilität, 1.** Durchlässigkeit von biolog. oder künstl. Membranen für Gase oder Flüssigkeiten. – **2.** das Verhältnis μ der magnet. Induktion zur magnet. Feldstärke. Bei paramagnetischen Stoffen ist $\mu > 1$; bei diamagnetischen $\mu < 1$; bei ferromagnetischen $\mu \gg 1$; im Vakuum $\mu = 1$.

**Permission,** Erlaubnis.

**Permit** [ˈpəːmit], Erlaubnis-, Passierschein.

**Permoser,** Balthasar, *1651, †1732, dt. Bildhauer; 1689 als Hofbildhauer nach Dresden berufen; Hptw.: Skulpturen am Dresdner Zwinger.

**Permutation,** Vertauschung, Umstellung.

**Permutit,** ein Natrium-Aluminium-Silicat, das als *Ionenaustauscher* Natrium gegen Calcium, Mangan u. Eisen austauschen kann u. dazu verwendet wird, Wasser zu enthärten.

**Pernambuco,** Bundesstaat in → Brasilien, am Atlantik.

**Pernau,** estn. *Pärnu,* Hafenstadt u. Seebad in Estland (Sowj.), am Rigaer Meerbusen, 51 000 Ew.

**Pernik,** 1949–62 *Dimitrowo,* bulgar. Bez.-Hptst. sw. von Sofia, 94 000 Ew.; Braunkohlenbergbau.

**perniziös,** bösartig (im medizin. Sprachgebrauch).

**Pernod** [pɛrˈno], Wz., alkohol. Getränk (40–45 % Alkoholgehalt) mit Anis; als Aperitif getrunken.

**Perón, 1.** Eva Maria *Duarte de P.* (»Evita«), verh. mit 3), *1919, †1952, argent. Politikerin; förderte sozialpolit. Maßnahmen; von der Bevölkerung leidenschaftl. verehrt. – **2.** Isabel, 3. Frau von 3), *4.2.1931, argent. Politikerin; 1974–76 Staatspräsidentin, von einer Militärjunta gestürzt. – **3.** Juan Domingo, *1895, †1974, argent. Politiker u. Offizier; 1946 u. 1951 zum Staats-Präs. gewählt. Die vom ital. Faschismus beeinflußte Ideologie u. Herrschaftspraxis P.s war autoritär, antiparlamentarisch u. nationalistisch; P. führte Verstaatlichungen u. Sozialreformen durch. 1955 wurde er gestürzt, ging ins Exil, kehrte 1973 zurück u. wurde erneut zum Staats-Präs. gewählt.

**Peronospora,** Pflanzenschädlinge, die den Falschen Mehltau des Weins, den Blauschimmel des Tabaks u. die Krautfäule bei der Kartoffel erzeugen.

**per os,** *peroral,* durch den Mund (ein Medikament u.ä. einnehmen).

**Perotinus,** *P. Magnus* [»der Große«], *1155/65, †1210/25, frz. Komponist; der bedeutendste frz. Meister der Notre-Dame-Schule in Paris; führte die Mehrstimmigkeit zum ersten künstler. Höhepunkt.

**Perow** [-rɔf], Wasilij Grigorjewitsch, *1834, †1882, russ. Maler (realist. Gemälde mit soz. Thematik).

**Peroxide,** vom Wasserstoffperoxid durch Ersatz der beiden Wasserstoffatome abgeleitete Verbindungen; z.B. Natriumperoxid.
**Perpendicular style** [pə:pən'dikjulə stail], in der engl. Baukunst eine Stilstufe der Spätgotik (14.–16. Jh.). Charakteristisch sind das Vorherrschen der Senkrechten im Stab- u. Maßwerk u. die Anwendung von Fächergewölbe u. Flachbogen (Kielbogen, Tudor-Bogen).
**Perpendikel,** fr. Bez. für die Senkrechte in der Geometrie; auch Uhrpendel.
**Perpetuum mobile,** eine Vorrichtung, die ohne Energiezufuhr dauernd Arbeit leisten kann. Die Konstruktion eines P. m. ist physikalisch unmögl., wurde aber (seit dem 13. Jh.) immer wieder von vielen Erfindern versucht.
**Perpignan** [-pi'njã], S-frz. Dép.-Hptst. nahe der span. Grenze, 111 000 Ew.; Kathedrale, Zitadelle mit dem Palast der Könige von Mallorca; Univ.; Metall-, Konserven- u.a. Ind., Fremdenverkehr.
**perplex,** verwirrt, bestürzt, ratlos.
**Perrault** [pɛ'ro], **1.** Charles, *1628, †1703, frz. Dichter; brach mit dem alten Vorurteil, die klass. antiken Dichter seien den modernen überlegen. – **2.** Claude, *1613, †1688, frz. Architekt; Schöpfer der Ostfassade des Louvre.
**Perret** [pɛ'rɛ], Auguste, *1874, †1954, frz. Architekt; mit seinem Bruder Gustave P. (*1876, †1952) einer der einflußreichsten Wegbereiter des Eisen- u. Stahlbetonbaus u. des Funktionalismus.
**Perrin** [pɛ'rɛ̃], **1.** Francis, Sohn von 2), *17.8.1901, frz. Physiker; 1951–70 Hochkommissar für Atomenergie. – **2.** Jean-Baptiste, *1870, †1942, frz. Physiker; arbeitete über quantentheoret. Fragen, entdeckte das Sedimentationsgleichgewicht; Nobelpreis 1926.
**Perron** [-'rɔ̃], Bahnsteig, Plattform (des alten Eisenbahnwagens).
**Perronneau** [pɛrɔ'no], Jean-Baptiste, *1715, †1783, frz. Maler; Porträtist.
**Persante,** Küstenfluß in Hinterpommern, 127 km; mündet bei Kolberg in die Ostsee.
**per se,** von selbst, von sich aus.
**Perse** [pɛrs] → Saint-John Perse.
**Perseiden,** ein Sternschnuppenschwarm, der alljährl. vom 20.7. bis 19.8. (Maximum: 12.8.) aus dem Sternbild *Perseus* ausstrahlt.
**Persephone,** in der grch. Myth. Königin der Unterwelt, Gemahlin des Hades, der sie ihrer Mutter Demeter geraubt hat; im röm. Kult *Proserpina*.
**Persepolis,** die größte achämenid. Anlage in SW-Persien nordöstl. von Schiras, 1570 m hoch gelegen; Baubeginn unter *Dareios I.* 518 v.Chr., vollendet um 460 v.Chr., 330 v.Chr. von *Alexander d. Gr.* zerstört. P. war wahrsch. eine sakrale Anlage, die dem Neujahrsfest (im März) diente. Die Reliefs von P. zählen zu den besten Werken der achämenid. Kunst. Zu den bed. Ruinen gehören v. a. die der Propyläen.
**Perser,** eigener Name *Irani*, indoeurop. Volk auf dem Hochland von Iran; schiitische Moslems.
**Perserkatze,** gedrungene Hauskatze mit vollem, seidigem Fell, kam im 16. Jh. nach Europa.
**Perserkriege,** die Kriege zw. Persien u. Griechenland 492–449 v.Chr. Persien hatte im 6. Jh. v.Chr. die kleinasiat. Kolonien Griechenlands unterworfen. Deren erfolgloser Aufstand 500–494 v.Chr. war von Athen unterstützt worden; 490 v.Chr. wurde ein pers. Heer bei *Marathon* von dem Athener *Miltiades* besiegt. Zehn Jahre später versuchte *Xerxes I.* auf dem Landweg die Eroberung Griechenlands. Nach Bezwingung des *Thermopylen-Passes* 480 v.Chr. fiel ganz Mittelgriechenland in die Hand der Perser, Athen wurde zerstört. Dann gelang es den Athenern unter *Themistokles,* die feindl. Flotte bei *Salamis* vernichtend zu schlagen. Die pers. Landmacht wurde 479 v.Chr. bei *Plataä* von *Pausanias,* die restl. pers. Flotte bei *Mykale* besiegt. 449 v.Chr. wurden die P. formell beendet.
**Perseus** [-zɔis], **1.** in der grch. Myth. Sohn des Zeus u. der Danaë; schlug der Gorgo *Medusa* den Kopf ab u. rettete *Andromeda* vor einem Seeungeheuer; gründete Mykene. – **2.** Sternbild des nördl. Himmels; Hauptstern *Algenib*.
**Perseveration,** Fortdauer, Beharrung; das Nachwirken seelischer Vorgänge; zwanghaftes Wiederholen bestimmter Wörter u. Bewegungen.
**Pershing** ['pə:ʃiŋ; nach J. J. *Pershing*], Bez. für einen amerik. Boden-Boden-Flugkörper für den Einsatz nuklearer Sprengköpfe, der von mobilen Werfern aus gestartet wird. Die seit Ende der 1950er Jahre eingesetzte Version P. Ia kann Ziele bis zu 750 km Entfernung bekämpfen. Die modernere Ausführung P. II hat eine Reichweite von 1800 km u. hohe Zielgenauigkeit.
**Pershing** ['pə:ʃiŋ], John Joseph, *1860, †1948,

*Pershing-Rakete beim Start*

US-amerik. General; im 1. Weltkrieg 1917/18 Oberbefehlshaber der US-Truppen in Europa.
**Persianer,** das schwarze, gelockte Fell der 1–3 Tage alten Karakullämmer.
**Persien,** bis 1935 übl. Bez. für Iran.
**Persiflage** ['fla:ʒə], (geistreiche) Verspottung.
**Persipan,** Marzipanersatz aus geschälten, entbitterten Pfirsich- oder Aprikosenkernen.
**Persischer Golf,** *Arab. Golf,* Nebenmeer im NW des Ind. Ozeans, zw. Arabien u. Iran, 239 000 km², bis 150 m tief; umfangreiche Unterwasservorkommen von Erdöl u. Erdgas.
**persistent,** anhaltend, dauernd.
**Persius Flaccus,** Aulus, *34 n.Chr., †62, röm. Dichter (Satiren in schwer verständl. Sprache).
**Person,** der Mensch als Träger einer bes. Eigenart u. eines spezif. Ich-Bewußtseins. Im Recht ist die P. Träger von Rechten u. Pflichten; *(natürl. P. u. jurist. P.).*
**Persona grata,** in der Diplomatensprache eine erwünschte Person als Vertreter eines fremden Staates. Bei polit. oder strafrechtl. Fehlverhalten eines Diplomaten kann jeder Angehörige einer diplomat. Mission zur *Persona ingrata (Persona non grata,* »unerwünschte Person«) erklärt werden.
**Personalausweis,** Papier zum Nachweis der Identität, meist mit Lichtbild. In der BR Dtld. besteht Ausweispflicht für Personen über 16 Jahre, soweit sie keinen gültigen Paß haben.
**Personalcomputer,** *persönl. Computer, PC,* Bez. für → Computer unterschiedl. Art u. Leistungsfähigkeit, die meist am Arbeitsplatz oder im privaten Bereich eingesetzt werden.
**Personalgesellschaften,** *Personengesellschaften,* Gesellschaften, bei denen mehrere Personen gemeinsam Unternehmer u. Geldgeber sind. Dazu gehören: *Gesellschaft des bürgerl. Rechts, Stille Gesellschaft, Offene Handelsgesellschaft* u. *Kommanditgesellschaft.*
**Personalien,** die Lebensdaten eines Menschen (z.B. Alter, Geschlecht, Wohnort, Staats- u. Konfessionszugehörigkeit).
**Personalinformationssysteme,** vor allem in Großbetrieben mit Hilfe der EDV erstellte Datensammlungen, die Informationen über Arbeitnehmer, Arbeitsplätze u. Produktionsvorgänge enthalten; wegen der Möglichkeiten der Datenverknüpfung aus der Sicht von Datenschutzexperten bedenklich.
**Personalismus,** zunächst die Lehre von der *Personalität* (Personhaftigkeit) des Absoluten oder vom personalen Aufbau der Welt (G. W. *Leibniz*); heute die Lehre von der Personalität u. Eigenständigkeit des Menschen, vor allem gegenüber soz. u. sonstigen Übermächten.

*Perserkriege: Heerzüge, Schlachten und Flottenbewegungen*

**Personalkörperschaft**, eine Körperschaft des öffentl. Rechts, deren Mitgliedschaft im Ggs. zur *Gebietskörperschaft* nicht an den Wohnsitz, sondern an bestimmte persönl. Merkmale wie den Beruf anknüpfen. P. sind z.B. berufsständische (Anwalts-, Ärzte-, Handwerks-) Kammern u. Universitäten.

**Personalkredit**, Bankkredit ohne dingl. Sicherheiten (Ggs.: *Realkredit*), meist in Form des *Kontokorrentkredits*.

**Personalpronomen**, das persönl. Fürwort (ich, du usw.).

**Personalsteuer**, eine Steuer, die bestimmte Personen u. Personengruppen erfaßt, wobei die persönl. Verhältnisse des Steuerpflichtigen Berücksichtigung finden; Beispiel: Einkommensteuer.

**Personalunion**, die Verbindung zweier Staaten durch die Person des *Monarchen* bei sonst fortbestehender staatsrechtl. Trennung; Beispiele: Hannover/Großbrit. 1714–1837, Niederlande/Luxemburg 1815–90. Übertragen: Vereinigung von Ämtern in der Hand einer Person.

**Personalvertretung**, das Gremium zur → Mitbestimmung im Bereich des öffentl. Dienstes. In allen Dienststellen wird ein *Personalrat* (dem Betriebsrat entspr.) gebildet, der die Mitwirkungs- u. Mitbestimmungsrechte gegenüber der Dienststelle ausübt. Die P. ist weitgehend der Mitbestimmung nach dem Betriebsverfassungsgesetz angeglichen.

**Personenfirma**, eine Firma, die den Namen einer oder mehrerer Personen enthält.

**Personenkraftwagen** → Kraftwagen.

**Personenkult**, die übergebührl. Verehrung u. Verherrlichung einer Person, bes. eines polit. Führers.

**Personenrecht**, 1. die Rechtsnormen über die Voraussetzungen u. Wirkungen der Anerkennung als Person im Rechtssinn (→ *Rechtsfähigkeit*). – 2. → Persönlichkeitsrecht.

**Personenstand**, das familienrechtl., auf Abstammung und Rechtsakt beruhende Verhältnis einer Person zu einer anderen. Der P. wird von den Standesämtern u. Standesbeamten in *Personenstandsbüchern (Heiratsbuch, Familienbuch, Geburtenbuch, Sterbebuch)* beurkundet. – **P.sanzeige**, Mitteilung einer Geburt oder eines Sterbefalls beim Standesamt. Die Pflicht zur Anzeige ist im Personenstandsgesetz begründet.

**Personenversicherung**, Oberbegriff für Lebens-, Renten-, Unfall- u. Krankenversicherung.

**Personifikation**, Vermenschlichung, Verkörperung.

**Persönlichkeit**, Gesamtheit aller Wesenszüge eines Menschen; der Mensch als Einzelwesen, in seiner Eigenart; bed. Mensch, durch Stellung u. Rang sich heraushebender Mensch.

**Persönlichkeitsrecht**, ein rechtsstaatl. Grundrecht, verfassungsmäßig garantiert. Nach Art. 1 GG ist die Würde des Menschen unantastbar; sie zu schützen u. zu achten ist Verpflichtung aller staatl. Gewalt. Nach Art. 2 GG hat jeder das Recht auf freie Entfaltung seiner Persönlichkeit, soweit er nicht die Rechte anderer verletzt u. nicht gegen die verfassungsmäßige Ordnung oder das Sittengesetz verstößt. Im *Zivilrecht* ist z.B. das Recht des Menschen auf unbeeinträchtigte Führung des Namens ein P. Ein Ausfluß des P. ist z.B. auch das *Recht am eigenen Bild,* das das Urheberrecht des Malers, Zeichners u. Photographen überlagert.

**Persönlichkeitsspaltung** → Schizophrenie.

**Perspektive**, 1. Ausblick, Durchblick, Sehweise, Standpunkt; Aussicht für die Zukunft. – 2. die jeweilige Art, Raumgebilde auf Flächen (im allg. auf Ebenen) anschaul. darzustellen. 1. *Zentral-P.:* Die Raumgebilde werden so dargestellt, wie sie sich auf der Netzhaut des Auges oder auf der Mattscheibe eines Photoapparats abbilden. Die Projektionsstrahlen gehen von einem Punkt aus. – 2. *Parallel-P.:* Die Projektionsstrahlen laufen parallel; stehen sie auf der Bildfläche senkrecht, heißt sie *Vogelschau-* oder *Normal-P.* – Kunst: In der grch. u. röm. Skenographie waren bereits Ansätze zu raumperspektivischer Darst. mittels Verkleinerung der Hintergrundformen u. Verkürzung. Wegbereiter der *Zentral-P.* in Italien war *Giotto,* der die menschl. Figuren mit einem einfachen stereometrischen Gefüge von »Kastenräumen« umgab. Das theoret. u. künstler. Bemühen um die P. fand seinen Höhepunkt bei *Leonardo da Vinci* u. *A. Dürer.* Ende des 16. Jh. ergänzten in den Ndl. *Luft-* u. *Farb-P.* als Mittel der realist. Raumdarstellung die *Linear-P.*

**Perspektivismus**, die »perspektivische«, d.h. auf das Subjekt, seine Umwelt u. Anschauung, auf den Standort des einzelnen bezogene, unabschließbare, weil zu immer neuen Perspektiven führende Beschaffenheit des Erkennens. Der P. ist ein *Relativismus* u. auch Bestandteil der *Existenzphilosophie.*

**Perspiration**, Hautatmung.

**Perth** [pəːθ], 1. Stadt in Mittelschottland, am Firth of Tay, 42 000 Ew.; Glas- u. Textil-Ind., zeitw. Hptst. Schottlands. – 2. Hptst. u. die einzige Großstadt W-Australiens, am Swan River u. Melville Water, 1,02 Mio. Ew.; Univ.; Eisen- u. Stahl-Ind., Ölraffinerie, chem., Textil- u. Nahrungsmittel-Ind.; Hafen *Fremantle;* internat. Flughafen.

**Perthes**, 1. Friedrich Christoph, *1772, †1843, dt. Buchhändler u. Verleger; gründete 1796 in Hamburg die erste dt. Sortimentsbuchhandlung u. 1822 in Gotha einen Verlag; Mitgr. des Börsenvereins der dt. Buchhändler. – 2. Johann Georg Justus, *1749, †1816, dt. Verleger; gründete 1785 in Gotha die Verlagsbuchhandlung *Geograph. Anstalt Justus P.,* seit 1953 in Darmstadt (Kartographie, genealog. Taschenbücher).

**Pertini**, Alessandro, *1896, †1990, ital. Politiker (Sozialist); 1978–85 Staats-Präs.

**Perturbation**, Verwirrung, Störung.

**Pertussis** → Keuchhusten.

**Pertz**, Georg Heinrich, *1795, †1876, dt. Historiker; 1823–73 Hrsg. der »Monumenta Germaniae Historica«.

**Peru**, Staat in S-Amerika, 1 285 216 km², 20,7 Mio. Ew., Hptst. *Lima.*

*Peru*

Landesnatur. Die Anden nehmen fast ²⁄₃ von P. ein. Sie gliedern sich im S in zwei z.T. vulkan. Ketten (Misti 5842 m, Nudo Coropuna 6613 m), die an der Grenze nach Bolivien ein trockenes Hochbecken, das *Altiplano* mit dem Titicacasee, einschließen, während im N drei Ketten ausgebildet sind. Nach O senkt sich das Land im Gebiet der *Montaña* zum Amazonasbecken. Das Gebirge trägt überwiegend Kältesteppen, während das Küstenland *(Costa)* teilweise wüstenhaft ist. Unmittelbar an der Küste herrscht ein Nebelklima *(Garúa).*

Die Bevölkerung besteht aus 45% Indianern (Ketschua, Aymará), zu 40% aus Mestizen u. zu 10% aus Weißen. Ein Drittel der Bev. lebt im Küstenbereich, über 60% in den Hochbecken der Anden.

Wirtschaft. In den Flußoasen der Costa werden v.a. Baumwolle, Zuckerrohr u. Reis angebaut. Die Viehzucht liefert für den Export Wolle, Häute u. Felle. Den Hauptteil des Exports stellen der Bergbau, der über große Vorkommen von Erdöl, Kupfer, Zink, Blei, Eisen, Silber u.a. verfügt, u. der Fischfang (insbes. Fischmehl). – P. besitzt die höchstgelegenen Bahnanlagen der Erde (Strecke Lima-Oroya bis 4816 m hoch). Straßenhauptachse ist die Carretera Panamericana. Haupthafen ist Callao. Iquitos ist der Endpunkt der Amazonas-Schiffahrt.

Geschichte. Um 1250 v. Chr. – 200 n. Chr. entstanden zahlreiche lokale Kulturen. Im 15. Jh. eroberten die Inka die Gebiete der anderen Stämme u. Völker P. u. errichteten ein Reich, das 1531–33 von *F. Pizarro* für Spanien erobert wurde. Das span. *Vizekönigreich P.* umfaßte fast ganz Südamerika. 1739 wurden von P. das Vizekönigreich *Río de la Plata* u. das Vizekönigreich *Neugranada abgetrennt. J. de San Martín* gelang es 1820, P. von der span. Herrschaft zu befreien. P. erklärte seine Unabhängigkeit. 1825 trennte sich Ober-P. als selbständige Rep. *Bolivien* von P., doch kam es 1835–39 noch einmal zu einer vorübergehenden Union. Im *Salpeterkrieg* (1879–83) gegen Chile mußte P. Gebiete abtreten. Die weitere Entwicklung war durch häufige innere Unruhen gekennzeichnet. 1968 kam es zu einem Militärputsch. 1979 wurde eine neue Verf. verabschiedet. Das Militärregime wurde durch eine zivile Reg. abgelöst. In den 1980er Jahren verschlechterte sich die wirtschaftl. Lage P. rapide. Das polit. System wurde zunehmend durch die linksextreme Guerillabewegung »Sendero Luminoso« erschüttert. 1990 übernahm A. Fujimori das Amt des Staats-Präs. – Nach der Verf. von 1979 (1980 in Kraft getreten) ist P. eine Präsidialrepublik.

**Perubalsam**, Harzbalsam aus dem mittelamerik. Baum *Myroxylon peruvianum.*

**Perücke**, künstl. angefertigte Haartracht aus Menschen- oder Tierhaaren, auch aus Kunsthaaren; bereits im ägypt. u. pers. Altertum als Zeichen der Würde gebräuchl., im 17./18. Jh. Standeszeichen für Männer, im 19./20. Jh. Mode- u. Zweitfrisur für Frauen, auch Haarersatz für Männer.

**Perugia** [-dʒa], mittelital. Prov.-Hptst. in *Umbrien,* 148 000 Ew.; Erzbischofssitz; Kunst- u. Kulturzentrum mit Univ. (1276) u.a. HS; got. Kathedrale; Süßwaren-, Textil-, keram. Ind.; Fremdenverkehr. – Das etrusk. *Perusia,* eine der *Zwölfstädte,* 310 v. Chr. römisch.

**Perugino** [-ˈdʒiːno], eigtl. Pietro *Vannucci,* *um 1445/48, †1523, ital. Maler; Hauptmeister der umbr. Schule, Lehrer *Raffaels;* malte klare, oft symmetrisch gebaute Bilder.

**Perutz**, 1. Leo, *1884, †1957, östr. Schriftst.; emigrierte 1938 nach Tel Aviv; schrieb histor. u. phantast. Romane. – 2. Max Ferdinand, *19.5.1914, brit. Chemiker östr. Herkunft; erforschte die Strukturen des Hämoglobins u. des Myoglobins; Nobelpreis 1962.

**Peruzzi**, Baldassare, *1481, †1536, ital. Architekt u. Maler; Mitarbeiter Bramantes bei den Entwürfen für St. Peter, in Rom seit 1520 Baumeister an der Peterskirche, 1529 in Siena.

**pervers**, widernatürl. empfindend. – **Perversion**, Abnormität, Verkehrung der Empfindungen u. Triebe, bes. des Geschlechtstriebs. Die bestimmten **Perversitäten** entstehen, z.B. Fetischismus, Exhibitionismus, Masochismus, Sadismus.

**Pervitin**, Handelsname für ein Anregungsmittel. Da P. gefährl. Nebenwirkungen haben u. zur Sucht führen kann, ist es dem Betäubungsmittelgesetz unterstellt.

**Perwouralsk**, Stadt in der Sowj., im Mittleren Ural, 138 000 Ew.; Eisenhütten- u. chem. Ind.

**Perzent**, östr. für *Prozent.*

**Perzeption**, Erfassung, Wahrnehmung, »Vorstellung mit Bewußtsein« (*I. Kant*).

**Pesaro**, ital. Prov.-Hptst., Seebad u. Hafenstadt, 90 000 Ew.; Herzogspalast; Motorrad- u. Textil-Ind.

**Pescadores**, *Fischerinseln,* Verwaltungsname *Penghu Liedao,* taiwanes. Inselgruppe in der Formosastraße, 127 km², 102 000 Ew.; Hauptinsel *Penghu Dao* mit Hafen u. Hauptort *Penghu.*

**Pescara**, ital. Prov.-Hptst., Hafenstadt u. Seebad in der Region Abruzzen, 131 000 Ew.; Univ.; Fremdenverkehr.

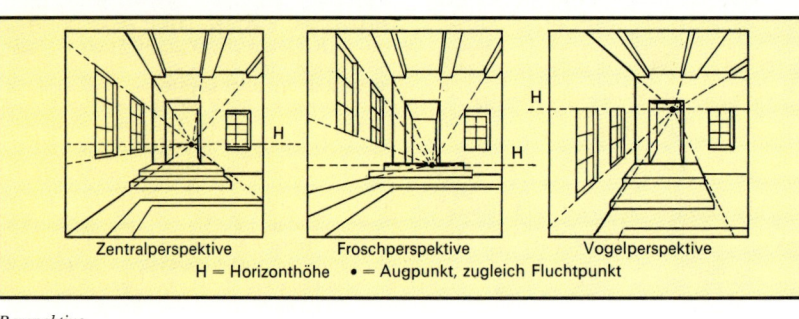

*Perspektive*

Zentralperspektive — Froschperspektive — Vogelperspektive
H = Horizonthöhe • = Augpunkt, zugleich Fluchtpunkt

*Weiße Pestwurz; wächst in feuchten Bergwäldern*

**Peseta,** *Pta,* Währungseinheit in Spanien.
**Peshawar** [peˈʃɑː-], strateg. wichtige Prov.-Hptst. unterhalb des Khaibarpasses im nw. Pakistan, 345 000 Ew.; Univ.; Handels- u. Verkehrszentrum, Flugplatz.
**Pesidien,** antike Ldsch. u. röm. Prov. im südl. Kleinasien; von den *Pisidern* bewohnt.
**Pesne** [pɛːn], Antoine, *1683, †1757, frz. Maler; seit 1711 preuß. Hofmaler in Berlin; Decken- u. Wandgemälde, Porträts.
**Peso,** Währungseinheit in Chile, der Dominikan. Rep., Kolumbien, Kuba, Mexiko, Uruguay, Philippinen.
**Pessach,** *Passah, Pascha,* eines der 3 Wallfahrtsfeste des Judentums; in der jüd. Überlieferung mit der Verschonung Israels in Ägypten verbunden u. ein Befreiungsfest; gefeiert am ersten Frühlingsvollmond (14. Nissan). Die Sederfeier, das festl. P.-Mahl, ist ein wichtiges Familienfest.
**Pessanha** [pəˈsaɲa], Camilo, *1867, †1926, portug. Schriftst. des Symbolismus.
**Pessar,** *Mutterring,* ring-, schalen-, siebförmige oder anders geformte Einlage in die Scheide; bes. zur Stützung der vorfallenden Gebärmutter, auch zur Empfängnisverhütung.
**Pessimismus,** Schwarzseherei, Lebensunlust; als Ggs. zu *Optimismus* erst im 19. Jh. aufgekommener Begriff, der Sache nach jedoch schon Bestandteil aller Erlösungsreligionen, des Buddhismus, Gnostizismus, Christentums u. der grch. Tragödie (Sophokles).
**Pessoa,** Fernando António *Nogueira de Seabra,* *1888, †1935, portug. Schriftst. (modernist. Lyrik).
**Pessoa Câmara,** Helder, brasil. kath. Theologe, → *Câmara,* Helder Pessoa.
**Pest,** *Pestilenz,* eine durch *P.bakterien* hervorgerufene epidem. Krankheit, die heute durch strenge hygien. Überwachung aus Europa verdrängt ist. Die P. wird durch den Rattenfloh auf den Menschen übertragen, dann auch durch Tröpfcheninfektion von Mensch zu Mensch. Die Seuche tritt als *Haut-* u. *Drüsen-P. (Beulen-P.)* u. als *Lungen-P.* auf. Die Haut verfärbt sich wegen mangelnder Sauerstoffversorgung düsterblau (daher »Schwarzer Tod«).
**Pest** [pɛʃt], Stadtteil von Budapest.
**Pestalozzi,** Johann Heinrich, *1746, †1827, schweiz. Pädagoge; leitete das Waisenhaus in Stans, Schulen in Burgdorf u. Yverdon, versuchte, Kindererziehung mit der Arbeit in der Landwirtschaft zu verbinden. Kerngedanken: Die innere Natur des Menschen schafft Gemeinschaft, Ehe, Familie, Kernstück der Menschenbildung ist die sittl. Elementarbildung. Ⓦ »Lienhard u. Gertrud«, »Wie Gertrud ihre Kinder lehrt«.
**Pestilenz,** Pest, Seuche.
**Pestizide,** *Biozide,* chem. Substanzen, die als Pflanzenschutz- u. Schädlingsbekämpfungsmittel eingesetzt werden. Nach ihren wichtigsten Anwendungsbereichen teilt man die P. ein in: *Bakterizide* (gegen Bakterien), *Fungizide* (gegen Pilze), *Herbizide* (gegen Unkräuter), *Insektizide* (gegen Insekten), *Akarizide* (gegen Milben), *Molluszide* (gegen Schnecken), *Rodentizide* (gegen Nagetiere), *Nematizide* (gegen Fadenwürmer). P. bestehen aus einem (giftigen) Wirkstoff u. einem Trägerstoff (Wasser, Dieselöl, Talk u. a.). Wirkstoffe sind: anorgan. Mittel (Schwefel-, Kupfer-, Arsenverbindungen u. a.), natürl. organ. Mittel (Nicotin, Pyrethrum, Derris, Quassia u. a.) u. künstl. organ. Mittel (z. B. chlorierte Kohlenwasserstoffe, z. B. DDT, Hexa, Lindan; organ. Phosphorverbindungen [Phosphorsäureester], z. B. E 605, Parathion; Carbamidsäureverbindungen [Carbamate], z. B. Propoxur Aldicarb). Wegen der mit der Anwendung von P. verbundenen Umweltgefahren wird zunehmend der Einsatz von Mitteln bevorzugt, die sehr gezielt wirken. Außerdem gewinnen biolog. u. biotechn. Methoden im Pflanzenschutz an Bedeutung.
**Pestwurz,** Gatt. der *Korbblütler;* bes. häufig: *Gewöhnl. P.,* an feuchten Stellen, mit purpurnen u. rosa Blüten, die vor den Blättern erscheinen.
**Petah Tiqwa** [ˈpɛta ˈtikva], isr. Stadt im östl. Vorortbereich von Tel Aviv, 131 000 Ew.; Orangenanbau; Textil-, Masch.- u. a. Ind.
**Pétain** [peˈtɛ̃], Philippe, *1856, †1951, frz. Offizier u. Politiker; als Organisator der Abwehrschlacht von Verdun (1916) zum Nationalhelden geworden. Als Staatschef (1940–44) gründete er die autoritär-paternalist. *Vichy-Regierung.* 1945 wurde er wegen Hoch- u. Landesverrats (»Kollaboration« mit Dtld.) zum Tod verurteilt, aber zu lebenslängl. Haft begnadigt.
**Petel** (Pötel), Georg (Jörg), *1600/01, †1634, dt. Bildhauer; schuf Terrakotta-, Elfenbein- u. Holzplastiken in bewegtem Barockstil.
**Peter,** Fürsten:
Aragón:
**1. P. II., Pedro II.,** *1174, †1213, König 1196–1213; erkannte 1204 die Lehnshoheit des Papstes *Innozenz III.* an; fiel im Kampf auf seiten der *Albigenser.* – **2. P. III., Pedro III., P. d. Gr.,** *1239, †1285, König 1276–85; verh. mit der Stauferprinzessin *Konstanze von Sizilien;* erwarb Sizilien im Kampf gegen *Karl von Anjou.*
Brasilien:
**3. P. I., Pedro I.,** *1798, †1834, Kaiser 1822–31; erklärte 1822 die Unabhängigkeit Brasiliens; 1826 auch König von Portugal *(P. IV.);* überließ dieses seiner Tochter *Maria II. da Glória;* trat 1831 in Brasilien zugunsten seines Sohnes, *P. II.,* zurück. – **4. P. II., Pedro II.,** Sohn von 3), *1825, †1891, Kaiser 1831–89, wegen Aufhebung der Sklaverei abgesetzt.
Jugoslawien:
**5. P. I.** → Karadjordjević. – **6. P. II.,** *1923, †1970, König 1934–45; nach der Ermordung seines Vaters *Alexander I.* unter der Regentschaft seines Onkels Paul *Karadjordjević* für großjährig erklärt; 1945 abgesetzt, lebte seit 1941 im Exil.
Portugal:
**7. Dom Pedro,** *1392, †1449 (gefallen), Herzog von Coimbra, Infant von Portugal; Wegbereiter des Humanismus in Portugal. – **8. P. V., Pedro V.,** *1837, †1861, König 1853–61; Sohn *Marias II. da Glória.* Mit ihm gelangte das Haus Bragança-Coburg auf den portug. Thron.
Rußland:
**9. P. I., P. der Große,** russ. *Pjotr Alexejewitsch,* *1672, †1725, Zar 1682–1725. Seine Regierung stand im Zeichen des *Nord. Kriegs.* Als Ergebnis gewann Rußland das östl. Baltikum u. stieg zur europ. Großmacht auf. Seine inneren Reformen führten zur Europäisierung Rußlands. Sichtbarer Ausdruck der Wandlung waren u. a. die Verlegung der Hptst. in das 1703 gegr. *St. Petersburg* u. die Annahme des Kaisertitels durch P. (1721). – **10. P. II.,** russ. *Pjotr Alexejewitsch,* Enkel von 9), *1715, †1730, Zar (Kaiser) 1727–30. Die Regierung leitete zunächst A. Fürst *Menschikow,* danach die Fürsten *Dolgorukij.* – **11. P. III.,** russ. *Pjotr Fjodorowitsch,* Enkel von 9), *1728, †1762, Zar (Kaiser) 1762; schloß Frieden mit Friedrich d. Gr. Seine Überheblichkeit gegenüber dem Russentum förderte seinen Sturz durch seine Frau *Katharina II.* Er wurde von G. *Orlow* ermordet.
**Peterborough** [ˈpiːtəbrə], ostengl. Stadt, am Nene (zur Wash-Bucht), 115 000 Ew.; got. Kathedrale; Masch.- u. Nahrungsmittel-Ind.
**Peterhead** [piːtəˈhɛd], Hafenstadt im O Schottlands, nordöstl. von Aberdeen, 17 000 Ew.; Heringsfischerei.
**Petermännchen,** ein *Drachenfisch* der europ. u. afrik. Küsten, 30–40 cm lang, mit Giftstacheln an Kiemendeckeln u. Rückenflosse; Speisefisch.
**Peters,** Carl, *1856, †1918, dt. Kolonialpolitiker u. Afrikaforscher; gründete die *Gesellschaft für dt. Kolonisation* u. erwarb 1884 Teile des späteren *Dt.-Ostafrika;* Reichskommissar in O-Afrika (wegen Amtsmißbrauchs entlassen).
**Petersberg,** vulkan. Basaltkuppe im Siebengebirge, am Rhein bei Königswinter, 331 m. *Hotel P.,* 1945–52 Sitz der westl. Hohen Kommissare.
**Petersburg,** *Sankt P.,* bis 1914 Name der russ. Stadt Leningrad.
**Petersen, 1.** Julius, *1878, †1941, dt. Literarhistoriker; erforschte die Lit. der Klassik. – **2.** Nils, *1897, †1943, dän. Schriftst.; Pazifist; schrieb Lyrik u. histor. Romane. – **3.** Peter, *1884, †1952, dt. Reformpädagoge; Wegbereiter der Gesamtschule. – **4.** Wolfgang, *14.3.1941, dt. Filmregisseur; »Die Konsequenz«, »Das Boot«, »Die unendliche Geschichte«.
**Petersfische,** *Zeiformes,* Ordnung der *Echten Knochenfische,* den *Barschfischen* verwandt.
**Petershagen,** Stadt in NRW, an der Weser, 23 000 Ew.; Heilbad; Möbel- u. keram. Ind., Kraftwerk.
**Petersilie,** zu den *Doldengewächsen* gehörende, zweijährige, bis 1 m hohe Pflanze aus dem Mittelmeergebiet; Küchenkraut.
**Peterskirche,** *S. Pietro in Vaticano, St. Peter,* Papstkirche in Rom; urspr. unter Kaiser *Konstantin d. Gr.* über dem Grab des Apostels *Petrus* als fünfschiffige Basilika errichtet; Neubau seit 1506 zunächst nach D. *Bramantes* Plan mit weitgespannter Mittelkuppel. Dombaumeister: *Bramante, Raffael, Michelangelo* (endgültige Kuppelform), *G. della Porta* u. a.; durch *C. Maderna* Weiterführung des Langhauses, durch *G. L. Bernini* Vollendung der Fassade u. des Petersplatzes (Kolonnaden, Brunnen).
**Peterson** [ˈpiːtəsən], Oscar (Emmanuel), *15.8.1925, kanad. Jazzmusiker (Pianist).
**Peterspfennig,** im MA vom Papst erhobene Steuer; heute freiwillige Spende nach Rom.
**Peter und Paul,** kath. Fest am 29. Juni zum Gedächtnis der Apostel *Petrus* u. *Paulus.*
**Peterwardein,** jugosl. *Petrovaradin,* Festungsstadt auf einer Donauinsel, bei Novi Sad (Neusatz) in Jugoslawien, 10 000 Ew. – In der Schlacht bei P. in den Türkenkriegen besiegte Prinz *Eugen* 1716 die Türken.
**Petipa,** Marius Iwanowitsch, *1822, †1910, frz. Tänzer u. Choreograph; schuf den klassizist. russ. Ballettstil, Schöpfer noch heute gültiger Choreographien von »Schwanensee« u. »Dornröschen«.
**Petit** [pti], **1.** Alexis-Thérèse, *1791, †1820, frz. Physiker; führte Untersuchungen über die Wärmeausdehnung u. die spezif. Wärme von festen Körpern durch. – **2.** Roland, *13.1.1924, frz. Tänzer u. Choreograph; gründete 1945 die *Ballets des Champs-Elysées,* 1948 die *Ballets de Paris.*
**Petitgrain-Öl** [ptiˈgrɛ̃], aus den Blättern u. unreifen Früchten der *Pomeranze* gewonnenes Öl; Verwendung in der Parfümerie.
**Petition,** Bitte, Bittschrift, Gesuch (bes. an ein Staatsorgan). – **P.srecht,** verfassungsrechtl. geschützte Befugnis, sich mit Bitten oder Beschwerden an die zuständigen Behörden oder Parlamente zu wenden.
**Petition of Right** [piˈtiʃən əv rait], ein Schreiben des engl. Parlaments 1628 an König *Karl I.* mit der

*Peter der Große; Stich von J. Houbraken nach einem Gemälde von K. de Moor*

## Petitpierre

Bitte um Wiederherstellung, des Rechtszustands im Lande, was gegen Bewilligung von Kriegsgeldern vom König formell zugestanden wurde, ohne Gesetzeskraft zu erhalten.

**Petitpierre** [pti'pjε:r], Max Eduard, *26.2.1899, schweiz. Politiker (Freisinnig-demokrat. Partei); mehrf. Bundes-Präs. (1950, 1955, 1960).

**Petit Point** [-pti'pwɛ̃], Nadelarbeit mit Perlstichen auf feinsten Gitterleinen.

**Petits fours** [-pti'fu:r], kleines Backwerk, mit Fondant überzogen u. garniert.

**Petkow** [-kɔf], Nikola, *1889, †1947 (hingerichtet), bulgar. Politiker; trat für Zusammenarbeit mit den Kommunisten ein, bekämpfte die »volksdemokrat.« Entwicklung, wurde zum Tode verurteilt.

**Petőfi** ['pεtø:fi], Sándor, *1823, †1849 (gefallen in der Revolutionsarmee), ung. Schriftst.; größter ung. Lyriker voller Leidenschaft; schrieb Helden- u. Märchenepen (»Der Held Janos«).

**Petra**, antike Stadt im zentralen Edom (Ostjordanland), vom 3. Jh. v.Chr. bis ins 1. Jh. n.Chr. Hptst. des Nabatäerreichs, seit 106 Hptst. der röm. Provinz *Arabia Petraea.*

**PETRA**, Abk. für *Positronen-Elektronen-Tandem-Ringbeschleuniger-Anlage,* Anlage (ringförmiger, unterird. Tunnel) für Experimente der Hochenergiephysik (→ Teilchenbeschleuniger) beim Dt. Elektronen-Synchrotron (DESY) in Hamburg.

**Petrarca**, Francesco, *1304, †1374, ital. Dichter; Geistl. u. Diplomat in Frankreich u. Italien. Seine Gedichte in ital. Sprache (»Canzoniere«) spiegeln die Liebe zu *Laura* wider; sie verlassen den konventionellen Rahmen der Troubadour-Lyrik u. drücken selbsterlebte u. -erlittene Stimmungen u. Gefühle aus. P. beeinflußte inhaltl. u. formal die Lyrik des 15./16. Jh. **(Petrarkismus).** Seine hervorragenden Kenntnisse der lat. Sprache u. Lit. u. seine krit., der Scholastik abgewandte Denkart machten ihn zum eigtl. Begr. des *Humanismus.*

**Petrassi**, Goffredo, *16.7.1904, ital. Komponist; stand zuerst A. *Casella* u. P. *Hindemith* nahe, wandte später eine freie Zwölftontechnik an.

**Petrefakt**, Versteinerung, → Fossilien.

**Petrescu**, **1.** Camil, *1894, †1957, rumän. Schriftst.; schrieb psychol. Gesellschaftsromane u. Dramen. – **2.** Cezar, *1892, †1961, rumän. Schriftst. (Romane u. Erzählungen aus der zeitgenöss. rumän. Geschichte).

**Petri**, Olaus, *1493, †1552, schwed. luth. Theologe; Schüler M. *Luthers,* für die Einführung der luth. Reformation tätig.

**Petrie** ['pi:tri], Sir William Matthew Flinders, *1853, †1942, engl. Archäologe; forschte in Stonehenge (England), später in Ägypten; bediente sich wiss. Ausgrabungsmethoden.

**Petrikau**, poln. *Piotrków Trybunalski,* poln. Stadt südl. von Lodsch, 79 000 Ew.; Glas- u. Textil-Ind.

**Petrischale**, runde Glasschale mit überstehendem Deckel, zur Züchtung von Mikroorganismen.

**Petrochemie**, *Petrolchemie,* die Gesamtheit der chem. Prozesse u. deren Produkte, für die *Erdöl* u. *Erdgas* Rohstoffe sind. Die gesättigten Kohlenwasserstoffe des Öls u. Gases werden in ungesättigte (Olefine, Acetylen u.a.) oder aromat. Verbindungen umgewandelt. Alle Produkte der P. sind Grundstoffe für die Herstellung von Kunststoffen, Arzneimitteln, Farbstoffen, Waschmitteln.

**Petrograd**, 1914–24 Name von Leningrad.

**Petrolether** → Gasolin.

**Petroleum** [-e:um], Destillationsprodukt des → Erdöls.

**Petrologie**, die Wiss. von der Entstehung der Gesteine.

**Petronius Arbiter**, Gaius, †66 n. Chr. (Selbstmord wegen einer Denunziation bei Nero), röm. Satiriker; Roman »Satiricon«, ein Sittengemälde seiner Zeit.

**Petropawlowsk**, Stadt in der Kasach. SSR (Sowj.), am Ischim 233 000 Ew.; Nahrungsmittel-, Leder- u. Baustoff-Ind.

**Petropawlowsk-Kamtschatskij**, Stadt in Sowjet.-Fernost der RSFSR, an der Ostküste der Halbinsel Kamtschatka, 252 000 Ew.; HS; Schiffbau, Hafen.

*Petrus; Holzschnitt aus der Schedelschen Weltchronik: Jesus hilft dem sinkenden Petrus; 1493. Nürnberg, Stadtgeschichtliche Museen*

**Petrópolis**, Stadt im brasil. Staat Rio de Janeiro, 146 000 Ew.; Edelsteinschleifereien, Textil-, Tabak- u. chem. Ind.; Höhenkurort. 1894–1903 brasil. Hptst.

**Petrosawodsk**, Hptst. der Karel. ASSR in der RSFSR (Sowj.), am Onega-See, 264 000 Ew.; Univ.; Sägewerke, Hafen, Flughafen.

**Petroșeni** [-'ʃenj], rumän. Stadt in den Südkarpaten, am Jiu, 49 000 Ew.; Steinkohlenbergbau.

**Petrosjan**, Tigran, *1929, †1984, sowj. Schachspieler; Weltmeister 1963–69.

**Petrus** [»der Fels«], Jünger u. Apostel Jesu, von Haus aus *Simon,* Fischer am See Genezareth. Nach Ostern erschien er neben *Jakobus* u. *Johannes* als Führer der Urgemeinde in Jerusalem u. unternahm auch (Missions-)Reisen, die ihn bis nach Rom führten. Hier fand er um 64 oder 67 unter Nero den Märtyrertod; man vermutet sein Grab unter der *Peterskirche.* – Nach röm.-kath. Lehre war P. der erste Bischof von Rom; sein durch Jesu Verheißung (Matth. 16,19) begr. Vorrang im Kreis seiner Apostel ging auf seine Nachfolger in diesem Amt über (→ Papst). – Heiliger (Fest: 29.6. »Peter u. Paul«). – **P.briefe**, zwei dem P. zugeschriebene Briefe im NT; Verfasserschaft umstritten.

**Petrus Canisius** → Canisius.

**Petrus Chrysologus**, *um 380, †um 450, Bischof von Ravenna; Heiliger, Kirchenlehrer (Fest: 30.7.).

**Petrus Claver**, *1580, †1654, span. Jesuit; nahm sich in Südamerika bes. der Negersklaven an. Zwei Missionsgesellschaften wurden nach ihm benannt. – Fest: 9.9.

**Petrus Damiani**, *1007, †1072, ital. Benediktiner; Kardinalbischof von Ostia, wandte sich scharf gegen die kirchl. Mißstände, vor allem gegen Priesterehe u. Simonie. – Heiliger, Kirchenlehrer (Fest: 21.2.).

**Petrus de Vinea**, *um 1190, †1249 (Selbstmord), ital. Jurist; Leiter der kaiserl. Kanzlei *Friedrichs II.;* wegen Amtsmißbrauchs eingekerkert u. geblendet.

**Petrus Lombardus**, *um 1095, †um 1160, ital. Theologe der Frühscholastik; Bischof von Paris; stellte ein dogmat. Lehrbuch zus. (»Sentenzen«), das erst im 16. Jh. durch die »Summa theologiae« des *Thomas von Aquin* ersetzt wurde.

**Petrus Nolascus**, *1182 (?), †1256, span. Ordensstifter *(Mercedarier,* 1218). – Heiligsprechung 1628.

**Petrus Venerabilis**, *um 1094, †1156, 9. Abt von Cluny; Förderer der Cluniazensischen Reform. – Heiliger (Fest: 25.12.).

*Petrochemie: Hauptprodukte der Petrochemie; sie sind die wichtigsten Ausgangsstoffe der organisch-chemischen Industrie*

**Petrus von Alcántara,** *1499, †1562, span. Ordensgründer; gründete 1555 den Orden der *Alcantariner*, den strengsten Zweig des Franziskanerordens. – Heiligsprechung 1669.

**Petrus Waldes,** †um 1217; Gründer der nach ihm ben. religiösen Laienbewegung der *Waldenser*.

**Petschaft,** Handstempel mit Namenszug oder Wappen zum Siegeln.

**Petschenga,** finn. *Petsamo*, Ort in der Oblast Murmansk (Sowj.), an der *P.bucht* der Barentssee, Nickelerzbergbau; eisfreier Hafen.

**Petschora,** Fluß in der nördl. Sowj., 1809 km; mündet in die Barentssee, schiffbar, jedoch 7 Monate vereist; riesige Steinkohlenvorkommen im *P.-Becken*.

**Pettenkofen,** August Xaver Karl Ritter von, *1822, †1889, östr. Maler u. Graphiker (Szenen aus dem Wiener Volksleben).

**Pettenkofer,** Max von, *1818, †1901 (Selbstmord), dt. Hygieniker; Begr. der wiss. Hygiene. Die *P.sche Reaktion* dient dem Nachweis von Gallensäuren.

**Petticoat** [-kɔut], Damenunterrock aus waschbeständig versteiftem Gewebe (Baumwolle, Perlon).

**Pettiford,** Oscar, *1922, †1960, afroamerik. Jazzmusiker (Kontrabaß u. Cello).

**Petting,** sexuell erregende körperl. Berührungen aller Art mit Ausnahme des Geschlechtsverkehrs selbst.

**Petty,** Sir William, *1623, †1687, brit. Nationalökonom u. Statistiker; Begr. der *Arbeitswerttheorie* (Arbeit als Maßstab des Wertes).

**Petunie,** Gatt. der *Nachtschattengewächse*, weiß u. violett blühend; als Garten- u. Balkonpflanze kultiviert.

**Petzold,** Alfons, *1882, †1923, östr. Schriftst.; schrieb soz. u. religiöse Lyrik, schilderte das Proletarierleben in Romanen.

**Petzval,** Josef, *1807, †1891, östr. Mathematiker u. Physiker; bahnbrechende Arbeiten zur Photoptik; errechnete 1840 das *P.objektiv*, das 16mal lichtstärker war als damals bekannte Photoobjektive.

**peu à peu** [pøa 'pø], nach u. nach.

**Peuckert,** Will-Erich, *1895, †1969, deutscher Schriftst. u. Volkskundler; Romane, Biographien, Bücher über Magie u. Volksglaube.

**Peutinger,** Konrad, *1465, †1547, Augsburger Humanist; Berater Kaiser *Maximilians*. – **P.sche Tafel,** Kopie einer röm. Landkarte des 4. Jh.

**Pevsner, 1.** Antoine, *1886, †1962, frz. Bildhauer u. Maler russ. Herkunft; schuf ungegenständl. Plastiken aus Kupfer, Bronze u. Plexiglas. – **2.** Nikolaus, *1902, †1983, engl. Kunsthistoriker dt. Herkunft; Spezialgebiete: europ. Architektur u. moderne Formgebung.

**Peymann,** Claus, *7.6.1937, dt. Regisseur u. Theaterleiter; Schauspieldirektor in Stuttgart, Bochum, Direktor des Wiener Burgtheaters.

**Peynet** [pɛˈnɛ], Raymond, *16.11.1908, frz. Bühnenbildner u. Karikaturist (romant. Zeichenfolgen des Liebespaars »Petit poète« u. »Petit Peynet«).

**Peyotl** [pɛˈjoːtl], die getrockneten Spitzen der in Mexiko heim. Kakteenart *Lophophora willionsii*; Rauschgift der Indianer in Mexiko *(Mescalin)*.

**Peyrefitte** [pɛːrˈfit], **1.** Alain, *26.8.1925, frz. Politiker (Gaullist); versch. Min.-Ämter, 1977–81 Justiz-Min. – **2.** Roger, *17.8.1907, frz. Schriftst.; W »Diplomaten«, »Die Schlüssel von St. Peter«, »Die Söhne des Lichts«, »Die Juden«, »Amerikaner, Amerikaner«.

**Pfadfinder,** engl. *Boy Scouts,* internat. Jugendorganisation, 1907 in England von Lord *Baden-Powell* gegr.; in Dtld. 1909 gegr. Die P.bewegung ist parteiunabhängig; sie will den Gemeinschaftsgeist u. eine naturgemäße Lebensführung fördern; die Mitgl. verpflichten sich zu einer tägl. »guten Tat«.

**Pfäfers,** *Bad P.,* Thermalbad im schweiz. Kt. St. Gallen, im Tal der Tamina, 1800 Ew.

**Pfaff,** Johann Friedrich, *1765, †1825, dt. Mathematiker (Arbeiten über partielle Differentialgleichungen u. lineare Differentialformen).

**Pfaffe,** Geistlicher; seit der Reformation in abwertendem Sinn.

**Pfaffenhofen an der Ilm,** Krst. in Oberbayern, in der Hallertau, 17 000 Ew.; Hopfenanbau, Masch.- u. Holz-Ind.

**Pfaffenhütchen,** ein *Spindelbaumgewächs;* bis 6 m hoher Strauch mit vierkantigen, roten Fruchtkapseln. Alle Teile der Pflanze sind giftig.

**Pfaffenwinkel,** das wegen seiner großen Zahl von Klöstern so genannte oberbayer. Gebiet zw. Lech u. Isar, sw. von München.

**Pfäffikon,** Bez.-Hptst. im schweiz. Kt. Zürich, 8000 Ew.; in der Nähe das Römerkastell *Irgenhausen* (3. Jh. n. Chr.).

**Pfahlbauten,** zum Schutz gegen Überfälle, Tiere u. Hochwasser auf Pfählen errichtete Wohnbauten im Uferwasser von Seen u. Flüssen, an Meeresküsten oder in Sumpfgebieten; in S-Amerika u. SO-Asien verbreitet. – Die »P«. aus der Jungsteinzeit u. Urnenfelderzeit an schweiz. u. süddt. Seen waren wahrsch. in ebenerdiger Bauweise am Seeufer errichtete Dörfer, die erst in späteren Perioden von steigendem Wasser überflutet wurden.

**Pfahlbürger,** im MA Landbewohner im Besitz des Bürgerrechts, die außerhalb der Stadt, vor ihren Mauern wohnten.

**Pfahler,** Georg, *8.10.1926, dt. Maler; Vertreter der Signalkunst u. der geometr. Abstraktion.

**Pfahlmuschel** → Miesmuschel.

**Pfahlwurzel,** lange, pfahlförmige Wurzel, z.B. bei Lupinen.

**Pfalz,** burgähnl. Anlage zur zeitweisen Beherbergung u. Hofhaltung der fränk. u. dt. Herrscher im MA (*Königs-* bzw. *Kaiser-P.*); Stätten der Gerichtsbarkeit u. Repräsentation (Aachen, Frankfurt a.M., Gelnhausen, Goslar, Ingelheim, Kaiserslautern, Köln, Magdeburg, Mainz, Nimwegen, Nürnberg, Quedlinburg, Speyer, Wimpfen, Worms u.a.).

**Pfalz,** histor. Ldsch. zw. Rheintal, Elsaß u. Saarland; von N nach S vom *Pfälzer Wald* durchzogen. Im O hat das Gebiet Anteil an der Oberrhein. Tiefebene (*Vorder-P.*), im W am *Westrich,* im N schließt sich das *Pfälzer Bergland* an. Die P. gehört zu den wichtigsten dt. Weinbaugebieten. – Gesch.: Der seit etwa 1155 mit dem Amt des *P.grafen bei Rhein* verbundenen Gebiete waren seit 1214 als Reichslehen im Besitz der *Wittelsbacher;* 1266 erwarb Herzog *Ludwig II. von Bay.* den bay. *Nordgau* (spätere *Ober-P.*). 1288 Heidelberg. 1329 wurde die P. von Altbayern getrennt u. als *Rhein-* u. *Ober-P.* selbst., 1356 der Besitz der Kurwürde bestätigt. 1623 gingen Land u. Kurwürde am Bayern. Durch den Westfäl. Frieden erhielt *Karl Ludwig* einen Teil des Landes zurück, verbunden mit einer neuen, achten Kurwürde. Anfang des 19. Jh. kamen die Gebiete der P. an Frankreich, die rechtsrhein. an Baden u. Hessen-Darmstadt. Seit 1816 bildete die P. einen bay. Reg.-Bez. (1918–30 frz. besetzt). Der westl. Teil kam 1919 ans Saarland. Seit 1946 ist die P. Teil von Rhld.-Pf.

**Pfälzer Wald,** fr. die *Haardt,* südwest-deutsches Mittelgebirge westl. der Oberrhein. Tiefebene, in der Pfalz; im *Eschkopf* 610 m.

**Pfalzgraf,** in merowing. Zeit ein Hofbeamter zur Verw. u. Rechtspflege in der königl. *Pfalz;* unter den Karolingern Vertreter des Königs im Gericht.

**Pfand,** Gegenstand, der als Bürgschaft für eine Forderung gegeben wird. → Pfandleihe, → Pfandrecht.

**Pfandbrief,** langfristige, festverzinsl. Schuldverschreibung der Bodenkreditanstalten; durch Hypotheken gesichert u. börsengängig; kündbar nur durch die Hypothekenbank.

**Pfänder** [der], Berggipfel im Bregenzer Wald (Östr.), 1064 m.

**Pfänder,** Alexander, *1870, †1941, dt. Philosoph; arbeitete mit an der phänomenolog. Grundlegung der Logik.

**Pfandleihe,** das von öffentl. Stellen oder privaten Unternehmungen (*Leihhäuser, Pfandleihanstalten*) betriebene Geschäft, gegen Hinterlegung von *Pfändern* u. gegen festgesetzte Zinssätze kurzfristig Geld auszuleihen. Für das hinterlegte Pfand wird ein *Pfandschein* ausgestellt.

**Pfandrecht,** im bürgerl. Recht das auf Vertrag beruhende, subjektive *dingl. Recht* des *Pfandgläubigers* an einer Sache oder einem Recht des *Pfandschuldners* oder eines Dritten zur Sicherung einer Forderung; im einzelnen: 1. durch Vertrag *(Verpfändung)* begründetes P.: a) an bewegl. Sachen, stets als *Faustpfand* im Besitz des Pfandgläubigers; b) an Grundstücken; c) an übertragbaren Rechten, bes. an Forderungen. 2. gesetzl. begründetes P. *(gesetzl.P.),* z.B. des Vermieters, Verpächters u. Gastwirts an eingebrachten Sachen des Mieters. 3. *Pfändungs-P.* aufgrund einer Pfändung; seine Verwertung erfolgt im Wege der öffentl. Versteigerung.

**Pfändung,** im Zwangsvollstreckungsrecht die öffentl.-rechtl. Beschlagnahme *(Verstrickung)* von nicht dem *P.sschutz* unterliegenden Gegenständen des bewegl. Vermögens des Vollstreckungsschuldners als Mittel zur Beitreibung von Geldforderungen oder zum Arrestvollzug; bei Sachen durch Besitzergreifung des Gerichtsvollziehers, bei Forderungen u.a. Rechten durch *P.sbeschluß* des Vollstreckungsgerichts.

**Pfanne, 1.** flaches Gefäß zum Backen u. Braten. – **2.** *Gelenk-P.,* hohler Teil des Gelenks.

**Pfannkuchen,** *Plinsen,* in der Pfanne gebackene flache Kuchen aus Mehl, Milch, Ei, Fett u.a.

**Pfarrei,** *Parochie,* nach ev. u. kath. Kirchenrecht der unterste selbständige, räuml. oder personal abgegrenzte Seelsorgebezirk.

**Pfarrer,** der Inhaber der Amts- u. Seelsorgepflichten in einer räuml. begrenzten selbst. Kirchengemeinde; in kath. Gemeinden der vom Bischof berufene Verwalter des Pfarramts. In den meisten ev. Kirchen wird der P. von der Gemeinde gewählt, z.T. alternierend mit der Kirchenleitung. – **Pfarrerin,** *Pastorin,* Amtsbez. der ev. Theologin; seit Mitte der 1970er Jahre in allen Landeskirchen zum Pfarramt zugelassen.

**Pfarrhelfer,** *Gemeindehelfer, Prediger, Diakone,* Hilfskräfte in der ev. u. kath. Gemeindearbeit für Verwaltung, Unterricht *(Katecheten),* Predigt, Jugend- u. Fürsorgearbeit.

**Pfarrkirchen,** Krst. in Niederbayern, an der Rott, 10 000 Ew.; roman. Pfarrkirche, Wallfahrtskirche (17. Jh.); Schuhindustrie.

**Pfarrvikar,** in der kath. Kirche Stellvertreter des Pfarrers.

**Pfauen,** *Pavo,* Gruppe großer *Fasanenvögel.* Der vorderind. *Blaue Pfau* trägt eine Federkrone u. die Männchen ein glänzendes Prachtgefieder mit stark verlängerten Schwanzdeckfedern, die in der Balz zu einem Rad aufgerichtet werden.

**Pfauenauge,** ein *Fleckenfalter* mit je einem Augenfleck an den Flügeln. Dazu gehören: *Kleines* u. *Großes Nacht-P.* u. *Abend-P.* (ein Schwärmer).

*Pfahlbausiedlung*

*Pfauen: balzender Blauer Pfau mit Henne*

*Pfeilkraut*

**Pfaueninsel,** unter Naturschutz stehende Insel in der Havel, sw. vom Wannsee, bei Berlin.
**Pfeffel,** Gottlieb Konrad, *1736, †1809, dt. Schriftst. u. Pädagoge; 1757 erblindet; von Ch. F. Gellert angeregter Fabeldichter.
**Pfeffer,** artenreiche Gatt. der *P.gewächse* (→ Pflanzen). Alle Arten haben Ölzellen, die aromat. u. scharf schmeckende Stoffe enthalten. Als Genußmittel (Kaumittel) werden im trop. Asien die Blätter des *Betel-P.* verwendet. Als *Schwarzer P.* werden die vollständigen, unreif geernteten u. getrockneten Früchte der trop. Kletterpflanze *Piper nigrum* bezeichnet, während *Weißer P.* die geschälten, reifen Früchte derselben Pflanze sind. *Grünen P.* erhält man, wenn die Früchte in Salzlake oder Essig eingelegt werden. *Roter P.:* → Cayenne-Pfeffer.
**Pfefferfresser,** veraltete Bez. für die → Tukane.
**Pfefferkorn,** Johannes, *1469, †1522, Spitalmeister in Köln; getaufter Jude, forderte die gewaltsame Bekehrung der Juden u. die Auslieferung des hebr. Schrifttums u. löste dadurch die *Dunkelmännerbriefe* aus.
**Pfefferkornhaar,** *Fil-Fil,* das kurze Haar der Negriden u. Pygmiden, das pfefferkornartig eng gedreht zusammensteht.
**Pfefferkuchen,** *Lebkuchen,* stark gewürztes, süßes Kleingebäck.
**Pfefferküste,** die Küste des W-afrik. Staats Liberia; auch die Malabarküste in Indien.
**Pfefferminzbaum,** *Mandelblättriger Eukalyptus,* Gatt. der *Myrtengewächse* mit zahlr. kleinen Blüten.
**Pfefferminze** → Minze.
**Pfefferminzöl,** ätherisches Öl aus den Blättern der Pfefferminze, enthält bis zu 70% Menthol; Aroma- u. Geschmackstoff.
**Pfeffermuschel,** daumennagelgroße *Muschel* mit weiß glänzenden Schale, am Schelfrand der Nordsee.
**Pfeffernüsse,** Gebäck aus Lebkuchenteig.
**Pfefferpilz** → Pfifferling.
**Pfefferrohr,** dunkel gefleckter Bambus.
**Pfefferstrauch,** *Schinus,* südamerikan. Gatt. der *Sumachgewächse;* der *Peruan. P.* liefert ein angenehm riechendes Harz *(Molleharz, Amerikan. Mastix),* die Beeren dienen als Pfefferersatz.
**Pfeife, 1.** einfaches Flöteninstrument; übl. als Triller-P.; Orgel-P. → Orgel. – **2.** Werkzeug des Glasbläsers. – **3.** Tabakspfeife.
**Pfeifengras,** Gatt. der *Süßgräser.* Das *Blaue P.* *(Besenried)* ist auf nassen, moorigen Wiesen heimisch. Die Halme wurden fr. zum Pfeifenreinigen verwendet.
**Pfeifenstrauch, 1.** *Pfeifenwinde,* bis 6 m hoher nordamerik. Kletterstrauch, ein *Osterluzeigewächs.* – **2.** → Jasmin (2).
**Pfeiffer, 1.** Emil, *1846, †1921, dt. Bakteriologe. Nach ihm ben. ist das *P.sche Drüsenfieber.* – **2.** Johannes, *1902, †1970, dt. Literaturwissenschaftler. – **3.** Richard, *1858, †1945, dt. Bakteriologe u. Serologe; entdeckte die *Bakteriolysine,* gegen Krankheitserreger gerichtete Abwehrstoffe im Blut. Nach ihm ben. sind u.a. die *P.schen Influenzabakterien.*
**Pfeifhasen,** *Pikas,* Fam. der *Hasenartigen;* in den Hochsteppen der nördl. Gebiete Asiens u. Amerikas. Namengebend ist ihr lautes Pfeifen bei der Nahrungssuche.
**Pfeil,** ein Geschoß, das mit der Sehne eines *Bogens* (auch mit *Armbrust*) abgeschossen wird. Am Ende des P. sind Federn angebracht, die ihn im Flug stabil halten. Beim sportl. Bogenschießen ist ein P. ca. 72 cm lang u. 28 g schwer.
**Pfeiler,** ein stützender rechteckiger oder polygonaler Bauteil, der, wie die *Säule,* zur Aufnahme der Lasten der auf ihm ruhenden Gewölbe, Träger, Bogen u.ä. dient; Wandpfeiler: → Pilaster.
**Pfeilgifte,** Gifte, mit denen Pfeilspitzen überzogen werden. Sie führen meist zu einer Herz- oder Nervenlähmung des Opfers. P. sind bes. bekannt aus S-Asien *(Ipoh-Gift* auf Borneo) u. Südamerika *(Curare).*
**Pfeilhechte** → Barracudas.
**Pfeilkraut,** *Sagittaria,* Gatt. der *Froschlöffelgewächse;* Sumpf- u. Wasserpflanzen.
**Pfeilschwänze,** *Schwertschwänze,* eine Ordnung der *Merostomata* (Klasse der *Spinnentiere* mit langem Schwanzstachel). Die größte Art, bis 60 cm lang, lebt an der atlant. Küste Nordamerikas, 4 kleinere Arten *(Molukkenkrebse)* an SO-asiat. Küsten.
**Pfeilwürmer,** bis 8 cm große, durchsichtige Meeresbewohner, die zu den *Urleibeshöhlentieren* zählen.
**Pfeilwurz,** *Maranta,* im trop. Amerika heim. Gatt. der *P.gewächse* mit schön gefärbten Blattpflanzen. Die auf den Westindischen Inseln angebaute *Schilfartige P.* liefert *Arrowroot* (eine Stärkeart).
**Pfennig,** Abk. *Pf,* seit dem 8. Jh. die dt. Hauptwährungsmünze, im 8.–16. Jh. in Silber geprägt; seit 1871: 1 Pf = $1/100$ Mark; in der BR Dtld. seit 1948: 1 Deutscher P. = $1/100$ Deutsche Mark.
**Pferch,** durch bewegl. Hürden abgegrenztes Weidestück als Übernachtungsort für Schafe.
**Pferd,** Turngerät für Schwung- (Seit-, Quer-P.) u. Sprungübungen (Längs-P.). Es besteht aus einem 1,60–1,63 m langen u. 35 cm breiten, lederbezo-

*Pferd: Das Turngerät wird als Seitpferd für das Kunstturnen der Männer (Bild) und für den Pferdsprung der Frauen sowie als Längspferd für den Pferdsprung der Männer verwendet*

genen Rumpf u. vier in der Höhe verstellbaren Beinen.
**Pferde, 1.** i.w.S.: *Einhufer, Equidae,* schlanke, langbeinige *Unpaarhufer,* die beim Gehen nur die mit einem Huf umgebene Mittelzehe benutzen. Die P. leben in Herden in den Steppengebieten Afrikas u. Asiens. Zu den P. gehören Wild-P., Esel, Halbesel u. Zebras. – **2.** i.e.S.: das Hauspferd. Als seine Stammform sieht man das *Przewalskipferd* (→ Wildpferd) an, das fr. in ganz N-Eurasien verbreitet war. Die Domestizierung begann wohl im 4. Jt. v.Chr. Das männl. Pferd heißt *Hengst,* das kastrierte männl. *Wallach,* das weibl. *Stute,* das junge *Fohlen (Füllen).* An Farben treten braun (Brauner, Falbe), weiß (Schimmel), schwarz (Rappe) u. fuchsfarbig (Fuchs) auf. Rassengruppen: Warmblut- u. Kaltblutrassen. Die *Warmblutrassen (Warmblüter)* sind leichter im Körperbau, temperamentvoller u. auch gelehriger, deshalb als Reit- u. Wagenpferd benutzt, während die *Kaltblutras-*

*Schleswiger-Kaltblut*

*Araber-Vollblut*

*Appaloosa-Hengst*

*Holsteiner*

*Pferdesport: Galopprennen (links). – Beim Sprung über das Hindernis versucht der Reiter, durch Aufrichten in den Steigbügeln das Pferd zu entlasten (rechts)*

sen *(Kaltblüter;* schwer, ruhiges Temperament) als Ackerpferd u. zum Transport schwerer Lasten benutzt werden. Zu den Warmblütern zählen u.a. *Araber, Engl. Vollblüter, Lipizzaner;* die dt. Warmblutrassen sind durch Kreuzung von Arabern u. Engl. Vollblut mit Landpferdrassen entstanden, z.B.: Ostpreußisches (Halbblut Trakehner), Hannoversches, Oldenburgisches, Holsteinisches u. Ostfriesisches Pferd. Aus P. der amerik. Siedler entstanden in Amerika einerseits die freilebenden *Mustangs* u. andererseits die *Western-Horses,* die für die ausdauernde Arbeit bei den Viehherden gezüchtet wurden *(Paint, Quarter-Horse, Appaloosa* u.a.). Bes. kleine u. urtüml. Pferde sind die europ. *Ponys.*

**Pferdebohne,** *Saubohne,* Gatt. der *Schmetterlingsblütler.* Die großen, derben Hülsen enthalten eßbare Samen *(Große Bohnen, Dicke Bohnen).*

**Pferderennen.** Sie wurden bereits bei den antiken Olymp. Spielen ausgetragen: als Wagenrennen seit 680 v.Chr., als Wettreiten mit Hengsten seit 648 v.Chr. Im 12. Jh. gab es die ersten P. in England. Die heutigen P., bes. die Zuchtrennen, dienen der Erprobung von Vollblutpferden auf ihre Leistungsfähigkeit sowie zur Intensivierung des Pferdesports. Bei öffentl. P. können *Rennwetten* abgeschlossen werden. Galopprennen werden unterteilt in Hindernisrennen u. Flachrennen, beide auf ovalen Grasbahnen ausgetragen. Flachrennen führen über Distanzen von 1000–4800 m; Pferde, die ihre besten Leistungen in kurzen Rennen bringen, werden *Flieger,* die auf mittleren Strecken *Meiler* u. die auf Langstrecken *Steher* genannt. Zuchtrennen sind Wettbewerbe zw. Pferden des gleichen Jahrgangs, die alle das gleiche Gewicht (Stuten 2 kg weniger als Hengste) tragen müssen. Trabrennen sind Wettbewerbe, bei denen das Rennpferd (Traber) vor einem *Sulky* gespannt wird, auf dem der Fahrer sitzt, u. bei denen es nur im Trab laufen darf.

**Pferdesport,** alle Sportarten, bei denen Pferde als Reit- oder Zugtiere verwendet werden; dazu gehö-

### Die Systematik des Pflanzenreichs

Die ungeheure Vielfalt der niederen und höheren Pflanzen wird durch die Systematik erfaßt und geordnet. Die hier aufgeführten Ordnungen und Familien der Pflanzen sind keine vollständigen Listen; sie geben aber die wichtigsten Gruppen der mitteleuropäischen Flora wieder.

| Abteilung, Klasse | Beispiel | Artenzahl rd. |
|---|---|---|
| **Prokaryota** | | |
| A. Bakterien | | 2500 |
|   I. Urbakterien (Archaebacteria) | Methanbakterien | |
|   II. Bakterien (Eubacteria) | Pestbazillus | |
| B. Prokaryotische Algen | | 2000 |
|   I. Blaualgen (Cyanophyta) | Wasserblüte | |
|   II. Urgrünalgen (Prochlorophyta) | Prochloron | |
| **Eukaryota** | | |
| A. Eukaryotische Algen | | 3300 |
|   I. Augentierchen (Euglenophyta) | Schönauge | 370 |
|   II. Mikroalgen (Cryptophyta) | Cryptomonas | |
|   III. Zweigeißelalgen (Dinophyta) | Peridinium | 1000 |
|   IV. Haftalgen (Haptophyta) | Coccolithus | |
|   V. Grünalgen (Chlorophyta) | Rote Schneealge | 7000 |
|     1. Chlorophyceae | Meersalat | |
|     2. Jochalgen (Conjugatae) | Zieralgen | |
|     3. Armleuchteralgen (Charophyceae) | Chara | |
|   VI. Goldgelbe Algen (Chrysophyta) | | 9000 |
|     1. Gelbalgen (Xanthophyceae) | Vaucheria | |
|     2. Goldalgen (Chrysophyceae) | Dinobryon | |
|     3. Kieselalgen (Bacillariophyceae) | Diatoma | 6000 |
|     4. Braunalgen (Phaeophyceae) | Blasentang, Jodalgen | 1500 |
|   VII. Rotalgen (Rhodophyta) | Irländ. Moos, Agar-Agar Algen | 4000 |
| B. Schleimpilze | | 500 |
|   I. Acrasiomycota | Dictostelium | |
|   II. Myxomycota | Lohblüte | |
|   III. Plasmodiophoromycota | Plasmodiophora | |
| C. Pilze (Fungi) | | |
|   I. Oomycota | | 600 |
|   II. Echte Pilze (Eumycota) | | |
|     1. Chytridiomycetes | Allomyces | 600 |
|     2. Zygomycetes | Köpfchenschimmel | 650 |
|     3. Schlauchpilze (Ascomycetes) | Hefen | 30000 |
|     4. Ständerpilze (Basidiomycetes) | Steinpilz | 30000 |
| D. Flechten (Lichenes) | Isländisch Moos | 20000 |
| E. Moose und Gefäßpflanzen (Embryophyta) | | |
|   I. Moose (Bryophyta) | | 26000 |
|     1. Hornmoose (Anthocerales) | Hornmoos | |
|     2. Lebermoose (Marchantiales) | Marchantia | |
|     3. Laubmoose (Bryatae) | Torfmoos | |
|   II. Farnpflanzen (Pteridophyta) | | 15000 |
|     1. Urfane (Psilophytatae) | Rhynia | |
|     2. Gabelblattgewächse (Psilotatae) | Gabelblatt | |
|     3. Bärlappgewächse (Lycopodiatae) | Bärlapp | 400 |
|     4. Schachtelhalmgewächse (Equisetatae) | Schachtelhalm | 32 |
|     5. Farne (Filicatae) | | |
|   III. Blütenpflanzen (Spermatophyta) | | |
|     1. Nacktsamer (Gymnospermae) | | 800 |
|       Ginkgoatae | Ginkgobaum | 1 |
|       Pinatae | Kiefer, Tanne, Eibe | 600 |
|     2. Fiederblättriger Nacktsamer (Cycadophytinae) | | |
|       Samenfarne (Pteridospermae) | Lyginopteris | ausgestorben |
|       Cycadeen (Cycadatae) | Palmfarne | 100* |
|       Bennettitatae | Williamsonia | ausgestorben |
|       Mantelsamer (Gnetatae) | Ephedra | 66* |
|     3. Bedecktsamer (Angiospermae) | | 235000 |
|       Zweikeimblättrige Pflanzen (Dicotyledoncae) | Erbse, Linde, Aster | 177000 |
|       Einkeimblättrige Pflanzen (Monocotyledoncae) | Lilie, Gras, Palme | 54000 |

*rezente Arten

*Pfifferling*

**Pferdestärke**

ren Reit- u. Fahrsport (Dressur, Jagdspringen, Military), Pferderennen u. Polo.
**Pferdestärke,** Kurzzeichen PS, bis zum 31.12.1977 offizielle Einheit für die Leistung: 1 PS = 75 mkp/s; durch die Einheit → Watt ersetzt. Es gilt: 1 PS = 735,498 Watt.

**Pferdestaupe,** *Rotlaufseuche,* hochansteckende Viruskrankheit des Pferdes.
**Pfetten,** beim Dachstuhl *(Pfettendach)* die parallel zum First angeordneten Balken, auf denen die *Sparren* ruhen.
**Pfifferling,** *Pfefferpilz, Gelbling, Eierschwamm,* Speisepilz mit dotter-, rot- oder hellgelbem Hut; Vorkommen: Juli bis Sept. in Laub- u. Nadelwäldern. – B → S. 691

**Pfingstbewegung,** eine 1906 von Los Angeles ausgegangene Bewegung, die als Hochziel des christl. Heilswegs die »Geistestaufe« erstrebt, ein ekstat. Erlebnis mit Zungenrede, das als Inbesitznahme des Menschen durch den Hl. Geist gedeutet wird; stärkste Verbreitung in den USA (»Church of God in Christ«), S-Amerika u. Indonesien.
**Pfingsten,** christl. Fest am 50. Tag nach Ostern, zur Erinnerung an die Herabkunft des *Hl. Geistes*

# PFLANZEN

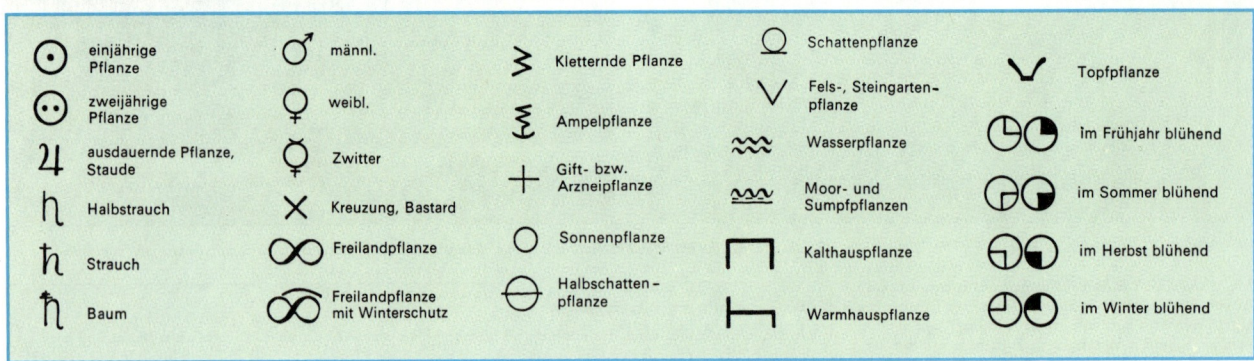

*Botanische Zeichen*

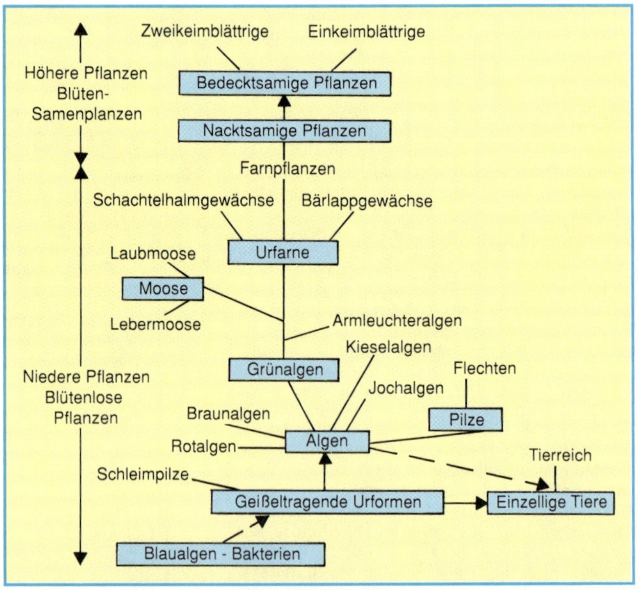

*Bauplan einer Blütenpflanze (links). – In einem Wald der gemäßigten Breiten bilden die dominanten Baumarten die Wipfelschicht, in ihrem Schatten wachsen kleinere Bäume. Es folgt eine Zone mit Strauchbewuchs, und der Boden schließlich wird von einer Schicht einjähriger Kräuter bedeckt (rechts)*

*Stammbaum der Pflanzen mit den wichtigsten Gruppen*

auf die in Jerusalem versammelten Apostel (Apg. 2); seit dem 3. Jh. bezeugt.

**Pfingstrose,** *Päonie,* Gatt. der *Hahnenfußgewächse.* Die *Echte P.* mit dunkelroten Blüten blüht zur Pfingstzeit.

**Pfirsich,** *P.baum,* zu den *Rosengewächsen* gehörender Obstbaum mit filzig beharrten, fleischigen Früchten mit Steinkernen; wahrscheinl. aus Persien stammend; gedeiht nur in mildem Klima.

**Pfister, 1.** Albrecht, † vor 1466, druckte die frühesten dt.-sprachigen Inkunabeln u. verwandte erstmals Holzschnitte zur Buchillustration. – **2.** Oskar, *1873, †1956, schweiz. Psychoanalytiker; prot. Pfarrer, Schüler *S. Freuds;* wandte dessen Erkenntnisse in Seelsorge u. Pädagogik an; der erste Kinderanalytiker.

**Pfitzner,** Hans, *1869, †1949, dt. Komponist; Vertreter der Spätromantik; mit der Erlösungsthematik seiner ersten Oper »Der arme Heinrich« 1895 noch deutlich *R. Wagner* verpflichtet. In seinem Hptw., der musikal. Legende »Palestrina« 1917, verschmolz er polyphonen Stil u. kühn ausgeweitete Chromatik; schrieb über 100 Lieder.

**Pflanzen,** Lebewesen, die in der Lage sind, aus anorgan. Stoffen mit Hilfe des Sonnenlichts (→ Photosynthese) oder mit Hilfe von Energie, die aus bes. chem. Reaktionen gewonnen wird, organ. Stoffe aufzubauen. Die P. (mit Ausnahme der wenigen saprophytisch oder parasitisch lebenden) bezeichnet man daher als *autotroph* [»sich selbst ernährend«]. Sie schaffen hierdurch erst die Grundlage für die heterotroph lebenden *Tiere,* die nur organ. Stoffe als Nahrung verwerten können. Bestimmte *Protozoen (Flagellaten),* die gemeinsamen Vorfahren von P. u. Tieren, haben noch beide Formen der Energiebeschaffung; sie sind *mixotroph.* Grundbestandteil der P. ist die Zelle.

**Pflanzenbewegungen,** aktive Bewegungen von Pflanzen oder Pflanzenteilen: 1. *Autonome P.* werden von Außenfaktoren weder hervorgerufen noch gesteuert u. erscheinen als *Nutation (Schlafbewegungen).* 2. Die *Reizbewegungen* werden durch äußeren Anlaß hervorgerufen.

**Pflanzeneiweiße,** Proteine pflanzl. Ursprungs, z.B. aus Sojabohnen, Erdnüssen, Kartoffeln, Algen, Hefen.

**Pflanzenfarbstoffe,** in Pflanzen enthaltene Farbstoffe, z.B. *Indigo* u. *Krapp.*

**Pflanzenfaserstoffe,** als Festigungsorgane häufig in Sproß u. Blättern der Pflanzen enthaltene Fasern, die, wenn sie nicht verholzt sind, zur Herstellung von Textilien Verwendung finden *(Flachs, Nessel).* Größere Fasern werden zur Herstellung von Sackleinen *(Jute)* oder für Seilerwaren *(Hanf, Sisal)* benutzt.

**Pflanzengeographie,** *Phytogeographie,* die Lehre von der Verbreitung der Pflanzen auf der Erdoberfläche. Die *ökologische P. (Pflanzenökologie)* untersucht die Standortfaktoren einzelner Pflanzen u. Pflanzengesellschaften. Die *soziologische P. (Pflanzensoziologie)* analysiert u. systematisiert diese.

**Pflanzengesellschaften,** die Bausteine der *Vegetation* eines Gebiets: die regelmäßig wiederkehrenden Vergesellschaftungen von Pflanzen mit ähnl. ökolog. Ansprüchen in Form von Wäldern, Wiesen, Weiden, Röhrichten, Mooren u.a.

**Pflanzenkrebs,** Sammelname für Pflanzenkrankheiten, die durch Wucherungen gekennzeichnet sind, z.B. *Kartoffelkrebs;* durch Viren oder Bakterien verursacht.

**Pflanzenkunde** → Botanik.

**Pflanzenmilch** → Milch (2).

**Pflanzenphysiologie,** die Lehre von den pflanzl. Lebenserscheinungen. Die *Stoffwechselphysiologie* untersucht die Stoffaufnahme des Organismus aus der Umwelt, die Umwandlung in körpereigene Stoffe u. die Ausscheidung. Die *Entwicklungsphysiologie* beschäftigt sich mit Entwicklung u. Wachstum von Zellen u. Organen. In der *Hormonphysiologie* wird die Regelung der Funktionen von im Körper erzeugten Botenstoffen (Hormonen) erforscht. Die *Zellphysiologie* bearbeitet Zellfunktionen im molekularen Breich. Die *Bioenergetik* erforscht Gesetzmäßigkeiten bei Stoffwechselreaktionen, die sich unter Veränderung des Energiehaushalts vollziehen.

**Pflanzenschädlinge,** Tiere, die Kulturpflanzen direkt schädigen oder Pflanzenkrankheiten übertragen. Potentielle P. sind alle pflanzenfressenden Tiere, v.a. diejenigen, die zu Massenvermehrungen fähig sind (Insekten, Milben, Mäuse). Indirekte Schäden entstehen z.B. durch viele saugende Insekten (Blattläuse) u. Milben als Überträger von Viren, Pilzsporen u. Bakterien.

**Pflanzenschutz, 1.** der Teil des Naturschutzes, der sich mit dem Schutz seltener oder gefährdeter *Wildpflanzen* befaßt. Durch die Bundesartenschutzverordnung völlig geschützt sind z.B. alle einheim. Orchideen, Anemonen, Primeln, Enziane, Seerosen. – **2.** Schutz der *Kulturpflanzen* vor Krankheiten u. Schädlingen. Gesetzl. Grundlage ist das Pflanzenschutzgesetz von 1986. Der gesetzl. P. umfaßt: Verhinderung der Einschleppung von Schädlingen u. Krankheiten durch Einfuhrkontrolle, Erfassung von Schädlingen durch Meldepflicht (z.B. Kartoffelkäfer, Reblaus) sowie Schutz von Menschen u. Haustieren (z.B. Bienen) vor giftigen Schädlingsbekämpfungsmitteln.

**Pflanzenschutzämter,** die Pflanzenschutz-Dienststellen der Bundesländer; Aufgaben: Beratung u. Unterstützung der Praxis im Pflanzen- u. Vorratsschutz, Untersuchung von Saatgut u. Futter, Kontrolle von Pflanzen bei Ein- u. Ausfuhr u. biolog. Mittel.

**Pflanzenschutzmittel,** die zum Schutz der

| Untergliederung der Blütenpflanzen Ordnung, Familie | Beispiel | Artenzahl rd. |
|---|---|---|
| *Zweikeimblättrige Pflanzen (Dicotyledonae)* | | |
| Magnoliales | | |
|   Magnoliengewächse (Magnoliaceae) | Magnolie | 220 |
|   Muskatnußgewäche (Myristicaceae) | Muskatnußbaum | 380 |
| Laurales | | |
|   Lorbeergewächse (Lauraceae) | Lorbeer-, Zimtbaum | 2500 |
| Ranunculales | | |
|   Hahnenfußgewächse (Ranunculaceae) | Weidenröschen | 2000 |
|   Sauerdorngewächse (Berberidaceae) | Berberitze | 600 |
| Piperales | | 3007 |
|   Pfeffergewächse (Piperaceae) | Pfefferstrauch | 2000 |
| Nymphaeales | | |
|   Seerosengewächse (Nymphaeaceae) | Lotosblume | 90 |
|   Hornblattgewächse (Ceratophyllaceae) | Hornblatt | |
| Papaverales | | |
|   Mohngewächse (Papaveraceae) | Klatschmohn | 250 |
| Caryophyllales | | 9700 |
|   Nelkengewächse (Caryophyllaceae) | Nelke | 2000 |
|   Gänsefußgewächse (Chenopodiaceae) | Spinat, Runkelrübe | 1500 |
|   Kaktusgewächse (Cactaceae) | Kakteen | > 2000 |
| Polygonales | | 750 |
|   Knöterichgewächse (Polygonaceae) | Rhabarber, Sauerampfer | 750 |
| Hamamelidales | | |
|   Hamamelisgewächse (Hamamelidaceae) | Zaubernuß | |
|   Platanengewächse (Platanaceae) | Platane | 10 |
| Fagales | | 1200 |
|   Birkengewächse (Betulaceae) | Birke, Erle | 170 |
|   Buchengewächse (Fagaceae) | Buche, Eiche | 1000 |
| Juglandales | | |
|   Walnußgewächse (Juglandaceae) | Walnußbaum | 58 |
|   Gagelgewächse (Myricaceae) | Gagelstrauch | 56 |
| Urticales | | |
|   Ulmengewächse (Ulmaceae) | Ulme | > 150 |
|   Maulbeergewächse (Moraceae) | Hanf, Hopfen | 1550 |
|   Nesselgewächse (Urticaceae) | Brennessel | > 700 |
| Saxifragales | | |
|   Steinbrechgewächse (Saxifragaceae) | Stachel-, Johannisbeer | 1200 |
|   Dickblattgewächse (Crassulaceae) | Hauswurz | 1400 |
| Rosales | | 7100 |
|   Rosengewächse (Rosaceae) | Himbeere, Apfel | 3400 |
| Fabales | | 17000 |
|   Schmetterlingsblütler (Fabaceae) | Hülsenfrüchte, Klee | |
|   Mimosen (Mimosaceae) | Sinnpflanze | |
| Rutales | | 4600 |
|   Rautengewächse (Rutaceae) | Citrusfrüchte | |
| Sapindales | | 2900 |
|   Ahorngewächse (Aceraceae) | Feldahorn | |
|   Roßkastaniengewächse (Hippocastanaceae) | Roßkastanienbaum | |
| Geraniales | | |
|   Leingewächse (Linaceae) | Flachs | 500 |
|   Storchschnabelgewächse (Geraniaceae) | Pelargonie | 800 |
| Rhamnales | | 1700 |
|   Weinrebengewächse (Vitaceae) | Weinstock | |
| Santalales | | 2100 |
|   Mistelgewächse (Loranthaceae) | Mistel | |
|   Leinblatt- u. Sandelbaumgewächse (Santalaceae) | Bergflachs | |
| Euphorbiales | | 7500 |
|   Wolfsmilchgewächse (Euphorbiaceae) | Sonnenwolfsmilch | |
| Araliales (Umbellales) | | |
|   Doldengewächse (Umbelliferae) | Möhre, Fenchel | > 3000 |
| Guttiferales | | 3200 |
|   Teegewächse (Theaceae) | Teestrauch | |
| Violales | | 5250 |
|   Veilchengewächse (Violaceae) | Stiefmütterchen | |
| Capparales | | 3800 |
|   Kreuzblütler (Brassicaceae) | Kohl, Goldlack | |
| Salicales | | 350 |
|   Weidengewächse (Salicaceae) | Pappel, Korbweide | |
| Cucurbitales | | 850 |
|   Kürbisgewächse (Cucurbitaceae) | Gurke, Melone, Kürbis | |
| Malvales | | 2700 |
|   Lindengewächse (Tiliaceae) | Linde | |
|   Malvengewächse (Malvaceae) | Baumwollstrauch | |
| Primulales | | 2000 |
|   Primelgewächse (Primulaceae) | Schlüsselblume | |
| Ericales | | 3570 |
|   Heidekrautgewächse (Ericaceae) | Heidelbeere, Azalee | |
| Dipsacales | | |
|   Geißblattgewächse (Caprifoliaceae) | Schneeball, Baldrian | 400 |

*Fortsetzung S. 694*

**694 Pflanzensystem**

| Ordnung, Familie | Beispiel | Artenzahl rd. |
|---|---|---|
| Oleales | | 600 |
|   Ölbaumgewächse (Oleaceae) | Flieder, Jasmin | |
| Gentianales | | 12600 |
|   Enziangewächse (Gentianaceae) | Tausendgüldenkraut | |
|   Rötegewächse (Rutaceae) | Kaffeebaum, Waldmeister | |
| Solanales | | |
|   Nachtschattengewächse (Solanaceae) | Kartoffel, Tabak | 2300 |
| Boraginales | | |
|   Rauhblattgewächse (Boraginaceae) | Vergißmeinnicht | 2000 |
| Scrophulariales | | |
|   Rachenblütler (Scrophulariaceae) | Leinkraut, Fingerhut | 3000 |
| Lamiales | | |
|   Lippenblütler (Lamiaceae) | Salbei, Minze, Lavendel | 3000 |
| Campanulales | | 2200 |
|   Glockenblumengewächse (Campanulaceae) | Frauenspiegel, Lobelie | |
| Asterales | | 25000 |
|   Korbblütler (Asteraceae) | Dahlien, Disteln | |
| *Einkeimblättrige Pflanzen (Monocotyledonae)* | | |
| Alismatales | | |
|   Froschlöffelgewächse (Alismataceae) | Pfeilkraut | 70 |
| Hydrocharitales | | |
|   Froschbißgewächse (Hydrocharitaceae) | Wasserpest | 100 |
| Zosterales | | |
|   Laichkrautgewächse (Potamogetonaceae) | Laichkraut | 105 |
|   Seegrasgewächse (Zosteraceae) | Seegras | 14 |
| Asparagales | | |
|   Maiglöckchengewächse (Convallariaceae) | Spargel | 11 |
| Liliales | | 8700 |
|   Liliengewächse (Liliaceae) | Tulpe, Hyazinthe | |
|   Narzissengewächse (Amaryllidaceae) | Schneeglöckchen | |
|   Schwertliliengewächse (Iridaceae) | Gladiole, Krokus | |
| Orchidales | | 20000 |
|   Orchideengewächse (Orchidaceae) | Knabenkraut, Vanille | |
| Bromeliales | | 2000 |
|   Ananasgewächse (Bromeliaceae) | Ananas | |
| Juncales | | 300 |
|   Binsengewächse (Juncaceae) | Binsen | |
| Cyperales | | |
|   Riedgräser (Cyperaceae) | Wollgras | 4000 |
| Poales | | |
|   Gräser (Graminaceae) | Hafer, Zuckerrohr | 9000 |
| Arecales | | 3400 |
|   Palmen (Palmaceae) | Dattel-, Sago-, Ölpalme | |
| Arales | | 1825 |
|   Aronstabgewächse (Araceae) | Philodendron | 1800 |
|   Wasserlinsengewächse (Lemnaceae) | Wasserlinsen | 25 |

Pflanzen gegen tierische u. pflanzl. Schädlinge angewandt werden; *i.w.S.* auch Vorratsschutzmittel, Mittel zur Unkrautbekämpfung u. Mittel zur Beeinflussung des Wachstums von Kulturpflanzen; *i.e.S:* die chem. → Pestizide.

**Pflanzensystem,** nach der engeren oder weiteren Verwandtschaft geordnete Übersicht über alle Pflanzenarten. Aufgabe der *systematischen Botanik* ist es, über die Beschreibung der Formen hinaus zu einer sinnvollen Ordnung in der ungeheuren Fülle des Pflanzenreichs zu kommen. C. von *Linné* hat 1735 mit seinem Sexualsystem das erste künstl. P. geschaffen. – T → S. 691 u. 693

**Pflanzenwespen,** Unterordnung der *Hautflügler,* keine einheitl. Verwandtschaftsgruppe. Zu den P. gehören die *Blattwespen, Keulenblattwespen, Buschhornblattwespen, Gespinstblattwespen, Holzwespen* u. *Halmwespen.* Die Larven fressen an Pflanzen.

**Pflaster, 1.** *Heftpflaster,* Klebeband mit einem Stück Mull in der Mitte, zum Schutz von Wunden; auch P. mit therapeut. Eigenschaften, z.B. Rheuma-P. – **2.** Straßendecke aus dichtgefügten Steinen.

**Pflaume,** *Pflaumenbaum, Prunus,* Gatt. der *Rosengewächse.* Als Kultur- oder Zierpflanzen werden bei uns angebaut: *Kirsch-P.* mit kugeligen Früchten; *Hafer-P.* mit kugeligen, blauschwarzen oder grünl. Früchten *(Reineclaude);* die eigtl. *P.* oder *Zwetschge,* mit eiförmigen Früchten.

**Pflaumenwickler,** ein kleiner, braunvioletter Schmetterling aus der Fam. der *Wickler,* dessen Raupen in unreifen Pflaumen fressen.

**Pflegekind,** ein Kind unter 16 Jahren, das sich dauernd oder für einen Teil des Tages in fremder Pflege befindet (meist gegen Entgelt). Die Annahme eines P. bedarf der Erlaubnis des *Jugendamts,* das auch die Aufsicht ausübt.

**Pflegschaft,** *Kuratel,* die bürgerlich-rechtl. Fürsorgetätigkeit für bes. Angelegenheiten einer Person, die diese selbst nicht wahrnehmen kann, durch einen staatl. (meist vom Vormundschaftsgericht) bestellten Bevollmächtigten *(Pfleger, Kurator).* Eine P. ist möglich u.a. für Gebrechliche, Abwesende, unbekannte Beteiligte (z.B. Nachlaß-P.).

**Pflicht, 1.** das Gebot, einer Norm entsprechend zu handeln. Pflichtbewußt oder aus P. handeln heißt, einem Sollen gemäß zu wollen u. zu handeln. **2.** *Sport:* vorgeschriebener Teil einer Sportübung (beim Turnen, Eiskunstlauf, Wasserspringen); Ggs.: *Kür.*

**Pflichtexemplar,** aufgrund gesetzl. Regelung vom Verleger oder Drucker an den Staat unentgeltl. abzulieferndes Exemplar eines Druckwerks; in der BR Dtld. an die Dt. Bibliothek in Frankfurt a.M.

**Pflichtteil,** der Teil des Nachlasses (im halben Wert des *gesetzl. Erbteils),* den ein durch *Verfügung von Todes wegen* von der gesetzl. Erbfolge ausgeschlossener (enterbter) Abkömmling, Elternteil oder Ehegatte vom Erben verlangen kann.

**Pflichtversicherung,** eine Versicherung, zu deren Abschluß eine gesetzl. Verpflichtung besteht (z.B. *Kraftfahrthaft-P., Sozialversicherung).*

**Pflichtverteidiger** → Offizialverteidiger.

**Pflimlim** [pflim'lɛ̃], Pierre, *5.2.1907, frz. Politiker (christl. Demokrat); 1958 letzter Min.-Präs. der 4. Rep., 1959–83 Bürgermeister von Straßburg, 1984–87 Präs. des Europ. Parlaments.

**Pflug,** ein Bodenbearbeitungsgerät, das Kennzeichen höherer Ackerkultur; dient zur Lockerung u. Krümelung, zum Wenden u. Mischen der Erde. Der P. besteht aus *P.baum* oder *Grindel, P.körper* mit *Schar* u. *Streichblech,* evtl. mit *Vorschäler* oder *Sech,* u. Zug- mit Führungsvorrichtung. – Aus dem *Haken-P.,* der an einem P.baum aus Holz eine Steinsohle trug u. flach durch den Boden gezogen wurde, sind die heutigen P.formen entwickelt.

**Pflüger,** Eduard Friedrich Wilhelm, *1829, †1910, dt. Physiologe; Arbeiten über Stoffwechsel-, Muskel- u. Nervenphysiologie. **P.sches Grundgesetz:** Schwache Reize regen die Lebenstätigkeit an, mittelstarke fördern, starke hemmen, stärkste heben sie auf.

**Pflugscharbein,** *Vomer,* ein Schädelknochen, der wie eine Pflugschar auf dem Boden der Nasenhöhle steht u. das Knorpelgerüst der Nase stützt.

**Pforr,** Franz, *1788, †1812, dt. Maler u. Graphiker; ein Hauptmeister der dt. Romantik; gründete 1809 in Wien mit F. *Overbeck* den »Lukasbund«, der 1810 nach Rom übersiedelte *(Nazarener).*

**Pförtner,** *Magenpförtner,* Ausgang des Magens.

**Pforzheim,** Krst. in Ba.-Wü., an der Mündung der Nagold u. Würm in die Enz, 104 000 Ew.; Goldschmiedeschule; Uhren-, Schmuck-Ind.

**Pfriem,** Ahle.

**Pfronten,** Gem. in Bay., an der Vils, Kurort u. Wintersportplatz, 900 m ü.M., 7000 Ew.

**pfropfen,** veredeln, indem Edelreiser einem stärkeren Zweig oder Ast (Unterlage) aufgesetzt werden; als Rinden- (hinter die Rinde) oder *Geisfußpfropfung* (keilförmiger Zuschnitt von Reis u. Unterlage); bes. beim Obst- u. Weinbau.

**Pfründe,** die Ausstattung eines geistl. Amts mit Landbesitz u. Einkünften; durch Gehälter abgelöst.

**Pfullendorf,** Stadt in Ba.-Wü., nördl. des Bodensees, 10 200 Ew.; Möbel-Ind.

**Pfullingen,** Stadt in Ba.-Wü., südl. von Reutlingen, 16 000 Ew.; Bekleidungs- u. Masch.-Ind.

**Pfund, 1.** Abk. *Pfd.,* alte Masseneinheit vor Einführung des metr. Systems, heute = ½ kg; gesetzl. nicht mehr zulässig. – **2.** Währungseinheit in Großbrit. (bis 1971: 1 *P. Sterling* [Abk. £] = 20 *Shillings* = 240 *Pence;* seit 1971: 1 £ = 100 *New Pence),* Gibraltar, Irland, Malta, Zypern, Ägypten, Libanon, Sudan, Syrien sowie in der Türkei.

**Pfungstadt,** Stadt in Hessen, an der Bergstraße, 23 000 Ew.; Maschinenbau, Brauerei.

**pH** [Abk. für lat. *potentia hydrogenii,* »Wasserstoff-Stärke«], *pH-Wert,* Maßzahl für die Wasserstoffionen-Konzentration u. damit für die Acidität oder Alkalität (d.h. für die Stärke der sauren oder alkalischen Reaktion) einer Lösung. Der pH-Wert ist gleich dem negativen dekadischen Logarithmus der Wasserstoffionen-Konzentration. Ein pH-Wert von > 7 bedeutet alkalische, einer von 7 neutrale u. einer von < 7 saure Reaktion der Lösung.

**Pfäaken,** *Phaiaken,* in Homers »Odyssee« ein märchenhaftes Seefahrervolk im Land *Scheria* (vielleicht Korfu).

**Phädon** → Phaidon.

**Phädra,** *Phaidra,* in der grch. Sage Tochter des *Minos,* zweite Gattin des *Theseus;* verliebte sich in ihren Stiefsohn *Hippolytos.*

**Phaedrus,** röm. Fabeldichter, 1. Hälfte des 1. Jh. n. Chr.; freigelassener Sklave.

**Phaethon** ['fa:etɔn], **1.** in der grch. Myth. der Sohn des *Helios,* dem von seinem Vater für einen Tag die Lenkung des Sonnenwagens anvertraut wurde. Er kam der Erde zu nahe, so daß ein großer Brand entstand. Zeus tötete ihn mit einem Blitz. – **2.** leichter vierrädriger Kutschierwagen.

**Phagen** → Bakteriophagen.

**Phagozyten** → Freßzellen.

**Phagozytose,** die Fähigkeit einzelner Zellen, z.B. der weißen Blutkörperchen bei Tieren, sich feste Nahrungspartikel, Zelltrümmer, Bakterien oder kleine Fremdkörper einzuverleiben; spielt eine Rolle bei der Immunabwehr.

**Phaiaken** → Phäaken.

**Phaidon,** *Phädon,* grch. Philosoph, Schüler des *Sokrates,* nach dessen Tod Begr. der *Elischen Schule.*

**Phaistos,** minoische Palastanlage auf S-Kreta, erster Palast 2000–1700 v.Chr., zweiter Palast 16. Jh. v.Chr.; reiche Funde der minoischen Kultur.

**Phalaenopsis** [-lɛ:-], eine Orchideenart mit traubigem Blütenstand.

**Phalanx,** lange, geschlossene Schlachtreihe des grch.-makedon. Fußvolks, 8–16 Mann tief.

**Phaleron,** Ort u. Bucht östl. von Piräus, im Altertum Haupthafen Athens.

**Phallus,** das männl. Glied; als Fruchtbarkeitssymbol schon in ältesten Kulturen bekannt (im antiken Griechenland; Schiwakult Südasiens).

**Pham Van Dong** [pam-], *1.3.1906, vietnams. Politiker (Kommunist); schloß sich 1925 Ho Chi Minh an; 1955–76 Regierungschef von N-Vietnam, 1976–87 der Sozialist. Rep. Vietnam.

**Phanerogamen** → Blütenpflanzen.

**Phänokopie,** Merkmalsänderung bei einem Individuum, die durch Außenfaktoren entstanden, also nichterbl. *Modifikation* ist, aber phänotypische Übereinstimmung mit erbl. Merkmalen anderer Individuen zeigt.

**Phänologie,** die Lehre von den wohl klimat. bedingten, im jahreszeitl. Ablauf period. auftretenden Erscheinungen der Pflanzen- u. Tierwelt, z.B. Ankunft der Zugvögel, Obstblüte, Fruchtreife u.a.

**Phänomen, 1.** die *Erscheinung* als Gegenstand der sinnl. Anschauung; allg.: Erkenntnisgegenstand überhaupt. – **2.** Wunder(ding), kluger Kopf. – **phänomenal,** großartig, erstaunlich.

**Phänomenalismus,** die Auffassung, daß uns die Welt nur als Erscheinungswelt zugängl. sei oder als Erscheinungswelt von uns konstruiert werde. Der strenge P. verneint eine den Phänomenen zugrunde liegende »Wirklichkeit an sich«, der agnost. P. nur die Erkennbarkeit einer solchen Wirklichkeit.

**Phänomenologie,** allg. die Lehre von den Erscheinungen *(Phänomenen);* zuerst bei J.H. *Lambert* u. I. *Kant* (hier als Lehre von der Materie als Erscheinung des äußeren Sinns). Eine andere Bed. hat der Begriff bei E. *Husserl,* dem Begr. der eigtl. P. als philos. Richtung: Husserls *transzendentale P.* ist die philos. Erforschung des transzendentalen Bewußtseinslebens, d.h. die Lehre vom wesensschauenden Bewußtsein, vom Entstehen der Wesensphänomenen im Bewußtsein.

**Phänotyp,** äußere Erscheinung eines Lebewesens. Sie ist das Ergebnis aus dem Zusammenspiel zw. den Erbanlagen *(Genotyp)* u. der Umwelt.

**Phantasie, 1.** Einbildungskraft, Vorstellungsvermögen. – **2.** *Musik:* → Fantasie.

**Phantasmagorie,** *Phantasma,* künstl. erzeugtes Trugbild auf der Bühne (z.B. Gespenster- oder Geistererscheinungen).

**Phantast,** Träumer, Schwärmer.

**Phantastischer Realismus** → Wiener Schule des Phantastischen Realismus.

**Phantom, 1.** Trugbild, Sinnestäuschung. – **2.** naturgetreue Organnachbildung für Operationsübungen u. Demonstrationen.

**Phantombild,** nach Angaben von Augenzeugen angefertigtes Bild eines Gesuchten.

**Phantomschmerz,** die Erscheinung, daß Amputierte in den nicht mehr vorhandenen Gliedern (den *Phantomgliedern)* Schmerzen empfinden.

**Pharao,** altägypt. Königstitel; urspr. nur für den königl. Palast gebraucht.

**Pharaonenhund,** von den Balearen stammender großer *Laufhund;* bereits in altägypt. Malereien u. Skulpturen abgebildet.

**Pharisäer,** eine spätjüdische, strengreligiöse u. soz. Partei, die das Leben durch Gesetzesgehorsam Gott weihen wollten. Die P. waren seit 150 v. Chr. die bestimmende Partei im Ggs. zu den verweltlichten *Hasmonäern* u. den *Sadduzäern.* Übertragen: selbstgerechter Mensch.

**Pharmakogenetik,** pharmakolog. Arbeitsgebiet, das sich mit den erbl. (genet.) Grundlagen anomaler Reaktionsweisen auf die Anwendung von Arzneimitteln befaßt.

**Pharmakognosie,** Drogenkunde.

**Pharmakologie,** *Arzneimittellehre,* eine Teilwiss. der Medizin, die die Wechselwirkungen zw. chem. Stoffen (Arzneimittel, Pharmaka, Giften) u. lebenden Organismen erforscht. Die *P. i.e.S.* untersucht die Beziehungen zw. Arzneistoffen u. Lebewesen.

**Pharmakophagie,** die Aufnahme von Wirkstoffen aus Pflanzen durch Insekten.

**Pharmakopoe,** *Arzneibuch, Apothekerbuch,* die amtl. Vorschriften für die Zubereitung, Beschaffung, Prüfung u. Vorratshaltung zahlr. Arzneimittel, die als *offizinell* bezeichnet werden.

**Pharmakotherapie,** die Behandlung mit Arzneimitteln.

**Pharmazie,** *Pharmazeutik,* die Wiss. von der Zubereitung, Beschaffenheit u. Anwendung der Arzneimittel. Das Studium der P. führt zum Beruf des *Apothekers.* – **Pharmazeut,** Apotheker, Heilmittelkundiger.

**Pharos,** ägypt. Insel (jetzt Halbinsel) vor Alexandria. Als eines der *Sieben Weltwunder* galt der um 280/79 v. Chr. vollendete, ca. 136 m hohe Leuchtturm von P. Er wurde im 14. Jh. bei einem Erdbeben zerstört.

**Pharsalos,** antike grch. Stadt in Thessalien. Bei P. siegte 48 v. Chr. *Cäsar* über *Pompeius.*

**Pharynx** → Rachen. – **Pharyngitis,** Rachenkatarrh.

**Phase, 1.** Entwicklungsstufe; Erscheinungsform. – **2.** die jeweilige Beleuchtungsfigur eines von der Sonne beschienenen Himmelskörpers (Mond, Planet), wie sie von der Erde aus erscheint. – **3.** allg. der jeweilige Zustand (z.B. Bewegungszustand) eines Körpers oder der Aggregatzustand; speziell die Größe, die bei einer Schwingung den Schwingungszustand in einem bestimmten Zeitpunkt charakterisiert. Bei einem durch einen Kondensator fließenden Wechselstrom eilt z.B. der Strom der Spannung um die *P.ndifferenz* von 90° voraus. – Die **P.ngeschwindigkeit** gibt die Fortpflanzungsgeschwindigkeit der Wellenberge von fortschreitenden Wellen an. Sie ist das Produkt aus Wellenlänge u. Frequenz. – **P.nverschiebung** ist die Änderung der P. in bezug auf einen vorbestimmten Punkt, z.B. beim Licht beim Übergang von einem Medium in ein anderes oder beim Wechselstrom beim Durchgang durch einen Widerstand oder Kondensator.

**Phasenkontrastmikroskop,** optisches Gerät zur Beobachtung von Objekten, die im normalen Mikroskop nicht sichtbar werden, wobei die Phasenunterschiede in Helligkeitsunterschiede umgewandelt werden.

**Phasenraum,** ein mehrdimensionaler Raum, dessen Punkte den Bewegungszuständen eines Körpers oder eines Systems von Massen entsprechen.

**Phasenschieber,** ein elektr. Gerät, das in Wechsel- u. Drehstromnetzen die Phasenverschiebung ausgleicht.

**PHB-Ester,** Konservierungsstoff für Lebensmittel, Arzneimittel u. kosmet. Präparate.

**Phenanthren,** ein aromat. Kohlenwasserstoff, wird zur Herstellung von Ruß u. Farbstoffen verwendet.

**Phenol,** *Karbolsäure, Carbolsäure,* ein starkes Zellgift; verursacht Ätzungen auf der Haut u. Atemlähmung; fr. zur Desinfektion von Gebäuden u. Geräten, in steigendem Maß zur Herstellung von Kunststoffen, Farbstoffen, Arzneimitteln u. Sprengstoffen verwendet.

**Phenole,** *Hydroxybenzole,* Verbindungen der aromatischen Reihe. Sie enthalten einen Benzolkern, in dem ein oder mehrere Wasserstoffatome durch Hydroxyl-[OH-]Gruppen ersetzt sind. Die P. haben sowohl die Eigenschaften von schwachen Säuren als auch die von Alkoholen (Veresterung, Veretherung). Die P. werden z.T. aus Steinkohlenteer gewonnen, oft aber synthet. hergestellt. Verwendung: zur Herstellung von Farb- u. Kunststoffen sowie von Sprengstoffen, als Desinfektionsmittel, zur Holzkonservierung u.a.

**Phenolharze,** *Phenoplaste,* eine Gruppe von Kunststoffen, die durch Kondensation von *Phenol* oder *Kresol* mit *Formaldehyd* gewonnen werden; Verwendung: zur Herstellung von Preßstoffen; für Schichtstoffe, die aus Lagen von Papier, Geweben oder dünnen Holzschichten bestehen, die mit Phenolharz durchtränkt u. verbunden werden; ohne Füllstoff als Lackharz, Leim, Preßharz oder in Blöcken als Edelkunstharz.

**Phenolphthalein,** zur Gruppe der *Phthaleine* zählender Triphenylmethan-Farbstoff; als *Indikator* in der analyt. Chemie verwendet (sauer = farblos; alkalisch = rot).

**Phenoplaste** → Phenolharze.

**Phenyl,** das einwertige aromat. Radikal $C_6H_5$-; Bestandteil vieler chem. Verbindungen.

**Phenylacetaldehyd,** $C_6H_5$-$CH_2$-CHO, farblose, stark nach Hyazinthen duftende Flüssigkeit; synthet. für die Parfümerie hergestellt.

**Phenylalanin,** α-Amino-ß-phenylpropionsäure, $C_6H_5$-$CH_2$-$CH(NH_2)$-COOH, eine aromat. Aminosäure, Bestandteil des Eiweißes.

**Phenylethylalkohol,** wichtiger Duft- u. Geschmacksstoff, kommt z.B. im Rosenöl vor.

**Phenylhydrazin,** eine organ.-chem. Base, starkes Blutgift (zerstört die roten Blutkörperchen).

**Phenylketonurie,** *Föllingsche Krankheit,* angeborene, erbl. Stoffwechselstörung im Sinne eines Enzymdefekts, kann zu bleibenden Hirnschäden mit Schwachsinn führen; Behandlung durch phenylalaninarme Kost.

**Pheromone,** *Soziohormone, Exohormone,* hormonähnl. Substanzen, die von einem Individuum nach außen abgegeben werden u. von einem anderen Individuum gleicher Art wahrgenommen werden, bei dem sie dann eine spezif. Reaktion auslösen; dienen v.a. als Informationsträger bei staatenbildenden Insekten. Auch Sexual-P. von Schadinsekten sind bekannt.

**Phiale,** grch. schalenartiges Gefäß mit einem nach innen gewölbten Buckel *(Omphalos)* in der Mitte; im antiken Kult für die Trankspende benutzt.

**Phidias,** *Pheidias,* *nach 500 v. Chr., † vor 423 v. Chr., athen. Bildhauer; Vollender der grch. Klassik; führte seit etwa 450 v. Chr. die Oberaufsicht über Bau- u. Bildhauerarbeiten auf der Akropolis in Athen. Hptw.: die Gold-Elfenbein-Statue der »Athena Parthenos«; in Olympia aus Gold u. Elfenbein das Kultbild des Zeustempels, eines der Sieben Weltwunder des Altertums.

**phil..., philo...,** Wortbestandteil mit der Bed. »freund-, freundlich gesinnt, liebend«.

**Philadelphia** [filə'dɛlfjə], Stadt in Pennsylvania (USA), Hafen am Delaware River, 1,65 Mio. Ew.; 2 Univ. (1740 u. 1884); Textil-, Leder-, chem. Ind., Schiff- u. Lokomotivbau. – 1682 von W. *Penn* als Hptst. der Quäkerkolonie Pennsylvania gegr., 1790–1800 Hptst. der USA.

**Philae,** Nilinsel oberhalb von Assuan; mit Ruinen eines Isis-Heiligtums, die nach dem Bau des Staudamms häufig überflutet wurden u. mit Unterstützung der UNESCO auf die Nachbarinsel Agilkia versetzt wurden.

**Philanthrop,** Menschenfreund. – **P.ie,** Menschenfreundlichkeit, Wohltätigkeit von Einzelpersonen oder privaten Wohltätigkeitsorganisationen.

**Philanthropismus,** die von J. B. *Basedow* begr. Richtung des Aufklärungsdenkens, die unter dem Einfluß *Rousseaus* für eine Erneuerung der Erziehung auf der Grundlage einer vernünftigen, naturgemäßen Lebensweise kämpfte.

**Philaret, 1.** eigtl. Fjodor Nikititsch *Romanow,* *vor 1560, † 1633, Patriarch von Moskau 1619–33; Vater des Zaren *Michael Fjodorowitsch.* – **2.** eigtl. Wasilij Michailowitsch *Drozdow,* *1782, † 1867, Metropolit von Moskau 1821–67; Wissenschaftler, Bibelübersetzer u. Kirchenpolitiker.

**Philatelie,** das Sammeln von Briefmarken u. die Erforschung postgeschichtl. Dokumente. – Briefmarken wurden bald nach ihrer Einführung (Großbrit. 1840) Objekte für Sammler. Sammelgebiete: einzelne Länder, Motive, Spezialgebiete wie Stempel, Ganzsachen, Luftpost. – **Philatelist,** Kenner u. Sammler von Briefmarken.

**Philby** ['filbi], Harry Saint John Bridger, *1885, † 1960, Arabienforscher; bereiste als erster Europäer das südl. Nadjd; im 1. Weltkrieg polit. Agent in Irak u. Arabien.

**Philemon, 1.** *361 v. Chr. (?). † um 263 v. Chr., grch. Dichter der neuen Komödie in Athen. – **2.** ein Christ in Kolossä, dem *Paulus* den kurzen *P.brief* schrieb.

**Philemon und Baucis,** in *Ovids* »Metamorphosen« erzählte grch. Sage von einem alten Ehepaar, das die Götter Zeus u. Hermes trotz Armut gastl. aufnahm u. dafür in hohem Alter gleichzeitig sterben durfte.

**Philharmonie,** Name für Vereinigungen u. Gesellschaften von Musikfreunden; auch für Orchester u. Konzertsäle, z.B. Philharmonisches Orchester, Philharmoniker, Berliner P.

**Philhellenen,** die »Griechenfreunde«, die den Befreiungskampf der Griechen 1821–27 gegen die Türken unterstützten; u.a. Lord *Byron.*

**Philip,** *10.6.1921, Prince of the United Kingdom of Great Britain and Northern Ireland (seit 1957), Duke of Edinburgh (seit 1947); Sohn des grch. Prinzen Andreas u. der Prinzessin Alice von Battenberg (Mountbatten), seit 1947 mit der brit. Königin *Elisabeth II.* verheiratet.

**Philipe** [fi'lip], Gérard, *1922, † 1959, frz. Schauspieler; bes. bekannt durch Filmrollen, u.a. in »Fanfan der Husar«.

**Philipp,** Fürsten:

Deutscher König:

**1. P. von Schwaben,** *um 1178, † 1208, König 1198–1208; Sohn Friedrichs I. Barbarossa; ließ sich 1198 zum König erheben, während ein anderer Teil der Fürsten zugleich den Welfen *Otto IV.* wählte; wurde vom bay. Pfalzgrafen *Otto VIII.* von Wittelsbach ermordet.

Burgund:

**2. P. II., P. der Kühne,** aus dem Haus Anjou, *1342, † 1404, Herzog 1363–1404, Graf von Flandern, Artois u. Burgund 1384–1404. – **3. P. III., P. der Gute,** *1396, † 1467, Herzog 1419–67; kämpfte 1420–35 auf seiten der Engländer gegen Frankreich; erwarb den Hennegau, die Picardie, Brabant u. Holland; Burgund wurde zum europ. Kultur- u. Wirtschaftszentrum.

Frankreich:

**4. P. II. August,** *1165, † 1223, König 1180 bis 1223; gewann den Besitz der engl. König in Frankreich, siegte 1214 über den engl. König *Johann ohne Land* u. Kaiser *Otto IV.;* Teilnehmer am 3. Kreuzzug 1189–92. – **5. P. IV., P. der Schöne,** *1268, † 1314, König 1285–1314; nahm den Templern ihre Güter; setzte 1305 die Wahl des Erzbischofs von Bordeaux zum Papst *(Klemens V.)* durch, der seinen Sitz in Avignon nahm (»Babylo-

**696 Philipperbrief**

nische Gefangenschaft« der Kirche). – **6. P. VI., P. von Valois,** *1293, †1350, König 1328–50; Begr. der Dynastie *Valois;* verfocht den Thronanspruch seines Hauses gegen den engl. König *Eduard III.,* gegen den er den *Hundertjährigen Krieg* begann.

Hessen:

**7. P. I., P. der Großmütige,** *1504, †1567, Landgraf 1509–67; Vorkämpfer der Reformation, 1527 Gründer der Univ. Marburg, 1531 Mitgr. des *Schmalkald. Bunds.* Im *Schmalkald. Krieg* 1546/47 führte P. zwar anfangs zus. mit Sachsen den Oberbefehl, unterwarf sich aber 1547 Kaiser Karl V., der ihn 5 Jahre lang gefangenhielt.

Kastilien:

**8. P. I., P. der Schöne,** *1478, †1506, Regent u. König 1504–06; Sohn Kaiser *Maximilians I.* u. *Marias von Burgund,* deren Länder er erbte; verh. mit *Johanna der Wahnsinnigen,* Vater der Kaiser *Karl V.* u. *Ferdinand I.*

Makedonien:

**9. P. II.,** *um 382 v. Chr., †336 v. Chr. (ermordet), König 359–336 v. Chr.; erhob Makedonien zur Großmacht; besiegte die Griechen bei *Chaironeia* (338 v. Chr.); gründete den *Korinthischen Bund* u. bereitete den Rachezug gegen Persien vor, den sein Sohn *Alexander d. Gr.* dann durchführte. –
**10. P. V.,** *238 v. Chr., †179 v. Chr., König 221–179 v. Chr.; im 1. Makedon. Krieg 215–205 v. Chr. von den Römern besiegt.

Spanien:

**11. P. II.,** *1527, †1598, König 1556–98; Sohn Kaiser *Karls V.,* der ihm die Niederlande, Neapel-Sizilien, Mailand, die Freigrafschaft Burgund u. 1556 auch Spanien übergab; verstand sich als erster Vorkämpfer der *Gegenreformation.* Er scheiterte mit der Eroberung Englands (Untergang der Armada 1588 u. Niederlage bei Cádiz 1596) u. der Unterwerfung der aufständischen Niederlande. –
**12. P. V.,** *1683, †1746, König 1700–46; erster span. *Bourbone,* kam mit Hilfe seines Großvaters *Ludwig XIV.* von Frankreich auf den Thron u. hielt sich nur durch diesen (Span. Erbfolgekrieg).

**Philipperbrief,** im NT Brief des gefangenen *Paulus* an die von ihm gegründete u. ihm bes. verbundene Gemeinde in Philippi (Makedonien).

**Philippi,** Stadt u. Grenzfestung des Altertums in Makedonien, nw. von Kawala; 42 v. Chr. Sieg *Octavians* u. *Antonius'* über *Brutus* u. *Cassius.*

**Philippika,** Titel der 14 Reden, die *Cicero* gegen *Antonius* hielt (in Anspielung auf die Reden des *Demosthenes* gegen *Philipp II. von Makedonien);* übertragen: scharfe Strafrede.

**Philippinen,** Staat in SO-Asien, 300 000 km², 57,4 Mio. Ew., Hptst. *Manila.*

Philippinen

Landesnatur. Die P. bestehen aus über 7000 gebirgigen Inseln mit zahlr., z.T. noch tätigen Vulkanen *(Mt. Apo* auf Mindanao 2953 m). Das Monsunklima ist trop. heiß, niederschlagsreich u. bringt häufig Taifune. Das Land ist mehr als zur Hälfte waldbedeckt.

Die Bevölkerung ist zu 93% christl. Den größten Anteil stellen die *Jungmalaien (Filipinos)* mit 70% der Bevölkerung; es folgen Chinesen mit 10% sowie die Altmalaien (meist Bergvölker) u. die Negritos (10%).

Wirtschaft. Die Landwirtschaft stellt rd. die Hälfte des Exporterlöses. Der Anbau umfaßt u.a. Zuckerrohr, Kokos, Hanf, Tabak, Reis, Mais, Südfrüchte u. Gemüse. Bedeutend ist auch die Küstenfischerei u. die Forstwirtschaft. Beträchtl. sind die Vorkommen von Gold, Eisen, Buntmetallen u. Kohle. Die Industrie liefert v.a. Nahrungsmittel, daneben aber auch Textilien, Metallwaren, Möbel, elektron. Waren sowie Eisen u. Stahl. – Wegen der Zersplitterung in zahlr. Inseln kommt neben dem Straßenverkehr v.a. der Küstenschiffahrt u. dem Flugverkehr bes. Bedeutung zu.

Geschichte. Die P. wurden 1521 von F. de *Magalhães* entdeckt u. fielen Ende des 16. Jh. unter span. Herrschaft. 1898 erklärten die Filipinos ihre Unabhängigkeit. Im selben Jahr kamen sie jedoch unter US-amerik. Herrschaft. 1924 erhielten die P. erweiterte Autonomie als Dominion. Im 2. Weltkrieg gelang es den Japanern 1941/42–45, die Inseln zu besetzen. Am 4.7.1946 wurden die P. unabh. u. schlossen sich eng mit USA zsm. Die engen Verbindungen mit den USA blieben bestehen. 1965 wurde F. *Marcos* Staats-Präs. Er verhängte 1972 das Kriegsrecht. 1973 u. 1981 wurde die Verf. umgestaltet. Das Kriegsrecht wurde aufgehoben, Marcos behielt jedoch umfassende Notstandsvollmachten. 1986 wurde Marcos gestürzt u. ging ins Exil. Das Präsidentenamt übernahm Corazón *Aquino.* 1987 wurde eine neue Verf. verabschiedet. Die innenpolit. Lage blieb instabil.

**Philippinengraben,** pazif. Meeresgraben östl. der Philippinen; größte Tiefe die *Galatheatiefe* (–10 540 m).

**Philippsburg,** Stadt in Ba.-Wü., am Rhein, 10 000 Ew.; Kernkraftwerk, Gummi- u. chem. Ind.

**Philippus,** 1. einer der Jünger Jesu, als Märtyrer verehrt; Heiliger (Fest: 3.5.). – 2. einer der 7 »Diakone« in Jerusalem, der nach dem Tod des *Stephanus* das Evangelium in Samaria predigte u. zuletzt in Caesarea wirkte.

**Philister,** ein Volk aus der Gruppe der sog. *Seevölker,* die aus dem ägäischen Raum vertrieben wurden u. in die westl. Randgebiete des Vorderen Orients eindrangen. Sie wurden um 1180 v. Chr. von *Ramses III.* geschlagen u. in der palästinens. Küstenebene angesiedelt. Ihre Ausdehnung ins Landesinnere führte zu erbitterten Kämpfen mit den israelit. Stämmen, die zur polit. Einigung unter *Saul* u. *David* zur polit. Einigung veranlaßt wurden. – Übertragen: engstirniger Mensch, Spießbürger.

**Philodendron,** trop. Gatt. der *Aronstabgewächse;* Kletterstäucher, häufig mit Luftwurzeln.

**Philokalia,** Ende des 18. Jh. zusammengestellte Sammlung von asket.-myst. Schriften älterer grch. Autoren.

**Philoktet,** in der grch. Sage ein berühmter Bogenschütze, von den Griechen auf der Fahrt nach Troja wegen des üblen Geruchs einer Wunde auf Lemnos zurückgelassen. Im 10. Jahr des Trojan. Kriegs nach Troja geholt, tötete er den Paris durch Pfeilschuß.

**Philolaos,** grch. Philosoph im 5. Jh. v. Chr.; gilt als der erste *Pythagoreer,* der die Schuldoktrin aufzeichnete.

**Philologe,** Wissenschaftler oder Student der *Philologie.*

**Philologie,** *i.w.S.:* die Wiss. von der Sprache u. Lit., darüber hinaus auch von der gesamten Kultur eines Volkes, wie sie sich in Sprache u. Lit. niederschlägt. Die P. gliedert sich in *Sprachwiss.* u. *Literaturwiss.* u. in Randgebiete wie Volkskunde, Rechtsgeschichte, Kulturgeschichte, Religionswissenschaft. *I.e.S.:* die Sammlung u. method. Bearbeitung der literar. Überlieferung (*Textkritik*).

**Philomele,** in der grch. Sage Tochter des attischen Königs *Pandion,* von ihrem Schwager *Tereus* vergewaltigt u. dann der Zunge beraubt; von den Göttern in eine Schwalbe oder Nachtigall verwandelt.

**Philon von Alexandria,** *etwa 25 v. Chr., †etwa 50 n. Chr., jüd. Philosoph; verwandte in seinen Schriften philos. (stoisches u. platonisches) Gedankengut zur Darst. des jüd. Glaubens, um das alttestamentl. Gesetz u. die Philos. zu versöhnen.

**Philon von Larissa,** grch. Philosoph, Leiter der platon. *Akademie* im 1. Jh. v. Chr.

**Philosemitismus,** unkritisch positive, schwärmer. Beurteilung des Judentums im Ggs. zum *Antisemitismus.*

**Philosophia perennis** [lat., »ewige Philosophie«], die in der Tradition verankerten, von der Subjektivität der Philosophen unabhängigen philos. Erkenntnisse.

**Philosophie** [grch., »Liebe zur Weisheit, zur Wiss.«], das Streben der menschl. Vernunft nach Wahrheit, nach »letzten Gründen«, insbes. auch das Fragen nach der Stellung des Menschen in der Welt. Die P. läßt sich nicht auf einen bestimmten Gegenstandsbereich festlegen. Mit der fortlaufenden Verselbständigung der Einzelwiss. seit Beginn der Neuzeit wurde die Definition der P. als Universalwiss. problematisch. So wird P. heute häufig mit Erkenntnis- bzw. Wissenschaftstheorie gleichgesetzt, d.h., ihr fällt die Aufgabe zu, die unbewiesen von den Einzelwiss. vorausgesetzten Prinzipien u. Möglichkeitsbedingungen zu klären. Kennzeichnend für die philos. Fragen ist nicht selten seine Radikalität, d.h., nicht die Erforschung einzelner Kausalzusammenhänge steht im Vordergrund, sondern der Sinn des Seienden überhaupt ist Gegenstand des Fragens. – Geschichte: Das Wort P. trat zuerst bei *Heraklit* auf. Die der Wiss. (Weisheit) Besitzende war der Weise, der sie Lehrende der Sophist. So ist der Sophist ursprüngl. der erfahrene Kenner, der aber immer mehr zum Alleskönner im negativen Sinne wird. *Sokrates* nannte sich im Ggs. zu den Sophisten *Philosoph.* Seit Platon ist der Begriff feststehender Ausdruck. War für *Aristoteles* P. lehrbare Wiss., die er in *theoret.* (Mathematik, Physik, einschl. Psychologie), *prakt.* (Ethik, Politik, Ökonomik) u. *poietische* P. (Technik, Ästhetik, Rhetorik, Pädagogik) einteilte, so hob er doch von den einzelnen Lehrfächern die »erste P.« (*Metaphysik*) als Seinswiss. u. Prinzipienlehre bes. hervor. Der P.begriff des MA führte in der *Scholastik* zur Aufgliederung der P. in die *Metaphysik* (Ontologie u. Theologie), *Physik* (Kosmologie u. Psychologie) u. *Ethik* (Politik). Durch die mit R. *Descartes* u. dem engl. Empirismus (insbes. J. *Locke*) beginnenden u. bei *Kant* ihren ersten Höhepunkt erreichenden Untersuchungen zu den Bedingungen der Erkenntnis trat die Disziplin der *Erkenntnistheorie* u. *Erkenntniskritik* in den Vordergrund. Aus der immer stärkeren Verselbständigung der Einzelwiss. im 19. Jh. entwickelten sich zahlr. Sonderdisziplinen der P. Heute bleiben von dem Anspruch der P., das Ganze zu denken, eigtl. nur noch ein Teil der Metaphysik, die Ontologie, die Erkenntnis- u. Wissenschaftstheorie sowie Existenz- u. Geschichts-P. übrig. In diese scheint auch die Ethik immer mehr aufzugehen, die als formale *Metaethik* auftritt.

**Philosophikum,** Teilprüfung des Staatsexamens an philosoph. Fakultäten für Lehramtskandidaten, frühestens nach dem 6. Semester möglich.

**philosophisch-theologische Hochschulen,** Hochschulen mit der Aufgabe, Studierende der kath. Theologie wiss. auf den Priesterberuf vorzubereiten.

**Philotas,** †330 v. Chr., makedon. Heerführer; Jugendfreund u. Feldherr *Alexanders d. Gr.,* auf dessen Veranlassung wegen angebl. Teilnahme an der sog. Pagenverschwörung hingerichtet.

**Phimose,** die Verengung der Vorhaut am männl. Glied, die ein Zurückschieben der Vorhaut über die Eichel nicht gestattet; kommt angeboren u. erworben vor, kann nur operativ behoben werden.

**Phiole,** langhalsige, birnenförmige Glasflasche der Alchemisten.

**Phlebitis,** Venenentzündung.

**Phlegma,** Trägheit, Schwerfälligkeit.

**Phlegmatiker,** nach der antiken Temperamentenlehre ein langsamer, schwer ansprechbarer Mensch mit oft großem Durchhaltevermögen.

*Philipp II.;* Gemälde von A. Sánchez Coello; 16. Jahrhundert. Madrid, Prado

*Phnom Penh: Silberpagode im Palastbezirk*

**Phlegmone,** → Zellgewebsentzündung.
**Phlegräische Felder,** vulkanisches Gebiet mit Tuffkratern, Lavafeldern u. heißen Quellen in Mittelitalien, nördl. vom Golf von Neapel.
**Phlox,** vorwiegend nordamerik. Gatt. der *Sperrkrautgewächse,* Zierpflanzen mit weißen, rosa oder violetten Blüten.
**Phnom Penh** ['pnɔm'pɛn], Hptst. von Kambodscha, am Tonlé-Sap-Fluß, 700 000 Ew.; Univ. u. HS; Phnom-Tempel (15. Jh.), Pagode, ehem. Königspalast; versch. Ind.; Hafen, Flughafen. – 1434 bis Anfang 16. Jh. Residenz der Khmerkönige.
**Phöbe,** *Phoibe,* in der grch. Myth. eine Titanin, Tochter des *Uranos,* Mutter der *Leto.*
**Phobie,** zwanghaft auftretende, unbegründete Furcht vor Situationen u. Objekten; z.B. → Platzangst u. → Claustrophobie.
**Phobos,** ein Satellit des Planeten *Mars.*
**Phöbus** [»der Leuchtende«], Beiname *Apollons.*
**Phoebe,** ein von W.H. *Pickering* 1898 entdeckter Saturnmond mit 100–300 km Durchmesser.
**Phoenix** → Dattelpalme.
**Phoenix** ['fi:niks], Hptst. von Arizona (USA), am Salt River, 882 000 Ew.; Wirtschafts- u. Verkehrszentrum, Handelszentrum für Agrarprodukte.
**Phokaia,** *Phokäa,* im Alt. gr. grch. Hafenstadt im westl. Kleinasien, beim heutigen Eski Foca; im 7. u. 6. Jh. v. Chr. wichtiger Handelsplatz; mehrmals, u.a. von den Persern 545 v. Chr., zerstört.
**Phokis,** *Fokis,* histor. Ldsch. in Mittelgriechenland, nördl. des Golfs von Korinth.
**phon(o),** Wortbestandteil mit der Bed. »Schall, Laut, Stimme, Ton.«
**Phon,** Kurzzeichen *phon,* Einheit der Lautstärke. 1 P. entspricht (ungefähr) der Hörschwelle des Ohres bei der Frequenz v = 1000 Hz u. einer Schallstärke von $10^{-16}$ Watt/cm². Lautstärkenunterschiede werden in *Dezibel* (dB) angegeben; 1 phon = 1 dB.
**Phonem,** die kleinste bedeutungsunterscheidende lautl. Einheit einer Sprache, z.B. die Laute g u. k in *Groll* u. *Kroll.*
**Phonetik,** *Lautlehre,* Lehre von der Art u. Erzeugung der Laute, vom Vorgang des Sprechens.
**Phönix,** 1. *Phoenix, Phoinix,* grch. Name des bes. in Ägypten verehrten Vogels, der als Erscheinungsform des *Re* oder *Osiris* galt. Nach der Sage verbrannte sich P. selbst u. stand verjüngt aus der Asche auf (Sinnbild der Unsterblichkeit u. der Auferstehung). – **2.** Sternbild des südl. Himmels.
**Phönizier,** *Phöniker, Phönikier,* Eigenbez. *Kanaanäer,* semit. Bewohner des *Phönizien (Phönikien)* gen. Küstenstreifens von Syrien. Phönizien war keine polit. Einheit, sondern bestand aus einzelnen Stadtstaaten, unter denen *Byblos, Sidon, Tyros, Berytos, Arados* u. *Ugarit* zeitweise stärker hervortraten. – Die P., deren Herkunft ungeklärt ist, wanderten vermutl. gegen Ende des 3. Jt. v. Chr. in Syrien ein u. standen bis um 1200 v. Chr. unter dem kulturellen u. polit. Einfluß Ägyptens. Als kühne Seefahrer u. tüchtige Kaufleute wurden die P. bald das beherrschende See- u. Handelsvolk im Mittelmeer. Sie gründeten Handelsniederlassungen an den Küsten u. auf den Inseln des Mittelmeers, insbes. auf Sizilien, Malta, in S-Spanien u. N-Afrika. – Im 8. Jh. v. Chr. verloren die P. ihre Seemacht an die Griechen; Phönizien selbst wurde assyr. Prov. Doch erst nach der Zerstörung von Tyros durch *Alexander d. Gr.* 332 v. Chr. wurde Phönizien bedeutungslos. Nur seine ehem. Kolonie *Karthago* spielte bis zu ihrer Zerstörung durch die Römer 146 v. Chr. noch eine Rolle.
**Phonograph,** zur Aufnahme u. Wiedergabe von Sprache u. Musik von T. A. *Edison* 1877 erfundenes Gerät; Vorläufer des Plattenspielers.
**Phonolith,** *Klingstein,* grünl.-graues, auch bräunl. Ergußgestein.
**Phonologie,** Lehre von den *Phonemen,* ihrer Ermittlung, Verteilung u. Klassifizierung; beschäftigt sich im Unterschied zur *Phonetik* nur mit den sprachl.-strukturell (funktional) wichtigen Eigenschaften der Sprachlaute.
**Phonometer,** Gerät zum Messen der Lautstärke.
**Phosgen,** COCl₂, ein Gas, das sich aus Kohlenmonoxid u. Chlor unter der Einwirkung von Licht bildet; dient u.a. zur Herstellung von Pharmazeutika, Kunstharzen u. Herbiziden; sehr giftig.
**Phosphate,** Salze u. Ester der versch. *Phosphorsäuren;* Verwendung hpts. als Düngemittel u. als Zusatz in Wasch- u. Reinigungsmitteln.
**Phosphatide,** physiolog. wichtige Stoffe (zum Aufbau des Nervengewebes), die sich aus teilweise mit Fettsäuren verestertem Glycerin, Phosphorsäure u. (meist) Aminoverbindungen zusammensetzen.
**phosphatieren,** Phosphatschichten auf Stahl, Eisen u.a. als Rostschutz aufbringen.
**Phosphor,** → chemisches Element; in der Natur ausschl. in gebundenem Zustand in Form von *Phosphaten* vorkommend (v.a. im *Phosphorit);* wesentl. Bestandteil des pflanzl. u. tier. Organismus (in den Knochen u. im Eiweiß); tritt in 3 *Modifikationen* auf: *weißer P.* (sehr giftig), *roter P.* u. *schwarzer P.*
**Phosphoreszenz,** Eigenschaft mancher Stoffe, nach Belichtung mit sichtbarem oder ultraviolettem Licht nachzuleuchten; eine Art der *Lumineszenz.* Phosphoreszierende Stoffe *(Phosphore)* sind meist Kristalle, deren Gitterstruktur durch ganz geringe Beimengungen eines Fremdstoffs gestört ist.
**Phosphorit,** feinkristalline oder faserige Variante des *Apatits;* auch Bez. für Sedimente aus phosphorsaurem Kalk (Düngemittel).
**Phosphorvergiftung,** durch Einatmen der Dämpfe des *weißen Phosphors* hervorgerufene Vergiftung.
**Photios,** *um 820, † zw. 891 u. 898, Patriarch von Konstantinopel 858–867 u. 877–886. Während seiner Amtszeit kam es zu einem längeren Schisma zw. West- u. Ostkirche *(Photianisches Schisma).*

*Phönizier: goldenes Zeremonialbeil; etwa 1800 v. Chr. Beirut, Nationalmuseum*

**Photo,** *Foto,* → Photographie.
**Photobiologie,** Teilgebiet der Biologie, das sich mit den Wechselwirkungen zw. Licht u. Organismus befaßt; z.B. *Photosynthese* der Pflanzen.
**Photochemie,** Teilgebiet der *physikal. Chemie,* das sich mit den Wirkungen des Lichts der verschiedensten Wellenlängen (sichtbares u. ultraviolettes Licht, Röntgenstrahlen) auf chem. Reaktionen befaßt.
**Photoeffekt,** *lichtelektrischer Effekt,* die Erscheinung, daß Lichtstrahlen aus Metalloberflächen Elektronen herausschlagen können *(äußerer P.)* Der P. wird in *Photoelement* u. *Photozelle* ausgenutzt. – Bei Nichtleitern gibt es den *inneren P.:* Die im Innern der Substanz aus einem Atom herausgeschlagenen Elektronen können sich frei bewegen u. machen den Isolator zu einem Halbleiter (Selenzelle).
**Photoelement,** Halbleiterelement, das im Prinzip aus einer Sperrschicht besteht (z.B. aus Selen), die auf ein Trägermetall (z.B. Eisen) aufgedampft ist; auf das Selen ist noch eine lichtdurchlässige Schicht, etwa Platin, aufgebracht. Bei Belichtung entsteht durch den *Photoeffekt* eine Spannung von einigen Zehntel Volt. Es wird in Belichtungsmessern u. Lichtrelais verwendet.
**photogen,** *fotogen,* bildwirksam; geeignet, photographiert zu werden.
**Photogrammetrie,** *Bildmessung,* wiss. Meßverfahren, einen Teil der Erdoberfläche nach Lage u. Höhe aus stereoskop. Bildern wiederzugeben.
**Photographie,** *Fotografie, Lichtbildnerei, Lichtbildkunst,* ein opt.-chem. Wiedergabeverfahren, das auf der Lichtempfindlichkeit der Halogensilbersalze beruht; es umfaßt drei Prozesse: 1. Aufnahme (opt. Bildentstehung), 2. Negativprozeß

*Phönizier: die Ruinen von Byblos; im Vordergrund der Tempel des Reschef, im Hintergrund links der Obeliskentempel*

## 698 Photohalbleiter

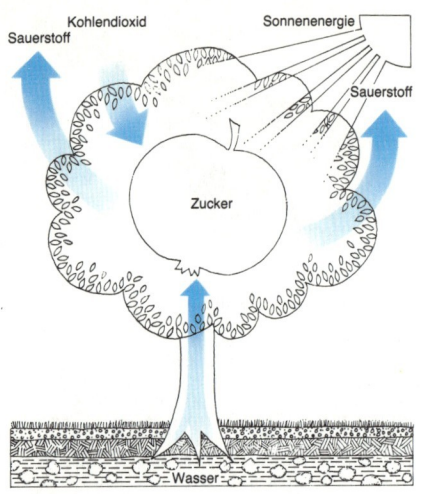
*Prinzip der Photosynthese (vereinfacht)*

(chem. Bildentstehung), 3. Positivprozeß (Wiedergabe). Bei der Aufnahme entsteht mit Hilfe des Objektivs einer Kamera auf lichtempfindl. Film oder (fr.) Platte ein (meist verkleinertes) Bild, dessen Qualität in erster Linie von der opt. Güte des Objektivs abhängt. Das Gelingen der Aufnahme hängt ferner von Scharfeinstellung u. richtiger Wahl der Belichtungszeit ab. Die lichtempfindl. Schicht (Bromsilbergelatine) registriert die Helligkeitsunterschiede des opt. Bilds, u. es entsteht ein unsichtbares, entwickelbares Bild. Im Negativprozeß der Schwarz-Weiß-P. wird dieses latente Bild sichtbar gemacht. Der *Entwickler* (Reduktionsmittel) setzt die vom Licht eingeleitete Spaltung des Bromsilbers in Silber u. Brom fort, u. das entstandene »Negativ« enthält die Helligkeitsunterschiede des Aufnahmeobjekts als silbergraue Schwärzungsunterschiede. Im Positivprozeß wird vom Negativ ein endgültiges Bild hergestellt, u. zwar im Wege des Kontaktabzugs, des Vergrößerns oder Verkleinerns auf Papier (Aufsichtsbild) oder auf Film oder Platte (Durchsichtsbild, *Diapositiv*). Das Kopiermaterial der Schwarz-Weiß-P. besteht aus Bromsilber- oder Chlorsilberschichten versch. Gradation (hart u. weich arbeitend). Durch Belichtung wird ein latentes Bild erzeugt, das wie im Negativverfahren entwickelt u. fixiert wird. – **Farb-P.,** P. in natürl. Farben. Grundlage aller Verfahren ist die Zerlegung des vom Objekt reflektierten Farbgemisches in die drei Grundfarben Blau, Grün u. Rot; z.B. durch Verwendung von drei entspr. Farbfiltern auf Schwarzweißmaterial u. anschließenden Dreifarbendruck oder durch drei übereinanderliegende, jeweils für eine der Grundfarben empfindl. Bromsilberemulsionsschichten. Geschichte: Die Lichtempfindlichkeit der Silbersalze wurde 1727 von J. H. *Schulze* entdeckt. Das erste brauchbare Lichtbildverfahren (*Daguerreotypie*) wurde 1839 von N. *Niepce* u. L. J. M. *Daguerre* entwickelt. Im gleichen Jahr wurde das Verfahren mit kopierbaren Negativen von H. F. *Talbot* erfunden (*Talbotypie*). Kollodiumnegative auf Glasplatten führte 1851 F. S. *Archer* ein. Diese »nasse Kollodiumplatte« wurde 1871 von R. L. *Maddox* durch die Gelatine-Trockenplatte ersetzt. Mit der Erfindung des Rollfilms, 1884 durch G. W. *Eastman* auf Papier, 1887 durch H. *Goodwin* auf Zelluloid, wurde die P. durch leichtere Handhabung u. geringere Kosten populär. Die Farb-P., schon 1869 von L. D. du *Hauron* erstmals in der Praxis gezeigt, fand erst um 1936 mit Agfacolor- u. Kodachrome-Verfahren zunehmend Anwendung.
**Photohalbleiter,** elektron. Bauelemente aus Halbleitermaterial, die das Steuern von Strömen durch Licht (*Photo*impulse) erlauben. Es gibt den *Photo*widerstand, die *Photo*diode u. den bes. empfindl. *Phototransistor*.
**»photokina«,** internat. Photo- u. Kinoausstellung in Köln; seit 1950 alle 2 Jahre.
**Photokopie,** *Fotokopie,* lichttechn. Vervielfältigung ohne photograph. Aufnahme u. ohne Filmnegativ.

**Photolyse,** durch elektromagnet. Strahlung eingeleitete Zersetzung von chem. Verbindungen; bedeutsam z.B. bei der Photosynthese.
**Photometrie,** *Lichtmessung,* die Messung der Helligkeit von Lichtquellen oder beleuchteten Körpern; Teil der *Optik,* auch der *Astrophysik.* Die dazu benötigten Geräte heißen *Photometer.*
**Photomontage** [-ʒə], das In- u. Übereinanderkopieren von Photos.
**Photomultiplier** [-ˈmʌltiplaiə], Kombination einer *Photozelle* mit einem *Elektronenvervielfacher.* Der in der Zelle durch einfallendes Licht ausgelöste schwache Elektronenstrom wird im Vervielfacher stark verstärkt; Verwendung u.a. in der *Photometrie* u. zur Registrierung von *Szintillationen* in der Kernphysik.
**Photon** → Lichtquant.
**Photoobjektive,** Hauptbestandteil photograph. Apparate, Kombinationen mehrerer Linsen, weitgehend von *Abbildungsfehlern* frei, gekennzeichnet durch Lichtstärke u. Brennweite; unterschieden nach dem Negativformat, das scharf ausgezeichnet wird (Bildkreisdurchmesser), in *Kleinbild-* u. *Großbildobjektive,* nach Bildwinkel in *Weitwinkel-, Normal-* u. *Teleobjektive,* nach der Scharfzeichnung in *Porträt-, Weichzeichner-* u. *techn. Objektive.*
**Photosatz,** auch *Lichtsatz,* moderne Technik der Herstellung von Druckvorlagen auf Photopapier oder Film. Die neuen Setzmaschinen arbeiten mit Kathodenstrahlröhre oder Laserstrahl. Bei beiden Systemen sind volle Schriftzeichen in digitaler Form gespeichert. Die Satzanweisungen u. Manuskriptdaten werden per Datenfernübertragung oder Trägermedium (Diskette, Magnetband) dem Satzrechner zugeführt, der sie mit Hilfe eines Satzprogramms für die Belichtungsmaschine aufbereitet.
**Photosphäre,** Schicht der Sonne, aus der die uns erreichende Strahlung durch die darüberliegende *Chromosphäre* nach außen dringt.
**Photosynthese,** Umwandlung von Kohlendioxid u. Wasser in Kohlenhydrate (Glucose) bei Ausnutzung der Lichtenergie der Sonne durch grüne Pflanzen; der wichtigste biochem. Vorgang auf der Erde. Mit den so gebildeten Kohlenhydraten deckt die Pflanze ihren eigenen Bedarf an energiereichen Substanzen u. den der Tiere direkt (Pflanzenfresser) oder indirekt (über ein pflanzenfressendes Beutetier); außerdem geht die Energie von Holz, Kohle u. Erdöl auf die P. in früheren Erdepochen zurück. Die Energieübertragung verläuft mit Hilfe von Enzymen nach einem komplizierten u. erst z.T. bekannten Mechanismus ab.
**Photovoltaik,** Technik, bei der Sonnenstrahlung u. Licht mit Hilfe von *Solarzellen* in elektr. Energie umgewandelt wird; u.a. für die Energieversorgung von Satelliten u. Raumsonden eingesetzt.
**Photowiderstand,** Halbleitermaterial (z.B. Cadmiumsulfid), dessen Widerstand bei Lichteinfall kleiner wird.
**Photozelle,** *lichtelektr. Zelle,* Gerät, das unter Ausnutzung des *Photoeffekts* Licht in elektr. Strom umwandelt; Anwendung z.B. beim Tonfilm.
**Phrase,** Redewendung; abgegriffene, nichtssagende Formulierung; Sinneinheit eines musikal. Gedankens.
**Phraseologie,** Sammlung der einer Sprache eigentüml. Redensarten.

## PHOTOGRAPHIE

*Zweimal dasselbe Motiv: Die Luftaufnahme auf Infrarot-Falschfarbenfilm (rechts) läßt gegenüber der Normalfilmaufnahme (links) die Vegetationsunterschiede deutlicher erkennen*

*Stroboskop-Photographie (links). – Doppelbelichtung zur Steigerung der Bildaussage (rechts)*

**Phrygien,** histor. Ldsch. u. Kgr. in Kleinasien. Die indoeurop. *Phryger* bildeten etwa im 8. Jh. ein selbst. Kgr. mit der Hptst. *Gordion.* Den Höhepunkt seiner Macht erreichte P. unter König *Midas* (um 710 v. Chr.). Das Reich wurde um 695 v. Chr. von den *Kimmeriern* zerstört.

**Phryne,** schöne Hetäre in Athen im 4. Jh. v. Chr.; nach antiker Legende Modell des *Praxiteles* für seine *Aphrodite von Knidos.*

**Phthalate,** Bez. meist für die Ester u. Salze der *Phthalsäure.* Phthalsäureester sind meist farblose, schwer wasserlösl. Flüssigkeiten mit hohem Siedepunkt.

**Phthaleine,** *Xanthenfarbstoffe,* aus Phthalsäureanhydrid u. Phenolen hergestellte Triphenylmethanfarbstoffe, z.B. *Phenolphthalein, Eosin* u. *Fluorescein.*

**Phthalsäure,** *Benzol-o-dicarbonsäure,* eine aromat. Dicarbonsäure, aus Naphthalin hergestellt. P. u. ihr Anhydrid werden zur Farbstoffherstellung verwendet; ihre Ester mit höheren Alkoholen *(Palatinole)* dienen u.a. als Weichmacher für PVC.

**Phuket** [’pu:-], Insel vor der Westküste des thailänd. Teils der Halbinsel Malakka, 543 km², 147 000 Ew.; Abbau u. Verhüttung von Zinnerzen; Fremdenverkehr.

**ph-Wert** → pH.

**Phyle,** altgrch. Stamm, Geschlechtsverband (Kultgemeinde).

**Phyllis,** in der grch. Sage thrak. Königstochter, von *Demophon* verlassen; sie tötete sich u. wurde in einen Mandelbaum verwandelt.

**Phyllit,** *Tonglimmerschiefer,* kristalliner Schiefer, vorw. aus Quarz u. Serizit von grünl.-grauer Farbe.

**Phylogenetik,** Wiss. von der Stammesentwicklung *(Phylogenie, Phylogenese)* der Lebewesen.

**Phyongyang** [pjɔnjaŋ], *Pjöngjang,* jap. *Heijo,* Hptst. von Nordkorea, am Taidong, 1,7 Mio. Ew.; kulturelles, wirtsch. u. Verkehrszentrum; Univ.; vielseitige Ind.; See- u. Flughafen. Älteste Hptst. Koreas (2. Jt. v. Chr.).

**Pyrrhon** *von Elis,* *360 v. Chr., †270 v. Chr., grch. Philosoph; Begr. der älteren skept. Schule in Athen; leugnete die Erkenntnis der Wirklichkeit.

**Physik,** Wiss. von den Vorgängen in der unbelebten Natur; umfaßt sowohl die Beschreibung von Naturerscheinungen als auch die Formulierung von Gesetzmäßigkeiten. Die wichtigsten Teilgebiete der P.: Mechanik, Akustik, Thermodynamik, Elektrodynamik, Optik, Atom- u. Kern-P., Relativitätstheorie u. Quantenmechanik. – T → S. 700

**physikalische Konstanten,** die wichtigsten Zahlengrößen der Physik, auf deren allg. Gültigkeit sich die zahlenmäßigen Angaben gründen u. auf die alle anderen Konstanten zurückgeführt werden; hierzu u.a. die *Lichtgeschwindigkeit,* das *Plancksche Wirkungsquantum* u. die *Elementarladung.*

**physikalische Therapie,** *Physiotherapie,* Verwendung physik. Einflüsse (Massage, Wärme, Strahlen, Elektrizität, Wasser u.a.) zur Krankenbehandlung.

**Physikum,** die fr. übl. Vorprüfung der Medizinstudenten (nach den vorklin. Semestern) auf den Gebieten Anatomie u. Physiologie, physiolog. Chemie, Physik, Chemie, Zoologie, Botanik.

**Physiognomie,** äußere Erscheinung eines Lebewesens.

**Physiognomik,** Lehre vom menschl. Gesichtsausdruck im Ruhezustand *(Physiognomie),* im Ggs. zum belebten Gesichtsausdruck *(Mimik).* Als Teil der *Ausdruckskunde* dient die P. der Persönlichkeitsdiagnostik.

**Physiokratie,** *Physiokratismus* im 18. Jh. von F. *Quesnay* begr., auf dem Naturrecht fußende Schule der Volkswirtschaftslehre, nach welcher der Staat die Aufgabe hat, die gegebene Ordnung durch die Gesetzgebung der natürl. Ordnung anzupassen, bes. das Eigentum zu schützen u. das Prinzip des *Laissez-faire* zu erhalten. Der Boden als einzige Reichtumsquelle sollte auch allein die Abgaben an den Staat tragen (einheitl. Grundsteuer).

**Physiologie,** Lehre von den chem.-physik. Vorgängen in lebenden Organismen. Je nach den untersuchten Lebewesen spricht man von Pflanzen-, Tier-, Insekten-, Säugetier-, Human-P. (P. des Menschen) u.a.

**physiologische Kochsalzlösung** → Kochsalz.

**Physiologus,** seit frühchristl. Zeit in vielen Fassungen u. Sprachen verbreitetes illustriertes Tierbuch mit natursymbol. Inhalt; eine Vermischung mytholog. Zoologie mit christl. Glaubenslehre. Der lat. P. heißt *Bestiarium.*

**Physiotherapie** → physikalische Therapie.

**physisch,** körperl.; in der Natur begr., sie betreffend.

**Phytologie,** Pflanzenkunde.

**Phytopathologie,** Wiss. von den Pflanzenkrankheiten.

Albert Renger-Patzsch: *Landstraße bei Schneesturm;* 1936

Kyoichi Sawada: *Flucht in die Sicherheit;* 1965 (links). – Edward Steichen: *Empire State Building, New York;* Mehrfachbelichtung (rechts)

## phytophag

### Wichtige Daten zur Geschichte der Physik

**v. Chr.**
| | |
|---|---|
| um 600 | Anziehungskraft des Magnetsteins bekannt (Thales von Milet) |
| um 500 | Zahlenmäßige Beschreibung der Natur (Pythagoras) |
| um 400 | Atomhypothese (Leukipp u. Demokrit) |
| 250 | Ableitung des Hebelgesetzes (Archimedes) |

**n. Chr.**
| | |
|---|---|
| 1589 | Fall- u. Wurfgesetze (G. Galilei) |
| 1649 | Luftpumpe u. Vakuum (O. von Guericke) |
| 1687 | Gravitationsgesetz (I. Newton) |
| 1690 | Wellentheorie des Lichts (C. Huygens) |
| 1785 | Coulombsches Gesetz (C. A. de Coulomb) |
| 1808 | Wissenschaftliche Atomtheorie (J. Dalton) |
| 1820 | Magnet. Wirkung eines elektrischen Stromes (H. C. Oerstedt); Kraft zwischen zwei Strömen (A. M. Ampère) |
| 1826 | Ohmsches Gesetz (G. S. Ohm) |
| 1831 | Elektromagnetische Induktion, Selbstinduktion (1835) (M. Faraday) |
| 1842 | Prinzip von der Erhaltung der Energie (J. R. Mayer) |
| 1859 | Spektralanalyse (R. W. Bunsen, C. R. Kirchhoff) |
| 1862 | Elektromagnetische Lichttheorie (J. C. Maxwell) |
| 1886 | Nachweis der elektromagnetischen Wellen (H. Hertz) |
| 1895 | Röntgenstrahlen (W. C. Röntgen) |
| 1896 | Radioaktive Strahlung (H. Becquerel) |
| 1897 | Elektron (J. J. Thomson) |
| 1898 | Entdeckung der radioaktiven Elemente Polonium u. Radium (P. u. M. Curie) |
| 1900 | Quantenhypothese (M. Planck) |
| 1905 | Spezielle Relativitätstheorie, Quantentheorie des Photoeffekts (A. Einstein) |
| 1906 | Dritter Hauptsatz der Thermodynamik vermutet (W. Nernst) |
| 1911 | Rutherfordsches Atommodell (E. Rutherford); Supraleitung (H. Kammerlingh Onnes) |
| 1913 | Bohrsches Atommodell (N. Bohr) |
| 1915 | Allg. Relativitätstheorie (A. Einstein) |
| 1919 | Erste künstliche Elementumwandlung (E. Rutherford) |
| 1924 | Materiewellen (L. V. de Broglie) |
| 1925 | Quantenmechanik (W. Heisenberg); Ausschließungsprinzip (W. Pauli) |
| 1926 | Wellenmechanik (E. Schrödinger) |
| 1927 | Unschärferelation (W. Heisenberg) |
| 1928 | Quantentheorie der Strahlung (P. Dirac) |
| 1932 | Entdeckung des Neutrons (J. Chadwick); Nachweis des Positrons (C. D. Anderson) |
| 1938 | Spaltung des Urankerns (O. Hahn, F. Straßmann) |
| 1942 | Erster Kernreaktor (E. Fermi) |
| 1948 | Entdeckung des Transistoreffekts (J. Bardeen, W. Brattain) |
| 1949 | Schalenmodell des Atomkerns (M. Goeppert-Mayer, H. D. Jensen) |
| 1955 | Entdeckung des Antiprotons (E. Segrè, O. Chamberlain, C. Wiegand, T. Ypsilantis) |
| 1957 | Theorie der Supraleitung (J. Bardeau, L. Cooper, R. Schriefter) |
| 1958 | Heisenbergsche Weltformel; Mößbauer-Effekt (R. Mößbauer); Maser- u. Lasertheorie (A. C. Schawlow, C. H. Townes, N. G. Basow, A. M. Prochorow) |
| 1960 | Erster Laser (T. H. Maiman) |
| 1964 | Quarkhypothese (M. Gell-Mann, G. Zweig) |
| 1967 | Einheitliche Theorie der schwachen u. elektromagnetischen Wechselwirkung (S. Glashow, S. Weinberg, A. Salam) |
| 1976 | „Charm"-Quark entdeckt (DESY) |
| 1980 | Quantisierter Halleffekt (K. von Klitzing) |
| 1983 | Nachweis der Austauschteilchen für die schwache Wechselwirkung (CERN) |
| 1986 | Hochtemperatur-Supraleitung (K. A. Müller, J. G. Bednorz) |
| 1989 | Existenz von nur drei Quark-Familien nachgewiesen (CERN, SLAC) |

**phytophag,** pflanzenfressend.

**Pi,** π, Π, 16. Buchstabe des grch. Alphabets; Symbol für den Umfang des Kreises mit dem Radius 0,5; auch *Ludolfsche Zahl* genannt; ein unendlicher, nichtperiod. Dezimalbruch mit dem Zahlenwert π = 3,14159265358...

**Piacenza** [-'tʃɛntsa], ital. Prov.-Hptst. sö. von Mailand, 105 000 Ew.; Univ.; roman. Dom (12./13. Jh.), got. Rathaus (13. Jh.); landw. Handelszentrum, versch. Ind.

**Piaf,** Edith, eigtl. E. Giovanna *Gassion,* *1915, †1963, frz. Chansonsängerin; internat. erfolgreich mit z.T. eigenen Chansons.

**Piaffe** [pi'af], Übung bei der *Dressur* u. der *Hohen Schule,* trabähnl. Bewegung auf der Stelle.

**Piaget** [pia'ʒɛ], Jean, *1896, †1980, schweiz. Psychologe (bes. Psychologie des Kindes).

**Pianist,** berufsmäßiger Klaviervirtuose.

**piano,** musikal. Vortragsbez.: leise; in der Notenschrift: *p; pianissimo* (Notenschrift: *pp*), sehr leise.

**Piano,** Kurzwort für *Pianoforte;* andere Bez. für → Hammerklavier.

**Piaristen,** 1617 gegr. kath. Orden, der sich v.a. der Erziehung widmete.

**Piassava,** Palmfaser zur Herstellung von Matten, Seilen u. Bürsten.

**Piasten,** ältestes poln. Herrscherhaus (seit dem 9./10. Jh.), ausgestorben 1370 mit *Kasimir III.*

**Piastre** [pi'astrə], *Piaster,* Münzeinheit in Ägypten, Libanon, Sudan u. Syrien; 1/100 der jeweiligen Landeswährung.

**Piatra Neamţ,** rumän. Krs.-Hptst., an der Bistriţa, 100 000 Ew.; Textil-, Metall- u.a. Ind.

**Piauí,** Bundesstaat im NO von → Brasilien.

**Piave,** der antike *Plavis,* Fluß im nordöstl. Italien, 220 km; entspringt am Südfuß der westl. Karn. Alpen, mündet in den Golf von Venedig.

**Piazzetta,** Giovanni Battista, *1682, †1754, ital. Maler; spätbarocke Gemälde, meist Genrezenen.

**Piazzo** [ital.], Platz, bes. Marktplatz.

**Picador,** *Pikador,* berittener Stierkämpfer, der den Stier mit der Lanze reizt.

**Picard** [-'ka:r], **1.** Jean, *1620, †1682, frz. Astronom; führte die erste genaue Gradmessung in Frankreich durch, veröffentlichte das erste astronom. Jahrbuch. – **2.** Max, *1888, †1965, schweiz. philosoph. Schriftst.

**Picardie,** histor. Prov. in N-Frankreich, nördl. Teil des *Pariser Beckens.*

**Picasso,** Pablo Ruiz, *1881, †1973, frz. Maler, Graphiker u. Bildhauer span. Herkunft; von größter stil- u. schulbildender Wirkung auf die Entwicklung der modernen Kunst; begr. nach der melanchol. »Blauen Periode« (1901–04) u. den Zirkusbildern der »Rosa Periode« (1905–07) zus. mit G. *Braque* den Kubismus; Ablösung der analyt.-kubist. Periode von einer synthet. Periode (1914–18), in der P. sich jedoch auch anderer Ausdrucksmittel mit vielseitiger Experimentierfreude bediente; neoklassizist. Phase (1920–24); seit 1928 größere graph. u. plast. Arbeiten, in denen surrealist. Einflüsse anklingen. Hptw. des Jahrzehnts vor Ausbruch des 2. Weltkriegs sind außer zahlr. weibl. Figurenbildern die Radierfolge »Minotauromachie« 1935 u. das Monumentalgemälde »Guernica« 1937. Eine strenge stilperiod. Gliederung der nach 1930 entstandenen Arbeiten P.s ist kaum mögl., da Gestaltungsmittel u. -formen ständig wechseln.

**Piccadilly** [pikə'dili], Geschäftsstraße in London, mündet in den runden Platz *P. Circus.*

**Piccard** [pi'ka:r], **1.** Auguste, *1884, †1962, schweiz. Physiker; erreichte mit einem Ballon 1932 die Höhe von 16 940 m, mit einer Tauchgondel *(Bathyscaph)* 1953 eine Meerestiefe von 3150 m. – **2.** Jacques, Sohn von 1, *28.7.1922, schweiz. Tiefseeforscher; erreichte 1960 mit dem Tauchboot »Trieste« eine Tiefe von 10 910 m.

**Piccinni** [pit'tʃini], Nicola, *1728, †1800, ital. Opernkomponist; wandelte die *Opera buffa* von der Posse zur bürgerl. Oper.

**Piccoli,** Michel, *27.12.1925, frz. Filmschauspieler; u.a. in »Das große Fressen«, »Trio Infernal«, »Gefahr in Verzug«, »Die Nacht ist jung«.

**Piccolo,** Kurzbez. für die kleine *Querflöte* (eine Oktave höher als die große).

**Piccolomini,** ital. Adelsgeschlecht aus Siena, das in den Lehnsbesitz des Hzgt. *Amalfi* gekommen war u. sich in Siena niedergelassen hatte. – *Ottavio P.,* *1599, †1656, Herzog von Amalfi (1639), Heerführer im Dreißigjährigen Krieg, am Sturz Wallensteins beteiligt.

**Picht,** Georg, *1913, †1982, dt. Pädagoge u. Philosoph (Bildungs- u. Friedensforschung).

**Pickel, 1.** Spitzhacke, bes. Eis-P. des Bergsteigers. – **2.** verstopfte, entzündete u. vereiterte Haarbalgdrüsen (Talgdrüsen) der Haut.

**Pickelhaube,** 1842 in das preuß. Heer eingeführter Helm mit Spitze.

**Pickelhering,** komische Person in den Bühnenstücken der engl. Komödianten.

**Pico,** vulkan. Insel der port. Azoren, 433 km², 20 000 Ew.

**Pico...,** Abk. *p,* Vorsatzsilbe bei Maßeinheiten mit der Bed. $10^{-12}$ (ein Billionstel).

**Pico della Mirandola,** Giovanni, *1463, †1494, ital. Philosoph; vertrat einen myst. *Neuplatonismus,* den er mit der jüd. *Kabbala,* aber auch mit *Aristoteles* zu verbinden suchte.

**Pidgin English** ['pidʒin 'iŋliʃ], in chin. Häfen entstandene, vereinfachte engl. Verkehrssprache zw. Engländern u. Asiaten; Mischung aus engl. Wortschatz u. chin. Satzbau.

**Pieck,** Wilhelm, *1876, †1960, dt. Politiker; 1919 Mitgr. der KPD; 1949–60 erster u. einziger Staats-Präs. der DDR.

**Piedestal** [pje-], Fußgestell, Sockel von Bildwerken oder Säulen.

**Piemont** [pi:e-], ital. *Piemonte,* Region in N-Italien, an der Grenze zu Frankreich u. der Schweiz. – *Gesch.:* P. wurde 1416 mit Savoyen, 1720 mit Sardinien vereinigt; nannte sich seitdem Kgr. Sardinien, das auf dem Wiener Kongreß um das Hzgt. Genua vergrößert wurde. Unter *Viktor Emanuel II.* von Sardinien-P. (1849–78) wurde Italien 1859 geeint. 1861 nahm Viktor Emanuel mit Billigung des ersten ital. Parlaments den Titel eines Königs von Italien an.

**Pieper,** *Anthus,* mit den *Bachstelzen* nahverwandte Gatt. lerchenähnl. Singvögel, in offenen Landschaften. Einheimisch sind: *Brach-P., Baum-P., Wiesen-P., Wasser-P.*

**Pier,** Bollwerk aus Holz, Stahl, Beton u.ä. als Anlegestelle für Schiffe.

**Piero della Francesca** [-'tʃeska], *1410/20, †1492, ital. Maler; einer der Hauptmeister der Quattrocento-Malerei.

**Pierrot** [pjɛ'ro], seit dem 17. Jh. Dienerfigur der

*Pablo Picasso: Der Frieden; Fresko aus dem Friedenstempel in Vallauris; 1952*

*Piemont: Weinberge westlich von Turin*

*Comédie Italienne;* Kostüm: weite, weiße Hose u. Jacke, weißgepudertes Gesicht.

**Pietà** [piːeˈta], ital. Bez. für das Vesperbild mit der hl. Maria, die den Leichnam Christi im Schoß hält.

**Pietät,** die Achtung vor heiligen Dingen; Frömmigkeit; Ehrfurcht, Rücksichtnahme.

**Pietermaritzburg,** Hptst. der Prov. *Natal* (Rep. Südafrika), 179 000 Ew.; Univ.; vielseitige Ind.

**Pietismus,** ev. Bewegung seit dem Ende des 17. Jh., bes. in Dtld.; trat gegen die erstarrte Orthodoxie für lebendige Glaubenserfahrung, prakt. Frömmigkeit, Abkehr von der Welt u. aktive Mitarbeit der Laien ein (P.J. *Spener,* A.H. *Francke*). Eine eigene Kirchengemeinschaft stiftete Graf *Zinzendorf* in der *Brüdergemeine* in Herrnhut. Die eschatologische Erwartung, die subjektive, myst. u. enthusiast. Form der Frömmigkeit u. die oft moralist. Gesetzlichkeit im P. führten zu Spaltungen (Sektierertum). In den ev.-freikirchl. Gruppen, aber auch in vielen ev. Landeskirchen wirkt der P. bes. durch die *Erweckungsbewegungen* des 19. Jh. bis heute nach.

**Piezoelektrizität,** manche Kristalle werden unter Druck elektr. polarisiert, d.h., es bildet sich dann in ihrer Umgebung ein elektr. Feld aus *(piezoelektr. Effekt).* Die P. wird zur Konstanthaltung der Frequenz bei Quarzuhren, zur Erzeugung von Ultraschall u. in der Funktechnik verwendet.

**Pigalle** [-ˈgal], Jean-Baptiste, *1714, †1785, frz. Bildhauer; Frühklassizist.

**Pigmente, 1.** als mikroskop. kleine Körner oder in gelöster Form in Geweben bei Tier u. Pflanze vorhandene Farbstoffe; können die Körperfärbung verursachen u. dienen dem Organismus, z.B. bei der Geschlechtsfindung, Schutz- u. Tarnfärbung. – **2.** *Körperfarben,* farbige Substanzen (z.B. Zinnober, Chromgelb), meist anorgan. Herkunft, die in Form von Pulver; mit einem Bindemittel angerührt, zur Malerei u. in der Drucktechnik verwendet werden.

**Pignolen** [piˈnjoː-], *Piniennüsse,* die ölreichen Samen der *Pinie.*

**Pik,** *Pique, Schüppen, Schippe,* Farbe der frz. Spielkarten.

**pikant, 1.** kräftig gewürzt, scharf. – **2.** anzüglich, schlüpfrig.

**Pikanterie,** Anzüglichkeit.

**Pike,** langer Spieß der Landsknechte *(Pikeniere)* des 17. Jh.

**Pikee,** *Piqué,* ein Doppelgewebe, bei dem Ober- u. Untergewebe so miteinander verbunden sind, daß steppartige Musterungen entstehen.

**pikieren,** Jungpflanzen im Obst- u. Gemüsebau ein- oder mehrmals verpflanzen.

**pikiert,** verärgert, gereizt.

**Pikkolo, 1.** Kellnerlehrling. – **2.** kleine Sektflasche mit 200 cm³ Inhalt.

**Pikrinsäure,** *Trinitrophenol,* durch Nitrierung von *Phenol* darstellbare hellgelbe, bitter schmeckende Verbindung, $C_6H_2(OH)(NO_2)_3$.

**Pikten,** frühgeschichtl. Bewohner Schottlands.

**Piktogramm,** internat. verständl. Bildsymbol.

**Piktographie** → Bilderschrift.

**Pilaster,** flacher Wandpfeiler, im Unterschied zur *Lisene* mit Sockel, Basis u. Kapitell ausgestattet.

**Pilatus,** schweiz. Bergmassiv in den Berner Alpen, am Vierwaldstätter See, mit *P.-Kulm* (2070 m), *Esel* (2120 m) u. *Tomlishorn* (2129 m).

**Pilatus** → Pontius Pilatus.

**Pilaw,** *Pilaf, Pilau,* in Hammelfett gedünsteter Reis zu Fleischgerichten im Orient.

**Pilchard** [ˈpiltʃəd], ein *Heringsfisch.* Die Jungtiere werden als *Sardinen* bezeichnet; ein weltweit wichtiger Nutzfisch.

**Pilcomayo,** r. Nbfl. des Paraguay, rd. 2500 km; entspringt im boliv. Hochland, durchfließt den trockenen Chaco, mündet bei Asunción.

**Pilger,** *Pilgrim,* Wallfahrer nach heiligen Orten.

**Pilgerväter,** engl. *Pilgrim Fathers,* eine kleine Gruppe von engl. *Puritanern,* die, wegen ihrer religiösen Anschauung verfolgt, zunächst nach Holland ging u. 1620 mit dem Schiff »Mayflower« nach Nordamerika auswanderte.

**Pilgram,** Anton, *1450/60, †um 1515, östr. Bildhauer u. Baumeister; schuf ausdrucksstarke Physiognomien meist tragischer Figuren.

**Pilion,** grch. Gebirge an der O-Küste Thessaliens, bis 1651 m hoch.

**Pillau,** russ. *Baltijsk,* Stadt u. Seebad in Ostpreußen, 17 000 Ew.; Vorhafen von Königsberg; Fischfang; Marine- u. Militärstützpunkt.

**Pillendreher** → Skarabäus.

**Pillnitz,** sö. Stadtteil von Dresden, an der Elbe; Lustschloß, Barock- u. Neues Palais.

**Pilon** [piˈlɔ̃], Germain, *1535, †1590, frz. Bildhauer; Hauptmeister der frz. Renaissanceplastik.

**Pilot,** Flugzeugführer; Lotse, Hochseesteuermann.

**Piloty,** Karl von, *1826, †1886, Maler; kolossale Geschichtsbilder von theatral.-pathet. Ausdruck.

**Pils,** *Pilsener,* sehr helles, untergäriges Vollbier mit deutlichem Hopfencharakter.

**Pilsen,** tschech. *Plzeň,* Stadt in Westböhmen (ČSFR), im fruchtbaren Becken von P., 167 000 Ew.; Renaissance-Rathaus, got. Bartholomäuskirche (13.–16. Jh.); Großbrauereien (*P.er Bier*), Masch.- u. Fahrzeugbau (*Škoda*).

**Piłsudski** [piuˈsutski], Józef, *1867, †1935, poln. Politiker; Mitgr. der Poln. Sozialist. Partei (PPS), 1918–22 Staatschef, führte 1919/20 erfolgreich Krieg gegen Sowjetrußland; stürzte 1926 die parlamentar. Regierung u. herrschte seitdem fakt. als Diktator Polens; schloß Nichtangriffsverträge mit der UdSSR (1932) u. dem Dt. Reich (1934).

**Pilze,** *Fungi, Mycota,* chlorophyllfreie Organismen, die sich im wesentl. von organ. Substanzen lebender oder toter Organismen ernähren; bestehen aus vielzelligen Pilzfäden oder *Hyphen,* deren Gesamtheit *Myzel (Mycelium)* genannt wird. Die Pilzzellen sind i.d.R. von einer Membran umgeben, die im Ggs. zur Cellulosemembran höherer Pflanzen aus Chitin besteht. Die P. vermehren sich ungeschlechtl. durch *Sporen,* geschlechtl. durch Verschmelzung von Geschlechtszellen (*Gameten*) oder von Gameten enthaltenden Behältern (*Gametangien*). Einteilung in 2 Abt.: *Schleimpilze* u. *Höhere P.* (hierzu u.a. *Ständerpilze* u. *Schlauchpilze*). Die P. haben große Bedeutung als Speise-P., als nützl. Bodenmikroorganismen u. als gefürchtete Krankheitserreger, bes. bei Pflanzen. B → S. 702/703. – **Pilzkrankheiten,** *Mykosen,* durch P. hervorgerufene Erkrankungen, bes. der Haut (*Dermatomykosen*), u.a. die *Mikrosporie* (eine Erkrankung der behaarten Kopfhaut), der *Favus* u.

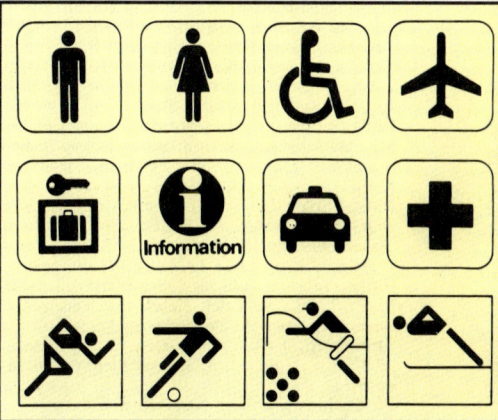

*Piktogramm; obere Reihe (von links): Herren-, Damen-, Behinderten-WC, Flughafen; mittlere Reihe: Gepäckschließfächer, Information, Taxistand, Krankenhaus; untere Reihe: Leichtathletik, Fußball, Moderner Fünfkampf, Skispringen*

die *Trichophytie.* – **Pilzvergiftung,** *Myzetismus,* durch den Genuß giftiger P. verursachte Erkrankung; Symptome: Durchfall, Erbrechen, Bewußtseinstrübung (bis Bewußtlosigkeit), Erregungszustände, Speichelfluß u. Pupillenverengung; kann zu Blutzerfall, Gelbsucht u. Blutfarbstoffausscheidung im Harn führen; sofort ärztl. Hilfe nötig.

**Pimentbaum,** zu den *Myrtengewächsen* gehörender, in Westindien u. Zentralamerika heim. Baum mit weißer Rinde u. myrtenähnl. Blüten. Die unreifen Früchte dienen als Gewürz (*Piment, Nelkenpfeffer, englisches Gewürz*).

**Pimpinella** → Bibernelle.

**Pinakothek,** Bez. für fürstl. Gemäldesammlungen; in der BR Dtld. die *Alte* u. die *Neue P.* in München.

**Pinang,** Penang, Pulau P., Teilstaat in → Malaysia, umfaßt ein Gebiet an der W-Küste der Halbinsel Malakka u. die vorgelagerte Insel P.

**Pinasse, 1.** *Pinaß,* Segelschiff im 17. Jh., mit 3 Masten. – **2.** Ruder-, Dampf- oder Motorbeiboot von Kriegsschiffen.

**Pindar,** *Pindaros,* *518/22 v.Chr., †nach 446 v.Chr., grch. Lyriker; schrieb Chorlieder zu Götterfesten u. Siegeslieder für Preisträger der panhellen. Wettspiele in Olympia u.a.

**Pindos,** lat. *Pindus, Pindhos,* waldreiches Gebirge in Griechenland, im *Smolikas* 2637 m.

**Pinen,** α-Pinen, zur Gruppe der bicyclischen, ungesättigten Terpene gehörender Kohlenwasserstoff, Bestandteil der Terpentinöle.

**Ping-Pong** → Tischtennis.

**Pingtung,** Stadt auf Taiwan, 200 000 Ew.; Maschinenbau.

**Pinguine,** *Sphenisciformes,* Ordnung von 17 Arten flugunfähiger, schwimmgewandter *Vögel* der S-Halbkugel, bes. in der Nähe der Antarktis. Das Gefieder ist schuppenförmig ausgebildet, ein Fettpolster dient als zusätzl. Wärmeschutz; die Flügel

*Pablo Picasso: Der Krieg; Fresko aus dem Friedenstempel in Vallauris; 1952*

## 702 Pinie

*Kaiserpinguin*

werden wie Flossen, die Beine als Steuer beim Schwimmen benutzt. Die Nahrung besteht aus Fischen u. kleineren Meerestieren. Soziale Instinkte sind hoch ausgebildet: Anlage von Brutkolonien, Einrichtung von »Kindergärten«. Hierzu: *Kaiser-P.,* die über 1 m hoch werden, *Königs-P., Brillen-P., Magellan-P., Felsen-P.*

**Pinie,** zur Gatt. *Kiefer* gehörender Nadelbaum des Mittelmeergebietes, schirmförmige Krone, Samen (*P.nnüsse, Pignolen*) mit eßbarem, ölhaltigen Kern.

**Pink Floyd** ['piŋk 'flɔi:d], brit. Rock-Gruppe, gegr. 1965, Synthese aus Rock u. elektron. Musik (Psychedelic Rock) mit Geräuscheffekten u. aufwendigen Lichtshows (The Wall); 1986 aufgelöst.

**Pinne, 1.** Nagel, Reißnagel, Schusterzwecke. – **2.** *Ruder-P.,* waagerechter Hebel im Steuerruderschaft, um diesen leichter drehen zu können.

**Pinneberg,** Krst. in Schl.-Ho., an der Pinnau, 36 000 Ew.; Rosenzucht, Baumschulen; versch. Industrie.

**Pinocchio** [pi'nɔkjo], Name einer Gliederpuppe, Hauptfigur eines ital. Kinderbuchs von C. *Collodi* (1880).

**Pinochet** [pinɔ'tʃet], *P. Ugarte,* Augusto, *25.11.1915, chilen. Offizier u. Politiker; nach dem Sturz *Allendes* 1973 Chef der Militärregierung, seit 1974 Präs., nach der neuen Verf. 1981–90 ziviler Staats-Präs.

**Pinot** [pi'no], frz. Bez. für Rebsorten: *P. blanc* = weißer Burgunder, *P. noir* = Spätburgunder, *P. gris* = Ruländer.

**Pinscher,** Hunderassengruppe von variabler Gestalt; hierzu u.a. *Edel-P., Zwerg-P., Dobermann.*

**Pinseläffchen,** *Seidenäffchen, Callithrix,* Gatt. südamerik. *Krallenaffen;* von rd. 25 cm Körperlänge, mit sehr langem Schwanz. Am häufigsten ist der *Saguin (Weiß-P.).*

**Pint** [paint], Hohlmaß: in Großbrit. = 0,568 *l,* in den USA = 0,473 *l.*

**Pinter** ['pintə], Harold, *10.10.1930, engl. Schriftst.; Vertreter des absurden Theaters, schrieb auch realist.-psych. Stücke u. Fernsehspiele.

**Pinturicchio** [-'rikjo], eigtl. *Bernardino di Betto,* *um 1454, †1513, ital. Maler; ein Hauptmeister der umbr. Malerschule.

**Pinyin,** Kurzform für *hanyu pinyin,* »Lautschrift der chin. Sprache«, ein in der VR China 1958 eingeführtes, 1979 für verbindlich erklärtes System zur Wiedergabe chin. Wörter u. Namen in Lateinschrift.

**Pinzette,** kleine, federnde Zange zum Erfassen kleiner Gegenstände.

**Pinzgau,** einer der fünf Gaue im Land Salzburg (Östr.), Hauptort: Zell am See; bek. durch die Zucht der schweren *P.er Pferde* u. der rotweißen *P.er Rinder.*

**Piombino,** ital. Stadt in der Toskana, 39 000 Ew.; Hafen, Fähre nach Elba.

**Piombo** → Sebastiano del Piombo.

**Pioneer** [paɪə'nɪə], Name für eine Serie von US-amerik. Sonden zur Erforschung des interplanetaren Raums.

**Pionier, 1.** Bahnbrecher (für eine Idee, eine Erfindung); Kolonisator. – **2.** Soldat der techn. Truppe des Heeres.

**Piontek,** Heinz, *15.11.1925, dt. Schriftst. (Lyrik, erzählende Prosa, Essays u. Hörspiele).

**Pipeline** ['paiplain], Rohrleitung zum Transport von Rohöl oder Erdgas.

**Pipette,** Glasröhrchen zum Abmessen von Flüssigkeiten.

**Pippau,** *Crepis,* Gatt. der *Korbblütler,* mit rd. 200 Arten; auf der Nordhalbkugel u. in Afrika weit verbreitet.

*Piranhas: Natterers Sägesalmler*

**Pippin,** *Pipin,* fränk. Hausmeier u. Könige: **1. P. der Ältere,** †640, 623–640 neben *Arnulf von Metz* Hausmeier der Merowinger-Könige *Dagobert I.* u. *Sigibert III.* in Austrien. – **2. P. der Mittlere,** *P. von Heristal,* Enkel von 1), *um 635, †714, fränk. Hausmeier, Vater *Karl Martells;* gewann 687 die zentrale Gewalt als Hausmeier des gesamten Frankenreichs. – **3. P. der Jüngere** (auch *P. der Kleine, P. der Kurze*), Enkel von 2), *um 715, †768, König der Franken 751–768, Sohn *Karl Martells* u. Vater *Karls d. Großen,* 741 Hausmeier, 751 König; vereinte ganz Gallien unter seiner Herrschaft; schenkte Papst Stephan II. 754 seine langobard. Eroberungen (**P.sche Schenkung**).

**Pique** → Pik.

**Pirandello,** Luigi, *1867, †1936, ital. Schriftst.; bahnbrechend für das moderne anti-illusionist.

## PILZE

*Pilze: In diesem Buchenwald gibt es verschiedenartige Lebensmöglichkeiten für Pilze: 1 an einer sterbenden alten Buche (Zunderschwamm, Austernpilz, Ringgrübling und Goldfellschüppling); 2 am gefallenen Ast (Hallimasch, Zunderschwamm u.a.); 3 auf Brandstellen (Kohlenrüblinge); 4 im Fallaub (Hexenring von Trichterlingen); 5 Schmarotzerröhrling auf einem Kartoffelbovist; 6 unter dem Erdboden (Trüffel); 7 Begleitpilz einer jungen Fichte (Fliegenpilze); 8 an Buchenstümpfen (Hallimasch, Porlinge); 9 in Moospolstern (Mooshäublinge); 10 bodenbewohnende, von Bäumen unabhängige Pilze (Lorchel, Becherling); 11 Mykorrhizapilze der Buchen (Steinpilz, Täublinge)*

*Pioneer: zeichnerische Darstellung von Pioneer 10 beim Vorbeiflug am Jupiter*

Theater. W »Sechs Personen suchen einen Autor«; Nobelpreis 1934.

**Piranęsi,** Giovanni Battista, *1720, †1778, ital. Kupferstecher u. Baumeister (Ansichten von Rom u. Architekturphantasien).

**Pirạnhas** [-njas], *Pirayas, Sägesalmler,* mehrere Arten räuber. lebender Salmler in S-Amerika, bis 35 cm große, hochrückige, seitl. stark abgeflachte Fische mit rasiermesserscharfen Zähnen; ernähren sich von Fischen u.a. Wirbeltieren.

**Pirat,** *Seeräuber.* -

**Piratensender,** privatwirtsch. Rundfunksender, die ihre durch Werbung finanzierten Programme über Sendeanlagen verbreiten, die (außerhalb des Geltungsbereichs nationaler Bestimmungen) außerhalb der Hoheitsgewässer errichtet sind.

**Piraterie,** *Seeraub,* das gewaltsame Vorgehen, um sich eines fremden Schiffs in räuber. Absicht zu bemächtigen (Ausplünderung). Piraten konnten seit alters mit dem Tod bestraft werden. Im übertragenen Sinn wurde auch ein für unerlaubt gehaltener Akt der Seekriegsführung als *P.* bezeichnet (U-Boot-Krieg), der Verantwortliche jedoch als Kriegsgefangener behandelt. Die heute vorherrschende Form der P. ist die *Luft-P.*

**Pirạ̈us,** *Peiraieus,* das antike *Kantharos,* grch. Stadt in Attika, am Saron. Golf, 188 000 Ew.; Teil der Agglomeration u. Hafen von Athen; versch. Ind., bed. Reedereien.

**Pirayas** → Piranhas.

**Pire** [pi:r], Dominique Georges, *1910, †1969, belg. Dominikanerpater; gründete seit 1956 »Europadörfer« für heimatlose Ausländer. Friedensnobelpreis 1958.

**Pirmasens,** Krst. in Rhld.-Pf., am W-Rand des Pfälzer Walds, 46 000 Ew.; Zentrum der Schuh-Ind.

**Pirna,** Krst. in Sachsen, sö. von Dresden, 47 000 Ew.; Feste *Sonnenstein* (16. Jh., einst stärkste sächs. Festung), zahlr. histor. Bauten; Textil-, Möbel-, Glas-Ind.

*Pirol (Männchen)*

**Pirọge,** *Piragua,* durch Planken überhöhter Einbaum der Karaiben in Westindien u. Guyana.

**Pirọgge,** Pastete aus Hefeteig mit einer Füllung aus Fleisch, Kohl, Pilzen u. Eiern.

**Pirọl,** einheim. Vertreter der Singvogelfam. der *Pirole,* die in rd. 30 Arten Wälder der Alten Welt bewohnen. Der nordeurasiat. P. ist im männl. Geschlecht gelbschwarz gefärbt *(Goldamsel).*

**Pirouette** [piru-], in der *Tanzkunst* die schnelle Drehung am Ort auf einem Fuß. Im *Eis- u. Rollschuhkunstlauf* unterscheidet man *Sitz-P., Stand-P.* u. *Waage-P.* Beim *Turnen* ist die P. eine ganze Drehung des Körpers um seine Längsachse während eines Sprungs oder Flugs. Im *Reitsport* (Dressur) ist die P. eine ganze Drehung des Pferdes um die Hinterhand.

**Pirsch,** eine Jagdart, bei der der Jäger das Wild anschleicht.

**Pisa,** ital. Stadt in der Toskana, am unteren Arno, Hptst. der gleichn. Prov., 104 000 Ew.; Univ. (1343), Dom (11./12. Jh.) mit weltberühmtem »Schiefen Turm« (54,5 m hoch; stellte sich bereits während des Baus im 12.–14. Jh. schräg u. hängt jetzt 6 m über); Baptisterium (1152 begonnen); Kernforschungszentrum, Fahrzeug-, Glas-, keram. u. Textil-Ind. – G e s c h.: Urspr. eine grch. Siedlung; 180 v. Chr. röm. Kolonie; im MA eine der bedeutendsten See- u. Handelsstädte. – B → S. 704

**Pisanẹllo,** Antonio, eigtl. A. *Pisano,* *um 1395, †1455, ital. Maler u. Medailleur; verband got. Tradition mit dem Realismus des Quattrocento (v.a. Bildnismedaillen); Bildnisse des Lionello d'Este u. des Kaisers Sigismund.

*Pirouette:* Die Biellmann-Pirouette ist eine schwierige Kürfigur beim Eiskunstlauf

**Pisano,** ital. Künstlerfam.: **1.** Andrea, *um 1295, †1348/49, Bildhauer u. Baumeister, zunächst Goldschmied; schuf die älteste der Bronzetüren des Baptisteriums in Florenz. – **2.** Giovanni, *um 1250, †nach 1314, Bildhauer u. Baumeister; bedeutendster Meister der mittelalterl. toskan. Plastik. – **3.** Niccolò, *um 1225, †1278/87, Bildhauer; verband in seinen Reliefs byzantin., klass.-antike u. frz.-got. Stilelemente.

**Piscator,** Erwin, *1893, †1966, dt. Theaterleiter u. Regisseur; setzte sich für das politisch-dokumentar. Theater ein (u.a. R. *Hochhuth, P. Weiss);* 1961–66 Intendant der freien Volksbühne.

**Pissạrro,** Camille, *1830, †1903, frz. Maler u. Graphiker; Impressionist, vorübergehend Pointillist; malte v.a. Landschaften u. Stadtansichten.

**Pistazie,** die ölgebenden Samen des *Sumachgewächses Pistacia vera;* im Mittelmeerraum kultiviert.

**Piste,** Start- u. Landebahn auf Flugplätzen; Ski-, Auto- oder Radrennstrecke; Einfassung der Manege im Zirkus.

**Pistọia,** ital. Stadt in der nördl. Toskana, Hptst. der gleichn. Prov., 91 000 Ew.; roman. Dom (12. Jh.), got. Rathaus (13. Jh.); versch. Ind.

**Pistọle, 1.** *Dublone,* im 16. Jh. eingeführte span. Goldmünze; in Frankreich seit 1641 als *Louisd'or* in Dtld. als *Friedrichsd'or* (= 5 Taler) nachgeprägt. – **2.** Faustwaffe, urspr. mit Feuersteinschloß u. handgriffartig gebogenem Kolben. Die bekannte-

*Speisemorchel (links). – Kulturbild des Pilzes Trichophyton soudanense, häufiger Erreger von Hautmykosen in Afrika (rechts)*

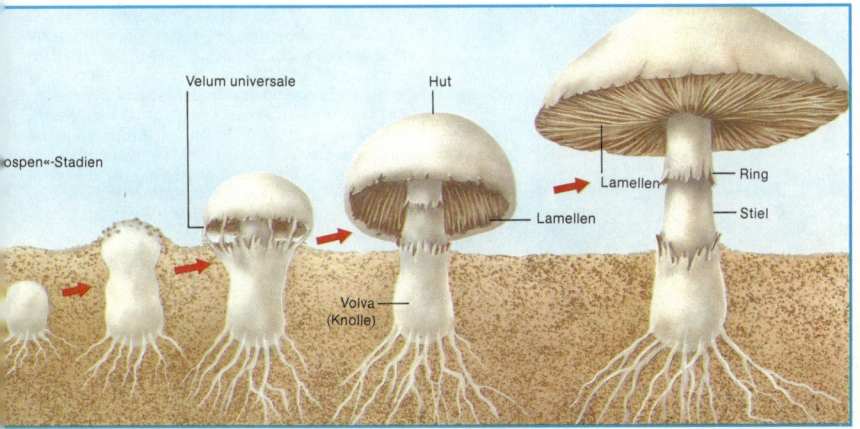

*Der eßbare Feldchampignon (Agaricus campestris):* Kennzeichnend für seinen Fruchtkörper ist der Hut mit den Lamellen an der Unterseite, an denen die Sporen gebildet werden. Die Abbildung zeigt die Entwicklung des Fruchtkörpers, beginnend mit den im Boden verborgenen Knospenstadien

sten Bauarten: *Mauser-P.*, die *Parabellum-P.*, die *Browning-P.* u. die *Walther-P.*

**Piston** [-'tɔ̃], **1.** *Cornet à pistons*, ein Kornett in hoher Stimmlage mit Pumpventilen. – **2.** ein Pumpventil bei Blechblasinstrumenten.

**Piston** ['pɪstən], Walter, *1894, †1976, US-amerik. Komponist; Neoklassizist, Jazz-Einflüsse.

**Pistyan**, slowak. *Piešť any*, ung. *Pöstyén*, Badeort in der westl. Slowakei (ČSFR), 33 000 Ew.; warme Schwefelquellen u. Moorbäder.

**Pisuerga**, r. Nbfl. des Duero im Hochland von Altkastilien (Spanien), 283 km.

**Pitaval**, Bez. für Sammlungen von Kriminalfällen; nach dem frz. Strafrechtler François Gayot de P. (*1673, †1743).

**Pitcairn** [-'kɛən-], brit. Südseeinsel, im SO der Tuamotu-Inseln, von Korallenriffen umgeben, 4,6 km², rd. 300 m hoch, 65 Ew., Hauptort *Adamstown*; 1790 Zufluchtsort der Bounty-Meuterer; seit 1838 brit. Kolonie.

**Pitchpine** ['pɪtʃpaɪn], aus N-Amerika eingeführtes Holz der *Sumpfkiefer* u. der *Pechkiefer*; zu Fußböden, Möbeln u. im Schiffbau verwendet.

**Pitești** [pi'teʃtj], Hptst. des rumän. Kreises Argeș, in der Walachei, 157 000 Ew.; Zentrum eines Obst- u. Weinbaugebietes; versch. Ind.

**Pithecanthropus-Gruppe**, *Archanthropinen*, ausgestorbene Urmenschen aus dem Alt- u. Mittelpleistozän (600 000 bis 250 000 v. Chr.) Europas, Asiens u. Afrikas; getrennt vom heutigen Menschen durch das kleine Hirnvolumen (1000 cm³), starke Überaugenwülste u. stark vorspringende Gesichtsregion; Werkzeug- u. Feuergebrauch u. Kannibalismus nachgewiesen. Die zahlr. beschriebenen Formen werden heute alle zu der Art *Homo erectus* zusammengefaßt.

**Pitot-Rohr** [pi'to-], rechtwinklig gebogenes Staurohr zum Messen von stat. u. dynam. Drücken bei Flüssigkeits- u. Gasströmungen.

**Pitt, 1.** William d. Ä., Earl of *Chatham*, *1708, †1778, brit. Politiker; 1757–61 u. 1766–68 leitender Min.; verantwortl. für die engl. Außenpolitik u. Kriegsführung während des Siebenjährigen Kriegs an der Seite Preußens; verdrängte Frankreich aus Kanada u. aus O-Indien. – **2.** William d. J., Earl of *Chatham*, Sohn von 1), *1759, †1806, brit. Politiker; 1783–1801 u. 1804–06 Prem.-Min.; brachte die Union mit Irland (1801) zustande, wurde Führer der europ. Koalition gegen die Frz. Revolution.

**Pittas**, eine Fam. trop., prächtig gefärbter, drosselartiger *Sperlingsvögel*.

**Pitti**, *Palazzo P.*, monumentaler Renaissance-Palast in Florenz, um 1458 begonnen, 1570 vollendet; heute Gemäldegalerie.

**pittoresk**, malerisch.

**Pittsburgh** [-'bəːg], Stadt in Pennsylvania (USA), auf einer Halbinsel zw. den Quellflüssen des Ohio, 425 000 Ew.; Univ. (1787); Kernforschungszentrum; Schwerpunkt der Stahl- u. Eisen-Ind., in der Nähe Kohlen- u. Erdöllager.

**Pityriasis**, Sammelname für abschuppende Hautkrankheiten, z.B. *Kleienflechte* u. *Schuppenröschen*.

*Francisco Pizarro; Kupferstich, 1673*

**Pityusen**, span. Inselgruppe der Balearen (Formentera u. Ibiza).

**più** [pju:], mehr; oft bei musikal. Vortragsbez., z.B. *più forte*: lauter.

**Piura**, *San Miguel de P.*, peruan. Dep.-Hptst., 190 000 Ew.; Univ.

**Pius**, Päpste:
**1. P. II.**, eigtl. Enea Silvio de' *Piccolomini*, lat. *Aeneas Silvius*, *1405, †1464, Papst 1458–64, Humanist; Anhänger des Konziliarismus; bemühte sich erfolglos um die Einigung Europas gegen die Türken. – **2. P. IV.**, eigtl. Gian Angelo *Medici*, *1499, †1565, Papst 1559–65, schränkte die Macht der Inquisition ein u. suchte die von seinem Vorgänger *Paul IV.* heraufbeschworenen Zwistigkeiten mit Spanien u. Kaiser Ferdinand I. zu beenden; berief das Konzil von Trient wieder ein u. brachte es zum Abschluß (1563). – **3. P. V.**, eigtl. Michele *Ghislieri*, *1504, †1572, Papst 1566–72, 1558 Großinquisitor; sorgte für die Verbreitung u. Durchführung der Dekrete des Konzils von Trient; am Seesieg über die Türken bei Lepanto (1571) beteiligt. Heiliger (Fest: 30.4.). – **4. P. VII.**, eigtl. Barnaba *Chiaramonti*, *1742, †1823, Papst 1800–23, widmete sich dem Wiederaufbau der frz. Kirche; nach dem Bruch mit Napoleon 1809–14 in Haft; erreichte die Wiederherstellung der Jesuitenordens (1814) u. des Kirchenstaats (Wiener Kongreß 1815). – **5. P. IX.**, eigtl. Giovanni Maria *Mastai-Ferretti*, *1792, †1878, Papst 1846–78, verbot nach Aufhebung des Kirchenstaats (1870) den Katholiken die Teilnahme am polit. Leben Italiens; verkündete das Dogma der Unbefleckten Empfängnis Mariens (1854) u. zog eine scharfe Trennung zw. der Kirche u. vielen geistigen, polit. u. soz. Bestrebungen der Zeit. Das von P. beeinflußte 1. *Vatikan. Konzil* (1869/70) definierte den Universalepiskopat des Papstes u. seine Unfehlbarkeit in Glaubens- u. Sittenlehre. – **6. P. X.**, eigtl. Giuseppe *Sarto*, *1835, †1914, Papst 1903–14, begann mit der Vereinheitlichung u. Neukodifikation des Kirchenrechts (Codex Iuris Canonici); trat Versuchen, das Glaubensgut neu zu durchdenken, mit der rigorosen Verurteilung des »Modernismus« entgegen; ließ es zum offenen Bruch mit Frankreich (1905 Trennung von Kirche u. Staat) kommen. Heiliger (Fest: 21.8.). – **7. P. XI.**, eigtl. Achille *Ratti*, *1857, †1939, Papst 1922–39, wandte sich in dem Rundschreiben »Mit brennender Sorge« (1937) gegen zahlr. Konkordatsverletzungen des Dt. Reichs u. unterzog die nat.-soz. Ideologie scharfer Kritik; schloß 1929 mit Italien die *Lateranverträge* ab. – **8. P. XII.**, eigtl. Eugenio *Pacelli*, *1876, †1958, Papst 1939–58, regierte die Kirche straff u. autokratisch; verkündete das Dogma der leibl. Aufnahme Mariens in den Himmel (1950).

**Piz**, Berggipfel, bes. in den schweiz. Alpen.

**Pizarro** [-'θarrɔ], Francisco, *um 1478, †1541 (ermordet), span. Konquistador; eroberte 1531–33 das Inkareich in Peru u. ließ den letzten Inkakaiser *Atahualpa* 1533 hinrichten; gründete 1535 Lima.

**Pizza**, ital. Hefekuchen mit einem Belag aus Tomaten, Mozzarellakäse, Sardellen, Öl, Salz, Pfeffer u. Majoran. – **Pizzeria**, ital. Spezialrestaurant, das hpts. P. serviert.

**pizzicato**, Abk. *pizz.*, bei Streichinstrumenten Vortragsbez. für das Zupfen der Saiten mit den Fingern.

**Pjöngjang** → *Phyongyang*.

**Pkw**, *PKW*, Abk. für *Personenkraftwagen*.

**Placebo**, *Plazebo*, ein einem echten Arzneimittel äußerl. gleiches Präparat, das aber dessen eigtl. Wirkstoffe nicht enthält; dient der Unterscheidung zw. der subjektiven u. der objektiven Wirksamkeit des Arzneimittels.

**Placenta** → *Plazenta*.

**Placentalia** → *Plazentatiere*.

**Placet** → *Plazet*.

**placieren, 1.** an einen bestimmten Platz stellen. – **2.** einen gezielten Schuß (Ballspiel) abgeben bzw. einen Hieb, Treffer (Fechten) oder Schlag (Boxen) anbringen; *sich p.:* bei Sportwettkämpfen einen der vorderen Plätze (nach dem Sieger) erringen. – **3.** Kapital anlegen oder unterbringen.

**plädieren**, ein Plädoyer halten; etwas befürworten.

**Plädoyer** [plɛ:dwa'je], *Plaidoyer*, Schlußvortrag des Verteidigers oder des Staatsanwalts in der Hauptverhandlung.

**Plafond** [pla'fɔ̃], die Decke eines Raumes.

**Plagiat**, bewußte Verletzung des Urheberrechts, indem fremdes Geistesgut als eigenes ausgegeben wird.

**Plaid** [ple:d], Reisedecke; großes Umschlagtuch aus Wolle.

**Plakat**, öffentl. angebrachtes, meist großformatiges Anschlagblatt mit mitteilendem oder werbendem Aufdruck, oft künstler. gestaltet.

**Plakette**, Schau- oder Gedenkmünze in meist eckiger Form, i.w.S. jede mit Relief-Darst. versehene medaillenähnl. Metallplatte.

**Planarien**, *Planaria*, zu den *Strudelwürmern* gehörende Würmer, deren Darm aus drei Schenkeln besteht.

**Planck**, Max, *1858, †1947, dt. Physiker; gab als Begr. der *Quantentheorie* der modernen Physik eine entscheidende Prägung. Ausgehend von Untersuchungen zur Thermodynamik entdeckte er eine neue Naturkonstante, das sog. *P.sche Wirkungsquantum* sowie das *P.sche Strahlungsgesetz*, das die Abhängigkeit elektromagnet. Energie eines *schwarzen Körpers* von seiner Temperatur u. der Frequenz der Strahlung beschreibt. – Nobelpreis 1918. P. zu Ehren wurde die Kaiser-Wilhelm-Gesellschaft zur Förderung der Wiss. in *Max-Planck-Gesellschaft* umbenannt.

**planetarische Nebel**, gasförmige, meist regelmäßig begrenzte Nebelflecke, die eine komplizierte Feinstruktur zeigen (*Ringnebel*). Im Innern ist meist ein sehr heller u. heißer, blau leuchtender Zentralstern sichtbar, der die umgebenden Nebelgase beleuchtet oder zum Leuchten anregt. Etwa 300 p. N. sind bekannt.

**Planetarium**, Vorrichtung zur Demonstration der Himmelsbewegungen, bei der die Gestirne (Fixsternhimmel, Sonne, Mond, Planeten) auf die Innenfläche einer halbkugelförmigen Vorführungskuppel projiziert werden.

**Planeten**, *Wandelsterne*, kugelförmige oder ellip-

*Pisa: Dom und »Schiefer Turm«*

soide Himmelskörper, die in ellipsenförmigen Bahnen um die Sonne laufen. Bisher sind 9 *Große P.* bekannt (einschl. Erde), davon 3 erst in neuerer Zeit entdeckt (Uranus 1781, Neptun 1846, Pluto 1930); außerdem rd. 1700 *Kleine P.* Der 1977 entdeckte *Chiron* (mit einer Bahn zw. Saturn u. Uranus) gehört vermutl. zu den Kleinen P.

**Planetengetriebe,** Zahnradgetriebe, das aus drei Gliedern besteht; zwei (größeren) Hauptzahnrädern u. einem »Planetenträger«, an dem meist mehrere »Planetenräder« frei drehbar angeordnet sind. Für Kennungswandler werden häufig mehrere P. zusammengebaut. Das *Differential* ist eine Sonderbauart des P.

**Planetensystem,** die Gesamtheit der *Planeten,* die einen Himmelskörper umkreisen. Das einzige bisher bekannte P. ist das Sonnensystem.

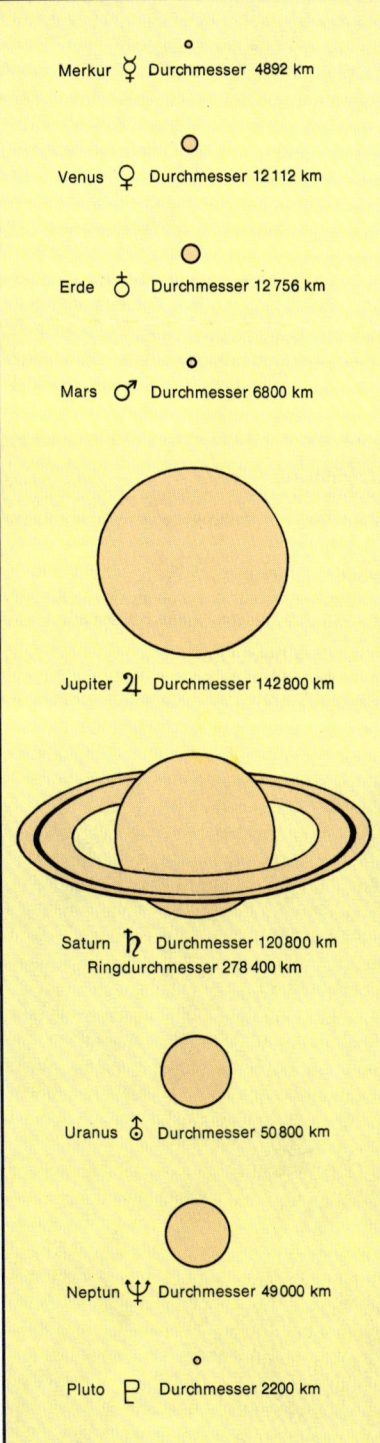

*Größe der Planeten*

**Dimensionen und physikalische Konstanten der Planeten**

| Planet | D | A | M | d | f | Ab |
|---|---|---|---|---|---|---|
| Merkur | 4892 | 0,06 | 0,053 | 5,4 | 4,2 | 0 |
| Venus | 12 112 | 0,76 | 0,815 | 5,16 | 10,3 | 0 |
| Erde | 12 756 | 0,39 | 1,000 | 5,53 | 11,2 | 1:297 |
| Mars | 6 800 | 0,15 | 0,107 | 3,95 | 5,0 | 1:190 |
| Jupiter | 142 800 | 0,51 | 318,00 | 1,33 | 61 | 1:16 |
| Saturn | 120 800 | 0,42 | 95,22 | 0,69 | 37 | 1:10 |
| Uranus | 50 800 | 0,66 | 14,55 | 1,21 | 22 | 1:15 |
| Neptun | 49 000 | 0,62 | 17,23 | 1,70 | 25 | 1:40 |
| Pluto | 2 200 | 0,50 | 0,002 | 2,1 | 1 | ? |

(D = Äquatordurchmesser in km, A = Albedo, M = Masse (einschl. Monde [Erde = 1]), d = mittlere Dichte [Wasser = 1], F = Fluchtgeschwindigkeit in km/s, Ab = Abplattung)

**Die wichtigsten Bahnelemente der Planeten**

| Planet | a | e | i | T | U |
|---|---|---|---|---|---|
| Merkur | 0,387 | 0,206 | 7° 0'2 | 0,241 | 115,9 |
| Venus | 0,723 | 0,007 | 3° 23',6 | 0,615 | 583,9 |
| Erde | 1,000 | 0,017 | 0° 0',0 | 1,000 | – |
| Mars | 1,524 | 0,093 | 1° 51',0 | 1,881 | 779,9 |
| Jupiter | 5,203 | 0,048 | 1° 18',5 | 11,862 | 398,9 |
| Saturn | 9,539 | 0,056 | 2° 29',6 | 29,458 | 378,1 |
| Uranus | 19,182 | 0,047 | 0° 46',4 | 84,015 | 369,7 |
| Neptun | 30,057 | 0,009 | 1° 46',8 | 164,788 | 367,5 |
| Pluto | 39,75 | 0,249 | 17° 8',7 | 247,7 | 366,7 |

(a = große Halbachse in *astronomischen Einheiten,* e = Exzentrizität, i = Neigung gegen die Ekliptik, T = siderische Umlaufzeit in Jahren, U = synodische Umlaufzeit in Tagen)

**Planetoiden,** *Kleine Planeten, Asteroiden,* kleine planetenartige Körper, die in der Mehrzahl zw. Mars- u. Jupiterbahn die Sonne umkreisen. Bisher sind 3000 P. mit gesicherten Bahnen bekannt. Die meisten P. haben wenige km Durchmesser; nur einige über 100 km.

**planieren,** ebnen, glätten (Gelände, Boden).

**Planierraupe** → Bulldozer.

**Planisphäre,** Karte, die die gesamte Erd- oder Himmelskugel wiedergibt.

**Plankton,** Sammelbez. für alle im Wasser schwebenden Organismen, die keine größere Eigenbewegung ausführen u. passiv durch Wasserbewegungen verdriftet werden. Das pflanzl. P. heißt *Phyto-P.,* das tier. *Zoo-P.,* die einzelnen P.-Organismen *Plankter.* Das P. des Süßwassers *(Limno-P.)* unterscheidet sich in seiner Zusammensetzung stark von dem des Salzwassers *(Hali-P.).* Das P. spielt eine große Rolle als Nahrung für Fische, Muscheln u. andere Tiere.

**Planspiel,** *Unternehmungsspiel,* eine Ausbildungsmethode, insbes. für Wirtschaftswissenschaftler u. Verwaltungsfachleute, bei der das Treffen von Entscheidungen geübt wird.

**Plantage** [-ʒə], *Pflanzung,* landw. Betrieb zum flächenmäßig größeren Anbau von Monokulturen; bes. in den Tropen.

**Plantagenet** [plænˈtædʒɪnɪt, engl.; plɑ̃taʒəˈnɛ, frz.], Beiname des Grafen *Gottfried von Anjou,* nach einer Ginsterstrauchart, die er als Helmzier trug. 1154–1399 saß das Haus P. auf dem engl. Thron *(Anjou-P.).* Es teilte sich 1399 in die Linien *Lancaster* (bis 1471) u. *York* (bis 1485).

**Planung,** die Festsetzung von Zielen sowie das Auffinden u. Abwägen von alternativen Handlungsmöglichkeiten.

**Planwirtschaft,** *Zentralverwaltungswirtschaft,* im Ggs. zur *Marktwirtschaft* ein Wirtschaftssystem, in dem die Wirtschaftsvorgänge durch eine oberste, staatl. Wirtschaftsbehörde zentral geplant u. gelenkt werden.

**Plasma, 1.** *Biologie:* → Protoplasma. – **2.** *Kernphysik:* ein Gas, das aus freien Elektronen u. Ionen besteht. Bei sehr hohen Temperaturen werden die Gasmoleküle ionisiert, u. die äußeren Elektronen bleiben abgetrennt. Die Materie in Sternen u. auch Gaswolken im interstellaren Raum befinden sich im P.-Zustand. Das P. kann kontrolliert auf extrem hohe Temperaturen gebracht werden. Bei diesen Temperaturen können Fusionsreaktionen ablaufen, die zu einer starken Energiefreisetzung führen. – **3.** *Physiologie:* flüssige Bestandteile von Blut u. Milch.

**Plasmodium, 1.** vielkernige, nackte Plasmamasse der Schleimpilze. – **2.** Gatt. der *Hämosporidien,* Erreger der Malaria.

**Plasmolyse,** Reaktionserscheinung der lebenden Zelle auf eine Konzentrationserhöhung des Außenmediums: Der *Protoplast* löst sich infolge osmot. Wasserabgabe (→ Osmose) von der Zellwand u. schrumpft.

**Plasmon,** Gesamtheit der außerhalb der Chromosomen liegenden Erbfaktoren.

**Plastiden,** pflanzl. Zellorganellen, die nur den Bakterien, Pilzen u. Blaualgen fehlen. Sie bestehen aus lipoidreichen Reaktionsräumen, die von einer Doppelmembran umhüllt sind. P. sind oft durch fettlösl. Farbstoffe auffällig gefärbt u. werden dann als *Chromatophoren (Chromoplasten)* bezeichnet, z.B. die Blattgrün enthaltenden *Chloroplasten.* Die farblosen P. werden als *Leukoplasten* bezeichnet, z.B. in den Wurzeln u. Wurzelstöcken bei grünen Pflanzen vorkommend.

**Plastik, 1.** *Bildhauerkunst, Bildnerei, Skulptur,* das künstler. Formen bildsamer Materialien (Ton, Stein, Holz, Elfenbein, Gips, Metall u.a.) zu dreidimensionalen Werken, auch das geformte Einzelwerk selbst. – **2.** → Kunststoffe.

**Plastikbombe** → plastischer Sprengstoff.

**Plastilin,** wachsähnl. Modelliermasse.

**plastisch,** körperlich, bildsam, anschaulich.

**plastische Chirurgie,** operative Beseitigung von Haut-, Schleimhaut-, Knochen- u.a. Gewebsdefekten zur Wiederherstellung gestörter Funktionen u. zur Beseitigung von Entstellungen; auch eine Operation, bei der störendes Gewebe entfernt wird, um eine bestimmte Form zu erreichen, z.B. Nasenplastik, Brustplastik *(kosmet. Chirurgie).*

**plastischer Sprengstoff,** *Plastik-Sprengstoff,* beliebiger Sprengstoff, der durch chem. Zusätze knetbar gemacht u. in diesem Zustand erhalten bleibt *(Plastikbombe).*

**Plastizität,** Bildsamkeit, Geschmeidigkeit; die Fähigkeit eines Stoffs, nach der Beanspruchung seine neue Form zu behalten; übertragen auch Anschaulichkeit.

**Plataä,** *Plataiai,* antiker Stadtstaat in Böotien; 479 v. Chr. Sieg der Griechen über die Perser.

**Platane,** *Platanus,* Baum aus der Fam. der *P.ngewächse* (→ Pflanzen), mit heller, fleckiger Rinde u. ahornähnl., jedoch wechselständigen Blättern; häufig als Allee- u. Parkbaum.

**Plateau** [-ˈto], Hochfläche, Tafelland.

**Platen,** August Graf von *P.-Hallermünde,* *1796, †1835, dt. Schriftst.; vertrat gegen die Romantik einen klassizist. strengen Sprach- u. Formstil (v.a. Oden, Sonette, Balladen).

**Platereskstil,** ornamentaler Bau- u. Dekorationsstil in Spanien z. Z. der Spätgotik u. Frührenaissance (feingliedrige, teppichartige Ziermuster).

**Platin,** grauweißes, dehnbares Edelmetall; kommt gediegen in Form kleiner Körnchen im Flußsand vor, v.a. in Rußland (Ural), Kanada, Südafrika u. Kolumbien. Verwendung: für Schmuckgegenstände, Geräte in chem. Laboratorien u.ä. – **P.metalle,** die in der Natur meist gemeinsam auftretenden Edelmetalle der VIII. Nebengruppe des Periodensystems der Elemente: Platin, Palladium,

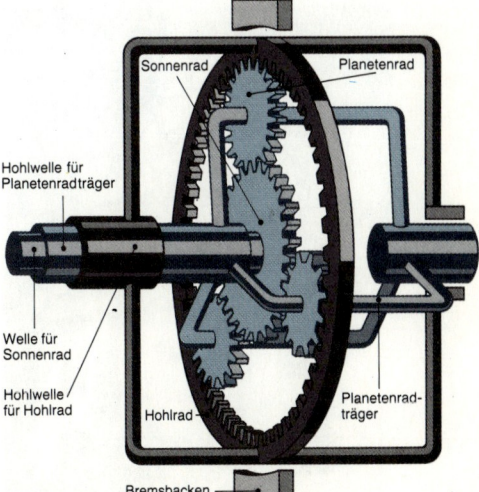

*Planetengetriebe:* Bei vollautomatischen Kraftfahrzeuggetrieben wird dem Drehmomentwandler ein Planetengetriebe nachgeschaltet

## Platon

Platon. Marmorbüste. Florenz, Uffizien

Rhodium, Iridium, Ruthenium u. Osmium. → chemische Elemente.

**Platon,** *Plato,* *427 v.Chr., †347 v.Chr.; grch. Philosoph, Schüler des Sokrates; gründete 387 in Athen eine eigene Schule, die *Akademie.* P. Philosophie, die klass. Form des Idealismus, ist in einer Reihe von *Dialogen* niedergelegt. Kern seiner Lehre sind die *Ideen,* die unveränderl. Urbilder, denen im Ggs. zu den wahrnehmbaren Dingen, den Abbildern der Ideen, wirkl. Existenz zukommt. Höchste Idee ist die Idee des Guten, aus der die anderen Tugenden abgeleitet werden. In seiner *Politik* entwirft P. das Bild des bestmögl. Staates, an dessen Spitze der Beste, mit Einsicht Regierende *(Philosophenkönig)* stehen soll. Seine bekanntesten Werke: »Apologie«, »Politeia«, »Gorgias«, »Kratylos«, »Symposion«, »Phaidon«, »Timaios«.

**platonische Körper,** Körper, die von regelmäßigen, untereinander kongruenten Vielecken begrenzt sind, z.B. Oktaeder, Tetraeder.

**platonische Liebe,** vergeistigte, unkörperl. Liebe (nach Platons »Symposion«).

**platonisches Jahr,** Zeitabschnitt von 25 780 Jahren; die Zeit, in der der Frühlingspunkt infolge der *Präzession* die Ekliptik umwandert.

**Platonismus,** Nachwirken der Lehre *Platons* in der europ. Philosophie. Als bewußte Anknüpfung an Platon verstand sich der *Neuplatonismus.*

**Plattdeutsch,** volkstüml. für *Niederdeutsch.*

**Platte,** Rudolf, *1904, †1984, dt. Schauspieler (v.a. Charakterdarsteller).

Plauen: Rathaus

**Plattensee,** ung. *Balaton,* See in Ungarn, mittlere Tiefe 3 m, 591 km²; Erwärmung des Wassers im Sommer bis 28 °C; mehrere Badeorte.

**Plattenspieler,** fr. *Grammophon,* Gerät zum Abspielen von *Schallplatten;* besteht im wesentl. aus einem *Plattenteller* mit Motorantrieb, einem bewegl. *Tonarm* u. einem magnetodynam. *Tonabnehmer* mit Nadel (Saphir oder Diamant) zum Abtasten der Schallplattenrillen. Die Compact Disc wird von einem P. mit einem Laserabtastsystem abgespielt.

**Plattentektonik,** Theorie, die dynam. Vorgänge in der *Lithosphäre,* wie die Entstehung von Gebirgen, die Bewegungen der Ozeanböden, die Erdbeben- u. Vulkanzonen sowie die Kontinentalverschiebung, zu erklären versucht. Danach ist die Lithosphäre in mehrere, 100–150 km dicke, versch. starre Platten (Tafeln, Großschollen) zerlegt, die auf dem zähflüssigen Erdmantel gegeneinander bewegt werden. An den *Mittelozeanischen Rücken* weichen die Platten auseinander (bis zu 6 cm/Jahr), wobei aus den Dehnungs-(Trennungs-)Fugen vulkan. Material aufsteigt, das die ozean. Kruste ständig ergänzt. Das Wachsen u. Auseinanderdriften der Ozeanböden wird durch ein Abtauchen an den stabilen Rändern benachbarter Platten ausgeglichen. Solche Verschluckungszonen *(Subduktionszonen)* finden sich im Bereich der Tiefseerinnen. Bewegen sich Platten aufeinander zu, so entstehen Gebirge oder vulkan. Inselbögen. Als Motor der Bewegung werden Wärmeströmungen im Erdmantel angenommen. Die P. unterscheidet sechs große Platten (afrikan., amerikan., antarkt., eurasiat., indo-australe., pazif. Platte), zw. die kleinere eingeschaltet sind.

**Platterbse,** *Lathyrus,* artenreiche Gatt. der Schmetterlingsblütler; hierzu u.a. Wiesen-P. u. Wohlriechende P. (Gartenwicke).

**Platte River** [plæt rivə], r. Nbfl. des Missouri in Nebraska (USA), rd. 500 km.

**Plattfische,** Schollen i.w.S., Flachfische, Seitenschwimmer, *Pleuronectiformes,* Ordnung der *Echten Knochenfische;* auffallend asymmetr., sehr kurze, scheibenförmige Fische. Zu den P. gehören: *Scholle, Flunder, Heilbutt, Steinbutt, Kliesche* u. *Seezunge.*

**Plattfuß,** *Pes planus,* höchster Grad des *Senkfußes,* bei dem das Fußgewölbe so abgeflacht ist, daß auch der innere Fußrand beim Auftreten den Boden berührt.

**plattieren,** *doublieren,* unedles Metall mit einem hochwertigen belegen, so daß eine unlösl. Verbindung entsteht, z.B. Kupfer auf Stahl.

**Plattwürmer,** *Plathelminthes,* Stamm niederer Würmer (über 12 000 Arten); umfaßt eine freilebende Ordnung, die *Strudelwürmer,* u. zwei parasit. lebende Ordnungen, die *Saugwürmer* u. die *Bandwürmer.*

**Platzangst,** *Agoraphobie,* krankhafter Angstzustand beim Überschreiten freier Plätze.

**Platzhirsch,** Hirsch, der in der Brunftzeit ein Hochwildrudel beherrscht; Ggs.: *Beihirsch.*

**Platzwette,** Wettart bei Pferderennen.

**Plauen,** Stadt im Vogtland, an der Weißen Elster, 78 000 Ew.; histor. Bauten, Textil- *(P.er Spitzen* u. *Gardinen),* Maschinen-, Elektro-, metallverarbeitende u. chem. Ind.

**plausibel,** einleuchtend, glaubhaft.

**Plautus,** Titus Maccius, *um 250 v.Chr., †184 v.Chr., röm. Komödiendichter; die 21 für echt angesehenen Stücke sind den röm. Verhältnissen angepaßte Bearbeitungen grch. Komödien von *Menander* u.a.

**Play-back** [ˈplɛibæk], Verfahren des Rückspielens aufgenommener Sprach- oder Musikdarbietungen bei Film-, Hörfunk-, Fernseh-, Schallplatten- u. Tonbandaufnahmen zur Synchronisation mit einem zugehörigen Teil der Darbietung (z.B. Synchronisation von Ton u. Bild).

**Playboy** [ˈplɛibɔi], reicher (junger) Mann, der nicht arbeitet u. nur gesellschaftl. Vergnügungen nachgeht.

**Play-off-Runde** [ˈplɛi ˈɔf-], gesonderte Endrunde (meistens der sechs Erstplazierten einer Vorrunde) in Mannschaftssportarten zur endgültigen Ermittlung des Meisters (z.B. Basketball, Eishockey).

**Plazenta,** *Placenta, Mutterkuchen,* Organ zur Ernährung des Embryos in der mütterl. Gebärmutter der *P.tiere* einschl. des Menschen. Die äußere Embryonalhülle wird hier zur *Zottenhaut,* die das mütterl. u. das embryonale Blut trennt, durch die aber Sauerstoff u. Nährstoffe einerseits u. Kohlensäure u. Schlackenstoffe andererseits hindurchwandern

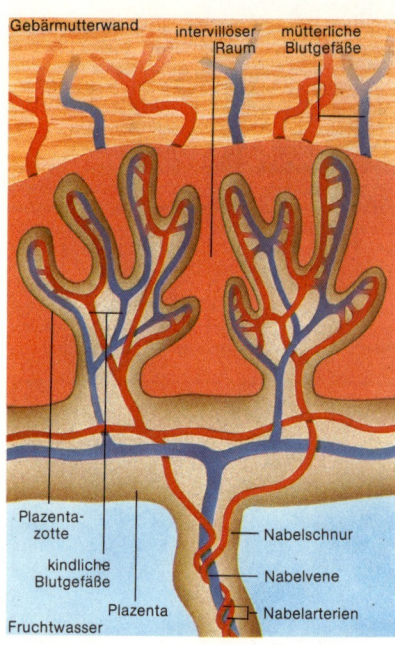

*Die Plazenta besteht aus schwammigem, von Zotten durchzogenem Gewebe, das zur Mutter hin von der Basalschicht, zum Keimling hin von der Chorionplatte begrenzt ist. Durch feine Spalten in der Basalschicht gelangt mütterliches Blut in das Zottensystem, dessen Blutgefäße diffundierende Nährstoffe und Sauerstoff aufnehmen*

können. Die P. wird nach der Geburt ausgestoßen *(Nachgeburt).*

**Plazentatiere,** Plazentalier, *Placentalia,* Säugetiere mit Zottenhaut, Plazenta, unpaarer Scheide (Vagina) u. Gebärmutter (Uterus), d.h. alle Säugetiere außer *Kloakentieren* u. *Beuteltieren.*

**Plazet,** *Placet,* Zustimmung, Bestätigung.

**Plebejer,** im alten Rom Angehöriger der *Plebs;* übertragen: gewöhnl., ungehobelter Mensch.

**Plebiszit,** *Referendum,* Volksabstimmung, Volksentscheid.

**plebiszitäre Demokratie,** demokrat. Staatsform, bei der das Volk nicht nur das Parlament, sondern auch andere Staatsorgane (insbes. das Staatsober-

Plitwitzer Seen

haupt) wählt u. direkt über Verfassungsänderungen oder auch Gesetze entscheidet.

**Plebs,** urspr. die Masse der röm. Bürger, im Ggs. zu den privilegierten *Patriziern;* später nur noch der besitzlose Teil des Volks; erwarb sich in über 200 Jahre währenden sog. Ständekämpfen schrittweise die polit. Gleichberechtigung (bis 287 v.Chr. erreicht); heute noch abfällig für »Pöbel, niederes Volk« gebraucht.

**Plechanow** [-nɔf], Georgij Walentinowitsch, *1856, †1918, russ. Sozialist; gründete 1883 in der Schweiz die erste russ. marxist. Gruppe, schloß sich später den *Menschewiki* an.

**Pleistozän,** fr. *Diluvium,* untere Abteilung des *Quartärs;* mit starker, viermaliger Vereisung der Nordhalbkugel (etwa 2 000 000 bis 20 000 v.Chr.); zw. den Eisvorstößen sind drei Warmzeiten nachgewiesen; erstes Auftreten des Menschen. Es gab viele, z.T. heute ausgestorbene, kältelebende Tiere u. Pflanzen. Auch → Eiszeit.

**Plejaden, 1.** *Siebengestirn, Gluckhenne,* offener Sternhaufen im *Stier;* Entfernung etwa 410 Lichtjahre. – **2.** in der grch. Myth. die 7 Töchter des *Atlas* u. der *Pleïone,* von *Orion* verfolgt u. von *Zeus* als Gestirn an den Himmel versetzt.

**Plektron,** *Plektrum,* Schlagfeder, -stäbchen oder -plättchen zum Anreißen der Saiten versch. Zupfinstrumente.

**Plenarium,** ein liturg. Buch, das alle Texte für die Lesungen der Messe enthält.

**Plenarsitzung,** Tagung des *Plenums.*

**Plenterwald,** eine Form des *Hochwalds,* bei der Bäume aller Entwicklungsstufen auf kleinster Fläche nebeneinanderstehen.

**Plenum,** allg. die Vollversammlung aller einem Gesamtorgan angehörenden Mitgl., z.B. P. des Bundestags.

**Plenzdorf,** Ulrich, *26.10.1934, dt. Schriftst.; Ⓦ »Die neuen Leiden des jungen W.«, »Die Legende von Paul u. Paula«.

**pleo...,** Wortbestandteil mit der Bed. »reichhaltig, über«.

**Pleochroismus,** die Eigenschaft bestimmter Kristalle, in polarisiertem Licht in versch. Richtungen versch. Farben durchzulassen.

**Pleonasmus,** eine rhetorische Figur, in der ein Begriff mit einem an sich selbstverständl. Zusatz versehen wird (z.B. »alter Greis«).

**Pleskau,** dt. Name der sowj. Stadt → Pskow.

**Plessner,** Helmuth, *1892, †1985, dt. Philosoph u. Soziologe; Arbeiten über philos. Anthropologie, Kultursoziologie u. Ästhetik.

**Plettenberg,** Stadt in NRW, im westl. Sauerland, 28 000 Ew.; Burgruine Schwarzenberg; Walzwerk.

**Pleuelstange,** Stange zur Übertragung von Schubkräften zw. umlaufenden Teilen u. hin- u. hergehenden Maschinenteilen (z.B. *Kolben*).

**Pleura,** *Brustfell,* → Brust (1).

**Pleuritis,** Brustfellentzündung, Lungenfellentzündung; → Rippenfellentzündung.

**Pleven,** dt. *Plewen,* türk. *Plevne,* Hptst. des nordbulgar. Bez. P., 130 000 Ew.; Maschinenbau, Textil-, Nahrungsmittel-, Zement- u. chem. Ind. – Die Kämpfe bei P. entschieden den russ.-türk. Krieg 1877/78 für Rußland.

**Plexiglas,** glasartig durchsichtiger Kunststoff aus Polymethacrylsäureester; splittersicher u. mechan. leicht zu bearbeiten.

**Plexus,** netzartige Vereinigung von Blut- oder Lymphgefäßen sowie von Nerven.

**Pleydenwurff,** Hans, *um 1420, †1472, dt. Maler; Hauptmeister der Nürnberger Malerei vor A. *Dürer.*

**Pleyel,** Ignaz Joseph, *1757, †1831, östr. Komponist (Sinfonien, Instrumentalkonzerte u. Kammermusik); gründete einen Musikverlag u. eine Klavierfabrik.

**Plinius, 1.** Gaius P. Secundus d.Ä., *23/24, †79, röm. Schriftst.; behandelte in seinem Sammelwerk »*Naturalis historia*« hpts. naturwiss., aber auch kunstgeschichtl. Probleme. – **2.** Gaius P. Caecilius Secundus d.J., Neffe u. Adoptivsohn von 1), *61/62, †um 113, röm. Schriftst. (kulturgeschichtl. bedeutsame Briefe).

**Plinthe,** quadrat. oder rechteckige Unterlage der Säulenbasis; Sockel eines Monuments.

**Pliozän,** geolog. Stufe des Tertiär, → Erdzeitalter.

**Plissee,** Gewebe mit regelmäßigen Quer- oder Längsfalten.

**Plitwitzer Seen,** serbokr. *Plitvička jezera,* Gruppe von 16 Gebirgsseen in Kroatien (Jugoslawien), durch Wasserfälle u. Stromschnellen verbunden; Naturschutzgebiet.

*Plejaden*

**PLO,** Abk. für engl. *Palestine Liberation Organization,* »Organisation zur Befreiung Palästinas«, 1964 gegr. Organisation, die die Errichtung eines unabh. arab. Staates auf dem Boden des ehem. brit. Mandatsgebiets *Palästina* anstrebt u. sich als legitime Vertreterin der Palästinenser versteht. Die PLO ist ein loser Dachverband zahlr. Gruppen. Vors. ist seit 1969 J. *Arafat.* Ihr wichtigstes Operationsgebiet war zunächst Jordanien, dann Libanon; in beiden Ländern griff sie in innenpolit. Auseinandersetzungen ein. Ihre Aktivität gegen Israel bestand hpts. in Terroranschlägen. Die anti-isr. Protestbewegung in den besetzten Gebieten seit 1987 *(Intifada)* wurde nur z.T. von ihr gesteuert. Eine mögl. Verständigung mit Israel zeichnete sich 1988 ab, als die PLO einen Staat Palästina ohne definierte Grenzen proklamierte u. das Existenzrecht Israels indirekt anerkannte.

**Plochingen,** Stadt in Ba.-Wü., nahe der Mündung der Fils in den Neckar, 12 000 Ew.; Elektro-, Kunststoff-, Textil- u. Masch.-Ind.

**Płock** [pu'ɔtsk], poln. Stadt an der Weichsel, 116 000 Ew.; roman. Dom (12. Jh.); Erdölraffinerie, chem. u. Nahrungsmittel-Ind.

**Ploetz,** Karl Julius, *1829, †1881, dt. Historiker;

verfaßte ein weitverbreitetes Kompendium der Geschichte.

**Ploieşti** [plo'jeʃtj], rumän. Stadt am Südabfall der Südkarpaten, 235 000 Ew.; Wirtschafts- u. Verkehrszentrum, Erdölförderung, Raffinerien.

**Plombe, 1.** ein Blei- oder Blechsiegel, das so an Verpackungsschnüren oder -drähten befestigt wird, daß das zu sichernde Stück nur durch Verletzung der P. geöffnet werden kann. – **2.** Zahnfüllung aus Amalgam, Gold, Zement, Kunststoff oder Porzellan.

**Plön,** Krst. in Schl.-Ho., zw. dem *Großen* u. dem *Kleinen P.er See* in der Holstein. Schweiz, 12 000 Ew.; Luftkurort; Schloß (1623–1761 Residenz des Hzgt. Schl.-Ho.-Sonderburg-P.); Max-Planck-Inst. für Limnologie.

**Plotin,** *Plotinos,* *um 205, †270, grch. Philosoph; Begr. des *Neuplatonismus;* deutete Platon im Sinn einer myst. Religiosität.

**Plotter,** ein Zeichengerät, das mit einer Datenverarbeitungsanlage in Verbindung steht u. deren Ergebnisse graph. darstellt.

**Plötze,** *Rotauge, Bleier, Schwalen,* 12–30 cm langer *Weißfisch* aus dem Süß- u. Brackwasser Nord- u. Mitteleuropas; Speisefisch.

**Plötzensee,** Strafanstalt in Berlin, Hinrichtungsstätte der Widerstandskämpfer vom 20.7.1944.

**Plovdiv** [-dif], *Plowdiw,* Hptst. des bulgar. Bez. P., an der Maritza, 380 000 Ew.; Univ.; Moscheen; vielseitige Ind.

**Pluderhose,** *Pumphose,* geschlitzte weite Hose mit breit eingelegtem Pluderstoff; Modetracht des 16. u. 17. Jh.

**Plumpbeutler,** *Wombats,* Fam. der *Beuteltiere.*

**Plumpudding** ['plʌm-], traditioneller engl. Weihnachtspudding.

**Plural,** *Mehrzahl,* die sprachl. Mehrzahlform (z.B. *Häuser* von *Haus*).

**Pluraletantum,** nur im Plural vorkommendes Wort, z.B. »Ferien«.

**Pluralismus, 1.** *Philos.:* die Auffassung, daß es ein »letztes Vieles«, eine Vielheit von Substanzen oder von Aspekten gebe (Ggs.: *Monismus, Singularismus*). – **2.** *Politik:* die Form eines polit. Gemeinwesens, das ein Höchstmaß autonomer Gestaltungsmöglichkeiten gewährleistet, indem es alle individuellen u. korporativen Grundrechte garantiert u. respektiert. Im pluralist. Gemeinwesen ist der Staat in seiner Macht begrenzt *(Gewaltenteilung)* u. zur Beachtung autonomer Gruppenwillen (Kirchen, Gewerkschaften, Parteien u.a.) verpflichtet. Grundprinzip ist das Recht auf *Opposition.*

**plus,** mathemat. Zeichen (+) für die Addition; Vorzeichen der positiven Zahlen.

**Plusquamperfekt,** Zeitform der *Vorvergangenheit* (»er hatte geschrieben«).

**Plutarch,** *Plutarchos,* *um 45, †um 125, grch. Philosoph u. Geschichtsforscher (Biographien berühmter Griechen u. Römer sowie philos. u. lit. Arbeiten).

*Plön: Inmitten des Seengebiets der Holsteinischen Schweiz liegt der Luftkurort Plön*

**Pluto,** Zeichen ♇, einer der großen → Planeten.
**Plutokratie,** eine Herrschaftsform, bei der (rechtl. oder tatsächl.) für den Anteil an der Staatsmacht der Besitz ausschlaggebend ist.
**plutonische Gesteine,** *Plutonite, Tiefengesteine, Intrusivgesteine,* in größeren Tiefen der Erdkruste erstarrte Eruptivgesteine mit grobkörnigem Gefüge: Granit, Syenit, Diorit, Gabbro u.a.
**Plutonismus,** Erscheinungen, die mit den Magmabewegungen im Erdinnern zusammenhängen (Aufdringen, Erstarren, Metamorphose).
**Plutonium,** künstl. hergestelltes radioaktives Element, das zu den *Transuranen* gehört. Das P.isotop 239 wird als Brennstoff für Kernreaktoren u. zur Herstellung von Atombomben verwendet. → chemische Elemente.
**Plutos** → griechische Religion.
**Pluviale,** *Rauchmantel, Chormantel,* ärmelloses, fußlanges liturg. Obergewand kath. Kleriker.
**Pluvialzeit,** den pleistozänen *Eiszeiten* (im N) entspr. feuchtklimat. Periode in den Subtropen.
**Pluviometer** → Regenmesser.
**Plymouth** ['pliməθ], **1.** südengl. Hafenstadt am *P. Sound,* an der westl. Kanalküste, 244 000 Ew.; Royal Citadel (1566–70 erbaut); bed. Handels- u. Kriegshafen; versch. Ind. – **2.** Hafenstadt in Massachusetts (USA), an der Cape Cod Bay, 36 000 Ew.; 1620 von den Pilgervätern gegründet.
**p.m., 1.** Abk. für *pro mille.* – **2.** Abk. für *post meridiem.* – **3.** Abk. für *post mortem.*
**Pm,** chem. Zeichen für *Promethium.*
**Pneuma,** im NT Bez. für den Hl. Geist.
**Pneumatik,** Geräte oder Anlagen, die mit Druckluft arbeiten.
**Pneumatiker, 1.** antike Ärzteschule, die im *Pneuma* (»Wind, Atem«) die Lebenskraft sah. – **2.** im NT ein unter dem Einfluß des Hl. Geistes handelnder u. redender Mensch.
**pneumatische Kammer,** luftdicht verschlossene Kammer zur Herstellung von Unter- oder Überdruckverhältnissen zur Behandlung von Lungenerkrankungen oder für Operationen, die die Öffnung der Brusthöhle erfordern.
**Pneumokokken,** in mehreren Typen vorkommende Kugelbakterien, u.a. Erreger von Lungenentzündung.
**Pneumonie** → Lungenentzündung.
**Pneumothorax,** die Füllung des Pleura-Spalts der Lunge mit Luft oder Gasen; wird bei Lungenerkrankungen zur Ruhigstellung der Lunge künstl. angelegt.
**Po,** der antike *Padus,* Hauptfluß Italiens, 652 km; entspringt in den Cott. Alpen, tritt östl. von Turin in die fruchtbare *Poebene* ein, mündet mit seinem riesigen Delta in das Adriat. Meer; durch Anschwemmung schiebt sich die Mündung jährl. um 70 m ins Meer hinaus.
**Pocci** ['pɔtʃi], Franz Graf von, *1807, †1876, dt. Zeichner u. Schriftst.; witziger Illustrator, schrieb Kinderbücher, Märchen u. Marionettenstücke.
**pochieren** [pɔ'ʃi:-], Speisen in heißem Wasser garen, ohne sie zu kochen.
**Pocken,** *Blattern, Variola,* gemeingefährl., anzeigepflichtige, sehr ansteckende akute Infektionskrankheit; wird durch das *P.virus* hervorgerufen, das v.a. durch Tröpfcheninfektion übertragen wird. Die P., die vor Einführung der *P.-Schutzimpfung* viele Opfer forderten, sind heute fast unbekannt geworden, so daß der Impfzwang abgebaut wurde.
**poco,** wenig, etwas; musikal. Vortragsbez., z.B. *poco a poco,* nach u. nach.
**Podest,** Podium; Absatz einer Treppe.
**Podestà,** im MA der kaiserl. Stadtvogt in Italien, dann in den ital. Stadt-Rep. das meist diktator. regierende Stadtoberhaupt.
**Podgornyj,** Nikolai Wiktorowitsch, *1903, †1983, sowj. Politiker (KP); seit 1960 Mitgl. des Präsidiums bzw. Politbüros des ZK der KPdSU, 1965–77 Vors. des Präsidiums des Obersten Sowjets (Staatsoberhaupt).
**Podiebrad** ['pɔdjɛ-], *Poděbrad,* Georg von P. u. *Kunstàt,* *1420, †1471, König von Böhmen 1458–71; Führer der *Kalixtiner;* von der kath. Kirche gebannt.
**Podium,** Bühne, Erhöhung für ein Rednerpult.
**Podolien,** histor. Ldsch. in der Ukraine. – **Podolier,** Stamm der *Ukrainer.*
**Podolsk,** Stadt in der RSFSR (Sowj.), südl. von Moskau, 209 000 Ew.; Maschinenbau, elektrotechn. u. Baustoff-Ind.

*Edgar Allan Poe*

**Podsol,** *Bleicherde,* Boden, aus dessen oberem Horizont die Mineralsalze u. Eisenverbindungen ausgewaschen sind.
**Poe** [pou], Edgar Allan, *1809, †1849, US-amerik. Schriftst.; stellte in Kurzgeschichten u. Gedichten bes. das Grotesk-Unheiml. u. Visionäre dar; Meister der Detektivgeschichte; erster bed. Literaturkritiker Amerikas.
**Poel,** mecklenburg. Ostsee-Insel nördl. der Wismarer Bucht, 37 km², 3000 Ew.; Fremdenverkehr.
**Poelzig,** Hans, *1869, †1936, dt. Architekt; Hauptvertreter der expressionist. Architektur.
**Poem,** veraltete Bez. für »Gedicht«.
**Poesie,** Dichtkunst, insbes. die Versdichtung, hier wiederum insbes. das lyr. Gedicht.
**Poetik,** Wiss. vom Wesen u. von den Formen der Dichtung, neben der Lit.-Gesch. ein Teil der Lit.-Wiss.
**Poggio Bracciolini** ['pɔddʒo brattʃo-], Gian Francesco, *1380, †1459, ital. Humanist (Briefe, Traktate u. Schwänke).
**Pogrom,** gewaltsame Ausschreitungen gegen Minderheiten v.a. gegen Juden.
**Pohl, 1.** Gerhart, *1902, †1966, dt. Schriftst.; gehörte zum Freundeskreis um G. *Hauptmann,* dessen letzte Tage er beschrieb. – **2.** Robert Wichard, *1884, †1976, dt. Physiker; arbeitete über Elektrizität u. Optik.
**Pöhl,** Karl Otto, *1.12.1929, dt. Finanzfachmann; seit 1980 Präs. der Dt. Bundesbank.
**Poincaré** [pwɛka're], **1.** Henri, *1854, †1912, frz. Mathematiker u. Astronom; Arbeiten zu versch. Gebieten der Math., theoret. Physik, Himmelsmechanik u. Wissenschaftstheorie. – **2.** Raymond, Vetter von 1), *1860, †1934, frz. Politiker; 1913–20 Präs. der Rep. 1912/13, 1922–24 u. 1926–29 Min.-Präs.
**Pointe** [pwɛ:tə], Spitze; der »springende Punkt« eines Witzes; eine Anekdote.
**Pointe-à-Pitre** [pwɛta'pitr], Hafen- u. Handelsstadt auf der frz. Insel Guadeloupe, Kleine Antillen, 30 000 Ew.
**Pointe-Noire** [pwɛt'nwa:r], Hafenstadt der VR Kongo, 237 000 Ew.
**Pointer,** engl. Vorstehhund, kurzhaarig.
**Pointillismus** [pwɛti-], Richtung der frz. Malerei um 1885 als Form des *Nachimpressionismus,* die die im Impressionismus entwickelte Farbzerlegung in eine der einzelnen Farbpunkte u. drängende Malweise verwandelte. Hauptmeister waren G. *Seurat* u. P. *Signac.*
**Poisson** [pwa'sɔ̃], Siméon-Denis, *1781, †1840, frz. Physiker u. Mathematiker; arbeitete über Akustik, Elastizität, Wärme, elektr. Eigenschaften von festen Körpern.
**Poitiers** [pwa'tje], westfrz. Stadt auf einem Felshügel am Clain, alte Hptst. des *Poitou,* 79 000 Ew.; Univ. (1432); got. Kathedrale, viele roman. Kirchen; chem., Elektro- u. Textil-Ind. – Am 17.10.732 besiegte Karl Martell bei *Tours* u. *P.* die Araber.
**Poitou** [pwa'tu], histor. Prov. in W-Frankreich, zw. dem Pariser Becken, dem Garonnetiefland u. dem Zentralplateau, alte Hptst. *Poitiers;* der küstennahe Teil bildet die *Vendée.*
**Pokal,** prunkvolles, kelchartiges Trink- oder Ziergefäß aus Glas oder Metall mit hohem Schaft.
**pökeln,** Fleisch durch Einsalzen haltbar machen. Zum P. wird **Pökelsalz** verwendet, ein Gemisch aus Kochsalz, Zucker u. 1–2 % Salpeter.

**Poker,** Kartenglücksspiel mit 52 Karten für 2–8 Personen.
**Pol, 1.** → Gradnetz. – **2.** der eine von zwei Punkten mit entgegengesetzten Eigenschaften; z.B. bei elektr. geladenen Körpern: Plus- u. Minus-P.; bei Magneten: Nord- u. Süd-P.
**Polański,** Roman, *18.8.1933, poln. Filmregisseur; Filme mit absurden u. surrealist. Elementen (»Ekel«, »Tanz der Vampire«, »Rosemaries Baby«).
**Polanyi,** John Charles, *23.1.1929, kanad. Chemiker dt. Herkunft; Arbeiten auf dem Gebiet der chem. Reaktionsdynamik; erhielt zus. mit D. R. *Herschbach* u. Y. T. *Lee* 1986 den Nobelpreis.
**Polarfuchs,** *Eisfuchs, Canis,* ein *Fuchs* der nördl. arkt. Gebiete, Körperlänge bis 45 cm, fast gleichlanger, buschiger Schwanz. Das Fell ist im Sommer grau bis schwarzblau u. im Winter weiß. Tiere mit dunklem (*Blaufuchs*) u. weißem (*Silberfuchs*) Winterpelz werden als Pelztiere geschätzt.
**Polargebiete,** *Polarländer,* Gebiete um den Nord- u. Südpol (*Arktis, Antarktis*) jenseits der 10°-Isotherme des wärmsten Monats, mit nivalen oder

*Der Lebensraum des Polar- oder Eisfuchses umfaßt das gesamte Nordpolargebiet*

Frostklimaten, gegenüber anderen Gebieten in Lichtzufuhr u. Temperatur benachteiligt; die Sonne bleibt im Winter längere Zeit unter dem Horizont (Polarnacht).
**Polarhunde,** *Nordlandhunde,* in den Ländern um den nördl. Polarkreis als Zug- (*Schlittenhunde*) u. Jagdtiere gezüchtete langhaarige Gebrauchshundtypen von großer Ausdauer u. Kraft.
**Polarisation,** die Erscheinung, daß ein urspr. homogenes Medium Punkte oder Flächen entgegengesetzter (polarer) Eigenschaften annimmt. Beispiele: 1. *elektr. P.:* Bei Materie, die sich in einem elektr. Feld befindet, verschieben sich überall die Elektronen der Atomhülle gegenüber den Atomkernen. Es treten also Ladungsverschiebungen auf. – 2. *magnet. P.:* Werden in einem Magnetfeld magnetisierbare Stoffe polarisiert, dann richten sich die Elementarmagneten aus. Die Pole der Elementarmagneten heben sich nicht mehr in ihrer Wirkung auf. – 3. *P. von Licht:* Gewöhnl. Licht ist unpolarisiert. Läßt man die Lichtwellen durch ein *P.sfilter* (z.B. Nicolsches Prisma) laufen, so bleibt nur ein polarisierter Anteil übrig, d.h., der das Licht beschreibende elektr. Feldvektor schwingt

*Polarlicht über einer Bergbausiedlung im nördlichen Norwegen*

senkr. zur Fortpflanzungsrichtung in einer geraden Linie *(linear polarisiert)*; dreht sich der Vektor in einer Ebene, so liegt *zirkular* (auch *elliptisch) polarisiertes* Licht vor. Ebenso wie Licht können alle elektromagnet. Wellen u. auch Materiewellen polarisiert werden.

**Polarisationsfilter,** *Polfilter,* ein in der Photographie benutztes Aufnahmefilter zur Beseitigung von Lichtreflexen.

**Polarität,** das Verhältnis zweier entgegengesetzter, aufeinander angewiesener Kräfte oder Wesen; Beispiele: positive u. negative Elektrizität, das Männliche u. das Weibliche.

**Polarkreis,** die Breitenkreise in 66° 33' nördl. u. südl. Breite, die die Polarzonen von den gemäßigten Zonen abgrenzen.

**Polarlicht,** Nord- u. *Südlicht,* kaltes Leuchten der Luft auf der Nachtseite der Erde, am häufigsten etwa 10° von den erdmagnet. Polen entfernt, u.U. auch in den Tropen sichtbar; wird in versch. Formen u. Farben beobachtet; entsteht durch Ströme elektr. geladener Teilchen, die von der Sonne ausgehen, im Magnetfeld der Erde abgelenkt werden u. beim Eindringen in die Atmosphäre die Moleküle u. Atome zum Leuchten anregen.

**Polarnacht,** die Zeit, in der die Sonne jenseits des Polarkreises Tag u. Nacht unter dem Horizont bleibt; an den Polen 6 Monate lang.

**Polarstern,** *Polaris, Nordstern,* α Ursae Minoris, hellster Stern im *Kleinen Bären,* 1 Grad vom Nordpol des Himmels entfernt.

**Polarwolf,** seltene, reinweiße Wolfsrasse; im arkt. Amerika u. Asien.

**Polarzonen,** *kalte Zonen,* die Gebiete der Erde innerhalb des nördl. u. südl. *Polarkreises.*

**Polder,** *Koog,* durch Eindeichung trockengelegtes Land, das tiefer liegt als der Meeresspiegel. u. durch Ringdeiche gegen Überfluten geschützt ist.

**Polemik,** öffentl., meist unsachl. Meinungsstreit im Rahmen polit. oder wiss. Diskussionen.

**Polen,** Staat in O-Europa, 312 677 km², 37,9 Mio. Ew. (vorw. röm.-kath.), Hptst. *Warschau.*

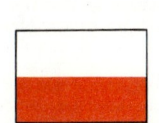

Polen

Landesnatur. Das Land ist zum größten Teil Tiefland mit ostwestl. gerichteten, in der Eiszeit angelegten Tälern u. aufgesetzten Platten *(Baltischer Landrücken,* 331 m). Südl. des Mittelpoln. Tieflands erhebt sich das Land zu einer schmalen Mittelgebirgsregion. Im S hat P. Anteil an den Karpaten *(Rysyspitze,* 2499 m) u. an den Sudeten *(Schneekoppe,* 1603 m). Das Klima ist gemäßigt kontinental mit strengeren Wintern u. geringeren Niederschlägen als in W-Europa.

Wirtschaft. Bis zum 2. Weltkrieg war P. ein Agrarland; heute sind noch rd. 29% in der Landwirtschaft beschäftigt. Hauptanbauprodukte sind Getreide, Kartoffeln u. Zuckerrüben. Die Viehzucht tritt hinter den Ackerbau zurück. Über 70% der landw. Fläche werden privatwirtschaftl. genutzt; demgegenüber entfällt die Industrieproduktion vorw. auf staatl. u. genossenschaftl. Betriebe. Die wichtigsten Industriezweige sind die Eisen- u. Stahl- sowie die Textil-, Nahrungsmittel-, Maschinen-, chem. u. elektrotechn. Ind. P. verfügt über umfangreiche Bodenschätze. Am bedeutendsten ist der Steinkohlenbergbau (Steinkohle ist eines der wichtigsten Exportgüter). Außerdem werden in beträchtl. Mengen Braunkohle, Kupfer u. Schwefel gewonnen. Andere Bodenschätze sind Eisenerz, Blei, Zink, Kalisalze, Erdöl u. Erdgas. Die Poln. Staatsbahn ist der wichtigste Verkehrsträger des Landes. Hauptseehäfen sind Stettin, Gdingen u. Danzig.

Geschichte. Seit dem 6. u. 7. Jh. wanderten in das Gebiet P. slaw. Stämme ein. Seit Mitte des 9. Jh. gelang die Einigung der zentralpoln. Gebiete, in denen um 960 (–992) *Mieszko I.* aus dem Haus der Piasten Herzog der Polanen wurde. Sein Sohn *Bolesław I. Chrobry* (992–1025) erweiterte seine Herrschaft um S-Polen (Schlesien, Krakau u. Sandomir). Nach 1138 zerfiel P. in eine Reihe selbständiger Herzogtümer. Diese Ereignisse schufen die Voraussetzung für die dt. Ostsiedlung. Im W mußte P. sich gegen die Ausdehnung Brandenburgs u. im O gegen die Einfälle der Mongolen (Schlacht bei Liegnitz 1241) wehren. *Przemysł II.* gelang die Einigung Groß-P. (Posen, Gnesen, Kalisch). Durch die Heirat der Thronerbin *Hedwig* (Jadwiga) mit dem Großfürsten *Jagiełło* 1386 kam die Personalunion P. mit Litauen (bis 1569) zustande. Diese Großmacht konnte den Deutschen Orden 1410 in der *Schlacht bei Tannenberg* besiegen. *Władysław III.* (1434–44) gewann die ungar. Krone (1440). 1526 gingen Ungarn u. Böhmen an Habsburg verloren. Masowien wurde P. angegliedert, u. Herzog Albrecht von Brandenburg unterstellte 1525 das Ordensland Preußen der poln. Lehnshoheit; 1561 wurde auch Kurland poln. Lehen. Der Reichstag *(Sejm)* der Magnaten engte die Macht des Königtums zunehmend ein u. sicherte sich nach dem Aussterben der Jagiellonen das Recht der Königswahl (1572). Der poln. Thron wurde nun mit ausländ. Fürsten besetzt. Der Reg. *Władysławs IV.* aus dem Haus Wasa (1632–48) wurde mit dem Kosakenaufstand unter *B. Chmielnicki* 1648 ein Ende gesetzt. Der Kosakenaufstand riß P. in einen Krieg mit Rußland hinein (Abtretung der Ukraine links des Dnjepr). Im *Nordischen Krieg* mußte P. ungeheure Verwüstungen u. Bevölkerungsverluste hinnehmen u. im *Frieden von Oliva* Livland abtreten. Um P. nicht völlig dem russ. Einfluß zu überlassen, erklärten sich Preußen

*Polen: Trachten aus Krakau*

u. Östr. mit der *1. Poln. Teilung* einverstanden (1772). Preußen erhielt Westpreußen, Ermland, Pommerellen ohne Danzig, das Kulmer Land, das nördl. Kujawien u. das Netzegebiet; Östr. fielen Galizien, die südl. Teile der Wojewodschaften Krakau, Sandomir u. die Wojewodschaft Reussen mit Lemberg zu; Rußland fielen die Gebiete östl. der Düna, u. des Dnjepr zu. Die poln. Reaktion darauf waren wirtschaftl. Stabilisierung, Reformbestrebungen der Zentralregierung u. ein kultureller Aufschwung. Dem wirkte die *Magnatenkonföderation von Targowica* (1792) entgegen u. holte russ. Hilfe ins Land. Daraufhin kam es zur *2. Poln. Teilung* (1793). Unter Führung von T. *Kościuszko* erhob sich P. dagegen, doch folgte darauf die *3. Poln. Teilung* (1795), in der Rußland, Preußen u. Östr. sich Restpolen teilten. Aus den von Preußen u. Östr. annektierten poln. Gebieten bildete Napoleon 1807 nach dem Frieden von Tilsit des *Großherzogtum Warschau.* Der *Wiener Kongreß* schuf 1815 *Kongreßpolen* (Kgr. P.), das in Personalunion mit Rußland verbunden wurde; Östr. erhielt Galizien u. Preußen das *Großherzogtum Posen.* 1830/31 erhob sich das poln. Volk unter Führung des Adels im Kgr. P. Der Aufstand scheiterte jedoch genauso wie ein weiterer Aufstand 1863/64. Marschall J. *Piłsudski* führte im 1. Weltkrieg die poln. Legionen auf östr.-ung. Seite. Am 7.11.1918 wurde die *Republik P.* ausgerufen. Piłsudski wurde am 22.11. zum Staats-Präs. ernannt (bis 1922). – Das deutsch-poln. Verhältnis war von Anfang an belastet durch die im Versailler Vertrag fixierte neue W-Grenze P. u. durch das Problem der deutschen Minderheit. An der O-Grenze trübten die nach dem poln.-russ. Krieg 1919/20 entstandenen Verhältnisse die Beziehungen zur Sowj. Diese Probleme u. innenpolit. Schwierigkeiten veranlaßten Piłsudski 1926, die Verfassung in eine autoritäre persönl. Regierung umzuwandeln, die er bis 1935 innehatte. 1932 schloß P. mit der Sowj., 1934 mit Dtld. einen Nichtangriffspakt. 1938 begann Hitlers Expansionspolitik gegenüber P. Er schloß am 23.8.1939 mit der Sowj. einen Nichtangriffspakt, um am 1.9. marschierte er in P. ein. Am 17.9. besetzte die Sowj. die poln. O-Gebiete. Zentrum des Widerstands gegen die dt. Besatzungsmacht war Warschau; der Aufstand (1.8.–2.1. 1944) wurde blutig niedergeschlagen. Während des Vordringens der sowj. Truppen wurden am 22.7.1944 durch das *Poln. Komitee der Nationalen Befreiung* eine Verf. verkündet u. eine Provisor.

*territoriale Entwicklung Polens*

## 710 Polesje

*Polen: der Solidarność-Führer Lech Wałęsa (rechts) mit dem polnischen Ministerpräsidenten Tadeusz Mazowiecki 1989*

Regierung ausgerufen. Auf der *Potsdamer Konferenz* wurde P. für den Gebietsverlust im O an seiner W-Grenze mit ehem. dt. Gebieten entschädigt. In der 1945 gebildeten »Regierung der nationalen Einheit« besetzten die Kommunisten von Anfang an Schlüsselpositionen. Nach Ausschaltung oppositioneller Elemente wurde das kommunist. Herrschaftssystem ausgebaut (1952 Verf. der *Volksrepublik P.*). 1956 kam es zu Arbeiterunruhen. Wegen anhaltender wirtschaftl. Schwierigkeiten, die erneut zu Unruhen führten, mußte Parteichef W. *Gomułka* 1970 zurücktreten. Sein Nachfolger E. *Gierek* bemühte sich um eine pragmat. Politik, konnte aber die Lage nicht nachhaltig bessern. 1980 kam es zu ausgedehnten Streiks. Der unabhängige Gewerkschaftsverband »Solidarność« unter Führung von L. Wałęsa bildete sich. 1981 wurde General W. *Jaruzelski* neuer Min.-Präs. u. Erster ZK-Sekretär. Er verhängte das Kriegsrecht (bis 1983) u. verbot die Solidarność. Da sich die innenpolit. Lage nicht verbesserte, begannen – auch unter dem Einfluß der Reformen in der UdSSR – Gespräche zw. Reg. u. Opposition *(Runder Tisch)*, die 1989 zu einem Kompromiß in wichtigen Fragen führten. Nach Verfassungsänderungen kam es zu den ersten teilweise freien Wahlen für Sejm u. Senat u. zur Legalisierung der Solidarność. Jaruzelski wurde zum Staats-Präs. gewählt. T. *Mazowiecki* wurde als Vertreter der Solidarność Min.-Präs. Die Volksrepublik P. wurde zur demokrat. *Republik P.* Die Poln. Vereinigte Arbeiterpartei (PVAP) löste sich 1990 auf. Der Übergang zur Marktwirtschaft begann.

**Polesje,** *Polesien,* Sumpf- u. Waldldsch. in der Weißruss. u. Ukrain. SSR (Sowj.).

**Polgar,** Alfred, *1873, †1955, östr. Schriftst. u. Theaterkritiker (Essays, Skizzen u. Erzählungen).

**Polhöhe,** die Höhe des Himmelsnordpols über dem Horizont, entspricht der geograph. Breite.

**Polier,** *Parlier,* oberster Vorarbeiter der Maurer oder Zimmerer auf einer Baustelle.

*Polizei: Einsatzfahrzeug der Verkehrspolizei mit optischen Signaleinrichtungen*

**Poliklinik,** meist einem Krankenhaus angegliederte Abt. zur ambulanten Krankenbehandlung u. -versorgung.

**Poliomyelitis,** *Polio,* → Kinderlähmung.

**Polis,** altgrch. Stadtstaat mit polit. Autonomie, demokrat. Verfassung, Verehrung einer eigenen Stadtgottheit u. wirtsch. Autarkie.

**Polisario,** Abk. für *Frente Popular para la Liberación de Saguia el-Hamra y Río de Oro* (Volksfront für die Befreiung von Saguia el-Hamra u. Río de Oro), 1973 gegr. Guerilla-Organisation in der Westsahara; kämpft mit Unterstützung Algeriens für die Unabhängigkeit des fr. span. 1976 zw. Marokko u. Mauretanien geteilten, 1979 ganz von Marokko annektierten Gebiets.

**Politbüro,** fr. oberste Parteiinstanz in den meisten kommunist. Parteien u. nach dem Vorbild der Sowj. das höchste polit. Zentrum.

**Politik,** *Staatskunst,* urspr. die Lehre von der Verf. einer *Polis;* heute: Gemeinschaftsgestaltung, die auf die Durchsetzung von Vorstellungen zur Ordnung soz. Gemeinwesen u. auf die Verwirklichung von Zielen u. Werten gerichtet ist; v.a. jedes auf den Staat bezogene Handeln; Unterscheidung nach Tätigkeitsbereichen in Außen-, Innen-P. u.a.

**Politikum,** Gegenstand der Politik; Ereignis von polit. Bedeutung.

**politische Gefangene,** Personen, die wegen ihrer tatsächl. oder vermuteten Gesinnung gegen das polit. System, desgleichen wegen ihrer Hautfarbe, Volkszugehörigkeit, Sprache oder Religion inhaftiert sind, verfolgt oder diskriminiert werden.

**politische Ökonomie,** fr. Bez. für Volkswirtschaftslehre, heute gleichzusetzen mit *Wirtschaftspolitik.*

**Politische Polizei,** Abt. der allg. staatl. Sicherheitspolizei, die den Schutz der verfassungsmäßigen Einrichtungen eines Staates, seiner Vertreter u. auswärtiger Staatsbesucher gegen Anschläge jeder Art verantwortl. ist.

**politische Wissenschaft,** *Politikwissenschaft, Politologie,* wiss. Beschäftigung mit den Erscheinungen des polit. Lebens, ihre Deutung u. Einordnung in ein System von wiss. Kategorien.

**Politur,** Glätte, Glanz; Poliermittel.

**Polizei,** als Staatsaufgabe: die notwendigen Maßnahmen, um der Allgemeinheit oder von einzelnen Gefahren abzuwehren, durch die die öffentl. Sicherheit oder Ordnung bedroht wird sowie die Behördenorganisation zur Durchführung dieser Staatsaufgabe. Einteilung in: *Verwaltungs-P.* (Paß-, Personal- u. Ausländerwesen, Gewerbeaufsichtsämter u. dgl.) u. *Vollzugs-P.* (Schutz-P. Kriminal-P., Bereitschafts-P.). Spezielle P.einheiten sind der *Bundesgrenzschutz, Bahn-, Wasser- u. Schiffahrts-P.* sowie der *Zolldienst.*

**Polizeihaft,** *polizeil. Verwahrung,* auf einen Tag befristete polizeil. Gewahrsam; keine Strafe, sondern Schutzmaßnahme (»Schutzhaft«).

**Polizeistaat,** urspr. der umfassende *Verwaltungsstaat* des 17. u. 18. Jh.; im 20. Jh. – im Ggs. zum *Rechts-* oder *Verf.-Staat* – Bez. für einen totalitären Staat mit starker Geheimpolizei.

**Polizeistunde,** der Zeitpunkt, auch die Zeitdauer, der abendl. oder nächtl. Schließung von Gast- u. Vergnügungsstätten; i.d.R. 1 Uhr.

**Polje,** wannen- oder kesselförmiges Becken mit steilen Hängen u. ebenem Boden in Karstlandschaften.

**Polka,** böhm. Tanz, urspr. ein Rundtanz, in schnellem 3/4-Takt.

**Pollack** ['pɔlæk], Sidney, *1.7.1934, US-amerik. Filmregisseur; »Tootsie«, »Jenseits von Afrika«.

**Pollen,** *Blütenstaub,* die in den Staubblättern der Samenpflanzen enthaltenen Körnchen, aus denen die männl. Geschlechtskerne hervorgehen.

**Pollenanalyse,** Untersuchung fossilen Blütenstaubs, v.a. zur Bestimmung der Zusammensetzung fossiler Wälder.

**Pollini,** Maurizio, *5.1.1942, ital. Pianist; bed. Interpret für Werke des 20. Jh.

**Pollock** ['pɔlɔk], Jackson, *1912, †1956, US-amerik. Maler; Begr. des *Action Painting* (abstrakter Expressionismus).

**Pollution,** beim Mann der unwillkürl. nächtl. Samenerguß.

**Pollux,** β *Geminorum,* der hellere der beiden Hauptsterne des Sternbilds Zwillinge.

**Polnischer Korridor,** durch den Vertrag von Versailles (1919) geschaffener, 30–90 km breiter poln. Zugang zur Ostsee zw. Pommern u. der Weichselmündung, trennte Ostpreußen vom übrigen Reichsgebiet.

**Polnischer Thronfolgekrieg,** 1733–38 der Krieg um die poln. Thronfolge nach dem Tod *Augusts II. (des Starken).* Dem vom poln. Großadel gewählten u. von Frankreich, Spanien u. Sardinien unterstützten *Stanislaus Leszczyński* setzten Rußland, Östr. u. Ungarn den Sohn Augusts des Starken, *August III.,* entgegen, der sich behaupten konnte. Im *Wiener Frieden* 1738 erhielt Leszczyński Lothringen, dessen Herzog, der spätere Kaiser Franz I., im Austausch Toskana bekam.

**Polnische Teilungen** → Polen (Geschichte).

**Polo,** hockeyähnl. Reiterspiel; gespielt von 2 Parteien zu je 4 Reitern. Ein Ball aus Bambusholz ist mit Schlägern in das gegner. Tor zu treiben.

**Polo,** Marco, *1254, †um 1325, venezian. Kaufmann u. Weltreisender; reiste 1271 über den Pamir nach China u. kehrte 1292–95 auf dem Seeweg zurück; zahlr. Reiseberichte.

**Polonaise** [-'nɛːz], *Polonäse, Polacca,* poln. Nationaltanz in ruhigem 3/4-Takt; ein Schreittanz.

**Polonium,** ein → chemisches Element.

**Polonnaruwa** [polɔnnɑ'ruə], Ruinenstadt in Sri Lanka, sö. von Anuradhapuraya, 1017–1235 Hptst. des Kgr. Ceylon.

**Pol Pot,** *19.5.1928, kambodschan. Politiker; 1976–79 Min.-Präs., errichtete ein terrorist. Herrschaftssystem.

**Poltawa,** ukrain. *Piltawa,* Hptst. der gleichn. Oblast in der Ukrain. SSR (Sowj.), an der Worskla, 309 000 Ew.; HS; Erdöl- u. Erdgasvorkommen; versch. Ind. – In der *Schlacht bei P.* am 8.7.1709 im Nord. Krieg siegte *Peter d. Gr.* über den Schwedenkönig *Karl XII.*

**Polterabend,** Vorabend des Hochzeitstages; benannt nach dem alten Brauch, Scherben u. Gerümpel gegen Tür u. Schwelle zu werfen (zur Abwehr böser Geister).

**poly...,** Wortbestandteil mit der Bed. »viel, mehr«.

**Polyacrylnitril,** durch Polymerisation von *Acrylnitril* $CH_2 = CHCN$ gewonnener Kunststoff; verwendet zur Herstellung von Chemiefasern.

**Polyacrylnitrilfaserstoff,** künstl., durch Polymerisation entstandene Endlosfäden u. Fasern aus mindestens 85 % Acrylnitril. P. aus reinem Acrylnitril wie *PAN, Orlon, Dralon* sind elast., knitterfest u. im Griff wollähnlich.

**Polyaddition,** chem. Reaktion, Aufbau von hochpolymeren Stoffen aus kleinen Molekülen; bei der Herstellung einiger Kunststoffe angewandt.

**Polyamide,** durch *Polykondensation* von organ. Säuren mit *Aminen* hergestellte thermoplast. Kunststoffe u. Kunstfasern *(Polyamidfaser, Nylon);* hornartig hart, temperaturbeständig bis ca. 100 °C, gute elektr. Isolatoren, beständig gegen Öl u. Benzin, aber nicht gegen Säuren u. Laugen. Verwendung: als Textilfaser, für Zahnräder u.a.

**Polyandrie,** *Vielmännerei,* die Ehe einer Frau mit mehreren Männern, gewöhnl. Brüdern *(fraternale P.)* oder Vettern; findet sich u.a. bei Drawida- u. Mundavölkern Indiens u. in Tibet.

**Polybios,** * um 200 v. Chr., † um 120 v. Chr. grch. Geschichtsschreiber, schrieb eine die Zeit von 264 bis 144 v. Chr. umfassende röm. Gesch.

**Polycarbonat,** ein thermoplast. Kunststoff; Verwendung für techn. Formteile, Gebrauchsartikel, Folien; in der BR Dtld. als *Makrolon* u. *Makrofol.*

**Polychäten,** *Vielborster,* Kl. der *Ringelwürmer;* meist Meeresbewohner, leben entweder als freischwimmende Räuber oder als festsitzende Strudler.

**Polychromie,** Mehr- oder Vielfarbigkeit, bes. in der Bemalung von Architektur, Plastiken u. kunsthandwerkl. Gegenständen.

**Polyeder,** *Vielfach,* von geradlinigen, ebenen Vielecken begrenzter Körper.

**Polyester,** Gruppe von Kunststoffen, die aus solchen organ. Säuren u. Alkoholen hergestellt werden, die mindestens zwei Carboxyl- bzw. Hydroxylgruppen im Molekül enthalten; Verwendung für Kunstfasern (Handelsbez. z.B. *Diolen, Trevira*), Folien, Preßmassen u.a.

**Polyethylen,** durch Polymerisation von *Ethylen* hergestellter Kunststoff; durchsichtig, leicht, zäh, elastisch, chem. kaum angreifbar, guter elektr. Isolator; Verwendung für Verpackungsfolien u. -flaschen, als Isolationsmaterial, als Korrosionsschutz u.a.

**Polygamie, 1.** Vorkommen zwitteriger u. eingeschlechtiger Blüten in versch. Verteilung auf einer Pflanze. – **2.** Vielehe, Mehrehe; Ggs.: *Monogamie.*

**Polygenie,** Beeinflussung eines Merkmals durch mehrere Gene.

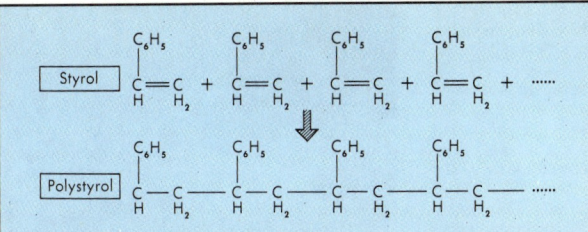

*Polymerisation von Styrol zu Polystyrol*

**Polyglotte,** Buch, das den gleichen Text in versch. Sprachen neben- oder nacheinander bringt; häufig bei Bibelausgaben.
**Polygon** → Vieleck.
**Polygynie,** *Vielweiberei,* die Ehe eines Mannes mit mehreren Frauen; bei einigen Naturvölkern u. patriarchal. Gesellschaften gebräuchlich.
**Polyimide,** Abk. *PI,* hochtemperaturbeständige Kunststoffe, mit guten mechan. u. elektr. Eigenschaften; sind gegen ionisierende Strahlung beständig.
**Polyklet,** grch. Bildhauer, tätig in der 2. Hälfte des 5. Jh. v. Chr. (peloponnes.-dorischer Stil).
**Polykondensation,** *Kondensation* zw. Verbindungen mit mindestens zwei reaktionsfähigen Gruppen; spielt bei der Herstellung von Kunststoffen eine bed. Rolle.
**Polykrates,** Tyrann von Samos etwa 538–522 v. Chr., unterwarf viele Städte Kleinasiens u. trieb Seeräuberei.
**polymer,** durch *Polymerisation* entstanden.
**Polymerisation,** Zusammentreten von mehreren Molekülen eines Stoffs zu einer neuen Verbindung, deren Molekulargewicht ein ganzzahliges Vielfaches von dem des Ausgangsstoffs (des *Monomeren*) ist. Die durch P. entstehenden Stoffe werden als **Polymere** des Ausgangsstoffs bezeichnet; wenn die P. zu sehr großen Molekülen führt, entstehen **Hochpolymere.** Die P. ist ein wichtiger Schritt bei der Herstellung vieler Kunststoffe.
**Polymorphie, 1.** Verschiedengestaltigkeit der Individuen in u. derselben Art von Lebewesen; kann z. B. zusammenhängen mit Arbeitsteilung zw. den Individuen (z. B. bei soz. Insekten) oder mit wechselnden Umweltbedingungen (*Saison-P.*). – **2.** Eigenschaft eines Minerals, in Abhängigkeit von Druck u. Temperatur in versch. Gittertypen zu kristallisieren, z. B. Kohlenstoff als *Diamant* oder *Graphit.*
**Polynesien,** das Inselreich Ozeaniens im trop. Bereich des Pazif. Ozeans; umfaßt Fidschi, die Cook-, Fanning-, Gambier-, Gesellschafts-, Lagunen-, Line-, Manahiki-, Marquesas-, Samoa-, Tokelau-, Tuamotu- u. Tubuai-Inseln sowie Neuseeland, Hawaii, die Osterinsel u.a., zus. 298 000 km² mit 4,5 Mio. Ew.
**Polynesier,** Bewohner der polynes. Inselwelt des Pazif. Ozeans, hpts. aus SO-Asien eingewandert.
**Polyneuritis,** entzündl. Erkrankung gleichzeitig mehrerer Nerven oder eines ausgedehnten Nervengebiets mit Lähmungen, Mißempfindungen u. a.
**Polynom,** math. Buchstabenausdruck in Summenform, z. B. $3x^4 - 2x^2 + 7x + 1$.
**Polypen, 1.** gutartige Schleimhautgeschwulst, bes. im Nasenraum. – **2.** die festsitzenden *Hohltiere,* z. B. Süßwasser-P. (Hydra); auch volkstüml. für Kraken.
**Polyphemos,** *Polyphem,* einer der *Kyklopen,* von Odysseus geblendet.
**Polyphonie,** mehrstimmiger Satz mit selbst. melod. Führung der einzelnen Stimmen (Ggs.: *Homophonie*). Die Lehre vom polyphonen Satz heißt *Kontrapunkt.* Im 16. Jh. erreichte die polyphone A-capella-Stil seinen Höhepunkt; auf die Instrumentalmusik übertragen, führte er zu neuen Formen, bes. zur *Fuge,* die als Nachweis höchster satztechn. Meisterschaft galt. Viele Komponisten des 20. Jh. erneuerten die P. unter Aufgabe der traditionellen harmon. Bindungen.
**Polyploidie,** Vielwertigkeit des Chromosomensatzes, d. h. Vervielfachung der normalen, für die betr. Art typ. Chromosomenzahl; kommt durch Mutation oder durch Ausbleiben der Kernteilung nach der Chromosomenteilung zustande u. führt oft zur Steigerung der Größe des Organismus oder zu besseren Leistungen (z. B. sind viele Nutzpflanzen *polyploid*).
**Polypropylen,** durch Polymerisation von *Propylen* hergestellter wärmebeständiger Kunststoff.
**Polysaccharide** [-zaxa-], hochmolekulare Kohlenhydrate, die sich aus mehr als 10 einfachen Zuckermolekülen zusammensetzen, z. B. Stärke.
**Polystyrol,** durch Polymerisation von *Styrol* hergestellter Kunststoff; gutes Isoliermaterial; Verwendung u. a. in der Elektrotechnik, zur Herstellung von Kunstfasern u. Styropor-Schaumstoff.
**Polytechnikum,** fr. Bez. für Technische Hochschule.
**Polytetrafluorethylen,** durch Polymerisation von *Tetrafluorethylen* gewonnener Kunststoff (*Teflon, Hostaflon*); äußerst widerstandsfähig gegen chem. Einflüsse, widersteht Temperaturen bis zu 250 °C u. hat gute Gleiteigenschaften; Verwendung u. a. zur Auskleidung von Bratpfannen.
**Polytheismus,** *Vielgötterei,* der Glaube an eine Vielzahl von Göttern, z. B. Natur-, Funktions-, Lokalgötter.
**Polyurethane,** Gruppe von Kunststoffen, die durch Polyaddition von *Diisocyanaten* an Verbindungen mit 2 oder mehr reaktionsfähigen Wasserstoffatomen erzeugt werden; Verwendung für Formteile, Fasern, Borsten, Lacke, Klebstoffe, Schaumstoffe (*Moltopren*) u. Imprägnierungen.
**Polyvinylacetat,** ein durch Polymerisation von *Vinylacetat* (aus Acetylen u. Essigsäure) hergestellter Kunststoff; Verwendung als Lackrohstoff, für Spachtelmassen u. Klebstoffe, in der Leder- u. Textil-Ind.
**Polyvinylchlorid,** Abk. *PVC,* ein durch Polymerisation von *Vinylchlorid* $CH_2 = CHCl$ hergestellter Kunststoff; thermoplast., zäh u. hart (*Hart-PVC*), läßt sich durch Zusatz von Weichmachern aber biegsam u. elastisch machen (*Weich-PVC*); schwer brennbar, ungiftig; Verwendung für Rohre, Platten, Schallplatten, Fasern, Fußbodenbeläge u. Folien. P.-Produkte können, wenn sie noch ungebundenes gasförmiges Vinylchlorid enthalten u. mit Lebensmitteln in Berührung kommen, ein gesundheitl. Risiko darstellen.
**Pomade,** fetthaltiges Haarpflegemittel.
**Pombal,** Sebastão José de *Carvalho e Mello,* Marquês de P., *1699, †1782, port. Politiker; seit 1750 maßgebender Min. Josephs I. von Portugal; gilt als Begr. des modernen Portugal.
**Pomeranze,** Unterart der Orange; in Orangenmarmelade enthalten u. zur Herstellung von Likör (z. B. Curaçao) verwendet.

**Pommerellen,** poln. *Pomorze Gdańskie,* seen- u. hügelreiche Ldsch. im NW Polens, zw. Küddow u. Weichsel; mit den höchsten Erhebungen des Balt. Landrückens bei Danzig (*Turmberg* 331 m) u. bei Zoppot (*Dohnasberg* 206 m).
**Pommern,** poln. *Pomorze,* ehem. preuß. Prov., 38 401 km², 2,4 Mio. Ew. (1939), Hptst. *Stettin;* umfaßt die Ostseeküste mit ihrem Hinterland zw. Darß u. Rixhöft; durch die *Oder* in das westl. der Oder liegende Vor-P. u. das östl. der Oder liegende *Hinter-P.* geteilt; von O nach W seenreich (*Pommersche Seenplatte*), bewaldete, sanft gewellte Hügelldsch. (*Balt. Landrücken*); stark von der Landwirtschaft geprägt. – G e s c h.: P. war urspr. von Germanen bewohnt, denen nach der Völkerwanderung Slawen folgten. Die Christianisierung fand unter Bischof *Otto von Bamberg* statt, der 1140 das Bistum Wollin gründete. Die pommerschen Fürsten erhielten 1181 die Anerkennung als Reichsfürsten. Im Westfäl. Frieden 1648 kam Hinter-P. an Brandenburg, während Vor-P., Rügen, Stettin, Gollnow u. die Odermündungen an Schweden fielen, das 1720 Vor-P. bis zur Peene u. 1815 auch den Rest an Preußen abtrat. Nach dem 2. Weltkrieg wurde die dt. Bev. östl. der Oder zwangsausgesiedelt, Hinter-P. u. Stettin wurden 1945 poln. Verw. unterstellt; Vor-P. (ohne Stettin) wurde mit Mecklenburg vereinigt.
**Pommersfelden,** Gem. in Oberfranken, südl. von Bamberg, 2200 Ew.; Barockschloß *Weißenstein* (1711–16).
**Pommes frites** [pɔm'frit], Streifen aus rohen Kartoffeln, in Fett schwimmend gebacken.
**Pomologie,** Wiss. vom Obstbau.
**Pomp,** Pracht, Prunk.
**Pompadour** [-du:r], Taschenbeutelchen mit Tragschnur.
**Pompadour** [-du:r], *Madame P.,* Jeanne Antoinette *Poisson,* Marquise de P. (1745), *1721, †1764, Mätresse *Ludwigs XV.* von Frankreich (seit 1745), erlangte polit. Einfluß.
**Pompeius** [-'pe:jus], Gnaeus P. *Magnus,* *106 v. Chr., †48 v. Chr., röm. Staatsmann u. Feldherr; machte bed. Eroberungen im Osten, schloß 60 v. Chr. mit *Cäsar* u. *Crassus* ein Bündnis (56 v. Chr. 1. Triumvirat), geriet dann in Ggs. zu Cäsar, der ihn 48 v. Chr. bei *Pharsalos* besiegte. P. wurde in Ägypten ermordet.
**Pompeji,** ital. *Pompei,* Stadt in Kampanien (Italien), am S-Fuß des Vesuvs, 22 000 Ew.; westl. davon die Ruinen der antiken P., das 79 n. Chr. mit den benachbarten Städten *Stabiae* u. *Herculaneum* bei einem Vesuvausbruch verschüttet wurde; seit 1748 ausgegraben u. archäolog. erforscht.
**Pompidou** [pɔ̃pi'du], Georges, *1911, †1974, frz. Politiker (Gaullist); 1962–68 Prem.-Min., 1969–74 Staats-Präs.

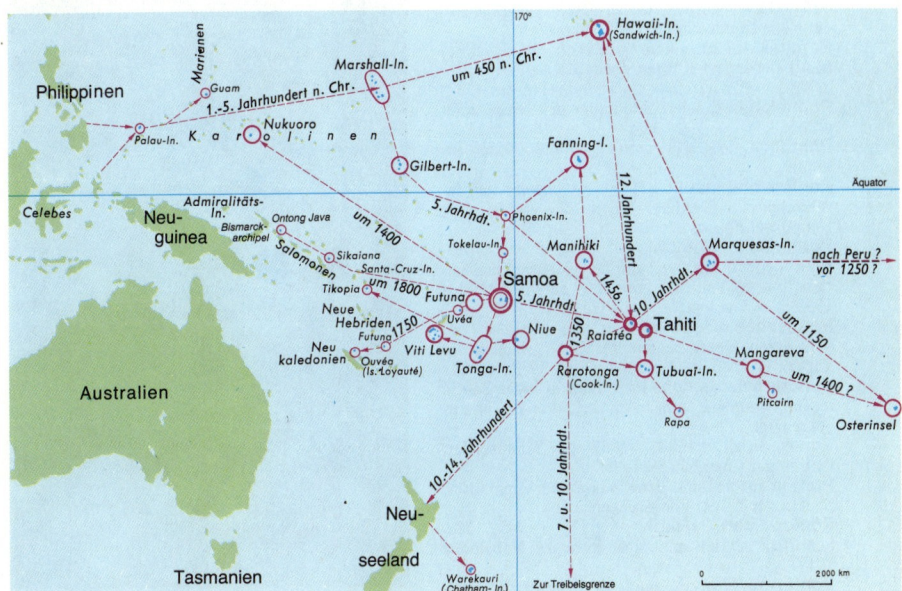

*Polynesien: Ausbreitung der polynesischen Kultur*

## 712 Ponce

*Pool-Billard: Durch Anstoßen mit der weißen Kugel werden die farbigen Kugeln in die Löcher gespielt*

**Ponce,** Stadt an der S-Küste von Puerto Rico, 188 000 Ew.; Univ.; vielseitige Ind.
**Poncelet** [pɔ̃s'lɛ], Jean Victor, *1788, †1867, frz. Ingenieur u. Mathematiker; schuf die Grundlagen der *projektiven Geometrie.*
**Ponchielli** [pɔŋ'kjɛli], Amilcare, *1834, †1886, ital. Komponist (kirchenmusikal. Werke, Ballette, Opern).
**Poncho** ['pɔntʃo], ärmelloser Überwurf aus Tuch oder Fell mit Schlitz für den Kopf.
**Pond,** Kurzzeichen p, nicht mehr zulässige Einheit der Kraft u. des Gewichts; 1978 durch *Newton* abgelöst.
**Pondicherry** [-'tʃɛri], ind. Unionsterritorium, südl. von Madras, 480 km², 604 000 Ew., Hptst. *P.;* bis 1954 französisch.
**Ponge** [pɔ̃ʒ], Francis, *1899, †1988, frz. Schriftst.; wirkte auf den Nouveau Roman.
**Poniatowski, 1.** Józef Antoni Fürst, *1763, †1813, poln. Offizier; 1794 im Aufstand T. *Kościuszkos* Kommandeur einer Division, 1812/13 bei Napoleons Rußlandfeldzug Befehlshaber des poln. Armeekorps. **– 2.** Stanisław → Stanislaus (2).
**Pönitenz,** vom Beichtvater auferlegte Buße.
**Pontevedra,** NW-span. Hafen- u. Prov.-Stadt in Galicien, 67 000 Ew.; Maschinenbau, Metall-, Fisch-, Nahrungsmittel-, keram. u. chem. Ind.
**Ponti,** Carlo, *11.12.1913, ital. Filmproduzent (»La Strada«, »Doktor Schiwago«); verh. mit S. *Loren.*
**Pontiac** [-æk], Stadt im SO von Michigan (USA), 77 000 Ew.; Auto-Ind.
**Pontianak,** indones. Prov.-Hptst. in W-Borneo, 355 000 Ew.; Univ.; Handelshafen; Flugplatz; in der Nähe Diamanten- u. Goldvorkommen.
**Pontifex,** im alten Rom auf Lebenszeit gewähltes Mitgl. der obersten Priesterbehörde. Seit Papst *Leo d. Gr.* ist »P. maximus« ein Titel des Papstes.
**Pontifikalamt,** feierl. Meßopfer des Diözesanbischofs.
**Pontifikat,** Regierungszeit des Papstes oder Bischofs.
**Pontinische Inseln,** ital. *Isole Ponziane,* ital. Inselgruppe im Tyrrhen. Meer, nw. von Neapel; Hauptinsel *Ponza.*
**Pontinische Sümpfe,** ital. *Agro Pontino (Romano),* ehem. stark versumpftes Gebiet in der Küstenebene sö. von Rom; seit 1899 entwässert u. bis 1939 trockengelegt.
**Pontisches Gebirge,** der die S-Küste des Schwarzen Meers begleitende Gebirgszug in der Türkei; im Ostpontus *(Kaçkar Daği)* 3937 m.
**Pontius Pilatus,** röm. Procurator in Judäa 26–36 n. Chr.; während seiner Amtszeit wurde Christus gekreuzigt.
**Ponto,** Erich, *1884, †1957, dt. Schauspieler; vielseitiger Charakterdarsteller.
**Ponton** [pɔ̃'tɔ̃], auf dem Wasser schwimmender, bootartiger Träger von Brücken.
**Pontoppidan,** Henrik, *1857, †1943, dän. Schriftst.; schrieb naturalist. Romane; Nobelpreis 1917.
**Pontormo,** Jacopo, eigtl. J. *Carrucci,* *1494, †1557, ital. Maler; einer der Hauptmeister des *Manierismus.*

**Pontos,** lat. *Pontus, Pontisches Reich,* in der Antike unter *Mithradates I.* um 280 v. Chr. ein selbst. Kgr. um das Pont. Gebirge; seit 63 v. Chr. röm. Prov.
**Pontresina,** schweiz. Höhenkurort im Oberengadin, 1777 m ü.M., 1700 Ew.
**Pony,** sehr kleine Pferderasse, bis höchstens 140 cm Schulterhöhe; hierzu u.a. das engl. *Shetland-P.,* das *Island-P.,* die schwed.-norw. *Telemarker* u. der östr. *Haflinger.*
**Pool** [pu:l], **1.** *Ausgleichskartell,* Zusammenschluß mehrerer rechtl. selbst. Produzenten, wobei für jedes Unternehmen die Produktionsmenge festgesetzt wird. Der Gewinn wird geteilt. – **2.** loser Zusammenschluß mehrerer Versicherer, die ihre Verträge eines risikoreichen Versicherungszweigs zusammenlegen.
**Pool-Billard** ['pu:lbiljart], *American Pool,* Form des Billardspiels, bei dem 15 numerierte Kunststoffkugeln in die 6 auf dem Billardtisch eingelassenen Löcher einzuspielen sind.
**Poole** [pu:l], südengl. Hafenstadt u. Seebad, am Kanal, 119 000 Ew.; Schiffbau, Keramikherstellung, Fremdenverkehr.
**Poona** ['pu:nə], *Pune,* Stadt in Maharashtra (Indien), sö. von Bombay, 1,68 Mio. Ew.; Univ.; Paläste u. Tempel aus dem 17. u. 18. Jh.; versch. Ind. – P. war in den 1970er Jahren das religiöse Zentrum der Bhagwan-Bewegung.
**Poopósee,** flacher See im bolivian. Hochland, 3690 m ü.M., 2800 km².
**Pop** → Pop-Art, → Pop-Musik.
**Pop-Art,** Kunstrichtung des späten 1950er u. der 1960er Jahre, die Gegenstände der zivilisator. Alltagswelt (z.B. Comic Strips, Schaufensterpuppen, Reklamebilder) einbezog u. häufig durch Vergrößerung, Reihung u.a. verfremdete. Sie entstand in England, erlebte aber (mit R. *Rauschenberg* als Wegbereiter) ihren Höhepunkt in den USA mit R. *Indiana,* R. *Lichtenstein,* C. *Oldenburg,* A. *Warhol* u. T. *Wesselmann.*
**Popayán,** Dep.-Hptst. in SW-Kolumbien, 160 000 Ew.; Univ. (1827); Textil- u. Nahrungsmittel-Ind.
**Popcorn,** *Puffmais,* → Puffreis.
**Pope,** fr. volkstüml., später verächtl. Bez. für die Weltgeistlichen in der russ.-orth. Kirche.
**Pope** [poup], Alexander, *1688, †1744, engl. Schriftst.; Vollender des engl. Klassizismus. ep. Dichtungen, Satiren, Vers-Essays.
**Popeline,** feinrippiges Gewebe aus Baumwolle, Wolle oder Chemiefasern.
**Popiełuszko** [popjɛ'wuʃkɔ], Jerzy, *1947, †1984 (ermordet), poln. Priester, Befürworter der *Solidarność,* von Mitarbeitern des Geheimdienstes ermordet.
**Pop-Musik,** Kurzwort für engl. *popular music,* zunächst allg. verwendet für Unterhaltungsmusik, die von einem Massenpublikum konsumiert wird;

*Pop-Art: Roy Lichtenstein, Blonde. Keramik; 1965. Köln, Wallraf-Richartz-Museum*

*Popocatépetl*

i.e.S. eine Sparte der *Rockmusik,* die sich durch einfache, eingängige Formen u. Texte auszeichnet, ähnl. dem Schlager.
**Popocatépetl,** Vulkan sö. der Stadt Mexico, 5452 m.
**Pöppelmann,** Matthäus Daniel, *1662, †1736, dt. Baumeister; baute v.a. in Dresden (»Zwinger«) u. Warschau in einem vom Barock zum Rokoko überleitenden Stil.
**Popper,** Sir (seit 1964) Karl Raimund, *28.7.1902, engl. Philosoph östr. Herkunft; Begr. u. Hauptvertreter des *Krit. Rationalismus.*
**populär,** volkstüml., beliebt; allgemeinverständlich.
**Popularen,** im alten Rom Politiker meist adliger Herkunft, die die Interessen der Plebs vertraten. Bed. P. waren die *Gracchen.*
**Population, 1.** Gruppe von Sternen die hinsichtl. chem. Zusammensetzung, räuml. Stellung u. Alter ähnl. sind. – **2.** *Bevölkerung,* eine Gruppe von tatsächl. oder potentiell sich untereinander fortpflanzenden Organismen einer Art an einer bestimmten Örtlichkeit.
**Poquelin** [pɔ'klɛ̃], Jean-Baptiste → Molière.
**Pordenone,** ital. Prov.-Hptst., westl. von Udine, 51 000 Ew.; Dom (15. Jh.); keram., Textil- u. Elektro-Ind.
**Pore, 1.** *Poren,* kleine Öffnungen auf der Oberfläche oder feine Kanäle in versch. *(porösen)* Stoffen, z.B. Bimsstein, Gußeisen. – Hautporen, Mündungen der Schweißdrüsen der Haut. – **2.** kleiner dunkler, meist kreisförmig begrenzter Fleck auf der Sonne, aus dem sich ein größerer Sonnenfleck entwickeln kann.
**Poreč** ['pɔrɛtʃ], ital. *Parenzo,* jugoslaw. Seebad auf der Halbinsel Istrien, 4000 Ew.; Basilika (6. Jh.).
**Pori,** schwed. *Björneborg,* Prov.-Hptst. in SW-Finnland, 79 000 Ew.; Masch.-, Holz- u. Textil-Ind.
**Porlinge,** *Löcherpilze,* zu den *Ständerpilzen* gehörende Pilze; von innen mit Löchern durchsetzte Fruchtschicht.
**Pornographie,** Darstellung sexueller Vorgänge in Wort u. Bild in grob aufdringl. Weise unter Ausklammerung aller sonstigen menschl. Bezüge; *harte P.:* Schriften u. Abbildungen, die den sexuellen Mißbrauch von Kindern oder mit Gewalttätigkeiten verbundene sexuelle Handlungen zum Gegenstand haben; strafbar.
**Porphyr,** alle subvulkan. Gesteine mit dichter Grundmasse u. größeren Kristallen als Einsprenglingen.
**Porphyrios,** * um 232, † um 304, grch. Philosoph, Schüler *Plotins;* bed. Aristoteles-Kommentator.
**Porree,** *Aschlauch, Borré, Span. Lauch,* im Mittelmeergebiet heim. *Lauch.*
**Porrentruy** [pɔrɑ̃'tryj], dt. *Pruntrut,* schweiz. Bez.-Hptst., an der Allaine, 7000 Ew.; Schloß, Jesuitenkolleg; Uhrenind. – 1527–1713 Residenz der Basler Fürstbischöfe.
**Porridge** ['pɔridʒ], Haferflockenbrei.
**Porsche,** Ferdinand, *1875, †1951, dt. Autokonstrukteur; konstruierte zahlr. Rennwagen, bes. bek. als Konstrukteur des Volkswagens.
**Porst,** *Ledum,* Gatt. der *Heidekrautgewächse.*
**Port** [pɔ:t], Bestandteil geograph. Namen: Hafen.

**Portal,** der durch architekton. Gliederung oder plast. Schmuck hervorgehobene Eingang von Tempeln, Kirchen, Palästen u.ä.

**Porta Nigra,** Tor der röm. Stadtbefestigung von Trier, um 180 n. Chr. erbaut.

**Port Arthur,** chin. *Lüshun,* chin. Kriegshafen am Gelben Meer, Stadtteil von Lüda. – 1905–45 japan., 1945–55 sowj. Flottenstützpunkt; 1955 an China zurückgegeben.

**Portativ,** kleine tragbare Orgel mit einem Manual, ohne Pedal.

**Port-au-Prince** [pɔ:rto'prɛ̃s], Hptst. der Rep. Haiti, an der W-Küste der Insel, 763 000 Ew.; Univ.; Ind.-Zentrum; Flughafen.

**Porta Westfalica, 1.** *Westfälische Pforte,* 800 m breiter Taleinschnitt zw. Wiehen- u. Wesergebirge südl. von Minden, Durchbruch der Weser aus dem Mittelgebirge in die Norddt. Tiefebene. – **2.** Stadt in NRW, an der Weser, 33 000 Ew.; Maschinenbau, Metall- u. Möbel-Ind.

**Portefeuille** [pɔrt'fø:j], **1.** fr. Bez. für Brieftasche, Aktenmappe. – **2.** *Wechsel-P.,* alle im Besitz einer Bank befindl. Wechsel; ebenso *Effekten-P.* – **3.** der Geschäftsbereich eines Ministers.

**Port Elizabeth** [pɔ:t i'lizəbəθ], Hafenstadt im sö. Kapland (Rep. Südafrika), 492 000 Ew.; Univ.; vielseitige Ind., Wollhandel.

**Porten,** Henny, *1890, †1960, dt. Filmschauspielerin; große Erfolge im Stummfilm.

**Portepee,** versilberte oder vergoldete Quaste am Degen, Säbel oder Dolch der Offiziere u. Feldwebel.

**Porter** ['pɔ:tə], schweres, dunkles Bier aus Großbritannien.

**Porter** ['pɔ:tə], **1.** Cole, *1891, †1964, US-amerik. Komponist; schrieb Filmmusiken, Schlager u. Musicals (z.B. »Kiss me, Kate«, »Can Can«). – **2.** George, *6.12.1920, brit. Chemiker; Untersuchungen von Reaktionsmechanismen sehr schneller chem. Vorgänge; Nobelpreis 1967. – **3.** Katherine Anne, *1894, †1980, US-amerik. Schriftst. (psychol. Kurzgeschichten u. Romane, »Das Narrenschiff«). – **4.** Rodney R., *1917, †1985, brit. Biochemiker; Forschungen zur Aufklärung der Struktur von Antikörpern; Nobelpreis für Medizin 1972.

**Port-Gentil** [pɔ:rʒã'ti], Hafenstadt u. Wirtschaftszentrum in Gabun, 164 000 Ew.; Holzverarbeitung, Ölraffinerie.

**Port Harcourt** [pɔ:t 'ha:kət], Hptst. des Bundesstaats Rivers in Nigeria, 340 000 Ew.; Ölraffinerie, Export von Kohle u. Zinnerz.

**Portici** [-tʃi], ital. Hafenstadt in Kampanien, am

*Porto: die Altstadt am Douro; im Hintergrund die 1963 erbaute Arrábida-Brücke*

Golf von Neapel, 85 000 Ew.; Seebad; Schiffbau; chem. u. Nahrungsmittel-Ind.

**Portier** [pɔr'tje:], Pförtner, Hausmeister.

**Portikus,** Stoa, nach einer Seite offene, ein- oder mehrschiffige Säulenhalle.

**Portland** ['pɔ:tlənd], **1.** Hafenstadt im NW von Oregon (USA), 366 000 Ew.; Kultur-, Ind.- u. Handelszentrum. – **2.** größte Stadt des USA-Staats Maine, auf einer Halbinsel am Mainegolf, 62 000 Ew.; Maschinenbau, Werften; Fischerei; Fremdenverkehr.

**Port Louis** [pɔ:t 'luis], Hptst. u. Hafen von Mauritius, 150 000 Ew.; Handelszentrum u. Stützpunkt für die Schiffahrt auf dem Ind. Ozean.

**Portmann,** Adolf, *1897, †1982, schweiz. Zoologe u. Naturphilosoph; arbeitete auf dem Gebiet der Entwicklungsgeschichte u. betonte die biol. Sonderstellung des Menschen.

**Port Moresby** [pɔ:t 'mɔ:zbi], *Konedobu,* Hptst. u. Hafen von Papua-Neuguinea, 144 000 Ew.; Univ. u. TU; Handelszentrum; Flughafen.

**Pörtner,** Rudolf, *30.4.1912, dt. Schriftst. (populäre archäolog. u. histor. Sachbücher).

**Porto** ['portu], *Oporto,* portugies. Hafen- u. Ind.-Stadt am N-Ufer des Douro, 327 000 Ew.; kultureller u. wirtsch. Mittelpunkt N-Portugals; Univ. u.a. HS, roman. Kathedrale; vielseitige Ind.; Fisch- u. Weinhandel; Erdölraffinerie.

**Pôrto Alegre** ['portu a'lɛgri], Hptst. u. Hafen des südbrasil. Staats Rio Grande do Sul, 2,6 Mio. Ew.; 2 Univ.; bedeutendstes Handels- u. Ind.-Zentrum im S Brasiliens; Erdölraffinerie; Flughafen.

**Portoferràio,** Hauptort der ital. Insel *Elba,* 11 000 Ew.; Fremdenverkehr.

**Portofino,** ital. Kur- u. Badeort in Ligurien, 770 Ew.

**Port of Spain** [pɔ:t əv 'spein], Hptst. des Staats *Trinidad u. Tobago* u. Hauptort der westind. Insel Trinidad, 66 000 Ew.; Kultur-, Ind.- u. Handelszentrum; Hafen; Flughafen.

**Porto-Novo,** Hptst. u. Hafen der westafrik. Rep. Benin, 200 000 Ew.; Wirtschaftszentrum.

**Porträt** [pɔr'trɛ:], *Portrait,* Darst. eines Menschen oder einer Menschengruppe.

**Port-Royal** [pɔ:rrwa'jal], ehem. Zisterzienserinnenkloster bei Versailles, 1204 gegr.; im 17. Jh. ein Mittelpunkt des *Jansenismus.*

**Port Said** [pɔ:t-], arab. *Bur Said,* Hafenstadt in Ägypten, am Nordende des Suezkanals, 316 000 Ew.; chem. Ind.; Salzgewinnung; Seebad; Flughafen.

**Portsmouth** ['pɔ:tsməθ], **1.** größter Militärhafen Großbrit., am Kanal, 179 000 Ew.; Werften, Schiffs-, Schwer-, Textil- u. Nahrungsmittel-Ind.; Fremdenverkehr. – **2.** Stadt in Virginia (USA), am S-Ende der Chesapeakebucht, 105 000 Ew.; Übersee- u. Fischereihafen; Marinestützpunkt.

**Port Sudan,** Hafenstadt der Rep. Sudan, am Roten Meer, 207 000 Ew.; Textil- u.a. Ind.; Ölraffinerie; Flughafen.

**Portugal,** Staat im W der Pyrenäenhalbinsel, 92 389 km², 10,4 Mio. Ew. (röm.-kath.), Hptst. *Lissabon.*

Landesnatur. Der N ist ein stark zertaltes Gebirgsland *(Serra da Estrela,* 1991 m), das nach S in die Mittelgebirge Estremaduras übergeht. Süd-

*Portal: mittleres Westportal der Kathedrale Notre-Dame in Reims; 1255–1290 erbaut*

# Portugal

*Portugal*

westl. des weiten Tieflands um die Flüsse Tejo u. Sado erstreckt sich das Hügelland von Alentejo u. die Algarve. Das ozean. Klima ist nördl. des Tejo kühler u. feuchter als im S.

Wirtschaft. Die Landwirtschaft beschäftigt noch rd. 24% der Erwerbstätigen. Hauptanbauprodukt ist Getreide, im N auch Kartoffeln, im S Wein, Oliven, Obst u. Reis. P. ist der größte Korklieferant der Erde (rd. 50% der Welterzeugung); außerdem werden Hölzer u. Harze ausgeführt. Die Fischerei hat erhebl. Bedeutung. An Bodenschätzen werden v.a. Wolfram, Schwefelkies, Uran u. Eisen abgebaut. Die Industrie ist noch schwach entwickelt. Wichtigster Zweig ist die Textilind. Der Fremdenverkehr spielt v.a. in der Algarve eine bed. Rolle. – Das Verkehrsnetz ist in weiten Landesteilen recht weitmaschig. Lissabon u. Porto sind die wichtigsten Häfen u. Flughäfen des Landes.

Geschichte. P. als Gebiet der *Lusitaner* wurde 72 v. Chr. röm. Prov., 585 westgot., 711 arab. Im 9. Jh. begann die Rückeroberung *(Reconquista).* 1139 begr. König *Alfons I.* die Selbständigkeit P. 1147 eroberte er im Kampf gegen die Araber Lissabon. 1267 wurde die bis heute gültige Grenze mit Spanien festgelegt. Der »Windsorvertrag« von 1386 leitete die noch heute bestehende Anlehnung an England ein. – 1415 begann die Eroberung nordafrik. Gebiets, später folgte die Ausbreitung an der Küste W-Afrikas *(Heinrich der Seefahrer).* Ende des 15. Jh. erreichten die Portugiesen das Kap (B. *Diaz*) u. ließen sich nach Entdeckung des Seewegs nach Indien (Vasco da *Gama*) dort in Handelskolonien nieder. Zum asiat. u. afrik. Kolonialbesitz kam das 1499 (P.A. *Cabral*) entdeckte Brasilien. Nach dem Aussterben der Königsdynastie annektierten 1580 die Spanier P. Die Lösung der Vereinigung mit Spanien (1640) erfolgte durch

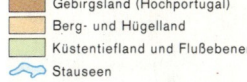

*Portugal: landschaftliche Gliederung*

# Portulak

*Porzellan: Kanne der Preußischen Porzellanmanufaktur Berlin*

Johann IV. († 1656). Die Wirtschaft wurde durch den *Methuenvertrag* 1703 noch stärker von England abhängig; der größte Teil des Kolonialbesitzes war an die Niederländer u. Engländer verlorengegangen. 1807 mußte der port. Hof vor Napoleon I. nach Brasilien fliehen. Mit engl. Hilfe (A. Wellington) wurden die Franzosen allerdings (1808/09, 1811 endgültig) vertrieben. 1822 wurde Brasilien unabh. 1911 wurde P. Republik. Die parlamentar. Demokratie konnte sich nicht durchsetzen (mehrere Putsche). Seit 1928 errichtete A. de Oliveira *Salazar* eine autoritär-korporativen Einparteienstaat *(Estado Novo).* 1949 trat P. der NATO, 1955 der UN bei. Die port. Kolonien wurden 1951 zu »Überseeischen Provinzen« erklärt. Salazars Nachfolger M. *Caetano* (1968–74) setzte die repressive Innen- u. Kolonialpolitik seines Vorgängers fort. 1974 wurde die Diktatur von der »Bewegung der Streitkräfte« (MFA) gestürzt. Diese entließ die Überseegebiete in die Unabhängigkeit, stellte die Demokratie wieder her u. verkündete als Ziel die Errichtung einer sozialist. Gesellschaftsordnung. Nach rechts- u. linksradikalen Putschversuchen setzten sich gemäßigte Kräfte durch. 1976 wurde eine liberal-demokrat. Verf. verabschiedet. 1986 wurde P. Mitgl. der Europäischen Gemeinschaft. Staats-Präs. ist seit 1986 M. Soares. – Nach der Verf. von 1976 (mit Änderungen 1982 u. 1989) ist P. eine parlamentarisch-demokrat. Rep. Das Einkammerparlament hat 250 Abg. Führende Parteien sind die *Sozialist. Partei (PSP)* u. die *Sozialdemokrat. Partei (PSD).*

**Portulak,** *Portulaca,* Gatt. der *P.gewächse;* in den Tropen u. Subtropen. Der *Gewöhnl. P.* wird als Salat-, Suppen- u. Gemüsekraut kultiviert.

**Portwein,** schwerer Südwein aus Portugal.

**Porzellan,** Keramik mit völlig dichtem, durchscheinendem Scherben aus Kaolin, Feldspat u. Quarz. Zusammensetzung der Rohstoffe u. Brenntemperatur bestimmen die Eigenschaften des Scherbens. Unterschieden wird zw. hochschmelzendem, gegenüber mechan. Anforderungen u. Temperaturwechsel beständigem *Hart-P.* u. dem empfindlicheren *Weich-P.* Die vermischten Stoffe gelangen als *Schlicker* in Vorratsbassins; nach weiterem Feuchtigkeitsentzug mittels Filter- oder Vakuumpressen wird die Masse zu flachen »Kuchen« geformt u. einem längeren Sumpfungs- u. Gärungsprozeß unterworfen (»Mauken«). Der Formgebung durch Gießen in Gipsformen oder auf der Töpferscheibe folgt das Verputzen u. Glätten der Formstücke sowie deren Trocknung. Der anschließende Vorbrand *(Glühbrand)* bei 800–1000 °C verleiht dem Scherben Festigkeit u. macht ihn aufnahmefähig für die Glasur. Im 2. Brand, dem *Scharf-, Glatt-* oder *Garbrand* (1300–1500 °C), verdichtet sich der Scherben bis zur völligen Sinterung (Verglasung). Die Farben werden entweder als Unterglasurfarben beim zweiten Brand eingebrannt oder nach dem zweiten Brand aufgemalt u. bei einem dritten Brand (750–850 °C) aufgebrannt. – Gesch.: Das P. ist eine chin. Erfindung; früheste Nachrichten stammen aus dem 7. Jh. Als Exportgut gelangte chin. P. seit dem MA in zahlr. Länder. In Europa wurde Hart-P. erstmals 1708 von J. F. *Böttger* u. E. W. von *Tschirnhaus* hergestellt; die erste europ. P.-Manufaktur wurde 1710 in Meißen gegründet.

**Porzellanschnecken,** *Tigerschnecken,* große, in den trop. Meeren lebende *Vorderkiemer* mit porzellanartiger Schale, z.B. die *Kaurischnecke.*

**POS,** Abk. für *point-of-sale;* Bez. für ein bargeldloses Zahlungssystem, bei dem Euroscheck- oder Kreditkarten sowie der Geheimcode in einen Kartenleser einzugeben sind. Der Rechnungsbetrag wird vom Konto des Kunden abgebucht; seit 1988 in einigen Städten der BR Dtld.

**Posamenten,** textile Ziermittel, bes. Borten, Schnüre, Fransen u. Quasten.

**Posaune,** Blechblasinstrument mit Kesselmundstück, langgezogener S-förmiger Röhre u. bis zu ²/₃ zylindr. Verlauf, heute v.a. *Tenor-* u. *Baß-P.*; wichtiges Jazzinstrument.

**Pose,** Stellung, meist auf eine bestimmte Wirkung berechnete Haltung. – **posieren,** eine P. einnehmen.

**Poseidon** → griechische Religion.

**Poseidonios,** *um 135 v. Chr., †51 v. Chr., grch. Philosoph; Vertreter der mittleren *Stoa.*

**Posen,** poln. *Poznań,* Stadt im W von Polen, an der Warthe, 574 000 Ew.; Univ. u.a. HS; Museen, Theater; Dom (1431 begonnen); Kulturpalast (ehem. Kaiserschloß); versch. Ind.; P.er Messe. – Gesch.: Im 10. Jh. Sitz poln. Herzöge; um 1250 Anlage der Neustadt durch dt. Siedler; 1815–30 Hptst. des preuß. Hzgt.; 1830–1919 der gleichn. preuß. Prov.; 1939 an das Dt. Reich; 1945 wieder polnisch.

**Position,** Stellung, Lage, Zustand, Ort.

**Positionslichter,** Lichter, die in der Dunkelheit von Flugzeugen u. Schiffen geführt werden müssen. In Fahrtrichtung leuchtet seitwärts nach Backbord (links) rotes, nach Steuerbord (rechts) grünes, nach achtern (hinten) weißes Licht.

**positiv,** tatsächl. vorhanden; bejahend; größer als Null; elektronenarm.

**Positiv, 1.** eine kleine *Orgel,* meist ohne Zungenstimmen, mit einem Manual u. oft ohne Pedal. – **2.** den wirklichen Hell-Dunkel- u. Farbverhältnissen entsprechende photograph. Kopie oder Vergrößerung auf Papier, auch auf Platten oder Film als *Diapositiv.*

**positives Recht,** durch die Rechtsgemeinschaft geformtes Recht; Ggs.: Naturrecht.

**Positivismus,** erkenntnistheoret. Grundhaltung, die davon ausgeht, daß die Quelle aller menschl. Erkenntnis das Gegebene, d.h. die *positiven* Tatsachen, ist. Der P. lehnt alles als unwissenschaftl. ab, was nicht beobachtbar ist u. durch wiss. Experimente erfaßbar ist (z.B. metaphys., eth. u. theol. Fragestellungen). Als Begr. des P. gilt A. *Comte* mit seiner »Dreistadienlehre«. Wichtige Vertreter des dt. P. im 19. Jh. waren E. *Mach* u. R. *Avenarius.* Im 20. Jh. setzten die *Neopositivisten* des *Wiener Kreises* (u.a. R. *Carnap,* O. *Neurath*) die Tradition des älteren P. fort.

*Portugal: Küste bei Praia da Rocha*

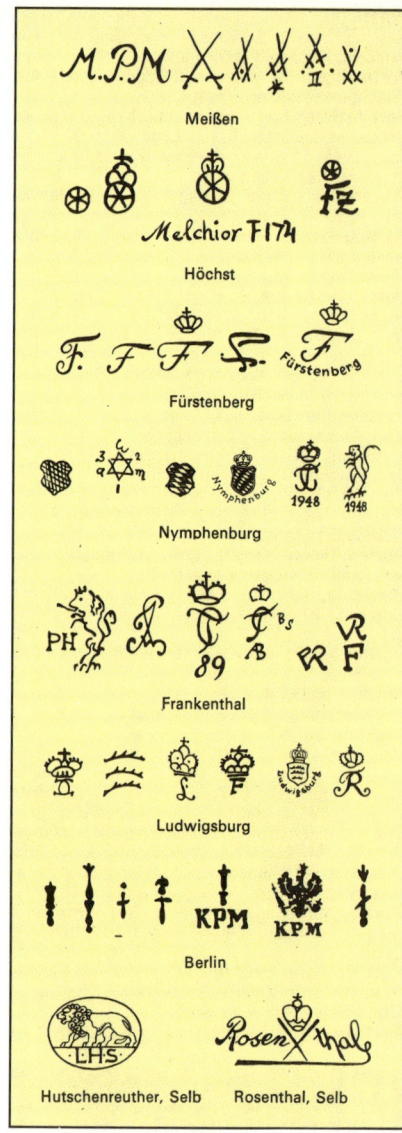

*Porzellan: Manufakturzeichen*

In der westdt. Soziologie gab es in den 1960er Jahren eine wiss. Debatte über den P. **(P.streit).**

**Positron,** positiv geladenes Elementarteilchen mit demselben Gewicht wie das *Elektron* u. von sehr kurzer Lebensdauer *(Antielektron).*

**Positur,** Stellung, Haltung, die in einer bestimmten Situation bewußt eingenommen wird.

**Posse,** derb-kom. Bühnenstück, das auf Verwechslungen, Zufällen u. Übertreibungen aufbaut; aus dem *Fastnachtsspiel* u. der *Commedia dell'arte* entwickelt u. z.T. noch mit deren Haupttypen arbeitend.

**Possessivpronomen,** besitzanzeigendes Fürwort (mein, dein, sein, unser).

**post...,** Vorsilbe mit der Bed. »nach, hinter«.

**Post,** dem Gemeinwohl dienende, dauernd betriebene stattl. Einrichtung zur Beförderung von Nachrichten, Kleingütern u. Personen sowie zur Durchführung von Geldverkehr u. Urkundgeschäften. Die P.geschäfte in der BR Dtld. besorgt die *Dt. Bundespost.*

**postalisch,** die Post betreffend, von der Post ausgehend.

**Postanweisung,** Auftrag an die Post, einen eingezahlten Geldbetrag einem bestimmten Empfänger gegen Quittung auszuhändigen; Höchstbetrag 1000 DM.

**post Christum,** *p. C. natum,* Abk. *p. Chr. (n.),* nach Christi Geburt.

**Posten, 1.** Stellung, Amt. – **2.** Einzelbetrag auf einer Rechnung. – **3.** militär. Wache.

**Poster** ['pousteɪ], Plakat mit künstler. Anspruch oder von dekorativem oder provozierendem Charakter.

**Postfach,** fr. *Postschließfach,* verschließbares, bei der Post zu mietendes Fach; ermöglicht die Abholung von Postsendungen auch außerhalb der Schalterdienststunden.

**Postgeheimnis,** Verpflichtung der Postbediensteten zur strengsten Geheimhaltung des Postverkehrs hinsichtl. des Brief- u. Paketdienstes, der gesamten von der Post ausgeführten Bankdienste sowie des Fernmeldedienstes.

**Postgiro,** bankähnl. Einrichtung der Post zur Förderung des unbaren Zahlungsverkehrs; 1909 in Dtld. eingeführt, bis 1983 unter der Bez. *Postscheckdienst.* Die P.konten werden von den P.ämtern verwaltet.

**posthum,** *postum,* nachgeboren; nachgelassen (von den Werken eines Künstlers oder Wissenschaftlers); nach dem Tode verliehen (von Preisen).

**Postille,** urspr. eine fortlaufende Bibelerklärung; seit dem 15. Jh. eine Predigtsammlung. Berühmt sind M. Luthers »Kirchen-P.«

**Postillion, 1.** der Kutscher einer Postkutsche. – **2.** *Posthörnchen,* in S-Europa heim. *Tagfalter,* mit hell- bis goldgelben Flügeln u. brauner Randbinde.

**Postkarte,** von der Post zugelassene offene Karte, Länge bis 16,2 cm u. Breite bis 11,4 cm.

**Postl,** Karl Anton → Sealsfield, Charles.

**postlagernd,** Vermerk auf Postsendungen; danach soll die Bestimmungspostanstalt die Sendung zur Abholung durch den Empfänger für eine bestimmte Frist aufbewahren.

**Postleitzahl,** in der BR Dtld. 1962 eingeführte Kennzeichnung der Orte mit Postanstalt, die nach dem 4-Ziffern-System aufgebaut ist u. aus der alle notwendigen Hinweise für die Lage des Ortes zu ersehen sind. Ähnl. Regelungen gelten in andern Ländern.

**post meridiem,** Abk. *p.m.,* nachmittags.

**Postmoderne,** in den 1970er Jahren eingeführte Bez. für einen architekton. Stil, der sich gegen die geometr. Abstraktheit u. Technikbezogenheit der sog. *Moderne* wendet; nimmt Rücksicht auf regionale Gegebenheiten u. paßt sich stilist. an; spieler. Hantieren mit historisierenden Formen (z.B. Säule, Triumphbogen) sowie Stilmischungen; auch in den Geisteswissenschaften verwendeter Begriff.

**post mortem,** Abk. *p.m.,* nach dem Tod.

**Postregal,** das Alleinrecht des Staates, Posteinrichtungen zu gründen u. zu betreiben.

**Postskriptum,** Abk. *P.S., PS,* Nachschrift, Nachsatz (in einem Brief u.ä.).

**Postulat,** nicht bewiesene, aber als gültig vorausgesetzte Annahme; auch sittl. Forderung.

**postum** → posthum.

**Postwertzeichen** → Briefmarken.

**Potemkin** [pʌ'tjɔmkin] → Potjomkin.

**Potential, 1.** Gesamtheit aller für einen Zweck zur Verfügung stehenden Mittel. – **2.** in der Physik das Maß für die Stärke eines elektr. oder magnet. Kraftfelds in einem bestimmten Punkt.

**potentiell,** mögl., denkbar; unter Umständen in der Zukunft sich ergebend.

**Potentiometer,** verstellbarer elektr. Widerstand; meist zur Spannungsteilung verwendet.

**Potenz, 1.** Möglichkeit, Vermögen, Kraft. – **2.** das Ergebnis des Potenzierens, bzw. das Gebilde aus einer *Grundzahl (Basis)* u. einer *Hochzahl (Exponent):* Die allg. Form einer P. ist $a^m$ (gelesen: a hoch m). Für natürl. Hochzahlen m ist die m-te P. einer beliebigen Grundzahl a:

$$a^m = \underbrace{a \cdot a \cdot a \cdot \ldots \cdot a}_{m \text{ Faktoren}}.$$

So ist z. B. $2^4$, die vierte P. von 2, gleich $2 \cdot 2 \cdot 2 \cdot 2 = 16$. Die entsprechende Rechenoperation heißt *potenzieren.* P.regeln:

$$a^m \cdot a^n = a^{m+n}; \; a^m : a^n = a^{m-n}; \; (a^m)^n = a^{m \cdot n};$$
$$a^n = 1/a^{-n}; \; a^0 = 1; \; a^{1/n} = \sqrt[n]{a}.$$

– **3.** Fähigkeit des Mannes zum Geschlechtsverkehr; auch Zeugungsfähigkeit; Ggs.: *Impotenz.*

**Potenza,** Stadt in S-Italien, Hptst. der Reg. Basilicata u. der Prov. P., 67 000 Ew.; archäolog. Museum.

**Potjomkin,** *Potemkin,* Grigorij Alexandrowitsch Fürst, *1739, †1791, russ. Minister; Favorit u. Berater *Katharinas II.;* ließ bei deren Krimreise 1787 angebl. längs des Wolgawegs Attrappen von Siedlungen (»Potemkinsche Dörfer«) errichten.

**Potomac** [pə'toʊmək], Fluß in den USA, rd. 460 km; entspringt in den Allegheny Mountains, bildet nw. von Washington die Stromschnellen der *Great Falls,* mündet in die Chesapeakebucht.

**Potosí,** ehem. *Villa Imperial,* bolivian. Dep.-Hptst., am Fuß des *Cerro de P.,* 4070 m ü.M., 113 000 Ew.; Univ. (1892); Zinnbergbau.

**Potpourri** ['pɔtpuri], Allerlei, Kunterbuntes; Aneinanderreihung beliebter Melodien u. bek. Themen (meist aus Opern oder Operetten) ohne höhere Formeinheit.

**Potsdam,** Stadt in Brandenburg, sw. von Berlin auf einer Insel *(P.er Werder)* der sich seeartig erweiternden Havel, 132 000 Ew.; zahlr. HS u. Institute; Sternwarte u. physik. Observatorium; Schloß Sanssouci u. das Neue Palais (1763–69), im Park von Sanssouci Schloß Charlottenhof; Marstall, Marmorpalais; versch. Ind. – Bis 1918 zweite königl. Residenz (z.B. *Friedrich Wilhelm I., Friedrich d. Gr.).*

**Potsdamer Abkommen,** Ergebnis der von den USA, Großbrit. u. der Sowj. geführten *Potsdamer Konferenz* (17.7.–2.8.1945 im Schloß Cecilienhof). Als oberste Regierungsgewalt in Dtld. wurde ein Alliierter Kontrollrat gebildet. Als Ziele der Besetzung Dtld. wurden genannt: völlige Abrüstung u. Entmilitarisierung, Vernichtung der dt. Rüstungsind., Entnazifizierung, Verurteilung der dt. Kriegsverbrecher, Demokratisierung des dt. polit. Lebens, ferner Befriedigung der Reparationsforderungen der Alliierten durch Demontagen. Die dt. Gebiete östl. von Oder u. Neiße sollten von Polen, der Nordteil Ostpreußens von der Sowj. verwaltet werden. Die endgültige Festlegung der dt. Grenzen wurde einem Friedensvertrag vorbehalten.

**Pottasche,** chem. *Kaliumcarbonat* $K_2CO_3$, kohlensaures Kalium; Verwendung als Treibmittel, auch zur Seifen- u. Glasherstellung.

**Potter, 1.** Paulus, *1625, †1654, ndl. Maler u. Radierer (v.a. Tierbilder). – **2.** Philip, *19.8.1921, methodist. Geistlicher; 1972–84 Generalsekretär des Ökumen. Rates der Kirchen.

**Pottwale,** *Physeteridae,* Fam. der *Zahnwale,* mit gewaltigem Kopf (⅓ der Gesamtlänge); 2 Arten: der *Große Pottwal* (10–25 m lang) u. der *Zwergpottwal* (bis 3,40 m).

**Poularde** [pu'lardə], junges Masthuhn, das mit 7–8 Monaten geschlachtet wird.

**Poulenc** [pu'lɛk], Francis, *1899, †1963, frz. Komponist; zur Gruppe der »Six« gehörend, Neoklassizist; Opern, geistl. Musik, Klavierwerke u.a.

**Poulsen** [pɔul-], Valdemar, *1869, †1942, dän. Physiker; erfand 1898 das Stahldrahtverfahren (Magnetofon) u. 1903 den Lichtbogensender.

**Pound** [paund], Ezra Loomis, *1885, †1972, US-amerik. Schriftst.; Begr. des *Imaginismus;* formreiche, phantast., von scharfer Intellektualität geprägte Dichtungen, auch Essays.

**Pour le mérite** [purlə'mɛri:t], von *Friedrich d. Gr.* 1740 gestifteter Halsorden; 1810–18 für militär. Verdienste; seit 1842 *Friedensklasse* für Wiss. u. Künste (1952 wieder belebt).

**Poussin** [pu'sɛ̃], Nicolas, *1593, †1665, frz. Maler; Begr. der heroischen Landschaftsmalerei mit klassizist. Prägung.

**Powell** ['poʊəl], **1.** Cecil Frank, *1903, †1969, brit. Physiker; führte grundlegende Experimente auf dem Gebiet der Kernphysik durch; Nobelpreis 1950 für seine Entdeckung des π-Mesons. – **2.** Colin Luther, *5.4.1937, US-amerik. General; 1987 Sicherheitsberater von Präs. R. Reagan; seit 1989 Vors. der Vereinigten Stabschefs.

**Powerplay** ['paʊəpleɪ], im Eishockey überlegen geführtes Angriffsspiel einer Mannschaft, die die gegner. Mannschaft für längere Zeit in ihrem Abwehrdrittel bindet.

**Poznań** ['pɔznain] → Posen.

**Pozzuoli,** ital. Hafenstadt in Kampanien, am *Golf von P.,* 72 000 Ew.; Ruinen eines röm. Amphitheaters; Gummi- u. Masch.-Ind.; Fremdenverkehr.

**pp,** *Musik:* Abk. für *pianissimo.*

**p.p.,** *ppa.,* Abk. für *per procura,* Zusatz bei der Namensunterschrift des Prokuristen.

**ppm** [engl. *parts per million*], in der Chemie u. Pharmakologie gebräuchl. Abk. für Millionstel.

**PR,** Abk. für *Public Relations.*

**prä..., Prä...,** Vorsilbe mit der Bed. »vor«.

**Präambel,** Eingang, Vorspruch; in Verträgen u. Gesetzen die richtungweisende Einleitung.

**Prachtfinken,** *Estrildidae,* eine über 100 Arten umfassende Fam. der *Sperlingsvögel,* aus Afrika, S-Asien u. Australien; häufig als Käfigvögel gehalten.

**Prachtkäfer,** *Buprestidae,* eine hpts. in den Tropen aller Erdteile verbreitete Fam. der *Käfer,* meist metallisch glänzend.

**Prack,** Rudolf, *1902, †1981, östr. Schauspieler; seit 1937 erfolgreich beim Film.

**Prädestination,** Vorherbestimmung; das Bestimmtsein des Menschen zur Gnade oder Verdammnis durch den Willen Gottes.

**Prädikat, 1.** Bewertung, Zensur. – **2.** *Satzaussage,* Satzteil, der den Zustand oder die Tätigkeit des Subjekts angibt.

**Prädisposition,** Anlage, Empfänglichkeit (für eine Krankheit).

**Prado,** *Museo del P.,* staatl. Museum in Madrid, mit einer Sammlung von ca. 3000 Werken der span., ital., frz., ndl. u. dt. Malerei.

**Praetor,** *Prätor,* in der röm. Frühzeit Titel der Feldherren, seit 363 v.Chr. nach dem *Konsul* der höchste Stadtbeamte, mit vornehml. richterl. Aufgaben.

**Praetorius** [prɛ:-], *Prätorius,* Michael, eigtl. M. *Schultheiß,* *1571, †1621, dt. Komponist; gilt als der eigtl. Schöpfer des Choralkonzerts.

**Präfation,** in der kath. Meßliturgie das veränderl. Lob- u. Dankgebet zu Beginn der Opferhandlung, im ev. Gottesdienst zu Beginn der Abendmahlsfeier.

**Präfekt, 1.** oberster Verwaltungsbeamter eines frz. *Départements.* – **2.** *kath. Kirche: Apostolischer P.,* von der Kongregation für die Evangelisierung der Völker ernannter Vorsteher eines kirchl. Verwaltungsbezirks in Missionsgebieten. – **3.** *Röm. Reich:* urspr. der Vertreter der hohen röm. Beamten, in der Kaiserzeit ein Verwaltungsbeamter mit bes. Aufgaben.

**Präfektur,** Amt, Bezirk, Wohnung eines Präfekten.

**Präferenzsystem,** ein System gegenseitiger handels-, bes. zollpolit. Bevorzugungen im Warenverkehr zweier oder mehrerer Länder.

**Präfix,** *Vorsilbe,* dem Stamm eines Wortes vorangehendes Wortbildungselement (z.B. ent-, er-).

**Prag,** tschech. *Praha,* Hptst. der Tschechoslowakei (seit 1918), an der Moldau, 1,2 Mio. Ew.; Stadt der Gotik u. des Barocks (das »Goldene P.«); kul-

*Prag: Blick von der Altstadt auf den Hradschin mit dem Sankt-Veits-Dom; im Vordergrund die Karlsbrücke*

# 716 prägen

*Pranger in Berlin; um 1380*

turelles Zentrum, Univ. (1348), TH (1709); zahlr. Sehenswürdigkeiten: *Hradschin* (14.–18. Jh.), St.-Veits-Dom mit Wenzelkapelle, Karlsbrücke (14. Jh.), Altstädter Rathaus (14. Jh., berühmte astronom. Uhr, 1410); Nationalgalerie, Theater u. Museen; Tschech. Philharmonie; vielseitige Ind.; Flußhafen; Flughafen. – G e s c h .: Um die Burgen *Hradschin* u. *Vyšehrad* entstand im 6. Jh. n. Chr. eine slaw. Siedlung; sie wurde im 10. Jh. Residenz der Přemysliden, 973 Bischofssitz, 1344 Erzbistum. 1255 erhielt die Altstadt dt. Stadtrecht; in der 2. Hälfte des 14. Jh. machte Kaiser *Karl IV.* P. zur Residenz u. Hptst. des Dt. Reichs. 1784 wurden die alten Stadtteile Hradschin, Altstadt, Kleinseite u. Neustadt administrativ zur Stadt P. zusammengeschlossen.

**prägen,** Erhöhungen u. Vertiefungen in Metall, Leder oder Pappe mit einem Prägestempel pressen, so daß eine reliefartige Oberfläche entsteht.

**Prager Fenstersturz,** Protestakt böhm. Protestanten am 23.5.1618 gegen die kath. Regierung, wobei zwei kaiserl. Räte aus einem Prager Schloßfenster geworfen wurden. Der folgende Aufstand des vorw. ev. Adels in Böhmen leitete den ersten Teil des *Dreißigjährigen Kriegs* ein.

**Prager Frühling,** die unter A. *Dubček* 1968 eingeleiteten Reformen in der ČSSR, die durch den Einmarsch der Streitkräfte der Warschauer-Pakt-Mächte am 21.8.1968 beendet wurden.

**pragmatisch,** auf das Handeln bezogen, prakt., der Praxis dienen.

**Pragmatische Sanktion,** in vorkonstitutioneller Zeit ein unverletzl. Staatsgesetz; bes. die P. S. Kaiser Karls VI. (1713), die in Östr. die weibl Erbfolge sicherte u. die Unteilbarkeit der habsburg. Länder einführte.

**Pragmatismus,** Weltanschauung, die theoret. Erkennen sowie die Wahrheit von Theorien nur nach ihrem prakt. Nutzen bewertet.

**prägnant,** kurz, treffend; sinn- u. bedeutungsvoll. – **Prägnanz,** Treffsicherheit.

**Praha** → Prag.

**prähistorisch,** vorgeschichtlich.

**Prahm,** plattbodiges Wasserfahrzeug für Arbeitszwecke.

**Praia,** *Porto Praia,* Hptst. der Kapverd. Inseln, auf der Insel São Tiago, 50 000 Ew.

**Präjudiz,** Vorentscheidung; v.a. gerichtl. Entscheidung eines *Präzedenzfalls,* die häufig bindende Wirkung für spätere Entscheidungen in gleichgelagerten Fällen hat.

**Präkambrium** → Erdzeitalter.

**Präklusion,** die »Ausschließung« von etwas, bes. im Recht; z.B. die Verweigerung der Geltendmachung eines Rechts wegen Fristversäumnis.

**Praktik,** Ausübung (einer Tätigkeit), Handhabung (eines Werkzeugs); Verfahren. – **praktikabel,** brauchbar, benutzbar, zweckmäßig. – **Praktikant,** jemand, der in der prakt. Ausbildung steht. – **Praktikum,** Übung zur prakt. Anwendung theoret. Kenntnisse an Hochschulen.

**praktisch, 1.** auf Praxis beruhend, in der Praxis, in Wirklichkeit; Ggs.: *theoretisch.* – **2.** geschickt, findig (Person). – **3.** zweckmäßig, gut zu handhaben (Werkzeug, Gegenstand, Verfahren).

**praktizieren, 1.** in der Praxis einsetzen. – **2.** als Arzt tätig sein.

**Prälat,** in der k a t h . K i r c h e höherer kirchl. Würdenträger (z.B. Bischof); in der e v. K i r c h e in einigen Landeskirchen Leiter der mittleren Aufsichtsbezirke, auch Ehrentitel für den Bevollmächtigten der EKD bei der Bundes-Reg.

**Präliminarien,** vorläufige Abmachungen, bes. in der Diplomatie; z.B. beim *Präliminarfrieden (Vorfrieden).*

**Präludium,** frz. *Prélude,* zunächst die meist improvisierte Einleitung zum Choral, später einleitender Satz vor der Fuge u. Suite, schließl. selbständiges Tonstück.

**Prämie, 1.** Belohnung, Beitrag, Zusatzgewinn. – **2.** *Versicherungs-P.,* einklagbare Bringschuld des Versicherungsnehmers als Entgelt für den Versicherungsschutz. Es gibt die *Einmal-P. (Mise)* u. die *laufende P.*

**prämieren,** mit einem Preis belohnen, auszeichnen.

**Prämisse,** Vordersatz (Voraussetzung) eines logischen Schlusses.

**Prämonstratenser,** ein geistl. → Orden.

**Prandtauer,** *Prandauer,* Jakob, *1658, †1726, östr. Baumeister u. Bildhauer; einer der ersten Vertreter der östr. Hochbarockarchitektur; Erbauer des Stiftes Melk an der Donau (1702–38).

*Präraffaeliten: Edward Burne-Jones, Die Goldene Treppe; 1880. London, Tate Gallery*

*Schwarzschwanz-Präriehund*

**Prandtl,** Ludwig, *1875, †1953, dt. Physiker; Mitbegr. der Aero- u. Hydrodynamik.

**Pranger,** *Schandpfahl,* ein Pfahl, an dem im MA Verbrecher öffentl. ausgestellt wurden.

**pränumerando,** im voraus zu zahlen; Ggs.: *postnumerando.*

**Präparat,** etwas »Zubereitetes«, z.B. ein Arzneimittel oder med. Anschauungsmaterial.

**Präparation, 1.** Vorbereitung. – **2.** Herstellung eines demonstrierbaren *Präparats,* das Freilegen z.B. von Gefäß- u. Nervenverbindungen; auch die Herstellung konservierter Präparate.

**Präposition,** *Verhältniswort,* unflektierbare Wortart zur Bez. des räuml., zeitl. oder log. Verhältnisses, in dem ein Nomen zum Rest des Satzes steht (z.B. vor, über).

**Präraffaeliten,** eine 1848 von D.G. *Rosetti,* W. H. *Hunt,* J. E. *Millais* u.a. in Anlehnung an den Kreis der *Nazarener* gegr. Vereinigung engl. Maler, die eine Erneuerung der Kunst aus dem Geist der ital. Frührenaissance (vor *Raffael*) erstrebte.

**Prärie,** ebene Grassteppe in Nordamerika, zw. dem Golf von Mexiko im S u. dem Saskatchewan River im N., vom Mississippi im O bis zum Anstieg der Rocky Mountains im W.

**Präriehunde,** zwei Arten 35 cm langer *Hörnchen;* gesellige Erdhöhlenbewohner mit bellender Stimme; leben in den Prärien Nordamerikas u. sind mit dem Murmeltier verwandt.

**Prärie-Indianer,** nordamerik. Indianerstämme (*Sioux, Kiowa, Apachen, Blackfeet, Pawnee, Comanchen, Shoshonen* u.a.), die einst zw. Mississippi u. Rocky Mountains nomadisch von der Büffeljagd lebten. Sie setzten den eindringenden weißen Siedlern starken Widerstand entgegen; Vorbild für die klischeehaften Indianerdarstellungen, bes. im Wildwestfilm.

**Präriewolf** → Coyote.

**Prärogative,** Vorrecht im Sinn einer ausschl. staatsrechtl. Zuständigkeit; im Konstitutionalismus die Rechte des Monarchen, die er ohne Mitwirkung des Parlaments geltend machen konnte.

**Präsens,** *Gegenwart,* das Tempus des Verbums zur Bez. einer gegenwärtigen Handlung oder eines Zustands, z.B. »ich gehe«; »die Erde dreht sich«.

**präsent,** anwesend, gegenwärtig.

**Präsent,** Geschenk, kleine Aufmerksamkeit.

**Präsentation,** Vorstellung, Vorlegung, Darstellung.

**präsentieren, 1.** darreichen, darbieten, vorlegen. – **2.** *das Gewehr p.,* das Gewehr senkr. vor den Körper halten (als militär. Ehrenbezeigung).

**Präsenz,** Anwesenheit. – **P.-Bibliothek,** Bibliothek, deren Bücher nicht ausgeliehen werden, sondern nur im Lesesaal benutzt werden dürfen.

**Praseodym,** ein → chemisches Element.

**Präservativ** → Kondom.

**Präses,** Vorsteher, Vors., bes. einer ev. Synode; leitender Theologe der ev. Landeskirchen von Rheinland u. Westfalen.

**Präsident,** gewählter Vors. von Verbänden, Vereinen u. Körperschaften; Leiter mancher HS; ernannter Vorstand von Behörden (z.B. *Regierungs-P.);* Amtsbez. für das Staatsoberhaupt in Republiken.

**Präsidialsystem,** *Präsidentschaftssystem,* eine republikan. Regierungsform, die dem *Präsidenten* als Staatsoberhaupt entscheidende Rechte zur polit. Gestaltung einräumt. Der Präs. ist gleichzeitig Staatsoberhaupt u. Regierungschef, oberster Be-

**fehlshaber** u. Inhaber der auswärtigen Gewalt. Er wird meist direkt vom Volk gewählt, z.B. in Frankreich. Er ist vom Parlament unabhängig, kann dieses aber auch nicht auflösen u. hat keine Gesetzesinitiative. Ggs.: *parlamentar. System.*

**Präsumtion,** *Präsumption,* Annahme, Voraussetzung.

**Prätendent,** jemand, der auf etwas Anspruch erhebt; bes. auf eine Krone.

**Prater,** Au- u. Wieseldsch. am rechten Donauufer unterhalb von Wien; Sportanlagen u. Messegelände, Vergnügungsviertel »Wurstel-P.« mit 64 m hohem Riesenrad.

**Präteritum,** *i.w.S.* Vergangenheitsform des Verbums in Sprachen, die nicht mehrere Vergangenheitsformen unterscheiden; *i.e.S. Imperfekt.*

**Prato,** ital. Stadt in der Toskana, am Bisènzio, 165 000 Ew.; got.-roman. Dom; versch. Ind.

**Pratolini,** Vasco, *19.10.1913, ital. Schriftst.; (neorealist. sozialkrit. Romane).

**Prätor** → Praetor.

**Prätorianer,** seit *Augustus* die Leibgarde der röm. Kaiser; spielten während der Thronwirren der späteren Kaiserzeit eine bed. Rolle.

**Prätorius,** Michael → Praetorius.

**Praunheim,** Rosa von, eigtl. Holger *Mischwitzky,* *25.11.1942, dt. Filmregisseur; Filme v.a. über das Thema Homosexualität.

**Prävention,** Zuvorkommen (z.B. mit einer Rechtshandlung); Vorbeugung, Abschreckung.

**präventiv,** vorbeugend. – **Präventivkrieg,** einem voraussichtl. Angriff des Gegners zuvorkommender Angriffskrieg. – **Präventivmedizin,** *prophylaktische, vorbeugende Medizin,* die Gesamtheit aller individual- u. kollektiv-medizin. Maßnahmen zur Verhütung u. Vorbeugung von Krankheiten, z.B. Schutzimpfungen, Vorsorgeuntersuchungen, Gesundheitsaufklärung u. -beratung.

**Praxis,** 1. Berufsausübung; Tätigkeit, prakt. Anwendung u. Erfahrung. – 2. Räume für die Berufsausübung (bes. der Ärzte u. Rechtsanwälte).

**Praxiteles,** grch. Bildhauer, tätig um 370–330 v. Chr.; galt in der Antike neben *Phidias* als Repräsentant der grch. Klassik.

**Präzedenzfall,** Musterfall, der für spätere ähnl. Fälle beispielgebend ist.

**Präzeptor,** im MA Lehrer, bes. Hauslehrer, Hofmeister.

**Präzession** Drehbewegung, die die Figurenachse eines Kreisels unter dem Einfluß einer äußeren Kraft um eine raumfeste Achse in Kraftrichtung ausführt *(P.skegel);* insbes. die Kreisbewegung der Erdachse, die aufgrund der Gravitationsanziehung, die Mond u. Sonne auf den Äquatorwulst der abgeplatteten Erde ausüben, erfolgt. Ein voller Umlauf dauert 25 780 Jahre *(Platon. Jahr).* Dabei kommt es zu einer fortschreitenden Verlagerung des Frühlingspunkts auf der Ekliptik im rückläufigen Sinn (Ost-West, entgegengesetzt der jährl. scheinbaren Sonnenbewegung durch die Ekliptik).

**präzisieren,** eine bereits gemachte Aussage genauer u. exakter formulieren oder beschreiben. – **Präzision,** Genauigkeit, Feinheit, Exaktheit.

**Predella,** *Altarstaffel,* Sockel eines Altaraufsatzes; im Barock oft mit dem Reliquienschrein verbunden.

**Predigerseminar,** Ausbildungsstätte für ev. Vikare nach Abschluß des Hochschulstudiums.

**Preetz,** Stadt in Schl.-Ho., zw. Kiel u. Plön, 15 000 Ew.; Luftkurort; Klosterkirche (13./14. Jh.); Nahrungsmittel- u. chem. Ind.

**Pregel,** russ. *Pregola,* Fluß in Ostpreußen, 128 km; gebildet von Angerapp u. Inster bei Insterburg, mündet westl. von Königsberg ins Frische Haff.

**Pregl,** Fritz, *1869, †1930, östr. Chemiker; Begr. der Mikroanalyse; Nobelpreis 1923.

**Preis,** 1. der Tauschwert eines Gutes, *i.e.S.* der in Geld ausgedrückte Wert eines Gutes oder einer Leistung. P.e sind wichtigstes Lenkungsmittel für die volkswirtschaftl. Produktions- u. Verteilungsprozesse. Je nach Konsumwertigkeit des Gutes unterscheidet man: *Rohstoff-P., Erzeuger-P., Großhandels-P., Einzelhandels-P.* Ein *Weltmarkt-P.* ergibt sich bei den börsenmäßig auf dem Weltmarkt gehandelten Gütern. – 2. Auszeichnung, Belohnung bei Wettbewerben u.ä.

**Preisbindung,** Verpflichtung des Abnehmers gegenüber dem Hersteller, eine Ware zu bestimmtem Preis zu verkaufen.

**Preisindex,** Index, der die Entwicklung der Preise bestimmter Güter u. Dienstleistungen darstellt. Von allg. Interesse ist der *P. für die Lebenshaltung.*

**Preißelbeere,** *Preiselbeere, Kronsbeere,* ein Heidekrautgewächs mit scharlachroten Beerenfrüchten; 10–30 cm hoher Halbstrauch auf Heideböden u. in trockenen Wäldern.

**Preisstopp,** staatl. Maßnahme in Form einer gesetzl. Vorschrift darüber, daß die Preise bestimmter oder aller Güter u. Leistungen eine bestimmte festgesetzte Höhe nicht überschreiten dürfen; bezweckt die Vermeidung einer *Inflation.*

**prekär,** schwierig, peinl. (Frage, Situation).

**Prellball,** Ballspiel, bei dem ein Hohlball mit der Faust über eine in 40 cm Höhe gespannte Leine so zu schlagen ist, daß sich die Gegenspieler nicht zurückprellen können.

**Prellbock,** *Eisenbahn:* eine Vorrichtung mit starken Puffern, die das Überfahren eines Gleisendes verhindern soll.

**Prellerei,** volkstüml. Bez. für versch. Erscheinungsformen des *Betrugs,* insbes. für die Erschleichung einer Leistung (z.B. Zech-P.).

**Prellung,** häufige Form von Verletzungen durch stumpfe Gewalt (Schlag, Stoß); meist mit einem Bluterguß verbunden.

**Prelog,** Vladimir, *23.7.1906, schweiz. Chemiker jugoslaw. Herkunft; Arbeiten über die Stereochemie organ. Moleküle u. Reaktionen; Nobelpreis 1975.

**Prélude** [pre'ly:d] → Präludium.

**Premadasa,** Ranasinghe, *23.6.1924, srilank. Politiker (Vereinigte Nationalpartei); 1978–88 Prem.-Min.; seit 1989 Staats-Präs.

**Premier** [prə'mje:], Kurzform für *Premierminister.*

**Premiere** [prəm'jɛ:rə], Erstaufführung eines Theaterstücks *(Uraufführung)* oder einer Inszenierung.

**Preminger,** Otto Ludwig, *1906, †1986, östr.-amerik. Filmregisseur u. -produzent. W »Carmen Jones«, »Porgy u. Bess«, »Exodus«.

**Přemysliden** [prʒɛmɪs-], böhm. Königshaus, das die tschech. Stämme einte. Sagenhafter Ahnherr war *Přemysl,* verh. mit *Libussa.*

**Prenzlau,** Krst. in Mecklenburg, in der Uckermark, 24 000 Ew.; histor. Bauten; Masch.-, Lebensmittel- u. Holz-Ind.

**Presbyter,** im Urchristentum Titel der »Ältesten«, die mit den Vorsteher (Aufseher, Bischof) die Gemeinde leiteten; in der kath. Kirche ein mit der Stufe des *P.ats* geweihter Priester; in der ev. Kirche Mitgl. der gewählten Kirchengemeindevertretung *(P.ium).*

*Elvis Presley bei einem Konzert 1973*

**Presbyterianer,** auf kalvinist. Grundlage stehende Kirchen; gehören dem *Reformierten Weltbund* an; lehnen das Bischofsamt ab; die Leitung liegt statt dessen auf allen Ebenen (Gem., Kreissynode etc.); v.a. in den USA in der Hand von »Ältesten« oder *Presbytern.*

**Presbyterium,** in der Urchristenheit die Gemeinschaft der Ältesten zur Gemeindeleitung; in der ev. Kirche das Organ der Gemeindeleitung (Gemeindekirchenrat, Kirchenvorstand); in der kath. Kirche das Priesterkollegium eines Bistums.

**Preschau,** slowak. *Prešov,* Stadt in der östl. Slowakei (ČSFR), 81 000 Ew.; landwirtschaftl. Handelszentrum, Salzbergbau.

**Presley** ['presli], Elvis, *1935, †1977, US-amerik. Rocksänger u. Gitarrist (»The King of Rock 'n' Roll«); weltweites Teenageridol sowie Show- u. Filmstar.

**Preßburg,** slowak. *Bratislava,* ung. *Pozsony,* Hptst. der Tschechoslowakei. Landesteils der Slowakei, an der Donau, nahe der östr.-ung. Grenze, 421 000 Ew.; kulturelles Zentrum der Slowakei; Univ. u.a. HS; Burganlage, barocke Adelspaläste u. Bürgerhäuser; mittelalterl. Rathaus u. Rolandsbrunnen (16. Jh.), got. Dom St. Martin (13.–15. Jh.); versch. Ind. – Gesch.: Anfang des 10. Jh. Ersterwähnung, um 1200 Stadtgründung, 1536 bis 1784 ung. Hptst. Der *Friede von P.* am 26.12.1805 beendete den 3. Koalitionskrieg zw. Östr. u. Frankreich.

**Presse,** 1. alle mit der Druck-P. hergestellten Schriften, heute meist Zeitungen u. Zeitschriften. – 2. Maschine zur Erzeugung von Druckkräften, z.B. *Frucht-, Kümpel-, Schmiede-, Zieh-, Hebel-P.*

**Presseamt,** *Pressestelle, Pressereferat,* Einrichtung bei Gemeinden, Landes- u. Bundesbehörden, Parteien u. Verbänden, die einerseits Presse-, Funk- u. Film-Aussagen auswertet, andererseits Presse u. Funk mit Informationen aus ihrem Bereich versorgen u. den Kontakt mit der Öffentlichkeit pflegen soll.

**Pressefreiheit,** die Freiheit der Presse von staatl. Zwang, insbes. das Verbot der *Zensur.* Art. 5 GG gewährleistet die P. u. die Freiheit der Berichterstattung. Die P. ist ein Anwendungsfall der Meinungs- u. Informationsfreiheit. Beschränkungen der P. sind oft der Beginn eines autoritären Regimes. Eine Gefährdung der P. ist auch in der Pressekonzentration zu sehen. – In Österreich ist die P. gewährleistet durch Art. 13 Staatsgrundgesetz 1867, Art. 149 BVerfG u. das Pressegesetz 1922; in der Schweiz durch Art. 55 der Bundesverfassung.

**Pressekonzentration,** in allen westl. Industriestaaten zu beobachtender Vorgang der Verringerung der Zahl von Zeitungs- u. Zeitschriftentiteln sowie der Konzentration ihrer Herstellung auf wenige wirtschaftl. starke Verlage bei einer steigenden Höhe der Gesamtauflagen.

**Pression,** Druck, Zwang, Nötigung.

**Preßluft** → Druckluft.

**Prestige** [prɛ'sti:ʒ], Ansehen, Geltung; *Sozial-P.,* das Ansehen, das dem Inhaber einer soz. Position aufgrund ihrer der Erwartung entspr. Ausfüllung entgegengebracht wird.

**presto,** musikal. Tempobez.: schnell; *prestissimo,* sehr schnell.

**Preston** [-tən], Verw.-Sitz der westengl. Gft. *Lancashire,* 87 000 Ew.; Eisen-, Baumwoll-, Masch.- u. chem. Ind.

**Pretoria,** Hptst. der südafrik. Prov. Transvaal u. Reg.-Sitz der Rep. Südafrika (seit 1910), 1400 m ü.M., 528 000 Ew.; Univ.; Schwer- u.a. Ind., in der Nähe Diamant-, Platin- u. Eisenerzbergbau. – 1855 gegr. u. nach dem 1. Präs. von Transvaal, Andries *Pretorius,* benannt.

**Preuß,** Hugo, *1860, †1925, dt. Rechtswissenschaftler u. Politiker; Febr.-Juni 1919 Reichsinnen-Min.; schuf den Entwurf zur *Weimarer Verfassung;* Mitgr. der *Dt. Demokrat. Partei.*

**Preußen,** ehem. Land des Dt. Reiches; umfaßte zuletzt 294 160 km² mit (1939) rd. 41,8 Mio. Ew. – Gesch.: Durch Bernsteinfunde war (Ost- u. West-)P. schon den Völkern der Antike bekannt. Der ansässige Stamm der *Pruzzen* widersetzte sich der Christianisierung, bis der erste Bischof von P., *Christian von Oliva* (seit 1215), eingesetzt wurde u. der Piastenherzog *Konrad I.* von Masowien 1225/26 den *Deutschen Orden* herbeirief. 1441 wurde der Hochmeister des Dt. Ordens persönl.

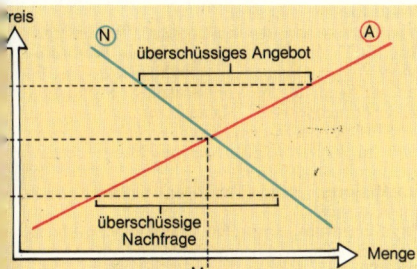

*Preis: Auf dem Konkurrenzmarkt bildet sich der Preis $P_0$ heraus, bei dem Angebot und Nachfrage übereinstimmen (Schnittpunkt der Angebotskurve A mit der Nachfragekurve N); umgesetzte Menge $M_0$*

## 718 Preußisch Stargard

Landesherr von P. Nach dem 2. Frieden von Thorn (1466) blieb vom alten Ordensgebiet ledigl. Ost-P. erhalten, das der Hochmeister *Albrecht* von Brandenburg-Ansbach 1525 in ein erbl. Hzgt. P. unter poln. Lehnshoheit umwandelte. Dieses Hzgt. fiel 1618 durch Erbverträge an die kurbrandenburg. Linie der *Hohenzollern. Friedrich Wilhelm,* der Große Kurfürst (seit 1640), war bestrebt, seine zu fast selbst. polit. Gebilden gewordenen Länder in einem einheitl. Gesamtstaat zusammenzufassen. 1656/60 erreichte er die Aufhebung der poln. Lehnshoheit über P. u. gliederte es in seine Stammlande ein. Sein Sohn, Kurfürst *Friedrich III.,* nahm 1701 in Königsberg seine Krönung als *Friedrich I.,* »König in Preußen« vor u. begr. damit das preuß. Königtum.
König *Friedrich Wilhelm I.* (seit 1713) schuf die Grundlagen des preuß. Verwaltungs- u. Militärstaats. *Friedrich II.,* der Große, begann die Vergrößerung seines Staatsgebiets u. die Stärkung seiner Macht durch die *Schlesischen Kriege,* wobei der *Siebenjährige Krieg* den Besitz *Schlesiens* endgültig sicherte. In der *1. Poln. Teilung* erwarb er 1772 wieder *Ermland* u. *West-P.,* die Verbindung zw. Brandenburg u. O-Preußen. Innenpolit. wurde P. unter Friedrich d. Gr. zu einem Beispiel des aufgeklärten Absolutismus. Nachdem das von Napoleon bei Jena u. Auerstedt besiegte P. im Frieden von Tilsit (1807) weite Gebiete hatte abtreten müssen, kam es zu inneren Reformen (Frhr. vom *Stein:* Bauernbefreiung, Städteordnung; Fürst *Hardenberg:* Gewerbefreiheit, Judenemanzipation). Das preuß. Heer wurde zum Volksheer der allg. Wehrpflicht (G. von *Scharnhorst,* N. von *Gneisenau,* H. von *Boyen*).
In den Befreiungskriegen erstarkte neben dem preuß. Staatsbewußtsein das dt. Nationalgefühl. Auf dem Wiener Kongreß (1814/15) gewann P. als Mitgl. des neuen Dt. Bunds seine Machtstellung zurück. Die Märzrevolution von 1848 blieb, wie überall in Dtld., nach den ersten Erfolgen stecken. So konnte Friedrich Wilhelm IV. die ihm seitens der Frankfurter Nationalversammlung angetragene dt. Kaiserkrone ausschlagen u. eine Verfassung oktroyieren (seit 1849 Dreiklassenwahlrecht). Bis 1858 blieben extrem konservative Kreise bestimmend. Prinzregent Wilhelm, seit 1861 König *Wilhelm I.,* zeigte sich einer Liberalisierung durchzuführen. Jedoch zeigten sich nach der Berufung *Bismarcks* zum Min.-Präs. 1862 erneut die Gegensätze zw. monarch., konservativ-militär. Staatsregierung u. liberalem Bürgertum. Außenpolit. stand Bismarck vor dem Dualismus zw. Östr. u. P. Nach dem gemeinsamen Krieg gegen Dänemark 1864 u. im Dt. Krieg sah er sich zu einer Lösung der P. Frage im kleindt. Sinn unter preuß. Führung gedrängt (Norddt. Bund 1867, Dt.-Französ. Krieg 1870/71, Reichsgründung 1871). In der Reichsverfassung von 1871 zeigte sich die Verklammerung von P. im Reich, aber auch die Beherrschung des Reichs durch P. 1918 mußte Kaiser *Wilhelm II.* außer Landes gehen, abdanken u. damit die Tradition der preuß. Krone aufgeben. Nach der Novemberrevolution von 1918 blieb P. als weitaus größtes Land des Reichs bestehen. Infolge des 2. Weltkriegs wurde auch die territoriale Einheit P. zerschlagen.

**Preußisch Stargard,** poln. *Starograd Gdański,* Stadt in Pommerellen (Polen), an der Ferse, 45 000 Ew.; pharmazeut., Holz- u. Nahrungsmittel-Ind.

**Preußler,** Otfried, *20.10.1923, dt. Kinderbuchautor; Ⓦ »Die kleine Hexe«, »Der Räuber Hotzenplotz«.

**Prévert** [-'vɛr], Jacques, *1900, †1977, frz. Schriftst. (v.a. volkstüml. Lyrik).

**Previn** ['prɛvɪn], André George, *6.4.1930, US-amerik. Dirigent, Pianist u. Komponist frz. Herkunft; seit 1985 Leiter des London Royal Philharmonia Orchestra.

**Prévost** [pre'vo], 1. Jean, *1901, †1944, frz. Schriftst. (Romane, Essays u. Novellen). – 2. Marcel, *1862, †1941, frz. Schriftst. (v.a. Gesellschaftsromane).

**Prévost d'Exiles** [pre'vodɛg'zil], Antoine François, gen. *Abbé Prévost,* *1697, †1763, frz. Schriftst.; schrieb v.a. Liebesromane, nahm Elemente der Frühromantik vorweg. Ⓦ »Manon Lescaut« 1733.

**Prey,** Hermann, *11.7.1929, dt. Sänger (Bariton); bek. u.a. als Interpret von Mozart-Partien.

**Preysing,** Konrad Graf von *P.-Lichtenegg-Moos,* *1880, †1950, dt. kath. Geistlicher; 1935 Bischof von Berlin, 1946 Kardinal; Gegner des Nat.-Soz.

**preziös,** kostbar; geschraubt, geziert, unnatürl. im Benehmen.

**Priamos,** in der grch. Sage König von Troja, Gatte der Hebake, Vater von Hektor u. Paris.

**Priapos,** urspr. kleinasiat., später grch.-röm. Fruchtbarkeitsgott mit Phallussymbol.

**Price** ['praɪs], Leontyne, *10.2.1927, afroamerik. Sängerin (Sopran).

**Priel,** *Balje, Ley, Piep,* auch während der Ebbe Wasser führende Rinne im Wattenmeer.

**Prießnitz,** Vincenz, *1799, †1851, östr. Naturheilkundiger; begr. die Kaltwasserbehandlung.

**Priester,** in den versch. Religionen die durch bes. Kraft begabten Vermittler zw. Gott u. Mensch, in deren Händen die Ausübung des Kultus (Opfer, Gebet) u. die Weitergabe der Lehre liegen. Das Priestertum kann im Stand des Häuptlings oder Königs oder des Familienvaters begründet sein; es kann erbl. sein oder verliehen werden. – In der kath. Kirche ist der P. ein Kleriker mit sakramentaler Priesterweihe, zur Teilnahme am Priestertum Christi u. an der Sendung der Bischöfe berufen; dreifaches Amt: Verkünder des Wortes Gottes, Spender der Sakramente u. Hirte seiner Gemeinde. In den ev. Kirchen gilt die Überzeugung, daß alle getauften Christen gemeinsam das priesterl. Volk Gottes sind u. als P. im Glauben unmittelbar Zugang zu Gott haben (»allg. P.tum«).

**Priestley** [-li], 1. John Boynton, *1894, †1984, brit. Schriftst.; schildert in Romanen u. Dramen humorvoll die Welt des engl. Mittelstands. – 2. Joseph, *1733, †1804, brit. Naturforscher u. Philosoph; entdeckte u.a. Sauerstoff, Ammoniak, Chlorwasserstoff u. Kohlenmonoxid.

**Prignitz,** *Priegnitz,* Ldsch. im NW der ehem. Mark Brandenburg, in den *Ruhner Bergen* 178 m; Hauptort *Perleberg.*

**Prilep,** jugoslaw. Stadt in Makedonien, 64 000 Ew.; Burgruine, Kloster; Tabakfabrik, Teppichweberei.

**Prima,** die beiden obersten Gymnasialklassen (*Unter-* u. *Ober-P.*).

**Primaballerina,** erste Solotänzerin einer Ballett-Truppe.

**Primadonna,** seit dem 17. Jh. v.a. in der ital. Oper die erste Sängerin, für die Hauptrolle.

**Primage,** *Primgeld,* Belohnung an den Schiffer für bes. Leistung.

**primär,** ursprüngl.; wesentlich; unmittelbar entstanden, erst...

**Primarschule,** in Belgien, Frankreich u. der Schweiz Bez. für die Volksschule.

**Primarstufe,** Grundschule (1.–4. Klasse).

**Primas,** 1. in der kath. Kirche fr. der Oberbischof über Länder oder Völker; heute nur noch ein Ehrentitel, oft mit bestimmten Bischofssitzen verbunden. – 2. [pri'maːʃ], der Vorgeiger in ung. Zigeunerkapellen.

**Primat,** Vorzug, Vorherrschaft; Vorrangstellung (des Papstes als Oberhaupt der kath. Kirche).

**Primaten,** *Primates* → Herrentiere.

**Primaticcio** [-'tittʃo], Francesco, *1504, †1570, ital. Maler u. Baumeister; führte die Stilbestrebungen des ital. Manierismus in die frz. Kunst ein; Dekorationen im Schloß Fontainebleau.

**prima vista,** ein Musikstück »auf den ersten Blick« vom Notenblatt abspielen, ohne es vorher geübt zu haben.

**Primel,** *Schlüsselblume, Primula,* Gatt. der P.gewächse (→ Pflanzen); Kräuter mit grundständigen Blättern u. auf langem Schaft meist doldig stehende Blüten; einheim. sind u.a. die dunkelgelb blühende *Wiesen-P.* (*Himmelsschlüssel*), die hellgelb blühende *Gewöhnl.* oder *Wald-P.,* im Gebirge die *Aurikel;* zahlr. Zierpflanzen.

**primitiv,** 1. urspr., im Urzustand. – 2. einfach, dürftig, unvollkommen. – 3. geistig wenig entwickelt, wenig anspruchsvoll.

**primitive Kunst,** Bez. für die Kunst der Naturvölker; z.T. auch Bez. für die zeitgenöss. *naive Malerei.*

**Primiz,** in der kath. Kirche die erste feierl. Messe eines neu geweihten Priesters.

**Primogenitur,** das Vorrecht des Erstgeborenen (u. seiner Linie) bei der Thron- oder Erbfolge.

**Primus,** der Erste, der beste Schüler einer Klasse. **P. inter pares,** der Erste unter Gleichen.

**Primzahlen,** natürl. Zahlen, die durch keine ganze Zahl außer durch 1 u. sich selbst teilbar sind, also 2, 3, 5, 7, 11, 13,...

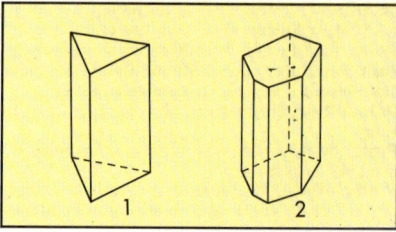

*Prisma:* 1 = dreiseitiges, 2 = unregelmäßiges *Prisma*

**Prince Edward Island** ['prɪns 'ɛdwəd 'aɪlənd], kleinste kanad. Prov., umfaßt die gleichn. Insel im St.-Lorenz-Golf. → Kanada.

**Prince of Wales** [prɪns əv weɪlz], Titel des Thronfolgers in Großbritannien.

**Princeps,** führender Staatsmann in Rom, später Titel der röm. Kaiser; im MA der Fürst.

**Princeton** ['prɪnstən], Stadt in New Jersey (USA), 12 000 Ew.; Univ. (1746).

**Printe,** stark gewürzter, harter Pfefferkuchen.

**Printmedien,** gedruckte Information im Ggs. zur nicht gedruckten Information in den sog. → Neuen Medien.

**Prinz,** nichtregierendes Mitgl. eines Fürstenhauses; weibl. Form *Prinzessin.* – **P.gemahl,** Ehemann einer regierenden Fürstin. – **P.regent,** Stellvertreter eines Regenten.

**Prinz Eugen** → Eugen.

**Prinzip,** Ursprung, Anfang, grundlegende Voraussetzung, Grundsatz.

**Prinzipal,** 1. Geschäftsinhaber oder -leiter; Direktor einer Theatertruppe. – 2. Hauptstimme; 1. im Orchester das erste oder Soloinstrument; 2. in der Orgel das Haupt- u. Grundregister von mittlerer Mensur.

**Prinzipat,** die Alleinherrschaft der röm. Kaiser seit *Augustus.*

**Prior,** Vorsteher eines kath. Klosters; bei den Benediktinern Stellvertreter des Abts.

**Priorität,** Vorrang, zeitliches oder bedeutungsmäßiges Vorhergehen. – **P.en,** *P.saktien,* bevorrechtigte Wertpapiere, z.B. Vorzugsaktien.

**Pripjat,** *Pripjet,* ukrain. *Prypjat,* poln. *Prypeć,* r. Nbfl. des Dnjepr in der Ukrain. SSR u. im S der Weißruss. SSR (Sowj.), 779 km; entspringt im N der Wolynischen Platte, durchfließt die weithin versumpfte (*P.-Sümpfe*) Ldsch. *Polesje,* mündet oberhalb von Kiew.

**Prise,** 1. soviel (Salz, Tabak u.ä.), wie zw. zwei Fingern zu greifen ist. – 2. die nach den Regeln des Seekriegsrechts als Beute weggenommenen Handelsschiffe u. Schiffsladungen.

**Prisma,** 1. *Geometrie:* Körper, der von 2 kongruenten, in parallelen Ebenen liegenden n-Ecken (*Grundflächen*) u. n-Parallelogrammen begrenzt ist. – 2. *Optik:* durchsichtiger, keilförmiger Körper; dient zur Totalreflexion von Lichtstrahlen (z.B. im *Prismenglas*) oder zur Zerlegung von Licht in die Spektralfarben. Ein P. kann aus Glas, Quarz oder Steinsalz bestehen.

**Priština** ['priʃ-], jugoslaw. Stadt im S von Serbien, Hptst. der autonomen Prov. *Kosovo,* 100 000 Ew.; Kaisermoschee; Univ.; Textil-Ind., Braunkohlenlager.

**Pritchett** ['prɪtʃɪt], Victor Sawdon, *16.12.1900, engl. Schriftst.; Kurzgeschichten u. Romane über das engl. Kleinbürgertum.

**privat,** 1. nicht öffentlich, persönlich, vertraulich. – 2. nicht staatlich.

**Privatdozent** → Dozent.

**Privatfernsehen,** durch nichtstaatl. Träger organisiertes TV-Programm, das v.a. durch Werbeeinnahmen oder Abonnementsgebühren (*Pay-TV*) finanziert wird; techn. Voraussetzung: Installation der Übertragungswege (Kabelnetze, Satelliten); in der BR Dtld. neben dem *öffentl.-rechtl. Fernsehen* 1987 im *Medienstaatsvertrag* bundesweit festgelegt.

**privatisieren,** staatl. Vermögen in Privatvermögen umwandeln.

**Privatissimum,** Hochschulvorlesung oder -übung mit beschränkter Teilnehmerzahl.

**Privatklage,** *Privatanklage,* Verfolgung einer Straftat durch den Verletzten ohne Anrufung der Staatsanwaltschaft; zulässig wegen einfachen Hausfriedensbruchs, Beleidigung, leichter, gefährlicher u. fahrlässiger Körperverletzung, Bedrohung, Verletzung des Briefgeheimnisses, einfacher

Sachbeschädigung u.a. Bei öffentl. Interesse kann die Staatsanwaltschaft die Verfolgung des Verfahrens übernehmen, wodurch der Privatkläger zum *Nebenkläger* wird.
**Privatrecht** → bürgerl. Recht.
**Privatschulen,** Schulen, die im Unterschied zu den *öffentl. Schulen* von nichtstaatl. Organisationen gebildet u. geführt werden, jedoch unter staatl. Aufsicht stehen.
**Privatwirtschaft,** die auf Privateigentum an Produktionsmitteln beruhende, durch selbstgesetzte Ziele bestimmte wirtsch. Tätigkeit von Unternehmen; auch die Gesamtheit aller privaten Unternehmen, im Gegensatz zur *öffentl. Wirtschaft.*
**Privileg,** Recht eines einzelnen oder einer gesellschaftl. Gruppe, Sonderrecht, Vorrecht.
**Prizren,** jugoslaw. Stadt in Kosovo, 42 000 Ew.; oriental. Stadtbild.
**pro...,** Vorsilbe mit der Bed. »vor, vorher, zuvor, vorwärts«, »für, zugunsten«, »anstelle von«.
**pro anno,** Abk. *p.a.,* aufs Jahr, jährlich.
**Probabilismus,** allg. der Grundsatz, sich bei unerreichbarer Gewißheit im Denken u. Handeln auf Wahrscheinlichkeit zu stützen; v.a. ein kath. (bes. von Jesuiten vertretenes) Moralsystem.
**Probezeit,** im Arbeitsvertragsrecht der Zeitraum, innerhalb dessen ein Teil der beide Teile feststellen wollen, ob die Arbeitsleistung oder der Arbeitsplatz den Erwartungen entspricht (zw. 1 u. 6 Monaten).
**Prochorow** [-rɔf], Alexander Michailowitsch, *11.7.1916, sowj. Physiker; arbeitete über das Maser-Laser-Prinzip; Nobelpreis 1964.
**Prodekan,** an wiss. HS der Amtsvorgänger u. Stellvertreter des *Dekans.*
**pro domo,** für sich selbst, zum eigenen Nutzen.
**Produkt, 1.** Erzeugnis, Ergebnis. – **2.** Ergebnis der *Multiplikation* von Zahlen; z.B. ist 63 das P. der Zahlen 7 u. 9.
**Produktion,** die Erstellung von Gütern u. Dienstleistungen durch P.seinheiten des privaten u. öffentl. Bereichs. Man unterscheidet zw. der P. des primären Sektors (Produkte der Land- u. Forstwirtsch. sowie des Bergbaus), des sekundären Sektors (gewerbl. P., Stoffbe- u. Stoffverarbeitung) u. des tertiären Sektors (privat u. öffentl. dargebotene Dienstleistungen).
**Produktionsfaktoren,** die an der Produktion beteiligten elementaren Einsatzfaktoren; in einzelwirtschaftl. Sicht die versch. Arbeitsleistungen, Betriebsmittel, Werkstoffe u. Leistungen der Betriebsführung, die notwendige Bestandteile des Produktionsprozesses sind. In gesamtwirtschaftl. Sicht unterscheidet man traditionell die P. *Arbeit, Boden* u. *Kapital,* gelegentl. zählt man die *Unternehmensleitung* als »dispositiven Faktor« hinzu.
**Produktionsgenossenschaft,** Personenvereinigung zum Zweck gemeinsamer Herstellung von Gütern u. ihres Vertriebs auf gemeinsame Rechnung.
**produktiv,** fruchtbar, ertragsfähig; schöpferisch. –
**Produktivität,** schöpfer. Leistung; Ergiebigkeit des Wirtschaftsprozesses; das Verhältnis von Produktionsmenge *(output)* zu Faktoreinsatz *(input).*
**Produzent,** Erzeuger, Hersteller.
**Prof.,** Abk. für Professor.
**Pro Familia,** *Dt. Gesellschaft für Sexualberatung u. Familienplanung e.V.,* 1952 gegr. polit. u. konfessionell neutrale Vereinigung für Hilfeleistung in Fragen der Familienplanung u. Sexualberatung.
**profan,** weltlich, verweltlicht; Gs.: *sakral.*

**Profeß, 1.** [die], Ablegung der Ordensgelübde der Armut, der Ehelosigkeit u. des Gehorsams. – **2.** [der], Ordensangehöriger, der die P. abgelegt hat.
**Professional** [prəʊˈfeʃənəl], Berufssportler.
**Professor,** Hochschullehrer, in manchen Ländern (z.B. Östr.) auch für Lehrer an höheren Schulen.
**Profi,** Kurzwort für *Professional.*
**Profil, 1.** Seitenansicht des Gesichts oder eines Gegenstands. – **2.** Kerbung (bes. von Reifen u. Schuhsohlen). – **3.** Abbildung, senkr. Schnitt durch einen Teil der Erdkruste zur Veranschaulichung der Schichtenlagerung.
**Profit,** Einkommenskategorie marktorientierter Wirtschafts- u. Gesellschaftssysteme, die auf der privaten Verfügung u. der Disposition über Vermögen (Kapital) beruht; *i.w.S.* Vermögenseinkommen (Zins, Rente) u. ein Arbeitseinkommensanteil (Unternehmerlohn); *i.e.S.* der nach Abzug von Zins, Rente u. Unternehmerlohn verbleibende Restgewinn. – **profitieren,** Profit, Gewinn erzielen; Nutzen haben.
**Profit-Center** [ˈprɔfit ˈsentə], ein Unternehmensbereich, für den eine Erfolgsrechnung erstellt wird. Ein P. umfaßt z.B. Einkauf, Lagerung, Fertigung u. Absatz für eine marktfähige Erzeugnisgruppe. Die P.-Organisation erlaubt eine bessere wirtschaftl. Kontrolle über einzelne Bereiche.
**pro forma,** der Form nach, zum Schein.
**profund,** tief, gründlich.
**Progesteron** → Sexualhormone.
**Prognose,** Vorhersage, z.B. eines Krankheitsverlaufs, einer wirtsch. Entwicklung.
**Programm, 1.** Arbeitsplan, Darlegung der Grundsätze (bes. von Parteien u. Gemeinschaften); Reihenfolge von Veranstaltungen u. Festlichkeiten, *Spielplan, Sendefolge.* – **2.** eine nach den Regeln der verwendeten *P.iersprache* abgefaßte Vorschrift, die alle notwendigen Elemente zur Lösung einer bestimmten Aufgabe mit Hilfe eines Computers enthält.
**Programmiersprache,** künstl. Sprache für das Programmieren von Computern. Die Sprache, die der Rechner direkt versteht ist die binär verschlüsselte *Maschinensprache.* Der Maschinensprache angeglichen, aber für den Menschen besser lesbar, sind die *maschinenorientierten P.n (Assembler).* Die weiteste Verbreitung finden heute die höheren, problemorientierten P.n, von denen einzelne für spezielle Anwendungsgebiete bes. geeignet sind (z.B. *Cobol* für den kaufmänn. Bereich, *Algol* u. *Fortran* für den techn.-wiss. Bereich). Die Umwandlung des in einer höheren P. geschriebenen Programms in die Maschinensprache besorgt ein geeignetes Übersetzungsprogramm (Compiler oder Interpreter).
**Programmusik,** im Ggs. zur *absoluten Musik* der Versuch, in der Instrumentalmusik außermusikal. Vorgänge (seel. Erlebnisse, äußere Eindrücke u.a.) musikal. darzustellen. Als Begr. der modernen P. gilt H. *Berlioz,* ihre wichtigste Gatt. war die *sinfon. Dichtung,* die etwa Mitte des 19. Jh. entstand u. von vielen Komponisten gepflegt wurde.
**Progreß,** Fortschritt, Fortgang.
**Progression, 1.** Fortgang als Steigerung, z.B. bei arithmet. oder geometr. Reihen. – **2.** Zunahme des prozentualen Steuersatzes bei Zunahme der zu versteuernden Werte.
**progressiv,** fortschreitend; fortschrittlich.
**progressive Paralyse** → Paralyse.
**Progymnasium,** unvollständiges Gymnasium, dem die oberen 3 Klassen fehlen.

| **Wichtige Programmiersprachen** (Auswahl) | | |
|---|---|---|
| Abk. | Name/Herkunft | Anwendung |
| ALGOL | *Algorithmic Language* | Algorithmische Programmiersprache für mathematische u. technisch-wissenschaftliche Probleme |
| APT | *Automatic Programming for Tools* | Numerische Steuerung von Werkzeugmaschinen |
| ASSEMBLER | *Assembly Language* | Maschinenorientierte Programmiersprache |
| BASIC | *Beginners All-Purpose Symbolic Instruction Code* | Leicht erlernbare Programmiersprache |
| C | von B. W. Kernighan u. D. M. Ritchie, USA, entwickelt | Höhere Programmiersprache mit ASSEMBLER-nahen Eigenschaften |
| COBOL | *Common Business Oriented Language* | Kaufmännische Anwendungen |
| FORTRAN | *Formula Translation* | Technisch-wissenschaftliche Probleme |
| LISP | *List Processing Language* | Künstliche Intelligenz (KI); Listenverarbeitung |
| PASCAL | *Weiterentwicklung von ALGOL* | Höhere Programmiersprache für strukturierte Programmierung |
| PL/1 | *Programming Language/1* | Algorithmische Programmiersprache, vereinigt Vorzüge von ALGOL u. COBOL |
| PROLOG | *Programming in Logic* | Künstliche Intelligenz (KI) |

**Prohibition,** Verhinderung, Verbot; bes. ein US-amerik. Gesetz, das die Herstellung u. den Verkauf von alkohol. Getränken unterbinden sollte; 1919 als 18. Verfassungszusatz verabschiedet, 1933 wieder aufgehoben.
**Projekt,** Plan, Vorhaben, Absicht.
**Projektil,** Geschoß.
**Projektion, 1.** *Geometrie:* die Abbildung von Raumgebilden auf eine Ebene. – **2.** *Kartographie: Karten-P.,* Abbildung des Gradnetzes der Erdoberfläche in der Kartenfläche. – **3.** *Optik:* das Erzeugen eines reellen opt. Bilds auf einer Bildwand, Mattscheibe u.a. mit Hilfe eines *Projektors, Projektionsapparats* u.a. – **4.** *Psychologie:* unbewußtes Übertragen von »Innenvorgängen« (z.B. Empfindungen) in die Außenwelt.
**Projektionsapparat,** zusammenfassende Bez. für *Diaskop, Episkop* u. *Epidiaskop,* opt. Geräte zur Abbildung durchsichtiger (Dias) oder undurchsichtiger Bilder auf größere Flächen. – **Projektor,** *Bildwerfer,* P. für Schmal- oder Kinofilm.
**Proklamation,** Aufruf, Kundgebung von Regierungen, Bewegungen u.a. zur Verkündung eines bestimmten Zustands (meist Kriegs- oder Belagerungszustand, Revolution, Herrschaftswechsel) oder bestimmter Forderungen.
**Proklos,** *um 411, †485, grch. Philosoph; leitete die neuplaton. Akademie in Athen.
**Prokofjew,** *Prokofieff,* Sergej Sergejewitsch, *1891, †1953, russ. Komponist u. Pianist; in seinen frühen Werken maßgebl. an der Ausbildung einer antiromant. Musiksprache beteiligt, gelangte P. unter dem Einfluß doktrinärer Kulturpolitik zunehmend zu einer traditionsverhafteten Volkstümlichkeit. Kennzeichnend für sein Werk sind große melod. Linienzüge sowie stark ausgeprägte Motorik u. ein Hang zur Groteske; u.a. Opern, Ballette (z.B. »Romeo u. Julia«, »Aschenbrödel«), Sinfonien, das sinfon. Märchen »Peter u. der Wolf«, Klavier- u. Violinkonzerte.
**Prokonsul,** im alten Rom der gewesene *Konsul;* oft Statthalter einer Provinz.
**Prokop,** *Procopius von Cäsarea,* *um 490, †um 562, byzant. Geschichtsschreiber; berichtete von *Belisars* Feldzügen, veröffentlichte eine Skandalchronik des byzant. Hofs.
**Prokopjewsk,** Bergbau- u. Ind.-Stadt in der RSFSR (Sowj.), in W-Sibirien, 278 000 Ew.; Steinkohlenbergbau, Masch.-, petrochem. u. Nahrungsmittel-Ind.
**Prokura,** im Handelsregister einzutragende, vom Inhaber des Handelsgeschäfts oder seinem gesetzl. Vertreter erteilte Vollmacht, alle Arten von Geschäften u. Rechtshandlungen vorzunehmen, die der Betrieb eines Handelsgewerbes mit sich bringt. – **Prokurist,** Inhaber einer P.
**Prokurator,** in Frankreich der Staatsanwalt *(Procureur de la République);* in Röm. Reich der höchste Verwaltungsbeamte einer kleinen Prov.; in der Rep. Venedig Titel der 9 höchsten Beamten.
**Prolactin,** *luteotropes Hormon, Lactotropin,* Abk. *LTH,* ein Hormon, das die Milchsekretion auslöst u. eine vermehrte Bildung von *Progesteron* bewirkt.
**Proletariat,** im alten Rom die ärmsten Bürger, die nicht einmal die niedrigste Steuerklasse erreichten; nach dem Sprachgebrauch des Marxismus die Klasse der besitzlosen u. ausgebeuteten Lohnarbeiter, die mittels des Klassenkampfs zur Diktatur des P. gelangen soll.
**Prolog,** Vorrede; im Theater das Vorspiel oder die Einführung in das Stück.
**Prolongationsgeschäft,** eine Form des Termingeschäfts, bei der die Erfüllung des Geschäfts durch Einschaltung eines Dritten auf den nächsten Termin verschoben wird.
**Promesse,** Versprechen; Urkunde, bes. im Effektenverkehr, mit Leistungsversprechen.
**Prometheus,** im grch. Mythos Sohn des Titanen *Iapetos* u. der *Klymene;* knetete aus Lehm u. Wasser die ersten Menschen, denen er das von Zeus gehütete Feuer brachte. Aus Rache wurde P. an einen Felsen geschmiedet; ein Adler fraß seine immer nachwachsende Leber, bis er von *Herakles* befreit wurde.
**Promethium,** ein → chemisches Element.
**pro mille,** *per mille,* Abk. *p.m.,* v.T., Zeichen ‰, je Tausend; das *Promille,* ein Tausendstel.
**Promiskuität,** häufiger Wechsel des Geschlechtspartners.

## 720 Promoter

*Prostitution im Amsterdamer »Roten Viertel«*

**Promoter** [prəm'autə], Veranstalter von Sportwettkämpfen (bes. Boxen u. Ringen), Konzerten, Tourneen u. ä.
**Promotion, 1.** Prüfungsverfahren zur Erlangung der Doktorwürde. – **2.** → Sales Promotion.
**Pronomen,** *Fürwort,* Wortart, die Substantive vertritt; Arten: *Personal-P. (persönl. Fürwort* [ich, du, er ... ]), *Demonstrativ-P. (hinweisendes Fürwort* [dieser, jener]), *Relativ-P. (bezügl. Fürwort* [der, welcher]), *Interrogativ-P. (fragendes Fürwort* [wer?]), *Indefinit-P. (unbestimmtes Fürwort* [jemand]), *Possessiv-P. (besitzanzeigendes Fürwort* [mein, dein, sein ... ]), *Reflexiv-P. (rückbezügl. Fürwort* [sich]).
**Pronuntius,** päpstl. Gesandter, der den Hl. Stuhl bei einem Staat u. zugleich bei der Ortskirche vertritt.
**Propädeutik,** Vorbildung, Vorübung; Einführung in eine Wissenschaft.
**Propaganda,** Beeinflussung der öffentl. Meinung durch Wort, Schrift, Bild, Musik, Sinnbild u. Aktion; hpts. in polit. Absicht.
**Propan,** aliphat., gasförmiger Kohlenwasserstoff, $CH_3-CH_2-CH_3$; farb- u. geruchlos; Nebenprodukt der Kokereien u. Erdölaufbereitungsanlagen; hpts. für Beleuchtungs- u. Heizzwecke verwendet.
**Propeller,** → Luftschraube, → Schiffsschraube.
**Propen,** *Propylen,* ungesättigter aliphat. Kohlenwasserstoff, $CH_2=CH-CH_3$; ein zu den *Olefinen* zählendes, farbloses Gas, das beim Crackprozeß von Erdölen gewonnen wird.
**Prophet,** der Empfänger einer göttl. Offenbarung durch Gesichte *(Vision)* oder Hören *(Audition)* u. Künder des Gotteswillens oder des Verborgenen u. des Zukünftigen (Heil, Unheil, Wetter). Bes. Bedeutung haben die P. im AT. Nach dem Umfang der prophet. Bücher unterscheidet man 4 »große« P.: *Jesaja, Jeremia, Hesekiel* u. *Daniel,* u. 12 »kleine« P.: *Hosea, Joel, Amos, Obadja, Jona, Micha, Nahum, Habakuk, Zephanja, Haggai, Sacharja* u. *Maleachi.*
**Prophylaxe,** Vorbeugung; Maßnahme zur Verhütung von Krankheiten.
**Propionsäure,** *Propansäure,* eine aliphat. Carbonsäure; zur Verhütung von Schimmelbildung bei Brot u. Käse eingesetzt.
**Proportion, 1.** Ebenmaß, Größenverhältnis. – **2.** Gleichung zw. 2 Zahlenverhältnissen, z.B. $a:b = c:d$; aus ihr folgt die Produktengleichung $a \cdot d = b \cdot c$. – **P.ale,** jede der 4 Größen einer P.
**Proporz,** in Östr. u. in der Schweiz Kennzeichnung für das Verhältniswahlrecht.
**Propst,** in der kath. Kirche Vorsteher eines Domoder Stiftskapitels; in der ev. Kirche Titel des Pfarrers einer Hauptkirche, in einigen Landeskirchen der Superintendent.
**Propyläen,** säulengetragene Eingangs- oder Vorhalle zu einem grch. Heiligtum.
**Propylen,** ältere Bez. für → Propen.

**Prorogation, 1.** Aufschub, Verlängerung einer Frist. – **2.** im Zivilprozeß die in bestimmten Fällen mögl. Vereinbarung der Parteien, daß der Rechtsstreit von einem an sich örtl. oder (u.) sachl. unzuständigen Gericht des ersten Rechtszugs entschieden werden solle.
**Prosa,** nicht durch Vers oder Reim gebundene Sprache. Sprechweise des Alltags u. der Wiss. In der Dichtung vorzugsweise dann verwandt, wenn ein sachl., wirklichkeitsnaher Stil erreicht werden soll, z.B. im Roman oder im naturalist. Drama. –
**prosaisch,** in Prosa abgefaßt; meist übertragen verwendet: phantasiearm, nüchtern.
**Prosektor,** Leiter der patholog. Abt. **(Prosektur)** eines Krankenhauses.
**Proseminar,** Einführungsübung für Studenten in den ersten Semestern.
**Proserpina,** röm. Name der grch. Göttin *Persephone.*
**Prospekt, 1.** genaue, perspektiv.-raumillusionist. Darst. einer Stadt- oder Landschaftsansicht; z.B. in der Bühnenmalerei. – **2.** der vor der Zulassung eines Wertpapiers zum amtl. Börsenhandel zu veröffentlichende Bericht, der eine Beurteilung des Wertpapiers bzw. des ausgebenden Unternehmens ermöglichen soll. – **3.** die Orgelfassade. – **4.** meist bebilderte Werbeschrift.
**prospektieren,** abbauwürdige Lagerstätten durch geolog. Beobachtung, geophysikal. u. geochem. Methoden ohne größere Schürf- u. Bohrarbeiten aufspüren.
**prosperieren,** gedeihen, blühen, gut vorankommen (bes. wirtsch.). – **Prosperität,** Erfolg, Wohlstand, wirtsch. Blüte.
**Prost,** Alain, *24.2.1955, frz. Automobilrennfahrer; Weltmeister (Formel I) 1985, 1986 u. 1989.
**Prostaglandin,** Sammelname für eine Gruppe von Gewebshormonen aus der Vorsteherdrüse *(Prostata)* u.a. Organgeweben.
**Prostata,** *Vorsteherdrüse,* Anhangsdrüse des männl. Geschlechtsapparats der Säugetiere. Beim Menschen ein kastaniengroßes, drüsiges, mit glatter Muskulatur durchzogenes Organ, das unterhalb der Blase den hinteren Teil der Harnröhre ringförmig umfaßt; im höheren Alter entstehen oft Vergrößerungen (bis Apfelgröße), die den Harnabfluß stören (*P. hypertrophie*).
**Prostitution,** gewerbsmäßiges Anbieten des eigenen Körpers zur sexuellen Befriedigung anderer gegen Entgelt; in Häusern (→ Bordell) oder auf der Straße (»auf den Strich gehen«, auch als »Auto-Strich«), auch zum homosexuellen Verkehr (Strichjungen). Der P. nachgehende Personen (*Dirnen, Freudenmädchen, Prostituierte,* euphemistisch in der Antike: *Hetären,* in der Neuzeit: *Kurtisanen*) werden in den meisten Staaten zur Bekämpfung der Geschlechtskrankheiten gesundheitspolizeil. überwacht.
**Proszenium,** Vorbühne oder vorderste Zone der Bühne; im klass. Theaterbau Übergang zw. Bühne u. Zuschauerraum.
**Protagonist,** im grch. Theater urspr. der erste Sprecher; übertragen: Vorkämpfer.
**Protagoras,** *um 480 v.Chr., †410 v.Chr., grch. Philosoph; bereitete die radikale Erkenntniskritik der Sophistik vor.
**Proteasen,** *Peptidasen,* Enzyme, die Eiweiße u. Peptide abbauen. Bek. P. sind das in der Magenschleimhaut gebildete *Pepsin* sowie das *Trypsin* u. *das Chymotrypsin* aus der Bauchspeicheldrüse.
**Protégé** [-'ʒe:], Schützling, Günstling. – **protegieren,** jemanden fördern.
**Proteide,** *zusammengesetzte Eiweißstoffe,* Eiweißstoffe, die aus Aminosäuren u. eiweißfremden Bestandteilen zusammengesetzt sind; in der Natur weiter verbreitet als die *Proteine.*
**Proteine,** *einfache Eiweißstoffe,* Eiweißstoffe, die allein aus Aminosäuren aufgebaut sind. Zu ihnen gehören u.a. *Albumine, Globuline* (beide z.B. im Blutserum), *Protamine* (in Samenkörnern u. im Fischsperma).
**Protektion,** Schutz; Förderung, Gönnerschaft. – **P.ismus,** Schutz der inländ. Erzeuger vor dem Wettbewerb des Auslandes durch Einfuhrkontingente, Schutzzölle u.a. – **Protektor,** Beschützer, Gönner.
**Protektorat,** halbkoloniale »Schutzherrschaft« vorw. eines europ. Staats *(Schutzmacht)* über ein afrik. oder asiat. Gebiet. Das P. unterscheidet sich von einer *Kolonie* durch die etwas größere Autonomie, die jedoch nie Souveränität bedeutet. Die weitaus meisten P. sind inzwischen unabhängig geworden.

**Proteohormone,** Hormone mit Eiweißcharakter, z.B. das *Parathormon* der Nebenschilddrüse u. einige Hormone der Hypophyse.
**Proterozoikum,** *Eozoikum, Archäozoikum, Erdfrühzeit,* umfaßt *Archaikum, Alt-* u. *Jungalgonkium.* → Erdzeitalter.
**Protest, 1.** Einspruch, Widerspruch, Vorbehalt, Verwahrung. – **2.** im Wechsel- u. Scheckrecht die notarielle Beurkundung der Verweigerung 1. der Zahlung, 2. beim Wechsel auch des Akzepts. Der P. muß innerhalb einer bestimmten, kurzbemessenen Frist eingelegt werden.
**Protestantismus,** von der Bez. *Protestanten* für die ev. Reichsstände, die sich auf dem 2. Reichstag zu Speyer (1529) den Beschlüssen der kath. Reichsstände in der »Protestation« widersetzten, abgeleitete Gesamtbez. für alle aus der *Reformation* des 16. Jh. hervorgegangenen Formen des Christentums, im Unterschied zum Katholizismus u. zum Ostkirchentum. Der P. hat sich von Anfang an in versch. Formen entwickelt. Nach ihrem Ursprung kann man unterscheiden: 1. die auf die Wittenberger Reformation u. bes. auf die Lehre M. *Luthers* zurückgehenden luth. Kirchen; 2. die auf die schweizer. Reformation H. *Zwinglis* u. J. *Calvins* zurückgehenden i.e.S. Reformierten (Presbyterian.) Kirchen; 3. die auf die Reformation in England zurückgehende *Anglikanische Kirche*; 4. die zumeist auf reformiertem u. anglikan. Boden gewachsenen selbst. Kirchengemeinschaften bes. U.sprungs: Kongregationalisten (Independenten), Baptisten, Methodisten, freie Kirchen u. Gemeinden.
**Proteus** [-tɔis], in der grch. Sage ein weissagender Meergreis mit der Gabe, sich in jede beliebige Gestalt zu verwandeln.
**Prothese,** Ersatzglied für fehlende Körperteile durch Nachbildungen aus körperfremdem Material: künstl. Gebiß, Glasauge u. künstl. Glieder.
**Protisten,** *Urtierchen,* einzellige Lebewesen tier. *(Protozoen)* u. pflanzl. Art *(Protophyten).* In ihnen erblickt man die gemeinsame Wurzel von Tier- u. Pflanzenreich.
**Protium,** neuere Bez. für das *Wasserstoffisotop* $^1H$ mit dem Atomgewicht 1,008; der Atomkern besteht aus einem Proton.
**proto...,** Wortbestandteil mit der Bed. »wichtigster, erster, vorderster«.
**Protokoll, 1.** Niederschrift einer Verhandlung. – **2.** diplomat. Zeremoniell; als diplomat. Schriftstück auch die Aufzeichnung über einen rechtserhebl. Vorgang; vielf. auch die Form der Vereinbarung über Nebenfragen eines Vertrags.
**Proton,** positiv geladenes Elementarteilchen, zus. mit dem Neutron Baustein des Atomkerns. Die P.en bilden den wesentl. Teil der kosm. Strahlung.
**Protophyten,** die niedrigste morpholog. Organisationsstufe der Pflanzen, umfaßt alle einzelligen Pflanzen sowie die lockeren Zellverbände, die noch nicht im Sinn einer Arbeitsteilung differenziert sind.
**Protoplasma,** *Plasma,* von der Zellmembran – bei Pflanzen außerdem von der Zellwand – umgebene lebende Masse der Zelle.
**Prototyp,** Urbild, Muster; als Einzelmodell (oder in geringer Zahl) gebautes techn. Erzeugnis (Maschine, Kraftwagen).
**Protozoen,** *Protozoa, Urtiere, Einzeller,* mikroskop. kleine Tiere, die aus einem Zellkörper, dem Protoplasma, u. einem oder mehreren Kernen bestehen.

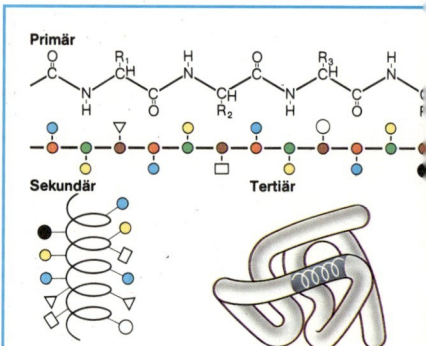

*Proteine: schematische Darstellung des strukturellen Aufbaus*

**Protuberanz,** Gaseruption aus der Sonne, mit großer Geschwindigkeit oft bis zu 1 Mio. km über die Sonnenoberfläche aufsteigend.
**Pro u. Contra,** das Für u. Wider.
**Proudhon** [pru'dɔ̃], Pierre Joseph, *1809, †1865, frz. Sozialist; einer der Begr. des Anarchismus; bekämpfte das Eigentum (»Eigentum ist Diebstahl«) u. propagierte ein System gegenseitiger Dienstleistungen *(Mutualismus).*
**Proust** [pru:st], Marcel, *1871, †1922, frz. Schriftst.; schrieb gesellschaftskrit. Romane, W »Auf der Suche nach der verlorenen Zeit«.
**Prout** [praut], William, *1785, †1850, brit. Arzt u. Chemiker; stellte 1815 die *P.sche Hypothese* auf, daß die Atome aller Elemente aus Wasserstoffatomen aufgebaut seien.
**Provence** [prɔ'vãs], histor. Ldsch. im SO Frankreichs, zw. Mitteländ. Meer, unterer Rhône u. Meeralpen; alte Hptst. *Aix-en-P.;* ein von der *Durance* durchflossenes Gebirgsland; mildes subtrop. Klima, mediterrane Vegetation; Landw.; Fremdenverkehr. – G e s c h.: seit 879 zum Kgr. Niederburgund, seit 934 zum Kgr. Burgund (Arelat) u. seit 1032 zum Dt. Reich; bis 1481 gehörte die P. dem Haus Anjou, danach fiel sie an die frz. Krone.
**Proviant,** Vorrat an Lebensmitteln, bes. bei der Versorgung von Truppen u. Expeditionen.
**Providence** ['prɔvidəns], Hptst. u. größte Stadt von Rhode Island (USA), 157 000 Ew.; Univ. (1764); versch. Ind.; Hafen, Flugplatz.
**Provinz, 1.** größeres (staatl. oder kirchl.) Verwaltungsgebiet; Hinterland im Gegensatz zur Hptst.; iron.-abwertend für »rückständige Gegend«. – **2.** *Röm. Reich:* ein von den Römern erobertes u. beherrschtes Gebiet, von einem *Prokonsul* oder *Propraetor* verwaltet. Die ältesten röm. P. waren Sizilien, Sardinien u. Korsika.
**Provision,** Vergütung für die Besorgung oder Vermittlung von Geschäften in Prozenten vom Umsatz.
**provisorisch,** vorübergehend, vorläufig, behelfsmäßig. – **Provisorium,** vorläufiger Zustand, behelfsmäßige Einrichtung.
**Provokation,** Herausforderung; im Völkerrecht Herausforderung fremder Staaten, insbes. durch Drohung mit Nachteilen, Ankündigung rechtswidriger Handlungen u.ä. – **provokativ,** herausfordernd; **provozieren,** etw. heraufbeschwören, hervorrufen.
**Proxima Centauri,** der erdnächste Fixstern (4,3 Lichtjahre entfernt), Begleiter des Sterns α Centauri, nur mit Fernrohren zu erkennen.
**Prozent,** Zeichen %, Abk. *v. H.,* vom Hundert, Hundertstel (3 % = 3/100).
**Prozeß, 1.** Ablauf, Vorgang, Verfahren. – **2.** förml. behördl., v.a. gerichtl. Verfahren. Die Regelung der Prozesse, das *P.-Recht,* ist in vielf. als *P.-Ordnungen* bezeichneten Gesetzen enthalten, u. zwar gesondert für den Zivil-P., den Straf-P. u. die Prozesse der Verfassungsgerichtsbarkeit, der Verwaltungsgerichtsbarkeit, der Finanzgerichtsbarkeit, der Arbeitsgerichtsbarkeit, der Sozialgerichtsbarkeit u. des Dienststrafverfahrens. Grundsätze des modernen Prozesses, von denen es aber Ausnahmen gibt, sind in allen P.-Arten, bes. ausgeprägt im Straf-P.: das *Recht auf Gehör* sowie *Mündlichkeit* u. *Öffentlichkeit* der Verhandlung u. die Befugnis zur Ablehnung von Gerichtspersonen, die Konzentration des Verfahrens u. hinsichtl. der Erhebung von Beweisen die *freie Beweiswürdigung.*
**Prozeßagent,** eine Person, der von der Justizverwaltung das geschäftsmäßige Auftreten vor Gericht in fremden Rechtsangelegenheiten gestattet ist, ohne daß sie als *Rechtsanwalt* zugelassen ist.
**Prozession,** feierl. Umzug in eine Heiligtum oder zu einem Heiligtum, auch um ein bestimmtes Gebiet, für das man bes. Segen erbittet.
**Prozessionsspinner,** *Thaumatopoeidae,* Nachtschmetterling Afrikas, Asiens u. Europas, deren Raupen *(Prozessionraupe, Heerwurm)* nachts in langen geschlossenen Reihen zum Fressen auf die Bäume steigen.
**Prozeßkosten,** Gerichtskosten u. außergerichtl. Kosten (bes. Anwaltskosten).
**Prozeßkostenhilfe,** bis 1980 *Armenrecht,* die vollständige oder teilweise Befreiung von minderbemittelten Prozeßpartei von den Prozeßkosten; Nachweis durch eine zu belegende Erklärung (fr. *Armutszeugnis).*
**Prozessor,** in der Datenverarbeitung urspr. eine Einheit, die einen Prozeß betreut. Heute kann ein P. sehr viele Prozesse prakt. gleichzeitig betreuen *(CPU).*

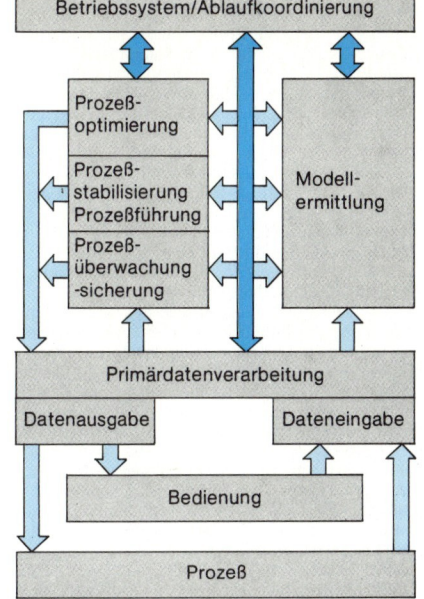

*Prozeßrechner: Aufbau und Funktion*

**Prozeßrechner,** elektron. Rechenanlage v.a. zur Steuerung industrieller Prozesse, meist ein Digitalrechner hoher Geschwindigkeit.
**Prschewalskij,** Nikolaj Michailowitsch, *1839, †1888, russ. Forschungsreisender; erforschte die Wüste Gobi, den Kunlun u. das Tarimbecken; entdeckte das *P.-Pferd* (mongol. Wildpferd) u. das wilde Kamel.
**Prudentius,** Aurelius *P. Clemens,* *348, †405 (?), lat. Dichter; erfüllte die klass. Formen in Lyrik u. Epik mit christl. Inhalten u. beeinflußte die gesamte Dichtung des MA.
**Prud'hon** [pry'dɔ̃], Pierre-Paul, *1758, †1823, frz. Maler u. Zeichner; Gemälde nach Stoffen antiker Mythologien in frühklassizist. Stil mit nachklingendem Rokoko.
**Prüm,** Stadt in Rhld.-Pf., am Südrand der Schneifel, 4900 Ew.; Benediktinerabtei (721–1802), barocke Basilika (1721–30).
**Prünelle,** *Brünelle, Brinelle,* Trockenpflaume.
**Prunskiene** ['brunskjɛnɛ], Kazimiera Danute, verh. *Tarwidene,* *1943, lit. Politikerin; Mitgl. der lit. Unabhängigkeitsbewegung SAJUDIS; seit 1990 Min.-Präs. von Litauen.
**Prunus,** Gatt. der *Rosengewächse,* zu der u.a. *Aprikose, Kirschbaum, Mandelbaum, Pfirsich, Pflaume* gehören.
**Pruritus,** Hautjucken, Reizzustand der Hautnerven, der vielerlei Ursachen haben kann, z.B. Hautkrankheiten, Insektenstiche.
**Prus,** Bolesław, eigtl. Alexander *Głowacki,* *1847, †1912, poln. Schriftst. u. Publizist (Romane mit soz. u. polit. Tendenz).
**Prusias,** Könige von Bithynien; insbes. *P. I.,* etwa 230–182 v.Chr., der *Hannibal* auf seiner Flucht vor den Römern Unterkunft gewährte.
**Pruth,** rumän. *Prut,* der antike *Pyretus,* l. Nbfl. der Donau, 950 km; entspringt im NO der Ostkarpaten, bildet mit Mittel- u. Unterlauf die rumän.-sowj. Grenze, mündet östl. von Galatz.
**Pruzzen,** balt. Volksstamm; gaben *Preußen* den Namen.
**Przemyśl** ['pʃɛmɨʃl], poln. Stadt in Galizien, 66 000 Ew.; Dom (13. u. 15. Jh.), Schloß (17. Jh.), Renaissancehäuser; versch. Ind.
**Przybyszewski** [pʃibɨ'ʃɛfski], Stanisław, *1868, †1927, poln. Schriftst.; Vertreter des »Jungen Polen« (Werke mit antibürgerl. Tendenz).
**PS, 1.** Abk. für *Pferdestärke.* – **2.** Abk. für *Postskriptum.*
**Psalmen,** im AT 150 Lieder u. Gebete der israelit. Gemeinde, die im *Buch der P. (Psalter)* zusammengefaßt sind. Die Sammlung ist wahrsch. in der makkabäischen Zeit (um 165 v.Chr.) abgeschlossen, enthält aber sehr alte Lieder.
**Psalmodie,** das Singen von Psalmen, im christl. Gottesdienst Wechselgesang.
**Psalter, 1.** → Psalmen. – **2.** Psalterium, altes, aus dem Orient stammendes Saiteninstrument.

**pseudo...,** Wortbestandteil mit der Bed. »falsch, scheinbar, vorgetäuscht«.
**Pseudokrupp,** akute Kehlkopf- u. oft auch Luftröhrenentzündung bei Kindern, entweder im Verlauf eines Katarrhs der oberen Luftwege oder ohne Vorsymptome; kennzeichnend sind Anfälle mit Husten, Heiserkeit, Atemnot; Ursachen v.a. versch. Infektionen, allerg. u. tox. Faktoren sowie Luftverschmutzung.
**Pseudonym,** Deckname für Schriftst., Schauspieler u. Artisten *(Künstlername);* auch die unter einem Decknamen erschienene Schrift selbst.
**Psi-Funktion,** hypothet. menschl. Fähigkeit, die *außersinnl. Wahrnehmung* u. *Psychokinese* erklären soll.
**Psilomelan,** ein Mineral.
**Psilophyten,** *Nacktfarne,* die ältesten Landpflanzen, erscheinen im Devon; Stammgruppe der *Farne, Bärlappgewächse, Schachtelhalme* u. *Blütenpflanzen.*
**Psittakose,** Papageienkrankheit.
**Pskow,** dt. *Pleskau,* Hptst. der Oblast P., in der RSFSR (Sowj.), oberhalb der Mündung der Welikaja in den *P.er See,* 202 000 Ew.; HS, berühmter Kreml (12.–16. Jh.) mit Hl.-Dreifaltigkeits-Kirche (12. Jh.); Handelshäuser (16./17. Jh.); vielseitige Ind.
**Psoriasis** → Schuppenflechte.
**Psychagogik,** Form der psych. Hilfe, die über Umorientierung u. Selbsterziehung die Bewältigung der Lebensaufgaben ermöglichen soll; in enger Beziehung zur *Psychotherapie.*
**Psyche, 1.** Seele. – **2.** nach einem Märchen des *Apuleius* Geliebte des Amor (Eros).
**psychedelisch,** Bez. für den durch Rauschmittel (insbes. *Halluzinogene)* ausgelösten Zustand der halluzinatorischen »Bewußtseinserweiterung«, der gekennzeichnet ist durch den Verlust des Zeitgefühls, den Eindruck der Schwerelosigkeit, die Auflösung der gegenständl. Erfahrungen u.ä. – Unter *psychedelischer Kunst* versteht man Werke, die unter Drogeneinfluß entstanden sind oder ähnl. Alpträume u. Visionen wiedergeben.
**Psychiatrie,** Fachgebiet, das sich mit seel. Krankheiten, Störungen u. Behinderungen, sog. *Geistes-* u. *Gemütskrankheiten,* wie *Psychosen, Neurosen, Psychopathien* u.a. befaßt. Spezialgebiete der P.: *Klin. P., forens. (gerichtl.) P., Sozial-P., Kinder-* u. *Jugend-P.* u.a. **Psychiater,** Arzt für P.
**psych[o]...,** Wortbestandteil mit der Bed. »Seele, Geist, Gemüt«.
**Psychoanalyse,** Lehre S. *Freuds* von der Dynamik des unbewußten Seelenlebens u. die darauf beruhende Methode zur Behandlung bestimmter seel. Erkrankungen (Neurosen). Der **Psychoanalytiker** versucht, durch Befragung des Patienten sowie durch Erzählenlassen von Träumen u. unangenehmen Erlebnissen ins Unbewußte verdrängte Inhalte wieder ins Bewußtsein zu heben.
**Psychodrama,** psychotherapeut. Methode zum Abreagieren von Affekten u. zum Bewußtmachen verdrängter Inhalte u. verborgener Selbstheilungstendenzen; schauspieler. Darst. der Konflikte.
**psychogen,** seel. bedingt, aus der Psyche heraus entstanden.

*Fronleichnamsprozession auf dem Rhein*

## Psychologie

**Psychologie,** Wiss. von den Erscheinungen des Seelenlebens, welche die Funktionen u. Zustände des Denkens, Fühlens, Wahrnehmens sowie deren Zusammenhänge mit körperl. Vorgängen untersucht; Hauptgebiete: 1. *Theoret. P.*, die aufgrund empir. Befunde u. der Überprüfung einzelner Theorien die allgemeinsten Gesetzmäßigkeiten des Psychischen aufstellt; 2. *Angewandte P.*, die sich mit ihren zahlr. Bereichen auf das prakt. u. kulturelle Leben bezieht, z.B. *Arbeits-, Betriebs-, Pädagog.-, Werbe-P.*

**Psycho-Onkologie,** eine med. Arbeitsrichtung, die die Rolle psych. Faktoren bei der Krebsentstehung u. bei der Betreuung Krebskranker erforscht.

**Psychopath,** Mensch, der an *Psychosen* oder *Neurosen* leidet. – **Psychopathie,** von der Norm abweichendes psych. Verhalten. – **Psychopathologie,** Wiss. von den seel. Störungen, Abnormitäten u. Funktionsstörungen; Grundlage der *Psychiatrie* u. *Psychotherapie*.

**Psychopharmaka,** Arzneimittel, bei denen eine Beeinflussung der seel. Vorgänge im Vordergrund steht; 1. *Neuroplegika (Neuroleptika),* beruhigende, dämpfende Wirkung, z.T. mit antipsychot. Effekt; entspr. auch die *Psychoplegika (Psycholeptika);* 2. *Psychosedativa (Tranquilizer, Ataraktika),* dämpfende Wirkung; 3. *Thymoleptika (Thymoplegika),* »aufhellende«, stabilisierende, z.T. anregende Wirkung; 4. *Psychoenergetika (Psychotonika),* anregende, aktivierende Wirkung; 5. *Psychotomimetika (Psychedelika),* halluzinator. Wirkung; *i.w.S.* auch Rausch- u. Schlafmittel.

**Psychophysik,** seit G. T. *Fechner* (1860) der experimentelle Zweig der *Psychologie,* der sich mit den gesetzmäßigen Beziehungen zw. den meßbaren Gegebenheiten der physik. Umwelt (Reize) u. dem erlebten psych. Abbild (Empfindungen) beschäftigt.

**Psychosen,** seel. Krankheiten, die auf ererbten Bedingungen *(endogene P.)* oder auf erworbenen Schädigungen *(exogene P.)* beruhen.

**Psychosomatik,** med.-psych. Arbeits- u. Forschungseinrichtung, die sich mit den Wechselwirkungen zw. Seele u. Körper u. bes. mit den seel. Einflüssen auf körperl. Geschehen bei der Entstehung von Krankheiten u. Gesundheitsstörungen befaßt.

**Psychotherapie,** Behandlung psych. Störungen durch seel. Mittel u. Beeinflussung, z.B. Suggestion, autogenes Training, Hypnose, Psychoanalyse, Gruppen-, Verhaltens- oder Familientherapie.

**Pt,** chem. Zeichen für *Platin*.

**Ptah** → ägyptische Religion.

**Pterosaurier,** Flugsaurier, fliegende Reptilien des Mesozoikums (Jura bis Kreide) mit verlängerten Vorderextremitäten u. Flughäuten; berühmte Funde im Malm von Solnhofen in Bayern *(Pterodactylus* u. *Rhamphorhynchus)* u. in der Oberkreide Nordamerikas *(Pteranodon,* über 8 m Flügelspannweite).

**Ptolemäer,** makedon.-grch. Königsgeschlecht 323–30 v. Chr. in Ägypten; alle Herrscher trugen den Namen *Ptolemaios* (lat. *Ptolemäus*). – **Ptolemaios I.** *Soter,* König von Ägypten seit 305 v. Chr., Satrap seit 323 v. Chr., *vor 360 v. Chr., †283 v. Chr., Freund u. General *Alexanders d. Gr.*, nahm im Verlauf der Diadochenkämpfe den Königstitel an u. wurde damit Gründer der Dynastie. Er ernannte 285 v. Chr. seinen Sohn *Ptolemaios II. Philadelphos* zum Mitregenten u. Nachfolger. Letzte Repräsentantin der P. war *Kleopatra VII.*

**Ptolemäus,** Claudius, bekanntester Geograph, Mathematiker u. Astronom des Altertums, lebte um 140 n. Chr. in Alexandria. In seinem Hptw. »*Almagest*« begr. er das geozentr. *Ptolemäische Weltsystem* (die Erde als Mittelpunkt des Planetensystems).

**Ptyalin,** Stärke abbauendes Enzym im Speichel.

**Pu,** chem. Zeichen für *Plutonium*.

**Pub** [pʌb], Bierlokal oder Bar nach engl. Vorbild.

**Pubertät,** Zeitabschnitt im *Jugendalter*, in dem der heranwachsende Jugendliche die *Geschlechtsreife* erlangt; in Mitteleuropa bei Mädchen ab dem 11., bei Jungen ab dem 12. Lebensjahr; in körperl. Hinsicht gekennzeichnet durch das erste Auftreten der Regel *(Menarche)* beim Mädchen bzw. von Samenergüssen (z.B. als *Pollution*) beim Jungen sowie durch die endgültige Ausprägung der sekundären Geschlechtsmerkmale (z.B. Bartwuchs, Stimmlage); typ. seel. Erscheinungen: z.B. innere Unausgeglichenheit u. nonkonformist. Neigungen.

**Publicity** [pʌ'blisiti], öffentl. Aufsehen; Werbung, Propaganda, die den Bekanntheitsgrad einer Person oder Sache sichern soll.

**Public Relations** ['pʌblik ri'leiʃənz], Abk. *PR, Öffentlichkeitsarbeit,* geplantes u. dauerndes Bemühen, Verständnis u. Vertrauen in der Öffentlichkeit aufzubauen u. zu pflegen (für Wirtschaftsunternehmen, Institutionen oder Einzelpersonen).

**Public Schools** ['pʌblik sku:lz], exklusive, private Internatsschulen in England, z.B. *Eton, Harrow, Rugby.*

**publik,** öffentl., allg. bekannt. – **Publikation,** Veröffentlichung. – **Publikum,** Öffentlichkeit; Besucher, Zuhörer u. Zuschauer. – **publizieren,** veröffentlichen, bekanntmachen. – **Publizist,** Angestellter oder freier Mitarbeiter publizist. Einrichtungen; Journalist, Schriftst., Redakteur oder Hrsg., auch Publizistik- oder Kommunikationswissenschaftler. – **Publizistik,** alle öffentl. Aussagen in Wort u. Ton, Bild u. Film, vermittelt durch die »Medien« Bild u. Plakat, Buch u. Presse, Rundfunk, Film u. Fernsehen; allg. auch Lehre von den Massenmedien.

**Puccini** [put'tʃi:ni], Giacomo, *1858, †1924, ital. Komponist; Opern: »Manon Lescaut«, »La Bohème«, »Tosca«, »Madame Butterfly«, »Turandot« u.a.

**Puck,** 1. beim Eishockey die runde Hartgummischeibe, die mit dem Eishockeyschläger gespielt wird. – 2. Kobold in *Shakespeares* »Sommernachtstraum«.

**Pückler-Muskau,** Hermann Fürst von, *1785, †1871, dt. Schriftst. u. Gartenkünstler; schuf die Parks von Muskau u. Branitz im Stil des engl. Landschaftsgartens.

**Pudel,** urspr. als Jagdhund gezüchtete Hunderasse, heute als Modehund in drei Größen gehalten: *Groß-(Königs)P., Klein-P.* u. *Zwerg-P.,* wolliges in versch. Weise geschorenes Fell.

**Puder,** pulverförmiges Medikament, Hautpflege- oder Schönheitsmittel.

**Pudowkin,** Wsewolod Illarionowitsch, *1893, †1953, sowjetruss. Filmregisseur u. Schriftst. (v.a. Stummfilme: »Mutter«).

**Pudu,** *Spießhirsch, Mazama,* Gatt. der *Hirsche,* deren Geweih nur als Spieß ausgebildet ist; im W-Teil von Südamerika; hierzu der *Chilenische P.* (nur 34 cm hoch).

**Puebla de Zaragoza** [-ðe sara'gosa], Hptst. des zentralmex. Bundesstaats Puebla, östl. des Popocatépetl, 2155 m ü.M., 786 000 Ew.; Kathedrale (16./17. Jh.); Univ.; Leder-, Textil-, Glas-, keram. u. landw. Ind.

**Pueblo-Indianer,** seßhafte Indianerstämme in Colorado, Arizona u. New Mexico, die burgartig aneinander- u. stufenförmig aufeinandergebaute Häuser *(Pueblos)* aus Lehmziegeln bewohnen; meist Bodenbauern; wichtigste Stämme: *Hopi, Keres, Tano, Zuñi.*

**Puerto Barrios,** größter Hafen von Guatemala, am Golf von Honduras, 39 000 Ew.; Exporthafen am Karib. Meer für El Salvador.

**Puerto Cabello** [-ka'beljo], Hafen in NW-Venezuela, am Karib. Meer, 94 000 Ew.; u.a. Nahrungsmittel-, Baustoff- u. chem. Ind., Erdölraffinerie, Werft.

**Puerto de la Cruz** [-ðə la 'kruθ], Hafenstadt an der N-Küste der span. Kanareninsel Teneriffa, 21 000 Ew.; Altstadt mit histor. Bauten; Fremdenverkehrszentrum.

**Puerto Montt,** Hptst. der südchilen. Prov. Llanquihue, Hafen an der Küste des Pazif. Ozeans, 81 000 Ew. (viele Deutsche).

**Puerto Rico,** kleinste Insel der Großen Antillen, 8683 km², zus. mit den Inseln *Mona, Vieques* u. *Culebra* insges. 8897 km², 3,3 Mio. Ew., Hptst. *San Juan.* – Die Insel P.R. wird von einem zentralen Faltengebirge (bis 1338 m) durchzogen. P.R. hat trop. Klima mit einem regenreichen Nordteil u. einem trockeneren Südteil. Rd. 80% der Bevölkerung sind Weiße, 20% Schwarze u. Mulatten. – Bis zu Beginn der 1960er Jahre war Zucker das wichtigste Exportgut. Die chem. u. die Textilind. sowie der Maschinenbau haben heute weit größere Bedeutung. Der Fremdenverkehr nimmt zu.

Geschichte. 1493 wurde P.R. von C. *Kolumbus* entdeckt, seit 1508 von Spaniern kolonisiert. 1898 wurde es von den USA annektiert. 1917 erhielt es beschränkte Selbstverwaltung, die 1952 zum Dominion-Status umgewandelt wurde. 1967 sprach sich die Bevölkerung in einer Volksabstimmung für die Beibehaltung des seit 1952 geltenden Status aus, der P.R. als einen den USA assoziierten Staat (nicht US-Bundesstaat) definiert.

**Puerto-Rico-Graben,** Tiefseerinne im Atlantik, im S-Teil des Nordamerikan. Beckens; am W-Ende die *Milwaukee-Tiefe,* mit 9219 m die größte bek. Tiefe des Atlantik.

**Pufendorf,** Samuel Frhr. von, *1632, †1694, dt. Rechtslehrer; Historiograph am schwed. u. brandenburg. Hof; führender Vertreter des *Naturrechts* als Vernunftsrecht u. des *Völkerrechts,* Wegbereiter der Aufklärung.

**Puffer,** Vorrichtung zur Aufnahme u. zum Abbremsen von Druck- u. Stoßkräften.

**Pufferstaat,** ein Mittel- oder Kleinstaat, der geograph. zw. größeren Staaten liegt u. unmittelbare territoriale Reibungen u. Zusammenstöße verhüten soll.

**Pufferung,** die Aufrechterhaltung einer bestimmten Acidität oder Alkalität (pH-Wert) von Lösungen durch Zugabe von Lösungen bestimmter Salze oder Salzgemische *(Pufferlösungen)*.

**Puffotter,** bis 1,5 m lange, sehr gefährl. Giftschlange des trop. u. südl. Afrika.

**Puffreis,** geschälter, durch Dämpfen unter hohem Druck stark aufgequollener Reis. – Puffmais: *Popcorn.*

**Pugatschow** [-'tʃɔf], Jemeljan Iwanowitsch, *um 1742, †1775 (hingerichtet), Kosakenführer; brachte als Führer des Kosaken- u. Bauernaufstands 1773–75 fast ganz S-Rußland unter seine Herrschaft.

**Puget** [py'ʒɛ], Pierre, *1622, †1694, frz. Maler, Bildhauer u. Architekt; schuf insbes. Marmorgruppen von extrem naturalist. Bewegtheit.

**Pula,** ital. *Pola,* Hafenstadt in Jugoslawien, im S der Halbinsel Istrien, 50 000 Ew.; Reste eines röm. Triumphbogens, Amphitheater; Schiffbau u. vielseitige Ind.; Kriegs- u. Handelshafen.

**Pulcinella** [-tʃi-], *Policinello,* Typ des frechen Dieners im S-ital. Volkslustspiel; über die *Commedia dell'arte* in das Puppentheater gelangt.

**Pulheim,** Stadt in NRW, nw. von Köln, 48 000 Ew.; Walzwerke.

**Pulitzer,** Joseph, *1847, †1911, US-amerik. Journalist u. Verleger ung. Herkunft; ermöglichte durch eine Stiftung den **P.-Preis,** der seit 1917 jährl. für bes. literar. u. publizist. Verdienste vergeben wird.

**Pullmann** [-mən], George Mortimer, *1831, †1897, US-amerik. Industrieller; führte für die Eisenbahn Schlafwagen, Speisewagen sowie gut ausgestattete Durchgangswagen *(P.-Wagen)* ein.

**Pullover,** *Pulli,* eine über den Kopf zu ziehende Strickbluse; fr. *Sweater,* um 1920 *Jumper* genannt.

**Pulpa,** 1. Zahnmark; weiche, blutgefäß- u. nervenreiche Gewebemasse in der Zahnhöhle; **Pulpitis,** Zahnmarkentzündung. – 2. Milzgewebe.

**Pulpe,** 1. *Pülpe,* Fruchtstücke, die durch Kochen sterilisiert oder durch chem. Konservierungsmittel haltbar gemacht werden; Rohmaterial für Konfitüren. – 2. Rückstand der Stärkefabrikation aus Kartoffeln oder Getreide; zu Sprit verarbeitet oder als Viehfutter verwendet.

**Pulque** [-kɛ], *Pulke,* vergorener Saft der *Agave,* berauschendes Nationalgetränk der Mexikaner.

**Puls,** die vom Herzen bei jeder Kontraktion ausgehende Druckwelle in den elast. Adern.

**Pulsar,** astronom. Radioquelle (Himmelskörper),

*Die Welt des Ptolemäus (Sternatlas von A. Cellarius)*

*Puma*

die mit großer Regelmäßigkeit Radioimpulse aussendet. Die Perioden liegen etwa zw. 0,033 u. einigen Sekunden. Man vermutet, daß es sich bei den P.en um schnell rotierende Neutronensterne handelt, die das Endstadium in der Entwicklung eines Sterns nach dem Ausbruch einer Supernova erreicht haben.

**Pulver, 1.** allg.: sehr fein zerteilter Stoff. – **2.** i.e.S.: *Schieß-P.*, ein Explosivstoff. Man unterscheidet das schon sehr lange bekannte *Schwarz-P.*, das aus einem Gemisch von Kohlenstoff, Schwefel u. Salpeter besteht, u. das *rauchschwache P.* aus gelatinierter *Nitrocellulose*, der für bestimmte Zwecke auch *Nitroglycerin* beigemischt wird.

**Pulver,** Liselotte, *11.10.1929, schweiz. Schauspielerin (u.a. in »Ich denke oft an Piroschka«, »Das Wirtshaus im Spessart«).

**Puma,** *Silberlöwe,* gelbl. bis silbergrau gefärbte Kleinkatze von rd. 130 cm Körperlänge; von Kanada bis S-Argentinien verbreitet.

**Pumpen,** Maschinen zur Förderung von Flüssigkeiten oder auch Gasen. Nach Ausführungsform oder Verwendungsart unterscheidet man: 1. K o l b e n - P.: a) *Saug-* oder *Hub-P.*: Die Flüssigkeit wird durch einen Kolben angesaugt, strömt beim Zurückgehen des Kolbens durch ein Ventil in den Hubraum u. wird beim zweiten Ansaugen nach außen gefördert; b) *Druck-P.*: Die Flüssigkeit wird über ein Saugventil durch einen Kolben angesaugt u. tritt bei dessen Rückgang durch ein Druckventil in die Druckleitung. – Die Kolben-P. unterteilt man auch in *Tauchkolben-* (Plunger-), *Flügelrad-,* Zahnrad-, Stufen- oder *Differential-P.* 2. K r e i s e l - P. *(Schleuder-P.):* Die Flüssigkeit tritt in der Mitte eines Laufrads ein u. wird durch dessen schnelle Umdrehung in die Leitung gedrückt. 3. S t r a h l - P.: *Dampfstrahlpumpe,* mit hohem Druck wird der Dampfstrahl durch eine Düse in ein sich verengendes Rohr geblasen. Infolge der hohen Geschwindigkeit reißt der Dampfstrahl die in dem Rohr befindl. Luft oder das Wasser mit sich fort u. erzeugt dadurch Unterdruck.

**Pumpernickel,** aus Westfalen stammendes schwarzbraunes Roggenschrotbrot mit süßl. Geschmack.

**Pumphose** → Pluderhose.

**Pumps** [pœmps], leichte, stark ausgeschnittene Damenhalbschuhe.

**Pumpspeicherwerk,** ein Kraftwerk, in dem während der Nacht mit Hilfe von überschüssigem elektr. Strom Wasser in ein hochgelegenes Speicherbecken gepumpt wird. Bei Entnahmespitzen am Tag treibt das gespeicherte Wasser Turbinen an.

**Puna,** Hochland zw. 3000 u. 4500 m in den Anden Argentiniens, N-Chiles, Boliviens u. Perus; Strauch- u. Grassteppe; Viehwirtschaft (Lama, Alpaka); verbreitet Salztonflächen.

**Punch** [pʌntʃ], lustige Figur der engl. Komödie seit Ende des 17. Jh.; entspricht dem dt. *Kasperl.*

**Punchingball** [pʌntʃiŋbɔːl], *Plattformball,* birnenförmiger, an einer Plattform oder einem Holzring leicht bewegl. aufgehängte, 30–40 cm langer Vollball; Trainingsgerät zur Verbesserung der Schlagschnelligkeit.

**Punier** [-niər], Bez. der Römer für die *Karthager.*

**Punische Kriege,** die 3 Kriege zw. den Römern u. Karthagern (Puniern) um die Vorherrschaft im westl. Mittelmeer: *1. Punischer Krieg,* 264–201 v. Chr.: Die Karthager verloren Sizilien u. die umliegenden Inseln an Rom. – *2. Punischer Krieg,* 218–201 v. Chr.: Feldzüge Hannibals nach Italien, zunächst siegreich (216 v. Chr. bei *Cannae*), 202 v. Chr. Sieg des *Cornelius Scipio Africanus* bei *Zama* (Nordafrika) über Hannibal; Auslieferung aller auswärtigen Besitzungen u. der Flotte an Rom. – *3. Punischer Krieg,* 149–146 v. Chr.: Zerstörung Karthagos durch *Cornelius Scipio Africanus Numantinus.*

**Punjab** ['pʌndʒʌb], **1.** *Pandschab, Panjab,* Prov. in → Pakistan, zw. dem Mittellauf des Indus u. der ind. Grenze. – **2.** Bundesstaat in → Indien, im Vorland des nw. Himalaya.

**Punkt, 1.** Zeichen der Multiplikation, z.B. 3 · 7 *(mal).* – **2.** typograph. *P.,* Maßeinheit für die Schriftgröße: 1 p = 0,376 mm (in dem bei uns gebräuchl. *Didot-System*). – **3.** die Schnittstelle zweier Linien; ohne Ausdehnung. – **4.** hinter eine Note gesetztes Zeichen, das ihren Zeitwert um die Hälfte verlängert *(punktierte Note).* Über oder unter der Note stehend ist der P. Vortragsbez. für *staccato* bzw. mit Bogen für *portato.* – **5.** 1. → Zeichensetzung; 2. → Punktation. – **6.** Bewertungseinheit bei vielen Sportarten (P.-Wertung, P.-System).

**Punktalgläser,** konvex-konkave Brillengläser, die auch bei schrägem Lichteinfall eine punktförmige (anastigmatische) Abb. erzeugen.

**Punktation, 1.** Verwendung diakritischer Zeichen (Punkte) zur Darst. der Vokale in arab. Lehr- u.a. Schriften. – **2.** *Völkerrecht:* schriftl. Festlegung u. Paraphierung eines Verhandlungsergebnisses, meist eines Vertragsentwurfs.

**Punktion,** Entnahme von Flüssigkeiten u. Gewebsstückchen aus dem Körper mit Spezialinstrumenten, für diagnost. oder therapeut. Zwecke.

**Punsch,** heißes Getränk aus Wein oder Wasser, Tee, Arrak (auch Rum), Zitronensaft u. Zucker.

**Punta Arenas,** Hptst. der S-chilen. Region Magallanes, an der Magellan-Straße, 112 000 Ew.; südlichste Stadt der Erde; Hafen- u. Handelszentrum Patagoniens.

**Punze,** *Bunze,* Stift oder Stempel aus Stahl, mit dem in Metall (auch Leder u.a.) Verzierungen (Zeichen, Muster) eingetrieben werden *(punzieren):* auch zur Kennzeichnung des Feingehalts von Silber- oder Goldwaren.

**Pupille,** Sehloch in der Regenbogenhaut des Auges, erscheint beim Gesunden schwarz, verengt sich reflektor. bei Lichteinfall u. erweitert sich bei Verdunkelung (P.nreaktionen).

**Puppe, 1.** v.a. für Kinder bestimmte plast. Nachbildung des menschl. Körpers oder von Märchen- u. Sagengestalten; seit der Zeit der fr. Hochkulturen (Ägypten) wie auch im Kunsthandwerk der Naturvölker anzutreffen. – **2.** Ruhestadium in der Entwicklung von Insekten mit vollkommener Verwandlung vor der Umbildung zum fertigen Insekt *Imago, Vollkerf).*

**Puppenräuber,** *Calosoma,* Gatt. der *Laufkäfer,* die häufig auf Bäume steigen u. die Larven u. Puppen von Insekten erbeuten; bunt-metall. schillernd; in Dtld. 5 Arten (unter Naturschutz).

**Puppenspiel,** *Puppentheater, Figurentheater,* bei fast allen Völkern bestehendes Theater mit Puppen; mit Vollkörperpuppen (Handpuppen, Marionetten, Stock- oder *Stabpuppen, Fadenpuppen*) oder mit flachen Puppen (*Schattenpuppen, Schattenspiel*). Die Ursprünge des P. liegen im myth. Bereich des Götterkults. Hinweise auf sein Vorhandensein im Altertum gibt es aus Ägypten, Ostasien, Indien. Das dt. P. war eine weitgehende Nachahmung der Personenwelt u. ihrer Akteure, insbes. des alten Volkstheaters mit der Hauptfigur des *Hanswurst (Kasper).* In neuester Zeit kam es zu einer Neubesinnung auf die illusionist. u. surrealen Mittel des P.

**Purana,** altind. mytholog.-gelehrte Schriftwerke, teils kanon. Charakters.

**Purcell** [pə:sl], **1.** Edward Mills, *30.8.1912, US-amerik. Physiker; Arbeitsgebiete: magnet. Momente der Atomkerne, Radiowellenspektroskopie; Nobelpreis (zus. mit F. *Bloch*) 1952. – **2.** Henry, *1659, †1695, der bedeutendste engl. Komponist der Barockzeit (u.a. Kirchenkantaten, Oden, Kammermusik, Opern).

**Purimfest,** *Losfest,* am 14. Adar (Febr./März) gefeiertes (spät-)jüd. Volksfest zur Erinnerung an die Errettung der Juden durch Ester.

**Purin,** *Imidazo-Pyrimidin,* eine organ.-chem., heterocyclische Verbindung, Ausgangsprodukt der *P.-Gruppe* (Purine, Harnsäure-Verbindungen); entsteht im tier. u. pflanzl. Stoffwechsel (z.B. *Coffein*).

**Purismus,** Reinigungsbestrebung, bes. zur Reinigung der Sprache von Fremdwörtern u. fremden Wortformen.

**Puritaner,** seit Mitte des 16. Jh. Bez. für alle streng kalvinist. gesinnten Protestanten in England u. Schottland, die auf persönl. Heilsglauben (Bewußtsein der Auserwählung), Einfachheit (Abschaffung der Priestergewänder u. Vereinfachung der Liturgie) u. enge Moral drängten u. das Episkopalsystem der Staatskirche ablehnten: *Presbyterianer, Independenten, Kongregationalisten, Quäker.*

**Purpur,** rotvioletter Farbstoff, der schon im Alter-

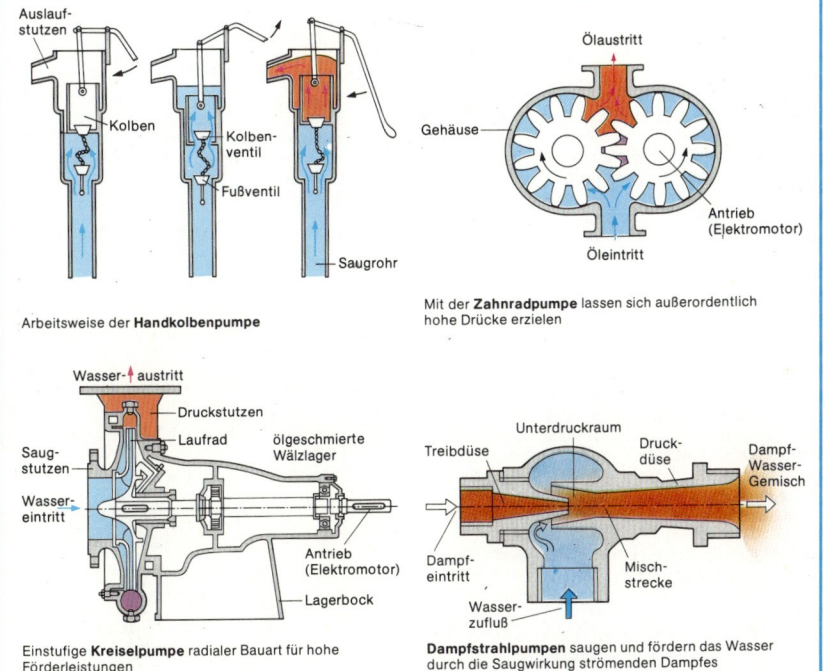
*Pumpen*

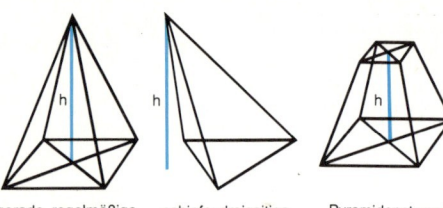

*Pyramide*

tum (bes. von den Phöniziern) aus den *Purpurschnecken* gewonnen wurde; heute synthet. hergestellt.

**Purrmann,** Hans, *1880, †1966, dt. Maler u. Graphiker; neben O. *Moll* u. R. *Levy* Hauptvertreter der dt. Matisse-Schule; v. a. Bildnisse, Stilleben u. südl. Landschaften.

**Purtscheller,** Ludwig, *1849, †1900, östr. Bergsteiger; Erstbesteiger des Kilimandscharo (1889).

**Pusan,** *Fusan,* wichtigste Hafenstadt Südkoreas, an der SO-Küste, 3,5 Mio. Ew.; HS; Ind.-Zentrum.

**Puschkin,** bis 1917 *Zarskoje Selo,* 1917–37 *Detskoje Selo,* Stadt in der RSFSR (Sowj.), südl. von Leningrad, 90 000 Ew.; fr. Sommerresidenz des Zaren; *P.-Museum.*

**Puschkin,** Alexander Sergejewitsch, *1799, †1837, russ. Dichter; Begr. der modernen russ. Literatur u. Dichtungssprache, Wegbereiter des Realismus; W Versroman »Eugen Onegin«, »Bjelkins Erzählungen« (darin »Der Postmeister«), »Boris Godunow«.

**Puszta,** *Puszta,* steppenartiges Grasland der ung. Tiefebene, durch extensive Viehzucht (bes. Rinder) genutzt; in jüngster Zeit durch den Gewinn weiterer bewässerter Ackerbauflächen verringert.

**Pustel,** *Pustula,* Eiterbläschen auf der Haut.

**Puter** [der], *Pute* [die] → Truthühner.

**Putsch,** gewaltsamer Umsturzversuch oder Umsturz, polit. Revolte, Staatsstreich.

**Putte** → Putto.

**Puttgarden,** Fährhafen der *Vogelfluglinie* auf der Insel Fehmarn.

**Putto** [der], *Putte* [die], in der bildenden Kunst eine nackte Knabengestalt mit oder ohne Flügel; Mischwesen aus antiken *Eroten* u. christl. *Engeln;* in weltl. Darstellungen *Amoretten.*

**Putumayo,** l. Nbfl. des Amazonas, 1600 km; bildet die Grenze zw. Kolumbien u. Peru, mündet als *Içá* bei Santo Antônio do Içá.

**Putzger,** Friedrich Wilhelm, *1849, †1913, dt. Pädagoge; veröffentlichte 1877 den »Histor. Schulatlas für höhere Schulen«.

**Puvis de Chavannes** [py'vidə ʃa'van], Pierre-Cécile, *1824, †1898, frz. Maler (Wandgemälde in strengem, flächenrhythm. Monumentalstil).

**Puy** [py'i] → Le Puy.

**Puy de Dôme** [py'idə'dom], höchster, erloschener Vulkan in der nördl. Auvergne (Mittelfrankreich), bei Clermont-Ferrand, 1465 m.

**Pu Yi** [pui:], *1906, †1967, als *Xuantong* letzter Kaiser von China 1908–12, durch die Revolution von 1911/12 gestürzt, 1932 Präs., 1934–45 Kaiser von Mandschukuo; danach in sowj. u. chin. Gefangenschaft.

*Pyrenäen: Der Pico de Aneto ist die höchste Erhebung des Gebirges*

**Puzo,** Mario, *15.10.1920, US-amerik. Schriftst. ital. Abstammung; realist. Unterhaltungsromane um ital. Einwanderer u. über die Mafia; W »Der Pate«, »Der Sizilianer«.

**Puzzle** [pʌzl], Geduldspiel, bei dem aus zahlr. einander in Form u. Farbe ähnl. Einzelteilen ein Bild zusammengesetzt werden muß.

**PVC,** Abk. für *Polyvinylchlorid.*

**Pyämie,** Blutvergiftung *(Sepsis)* als Folge einer Verschleppung von Eitererregern im Körper auf dem Blutwege.

**Pygmäen,** Sammelbez. für die kleinwüchsigen, dunkelhäutigen, kurz-kraushaarigen, nomadisierenden Wildbeuterstämme in den trop. Regenwäldern Zentralafrikas.

**Pygmalion,** grch. Sagenkönig, verliebte sich in eine von ihm selbst geschaffene Mädchenstatue; *Aphrodite* hauchte ihr Leben ein.

**Pygmide,** Sammelbez. für alle Menschengruppen mit angeborener Kleinwüchsigkeit, die *Pygmäen* in Afrika, die *Negritos* in SO-Asien u. Melanesien u. a. kleinere Gruppen.

**Pykniker,** ein Körperbautypus; → Konstitution.

**Pyknometer,** Gerät zur Dichtebestimmung von Flüssigkeiten.

**Pylades,** in der grch. Sage Freund des *Orest.*

**Pylon,** 1. in der ägypt. Baukunst Eingangsturm in der Toranlagen der Tempel seit dem Mittleren Reich. – 2. Seiltragstütze einer Hängebrücke.

**Pynchon** ['pintʃən], Thomas, *8.5.1937, US-amerik. Schriftst.; stilist. virtuose Prosa der Postmoderne: »V«, »Die Enden der Parabeln«, »Vineland«.

**Pyramide,** 1. monumentaler Grabbau der ägypt. Pharaonen in P.nform; bek. v. a. die *Cheops-P.* In den alten Kulturen Mittel- u. S-Amerika bildeten die P. als *Stufen-P.*n meist den Unterbau von Tempeln. – **2.** ein von einem *n*-Eck (Grundfläche $G$) u. *n* Dreiecken (Seitenflächen mit gemeinsamer Spitze) begrenzter Körper (*n*-seitige P.). Der Abstand der Spitze der P. von der Grundfläche heißt Höhe (*h*). Der Rauminhalt beträgt $V = 1/3 \, G \cdot h$. – Ein P.nstumpf entsteht aus einer P. durch den Schnitt einer zur Grundfläche parallelen Ebene.

**Pyramidenbahn,** *Tractus corticospinalis,* wichtige zentralnervöse Leitungsbahn, die die Erregung für die willkürl. Muskelbewegungen vom Gehirn weiterleitet.

**Pyramus und Thisbe,** babyl. Liebespaar der grch. Sage, dessen Schicksal (Tod durch Mißverständnisse) *Ovid* im 4. Buch seiner »Metamorphosen« behandelt.

**Pyrenäen,** span. *Pirineos,* frz. *Pyrénées,* Gebirge zw. Spanien u. Frankreich, 440 km lang, 130 km breit; trennt die P.halbinsel vom übrigen Europa. Das von NW nach SO streichende Faltengebirge ist aus Schiefern u. Kreide aufgebaut; zahlr. Quertäler; *West-P.:* Mittelgebirgscharakter, regenreich, dicht bewaldet; von Basken besiedelt; *Zentral-P.:* Maladeta-Gruppe, im Pico de Aneto 3404 m hoch; *Ost-P.:* bis rd. 2900 m; Mittelmeerklima mit Edelkastanien, Ölbäumen u. Weinanbau; zahlr. Thermalbäder u. Wintersportplätze. Im östl. Teil liegt der Zwergstaat *Andorra.*

**Pyrenäen-Friede,** 1659 zw. *Ludwig XIV.* von Frankreich (vertreten durch Kardinal *Mazarin*) u. *Philipp IV.* von Spanien geschlossener Friede; beendete den 150jährigen Kampf Frankreichs gegen die span.-habsburg. Umklammerung zugunsten der Franzosen.

**Pyrenäenhalbinsel,** Iberische Halbinsel, Halbinsel im äußersten SW Europas. Sie ist im N u. W vom Atlantik, im S u. O vom Mittelmeer umgeben u. durch die 14 km enge *Straße von Gibraltar* von Afrika getrennt. Besteht polit. aus Spanien, Portugal, dem Zwergstaat Andorra u. der brit. Kronkolonie Gibraltar. Die Halbinsel ist ein massiver Hochlandblock, dessen Kern das 650–1000 m hohe innere Bergland (*Meseta*) bildet. Die ausgedehnten Tafelhochländer von Alt- u. Neukastilien sind durch das *Kastilische* (oder *Haupt-*) *Scheidegebirge* geteilt. Die Meseta wird von hohen Gebirgen gesäumt (*Kantabrisches Gebirge* 2648 m; *Iberisches Randgebirge* 2316 m; *Sierra Morena* 1796 m), an die sich zwei dreieckige Beckenlandschaften anschließen: im NO das *Ebrobecken,* im S das sich breit zum Meer öffnende *Guadalquivirbecken.*

**Pyrethrum,** *Flores pyrethri,* Insektenpulver aus den zermahlenen Blütenköpfen einiger Wucherblumenarten.

**Pyridin,** eine heterozykl. stickstoffhaltige Verbindung, $C_5H_5N$; verwendet als Lösungsmittel, zur Vergällung von Spiritus (Denaturierung) sowie für Synthesen.

**Pyrimidin,** *m-Diazin,* eine heterozykl. Verbindung mit 2 Stickstoffatomen; als Baustein in vielen Naturstoffen, z. B. in Spaltstücken der Nucleinsäuren, in den Purinen, in Vitamin $B_1$ u. $B_2$ u. in den Pterinen. P.-Derivate (z. B. Barbitursäure, Sulfonamide) sind wichtige Heilmittel.

**Pyrit,** *Eisenkies,* → Mineralien. P. ist das verbreitetste Schwefelerz.

**Pyrmont** [auch -'mɔnt], Bad P., Stadt in Nds., im Weserbergland, sw. von Hameln, 21 000 Ew.; Schloß (18. Jh.); Kurort mit Heilquellen u. Moorbädern.

**Pyrogallol,** *Pyrogallussäure,* dreiwertiges Phenol, chem.: Trihydroxybenzol; starkes Reduktionsmittel, fr. als photograph. Entwicklersubstanz verwendet; dient heute zur Haarfärbung sowie in der Medizin bei Hautkrankheiten.

**Pyrolusit,** *Weichmanganerz,* ein Mineral.

**Pyromanie,** krankhafter Trieb zur Brandstiftung.

**Pyrometer,** Gerät zum Messen hoher Temperaturen.

**Pyrop,** dunkelroter bis bräunl. Granat.

**Pyrophor,** feinstes Metallpulver (Eisen, Nickel, Blei), das durch Reduktion von Oxiden im Wasserstoffstrom hergestellt wird. Die P. verbrennen oder verglimmen sofort bei Zutritt von Luft (*Luftzünder*).

**Pyrotechnik,** Herstellung u. Anwendung der Explosivstoffe, bes. der *Feuerwerkerei.*

**Pyroxene,** Gruppe von Silicatmineralien.

**Pyrrhos,** *Pyrrhus,* *319 v. Chr., †272 v. Chr., König von Epirus 306–301 v. Chr. u. 297–272 v. Chr.; 2 Siege über die Römer (280 u. 279 v. Chr.) unter schweren eigenen Verlusten (*P.siege*).

**Pythagoras** von Samos, *um 580 v. Chr., †um 496 v. Chr., grch. Philosoph; vertrat neben der orph. Lehre von der Wiedergeburt der menschl. Seele wiss., bes. math. Interessen. Der *pythagoreische Lehrsatz* wird P. fälschl. zugeschrieben. – **Pythagoreismus,** die Lehre des *P.* u. seiner Schule. Die Pythagoreer des 5. Jh. v. Chr. (Philolaos, Archytas) trieben Mathematik u. Astronomie u. führten die Eigenschaften aller Dinge auf zahlenmäßige Verhältnisse zurück. Die Erde wurde als um ein Zentralfeuer bewegt gedacht; die Planeten, so wurde gelehrt, erzeugten bei ihrer Umdrehung Klänge (*Sphärenmusik*).

**pythagoreischer Lehrsatz,** Fundamentalsatz der Geometrie: Im rechtwinkligen Dreieck ist die Fläche des Quadrats über der Hypotenuse (*c*) gleich der Summe der Flächen der Quadrate über den beiden Katheten (*a*, *b*): $a^2 + b^2 = c^2$.

**Pytheas,** grch. Gelehrter, reiste um 325 v. Chr. von Massilia (Marseille) nach England, an die mittelnorw. Küste (*Thule*) u. ins Bernsteinland der dt. Küste.

**Pythia,** die Orakelpriesterin im Apollon-Tempel in Delphi. – **pythisch,** dunkel, orakelhaft (wie die P. in Delphi).

**Python,** in der grch. Sage ein Drache, Sohn der *Gäa* (Erdmutter), von *Apollon* getötet.

**Pythonschlangen,** *Pythonidae,* Unterfam. der *Riesenschlangen,* vorw. in der Alten Welt; 4 m, Einzelexemplare bis 9 m lang; hierzu u. a. Netz-, Tiger- u. Königs-Python.

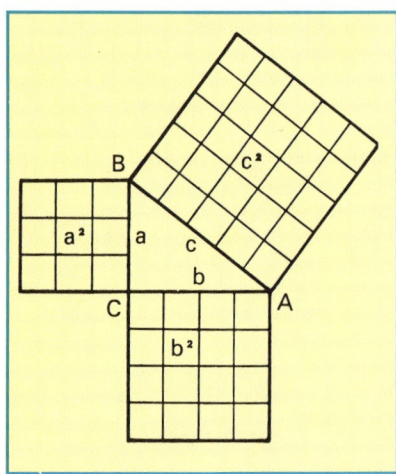

*Pythagoras; pythagoreischer Lehrsatz: $a^2 + b^2 = c^2$*

# Q

**q, Q,** 17. Buchstabe des dt. Alphabets.
**Qanat** ['ka-] → Khanat.
**Qandahar** ['kan-] → Kandahar.
**Qatar,** arab. Scheichtum, → Katar.
**Qattarasenke** ['ka-] → Kattarasenke.
**Qenitra** [ke'nitra], *El Q., fr. Port-Lyautey,* marokkan. Hafenstadt am Atlantik, 370 000 Ew.
**Q-Fieber,** *Queensland-Fieber, Query-Fieber, Balkangrippe,* gutartig verlaufende, akute fieberhafte, grippeähnl. Infektionskrankheit. Erreger ist *Rickettsia burneti.*
**Qi Baishi** [tçi baiʃə], *Ch'i Pai-shih,* *1863, †1957, chin. Maler (Blumen, Insekten).
**Qin** [tçin], *Ts'in, Ch'in,* Dynastie 221–207 v. Chr. in China; aus dem Wort Chin entstand der Name China.
**Qing** [tçin], Dynastie in China 1644–1911, auch *Mandschu-Dynastie.*
**Qingdao** [tçi-], chin. Hafenstadt in der Prov. Shandong, 1,4 Mio. Ew.; Univ.; Textil-, chem. u.a. Ind.; 1898–1914 Hauptort des ehem. dt. Pachtgebiets *Kiautschou.*
**Qinghai** [tçin-], Prov. in → China.
**Qin Ling** [tçin-], rd. 1000 km langes ostasiat. Gebirge, Ausläufer des Kunlun-Systems (bis 4166 m).

*Qom: Grabesmoschee der Fatima*

**Qin Shihuangdi** [tçin ʃəxuaŋdi], *259 v. Chr., †210 v. Chr., chin. Kaiser 221–210 v. Chr.; vereinigte durch Krieg erstmals alle chin. Länder; vereinheitlichte Verwaltung, Maße u. Gewichte, Münzwesen; verfolgte den Konfuzianismus (213 v. Chr. große Bücherverbrennung); seit 1974 Ausgrabungen seines Mausoleums bei Xi'an.
**Qintana** [kin-], Manuel José, *1772, †1857, span. Schriftst.; Klassizist; patriot. Gedichte der Freiheit u. des Fortschritts.
**Qiqihar** ['tçitçixar], 1913–47 *Lungkiang,* chin. Stadt in der Prov. Heilongjiang, 1,3 Mio. Ew.; Papier- u. Nahrungsmittel-Ind.
**Qom** [kum], *Kum, Kom,* iran. Stadt sw. von Teheran, 551 000 Ew.; schiitischer Wallfahrtsort; Grabmoschee mit vergoldeter Kuppel aus dem 16. Jh. Als Wohnsitz von Ayatollah *Chomeini* ist Q. seit der islam. Revolution 1978/79 zum geistl. u. polit. Mittelpunkt des Landes geworden; Textil- u. Teppichgewerbe.
**Quacksalber,** Kurpfuscher.
**Quaddel,** *Nesselmal, Urtika,* umschriebene ödematige Erhebung der Haut; z.B. bei Insektenstichen, allerg. Prozessen u. Nesselausschlag, meist mit Juckreiz verbunden.

**Quaden,** westgerm. Stamm in Mähren, seit 21 n. Chr. dort bezeugt. Teile der Q. zogen Anfang des 5. Jh. mit den *Wandalen* nach Spanien, wo sie in Galicien unter dem Namen → Sweben ein Reich gründeten.
**Quader, 1.** großer, rechteckig behauener Naturstein (Haustein). – **2.** ein von drei Paaren kongruenter Rechtecke begrenzter (prismatischer) Körper.
**Quadflieg,** Will, *15.9.1914, dt. Schauspieler.
**Quadragesima,** in der kath. Kirche die 40tägige Vorbereitungs- oder Fastenzeit vor Ostern.
**Quadrant,** der vierte Teil eines Kreises; der zw. den Schenkeln eines rechten Winkels liegende Teil einer Ebene.
**Quadrat, 1.** ein gleichseitiges u. rechtwinkliges → Parallelogramm. – **2.** die 2. Potenz einer Zahl.
**quadratische Gleichung,** eine Gleichung, die die Variable $x$ in der 2. Potenz enthält; Normalform: $x^2 + ax + b = 0$; 2 Lösungen:

$$x_{1,2} = -\tfrac{1}{2}a \pm \tfrac{1}{2}\sqrt{a^2 - 4b}$$

**Quadratur, 1.** *Konstellation,* eine gegenseitige Stellung zweier Himmelskörper, in der sie von der Erde aus in einem Winkelabstand von 90° erscheinen. – **2.** die Verwandlung einer Figur in ein Quadrat mit gleichem Flächeninhalt auf geometr. Wege, d.h. nur mit Zirkel u. Lineal. Die Q. des Kreises ist unmöglich (Nachweis durch F. von Lindemann).
**Quadratwurzel,** Zeichen $\sqrt{\ }$, eine math. Größe: Die Q. aus einer Zahl $a$ ($\sqrt{a}$ heißt *Wurzelwert, a Radikant*) ist die Zahl $b$, deren 2. Potenz $b^2$ gleich $a$ ist. Die Q. aus einer negativen Zahl ist eine *imaginäre Zahl.*
**Quadratzahl,** jede Zahl, die durch Multiplizieren einer ganzen Zahl mit sich selbst entsteht; z.B. $9 = 3 \cdot 3$, $49 = 7 \cdot 7$.
**quadrieren,** viereckig machen; eine Zahl in die 2. Potenz erheben.
**Quadriga,** vierspänniger, einachsiger Wagen mit hinten offenem Wagenkasten; u.a. Gefährt der siegreichen Feldherren in der röm. Triumphprozession, auch grch. u. röm. Rennwagen.
**Quadrille** [ka'driljə], Ende des 18. Jh. in Frankreich entstandener Paar- u. Gruppentanz in Kareeform mit zumeist 6 Touren. Urspr. die kreuzförmige Aufstellung kleinerer Reitergruppen bei Turnierballetten.
**Quadrillion,** die vierte Potenz einer Million, eine 1 mit 24 Nullen, $10^{24}$; 1 Q. = 1 Mio. Trillionen. In Frankreich, der UdSSR u. den USA ist Q. die Bez. für die Billiarde ($10^{15}$).
**Quadrophonie,** ein vierkanaliges Ton-Aufnahme- u. Wiedergabesystem, mit 4 Lautsprechern.
**Quaestor,** *Quästor,* im alten Rom unterstes Amt der höheren Beamtenlaufbahn; urspr. mit der Aufgabe, Verbrechen aufzuspüren u. anzuklagen. Später verwalteten die Q. den Staatsschatz (*Aerarium*) u. fungierten als Beauftragte der Konsuln in Heer u. Verwaltung.
**Quagga,** 1877 ausgerottetes, zu den Zebras gehörendes Pferd in den Steppen S-Afrikas; Unterarten: z.B. *Grant-Zebra* aus Kenia.
**Quaglio** ['kvaljo], Domenico, *1786/87, †1837, dt. Maler, Lithograph u. Radierer ital. Herkunft; angesehenster Vedutenmaler der Romantik.
**Quai d'Orsay** [kɛdɔr'sɛ], Straße am linken Seine-Ufer in Paris; übertragen auch das frz. Außenministerium, das hier seinen Sitz hat.
**Quäker,** *Society of Friends, Gesellschaft der Freunde,* im 17. Jh. von George *Fox* innerhalb des Puritanismus in England gegr. (urspr. enthusiast., apokalypt.) christl. Gemeinschaft von Laien. Durch William *Penn* verbreiteten sich die Q. bes. in N-Amerika (Pennsylvania), wo sie sich u.a. um die Abschaffung der Sklaverei verdient machten. Ihre Auffassung von Christentum ist gekennzeichnet durch prakt. (soz.) Frömmigkeit sowie durch Einfachheit, Verweigerung von Eid u. Kriegsdienst, dogmat. Toleranz u. Ablehnung des Kultus (stattdessen stiller Gottesdienst zur Erfahrung des »inneren Lichts«). Die Q. unterhalten große Hilfsorganisationen in Amerika u. England. Für ihre Hilfsaktionen nach den beiden Weltkriegen erhielten die Q. 1947 den Friedensnobelpreis.
**Qualifikation,** Befähigung, Eignung.
**qualifizierte Mehrheit,** bei wichtigen Entscheidungen im Parlament oder in sonstigen Gremien eine erforderl. Mehrheit der Stimmberechtigten, die über die *einfache Mehrheit* hinausgeht: als $^2/_3$-, $^3/_4$-usw. Mehrheit.
**Qualität,** Güte, Beschaffenheit, Eigenschaft.
**Quallen,** *Medusen,* Meerestiere, die in riesigen Schwärmen, von der Strömung getrieben (planktonisch), im Wasser schwimmen. Sie sind die Ge-

*Kompaßqualle*

schlechtsgeneration im *Generationswechsel* der *Nesseltiere* (Hydrozoen u. Scyphozoen) u. werden durch die ungeschlechtl. Generation in Gestalt der festsitzenden *Polypen* abgelöst. Ihre Körpergewebe können bis zu 99 % aus Wasser bestehen.
**Qualtinger,** Helmut, *1928, †1986, östr. Kabarettist, Schauspieler u. Schriftst., Autor der Satire »Der Herr Karl«.
**Quant,** kleinstmögl. Menge einer physikal. Größe bei Naturvorgängen, z.B. die Elementarladung $e = 1{,}602 \cdot 10^{-19}$ C als kleinste übertragbare Ladungsmenge; allg. Bez. für *Elementarteilchen,* wenn ihr korpuskulares u. nicht ihr wellenartiges Verhalten im Vordergrund steht; → Quantentheorie, → Lichtquanten.
**Quantenchromodynamik,** Theorie zur Beschreibung der starken Wechselwirkung zw. den → Quarks.
**Quantenelektrodynamik,** Teilgebiet der *Quantenfeldtheorie;* befaßt sich mit dem Zusammenhang zw. elektromagnet. Feldern u. den ihnen im Teilchenbild entspr. Photonen (→ Lichtquanten).
**Quantenelektronik,** Teilgebiet der Quantentheorie, das die Physik von → Maser u. → Laser umfaßt.

*Quadriga (griechisches Münzrelief)*

# 726 Quantenfeldtheorie

**Quantenfeldtheorie,** Sammelbez. für einen wichtigen Teil der modernen theoret. Kernphysik. Die entscheidende Hypothese der Q. lautet: Zu jedem Kraftfeld gibt es *Quanten*, d.h. Teilchen als Träger dieser Kraft. → Quantentheorie.

**Quantenmechanik,** die von M. *Born,* W. *Heisenberg,* P. *Jordan* u. P. *Dirac* begr. physikal.-math. Theorie, die heute eine widerspruchsfreie Beschreibung der atomaren Vorgänge erlaubt; ein ebenso in sich geschlossenes Gebiet wie die klass. (Newtonsche) Mechanik, die als ein Sonderfall in der Q. enthalten ist.

**Quantentheorie,** eine physikal. Theorie, die die Atome u. Moleküle sowie ihre Wechselwirkung mit Elementarteilchen beschreibt. Den Ausgangspunkt bildete (1900) die Entdeckung von M. *Planck,* daß man die Energiedichte der Lichtstrahlen eines *schwarzen Körpers* nur dann richtig berechnen kann, wenn man annimmt, daß alle Lichtenergie nur in ganzzahligen Vielfachen von $h \cdot v$ abgegeben (emittiert) werden kann. Dabei ist $v$ die Frequenz des Lichts u. $h$ eine universelle Konstante, nämlich das *Plancksche Wirkungsquantum* ($h = 6,626 \cdot 10^{-34}$ J·s). Während Planck dieses Gesetz unter der Annahme von harmon. Oszillatoren ableitete, zeigte A. *Einstein* durch seine Erklärung der Lichtabsorption beim Photoeffekt die Gültigkeit auch für Atome. Damit war die Möglichkeit gegeben, die diskontinuierliche (quantenhafte) Lichtemission u. -absorption von Atomen zu verstehen (*Lichtquanten*). N. *Bohr* u. A. *Sommerfeld* gaben eine Theorie der Spektrallinien, die allerdings noch einige Widersprüche aufzeigte; das dabei von Bohr benutzte Korrespondenzprinzip führte W. *Heisenberg* zu seiner Matrizendarstellung der Quantenmechanik, einer abstrakten math. Theorie, mit der alle Experimente widerspruchsfrei erklärt werden konnten. – Ein anderer Zugang zum Bau der Atome war die Vermutung von L. de *Broglie,* daß nicht nur das Licht, sondern auch alle Materie Wellencharakter habe. Dies wurde durch Experimente bestätigt u. von E. *Schrödinger* in seiner Wellenmechanik mathematisch verarbeitet. Die Q. liefert zwei sehr wichtige Ergebnisse:

1. Alle atomaren Gesetze haben nur statist. Bed., d.h. man kann nicht für einzelne Elementarteilchen aussagen, was mit ihnen im Lauf der Zeit geschieht; es ist vielmehr nur möglich, für viele Teilchen eine Aussage zu machen. Die Physik ist also im atomaren Bereich nicht mehr determiniert (vorausbestimmbar), wohl aber noch kausal. Für sehr viele Atome gehen die statist. Gesetze in die bekannten Gesetze der klass. Physik über.

2. Die Elementarteilchen treten in den beiden Erscheinungsformen »Korpuskel« (Teilchen) u. »Welle« auf. Eine math. Formulierung dieses *Dualismus* zw. Welle u. Korpuskel gibt die *Heisenbergsche Unschärferelation,* nach der man entweder den Impuls oder den Ort eines Teilchens, niemals aber beide zugleich genau messen kann. Mit Hilfe der Q. konnten z. B. das Periodensystem der Elemente, der Aufbau der Atomhülle u. die Gesetzmäßigkeiten der Spektren erklärt werden. Dabei zeigte sich, daß jedes Elementarteilchen einen eingeprägten Drehimpuls, den *Spin,* hat. P. *Dirac* konnte diese Eigenschaft aus einer die Relativitätstheorie einbeziehenden Gleichung ableiten. Die *Q. der Wellenfelder* (Quantenfeldtheorie) beschreibt die Elementarteilchen mit ihren Wechselwirkungen u. Reaktionen (auch Erzeugung u. Vernichtung von Teilchen): Feldgleichungen der klass. Physik (am bekanntesten sind die Maxwellschen Gleichungen der Elektrodynamik) werden durch Einführung von Quantenbedingungen so umgedeutet, daß den Feldern *Quanten* (Teilchen) zugeordnet sind, z.B. dem elektromagnet. Feld die *Lichtquanten,* dem Kernkraftfeld die *Mesonen.* Die Entwicklung dieser Q. der Wellenfelder ist noch nicht abgeschlossen.

**Quantenzahlen,** in der Quantentheorie Zahlen, die die versch. mögl. Zustände eines mikrophysikal. Systems (z.B. Atom, Atomkern) charakterisieren.

**Quantifizierung,** die Erarbeitung von Größenvorstellungen oder ziffernmäßigen Angaben über Erscheinungen oder Zusammenhänge anhand empir. statist. Daten.

**Quantität,** Größe, Menge, Zählbarkeit; Ggs.: *Qualität.*

**Quantité négligeable** [kãtite:negli'ʒabl], eine Größe, die nicht berücksichtigt zu werden braucht.

**Quantum,** bestimmt begrenzte Menge, Größe.

**Quantz,** Johann Joachim, *1697, †1773, dt. Flötist u. Komponist; seit 1741 am Hof *Friedrichs II.,* der sein Flötenschüler wurde.

**Quarantäne** [ka-], die Absonderung (urspr. für 40 Tage) von Infektionskranken oder -verdächtigen in geschlossenen Abteilungen.

**Quark,** 1. [kwɔːk], Name für 1964 von M. *Gell-Mann* u. G. *Zweig* eingeführte hypothet. Ur-Teilchen der Materie, aus denen alle Baryonen (z.B. Proton, Neutron) u. Mesonen (z.B. Pionen) aufgebaut sind. Man nimmt heute 6 Q.s u. 6

*Quastenflosser*

Anti-Q.s an. Protonen u. Neutronen setzen sich aus jeweils drei Q.s, Mesonen aus je einem Q. u. einem Anti-Q. zusammen. Der Nachweis der Q.s geschieht experimentell durch Beobachtung von Elementarteilchen in großen Elektron-Positron-Speicherringen (z.B. DESY in Hamburg). – **2.** *Quarg, Matz, Topfen, Glumse, Weißkäse,* bei Säuerung der Milch ausgeschiedener u. von der Molke abfiltrierter Käse; reich an Eiweiß, Kalk u. Phosphorsalzen. *Speise-Q.* wird vorw. in den Fettstufen 20 % Fett i.T. u. 40 % Fett i.T. hergestellt. *Schichtkäse* ist ein Frischkäse, bei dessen Herstellung der Q. schichtweise in Formen geschöpft wird.

**Quart** [die], beim Fechten ein Stoß oder Hieb gegen die *Q.linie* (Linie von der linken Schulter zur rechten Hüfte).

**Quarta,** dritte Klasse (von unten) der höheren Schule; entspr. der 7. Klasse.

**Quartal,** ein Viertel des Jahres.

**Quartär,** die jüngste Form der Erdneuzeit. → Erdzeitalter (Tabelle).

**Quarte,** die 4. Stufe der diaton. Tonleiter u. das Intervall zw. dem 1. u. dem 4. Ton.

**Quartett,** Komposition für vier Singstimmen oder Instrumente, auch die Gruppe von vier Solisten; Streichquartett.

**Quartier, 1.** Stadtviertel; z.B. *Q. latin* [kartj'e latɛ̃, »gelehrtes Viertel«], das Pariser Studentenviertel. – **2.** Unterkunft, bes. für Truppen (z.B. Stand-, Winterquartier).

**Quartsextakkord,** zweite Umkehrung des Dreiklangs, wodurch dessen Quinte tiefster Ton wird (z.B. g-c-e statt c-e-g).

**Quarz,** in zahlr. Gesteinsarten als Hauptgemengteil vorkommendes Mineral, aus kristallisiertem wasserfreiem Siliciumdioxid ($SiO_2$); besteht bei freiem Wachstum aus 6seitigen regelmäßigen Prismen mit aufgesetzten gleichmäßigen Pyramiden. Es findet hpts. Verwendung zur Herstellung von Glas (reiner *Q.sand*) u. Porzellan u. in der Funk- u. Meßtechnik wegen seiner piezoelektr. Eigenschaften. Von techn. Bed. für die Keramik sind bes. die **Quarzite** (Gesteine aus Q.). – Varietäten des Q. sind (oft als Schmucksteine geschätzt) der violette *Amethyst,* der *Aventurin,* der wasserklare *Bergkristall,* der gelbe *Zitrin,* der apfelgrüne *Chrysopras,* der schwarze *Morion,* der lauchgrüne *Prasem,* der braune *Rauch-Q.* (Rauchtopas), der rosenrote *Rosen-Q.,* der bläul. *Saphir-Q.,* ferner *Eisenkiesel, Feuerstein, Jaspis, Opal* (amorphes Siliciumdioxid mit Wassergehalt).

**Quarzglas,** aus reinstem Quarz (99,5 % $SiO_2$) hergestelltes Glas.

**Quarzuhr** = Uhr.

**Quasar,** *Quasi-Stern, quasistellare Radioquelle,* eine kosmische Radioquelle weit außerhalb der Galaxis; sendet außerordentl. hohe Radiostrahlung aus.

**Quasimodo,** Salvatore, *1901, †1968, ital. Lyriker; schilderte den Menschen in der modernen Gesellschaft; Nobelpreis 1950.

**Quasimodogeniti,** Name des 1. Sonntags nach Ostern, auch Weißer Sonntag genannt.

**Quassie,** *Quassia amara,* Stammpflanze des echten Quassiaholzes, aus der Gatt. der Bitterholzgewächse; kleiner, bis 5 m hoher Baum oder Strauch des nördl. S-Amerika.

**Quastenflosser,** *Crossopterygia,* Ordnung der Fische, die als seit der Kreide (vor 70 Mio. Jahren) ausgestorben galt. Die paarigen Flossen der Q. sind pinselartig gestielt. 1938 wurde vor der Küste SO-Afrikas die Art *Latimeria chalumnae* wiederentdeckt, die dem Leben auf felsigem Meeresgrund angepaßt ist, auf dem sie sich schreitend fortbewegt; sie ist bis 1,50 m lang u. 80 kg schwer.

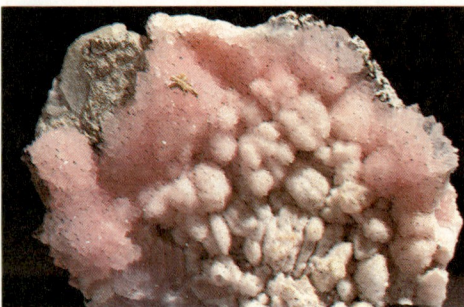

*Ausgewählte Quarzarten: Rosenquarz (schwach gefärbt)*    *Bergkristall*

*Chrysopras*    *Rauchquarz*    *Zitrin*

Von allen lebenden Tieren steht Latimeria dem Ursprung der Landwirbeltiere am nächsten.

**Quästor**, altröm. Beamter, → Quaestor.

**Quatember**, in der kath. Kirche Feier zur geistl. Erneuerung der Gemeinden an einem Tag der 1. Advents- u. Fastenwoche, der Woche vor Pfingsten u. der 1. Oktoberwoche.

**Quattrocento** [-'tʃɛnto], Bez. für die Kunst des 15. Jh. in Italien.

**Quayle** [kwɛil], James Danforth (Dan), *4.2. 1947, US-amerik. Politiker (Republikaner); seit 1989 Vize-Präs. der USA.

**Quebec** [kwi'bɛk, engl.], *Québec* [ke'bɛk, frz.], **1.** Provinz in → Kanada. – **2.** Hptst. von 1), hpts. am linken Ufer des Sankt-Lorenz-Stroms, 165 000 Ew.; Zentrum des frankokanad. Kultur- u. Geisteslebens; Univ. (1852); Handels-, Ind.- u. Verkehrszentrum; 1608 gegr.

**Quebracho** [ke'bratʃo], termitensicheres, sehr hartes u. schweres, rotes oder weißes Holz, das zu 20% gerbende Substanzen (*Tannin*) enthält; von versch. Arten der zu den *Sumachgewächsen* gehörenden südamerik. Bäume der Gatt. *Schinopsis*. Q.-Gerbstoff wird in der Lederind. verwendet.

**Quechua** ['kɛtʃua] → Ketschua.

**Quecke**, Gatt. der *Süßgräser*. Die *Gewöhnl. Q.* ist eines der lästigsten Ackerunkräuter, da die langen, kriechenden u. Ausläufer treibenden Wurzelstöcke sich nur schwer beseitigen lassen. Die Wurzelstöcke werden als harntreibende Droge verwendet. Weitere Arten sind: *Hunds-Q., Binsenartige* oder *Strand-Q.*

**Quecksilber**, ein → chemisches Element (flüssiges Metall). Vorkommen vorw. als *Q.sulfid* HgS (*Zinnober*). Hauptfundstätten: Idria (Italien) u. Almadén (Spanien). Q.dämpfe u. Q.salze sind sehr giftig. Q. wird in Thermometern, in der wiss. Laboratoriumspraxis, in Form von Amalgam u.a.

**Quecksilbervergiftung**, *Merkurialismus, Hydrargyrose, Hydrargyrismus,* eine durch Einatmung von Quecksilberdämpfen oder durch Quecksilberverbindungen hervorgerufene Erkrankung, die akut zu schwerer Verätzung der Schleimhäute, zu Erbrechen u. Kollaps führt; nach Tagen scheinbarer Besserung schließen sich schwere Darm- u. Nierenschädigungen an. Erste Hilfe: Milchtrinken, Magenentleerung. Daneben kommt die Q. chron. als Folge gewerbl. Schädigung mit Quecksilberpräparaten vor. Sie ist als Berufskrankheit melde- u. entschädigungspflichtig. Eine bes. Form ist die *Minimata-Krankheit*, die durch eine quecksilberverseuchte Umwelt verursacht wird u. sich in einer starken Beeinträchtigung der Nerven- u. Muskelfunktionen auswirkt.

**Quedlinburg**, Krst. in Sachsen-Anhalt, an der Bode, im nördl. Harzvorland, 29 500 Ew.; König-Heinrich-Dom (11./12. Jh.); rom. Stiftskirche St. Servatii, mit den Gräbern König Heinrichs I. u. seiner Frau Mathilde; im 10./11. Jh. ein bed. Kulturzentrum; Blumen- u. Samenzucht.

**Queen** [kwi:n], engl.: Königin.

**Queensland** ['kwi:nzlənd], der nordöstl. Bundesstaat des Austral. Bundes, 1 727 200 km², 2,6 Mio. Ew., Hptst. *Brisbane;* allg. hohe (trop.)

Temp.; im Sommer Niederschläge, die zum Landesinneren abnehmen; in der Küstenebene Anbau von Zuckerrohr, Tabak, Weizen; Viehzucht. Bed. Vorkommen von Kupfer, Blei, Zink, Silber, Bauxit u. Kohle. – Q. entstand 1859 durch Ausgliederung aus Neusüdwales.

**Queis**, poln. *Kwisa,* l. Nbfl. des Bober in Schlesien, 136 km; Talsperren.

**Quelimane** [kǝ-], *Kilimane,* Hafenstadt im mittleren Moçambique, nördl. der Sambesi-Mündung. 190 000 Ew.

**Quelle, 1.** natürl. oder künstl. Austrittsstelle des Grundwassers oder seltener auch von Wasser aus tieferen Teilen der Erdinnern an die Erdoberfläche. Je nach Art des Grundwasserträgers unterscheidet man *Fels-Q.* (in anstehendem Gestein) u. *Schutt-Q.* (wenn die eigtl. Q. von verwittertem Gestein verschüttet wurde u. das Wasser an einer tieferen Stelle des Hangs austritt). Nach der Art der Schüttung einer Q. unterscheidet man: 1. *perennierende* (dauernd fließende), 2. *episodisch* oder *periodisch fließende,* 3. *intermittierende* (in kurzen Abständen, mehr oder weniger regelmäßig fließende, z.B. der *Geysir*). Von bes. Bed. sind die *Mineral-* u. *Thermal-Q.* Eine Sonderform ist die *Karst-Q.* Nach der Bewegungsrichtung vor dem Austritt des Wassers trennt man *absteigende* oder *Auslauf-Q.* (*Tal-Q.*), wenn sich Täler bis zum Grundwasserspiegel einschneiden, u. *aufsteigende Q.,* wenn das Wasser unter hydrostat. Druck austritt. *Schicht-Q.* treten auf, wenn es an der Grenze wasserführender gegen wasserstauender Schichten zum Austritt kommt, *Überlauf-Q.* treten am Rand muldenförmig gelagerter wasserstauender Schichten auf. – **2.** histor. Zeugnis. Man unterscheidet Überreste u. Überlieferungen (Traditionen): »Überreste« sind »von sich aus« als Zeugnisse der Vergangenheit auf uns gekommen; »Traditionen« sind eigens mit dem Ziel, die Nachwelt zu unterrichten, geschaffen worden.

**Quellenangabe**, gesetzl. vorgeschriebene Angabe der Herkunft eines Werkes.

**Queller**, *Glasschmalz, Salicornia,* Gatt. der *Gänsefußgewächse;* Pflanzen, die die Landgewinnung an der Meeresküste unterstützen, da sie den Boden entsalzen.

**Quellinus**, Artus (Arnoldus) d. Ä., *1609, †1668, neben L. *Faydherbe* Hauptmeister der fläm. Barockplastik, Ausschmückung des Amsterdamer Rathauses.

**Quelpart**, korean. *Cheju-do,* gebirgige südkorean. Insel im Ostchin. Meer, 1830 km², bis 1950 m hoch, 470 000 Ew., Hptst. *Cheju.*

**Quemoy** [kɛ'mɔi], chin. *Kinmen,* zu Taiwan gehörende Inselgruppe vor der Küste der chin. Prov. Fujian, 175 km², 62 000 Ew.; strateg. Stützpunkt mit unterird. Tunnelnetz.

**Quempas**, *Q.singer* [nach dem lat. Weihnachtslied »Quem pastores laudavere«, »den die Hirten lobeten sehre«], seit dem 15. Jh. bekannter Brauch, am Weihnachtsmorgen Wechselgesänge der Christmette durch vier im Kirchenraum verteilte Sänger aufzuführen.

**Quendel** → Thymian.

**Queneau** [kə'no], Raymond, *1903, †1976, frz. Schriftst.; zeigt den Menschen als Objekt des Zufalls u. stellt in oft grotesker Form existentielle Leere dar. W »Zazie in der Metro«.

**Quent**, *Quentchen, Quint, Quentin,* altes dt. Handelsgewicht; in Preußen ab 1858: 1. Q. = 1,67 g.

**Quercia** ['kuɛrtʃa], Jacopo della, *um 1374,

*Querfeldeinlauf*

†1438, ital. Bildhauer; Wegbereiter der Renaissance.

**Quercy** [kɛr'si], Ldsch. in S-Frankreich; ein wenig fruchtbares, dünnbesiedeltes Kalkplateau, Zentrum ist *Cahors.*

**Querétaro** [kɛ-], Hptst. des gleichn. zentralmex. Bundesstaats, 180 000 Ew.; Univ., Kathedrale u.a. kolonialzeitl. Bauten.

**Querfeldeinlauf**, engl. *Cross Country,* leichtathlet. Langstreckenlauf quer durch Wald- oder Hügelgelände.

**Querflöte**, Hauptvertreterin der Flöteninstrumente. Als heutige Orchester-Q. findet fast ausschl. die 1832 von T. *Böhm* konstruierte *Böhm-Flöte* Verwendung. Umfang: $c^1$-$c^4$.

**Querfurt**, Krst. in Sachsen-Anhalt, westl. von Merseburg, 7600 Ew.; karoling. Burg mit Kapelle (12. Jh.); Lebensmittelind.

**Querschiff**, *Querhaus, Transept,* quer zur Hauptachse einer Kirche liegender Raum als Grenze zw. Chor u. Langhaus.

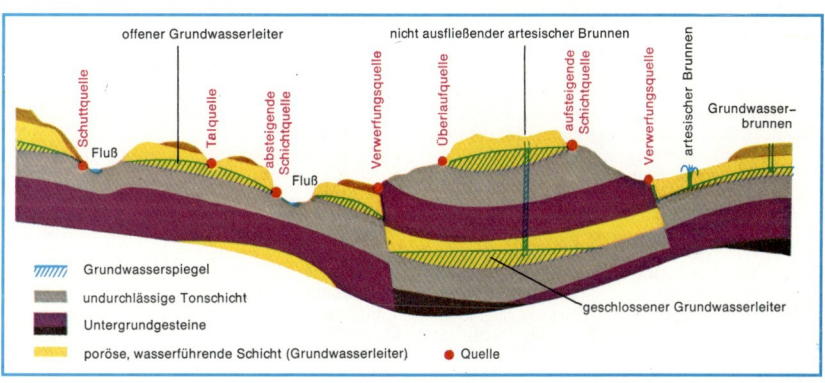

*Quellentypen*

**Querschnitt**, Schnitt durch einen geometr. Körper senkr. zur Achse; Ggs.: *Längsschnitt.*

**Querschnittslähmung**, Lähmung infolge völliger (*totale Q.*) oder teilweiser (*partielle Q.*) Unterbrechung des Rückenmarks an einer bestimmten Stelle, durch Verletzungen, Entzündungen oder Geschwulst. Von da aus abwärts besteht keine (vollständige) Verbindung mehr zu den höheren Abschnitten des Zentralnervensystems, u. die Körperteile unterhalb der Querschnittsläsion sind gelähmt. Die Q. oberhalb des Halsmarks ist meist sofort tödlich.

**Quersumme**, die Summe der Ziffern einer Zahl; z.B. hat 536 die Q. 5+3+6 = 14.

**Querulant**, auf sein (angebl.) Recht pochender, streitsüchtiger, dauernd sich beschwerender, lästig fallender (querulierender) Mensch.

**Quesenbandwurm**, in den Därmen von Hunden schmarotzender *Bandwurm,* 0,6–1 m lang u. 5 mm breit. Die Eier entwickeln sich in den Gehirnen von Schafen, manchmal auch von Rindern zu einer hühnereigroßen Blasenfinne (**Quese**). Sie verursacht die *Drehkrankheit* der Schafe.

**Quesnay** [kɛ'nɛ], François, *1694, †1774, frz. Nationalökonom u. Enzyklopädist; Leibarzt *Ludwigs XV.* u. der Marquise de Pompadour. Begr. der *Physiokratie.* Sein »Tableau économique« (1758)

*Quebec: Blick über die Stadt auf den Sankt-Lorenz-Strom*

## Quesnel

*Quipu*

ist die erstmalige Darst. eines geschlossenen Wirtschaftskreislaufs.

**Quesnel** [kɛˈnɛl], Pasquier (Paschasius), *1634, †1719, frz. jansenist. Theologe; Oratorianer (bis 1681); durch die »Réflexions morales« in seiner NT-Ausgabe ein Erneuerer des Jansenismus.

**Quetelet** [kɛtˈle], Lambert Adolphe Jacques, *1769, †1874, belg. Mathematiker, Statistiker u. Astronom; Begr. der modernen Sozialstatistik.

**Quetschung**, *Kontusion,* Verletzung durch stumpfe Gewalt.

**Quetta**, Hptst. der pakistan. Prov. Belutschistan, unterhalb des Bolan-Passes; 280 000 Ew.

**Quetzal** [kɛtˈsal], *Quesal* → Trogons.

**Quetzalcoatl** [kɛts-], altmex. Gottheit: in Teotihuacan Naturgottheit, bei den Tolteken Gott des Morgensterns, bei den Azteken Gott des Winds, des Himmels u. der Erde. Außer als Federschlange wurde er häufig mit einer schnabelförmigen Maske über der Mundpartie u. oft als bärtig u. hellhäutig dargestellt. Sein wichtigstes Heiligtum befand sich in *Cholula.* Mit dieser Gottesgestalt, die Züge eines Heilbringers u. Kulturheros zeigt, vermischte sich das Bild eines gleichn. Herrschers der *Tolteken,* der zw. 950 u. 1000 der letzte Priesterkönig von *Tula* oder der Führer einer priesterl. oder konservativen Partei war. → Azteken.

**Queue** [køˑ], der etwa 1,45 m lange, bis 500 g schwere Billardstock.

**Quevedo y Villegas** [kɛˈveðo i vilˈjɛgas], Francisco Gómez de, *1580, †1645, span. Schriftst.; Meister des *Conceptismo,* bed. span. Satiriker; Schelmenroman »Der abenteuerl. Buscon«.

**Quezon City** [keˈθɔn ˈsiti], Stadt am NO-Rand von Manila, in Luzon (Philippinen), 1,2 Mio. Ew.; Univ.; 1947 gegr., 1950–76 Hptst. u. Regierungssitz der Philippinen.

**Quickborn, 1.** Vereinigung von Freunden der ndt. Sprache u. Lit., gegr. 1904, Sitz: Hamburg. – **2.** ein 1909 in Schlesien entstandener kath. Jugendbund, 1966 im Bund der Dt. kath. Jugend aufgegangen.

**Quickborn,** Stadt in Schl.-Ho., 18 500 Ew.; Baumschulen.

**Quidde,** Ludwig, *1858, †1941, dt. Politiker (Dt. Demokrat. Partei) u. Historiker; seit 1892 in der Friedensbewegung tätig, ging 1933 in die Emigration; Friedensnobelpreis 1927.

**Quietismus,** die Enthaltung des Menschen vom Wollen u. Tun, um der myst. Vereinigung mit dem Göttlichen u. dem Wirken u. Willen Gottes im Menschen Raum zu geben. Der Q. lehnt das persönl. sittl. Streben ab. Er findet sich bes. im Buddhismus, Stoizismus, in der christl. Mystik u. auch im Pietismus.

**Quillaja,** die Rinde des → Seifenbaums.

**Quillet** [kiˈje], Aristide Ambroise, *1880, †1955, frz. Verleger; gründete 1898 einen Verlag für Bücher zum Selbststudium u. Nachschlagewerke.

**Quilmes** [ˈkil-], sö. Vorstadt der argent. Hptst. Buenos Aires, am Río de la Plata, 410 000 Ew.; Großbrauerei, Raffinerie.

**Quimper** [kɛ̃ˈpɛːr], Hptst. des W-frz. Dép. Finistère, in der Bretagne, 60 500 Ew; got. Kathedrale; Fayence-Ind., Hafen.

**Quinar,** röm. Silbermünze: 1 Q. = $^1/_2$ Denar; geprägt bis zum 3. Jh. n. Chr.

**Quincey** [ˈkwinsi] → De Quincey.

**Quincke, 1.** Georg Hermann, *1834, †1924, dt. Physiker; erfand das *Q.sche Rohr,* das mit einer Interferenzmethode die Wellenlänge von Schallwellen zu messen gestattet. – **2.** Heinrich Irenaeus, Bruder von 1), *1842, †1922, dt. Internist; Erfinder der *Lumbalpunktion* (1891).

**Quinn,** Anthony, *21.4.1915, US-amerik. Filmschauspieler. »La Strada«, »Der Glöckner von Notre-Dame«, »Alexis Sorbas«.

**Quinquagesima,** früher Name des ersten Sonntags der 50tägigen Fastenzeit vor Ostern, auch *Estomihi* genannt.

**Quinta,** fr. Bez. für die 2. Klasse (von unten) der höheren Schule; entspr. dem 6. Schuljahr.

**Quintana,** Manuel José, *1772, †1857, span. Schriftst.; bed. Klassizist; Biographien, literarkrit. Studien, Tragödien.

**Quinte,** die 5. Stufe der diaton. Tonleiter.

**Quintenzirkel,** *Musik:* im temperierten System der Rundgang von Quinte zu Quinte, der bei enharmonischer Verwechslung (His = C) beim 12. Quintschritt zur Ausgangstonart zurückführt.

**Quintessenz,** bei *Aristoteles* der Äther als 5. Element; allg.: das eigtl. Wesen einer Sache.

**Quintett,** eine Komposition für fünf Stimmen oder Instrumente, auch die Gruppe von fünf Solisten.

**Quipu** [ˈkipu], *Knotenschrift,* von den altperuan. Kulturvölkern verwendete Knotenschnüre zum Zählen, aus verschiedenfarbigen Fäden. Während die Farbe jeweils den Gegenstand bezeichnet (Menschen, Tiere, Feldfrüchte, Edelmetalle), markieren die Knoten die Anzahl, wobei die Rechnung streng dezimal fortschreitet (die unteren Knoten der Schnüre bedeuten Einer, die nächsten Zehner usw.).

**Quiriguá** [ki-], an der Ostgrenze von Guatemala gelegene Ruinenstätte der *Maya,* errichtet 692–810 n. Chr.

**Quirinal,** lat. *Quirinalis mons,* einer der 7 Hügel Roms, der eine der beiden ältesten Siedlungen trug; mit dem ehem. Sommerpalast der Päpste (16.–18. Jh.): *Palazzo del Quirinale,* seit 1870 Residenz des ital. Königs, seit 1948 Sitz des ital. Staats-Präs.

**Quirinus,** röm. Kriegsgott mit einem Heiligtum auf dem Quirinal; mit *Jupiter* u. *Mars* in einer Götterdreiheit verehrt.

**Quiriten,** ältester Name der röm. Bürger.

**Quisling,** Vidkun, *1887, †1945 (hingerichtet), norw. Politiker; gründete 1933 die faschist. Partei »Nasjonal Samling«; 1942–45 Min.-Präs.; wegen seiner Zusammenarbeit mit den Deutschen zum Tod verurteilt.

**Quito** [ˈkito], *San Francisco de Q.,* Hptst. des südamerik. Staats Ecuador, in einem 2850 m hohen Becken der Anden, 1,1 Mio. Ew.; 2 Univ. (1769 u.

*Quitte*

1946); Ind.- u. Handelszentrum, Flughafen. – 1534 gegr.

**Quitte,** *Cydonia,* Gatt. der *Rosengewächse.* Die *Gemeine Q.* ist ein 2–4 m hoher Obstbaum mit gelben, birnen- oder apfelförmigen Scheinfrüchten, die hpts. zu Gelee verarbeitet werden.

**Quittung,** Empfangsbestätigung. – Im Schuldrecht ist der Gläubiger auf Verlangen zur schriftl. Quittungserteilung verpflichtet.

**Quiz** [kviz], eine vom Hörfunk entwickelte, vom Fernsehen übernommene u. optisch weiterentwickelte Unterhaltungssendung, bei der Teilnehmer aus Hörer- oder Zuschauerschaft nach jeweils festgelegten Regeln von einem *Q.master* in meist heiterer Form über Themen des allg. Wissens befragt u. für richtige Antworten belohnt werden.

**Qumran** [kum-], *Chirbet Q.,* Ruinen einer jüd. Siedlung (bis 68 n. Chr. bewohnt) am NW-Ufer des Toten Meers (ausgegraben 1951–56). In den Höhlen der Umgebung wurden seit 1947 zahlr. Schriftrollen gefunden mit Texten aus dem AT, Kommentaren u. eig. Schriften der Gemeinde von Q. Sie gewähren nicht nur Einblick in das Leben u. den Glauben der Bewohner, sondern geben auch Einblick in die Geschichte der hebr. Sprache u. der Überlieferung des AT sowie auf die Umwelt Jesu u. der christl. Urgemeinde.

**Quodlibet,** Mischmasch, Durcheinander; Zusammenstellung von Texten oder Musikstücken (*Potpourri*).

**Quorum,** jene Anzahl der Mitgl. eines Organs oder Wahlkörpers, deren Anwesenheit oder Teilnahme bei einer Abstimmung oder Wahl zu deren Gültigkeit erforderlich ist.

**Quote,** Anteil eines Ganzen.

**Quotient,** bei einer rechner. Division das Verhältnis von Dividend u. Divisor.

**Quo vadis?** [lat., »wohin gehst du?«], in der christl. Legende Frage des aus dem röm. Gefängnis fliehenden Apostels Petrus an Christus. Der antwortete: »Nach Rom, um zum zweiten Mal gekreuzigt zu werden!« Beschämt kehrte Petrus ins Gefängnis zurück. – Romantitel von H. *Sienkiewicz.*

**Qwaqwa,** *Basotho-Q.,* Bantu-Homeland im O des Oranjefreistaats (Republik Südafrika), 520 km², 160 000 Ew. (meist Süd-Sotho); Hptst. ist *Phuthaditjhaba.*

**Qytet Stalin** [ˈki], fr. *Kuçovë,* alban. Stadt; 15 000 Ew.; Zentrum eines Erdölgebiets.

*Quito: Plaza San Francisco; im Hintergrund die Kuppeln der Kirche La Campaña*

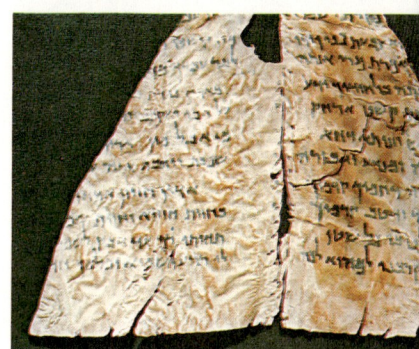

*Qumran: Fragment der Schriftfunde vom Toten Meer, in aramäischer Sprache*

# R

**r, R,** 18. Buchstabe des dt. Alphabets.
**r, R,** Kurzzeichen für *Radius; Réaumur; r. Winkel; Röntgen.*
**Ra, 1.** → Re. – **2.** chem. Zeichen für Radium.
**Raab, 1.** ung. *Győr,* Komitats-Hptst. in NW-Ungarn, nahe der Mündung von Rabnitz u. R. in die Donau (Hafen *Gönyü*), 129 000 Ew.; Masch.-Ind. – **2.** ung. *Rába,* r. Nbfl. der Donau, 398 km.

*Rabat*

**Raab,** Julius, *1891, †1964, östr. Politiker (ÖVP); unter seiner Kanzlerschaft (1953–61) Abschluß des östr. Staatsvertrages (1955).
**Raabe,** Wilhelm, Pseud.: Jakob *Corvinus,* *1831, †1910, dt. Schriftst.; schrieb poet. realist. Romane mit schwermütig-humorvollem Ton, warnte vor dem Ungeist der Zeit; W »Der Hungerpastor«, »Abu Telfan«, »Der Schüdderump«.
**Rab,** ital. *Arbe,* jugoslaw. Insel u. Seebad an der N-dalmatin. Küste, 91 km², 9000 Ew.; Hauptort: R., 1500 Ew.
**Rabat,** *Er Rabât,* Hptst. von Marokko, Hafen am Atlantik, 1,03 Mio. Ew.; Univ.; Residenz des Königs; Leder-, Teppich-, keram. Ind.
**Rabatte,** langgestrecktes Pflanzenbeet.
**Rabaul,** Hafenstadt der Pazifikinsel New Britain im Bismarckarchipel, 15 000 Ew.
**Rabbi,** Ehrentitel spätjüd. Theologen.
**Rabbiner,** Seelsorger u. Leiter einer jüd. Gemeinde; auch Prediger u. Religionslehrer; entscheidet in Fragen der religiösen/rituellen Praxis.
**Rabe** → Kolkrabe.
**Rabelais** [rab'lɛ], François, *um 1494, †1553, frz. Satiriker u. Humanist, Geistlicher u. Arzt; hielt in den grotesken Taten u. bombast. Reden seiner riesenhaften Romanhelden *Gargantua* u. *Pantagruel* allen Ständen u. Konfessionen seiner Zeit einen Spiegel vor.
**Rabenschlacht,** mhd. Epos um *Dietrich von Bern* (entstanden 1268 in Tirol), das auf den Kampf von Theoderich u. Odoaker um Ravenna (dt. Raben) 490–492 zurückgeht.
**Rabenvögel,** *Corvidae,* in 100 Arten weltweit verbreitete Fam. der *Singvögel;* meist große, kräftige, wendige Vögel mit z.T. ausgezeichnetem Lernvermögen; u.a. *Dohlen, Krähen, Elstern, Häher, Kolkraben.*
**Rabi** ['rɛibi], Isidor Isaac, *1898, †1988, US-amerik. Physiker; Arbeiten über elektr. u. magnet. Eigenschaften von Atomkernen; Nobelpreis 1944.
**Rabin,** Izhak, *1.3.1922, isr. Politiker u. Offizier; 1964–67 Generalstabschef, 1968–73 Botschafter in den USA, 1974–77 Min.-Präs.; 1984–90 Verteidigungs-Min.

**Rabulist,** Rechtsverdreher, Haarspalter.
**Rachel,** Berggruppe im Bay. Wald, sö. vom Arber, im *Großen R.* 1452 m, im *Kleinen R.* 1401 m.
**Rachel** [ra'ʃɛl], Elisa, eigtl. Elisa R. *Félix,* *1821, †1858, frz. Schauspielerin u. berühmte Tragödin.
**Rachen,** *Pharynx,* der nach oben zur Nasenhöhle, nach vorn zur Mundhöhle offene Raum, der unten in die Luftröhre (über den Kehlkopf) u. in die Speiseröhre führt.
**Rachenblütler** → Pflanzen.
**Rachenmandel** → Mandeln.
**Rachitis,** engl. Krankheit, eine durch eine Störung des Kalk- u. Phosphorstoffwechsels charakterisierte Erkrankung, die auf Vitamin-D-Mangel beruht; führt zur Erweichung der Knochen. Bes. gefährdet sind Kleinkinder, v.a. in der sonnenarmen Jahreszeit.
**Rachmaninow** [-nɔf], Sergej Wassiljewitsch, *1873, †1943, russ.- amerik. Komponist, Pianist u. Dirigent. Seine Kompositionen stehen P. *Tschaikowskij* u. F. *Liszt* nahe.
**Rachmanowa,** Alja, *27.6.1898, russ. Schriftst.; emigrierte 1926, lebt in der Schweiz; Romane über sowj.-russ. Lebensweisen.
**Racibórz** [-t[ʃibuʃ] → Ratibor.
**Racine** [ra'sin], Jean, *1639, †1699, frz. Dichter; neben P. *Corneille* u. *Molière* Klassiker der frz. Bühne; schrieb leidenschaftl. zugespitzte Tragödien; W »Andromache«, »Britannicus«, »Berenice«, »Mithridates«, »Phädra«.
**Rackelwild,** *Rackelhuhn,* Bastard von Auerhuhn u. Birkhahn; meistens unfruchtbar.
**Rackenvögel,** *Raken, Coraciformes,* Ordnung der Vögel, von sehr versch. Habitus; u.a. *Eisvögel, Todis, Sägeracken, Bienenfresser, Racken i.e.S., Hopfe* u. *Nashornvögel.*
**Racket** ['rækit], *Rakett,* der Tennisschläger.
**rad,** Kurzzeichen für → Radiant (2).
**Rad, 1.** rundes, um seinen Mittelpunkt drehbares Masch.-Element, eine der ältesten u. wichtigsten Erfindungen, für Fahrzeuge als Stütz- u. Fortbewegungsmittel schon um 4000 v. Chr. bekannt; besteht aus *R.nabe, R.stern* (Speichen) oder *R.scheibe* u. *Felge (R.kranz).* Die Felge trägt beim luftbereiften R. den Luftreifen. – **2.** ein Überschlag seitwärts beim Bodenturnen u. auf dem Schwebebalken.
**Radar,** Kurzwort aus engl. *radio detection and ranging,* »Aufspüren u. Orten mit Radiowellen«, Bez. für das Funkmessen oder Funkorten zur Erfassung u. Ortsbestimmung von Gegenständen (z.B. Schiffe, Flugzeuge, Berge). Ein leistungsstarker Sender strahlt über eine Richtantenne hochfrequente elektromagnet. Impulse, das sind kurzdauernde (jeweils rd. ein millionstel s) Wellenzüge, in die gewünschte Richtung aus. Die Impulse werden von dem Meßgegenstand reflektiert, von der Antenne des R.geräts wieder aufgenommen u. jetzt dem Empfänger zugeführt. Nach Verstärkung erscheint der empfangene Impuls neben dem Sendeimpuls auf dem Schirm der Braunschen Röhre des Empfangsgeräts. Aus dem Abstand der beiden Impulse, der der Laufzeit des Impulses zw. R.gerät u. Meßobjekt proportional ist, kann man sofort die Entfernung angeben. Zu *Panoramaaufnahmen* wird (mit Hilfe von rotierenden Antennen) ein größeres Gebiet abgetastet.
**Radball,** Torspiel auf Spezial-Fahrrädern für Mannschaften von je 2 (Hallen-R.) Spielern. Der Ball darf nur mit den Rädern gespielt werden oder mit dem Körper bewegt werden.
**Radbruch,** Gustav, *1878, †1949, dt. Rechtswissenschaftler u. Politiker (Soz.-Demokrat); trat für eine humane, soz. Strafrechtspflege ein.
**Raddampfer,** *Radschiff,* mit Hilfe zweier Seiten(schaufel)räder oder eines Heckrads fortbewegtes Schiff; für flache Gewässer u. Flüsse.
**Raddatz,** Carl, *13.3.1912, dt. Schauspieler, u.a. in »Die Buddenbrooks«.
**Rade** → Kornrade.
**Radeberg,** Stadt in Sachsen, 16 000 Ew.; Schloß; elektron. u. versch. Ind.; Brauereien.
**Radebeul,** Stadt in Sachsen, 34 000 Ew.; Schloß; Masch.-, Metall- u. Elektro-Ind.; Obst-, Wein- u. Spargelanbau.

*Nabenloses Rad des Erfinders F. Sbarro*

**Radecki** [ra'dɛtski], Sigismund von, *1891, †1970, dt. humorist. Schriftst. u. Feuilletonist.
**Radek,** Karl Bernhardowitsch, eigtl. K. *Sobelson,* *1885, †1939, sowj. Politiker poln. Herkunft; seit dem 1. Weltkrieg Mitarbeiter *Lenins,* bis 1923 wichtiger Verbindungsmann zu den dt. Kommunisten; starb im Arbeitslager.
**Rädelsführer,** urspr. Anführer einer Bauernschar *(Rädlein);* später Anstifter eines Aufruhrs, Haupt einer Verschwörung; heute Anführer einer verbotenen, kriminellen oder terrorist. Vereinigung.
**rädern,** Todesstrafe im MA, indem man den Verurteilten mit zerschmetterten Gliedern auf ein Rad flocht.
**Rädertiere,** *Rotatorien,* mit einem Strudelorgan versehene Kl. 0,2–0,4 mm großer *Hohlwürmer,* die meist im Süßwasser leben; etwa 1500 Arten; meist in Uferregionen.
**Radetzky,** Joseph Wenzel Graf R. *von Radetz,* *1766, †1858, östr. Feldmarschall; entscheidend beteiligt am Feldzugplan der Völkerschlacht bei Leipzig; 1831–57 Oberbefehlshaber bzw. Generalgouverneur in Oberitalien, wo er alle Erhebungen gegen die habsburg. Herrschaft niederwarf (Siege u.a. bei *Custoza* u. *Novara);* volkstüml. Heerführer (R.-Marsch von J. Strauß [Vater]).
**Radevormwald,** Stadt in NRW, sö. von Wuppertal, 23 000 Ew.; versch. Ind.
**Radhakrischnan,** Sarvepalli, *1888, †1975, ind. Philosoph u. Politiker; 1952–62 Vize-Präs., 1962–67 Präs. der Rep. Indien.
**radial,** in Richtung des Radius, von einem Mittelpunkt ausstrahlend, Kreis... – **Radialsymmetrie,** Kreissymmetrie.

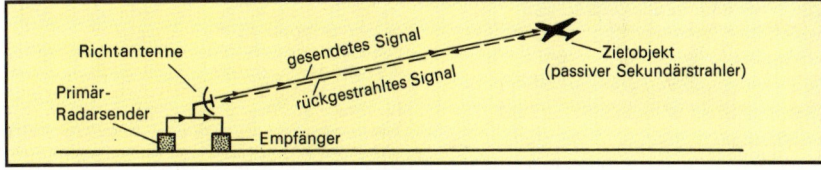

*Radar: Wirkungsweise einer Primärimpuls-Radaranlage*

# 730 Radialbewegung

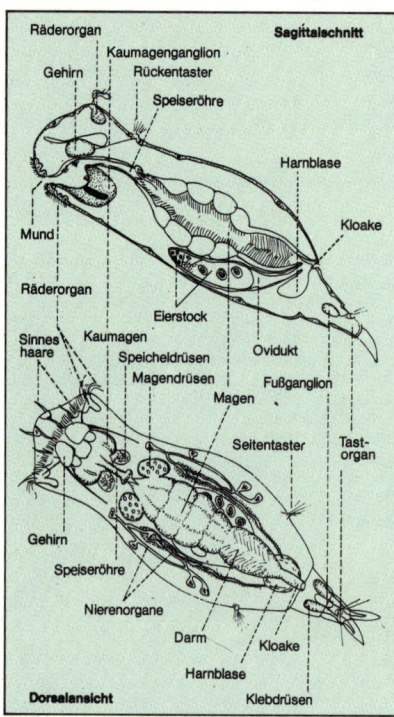

*Rädertiere: Bauplan*

**Radialbewegung,** die Bewegungskomponente der Gestirne in Richtung auf den Beobachter zu oder von ihm weg.

**Radiant, 1.** *Radiationspunkt,* der Punkt der Himmelskugel, von dem die zu einem Schwarm gehörigen Meteore (Sternschnuppen) auszustrahlen scheinen. – **2.** Abk. rad, Winkeleinheit im Bogenmaß: der Winkel, für den das Verhältnis der Längen von Kreisbogen u. Radius gleich 1 ist.

**Radiästhesie,** Strahlenempfänglichkeit, eine zur Erklärung der Handhabung von *siderischen Pendeln* u. *Wünschelruten* angenommene besondere menschl. Veranlagung.

**Radiator,** Gliederheizkörper.

**Radierung,** als Gatt. der Druckgraphik eine seit dem 16. Jh. bekannte Sonderform des Kupferstichs. In eine mit säurefestem Ätzgrund (Harz-Wachs-Asphaltschicht) bedeckte Kupferplatte wird die Zeichnung seitenverkehrt mit einer spitzen Stahlnadel *(Radiernadel)* geritzt; die Plat-

tenoberfläche wird anschließend so lange einem Säurebad ausgesetzt, bis die durch die Nadel vom Ätzgrund freigelegten Linien von der Säure angegriffen (geätzt), vertieft u. somit aufnahmefähig für die Druckfarbe sind. Bei der *Kaltnadel-R.* wird die Zeichnung unmittelbar ohne Grundierung der Platte eingeritzt.

**Radieschen,** kleine Zuchtform des *Rettichs.*

**radikal,** kompromißlos einen Gedanken verfolgend, gründl., rücksichtslos; in der Politik: links- oder rechtsextrem; → Radikalismus.

**Radikal, 1.** eine ein- oder mehrwertige Atomgruppe, die als Ganzes reagiert, d.h. bei Reaktionen meist unverändert bleibt, in freier Form nicht beständig, nur in Verbindungen. – **2.** das Wurzelzeichen √, das zur Bez. der Rechenoperation »Wurzelziehen« verwendet wird; auch das Ergebnis des Wurzelziehens.

**Radikalenbeschluß,** Bez. für die Übereinkunft des Bundeskanzlers u. der Min.-Präs. von 1972 zur Fernhaltung polit. Extremisten aus dem öffentl. Dienst der BR Dtld. Der R. u. seine Handhabung stießen im In- u. Ausland z.T. auf heftige Kritik.

**radikaler Realismus,** *Photorealismus,* eine Kunstrichtung der späten 1960er u. der fr. 1970er Jahre, die als Reaktion auf die Unanschaulichkeit der »Ideenkunst« den Gegenstand, vornehml. den Menschen wieder ins Bild bringt.

**Radikalismus,** das fanat., oft gewalttätige Vertreten einer links- oder rechtsextremen Ideologie, ohne die Fähigkeit, das jeweils Machbare u. mögl. Kompromisse zu sehen.

**Radikand,** die Größe unter einem math. Wurzelzeichen; → Wurzel.

**Radio,** der Hörfunk allg. oder das Hörfunkempfangsgerät im besonderen; → Rundfunk.

**radioaktive Abfälle,** feste, flüssige u. gasförmige Rückstände aus der Nutzung der Kernenergie, der Wiederaufbereitung von Kernbrennstoffen u. der Anwendung der Radioaktivität in Forschung, Technik u. Medizin. Wegen ihrer Gefährlichkeit müssen die radioaktiven Abfallstoffe bis zu ihrem radioaktiven Zerfall sicher vom Biozyklus abgeschlossen werden. Durch Wiederaufarbeitung u. Verarbeitung der Abfallstoffe soll eine weitgehende Volumenreduktion sowie die Überführung in eine geeignete endlagerungsfähige Form erreicht werden. Eine große Bedeutung hat dabei neben der Veraschung schwach aktiver Abfälle die Einbindung der r.n A. in auslaugungsresistente Glaskörper. Das Volumen der verglasten Spaltprodukte beträgt etwa 3 bis 4 m$^3$ jährl. bei einem 1300 MW$_e$-Kraftwerk. Die Lösung der Endlagerungsfrage für r. A. ist ein dringendes Problem der Kerntechnik u. aller ihrer Anwendungen, das bislang noch nicht zufriedenstellend geklärt ist.

**radioaktive Altersbestimmung,** Methode zur Bestimmung des geolog. Alters von Gesteinen, Meteoren oder organ. Stoffen durch Messung ihrer *Radioaktivität;* bei organ. Stoffen geschieht dies durch Ermittlung des Gehalts an radioaktivem Kohlenstoff *(Radiokarbonmethode, C14-Methode),* der mit dem Alter meßbar abnimmt.

**radioaktive Isotope,** *Radioisotope, Radionuklide,* künstl., d. h. bei Kernreaktionen entstandene, oder natürl. Isotope, die unter Aussendung radioaktiver Strahlung u. Bildung anderer Elemente zerfallen.

**radioaktiver Niederschlag** → Fallout.

**Radioaktivität,** die Eigenschaft mancher chem. Elemente *(Radionuklide),* unter Aussendung einer unsichtbaren Strahlung u. Bildung anderer Elemente zu zerfallen. Bei der beim radioaktiven Zerfall auftretenden u. aus dem Atomkern stammenden Strahlung unterscheidet man die α-Strahlung aus positiv geladenen Heliumkernen, die *β-Strahlung* aus Elektronen u. die γ-Strahlung, die eine energiereiche elektromagnet. Strahlung ist.
In der Natur kommen die *Uran-,* die *Thorium-* u. die *Actinium-Zerfallsreihe* vor, die von den Elementen Uran, Thorium u. Actinium ausgehen. Bei diesen Zerfallsreihen ist nach Durchschreiten zahlr. Zwischenstufen, die sich je nach der auftretenden Strahlung u. den damit verbundenen Änderungen an positiven Kernladungen ergeben, das *Blei* Endprodukt des Zerfalls. Die Geschwindigkeit des radioaktiven Zerfalls wird durch die *Halbwertzeit* angegeben, die bei den versch. radioaktiven Elementen zw. Bruchteilen von Sek. u. Mio. von Jahren betragen kann. – *Künstl.* R. tritt bei vielen Elementen durch Beschuß mit Heliumkernen, Neutronen, Wasserstoffkernen oder γ-Strahlen auf. Heute sind zu allen chem. Elementen (meist meh-

rere) *radioaktive Isotope* bekannt. In größeren Mengen können sie im Kernreaktor durch Umwandlung natürl. Elemente mittels intensiver Neutronenbestrahlung gewonnen werden. Die R. findet medizin. Anwendung z.B. bei der Strahlentherapie bösartiger Geschwulste; starke Dosen wirken ausgesprochen schädigend.
Die R. wurde 1896 erstmalig von H. *Becquerel* beim Uran beobachtet; 1898 wurden von dem Ehepaar *Curie* die radioaktiven Elemente Polonium u. Radium aus der Joachimsthaler Pechblende isoliert. Der erste Fall von künstl. R. wurde 1934 von dem Ehepaar *Joliot-Curie* bei der Bestrahlung von Aluminium mit α-Strahlen beobachtet, wobei radioaktiver Phosphor entsteht.

**Radioastronomie,** der Zweig der Astronomie, der die Durchlässigkeit der Atmosphäre für elektromagnet. Wellen mit Wellenlängen von etwa 1 cm bis 20 m u. aus der Eigenstrahlung (Radiostrahlung) versch. Objekte im Weltall in diesem Wellenbereich für astronom. Beobachtungen ausnutzt. Die Verfahren der R. entsprechen weitgehend dem Radarverfahren; wegen der geringen Intensität sind aber Empfangsantennen mit Flächen bis zu einigen 1000 m$^2$ u. bes. (Interferenz-)Anordnungen notwendig.

**Radiokarbonmethode** → radioaktive Altersbestimmung.

**Radiolarien,** Strahlentierchen, Ordnung der *Wurzelfüßer* des Meeresplanktons; mit strahlenförmigem Skelett aus Strontiumsulfat oder Kieselsäure. Die Skelette der toten Tiere bilden den *R.schlamm* sowie Kreidemergel- u. Polierschieferschichten.

**Radiologie,** *Strahlenheilkunde,* die Lehre von den energiereicheren (Röntgen-, Gamma- u.a.) Strahlen u. ihrer therapeut. (Radiotherapie: → Strahlenbehandlung) u. diagnost. (Radiodiagnostik) Anwendung; → Nuklearmedizin.

**Radiometer,** *Lichtmühle,* Gerät, mit dem die Intensität von Lichtstrahlung gemessen wird; besteht aus einem fast luftleeren Glaskolben, in dem ein einseitig geschwärztes Flügelrädchen leicht drehbar aufgehängt ist. Bei Bestrahlung erwärmt sich die schwarze Seite, reflektiert die auf sie auftreffenden Luftmoleküle mit größerer Geschwindigkeit u. erfährt dabei selbst einen Rückstoß, der das Rädchen zum Drehen bringt.

**Radiosonde,** mit Funkgeräten ausgerüsteter → Registrierballon.

**Radioteleskop,** Gerät zum Empfang u. zur Lokalisierung kosm. *Radiostrahlung* im Wellenbereich von wenigen Millimetern bis etwa 20 m. Zu den größten bewegl. R. gehören das R. in Effelsberg (Eifel) mit einem Antennendurchmesser von 100 m u. das R. in Arecibo (Puerto Rico) mit 300 m.

**Radiotherapie** → Strahlenbehandlung.

**Radium,** ein radioaktives → chemisches Element.

**Radius, 1.** Halbmesser des Kreises oder der Kugel. – *R.vektor (Fahrstrahl),* die von einem festen Punkt zu einem bewegl. Punkt gehende gerichtete Strecke, in der Astronomie z.B. die Verbindungslinie Sonne-Planet. – **2.** → Speiche.

**radizieren,** die Wurzel einer Zahl berechnen.

**Radolfzell am Bodensee,** Stadt in Ba.-Wü., 25 000 Ew.; Kneippkurort; Textil-, Masch.-, Nah-

*Radioaktivität: Darstellung einer strahlenbiologischen Reaktionskette*

*Radioteleskop in Parkes, Australien; der Spiegel hat einen Durchmesser von 65 m*

*Radsport: Bei Bahnrennen mit Zeitwertung verwenden die Fahrer aerodynamisch vorteilhafte Bekleidung und Scheibenräder*

rungsmittel-Ind.; in der Nähe Schloß *Möggingen* (mit Vogelwarte).

**Radom,** Kurzwort für *Radardom,* kugelförmige Halle zum Schutz von Antennenanlagen vor störenden Witterungseinflüssen.

**Radom,** Stadt im mittleren Polen, nördl. des Heiligenkreuzgebirges, 219 000 Ew.; TH; versch. Ind.; Eisenbahnknotenpunkt.

**Radon,** ein radioaktives → chemisches Element.

**Radowitz,** Joseph Maria von, *1797, †1853, preuß. General u. Politiker; in der Frankfurter Nat.-Versammlung Führer der Rechten; vertrat die kleindt. Lösung.

**Radscha,** *Raja,* Fürst in Indien u. auf dem Mal. Archipel. Herrscher über das R. ist der *Maha-R.*

**Radsport,** *Radfahrsport,* der Wettkampfsport auf Fahrrädern; im Mittelpunkt stehen Straßenrennen, Bahnrennen u. Saalradsport (Kunstradfahren, Radball).

**Radstadt,** östr. Stadt in Salzburg, 862 m ü.M., 4000 Ew.; Fremdenverkehr.

**Radstädter Tauern,** östr. Paß in den Niederen Tauern, von Radstadt nach Mauterndorf, 1738 m.

**Radstand,** *Achsstand,* Abstand der Radmitten eines mehrachsigen Fahrzeugs in Längsrichtung.

**Radsturz,** Seitenneigung des Rads gegenüber der Senkrechten, hervorgerufen durch entspr. Neigung des *Achsschenkels.*

**Radula,** *Reibzunge* zum Ablösen u. Zerkleinern der Nahrung bei Weichtieren (außer Muscheln), deren Chitinzähne in einer Tasche auf der Unterseite des Schlunds (*R.tasche*) ständig nachgebildet werden.

**Radziwill,** Franz, *1895, †1983, dt. Maler u. Graphiker; schuf apokalypt. Visionen des Krieges.

**Radziwill,** lit.-poln. Magnatengeschlecht; im 16. Jh. dt. Reichsfürsten.

**Raeder,** Erich, *1876, †1960, dt. Seeoffizier; Großadmiral, 1935–43 Oberbefehlshaber der Kriegsmarine.

**RAF, 1.** Abk. für → *Royal Air Force.* – **2.** Abk. für *Rote Armee Fraktion,* Terror-Organisation in der BR Dtld.

**Raff,** Joseph Joachim, *1822, †1882, dt. Komponist (Sinfonien, Kammermusik u.a.).

**Raffael,** eigtl. *Raffaello Santi,* *1483, †1520, ital. Maler u. Baumeister; neben *Michelangelo* u. *Leonardo* Hauptmeister der ital. Renaissance; Madonnen, Fresken, Wand- u. Deckengemälde. – ⓦ »Grablegung«, Fresken in der Villa Farnesina (»Triumph der Galathea«), Madonnen »Baldacchino«, »Alba«, »Aldobrandini«, »Foligno«, »Sixtina«, »della Sedia«, Bildnisse von Kardinal Alidori, Papst Julius II., Papst Leo X. Seit 1515 war R. Bauleiter der Peterskirche.

**Raffiafaser,** *Rhaphia,* hanfähnl. Blattfaser von der in Madagskar u. in Südafrika heim. *Bambuspalme;* zu Möbelstoffen verarbeitet. *Raffiabast* wird auch in der Gärtnerei verwendet.

**Raffinade,** reinster, in Lösung durch Knochenkohle filtrierter Zucker.

**Raffination,** Reinigung von techn. Produkten (z.B. Zucker, Erdöl, Kupfer) in der *Raffinerie.*

**Rafflesia,** im Mal. Archipel, auf den Philippinen u. in Hinterindien heim. Schmarotzerpflanzen, die auf den Wurzeln einer wilden Weinrebe im Regenwald leben. *R. arnoldii* aus Sumatra trägt mit einem Durchmesser von 1 m die größten Blüten der Erde.

**Rafsandschani,** Ali Akbar Haschemi, *1934, Lehrer des Islam u. iran. Staats-Präs.

**Rag** [ræg], mehrteilige Tanzkomposition im ²/₄-Takt im *Ragtime-Stil,* seit 1897 in den USA.

**Ragaz,** *Bad R.,* schweiz. Kurort im Kt. St. Gallen, 3700 Ew.; Thermalbäder.

**Raglan** ['ræglən], Mantel, dessen Ärmelansatznähte seitl. vom Hals bis unter die Achseln führen, so daß Schulter u. Ärmel aus einem Stück geschnitten sind; entspr. auch bei Kleidern, Jacken u. Pullovern.

**Ragnarök,** in der nord. Myth. Kampf u. Untergang der Götter, Vernichtung der Erde im Weltenbrand.

**Ragout** [ra'gu:], Gericht aus kleingeschnittenem Fleisch, Fisch oder Gemüse in pikanter Tunke. –
**Ragout fin,** bes. feines R. aus gekochtem Kalbshirn, kleingeschnittenem Kalbfleisch oder Hühnerfleisch u. Pilzen.

**Ragtime** ['rægtaim], Vorläufer des *Jazz,* von dem er sich durch starke Synkopierung u. mangelnden Swing unterscheidet. Wichtigster Vertreter des R. war der Pianist Scott *Joplin.* Der R. entstand, wie der Cakewalk, in den 1890er Jahren im Mittelwesten der USA.

**Ragusa, 1.** ital. Provinz-Hauptstadt auf Sizilien, 68 000 Ew.; Kirche San Giorgio Nuovo, Weinanbau, petrochem. Ind.; 1693 durch Erdbeben zerstört. – **2.** jugoslaw. Hafenstadt, → Dubrovnik.

**Ragwurz,** *Insektenblume, Ophrys,* Gatt. der *Orchideen;* mit Blüten, die einem Insekt ähneln.

**Rahe,** bei Segelschiffen eine quer am Mast aufgehängte → Spiere, die das *Rahsegel* trägt.

**Rahel** ['ra:xəl], *Rachel,* im AT Tochter Labans, Lieblingsfrau Jakobs, Mutter Josephs u. Benjamins.

**Rahm,** *Sahne, Schmant,* Milchfett, das durch Stehenlassen (*Sauer-R.*) oder Zentrifugieren (*Süß-R.*) gewonnen wird. Nach dem Fettgehalt unterscheidet man: *Schlagsahne* (28%), *Butter-* (25–30%), *Kaffee-* oder *Trink-R.* (mindestens 10%).

**Rahmenantenne,** Sonderausführung einer Antenne: großflächig gewickelte Spule auf einem Rahmen; gestattet Richtempfang bzw. gerichtete Abstrahlung; Verwendung in der Funkpeilung, im Richtfunk auf Kurzwellen, bei Suche nach Rundfunkstörungen u. Schwarzsendern.

**Rahmenerzählung,** eine Erzählung, die mehrere selbst. Erzählungen umschließt, oder eine Erzählung, die aus zwei Handlungsebenen besteht.

**Rahmengesetzgebung,** Gesetzgebung, bei der sich der Gesetzgeber auf den Erlaß von *Rahmenvorschriften* beschränkt. Die weitere Ausgestaltung wird einem anderen Staatsorgan überlassen (der Exekutive in der Form von Rechtsverordnungen; bei Bundesstaaten der Gesetzgebung der Gliedstaaten). Ggs.: *konkurrierende* u. *ausschließl. Gesetzgebung.*

**Rahmkäse,** fettreicher (mindestens 50%) Weichkäse aus Rahm u. Lab.

**Rahner,** Karl, *1904, †1984, dt. kath. Theologe; Jesuit, einflußreicher Dogmatiker (unter Einbeziehung der Erkenntnisse der Naturwiss., der Existenzphilosophie u. der Anthropologie); engagierte sich in der ökumen. Bewegung.

*Raffael: Madonna Tempi. München, Alte Pinakothek*

*Ragwurz: Blüte der mediterranen Art Ophrys tenthredinifera*

**Raiffeisen,** Friedrich Wilhelm, *1818, †1888, dt. Genossenschaftler; zus. mit H. *Schulze-Delitzsch* Schöpfer des dt. Genossenschaftswesens; gründete 1848 den Konsumverein, aus dem sich die landwirtsch. Spar- u. Darlehnskassen entwickelten. – **R.kassen** → ländliche Kreditgenossenschaften.

**Raimondi,** Marcantonio, *um 1475, †um 1534, ital. Kupferstecher; stilist. von *Raffael,* techn. von A. *Dürer* beeinflußt.

**Raimund,** Ferdinand, eigtl. F. *Raimann,* *1790, †1836, östr. Schriftst. u. Schauspieler; vereinte Barocktradition, das allegor.-moral. Lehrstück u. das zeitgenöss. Singspiel zu handlungsreichen Zauberpossen u. poesievollen Märchendramen.

**Rainald von Dassel,** *um 1120, †1167, Reichskanzler 1156–67, Erzbischof von Köln seit 1159; beeinflußte entscheidend die Reichspolitik Kaiser *Friedrichs I. Barbarossa.*

**Rainfarn,** ein *Korbblütler;* meterhohe Pflanzen an Wiesenrändern, Gräben u. Flußufern.

**Rainier III.** [rɛ'nje:], *31.5.1923, Fürst von Monaco; war seit 1956 mit der US-amerik. Schauspielerin Grace *Kelly* (Gracia Patricia) verh.

**Rainwater** ['rɛɪnwɔ:tə], James, *9.12.1917, US-amerik. Physiker; arbeitet über Atomkerne; Nobelpreis 1975.

**Rajasthan** ['radʒə-], Bundesstaat im NW von → Indien; umfaßt die Wüste Thar, das Arravalligebirge u. einen Teil des Malwa-Hochlands.

**Rajkot** ['radʒko:t], größte Stadt auf der Halbinsel Kathiawar (westl. Indien), alte Hptst. des ehem. Fürstenstaats R., 444 000 Ew.; Handelszentrum; Nahrungsmittel-, Textil- u. chem. Ind.

**Rajputen** [radʒ-], nordind. Volksstamm mit hinduist. Glauben; urspr. Adels- u. Kriegerkaste.

**Raken,** *Rakenvögel* → Rackenvögel.

**Rakete,** Flugkörper, der im Ggs. zum *Flugzeug* keine Atmosphäre benötigt u. alle zum Antrieb notwendigen Mittel mit sich führt. Eine R. besteht aus *Zelle* u. *Triebwerk.* In der Zelle befinden sich die Treibstoffvorräte, die Steuerungsgeräte, die Nutzlast u., bei bemannten R., die Besatzung. Das Triebwerk erzeugt den *Vortrieb* oder *Schub* der R. Er entsteht durch einen mit großer Geschwindigkeit ausgestoßenen Gasstrom; der dabei auftretende Rückstoß treibt die R. in entgegengesetzter Richtung vorwärts. Eine *Steuerung* der R. nach dem Start kann man nur dadurch erreichen, daß man die Richtung der ausströmenden Gase verändert.

Da es mit einer einzelnen R. noch nicht mögl. ist, weit in den Weltraum vorzustoßen, hat man das *Mehrstufenprinzip* entwickelt. Dabei trägt eine R. als Nutzlast eine zweite R., deren Antrieb erst dann einsetzt, wenn der Antrieb der ersten R. *(untere Stufe, Startstufe)* ausgebrannt u. abgeworfen wird. Auf diese Weise entstehen zwei- u. mehrstufige R. Chem. R.ntriebwerke: Der Antriebsstrahl wird durch kontinuierliches Verbrennen fester oder flüssiger Treibstoffe erzeugt. Das *Flüssigkeits-R.ntriebwerk* enthält flüssigen Brennstoff u. den flüssigen Sauerstoffträger *(Oxidator)* in getrennten Behältern. Als Brennstoff dienen z.B. Alkohole, Kerosin, Anilin sowie Wasserstoff, als Oxidator flüssiger Sauerstoff, Salpetersäure, Wasserstoffperoxid u.a. – Beim *Feststoff-R.ntriebwerk* verwendet man gießbare oder plast. formbare Treibstoffe. Im Fall des chem. *Einstoffsystems* ist der

## 732 Raketenwaffen

Sauerstoff unmittelbar an den Brennstoff gebunden, beim chem. *Mehrstoffsystem* sind Brennstoff u. Sauerstoffträger fein verteilt gemischt. Als Brennstoffe dienen Harz, Asphalt, synthet. Kautschuk; Sauerstoffträger sind Kalium- u. Ammoniumperchlorat sowie Ammoniumnitrat. Der *Hybridantrieb* (Fest-Flüssig-Antrieb) vereinigt einige Vorteile des Fest- u. des Flüssig-Antriebs.

Das *Kernenergietriebwerk* verwendet die in einem Kernreaktor freiwerdende Energie zum Aufheizen eines Antriebsstrahls.

Die elektr. Strahltriebwerke: Beim *Ionentriebwerk* (Ionenstrahlantrieb, Ionenmotor) werden in einer Vakuumkammer elektr. geladene Teilchen, im allg. Cäsium, von elektrostat. Feldern (Linearbeschleuniger) beschleunigt. Beim *Plasmatriebwerk* wird ein → Plasma (ionisierte Teilchen) in einem starken Magnetfeld beschleunigt (elektromagnet. Antrieb). – Beim *Lichtbogentriebwerk* heizt man Wasserstoff als Massenträger in einer bes. Brennkammer mit Hilfe eines starken elektr. Lichtbogens auf.

Das *Photonentriebwerk* nützt den Rückstoß von Photonen (Lichtquanten) aus. → Photonenrakete.

*Europarakete Ariane*

*Raketenwaffen: die US-amerikanische Interkontinentalrakete »Minuteman III« in ihrem unterirdischen Silo*

**Geschichte.** Die Entwicklung der R. ist u. a. mit den Namen K. E. *Ziolkowskij,* H. *Oberth,* R. H. *Goddard,* M. *Valier,* E. *Sänger* u. W. *von Braun* verknüpft. Die erste Großanwendung der R. war die dt. *V-2* des 2. Weltkriegs (1942). Die erste US-amerik. 2-Stufen-R. erreichte 1949 eine Höhe von 402 km. Am 4.10.1957 gelang es der Sowj., erstmalig mit einer Mehrstufen-R. einen Satelliten in eine niedrige Umlaufbahn zu bringen (→ Sputnik). Die bisher größte R. ist die US-amerik. dreistufige Saturn 5 mit 2800 t Startgewicht, die 120 t Nutzlast in eine niedrige Umlaufbahn oder 45 t auf Fluchtgeschwindigkeit bringen kann. Der erste Start erfolgte am 9.11.1967 im Rahmen des → Apollo-Programms. Weitere bek. Träger-R. bzw. -familien sind: Atlas, Delta, Titan, Centaur, Scout (alle USA), Sojus-Wostok A2 (Sowj.) u. die europ. → Ariane. Eine neue Trägergeneration stellt der wiederverwendbare → Raumtransporter Space Shuttle dar.

**Raketenwaffen,** Flugkörper mit Raketenantrieb u. Gefechtskopf; dem *Geschütz* überlegen durch Rückstoßfreiheit beim Abschuß u. die Möglichkeit, mehrere Gefechtsköpfe gleichzeitig abzuschießen. Moderne Armeen sind mit zahlr. Typen aller Größenordnungen ausgerüstet. R. haben in der Regel Feststofftriebwerke. Der Flugkörper kann sich durch von ihm selbst ausgesandte u. vom Ziel reflektierte Impulse (Radar) ins Ziel lenken *(Aktivlenkung)* oder aber von vom Ziel ausgesandter Strahlung (Infrarot, Schall, elektromagnet. Feld) orientieren *(Passivlenkung).* Es werden unterschieden: 1. Einteilung nach Ausgangs- u. Zielposition: Boden-Boden-Raketen, Boden-Luft-Raketen, Luft-Luft-Raketen. 2. Einteilung nach der Reichweite: *takt. R.,* einige hundert Meter bis 250 km; *takt.-operative R.,* bis 1000 km; *strateg. R.:* Mittelstrecken-R. 2000 bis 4000 km, Interkontinental-R. bis 20 000 km, Global-R. über 20 000 km. Je nach Typ der R. beruht die Waffenwirkung auf Spreng- u. Splitterwirkung (Flugabwehr, Artillerie), Hohlladung (Panzerabwehr), Atomsprengkopf (Mittel- u. Langstrecken-R.); auch Langstrecken-R. mit mehrf. Sprengköpfen.

**Raki,** türk. Anisbranntwein.

**Rákóczi** ['ra:kotsi], ung. Adelsfamilie: **1.** Franz II., *1676, †1735, Fürst von Siebenbürgen u. Ungarn 1704/05; proklamierte 1703 Ungarns Unabhängigkeit, unterlag den Habsburgern u. ging 1711 ins Exil. – **2.** Georg II., *1621, †1660, Fürst von Siebenbürgen 1648–60; unterlag, verbündet mit Schweden, den Polen u. Türken.

**Rákosi** ['ra:koʃi], Mátyás, *1892, †1971, ung. Politiker (KP); 1945–56 Generalsekretär bzw. Erster Sekretär der KP, zugleich 1952/53 Min.-Präs.; bis 1956 der Diktator Ungarns, mußte im Zuge der Entstalinisierung zurücktreten.

**Rakowski,** Mieczysław Franczisek, *1.12.1926, poln. Politiker; 1987–90 Mitgl. des Politbüros, 1989/90 Erster Sekretär des ZK der Vereinigten Poln. Arbeiterpartei.

**Raleigh** ['rɔ:li], Hptst. von North Carolina (USA), 148 000 Ew.; Univ.; Tabakanbau; Textil-, Papier- u. Stahl-Ind.

**Raleigh** ['rɔ:li:], Sir Walter, *um 1552, †1618 (hingerichtet), engl. Seefahrer; gründete 1585 die erste engl. Kolonie in N-Amerika (Virginia); kämpfte im Dienst Englands zur See gegen Spanien.

**Rallen,** Fam. der *Kranichartigen,* kleine Sumpfvögel; hierzu *Bläßhuhn, Teichhuhn, Wachtelkönig, Sumpfhuhn, Wasserralle, Sultanshuhn.*

**Rallye** ['rali, 'ræli], Wettbewerb im Automobilsport, der meist aus einer Sternfahrt von verschiedenen Startorten u. Kontrollstellen zum Zielort sowie aus Nachtprüfungen, Schnelligkeitswettbewerben, Bergrennen (auch auf Eis u. Schnee) u.a. besteht. Die älteste R. ist die *R. Monte Carlo,* die seit 1911 gefahren wird.

**RAM,** Abk. für *random access memory,* Speicher in der Datenverarbeitung mit wahlfreiem Zugriff, dessen Inhalt nicht nur gelesen (→ ROM), sondern auch verändert werden kann.

**Rama,** Held des ind. Epos *Ramajana.*

**Ramadan,** der vom Koran vorgeschriebene 30tägige islam. Fastenmonat.

**Ramajana,** ind. Nat.-Epos (4./3. Jh. v. Chr.).

**Ramakrischna,** *1834, †1886, ind. Asket u. Mystiker; hielt alle religiösen Ansichten für gleichberechtigt, weil jede persönl. Gottheit eine Erscheinungsform des überpersönl. Absoluten sei. 1897 schlossen sich seine Anhänger unter Swami *Vivekananda* zur *R.-Mission* zusammen.

**Raman,** Chandrasekhara Venkata, *1888, †1970, ind. Physiker; arbeitete über Atom- u. Molekülphysik; Nobelpreis 1930 für die Entdeckung des *R.-Effekts.*

**Ramat Gan,** isr. Ind.-Stadt im östl. Vorortbereich von Tel Aviv, 116 000 Ew.; bed. Ind.-Standort; Diamantenbörse; religiöse Univ.

**Rambouillet** [rãbuˈjɛ], Stadt im N-frz. Dép. Yvelines, sw. von Versailles, 21 000 Ew.; seit 1896 Sommersitz des Staats-Präs.

**Rameau** [raˈmo:], Jean-Philippe, *1683, †1764, frz. Komponist u. Musiktheoretiker; klass. frz. Oper u. Ballett, Klavierkompositionen; lehrte zum erstenmal die Umkehrbarkeit der Akkorde u. gilt als Begr. der Harmonielehre der Neuzeit.

**Ramie,** Stengelfaser der in O-Asien heim., zu den *Brennesselgewächsen* gehörenden *Boehmeria nivea* u. *Boehmeria viridis.* Aus der Rinde werden die bes. reißfesten, seidig glänzenden, weichen, bis 25 cm langen Fasern *(Chinagras)* gewonnen, die u.a. für Tischwäsche, Oberhemden u. weiße Tropenkleidung gebraucht werden. Als Bast wird R. für Seilerwaren verwendet.

**Ramme,** Werkzeug oder Masch. zur Verdichtung von Erdboden oder zum Eintreiben von Pfählen u. Spundbohlen in den Erdboden.

**Rammelsberg,** 636 m hoher Berg bei Goslar, dessen Silber- u. Kupfererze seit dem 10. Jh. gefördert werden; heute Zinkabbau.

**Rammler,** männl. Tier bei Kaninchen u. Hasen.

**Rampe, 1.** schräge Auffahrt mit anschließend gerader Strecke; meist zur Erleichterung des Be- u. Entladens *(Lade-R.).* – **2.** im Theater der vorderste Teil des Bühnenbodens.

**ramponieren,** ugs. für beschädigen.

**Ramsau,** alpines Hochplateau (1000 bis 1200 m ü. M., 18 km lang) südl. des Dachstein-Massivs (Östr.); mit dem Wintersportort R.

*Rallye: Prüfungen in schwierigem Gelände und auf unbefestigten Straßen, hier bei der Ostafrika-Rallye, sind typisch für diesen Automobilsport*

*Pharao Ramses II., 1290–1224 v. Chr.*

**Ramsay** ['ræmzi], Sir William, *1852, †1916, brit. Chemiker; entdeckte die Edelgase u. beobachtete die Entstehung von Helium beim Zerfall des Radons; Nobelpreis 1904.

**Ramsch, 1.** zusammengewürfelte Warenreste, die man billig verkauft *(verramscht)*. – **2.** Spiel im Skat; auch selbst. Kartenspiel.

**Ramses,** Name von 11 ägypt. Königen der 19. u. 20. Dynastie; am bedeutendsten: **1.** *R. II.,* 1290–24 v. Chr.; kämpfte gegen die Hethiter u. schloß einen Bündnisvertrag. In seinem Totentempel in W-Theben ließ er die der größten monolith. Statuen aufstellen. – **2.** *R. III.,* um 1196–65 v. Chr.; verteidigte Ägypten gegen die Angriffe der Libyer u. »Seevölker« u. siedelte die Philister in S-Palästina an; erbaute die Tempelfestung Medinet Habu bei Theben.

**Ramsey** ['ræmzi], **1.** Arthur Michael, *1904, †1988, anglikan. Geistlicher; Erzbischof von Canterbury u. Primas von England (1961–74). – **2.** Norman Foster, *27.8.1915, US-amerik. Physiker; grundlegende Arbeiten zu den heute verwendeten Atomuhren; 1989 zus. mit H.G. *Dehmelt* u. W. *Paul* Nobelpreis.

**Ramsgate** ['ræmzgit], SO-engl. Hafenstadt nordöstl. von Dover, 40 000 Ew.; Schiffbau, Fischerei; Fremdenverkehr.

**Ramstein-Miesenbach,** Gemeinde in Rhld.-Pf., 8000 Ew.; großer Militärflugplatz.

**Ramuz** [ra'my], Charles Ferdinand, *1878, †1947, schweiz. Schriftst.; gestaltete urtüml. Natur- u. Seelenmächte in Bildern des heimatl. Waadtlands.

**Ranch** [ra:ntʃ,ræntʃ], in den USA: Viehfarm; in S-Amerika; Landwohnstätte *(Rancho)*.

**Ranchi,** Industriestadt im S von Bihar (Indien), 500 000 Ew.; kath. Erzbischofssitz, Univ.

**Rand** [rænd], Währungseinheit in der Rep. Südafrika u. in Namibia.

**Randers** ['ranərs], Hafenstadt in der dän. Amtskommune Århus, am *R.fjord,* 61 000 Ew.; Brauerei.

**Randmeer,** ein *Nebenmeer* in randl. Lage.

**Random-Verfahren** ['rændəm-], in der Statistik eine Zufallsstichprobe.

**Randstad Holland,** *Ringstadt Holland,* stark verstädterte Planungsregion mit mehreren Zentren im W der Niederlande, von 30 % (= 4 Mio.) der Gesamtbevölkerung bewohnt. Als größte Städte sind Amsterdam, Rotterdam u. Den Haag vertreten.

**Rang, 1.** Stufe in einer Ämter-, staatl., gesellschaftl., höf., militär. oder sonstigen Ordnung, auch → Dienstgrad. – **2.** Verhältnis eines Grundstücksrechts zu anderen Rechten an dem gleichen Grundstück. – **3.** balkonartiges Stockwerk mit Sitzplätzen im Zuschauerraum des Theaters.

**Ranger** ['rɛindʒə], **1.** in den USA Truppe aus bes. ausgebildeten Soldaten oder Polizisten. – **2.** Sammelbez. für eine 1961–65 gestartete Serie US-amerik. Raumfluggeräte, die vor dem harten Aufschlag auf dem Mond zahlr. Photos zur Erde sendeten.

**rangieren** [rã'ʒi-], Güterwagen mit (meist dieselgetriebenen) *Rangierlokomotiven* in Züge einordnen.

**Rangordnung,** das bes. in soz. Tiergesellschaften (z.B. Hühner, Dohlen, Gänse, Huftiere, Affen, Wölfe, Präriehunde, Hyänenhunde) ausgeprägte hierarch. System. Die R. setzt Kennenlernen der Artgenossen voraus u. entwickelt sich aufgrund gelegentl. Kämpfe. Neben Stärke entscheiden über die R. auch Größe der Waffen sowie Ausdauer u. Intelligenz. Bei Hühnern wird die R. *Hackordnung* genannt.

**Rangun,** engl. *Rangoon, Yangon,* Hptst. u. wichtigster Hafen des hinterind. Staats Birma, am R.-Fluß (Irrawaddy-Mündungsarm), 2,46 Mio. Ew.; Univ. (1920); Handelszentrum; vergoldete, 112 m hohe Schwe-Dagon-Pagode (18. Jh.; buddhist. Heiligtum); bed. Exporthafen, Flughafen.

**Rank** [ræŋk], Joseph Arthur, Baron *R. of Sutton Scotney,* *1888, †1972, engl. Filmproduzent; Gründer u. Leiter der *J. Arthur Rank Organisation Ltd.*

**Ranke,** Leopold von, *1795, †1886, dt. Historiker; 1825–71 Prof. in Berlin; schuf mit der *Quellenkritik* die Grundlagen der modernen Geschichtswiss. u. formte den *Historismus.*

**Ranken,** umgewandelte Blätter, Sprosse oder Wurzeln, die fädig verlängert u. durch ihre Kontaktreizbarkeit in der Lage sind, Stützen zu erfassen u. sich daran zu befestigen.

**Rankenfußkrebse,** *Cirripedia,* Kl. meeresbewohnender, stets festsitzender *Krebse;* von Gestalt nicht krebs-, sondern muschelartig: u.a. *Entenmuscheln, Seepocken* u. *Wurzelkrebse.*

**Rankūne,** heiml. Feindschaft.

**ranzig,** Bez. für den üblen Geruch u. Geschmack bei Fetten, in denen durch Sauerstoff- u. Lichtwirkung teilw. Zersetzung in freie Fettsäuren u. Glycerin eingetreten ist.

**Rap** [ræp], Form des rhythm. Sprechgesangs in der Rockmusik.

**Rapacki** [ra'patski], Adam, *1909, †1970, poln. Politiker (Kommunist); 1956–68 Außen-Min.; bek. durch den **R.-Plan** (1957), der Mitteleuropa zur atomwaffenfreien Zone machen sollte.

**Rapallo,** ital. Winterkurort u. Seebad in Ligurien, sö. von Genua, 28 000 Ew.

**Rapallo-Vertrag, 1.** ital.-jugoslaw. Vertrag vom 12.11.1920 über die Adria u. die Unabhängigkeit Fiumes. – **2.** dt.-sowj. Abkommen über die Wiederaufnahme von diplomat. u. wirtsch. Beziehungen, vom 16.4.1922; später oft als gegen die Westmächte gerichtete dt.-sowj. Verständigung *(Geist von Rapallo)* gedeutet.

**Raphael** [-faɛl], einer der Erzengel (Tobias 12,15); Schutzpatron der Apotheker u. Reisenden (Fest: 29.9.).

**Raphael** [-faɛl], Günter, *1903, †1960, dt. Komponist; Sinfonien, Kirchen- u. Kammermusik.

**Raphia** = Bambuspalme; → Raffiafaser.

**rapid,** sehr schnell.

**Rapier,** Stich- oder Hiebwaffe mit schmaler gerader Klinge u. Handschutz.

**Rappe,** Pferd mit schwarzer Haarfarbe, häufig mit weißen Abzeichen.

**Rappen,** schweiz. Münzeinheit; 1 R. (Centime) = $1/100$ Franken.

**Rapperswil,** schweiz. Seebad am Nordufer des Zürichsees, 8000 Ew.

**Rapport, 1.** (militär.) Bericht, Meldung. – **2.** innere Abhängigkeit des Hypnotisierten vom Hypnotiseur u. die Bereitschaft zur Befehlsausführung. – **3.** Wiederkehr eines Motivs im Webmuster.

**Raps,** *Kreuzblütler,* bis 2 m hohe krautige Pflanze mit sattgelben Blütentrauben; seit dem späten MA die wichtigste einheim. Ölpflanze. Die Samen enthalten bis zu 40 % *R.öl,* das als Speiseöl sowie zu techn. Zwecken verwendet wird.

**Rapsglanzkäfer,** bis 2 mm langer grün- oder blauglänzender Käfer; frißt an Blüten u. Knospen des Rapses.

**Rapunzel,** *Rapunzelchen,* Bez. für versch. Pflanzen, deren Blätter oder Wurzeln als Salat (z.B. Feldsalat) genutzt werden.

**Rapunzel,** Märchengestalt, ein Mädchen, das von einer Hexe in einem Turm gefangengehalten wird. Es wird von einem Königssohn entdeckt, den sie an ihrem langen Haar zu sich heraufklettern läßt.

**Rarität,** Seltenheit.

**Ras,** arab.: Häuptling, Fürst.

**Ras al-Khaima,** Emirat der → Vereinigten Arab. Emirate.

**Rasanz,** der flache Verlauf der Flugbahn eines Geschosses. Die Flugbahn ist um so rasanter, je stärker die Treibladung ist.

**Rascht,** iran. Prov.-Hptst. am Kaspischen Meer, 294 000 Ew.; Handelszentrum; bei einem Erdbeben 1990 zu 80 % zerstört.

**Rasen,** gepflegte Grasfläche in Gärten, Parks u. auf Sportplätzen.

**Raseneisenerz,** *Sumpferz, Wiesenerz,* mit Ton vermengter *Limonit.*

**Rasin,** Stepan Timofejewitsch (Stenka), *um 1630, †1671 (hingerichtet), Führer des Kosaken- u. Bauernaufstands in S-Rußland 1670/71.

**Rask,** Rasmus Kristian, *1787, †1832, dän. Sprachforscher; erkannte Lautentsprechungen zw. den indoeurop. Sprachen u. wurde zum Begr. der Indoeuropäistik.

**Raskolniki,** kirchl. Bewegung gegen die liturg. Reformen des Patriarchen *Nikon* von Moskau 1652ff. Ihre Selbstbez. ist »Altritualisten«, eine häufig für sie gebrauchte Bez. »Altgläubige«.

**Rasmussen,** Knud, *1879, †1933, dän. Polarforscher; erforschte bes. Grönland u. die Eskimo.

**Räson** [rɛ'zo], Vernunft, Einsicht.

**Raspel,** Feile mit grobem Hieb.

**Rasputin,** Grigorij Jefimowitsch, *1864/65, †1916 (ermordet), russ. Mönch; seit 1905 Günstling am Hof *Nikolaus' II.,* gewann als angebl. Wundertäter Einfluß auf die Zarenfamilie.

**Rasse, 1.** *Unterart, Spielart,* die systemat. Kategorie unterhalb der *Art,* deren Angehörige alle miteinander uneingeschränkt fruchtbar sind, sich aber im Erbgut (Genbestand) – meist schon äußerlich – voneinander unterscheiden. – **2.** *Sorte,* Gebrauchszüchtungen von Nutzpflanzen. – **3.** auf bestimmte Zuchtziele hin (Schönheit, Nutzwert, Genügsamkeit, klimat. Verträglichkeit u.a.) einheitl. züchter. bearbeitete Sorte von Haustieren (Zucht-R.). – **4.** → Menschenrassen.

**Rassenkunde,** ein Teilgebiet der *Anthropologie,* erforscht die Menschenrassen.

**Rassismus,** Auffassung, daß die versch. Menschenrassen einen unterschiedl. hohen Wert haben, u. das nachdrückl. (häufig gewaltsame) Vertreten dieser Auffassung; insbes. in Gebieten, wo durch das Nebeneinander versch. Rassen soz. u. polit. Spannungen *(Rassenprobleme)* entstanden sind. In der Rep. Südafrika (→ Apartheid) u. in den USA (bes. in den Südstaaten) spielt der R. bis heute eine große Rolle.

**Rastatt,** Kreisstadt in Ba.-Wü., an der Murg, 38 000 Ew; Maschinen-, Elektro-, opt., Möbel-Ind. – R. war 1705–71 bad. Residenz. Der *Friede von R.* am 7.3.1714 beendete den Span. Erbfolgekrieg.

*Raps*

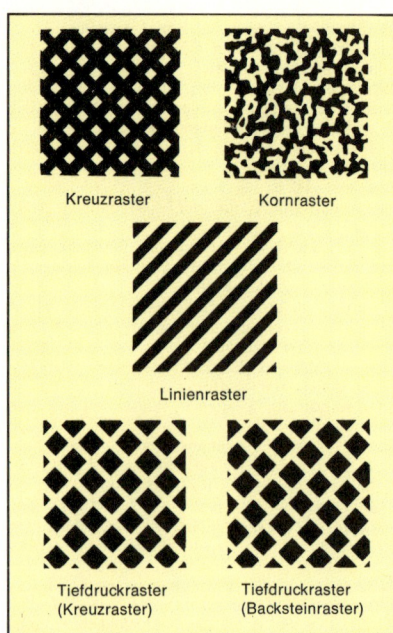

*Raster*

*Ratten: Hausratte*

**Rastenburg,** poln. *Kętrzyn,* Stadt in Ostpreußen, im N der Masur. Seenplatte, 27 000 Ew.; Ordensschloß. In der Nähe die »Wolfsschanze« (Hauptquartier Hitlers, am 20.7.1944 Attentat).
**Raster,** in der Drucktechnik ein opt. Gerät zur Zerlegung von Halbtonvorlagen (z.B. Photos) in einzelne Punkte. Die durch R. im Film u. später im Druck erzeugten Punkte heißen ebenfalls Raster.
**Rasterfahndung** → Fahndung.
**Rastertunnelmikroskop,** ein von G. Binnig u. H. Rohrer entwickeltes Mikroskop, das unter Ausnutzung des quantenmechan. Tunneleffekts Strukturen atomarer Größe auf Oberflächen von Metallen u. Halbleitern sichtbar machen kann.
**Rastral,** aus Messingblech gefertigtes, fünfzinkiges Werkzeug zum Ziehen von Notenlinien.
**Rastrelli,** Bartolomeo Francesco, *um 1700, †1771, ital. Architekt; Vertreter des Spätbarocks, prägte entscheidend das Stadtbild von St. Petersburg.
**Rat, 1.** seit der russ. Revolution von 1905 Bez. für gewählte polit. Funktionäre *(Arbeiter-, Soldaten-, Betriebsräte),* bes. in revolutionären Situationen; → Rätesystem. – **2.** Bez. für eine kollegiale Behörde od. ein Staatsorgan u. deren Mitgl.; auch für sonstige Amtsbez. oder Titel gebraucht.
**Rat der Volksbeauftragten,** die revolutionäre Übergangsreg. des Dt. Reichs vom 10.11.1918 bis 11.2.1919, aus Mitgl. der SPD u. (bis 29.12.1918) der USPD bestehend.
**Rat der Volkskommissare,** russ. *Sowjet Narodnych Kommissarow,* Abk. *Sownarkom,* 1917–46 das oberste Regierungsorgan in der Sowj. u. in ihren Gliedstaaten; seitdem *Ministerrat.*
**Rate,** Teilbetrag, Quote; regelmäßig fällig werdende Zahlung, z.B. bei Abzahlungsgeschäften u. Krediten; → Abzahlung.
**Rätesystem,** *Rätedemokratie,* ein innenpolit. Instrument zur Verwirklichung der »Diktatur des Proletariats«; Hauptmerkmale; 1. pyramidenförmiger Aufbau der Vertretungskörperschaften (Dorf-, Stadt-, Kreis-, Bezirksräte, Oberster Rat), also eine mehrstufig-indirekte Wahl der Spitzenvertreter; 2. keine Gewaltenteilung, sondern Vereinigung von legislativen u. exekutiven Funktionen in den Ausschüssen; 3. jederzeitige Abwählbarkeit der Vertreter durch ihre Wähler. Versuche zur Schaffung von R.en in Dtld. (Bay., Bremen) u. Ungarn nach dem 1. Weltkrieg wurden rasch niedergeschlagen. In Rußland wurde 1917 nach der Oktoberrevolution ein R. errichtet, doch wurden die Räte *(Sowjets)* bald zur bloßen Hülle der Diktatur der Kommunist. Partei. Die Grundsätze des R. wurden in der Sowj. 1936 größtenteils auch formell abgeschafft.
**Rat für gegenseitige Wirtschaftshilfe,** Abk. *RGW,* → COMECON.
**Rathaus,** Verw.- u. Repräsentationsgebäude einer Stadtgemeinde.
**Rathenau, 1.** Emil, *1838, †1915, dt. Industrieller; Gründer u. Leiter der AEG in Berlin. – **2.** Walther, Sohn von 1), *1867, †1922, dt. Industrieller u. Politiker; Präsident der AEG 1915–21; Verfechter einer Planwirtsch. auf korporativ-demokrat. Grundlage; 1921 Reichs-Min. für den Wiederaufbau, 1922 Reichsaußen-Min.; schloß den Vertrag von *Rapallo* ab; von Rechtsradikalen ermordet.
**Rathenow** [-no:], Krst. in Brandenburg, an der Havel, 31 000 Ew.; opt. Ind.
**Ratibor,** poln. *Racibórz,* Stadt in Schlesien, an der Oder, 57 000 Ew.; Schloß; versch. Ind.
**Rätien,** lat. *Raetia,* röm. Prov., seit 16 v. Chr., die NO-Schweiz, Graubünden, Tirol, Vorarlberg u. O-Württemberg umfassend; benannt nach den *Rätern* (→ Rätoromanen).
**Ratifikation,** *Ratifizierung,* **1.** die Zustimmung des Parlaments zu einem völkerrechtl. Vertrag. Welche Verträge dieser Zustimmung bedürfen, bestimmt die Verfassung, für die BR Dtld. Art. 59 Abs. 2 GG. – **2.** die feierl. urkundl. Bestätigung von völkerrechtl. Verträgen durch das Staatsoberhaupt.
**Rätikon,** *Rhätikon,* Teil der nördl. Kalkalpen, in der *Schesaplana* 2964 m.
**Ratingen,** Stadt in NRW, nordöstl. von Düsseldorf, 89 000 Ew.; metallverarbeitende, Textil-, Elektro-, keram. Ind.
**Ratio,** Vernunft, Verstand; Grund.
**rationale Rechenoperationen,** die Grundrechnungsarten.
**rationale Zahlen** → Zahlen.
**Rationalisierung,** in Wirtsch. u. Technik alle Maßnahmen, die dazu dienen, ein bestimmtes Ziel mit möglichst geringem Aufwand zu erreichen. R. führt zur Steigerung der *Produktivität.* Sie findet ihren Ausdruck v.a. in dem Streben nach *Mechanisierung* u. *Automation,* um bes. Arbeitskraft, -zeit u. -raum einzusparen.
**Rationalismus,** Bez. für eine Vernunfthaltung, die sich auf den versch. Gebieten der Philos. u. in der Theol. ausgeprägt hat. Als *metaphys.* R. wird die Überzeugung bez., die Welt sei logisch u. gesetzmäßig geordnet, auch dort, wo das unmittelbar nicht einzusehen ist. Der *erkenntnistheoret.* R. operiert mit der Annahme, daß die Welt u. die Dinge, unabhängig von der menschl. Erfahrung, allein mit Hilfe der Vernunftbegriffe erkannt werden könnten u. daß es Wahrheiten a priori gebe, die von höherem Rang seien als die Erfahrungswahrheiten. Der *ethische* R. betont die Bed. der Vernunfteinsichten für das sittl. Handeln: Die Vernunftprinzipien, die zur Erkenntnis verhelfen, seien angeboren u. schlössen sich zusammen im menschl. Erkenntnisvermögen, das die Erfahrung u. sinnl. Anschauung durchhelle, kläre u. verdeutliche.
Als philos. Strömung wird der R. bei R. *Descartes* angesetzt; er führte über B. *Spinoza,* G.W. *Leibniz* u. C. *Wolff* zu I. *Kant,* der den rationalist. Glauben an die unbegrenzte Erkenntnisfähigkeit des Menschen erschütterte. In dogmat. Verfestigung wurde der R. zur Ideologie der frz. *Aufklärung* u. richtete sich gegen die bestehenden Verhältnisse in Gesellschaft, Staat, Kunst u. Religion.
**Rationierung,** planmäßige Erfassung u. Verteilung knapper Güter, bes. in Kriegs- u. Krisenzeiten; oft mit Karten- u. Bezugsscheinsystem.
**Rätische Alpen,** *Rhätische Alpen,* Teil der schweiz. Alpen; im N *Rätikon* u. *Silvretta,* im S *Albula* u. *Bernina.*
**Rätoromanen,** roman. Volk in Graubünden, im Engadin u. in Teilen Südtirols *(Ladiner)* u. Friauls; Nachkommen der früh romanisierten, wohl den Etruskern verwandten *Räter*. In der Schweiz ist ihre Sprache *(Rumantsch)* seit 1938 als 4. Sprache gleichberechtigt im amtl. Verkehr.
**Ratsche,** Werkzeug mit Sperrad zum Drehen eines Bohrers oder einer Schraubenmutter durch Hin- u. Herbewegen des Handgriffs, dessen Klinke in das Sperrad eingreift.
**Ratsherr,** Bez. für die Mitgl. der Gem.-Vertretung in Nds., auch in NRW u. Schl.-Ho. z.T. gebräuchl.; im MA vielfach für Mitgl. des Magistrats der Städte.
**Ratten,** Nagetiergatt. der *Echten Mäuse.* Hauptvertreter sind die *Haus-R.* (Dach-R.) u. die aus O-Asien eingewanderten *Wander-R.* Sie sind Überträger mehrerer ansteckender Krankheiten; der Floh der ind. Unterart der Haus-R., der auch auf der europ. lebensfähig ist, enthält Pest-Erreger. → Wasserratte.
**Rattenfänger von Hameln** → Hameln.
**Rattengift,** Meerzwiebel-, Thallium-, Arsen-, Kumarin- u.a. Präparate, die mit Ködern zur Rattenbekämpfung ausgelegt werden.
**Rattigan** ['rætɪgən], Terence, *1911, †1977, engl. Schriftst.; bühnenwirksame Gesellschaftskomödien u. Problemstücke.
**Ratzeburg,** Krst. in Schl.-Ho., sö. von Lübeck, auf einer Insel im R. See, 13 000 Ew.; Luftkurort; spätrom. Dom, Ernst-Barlach-Haus (Museum); Fremdenverkehr; bis 1504 Bischofssitz.
**Ratzel,** Friedrich, *1844, †1904, dt. Geograph; Begr. u. Förderer der *Anthropogeographie,* bes. der polit. Geographie.
**Ratzinger,** Joseph, *16.4.1927, dt. kath. Theologe; Sachverständiger des 2. Vatikan. Konzils; 1977–82 Erzbischof von München-Freising; 1977 Kardinal, 1982 Präfekt der päpstl. Glaubenskongregation in Rom.
**Rau,** Johannes, *16.1.1931, dt. Politiker (SPD), 1970–78 Wiss.-Min., seit 1978 Min.-Präs. von NRW, seit 1982 zugleich stellv. Partei-Vors. der SPD, 1987 deren Kanzlerkandidat.
**Raub,** der mit Gewalt gegen eine Person oder unter Anwendung von Drohungen mit gegenwärtiger Gefahr für Leib u. Leben begangene Diebstahl; zu unterscheiden vom *räuber. Diebstahl,* bei dem ein auf frischer Tat betroffener Dieb Gewalt oder Drohung zur Sicherung seiner Beute anwendet. Im Strafrecht der BR Dtld. werden R. u. räuber. Dieb-

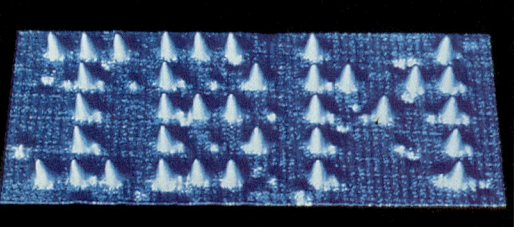

*Rastertunnelmikroskop (RTM):* Nickeloberfläche mit anhaftenden Xenon-Atomen. Die Atome wurden mit der RTM-Spitze positioniert, um »IBM« zu schreiben

*Raubmöven: Skua*

| Raubtiere | |
|---|---|
| Familie *lat. Name* | Arten (Auswahl) |
| Marder *Mustelidae* | Wiesel, Nerze, Iltisse, Marder, Vielfraß, Dachse, Skunks, Otter |
| Kleinbären *Procyonidae* | Katzenfrette, Makibären, Waschbären, Nasenbären |
| Katzenbären *Ailuridae* | Katzenbär, Bambusbär |
| Großbären *Ursidae* | Braunbären, Schwarzbären, Eisbär, Lippenbär, Malaienbär, Brillenbär |
| Schleichkatzen *Viverridae* | Zibetkatzen, Ginsterkatzen, Linsangs, Palmenroller, Mungos, Erdmännchen |
| Erdwölfe *Protelidae* | Erdwolf |
| Hyänen *Hyaenidae* | Tüpfelhyäne, Streifenhyäne, Schabrackenhyäne |
| Hunde *Canidae* | Wolf, Kojote, Schakale, Marderhund, Mähnenwolf, Echte Füchse, Waldfüchse, Kampfhund |
| Katzen *Felidae* | Wildkatze, Serval, Luchse, Nebelparder, Leopard, Jaguar, Tiger, Löwe, Gepard |
| Ohrenrobben *Otariidae* | Seebären, Seelöwen |
| Walrosse *Odobenidae* | Walroß |
| Hundsrobben u. Seehunde *Phocidae* | Mönchsrobben, See-Elefant, Klappmütze, Sattelrobbe, Kegelrobbe, Seehund |

stahl mit Freiheitsstrafe nicht unter einem Jahr bestraft, als *schwerer R.* mit Freiheitsstrafe nicht unter 5 Jahren.

**Raubbau,** Ausnutzung des Bodens bis zur Erschöpfung an Nährstoffen u. Humus; hat *Erosion* zur Folge.

**Raubfliegen,** *Mordfliegen, Asilidae,* meist kräftig gebaute, große, oft behaarte Tiere, die entweder auf Blättern lauern oder in gewandtem, reißendem Flug andere Insekten jagen.

**Raubmöwen,** kräftige, düster gefärbte Vögel der N-Küsten Amerikas u. Eurasiens, mit fast raubvogelhaftem Verhalten.

**Raubtiere,** *Carnivora,* Ordnung vorw. fleischfressender *Säugetiere.* Das Gebiß hat kleine Schneidezähne, große Eckzähne zum Festhalten u. zum Schneiden umgebildete Backenzähne *(Reißzähne).* Lebende Unterordnungen sind *Land-R.* u. *Robben.*

**Raubvögel,** *Falconiformes,* mit rd. 270 Arten eine sehr umfangreiche Ordnung der *Vögel.* Die R. sind für die Beutejagd mit spitzen Greifzehen u. kräftigem Hakenschnabel ausgerüstet. Zu den R. gehören die Fam. *Greifvögel, Falken, Fischadler, Neuweltgeier* u. *Sekretäre.*

**Raubwild,** jagdbare Raubtiere, wie Fuchs, Marder u.a., die anderen Tieren *(Nutzwild)* nachstellen.

**Raubzeug,** nicht jagdbare Tiere, wie streunende Katzen u. Hunde, die jagdbaren Tieren nachstellen oder auch sonst dem Wild schädlich sind, wie Elstern, Krähen u.a. Ggs.: *Raubwild.*

**Rauch,** Gemisch aus Rauchgasen (Kohlendioxid, Schwefeldioxid, Wasserdampf, Stickstoff) u. bei unvollkommener Verbrennung auch Kohlenmonoxid; enthält außerdem Ruß u. Staubteilchen (Flugasche).

**Rauch,** Christian Daniel, *1777, †1857, dt. Bildhauer; Hauptmeister des dt. Klassizismus.

**Rauchabzug,** für bestimmte Gebäude vorgeschriebene, automatisch im Brandfalle sich öffnende Fenster oder Oberlichter zum Entweichen des Rauchs.

**Rauchbier,** dunkles, untergäriges Vollbier.

**Rauche,** Zustand eines Felles, bei dem Haarlänge, Seidigkeit, Elastizität, Dichte u. Verankerung der Haare maximal ausgebildet sind.

**rauchen,** den Rauch verbrannter Pflanzenteile inhalieren. Vor der Entdeckung Amerikas (1492) inhalierte man den Rauch von Gräsern, Baumfrüchten u.a. zur Bekämpfung von Krankheiten, heute den von Tabak u. Rauschmitteln als Genußmittel. Das R. von Tabakblättern wurde von *Kolumbus* entdeckt; es war urspr. Kulthandlung (Friedenspfeife) u. wurde erst im 16. Jh. durch die Spanier nach Europa gebracht. Das R. ist gesundheitsschädlich.

**räuchern,** Fleisch oder Fisch zur Konservierung u. Geschmacksveränderung mit Rauch (von Birken-, Buchen- oder Wacholderholz) behandeln. Die Räucherware wird in Räucherkammern bzw. -öfen behandelt. Durch R. werden dem Fleisch keimtötende Stoffe wie Ameisen-, Essig- u. Gerbsäure, Kreosot u. Teer zugeführt; außerdem wird eine Austrocknung bewirkt.

**Rauchfang,** nach unten trichterförmig erweiterter offener Schornstein zum Ableiten des Rauchs bei offenem Feuer; oft zum *Räuchern* verwendet.

**Rauchfaß,** *Thuribulum,* Schwenkbehälter aus Bronze, Kupfer oder Silber zur Verbrennung des *Weihrauchs* im kath. Gottesdienst.

**Rauchfleisch,** gepökeltes u. geräuchertes Rind- oder Schweinefleisch.

**Rauchgasentschwefelung,** Verfahren zur Verminderung des umweltschädl. Schwefeldioxids im Rauchgas von Kraftwerken u. Großfeuerungsanlagen, vorw. durch Naßverfahren *(Rauchgaswäsche)* auf Kalkbasis.

**Rauchquarz,** fälschl. *Rauchtopas,* Quarzmineral mit rauchbrauner Farbe.

**Rauchvergiftung,** durch Rauch hervorgerufene Vergiftung, die, abgesehen von der Schleimhautreizung durch die Rauchstoffe, mit einer Kohlenmonoxid-Vergiftung gleichzusetzen ist.

**Rauchwaren,** zugerichtete (veredelte) Pelztierfelle.

**Räude,** *Schorf,* Erkrankung durch Befall mit *R.-Milben;* ekzemartige Erscheinungen, Juckreiz, Schuppenbildung u. Haarausfall; befällt Pferde, Rinder, Schafe, Hunde u. Schweine.

**Raufhandel,** Schlägerei mehrerer Personen, bei der der Tod eines Menschen oder eine schwere Körperverletzung verursacht wird; für alle Beteiligten strafbar.

**Rauhblattgewächse** → Pflanzen.

**Rauhes Haus,** Anstalt der Inneren Mission, gegr. von J.H. *Wichern* 1833 bei Hamburg (Waisenhaus, Heim für Erziehungshilfe). Heute sind Lehrwerkstätten, Schulen, Diakonenanstalt u. eine Verlagsbuchhandlung (»Agentur des Rauhen Hauses«) angegliedert.

**Rauhfußhühner,** *Waldhühner, Tetraoninae,* Unterfamilie der *Fasanenvögel,* bei denen der Lauf, z.T. auch die Zehen befiedert sind; in Europa: *Auerhuhn, Birkhuhn, Haselhuhn, Schneehuhn;* in N-Amerika: *Präriehuhn.*

**Rauhnächte,** *Rauchnächte,* oberdt. Name für die → *Zwölften.*

**Rauhreif,** Nebelfrostablagerung an der Windseite fester Gegenstände, aus feinen hellweißen Eiskristallen.

**Raum,** die äußere Form der sinnl. erfaßbaren Wirklichkeit, gekennzeichnet durch das Ausgedehntsein (Länge, Breite, Höhe) von Gegenständlichem u. das Auseinandersein räuml. Gegenstände in drei Dimensionen. *Aristoteles* definiert R. als das Begrenzende der Körper, der Rationalismus setzt R. mit Materie gleich, die Renaissance (N. *Kopernikus,* G. *Bruno*) betont die Vorstellung eines unendl. astronom. R.s. Der Kritizismus *Kants* bestimmt R. u. Zeit als *apriorische Anschauungsformen.* Die Physik geht vom geometr. R. bzw. der euklid. Geometrie aus, deren Gültigkeit sie jedoch auf den Bereich unserer gewöhnl. Erfahrung beschränkt. Die → Relativitätstheorie zeigt, daß R. u. Zeit eine Einheit bilden. Die Math. bez. den R. stark verallgemeinernd als eine Menge von Elementen, zw. denen bestimmte Beziehungen bestehen.

**Rauma,** Hafenstadt in SW-Finnland, am Bottn. Meerbusen, 31 000 Ew.

**Raumfähre** → Raumtransporter.

**Raumfahrt** → Weltraumfahrt.

**Raumfahrtmedizin,** *Weltraummedizin,* medizin. Spezialgebiet, das sich mit den physiolog. u. psychol. Wirkungen der Bedingungen des Weltraum-

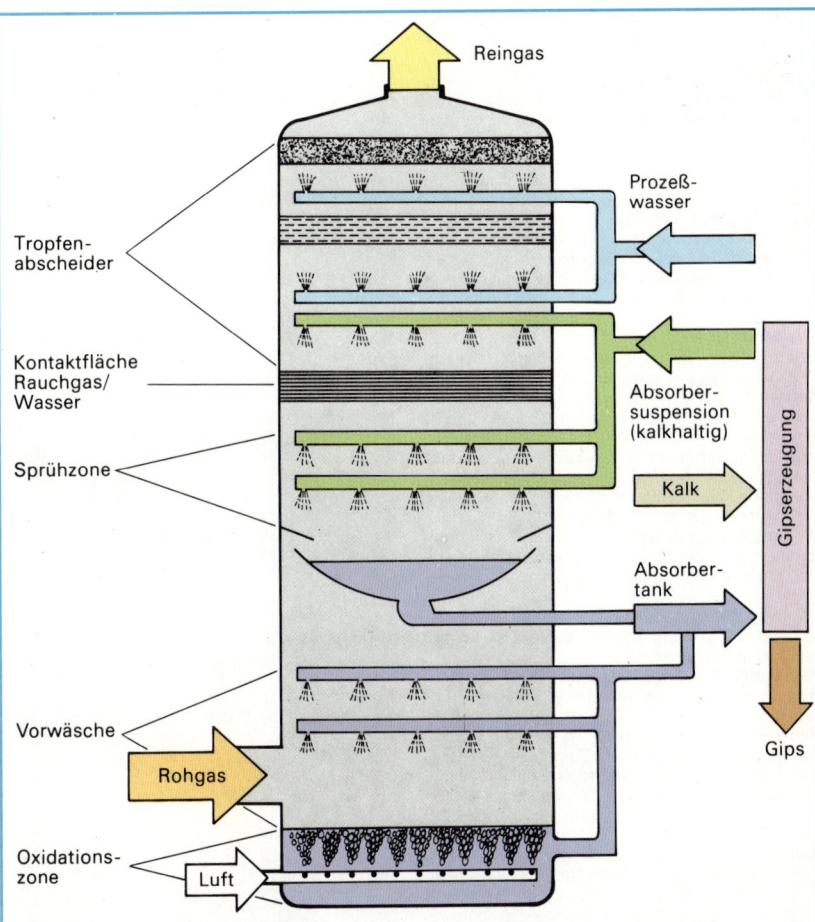

*Rauchgasentschwefelung: Das Rohgas wird in einer Vorwaschstufe im Gaswäscher (hier Sprühtrennwäscher) vorbehandelt, um Verunreinigungen des Gipses zu vermeiden. Bei der Gipsbereitung läßt sich der eingesetzte Kalk (Calciumcarbonat, $CaCO_3$) mit dem Schwefeldioxid ($SO_2$) der Abluft bei geeigneter Reaktionsführung quantitativ umsetzen und durch Oxidation mit Luft in Gips ($CaSO_4 \cdot 2H_2O$) umwandeln. Die $SO_2$-freie Abluft verläßt den Wäscher als Reingas*

**Raumfilm**

flugs auf den (menschl.) Organismus befaßt. Bes. Probleme liegen im Einfluß der im Raum herrschenden *Schwerelosigkeit* auf Muskulatur, Kreislauf, Atmung u. andere Körperfunktionen. Strahlungen, Luftdruckabfall, Temp.- u. Feuchtigkeitsbedingungen, Ernährung, Hygiene u.a. sind weitere Untersuchungsfaktoren.

**Raumfilm,** *3-D-Film, plast. Film, Stereofilm,* Film, bei dem jedem Auge, entspr. dem natürl. Sehen, das ihm zugeordnete Bild getrennt zugeführt wird. Erforderl. ist die gleichzeitige Aufnahme von zwei Bildern derselben Szene aus etwa Augenabstand. Die Filmverfahren *Cinerama, Cinemascope* u. *Vistavision* sind Raumillusions- oder Panoramaverfahren, die keine echten Stereoeffekte ergeben.

**Rauminhalt,** *Volumen,* als geometr. Größe der von einem Körper eingenommene Raum.

**Raumkunst,** künstler. Gestaltung von Innenräumen zu einer jeweils geschlossenen ästhet. Einheit, im allg. mit *Innenarchitektur* identisch.

**Raumladung,** elektr. Ladung, die in Gasen oder bei strömenden Ladungen über einen Raumbereich verteilt ist; z.B. bildet sich eine R. in Elektronenröhren vor der Kathode aus.

**Raummeter,** *Ster,* Rauminhalt eines würfelförmigen Körpers, dessen Kante 1 m ist, ohne Rücksicht auf Hohlräume; Ggs.: *Festmeter;* seit 1978 amtl. nicht mehr zulässig; die Volumenangabe erfolgt nur noch in m³.

**Raumordnung,** bestmögl. räuml. Verteilung von Wohnsiedlungen, Arbeitsstätten u. Erholungsgebieten, von kulturellen u. soz. Einrichtungen sowie deren Verknüpfung durch das moderne Verkehrs- u. Nachrichtenwesen. Maßgeblich für die Organisation der R. ist in der BR Dtld. der Bund. Träger der *Landesplanung* sind die Länder. Die *Regionalplanung* wird von Landesplanungsgemeinschaften oder Gebietskörperschaften wahrgenommen. Die *Gemeindeplanung* befaßt sich mit der Erstellung von Bauleitplänen (Flächennutzungspläne u. Bebauungspläne).

**Raumschiff,** unbemanntes oder bemanntes, von Raketen angetriebenes Fahrzeug, mit dem die Erde umkreist wird oder das dazu dient, uns benachbarte Himmelskörper zu erreichen.

**Raumsonde,** einfacher, unbemannter Raumflugkörper ohne Antriebssystem zur Erforschung des interplanetaren Raums; → Satellit.

**Raumstation,** *Orbitalstation,* engl. *space station,* Satellit mit Aufenthalts-, Labor- u. Beobachtungseinrichtungen für eine mehrköpfige Besatzung u. eine längere Zeitdauer. Die UdSSR brachte zw. 1971 u. 1982 sieben R. vom Typ *Saljut* in eine Erdumlaufbahn. 1986 folgte die verbesserte Version *Mir.* Die USA wollen nach dem Start ihrer experimentellen R. → Skylab (1973) erst Mitte der 1990er Jahre eine R. errichten.

**Raumtransporter,** *Raumfähre, Raumgleiter,* engl. *space shuttle,* ein wiederverwendbares Trägersystem, das zur Erdoberfläche zurückkehrt u. nach der Wartung erneut verwendet werden kann. Die USA starteten 1981 den ersten R., 1983 mit dem europ. Weltraumlabor *Spacelab* an Bord. Mit der Explosion des R. *Challenger* (1986) wurde die US-amerik. Raumfahrt um Jahre verzögert. 1988 startete die UdSSR den ersten unbemannten R. *Buran.* Europa plant mit dem dreisitzigen R. *Hermes* eine eig. Raumfähre.

**Räumungsklage,** Klage auf Räumung eines Grundstücks, Wohnraums oder anderen Raums innerhalb einer *Räumungsfrist.*

**Räumungsverkauf,** verbilligter Verkauf von Waren im Zusammenhang mit einer Räumung des Ladenlokals.

**Raumwellen,** elektromagnet. Wellen eines Senders, die nicht geradlinig zum Empfänger gelangen wie etwa *Bodenwellen,* sondern erst nach (mehrf.) Reflexion an hochgelegenen Atmosphäreschichten. Der weltweite Kurzwellenverkehr wird nur über R. abgewickelt.

**Raupe, 1.** Larvenform der Schmetterlinge. Nach mehreren Häutungen verpuppt sich die R., indem sie einen *Kokon* fertigt, in dem sich die Verwandlung zum fertigen Insekt vollzieht. – **2.** endloses Band aus beweglich aneinandergereihten Metallplatten; wird um Wagenräder gelegt (z.B. beim *R.nschlepper*), um das Einsinken zu verhindern od. die Haftfähigkeit zu vergrößern.

**Rauschbeere** → Krähenbeere.

**Rauschbrand,** durch Wundinfektion mit *Clostri-*dien verursachte Zellgewebsentzündung der Haut u. der Muskulatur der Rinder (auch der Schafe), mit Gasbildung.

**Rauschgold,** dünner Flitter aus Messingblech.

**Rauschmittel,** *Rauschgifte,* → Drogen.

**Rauschning,** Hermann, *1887, †1982, dt. Politiker; 1933/34 nat.-soz. Senatspräs. der Freien Stadt Danzig; floh 1936 in die Schweiz, lebte seit 1948 als Farmer in den USA; krit. Bücher über den Nat.-Soz.

**Rauschtat,** im Zustand der *Trunkenheit* begangene Straftat.

**Raute, 1.** *Ruta,* Gatt. der *R.ngewächse* (→ Pflanzen); ausdauernde Kräuter, die unten häufig verholzen u. daher Halbsträucher bilden. Die *Garten-R.,* eine bereits den Juden u. Römern bekannte Kulturpflanze, diente als Gewürz oder als Heilpflanze (magenstärkendes Mittel). – **2.** → Rhombus.

**Rauwolfia,** trop. *Hundsgiftgewächs;* von Indien bis Java verbreiteter Strauch; enthält eine alkaloidreiche Wurzeldroge, v.a. das blutdrucksenkende *Reserpin.*

**Ravel,** Maurice, *1875, †1937, frz. Komponist; Vertreter des musikal. Impressionismus; gelangte in klassizist. Spätwerken zu äußerster Vereinfachung u. Radikalität der Polyphonie; viele Werke haben span. Einschlag. Ⓦ »Rhapsodie espagnole«, »Daphnis et Chloé«, »Bolero«, Klavierwerke.

**Ravenna,** ital. Prov.-Hptst. in der Region Emilia-Romagna, 136 000 Ew.; Kunstmuseum, Kunstakad.; Fremdenverkehr, versch. Ind.; Ölraffinerie. – Ge s c h.: Etrusk.-umbrische Gründung, seit dem 2. Jh. v. Chr. röm., seit 402 kaiserl. Residenz, seit 493 ostgot., seit 552 Exarchat von Byzanz, seit 751 unter langobard. Herrschaft, seit 1509 Besitz des Kirchenstaats. Die Bed. der spätantik-christl. K u n s t in R. liegt v.a. in der großen Zahl der unverfälscht erhaltenen Bauten mit Mosaikschmuck, darunter das sog. Mausoleum der Galla Placidia (2. Viertel des 5. Jh.) u. S. Giovanni Evangelista, nach 424 gegr. Hofkirche. Außerdem u.a. S. Apollinare Nuovo (um 490); S. Apollinare in Classe, 549 geweiht; S. Vitale, 545 gebaut; Mausoleum des Theoderich.

**Ravensberger Land,** *R. Mulde,* hügelige Ldsch. zw. Teutoburger Wald, Lipper Bergland, Wiehengebirge u. Osnabrück.

**Ravensburg,** ba.-wü. Krst. nördl. des Bodensees, 43 000 Ew.; histor. Bauten; versch. Ind.; Verlag.

**Ravioli,** Nudelteigtaschen mit Füllung aus Fleisch oder Gemüse.

**Rawalpindi,** pakistan. Distrikt-Hptst. im nördl. Pandschab, 673 000 Ew.; versch. Ind., Erdölraffinerien; 1958–60 provisor. Hptst. von Pakistan.

**Rawlinson** ['rɔ:linsn], Sir Henry Creswicke, *1810, †1895, engl. Archäologe; leistete entscheidende Beiträge zur Entzifferung der altpers. Keilschrift.

**Raxalpe,** Kalkgebirgsstock nw. des Semmering

*Ravenna: Das Grabmal der Galla Placidia wurde um 440 n. Chr. wahrscheinlich als Märtyrergedenkkapelle erbaut*

(Östr.), Hochalpenplateau von rd. 1800 m Höhe, mit aufgesetzten Kuppen *(Heukuppe* 2007 m).

**Ray** [rei], **1.** Man, *1890, †1976, US-amerik. Photograph, Maler u. Filmschaffender. – **2.** Nicholas, eigtl. Raymond Nicholas *Kienzle,* *1911, †1979, US-amerik. Filmregisseur. Ⓦ »Johnny Guitar – Wenn Frauen hassen«, »… denn sie wissen nicht, was sie tun«.

**Raygras** → Lolch.

**Rayleigh** ['reili], John William *Strutt,* Baron R., *1842, †1919, engl. Physiker; entdeckte 1894 (mit W. *Ramsay*) das Argon; erklärte das Himmelsblau durch seine *R.sche Streuformel* für Licht, nach der blaues Licht stärker gestreut wird als rotes; Nobelpreis 1904.

**Raymond,** Fred, eigtl. Friedrich *Vesely,* *1900, †1954, östr. Schlager- u. Operettenkomponist; Ⓦ »Maske in Blau«, »Saison in Salzburg«.

**Raynal** [rɛ'nal], Paul, *1885, †1971, franz. Schriftst.; Antikriegsstücke. Ⓦ »Das Grabmal des unbek. Soldaten«.

**Rayon** [rɛ'jɔ̃], Bezirk, Bereich, Abteilung.

**Raypur,** *Raipur,* ind. Distrikt-Hptst. im südl. Madhya Pradesh, 338 000 Ew.; Univ.; Handelszentrum.

**Razzia,** Polizeistreife zur Fahndung nach verdächtigen Personen.

**Rb,** chem. Zeichen für Rubidium.

**Re,** *Ra,* altägypt. Sonnengott u. Weltbeherrscher.

**Re,** chem. Zeichen für Rhenium.

**Ré,** *Île de R.,* W-frz. Insel vor der Mündung der Sèvre in den Atlantik, 86 km², 10 000 Ew.

**Read, 1.** Grantly Dick, *1890, †1959, brit. Frauenarzt u. Geburtshelfer; entwickelte eine Methode zur Herabsetzung des Geburtsschmerzes durch systemat. gymnast. Lockerungs- u. Entspannungsübungen u. durch seel. Beeinflussung der werdenden Mutter. – **2.** Sir Herbert, *1893, †1968, engl. Kunstschriftst. u. -philosoph; vertrat den Standpunkt, daß die Kunst müsse soz., nicht religiöse Aufgaben erfüllen.

**Reading** ['rɛdiŋ], Hptst. der S-engl. Gft. Berkshire, an der Mündung des Kennet in die Themse, 124 000 Ew.; Univ.; Textil-, Nahrungsmittel-Ind.

**Ready-made** ['rɛdi meid], ein serielles Warenprodukt, das (nicht oder nur geringfügig verändert) zum Kunstwerk erklärt wird *(Objektkunst).*

**Reagan** ['rɛigən], Ronald W., *6.2.1911, US-amerik. Politiker (Republikaner); urspr. Filmschauspieler, 1967–75 Gouverneur von Kalifornien, 1980–89 40. Präs. der USA. R. förderte die Privatwirtsch., vertrat gesellschaftspolit. einen konservativen Kurs, außenpolit. eine Politik der Stärke; schloß 1987 mit der UdSSR ein Abkommen über die Beseitigung nuklearer Mittelstreckenwaffen in Europa.

**Reagenz,** chem. Stoff, der in der Analyse durch Färbung, Niederschlagsbildung u.a. zum Nachweis bestimmter Stoffe verwendet wird. – **R.glas,** *Probierglas,* dünnwandiges, röhrenförmiges Glasgefäß (bis 20 cm lang u. bis 2,5 cm weit) für chem. Versuche. – **R.papier,** ein mit der Lösung eines Indikators getränkter Filtrierpapierstreifen, der sich bei Einwirkung des Prüfstoffs färbt oder dessen Farbe eine andere Farbe annimmt.

*Raumtransporter: ein erfolgreicher Start des Raumtransporters Discovery auf Cape Canaveral*

**Reaktion, 1.** allg. Rückwirkung, Gegenwirkung. – **2.** in der Biol. u. Psych. die Antwort eines Organismus auf einen Reiz. – **3.** jeder chem. Vorgang, der eine stoffl. Umwandlung zur Folge hat. – **4.** rückschrittl. polit. Gegenwirkung, Festhalten am Alten um des Alten willen.
**reaktivieren,** wieder in Tätigkeit setzen, wieder wirksam machen.
**Reaktor, 1.** *Reaktionsapparat,* ein Gefäß, in dem im techn. Maßstab chem. Reaktionen durchgeführt werden. – **2.** kurz für → Kernreaktor.
**Reaktorsicherheit** → Kernreaktor.
**real,** sachlich, dinglich; wirklich.
**Real,** im 15. Jh. eingeführte span. Silbermünze (3,5 g); auch in Portugal verbreitet; Gold- u. Silbermünze des 16. Jh. in den Ndl.
**Realeinkommen,** Nominaleinkommen, bereinigt um die Preissteigerungen.
**Realien,** die sich mit »Sachen« beschäftigenden Fächer (z.B. Physik, Geographie, Gesch.), im Ggs. zu den sprachl. Fächern.
**Realinjurie,** durch Tätlichkeiten zum Ausdruck gebrachte Beleidigung.
**realisieren,** verwirklichen, in die Tat umsetzen; zu Geld machen.
**Realismus, 1.** Gestaltungsweise in Malerei u. Plastik, deren Ergebnis ein Abbild der sichtbare Wirklichkeit ist; darüber hinaus kann realist. Darst. zugleich Deutung u. Wertung des abzubildenden Sujets beinhalten. Hier liegt der Unterschied zum *Naturalismus,* der auf die naturgetreue, objektive Wiedergabe des Bildmotivs hinzielt. Der R. als Kunstrichtung des 19. Jh. (Vertreter z.B. J. *Millet,* G. *Courbet*) ist als Reaktion auf den idealisierenden Klassizismus zu verstehen. – **2.** als *Stilbegriff* der Lit. die getreue Wiedergabe der Wirklichkeit mit einfachen, dem Gegenstand angemessenen Mitteln; steht im Ggs. zur idealist. Erhöhung u. zur romantischen Auflösung. Als *Epochenbegriff* die Lit.-Epoche zw. Romantik u. Naturalismus in der 2. Hälfte des 19. Jh., im dt.-sprachigen Raum (sog. *poetischer R.* ) etwa von 1840–85. Die großen Themen sind die Einordnung des Individuums in Umwelt u. bürgerl. Gesellschaft. Führende Vertreter des R. waren H. de *Balzac,* Stendhal, G. *Flaubert* (Frankreich), C. *Dickens,* W. M. *Thackeray* (England), F. M. *Dostojewskij,* L. N. *Tolstoj,* J. *Turgenjew* (Rußland), G. *Keller,* T. *Fontane,* W. *Raabe* (dt.-sprachiger Raum). – **3.** in der Philos. der die *Realität,* Faktizität, Bewußtseinsunabhängigkeit von Ansichseiendem betonende, sie zum Grund, Maßstab u. Inhalt alles Seins u. Bewußtseins machende Standpunkt.
**Realität,** Dinglichkeit, Wirklichkeit.
**Realkonkurrenz,** Verletzung mehrerer Strafbestimmungen oder die mehrf. Verletzung derselben Bestimmung durch mehrere selbst. Handlungen. Ggs.: *Idealkonkurrenz.*
**Realkredit,** gegen dingl. Sicherheiten (z.B. Hypothek) gewährter Kredit. Ggs.: *Personalkredit.*

*Ronald Reagan: Gipfeltreffen in Moskau 1988 zwischen M. Gorbatschow und Reagan*

**Reallast,** Belastung eines Grundstücks durch die Verpflichtung, aus ihm an den *R.berechtigten* wiederkehrende Leistungen (z.B. Altenteil) zu erbringen.
**Reallexikon,** Lexikon, das ausschl. das Sachwissen eines bestimmten Wissensgebietes vermittelt.
**Realpolitik,** 1853 von L. von *Rochau* geprägter Begriff, der eine Ausrichtung an den realen Interessen des Staats bzw. seiner Führungsschichten forderte. Heute auch: »Politik des Machbaren« im Ggs. zur »Politik des Wünschbaren« (utop. Reformen).
**Realschule,** bis 1938 6-stufige Schule ohne Lateinunterricht. Die Bez. ging seit 1952 in den meisten Bundesländern auf die fr. *Mittelschule* über.
**Realsteuer,** Steuer, die an ein Sachobjekt oder eine sonstige »Realität« anknüpft, ohne die persönl. Verhältnisse der Steuerpflichtigen zu berücksichtigen; z.B. die Grundsteuer.
**Realunion,** Verbindung von Staaten unter einem *Monarchen,* bei der dem Gesamtstaat meist die Vertretung nach außen sowie die Leitung der Militär- u. Finanzangelegenheiten zufällt. Beispiel: Österreich-Ungarn 1867–1918.
**Realwert,** im Ggs. zum *Nominalwert* der tatsächl. Wert eines Gutes (z.B. Börsenwert).
**Reanimation,** Wiederbelebung.
**Reassekuranz,** Rückversicherung.
**Réaumur** [reo'myr], René-Antoine Ferchault de, *1683, †1757, frz. Physiker u. Zoologe; führte 1730 beim Thermometer die *R.-Skala* mit 80 Skalenteilen ein.
**Rebe** → Weinrebe.
**Rebekka,** im AT Frau Isaaks, Mutter Jakobs u. Esaus.
**Rebellion,** Aufruhr, Empörung.
**Rebenstecher,** Rebenwickler, Blattroller, Rüsselkäfer, der aus Blättern von Weide, Pappel, Weinreben u.a. tütenähnl. Behälter für seine Eier u. Jungen fertigt.
**Rebhuhn,** einheim., unscheinbarer *Fasanenvogel* mit braunem Fleck auf der Brust, rd. 30 cm lang.
**Reblaus,** schädl. Pflanzenlaus aus der Fam. der *Blattläuse,* um 1860 von Amerika nach Europa geschleppt; Länge etwa 1 mm.
**Rebmann,** Kurt, *30.5.1924, dt. Jurist, 1977–90 Generalbundesanwalt.
**Reboux** [rə'bu:], Paul, eigtl. Henri *Amillet,* *1877, †1963, frz. Schriftst. (galante Liebes- u. biograph. Romane).
**Rebroff,** Ivan, eigtl. Hans Rolf *Rippert,* *31.7.1931, bekannt als Sänger russ. Folklore.
**Rebus** → Bilderrätsel.
**Récamier** [reka'mje], Julie, geb. Bernard, *1777, †1849, frz. Gesellschaftsdame; in ihrem Salon war Treffpunkt der Opposition gegen Napoleon.
**Receiver** [ri'si:və], Steuergerät; Rundfunkgerät aus Empfangsteil (*Tuner*) u. Verstärker.
**Rechen,** *Harke,* Werkzeug, zum Krümeln des Bodens u. zum Sammeln von Heu u.ä. – **2.** Gitter zum Zurückhalten von groben Verunreinigungen vor Mühlen, Kläranlagen u.a.
**Rechenanlage** → Computer.
**Rechenarten,** Sammelbez. für die vier *Grund-R.* Addition, Subtraktion, Multiplikation u. Division sowie die drei *höheren R.* Potenzieren, Radizieren u. Logarithmieren.
**Rechenmaschine,** Gerät zur schnellen Ausführung der vier Grundrechenarten mittels mech. Zählwerk; durch elektron. Rechner verdrängt. → Computer.
**Rechenstab,** *Rechenschieber,* math. Gerät zur Berechnung von Produkten, Quotienten, Potenzen u. Wurzeln; verwendet gegeneinander verschiebbare logarithmische Skalen.
**Rechentafeln,** Zahlenzusammenstellungen in Tabellenform zur Erleichterung des Zahlenrechnens, z.B. Logarithmentafeln.
**Rechenwerk,** Teil der Zentraleinheit eines *Computers.*
**Rechenzentrum,** wiss. oder kommerzielles Institut, das mit Hilfe von elektron. Datenverarbeitungsanlagen Rechenaufträge programmiert u. ausführt.
**Recherche,** Ermittlung, Nachforschung.
**Rechner,** *i.w.S.* Bez. für elektron. Geräte vom *Taschen-R.* bis zum *Groß-R.; i.e.S.* Bez. für *Mikrocomputer* u. *Personal Computer.*
**Rechnung,** *Faktura,* die dem Käufer einer Ware oder Dienstleistung vom Verkäufer überreichte Mitteilung über Menge, Art, Preis u. Zahlungsbedingungen; in der Regel zugleich Zahlungsaufforderung.

**Rechnungsabgrenzungsposten,** in der Bilanz ausgewiesene Aufwendungen oder Erträge, die entweder bereits bezahlt wurden, aber das Ergebnis des nächsten Jahres betreffen, oder das Ergebnis des laufenden Jahres betreffen, aber noch nicht bezahlt wurden.
**Rechnungshof,** Behörde zur Überprüfung des Rechnungswesens der öffentl. Verw.; die Mitgl. besitzen richterl. Unabhängigkeit. In der BR Dtld. bestehen der *Bundes-R.* u. *Landesrechnungshöfe.*
**Rechnungsjahr,** der nicht notwendig mit dem Kalenderjahr übereinstimmende Zeitraum, für den die Jahresrechnung (Bilanz, Etat) aufgestellt wird.
**Rechnungswesen,** Gesamtheit der zahlenmäßigen Aufschreibungen zur lückenlosen Erfassung u. planmäßigen Ordnung aller Mengen- u. Wertbewegungen in einem Unternehmen; gegliedert in Geschäfts- oder Finanzbuchhaltung, Betriebsbuchführung, Vergleichsrechnung, Vorschaurechnung.
**Recht,** die aufgrund der eth. Idee des R. u. der gesellschaftl. Kräfteverhältnisse allg. verbindl. geltende Regelung (Ggs.: Sitte, Gewohnheit, Herkommen) des äußeren zwischenmenschl. Verhaltens. R. im objektiven Sinn (*Rechtsordnung*) ist die Summe aller Rechtsnormen der sog. positiven Rechts einer *Rechtsgemeinschaft*; sowohl geschriebenes als auch ungeschriebenes R. Es ist sachl. u. inhaltl. Regelung von Rechtsverhältnissen (*materielles R.,* z.B. bürgerl. R.) oder Regelung der Durchführung oder Durchsetzung solcher Regelungen in bestimmten förml. Verfahren (*formelles R.,* z.B. die Prozeßordnungen). Nach Sachgebieten ist das objektive R. entspr. den von ihm geregelten Lebensbereichen in viele Spezialgebiete gegliedert. Diese werden meist zusammengefaßt in den beiden Hauptzweigen des *öffentl. R.* u. des *Privatrechts,* die einander jedoch in vielen Bereichen überschneiden. Das R. im subjektiven Sinn (*Berechtigung*) ist eine aus dem objektiven R. fließende Befugnis (*Anspruch*) von Mitgl. der Rechtsgemeinschaft mit Rechtsfähigkeit. Subjektive R. sind z.B. Persönlichkeitsrechte u. familienrechtl. Befugnisse). – ▣ → S. 738
**Rechteck,** Parallelogramm mit 4 gleichen Winkeln.
**Rechtfertigung,** zentraler Begriff der paulin. u. der ev. Theologie. Er besagt, daß Gott den sündigen Menschen nicht verwirft, sondern um Christi willen in seine Gemeinschaft aufnimmt. Dies ist ein Akt der freien Gnade Gottes, durch keinerlei religiös-sittl. Leistung des Menschen bedingt.
**Rechtsaltertümer,** Quellen u. Gegenstände der *Rechtsgeschichte;* z.B. Rechtsbücher, sprachliche Formeln, Rechtssymbole.
**Rechtsanspruch,** rechtl. geschützte Befugnis, von einem anderen ein bestimmtes Tun, Dulden oder Unterlassen zu verlangen.
**Rechtsanwalt,** der rechtsgelehrte, freiberufl. *Anwalt,* der zur Wahrnehmung fremder Interessen als unabhängiges Organ der Rechtspflege berufen ist u. als Verteidiger, Beistand oder Bevollmächtigter in Rechtsangelegenheiten aufzutreten berechtigt ist; bedarf der Zulassung durch die Justizverwaltung. Standesorganisationen sind die *R.skammern.*
**Rechtsbehelf,** jede prozeßrechtl. Befugnis zur Durchsetzung eines Rechts; neben den → Rechtsmitteln auch Klage, Widerspruch, Verfassungsbeschwerde.
**Rechtsbeistand,** *i.e.S.* Person, der eine behördl. Erlaubnis zur geschäftsmäßigen Rechtsberatung erteilt ist, ohne daß sie als Rechtsanwalt, Prozeßagent oder dgl. zugelassen ist; *i.w.S.* jedermann, der in Rechtssachen Rat u. Hilfe leistet, z.B. Rechtsanwalt, Prozeßagent, Justitiar.
**Rechtsbeugung,** Verletzung des Rechts durch einen Richter, anderen Amtsträger oder Schiedsrichter bei der Leitung oder Entscheidung einer Rechtssache zugunsten oder zum Nachteil einer Partei; bedroht mit Freiheitsstrafe nicht unter einem Jahr.
**Rechtschreibung,** *Orthographie,* einheitliche Schreibung innerhalb eines Sprachgebiets. Der *Orthograph. Konferenz* gelang 1901 eine Einigung, die für Dtld., Österreich u. Schweiz anerkannt u. im »Duden« niedergelegt, seither aber oft angegriffen wurde. Änderungen werden seit 1950 im Sinn einer Vereinfachung angestrebt.
**Rechtsetzung,** Erlaß rechtl. verpflichtender Bestimmungen in der Rangfolge: Verfassung, Gesetz, Verordnung, Erlaß, Verfügung.

**Rechtsfähigkeit,** *Rechtspersönlichkeit,* die Fähigkeit, Träger von subjektiven Rechten u. Pflichten zu sein. Die bürgerl.-rechtl. R. wird von allen *natürl. Personen* mit der Vollendung der Geburt erworben, von *jurist. Personen* durch Erfüllung bestimmter gesetzl. Voraussetzungen.

**Rechtsgeschäft,** im Privatrecht eine Handlung, durch die Rechte begr., geändert oder aufgehoben werden. R. können *einseitig* (z.B. Testament) oder *mehrseitig* (z.B. Vertrag) sein.

**Rechtshängigkeit,** *Streithängigkeit,* das Schweben eines Rechtsstreits vor einem Gericht, beginnt in der Regel mit der Zustellung der Klage u. endet mit deren Rücknahme, der Entscheidung oder einem Vergleich; im Strafprozeß dauert sie vom Eröffnungsbeschluß bis zur Entscheidung oder bis zur Einstellung des Verfahrens.

**Rechtshilfe,** *Rechts- u. Amtshilfe,* gegenseitige Unterstützung der Behörden, auch versch. Behördenzweige.

**Rechtskraft,** im Prozeßrecht die Wirkung einer gerichtl. Entscheidung. Eine Durchbrechung der R. erfolgt durch das Wiederaufnahmeverfahren. Die R. bewirkt stets die endgültige Vollstreckbarkeit der Entscheidung.

**Rechtsmängel,** Beeinträchtigung des verkauften oder vermieteten Gegenstands durch Rechte Dritter, für die der Vertragspartner einzustehen hat.

**Rechtsmißbrauch,** Ausübung einer rechtl. Befugnis, die deren eigtl. Inhalt oder Sinn zuwiderläuft; erfolgt die Ausübung des Rechts nur zu dem Zweck, einem anderen zu schaden, so ist sie rechtswidrig.

**Rechtsmittel,** Rechtsbehelf gegen eine behördl. oder gerichtl. Entscheidung, deren Rechtskraft oder Verbindlichkeit durch die Einlegung des R. gehemmt wird. Alle R. können nur innerhalb bestimmter Fristen eingelegt werden. Die wichtigsten prozessualen R. sind *Berufung* u. *Revision* (bzw. *Rechtsbeschwerde*).

**Rechtsnachfolge,** *Sukzession,* Eintritt einer (auch jurist.) Person, des *Rechtsnachfolgers,* in die oder eine bestimmte Rechtsposition seines Rechtsvorgängers, wobei in der Regel die zu dieser Rechtsposition gehörigen Aktiva u. Passiva in vollem Umfang übernommen werden (*Gesamt-R., Universalsukzession*).

**Rechtsnormen,** logisch als Rechtssätze aufgebaute, abstrakte u. generelle Gebote u. Verbote des *positiven Rechts,* z.B. Rechtsgrundsätze allg. Art, Gewohnheitsrecht.

**Rechtsparteien,** die in der Regel auf Beharrung oder auf Wiederherstellung früherer polit.-gesellschaftl. Zustände abzielenden Parteien, deren Abg. in Parlamenten meist rechts sitzen (vom Präsidenten ausgesehen).

**Rechtspfleger,** Justizbeamte des gehobenen Dienstes, die selbst. u. weisungsunabhängig unter eig. Verantwortung im Rahmen des Ges. richterl. Aufgaben (bes. auf den Gebieten der Freiwilligen Gerichtsbarkeit, des Mahnverfahrens u. des Vollstreckungswesens) wahrnehmen.

**Rechtsphilosophie,** systemat. Beschäftigung mit den Grundfragen des Rechts (Gesetz, Gerechtigkeit u. deren Verhältnis zu den anderen Teilen der Rechtsidee, bes. zur Rechtssicherheit, ferner auch zur Billigkeit u. Zweckmäßigkeit; die Metaphysik u. Ethik des Rechts), meist weltanschaul. gefärbt.

**Rechtsprechung,** als *R. im materiellen Sinn (Jurisdiktion)* die Akte der Staatsgewalt, durch die Ungewißheit über das Recht durch einen unbeteiligten Dritten mit Anspruch auf Letztverbindlichkeit beseitigt wird. Die R. ist den Richtern anvertraut. Als *R. im formellen Sinn* der Ausspruch der in Entscheidungsform ergehenden Akte der Gerichte (Urteile, Bescheide, Beschlüsse, Verfügungen) u. deren Vorbereitung durch das Gericht.

**Rechtsstaat,** Staat, in dem die Einhaltung von Rechtsschranken bei der Ausübung der Staatsgewalt verfassungsrechtl. bes. garantiert ist u. in dem der einzelne bei unabhängigen Gerichten Schutz gegen Übergriffe der Staatsgewalt findet.

**Rechtsstreit,** *Rechtssache,* Streit zw. Partnern eines Rechtsverhältnisses.

**Rechtsweg,** im Verfassungs- u. Prozeßrecht der Weg zum Gericht, im dt. Recht urspr. nur der zur ordentl. Gerichtsbarkeit, nach dem GG dagegen außer diesem, dem *ordentl. R.,* auch der R. zu den Verw.-, Fin.-, Arbeits-, Soz.-, Disziplinar- u. Verfassungsgerichten. Wird jemand durch die öffentl. Gewalt in seinen Rechten beeinträchtigt, so ist stets ein R. gegeben (*Rechtsstaat*).

**Rechtswidrigkeit,** Unvereinbarkeit einer Handlung mit dem Recht. Sie ist Merkmal der *strafbaren* u. der *unerlaubten Handlung*.

**Rechtswissenschaft,** *Jurisprudenz, Rechtslehre,* kurz *Jura,* die Wiss. vom Recht. Vielfach versteht man unter R. nur die *Rechtsdogmatik,* d.h. die Erforschung des positiven Rechts durch dessen Aus- deutung mit den Methoden der Rechtsfindung u. durch systemat. Erfassen u. Verarbeiten seiner Quellen, Begriffe u. Rechtsinstitute unter Zugrundelegung allg. Grundbegriffe des Rechts, der *Allg. Rechtslehre*. Zur R. rechnet aber auch die Fortbildung u. Kritik des Rechts (die *Rechtspolitik*) aufgrund neuer Erkenntnisse von Rechtsphilosophie, -soziologie, -vergleichung u. polit. Wiss.

**Recife** [reˈsiːfi], fr. auch *Pernambuco,* Hptst. des NO-brasil. Staates Pernambuco, am Atlantik, 1,29 Mio. Ew.; 2 Univ.; kolonialzeitl. Kirchen, versch. Ind.; internat. Flughafen.

**Récital** [resiˈtal; das; frz.], *Récit,* im 17. Jh. Bez. in Frankreich für einen begleiteten Sologesang oder solist. Instrumentalvortrag; seit dem 19. Jh. Konzertveranstaltungen eines Instrumentalsolisten, besonders Virtuosen, z.B. die Klavierabende von F. *Liszt,* der den Begriff 1840 bei einem Londoner Konzert einführte.

**Reck,** von F. L. *Jahn* 1812 eingeführtes Turngerät; besteht aus einer glatten, runden, 28 mm starken u. 2,40 m langen, horizontalen Stahlstange, die an 2 senkr. am Boden verspannten Pfosten befestigt ist; Wettkampfhöhe 2,50 m.

*Reck: Turnübung mit Umgreifen (Griffwechsel)*

**Recklinghausen,** Krst. in NRW, im nördl. Ruhrgebiet, 118 000 Ew.; Ruhrfestspiele; Ikonenmuseum; Steinkohlenbergbau, Metall-, Masch.-, Textil- u. chem. Ind.; Hafen.

**Reclam,** Anton Philipp, *1807, †1896, dt. Verlagsbuchhändler; gründete 1828 in Leipzig die Verlagsbuchhandlung Philipp R. jun., die durch die 1867 gegr. Taschenbuchreihe »Universalbibliothek« weltbekannt geworden ist.

**Reconquista** [-ˈkista], Kampf der Christen in Spanien gegen die Araber, der mit dem Sieg *Pelayos* bei Covadonga 722 begann u. mit der Eroberung Granadas durch die Kath. Könige 1492 endete.

**Rectum,** Enddarm, Mastdarm.

**Recycling** [riˈsaikliŋ], Wiedereinführung von Alt- u. Abfallstoffen in den Stoffkreislauf, d.h. ihre Rückgewinnung u. Wiederverwertung; auch die Rückschleusung von Geld in den Wirtsch.-Kreislauf, aus dem es transferiert wurde.

**Redakteur** [-ˈtøːr], *Schriftleiter,* schweiz. *Redaktor,* festangestellter Mitarbeiter einer *Redaktion* bei Presse oder Rundfunk, auch in Buchverlagen; gestaltet Ztg., Ztschr., Sendungen bzw. Bücher inhaltl. u. stilist. bis zur Veröffentlichungsreife.

**Redding** [ˈrediŋ], Otis, *1940, †1967, US-amerik. Soulmusiker; gelangte erst nach seinem Tod zu Weltruhm.

**Redekunst** → Rhetorik.

**Redemptoristen,** kath. Kongregation, → Orden.

**Redford** [ˈredfəd], Robert, *18.8.1937, US-amerik. Filmschauspieler u. Regisseur; Filme: »Der Clou«, »Der große Gatsby«, »Jenseits von Afrika«.

**Redgrave** [ˈredgreiv], Vanessa, *30.1.1937, engl. Schauspielerin; Filme u.a.: »Blow up«, »Julia«, »Wetherby«.

**redigieren,** bearbeiten, satzfertig bzw. (im Rundfunk) sendefertig machen.

**Rediskontierung,** *Rückdiskontierung,* Verkauf diskontierter Wechsel von Bank zu Bank.

**Rednitz,** Fluß in Mittelfranken, nach Vereinigung mit der *Pegnitz: Regnitz*.

**Redon** [rəˈdɔ̃], Bertrand-Jean, genannt *Odilon,* *1840, †1916, frz. Lithograph u. Maler; symbolist. Visionen; Vorläufer der Surrealisten.

**Redoute** [reˈduːtə], **1.** Tanzfest, Maskenball. – **2.** Schanze, deren Brustwehren nach allen Seiten gerichtet sind u. deren Linienführung nur nach außen springende Winkel aufweist.

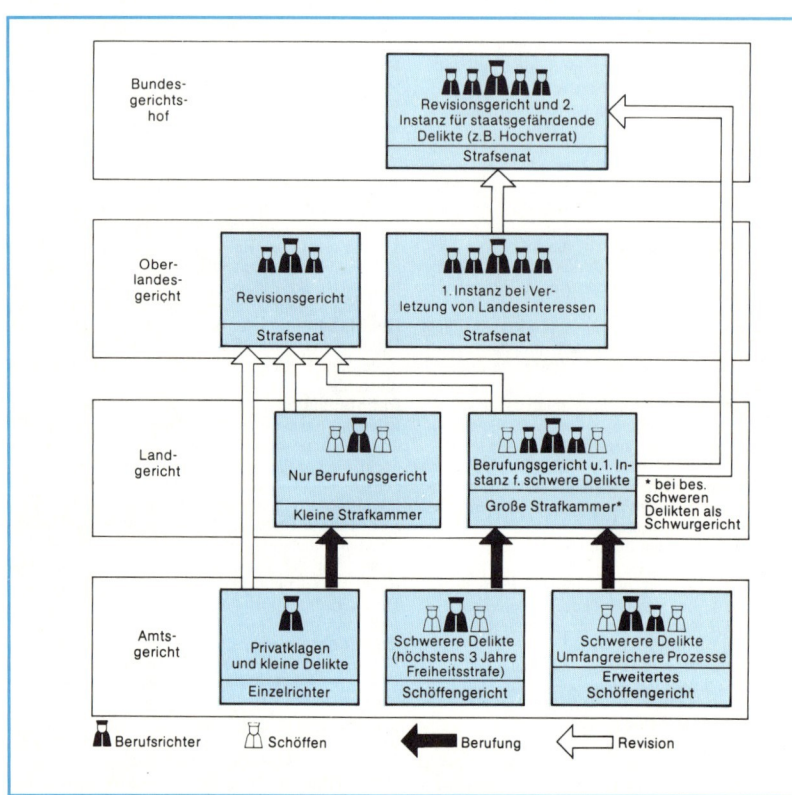

*Recht: Aufbau der ordentlichen Gerichte in der Bundesrepublik Deutschland*

| Rohstoffe | Verbrauch in der Europäischen Gemeinschaft (Mill. t/Jahr) | Mögliche Rückgewinnung (Mill. t/Jahr) |
|---|---|---|
| Eisen | 136,8 | 10–20 |
| Nicht-Eisen-Metalle | 9,2 | 1–2 |
| Papier | 30,3 | 20 |
| Textilien | 2,7 | 2 |
| Glas | 13,7 | 6 |
| Kunststoffe und Gummi | 14,1 | 4,6 |

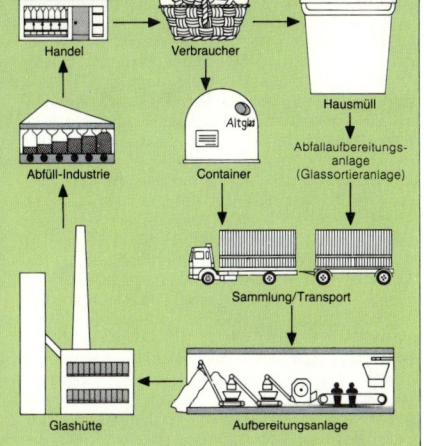

*recyclingfähige Rohstoffe (oben) und schematische Darstellung des Recycling am Beispiel des Altglases*

**Red River of the North** [´rɛd ´rivər əv ðə ´nɔːθ], Fluß in den nördl. USA, 1200 km.
**Red River of the South** [´rɛd ´rivər əv ðə ´sauθ], r. Nbfl. des Mississippi, 2045 km.
**Reduktion, 1.** Zurückführung, Herabsetzung, Einschränkung, Minderung. – **2.** rückschreitende Umwandlung von Organen im Lauf der Stammesgeschichte; *R.steilung* → Reifeteilung. – **3.** Entzug von Sauerstoff oder Aufnahme von Wasserstoff. Ggs.: *Oxidation*.
**Redundanz,** Weitschweifigkeit, Informationsüberschuß; Nachricht, die keinen Informationswert hat u. deshalb überflüssig (redundant) ist.
**reduzieren,** zurückführen, einschränken, mindern.
**Redwood** [´rɛdwud] → Mammutbaum.
**Reed** [riːd] Sir (seit 1952) Carol, *1906, †1976, engl. Filmregisseur; W »Der dritte Mann«, »Unser Mann in Havanna«.
**Reede,** Ankerplatz für Seeschiffe; *offene R.* (Außen-R.) wenig, *innere R.* (Binnen-R.) etwas geschützt; dient als Vorhafen oder als Hafenersatz.
**Reederei,** *i.e.S.* Erwerbsgesellschaft bei der mehrere Personen ein ihnen gemeinschaftl. zustehendes Schiff zum Erwerb durch die Seeschiffahrt für gemeinsame Rechnung erwerben; *i.w.S.* das Gewerbe, das die Beförderung von Personen u. Gütern mittels Seeschiffen mit kaufmänn. Zielsetzung betreibt.
**reell,** tatsächlich, wirklich; redlich, zuverlässig.
**reelle Zahlen,** alle Zahlen, die durch ganze Zahlen oder (in dezimaler Schreibweise) durch eine endl. oder unendl., period. oder nicht-period. Dezimalzahl dargestellt werden können; umfassen die *rationalen* u. die *irrationalen* Zahlen.
**Reep,** Schiffstau, Seil, starke Leine. – **Reeperbahn,** Seilerbahn; Straße im Hamburger Vergnügungsviertel St. Pauli.
**REFA,** Abk. für *Reichsausschuß für Arbeitsstudien* (seit 1924); seit 1951 *Verband für Arbeitsstudien u. Betriebsorganisation e.V.,* Sitz: Darmstadt; von Arbeitgeberverbänden u. Gewerkschaften unterstützter Verband zur Förderung arbeitswiss. Grundlagenforschung u. zur Ausarbeitung von Verfahren für Arbeitsstudien.
**Refaktie, 1.** Vergütung für schadhafte oder unbrauchbare Teile einer Warenlieferung. – **2.** teilw. oder gesamte Rückvergütung der Frachtkosten.
**Refektorium,** *Rem(p)ter,* Speisesaal in Klöstern, meist als zweischiffiger Raum gestaltet.
**Referat,** Vortrag, Fachberichterstattung; Arbeitsgebiet eines *Referenten*.

**Referendar,** der nach Ablegung der 1. Staatsprüfung oder einer Diplomprüfung im Vorbereitungsdienst für die höhere Beamtenlaufbahn stehende Akademiker (z.B. *Gerichts-R., Studien-R.*). Mit dem Bestehen der 2. Staatsprüfung wird der R. zum *Assessor* ernannt.
**Referendum,** Volksbefragung, Volksbegehren.
**Referent,** Berichterstatter, Sachbearbeiter in einer Behörde.
**Referenz,** Auskunft, Empfehlung.
**Reff,** *Reef,* der Teil der Segelfläche, um den sie bei Sturm zu verkleinern ist *(reffen).*
**Refinanzierung,** Aufnahme von Krediten, um Kredite gewähren zu können.
**reflektieren,** zurückstrahlen; nachdenken; etwas erstreben.
**Reflektor, 1.** Metallstab oder Fläche aus Draht, wird hinter einem Dipol befestigt u. verhindert den Empfang von elektromagnet. Wellen aus rückwärtiger Richtung. – **2.** Hohlspiegel, in dem Licht gesammelt u. in bestimmter Richtung zurückgesandt (reflektiert) wird. – **3.** Einrichtung in Kernreaktoren, die den Abfluß von Neutronen aus dem Reaktorkern stark vermindert.
**Reflex, 1.** Widerschein, Rückstrahlung. – **2.** zwangsläufig auf einen bestimmten Reiz eintretende Reaktion.
**Reflexion, 1.** Denken, Nachdenken. – **2.** Zurückwerfung eines Strahls (einer Welle) an der Grenzfläche des Stoffs, in dem er sich bewegt. Für die *reguläre R.* gilt das *R.sgesetz* (Einfall- gleich Ausfallwinkel). Durch die R. von Licht wird ein Körper erst sichtbar.
**Reflexivpronomen** → Pronomen.
**Reform,** erneuernde Umgestaltung, bes. von öffentl. Einrichtungen, die sich im Ggs. zur *Revolution* nicht in gewaltsamer Form vollzieht.
**Reformation,** allg.: Wiederherstellung, Erneuerung; Umgestaltung. In der Kirchengeschichte die durch M. *Luther,* H. *Zwingli* u. J. *Calvin* hervorgerufene Bewegung zur Erneuerung der Kirche, zur Entstehung neuer, vom Papsttum unabhängiger Kirchen führte. Innerkirchl. Mißstände sowie die soz. u. geistige Entwicklung seit dem Spät-MA hatten ihr den Boden bereitet. Die schwelende Unzufriedenheit wurde durch das Auftreten *Luthers* im Ablaßstreit u. die schnelle Verbreitung seiner Programmschriften zur Flamme entfacht. Der Großteil der weltl. Machthaber unterstützte Luther, teils auch aus polit. Gründen. V.a. aber wurde eine echte Volksbewegung zum Träger luth. Gedanken. Luthers Theol. wurde von zahlr. Predigern in Dtld. verbreitet, der Gottesdienst wurde umgestaltet, neue Formen des Gemeindelebens entwickelt. In dem Jahrzehnt zw. 1520 u. 1530 festigte sich die R. Das *Augsburg. Bekenntnis* 1530 stellte das Glaubensgut der 1529 gegen Mehrheitsbeschlüsse in religiösen Fragen Protestierenden fest. Die prot. Stände schlossen sich 1531 im *Schmalkald. Bund* zusammen. Kaiser Karl V. mußte 1532 im Nürnberger Religionsfrieden u. endgültig 1555 im Augsburger Religionsfrieden den Protestanten freie Religionsausübung zugestehen. Um 1561 war Dtld. zu ⁴/₅ prot. Doch gelang der kath. Kirche in den folgenden Jahrzehnten die Rückgewinnung mancher Gebiete (→ Gegenreformation). Im *Westfäl. Frieden* 1648 wurde der Bestand der Konfessionen garantiert.
In der dt. Schweiz führte *Zwingli* von Zürich, in der frz. Schweiz *Calvin* von Genf aus die R. durch. Eine Einigung zw. Luther u. Zwingli scheiterte an der unterschiedl. Abendmahlslehre.
Trotz der Unterschiede innerhalb der reformator. Bewegung des 16. Jh. gab es einheitl. Anliegen. Alle Reformatoren hoben die Bed. der Hl. Schrift als der grundlegenden Offenbarungsurkunde hervor, alle betonten die Souveränität Gottes im Zusammenhang der Lehre von Gnade u. Rechtfertigung, alle aktivierten das Bewußtsein vom allg. Priestertum der Gläubigen u. der christl. Verantwortung für die Welt.
**Reformationsfest,** Festtag in der ev. Kirche am 31. Okt. (auch am Sonntag danach) zum Gedenken an *Luthers Thesenanschlag* (1517).
**reformierte Kirche,** die auf das Reformwerk H. Zwinglis u. später J. Calvins zurückgehenden Kirchengemeinschaften (hpts. in der Schweiz, Frankreich, Holland, einigen Teilen Dtld.s, Schottland, Ungarn u. N-Amerika). Besonderheiten: Prädestinationslehre, die von der luth. Kirchen in Einzelheiten abweichende Abendmahlslehre, die strenge Kirchenzucht, die schlichte Gottesdienstform, die Leitung der Gemeinde durch Presbyterien u. der Kirche durch Synoden sowie eine starke polit. Aktivität. Die meisten r. K. sind im *Reform.*

*Reformation: Konfessionen um 1560*

*Regenbogen*

**Weltbund** (engl. *World Alliance of Reformal Churches*) zusammengeschlossen.
**Reformkonzilien,** Konzilien des 15./16. Jh., die z.T. auf der Grundlage des *Konziliarismus,* die abendländ. Schisma (1378–1417) beseitigen wollten u. eine Kirchenreform anstrebten: die Konzilien von Pisa (1409), Konstanz (1414–18), Pavia-Siena (1423/24), Basel (1431–37 bzw. 1449).
**Refrain** [rəˈfrɛ̃] → Kehrreim.
**Refraktion,** Strahlenbrechung des von den Gestirnen kommenden Lichts in der Erdatmosphäre. Infolge der unterschiedl. Dichte der versch. Luftschichten werden die Strahlen an den Grenzflächen der Schichten gebrochen u. aus ihrer urspr. Richtung abgelenkt. Die Höhe der Sterne über dem Horizont erscheint durch die R. vergrößert.
**Refraktometer,** opt. Meßgerät zur Bestimmung des Brechungsindex.
**Refraktor,** Fernrohr mit Objektivlinse.
**Réfugiés** [refyˈʒje], »Flüchtlinge«, die während der Religionsverfolgungen des 16. u. 17. Jh. aus Frankreich geflüchteten ca. 500 000 Protestanten (Hugenotten), die v.a. in den Niederlanden, Brandenburg, der Schweiz u. England Aufnahme fanden.
**Refugium,** Zufluchtsort.
**Rega,** Ostseezufluß in Pommern, 199 km, entfließt dem *Ritziger See* (poln. *Jeziero Resko*).
**Regal, 1.** Gestell mit Fächern (für Bücher oder Waren). – **2.** kleine, tragbare Orgel, meist in Tischform, die nur Zungenpfeifen mit kleinen Schallbechern aufweist; vom 15.–18. Jh. als Begleitorgel beliebt; auch ein Orgelregister.
**Regalien,** die schon seit fränk. Zeit ausgeübten königl. Hoheitsrechte, u.a. die königl. Verfügungsgewalt über das Reichskirchengut, über Herzogtümer, Markgrafschaften, Grafschaften, Reichsstädte, später alle nutzbaren Hoheitsrechte überhaupt, wie Gerichtsbarkeit, Zölle, Münz-, Geleits-, Jagd-, Berg- u.a. Rechte.
**Regatta,** Veranstaltung mit Wettfahrten von Ruder-, Segel-, Kanu- oder Motorbooten.
**Regel, 1.** Richtlinie; Vorschrift; das allg. Übliche; Norm. – **2.** → Menstruation. – **3.** im Unterschied zu *Gesetz* ein bloß tatsächlicher, nicht als notwendig erkannter, gleichförmiger, sich wiederholender Vorgang oder Sachverhalt. – **4.** für den Normalfall geltende Rechtsnorm, von der aufgrund von Ausnahmevorschriften abgewichen werden kann.
**Regelation,** das temperaturbedingte Auftauen u. Wiedergefrieren von Eis (bedeutsam für die Gletscherbewegung); das Auftauen u. Wiedergefrieren von Böden bei häufigem Frostwechsel.
**Regeldetri,** *Dreisatz(rechnung),* Verfahren zur Berechnung einer 4. Größe aus 3 gegebenen.
**Regelkreis,** in sich geschlossener Wirkungskreis, in dem eine bestimmte Größe durch Regeleinrichtungen (z.B. Rückkopplung) innerhalb gewisser Grenzen auf einem vorgegebenen Wert gehalten wird.
**Regelstudienzeit,** durch Prüfungsordnungen der Hochschulen bestimmter Zeitabschnitt, in dem ein erster berufsqualifizierender Abschluß erworben werden kann u. bei dessen Überschreitung Sanktionen einsetzen können.
**Regeltechnik,** ein moderner Zweig der Technik, der sich mit der Theorie u. der techn. Ausführung von automat. Regelungsvorgängen befaßt. Bei einer Regelung wird ein Zustand oder Vorgang, die *Regelgröße,* die einen momentanen Wert, den *Istwert,* hat, laufend gemessen u. von einem *Regler* dauernd auf einen bestimmten Wert, den *Sollwert,* den die Regelgröße haben soll, korrigiert; dadurch ist es möglich, etwaige Störungen, *Störgrößen,* die von außen einwirken, auszugleichen. Die zu regelnde Anlage ist der *Regelkreis.* Typische Regelgrößen sind z.B. Temperatur, Druck, Drehzahl, Durchlaufmenge. In komplizierten Regelkreisen werden im allg. heute → Prozeßrechner eingesetzt.
**Regelunterhalt,** der dem nichtehel. Kind von seinem Vater bis zur Vollendung des 18. Lebensjahrs zu zahlende Mindestunterhalt.
**Regen,** Bez. für flüssige Niederschläge; je nach der Größe der Tropfen beträgt die Fallgeschwindigkeit der R.s bis 8 m/s. Als *R.tag* gilt ein Tag mit mindestens 0,1 mm Niederschlag je Stunde.
**Regen, 1.** l. Nbfl. der Donau, 165 km, entspringt als *Schwarzer R.* im Böhmerwald, nimmt bei Kötzing den *Weißen R.* auf, mündet bei Regensburg. – **2.** niederbay. Krst. am Schwarzen R., 11 000 Ew.; Erholungsort; opt., Textil-, Glas- u. Holz-Ind.
**Regenbogen,** kreisförmiger Bogen in den Spektralfarben der Sonne, der auftritt, wenn bei Regen die Sonne scheint; entsteht durch Brechung u. Spiegelung der Sonnenstrahlen an den Regentropfen.
**Regenbogenhaut,** *Iris,* → Auge.
**Regenbogenpresse** (so ben. nach den mehrfarbigen Kopfleisten), unterhaltende Wochenzeitschriften; pflegen eine Art moderner Märchenwelt mit Themen aus Adel, Gesellschaft, Freizeit-Ind. u.ä.
**Regeneration, 1.** Wiedererzeugung, Wiedergewinnung. – **2.** das Vermögen vieler Organismen, verlorengegangene Teile zu ersetzen. Die R.sfähigkeit ist ein Beweis dafür, daß im Zellkern die gesamte genet. Information eines Lebewesens vereinigt ist. – **3.** Wiedergewinnung von noch verwendbaren Bestandteilen verbrauchter Stoffe; Beispiel: R. von Altöl.
**Regenmesser,** *Niederschlagsmesser, Pluviometer, Ombrometer,* Gerät zur Ermittlung der Niederschlagsmenge auf einer bestimmten Fläche in einer bestimmten Zeit.
**Regenpfeifer,** *Charadriidae,* Fam. kleiner, kräftig gebauter, z.T. auffällig gezeichneter Watvögel. Alle Arten sind Zugvögel.
**Regens,** Leiter einer kath. kirchl. Ausbildungsanstalt.
**Regensburg,** Hptst. des bay. Reg.-Bez. *Oberpfalz,* 124 000 Ew.; Univ.; Dom (13.–16. Jh.), Steinerne Brücke (12. Jh.), ehem. Benediktinerkloster St. Emmeram mit bed. Grabmälern, seit 1812 Residenz des Fürsten von Thurn u. Taxis; bed. Bauten des 13. u. 14. Jh.; versch. Ind. – Gesch.: Aus dem röm. *Castra Regina* entwickelte sich R. nach der Völkerwanderungszeit in Verbindung mit dem bay. Stammes-Hzgt.; kirchl. Mittelpunkt (*Bistum R.,* 739–1821); Handels- u. Verkehrszentrum, 1245 Reichsstadt. Seit der 2. Hälfte des 16. Jh. war R. die Stadt der Reichstage, 1663–1806 des »Immerwährenden Reichstags«; 1810 kam R. zu Bayern.
**Regent,** regierender Fürst; bes. der meist verfassungsrechtl. bestimmte Vertreter des Monarchen bei dessen Unmündigkeit oder Geschäftsunfähigkeit, in Ausnahmefällen auch bei langer Abwesenheit.

**Regenwald,** üppige Vegetation (Urwald) immerfeuchter, bes. der heißen Tropenklimate, wie im Amazonasbecken, in Zentralafrika u. Hinterindien; ferner die weniger üppigen Arten von Gebirgs-, subtrop., temperiertem immergrünem R. sowie Hartlaub-, Lorbeerwälder u. Mangrovegehölze; i.w.S. auch die borealen Nadelwälder.
Der trop. R. ist durch großen Artenreichtum u. einen meist dreistöckigen Aufbau gekennzeichnet. Im Waldinnern ist die Luft fast feuchtigkeitsgesättigt. Kennzeichnend sind zahlr. *Kletterpflanzen* (hpts. *Lianen*), die in ihrem Streben nach Licht ganze Baumkronen umspinnen können. Neben epiphyt. Moosen u. Flechten, die meist auf Blättern leben, gibt es zahlr. höher organisierte *Epiphyten,* die auf Ästen u. Stämmen siedeln u. bes. Einrichtungen zum Sammeln von Wasser u. Humus besitzen, z.B. Orchideen. Das organ. Material zersetzt sich rasch. Eine Humusschicht vermag sich daher nicht zu bilden. Der R. beeinflußt den Kohlenstoff-, Sauerstoff- u. Stickstoffkreislauf der Erde u. ist somit ein wichtiger Klimaregulator. In den letzten Jahren sind große Teile des R. abgeholzt bzw. abgebrannt worden; Auswirkungen auf das weltweite Klimageschehen sind zu befürchten.
**Regenwürmer,** *Lumbricidae,* Fam. der *wenigborstigen Ringelwürmer,* feuchtigkeitsbedürftige Bodenbewohner, die sich von Pflanzenteilen ernähren; Fortpflanzung als Zwitter, Regenerationsvermögen ist bei R. häufig. R. sind von Bedeutung für die Durchlüftung des Bodens u. für die Humusbildung.
**Regenzeit,** Zeit großer Niederschläge, bes. in den Tropen, in denen zweimal ein Maximum der Niederschläge fällt.
**Reger,** Max, *1873, †1916, dt. Komponist; schuf in der Nachfolge von J. *Brahms* eine harmon. überreiche Musik, nahm Anregungen des Impressionismus auf; Orgelwerke, Kammermusik, Chöre, Lieder.
**Regesten,** zeitl. geordnete Urkundenauszüge mit knappen Angaben über den Inhalt.
**Reggae** [ˈrɛgɛi], Musik der farbigen Stadtbevölkerung Jamaicas; zeichnet sich durch starke Betonung afro-amerik. u. karib. musikal. Elemente, bes. im Rhythmus, aus.
**Règgio di Calàbria** [ˈrɛddʒo-], Prov.-Hptst. in S-Italien u. Hafen an der Straße von Messina; 179 000 Ew.; Dom; Univ.; chem. u. Bekleidungs-Ind.; Obsthandel u. -verarbeitung.
**Règgio nell'Emìlia** [ˈrɛddʒo-], ital. Prov.-Hptst. in der Region Emilia-Romagna, 130 000 Ew.; roman. Dom; Landmaschinenbau.
**Regie** [reˈʒiː], im Theater, Film, Hörfunk u. Fernsehen die Tätigkeit des *Regisseurs:* Rollenbesetzung, Einrichtung u. Inszenierung eines Stücks.
**Regierung,** im modernen Verfassungsstaat die lenkende, planende, polit. gestaltende Tätigkeit der obersten Staatsorgane (im Ggs. zur verwaltenden u. zur richterl. Tätigkeit); in der BR Dtld. werden unter R. die *Bundes-R.* u. die *Länder-R.en* verstanden.
**Regierungsbezirk,** mittlerer staatl. Verw.-Bez., urspr. in Preußen, 1934–45 einheitl. für das ganze Dt. Reich; heute in 6 Ländern der BR Dtld. Leiter der Beamter des R. ist der *Reg.-Präs.*

*Regensburg*

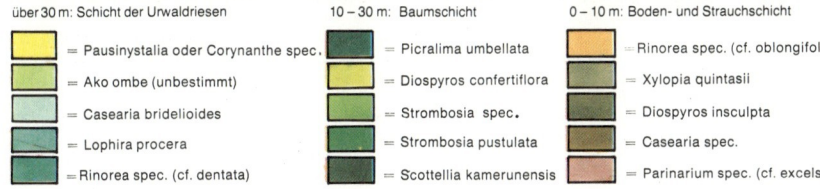

*Regenwald: Artenvielfalt und Stockwerke des tropischen Regenwaldes (vereinfachte Darstellung)*

**Regierungsrat, 1.** Amtsbez. für Beamte des staatl. höheren Verwaltungsdienstes. – **2.** *Conseil d'Etat, Consiglio di Stato,* in der Schweiz die Reg. eines Kantons, dt. auch deren einzelnes Mitglied.
**Regime** [re'ʒiːm], Regierung, Regierungsform, Regierungsstil.
**Regiment, 1.** Regierung, Herrschaft. – **2.** aus mehreren Bataillonen der gleichen Waffengatt. bestehender Verband bei Heer, Luftwaffe u. Marine.
**Regina** [ri'dʒainə], Hptst. der kanad. Prov. Saskatchewan, 175 000 Ew.; Univ.; Handelszentrum; landw. Ind.; Erdölraffinerien; Automobilbau; chem. Ind.
**Regiomontanus,** eigtl. Johannes *Müller,* *1436, †1476, dt. Mathematiker u. Astronom; gründete in Nürnberg die erste dt. Sternwarte, schuf die moderne Trigonometrie.
**Region, 1.** Gegend, Bereich. – **2.** in der Raumordnung ein Gebiet, das die Grundlage für gemeinsame Planungsvorhaben der betr. Gemeinden bildet; z.B. ein städt. Verdichtungsraum einschl. des auf ihn bezogenen agrar. Umlandes.
**Regisseur** [reʒi'søːr], *Spielleiter,* → Regie.
**Register, 1.** alphabet. Sach-, Personen- oder Ortsverzeichnis, das die Stellen angibt, wo das Stichwort im Text auftaucht. – **2.** öffentl. Urkundsbuch, in das für den Rechtsverkehr erhebl. Tatsachen eingetragen werden, z.B. Handels-, Schiffs-, Vereins-, Güterrechts-R., Grundbuch. – **3.** Einrichtung zur vorübergehenden Datenspeicherung in einer elektron. Datenverarbeitungsanlage. – **4.** das genaue Aufeinanderpassen der Satzspiegel der einzelnen Buchseiten. – **5.** bei der Orgel eine Reihe von Pfeifen gleicher Klangart. Die Orgel hat für jedes Manual u. das Pedal eig. R. – Bei der menschl. Stimme sowie bei Streich- u. Blasinstrumenten ist R. die Höhenlage, die je eine eig. Klangfarbe aufweist, z.B. beim Menschen die Brust-, Mittel- u. Kopf-(Falsett-)Stimme.
**registered** ['redʒistəd], Abk. *reg.* **1.** in ein *Register* eingetragen, gesetzl. geschützt. – **2.** auf Postsendungen: eingeschrieben.
**Registergericht,** Gericht der *Freiwilligen Gerichtsbarkeit* zur Führung von Urkundsbüchern, z.B. des Handels- u. Genossenschafts-, des Güterrechts- u. des Vereinsregisters. R. ist in der BR Dtld. das *Amtsgericht.*
**Registertonne,** Volumeneinheit für Handelsschiffe: 1 R. (RT) = 100 engl. Kubikfuß = 2,83 m³.
**Registrierballon,** unbemannter Luftballon mit selbstregistrierenden meteorolog. Meßinstrumenten; erreicht Höhen über 50 km.
**Registriergerät,** Meß- u. Schreibgerät zum fortlaufenden Aufzeichnen von Meßwerten wie Geschwindigkeiten, Drehzahl, Spannung, Strom, Druck in Abhängigkeit von der Zeit.
**Registrierkasse,** *Kontrollkasse,* Kasse, die selbsttätig addiert, den Rechnungsbetrag anzeigt u. ihn auf den Kassenzettel u. einen Kontrollstreifen verbucht.

**Reglement** [reglə'mã], die Gesamtheit aller geltenden Vorschriften für spezielle Gebiete (z.B. im Dienst- u. Arbeitsbereich, aber auch für sportl. Wettkämpfe).
**reglementieren,** etwas genau vorschreiben u. dadurch einschränken.
**Regler,** Vorrichtung, die den Wert einer physikal. Größe in Abhängigkeit von einer anderen steuert oder konstant hält, z.B. im Kfz u.a. Spannungs-R. der Lichtmaschine, Drehzahl-R., Bremskraft-R.
**Regnier** [re'nje:], Charles, *22.7.1915, schweiz. Schauspieler, verkörpert in Boulevardkomödien meist den Typ des Gentleman; auch Regisseur.
**Regnitz,** auch *Rednitz,* l. Nbfl. des Main, 68 km, entsteht durch Zusammenfluß von *Rednitz* u. *Pegnitz* bei Fürth, mündet bei Bamberg.
**Regreß,** *Rückgriff,* Ausgleichungs- oder Ersatzanspruch des R.-Berechtigten gegen jemanden, für oder an dessen Stelle er eine Schuld erfüllt hat, z.B. als Bürge, Gesamtschuldner oder Einlöser eines Wechsels; auch als Staat im Rahmen seiner Beamtenhaftung.
**Regression,** Rückzug des Meeres infolge aufsteigender Bewegung des Festlands oder Meeresspiegelsenkung.
**regulär,** der Regel entspr., üblich, gewöhnlich.
**Regulare,** Mitglied eines kath. Ordens nach Ablegung der Profeß.
**Regulation,** Fähigkeit von Organismen, auf Umweltstörungen u. Veränderungen im Körperinnern so zu reagieren, daß die Lebensprozesse dennoch unter annähernd konstanten Bedingungen ablaufen können.
**Regulativ,** Vorschrift, Verordnung, Verfügung, Geschäftsordnung.
**Regulator,** Wanduhr mit Gewichtsaufzug u. kompensiertem Pendel.
**regulieren,** regeln, ordnen; begradigen.
**Regulus,** α Leonis, Hauptstern im Löwen.
**Reh,** *Capreolus capreolus,* ca. 75 cm hohe Art der *Hirsche,* in 3 Unterarten über ganz Eurasien verbreitet; Farbe braun bis rostrot; lebt in Rudeln, oft als Kulturfolger. Jagdl. heißen: das männl. R. *Kitzbock, Spießbock* (1. Jahr), *Gabelbock* (2. Jahr) u. *Bock* sowie das weibl. R. entspr. *Kitzkalb, Schmal-R.* u. *Ricke.*
**Rehabilitation, 1.** Wiederherstellung der Leistungsfähigkeit u. Gesundheit eines durch Krankheit u. Unfallfolgen Geschädigten. Wichtige Teilbereiche sind Bewegungstherapie, Krankengymnastik u. Behindertensport. – **2.** Wiederherstellung des guten Rufs; Beseitigung des Makels einer Strafe durch beschränkte Auskunft aus oder Tilgung in dem Strafregister.
**Rehburg-Loccum,** Stadt in Nds., westl. des Steinhuder Meers, 9400 Ew.; Luftkurort; Ev. Akademie.
**Rehfisch,** Hans José, *1891, †1960, dt. Schriftst.; schrieb über 25 zumeist gesellschaftskrit. Stücke, auch Romane u. Hörspiele.

**Rehmke,** Johannes, *1848, †1930, dt. Philosoph; objektivist. Gegenstands- u. Bewußtseinslehre.
**Rehovot,** isr. Stadt südl. von Tel Aviv, 71 000 Ew.; Weizmanninstitut (naturwiss. Forschung).
**Reibahle,** Werkzeug zum Glätten u. Herstellen der vorgeschriebenen Maße (Paßmaße) von Bohrungen.
**Reibekuchen,** *Kartoffelpuffer,* flacher, in der Pfanne gebackener salziger Kuchen aus rohen, geriebenen Kartoffeln.
**Reibung,** Widerstand, der die Bewegung eines Körpers relativ zu einem anderen berührten Körper *(äußere R.)* oder die Bewegung von Teilen eines Stoffs gegeneinander *(innere R.)* zu hindern sucht.
**Reibungselektrizität,** durch Aneinanderreiben zweier Isolatoren entstehende Elektrizität; identisch mit der *Berührungselektrizität.*
**Reich,** allg.: Gebiet, Bereich, z.B. *Tier-R.;* nicht scharf abgrenzbarer Begriff für großräumiges Herrschaftsgebiet, das von einem übergeordneten Herrscher regiert wird, vielfach mit dem Anspruch auf Weltherrschaft verbunden *(Imperium).*
**Reich,** Wilhelm, *1897, †1957, östr. Psychoanalytiker u. Psychiater; Mitarbeiter *Freuds;* versuchte die Psychoanalyse mit marxist. Gesellschaftskritik zu verbinden *(Sexpol-Bewegung* 1931). W »Die Funktion des Orgasmus«, »Die Massen-Psych. des Faschismus«.
**Reichardt,** Johann Friedrich, *1752, †1814, dt. Komponist u. Musikschriftst.; schrieb zahlr. Werke der Orchester-, Instrumental- u. Kammermusik, Singspiele u. etwa 1000 Lieder.
**Reiche,** Anton Josef, *1770, †1836, frz. Komponist u. Musiktheoretiker böhm. Herkunft; Opern, Kammermusik.
**Reichenau,** Insel im westl. Bodensee, durch einen 2 km langen Damm mit dem Ufer verbunden, 4,3 km², 5000 Ew. Berühmte, um 724 durch den Wanderbischof Pirmin gegr. Benediktinerabtei, die vom 8.–11. Jh. eine Pflegestätte mittelalterl. Kunst war. Die karoling. Kirche *St. Georg* in Oberzell (890–896) enthält kostbare Wandmalereien aus ottoni. Zeit.
**Reichenbach,** *R./Vogtl.,* Krst. in Sachsen, 25 000 Ew.
**Reichenbach, 1.** Hans, *1891, †1953, dt.-amerik. Philosoph; Neopositivist, entwickelte eine Theorie der Wahrscheinlichkeit u. der Induktion. – **2.** Karl-Ludwig Freiherr von, *1788, †1869, dt. Industrieller u. Naturphilosoph; entdeckte das Paraffin, behauptete die Existenz einer bes. Naturkraft »Od«.
**Reichenberg,** tschech. *Liberec,* Stadt an der Lausitzer Neiße in N-Böhmen, 102 000 Ew.; HS für Maschinenbau u. Textilwirtsch.; histor. Bauten; Kfz-, Textil- u. Nahrungsmittel-Ind.
**Reichenhall,** *Bad R.,* oberbay. Stadt an der Saalach, am Fuß des *Predigtstuhls,* 18 000 Ew.; Heilbad; Salzgewinnung.
**Reichensperger,** August, *1808, †1895, dt. Politiker; Mitgr. der Zentrumspartei.
**Reichert,** Willy, *1896, †1973, dt. Schauspieler; trat bes. als schwäb. Humorist hervor.
**Reich Gottes,** Hauptbegriff der Verkündigung Jesu (Mark. 1,15), mit dem er das Wirken Gottes zum Heil der Menschen umschreibt: Gott will sein Regiment der Gerechtigkeit u. der Güte aufrichten.

*Reh-Familie*

**Reichow,** Hans Bernhard, *1899, †1974, dt. Architekt u. Stadtplaner.
**Reich-Ranicki** [-ran'itski], Marcel, *2.6.1920, dt. Schriftst. u. Lit.-Kritiker poln. Abstammung; umfassende u. krit. Darstellungen der zeitgenöss. Lit.
**Reichsadler,** Wappentier des röm.-dt. Reichs, bis 1806 als doppelköpfiger Adler; 1871–1945 für das Dt. Reich als einköpfiger Adler; 1949 für die BR Dtld. übernommen.
**Reichsämter, 1.** im röm.-dt. Reich die *Erzämter*. – **2.** im Dt. Reich 1871–1918 oberste Reichsbehörden unter der Leitung von *Staatssekretären*, dem Reichskanzler unterstellt; den heutigen Min. entspr.
**Reichsarchiv,** Archiv des Dt. Reichs in Potsdam, 1919 gegr. zur Sammlung u. Verw. des Urkunden- u. Aktenmaterials der Reichsbehörden; heute *Bundesarchiv* in Koblenz u. *Deutsches Zentralarchiv* in Potsdam.
**Reichsbahn** → Deutsche Reichsbahn.
**Reichsbanner, 1.** Hauptheerfahne des röm.-dt. Reichs; zeigte unter *Heinrich I.* u. *Otto I.* das Bild eines Engels; seit dem 13. Jh. war es gelb mit einem einköpfigen schwarzen Adler. – **2.** *R. Schwarz-Rot-Gold,* 1924 gegr. republikan. Wehrverband auf der Basis der Weimarer Koalition (SPD, DDP, Zentrum); 1932 Zusammenschluß mit den Freien Gewerkschaften zur »Eisernen Front« gegen den Rechtsradikalismus, 1933 verboten.
**Reichsdeputationshauptschluß,** Beschluß vom 25.2.1803 der letzten, außerordentl. *Reichsdeputation* des Regensburger Reichtags des Hl. Röm. Reichs Dt. Nation, durch den die Entschädigung der Fürsten, die infolge der Frieden von Basel u. Lunéville ihre linksrhein. Gebiete an Frankreich hatten abtreten müssen, festgesetzt wurde: 1. Aufhebung der meisten geistl. Fürstentümer; 2. Säkularisierung des Kirchenguts; 3. Mediatisierung der meisten Reichsstädte; 4. Neuschaffung der Kurfürstentümer Baden, Württemberg, Hessen-Kassel u. Salzburg.
**Reichsexekution, 1.** im 16. Jh. eingeführte Regelung, wonach Urteile des Reichskammergerichts mit Truppenhilfe durchgesetzt werden konnten. – **2.** im Dt. Reich seit 1871 der notfalls verfügbare Einsatz militär. Reichsgewalt zur Einhaltung der Reichsverfassung in den Ländern.
**reichsfrei,** *reichsunmittelbar, immediat,* im röm.-dt. Reich König u. Reich unmittelbar unterstehend.
**Reichsgericht,** höchstes Gericht der ordentl. Gerichtsbarkeit im Dt. Reich 1879–1945; Sitz: Leipzig.
**Reichshofrat,** neben dem *Reichskammergericht* oberstes Gericht des Kaisers im röm.-dt. Reich, bestand 1498–1806, Sitz: Wien; entschied in Angelegenheiten der Reichsunmittelbaren u. kaiserl. Privilegien.
**Reichsinsignien** → Reichskleinodien.
**Reichskammergericht,** höchstes Gericht im röm.-dt. Reich, bestand 1495–1806, Sitz: zunächst Frankfurt, 1526–1689 Speyer, dann Wetzlar. Das R. urteilte u.a. über Zivilsachen der Reichsmittelbaren u. war oberstes Appellationsgericht.
**Reichskanzler, 1.** im röm.-dt. Reich höchster Beamter des Reiches *(Erzkanzler).* – **2.** im Dt. Reich 1871–1918 der vom Kaiser ernannte, parlamentar. nicht verantwortl. einzige Minister; führte den Vorsitz im Bundesrat u. war meist gleichzeitig Min.-Präs. Preußens. – **3.** in der Weimarer Rep. 1919–33 der vom Vertrauen des Reichstags abhängige, vom Reichspräs. zu ernennende Chef der Reichsregierung. Er bestimmte die Richtlinien der Politik. – **4.** *Führer u. R.,* 1934–45 Amtsbez. *Hitlers,* der durch Ges. vom 1.8.1934 in seiner Person die Ämter des Staatsoberhaupts u. des Regierungschefs vereinigte.
**Reichskirche,** ähnl. der *Staatskirche* oder *Nationalkirche* eine Kirche, die unter der Hoheit bzw. unter dem Einfluß eines Reichs steht. Die Geschichte der R. beginnt mit der Einordnung der christl. Kirche in das Röm. Reich durch Konstantin d. Gr. 313 u. mit der Proklamation des Christentums zur alleinigen Staatsreligion durch Theodosius I. 380. Unter Karl d. Gr. wurde die R. erneuert. Otto d. Gr. baute die R. als Gegengewicht gegen die Herzogsgewalt weiter aus. Das System gründete auf der Verfügungsgewalt des Königs über das Kirchengut u. auf der *Investitur* der Bischöfe (u. Äbte) durch den König. Der *Investiturstreit* erschütterte dieses System. Durch die Reformation erfuhr die R. eine weitere nachhaltige Schwächung. Der Reichsdeputationshauptschluß 1803 führte zum Ende des Hl. Röm. Reichs Dt. Nation u. der damit verbundenen R.
**Reichskleinodien,** *Insignien,* Hoheitszeichen u. Krönungsschmuck der röm.-dt. Kaiser u. Könige bis 1806 (u.a. Krone, Reichsschwert, Krönungsmantel), in Wien aufbewahrt.
**Reichskonkordat,** der am 20.7.1933 zw. dem Hl. Stuhl u. dem Dt. Reich abgeschlossene völkerrechtl. Vertrag. *Hitler* brauchte das R. als außenpolit. Erfolg, um die Bedenken der kath. Kreise gegen das neue Regime zu überwinden. Das R. sicherte die Freiheit der Religionsausübung, beschränkte andererseits die Organisations- u. Vereinstätigkeit auf kulturelle, religiöse u. karitative Zwecke. – Vom nat.-soz. Staat wurde das R. fast von Anfang an verletzt. Allerdings gab das R. Rom die Möglichkeit zu Protesten. Die Fortgeltung des R. für die BR Dtld. wurde 1957 vom Bundesverfassungsgericht festgestellt.
**Reichsland, 1.** Bez. für ein Territorium des röm.-dt. Reichs. – **2.** 1871–1918 Bez. für *Elsaß-Lothringen* als reichsunmittelbares Gebiet (nicht Bundesstaat).
**Reichsmark,** Abk. *RM,* 1924–48 dt. Währungseinheit, 1 RM = 100 *Reichspfennig (Rpf.).*
**Reichsnährstand,** nat.-soz. Zwangsorganisation aller landw. Erzeuger u. der ihre Erzeugnisse verteilenden u. verarbeitenden Betriebe (1933–45).
**Reichspost,** *Deutsche R.,* die reichseig. Postverwaltung bis 1945; begr. durch das R.gesetz von 1871, mit dem die Post des Norddt. Bundes u. Badens an das Reich überging; 1920 folgten die bay. u. württ. Landespostverwaltungen.
**Reichspräsident,** Staatsoberhaupt des Dt. Reichs 1919–34. Der R. wurde auf 7 Jahre vom Volk gewählt u. war mit wichtigen Befugnissen ausgestattet (militär. Oberbefehl, Recht zur Auflösung des Reichstags u. zur Verhängung des Ausnahmezustands), deren Ausübung 1930–33 die parlamentar. Demokratie der Weimarer Verf. in eine *Präsidialdemokratie* autoritärer Prägung überleitete. R. waren *F. Ebert* (1919–25) u. P. von *Hindenburg* (1925–34). *Hitler* vereinigte 1934 die Ämter des R. u. des Reichskanzlers in seiner Person.
**Reichsrat, 1.** die 2. Kammer des Dt. Reichs 1919–34; Vertretung der Länder bei Gesetzgebung u. Verwaltung. – **2.** Mitgl. der bay. *Kammer der Reichsräte* (1818–1918 die 2. Kammer Bay., ständisch zusammengesetzt). – **3.** das östr. Parlament 1867–1918 (1. Kammer: *Herrenhaus,* 2. Kammer: *Abgeordnetenhaus).*
**Reichsreform,** Bestrebungen im 15. u. 16. Jh., die eine neue Verfassung des röm.-dt. Reichs zum Ziel hatten. Ritterschaft, Bürgertum u. Bauern erstrebten eine Stärkung, die Territorien jedoch eine Schwächung der kaiserl. Zentralgewalt. Daran scheiterten die Reformbestrebungen. Bleibende Ergebnisse der R. waren u.a. der *Ewige Landfriede* u. das *Reichskammergericht* (1495), die Gliederung des Reichs in *Reichskreise* (1500 u. 1512).
**Reichsregierung,** das Reichskabinett des Dt. Reichs 1919–45, bestand aus dem Reichskanzler u. den Reichsmin., die vom Reichspräs. berufen u. bis 1933 dem Reichstag verantwortl. waren.
**Reichsritterschaft,** im röm.-dt. Reich die unmittelbar dem König u. Reich unterstehenden Ritter, die dem niederen Adel angehörten, ohne Sitz u. Stimme im Reichstag.
**Reichsstädte,** im röm.-dt. Reich unmittelbar Kaiser u. Reich unterstehende Städte mit Sitz u. Stimme auf den Reichstagen. 1803–10 wurden alle R. mediatisiert; 1815 erhielten Hamburg, Bremen, Frankfurt a. M. (bis 1866) u. Lübeck (bis 1937) ihre Selbständigkeit zurück.
**Reichstadt,** Napoléon Franz Joseph Karl Herzog von, von den Bonapartisten *Napoleon II.* gen., *1811, †1832, einziger Sohn Napoleons I. u. Marie-Louises von Österreich.
**Reichstag,** Name von Parlamenten oder Parlamentskammern: 1. im röm.-dt. Reich die Vertretung der Reichsstände, seit 1663 als »Immerwährender R.« in Regensburg; 2. im Dt. Reich 1871–1918 die 1. Kammer des Parlaments mit den Aufgaben der Mitwirkung an der Gesetzgebung u. der allg. polit. Kontrolle; 3. in der Weimarer Rep. wie 2), darüber hinaus aber das eigtl. Gesetzgebungsorgan; 4. in der nat.-soz. Zeit formal wie 3), aber durch das Ermächtigungsgesetz bedeutungslos. – Als R. bezeichnet man im Deutschen auch die Parlamente Finnlands *(Eduskunta)* u. Schwedens *(Riksdag).*
**Reichstagsbrand,** Brand des Reichstagsgebäudes in Berlin am 27.2.1933. Die nat.-soz. Staatsführung behauptete, der R. habe als Fanal für einen kommunist. Umsturzversuch dienen sollen, u. schuf sich mit der Notverordnung vom 28.2.1933 eine Handhabe zur Unterdrückung der Opposition, bes. der KPD. Gegner des Regimes beschuldigten ihrerseits die Nationalsozialisten der Brandstiftung. Im *R.-Prozeß* (21.9.–23.12.1933) vor dem Reichsgericht wurde der Holländer M. van der *Lubbe* zum Tod verurteilt; die mitangeklagten kommunist. Politiker (u.a. G. *Dimitroff)* mußten freigesprochen werden.
**Reichstein,** Tadeusz, *20.7.1897, schweiz. Chemiker poln. Herkunft; erhielt für Isolierung von Nebennierenrindenhormonen (Cortison) den Nobelpreis 1950.
**reichsunmittelbar** → reichsfrei.
**Reichsverfassung,** 1. die von der Frankfurter Nationalversammlung 1849 beschlossene Verfassung (blieb unwirksam); 2. die Verfassung des Dt. Reichs vom 16.4.1871; 3. die Verfassung des Dt. Reichs vom 11.8.1919, beschlossen von der Nationalversammlung in Weimar.
**Reichsversicherungsordnung,** Abk. *RVO,* vom 19.7.1911 in der Fassung vom 15.12.1924, regelt die Sozialversicherung für Krankheit u. Unfall u. die Arbeiterrentenversicherung.
**Reichsverweser, 1.** *Reichsvikar,* im röm.-dt. Reich Vertreter des Kaisers (Königs) bei Minderjährigkeit, Verhinderung, Tod (bis zur Neuwahl). – **2.** der von der Frankfurter Nationalversammlung 1848 als Inhaber der vorläufigen Zentralgewalt gewählte Erzherzog *Johann* von Österreich. – **3.** in Ungarn 1444–52 Titel des János *Hunyadi,* 1920–44 Titel des Staatschefs Admiral M. *Horthy.*
**Reichswehr,** die nach den Bestimmungen des Versailler Vertrags seit 1919 aus Berufssoldaten gebildeten dt. Streitkräfte, bestehend aus dem *Reichsheer* (100 000 Mann) u. der *Reichsmarine* (15 000).
**Reichwein,** Adolf, *1898, †1944 (hingerichtet), dt. Pädagoge; Sozialdemokrat, Widerstandskämpfer, Mitgl. des *Kreisauer Kreises.*
**Reid** [ri:d], Thomas, *1710, †1796, schott. Philosoph; Begr. der *Schott. Schule,* kritisierte den Skeptizismus D. *Humes.*
**Reif,** dünner Eisbelag am Erdboden oder an Gegenständen in Bodennähe; entsteht, wenn der Taupunkt der Luft unter dem Gefrierpunkt liegt u. die bodennahe Luftschicht durch Ausstrahlung des Erdbodens unter den Taupunkt abgekühlt wird.
**Reifen,** Teil eines Rads, der die Felgen umfaßt; besteht z.B. beim Fahrrad u. Kraftfahrzeug aus Gummischlauch u. Decke (Mantel) bzw. nur Decke *(schlauchloser R.).* Der *Schlauch* enthält die unter Druck stehende Luft, der *Mantel* bildet die schützende Außenhülle. Bei *schlauchlosen Reifen* (bei Personenwagen überwiegend) übernimmt der Mantel auch die Aufgabe des Schlauchs zus. mit der Felge.
**Reifeprüfung,** *Abitur, Matur(a),* Abschlußprüfung der 9stufigen höheren Schulen, durch die die Berechtigung zum Hochschulstudium erworben wird; seit 1965 auch als fachgebundene Hochschulreife möglich.
**Reifeteilung,** *Reduktionsteilung, Meiose,* die beiden Kern- u. Zellteilungen, die der Ausbildung der Geschlechtszellen vorausgehen. – B → Genetik.
**Reifrock,** Mitte des 16. Jh. in Spanien aufgekommener, durch Stäbchen u. Fischbein versteifter, abstehender Unterrock; später im Rokoko beliebt *(Krinoline).*
**Reigen,** sehr alte Tanzformen; in der Antike als Chortanz.
**Reihe,** math. Begriff: Eine R. entsteht aus einer *Folge* durch Summierung der Glieder. Sie heißt je nach der erzeugenden Folge *endlich* oder *unendlich.* Hat die Folge der Teilsummen (der Summen der *n* ersten Glieder) einen *Grenzwert,* so heißt die R. *konvergent* u. der Grenzwert *Summe der R.* Existiert kein Grenzwert, so heißt die R. *divergent.* – Bei der *arithmet. R.* ist jedes Glied das arithmet. Mittel seiner benachbarten Glieder. Die Differenz zweier benachbarter Glieder ist konstant. Bei der *geometr. R.* ist jedes Glied das geometr. Mittel seiner benachbarten Glieder. Der Quotient zweier benachbarter Glieder ist konstant.
**Reihenschaltung,** *Hintereinanderschaltung, Serienschaltung,* Verbindung mehrerer elektr. Geräte in einer fortlaufenden Reihe.
**Reiher,** *Ardeidae,* Fam. der *Schreivögel,* Storchvögel mit langem, kantigem Schnabel. Einheim.

*Reims: Kathedrale*

sind: *Grau-R. (Fisch-R.), Rohrdommel* u. *Zwergrohrdommel*; weitere bek. Arten: *Nacht-R., Purpur-R., Kuh-R., Seiden-R., Silber-R.* sowie *Kahnschnabel.*

**Reiherente,** in N-Dtld. brütende, von Island bis N-Sibirien verbreitete schwarzweiße *Tauchente* mit Federbusch am Hinterkopf.

**Reiherschnabel,** *Erodium,* Gatt. der *Storchschnabelgewächse;* vorw. im Mittelmeergebiet verbreitete Pflanzen mit doldig oder einzeln stehenden Blüten, die rötl. oder bläul. Blumenblätter tragen.

**Reim,** die lautliche Übereinstimmung zweier Wörter vom letzten betonten Selbstlaut ab (z.B. T-ór/zuv-ór); im Ggs. zur *Assonanz,* bei der nur die Selbstlaute, nicht aber die Mitlaute ident. sind (z.B. bot/log). Der R. tritt gewöhnl. nur im *Vers* auf (meist am Ende zweier Verse *[Endreim]),* ist aber kein notwendiger Bestandteil des Verses.

**Reimann,** Aribert, *4.3.1936, dt. Komponist u. Liedbegleiter; im Klanggestus u. der virtuosen Beherrschung H.W. Henze verwandt. Oper »Lear« 1978.

**Reimarus,** Hermann Samuel, *1694, †1768, dt. ev. Theologe u. Philosoph; übte vom Standpunkt einer deistischen Vernunftreligion Kritik an der Bibel.

**Reims** [rɛ̃s], frz. Stadt in der Champagne, 177 000 Ew.; kultureller u. wirtsch. Mittelpunkt der Region; Bischofssitz; Kathedrale Notre-Dame; Univ.; Champagnerherstellung u. -handel; versch. Ind. – R. war 988–1825 die Krönungsstadt Frankreichs.

**Reinbek,** Stadt in Schl.-Ho., an der Bille, 25 000 Ew.; Verlage; versch. Ind.

**Reinecker,** Herbert, *24.12.1914, dt. Drehbuchautor u. Schriftst.; bes. erfolgreich als Fernsehautor (»Der Kommissar«, »Derrick«).

**Reineclaude** [ˈrɛːnəˈkloːdə] → Reneklode.

**Reineke Fuchs,** ein im MA aus oriental. u. grch. Fabeln entwickeltes Tierepos mit satir. Einschlag; fr. Zusammenfassungen sind der lat. »*Isengrimus*« (um 1150), der frz. »*Roman de Renart*« (um 1200) u. der fläm. »*Van den vos Reinaerde*« (um 1250). Auf einer hochdt. Fassung des 16. Jh. fußte Goethes Epos »R.F.« 1794.

**Reinhardswald,** bewaldeter Höhenzug nördl. von Kassel, im *Staufenberg* 472 m; urwaldartiges Naturschutzgebiet.

**Reinhardt, 1.** Django, eigtl. Jean Baptiste R., *1910, †1953, frz. Jazzmusiker (Gitarre). – **2.** Max, eigtl. M. *Goldmann,* *1873, †1943, östr. Schauspieler, Regisseur u. Theaterleiter; 1905–32 Direktor des Dt. Theaters in Berlin; Mitgr. der Salzburger Festspiele; emigrierte 1938 nach Amerika.

**Reinheitsgebot** → Bier.

**Reinick,** Robert, *1805, †1852, dt. Maler u. Schriftst. des Biedermeiers.

**Reinig,** Christa, *6.8.1926, dt. Schriftst.; Gedichte u. Hörspiele (Grundthema: das Ausgeliefertsein an inhumane Mächte).

**Reinkarnation** [reˑin-], Wiederverkörperung der Seele von Gestorbenen.

**Reinkultur,** Züchtung *(Kultur)* von Mikroorganismen (Hefen, Bakterien, Viren) einer Art oder eines Stammes in bestimmten Nährlösungen oder auf speziellen Nährböden.

**Reinmar von Hagenau,** *Reinmar der Alte,* *um 1165, †vor 1210, mhd. Minnesänger; pflegte eine höfisch zuchtvolle Gedankenlyrik; erst Vorbild, dann Gegner *Walthers von der Vogelweide.*

**Reinmar von Zweter,** *um 1200, †nach 1252, mhd. Spruchdichter; vertrat die ständ.-ritterl. Ethik, wirkte auf den Meistergesang.

**Reis,** *Oryza,* in den Tropen heim. Gatt. der *Süßgräser.* Ungefähr ²/₃ der Menschheit ernährt sich hpts. von R. In Vorder- u. Hinterindien, dem Mal. Archipel, China u. Japan nimmt der R.bau die 1. Stelle in der Landw. ein. Den mit Bewässerung kultivierten R. der Tropen bezeichnet man als *Wasser-* oder *Naß-R.,* den in den trockneren Bergländern angebauten R. als *Berg-R.* Das R.korn, das einen hohen Nährwert besitzt, wird bei uns meistens im geschälten u. polierten Zustand gegessen, während in O-Asien nur unpolierter R. gehandelt wird. Mit dem Polieren werden die vitaminhaltigen Schichten des R.korns beseitigt. Der Genuß von poliertem Reis als Hauptnahrung führt zur *Beri-Beri-Krankheit.* Die größten R.produzenten sind China, Indien u. Indonesien.

**Reis,** Johann Philipp, *1834, †1874, dt. Lehrer; konstruierte 1861 Geräte zur elektr. Sprachübertragung, aus denen das Telephon hervorging.

**Reisebuchhandel,** Form des Buchhandels, bei der meist umfangreiche Werke durch Reisende unmittelbar an die Kunden vertrieben werden, gewöhnl. mit Teilzahlung.

**Reisegewerbe,** gewerbl. Betätigung im Umherziehen bzw. mit einem Verkehrsmittel. Erforderl. ist in der Regel eine Genehmigung in Form der *R.karte.*

**Reisescheck,** *Traveller-Scheck,* ein von Banken oder Sparkassen ausgestellter Scheck über einen festen Betrag, der an allen Bankplätzen eingelöst wird; erspart Mitnahme größerer Bargeldbeträge.

**Reisfink,** schwarz-weißgrauer, rotschnäbeliger *Prachtfink;* Stubenvogel.

**Reisig,** Dünnholz.

**Reisige,** im MA bewaffnete Dienstleute, später auch in der Bed. »Reiterei« im Ggs. zum Fußvolk.

**Reismelde,** *Quinoareis,* in Bolivien u. Peru angebaute Pflanze aus der Fam. der *Gänsefußgewächse,* deren Samen als Nahrungsmittel dienen.

**Reispapier,** Papier aus dem Mark der *Tetrapanax papyrifer;* zu Malereien mit Wasserfarben, in O-Asien auch als Kleiderstoff verwendet.

**Reißbrett,** rechtwinkl. Brett zum Aufheften von Zeichenpapier; Zeichengerät zum Ziehen von Strichen u. Kreisen mit Tusche ist die **Reißfeder.** Die Breite der Striche wird durch eine Schraube eingestellt. Für das Ziehen gerader, paralleler Striche u. zum Anlegen von Winkeln ist die **Reißschiene** angebracht. Eine Zusammenstellung versch. Zeichengeräte (Zirkel u. Reißfedern) für geometr. bzw. techn. Zeichnen ist das **Reißzeug.**

**Reißverschluß,** Verschluß für biegsame Stoffe mit zwei Reihen gegenüberstehender Zähne (Krampen), die durch einen Schieber ineinandergeschoben werden. Der R. wurde seit Mitte des

*Reis: bewässertes Feld mit jungen Pflanzen*

## Rektaklausel 743

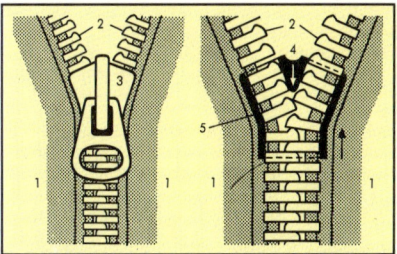

*Reißverschluß: 1 = Stoff, 2 = Krampenreihen, 3 = Schieber mit Zugschleife, 4 = Herzstück, das die Krampen auseinanderdrückt und so den Verschluß öffnet, 5 = Schieberleisten, die die Krampen zusammendrücken und den Verschluß schließen*

19. Jh. von mehreren Erfindern entwickelt u. ist seit etwa 1930 allg. gebräuchl. Ein Patent erhielt 1914 der schwed. Ing. Gideon *Sunback.*

**Reißwolle,** aus gebrauchter Wolle oder Wollabfällen durch Reißen gewonnenes Spinnmaterial für *Kunstwolle.*

**Reißzähne,** Backenzähne mit starker Scherwirkung im Gebiß von Raubtieren.

**Reiswein,** in Japan *(Sake)* u. China *(Chaosing)* beliebtes alkohol. Getränk.

**Reit im Winkl,** oberbay. Kurort u. Wintersportplatz südl. vom Chiemsee, 701 m ü.M., 2600 Ew.

**Reitkunst,** durch systemat. Schulung des Pferdes erreichte reiterl. Harmonie zw. Mensch u. Tier. Die R. entwickelte sich aus der (seit dem 3. Jt. v. Chr. bekannt) Verwendung von Pferden als Zug- oder Reittiere für die Jagd u. bes. für Kriege. Bei den Griechen der Antike wurden zuerst Wagenrennen gepflegt, später auch Pferderennen. Im MA wurden Reiterspiele v.a. von den Rittern auf Turnieren geübt. Im 16. Jh. entstanden in Spanien u. Italien neue Dressurmethoden, die bes. von der Span. Reitschule in Wien u. der frz. Kavallerieschule in Saumur zur *Hohen Schule* entwickelt wurden. Die Sportart, bei der v.a. die R. geprüft wird, ist die *Dressur.*

**Reitsch,** Hanna, *1912, †1979, dt. Fliegerin; stellte 1931 einen Dauersegelflug-Weltrekord für Frauen auf; seit 1934 Versuchspilotin.

**Reit- und Fahrturnier,** Veranstaltung mit Leistungsprüfungen für Reit- u. Wagenpferde.

**Reitz,** Edgar, *1.11.1932, dt. Filmregisseur. W »Heimat«.

**Reiz,** in der Biol. alles, was von außen her auf den Körper, seine Organe oder seine Zellen einwirkt. Die Fähigkeit der Zellen, den R. zu beantworten, ist die *R.barkeit.* Ob R. eine Reaktion auslöst, hängt davon ab, ob ein bestimmter Schwellenwert (**R.schwelle**) überschritten wird.

**Reizker,** *Milchling, Lactarius,* Gatt. der *Blätterpilze,* kenntl. an dem milchartigen Saft, der bei Bruch oder Verletzung des Pilzkörpers austritt. Ein wohlschmeckender Speisepilz ist der rötl.-gelbe *Edel-R.,* der fast ausschl. unter Kiefern wächst.

**Reizmittel,** Stoffe, die erregend auf Zellen, Organe oder den gesamten Organismus wirken; z.B. Alkohol, Tabak, coffeinhaltige Getränke.

**rekapitulieren,** zusammenfassend wiederholen.

**Reklamation,** Geltendmachen von Mängeln einer Sache oder eines Rechts.

**Reklame,** meist abwertend gebrauchte Bez. für Werbung.

**rekognoszieren,** für echt, richtig erklären; erforschen, aufklären.

**rekonstruieren,** den urspr. Zustand von etwas wiederherstellen; naturgetreu nachbilden.

**Rekonvaleszenz,** Genesung, die sich an eine (längere) Krankheit anschließende Zeit noch verminderter Leistungsfähigkeit.

**Rekonziliation,** Wiederaufnahme eines (religiös) Schuldigen in die kirchl. Gemeinschaft nach der Buße.

**Rekord,** bei einem sportl. Wettbewerb unter bestimmten Bedingungen aufgestellte u. von einer sportamtl. Stelle anerkannte Höchstleistung.

**Rekrut,** der zum Wehrdienst einberufene Soldat, in der ersten Zeit seiner Ausbildung.

**Rektaklausel,** *negative Orderklausel,* im Wertpapierrecht ein Vermerk wie »nicht an Order«. Eine R. des Ausstellers macht ein geborenes Orderpapier zum Namenspapier (**Rektapapier**).

**rektal,** vom Mastdarm *(Rectum)* aus, auf den Mastdarm bezüglich.
**Rektaszension,** Abk. *AR,* eine der Bestimmungsgrößen eines Sternorts im System des Himmelsäquators; wird vom Frühlingspunkt nach O gezählt (0–360° oder 0–24ʰ).
**Rektifikation, 1.** Berichtigung, Läuterung. – **2.** Reinigung u. Trennung von Flüssigkeiten durch Destillation. – **3.** math. Bestimmung der Länge eines Kurvenbogens.
**Rektor, 1.** 1. Vorsteher einer HS, je nach HS-Verfassung mit unterschiedl. Rechtsstellung; Amtsbez. an manchen HS *Präs.* – 2. Leiter einer mehrklassigen Grund-, Haupt-, Real- oder Sonderschule. – **2.** geistl. Vorsteher an einer kath. Kirche, die nicht Pfarr- oder Stiftskirche ist, oder an anderen kirchl. Instituten.
**Rektoskopie,** endoskop. Untersuchung (Spiegelung) des Mastdarms.
**Rekultivierung,** Wiedernutzbarmachung von Ödland durch Maßnahmen zur Bodenverbesserung, insbes. bei Bodenmaterial, das als Folge des Bergbaus umgelagert wurde.
**Rekurs, 1.** ältere Bez. für die förml. Beschwerde des dt. Verwaltungsrechts. – 2. Österreich: Rechtsmittel gegen Entscheidungen der Zivilgerichte u. einige Verfügungen der Verwaltungsbehörden. – 3. S c h w e i z : Rechtsmittel gegen Entscheidungen unterer Instanzen bei höheren Instanzen im Zivilprozeßrecht u. im Verwaltungsrecht.
**Relais** [rəˈle:], elektromechan. Bauteil, bei dem ein oder mehrere Kontakte durch einen Elektromagneten betätigt werden. Die Bez. R. wird i.w.S. auch gebraucht für *therm. R.* (Bimetallauslösung), für *Photo-R.,* bei denen Belichtung einen Stromstoß bewirkt, u. v.a. für *elektron. R.* wie Elektronenröhren u. Transistoren.
**Relation,** Beziehung, Verhältnis; Bericht.
**relativ,** verhältnismäßig; bedingt.
**relative Luftfeuchtigkeit** → Luftfeuchtigkeit.
**Relativismus,** Lehre, wonach es im Erkennen, Denken, Handeln, Werten kein Absolutes gibt, alle Erkenntnis vielmehr nur *relativ* gilt.
**Relativität,** Bezüglichkeit, Bedingtheit, bedingte Geltung.
**Relativitätstheorie,** von A. Einstein geschaffene Erweiterung der klass. Physik; wurde veranlaßt durch den negativen Ausgang des *Michelson-Versuchs.* Nach diesem Versuch pflanzt sich das Licht relativ zu einem bewegten Körper nach allen Seiten gleich schnell fort, im Widerspruch zur klass. Physik. Ein grundsätzl. Lösung brachte die *spezielle R.* (1905). Sie postuliert: die Lichtgeschwindigkeit ist von der Bewegung eines Systems unabhängig; es gibt keinen physikal. Versuch, durch den bei gleichförmig-geradlinig bewegten Bezugssystemen eine absolute Bewegung festgestellt werden kann; nur rel. Bewegungen sind beobachtbar; physikal. Ges. müssen vom Bezugssystem unabhängig sein *(invariant).* Folgerungen hieraus sind: einem ruhenden Beobachter erscheint eine Zeitspanne in einem bewegten System größer (→ Zeitdilatation), ferner erscheint ihm die Länge eines bewegten Gegenstands in Bewegungsrichtung verkürzt (Längenkontraktion). Zeit u. Raum sind also rel. Begriffe, ebenso die Masse *(m)* eines Körpers, die von seiner Geschwindigkeit *(v)* abhängt; sie nimmt gegenüber der Ruhmasse *(m₀)* nach dem Ausdruck

$$m = \frac{m_0}{\sqrt{1-\frac{v^2}{c^2}}}$$

zu; bei der Lichtgeschwindigkeit *(c)* würde sie unendlich groß werden, d.h. die Lichtgeschwindigkeit ist die größtmögl. Geschwindigkeit überhaupt, mit der Energie (Masse) transportiert werden kann. – Eine weitere Folgerung ist die Äquivalenz von Masse u. Energie $(E = m \cdot c^2)$.
Eine Erweiterung der speziellen R. auf beschleunigte Bezugssysteme ist die *allg. R.* (1915). Nach ihr ist es nicht möglich, die Wirkung von Gravitation u. Beschleunigung zu unterscheiden; vorausgesetzt ist die Wesensgleichheit von schwerer u. träger Masse. Folgerungen hieraus sind u.a.: 1. Ablenkung eines Lichtstrahles im Gravitationsfeld (z.B. der Sonne); 2. ein erweitertes Gravitationsgesetz in Form einer unendl. Reihe, deren erstes Glied mit dem Newtonschen Gravitationsgesetz identisch ist; 3. Rotverschiebung der Spektrallinien eines Sterns gegen die der gleichen Stoffe auf der Erde als Folge von (starken) Gravitationsfeldern. Der Weltraum ist geschlossen u. endlich, aber unbegrenzt; er ist nicht »eben«, sondern »gekrümmt«; die Anwesenheit von Materie beeinflußt die Raumstruktur.
**Relativpronomen,** bezügl. Fürwort (z.B. »der« in »ein Mann, der ißt«).
**Relegation,** Strafverweisung, z.B. eines Studenten von der HS. – **R.sspiel,** Qualifikationsspiel (z.B. im Fußball).
**relevant,** von Belang, erheblich, wichtig.
**Relief, 1.** die durch Höhenunterschiede bestimmten Oberflächenformen eines Ausschnitts der Erdoberfläche; auch verkleinerte Nachbildung eines solchen Gebiets mit der Darst. der Oberflächenformen, auch *Geländemodell* oder *Hochbild* genannt. – **2.** in der Kunst die sich plast. aus einer Fläche erhebende Darstellung. Je nach dem Grad, mit dem sich die Formen von der R.fläche abheben, unterscheidet man Hoch-, Halb- u. Flach-R.
**Reliefumkehr,** *Inversion,* Enstehung von Erhebungen wie z.B. Bergrücken, Massiven aus ursprüngl. tiefer liegenden Schichten von Mulden oder Gräben durch verstärkte Abtragung der urspr. Erhebungen.
**Religion,** Gottesfurcht, Scheu vor der Gottheit; System von Glaubensaussagen; zwei Grundmomente enthält in irgendeiner Form jede R.: einmal die Begegnung mit der Wirklichkeit des Heiligen, das als persönl. oder als nichtpersonale numinose Größe erfahren u. vorgestellt werden kann; zum anderen die Antwort des Menschen in Gestalt des Kultus, des Tanzes, des eth. Handelns u. des künstler. Ausdrucks. Zum Erscheinungsbild der R. gehört ferner ihre soziale Bezogenheit. – Die Einzel-R.en lassen sich vielfältig gliedern: nach ihren Grundstrukturen in Volks-R.en u. Universal-R.en; nach der Gottesauffassung in Dynamismus (Machtglaube), Dämonismus (Glaube an Geister u. Dämonen), Polytheismus, Monotheismus, Pantheismus; nach ihrem Ursprung in gewachsene u. gestiftete R.en; nach ihrer Frömmigkeit in myst. u. prophet. R.en. –

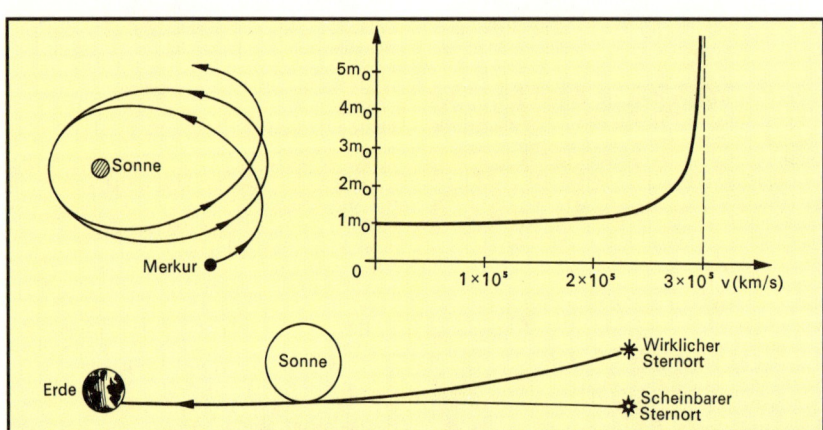

*Relativitätstheorie: Perihel-Drehung des Merkurs (oben links), Abhängigkeit der Masse von seiner Geschwindigkeit (oben rechts), Lichtablenkung durch die Sonne (unten)*

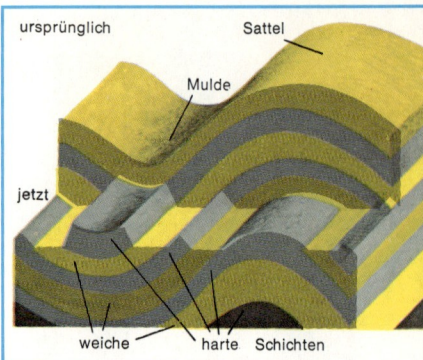

*Reliefumkehr*

Frühgeschichte u. Völkerkunde haben gezeigt, daß es keine Völker ohne R. gibt u., soweit erkennbar, auch nicht gegeben hat.
**Religionsedikt,** staatl. Verordnung zur Regelung der öffentl.-rechtl. Stellung einer Religionsgemeinschaft. Das *R. von Mailand (Toleranzedikt,* 313) stellte das Christentum den heidn. Kulten gleich. Das *R. von Worms* (1521) verhängte über Luther die Reichsacht.
**Religionsfreiheit,** das verfassungsrechtl. verbürgte Recht auf freies Bekenntnis zu einer Religion (Konfession, Weltanschauung) sowie zur freien Religionsausübung *(Kultusfreiheit).* Daraus ergeben sich u.a. die Ablehnung einer Staatskirche u. der Grundsatz des Zugangs zu öffentl. Ämtern unabhängig vom religiösen Bekenntnis.
**Religionsgesellschaften,** *Religionsgemeinschaften,* Vereinigungen von Angehörigen derselben oder verwandter Glaubensbekenntnisse zu gemeinsamer Religionsausübung in umfassendem Sinn. R. sind z.B. die christl. Kirchen, die Israeliten u. die Buddhisten. Die R. erwerben die bürgerl. Rechtsfähigkeit nach dem allg. Vereinsrecht. Die Eigenschaft als *Körperschaft des öffentl. Rechts* kann ihnen verliehen werden. In dieser verfassungsrechtl. Stellung sind den R. die *Weltanschauungsvereinigungen* (z.B. der Atheisten) grundsätzl. gleichgestellt.
**Religionskriege,** die aus unterschiedl. religiöser oder konfessioneller Überzeugung entstandenen Kriege, fast immer mit polit. Zielen verknüpft; z.B. die *Kreuzzüge* (gegen Moslems, »Heiden«, »Ketzer«), im 16. u. 17. Jh. die *Hugenottenkriege* u. der *Dreißigjährige Krieg.*
**Religionswissenschaft,** histor. u. systemat. Wiss. von den geschichtl. Religionen; umfaßt die allg. u. spezielle Religionsgeschichte u. die systemat. vergleichende R. Zur R. gehört auch die Religionssoziologie; nicht zur R. gehören Religionsphilosophie, Religionspsychologie u. Theologie.
**religiös,** die Religion betr.; gläubig, fromm.
**Religiosen,** Mitgl. eines Ordens oder einer religiösen Kongregation, die Gelübde abgelegt haben.
**Relikt,** Überbleibsel; in der Biogeographie Überrest einer altertüml., fr. weiter verbreiteten Art an begrenzten, isolierten Stellen *(lebendes Fossil),* z.B. Mammutbaum in Kalifornien, Brückenechse in Neuseeland.
**Reling,** *Reeling,* Geländer auf einem Schiffsdeck.
**Reliquiar,** *Heiligenschrein,* Behälter zur Aufbewahrung oder Schaustellung von Reliquien.
**Reliquien,** »Überreste« des Körpers eines Heiligen; i.w.S. alle Gegenstände, die von ihm zu Lebzeiten gebraucht wurden.
**Relish** [ˈrɛlɪʃ], engl. Würzsauce in versch. Geschmacksrichtungen; zu grilltem Fleisch u. zu Fondue.
**rem,** Abk. für engl. *rœntgen equivalent man,* auch *Rem,* veraltete biolog. Strahlendosiseinheit; seit 1986 ist die neue gesetzl. Einheit das *Sievert* (Sv): 1 Sv = 100 rem.
**Remagen,** Stadt in Rheinland-Pfalz, am Rhein, 14 000 Ew.; röm. Überreste, Rolandsbogen; Fremdenverkehr; Masch.-, Konserven-, Textil-Ind.
**Remake** [riˈmeɪk], Neuverfilmung eines bereits verfilmten Stoffs.
**Remarque** [rəˈmark], Erich Maria, eigtl. E. Paul *Remark,* *1898, †1970, dt. Schriftst.; gesellschafts- u. zeitkrit. Romane, von denen einige Welterfolge wurden. W »Im Westen nichts Neues«.
**Rembourskredit** [rãˈbuːr-], Form des Akzeptkredits im internat. Waren-, bes. Überseehan-

*Rembrandt: Selbstbildnis mit Palette. London, Kenwood House*

del, ermöglicht kapitalschwachen Kaufleuten Importgeschäfte *(Remboursgeschäfte)*.

**Rembrandt**, eigtl. *R. Harmensz van Rijn,* *1606, †1669, holl. Maler u. Graphiker; Sohn eines Müllers, war in der Lehre bei J.I. van *Swanenburgh* u. P. *Lastman.* 1626 begann R.s selbst. künstler. Tätigkeit. 1634 heiratete er Saskia van *Uijlenburgh,* deren Vermögen ihm zu Wohlstand verhalf. In den 1650er Jahren begann sein gesellschaftl. Niedergang, 1656 kam der finanzielle Zusammenbruch. R. starb in Armut u. Einsamkeit.
R. ist die wichtigste Erscheinung der holl. Kunst im 17. Jh. u. einer der bed. Repräsentanten der neueren abendländ. Malerei. In etwa 600 Gemälden, über 300 Radierungen u. mehr als 1500 Zeichnungen behandelte er sämtl. künstler. Stoffgebiete seiner Zeit. Dem Bildnis gab er eine unerreichte Differenzierung u. Tiefe. Seine zahlr. Selbstbildnisse sind eindrucksvolle Dokumente seiner Entwicklung zum Hintergründigen. Die Graphik, oft Vorarbeit zu Gemälden, erweist sich diesen meist als künstler. ebenbürtig.
R.s Malerei lebt von der meisterhaften Stoffbehandlung u. der spannungsvollen Hell-Dunkel-Wirkung. W »Nachtwache«, »Der Mann mit dem Goldhelm«, »Der Segen Jacobs« u.a.

**Remedium**, Arzneimittel, Heilmittel.
**Remigius**, *um 436, †533 (?), Bischof von Reims (seit 458); taufte 498/99 Chlodwig I. – Heiliger (Fest: 1.10).
**Remington** [-tən], Philo, *1816, †1889, US-amerik. Industrieller; stellte als erster Schreibmaschinen fabrikmäßig her.
**Reminiscere**, 5. Sonntag vor Ostern, 2. Fastensonntag (Anfangsworte des Introitus Ps. 25,6).
**Reminiszenz**, Erinnerung.
**remis** [rə'mi:], unentschieden (z.B. beim Schach).
**Remise**, Wagenschuppen, Geräteschuppen; Schutzgehölz.
**Remission**, Erlaß, Nachsicht; das Nachlassen von Krankheitssymptomen.
**Remittenden**, nicht verkaufte, vom Buchhändler dem Verleger zurückgeschickte Bücher oder Zeitschriften (auch »Krebse« gen.).
**Remittent**, Wechselnehmer, der erste Berechtigte aus dem Wechsel, an den die Wechselsumme gezahlt werden soll.
**Remonstranten** → Arminianer.
**Remoulade** [rəmu-], kalt zubereitete, dickflüssige, gewürzte Tunke aus Öl, Essig (Zitronensaft) u. Eigelb.
**Remscheid**, Industriestadt in NRW, südlich von Wuppertal, 121 000 Ew.; Werkzeugmuseum, Werkzeug-Ind.
**Remter**, *Rempter,* Refektorium (Speisesaal) einer Ordensburg.
**Remus**, Bruder des → Romulus.
**Ren** → Rentier.
**Renaissance** [rənɛ'sɑ̃s], italien. *Rinascimento,*

# RENAISSANCE

*Albrecht Dürer: Weiherhäuschen; Aquarell, um 1494/95*

*Sandro Botticelli: Der Frühling; 1477/78*

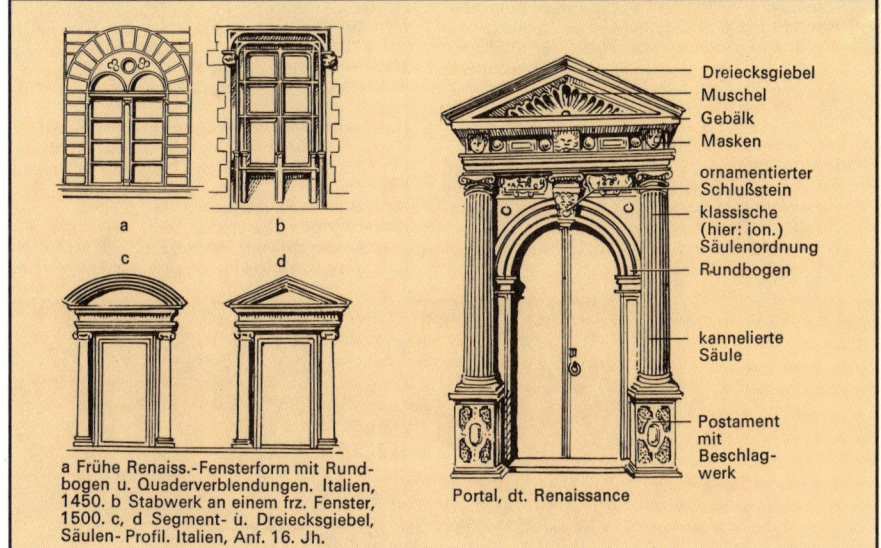
a Frühe Renaiss.-Fensterform mit Rundbogen u. Quaderverblendungen. Italien, 1450. b Stabwerk an einem frz. Fenster, 1500. c, d Segment- ü. Dreiecksgiebel, Säulen-Profil. Italien, Anf. 16. Jh.

*Bauelemente (links). – Hermann Wulff zugeschrieben, sog. »Hexenbürgermeisterhaus«; 1571. Lemgo (rechts)*

»Wiedergeburt«, die von Italien im 14. Jh. ausgehende, sich in sämtl. Lebens- u. Geistesbereichen vollziehende Kulturwende vom MA zur Neuzeit, begleitet vom *Humanismus* u. geschichtl. verbunden mit der *Reformation*. Sie bedeutet: Bewußtwerdung der Persönlichkeit, Ausbildung eines neuen Lebensgefühls unter Rückbesinnung auf antike Überlieferungen u. Streben nach objektiver Naturerkenntnis. Die Früh-R. umfaßt etwa die Zeit zw. 1420 u. 1500; die Hoch-R., in der sich die Ideen der R. am reinsten verwirklichen, geht in dem Jahrzehnt zw. 1520 u. 30 zu Ende u. mündet in die Spät-R. bzw. in den *Manierismus*.

In der Malerei fand die neue Weltsicht ihren Ausdruck zuerst in den Bildern *Giottos*. Felsen, Bäume u. Vögel traten an die Stelle der leuchtenden Goldgründe, die bis dahin die Malerei beherrschten. Zugleich gewannen die Körper der Dargestellten einen plast. Wert; sie erschienen als wirkl. menschl. Körper. In Florenz wirkten in gleichem Sinn seine Zeitgenossen u. Nachfolger A. *Orcagna, Fra Angelico, Masaccio*, P. *Uccello, Fra Filippo Lippi* u.a. In Venedig, das länger als Florenz dem byzantin. Einfluß von O geöffnet blieb, begann mit den Werken des späten G. *Bellini* u. des jungen *Giorgone* am Anfang des 16. Bh. das von der Farbe, nicht vom Zeichnerischen bestimmte klass. Zeitalter der venezian. Schule, die dann in *Tizian* ihren größten Repräsentanten fand.

Viele R.-Künstler waren Maler, Baumeister, Festungsing., Konstrukteure, Erfinder u. Bildhauer zugleich, die größten von ihnen, *Leonardo da Vinci* u. *Michelangelo*, vereinigten diese Berufe zu einmaliger Universalität.

Florenz war auch für die Baukunst Italiens Ausgangsort der Bestrebungen, das künstler. Formgut der Antike mit neuen Schönheitsidealen zu verschmelzen. Am Anfang des 15. Jh., 1418–33, entstand der erste große Zentralbau der R., die Florentiner Dom. Die Gruppierung einzelner Raumteile um einen von der Kuppel bekrönten Zentralbau wurde von da an eine der beliebtesten Bauideen u. gipfelte in dem 1506 begonnenen Neubau von St. Peter in Rom. Hauptmerkmal des R.-Palastes ist die blockhaft geschlossene Gesamtform.

Die Bildhauerkunst der ital. R. sah sich vor die gleichen Formprobleme gestellt wie die Malerei. Die Gestaltung der menschl. Figur zu einer vollplast. Erscheinung, die Annäherung an das Kunstideal der Antike, die wechselseitige Verbindung religiöser u. weltl. Motive fanden ihre erste Lösung bei J. della *Quercia* u. L. *Ghiberti*. Mit *Donatello* u. *Michelangelo* erfuhren Reiterdenkmal u. Grabmal monumentale Gestaltung.

Das Ideengut der R. u. ihre künstler. Zielsetzungen wurden auch in anderen Ländern Europas aufgenommen, doch geschah das erst um 1500.

Literatur. Das neue Lebens- u. Weltgefühl der R. u. die Ideen des *Humanismus* fanden auch in der Lit. ihren Niederschlag. Es entwickelte sich ein gelehrtes neulat. Schrifttum, v.a. aber eine volkssprachl. Dichtung, die bestrebt war, mit den Werken der Antike zu wetteifern. In Italien bildeten F. *Petrarca*, G. *Boccaccio*, L. *Ariosto* u. T. *Tasso* den Höhepunkt der R.-Dichtung. Die frz. Vertreter sind F. *Villon*, F. *Rabelais*, M.E. de *Montaigne* u. die Dichtergruppe der *Plejade*. Die wichtigste Gatt. in Spanien ist der Schelmenroman; weltbek. ist *Cervantes*' »Don Quijote«. In England brachte die R. einen Höhepunkt in der Entwicklung des europ. Dramas; die überragende Gestalt des sog. Elisabethan. Zeitalters ist *Shakespeare*.

Musik. Im 15. u. 16. Jh. fanden wie in den anderen Künsten auch in der Musik tiefgreifende Wandlungen statt. Sie äußerten sich in dem Streben nach Schönheit u. Klangfülle, in der sorgfältigeren Textdeklamation, in einprägsamer Affektdarstellung. Messe u. Motette waren die bevorzugten Gattungen. Im Madrigal des 16. Jh. trafen sich ndl. Tradition u. ital. Sensibilität. Neben der Vokalmusik entwickelte sich eine neue selbst. instrumentale Kunst.

Philosophie. Bedingt durch die Wiederentdeckung antiker Texte bildeten sich in der Philosophie eine neuplaton.-christl. (M. *Ficino*, G.G. *Plethon*) u. eine aristotel. Richtung (P. *Pomponatius*). In *Nikolaus von Kues* gelangte die Philosophie zu einer neuen Metaphysik, die in G. *Brunos* Monadenlehre weiterentwickelt wurde.

**Renan** [rəˈnã], Ernest, *1823, †1892, frz. Religionswiss. u. Schriftst.; schrieb histor.-krit. Arbeiten über das Leben Jesu u. die Ursprünge des Christentums.

**Renard** [rəˈnaːr], Jules, *1864, †1910, franz. Schriftst.; Roman »Rotfuchs«.

**Renaturierung**, Rückverwandlung einer stark gestörten Kulturlandschaft mit naturfremden Pflanzengesellschaften in eine Naturlandschaft.

**Renault** [rəˈnoː], Louis, *1843, †1918, frz. Rechtswiss.; Richter am Internat. Gerichtshof in Den Haag; Friedensnobelpreis 1907.

**Rendement** [rãdəˈmã], Ertrag, Ausbeute; bei Rohwolle Anteil der reinen Wollsubstanz.

**Rendezvous** [rãdeˈvu], **1.** Verabredung, Stelldichein. – **2.** Begegnung künstl. Erdsatelliten im Weltraum.

**Rendite**, Verzinsung eines Wertpapiers in v.H. des Kurswerts.

**Rendsburg**, Krst. in Schl.-Ho., am Nord-Ostsee-Kanal, 31 000 Ew.; histor. Kirchen u. Gebäude, Werft-, Hütten- u. versch. Ind.; Eisenbahn- u. Straßenhochbrücke über, Straßentunnel unter dem Kanal.

**Renegat**, Abtrünniger.

**Reneklode**, *Reineclaude*, edle Pflaumensorte mit fester, grüngelber Frucht.

**Renette**, *Reinette*, gute Apfelsorten, mit säuerl.-süßem Geschmack.

**Renger**, Annemarie, *7.10.1919, dt. Politikerin (SPD); seit 1953 MdB, 1972–76 Bundestags-Präs.; seit 1976 Vize-Präs.

**Reni**, Guido, *1575, †1642, ital. Maler; stark gefühlvolle. religiöse Bilder.

**renitent**, widerspenstig.

**Renke**, Fisch, → Maräne.

**Renn**, Ludwig, eigtl. Arnold Friedrich *Vieth von Golßenau*, *1889, †1979, dt. Schriftst.; schrieb sachl. genaue antimilitarist. Erlebnisberichte, auch Kinderbücher.

**Renner**, Karl, *1870, †1950, östr. Politiker (SPÖ); 1918–20 Staatskanzler (Regierungschef), 1930–33 Präs. des Nationalrats; 1945–50 Bundes-Präs.

**Rennert**, Günther, *1911, †1978, dt. Theaterleiter u. Regisseur; 1946–56 Intendant der Staatsoper Hamburg, 1967–76 der Bay. Staatsoper München.

**Rennes** [rɛn], frz. Dép.-Hptst., am Zusammenfluß der Ille u. Vilaine, alte Hptst. der Bretagne, 195 000 Ew.; Erzbischofssitz; Univ.; Handelszentrum; Erdöl-, Kfz-, Masch.- u.a. Ind.

**Rennmäuse**, *Gerbillus*, etwa 12 Gatt. der *Wühlmäuse*; maus- bis rattengroß mit langen Hinterbeinen; Wüsten- u. Steppenbewohner.

**Rennquintett**, eine Wette beim Pferderennsport, bei der die richtige Reihenfolge der Pferde beim Zieleinlauf vorauszusagen ist.

**Rennschlitten**, *Rennrodel* → Rodel.

**Rennsteig**, Kammweg auf der Höhe des Thüringer Waldes.

*Rennmäuse: Nordafrikanische Rennmaus*

**Rennwagen**, i.w.S. alle für Schnelligkeitswettbewerbe oder Zuverlässigkeitsprüfungen gebauten Kraftwagen, die nach Leistung u. Konstruktionsweise in internat. gültige Kategorien, Gruppen u. Formeln eingeteilt sind. In der Formel I wird die Automobil-Weltmeisterschaft ausgetragen.

**Rennwetten**, das Wetten auf bestimmte, als Sieger oder Plazierte eines Rennens erwartete Pferde. R. können nur am *Totalisator* oder bei konzessionierten *Buchmachern* abgeschlossen werden. Über die R. finanzieren die Rennvereine v.a. die Rennpreise. Der Gewinn *(Quote)* ergibt sich aus dem Verhältnis von Ein- u. Auszahlungen.

**Reno** [ˈriːnou], Stadt in Nevada (USA), östl. Sierra Nevada, 115 000 Ew.; Univ. (1874); Metall- u. Holz-Ind.; gilt als »Spielhölle« u. »Scheidungsparadies«.

**Renoir** [rəˈnwaːr], **1.** Auguste, *1841, †1919, frz. Maler; Hauptmeister des frz. Impressionismus; stellte Menschen u. Landschaften in lichttrunkener Farbhelligkeit dar. – **2.** Jean, Sohn von 1), *1894, †1979, frz. Filmregisseur; begann 1924 mit romant. Kurzfilmen; Meister des realist. Spielfilms.

**Renommee**, (guter) Ruf, Leumund.

**Renouvier** [rənuˈvje:], Charles, *1815, †1903, frz. Philosoph; Begr. des frz. Neokritizismus.

**renovieren**, neu herrichten, erneuern, instandsetzen.

**rentabel**, einträglich, gewinnbringend.

**Rentabilität**, Fähigkeit eines Betriebs, einen Gewinn abzuwerfen; gemessen durch das Verhältnis von Gewinn in einer Periode zu Umsatz oder Kapital.

**Rentamt**, fr. örtl. Finanz- oder Kassenverwaltung; heute private Verw. größerer, meist landw. Vermögen.

**Rente, 1.** regelmäßiges Einkommen aus einem Vermögen, i.e.S. feste Zinsen, auch das auf Bodenbesitz zurückzuführende Einkommen *(Grund-R.)*. – **2.** periodisch zu zahlende Geldsumme (*R.nschuld*) u. Versorgungsbezüge (*Ruhegehalt* der Beamten sowie Altersruhegeld, Hinterbliebenen-R. u. R. wegen Berufs- oder Erwerbsunfähigkeit aus der Sozialversicherung).

**Rentenformel**, Berechnungsart in der gesetzl. Rentenversicherung für die Höhe der Renten u. des Altersruhegelds. Maßgebend sind anrechnungsfähige Versicherungsjahre, persönl. u. allg. Rentenbemessungsgrundlage sowie der Steigerungssatz.

**Rentenmark**, durch auf Gold lautende Rentenbriefe gedeckte Währungseinheit in Dtld. 1923/24, 1 R. = 100 *Rentenpfennig*; Übergangswährung zw. *Mark* u. der *Reichsmark*.

**Rentenpapier**, festverzinsl. Wertpapier.

**Rentenschuld**, Abart der Grundschuld; ein Grundpfandrecht, durch das ein Grundstück in der Weise belastet wird, daß aus ihm zu regelmäßig wiederkehrenden Terminen eine bestimmte Geldsumme zu zahlen ist.

**Rentenversicherung, 1.** im Rahmen der *Sozialversicherung* die Arbeiterrentenversicherung, die Angestelltenversicherung u. die Knappschaftsversicherung. – **2.** *private R.*, Form der Lebensversicherung.

**Rentier**, *Ren*, zirkumpolare Art der *Hirsche* in nördl. Ländern, wird oft in großen Herden als Haustier gehalten (Zug-, Reit-, Last-, Fleisch- u. Milchtier). Eine nordamerik. Unterart ist das *Karibu*.

**Rentierflechte**, Strauchflechte in den Tundren.

**Renz**, Ernst Jakob, *1815, †1892, dt. Zirkusdirektor; Gründer des ersten dt. Großzirkus mit festen Häusern.

**reorganisieren**, neu ordnen, umgestalten.

**Reparationen**, *Kriegsentschädigungen*, Leistungen, die der im Krieg unterlegene Staat als Ersatz für Kosten u. Verlust des Siegers zu erbringen hat.

*Rennwagen: Weltmeister Ayrton Senna aus Brasilien, in seinem McLaren-Honda-Rennwagen während eines Formel I-Rennens*

*Auguste Renoir: Das Frühstück der Ruderer; 1881. Washington, D.C., The Philipps Collection*

Nicht zu den R. rechnen Entschädigungen für individuelle Verluste.

**Reparatur,** Instandsetzung, Wiederherstellung, Ausbesserung; **reparieren,** ausbessern.

**Repatriierung, 1.** Heimbeförderung in das Land der Staatsangehörigkeit (z.B. Abschiebung unerwünschter Ausländer); bes. Rückführung von Kriegsgefangenen in ihre Heimat. – **2.** Wiederverleihung der Staatsangehörigkeit nach Verlust.

**Repellents** [ri'pɛlənts], *Schreckstoffe,* chem. Mittel, die der Abschreckung u. dem Fernhalten von Schädlingen dienen. Anwendung z.B. gegen Vögel, Blutsauger, Vorratsschädlinge.

**Repertoire** [-'twar], Gesamtheit der Bühnenwerke, die das Ensemble eines Theaters spielen kann.

**repetieren,** wiederholen, durch Wiederholen einüben.

**Repetitor,** freiberufl. Jurist, der Jurastudenten gegen Bezahlung auf die Prüfung vorbereitet.

**Repin,** *Rjepin,* Ilja Jefimowitsch, *1844, †1930, russ. Maler, Hauptmeister der realist. Historienmalerei Rußlands.

**Replantation,** *Reimplantation,* Wiedereinpflanzung, z.B. das chirurg. Wiederansetzen eines abgetrennten Körperteils.

**Replik, 1.** Entgegnung, Erwiderung. – **2.** *Gegeneinrede,* im Prozeß die Erwiderung des Klägers auf die vom Beklagten gegen die Klage vorgebrachten Verteidigungsmittel. Die Erwiderung auf eine R. nennt man *Duplik.* – **3.** genaue Kopie eines Kunstwerks durch den Künstler selbst.

Rentier

**Report,** Bericht, Mitteilung. – **R.age,** Berichterstattung in Presse, Rundfunk u. Fernsehen. – **R.er,** Berichterstatter.

**Reppe,** Walter Julius, *1892, †1969, dt. Chemiker, bed. Arbeiten zur Entwicklung des Acetylens (*R.-Chemie*).

**Repräsentant,** Vertreter, Stellvertreter; Volksvertreter; Abgeordneter.

**Repräsentantenhaus,** *House of Representatives,* in den USA die Kammer des *Kongresses,* in der die Wählerschaft vertreten ist (andere Kammer: *Senat,* Vertretung der Gliedstaaten); ähnl. auch in anderen Staaten.

**Repräsentation,** Vertretung; standesgemäßes Auftreten.

**Repräsentativerhebung,** Stichprobe, bei der nur ein Teil der Einzelfälle einbezogen wird. Dabei wird angenommen, daß dieser Teilausschnitt aus der Gesamtheit die Struktur der Gesamtheit richtig wiedergibt (*Gesetz der großen Zahl*).

**Repräsentativsystem,** demokrat. Staatsform, bei der die polit. Aktivbürger vornehml. oder ausschl. durch Parlamentswahlen an der polit. Willensbildung teilnehmen (im Unterschied zur plebiszitären Demokratie). Die gewählten Organe handeln im Namen, jedoch ohne bindenden Auftrag des Volkes (*freies Mandat.*)

**Repressalie, 1.** Vergeltungsmaßnahme. – **2.** Akt der Selbsthilfe zur Unterbindung des rechtswidrigen Verhaltens eines fremden Staats. Die R. muß angedroht werden u. darf nicht ausgeübt werden, falls die Gegenseite sich nicht mehr rechtswidrig verhält.

**Repression,** Unterdrückung, Bedrückung, Einengung; gegen die herrschende Gesellschaftsordnung gerichtetes Schlagwort der *antiautoritären Bewegungen* ab 1966/67.

**Reprint** [ri:'print], photomechan. Abdruck eines vergriffenen Werks.

**Reprise, 1.** Kursanstieg an der Börse, durch den ein vorausgehender Kursfall ausgeglichen wird. – **2.** Wiederholung eines Teils einer musikal. Komposition. – **3.** im Seerecht Zurückgewinnung vom Feind gemachter Beute. – **4.** Wiederholung, Wiederaufnahme eines Bühnenstücks.

**Reprivatisierung,** Rückführung von öffentl. Unternehmungen, die urspr. private Unternehmungen waren, in Privateigentum.

**Reproduktion, 1.** Fortpflanzung. – **2.** Wiedergabe von Vorlagen durch Druck oder Photographie. – **3.** Wiederhervorbringung fr. Bewußtseinsinhalte (durch das Gedächtnis).

**Reptilien,** *Kriechtiere,* Klasse wechselwarmer *Wirbeltiere* mit drüsenarmer, beschuppter oder beschilderter Haut u. meist 4 Gliedmaßen, die den Körper bei der schlängelnd-kriechenden Bewegung nur unvollkommen vom Boden abheben. Rd. 5500 vorw. landbewohnende Arten sind bekannt, u. a. die Ordnungen der *Brückenechsen, Schildkröten, Krokodile, Schuppenkriechtiere* (Echsen u. *Schlangen*).

**Reptilienfonds** [-fɔ̃], im Anschluß an eine Äußerung *Bismarcks* geprägte spött. Bez. für Geldmittel, die die Regierung ohne parlamentar. Kontrolle zur Pressebeeinflussung verwendet.

**Republik,** *Freistaat, Volksstaat,* Staat ohne monarch. Staatsoberhaupt, in dem mehrere Personen oder das Staatsvolk Träger der Staatsgewalt sind. Heute unterscheidet man nach der obersten Repräsentation des Staates zw. Monarchie u. R., nach der Ausübung der Staatsgewalt zw. Demokratie u. Nichtdemokratie (autoritäre, totalitäre Systeme, Diktaturen).

**Republikaner, 1.** Anhänger einer republikan. Staatsform. – **2.** in der BR Dtld. unter der Bez. »Die R.« 1983 von ehemaligen CSU-Mitgl. gegründete rechtskonservative Partei; Vors.: F. Schönhuber. – **3.** Oppositionspartei gegen das Kaiserreich Napoleons III., die sich nach 1870 in mehrere Flügel spaltete. – **4.** in den USA eine der beiden großen Parteien (Gegenpartei: die *Demokraten*). Im 19. Jh. waren sie bes. im N vorherrschende Partei des kapitalist. Bürgertums; heute unterscheiden sie sich programmatisch kaum von den Demokra-

ten; Präs. u.a. A. Lincoln, T. Roosevelt, D. D. Eisenhower, R. M. Nixon, G. R. Ford, R. Reagan, G. Bush.

**Republikflucht,** fr. die in der DDR mit Strafe belegte Abwanderung von Bürgern ohne behördl. Erlaubnis; mit Öffnung der Grenzen 1989 gegenstandslos.

**Repunze,** Stempel, mit dem auf Gegenständen aus Edelmetallen der Feingehalt beglaubigt wird.

**Reputation,** Ruf, Ansehen.

**Requiem,** *Totenmesse, Seelenamt,* in der kath. Kirche Messe zum Gedächtnis Verstorbener, ben. nach dem Introitus »Requiem aeternam dona eis, Domine« (»Herr, gib ihnen die ewige Ruhe«); Vertonungen von M. Haydn, W.A. Mozart, H. Berlioz, F. Liszt, G. Verdi u.a.

**Requiescat in pace** [lat., »er (sie) möge ruhen in Frieden«], Abk. *R.I.P.,* Gebetswort der kath. Totenliturgie, häufig Grabinschrift.

**requirieren,** beschlagnahmen; ersuchen; anfordern.

**Requisiten,** für die Aufführung von Bühnenstücken benötigtes Zubehör.

**Res** [lat., »Sache«], jurist. Fachausdruck für körperl. Gegenstand; Ggs.: *Rechte.*

**Resa'iye,** fr. *Urmia,* Stadt in Aserbaidschan (Iran), 165 000 Ew.; Erzbischofssitz (Nestorianer); Handelszentrum.

**Resa Schah Pahlevi** [-pæç] → Riza Schah Pahlewi.

**Resede,** *Reseda, Wau,* Gatt. der *Resedagewächse,* deren Hauptverbreitungsgebiet zw. Spanien u. dem

Reptilien: Köpfe einiger Vertreter von Reptiliengattungen, die die unterschiedlichen Augenformen zeigen: A) Chamäleon, B) Echse, C) Gecko, D) Krokodil, E) Schildkröte

**Resektion**, chirurg. Herausschneiden von Teilen eines kranken Organs bzw. Körperteils.
**Reservat**, Vorbehalt, Schutzgebiet.
**Reservationen**, *Reservate,* vom 17. Jh. an vom Staat eingerichtete, ausschl. den Indianern vorbehaltene Wohn- u. Jagdgebiete in N-Amerika.
**Reserve**, 1. Vorrat, Rücklage; Zurückhaltung. – 2. liquide Mittel, Vorräte, Wertpapiere u. Anlagen, die ein Betrieb jederzeit einsetzen kann, um einen plötzl. auftretenden zusätzl. Bedarf zu decken. – 3. zurückgehaltene Truppen, durch deren späteren Einsatz der höhere Truppenführer Teile der Front verstärken oder Lücken schließen kann. Auch: Gesamtheit der ausgebildeten u. entlassenen Wehrpflichtigen (**Reservisten**).
**reservieren**, vormerken, freihalten; aufbewahren. – **reserviert**, zurückhaltend, kühl.
**Reservoir** [-'vwa:r], Sammelbehälter (bes. für Wasser); Speicher; Vorrat.
**Residenz**, Wohn- u. Amtssitz von Landesherren oder hohen Kirchenfürsten. – **R.pflicht**, Pflicht des Beamten, am Dienstort zu wohnen.
**Resignation**, Fügen in ein Schicksal, das als unausweichl. erscheint; **resigniert**, ergeben, gefaßt.
**Resinate**, Metallsalze der Harzsäuren; für Firnisse verwendet.
**Résistance** [rezis'tās], die frz. Widerstandsbewegung gegen die dt. Besatzungsmacht u. die Vichy-Regierung im 2. Weltkrieg.
**Resistencia**, argentin. Prov.-Hptst., am Paraná, 218 000 Ew.; Univ.; Textil- u. Nahrungsmittel-Ind., Buntmetallverhüttung.
**Resistenz**, erbl. Unempfindlichkeit eines Organismus gegenüber einem Krankheitserreger oder Schädiger.
**Reșița** ['reʃitsa], *Reschitza,* rumän. Stadt im Banat, 106 000 Ew.; Maschinenbau; Metall- u. chem. Ind., Steinkohlen- u. Eisenerzabbau.
**Reskript**, Verfügung; Befehl; Erlaß.
**Resnais** [rɛ'nɛ:], Alain, *3.6.1922, frz. Filmregisseur; Hauptvertreter der »Neuen Welle«. W »Hiroshima, mon amour«.
**resolut**, entschlossen.
**Resolution**, formulierte Erklärung einer Versammlungsmehrheit; Beschluß einer Behörde.
**Resonanz**, Mitschwingen eines schwingungsfähigen Körpers (Systems), wenn die Erregerfrequenz mit der Eigenfrequenz des Körpers übereinstimmt.
**Resonator**, physikal. Gebilde, das durch mechan. (akust.) oder elektr. Schwingungen zu starken (Resonanz-)Schwingungen angeregt wird.
**resorbieren**, einen gelösten Stoff aufsaugen, aufnehmen. – **Resorption**, Aufnahme der bei der Verdauung verflüssigten u. chem. gespaltenen Nahrung durch die Zellwände des Darms ins Blut.
**Resozialisierung**, (Wieder-)Eingliederung in die Gesellschaft, bes. von Strafgefangenen.

**Respekt**, Achtung; Ehrerbietung; **respektieren**, achten, anerkennen.
**respektive**, beziehungsweise.
**Respighi** [-gi], Ottorino, *1879, †1936, ital. Komponist, schrieb Opern, Kammermusik u. sinfon. Dichtungen.
**Respiration** → Atmung.
**Responsorium**, Wechselgesang zw. Vorsänger u. Chor bzw. Geistlichem u. Gemeinde.
**Ressentiment** [-sāti'mā], Groll; unterbewußter Neid, der aus dem Gefühl des Benachteiligtseins erwächst.
**Ressort** [rɛ'so:r], 1. Amtsbereich, Fach. – 2. Schubfach, das durch Federdruck zu öffnen ist; Springfeder in einem Schloß.
**Ressourcen** [rɛ'sursən, frz.], Hilfs- bzw. Geldmittel, Reserven; Rohstoffe.
**Restant**, 1. rückständiger Schuldner. – 2. gekündigtes, aber nicht abgehobenes Wertpapier.
**Restaurant** [rɛsto'rā], Speise- u. Schankwirtschaft.
**Restauration**, Wiederherstellung einer gesellschaftl. oder polit. Ordnung, bes. einer durch Revolution vertriebenen Dynastie; i.e.S. die Zeit zw. dem Wiener Kongreß 1815 u. der Julirevolution 1830.
**Restaurierung**, Wiederherstellung, Instandsetzung, bes. von geschädigten, teilzerstörten Bauwerken, Plastiken, Gemälden u.a.
**Restitution**, 1. im Verfahrensrecht die Wiedereinsetzung in den vorigen Stand; auch bes. Art des → Wiederaufnahmeverfahrens. – 2. Rückerstattung an Verfolgte des Nat.-Soz. – 3. Herausgabe widerrechtl. Kriegsbeute aufgrund eines Waffenstillstands- oder Friedensvertrags.
**Restriktion**, 1. Beschränkung, Vorbehalt; **restriktiv**, einschränkend. – 2. Maßnahmen zur Beschränkung des gesamtwirtschaftl. Kreditvolumens; auch Handelseinschränkungen.
**Resultante**, die bei Überlagerung mehrerer Einzelkräfte insges. wirkende Kraft.
**Resultat**, Ergebnis, Erfolg; **resultieren**, sich ergeben.
**Resümee**, Zusammenfassung, kurze Übersicht.
**Retabel**, Altaraufsatz in Form einer gemalten oder geschnitzten Bilderwand.
**retard**, auf Arzneimitteln Bez. für eine verlängerte bzw. verzögerte *(retardierte)* Wirksamkeit der Arzneisubstanz.
**Retardation**, 1. Verzögerung in der Entwicklung bestimmter Merkmale von Lebewesen; eine Ursache der stammesgeschichtl. Veränderung der Organismen. – 2. *retardierendes Moment,* im Drama u. in anderen literar. Gatt. eine Verzögerung des Handlungsablaufs, die eine andere Lösung des Konflikts als die zu erwartende als mögl. aufzeigt.
**Rethel**, Alfred, *1816, †1859, dt. Maler u. Graphiker; erhielt Anregungen durch die Nazarener, deren Stil er mit Betonung des Linearen abwandelte; Fresken u. Holzschnitte.
**Rethymnon**, grch. Hafenstadt auf Kreta, 18 000 Ew.; Kastell, Seebad.
**Retina**, Netzhaut → Auge.

*Rettungsschwimmen: Bergung eines Ertrinkenden durch Kopfgriff und Transportschwimmen in Rückenlage*

**Retorsion**, Vergeltung eines zwar nicht rechtswidrigen, aber unfreundl. Akts eines Staates mit einem gleichen Verhalten (anders → Repressalie).
**Retorte**, 1. birnenförmiges Glasgefäß mit zur Seite gerichtetem langem Hals, fr. viel zum Destillieren u. zum Durchführen von chem. Reaktionen benutzt. – 2. luftdicht abschließbares Metallgefäß von beliebiger Form zur Erhitzung fester Stoffe, insbes. als Entgasungskammer.
**Retortenbaby**, Bez. für ein durch künstl. Befruchtung außerhalb des Körpers der Mutter gezeugtes, auf natürl. Wege geb. Kind (erstmals 1978 in England). Bei diesem Verfahren werden reife Eizellen im Labor mit männl. Samenzellen zusammengebracht; der Embryo wird dann in die Gebärmutterhöhle der Frau eingeführt; Bez. für *In-vitro-Fertilisation.*
**retour** [rɛ'tu:r], zurück.
**Retriever**, engl. Rasse der Apportierhunde, bes. bei der Jagd auf Flugwild eingesetzt.
**retrospektiv**, zurückschauend. – **Retrospektive**, Rückschau; Ausstellung, die einen Überblick über das Schaffen eines Künstlers gibt.
**Retsina**, weißer, harzig schmeckender, grch. Wein.
**Rettich**, *Raphanus,* Gatt. der *Kreuzblütler,* deren Hauptmerkmal die zylindr., nach oben zu pfrieml. verschmälerten, in Glieder zerfallenden Früchte sind. Der *Garten-R.* wird wegen seiner scharfschmeckenden Wurzeln angebaut, die beim *Schwarzen* und *Winter-R.* außen grauschwarz, beim *Radieschen* rot oder weiß sind.
**Rettungsmedaille**, Auszeichnung für Rettung von Menschenleben unter eig. Lebensgefahr u. unter schwierigen Verhältnissen; in der BR Dtld. von den Ländern verliehen.
**Rettungsschwimmen**, zusammenfassende Bez. für alle Handlungen, die dem Retten Ertrinkender dienen. Die Ausbildung von Rettungsschwimmern betreibt die Dt. Lebens-Rettungs-Gesellschaft (DLRG); Fähigkeitsstufen im Retten Ertrinkender beurkundet der *Dt. Rettungsschwimmpaß.*
**Rettungswesen**, Sammelbez. für teils private, teils behördl. Einrichtungen, die bei Unglücksfällen zur Hilfe eingesetzt werden, z.B. *Bergwacht, Feuerwehr, Rotes Kreuz, Seenotdienst.*
**Retusche**, Herrichten eines Photos zur Klischeeanfertigung; auch Überarbeiten eines Negativs oder Positivs zur Beseitigung von Fehlern, Ungleichmäßigkeiten u. störenden Bildteilen.
**Reuchlin**, Johannes, *1455, †1522, dt. Humanist, Gegner der Reformation.
**Reue**, im Christentum der Kern der *Buße;* sie ist Abkehr des menschl. Herzens von der Sünde, die vor Gott erkannt u. bekannt wird.
**Reuenthal** → Neidhart von Reuenthal.
**Reugeld**, Geldsumme, die aufgrund bes. Vereinbarung bei Rücktritt vom Vertrag zu zahlen ist, den das R. im Ggs. zur *Vertragsstrafe* erleichtern soll.
**Reuleaux** [rœ'lo:], Franz, *1829, †1905, dt. Ingenieur, begr. die wiss. Kinematik.
**Réunion**, bis 1848 *Île de Bourbon,* vulkan. Insel im Ind. Ozean, in der Gruppe der *Maskarenen,* 2512 km², 565 000 Ew., Hptst. *Saint-Denis;* seit 1664 zu Frankreich.
**Reunionen**, die von Ludwig XIV. 1678–97 vorgenommenen Gebietsannexionen von über 600 Herrschaften, Städten u. Flecken im Elsaß, in der

*Restaurierung: Detail der Solothurner Madonna von Hans Holbein d. J. während der Restaurierung im Schweizerischen Institut für Kunstwissenschaften, Zürich. Die Freilegungsproben zeigen die Rißbildung in der Maltafel, die durch eine falsche Konstruktion des Ersatzbildträgers im 19. Jahrhundert hervorgerufen wurde*

Franche-Comté, in Luxemburg u. Italien. Im Frieden von Rijswijk 1697 mußte Ludwig XIV. die R. bis auf Elsaß u. Straßburg wieder herausgeben.

**Reurecht,** beim Abzahlungs- bzw. Ratenkauf das Recht des Käufers, innerhalb einer bestimmten Frist nach Vertragsabschluß vom Vertrag zurückzutreten, ohne daß ihn eine Schadensersatzpflicht trifft.

**Reuse,** Fischereigerät; faßartiger Behälter, der als Öffnung sich nach innen verengenden Trichter hat. Die Tiere finden den Weg in die R., aber nicht mehr den engen Ausgang.

**Reuss,** *Reuß,* r. Nbfl. der Aare, 159 km, entspringt am St. Gotthard, fließt durch den Urner u. Vierwaldstätter See.

**Reuß,** dt. Fürstengeschlecht, von den Vögten von *Weida* (*Thüringen*) abstammend. Die beiden Fürstentümer *R. älterer Linie* u. *R. jüngerer Linie* gingen 1920 in *Thüringen* auf.

**reüssieren,** Erfolg haben.

**Reuter, 1.** Christian, *1665, †um 1712, dt. Schriftst.; schrieb satir. Lustspiele u. schuf mit »Schelmuffsky« 1696 den ersten dt. humorist. bürgerl. Schelmenroman. – **2.** Ernst, *1889, †1953, dt. Politiker (SPD); 1926–31 Stadtrat in Berlin, 1931–33 Oberbürgermeister von Magdeburg, 1935 emigriert (Türkei), 1947 Oberbürgermeister von Berlin, 1950–53 Regierender Bürgermeister von Westberlin. – **3.** Fritz, *1810, †1874, dt. Schriftst.; schrieb Verserzählungen u. realist.-humorist. Romane in plattdt. Sprache (»*Ut de Franzosentid*«). – **4.** Paul Julius von, eigtl. Israel Beer *Josaphat*, *1816, †1899, dt.-engl. Verleger; gründete 1849 in Aachen *R.s Telegraphenbüro*, verlegte es 1851 nach London (heute *R.'s Ltd.,* die erste weltweit arbeitende Nachrichtenagentur).

**Reutlingen,** Kreisstadt in Ba.-Wü., an der Echaz, 98 000 Ew.; histor. Bauten; Textil- (v. a. Wirkwaren), Metall-, Masch.-, Elektro-, Kunststoff- u. Holz-Ind.

**Reutter,** Hermann, *1900, †1985, dt. Komponist u. Pianist; schrieb Lieder, Klavier- u. Kammermusik, Chorwerke, Ballette u. Opern.

**Reval,** estn. *Tallinn,* Hptst. der Estn. SSR (Sowj.), am Finn. Meerbusen, 478 000 Ew.; Kultur- u. Handelszentrum, viele mittelalterl. Bauten der nach dem 2. Weltkrieg rekonstruierten Altstadt; Schiff- u. Maschinenbau, Fischerei u. versch. Ind. – Gesch.: Seit dem 10. Jh. Kaufmannssiedlung, 1219 von Dänemark erobert, 1346 mit Estland an den Dt. Orden verkauft, 1561 bis Anfang 18. Jh. schwed., Anfang 18. Jh. bis 1918 russisch, 1918 als Tallinn Hptst. der Rep. Estland, seit 1940 der Estn. SSR.

**Revanche** [rəˈvãʃ], Rache, Vergeltung; im Sport: Rückspiel.

**Revanchismus,** Bez. für außenpolit. Bestrebungen von Staaten, die nur auf Vergeltung für polit. oder militär. Niederlagen gerichtet sind.

**Reveille** [reˈvɛːjə], fr. das militär. Wecken durch Horn- oder Trompetensignal.

**Reventlow** [-lo:], Franziska (eigtl. Fanny) Gräfin zu, *1871, †1918, Chronistin von München-Schwabing.

**Reverend** [ˈrɛvərənd], Titel der Geistlichen im engl. Sprachraum.

**Reverenz,** Ehrerbietung.

**Revers, 1.** schriftl. Verpflichtung. – **2.** [rəˈvɛːr], Aufschlag an Kleidungsstücken. – **3.** die Rückseite einer Münze.

**reversibel,** umkehrbar (bes. von physik. u. chem. Vorgängen); Ggs.: *irreversibel.*

**revidieren,** prüfen, seine Meinung ändern.

**Revier, 1.** Gebiet, Bezirk. – **2.** Abteilung einer Bergwerksgrube. – **3.** *Territorium,* der einem einzelnen Tier, einem Paar oder einer größeren Gruppe gehörende Raum, der gegen Fremde verteidigt wird; häufig durch Drüsensekrete, Harn oder Kot gekennzeichnet (*Duftmarkierung*). – **4.** einem R.förster übertragener Waldbezirk. – **5.** fr. Bez. für den Sanitätsbereich in der Kaserne.

**Revirement** [rəvirəˈmã], gleichzeitige Umbesetzung mehrerer, v. a. diplomat. Posten.

**Revision, 1.** (nochmalige) Durchsicht, Nachprüfung, Änderung, z. B. einer Ansicht. – **2.** Prüfung der vom Setzer auszuführenden Korrekturen. – **3.** *Rechtsmittel,* mit dem (im Unterschied zur *Berufung*) nur die Überprüfung von Rechtsfragen durch ein höheres Gericht begehrt werden kann. – **4.** Nachprüfen des Rechnungswesens eines Unternehmens durch Sachverständige (*Revisoren*) des Unternehmens (*Innen-R.*), durch freiberufl. Wirtschaftsprüfer oder Behörden, bes. Finanzamt (*Betriebsprüfung*).

**Revisionismus,** in der SPD um 1900 eine Richtung, die den klass. Marxismus durch eine sozialreformer. Politik zu ersetzen suchte. Heute wird vom Kommunismus jede »Rechtsabweichung« als R. bezeichnet.

**Revival** [riˈvaivəl], erneute Popularität eines Musikstils im Bereich Jazz, Rock- u. Popmusik, dessen erste Blütezeit schon Jahre zurückliegt.

**Revolte,** Aufruhr, Empörung.

**Revolution,** die rasche u. gewaltsame Veränderung des Bestehenden, aber auch eine nicht unbedingt gewaltsame Veränderung einer gesamten Staatsordnung in soz., wirtsch. u. vielfach auch kultureller Hinsicht, z. B. die *Frz. R.* von 1789–99, die *Oktober-R.* von 1917 in Rußland, auch die »unblutige, glorreiche« engl. R. von 1689. Die Abgrenzung zu anderen Formen der polit. Gewalt (*Aufstand, Putsch, Rebellion, Revolte*) ist schwierig. – Im übertragenen Sinn versteht man unter R. eine tiefgreifende Umgestaltung u. Erneuerung auf einem bestimmten Gebiet.

**Revolver, 1.** drehbare Wechselvorrichtung, z. B. an der R.drehbank zum Werkzeugwechsel. – **2.** Pistole mit drehbarem, hinter dem Lauf angebrachten Trommelmagazin.

**revozieren,** widerrufen.

**Revue** [rəˈvyː], **1.** Bühnendarbietung aus lose aneinandergereihten Szenen mit Gesang, Tanz u. Artistik; heute gleichbedeutend mit »Show«. – **2.** *Heerschau,* fr. Bez. für die Besichtigung von Truppen in bezug auf Ausrüstung u. ä. – **3.** oft Bestandteil von Zeitschriftentiteln (»Rundschau«).

**Rex** [lat.], König.

**Rexistenbewegung,** faschist. wallon. Bewegung in Belgien, gegr. 1930 von Léon *Degrelle,* kollaborierte im 2. Weltkrieg mit der dt. Besatzungsmacht.

**Reykjavik** [ˈrɛikjaviːk], Hptst. u. wichtigster Handels- u. Hafenplatz von Island an der SW-Küste, 89 000 Ew.; Univ. (1911); Schiffbau, Leder-, Textil-, Fisch-Ind., Flughafen.

**Reymont** [ˈrɛj-], Władysław, Stanisław, *1867, †1925, poln. Schriftst.; schilderte bes. das poln. Dorfleben; Nobelpreis 1924; 🎬 »Die Bauern«.

**Reynaud** [rəˈnoː], Paul, *1878, †1966, frz. Politiker (bürgerl. Rechte); mehrf. Min., 1940 Min.-Präs., 1942–45 im dt. KZ; 1953/54 stellv. Min.-Präs; nahm Einfluß auf die Gestaltung der Verfassung der 5. Rep.

**Reynolds** [ˈrɛnəldz], **1.** Burt, *11.2.1936, US-amerik. Filmschauspieler; verkörpert v. a. männl. Typen. – **2.** Sir Joshua, *1723, †1792, engl. Maler; Porträtist der Londoner Gesellschaft des Rokokos.

**Reynoldssche Zahl** [nach dem engl. Physiker O. *Reynolds,* *1842, †1912], dimensionslose Zahl, die den Strömungswiderstand in zähen Flüssigkeiten kennzeichnet; spielt u. a. für Modellversuche in der Hydrodynamik eine große Rolle.

**Reyon** [rɛˈjõ], *Rayon, Rayonne,* Kunstseide aus Viskose.

**Reza Pahlewi** [reːza pæç-] → Mohammed.

**Rezension, 1.** krit. Durchsicht eines alten Textes mit Vergleich der versch. Lesarten; Bestandteil der *Textkritik.* – **2.** Besprechung eines neuerschienenen Buchs in einer Ztg. oder Ztschr.

**rezent, 1.** neu, jung. – **2.** der erdgeschichtl. Gegenwart angehörig (ab Holozän); Ggs.: *fossil.*

**Rezept,** *i.w.S.* Vorschrift für ein Herstellungs- oder Anwendungsverfahren in Industrie, Küche u.a.; *i.e.S.* die ärztl. Verschreibung einer in der Apotheke anzufertigenden oder auszuliefernden Arznei. Bes. starke u. Gifte u. stark wirkende Arzneimittel apotheken- u. rezeptpflichtig.

**Rezeption, 1.** Empfang; Empfangsschalter im Hotel. – **2.** An-, Auf- oder Übernahme; bes. von Rechtsvorschriften einer anderen Rechtsgemeinschaft; als solche bedeutsam u.a. die R. des Röm. Rechts als maßgebendes Recht des europ. Kontinents um die Wende des MA zur Neuzeit.

**rezeptiv,** empfänglich.

**Rezeptor, 1.** Empfänger; Steuereinnehmer. – **2.** Bezirk eines Organismus, der einen Reiz aufnimmt u. in *Erregung* transformiert.

**Rezeptur,** Arzneianfertigung entspr. dem ärztl. Rezept; dazu dienender Apothekenraum oder -arbeitsplatz.

**Rezeß,** Protokoll oder Vertrag, bes. Vergleich.

**Rezession,** Phase des Konjunkturzyklus: der Beginn des Abschwungs im Konjunkturverlauf; auch ein Nachlassen der Wachstumsrate der Volkswirtschaft.

**rezessiv,** Merkmale in der Vererbung betr., die von anderen (*dominanten*) Eigenschaften verdeckt werden, aber immer wieder in Erscheinung treten können.

**Rezidiv,** Rückfall (einer Krankheit).

**Rezipient,** Versuchsgefäß (meist Glasglocke), das luftleer gepumpt wird.

**reziproke Zahlen,** Zahlen, deren Produkt 1 ist, also Zahl u. Kehrwert; z.B. $3/4$ u. $4/3$.

**Reziprozität,** Grundsatz im zwischenstaatl. Handelsverkehr: keine Vergünstigung ohne entspr. Gegenleistung.

**Rezitation,** der künstler. gestaltete Vortrag von Dichtungen nur mit den Mitteln der Sprache (im Unterschied zur Bühnendarst. des Schauspielers).

**Rezitativ,** in Oper, Oratorium u. Kantate verwendeter Sprechgesang (*parlando*). Während das R. anfängl. nur von wenigen Akkorden des Cembalos gestützt wurde (*Secco-R., »*trockenes R.«), fanden im Anschluß an C. Monteverdi u. A. Scarlatti die rein musikal. Elemente stärkere Aufnahme u. führten zur Form des *Recitativo accompagnato* (»begleitetes R.«), das zum Mittelpunkt der Opernreform C. W. von Glucks wurde.

**Rezniček** [ˈrɛznitʃɛk], Emil Nikolaus Frhr. von, *1860, †1945, östr. Dirigent u. Komponist; schrieb 12 Opern.

**Rezzori,** Gregor von, eigtl. G. von *R. d'Arezzo,* *13.5.1914, östr. Schriftst. u. Zeichner; fabulierfreudiger, witzig-iron. Erzähler anekdot. schwankhafter Geschichten u. Romane.

**R-Gespräch,** Ferngespräch, bei dem der verlangte Teilnehmer die Gebühren übernimmt; im allg. nur noch im Auslandsverkehr möglich, in der BR Dtld. nicht mehr seit 1981.

**RGW,** Abk. für *Rat für gegenseitige Wirtschaftshilfe,* → COMECON.

**Rh,** chem. Zeichen für Rhodium.

**Rhabarber,** *Rheum,* in Asien heim. Gatt. der Knöterichgewächse mit großblättrigen, ausdauernden Kräutern; Pflanzen mit rübenförmigen Grundachsen u. riesigen, verzweigten Blütenständen. Der *Gemüse-R.* unserer Gärten ist ein Artengemisch.

**Rhapsode,** der wandernde, berufsmäßige Vortragskünstler der griech. Antike, der an den Fürstenhöfen eig. oder fremde Dichtungen vortrug.

**Rhapsodie, 1.** urspr. die von einem *Rhapsoden* vorgetragene erzählende Dichtung; später ein formal freies, gefühlsbetontes Gedicht. – **2.** der freien Fantasie ähnl. Instrumentalstück mit Verwendung nat.-folklorist. Motive.

**Rhea, 1.** *Rheia,* Tochter des *Uranos* u. der *Gäa*; Gattin des *Kronos,* Mutter des *Zeus,* mit der *Magna Mater* verschmolzen. – **2.** ein von G.D. *Cassini* 1672 entdeckter Saturnmond; Durchmesser 1800 km.

**Rheda-Wiedenbrück,** Stadt in NRW, sw. von Gütersloh, 38 000 Ew.; Schloß, histor. Bauten; Möbel-, Papier-, Textil-, Fleischwaren-Ind.; Fahrzeugbau.

**Rhee,** Syngman, *Li Sing-Man,* *1875, †1965, korean. Politiker; lange im Exil, 1948–60 Präs. der Rep. Südkorea, regierte autoritär, mußte nach Unruhen zurücktreten u. emigrieren.

**Rhein,** frz. *Rhin,* ndl. *Rijn,* größter dt. Fluß,

*Rhein: das malerische Durchbruchstal im Rheinischen Schiefergebirge bei St. Goarshausen; im Vordergrund der Loreley-Felsen*

## Rheinbach

1320 km lang, davon in der BR Dtld. 867 km (719 km schiffbar); verbindet die Alpen mit der Nordsee; entspringt als *Vorder-R.* im St.-Gotthard-Massiv, vereinigt sich bei Reichenau u. dem *Hinter-R.* zum *Alpen-R.;* mündet in den Bodensee, den er als *See-R.* verläßt. Zw. dem *R.fall von Schaffhausen* u. Basel bildet der *Hoch-R.* die dt.-schweiz. Grenze. Nördl. von Basel fließt der *Ober-R.* durch die Oberrhein. Tiefebene. Bei Bingen beginnt der *Mittel-R.*, der das Rhein. Schiefergebirge durchbricht. Bei Bonn strömt er als *Nieder-R.* in die Niederrhein. Bucht, die er, bis 800 m breit, durchfließt. Unterhalb von Emmerich fließt er in die Ndl. u. mündet mehrarmig *(Waal, Lek, Alter R.)* in die Nordsee.

Der R. ist eine der wichtigsten internat. Schiffahrtsstraßen der Erde u. kann von Schiffen bis zu 3000 t befahren werden. Viele Kanäle verbinden ihn mit dem Binnenland, z.B. der *R.-Rhône-, R.-Herne-, Dortmund-Ems-* u. *Mittellandkanal;* der noch im Ausbau befindl. *R.-Main-Donau-Kanal* wird einmal die Nordsee mit dem Schwarzen Meer verbinden.

**Rheinbach,** Stadt in NRW, 22 000 Ew.; Zentrum der Glas-Ind.

**Rheinberg,** Stadt in NRW, südl. von Wesel, 26 000 Ew.; Likörfabrik; chem. u. Bekleidungs-Ind.; Salzbergwerk.

**Rheinbund,** frz. *Confédération du Rhin,* von Napoleon I. gegr. Bund zw. 16 süd- u. südwestdt. Fürsten, die sich unter frz. Protektorat für souverän erklärten u. vom Hl. Röm. Reich Dt. Nation lösten. Sie mußten starke Heereskontigente für die frz. Armee stellen u. erhielten dafür Gebietszuwachs u. Standeserhöhungen. Nach dem Niederlagen Preußens 1806 traten weitere dt. Staaten dem R. bei, der zuletzt 36 Mitgl. hatte. Abseits hielten sich Östr., Preußen, Kurhessen u. Braunschweig.

**Rheine,** Stadt in NRW an der Ems, 70 000 Ew.; Textil-, Masch.-, Nahrungsmittel- u. Kalk-Ind.

**Rheinfall,** *R. von Schaffhausen,* bis 24 m hoher, 150 m breiter Wasserfall des Rheins, unterhalb von Schaffhausen bei Neuhausen am R.

**Rheinfelden, 1.** *R. (Baden),* Stadt in Ba.-Wü., am Rhein östl. von Basel, 27 000 Ew.; metallverarbeitende u. chem. Ind., Aluminiumerzeugung; Uhrenfabrik. – **2.** schweiz. Bez.-Hptst. im Kt. Aargau, am linken Rheinufer, gegenüber von R. (1); 10 000 Ew.; mittelalterl. Altstadtbild; Solbad; Metall-, Strumpf-, Tabak-Ind.; Bierbrauereien.

**Rheingau,** Hügelland zw. dem Südrand des westl. Taunus u. dem Rhein, zw. Biebrich u. Rüdesheim; bek. Weinbaugebiet.

**Rheinhausen,** ehem. Stadt in NRW, am Rhein, seit 1975 westl. Stadtteil von Duisburg; bed. Verschiebebahnhof u. Rheinhafen.

**Rhein-Herne-Kanal,** Wasserstraße von Duisburg-Ruhrort über Oberhausen, Herne nach Henrichenburg bei Datteln, mündet hier in den Dortmund-Ems-Kanal, 46 km, 7 Schleusen, 3,5 m tief.

**Rheinhessen,** fr. der linksrhein. Teil von Hessen, 1946–68 Reg.-Bez. von Rhld.-Pf., seit 1968 Teil des Reg.-Bez. R.-Pfalz.

**Rheinisches Schiefergebirge,** Westteil des dt. Mittelgebirgslandes, besteht aus einem linksrhein. Teil mit Ardennen, Eifel u. Hunsrück sowie einem rechtsrhein. Teil mit Süderbergland (Sauerland), Westerwald u. Taunus.

**Rheinisch-Westfälisches Industriegebiet,** größtes dt. Industriegebiet; umfaßt westl. des Rheins das Niederrhein-, Aachener u. Kölner Gebiet, östl. des Rheins das Ruhrgebiet, das Berg. u. Märk. Land zw. Köln, Wupper, Lenne, Ruhr im S, Wulfen, Haltern, Ahlen im N; Stein- u. Braunkohlenbergbau, Mineralölverarbeitung, Eisen- u. Metall-, chem., Kalk- u. Zement-, Textil-, Elektrou.a. Ind.

**Rheinländer,** *Rheinische Polka, Schottisch,* Gesellschaftstanz im ruhigen $^2/_4$-Takt.

**Rheinland-Pfalz,** sw. Bundesland der BR Dtld., 19 848 km², 3,61 Mio. Ew.; Hptst. *Mainz.* Landschaftl. ist R. zum größten Teil ein Berg- u. Hügelland. Die Täler von Rhein u. Mosel sind bevorzugte Siedlungs- und Wirtschaftsgebiete. Die Bev. ist überwiegend fränk. Stammes. Zentren sind die alten Römerstädte Koblenz, Trier, Mainz u. Worms sowie die Städte Ludwigshafen (chem. Industrie) u. Kaiserslautern; Schmuckgewerbe in Idar-Oberstein. Das Mittelrheintal prägen viele Burgruinen. R. ist die wichtigste Weinbauregion der BR Dtld.; bekannte Weinbaugebiete: Rheinpfalz, Rheinhessen, Mosel-Saar-Ruwer, Nahe, Mittelrhein u. Ahr. – R. wurde 1946 aus bay., hess. u. preuß. Landesteilen gebildet.

| Rheinland-Pfalz: Regierungsbezirke | | | |
|---|---|---|---|
| Regierungsbezirk | Fläche in km² | Einwohner in 1000 | Hauptstadt |
| Koblenz | 8 093 | 1 352 | Koblenz |
| Rheinhessen-Pfalz | 6 829 | 1 807 | Neustadt an der Weinstraße |
| Trier | 4 926 | 472 | Trier |

**Rhein-Main-Donau-Kanal,** *Europakanal Rhein-Main-Donau,* in Bau befindl. Schiffahrtsweg zw. Rhein u. Donau, der nach seiner für 1992 vorgesehenen Fertigstellung für Schiffe bis zu 1500 t eine durchgängige Wasserstraßenverbindung von insges. rd. 3500 km Länge vom Schwarzen Meer bis zur Nordsee herstellt.

**Rhein-Marne-Kanal,** frz. *Canal de la Marne au Rhin,* Schiffahrtskanal zw. dem Marne-Seitenkanal bei Vitry-le-François u. dem Rhein-Ill-Kanal im Hafen von *Straßburg,* 315 km; 1838–53 erbaut, 178 Schleusen.

**Rheinpfalz,** *Pfalz,* ehem. bay. Reg.-Bez. links des Rheins, gebildet aus Teilen der *Kurpfalz* u. anderen rhein. Herrschaften; 1814–1946 bei Bay.; 1946 als Teil der frz. Besatzungszone mit Rheinhessen u. den Reg.-Bez. Koblenz, Trier u. Montabaur zum Land *Rhld.-Pf.* zusammengeschlossen.

**Rhein-Rhône-Kanal,** frz. *Canal du Rhône au Rhin,* Schiffahrtskanal zwischen dem Rhein bei Straßburg u. der Saône bei Saint-Symphorien-sur-Saône, 324 km; 1810–33 erbaut, 167 Schleusen.

**Rheinsberg,** Stadt in Brandenburg, am *R.er (Grienerick-)See,* 5300 Ew.; Wasserschloß im Rokokostil; pharmazeut. u. elektron. Ind., Fremdenverkehr; Atomkraftwerk.

**Rheinseitenkanal,** frz. *Grand Canal d'Alsace,* Kanal im Oberelsaß, links des Rhein, 50 km, dient der Schiffahrt u. der Energiegewinnung; Stauanlagen mit Kraftwerken.

**Rheinwaldhorn,** höchster Gipfel der Adula-Alpen, 3381 m.

**Rhenium,** ein → chemisches Element.

**Rhesusaffe,** *Macaca mulatta,* zu den *Hundskopfaffen* gehörende *Schmalnase;* in Laboratorien häufig als Versuchstier.

**Rhesusfaktor,** *Rh-Faktor,* 1940 von K. *Landsteiner* u. A.S. *Wiener* im Blut von Rhesusaffen entdecktes Blutkörperchenmerkmal; 85% der Menschen zeigen dieses Merkmal, sie sind rhesus-positiv (Rh), 15% sind rhesus-negativ (rh). Der R. wird bei jeder Bluttransfusion festgestellt. Injiziertes Rh-positives Blut erzeugt im Körper eines rh-negativen Menschen sog. Agglutinine u. Hämolysine, die bei einer späteren zweiten Blutübertragung zu schweren Zwischenfällen führen.

**Rhetor,** Redner, Redekünstler; in der Antike auch Lehrer der Beredsamkeit. – **Rhetorik,** Redekunst, die Lehre von der guten, wirkungsvollen Rede; Teilgebiet der Stilistik.

**rhetorische Figur,** *Redefigur,* jede sprachl. Wendung, die von der kürzesten, »eigentlichen« Redeweise abweicht; in erster Linie das Mittel der Kunstrede, doch auch in der Umgangssprache weit verbreitet. – **rhetorische Frage,** rhetor. Figur, in der eine Aussage formal als Fragesatz erscheint, z.B.: »Wer hätte das gedacht?« statt »Niemand hätte das gedacht«.

**Rheumatismus,** *Rheuma,* zusammenfassende Bez. für schmerzhafte Erkrankungen der Muskeln, Gelenke u. serösen Häute, die nach Ursachen, Anzeichen u. Verlauf ganz unterschiedlich sind: 1. *entzündl. R.* (z.B. rheumat. Fieber), 2. *degenerativer R.* (z.B. Arthrose, Bandscheibenschaden); 3. *Weichteil-R.* (z.B. Muskel-R., Sehnenscheidenentzündung).

**Rhin** [rɛ̃], **1.** frz. Name des Rhein. – **2.** r. Nbfl. der Havel, 105 km, entspringt nördl. von Rheinsberg, entwässert das ehem. stark sumpfige *R.luch* sw. von Neuruppin.

**Rhinologie,** Nasenheilkunde, Teilgebiet der Hals-Nasen-Ohren-Heilkunde.

**Rhinozeros,** → Nashörner.

**Rhizom,** *Wurzelstock,* unterird. Sproß mit mehr oder weniger verdickter Sproßachse, mit dessen Hilfe die damit versehenen Pflanzen überwintern können.

**Rhizopoden,** *Rhizopoda* → Wurzelfüßer.

**Rhode Island** [ˈrɔudˈailənd], Abk. *R.I.*, kleinster Gliedstaat der → Vereinigten Staaten; in Neuengland.

**Rhodes** [rou:dz], Cecil, *1853, †1902, brit. Kolonialpolitiker, gab den Anstoß zur Gründung der Brit.-Südafrik. Gesellschaft (1889), die die Eroberung des nach ihm ben. *Rhodesien* leitete; 1890–96 Prem.-Min. der Kapkolonie; betrieb die Angliederung der Burenstaaten an das brit. Südafrika.

**Rhodesien** → Simbabwe.

**Rhodium,** ein → chemisches Element.

**Rhododendron,** Gatt. der *Heidekrautgewächse.* In Mitteleuropa gehören dazu die *Alpenrosen,* bis 1 m hohe Sträucher der hochalpinen Regionen mit kleinen, immergrünen Blättern u. purpur- bzw. hellroten Blüten. Zu den R. gehören auch die *Azaleen,* die aus O-Asien abstammen u. bei uns als Zimmerpflanze gehalten werden. Die meisten in Gärten kultivierten R.-Arten stammen aus N-Amerika oder O-Asien.

**Rhodopen,** bulgar. *Rodopi,* Gebirge in SW-Bulgarien, im *Musala* 2925 m.

**Rhodos,** *Ródos,* grch. Insel vor der SW-Küste Kleinasiens, besteht aus einem zentralen, bis 1200 m hohen Bergland, das von fruchtbaren Ebenen umgeben ist, 1398 km², 66 000 Ew.; Hauptort R. im NO der Insel, 41 000 Ew. – G e s c h.: In hel-

*Rhein-Main-Donau-Kanal in Mittelfranken*

*Rhodos: die Akropolis von Lindos*

*Rhönrad: Turnübung im Geraderollen*

lenist. Zeit war R. neben Athen u. Alexandria Mittelpunkt grch. Geisteslebens. Im MA stand R. unter dem Einfluß der Byzantiner, Genuesen u. Araber; 1309–1522 vom Johanniterorden besetzt, dann 1523 unter türk. Herrschaft, 1911 von Italien beansprucht, 1923 offiziell an dieses abgetreten, seit 1947 grch.

**Rhombus,** *Raute,* gleichseitiges, schiefwinkliges Parallelogramm.

**Rhön,** dt. Mittelgebirge zw. den Oberläufen von Werra, Fulda, Fränk. Saale u. Sinn, gehört zu Hessen, Bay. u. Thüringen; gliedert sich in: die *Hohe R.,* in der *Wasserkuppe* 950 m; die *Kuppige R. (Vorder-R.)* im N, in der *Milseburg* 833 m; die *Waldreiche R. (Süd-R.)* südl. der Senke von Bischofsheim u. Gersfeld, im *Kreuzberg* 933 m.

**Rhondda** [ˈrɔndə], Stadt in S-Wales, nw. von Cardiff, 72 000 Ew.; Kohlen- u. Eisenbergbau, Stahl- u. Metall-Ind.

**Rhöndorf,** Stadtteil von Bad → Honnef.

**Rhône** [roːn], zweitlängster Fluß Frankreichs, 812 km, davon 550 km in Frankreich; entspringt dem *R.gletscher* in den Berner Alpen, durchfließt das Wallis u. den Genfer See, durchbricht die südl. Ketten des Jura, wendet sich bei Lyon nach S, durchzieht in einem Graben, teilt sich bei Arles u. mündet, eine Deltaebene (Camargue) bildend, bei Marseille in das Mittelmeer. Von Lyon bis zum Meer (330 km) für Schiffe bis zu 3000 t schiffbar.

**Rhönrad,** 1925 entwickeltes Turn- u. Gymnastikgerät aus zwei gleichgroßen Stahlrohrreifen (von 1,40 bis 2,20 m Durchmesser), die durch Querstäbe verbunden sind, mit Handgriffen u. Fußhaltern.

**Rhythmik,** Lehre vom Rhythmus u. von der rhythm. Bewegung.

**rhythmische Sportgymnastik,** aus der rhythm. Gymnastik entwickelte Form des Leistungssports für Frauen u. Mädchen; klass. Handgeräte sind: *Ball, Keule, Reifen, Seil* u. *Band,* daneben *Stab, Rahmentrommel, Tuch (Schleier)* u. *Schlegel.*

**Rhythmus,** Gliederung eines zeitl. Vorgangs oder einer räuml. Ausdehnung in sinnl. wahrnehmbare Einheiten, in der Form, daß sich die kurzen u. langen, betonten u. unbetonten Teile der Bewegung für den Betrachter zu regelmäßig wiederkehrenden oder als ähnl. empfundenen Gruppen zusammenfügen. Die meisten der natürl. Lebensvorgänge u. zahlr. Arbeitsabläufe haben einen stark regelmäßigen R. – In der Musik ist der R. das wichtigste Element neben Melodie u. Harmonie. Er wirkt mittels Dauer (zeitl.) u. Schwere (dynam.). – In der Dichtung wird der R. bes. im *Vers* gepflegt. Der R. des Verses ist an eine regelmäßige Folge von Länge u. Kürze *(quantitierende Metrik)* oder Hebung u. Senkung *(akzentuierende Metrik)* gebunden. – R. ist seel.-körperl. erlebbar als ein Erwartungsgefühl, das durch den Mitvollzug rhythm. Vorgänge, z.B. Tanzen, Schreiten, Marschieren, in der Kunstmusik durch geistigen Mitvollzug, befriedigt wird.

**Riad,** *Ar Rijad,* Hptst. von Saudi-Arabien, in der Ldsch. Nadjd, 585 m ü.M.; 1,25 Mio. Ew.; 2 Univ.; modernes Stadtbild; Zementfabrik, chem. Ind.; seit 1821 Sitz des Fürstenhauses.

**Rial,** Währungseinheit im Iran.

**RIAS,** Abk. für *Rundfunk im amerikanischen Sektor,* 1946 gegr. Sender in Westberlin, untersteht dem United States Information Service (USIS).

**Ribalta,** Francisco, *1551/55, †1628, span. Maler; entwickelte ein Helldunkel, das vorbildl. für die valencian. Malschule des 17. Jh. wurde.

**Ribbentrop,** Joachim von, *1893, †1946 (hingerichtet), dt. Politiker (NSDAP), 1938–45 Außen-Min.; im Nürnberger Prozeß zum Tode verurteilt.

**Ribeirão Prêto** [ribɛiˈrãum ˈprɛtu], brasil. Stadt im Staat São Paulo, 301 000 Ew.; ehem. Kaffeeanbauzentrum; Verarbeitung land- u. forstwirtsch. Produkte; Stahlind., Maschinenbau.

**Ribera,** Jusepe de, gen. *lo Spagnoletto,* *1591, †1652, span. Maler u. Radierer; malte in ausdrucksvollem Helldunkel religiöse Szenen mit oft realist.-dramat. Spannungsreichtum.

**Ribnitz-Damgarten,** Krst. in Mecklenburg, am *Ribnitzer Bodden,* 17 500 Ew.; histor. Gebäude; Fischerei; Bernsteinverarbeitung.

**Riboflavin,** fr. *Lactoflavin, Vitamin B₂,* beim Fehlen kommt es zu Haut- u. Darmerkrankungen.

**Ribonucleinsäuren,** Abk. *RNS,* → Nucleinsäuren.

**Ribose,** Zuckerart (Monosaccharid) mit 5 Kohlenstoffatomen *(Aldopentose),* ein Bestandteil der Ribonucleinsäuren.

**Ribosomen,** im Zytoplasma der Zelle vorkommende Körnchen von rd. 18 nm Durchmesser, bestehen hpts. aus Ribonucleinsäure u. Eiweißen; an ihnen findet die Eiweißsynthese statt.

**Ribozyme,** katalyt. wirksame Ribonucleinsäuremoleküle; finden sich bei fast allen Organismen, mit Ausnahme der höheren Tiere. Für ihre Entdeckung erhielten S. *Altmann* u. T. *Cech* 1989 den Nobelpreis für Chemie.

**Ricardo,** David, *1772, †1823, engl. Nationalökonom; schuf ein geschlossenes System der Volkswirtschaftslehre u. Wirtschaftspolitik, das auf dem liberalen Grundsatz der Wirtschaftsfreiheit fußte. Im Mittelpunkt stand das Verteilungsproblem, das er in seiner Arbeitswerttheorie, seiner Grundrenten- u. Preistheorie darstellte. Er zeigte die Vorteile des Freihandels auf.

**Riccione** [ritˈʃoːnɛ], ital. Seebad an der Adria, sö. von Rimini, 31 000 Ew.; Heilquelle; Fischerei.

**Rice** [rais], Elmer, eigtl. E. *Reizenstein,* *1892, †1967, US-amerik. Dramatiker; schrieb zunächst expressionist., dann sozialkrit. Dramen; auch Romane.

**Ricercar** [ritʃeˈkaːr], *Ricercare,* musikal. Kompositionsform in strenger Setzweise, die zur Entwicklung der Fuge führte.

**Richard,** Fürsten;
Dt. König:
**1.** *R. von Cornwall,* *1209, †1272, König 1257–72, wurde von 4 der Kurfürsten gewählt, konnte sich im Reich nicht durchsetzen.
Großbrit.:
**2. R. I. Löwenherz,** *1157, †1199 (gefallen), König 1189–99, nahm am 3. Kreuzzug 1189–92 teil; geriet auf der Rückfahrt in Gefangenschaft des Herzogs Leopold V. von Östr., mußte Kaiser Heinrich VI. als Lehnsherrn anerkennen, kehrte 1194

*Richard I. Löwenherz; Statue in der Abtei von Fontevrault*

*Richelieu; Stich von R. Nanteuil nach einem Gemälde von P. de Champaigne*

nach England zurück. – **3.** *R. II.,* *1367, †1400, König 1377–99; wegen seiner Willkürherrschaft von Heinrich IV. Lancaster mit Zustimmung des Parlaments abgesetzt; wahrsch. ermordet. – **4. R. III.,** *1452, †1485 (gefallen), König 1483–85, Herzog von Gloucester, ließ sich zum König erheben, ließ seine thronberechtigten Neffen Eduard u. Richard ermorden; unterlag gegen Heinrich Tudor (König Heinrich VII.) 1485 bei Bosworth. – Histor. Drama von *Shakespeare,* der in der Gestalt des R. das Bild des verbrecher. Gewaltherrschers zeichnete.

**Richards** [ˈritʃədz], **1.** Dickinson W., *1895, †1973, US-amerik. Mediziner; arbeitete am Herzkatheterismus; Nobelpreis 1956. – **2.** Theodore William, *1868, †1928, US-amerik. Chemiker; verdient um die Atomgewichtsbestimmung; Nobelpreis 1914.

**Richardson** [ˈritʃədsn], **1.** Dorothy, *1873, †1957, engl. Schriftst.; als Mitbegr. des »Bewußtseinsromans« Vorläuferin von J. *Joyce* u. V. *Woolf.* – **2.** Henry Handel, eigtl. Henrietta R., verh. *Robertson,* *1870, †1946, austral. Schriftst.; schilderte Künstler- u. Einwandererschicksale. – **3.** Sir Owen Williams, *1879, †1959, brit. Physiker; entdeckte die Elektronenaussendung glühender Metalle; Nobelpreis 1928. – **4.** Samuel, *1689, †1761, engl. Schriftst.; schrieb empfindsame Briefromane von puritan. Geisteshaltung. W »Pamela«, »Clarissa«. – **5.** Tony, *5.6.1928, brit. Theater- u. Filmregisseur; Vertreter des *Free Cinema.* W »Blick zurück im Zorn«, »Bitterer Honig«, »Die Einsamkeit des Langstreckenläufers«.

**Richelieu** [riʃəˈljø], Armand Jean du Plessis, Herzog von R., *1585, †1642, frz. Staatsmann; 1622 Kardinal, seit 1624 leitender Min.; errichtete den frz. absolutist. Einheitsstaat, begr. Frankreichs Vormachtstellung in Europa.

**Richet** [riˈʃɛ], Charles Robert, *1850, †1935, frz. Physiologe; lieferte grundlegende serolog. u. immunolog. Arbeiten; Nobelpreis für Medizin 1913.

**Richier** [riˈʃje], Germaine, *1904, †1959, frz. Bildhauerin u. Graphikerin; dünngliedriger, expressiv-bizarrer Figurenstil mit surrealist. Elementen.

**Richmond** [ˈritʃmənd], Hptst. von Virginia (USA), am James River, 219 000 Ew.; 2 Univ. (1832 u. 1865); Maschinen-, Tabak-, chem., Textil-Ind.; Handelszentrum. Im Sezessionskrieg Hptst. der Südstaaten.

**Richtantenne,** Antennenform, die bei Aussendung u. Empfang elektromagnet. Wellen bestimmte Richtungen bevorzugt u. daher Strahlenbündelung bzw. Auswahl der Empfangsrichtung gestattet. R.n werden bes. in der Navigation u. im Kurzwellenfunk verwendet.

**Richter, 1.** Person, die die rechtsprechende Gewalt des Staates ausübt, entweder als Berufs-R. oder als ehrenamtl. Laien-R. Im modernen gewaltenteilenden Rechtsstaat bildet die *sachl. Unabhängigkeit* der R. (Weisungsfreiheit, ausschl. Bindung an das Gesetz) die Grundlage der Gerichtsverfassung. Die *persönl. Unabhängigkeit* (Unabsetzbarkeit u. Unversetzbarkeit) ist in der BR Dtld. nur den endgültig angestellten Berufsrichtern garantiert. Die *Befähigung zum R.amt* wird durch die Ablegung zweier Staatsprüfungen erworben. – **2.** im AT charismat. Führer der Stämme Israels zw. der Landnahme u. der Einsetzung des Königtums (sog. große R., z.B. *Samuel);* auch Rechtsprecher des Stämmeverbands (kleine R.).

**Richter, 1.** Burton, *22.3.1931, US-amerik. Physiker; Arbeiten über Elementarteilchen; Nobelpreis 1976. – **2.** Franz Xaver, *1709, †1789, östr. Komponist; Repräsentant der Mannheimer Schule, schrieb Sinfonien, Messen, Psalmen u. Motetten. – **3.** Hans, *1843, †1916, östr. Dirigent; einer der wichtigsten Wagner-Dirigenten seiner Zeit. – **4.** Hans Theo, *1902, †1969, dt. Graphiker; schuf figürl. Lithographien von stiller Verhaltenheit. – **5.** Hans Werner, *12.11.1908, dt. Schriftst.; schrieb sozialkritische Gegenwartsromane, Gründer u. Leiter der »Gruppe 47«. – **6.** Horst-Eberhard, *28.4.1923, dt. Psychoanalytiker u. Sozialpsychologe; Arbeiten zur Familientherapie, Psychosomatik, Sozial-Philos.; zahlr. publizist. Aktivitäten. – **7.** Johann Paul Friedrich → Jean Paul. – **8.** Karl, *1926, †1981, dt. Organist u. Dirigent; bed. Bach-Interpret. – **9.** Ludwig, *1803, †1884, dt. Maler u. Graphiker; schuf spätromant. Landschaften nach Motiven der Heimat u. volkstüml. Holzschnittillustrationen im Sinn des Biedermeier zu Märchen von Andersen u. Bechstein. – **10.** Swjatoslaw, *20.3.1915, sowjet. Pianist; einer der bedeutendsten Klaviervirtuosen des 20. Jh.

**Richter-Skala** [nach C. F. Richter, *1900, †1985], nach oben offene Erdbebenskala auf seismograph. Berechnung, aufgezeichnet wird die Stärke eines Erdbebens..

**Richtfest,** Feier nach dem Aufrichten des Dachstuhls mit Richtsprüchen, Richtschmaus u. Schmücken des Dachfirstes durch Richtkranz oder Richtbaum.

**Richtfunkverbindung,** drahtlose Übertragungslinie im Nachrichten- u. Fernsprechverkehr, vielfach anstelle von Fernsprechkabeln benutzt, denen sie hinsichtl. Übertragungsgüte u. Betriebssicherheit gleichwertig sind. Die sehr hochfrequente Trägerwelle kann 1800 Ferngespräche gleichzeitig übertragen. Die Antennen sind scharfbündelnde Richtstrahler.

**Richthofen, 1.** Ferdinand Frhr. von, *1833, †1905, Geograph; bereiste u.a. China, Japan, die mal. Inselwelt u. N-Amerika; einer der Schöpfer der neueren Geographie. – **2.** Manfred Frhr. von, *1892, †1918 (gefallen), erfolgreichster dt. Jagdflieger des 1. Weltkriegs.

**Richtlinienkompetenz,** die Berechtigung des Bundeskanzlers der BR Dtld., die Richtlinien der Regierungspolitik zu bestimmen (Art. 65 GG).

**Richtpreis,** lockerste Form der *Preisfestsetzung* durch Behörden bzw. Unternehmen; eine nicht verbindl. Preisempfehlung.

**Ricke,** *Rehgeiß,* das erwachsene weibl. Reh.

**Rickettsien,** intrazelluläre bakterielle Parasiten des Menschen, der Säugetiere, Vögel u. Gliederfüßer. Sie sind geißellose, gramnegative, unbewegl. Stäbchen von rd. 80 nm Größe; sie rufen Infektionskrankheiten hervor, z.B. Fleckfieber, Fünftagefieber.

**Riechsalz,** belebend wirkendes Gemisch aus Salmiakgeist u. äther. Ölen (Moschus, Lavendel u.a.).

**Ried,** süddt. für Moor, Sumpf.

**Riedböcke,** *Redunca,* Gatt. *Echter Antilopen* von rehähnl. Habitus mit kurzem Gehörn.

**Riedgräser** → Pflanzen.

**Riefenstahl,** Leni, *22.8.1902, dt. Filmregisseurin u. Photographin; drehte propagandist. Dokumentarfilme über die NS-Parteitage u. die Olymp. Spiele 1936.

**Riege,** Abteilung von (Geräte-)Turnern unter der Anleitung eines Vorturners.

**Riehl,** Wilhelm Heinrich von, *1823, †1897, dt. Kulturhistoriker u. Schriftst.; einer der Begr. der Volkskunde.

**Riemann, 1.** Bernhard, *1826, †1866, dt. Mathematiker; einer der berühmtesten Mathematiker des 19. Jh., arbeitete über die Grundlagen der Geometrie u. funktionentheoret. Fragen. – **2.** Hugo, *1849, †1919, dt. Musikwissenschaftler; Werke zur Musikwiss. u. Musikgeschichte.

**Riemen, 1.** aus Leder, Gummi oder (Kunst-)Stoff angefertigtes Band zur Kraftübertragung. – **2.** seemänn. Bez. für die Ruderstangen.

**Riemenschneider,** Tilman, *um 1460, †1531, dt. Bildhauer u. Bildschnitzer; seit 1483 in Würzburg, 1520 Bürgermeister, 1525 wegen Unterstützung des Bauernkriegs gefangen u. gefoltert. In seiner Kunst verbinden sich Elemente der dt. Spätgotik mit Stilformen der beginnenden Renaissance; Schnitzaltäre in Rothenburg o. d. T., Creglingen, Dettwang, Maidbronn; zahlr. Einzelbildwerke (Madonnen, Kreuzgruppen, Heilige).

**Rien ne va plus** [ri'ɛ̃ nəva'ply:], frz. »nichts geht mehr«, es kann nichts mehr eingesetzt werden (beim Roulettespiel).

*Adam Riese: Titelseite der 1537 gedruckten Ausgabe seines Rechenbuches*

*Tilman Riemenschneider: Heiligblutaltar (Ausschnitt), 1501–1504. Rothenburg ob der Tauber, St. Jakob*

**Rienz,** ital. *Rienza,* l. Nbfl. des Eisack, 90 km, entspringt am Fuß der Südtiroler Drei Zinnen, mündet bei Brixen.

**Rienzo,** *Rienzi,* Cola di, eigtl. Nicolà di *Lorenzo Gabrini,* *1313, †1354, röm. Politiker; machte sich 1347 zum Volkstribun, um eine Rep. nach altröm. Vorbild zu errichten; durch päpstl. Bann Ende 1347 zum Verlassen Roms gezwungen.

**Ries,** Abk. *Rs,* Papierzählmaß, fr. 500, jetzt *(Neuries,* seit 1877) 1000 Bogen.

**Ries,** flache, fruchtbare Beckenldsch. zw. der Schwäb. u. der Fränk. Alb; gilt als Überbleibsel eines Meteoreinschlags. Zentrum: *Nördlingen.*

**Riesa,** Krst. in Sachsen, an der Elbe, 49 000 Ew.; Stahl-, Walz- u. Röhrenwerk; versch. Ind.

**Riese,** eigtl. *Ries,* Adam, *1492, †1559, dt. Rechenmeister; Verf. der ersten dt. Rechenbücher.

**Rieselfelder,** Felder, über die die *Abwässer* der Städte gereinigt u. landw. genutzt werden. Die festen Bestandteile werden in *Kläranlagen* zurückgehalten; das Rieselwasser dient zur Düngung.

**Riesen,** übergroße Gestalten in den Sagen vieler Völker, von den Griechen verkörpert in *Titanen* u. *Giganten.* Im Märchen sind die R. meist gutmütig; sie werden vom Helden überlistet u. überwunden.

**Riesengebirge,** polnisch *Karkonosze,* tschechisch *Krkonoše,* höchster Teil der Sudeten, 37 km lang, bis 25 km breit, in der *Schneekoppe* 1602 m hoch; seit 1959 Nationalpark.

**Riesenhuber,** Heinz, *1.12.1935, dt. Politiker (CDU), seit 1976 MdB, seit 1982 Bundes-Min. für Forschung u. Technologie.

**Riesenmuschel,** bis 200 kg schwere u. 1,20 m große *Muschel.*

*Riesenschildkröte*

**Riesensalamander,** größte lebende Art der *Amphibien,* aus der Fam. der *R.artigen;* bis 150 cm groß.

**Riesenschildkröte,** größte *Landschildkröte,* bis 1,5 m lang u. 215 kg schwer; lebt auf den Seychellen.

**Riesenschlangen,** *Stummelfüßer, Boidae,* Fam. bis 10 m langer, ungiftiger Schlangen, die ihre Beute erdrosseln u. unzerkleinert verschlingen. Hierzu: *Python-* u. *Boaschlangen.*

**Riesenslalom,** *Riesentorlauf,* alpines Skirennen, bei dem die Wettkämpfer eine durch Kontrolltore ausgeflaggte Strecke zu durchfahren haben; mindestens 30 Tore; eine Mischung aus Abfahrtslauf u. Slalom.

**Riesensterne,** Fixsterne mit großer Masse u. Leuchtkraft. *Rote R.* haben niedrige Oberflächentemp., sehr kleine Dichte u. sehr großen Durchmesser.

**Riesling,** edelste Traubensorte, bes. des Rheingaus.

**Rietberg,** Stadt in NRW, an der Ems, 23 000 Ew.; Kloster; histor. Bauwerke; Maschinenbau, Möbel-Ind.

**Rieti,** ital. Provinz-Hptst. nordöstl. von Rom, 44 000 Ew.; Dom (12./13. Jh.), Palazzo Papale; Zucker-, Kunstfaser-, Textil-Ind.

**Rietschel,** Ernst, *1804, †1861, dt. Bildhauer; schuf klassizist. Plastiken u. Denkmäler (u.a. Goethe-Schiller-Denkmal in Weimar).

**Rif,** *Er Rîf,* zerschluchtetes Küstenbergland in N-Marokko, im *Jbel Tídírhîn* 2456 m.

**Riff,** eine dicht unter dem Wasserspiegel vom Meeresboden aufragende felsige Erhebung.

**Riffel,** *Riffelkamm,* kammartiges Werkzeug zum Abstreifen der Samenkapseln des Flachses.

**Riffelblech,** Blech mit rautenförmig sich kreuzenden Riffeln (rippenartige Streifen).

**Rifkabylen,** Berber des *Rîf* im N Marokkos; er-

*Riga; im Hintergrund die Petrikirche*

hoben sich 1921–26 unter *Abd el-Krim* gegen die span. u. die frz. Herrschaft.
**Riga,** Hptst. der Lett. SSR (Sowj.), an der Düna, 900 000 Ew.; Univ.; alte sehenswerte Gebäude; wichtiger Handels- u. Fischereihafen; vielseitige Ind. – Gesch.: 1201 gegr., 1255 Erzbistum, seit 1282 Mitgl. der Hanse, 1561–82 im Status einer freien Reichsstadt, dann poln., 1621 schwed., 1710 russ., 1918 Hptst. der Rep. Lettland, 1940 zur Sowj.
**Rigaud** [ri'go:], Hyacinthe, *1659, †1743, frz. Maler; Hauptmeister der barocken Porträtmalerei Frankreichs.
**Rigel,** heller Stern im Orion.
**Rigi,** schweiz. Bergmassiv zw. Vierwaldstätter, Lauerzer u. Zuger See, im *R.-Kulm* 1798 m, vielbesuchter Aussichtsberg.
**Rigorismus,** in der Ethik strenge, kompromißlose Gesetzes- u. Pflichtauffassung, bes. der *eth. R.* Kants.
**Rigorosum,** mündl. Doktorprüfung.
**Rigweda,** *Rigveda,* ältestes ind. Literaturwerk, enthält 1028 Hymnen meist religiösen Inhalts, sprachl. eine sehr alte Sanskritstufe (2. Jt. v. Chr.).
**Rihm,** Wolfgang, *13.3.1952, dt. Komponist; macht durch extreme musikal. Gegensätze psych. Ausnahmesituationen deutlich.
**Rijeka,** ital. *Fiume,* jugoslawische Hafenstadt an der Adriaküste, östlich der Halbinsel Istrien, 158 000 Ew.; winklige Altstadt; chem., Holz-, Papier-Ind., Schiff- u. Maschinenbau, Ölraffinerie. – Gesch.: 1465–1779 östr., bis 1848 ungar., danach zeitw. kroat. u. ungar., 1920 Freistaat, 1924 ital., seit 1945 jugosl.
**Rijksmuseum Amsterdam** ['rɛjks-], gegr. 1808, eines der führenden Museen der Welt; Gemäldegalerie mit Werken ital., holl. u. frz. Meister.
**Rijswijk** ['rɛjsvɛjk], *Ryswijk,* Stadt in der ndl. Prov. Südholland, 49 000 Ew.; Metall-Ind. – Der *Friede von R.* (1697) zw. Frankreich, den Ndl., Großbrit., Spanien u. dem röm.-dt. Reich beendete den Pfälz. Erbfolgekrieg.
**Rikscha,** zweirädriger, mit Menschenkraft gezogener Wagen, Personenbeförderungsmittel in O- u. S-Asien, heute vielfach durch Fahrrad-R. ersetzt.
**Riksmål** [-mo:l], *Bokmål,* N. norw. Schriftsprache.
**Rila,** nw. Teil der Rhodopen mit ausgedehnten Hochflächen, im *Musala* 2925 m. – **R.-Kloster,** Nationalheiligtum der Bulgaren, im 9. Jh. gegr., Grablege bulgar. Könige.
**Rilke,** Rainer (eigtl. René) Maria, *1875, †1926, östr. Dichter; seit 1919 in der Schweiz. Sein lyr. Schaffen, das stimmungshaft, impressionistisch u. klangvoll begann, entwickelte sich zu differenzierten u. kostbaren Sprachprägungen mit weltweiter Wirkung. W »Das Stundenbuch«, »Neue Gedichte«, »Duineser Elegien«, »Sonette an Orpheus«.
**Rimbaud** [rɛ̃'bo:], (Jean Nicolas) Arthur, *1854, †1891, frz. Dichter; suchte in inspirativer Chiffrensprache scheinbar Unvereinbares u. Übersinnliches zu gestalten; wurde ein Wegbereiter des Symbolismus, Surrealismus u. Existentialismus. W »Erleuchtungen«, »Das trunkene Schiff«.
**Rimini,** ital. Hafenstadt u. Seebad an der Adria, 130 000 Ew.; got. Kirche; Fremdenverkehr, vielseitige Ind.

**Rimskij-Korsakow,** Nikolaj Andrejewitsch, *1844, †1908, russ. Komponist; eines der bedeutendsten Mitgl. der »jungruss. Schule« (Opern, 3 Sinfonien, Kammermusik, Lieder).
**Rinckard,** *Rinkart,* Martin, *1586, †1649, dt. ev. Theologe; verfaßte geistl. Lieder.
**Rinde,** der äußere Gewebemantel beim Sproß u. der Wurzel höherer Pflanzen.
**Rinder,** *Bovinae,* Unterfam. der *Horntiere* mit plumpem Körperbau u. an der Basis breiten, weit auseinanderstehenden Hörnern bei beiden Geschlechtern. Erhalten sind die Gatt. *Büffel, Echte Rinder* u. *Bison.*
Das zu den Echten R.n gehörende Hausrind wurde schon vor über 7000 Jahren domestiziert. Wegen seiner vielseitigen Leistung (Milch, Butter, Käse, Fleisch; Leder; Hörner; Zugleistung) ist es überall in der Welt verbreitet. Die versch. R a s s e n unterscheiden sich in der Größe (1 bis fast 2 m hoch), im Körperbau (jeweils nach Nutzrichtung) u. in der Haarfarbe sowie in ihren Ansprüchen an die Haltung. Die europ. Rassen werden unterteilt in *Niederungs-* u. *Höhenvieh.* Die Niederungsrassen sind auf Milch-Fett-Leistung, das Höhenvieh auch auf Zugleistung gezüchtet. Die Z u c h t erfolgt mittels Auslese geeigneter Tiere *(Körung),* meist in Reinzucht, selten durch Kreuzung versch. Rassen. Rinderzuchtverbände fassen die einzelnen Zuchtbetriebe in den Zuchtgebieten zus. u. führen das *Herdbuch.* Die erstmalig zur Zucht verwendeten Tiere heißen beim weibl. Geschlecht *Kalbe (Färse, Stärke* oder *Rind),* beim männl. *Jungstier (Jungbulle),* später *Bulle (Farr),* kastriert *Ochse.*
**Rinderbremse,** bis 2 cm lange *Bremse;* u.a. Überträger des *Milzbrands.*
**Rinderpest,** Viruskrankheit der Rinder mit Fieber u. Katarrhen; tritt noch in Afrika u. Asien auf.
**Ring, 1.** kreisförmige Straße um den Stadtkern. – **2.** Schmuckreif, Kettenglied. – **3.** abgegrenzter Platz für Wettkämpfe (z.B. beim Boxen).
**Ring Christlich-Demokratischer Studenten,** *RCDS,* der CDU/CSU nahestehende polit. Hochschulgruppe in der BR Dtld.
**Ringe,** Turngerät aus zwei Griffringen aus Holz oder mit Leder überzogenem Eisen, die an Schwungseilen an einem Gerüst hängen.
**Ringelblume,** *Calendula,* Gatt. der *Korbblütler* mit meist gelben Blüten u. gekrümmten oder geringelten Früchten.
**Ringelnatter,** häufigste ungiftige *Natter* der Gewässer Mitteleuropas, kenntl. an den beiden halbmondförmigen gelblichweißen Schläfenflecken.
**Ringelnatz,** Joachim, eigtl. Hans *Bötticher,* *1883, †1934, dt. Schriftst. u. Kabarettist; schrieb skurrile Lyrik u. Erinnerungsbücher. W »Kuttel-Daddeldu«.
**Ringelrobben,** *Pusa,* Gatt. der *Seehunde;* namengebend sind die hellen Ringe der dunklen Oberseite; leben im Küstenbereich von Arktis u. Ostsee.
**Ringeltaube,** bis über 40 cm große *Taube* mit weißem Band über den Flügeln.
**Ringelwürmer,** *Gliederwürmer, Annelida,* Tierstamm der *Gliedertiere;* Würmer mit gleichförmiger Segmentierung u. entspr. Gliederung der inneren Organe, die teilw. als äußere »Ringelung« erkennbar ist.
**Ringen,** *Ringkampf,* älteste, auch bei den meisten Naturvölkern bek. Form des Zweikampfs ohne Waffen; beim modernen sportl. R. unterscheidet man *grch.-röm. Stil,* bei dem nur Griffe am Körper vom Scheitel bis zur Hüfte angesetzt werden dürfen, u. *Freistil,* bei dem der Gegner am ganzen

*Ringelnatter*

*Ringen im griechisch-römischen Stil*

Körper, auch mit den Beinen, angegriffen werden darf. Ziel ist es, den Gegner auf den Boden zu werfen u. auf beiden Schultern 2 Sek. festzuhalten *(Schultersieg)* oder durch möglichst viele gelungene Angriffsaktionen einen *Punktsieg* zu erreichen.
**Ringsted,** Stadt in der dän. Amtskommune Westseeland, 28 000 Ew.; rom.-got. Kirche (12. Jh.).
**Ringwall,** vor- oder frühgeschichtl. Befestigungsanlage.
**Rinser,** Luise, *30.4.1911, dt. Schriftst.; 1953–59 mit dem Komponisten C. *Orff* verh., wandte sich vom Psycholog. u. Zeitgeschichtl. mehr u. mehr religiösen Fragen zu; schrieb Romane, Erzählungen, Hörspiele.
**Rinteln,** Krst. in Nds., an der Weser, 25 000 Ew.; mittelalterl. Altstadtbild; Maschinenbau, Möbel-, Papier-, Wäsche-, Glas-Ind.; 1621–1809 Univ.
**Río** [span. Río], port., span. u. ital. Bez. für Fluß.
**Riobamba,** Prov.-Hptst. in Ecuador, 2650 m ü.M., 150 000 Ew.
**Rio de Janeiro** [-ʒa'neiro], Hptst. des brasil. Bundesstaates R. d. J., am Westufer der Guanabarabucht, 5,6 Mio. Ew.; Wahrzeichen der Stadt sind der *Corcovado* (mit 32 m hoher Christusstatue) u. der *Zuckerhut;* Seebad *Copacabana;* mehrere Univ. u.a. HS, Nat.-Bibliothek; wichtigster Handels-, Banken- u. Ind.-Standort des Landes; Importhafen, internat. Flughafen. – Gesch.: R. d. J. wurde 1565 von Portugiesen gegr., 1567 verlegt; 1763 Hauptstadt des Vizekönigreichs Brasilien; 1808–21 Residenz des port. Königs.
**Rio Grande** [-'grandi], **1.** *São Pedro de R. G.,* Hafenstadt im brasil. Staat *R. G. do Sul,* 125 000 Ew.; Univ.; verschiedene Ind.; Erdölraffinerie; Fischereihafen. – **2.** Quellfluß des Paraná, im mittleren Brasilien, 1450 km, entspringt am *Itatiaia;* am Oberlauf zum 120 km² großen *Furnas-Stausee* gestaut. – **3.** *Río Bravo del Norte,* nordamerik. Fluß, entspringt in SW-Colorado (USA), bildet ab El Paso die Grenze zwischen den USA u. Mexiko, mündet in den Golf von Mexiko, rd. 2800 km; im Unterlauf intensive Bewässerungslandwirtschaft.
**Rio Grande do Norte** [-'grandi du 'nɔrti], Küstenstaat im NO → Brasiliens.
**Rio Grande do Sul** [-'grandi du 'sul], südl. Staat → Brasiliens.
**Rioja** [ri'ɔxa], La R., autonome Region im NO von Spanien, 5034 km², 254 000 Ew., Hptst. *Logroño.*
**Río Muni,** *Mbini,* Teil von *Äquatorialguinea* auf dem afrik. Festland.
**Río Negro, 1.** l. Nbfl. des Amazonas, 2000 km, davon 1000 km schiffbar, entspringt als *Guainía* im Hochland von Kolumbien, mündet bei Manaus. – **2.** Prov. in → Argentinien, N-Patagonien.
**Riopelle** [riɔ'pɛl], Jean-Paul, *7.10.1923, kanad. Maler; Vertreter des Tachismus.
**Río Tinto,** südspan. Fluß in Andalusien, 98 km; entspringt in der Sierra de Aracena, mündet in den Golf von Cádiz.
**Riphahn,** Wilhelm, *1889, †1963, dt. Architekt; zahlr. öffentl. Gebäude, bes. im Rheinland.
**Rippe, 1.** *Costa,* bei Wirbeltieren längl. gebogene Knochen, die in wechselnder Anzahl von der Wirbelsäule ausgehend nach unten bzw. (beim Menschen) nach vorn ziehen u. den Leib beiderseits umfassen. Der Mensch hat 7 sog. echte Rippenpaare, die knorpelig mit dem Brustbein verwachsen sind; weitere 3 Paare hängen durch knorpelige

## 754 Rippelmarken

Rippenbögen am Brustbein an, die 11. u. 12. R. enden frei. Alle R. sind gelenkig mit den Wirbelkörpern der Brustwirbelsäule verbunden u. bilden mit dem Brustbein den knöchernen Brustkorb. – **2.** der plastisch durch einen Wulst, Birnstab, ein rechteckiges Band u. ä. hervorgehobene Diagonalbogen eines *Kreuzgewölbes*.
**Rippelmarken,** kleine parallele »Wälle« aus Sand oder Schnee; durch Wind oder Wellenbewegung des Wassers entstanden.
**Rippenfell,** *Pleura costalis,* Teil des Brustfells.
**Rippenfellentzündung,** *Pleuritis,* entzündl. Erkrankung des Brustfells, als trockene Form mit Fibrinabscheidung, als feuchte Form mit seröser (oder serofibrinöser) Ausschwitzung in den Brustfellraum einhergehend; geht meist von Erkrankungen der Lunge aus.
**Rippenquallen,** *Kammquallen,* zu den *Hohltieren* gehörende durchsichtige zarte Meerestiere von rundl. bis langbandförmiger Gestalt.
**Rippenspeer,** gekochtes oder gebratenes Rippenstück vom Schwein, auch geräuchert.
**Rips,** Sammelbez. für Gewebe in *R.bindung,* bei denen Quer- oder Längsrippen ausgeprägter Form charakterist. sind.
**Ripuarier,** mit Errichtung des Hzgt. *Ribuarien* im alten Fränk. Herrschaftsbereich um Köln während des 7. Jh. aufgekommener Name für die *Franken* am Mittelrhein.
**Risiko,** Gefahr des Verlustes. – **R.prämie,** Entgelt für die Übernahme eines *R.;* bildet bei Unternehmen, deren Leistungen bes. Risiken unterliegen (z.B. Versicherungen) einen Teil der Kosten.
**Risorgimento** [risɔrdʒi-], die ital. Einheitsbestrebungen seit Beginn des 19. Jh., bcs. 1815–70.
**Risotto,** Speise aus gedünstetem Reis mit geriebenem Parmesankäse, Pilzen oder Tomaten.
**Rispe,** traubiger Blütenstand, dessen Seitenachsen wieder Trauben bilden.
**Rispengras,** *Poa,* artenreiche Gatt. der *Süßgräser,* hpts. der gemäßigten Zonen; zwei- bis vielblütige Ährchen in Rispen angeordnet. Sehr verbreitet ist das *Einjährige R.,* ein 5–25 cm hohes, auf Wegen, z.w. Straßenpflaster, auf Wiesen u. in Gärten überall häufiges Gras.
**Riß,** techn. Zeichnung, bes. im Maschinenbau u. Bauwesen angewendet für *Grund-, Auf-* u. *Längs-R.*
**Riß, 1.** r. Nbfl. der Donau, 60 km, entspringt sw. von Biberach, mündet sw. von Ulm. – **2.** r. Nbfl. der Isar im Karwendelgebirge.
**Rist,** der Fußrücken.
**Rist,** Johann (1653 geadelt), *1607, †1667, dt. Schriftst.; Mitgl. mehrerer Sprachgesellschaften, verfaßte geistl. u. weltl. Lieder u. etwa 30 Schauspiele.
**ritardando,** Abk. *rit., ritard.,* musikal. Vortragsbez.: allmähl. langsamer werdend.
**rite** [lat.], auf rechte oder gebührende Weise, nach hergebrachter Form. Bei der dt. Doktorprüfung das geringste Prädikat, etwa: genügend.
**Ritenkongregation,** Kurienkongregation, seit 1969 zuständig für Heilig- u. Seligsprechungsprozesse.
**Ritornell, 1.** Form des ital. Volkslieds mit einem kurzen u. zwei langen Versen; der 1. u. 3. Vers reimen miteinander, der 2. bleibt reimlos. – **2.** 1. in Madrigal, Ballade, Frottola der Kehrreim; 2. instrumentales Vor-, Zwischen- u. Nachspiel bei Arien u. Strophenliedern.
**Ritschl, 1.** Albrecht, *1822, †1889, dt. ev. Theologe; gab dem theol. Denken im 19. Jh. viele Anregungen. – **2.** Otto, *1885, †1976, dt. Maler; schuf seit 1932 ungegenständl. Bilder.
**Ritsos,** Jannis, *1.5.1909, neugrch. Lyriker; stellt die Krise der bürgerl. Kultur u. persönl. Erlebnisse der Gefangenschaft dar.
**Rittelmeyer,** Friedrich, *1872, †1938, dt. ev. Theologe; verschmolz bibl. Botschaft u. anthroposoph. Erkenntnisse; Mitgr. der *Christengemeinschaft*.
**Ritter, 1.** der 2. Stand im alten Rom, urspr. berittene Krieger *(equites),* später eine Art Geldaristokratie. – **2.** im MA zunächst der berittene u. vollgerüstete Adlige, Freie bzw. Vasall, seit dem 12. Jh. auch der in gleicher Weise Kriegsdienst leistende unfreie Dienstmann *(Ministeriale).* In der Stauferzeit entwickelte sich eine ritterl. Kultur, deren lit. Zeugnis die *höfische Dichtung* ist. Die R.würde wurde nach einer *Knappenzeit* durch die *Schwertleite* (seit dem 13. Jh. *R.schlag*) verliehen. Seit dem Spät-MA verstand man unter R. die Angehörigen des *niederen Adels.*
**Ritter, 1.** Carl, *1779, †1859, dt. Geograph; Wegbereiter der modernen, auch der vergleichenden Geographie. – **2.** Gerhard, *1888, †1967, dt. Historiker; Repräsentant nationalpolit. Geschichtsschreibung, die auch die Grenzen u. Irrwege nat. Politik aufzeigte.
**Rittergut,** landw. Großbetrieb, bes. im dt. Osten; urspr. gegen Übernahme von Wehrdiensten zu Lehen gegeben u. mit Sonderrechten ausgestattet. Das bäuerl. Abhängigkeitsverhältnis zum R. (Erbuntertänigkeit) wurde durch die Steinschen Reformen zu Beginn des 19. Jh. gelöst.
**Ritterkreuz, 1.** R. des *Eisernen Kreuzes,* höchste dt. Tapferkeitsauszeichnung im 2. Weltkrieg, Halsorden, 5 Stufen. – **2.** R. des *Kriegsverdienstkreuzes,* höchste dt. Verdienstauszeichnung im 2. Weltkrieg, Halsorden, 1 Stufe.
**Ritterling,** *Tricholoma,* Gatt. der *Blätterpilze;* ziemlich große Pilze, meist in Wäldern, einige Arten auch auf Wiesen u. Feldern.
**Ritterorden,** während der *Kreuzzüge* entstandene Sonderform des geistl. Ordens, dessen Mitgl. neben den drei Mönchsgelübden den Kampf gegen die »Ungläubigen« gelobten; z.B. *Johanniter-, Templer-, Schwertbrüder-* u. *Dt. Orden.*
**Rittersporn,** *Delphinium,* Gatt. der *Hahnenfußgewächse,* meist hohe Stauden oder Kräuter.
**Ritterstern,** *Amaryllis,* Gatt. der *Amaryllisge-*

*Charlie Rivel in seiner berühmten Nummer mit Gitarre und Stuhl*

*wächse* mit meist lebhaft roten Blüten; Zierpflanze.
**Rittmeister,** ehem., dem *Hauptmann* entspr. Offiziersdienstgrad bei der Kavallerie.
**Ritual,** ein bestimmten Regeln folgender, eingeübter oder unbewußt eingespielter Verhaltensablauf bei Tieren u. Menschen; bei Tieren instinktgesteuertes Verhalten *(R.isation),* beim Menschen kulturell geprägt.
**Ritualbücher,** Sammlungen von Texten u. Riten für den gottesdienstl. Gebrauch; in der kath. Kirche bes. das *Rituale Romanum,* in der ev. Kirche die *Agenda.*
**Ritualmord,** aus religiösen Gründen vollzogene Tötung eines Menschen.
**Ritus, 1.** der hl., aus dem Mythos stammende Brauch; Festsetzung des Verlaufs kult. Handlungen. – **2.** in der kath. Kirche u. den Ostkirchen die gottesdienstl. Handlungen.
**Ritz,** César, *1850, †1918, schweiz. Hotelier; Gründer berühmter Hotels.
**Riva del Garda,** ital. Stadt am N-Ufer des Gardasees, 13 000 Ew.
**Rivale,** Nebenbuhler, Mitbewerber. – **rivalisieren,** wetteifern. – **Rivalität,** Nebenbuhlerschaft.
**Rivarol,** Antoine de, *1753, †1801, frz. Schriftst.; geistreicher Zeitkritiker u. Aphoristiker.
**Rivel,** Charlie, eigtl. José *Andreo,* *1896, †1983, span. Clown (»Akrobat-schöön!«).
**Rivera, 1.** Diego, *1886, †1957, mex. Maler; stellte in personenreichen Riesenfresken Episoden aus der Geschichte seines Landes dar. – **2.** José Eustasio, *1889, †1928, kolumbian. Schriftst.; schrieb Sonette u. realist. Romane.
**Riviera,** Küstenstreifen des Mittelmeers am Fuß der See- u. Ligur. Alpen u. des Ligur. Apennin zw. Toulon u. La Spèzia. Frz. R. *(Côte d'Azur)* zw. Toulon u. Ventimiglia; ital. R.: westl. von Genua *R. di Ponente,* östl. von Genua *R. die Levante.* Felsenküsten; mildes Klima, subtrop. Vegetation; bed. Fremdenverkehr.
**Riyal,** Währungseinheit in Saudi-Arabien.
**Riza Schah Pahlewi** [pers. reˈza: ʃaːh pæhlæˈvi], **1.** *Resa Schah Pehlewi,* *1878, †1944, Schah von Iran 1925–41; Offizier, ergriff 1921 durch Staatsstreich die Macht, ließ sich 1925 zum Schah ausrufen; 1941 zur Abdankung gezwungen. – **2.** → Mohammed.
**Rize** [ˈrizɛ], Hptst. der gleichn. N-türk. Prov., Hafen am Schwarzen Meer, 50 000 Ew.; Metall-Ind., Kupfergruben.
**Rizinus,** *Wunderbaum, Ricinus,* Gatt. der *Wolfsmilchgewächse.* Einzige Art ist der *Gewöhnl. R.,* eine Kulturpflanze, die in warmen Gegenden baumförmig wächst u. Höhen von 10 m erreicht. Das Öl der Samen wird als Abführmittel u. technisch verwendet.
**Rjasan,** Hptst. der gleichn. sowj. Oblast, an der

*Ritter: Turnier im Jahr 1509; Holzschnitt von Lucas Cranach d. Ä.*

Oka, 510 000 Ew.; mehrere HS; Landmaschinenbau, Erdölraffinerie.

**Rjurik,** *Rurik,* altnord. *Hrörek,* Warägerfürst; eroberte mit seinen Brüdern 862 das Land Nowgorod. Die R.-Dynastie regierte in Rußland bis 1598.

**RM,** Abk. für *Reichsmark.*

**RN,** chem. Zeichen für *Radon.*

**RNS** → Nucleinsäuren.

**Roadster** ['ro:d-], offener, zweisitziger Sportwagen mit Klappverdeck.

**Roanne** [ro'an], Stadt im mittelfrz. Dép. Loire, am Anfang des Loirekanals (Hafen), 49 000 Ew.; vielseitige Ind.

**Roanoke** ['rouənouk], Stadt in Virginia (USA), 100 000 Ew.; Obstanbau; Stahl-, Kfz- u. Nahrungsmittel-Ind.

**Roastbeef** ['roustbi:f], Hochrippenstück des Rinds, aus dem der Rostbraten geschnitten wird.

**Robbe-Grillet** [rɔbgri'je], Alain, *18.8.1922, frz. Schriftst., Romancier u. Theoretiker des *Nouveau Roman;* führte auch Filmregie.

**Robben,** *Flossenfüßer, Pinnipedia,* Unterordnung der *Raubtiere;* im Wasser lebende Säugetiere mit spindelförmigem Körper u. zu Ruderflossen umgewandelten kurzen Gliedmaßen. Zu den R. gehören die Fam. der *Ohren-R.,* der *Seehunde* u. der *Walrosse.*

**Robbia, 1.** Andrea della, Neffe von 2), *1435, †1525, ital. Bildhauer; führte die Technik der Fayence-Plastik weiter. – **2.** Luca della, *1399, †1482, ital. Bildhauer; Hauptmeister der florentin. Frührenaissance; Begr. der glasierten Keramikskulptur.

**Robbins, 1.** Frederic Chapman, *25.8.1916, US-amerik. Bakteriologe u. Kinderarzt; fand Impfstoffe gegen Kinderlähmung; Nobelpreis 1954. – **2.** Harold, *21.5.1912, US-amerik. Schriftst., Bestsellerautor; Filmdrehbücher. – **3.** Jerome, *11.10.1918, US-amerik. Tänzer u. Choreograph für Ballett u. Broadway-Shows (»West Side Story«).

**Robe, 1.** langes, bis auf die Füße reichendes Obergewand.

**Robert,** Fürsten:
Normandie:
**1. R. I.,** *R. der Teufel,* †1035, Herzog 1027–35; Vater von Wilhelm dem Eroberer, stützte das frz. Königtum u. unterwarf aufständ. Vasallen.
Schottland:
**2. R. I.** *Bruce,* *1274, †1329, König 1306–29; einigte Schottland u. machte es unabhängig.

**Roberts** ['rɔbəts], Kenneth, *1885, †1957, US-amerik. Schriftsteller (historische u. Abenteuerromane).

**Robertson-Moses** ['rɔbətsn 'mouziz], Anna Mary, gen. *Grandma Moses,* *1860, †1961, US-amerik. Laienmalerin; schuf volkstüml. Schilderungen des amerik. Farmerlebens in naivem Stil.

**Robert von Molesme** [-mo'lɛ:m], *um 1027, †1111, frz. Benediktiner, stiftete 1098 den Orden der Zisterzienser; Heiliger (Fest: 26.1.).

**Robespierre** [rɔbs'pjɛ:r], Maximilien de, *1758, †1794 (hingerichtet), frz. Revolutionär; seit Juli 1793 der maßgebende Kopf des Wohlfahrtsausschusses u. seit April 1794 fakt. Diktator, erstrebte eine radikale Demokratisierung, bediente sich ei-

*Maximilien de Robespierre; Stich von G. Fiesinger*

nes zunehmenden Terrors; am 9. Thermidor (27.7.) 1794 gestürzt.

**Robin Hood** ['rɔbin 'hud], Held einer engl. Volksballade des ausgehenden MA, beraubt die Reichen, um den Armen zu helfen.

**Robinie,** *Robinia,* Gatt. der *Schmetterlingsblütler,* baum- oder strauchförmige Pflanzen mit weißen, rosa oder purpurnen Blütentrauben. Bek. ist die *Gewöhnl. R.* oder die *Scheinakazie;* sehr hartes Holz.

**Robinson** ['rɔbinsn], **1.** Edwin Arlington, *1869, †1935, US-amerik. Schriftst. (Gedankenlyrik u. erzählende Dichtungen). – **2.** Henry Morton, *1898, †1961, US-amerik. Schriftst. (Romane u. Biographien).

**Robinson Crusoe** ['rɔbinsn 'kru:sou], Titelheld eines Romans von D. *Defoe* (1719). In seinem Leben als Schiffbrüchiger auf einsamer Insel wird die Kulturentwicklung der Menschheit dargestellt. R. C. wurde in vielen **Robinsonaden** nachgeahmt.

**Roboter,** *Maschinenmensch,* Apparatur, die die Gestalt eines Menschen haben u. einfache Hantierungen ausführen kann. Bes. im 18. Jh. wurden solche uhrwerkgetriebenen Automaten für Schaustellungszwecke konstruiert. Neuere Form ist der *Industrie-R.,* das sind selbständige Handlungsgeräte zur Beschickung von Fertigungsmaschinen, auch zum Führen von Werkzeugen.

**robust,** kräftig, stämmig.

**Rocaille** [rɔ'kajə], muschelartige Schmuckform des nach diesem Dekor ben. *Rokokos.*

**Rocard** [ro'ka:r], Michel, *23.8.1930, frz. Politiker (Sozialist); 1981–85 zunächst Planungs-, dann Landw.-Min., seit 1988 Prem.-Min.

**Rochade** [rɔx-], im Schach ein Zug, bei dem der König u. ein Turm gleichzeitig bewegt werden.

**Rochdale** ['rɔtʃdeil], engl. Ind.-Stadt in Lancashire, 93 000 Ew.; Kohlenbergbau, Textil-Ind.

**Rochefort** [rɔʃ'fɔ:r], W-frz. Stadt an der Charente, 26 000 Ew.; ehem. Arsenal mit der monumentalen Porte du Soleil; chem., Masch.-, Luftfahrt- u. Holz-Ind., Handelshafen.

**Rochen,** Ordnung der Knorpelfische, Körper abgeflacht, rhomb., Schwanz deutlich abgesetzt, meist lang u. peitschenförmig; 5 Kiemenspalten auf der Bauchseite, stark verbreiterte Brustflossen, mit den Körperseiten verwachsen; Bodenfische, die ihre Beute überschwimmen. 5 Unterordnungen: *Sägefische, Geigen-R., Zitter-R., Echte R.* u. *Stachel-R.*

**Rochester** ['rɔtʃistər], **1.** engl. Hafenstadt östl. von London, 53 000 Ew.; got. Kathedrale; Erdöl-, Masch.-Ind.; Austernfischerei. – **2.** Stadt im Staat New York (USA), am Eriekanal, 242 000 Ew.; Univ.; Ind.- u. Handelszentrum; chem. u. opt. Ind.

**Rockefeller, 1.** John Davison, *1839, †1937, US-amerik. Unternehmer; gründete 1862 eine Erdölfirma, aus der die *Standard Oil Company of Ohio* hervorging; vereinigte große Bereiche der amerik. Ölwirtsch. (1882 *Standard Oil Trust,* 1892 *Standard Oil Company,* 1972 *Exxon Corporation*); Gründer der Univ. Chicago u. bed. Stiftungen. – **2.** Nelson Aldrich, Enkel von 1), *1908 †1979, US-amerik. Politiker (Republikaner); 1959–73 Gouverneur des Staats New York; 1974–77 Vize-Präs. der USA.

*Gewöhnlicher Rizinus*

**Rocker,** mit schwarzer Lederkleidung u. Motorrädern »uniformierte« Jugendliche, die Gruppen bilden u. z.T. gewalttätige Aggressivität zeigen.

**Rockmusik,** *Rock,* in den 1950er Jahren in den USA entstandene, in Großbrit. weiterentwickelte u. inzwischen weltweit verbreitete Musikart; umfaßt zahlr. Stile; setzt sich durch vergleichsweise unflexible Handhabung des Rhythmus vom *Jazz,* durch Textinhalte. Klangcharakter vom *Schlager* ab. R. ist überwiegend Ausdruck einer Jugendkultur mit provozierend antibürgerl. Haltung. Zu unterscheiden von *Popmusik* (aber auch syn. gebraucht), ebenso von *Beat* als einer R.-Stilrichtung. R. wird vorw. von kleineren Bands gespielt (Gesang, elektr. Gitarre, elektr. Bass, Schlagzeug; auch Blasinstrumente, Tasteninstrumente u. seit den 1970er Jahren Synthesizer). Richtungen u. ihre Vertreter: 1. *Rock 'n' Roll,* etwa 1954–62: C. Berry, B. Haley, E. Presley, Little Richard. – 2. *Folk Rock, Twist, Surf Music,* etwa 1960–65: J. Baez, B. Dylan, P. Seeger. – 3. *Beat,* etwa 1963–69: The Beatles, The Rolling Stones; mit Ausrichtungen auf *Psychedelic Rock, Soul* u. *Latin Rock:* The Byrds, J. Hendrix, Jefferson Airplane, Pink Floyd, O. Redding, Santana, Soft Machine, F. Zappa. – 4. *Jazz Rock, Country Rock, Hard Rock,* etwa 1969–76: Chicago, M. Davis, H. Hancock, J. McLaughlin; in der BR Dtld. Amon Düül, Can, Tangerine Dream. – 5. *Punk Rock, New Wave,* etwa ab 1976.

**Rock 'n' Roll** ['rɔk'roul], engl. *rock and roll,* »wiegen u. rollen«, Spielart des Swing-Stils, etwa 1950 entstanden (Chuck *Berry* u. Buddy *Holly*); durch Bill *Haley* 1955 weltweit verbreitet; gewann durch Elvis *Presley* starken Einfluß auf die Unterhaltungsmusik.

**Rocky Mountains** ['rɔki'mauntinz], *Rockies,* dt. auch *Felsengebirge,* der rd. 4300 km lange hochgebirgsartige östl. Teil der nordamerikan. Kordilleren, in Alaska (Brooks Range), Kanada u. USA, im *Mount Elbert* 4399 m, mit steilem Ostabfall u. mit häufigen Querschluchten (Verkehrsleitlinien).

**Roda Roda,** Alexander, eigtl. *Sándor Friedrich Rosenfeld,* *1872, †1945, öst. Schriftst.; Komödien, Anekdoten, Schwänke.

**Rodel,** überwiegend aus Holz gebautes Wintersportgerät mit zwei Stahlkufen u. einem Sitz aus geflochtenen Gurten. *Renn-R.* werden als Ein- u. Doppelsitzer gebaut. – B→ S. 756.

**roden,** das Entfernen von Baumwurzeln aus dem Boden, um Land urbar zu machen.

**Rodenberg,** Julius, eigtl. *J. Levy,* *1831, †1914, dt. Schriftst.; gründete u. leitete seit 1874 die »Dt. Rundschau«; Erzähler u. Feuilletonist.

*Roboter: Industrieroboter beim Punktschweißen an einer Karosserie*

# 756 Rodeo

*Rennrodel in der Eisbahn; das Sportgerät wird vom Fahrer durch Druck der Füße gegen die flexiblen Holme und durch Gewichtsverlagerung gesteuert*

**Rodeo,** Reiterspiel der Cowboys in den USA, u.a. mit Ritten auf wilden Pferden oder Stieren.

**Rodgers** ['rɔdʒəz], Richard, *1902, †1979, US-amerik. Komponist; schrieb Musicals (»Oklahoma!«) u. Lieder.

**Rodin** [rɔ'dɛ̃], Auguste François René, *1840, †1917, frz. Bildhauer; Hauptmeister der impressionist. Plastik Frankreichs; verband maler.-impressionist. Formgebung mit dramat. Spannungsreichtum im psych. Ausdruck. W »Das eherne Zeitalter«, »Der Denker«, »Bürger von Calais«, »Der Kuß«, Porträtplastiken von *Balzac*, V. *Hugo* u.a.

**Rodrigues** [rɔ'ðrigɛθ], östlichste Insel der Maskarenen im Ind. Ozean, zu Mauritius gehörend, 104 km², 33 000 Ew.; Hauptort *Port Mathurin*.

**Roermond** [ru:r-], Stadt in der ndl. Prov. Limburg, an der Mündung der Rur (Roer) in die Maas, 38 000 Ew.; alte Bischofsstadt; elektro-techn. u. chem. Ind.

**Roeselare** ['ru:sǝ-], frz. *Roulers*, Stadt in der belg. Prov. Westflandern, 52 000 Ew.; Leinenweberei.

**Rogate,** der 5. Sonntag nach Ostern (kath. Kirche: 6. Ostersonntag).

**Rogen,** die Eier der Fische, bei *Stören* als *Kaviar* bezeichnet.

**Roggen,** zu den *Süßgräsern* gehörende Pflanze, die das wichtigste Brotgetreide N- u. O-Europas liefert; hier schon in der Jungsteinzeit angebaut.

**Rogier van der Weyden** → Weyden.

**Roheisen,** kohlenstoffreiches Eisen, das im Hochofen gewonnen worden ist.

**Rohgewinn,** *Bruttogewinn,* Überschuß des Umsatzes über den Anschaffungswert der verkauften Waren bzw. des eingesetzten Rohmaterials.

**Rohkost,** vitamin- u. mineralsalzreiche, aber fett- u. eiweißarme Ernährung mit frischem, rohem Obst, Gemüse, Salaten, Nüssen.

**Rohlfs, 1.** Christian, *1849, †1938, dt. Maler u. Graphiker; anfangs Impressionist, fand gegen 1905 zu einem expressiven, formvereinfachenden Stil. – **2.** Gerhard Friedrich, *1831, †1896, dt. Afrikareisender; Reiseberichte; W »Quer durch Afrika«.

**Röhm,** Ernst, *1887, †1934 (ermordet), dt. Politiker (NSDAP); Offizier, 1923 am Hitler-Putsch beteiligt, seit 1931 Stabschef der SA; wurde unter der unbewiesenen Anschuldigung, er habe eine »zweite Revolution« geplant (sog. *R.-Putsch),* ohne Verfahren erschossen.

**Rohmer** [rɔ'mɛ:r], Eric, eigtl. Maurice *Schérer*, *4.4.1920, frz. Filmregisseur; Vertreter des neuen frz. Films *(Nouvelle Vague).* W »Meine Nacht bei Maud«, »Claires Knie«, »Die Marquise von O.«, »Vollmondnächte«.

**Rohöle,** Erdöle, die noch nicht destilliert sind; auch Steinkohlen- u. Braunkohlenschweröle.

**Rohr, 1.** verbreiteter Pflanzenname, z.B. für die *Süßgräser: Schilf, Diß, Bambus, Zucker-R.* – **2.** dem *Lauf* bei Handfeuerwaffen entspr. Teil des Geschützes. – **3.** meist runder Hohlkörper zur Weiterleitung von Flüssigkeiten u. Gasen.

**Rohrblattmundstück,** Anblasevorrichtung einer Gruppe von Blasinstrumenten aus Schilfrohr; schwingt wie eine Zunge bei Zungenpfeifen.

**Rohrdommel,** *Moorochse,* bis 75 cm großer einheim. *Reiher,* der verborgen im Schilf lebt.

**Röhrenpilze,** *Röhrlinge,* Fam. der *Ständerpilze;* gestielte Hüte mit auf der Unterseite befindl., senkr. zur Oberfläche stehenden Röhren, in denen die Sporen gebildet werden. Hierzu: *Steinpilz, Bronzeröhrling.*

**Röhrenwürmer,** *Sedentaria,* Ordnung der *vielborstigen Ringelwürmer* (Polychäten); Meeresbewohner, die sich im Sandboden Wohnröhren herstellen.

**Rohrer,** Heinrich, *6.6.1933, schweiz. Physiker; Nobelpreis 1986 zus. mit G. *Binnig* für die Entwicklung des Rastertunnelmikroskops.

**Rohrkolben,** *Teichkolben,* Sumpf- oder Uferpflanzen mit ausdauernden, kriechenden Wurzelstöcken; Blüten in Kolben.

**Röhrlinge** → Röhrenpilze.

**Rohrpost,** Anlage zur Beförderung von Sendungen in Rohren mit Druck- oder Saugluft; in Firmen, Bibliotheken u.ä. verwendet.

**Rohrsänger,** *Acrocephalus,* Gatt. der Singvögel aus der Verwandtschaft der *Grasmücken;* in Gras- u. Schilfgebieten.

**Rohrzucker,** *Rübenzucker, Saccharose,* verbreitetstes Kohlenhydrat der Disaccharidgruppe, findet sich in fast sämtl. Pflanzensäften, bes. aber im Zuckerrohr u. in Zuckerrüben.

**Rohstoff,** urspr. völlig unbearbeiteter Stoff, z.B. Kohle, Wolle; auch Ausgangsstoff für einen weiteren Arbeitsprozeß.

**Rojas Zorrilla** ['rɔxas θɔ'rilja], Francisco de, *1607, †1648, span. Bühnenschriftst., Schöpfer der span. Charakterkomödie.

**Rökk,** Marika, *3.11.1913, dt.-östr. Schauspielerin, Tänzerin u. Sängerin ungar. Herkunft; wirkte in zahlr. Operetten, Filmen, Shows.

**Rokoko,** europ. Kunstepoche von etwa 1720 bis 1775; aus dem Barock hervorgegangen, dessen leidenschaftl. Bewegungsstil in eine heiter-liebenswürdige Dekorationskunst verwandelt wurde.
Bildende Kunst. In der frz. Architektur des 18. Jh. sind R. de *Cotte* u. G.M. *Oppenort* Hauptvertreter des R. Die R.-Malerei Frankreichs wird

# ROKOKO

*Rocaille*

*Antoine Pesne: Die Tänzerin Barbara Campanini (genannt »La Barbarina«); um 1745. Berlin, Schloß Charlottenburg (links). – Clodion: Amor und Psyche; Terrakotta. London, Victoria and Albert Museum (Mitte). – Chorgestühl und Orgel in der Basilika von Ottobeuren (rechts)*

*Die Rolling Stones während eines Konzertes 1982*

*Rollschuhsport: Disziplin Rolltanz*

repräsentiert von A. *Watteau,* F. *Boucher,* J. M. *Nattier* u. N. *Lancret.* Auch Kostüm u. Mode trugen der Sinnenfreudigkeit des R. Rechnung. Erzeugnisse der Porzellankunst brachten seinen spieler. Geist vielleicht am sinnfälligsten zum Ausdruck. Das R. Dtld.s u. der Schweiz wird stärker durch bürgerl. Züge bestimmt, doch treten auch hier die Höfe als eigtl. Träger dieses Stils auf. Hauptdenkmäler der dt. R.-Architektur sind u.a. der Dresdner Zwinger, Schloß Sanssouci bei Potsdam, die Wallfahrtskirche in der Wies, Ottobeuren, Schloß Benrath bei Düsseldorf. In der ital. Malerei ist das R. Ausklang einer traditionsreichen Entwicklung. Hauptmeister waren u.a. G. B. *Tiepolo,* G. A. *Pellegrini,* G. B. *Pittoni,* F. *Zuccarelli,* F. *Guardi.*

Literatur. R. nennt man den spieler. Spätstil der Barockdichtung, der vorw. dekorativ, naiv-stilisiert u. galant-erot. ist. Einzelne Strömungen sind *Anakreontik, Hirtendichtung* u. *galante Dichtung.* Der Hauptvertreter dieser Zeit ist in Dtld. Ch. M. *Wieland;* auch *Schiller* u. *Goethe* schrieben in ihrer Frühzeit im Stil des R.

In der Musik kündigte sich das Ende der Barockzeit zuerst in der Klavierkunst an. Weitere un- u. antibarocke Züge der Musik zw. 1730 u. 1770, einschmeichelnde, period. u. symmetr. gerundete u. kleingliedrige Melodik, kamen aus Italien (G. *Platti,* D. *Scarlatti,* G. B. *Pergolesi*). Hauptvertreter in Dtld. waren C. P. E. *Bach,* J. A. *Hasse,* J. J. *Quantz,* die Brüder J. G. u. K. H. *Braun,* auch *Haydn* u. *Mozart.*

**Rokossowskij,** Konstantin Konstantinowitsch, *1896, †1968, sowj. Marschall poln. Herkunft; Heerführer im 2. Weltkrieg, 1949–56 auf Veranlassung *Stalins* poln. Verteidigungs-Min.

**Roland,** in der Sage einer der 12 Paladine *Karls d. Gr.;* geschichtl. Markgraf *Hruodlandus* von der Bretagne, der 778 bei Roncesvalles fiel. Seine Taten besingt das *R.slied* (um 1100 frz., um 1170 dt.). – **R.-Säule,** überlebensgroße Standfigur eines Ritters auf städt. Plätzen, z.B. in Bremen, wahrsch. Rechtssymbol u. Sinnbild städt. Marktfreiheit.

**Rolland** [rɔ'lã], Romain, *1866, †1944, frz. Schriftst. u. Musiktheoretiker; leidenschaftl. Kriegsgegner u. Vorkämpfer idealist. u. humanitärer Bestrebungen. W »Jean Christophe« (Romanzyklus). Nobelpreis 1915.

**Rolle, 1.** Buchform der Antike, waagr. gerollt u. einseitig in Längsrichtung beschrieben (Papyrus, dann Pergament). – **2.** *soziale R.,* jedes zusammenhängende System von Verhaltensweisen, die durch die Erwartungen der Gesellschaft dem einzelnen gemäß seiner soz. Position abverlangt werden (z.B. die R. des Lehrers, des Ehemanns, der Mutter, des Kollegen). – **3.** die Figur, die einem Schauspieler übertragen wurde (**Rollenfach**); auch der Text, den diese Figur zu sprechen hat. – **4.** eine Drehung um die Querachse des Körpers, vorwärts oder rückwärts, auf dem Boden (Hecht-R., Hechtsprung) oder auf einem Gerät.

**Rollenhagen,** Georg, *1542, †1609, dt. Humanist; schrieb Schulkomödien u. das satir. Lehrgedicht »Froschmeuseler«.

**Roller,** zweirädriges lenkbares Fahrzeug; Motor-R. – **R.mobil,** Bez. für Kleinstwagen, Kabinenroller.

**Roller Skates** [ˈrəulə skɛits], weiterentwickelte Rollschuhe mit breiten Kunststoffrollen u. bewegl. Achsen.

**Rolling Stones** [ˈrəuliŋ'stəunz], 1962 in London gegr. brit. Rock-Gruppe: Mick *Jagger* (Gesang); Keith *Richards* (Gitarre); Brian *Jones* †1969, Mick *Taylor,* 1969–74, u. Ron *Wood,* ab 1974, (Gitarre); Bill *Wyman* (Baß); Charlie *Watts* (Schlagzeug); mit ihrer Musik aus Elementen des *Rhythm & Blues* u. *Rock 'n 'Roll* eine der erfolgreichsten Rockbands; in den 1960er Jahren Symbolfiguren der rebell. Jugendkultur. Der Erfolg der R. S. reicht bis in die 1990er Jahre.

**Rollmops,** zusammengerolltes Filet vom entgräteten *Hering* mit Gurkenstreifen u. Zwiebeln.

**Rollschuhsport,** *Rollsport,* alle Sportarten, die auf **Rollschuhen** (fußsohlengroße Gestelle mit 4 auf Kugellagern laufenden Metall-, Holz- oder Hartgummirädern u. Gummipuffern an den Spitzen zum Abbremsen) ausgeübt werden: Kunstlauf, Schnellaufen u. Roll(schuh)hockey.

**Rolltreppe,** *Fahrtreppe,* Treppe, bei der die Stufen auf einem Förderband befestigt sind; bewegt sich mit rd. 0,5 m/s auf- oder abwärts.

**Rom,** ital. *Roma,* Hptst. Italiens, der Region *Latium* u. der Prov. R., am Tiber, 2,8 Mio. Ew.; bed. Überreste der Antike (Forum Romanum, Kolosseum, Pantheon, Caracallathermen, Hadriangrab, Engelsburg); als Sitz des Papstes (→ Vatikanstadt) Mittelpunkt der röm.-kath. Kirche; 600 kirchl. Bauten (u.a. Peterskirche, San Giovanni im Lateran, Santa Maria Maggiore, Santa Croce); histor. Bauten (Trevi, Fiumi); berühmte Paläste des 16. u. 17. Jh. (Farnese, Barbarini, Quirinal, Villa Borghese); Nationalgalerie (Corsini); Museen; Univ. (1303), Techn. HS, Akademien, Jesuiten-Univ. (Gregoriana), 7 päpstl. Akademien, kirchl. Kollegien; Verkehrsknotenpunkt mit Flughafen *Fiumicino;* vielseitige Ind.; Film- u. Modezentrum, Kunsthandel.

Geschichte: Der Sage nach wurde R. 753 v. Chr. von *Romulus* gegr. Ausgrabungen führen jedoch ins 10. Jh. v. Chr. zurück. Um 650 v. Chr. wuchs die Stadt aus Einzelsiedlungen zusammen. Um 510 v. Chr. wurde R. Republik u. zum Mittelpunkt des Röm. Reichs. Der Senatsadel bestimmte die Geschicke der Stadt. Soz. u. wirtsch. Krisen entfachten in dem Jh. der Revolution (133 bis 130 v. Chr.) zahlr. Straßenkämpfe. Unter *Augustus* u. seinen Nachfolgern hatte R. zw. 600 000 u. 2 Mio. Ew. 410 wurde R. durch die *Westgoten* unter *Alarich,* 455 durch die *Wandalen* unter *Geiserich* u. 546 durch die *Ostgoten* erobert; die Stadt verfiel u. hatte zeitw. weniger als 1000 Ew. 754 wurde sie von Papst *Stephan II.* gegen die *Langobarden* unter Schutz des Frankenkönigs *Pippin d. J.* u. seiner Söhne gestellt. Seit *Karl d. Gr.* wurde R. Krönungsstadt der Kaiser des Hl. Röm. Reiches. Im hohen MA machte neben dem röm. Adel das machtvoll aufgestiegene Papsttum den Kaisern die Herrschaft über R. streitig. Mit Beginn der Renaissance setzte der Wiederaufstieg ein, gefördert durch die mächtigen u. prachtliebenden Renaissancepäpste. Die Einnahme u. Plünderung der Stadt durch das dt.-span. Heer Karls V. 1527/28 setzte der Renaissance-Kultur ein Ende. Die von R. ausgehende Barockkultur bestimmte den Stil dieser bis ins 18. Jh. reichenden Epoche. Von ihr ist das heutige Stadtbild geprägt. 1870 eroberten Truppen

*Rom: Das antike Stadtgebiet zur Kaiserzeit; es bedeckte etwa den Bereich der heutigen Innenstadt, abgesehen von einigen Gebieten westlich des Tibers*

## 758 ROM

des Königreichs Italien R. u. machten es zur Hptst. 1929 wurde in den *Lateranverträgen* der Friede mit dem Papsttum geschlossen u. die Gegend um den Vatikan zum souveränen Staat erklärt.

**ROM,** Abk. für engl. *read only memory*, Lesespeicher in der Datenverarbeitung; kann im Ggs. zu → RAM nur gelesen werden.

**Röm,** dän. *Rømø*, eine der Nordfries. Inseln, 98 km², 850 Ew.; Hauptort *Kirkeby*; seit 1920 dänisch.

**Roma,** eig. Name der Zigeuner; i.e.S. Bez. für die Gruppe der auf dem Balkan u. in Ungarn lebenden Zigeuner. Die R. sind unter allen Kulturvölkern verbreitet (weltweit 7–8 Mio., davon in Europa rd. 4 Mio.). Die R. gliedern sich in mehrere Stämme u. Dialekte u. leben z.T. nomadisch oder halbseßhaft. Die indoeurop. Sprache der R., das *Romanes*, sprechen noch rd. 1 Mio. Die R. stammen aus N-Indien u. wanderten im 14./15. Jh. über den Balkan nach Europa ein. Unter dem Nat.-Soz. wurden sie verfolgt.

**Romagna** [ro'manja], norditalien. Landschaft zw. Po-Mündung u. Apennin; fruchtbares Flachland.

**Romains** [ro'mɛ̃], Jules, eigtl. Louis *Farigoule*, *1885, †1972, frz. Schriftst.; Verkünder eines »Unanimismus« (Gruppenseele); W »Die guten Willens sind« (Romanzyklus).

**Roman,** umfangreiche, zahlr. Einzelerlebnisse enthaltende Erzählung in Prosaform; der Form u. dem Inhalt nach unbegrenzt. Bes. Formen sind der Ich-R., der Brief-R. u. der Tagebuch-R. Dem Inhalt nach unterscheidet man u.a.: Abenteuer-, Entwicklungs-, Fam.-, Gesellschafts-, Heimat-, Kriminal-R. Heute nimmt die Gattung des R. den weitaus größten Teil der Weltliteratur ein.

**Romanik,** kunstgeschichtl. Stilbegriff; wegen der Wiederverwendung römischer Architekturmotive (Rundbogen, Säule) in der roman. Architektur anfängl. auf die Baukunst beschränkt, später Bez. für die gesamte abendländ. Kunst von etwa 1000 bis zur Hälfte des 13. Jh. Roman. Stilelemente sind aber auch schon in vorroman. Kunst nachweisbar. B a u k u n s t. Die Aufgaben der Monumentalarchitektur lagen vorw. im Kirchen- u. Klosterbau. Der Typus der *Basilika* wurde umgestaltet u. bereichert. Jedes Element des schweren, wuchtigen Mauerbaus (Mittelschiff, Seitenschiff, Querhaus, Chor) ist als Einzelform empfunden. Der durch Querhaus u. Apsis betonten Ostseite wurde oft die durch den 2. Chor u. das 2. Querhaus akzentuierte Westseite mit reicher Fassadenbildung entgegengesetzt. Weitere charakteristische Merkmale sind Würfelkapitelle, Zwerggalerien u. Hallenkrypten. Hauptwerke der R. in Dtld.: St. Michael in Hildesheim u. die Kaiserdome in Mainz, Worms u. Speyer. Die Profankunst kennt Kaiserpfalzen

*Romanik: Maria Laach (links). – Taufe Christi vom T*

# ROM

*Trevibrunnen; 18. Jahrhundert*

*Blick auf das moderne Ausstellungs-*

*Romanik: Gewölbetypen (oben), Portal (unten)*

*Modell der Stadt zur Kaiserzeit*

(Gelnhausen, Wimpfen, Goslar) u. Burgen (Wartburg).
Die roman. Plastik, gekennzeichnet durch lineare Strenge der Einzelform u. Blockhaftigkeit, entwickelte sich in enger Bindung an die Architektur. Großplastiken fügten sich v. a. als *Portalschmuck* dem ikonograph. Programm der Kirchenbauten ein. Beispiele für die dt. Großplastik der R.: Bronzegrab Friedrichs von Wettin in Magdeburg, um 1152; Quedlinburger Äbtissinnen-Gräber; Braunschweiger Löwe, 1166.
Die als Wand-, Glas- u. Miniaturmalerei auftretende roman. Malerei folgte ähnl. Gestaltungsprinzipien wie die Plastik; sie verzichtete auf Raum- u. Körperillusionismus u. stellte die Figuren in flächenhafter Fixierung dar.
**romanische Sprachen,** aus dem Vulgärlatein entstandene europ. Sprachen; aufgrund ihres Verwandtschaftsgrads in 3 Gruppen eingeteilt: 1. *Westroman.* (Span., Portug., Katalan., Provençal., Französ., Rätoroman.); 2. *Ostroman.* (Italien., Dalmatin. [ausgestorben], Rumän.); 3. *Zentralroman.* (Sard.).
**Romanistik,** Wiss. von den roman. Sprachen u. Literaturen.

*kenhorst; Anfang des 12. Jahrhunderts (rechts)*

*msviertel EUR am Südrand der Stadt*

*Die Spanische Treppe ist ein beliebter Treffpunkt*

*Blick von der Kuppel des Petersdoms auf Petersplatz, Via delle Conciliazione, Engelsburg und Tiber*

**Romantik** 759

*Romantik (Literatur):* »Des Knaben Wunderhorn«, Titelkupfer des zweiten Bandes zu C. Brentanos und A. von Arnims 1808 erschienenem Werk. Das im mittelalterlichen Geschmack verzierte Horn (von C. Brentano entworfen) gibt den Blick auf die Heidelberger Landschaft frei. Berlin, Staatsbibliothek Preußischer Kulturbesitz

**Romanow,** russ. Kaiserhaus 1613–1762 (bis 1730 in männl. Linie); fortgesetzt durch die Seitenlinie *R.-Holstein-Gottorf* bis 1917.
**Romanshorn,** schweiz. Hafenstadt am Südufer des Bodensees, im Kt. Thurgau, 7900 Ew.; Kirche (seit 8. Jh. mehrf. erweitert); vielseitige Ind.; Autofähre u. Eisenbahntrajekt nach Friedrichshafen; Fremdenverkehr.
**Romantik,** Epoche der dt. Literatur von 1798 bis um 1830. Am Ende des 18. Jh. kam ein neues Lebens- u. Kunstverständnis auf, das dem Rationalismus der Spätaufklärung Gefühl u. Innerlichkeit, der strengen Form der Weimarer Klassik die freie Subjektivität des Geistes entgegensetzte. Die R. lebte aus der Sehnsucht nach der Vereinigung mit dem Unendlichen, die Grenzen zw. Traum, Phantasie u. Wirklichkeit wurden aufgehoben (Symbol: die »blaue Blume«). Die erste Stufe war die *Früh-R.,* auch *Jenaer R.* gen. (1797–1804). Die Leistung dieses Kreises, dem A.W. u. F. von *Schlegel,* L. *Tieck,* W.H. *Wackenroder* u. *Novalis* angehörten, war in erster Linie die theoret. Grundlegung der romant. Dichtung. In den Dichtungen der Früh-R. kam ein stimmungsvolles Neuerlebnis der Landschaft u. des MA zum Durchbruch. Das Zentrum der *Hoch-R.* (1804–15) war der Kreis der *Heidelberger R.,* daneben bildeten sich Schwerpunkte in Dresden u. Berlin. Sie brachte v.a. eine Besinnung auf Volkstum u. Geschichte. C. *Brentano* u. A. von *Arnim* gaben die Volksliedsammlung »Des Knaben Wunderhorn« heraus; J. u. W. *Grimm* sammelten »Kinder- u. Hausmärchen«. Der volkstüml. Frömmigkeit u. den ungetrübten Landschaftsbildern J. von *Eichendorffs* stehen die phantast. Erzählungen E.T.A. *Hoffmanns* gegenüber. Zentren der *Spät-R.* (1815–30) waren Wien, Berlin, Nürnberg u. Schwaben. – Über die Dichtung hinaus erfaßte die R. alle Gebiete des geistigen Lebens. Die Brüder *Schlegel* begründeten die Lit.-Wiss., die Brüder *Grimm* die Germanistik, F.C. von *Savigny* die Rechtsgeschichte. Von romantischen Schulen spricht man auch in Philosophie u. Volkswirtschaftslehre.
In der bildenden Kunst des beginnenden 19. Jh. haben die Ideen der R. einen vielgestaltigen Niederschlag gefunden. Durch die Hinwendung zur nat. Vergangenheit leistete die romantische Kunst dem Historismus Vorschub. Die romantischen Landschaftsbilder (C.D. *Friedrich,* C.G. *Ca-*

**760 Romanze**

rus, Ph.O. *Runge*) weisen durch ihre Ausschnitthaftigkeit auf das Unbegrenzte des Universums hin. Die beschaulichen Holzschnitte L. *Richters* u. die Märchenbilder M. von *Schwinds* führten bereits in die friedliebende kleinbürgerl. Welt der *Biedermeierzeit*.

In der Musik ist eine stilgeschichtl. genaue Abgrenzung der R. kaum möglich. Ein Hauptmerkmal romant. Musik ist vorherrschende Gefühlshaftigkeit mit ihrer Neigung zu Extremen. Gemüthafte Innigkeit spricht bes. aus den Liedvertonungen von F. *Schubert*, R. *Schumann*, J. *Brahms* u. H. *Wolff*; neu ist auch das *lyr. Stück* u. das *Lied ohne Worte* für Klavier. Die Großformen erfahren einen gewaltigen Zuwachs der Dimension, der in der Sinfonik von J. *Brahms*, A. *Bruckner* u. G. *Mahler* u. im Opernschaffen von R. *Wagner* u. R. *Strauss* gipfelt. Auffallend ist die Erweiterung des Ausdrucksbereichs (u.a. tonmaler. Elemente), die allmähl. Trennung einer eigenständigen Unterhaltungsmusik (Salonmusik, Modetänze, Operette) u. die Ausbreitung des Laienmusizierens.

**Romanze, 1.** urspr. volksliedhafte Verserzählung in der romant. Lit., entspr. der germ. *Ballade;* entstand im 14./15. Jh. in Spanien; in Dtld. bes. in der Romantik gepflegt. – **2.** Musikstück lyr. Charakters.

# RÖMISCHES REICH

Römische Legionen überqueren die Donau bei Carnuntum; Relief von der Marc-Aurel-Säule in Rom (links). – Relief der Italia an der Rückseite der Ara Pacis, links außen neben dem rückwärtigen Eingang; 13–9 v.Chr. Rom, Lungotevere in Augusta (rechts)

**Rombach,** Otto, *1904, †1984, dt. Schriftst.; kulturgeschichtl. Romane, Reiseberichte, Dramen, Essays. W »Adrian der Tulpendieb«.

**Römer, 1.** halb- bis dreiviertelkugeliges gläsernes Trinkgefäß auf Schaft mit flachem, breitem Fuß; dient dem Trinken von Rheinwein. – **2.** das alte Rathaus in Frankfurt a.M., mit dem *Kaisersaal,* der Stätte der dt. Königswahl.

**Römer,** Ole (Olaf), *1644, †1710, dän. Astronom; bestimmte 1675 die Lichtgeschwindigkeit.

*Der Adler mit Palmenzweig und Eichenkranz war das Machtsymbol Roms; Kamee, um 40 n. Chr. Wien, Kunsthistorisches Museum (oben). – Stilelemente und Beispiele der römischen Baukunst (unten)*

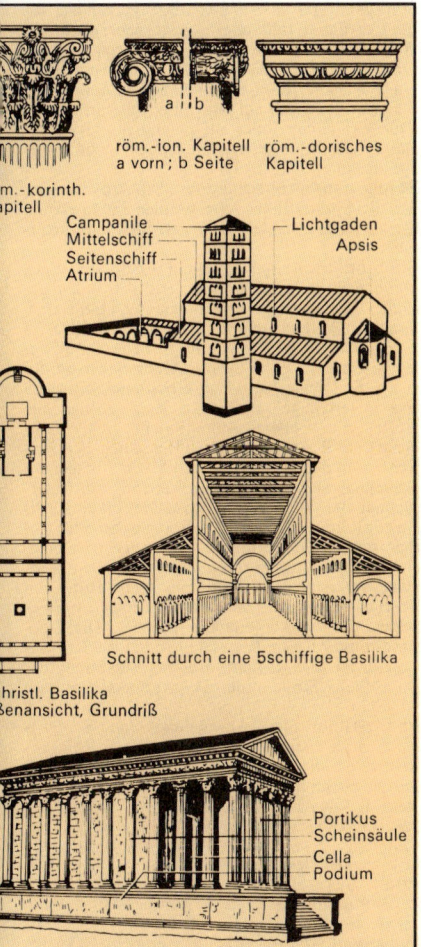

**Römerbrief,** der längste u. theol. bedeutsamste der Briefe des Apostels *Paulus* im NT, etwa 57/58 in Korinth geschrieben. Er dient der Vorbereitung des Besuchs des Apostels in der von ihm nicht gegründeten röm. Gemeinde u. er entfaltet das Evangelium als Botschaft vom Handeln des gerechten Gottes zu Gerechtigkeit u. Heil in Christus für alle Menschen.

**Römerstraßen,** Fernverkehrsstraßen des Röm. Reichs, das älteste Straßennetz Europas, urspr. zu militär. Zwecken angelegt; später auch für den Handel genutzt. Ihre Länge erreichte unter Trajan (um 100 n. Chr.) 80 000 km.

**Rominter Heide,** Landschaft an der Rominte, in Ostpreußen, 240 km², histor. Jagdrevier u. Naturschutzgebiet; seit 1945 Nordteil sowj., Südteil poln.

**Römische Kaiserzeit,** in Mitteleuropa der von der germ. u. provinzialröm. Kultur geprägte letzte Abschnitt der Eisenzeit, von Christi Geburt bis zum Beginn der Völkerwanderung 375; Beginn der Frühgeschichte, in der neben Bodenfunden mehr u. mehr Schriftquellen Aussagen ermöglichen.

**römische Kunst,** Architektur, Plastik, Malerei u. Kleinkunst der röm. Republik u. Kaiserzeit (rd. 500 v. Chr. bis rd. 350 n. Chr.). Die r. K. ist, anders als die grch. Kunst, grundsätzl. anonym u. kennt nur wenige namentl. Künstler; Bau- u. Kunstwerke stehen in erster Linie im Dienst des Auftraggebers (Kaiser, Staat, Gemeinde, Einzelperson), repräsentieren dessen Rang u. Funktion, polit. u. soz. Status sowie seine religiöse Bindung; auch die sog. dekorativen Künste (Wandmalerei, Kunstgewerbe) leiten ihren Stellenwert innerhalb des röm. Lebens davon ab u. dienen der Überhöhung der Wirklichkeit.

**römische Literatur,** die in lat. Sprache geschriebene Lit. im Röm. Reich; in der v o r k l a s s. Z e i t (240–80 v. Chr.): *Livius Andronicus, Naevius, Ennius, Plautus, Terenz* mit Tragödie, Komödie, Epos. In der k l a s s. Z e i t (80 v. Chr. – 14 n. Chr.) waren führende Politiker unter den Schriftst.: *Cäsar, Sallust, Cicero,* während sich die Dichter *(Lukrez, Catull)* von der Politik fernhielten. Die augusteische, klass. Zeit brachte die Dichtung zu höchster Blüte: *Vergil, Horaz, Properz, Tibull, Ovid;* in der Prosa gibt das Geschichtswerk des *Livius* ein stolzes Bild der röm. Vergangenheit. Die n a c h k l a s s. Z e i t (14 n. Chr. bis ins 6. Jh.) brachte eine reiche Lit. hervor *(Persius, Flaccus, Juvenal, Martial Lucanus, Silius Italicus, Valerius Flaccus, Status).* Unter den Prosaikern sind zu nennen *Tacitus, Curtius Rufus, Sueton,* die beiden *Seneca* u. *Plinius.*

**römische Religion,** urspr. eine Bauern- u. Hirtenreligion mit den Hauptgöttern *Jupiter, Mars, Quirinus* u. einer Vielzahl von Sondergöttern des Berufs u. der Natur. Später erfolgten Überfremdungen durch die etrusk. *(Vulkan, Jupiter, Juno, Minerva),* die → griechische Religion u. oriental. Gottheiten *(Magna Mater, Isis).*

**römisches Recht,** das Recht des Röm. Reichs, bes. das stark die Rechtsstellung des Individuums betonende Privatrecht; entwickelte sich von seiner ersten Kodifikation im *Zwölftafelgesetz* von 451/50 u. über die Rechtsetzung der Prätoren, die republikan. u. die Kaiser-Gesetze zu der großen Privatrechtskodifikation des *Corpus juris civilis.* Diese wurde im MA von den *Glossatoren* u. *Postglossatoren* fortgebildet u. dadurch Grundlage der Rezeption des r. R. um die Wende vom MA zur Neuzeit. Das r. R. bildete eine der Grundlagen für das deutsche Recht, bes. das BGB.

**Römisches Reich,** lat. *Imperium Romanum,* das im Altertum von dem Stadtstaat Rom aus durch krieger. Eroberungen u. Anschluß geschaffene Weltreich, das den gesamten Mittelmeerraum u. angrenzende Länder umfaßte.

Das als Siedlung schon länger bestehende Rom wurde vermutl. im 7. Jh. v. Chr. ausgebaut u. von den Etruskern zur Stadt erhoben. Um 510 v. Chr. wurde die etrusk. Fremdherrschaft gestürzt u. die Rep. errichtet. Ihre Verf. war in Zusammenwirken der drei Institutionen *Senat, Magistrat* u. *Volksversammlung.* An der Spitze des Staats standen zwei jährl. gewählte *Konsuln.* In Notzeiten wurde für 6 Monate ein *Diktator* gewählt. Der Senat wurde von anfangs 300 patriz. Mitgl. gebildet, zu denen später als Amtsadel auch Männer aus dem Volk *(Plebejer)* hinzutraten. Ihre Teilnahme an den Geschicken des Staats mußten sich die Plebejer erst erkämpfen: Errichtung des *Volkstribunats* 494 v. Chr., Anerkennung der Gleichberechti-

### Römisches Reich

| Römisches Reich: Provinzen (Auswahl) | | |
|---|---|---|
| lateinischer Name | ungefähr heutiges Gebiet | eingerichtet |
| Achaia | Südgriechenland | 27 v. Chr. |
| Aegyptus | Ägypten | 30 v. Chr. |
| Africa | Tunesien (früheres Gebiet Karthagos) | 146 v. Chr. |
| Aquitania | Südwestfrankreich | 16 v. Chr. |
| Arabia | Sinaihalbinsel u. Jordanien | 106 n. Chr. |
| Armenia | Armenien | 114 n. Chr. |
| Asia | Westtürkei | 129 v. Chr. |
| Assyria | Nordirak | 115 n. Chr. |
| Baetica | Südspanien | 19 v. Chr. |
| Belgica | Nordostfrankreich u. Belgien | 16 v. Chr. |
| Bithynia et Pontus | Nordtürkei | 63 v. Chr. |
| Britannia | England u. Wales | 43 n. Chr. |
| Cappadocia | Osttürkei | 17 n. Chr. |
| Creta | Kreta | 64 v. Chr. |
| Cyprus | Zypern | 58 v. Chr. |
| Cyrenaica | Nordlibyen | 74 v. Chr. |
| Dacia | Mittelrumänien | 107 n. Chr. |
| Galatia | Zentralanatolien | 25 v. Chr. |
| Gallia cisalpina | Norditalien | 81 v. Chr. |
| Germania inferior | Südniederlande | 90 n. Chr. |
| Germania superior | Ostfrankreich, Rheingebiet | 90 n. Chr. |
| Illyricum | Jugoslawien | 33 v. Chr. |
| Judaea | Israel | 72 n. Chr. |
| Lugdunensis | Mittleres Frankreich | 16 v. Chr. |
| Lusitania | Portugal | 19 v. Chr. |
| Macedonia | Nordgriechenland | 148 v. Chr. |
| Mauretania | Marokko u. Westalgerien | 42 n. Chr. |
| Moesia | Südjugoslawien u. Südrumänien | 86 n. Chr. |
| Noricum | Österreich | 15 v. Chr. |
| Numidia | Algerien | 46 v. Chr. |
| Pannonia | Ungarn, Nordjugoslawien | 9/10 n. Chr. |
| Raetia | Ostschweiz, Bayern | 15 v. Chr. |
| Sardinia u. Corsica | Sardinien u. Korsika | 227 v. Chr. |
| Sicilia | Sizilien | 242 v. Chr. |
| Syria | Syrien | 63 v. Chr. |
| Tarraconensis | Nordostspanien | 19 v. Chr. |
| Thracia | Bulgarien | 46 n. Chr. |

gung der Plebejer 287 v. Chr. Mitte des 4. Jh. v. Chr. war die röm. Hegemonie über ganz Latium anerkannt. Zu Beginn des 3. Jh. v. Chr. herrschte Rom über fast ganz Italien. Das Ausgreifen nach Sizilien führte zu Auseinandersetzungen mit Karthago. Im Verlauf der drei *Punischen Kriege* (264–241, 218–201, 149–146 v. Chr.) stieg Rom zur bestimmenden Macht im westl. Mittelmeer auf. In den drei *Makedonischen Kriegen* (215–205, 200–197, 171–168 v. Chr.) u. im *Syr. Krieg* (192–189 v. Chr.) faßte Rom Fuß in Griechenland. 148 v. Chr. wurde Makedonien röm. Prov. 146 v. Chr. wurde Karthago zerstört u. sein Hinterland zur Prov. Africa gemacht. Griechenland wurde 146 v. Chr. röm. Prov. Durch die Errichtung der Prov. Asia in Kleinasien war Rom Weltmacht geworden. Das Zeitalter der Bürgerkriege bis zur Alleinherrschaft des *Augustus* brachte das Ende der Rep. (133–27 v. Chr.). Eingeleitet wurden die Bürgerkriege mit den blutigen Kämpfen um die Reform der *Gracchen* (133–121 v. Chr.). Die Jahre 111–79 v. Chr. waren gekennzeichnet durch die Kämpfe zw. *Marius* (Volkspartei) u. *Sulla* (Senatspartei). Den Sklavenaufstand des *Spartacus* unterdrückte 71 v. Chr. *Pompeius.* Mit *Cäsar,* der Führer der Volkspartei war, u. dem reichen *Crassus* schloß er 60 v. Chr. das *1. Triumvirat.* Cäsar, der 58–50 v. Chr. ganz Gallien erobert hatte, wandte sich gegen ihn u. besiegte ihn. 45 v. Chr. wurde Cäsar die Diktatur auf Lebenszeit übertragen, jedoch wurde er von Anhängern der republikan. Partei schon 44 v. Chr. ermordet. Der von Cäsar als Haupterbe eingesetzte *Octavian* setzte sich gegen Rivalen durch u. war seit 31 v. Chr. Alleinherrscher über das R. R. Nach u. nach vereinte er die wichtigsten Amtsgewalten in seiner Person u.

**Römische Verträge**

begr. damit die Stellung der röm. Kaiser (27 v. Chr. Titel *Augustus*). Im Augusteischen Zeitalter erreichte der Staat Frieden u. hohe kulturelle Blüte. Unter den Adoptivkaisern (seit 96) erlebte das R. R. seine größte Macht u. erreichte unter *Traian* (98–117) seinen größten Umfang; er gewann Dakien, Arabia Petraea, Armenien u. Mesopotamien hinzu. *Caracalla* (212–217) verlieh 212 allen freien Bewohnern des Reichs das röm. Bürgerrecht. Unter den Soldatenkaisern (Beginn mit *Maximinus Thrax* 235) begann das R. R. zu zerfallen. Erst *Aurelian* (270–275) vermochte das Reich wieder zusammenzufassen u. zu sichern. *Diocletian* (284–305) führte die absolutist. Stellung des Kaisers ein, gliederte Reich u. Verw. neu u. suchte die Nachfolge zu regulieren. Unter seinen Nachfolgern setzte sich *Konstantin d. Gr.* (324–337) durch. Er erkannte das Christentum als Religion an u. machte *Konstantinopel* zur neuen Hptst. Unter *Theodosius d. Gr.* (392–395), der das Christentum zur Staatsreligion erhob, wurde das R. R. letztmals unter einer einheitl. Regierungsgewalt zusammengefaßt. Die Teilung des Reichs unter seine Söhne *Honorius* u. *Arcadius* brachte die Spaltung in *Oströmisches (Byzantinisches)* u. *Weströmisches Reich*. Während das Byzantin. Reich erst 1453 durch die Türken unterging, blieb das Weström. Reich nur noch einige Jahrzehnte bestehen. 476 setzte *Odoaker* den letzten Kaiser *Romulus Augustulus* ab.

**Römische Verträge**, die am 25.3.1957 von den Benelux-Staaten, der BR Dtld., Frankreich u. Italien in Rom unterzeichneten Verträge über die Gründung der *Europäischen Wirtschaftsgemeinschaft* u. *Euratom*.

**römische Ziffern**, die im alten Rom u. im europ. MA, in bes. Fällen noch heute gebrauchten Ziffern. Ziffern u. gleichzeitig Zahlen sind die Zeichen I = 1, V = 5, X = 10, L = 50, C = 100, D = 500, M = 1000. Aus ihnen werden durch Addition die anderen Zahlen gebildet, jedoch werden höchstens 3 der Ziffern I, X, C, M nebeneinandergesetzt. Außerdem ist zu beachten: IV = 4, IX = 9, XL = 40, XC = 90, CD = 400, CM = 900. Beispiel: 1990 = MCMXC.

**römisch-katholische Kirche** → katholische Kirche.

**Rommé**, Kartenspiel für 3–6 Personen mit 2 Spielen zu 52 Blatt u. 4–6 Jokern.

**Rommel**, Erwin, *1891, †1944, dt. Generalfeldmarschall (1942); 1941–43 Befehlshaber des Afrikakorps, 1944 Oberbefehlshaber der Heeresgruppe B an der Westfront; wegen seiner Beziehungen zur Widerstandsbewegung von Hitler zum Selbstmord gezwungen.

**Romø** → Röm.

**Romulus**, sagenhafter Gründer u. erster König Roms, Sohn des Mars u. der Vestalin Rhea Silvia, Zwillingsbruder des *Remus*.

**Ronda**, S-span. Stadt in Andalusien, im Gebirgsland von R. (im *Tolox* 1919 m), 31 000 Ew.; Baureste aus der Maurenzeit; einer der Ursprungsorte des Stierkampfs; Fremdenverkehr.

**Rondeau** [rɔ̃'do], frz. Gedichtform aus meist 12–14 Zeilen mit nur zwei Reimen.

**Rondell**, 1. rundes Bauwerk an alten Befestigungsanlagen. – 2. rundes Blumenbeet.

**Rondo**, urspr. Rundgesang, dann bes. Form der barocken u. klass. Instrumentalmusik.

**Rønne**, *Rønne*, Hptst. der dän. Amtskommune Bornholm, Hafenstadt an der Westküste, 15 000 Ew.; keram. Ind.; Festungsanlagen (17. Jh.).

**Ronneburg**, Stadt in Thüringen, östl. von Gera, 10 000 Ew.; Schloß; Textil-, Holz- u. Metall-Ind.; Uranbergbau.

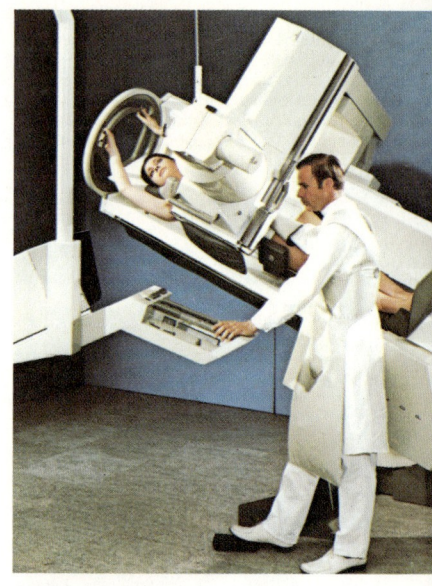

*Röntgendiagnostik*

**Ronsard** [rɔ̃'sa:r], Pierre de, *1524/25, †1585, frz. Dichter; führender Kopf der *Plejade*, Mitbegr. des frz. Klassizismus.

**Röntgen**, Wilhelm Conrad, *1845, †1923, dt. Physiker; entdeckte 1895 die R.strahlen; Nobelpreis 1901.

**Röntgendiagnostik**, Krankheitserkennung mittels *Röntgenstrahlen*. Man kann aufgrund der versch. Dichte u. Strahlendurchlässigkeit der Körpergewebe für Röntgenstrahlen Form- u. Dichtigkeitsveränderungen von Organen feststellen. Wo kein genügend starker Kontrast vorhanden ist, kann er durch Luft oder schattengebende Stoffe (*Röntgenkontrastmittel*), die in die Organe eingegeben oder in den Körper eingespritzt werden, erzeugt werden (*Röntgenkontrastdarstellung*). Das Bild wird entweder auf einem Leuchtschirm direkt (*Durchleuchtung*) oder auf photograph. Weg auf Papier oder Film (*Röntgenaufnahme*) sichtbar gemacht.

**Röntgenspektroskopie**, physikal. Arbeitsgebiet, das die Spektrallinien von Atomen im Spektrum der kurzwelligen elektromagnet. Strahlung untersucht.

**Röntgenstrahlen**, von ihrem Entdecker W. C. *Röntgen* u. in manchen Ländern *X-Strahlen* genannt; kurzwellige unsichtbare elektromagnet. Strahlen (Wellenlänge rd. $10^{-8}$ bis $10^{-13}$ m), die in einer *Röntgenröhre* erzeugt u. in Materie nur wenig absorbiert werden. Diese Absorption wird nur durch die Dichte der Materie bestimmt. Knochen absorbieren daher stärker als Haut, ebenso alle Stoffe mit großem Atomgewicht (z.B. Blei). Schutz vor R. kann z.B. durch Bleischichten erzielt werden. In der Technik werden R. zur Röntgenuntersuchung verwendet; in der Wiss. z.B. zur Untersuchung des Aufbaus von Kristallen; in der Medizin zur Röntgendiagnostik u. Röntgentherapie.

**Röntgenstrukturanalyse**, wichtige Untersuchungstechnik zur Bestimmung der räuml. Anordnung der Atome in Festkörpern mit Hilfe von Röntgenstrahlen; die Strahlen werden an den Elektronen der Festkörperatome gebeugt. Die Beugungsmuster lassen Rückschlüsse auf die Kristallstruktur zu. Die R. führte u. a. zur Aufklärung der Doppelhelix-Struktur der Desoxyribonucleinsäure (DNS).

**Röntgentherapie**, Anwendung von *Röntgenstrahlen* zu Heilzwecken: in den durch Röntgenstrahlen getroffenen Stellen werden Moleküle ionisiert u. zerstören dadurch die Zelle. In Frage kommen: 1. Oberflächenbestrahlung zur Behandlung von Hautkrankheiten, zur Enthaarung u. zur Umstimmung; 2. Tiefenbestrahlung zur Behandlung tiefliegender Geschwülste.

**Roon**, Albrecht Graf von, *1803, †1879, preuß. Offizier u. Politiker; 1859–73 Kriegs-Min., vertrat die Heeresreform Wilhelms I.

**Roosevelt** ['roʊzvɛlt], **1.** Franklin Delano, *1882, †1945, US-amerik. Politiker (Demokrat); 1933–45 (32.) Präs. der USA (viermal nacheinander gewählt), bekämpfte erfolgreich die Wirt-

| Römische Kaiser | |
|---|---|
| *Iulisch-Claudisches Kaiserhaus* | |
| Augustus | 27 v. Chr.–14 n. Chr. |
| Tiberius | 14–37 |
| Caligula | 37–41 |
| Claudius | 41–54 |
| Nero | 54–58 |
| *Dreikaiserjahr* | |
| Galba | 68–69 |
| Otho | 69 |
| Vitellius | 69 |
| *Flavisches Kaiserhaus* | |
| Vespasian | 69–79 |
| Titus | 79–81 |
| Domitian | 81–96 |
| *Adoptivkaiser* | |
| Nerva | 96–98 |
| Traian | 98–117 |
| Hadrian | 117–138 |
| Antonius Pius | 138–161 |
| Marc Aurel | 161–180 |
| Lucius Verus | 161–169 |
| Commodus | (177) 180–192 |
| *Vierkaiserjahr* | |
| Pertinax | 193 |
| Didius Julianus | 193 |
| Pescennius Niger | 193–194 |
| Clodius Albinus | 193–197 |
| *Severisches Kaiserhaus* | |
| Septimius Severus | 193–211 |
| Geta | (209) 211–212 |
| Caracalla | (198) 212–217 |
| Macrinus u. Diadumenianus | 217–218 |
| (im O vom Heer ausgerufen, keine Severer) | |
| Elagabal | 218–222 |
| Severus Alexander | 222–235 |
| *Soldatenkaiser* | |
| Maximinus Thrax | 235–238 |
| Gordian I. | 238 |
| Gordian II. | 238 |
| Pupienus | 238 |
| Balbinus | 238 |
| Gordian III. | 238–244 |
| Philippus Arabs | 244–249 |
| Decius | 249–251 |
| Trebonianus Gallus | 251–253 |
| Volusianus | 251–253 |
| Aemilianus | 253 |
| Valerian | 253–260 |
| Gallienus | (253) 260–268 |
| Postumus (Gallisches Sonderreich) | 259–268 |
| Claudius II. | 268–270 |
| Victorinus (Gallisches Sonderreich) | 268–270 |
| Quintillus | 270 |
| Aurelian | 270–275 |
| Tetricus (Gallisches Sonderreich) | 270–273 |
| Tacitus | 275–276 |
| Florianus | 276 |
| Probus | 276–282 |
| Carus | 282–283 |
| Carinus | 283–285 |
| Numerianus | 283–284 |
| *Tetrarchie* | |
| Diocletian | 284–305 |
| Maximian | 286–305 |
| Carausius u. | 286–293 |
| Allectus: Gegenkaiser in Britannien | 293–296 |
| Galerius | 305–311 |
| Constantius Chlorus | 305–306 |
| Flavius Severus | 306–307 |
| Maxentius (Usurpator in Rom) | 306–312 |
| Maximinus Daia | 309–313 |
| Licinius | (307) 311–324 |
| *Kaiser bis zur Reichsteilung* | |
| Konstantin d. Gr. | (306) 324–337 |
| Konstantin II. | 337–340 |
| Constantius II. | 337–361 |
| Constans | 337–350 |
| Julian Apostata | 361–363 |
| Jovianus | 363–364 |
| Valentinian I. | 364–375 |
| Valens | (364) 375–378 |
| Gratian | (367) 375–383 |
| Valentinian II. | 375–392 |
| Theodosius d. Gr. | (379) 394–395 |
| *Weströmische Kaiser nach der Reichsteilung* | |
| Honorius | (393) 395–423 |
| Constantius III. | 421 |
| Johannes | 423–425 |
| Valentinian III. | 425–455 |
| Petronius Maximus | 455 |
| Avitus | 455–456 |
| Maiorianus | 457–461 |
| Libius Severus | 461–465 |
| Anthemius | 467–472 |
| Olybrius | 472 |
| Glycerius | 473–474 |
| Julius Nepos | 474–475 |
| Romulus Augustulus | 475–476 |

schaftsdepression durch den *New Deal* u. setzte notwendige Sozialreformen durch; durchbrach den Isolationismus der USA u. führte sie in den Krieg gegen die Achsenmächte; bemühte sich um Zusammenarbeit mit der Sowj. u. betrieb die Gründung der UNO. – **2.** *Theodore,* *1858, †1919, US-amerik. Politiker (Republikaner); 1901–09 (26.) Präs. der USA, einer der Hauptvertreter des großkapitalist. Imperialismus; Friedensnobelpreis 1906.
**Root** [ru:t], *Elihu,* *1845, †1937, US-amerik. Politiker; 1905–09 Außen-Min. (Förderer des Panamerikanismus); Friedensnobelpreis 1912.
**Röpke,** *Wilhelm,* *1899, †1966, dt. Nationalökonom; Vertreter des Neoliberalismus, verfocht eine soz. u. eth. verpflichtete Marktwirtschaft.
**Rops,** *Félicien,* *1833, †1898, belg. Maler u. Graphiker; schuf Radierungen u. Illustrationen.
**Roquefort** [rɔk'fo:r], fetter, mit grünem Schimmelpilz durchwachsener Rahmkäse aus Schafsmilch.
**Rorate,** kath. Bez. für den 4. Adventssonntag.
**Rorschach,** Hafenstadt u. Bezirks-Hptst. im schweiz. Kt. St. Gallen, am Südufer des Bodensees, 10 000 Ew.; Pfarrkirche (seit 1206); ehem. Kloster (seit 1484); Textil-, Masch.-, Metall-Ind.
**Rorschach-Test,** von dem schweiz. Psychiater H. *Rorschach* (*1884, †1922) entwickelter Persönlichkeitstest (1921), in dem die getestete Person teils schwarz-weiße, teils farbige Klecksbilder »deuten« muß.
**Rosario** [ro'sarjo], argent. Stadt am rechten Ufer des Paraná, 800 000 Ew.; bed. Handels- u. Ind.-Zentrum; Überseehafen.
**Rose, 1.** *Rosa,* Gatt. der *Rosengewächse,* Sträucher meist mit Stacheln, Blätter unpaarig gefiedert, Blüten zwittrig, einzeln oder in Büscheln; Blütenachse kugelig oder flaschenförmig vertieft; Kronblätter rot, rosa, weiß oder gelb. Zu den R. gehören: *Hunds-R., Hecken-R., Filz-R., Alpen-R.* u.a. Verschiedenste Artbastarde u. Züchtungen der R. sind die wirtsch. wichtigsten Gartenzierpflanzen. – **2.** *Med.:* Wund-R., *Erysipel,* akute, sehr ansteckende Haut- u. Unterhautzellgewebsentzündungen durch Infektion von Wunden u. oberflächl. Hautverletzungen mit *Streptokokken.*
**Rosegger,** *Peter,* *1843, †1918, östr. Schriftst.; begann mit Mundartgedichten, wurde zum beliebten u. volkserzieher. Erzähler. Ⓦ »Waldheimat«, »Als ich noch der Waldbauernbub war«.
**Rosenberg,** *Alfred,* *1893, †1946 (hingerichtet), dt. Politiker (NSDAP); einflußr. Ideologe des Nat.-Soz., Reichs-Min. für die besetzten Ostgebiete (1941–44); im Nürnberger Prozeß zum Tode verurteilt.
**Rosendahl,** *Heide,* *14.2.1947, dt. Leichtathletin (bes. erfolgreich bei den Olymp. Spielen 1972).
**Rosendorfer,** *Herbert,* *19.2.1934, dt. Schriftst.; Vorliebe für grotesk-phantast. Geschehnisse; Romane, Erzählungen, Hörspiele.
**Rosengarten,** ital. *Catinaccio,* westl., bizarre Berggruppe der Südtiroler Dolomiten, im *Kesselkogel* 3004 m.
**Rosengewächse** → Pflanzen.
**Rosenheim,** krsfr. Stadt in Oberbayern, am Inn, 53 000 Ew.; alte Patrizierhäuser mit Laubengängen u. Erkern; Holz-, Papier-, Masch.-, Metall- u. Textil-Ind.
**Rosenholz,** zusammenfassende Bez. für versch. Hölzer aufgrund bestimmter Eigenschaften, v.a. der hell- bis dunkelroten Farbe; auch rosenartiger Duft.
**Rosenkäfer,** *Cetoninae,* Unterfam. der *Skarabäen,* metall.-glänzende, flache Käfer.
**Rosenkohl,** Abart des Kopfkohls.
**Rosenkranz,** Perlenschnur zur Kontrolle der Zahl

*Rosmarin*

der zu sprechenden Gebete; im Katholizismus Gebetsform zu Ehren Marias, bei der 15mal (oder 5mal) nacheinander je 10 Ave Maria gebetet werden, jeweils durch 1 Paternoster u. 1 Gloria Patri unterbrochen.
**Rosenkreuzer,** legendäre oder wirkl. Geheimgesellschaft, deren Symbole vier Rosen mit einem Andreaskreuz waren; zurückgehend auf 3 anonyme Traktate, die J. *Andreä* 1614/15 veröffentlichte.
**Rosenkriege,** eine Reihe von Bürgerkriegen (1455–85) zw. den Häusern *Lancaster* (Rote Rose) u. *York* (Weiße Rose) des engl. Königshauses *Plantagenet* um die Thronfolge.
**Rosenmontag,** der Montag vor Fastnacht, an dem große Umzüge veranstaltet werden.
**Rosenöl,** wohlriechendes äther. Öl, meist aus den Blättern der Damaszenerrose.
**Rosenplüt,** *Rosenblut, Hans,* *um 1400, †um 1470, Nürnberger Dichter; schrieb derbe Fastnachtsspiele u. Schwänke.
**Rosenquarz,** als Schmuckstein verwendeter hellrosa gefärbter Quarz.
**Roseolen,** kleinfleckiger, rötl. Hautausschlag, tritt z.B. bei *Typhus* auf.
**Rosetta,** arab. *Rashîd,* Hafenstadt in Unterägypten, am R.-Arm des Nildeltas, 50 000 Ew. – Der 1799 gefundene *Stein von R.* ermöglichte die Entzifferung der Hieroglyphen.
**Rosette, 1.** Verzierung in Form einer offenen Rose, in Stein oder Stuck als Gebäudeschmuck. – **2.** stilisiertes, rund angeordnetes Band- oder Stoffornament; bes. im Barock beliebt.
**Roséwein,** aus roten Keltertrauben hergestellter rosafarbener Wein.
**Rosinante,** Pferd *Don Quijotes;* allg. Klepper, Schindmähre.
**Rosinen,** getrocknete Weinbeeren. *Sultaninen* sind hellgelb, kernlos u. dünnschalig; *Korinthen* klein, kernlos u. fast schwarz.
**Roskilde** ['rɔskilə], *Röskilde,* dän. Hafenstadt u. Verw.-Sitz der gleichn. Amtskommune auf der Insel Seeland, 49 000 Ew.; dom (13. Jh.) mit Königsgräbern. – 10.–15. Jh. Residenz der dänischen Könige; 1658 Friede von R. (Ende des schwed.-poln. Kriegs).
**Rosmarin,** Gatt. der *Lippenblütler.* Charakterpflanze der Macchie im Mittelmeergebiet; *äther. R.öl* für hautreizende Einreibungen.
**Ross, 1.** *Sir James Clark,* Neffe von 2), *1800, †1862, brit. Polarforscher; entdeckte 1839–43 die nach ihm ben. *R.-Barriere* u. das *R.-Meer,* eine Bucht des Pazif. Südpolarmeers, an der antarkt. Küste. – **2.** *Sir John,* *1777, †1856, brit. Polarforscher; erforschte den amerik.-arkt. Archipel. – **3.** *Sir Ronald,* *1857, †1932, brit. Physiologe; erkannte die Anophelesmücke als Überträger des Malariaerregers; Nobelpreis für Medizin 1902.
**Roßbreiten,** windschwache Zonen, zw. 20° u. 35° nördl. u. südl. Breite.
**Rosselino, 1.** *Antonio,* *1427, †1479, ital. Bildhauer; schuf Altarwerke, Statuen u. Büsten. – **2.** *Bernardo,* Bruder von 1), *1409, †1464, ital. Architekt u. Bildhauer der Frührenaissance.

*Rosenkäfer*

**Rossellini,** *Roberto,* *1906, †1977, ital. Filmregisseur; prägte den sog. neorealist. Filmstil; Ⓦ »Rom, offene Stadt«.
**Rösselsprung,** im Schach die Zugart des Springers *(Rössel),* der zwei Felder geradlinig u. eins seitwärts springt; auch eine Rätselart, bei der die Silben des zu erratenden Textes in der Folge des R. über die Felder eines Quadrats verteilt sind.
**Rossetti, 1.** *Christina Georgina,* Schwester von 2), *1830, †1894, engl. Dichterin; schrieb schwermütige Sonette von großer Formvollendung. – **2.** *Dante Gabriel,* *1828, †1882, engl. Maler u. Dichter; gründete 1848 mit W.H. *Hunt* u. J.E. *Millais* die Malerbruderschaft der *Präraffaeliten.*
**Roßhaar,** Schweif- u. Mähnenhaar von Pferden; für Bürsten, Besen u. als Polstermaterial.
**Rossini,** *Gioacchino Antonio,* *1792, †1868, ital. Komponist; schrieb 40 Opern, deren Musik sich durch geistvolle melod. Erfindung u. rhythm. Beweglichkeit auszeichnet. Ⓦ »Die Italienerin in Algier«, »Der Barbier von Sevilla«, »Wilhelm Tell«; Kirchenwerk »Stabat mater«.
**Rossitten,** russ. *Rybatschi,* Seebadeort in Ostpreußen, in der RSFSR (Sowj.), auf der Kurischen Nehrung, 750 Ew.
**Roßkastanie,** *Aesculus,* mit der Kastanie nicht verwandte Gatt. der *R.ngewächse.* Verbreitet ist die *Gewöhnl. R.,* ein 20–30 m hoher Baum mit fünf- bis siebenfingerigen Blättern, harzig-klebrigen Knospen u. in Rispen stehenden weißen, gefleckten Blüten; beliebter Alleebaum.
**Roßlau/Elbe,** Krst. in Sachsen-Anhalt, an der Elbe, 15 000 Ew.; Wasserburg; Motoren- u. Schiffbau; Elbhafen.
**Roßtrappe,** steiler Granitfelsen im Oberharz, bei Thale, über dem Bodetal.
**Rost, 1.** infolge Einwirkung von feuchter Luft auf Eisen entstehende lockere, braunrote Schicht; besteht aus wasserhaltigen Eisenoxiden. – **2.** *Feuer-R.,* durchlöcherte Unterlage für Brennstoffe in der Feuerung. – **3.** → Rostpilze.
**Rostand** [rɔs'tã], *Edmond,* *1868, †1918, frz. Schriftst.; schrieb neuromant. Versdramen.
**rösten, 1.** ohne Zusatz von Fett oder Wasser durch Erhitzen bräunen (Brot, Kaffee); auf dem Rost, in der Pfanne braten. – **2.** bei der Gewinnung von Metallen die sulfid. Erze unter Luftzutritt erhitzen.
**Rostock,** Stadt u. bed. Ostseehafen in Mecklenburg, an der Warnow-Mündung u. ihrer Erweiterung, dem *Breitling,* 249 000 Ew.; alte Hansestadt mit Univ. (1419); got. Marienkirche; Schiffbau; Überseehafen *R.-Petersdorf,* 1957–60 erbaut, mit nur 7 km langem Seekanal; vielseitige Nahrungsmittel- (v.a. Fisch), chem., graph., holzverarbeitende u. Masch.-Ind.; Fährverkehr nach Gedser (Dänemark).
**Rostov-na-Donu** [ra'stɔf na da'nu], Hptst. der Oblast Rostow in der RSFSR (Sowj.), am Don, oberhalb seiner Mündung ins Asowsche Meer, 992 000 Ew.; Kultur-, Ind.- u. Handelszentrum; Univ.
**Rostpilze,** *Uredinales,* formenreiche Ordnung der *Ständerpilze,* die echte Parasiten sind. Sie befallen viele Nutzpflanzen, bes. viele Getreidearten, u. verursachen Rostkrankheiten *(Rost).*
**Rostropowitsch,** *Mstislaw,* *27.3.1927, sowj. Cellist u. Komponist; 1974 emigriert, 1978 ausgebürgert, 1989 wieder eingebürgert.
**Rosvaenge,** *Helge,* *1897, †1972, dän. Sänger (Tenor); v.a. Mozart-, Verdi-, Puccini-Interpret.
**Roswitha von Gandersheim** → Hrotsvith von Gandersheim.
**Rot,** Farbe, die die größte Wellenlänge im sichtbaren Spektrum besitzt (ungefähr 620–780 nm).
**Rotalgen** → Algen.
**Rotangpalmen,** *Rohrpalmen, Calamus,* artenreiche Gatt. von *Palmen,* die häufig zuerst buschig sind, später aber lange Kletterstämme bilden. Die Blattstengel liefern das *Span. Rohr, Rattan, Peddigrohr* u.ä.
**Rotary-Club,** *Rotarier,* eine 1905 von Paul *Harris* in Chicago gegr., heute weltumspannende Vereinigung von Geschäftsleuten u. Freiberuflern, die für das Ideal des Dienens eintritt.
**Rotation,** Drehung eines Körpers oder einer Fläche um eine Achse.
**Rotationsmaschine,** Masch. für den Druck von zylindr. Druckformen.

# 764 Rotationsprinzip

*Rotfeuerfisch*

**Rotationsprinzip,** Grundsatz, nach dem nur einmalige Wahl oder höchstens einmalige Wiederwahl in ein öffentl. Amt zulässig ist, bek. durch seine Anwendung bei den »Grünen«.
**Rotbarsch,** *Goldbarsch,* zu den *Drachenköpfen* gehörender, 50–60 cm langer leuchtendroter Fisch der Nordsee u. des Atlantik.
**Rote Armee,** Kurzform für *Rote Arbeiter- u. Bauernarmee,* 1918–46 Bez. für das Heer der Sowj., seither Sowjetarmee.
**Rote Armee Fraktion** → RAF.
**Rote Bete,** *Rote Rübe, Salatrübe,* eine Zuchtvarietät der Runkelrübe.
**Rote Garde,** meist aus Schülern u. Studenten rekrutierte Jugendorganisation in der chin. Kulturrevolution; auch revolutionäre Kampfverbände in Sowjetrußland ab 1917 u. in Dtld. ab 1918.
**Rote Kapelle,** Gestapo-Bez. für eine kommunist. Widerstandsorganisation gegen das nat.-soz. Regime; 1942/43 größtenteils zerschlagen.
**Rote Khmer,** Bez. für kommunist. Guerillaverbände in Kambodscha; eroberten 1975 ganz Kambodscha; gelten als die eigtl. Verantwortlichen für die Massenmorde am eig. Volk unter dem Regime *Pol Pots.*
**Rote Liste, 1.** Verzeichnis der gefährdeten Tier- u. Pflanzenarten, die bes. Schutz bedürfen. – **2.** Verzeichnis der gehandelten Arzneien u. ihrer Wirkungen.
**Röteln,** *Rubeola,* ansteckende, im allg. leichte Infektionskrankheit bei Kindern mit maserähnl. Ausschlag u. Lymphknotenschwellung. Die Erkrankung einer werdenden Mutter, bes. in den ersten 2 bis 3 Schwangerschaftsmonaten, kann das Kind im Mutterleib schädigen u. zu Mißbildungen Anlaß geben; Vorbeugung durch *R.schutzimpfung.*
**Rotenburg (Wümme),** Krst. in Nds. an der Wümme, östl. von Bremen, 20 000 Ew.; Landwirtschaftszentrum.
**Rotenburg an der Fulda,** hess. Stadt nördl. von Hersfeld, 15 000 Ew.; Luftkurort; mittelalterl. Altstadt, Schloß.
**Roterde,** *Latosol,* krümeliger, bröckeliger, humus- u. tonarmer Boden mit starker Rotfärbung im obersten Bodenhorizont.
**Roter Fluß,** vietnames. *Sông Nhi Ha,* chin. *Yuan Jiang,* hinterind. Fluß, rd. 1200 km; entspringt in Yunnan u. mündet in den Golf von Tonkin.
**Roter Halbmond** → Rotes Kreuz.
**Roter Main,** Quellfluß des *Main,* entspringt in der nördl. Fränk. Alb, vereinigt sich westl. von Kulmbach mit dem *Weißen Main.*
**Roter Sand,** Untiefe vor der Wesermündung.
**Rotes Kreuz,** Abk. *RK,* 1863 von H. *Dunant* gegr. internat. Organisation, die es sich zur Aufgabe macht, im Krieg das Los der Kriegsopfer zu mildern. Grundpfeiler des Internat. RK sind das *Internat. Komitee vom Roten Kreuz (IKRK)* u. die *Liga der RK-Gesellschaften.* Das *Dt. Rote Kreuz (DRK)* wurde 1921 gegr., 1945 aufgelöst, in BR Dtld. 1951 wieder gegr. Das DRK arbeitet auch im Rettungsdienst, Sozialwesen, in der Krankenfürsorge u. unterhält einen Vermißtensuchdienst. Das rote Kreuz im weißen Feld sichert dem Sanitätspersonal den Schutz der Genfer Konventionen. Ihm entspricht in der Türkei u. in Teilen der UdSSR der *Rote Halbmond,* im Iran der *Rote Löwe* u. die *Rote Sonne,* in Israel der *Rote Davidstern.*
**Rotes Meer,** arab. *Al-Bahr al-Ahmar, Bahr el Hedjas,* Nebenmeer des Ind. Ozeans, zw. Arabien u. NO-Afrika, ein rd. 440 000 km² großer Graben; größte Tiefe 2604 m; durch den Suezkanal mit dem Mittelmeer verbunden.
**Rote Spinne,** eine bis zu 0,5 mm lange *Spinnmilbe,* lebt auf Obstbäumen; sehr schädlich.
**Rotfeuerfisch,** zu den *Drachenköpfen* gehörender, lebhaft gefärbter trop. Grundfisch; Rücken- u. Brustflossen mit verlängerten Strahlen.
**Rotfuchs** → Füchse.
**Rotgültigerz,** Bez. für trigonal kristallisierende, wertvolle Silbererze.
**Roth,** Krst. in Mittelfranken (Bay.), an der Rednitz, 24 000 Ew.; Schloß; Fachschulen für Hopfen u. Tabakanbau.
**Roth, 1.** Eugen, *1895, †1976, dt. Schriftst.; schrieb heiter-satir. Versbücher. W »Ein Mensch«. – **2.** Joseph, *1894, †1939, östr. Schriftst.; Schilderer der östr.-ung. Monarchie. W »Radetzkymarsch«.
**Rothaargebirge,** *Hochsauerland,* höchster Teil des Sauerlands, im *Langenberg* 843 m.
**Rothacker,** Erich, *1888, †1965, dt. Philosoph u. Psychologe, entwickelte im Nachfolge W. *Diltheys* eine Theorie der Geisteswiss. u. eine Schichtenlehre der Persönlichkeit.
**Rothäute,** Bez. für die nordamerik. Indianer wegen der Körperbemalung.
**Rothe,** Hans, *1894, †1978, dt. Schriftst.; schuf eine Shakespeare-Übersetzung u. schrieb Dramen.
**Rothenberger,** Anneliese, *19.6.1924, dt. Sängerin (Sopran).
**Rothenburg ob der Tauber,** Stadt in Mittelfranken (Bay.), 11 000 Ew.; sehr gut erhaltenes mittelalterl. Stadtbild; St. Jakobskirche mit Heiligblutaltar von T. Riemenschneider; Fremdenverkehr.
**Rothfels,** Hans, *1891, †1976, dt. Historiker; arbeitete über Bismarckzeit, Nationalitätenfrage, Zeitgeschichte u. Widerstandsbewegung.
**Rothirsch,** *Rotwild, Edelwild,* in 20 Unterarten über die Nordhalbkugel verbreiteter *Hirsch.* Größte Unterart ist der nordamerik. *Wapiti (Elk)* mit 1,65 m Standhöhe u. 2,50 m Länge.
**Rotholz,** Farbhölzer trop. Bäume aus der Fam. der *Zäsalpiniengewächse;* witterungsfest.
**Rothschild,** Meyer Amschel, *1743, †1812, dt.-jüd. Bankier, Gründer des Bankhauses R. in Frankfurt a.M. Durch die unter selbst. Leitung seiner Söhne stehenden Niederlassungen gewann das Haus R. in der 1. Hälfte des 19. Jh. großen polit. Einfluß in Europa. Amschel (*1773, †1855; übernahm das Stammhaus), Nathan (*1777, †1836; London), James (*1792, †1868; Paris), Salomon (*1774, †1855; Wien) u. Karl (*1788, †1855; Neapel).
**Rotkehlchen,** in die Verwandtschaft der *Drosseln* gehöriger kleiner euras. *Singvogel* mit orangefarbener Brust.
**Rotlauf,** *Erysipeloid,* Infektionskrankheit der Schweine, auf den Menschen übertragbar.

*Rothenburg ob der Tauber: Blick auf das Rödertor und den Markusturm*

**Rotliegendes,** die untere Stufe des dt. Perm, Abtragungsschutt des varisz. Gebirges.
**Rotor,** rotierender Teil einer Maschine, insbes. Drehflügel des Hubschraubers.
**Rotorua,** Stadt im Innern der Nordinsel Neuseelands, auf einem vulkan. Plateau, 50 000 Ew.; Kur- u. Fremdenverkehrszentrum.
**Rotschwanz,** in die Verwandtschaft der *Drosseln* gehöriger kleiner einheim. *Singvogel;* zwei Arten: *Haus-R.,* u. *Garten-R.*
**Rott am Inn,** Gem. in Oberbay., 3000 Ew.; ehem. Benediktinerkloster mit berühmter Rokokokirche.
**Rotte, 1.** Abteilung, Schar. – **2.** mehrere zusammenstehende Stücke bei Schwarzwild u. Wölfen. – **3.** nebeneinander marschierende Soldaten einer Marschkolonne; takt. Einheit von zwei Flugzeugen oder Kriegsschiffen.
**Rottenburg am Neckar,** Stadt in Ba.-Wü., sw. von Tübingen, 34 000 Ew.; Bischofssitz; Dom (1821, Turm 15. Jh.), Wallfahrtskirche (1682).
**Rotterdam,** zweitgrößte Stadt der Niederlande, zu beiden Seiten des Rheindeltas u. der Neuen Maas, 573 000 Ew. R. hat den größten Seehafen des europ. Festlands; i.w.S. auch die benachbarten Häfen von *Schiedam, Vlaardingen* u. *Hoek van Holland,* mit *Europoort* insges. 11,5 km² Hafenfläche; Ind.- u. Handelszentrum: Werften, Maschinenbau, Erdölraffinerien, Öl-, Margarine-, Seifen-, Schokoladenfabriken, Kaffeeröstereien, Holz-, Auto- u. chem. Ind., Elektrogerätebau, Verkehrsknotenpunkt.
**Rottmann,** Carl, *1797, †1850, dt. Maler; schuf romant. Landschaften mit Helldunkelkontrasten.
**Rottmayr,** Johann Michael R. von Rosenbrunn (1704), *1654, †1730, östr. Maler; schuf Deckengemälde u. Fresken in Barockbauten.
**Rottweil,** Krst. in Ba.-Wü., am oberen Neckar, 23 000 Ew.; Uhren-Ind.; alljährl. *R.er Fastnacht* mit allemann. Kostümen u. Masken.
**Rottweiler,** große, schwere Hunderasse; Dienst- u. Wachhund.
**Rotunde,** Rundbau, runder Raum.
**Rotverschiebung,** Verschiebung von Spektrallinien einer elektromagnet. Strahlung zu größeren Wellenlängen, beim Licht also zum roten Ende des sichtbaren Ursprungs hin. Die wichtigste physikal. Ursache für eine R. ist der *Doppler-Effekt.*
**Rotwelsch,** dt. Gaunersprache, seit dem Ausgang des MA nachweisbar; enthält u.a. jidd. u. zigeuner. Elemente.
**Rotwild,** *Edelwild* → Rothirsch.
**Rotz,** *Malleus,* Infektionskrankheit bes. der Einhufer (Pferd, Esel), die auch auf andere Tierarten u. auf den Menschen übertragen werden kann.
**Rotzunge,** Plattfisch des Nordatlantiks, schmackhafter Speisefisch.
**Rouault** [ru'o:], Georges, *1871, †1958, frz. Maler u. Graphiker; schuf in expressivem, stark konturiertem Figurenstil religiöse Darstellungen.
**Roubaix** [ru'bɛ], Ind.-Stadt im frz. Dép. Nord, am Kanal von R., 102 000 Ew.; got. Kathedrale; Zentrum der nordfrz. Textilind.
**Rouen** [ru:'ã], Hptst. des N-frz. Dép. *Seine-Maritime,* am Unterlauf der Seine, Zentrum der Nor-

*Rothirsch*

mandie, 102 000 Ew.; got. Kathedrale Notre-Dame (12.–15. Jh.) u. viele andere histor. Bauten; Museen; kath. Erzbischofssitz; Univ.; bed. Flußhafen; Schiff-, Masch.-, Lokomotiv-, Waggon- u. Kfz-Bau, Erdölraffinerien. – In R. wurde 1431 Jeanne d'Arc verbrannt.

**Rouge** [ruːʒ], Wangenschminke (Creme, Puder).
**Rouget de Lisle** [ruʒɛːd'lil], Claude Joseph, *1760, †1836, frz. Offizier; dichtete u. komponierte 1792 die *Marseillaise*.
**Roulade** [ru-], geschmorte, mit Speck, Gurke, Zwiebeln u. Gewürzen gefüllte Fleischrolle.
**Rouleau** [ruˈloː], aufrollbarer Vorhang.
**Roulette** [das], *Roulett,* Glücksspiel, bei dem eine Kugel auf einer drehbaren Scheibe rollt u. zum Schluß auf einem der mit 0–36 numerierten Felder liegenbleibt. Der Spieler setzt auf Nummern oder Nummernkombinationen; als Gewinn kann der einfache bis 35fache Einsatz erzielt werden.
**Round-Table-Konferenz** [raund 'teːbl-], Konferenz (Gleichberechtigter) am runden Tisch.
**Rourkela** [rur-], *Raurkela,* ind. Stadt im nördl. Orissa, nahe bei den Kohlen- u. Eisenerzlagern von *Chota Nagpur,* 310 000 Ew.; Hüttenwerk (von dt. Firmen 1956 erbaut).
**Rous** [raus], Francis Peyton, *1879, †1970, US-amerik. Mediziner; entdeckte krebserregende Viren; Nobelpreis 1966.

*Roulette: Kessel, Chips und das Tableau mit der Einteilung der Gewinnmöglichkeiten*

**Rousseau** [ruˈsoː], **1.** Henri, *1844, †1910, frz. Maler; Hauptvertreter der *naiven Malerei*. – **2.** Jean-Baptiste, *1670, †1741, frz. Schriftst.; verfaßte Oden u. witzige Epigramme. – **3.** Jean-Jacques, *1712, †1778, frz. Schriftst. u Philosoph schweiz. Herkunft; führte ein unstetes Wanderleben, das er in den »Bekenntnissen« mit rücksichtsloser Offenheit beschrieb. Seine Preisschrift über den (negativen) Einfluß der Künste u. der Wiss. auf die Sitten steht am Beginn der modernen Kulturkritik. Das Recht auf Freiheit des Gefühls verkündete R. in dem Briefroman »Julie oder Die neue Héloise«. In dem Roman »Emil oder Über die Erziehung« stellte er das Ideal einer naturnahen Erziehung auf. Die Schrift »Der Gesellschaftsvertrag« betrachtet den Staat als eine freiwillige Vereinigung der Einzelwillen zu einem »Gesamtwillen«; daher gehe die Souveränität vom Volk aus. R. war Wegbereiter der Romantik, der Frz. Revolution u. der Demokratie. – **4.** Théodore, *1812, †1867, frz. Maler u. Graphiker; Mitgl. der Schule von Barbizon.
**Roussel** [ruˈsɛl], Albert, *1869, †1937, frz. Komponist; Neuklassizist.
**Roussillon** [rusiˈjɔ̃], Ldsch. u. histor. Prov. in S-Frankreich, am Mittelmeer, Hptst. *Perpignan*.
**Routine** [ruˈtiːne], durch Übung u. Erfahrung gewonnene Fertigkeit. – **routiniert,** geschickt, gewandt, erfahren. – **Routinier,** geübter, erfahrener Mensch.
**Rovaniemi,** Prov.-Hptst. in N-Finnland, 32 500 Ew.; Flugplatz.
**Rovigo,** ital. Prov.-Hptst. in Venetien, zw. Po u. Etsch, 53 000 Ew.; Dom (17. Jh.).
**Rovuma,** *Rowuma,* Grenzfluß zw. Tansania u. Moçambique, 1100 km.
**Rowdy** ['raudi-], streitsüchtiger Mensch; Raufbold.
**Rowohlt,** Ernst, *1887, †1960, dt. Verleger; gründete 1908 (neu 1919 u. 1945) einen bed. Verlag (seit 1960 in Reinbek bei Hamburg).

**Roxane,** †311 v. Chr. (ermordet), baktr. Fürstentochter, mit *Alexander d. Gr.* vermählt.
**royal** [rwaˈjal], königlich, königstreu.
**Royal Air Force** [ˈrɔiəl 'ɛə 'fɔːs], Abk. *RAF,* die Luftwaffe Großbritanniens.
**Royalismus,** Königstreue, Befürwortung der Monarchie. – **Royalisten,** Anhänger der Monarchie, Königstreue.
**Royal Society** [ˈrɔiəl səˈsaiəti], älteste engl., 1660 gegr. Akademie der Wiss. in London.
**Rp.,** Abk. für lat. *recipe,* »empfange«, auf dem ärztl. Rezept.
**RP,** postal. Zeichen für *Rückantwort bezahlt* (bei Telegrammen), frz. *réponse payée*.
**RSFSR,** Abk. für *Russische Sozialistische Föderative Sowjetrepublik*.
**RT,** Abk. für *Registertonne*.
**RTL plus,** seit 1984 von der Rundfunkanstalt RTL (Radio Téle Luxembourg) ausgestrahltes privates dt.-sprachiges Fernsehprogramm.
**Ru,** chem. Zeichen für *Ruthenium*.
**Ruanda-Urundi** → Burundi, → Rwanda.
**Rub al Khali** [ˈruɐlˈxaːli], *Ar Rimal,* Sandwüste im S der Arab. Halbinsel, 132 000 km².
**rubato,** Bez. für die vom Komponisten gewollte freie Behandlung des Zeitmaßes im musikal. Vortrag.
**Rubbia,** Carlo, *1934, ital. Physiker; grundlegende Arbeiten zur Teilchenphysik; 1984 Nobelpreis.
**Rubel,** Währungseinheit in der Sowj., 1 R. = 100 *Kopeken*.
**Rüben,** Pflanzen der Gatt. *Brassica* (Stoppel-R., Kohl-R.), *Beta* (Runkel-, Zucker-, Rote R.) u. Doldengewächse (Karotten, gelbe R.), mit gezüchteten, fleischig verdickten Pfahlwurzeln, reich an Nährstoffen (bes. Kohlenhydraten). Alle R. sind zweijährig, d.h. sie treiben im 1. Vegetationsjahr nur Blätter, im 2. Jahr erst Blüten u. Samen.
**Rubens,** Peter Paul, *1577, †1640, fläm. Maler; neben Rembrandt das größte künstler. Genie seiner Zeit; fand zu einer eig. unklassizist. Bildform, die sich mit raumrhythmisierender Figurengebärde zu einem repräsentativen Barockstil entwickelte. Die Kühnheit seiner auf Bewegung angelegten Bilderfindung kam am großartigsten im Spätwerk zur Geltung. R. schuf zykl. Folgen, Altarbilder, mytholog. Szenen, Jagdstücke, Porträts.

*Jean-Jacques Rousseau; Kupferstich von Chodowiecki zu dem Briefroman »Julie oder die neue Héloise«; aus einem Zyklus von 12 Blättern, 1783. Berlin, Staatsbibliothek Preußischer Kulturbesitz*

**Rübezahl,** Berggeist des Riesengebirges, der in vielerlei Gestalt erscheint.
**Rubidium,** ein → chemisches Element.
**Rubikon,** lat. *Rubico,* der antike Grenzfluß zw. dem eigtl. Italien u. Gallia Cisalpina in der südl. Romagna. *Cäsars* Überschreitung des R. 49 v. Chr. führte den Bürgerkrieg herbei.
**Rubik-Würfel,** *Zauberwürfel,* Geschicklichkeitsspiel für 1 Person, erfunden 1977 von dem Ungarn Ernö *Rubik*. Der Kubus hat auf seinen 6 Außensei-

*Peter Paul Rubens: Nymphen und Satyrn; 1635–1640. Madrid, Prado*

# Rubin

ten je 3 x 3 drehbare Teilwürfel. Durch Verstellen ergeben sich 43 252 003 274 489 856 000 versch. Kombinationsmöglichkeiten. Weitere Entwicklungen: *Rubik's Magic, Rubik's Clock*.

**Rubin**, rotes, diamantglänzendes, durchsichtiges → Mineral; Edelstein, Abart des Korunds.

**Rubinstein, 1.** Anton Grigorjewitsch, *1829, †1894, russ. Komponist u. Pianist; Opern, Oratorien, Klavierkonzerte. – **2.** Art(h)ur, *1887, †1982, US-amerik. Pianist poln. Herkunft; Interpret Chopins, Beethovens u. neuerer span. Musik.

**Rubljow**, Anrej, *1360/1370, †um 1430, russ. Ikonen- u. Freskenmaler.

*Rubik-Würfel, »Zauberwürfel« (links). – Rubik's Magic, »Magische Ringe« (rechts)*

*Ruderfußkrebs*

**Rüböl**, fettes Öl, aus den Samen des *Rübsens* gewonnen; Verwendung zu Speiseölen u.a.

**Rubrik, 1.** urspr. die rotgemalte Überschrift in Handschriften des MA, jetzt Abteilung, Spalte. – **2.** in liturg. Büchern des kath. Ritus eine Anweisung zum Vollzug der gottesdienstl. Zeremonien.

**Rübsen**, *Rübsamen, Feldkohl*, ein *Kreuzblütler* mit gelben Blütentrauben; neben dem Raps wichtigste einheim. Ölpflanze, deren Samen *Rüböl* liefert.

**Rücken, 1.** Bereich von der Schulter- bis zur Lendengegend auf der Rückseite des menschl. Rumpfes; Oberseite des tier. Rumpfes. – **2.** langgestrecktes untermeer. Gebirge mit steilen Hängen.

**Rückenmark**, das auf der Rückenseite liegende röhrenförmige *Zentralnervensystem* der *Chordatiere*. Bei den höheren Wirbeltieren mit deutl. abgesetztem Gehirn ist das R. (*Medulla spinalis*) die Fortsetzung des vom Gehirn ausgehenden verlängerten Marks, die im R.skanal (*Neuralrohr* in der Wirbelsäule) verläuft. Innerhalb des R. sind die Nervenfasern wie in einem Telegraphenkabel in einzelnen Bündeln angeordnet.

**Rückert**, Friedrich, *1788, †1866, dt. Schriftst., Lyriker u. Spruchdichter des Biedermeier, bahnbrechender Übers. oriental. Dichtung.

**Rückfall, 1.** *Rezidiv*, erneutes Auftreten einer Krankheit, die überwunden war bzw. schien. – **2.** erneute Verletzung eines Strafgesetzes durch einen wegen gleicher oder anderer Taten vorbestraften Täter. Das Strafrecht der BR Dtld. sieht bei R. in bestimmten Fällen eine Erhöhung der Mindeststrafe vor.

**Rückfallfieber**, *Rekurrensfieber*, eine fieberhafte, schubweise verlaufende, anzeigepflichtige Infektionskrankheit; Erreger sind die Rekurrens-Spirochäten, die durch Läuse bzw. Zecken übertragen werden.

**Rückgrat** → Wirbelsäule.

**Rückgratverkrümmung**, Folge von Krankheiten der Wirbelsäule (z.B. Rachitis) oder Verletzungen. Formen: *Rundbuckel (Kyphose), Gibbus (Spitzbuckel), Lordose, Skoliose*.

**Rückgriff** → Regreß.

**Rückkopplung**, *Selbststeuerung*, Vorgang, bei dem einem schwingenden System während einer Periode diejenige Energie wieder zugeführt wird, die es in dieser Periode verloren hat. In der Rundfunktechnik dient die R.-Schaltung zur Erzeugung von ungedämpften Schwingungen. – In der Elektroakustik: bei akust. Kopplungen zw. Lautsprecher u. Mikrophon; äußert sich als hoher Pfeifton. – Den Begriff R., hier oft *Feedback* genannt, benutzt man auch für physiolog., kommunikative u.a. Prozesse, bei denen ein Teil der Wirkung eines Vorgangs zur Steuerung des auslösenden Vorgangs rückgemeldet wird; das gesamte System bildet einen *Regelkreis*.

**Rücklagen**, Teil des *Eigenkapitals* eines Unternehmens, der über das Grund- u. Stammkapital hinausgeht. Offene R. sind auf der Passivseite der Bilanz ausgewiesen. Stille R. sind aus der Bilanz nicht zu erkennen; sie entstehen z.B. durch Unterbewertung von Vermögen.

**Rückschein**, vom Postempfänger zu vollziehende Empfangsbescheinigung, die dem Absender übersandt wird.

**Rückstände**, im Umweltschutz die Restmengen unerwünschter Stoffe (z.B. Pflanzenschutzmittel) in Böden, Gewässern, Lebens- u. Futtermitteln.

**Rückstellung**, Passivposten der Bilanz, der für künftige Aufwandszahlungen zu bilden ist, deren Höhe oder Fälligkeit noch nicht genau feststeht.

**Rückstoß**, Impuls, den ein Körper erfährt, wenn von ihm aufgrund eines inneren Vorgangs Masse fortgestoßen wird. Bei Raketen u. Strahltriebwerken dient der R. durch den ausgestoßenen Gasstrom zum Antrieb.

**Rücktritt, 1.** als *R. vom Vertrag* dessen rückwirkende Vernichtung durch Erklärung des R. gegenüber dem Partner aufgrund vertragl. R.vorbehalts oder gesetzl. R.rechts. – **2.** als *R. vom Versuch* einer der *Strafaufhebungsgründe*.

**Rückversicherung**, *Reassekuranz*, Weitergabe von Risiken, die der Versicherer dem Kunden gegenüber deckt, soweit sie ein im Wert normales Maß übersteigen, an andere Versicherer.

**Ruda**, poln. *R. Śląska*, Stadt in Oberschlesien, westl. von Kattowitz, 167 000 Ew.; Steinkohlenbergbau, Eisenhütten, Kokereien, Kraftwerk.

**Rüde**, das Männchen von Raubtieren der Hunde- u. Marderfamilien.

**Rudel**, größere Hochwild-, Gams- oder Rehgruppe; auch Rotte.

**Ruder**, *Steuer-R.*, Steuerorgan bei Booten, Schiffen u. Luftfahrzeugen.

**Ruderalpflanzen**, *Schuttpflanzen*, Pflanzen, die stickstoffreiche Böden in Siedlungsnähe bewohnen, z.B. Brennessel- u. Gänsefußarten.

**Ruderfüßer**, *Pelecaniformes*, Ordnung ausgesprochener Wasservögel, bei denen alle 4 Zehen durch Schwimmhäute verbunden sind. Hierzu: *Tropik-, Fregatt-, Schlangenhalsvögel, Kormorane, Tölpel* u. *Pelikane*.

**Ruderfußkrebse**, *Hüpferlinge, Copepoda*, Kl. der *Krebse*; 4000 Arten im Meer- u. Süßwasser aller Erdteile, freilebend oder als Parasiten.

**Rudern**, Vorwärtsbewegung von Wasserfahrzeugen durch Muskelkraft mit Hilfe von *Riemen* oder *Skulls*; danach unterscheidet man *Riemenboote* (jeder Ruderer faßt die Ruderstange [Riemen] mit beiden Händen) u. *Skullboote* (jeder Ruderer bedient ein Ruderstangenpaar [Skull]). Bootsgattungen der Regatta-R.: Einer, Doppelzweier, Zweier ohne Steuermann, Zweier mit Steuermann, Doppelvierer, Vierer ohne Steuermann, Vierer mit Steuermann, Achter.

**Rüdesheim am Rhein**, hess. Stadt am Südhang des Niederwalds (Rheingaugebirge), 10 000 Ew.; Fremdenverkehr, Weinbauzentrum.

**Rudiment**, *Rudimentärorgan*, im Lauf der Stammesentwicklung funktionslos gewordenes u. daher verkümmertes Organ bzw. dessen Reste. – **rudimentär**, rückgebildet, verkümmert.

**Rudolf**, Fürsten:
Deutsche Könige u. Kaiser:
**1.** *R. von Rheinfelden*, †1080, Herzog von Schwaben 1057–80, dt. Gegenkönig 1077–80; fand nur in Sachsen Rückhalt. – **2. R. I.**, *R. von Habsburg*, *1218, †1291, König 1273–91; als vermögendster

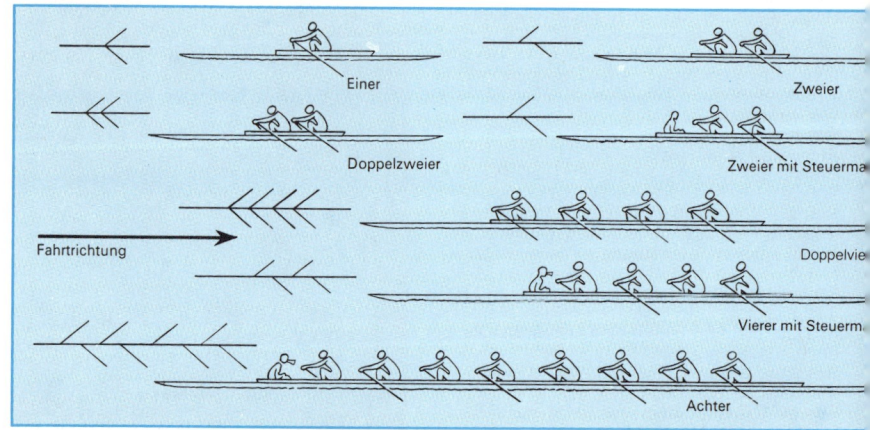

*Rudern: Endspurt bei einem Frauen-Wettbewerb der Bootsklasse Zweier ohne Steuerfrau (links). – In diesen Rennboot-Klassen werden internationale Wettbewerbe ausgetragen, dazu kommt der hier nicht abgebildete Vierer ohne Steuermann. Der Einer, der Doppelzweier und der Doppelvierer sind Skullboote, bei denen ein Ruderer (bzw. eine Ruderin) ein Ruderstangenpaar (Skulls) bedient, die übrigen sind Riemenboote (rechts)*

Territorialherr im dt. Südwesten zum dt. König gewählt, besiegte 1278 König *Ottokar II.* von Böhmen, sorgte für Wiederherstellung des Landfriedens. – **3. R. II.**, *1552, †1612, Kaiser 1576–1612; Sohn *Maximilians II.,* wegen zunehmender Geisteskrankheit ab 1604 schrittweise entmachtet.
Österreich:
**4. R. IV.,** *R. der Stifter,* *1339, †1365, Herzog 1358–65; Urheber des *Privilegiums maius.* – **5.** *1858, †1889 (Selbstmord), Erzherzog, Kronprinz; erschoß sich mit der Baronin Mary *Vetsera* in Schloß Mayerling.
**Rudolfsee** → Turkanasee.
**Rudolf von Ems,** *um 1200, †1250/1254, späthöf. mhd. Epiker; erweiterte den Stoffbereich nach dem Bürgerlichen hin.
**Rudolstadt,** Krst. in Thüringen, an der Saale, 32 000 Ew.; ehem. Residenz (1574–1918) der Grafen bzw. Fürsten von Schwarzburg-R., Schloß Heidecksburg; Porzellan-, pharmazeut. u. Kunstfaser-Ind.
**Ruf, 1.** Leumund, Ansehen, Ruhm. – **2.** Berufung in ein Amt.
**Ruf,** Sepp, *1908, †1982, dt. Architekt; seit 1953 Präs. der Akademie der bildenden Künste München. W Dt. Pavillon Expo 1958 in Brüssel (zus. mit E. *Eiermann;* US-Botschaft in Godesberg-Mehlem; Bungalow im Garten des Palais Schaumburg, Bonn.
**Rufname** → Name.
**Rugby** ['rʌgbi], ein erstmals 1823 am College von R. (England) als Zwischenform von Fuß- u. Handball gespieltes Rasenspiel. Zwei Mannschaften von je 15 Spielern versuchen, den eiförmigen Ball in das gegner. *Malfeld* (hinter den Toren) zu tragen

*Rüdesheim am Rhein: Drosselgasse*

oder zu werfen oder über die 3 m hohen Querlatten der Tore (Male) zu treten. Die Spielzeit beträgt 2 x 40 min.
**Ruge,** Arnold, *1803, †1880, dt. Philosoph u. polit. Schriftst.; 1844 mit K. *Marx* Hrsg. der »Dt.-Frz. Jahrbücher«.
**Rüge,** Tadel, Zurechtweisung, bes. im Kaufrecht *(Mängel-R.)* u. im dt. Verfassungsrecht.
**Rügen,** größte dt. Insel, in der Ostsee, durch den Strelasund von Vorpommern getrennt, 926 km²; besteht aus fast ebenem Kernland im S u. W u. Hügelgebiet im N u. O; höchster Punkt ist mit 161 m der *Piekberg* (Jasmund); im N die Halbinsel *Wittow* mit Kap Arkona, im O Jasmund mit Kreidesteilküste *(Stubbenkammer);* durch Bodden u. Buchten stark gegliederte Küste; Landw. u. Fischfang, Kreidekalkabbau, Badebetrieb. Der 2,5 km lange *R.damm* zw. Stralsund u. Altefähr verbindet seit 1936 die Insel mit dem Festland, eine Eisenbahnfähre führt nach Trälleborg (Schweden).
**Rugier,** ein zw. Weichsel u. Oder ansässiger ostgerm. Stamm, schloß sich im 4. Jh. dem Gotenzug nach S an. Im 5. Jh. ließen sich die R. im heutigen Niederöstr. nieder; 487/88 vernichtete *Odoaker* ihr Reich.

*Rudolf I. von Habsburg; Grabplatte im Dom zu Speyer*

**Rühe,** Volker, *25.9.1942, dt. Politiker (CDU); seit 1976 MdB; seit 1982 stellv. Fraktions-Vors. u. seit 1989 Generalsekretär der CDU.
**Ruhegehalt,** *Pension,* Teil der Versorgungsbezüge von Beamten im *Ruhestand,* wird nach Ableistung einer *ruhegehaltsfähigen Dienstzeit* von mindestens 5 Jahren, wegen vorzeitiger *Dienstunfähigkeit* oder bei Versetzung in den *einstweiligen Ruhestand* gewährt.
**Ruhegeld,** im weitesten Sinn die gesamte Altersversorgung.
**Ruhestand,** *Pension,* das Rechtsverhältnis eines Beamten, Richters oder Berufssoldaten zu seinem Dienstherrn nach ehrenhaftem Ausscheiden aus dem aktiven Dienst durch *Eintritt in den R.* oder *Versetzung in den R.* Der Eintritt in den R. erfolgt automat. mit Erreichen der *Altersgrenze,* kann aber ausnahmsweise bis längstens zum 70. Lebensjahr hinausgeschoben werden. Beamte können bei vorzeitiger Dienstunfähigkeit in den R. versetzt werden. Bestimmte höhere Beamte, die sog. *polit. Beamten,* können in den *einstweiligen R.* (Wartestand) versetzt werden. R.sbeamte haben Anspruch auf Versorgung, bes. durch Zahlung eines *Ruhegehalts.*
**Ruhestörung,** Erregung von Lärm, der unzulässig oder nach den Umständen in seinem Ausmaß vermeidbar ist; kann als Ordnungswidrigkeit mit Geldbuße geahndet werden.
**Ruhla,** Stadt in Thüringen, im Thüringer Wald, sö. von Eisenach, 7000 Ew.; Uhren-, Masch.- u. Elektro-Ind.
**Rühm,** Gerhard, *12.2.1930, östr. Schriftst.; seit 1954 im Kreis der »Wiener Gruppe« tätig; Vertreter der *konkreten Poesie.*

*Heinz Rühmann in Harold Pinters Stück »Der Hausmeister«*

# Rum 767

**Rühmann,** Heinz, *7.3.1902, dt. Schauspieler; populär als Komiker u. Charakterdarsteller; zahlreiche Filme, u.a. »Die Feuerzangenbowle«, »Der Hauptmann von Köpenick«, »Der brave Soldat Schwejk«.
**Rühmkorf,** Peter, *25.10.1929, dt. Schriftst.; gibt in parodist. montierten Gedichten u. Stücken eine polem. Zeitanalyse.
**Ruhpolding,** oberbay. Gem., an der Traun, 6000 Ew.; Wintersportplatz u. Luftkurort.
**Ruhr,** *Dysenterie,* Darminfektionskrankheit, die durch mehrere Typen von Bakterien *(Shigellen)* oder einzellige Lebewesen *(R.amöben)* hervorgerufen wird u. je nach Erregertyp in leichten bis lebensgefährl. Formen verlaufen kann.
**Ruhr,** r. Nbfl. des Rhein, 235 km, davon 76 km schiffbar; entspringt am *R.kopf* im Sauerland, durchfließt das *R.gebiet,* mündet bei Duisburg-R.ort.
**Ruhrgebiet,** Kernzone des Rhein.-Westfäl. Industriegebiets zw. Ruhr im S, Lippe im N, Kamp-Lintfort/Rheinhausen im W, Hamm/Unna/Herdecke im O; bed. Industrieballung Kontinentaleuropas; umfaßt mit 11 krsfr. Städten u. 4 Ldkrs. 4900 km², 5,3 Mio. Ew. Seit 1920 besteht zur Lösung gemeinsamer Siedlungs- u. Verkehrsprobleme der *Siedlungsverband Ruhrkohlenbezirk,* heute *Kommunalverband Ruhrgebiet (KVR).*

*Rugby: Nach Regelverstößen wird der Ball durch ein »Gedränge« wieder ins Spiel gebracht*

Den Aufschwung des R. förderte neben dem Kohlenreichtum die günstige Verkehrslage am Schnittpunkt des Rhein mit alten O-W-Verkehrsstraßen. Die Gesamtvorräte des R. an Steinkohle werden auf derzeit noch 20 Mrd. t geschätzt, rd. 85 % der Vorräte in der BR Dtld. Neben dem Bergbau beherbergt das R. alle wichtigen Industriezweige; seit den 1960er Jahren zunehmend Strukturprobleme durch Strukturwandel im Energiesektor (Erdöl, Erdgas, Kernenergie). Trotz Auflockerung der Industrielandschaft durch Wald, Seen u. Agrarfläche ist die Umweltbelastung hoch.
**Ruhrort,** Ortsteil von Duisburg, Hafen.
**Ruin,** Zusammenbruch, Untergang, Verfall; Vermögensverlust. – **ruinieren,** zerstören.
**Ruine,** Rest eines verfallenen oder zerstörten Gebäudes. R.n antiker Bauwerke sind Gegenstand archäolog. Interesses.
**Ruisdael** ['rœysdaːl], *Ruysdael,* Jacob van, *1628/29, †1682, holl. Maler u. Radierer; malte ausschl. Landschaften, zunächst getreu wiedergegebene Naturausschnitte, seit etwa 1650 pathet. Stimmungslandschaften. Sein Werk war von starker Wirkung auf die dt. Romantik.
**Ruiz** ['ruiθ], Juan, gen. *Arcipreste de* (Erzpriester von) *Hita,* *um 1283, †um 1350, der bedeutendste Dichter des span. MA.
**Ruiz de Alarcón y Mendoza** ['ruiθ ðe alar'kon imɛn'doθa], Juan, *um 1581, †1639, span. Dramatiker; schrieb moralisierende Comedias.
**Ruländer,** Rebsorte mit grauroten, süßen Beeren.
**Rum,** auf den Westind. Inseln (z.B. als Jamaica-R.) aus Zuckerrohrsaft oder -melasse gewonnener Branntwein.

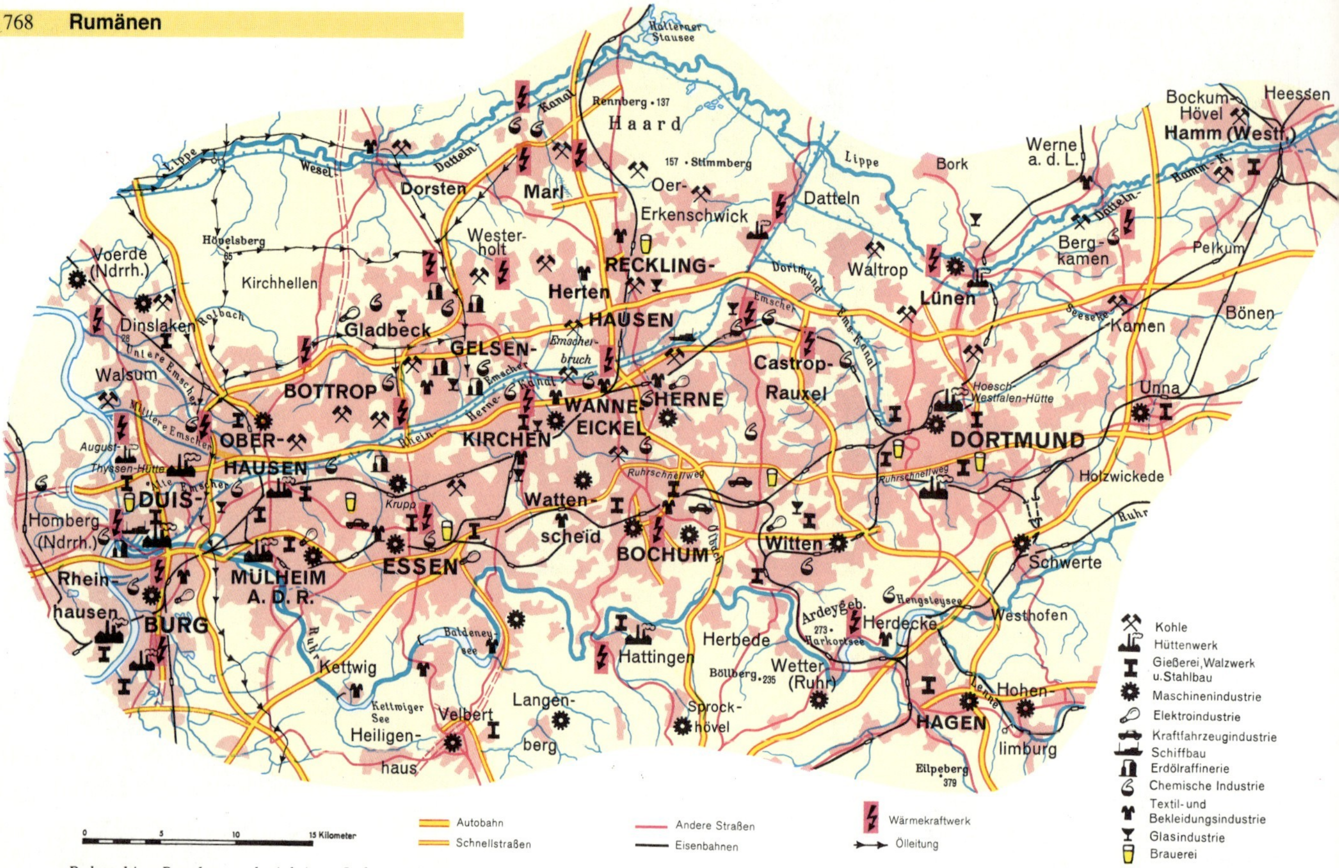

*Ruhrgebiet: Bergbau und wichtigste Industrien*

**Rumänen,** Balkanvolk mit rom. Sprache (rd. 22 Mio.) im Gebiet zw. Donaubecken u. Schwarzem Meer.

**Rumänien,** Staat auf der Balkanhalbinsel (SO-Europa), 237 500 km², 23,2 Mio. Ew., Hptst. Bukarest.

Landesnatur. Von den Karpaten zur Donau erstreckt sich das Tiefland der Walachei. Das Karpatengebirge umschließt das Transsilvanische Hochland mit Siebenbürgen, an das nach W das Flach-

*Rumänien*

land des Banats angrenzt. Im O liegt die Hügellandschaft der Moldau, zw. der unteren Donau u. dem Schwarzen Meer die Dobrudscha. Das Klima hat kontinentalen Charakter mit nach O u. SO wachsenden jahreszeitl. Temperaturschwankungen u. abnehmenden Niederschlägen.

In der Bevölkerung überwiegen die meist orthodoxen Rumänen bei weitem (88%); 52% leben auf dem Lande.

Wirtschaft. Angebaut werden v.a. Mais, Weizen, Obst, Zuckerrüben, Hafer, Wein, Tabak, Sojabohnen, Reis u. Sonnenblumen. Im Tiefland werden Rinder u. Schweine gezüchtet, im Gebirge wird neben Waldnutzung Ziegen- u. Schafzucht betrieben. Der wichtigste Bodenschatz ist das Erdöl im Karpatenvorland. Daneben gibt es bed. Vorkommen an Erdgas, Kohle, Eisen, Zink, Blei, Kupfer, Mangan u. Bauxit. Hauptzweige der Industrie sind die Eisen-, Stahl-, Metall-, chem. u. Konsumgüterind. sowie der Maschinenbau. – Die Donau ist ein bed. Wasserweg. Die wichtigsten Binnenhäfen sind Brăila u. Galați. Bed. Seehafen ist Constanța am Schwarzen Meer.

Geschichte. Das Land war einige Jh. v. Chr. von *Dakern* u. *Geten* bewohnt; seit dem 7. Jh. v. Chr. wurden grch. Kolonien gegr.; 107 n. Chr. kam es unter röm. Herrschaft. Ab 271 wurde es von den Wellen der Völkerwanderung erfaßt. Seit dem 6. Jh. drangen *Slawen* ein. Im 10./11. Jh. bildeten sich kleinere Herrschaften; *Siebenbürgen* geriet unter ung. Einfluß u. wurde 1526 Fürstentum. Im 14. Jh. entstanden die beiden Fürstentümer *Moldau* u. *Walachei.* Sie gerieten im 15. Jh. unter osman. Oberhoheit. Die Moldau u. Walachei wurden 1861 zu einem Staat R. vereinigt (unter Fürst Alexandru Ioan *Cuza*). 1881 erklärte sich R. zum unabhängigen Kgr. Im 1. Balkankrieg neutral, nahm R. am 2. Balkankrieg teil u. gewann von Bulgarien die S-Dobrudscha. Unter *Ferdinand I.* (1914–27) trat R. 1916 an der Seite der Entente in den Krieg ein u. erhielt 1919/20 Bessarabien, das östl. Banat, die Bukowina u. Siebenbürgen *(Groß-R.)* zugesprochen. R. sucht in den 1930er Jahren Anlehnung an Dtld. 1940 machte sich General I. *Antonescu* zum Staatsführer; den Thron bestieg *Michael I.* R. nahm auf dt. Seite am 2. Weltkrieg teil. Es verlor 1940 Bessarabien u. die Nordbukowina an die Sowj., den Hauptteil Siebenbürgens an Ungarn, die Süddobrudscha an Bulgarien. 1944 wurde Antonescu gestürzt; R. schloß einen Waffenstillstand mit der Sowj. u. geriet unter sowj. Einfluß. Durch die Pariser Friedensverträge erhielt R. N-Siebenbürgen zurück. 1947 wurde R. Volksrepublik. Es trat 1949 dem COMECON, 1955 dem Warschauer Pakt bei. Unter N. Ceaușescu (seit 1965 Generalsekretär der Partei, seit 1967 zugleich Staatsoberhaupt) betrieb R. eine gegenüber der UdSSR relativ eigenständige Außenpolitik. In der Innenpolitik verfolgte das Regime einen harten Kurs. Die Wirtschafts- u. Versorgungslage verschlechterte sich in den 1980er Jahren rapide. 1989 kam es zu einer Volkserhebung gegen das Regime, der sich das Militär anschloß. Ceaușescu wurde gestürzt u. hingerichtet. 1990 fanden Parlamentswahlen statt, die von der *Front zur nationalen Rettung* unter I. *Iliescu* gewonnen wurden. Die polit. Lage blieb instabil.

**Rumba,** um 1930 aus einem kuban. Volkstanz entwickelter Gesellschaftstanz.

**Rumelien,** türk. *Rumili,* ältere Bez. für Thrakien u. O-Makedonien; polit. für die europ. Türkei.

**Rumford** [ˈrʌmfəd], urspr. Benjamin *Thompson,* Graf von R. (seit 1791), *1753, †1814, amerik. Physiker; arbeitete vorw. über Wärme (Bestimmung des mechan. Wärmeäquivalentes 1778); war 1784–98 bay. Min., schuf den Engl. Garten.

**Rumor,** Lärm, Unruhe, Tumult. – **rumoren,** lärmen, poltern.

**Rumor,** Mariano, *1915, †1990, ital. Politiker (Democrazia Cristiana); mehrf. Min. u. Min.-Präs.

**Rumpelstilzchen,** Märchenfigur aus einem Märchen der *Brüder Grimm: Der Zwerg R. verlangt

*Rumänien: Siedlungsgebiete der deutschen und ungarischen Minderheiten (links). – Armeeangehörige und »Securitate«-Mitglieder lieferten sich bei der Revolution 1989 heftige Feuergefechte (rechts)*

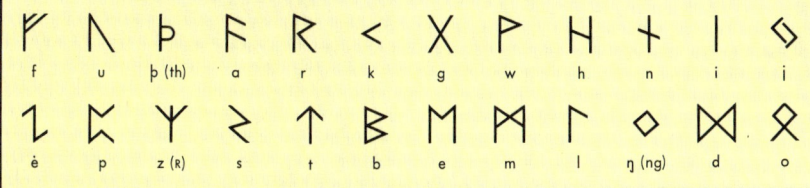

*Runen: Das ältere oder gemeingermanische Runenalphabet (auch »Futhark« genannt) hat 24 Zeichen*

als Entgelt für geleistete Dienste das erste Kind einer jungen Frau, falls sie nicht seinen Namen errät. Als ihr das gelingt, ist sie R.s Macht entronnen u. ihm überlegen.

**Rumpler,** Edmund, *1872, †1940, östr. Flugzeugbauer; gründete 1906 in Berlin eine Werkstatt für den Flugzeugbau, schuf mit der *R.-Taube* das erfolgreichste Flugzeug vor dem 1. Weltkrieg.

**Rumpsteak** [ˈrumpsteːk], Scheibe aus dem Hochrippenstück des Rinds, in heißem Fett gebraten.

**Run** [rʌn], durch krisenhafte Ereignisse hervorgerufener Ansturm auf die Banken.

**Runcie** [ˈrʌnsi], Robert Alexander Kennedy, *2.10.1921, anglik. Theologe; seit 1980 Erzbischof von Canterbury.

**Rundbau,** über kreisförmigem oder ovalem Grundriß aufgeführtes Gebäude.

**Runder Tisch,** während der Umwälzung in der DDR vom 7.12.1989 bis 12.3.1990 tagendes Diskussionsforum der oppositionellen Gruppen u. der etablierten Parteien; gab Impulse für die demokrat. Erneuerung.

**Rundfunk,** Verbreitung von Ton- u. Bildprogrammen auf drahtlosem Weg durch elektromagnet. Wellen. Die Möglichkeit des R. beruht auf den Eigenschaften der elektromagnet. Wellen, sich ohne große Energieverluste über weite Strecken durch den Raum fortzupflanzen u. mit Niederfrequenz moduliert werden zu können. Dabei wird die vom Sender abgestrahlte Hochfrequenz im Rhythmus der zu übertragenden Tonfrequenz oder Bildinformation geprägt. Im Empfänger wird dann die Tonfrequenz (Bildinformation) von der Hochfrequenz *(Trägerfrequenz)* abgenommen *(Demodulation)*, verstärkt u. einem Lautsprecher (Bildröhre) zugeführt. In seinen zwei Erscheinungsformen als Hörfunk u. → Fernsehen ist der R. heute neben Ztg. u. Ztschr. das bedeutendste publizist. Aussage- u. Kommunikationsmittel.

**Rundling,** Dorfform, bei der die Häuser mit ihren Giebelseiten fächerförmig um einen zentralen runden Platz angeordnet sind.

**Rundstedt,** Gerd von, *1875, †1953, dt. Generalfeldmarschall; Heerführer im 2. Weltkrieg, führte 1944 die erfolglose Ardennen-Offensive.

**Rundwürmer** → Hohlwürmer.

**Runeberg** [-bɛrj], Johan Ludvig, *1804, †1877, finn. Dichter; schrieb in schwed. Sprache Balladen u. Verserzählungen.

**Runen,** germ. Schriftzeichen, urspr. in Holz geritzt, später auch in Stein, Elfenbein u.ä., fast nur für Inschriften u. dgl. benutzt; zunächst zu einem Alphabet von 24 Zeichen entwickelt, später zu 28 Zeichen erweitert *(angelsächs. R.)*.

**Runge, 1.** Friedlieb Ferdinand, *1795, †1867, dt. Chemiker; stellte die Alkaloide Atropin u. Coffein dar; entdeckte Anilin, Chinolin u. Phenol. – **2.** Philipp Otto, *1777, †1810, dt. Maler u. Graphiker; Hauptmeister der romant. Malerei in Dtld.

**Runkelrübe,** vom Mittelmeergebiet bis Vorderasien verbreitetes *Gänsefußgewächs,* urspr. Strandpflanze, heute weltweit verschleppt. Die *Wildrübe* ist die Stammpflanze der als Nahrungs- u. Futtermittel angepflanzten R.nsorten. Hierzu: *Mangold, Rote Rübe (Rote Bete), Zuckerrübe, Futterrübe.*

**Rupert,** †um 720, erster Bischof von Salzburg; Heiliger (Fest: 24.3. u. 27.9.).

**Rupiah,** Währungseinheit in Indonesien.

**Rupie,** Währungseinheit in Indien, Nepal, Pakistan, Sri Lanka, Mauritius.

**Ruprecht von der Pfalz,** *1352, †1410, dt. König 1400–10; konnte sich gegen den Widerstand der dt. Fürsten nicht durchsetzen.

**Ruptur,** Riß, Durchbruch, Zerreißung.

**Rur,** ndl. *Roer,* r. Nbfl. der Maas, 207 km.

**Rüsche,** durch starkes Einreihen gekrauster gerader Stoff- oder Bandstreifen.

**Ruse,** bulgar. Bez.-Hptst., Hafenstadt an der Donau, 184 000 Ew.; Fahrzeug- u. Schiffbau.

**Rushdie** [ˈrʌʃdi], Salman, *19.4.1947, engl. Schriftst. ind. Herkunft; sein Roman »Die satan. Verse« erregte 1988 das Mißfallen mehrerer islam. Länder u. führte zum Mordaufruf von Ayatollah Chomeini wegen vorgebl. Gotteslästerung. W »Mitternachtskinder«.

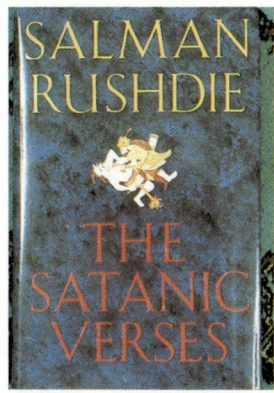

*Salman Rushdie: Das umstrittenste Buch der Jahre 1988/89 war »Die satanischen Verse« des indobritischen Romanautors; es brachte Rushdie eine Morddrohung des Iran ein*

**Rush-hour** [ˈrʌʃauə], Hauptverkehrszeit.

**Ruska,** Ernst, *1906, †1988, dt. Ing.; baute 1931 mit M. *Knoll* das erste Elektronenmikroskop; 1986 Nobelpreis für Physik.

**Ruskin** [ˈrʌskin], John, *1819, †1900, engl. Schriftst., Kunstkritiker u. Sozialreformer.

# Rüsselsheim

**Ruß,** Kohlenstoff in feinstverteilter Form, der sich bei unvollkommener Verbrennung ausscheidet.

**Rüssel,** spitze oder röhrenförmige Verlängerung des Vorderkörpers oder Kopfes oder eines seiner Teile.

**Rüsselkäfer,** *Curculionidae,* Familie fast stets von Pflanzenteilen lebender *Käfer* mit rüsselförmig verlängertem Kopf; über 46 000 Arten, viele Schädlinge: *Blütenstecher, Kornkäfer, Palmenbohrer* u.a.

**Russell** [ˈrʌsl], **1.** Bertrand, Earl R., *1872, †1970, engl. Mathematiker u. Philosoph; Hauptvertreter der math. Logik; Neurealist mit phänomenalist.-positivist. Zügen; als Pazifist u. Gegner der Atombewaffnung auch polit. hervorgetreten; Nobelpreis für Lit. 1950. – **2.** George William,

*Bertrand Russell*

Pseudonym Æ, *1867, †1935, angloirischer Dichter, Maler u. Publizist; Vertreter der »kelt. Renaissance« u. einer theosoph. Mystik. – **3.** Henry Norris, *1877, †1957, US-amerik. Astrophysiker; bes. bekannt durch das *Hertz-R.-Diagramm.*

**Rüsselsheim,** hess. Stadt am unteren Main, 57 000 Ew.; dt. Hauptwerk der *Opel AG,* Herstellung von Kühlanlagen, Elektro-, Masch.-, pharmazeut., Textil-Ind.

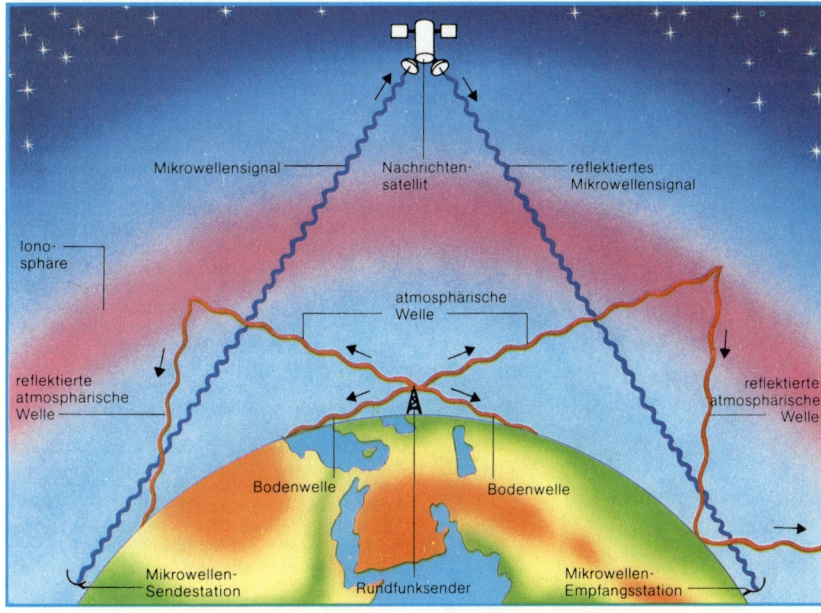

*Rundfunksender strahlen die von ihnen ausgehenden Wellen in alle Richtungen ab. Atmosphärische Wellen pflanzen sich geradlinig in die Atmosphäre fort, bis sie auf die als Reflektor wirkende Ionosphäre treffen, von der sie wieder zur Erde zurückreflektiert werden. Diese reflektierten Wellen ermöglichen so den Rundfunkempfang auch an Orten, die außerhalb der theoretischen Sichtweite des Senders liegen. Bei nochmaliger Reflexion der Radiowellen zwischen Erdoberfläche und Ionosphäre können große Reichweiten erzielt werden (bis über 20 000 km). Die sogenannten Bodenwellen breiten sich dagegen parallel zum Erdboden aus, ihr Empfangsbereich liegt deshalb nicht weit außerhalb der theoretischen Sichtverbindung mit dem Sender. Mikrowellen werden von der Ionosphäre nicht reflektiert. Sie strahlen vom Sender geradlinig in den Weltraum ab und dienen so dem Nachrichtenverkehr mit Satelliten oder via Satellit mit Empfangsstationen auf der Erde*

**Rüsseltiere,** *Proboscidea,* zu den *Vorhuftieren* gestellte Ordnung der *Huftiere;* bes. im Tertiär verbreitete große Landsäugetiere; zu den rezenten R. gehören die *Elefanten.*

**Russen,** ostslaw. Völkergruppe im osteurop. Tiefland u. Sibirien, entstanden in jahrhundertelangem Kolonisations- u. Verschmelzungsprozeß von ostslaw. Stämmen mit germ., finn., mongol. u. Turkvölkern. Es werden unterschieden: *Groß-R., Weiß-R.* u. *Ukrainer (Klein-R.).*

**russische Kunst.** Baukunst. Zentrum der altruss. Kirchenarchitektur war *Kiew.* Im Zug der Christianisierung kam es dort zu einer Verbindung byzantin. u. roman. Bautypen mit einheimischen Holzbauformen. Haupttypus des Kirchenbaus wurde die *Kreuzkuppelkirche* (Sophien-Kathedrale). Im 16. Jh. schuf die russ. Architektur in den von der Holzbaukunst abgeleiteten Kirchen mit pyramidenförmigen Zeltdach einen nationalen Typus, für den oft bizarre Mischungen aus got. u. ital. Dekormotiven kennzeichnend sind (Moskauer Basilius-Kathedrale, 1556–60).

Für die seit Peter d. Gr. zu datierende Epoche der neuruss. Kunst ist die Verwendung westeurop. Bauformen typisch. Die rechtwinklige Anlage des 1703 gegr. St. Petersburg geht auf *D. Trezzini* zurück. B. F. *Rastrelli* führte den frz.-ital. Barock ein (Winterpalast in St. Petersburg) u. entwickelte daraus einen national-russ. Rokokostil. Zur Regierungszeit Alexanders I. kam ein russ. Empirestil, der sog. »alexandrinische Klassizismus« auf.

Die nach der Thronbesteigung Nikolaus I. aufgekommene »vaterländische Richtung« der russ. Architektur war eine historisierende Baubewegung. A. P. *Brüllow* schuf 1832 die Peterskirche zu St. Petersburg. Die klassizist. Richtung wurde hpts. von Ausländern weitergeführt; so baute L. von *Klenze* die Eremitage von St. Petersburg (seit 1851).

Seit Mitte der 1920er Jahre herrschte ein repräsentativer Monumentalstil vor, der von sachlicher Formgestaltung u. internat. Einflüssen abgelöst wurde.

Plastik. Die altruss. Bildhauerkunst besteht im wesentl. aus mit folklorist. Elementen durchsetzten Werken der Reliefskulptur u. der religiösen Kleinkunst (geschnitzte Ikonen, Buchdeckel, Brustkreuze), da die orth. Kirche die Aufstellung von Statuen in Gotteshäusern verbot. Hervorragendes kunsthandwerkl. Können verrät u. a. der 1896 aufgefundene Schatz von Wladimir. Die zur Zeit Peters d. Gr. entstandenen Werke russ. Plastik wurden hpts. von ausländ. Künstlern ausgeführt (Bartolomeo Carlo Graf *Rastrelli,* Reiterdenkmal Peters d. Gr.). Der nach 1812 neuerwachte Patriotismus wurde auf dem Gebiet der Plastik am deutlichsten im Werk von M. *Antokolskij,* einem Schöpfer realist. Denkmäler, repräsentiert.

Malerei. Die ältesten Hptw. der altruss. Malerei entstanden in Kiew (Fresken- u. Mosaikzyklen in der Zehnt-Kirche, der Sophien-Kathedrale, dem Michail-Kloster u. dem Kyrill-Kloster). Die Malerei der westruss. Fürstentümer stand lange unter Kiewer Einfluß (Ikone »Gottesmutter von Wladimir«, 1. Hälfte des 12. Jh.; Wandmalereien in der Dmitrij-Kathedrale in Wladimir; illustrierte Chroniken) u. brachte eine Reihe bed. Ikonenschulen hervor. In die Ikonenmalerei Nowgorods drangen im 13. Jh. volkstüml. Motive u. helle leuchtende Farben ein. Hauptmeister der altruss. Malerei ist A. *Rubljow* (Wandmalereien der Uspenije-Kathedrale in Wladimir, 1408; Dreifaltigkeits-Ikone, um 1411). Nach der Thronbesteigung Peters d. Gr. nahm die Porträtkunst in der Malerei die erste Stelle ein. Die Malerei Rußlands im 18. u. 19. Jh. stand im Zeichen der Tätigkeit westl. oder in Westeuropa ausgebildeter Künstler. In der Porträtmalerei u. in Werken mit allegor. u. mytholog. Themen überwogen anfangs klassizist. u. romantisierende Züge. In der Historienmalerei setzte sich dagegen ein romant. Realismus durch, der seine Kräfte aus einer Rückbesinnung auf das Formengut der russ. Volkskunst bezog. Voll dramat. Bewegtheit sind die Bilder von I. *Repin,* dem Hauptvertreter der realist. Malerei in der 2. Hälfte des 19. Jh. Die russ. Volks- u. Sagenwelt gewann in den letzten Jahrzehnten des 19. Jh. zunehmend Oberhand über die aus dem Westen übernommenen Themenkreise (M. *Wrubel*).

Ausstellungen moderner Kunst u. direkte Verbindungen mit westeurop. Künstlern führten zu Beginn des 20. Jh. zur Aktivierung junger schöpferischer Kräfte, die in der Emigrationskunst von W. *Kandinsky,* M. *Chagall* u. A. von *Jawlensky* die moderne europ. Malerei entscheidend mitbestimmten. Futurismus u. Kubismus wirkten in Rußland nachhaltig; Richtungen wie der Rayonismus von M. *Larionow* u. der von K. *Malewitsch* begründete *Suprematismus* entstanden. In jüngster Zeit weicht die jahrzehntelange Vorherrschaft des sozialist. Realismus größerer Experimentierfreude.

**russische Literatur.** Mit der Christianisierung des Kiewer Reichs (988) entstanden geistl. Schriften in kirchenslaw. Sprache (*Ostromir-Evangelium* 1056), dann auch eine weltl. Lit., die bes. die Geschichtsschreibung (*Nestorchronik*) pflegte u. im *Igorlied* (1185–87) ihren Gipfelpunkt erreichte. Das Vorhandensein einer reichen Volksdichtung bekunden Reste ep. Heldenlieder (*Bylinen*). Der erste vollständige kirchenslaw. Bibelkodex wurde 1490–99 zusammengestellt.

Die r. L. des 16. Jh. stand im Zeichen der Theorie von Moskau als dem »dritten Rom«. Monumentalwerke (liturg. Schriften, reich illustrierte Chroniken u. a.) bezweckten die Kodifizierung des Ererbten. Im 17. Jh. kam es zu einer Verweltlichung der r. L. Westeurop. unterhaltsame Erzählstoffe wurden aufgearbeitet. Aus dem Heiligenleben erwuchs die Autobiographie (P. *Awwakum*), aus dem Kirchenlied die Satire. Simeon *Polozkij* begründete die russ. Versdichtung.

Die von *Peter I.* durchgeführte Angleichung des kyrill. Alphabets an das lat. bewirkte im 18. Jh. eine Aufspaltung der r. n L. in eine weltl. u. eine am Kirchenslaw. Alphabet festhaltende kirchl. Die weltl. r. L. orientierte sich an der frz. u. dt. Literaturtheorie. W. K. *Trediakowskij,* A. P. *Sumarokow,* der Leiter des ersten ständigen russ. Theaters, u. M. W. *Lomonossow* stellten Verslehren mit Musterbeispielen zusammen u. förderten durch ihre Oden die russ. Literatursprache. Klassizist. Tragödien (W. I. *Lukin*) entstanden. Verbreitung fanden seit 1769 Zeitschriften zumeist satir. Inhalts (N. I. *Nowikow*). In Komödien (D. I. *Fonwisin*) wurden Mißstände geißelt. Ende des 18. Jh. fanden N. M. *Karamsins* empfindsame Novellen zahlreiche Nachahmer. G. R. *Derwaschins* Anakreontik näherte sich dem Rokoko.

Die ersten Jahrzehnte des 19. Jh. standen im Zeichen der Versdichtung (W. A. *Schukowskij,* K. N. *Batjuschkow*). A. S. *Puschkin,* der russ. Nationaldichter, schuf Meisterwerke in fast allen Gattungen u. begründete die moderne Literatursprache. Westeurop. Einflüsse der Romantik wurden maßgebend (M. J. *Lermontow*). N. W. *Gogol* gilt als Vorläufer des psycholog., sittl. u. sozialkrit. Realismus.

In den 1840er Jahren entstanden die sich befehdenden Gruppen der »Westler« (die nach Europa orientiert waren) u. der Slawophilen (die die Eigenständigkeit der russ. Kultur verfochten). Seit 1846 verfolgte die r. L. soziale u. polit. Ziele. Sie übte scharfe Kritik an der Umwelt im Glauben an eine bessere Zukunft. Das Inhaltliche überwog die Formgebung im poetischen (I. S. *Turgenjew*), pragmatischen (I. A. *Gontscharow*), satirischen (M. J. *Saltykow*), psychologischen (F. M. *Dostojewskij*) u. plastischen (L. N. *Tolstoj*) Realismus. Auf der Bühne wurden Milieustücke gespielt (A. N. *Ostrowskij*).

In den 1880er Jahren verdrängte die pessimist.-melanchol. Kurzerzählung (A. P. *Tschechow*) die Vorherrschaft des Romans. Als Reaktion gegen die Überbetonung des Inhaltlichen entwickelte sich seit der Mitte der 1890er Jahre der kosmopolit. ausgerichtete, von Formwillen geprägte Symbolismus (W. J. *Brjusow,* K. D. *Balmont*). M. *Gorkij* setzte die sozialkrit. Traditionen in revolutionärer Steigerung fort. Um 1910 entstanden neue Strömungen von kurzer Dauer, aber z. T. beachtl. Leistungen: Futurismus (W. W. *Majakowskij*), Expressionismus (A. *Belyjs* Romane), der gegen den Symbolismus gerichtete Akmeismus (N. S. *Gumiljow,* A. *Achmatowa,* O. E. *Mandelschtam*) u. Imaginismus (S. A. *Jessenin*).

Nach der Oktoberrevolution verließen viele Schriftsteller die Heimat (u. a. I. A. *Bunin,* D. S. *Mereschkowskij,* I. G. *Ehrenburg,* A. N. *Tolstoj,* A. *Belyj*); die letzten drei kehrten zurück. Die »Russ. Vereinigung proletar. Schriftsteller« (RAPP) bekämpfte sämtl. Strömungen, die nicht parteipolit. ausgerichtet waren, bes. die 1920 entstandene Gruppe der *Serapionsbrüder* (N. S. *Tichonow,* V. B. *Schklowskij* u. a.). Themat. überwog die Schilderung von Bürgerkrieg u. Revolution. Auf dem Gebiet der Komposition des Romans u. in der Lyrik (W. W. *Majakowskij,* B. L. *Pasternak*) wurde viel experimentiert.

1934 wurde der »sozialist. Realismus« zur verbindl. »Schaffensmethode« der r. L. erklärt. Der »positive Held« des sozialist. Aufbaus sollte im Mittelpunkt stehen (F. W. *Gladkow,* M. A. *Scholochow*). Histor. Romane (A. N. *Tolstoj*) bezweckten die Hebung des russ. Selbstgefühls. Der 2. Weltkrieg verlieh der r. L. einen stark patriot. Note (A. T. *Twardowskij,* aber auch I. G. *Ehrenburg* u. A. A. *Fadejew*). Nach Stalins Tod (1953) erfolgte gleichzeitig mit der Rehabilitierung der meisten verfemten Schriftst. eine Auflockerung der Litera-

*russische Kunst:* K. Malewitsch, *Suprematisches Bild Nr. 50*

*russisch-orthodoxe Kirche:* Gottesdienst in der Moskauer Epiphanias-Kathedrale zur Tausendjahrfeier

turpolitik. Die Thematik wurde erweitert (»Tauwetterperiode«). Formprobleme gewannen an Gewicht.
In Lyrik (J. A. *Jewtuschenko*), Prosa (W. D. *Dudinzew*) u. Drama (A. J. *Kornejtschuk*) wurden persönl. u. krit. Töne laut. Allerdings wurde die literar. Freiheit bald wieder eingeschränkt (Zwangsmaßnahmen gegen B. L. *Pasternak*, A. I. *Solschenizyn*, J. A. *Brodskij*); nichtkonformist. Lit. konnte nur im Untergrund (*Samisdat*) erscheinen. Seit Mitte der 1980er Jahre (Amtsantritt M. S. *Gorbatschows*) sind die Möglichkeiten literar. Aussage erneut beträchtl. ausgedehnt worden.

**russische Musik.** Typisch für die Volksmusik ist die Bewegung der Melodie um einen Zentralton, unperiodische Formgestaltung, reich entfaltete Rhythmik (unter Verwendung unregelmäßiger Taktarten) u. der Gebrauch von Volksinstrumenten (*Gusli, Bandura, Balalaika*). Starken Einfluß gewann die im 10. Jh. aufkommende byzantin. beeinflußte Kirchenmusik. Unter dem als »Vater der russ. Musik« bezeichneten M. *Glinka* vollzog sich der Durchbruch zu der von A. N. *Serow* u. A. S. *Dargomyschskij* fortgeführten Entwicklung einer nationalruss. Kunstmusik. Diese Bewegung wurde weitergeführt durch die Meister der 1860 gegr. »Neurussische Schule«, M. A. *Balakirew*, A. P. *Borodin*, C. *Cui*, M. *Mussorgskij* u. N. *Rimskij-Korsakow*, genannt das »Mächtige Häuflein«; Mussorgskij schuf mit »Boris Godunow« eine Nationaloper von Weltrang. Die »Moskauer Schule« dagegen schloß sich in ihrem Schaffen der westl. Welt an, unter ihnen die Brüder N. u. A. *Rubinstein*, P. I. *Tschaikowskij* u. A. K. *Glasunow*. Bei den Nachfolgern N. *Tscherepnin*, S. W. *Rachmaninow*, A. T. *Gretschaninow* u.a. verwischten sich die Gegensätze. Bes. A. *Skrjabin* beeinflußte die r. M. nachhaltig mit seiner sehr verfeinerten Klangempfinden. Unter den russ. Komponisten der jüngeren Zeit sind bes. zu nennen: A. *Mossolow*, N. *Roslawez*, A. *Golyscheff*, A. *Lourié*. Darüber hinaus wurde I. *Strawinsky* einer der für die gesamte zeitgenöss. Musik bed. Meister, der i.e.S. aber nicht mehr zur r. M. gezählt werden kann.
Während der ersten Jahre nach der Oktoberrevolution stand das Schaffen der sowj. Komponisten unter dem Einfluß zeitgenöss. westeurop. Musikpflege mit den Zentren Leningrad u. Moskau. Futurist. Experimente standen neben weitreichenden kulturpolit. Projekten. Von den 1930er Jahren an vollzog sich die Ausbildung eines offiziellen realist. Musikstils. Komponisten dieser Richtung waren R. *Glière*, A. I. *Chatschaturjan*, mit gewissen Einschränkungen auch D. *Schostakowitsch* u. S. *Prokofjew*. Immer wieder kam es zu Konflikten mit der offiziellen Kulturpolitik.
Seit den 1970er Jahren setzte sich langsam wieder eine liberalere Haltung durch, sowj. Komponisten benutzten inzwischen alle in der westl. Neuen Musik entwickelten Kompositionsrichtungen. Am bekanntesten sind A. *Schnittke*, E. *Denissow*, A. *Pärt*, B. *Tischtschenko*, R. *Schtschedrin*, S. *Slonimskij*.

**Russische Sozialistische Föderative Sowjetrepublik,** Abk. *RSFSR*, größte Teilrepublik der Sowj., erstreckt sich von der Ostsee u. dem Schwarzen Meer bis zum Pazif. Ozean; umfaßt 17 075 400 km² mit 144,1 Mio. Ew.; Hptst. *Moskau*; gliedert sich in 16 *autonome Republiken* (*ASSR*), ferner in 6 *Krajs* u. 49 *Oblasts* mit 5 *Autonomen Oblasts* (*AO*) u. 10 *Autonomen Kreisen*.

**russische Sprache,** *großruss. Sprache,* in der RSFSR u. der gesamten UdSSR als Verkehrssprache gesprochene ostslaw. Sprache; Grundlage ist der Moskauer Dialekt; mit kyrill. Schrift.

**russisch-japanischer Krieg,** 1904/05 um die Beherrschung der Mandschurei u. Koreas eröffnet, von Japan ohne offizielle Kriegserklärung begonnen. Rußland mußte die Mandschurei räumen, Korea als japan. Interessengebiet anerkennen, die Halbinsel Liaodong mit Port Arthur u. das südl. Sachalin an Japan abtreten.

**russisch-orthodoxe Kirche,** Teil der orth. Kirchen. 988 nahm Wladimir d. Gr. das Christentum in seiner byzantin. Form an. 1589 Errichtung des Moskauer Patriarchats, im 18. Jh. durch den vom Zaren abhängigen Hl. Synod ersetzt, 1917 Wiedererrichtung des Patriarchats (unter Staatsaufsicht). Nach Jahrzehnten der Unterdrückung u. Verfolgung, Zerstörung von Kirchen, Enteignung des kirchl. Vermögens billigt der Staat dem religiösen Leben wieder mehr Freiraum zu.

**Rußland,** russ. *Rossija, i.w.S.* das bis 1917 bestehende Zarenreich, etwa gebietsmäßig mit der Sowjetunion identisch; *i.e.S.* das westl. des Urals liegende Gebiet mit russ. Sprache u. Kultur.

**Rüster** → Ulme.

**rustikal,** ländlich, bäuerlich.

**Rüstung, 1.** die Schutzwaffen der Kämpfer im Altertum u. im MA, bes. der Ritter; bestanden aus Helm u. Harnisch sowie Arm- u. Beinschienen (*Panzer*) u. Eisenschuhen. – **2.** alle Maßnahmen phys. u. psych. Art, die der Aufbau eines militär. Schutzes erfordert.

**Rüstungsbeschränkung** → Abrüstung.

**Rute, 1.** *Penis,* männl. Begattungsorgan der Tiere. – **2.** der Schwanz des Hundes, des Raubwilds u. des Eichhörnchens. – **3.** altes dt. Längenmaß, 3–5 m je nach Land.

**Ruth,** Buch des AT, Erzählung von der Moabiterin R., einer Urgroßmutter *Davids.*

**Ruthenen,** *Russinen,* Ukrainer, die als *Huzulen* (*Lemken, Bojken*) in den Karpaten u. als *Wolynier* im Tiefland ansässig sind.

**Ruthenium,** → chemisches Element.

**Rutherford** [ˈrʌθəfəd], **1.** Ernest, Baron *R. of Nelson and Cambridge* (seit 1931), *1871, †1937, brit. Chemiker u. Physiker; gilt als Begründer der modernen Kernphysik; erklärte den radioaktiven Zerfall der Elemente; erzielte 1919 die erste künstl. Atomkernreaktion. – **2.** Dame (seit 1967) Margaret, *1892, †1972, brit. Schauspielerin; bek. als Miss Marple in Romanverfilmungen A. *Christies.*

**Rutil,** ein Mineral; wichtiges Titanerz.

**Rütli,** *Grütli,* Bergwiese im schweiz. Kt. Uri, 502 m ü.M.; der Überlieferung nach Gründungsstätte der Eidgenossenschaft (1291) durch den sagenhaften *R.schwur* der Urkantone Schwyz, Uri u. Unterwalden gegen die Habsburger.

**Ruwenzori,** *Runsoro,* stark vergletschertes Hochgebirge am Zentralafrik. Graben zw. Albert- u. Edwardsee, im *Margherita* 5110 m.

**Ruwer,** rechter Moselzufluß, 40 km.

**Ruysbroeck** [ˈrœysbruːk], *Ruisbroe(c)k, Ruusbroec,* Johannes van, *1293, †1381, fläm. Mystiker; einer Urgroßprior in Groenendael.

**Ruysdael** [ˈrœysdaːl], Salomon van, *1600/03, †1670, ndl. Maler; Onkel von Jakob van *Ruisdael;* Landschaftsgemälde.

**Ružička** [ruˈʒitʃka], Leopold, *1887, †1976, schweiz. Chemiker kroat. Herkunft, arbeitete über vielgliedrige Kohlenstoffringe; Nobelpreis 1939.

**Rwanda,** *Ruanda,* Binnenstaat in O-Afrika, 26 338 km², 6,3 Mio. Ew., Hptst. *Kigali.*
Landesnatur. R. ist ein mäßig warmes u. feuchtes Tropenhochland (2000 m). Darüber erheben sich im N die Kirunga-Vulkane (Karisimbi 4507 m).
Bevölkerung. 85 % der Bev. stellt die Bantugruppe der *Hutu.* Das osthamit. Hirtenvolk der *Tussi* (8 % der Bev.) bildete vor Erlangen der Unabhängigkeit die Oberschicht. In Stammeskämpfen wurde in R. die Tussi-Hegemonie beseitigt.

Rwanda

Wirtschaft. Die tradit. Viehzucht hat abnehmende Bedeutung. Die wenigen Großfarmen liefern Kaffee, der 83 % des Exports ausmacht, ferner Tee, Baumwolle, Sisal, Chinarinde, Tabak u.a. für den Export. Der Bergbau liefert v.a. Zinnerz u. Wolfram. – Das verhältnismäßig dichte Straßennetz ist nur zu den Trockenzeiten befahrbar. Kigali u. Cyangugu besitzen internat. Flughäfen.
Geschichte. Zus. mit *Burundi* gehörte R. 1899–1919 zur Kolonie *Deutsch-Ostafrika,* war dann Mandatsgebiet des Völkerbunds u. als *Ruanda-Urundi* seit 1946 UN-Mandat unter belg. Verwaltung. 1962 wurde die Staatenunion getrennt, R. wurde unabhängige Rep. Nach einem Militärputsch 1973 wurde R. ein Einparteienstaat. Die ethnischen Spannungen zw. der polit. dominierenden Bevölkerungsminderheit der Tussi u. der Bevölkerungsmehrheit der Hutus führte zu ständigen Konflikten. Staats-Präs. ist seit 1973 General J. *Habyarimana.*

**Rybinsk,** Stadt in der RSFSR (Sowj.), an der oberen Wolga, 247 000 Ew.; Masch.- u. Schiffbau, Metall-, Holz-, Lederverarbeitung, Getreidemühlen, Kabelwerk; Stausee.

**Rybnik,** Ind.-Stadt in Oberschlesien (Polen), sw. von Gleiwitz, 138 000 Ew.; Steinkohlenbergbau.

**Rydberg** [ˈrydbærj], Johann Robert, *1854, †1919, schwed. Physiker; arbeitete über die Theorie der Spektren.

**Rykow,** Alexej Iwanowitsch, *1881, †1938 (hingerichtet), sowj. Politiker; 1924–30 als Nachfolger Lenins Regierungschef, 1929 zus. mit Bucharin entmachtet. 1938 zum Tod verurteilt; 1988 jurist. u. polit. rehabilitiert.

**Ryle** [rail], Sir Martin, *1918, †1984, brit. Physiker (Astrophysik); Nobelpreis 1974.

**Ryschkow,** *Ryžkov,* Nikolaj Iwanowitsch, *28.9.1929, sowj. Politiker; 1985–90 Mitgl. des Politbüros der KPdSU u. seit 1985 Vors. des Ministerrats der UdSSR u. seit 1990 Mitgl. des Präsidialrats der UdSSR.

**Ryukyu** [rjukju], *Riukiu-Inseln,* jap. Inselgruppe zw. Taiwan u. Kyushu, 2386 km²; 1,0 Mio. Ew., Hptst. *Naha* auf Okinawa. Der südl. des 29. Breitengrads gelegene Teil war 1945–72 unter US-amerik. Verwaltung.

**Rzeszów** [ˈʒɛʃuf], 1939–44 *Reichshof,* Hptst. der poln. Wojewodschaft R., am Wisłok, 145 000 Ew.; 2 HS; Masch.-, Nahrungsmittel-Ind.

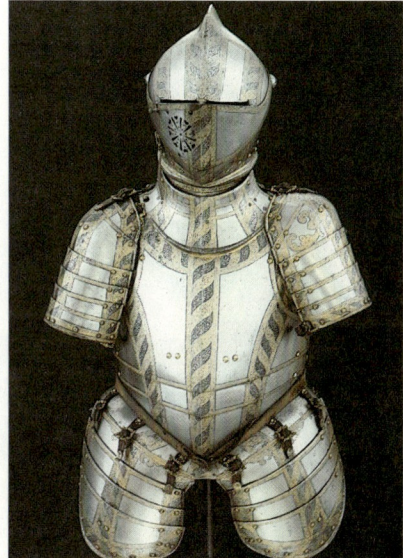

*Rüstung: halber Harnisch (Stahl); Ränder und Streifen mit abwechselnd vergoldetem und eingeschwärztem Ätzdekor versehen, Höhe 97 cm; Augsburg um 1565. Coburg, Kunstsammlungen der Veste Coburg*

*Rwanda: ländlicher Markt; angeboten werden vor allem Bataten (Süßkartoffeln)*

# S

**s, S,** 19. Buchstabe des dt. Alphabets; entspricht dem grch. *Sigma* (σ, Σ).
**S,** Zeichen für *Schwefel* (lat. *sulp[h]ur*).
**SA,** Abk. für *Sturmabteilung*, paramilitär. Formation der NSDAP, entstand aus seit 1920 bestehenden Parteikampfgruppen u. wurde von E. *Röhm* zu einer Parteiarmee mit über 2 Mio. Mitgl. entwickelt. Nach dem sog. *Röhm-Putsch* verlor die SA ihre polit. Bedeutung an die SS.
**Saadi,** Muscharrifuddin → Sadi.
**Saadja ben Josef,** *882, †942, jüd. Religionsphilosoph; schrieb die erste systemat.-theolog. Darstellung des jüd. Glaubens.
**Saalach,** *Salzburger Saale,* l. Nbfl. der Salzach (Östr.), 103 km.
**Saalburg,** ehem. Kastell am obergerm. Limes bei Bad Homburg v.d.H.; Ausgrabungen seit 1853, Wiederaufbau 1898–1907.
**Saale, 1.** *Sächs.* oder *Thüring.* S., l. Nbfl. der Elbe, 427 km; entspringt am Großen Waldstein im Fichtelgebirge, mündet oberhalb von Barby. – **2.** *Fränkische* S., r. Nbfl. des Main, 135 km.
**Saaleeiszeit** → Eiszeit.
**Saalfeld/Saale,** Krst. in Thüringen an der Saale, 33 300 Ew.; Nahrungsmittel-, opt. u.a. Ind.
**Saalkirche,** meist mit Emporen versehene Kirche, deren Langhaus nur aus einem Schiff besteht.
**Saane,** frz. *Sarine,* l. Nbfl. der Aare, entspringt in den westl. Berner Alpen, mündet nach 128 km bei Grümmenen.

*SA bei einem Aufmarsch in Harzburg 1931*

**Saanen,** frz. *Gessenay,* schweiz. Bez.-Hptst. im Berner Oberland, 5900 Ew.
**Saar,** frz. *Sarre,* r. Nbfl. der Mosel, 246 km; kommt als *Weiße* u. *Rote* S. vom Donon (nördl. Vogesen), mündet bei Konz; ab Saargemünd (120 km) schiffbar.
**Saar,** Ferdinand von, *1833, †1906 (Selbstmord), östr. Schriftst.; Novellen über die Wiener Gesellschaft um 1900.
**Saarbrücken,** Hptst. u. größte Stadt des Saarlands, an der Saar, 184 000 Ew.; Univ. (gegr. 1948), HS für Musik, Pädagog. HS; Schloßkirche (15. Jh.), Stiftskirche (13./14. Jh.), Reste eines Römerkastells; Steinkohlenbergbau, Stahl-, Eisen-, Masch.- u.a. Ind.; Flughafen. – Stadtrecht seit 1321, seit 1919 Hptst. des Saargebiets (des späteren Saarlandes).
**Saarburg, 1.** Stadt in Rhld.-Pf., an der Saar, 5600 Ew.; Glockengießerei. – **2.** frz. *Sarrebourg,* Stadt im frz. Dép. Moselle in Lothringen, an der oberen Saar, 13 000 Ew.
**Saargemünd,** frz. *Sarreguemines,* frz. Stadt in Lothringen, 25 000 Ew.; Porzellanmanufaktur (1785 gegr.).
**Saarinen, 1.** Eero, Sohn von 2), *1910, †1961, finn. Architekt; seit 1923 in den USA, erstrebte moderne, funktionsgerechte Formgebung. – **2.** Eliel, *1873, †1950, finn. Architekt; seit 1923 in den USA, erstrebte Einbeziehung der Bauten in die Landschaft.
**Saarland,** Land der BR Dtld.; mit Ausnahme der Stadtstaaten das kleinste Bundesland mit 2569 km² u. 1,04 Mio. Ew.; Hptst. *Saarbrücken.* Im N hat das S. Anteil am Saar-Nahe-Hügelland. Den S u. O nehmen ein niedriges Hügel- u. Stufenland ein. Die wirtsch. Bed. des S. liegt im Steinkohlenbergbau. Neben Hüttenwerken gibt es Betriebe der Metallverarbeitung u. des Maschinenbaus, der chem., Elektro-, Kunststoff-, Fahrzeug-, Textil- u.a. Ind.
Geschichte. Nach dem 1. Weltkrieg wurde das aus preuß. u. bay. Landesteilen gebildete *Saargebiet* (offizielle Bez. bis 1935) dem Völkerbund unterstellt, 1935 nach einer Volksabstimmung wieder dem Dt. Reich angegliedert. Nach dem 2. Weltkrieg erhielt das S. autonomen Status u. überließ Frankreich die außenpolit. Vertretung. 1955 lehnte die Saarbevölkerung das eine Europäisierung vorsehende *Saarstatut* ab. Am 1.1.1957 wurde das S. zehntes Bundesland der BR Dtld.
**Saarlouis** [-'lui], 1936–45 *Saarlautern,* saarländ. Krst., 37 500 Ew.; Stahl-, Masch.- u. Fahrzeugbau.
**Saas-Fee,** Wintersportort im schweizer. Kt. Wallis, 900 Ew.
**Saateule,** Nachtschmetterling aus der Fam. der → Eulen (2).
**Saatgut,** die zur Aussaat bestimmten Samen (z.B. Mohn), Früchte (z.B. Getreide) oder Knollen (z.B. Kartoffel).
**Saatkrähe** → Krähen.
**Saavedra,** Miguel de → Cervantes Saavedra.
**Saaz,** tschech. *Žatec,* Stadt in Nordböhmen (Tschechoslowakei), an der Eger, 23 000 Ew.
**Saaz,** Johannes von → Johannes von Tepl.
**Saba,** *Scheba,* südarab. Reich der *Sabäer,* etwa 1100 v. Chr. – 575 n. Chr., Hptst. *Marib;* umfaßte um 300 ganz Südarabien.
**Saba,** Insel der *Niederl. Antillen,* Kleine Antillen, 13 km², 1000 Ew.; wichtigster Ort *Bottom.*
**Sabadell** [-'ðel], NO-span. Ind.-Stadt in Katalonien, am Ripoll, 190 000 Ew.
**Sabah,** Teilstaat von → Malaysia in N-Borneo.
**Sabal,** Gatt. der *Palmen,* verbreitet von den südl. USA bis Kolumbien.
**Sabaoth** → Zebaoth.
**Sabatier** [-'tje:], Paul, *1854, †1941, frz. Chemiker; verdient um die Erforschung katalytischer Reaktionen; Nobelpreis 1912.
**Sabbat,** *Schabbat,* jidd. *Schabbes,* jüd. Ruhe- u. Feiertag; der 7. Tag der Woche. Jedes 7. Jahr war ein **S.jahr,** in dem das Land nicht bebaut wurde u. keine Schulden eingetrieben werden sollten.
**Säbel,** einschneidige Hiebwaffe mit leicht gekrümmter Klinge; früher Waffe der Kavallerie. Im Fechtsport Hieb- u. Stoßwaffe mit gerader Klinge.
**Säbelantilope** → Oryxantilope.
**Säbelschnäbler,** *Recurvirostridae,* Fam. der *Regenpfeiferartigen,* Watvögel mit dünnem, aufwärts gekrümmtem Schnabel.

*Säbelschnäbler am Nest*

**Säbelzahntiger,** *Säbeltiger,* mehrere Gatt. ausgestorbener, katzenartiger Raubtiere.
**Sabin** [engl. 'seibin], Albert Bruce, *26.8.1906, US-amerik. Bakteriologe; entwickelte Impfstoffe gegen spinale Kinderlähmung.
**Sabiner,** italischer Volksstamm im antiken Mittelitalien.
**Sabinerberge,** ital. *Monti Sabini,* Vorberge des mittleren Apennin, im *Monte Pellecchia* 1365 m.
**Sabotage** [-ʒə], geheimes Arbeiten oder passiver Widerstand gegen die Ziele anderer.
**SAC,** Abk. für engl. *Strategic Air Command,* strateg. Bomberkommando der USA.
**Saccharase** [zaxa-], *Invertase,* ein Enzym, das Rohrzucker in Glucose u. Fructose spaltet.
**Saccharide** [zaxa-] → Kohlenhydrate.
**Saccharin** [zaxa-], *Sacharin,* künstl. Süßstoff, chem. *o-Benzoesäuresulfimid;* die Süßkraft ist rd. 500 mal größer als die des Rohrzuckers.
**Saccharose** [zaxa-], *Saccharum* → Rohrzucker.
**SACEUR,** Abk. für engl. *Supreme Allied Commander Europe,* NATO-Oberbefehlshaber in Europa.
**Sachalin,** jap. *Karafuto,* sowj. Insel, 76 400 km²; gebirgig (in der *Gora Lopatina* 1609 m), bewaldet, naßkaltes Klima; Rentierzucht u. Pelztierjagd,

*Saalburg im Taunus*

*Saarbrücken: Kongreßhalle an der Saar*

Waldwirtsch., Fischfang u. Fischverarbeitung, Erdöl- u. Kohlelager. – S. fiel 1875 an Rußland. Der S von S. wurde 1905 jap. u. 1945 wieder sowjetisch. Administrativ bildet die Insel zus. mit den Kurilen eine Oblast der RSFSR, rd. 87 100 km², 700 000 Ew. (Giljaken, Ainu, Russen), Hptst. *Juschno-Sachalinsk.*

**Sacharja,** grch. *Zacharias,* im AT einer der kleinen Propheten, um 520 v. Chr. in Jerusalem.

**Sacharow,** Andrej Dmitrijewitsch, *1921, †1989, sowj. Atomphysiker; trat seit Ende der 1960er Jahre für eine Liberalisierung des sowj. Herrschaftssystems ein; 1980–86 nach Gorkij verbannt; im Zuge der Perestroika 1989 in den Kongreß der Volksdeputierten gewählt. Friedensnobelpreis 1975.

**Sachbeschädigung,** vorsätzl. Beschädigung oder Zerstörung fremder Sachen; strafbar.

**Sachbuch,** ein Buchtyp, der im Unterschied zur *Belletristik* u. zum *Fachbuch* sachbezogene Themen allgemeinverständl. darstellt.

**Sacheinlage,** Einbringung von Sachwerten in eine Unternehmung als haftendes Kapital.

**Sachen, 1.** *bürgerl. Recht:* nur körperl. Gegenstände, nicht geistige Erzeugnisse u. Rechte. – **2.** *öffentl. Recht:* öffentl. *S.,* die S. im Gemeingebrauch (Straßen, Plätze, Meeresstrand, Gewässer) u. das Verwaltungsvermögen.

**Sachenrecht,** Regelung der menschl. Herrschaft über die *Sachen,* im bürgerl. Recht die Bestimmungen über die im 3. Buch des BGB zusammengefaßten *dinglichen Rechte.*

**Sacher-Masoch,** Leopold Ritter von, *1836, †1895, östr. Schriftst.; schilderte in Romanen das poln. Bauern- u. Kleinbürgerleben sowie geschlechtl. Abweichungen *(Masochismus).*

**Sachlegitimation,** *Sachbefugnis,* im Prozeßrecht Rechtszuständigkeit, zu unterscheiden von der *Prozeßführungsbefugnis.*

**Sachs, 1.** Hans, *1494, †1576, dt. Dichter, Schuhmacher u. Meistersinger; schrieb rd. 1700 Schwänke, 200 Bühnenspiele, 4000 Meisterlieder. – **2.** Nelly, *1891, †1970, dt. Lyrikerin; setzte sich in ihren Werken mit dem jüd. Schicksal auseinander; Nobelpreis 1966.

**Sachsa,** *Bad. S.,* Stadt in Nds., am Südharzrand, 8500 Ew.

**Sachsen,** westgerman. bzw. dt. Volksstamm. Sein Siedlungsgebiet erstreckte sich von der Elbe u. nördl. davon bis zum Niederrhein, Hessen u. Thüringen. Aus vier Stammesgruppen *(Westfalen, Engern, Ostfalen* u. *Nordalbingier)* entstand ein sächs. Stammesherzogtum. Die Sachsenkriege Karls d. Gr. führten zur Eingliederung der S. ins Frankenreich. Später entstand ein neues sächsisches Stammesherzogtum der *Liudolfinger.* In Herzog *Heinrich I.* fiel dem Haus (→ *Ottonen)* 919 die dt. Königskrone zu. Nach dem Aussterben der Liudolfinger wurde *Lothar III.* von Supplinburg mit dem Herzogtum S. belehnt (1106); nach dessen Tod der Welfe Herzog *Heinrich der Stolze* von Bayern. Dessen Sohn *Heinrich der Löwe* (1142–80) erweiterte das Gebiet bis zur Ostsee, verlor es aber bei seinem Sturz an den Erzbischof von Köln u. den Askanier Graf *Bernhard* von Anhalt. Der N u. NW zerfiel in kleine Territorien. Die Askanier teilten 1260 ihr Gebiet in die Herzogtümer *S.-Lauenburg* u. *S.-Wittenberg.* Nach dem Aussterben dieser Linie erhielt 1423 der Markgraf von Meißen, der Wettiner *Friedrich der Streitbare,* Herzogtum u. Kurwürde (→ Sachsen [Land]).

**Sachsen, 1.** Land der BR Dtld., Hptst. *Dresden.* Von den Höhen des Elster-, Erz-, Elbsandstein- u. Zittauer Gebirges reicht S. nach N bis zur Leipziger Tieflandsbucht u. zur Niederlausitz.
*Geschichte.* Kerngebiet des Landes war die Mark *Meißen* (gegr. 965). 1264 wurde der größte Teil Thüringens erworben. 1423 wurden diese Gebiete mit S.-Wittenberg zum Kurfürstentum S. vereinigt. In der Leipziger Teilung von 1485 erhielt Kurfürst *Ernst,* Stammvater der *Ernestiner,* Kursachsen, Thüringen u. das Vogtland; Herzog *Albrecht,* Stammvater der *Albertiner,* Meißen, einen Teil des Osterlands u. den nördl. Randstreifen Thüringens. In der *Wittenberger Kapitulation* (1547) mußten die Ernestiner zugunsten des Albertiners *Moritz* auf die Kurwürde verzichten. *Friedrich August I. der Starke,* trat 1697 zum Katholizismus über, um König von Polen zu werden. *Friedrich August III.* trat 1806 dem *Rheinbund* bei u. erhielt den Königstitel *(Friedrich August I.).* Auf dem *Wiener Kongreß* (1814/15) mußte das neue Königreich S. die Niederlausitz, den O der

*Andrej Dmitrijewitsch Sacharow*

Oberlausitz, den Kurkreis u. seine thüring. Gebiete an Preußen abtreten; es entstand die preuß. Prov. S. (→ Sachsen[2]). 1866 im *Dt. Krieg* kämpfte S. auf seiten von Östr. u. mußte im *Berliner Frieden* dem *Norddt. Bund* beitreten. Mitgliedschaft im *Dt. Zollverein* (1834), im Norddt. Bund u. im Dt. Reich bescherten S. einen wirtsch. Aufschwung. Nach der Novemberrevolution 1918 trat der König zurück *(Freistaat S.).* Nach der nat.-soz. Machtergreifung 1933 wurde S. »gleichgeschaltet«. 1945 kam das um die Reste Schlesiens vergrößerte Land S. unter sowj. Militärverwaltung u. wurde ein Teil der DDR. 1952 wurde es aufgelöst u. in die drei Bezirke Dresden, Leipzig u. Chemnitz (Karl-Marx-Stadt) geteilt. S. hatte bei Auflösung 17 004 km² u. 5,6 Mio. Ew. 1990 wurde das Land wiederhergestellt. – **2.** ehem. preuß. Prov. 1816 nach dem Wiener Kongreß gebildet aus den altpreuß. Besitzungen *Altmark, Magdeburg, Ziesar, Halle, Halberstadt,* den vom Königreich S. erworbenen Gebieten des *Kurkreises* u. des *nördl. Thüringen* sowie dem Kurmainz *Erfurt* u. *Eichsfeld* u. den Reichsstädten *Nordhausen* u. *Mühlhausen.* Hptst. war Magdeburg. 1944 wurde sie in die Provinzen *Magdeburg* u. *Halle-Merseburg* geteilt; Erfurt kam zu Thüringen. Nach 1945 wurden beide Provinzen mit Anhalt zu S.-Anhalt vereinigt.

**Sachsen-Anhalt,** Land der BR Dtld., Hptst. *Halle;* 1945 aus dem Hauptteil der preuß. Prov. → Sachsen (2) als Land S.-Anhalt gebildet, ab 1952 Teil der DDR, danach aufgelöst, hatte bei Auflösung 24 576 km² u. 4,1 Mio. Ew. 1990 wurde es wiederhergestellt.

**Sachsenhausen,** nordöstl. Stadtteil von Oranienburg, 3400 Ew.; ehem. KZ.

**Sachsenspiegel,** das älteste u. bedeutendste der dt. Rechtsbücher, verfaßt in den zwanziger Jahren des 13. Jh., zuerst in lat., dann in niederdt. Sprache von Eike von Repkow.

**Sachsenwald,** Waldgebiet in Schl.-Ho., 65 km², von Wilhelm I. Bismarck geschenkt.

**Sächsische Herzogtümer,** entstanden aus den nach der *Wittenberger Kapitulation* 1547 den Ernestinern verbliebenen thüring. Besitzungen, die wiederholt geteilt wurden. Zuletzt bestanden das Großherzogtum *Sachsen-Weimar-Eisenach,* die Herzogtümer *Sachsen-Coburg-Gotha, Sachsen-Meiningen* u. *Sachsen-Altenburg.* Sie wurden 1918 Freistaaten u. schlossen sich mit anderen Gebieten 1920 mit Ausnahme Coburgs, das sich mit Bay. vereinigte, zum Land *Thüringen* zusammen.

**Sächsische Schweiz** → Elbsandsteingebirge.

**Sächsische Weltchronik,** erste Chronik in Prosa in niederdt. Sprache, um 1231 entstanden.

**Sachversicherung,** im Gegensatz zur *Personen-, Vermögens-* u. *Rückversicherung* Sammelbegriff für die übrigen Versicherungszweige.

**Sachverständigenrat,** durch den Bundesrat 1963 gebildetes Gremium aus 5 unabhängigen Sachverständigen (»5 Weise«) mit der Aufgabe, die gesamtwirtschaftl. Entwicklung der BR Dtld jährl. zu begutachten.

**Sachwerte,** von Geldwertschwankungen nicht in ihrem Tauschwert beeinflußbare Güter.

**Sack,** Erna, *1898, †1972, dt. Sängerin, Stimme von ungewöhnlichem Umfang (bis c⁴).

**Sackbahnhof,** *Kopfbahnhof,* ein Bahnhof, bei dem die Gleise vor einem Querbahnsteig enden.

**Säckingen,** *Bad S.,* Stadt in Ba.-Wü., am Hochrhein, 14 000 Ew.; überdachte Holzbrücke (1571) über den Rhein.

**Sackmäuler,** Ordnung von Tiefseefischen, die den *Aalfischen* nahesteht.

**Sackpfeife,** *Dudelsack,* volkstüml. Blasinstrument, wird aus einem Ledersack mit Luft versorgt.

**Sackville** ['sækvil], Thomas, *1536, †1608, engl. Dichter (erste engl. Blankverstragödie »Gorboduc«).

**Sackville-West** ['sækvil-], Victoria Mary, *1892, †1962, engl. Schriftst. (Gesellschaftsromane; u.a. »Weg ohne Weiser«).

**SACLANT,** Abk. für engl. *Supreme Allied Commander Atlantic,* NATO-Oberbefehlshaber für den Kommandobereich Atlantik.

**Sacramento** [sækrə'mentəu], Hptst. des USA-Staats Kalifornien am S. *River,* 276 000 Ew.; 1848 als Goldgräbersiedlung gegr.

**Sacramento River** [sækrə'mentəu 'rivə], Fluß in der westl. USA, im N des kaliforn. Längstals *(Sacramento Valley),* rd. 620 km.

**Sacré-Coeur** ['-kœːr], **1.** Bez. für das Herz Jesu, Name kath. Genossenschaften. – **2.** Kirche im Pariser Stadtteil Montmartre, 1876–1919 in roman.-byzantin. Stil erbaut.

**Sacrificium,** in der kath. Kirche: Meßopfer.

**Sadat,** Anwar As, *1918, †1981 (ermordet), ägypt. Politiker, Offizier; seit 1970 Staatspräs.; Friedensnobelpreis 1978; schloß 1979 einen Friedensvertrag mit Israel.

**Sadduzäer,** jüd. konservative Partei des alten Priesteradels, Gegner der *Pharisäer.*

**Sade** [saːd], Donatien Alphonse François, Marquis de, *1740, †1814, frz. Schriftst. u. Aufklärer. Romane u. Erzählungen, die präzise sexuelle Perversionen beschreiben *(Sadismus).*

**Sadebaum,** niedriger, am Boden liegender oder aufsteigender *Wacholderstrauch.*

**Sadhu** [sanskr.], Name ind. Asketen.

**Sadi,** Muscharrifuddin, um *1215, †1292, pers. Dichter; schrieb didakt. Werke u. Lyrik.

**Sadismus,** eine dem *Masochismus* entgegengesetzte Triebperversion, bei der die Geschlechtslust mit dem Zufügen von Qualen verbunden ist. S. u. *Masochismus* finden sich auch oft kombiniert *(Sadomasochismus).*

**Sadoveanu,** Mihail, *1880, †1961, rumän. Schriftst.; schrieb über 120 Romane u. Novellen, bes. über das Leben der moldauischen Bauern.

**SAE,** Abk. für engl. *Society of Automotive Engineers,* Gesellschaft für Kfz-Ingenieure, New York.

**SAE-PS** ist in den USA die Leistung für Verbrennungsmotoren; zur Umrechnung in DIN-PS bzw. DIN-kW sind 15–20 % abzuziehen.

**Safari,** urspr. Karawanenreise, jetzt tourist. Photo- oder Jagdreise in Afrika.

**Safawiden,** iran. Dynastie 1502–1722, die das Land im Zeichen des schiit. Islams verteidigte.

**Safe** [seif], verschließbares Tresorfach; Geldschrank.

**Safed,** *Safad, Zefat,* Stadt in N Israels, 14 000 Ew., eine der vier heiligen Städte des Judentums.

**Saffianleder,** pflanzl. gegerbtes, farbiges Ziegenleder mit stark profilierten Narben.

**Safi,** marokkanische Hafenstadt am Atlantik, 299 000 Ew.

**Saflor,** Färberdistel, Gatt. der *Korbblütler,* Blüten dienten früher der Farbherstellung.

**Safran,** Gewürz u. gelber Pflanzenfarbstoff, hergestellt aus *S.krokus.*

**Saga,** altnord., bes. auf Island im MA gepflegte Prosa-Erzählform. Die urspr. mündl. überlieferten S. wurden im 13./14. Jh. aufgezeichnet.

**Sagamibucht** [jap. saŋami-], große Meeresbucht an der SO-Küste von Honshu (Japan).

**Sagan,** poln. *Żagań,* Stadt in Schlesien, am Bober, 22 000 Ew.

**Sagan** [sa'gã], Françoise, eigtl. F. *Quoirez,* *21.6.1935, frz. Schriftst.; melanchol. Romane; Ⓦ »Bonjour Tristesse«.

**Sage,** eine mündl. überlieferte Erzählung einer für wahr gehaltenen oder auf einem wahren Kern beruhenden Begebenheit; im Lauf der Zeit phantast. ausgeschmückt u. ständig umgestaltet. Beliebte Figuren der S. sind Riesen, Zwerge, Elfen u. übermenschl. Helden.

**Sägefische,** Unterordnung der *Rochen,* bis 10 m lang.

# 774 Sägehaie

*Saibling: Bachsaibling*

**Sägehaie,** Unterordnung der *Haiähnlichen* mit einer Familie *(Sägeträger)* bis 1,20 m lange Haie.
**Säger,** *Mergeae,* Gatt. von *Meertauchenten* mit zahnartigen Erhebungen am Schnabel.
**Sago,** gekörntes Stärkemehl aus dem Mark der *S.palme;* dt. S. wird aus Kartoffelstärke gewonnen.
**Sagopalmen,** hochstämmige Fiederpalmen des mal. Archipels u. Neuguineas.
**Sagorsk,** sowj. Stadt nordöstl. von Moskau, 109 000 Ew.; berühmtes Kloster, Zentrum der russ.-orth. Kirche.
**Sagrosgebirge,** Gebirge im W-Iran.
**Sagunto,** span. Stadt in der Prov. Valencia, 55 000 Ew.; im Altertum wichtige Hafenstadt.
**Sahara,** größte Wüste der Erde, erstreckt sich quer durch N-Afrika vom Atlant. Ozean zum Roten Meer, bedeckt rd. 8,7 Mio. km², rd. 5000 km breit; im *Tibestimassiv* bis 3415 m hoch. Rd. 1,5 Mio. Ew. in Oasen; Erdöl-, Erdgas- u. Erzvorkommen.
**Saharanpur,** engl. *Saharanpore,* ind. Distrikt-Hptst. im nw. Uttar Pradesh, 300 000 Ew.
**Sahel,** Landschaftsgürtel am S-Rand der Sahara, Übergangszone zw. Wüste u. Trockensavanne; wird period. von starken Dürrekatastrophen heimgesucht.
**Sahib,** in Indien u. Iran Anrede für Europäer.
**Saho,** Gruppe hamit. Stämme (50 000) im N von Äthiopien.
**Saibling,** zu den *Lachsen* gehörender Fisch in Gebirgsseen Eurasiens u. Amerikas.
**Saida,** Hafenstadt im Libanon, 25 000 Ew.; das phöniz. *Sidon.*

*Sagorsk: Mariä-Himmelfahrts-Kathedrale, in der sich das Grab von Boris Godunow (1598–1605 Zar von Rußland) befindet*

**Saiga,** asiat. Steppenantilope, Unterfamilie der Horntiere.
**Saigon** ['zaigɔn] → Ho-Chi-Minh-Stadt.
**Sailer, 1.** Johann Michael, *1751, †1832, dt. kath. Theologe; Bischof von Regensburg (1829). – **2.** Toni, *17.11.1935, östr. alpiner Skiläufer; dreifacher Goldmedaillengewinner 1956.
**Saimaa,** fischreiche Seengruppe in SO-Finnland, zus. rd. 4400 km², bis 58 m tief.
**Saint Albans** [sint 'ɔ:lbənz], S-engl. Stadt nw. von London, 52 000 Ew.; normann. Kathedrale.
**Saint Andrews** [sint'ændru:z], mittelschott. Stadt an der Nordsee, 10 000 Ew.; älteste schott. Univ.
**Saint-Barthélemy** [sɛ̃bartələ'mi], Insel der Kleinen Antillen, Teil des frz. Übersee-Dép. *Guadeloupe,* 25 km², 3100 Ew.
**Saint-Brieuc** [sɛ̃bri'ø], Hptst. des NW-frz. Dép. *Côtes-du-Nord,* in der Bretagne, 48 000 Ew.
**Saint Christopher** [sint 'kristəfə], *Saint Kitts,* Insel im westind. Staat S. C.-Nevis, 168 km², 45 000 Ew.
**Saint Christopher-Nevis** [sint'kristəfə'ni:vis], Staat der Kleinen Antillen, 261 km², 48 000 Ew. (vorw. Schwarze), Hptst. *Basseterre;* besteht aus

*Saint Christopher-Nevis*

den beiden Vulkaninseln *Saint Christopher* u. *Nevis* sowie der Koralleninsel *Sombrero;* feuchttrop. Klima, Regen- u. Nebelwälder; Anbau von Zuckerrohr u. Baumwolle; Fremdenverkehr.
**Geschichte.** S. C. wurde 1493 von Kolumbus entdeckt, 1713 erhielt Großbritannien die Oberhoheit. 1983 erhielt S. C. im Rahmen des Commonwealth die Unabhängigkeit.
**Saint Croix** [sint'krɔi], *Santa Cruz,* größte Insel der US-amerik. Jungferninseln (Kleine Antillen), 212 km², 55 000 Ew.
**Saint-Denis** [sɛ̃də'ni:], **1.** nördl. Industrievorort von Paris, 100 000 Ew.; frühgot. Kathedrale (12./13. Jh.) mit frz. u. fränk. Königsgräbern. – **2.** Hptst. der frz. Insel u. des Übersee-Dép. Réunion im Ind. Ozean, 109 000 Ew.
**Sainte-Beuve** [sɛ̃t'bœv], Charles Augustin de, *1804, †1869, frz. Schriftst. u. Literaturkritiker.
**Saintes-Maries-de-la-Mer** [sɛ̃tmaridəla'mɛ:r], Stadt u. frz. Zigeunerwallfahrtsort in der Camargue, 2000 Ew.; Seebad.
**Saint-Étienne** [sɛ̃te'tjɛn], Hptst. des S-frz. Dép. Loire, 205 000 Ew.; vielseitige Ind.
**Saint-Exupéry** [sɛ̃tɛgzype'ri], Antoine de, *1900, †1944, frz. Schriftst. u. Flieger; versuchte in seinem Werk eine Verbindung von moderner Technik u. humanist. Ideen. Ⓦ »Der kleine Prinz«.
**Saint George's** [sint dʒɔ:dʒiz], Hptst. des westind. Antillenstaates Grenada 7500 Ew.
**Saint-Germain-en-Laye** [sɛ̃ʒɛrmɛ̃ã'lɛ], westl. Vorstadt von Paris, 38 000 Ew. – Friede von S. → Pariser Vorortverträge (2).
**Saint Helena** [sint 'helinə] → Sankt Helena.
**Saint Hélier** [sɛ̃te'lje], Hptst. der Kanalinsel Jersey, 28 000 Ew.
**Saint-Hilaire** → Geoffroy Saint-Hilaire.
**Saint James's Palace** [sint'dʒeimziz'pælis], Palast in London, bis 1830 königl. Residenz.
**Saint John** [sint'dʒɔn], Hafenstadt in der kanad. Prov. Neubraunschweig, 76 000 Ew.
**Saint-John Perse** [sɛ̃dʒɔn'pɛrs], eigtl. Alexis Léger, *1887, †1975, frz. Dichter u. Diplomat, feierl. freirhythm. Dichtungen; Nobelpreis 1960.
**Saint John's** [sint 'dʒɔnz], **1.** Hptst. u. Hafen der kanad. Prov. u. Insel Neufundland, 96 000 Ew. – **2.** Hptst. der Antillen-Insel Antigua u. des westind. Staats Antigua u. Barbuda, 30 000 Ew.
**Saint-Just** [sɛ̃'ʒyst], Louis Antoine Léon, *1767, †1794 (hingerichtet), frz. Revolutionär; Anhänger *Robespierres.*
**Saint Kitts** [sint'kits] → Saint Christopher.
**Saint Kitts, Nevis and Anguilla** [sint 'kits 'nivis ənd æŋgi:la], ehem. brit. Gruppe der Leeward Islands, Kleine Antillen; 1967–83 Glied der Westind. Assoziierten Staaten.
**Saint-Lô** [sɛ̃'lo], Hptst. des N-frz. Dép. Manche, in der Normandie, 25 000 Ew.
**Saint Louis** [sint 'luis], größte Stadt von Missouri (USA), am westlichen Ufer des Mississippi,

429 000 Ew.; mehrere Univ.; Flugzeug- u. Automobilbau, Großflughafen.
**Saint-Louis** [sɛ̃lu'i], Hafen in der W-afrik. Rep. Senegal, an der Senegalmündung, 118 000 Ew.
**Saint Lucia** [sint'lu:ʃə], Staat der Kleinen Antillen, 622 km², 131 000 Ew. (Schwarze u. Mulatten),

*Saint Lucia*

Hptst. *Castries;* Bergland (bis 951 m); Export von Bananen u. Kokosprodukten; Fremdenverkehr. – Seit 1814 brit., seit 1967 mit Autonomie, seit 1979 unabhängig.
**Saint-Malo** [sɛ̃ma'lo], NW-frz. Hafenstadt an der Kanal-Küste der Bretagne, 46 700 Ew.; Gezeitenkraftwerk.
**Saint-Martin** [sɛ̃mar'tɛ̃], ndl. *Sint Maarten,* Insel im N der Kleinen Antillen, Westindien, östl. von Puerto Rico; geteilt in einen frz. N-Teil (52 km², 8100 Ew.; Hauptort *Marigot)* u. einen ndl. Südteil (34 km², 16 000 Ew.; Hauptort *Philipsburg).*
**Saint-Nazaire** [sɛ̃na'zɛ:r], westfrz. Hafenstadt, 70 000 Ew.; Schiffsbau.
**Saintonge** [sɛ̃tɔ̃:ʒ], Küstenlandschaft (histor. Prov.) im westl. Frankreich, zw. der Charente u. der Gironde, alte Hptst. *Saintes.*
**Saint Paul** [sint 'pɔ:l], Hptst. von Minnesota (USA), am Mississippi, mit *Minneapolis* zusammengewachsen, 270 000 Ew.; Methodisten-Univ. (1854); vielseitige Ind.
**Saint Peter Port** [sint 'pi:tə pɔ:t], frz. *Saint-Pierre,* Hptst. der Kanal-Insel Guernsey, 16 000 Ew.
**Saint Petersburg** [sint 'pi:təzbə:g], Hafenstadt u. Winterkurort in Florida (USA), 242 000 Ew.
**Saint-Phalle** [sɛ̃'fal], Niki de, *29.10.1930, frz. Künstlerin; als Malerin, Schriftst. u. Bildhauerin tätig.
**Saint-Pierre** [sɛ̃'pjɛ:r], **1.** Jacques Henri Bernardin de, *1737, †1814, frz. Schriftst.; vorromant. Reiseberichte u. Erzählungen, Ⓦ »Paul et Virginie«. – **2.** Michel de, *1916, †1987, frz. Schriftst.; schrieb realist., lebensbejahende Romane.
**Saint-Pierre et Miquelon** [sɛ̃'pjɛ:remikə'lɔ̃], frz. Übersee-Dép. südl. von Neufundland, 242 km², 6300 Ew., Hptst. *Saint-Pierre.*
**Saint-Quentin** [sɛ̃kɑ̃'tɛ̃], N-frz. Stadt an der Somme, 63 000 Ew.
**Saint-Raphaël** [sɛrafa'ɛl], SO-frz. Hafenstadt an der Côte d'Azur, 24 000 Ew.

*Antoine de Saint-Exupéry: Der kleine Prinz auf dem Asteroid B 612; Illustration des Verfassers aus seinem Buch »Der kleine Prinz«, 1943*

*Niki de Saint-Phalle: Brunnenfigur. Paris, Centre Georges Pompidou*

**Saint-Saëns** [sɛ̃'sã:s], Camille, *1835, †1921, frz. Komponist; Vertreter der neuklassizist. Musik. Ⓦ »Samson u. Dalila«.
**Saint-Simon** [sɛ̃si'mɔ̃], Claude Henry de Rouvroy, Graf von, *1760, †1825, frz. Sozialkritiker; wird zu den *Frühsozialisten* gerechnet; kritisierte den Adel u. begr. die Wirtschaftssoziologie.
**Saint-Tropez** [sɛ̃trɔ'pe], S-frz. Stadt, Seebad u. Fischereihafen, 6200 Ew.
**Saint Vincent und die Grenadinen** [sint'vinsənt-], Staat der Kleinen Antillen, 388 km², 106 000 Ew., (vorw. Schwarze u. Mulatten), Hptst.

*Saint Vincent und die Grenadinen*

Kingstown; gebirgige Vulkaninseln *(La Soufrière,* 1234 m); Export von Bananen u. Pfeilwurz (Marantastärke). – S. V. wurde 1498 von Kolumbus entdeckt. Die Insel war seit 1814 brit. 1979 wurde S. V. als konstitutionelle Monarchie im Rahmen des Commonwealth unabhängig.
**Saipan,** Hauptinsel der Marianen, im Pazif. Ozean, 122 km², 12 000 Ew.
**Saison** [zɛ'zɔ̃], »Jahreszeit« mit stärkstem Betrieb in Verkehr u. Geschäftsleben; beste Kurzeit. – **S.arbeiter** werden nur zu bestimmten Jahreszeiten beschäftigt. – **S.betriebe** arbeiten nur zu bestimmten Jahreszeiten. – **S.schlußverkauf,** Ausverkauf von modeabhängigen Waren, z.B. *Winterschlußverkauf.*
**Saiten,** Tonerzeuger der Saiteninstrumente. Sie sind zw. zwei festen Punkten gespannt u. bestehen aus Pflanzenfasern, zusammengedrehten Därmen, Haaren, Seide, Metall, Perlon oder Nylon. – **S.instrumente,** Tonwerkzeuge, bei denen der Ton durch eine Saite erzeugt u. in seiner Höhe bestimmt wird, während ein Resonanzkörper für die nötige Verstärkung u. Abstrahlung sorgt.
**Sajan,** *Sajanisches Gebirge,* Gebirgssystem im südl. Sibirien, im *Munku-Sardyk* 3492 m.
**Sakai,** jap. Hafenstadt im südl. Honshu, südl. Vorort von Osaka, 810 000 Ew.; Kaisergräber aus dem 3. u. 4. Jh.
**Sakarya** [sa'karja], der antike *Sangarius,* Fluß in der Türkei, 520 km.
**Sake,** *Saki, Reiswein,* jap. Nationalgetränk aus mit Hefe vergorenem Reis.
**sakral,** geweiht, heilig.
**Sakrament,** in der kath. Kirche von Christus zu bestimmten Gnadenwirkungen im Gläubigen eingesetztes Zeichen. Es gibt 7 S.e: Taufe, Firmung, Eucharistie, Buß-S., Krankensalbung, Priesterweihe, Ehe. – Die ev. Kirche hat nur 2 von Christus selbst eingesetzte S.e: Taufe u. Abendmahl.
**Sakramentalien,** in der kath. Kirche den Sakramenten ähnliche kirchl. Handlungen u. Gegenstände, z.B. Segnungen, geweihtes Öl.
**Sakramentar,** liturg. Buch, enthält die Texte für die liturg. Akte des Priesters.
**Sakrileg,** Religionsfrevel, Vergehen gegen Heiliges.
**Sakristei,** Nebenraum in der Kirche zum Aufenthalt der Geistlichen.
**Säkularisation, 1.** weltl. Interpretation aller Lebensbeziehungen, »Verweltlichung«. – **2.** Enteignung kirchl. Eigentums durch den Staat. Die nach der Reformation in Dtld. noch verbliebenen geistl. Territorien wurden 1803 durch den Reichsdeputationshauptschluß aufgelöst. – **3.** völlige Entpflichtung einer kath. Ordensperson.
**Säkulum,** Jahrhundert, auch Zeitalter.
**Sakynthos** → Zakynthos.
**Salacrou** [-'kru:], Armand, *1899, †1989, frz. Dramatiker; schrieb surrealist. u. bürgerl. Bühnenstücke.
**Saladin,** *Salah Ad Din,* Jusuf Ibn Ajjub, *1138, †1193, Sultan von Ägypten u. Syrien 1175–93; Begr. der Dynastie der *Ajjubiden;* schlug die Kreuzfahrer u. eroberte 1187 Jerusalem.
**Salado,** *Rio S.,* r. Nbfl. des Paraná in Argentinien, rd. 2000 km.
**Salamanca,** span. Prov.-Hptst. in einer Ebene im S der histor. Ldsch. *León,* 162 000 Ew.; berühmte Univ. (1218).
**Salamander,** Fam. der Schwanzlurche.
**Salami,** stark gewürzte Dauerwurst.
**Salamis,** grch. Insel im Saron. Golf, stark gegliedert, 95 km², 23 000 Ew. – 480 v.Chr. Seesieg der Griechen *(Themistokles)* über die Perser.
**Salangane,** *Collacalia,* Gatt. S-asiat. Vögel aus der Fam. der *Segler;* eßbare Vogelnester.
**Salat** [die], islam. Pflichtgebet, täglich fünfmal zu verrichten.
**Salazar** [-'zar], Antonio de Oliveira, *1889, †1970, port. Politiker; 1932–68 Min.-Präs.; führte eine autoritär-korporative Verfassung ein; regierte diktatorisch.
**Salband, 1.** seitl. Grenzfläche eines Gesteins- oder Erzgangs gegen das Nebengestein. – **2.** *Salleiste,* Webkante, parallel zu den Kettfäden laufend, meist durch bes. Kettfäden verstärkt.
**Salbe,** aus Fetten, Vaseline oder wasserfreien schmierfähigen Stoffen bestehende kosmet. oder Arzneizubereitung zum äußeren Gebrauch.
**Salbei** [auch 'sal-], in den gemäßigten u. wärmeren Zonen der Erde heim. Gatt. der *Lippenblütler.* Der *Echte S.* liefert die *S.blätter,* die u.a. als schweißhemmendes Mittel dienen.
**Saldo,** die Differenz zw. Soll- u. Habenseite eines Kontos.
**Salem** [arab.], Wohlbefinden; als Gruß: Friede; *S. aleikum,* Friede sei mit euch!
**Salem, 1.** Gem. in Ba.-Wü., 8900 Ew.; bekanntes Internat. – **2.** *Selam,* S-ind. Stadt in Tamil Nadu, 361 000 Ew. – **3.** ['sɛiləm], Hptst. von Oregon (USA), 89 000 Ew.; Konserven-Ind.
**Salep,** getrocknete Wurzelknollen einiger Orchideenarten, Grundlage zur Herstellung von Emulsionen.
**Salerno,** ital. Hafenstadt in Kampanien, Hptst. der Prov. S., 154 000 Ew.; roman. Dom (11. Jh.), Univ. (gegr. 1944).
**Salesianer Don Boscos,** ein geistl. → Orden.
**Sales Promotion** [sɛils prə'mɔuʃən], bes. Maßnahmen der Verkaufsförderung über einfache Anzeigen-, Film-, Funk- u. Fernsehwerbung hinaus.
**Salicylsäure,** $C_6H_4(OH)COOH$, *o-Hydroxybenzoesäure,* eine aromat. Carbonsäure; Konservierungsmittel u. Grundstoff für fiebersenkende Arzneien.
**Salier,** Stammesgruppen der niederrhein. Franken *(salische Franken).* – **Salische Kaiser,** *fränkische*

*Saladin; Stich von Johann H. Lijs*

*Kaiser,* die dt. Könige u. Kaiser *Konrad II., Heinrich III., Heinrich IV.* u. *Heinrich V.,* 1024–1125.
**Salieri,** Antonio, *1750, †1825, ital. Komponist; Hofkomponist u. -kapellmeister in Wien, Lehrer u.a. von Beethoven u. Schubert.
**Salinas de Gortari,** Carlos, *3.4.1948, mex. Politiker (PRI), seit 1988 Staats-Präs.
**Saline,** Anlage zur Gewinnung von Salz aus einer Salzlösung *(Sole)* durch Einkochen oder durch Verdunstung von Meerwasser (Meeres-S.).
**Salinger** ['sælɪndʒər], Jerome David, *1.1.1919, US-amerik. Schriftst.; erschließt in seiner Prosa bes. die Welt von Kindern u. Jugendlichen; Ⓦ »Der Fänger im Roggen«.
**Salisbury** [sɔ:lzbəri], **1.** *New Sarum,* S-engl. Stadt, am Avon, 35 000 Ew.; got. Kathedrale. – **2.** → Harare.
**Salisbury** ['sɔ:lzbəri], Robert Cecil, Marquess of S., *1830, †1903, brit. Politiker (Konservativer); 1885/86, 1886–92 u. 1895–1902 Prem.-Min.; verfolgte eine expansive Kolonialpolitik.
**Salix** → Weide.
**Salk** [sɔ:k], Jonas Edward, *28.10.1914, US-amerik. Bakteriologe u. Serologe; enwickelte 1954 einen Impfstoff gegen spinale Kinderlähmung.
**Sallust,** *Caius Sallustius Crispus,* *86 v.Chr., †36 v.Chr., röm. Politiker u. Historiker; schrieb über die Verschwörung des Catilina u. den Jugurthin. Krieg.
**Salm** → Lachs.
**Salmiak,** triviale Bez. für *Ammoniumchlorid,* $NH_4Cl$; beim Löten, in der Berberei u.a. verwendet. – **S.geist,** wäßrige Lösung von → Ammoniak; gutes Reinigungsmittel.
**Salmler,** *Characoidea,* Unterordnung der *Karpfenfische,* trop. Süßwasserfische; oft in Aquarien.
**Salmonellen,** *Salmonella,* Gatt. der *Bakterien* von bewegl. Stäbchenform, unter ihnen Erreger von typhösen Erkrankungen, bes. bei bakterieller Lebensmittelvergiftung, u. von Tierseuchen.

*Roter Wiesensalamander*

*Wiesen-Salbei*

776 **Salò**

**Salò,** ital. Stadt in der Lombardei, am Gardasee, 10 000 Ew.; 1943–45 Sitz der faschist. Regierung N-Italiens (»Republik von S.«).
**Salome,** Tochter der *Herodias,* bat nach Mark. 6,17 ff. den *Herodes Antipas* um das Haupt *Johannes des Täufers* (histor. nicht gesichert).
**Salomo,** *Salomon,* König von Israel u. Juda 965–926 v.Chr.; Sohn *Davids* u. der *Bathseba;* konnte das von seinem Vater geschaffene Großreich erhalten; modernisierte die Verwaltung, erweiterte u. befestigte Jerusalem (Bau des Tempels); soll einige bibl. Bücher verfaßt haben.
**Salomon, 1.** Erich, *1886, †1944 (im KZ ermordet), dt. Photograph, Begr. des Photojournalismus. – **2.** Ernst von, *1902, †1972, dt. Schriftst.; wegen Beteiligung an der Ermordung W.Rathenaus 1922–27 im Zuchthaus; schrieb autobiograph. Werke, Romane u. Drehbücher.
**Salomonen,** engl. *Solomon Islands,* Inselstaat im westl. Pazifik, 28 896 km², 244 000 Ew. (Melanesier), Hptst. *Honiara;* besteht aus der Inselgruppe der S. (mit Ausnahme von Bougainville u. Buka)

*Salomonen*

u. den *Santa-Cruz-Inseln;* gebirgige, dicht bewaldete Vulkaninseln; Export von Kopra u. Holz, Bauxit, Phosphat u. Gold.
Geschichte. Die Inselgruppe wurde 1568 von Spaniern entdeckt. Der nördl. Teil wurde 1885 dt. Kolonie u. kam nach dem 1.Weltkrieg unter austral. Völkerbundsmandat; gehört heute zu Papua-Neuguinea. Der südl. Teil wurde 1893 brit. Protektorat u. wurde 1978 unabhängig.
**Salon** [za'lɔ̃], Empfangs- u. Besuchszimmer; Geschäfts- u. Bedienungsraum des Friseure u. Kosmetiker; seit dem 18. Jh. Bez. für offizielle Kunstausstellungen in Paris; außerdem Bez. für einen Gesellschaftskreis von Intellektuellen.
**Saloniki,** *Thessaloniki,* Stadt in Grch.-Makedonien, 410 000 Ew.; antike Bauwerke; Univ.; Ind.-Zentrum, Flughafen.
**Salpeter,** einige Salze der S.säure; u.a. Chile-S., Kali-S., Kalk-S.
**Salpeterkrieg,** 1879–83, Krieg Chiles gegen Peru u. Bolivien. Chile siegte u. gewann dadurch das Weltmonopol für Salpeter.
**Salpetersäure,** HNO₃, in Form von Salzen *(Nitraten)* in der Natur vorkommende starke Säure; wird heute gewonnen: 1. durch katalyt. Verbrennung von Ammoniak, 2. durch Luftverbrennung im Lichtbogen. S. dient u.a. zum Beizen von Metallen.
**Salpeterstrauch,** *Nitraria,* Gatt. der *Jochblattgewächse,* bis 2 m hohe, oft dornige Sträucher.
**Salsa,** hispano-amerik. Form populärer Musik.
**SALT** [sɔːlt], Abk. für engl. *Strategic Arms Limitation Talks,* seit 1969 geführte Verhandlungen zw. den USA u. der UdSSR über eine Begrenzung der Atom- u. Raketenrüstung; entspr. Abkommen wurden 1972 (SALT I) u. 1979 (SALT II) geschlossen. S. II wurde aufgrund des sowj. Einmarsches in Afghanistan von den USA nicht ratifiziert.
**Salta,** Hptst. der N-argent. Prov. S., 188 000 Ew.; Fremdenverkehr; Kolonialstadt (1582 gegr.).
**Saltarello,** seit dem 14. Jh. bekannter ital. u. span. Springtanz mit ⁶⁄₈- oder Tripeltakt.
**Salten,** Felix, eigtl. Siegmund *Salzmann,* *1869, †1945, östr. Schriftst.; schrieb Romane, Novellen; bes. bekannt seine Tiergeschichten. W »Bambi«.
**Saltillo** [-'tiljo], Hptst. des mex. Staates *Coahuila,* 1600 m ü.M., 243 000 Ew.; Textil-Ind. u. Landwirtschaft.
**Salt Lake City** [sɔːlt lɛik 'siti], Hptst. von Utah (USA), 163 000 Ew.; Univ. (1850); 1847 von Mormonen gegr. u. heute ihr Zentrum.
**Salto,** freier Überschlag; Sprung mit Drehung um die Breitenachse des Körpers.
**Saltykow** [-'kɔf], Michail Jewgrafowitsch, *1826, †1889, russ. Schriftst.; schrieb gesellschaftskrit. Satiren.
**Saluen,** Fluß in China u. Birma, rd. 3200 km.
**Salus,** in der röm. Myth. Göttin des Staatswohls.
**Salut,** militär. Ehrenbezeigung.
**Salut** [sa'lyː], *Îles du S.,* 3 Felseninseln im Atlantik, vor der Küste von Frz.-Guyana; 1854–1946 Strafkolonie.

*SALT II: Unterzeichnung der Vertragsurkunden durch J. Carter und L. Breschnew in Wien, 18.6.1979*

**Salvador, 1.** → El Salvador, → San Salvador. – **2.** *São S. da Bahia,* früher *Bahia,* Hafenstadt u. Hptst. des NO-brasil. Staats Bahia, 1,8 Mio. Ew.; 2 Univ., Kathedrale, zahlreiche histor. Bauten; Fremdenverkehr. – 1549 gegr., bis 1749 Hptst. Brasiliens.
**Salvation Army** [sæl'vɛiʃən 'aːmi] → Heilsarmee.
**Salvatorianer,** ein geistl. → Orden.
**Salve,** gleichzeitiges Abfeuern mehrerer Schüsse.
**Salweide,** häufigste → Weide.
**Salz** → Kochsalz, → Salze.

*Salto: gestreckter Schraubensalto bei einer Bodenturnübung*

**Salzach,** r. Nbfl. des Inn, 220 km; entspringt in den Kitzbühler Alpen, mündet bei Burghausen.
**Salzbrunn,** *Bad S., Ober-S.,* poln. *Szczawno Zdrój,* Stadt in Schlesien, 7000 Ew.; Mineralquellen; Geburtsort Gerhart *Hauptmanns.*
**Salzburg, 1.** österreich. Bundesland, 7154 km², 463 000 Ew., Hptst. S.; 739 Bistum, 798 Erzbistum, um 1300–1803 geistl. Reichsfürstentum; 1810–15 bei Bayern; 1816 erneut zu Östr., 1849 Kronland, seit 1920 Bundesland. – **2.** Hptst. des östr. Bundeslandes S., an der Salzach, 140 000 Ew.; umgeben vom *Mönchsberg* (542 m) mit der *Feste Hohensalzburg* u. Kapuzinerberg (638 m) mit dem Kapuzinerkloster; Dom, Barockschloß *Mirabell,* Univ., Geburtshaus von W.A. *Mozart;* seit 1920 jährl. Salzburger Festspiele; bed. Fremdenverkehr.
**Salzdetfurth,** *Bad S.,* Stadt in Nds., am Ostende des Hildesheimer Waldes, 14 200 Ew.; Heilbad.
**Salze,** chem. Verbindungen, die sich aus einem Säurerest (Anion) u. Metallkationen (auch anderen Kationen, aber nicht ausschl. Wasserstoff) zusammensetzen. Sie können gebildet werden durch Einwirkung einer Säure auf ein Metall, Metalloxid oder Metallhydroxid sowie durch Neutralisation einer Base mit einer Säure. S. sind Elektrolyte.
**Salzgitter,** krfr. Stadt in Nds., sw. von Braunschweig, 105 000 Ew.; Eisen- u. Stahlgewinnung.
**Salzkammergut,** Ldsch. der Nördl. Kalkalpen in Östr.; Salzgewinnung; Fremdenverkehr.
**Salzpflanzen,** *Halophyten,* Pflanzen salzreicher Standorte, vorwiegend der Meeresküsten.

*Salomo: Empfang der Königin von Saba im Schloß des Salomo (nach 1. Könige 10); aus dem Freskenzyklus der »Legende des hl. Kreuzes« von Piero della Francesca. Arezzo, Chiesa di San Francesco*

*Salzburg: Feste Hohensalzburg und Salzach (links). – »Jedermann«-Aufführung vor dem Dom während der Salzburger Festspiele (rechts)*

**Salzsäure,** *Chlorwasserstoffsäure,* wäßrige Lösung von Chlorwasserstoff (HCl), starke Säure. S. löst die meisten Metalle unter Entwicklung von Wasserstoff, die Edelmetalle jedoch nicht.
**Salzschlirf,** *Bad S.,* hess. Gem. nordöstl. des Vogelsberges, 2500 Ew.; Heilbad.
**Salzseen,** abflußlose Seen in Trockengebieten.
**Salzstock,** *Diapir,* pilzförmiger Salzkörper in der Erdkruste, der stellenweise bis an die Erdoberfläche reicht, so z.B. in N-Dtld. Salzstöcke eignen sich als Vorratsspeicher u. Lagerstätte.
**Salzstraßen,** alte mitteleurop. Handelswege, auf denen bes. Salz transportiert wurde.
**Salzuflen,** *Bad S.,* Stadt in NRW, an der Werre, 51 000 Ew.; Heilbad mit Thermal- u. Solequellen.
**Salzungen,** *Bad S.,* Krst. in Thüringen, an der Werra, 21 000 Ew.; Burg; Solbad.
**Salzwedel,** Krst. in Sachsen-Anhalt, 23 000 Ew.; Marienkirche, Franziskanerkloster.
**Samar,** östl. Insel der Philippinen, 13 429 km², 1,2 Mio. Ew.; Hauptort *Catbalogan;* Kopragewinnung; Fischfang.
**Samara,** l. Nbfl. der Wolga, 587 km.
**Samaranch** [-rantʃ], Juan Antonio, *17.7.1920, span. Diplomat u. Sportfunktionär; seit 1980 Präs. des Internat. Olymp. Komitees (IOC).
**Samaria,** hebr. *Shomeron,* antike Stadt in Mittelpalästina, später Name der umliegenden Landschaft.
**Samariter, 1.** *Samaritaner,* die Restbevölkerung des 722 v.Chr. zerstörten u. in die assyr. Prov. *Samaria* verwandelten Reiches Israel. Von den Juden als unrein betrachtet, konstituierten sie sich im 5. Jh. v.Chr. als eig. Kultgemeinschaft. – **2.** nach dem Gleichnis vom »barmherzigen S.« im NT Bez. für freiwillige Krankenpfleger.
**Samarium,** ein → chemisches Element.
**Samarkand,** Hptst. der Oblast S. in der Usbek. SSR (Sowjetunion), im Tal des Serawschan, 388 000 Ew.; Baudenkmäler aus der Zeit Timurs. – 1369–1405 die Hptst. Timurs; wurde 1868 russisch.
**Samarra,** Stadt in Irak, nördl. von Bagdad; schiit.

Wallfahrtsort; 836–883 Residenz des abbasidischen Kalifats.
**Samba,** urspr. afrik.-brasil. Tanz, im ⁴/₄-Takt mit Synkopen; dann Gesellschaftstanz.
**Sambesi,** größter Fluß in Südafrika, 2660 km, 1,3 Mio. km² Einzugsgebiet; entspringt auf der Lundaschwelle, stürzt über die Victoriafälle, passiert die Schluchten von Kariba u. Cabora Bassa (Staudämme), mündet bei Chinde in den Ind. Ozean.
**Sambia,** Staat im S Afrikas, 752 614 km², 7,6 Mio. Ew. (Bantus), Hptst. *Lusaka.*

*Sambia*

L a n d e s n a t u r. S. wird hpts. von dem 1000-1300 m hohen Hochland der *Lundaschwelle* eingenommen, das von den tiefen Talungen des *Sambesi* u. seiner Zuflüsse durchzogen wird. Das trop. Höhenklima ist mäßig warm u. feucht.
W i r t s c h a f t. Der wichtigste Wirtschaftszweig ist der Bergbau, auf den 95% des Exports entfallen. Am bedeutendsten ist die Gewinnung u. Verhüttung von Kupfererzen im *Copper Belt.* Das Binnenland S. ist auf gute Verkehrsverbindungen mit den Ausfuhrhäfen in Moçambique, Angola, Tansania u. Südafrika angewiesen.
G e s c h i c h t e. Das heutige S. kam 1890 durch C. *Rhodes* unter den Einfluß Großbritanniens. 1899–1964 war es brit. Protektorat. Dabei wurde das Land 1953 Bestandteil der Föderation von Rhodesien und Nyasaland. 1964 wurde es als Republik S. selbständig u. ist seit 1972 ein Einparteienstaat, der seit 1964 von K. *Kaunda* als Präs. regiert wird.
**Sambre,** l. Nbfl. der Maas, 185 km.

**Samedan,** dt. *Samaden,* schweiz. Luftkurort u. Wintersportplatz im Oberengadin, 1728 m ü.M., 2700 Ew.
**Samen, 1.** Verbreitungsorgan der Samenpflanzen; der in Nährgewebe eingebettete u. von einer schützenden Hülle umgebene Embryo. Die Verbreitung erfolgt meist durch den Wind, aber auch durch Vögel oder Insekten. – **2.** grch. *Sperma,* die aus der männl. Geschlechtsöffnung der Tiere u. des Menschen austretende Flüssigkeit; enthält die von den männl. Keimdrüsen (Hoden) gebildeten Samenzellen.
**Samen,** Selbstbez. der → Lappen.
**Samenanlage,** etwa 1 mm großes Organ der Samenpflanzen, aus dem nach der Befruchtung der *Samen* hervorgeht.
**Samenleiter,** Ausleitungsorgan der männl. Keimdrüse *(Hoden).*
**Samenpflanzen** → Blütenpflanzen.
**Samenstrang,** ein fester Strang, der beim Mann den Leistenkanal durchzieht u. den Samenleiter, die Nerven u. Blutgefäße des Hodens u. Nebenhodens u. den Aufhängemuskel des Hodens enthält.
**Samenzelle,** *Spermium, Spermatozoon,* die männliche Fortpflanzungszelle der vielzelligen Lebewesen.
**Sämischleder,** *Chamois,* narbenloses Leder aus Schaf- oder Wildfellen.
**Samjatin,** Jewgenij Iwanowitsch, *1884, †1937, russ. Schriftst.; übte scharfe Kritik am Kommunismus in dem utop. Roman »Wir«.
**Samland,** ostpreuß. Halbinsel zw. Frischem u. Kurischem Haff in der sowj. Oblast Kaliningrad.
**Sammartini,** Giovanni Battista, *1700 oder 1701, †1775, ital. Organist u. Komponist; Lehrer von J. S. *Bach* u. Ch. W. *Gluck;* Meister der Vorklassik, beeinflußte die Wiener Klassik.
**Sammelfrucht,** aus Einzelfrüchten zusammengesetzte pflanzl. Frucht (z.B. Erdbeere, Himbeere).
**Sammelspiegel,** *Konkavspiegel* → Hohlspiegel.
**Sammelwirtschaft,** eine Wirtschaftsform bei Naturvölkern, bei der Wildfrüchte, Wurzeln, Kleintiere u.a. gesammelt werden.
**Samniten,** ein zur oskisch-umbrischen Sprachgruppe gehörendes Volk der Italiker in Mittel- u. Süditalien; in den *S.kriegen* (343–341; 326–304; 298–290 v.Chr.) von den Römern besiegt.
**Samoa,** *S.inseln,* polynes., vulkan. Inselgruppe im Pazifik, nordöstl. von Fidschi, feuchtheißes Klima, 3029 km², 210 000 Ew. *(S.ner);* polit. geteilt in den unabhängigen Staat → Samoa sowie in den Teil **Amerik.-S.,** das den östl. Teil der S.inseln *(Tutuila, Aunuu* u. *Swains),* das Atoll *Rose* sowie die *Manua Islands* umfaßt, 199 km², 32 000 Ew., Hauptort u. Hafen *Pago-Pago* auf der Insel *Tutuila;* Fischerei (bes. Ausfuhr von Thunfischkonserven) u. Tourismus; seit 1899 von den USA abhängig, seit 1956 mit innerer Autonomie.
**Samoa,** *West-S.,* Inselstaat im Pazifik, 2842 km², 165 000 Ew., Hptst. *Apia;* größte Inseln sind Sa-

*Salzpflanzen: Die Pflanzen in den Salzmarschen sind an die teilweise Überflutung ihrer Standorte durch Salzwasser angepaßt. An der meerzugewandten Seite wachsen Queller und andere Salicornia-Arten. Im mittleren Bereich siedelt z.B. die Strandnelke. Die trockenen, höher gelegenen Gebiete werden u.a. von der Portulak-Salzmelde und von der Grasnelke bewohnt*

*Samoa*

# 778 Samojeden

*Samoa: Parlamentsgebäude in Apia*

vaii (bis 1857 m hoch) u. Upolu, von Korallenriffen umgeben; wichtigster Wirtschaftszweig ist der Export v. a. von Kopra (50% der Gesamtausfuhr), Kakao u. Bananen.
Geschichte. S. ist seit etwa 500 n. Chr. von Polynesiern bewohnt. 1899 wurde die Inselgruppe zw. dem Dt. Reich u. den USA geteilt. Der dt. Teil wurde 1920 Völkerbundsmandat, 1947 Treuhandgebiet unter neuseeländ. Verwaltung. Seit 1962 ist das Gebiet ein unabhängiger Staat. Der polit. Struktur nach ist S. eine Häuptlingsaristokratie.
**Samojeden**, eig. Name *Nenzen,* Polarvolk mit finn.-ugrischer Sprache in NW-Sibirien u. NO-Rußland (30 000).
**Samos,** grch. Insel der Südl. Sporaden, 476 km², 32 000 Ew., Hauptort *Vathy;* hügelig bis gebirgig, bis 1443 m, Anbau von Wein, Südfrüchten, Oliven u. Tabak; Marmor- u. Asbestvorkommen; Fremdenverkehr.
**Samothraki** [-'θraki], *Samothrake,* grch. Insel im nördl. Ägäischen Meer, 168 km², ca. 3000 Ew.
**Samowar,** in Rußland gebräuchl. Wasserkessel zur Teebereitung.
**Sample** ['s:ampl], Warenprobe, Muster.
**Samsö,** dän. Insel, nw. von Seeland, 114 km², 5200 Ew.
**Samson** → Simson.
**Samsun,** türk. Stadt am Schwarzen Meer, Hptst. der Prov. S., 128 000 Ew.; Tabakanbau, Ind.-Zentrum.
**Samt,** Gewebe mit einer kurzen, dichten, meist aufgeschnittenen Flordecke.
**Samuel,** Gestalt des AT, dargestellt als Prophet, Richter, Kriegsheld, Priestergehilfe, Initiator des Königtums in Israel. Der histor. S. hat wohl im 11. Jh. v. Chr. als Verfechter der Jahwe-Religion eine Rolle gespielt.
**Samuelson, 1.** Bengt, *21.5.1934, schwed. Biochemiker; Arbeiten auf dem Gebiet der Prostaglandine; Nobelpreis 1982 für Med. u. Physiologie. – **2.** ['sæmjuəlsn], Paul Anthony, *15.5.1915, US-amerik. Nationalökonom; entwickelte die stat. u. dynam. Volkswirtschaftstheorie weiter; Nobelpreis 1970.

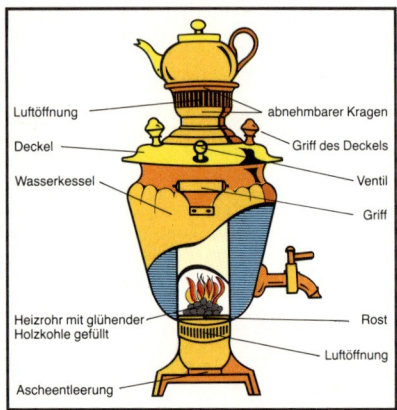
*Samowar*

**Samum,** nordafrik.-vorderasiat. Wüstenwind, trocken, heiß, staub- u. sandführend.
**Samurai,** urspr. (8. Jh.) schwerttragende Dienstleute des jap. Hofadels, dann Feudalritter, später (bis zum 19. Jh.) privilegierte Vasallen.
**San,** r. Nbfl. der Weichsel, 444 km; mündet bei Sandomir.
**San'a,** Hptst. des Vereinigten → Jemen, 2350 m ü.M., 427 000 Ew.; Univ.; mehrstöckige Bauwerke aus Lehmziegeln.
**Sanaga,** längster Fluß von Kamerun, 900 km; Staudamm mit Kraftwerk.
**San Andreas Fault,** 1100 km lange Verwerfungszone in Kalifornien; Erdbebengebiet: u.a. die Beben in San Francisco 1906 u. 1989.
**San Antonio** [sænən'tɔuniɔu], Stadt in S-Texas (USA), 843 000 Ew. (große mex. Minderheit); 2 Univ.; Handels- u. Ind.-Zentrum; gehörte zeitw. zu Mexiko.
**Sanatorium,** Heilstätte, Kurheim.
**San-Bernardino-Paß,** *Sankt Bernhardin,* Alpenpaß im schweiz. Kt. Graubünden, 2065 m; die Straße führt durch den *Bernardin-Tunnel* (erbaut 1962–67).
**Sancho Pansa** ['santʃo-], in *Cervantes'* Roman »Don Quijote« der pfiffige Knappe des Titelhelden.

*Adele Sandrock*

**San Cristóbal,** Hptst. des venezol. Andenstaats Táchira, 187 000 Ew.; Bischofssitz; mehrfach durch Erdbeben zerstört.
**Sanctus,** liturg. Lobgesang in der kath. Messe.
**Sand,** Lockergestein aus losen Mineralkörnchen, ein Endprodukt aller Gesteinsverwitterung: Fein-S. (0,06–0,2 mm), Mittel-S. (0,2–0,6 mm), Grob-S. (0,6–2 mm).
**Sand** [sã], George, eigtl. Aurore *Dupin,* *1804, †1876, frz. Schriftst.; Geliebte von A. de Musset u. F. Chopin; trat in Romanen für die Frauenemanzipation ein.
**Sandale,** Sommerschuh mit verschlungenem Riemenwerk oder durchbrochenem Oberleder.
**Sandarakzypresse,** *Callitris,* am Mittelmeer heim. Gatt. der *Zypressengewächse;* Nutzholzlieferant; das Sandarakharz wird für Räuchermittel verwendet.
**Sandblatt,** eine bestimmte Sorte von Tabakblättern, die zw. den untersten Blättern wachsen; als Zigarrendeckblätter verwendet.
**Sandburg** ['sændbə:rg], Carl, *1878, †1967, US-amerik. Lyriker; schrieb Lyrik in freien Versen, auch eine Lincoln-Biographie.
**Sanddorn,** *Hippophaë,* Gatt. der Ölweidengewächse; der *S.strauch* dient zur Befestigung von Dünen, seine rotgelben Früchte enthalten viel Vitamin C.
**Sandelholz,** wohlriechendes hartes u. schweres Kernholz vom *S.baum,* das für Schnitzarbeiten u. zur Gewinnung von Sandelöl genutzt wird.
**Sander** [isländ.], Ablagerungen der subglazialen Schmelzwässer im Vorland der Gletscher.
**Sander,** August, *1876, †1964, dt. Photograph (Bilder aus dem Arbeitsleben).
**Sandfloh,** *Jigger,* an Warmblütern in Amerika u. Afrika schmarotzender, rd. 1 mm großer Floh.
**San Diego** [sæn di'ɛigɔu], Hafenstadt in Kalifornien (USA), sö. von Los Angeles, 960 000 Ew.; Methodisten-Univ.; Flugzeug-Ind.
**Sandinistische Nationale Befreiungsfront,** *Frente Sandinista de Liberación Nacional,* Abk. *FSLN,* 1962 in Nicaragua gegr. Befreiungsbewegung, benannt nach Augusto César *Sandino* (*1895, †1934). Die FSLN stürzte 1979 die Diktatur A. *Somozas* u. war bis 1990 die polit. führende Organisation in Nicaragua.
**Sandomir,** poln. *Sandomierz,* poln. Stadt an der Weichsel, sö. von Radom, 21 000 Ew.; Renaissance- u. Barockbauten.
**Sandpier,** ein Ringelwurm aus der Klasse der Polychäten; lebt im Wattenmeer; als Köder beim Angeln benutzt.
**Sandrart,** Joachim, *1606, †1688, dt. Maler u. Kunstschriftst.; schrieb das erste Kunstgeschichtswerk in dt. Sprache.
**Sandrock,** Adele, *1864, †1937, dt. Schauspielerin; spielte dämon. Frauenrollen, später dann als komische Alte bes. im Film volkstümlich.
**Sandschliff,** *Windschliff, Korrasion,* Abschleifung der Gesteinsoberfläche durch sandbeladenen Wind.
**Sandstein,** mit kalkigen, kieseligen u. a. Bindemitteln durchtränkte u. verfestigte Sande.
**Sandstrahlgebläse,** ein Gebläse, das Sand durch einen Preßluftstrahl auf eine Oberfläche schleudert; u.a. zum Putzen von Gußstücken.
**Sandsturm,** Sturm oder starker Wind, der Sand mit sich führt, bes. in Wüsten.
**Sanduhr,** ein Gerät, das die Zeit durch eine bestimmte Menge feinen Sandes anzeigt, der durch eine kleine Öffnung von einem oberen in ein unteres Gefäß fließt.
**Sandviper,** bis 90 cm lange *Viper,* größte Giftschlange in Mitteleuropa.
**Sandwich** ['sæn(d)witʃ; nach dem brit. Politiker J. *Montagu, Earl of S.,* *1718, †1792], belegte Weißbrotscheibe.
**Sandwich-Inseln** → Hawaii-Inseln, → Südsandwich-Inseln.
**San Fernando,** span. Stadt in Andalusien, 76 100 Ew.; Sitz der Kriegsmarine, Salzgewinnung.
**San Francisco** [sæn frən'siskou], volkstüml. Abk. *Frisco,* Hafenstadt in Kalifornien (USA), an der S. F. Bay südl. des Golden Gate, 713 000 Ew., mehrere Univ., Oper, Museen; Handels- u. Ind.-Zentrum, internat. Flughafen. – 1776 als Mission gegr.; 1848 von Spanien an die USA; 1906 u. 1989 schwere Erdbeben. – Auf der *Konferenz von S. F.* (25.4.–26.6.1945) wurde die Satzung der UN ausgearbeitet. – Der *Friede von S. F.* am 8.9.1951 beendete den 2. Weltkrieg zw. Japan u. den Alliierten (außer der UdSSR).

*San Francisco und Golden Gate Bridge*

**Sänfte,** Tragesessel, schon im Altertum bekannt, bei päpstl. Zeremonien noch heute gebräuchl.
**Sanger** ['sæŋə], Frederick, *13.8.1918, brit. Chemiker; forscht über Eiweißkörper; Nobelpreis 1958 u. 1980.
**Sänger,** Eugen, *1905, †1964, dt. Raketentechniker; arbeitete u.a. über Photonenraketen u. schuf die theoret. Grundlagen für den Raumtransporter.
**Sangerhausen,** Kreisstadt in Sachsen-Anhalt, 33 000 Ew.; Rosengarten; Kupferschieferbergbau.
**»Sängerkrieg auf der Wartburg«,** »Wartburgkrieg«, mhd. episches Gedicht eines unbekannten Verfassers, entstanden zw. 1240 u. 1260.
**San Gimignano** [-dʒimi'nja:no], ital. Stadt in der Toskana, nordöstl. von Siena, 7500 Ew.; mittelalterl. Wohnanlagen des Adels (Geschlechtertürme).
**Sanguineti** [saŋgwi'neti], Edoardo, *9.12.1930, ital. Schriftst.; schreibt experimentelle Lyrik u. Romane.

*Sankt Bernhard: Blick auf das berühmte Hospiz*

**Sanguiniker,** nach der antiken Temperamentenlehre ein Mensch von lebhaftem Temperament.
**Sanherib,** assyr. König 704–681 v.Chr., drang erfolgreich in Palästina ein u. zerstörte Babylon.
**Sanierung,** Heilung, Wiederherstellung der Gesundheit; auch Behebung finanzieller Schwierigkeiten eines Unternehmens oder städtebaul. Maßnahmen zur Verbesserung von Wohnverhältnissen.
**Sanitäter,** in der Ersten Hilfe Ausgebildeter.
**Sanitätswesen,** das Gesundheitswesen.
**San Jose** [sæn houˈzei], Stadt in Kalifornien (USA), 686 000 Ew.; Landwirtschaftszentrum. – 1777 von Mexikanern gegr., um 1850 Zentrum des Goldbergbaus.
**San José** [-xɔˈseː], Hptst. des zentralamerik. Staats Costa Rica, 1165 m ü.M., 280 000 Ew.; Univ.; Kaffeeanbau- u. Ind.-Zentrum; Flughafen. – 1737 gegr.; seit 1823 Hptst.
**San Juan** [-xuˈan], **1.** *S. J. de la Frontera,* Hptst. der argent. Prov. S. J., 125 000 Ew.; Univ.; Handelszentrum. – **2.** *S. J. (de Puerto Rico),* Hptst. der US-amerikanischen Antilleninsel Puerto Rico, 435 000 Ew.; Univ.; Fremdenverkehr; Flottenstützpunkt.
**Sankt,** Abk. *St.,* heilig.
**Sankt Andreasberg,** niedersächs. Stadt, Oberharzer Bergstadt, 2600 Ew.; Kurort; Bergwerksmuseum.
**Sankt Anton,** östr. Wintersportort in Tirol, im Stanzertal am Arlberg, 1287 m ü.M., 2200 Ew.; auch Sommerfrische.
**Sankt Augustin,** Gem. in NRW, östl. von Bonn, 51 000 Ew.; Forschungsinstitute.
**Sankt Bernhard, 1.** *Großer S. B.,* Paß in den Westalpen, im schweiz. Kt. Wallis, 2469 m; wird von einem Straßentunnel (5,8 km) durchquert, auf der Paßhöhe ein vom hl. Bernhard von Menthon um 1050 gegr. Hospiz (Zucht der *Bernhardinerhunde*). – **2.** *Kleiner S. B., Col du Petit Saint Bernard,* Paß in den Westalpen, südl. vom Mont-Blanc-Massiv, 2188 m.

**Sankt Blasien,** Stadt in Ba.-Wü., im Albtal, 4100 Ew.; Kurort.
**Sankt Florian,** oberöstr. Ort, rechts am Inn, sö. von Linz, 3800 Ew.; Augustiner-Chorherrenstift, Barockkirche.
**Sankt Gallen, 1.** Kt. der → Schweiz. – **2.** Hptst. des schweiz. Kt. S. G., 75 500 Ew.; um 614 durch den ir. Mönch *Gallus* gegr.; Textil-Ind.; ehem. bed. Benediktinerkloster, barocke Stiftskirche.
**Sankt Georgen im Schwarzwald,** Stadt in Ba.-Wü., an der Brigach, 12 000 Ew.; Erholungs- u. Wintersportort.
**Sankt-Georgs-Kanal,** engl. *Saint George's Channel,* auch *Südkanal,* Meeresstraße zw. Irland u. Wales.
**Sankt Gilgen,** östr. Sommerfrische in Salzburg, am Westende des St.-Wolfgang-Sees, 2800 Ew.
**Sankt Goar,** Stadt in Rhld.-Pf., am Rhein, 3600 Ew.; Burgruine Rheinfels; Fremdenverkehr.
**Sankt Gotthard,** schweiz. Gebirgsstock östl. der Berner Alpen, Quellgebiet von Rhône, Reuss, Rhein u. Tessin; im W-Teil 3192 m *(Pizzo Rotondo),* im O-Teil 3001 m *(Pizzo Centrale);* dazwischen der *S.-G.-Paß,* 2108 m. 1818–30 wurde die *S.-G.-Straße* zw. Göschenen u. Airolo gebaut, 1872–82 die *S.-G.-Bahn* mit dem *S.-G.-Tunnel* (15 km). 1980 wurde ein Straßentunnel (16,3 km lang) fertiggestellt.
**Sankt Helena,** *Saint Helena,* brit. Insel im Südatlantik, 122 km², 5200 Ew., Schwarze, Mulatten u. Weiße; Hauptort *Jamestown.* – Seit 1659 brit. Kolonie. *Napoleon I.* wurde 1815 auf die Insel verbannt.
**Sankt Ingbert,** saarländ. Stadt nordöstl. von Saarbrücken, 42 000 Ew.; Schwerind.
**Sanktion, 1.** Bestätigung, Verbindlicherklärung. – **2.** einerseits Ahndung von Verstößen gegen geltende soziale Verhaltensmuster *(negative S.),* andererseits Belohnung erwartungskonformen Verhaltens *(positive S.).* – **3.** Verleihung der formellen Gesetzeskraft. – **4.** Zwangsmittel zur Durchset-

zung rechtl. Verpflichtungen, das notfalls gegen Mitgliedstaaten der UN angewendet wird.
**Sankt Johann im Pongau,** östr. Markt in Salzburg, an der Salzach, 7600 Ew., Fremdenverkehr.
**Sankt-Lorenz-Strom,** größter u. wichtigster Zufluß des Atlantik in Nordamerika, 1200 km, bis zu den Großen Seen für Seeschiffe befahrbar.
**Sankt Moritz,** rätoroman. *San Murezzan,* Ort im schweiz. Kt. Graubünden, 6100 Ew.; Badekurort, Wintersportplatz.
**Sankt Pauli,** Ortsteil von Hamburg; Landungsbrücken, Vergnügungsviertel Reeperbahn.
**Sankt Peter-Ording,** schleswig-holstein. Gem., 5000 Ew.; Nordseebad.
**Sankt Petersburg** → Leningrad.
**Sankt Pölten,** Hptst. des östr. Bundeslandes Nieder-Östr., an der Traisen, 50 500 Ew.; roman. Dom; Theolog. Hochschule. – Seit 1986 Landes-Hptst.
**Sankt Urban,** ehem. Zisterzienserabtei (1194 bis 1848) im schweiz. Kt. Luzern.
**Sankt Veit an der Glan,** östr. Bez.-Hptst. in Kärnten, 12 000 Ew.
**Sankt Vith,** Stadt in Belgien, in den Ardennen, 8400 Ew.; bis 1920 dt.
**Sankt Wendel,** saarländ. Krst., 27 000 Ew.; Wallfahrtskirche.
**Sankt Wolfgang,** oberöstr. Ort im Salzkammergut; am *S.-W.-See,* 2500 Ew.; Fremdenverkehr.
**Sankt-Wolfgang-See,** *Wolfgangsee, Abersee,* Alpensee im Salzkammergut (Östr.), 539 m ü.M., 11 km lang, 2 km breit, bis 114 m tief.
**Sankuru,** r. Nbfl. des Kasai im Kongobecken, 1200 km.
**San Luis Potosí,** Bundesstaat in → Mexiko, im zentralen Hochland.
**San Marino,** europ. Zwergstaat in N-Italien, 61 km², 23 000, meist kath. Ew., Hptst. *S. M.;*

*San Marino*

Briefmarkenverkauf, Fremdenverkehr. – G e s c h .: Die Republik bildete sich um das 885 erstmals erwähnte Kloster S.M. Die Unabhängigkeit geht bis auf das 13./14. Jh. zurück. 1862 stellte sich S. M. unter den Schutz Italiens, das auch die auswärtigen Interessen S. M. wahrnimmt.
**San Martín,** José de, *1778, †1850, argent. General u. Politiker; befreite 1814–17 Argentinien u. Chile endgültig von der span. Herrschaft.
**Sannazaro,** Jacopo, *1456, †1530, ital. Dichter; begr. den europ. Schäferroman. W »Arcadia«.
**San Pedro Sula,** zweitgrößte Stadt von Honduras, Zentralamerika, 400 000 Ew.; Univ.
**San Remo,** ital. Kurort in Ligurien, 60 000 Ew.; Spielbank, Blumenzucht.
**Sansa,** *Zanza,* afrik. Zupfinstrument.

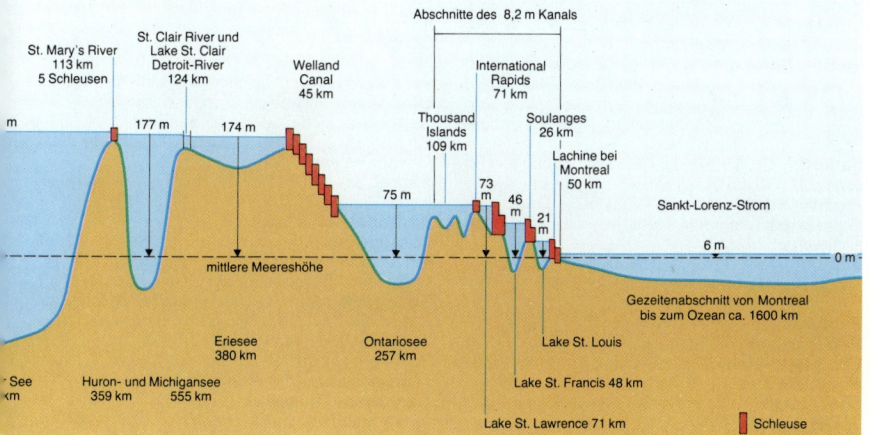

*Der Sankt-Lorenz-Strom, der den Abfluß des Ontariosees bildet, ist Teil des in den 1950er Jahren ausgebauten und somit für Seeschiffe befahrbaren Sankt-Lorenz-Seewegs*

*San Marino: Festung La Guaita auf dem Monte Titano*

**San Salvador, 1.** Hptst. der zentralamerik. Republik El Salvador, 450 000 Ew.; Univ.; Ind.-Zentrum; Flughafen. – 1539 gegr. – **2.** [engl. sæn ˈsælvədɔ:], Bahama-Insel, auf der Kolumbus am 12.10.1492 amerik. Boden betrat; 155 km², 780 Ew.

**Sansculotten** [säky-], in der Frz. Revolution von 1789 Spottname (»ohne Kniehosen«) für die Revolutionäre.

**San Sebastián**, N-span. Hafenstadt am Golf von Biscaya, 170 000 Ew.; Seebad; Ind.-Zentrum.

**Sansevieria**, *Bogenhanf, Bajonettpflanze*, vorwiegend afrik. Gatt. der Fam. *Liliengewächse*; Zierpflanze mit fleischigen langen Blättern; liefern wertvolle Fasern.

**Sansibar**, engl. *Zanzibar*, **1.** Koralleninsel vor der ostafrik. Küste im Ind. Ozean, gegenüber von Dar es Salaam, 1659 km², 317 000 Ew. Bevölkerung: Afrikaner (Bantu), ferner Araber u. Inder. Plantagenbau von Gewürznelken, Kokospalmen, Pfeffer u. Reis. – G e s c h.: Seit dem MA arab.; 1503 von Portugiesen erobert; im 17. Jh. wieder von arab. Moslems besetzt u. im 19. Jh. Kern eines Sultanats der Oman-Araber. 1890 errichtete England sein Protektorat über S. 1963 wurde S. unabhängig. 1964 schloß es sich mit Tanganjika zur Vereinigten Republik von Tansania zusammen. – **2.** Hptst. von S. (1), 119 000 Ew.; Handelszentrum; arab. Altstadt.

**Sanskrit**, altind. Literatursprache; als Umgangssprache schon v.Chr. durch das *Prakrit* verdrängt; als klass. Gelehrtensprache bis heute gebräuchlich.

**Sansovino, 1.** ital. Bildhauer u. Architekten: Andrea, eigtl. A. *Contucci*, \*um 1460, †1529; schuf im Stil der Hochrenaissance Gräber in Rom. – **2.** Jacopo, eigtl. J. *Tatti*, \*1486, †1570, Schüler von 1); wirkte seit 1527 in Venedig.

**Sanssouci** [sāsuˈsi], Rokokoschloß mit Park bei Potsdam, 1745–47 von G.W. *Knobelsdorff* für *Friedrich d. Gr.* erbaut.

**Santa Ana**, zweitgrößte Stadt im zentralamerik. Staat El Salvador, 135 000 Ew.; Kathedrale; Ind.-Zentrum.

**Santa Barbara**, Hafenstadt in Kalifornien (USA), 72 000 Ew.; Univ.; Fremdenverkehr.

**Santa Catarina**, Küstenstaat in → Brasilien.

**Santa Clara**, Stadt in Mittelkuba, 172 000 Ew.; Univ.; Metallverarbeitung.

**Santa Cruz, 1.** [-kru:θ], *S. C. de Teneriffa*, Prov.-Hptst. der span. Kanar. Inseln, an der Ostküste von Teneriffa, 222 000 Ew.; Ölraffinerie; Fremdenverkehr. – **2.** [-krus], Prov. in → Argentinien. – **3.** [-krus], auch *S. C. de la Sierra*, Hptst. des O-boliv. Dep. *S. C.*, 380 000 Ew.; Univ.; Flugplatz.

**Santa Cruz de la Palma** [-kruð ðe-], Hauptort der span. Kanar. Insel La Palma, 20 000 Ew.; Flughafen.

*São Paulo: Kathedrale Metropolitana*

*Sapporo: einige der monumentalen Schneeskulpturen, die für das jährliche Schneefest typisch sind*

**Santa-Cruz-Inseln** [-ˈkru:s], Inselgruppe in Melanesien, 940 km², 3000 Ew.; polit. zu Salomonen.

**Santa Fe, 1.** Hptst. der NO-argent. Prov. S. F., 265 000 Ew.; 2 Univ.; Handelszentrum, Schiffswerft. – **2.** [ˈsæntə ˈfɛi], Hptst. von New Mexico (USA), in Gebirgslage, 56 000 Ew.; Pueblobauten; Fremdenverkehr.

**Santa Marta**, kolumbian. Dep.-Hptst. an der karib. Küste, 220 000 Ew.; Seebad; 1526 gegr. (älteste span. Stadt in S-Amerika.)

**Santa Monica** [ˈsæntə ˈmɔnikə], Hafenstadt im südl. Kalifornien (USA), 89 000 Ew.; Flugzeugbau; Badeort.

**Santander**, N-span. Prov.-Hptst., 185 000 Ew.; vielseitige Ind., Ausfuhrhafen; Seebad.

**Santarém** [-rẽi], Stadt im mittleren Portugal, am Tejo, 19 000 Ew.; Schloß; Korkverarbeitung.

**Santa Rosa**, Hptst. der zentralargentin. Prov. La Pampa, 50 000 Ew.; Univ.; Landwirtschaftszentrum; Flugplatz.

**Santayana** [engl. sænti'ænə], George, eigtl. Jorge *Ruiz de S. y Borrás*, \*1863, †1952, US-amerik. Dichter u. Philosoph span. Herkunft; versuchte eine Verbindung von Naturalismus u. Platonismus.

**Santiago, 1.** *S. de Chile*, Hptst. von Chile u. der Provinz S., 3,7 Mio. Ew.; zwei Univ.; Kathedrale (18. Jh.); Flughafen; Ind.-Zentrum; 1541 gegr. – **2.** *S. de Compostela*, NW-span. Stadt im Galicischen Bergland, 85 000 Ew.; Wallfahrtsort, Univ. (1501), roman. Kathedrale, Klöster u. Kirchen. Nach der Legende Begräbnisort des Apostels Jakobus (span. Santiago).

**Santiago de Cuba** [-ðe-], Prov.-Hptst. an der Südküste Kubas, 360 000 Ew.; Flottenstützpunkt u. Ausfuhrhafen.

**Santiago del Estero** [-ðɛl-], Prov.-Hptst. der gleichn. argent. Prov., 115 000 Ew.; Handelszentrum.

**Santiago de los Caballeros** [ðe lɔs kabalˈjerɔs], Prov.-Hptst. in der Dominikan. Rep., 280 000 Ew.

**Säntis**, höchste Erhebung des schweiz. *S.gebirges* (Alpsteingebirge), in den Appenzeller Alpen, 2501 m, Seilschwebebahn.

**Santo Domingo**, 1936–61 *Ciudad Trujillo*, Hptst. u. wichtiger Hafen der Dominikan. Rep., 1,4 Mio. Ew.; Kathedrale (16. Jh.). S. D. wurde 1496 gegr. von Bartholomäus Kolumbus, dem Bruder von Ch. Kolumbus.

**Santorin**, *Thira, Thera*, südlichste grch. Kykladeninsel, 76 km², 7800 Ew.; Hauptort *Thira*; Fremdenverkehr; vulkan. Tätigkeit. – Das antike *Thera* wurde um 1500 v. Chr. von einem Vulkanausbruch zerstört.

**Santos** [-tus], Hauptausfuhrhafen Brasiliens in São Paulo, 461 000 Ew.; Welthandelsplatz für Kaffee.

**Santur**, Zitherntyp des Vorderen Orients.

**São** [säu; port.], heilig.

**São Francisco** [säu frä'sisku], Hauptfluß O-Brasiliens, 2800 km.

**São Jorge** [säu ʒɔrʒɛ], port. Azoren-Insel, 238 km², 15 700 Ew.; Hauptort *Velas*.

**São Luis** [-säu-], *S. L. do Maranhão*, Hptst. des brasil. Staats Maranhão, 564 000 Ew.; Kulturzentrum; Nahrungsmittelind.

**São Miguel** [säu mi'gɛl], Hauptinsel der Azoren, 747 km², 180 000 Ew.; Hptst. *Ponta Delgada*.

**Saône** [so:n], wasserreicher u. längster Nbfl. der Rhône in O-Frankreich, 445 km.

**São Paulo** [säu 'paulu], **1.** Bundesstaat in → Brasilien; führende Wirtschaftsregion des Landes. – **2.** Hptst. des gleichn. Bundesstaats, 10,1 Mio. Ew.; mehrere Univ.; 2 Flughäfen, wichtigster Industriestandort Brasiliens; Kaffeemarkt. – 1554 von Jesuiten gegr.

**São Tiago** [säu ti'agu], größte der Kapverd. Inseln, 991 km², 150 000 Ew.; Hptst. *Praia*.

**São Tomé und Príncipe** [säu tu'mɛ – prinsipə], Inselrepublik im Golf von Guinea, 964 km², 110 000 Ew. (meist Schwarze), Hptst. *São Tomé*

*São Tomé und Príncipe*

(18 000 Ew.) auf der gleichnamigen Insel. Die von Vulkanen (bis 2024 m) überragten u. von Regenwald überwucherten feuchttrop. Inseln liefern Kakao, Kopra, Mais, Palmprodukte u. Hölzer. G e s c h i c h t e. S. T. u. P. wurde 1471 von Portugiesen entdeckt u. war bis zu seiner Unabhängigkeit 1975 im port. Besitz.

**Saphir**, blaues, diamantglänzendes Mineral, sehr geschätzter Edelstein; Abart des *Korund*.

**Saponine**, eine Gruppe pflanzl. Glukoside, u.a. in Panamarinde enthalten; z.T. stark giftig.

**Saporoschje**, ukrain. *Soporischja*, Hptst. der Oblast S. in der Ukrain. SSR (Sowj.), am Dnjepr, 855 000 Ew.; Schwerind.

**Sapotaceae**, *Seifenbaumgewächse*, Fam. der *Ebenales*, trop. Holz- u. Milchsaftgewächse, oft mit eßbaren Früchten.

**Sappho** ['zafo, auch 'zapfo], grch. Lyrikerin aus Mytilene auf Lesbos, um 600 v.Chr.; sammelte einen Kreis junger Mädchen um sich, um sie im Dichten zu unterweisen.

**Sapporo**, Hptst. der japan. Insel Hokkaido, 1,6 Mio. Ew.; Kurort, 2 Univ., Flughafen; 1972 Olymp. Winterspiele.

**Saprobien**, *Saprobionten*, im Faulschlamm lebende Tiere u. Pflanzen.

**Sapropel** → Faulschlamm.

**Saprophyten**, *Fäulnisbewohner*, pflanzl. Organismen, die nicht zur Kohlensäureassimilation befähigt sind; die meisten Bakterien u. Pilze.

**Saqqara**, *Sakkara*, Ort in Ägypten, 20 km sw. von Kairo; mit Pyramiden u.a. Bauwerken, v.a. aus der Zeit des Alten Reichs (2650–2134 v.Chr.).

**Sara**, *Sarah*, im AT Abrahams Frau, nach langer Unfruchtbarkeit Mutter *Isaaks*.

**Sarabande**, alter span. Tanz im ³/₄-Takt; im 17. u. 18. Jh. weit verbreitet.

**Saragat**, Giuseppe, \*1898, †1988, ital. Politiker (Sozialdemokrat); 1964–71 Staats-Präs.

**Saragossa**, *Zaragoza*, NO-span. Stadt im Ebro-becken, 610 000 Ew.; Univ. (1533); Adelspaläste, vielseitige Ind.; Hptst. des ehem. Königreiches *Aragonien* u. der Prov. *S*.

**Sarajevo**, Hptst. der jugoslaw. Teilrepublik *Bosnien und Herzegowina*, im Tal der Miljačka, 450 000 Ew.; Islam. HS, Moscheen; Olymp. Winterspiele 1984. – In S. wurde am 28.6.1914 der östr.-ung. Thronfolger Franz Ferdinand ermordet, dadurch wurde der 1. Weltkrieg ausgelöst.

**Sarangi**, ind. Saiteninstrument.

**Saransk**, Hptst. der Mordwin. ASSR, Sowj., nördl. von Pensa, 323 000 Ew.; Ind.-Zentrum.

**Sarasate**, Pablo de, *1844, †1908, span. Violinvirtuose; komponierte u. a. »Zigeunerweisen«.

**Saratow** [-tɔf], Hptst. der Oblast S. in der RSFSR (Sowj.), am NW-Ufer des Wolgograder Stausees, 900 000 Ew.; Umschlagplatz für Getreide u. Erdöl.

**Sarawak**, Teilstaat in → *Malaysia*, in NW-Borneo.

**Saray**, *Serail*, Regierungssitz pers., mongol., türk. Herrscher.

**Sarazenen**, urspr. Bez. für einen NW-arab. Stamm, im MA allg. für Araber, dann für alle Moslems des Mittelmeergebiets.

**Sardellen**, *Anchovis*, Fam. der *Heringsfische*, 12–16 cm lange Schwarmfische; Speisefisch.

**Sarden**, *Sardinier*, Bewohner der Insel Sardinien; wohl iberischen Ursprungs.

**Sardine** → Pilchard.

**Sardinien**, *Sardegna*, ital. Region, Insel im Tyrrhen. Meer, 24 090 km², 1,6 Mio. Ew. (Sarden), Hptst. Càgliari. Ackerbau oft nur mit künstl. Bewässerung möglich; Fischerei; Schafzucht; reiche Vorkommen an Eisen-, Kupfer-, Mangan- u. Antimonerzen; petrochem. Ind.; Fremdenverkehr. – Gesch.: Seit dem 9. Jh. v. Chr. von Phöniziern besiedelt, 540 v. Chr. unter Herrschaft der Karthager, 238 v. Chr. röm. Prov., gehörte im 5./6. Jh. n. Chr. zum Wandalen-, später zum Byzantin. Reich, wurde 1165 kaiserl. Lehen Pisas, fiel 1297 an Aragón, 1713 an Östr., kam 1720 an Savoyen, seit 1948 ital. Region mit Sonderstatut.

**Sardou** [-'du:], Victorien, *1831, †1908, frz. Bühnendichter; schuf den Typ des modernen Gesellschaftsstücks.

**Sargassosee**, *Sargassomeer*, Teil des Nordamerik. Beckens sö. der Bermuda-Inseln; Algenwälder, Laichplätze der Flußaale.

**Sargassum**, Gatt. der *Braunalgen*.

**Sargent** [-dʒənt], John Singer, *1856, †1925, US-amerik. Maler; beeinflußt vom Impressionismus.

**Sari**, das lange Wickelgewand der ind. Frau.

**Saribupalme**, *Livistona*, im subtrop. u. trop. Asien heim. Australien heim. Gatt. der *Palmen;* Fächerpalme, bis 20 m hoch.

**Sarkasmus**, beißender Hohn.

**Sarkis**, Elias, *1924, †1985, libanes. Politiker; 1976–82 Staats-Präs.

**Sarkom**, *Fleischgeschwulst,* bösartige, aus unreifen Bindegewebszellen gebildete Geschwulst.

**Sarkophag**, Steinsarg, der meist als Hülle anderer (Holz-)Särge dient.

**Sarmaten**, *Sauromaten*, den *Skythen* verwandtes Steppenvolk iran. Herkunft, vom 8./7. bis 4. Jh. v. Chr. östl. der Wolga u. im südl. Uralgebiet ansässig; drangen im 1. Jh. v. Chr. in das Karpatenbecken, die Ung. Tiefebene u. bis an die Donaumündung vor. Sie wurden im 3. Jh. n. Chr. von den Goten u. im 4. Jh. von den Hunnen unterworfen.

**Sarmiento**, Domingo Faustino, *1811, †1888, argent. Schriftst. u. Politiker; 1868–74 Staats-Präs.; W »Facundo«.

**Sarnen**, Hptst. des schweiz. Halbkt. *Obwalden*,

*Jean-Paul Sartre*

am *Sarner See* (7,6 km²), 7000 Ew.; Fremdenverkehr.

**Sarney** [sar'nɛi], José, *24.4.1930, brasil. Politiker u. Schriftst.; 1985–90 Präs.

**Sarong**, gewickelter Rock der hinterind. u. indochines. Frauen.

**Sarosperiode**, der Zeitraum zw. 2 gleichartigen Sonnen- oder Mondfinsternissen, rd. 18 Jahre 10 Tage.

**Saroyan** [sə'rɔjən], William, *1908, †1981, US-amerik. Schriftst.; Kurzgeschichten mit Alltagsschilderungen, auch Romane (»Menschl. Komödie«) u. Dramen.

**Sarrasani**, 1901 von Hans *Stosch-S.* (*1872, †1934) gegr. Wanderzirkus; Neugründung 1956.

**Sarraute** [-'ro:t], Nathalie, *18.7.1902, frz. Schriftst. russ. Herkunft; Wegbereiterin u. Hauptvertreterin des *Nouveau Roman;* W »Tropismen«.

**Sarrusophon**, Blasinstrument aus Metall.

**Sarthe** [sart], NW-frz. Fluß, 285 km.

**Sarto**, Andrea del, *1486, †1530, ital. Maler; Hauptmeister der florentin. Hochrenaissance; Freskenmalerei.

**Sartre** ['sartr], Jean-Paul, *1905, †1980, frz. Philosoph u. Schriftst.; Begr. des frz. *Existentialismus;* vertrat einen atheist. Humanismus, in dem der einzelne »zur Freiheit verurteilt« ist. Polit. nahm S. eine unabhängige Stellung auf der äußersten Linken ein. Er lehnte den Nobelpreis 1964 ab. W »Das Sein u. das Nichts«, »Kritik der dialekt. Vernunft«, »Der Idiot der Familie«, »Die Fliegen« (Drama), »Die Wege der Freiheit« (Romanzyklus), »Die Wörter« (Autobiographie).

**Sasebo**, *Saseho,* jap. Hafenstadt in NW von Kyushu, 270 000 Ew.; Schiffbau; Steinkohlenförderung.

**Saskatchewan** [sæs'kætʃiwən], Prov. in → Kanada.

**Saskatchewan River** [sæs'kætʃiwən rivə], Fluß in den kanad. Prärieprovinzen; 1950 km.

**Sassafras**, Gatt. der *Lorbeergewächse*, S.-Holz (*Fenchelholz, Panama-Holz*) wird in der Parfümerie verwendet, früher auch Fiebermittel.

**Sassaniden**, *Sasaniden,* pers. Königsdynastie 224–651 n. Chr.

**Sàssari**, ital. Stadt auf Sardinien, Hptst. der gleichn. Prov., 120 000 Ew.; Univ. (1562); Handels- u. Ind.-Zentrum.

**Sassendorf**, *Bad S.*, Gem. in NRW, 9000 Ew.; Sole- u. Moorheilbad.

**Saßnitz**, Stadt u. Bad im Inselkreis Rügen, auf der Halbinsel Jasmund, 15 200 Ew.; Fischereihafen; Eisenbahnfähre nach Trelleborg (Schweden).

**SAT 1**, seit 1985 in der BR Dtld., Östr. u. der Schweiz verbreitetes privates Fernsehprogramm, an dem auch mehrere Zeitungsverlage beteiligt sind. Sitz: Mainz.

**Satan**, im AT Name des Teufels als Ankläger, Verführer u. Verderber.

**Satansaffe, 1.** zu den *Rollschwanzaffen* gehörende *Breitnase*, in S-Amerika; 55 cm Körperlänge. – **2.** *Teufelsaffe,* zu den *Stummelaffen* gehörende *Schmalnase* W-Afrikas, mit langen schwarzen Haaren.

**Satanspilz**, giftiger *Röhrenpilz* mit dickfleischigem Hut.

**Satellit, 1.** Begleiter eines Planeten. – **2.** *künstlicher Erd-S.,* ein Flugkörper, der mit Hilfe einer Rakete in eine kreisförmige oder ellipt. Umlaufbahn um die Erde gebracht wird. Dabei wird der

*Satellitenfernsehen: Satelliten-Übertragungs-Wagen verbreiten aktuelle Nachrichten in alle Welt*

Anziehungskraft der Erde durch die Zentrifugalkraft das Gleichgewicht gehalten. Die hierzu erforderl. *Kreisbahngeschwindigkeit* beträgt nahe der Erdoberfläche rd. 7,9 km/s. Es gibt astronom. Meß-S., Wetter-S., Nachrichten-S. u. militär.-S. Der erste S. war der sowj. »Sputnik 1« 1957.

**Satellitenfernsehen**, Übertragung von Fernsehprogrammen via Satellit; ermöglicht gegenüber der terrestr. Übertragungsweise größere Reichweiten, bessere Bild- u. Tonqualitäten u. die Einrichtung einer größeren Anzahl von Kanälen (bes. Privatfernsehen); in der BR Dtld. seit 1984. Voraussetzung für die Empfangbarkeit: Parabolantenne u. Konverter. Satelliten u.a.: Astra, TV-Sat u. TDF.

**Satellitengeodäsie**, Vermessung der Erdoberfläche u. Gestalt der Erde u. a. Himmelskörper mit Hilfe von Forschungssatelliten.

**Satellitenstaat**, formal selbständiger Staat, der jedoch von einer Großmacht abhängig ist.

**Satellitenstadt**, *Trabantenstadt,* außerhalb einer Großstadt nach modernen städtebaul., verkehrstechn. u. soziolog. Erfordernissen errichtete Nebenstadt.

**Sati**, die in Indien fr. übliche Verbrennung der Witwe auf dem Scheiterhaufen des toten Gatten (in Einzelfällen auch heute noch).

**Satie**, Erik, *1866, †1925, frz. Komponist; Mitgründer der Gruppe der »Six«; antiromant. Musik mit blockartigen Strukturen.

**Satin** [-'tɛ̃], stark glänzendes Gewebe aus Seide, Reyon oder Baumwolle in Atlasbindung.

**Satinage** [-'na:ʒə], das Glätten von Papier unter starkem Druck im Kalander *(satinieren)*.

**Satire**, ein literar. Werk (beliebiger Gattung), das Mißstände oder bestimmte Anschauungen kritisiert, indem es sie lächerlich macht.

**Satisfaktion**, Genugtuung, bes. mit der Waffe, bei Beleidigung u. Ehrverletzung.

**Sato**, Eisaku, *1901, †1975, jap. Politiker (Liberaldemokrat. Partei); 1964–72 Min.-Präs.; Friedensnobelpreis 1974.

**Sattel, 1.** Sitzvorrichtung für Reiter oder Tragvorrichtung für Lasten, besteht aus zwei durch *Stege*

*Sarkophag mit Reliefdarstellungen (von links: tanzender Satyr, Mänade, Dionysos, der von einem Satyr gehalten wird, Silen und Pan; an der Stirnseite Löwengreif); römisch, Ende 2. Jahrhundert. San Pietro in Valle bei Ferentillo*

# 784 Satu Mare

*Saturn: Wasserstoff und Helium sind die Hauptbestandteile des Saturn. Das starke Schwerefeld des Planeten hält diese leichten Elemente zusammen.*

verbundenen Hälften (*Trachten*). – **2.** paßartige Einsenkung in einem Gebirgskamm.

**Satu Mare,** Hptst. des rumän. Kreises S. M. am Szamos, 120 000 Ew.; Siedlungsgebiet der Sathmarer Schwaben.

**saturiert,** selbstzufrieden, gesättigt.

**Saturn, 1.** *Saturnus,* röm. Saatgott mit der Sichel; wurde früh dem *Kronos* gleichgesetzt. – **2.** Zeichen ♄, zweitgrößter Planet des Sonnensystems; die Atmosphäre enthält Methan, Ammoniak, Wasserstoff u. Helium. S. hat mehr als 20 Monde. Außerdem ist S. von einem Ringsystem umgeben, das aus Eis- u. Staubteilchen besteht. → Planeten. – **3.** US-amerik. Großraketen des Apollo-Programms.

**Satyr,** im grch. Mythos Wald- u. Berggeist; trunksüchtiger, lüsterner Begleiter des Dionysos.

**Satz, 1.** *Schriftsatz,* der aus einzelnen Lettern zusammengesetzte Text. – **2.** eine sprachl. Einheit, die nicht mehr Teil einer größeren grammat. Konstruktion ist. – **3.** a) Setzweise der Noten (z.B. strenger, freier, ein- oder mehrstimmiger S.); b) in sich geschlossener Einzelteil einer Suite, Sonate, Sinfonie. – **4.** Teil eines Wettkampfs bei Ballspielen.

**Satzlehre** → Syntax.

**Satzspiegel,** die von Text u. Bild eingenommene Fläche der Buchseite oder Spalte.

**Satzung,** Rechtsvorschrift über die Ordnung bzw. Verfassung von Körperschaften u. Gesellschaften.

**Sau, 1.** [Pl. *Säue*], das weibl. Hausschwein. – **2.** [Pl. *Sauen*], das (männl. u. weibl.) Wildschwein.

**Saubohne** → Pferdebohne.

**Sauciere** [so'sjɛrə], Soßenschüssel.

**Saud,** Sa'ud Ibn Abd Al Asis Ibn Abd Ar Rahman As Sa'ud, *1902, †1969, König von Saudi-Arabien 1953–64; trat zugunsten seines Bruders *Faisal* zurück.

**Saudi-Arabien,** Staat auf der Arab. Halbinsel, 2 149 690 km², 13,6 Mio. Ew., Hptst. *Riad.*

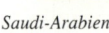

*Saudi-Arabien*

**Landesnatur.** Das Kerngebiet von S. besteht aus einem Hochplateau (*Nadjd*) mit Stein- u. Sandwüsten zw. 600 u. 1000 m Höhe. Hinter der Küstenebene *Tihama* am Roten Meer steigt das Küstengebirge im *Djabal Ibrahim* auf 2500 m an. Nach O senkt sich das Land zum Pers. Golf. Das Klima ist sehr heiß u. äußerst trocken.

Die islam., fast ausschl. arab. B e v ö l k e r u n g lebt zu 10% nomad. oder halbnomad., 18% als seßhafte Bauern u. 72% in Städten.

W i r t s c h a f t. Außenhandel u. Staatshaushalt beruhen auf dem Erdöl, das am Pers. Golf gefördert wird. Die Landwirtschaft beschränkt sich hpts. auf die Haltung von Schafen, Ziegen u. Kamelen sowie auf die Oasenwirtschaft.

G e s c h i c h t e. 1902–21 schuf *Ibn Saud* das Reich der *Wahhabiten* im *Nadjd* neu u. eroberte 1924–26 das Kgr. *Hedjas*; 1932 nannte er sein Reich S. 1953 folgte ihm sein Sohn *Saud* auf den Thron. Seit 1964 war dessen Bruder *Faisal* König. 1975 wurde Faisal ermordet; Nachfolger wurde sein Bruder *Chaled*; nach dessen Tod übernahm 1982 *Fahd* die Regentschaft. Nach der Annexion Kuwaits durch Irak 1990 verlegten die USA Truppen nach S. Grundlage der Gesellschaftsordnung des Landes ist der Islam. Das polit. System ist auf den absolutist. regierenden König zugeschnitten.

**Sauer,** frz. *Sûre,* l. Nbfl. der Mosel; 164 km.

**Sauerampfer** → Ampfer.

**Sauerbruch,** Ernst Ferdinand, *1875, †1951, dt. Chirurg; Begr. der Lungenchirurgie im Druckdifferenzverfahren.

**Sauerbrunnen** → Säuerling.

**Sauerdorn** → Berberitze.

**Sauerdorngewächse** → Pflanzen.

**Sauergräser,** grasähnl. Sumpfwiesenpflanzen.

**Sauerkirsche** → Kirsche.

**Sauerklee,** *Oxalis,* Gatt. der *S.gewächse,* meist ausdauernde Kräuter oder Stauden; enthalten Kleesalz.

**Sauerkraut,** *Sauerkohl,* durch Milchsäuregärung konservierter, feingehobelter Weißkohl.

**Sauerland,** der nordöstl. Teil des Rhein. Schiefergebirges zw. Ruhr, Möhne u. Sieg mit Rothaar- u. Ebbegebirge; zahlreiche Talsperren, Tropfsteinhöhlen; Fremdenverkehr.

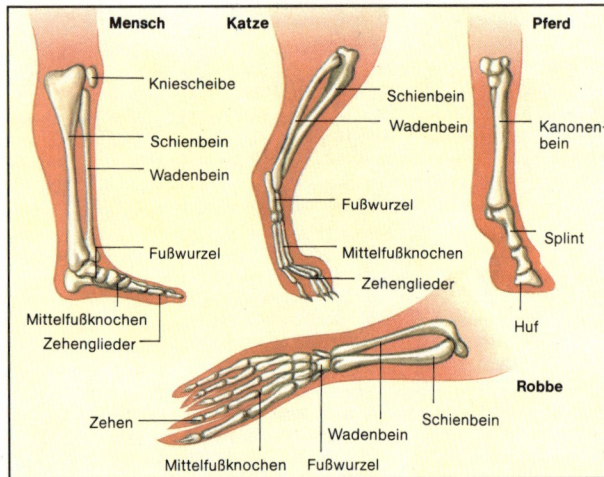

*Die Gliedmaßen der Säugetiere sind in ihrem Grundaufbau gleich. Beim Menschen besitzt der Fuß fünf Zehen. Zwischen dem Knöchel und den aus drei Gliedern bestehenden Zehen liegen die Mittelfußknochen. Diese Grundstruktur, die man bei Sohlengängern, wie Bären und Menschen, findet, wird in mannigfacher Weise abgewandelt. Bei den Zehengängern berühren nur die Zehen den Boden, die Huftiere setzen als Zehenspitzengänger nur das äußerste Zehenglied auf; bei den wasserlebenden Säugetieren haben sich aus den Beinen Flossen entwickelt*

**Säuerling,** *Sauerbrunnen,* Mineralquelle mit über 1 g Kohlendioxid in 1 Liter Wasser.

**Sauerstoff,** ein → chemisches Element; kommt in freiem Zustand als Bestandteil der Luft (20,8 Volumen-%), in gebundenem Zustand im Wasser u. in zahlreichen Mineralien vor. Insges. ist er zu 49,5 Gewichts-% auf der Erdoberfläche vertreten u. damit das am häufigsten vorkommende Element. S. verbindet sich mit den meisten Elementen zu Oxiden (Oxidation). Wenn dieser Vorgang unter Abgabe von Wärme u. Licht verläuft, spricht man von *Verbrennung.*

**Sauerteig,** durch Milchsäurebakterien u. Hefepilze gegorener Roggenmehlteig, der bei der Brotherstellung als Treibmittel benutzt wird.

**Säugetiere,** *Mammalia,* Klasse mit einem Haarkleid versehener, warmblütiger *Wirbeltiere,* die lebende Junge gebären u. sie mit ihrem Brustdrüsensekret nähren; in der Regel vier Gliedmaßen. Die Haut ist drüsenreich u. dient der Wärmeregulation. Die S. haben sich fast alle Lebensräume der Erde erobert. Die heutigen S. umfassen 2 Unterklassen: 1. die *Ursäugetiere* mit der Ordnung *Kloakentiere,* 2. die *eigtl. S.* mit den Teilklassen *Beuteltiere* u. *Höhere Säuger.* – 🅑 → S. 782/783.

**Säugling,** der Mensch im 1. Lebensjahr (in den ersten 28 Lebenstagen *Neugeborener*).

**Säuglingssterblichkeit,** das Verhältnis der Zahl der im 1. Lebensjahr verstorbenen Säuglinge zur Zahl der Lebendgeborenen im selben Zeitraum.

**Saugmotor,** ein *Verbrennungsmotor* ohne Vorverdichtung der Verbrennungsluft.

**Saugnapf,** Haftapparat an der Körperfläche bei versch. Tieren, bes. bei Parasiten.

**Saugrüssel,** die saugenden Mundwerkzeuge bestimmter Insekten.

**Saugwürmer,** *Trematoden,* Klasse der *Plattwürmer* mit Haftorganen; über 2400 Arten; Schmarotzer.

**Saul,** erster König Israels, ca. 1012–04 v.Chr.; erwarb das Königtum aufgrund seiner krieger. Erfolge; scheiterte dann im Kampf gegen die Philister u. beging Selbstmord.

**Säule,** stützendes oder die Fassade schmückendes rundes Bauglied aus Stein, gliedert sich in der Regel in den *Fuß* (Basis), den *Schaft* u. den vielfältig abgewandelten *Kopf* (Kapitell oder Knauf). In der ägäischen Kultur war die S. bereits voll entwickeltes repräsentatives Architekturglied. In der klass. Architektur unterscheidet man die dorische, ionische u. korinthische *S.nordnung.*

**Säulen des Herkules,** antike Bez. für die Felsen beiderseits der Straße von Gibraltar.

**Säulenkaktus,** *Schlangenkaktus, Kandelaberkaktus, Cereus* u. nahestehende Gatt. der *Kaktusgewächse,* im westl. Amerika; mit vielen gerippten Rippen.

**Säulenordnung,** in der Antike festgelegte Anordnung von Stufenbau, Basis, Säule u. Kapitell, die für die drei Hauptstile der grch. Architektur, den *dorischen* (seit ca. 625 v.Chr.), den *ionischen* (seit ca. 570 v.Chr.) u. den *korinthischen* (seit ca. 400 v.Chr.) verbindl. ist. – Wo sich Schmuckformen des ion. Kapitells mit solchen des korinthischen verbinden, spricht man von *Kompositkapitell.*

**Saulus** → Paulus.

**Saum, 1.** Gewebekante, die umgelegt (oder gerollt) u. durch Festnähen gesichert ist. – **2.** [sa'um], bei den Moslems das Fasten im Monat Ramadan.

**Saumpfad,** schmaler Weg durch das Gebirge, auf dem die »Säumer« mit *Saumtieren* (Pferde, Esel, Maulesel) den Handelsverkehr besorgten.

**Saumur** [so'myr], frz. Stadt an der unteren Loire, 32 000 Ew.; Wein- u. Likörerzeugung.

**Sauna,** finn. Heißluftbad; Raumbad in trockener Hitze von 70 bis 90 °C, bei dem während des Bads Dampfstöße erzeugt werden; anschließend Abkühlung durch Kaltwasser oder Schnee; regt den Stoffwechsel an.

**Saunders** [ˈsɔːndəz], James, *8.1.1925, engl. Dramatiker (experimentelle Theaterstücke).

**Saura,** Carlos, *4.1.1932, span. Filmregisseur; kritisierte in seinen Filmen die Franco-Zeit. 🅦 »Carmen«.

**Säure,** eine chem. Verbindung, die in wäßriger

*Saudi-Arabien: Moschee in Djidda*

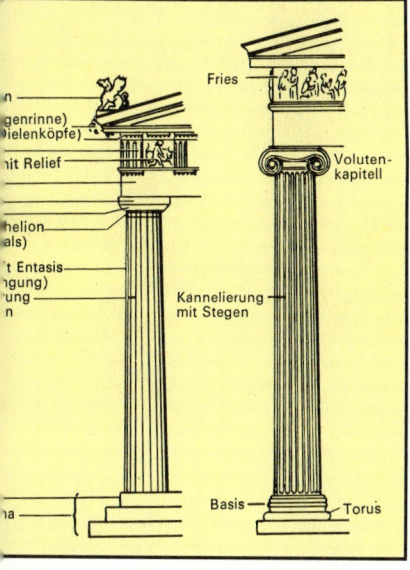

*Säule: dorische und ionische Säulenordnung (von links)*

Lösung infolge der elektrolyt. Dissoziation Wasserstoff-Ionen u. Säurerest-Ionen liefert u. sauren Geschmack hat. S. bilden mit Metallen, Metalloxiden u. -hydroxiden Salze. Je nach Anzahl der Wasserstoffatome im Molekül spricht man von *ein-* u. *mehrbasischen S.;* je nach dem Vorhandensein oder der Abwesenheit von Sauerstoff im Molekül von *Sauerstoff-S.* oder *sauerstoff-freien S.* Die *Stärke* einer S. entpricht dem Grad der *Dissoziation*, d.h. der Konzentration der Lösung an Wasserstoff-Ionen. Die S. kann u.a. an der Farbreaktion eines Indikators erkannt werden.

**saurer Regen,** Schlagwort für die durch Niederschläge bewirkte Ablagerung von Luftverunreinigungen aus Fabriken, Heizungen u. Autos. V.a. durch Oxidation von Schwefeldioxid entstandene Schwefelsäure führt über das Regenwasser zur Versauerung von Böden u. Gewässern.

**Saurier,** Sammelbegriff für versch. Gruppen der *Reptilien*, v.a. für die großen ausgestorbenen Formen des Mesozoikums.
**Saussure** [so'sy:r], Ferdinand de, *1857, †1913, schweiz. Sprachforscher; Begr. der modernen Sprachwiss.
**Savannah** [sə'vænə], Stadt im sö. Georgia (USA), 142 000 Ew.; Hafen; Fremdenverkehr.
**Savannah River** [sə'vænə 'rivə], atlant. Küstenfluß in den östl. USA, rd. 500 km.
**Savanne,** Vegetationsformation im wechselfeuchten Tropenbereich beiderseits des Äquators, überwiegend Grasland mit Gebüschen, Baumgruppen u. Einzelbäumen.
**Savart** [sa'va:r], Félix, *1791, †1841, frz. Physiker; arbeitete u.a. über Akustik u. Elektromagnetismus.
**Save,** slowen. *Sava,* r. Nbfl. der Donau, 940 km; mündet bei Belgrad.
**Savigny** ['savinji:], Friedrich Carl von, *1779, †1861, dt. Rechtswissenschaftler; 1842–48 preuß. Min. für Gesetzgebung; Begr. der *Historischen Rechtsschule.*
**Savile** ['sævil], George → Halifax.
**Savoldo,** Giovanni, *1480, †1548, ital. Maler.
**Savona,** ital. Prov.-Hptst. u. Hafenstadt in Ligurien, 71 000 Ew.
**Savonarola,** Girolamo, *1452, †1498, ital. Bußprediger (Dominikaner); suchte in Florenz eine Demokratie auf theokrat. Grundlage durchzusetzen; als Ketzer gefoltert u. verbrannt.
**Savoyen,** frz. *La Savoie,* ital. *Savoia,* histor. Ldsch. in SO-Frankreich. – 121 v.Chr. röm., 534 fränk., seit 1033 dem röm.-dt. Reich, 1361 Reichsfürstentum, Erwerb von Piemont, 1536–59 frz., 1720 mit Sardinien vereint u. zum Königreich (Sardinien) erhoben, 1860 an Frankreich abgetreten.
**Sawallisch,** Wolfgang, *26.8.1923, dt. Dirigent; seit 1981 Intendant der Bay. Staatsoper.
**Sax,** *Sachs,* dolchartige Waffe der Germanen.
**Sax,** Adolphe, *1814, †1894, belg. Instrumentenbauer; konstruierte das *Saxophon* u. *Saxhörner* (Ventilbügelhörner).
**Saxophon,** von A. *Sax* erfundenes, 1846 patentiertes Blasinstrument aus Nickel, mit einfachem Rohrblattmundstück u. konischer Schallröhre.
**Say** [sɛ:], Jean Baptiste, *1767, †1832, frz. Nationalökonom; Hauptvertreter der klass. Richtung; Theorie der Absatzwege.

**Sayers** ['sɛiəz], Dorothy Leigh, *1893, †1957, engl. Schriftst. (psycholog. Kriminalromane).
**S-Bahn,** Kurzbez. für *Stadtschnellbahn,* Personennahverkehrssystem in Ballungsgebieten mit Taktfahrplan u. relativ kurzer Zugfolge.
**Scaliger** ['ska:ligɛr], *(della) Scala,* Veroneser Adelsgeschlecht, herrschte 1259–1387 in Verona, danach bis 1598 bay. Landadel.
**Scaliger** ['ska:ligɛr], **1.** Joseph Justus, Sohn von 2), *1540, †1609, frz.-ital. Humanist (Sprach- u. Altertumsforscher). – **2.** Julius Caesar, eigtl. Giulio *Bordone della Scala,* *1484, †1558, ital. Dichter u. Humanist; schuf eine Poetik, die auf die gesamte europ. Dichtung der Barockzeit wirkte.
**Scandium,** *Skandium,* ein → chemisches Element.
**Scanner** ['skænə], Gerät, das Objekte elektron. punkt- oder zeilenweise abtastet u. die ermittelten Daten zur Weiterverarbeitung speichert, v.a. in der Druck-Ind. u. Medizin verwendet.
**Scaramuccio** [-'mutʃo], frz. *Scaramouche,* in der *Commedia dell'arte* die Rolle des Aufschneiders.
**Scarborough** ['ska:brə], engl. Nordseebad, in der Gft. Yorkshire, 44 000 Ew.; Fremdenverkehr.
**S-Card,** mit einem Magnetstreifen versehene

*Savanne in Ostafrika*

Kundenkarte der Sparkassen, die u.a. die Benutzung von Geldausgabeautomaten u. Kontoausdruckern der Sparkassen erlauben.
**Scarlatti, 1.** Alessandro, *1660, †1725, ital. Komponist, schrieb über 100 Opern der *Neapolitan. Schule.* – **2.** Domenico, Sohn von 1), *1685, †1757, ital. Komponist; entwickelte in seinen Klaviersonaten einen »galanten« Stil.
**Scarron** [ska'r3], Paul, *1610, †1660, frz. Dichter; schuf die Gatt. des heroisch-komischen Epos.
**Scat** [skæt], *Scat Singing,* im Jazz der Gesang von einzelnen Silben ohne Wortsinn, das Instrumentenspiel nachahmend.
**Schaalsee,** See am Westrand der Mecklenburg. Seenplatte, 23,1 km².
**Schabbes** → Sabbat.
**Schaben, 1.** *i.w.S.: Blattaria,* Ordnung der *Insekten,* zur Überordnung der *Schabenartigen* zählend; Vorratsschädlinge; über 2200 Arten. – **2.** *i.e.S.:* Deutsche S., Schwaben, Russen, Franzosen, bis 13 mm lange, weltweit verbreitete *Schabe* mit 2 dunklen Längsstreifen auf dem gelbl. Halsschild.
**Schabkunst,** *Englische Manier, Mezzotinto,* eine Variante des Kupferstichs, bei der die Platte gleichmäßig mit dem Granierstahl aufgerauht u. die hell zu druckenden Partien anschließend mit einem Schabeisen herausgeschabt werden.
**Schablone,** Musterstück aus Blech, Holz oder Pappe zum Nachbilden gleicher Formen.
**Schabracke,** reich verzierte Satteldecke.
**Schach,** ein um 1000 n.Chr. aus dem Orient nach Europa gekommenes altes Brettspiel, vermutl. in Indien entwickelt. Es wird auf den 64 (8x8) abwechselnd weißen u. schwarzen (unten links immer schwarz) Quadratfeldern des S.- oder Damebretts von 2 Spielern mit je 16 Spielfiguren (je 1 König, 1 Dame, 2 Läufer, 2 Türme, 2 Springer, 8 Bauern) gespielt, die nur nach jeweils eig. Regeln abwechselnd mit je 1 Zug über das Spielfeld ziehen dürfen (weiß stets zuerst). Ziel des Spiels ist es, den gegner. König »matt« zu setzen, d.h. so anzugreifen, daß er sich dem Geschlagenwerden

| Saurier (Reptilien der Urzeit) | | |
|---|---|---|
| Unterklasse | Ordnung | Erdzeitalter |
| Schläfengrubenlose Reptilien *Anapsida* | Stammreptilien *Cotylosauria* | Karbon-Trias |
| | Schildkröten *Testudines* | Trias-Jetztzeit |
| Säugetierähnliche Reptilien *Synapsida* | Urursaurier *Pelycosauria* | Karbon-Perm |
| | Säugetierähnliche Reptilien* *Therapsida* | Perm-Jura |
| | Rechengebißechsen *Mesosauria* | Perm |
| Fischechsen *Ichthyopterygia* | Fischechsen *Ichtyosauria* | Kreide |
| Permechsenartige *Araeoscelidae* | | |
| systematische Stellung ungewiß | Dreijochzahnechsen *Trilophosauria* | |
| | Weigeltechsen *Weigeltisauria* | |
| Paddelechsenverwandte *Euryapsida* | Paddelechsenartige *Sauropterygia* | Kreide |
| | Pflasterzahnsaurier *Placodontia* | Trias |
| Groß-Saurier *Archosauria* | Urwurzelzähner* *Thecodontia* | Perm-Trias |
| | Krokodile *Crocodylia* | Trias-Jetztzeit |
| | Echsenbecken-Dinosaurier *Saurischia* | Trias-Kreide |
| | Vogelbecken-Dinosaurier *Ornithischia* | Trias-Kreide |
| | Flugsaurier *Pterosauria* | Trias-Kreide |
| Schuppenkriechtiere *Lepidosauria* | Urschuppensaurier *Eosuchia* | Perm-Trias |
| | Schnabelköpfe *Rhynchocephalia* | Perm-Jetztzeit |
| | Eigentliche Schuppenkriechtiere *Squamata* | Perm-Jetztzeit |

* Die Säugetierähnlichen Reptilien (*Therapsida*) sind die Stammgruppe der Säugetiere. Die Urwurzelzähner (*Thecodontia*) sind die Stammgruppe der Vögel.

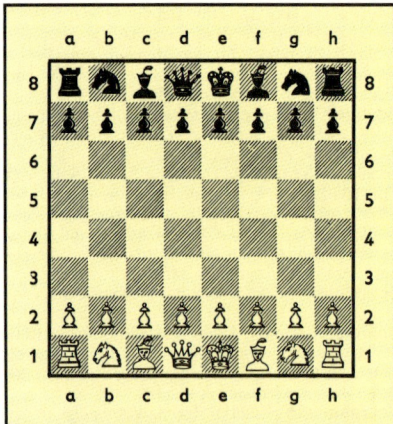

*Schach: Grundstellung der Figuren auf dem Schachbrett. Die Damen stehen zu Beginn immer auf der d-Linie (weiße Dame auf weißem, schwarze Dame auf schwarzem Feld). Durch die Benennung der senkrechten Linien mit Buchstaben und der waagerechten mit Ziffern ist jedes Feld sowie jeder Zug der Figuren genau zu bezeichnen*

*Schachcomputer, mit mehreren Schwierigkeitsstufen ausgestattet*

nicht mehr entziehen kann. – **S.computer** [-kɔmˈpjuːtə], ein elektron. Rechner, der als S.partner dient.
**Schächer,** Räuber; in der Luther-Bibel die beiden mit Jesus gekreuzigten Räuber oder Zeloten.
**Schacht,** meist senkrechter, röhrenförmiger Zugang zu einer Grube. Schräge Schächte heißen *tonnlägig.*
**Schacht,** Hjalmar, *1877, †1970, dt. Finanzpolitiker; 1923–30 u. 1933–39 Reichsbank-Präsident, 1934–37 zugleich Reichswirtschafts-Min.; im Nürnberger Prozeß freigesprochen.
**Schachtelhalmgewächse** → Pflanzen.
**Schachtgrab,** altägypt. Grabtypus mit senkrecht in den Boden führendem, abgedecktem Schacht, an den sich seitlich die Grabkammer anschließt.
**Schachtofen,** Schmelzofen für Metalle mit stehendem Schacht (höher als breit) zur Aufnahme von Schmelzgut u. Brennstoff (Hochofen, Kupolofen); auch Brennofen für Kalk, Zement u.ä.
**Schack,** Adolf Friedrich Graf von (seit 1876), *1815, †1894, dt. Schriftst. u. Mäzen. Aus seiner Gemäldesammlung ging die S.-Galerie in München hervor.
**Schad,** Christian, *1894, †1982, dt. Maler; Hauptvertreter der Neuen Sachlichkeit.
**Schädel,** *Cranium,* das zunächst knorpelige (*Knorpel-S.* bei Knorpelfischen), dann knöcherne Skelett des Kopfs der Wirbeltiere. Der S. des Menschen besteht aus *Gehirn-* u. *Gesichts-S.* Im unteren Teil des Gehirn-S., der *S.basis,* die aus Keilbein, Schläfenbeinen u. Hinterhauptsbein gebildet wird, befinden sich Öffnungen zum Austritt der Gehirnnerven. Der obere Abschluß, die *S.decke (Kalotte),* überwölbt die *S.höhle,* die das Gehirn enthält. Die S.knochen sind durch Knochennähte verbunden.
**Schädelstätte,** die Kreuzigungsstätte Christi (Golgatha); im MA der außerhalb der Stadtgrenzen liegende Hinrichtungsort.
**Schadensersatz,** Wiedergutmachung eines Schadens; bei materiellem Schaden grundsätzl. durch Wiederherstellung des vor Schadenseintritt bestehenden Zustands (*Naturalrestitution*). Ist dieses nicht möglich, so wird der Schaden in Geld ausgeglichen.
**Schädlinge,** Tiere u. Pflanzen, die am Menschen oder an seinen Nutztieren, Nutzpflanzen u. für ihn nützlichen Produkten aller Art Schaden (Totalverlust oder Veränderung) verursachen. Praktisch werden Gesundheitsschädlinge, Pflanzenschädlinge u. Vorratsschädlinge unterschieden.
**Schädlingsbekämpfung,** Maßnahmen zur Abwehr oder Bekämpfung tier. oder pflanzl. *Schädlinge;* mechanisch (z.B. durch Feuer, Wasser, Fallen), chem. (durch Gifte; umweltschädlich) oder im weitesten Sinn biologisch (mit Hilfe natürl. Feinde u.ä.).
**Schadow** [-do], Johann Gottfried, *1764, †1850, dt. Bildhauer u. Graphiker; Hauptmeister des klassizist. Plastik in Dtld.; Ⓦ Viergespann mit Viktoria auf dem Brandenburger Tor, 1794 aufgestellt.
**Schaefer,** Oda, *1900, †1988, dt. Schriftst. (naturverbundene Lyrik).
**Schaeffer,** Albrecht, *1885, †1950, dt. Schriftst.; an antiken u. abendländ. Idealen orientiert.
**Schaf,** *Ovis ammon,* Gatt. der *Böcke,* alle S. gel-

*Schaf: Heidschnucken in der Lüneburger Heide*

ten heute als Rassen einer einzigen Art mit 2 Untergruppen (Ästen): 1. dem eurasischen *Mufflon* u. 2. dem nordamerik. *Dickhorn-Schaf.* Das *Haus-S.* leitet sich von den euras. Rassen her. Es dient als Woll- u. Fleischlieferant.
**Schäfer,** Wilhelm, *1868, †1952, dt. Schriftst., Hrsg. der Zeitschrift »Die Rheinlande«.
**Schäferdichtung** → Hirtendichtung.
**Schäferhund,** unterschiedl. Rassen von Gebrauchshunden, die aus Hirtenhunden herausgezüchtet wurden; u.a. der *Dt. S.*
**Schäffer,** Fritz, *1888, †1967, dt. Politiker (CSU); 1945 bay. Min.-Präs.; 1949–57 Bundesfinanz-, 1957–61 Justiz-Min.
**Schaffermahlzeit,** seit 1581 ein feierl. Essen, das in Bremen die Reeder ihren Schiffern alljährlich am zweiten Freitag im Februar geben.
**Schaffhausen, 1.** Kt. der → Schweiz. – **2.** Hptst. von 1), oberhalb des *Rheinfalls von S.,* 34 000 Ew.; mittelalterl. Stadtbild.
**Schafgarbe,** *Garbe, Achillea,* artenreiche Gatt. der *Korbblütler,* mit kleinen weißen oder gelben Blüten; die *Gewöhnl. S.* dient zur Bereitung von Heiltee.
**Schafkopf,** Kartenspiel mit einem Spiel von 32 Blatt für 4 Personen; Arten: *Wendischer S., Dreiwendsch* (3 Spieler) u. *dt. S.*
**Schafott,** Hinrichtungs-, Blutgerüst.
**Schafskälte,** Kälterückfall mit regnerischem Wetter im Juni in Mitteleuropa.
**Schah,** Titel der pers. Herrscher seit dem 3. Jh.; auch in Afghanistan u. Indien.
**Schah Dschahan,** *Schah Jahan,* *1592, †1666,

*Johann Gottfried Schadow: Doppelbildnis der Prinzessinnen Luise und Friederike von Preußen*

*Schaffhausen: in der Bildmitte die Festung Munot, die 1564–1585 nach der Befestigungslehre von A. Dürer erbaut wurde; rechts der Rhein*

*Goldschakal*

Großmogul in Indien 1628–58; errichtete das marmorne Grabmal *Tadsch Mahal*.
**Schakale,** gelblichgrau gefärbte Raubtiere der *Hundeartigen.* Der *Gold-S.* lebt in Steppen SO-Europas, Asiens u. Afrikas, der kleinere *Streifen-S.* in Urwäldern Afrikas.
**Schalen,** *Klauen,* die Hufe des Schalenwilds.
**Schalenbauweise,** eine Leichtbauweise im Land- u. Luftfahrzeugbau, bei der die umhüllenden Außenhautbleche auch zur Aufnahme von Belastungen herangezogen werden. Auf Druck beanspruchte Hautfelder werden durch Spanten u. Längsprofile versteift.
**Schalenmodell,** eine von H. D. *Jensen* u. M. *Goeppert-Mayer* entwickelte Modellvorstellung für den Atomkern, wobei die Protonen u. Neutronen in einzelnen Schalen angeordnet gedacht werden, ähnlich wie die Elektronen im Atom.
**Schalenobst,** Früchte, deren eßbarer Kern von einer festen, ungenießbaren Schale umgeben ist; z.B. Haselnuß, Mandel, Walnuß.
**Schalenwild,** die jagdbaren Huftiere: Rot-, Elch-, Dam-, Sika-, Reh-, Gams-, Stein-, Muffelwild, Wisent u. Schwarzwild.
**Schaljapin,** Fjodor Iwanowitsch, *1873, †1938, russ. Sänger (Baßbariton); einer der stimm- u. ausdrucksgewaltigsten Darsteller seiner Zeit.
**Schall,** Schwingungen der Materie, die mit dem Ohr gehört oder mit entspr. physikal. Geräten nachgewiesen werden können. Der S. pflanzt sich im Medium (S.träger, meist Luft) als period. Schwankung der Dichte in longitudinalen Wellen fort; in festen Stoffen sind auch transversale Wellen möglich. Beim Menschen unterscheidet man die aus ungefähr sinusförmigen Schwingungen bestehenden *Töne,* die aus mehreren Tönen zusammengesetzten *Klänge* u. die als *Geräusch* empfundenen unregelmäßigen Schwingungen. Hörbar sind S.wellen von 16 bis rd. 20 000 Schwingungen pro s. Je größer die Schwingungszahl (Frequenz) ist, um so höher ist der Ton. Der für den Menschen nicht mehr hörbare S. heißt *Infra-S.* (unter 16) bzw. *Ultra-S.* (über 20 000 Schwingungen pro s).
**Schallgeschwindigkeit,** die Ausbreitungsgeschwindigkeit der Schallwellen. Für gasförmige Stoffe beträgt sie einige hundert m/s (Luft: rd. 330 m/s). In Flüssigkeiten ist die S. infolge der geringen Kompressibilität erhebl. höher, bis zu 2000 m/s (Wasser: 1407 m/s). Die größten Werte werden in festen Stoffen erreicht; z.B. ist die S. in Eisen 5100 m/s.
**Schallmauer,** bildhafte Bez. für die starke Zunahme des Luftwiderstands, die ein Flugobjekt bei Geschwindigkeiten nahe der Schallgeschwindigkeit erfährt. Vor dem Objekt entsteht eine Stauung stark komprimierter Luft, von der bei Überschreiten der Schallgeschwindigkeit eine starke Stoßwelle ausgeht.
**Schallplatte,** ein kreisscheibenförmiger Tonträger, auf dem nach versch. Verfahren Schallschwingungen aufgezeichnet werden. Beim *Nadeltonverfahren* wird der Schall in spiralförmig verlaufenden Rillen auf eine Kunststoffplatte aufgezeichnet, beim *Direct Metal Mastering* wird die Aufnahme direkt in eine Kupferschichtplatte geschnitten (Vervielfältigung durch Pressen). Im *Compact-Disc-Verfahren* werden digitalisierte Schallimpulse in eine silbrige Kunststoffplatte geprägt. Die CD wird von einem Laser abgetastet,

während die herkömml. S. von einer Nadel abgetastet wird, wobei es genormte Umdrehungszahlen gibt (33 1/3, 45 u. früher 78 U/min.). – Die S. wurde 1887 von E. *Berliner* erfunden.
**Schallschutz** → Lärmschutz.
**Schallück,** Paul, *1922, †1976, Schriftst. dt.-russ. Abstammung; Theaterkritiker u. Journalist, schrieb zeitkrit. Erzählungen u. Romane.
**Schalmei,** *i.w.S.* jedes Rohrblattinstrument; *i.e.S.* seit dem Spät-MA der Diskant-Pommer mit Doppelrohrblatt, ein Vorläufer der Oboe.
**Schalotte,** in Vorderasien heimische Lauchart.
**Schaltalgebra,** die Anwendung des Formalismus von logischen Verknüpfungen *(Boolesche Algebra)* auf die Beschreibung von Schaltelementen.
**Schaltbild,** *Schaltplan,* zeichner. Darstellung der Schaltung eines elektr. Geräts oder einer Anlage.
**Schalter,** Vorrichtung zum Öffnen u. Schließen elektr. Stromkreise.
**Schaltjahr,** ein Jahr zu 366 Tagen (Februar: 29 [*Schalttag*] statt 28 Tage). Im *Gregorian. Kalender* ist jedes Jahr mit durch 4 teilbarer Zahl ein S., ausgenommen die nicht durch 400 teilbaren vollen Jahrhundertzahlen (1700, 1800, 1900, 2100 usw.).
**Schaltung, 1.** das System der elektr. Verbindungen zw. den Apparaten, Stromquellen, Maschinen u. Schaltern einer elektr. Anlage oder zw. den Bauteilen eines Geräts. – **2.** *Getriebe-S.,* Vorrichtung in Kraftfahrzeugen zum Einschalten der Übersetzungsstufen des → Kennungswandlers.
**Schalung,** Formen aus Brettern, Stahl oder Kunststoff, die die frische Betonmasse so lange aufnehmen, bis sie erhärtet ist.
**Schaluppe,** kleineres, einmastiges Segelboot.
**Schälwald,** Eichenniederwald, in dem *Gerbrinde* gewonnen wird.
**Scham,** *Schamteile,* die Geschlechtsorgane des Menschen, bes. die weiblichen.
**Schamanismus,** eine religiöse Vorstellung, die einem Menschen (dem *Schamanen*) aufgrund bes. Veranlagung die Fähigkeit zuschreibt, in einem Trancezustand direkte persönl. Verbindung mit der Welt der Geister aufzunehmen, um Krankheiten zu heilen, die Natur zu beeinflussen u.ä.; Hauptverbreitungsgebiete: Nord- u. Zentralasien u. bei den Eskimo (»Angekok«); ähnl. bei Feuerländern, Australiern, Negritos.
**Schambein,** vorderer, unterer Teil des Hüftbeins.
**Schamberg,** der unterste, etwas erhabene u. behaarte Teil der Bauchwand über dem *Schambein;* bei der Frau auch als *Venusberg* bezeichnet.
**Schamfuge,** *Schambeinfuge,* knorpelige Verbindung der beiden *Schambeine* vorn in der Mittellinie; besteht aus einer Faserknorpelscheibe.
**Schamir,** Izhak, urspr. *Jagernicki,* *3.11.1914, isr. Politiker (Cherut); 1983/84 u. seit 1986 Min.-Präs.
**Schamlippen,** äußere weibl. Geschlechtsorgane: Die *großen S.,* zwei Hautfalten, deren Außenflächen mit Schamhaaren besetzt sind, stoßen an der von ihnen gebildeten *Schamspalte* zus. u. bedecken die *kleinen S.* Diese begrenzen den Scheidenvorhof.
**Schamotte,** ein bes. in Feuerungsanlagen verwendeter feuerfester Baustoff aus gebranntem Ton.
**Schams,** Ldsch. im schweiz. Kt. Graubünden, mit der Rofla-Schlucht u. der *Via Mala.*
**Schan,** Volk (1,25 Mio.) der westl. *Thai,* von S-China als Eroberer nach NO-Birma eingewandert.
**Schandau,** *Bad S.,* Kurstadt in Sachsen, an der Elbe, 4400 Ew.
**Schändung, 1.** Entehrung durch physische An- oder Eingriff, z.B. Grabschändung oder Leichenschändung. – **2.** Mißbrauch einer wegen krankhafter seel. Störung, tiefgreifender Bewußtseinsstö-

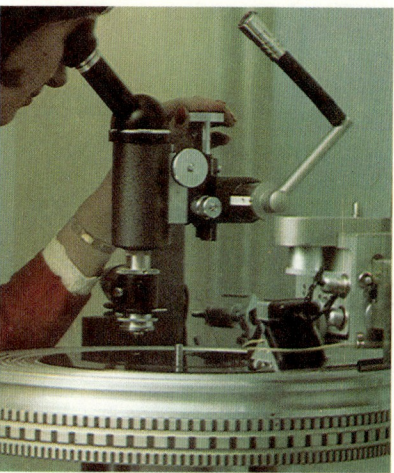

*Schallplatte: Überspielung der Bandaufnahme auf eine Folie in der Tontechnik (oben). – Versilberung der Schallfolie (unten)*

rung, Schwachsinns, einer schweren anderen seel. Abartigkeit oder körperlich widerstandsunfähigen Frau zum außerehel. Beischlaf.
**Schang** → Shang.
**Schanghai,** *Shanghai,* größte Stadt der VR China, im Mündungsgebiet des Chiang Jiang, 7,0 Mio. Ew.; Univ., 3 TH, bed. Theater, wichtigste Handels- u. Hafenstadt Chinas; vielseitige Ind. – Gesch.: 1075 erstmals erwähnt; 1842 Zwangsöffnung für ausländ. Handel; 1937–45 jap. besetzt, 1966 Ausgangspunkt der Kulturrevolution.
**Schankara,** *788, †820, ind. Philosoph; behauptet in seiner Lehre die Illusionshaftigkeit der Welt.
**Schanker,** Geschwür an den Geschlechtsteilen. Der *harte S. (Ulcus durum)* ist der Primäraffekt der → Syphilis; der *weiche S. (Ulcus molle)* wird durch Streptobakterien hervorgerufen.
**Schansi** → Shanxi.
**Schanstaat,** halbautonomer Staat der *Schan* in Birma, 158 222 km², 3,7 Mio. Ew.; Hptst. *Taunggyi.*
**Schantung,** chin. Rohseidengewebe.
**Schantung** → Shandong.

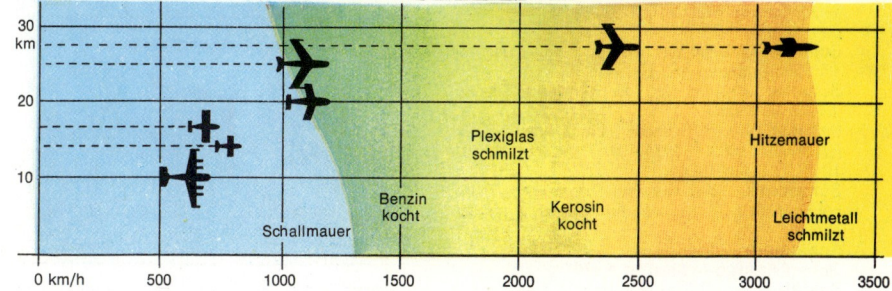

*Schall- und Hitzemauer (Siedetemperaturen: Benzin 80–130° C, Kerosin zwischen 175–325° C)*

788 **Schanze**

*Adolf Schärf*

**Schanze, 1.** auf größeren Kriegsschiffen das Oberdeck des Achterschiffs. – **2.** früher ein militär. Stützpunkt. – **3.** → Sprungschanze.
**Schapel,** *Schappel,* ornamentierter Metallreif oder Blumenkranz als Kopfschmuck.
**Schaper,** Edzard (Hellmuth), *1908, †1984, dt. Schriftst. Seine Romane behandeln ethische u. religiöse Fragen.
**Scharade,** *Charade,* Silbenrätsel.
**Scharbockskraut,** gelbblühendes *Hahnenfußgewächs.*
**Schären,** kleine Felsinseln vor der finn. u. schwed. Küste.
**Scharf,** Kurt, *1902, †1990, dt. ev. Theologe; 1961–67 Vors., 1967–73 stellv. Vors. des Rats der EKD; 1966–76 Bischof von Berlin-Brandenburg.
**Schärf,** Adolf, *1890, †1965, östr. Politiker (Sozialdemokrat); 1945–57 Vors. der SPÖ, zugleich Vizekanzler; 1957–65 Bundes-Präs.
**Scharfrichter,** *Henker,* Vollstrecker der Todes- u. Verstümmelungsstrafen seit dem 13. Jh.; gehörte wegen seines Gewerbes zu den rechtl. benachteiligten »unehrlichen Leuten«.
**Scharhörn,** Nordsee-Insel im Wattenmeer nw. von Cuxhaven, 2,7 km²; Vogelschutzwark.
**Scharia,** *Schari'a, Scheria,* das religiöse islam. Recht; umfaßt das rituelle Recht (Gebet, Fasten, Wallfahrt) sowie das Familien-, Erb-, Schuld-, Straf- u. Kriegsrecht.
**Shariqa** [-ka] → Shariqah.
**Scharlach,** anzeigepflichtige Infektionskrankheit vorwiegend im Kindesalter. Die Erreger sind die S.-Streptokokken. Symptome: Fieber, Mandelentzündung sowie ein kleinfleckiger, flammendroter Ausschlag an Rumpf u. Gliedern mit Freibleiben der Mundpartie.
**Scharmützelsee,** See in der mittleren Mark Brandenburg, südl. von Fürstenwalde, 13,8 km².
**Scharnhorst,** Gerhard Johann David von (1804), *1755, †1813, preuß. Offizier; 1807 preuß. Generalstabschef; arbeitete zus. mit A.N. von Gneisenau die Heeresreform aus, die er im Rahmen der Reformen des Frhr. vom Stein durchführte. Er umging die Beschränkung der Heeresstärke durch das *Krümpersystem,* schaffte das Adelsprivileg auf die Offiziersstellen ab u. setzte die allg. Wehrpflicht durch (1813).
**Scharnier,** Gelenk zur bewegl. Befestigung von Fenstern, Türen, Klappen u.a.
**Scharoun** [-'run], Hans, *1893, †1972, dt. Architekt; Vertreter des Expressionismus; nach 1945 am Wiederaufbau Westberlins beteiligt (Philharmonie).
**Schärpe,** ein Band, das über die Schulter oder um den Leib getragen wird; Uniformteil.
**Scharte,** *Serratula,* Gatt. der *Korbblütler;* hierzu die *Färberscharte.*
**Schasar,** *Shazar,* Schneor Salman, urspr. S. *Rubaschow,* *1889, †1974, isr. Politiker (Mapai); 1963–73 Staats-Präs.
**Schaschlik,** gebratene Fleischspießchen, urspr. bei Nomadenvölkern, dann türk. u. russ. Nationalgericht.
**Schäßburg** → Sighișoara.
**Schatt Al Arab** → Shatt Al Arab.
**Schatten,** das Gebiet hinter einem Körper, in das die Teilchen bzw. Wellen eines Strahls (z.B. Licht, Schall) nicht eindringen können. Der Bereich, in den überhaupt kein Licht gelangt, heißt *Kern-S.,* der Bereich, in den nur ein Teil der Lichtstrahlen gelangt, *Halb-S.*
**Schattenblume,** *Maianthemum,* Gatt. der *Liliengewächse;* die *Zweiblättrige S.* hat weiße Blätter u. rote Beeren; in schattigen Laubwäldern auf der Nordhalbkugel verbreitet.
**Schattenkabinett,** das in Großbritannien (zuweilen nach engl. Vorbild auch in anderen Staaten) von der Opposition gebildete »Gegenkabinett«. Jedes Mitgl. ist Sprecher für ein bestimmtes Ressort.
**Schattenmorelle,** die in Dtld. am häufigsten angebaute Sorte der *Sauerkirschen.*
**Schattenriß** → Scherenschnitt, → Silhouette.
**Schattenspiel,** *Schattentheater,* eine aus China stammende Form des Theaters, bei der vor oder hinter einem von hinten erleuchteten Papier- oder Glasschirm Bildscheiben oder Figuren gezeigt werden, die durch Stäbchen oder Fäden in Bewegung gesetzt werden.
**Schatz,** im bürgerl. Recht eine Sache, die so lange verborgen gelegen hat, daß der Eigentümer nicht mehr zu ermitteln ist. Wird der S. entdeckt, erwerben der Entdecker u. der Eigentümer der Sache, in

*Schattenspiel mit Puppen aus Pappe*

der er verborgen war, je zur Hälfte das Eigentum an ihm.
**Schatzanweisung,** die kurz- oder mittelfristige *Schuldverschreibung* einer öffentl. Gebietskörperschaft.
**Schaubild,** anschauliche graph. Darstellung statistischer Werte.
**Schäuble,** Wolfgang, *18.9.1942, dt. Politiker (CDU); 1981–84 Parlamentarischer Geschäftsführer der CDU/CSU-Fraktion; 1984–89 Bundes-Min. u. Chef des Bundeskanzleramtes; seit 1989 Bundes-Min. des Innern.
**Schaudinn,** Fritz Richard, *1871, †1906, dt. Zoologe; entdeckte 1905 zus. mit Erich *Hoffmann* den Syphilis-Erreger.
**Schauerleute,** Hafenarbeiter, die Stückgüter in die Schiffe verstauen (einladen) u. ausladen.
**Schauerroman,** ein Roman, der durch grausige u. furchterregende Ereignisse, Schauplätze u. Effekte den Leser fesseln will; im 18. Jh. u. in der Romantik bes. gepflegt.
**Schaufel, 1.** die schaufelförmigen Geweihe älterer Elche u. Damhirsche; 2. die langen Oberstoßfedern des Schwanzes der Auerhahn.
**Schäufelein,** *Schäuffelin,* Hans, *um 1483, †um 1539, dt. Maler u. Zeichner für den Holzschnitt.
**Schauinsland,** Berggipfel im Schwarzwald, sö. von Freiburg i. Br., 1284 m.
**Schaukal,** Richard von (seit 1918), *1874, †1942, östr. Schriftst. (Lyrik, Dramen u. Prosa).
**Schaumann,** Ruth, *1899, †1975, dt. Schriftst. u. bildende Künstlerin (Kleinplastiken; Lyrik u. Prosa).

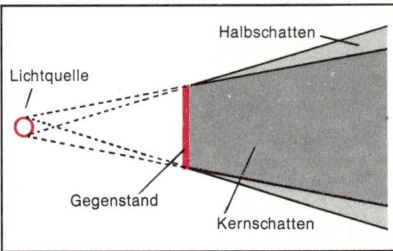
*Schatten: Entstehen von Kern- und Halbschatten (Schema)*

**Schaumburg,** *Gft. S.,* alte dt. Gft. im Wesertal; seit 1946 niedersächs. (vorher preuß.) Ldkrs. – Die Gft. S. ist benannt nach der S. (früher *Schauenburg)* bei Rinteln.
**Schaumburg-Lippe,** ehem. dt. Fürstentum mit der Hptst. Bückeburg, östl. der Weser. – Die Linie S. (oder *Bückeburg)* des Hauses *Lippe* gründete Graf *Philipp I.* (*1601, †1681), der 1643 einen Teil der Gft. *Schaumburg* erbte, 1807 wurde S. Fürstentum, 1918 Freistaat; 1946 zu Niedersachsen.
**Schaumkraut,** *Cardamine,* Gatt. der *Kreuzblütler;* krautige Pflanzen feuchter Wiesen.
**Schaumstoffe,** Bez. für schaumartig (mit geschlossenen Zellen) oder schwammartig (mit offenen Zellen) aufgeblähten Kunststoff oder Kautschuk, z.B. *Moltopren, Styropor.* Verwendung: als Isoliermittel, als Polstermaterial, für Leichtbauplatten, Verpackungen, Dekorationen.
**Schaumwein** → Sekt.
**Schauspiel,** *i.w.S.* jedes Drama; *i.e.S.* ein Drama, das ein weder tragisches noch komisches Geschehen entwickelt.
**Schausteller,** zum *Reisegewerbe* gehörende Person, die auf Jahrmärkten akrobatische, zirzens. u.ä. Vorführungen bietet oder Tiere, Wachsfiguren u.a. zur Schau stellt bzw. ein Fahrgeschäft betreibt.
**Schdanow** [-nof], bis 1948 *Mariupol,* Ind.-Stadt in der Ukrain. SSR (Sowj.), 529 000 Ew.
**Schdanow** [-nof], Andrej Alexandrowitsch, *1896, †1948, sowj. Politiker; seit 1939 Mitgl. des Politbüros; führender Parteiideologe, prägte die *S.-Ära* in der Kulturpolitik.
**Scheck,** die bei Vorlage einzulösende schriftl. Zahlungsanweisung auf das Guthaben des Ausstellers bei einem Geldinstitut (z.B. Bank). Ein S. muß enthalten: 1. die Bez. als S. im Text der Urkunde *(S.klausel);* 2. die Anweisung auf eine bestimmte Geldsumme; 3. den Namen eines Bankiers, der zahlen soll *(Bezogener);* 4. die Angabe des Zahlungsorts; 5. die Angabe von Tag u. Ort der Ausstellung; 6. die Unterschrift des Ausstellers.
**Schecke,** geflecktes Pferd oder Rind.
**Scheckkarte,** die von einem Kreditinstitut einem Konto-Inhaber ausgestellte Karte, mit der die Einlösung von Schecks bis zu einer bestimmten Höhe durch das Kreditinstitut garantiert wird.
**Scheckpapier,** holzfreies Papier, das entweder durch ein Flächenwasserzeichen oder durch einen auf bestimmte Chemikalien reagierenden Aufdruck gegen Fälschungen gesichert ist.
**Schedel,** Hartmann, *1440, †1514, Nürnberger Arzt u. Geschichtsschreiber; veröffentlichte 1493 eine illustrierte Weltchronik.
**Scheel, 1.** Mildred, verh. mit 2), *1932, †1985, Ärztin; gründete 1974 die Dt. Krebshilfe. – **2.** Wal-

*Walter Scheel*

ter, *8.7.1919, dt. Politiker (FDP); 1961–66 Bundes-Min. für wirtschaftliche Zusammenarbeit; 1968–74 Vors. der FDP, 1969–74 Außen-Min., 1974–79 Bundes-Präs.
**Scheele,** Karl Wilhelm, *1742, †1786, schwed. Chemiker dt. Herkunft; Apotheker; entdeckte 1771 den Sauerstoff, 1774 das Chlor u. das Mangan; nach ihm benannt *S.s Grün,* ein giftiges Kupferhydrogenarsenit u. das *Scheelit,* ein Wolframerz.
**Scheer,** Reinhard von, *1863, †1928, dt. Seeoffizier; führte 1916 in der *Skagerrak-Schlacht* die Hochseeflotte; 1918 Chef der Seekriegsleitung.
**Scheerbart,** Paul, *1863, †1915, dt. Schriftst.; phantast. grotesker Erzähler.
**Scheffel,** früheres (bis 1872) dt. Hohlmaß für

*Schellfisch*

schüttbare feste Körper (z.B. Getreide): 1 S. = 0,23–2,22 hl.
**Scheffel,** Joseph Viktor von (seit 1876), *1826, †1886, dt. Schriftst.; schrieb das romantisierende Versepos »Der Trompeter von Säckingen« u. den histor. Roman »Ekkehard«.
**Scheffler,** Johann → Angelus Silesius.
**Schéhadé,** Georges, *1907, †1989, libanes. Schriftst. frz. Sprache; surrealist. Lyrik u. absurde Dramen.
**Scheherezade** [-'za:də], Erzählerin in Tausendundeine Nacht.
**Scheibe, 1.** Emil, *23.10.1914, dt. Maler u. Graphiker; zumeist gegenständl. orientiert; Bildnisse religiösen Inhalts. – **2.** Richard, *1879, †1964, dt. Bildhauer; Denkmäler u. Aktfiguren.
**Scheibenbarsch,** zu den *Sonnenbarschen* gehörender Fisch; grau- bis grüngelb, bis 10 cm lang; Aquarienfisch.
**Scheibenbremse** → Bremse.
**Scheibenpilze,** zu den *Schlauchpilzen* gehörende *Pilze* mit becher- bis schüsselförmigen Fruchtkörpern.
**Scheibenzüngler,** Fam. der *Froschlurche;* mit scheibenförmiger Zunge. Hierzu: *Unken, Geburtshelferkröte* u. *Barbourfrösche.*
**Scheich,** *Scheik,* Stammesoberhaupt bei den arab. Beduinen; in islam. Ländern volkstüml. Titel für führende Leute des geistl. oder geistigen Lebens.
**Scheide** → Vagina, → Geschlechtsorgane.
**Scheidegeld,** *Scheidemünze,* unterwertiges (nicht voll ausgeprägtes), auf kleine Werteinheiten lautendes Geld; Ggs.: *Kurantgeld.*
**Scheidegg,** Name versch. Bergsättel in den Alpen, z.B. im schweizer. Kt. Bern die *Große S. (Hasli-S.),* 1961 m ü. M., u. die *Kleine S. (Wengern-S.),* 2061 m ü. M.
**Scheidemann, 1.** Heinrich, *um 1596, †1663, dt. Organist u. Komponist; beeinflußte die norddt. Orgelmusik. – **2.** Philipp, *1865, †1939, dt. Politiker (Sozialdemokrat); Staatssekretär im Kabinett des Prinzen *Max von Baden,* proklamierte am 9.11.1918 die Republik; Februar-Juni 1919 Reichs-Min.-Präs.; emigrierte 1933.
**Scheidemünze** → Scheidegeld.
**Scheidewasser,** mäßig konzentrierte Salpetersäure zur Trennung *(Scheidung)* von Gold u. Silber.
**Scheidt, 1.** *Scheit, Scheid, Scheyt,* Kaspar, *vor 1520, †1565, dt. Humanist; Lehrer J. *Fischarts,* Moralist u. Lehrdichter. – **2.** Samuel, *1587, †1654, dt. Organist u. Komponist; »Tabulatura nova«.
**Scheidung, 1.** → Ehe. – **2.** chem. Trennung der Bestandteile von Metallegierungen.
**Schein,** Johann Hermann, *1586, †1630, dt. Organist; 1616 Thomaskantor in Leipzig.
**Scheindolde** → Trugdolde.
**Scheineibe,** *Kopfeibe, Cephalotaxus,* Gatt. der *Nadelhölzer;* von Ostasien bis Vorderindien; kleine oder mittlere Bäume mit breiten, zweizeilig angeordneten langen Nadeln; Zierbäume.
**Scheiner, 1.** Christoph, *1573, †1650, dt. Mathematiker u. Astronom; Jesuitenpater; entdeckte 1611 die Sonnenflecken. – **2.** Julius, *1858, †1913, dt. Astronom; Arbeitsgebiet: Spektralanalyse der Gestirne.
**Scheinfeld,** Stadt in Mittelfranken (Bay.), am Steigerwald, 4300 Ew.; Schloß *Schwarzenberg.*
**Scheinfrucht,** eine Fruchtstand, der einer Einzelfrucht ähnelt (z.B. Feige, Erdbeere).
**Scheingeschäft,** ein Rechtsgeschäft, das im Einverständnis der Beteiligten nur zum Schein abgeschlossen ist; nach § 117 BGB nichtig.

**Scheingewinn,** ein Gewinn, der infolge von inflationist. Preissteigerungen oder von Preissteigerungen auf einzelnen Märkten ohne spezielle Leistung des Unternehmens entsteht.
**Scheintod,** ein Zustand, bei dem keine äußeren Lebenszeichen festgestellt werden können; sichere Todeszeichen wie Totenflecken u. Totenstarre bleiben jedoch aus.
**Scheinträchtigkeit,** eine vorgetäuschte Schwangerschaft, Auftreten von Milchsekretion u. Bemutterungstrieben; bes. bei der Hündin.
**Scheinwerfer,** Gerät zum Ausstrahlen eines kräftigen, gerichteten Lichtbündels.
**Scheitel,** die in der Mittelebene des Körpers verlaufende Verbindungslinie beider *S.beine* auf der Höhe des Kopfes bei den Wirbeltieren.
**Scheitelbeine,** *Parietalia,* die beiden die Seitenwände der oberen Schädelkapsel bildenden Schädelknochen.
**Scheitelpunkt, 1.** der Punkt größter oder kleinster Krümmung bei einer axialsymmetr. Kurve. – **2.** der Schnittpunkt der Schenkel eines Winkels.
**Scheitelwert,** Höchstwert, Extremwert; größte Amplitude einer Sinusschwingung.
**Schekel,** *Sekel,* alte hebr., phöniz. u. babylon. Gewichtseinheit, bes. für Gold u. Silber. – In Israel Währungseinheit: 1 S. = 100 *Agorot.*
**Schelde** ['sxɛldə], frz. *Escaut,* bedeutendster Fluß Belgiens, 430 km, davon 107 km in Frankreich, 233 km in Belgien u. 90 km in den Ndl.
**Scheler,** Max, *1874, †1928, dt. Philosoph; Vertreter der Phänomenologie u. Neubegr. der Anthropologie.
**Schelf,** *Kontinentalsockel,* direkt den Küsten vorgelagerte Gebiete mit Wassertiefen von weniger als 200 m. Die S. enthalten rd. 30% der Welterdölreserven u. liefern 90% des Weltfischereiertrages. *S.meere* sind die Wassergebiete auf dem S.
**Schelfeise,** *Eisschelfe,* am Rand polarer Landflächen über dem Schelf im Meereswasser schwimmende, große, bis zu 100 m mächtige Eistafeln, z.B. Ross-Schelfeis.
**Schelfhout** ['sxɛlfhout], Andreas, *1787, †1870, ndl. Maler u. Radierer (kleinformatige Sommer- u. Winterlandschaften).
**Schell, 1.** Herman, *1850, †1906, dt. kath. Theologe; Vertreter des *Reformkatholizismus.* – **2.** Maria, *5.1.1926, schweiz. Schauspielerin (sentimentale Rollen u. Charakterdarstellerin). – **3.** Maximilian, Bruder von 2), *8.12.1930, schweiz. Schauspieler u. Regisseur.
**Schellack,** *Gummilack, Blattlack,* harzige Abscheidungen ost- u. hinterindischer Schildläuse auf den Zweigen versch. Bäume; für die Herstellung von Lacken u.ä. gesammelt; früher auch für Schallplatten.
**Schelladler,** bis 74 cm großer *Adler* O-Europas u. Asiens; mit großen weißen Flecken auf der Oberseite u. hellen Flügelbinden.
**Schellenbaum,** *Halbmond,* reich verzierte, repräsentative Standarte der Infanterie-Musikkorps für feierl. Anlässe; aus der türk. Janitscharenmusik übernommen.
**Schellfische,** *Dorsche i.w.S., Gadidae,* Fam. der *Schellfischartigen* der kalten u. gemäßigten Meere; mit dreiteiliger Rückenflosse u. Bartfaden. Zu den S. gehören *Dorsche* (hierzu auch die Art *Schellfisch,* ein wichtiger Speisefisch), *Seehechte* u. *Quappen.*
**Schelling, 1.** Friedrich Wilhelm Joseph von, *1775, †1854, dt. Philosoph; studierte im Stift zu Tübingen (Freundschaft mit *Hegel* u. *Hölderlin);* stand in enger Verbindung zur *Romantik.* S. gehört zu den Hauptvertretern des *Dt. Idealismus;* W »System des transzendentalen Idealismus«. – **2.** Karoline, geb. *Michaelis,* Frau von 1) seit 1803, *1763, †1809; 1796–1801 mit A.W. von *Schlegel* verh.; Mittelpunkt der Jenaer Romantik.
**Schelmenroman,** pikarischer, pikaresker Roman, ein Abenteuerroman, der von den Erlebnissen u. Streichen eines *pícaro* (span., »Schelm«) handelt. Im S. wird die zeitgenöss. große Gesellschaft krit. betrachtet u. lächerl. gemacht. – Der S. entstand in der 2. Hälfte des 16. Jh. in Spanien u. wurde in ganz Europa nachgeahmt; in Dtld. »Simplicissimus«.
**Schelsky,** Helmut, *1912, †1984, dt. Soziologe; untersuchte soziale Strukturwandlungen sowie Fragen der Bildungsplanung.
**Schema** ['ʃe:-], Grundriß, Umriß, anschauliche (oft graph.) Darstellung der wesentl. Züge eines Sachverhalts.
**Schendel** ['sxɛn-], Arthur van, *1874, †1946,

ndl. Schriftst.; schrieb von der Neuromantik herkommende, später realist. Romane.
**Schenjang** → Shenyang.
**Schenkel,** *Crus,* Teile der hinteren (unteren) Extremitäten der vierfüßigen Wirbeltiere u. des Menschen.
**Schenkelbruch,** *Hernia femoralis,* das Hervortreten der Baucheingeweide unterhalb des Leistenbands im *Schenkelkanal.*
**Schenkelhalsbruch,** Bruch des Oberschenkelbeins am Schenkelhals.
**Schenkendorf,** Max von, *1783, †1817, dt. Schriftst.; Lyriker der Freiheitskriege.
**Schenkung,** eine vertraglich unentgeltl. Vermögensübertragung, durch die der Beschenkte auf Kosten des Schenkers bereichert wird.
**Schenkungsteuer** → Erbschaftsteuer.
**Schenk von Stauffenberg** → Stauffenberg.
**Schensi** → Shaanxi.
**Schenzinger,** Karl Aloys, *1886, †1962, dt. Schriftst. (Tatsachenromane).
**Scherben** [der], die gebrannte Tonmasse bei Keramik-Erzeugnissen.
**Scherchen,** Hermann, *1891, †1966, dt. Dirigent, Komponist u. Musikschriftst. (setzte sich für die *Neue Musik* ein).
**Scherenberg,** Christian Friedrich, *1798, †1881, dt. Schriftst. (Versepen über preuß. Kriegstaten).
**Scherenfernrohr,** ein Doppelprismenfernrohr mit Meßeinrichtung u. veränderl. Abstand der Objektive; stark vergrößernd u. von hoher Lichtstärke.
**Scherenschnitt,** Umrißbild eines Gegenstands; mit der Schere aus schwarzem Papier geschnitten; bis zum 19. Jh. in der Kunst gepflegt.
**Scherer,** Wilhelm, *1841, †1886, dt. Sprach- u. Literaturwissenschaftler; betrieb eine positivist. Literaturbetrachtung.
**Scherf,** halber Pfennig; bes. kleine Münze (»*Scherflein«*); im 16./17. Jh. in Kupfer geprägt.
**Scherge,** Gerichtsdiener, auch abwertend für Polizist (Büttel).
**Scheria,** *Scheri'a* → Scharia.
**Scherif,** Titel der Nachkommen des Propheten *Mohammed,* oberste Hüter des Heiligtums (der Kaaba) in Mekka.
**Schermaus** → Wasserratte.
**Scherrer,** Paul, *1890, †1969, schweiz. Physiker; arbeitete über den Aufbau von Kristallen u. Atomkernen.
**Scherzo** ['skɛrtso], Bez. für Tonsätze heiteren, scherzhaften Charakters, die in der klass. Zeit (seit *Beethoven)* das Menuett in Sonate u. Sinfonie ablösten; im 19. Jh. auch ein virtuoses Klavierstück.
**Schesaplana,** höchster Gipfel des Rätikons, im Grenzgebiet zw. Schweiz u. Östr., 2964 m.
**Scheuermannsche Krankheit,** Wirbelsäulenerkrankung, die zu einer Verformung der Wirbelknochen u. zur Verkrümmung der Wirbelsäule führt (Rundbuckel, Kyphose).
**Scheurebe,** bes. würzige Rebsorte.
**Scheveningen** ['sxe:vəniŋə], Ortsteil von *Den Haag* (Ndl.), Seebad u. Fischereihafen.
**Schewardnadse,** Eduard Amwrossijewitsch,

*Scheveningen: das elegante Nordseebad ist der größte aller niederländischen Badeorte*

**Schewtschenko,** *25.1.1928, sowj. Politiker; 1985–90 Mitgl. des Politbüros der KPdSU; seit 1985 Außen-Min; seit 1990 Mitgl. des Präsidialrats der UdSSR.
**Schewtschenko,** Taras Grigorjewitsch, *1814, †1861, ukrain. Schriftst. u. Maler; schuf eine ukrain. Literatursprache.
**Schiaparelli** [skja-], Giovanni Virginio, *1835, †1910, ital. Astronom; entdeckte die »Marskanäle« (1877).
**Schicht, 1.** durch Sedimentation entstandene, tafel- oder plattenförmige Gesteinslage von beträchtl. waagerechter Ausdehnung. – **2.** die tägl. Arbeitszeit eines Industrie-, urspr. eines Bergarbeiters. – **3.** ein Teil der Gesellschaft, der aufgrund ähnl. wirtschaftl. Verhältnisse, Mentalität u. sozialer Einschätzung als verhältnismäßig gleichartiges Kollektiv empfunden wird.
**Schichtgesteine** → Sedimentgesteine.
**Schichtstufen,** durch Abtragung schräggestellter, wechsellagernder harter u. weicher Gesteinsschichten entstehende Geländestufen.
**Schichtwolke** → Stratus.

**Schickele,** René, Pseud.: *Sascha,* *1883, †1940, elsäss. Schriftst.; trat für eine dt.-frz. Verständigung ein; Hrsg. der pazifist. »Weißen Blätter«.
**Schickeria,** reiche, sich extravagant gebende, übertrieben modisch gekleidete Gesellschaftsschicht.
**Schicksal,** Geschick; das menschl. Leben lenkende Macht.
**Schicksalsdrama,** ein Schauspiel, das in oberflächl. Nachahmung der antiken *Schicksalstragödie* den Untergang des Helden durch eine unheilvolle Verkettung äußerer Umstände herbeiführt; beliebt zu Anfang des 19. Jh.
**Schiebebühne, 1.** eine Vorrichtung, um Lokomotiven u. Eisenbahnwaggons von einem Gleis zu einem parallel-laufenden zu versetzen. – **2.** *Wagenbühne,* seit der Antike bekannte Form der Theaterbühne für schnellen Szenenwechsel.
**Schieber,** Absperrvorrichtung in Rohrleitungen.
**Schieblehre,** *Meßschieber, Kaliber,* Längenmeßinstrument mit Millimeter-Längeneinteilung; die Messung erfolgt zw. zwei Meßschenkeln, von denen der eine verschiebbar ist. Die Feinablesung geschieht mit dem *Nonius;* Ablesegenauigkeit 0,1 bis 0,05 mm.

**Schiedam** [sxi'dam], Stadt in der ndl. Prov. Südholland, 69 000 Ew.; Schiffbau.
**Schieder,** Theodor, *1908, †1984, dt. Historiker; Hrsg. des »Hdb. der europ. Geschichte«.
**Schiedsgerichtsbarkeit, 1.** die Entscheidung von Rechtsstreitigkeiten durch von den Parteien des Rechtsstreits vereinbarte (nichtstaatl.) *Schiedsgerichte* mittels *Schiedsspruchs.* Das *Schiedsverfahren* endet mit dem *Schiedsspruch* oder *Schiedsvergleich.* – **2.** die Beilegung internat. Streitigkeiten durch unbeteiligte Dritte, wobei sich die Parteien vorher der Entscheidung zu unterwerfen versprechen. Eine wichtige Instanz ist der *Ständige Schiedshof* in Den Haag.
**Schiedsmann,** *Friedensrichter,* Inhaber eines öffentl. Ehrenamts, dem die gütl. Beilegung eines bürgerl. Rechtsstreits übertragen werden kann.
**Schiedsrichter, 1.** der Richter der Schiedsgerichtsbarkeit; zu unterscheiden vom *Schiedsmann.* – **2.** unparteiischer Leiter von sportl. Wettkämpfen, bes. von Wettspielen.
**Schiedsspruch** → Schiedsgerichtsbarkeit.
**Schiefblattgewächse** → Pflanzen.
**schiefe Ebene,** eine Ebene, die gegen eine waagerechte Ebene um einen Winkel α geneigt ist.

# SCHIFFAHRT

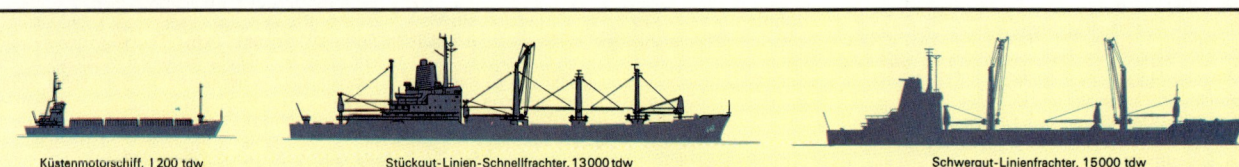

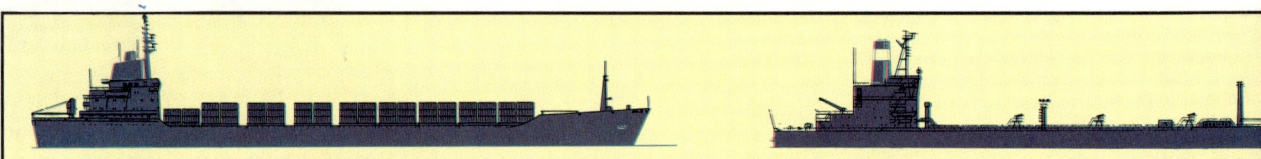

*Hamburg, ein offener Seehafen; Binnenschiffe können kreuzungsfrei in die Seehafenbecken einfahren*

Egon Schiele: Vier Bäume; 1917. Wien, Österreichische Galerie

**Schiefer,** deutl. parallel angeordnete, in dünnen, ebenen Platten spaltbare Gesteine; *i.e.S.* die durch Metamorphose entstandenen *kristallinen S.* u. die durch tekton. Druck entstandenen *Ton-S.*

**Schiele,** Egon, *1890, †1918, östr. Maler u. Graphiker; seine Werke haben expressionist. Charakter (Landschaften, Selbstporträts, Aktdarstellungen, Kinderbildnisse).

**Schielen,** *Strabismus,* Abweichungen vom Normalzustand, in dem beide Augäpfel in ihrer Bewegung so gleichgeschaltet sind, daß die Gesichtslinien sich im Fixationspunkt schneiden.

**Schienbein,** *Tibia,* einer der beiden Unterschenkelknochen der vierfüßigen Wirbeltiere; beim Menschen der größere, nach innen gelegene.

**Schiene, 1.** *Elektrotechnik:* 1. Verbindung mehrerer Leitungen zu einer Hauptleitung (*Sammel-S.*); 2. in der Nähe des Gleiskörpers von U- u. S-Bahnen isoliert angebrachter Leiter großen Querschnitts aus Kupfer oder Stahl zur Führung des Fahrstroms (*Strom-S.*). – **2.** Gerät aus festem oder biegsamem Material zur Verstärkung von Verbänden u. Bandagen, mit dem Zweck der Ruhigstellung u. Feststellung von Knochenbrüchen u. Gelenken.

**Schienenbremse,** mechan. oder elektromagnet. wirkende Zusatzbremse an Schienenfahrzeugen.

**Schienenbus,** zwei- oder vierachsiges Eisenbahntriebfahrzeug für Nahverkehr u. Nebenstrecken.

**Schierling,** *Conium,* Gatt. der *Doldengewächse.* Der *Gefleckte S.* enthält das sehr giftige Alkaloid *Coniin.*

**Schierlingstanne** → Tsuga.

**Schiermonnikoog** [sxiːrˈmɔnikoːx], ndl. Nordsee-Insel, eine der Westfries. Inseln; 900 Ew.

**Schießbaumwolle,** *Schießwolle,* ein Cellulosenitrat (Nitrocellulosen), aus Baumwolle oder Edelzellstoff; früher in der Sprengtechnik verwendet.

**Schießpulver** → Pulver.

**Schießsport,** zusammenfassende Bez. für Gewehr-, Pistolen-, Wurftauben-, Bogen- u. Armbrustschießen sowie das Schießen auf laufende Scheiben (z.B. »Laufender Keiler«). – B → S. 792.

**Schiff, 1.** größeres Wasserfahrzeug zur Beförderung von Personen u. Gütern. Es schwimmt nach

Fährschiffe im Hamburger Hafen

Kreuzfahrt-Fahrgastschiff MS »Europa V«, 35 000 BRT

Die Be- und Entladung erfolgt bei Spezialschiffen nach dem Ro/Ro-Prinzip (links). – Kommandobrücke eines modernen Schiffes (rechts)

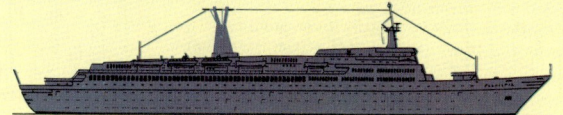
Kreuzfahrt-Fahrgastschiff, 25000 BRT

Hochsee-Fährschiff 4000 BRT

# Schiffahrt

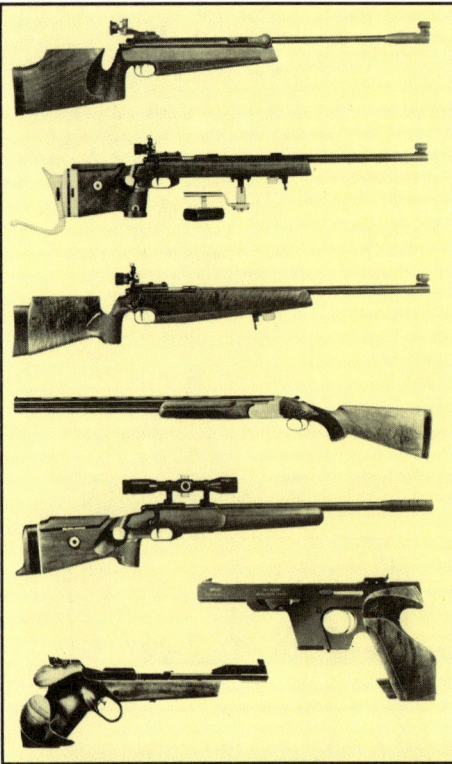

*Schießsport (von oben nach unten): Luftgewehr, Kal. 4,5 mm (Mod. Walther), Kleinkaliber Freies Gewehr, Kal. 5,6 mm (.22 lr), KK-Standardgewehr, Kal. wie vor (beide Mod. Anschütz), Wurftaubenflinte mit Doppellauf, Kal. 12/70 (Mod. Dynamit-Nobel), Büchse für laufende Scheibe, Kal. .22 lr (Mod. Anschütz), Sportpistole, Kal. 5,6 mm, Freie Pistole, Kal. 5,6 mm (beide Mod. Walther)*

dem archimed. Prinzip: Das Gewicht der verdrängten Wassermenge ist gleich dem *Auftrieb*. – **2.** der größte Raumabschnitt einer Kirche. Man unterscheidet das *Mittel-* oder *Hauptschiff* von den *Seiten-* oder *Nebenschiffen*. Das quer zur Kirchenachse verlaufende S. heißt *Querschiff* oder *-haus*.

**Schiffahrt,** die Beförderung von Personen u. Gütern auf dem Wasser durch Schiffe; i.e.S. die *Handels-* im Unterschied zur *Kriegs-S*. Nach den befahrenen Gewässern unterscheidet man *Binnen-, Küsten-* u. *See-S*. – B → S. 790/91.

**Schiffbau,** Herstellung u. Reparatur von See- u. Binnenschiffen auf Werften.

**Schiffbruch,** Schiffsuntergang durch Naturgewalt oder sonstigen Seeunfall.

**Schiffchen, 1.** kleines längliches Schälchen aus feuerfestem Material für die chem. Analyse. – **2.** *Käppi,* kleine ovale militär. Kopfbedeckung. – **3.** *W e b e r e i :* → Schütze.

**Schifferstadt,** Stadt in Rhld.-Pf., nw. von Speyer, 17 400 Ew.; Gemüse- u. Tabakanbau.

**Schiffsbohrwurm,** eine *Muschel,* deren verkümmerte Schalen als Bohrorgan dienen; bohrt sich in das Holz von Schiffen.

**Schiffshalter,** *Echeneiformes,* Ordnung der *Echten Knochenfische,* deren 1. Rückenflosse kopfwärts gerückt u. zu einer Haftscheibe umgebildet ist, mit der sich die S. an größeren Fischen festsaugen.

**Schiffshebewerk,** Vorrichtung zum Heben u. Senken von Schiffen zw. versch. hohen Wasserspiegeln. Das Schiff wird in einen großen Trog gefahren, der senkrecht hochgehoben (oder herabgelassen) wird.

**Schiffsklassifikation,** die Einstufung eines Schiffs nach Bauart, Zustand, Ausrüstung u.a. Merkmalen durch eine staatl. konzessionierte *S.-Gesellschaft*.

**Schiffsmakler,** engl. *Shipbroker,* meist ein Handelsmakler, der sich mit der Vermittlung von Schiffsfrachten u. Laderaum befaßt.

**Schiffsraum,** Gesamtraum (in Bruttoregistertonnen gemäß Schiffsvermessung) eines Schiffs.

**Schiffsregister,** öffentl. Register beim Amtsgericht des Heimathafens oder -orts über die See- u. Flußschiffe unter der Flagge der BR Dtld. *(See- u. Binnen-S.)* sowie über im Bau befindl. Schiffe *(Schiffsbauregister).* Sie geben Auskunft über das Schiff, den Eigentümer, Schiffshypotheken u.a.

**Schiffsschraube,** *Schraubenpropeller, Propeller,* ein Schiffsantriebsorgan am hinteren Ende der Schraubenwelle. Die S. erzeugt bei Drehung einen nach hinten gerichteten Wasserstrahl, dem nach dem Rückstoßprinzip eine Schubkraft nach vorn entspricht.

**Schiffsvermessung,** die amtl. Ermittlung des geschlossenen Innenraums von Schiffen, seit 1982 nach einem neuen internat. System. Die *Bruttoraumzahl* (BRZ) ergibt sich aus dem Inhalt aller umbauten Räume des Schiffes, multipliziert mit einem Wert zw. 0,22 u. 0,32. Die *Nettoraumzahl* (NRZ) repräsentiert den Laderauminhalt. Die Angaben *Bruttoregistertonnen* (1 BRT = 2,832 m³) u. *Nettoregistertonnen* (NRT) sind überholt.

**Schiga** → Shiga.

**Schiiten,** islam. Parteien, urspr. die Anhänger *Alis,* des Vetters u. Schwiegersohns Mohammeds, die nur ihn u. seine Nachkommen als Kalifen anerkannten. Gegenüber den *Sunniten* vertreten die S. die Lehre vom Imam als (gottähnlichem) Mittler u. Führer. Sie sind in versch. Sekten aufgespalten u. bes. in Iran verbreitet.

**Schikaneder,** Emanuel, eigtl. Johann Jakob S., *1751, †1812, dt. Schauspieler, Sänger u. Librettist; schrieb das Textbuch zu *Mozarts* »Zauberflöte«.

**Schikiatschuang** → Shijiazhuang.

**Schild** [der], am linken Arm getragene Schutzwaffe versch. Form.

**Schildbürger,** die Einwohner der gedachten Stadt *Schilda,* über die närrische Schwänke berichtet werden.

**Schilddrüse,** eine Drüse innerer Sekretion; beim Menschen vor u. beiderseits neben der Luftröhre dicht unter dem Kehlkopf. Unterfunktion führt zum *Myxödem;* Überfunktion zur *Basedowschen Krankheit*.

**Schildknorpel,** Teil des Knorpelgerüsts des Kehlkopfs.

**Schildkröten,** Ordnung der *Reptilien;* mit kurzer, gedrungener Körperform u. knöchernem Rücken- u. Bauchschild, zw. die Kopf, Schwanz u. Beine zurückgezogen werden können. Unter den heute bekannten rd. 200 Arten finden sich Formen von 10 cm bis 2 m Länge. Die S. werden eingeteilt in die Gruppen *Halsberger-S.* u. *Halswender-S*.

**Schildläuse,** Unterordnung der *Pflanzensauger;* Schnabelkerfe, die oft als gefürchtete Schädlinge an Kulturpflanzen auftreten.

**Schildpatt,** die oberen, hornartigen Platten des Rückenschilds von Seeschildkröten.

**Schilf,** *S.rohr,* Gatt. der *Süßgräser*. Das Gewöhnl. *S.rohr* ist über die ganze Erde verbreitet. Die Halme werden u.a. für Matten verwendet.

**Schill,** Ferdinand von, *1776, †1809, preuß. Offizier; zog 1809 mit seinem Berliner Husarenregiment eigenmächtig gegen die Franzosen, um Preußens Kriegseintritt zu erzwingen; fiel in Stralsund.

**Schiller, 1.** ['skilə], Ferdinand Canning Scott, *1864, †1937, engl. Philosoph; ein Hauptvertreter des engl. *Pragmatismus*. – **2.** (Johann Christoph) Friedrich von (1802 geadelt), dt. Dichter u. Philosoph, *1759, †1805; besuchte die militär. akadem. Karlsschule, studierte dort Medizin u. wurde 1780 Regimentsarzt in Stuttgart; nach dem großen Erfolg seines Dramas »Die Räuber« Desertion u. Flucht nach Mannheim; dort 1783/84 Theaterdichter u. erfolgreiche Aufführung von »Kabale u.

*Schiffshebewerk im Elbe-Seitenkanal bei Lüneburg*

| Wichtige Daten zur Geschichte der Schiffahrt | |
|---|---|
| v. Chr. | |
| 3000 | In Ägypten werden Segelschiffe verwendet |
| 1250 | Unter *Ramses II.* wird der Kanal vom Nil zum Roten Meer vollendet |
| 580 | Der Skythe *Anacharsis* erfindet den zweiarmigen Schiffsanker |
| 500 | Die Griechen benutzen seegehende Ruderschiffe |
| n. Chr. | |
| 1487 | B. *Díaz* umfährt als erster das Kap der Guten Hoffnung |
| 1519 | F. *Magalhães* findet die nach ihm benannte Meeresstraße |
| 1707 | D. *Papin* baut das erste Dampfschiff |
| 1730 | J. *Hadley* baut ein Spiegelpeilgerät (Oktant) |
| 1807 | R. *Fulton* konstruiert einen Schaufelrad-Flußdampfer |
| 1819 | Das erste Dampfschiff überquert den Atlantik |
| 1820 | In Frankreich wird an der Saône die Kettenschiffahrt eingeführt |
| 1822 | Erstes vollständig aus Eisen gebautes Dampfschiff |
| 1826 | J. *Ressel* entwickelt die Schiffsschraube |
| 1863 | Erstes Unterseeboot mit Motorantrieb |
| 1869 | Der Suezkanal wird für die Schiffahrt freigegeben |
| 1894 | Erstes Turbinenschiff |
| 1903 | E. O. *Schlick* konstruiert den Schiffskreisel |
| 1908 | Erster erfolgreicher Einsatz eines Kreiselkompasses |
| 1912 | Untergang des als unsinkbar geltenden Schnelldampfers „Titanic" (1517 Todesopfer) |
| 1914 | Eröffnung des Panamakanals nach 35 Jahren Bauzeit |
| 1918 | Erster Flugzeugträger |
| 1924 | A. *Flettner* baut das erste Rotorschiff |
| 1948 | Funkpeilgeräte werden für alle Schiffe über 1600 BRT vorgeschrieben |
| 1954 | Erstes mit Kernenergie angetriebenes Schiff (U-Boot „Nautilus") |
| 1955 | Beginn des Containertransports per Schiff |
| 1959 | Erste Luftkissenfahrzeuge („Hovercraft") im Einsatz |
| 1960 | J. *Piccard* erreicht mit der „Trieste" eine Tiefe von 11 521 m |
| 1977 | Erste Flüssignaturgas-Tankschiffe |
| 1980 | In Japan wird ein modernes Segelfrachtschiff gebaut |
| 1984 | Entwicklung der Zustromdüse zur Schiffsschraube (Energieeinsparung) |
| 1985 | Zunehmender Einsatz der metergenauen Satellitennavigation |
| 1986 | Erstes Roll-on-Roll-off-Lastschiff („Barber Texas") |

Liebe«. 1785–87 zuerst in Leipzig, dann in Dresden. Dichterische Erträge jener Zeit sind u.a. der Hymnus »An die Freude« u. die endgültige Fassung seines »Don Carlos«. Intensive Geschichtsstudien trugen ihm eine Professur an der Universität Jena ein. 1790 heiratete er Charlotte von *Lengefeld*. 1791 zog er sich ein schweres Lungenleiden zu. Eine fünfjährige Ehrenpension ermöglichte ihm eingehende philosoph. u. ästhet. Studien. Die Schriften (u.a.) »Über die ästhet. Erziehung des Menschen« u. »Über naive und sentimentalische Dichtung« entwickeln einen sittl.-ästhet. Idealismus. – Die letzte Schaffenszeit stand unter dem Zeichen seiner Freundschaft mit Goethe. S. schrieb Balladen (u.a. »Der Ring des Polykrates«, »Der Taucher«) u. Gedankenlyrik (u.a. »Das Ideal u. das Leben«), daneben seine späten Dramen: »Wallenstein«-Trilogie, »Maria Stuart«, »Die Jungfrau von Orléans«, »Die Braut von Messina«, »Wilhelm Tell« u. der Fragment gebliebene »Demetrius«. – **3.** Karl August, *24.4.1911, dt. Nationalökonom u. Politiker (SPD); 1966–72 Bundeswirtschafts-, 1971/72 auch Finanz-Min.
**Schillerlocken,** geräucherte Bauchlappen vom Dornhai.
**Schiller-Nationalmuseum,** Marbach am Nekkar, größtes Literaturmuseum der BR Dtld., 1903 eröffnet; seit 1955 ein Dt. Literaturarchiv.
**Schilling,** alte Währungseinheit; heute noch in Österreich.
**Schillings,** Max von, *1868, †1933, dt. Dirigent u. Komponist; schrieb Opern.
**Schilluk,** *Shilluk*, Nilotenvolk der Luo-Gruppe (120 000) am oberen Weißen Nil.
**Schimäre** → Chimäre.
**Schimmel, 1.** → Schimmelpilze. – **2.** weißes Pferd.
**Schimmelpilze,** auf feuchten Nahrungsmitteln (Brot u.a.) u. verderbenden Früchten verbreitete *Schlauchpilze* der Gatt. *Aspergillus* (Gießkannenschimmel) u. *Penicillium* (Pinselschimmel).
**Schimmelreiter,** der Sage nach eine geisterhafte Gestalt zu Pferde, ähnlich dem *Wilden Jäger;* Novelle von T. Storm.
**Schimonoseki** → Shimonoseki.
**Schimpanse,** häufigster Vertreter der *Menschenaffen;* lebt in West- u. Zentralafrika in kleinen Gruppen; 100–170 cm groß.
**Schinanogawa** → Shinanogawa.
**Schinasi,** Ibrahim, *1826, †1871, osman. Schriftst.; leitete die moderne türk. Literatur ein.
**Schindanger,** früher der Ort, wo der *Schinder* (Abdecker) dem toten Vieh die Haut abzog.
**Schinderhannes,** eigtl. Johann *Bückler,* *1777, †1803 (hingerichtet), dt. Räuberhauptmann; hauste mit seiner Bande am Rhein u. im Taunus.
**Schinkel,** Karl Friedrich, *1781, †1841, dt. Architekt u. Maler; Hauptvertreter des Berliner Klassizismus; W Neue Wache, Schauspielhaus, Altes Museum.

*Friedrich von Schiller; Pastell mit Deckfarben von Ludovike Simanowiz, 1793. Marbach, Schiller-Nationalmuseum*

*Schiwa Winadhara; Bronze, Südostindien, 11. Jahrhundert. Paris, Musée Guimet*

**Schintoismus** → Shintoismus.
**Schiphol** ['sxip-], Flughafen von Amsterdam.
**Schipkapaß,** bulgar. *Sipčenski prohod,* bulgar. Paß über den Hohen Balkan, 1300 m.
**Schirach,** Baldur von, *1907, †1974, dt. Politiker (NSDAP); 1931–40 Reichsjugendführer; 1940–45 Gauleiter u. Reichsstatthalter von Wien; in Nürnberg 1946 zu 20 Jahren Gefängnis verurteilt.
**Schiras,** Hptst. der SW-iran. Prov. *Fars* u. der Ldsch. *Farsistan,* 848 000 Ew.; Ind.- u. Kulturzentrum; Parkanlagen.
**Schirmakazie,** einzeln stehende Akazien der afrikan. Steppe in der Wuchsform eines *Schirmbaums.*
**Schirmer,** Johann Wilhelm, *1807, †1863, dt. Maler u. Graphiker (realist. Landschaften).
**Schirmling,** *Schirmpilz, Lepiota,* Gatt. der Ständerpilze. Einige sind gute Speisepilze. Der *Riesenschirmpilz* oder *Parasolpilz* wird bis zu 30 cm hoch.
**Schirmtanne,** in Japan heim. *Nadelholz,* bes. in Tempelnähe angepflanzt.
**Schirokko,** warmer, oft stürm. Wind im Mittelmeerraum.
**Schirrantilope,** auffällig bunt gefärbte *Echte Antilope* in Waldgebieten W-Afrikas.
**Schirrmann,** Richard, *1874, †1961, dt. Volksschullehrer; gründete 1909 auf der Burg Altena die erste Jugendherberge der Welt.
**Schischkin,** Iwan Iwanowitsch, *1832, †1898, russ. Maler u. Graphiker (monumentale Waldlandschaften).
**Schisma,** Spaltung kirchl. u. rechtl., aber nicht lehrmäßige Trennung u. Bildung selbständiger Teile in einer Kirchengemeinschaft. Bes. bekannt sind: 1. *Morgenländisches S.* zw. der morgenländ. u. der abendländ. Kirche 867, endgültig 1054; 2. *Abendländisches* oder *Großes S.* (1378–1417), als 2 oder sogar 3 Päpste gleichzeitig den Primat beanspruchten.
**Schistosoma,** *Pärchenegel,* Gatt. der *Saugwürmer* u. Erreger der → Bilharziose (Schistosomiasis).
**Schitomir** [ʒi'tɔmir], Hptst. der gleichn. Oblast im W der Ukrain SSR (Sowj.), am Teterew, 287 000 Ew.; Landwirtschaftszentrum.
**Schiwa,** *Shiva,* einer der Hauptgötter des Hinduismus, bildet mit *Wischnu* u. *Brahma* die hinduist. Götterdreiheit *(Trimurti);* oft mit dem Stier Nandi dargestellt.
**Schiwkow,** [-kɔf], *Shiwkoff,* Todor, *7.9.1911, bulgar. Politiker; 1954–89 Erster Sekretär des ZK der KP Bulgariens; zugleich 1962–71 Min.-Präs. u. 1971–89 Staatsrats-Vors.; verlor 1989 alle Ämter, wurde aus der Partei ausgeschlossen u. 1990 inhaftiert.
**Schizophrenie,** eine Geisteskrankheit unbekannter Ursache mit völligem Auseinanderfallen der inneren seel. Zusammenhänge von Wollen, Fühlen u. Denken u. mit Ich-Störungen (Entfremdung des eigenen Ichs, Bewußtseins-, Persönlichkeitsspaltung).
**Schkopau,** Gem. in Sachsen-Anhalt, 4000 Ew.; Buna-Werke, Großkraftwerk.
**Schlachthof,** *Schlachthaus,* eine öffentl. Anlage, in der unter amtl. Kontrolle Schlachtvieh gesammelt, untersucht, geschlachtet u. zerlegt wird.
**Schlachtordnung,** die takt. Gliederung einer militär. Truppe im Kampf.
**Schlachtschiff,** großes, stark bewaffnetes u. gepanzertes Kriegsschiff.
**Schlacke,** geschmolzene Asche (meist Silicate) als Rückstände bei der Kohlenfeuerung.
**Schladming,** östr. Stadt in der Steiermark, im oberen Ennstal, 749 m ü.M., 3900 Ew.; Wintersportort.
**Schlaf,** ein lebenswichtiger physiol. Ruhezustand des Körpers, der der Wiederherstellung u. Erholung des Organismus dient. Beim S. sind die Funktionen der Sinnesorgane (u.a. Organe) weitgehend herabgesetzt.
**Schlaf,** Johannes, *1862, †1941, dt. Schriftst.; schrieb mit A. *Holz* die ersten Musterstücke des konsequenten Naturalismus.
**Schlafkrankheit, 1.** *afrikanische S.,* eine Tropenkrankheit, hervorgerufen durch ein Geißeltierchen, das durch Stechfliegen übertragen wird; Symptome: Schlafsucht u. fortschreitende Auszehrung. – **2.** *europäische S.,* → Gehirnentzündung.

*Karl Friedrich Schinkel: »Neue Wache« in Berlin*

**Schlafmäuse** → Bilche.
**Schlafmittel,** *Hypnotika,* zur Erzeugung eines künstl. Schlafs verwendete Mittel.
**Schlafwandeln** → Nachtwandeln.
**Schlag, 1.** einzelnes Feldstück. – **2.** eine räuml. beschränkte Waldfläche, auf die die Fällung hiebsreifer Bäume konzentriert wird. – **3.** eine Gruppe von Tieren einer *Rasse,* die sich durch bestimmte genetisch bedingte Merkmale von den übrigen Angehörigen dieser Rasse unterscheiden.
**Schlagadern** → Adern.
**Schlaganfall,** *Schlag, Apoplexie,* eine plötzlich auftretende, zum Tod oder zur Lähmung führende Unterbrechung der Blutversorgung. Gewöhnlich wird darunter der *Gehirnschlag* verstanden, d.h. der plötzl. Funktionsverlust des Hirns durch Hirnblutungen.
**Schlagball,** Ballspiel, das dem engl. Kricket u. dem amerik. Baseball verwandt ist; Lauf- u. Fangspiel, 2 Parteien.
**Schlagbaum,** kippbarer Absperrbalken zur Unterbrechung des Verkehrs, bes. zu Grenzkontrollzwecken.
**Schlagbolzen,** Teil des Schlosses von Feuerwaffen. Er schlägt auf das Zündhütchen am Boden der Metallpatrone u. bringt es zur Entzündung.
**Schlägel,** *Schlegel, Fäustel,* der Hammer des Bergmanns.
**schlagende Wetter,** *Schlagwetter,* hpts. in Bergwerksgruben auftretendes explosives Gemisch von Luft u. 5–14% Methan; bereits durch Funken zündbar *(Schlagwetterexplosion).*
**Schlager,** einprägsames Stück der Unterhaltungs-, Tanz-, Operetten-, Musical- u. Filmmusik.

## 794 Schlageter

*Schlangenhalsvogel*

*Schlangenstern*

*Schleiereulen*

**Schlageter,** Leo, *1894, †1923 (erschossen), dt. Offizier; verübte während des *Ruhrkampfs* Anschläge auf Verkehrswege u. wurde deshalb zum Tode verurteilt; Symbolfigur der Nat.-Soz.
**Schlaginstrumente,** *Perkussionsinstrumente,* Musikinstrumente, bei denen der Ton durch Schlagen erzeugt wird; vor allem Rhythmusinstrumente.
**Schlagintweit,** drei Brüder, dt. Naturforscher u. Geographen: Adolf (*1829, †1857), Hermann (*1826, †1882) u. Robert (*1833, †1885); bereisten 1855/56, z.T. gemeinsam, Asien.
**Schlagmann,** das dem Heck am nächsten sitzende Mitglied der Rudermannschaft, das die Schlagzahl bestimmt.
**Schlagring,** ein Metallkörper mit Einstecköffnungen für vier Finger, oft mit Spitzen bewehrt; Schlagwaffe, waffenrechtl. verboten.
**Schlagseite,** Schräglage eines Schiffs; z.B. infolge einseitiger Beladung.
**Schlagwort,** ein Wort, das in kürzester Form ein aktuelles Problem umreißt, aber immer die Gefahr der Vereinfachung mit sich bringt.
**Schlagzeile,** Hauptüberschrift des wichtigsten Beitrags der ersten Seite einer Zeitung.
**Schlagzeug,** Sammelbez. für alle im Orchester oder in einer Tanzkapelle verwendeten *Schlaginstrumente.*
**Schlamm,** feinste, von Wasser durchtränkte, breiige Ton- u. Sandablagerungen.
**Schlammbäder,** meist in moorigem (Moorbäder), sonst auch in Mineralschlamm genommene Heilbäder.
**Schlammbeißer,** 30 cm langer Schmerlenfisch des Süßwassers.
**Schlammfisch,** *Kahlhecht,* bis 70 cm langer Raubfisch, im Gebiet der Großen Seen (USA) u. ihrer Zuflüsse.
**Schlammfliegen,** zu den *Schwebfliegen* gehörige, 2 cm lange Insekten.
**Schlämmkreide,** feingemahlene Kreide, durch Schlämmen gereinigt; Verwendung als Poliermittel u.a.
**Schlammspringer,** Fische der wärmeren Gewässer, bes. der Mangrovengebiete des Ind. u. Stillen Ozeans.
**Schlange,** *Serpens,* Sternbild der Äquatorzone des Himmels.
**Schlangen,** *Serpentes, Ophidia,* Unterordnung der *Schuppenkriechtiere.* Gliedmaßen fehlen u. sind nur noch bei wenigen Formen als rudimentäre Organe nachweisbar. Auf dem Kiefer stehen zahlr. nach hinten gerichtete Zähne, die als Giftzähne mit Giftkanälen ausgebildet sein können. S.-Gifte wirken auf Nerven, Herz u. Kreislauf. Die Augenlider sind verwachsen u. werden bei der mehrmals im Jahr stattfindenden Häutung, dem Abstreifen des Schuppenkleids, mit gehäutet. Die S. pflanzen sich durch Eier fort, die in Erdgruben abgelegt werden; einige Arten sind lebendgebärend. Die S. bewohnen mit rd. 2500 Arten vorw. warme Länder.
**Schlangenadler,** ein S- u. O-europ. *Raubvogel,* der sich von Reptilien u. Amphibien ernährt.
**Schlangenbad,** hess. Gem. im südl. Taunus, 6100 Ew.; Heilbad.
**Schlangenbeschwörung,** Brauch der oriental. Völker, bei dem eine Schlange sich scheinbar zum Ton einer Flöte bewegt. In Wirklichkeit folgt das Tier den Bewegungen des Vorführers.
**Schlangenhalsschildkröten,** *Chelidae,* Fam. der *Halswender;* wasserbewohnende Schildkröten Südamerikas, Neuguineas u. Australiens.
**Schlangenhalsvogel,** *Anhinga,* Gatt. der *Ruderfüßer;* der S. jagt tauchende Fische.
**Schlangensterne,** *Ophiuren,* Kl. der *Stachelhäuter;* mit scharf vom zentralen Körper abgesetzten, dünnen u. sehr bewegl. Armen, 1500 Arten.
**Schlangenstörche,** *Cariamidae,* Fam. der *Kranichvögel* (nicht mit den Störchen verwandt) in den Waldsteppen Südamerikas.
**Schlankaffen,** *Colobinae,* Unter-Fam. der *Schmalnase,* von schlankem Körperbau.
**Schlaraffenland,** Fabelland des müßigen Lebens. Das S. spielte in spätmittelalterl. Fastnachtsbräuchen eine große Rolle.
**Schlauchboot,** ein Wasserfahrzeug, bei dem ein mit Luft aufgeblasener ringförmiger Schlauch als Schwimmkörper dient.
**Schlauchpilze** → Pilze.
**Schlauchwürmer** → Hohlwürmer.
**Schlaun,** Johann Conrad, *1695, †1773, dt. Architekt u. Ingenieur; führender Baumeister des westfäl. Barocks; [W] Erbdrostenhof u. Residenz in Münster.
**Schlechtwettergeld,** in Betrieben des Baugewerbes vom Arbeitsamt in der Zeit vom 1.11. bis 31.3. gewährte Ausgleichszahlung, wenn aus Witterungsgründen an einzelnen Tagen nicht gearbeitet wird.
**Schlegel,** *Schlägel,* Schlagwerkzeug zum Bedienen fast aller *Schlaginstrumente.*
**Schlegel, 1.** August Wilhelm von (seit 1815), Bruder von 3), *1767, †1845, dt. Schriftst., Übersetzer u. Kritiker; mit seinem Bruder Friedrich Hrsg. der Zeitschrift »Athenäum«, die Mittelpunkt des frühromant. Kreises wurde; schuf die klass.

*Schlangen: Die Giftschlangen werden nach der Stellung ihrer Giftzähne in drei Familien eingeteilt. Elapidae, Viperidae und Colubridae; die Abbildung zeigt je eine typische Art*

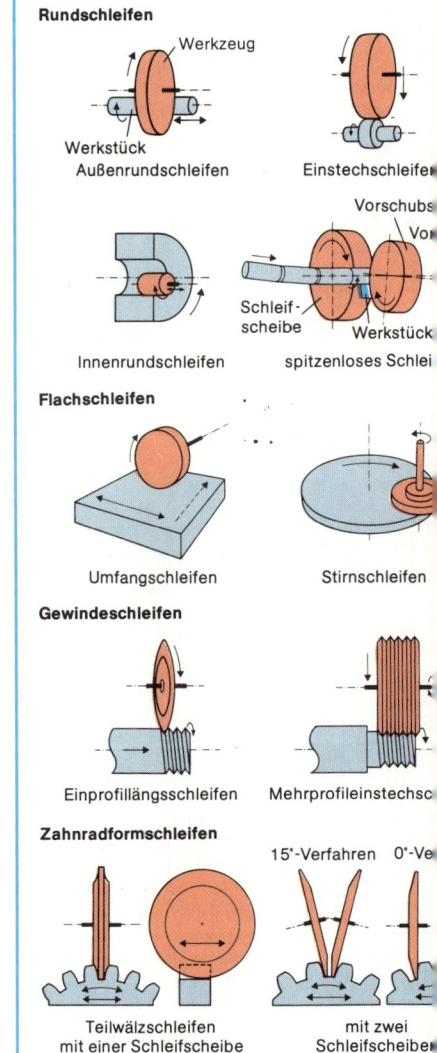

*schleifen: maschinelle Schleifverfahren*

*Schleißheim: Neues Schloß (18. Jahrhundert) im Ortsteil Oberschleißheim*

Shakespeare-Übersetzung; begr. die Indologie in Dtld. – **2.** Dorothea, Frau von 3), *1763, †1839, dt. Schriftst. u. Übersetzerin; älteste Tochter von M. *Mendelssohn*, Roman »Florentin«. – **3.** Friedrich von (seit 1815), Bruder von 1), *1772, †1829, dt. Schriftst., Philosoph, Programmatiker der Romantik u. Sprachforscher; verkündete im »Gespräch über die Poesie« (1800) die künftige »progressive Universalpoesie« u. verfocht in seinem Romanfragment »Lucinde« (1799) ein freigeistiges Lebensgefühl.
**Schlehe,** mit Zweigdornen ausgestatteter Strauch aus der Fam. der *Rosengewächse* mit schwarzblauen Früchten.
**Schleich,** Carl Ludwig, *1859, †1922, dt. Arzt u. Schriftst.; Entdecker der Lokalanästhesie (1892).
**Schleichen,** *Anguidae,* Fam. bodenbewohnender *Echsen* von meist schlangenförmiger Gestalt.
**Schleicher,** Kurt von, *1882, †1934, dt. Offizier u. Politiker; 1932 Reichswehr-Min., Dez. 1932 bis Jan. 1933 Reichskanzler; erstrebte eine Spaltung der NSDAP, um ihre Regierungsübernahme zu verhindern; wurde anläßl. des »Röhm-Putsches« ermordet.
**Schleichhandel,** unter Umgehung von gesetzl. Vorschriften (z.B. Zollpflicht: *Schmuggel*) durchgeführter Warenhandel.
**Schleichkatzen,** *Viverridae,* urtüml. Fam. der *katzenartigen Landraubtiere;* 6 Unter-Fam. u.a. die *Zibetkatzen*.
**Schleie,** *Schlei,* ein *Karpfenfisch* von selten über 50 cm Länge u. 2 kg Gewicht.
**Schleier,** leichtes, meist durchsichtiges Gewebe, Teil der weibl. Tracht zur Verhüllung des Gesichts.
**Schleiereule,** einheim., schlanke, helle *Eule;* vorzugsweise in menschl. Siedlungen.
**Schleiermacher,** Friedrich Daniel Ernst, *1768, †1834, dt. ev. Theologe u. Philosoph; beeinflußt von Platon, dessen Werk er übersetzte, Spinoza, Kant, Fichte u. Schelling; wurde auf dem Boden der Romantik u. in Gegnerschaft zur Aufklärung zu einem wichtigen Vertreter des dt. Idealismus. Er schuf die Grundlage der wiss. Hermeneutik.
**Schleierschwanz** → *Goldfisch*.
**Schleife,** engl. *loop,* in der Datenverarbeitung ein Programmteil, der mehrmals hintereinander durchlaufen wird.
**schleifen, 1.** metallische u. nichtmetallische Werkstücke zur Erreichung glatter Oberflächen oder scharfer Schneiden durch Wegnahme feiner Späne mit *Schleifmitteln* formen. – **2.** Befestigungswerke niederreißen.
**Schleifenblume,** *Iberis,* Gatt. der *Kreuzblütler,* beliebte Zierpflanze.
**Schleiflack,** Lack aus Spiritus u. Kopal, nach dem Erhärten mit Bimsstein geschliffen; heute oft auf Kunststoffbasis.
**Schleim, 1.** *Pflanzenschleim,* quellbare, nicht fadenziehende Polysaccharide. – **2.** im Tierkörper eine von S.drüsen u. Becherzellen, auch von Epithelien (z.B. Magenepithel) abgesonderte, zähe, schlüpfrige, leicht klebrige Flüssigkeit, die die Oberfläche der *S.häute* überzieht u. schützt.
**Schleimbeutel,** *Bursa,* mit Gelenkschmiere (*Synovia*) gefüllte Hohlräume zw. Knochen u. den darüber verlaufenden Muskeln u. Sehnen zur Erleichterung des Gleitens.
**Schleimhaut,** *Mucosa,* die bei Wirbeltieren alle nach außen sich öffnenden Höhlen u. Kanäle (Luftwege, Darmkanal, Geschlechtskanal) auskleidende Membran. Durch Sekret wird die S. stets feucht u. schlüpfrig gehalten.
**Schleimpilze,** *Myxophyta,* chlorophyllfreie Pilzorganismen aus amöboid-bewegl. einkernigen Zellen.
**Schleißheim,** zwei oberbay. Gem. (*Unter-* u. *Ober-S.*), zus. 31 900 Ew.; Altes u. Neues Schloß.
**Schleiz,** Krst. in Thüringen, 8200 Ew.; fürstl. Residenz.
**Schlemmer,** Oskar, *1888, †1943, dt. Maler u. Graphiker; Prof. am Bauhaus; schuf geometr. aufgebaute Figurenkompositionen.
**Schlempe,** bei der Destillation einer alkoholhaltigen Gärflüssigkeit übrigbleibender Rückstand; Futtermittel.
**Schlepper, 1.** Bergmann der ersten Ausbildungsstufe; meist einem *Hauer* zugeteilt. – **2.** ein Schiff mit starken Maschinen u. zugleich auch Pumpen, um havarierte Schiffe zu bergen oder größere Schiffe beim Manövrieren in engen Gewässern zu unterstützen. – **3.** → *Traktor*.
**Schlern,** ital. *Monte Sciliar,* Aussichtsberg in den Südtiroler Dolomiten, 2564 m.
**Schlesien,** poln. *Śląsk,* ehem. preuß. Prov. (1939: 36 696 km², 4,8 Mio. Ew.), 1945 größtenteils poln. Verwaltung unterstellt. Ein kleinerer Teil gehört zu Sachsen. S. erstreckt sich von den Sudeten über die Oderebene bis zum schles.-poln. Landrücken.
Geschichte. Nach Abwanderung der wandalischen *Silingen* (nach 300) wurde S. von slaw. Stämmen besiedelt. Kaiser Friedrich I. Barbarossa errichtete 1163 die beiden schles. Herzogtümer *Breslau* u. *Ratibor.* Später zerfiel S. in zahlreiche Teilfürstentümer. 1327 wurde der böhm. König *Johann von Luxemburg* Lehnsherr von S.; 1526 fiel es an die Habsburger. Nach dem 1. *Schles. Krieg* fiel der größte Teil S. an Preußen. Ein kleinerer Teil blieb habsburgisch.
Nach dem 1. Weltkrieg fielen Teile S. an Polen u. die Tschechoslowakei. Nach dem 2. Weltkrieg wurde der östl. der *Oder-Neiße-Linie* gelegene Teil S. poln. Verwaltung unterstellt.
**Schlesinger,** John, *16.2.1926, brit. Filmregisseur; W »Asphalt-Cowboy«, »Der Falke u. der Schneemann«.
**Schlesische Kriege,** die drei preuß.-östr. Kriege um den Besitz Schlesiens. – 1. Schlesischer Krieg 1740–42: Im *Frieden von Berlin* (1742) kamen nach den Schlachten von Mollwitz u. Chotusitz Niederschlesien, Teile Oberschlesiens u. die Gft. Glatz an Preußen. – 2. Schlesischer Krieg 1744/45: Der Sieg bei *Hohenfriedberg* brachte die Entscheidung zugunsten Preußens. Der *Friede von Dresden* (1745) bestätigte den schles. Besitz Preußens. – 3. Schlesischer Krieg → *Siebenjähriger Krieg*.
**Schleswig,** Stadt in Schl.-Ho. am SW-Ende der Schlei, 28 300 Ew.; roman.-got. Dom, Schloß Gottorp.
**Schleswig-Holstein,** das nördlichste Land der BR Dtld., 15 720 km², 2,6 Mio. Ew., Hptst. *Kiel.* Eider u. Nord-Ostsee-Kanal trennen die Landesteile Schleswig im N u. Holstein im S. Im W erstreckt sich hinter der Zone des *Wattenmeers* das *Marschland.* Im Wattenmeer liegen die Nordfries. Inseln. Östl. schließt sich die weniger fruchtbare

*Schlesien: Die Schneekoppe ist mit 1602 m der höchste Berg im Riesengebirge*

Geest an. Die fruchtbare Jungmoränenlandschaft des O u. SO, die *Holsteinische Schweiz,* ist reich an Hügeln u. Seen. Die meist steile Ostsee-Küste ist durch Buchten (Förden) stark gegliedert. – Die großen Städte sind Kiel, Flensburg, Lübeck u. Neumünster. S. ist landw. geprägt. Außerdem spielen Hochseefischerei u. Tourismus eine wirtschaftl. Rolle.
Geschichte. Das Hzgt. Schleswig u. die Gft. Holstein wurden 1386 vereinigt. Christian I. von Dänemark sicherte ewige Unteilbarkeit der schleswig-holstein. Verbindung zu. Als 1848 der dän. König Friedrich VII. die Einverleibung Schleswigs in Dänemark bestimmte, erhoben sich die Schleswig-Holsteiner; der 1. dt.-dän. Krieg 1848–50 endete zugunsten der Dänen. Die tatsächl. Einverleibung S. in Dänemark durch das »Grundgesetz« vom 13.11.1863 führte zum 2. dt.-dän. Krieg 1864. Die besiegten Dänen mußten im Wiener Frieden (30.10.1864) die Herzogtümer Schleswig, Holstein u. Lauenburg an Östr. u. Preußen abtreten. Nach dem Dt. Krieg von 1866 übertrug Östr. seine Rechte auf Schleswig u. Holstein dem König von Preußen. 1920 kam Nordschleswig an Dänemark. 1946 wurde S. ein selbständiges Land u. als solches später Bundesland der BR Dtld.
**Schletterer,** Jakob Christoph, *1699, †1774, östr. Barock-Bildhauer; W Triumphsäulen der Karlskirche in Wien.
**Schlettstadt,** frz. *Sélestat,* Stadt im O-frz. Dép.

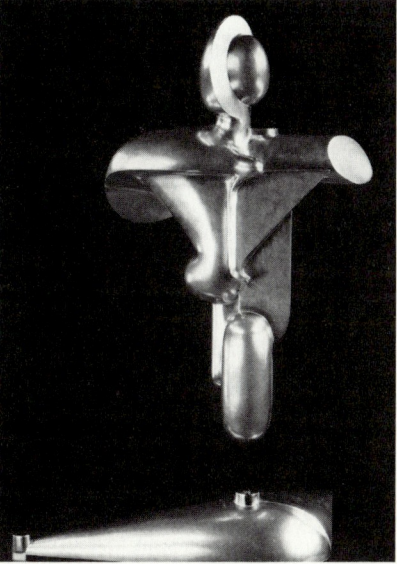
*Oskar Schlemmer: Abstrakte Figur; Bronzeguß, vernickelt, 1921. München, Neue Pinakothek*

**Schleuderball**

*Schleudersitz: Ausschuß durch das Kabinendach*

Bas-Rhin (Elsaß), an der Ill, 15 100 Ew.; got. Münster. – Ehem. Pfalz- u. freie Reichsstadt.
**Schleuderball,** ein Vollball mit Lederschlaufe; zum *Weitwurf* u. für das *S.spiel.*
**Schleudersitz,** ein Sitz für Flugzeugbesatzungen, mit dem sich der Pilot im Notfall aus dem Flugzeug herausschleudern kann.
**Schleuse,** Bauwerk zur Verbindung versch. hoher Wasserspiegel für Schiffe; besteht aus einer durch Tore verschließbaren S.nkammer, in der der Wasserstand gesenkt oder gehoben werden kann.
**Schleyer,** Hanns Martin, *1915, †1977 (ermordet), dt. Unternehmer; seit 1973 Präs. der Bundesvereinigung der Dt. Arbeitgeberverbände, 1977 auch Präs. des Bundesverbandes der Dt. Industrie; von RAF-Terroristen entführt u. später ermordet aufgefunden.
**Schlick,** von Flüssen in Seen oder im Meer abgelagerter Schlamm.
**Schlick,** Moritz, *1882, †1936 (ermordet), dt. Philosoph; Begr. des *Wiener Kreises* des Neopositivismus. Vertreter eines empir. Realismus.
**Schliefer,** *Hyracoidea,* zu den *Vorhuftieren* gestellte Ordnung der *Huftiere;* kaninchengroße, gesellige Pflanzenfresser.
**Schlieffen,** Alfred Graf von, *1833, †1913, dt. Offizier; 1891–1905 Generalstabschef. Der *S.-Plan* (seit 1905) sah vor, einen Zweifrontenkrieg rasch in Frankreich zu entscheiden. Unter Vernachlässigung der Ostfront sollte das frz. Heer nach einem Durchmarsch durch Belgien eingekesselt u. vernichtet werden. Der Plan scheiterte im 1. Weltkrieg.
**Schliemann,** Heinrich, *1822, †1890, dt. Archäologe; fand 1871 bei Hissarlik an den Dardanellen das homer. Troja, grub seit 1874 in Mykene, ferner in Tiryns, Ithaka u. Orchomenos.
**Schlieren,** Stellen in durchsichtigen Körpern, die infolge versch. Dichte einen anderen Brechungsindex haben als ihre Umgebung.
**Schliersee,** See in Oberbay., östl. vom Tegernsee, 777 m ü.M., 2,2 km².
**Schließfrucht,** eine Frucht, in der der pflanzl. Samen während der Verbreitung eingeschlossen bleibt.
**Schließmuskel,** *Sphinkter,* ringförmiger Muskel zum Schließen vor Körperöffnungen; z.B. beim After.
**schlingern,** *rollen,* pendelnde Bewegungen um die Längsachse ausführen (bei Fahrzeugen).
**Schlingnatter,** bis 70 cm lange, beißlustige, ungiftige Schlange Europas u. Asiens.
**Schlingpflanzen** → Kletterpflanzen.
**Schlitten,** ein Fahrzeug für Personen u. Lasten, das auf zwei Kufen gleitet.
**Schlittenhunde** → Polarhunde.
**Schlittschuhe,** Sportgerät zum Fortbewegen auf dem Eis; eine Stahlkufe unter einem Metallgestell, das mit dem knöckelhohen Schlittschuhstiefel verschraubt wird.
**Schlitz,** hess. Stadt zw. Vogelsberg u. Rhön, 9400 Ew.; mittelalterl. Stadtmauer.
**Schlochau,** poln. *Człuchów,* Stadt in Pommern, 11 300 Ew.; Ruine einer Ordensburg.
**Schlöndorff,** Volker, *31.3.1939, dt. Filmregisseur; W »Die Blechtrommel«, »Tod eines Handlungsreisenden«, »Die Geschichte der Dienerin«.
**Schloß, 1.** eine Sperrvorrichtung für Behälter, Türen, Fenster u. a., die mit einem *Schlüssel* geöffnet werden kann. Hauptbestandteile sind der Kasten, der Riegel u. die Zuhaltungen. Das *Sicherheits-S.* hat mehrere Zuhaltungen. – **2.** burgartige Anlage, Prachtbau.
**Schlosser, 1.** Friedrich Christoph, *1776, †1861, dt. Historiker; schrieb im Geist der Aufklärung. – **2.** Johann Georg, *1739, †1799, dt. Schriftst.; heiratete 1773 *Goethes* Schwester Cornelia (*1750, †1777).
**Schloß Holte-Stukenbrock,** Gem. in NRW, 20 000 Ew.; in der Nähe Safari-Park.
**Schlot,** Bez. für → Schornstein.
**Schlotten,** *Karstbrunnen,* in Karstgebieten auftretende enge Schlote (natürl. Schächte).
**Schlözer,** August Ludwig von, *1735, †1809, dt. Historiker, Publizist u. Philologe; Mitbegr. der modernen Staatswissenschaften.
**Schluchsee,** See im südl. Schwarzwald, 900 m ü.M., rd. 5 km².
**Schlucht,** enges, tiefes Tal ohne Talsohle.
**Schlüchtern,** hess. Stadt an der oberen Kinzig, 14 400 Ew., Luftkurort.
**Schluckimpfung,** *Trinkimpfung,* von H. R. *Lose* u. A. *Sabin* entwickelte Schutzimpfung gegen spinale Kinderlähmung durch Einnahme des Impfstoffs.
**Schlumberger** [frz. ʃlœbɛrʒe], Jean, *1877, †1968, frz. Schriftst. u. Kritiker; psycholog. Romane, Dramen u. Novellen.
**Schlumpf,** Leon, *3.2.1925, schweiz. Politiker (SVP); 1980–87 Bundesrat; 1987 Bundes-Präs.
**Schlund,** bei Wirbeltieren der untere Teil des Rachens zwischen Kehlkopf u. Speiseröhre.
**Schlupfwespen,** *Ichneumonoidea,* Überfam. aus der Gruppe der *Legimen;* rotgelb bis schwarz gefärbte, schlanke, langbeinige Wespen, über 40 000 Arten; Zerstörer von Schadinsekten.
**Schlusnus,** Heinrich, *1888, †1952, dt. Sänger (Bariton).
**Schluß,** *conclusio,* in der Logik die Folgerung aus vorausgesetzten Sätzen oder Urteilen.
**Schlüssel, 1.** → Notenschlüssel. – **2.** → Code. – **3.** → Schloß.
**Schlüsselbein,** ein paariger Knochen des Schultergürtels, der beim Menschen am oberen Brustbein ansetzt u. zum Schulterblatt zieht.
**Schlüsselblume** → Primel.
**Schlüsselerlebnis,** ein frühes Erlebnis, das unbewußt das Verhalten eines Menschen beeinflußt.
**Schlüsselgewalt, 1.** nach Matth. 16,19 (»Schlüssel des Himmelreichs«) Bez. für die Kirchengewalt. – **2.** die rechtl. Befugnis des Ehegatten, Rechtsgeschäfte zur angemessenen Deckung des Lebensbedarfs der Familie mit Wirkung auch für den anderen Ehegatten zu besorgen.
**Schlüsselindustrie,** Industriezweige, deren Produkte für die gesamte Ind. als Rohstoffe, Halbfabrikate u. ä. von Wichtigkeit sind.
**Schlüsselroman,** ein Roman, in dem die erdachten Personen nur verschlüsselte (für den Eingeweihten aber doch durchschaubare) Darstellungen lebender Persönlichkeiten sind.
**Schlußstein,** der im Schnittpunkt der Diagonalrippen eines Kreuzgewölbes liegende, tellerartige oder knaufförmige Stein.
**Schlüter, 1.** Andreas, *1660, †1714, dt. Bildhauer u. Baumeister; Hauptmeister des norddt. Barocks, seit 1694 in Berlin tätig (Teile des Schloßneubaus 1698–1707). – **2.** [ˈslyːdər], Poul, *3.4.1929, dän. Politiker (konservative Volkspartei); seit 1982 Min.-Präs.
**Schmalenbach,** Eugen, *1873, †1955, dt. Betriebswirt; Mitbegr. der Betriebswirtschaftslehre als eigene Disziplin.
**Schmalfilm,** Film von 8 mm oder 16 mm Breite.
**Schmalkalden,** *Kurort S.,* Krst. in Thüringen, 17 400 Ew.; Renaissanceschloß Wilhelmsburg; Metall-Ind.
**Schmalkaldischer Bund,** der 1531 in Schmal-

*Schlittschuhe für die Sportarten Eishockey, Eiskunstlauf und Eisschnellauf (von oben nach unten)*

*Schleuse: Blick in die Schleusenkammer*

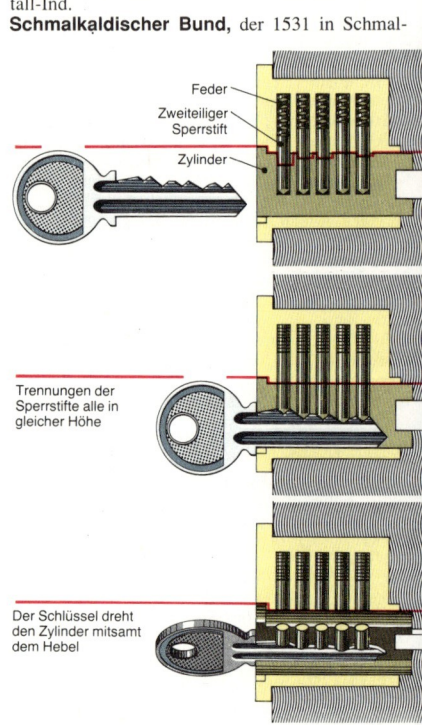

*Schloß: Zylinderschloß*

kalden von prot. Fürsten u. Reichsstädten geschlossene Bund gegen Kaiser Karl V. u. die kath. Stände. Die Niederlage der S. B. bei *Mühlberg im* **Schmalkald. Krieg** 1546/47 führte zu seiner Auflösung.
**Schmallenberg,** Stadt in NRW an der Lenne, 24 400 Ew.; Wintersportort.
**Schmalnasen,** Überfam. der Affen. Die Nasenscheidewand ist schmal; die Nasenlöcher sind nach unten gerichtet. Zu den S. gehören *Meerkatzenartige, Schlankaffen* u. *Hundskopfaffen.*
**Schmalspur** → Spurweite.
**Schmarotzer** → Parasit.
**Schmeil,** Otto, *1860, †1943, dt. Biologe (Lehrbücher der Zoologie u. Botanik).
**Schmeißfliegen,** *Aasfliegen,* weltweit verbreitete Fam. *cyloropher Fliegen;* die *Blaue S.* ist bis 14 mm lang u. legt bis zu 300 Eier pro Weibchen an faulendes Fleisch.
**Schmeling,** Max, *28.9.1905, dt. Boxsportler; 1930–32 Profi-Weltmeister im Schwergewicht.
**Schmeljow** [-'ljɔf], Iwan Sergejewitsch, *1873, †1950, russ. Schriftst.; emigrierte 1922; schilderte in Novellen die Revolution.
**Schmelz,** *Zahnschmelz,* der von der Epidermis gebildete Überzug der Zahnkrone von Reptilien u. Säugetieren, der aus harten Substanzen vorwiegend anorganischer Natur besteht.
**schmelzen,** einen Stoff aus dem festen in den flüssigen Aggregatzustand überführen, bei einer für den betr. Stoff spezif. Temp. (*Schmelzpunkt*).

*Schmuck: René Lalique, Nachtfalter-Brosche; 1902. Privatbesitz*

**Schmerlen,** *Cobitidae,* Fam. der *Karpfenartigen,* Fische des Süßwassers. Hierzu: *Schlammbeißer, Steinbeißer* u. *Bartgrundel.*
**Schmerz,** *Dolor,* eine an bes. Nervenbahnen (*S.nerven*) gebundene, unangenehme Empfindung des Körpers. Die S.zentren liegen im Gehirn im *Thalamus* u. in den Rindenbezirken der Stirn- u. Schläfenlappens.
**Schmerzensgeld,** der Schadensersatz für jede Beeinträchtigung der körperl. u. seel. Verfassung des Opfers einer Körperverletzung oder eines der Freiheits- oder (nur bei Frauen) Sittlichkeitsdelikte sowie u. U. bei Verletzung des allg. Persönlichkeitsrechts.
**Schmetterlinge,** *Falter, Schuppenflügler, Lepidoptera,* Ordnung der *Insekten,* deren Angehörige gleichartig beschuppte Flügel u. einen Saugrüssel haben; etwa 120 000 Arten. Die Larven (*Raupen*) bilden nach Verpuppung u. Ruhestadium den erwachsenen Falter (*vollständige Metamorphose*). Man unterscheidet die Hauptgruppen *Tag-* u. *Nachtfalter.*
**Schmetterlingsblütler** → Pflanzen.
**Schmetterlingsfische,** *Pantodontoidei,* Fam. der *Heringsfische;* im Süßwasser des trop. Afrika.
**Schmetterlingsstil** → Schwimmen.
**Schmid,** Carlo, *1896, †1979, dt. Politiker (SPD); 1947–70 Mitglied des SPD-Parteipräsidiums, 1949–66 u. 1969–72 Vizepräs. des Bundestags, 1966–69 Bundesrats-Min.
**Schmidt, 1.** Arno, *1914, †1979, dt. Schriftst.; vereinigt in eigenwilligen Erzählformen aufklärer., naturalist. u. expressionist. Züge; W »Kaff auch Mare Crisium«, »Zettels Traum«. – **2.** Erich, *1853, †1913, dt. Literaturhistoriker; entdeckte u. veröffentlichte Goethes »Urfaust«. – **3.** Franz, *1874, †1939, östr. Komponist u. Cellist; Nachromantiker. W Oper »Notre-Dame«. – **4.** Helmut, *23.12.1918, dt. Politiker (SPD); 1961–65 Hamburger Innensenator; 1969–72 Bundesverteidigungs-, 1972 Wirtschafts- u. Finanz-, 1972–74 Fi-

*Helmut Schmidt bei einer Rede im Deutschen Bundestag*

nanz-Min.; 1974–82 Bundeskanzler; wurde durch ein konstruktives Mißtrauensvotum gestürzt; seit 1983 Mit-Hrsg. u. seit 1985 Verleger der Wochenzeitung »Die Zeit«. – **5.** Joseph, *1904, †1942, Sänger rumän.-jüd. Herkunft (lyrischer Tenor). – **6.** Wilhelm, *1868, †1954, dt. Ethnologe, Sprachforscher u. Religionswissenschaftler; vertrat die These vom Urmonotheismus der Naturvölker.
**Schmidtbonn,** Wilhelm, eigtl. W. *Schmidt,* *1876, †1952, dt. Schriftst.; Neuromantiker.
**Schmidt-Isserstedt,** Hans, *1900, †1973, dt. Dirigent u. Komponist; Chefdirigent des Orchesters des NDR sowie des Philharmon. Orchesters Stockholm.
**Schmidt-Rottluff,** Karl, *1884, †1976, dt. Maler u. Graphiker; ein Hauptmeister des dt. Expressionismus. Mitbegr. der Künstlergemeinschaft »Brücke« 1905.
**schmieden,** Metalle in erhitztem (*Warm-s.*) oder kaltem (*Kalt-s.*) Zustand mit Hämmern oder Schmiedemaschinen formen.
**Schmiedeöfen,** Öfen zur Erwärmung der Schmiedestücke auf 1200–1400°C.
**Schmiergeld,** Geld zu unlauterer Beeinflussung (*Schmieren*).
**Schmiermittel,** Öle u. Fette (auch vielfach Graphit u. Silicone), die möglichst geringe innere Reibung haben, unveränderlich gegenüber der Einwirkung von Luft u. den Druck- u. Temp.-Veränderungen, völlig säurefrei u. frei von festen Bestandteilen sowie Wasser sind. S. vermindern die Reibung, die den mechan. Wirkungsgrad herabsetzt, die Erwärmung, die durch Reibung entsteht, u. die Abnutzung.
**Schminke,** seit dem Altertum gebräuchl. Mittel zur Verschönerung der Haut u. zur Maskierung.
**Schmirgel,** ein hartes Mineral, Gemisch aus Korund u. Hämatit; zum Schleifen verwendet.
**Schmiß,** Narbe der Fechtwunde von student. Mensuren, z.T. künstl. vergrößert.
**Schmitt,** Carl, *1888, †1985, dt. Rechtswissenschaftler; Kritiker des Liberalismus u. der Demokratie, lieferte rechtstheoret. Grundlagen für das autoritäre Zwischenregime (F. von *Papen,* K. von *Schleicher*) u. das Staatsrecht für die erste Zeit des Nat.-Soz. (Ermächtigungsgesetz u.a.).
**Schmitz,** Bruno, *1858, †1916, dt. Architekt; schuf Monumentaldenkmäler (Kaiser-Wilhelm-Denkmal am Dt. Eck bei Koblenz, Völkerschlachtdenkmal in Leipzig).
**Schmölders,** Günter, *29.9.1903, dt. Nationalökonom; vor allem Finanz- u. Steuerfachmann.
**Schmölln,** Krst. in Sachsen, 11 900 Ew.; Pfarrkirche (15. Jh.); Werkzeug-Ind.
**Schmuck,** alles, was dem menschl. Körper (oder einem Gegenstand) hinzugefügt wird, um ihn vor anderen auszuzeichnen; dekorative, mehr oder weniger kostbare Kleingegenstände als Zutaten der Kleidung, der Haartracht u.a. (Ringe, Ketten u.a.).
**Schmuckkörbchen,** *Kosmee, Cosmos,* im trop. u. subtrop. Amerika heim. Gatt. der *Korbblütler* mit rd. 30 Arten; einjährige Kräuter oder Stauden.

## Schnecken

**Schmuckvögel,** *Pipridae,* eine rd. 60 Arten umfassende Fam. buntgefärbter, insektenfressender *Sperlingsvögel* S-Amerikas.
**Schmude,** Jürgen, *9.6.1936, dt. Politiker (SPD); 1978–81 Bundesmin. für Bildung u. Wissenschaft, 1981/82 der Justiz; seit 1985 Präses der Synode der EKD.
**Schmuggel,** verbotswidriges Verbringen von Sachen über die Grenze (Zollhinterziehung, Bannbruch); mit Geld- u. Freiheitsstrafen bedroht.
**Schnabel, 1.** vorgezogenes Mundwerkzeug: 1. die verlängerten u. mit einer Hornscheide überzogenen Kiefer der Vögel, des S.tiers, des S.igels (Ameisenigel); 2. der Stechrüssel der S.kerfe. – **2.** Mundstück der Blockflöte.
**Schnabel, 1.** Artur, *1882, †1951, östr. Pianist u. Komponist; Beethoven-, Schubert- u. Brahmsinterpret. – **2.** Ernst, *1913, †1986, dt. Schriftst.; 1946–50 Chefdramaturg, 1951–55 Intendant des NWDR; schrieb Hörspiele u. Erzählungen. – **3.** Franz, *1887, †1966, dt. Historiker; entwickelte sein Geschichtsbild aus der Verbindung von Liberalismus u. Katholizismus. – **4.** Johann Gottfried, Pseud.: *Gisander,* *1692, †1752, dt. Schriftst.; W »Wunderliche Fata einiger Seefahrer… « (»Die Insel Felsenburg«).
**Schnabeligel** → Ameisenigel.
**Schnabelkerfe,** *Hemipteroidea, Rhynchota,* Überordnung der *Insekten;* mit stechend-saugenden, schnabelartigen Mundwerkzeugen.
**Schnabelschuhe,** im 13.–15. Jh. übl. Schuhform mit bis zu $1/2$ m langen Spitzen.
**Schnabeltier,** 60 cm langes *Kloakentier* Australiens u. Tasmaniens.
**Schnack, 1.** Anton, *1892, †1973, dt. Schriftst.; Lyrik u. Kleinprosa. – **2.** Friedrich, Bruder von 1), *1888, †1977, dt. Schriftst.; Lyrik, Reiseprosa, Kinderbücher.
**Schnaderhüpfl,** vierzeilige, scherzhaft-parodist. Lieder.
**Schnaken,** *Tipulidae,* Fam. großer, langbeiniger *Mücken,* deren Larven sich in Wasser, nassem Boden (*Wiesen-S.*) oder faulendem Holz (*Kamm-S.*) entwickeln.
**Schnäpper** → Fliegenschnäpper.
**Schnauzer,** eine Hunderasse: rauhhaarige Spielart des Dt. Pinschers.
**Schnecke, 1.** *Cochlea,* Teil des Ohrs. – **2.** ein schraubenförmiges Zahnrad, das mit einem S.nrad zus. das S.ngetriebe bildet. – **3.** bei Streichinstrumenten der obere, schneckenförmig ausgearbeitete Abschluß des Wirbelkastens; als Schmuck seit dem 14. Jh. verwendet. – **4.** das Gehörn (*Trophäe*) des Mufflons.
**Schnecken,** *Bauchfüßer, Gastropoda,* Kl. der *Weichtiere;* mit etwa 85 000 über alle Erdteile verbreiteten Arten. Die Hauptteile des Körpers sind der Kopf mit 2 oder 4 Fühlern, auf oder an denen die Augen sitzen, der Fuß als die untere S. des Körpers, in dem sich auch wichtige Organe, Nerven u.a. befinden, u. der Eingeweidesack mit der oft großen Mantelfalte, deren Rand die gehäusebildenden Kalkdrüsen enthält. Die *Schalen-S.* können sich mehr oder weniger vollständig in ihr Gehäuse zurückziehen, im Unterschied zu den *Nackt-S.* Aus

*Schnabeltier*

# Schnee

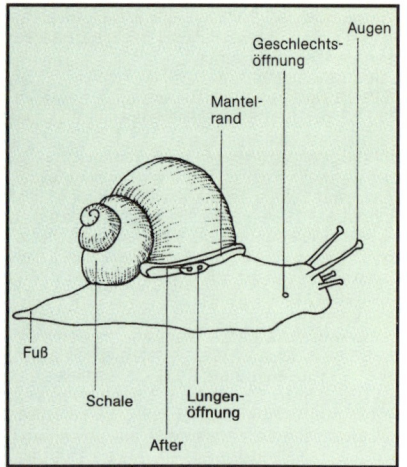

*Schnecken: Bauplan*

den Eiern entwickeln sich die Land-S. direkt, die Wasser-S. erst über eine typische Larvenform.

**Schnee,** fester Niederschlag in Gestalt einzelner oder zu *S.flocken* vereinigter hexagonaler Eiskristalle.

**Schneeammer,** ein nord. *Finkenvogel,* der auch Dtld. erreicht.

**Schneeball,** *Viburnum,* Gatt. der *Geißblattgewächse.* Der *Wollige S.* liefert Holz für Faßreifen u. Pfeifenröhren.

**Schneeball-System,** auch *Hydra-System, Gella-System,* eine in der BR Dtld. verbotene Form des Warenabsatzes, bei der dem Käufer für die Werbung weiterer Kunden Preisnachlässe oder sonstige Vorteile gewährt werden; z.T. verbunden mit Elementen des Glücksspiels, dann u.U. strafbar.

**Schneebeere,** *Symphoricarpus,* Gatt. der Geißblattgewächse; die *Traubige S.* in Mitteleuropa als Zierstrauch.

**Schneeberg, 1.** Stadt im Erzgebirge, 22 100 Ew.; Kirche mit Altar von L. Cranach d. Ä.; Holzschnitzerei. – **2.** höchster Gipfel des Fichtelgebirges (Oberfranken), 1051 m. – **3.** *Großer S., Glatzer S.,* höchster Gipfel des Glatzer Schneegebirges, 1425 m. – **4.** *Hoher S.,* höchster Gipfel des Elbsandsteingebirges, 726 m.

**Schneeblindheit,** akuter Blendungszustand infolge zu starker Lichteinstrahlung (bes. UV-Strahlung) bei langem Aufenthalt auf beleuchteten Schneeflächen oder bei Höhensonnenbestrahlung.

**Schneebrett,** eine Lawinenart: abrutschende, dichte Oberflächenschicht.

**Schnee-Eifel** → Schneifel.

**Schnee-Eule,** eine sehr große, überwiegend weiße, rundköpfige *Eule* der arkt. Tundra.

**Schneegemse,** *Schneeziege,* weiße *Gemse* der N-amerik. Gebirge.

**Schneeglöckchen,** *Galanthus,* vorw. im Mittelmeergebiet heim. Gatt. der *Amaryllisgewächse.* In Mitteleuropa ist das *Kleine S.* verbreitet.

**Schneegrenze,** die untere Grenze der dauernden Schneebedeckung; in erster Linie abhängig von der geograph. Breite, der Niederschlagsmenge u. Exposition (1).

**Schneehase** → Hasen.

**Schneehuhn,** *Alpen-S.,* 35 cm großes, im nördl. Polargebiet u. in eurasischen Gebirgen verbreitetes *Rauhfußhuhn* mit im Winter weißem Gefieder.

**Schneeketten,** Gleitschutzketten für Kfz auf schneereichen Straßen oder in weichem Gelände; in der Regel aus Stahl, seltener mit Gliedern aus Gummi.

**Schneekopf,** Gipfel im Thüringer Wald, 978 m.

**Schneekoppe,** *Riesenkoppe,* höchster Berg des schles. Riesengebirges, 1602 m; Wintersportzentrum. – B → S. 795.

**Schneeleopard,** *Schneepanther, Irbis,* eine mittelasiatische *Großkatze* von 130 cm Körperlänge u. 60 cm Schulterhöhe; im Bestand gefährdet.

**Schneemensch,** *Yeti,* ein urtüml. Mensch, der angebl. in den Schneeregionen des Himalaya lebt u. dort durch Fußabdrücke aufgefallen sein soll.

**Schneerose** → Christrose.

**Schneidemühl,** poln. *Piła,* Stadt in O-Brandenburg, Hptst. der poln. Wojewodschaft Piła an der Küddow, 69 500 Ew.; Verkehrsknotenpunkt; 1922 bis 1938 Hptst. der ehem. Grenzmark Posen-Westpreußen.

**Schneider, 1.** Erich, *1900, †1970, dt. Wirtschaftswissenschaftler; W »Einführung in die Wirtschaftstheorie«. – **2.** Friedrich, *1786, †1853, dt. Komponist u. Dirigent; komponierte 7 Opern, 23 Symphonien u.a. – **3.** Paul, *1897, †1939, dt. ev. Theologe (»Prediger von Buchenwald«); starb als Märtyrer. – **4.** Reinhold, *1903, †1958, dt. Schriftst. (kulturphilosoph.-kath. geprägte Erzählungen, Dramen, Gedichte u. Essays). – **5.** Romy, *1938, †1982, dt. Filmschauspielerin; zunächst bekannt durch ihre Rolle als »Sissy«; später als Charakterdarstellerin v.a. im frz. Film.

**Schneidezähne,** *Inzisiven,* die vorderen Zähne.

**Schneifel,** *Schnee-Eifel,* Teil der westl. Eifel nw. von Prüm, im *Schwarzen Mann* 697 m.

**Schneise,** eine durch den Wald gehauene Gasse.

**Schnellbahnen** → S-Bahn.

**Schnellboot,** kleines Kriegsschiff für das Küstenvorfeld.

**Schneller Brüter,** ein Brutreaktor, bei dem das spaltbare Material Plutonium durch schnelle Neutronen gespalten wird. 100 gespaltene Plutoniumkerne erzeugen etwa 110–120 Urankerne in Plutoniumkerne umwandeln; d.h. Uran wird ebenfalls zur Energiegewinnung genutzt. Gegner des S. B. verweisen auf die hohe Giftigkeit des Plutoniums. Die Technologie befindet sich z.Z. noch im Teststadium.

**Schnellkäfer,** *Schmiede, Elateridae,* sehr artenreich u. weltweit verbreitete Fam. der *Käfer.* Sie können sich mit einem *Schnellapparat* aus der Rückenlage wieder in die normale Bauchlage zurückbringen.

**Schnellverfahren,** *beschleunigtes Verfahren,* formfreies Verfahren im Strafprozeß auf Antrag der Staatsanwaltschaft; zulässig nur bei einfachen Sachverhalten.

**Schnellzug,** ein Eisenbahnzug mit hoher Fahrgeschwindigkeit (bis 160 km/h).

**Schnepfen,** Gattungsgruppe der *S.vögel,* mit spitzem Schnabel. Bei uns heimisch die *Wald-S.*

**Schnirkelschnecken,** *Helicidae,* Fam. der *Landlungenschnecken.* Hierzu: *Garten-S.* u. *Hain-S.*

**Schnitger,** Arp, *1648, †1719, dt. Orgelbauer; führend im Orgelbau des Barock.

**Schnitt,** im Film: das sinngemäße Aneinanderfügen von Einstellungen, Sequenzen u. Szenen zum fertigen Film.

**Schnittke,** Alfred, *24.11.1934, sowj. Komponist; ein führender Vertreter der russ. Avantgarde. Orchesterwerke, Oratorium, Ballett.

**Schnittlauch,** Gebirgspflanze aus der Fam. der *Liliengewächse;* beliebtes Gewürz.

**Schnitzler,** Arthur, *1862, †1931, östr. Schriftst.; sensibler Schilderer der Wiener Gesellschaft um die Jahrhundertwende. W Theaterstücke »Liebelei« u. »Reigen«. Erzählungen »Leutnant Gustl« u. »Fräulein Else«.

**Schnorchel,** beim U-Boot eine ausfahrbare Röhre, die das Ansaugen von Frischluft bei Tauchfahrt ermöglicht. Ähnliche Vorrichtungen befinden sich an Sport-Tauchgeräten.

**Schnorr von Carolsfeld,** Julius, *1794, †1872, dt. Maler u. Graphiker; schloß sich in Rom den Nazarenern an; schuf in München die Nibelungen-

*Hainschnirkelschnecke*

fresken. W »Bibel in Bildern« (mit 240 Holzschnitten).

**Schnüffelsucht,** *sniffing,* Einatmen der Dämpfe von Lösungsmitteln zur Erzeugung von Rauschzuständen.

**Schnulze,** rührseliges, kitschiges Schlagerlied, Theater-, Kino- oder Fernsehstück.

**Schnupfen,** *Koryza,* Absonderung größerer Mengen flüssig-schleimigen (auch eitrigen oder blutigen) Sekrets aus der Nase, verbunden mit Schleimhautschwellung u. Niesanfällen; Ursachen: Entzündung der Nasenschleimhaut (*Rhinitis*) durch Viren.

**Schnupftabak,** Tabakpulver aus bes. nikotinreichen Tabaken, das die Magenschleimhäute reizt.

**Schnürboden, 1.** im Bauwesen: eine ebene Fläche, auf der der Zimmermann die Teile einer Holzkonstruktion in natürl. Größe aufzeichnet, um sie danach zuzuschneiden; ähnl. im Schiffsbau. – **2.** im Theater: der Raum über der Bühne zum Einhängen der Kulissen.

**Schnurre,** Wolfdietrich, *1947, †1989, dt. Schriftst.; Mitbegr. der Gruppe 47; Essays, Romane, Lyrik, Hör- u. Fernsehspiele, Kinderbücher.

**Schnurwürmer,** *Nemertinen, Nemertini,* ein Tierstamm, dessen hochorganisierte Vertreter meist im Meer vorkommen. Der längste Schnurwurm kann ausgestreckt 30 m lang sein.

**Schober,** Johannes, *1874, †1932, östr. Politiker; 1921/22 u. 1929/30 Bundeskanzler, 1930–32 Außen-Min.

**Schock, 1.** eine plötzl., den Organismus tiefgreifend verändernde Erschütterung; meist Folge einer schweren Körperverletzung (*traumatischer S., Wund-S.*). Häufig ist auch der *seelische S. (Nerven-S.)* bei Menschen mit labilem Nervensystem. Der *Kreislauf-S.* führt zum Zusammenbruch des Kreislaufsystems. – **2.** altes dt. Zählmaß: 1 S. = 5 Dutzend = 60 Stück.

**Schock,** Rudolf, *1915, †1986, dt. Sänger (Tenor).

**Schockemöhle, 1.** Alwin, Bruder von 2), *29.5.1937, dt. Springreiter; Olympiasieger 1976 (Einzelwertung) u. 1960 (Mannschaft). – **2.** Paul, Bruder von 1), *22.3.1945, dt. Springreiter; erfolgreich bei nat. u. internat. Meisterschaften.

**Schoeck,** Othmar, *1886, †1957, schweiz. Komponist u. Dirigent; schrieb lyr. Musik von romant. Grundhaltung bei ausgeweiteter Tonalität.

**Schöffen,** ehrenamtl., bei Berufung aber zur Übernahme dieses Amts verpflichtete Mitglieder (Beisitzer) bestimmter Gerichte (Laienrichter; früher z.T. auch unter der Bez. *Geschworene*).

**S.gericht,** in der BR Dtld. zum Amtsgericht gehörendes Kollegialgericht für Strafsachen im Rahmen der ordentl. Gerichtsbarkeit.

**Schogun** → Shogun.

**Schokolade,** Nahrungs- u. Genußmittel aus Ka-

*Arp Schnitger: Orgel in Cappel*

*Scholle*

kaomasse, Zucker u. entspr. geschmackgebenden Zutaten.
**Scholar,** *Scholast,* fahrender Schüler, Student im MA u. in der frühen Neuzeit.
**Scholastik,** die theolog.-philosoph. Wiss. des MA, wie sie an Univ., Kloster- u. Domschulen gelehrt wurde. Sie war bestrebt, mit den Mitteln des Denkens ein umfassendes Weltbild im Rahmen des christl. Glaubens zu errichten, u. knüpfte an die grch. u. arab. Wiss. (Mathematik, Astronomie, Medizin) u. v.a. an die Naturphilosophie u. Metaphysik des *Aristoteles* an. Bed. Vertreter waren Albertus Magnus u. Thomas von Aquin. Als Gegenströmung zur kath. Romantik kam es im 19. Jh. zu einer Neubelebung *(Neu-S.).*
**Scholem,** Gershom (Gerhard), *1897, †1982, dt. jüd. Gelehrter; Erforscher der jüd. Mystik u. Kabbala.
**Scholem Alejchem,** *Schalom Alechem,* eigtl. Schalom *Rabinowitsch,* *1859, †1916, jidd.

*Schoner: 3-Mast-Gaffelschoner »Elinor«*

Schriftst. aus der Ukraine; schilderte das Leben jüd. Auswanderer in den USA; W Roman »Tewje, der Milchmann«.
**Scholie** [-li:ǝ], in der Literatur des Altertums eine kurze, erläuternde Bemerkung zu einer schwierigen Textstelle.
**Scholl,** *Geschwister S.* (Hans, *1918; Sophie, *1921), dt. Widerstandskämpfer; als Mitgl. der Widerstandsgruppe *Weiße Rose* vom Volksgerichtshof zum Tode verurteilt u. am 22.2.1943 hingerichtet.
**Scholle,** *Goldbutt,* ein Plattfisch der europ. Küstenmeere, bis 200 m Tiefe; in der dt. Küstenfischerei nach dem Kabeljau der bedeutendste Fisch.
**Schöllkraut,** ein *Mohngewächs* der Nordhalbkugel mit goldgelben Blüten.
**Scholl-Latour,** Peter, *9.3.1924, dt. Journalist u. Schriftst. W »Der Tod im Reisfeld«, »Der Ritt auf dem Drachen«.
**Scholochow** [-xɔf], Michail Alexandrowitsch, *1905, †1984, sowjetruss. Schriftst.; Vertreter des sozialist. Realismus; Nobelpreis 1965; W Roman »Der stille Don«.
**Scholz,** Wilhelm von, *1874, †1969, dt. Schriftst.; kam vom lyr. Symbolismus zum Neuklassizismus.
**Schön,** Helmut, *19.5.1915, dt. Fußballspieler u. -trainer; 1964–78 Bundestrainer des Dt. Fußballbunds; 1974 Weltmeister.
**Schönbein,** Christian Friedrich, *1799, †1868, dt. Chemiker; Entdecker des Ozons; erfand die Schießbaumwolle u. das Kollodium.
**Schönberg,** Arnold, *1874, †1951, östr. Komponist; entwickelte als Nachromantiker einen expressiven Musikstil u. kam dann zu einer expressionist.-atonalen Periode. S. schuf mit der *Zwölftontechnik* eine umwälzende Neuordnung des Tonmaterials, die sich zu einem musikal.-avantgardist. Weltstil entfaltete. W »Serenade«, »Suite für Klavier«, »Variationen für Orchester«, Oper »Moses u. Aaron«.
**Schönborn,** urspr. rhein., seit dem 17. Jh. in Franken ansässiges Uradelsgeschlecht, seit 1701 Reichsgrafen; stellte viele Bischöfe.
**Schönbrunn,** Barockschloß im Wiener Bez. Hietzing, 1695–1713 nach Plänen von J. B. *Fischer von Erlach* begonnen, 1744–49 nach Entwürfen von N. *Pacassi* (*1716, †1790) umgestaltet.
**Schönebeck/Elbe,** Krst. in Sachsen-Anhalt, 45 200 Ew.; chem. Ind.; Solbad im Ortsteil *Salzelmen.*
**Schonen,** schwed. *Skåne,* S-schwed. Ldsch., 10 900 km², 1,2 Mio. Ew., Hauptzentrum Malmö, »Kornkammer Schwedens«.
**Schoner,** *Schooner, Schuner,* jedes mehrmastige Segelfahrzeug mit Gaffel-getakelten Masten, von denen der größte Mast hinten steht.
**Schönerer,** Georg Ritter von, *1842, †1921, östr. Politiker; vertrat eine dt.-nat., antiliberale, antisem. u. antiklerikale Richtung; beeinflußte Hitler.
**Schongau,** oberbay. Stadt am Lech, 10 800 Ew.
**Schongauer,** Martin, *um 1450, †1491, dt. Maler u. Kupferstecher; Hauptmeister der spätgot. Malerei in S-Dtld.
**Schönherr,** **1.** Albrecht, *11.9.1911, dt. ev. Geistlicher; 1973–81 Bischof der Ev. Kirche in Berlin-Brandenburg. – **2.** Karl, *1867, †1943, östr. Schriftst. (volkstüml. Dramen).
**Schönhuber,** Franz, *10.1.1923, dt. Politiker (Republikaner); 1983 Gründungsmitgl. der Republikaner; seit 1985 Partei-Vors.
**Schöntal,** Gem. in Ba.-Wü. an der Jagst, 5400 Ew.; Barockkirche des Zisterzienserklosters (1153–1802).
**Schonung,** junger Baumbestand, der nicht betreten werden darf.
**Schönwetterwolken,** flache Haufenwolken, die bes. im Sommer bei beständigem Wetter vor Mittag auftreten u. am Abend verschwinden.
**Schonzeit,** *Hegezeit,* die Zeit, in der jagdbare Tiere nicht erlegt werden dürfen; Ggs.: *Schußzeiten.*
**Schopenhauer,** **1.** Arthur, *1788, †1860, dt. Philosoph; habilitierte sich 1820 in Berlin, lebte seit 1831 als Privatgelehrter in Frankfurt a. M. Sein Hptw. ist »Die Welt als Wille u. Vorstellung«. S. verband metaphys. Vorstellungen mit einer idealist. Ästhetik, einer Mitleidsethik u. einer pessimist. Lehre von der Erlösung durch Selbstverneinung des Willens zum Leben. – **2.** Johanna, Mutter von 1), *1766, †1838, dt. Schriftst.; Mittelpunkt eines auch von *Goethe* besuchten literar. Salons in Weimar.
**Schopfbäume,** Wuchsform von Pflanzen mit kahlem Stamm u. endständigem Blattschopf; z. B. *Palmen.*

*Arthur Schopenhauer; Gemälde von J. Hamel, 1856*

## Schottland

*Schöpfung: Erde und Wasser sind geschieden, die Sonne erschaffen, Gras, Kraut und Bäume wachsen auf dem Feld; lombardische Malerei aus dem 4. Jahrhundert. Paris, Bibliothèque Nationale*

**Schopfheim,** Stadt in Ba.-Wü., 15 600 Ew.
**Schopfhuhn,** ein Baumvogel der feuchten Tropenwälder.
**Schopfpalme,** *Schirmpalme,* in Indien u. auf den Sunda-Inseln heim., hohe, kahlstämmige *Palme.*
**Schöpfung,** im Judentum, Christentum u. Islam Bez. für die Erschaffung alles Seienden durch das Wort Gottes.
**Schoppen,** altes südd. u. schweiz. Flüssigkeitsmaß: 1 S. = etwa ½ Liter; heute im Gastgewerbe: 1 S. = ¼ Liter.
**Schorf,** durch Eintrocknung von Blut u. Wundsaft entstehender Wundbelag *(Borke),* unter dessen Schutz die Gewebsneubildung vor sich geht.
**Schorfheide,** brandenburg. Waldgebiet in der Uckermark, nw. von Eberswalde.
**Schorle,** *Gespritzter,* Weiß- oder Rotwein mit Mineral- oder Sodawasser.
**Schorndorf,** Stadt in Ba.-Wü., an der Rems, 34 700 Ew.; Fachwerkbauten, versch. Ind.
**Schornstein,** *Kamin, Schlot, Esse,* östr. *Rauchgang,* bis über das Dach hochgeführter Abzugskanal für die Rauchgase der Feuerstätten; bewirkt zugleich die Frischluftzufuhr für die Verbrennung.
**Schostakowitsch,** Dimitrij, *1906, †1975, russ. Komponist (15 Sinfonien, Opern »Die Nase« u.a., Ballette).
**Schote,** die Kapselfrucht der Kreuzblütler; volkstüml. oft für die *Hülse* der Hülsenfrüchte.
**Schöterich,** *Erysimum,* in Europa artenreich vertretene Gatt. der *Kreuzblütler;* z. B. der *Acker-S.*
**Schott,** **1.** Anselm, *1843, †1896, dt. Benediktiner; übersetzte u. erklärte das *Missale Romanum.* – **2.** Friedrich Otto, *1851, †1935, dt. Chemiker u. Fabrikant; gründete 1884 zus. mit Ernst *Abbe* das *Jenaer Glaswerk S. u. Genossen.*
**Schottel,** *Schottelius,* Justus Georg, *1612, †1676, dt. Sprachgelehrter u. Barockdichter; schrieb die erste philolog. unterbaute dt. Sprachlehre.
**Schotten,** die kelt. Bewohner von Schottland, Nachkommen der *Pikten* u. *Scoten.*
**Schotter,** **1.** maschinell oder von Hand zerkleinertes Gestein (Basalt, Granit, Gneis) von 25–70 mm Größe. – **2.** grobe, abgerollte, von fließendem Wasser angehäufte Gesteinsbruchstücke.
**Schottland,** engl. *Scotland,* der N-Teil Großbritanniens einschl. der Hebriden, Orkney- u. Shetland-Inseln, 78 764 km², 5,2 Mio. Ew., Hptst. *Edinburgh.* S. ist ein gebirgiges Land *(Ben Nevis* 1343 m) mit zahlr., weit ins Land eindringenden Fjorden u. vielen Seen. Das ozean. Klima ist nebel- u. niederschlagsreich u. begünstigt den Weiden-, Moor- u. Heidereichtum bes. in den *Highlands.* In den Lowlands um Glasgow befinden sich die Ind.-Zentren.
Geschichte. Der krieger. Stamm der kelt. *Pikten* bildete ein Reich, das von den ir. *Scoten* erobert wurde. Sie bildeten das Königreich Alban. Dieses unterwarf im 10. Jh. auch die übrigen schott. Gebiete. – Das Christentum faßte in Schottland schon in der zweiten Hälfte des 6. Jh. Boden.

Im MA wurden die schott. Könige mehrfach gezwungen, die engl. Oberlehnsherrschaft anzuerkennen, doch gelang es ihnen immer wieder, ihre Unabhängigkeit zurückzugewinnen. 1328 gelang es dem schott. König *Robert I. Bruce*, die Engländer zur Anerkennung des schott. Königreichs zu zwingen. 1371 folgte auf das Geschlecht der *Bruce* das Königshaus der *Stuart*. Während in der Reformationszeit das Königshaus kath. blieb, unterstützte der Adel die Reformation unter John Knox. Da das engl. Königshaus mit Elisabeth I. 1603 ausgestorben war, bestiegen mit Jakob VI. (als engl. König Jakob I.) die schott. Stuarts auch den engl. Thron. Mit der *Union-Akte* von 1707 wurde aus der engl.-schott. Personalunion der Staat *Großbritannien* geschaffen. → Großbritannien u. Nordirland.

**Schouten** [ˈsxɔutə], Cornelius, *um 1580, †1625, ndl. Seefahrer; begleitete 1615–17 *Le Maire* auf einer Südseefahrt.

**Schraffierung**, *Schraffur*, in der Zeichnung oder Druckgraphik zur Erzielung von Dunkelzonen (Schatten) angebrachte parallele Linien.

**Schramm**, Percy Ernst, *1894, †1970, dt. Historiker (Arbeiten zur mittelalterl. u. neuen Geschichte).

**Schrammel**, Johann, *1850, †1893, östr. Geiger u. Komponist; mit seinem Bruder Josef S. (*1852, †1895) Begr. der Wiener *Schrammelmusik.*

**Schranze**, urspr. Ritz, Schlitz, dann Träger der geschlitzten Hoftracht (*Hof-S.*); i.ü.S.: charakterloser Hofmann, aufdringl. Geck.

**Schrat**, *Schratt*, im Volksglauben ein koboldartiger Wald- und Naturgeist.

**Schraube**, mit Gewinde versehener Stift (*Schraubenspindel, -bolzen*) zur Herstellung lösbarer Verbindungen; mit oder ohne *Mutter*.

**Schraubenbaum**, *Pandanus*, Gatt. der zu den *Pandanales* gehörenden Fam. der *S.gewächse*, trop. Bäume oder Sträucher mit schraubig den Stamm umlaufenden Blättern.

**Schraubenziege**, *Schraubenhornziege*, Rassengruppe der Ziege mit schraubenartig gedrehten Hörnern.

**Schraubgetriebe**, Getriebe zur Umwandlung einer Drehbewegung (des Schraubenbolzens) in eine Längsbewegung (der Wandermutter).

**Schraublehre**, *Meßschraube*, *Mikrometerschraube*, ein Längenmeßinstrument mit $1/100$-mm-Einteilung.

**Schraubstock**, Werkzeug zum Festhalten von Arbeitsstücken.

**Schraubzwinge**, Werkzeug aus Holz oder Eisen zum Zusammendrücken von Gegenständen beim Zusammenleimen.

**Schrebergarten**, nach dem Leipziger Arzt Daniel *Schreber* (*1808, †1861) benannte Form des Kleingartens.

**Schreck**, *Pavor*, heftige Gemütsbewegung auf instinktiv-reflektor. Grundlage bei drohenden Gefahren. – *S.-Sekunde*, die vom S.-Reiz bis zur steuernden Gegenbewegung verstreichende Zeit; zw. 0,6 u. 1,2 s.

**Schreibmaschine**, eine Büromaschine, mit der fortlaufend Schriftzeichen über ein Farbband auf Papier geschrieben u. Durchschläge (Kopien) hergestellt werden können. Die früher gebräuchl. mechan. S. wurde durch die elektr. S. (Antrieb durch Elektromotor) bzw. durch die elektron. S. (mit eingebautem Mikroprozessor) ersetzt. Nach der Konstruktion des Druckmechanismus unterscheidet man *Typenhebel-*, *Kugelkopf-*, *Typenrad-* u. *Thermo-S.* Elektron. S. mit Festspeichern bilden den Übergang zu Systemen der *Textverarbeitung.* – Die erste S. wurde 1864 von P. *Mitterhofer* gebaut; die erste Fabrikation nahm E. *Remington* 1873 auf.

**Schreier**, Peter, *29.7.1935, dt. Sänger (Tenor).

**Schreivögel**, *Clamatores*, mit den *Singvögeln* verwandte *Sperlingsvögel.*

**Schreker**, Franz, *1878, †1934, östr. Komponist u. Dirigent; schrieb sensualist. Opern.

**Schreyvogel**, Joseph, *1768, †1832, östr. Schriftst.; Freund u. Entdecker F. *Grillparzers.*

**Schrieffer** [ˈʃriːfə], John R., *31.5.1931, US-amerik. Physiker; Arbeiten über Supraleitung; Nobelpreis 1972.

**Schriesheim**, Stadt in Ba.-Wü., 14 100 Ew.; Burgruine *Strahlenburg.*

**Schrift**, jedes System zur Lesbarmachung der gesprochenen Sprache. Vorstufen der S. sind Zeichen, die der Erinnerung dienen sollen u. kein System bilden. Wenn solche Zeichen einheitl. innerhalb einer bestimmten Gruppe gebraucht werden, spricht man von *Bilder-S.*, die sich zur *Silben-S.* weiterentwickeln kann. Bei der als nächste Stufe entstehenden *Buchstaben-S.* hat jeder Laut ein eigenes Zeichen. Die älteste S. ist die sumer. Bilder-S. aus dem 4. Jt. v. Chr. Aus ihr entwickelte sich die *Keil-S.;* die ägypt. Hieroglyphen traten um 3000 v. Chr. auf. Während sich die meisten S. zur Silben-S. fortentwickelten, stehen die Zeichen der chin. Schrift noch heute für Begriffe. Im 2. Jt. v. Chr erfanden Semiten die Buchstaben-S. Darin entspricht im wesentl. ein Zeichen einem Laut. Sämtl. heute gebräuchl. Buchstaben-S. gehen auf das semitische Uralphabet zurück.

**Schriftform**, *Schriftlichkeit*, formgebundene Art des Abschlusses von Rechtsgeschäften.

**Schriftgelehrter**, jüd. Gelehrter am Tempel zu Jerusalem oder einzelner religiöser Gruppen; Theologe, Leiter der Synagoge, Rechtsberater, zugleich Richter u. oft Ortsvorstand.

**Schriftgrad**, *Grad*, die Größe einer Druckschrift. Die versch. S. wurden nach dem typograph. Punktsytem (1 typograph. Punkt = 0,376 mm) unterschieden, z.B. *Perl* (5 Punkt), *Cicero* (12 Punkt). Seit 1978 gilt nur noch das metrische System.

**Schriftsatz**, schriftl. Antrag oder schriftl. Erklärung in gerichtl. Verfahren.

**Schriftsprache**, die Stilform einer Sprache, die charakterist. für die Mehrzahl der gedruckten Texte ist; die bewußtere, stärker kontrollierte Verwendungsform der *Hochsprache (Standardsprache)* im Unterschied zur Umgangssprache.

**Schrimpf**, Georg, *1889, †1938, dt. Maler u. Graphiker; Vertreter der *Neuen Sachlichkeit.*

**Schrittmacher, 1.** → Herzschrittmacher. – **2.** bei Steher-Radrennen der auf einem Spezial-Motorrad dem *Steher* vorausfahrende Fahrer.

**Schrobenhausen**, oberbay. Stadt an der Paar, nordöstl. von Augsburg, 14 300 Ew.; mittelalterl. Stadtbild.

**Schröder, 1.** Friedrich Ludwig, *1744, †1816, dt. Schauspieler, Theaterleiter u. Schriftst.; setzte als erster die Natürlichkeit des Sprechens gegen die damals übl. Deklamation durch. – **2.** Gerhard, *1910, †1989, dt. Politiker (CDU); 1953–61 Bundes-Min. des Innern, 1961–66 des Auswärtigen, 1966–69 der Verteidigung. – **3.** Gerhard, *7.4.1944, dt. Politiker (SPD); 1980–86 MdB; seit 1986 Fraktionsvors. der SPD in Nds.; seit 1990 Min.-Präs. von Nds. – **4.** Rudolf Alexander, *1878, †1962, dt. Schriftst.; verband die Tradition des Humanismus mit prot. Gläubigkeit.

**Schrödinger**, Erwin, *1887, †1961, östr. Physiker; schuf die Grundlage zur *Wellenmechanik*, stellte die **S.-Gleichung**, eine Grundgleichung der Quantentheorie, auf; Nobelpreis 1933.

**Schroeder**, Hermann, *26.3.1904, dt. Komponist; führender kath. Kirchenmusiker.

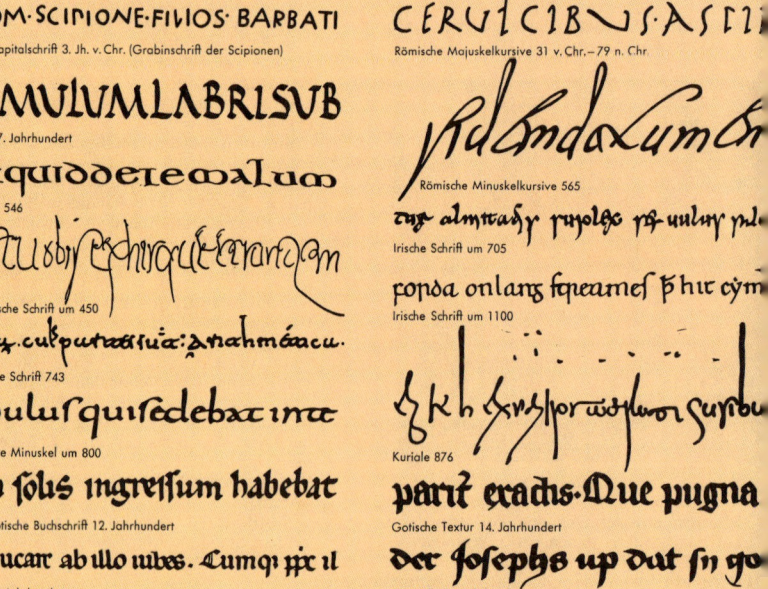

| | | |
|---|---|---|
| Diamant | = 4 Punkt | HAUS |
| Perl | = 5 Punkt | HAUS |
| Nonpareille | = 6 Punkt | HAUS |
| Kolonel | = 7 Punkt | HAUS |
| Petit | = 8 Punkt | HAUS |
| Borgis | = 9 Punkt | HAUS |
| Korpus (Garmond) | = 10 Punkt | HAUS |
| Cicero | = 12 Punkt | HAUS |
| Mittel | = 14 Punkt | HAUS |
| Tertia | = 16 Punkt | HAUS |
| Text | = 20 Punkt | HAUS |

*Schriftgrade*

**Schroeter,** Werner, *7.4.1945, dt. Filmregisseur; drehte opernhafte, melodramat. Filme (»Palermo oder Wolfsburg«, »Tag der Idioten«).
**schröpfen,** Blut durch **Schröpfköpfe** (glockenförmige Geräte aus versch. Materialien, in denen Unterdruck hergestellt wird) in die Haut ziehen *(trockenes S.).* Beim *blutigen S.* wird durch Einschnitte in die Haut gleichzeitig Blut entzogen. Das S. dient der Entlastung des Kreislaufs.
**Schrot, 1.** grob gemahlene Getreidekörner. – **2.** *Flinten-, Blei-S.,* Bleikügelchen, die in größerer Anzahl mit einem Schuß geschossen werden.
**Schroth,** Carl-Heinz, *1902, †1989, dt. Schauspieler (bekannt v.a. als Fernsehschauspieler).
**Schroth-Kur,** nach dem naturheilkundigen Landwirt J. *Schroth* (*1798, †1856) benannte Kur, bei der nur trockene Brötchen, Getreidebrei u. nur wenig Flüssigkeit verabreicht werden.
**Schrott,** Altmetall; Alteisen, Eisenabfälle; als Zusatz zu Roheisen wieder verwertet.
**Schrumpfkopf,** die südamerik. Kopftrophäe → Tsantsa.
**Schrumpfniere,** *Nephrosklerose,* zunehmende Verhärtung u. Verkleinerung der Nieren mit entspr. Beeinträchtigung der Nierenfunktionen.
**Schruns,** östr. Markt in Montafon, Vorarlberg, 689 m ü.M., 3900 Ew.; Wintersportort.
**Schub, 1.** *S.kraft, Scherung,* die Kraft, die zwei benachbarte, parallele Querschnittsflächen eines Körpers parallel zu sich selbst gegeneinander verschiebt. – **2.** die Kraft, mit der ein durch Rückstoß bewegter Körper bewegt wird; bei Raketen u. Strahltriebwerken.
**Schubart,** Christian Friedrich Daniel, *1739, †1791, dt. Schriftst., Publizist, Musiker u. Revolutionär; wegen seiner Polemik gegen Herzog *Karl Eugen* von Württemberg 1777–87 auf dem Hohenasperg eingekerkert.
**Schubert,** Franz, *1797, †1828, östr. Komponist. Seine Musik bewegt sich in der Formensprache der Wiener Klassik, gehört aber mit ihrer teils volkstüml., teils schwermütig aufbrechenden Grundstimmung bereits zur Romantik. Seine Hinterlassenschaft umfaßt u.a. Singspiele, Kirchenkompositionen, 9 Sinfonien, kammermusikal. Werke (»Forellenquintett«) u. über 600 Lieder, darunter die Liederzyklen »Die schöne Müllerin«, »Die Winterreise«, »Schwanengesang«.
**Schublehre** → Schieblehre.
**Schubumkehranlage,** Anlage zur Umlenkung des Schubstrahls eines Strahltriebwerks in die Bewegungsrichtung eines Flugzeugs; zum Abbremsen nach der Landung.
**Schuch,** Carl, *1846, †1903, östr. Maler; Stilleben in fein abgestimmter Weise.
**Schücking,** Levin, *1814, †1883, dt. Schriftst.; mit Annette von *Droste-Hülshoff* befreundet; schilderte die westfäl. Landschaft.
**Schuh,** Oskar Fritz, *1904, †1984, dt. Regisseur u. Theaterleiter; an vielen namhaften dt. u. europ. Bühnen tätig.
**Schuhplattler,** derber bay.-östr. Volkstanz im ¾-Takt mit Dreh- u. Sprungfiguren.
**Schukow** [ˈʒukɔf], Georgij Konstantinowitsch, *1896, †1974, sowj. Offizier; Marschall der Sowj. (1944), Heerführer im 2. Weltkrieg (Stalingrad, Eroberung Berlins); 1955–57 Verteidigungs-Min.; 1957 aller Ämter enthoben.
**Schulalter,** die menschl. Entwicklungsphase vom Ende des *Kleinkindalters* bis zum Beginn der *Pubertät.*
**Schulchan Aruch,** das jüd. Gesetzbuch, das rituelle Anweisungen u. Vorschriften des allg. Rechts enthält; von Josef *Karo* (*1488, †1575) zusammengestellt, erstmalig gedruckt 1564.
**Schuld, 1.** die *Verpflichtung des Schuldners* dem *Gläubiger* gegenüber; Ggs.: *Forderung.* – **2.** im Strafrecht die subjektive Beziehung des Täters zu seiner Tat, die es ermöglicht, ihm aus dieser einen persönl. Vorwurf zu machen. Dies setzt zunächst *S.fähigkeit* voraus; ferner muß eine psycholog. Beziehung des Täters zu seiner Tat bestehen *(Vorsatz* oder *Fahrlässigkeit);* endlich dürfen keine *S.ausschließungsgründe* vorliegen.
**Schuldanerkenntnis,** ein Vertrag, durch den das Bestehen eines *Schuldverhältnisses* anerkannt wird.
**Schuldbuch,** *Staats-S.,* Verzeichnis (Register) der Staatsschulden u. Staatsbürgschaften; von der *Bundesschuldenverwaltung* geführt.
**Schuldfähigkeit,** Zurechnungsfähigkeit; im *Strafrecht* allg. Voraussetzung dafür, daß jemand strafrechtl. für sein Tun verantwortlich gemacht werden kann. Maßgebend sind Alter sowie Einsichts- u. Steuerungsfähigkeit. Ist die S. erheblich vermindert, so kann die Strafe gemildert werden.

*Franz Schubert; Aquarell von W. A. Rieder, 1825*

**Schuldner,** der durch ein Schuldverhältnis zu einer Leistung an den *Gläubiger* Verpflichtete.
**Schuldnerverzug,** der Verzug eines Schuldners durch Nichtleistung trotz Fälligkeit u. Mahnung, Klageerhebung oder Zustellung eines Zahlungsbefehls des Gläubigers oder allein durch Verstreichen eines Leistungstermins; verpflichtet den Schuldner u. a. zum Schadensersatz.
**Schuldschein,** Urkunde zur Beweissicherung einer durch sie begr. oder bestätigten Schuldverpflichtung.
**Schuldverhältnis,** *Obligation,* das Rechtsverhältnis zwischen Gläubiger u. Schuldner, kraft dessen der Gläubiger berechtigt ist, vom Schuldner eine Leistung (Tun oder Unterlassen) zu fordern.
**Schuldverschreibungen,** *Obligationen,* meist fest verzinsl. Wertpapiere, in denen sich der Aussteller zu einer bestimmten (Geld-) Leistung verpflichtet.
**Schule,** Einrichtung u. Gebäude zur Erteilung eines planmäßigen Unterrichts an Kinder u. Jugendliche zur Vermittlung von Wissen, das zur Ausführung wissenschaftl., wirtschaftl., polit. u. kultureller Tätigkeiten befähigen soll.
S. war urspr. die Bez. für die schöpfer. Lehr- u. Lerntätigkeit der grch. Philosophen u. ihrer Schüler. Im MA blühten *Kloster-* u. *Dom-S.,* dann auch *Stadt-S.* u. *Univ.;* hier wurden die *Artes liberales* gelehrt. Im 17. Jh. begann die allg. Institutionalisierung des Schulwesens. Durch die Bemühungen J.H. *Pestalozzis* u.a. verbreitete sich die *Volks-S.* zur Grundausbildung aller Bevölkerungsschichten. Ständiger Fortschritt von Wiss. u. Technik u. wachsende Vielgestaltigkeit der Umwelt u. des Lebens ließen in der Folgezeit das *S.system* immer

*Schule: Behelfsschule in einem somalischen Lager*

vielfältiger werden. Heute unterscheidet man in der BR Dtld. nach ihrem Ausbildungsziel 2 Gruppen: die allgemeinbildenden u. berufsbildenden S. (mit einer Fülle von unterschiedl. Schultypen). → Schulrecht.
**Schulenburg, 1.** Friedrich Werner Graf von der, *1875, †1944 (hingerichtet), dt. Diplomat u. Widerstandskämpfer; 1939–41 Botschafter in Moskau, gehörte zum Kreis von C. *Goerdeler.* – **2.** Werner von der, *1881, †1958, dt. Schriftst.; schrieb histor. Romane.
**Schülerlotsen,** Schüler, die zur Sicherung des Schulwegs ihrer Kameraden, bes. über verkehrsreiche Straßen, eingesetzt werden. Der S.-Dienst wurde in der BR Dtld. 1953 nach US-amerik. Vorbild aufgebaut.
**Schülerselbstverwaltung,** *Schülermitverwaltung,* Beteiligung der Schüler an der Tätigkeit der Schule im Bereich Verwaltung u. in der Gestaltung des Schullebens.
**Schulkindergarten,** ein Kindergarten, der schulpflichtige, aber noch nicht schulreife Kinder aufnimmt u. versucht, sie durch heilpädagog. Hilfen schulfähig zu machen.
**Schuller** [ˈʃulə], Gunther, *22.11.1925, US-amerik. Komponist; schrieb die Jazz-Oper »The Visitation«.
**Schulp,** die verkalkte, seltener verhornte Schale 10armiger *Kopffüßer.*
**Schulpflicht** → Schulrecht.
**Schulpforta,** ehem. Zisterzienserkloster (St. Marien zur Pforte) bei Naumburg (Saale), 1137 gegr., 1543 aufgehoben; ehem. berühmte Internatsschule (Fürstenschule).
**Schulrat,** ein Beamter der Schulaufsichtsbehörde.
**Schulrecht,** Gesamtheit der Rechtsnormen, die

**802 Schulreife**

sich auf das Schulwesen beziehen; das S. fällt unter die Kulturhoheit der Länder. Die *Schulpflicht* beginnt für alle Kinder nach der Vollendung des 6. Lebensjahres. Die Vollzeit-Schulpflicht endet nach 9 Jahren. Außer den allgemeinbildenden Grund- u. Hauptschulen sind *Pflichtschulen: Berufsschulen* u. bestimmte *Sonderschulen. Wahlschulen* sind alle übrigen Schulen. Alle diese Schulen sind in der Regel öffentl. (staatl. oder kommunale) Schulen. Die Errichtung von *Privatschulen* bedarf in der BR Dtld. staatl. Genehmigung.
In der BR Dtld. unterliegt das gesamte Schulwesen der *Schulaufsicht* (einschl. Lenkung u. Leitung) des Staates. Diese wird von den Kultusministern u. nachgeordneten *Schulbehörden* ausgeübt. Die Verwaltung der inneren Schulangelegenheiten ist in der Regel Aufgabe des Staates, die der äußeren Schulangelegenheiten (wirtschaftl. Voraussetzungen des Schulbetriebs) Sache der *Schulträger*. Diese müssen für die persönl. u. sachl. *Schullasten* aufkommen. Schulträger der öffentl. Schulen sind Länder, Gemeinden u. Gemeindeverbände.

**Schulreife**, der für den Schulbeginn erforderl. geistige u. körperl. Entwicklungsgrad.

**Schulschiff**, ein Schiff mit speziellen Einrichtungen zur Ausbildung für den Offiziersnachwuchs bei der Handels- u. Kriegsmarine.

**Schult**, Hans Jürgen (HA), *24.6.1939, dt. Aktionskünstler; happeningartige Veranstaltungen.

**Schulten**, Rudolf, *16.8.1923, dt. Physiker; entwickelte einen nach ihm ben. Kernreaktor.

**Schulter**, die Umgebung der Verbindungsstelle der Vordergliedmaßen (Arme) mit dem Brustkorb; besteht aus *S.gelenk* u. *S.muskeln*.

**Schulterblatt**, *Scapula*, Teil des Schultergürtels; ein paariger, dreieckiger, flacher Knochen.

**Schultergürtel**, der zur Aufhängung der vorderen Extremitäten (im Schultergelenk) dienende vordere Gliedmaßengürtel der vierfüßigen Wirbeltiere.

**Schultheiß**, *Schulze*, in fränk. Zeit ein Vollstreckungsbeamter des *Grafen;* dann Dorfrichter oder Bürgermeister.

**Schultz**, Johannes Heinrich, *1884, †1970, dt. Nervenarzt; begr. das *autogene Training*.

**Schultze**, Norbert, *26.1.1911, dt. Komponist u. Musikverleger; schrieb den Schlager »Lilli Marleen« u. die volkstüml. Oper »Schwarzer Peter«.

**Schulz**, 1. Bruno, *1892, †1942 (ermordet), poln. Schriftst.; schrieb grotesk-expressionist. Ich-Erzählungen; von der SS erschossen. – 2. Hugo, *1853, †1932, dt. Pharmakologe. Nach ihm u. dem Psychiater Rudolf *Arndt* (*1835, †1900) ist das *Arndt-Schulzsche Gesetz* benannt, wonach schwache Reize Lebensvorgänge anregen, mittlere fördern, starke hemmen u. stärkste lähmen. – 3. Johann Abraham Peter, *1747, †1800, dt. Komponist; v.a. durch seine Volkslieder (z.B. »Der Mond ist aufgegangen«) bekannt geworden.

**Schulze** → Schultheiß.

**Schulze**, Johann Heinrich, *1687, †1744, dt. Arzt; entdeckte 1725, daß Silbersalze durch Lichteinwirkung geschwärzt werden; wichtig für die Entwicklung der Photographie.

**Schulze-Delitzsch**, Hermann, *1808, †1883, dt. Genossenschaftler; neben F. W. *Raiffeisen* Gründer des dt. Genossenschaftswesens.

**Schumacher**, 1. Emil, *29.8.1912, führender dt. Maler des Tachismus. – 2. Fritz, *1869, †1947, dt. Architekt u. Schriftst.; verband traditionelle Bauweisen (Backsteinbau) mit sachlich-modernen Formen. – 3. Kurt, *1895, †1952, dt. Politiker (SPD); 1930–33 Mitgl. des Reichstags, 1933–44 mit kurzer Unterbrechung im KZ; nach dem 2. Weltkrieg maßgebl. beteiligt an der Reorganisation der SPD u. an der Abwehr der von den Kommunisten erstrebten Verschmelzung; seit 1946 Partei-Vors., seit 1949 auch Vors. der Bundestagsfraktion.

**Schuman** 1. [ʃuˈman], Robert, *1886, †1963, frz. Politiker; Mitbegr. des Mouvement Républicain Populaire (MRP); 1947/48 Min.-Präs., 1948–52 Außen-Min.; regte die Europ. Gemeinschaft für Kohle u. Stahl an **(S.-Plan)**. – 2. [ˈʃuːmən], William Howard, *4.8.1910, US-amerik. Komponist; Neoklassizist.

**Schumann**, 1. Clara, geb. *Wieck*, seit 1840 Frau von 4), *1819, †1896, dt. Pianistin u. Komponistin; befreundet mit J. Brahms. – 2. Georg, *1866, †1952, dt. Dirigent u. Chordirigent; Spätromantiker. – 3. [ʃuˈman], Maurice, *10.4.1911, frz. Politiker; Mitbegr. des Mouvement Républicain Populaire (MRP), 1969–73 Außen-Min. – 4. Robert, *1810, †1856, dt. Komponist; 1843 Lehrer am Leipziger Konservatorium, 1847 Dirigent in Dresden, 1850 städt. Musikdirektor in Düsseldorf; 1854 Selbstmordversuch, lebte danach in der Heilanstalt Endenich; Meister der Hochromantik: 4 Sinfonien, Klavierkompositionen, Kammermusik, Chorwerke, Liedzyklen u.a.

**Schumpeter**, Joseph Alois, *1883, †1950, östr. Nationalökonom; 1919 östr. Finanz-Min.; schuf in Auseinandersetzung mit dem Marxismus eine eigene Wirtschaftstheorie.

**Schuppen**, abgeplattete Haare mit sehr dünner Wand, mit einem Stiel in die Haut eingekeilt; oft Träger der Färbung (v.a. bei Schmetterlingen). Bei Fischen lassen sich drei Typen von *Haut-S.* unterscheiden. Bei Reptilien kommen verhornte S. u. *Knochen-S.* vor. Auch die Haut der Säugetiere zeigt eine feine S.struktur, von der dauernd kleine S. abgestoßen werden.

**Schuppenflechte**, *Psoriasis*, meist an den Streckseiten der Arme u. Beine, am Kopfhaarboden, aber auch am Rumpf auftretende chron. Hauterkrankung.

**Schuppenkriechtiere**, *Schuppenechsen, Squamata*, die arten- u. formenreichste Ordnung der *Reptilien;* Unterordnungen: *Echsen* u. *Schlangen*.

**Schuppentiere**, *Tannenzapfentiere, Pholidota*, Ordnung der Säugetiere, die Steppen u. Waldgebiete Afrikas u. S-Asiens bewohnt; bis 1,80 m lang; mit Hornschuppen bedeckt; Hauptnahrung: Ameisen u. Termiten.

**Schüppling**, *Flämmling, Pholiota*, Gatt. der *Blätterpilze;* der Stock-S. ist ein bek. Speisepilz.

**schürfen**, Lagerstätten durch Schürfgräben, -stollen u. -schächte aufsuchen, i.w.S. auch durch Bohren.

**Schuricht**, Carl, *1880, †1967, dt. Dirigent; wirkte vor allem in Wiesbaden u. in der Schweiz.

**Schurz**, um die Hüften getragenes Kleidungsstück; häufig bei Naturvölkern (*Lenden-S.*).

**Schurz**, Carl, *1829, †1906, US-amerik. Politiker dt. Herkunft; wanderte 1852 nach N-Amerika aus; 1877–81 Innen-Min.

**Schuschnigg**, Kurt (Edler von), *1897, †1977, östr. Politiker (christl.-sozial); 1934–38 Bundeskanzler; versuchte die Unabhängigkeit Östr. zu wahren; 1935–45 in dt. Haft (KZ), 1948–67 Prof. in St. Louis (USA).

**Schuß**, der Querfaden eines Gewebes, mit den *Kettfäden* verkreuzt.

**Schussenried**, *Bad S.*, Stadt in Ba.-Wü., in Oberschwaben, 7500 Ew.; Moorbad.

**Schüttellähmung** → Parkinsonsche Krankheit.

**Schüttelreim**, ein *Doppelreim*, bei dem die Konsonanten vor den Reimvokalen der ersten Zeile in umgekehrter Reihenfolge in der zweiten Zeile auftreten.

**Schüttgut**, aus vielen einzelnen Körnern bestehendes Fördergut (Getreide, Erz, Kohle, Pulver).

**Schüttinseln**, zwei aufgeschüttete Inseln in der Donau, am Eintritt in die ung. Tiefebene des Alföld, sö. von Preßburg.

**Schüttung**, die Wassermenge, die eine Quelle innerhalb einer gewissen Zeit schüttet.

**Schutz** [ʃyts], Roger, *12.5.1915, schweiz. ev. Theologe; Gründer u. Prior der *Communauté de Taizé;* erhielt 1989 den Karlspreis.

**Schütz**, 1. Heinrich, *1585, †1672, dt. Komponist; schrieb Madrigale u. Motetten, orator. Kompositionen (»Weihnachtsoratorium«), Passionen nach Matthäus, Lukas u. Johannes) u.a. Werke. – 2. Klaus, *17.6.1926, dt. Politiker (SPD); 1967 bis 1977 Regierender Bürgermeister von Westberlin, seit 1987 Direktor der Landesrundfunkanstalt in NRW. – 3. Wilhelm, *1839, †1920, dt. Tierarzt; entdeckte den Erreger des Rotzes u. zus. mit F.A.J. Löffler den des Schweinerotlaufs.

**Schutzbrief**, Erklärung der zuständigen Staatsbehörde über die Gewährung *freien Geleits* beim Erscheinen von Ausländern vor fremden Gerichten.

**Schütze**, 1. unterster Mannschaftsdienstgrad beim Heer. – 2. *Sagittarius*, fr. *Arcitenens*, Zeichen ♐, Sternbild des Tierkreises am südl. Himmel. – 3. *Schützen, Weberschiffchen*, längl. Hohlfaden zum Eintragen des Schußfadens in das geöffnete Webfach.

**Schützenfisch**, bis 25 cm langer Barschfisch, hpts. in SO-Asien u. Australien.

**Schutzengel**, nach der kath. Lehre ein dem Menschen als Beschützer beigegebener Engel.

**Schützengesellschaften**, *Schützengilden*, urspr. im MA Organisationen der Bürger, die sich im Schießen mit der Armbrust übten, um ihre Stadt verteidigen zu können. Daraus entstanden *Schützenvereine*, die das Schießen als Sport betrieben.

**Schützengraben**, im Rahmen der *Feldbefestigung* zur Deckung der Infanterie.

**Schützenpanzer**, gepanzertes Fahrzeug für Kampfaufgaben der Panzergrenadiere.

**Schutzgebiet**, ein Gebiet, das einer Schutzmacht untersteht. S. war die amtl. Bez. für die dt. Kolonien bis 1918.

**Schutzhaft**, beschönigende Bez. für die Inhaftierung polit. u. sonstiger Gegner des Nat.-Soz. in Konzentrationslagern.

**Schutzheiliger**, *Schutzpatron* → Patron.

**Schutzherrschaft**, die unter versch. Rechtsformen (*Protektorat, Mandat* u.a.) durchgeführte Herrschaft über Territorien.

**Schutzimpfung**, die Erzeugung einer künstl. *Immunität* als Vorbeugungsmaßnahme gegen Infektionskrankheiten. Die wichtigsten S.en, eingeteilt nach Art des Impfstoffs, sind: 1. S. mit *lebenden, abgeschwächten*, d.h. nicht mehr krankmachenden, aber noch immunisierenden *Erregern* gegen: Gelbfieber, Kinderlähmung, Milzbrand, Pest, Pocken, Tollwut u. Tuberkulose. – 2. S. mit *abgetöteten Erregern* gegen: Cholera, Fleckfieber, Grippe, Keuchhusten, Kinderlähmung, Masern, Röteln, Typhus u. Paratyphus. – 3. S. mit entgifteten (unschädl. gemachten) *Erregergiften* gegen: Diphtherie u. Tetanus. Versch. S.en können miteinander kombiniert werden, z.B. Typhus-Paratyphus- u. Tetanus-S., Typhus-Paratyphus- u. Cholera-S. sowie Kinderlähmung-Diphtherie-Tetanus-S.

**Schutzmacht**, ein Staat, der aus unterschiedl. Rechtsgründen Angehörigen fremder Staaten oder Staatenlosen Schutz gewährt.

**Schutzpolizei** → Polizei.

**Schutzschaltung**, Verbindung eines elektr. Stromkreises mit einem Schutzschalter, der bei Überlastung oder bei Fehlerspannung den Stromkreis unterbricht.

**Schutzstaffel** → SS.

**Schutztruppe**, militär. Formationen, die Dtld. seit 1891 in den *Schutzgebieten* unterhielt.

**Schutzzoll**, zum Schutz inländ. Wirtschaftszweige erhobener Einfuhrzoll.

**Schwab**, Gustav, *1792, †1850, dt. Schriftst.; Spätromantiker des Schwäb. Dichterkreises; Nacherzähler dt. Volksbücher u. der »Schönsten Sagen des klass. Altertums«.

**Schwabach**, Stadt in Mittelfranken (Bayern), 35 600 Ew.; Stadtkirche (15. Jh.).

**Schwaben**, dt. Volksstamm; Teilstamm der *Alemannen*.

**Schwaben**, 1. ehem. dt. Herzogtum, benannt nach den *Sweben;* umfaßte die dt. Schweiz mit Graubünden, das Elsaß, Südbaden, Württemberg (ohne den N) u. das bay. S. König Heinrich IV. gab das schwäb. Stammesherzogtum 1079 *Friedrich I.* von Staufen, dessen Haus es bis 1268 behielt. Nach Gebietsverlusten verlieh König Rudolf I. von Habsburg das restl. S. seinem Sohn *Rudolf* († 1290), das nach dessen Tod zerfiel. – 2. bay. Reg.-Bez., 9989 km², 1,5 Mio. Ew.; Hptst. *Augsburg;* erstreckt sich von den Allgäuer Alpen bis zur Schwäb.-Fränk. Alb.

**Schwabenspiegel**, eines der dt. Rechtsbücher des MA.

*Schuppentiere: Fünfzehiges Schuppentier oder Pangolin*

**Schwäbische Alb,** *Schwäbischer Jura,* westl. Abschnitt des südtl. Jura; erstreckt sich über 210 km vom Hegau nach NO bis zum Nördlinger Ries; *Lemberg* 1015 m.
**Schwäbischer Dichterkreis,** *Schwäbische Romantik,* erwachsen aus einem spät-romantischen student. Freundeskreis (Tübingen um 1806), dem L. *Uhland,* J. *Kerner,* später auch G. *Schwab* u.a. angehörten.
**Schwäbischer Städtebund,** zuerst 1331 zur Wahrung des Landfriedens, dann 1376 unter Führung Ulms erneut gegr. Bund schwäb. Reichsstädte zur Erhaltung ihrer Reichsunmittelbarkeit.; im Landfrieden von Eger 1389 verboten.
**Schwäbisch Gmünd,** ba.-wü. Stadt an der Rems, 56 100 Ew.; histor. Altstadt, Schmuckwaren-Ind.
**Schwäbisch Hall,** ba.-wü. Krst. u. Solbad im Tal der Kocher, 30 900 Ew.; versch. Ind.
**Schwachsinn,** *Geistesschwäche,* angeborener oder erworbener Intelligenz-Mangel, meist verbunden mit mangelnder Persönlichkeitsentwicklung.
**Schwachstrom,** elektr. Strom in Fernmelde- u. Signalanlagen bei Spannungen von maximal 60 V.
**Schwadron,** fr. *Eskadron,* unterste, einer *Kompanie* folgende, in sich berittenen Truppen.
**Schwägerschaft,** das familienrechtl. Verhältnis zu den Verwandten des Ehegatten. *Schwager* u. *Schwägerin* sind *verschwägert,* nicht verwandt. Zw. Verschwägerten in gerader Linie kann in der BR Dtld. eine Ehe nur bei Befreiung vom *Eheverbot* der S. geschlossen werden.
**Schwalbach,** *Bad S.,* Krst. in Hessen am NW-Hang des Taunus, 9500 Ew.; Heilbad.
**Schwalben,** *Hirundinidae,* in rd. 75 Arten weltweit verbreitete Fam. kleiner *Singvögel.* Mit dem kurzen, aber weit gespaltenen Schnabel werden Insekten im Flug gefangen. Einheim. sind: *Rauch-S., Mehl-S.* u. die braune *Ufer-S.*
**Schwalbennester,** aus dem Speichel von Seglervögeln gebaute Nester; in Ostasien als Delikatesse geschätzt *(Ind. Vogelnester).*
**Schwalbenschwänze,** *Papilio, Edelfalter* von leuchtenden Farben u. mit schwanzartigem Anhang an den Hinterflügeln.
**Schwalm,** r. Nbfl. der Eder, 80 km, mündet östl. von Fritzlar.
**Schwalmstadt,** hess. Stadt an der Schwalm, 17 700 Ew.; versch. Ind.
**Schwämmchen,** *Soor, Stomatomykosis,* eine Mundkrankheit, hervorgerufen durch Ansiedlung des Soorpilzes auf den inneren Schleimhäuten.
**Schwämme,** *Porifera, Spongiaria,* ein Tierstamm mit etwa 5000 Arten, dessen stets festsitzende Angehörige von niederer Organisation sind. Sie haben noch keine echten Gewebe. Ihre Körper werden von lockeren Zellansammlungen gebildet, die nach außen durch eine Skelettschicht u. nach innen durch eine Schicht von *Kragengeißelzellen* begrenzt werden. Die meisten S. leben im Meerwasser, einige aber auch im Süßwasser *(Spongillidae).* – Ein einfach gebauter Schwamm ist ein sackförmiger Schlauch mit zentralem Hohlraum u. einer Ein- u. Ausströmöffnung am anderen Körperende. Oft wachsen die S. zu Kolonien mit mehreren Ausströmöffnungen heran. S. sind teils Zwitter, teils getrennt geschlechtlich. Hauptgruppen der S. sind *Kalk-S., Kiesel-S.* u. *Horn-S.*
**Schwammenauel,** *Rur-Stausee,* Talsperre der Rur zw. Rurberg u. Heimbach (nw. Eifel), 7,8 km², 205 Mio. km³ Stauinhalt.
**Schwan,** 1. → Schwäne. – 2. Sternbild des nördl. Himmels.
**Schwandorf,** Krst. in der Oberpfalz (Bay.), an der Naab, 26 400 Ew.; Karmeliterkloster auf dem *Kreuzberg.*
**Schwäne,** *Cygnus,* mit den Gänsen nah verwandte große *Siebschnäbler,* mit langem Hals (1,2 m – 1,6 m). Sie leben in strenger Einehe u. bauen ihr Nest an oder auf Gewässern; hierzu: *Höcker-S., Sing-S., Trauer-S.*
**Schwanenblume,** *Butomus,* Gatt. der *Wasserliebgewächse;* einzige Art ist die *Doldige S.* mit rötlichweißen Blüten.
**Schwanengesang,** Bez. für das letzte Werk eines Künstlers vor seinem Tod; nach der antiken Vorstellung, daß ein Schwan beim Sterben melod. Klagelaute singe.
**Schwangerschaft,** *Gravidität,* der Zustand des mütterl. Körpers während der Fruchtentwicklung von der Befruchtung des Eies bis zur Geburt. Die S. dauert im Durchschnitt 280 Tage (von der letzten Regel an). Im allg. wird die S. am Ausbleiben der Regel bemerkt; doch ist dies kein sicheres Zeichen, da die Menstruation auch aus anderen Gründen ausbleiben kann. Durch Untersuchung von der Scheide aus kann man etwa vom 2. Monat an eine S. feststellen; will man vorher Gewißheit haben, so können biolog. Proben angestellt werden; auch mit Hilfe bestimmter Hormonpräparate ist dem Arzt eine Frühdiagnose der S. möglich *(Duogynon-Test).* Etwa vom 5. Monat an werden von der Mutter Kindesbewegungen gespürt. Das von der Schwangeren bemerkte Unwohlsein u. die Brech-

*Schwalbenschwanz*

neigung beschränken sich meist auf die ersten 3–4 Monate der S.; im letzten Drittel können Störungen sich auch durch Schädigungen der Nierentätigkeit, wassersüchtige Schwellungen u. Blutdruckerhöhungen äußern. Um solche S.serkrankungen u. -störungen sowie etwa zu erwartende Geburtsschwierigkeiten rechtzeitig zu erkennen u. ihnen vorzubeugen, sind ärztl. S.untersuchungen in bestimmten Zeitabständen zu empfehlen. Rechtlich beginnt die S. mit der → Nidation.
**Schwangerschaftsabbruch** → Abtreibung.
**Schwank,** humorvolle Erzählung über eine komische Begebenheit oder einen listigen Streich; auf der Bühne: ein kurzes Spiel mit Stoffen u. Typen des erzählten S.
**Schwann,** Theodor, *1810, †1882, dt. Naturforscher u. Anatom; entdeckte im Magensaft das Pepsin, Mitbegr. der Zellenlehre.
**Schwanritter,** mittelalterl. Heldengestalt im Zusammenhang mit der Gralssage, als *Lohengrin* in frz. u. dt. Epen.
**Schwanthaler,** Ludwig von, *1802, †1848, dt. Bildhauer; führender Meister der klassizistischen Bildhauerei in S-Dtld.
**Schwanzlurche,** *Molche,* lang gestreckte *Amphibien* mit gut entwickeltem Schwanz.

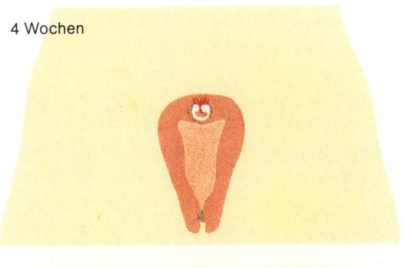
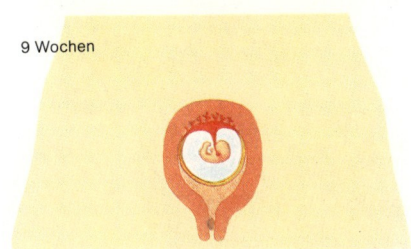
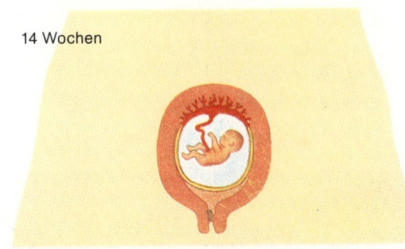
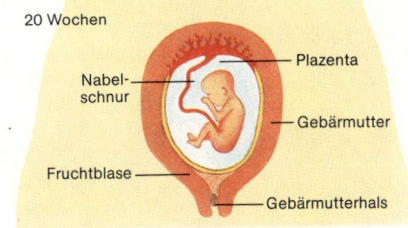
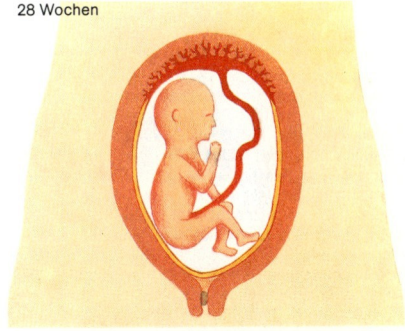
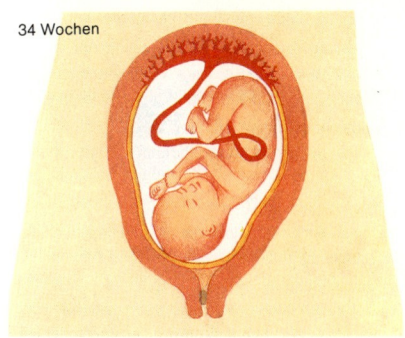
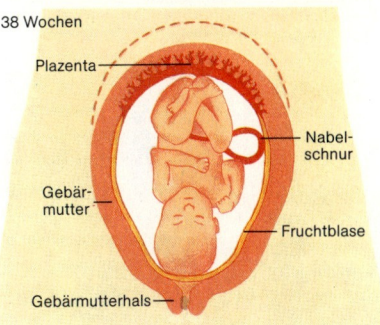

*Schwangerschaft; Entwicklung des Embryos (Schema): Nach 4 Wochen mißt der Embryo etwa 0,5 cm. Rückenmarksrohr, Nerven, einige Blutgefäße und das Herz haben begonnen sich auszubilden. Nach 9 Wochen sind alle Organe angelegt. Die Grundform des Menschen ist bereits erkennbar. Der Embryo ist etwa 4 cm lang. Nach 14 Wochen sind die Gesichtszüge – Augen, Nase, Mund, Ohren – erkennbar. Die Geschlechtsorgane beginnen sich auszubilden. Der Embryo ist etwa 12 cm lang. Nach 20 Wochen ist der Körper des Fetus von weichem Flaumhaar (Lanugo) bedeckt. Finger- und Zehennägel sind ausgebildet. Der Embryo ist etwa 20 cm lang. Nach 28 Wochen macht sich das Kind durch kräftige Bewegungen bemerkbar. Bald wird es sich mit dem Kopf in Richtung Geburtskanal drehen. Es ist etwa 35 cm lang. Nach 34 Wochen liegt das Kind mit dem Kopf nach unten. Der Gebärmutteroberrand steht nun am höchsten. Um das Kind bildet sich eine fetthaltige Schutzschicht. Nach 38 Wochen ist das Kind zur Geburt bereit. Es ist jetzt 48 bis 53 cm lang und wiegt rd. 3200 g*

## Schwärmer

**Schwärmer,** Nachtfalter mit gewandtem Flug u. großen, schlanken Vorder- u. kleinen Hinterflügeln.

**Schwartau,** *Bad S.,* Stadt in Schl.-Ho., an der Trave, 19 400 Ew., Mineral- u. Moorbad; Nahrungsmittel-Ind.

**Schwarz,** die Körperfarbe, die im Idealfall alles auffallende Licht absorbiert u. nichts reflektiert.

**Schwarz, 1.** *Schwartz, der Schwarze,* Berthold, dt. Franziskanermönch, lebte um 1300, erfand angebl. das S.pulver (Schießpulver). – **2.** Hans, *um 1492, dt. Medailleur u. Bildschnitzer; tätig in Nürnberg, Polen, Kopenhagen, Paris u. den Niederlanden, dort verschollen. – **3.** Jewgenij Lwowitsch, *1896, †1958, russ. Schriftst.; schrieb Theaterstücke, in denen sich Märchenhaftes u. Alltägliches verbinden.

**Schwarza,** Fluß in Niederöstr., vereinigt sich mit der *Pitten* zur *Leitha.*

**Schwarzarbeit,** selbst. oder Lohnarbeit, die unter Umgehung gesetzl., bes. steuer- u. sozialversicherungsrechtl. Vorschriften ausgeführt wird (von Arbeitslosen, Krankgemeldeten oder nach Feierabend).

**Schwarzdorn** → Schlehe.

**Schwarzdrossel** → Amsel.

**Schwarze Kunst, 1.** bis ins 19. Jh. Bez. für die Buchdruckerkunst. – **2.** Magie u. Alchemie.

**Schwarzenberg, 1.** Felix, Fürst zu (Neffe von 2), *1800, †1852, östr. Politiker; 1848–52 Min.-Präs. u. Außen-Min.; schlug 1848/49 den Aufstand in Wien u. Ungarn nieder. 1850 vereitelte er die preuß. Unionspolitik in der *Olmützer Punktation.* – **2.** Karl Philipp Fürst zu, *1771, †1820, östr. Feldmarschall; 1812 Führer der östr. Hilfstruppen in der Großen Armee Napoleons in Rußland, 1813 Oberbefehlshaber der Verbündeten.

**Schwarzenberg/Erzgebirge,** Krst. in Sachsen, 18 500 Ew.; Schloß; Metall- u.a. Ind. Klöppelspitzenhandwerk.

**Schwarzenegger,** Arnold Alois, *30.7.1947, US-amerik. Filmschauspieler östr. Herkunft; erfolgreich als Bodybuilder u. Darsteller in Actionfilmen.

**Schwarzer Adlerorden** → Adlerorden.

**Schwarzerde,** russ. *Tschernosem,* ein in trockenen Erdgebieten mit kalten Wintern u. trockenen Sommern (u.a. in S-Rußland) verbreiteter, fruchtbarer Bodentyp von dunkelbrauner bis schwarzer Farbe.

**Schwarzer Freitag,** der 9.5.1873, an dem die Wirtschaftskrise der »Gründerjahre« begann. Die *Weltwirtschaftskrise* wurde dagegen nicht an einem Freitag eingeleitet, sondern an einem Donnerstag, dem 24.10.1929.

**schwarzer Humor,** absurde u. grausige Komik, makaber-grotesk übersteigert, oft zynisch.

**schwarzer Körper,** *schwarzer Strahler,* ein idealer Körper, der alles auf ihn fallende Licht absorbiert. Experimentell verwirklichen läßt er sich recht gut durch einen *Hohlraumstrahler:* einen Hohlkörper mit kleiner Öffnung u. geheizten Innenwänden. Die Strahlung, die ein s. K. emittiert, heißt **schwarze Strahlung.**

**schwarzer Markt** → Schwarzhandel.

**Schwarzer Star,** *Amaurose,* völlige Blindheit.

**schwarzer Tod** → Pest.

**Schwarzes Loch,** engl. *black hole,* ein hypothet. Stern, der aus einer Ausgangsmasse von über 2,5 Sonnenmassen kollabiert ist (daher auch *Kollapsar*) u. jetzt eine mittlere Dichte von $10^{17}$ g/cm$^3$ aufweist. Man nennt einen derartigen Stern *S. L.,* weil er infolge seiner großen Gravitation keinerlei Strahlung nach außen abgeben kann. Bisher ist noch kein S. L. einwandfrei nachgewiesen worden.

**Schwarzes Meer,** durch *Bosporus, Marmarameer* u. *Dardanellen* mit dem östl. Mittelmeer verbundenes Nebenmeer zw. Türkei, Bulgarien, Rumänien u. der Sowj., 452 000 km$^2$.

**Schwarze Witwe,** *Black widow,* eine zu den *Kugelspinnen* gehörende amerik. Spinne, deren Biß für den Menschen tödlich sein kann.

**Schwarzhandel,** Sonderform des Schleichhandels in (Krisen-)Zeiten mit Güterbewirtschaftung (*Rationierung*) u. Preisfestsetzungen. Durch die Rationierung entsteht infolge der Festpreise ein Geldüberhang, der zu einem »schwarzen Markt« führt, auf dem rationierte Waren frei gehandelt u. die Festpreise überschritten werden.

**Schwarzhemden,** die paramilitär. Organisation des faschist. Italiens.

**Schwarzhörer,** jemand, der ohne Genehmigung einen Rundfunk- oder Fernsehempfänger betreibt; strafbar.

**Schwarzkopf,** Elisabeth, *9.12.1915, dt. Sängerin (Sopran).

**Schwarzkümmel,** *Nigella,* Gatt. der *Hahnenfußgewächse;* hierzu der *Echte S.* u. die *Jungfer im Grünen (Gretchen im Busch, Braut im Haar).*

**Schwarznessel,** *Stinkandorn,* ein übelriechender *Lippenblütler.*

**Schwarzotter,** 2,5 m lange, häufige *Giftnatter* Australiens.

**Schwarzpulver** → Pulver.

**Schwarz-Schilling,** Christian, *19.11.1930, dt. Politiker (CDU); seit 1982 Bundes-Min. für das Post- u. Fernmeldewesen (seit 1989 für Post- u. Telekommunikation).

**Schwarzsender,** eine Funksendeanlage, die ohne Genehmigung betrieben wird; strafbar mit Freiheitsstrafe oder Geldstrafe.

**Schwärzung,** *Dichte,* bei einer photograph. Schicht das Schwarzfärben von belichteten Stellen beim Entwickeln.

**Schwarzwald,** höchstes Mittelgebirge in S-Dtld. im oberrhein. Winkel; steigt als Urgebirge aus der Oberrhein. Tiefebene gegenüber den Vogesen auf u. geht im O allmähl. in das Schwäb. Stufenland, die Landschaften der Baar, des oberen Gäus u. des Enzgaus über; im *Feldberg* 1493 m hoch; viele Flüsse u. Bergseen (Titi-, Schluchsee u.a.); die Kinzig trennt den Nord- vom Süd-S.; Viehzucht, feinmechan. u. elektrotechn. Ind.; Fremdenverkehr.

**Schwarzwild** → Wildschweine.

**Schwarzwurzel,** *Skorzonere,* Gatt. der *Korbblütler,* etwa 100 Arten; als Gemüsepflanze kultiviert wird die *Garten-S.*

# SCHWEIZ Geographie

*Kapellbrücke und Wasserturm in Luzern; im Hintergrund der Pilatus*

*Schwarzer Freitag: Menschenauflauf vor der Börse in der New Yorker Wall Street, 1929*

*Rätische Bahn*

*Alte und neue Straßenführung des seit Jahrh*

*Schwarzwald: Anbau- und Vegetationsstufen*

**Schwaz,** östr. Bez.-Hptst. im Tiroler Unterinntal, 10 900 Ew.; alte Bergwerksstadt.
**Schwebebahn,** eine Einschienen-Hängebahn. Die Wuppertaler S. verkehrt seit 1901.
**Schwebebalken,** *Schwebebaum,* Turngerät für das Frauenturnen: ein Balken aus Hartholz, 5 m lang, 10 cm breit, Wettkampfhöhe 1,20 m.
**Schwebfliegen,** *Schwirrfliegen,* Fliegen, die mit raschen Flügelschlägen lange in der Luft an Ort u. Stelle »stehen«.
**Schwebung,** das period. wechselnde An- u. Abschwellen der Amplitude einer Schwingung, die bei der Überlagerung zweier period. Schwingungen mit wenig versch. Frequenzen u. gleicher Amplitude entsteht.

**Schwechat,** niederöstr. Stadt sö. von Wien, an der S., 14 800 Ew.; Flughafen *Wien-S.*
**Schweden,** N-german. Volk (8,2 Mio.) auf der O-Seite der skandinav. Halbinsel sowie in W-Finnland *(Finnländer)* u. auf einigen Ostsee-Inseln, außerdem über 1 Mio. in N-Amerika.
**Schweden,** Staat in N-Europa, 449 964 km², 8,5 Mio. Ew., Hptst. *Stockholm.*
Landesnatur. Den nördl. Teil *(Norrland)* bestimmt die von großen Wäldern, Fjellheiden u. Kahlflächen bedeckte O-Abdachung des skandinav. Gebirges *(Kebnekajse* 2117 m). Auf der Breite von Stockholm folgt die mittelschwed. Senke *(Svealand),* die den Übergang bildet zum südschwed. Bergland *(Götaland).* Das Klima hat kontinentalen Charakter mit schneereichen, kalten Wintern u. warmen Sommern. Der Wald nimmt 50 % der Landesfläche ein.
Die Bevölkerung besteht fast nur aus Schweden u. konzentriert sich im S; 95 % gehören der ev.-luth. Staatskirche an.
Wirtschaft. Angebaut werden v.a. Hafer, Weizen, Gerste, Kartoffeln u. Ölpflanzen; daneben wird Milchvieh-, Schweine- u. Pelztierzucht betrieben. An Bodenschätzen finden sich große Eisenerz- sowie Kupfer-, Zink-, Silber- u. Bleierzlager. Auf Bergbau u. Forstwirtschaft basiert die stark ausgebaute Metall-, Holz- u. Papierind. Da-

*Schweden*

neben sind der Maschinen-, Schiff- u. Fahrzeugbau sowie die Elektro-, Textil- u. Nahrungsmittelind. bes. entwickelt. Die erforderl. elektr. Energie wird zu 75 % durch Ausnutzung der reichl. Wasserkräfte gewonnen. Das Verkehrsnetz ist nur in Mittel- u. Süd-S. engmaschig. Die Küstenschiffahrt ist

*Schweizer Jura nordwestlich von Olten (links). – Schweizerische Volkstanzgruppe; im Vordergrund typische Engadiner Volkstracht (rechts)*

*den benutzten Sankt-Gotthard-Passes*     *Bernina-Gruppe*

# Schwedische Akademie

*Schweden: Schloß Gripsholm*

bedeutend. Haupthäfen sind Göteborg, Stockholm, Helsingborg, Malmö u. Luleå.
Geschichte. In vorgeschichtl. Zeit waren Süd- u. Mittel-S. von Germanen besiedelt. Im 9. u. 10. Jh. war S. Ausgangsland zahlr. Wikingerzüge. Allmählich bildete sich eine staatl. Ordnung heraus. Der schwed. König *Albrecht III.* unterlag 1384 der Königin *Margarete I. von Dänemark*. Die Folge war die Vereinigung S. mit Dänemark u. Norwegen (Kalmarer Union). Erst unter *Gustav Wasa* 1523 wurde S. wieder selbständig. Nach der Einführung der Reformation wurde das Land unter *Gustav II. Adolf* u. im Dreißigjährigen Krieg europ. Großmacht u. erwarb zahlr. neue Territorien, die im 2. Nord. Krieg (1700–21) wieder verloren wurden. Die Beteiligung *Gustavs IV. Adolf* (1792–1809) am Krieg gegen Napoleon I. führte zum Verlust Vorpommerns, Stralsunds u. Finnlands. Mit *Karl XIV. Johan* (1818–44) begann das Haus *Bernadotte* (bis heute). Unter seiner Führung gewann S. 1814 Norwegen, das bis 1905 in Personalunion angegliedert blieb. Im 1. u. 2. Weltkrieg blieb S. neutral. Danach entwickelte sich das Land zu einem modernen Wohlfahrtsstaat. Die Sozialdemokraten regierten das Land von 1936–76 u. wieder seit 1982. Nach der Ermordung von O. *Palme* wurde 1986 I. *Carlsson* Min.-Präs. S. ist Mitgl. der UN, des Europarats u. der EFTA.

**Schwedische Akademie,** in Stockholm 1786 nach dem Vorbild der *Académie Française* von König *Gustav III.* gestiftete Gesellschaft; verleiht seit 1901 den Nobelpreis für Literatur.

**Schwedischer Krieg,** Teil des → Dreißigjährigen Kriegs.

**schwedische Sprache,** in Schweden u. Teilen Finnlands gesprochene, zum Ostnord. gehörende germ. Sprache. Heute unterscheidet man die der Schriftsprache entspr. *Riksspråk* u. als Umgangssprache die *Talspråk*.

**Schwedt/Oder,** Stadt in Brandenburg, sw. von Stettin, 51 800 Ew.; Erdölraffinerie u. -verarbeitung, Papier-Ind.

**Schwefel,** ein → chemisches Element.

**Schwefeldioxid,** $SO_2$, farbloses, stechend riechendes, stark toxisches Gas.

**Schwefelkohlenstoff,** *Kohlenstoffdisulfid,* $CS_2$, eine farblose, feuergefährl. Flüssigkeit; Verwendung u.a. zur Herstellung von Viskose, als Lösungsmittel.

**schwefeln,** desinfizieren, konservieren oder bleichen mit Schwefeldioxid.

**Schwefelquellen,** Schwefelverbindungen (bes. Schwefelwasserstoff) enthaltende Heilquellen.

**Schwefelsäure,** $H_2SO_4$, eine ölige, stark wasseranziehende Flüssigkeit; einer der wichtigsten Grundstoffe für die chem. Ind. Ihre Salze heißen *Sulfate,* ihre sauren Salze *Hydrogensulfate.*

**schweflige Säure,** $H_2SO_3$, wäßrige Lösung von Schwefeldioxid $SO_2$. Die Salze heißen *Sulfite.*

**Schweidnitz,** poln. *Świdnica,* Stadt in Polen, nordöstl. vom Eulengebirge, 57 800 Ew.; got. Kirche (mit 103 m hohem Turm); Masch.-Ind.

**Schweigepflicht** → Berufsgeheimnis.

**Schweikart,** Hans, *1895, †1975, dt. Theaterleiter, Regisseur u. Schriftst.; 1947–62 Leiter der Kammerspiele in München.

**Schweine,** *Suidae,* Fam. *nichtwiederkäuernder Paarhufer;* mit gedrungenem Körper, rüsselartiger Schnauze u. kräftigen Eckzähnen (Hauer). S. sind in Rudeln lebende Alles-, aber vorzugsweise Pflanzenfresser in feuchten Wäldern. Hierzu: *Wildschwein, Flußschwein, Hirscheber, Warzenschwein u. Waldschwein.* Das *Haus-S.* als Zuchtform des *Wild-S.* ist ein wichtiger Fleischlieferant.

**Schweinepest,** eine Viruskrankheit der Schweine. Übertragung: durch Kontakt, Futter, Harn u.a.

**Schweinfurt,** krsfr. Stadt in Unterfranken (Bay.), am Main, 50 600 Ew.; Kugellager-Ind.; ehem. Reichsstadt.

**Schweinfurth,** Georg, *1836, †1925, dt. Afrikaforscher; bereiste O- u. NO-Afrika.

**Schweinsaffe,** ein *Hundskopfaffe* mit kurzem Schwanz; in SO-Asien beheimatet.

**Schweinswale,** *Phocaenidae,* Fam. der *Zahnwale;* bis 2 m lang.

**Schweiß, 1.** *Sudor,* ein wäßriges Drüsensekret; enthält hpts. Natriumchlorid (Kochsalz), daneben Ammoniak, Harnsäure u. flüchtige Fettsäuren. Die S.absonderung dient der Wärmeregulation. – **2.** *Fasch,* austretendes Blut beim angeschossenen Wild.

**schweißen,** Werkstoffe (Metalle, Kunststoffe) durch Druck, Wärmezufuhr oder beides unlösbar miteinander verbinden; Ggs.: löten.

**Schweitzer,** Albert, *1875, †1965, dt. ev. Theo-

*Albert Schweitzer*

loge, Musikwissenschaftler, Mediziner u. Philosoph; begann 1913 seine Tätigkeit im Urwaldhospital bei Lambaréné. Seine Philosophie gipfelt in einer weltbejahenden Ethik tätiger Nächstenliebe. S. war auch in der modernen Orgelbewegung führend. – Friedensnobelpreis 1952.

*Schweine: Angler Sattelschwein*

**Schweiz,** Staat in Mitteleuropa, 41 293 km², 6,5 Mio. Ew.; Hptst. Bern. Die S. ist gegliedert in 20 Kantone u. 6 Halbkantone (vgl. Tabelle).
Landesnatur. Die S. besteht aus den drei Landschaftseinheiten Alpen (60% der Fläche), Mittelland (30%) u. Jura (10%). Die *Alpen* haben eine Durchschnittshöhe von 1800–2500 m (O-Alpen: Rätikon, Silvretta, Bernina; W-Alpen: Glarner,

*Schweiz*

Urner, Vierwaldstätter, Berner u. Freiburger Alpen im N sowie Adula-, Tessiner- u. Walliser Alpen im S). Nach NW schließen sich die *Voralpen* an, die in das tiefer gelegene *Mittelland* übergehen. Dieser 40–60 km breite Landstrich zw. Genfer See u. Bodensee ist der fruchtbarste u. zugleich der dichtestbesiedelte Landesteil. Der bis nahe 1700 m hohe S.er *Jura* ist ein größtenteils gefaltetes Mittelgebirge. – Das mitteleurop. *Klima* ist auf den Jurahöhen rauher als im Mittelland, während es am Genfer See u. im Tessin bereits mediterranen Charakter hat. – Ⓑ → auch S. 804/05.

85% der Bevölkerung sind S.er Bürger u. 15% Ausländer, davon über 39% Italiener. 11% Spanier. Die Bev. ist zu etwa gleichen Teilen ev. u. kath.; 65% haben Deutsch als Muttersprache, 18% Frz., 10% Ital. u. 0,8% Rätoromanisch. Die größten Städte sind Zürich, Basel, Genf, Bern, Lausanne, Luzern, Winterthur, Biel, St. Gallen, Thun, Lugano, Schaffhausen, Neuenburg, Baden, Freiburg, Aarau u. Olten.

| Schweiz: Verwaltungsgliederung | | | |
|---|---|---|---|
| Kanton (* Halbkanton) | Beitritt zur Eidgenossenschaft | Fläche in km² | Einwohner in 1000 | Hauptstadt |
| Aargau | 1803 | 1405 | 484 | Aarau |
| Appenzell-Außerrhoden* | 1513 | 243 | 50 | Herisau |
| Appenzell-Innerrhoden* | 1513 | 172 | 13 | Appenzell |
| Basel-Landschaft* | 1501 | 428 | 228 | Liestal |
| Basel-Stadt* | 1501 | 37 | 191 | Basel |
| Bern | 1353 | 6049 | 933 | Bern |
| Freiburg | 1481 | 1670 | 200 | Freiburg |
| Genf | 1815 | 282 | 371 | Genf |
| Glarus | 1352 | 685 | 37 | Glarus |
| Graubünden | 1803 | 7106 | 168 | Chur |
| Jura | 1979 | 837 | 65 | Delémont |
| Luzern | 1332 | 1492 | 312 | Luzern |
| Neuenburg | 1815 | 797 | 157 | Neuenburg |
| Nidwalden* | 1291 | 276 | 32 | Stans |
| Obwalden* | 1291 | 491 | 28 | Sarnen |
| Sankt Gallen | 1803 | 2014 | 411 | Sankt Gallen |
| Schaffhausen | 1501 | 298 | 70 | Schaffhausen |
| Schwyz | 1291 | 908 | 106 | Schwyz |
| Solothurn | 1481 | 791 | 222 | Solothurn |
| Tessin | 1803 | 2811 | 281 | Bellinzona |
| Thurgau | 1803 | 1013 | 198 | Frauenfeld |
| Uri | 1291 | 1077 | 34 | Altdorf |
| Waadt | 1803 | 3219 | 565 | Lausanne |
| Wallis | 1815 | 5226 | 239 | Sitten |
| Zug | 1352 | 239 | 83 | Zug |
| Zürich | 1351 | 1729 | 1142 | Zürich |

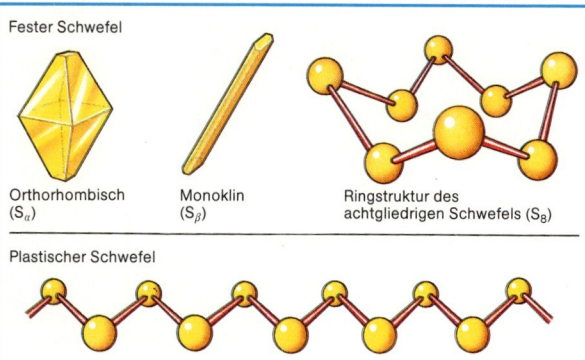

*Schwefel tritt in zwei verschiedenen Kristallformen auf, als rhombischer Schwefel ($S_\alpha$) bei Temperaturen unter 95,6° C und als nadelförmiger, monokliner Schwefel ($S_\beta$) bei Temperaturen zwischen 96° C und dem Schmelzpunkt von 119° C. In beiden Fällen liegen gewellte Molekülringe vor. Plastischer Schwefel besteht dagegen aus langen, zickzackförmig verlaufenden Ketten*

**Wirtschaft.** Der Schwerpunkt der Landwirtschaft liegt auf der Viehzucht (87% des landw. Produktionswerts), v. a. auf der Milchwirtschaft. Die reichen Wasserkräfte liefern 60% des elektr. Stroms. Die vielseitige Industrieproduktion, in der arbeitsintensive Veredlungs- u. Qualitätsarbeiten überwiegen, erfolgt größtenteils in Klein- u. Mittelbetrieben. Die wichtigsten Zweige sind der Apparatebau, die Textil-, Schuh-, Metall-, chem., Uhren-, Nahrungsmittel-, holzverarbeitende u. a. Ind. Rd. ¼ aller Beschäftigten sind Ausländer. Der Kapital- u. Fremdenverkehr hat erhebl. wirtschaftl. Bedeutung. – Die S. hat ein dichtes Straßennetz mit zahlr. Paßstraßen über die Alpen u. ein voll elektrifiziertes Eisenbahnnetz. Der Rhein ist ein wichtiger Binnenschiffahrtsweg; Haupthafen ist Basel.

**Geschichte.** Der kelt. Volksstamm der *Helvetier* wanderte um 100 v. Chr. zw. Jura u. Alpen ein u. wurde 58 v. Chr. von Cäsar unterworfen; 15 v. Chr. wurden auch die in den O-Alpen lebenden *Rätier* von Rom unterworfen. Um 445 eroberten die Burgunder von SW her das Wallis u. das Gebiet bis zur Aare; im Tessin u. in Graubünden konnte sich die bisherige Bev. halten, während das übrige Land von den *Alemannen* besiedelt wurde. Im 6. Jh. wurde das heutige Staatsgebiet dem Fränk. Reich angegliedert; 843 kam die O-Schweiz an das Dt. Reich, im 11. Jh. auch die W-Schweiz; Territorialherrschaften bildeten sich. Gleichzeitig erkämpften sich die Länder Uri u. Schwyz sowie einzelne Städte die Reichsfreiheit. Die Eidgenossenschaft entstand durch den Zusammenschluß der 3 *Urkantone* Uri, Schwyz u. Unterwalden 1291 (»Ewiger Bund«). Der Ewige Bund wurde 1332 um Luzern, 1351 um Zürich, 1352 um Glarus u. Zug u. 1353 um Bern vergrößert. 1389 mußten die

*Schweiz: Sprachen*

## SCHWEIZ Geschichte

*Erste Seite der Bundesverfassung von 1848*

*Landsgemeinde in Glarus*

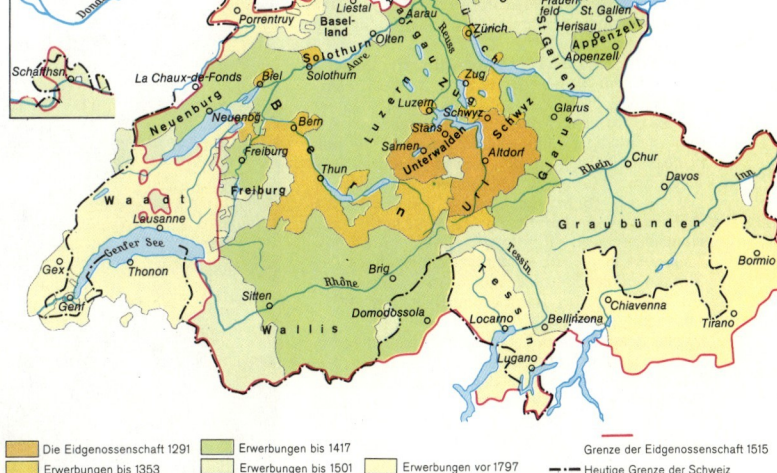

*Parade eidgenössischer Truppen vor General Dufour nach dem Sieg im Sonderbundskrieg 1847; Gemälde. Zürich, Schweizerisches Landesmuseum (links). – Die territoriale Entwicklung der Eidgenossenschaft (rechts)*

## Schweizerdeutsch

Habsburger die Unabhängigkeit der Eidgenossenschaft anerkennen, die ihr Territorium allmähl. erweiterte. Die endgültige Loslösung vom Dt. Reich wurde im *Westfälischen Frieden* 1648 bestätigt. Mit dem Beitritt von Basel u. Schaffhausen 1501 u. Appenzell 1513 wurde der Bund zur Eidgenossenschaft der *Dreizehn Orte*. – Die Reformation wurde in der deutschen S. von Zürich aus durch H. *Zwingli*, in der welschen S. von Genf aus durch J. *Calvin* eingeführt. 1798 entstand die *Helvetische Republik*. Die S. wurde zunächst Einheitsstaat. Durch die *Mediationsakte* vom 19. 2. 1803 wurde die S. ein Staatenbund von 19 souveränen *Kantonen*. Auf dem *Wiener Kongreß* von 1814/15 erlangte die S. die Anerkennung dauernder Neutralität. Es bestanden jetzt 22 Kt.; nach dem *Sonderbundskrieg* (1847) wurde die S. durch die liberale Verfassung 1848 in einen Bundesstaat umgewandelt. Im 1. u. 2. Weltkrieg bewahrte die S. strenge Neutralität. 1971 wurde auf Bundesebene das Wahl- u. Stimmrecht für Frauen eingeführt. 1978 wurde durch Volksabstimmung die Gründung eines neuen Kt. Jura aus Teilen des Kt. Bern beschlossen. Die Regierung der S. (Bundesrat) wird seit Jahrzehnten von einer Koalition der vier größten Parteien gebildet: Sozialdemokraten, Freisinnig-Demokraten, Christl.-Demokrat. Volkspartei, Schweizer. Volkspartei. Die S. ist nicht Mitgl. der UN, gehört aber dem Europarat u. der EFTA an.

**Schweizerdeutsch** → Schwyzerdütsch.

**Schweizergarde**, ital. *Guardia Svizzera Pontificia*, 1506 von Papst *Julius II.* gegr. Wachtruppe des Vatikans. Aufgenommen werden nur kath. Schweizer, die zuvor in der schweiz. Armee gedient haben.

**Schweizerische Eidgenossenschaft**, amtl. Name der → Schweiz.

**schweizerische Kunst**. Sie ist eng mit der Kunst der angrenzenden Länder Frankreich, Italien u. Dtld. verbunden. Die ersten Kirchenbauten auf dem Gebiet der heutigen Schweiz entstanden seit dem 4. Jh. In der Romanik herrschten drei Einflußströmungen vor, die von Cluny ausgehende burgund., die lombard. u. die oberrhein. Das Einwirken der frz. Frühgotik wurde zuerst beim Bau von St.-Pierre in Genf u. an der Kathedrale von Lausanne deutlich; die Spätgotik manifestierte sich v.a. im Münster zu Bern (seit 1421). Während sich die Renaissance-Architektur der südl. Schweiz ital. Vorbildern anschloß, war sie nördl. der Alpen von südlt. Bauten abhängig. Für die Baukunst des 19. Jh. sind auf schweiz. Gebiet die gleichen Strömungen nachweisbar wie in Dtld. Bed. ist der Beitrag der Schweiz zur modernen Architektur. Die mittelalterl. Skulptur fand ihren vollkommensten Ausdruck in der Galluspforte des Baseler Münsters. Einen bemerkenswerten Anteil haben die Werke schweiz. Künstler – z.B. M. *Bills*, A. *Giacomettis* u. J. *Tinguelys* – an der Plastik des 20. Jh. Auch in der Malerei des 19. u. 20. Jh. ist der schweiz. Beitrag, den Künstler wie A. *Böcklin*, F. *Hodler*, C. *Amiet*, P. *Klee* einbrachten, unübersehbar.

**schweizerische Literatur**, die dem dt., frz., ital. u. rätoroman. Sprachraum zugehörige Lit. der Schweiz.
Erste Zeugnisse deutschsprachiger Literatur sind mit dem Namen des Klosters St. Gallen verbunden (um 800). Zur höf. Epik gehören *Ulrich von Zatzikoven* u. *Konrad von Würzburg*, volkstüml., lehrhafte Dichtung pflegte *Konrad von Ammenhausen*. Oster- u. Passionsspiele des 14. u. 15. Jh. sind Beiträge zum religiösen Schauspiel. Das 14. bis 16. Jh. sind geprägt von der Mystik (*Nikolaus von Basel; Paracelsus*) sowie von Humanismus u. Reformation (H. *Zwingli*, A. *Tschudi*). Das 17. Jh. wird repräsentiert durch den Moralsatiriker J. *Grob*, die Lyriker *Simler* u. *Hardmeyer* u. den Barockdramatiker J. K. *Weissenbach*.
Engste Beziehung zur Literatur in Dtld. schufen in der Aufklärung J. J. *Bodmer* u. J. J. *Breitinger*. J. K. *Lavater* beeinflußte den Sturm u. Drang u. Goethe. Volksschriftsteller waren J. H. *Pestalozzi* u. U. *Bräker*. J. *Gotthelf*, G. *Keller*, C. F. *Meyer* führten die Dichtung im 19. Jh. zu einem Höhepunkt. Bed. Schriftst. des 20. Jh. sind R. *Walser*, C. *Spitteler*, M. *Frisch* u. F. *Dürrenmatt*.
Namhafte französischsprachige Autoren des 20. Jh. sind: C. F. *Ramuz*, G. *Roud*, C. F. *Lan-*

*Schweiz: Kantone*

## SCHWEIZ Kultur

*Die Galluspforte am Baseler Münster gehört zu den ältesten Figurenportalen im deutschen Sprachraum; Ende 12. Jahrhundert (links). – Tanzender Engel des sog. Erminoldmeisters, Basel; um 1280 (rechts)*

*Paul Klee, Der goldene Fisch; 1925. Hamburg, Kunsthalle*

dry, J. *Mercanton*, M. *Zermatten*, J. *Marteau*, M. *Saint-Hélier*, G. de *Pourtalès*, D. de *Rougemont*, B. *Cendrars*. Als literar. Vertreter der ital. Schweiz sind zu nennen: F. *Chiesa*, G. *Zoppi*, G. *Calgari*, F. *Filippini*. Die rätoroman. Lit. repräsentierten G. F. *Caderas*, G. A. *Huonder*, P. *Lansel*, A. *Lozza*, G. C. *Muoth*, G. M. *Nay*, A. *Peer*, M. *Rauch*, G. *Vonmoos*.

**Schweizerische Radio- u. Fernsehgesellschaft**, Abk. *SRG*, privatrechtl. Verein mit monopolartigem Recht zur Verbreitung (viersprachig) von Hörfunk- u. Fernsehprogrammen in der Schweiz.

**Schweizerischer Gewerkschaftsbund**, Abk. *SGB*, Dachverband nichtkonfessioneller u. überparteil. Berufsgewerkschaften der Schweiz mit rd. 460 000 Mitgl.

**Schweizerischer Nationalpark**, 168,7 km² großes Naturschutzgebiet im östl. Kt. Graubünden.

**Schweizerische Volkspartei**, Abk. *SVP*, 1971 gegr. Zusammenschluß der gesamtschweizer. *Bauern-, Gewerbe- u. Bürgerpartei (BGB)* mit der *Demokratischen Partei* der Kt. Glarus u. Graubünden; versteht sich als Partei der Mitte.

**Schweizer Jura**, bewaldetes Mittelgebirge im W u. NW der Schweiz; *Mont Tendre* 1679 m, *La Dôle* 1677 m.

**Schweizer Käse**, *Emmentaler Käse*, Hartkäse mit mindestens 45 % Fettgehalt.

**Schwelle, 1.** unterster, waagerechter Teil der Türumrahmung. – **2.** Unterlage für Eisenbahnschienen. – **3.** flache Aufwölbung des Meeresbodens oder des Festlands ohne deutl. sichtbare Ränder.

**Schwellenländer**, Entwicklungsländer, deren wirtschaftl. Dynamik es erlaubt, in absehbarer Zeit den Status des Entwicklungslandes zu überwinden.

**Schwellkörper**, von Bluthohlräumen (*Lakunen*) durchsetztes Schwammwerk aus Bindegewebsbalken, die glatte Muskulatur u. elast. Fasern enthalten. Sie schwellen durch Blutfüllung an u. durch Entleerung wieder ab. S. finden sich z.B. am männl. Glied.

**Schwelm**, Stadt in NRW, östl. von Wuppertal, 29 800 Ew.; Metall-, Masch.- u.a. Ind.

**Schwelung**, Vergasungsprozeß von Steinkohle, Braunkohle, Ölschiefer, Torf u. Holz bei langsamer Erhitzung auf 500–600 °C unter Luftabschluß.

**Schwemmkegel**, Flußablagerung an der Mündung eines Nbfl. in einen Hptfl.

**Schwemmland**, in Flußtälern, Tiefebenen u. an Küsten von Wasser aufgeschüttete Geröll-, Schlamm- u. Sandschichten.

**Schwenckfeld**, *Schwenkfeld*, Kaspar, \*um 1489, †1561, dt. Sektenstifter; gründete kleine prot. Gemeinden (*S.er*), die in der Gegenreformation aus Schlesien vertrieben wurden u. 1734 nach Pennsylvania auswanderten.

**Schwenkflügelflugzeug**, ein Flugzeug, bei dem die Stellung der Flügel durch Schwenken der Flügelhälften während des Flugs veränderl. ist.

**Schwerathletik**, *Athletik, Kraftsport*, zusammenfassende Bez. für die Sportarten Ringen, Gewichtheben, Rasen- u. Kunstkraftsport. Früher wurde auch Boxen einbezogen.

**Schwerbehinderte**, Personen, die körperl., geistig oder seel. behindert u. wegen der Behinderung in ihrer Erwerbsfähigkeit nicht nur vorübergehend um wenigstens 50 % gemindert sind. S. genießen bes. Schutz u. Förderung im Arbeitsleben.

**Schwerbeton** → Beton.

**Schwereanomalie**, Abweichungen der auf der Erde gemessenen Fallbeschleunigung vom Normalwert. Sie deuten auf eine ungleiche Verteilung der Masse in der Erdkruste hin.

**Schwerelosigkeit**, *Gewichtslosigkeit*, ein beim antriebslosen Weltraumflug (oder beim freien Fall zur Erdoberfläche) auftretender Zustand, bei dem alle Körper gewichtslos werden u. frei in der Kabine des Weltraumfahrzeugs schweben, sofern sie nicht festgeschnallt sind. – *Permanente S.*, S. auf einer Kreisbahn in 500 km Entfernung um die Erde.

**schweres Wasser**, *Deuteriumoxid*, chem. Formel $D_2O$, Wasser, das anstelle von Wasserstoffatomen Deuteriumatome hat. Verwendet wird es als *Moderator* in Reaktoren u. bei kernphysikal. Arbeiten.

**Schwergewicht**, eine der → Gewichtsklassen in der Schwerathletik.

**Schwerhörigkeit**, vermindertes Hörvermögen. Es kann durch Verstopfung des äußeren Gehörgangs mit Ohrschmalz oder durch Erkrankung des Mittelohrraums (*Mittelohr-S.*) u. des Innenohrs (*Innenohr-S.*) bedingt sein. Doppelseitige S. beruht meist auf der *Otosklerose*, einer im mittleren Lebensalter auf erbl. Anlage entstehenden u. mit dem Alter fortschreitenden Erkrankung der knöchernen Labyrinthkapsel.

**Schwerin**, mecklenburg. Stadt am SW-Ufer des *S.er Sees* (63,4 km³), 128 000 Ew.; frühere Residenz u. Hptst. von Mecklenburg mit ehem. großherzogl. Schloß (19. Jh.), Pädag. HS; Masch.-Ind., Kultur- u. Wirtschaftszentrum eines großen Agrargebiets.

**Schwerindustrie**, Sammelbegriff für den Bergbau sowie die Großeisen- u. Stahlind.

**Schwerin von Krosigk**, Johann Ludwig (Lutz) Graf, \*1887, †1977, nat.-soz. Politiker; 1932–45 Reichsfinanz-Min.; unter Karl Dönitz im Mai 1945 Leiter der »Geschäftsführenden Reichsregierung«.

**Schwerionenbeschleuniger**, ein Beschleuniger, in dem Teilchen bei einer Massenzahl größer als 4 beschleunigt werden.

**Schwerkraft**, die Anziehungskraft der Erde, die verursacht, daß alle Körper nach dem Erdmittelpunkt gezogen werden u. »schwer« sind, d.h. ein *Gewicht* haben. S. ist gleich (schwere) Masse mal Erdbeschleunigung; dabei ist die Erdbeschleunigung auf der Erdoberfläche wenig veränderl. u. hat den ungefähren Wert 9,81 m/s². Am Äquator ist die S. infolge der Erdabplattung u. Zentrifugalkraft am kleinsten. → Gravitation.

**Schwermetalle**, Metalle mit einem spezif. Gewicht über 5; → chemische Elemente (Tabelle).

**Schweröle**, Öle mit einem hohen Siedepunkt (230–360 °C); Destillationsprodukte des Erdöls u. des Steinkohlenteers. Sie werden in Diesel- u. Glühkopfmotoren sowie als Heizöl verwendet.

**Schwerpunkt**, der Punkt eines Körpers, in dem die gesamte Masse vereinigt gedacht werden kann. Bei Unterstützung im S. bleibt der Körper im Gleichgewicht.

**Schwerspat**, älterer Name für → Baryt.

**Schwert, 1.** alte Hieb- u. Stichwaffe. – **2.** in der Mitte (*Mittel-S.*) oder an beiden Seiten (*Seiten-S.*) von flachbodigen Segelbooten versenkbare Flosse, meist aus Metall, zur Verringerung der Abdrift beim Kreuzen.

**Schwertadel**, durch die *Schwertleite* in den Adelsstand erhobene Ritter; das Berufsrittertum.

*Alberto Giacometti, Der Hund; 1951. Basel, Kunstmuseum, Depositum der Alberto-Giacometti Stiftung*

*Stiftsbibliothek in St. Gallen von Peter Thumb; 1755*

**Schwertbrüderorden,** geistl. Ritterorden in Livland; 1202 gegr.; an der Eroberung Livlands maßgebl. beteiligt; später mit dem *Dt. Orden* vereinigt.

**Schwerte,** Stadt in NRW, 48 500 Ew.; spätgot. Rathaus, metallverarbeitende Ind.

**Schwertfisch,** *Meerschw.,* 3–5 m langer u. 150–300 kg schwerer *makrelenartiger Fisch* der wärmeren Meere mit schwertartig verlängertem, zahnlosem Oberkiefer.

**Schwertleite,** zeremonielle Aufnahme eines Knappen in den Ritterstand.

**Schwertlilie,** *Iris,* Gattung der *S.ngewächse* (→ Pflanzen), mit violett, gelb oder blau gefärbten Blüten.

**Schwertmagen,** *Germagen,* im alten dt. Recht, die durch Männer miteinander verwandten Männer, im Unterschied zu den *Kunkelmagen.*

**Schwertschwänze** → Pfeilschwänze.

**Schwerttanz,** mit u. zw. Schwertern aufgeführter figurenreicher Tanz; bei den Germanen ein kult. Tanz, im MA ein Schautanz der Zünfte.

**Schwertträger,** *Xiphophorus,* Gatt. lebendgebärender *Zahnkarpfen* aus den Zuflüssen des Golfs von Mexiko; beliebte Aquarienfische.

**Schwertwal,** ein *Delphin;* der *Kleine S.* wird 3–5 m lang; der *Große S.* kann bis 10 m lang werden.

**Schwester,** Mitgl. einer kirchl. oder freien Genossenschaft für Krankenpflege, Fürsorge u.a.

**Schwetzingen,** Stadt in Ba.-Wü., 17 900 Ew.; Schloß (18. Jh.) mit Rokoko-Theater (Festspiele).

**Schwiele,** *Kallositas,* umschriebene Verdickung der Außenhaut oder des Bindegewebes.

**Schwielensohler** → Kamele.

**Schwielochsee,** von der Spree durchflossener, brandenburg. See, 11,7 km².

**Schwielowsee** [-lo:-], brandenburg. Havelsee sw. von Potsdam, 8,5 km².

**Schwientochlowitz,** poln. *Świętochłowice,* Ind.-Stadt im poln. Oberschlesien, 59 900 Ew.; Kohlenbergbau, Ind.

**Schwimmbeutler,** *Wasseropossum,* mit dem Opossum verwandte *Beutelratte.*

**Schwimmblase,** gasgefülltes Hohlorgan der meisten Knochenfische. Durch versch. starke Füllung der S. kann der Fisch sein Gewicht nach dem Wasserdruck regulieren.

**Schwimmdock,** ein stählerner Schwimmkörper, der durch Fluten von Zellen abgesenkt u. dann, nach dem Einfahren eines Schiffs, leergepumpt wird.

**Schwimmen,** das Nicht-Untergehen eines Körpers u. die Fortbewegung in einer Flüssigkeit. Es wird beim Menschen ermöglicht durch die Verminderung des Körpergewichts um das Gewicht des verdrängten Wassers (Auftrieb) u. durch Bewegungen der Arme u. Beine. – Die im *Sport-S.* gebräuchl. Schwimmarten werden unterschieden in: 1. *Brust-S.,* bei dem die Arme seitwärts durch das Wasser u. wieder zur Brust geführt, die Beine angezogen, dann seitwärts in eine Schwunggrätsche u. wieder zusammengeführt u. dabei die Arme mit zusammengelegten Händen nach vorn gestoßen werden; 2. *Kraul-S., Crawl,* bei dem die Arme abwechselnd senkrecht durchs Wasser ziehen u. über dem Wasser wieder nach vorn gebracht werden u. die Beine wechselweise vertikale Schlagbewegungen aus dem Beckengürtel heraus ausführen; 3. *Rückenkraul,* bei dem die Beine (aus der Rückenlage) wiederum Wechselschläge ausführen, die Arme abwechselnd über den Kopf nach rückwärts geführt u. nach unten durchs Wasser gezogen werden; 4. *Delphin,* bei dem beide Arme gleichzeitig über Wasser nach vorn gebracht u. dann durchs Wasser gezogen werden, während die Beine geschlossen bleiben u. vertikale Schlagbewegungen ausführen. Diese wellenförmige Bein- u. Körperbewegung ist der Unterschied zum *Schmetterlingsstil.*

**Schwimmer,** ein Hohlkörper unterschiedl. Form, der im Wasser Auftrieb bewirkt.

**Schwimmfarn,** frei schwimmender einheim. Wasserfarn.

**Schwimmfüße,** Anpassung von Extremitäten an die Bewegung im Wasser; z.B. bei Schwimmvögeln u. -säugern durch Schwimmhäute zw. den Zehen.

**Schwimmkäfer,** *Echte Wasserkäfer,* an das Leben im Wasser angepaßte Fam. der *Käfer;* von flach kahnartigem Körperbau.

**Schwimmvögel,** Sammelbez. für alle schwimmfähigen Vögel ohne Rücksicht auf die systemat. Zugehörigkeit.

**Schwimmwanze,** bis 16 mm lange, käferähnl., olivbraune *Wasserwanze.*

**Schwimmweste,** Gerät zur Rettung aus Seenot; besteht aus wasserdichtem, doppellagigem Tuch in Form einer gürtelartigen Weste. Die Zwischenräume sind mit Kork, Kapok oder Schaumstoff ausgefüllt oder können aufgeblasen werden.

**Schwind,** Moritz von, *1804, †1871, dt. Maler u. Graphiker; Hauptmeister der Spätromantik im volkstüml.-biedermeierl. Stil; Gemälde u. Illustrationen nach Themen der dt. Sagen- u. Märchenwelt.

**Schwindel,** *Vertigo,* eine das Gleichgewichtsgefühl störende, vorübergehende Erscheinung bei Reizung des Innenohrs; meist in Form eines *Dreh-S.,* seltener in Form eines *Schwank-S.*

**Schwindling,** *Marasmius,* Gatt. der *Blätterpilze,* in Dtld. bekannt der *Küchen-S.;* ein Würzpilz.

**Schwindsucht** → Tuberkulose.

**Schwingachse,** Einzelradaufhängung bei Kraftwagen, bes. Anordnungen mit Querlenkern.

**Schwingboden,** eine Konstruktion des modernen Sporthallenbaus, bei der der Parkettboden so gelegt wird, daß er leicht federt.

**Schwingel,** *Festuca,* Gatt. der *Süßgräser;* der *Wiesen-S.* ist ein gutes Futtergras.

**Schwingen,** *Hosenlupf,* schweiz. Art des Ringkampfs; gerungen wird mit *Schwingerhosen,* an denen sich die Schwinger gegenseitig festhalten.

**Schwinger,** Julian, *12.2.1918, US-amerik. Physiker; arbeitete über Quantenelektrodynamik; Nobelpreis 1965.

**Schwingkreis,** *Schwingungskreis,* die Zusammenschaltung eines Kondensators u. einer Spule in Reihe oder parallel, die zu elektr. Schwingungen angeregt werden kann. Durch eine angelegte Spannung wird der Kondensator aufgeladen. Er entlädt sich über die Spule, in der infolge des Stromflusses eine Gegenspannung erzeugt wird, die wiederum den Kondensator auflädt usw. So pendelt der Strom immer hin u. her. Wenn keine neue Energie zugeführt wird, klingen die Schwingungen rasch ab *(gedämpfte Schwingung).* S. werden u.a. verwendet, um aus versch. Frequenzen eine bestimmte herauszusieben u. um bestimmte Frequenzen zu erzeugen.

**Schwingquarz,** *Piezoquarz,* ein Plättchen aus Quarz, das beim Anlegen elektr. Wechselspannungen mit bestimmter Frequenz schwingt.

**Schwingung,** die zeitl. sich wiederholende Zu- u. Abnahme einer physikal. Größe; z.B. das Hin- u. Herschwingen einer Feder oder die S. von Licht- u. Materiewellen. Die einfachste S. ist die *Sinus-S.*

**Schwippschwager,** der Bruder eines Ehegatten im Verhältnis zu den Geschwistern des anderen Ehegatten; keine *Schwägerschaft* im Rechtssinn.

**Schwirle,** *Locustella,* Gatt. der *Singvögel* aus der Fam. der *Grasmücken;* einheimisch ist u.a. der *Feld-Schwirl.*

**Schwirrflug,** *Rüttelflug,* ein Fliegen an Ort u. Stelle, das unter den Insekten bes. die *Schwebfliegen,* unter den Vögeln bes. die *Kolibris* sowie eine Reihe anderer Vögel *(Schwirrvögel),* z.B. der Turmfalke, beherrschen.

*Schwerttanz: georgischer Säbeltanz*

*Moritz von Schwind: Der Ritt des Falkensteiners; 1843/44. Leipzig, Museum der bildenden Künste*

**Schwirrholz,** ein an einer Schnur über dem Kopf herumgeschwungenes Stück Holz, das dabei einen brummenden Laut (die Stimme eines »Geistes«) hören läßt; Kultgegenstand versch. Kulturen Afrikas, Amerikas u. Australiens.

**Schwitters,** Kurt, *1887, †1948, dt. Maler, Graphiker, Bildhauer u. Schriftst.; ein Hauptvertreter des Dadaismus; Schöpfer der »Merzkunst«.

**Schwüle,** feuchte Wärme der Luft (bei 20 °C relative Feuchtigkeit der Luft von wenigstens 75 %, bei 30 °C wenigstens 40 %).

**Schwulst,** überladener Stil, bes. der des Hochbarocks.

**Schwungrad,** ein rotierendes schweres Rad zum Speichern mechan. Energie u. zum Ausgleich ungleichmäßiger Antriebe.

**Schwur** → Eid.

**Schwurgericht,** erstinstanzl. Gericht der ordentl. Gerichtsbarkeit für bes. bedeutsame Strafsachen;

*Schwimmen: Bewegungsstudie eines Kraulschwimmers in der Atemholphase*

*Schwingen: Kampfszene dieser schweizerischen Ringersportart*

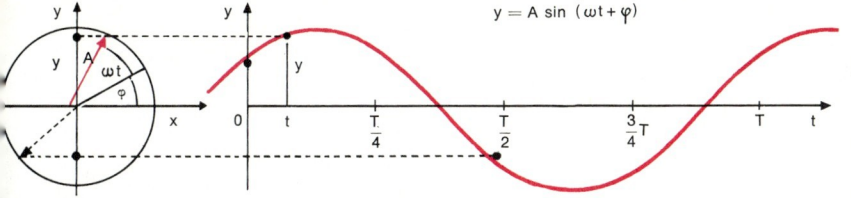

*Schwingung: phasenverschobene Sinusschwingung*

errichtet beim *Landgericht,* besetzt mit 3 Berufsrichtern u. 2 *Schöffen.*
**Schwyz** [ʃviːts]**, 1.** Kt. der → Schweiz. – **2.** Hptst. von 1), am Ausgang des Muotatals u. am Fuß der Mythen, 516 m ü.M., 12 000 Ew.; Kirche St. Martin; Bundesbriefarchiv; Fremdenverkehr.
**Schwyzerdütsch** [ˈʃviː-], *Schweizerdeutsch,* die versch., umgangssprachl. gebrauchten schweiz. Mundarten. Sie stehen dem ahd. Lautstand am nächsten. Es gibt keine überregionale dt.-schweiz. Verkehrssprache.
**Schygulla,** Hanna, *25.12.1943, dt. Schauspielerin; wurde bekannt durch die Filme R.W. Faßbinders; später auch internat. Produktionen.
**Sciacca** [ˈʃakka], ital. Hafenstadt auf Sizilien, bei Agrigento, 34 000 Ew.
**Sciascia** [ˈʃaʃa], Leonardo, *1921, †1989, ital. Schriftst.; Kriminalromane u. Erzählungen über das sizilian. Verbrechertum; W »Der Tag der Eule«, »Die Affäre Moro«.
**Science Fiction** [ˈsaiəns ˈfikʃən], romanhafte Schilderung von Geschehnissen u. Abenteuern, die auf mögl. oder phantast. Folgen des wissenschaftl. Fortschritts basieren.
**Scilla** [sˈtsik], Gatt. der *Liliengewächse;* in Dtld. u.a. der Zweiblätterige Blaustern.
**Scillyinseln** [ˈsili-], engl. *Scilly Islands,* über 140 brit. Inseln, von denen nur 5 bewohnt sind, rd. 40 km sw. von England; 14,5 km², 2000 Ew.; Blumen- u. Gemüsezucht, Fremdenverkehr.
**Scipio** [sˈtsi-], **1.** *S. d. Ä.,* Publius Cornelius S. Africanus Maior, *235 v. Chr., †138 v. Chr., röm. Feldherr; entriß 206 v. Chr. den Karthagern Spanien, schlug *Hannibal* 202 v. Chr. bei Zama. – **2.** *S. d. J.,* Publius Cornelius S. Aemilianus Africanus Minor, *185 v. Chr., †129 v. Chr., röm. Feldherr; durch Adoption Enkel von 1); zerstörte 146 v. Chr. Karthago u. beendete damit den 3. *Punischen Krieg.*
**Scirocco** → Schirokko.
**Sckell** [skɛl], Friedrich Ludwig von, *1750, †1823, dt. Gartenarchitekt; schuf seit 1804 den Engl. Garten, 1813 den Alten Botan. Garten in München.
**Scola,** Ettore, *10.5.1931, ital. Filmregisseur; Komödien u. gesellschaftskrit. Filme, W »Le bal«, »Splendor«.
**Scorel,** Jan van, *1495, †1562, ndl. Maler; Altarbilder u. Porträts im Stil der Renaissance.
**Scoresby** [ˈskɔːzbi], William, *1789, †1857, brit. Seefahrer u. Walfänger; Begr. der modernen Polarforschung.
**Scorsese** [skɔːˈsiːz], Martin, *17.11.1942, US-amerik. Filmregisseur; Vertreter des »Neuen Hollywood«; W »Taxi Driver«, »Wie ein wilder Stier«, »Die Farbe des Geldes«.
**Scoten,** *Skoten,* frühgeschichtl. ir. Völkerschaft; setzte im frühen MA nach Schottland über u. vermischte sich dort mit den *Pikten.*
**Scotland Yard** [ˈskɔtlənd jaːd], die Londoner Polizei, bes. die Kriminalpolizei (ben. nach ihrem früheren Hauptgebäude.)
**Scott, 1.** Cyril Meir, *1879, †1971, engl. Komponist (exotisierende Klavierwerke). – **2.** Gabriel, eigtl. *Jensen,* *1874, †1958, norw. Schriftst. (sozialkrit. Romane). – **3.** Sir George Gilbert, *1811, †1878, engl. Architekt; baute im Stil der engl. Früh- u. Hochgotik. – **4.** Robert Falcon, *1868, †1912, brit. Antarktisforscher; erreichte am 18.1.1912 den Südpol, 4 Wochen nach Amundsen; kam auf dem Rückweg ums Leben. – **5.** Sir Walter, *1771, †1832, schott. Schriftst.; schrieb romant. gefärbte histor. Romane; einer der Gründer dieser Gattung. W »Ivanhoe«.
**Scottish Terrier** [ˈskɔtiʃ-], *Schottenterrier,* einfarbig schwarzer, kurzbeiniger, kleiner Jagdhund.
**Scrabble** [ˈskræbl], Buchstaben-Legespiel für 2–4 Personen; 1948 in den USA erstmals erschienen.

**Scribe** [skriːb], Eugène, *1791, †1861, frz. Schriftst.; schrieb über 400 Bühnenstücke u. Opernlibretti; W »Ein Glas Wasser«.
**Scrub** [skrʌb], Strauchformation aus immer grünen, oft undurchdringl. dichten, hartlaubigen Dornbüschen in den austral. Trockengebieten.
**Scudéry** [skydeˈri], Madeleine de, *1607, †1701, frz. Schriftst.; Hauptvertreterin des *Preziösentums;* schrieb histor.-galante Romane.
**Scultetus,** Andreas, eigtl. Andreas *Scholz,* *1622, †1647, schles. Barock-Dichter; Jugendfreund von *Angelus Silesius.*
**Scutari** → Shkodër.
**SDI,** Abk. für engl. *Strategic Defense Initiative,* → Strategische Verteidigungsinitiative.
**Se,** chem. Zeichen für *Selen.*
**Seaborg** [ˈsiːbɔːg], Glenn Theodore, *19.4.1912, US-amerik. Physiker; Arbeitsgebiet: Transurane; Nobelpreis für Chemie 1951.
**Seal** [siːl], **1.** → Seehund. – **2.** Bez. für das Robbenfell (bes. der Seebären), von dem nur die eingefärbte, seidenweiche Unterwolle verwendet wird.

*Scipio d. Ä.; Porträtbüste. Neapel, Museo Archeologico*

**Sealsfield** [ˈsiːlsfiːld], Charles, eigtl. Karl (Anton) *Postl,* *1793, †1864, östr. Schriftst.; schilderte in realist., von J.F. *Cooper* beeinflußten Romanen den »Wilden Westen« Amerikas.
**Seami,** Motokijo, Jusaki M., *1363, †1443, jap. Dichter, Schauspieler u. Dramaturg; Schöpfer u. Vollender des *No-Spiels.*
**Séance** [seˈãs], spiritistische Sitzung, → Spiritismus.
**Searle** [səːl], **1.** Humphrey, *26.8.1915, engl. Komponist; Schüler von A. *Webern.* – **2.** John Rogers, *31.7.1932, US-amerik. Sprachwissenschaftler; entwickelte die Sprechakttheorie J.L. *Austins* weiter.
**SEATO,** Abk. für engl. *South-East Asia Treaty Organization, Südostasien-Pakt,* 1954 geschlossen als Teil des US-amerik. Verteidigungsgemeinschaft zur Eindämmung des Kommunismus; Mitte 1977 aufgelöst. Der SEATO gehörten an: USA, Frankreich (bis 1974), Großbritannien, Australien, Neuseeland, Philippinen (bis 1975) Thailand (bis 1975) u. Pakistan (bis 1972).
**Seattle** [siˈætl], Hafenstadt u. größte Stadt im USA-Staat Washington, 491 000 Ew.; 3 Univ.; Schiff-, Masch.- u. Flugzeugbau, Stahl-Ind., Pelzhandel; 2 Flughäfen.
**Sebaldus,** Einsiedler u. Missionar bei Nürnberg, vielleicht angelsächs. Herkunft, lebte im 8. oder 10./11. Jh.; Heiliger (Fest: 19.8.).
**Sebastian,** Märtyrer zu Rom in der 2. Hälfte des 3. Jh.; wurde nach der Legende mit Pfeilen durchbohrt; Heiliger (Fest: 20.1.).
**Sebastiano del Piombo,** eigtl. *Luciani,* *um 1485, †1547, ital. Maler; verband venezian. u. röm. Stilelemente; W »Heimsuchung Maria«.
**Sebestyén** [ˈʃɛbɛʃtjeːn], György, *1930, †1990, östr. Schriftst. ung. Herkunft; zeitgeschichtl. Prosa.
**Sebil,** oriental. öffentl. Brunnen, bes. der Wandbrunnen in der osman. Profanarchitektur.
**Sebnitz,** Krst. in Sachsen, 11 700 Ew.; Holzverarbeitung, Landmaschinenbau.
**Seborrhoe,** *Talgfluß,* krankhaft vermehrte Absonderung der Talgdrüsen; führt zu Fettglanz der Haut, Mitesserbildung u. Schuppen.
**Seboû,** *Oued S.* [wɛdsˈbuː], Fluß in Marokko, 500 km, mündet bei Rabat.
**Sebulon,** im AT einer der 12 Stämme Israels.
**sec,** Bez. bei Weinen: herb, »trocken«.
**SECAM,** Abk. für frz. *système en couleur avec mémoire* oder *séquentiel à mémoire,* in Frankreich u. O-europ. Ländern verwendetes Farbfernsehverfahren (entwickelt von Henri de *France*).
**Secchi** [ˈsɛkki], Angelo, *1818, †1878, ital. Astrophysiker; entdeckte den inneren Saturnring.
**Secco-Malerei,** Malerei *al secco,* eine Technik der Wandmalerei, bei der im Unterschied zum *Fresko* auf einem trockenen, bes. präparierten Untergrund gemalt wird.
**Sechstagerennen,** auf Hallenbahnen von Berufsfahrern ausgetragenes Radrennen über 145 Stunden für Zweier- oder Dreier-Mannschaften.
**sechster Sinn,** das einem Menschen zugeschriebene bes. Ahnungsvermögen.
**Secrétan** [sɛkrəˈtã], Charles, *1815, †1895, schweiz. Philosoph; gehörte zu den Hauptvertretern des frz. Spiritualismus.
**Secret Service** [ˈsiːkrət ˈsəːvis], brit. Geheimdienst, der einige Bereiche der Wirtschaft u. der wiss. Forschung überwacht.
**Sedan** [səˈdã], Ind.-Stadt im NO-frz. Dép. Ardennes, 23 500 Ew.; Stahl- u. Textil-Ind. – Am 1./2.9.1870 fand dort die Entscheidungsschlacht im Dt.-Frz. Krieg statt.
**Sedativa,** beruhigende Arzneimittel.
**Sedes,** Sitz, Stuhl, Amtssitz eines kath. Bischofs; *S. Apostolica,* der *Apostolische Stuhl.*
**Sediment,** der Bodensatz, der sich in stehenden Flüssigkeiten absetzt.
**Sedimentation,** die Ablagerung von Verwitterungsprodukten der Erdkruste, organ. Substanzen u. chem. Ausscheidungen.
**Sedimentgesteine,** durch Ablagerung u. anschließende Verfestigung *(Diagenese)* von Verwitterungsschutt, organ. Substanzen u. chem. Ausscheidungen entstandene Gesteine.
**Sedlmayr, 1.** Hans, *1896, †1984, dt. Kunsthistoriker östr. Herkunft; Arbeiten über Barockarchitektur u. Kathedralbaukunst. – **2.** Walter, *1926, †1990 (ermordet), dt. Schauspieler u. Regisseur; bes. volkstüml. Rollen.
**Sedom,** bibl. *Sodom,* isr. Ind.-Standort (seit 1934) am Südende des Toten Meers; chem. Ind. Die Geschichte des bibl. Sodom dürfte auf eine Erdbebenkatastrophe zurückgehen.
**Sedschade** → Gebetsteppich.
**Sedum** → Fetthenne.
**See, 1.** [der], ein stehendes Gewässer, das mit dem Meer nicht unmittelbar verbunden ist. Man

*Sechstagerennen: Während der Ablösung eines Paares setzt ein anderer Fahrer zur Überrundung an*

## Die größten Seen der Erde

| Name (Land) | Fläche in km² |
|---|---|
| Kaspisches Meer (Sowjetunion) | 371 000 |
| Oberer See (USA, Kanada) | 82 103 |
| Victoriasee (Kenia, Tansania, Uganda) | 69 484 |
| Aralsee (Sowjetunion) | 64 501 |
| Huronsee (USA, Kanada) | 59 570 |
| Michigansee (USA) | 57 757 |
| Tanganjikasee (Burundi, Tansania, Sambia, Zaire) | 32 893 |
| Baikalsee (Sowjetunion) | 31 500 |
| Großer Bärensee (Kanada) | 31 329 |
| Malawisee (Malawi, Moçambique, Tansania) | 29 604 |
| Großer Sklavensee (Kanada) | 28 570 |
| Eriesee (USA, Kanada) | 25 667 |
| Winnipegsee (Kanada) | 24 390 |
| Ontariosee (USA, Kanada) | 19 011 |
| Balchaschsee (Sowjetunion) | 18 428 |
| Ladogasee (Sowjetunion) | 17 703 |
| Maracaibosee (Venezuela) | 16 317 |
| Tschadsee (Niger, Nigeria, Tschad) | 16 000 |
| Eyresee (Australien) | 10 000 |
| Onegasee (Sowjetunion) | 9 609 |

unterscheidet *Süßwasser-* u. *Salz-S.* (Salzgehalt über 5‰). – **2.** [die], das Meer. – **3.** seemänn. Ausdruck für *Seegang* oder *Welle.*
**Seeaal, 1.** Handelsbez. für den Leng. – **2.** → *Meeraale.*
**Seeadler,** bis über 90 cm großer, weißschwänziger *Greifvogel* mit bes. kräftigem Schnabel. Hierzu: *Weißkopf-S.* u. *Schrei-S.*
**Seealpen** → *Meeralpen.*
**Seeamt,** Untersuchungs- u. Spruchbehörde für Unfälle zur See. Höchste Instanz in der BR Dtld. ist das *Bundesober-S.* im Hamburg.
**Seebarbe** → *Meerbarben.*
**Seebären,** *Pelzrobben,* Gruppe der *Ohrenrobben;* von bipolarer Verbreitung; die Männchen erreichen 2 m Länge u. 350 kg Gewicht, die Weibchen 1,5 m Länge bei 250 kg. Am bekanntesten ist der *Nördl. S.,* sein Pelz wird als Seal gehandelt. Alle Arten des *Südl. S.* sind stark bedroht.
**Seebarsch,** ein *Zackenbarsch* von 1 m Länge, bis 10 kg schwer.
**Seebeben,** Erdbeben mit untermeer. (submarinem) Ausgangspunkt; oft Ursache verheerender Flutwellen *(Tsunamis).*
**Seeblase,** *Portugiesische Galeere,* eine weltweit verbreitete *Staatsqualle;* tritt oft in riesigen Schwärmen auf; ist giftig.
**Seeboden,** östr. Seebad am Westende des Millstätter Sees, in Kärnten, 5500 Ew.; Spielcasino.
**Seebohm,** Hans Christoph, *1903, †1967, dt. Politiker (DP, seit 1960 CDU); 1949–66 Bundesverkehrs-Min.
**Seeckt,** Hans von, *1866, †1936, dt. Offizier; mit Reichswehr-Min. O. Gessler Schöpfer der *Reichswehr,* 1920–26 Chef der Heeresleitung, 1933–35 militär. Berater in China.
**Seedrachen,** *Chimären, Holocephalia,* Unterklasse der *Knorpelfische;* mit dickem, plumpem Kopf u. schuppenloser Haut. Einzige rezente Ordnung sind die *Seekatzen.*
**See-Elefant,** *Elefantenrobbe,* ein bis 6 m langer *Seehund.* Der *Nördl. S.* lebt fast nur noch auf Guadeloupe, der *Südl. S.* auf Inseln des Pazif. Ozeans.
**Seefahrtbuch,** amtl. Ausweis u. Arbeitsbuch für jeden Seemann, ausgestellt vom *Seemannsamt.*
**Seefedern,** *Federkorallen,* Meerestiere von federartiger Gestalt, die im Ggs. zu allen übrigen Korallen nicht festgewachsen sind. In der Nord- u. Ostsee kommt die *Leuchtende S.* vor.
**Seefeld in Tirol,** östr. Luftkurort u. Wintersportplatz, 1180 m ü.M., 2500 Ew. – 1964 u. 1976 Austragungsort der Olymp. Winterspiele (nord. Disziplinen).
**Seefried,** Irmgard, *1919, †1988, östr. Sängerin (Sopran); seit 1943 an der Wiener Staatsoper.
**Seefrosch,** größter mittel- u. osteurop. *Frosch;* bis 17 cm, olivgrün.
**Seegang,** durch Wind verursachte Bewegung des Meeres.
**Seegras,** *Zostera,* Gattung der *S.gewächse* (→ *Pflanzen);* im Meeresschlamm der Küsten wurzelnde Pflanzen mit grasartigen Blättern.
**Seegurken** → *Seewalzen.*
**Seehase,** *Meerhase,* ein die N-europ. Küsten bewohnender *Lumpfisch;* Länge bis 50 cm, Gewicht bis 5 kg. Sein Rogen wird zu »Dt. Kaviar« verarbeitet.
**Seehecht,** *Meerhecht, Hechtdorsch,* bis 1 m langer u. 10 kg schwerer *Schellfisch;* Nutzfisch.
**Seeheim-Jugenheim,** Gemeinde in Hessen, 16 600 Ew.; Kneippheilbad.
**Seehunde,** *Hundsrobben, Phocidae,* Fam. der *Robben;* fast völlig an das Leben im Wasser angepaßte Tiere. Der *Gewöhnl. S. (Meerkalb)* wird 2 m lang; er ist in den nördl. Meeren bis in die Nordsee verbreitet. S. sind z.T. wichtige Pelztiere. Hierzu: *Ringelrobbe, Kegelrobbe, Klappmütze, Sattelrobbe, Mönchsrobbe, Seeleopard, See-Elefant.*
**Seeigel,** kugel-, herz- oder scheibenförmige Meerestiere aus dem Stamm der *Stachelhäuter,* deren aus Kalktafeln aufgebautes Skelett den Körper außen umschließt u. bewegl. Stacheln trägt.
**Seejungfer,** smaragdgrüne *Libelle* aus der Gruppe der *Schlankjungfern.*
**Seekadett,** in der Marine der Offiziersanwärter im Dienstgrad eines Unteroffiziers.
**Seekarte,** *nautische Karte,* die kartograph. Erfassung von Meeren mit Küstenstreifen, in die für die Seeschiffahrt wichtige Gegebenheiten (Tiefen, Strömungen, Gezeitenhub u.a.) eingetragen sind.
**Seekatz,** Johann Conrad, *1719, †1768, dt. Maler (rokokohafte Genreszenen). W Gruppenbild der Fam. Goethe.
**Seekatze,** ein Seedrachen aus der Fam. der *Kurznasen-Chimären.*
**Seeklima,** *maritimes* oder *ozean. Klima,* gekennzeichnet u.a. durch: geringe Temperaturschwankungen; hohe, landeinwärts abnehmende Niederschläge; hohe Luftfeuchtigkeit; kühle Sommer, milde Winter.
**Seekrankheit,** *Reisekrankheit,* gekennzeichnet durch Auftreten von Übelkeit, Drehschwindel, Angstgefühl u. schließl. völliger Teilnahmslosigkeit; ausgelöst durch Reizung des Gleichgewichtsorgans bei schaukelnden u. drehenden Bewegungen.
**Seekriegsrecht,** die v.a. im *Haager Abkommen* von 1907, dann aber auch im *Genfer Abkommen* von 1949 getroffene sowie durch Völkergewohnheitsrecht ergänzte Regelung der militär. Auseinandersetzungen zur See.
**Seekühe,** *Sirenen,* zu den *Vorhuftieren* gestellte Ordnung der *Huftiere;* mit den Elefanten verwandt. Sie leben in trop. Küstenmeeren u. Flußmündungen, wo sie den Pflanzenbewuchs abweiden. Wenige Arten: z.B. die *Manatis.*
**Seelachs,** Handelsbez. für geräucherten *Leng* oder *Köhler.*
**Seeland, 1.** *Sjælland,* dän. Insel zw. Großem Belt u. Öresund, 7434 km², 2,15 Mio. Ew., Hptst. *Kopenhagen.* – **2.** *Zeeland,* sw. Prov. der → *Niederlande;* das Mündungsgebiet der Schelde.
**Seele,** *Psyche, Anima,* in der Religionsgeschichte das angenommene Lebensprinzip des einzelnen

*Südlicher See-Elefant*

*Seeigel*

*Seeblase*

| Seegang | | | | | |
|---|---|---|---|---|---|
| Stufe | Kennwort | Beschreibung der Kennzeichen | Wellenlänge | Wellenhöhe | Windstärke |
| 0 | spiegelglatte See | spiegelglatte See | – | – | 0 |
| 1 | gekräuselte, ruhige See | kleine Kräuselwellen ohne Schaumkämme | bis 5 m | bis ¼ m | 1 |
| 2 | schwach bewegte See | Kämme beginnen sich zu brechen; vereinzelte Schaumköpfe | bis 25 m | bis 1 m | 2–3 |
| 3 | leicht bewegte See | häufigeres Auftreten der weißen Schaumköpfe, aber noch kleine Wellen | bis 50 m | bis 2 m | 4 |
| 4 | mäßig bewegte See | mäßige Wellen und überall weiße Schaumkämme | bis 75 m | bis 4 m | 5 |
| 5 | grober Seegang | schon große Wellen, deren Kämme sich brechen und Schaumflächen hinterlassen | bis 100 m | bis 6 m | 6 |
| 6 | sehr grober Seegang | Wellen türmen sich; der weiße Schaum bildet Streifen in Windrichtung | bis 135 m | bis 7 m | 7 |
| 7 | hoher Seegang | hohe Wellenberge mit dichten Schaumstreifen; See beginnt zu »rollen« | bis 200 m | bis 10 m | 8–9 |
| 8 | sehr hoher Seegang | sehr hohe Wellenberge; lange überbrechende Kämme; Gischt beeinträchtigt Sicht | bis 250 m | bis 12 m | 10 |
| 9 | schwerer Seegang | Schaum und Gischt erfüllen die Luft; See weiß; keine Fernsicht mehr | über 250 m | über 12 m | über 10 |

*Galápagos-Seelöwin mit Jungem*

Menschen, aber auch von Pflanze u. Tier (so bei *Aristoteles*). Viele Naturvölker fassen alles Bewegte als beseelt auf *(Animismus).* Als Träger psych. Vorgänge ein wichtiger Begriff der Psychologie im 19. Jh., spielt S. als wiss. Terminus heute keine bed. Rolle mehr.
**Seelenamt** → Requiem.
**Seelenwanderung,** *Reinkarnation,* in versch. Religionen die Vorstellung von einer Wiederverkörperung der unvergängl. Seele nach dem Tod des Leibes in einem menschl., tier. oder pflanzl. Körper. → Karma.
**Seeleopard,** ein *Seehund* der Antarktis, bis 2,50 m lang; längste u. schlankste Südrobbe.
**Seeler,** Uwe, *5.11.1936, dt. Fußballspieler; bestritt 72 Länderspiele.
**Seeliger,** Hugo von, *1849, †1924, dt. Astronom; arbeitete über Photometrie u. Stellarstatistik.
**Seelilien** → Haarsterne.
**Seelow** [-lo], Krst. in Brandenburg, 4700 Ew.; Nahrungsmittel-Ind.
**Seelöwen,** Gruppe der *Ohrenrobben.* Der Kaliforn. S. ist als Zirkustier bekannt.
**Seelsorge,** die christl. Betreuung des einzelnen.
**Seelze,** Stadt in Nds., an Leine u. Mittellandkanal, 29 000 Ew.; chem. Ind.
**Seemacht,** ein Staat, der seine Macht militär. vorw. auf eine ausgebaute Kriegsflotte u. wirtsch. auf eine große Handelsflotte stützt.
**Seemannsamt,** Verw.-Behörde; nimmt die Anu. Abmusterung von Schiffsbesatzungen vor u. schlichtet Streitigkeiten.
**Seemannssprache,** eine Standessprache, für den dt. Sprachraum v.a. mit ndt. u. engl. Elementen durchsetzt.
**Seemeile,** nautische Meile, Abk. *sm,* internat. gebräuchl. Maß für Entfernungen über See: 1 sm = 1852 m.
**Seenadeln,** Unterordnung der *Büschelkiemerfische;* z.B. das Seepferdchen.
**Seenelke,** ein zu den *Aktinien* gehöriges festsitzendes Meerestier.
**Seenkunde,** *Limnologie,* Binnengewässerkunde, die Wiss. von den Binnengewässern einschl. der Flüsse. Seen u. Flüsse werden als ökolog. Systeme in Beziehung zu den Umweltfaktoren betrachtet.
**Seenot,** schwere Gefahr des Untergangs von Schiffen u. auf See notgelandeten Flugzeugen. Ein S.zeichen ist der Morseruf SOS. Zur Rettung aus S. wurde 1865 die *Dt. Gesellschaft zur Rettung Schiffbrüchiger* gegr.
**Seeotter,** *Meerotter,* ein bis 1,30 m langer *Marder* des nördl. Pazifik u. der Beringsee.
**Seepferdchen,** bis 15 cm lange *Seenadeln* des Mittelmeers, der Nordsee u. des Atlantik; Flachwasserfisch mit spitz auslaufendem Schwanz u. pferdeähnl. Kopf; über 20 Arten.
**Seepocken,** *Balanomorpha,* Gruppe der *Rankenfußkrebse;* 250 Arten, oft in großen Mengen festsitzend auf toten Gegenständen u. Tieren.
**Seeraub** → Piraterie.
**Seerecht,** das für die Schiffahrt u. Fischerei geltende Recht. Dabei ist zu unterscheiden:
1. das auf Vertrag oder Gewohnheit beruhende zwischenstaatl. Recht zur Regelung des Seeverkehrs. Grundlage ist das Prinzip der *Meeresfreiheit (mare liberum).* Die Schiffahrt aller Nationen darf auf freiem Meer nicht behindert werden.
2. die Bestimmungen über das Führen von Flaggen *(Flaggenrecht),* über die *Seepolizei,* über Seenot, über die Schiffsvermessung u. über die Berufsordnung der auf See Beschäftigten.
3. die Vorschriften über Havarie, Reederhaftung, Seefrachtvertrag, Schiffshypotheken u.a.; meist in den Handelsgesetzbüchern geregelt, ergänzt durch internat. Verträge.
**Seerose, 1.** *Nymphaea,* Gatt. der *Seerosengewächse* (→ Pflanzen); am Grund von flachen Gewässern wurzelnde Pflanzen mit auf dem Wasser schwimmenden Blättern; in Dtld. die *Weiße S.* u. die *Glänzende S.* Beide stehen unter Naturschutz. – **2.** → Aktinien.
**Seescheiden,** *Ascidia,* Kl. der *Manteltiere* von meist schlauchförmiger, manchmal gestielter Gestalt, die entweder frei am Grund des Meeres im Sand oder festgewachsen leben; Zwitter.
**Seeschildkröten,** *Cheloniidae,* Fam. der *Meeresschildkröten,* deren Panzer aus großen, mit Hornschilden bedeckten Knochenplatten besteht. Hierher gehören *Suppen-* u. *Karettschildkröten.*
**Seeschlangen,** *Hydrophiidae,* Fam. meeresbewohnender *Giftnattern;* bis 2,75 m lang, im Pazifik.
**Seeschwalben,** *Sterninae,* Unter-Fam. der *Möwen,* mit bes. zierl. Körper u. gewandtem Flug. Einheim. sind u.a. *Trauer-S., Küsten-S., Brand-S., Zwerg-S., Fluß-S.*
**Seesen,** Stadt in Nds., am NW-Rand des Harzes, 21 600 Ew.; Nahrungsmittel- u. Papier-Ind.
**Seeskorpion,** 60–100 cm langer *Groppen-Fisch* der Küstenzone der nördl. Meere.
**Seespinne,** bis 11 cm lange, gelbrote *Dreieckskrabbe.*
**Seesterne,** *Asteroidea,* Ordnung der *Stachelhäuter;* von flach sternförmigem Körper mit meist 5 regelmäßigen Armen zum Ergreifen von Beutetieren; etwa 1100 Arten in fast allen Weltmeeren; häufigste Art an den dt. Küsten ist der *Gewöhnl. Seestern.*
**Seetaucher,** *Gaviformes,* Ordnung von 4 Arten tauchender Schwimmvögel der offenen Gewässer; hierzu der *Pracht-* oder *Polartaucher.*
**Seeteufel,** *Lophioidei,* Meeresfische, Unterordnung der *Armflosser.*
**Seevetal,** Gem. in Nds., südl. von Hamburg, 37 300 Ew.; im Ortsteil *Maschen* Verschiebebahnhof.
**Seewald,** Richard, *1889, †1976, dt.-schweiz. Maler u. Graphiker (Stilleben u. Landschaften).
**Seewalzen,** *Seegurken,* wurmförmig gestreckte *Stachelhäuter;* rd. 600 Arten, darunter die zwittrige *Lebendgebärende Seegurke.*

## Segal 813

*Seepferdchen*

**Seewolf,** *Katfisch,* bis 1,20 m langer *Schleimfisch* der westl. Ostsee, des nördl. Atlantiks u. des nördl. Eismeers; im Handel als *Karbonaden-* oder *Austernfisch.*
**Seezeichen,** *Schiffahrtszeichen,* Zeichen versch. Art an Küsten u. auf dem Wasser *(Land-* u. *Seemarken),* die der Schiffahrt zur Ortsbestimmung, Kursweisung u. Warnung dienen; z.B. Leuchttürme, Feuerschiffe, Tonnen.
**Seezunge,** bis 40 cm langer u. 400 g schwerer *Plattfisch;* an den Küsten Europas vom Schwarzen Meer bis zur Nordsee; von erhebl. wirtschaftl. Bedeutung.
**Seferis,** Giorgos, eigtl. Giorgios Stylianos *Seferiades,* *1900, †1971, grch. Schriftst.; Diplomat; einflußreicher Vertreter der neugrch. Lyrik. Nobelpreis 1963.
**Sefid Rud,** Fluß in N-Iran, 650 km.
**Segal** ['si:gəl], Erich Wolf, *16.6.1937, US-ame-

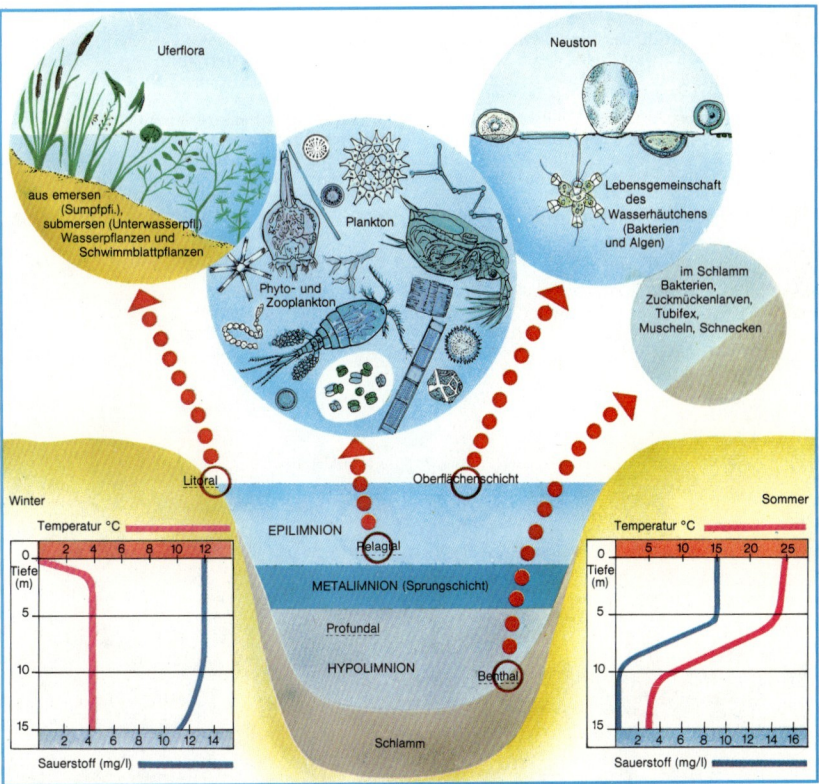
*Seenkunde: ökologische Differenzierung eines Sees gemäßigter Breiten (thermische Schichtung und Sauerstoffverteilung im Sommer und Winter sowie verschiedene Lebensgemeinschaften)*

# Segeberg

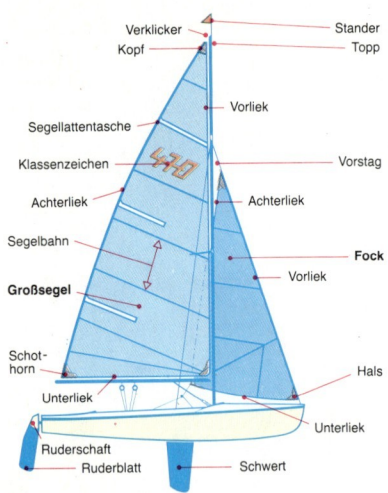

*Schema eines Segelbootes (470er Jolle)*

*Segelflug: Hochleistungs-Segelflugzeug »Nimbus 2«*

rik. Schriftst.; Prof. für klass. Philologie; W »Love Story«.

**Segeberg,** *Bad S.,* Krst. in Schl.-Ho. am *S.er Kalkberg* (91 m) u. *S.er See,* 13 900 Ew.; Freilichttheater (Karl-May-Festspiele).

**Segel,** das meist aus mehreren Bahnen (S.leinwand) zusammengenähte Tuch, durch das das S.fahrzeug bei Wind vorwärts bewegt wird. –

**S.boot,** ein meist kleineres, oft ungedecktes Boot, das durch S. angetrieben wird. Man unterscheidet 2 Konstruktionstypen: *Kielboote* u. *Schwertboote.*

**Segelfalter,** mit dem Schwalbenschwanz verwandter u. diesem ähnelnder großer *Ritterfalter;* unter Naturschutz.

**Segelflosser,** *Skalar,* Aquarienfische aus der Fam. der *Buntbarsche;* Heimat: Amazonasgebiet.

**Segelflug,** das Fliegen mit motorlosem Flugzeug unter Ausnutzung atmosphär. Aufwindquellen.

**segeln,** ein Fahrzeug (z.B. Boot oder Eisschlitten) durch Segel fortbewegen.

**Segelqualle,** *Segler vor dem Winde,* eine bis 6 cm große *Staatsqualle;* auf allen Meeren.

**Segelschiff,** ein Schiff, das Segel an Masten trägt u. mittels Windkraft (-druck) getrieben wird. Die Ursprünge reichen bis in die Anfänge der Schiffahrt überhaupt zurück; die Glanzzeit war das 16.–18. Jh.; die schnellsten S. *(Klipper)* entstanden u. fuhren 1850–80. Noch um 1900 übertraf die Tonnage der S. die der Dampfschiffe.

**Segen,** das heilschaffende Wort im Ggs. zum *Fluch.* Oft ist der S. von Handlungen begleitet (Handauflegen, Kreuzzeichen) oder an ein Amt gebunden (Priester, Prophet, Familienoberhaupt).

**Segge,** *Riedgras,* Gatt. der *Sauergräser;* über 800 Arten. Die *Sand-S.* dient zur Befestigung von Flugsand u. Deichen.

**Seghers, 1.** Anna, eigtl. Netty *Radványi,* geb. *Reiling,* *1900, † 1983, dt. Schriftst.; Mitgl. der KPD; 1933–47 im Exil; seit 1947 in Ostberlin; Erzählungen u. Romane; W »Das siebente Kreuz«, »Transit«. – **2.** ['seːxərs], Herkules, *1589/90, † um 1638, ndl. Maler u. Radierer; malte holländ. Flachlandschaften von großer Tiefenwirkung.

**Segler,** *Anodinae,* Fam. schwalbenähnl., aber nicht mit den Schwalben verwandter Vögel; heim. Arten: *Mauer-S., Alpen-S.*

**Segment, 1.** eine Fläche, die durch eine Sehne u. eine Kurve begrenzt wird; ebenso ein Körper, der durch eine Ebene u. eine Kappe begrenzt wird. – **2.** jeder der gleichförmigen Teile, aus denen die Körper bestimmter Tiere aufgebaut sind; bes. deutl. bei Gliedertieren.

**Segni** ['sɛnji], Antonio, *1891, † 1972, ital. Politiker (Democrazia Cristiana); 1955–57 u. 1959/60 Min.-Präs., 1960–62 Außen-Min., 1962–64 Staats-Präs.

**Ségóu** [-gu], Stadt im westafrik. Mali, am oberen Niger, 99 000 Ew.; Binnenhafen.

**Segovia,** mittelspan. Prov.-Hptst., 53 000 Ew.; röm. Aquädukt, spätgot. Kathedrale; versch. Ind. – S. war lange Zeit bevorzugte Residenz der kastil. Könige.

**Segovia,** Andrés, eigtl. A. S. *y Torres,* Marquis de Salobreña, *1893, † 1987, span. Musiker (Erneuerer des Gitarrenspiels im 20. Jh.).

**Segre,** *Río S.,* l. Nbfl. des Ebro in Katalonien, 265 km; mündet bei Mequinenza.

**Segrè,** Emilio Gino, *1905, † 1989, US-amerik. Physiker ital. Herkunft; wies 1955 mit O. *Chamberlain* u.a. die Existenz des Antiprotons nach; Nobelpreis 1959.

**Segregation,** Absonderung eines Personenkreises mit gleichen Merkmalen (rass., religiöse u.a.) von der Gesellschaft.

**Seguidilla** [zɛgi'dilja], span. Tanz im Dreivierteltakt mit Kastagnettenbegleitung.

**Segura,** Fluß in SO-Spanien, 225 km.

**Sehne, 1.** Muskel-Endstück aus Bindegewebe, das die Verbindung zw. Muskel u. Knochen herstellt. – **2.** eine Strecke, die zwei Punkte einer Kurve verbindet.

**Sehnenscheide,** eine röhrenförmige Hüllscheide an Sehnen, um ein leichtes Gleiten der Sehnen zu ermöglichen. Die **S.nentzündung** ist eine akute oder chron. Entzündung der S.

**Sehwinkel,** *Gesichtswinkel,* der Winkel, den die von den äußeren Punkten eines Gegenstands zum Auge ziehenden Linien bilden.

**Sehzellen,** primäre Sinneszellen, die die Lichtsinnesorgane der Tiere bilden.

**Seide,** die Fasern aus der Mittelschicht des Kokons, den die Raupe des Seidenspinners bei der Verpuppung spinnt. Die Raupe des *Maulbeerspinners* züchtet man seit dem Altertum in China, Japan u. Indien, in neuerer Zeit auch in anderen Ländern (Italien, Griechenland) zur Gewinnung von S. (→ Seidenraupenzucht). Ein Kokon liefert ca. 800 m Seidenfäden, die je nach Herkunft u. Güte 8–15 μm dick sind.
Durch seifenartige Lösungen wird die S. vom Serizin (S.nleim) befreit (entbastet), dann meist mit Metallsalzlösungen »schwerer« gemacht. Mehrere Fäden werden vereinigt (gezwirnt).

**Seidel, 1.** Schank- u. Trinkgefäß. – **2.** altes bay. u. östr. Flüssigkeitsmaß: 1 S. in Bay. = 0,535 *l*, in Östr. = 0,354 *l*.

**Seidel, 1.** Heinrich, *1842, † 1906, dt. Schriftst.; schilderte humorvoll u. idyll. das Bürgerleben; W »Leberecht Hühnchen«. – **2.** Ina, Nichte von 1), *1885, † 1974, dt. Schriftst.; behandelte bes. Fragen des Fraulichen u. Mütterlichen; W »Das Wunschkind«.

**Seidelbast,** *Daphne,* unter Naturschutz stehende Gatt. der *S.gewächse;* hierzu der *Gewöhnl. S.,* dessen scharlachrote, saftige Beeren giftig sind. Rinde u. Wurzeln enthalten einen Bitterstoff *(Daphnin, S.bitter).*

**Seidenmalerei,** Malerei mit wäßrigen Farben auf Seidengrund, seit dem 4. Jh. v. Chr. in China.

**Seidenraupenzucht,** Zucht des *Maulbeerspinners* (→ Seidenspinner) zur Gewinnung von Seide. Die Weibchen legen in wenigen Tagen 300 bis 700 Eier an den Zweigen des Maulbeerbaums ab. In der S. läßt man die Tiere die 1–1,5 mm langen Eier in kleinen Pappkäfigen ablegen; nach 10–15 Tagen schlüpfen die Raupen. Sie werden mit frischen Blättern des Maulbeerbaums gefüttert. Nach dem Verpuppen tötet man die Tiere durch heißen Dampf u. wickelt den Kokon ab.

*Segelschiff: Der amerikanische Zweimast-Toppsegelschoner »Shenandoah« wird für Passagier-Kreuzfahrten eingesetzt (links). – Der japanische 700-Tonnen-Motortanker »Shin Aitoku Maru« mit moderner Segelkonstruktion (rechts)*

*Seidenspinner: Falter und Kokon*

**Seidenreiher,** 56 cm großer weißer *Reiher* der wärmeren Gebiete der Alten Welt; in Amerika eine nah verwandte Art: *Schneereiher.*
**Seidenschwanz,** ein 18 cm großer bräunl. *Singvogel* in den Wäldern N-Eurasiens.
**Seidenspinnen,** trop. *Radnetzspinnen* der Gatt. *Nephila.* In ihrem festen Netz können sich sogar kleine Vögel fangen.
**Seidenspinner,** Fam. meist trop. *Schmetterlinge,* deren Kokongespinste zu Stoffseiden (sog. *Wildseiden*) verarbeitet werden.
**Seidenstraße,** alte, über Hamadan u. Palmyra führende Handelsstraße zw. N-China (Luoyang) u. dem Mittelmeerhafen Antiochia mit Abzweigungen in S- u. W-Asien.
**Seidenwollbaum** → Wollbaum.
**Seidl, 1.** Gabriel von, *1848, †1913, dt. Architekt; Vertreter der historisierenden Richtung; W Dt. Museum in München. – **2.** Johann Gabriel, Pseud.: Meta *Communis,* Emil *Ledie* u.a., *1804, †1875, östr. Schriftst.; Vertreter des Biedermeiers, volkstüml. Lyriker (Kaiserhymne): »Gott erhalte Franz den Kaiser«).
**Seife, 1.** Sand- u. Kieselablagerungen, in denen sich spezif. schwerere oder verwitterungsbeständige Mineralien (Metall, Erze oder Diamanten) angesammelt haben (*Gold-, Diamant-S.*). – **2.** in Waschmittel, das aus Natrium- oder Kaliumsalzen der höheren Fettsäuren besteht. Man unterscheidet *harte* (von *Natron-S.*) u. *weiche* oder *Schmier-S.* Ausgangsmaterial für die Herstellung der meisten S. sind Fette. Die reinigende Wirkung der S. beruht darauf, daß sie die Oberflächenspannung des Wassers erhebl. herabsetzt u. dadurch in die kleinsten Zwischenräume eindringen u. den Schmutz beseitigen kann.
**Seifenbaum, 1.** *Sapindus,* Gatt. der *S.gewächse;* 15 Arten im trop. Amerika u. Asien. – **2.** *Chilenischer S.,* zu den *Rosengewächsen* gehörender, in S-Amerika heim. Baum; liefert das saponinhaltige *Seifenrinde (Panama-Rinde, -Holz).*
**Seifenkraut,** ein *Nelkengewächs* mit saponinhaltigen Wurzeln.
**Seifert,** Jaroslav, *1901, †1986, tschech. Lyriker; artikulierte die sozialist. Wirklichkeit; flüchtete sich aber auch in Melancholie u. Traum. Nobelpreis 1984.
**seigern,** *saigern,* Metalle aus dem Eis ausschmelzen bzw. Metalle aus Metallmischungen trennen.

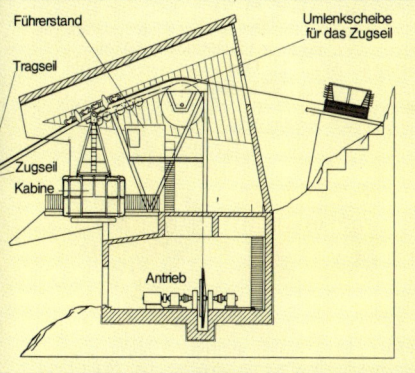

*Seilbahn: schematische Darstellung der Bergstation einer Großkabinen-Seilschwebebahn*

**Seigneur** [sɛː'njøːr], verkürzt *Sieur,* in Frankreich vor 1789 der Grundherr (mit Gerichtsbarkeit). – **S.ie,** das Gebiet des S.
**Seikantunnel,** untermeer. Eisenbahntunnel zw. den jap. Inseln Honshu u. Hokkaido, 54 km lang.
**Seil,** ein Faser- oder Drahterzeugnis zur Übertragung von Zugkräften.
**Seilbahn,** Fördermittel für Personen u. Lasten zur Überwindung großer Höhenunterschiede oder von ungünstigem Gelände. Bei der *Draht-S., Seilschwebebahn, Ein-S.,* läuft das Seil um u. wird auf Stützen über Rollen geleitet. Die Wagen werden am Seil mit Klemmen befestigt. Bei der *Zwei-S.* laufen die Wagen auf Rollen auf dem Tragseil u. werden durch ein dünneres Zugseil, das meist endlos umläuft, gezogen.
**Sein,** Grundbegriff der *Ontologie* (Seinslehre), das Existieren von Dingen überhaupt, das Identische in der Vielfalt des Seienden.
**Seine** [sɛːn], frz. Fluß, 776 km; durchfließt Paris, mündet bei Le Havre in den Ärmelkanal.
**Seipel,** Ignaz, *1876, †1932, östr. Politiker (Christlichsozialer); Exponent des kath.-konservativen Großbürgertums, 1922–24 u. 1926–29 Bundeskanzler.
**Seismizität,** die Erdbebenhäufigkeit u. -stärke eines bestimmten Gebiets.
**Seismograph,** Gerät zur Aufzeichnung von Erdbebenwellen in Form von *Seismogrammen.*
**Seismologie,** *Seismik,* die Erdbebenforschung.
**Seitengewehr,** jede an der Seite (in einer Scheide) getragene Stich- oder Hiebwaffe, bes. die kurze Waffe, die als *Bajonett* für das Gewehr bestimmt ist.
**Seitenstechen,** stechender Schmerz in der Rippengegend; tritt meist in der Jugend bei übermäßigen Anstrengungen auf u. beruht auf der Mobilisierung des Blutdepots in der Milz.
**Seitenstränge,** in der Seitenwand des Schlunds gelegene Lymphfollikel-Anhäufungen.
**Seitenwagen,** *Beiwagen,* Fahrzeug mit nur einem Rad, zur Verbindung mit einem Kraftrad.
**Seitlinge,** *Pleurotus,* Gatt. der *Blätterpilze.* Der *Austern-Seitling* ist ein guter Speisepilz.
**Seitz, 1.** Gustav, *1906, †1969, dt. Bildhauer u. Graphiker; beeinflußt von A. *Maillol.* – **2.** Karl, *1869, †1950, östr. Politiker; seit 1907 einer der Führer der östr. Sozialdemokratie; 1923–34 Bürgermeister von Wien.
**Seja** [´sjɛja], l. Nbfl. des Amur, 1240 km.
**Sejm** [sɛjm], der poln. Reichstag, bis Ende des 18. Jh. Adelsparlament, seit 1947 das Parlament Polens.
**Sekante,** eine Gerade, die eine Kurve (speziell einen Kreis) schneidet.
**Sekler** [´seː-], *Székler, Székelyek,* Teilstamm der *Ungarn* in Rumänien, 800 000; Ackerbauern u. Viehzüchter.
**Sekondi-Takoradi,** Doppelstadt an der Küste von Ghana, 175 000 Ew.; Seehafen; Handel- u. Ind.-Zentrum.
**Sekret** [das], von tierischen oder pflanzl. Zellen abgesonderter Stoff.
**Sekretär, 1.** urspr. Geheimschreiber; heute Schreiber, Schriftführer; leitender Funktionär einer Organisation; Dienstbez. eines Beamten des mittleren Dienstes. – **2.** seit der Renaissance gebräuchl. Schreibschrank. – **3.** bis 1,50 m großer afrik. *Greifvogel* der Fam. *Sagittariidae;* mit Kopfhaube u. langen Läufen (»Kranichgeier«).
**Sekretin,** ein Hormon der Zwölffingerschleimhaut; gelangt mit dem Blut in die Bauchspeicheldrüse u. löst dort die Sekretion des Verdauungssaftes aus.
**Sekretion,** die Abgabe von Drüseninhalt.
**Sekt,** *Schaumwein,* moussierender Wein. Er enthält im Unterschied zum gewöhnl. (»stillen«) Wein viel Kohlensäure, die entweder durch Gärung entstanden oder im sog. Imprägnierverfahren in den »ausgebauten« (bereits mit »Likör«-Zusatz versehenen) Wein hineingepreßt wurde.
**Sekte,** (religiöse) Gemeinschaft, die sich innerhalb einer Konfession um eine Sonderlehre gesammelt u. mit der Verwerfung der gemeinsamen Glaubensgrundlage auch die äußere Trennung vollzogen hat.
**Sektion, 1.** Abt., bes. einer Behörde. – **2.** Leichenöffnung.
**Sektor, 1.** Ausschnitt, Flächenstück zw. einem Kurvenstück (Kreis) u. den begrenzenden Schenkeln eines Winkels. – **2.** Gebiet, Bezirk.
**Sekunda,** veraltete Bez. für das 6. (Unter-S.) u. 7. (Ober-S.) Schuljahr des Gymnasiums.

## Selbsthilfe 815

**Sekundant,** Beistand eines Duellanten oder Fechters (Mensur); Helfer u. Berater eines Boxers.
**sekundäre Leibeshöhle,** *Coelom, Zölom,* die von dem sog. dritten Keimblatt (*Mesoderm*) gebildete, von eig. Epithel (*Coelomepithel*) ausgekleidete Leibeshöhle der höheren Tiere (*Coelomata*).
**Sekundärliteratur,** wiss. u. krit. Werke über andere Schriften, meist über Dichtungen oder histor. Quellen.
**Sekundarschule,** allg. Bez. für alle Schulen, die auf die Primar- (Grund-, Elementar-)schule folgen.
**Sekundarstufe,** auf der Primarstufe aufbauende Stufe der Schuljahre 5–10 (*S. I*) u. der Schuljahre 11–13 (*S. II.*). Die S. II. schließt mit dem Abitur ab.
**Sekunde, 1.** Abk. *s,* der 60. Teil einer Minute; Zeichen für die *Bogen-S.:* ", für die *Zeit-S.: s.* – Als *Basiseinheit* ist die S. das 9 192 631 770fache der Periodendauer der dem Übergang zw. den beiden Hyperfeinstrukturniveaus des Grundzustands des Atoms des Nuklids $^{133}$Cs entspr. Strahlung. – **2.** die 2. Stufe der diaton. Tonleiter u. das Intervall zw. dem 1. u. dem 2. Ton; große S.: c-d; kleine S.: c-des; übermäßige S.: c-dis.
**Sekundogenitur,** von einem zweitgeborenen Sohn begr. Nebenlinien eines Fürstenhauses.
**Selamlik,** öffentl. zugängl. Teil des oriental. Hauses; getrennt von den Familienräumen, dem *Harem.*
**Selangor,** *Salangor,* Teilstaat in → Malaysia, im W Malakkas.
**Selb,** Stadt in Oberfranken (Bay.), im nördl. Fichtelgebirge, 20 000 Ew.; Porzellan-Ind.; staatl. Fachschule für Porzellan.
**Selbstbefriedigung,** *Onanie* → Masturbation.
**Selbstbefruchtung,** *Autogamie,* im Pflanzenreich die Selbstbestäubung; im Tierreich selten, z.B. bei Bandwürmern.
**Selbstbestimmungsrecht,** der Anspruch eines Volkes oder einer Nation auf Unabhängigkeit u. Entscheidung über staatl. Existenz u. innere Angelegenheiten.
**Selbstbewußtsein,** allg. die Überzeugung vom Wert der eig. Person, in der Philos. die Reflexionsform des *Bewußtseins.*
**Selbsterhaltungstrieb,** die Gesamtheit der auf die Erhaltung des Individuums abzielenden Triebe wie *Nahrungstrieb, Verteidigungstrieb.*
**Selbsthilfe,** die Durchsetzung von Rechtsansprüchen ohne Zuhilfenahme der dafür zuständigen Behörden, notfalls auch mit Gewalt; im bürgerl. u.

| Sekten | | | |
|---|---|---|---|
| Name | Gründer | Entste-hungs-zeit | Entste-hungs-land |
| Christen-gemeinschaft | Friedrich Rittelmeyer | 1922 | Deutsch-land |
| Christliche Wissenschaft; Christian Science | Mary Baker-Eddy | 1879 | USA |
| Darbysten | John Nelson Darby | 1827 | England |
| Gemeinden Christi | | 19. Jh. | USA |
| Gralsbewegung | Oskar Ernst Bernhardt | 1928 | Deutsch-land |
| Jehovas Zeugen | Charles Taze Russell | 1879 | USA |
| kath.-apo-stolische Gemeinden | Henry Drummond | 1826 | England |
| Mormonen; Kirche Jesu Christi der Heiligen der Letzten Tage | Joe Smith | 1830 | USA |
| Neuapostolische Kirche | | 1860 | Deutsch-land |
| Pfingst-bewegung | | 1906 | USA |
| Quäker | George Fox | 1652 | England |
| Siebenten-Tags-Adventisten | Ellen Gould White | 1861 | USA |

**Selbstkosten**

Strafrecht nur zulässig, wenn behördl. Hilfe nicht rechtzeitig zu erlangen ist u. ohne sofortiges Eingreifen die Gefahr besteht, daß die Verwirklichung des Anspruchs vereitelt oder wesentl. erschwert wird.

**Selbstkosten,** die auf ein Wirtschaftsgut entfallenden *Herstellungskosten* (Löhne, Material, Material- u. Fertigungsgemeinkosten) zuzügl. anteiliger *Verwaltungs-* u. *Vertriebskosten.*

**Selbstmord,** *Freitod, Suizid,* die absichtl. Vernichtung des eig. Lebens. Nach dt. Recht ist weder der Versuch des S. noch die Teilnahme daran strafbar.

**Selbstschuß,** *Legschuß,* eine Vorrichtung, die bei Berührung selbsttätig einen Schuß auslöst u. den Berührenden verletzt.

**Selbstverlag,** Vervielfältigung u. Verbreitung eines Druckwerks durch den Autor selbst.

**Selbstverstümmelung,** im Wehrstrafrecht die Verletzung eines Soldaten durch eig. Hand oder eines anderen Soldaten mit dessen Einwilligung, um sich oder den anderen wehrdienstunfähig zu machen. Auch der Versuch ist strafbar.

**Selbstverwaltung,** das vom Staat anerkannte Recht der Angehörigen einer Gebietskörperschaft sowie von Personal- oder Realkörperschaften auf eigenverantwortl. Wahrnehmung allg. oder durch Gesetz genau abgegrenzter Verwaltungstätigkeit einschl. Rechtsetzung (Autonomie).

**Selbstwählferndienst,** selbsttätig vermittelter Fernsprechverkehr zw. versch. Ortsnetzen im In- u. Ausland.

**Seldschuken,** Fürstendynastie vom 11.–14. Jh. im Vorderen Orient. *Seldschük,* der Stammvater des Geschlechts, wanderte um 1000 als Anführer der türk. *Oghusen* nach Buchara u. nahm den Islam an. Um 1150 zerfiel das S.reich in Iran. Reste der Dynastie konnten sich bis um 1317 in Anatolien halten.

**Seldte,** Franz, *1882, †1947, dt. Politiker; Gründer u. Bundesführer des »Stahlhelm«, 1933–45 Reichsarbeits-Min.

**Selektion,** *Auslese,* Begriff der Abstammungslehre: die Ausmerzung schwacher u. ungeeigneter Lebewesen als wichtiger Faktor der Artbildung.

**Selektivität,** *Trennschärfe,* die Eigenschaft eines (Rund-)Funkempfängers, aus dem von der Antenne kommenden Frequenzgemisch eine eingestellte Frequenz auszusieben u. zu verstärken, während alle anderen unterdrückt werden.

**Selen,** ein → chemisches Element.

**Selene,** grch. Mondgöttin.

**Selenga,** Hauptzufluß des Baikalsees in Zentralasien, 1024 km.

**Selenograd,** *Zelenograd,* Stadt in der RSFSR (Sowj.), Trabantenstadt nw. von Moskau, 144 000 Ew.

**Selenographie,** Beschreibung u. Kartographierung des Mondes.

**Selenologie,** die Wiss. vom Gesteinsaufbau des Mondes sowie von der Entstehung der Formen der Mondoberfläche.

**Seleukia,** *Seleukeia,* Name zahlr. hellenist. Städte im Seleukidenreich. Die von *Seleukos I.* als Hptst. seines Reichs gegr. Stadt S. am Tigris (nördl. von Bagdad) war ein Zentrum des Hellenismus in Mesopotamien.

**Seleukiden,** eine der Diadochen-Dynastien, gegr. 312 v. Chr. von *Seleukos I. Nikator.* Das S.reich erstreckte sich z. Zt. seiner größten Blüte (um 280 v. Chr. u. um 200 v. Chr.) über fast ganz Kleinasien u. reichte bis zum Indus. Es zerfiel bis 64 v. Chr.

**Self-government** [sɛlf ˈgʌvənmənt], im engl. Sprachraum übl. Begriff für *Selbstverwaltung.*

**Selfkant,** Ldsch. zw. unterer Rur u. ndl. Grenze, sw. von Heinsberg.

**Selfmademan** [ˈsɛlfmeɪdmən], ein Mann in bed. Stellung, zu der er sich aus eig. Kraft heraufgearbeitet hat.

**selig** → Seligkeit, → Seligsprechung.

**Seligenstadt,** hess. Stadt am Main, 17 000 Ew.; mittelalterl. Stadtbild; Einhartsbasilika.

**Seligkeit,** der völlig leid- u. schuldlose Zustand immerwährender, vollendeter Glückserfüllung in der Gemeinschaft mit Gott; von vielen Religionen als Sinnziel der Weltgeschichte erwartet.

**Seligsprechung,** *Beatifikation,* Erklärung des Papstes über die Seligkeit eines Verstorbenen mit der Erlaubnis begrenzter öffentl. Verehrung. Die S. bildet die Vorstufe zur *Heiligsprechung.*

**Selim,** osman. Sultane:
**1. S. I. Yavuz** [türk., »der Strenge«], *1467, †1520, Sultan 1512–20, Kalif 1517–20; Sohn Bajezids II., begr. den Aufstieg des Osman. Reichs zur Weltmacht. – **2. S. II. Mest,** *S.* der Trunkenbold, Enkel von 1), *1524, †1574, Sultan 1566–74; nahm den Venezianern 1570/71 Zypern. Seine Flotte unterlag 1571 in der Seeschlacht bei *Lepanto.* – **3. S. III.,** *1761, †1808 (ermordet), Sultan 1789–1807; leitete, bes. militär., die Modernisierung des Reichs ein; von den Janitscharen entthront.

**Selinunt,** Ruinenstätte an der SW-Küste Siziliens, um die Mitte des 7. Jh. v. Chr. gegr. westlichste grch. Siedlung; Blütezeit im 6./5. Jh. v. Chr.

**Sellerie,** *Eppich,* über die ganze Erde verbreitetes *Doldengewächs.* Die rübenförmigen Wurzelknollen werden als Salat, Gemüse u. Gewürz, die Blattbasen (Bleich-, Stengel-, Engl. S.) als Gemüse, das Kraut (Schnitt-S.) als Küchenkraut verwendet.

**Sellers,** Peter, *1925, †1980, brit. Filmschauspieler; v.a. in kom. Rollen erfolgreich.

**Sellner,** Gustav Rudolf, *1905, †1990, dt. Theaterleiter u. Regisseur; 1960–72 Generalintendant der Dt. Oper Berlin (West).

**Selm,** Stadt in NRW, 25 600 Ew.; Schloß Cappenberg.

**seltene Erden,** schwach basische Oxide der seltenen Erdmetalle.

**seltene Erdmetalle,** die Elemente *Scandium, Yttrium* u. *Lanthan* sowie die *Lanthanoide.*

**Seltserswasser,** urspr. das alkal. Mineralwasser aus *Niederselters,* heute meist künstl. hergestellt.

**Seltsame Teilchen,** engl. *strange particles,* Elementarteilchen (z.B. K-Meson, Λ-, Σ-Hyperon), die bei hochenerget. Wechselwirkungen in großer Zahl entstehen und nur relativ langsam zerfallen; durch die Quantenzahl *Strangeness* charakterisiert.

**Selvas,** die trop. Regenwaldgebiete Amazoniens.

**Selye** [ˈseljə], Hans, *1907, †1982, kanad. Mediziner ung. Herkunft; entwickelte die Lehre vom *Streß* u. vom Adaptationssyndrom (*S.sches Syndrom*).

**Selznick** [ˈsɛlz-], David Oliver, *1902, †1965, US-amerik. Filmproduzent (»Vom Winde verweht«).

**Sem,** im AT der erste Sohn *Noahs;* angebl. der Stammvater der Semiten.

**Semang,** Zwergvolk (*Negritos*) der Mon-Khmer-Sprachgruppe auf der Halbinsel Malakka, noch etwa 3000.

**Semantik,** Teilgebiet der Linguistik, die Lehre von der Bed. der Zeichen; d.h. der Beziehungen zw. den Bed. u. den Ausdrucksformen (z.B. den Wörtern). In der Logik ist S. allg. Bez. für die Theorie der Wahrheit log. Sätze u. Folgerungen.

**Semarang,** *Samarang,* indones. Hafenstadt an der N-Küste Mitteljavas, 1,27 Mio. Ew.; Univ.; Handels- u. Ind.-Zentrum.

**Semasiologie,** *Bedeutungslehre,* die Forschungsrichtung der *Semantik,* die im Unterschied zur *Onomasiologie* feststellt, was die Ausdrucksformen (z.B. die Wörter) einer Sprache bedeuten.

**Semele,** in der grch. Sage Tochter des *Kadmos,* Geliebte des *Zeus,* Mutter des *Dionysos.*

**Semeru,** *Semeroe,* tätiger Vulkan der Insel Java, südl. von Surabaya, 3676 m.

**Semester,** Studienhalbjahr an dt. Hochschulen.

**Semikolon,** Strichpunkt.

**Seminar, 1.** wiss. Abt. einer HS, auch Lehrveranstaltung. – **2.** Ausbildungsstätte für pädagog. oder theolog. Berufe.

**Semiotik,** die Lehre von den Zeichen u. ihrer Verwendung.

**Semipalatinsk,** Hptst. der gleichn. Oblast im NO der Kasach. SSR (Sowj.), 330 000 Ew.; Univ.; Leder- u. Fleisch-Ind.; Umschlaghafen u. Flugplatz.

**semipermeabel,** halbdurchlässig, nur von einer Seite durchlässig.

**Semiramis,** in der grch. Sage Königin von Babylon u. Schöpferin der »Hängenden Gärten«; gemeint ist die assyr. Königin *Sammuramat* um 800 v. Chr.

**Semiten,** rass. uneinheitl. Völkergruppe mit semit. Sprache. Ende des 4. Jh. v. Chr. saßen die ältesten bek. S. in Mesopotamien.

**semitische Schriften,** die von semit. Völkern verwendeten Buchstabenschriften, ohne Vokalzeichnung; z.B. die arab., phöniz. u. hebr. Schrift.

**semitische Sprachen** → Sprache (Übersicht).

**Semjonow** [-nɔf], **1.** Nikolaj Nikolajewitsch, *1896, †1986, russ. Physikochemiker; arbeitete über chem. Reaktionsmechanismen, Nobelpreis 1956. – **2.** Wladimir Semjonowitsch, *16.2.1911, sowj. Diplomat; 1953/54 Botschafter in der DDR, 1978–86 in Bonn.

**Semmelporling,** ein jung wohlschmeckender, später bitterer Speisepilz.

**Semmelweis,** Ignaz Philipp, *1818, †1865, ung. Frauenarzt u. Geburtshelfer; entdeckte die Infektiosität des Kindbettfiebers u. führte die entspr. Schutz- u. Vorbeugungsmaßnahmen ein.

**Semnonen,** westgerm. Stamm zw. mittlerer Elbe u. Oder, nach *Tacitus* der älteste u. vornehmste Stamm der *Sweben.* Sie gingen in den *Alemannen* auf.

**Sempach,** schweiz. Stadt im Kt. Luzern, am O-Ufer des S.er Sees, 2200 Ew.; mittelalterl. Wehranlagen. – Bei S. besiegten am 9.7.1386 die Eidgenossen ein östr. Ritterheer.

**Semper,** Gottfried, *1803, †1879, dt. Architekt u. Kunsttheoretiker; Schüler F. von *Gärtners;* Hauptvertreter der auf die Renaissance zurückgreifenden Richtung des Historismus.

**Semprun** [sãˈprœ̃], Jorge, *10.12.1923, frz. Schriftst. span. Herkunft; schreibt bekenntnishafte polit. Romane.

**Sen, 1.** Laubholz aus O-Asien, für großflächige Vertäfelungen u. Möbel. – **2.** Münzeinheit in Indonesien, Japan u. Kambodscha; 1/100 der betr. Landeswährung.

**Senancour** [sənãˈkuːr], Étienne Pivert de, *1770, †1846, frz. Schriftst.; von J.J. Rousseau beeinflußter Frühromantiker.

**Senat, 1.** der Rat der Ältesten im alten Rom, maßgebendes Verfassungsorgan. Er hatte zunächst 300, später 600 Mitgl. In der Kaiserzeit ging der Einfluß des S. immer mehr zurück. – **2.** in einzelne Spruchkörper höherer dt. Gerichte. – **3.** an Univ. u. sonstigen HS das koordinierende Entscheidungsorgan in akad. Selbstverwaltungsangelegenheiten. – **4.** in den Stadtstaaten Berlin (West), Bremen u. Hamburg das höchste Exekutivorgan. – **5.** in manchen Staaten eine *Kammer* des Parlaments; z.B. in den USA. In der BR Dtld hat ledigl. Bay. einen S. Er ist aus Angehörigen von Berufs- u. Bildungsständen zusammengesetzt, übt nur beratende Funktionen aus u. hat das Recht der Gesetzesinitiative.

**Senator,** Mitgl. eines *Senats.*

**Senckenberg,** Johann Christian, *1707, †1772, dt. Arzt u. Naturforscher; nach ihm ist die 1817 gegr. *S.ische Naturforschende Gesellschaft* benannt.

**Sendai,** jap. Präfektur-Hptst. an der O-Küste der nördl. Honshu, 700 000 Ew.; Hafen, versch. Ind.

**Sender,** Einrichtungen zur Erzeugung, Modulation, Verstärkung u. zum Aussenden hochfrequenter Schwingungen, die Nachrichten als Impulse, Ton oder Bild enthalten.

**Sender Freies Berlin,** Abk. *SFB,* 1956 gegr. öffentl.-rechtl. Rundfunkanstalt mit Sitz u. Funkhaus in Berlin (West).

**Senebier** [sənˈbje], Jean, *1742, †1809, schweiz. Naturforscher; entdeckte bei Pflanzen die Kohlendioxidassimilation (→ Photosynthese).

**Seneca,** Lucius Annaeus, *der Jüngere,* *um 4 v. Chr., †65 n. Chr., röm. Philosoph u. Dichter; Erzieher *Neros* u. eine Zeitlang bei ihm einflußreich, später von ihm zum Selbstmord genötigt; Vertreter der stoischen Philos.; verfaßte auch Tragödien.

**Senefelder,** Aloys, *1771, †1834, östr. Drucker; erfand 1796/97 das Drucken von Steinplatten (*Lithographie*), das erste Flachdruckverfahren.

**Senegal,** W-afrik. Fluß, 1430 km; mündet bei Saint-Louis (Rep. S.) in den Atlantik.

**Senegal,** Staat an der W-Spitze Afrikas, 196 772 km², 6,8 Mio. Ew., Hptst. *Dakar.*

*Senegal*

**Landesnatur.** S. ist ein flaches Senkungsgebiet, das landeinwärts wenig ansteigt. Bei Saint-Louis mündet der Fluß *S.* (1430 km lang) in den Atlantik. Die Feuchtsavanne im S geht zur Trocken- u. Dornsavanne im N über.

*Sennelandschaft*

Die Bevölkerung gehört überwiegend islam. Sudannegerstämmen (Wolof, Serer, Tukulor, Dyola, Malinke) sowie den Fulbe an.
Wirtschaft. Erdnüsse u. Erdnußprodukte sind mit 70% am Gesamtausfuhrwert beteiligt. Die Viehzucht hat v.a. im N Bedeutung. Als bed. Bodenschatz kommt Phosphat vor (rd. 85% für den Export). Die im Ausbau begriffene Industrie liefert neben Agrarprodukten, Kunstdünger u. Zement auch Fertigwaren.
Geschichte. Im MA gehörte S. zunächst zum Kgr. Ghana, dann zu Mali. Im Rahmen der europ. Kolonisation verblieb S. bei Frz.-Westafrika, zuletzt als autonome Rep. 1960 erlangte das Land die volle Unabhängigkeit. 1982 wurde zus. mit Gambia die Konföderation *Senegambia* gebildet (bis 1989). Staats-Präs. ist seit 1980 A. *Diouf*.
**Senf, 1.** *Sinapis,* Gatt. der *Kreuzblütler,* bes. verbreitet im Mittelmeergebiet; in Dtld. der *Acker-S.* u. der *Weiße S.,* dessen hellgelbe Samen u.a. zur Gewinnung von Speise-S. verwendet werden. Auch die Samen des *Schwarzen S.* des Mittelmeergebiets werden zu Speise-S. verarbeitet. – **2.** *Lost, Dichlordiethylsulfid, Yperit,* eine organ.-chem. Schwefelverbindung, $(C_2H_4Cl)_2S$; chem. Kampfstoff der Gelbkreuz-Klasse von lungen- u. hautschädigender Wirkung.
**Senfl,** Ludwig, *um 1486, †1542/43, schweiz. Komponist; einer der Hauptmeister des polyphonen Liedsatzes.
**Senftenberg,** Krst. in Brandenburg, in der Niederlausitz, 32 400 Ew.; Schloß (16. Jh.), Stadtkirche (um 1400); Braunkohlenbergbau.
**Senghor** [sɛˈɡɔːr], Léopold Sédar, *9.10.1906, senegales. Politiker u. Schriftst.; 1960–80 Staats-Präs. – Mit A. *Césaire* ist S. der führende Dichter der *Négritude*.
**Sengi,** *Zengi, Zangi,* Imad, †1146 (ermordet), Emir von Mosul 1127–46; Begr. der *Sengiden-(Zengiden-)Dynastie*.
**Seni,** Giovanni Baptista, *1602, †1656, ital. Astrologe im Dienst *Wallensteins*.
**Senigallia,** ital. Hafenstadt in der Region Marken, nw. von Ancona, 37 000 Ew.; Seebad.
**Senior, 1.** Abk. *sen.,* der Ältere von zwei Verwandten gleichen Namens. – **2.** in den meisten Sportarten der Angehörige der wichtigsten *Altersklasse (S.enklasse,* meist zw. 18 u. 30 Jahren).
**Senkfuß,** Deformation des Fußes infolge mangelhafter Festigkeit der Knochen, Bänder u. Muskeln.
**Senkgrube,** eine gemauerte Grube zur Aufnahme von Fäkalien; bei abflußlosen Aborten.
**Senkkasten,** *Caisson,* unten offener Kasten aus Stahlbeton oder Stahl für Gründungsarbeiten unter Wasser; durch Luftschleusen zu erreichen.
**senkrecht,** *lotrecht,* unter einem Winkel von 90° auf einer Geraden oder einer Ebene stehend.
**Senkrechtstarter** → VTOL-Flugzeug.
**Senkwaage** → Aräometer.
**Senna,** Ayrton, eigtl. *A. S. da Silva,* *21.3.1960, brasil. Automobilrennfahrer; 1988 Automobilweltmeister.
**Senne,** sandige Heidelandschaft vor dem SW-Hang des Teutoburger Walds, zw. Bielefeld u. Bad Lippspringe.
**Sennerei,** sommerl. Milchwirtsch. in den Alpen.
**Señor** [seˈɲjor], span.: Herr.
**Señora** [sɛˈɲjora], span.: Dame, Frau.
**Señorita** [sɛɲjoˈ-], span.: Fräulein.

**Sense,** Gerät zum Mähen von Getreide u. anderen Nutzpflanzen.
**Sensibilisierung,** durch bestimmte Substanzen (Antigene) hervorgerufene Empfindlichkeit bei Mensch u. Tier. Bei erneutem Kontakt mit dieser Substanz äußert sich der Organismus mit einer Überempfindlichkeitsreaktion *(Allergie)*.
**Sensibilität,** Empfänglichkeit, Empfindlichkeit, Feinfühligkeit.
**Sensor,** *Meßfühler,* ein Teil einer physikal. oder chem. Meßanordnung, der die zu messende Größe erfaßt u. in ein elektr. Signal umsetzt. – **S.taste,** eine Taste, bei der durch bloßes Berühren ein elektron. Schalter ausgelöst wird, z.B. bei Kameras.
**sensorische Nerven,** *afferente, zentripetale Nerven,* alle Nerven, die Erregungen von der Peripherie (z.B. von Sinnesorganen) zum Zentrum (Gehirn, Rückenmark) leiten.
**Sensualismus,** eine bes. in England heim. philosoph. Richtung, die alle Bewußtseinsinhalte aus Empfindungen, Sinneseindrücken oder Wahrnehmungen ableitet. Vertreter: u.a. J. *Locke,* E.B. de *Condillac*.
**sensus communis,** allg. übl. Verständnis, gesunder Menschenverstand.
**Sentenz,** treffend formulierter Ausspruch.
**sentimental** [frz.], empfindsam, überschwenglich. – **Sentimentalität,** Empfindsamkeit, Rührseligkeit.
**Senussi,** *Senusi,* politisch-religiöser islam. Derwischorden, gegr. um 1835 von Sidi Mohammed Ibn Abi As S. in Mekka; urspr. europa- u. christenfeindlich.
**Seoul** [seˈul], Hptst. von Südkorea, am Hangang, 9,6 Mio. Ew.; Univ., kulturelles u. wirtsch. Zentrum; Textil-, Metall-, Papier-, chem.- u.a. Ind.; Flughafen. – 1988 Olymp. Sommerspiele.
**Separatismus,** polit. geistige oder religiöse Absonderung, bes. nat. Minderheiten.
**Séparée,** *Chambre séparée,* abgetrennter Gästeraum, Nische in Nachtlokalen.
**Sephardim,** *Spaniolen,* Gruppe der Juden.
**Sepien,** *Sepioidea,* Unterordnung der *Kopffüßer*. Der bis 30 cm lange *Europ. Tintenfisch* spritzt bei Gefahr einen dunkelbraunen Farbstoff **(Sepia).**
**Sepik,** Fluß in Neuguinea, 1000 km.
**Sepsis** → Blutvergiftung.
**Septett,** Komposition für 7 Stimmen (vokal oder instrumental), auch die Gruppe von 7 Solisten.
**Septime,** die 7. Stufe der diaton. Tonleiter u. das Intervall zw. dem 1. u. dem 7. Ton.
**Septuagesima,** fr. der 1. Sonntag der Vorfastenzeit (9. Sonntag vor Ostern).
**Septuaginta,** Abk. *LXX,* die grch. Übers. des AT aus dem Hebräischen; nach der Legende in Alexandria im 3. Jh. v. Chr. begonnen.
**Septum,** Scheide-, Trennwand.
**Sepulcrum,** Grabstätte; die kleine Reliquiengruft in der Mensa des kath. Altars.
**Sequenz, 1.** Folge, Reihe. – **2.** in der kath. Kirche Teil der Meßliturgie. – **3.** die Wiederholung einer Ton- (Motiv-) oder Harmoniefolge schrittweise steigend oder fallend auf anderen Tonstufen.
**Sequoia,** *Riesenmammutbaum* → Mammutbaum.
**Serafimowitsch,** Alexander, eigtl. A.S. *Popow,* *1863, †1949, russ. Schriftst.; Vertreter des sozialist. Realismus.
**Serail** → Saray.

*Sepien: Tintenfisch*

**Seraing** [səˈrɛ̃], Stadt in der belg. Prov. Lüttich, an der Maas, 61 700 Ew.; Eisen- u. Stahl-Ind.
**Seram,** *Ceram, Serang,* zweitgrößte indones. Molukken-Insel, 17 150 km², rd. 120 000 Ew. *(Alfuren),* Hauptort Sawai.
**Seraph,** himml. (sechsflügeliges) Wesen. Die **Seraphim** bilden den höchsten der 9 Engelchöre.
**Séraphine** [seraˈfin], eigtl. Séraphine *Louis,* *1864, †1942, frz. Malerin; malte Pflanzen u. Bäume mit üppig kreisendem Blattwerk.
**Serben,** eigene Bez. *Srbi,* südslaw. Volk auf der Balkanhalbinsel, zwischen Donau u. Adria, etwa 9,75 Mio.; gehören vorw. der grch.-orth. Kirche an; mit kyrill. Schrift.
**Serbien,** serbokroat. *Srbija,* histor. Kernlandschaft u. Teilrep. im O Jugoslawiens, 88 361 km², 9,71 Mio. Ew. (einschl. der autonomen Gebiete *Kosovo* u. *Vojvodina),* Hptst. Belgrad.
Geschichte. Nach 1180 konnte sich S. aus der Abhängigkeit von Byzanz lösen. 1217 wurde es Kgr.; unter *Stephan Dušan* entstand ein *Großserbisches Reich*. Nach der Schlacht auf dem Amselfeld 1389 geriet S. unter osman. Einfluß (seit 1459 Prov. des Osman. Reiches). Seine volle Unabhängigkeit erlangte das Land erst wieder 1878. 1882 wurde S. Kgr. In der Folgezeit kam es zu Spannungen in den serb.-östr. Beziehungen. In den Balkankriegen gewann S. Makedonien (1913). Das Attentat auf den östr. Thronfolger Franz Ferdinand in Sarajevo, der Hptst. Bosniens, ließ den Konflikt mit Östr. eskalieren u. wurde Anlaß zum Ausbruch des 1. Weltkriegs. 1918 wurde S. ein Teil des *Kgr.s der Serben, Kroaten u. Slowenen,* das 1929 in Jugoslawien umbenannt wurde.
**serbokroatische Sprache,** in Jugoslawien gesprochene, zum südl. Zweig der *slaw. Sprachen* gehörige Sprache. Serbisch war bisher die mit kyrill. Buchstaben geschriebene, von den orth. Serben gesprochene, Kroatisch die mit lat. Buchstaben geschriebene, von den kath. Kroaten gesprochene Variante. Heute entsteht schrittweise eine Spracheinheit (mit lat. Schrift).
**Seremban,** Hptst. des malays. Teilstaats *Negeri Sembilan,* 136 000 Ew.
**Serenade,** Abendmusik, Ständchen.
**Serengeti,** Kurzgrassavanne im nördl. Tansania (O-Afrika), westl. des Hochlands der Riesenkrater *Ngorongoro,* 1500–1800 m ü.M.; mit dem *S.-Nationalpark*.
**Serer,** den *Tukulor* verwandter W-afrik. Stamm in Senegal, rd. 300 000.
**Sereth,** rumän. *Siret,* l. Nbfl. der Donau, 699 km; mündet südl. von Galatz.
**Serge** [sɛrʒ], Gewebe in meist einseitiger Köperverbindung aus Seide, Viskose, Wolle, Baumwolle.
**Sergeant,** *Sergent* [sɛrˈʒɑ̃t], engl. [ˈsaːdʒənt], Unteroffiziersdienstgrad.
**Sergipe** [-ˈʒipe], Küstenstaat in → Brasilien.
**serielle Musik,** die in der Reihenlehre der *Zwölftonmusik* geforderte Benutzung einer vorgeschriebenen Tonreihe; in der neuesten Zeit auch auf Elemente wie Tondauer, Tonstärke, Tonhöhe u. Klangfarbe ausgedehnt.
**Serigraphie** → Siebdruck.
**Serir,** flache, mit Kies u. Geröll bedeckte Wüstentafel, bes. in Libyen u. Ägypten.
**Serkin** [ˈzɔːkiːn], Rudolf, *28.3.1903, US-amerik. Pianist (u.a. romant. Musik).
**Serlio,** Sebastiano di Bartolomeo, *1475, †1554, ital. Baumeister u. Maler (erste systemat. Darst. der fünf Säulenordnungen).
**Sermon,** langatmige Rede, Geschwätz, Strafpredigt.
**serös,** das *Serum* betreffend, Serum enthaltend oder absondernd.
**Serosa,** *Tunica serosa,* zarte, glatte Haut, die seröse (eiweißhaltige) Flüssigkeit ausscheidet u. eine seröse Höhle (Brust-, Bauch-, Herzhöhle) auskleidet oder deren Organe als S.-Überzug einhüllt.
**Serpent,** ein Blasinstrument aus Holz; in Schlangenform gebaut.
**Serpentin** → Mineralien (Tabelle).
**Serpentine,** in Windungen in die Höhe führender Weg.
**Serpuchow** [ˈsjɛrpuxɔf], Stadt in der RSFSR (Sowj.), im Moskauer Ind.-Gebiet; 142 000 Ew.; Baumwollverarbeitung; Wissenschaftsstadt *Protwino*.
**Serradella,** *Vogelfuß,* 30–60 cm hoher, krautiger,

*Serval*

in S-Europa heim. *Schmetterlingsblütler;* der *Große Vogelfuß* wird auf Sandböden in NW-Dtld. als Futterpflanze angebaut.

**Sertão** [-'tão], ausgedehnte trockene Landschaften im Bergland NO-Brasiliens; von Dornsträuchern u. Sukkulentenwäldern der *Caatinga* bedeckt; extensive Vieh- u. Sammelwirtschaft.

**Sertürner,** Friedrich Wilhelm Adam, *1783, †1841, dt. Apotheker; isolierte um 1804 das Morphin aus dem Opium u. prägte den Begriff *Alkaloid*.

**Serum, 1.** die farblose Blutflüssigkeit; entsteht bei der Gerinnung aus dem Blutplasma u. enthält viele Stoffe mit biolog. Eigenschaften (Globuline, Albumine, Antikörper u.a.). – **2.** → Heilserum.

**Serval,** hochbeinige gelbbraune, gefleckte *Raubkatze* in Buschsteppen u. Felsgebieten Afrikas.

**Servet,** Michael, eigtl. Miguel *Serveto,* *1511, †1553, span. Arzt u. Theologe; kritisierte die Lehre von der Dreieinigkeit; gab erstmals eine richtige Beschreibung des kleinen Blutkreislaufs; als Gotteslästerer verbrannt.

**Service, 1.** [zɛr'vi:s], einheitl. Satz Tafelgeschirr. – **2.** ['sə:vis], Kundendienst.

**Servius Tullius,** sagenhafter 6. König des alten Rom; auf Veranlassung seiner Tochter *Tullia* von seinem Schwager *Tarquinius Superbus* ermordet.

**Servolenkung,** Lenkhilfe, die den Fahrer bei Betätigung der Lenkung durch eine Hilfskraft (Öldruck, selten Luftdruck) unterstützt.

**Sesam,** *Sesamum,* artenreichste Gatt. der *Pedaliazeen* des trop. Afrika u. Asien. Wichtig als Ölpflanze ist der *Indische S,* dessen schwarzer oder gelbl. Samen bis zu 57 % Öl enthält.

**Sesambein,** kleines rundes Knöchelchen in den Sehnen mancher Hand- u. Fußmuskeln in Gelenknähe. Größtes S. des Menschen ist die Kniescheibe.

**Sesostris,** ägypt. *Senwosret,* Name ägypt. Könige der 12. Dynastie: **S. III.,** 1878–42 v.Chr.; bedeutendster Herrscher des Mittleren Reichs.

**Sessellift,** *Sesselbahn,* eine Seilbahn, mit frei aufgehängten, rings mit Schutzgeländer versehenen Einzel- oder Doppelsitzen.

**Sesshu** [seʃʃu:], *1420, †1506, jap. Zen-Priester u. Maler; bedeutendster Landschaftsmaler Japans.

**Session,** Sitzungsperiode eines Parlaments oder eines Gerichts.

**Sessions** ['sɛʃəns], Roger Huntington, *1896, †1985, US-amerik. Komponist; Opern, Sinfonien, Konzert- u. Kammermusik, Lieder.

**Sesson,** *1504, †um 1589, jap. Zen-Priester u. Maler; Meister der monochromen Tuschmalerei.

**Sesterz,** Abk. *HS,* um 215 v.Chr. eingeführte röm. Silbermünze (1,13 g).

**Sestos,** antike Stadt an der engsten Stelle des Hellespont.

**Set** [sɛt], Ensemble, Satz, Zusammengehöriges.

**Sète** [sɛ:t], bis 1927 *Cette,* Stadt am Golfe du Lion, 39 500 Ew.; Ölhafen; Seebad.

**Seth, 1.** altägypt. Gott, Verkörperung der Königsmacht, als Herr der Wüste auch des Bösen; tötete seinen Bruder *Osiris.* – **2.** dritter Sohn Adams u. Evas (1. Mose 4,25).

**Sétif,** Bez.-Hptst. in Algerien, sw. von Constantine, 187 000 Ew.; Agrarzentrum. – S. ist das röm. *Sitifis.*

**Seton** ['si:tən], Ernest Thompson, *1860, †1946, kanad. Schriftst. (Tiererzählungen).

**Setschuan** → Sichuan.

**Setter,** mittelgroße brit. Vorstehhunde (Jagdhunde).

**Setúbal,** port. Hafenstadt u. Distr.-Hptst. sö. von Lissabon, 77 900 Ew.; Fischerei; Konserven-Ind.; im 15. Jh. königl. Residenz.

**setzen,** Drucktypen zu Zeilen u. ganzen Druckformen aneinanderfügen, entweder von Hand oder durch Setzmaschinen. Hierbei wird der Text in *Setzmaschinen* eingetastet u. gleichzeitig gesetzt u. gegossen – entweder letternweise (*Monotype;* 1885 von Tolbert *Lanston* erfunden) oder zeilenweise (*Linotype, Intertype, Typograph, Monoline;* 1884 von Ottmar *Mergenthaler* erfunden). Seit den 1970er Jahren ist der *Photosatz* oder der *Lichtsatz* (*Fotosetter, Linofilm, Monophoto*) an die Stelle des Maschinensatzes getreten.

**Seuche,** eine sich schnell ausbreitende ansteckende Infektionskrankheit, wie Lepra, Cholera, Gelbfieber, Pest, Pocken, Malaria u.a.; als Epidemie, Endemie oder Pandemie.

**Seume,** Johann Gottfried, *1763, †1810, dt. Schriftst. u. Publizist; zum Militärdienst gezwungen u. nach Amerika verkauft, desertierte 1783; schrieb Memoiren u. Reiseberichte; »Spaziergang nach Syrakus im Jahre 1802«.

**Seurat** [sœ'ra], Georges, *1859, †1891, frz. Maler; neben P. *Signac* Hauptmeister des frz. Neoimpressionismus (*Pointillismus*).

**Seuse,** lat. *Suso,* Heinrich, *1295 (?), †1366, dt. Mystiker; Dominikaner, Schüler *Meister Eckharts;* Passionsmystik.

**Severin,** Bischof von Köln um 400; Heiliger, Patron von Köln (Fest: 23.10.).

**Severing,** Carl, *1875, †1952, dt. sozialdemokratischer Politiker; 1928–30 Reichsinnen-Min.; 1920–32 (mit Unterbrechungen) preuß. Innen-Min.

**Severini,** Gino, *1883, †1966, ital. Maler (Mitbegr. des Futurismus).

**Severn** ['sɛvən], Fluß in Wales u. im SW Englands, 339 km; mündet in den Bristol-Kanal.

**Severus, 1.** Lucius *Septimius S.,* *146, †211,

*setzen: die Linotype-Setzmaschine, erfunden 1884, setzt und gießt ganze Zeilen*

röm. Kaiser 193–211; Begr. der Sever. Dynastie. – **2.** Marcus Aurelius *S. Alexander,* *208, †235, röm. Kaiser 222–235; wurde auf einem Germanenfeldzug von den eigenen Soldaten ermordet.

**Seveso,** ital. Ind.-Vorort nördl. von Mailand, 17 000 Ew.; im Juli 1976 Giftgaskatastrophe (Dioxin).

**Sévigné** [sevi'nje], Marie, geb. de *Rabutin-Chantal,* Marquise de, *1626, †1696, frz. Schriftst.; schrieb 1669–95 etwa 1500 Briefe an ihre Tochter, in denen sie das gesellschaftl. Leben in Paris schilderte.

**Sevilla** [se'vilja], *Seville,* S-span. Prov.-Hptst. u. Hafenstadt am Guadalquivir, 674 000 Ew.; reich an Kunst- u. Bauwerken, spätgot. Kathedrale, Univ. (1502); alte Hptst. *Andalusiens.*

**Sèvres** [sɛ:vr], sw. Vorstadt von Paris, links der Seine, 20 000 Ew.; Sitz des Internat. Büros für Maße u. Gewichte; Staatl. Porzellanmanufaktur (S.-Porzellan).

**Sewastopol,** *Sebastopol,* sowj. Hafenstadt im SW der Halbinsel Krim am Schwarzen Meer, 350 000 Ew.; Flottenstützpunkt; ozeanograph. Observatorium; Schiffbau. Im Krimkrieg u. in beiden Weltkriegen umkämpft.

**Sewernaja Semlja,** fast unbewohnte sowj. Inselgruppe in der Laptew-See des Nördl. Eismeers, 37 804 km².

**Sex** [sɛks], kurz für (menschl.) Sexualität.

**Sexagesima,** fr. der 2. Sonntag der Vorfastenzeit (8. Sonntag vor Ostern).

**Sexagesimalsystem,** das Zahlensystem mit der Grundzahl 60; heute noch in der Zeit- u. Winkeleinteilung in Min. u. Sek. erkennbar.

**Sexagon,** Sechseck.

**Sex-Appeal** [-ə'pi:l], Anziehungskraft auf das andere Geschlecht.

**Sexismus,** die Benachteiligung u. Unterdrückung eines Menschen (allg. der Frau) wegen seines Geschlechts.

*Sesshu: Landschaft*

*Sevilla: im Vordergrund Guadalquivir und Torre del Oro, im Hintergrund Giralda und Kathedrale*

**Sexologie** → Sexualwissenschaft.
**Sext,** kirchl. Stundengebet zur Mittagsstunde.
**Sexta,** veraltete Bez. für das erste Schuljahr des Gymnasiums.
**Sextant, 1.** 6. Teil eines Kreises, Sektor von 60°. – **2.** *Spiegel-S.,* Gerät zur Messung von Winkelabständen zw. Gestirnen u. von Gestirnshöhen (Winkelabstände der Gestirne vom Horizont).
**Sexte,** die 6. Stufe der diaton. Tonleiter u. das Intervall zw. dem 1. u. dem 6. Ton.
**Sextett,** Komposition für 6 Stimmen (vokal oder instrumental), auch die Gruppe von 6 Solisten.
**Sexualerziehung,** als Schulfach: *Sexualkunde,* über die sexuelle *Aufklärung* hinaus geht der jeweiligen Entwicklungsstufe des Kindes u. Jugendlichen angemessene Hinführung zur Sexualität.
**Sexualethik,** der Zweig der Ethik, der es mit den geschlechtl. Verhaltensweisen zu tun hat.
**Sexualhormone,** Hormone der *Gonaden,* die auf Anregung der gonadotropen Hormone des Hypophysenvorderlappens entstehen. Die S. bewirken die volle Ausbildung der Gonaden u. die Prägung der sekundären Geschlechtsmerkmale. Weibl. S. sind die *Östrogene.* Sie regeln den Genitalzyklus. Das wichtigste der männl. S. ist das *Testosteron.* Chemisch sind die S. Steroide.
**Sexualität,** *Geschlechtlichkeit,* alle Vorgänge, die dazu dienen, eine geschlechtl. Fortpflanzung zu ermöglichen. Unabhängig von der Fortpflanzung beinhaltet die S. des Menschen wesentl. die Erzeugung u. Befriedigung von Lust. Dabei sind die sexuellen Verhaltensweisen des Menschen von psych., soz. u. kulturellen Faktoren beeinflußt.
**Sexualkunde** → Sexualerziehung.
**Sexualneurosen,** aus einer Störung des Geschlechtslebens (meist verdrängtes Triebleben) entstandene seelische Konflikte.
**Sexualproportion,** *Geschlechtsverhältnis,* das zahlenmäßige Geburtenverhältnis zw. Knaben u. Mädchen.
**Sexualstraftaten,** strafbare sexuelle Handlungen, d. h. Delikte, die eine Beziehung zum Geschlechtlichen aufweisen. Strafbar sind auch dem StGB der BR Dtld.: *Vergewaltigung* (§ 177), *sexuelle Nötigung* (§ 178) u. der *sexuelle Mißbrauch von Widerstandsunfähigen.* Die fr. sog. *Blutschande* ist nur noch als Beischlaf zw. (nahen) Verwandten (nicht mehr zw. Verschwägerten) strafbar (§ 173). Die Strafbarkeit *homosexueller Handlungen* beschränkt sich auf solche mit Personen unter 18 Jahren oder mit Abhängigen (§ 175). Die *Kuppelei* ist nur noch als Förderung sexueller Handlungen Minderjähriger unter 16 Jahren, gegen Entgelt oder bei Mißbrauch eines Abhängigkeitsverhältnisses bei Jugendlichen unter 18 Jahren strafbar (§ 180). Strafbar sind schließlich die gewerbsmäßige Förderung der *Prostitution* (§ 180a), der *Menschenhandel* (§ 181), *Zuhälterei* (§ 181a), *Verführung* von Mädchen unter 16 Jahren (§ 182), die Belästigung Dritter durch exhibitionist. (§ 183) u. sonstige öffentl. sexuelle Handlungen (§ 183a), die Verbreitung von *Pornographie* an Jugendliche u. von sog. harter Pornographie (§ 184) u. die Ausübung verbotener oder jugendgefährdender Prostitution (§ 184a, b).
**Sexualwissenschaft,** *Sexologie,* die Wiss., die alle mit der Sexualität zusammenhängenden Vorgänge u. Verhaltensweisen in ihrer Verschiedenheit bei Mann u. Frau in ihrer Entwicklung sowie in den abweichenden Erscheinungsformen (*Perversionen*) erforscht u. beschreibt.
**Sexualzyklus,** *Sexualrhythmus, Sexualperiodizität,* der regelmäßig period. Ablauf der Bereitschaft zur Befruchtung bei allen höheren Tierarten (Brunft); bei der Frau als monatl. Regel.
**Sexus,** das Geschlecht.
**Seychellen** [seˈʃɛlən], *Seychelles,* Inselstaat im Ind. Ozean, nördl. von Madagaskar; 453 km², 

*Seychellen*

66 000 Ew., Hptst. *Victoria* auf Mahé; teils vulkan.-gebirgige, teils flache Koralleninseln; Export von Kopra, Gewürzen u. Fisch; bed. Fremdenverkehr.
Geschichte. Die S. wurden von Portugiesen im 16. Jh. entdeckt; 1743 kamen sie in frz. Besitz. Seit 1814 waren sie brit.; seit 1903 mit anderen Inseln Kronkolonie; seit 1976 unabh. Rep.; Staats- u. Reg.-Chef ist seit 1977 F.-A. René.
**Seydlitz,** Friedrich Wilhelm von, *1721, †1773, preuß. Reitergeneral im Siebenjährigen Krieg.
**Seyfer,** *Syfer,* Hans, *um 1460, †1509, dt. Bildhauer; ging von der realist. Kunst N. *Gerhaerts* aus.
**Seymour** [ˈsiːmɔː], Jane → Johanna (2).
**Seyß-Inquart,** Arthur, *1892, †1946 (hingerichtet), östr. Politiker (NSDAP); 1938 zuerst als Innen-Min., dann als Bundeskanzler (11.3.) an der Herbeiführung des Anschlusses Östr. beteiligt; 1938/39 Reichsstatthalter in Östr., 1939/40 stellv. Generalgouverneur von Polen, 1940–45 Reichskommissar für die Niederlande.
**Sezession, 1.** Abspaltung, Abtrennung. – **2.** Bez. für Künstlergruppen, die sich von älteren Vereinigungen lösten.
**Sezessionskrieg,** der nordamerik. Bürgerkrieg 1861–65 zw. den Nord- u. Südstaaten. Ursache war der tiefgreifende wirtschaftspolit. u. soz. Gegensatz (Konflikt um die Sklaverei) zw. den südl. Agrarstaaten u. den nördl. Ind.-Staaten. Auslöser des S. war die Wahl A. Lincolns, eines Sklavereigegners, zum Präs. der USA. Die 11 Südstaaten erklärten daraufhin ihren Austritt aus der Union (Konföderierte Staaten von Amerika). Der S. endete mit der Niederlage der Südstaaten.
**Sfax,** tunes. Hafenstadt am Golf von Gabès, 232 000 Ew.; Fischerei; Phosphatwerk.
**Sforza,** ital. Adelsfam.: **1.** Bianca Maria, *1472, †1510, dt. Kaiserin; zweite Frau (1493) Kaiser Maximilians I. – **2.** Francesco, *1401, †1466, Herzog von Mailand 1450–66; Kondottiere. – **3.** Lodovico il Moro [»der Mohr«], Onkel von 1), *1452, †1508, Herzog von Mailand 1494–99; starb im frz. Kerker; Kunstmäzen.
**Sganarelle** [sganaˈrɛl], Figur der frz. Komödie.
**Sgraffito,** eine Technik der Wandmalerei, bei der Linien u. Flächen in verschiedenfarbige, übereinandergelegte Putzschichten eingeschnitten oder geritzt werden.
**Shaanxi** [ʃaːnɕi], *Schensi,* Prov. → in China. Im N Hochplateau, im S Hochgebirgsland; Steinkohlebergbau, Erdölgewinnung.
**Shaba** [ˈʃaba], bis 1971 *Katanga.* Prov. in Zaire, 496 965 km², 3,87 Mio. Ew.; Hptst. Lubumbashi; Hochland mit reichen Bodenschätzen; 1960–63 Sezessionsbestrebungen.
**Shackleton** [ˈʃæklətən], Sir Ernest Henry, *1874, †1922, brit. Antarktis-Forscher (mehrere Südpolexpeditionen).
**Shaftesbury** [ˈʃɑːftsbəri], **1.** Anthony Ashley Cooper, Earl of S., *1621, †1683, engl. Politiker (Whig); setzte die *Habeas-Corpus-Akte* (1679) durch. – **2.** Anthony Ashley Cooper, Earl of S., Enkel von 1), *1671, †1713, engl. Philosoph; Begr. des engl. ethischen *Sensualismus.*
**Shakespeare** [ˈʃeikspiə], William, engl. Dichter, getauft 1564, †1616; Sohn des Handwerkers u. Bürgermeisters John *S.* u. der Gutsbesitzertochter *Mary Arden.* Er heiratete 18jährig Anne *Hathaway* (*1556, †1623) u. wurde 1592 als Schauspieler in London genannt. Um 1610 ging er nach Stratford on Avon, seinen Geburtsort, zurück, wo er sein Vermögen aus Bühnentätigkeit u. Teilhaberschaft

*Seychellen: Bird Island*

*William Shakespeare: Das »Flower«-Porträt von Shakespeare, das nach Ansicht mancher Forscher noch zu Lebzeiten des Dichters entstanden ist und das Vorbild für den Kupferstich im Titelblatt der Folio-Ausgabe sein könnte*

am *Globe-Theater* anlegte u. bis zu seinem Tod wohnte. In S. Schauspielen (Königsdramen, Tragödien, Komödien, Märchenspiele) vereinen sich dichter. Einbildungskraft, Bildhaftigkeit u. Vielfalt des sprachl. Ausdrucks, Tiefe der seel. Erfahrung u. die Fähigkeit zu theatergemäßer, bühnengerechter Konzeption. Sie zeigen eine unvergleichl. vielseitige Darstellungskraft, meisterhaft im trag. Pathos wie in grotesker Komik u. in der Zeichnung der Charaktere. Frei von den »3 Einheiten« der frz. Bühne, entwickelte S. die Handlung nach den Notwendigkeiten der Fabel u. der Charaktere u. paßte die Sprache realist. den Charakteren u. der Situation an.
Das dramat. Werk gliedert sich in 4 Abschnitte; die Datierung der einzelnen Stücke ist z.T. unsicher: **1.** (bis 1594): »Heinrich VI.« (3 Teile), »Verlorene Liebesmüh«, »Komödie der Irrungen«, »Die beiden Veroneser«, »Der Widerspenstigen Zähmung«, »Richard III.«, »Titus Andronicus«; **2.** (1594–1601): »Ein Sommernachtstraum«, »Romeo u. Julia«, »König Johann«, »Richard II.«, »Der Kaufmann von Venedig«, »Viel Lärm um nichts«, »Heinrich IV.«, »Heinrich V.«, »Julius Cäsar«, »Die lustigen Weiber von Windsor«, »Wie es euch gefällt«, »Was ihr wollt«; **3.** (1601–09): »Hamlet«, »Troilus u. Cressida«, »Ende gut, alles gut«, »Maß für Maß«, »Othello«, »König Lear«, »Macbeth«, »Antonius u. Cleopatra«, »Coriolan«, »Timon von Athen«, »Pericles«; **4.** (1610–13): »Cymbeline«, »Wintermärchen«, »Der Sturm«, »Heinrich VIII.«. Daneben ist S. durch seine Sonette

*Sezessionskrieg: Angriff der Konföderierten (»Sklavenhalterstaaten«) auf den Friedhof von Gettysburg, 2. Juli 1863*

berühmt. Die erste dt. Übers. von 22 Dramen S. schuf C.M. *Wieland.* Als die klass. dt. Übers. gelten die Arbeiten von A.W. Schlegel, W. von Baudissin u. L. Tieck (neue Übers. von E. Fried).

**Shandong** [ʃandung], *Schantung,* Prov. in → China, am Gelben Meer.

**Shang** [ʃaŋ], *Schang,* auch Yin, die erste histor. faßbare Dynastie in China.

**Shanghai** → Schanghai.

**Shankar** [ˈʃaŋ-], Ravi, *7.4.1920, ind. Komponist u. Sitarspieler (klass. ind. Raga-Musik).

**Shannon** [ˈʃænən], längster Fluß Irlands, 350 km.

**Shanty** [ˈʃænti], Seemannslied.

**Shanxi** [ʃançi], *Schansi,* Prov. im N von → China.

**Shapley** [ˈʃæpli], Harlow, *1885, †1972, US-amerik. Astronom; bestimmte die Entfernung der kugelförmigen Sternhaufen.

**Sharif** [ʃa-], Omar, eigtl. Michael *Chalboub,* *10.4.1932, ägypt. Filmschauspieler, u.a. in »Doktor Schiwago«.

**Shariqah** [ʃa-], arab. Emirat in den Vereinigten Arabischen Emiraten, 2500 km², 269 000 Ew.; Hptst. S.; Erdöl; Fischerei.

**Shatt Al Arab** [ʃat-], vereinigter Unterlauf von Euphrat u. Tigris, rd. 150 km.

**Shaw** [ʃɔ:], George Bernard, *1856, †1950, engl.-ir. Schriftst.; schrieb geistreiche Konversationskomödien; Nobelpreis 1925. — W »Frau Warrens Gewerbe«, »Helden«, »Pygmalion«, »Die heilige Johanna«.

**Sheffield** [ˈʃefi:ld], Stadt in Mittelengland, 534 000 Ew.; Univ.; Schwer-Ind.

**Shelley** [ˈʃeli], **1.** Mary Wollstonecraft, geb. *Godwin,* seit 1816 Frau von 2), *1797, †1851, engl. Schriftst.; schrieb phantast. Romane (»Frankenstein oder der moderne Prometheus«). — **2.** Percy Bysshe, *1792, †1822 (ertrunken), engl. Dichter; schrieb romant. Lyrik u. Schauspiele (»Der entfesselte Prometheus«); vertrat sozialrevolutionäre Auffassungen; seit 1818 in Italien.

**Sheng** [ʃeŋ], jap. *Sho, Mundorgel,* O-asiat. Zungenpfeifenspiel.

**Shenyang**, *Schenjang,* fr. *Mukden,* Hptst. der Prov. Liaoning, 4,3 Mio. Ew.; Univ.; Kaiserpalast; Metall-Ind.; 1625–44 Hptst. Chinas.

**Shepard** [ˈʃepəd], Sam, *5.11.1943, US-amerik. Schriftst. u. Schauspieler; schuf Gegenwartsdramen, die das amerik. Alltagsleben kritisieren.

**Sheridan** [ˈʃeridən], Richard Brinsley, *1751, †1816, engl. Schriftst.; verfaßte brilliante Komödien.

**Sheriff** [ˈʃerif], **1.** in England: ehrenamtl. Repräsentant der County, meist ein Exekutivbeamter der Krone. — **2.** in den USA: gewählter Polizei- u. Vollzugsbeamter.

**Sherlock Holmes** [ˈʃə:lɔk həumez] → Holmes.

**Sherman** [ˈʃə:mən], William Tecumseh, *1820, †1891, US-amerik. Offizier; trug entscheidend zum Sieg der Nordstaaten bei; 1869–84 Oberkommandierender der US-Armee.

**Sherpa** [ˈʃerpa], tibet. Stamm im Himalaya, im Gebiet des Mt. Everest.

**Sherrington** [ˈʃeriŋtn], Sir Charles Scott, *1859, †1952, brit. Neurophysiologe; erforschte die Zusammenhänge zw. sensiblen Hautsegmenten u. Eingeweidesegmenten u. die Funktion der Neurone; Nobelpreis für Medizin 1932.

**Sherry** [ˈʃeri], span. Dessertwein aus *Jérez de la Frontera.*

**'s-Hertogenbosch** [shɛrto:xən'bɔs] → Herzogenbusch.

**Shetland-Inseln** [ˈʃetlənd-], brit. Inselgruppe (rd. 100 Inseln) nordöstl. von Schottland; 1425 km², 23 600 Ew.

**Shetland-Pony** [ˈʃetlənd-], kleine Pferderasse der Shetland-Inseln, mit struppigem Schweif- u. Mähnenhaar.

**Shiga** [ʃiga] Kiyoshi, *1870, †1957, jap. Bakteriologe; entdeckte 1898 die nach ihm *Shigellen* genannten Erreger der Bakterienruhr; entwickelte 1903 mit P. *Ehrlich* das Trypaflavin.

**Shijiazhuang** [ʃədjiadʃuaŋ], *Schikiatschuang, Schimen,* Hptst. der Prov. Hebei, 1,16 Mio. Ew.; Textil-Ind.; Eisenbahnknotenpunkt.

**Shi Jing** [ʃədjiŋ], *Schi-king,* chin. Gedichtsammlung aus dem 6. Jh. v. Chr.

**Shikoku**, die kleinste der jap. Hauptinseln, zw. Honshu u. Kyushu, 18 766 km², 4,2 Mio. Ew., Hptst. *Tokushima;* Landw.; Kupfererzbergbau.

**Shillong** [ˈʃilɔŋ], *Shilaong,* Hptst. des NO-ind. Bundesstaats Meghalaya, in den Khasi Hills, 1500 m ü.M., 173 000 Ew.; kath. Bischofssitz.

**Shimla** [ʃimla], *Simla,* Hptst. des ind. Bundesstaats Himachal Pradesh, in den Himalaya-Vorbergen des Pandschab, 2200 m ü.M., 70 000 Ew.; 1865–1939 Sommersitz der brit.-ind. Kolonialregierung.

**Shimonoseki** [ʃi-], *Schimonoseki,* jap. Hafenstadt im SW von Honshu, 269 000 Ew.; bedeut. Fischereihafen Japans; Kammon-Unterwassertunnel.

**Shinanogawa** [ʃi-], längster Fluß Japans; 369 km.

**Shintoismus** [ʃi-], *Schintoismus,* die jap. Urreligion (vor der Übernahme des Buddhismus), die aus Natur- u. Ahnenverehrung besteht u. bis zum Ende des 2. Weltkriegs Staatsreligion war. Der Kaiser (*Tenno*) galt als Enkel der Sonnengöttin *Amaterasu.* Noch heute besteht der S. als Volksreligion fort.

**Shirley** [ˈʃə:li], James, *1596, †1666, engl. Dichter (Tragödien, Sittenkomödien).

**Shizuoka** [ʃi-], *Schisuoka,* jap. Präfektur-Hptst. in Mittelhonshu, 468 000 Ew.

**Shkodër** [ˈʃkɔdər], ital. *Scutari,* N-alban. Stadt an der SO-Ecke des *S.-Sees,* 71 200 Ew.

**Shockley** [ˈʃɔkli], William, *1910, †1989, US-amerik. Physiker engl. Herkunft; entwickelte zus. mit W. Brattain u. J. Bardeen den Transistor; Nobelpreis 1956.

**Shogun** [ʃo-], urspr. Titel jap. Feldherren; 1192 bis 1868 die Amtsbez. des tatsächl. Herrschers über Japan.

**Sholapur**, *Solapur,* ind. Distr.-Hptst. in Maharashtra, 514 000 Ew.; Textil-, Metall- u. Nahrungsmittel-Ind.

**Shorts** [ʃɔ:ts], kurze Sommerhose.

**Short story** [ʃɔ:t ˈstɔ:ri], angelsächs. Bez. für *Novelle* u. *Kurzgeschichte.*

**Show** [ʃou], Schau, Darbietung unterhaltenden Charakters; Nachfolge der *Revue.*

**Shreveport** [ˈʃri:vpɔ:t], Stadt in Louisiana (USA), am Red River, 206 000 Ew.; Handels- u. Ind.-Zentrum.

**Shrewsbury** [ˈʃru:zbəri], **1.** Charles *Talbot,* *1660, †1718, engl. Staatsmann; spielte eine bed. Rolle in der Glorreichen Revolution 1688. — **2.** John *Talbot,* *um 1384, †1453, engl. Heerführer, Marschall der engl. Truppen im Hundertjährigen Krieg. Seine Niederlage bei Castillon 1453 beendete die engl. Herrschaft über Aquitanien.

**Shrimp** [ʃrimp], engl. Bez. für kleine Garnelenarten, z.B. für die *Nordseegarnele.*

**Shrinagar** [ˈʃri-], *Srinagar,* Hptst. des ind. Staats Jammu u. Kaschmir, 1600 m ü.M. im w. Himalaya, 588 000 Ew.; Wirtsch.- u. Handelszentrum von Kaschmir.

**Shultz** [ʃultz], George Pratt, *13.12.1920, US-amerikan. Politiker; 1968–74 mehrfach Min.; 1982–89 Außen-Min.

**Shunt** [ʃʌnt], Parallel- oder Nebenschlußwiderstand in elektr. Stromkreisen.

**Si**, chem. Zeichen für *Silicium.*

**Sialkot** [engl. ˈsja:lkɔt], pakistan. Stadt im Pandschab, 302 000 Ew.; Textil- u. metallverarbeitende Ind.

**Siam**, ehem. Name von Thailand.

**Siamesen**, ein Volk der *Thai,* das Staatsvolk Thailands.

**siamesische Zwillinge**, eineiige Zwillinge, die körperl. miteinander verwachsen sind.

**Si'an** → Xi'an.

**Siang Kiang** → Xiang Jiang.

**Sibelius**, Jean, *1865, †1957, finn. Komponist; Vertreter der nat. finn. Musik; W Sinfon. Dichtungen, u.a. »Finlandia«, 7 Sinfonien, Violinkonzert u.a.

**Sibenik** [ˈʃi-], jugoslaw. Hafenstadt in Dalmatien, 33 000 Ew.; Reste venezian. Bauten.

**Sibirien**, russ. *Sibir,* der nördl. Teil Asiens, gehört zur Sowj., 16,2 Mio. km², rd. 30 Mio. Ew.; reicht vom Ural bis zum Pazif. Ozean u. von der Eismeerküste bis zur mongol. Grenze; baumlose Tundrenzone im N, breiter Waldgürtel der Taiga u. westsibir. Steppen mit fruchtbarem Schwarzerdeböden im S; das Klima ist extrem kontinental. — Den Hauptteil der Bewohner stellen die zugewanderten Russen; die altsibir. Bev. bilden turkmongol. Stämme. — Auf der Basis reicher Bodenschätze (Kohle, Erdöl, Eisen, Zinn, Zink u.a. Buntmetalle) entstanden v.a. längs der Transsibirischen Eisenbahn Bergbau- u. Ind.-Zentren (Kusnezkbecken); Umschlagplätze u. Flußüberquerungen der Bahn entwickelten sich zu Großstädten mit vielseitiger Ind., Wasser-Großkraftwerke an den Strömen sichern die Energieversorgung. Nördl. der Transsibirischen Eisenbahn verläuft die Baikal-Amur-Magistrale, eine Bahnlinie, die die weitere Erschließung S. fördern soll. — Gesch.: Seit dem 14. Jh. Tatarenreich *Sibir* mit der Hptst. Isker; 1582 von dem Kosaken *Jermak* erobert. 1633 drangen Kosaken bis Kamtschatka vor. Ende des 19. Jh. bekam Rußland das Amur- u. Ussurigebiet u. Südsachalin; seit 1922 gehört ganz S. zur UdSSR.

**Sibiu**, *Hermannstadt,* Stadt in Siebenbürgen (Rumänien), am N-Fuß der Südkarpaten, 178 000 Ew.; ehem. Mittelpunkt der Siebenbürger Sachsen; Zentrum des Deutschtums in Rumänien.

**Sibylle**, weissagende Seherin (Priesterin) des Altertums; in Italien die S. von Cumae, der die *Sibyllinischen Bücher,* eine Sammlung von dunklen Weissagungen, zugeschrieben wurden.

**Sica**, Vittorio de, *1902, †1974, ital. Schauspieler u. Filmregisseur (Hauptvertreter des Neorealismus).

**Sichel**, halbmondförmiges Messer mit kurzem Holzgriff zum Abschneiden von Getreide u.a.; seit der Jungsteinzeit bekannt.

**Sichelzellen-Anämie**, erbl. Leiden (*Anämie*), gekennzeichnet durch sichelförmige rote Blutkörperchen u. eine veränderte Hämoglobinstruktur.

**Sichem**, hebr. *Schechäm,* heute der Ruinenhügel *Tell Balata,* nahe Nablus; im Altertum bedeutende Stadt Mittelpalästinas, besiedelt seit dem 4. Jt. v.Chr.

**Sicherheitsglas**, *Verbundglas,* splitterfreies Glas, das in versch. Ausführungen hergestellt wird.

**Sicherheitsgurt**, eine Vorrichtung in Flug- u. Kraftfahrzeugen, durch die die Insassen bei einem Unfall an ihrem Sitz festgehalten werden, um sie vor Aufprallschäden zu schützen.

*Sibirien: Bodenschätze und Industrie im südlichen Westsibirien und in Randgebieten*

*Siebenschläfer*

**Sicherheitskonferenz** → KSZE.
**Sicherheitsrat,** *Weltsicherheitsrat* → Vereinte Nationen.
**Sicherheitsventil,** ein durch Feder oder Gewicht belastetes Ventil an Dampf- oder anderen Kesseln sowie Leitungen, das sich selbsttätig öffnet, wenn der zulässige Höchstdruck überschritten wird.
**Sicherung,** ein elektr. Bauteil, das einen Stromkreis bei Überlastung unterbricht. In *Schmelz-S.* brennt bei überhöhtem Strom ein dünner, meist in Quarzsand eingebetteter Schmelzdraht durch. *S.-Automaten* enthalten einen Elektromagneten, durch dessen Spule der Verbraucherstrom fließt. Bei Überlast oder Kurzschluß löst der Elektromagnet die Arretierung einer Feder aus, die den Stromkreis unterbricht.
**Sicherungsübereignung,** die treuhänder. Übereignung von Sachen ohne Übertragung des unmittelbaren Besitzes (durch Vereinbarung eines *Besitzkonstituts*) zur Sicherung einer Forderung.
**Sicherungsverwahrung,** Sicherungsmaßregel des Strafrechts gegen *Hangtäter.* Sie dauert bei erstmaliger S. höchstens 10 Jahre u. wird vollstreckt in *Verwahrungsanstalten,* die in der Regel räuml. mit Strafanstalten verbunden sind.
**Sichteinlagen,** täglich fällige Gelder.
**Sichtvermerk,** *Visum,* (Genehmigungs-)Eintragung in den Reisepaß durch das Konsulat des ausländ. Staates, für den die Ein- oder Durchreise beantragt wurde.
**Sichtwechsel,** ein Wechsel, der bei Vorlegung fällig wird. Er muß binnen eines Jahres seit der Ausstellung zur Zahlung vorgelegt werden.
**Sichuan** [sztʃuan], *Szetschuan,* Prov. in → China.
**Sickerbrunnen,** *Senkwasser,* Teil der Niederschläge, der nach Eindringen in den Boden zum *Grundwasser* durchsickert; auch Wasser, das unter u. neben Talsperren u. unter Deichen kontrolliert durch Bodenschichten u. Gesteinsspalten dringt.
**Sickingen,** Franz von, *1481, †1523, dt. Reichsritter u. Söldnerführer; durch U. von *Hutten* für die Reformation gewonnen, eröffnete er 1522 den Kampf gegen den Erzbischof von Trier, wurde aber von seinen Freunden im Stich gelassen u. auf seiner Feste Landstuhl eingeschlossen u. tödl. verwundet.
**Siddharta,** ind. Name → Buddhas.
**Side-board** ['saidbɔ:d], Anrichte, Büfett.
**siderisch,** auf das System der Fixsterne bezüglich.
**siderisches Pendel,** Pendel für angebl. hellseher. Versuche.
**Siders,** frz. *Sierre,* Bez.-Hptst. im schweiz. Kt. Wallis, 13 100 Ew.; Fremdenverkehr.
**Sidi-Bel-Abbès,** alger. Distrikt-Hptst., südl. von Oran, 187 000 Ew.; Agrarzentrum; bis 1962 zentrale Garnison der Fremdenlegion.
**Sidney** [-ni], Sir Philipp, *1554, †1586, engl. Dichter u. Diplomat; Petrarkist, galt seinerzeit als Inbegriff des ritterl., feingebildeten Menschen.
**Sidon** → Saida.
**Siebbein,** *Ethmoidale,* urspr. dreiteiliger Schädelknochen vor dem Keilbein.
**Siebdruck,** *Serigraphie, Schablonendruck,* in mehreren Varianten entwickeltes Durchdruckverfahren, bei dem auf ein gerahmtes Sieb aus Drahtnetz oder ähnlichem eine Schablone aufgebracht wird, die die nicht Farbe tragenden Teile abdeckt. Beim Druck wird Farbe durch den offenen Teil des Siebs auf den Druckträger gequetscht.

**Siebenbürgen,** rumän. *Transilvania,* NW-rumän. Ldsch., im O u. S von den Karpaten u. im W vom Bihor-Gebirge umrahmt, Hauptort *Cluj-Napoca.* – G e s c h .: Ende des 9. Jh. kam S. unter ung. Einfluß *(Sekler).* Im 12./13. Jh. wurden Deutsche *(Siebenbürger Sachsen)* ins Land gerufen. Der ung. Wojewode *János (Johann) Szápolyai* löste nach der Schlacht bei *Mohács* 1526 S. von Ungarn u. begr. das *Fürstentum S.* unter türk. Herrschaft; 1867 Anschluß an Ungarn; 1918 mit Rumänien vereinigt; 1940 z.T. wieder an Ungarn; seit 1947 ganz S. wieder bei Rumänien.
**Siebengebirge,** Bergland nw. des Westerwalds am Rhein, sö. von Bonn; im *Großen Ölberg* 460 m, im *Petersberg* 331 m, im *Drachenfels* 321 m.
**Siebenjähriger Krieg,** Konflikt zw. den europ. Großmächten 1756–63. Kaiserin *Maria Theresia* u. der östr. Min. Graf W.A. *Kaunitz* waren nach dem 2. der Schlesischen Kriege bestrebt, Schlesien zurückzugewinnen.
*Friedrich d. Gr.* von Preußen beschloß, einem mögl. Angriff zuvorzukommen u. marschierte in Sachsen ein. Der *Friede von Hubertusburg* am 15.2.1763 bestätigte nach wechselndem Kriegsglück u. wechselnden Koalitionen Preußen den Besitz Schlesiens. – Weltpolit. noch wichtiger als dieser *3. Schlesische Krieg* war der mit dem europ. Krieg verquickte Krieg zw. Großbrit. u. Frankreich um Kanada u. Indien, der zugunsten Großbritanniens ausging.
**Siebenkampf,** leichtathlet. Mehrkampf für Frauen; besteht aus den Disziplinen 100-m-Hürdenlauf, Kugelstoßen, Hochsprung, 200-m-Lauf, Weitsprung, Speerwerfen u. 800-m-Lauf.
**Siebenschläfer, 1.** Gedenktag (27. Juni) zu Ehren der *Sieben Brüder,* die nach einer Legende während der Christenverfolgung des *Decius* 251 in einer Höhle eingemauert wurden u. bis zur Öffnung 446 schliefen. – **2.** ein euras. *Bilch* von 16 cm Körperlänge. Er hält rd. 7 Monate Winterschlaf.
**Sieben Weise,** im alten Griechenland Vertreter prakt. Lebensweisheit, denen bestimmte Sinnsprüche zugeschrieben werden: *Thales von Milet, Bias von Priene, Pittakos, Solon, Kleobulos von Lindos, Chilon* u. *Myson.*
**Sieben Weltmeere,** ältere Bez. für die Teile des Weltmeers: Nordatlant., Südatlant., Nordpazif., Südpazif., Ind. Ozean, Nord- u. Südpolarmeer.
**Sieben Weltwunder** → Weltwunder.
**Siebold,** Carl Theodor Ernst von, *1804, †1885, dt. Zoologe; wies bei Schmetterlingen die Jungfernzeugung nach.
**Siebs,** Theodor, *1862, †1941, dt. Germanist; maßgebend für die dt. Einheitsaussprache. W »Dt. Bühnenaussprache«.
**sieden,** eine Flüssigkeit in den gasförmigen Aggregatzustand überführen; bei einer spezif. *Siedetemperatur (Siedepunkt, Kochpunkt),* die auch durch den äußeren Druck bestimmt ist.
**Siedlung,** *i.w.S.* jede menschl. Wohnstätte; außerdem das Gebiet, in dem Menschen wohnen u. ihren Lebensunterhalt finden, einschl. der Bauten u. Anlagen. – *I.e.S.* die vorgeplante Anlage neuer Ortsteile oder ganzer Dörfer u. Städte, z.B. im MA bei der dt. *Ost-S.* – **S.sformen,** die Formen menschl. Niederlassungen: Einzelhof, Weiler, Dorf, Stadt.
**Siedlungsgenossenschaft,** genossenschaftl. Zusammenschluß zum Bau von Wohnsiedlungen, meist für Nichtmitgl.; oft Träger der *Heimstätten.*
**Sieg** [die], r. Nbfl. des Rheins, 130 km.
**Siegbahn, 1.** Kai Manne, Sohn von 2), *20.4.1918, schwed. Physiker; Arbeitsfeld: Elektronenspektroskopie; Nobelpreis 1981. – **2.** Karl Manne, *1886, †1978, schwed. Physiker; arbeitete über Röntgenspektren u. Astrophysik; Nobelpreis 1924.
**Siegburg,** Krst. in NRW, an der Mündung der Agger in die Sieg, 34 100 Ew.; Bundesfinanzakademie; im MA berühmte Töpferstadt.
**Siegel,** reliefartiges Zeichen aus Metall, Wachs oder einer anderen leicht erhärtbaren Masse *(S.lack)* zur Beglaubigung einer Urkunde oder zum Verschluß eines Schriftstücks oder eines Behältnisses. S. (aus Ton) finden sich schon bei den Assyrern u. Babyloniern.
**Siegellack,** aus Schellack, Fichtenharz oder Terpentinharz u. Mineralpigmenten bestehende harzartige, spröde Masse zum Siegeln.

**Siegen,** Krst. in NRW, an der oberen Sieg, 107 000 Ew.; ehem. Residenz von Nassau-Oranien; Gesamthochschule; Eisen-Ind.
**Siegerland,** Bergland beiderseits der oberen Sieg, südlichster Teil Westfalens; Hauptort *Siegen;* stark industrialisiert.
**Siegfried,** mhd. *Sigfrid,* später *Seyfried,* nord. *Sigurd,* Gestalt der dt. u. nord. Heldensage. Die Überlieferung aus *Nibelungenlied, Edda* u. *Thidrekssaga* zerfällt in Jugendsagen (Waldkindheit, Schmiedelehre, Drachenkampf, Erwerb des Nibelungenhorts, Befreiung der Jungfrau) u. in Sagen von seinem Tod (Brautwerbung u. Rache der Betrogenen).
**SI-Einheitensystem,** Abk. für frz. *Système International d'Unités (Internationales Einheitensystem),* die Basiseinheiten des Internat. Einheitensystems. Seit der 14. Generalkonferenz für Maße u. Gewichte vom 16.10.1971 gilt internat.:

| SI-Einheiten | | |
|---|---|---|
| Einheit | Einheiten-zeichen | physik. Größe |
| Meter | m | Länge |
| Kilogramm | kg | Masse |
| Sekunde | s | Zeit |
| Ampere | A | elektr. Stromstärke |
| Kelvin | K | thermodynam. Temperatur |
| Mol | mol | Stoffmenge |
| Candela | cd | Lichtstärke |

**Siel,** kleine Deichschleuse an Küsten u. Flüssen; schließt sich bei ansteigender Flut selbständig; auch allg. Bez. für Abwässerkanal.
**Siemens,** Kurzzeichen S, Maßeinheit der elektr. Leitfähigkeit; Kehrwert des *Ohms,* der Einheit für den elektr. Widerstand.
**Siemens, 1.** Karl Wilhelm, Bruder von 2), 1883 geadelt (Sir William S.), *1823, †1883, dt. Industrieller; entwickelte mit Émile u. Pierre *Martin* das *S.-Martin-Verfahren* zur Stahlerzeugung. – **2.** Werner (seit 1888) von, *1816, †1892, dt. Elektrotechniker u. Industrieller; gründete 1847 zus. mit dem Mechaniker J.G. *Halske* in Berlin eine Telegraphenbauanstalt, aus der die *Siemens & Halske AG* (heute *Siemens AG*) hervorging. Er begründete u.a. durch die Erfindung der Dynamomaschine (1866) die Starkstromtechnik. 1879 baute er die erste elektr. Eisenbahn der Welt u. wenig später die erste elektr. Straßenbahn.
**Siena,** ital. Prov.-Hptst. in der Toskana, an der Elsa, 60 000 Ew.; Paläste u. Kirchen aus dem 13. u. 14. Jh.; *Corsa di Pàlio* (Pferderennen).
**Sienkiewicz** [sjɛnˈkjɛvitʃ], Henryk, *1846, †1916, poln. Schriftst.; schrieb histor. Romane, u.a. »Quo vadis«; Nobelpreis 1905.
**Sierra,** span. Bez. für kettenartige Gebirgszüge.
**Sierra Leone,** Staat in W-Afrika, an der Atlantikküste, 71 740 km², 3,8 Mio. Ew., Hptst. *Freetown.* L a n d e s n a t u r . Das Land dehnt sich von einem feuchttrop. Schwemmlandstreifen an der Küste bis auf die von Savannen bewachsene Nordguineaschwelle aus *(Loma Mountains* 1948 m). Südl. von Freetown liegt die bis 888 m hohe Halbinsel *S. L.*

*Siegel: rotes Wachssiegel Friedrichs II. Frankfurt a.M., Stadtarchiv*

# 822 Sierra Madre

*Sierra Leone: Frauen vom Mende-Stamm beim Zerstampfen von Reis*

Wirtschaft. Die Landw. produziert Ölpalmprodukte, Kaffee, Kakao, Piassava u. Kolanüsse für den Export. Hauptausfuhrgüter sind Diamanten, Eisenerz, Bauxit u. Rutil (80% des Exports).

*Sierra Leone*

Geschichte. Um 1450 wurde S.L. von Portugiesen entdeckt. 1808 wurde die Halbinsel um Freetown brit. Kronkolonie, 1896 das gesamte Hinterland brit. Protektorat. Am 27.4.1961 wurde die Unabhängigkeit proklamiert. 1967/68 übernahm eine Militärjunta die Macht. Seit 1971 ist S. L. Republik.

**Sierra Madre,** in NW-SO-Richtung verlaufende Randgebirge beiderseits des zentralen Hochlands von Mexiko.

**Sierra Nevada, 1.** Gebirgszug in S-Spanien, 90 km lang, im *Mulhacén* 3478 m (höchster Gipfel der Pyrenäen-Halbinsel). – **2.** Gebirgszug in California (USA); im *Mount Whitney* 4418 m.

**Siesta** [zi'ɛsta], Mittagsruhe, Ruhezeit nach dem Mittagessen.

**Sieveking,** Kurt, *1897, †1986, dt. Politiker (CDU); 1953–57 Erster Bürgermeister u. Präs. des Hamburger Senats.

**Sievers,** Wilhelm, *5.4.1931, ev. Theologe u. Jurist, 1986 Bischof der Ev.-Luth. Kirche in Oldenburg.

**Sievert,** Abk. *Sv*, Einheit für die *Äquivalentdosis:* 1 Sv = 1 J/kg.

**Sieyès** [sje'jɛːs], Emmanuel Joseph Graf (1809), *1748, †1836, frz. Publizist u. Politiker; Abbé, 1780 bischöfl. Generalvikar, 1789 Mitgl. der Generalstände. Seine Schrift »Was ist der dritte Stand?« war ein Manifest der Frz. Revolution.

**Sigel,** *Sigle,* Abkürzungszeichen; stenograph. Kürzel; Abk. für Werktitel, Handschriften u.ä.

**Siger von Brabant,** *um 1235, †um 1282 (ermordet), ndl. Philosoph; Hauptvertreter des lat. *Averroismus.*

**Sighișoara** (sigi'ʃoara), dt. *Schäßburg,* rumän. Stadt in Siebenbürgen, 36 800 Ew.; mittelalterl. Stadtbild.

**Sightseeing** ['saitsiːiŋ], Besichtigung von Sehenswürdigkeiten, Stadtrundfahrt.

**Sigillaria,** *Siegelbaum,* ein *Bärlappbaum* der Steinkohlenwälder; mit siegelartigen Blattpolstern am Stamm.

**Sigismund,** *Siegismund, Si(e)gmund,* Fürsten:
Röm.-Dt. Reich:
**1.** *1368, †1437, König 1410–37, Kaiser seit 1433; Sohn *Karls IV.*, seit 1387 König von Ungarn; wurde 1410 zugleich dt. König; seit 1433 dt. Kaiser; leitete das Konstanzer Konzil, führte die Hussitenkriege.
Polen:
**2. S. I.,** *Zygmunt Stary, S. der Alte,* *1467, †1548, König 1506–48; Großfürst von Litauen, leitete das »goldene Zeitalter« Polens ein. – **3. S. II. August,** *Zygmunt II. August,* Sohn von 2), *1520, †1572, König 1548–72 (formal seit 1530); Großfürst von Litauen, der letzte Jagiellone, verband Polen u. Litauen staatsrechtl. durch die *Lubliner Union* (1569). – **4. S. III.,** *Zygmunt III. Wasa,* Enkel von 2), *1566, †1632, König 1587–1632; Sohn König Johanns III. von Schweden aus dem Haus Wasa; nach dem Tod des Vaters 1592 auch König von Schweden, doch 1604 zugunsten von Karl IX. abgesetzt.

**Sigmaringen,** Krst. in Ba.-Wü., 15 200 Ew.; Hohenzollernschloß; Masch.-Ind.

**Sigmund** → Sigismund.

**Signac** [si'njak], *1863, †1935, frz. Maler u. Graphiker (Neoimpressionist, Pointillist).

**Signal,** opt., elektr. oder akust. Zeichen mit vereinbarter Bedeutung.

**Signalflaggen,** mehrfarbige Flaggen, Wimpel u. Stander für den opt. Schiffssignalverkehr.

**Signatur, 1.** *Paraphe,* Kurzzeichen als Unterschrift, Namenszug. – **2.** in Bibliotheken: die Standortbezeichnung für das einzelne Buch. – **3.** Monogramm oder Zeichen des Urhebers eines Kunstwerks. – **4.** *Kartenzeichen,* im Kartenbild verwendetes Zeichen für die Darst. eines wichtigen Gegenstands. – **5.** *Apostolische S.,* oberstes päpstl. Gericht für den äußeren Rechtsbereich. – **6.** Einschnitt an der *Type;* Erkennungszeichen für die Schriftart.

**Signet,** Siegel, Petschaft; seit dem 18. Jh. bes. das Herstellerzeichen der Verleger u. Buchdrucker.

**Signora** [si'njoːra], ital.: Frau.

**Signore** [si'njoːrɛ], ital.: Herr.

**Signorelli** [sinjo-], Luca, *1441, †1523, ital. Maler; Hauptmeister der umbrischen Malerschule im späten Quattrocento.

**Signoret** [sinjɔ'rɛ], Simone, eigtl. Simone *Kaminker,* *1921, †1985, frz. Schauspielerin; verh. mit Y. *Montand;* Charakterrollen.

**Signoria** [sinjo-], Bez. sowohl für die Reg. wie für das Herrschaftsgebiet der ital. Stadtstaaten Florenz, Verona u.a.; seit Ende des 12. Jh. in Venedig ein Staatsrat neben dem Dogen; seit Mitte des 13. Jh. der eigtl. Herrschaftsträger.

**Sigrist,** schweiz. für Küster.

**Sigurd-Lieder,** Heldenlieder der altnord. Sage.

*Sikhs vor dem Goldenen Tempel in Amritsar, ihrem religiösen und politischen Zentrum*

**Sihanouk** [-'nuk], Norodom Varman, *31.10.1922, kambodschan. Politiker; 1941–55 König von Kambodscha; wurde 1955 Min.-Präs., 1960 Staatsoberhaupt, 1970 gestürzt, 1975/76 erneut Staatsoberhaupt, dann von den Roten Khmer kaltgestellt; 1979 ins Ausland u. war in einer Exil-Reg. führend tätig.

**Šik** [ʃik], Ota, *11.9.1919, tschechoslow. Nationalökonom u. Politiker; entwickelte ein ökonom. Reformmodell, in dem sozialist. Staatsbetriebe unter Markt- u. Wettbewerbsbedingungen operieren.

**Sikh,** *Shikh,* Anhänger einer Religionsgemeinschaft in N-Indien, von *Nanak* Ende des 15. Jh. im Pandschab gegr.; beeinflußt durch Lehren des Islam u. Hinduismus. Die S. errichteten einen eig. Staat, der 1849 von den Engländern unterworfen wurde. Heute leben die meisten S. im ind. Unionsstaat Punjab.

**Sikkativ,** *Trockenstoff,* ein Zusatz zu Ölfarben u. Firnis, der das Trocknen beschleunigt.

**Sikkim,** Bundesstaat im W Indiens, 7096 km², 410 000 Ew.; Hptst. Gangtok. – 1641 Kgr.; 1861 brit. Protektorat; 1950 ind. Protektorat, 1974 mit Indien assoziiert; seit 1975 Bundesstaat.

**Sikorski,** Wladyslaw, *1881, †1943 (Flugzeugabsturz), poln. Politiker u. Offizier; Jan.-Mai 1923 Min.-Präs.; 1939–43 Min.-Präs. der Exilregierung in London.

**Silage** [-ʒə], *Ensilage,* in Silos durch Einsäuern konserviertes Futter (Grünfutter, Kartoffeln).

**Silbe,** die kleinste lautl. Einheit einer Sprache, die

*König Sigismund spricht Recht und verteilt Lehen; 1415. Berner Chronik von Diebold Schilling*

mögl. Träger eines Akzents, einer Tonhöhe oder Länge ist.

**Silbenschrift,** eine Schriftart, die im Gegensatz zur Laut- u. Wortbildschrift jede Silbe durch ein bes. Zeichen ausdrückt. Beispiele sind die jap. Schrift u. die späteren Hieroglyphen.

**Silber,** ein → chemisches Element (Edelmetall).

**Silberahorn,** ein *Ahorngewächs* aus dem N der USA, bis 15 m hoher Baum.

**Silberblatt,** *Mondviole,* ein *Kreuzblütler;* hierzu das *Wilde S.* u. das *Judas-S.* in feuchten Laubwäldern Mittel- u. S-Europas.

**Silberfischchen,** zur Fam. *Lepismatidae* der Ordnung *Fischchen* gehöriges, primitives, kosmopolit. Insekt mit silbrig glänzenden Hautschuppen; lebt bes. an feuchten Orten.

**Silberfuchs,** Farbspielart des *Rotfuchses;* wegen des Pelzes oft auf Farmen gezüchtet.

**Silberglanz,** *Argentit,* ein Mineral.

**Silbergras,** Bez. für mehrere Süßgräser.

**Silberhornerz,** *Kerargyrit,* ein Mineral.

**Silberlinde,** *Ungarische S.,* Gatt. der *Lindengewächse;* ein in SO-Europa heimischer, bis 30 m hoher Baum.

**Silberlinge,** die Silbermünzen, um die Christus von Judas verraten wurde; wahrsch. *Denare* des Kaisers Tiberius.

**Silberlöwe** → Puma.

**Silbermann, 1.** Andreas, *1678, †1734, dt. Orgel- u. Klavierbauer (Orgel des Straßburger Münsters). – **2.** Gottfried, Bruder von 1), *1683, †1753, dt. Orgel- u. Klavierbauer (etwa 500 Orgeln in Sachsen u. Thüringen).

**silberne Hochzeit,** 25. Jahrestag der Hochzeit.

**Silbernes Lorbeerblatt,** *Silberlorbeer,* höchste Sportauszeichnung der BR Dtld., seit 1950 vom Bundes-Präs. (bis 1963 ohne Statut) für außergewöhnl. sportl. Leistungen verliehen; 1964 zum Ehrenzeichen erhoben.

**Silberreiher,** ein großer, blendendweißer *Reiher,* der die wärmeren Gebiete der ganzen Welt bewohnt.

**Silberwurz, 1.** *Dryas,* Gatt. der *Rosengewächse;* hierzu die *Achtblättrige S.,* eine Alpenpflanze. – **2.** → Eberwurz.

**Silcher,** Philipp Friedrich, *1789, †1860, dt. Komponist; führend in der Volksliedbewegung.

**Sild,** junger Hering; auch eingelegte Heringstücke.

**Silen,** *Silenos,* in der grch. Myth. ein den *Satyrn* ähnl. Fruchtbarkeitsdämon, ein Mischwesen aus Mensch u. Pferd.

**Silesius** → Angelus Silesius.

**Silge,** *Selinum,* Gatt. der *Doldengewächse.* Die *Kümmelblättrige S.* wächst auf feuchten Wiesen.

**Silhouette** [silu-], *Schattenbild, Schattenriß,* flächiges Umrißbild eines Gegenstands oder einer Figur, entweder hell vor dunklem oder dunkel vor hellem Untergrund; ben. nach der frz. Min. Étienne de S. (*1709, †1769); ähnl. dem Scherenschnitt.

**Silicagel,** *Kieselgel,* oberflächenaktive Kieselsäure, $SiO_2$, mit hohem Adsorptionsvermögen; zum Trocknen von Gasen, organ. Flüssigkeiten u. Ölen u. zur Lufttrocknung in Klimaanlagen. *Blaugel* ist S. mit Kobaltsalzen als Indikator.

**Silicate,** *Silikate,* die Salze der Orthokieselsäure $Si(OH)_4$. Etwa 25 % aller Minerale sind S. Die Erdkruste (bis zu 16 km Tiefe) besteht zu 95 % aus Quarz u. S.

*Achtblättrige Silberwurz*

*Gottfried Silbermann: Hammerflügel im Musikzimmer von Schloß Sanssouci in Potsdam*

**Silicium,** ein → chemisches Element.

**Silicone,** *Polysiloxane,* polymere Verbindungen des Siliciums mit Kohlenwasserstoffen. Die meisten S. sind wasserabstoßend, elektr. Isolatoren u. beständig gegen Oxidationsmittel u. Säuren. *S.öle* werden z.B. als Hydraulikmittel verwendet.

**Silicon Valley** ['silikən 'væli], Tal südl. von San Francisco, Weltzentrum der Mikroelektronik.

**Silistra,** Hptst. des gleichn. bulgar. Bez., Hafenstadt an der Donau, 60 000 Ew.; Handels- u. Verkehrszentrum der südl. Dobrudscha.

**Silja,** Anja, eigtl. Anna S. Regina *Langwagen,* *17.4.1940, dt. Sängerin (Sopran).

**Siljan,** See im mittleren Schweden, 290 km², vom Österdalälven durchflossen.

**Silla,** eines der drei frühen korean. Königreiche, 57 v. Chr.-935 n. Chr.

**Sillanpää** [-pɛː], Frans Eemil, *1888, †1964, finn. Schriftst.; schilderte Natur u. Menschen in seiner Heimat; W »Silja, die Magd«; Nobelpreis 1933.

**Sillimanit,** *Faserkiesel,* ein Mineral.

**Sillitoe** ['silitou], Alan, *4.3.1928, engl. Schriftst. (sozialkrit. Prosa aus dem engl. Arbeitermilieu).

**Silo,** *Zellenspeicher, Schachtspeicher,* Speicher zur Aufbewahrung von Schüttgut, Hackfrüchten, Grünfutter u.ä.

**Silone,** Ignazio, eigtl. Secondo *Tranquilli,* *1900, †1978, ital. Schriftst.; 1930-44 im schweiz. Exil; Romane über die südital. Landbevölkerung; W »Brot u. Wein«.

**Sils,** rätoroman. *Segl,* schweiz. Luftkurort u. Wintersportplatz im Oberengadin, am Inn-Ausfluß aus dem *S.er See,* 1812 m ü. M., 510 Ew.

**Silt,** *S.stein, Schluff, Schluffstein,* klastisches Sediment oder Sedimentgestein mit Mineralkörnern von 0,063–0,002 mm Korngröße.

**Silur,** geolog. Formation des Paläozoikums, zw. Ordovizium u. Devon. → Erdzeitalter.

**Silvaner,** *Sylvaner,* weiße, in Dtld. u. Östr. verbreitete Rebsorten u. Weine.

**Silvanus,** altröm. Waldgott, mit *Pan* verglichen.

**Silvester,** letzter Tag des Jahres, Namenstag des Papstes *S. I.*

**Silvester, 1. S. I.,** †335, Papst 314–35. Unter ihm fand auf Initiative Kaiser *Konstantins d. Gr.* der grundlegende Friedensschluß zw. dem Röm. Reich u. dem Christentum statt. – Heiliger (Fest: 31.12). – **2. S. II.,** eigtl. *Gerbert von Aurillac,* *um 940, †1003, Papst 999–1003; Lehrer u. Freund Kaiser *Ottos III.;* berühmt für seine Gelehrsamkeit; organisierte die Kirche in Polen u. Ungarn.

**Silvretta,** stark vergletschertes Alpenmassiv an der schweiz.-östr. Grenze; *Piz Linard* 3411 m, *Fluchthorn* 3399 m, *Piz Buin* 3312 m.

**Simaruba,** von Florida bis Brasilien verbreitete Gatt. der *Bitterholzgewächse.* Einige Arten liefern eine bittere Wurzelrinde *(Cortex Simarubae)* gegen Diarrhöe u. Ruhr.

**Simbabwe,** *Zimbabwe,* bis 1980 *Rhodesien,* Binnenstaat in SO-Afrika, 390 580 km², 8,6 Mio.

## Simon

*Simbabwe*

Ew. (hpts. Bantuneger, 140 000 Weiße), Hptst. *Harare.*

Landesnatur. Das Hochland (1100–1800 m) senkt sich nach N zum Sambesi, nach S zum Limpopo u. nach W zur Kalahari. Im O erreicht es in den Inyangabergen mit 2596 m die größten Höhen. Das trop. Klima hat im Hochland gemäßigte Temperaturen mit von W nach O zunehmenden Niederschlägen. Das Hochland wird vorw. von Savannen, die Niederungen werden von Trockenwäldern eingenommen.

Wirtschaft. Die Landwirtschaft liefert Tabak, Baumwolle, Zuckerrohr, Tee, Mais, Weizen u. Südfrüchte für den Export. Haupterwerbszweig ist der Bergbau (Gold, Asbest, Kohle, Platin, Nickel, Eisen, Kupfer u.a.). S. ist das am meisten industrialisierte Gebiet des trop. Afrika (Bergbau- u. Agrarprodukte, Maschinen, Textilien, chem. Produkte u. zahlr. Verbrauchsgüter). Elektr. Energie liefern die Kraftwerke am Kariba-Staudamm.

Geschichte. Das Gebiet wurde 1889/90 von der Britisch-Südafrik. Gesellschaft in Besitz genommen u. 1895 *Rhodesien* genannt. S-Rhodesien wurde 1923 brit. Kolonie. Es bildete 1953–63 zus. mit N-Rhodesien (heute Sambia) u. Nyasaland (heute Malawi) die Föderation *Rhodesien u. Nyasaland.* Der S erklärte sich als Rhodesien 1965 einseitig für unabhängig u. 1969 zur Republik. Es regierte eine Minderheitsregierung unter I. *Smith.* 1978/79 gab es eine gemischtrassige Regierung, danach erhielt das Land kurzzeitig wieder den Status einer brit. Kolonie. Aufgrund der Beschlüsse der Lancaster-House-Konferenz von London wurde das Land 1980 als S. unabhängig. Staats-Präs. ist R. G. *Mugabe.*

**Simbabwe,** *Zimbabwe,* Ruinenstadt 20 km sö. von Masvingo; erste früheisenzeitl. Besiedlung zu Beginn des 1. Jt. n. Chr., Beginn der *S.-Kultur* im 8./9. Jh., Hochblüte mit riesigen, ohne Mörtel gefügten Steinbauten in Rundformen etwa im 14./15. Jh., sakrosanktes Königtum.

**Simchat Thora,** in der jüd. Religion der Tag der Gesetzesfreude, am 23. Tischri im Anschluß an das Laubhüttenfest gefeiert.

**Simenon** [simə'nɔ̃], Georges, *1903, †1989, belg. Schriftst.; schrieb über 200 Kriminal- u. psycholog. Romane. Sein Romanheld ist Kommissar *Maigret.*

**Simeon,** im AT der 2. Sohn Jakobs u. Leas. Nach ihm benannt war einer der 12 Stämme Israels.

**Simeon,** bulgar. Fürsten:
**1. S. I.,** *S. d. Gr.,* *865, †927, Fürst 893–927; seit 917 Zar (Basileus) der Bulgaren u. Griechen. Sein Reich umfaßte fast die ganze Balkanhalbinsel. – **2. S. II.,** *16.6.1937, bulgar. Zar 1943–46; mußte nach Volksentscheid im Sept. 1946 abdanken; letzter bulgar. Zar.

**Simferopol,** Hptst. der Oblast Krim in der Ukrain. SSR (Sowj.), 338 000 Ew.; Univ.; Tabak- u. Konserven-Ind.; Fremdenverkehr, Flugplatz.

**Simili,** Nachahmung, bes. von Edelsteinen.

**Simmel, 1.** Georg, *1858, †1918, dt. Philosoph; vertrat einen lebensphilosoph. Relativismus mit neukantian. Zügen. – **2.** Johannes Mario, *7.4.1924, östr. Schriftst.; gegenwartsbezogene Unterhaltungsliteratur; W »Es muß nicht immer Kaviar sein«, »Im Frühling singt zum letztenmal die Lerche«.

**Simmern,** Krst. in Rhld.-Pf., an der *Simmer* (zur Nahe), 5700 Ew.; metallverarbeitende Ind.

**Simon, 1.** [si'mɔ̃], Claude, *10.10.1913, frz. Schriftst.; Erzähler des *Nouveau Roman;* W »Die Straße in Flandern«; Nobelpreis 1985. – **2.** ['saɪmən], Herbert Alexander, *15.6.1916, US-amerik. Wirtsch.-Wiss.; forscht über Entscheidungsprozesse in Wirtschaftsorganisationen; Nobelpreis 1978. – **3.** [si'mɔ̃], Michel, eigtl. François S., *1895, †1975, frz. Filmschauspieler schweiz. Herkunft; bek. durch die Filme J. *Renoirs,* u.a. »Hafen im Nebel«.

**824 Simonie**

*Simplicissimus: Titelseite der ersten Nummer vom 1. 4. 1896*

**Simonie,** der Handel mit geistl. Sachen (Sakramente, Sakramentalien u. kirchl. Ämter).
**Simon Kananäus,** *Simon der Eiferer, Simon der Zelot,* Jünger u. Apostel Jesu, nach der Legende Märtyrer in Persien. – Heiliger (Fest: 28.10.).
**Simon von Kyrene,** ein Jude, der nach Matth. 27,32 von röm. Soldaten gezwungen wurde, für Jesus das Kreuz zu tragen.
**Simplex,** im Ggs. zum *Kompositum* das einfache, nicht zusammengesetzte Wort; z.B. »Tasche« gegenüber »Brieftasche«.
**Simplicissimus** [lat., »der Einfältigste«], **1.** *Simplicius S.,* Held des Schelmen- u. Entwicklungsromans »Der abenteuerl. S.« von H. J. Ch. von *Grimmelshausen.* – **2.** 1896 von A. *Langen* u. Th. *Heine* in München gegr. satir. illustrierte Wochenschrift; 1944 eingestellt, 1954 neugegr., 1967 eingestellt.
**Simplonpaß,** schweiz. Alpenpaß (2005 m) im Kt. Wallis.
**Simpson, 1.** [-sən], Sir James Young, *1811, †1870, brit. Frauenarzt u. Geburtshelfer; führte das Chloroform zur Narkose bei Geburten ein (1847). – **2.** [-'sən], Norman Frederick, *29.1.1919, engl. Dramatiker (absurde Theaterstücke). – **3.** William von, *1881, †1945, dt. Schriftst. (ostpreuß. Familienromane).
**Simpson-Wüste** [-sən-], Sandwüste in N-Australien, nördl. des Lake Eyre, 260 000 km².
**Simse,** *Binse, Scirpus,* Gatt. der *Sauergräser;* hierzu die *Teich-S.,* eine über 2 m hohe Pflanze stehender oder fließender Gewässer.

**Simson,** grch. *Samson,* im AT einer der im Richterbuch (Kap. 13–16) beschriebenen Helden; von großer Körperkraft; besiegte die Philister; dann von *Delila (Dalila)* verraten.
**Simulation,** Vortäuschung, bes. von Krankheit; auch modellhafte Darst. von Prozessen oder Systemen.
**Simulator,** eine elektron. Datenverarbeitungsanlage, mit deren Hilfe z.B. Vorgänge in Kernreaktoren u. elektr. Netzwerken oder Flugzustände u. -bedingungen von Flugzeugen *(Link-Trainer)* u. bemannten Weltraumkapseln simuliert (»durchgespielt«) werden.
**simultan,** gleichzeitig, gemeinsam.
**Simultanbühne,** eine Bühne, die neben- oder übereinander mehrere Orte darstellt u. so das Spiel ohne Szenenwechsel oder gleichzeitig an mehreren Orten gestattet.
**Simultankirche,** ein gottesdienstl. Raum, der von mehreren Konfessionen benutzt wird; wird von der kath. Kirche abgelehnt.
**Sinai** ['zi:na:i], ägypt. Halbinsel nördl. des Roten Meers, zw. den Golfen von Aqaba u. Suez, 1967 von Israel erobert; wurde nach dem Friedensvertrag von 1979 schrittweise bis 1982 geräumt; 60 100 km², 200 000 Ew., Hptst. *Al Arish;* das wüstenhafte *S.-Gebirge* (2637 m) ist nur von wenigen fruchtbaren Oasen durchsetzt. Auf dem *Jabal Musa* (2240 m) liegt das grch.-orth. Katharinenkloster mit berühmter Bibliothek.
**Sinaloa,** Bundesstaat in → Mexiko, am südl. Golf von Kalifornien.
**Sinan,** *1498, †1588, bedeutendster Architekt des osman. Hofs; Ⓦ Schehzade-Moschee u. Suleiman-Moschee in Istanbul, Selim-Moschee in Edirne.
**Sinatra,** Frank, *12.12.1915, US-amerik. Sänger u. Filmschauspieler (führende Persönlichkeit des US-amerik. Unterhaltungsgeschäfts).
**Sinclair** ['siŋkleə], Upton Beall, *1878, †1968, US-amerik. Schriftst.; bekämpfte als Sozialist in seinen Romanen die soz. Mißstände der kapitalist. Ordnung; Ⓦ »Der Sumpf«, »König Kohle«.
**Sindbad,** *S. der Seefahrer,* Held oriental. Seefah-

## SINGVÖGEL MITTELEUROPAS

*Sinai: Katharinenkloster*

rergeschichten aus dem 10. Jh., eines der bekanntesten Märchen aus »1001 Nacht«.

**Sindelfingen,** Stadt in Ba.-Wü., sw. von Stuttgart, 55 700 Ew.; Ind.-Zentrum *(Daimler, IBM).*

**Sindermann,** Horst, *1915, †1990, DDR-Politiker (SED); 1967–89 Mitgl. des Politbüros des ZK der SED; 1973–76 Vors. des Ministerrats der DDR, 1976–89 Präs. der Volkskammer; wurde 1989 aus der Partei ausgeschlossen.

**Sindh,** *Sind,* Prov. in → Pakistan, am Unterlauf des Indus.

**Sinding,** Christian August, *1856, †1941, norw. Komponist (Spätromantiker).

**Sinekure,** Pfründe ohne Amtsgeschäfte; einträgl. Amt ohne Pflichten.

**Sinfonie,** *Symphonie,* von etwa 1750 allg. Bez. für das Zusammenspiel von Instrumenten ohne Vokalstimmen, dann fester musikal. Formbegriff für ein 3sätziges, später meist 4sätziges Orchesterwerk mit klar gegliederter Themenstellung u. -verarbeitung, dessen 1. Satz meist Sonatenform hat. Die S. fand ihre volle Ausbildung durch Haydn, Mozart, Beethoven u. Brahms; spätere bedeutende Sinfoniker: Mahler, Strawinsky, Hartmann.

**sinfonische Dichtung,** ein Orchesterwerk in sinfon. Form, das aus der *Programmusik* hervorgegangen ist; zuerst bei H. *Berlioz* (»Symphonie fantastique«. Ein außermusikal. Programm (ein Bild, Gedicht oder histor. Ereignis) liegt meist zugrunde, z.B. bei F. *Liszt* »Hunnenschlacht«, R. *Strauss* »Don Juan«.

**Singapur,** Inselstaat in SO-Asien, 618 km², 2,6 Mio. Ew., Hptst. S.
L a n d e s n a t u r . Die Hauptinsel S. ist durch einen Eisenbahn- u. Straßendamm mit dem Festland verbunden. Zum Staatsgebiet gehören noch rd. 50 kleinere Küsteninseln. Das Klima ist trop. heiß u. feucht.
Die B e v ö l k e r u n g besteht aus 76% Chinesen, 15% Malaien, 7% Indern u. Pakistanern. Zentrum der Besiedlung ist die *City.*
W i r t s c h a f t . S. ist ein äußerst bed. Handels-, Finanz-, Dienstleistungs- u. Technologiezentrum. Es

*Singapur*

ist das größte Erdölraffineriezentrum SO-Asiens. Die wichtigsten Industriezweige sind Maschinen-, Schiff- u. Fahrzeugbau sowie die opt. u. Elektroindustrie. Hauptanbauprodukte sind Kokos- u. Ölpalmen, Kautschuk, Ananas u. Tabak. – S. liegt im Schnittpunkt internat. Schiffahrtswege u. Flugrouten u. hat sich dadurch zum bed. Verkehrszentrum SO-Asiens entwickelt.
G e s c h i c h t e . S. wurde von der Ostindien-Kompagnie 1819 gegr. u. 1851 Brit.-Indien unterstellt; 1867–1941 Teil der Kronkolonie *Straits Settlement;* 1942–45 jap. besetzt; seit 1946 brit. Kronkolonie mit Selbst-Verw. Am 31.8.1963 folgte die Unabhängigkeitserklärung u. am 16.9. der Zusammenschluß mit Malaya u. Brit.-Borneo zur Föderation *Malaysia,* aus der S. 1965 wieder austrat. Seitdem ist S. autonome Rep. Prem.-Min. seit 1959 ist *Lee Kuan Yew.*

**Singen (Hohentwiel),** Stadt in Ba.-Wü., im Hegau, 41 500 Ew.; Nahrungsmittel-Ind. *(Maggi).*

**Singer,** Isaak Baschewis, *27.7.1904, jidd.-hebr. Schriftst.; emigrierte 1935 in die USA; W »Satan in Goraj«, »Der Kabbalist von East Broadway«; Nobelpreis 1978.

**Singh,** Vishwanath Pratap, *25.6.1931, ind. Politiker (Janata Dal); 1980–82 Chef-Min. von Uttar Pradesh; 1989/90 Prem.-Min.

**Singhalesen,** mit 10 Mio. die herrschende buddhist. u. zahlenmäßig größte Volksgruppe Sri Lankas; Indoarier mit Drawida-Beimischung u. einer eig. neuind. Sprache **(Singhalesisch).**

**Single** [sɪŋl], **1.** kleine 17-cm-Schallplatte. – **2.** alleinlebende Person.

**Sing Sing,** Staatsgefängnis von New York, ben. nach der Stadt *Ossining* (fr. S.S.).

**Singspiel,** Gatt. des musikal. Theaters, bei dem die einzelnen Musiknummern durch ausgedehnten gesprochenen Dialog verbunden sind.

**Singular,** Einzahl. Ggs.: *Plural.*

**Singularetantum,** ein Wort, das nur im Singular vorkommt; z.B. Butter, Haß, Menschheit. Ggs.: *Pluraletantum.*

**Singularität,** einzelne meteorolog. Elemente (z.B. Temp.), Wetterlagen oder Witterungserscheinungen, die jährl. in einer dafür untypischen Jahreszeit als »Störungen« wiederzukehren neigen.

**Singvögel,** *Oscines,* mit rd. 4000 Arten in rd. 35 Fam. die weitaus umfangreichste Unterordnung der *Sperlingsvögel;* mit 7–9 Paar Singmuskeln. Zu den S. gehören u.a. Lerchen, Schwalben, Raben- u. Drosselvögel, Meisen u. Finken.

**Singzikaden,** *Cicadomorpha,* Gruppe der *Zika-*

*Singapur*

826 Sinide

*Sioux: Häuptling Sitting Bull führte die Sioux in der Schlacht am Little Big Horn*

den, deren Männchen mit ihrem Trommelorgan für den Menschen hörbare Töne erzeugen; 1100 Arten, bes. in wärmeren Ländern; hierzu die größte Art der Schnabelkerfe, die *Kaiserzikade,* Spannweite 18 cm.

**Sinide,** volkreichste Rasse der *Mongoliden,* mit höherem Wuchs u. schwächer ausgebildeten mongoliden Merkmalen.

**Sinigaglia** [-'galja], Leone, *1868, †1944, ital. Komponist; befreundet mit J. *Brahms.*

**Sining** → Xining.

**Sinjawskij,** Andrej Donatowitsch, Pseud.: Abram Terz, *8.10.1925, sowjetruss. Literarhistoriker; emigrierte 1973 nach Frankreich; Romane u. Erzählungen.

**Sinkiang** → Xinjiang.

**Sinn, 1.** geistiger Gehalt, Bedeutung, Bedeutungszusammenhang, Zweck. – **2.** die Fähigkeit des Organismus, versch. Arten von Reizen (→ Reiz) wahrzunehmen. Zur Aufnahme des Reizes dienen spezialisierte Sinneszellen *(Rezeptoren),* die häufig mit Hilfseinrichtungen zu komplizierten Sinnesorganen zusammengefaßt sind: 1. mechanischer S. *(Gehör-, Schwere-, Tast-, Druck-* u. *Strömungs-S., Drehbeschleunigungs-S.),* 2. Temperatur-S. *(Wärme-, Kälte-S.),* 3. chemischer S. *(Geruch* u. *Geschmack),* 4. Licht-S. – *Orientierungs-* u. *Zeit-S.* sind keine echten S.e. Der *Schmerz-S.* läßt sich durch versch. Energieformen auslösen.

**Sinnbild,** im 17. Jh. gebildetes Wort für *Emblem,* später für *Symbol.*

**Sinnesorgan,** zur Information über äußere u. innere Zustandsänderungen dienendes Organ. Die auf Außenreize ansprechenden S. sind die *Exterozeptoren* (Auge, Ohr, Geruchsorgan u.a.). Veränderungen im Organismus reizen die *Interozeptoren:* solche des Eingeweides die *Viszerozeptoren,* solche in Muskeln u. Sehnen die *Propriozeptoren.* Der Reiz wird von *Sinneszellen* aufgenommen u. in Erregung transformiert.

**Sinnesphysiologie,** ein Teilgebiet der Physiologie, das sich vorwiegend mit den Reaktionen von Tieren u. Menschen auf bestimmte Reize befaßt (Erregungsbildung, Weiterleitung u. Verarbeitung).

**Sinnestäuschung,** entweder eine Umdeutung von Sinneseindrücken *(Illusion)* oder vermeintl. Sinneseindrücke von objektiv nicht nachweisbaren Gegebenheiten *(Halluzination).* Zu den S. können i.w.S. auch die *optischen Täuschungen* gezählt werden.

**Sinneszellen,** *Sensillen,* Epithelzellen der Gewebetiere, die darauf spezialisiert sind, Sinnesreize aufzunehmen u. deren Erregung über Nervenzellen weiterzuleiten.

**Sinn Féin** [ʃin fein], radikal-nationalist. ir. Partei, 1905 als ir. Freiheitspartei gegr.; heute der polit. Arm der *IRA.*

**Sinngedicht** → Epigramm.

**Sinnspruch,** eine treffend formulierte Lebensregel oder Erkenntnis; in der Lit. als *Epigramm, Sentenz, Devise, Motto.*

**Sinologie,** die Wiss. von der chin. Sprache u. Literatur, i.w.S. von China überhaupt.

**Sinop,** das antike *Sinope,* türk. Hafenstadt u. Prov.-Hptst. am Schwarzen Meer, 25 000 Ew.; Handelszentrum.

**Sinowatz,** Fred, *5.2.1929, östr. Politiker (SPÖ); 1971–83 Bundes-Min. für Unterricht u. Kunst; 1983–88 Partei-Vors.; 1983–86 Bundeskanzler.

**Sinowjew** [-vjɛf], eigtl. *Radomyslskij,* Grigorij Jewsejewitsch, *1883, †1936 (hingerichtet), sowj. Politiker; enger Mitarbeiter Lenins, als Führer der »Linksopposition« 1927 aus der KP ausgeschlossen u. 1936 in einem Schauprozeß zum Tode verurteilt. Das Urteil wurde 1988 aufgehoben.

**Sinsheim,** Stadt in Ba.-Wü., an der Elsenz, 27 700 Ew.; Metall-, Elektro- u.a. Ind.

**Sintenis,** Renée, *1888, †1965, dt. Bildhauerin (impressionist. empfundene Kleinplastiken).

**Sinter,** mineral. Absätze kalk- oder kieselsäurehaltiger fließender Wässer, oft unter Mitwirkung von Pflanzen.

**sintern,** Stoffe (Metallpulver u. keram. Stoffe) durch Erhitzen zusammenbacken.

**Sintflut,** eine urzeitl. Flutkatastrophe, von der im AT (Gen. 6,5–9,17) berichtet wird; als Gottesstrafe für die sündhafte Menschheit (daher auch Sündflut); ähnl. in anderen Religionen u. Sagen vieler Völker.

**Sinti,** eig. Bez. der in Dtld. lebenden *Roma.*

**Sintra,** fr. *Cintra,* portug. Stadt nw. von Lissabon, am Nordhang der waldreichen Serra da S., 20 800 Ew.; ehem. königl. Residenz.

**Sintschu,** *Hsinchu,* Stadt im NW Taiwans, 243 000 Ew.; Landw.-Zentrum.

**Sinuiju** [sinuidʒu], *Sinuidschu,* nordkorean. Hafenstadt nahe der Yalu-Mündung ins Gelbe Meer, 300 000 Ew.; Ind.-Zentrum; Verkehrsknotenpunkt.

**Sinus,** Zeichen sin, eine der *Winkelfunktionen.*

**Sinzig,** Stadt in Rhld.-Pf., an der Ahr-Mündung, 14 900 Ew.; Schloß; Mineralquelle.

**Siodmak,** Robert, *1900, †1973, US-amerik. Filmregisseur; wuchs in Dtld. auf; später in den USA erfolgreich; Ⓦ »Die Wendeltreppe«, »Der rote Korsar«.

**Sion** [sjɔ̃] → Sitten.

**Sioux** [suːz, 'siuks], Gruppe von Indianerstämmen in den USA (noch etwa 40 000); nomad. Bisonjäger, einst von Winnipeg bis Arkansas verbreitet; heute in mehreren Reservationen in North u. South Dakota.

**Siphon,** *Syphon,* **1.** → Geruchsverschluß. – **2.** Druckbehälter zum Ausschank von Getränken, die durch den Druck zugefügten Kohlendioxids beim Öffnen eines Ventils herausgedrückt werden.

**Sippe,** eine größere Verwandtengruppe, die sich von einem gemeinsamen Vorfahren ableitet.

**Sippenhaft,** *Sippenhaftung,* das Einstehenmüssen u. die Verfolgung von Familienmitgl. u. anderen Verwandten eines Straftäters für dessen Taten; in altertüml. Rechtsordnungen anzutreffen *(Blutrache);* in jüngerer Zeit insbes. im nat.-soz. Dtld.

**Sir** [səː], **1.** Titel des niederen engl. Adels; wird mit Vor- u. Familiennamen oder mit dem Vornamen allein gebraucht. – **2.** engl. Anrede: »Herr« (ohne Namen).

**Sirach,** ein apokryphes Buch zum AT, um 200 v. Chr. abgefaßt; eine spätjüd. Weisheitsschrift.

**Sire** [sir], frz. Anrede für Monarchen.

**Sirene,** Signalapparat zur Erzeugung eines Heultons in Fabriken, in der Schiffahrt, bei Lokomotiven, im Luftschutz- u. Feuerwarndienst.

**Sirenen, 1.** in der grch. Myth. Meerjungfrauen mit Vogelleib, die durch Gesang die Schiffer anlockten u. töteten. – **2.** → Seekühe.

**Sirius,** *Hundstern,* α Canis Majoris, Hauptstern im *Großen Hund,* hellster aller Fixsterne.

**Sirk** [səːk], Douglas, eigtl. *Detlef Sierck,* *1900, †1987, US-amerik. Filmregisseur dän. Herkunft; melodramat. Filme; Ⓦ »Duell in den Wolken«.

**Sirmien,** O-jugoslaw. Ldsch. zw. der Donau u. der unteren Save.

**Sirmione,** ital. Kurort am Südende des Gardasees, 4300 Ew.; Scaligerburg (13. Jh.).

**Sirtaki,** grch. Volkstanz.

**Sirup,** *Syrup,* konzentrierte, zähflüssige, bei der Gewinnung von Zucker anfallende Zuckerlösung.

**Sisalagave,** zu den *Agavengewächsen* gehörende trop. Pflanze, deren Blätter den *Sisalhanf* liefern. Er wird für die Herstellung von Teppichen u. Seilen verwendet.

**Sisley** [-'lɛ], Alfred, *1839, †1899, frz. Maler u. Graphiker engl. Abstammung; ein Hauptmeister der impressionist. Landschaftsmalerei.

**Sismondi** [-mɔ̃'di], Jean Charles Léonard Simonde de, *1773, †1842, schweiz. Nationalökonom u. Historiker; forderte staatl. Eingriffe zur Steigerung der Wohlfahrt.

**Sistierung,** alter Ausdruck für vorläufige Festnahme zur Ermittlung der Personalien.

**Sisyphos,** *Sisyphus,* grch. Sagenheld, König von

| Signale im Frieden |
|---|
| **Rundfunk einschalten — auf Durchsage achten**<br>1 Minute Heulton |
| **Feueralarm**<br>1 Minute Dauerton zweimal unterbrochen |

| Signale im Verteidigungsfall |
|---|
| **Luftalarm**<br>1 Minute Heulton |
| **ABC-Alarm**<br>1 Minute Heulton zweimal unterbrochen, nach 30 Sekunden Pause — Wiederholung |
| **Entwarnung**<br>1 Minute Dauerton |

*Sirene: offizielle Alarm-Lautzeichen*

*Sirmione: Scaligerburg*

*Sirenen: Um dem verlockenden Gesang der Sirenen widerstehen zu können, hat sich Odysseus an den Mast binden lassen, während seine Gefährten ihre Ohren mit Wachs verschlossen haben; attische Hydria, um 460. London, Britisches Museum*

*Sizilien: Tempel in Agrigento*

Korinth; mußte in der Unterwelt einen Felsblock einen Berghang hinaufwälzen, der, fast am Gipfel, jedesmal wieder hinabrollte: danach **S.-Arbeit,** vergebliche Mühe.

**Sitar,** ind. Langhalslaute mit urspr. 3 Saiten (heute bis zu 7) u. 18 Bünden am Hals.

**Sit-in,** Sitzdemonstration.

**Sitkafichte,** die bedeutendste *Fichte* der Westküste N-Amerikas bis Alaska, die bis 60 m hoch u. 800 Jahre alt wird; auch an den dt. u. skandinav. Nordseeküste angepflanzt.

**Sitte,** die auf soz. Gewohnheit u. Überlieferung beruhende äußere Verhaltensregelung.

**Sitte,** Willi, *28.2.1921, dt. Maler u. Graphiker; Bilder im expressiv variierten Stil des sozialist. Realismus.

**Sitten,** frz. *Sion,* Hptst. des schweiz. Kt. *Wallis,* an der Rhône, 23 500 Ew.; mittelalterl. Stadtbild; Fremdenverkehr.

**Sittiche,** meist langschwänzige *Papageien.*

**Sitting Bull,** eigtl. *Tatanka Yotanka,* *um 1831, †1890, Sioux-Häuptling; Führer des letzten indian. Freiheitskampfs 1869–76; bei der Gefangennahme erschossen.

**Situation,** die bes. Lage; Umstände, auf die das Handeln bezogen ist.

**Situationskomik,** Komik, die dadurch entsteht, daß in einer veränderten Situation – weil die Beteiligten von der Änderung nichts wissen – im Sinn der früheren Situation gehandelt wird.

**Situla,** aus Bronzeblech hergestelltes Gefäß der Hallstatt- u. Latène-Zeit; später oft auch aus Ton.

**Sitwell** ['sitwəl], Lady (seit 1954) Edith, *1887, †1964, engl. Schriftst. (Lyrik u. biograph. Romane)

**Sitzbein,** *Ischium,* der untere Teil des Hüftbeins.

**Sivas,** das antike *Sebaste,* türk. Prov.-Hptst., am Kizilirmak, 1275 m ü.M., 197 000 Ew.; Teppichgewerbe, Flugplatz.

**Siwa,** das antike *Ammonion,* ägypt. Oase in der Libyschen Wüste, 6000 Ew. (Berber); 200 Quellen u. Mineralthermen; im Altertum Heiligtum des *Amun.*

**Siwalikkette,** Kette der südl. Vorberge des Himalaya, bis 1200 m.

**Siwan,** 9. Monat des jüd. Kalenders (Mai/Juni).

**Six,** *Les Six* [le'sis], »die Sechs«, eine Pariser Komponistengruppe, die sich 1918 unter dem Patronat von E. *Satie* zusammenfand: D. Milhaud, A. Honegger, F. Poulenc, G. Auric, Louis Durey u. die Komponistin G. Tailleferre. Wortführer der Gruppe war der Schriftst. J. Cocteau.

**Sixpence** [-pəns], 1551 eingeführte engl. Münze: 1 S. = 1/2 Shilling = 6 Pence; entspricht nach Einführung der Dezimalwährung (1971) 2 1/2 Pence.

**Sixtinische Kapelle,** 1473–81 unter *Sixtus IV.* von Giovanni de' *Dolci* erbaute Hauskapelle im Vatikan; mit Fresken von S. *Botticelli,* D. *Ghirlandaio, Perugino, Pinturicchio* u. L. *Signorelli* (Langwände) sowie von *Michelangelo.*

**Sixtus, 1. S. IV.,** eigtl. *Francesco della Rovere,* *1414, †1484, Papst 1471–84; Renaissance-Papst, förderte Kunst u. Wiss. (u.a. Bau der *Sixtin. Kapelle*). – **2. S. V.,** eigtl. Felice Peretti, *1521, †1590, Papst 1585–90; reorganisierte die röm. Kurie. Durch großzügige Bauten (Vollendung der Peterskuppel) legte er den Grund zum barocken Rom.

**Sizilianische Vesper,** Aufstand der Sizilianer am 30.3.1282 zur Vertreibung der Franzosen aus Sizilien.

**Sizilien,** größte u. volkreichste ital. Insel, im Mittelmeer zw. Italien u. Afrika, durch die *Straße von S.* von Afrika getrennt, 25 708 km², 5,11 Mio. Ew., Hptst. *Palermo.* Das erdbebenreiche Gebirge im N (bis 1979 m) geht nach S in ein Berg- u. Hügelland über; im O erhebt sich der Vulkan *Ätna* (3340 m). S. weist heiße, trockene Sommer u. milde Winter auf. Anbau von Südfrüchten, Wein u. Weizen; Küstenfischerei; Abbau von Stein- u. Kalisalz, Erdgas- u. Erdölförderung; Fremdenverkehr.
*Geschichte.* S. war in der ältesten Zeit von Sikanern u. Sikulern bewohnt. Später folgten Phönizier, Griechen u. Karthager. 241 v. Chr. wurde S. die erste röm. Prov. Im fr. MA wechselte die Herrschaft über S. ständig, bis der Normanne *Roger II.* die Insel 1130 mit Unteritalien vereinigte. 1194–1268 (1265) war S. im Besitz der Staufer, dann in dem der frz. Anjous. 1282 kam es zu Aragón. 1713 fiel es an Savoyen, 1720 durch Tausch an Östr.; 1735–1860 war es bourbon. u. mit Neapel vereinigt (»Kgr. beider S.«); danach Teil des Kgr. Italien.

**Sjöberg** ['ʃøːbærj], **1.** Alf Sven Erik, *1903, †1980, schwed. Regisseur (bed. Shakespeareinszenierungen u. Filme). – **2.** Birger, *1885, †1929, schwed. Schriftst.; schrieb wehmütig-iron. Kleinstadtpoesie.

**Skabies** [-biɛs] → Krätze.

**Skabiose,** *Grindkraut, Scabiosa,* Gatt. der *Kardengewächse;* Blüten mit Streublättern.

**Skagen** ['sgaːgən], dän. Hafenstadt an der jütländ. Nordspitze, 11 600 Ew.; Seebad, Fischerei.

**Skagerrak,** Ostausläufer der Nordsee zw. S-Norwegen u. Dänemark, geht ins *Kattegat* über; 110–150 km breit, im NO bis 700 m tief. – Die Seeschlacht vor dem S. am 31.5.1916 war die einzige große Seeschlacht des 1. Weltkriegs. Die Schlacht zw. der dt. Hochseeflotte u. der engl. Grand Fleet endete unentschieden.

**Skala, 1.** Stufenfolge, Gradeinteilung; mit Zeichen (z.B. Zahlen, Buchstaben) versehene Teilung an Meßgeräten zum Ablesen von Meßwerten. – **2.** → Tonleiter.

**Skalar,** *skalare Größe,* eine nur durch einen einzigen Zahlenwert gekennzeichnete ungerichtete Größe; z.B. Temp., Zeit, Arbeit, Länge.

**Skalde,** der altnord. Dichter u. Hofpoet.

**Skalp,** bei den N-amerik. Indianern als Trophäe mitsamt dem Haar abgetrenntes Stück Kopfhaut eines Feindes.

**Skalpell,** kleines chirurg. Messer mit feststehender Klinge.

**Skanderbeg,** *Iskenderbeg* [»Fürst Alexander«], eigtl. *Georg Kastriota,* *um 1405, †1468, alban. Nationalheld; erhob sich gegen die Türken u. verteidigte als Führer der »Alban. Liga« die Unabhängigkeit Albaniens, das er auch einigte.

**skandieren,** einen Vers so sprechen, daß ohne Rücksicht auf Sinn u. natürl. Betonung das metr. Schema deutlich wird.

**Skandinavien,** *Skandinavische Halbinsel,* N-europ. Halbinsel zw. dem Europ. Nordmeer, dem Atlantik, der Ostsee u. deren Finn. Meerbusen,

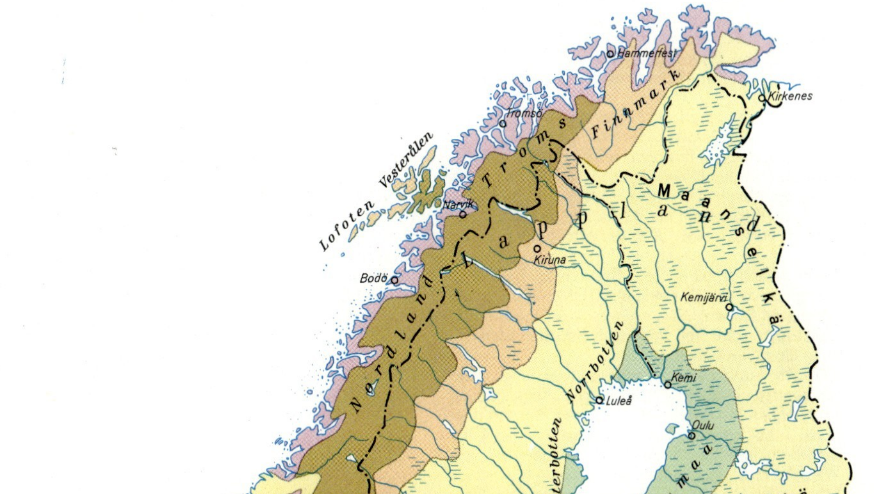

*Skandinavien: landschaftliche Gliederung*

## 828 Skapulier

*Skinke: Apothekerskink, das untere Tier zeigt das »Sandschwimmen«*

1950 km lang, bis 800 km breit, 775 000 km² mit 13 Mio. Ew.; umfaßt die Staaten Norwegen u. Schweden ganz u. von Finnland den äußersten NW.

**Skapulier,** in einigen kathol. Orden Teil der Ordenstracht: ein über Brust u. Rücken fallender, die Schultern überdeckender Überwurf.

**Skarabäus,** *Pillendreher,* dunkelbraune bis schwarze Käfer, die aus Huftierkot Kugeln (»Pillen«) formen, in Dtld. der *Kleine Pillendreher.* Der *Heilige Pillendreher* galt den alten Ägyptern als Sinnbild des Sonnengotts *Cheper-Re,* weshalb seine Gestalt in Schmucksteinen nachgebildet wurde.

**Skarga,** Piotr, eigtl. P. *Poweski,* *1536, †1612, poln. Schriftst.; Jesuit, Hofprediger; Träger der Gegenreformation in Polen; seine »Heiligenleben« wurden zu einem Volksbuch, seine »Reichstagspredigten« leiteten den poln. Messianismus ein.

**Skat,** dt. Kartenspiel mit 32 Karten zw. 3 Spielern. Es kam Anfang des 19. Jh. in Altenburg (Thüringen) auf.

**Skateboard** [ˈskɛitbɔːd], Sportgerät, bestehend aus einem ca. 60–70 cm langen Brett mit 4 federnd gelagerten Rollen.

**Skeleton,** schwerer, niedriger Sportschlitten für hohe Geschwindigkeiten.

**Skelett,** starre Teile des Tierkörpers, die das Stützgerüst bilden u. häufig gestaltbestimmend sind. *Außen-S.* kommen in Form von Panzern oder Schalen bei versch. Tiergruppen vor, v.a. bei Gliederfüßern u. Weichtieren. *Innen-S.* haben v.a. die Wirbeltiere u. die Stachelhäuter.
Das S. der Wirbeltiere besteht aus dem *Knochengerüst,* das durch einen *Bänderapparat* zusammengehalten wird u. gleichzeitig Festigkeit u. hohe Elastizität aufweist. Es gliedert sich in das biegsame *Achsen-S.* des Körperstamms u. die gelenkig damit verbundenen *Gliedmaßen,* die in zwei Gliedmaßengürteln *(Schultergürtel* u. *Beckengürtel)* aufgehängt sind.

**Skellefteå** [ʃɛˈlɛftoː], Stadt in der N-schwed. Prov. (Län) Västerbotten, 74 300 Ew.; Schwefel- u. Erz-Ind.

**Skelton** [ˈskɛltən], John, *um 1460, †1529, engl. Dichter; Meister des satir. u. grotesken Gedichts.

**Skene,** im altgrch. Theater der Holzbau, der als Abschluß der Bühne diente u. vor dem die Schauspieler auftraten; davon abgeleitet: *Szene.*

**Skepsis,** Zweifel, Bedenken.

**Skeptizismus,** eine philos. Denkweise, die die Letztgültigkeit von Denkpositionen bezweifelt u. philos., moral. oder religiöse Thesen grundsätzlich in Frage stellt.

**Sketch** [skɛtʃ], ein kurzes, oft nur wenige Minuten dauerndes Bühnenstück, das auf eine Pointe ausgerichtet ist; bes. beliebt im Kabarett.

**Ski** [ʃi], *Schi, Bretter,* Schneeschuhe zur Fortbewegung auf Schneeflächen, die das Einsinken verhindern, in vielen Formen gebraucht; als Sportgerät 1,60–2,60 m lange, 6–10 cm breite, elast., vorn aufgebogene, meist gekehlte Bretter.

**Skiathos,** grch. Insel der Nördl. Sporaden, 48 km², 4000 Ew.; Fremdenverkehr.

**Skibob** [ˈʃiː-], ein Wintersportgerät mit 2 kurzen Skiern, Sattel u. Lenksteuerung.

**Skien** [ˈʃiːən], Hafenstadt u. Hptst. der norw. Prov. (Fylke) Telemark, 47 200 Ew.; Holz- u. Papier-Industrie.

**Skiff,** *Einer,* einsitziges Ruderboot.

**Skiffle,** im Jazz das Musizieren in kleinen Gruppen mit sehr volkstüml. Repertoire u. einfachsten Instrumenten. Entstand um 1955 in Dtld. u. England aus der afroamerik. Folklore übernommen.

**Skifliegen** [ˈʃiː-], das Skispringen von Flugschanzen mit theoret. Sprungweiten bis zu 180 m.

**Skikda,** Stadt in NO-Algerien, 141 000 Ew.; Ölraffinerie, Erdgasverflüssigungsanlage; das phöniz. *Rusicada.*

**Skin-Effekt,** *Hautwirkung,* die Stromverdrängung eines elektr. Wechselstroms hoher Frequenz aus dem Innern des durchflossenen Drahts. Der Strom fließt nur in der »Haut« an der Drahtoberfläche.

**Skinhead** [-hed], Angehöriger einer Gruppe gewalttätiger, rechtsextremer Jugendlicher mit kurz- oder kahlgeschorenem Kopf u. bes. Kleidung.

**Skinke,** *Scincidae,* Fam. der *Echsen;* meist wühlende Bodentiere (Wühlechsen) von eidechsen- oder schlangenartiger Gestalt.

**Skinner,** Burrhus Frederic, *1904, †1990, US-amerik. Psychologe; Vertreter des deskriptiven *Behaviorismus,* Wegbereiter des *programmierten Unterrichts.*

**Skipetaren** [»Adlersöhne«], die Albaner.

**Skiren,** ostgerm. Volksstamm.

**Skisport** [ˈʃi-], das Laufen auf Skiern über Schneeflächen zum Zweck der Erholung, Gesunderhaltung u. des sportl. Wettkampfs, das bei Abfahrten auch Freude an der Geschwindigkeit vermittelt. Der S. hat sich aus der urspr. Benutzung von Schneeschuhen u. Skiern versch. Art zur Jagd u. als Verkehrsmittel entwickelt. In der 2. Hälfte des 19. Jh. fanden in Skandinavien, bes. in Telemarken (Norwegen), die ersten Laufwettbewerbe statt. In Mitteleuropa wurde der Skilauf v.a. durch F. *Nansen* (»Auf Schneeschuhen durch Grönland«) populär. 1891 wurde in München der erste dt. Skiklub gegr., 1905 der Dt. u. der Östr. Skiverband. Seit 1924 werden Olymp. Winterspiele durchgeführt, in deren Mittelpunkt die S.-Wettbewerbe stehen. Bes. nach 1945 gewann der S. in der ganzen Welt viele Anhänger, u. das Skilaufen entwickelte sich zum Volkssport. Im wettkampfmäßigen S. wird unterschieden zw. alpinen u. nord. Wettbewerben. Zum alpinen S. gehören Abfahrtslauf, Riesenslalom u. Slalom für Männer u. Frauen; nord. Wettbewerbe sind Biathlon, Langläufe u. das Skispringen.

**Skispringen** [ˈʃi-], *Sprunglauf,* eine Disziplin des nord. Skilaufs; von Sprungschanzen aus durchgeführt. Im olymp. Programm stehen Wettbewerbe im S. von der Normalschanze (Sprungweiten um 70 m) u. von der Großschanze (um 90–100 m).

**Skizze,** erster Entwurf, Vorstudie.

**Skladanowsky,** Max, *1863, †1939, dt. Schausteller; konstruierte 1893 das »Bioskop«, einen Vorläufer des bewegl. Films.

**Sklave,** ein Mensch, der das Eigentum eines anderen Menschen ist u. keinerlei oder nur geringen Rechtsschutz genießt. Die **Sklaverei** ist entstanden durch die Verwendung der Kriegsgefangenen; sie bildete die Wirtschaftsgrundlage u. damit die

*Skisport: Siitonen- oder Schlittschuhschritt (Skating, beim Skilanglauf)*

Voraussetzung für die Kulturhöhe des Altertums. – Während die S.rei im Orient bis in die neueste Zeit bestand (in Arabien z.T. noch verdeckt besteht), wurde in Europa im MA nur die mildere Form der → Leibeigenschaft ausgebildet. Die S.rei nahm jedoch einen neuen Aufschwung, als im 16. Jh. afrik. Neger-S. für die Zuckerrohr- u. Baumwollplantagen Amerikas gebraucht wurden. Zentrum des einträgl. S.nhandels war im 18. Jh. Liverpool. Die Bestrebungen zur Abschaffung des S.nhandels (in England z.B. 1807, seit 1865 Bestandteil der amerik. Verf., in Brasilien erst 1888) gingen vom *Abolitionismus* aus.

*Skisport: Slalomhang mit Starthaus (oben) und Anzeigetafel in Crans Montana (Schweiz)*

**Sklavenkriege,** 3 Erhebungen röm. Sklaven: am bekanntesten der 3. S. *(Gladiatorenkrieg)* 73–71 v.Chr., unter Führung des thrakischen Gladiators *Spartacus.* Er breitete sich über ganz Italien aus.

**Sklavensee,** zwei Seen in Kanada: in den NW-Territorien der *Große S.,* 28 919 km²; in der Prov. Alberta der *Kleine S.,* 1230 km².

**Sklavenstaaten,** richtiger *Sklavereistaaten,* die südl. Bundesstaaten der USA, in denen bis 1865 die Haltung von Negersklaven gestattet war.

**Sklerodermie,** eine chron. Hautkrankheit mit Verhärtung u. in fortgeschrittenem Stadium Verkürzung der Haut.

**Sklerose,** krankhafte Verhärtung eines Organs; z.B. *Arterio-S., Nephro-S.*

**Skoda,** Albin, *1909, †1961, östr. Schauspieler (Charakterdarsteller).

**Skoda** [ˈʃkoda], Emil Ritter von, *1839, †1900,

*Skateboardfahren auf speziell dafür gebauten Betonbahnen erfordert große Körperbeherrschung*

östr. Großindustrieller; gründete 1869 in Pilsen die *S.-Werke*, die sich zu einem der größten europ. Maschinenbau- u. Rüstungskonzerne entwickelten. Die Werke wurden 1946 verstaatlicht.
**Skoliose**, seitl. Rückgratverkrümmung.
**Skonto**, Preisnachlaß bei Zahlung des Kaufpreises innerhalb einer bestimmten Frist.
**Skontration**, *Fortschreibung*, die Ermittlung des Lagerbestands durch Aufzeichnung der Zu- u. Abgänge.
**Skopas**, grch. Bildhauer aus Paros, 1. Hälfte des 4. Jh. v.Chr.; Mitarbeiter am Artemision von Ephesos u. am Mausoleum von Halikarnassos.
**Skopelos**, grch. Insel der Nördl. Sporaden, 96 km², 4500 Ew.; Hauptort *S.* (das antike *Peparethos*); Fremdenverkehr.
**Skopje**, Hptst. der jugoslaw. Teilrepublik *Makedonien*, am Vadar, 406 000 Ew.; Univ.; Stahl- u. chem. Ind.; nach dem schweren Erdbeben von 1963 großzügig wieder aufgebaut.
**Skorbut**, Vitamin-C-Mangelkrankheit; fr. häufig bei Matrosen; Anzeichen: Mattigkeit, Muskelschwäche, Zahnfleischblutungen.
**Skorpion**, Sternbild des Tierkreises am südl. Himmel; Hauptstern *Antares*.
**Skorpione**, *Scorpiones*, Ordnung der *Spinnentiere*; mit langem, gegliedertem Hinterleib, der als Anhang eine bewegl. Giftblase mit Endstachel trägt. In einer wärmeren u. trop. Gegenden erreichen die S. bis 18 cm Länge. In S-Europa leben die europ. S. in 5 Arten. Das Gift der großen Arten ist auch für den Menschen gefährlich; der Stich ist sehr schmerzhaft.
**Skovgaard** ['skougɔ:r], **1.** Joakim Frederik, Sohn von 2), *1856, †1933, dän. Maler u. Graphiker (Fresken u. Mosaiken). – **2.** Peter Christian, *1817, †1875, dän. Maler u. Graphiker (Landschaftsmaler).
**Skram**, Bertha Amalie, *1847, †1905, norw. Schriftst. (naturalist. Frauen- u. Eheromane).
**Skript**, schriftl. Ausarbeitung, Filmdrehbuch.
**Skrjabin**, Alexander Nikolajewitsch, *1872, †1915, russ. Pianist u. Komponist; Wegbereiter der modernen Musik; theosoph. Mystiker.
**Skrofulose**, tuberkulo-allerg. Reaktion im Kindesalter mit Lymphknotenschwellung, Schleimhautkatarrh u. Knochenbeteiligung.
**Skrotum**, der Hodensack.
**Skrupel**, moral. Bedenken, hemmender Zweifel.
**Skulls**, am Ruderboot beidseitig befestigte Holme mit Ruderblättern.
**Skulptur**, das einzelne Werk der Bildhauerkunst.
**Skunk** → Stinktier.
**Skupština** ['skupʃtina], das Parlament in Jugoslawien.
**Škvorecký** ['ʃkvɔrɛtski:], Josef, *27.9.1924, tschech. Schriftst. (iron.-satir. Darst. des tschech. Bürgertums).
**Skye** [skai], die größte Insel der Inneren Hebriden, 1740 km², rd. 9000 Ew.; Hptst. *Portree;* Fischfang.
**Skyeterrier** [skai-], eine 20–23 cm hohe, rauhhaarige Hunderasse.
**Skylab** ['skailæb], am 14.5.1973 gestartetes US-amerik. Raumforschungslaboratorium mit Aufenthalts- u. Arbeitsmöglichkeiten für 3 Astronauten. Die Umlaufbahn um die Erde hatte eine Höhe von 435 km; verglühte 1979.
**Skylla**, in der grch. Sage ein Meerungeheuer. Es wohnt in einer Felsenhöhle u. schnappt nach den vorbeifahrenden Seefahrer, während gegenüber die *Charybdis* dreimal am Tag das Meerwasser einschlürft u. wieder hervorsprudelt (im Altertum lokalisiert in der Straße von Messina).
**Skyphozoen**, *Becherierte*, Kl. der *Hohltiere* mit 200 Arten. Hierher gehören u.a. die *Becherquallen*.
**Skyros**, grch. Insel der Nördl. Sporaden, 209 km², 2400 Ew., Hauptort *S.;* Fischfang; Fremdenverkehr.
**Skythen**, eine indoeurop. Völkerschaft iran. Abstammung, urspr. nomadisierende Bewohner der südruss. Steppe. Sie ließen sich in der 1. Hälfte des 1. Jt. v.Chr. im Schwarzmeergebiet nieder, wo sie mit der grch. Kultur in Berührung kamen.
**Slaby**, Adolf, *1849, †1913, dt. Physiker; Pionier der Funktechnik u. Funktelegraphie.
**Slalom**, *Torlauf*, Schnelligkeitswettbewerb im alpinen Skisport. Auf einer Gefällstrecke mit 120–220 m Höhenunterschied ist eine Reihe von abgesteckten Toren (für Damen 40–55, Herren 50–75) zu durchlaufen.
**Slang** [slæŋ], lässige Form der Umgangssprache; »Jargon«, auch Berufs-, Sport-, Gaunersprache.
**Slánský** ['sla:nski:], Rudolf, *1901, †1952 (hingerichtet), tschechosl. Politiker; 1945–51 Generalsekretär der KPC; wegen angebl. Verschwörung zum Tode verurteilt, 1963 rehabilitiert.
**Slapstick-Komödie** ['slæpstik-], Komödie oder Filmszene mit der Anhäufung grotesker Gags.
**Slatin**, Rudolf Frhr. von, *S. Pascha*, *1857, †1932, östr. Offizier in engl. Diensten; 1884–95 in der Gefangenschaft der Mahdisten, 1900–14 Generalinspektor des Sudan.
**Slatina**, Hptst. des rumän. Kreises Olt, Walachei, 76 700 Ew.; Wasserkraftwerk.
**Slatoust**, Ind.-Stadt in der RSFSR (Sowj.), im Südl. Ural, 206 000 Ew.; Erzbergbau.
**Slawen**, indoeurop. Völker- u. Sprachengruppe O- u. SO-Europas; 3 Hauptgruppen: *Ost-S.* (Großrussen, Weißrussen, Ukrainer), *West-S.* (Polen, Tschechen, Slowaken, Sorben, Elb- u. Ostsee-S.) u. *Süd-S.* (Serben, Kroaten, Slowenen, Bulgaren).
**slawische Sprache**, die indoeurop. Sprachen, unter diesen am nächsten mit den *balt. Sprachen* verwandt. Die am frühesten (9. Jh. n. Chr.) überlieferte slaw. Sprache ist das *Altkirchenslawische* (Altbulgarisch). → Sprachen (Übersicht).
**Slawistik**, die Wiss. von den Sprachen, Literaturen u. Kulturen der slaw. Völker.
**Slawonien**, vom kroat.-slawon. Inselgebirge durchzogene N-jugoslaw. Ldsch. zw. Drau u. Save.
**Slawophile**, »Slawenfreunde«, Anhänger einer geistigen Bewegung in Rußland, die sich seit etwa 1830 um die Herausarbeitung des spezif. russ. Volkscharakters in Geschichte u. Gegenwart sowie um die Behauptung der kulturellen Eigenständigkeit des russ. Volkes gegenüber W-Europa bemühte. Seit dem Krim-Krieg ging das Slawophilentum in einen militanten *Panslawismus* über.
**Slevogt**, Max, *1868, †1932, dt. Maler u. Graphiker; ein Hauptmeister des dt. Impressionismus; auch Bühnenbildner u. Buchillustrator.
**Slezak** [-zak], Leo, *1873, †1946, östr. Sänger (Heldentenor); nach 1932 Filmschauspieler.
**Sliema**, größte Stadt auf Malta, nw. von Valetta, 20 100 Ew.; Univ., Seebad.
**Sligo** ['slaigou], Hptst. u. Hafen der gleichn. NW-irischen Gft., an der S.-Bucht des Atlantik, 17 300 Ew.
**Slipper**, leichter, absatzloser Schuh, dessen Oberleder ausgeschnitten ist.
**Sliwen**, Hptst. des gleichn. bulgar. Bez., in Ostrumelien, 102 000 Ew.; Textil-Ind.; Obstanbau.
**Sliwowitz**, *Slibowitz*, Branntwein aus Zwetschgen.
**Slobozia** [-'zia], rumänische Stadt in der Bărăgan-Steppe, 46 300 Ew.; Handelszentrum.

*Skorpione: Dickschwanzskorpion aus den Wüstengebieten Nordafrikas*

*Skythen: liegender Hirsch von einem skythischen Prunkschild; um 600 v. Chr. Leningrad, Eremitage*

**Slogan** ['slougən], Schlagwort, bes. in der Werbung.
**Słowacki** [suɔ'vatski], Juliusz, *1809, †1849, poln. Schriftst.; lebte meist in Paris; neben A. *Mikkiewicz* führender nat. Romantiker.
**Slowakei**, als *Slowakische Republik* (Abk. *SR*) die östl. Teil-Rep. der Tschechoslowakei, 49 036 km², 5,2 Mio. Ew., Hptst. *Bratislava;* im W u. O vorw. Hügelland mit breiten Flußtälern, im N in der Hohen Tatra (2663 m) waldreiches Hochgebirge, im S Flachland; in den Tälern Landw.; Braunkohlen- u. Erzabbau; Hütten- u. chem. Ind. – Gesch.: 1918 wurde die S. ein Bestandteil der Tschechoslowakei; 1939 wurde sie formell unabh., tatsächl. aber ein Satellitenstaat. Seit 1945 wieder Teil der Tschechoslowakei, wurde die S. am 1.1.1969 Föderativstaat (*Slowakische Sozialist. Republik*) innerhalb der Tschechoslowakei. Seit 1990 lautet der Name *Slowakische Republik*.
**Slowaken**, ein westslaw., den Tschechen nah verwandtes Volk in den Westkarpaten, 4,4 Mio. (ferner 1 Mio. in die USA ausgewandert).
**slowakische Sprache**, in der westl. Tschechoslowakei gesprochene, zur westl. Gruppe der *slaw. Sprachen* gehörende Sprache, mit dem Tschechischen verwandt.
**Slowenen**, südslaw. Bauernvolk im NW Jugoslawiens, in S-Kärnten u. in den Randgebieten NO-Italiens, 1,9 Mio.; röm.-kath.
**Slowenien**, Teilrep. im NW Jugoslawiens, 20 251 km², 1,9 Mio. Ew., Hptst. *Ljubljana (Laibach);* waldreiches Bergland; Viehzucht; Holzwirtsch.; Hütten- u. chem. Ind.; Braunkohle. – Seit 1282 habsburg.; 1918 Zusammenschluß mit Serbien u. Kroatien (→ Jugoslawien).
**slowenische Sprache**, zur südl. Gruppe der *slaw. Sprachen* gehörende, im N u. NW Jugoslawiens, in SO-Kärnten u. in der Gegend von Triest gesprochene Sprache; dem Kroatischen nahestehend.
**Slowfox** ['slou-], langsamer Foxtrott.
**Slum** [slʌm], Elendsviertel in Großstädten.
**Sluter** ['sly:tər], Claus, *um 1340/50, †1405/06, ndl. Bildhauer; Nachf. J. de *Marvilles*, Wegbereiter der nord. Renaissance.
**Småland** ['smɔ:-], Ldsch. in S-Schweden, nur wenig besiedelte, waldreiche Seenplatte mit Mooren.
**Smaragd**, ein Edelstein, grüne Varietät des *Berylls*.
**smart** [engl.], elegant; gewandt, gerissen.
**Smetana**, Bedřich (Friedrich), *1824, †1884, tschech. Komponist; fand die Unterstützung F. *Liszts,* seit 1874 völlig taub; erstrebte eine auf Volkslied u. -tanz beruhende Nationalkunst; W kom. Oper »Die verkaufte Braut«, sinfon. Dichtungen »Mein Vaterland«, darin »Die Moldau«.
**Smith** [smiθ], **1.** Adam, *1723, †1790, schott. Nationalökonom u. Philosoph; Begr. der *klassischen Nationalökonomie;* schuf ein einheitl. System der liberalen Wirtschaftslehre; sah als Quelle des nat. Reichtums die geleistete Arbeit des Volkes; W »Der Wohlstand der Nationen«. – **2.** Bessie (Elisabeth), *1894, †1937, afroamerik. Blues-Sängerin (klass. Bluesstandard). – **3.** David, *1906, †1965, US-amerik. Bildhauer (Metallplastiken). – **4.** Hamilton, *23.8.1931, US-amerik. Biochemiker; Enzymforschung; Nobelpreis für Med. u. Physiologie 1978. – **5.** Ian, *8.4.1919, rhodes. Politiker; 1964–79 Prem.-Min.; erklärte 1965 einseitig die Unabhängigkeit Rhodesiens; 1979/80 Min. ohne Portefeuille im Kabinett *Muzorewa*. – **6.** Joseph, *1805, †1844, US-amerik. Sektenstifter; gründete die Kirche der *Mormonen;* 1844 verhaftet u. im Gefängnis ermordet. – **7.** William, *1769, †1839, engl. Geologe; Begr. der Stratigraphie (»Vater der Geologie«).
**Smoking**, Gesellschaftsanzug für den Abend, mit langen, spitzen Klappen oder Schalkragen, die mit Seide belegt sind.
**Smolensk**, Hptst. der gleichn. Oblast im W der RSFSR (Sowj.), am oberen Dnjepr, 338 000 Ew.; Univ.; Maschinenbau, Holzverarbeitung; Kernkraftwerk.
**Smollett** [-lit], Tobias George, *1721, †1771, schott. Schriftst. (Abenteuerromane).
**Smørrebrød** ['smœ-], dän. Butterbrot, mehrf. belegt u. reich verziert.
**Smuts** [smʌts], Jan Christiaan, *1870, †1950, südafrik. Politiker u. brit. Feldmarschall; im

## 830 Smyrna

1. Weltkrieg Oberbefehlshaber gegen die dt. Schutztruppe in O-Afrika, 1919–24 u. 1939–48 Min.-Präs. der Südafrik. Union; engagierte sich für Völkerbund u. UNO.
**Smyrna** → Izmir.
**Sn,** chem. Zeichen für Zinn.
**Snackbar** ['snæk-], Imbißstube.
**Snake River** [sneik 'rivə], größter Nbfl. des Columbia im NW der USA, 1600 km; mündet bei Pasco.
**Snell, 1.** Bruno, *1896, †1986, dt. Altphilologe (Arbeiten zur grch. Literatur). – **2.** George Davis, *19.12.1903, US-amerik. Zoologe u. Genetiker; Gewebeforschung; Nobelpreis für Med. u. Physiologie 1980.
**Snellius,** eigtl. *Snell van Royen,* Willebrord, *1591, †1626, ndl. Mathematiker u. Physiker; führte die erste Gradmessung mit Hilfe der Triangulation durch, entdeckte das Brechungsgesetz der Optik.
**Snob,** Vornehmtuer, blasierter Angeber.
**Snofru,** ägypt. König um 2600–2570 v. Chr., Begr. der 4. Dynastie.
**Snøhetta,** Berg im norw. *Dovrefjell,* 2286 m.
**Snoilsky,** Carl Graf, Pseud.: *Sven Tröst,* *1841, †1903, schwed. Schriftst.; der bedeutendste Vertreter des lyrischen Realismus.
**Snorri Sturluson,** *1179, †1241 (ermordet), altisländ. Gelehrter; verfaßte die Skaldenpoetik der Jüngeren oder Prosa-Edda u. die *Heimskringla,* die Lebensgeschichte der norw. Könige.
**Snowdon** ['snoudən], Antony *Armstrong-Jones,* Earl of S., *7.3.1930, engl. Photograph; 1960–78 Ehemann der Prinzessin Margaret Rose.
**SNR-300,** bei Kalkar seit 1973 im Bau befindl. schneller Brutreaktor für 300 MW elektr. Leistung. → Schneller Brüter.
**Snyders** ['sneidərs], Frans, *1579, †1657, fläm. Maler; Freund u. Mitarbeiter von P. P. *Rubens;* Jagdstücke u. Stilleben.
**Soane** [soun], Sir John, *1752, †1837, engl. Architekt (klassizist. Gebäude).
**Soap Opera** [soup 'ɔpərə], »Seifenoper«, engl. Bez. für ein Hör- oder Fernsehspiel, das das alltägl. familiäre Leben zeigt; oft von Waschmittelherstellern finanziert.
**Soares** [su'a:riʃ], Mario, *7.12.1924, port. Politiker (Sozialist); Rechtsanwalt; 1973–86 Generalsekretär der Sozialist. Partei. 1976–78 u. 1983–85 Min.-Präs.; seit 1986 Staats-Präs.
**Sobibór** [-bur], Dorf am Bug, nordöstl. von Lublin (Polen); 1942/43 nat.-soz. Vernichtungslager für Juden.
**Sobranje,** das bulgar. Parlament.
**Soccer** ['sɔkə], US-amerik. Bez. für das europ.-lateinamerik. Fußballspiel, im Unterschied zu *American Football* u. *Rugby.*
**Social Democratic Party** ['souʃəl demə'krætik 'pa:ti], *SDP,* von ehem. führenden Mitgl. der brit. *Labour Party* 1981 gegr. sozialdemokrat. Partei. Die Mehrheit der SDP vereinigte sich 1988 mit der Liberal Party zur *Social and Liberal Democratic Party.* Die Restpartei löste sich 1990 auf.

*Sojus: Start des Raumschiffs Sojus T-7*

**Society** [sə'saiəti], engl.: Gesellschaft.
**Sockel, 1.** unterer Teil der Umfassungswand eines Gebäudes, bis etwa zur Höhe des Erdgeschoßfußbodens reichend, bei monumentalen Bauten oft nach oben durch ein *S.gesims* begrenzt. – **2.** meist ungegliederter Block unter Säulen, Pfeilern u.ä.
**Sockenblume,** *Epimedium,* Gatt. der *Sauerdorngewächse;* in den Alpen u. im Alpenvorland die *Alpen-S.* mit roten, innen gelben Blüten.
**Socotra,** Insel im Ind. Ozean vor der Ostspitze Afrikas, mit kleinen Nebeninseln, 3626 km², rd. 15 000 Ew.; Hauptort *Tamrida;* gehört polit. zu Jemen.
**Soda,** Natriumcarbonat, kohlensaures Natrium, $Na_2CO_3$, in einigen kaliforn. u. O-afrik. Seen natürlich vorkommendes, kristallwasserhaltiges Salz. Der größte Teil der Weltproduktion wird nach dem Ammoniak-S.-Verfahren (*Solvay-Verfahren*) gewonnen (fr. auch *Leblanc-Verfahren*). S. ist einer der wichtigsten Grundrohstoffe der anorgan. chem. Ind.
**Sodawasser,** durch Lösen von Kohlendioxid in Wasser hergestelltes Tafelwasser.
**Sodbrennen,** aus dem Magen in Speiseröhre u. Mund aufsteigende, brennend scharfe ätzende Empfindung; verursacht meist durch übermäßige Säurebildung.
**Soddy** ['sɔ-], Frederick, *1877, †1956, brit. Physikochemiker; führte den Begriff »Isotop« ein; gab 1913 die nach ihm u. Kasimir *Fajans* benannten *Verschiebungssätze* an; Nobelpreis für Chemie 1921.
**Sode, 1.** Rasen-, Torfscholle. – **2.** *Suaeda,* Gatt. der *Gänsefußgewächse;* an salzhaltigen Standorten die *Strand-S.* (fr. benutzt zur Sodagewinnung).
**Soden,** *Bad S. am Taunus,* hess. Stadt u. Heilbad, 18 400 Ew.; pharmazeut. Ind.
**Soden-Salmünster,** *Bad S.,* hess. Stadt, im Kinzig-Tal, 11 800 Ew.; Kurort.
**Söderberg** [-bɛrj], Hjalmar, *1869, †1941, schwed. Schriftst.; schilderte im Stil des *Fin de siècle* das Stockholmer Leben.
**Söderblom,** [-blum], Nathan, eigtl. Lars Olof Jonathan S., *1866, †1931, schwed. ev. Theologe; seit 1914 Erzbischof von Uppsala; bemühte sich um die Ökumene; Friedensnobelpreis 1930.
**Södermanland,** Ldsch. u. Prov. in Mittelschweden, Hptst. *Nyköping.*
**Södertälje,** Stadt in Södermanland, sw. von Stockholm, 80 000 Ew.; Masch.- u. pharmazeut. Ind.
**Sodom,** bibl. Name von → Sedom (Israel). – **S. und Gomorrha,** im AT zwei Städte am Toten Meer, die nach 1. Mose 19 wegen bes. Sündhaftigkeit ihrer Bewohner durch einen Feuer- u. Schwefelregen vernichtet wurden.

**Sodoma,** Giovanni, eigtl. Giovanni Antonio *Bazzi,* *1477, †1549, ital. Maler; malte in der Nachfolge *Leonardos* u. *Raffaels.*
**Sodomie,** Geschlechtsverkehr mit Tieren; nicht strafbar.
**Soest** [zo:st], Krst. in NRW, in der *S.er Börde* am Hellweg, 42 000 Ew.; mit frühroman. Dom (12. Jh.), Petrikirche (um 1150), Wiesenkirche (14./15. Jh.); Nahrungsmittel-, Elektro-, Maschinenbau-Ind. – Im Spät-MA führende Hansestadt.
**Soest** [zo:st] → Konrad von Soest.
**Sofala,** fr. *Beira,* zweitgrößte Hafenstadt in Moçambique, 350 000 Ew.; Wirtschaftszentrum; wichtige Eisenbahnlinien nach Simbabwe u. Malawi; internat. Flughafen.
**Soffionen,** Erdspalten in der Toskana, aus denen borhaltiger Wasserdampf austritt.
**Soffitte,** vom Schnürboden des Theaters herabhängendes Dekorationsteil.
**Sofia,** Hptst. Bulgariens, im SW des Iskâr-Beckens, 1,1 Mio. Ew.; Univ.; Nationalgalerie; Schloß; Alexander-Newskij-Kathedrale; Maschinenbau, Textil-, Tabak-, Nahrungsmittel- u. chem. Ind.; im 11. u. 12. Jh. byzant., seit 1382 türk., seit 1878 bulgar. Hptst.
**Softeis** ['sɔft-], weiches Milchspeiseeis.
**Software** ['sɔftwɛə] → Computer.
**Sognefjord** ['sɔŋnəfju:r], längster Fjord Norwegens, an der Westküste nördl. von Bergen, 180 km.
**Sohle, 1.** ein flächig der Unterlage aufliegender Teil von Bewegungsorganen bei Tieren; z.B. die *Kriech-S.* der Schnecken, die *Fuß-S.* der Säugetiere u. des Menschen. – **2.** Teil des Schuhs. – **3.** der Boden einer *Grubenbaus;* auch die Höhenlage eines Streckensystems in einer Grube.
**Söhnker,** Hans, *1903, †1981, dt. Schauspieler (Theater, Film u. Fernsehen).
**Soho** ['souhou], durch zahlr. Vergnügungsstätten bekanntes Stadtviertel Londons, nordöstl. vom Hyde Park, südl. der Oxford Street.
**Soissons** [swa'sɔ̃], Stadt in Frankreich, an der Aisne, 30 200 Ew.; got. Kathedrale (12./13. Jh.).
**Sojabohne,** ein einjähriger O-asiat. Schmetterlingsblütler, der zu einer der wichtigsten Kulturpflanzen, der *Glycine soja,* herangezüchtet wurde, Hauptanbaugebiete: O-Asien, N-Amerika, auch S-Amerika, Afrika, S-Rußland. Die S. enthält neben geringeren Mengen an Stärke wertvolle Eiweißstoffe (38–40 %) u. beträchtl. Mengen eines hochwertigen Öls (17–18 %). Die S. wird für die menschl. Ernährung vielseitig verwendet, z.T. zur Herstellung von Fleisch- u. Milchersatzprodukten, u.a. der *Bohnenkäse* (jap. *Tofu*).
**Sojus** [sa'juz], Name sowj. Raumkapseln für eine Drei-Mann-Besatzung; erster Start 1967; seit 1971 Zubringer für die Raumstation *Saljut.* Seit 1980 für bemannte Flüge verbessertes Modell *S.-T;* seit 1982 *S.-TM 2.*
**Soka-gakkai,** die bedeutendste buddhist. Sekte Japans.
**Sokolow** ['zɔkɔlɔf], Nachum, *1860, †1968, poln.-jüd. Schriftst. u. Politiker; 1931–35 Präs. der zionist. Weltorganisation.
**Sokolowskij,** Wasilij Danilowitsch, *1897, †1968, sowj. Marschall; 1946–49 Oberkommandierender der sowj. Besatzungstruppen in Dtld., 1952–60 Generalstabschef der UdSSR u. des Warschauer Pakts.
**Sokoto,** Hptst. der NW-Staats in Nigeria, altes Handels- u. Wirtschaftszentrum, 152 000 Ew.; Univ.; moslem. Zentrum.
**Sokrates,** grch. Philosoph, *470 v. Chr., †399

*Sofia: Alexander-Newskij-Kathedrale*

*Sokrates*

*Solarzelle: Solarmobile nutzen die Sonnenenergie mit Hilfe von Solarzellen*

v. Chr., lebte arm u. bedürfnislos in Athen u. lehrte ohne Entgelt auf den Straßen u. in Gymnasien; durch eindringl. Fragen u. angebl. Nichtwissen *(sokrat. Methode, Mäeutik)* versuchte er, die Menschen vom Scheinwissen zum echten Wissen zu bringen. Dabei ging es S. um das allen Handlungen zugrunde liegende sittl. Wissen. In der Überzeugung, daß niemand gegen seine bessere Einsicht handeln könne, hielt er Tugend für lehrbar. Er berief sich auf eine warnende u. tadelnde innere Stimme *(Daimonion)*. S. wurde verleumdet u. zum Tode verurteilt. Ein Angebot zur Flucht schlug er aus u. trank den Schierlingsbecher. – S. hat keine Schriften hinterlassen; seine Philosophie ist nur durch die Werke *Platons* zu rekonstruieren.

**Sokratiker,** die Schüler u. Anhänger des *Sokrates,* bes. die Schulen des *Euklid von Megara* (Megariker), des *Phaidon* (Elische Schule), des *Antisthenes* (Kyniker) u. des *Aristippos* (Kyrenaiker).

**Sol,** altröm. Sonnengott.

**Solanin,** ein Sterin-Alkaloid versch. Arten der Nachtschattengewächse, giftig.

**Solapur** → *Sholapur.*

**Solarenergie** → *Sonnenenergie.*

**solarer Wind,** *Sonnenwind,* von der Sonne ausströmendes, hpts. aus Protonen u. Elektronen bestehendes *Plasma.* Es schwankt im 11jährigen Zyklus (→ Sonnenfleckenperiode), verformt das Magnetfeld der Sonne u. bewirkt Störungen des erdmagnet. Felds (magnet. Stürme).

**Solarisation,** *Photographie:* die Erscheinung, daß zu lange Belichtung eines Negativs statt Schwärzung Aufhellung bewirkt.

**Solarium,** Liegehalle zum Sonnenbaden, auch mit künstl. Höhensonnenbestrahlung.

**Solarkollektor,** Vorrichtung zur Umwandlung von Sonnenenergie in Wärme.

**Solarkonstante,** die Strahlungsenergie der Sonne, die (außerhalb der Atmosphäre) auf 1 cm² in mittlerer Sonnenentfernung in 1 min senkr. eingestrahlt wird; z. Z. wahrscheinlichster Wert: 1395 W/m².

**Solarkraftwerk,** *Sonnenkraftwerk,* Anlage zur Erzeugung elektr. Energie durch Ausnutzen der Sonnenstrahlen, die direkt über photoelektr. Zellen oder indirekt über Dampferzeugung umgewandelt werden.

**Solarzelle,** ein großflächiges Photoelement, durch das Strahlungsenergie der Sonne direkt in elektr. Energie umgewandelt wird, u. zwar auf photoelektr. Wege durch Freisetzen von Elektronen im Innern z. B. von Silicium, Galliumarsenid oder Cadmiumtellurid. Mehrere S.n können zu *Solarbatterien* oder *Solargeneratoren* zusammengeschaltet werden.

**Soldat,** ein im Wehrdienst stehender Angehöriger der Streitkräfte.

**Soldatenkaiser,** Sammelbez. für die röm. Kaiser von *Maximinus Thrax* bis zum Regierungsantritt *Diocletians* 235.

**Sölden,** die flächengrößte Gem. Östr.s, im Ötztal. Der Hauptort S. liegt 1377 m ü.M., mit 2500 Ew.; Sommerfrische u. Wintersport.

**Söldner,** für *Sold* dienende Soldaten, von Landesfürsten oder Söldnerführern (*Condottieri*) angeworben (z.B. die *Landsknechte*).

**Sole,** Lösung von Salzen mit mindestens 1,5% Salzgehalt.

**Solei,** *Salzei,* hartgekochtes Ei, mit geklopfter Schale in Salzwasser (Sole) eingelegt.

**Solfatare,** schwefelreiche vulkan. Gasaushauchung mit Temp. von 100–200 °C.

**Solfeggio** [sɔlˈfɛdʒo], eine gesangl. Übung zur Verbesserung der Gesangstechnik, wobei auf die ital. Tonnamen do, re, mi, fa, sol, la, si gesungen wird.

**Solferino,** ital. Ort in der Lombardei, südl. vom Gardasee, 1900 Ew. – In der Schlacht bei S. am 24.6.1859 schlugen frz. u. piemontes. Truppen die Österreicher entscheidend.

**solidarisch,** gemeinsam, übereinstimmend, eng verbunden.

**Solidarität,** die wechselseitige Verbundenheit u. Mitverantwortung der Mitgl. einer Gruppe, soz. Kl. oder Gemeinschaft.

**Solidarność** [sɔliˈdarnɔsjtsj; poln. »Solidarität«], *Verband unabhängiger Gewerkschaften – Solidarität,* die 1980 gegr. Dachorganisation unabh. poln. Gewerkschaften. Führender Repräsentant u. erster Vors. der S. ist L. *Wałęsa.* Nach der Verhängung des Kriegsrechts 1981 wurde die S. unterdrückt, 1982 offiziell aufgelöst, 1989 wieder offiziell zugelassen; aus der S. bildeten sich 1990 als polit. Parteien die »Bürgerbewegung für Demokrat. Aktion« sowie die »Zentrumsallianz«.

**Solidus,** 309 n. Chr. eingeführte röm. Goldmünze; in Byzanz bis zum 15. Jh. gebräuchl.; auch lat. Bez. für den *Schilling.*

**Solifluktion,** *Bodenfließen,* hangabwärtiges Fließen oder Kriechen der obersten, lockeren, wasserdurchtränkten Bodenschichten.

**Solihull** [sɔuliˈhʌl], Stadt in England, sö. von Birmingham, 112 000 Ew.; Schwerind.; Automobilbau.

**Solimena,** Francesco, *1657, †1747, ital. Maler u. Architekt; entwickelte einen großzügigen, farbig reizvollen Dekorationsstil.

**Soling,** ein Einheitskielboot aus Kunststoff, 8,15 m lang, Segelfläche 21,7 m² plus Spinnaker, drei Mann Besatzung; seit 1972 eine der olymp. Segelbootsklassen.

**Solingen,** krfr. Stadt in NRW, im Berg. Land, sö. von Düsseldorf, 158 000 Ew.; Wasserburg *Hackhausen;* Fachschule für Metallgestaltung u. Metalltechnik; Dt. Klingenmuseum; Schneidwarenherstellung.

**Solis,** Virgil, *1514, †1562, dt. Zeichner u. Kupferstecher; Kupferstiche u. Holzschnitte; in der Nachfolge H. *Holbeins* u. der Nürnberger Kleinmeister.

**Solist,** Einzelmusiker.

**solitär,** einzeln lebend (von Tieren); Ggs.: *sozial.*

**Solitär,** einzeln gefaßter Edelstein, großer Diamant.

**Solitude** [-ˈtuːdə; die], Name von Schlössern, z.B. Schloß S. bei Stuttgart.

**Soll,** die linke Seite eines Kontos. Ggs.: *Haben.*

**Sollbruchstelle,** Überlastungssicherung von Maschinenbauteilen durch eine sinnvoll angeordnete Schwachstelle, an der bei Überlastung ein Bruch eintritt.

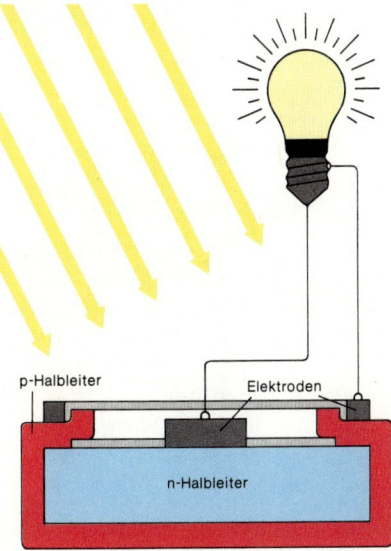

*Solarzelle (Funktionsprinzip)*

**Sölle-Steffensky,** Dorothee, *30.9.1929, dt. ev. Theologin; Arbeiten zu einer polit. Theologie.

**Sölling,** Teil des Weserberglands zw. Weser u. Leine, in der *Großen Blöße* 528 m.

**Solluxlampe,** Bestrahlungslampe zur örtl. Wärmebehandlung.

**Solna** [ˈsoːl-], Stadt in Schweden, nw. von Stockholm, 50 000 Ew.; Nobel-Institut.

**Solnhofen,** Gem. in Mittelfranken (Bayern), 1500 Ew.; Abbau der *S.er Schieferplatten.*

**Solo,** Einzelspiel, Einzelvortrag.

**Sologub,** Fjodor, eigtl. F. Kusmitsch *Teternikow,* *1863, †1927, russ. Schriftst.; Symbolist.

**Solomos,** Dionysios, *1798, †1857, grch. Schriftst.; zarte, klass. Lyrik; schrieb die grch. Nationalhymne (1823).

**Solon,** *um 640 v.Chr., †um 560 v.Chr., athen. Gesetzgeber; wurde 594 v.Chr. Archon. Gegen die Mißstände der aristokrat. Herrschaft schuf er eine Verf. mit regierenden Archonten u. beschlußfassender Volksversammlung. Er wurde zu den *Sieben Weisen* gezählt.

**Solothurn, 1.** Kt. der → *Schweiz.* – **2.** Hptst. von 1), an der Aare, 15 500 Ew.; mittelalterl. Stadtbild; Uhren- u. Metall-Ind.

**Solow** [ˈsəuləu], Robert M., *23.8.1924, US-amerik. Nationalökonom; 1987 Nobelpreis für Arbeiten über wiss. Wachstumstheorien.

**Solowjow** [-ˈvjɔf], Wladimir Sergejewitsch, *1853, †1900, russ. Religionsphilosoph; vertrat eine christl. Theosophie u. Geschichtsphilosophie.

**Solözismus,** grober Sprachfehler, bes. eine fehlerhafte Verbindung von Begriffen.

**Solschenizyn,** Alexander Issajewitsch, *11.12. 1918, russ. Schriftst.; 1945–56 in Haft u. Verbannung (in Kasachstan); setzt sich in seinen Werken mit der Unterdrückung in der kommunist. Gesellschaft auseinander. »Ein Tag im Leben des Iwan Denissowitsch«, »Krebsstation«, »Der Archipel GULAG«, »November 1916«. S. wurde 1974 aus der UdSSR ausgewiesen u. lebt seit 1976 in den USA. 1990 wurde er rehabilitiert. Nobelpreis 1970.

**Solstitium,** *Sonnenwende,* der Zeitpunkt, an dem die Sonne ihre größte nördl. oder südl. Deklination erreicht (Sommer-S. am 21. Juni, Winter-S. am 21. Dez.).

**Soltau,** Krst. in Nds., 18 800 Ew.; Bienenzucht.

**Solti** [ˈʃɔlti], Sir (1971) Georg, *21.10.1912, brit. Dirigent ung. Herkunft; seit 1969 Chefdirigent des Chicago Symphony Orchestra, 1979–83 auch Leiter des London Philharmonic Orchestra.

**Solvay** [sɔlˈvɛ], Ernest, *1838, †1922, belg. Chemiker u. Fabrikant; erfand das nach ihm ben. Verfahren zur Herstellung von *Soda* aus Steinsalz, Ammoniak u. Kohlendioxid.

**solvent,** zahlungsfähig; Ggs.: *insolvent.*

**Soma** [das], *Philosophie:* der Leib als Träger der Lebensfunktionen; Ggs.: *Seele, Geist.*

**Somal,** osthamit. islam. Viehzüchtervolk (etwa 3,25 Mio., zur Hälfte Nomaden), das Staatsvolk Somalias; auch im S Äthiopiens u. NO Kenias.

**Somalia,** Staat in Ost-Afrika, 637 657 km², 6,9 Mio. Ew. (islam. *Somal*), Hptst. *Mogadischo.*

*Somalia*

Landesnatur. Die Somalitafel geht nach SO in ein flaches Tiefland über. Nach N steigt sie auf Höhen von über 2000 m an u. fällt dann steil zum Golf von Aden ab. Die N-Küste von S. gehört zu den heißesten Gegenden Afrikas. Das Land erhält nur wenig Niederschläge. Trockensavanne im SW geht nach NO in Dornsavanne u. an der N-Küste in Halbwüste über. Die Bevölkerung gehört überwiegend dem osthamit. Volk der *Somal* an.
Wirtschaft. Exportiert werden Schlachtvieh (Schafe, Ziegen, Rinder), Fleischkonserven, Häute u. Felle. Der Bananenexport (Anbau durch künstl. Bewässerung) macht 25 % des Gesamtexports aus. S. deckt ¾ des Weltbedarfs an Weihrauch. Die Industrie verarbeitet vorw. Agrarprodukte.
Geschichte. Das Land der im 16. Jh. islamisier-

## 832 Somaliland

ten Somal wurde zw. 1887 u. 1891 unter England, Italien u. Frankreich aufgeteilt. *Ital.-Somaliland* u. auch *Brit.-Somaliland* erhielten 1960 die Unabhängigkeit. Beide vereinigten sich am 1.7.1960 zur *Republik S.* Seit dem Militärputsch von 1969 ist General M.S. *Barre* Staatschef.

**Somaliland**, von den *Somal* bewohnte NO-afrik. Ldsch. auf der Somalihalbinsel, polit. gegliedert in die Rep. *Somalia* u. *Djibouti* sowie die östl. Randgebiete von Äthiopien u. Kenia.

**Somatologie**, Teilgebiet der *Anthropologie*, befaßt sich mit der körperl. Beschaffenheit der Menschen.

**Somatotropin**, ein Hormon des Hypophysenvorderlappens, das wachstumsfördernd wirkt.

**Sombart**, Werner, *1863, †1941, dt. Nationalökonom; forderte eine wirklichkeitsnahe, histor.-soziolog. Nationalökonomie; anfangs Anhänger, später Gegner des Marxismus; W »Der moderne Kapitalismus«.

**Sombrero**, breitrandiger, leichter Hut, bes. in Mittel- u. S-Amerika.

**Somerset** ['sʌməsit], *S.shire,* SW-engl. Gft. südl. des Bristol-Kanals.

**Somme** [sɔm], Fluß in N-Frankreich, 245 km; mündet in die S.-Bucht des Ärmelkanals; im 1. Weltkrieg fanden an der S. schwere Kämpfe statt.

**Sommer**, die Jahreszeit zw. 21. Juni u. 23. Sept. auf der Nordhalbkugel u. zw. 22. Dez. u. 21. März auf der Südhalbkugel.

**Sömmerda**, Krst. in Thüringen, an der Unstrut, 23 400 Ew.; feinmechan. u. elektron. Ind.

**Sommerfeld**, Arnold, *1868, †1951, dt. Physiker; stellte u.a. eine Theorie des Kreisels auf, baute die Quanten- u. Atomtheorie weiter aus u. entwickelte eine Theorie der Struktur des Wasserstoffspektrums.

**Sommergetreide**, die Getreidearten (bes. Sommergerste u. -hafer), die nicht überwintern, also im Ansaatjahr noch reif werden.

**Sommerschlaf**, *Trockenstarre,* bei Tieren eine Parallelerscheinung zur Kältestarre; dient dem Überdauern von Trocken- oder Hitzeperioden.

**Sommersprossen**, *Epheliden,* kleine gelbe bis braune Farbflecken im Bereich der sonnenbestrahlten Haut, bes. bei blonden oder rothaarigen Menschen. S. beruhen auf einer zu starken Pigmentbildung.

**Sommerwurz**, *Orobanche,* zu den *Sommerwurzgewächsen* gehörende Schmarotzerpflanzen ohne Blattgrün, mit Schuppen anstelle der Blätter.

**Sommerzeit**, die Uhrzeit, die während der Sommermonate gegenüber der *Zonenzeit* meist um eine Stunde vorverlegt wird, zur besseren Ausnutzung des Tageslichts; in der BR Dtld. seit 1980.

**Somnambulismus**, Bez. für Schlafwandeln, für hyster. u. epilept. Dämmerzustände oder für bestimmte hypnot. Erscheinungen.

**Somnolenz**, Benommenheit u. Schläfrigkeit stärkeren Grades; Folge einer mechan. oder chem. verursachten Schädigung des Gehirns (z.B. Vergiftung).

**Somnus**, altröm. Gott des Schlafs.

**Somoza Debayle** [so'mosa de'bajle], Anastasio, *1925, †1980 (ermordet), nicaraguan. Politiker; Staats-Präs. 1967–79 (gestürzt); Sohn des Diktators A. Somoza García (*1896, †1956).

**Sonar**, Abk. für engl. *Sound Navigation and Ranging,* Gerät zur Ortung von Unterwasserobjekten; arbeitet mit Ultraschall nach einem *Doppler-Radar-Prinzip.*

**Sonate**, ein Musikstück für ein oder zwei Instrumente, das aus drei oder vier Sätzen besteht. Die S. in der heutigen Bed. geht auf J. *Haydn* zurück.

**Sonatine**, leicht spielbare, gekürzte *Sonate* mit meist nur 2 oder 3 Sätzen; im 20. Jh. auch kurze, techn. anspruchsvolle Sonate.

**Sonde**, stab- oder schlauchförmiges, biegsames oder starres Instrument zum Austasten (»Sondieren«) von Körperhöhlen u. -gängen oder zum Entnehmen oder Einbringen von Flüssigkeiten.

**Sonderabfälle**, Stoffe, die wegen ihrer Eigenschaften (z.B. giftig) oder ihrer Menge gesondert beseitigt werden müssen; im *Abfallbeseitigungsgesetz* festgelegt. Zu den S. zählen z.B. Industrieschlämme, Säuren u. Autoreifen.

**Sonderbund**, 1845 der Zusammenschluß der konservativen, zumeist kath. schweiz. Kantone Schwyz, Uri, Unterwalden, Luzern, Zug, Freiburg u. Wallis gegen die übrigen, demokrat. verfaßten Kt. Der S. unterlag diesen im *S.skrieg* 1847.

**Sonderburg**, dän. *Sønderborg,* Hafenstadt auf der Insel Alsen, 27 600 Ew.; Schloß.

**Sondergerichte**, Gerichte, die anstelle der sonst allg. zuständigen Gerichte für bes. Personengruppen oder Sachgebiete zuständig sind u. deren Zuständigkeit von vornherein durch ein Gesetz festgelegt ist.

**Sonderpädagogik**, *Heilpädagogik,* der Bereich der Erziehungswissenschaft, der sich mit der Situation von Behinderten befaßt. Zu den Einrichtungen der S. gehören z.B. Sonderkindergärten, Sonderschulen u. Behindertenwerkstätten.

**Sonderschulen**, fr. auch *Hilfsschulen,* Schulen zur Erziehung von Schülern mit geistigen, seel. oder körperl. Entwicklungsstörungen oder Schäden; z.B. Schulen für Lernbehinderte, Blindenschulen u.ä.

**Sondershausen**, Krst. in Thüringen, an der Wipper, 24 200 Ew.; Schloß; Kali-Ind.

**Sonderziehungsrechte**, künstl. Reservewährung zur Ergänzung der bestehenden Währungsreserven des *Internationalen Währungsfonds* (IWF).

**sondieren**, vorsichtig erkunden, ausforschen.

*Sonne: Sonnenkorona*

**Sondrio**, ital. Prov.-Hptst. im Veltlin, 22 900 Ew.; Fremdenverkehr.

**Sonepat**, Stadt in Haryana (Indien), nördl. von Delhi, 109 000 Ew.; Fahrzeug-Ind.

**Sonett**, ein Gedicht aus zwei Abschnitten zu je vier Versen (*Quartette*) u. zwei Abschnitten zu je drei Versen (*Terzette*). Den ersten Höhepunkt erreichte das S. bei *Dante* u. F. *Petrarca.*

**Song** [sɔŋ], Lied, Schlager; als *Protest-S.* mit soz.-krit. Inhalt.

**Song** [suŋ], *Sung,* die 960–1279 in China herrschende Dynastie.

**Songhai**, *Sonrhai, Kuria,* mit Berbern vermischtes afrik. Volk (über 500 000) im mittleren Nigertal. Das islam. Reich S. erreichte unter *Askia d. Gr.* (1493–1528) den Höhepunkt seiner Macht.

**Songhua Jiang** [suŋxuadjiaŋ], *Sungari,* r. Nbfl. des Amur in China, 2110 km lang.

**Soninke**, *Sarakolle, Marka,* islam. Volk (über 350 000) der Mande-Gruppe zw. Senegal u. Niger.

**Sonne**, Zeichen ⊙, lat. *Sol,* grch. *Helios,* der Zentralkörper des Planetensystems (*S.nsystems*); mittlere Entfernung von der Erde: 149,6 Mio. km; Durchmesser: 1,392 Mio. km = 109 Äquatordurchmesser der Erde; Masse: 333 660 Erdmassen; mittlere Dichte: 1,4 g/cm³; Schwerebeschleunigung an der Oberfläche: 28mal größer als am Erdäquator, in höheren Breiten etwas größer; Neigung des Sonnenäquators gegen die Ekliptik: 7°15'; Strahlungstemperatur an der Oberfläche (Photosphäre): 5785 K; Mittelpunktstemperatur: fast 15 Mio. K. Die Sonne ist ein Fixstern vom Spektraltyps G 1 u. gehört im Hertzsprung-Russel-Diagramm der »Hauptreihe« an. Aufbau der Sonnenatmosphäre: → Photosphäre, → Chromosphäre, → Korona; bes. Erscheinungen auf der S.: → Sonnenflecken, → Fackel, → Granulation. Seit 1942 ist die S. als Radiostrahler, seit den 1950er Jahren auch als Röntgenstrahler bekannt. Hauptquelle sind die Korona u. S.nflecken bzw. S.neruptionen.

**Sonneberg**, Krst. in Thüringen, nordöstl. von Coburg, 28 200 Ew.; Sternwarte.

**Sonnenbarsche**, *Centrarchidae,* Fam. der *Barschartigen* aus den Flüssen N-Amerikas; hierzu *Scheibenbarsch, Pfauenaugenbarsch* u. *Sonnenfisch.*

**Sonnenblume**, *Helianthus,* Gatt. der *Korbblütler;* Hauptverbreitung in N-Amerika. Aus den ölreichen Samen wird ein gutes Speiseöl gewonnen (Großkulturen v.a. in S-Rußland).

**Sonnenbrand**, *Gletscherbrand,* Verbrennung der Haut bei zu starker Sonneneinstrahlung (durch deren Ultraviolett-Anteil). Folge ist Rötung der Haut mit schmerzhaftem Brennen, Hautentzündung oder echte Verbrennung.

**Sonnenenergie**, *Solarenergie,* von der Sonne als Strahlung emittierter Energiebetrag, der durch Kernfusion im Innern freigesetzt wird. S. wird zur Strom- u. Wärmeerzeugung genutzt.

**Sonnenferne** → Aphel.

**Sonnenfinsternis**, die Bedeckung der Sonne durch den Mond, von einem irdischen Standpunkt aus gesehen. Die Spitze des Kernschattenkegels des Mondes bei einer S. reicht gerade auf die Erd-

*Sonnenenergie (Projekt Solar-Wasserstoff): Mit Solarzellen photovoltaisch erzeugter Strom spaltet Wasser in Sauerstoff und Wasserstoff. Letzterer findet als umweltfreundlicher Energieträger Anwendung in allen Bereichen*

oberfläche u. erzeugt dort einen Schattenfleck von höchstens 270 km Durchmesser.

**Sonnenflecken,** dunkle Flecken auf der Sonnenoberfläche; entdeckt von *Galilei* (1610), unabh. von Th. *Harriot* (1610), Ch. *Scheiner* u. J. *Fabricius* (1611). Bei den S. ist ein dunkler Kern *(Umbra)* von einem helleren u. strukturreichen Hof *(Penumbra)* umgeben. Die Lebensdauer der S. reicht von wenigen Tagen bis zu mehreren Monaten. Sie entstehen wahrsch. durch wirbelartige Strömungsvorgänge, bei denen Magnetfelder erzeugt werden u. bilden Gruppen bis zu rd. 300 000 km Länge. – **S.periode,** ein Zeitraum von im Mittel 11,1 Jahren, in dem die Fleckentätigkeit der Sonne schwankt. Die S. wurde 1843 von Heinrich *Schwabe* (*1789, †1875) entdeckt.

**Sonnengeflecht,** *Solarplexus,* das größte Nervenknotengeflecht des Lebensnervensystems (vegetatives Nervensystem) beim Menschen; auf der Vorderseite der Hauptschlagader, dicht unter dem Zwerchfell. Das S. ist mit den Nerven der Bauchorgane verbunden.

**Sonnenhut,** *Igelkopf, Echinacea,* nordamerik. Gatt. der *Korbblütler*. Tinkturen aus dem Schmal-

# SONNE

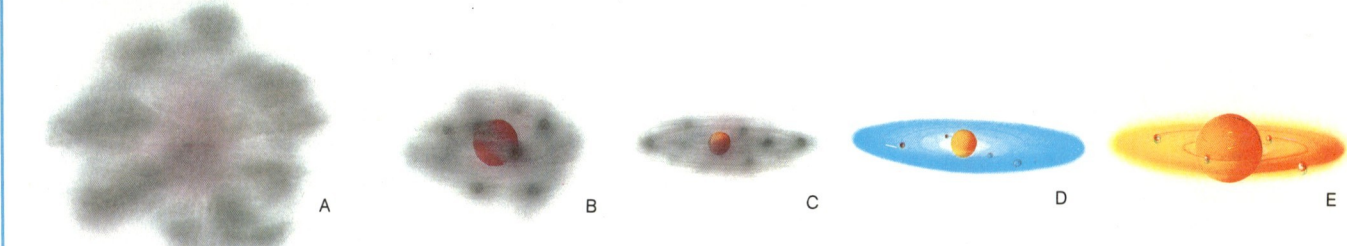

*Die Entstehung des Sonnensystems begann vermutlich mit einer interstellaren Gas- und Staubwolke, die in einzelne Teile zerfiel und sich verdichtete (A). Sodann setzten im Innern der Sonne Kernverschmelzungsprozesse ein, und die Sonne begann zu leuchten (B). Die Planeten dürften aus Verdichtungen in der die Sonne umgebenden Wolke entstanden sein (C). Diese Verdichtungen sammelten das übriggebliebene Material weitgehend auf, so daß der Raum zwischen den Planeten frei wurde (D). Später wird sich die Sonne allmählich aufblähen (E) und in einen roten Riesenstern verwandeln*

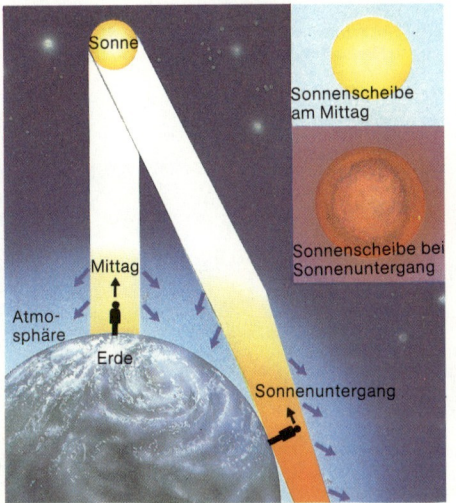
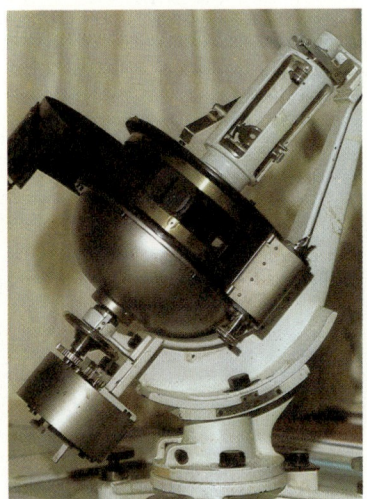
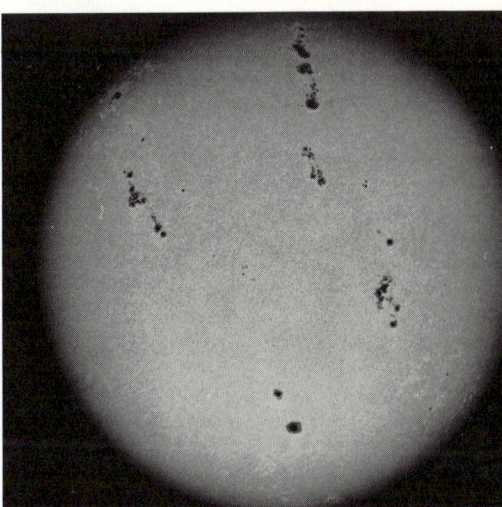

*Mittags durchdringen die Sonnenstrahlen die Atmosphäre auf kürzestem Weg, und ein Teil des blauen Lichts wird gestreut. Dadurch wirkt der Himmel blau und die Sonne selbst gelblich. Bei Sonnenaufgang oder -untergang werden die Lichtstrahlen infolge des längeren Wegs stärker gebeugt und gestreut, so daß die Sonnenscheibe größer und rot erscheint (links). – UV-Spektrograph zur Untersuchung ultravioletter Sonnenstrahlen (Mitte). – Sonnenflecken (rechts)*

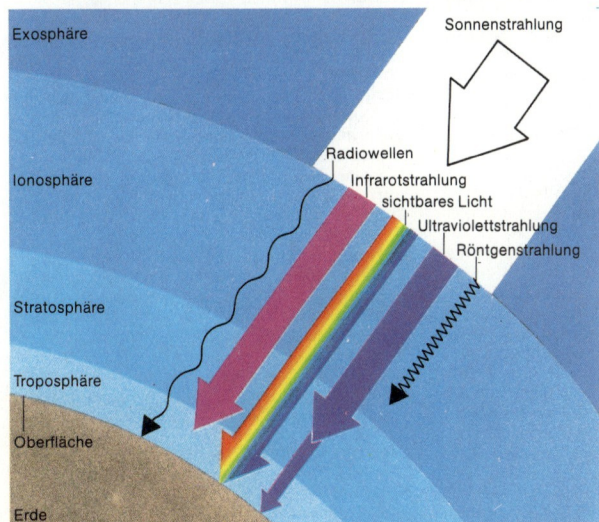
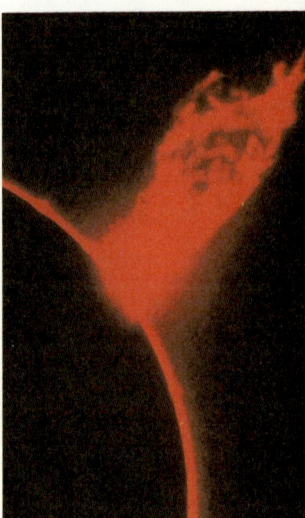

*Sonnenfinsternis (links). – Die Erdatmosphäre absorbiert die schädliche, kurzwellige Röntgen- und Ultraviolettstrahlung. Radiowellen und das sichtbare Licht dringen bis zur Erdoberfläche vor (Mitte). – Protuberanz am Sonnenrand (rechts)*

blättrigen S. oder *Igelkopf* werden als fiebersenkende u. entzündungshemmende Mittel genutzt.
**Sonnenkönig**, frz. *Roi Soleil*, Beiname des frz. Königs *Ludwig XIV.*
**Sonnenkraftwerk** → Solarkraftwerk.
**Sonnennähe** → Perihel.
**Sonnenparallaxe**, die scheinbare Verschiebung des Sonnenorts bei Verrückung des Beobachtungsstandpunkts um 1 Erdhalbmesser. Sie ist gleich dem Winkel (8,80''), unter dem der Äquatorhalbmesser der Erde von der Sonne aus in mittlerer Entfernung erscheint.
**Sonnenröschen**, *Helianthemum*, Gatt. der *Zistrosengewächse*; hpts. in Mitteleuropa heim. das *Gewöhnl. S.* mit zitronengelben Blüten.
**Sonnenschein**, Carl, *1876, †1929, dt. Sozialpolitiker; Gründer der kath.-soz. Studentenbewegung.
**Sonnenstich**, *Ictus solis*, Gehirnschädigung durch Einwirkung von Sonnenstrahlen auf Kopf u. Nacken, meist mit Kreislauf-, Atem- u. Bewußtseinsstörungen.
**Sonnentag**, die Zeitdauer der Erdumdrehung in bezug auf die Sonne. Zu unterscheiden sind: *wahrer S.*, Zeit zw. zwei unteren Kulminationen der Sonne (wahre Mitternacht); *mittlerer S.*, durchschnittl. Dauer der wahren S., dient als Zeiteinheit (1 mittlerer S. = 24 Std. = 1440 min = 86 400 s).
**Sonnentau**, *Drosera*, kleine, meist an sumpfigen Orten wachsende Pflanzen mit grundständiger Blattrosette u. weißen Blüten; fängt Insekten durch Blätter mit langen, klebrigen Drüsenhaaren.
**Sonnentierchen**, *Heliozoen*, Kl. der *Wurzelfüßer*; Einzeller, meist im Süßwasser. Kugeliger Körper mit strahlenartigen Scheinfüßchen. (*Axopodien*).
**Sonnenuhr**, Vorrichtung zur Messung der wahren Sonnenzeit: Ein parallel zur Erdachse aufgestellter Stab wirft einen Schatten, der auf einer Zifferblattfläche als Zeiger dient. Urtyp ist der → Gnomon.
**Sonnenvogel**, chin. *Singvogel* aus der Verwandtschaft der *Fliegenschnäpper*; nach dem auffallenden Gesang auch *Chin. Nachtigall* genannt; Käfigvogel.
**Sonnenwarte**, ein astronom. Observatorium, das sich speziell mit der Sonnenforschung befaßt.
**Sonnenwende. 1.** → Solstitium. – **2.** *Heliotropium*, Gatt. der *Rauhblattgewächse*; hierzu die *Garten-S.* mit starkem Vanilleduft.
**Sonnenwind** = solarer Wind.
**Sonnenzeit**, die Einteilung des Tages nach dem Stand der Sonne.
**Sonnenzelle** → Solarzelle.
**Sonntag**, in der jüd. Woche der 1. Tag, in der röm. Planetenwoche der 2. Tag. Die Urkirche betrachtete ihn als 1. Tag der Woche; durch Konstantin d. Gr. öffentl. Ruhetag. Die S.ruhe ist gesetzl. geschützt.
**Sonora**, Bundesstaat in → Mexiko, am nördl. Golf von Kalifornien; vorw. Wüsten u. Dornstrauchsteppen.
**Sontag**, Susan, *28.1.1933, US-amerik. Schriftst. (kulturkrit. Essays u. Romane).
**Sontheimer**, Kurt, *31.7.1928, dt. Politologe (Regierungslehre u. vergl. Politikwiss.).
**Sonthofen**, Krst. in Schwaben (Bay.), 748 m ü.M., 20 800 Ew.; Fachschulen der Bundeswehr; Hüttenwerk.
**Sooden-Allendorf**, *Bad S.*, hess. Stadt an der Werra, 9600 Ew.; Kurort mit Solquellen.
**Sophia**, altchrist. röm. Märtyrerin; eine der »Eisheiligen« (Fest: 15.5.).
**Sophie**, Fürstinnen:
**1. S. Charlotte**, *1668, †1705, preuß. Königin; Frau *Friedrichs I.* von Preußen. – **2. S. (Sofija) Alexejewna**, *1657, †1704, russ. Prinzessin; übernahm nach dem Tod Fjodors III. die Regentschaft für ihre minderjährigen Brüder *Iwan V.* u. *Peter I.*; 1689 von Peter I. gestürzt. – **3. Sophia**, *2.11.1938, Prinzessin von Griechenland, seit 1962 Frau Königs *Juan Carlos* von Spanien.
**Sophisma**, *Sophismus* → Trugschluß.
**Sophisten**, im alten Griechenland urspr. Bez. für die Denker u. Weisen überhaupt; Mitte des 5. Jh. v.Chr. ein Stand von Lehrern der Beredsamkeit, die sich *S.* nannten u. die die »Wahrheit« u. die Kunstfertigkeit des Diskutierens abhängig machen wollten. Durch *Platons* Kritik erhielt allmähl. das Wort *S.* eine abschätzige Bedeutung.

**Sophistik**, die Lehre der *Sophisten*; abwertend: hohle, spitzfindige Scheinweisheit.
**Sophokles**, *um 496 v.Chr., †um 406 v.Chr., grch. Tragödiendichter in Athen; wiederholt in hohen Staatsämtern (Schatzmeister, Stratege). Die attische Tragödie entwickelte er durch Einführung des 3. Schauspielers, Vergrößerung des Chors u. Lösung des Einzelstücks aus dem Zusammenhang der Trilogie über seinen Vorgänger *Äschylus* hinaus. Von über 100 Stücken sind 7 erhalten: »Aias«, »Antigone«, »Elektra«, »König Ödipus«, »Trachinierinnen«, »Philoktet«, »Ödipus auf Kolonos«.
**Sophron**, grch. Dichter aus Syrakus, 5. Jh. v.Chr.; begr. die Kunstgattung des (bis dahin improvisierten) *Mimus*.
**Sophrosyne**, Besonnenheit, Mäßigung; eine der Haupttugenden Platonischer Ethik.
**Sopran**, eine Stimmlage.
**Sopraporte**, *Supraporte*, durch Reliefornamente oder Malereien verzierte Wandfläche über der Tür.
**Sopron** [-ʃo-], dt. *Ödenburg*, westung. Stadt im östl. Alpenvorland, 57 000 Ew.; Univ.; Textil- u. Holz-Ind.
**Sorau**, poln. *Żary*, Stadt in O-Brandenburg, 35 900 Ew.; Franziskanerkirche, Schloß; Textil-Ind.
**Soraya**, *Soraja*, geb. *Esfandiari*, *22.6.1932, zweite Frau von Schah Mohammed Riza Pahlewi 1951–58; wegen Kinderlosigkeit geschieden.
**Sorben**, *Serbja*, *Serby*, auch *Wenden*, *Lausitzer*, westslaw. Volksgruppe in der Lausitz; Reste der seit dem 8./9. Jh. zw. Elbe, Oder u. Saale siedelnden Slawen; mit eig. Sprache (Ober- u. Niedersorbisch); weitgehend in den deutschen Aufgegangen, noch auf etwa 40 000 geschätzt; genießen kulturelle Autonomie; ihr Volkstum hat sich bes. rein im Spreewald u. um Hoyerswerda erhalten.
**Sorbet**, Kühltrank oder Halbgefrorenes aus Früchten.
**Sorbinsäure**, eine zweifach ungesättigte aliphat. Carbonsäure, $CH_3-CH=(CH)_2=CH-COOH$; Konservierungsstoff für Lebens- u. Genußmittel, ferner Kunststoff- u. Kautschukzusatz.
**Sorbit**, ein sechswertiger aliphat. (Zucker-)Alkohol; kommt in den Früchten des Vogelbeerbaums vor u. wird als Glycerinersatz sowie in der Diabetikerdiät als Zuckerersatz verwendet.
**Sorbonne** [sɔrˈbɔn], größte u. bedeutendste Univ. Frankreichs in Paris.
**Sorbus**, Gatt. der *Rosengewächse*; hierzu z.B. Eberesche, Elsbeerbaum, Mehlbeerstrauch.
**Sordello di Goito**, *um 1200, †um 1270, ital. Troubadour; im Dienst *Karls von Anjou*, der ihm ein Lehen in den Abruzzen übertrug.
**Sordino**, der Dämpfer für Musikinstrumente.
**Sorel. 1.** Agnès, *um 1422, †1450, Mätresse des frz. Königs *Karl VII.*; bekam Schloß Beauté-sur-Marne geschenkt (danach »Dame de Beauté«). – **2.** Georges, *1847, †1922, frz. polit. Schriftst.; betonte die Bedeutung von Elite u. Mythos.
**Sörensen**, Sören, *1868, †1939, dän. Chemiker; führte den Begriff *pH-Wert* ein.
**Sorge. 1.** Reinhard Johannes, *1892, †1916 (gefallen), dt. Schriftst.; Frühexpressionist, Lyrik u. Dramen. – **2.** Richard, *1895, †1944 (hingerichtet), dt. Spion in sowj. Diensten; 1941 von den Japanern verhaftet u. zum Tode verurteilt.
**Sorghum**, *Sorgum* → Hirse, → Kaoliang.
**Soria**, span. Prov.-Hptst. in Altkastilien, am oberen Duero, 31 400 Ew.; rom. Kirchen.
**Sororat**, *Schwägerinnenehe*, die bei Feldbau treibenden Naturvölkern häufige Sitte, daß ein Mann mit seiner Frau zugleich deren Schwester heiratet.
**Sorrento**, *Sorrent*, das antike *Surrentum*, ital. Stadt in Kampanien, am Golf von Neapel, 17 300 Ew.; Kathedrale; Tourismus.
**Sorte**, Art, Gattung; Güteklasse.
**Sorten**, ausländ. Banknoten u. Münzen.
**Sortiment**, *Assortiment*, die Gesamtheit der in einem Betrieb regelmäßig zum Verkauf verfügbaren Warensorten. – **S.buchhandlung**, das Buchhandels-Ladengeschäft. Der S.buchhändler (*S.er*) verkauft unmittelbar ans Publikum.
**SOS** [als Abk. für engl. *save our souls*, »Rettet unsere Seelen« gedeutet], internat. Morse-Code-Signal: Schiff in Seenot.
**Soschtschenko** [zɔˈʃtʃinka], Michail Michailowitsch, *1895, †1958, russ. Schriftst.; Mitgl. der *Serapionsbrüder*.
**SOS-Kinderdörfer**, von H. *Gmeiner* gegr. Sozialwerk zum Schutz heimatloser Kinder.
**Sosnowiec** [-vjɛts], *Sosnowitz*, Stadt in Oberschlesien (Polen), nordöstl. von Kattowitz,

255 000 Ew.; Steinkohlenbergbau; Hütten- u. Metall-Ind.
**sostenuto**, musikal. Vortragsbez.: gedehnt, getragen.
**Sostratos von Knidos**, grch. Architekt; erbaute um 280 v.Chr. den Pharos (Leuchtturm) von Alexandria, eines der *Sieben Weltwunder*.
**Soter**, »Retter, Heiland«, Beiname grch. Götter (Äskulap, Zeus), seit dem Hellenismus auch auf Fürsten angewandt (Alexander d. Gr., Augustus); im NT auf Jesus übertragen.
**Sotheby's** [ˈsʌðəbiːz], 1744 von Samuel *Baker* in London gegr. Auktionshaus für Kunst u. Antiquitäten.
**Sotho-Tswana**, Gruppe der südafrik. SO-Bantu (über 3 Mio.).
**Sotschi**, Hafenstadt u. Kurort in der RSFSR (Sowj.), an der kaukas. Schwarzmeerküste, 317 000 Ew.; in der Nähe Schwefelbad *Mazesta*; Flugplatz.
**Sou** [su], bis 1715 *Sol*, ehem. frz. Münzeinheit. Der Name hielt sich als Bez. für die 5-Centimes-Münze.
**Soubrette** [su-], Sopranrolle (vorw. Koloratursopran) in Spieloper u. Operette.
**Souf** [suf], Oasengruppe in der nordöstl. alger. Sahara, Hauptort *El Oued*, insges. rd. 100 000 Ew.
**Soufflé** [suˈfle], Eierauflauf.
**Souffleur** [suˈfløːr], meist eine **Souffleuse**, eine Theaterhilfskraft, die den Text mitspricht u. den Darstellern, falls nötig, weiterhilft. Sie sitzt gewöhnl. im S.kasten an der Bühnenrampe.
**Soufflot** [suˈflo], Jacques-Germain, *1713, †1780, frz. Klassizist; wurde 1776 in Paris Generalinspektor der königl. Bauten.
**Soufrière** [sufriˈɛːr], **1.** *La Grande S.*, Vulkangipfel auf der westind. Insel Guadeloupe, 1467 m. – **2.**

## SOWJETUNION Geographie

*Tee-Ernte in Georgien*

*Transsibirische Eisenbahn*

*South Dakota: Badlands*

La S., Vulkan auf Saint Vincent, Windward Islands (Kleine Antillen), 1234 m.

**Soul** [soul] → Seoul.

**Soulages** [su'laːʒ], Pierre, *24.12.1919, frz. Maler u. Graphiker; einer der Hauptvertreter der abstrakt-ungegenständl. Richtung.

**Soul Music** [soul 'mjuzik], *Soul Jazz,* Gegenstück der Farbigen zum »weißen« Beat, entwickelte sich seit den 1960er Jahren. Die Texte stammen aus der Gospel-Überlieferung.

**Soupault** [su'po], Philippe, *1897, †1990, frz. Schriftst. (surrealist. Lyrik).

**Souper** [su'pe], Abend-, Nachtessen.

**Souphanouvong** [supanuvoŋ], Prinz, *12.7.1912, laot. Politiker; 1975–86 Staats-Präs.

**Sousa** [suːzə], John Philip, *1854, †1932, US-amerik. Komponist; Märsche, Operetten, Lieder. – **S.phon,** aus dem Helikon entwickelte Baßtuba mit nach vorn gerichteter Stürze; von S. angeregt.

**Sousse** [sus], tunes. Bez.-Hptst. u. Hafenstadt am Golf von Hammâmèt, 83 500 Ew.; Export von Olivenöl; Fisch-Ind.; Seebad.

**Soutane** [zu-], langer, enger Rock der kath. Geistlichen.

**Souterrain** [sutɛ'rɛ̃], teilweise unter der Erde liegendes Geschoß (Kellergeschoß).

**Southampton** [sau'θæmptən], Hafenstadt in S-England, nördl. der Insel Wight, 206 000 Ew.; Univ.; Schiffbau; Überseepassagierhafen mit Dockanlagen.

**South Carolina** [sauθ kærə'lainə], Abk. *S.C.,* Gliedstaat im SO der → Vereinigten Staaten von Amerika.

**South Dakota** [sauθ də'koutə], Abk. *S.D.,* Gliedstaat der → Vereinigten Staaten von Amerika.

**Southend-on-Sea** ['sauθend ɔn siː], Hafenstadt u. Seebad im O Englands, an der Themse-Mündung, 160 000 Ew.; Metall-Ind.; Fremdenverkehr.

**Southey** [sʌði], Robert, *1774, †1843, engl. Schriftst.; Wegbereiter der romant. Schule.

**Southport** ['sauθpɔːt], NW-engl. Hafenstadt u. Seebad an der Irischen See, 89 700 Ew.; Fremdenverkehr.

**South Shields** [sauθ ʃiːldz], Hafenstadt in NO-England, an der Mündung des Tyne, 87 200 Ew.; Schiffbau; Kohlenhafen.

**Soutine** [su'tiːn], Chaim, *1893, †1943, frz. Maler russ.-jüd. Abstammung; Vertreter des Expressionismus.

**Souvanna Phouma** ['suː'puːma], Prinz, *1901, †1984, laot. Politiker; mehrf. Prem.-Min.

**Souvenir** [suvə'niːr], Erinnerungsstück, Reiseandenken.

**souverän** [su-], rechtl. selbständig, unabhängig; überlegen.

**Souveränität** [su-], die rechtl. Unabhängigkeit des Staates von anderen Staaten sowie in der Ausübung der Staatsgewalt im Inneren.

**Sovereign** ['sɔvrin], 1489 eingeführte engl. Goldmünze.

**Sowchos** [-'xɔs; der], *Sowchose* [die], Abk. für russ. *Sowjetskoje chosjaistwo,* »Sowjetwirtschaft«, Staatsgut in der Sowj., Muster- u. Versuchsgut.

**Soweto,** Abk. für engl. *South Western Township,* südafrik. Wohnsiedlung für Schwarze im Vorortbereich von Johannesburg, 2 Mio. Ew.; häufig Schauplatz von Unruhen.

**Sowjet,** russ. Bez. für *Rat;* in der Sowj. offizielle Bez. für die Volksvertretungen auf allen Ebenen der territorialen Verwaltungsorganisation.

**Sowjetisch-Fernost,** das pazif. Küstengebiet der asiat. Sowj., 6,6 Mio. km²; erstreckt sich über 4500 km von der Tschuktschen-Halbinsel bis Wladiwostok.

**Sowjetunion,** Staat in O-Europa u. Asien, 22 402 200 km², 284,6 Mio. Ew., Hptst. *Moskau.*

*Sowjetunion*

*Steppe bei Rostow-na-Donu (RSFSR)*

*Ölfelder bei Baku*

*Gebirgsmassiv im Kaukasus*

*Leningrad: Zarenpalast Peterhof*

# Sowjetunion

Die S. umfaßt 15 Sowjetrepubliken u. 20 Autonome Republiken (vgl. Tabellen).

Landesnatur. Die S., das größte zusammenhängende Staatsgebiet der Erde, erstreckt sich von W nach O über rd. 10 000 km; größte N-S-Ausdehnung rd. 5000 km. Der europ. Teil der S. bis zum Ural wird eingenommen von der *Russ. Tafel* des osteurop. Tieflands. Östl. des Ural folgen das *Westsibir. Tiefland* bis zum Jenissej, weiter bis zur Lena das *Mittelsibir. Bergland* u. schließl. das *Ostsibir. Gebirgsland*. Die breite Flachlandzone wird im S von Hochgebirgen begrenzt (Kaukasus, Alai, Tian Shan, Sajan).

Klima. Die S. hat Anteil an fast allen Klimazonen der Erde (vom arkt. Klima im N bis zu Wüstenklimaten im S). Das Klima wird nach O immer

| Sowjetunion: | Die Unionsrepubliken | | |
|---|---|---|---|
| Unionsrepubliken (SSR) | Fläche in km² | Einw. in 1000 | Hauptstadt |
| RSFSR | 17 075 400 | 145 311 | Moskau |
| Armenische SSR | 29 800 | 3 412 | Eriwan (Jerewan) |
| Aserbaidschanische SSR | 86 600 | 6 811 | Baku |
| Estnische SSR | 45 100 | 1 556 | Tallinn (Reval) |
| Grusinische SSR | 69 700 | 5 226 | Tiflis (Tbilissi) |
| Kasachische SSR | 2 715 100 | 16 244 | Alma-Ata |
| Kirgisische SSR | 198 500 | 4 143 | Frunse |
| Lettische SSR | 63 700 | 2 647 | Riga |
| Litauische SSR | 65 200 | 3 641 | Wilna (Vilnius) |
| Moldauische SSR | 33 700 | 4 185 | Kischinjow |
| Tadschikische SSR | 143 100 | 4 807 | Duschanbe |
| Turkmenische SSR | 488 100 | 3 361 | Aschchabad |
| Ukrainische SSR | 603 700 | 51 201 | Kiew |
| Usbekische SSR | 449 600 | 19 026 | Taschkent |
| Weißrussische SSR | 207 600 | 10 078 | Minsk |

kontinentaler: die Niederschläge nehmen ab u. die Temperaturunterschiede zw. Sommer u. Winter werden immer größer. Bei Ojmjakon in Ostsibirien reichen sie durchschnittl. von −53 °C im Januar bis +16 °C im Juli. – Die Vegetationszonen sind von N nach S die baumlose *Tundra,* die riesigen Nadelwälder der *Taiga,* denen sich im europ. Teil u. im S von Sowj.-Fernost Misch- u. Laubwälder anschließen, die Steppen von der Ukraine bis zum Altai u. die Wüsten Mittelasiens.

Wirtschaft. Die S. entwickelte sich innerhalb von wenigen Jahrzehnten von einem ausgesprochenen Agrarland zum zweitgrößten Industriestaat der Erde. Ausgangspunkt dieser Entwicklung (seit der Oktoberrevolution 1917) war die Einführung der staatlich gelenkten Planwirtschaft (Fünfjahrespläne) u. der Aufbau einer umfangreichen Schwerindustrie auf der Basis der reichen Steinkohlen- u. Eisenerzvorkommen. Zentren der Eisen- u. Stahlerzeugung sind v.a. das Donezbecken, das Becken von Kusnezk, Karaganda in Kasachstan u. der südl. Ural. Andere bed. Industriezweige sind der Maschinen-, Fahrzeug u. Schiffbau, die chem., Textil-, Leder-, Holz- u. Nahrungsmittelind. Die Energieerzeugung beruht v.a. auf Kohle-, Erdöl- u. Erdgasvorkommen. Außerdem wird die Wasserkraft (bes. in Sibirien) genutzt. Zunehmende Bedeutung gewinnt die Kernkraft. Außer über Kohle, Erdöl u. Erdgas verfügt die S. noch über reiche Vorkommen von Eisenerz, Mangan, Chrom, Nickel, Kupfer, Gold, Antimon, Quecksilber, Wolfram, Molybdän, Kali, Phosphat, Uran u.a. Die Landwirtschaft wird in Sowchosen (Staatsbetrieben) u. Kolchosen (Genossenschaftsbetrieben) durchgeführt. Wichtigstes Anbaugebiet ist die Schwarzerdezone (hpts. Getreideanbau), die den größten Teil der Ukraine, das nördl. Kaukasusvorland u. das mittlere Wolgagebiet umfaßt u. sich jenseits des Urals bis nach Mittelsibirien fortsetzt.

Andere wichtige Anbauprodukte sind Kartoffeln, Zuckerrüben, Sonnenblumen, Baumwolle u. Ölfrüchte. Der Nutzviehbestand umfaßt v.a. Rinder, Schweine u. Schafe. Der Wald (80 % Nadelhölzer) bedeckt rd. 36 % der Gesamtfläche des Landes. Über die Hälfte des Holzbestandes entfallen auf Sibirien; die Taiga ist reich an wertvollen Pelztieren. – Verkehr. Wichtigster Verkehrsträger ist die Eisenbahn. Hauptverkehrsachse im asiat. Teil ist nach wie vor die Transsibir. Eisenbahn, die seit 1984 durch eine nördl. Parallelstrecke (Baikal-Amur-Magistrale) z.T. entlastet wird. Das Straßennetz hat eine gesamte Streckenlänge von 968 000 km. Die Binnenschiffahrt spielt eine wichtige Rolle, wird aber im N des Landes durch den

## SOWJETUNION Geschichte

*Wladimir Monomach, Großfürst von Kiew (1113–1125). Kreml*

*Der Brand von Moskau 1812 und die Katastrophe an der Beresina zwangen Napoleon zum Rückzug. Zeitgenössische Darstellung des Brandes*

| Sowjetunion: | Die Autonomen Republiken | | |
|---|---|---|---|
| Autonome Republiken (ASSR) | Fläche in km² | Einw. in 1000 | Hauptstadt |
| Abchasische ASSR | 8 600 | 535 | Suchumi |
| Adscharische ASSR | 3 000 | 385 | Batumi |
| Baschkirische ASSR | 143 600 | 3 895 | Ufa |
| Burjatische ASSR | 351 300 | 1 030 | Ulan-Ude |
| Dagestanische ASSR | 50 300 | 1 768 | Machatschkala |
| Jakutische ASSR | 3 103 200 | 1 034 | Jakutsk |
| Kabardiner- und Balkaren-ASSR | 12 500 | 732 | Naltschik |
| Kalmükische ASSR | 76 100 | 329 | Elista |
| Kara-Kalpakische ASSR | 164 900 | 1 139 | Nukus |
| Karelische ASSR | 172 400 | 795 | Petrosawodsk |
| Komi-ASSR | 415 900 | 1 247 | Syktywkar |
| Mari-ASSR | 23 200 | 739 | Joschkar-Ola |
| Mordwinische ASSR | 26 200 | 964 | Saransk |
| Nachitschewan | 5 500 | 273 | Nachitschewan |
| Nordossetische ASSR | 8 000 | 619 | Ordschonikidse |
| Tatarische ASSR | 68 000 | 3 563 | Kasan |
| Tschetschenen- und Inguschen-ASSR | 19 300 | 1 235 | Grosnyj |
| Tschuwaschen-ASSR | 18 300 | 1 330 | Tscheboksary |
| Tuwinische ASSR | 170 500 | 289 | Kysyl |
| Udmurtische ASSR | 42 100 | 1 587 | Ischewsk |

*Hohe Würdenträger der russisch-orthodoxen Kirche werden von Gorbatschow empfangen*

# Sowjetunion

langen Eisgang der Flüsse stark behindert. Im europ. Teil besteht ein gut ausgebautes Kanalsystem. Wichtigste Wasserstraße ist die Wolga. Die staatl. Luftverkehrsgesellschaft »Aeroflot« bedient im Flugverkehr das größte Streckennetz der Erde. Zentrum des Flugverkehrs ist Moskau.

Die Bevölkerung des Nationalitätenstaats wird von 109 versch. Völkerschaften gebildet; den Hauptanteil haben die staatstragenden Slawen (55% Russen, 18% Ukrainer, 4% Weißrussen); zweitgrößte Völkergruppe sind die turkmongol. Völker. Russisch ist die Staatssprache in der ganzen S. Größte Religionsgemeinschaft ist die orth. Kirche, an zweiter Stelle steht der Islam. 3/4 der Bev. leben im europ. Teil. Städte über 2 Mio. Ew.: Moskau, Leningrad, Kiew, Taschkent; insgesamt haben heute 26 Städte über 1 Mio. Ew.

**Geschichte.** Slawen drangen vom 7. bis 9. Jh. siedelnd in die Gebiete des Dnjepr, der Düna, der oberen Oka u. der oberen Wolga vor. Durch die Zentralisierung norman. Herrschaften unter Oleg entstand das *Kiewer Reich* (882–1169), das 988 das Christentum orth.-byzant. Prägung übernahm. Im Anschluß an dieses Reich bildeten sich in Rußland 3 polit. Zentren: 1. im SW das Fürstentum *Halitsch-Wolynien,* das 1340 an Polen fiel; 2. im NW *Groß-Nowgorod,* das erst 1478 von Moskau

## Die Bevölkerung der Sowjetunion nach Nationen
(Angaben in % der Gesamtbevölkerung)

| | | | |
|---|---|---|---|
| Russen | 52,4% | Litauer | 1,1% |
| Ukrainer | 16,1% | Turkmenen | 0,8% |
| Usbeken | 4,7% | Deutsche | 0,7% |
| Weißrussen | 3,6% | Kirgisen | 0,7% |
| Kasachen | 2,5% | Juden | 0,7% |
| Tataren | 2,4% | Tschuwaschen | 0,7% |
| Aserbaidschaner | 2,1% | Letten | 0,5% |
| | | Baschkiren | 0,5% |
| Armenier | 1,6% | Mordwinen | 0,5% |
| Georgier | 1,4% | Polen | 0,4% |
| Moldauer | 1,1% | Esten | 0,4% |
| Tadschiken | 1,1% | Sonstige | 4,0% |

Zar Peter der Große prügelt einen Bürger; Kupferstich von Daniel Chodowiecki; 1789 (links). – Das letzte Zarenpaar, Nikolaus II. und Alexandra, im Krönungsornat, 1894 (Mitte). – Moskau feiert den Jahrestag der Oktoberrevolution (rechts)

*Die territoriale Entwicklung Rußlands*

unterworfen wurde; 3. im NO stieg das Fürstentum *Wladimir-Susdal* zw. Oka u. oberer Wolga schnell auf, fiel aber 1238 an die Mongolen.

Allmählich kristallisierte sich die polit. Macht um das Teilfürstentum Moskau. Hier konnte nach dem Ende der Mongolenherrschaft *Iwan III.* (1462 bis 1505) einen starken Einheitsstaat schaffen, den *Iwan IV.*, der Schreckliche, mit der Zarenkrönung 1547 u. der russ. Ostexpansion weiter stärkte. Das Erlöschen der Rjurik-Dynastie 1598 führte in die »Zeit der Wirren«, die mit der Thronbesteigung des Hauses Romanow 1613 endete. Mitte des 17. Jh. konnte die Ukraine im Kampf gegen Polen gewonnen werden. *Peter d. Gr.* (1682–1725) europäisierte das Land im Innern u. machte es zur europ. Großmacht. 1703 wurde die neue Hptst. Petersburg gegr. Kaiserin *Katharina II.* (1762–96) gewann das Küstenland des Schwarzen Meeres bis zum Dnjestr. Die Teilungen Polens (1772, 1793 u. 1795) schoben die Grenzen Rußlands bis nach Mitteleuropa vor. Die führende Rolle Rußlands beim Sieg über Napoleon I. (1813–15) machte es unter *Alexander I.* (1801–25) zur kontinentalen Hegemonialmacht. Durch die Eroberung Finnlands 1809 u. den Erwerb des größten Teils von Polen auf dem *Wiener Kongreß* 1815 fand die russ. Expansion nach W zunächst ihren Abschluß. Nachdem Rußland 1812 Bessarabien u. 1829 das Donaudelta erworben hatte, setzten Frankreich u. Großbrit. im *Krim-Krieg* (1853–56) einem weiteren Vordringen ein Ende. Das russ. Expansionsstreben verlagerte sich nach dem Fernen Osten, wo es erst durch den russ.-jap. Krieg (1904/05) gestoppt wurde.

Im Innern hatte sich nach dem Krimkrieg zunächst eine liberale Politik durchgesetzt, die unter *Alexander III.* (1881–94) u. *Nikolaus II.* (1894–1917) aber zunehmend ins Reaktionäre umschlug, was schließl. in die Revolution von 1905/06 mündete, die die Berufung einer Volksvertretung *(Duma)* erzwang. 1907 kam es durch die russ.-engl. Verständigung zum Zusammengehen mit der *Entente.* Die Unterstützung Serbiens zog das Russ. Reich in den 1. Weltkrieg. Nach schweren Niederlagen gegen die dt. Truppen kam es zur *Februar-Revolution* von 1917. Nikolaus II. wurde zur Abdankung gezwungen. Rußland wurde Republik. Die unentschlossene Politik der *Provisor. Regierung* nutzten die *Bolschewiki* am 25.10. (7.11. n. St.) zu einem von Lenin organisierten Aufstand *(Oktober-Revolution)* aus. Es gelang ihnen durch den *Frieden von Brest-Litowsk* (3.3.1918) u. das *Dekret über die Landaufteilung* breite Massen auf ihre Seite zu ziehen. Rußland wurde zur *Russ. Sozialist. Föderativen Sowjetrepublik* (Verf. vom 10.7.1918) erklärt, die sich im anschließenden Bürgerkrieg behaupten konnte. Die Gründung der *Union der Sozialistischen Sowjetrepubliken (UdSSR)* am 30.12.1922 u. die neue Verf. von 1923/24 kennzeichneten eine Konsolidierung der bolschewist. Macht. Im Inneren stärkte Lenin die Wirtschaft durch die *Neue Ökonom. Politik (NEP,* 1921–27).

Nach Lenins Tod (1924) wurde J.W. *Stalin* Generalsekretär der Partei. Mit dem 1. *Fünfjahresplan* 1928 begann die Umwandlung aus einem Agrar- zum Industriestaat. Die Kollektivierung der Landw. stieß bes. bei den Großbauern auf erbitterten Widerstand u. rief einen Rückgang in der landw. Produktion hervor. Stalins totalitäre Dikta-

## SOWJETUNION Kultur

*M. A. Wrubel: Mädchen mit Perserteppich (links). – St.-Sergius-Dreifaltigkeitskloster in Sagorsk (rechts)*

*Das Bolschoj-Ballett in »Anna Karenina« mit Maja Plissetskaja (links). – Wera Ignatjewna Muchina, Arbeiter und Kolchosbäuerin; 1937. Moskau. Dieses Werk steht für den sozialistischen Realismus (rechts)*

### Staatsoberhäupter der Sowjetunion
(1917–1938 Vors. des Zentralexekutivkomitees, 1938–1989 Vors. des Präsidiums des Obersten Sowjets, 1989/90 Vors. des Obersten Sowjets, seit 1990 Präsident der UdSSR)

| | |
|---|---|
| Lew Kamenew | 1917 |
| Jakow Swerdlow | 1917–1919 |
| Michail Kalinin | 1919–1946 |
| Nikolaj Schwernik | 1946–1953 |
| Kliment Woroschilow | 1953–1960 |
| Leonid Breschnew | 1960–1964 |
| Anastas Mikojan | 1964–1965 |
| Nikolaj Podgornyj | 1965–1977 |
| Leonid Breschnew (erneut) | 1977–1982 |
| Jurij Andropow | 1983–1984 |
| Konstantin Tschernenko | 1984–1985 |
| Andrej Gromyko | 1985–1988 |
| Michail Gorbatschow | 1988 |

### Regierungschefs der Sowjetunion
(1917–1946 Vors. des Rates der Volkskommissare, seit 1946 Vors. des Ministerrates)

| | |
|---|---|
| Wladimir Lenin | 1917–1924 |
| Alexej Rykow | 1924–1930 |
| Wjatscheslaw Molotow | 1930–1941 |
| Jossif Stalin | 1941–1953 |
| Georgij Malenkow | 1953–1955 |
| Nikolaj Bulganin | 1955–1958 |
| Nikita Chruschtschow | 1958–1964 |
| Alexej Kossygin | 1964–1980 |
| Nikolaj Tichonow | 1980–1985 |
| Nikolaj Ryschkow | 1985– |

### Parteiführer der Kommunistischen Partei

| | |
|---|---|
| Wladimir Lenin (ohne formelles Amt) | 1912–1924 |
| (Machtkämpfe) | 1924–1929 |
| Jossif Stalin (seit 1922 Generalsekretär) | 1929–1953 |
| Nikita Chruschtschow (Erster Sekretär) | 1953–1964 |
| Leonid Breschnew (Erster Sekretär, 1966 Generalsekretär) | 1964–1982 |
| Jurij Andropow (Generalsekretär) | 1982–1984 |
| Konstantin Tschernenko (Generalsekretär) | 1984–1985 |
| Michail Gorbatschow (Generalsekretär) | 1985– |

tur gipfelte in den *Säuberungen* 1936–38 (G. I. *Sinowjew*, L. B. *Kamenew*, A. I. *Rykow*, N. I. *Bucharin*, K. B. *Radek*, L. D. *Trotzkij*). Am 23.8.1939 schloß Stalin überraschend einen *dt.-sowj. Nichtangriffspakt* mit Hitler, durch den dadurch den letzten Anstoß zum Angriff auf Polen gab. Die S. nutzte den Ausbruch des 2. Weltkriegs zu Gebietserweiterungen im W. Sie annektierte O-Polen, Estland, Lettland, Bessarabien, Litauen u. die N-Bukowina. Durch den *Winterkrieg* 1939/40 erzwang sie die Abtretung Kareliens von Finnland. 1941 erfolgte der dt. Angriff auf die S.

Nach dem Ende des 2. Weltkriegs wurde die S. zur Weltmacht. Sie annektierte weitere Gebiete (N-Ostpreußen, Karpato-Ukraine) u. förderte mit Hilfe ihrer Besatzungstruppen die Errichtung von volksdemokrat. Regimen in den osteurop. Staaten u. in der SBZ Dtld. Im Fernen Osten sicherte sie sich S-Sachalin u. die Kurilen. Daraus entwickelte sich ein Gegensatz zu den Westmächten, der zur Bildung von *NATO* (1949) u. *Warschauer Pakt* (1955) führte.

Nach Stalins Tod (1953) trat eine kollektive Führung mit G. M. *Malenkow*, L. P. *Berija* u. *Molotow* an die Spitze. Berija wurde 1953 hingerichtet. Seit Herbst 1953 begann der Aufstieg N. S. *Chruschtschows*. Auf seine Initiative wurden in der S. der Stalinsche Terror u. Personenkult verurteilt (1956) u. die Wirtschaftsleitung konsolidiert. Angesichts der zunehmenden westl. Widerstands gegen die aggressive sowjet. Außenpolitik wurden schon seit 1953 einige Konfliktherde beseitigt (Waffenstillstand in Korea 1953 u. Indochina 1954, Staatsvertrag mit Östr. 1955, Beendigung des Kriegszustands mit Japan 1956) u. es wurde die These der »friedl. Koexistenz« propagiert. Die Lockerung des sowj. Griffs führte zu Emanzipationsbestrebungen in einigen Staaten des Ostblocks, die allerdings blutig unterdrückt wurden (17. Juni 1953 in der DDR; 1956 Ungarn u. Polen).

Nach Chruschtschows Sturz im Okt. 1964 wurde die Herrschaft der Parteibürokratie wieder gestrafft. Innerhalb der zunächst kollektiven Führung trat Parteichef L. I. *Breschnew* (seit 1977 auch Staatsoberhaupt) mehr u. mehr in den Vordergrund. 1968 besetzte die S. zur Unterdrückung reformkommunist. Tendenzen die ČSSR. Im Nahostkonflikt unterstützte sie die Staatengruppe, die einen Frieden mit Israel entschieden ablehnte. In mehreren afrik. Staaten gewann sie großen Einfluß. In Europa u. gegenüber den USA bemühte sich die S. um Entspannung: 1970 Moskauer Vertrag mit der BR Dtld.; 1972 u. 1979 Verträge mit den USA zur Begrenzung der Raketenrüstung (SALT); Europäische Sicherheitskonferenz (KSZE). Ende 1979 besetzte die S. Afghanistan. In Polen betrieb die UdSSR die Errichtung eines Militärregimes (Dez. 1981).

Nach dem Tode Breschnews (1982) u. seiner Nachfolger J. W. *Andropow* (1982–84) u. K. U. *Tschernenko* (1984/85) wurde 1985 M. *Gorbatschow* Generalsekretär der KPdSU. Unter den Losungsworten *Glasnost* (»Offenheit«) u. *Perestrojka* (»Umgestaltung«) proklamierte er eine wirtsch. u. polit. Reformpolitik, die zur Auflösung der kommunist. Herrschaftsstrukturen in den Ländern des Warschauer Pakts führte. Im Innern setzte Gorbatschow eine Verfassungsreform durch, außenpolit. suchte er eine Verständigung mit den USA. Seit 1988 auch Staatsoberhaupt, veranlaßte er 1989 den Rückzug aus Afghanistan. 1990 setzte er die Einführung eines Präsidialsystems durch u. reduzierte den polit. Einfluß der KPdSU. Er selbst wurde zum Staatspräs. ernannt. Innenpolitisch verschärfte sich die wirtschaftl. Lage. Die Unabhängigkeitsbestrebungen der balt. Staaten u. a. Unions-Rep. sowie die sich verschärfenden Nationalitätenkonflikte (Armenien/Aserbaidschan) bedrohten die Einheit der S. Außenpolit. suchte G. die wirtschaftl. Unterstützung des Westens. Er förderte die europ. Entspannungspolitik durch die Tolerierung des dt. Wiedervereinigungsprozesses u. unterstützte die USA in der Golfkrise.

Staat u. Gesellschaft. Seit dem 7.10.1977 ist eine neue Verf. in Kraft, die die Verf. stalinist. Prägung vom 5.12.1936 ablöste, ohne das System jedoch wesentl. zu ändern. Eine durchgreifende Reform des Aufbaus der staatl. Organe bewirkten die Verfassungsänderungen von 1988 u. 1990. Danach ist die S. ein föderativ organisierter sozialist. Staat mit einem Präsidialsystem.

Formal höchstes Staatsorgan ist der *Kongreß der Volksdeputierten* mit 2250 Abg. Er wählt den *Obersten Sowjet* des Landes. 1990 wählte der Kongreß der Volksdeputierten auch den Staatspräs. für eine Amtszeit von 4 Jahren. Danach wird er direkt vom Volk für 5 Jahre gewählt. Der Staats-Präs. ist u. a. Oberbefehlshaber der Streitkräfte u. Vors. des Präsidialrates. Er hat umfangreiche exekutive Befugnisse. Die *Kommunist. Partei der Sowjetunion (KPdSU)* hat durch die Verfassungsänderung von 1990 formal ihr bisheriges Machtmonopol verloren. Sie stellt allerdings immer noch einen gewichtigen polit. Machtfaktor dar. An ihrer Spitze steht der *Generalsekretär*, der vom Parteitag gewählt wird u. dem *Politbüro des Zentralkomitees* vorsteht.

**Soxleth,** Franz, *1848, †1926, östr. Agrikulturchemiker; entwickelte den *S.-Apparat* zur Extraktion fester Stoffe.

**Soya,** Carl Erik, *1896, †1983, dän. Schriftst. (psychoanalyt. Dramen u. Romane).

**Soyinka,** Wole, *13.7.1934, nigerian. Schriftst. u. Regisseur; beschreibt die moderne nigerian. Gesellschaft; Nobelpreis 1986.

**sozial,** gesellig, gesellschaftl., auf die Gesellschaft bezogen, die Beziehungen zw. den Menschen betreffend; menschenfreundlich.

**Sozialarbeit,** ein nicht genau umgrenzter Bereich behördl. u. frei initiierter Arbeit mit benachteiligten u. hilfsbedürftigen Menschen. S. reicht von eingreifenden Maßnahmen bis zur formlosen Beratung; sie benutzt materielle, psychosoziale u. administrative Mittel.

**Sozialarbeiter,** *Sozialarbeiterin,* die berufl. in der *Sozialarbeit* tätige Person (in Fürsorgestellen, Stiftungen, Vereinen, Betrieben, weibl. Kriminalpolizei). Die Ausbildung erfolgt an einer höheren Fachschule und Akademie für Sozialarbeit.

**Sozialdemokratie,** Sammelbez. für die sich in mehreren Staaten Europas in der 2. Hälfte des 19. Jh. herausbildenden Parteien, die sich allmähl. von sozialrevolutionären zu sozialreformer. das parlamentar. System anerkennende u. mittragende Parteien entwickelten.

In Österreich wurde 1888/89 unter Führung V. *Adlers* die *Sozialdemokrat. Partei Österreichs* gegr., die nach Einführung des allg. Wahlrechts (1907) stärkste Partei im Reichsrat wurde. Die SPÖ war bis zum Verbot 1934 ein wichtiger polit. Faktor in der 1. Republik (1918–38). 1945 wurde die Partei durch K. *Renner* als *Sozialistische Partei Österreichs* (SPÖ) neu gegr. In der Schweiz begann der polit. Zusammenschluß der Sozialisten um 1870; 1888 wurde die *Sozialdemokratische Partei der Schweiz* gegr. Seit 1959 stellt sie zwei der sieben Bundesräte. In Großbritannien entwickelte sich eine Sonderform der S. in Gestalt der → Labour Party. In Frankreich ist die S. Ende des 19. Jh. aus den verschiedensten Gründungen sozialist. Parteien hervorgegangen. Im Juni 1971 kam es zur Neugründung einer »Sozialistischen Partei« *(Parti Socialiste)* unter F. *Mitterrand*. Die 1882 gegr. Sozialistische Partei Italiens wurde 1926 von Mussolini aufgelöst; 1944 wurde sie neu errichtet. 1947 spaltete sie sich in die Sozialisten unter P. *Nenni* u. die Sozialdemokraten unter G. *Saragat*. Die russ. S. *(Menschewiki)* bestand offiziell noch bis 1917; sie war aus der Bewegung der *Narodniki* u. der Sozialrevolutionäre hervorgegangen. In den skandinav. Ländern wie auch in Belgien u. den Niederlanden entwickelte sich die S. zur regierenden oder mindestens mitregierenden Partei.

**Sozialdemokratische Partei Deutschlands,** Abk. *SPD*. Sie wurde 1869 in Eisenach von W. *Liebknecht* u. A. *Bebel* gegr. Neben ihr bestand der von F. *Lassalle* gegr. *Allgemeine Dt. Arbeiterverein* von 1863, bis sich beide Parteien 1875 auf der Grundlage des »Gothaer Programms« zur *Sozialist. Arbeiterpartei Deutschlands* zusammenschlossen. 1891 nahm die Bewegung auf dem Parteitag zu Halle (Saale) den Namen der *SPD* an. Die marxist. Grundeinstellung wurde 1891 im *Erfurter Programm* erneut bestätigt, doch gewann praktisch die revisionist. Bewegung E. *Bernsteins* u. G. von *Vollmars* mehr u. mehr an Gewicht. Im Herbst 1918 verhinderte die Parteiführung ein Weitertreiben der November-Revolution in sozialist. Richtung, nachdem sich 1916 der linke, marxist. Flügel der Partei in der *Unabhängigen Sozialdemokrat. Partei* (USPD 1917–22) u. bes. deutlich im Spartakusbund (ab 1919 KPD) abgetrennt hatte. Im polit. System der Weimarer Rep. war die SPD bei allen Reichstagswahlen bis 1930 stimmenstärkste Partei, jedoch nur an wenigen Regierungen beteiligt. Nach der Machtübernahme Hitlers u. der NSDAP wurde die SPD im Juni 1933 zwangsweise aufgelöst. Unter Kurt Schumacher nach 1945 wiedergegr. (in der sowj. Besatzungszone mit der SED vereinigt), gab sie sich 1959 mit dem *Godesberger Programm* das Profil einer Volkspartei. Bis 1966 blieb die SPD stets in der Opposition. 1966–69 bildete sie eine große Koalition mit der CDU/CSU. 1969–82 regierte sie mit der FDP. Seitdem ist sie wieder in der Opposition. 1989 verabschiedete sie ein neues Grundsatzprogramm (Berliner Programm). Partei-Vors. ist seit 1987 H.-J. *Vogel*; Ehren-Vors. W. *Brandt*. – Unter dem SED-Regime wurde 1989 zunächst illegal die *Sozialdemokratische Partei in der DDR (SDP)* gegr. Sie wurde 1990 in *SPD* umbenannt. 1990 bildete

*Sozialdemokratische Partei Deutschlands: die Vorstandsmitglieder Oskar Lafontaine, Hans-Jochen Vogel und Johannes Rau auf einem SPD-Parteitag*

## soziale Grundrechte

sie mit CDU, DSU, DA u. BFD eine Reg. der Großen Koalition, aus der sie im Aug. 1990 austrat. Sie schloß sich der SPD der BR Dtld. an.

**soziale Grundrechte,** die *Menschenrechte* auf Arbeit, Wohnung, Bildung u. Erholung.

**soziale Marktwirtschaft,** eine Wettbewerbsordnung, deren Ziel es ist, auf der Basis einer *Konkurrenzwirtschaft* die freie Initiative des einzelnen mit einem durch Leistungswettbewerb gesicherten soz. Fortschritt zu vereinen. → Marktwirtschaft.

**Sozialenzykliken,** umfangreiche päpstl. Rundschreiben, die sich mit der Ordnung u. Entwicklung des Gesellschaftslebens befassen.

**sozialer Rechtsstaat** → Sozialstaat.

**sozialer Wandel,** Veränderungen in der *Sozialstruktur*.

**soziale Sicherheit,** die Abdeckung der Grundrisiken des Lebens in der industriellen Gesellschaft (Arbeitslosigkeit, Krankheit, Kinderreichtum u. Alter). Der Begriff wurde erstmals 1935 in den USA verwendet *(Social Security Act).*

**Sozialethik,** eine Ethik, die im Ggs. zur *Individualethik* den Schwerpunkt auf das an der Mitwelt orientierte sittl. Verhalten legt.

**Sozialforschung,** die empirische Arbeitsweise der *Sozialwissenschaften.* Die Techniken der S. sind Statistik, Befragung, Beobachtung, Experiment u.a.

**Sozialgerichtsbarkeit,** die Rechtsprechung in öffentl.-rechtl. Streitigkeiten über Angelegenheiten der Sozialversicherung, des Kassenarztrechts, der Kriegsopferversorgung u. des Aufgabenbereichs der Bundesanstalt für Arbeit; in der BR Dtld. als bes. Zweig der Gerichtsbarkeit geregelt im *Sozialgerichtsgesetz* vom 3.9.1953 in der Fassung vom 23.9.1975.

**Sozialhilfe,** fr. *öffentl. Fürsorge,* öffentl. Wohlfahrtspflege, die durch das *Bundessozialhilfegesetz* geregelt wird. Leistungen sind die *Hilfe zum Lebensunterhalt,* wenn der notwendige Lebensbedarf nicht ausreichend beschafft werden kann u. auch nicht von anderer Seite (Angehörige) erhältl. ist, außerdem die *Hilfe in bes. Lebenslagen,* z.B. die Krankenhilfe. Zuständig für die Gewährung von S. sind die Sozialämter. Neben den staatl. Trägern der S. gibt es auch private Institutionen (z.B. kirchl. Verbände), die sich um die Wohlfahrtspflege kümmern.

**Sozialisation,** Einführung u. Einfügung in die Gesellschaft.

**Sozialisierung,** *Vergesellschaftung, Verstaatlichung,* die Überführung von Wirtschaftsgütern in *Gemeineigentum (Volkseigentum)* aus ideolog. oder gesellschafts- u. wirtschaftspolit. Gründen.

**Sozialismus,** Sammelbegriff für Ideen u. Bestrebungen, die im Ggs. zum individualist. Liberalismus u. Kapitalismus das allg. Wohl der Gesellschaft stärker oder ausschl. zur Geltung bringen wollen. Dabei ist das Ziel die Schaffung einer klassenlosen, auf Gemeineigentum u. Gemeinwirtsch. gegr. Ordnung. Vorformen des S. finden sich bereits bei antiken Denkern. Der utop. S. fußt u.a. auf den Ideen T. Morus' (»Utopia«) sowie den Staatslehren des 18. Jh. Im 19. Jh. begr. K. Marx u. F. Engels den wiss. S. (→ Marxismus). Daraus entwickelte sich eine internat. Massenbewegung, da er die beherrschende Theorie der Arbeiterbewegung wurde. Im Zuge der Herausbildung moderner Demokratien entstand der freiheitl. S. der heutigen Sozialdemokratie aus der Sozialreformbewegung des 19. Jh. Dieser wandte sich seit Mitte der 1970er Jahre verstärkt ökolog. Fragestellungen zu (Öko-S.), während der marxist. geprägte S. durch den Niedergang der kommunist. Herrschaft (seit 1989) in den Staaten des Warschauer Paktes zunehmend diskreditiert wurde.

**Sozialistische Einheitspartei Deutschlands,** Abk. *SED,* die fr. Staatspartei der DDR; in der SBZ am 21.4.1946 entstanden, indem die KPD mit Teilen der SPD zusammengeschlossen wurde. Generalsekretär bzw. Erster Sekretär des Zentralkomitees (ZK) der SED war 1950–71 W. *Ulbricht,* von 1971–89 hatte E. *Honecker* dieses Amt inne. 1989 griffen die Veränderungen im Ostblock auf die DDR über, Honecker trat zurück. Sein Nachf. als Generalsekretär, E. *Krenz,* konnte sich nur kurze Zeit behaupten. Nach Rücktritt von ZK u. Politbüro wurde G. *Gysi* Vors. der Partei, die sich seit dem 4.2.1990 *Partei des demokrat. Sozialismus (PDS)* nennt.

**Sozialistische Partei Österreichs,** Abk. *SPÖ,* → Sozialdemokratie.

**sozialistischer Realismus,** die 1932 in der Sowj. u. später auch in den anderen kommunist. regierten Ländern für verbindl. erklärte »Schaffensmethode« in Lit., Musik u. bildender Kunst. Gefordert wurde die »wahrheitstreue, konkret-histor. Darst. der Wirklichkeit in ihrer revolutionären Entwicklung«.

**Sozialklausel,** im Mietrecht Härteklausel zum Schutz des Mieters (§§ 556a – 556c BGB).

**Sozialkunde,** *Gesellschaftslehre, Gemeinschaftskunde, Staatsbürgerkunde,* Unterrichtsfach, das polit. u. soz. Zusammenhänge der Gesellschaft behandelt.

**Soziallast,** Belastung der Volkswirtschaft mit Ausgaben für soz. Zwecke.

**Sozialleistungen,** Geld- u. Sachleistungen des Staates u. öffentl.-rechtl. Körperschaften im Rahmen der soz. Sicherheit; *freiwillige S.,* d.h. nicht unmittelbar zum Arbeitslohn gehörende Geld- u. Sachleistungen, gewährt der Unternehmer seinen Arbeitnehmern ohne gesetzl. oder tarifvertragl. Verpflichtung, z.B. Weihnachtsgratifikationen, Ausgaben für Werkskantinen, betriebl. Gesundheitsdienst u.a.

**Sozialordnung,** die Ordnungsvorstellungen vom menschl. Zusammenleben. Vier Grundkonzeptionen der S. lassen sich heute unterscheiden: 1. die *christl. S.,* deren Betrebungen sich wesentl. in der christl. Demokratie manifestieren; 2. die *liberale S.,* die dem aufklärerischen Gedankengut des → Liberalismus (freies Spiel der Kräfte) entspringt; 3. die *sozialist. S.* (→ Sozialismus) u. 4. die *marxist.-leninist. S.* (→ Kommunismus, → Marxismus).

**Sozialpartner,** Arbeitgeberverbände u. Gewerkschaften. In der Zeit der Weimarer Rep. wurden die S. *soziale Gegenspieler* genannt.

**Sozialplan,** Vereinbarung zw. Betriebsleitung u. Betriebsrat über Ausgleich oder Milderung wirtsch. Nachteile, die Arbeitnehmer durch Betriebsänderungen (z.B. Stillegung) entstehen.

**Sozialpolitik,** alle Grundsätze u. Maßnahmen des Staates u. größerer Verbände zur Gewährleistung eines Minimums an soz. Sicherheit. Dazu zählen u.a. die Arbeitsförderung, die Sozialversicherung u. die Lohnpolitik.

**Sozialprodukt,** die in Währungseinheiten ausgedrückten wirtsch. Leistungen einer Volkswirtschaft in einem bestimmten Zeitraum, die nicht in derselben Periode wieder in den Produktionsprozeß eingehen. Danach ist das *Brutto-S.* der Wert aller hergestellten Güter u. Dienstleistungen, die konsumiert u. exportiert werden, vermindert um die Importe. Dieser Betrag, vermindert um die Abschreibungen u. die indirekten Steuern, ist das *Netto-S.,* das dem *Volkseinkommen* entspricht. Die Steigerung des Brutto-S. nennt man *wirtschaftl. Wachstum.*

**Sozialpsychiatrie,** ein Aspekt der Psychiatrie, der die Wechselbeziehungen zw. dem psych. Kranken u. der Umwelt berücksichtigt.

**Sozialpsychologie,** die Wiss. vom Einfluß des gesellschaftl. Zusammenlebens auf das individuelle Seelenleben u. umgekehrt des Seelischen auf das Leben der Gesellschaft.

**Sozialreform,** eine Umgestaltung der Gesellschaft, um die Störungen der gesellschaftl. Ordnung zu beseitigen u. um diese selbst weiterzuentwickeln.

**Sozialrentner,** Bezieher einer Rente aus der *Sozialversicherung* u. aufgrund des *Bundesversorgungsgesetzes.*

**Sozialstaat,** *sozialer Rechtsstaat,* ein Staat, der soz. verantwortl. handelt u. soz. Gerechtigkeit u. Sicherheit gewährleistet. Art. 20 des GG enthält den soz. Rechtsstaat als Staatszielbestimmung.

**Sozialstruktur,** die Zusammensetzung oder Gliederung einer Bevölkerung (einer Gemeinde, einer Region, eines Landes u.ä.) nach Merkmalen, denen man soz. Bedeutung beilegt (z.B. nach der Stellung im Beruf: Arbeiter, Angestellte, Beamte, Selbständige; nach Geschlecht u. Alter).

**sozialtherapeutische Anstalten,** bes. Anstalten des Strafvollzugs zur Behandlung von Tätern mit schweren Persönlichkeitsstörungen durch Anwendung von Methoden der Psychiatrie u. Psychologie (§ 66 StGB).

**Sozialversicherung,** staatl. Zwangsversicherung zum Schutz der Arbeitnehmer vor den Folgen von Krankheit, Erwerbs- u. Berufsunfähigkeit, Betriebsunfällen, Alter u. Tod. Die S. umfaßt Krankenversicherung, Unfallversicherung, Arbeitslosenversicherung, Arbeiterrentenversicherung, Angestelltenrentenversicherung u. Knappschaftsversicherung. *Versicherungsbehörden* (für die Aufsicht über die Versicherungsträger) sind die Arbeitsministerien der Länder u. des Bundes sowie die Versicherungsämter u. das Bundesversicherungsamt.

**Sozialversicherungsnachweis,** Identifikationskarte, die ab 1991 von den Rentenversicherungsträgern zur Bekämpfung von Schwarzarbeit u. Leiharbeit eingeführt werden soll.

**Sozialwissenschaften,** die Gesamtheit der Wiss., die sich mit dem Zusammenleben der Menschen u. seinen Ordnungsformen befassen; oft auch zusammenfassende Bez. für Rechtswiss., Soziologie u. Politikwissenschaft.

**Sozietät,** Genossenschaft, Gesellschaft, Verband.

**Soziologie,** die Wiss. von den formalen u. inhaltl. Zusammenhängen des Lebens gegenwärtiger u. histor. Gesellschaften. Die Bez. S. wurde von A. *Comte* geprägt. Mit ihrer Festigung u. Ausbreitung entwickelte sich neben der *allg. S.* eine Vielzahl von *speziellen S.n:* z.B. *Agrar-, Familien-, Gemeinde-, Finanz-, Ind.-, Kunst-, Rechts-, Religions-, Wirtschafts-S.*

**Soziometrie,** von J. L. *Moreno* entwickeltes *soziograph.* Verfahren zur Darst. mitmenschl. Beziehungen innerhalb einer Gruppe.

**Sozius, 1.** Genosse, Teilhaber. – **2.** Mitfahrer auf dem Rücksitz eines Motorrads.

**Spa,** Kurort in der belg. Prov. Lüttich, 9700 Ew.; Mineralquellen; im 18./19. Jh. das Modebad Westeuropas.

**Spaak,** Paul-Henri, *1899, †1972, belg. Politiker (Sozialist); mehrf. Min.-Präs. u. Außen-Min.

**Spacelab** ['speɪslæb], europ. Weltraumlaboratorium, das 1983 erstmals mit Hilfe eines Raumtransporters in eine Erdumlaufbahn gebracht wurde. S. ist wiederverwendbar u. kann bis zu 4 Personen aufnehmen. Es dient der med. Forschung u. naturwiss. Experimenten.

**Spaceshuttle** ['speɪs ʃʌtl] → Raumtransporter.

**Spadolini,** Giovanni, *21.6.1925, ital. Politiker (Republikaner); seit 1974 mehrmals Min.; 1981/82 der erste Min.-Präs. nach dem 2. Weltkrieg, der

*Spaltöffnungen: A = Aufsicht, B = Querschnitt, C = Funktionsprinzip*

*Spanien: Kloster Montserrat im Katalonischen Bergland (links). – Costa Brava mit Lloret de Mar (rechts)*

nicht den Christdemokraten angehörte; seit 1987 Senats-Präs.

**Spagat,** das Grätschen der Beine bis zu einer waagr. Linie, seitl. oder nach vorn u. hinten.

**Spaghetti,** fadenförmige Nudeln aus kleberreichem Weizenmehl.

**Spalatin,** Georg, eigtl. G. *Burckhardt,* *1484, †1545, dt. luth. Theologe; einflußreich bei der Einrichtung der kursächs. Landeskirche.

**Spalier, 1.** Gitterwand, an der Obst *(S.-Obst)* gezogen wird. – **2.** Ehrenformation beiderseits eines Weges.

**Spallation,** eine Kernreaktion, bei der ein Atomkern mit energiereichen Teilchen beschossen wird.

**Spaltfrucht,** eine Frucht, die bei Reife in einsamige Teilfrüchtchen zerfällt, die einzelnen Fruchtblättern entsprechen (z. B. Ahorn, Doldengewächse).

**Spaltkölbchen,** *Schisandra,* den *Magnoliengewächsen* nahestehende Gatt. in Asien u. N-Amerika heim. Schlingpflanzen.

**Spaltlampe,** *Spaltleuchtengerät,* ein augenärztl. Untersuchungsgerät, mit dem einzelne versch. tiefe Abschnitte des Augeninnern genau betrachtet werden können.

**Spaltleder,** durch horizontales Spalten der gegerbten tier. Haut entstehende Lederart.

**Spaltneutronen,** Neutronen, die bei der Spaltung von Atomkernen frei werden.

**Spaltöffnungen,** *Stomata,* Einrichtungen in der Oberhaut *(Epidermis)* der von Luft umgebenen grünen Teile höherer Pflanzen, die dem Gasaustausch u. der Transpiration dienen.

**Spaltpflanzen,** *Schizophyta,* zusammenfassende Bez. für *Bakterien* u. *Blaualgen,* die keinen echten Zellkern haben u. sich durch einfache Spaltung vermehren.

**Spaltpilze** → Bakterien.

**Spaltprodukte,** die bei der Spaltung von Atomkernen im Kernreaktor entstehenden Kernbruchstücke; stark radioaktiv.

**Spanferkel,** *Saugferkel,* noch an der Zitze, dem »Span«, saugendes Ferkel.

**Spangenberg,** August Gottlieb, *1704, †1792, dt. ev. Theologe; gründete die nordamerik. Herrnhuter Brüdergemeine; nach 1762 Leiter der Brüderunität in Herrnhut.

**Spaniel** ['spænjəl], Jagdhundrassen (Stöberhunde), die als *Cocker-S., Cumber-S.* u. *Field-S.* u. als Zwergform *(Blenheim-S., King-Charles-S., Ruby-S.)* gezüchtet werden.

**Spanien,** Staat in SW-Europa, 504 782 km², 39 Mio. Ew., Hptst. *Madrid.*

*Spanien*

**Landesnatur.** Das durch die *Pyrenäen* vom übrigen Europa getrennte S. ist überwiegend ein Gebirgsland. Die beiden Kernlandschaften sind *Alt-* u. *Neukastilien,* deren Tafelhochländer der 650–1000 m hohen *Meseta* (→ Pyrenäenhalbinsel) angehören. Im NW u. N schließen sich die randl. Gebirgslandschaften von *Galicien, Asturien* u. der Baskischen Provinzen an. *Aragonien* erfaßt den größten Teil des Ebrobeckens, während *Katalonien* den äußersten NO des Landes einnimmt. *Valencia* u. *Murcia* sind die Küstenlandschaften am Mittelmeer. Im SW folgt *Andalusien,* das sowohl die Guadalquivir-Senke umschließt als auch von der Betischen Kordillere (im *Mulhacén* 3478 m) durchzogen wird. *Estremadura* u. *León* als Landschaften des inneren Hochlands schließen S. gegen Portugal ab. – Das **Klima** ist kontinental, mit Ausnahme im feuchten N u. NW, u. zeigt einen sommertrockenen mediterranen Charakter u. Winterkälte im Hochland; die Meseta hat z.T. vom Menschen verursachte Steppenvegetation.

**Bevölkerung.** Die iber. Urbevölkerung hat sich mit Kelten, Römern, Westgoten, Arabern u.a. vermischt. Die Spanier sprechen zu 64 % kastil. Mundarten, 24 % sprechen Katalanisch, 8 % das Gallego u. 2,5 % Baskisch. Staatssprache ist Spanisch. Der röm.-kath. Glauben ist die vorherrschende Religion. Die Bev. konzentriert sich in den Provinzen der Randlandschaften.

**Wirtschaft.** In der Landwirtschaft überwiegt der Weizen-, Mais-, Zuckerrüben- u. Gemüseanbau. In den neuesten Bewässerungsgebieten werden v.a. Exportprodukte (Südfrüchte, Wein, Mandeln, Tabak, Baumwolle) erzeugt. S. ist auch ein wichtiger Korkexporteur. Bedeutend ist die Fischerei (Schellfische, Sardinen, Thunfische), wobei etwa 1/3 für den Export zu Konserven verarbeitet wird. – S. besitzt als wichtige Bodenschätze Steinkohle, Eisenerz, Erdöl, Schwefelkies, Kupfer-, Blei-, Zinkerz, Steinsalz u. Quecksilber. – Die Industrie stützt sich weitgehend auf die Verarbeitung der landw. Produkte. Gut entwickelt sind auch die Metall- u. Maschinen-, die Bau- u. die Papiersowie in neuerer Zeit die chem. Ind. Der Fremdenverkehr ist auf den Inseln (Balearen, Kanar. Inseln) u. an den Küsten die wichtigste Erwerbsgrundlage.

**Geschichte.** Unter heftigen Kämpfen drangen seit 600 v.Chr. *Kelten* ein, die sich mit den *Iberern* mischten *(Keltiberer).* 19 v.Chr. war ganz S. im Besitz der Römer. *Eurich* († 484), König der *Westgoten,* vertrieb die Römer. Die Araber zerstörten 711 das Westgotenreich. Unter der *Omajjadenherrschaft* (756–1031) erlebte das Land eine wirtsch. u. kulturelle Blüte. Die sich in Nord-S. bildenden christl. Herrschaften breiteten sich mit zunehmender Schwäche der Araber nach S aus. Die Rückeroberung *(Reconquista)* wurde 1492 mit der Eroberung Granadas vollendet. Die Ehe zw. *Ferdinand II. von Aragón* u. *Isabella I. von Kastilien* 1469 begr. 1479 den span. Nationalstaat. Durch die Eroberungen in Amerika kam S. in den Besitz eines großen Weltreichs. S. war unbestrittene See- u. Weltmacht. – Unter *Philipp II.* (1556–98) konnte sich Frankreich wieder erheben, u. die Seeherrschaft ging an England verloren (Untergang der Armada). Es gelang Philipp 1580, Portugal zu erobern, das unter *Philipp IV.* (1621–65) wieder verlorenging. Im *Spanischen Erbfolgekrieg* konnte Frankreich die Thronfolge der *Bourbonen* auf dem span. Thron durchsetzen *(Philipp V.,* †1746), Gibraltar blieb (seit 1704) in engl. Hand; der größte Teil der span. Nebenländer (Niederlande, in Italien) ging verloren. Napoleon I. ließ 1807 S. besetzen; *Joseph Bonaparte* wurde span. König. Das Volk errang im Guerillakrieg

*Spanien: Der Badeort Benidorm an der Costa Blanca (links). – Steilküste bei Blanes (rechts)*

## Spanier

(1808–14) seine Freiheit zurück, es gab sich eine liberale Verf. *Ferdinand VII.* (1813–33) führte den Absolutismus wieder ein; er verlor die lateinamerik. Kolonien. Danach wurde S. von den *Karlistenkriegen* zerrüttet. 1898 mußte S. die Philippinen, Puerto Rico u. Kuba an die USA abtreten. Im 1. Weltkrieg war S. neutral. 1923–30 regierte M. *Primo de Rivera* das Land diktator. 1931 wurde die Republik ausgerufen. Gegen die aus den Wahlen im Februar 1936 siegreich hervorgegangene Volksfront erhob sich General F. *Franco* am 17.7.1936 in Span.-Marokko. Die Erhebung weitete sich zum *Spanischen Bürgerkrieg* (1936–39) aus, den Franco siegreich beenden konnte, der als Caudillo (»Führer«) an die Spitze des faschist. aufgebauten Staats trat. – Im 2. Weltkrieg blieb S. neutral. 1947 erklärte Franco S. durch Gesetz zur kath. *Monarchie*. Seit Dez. 1955 ist S. Mitgl. der UN. Nach dem Tod Francos 1975 wurde *Juan Carlos* König. S. vollzog schrittweise den Übergang zur Demokratie u. erhielt 1978 eine neue Verfassung. 1981 scheiterte ein Militärputsch. 1982 wurde S. Mitgl. der NATO, 1986 der EG. Seit 1982 ist der Sozialist F. *González* Min.-Präs. Eine schwere Belastung stellen die separatist. Bewegungen bes. des Baskenlands dar.

**Spanier,** roman. Volk in SW-Europa; 40 Mio., von denen sich 2,5 Mio. *Galicier* u. 9 Mio. *Katalanen* (in Katalonien u. Valencia) sprachl. u. vielfach auch in der Volkskultur abheben.

**Spaniolen,** die Nachkommen der nach 1492 von der Pyrenäenhalbinsel vertriebenen Juden.

**spanische Literatur.** Die maur. Fremdherrschaft hat eine frühzeitige Entfaltung der span. Sprache u. Literatur behindert. Das erste erhaltene Werk von Bedeutung ist das »Cantar de mío Cid« (um 1140), ein Epos von den Kämpfen des Nationalhelden *Cíd* gegen die Mauren. Ein Rolands-Epos ist in Fragmenten, andere Epen sind in späteren Prosafassungen erhalten. Die Spielmannsepik u. die geistl. Dichtung des frühen MA zeigen frz. Einflüsse. Der älteste namentl. bekannte span. Dichter ist der Kleriker *Gonzalo de Berceo*, der um 1230 Marien- u. Heiligen-Legenden schrieb.

In der Mitte des 13. Jh. wurde am Hof *Alfons' des Weisen* von Kastilien eine provençal. beeinflußte Minnedichtung gepflegt. Zur gleichen Zeit entstand die große Weltchronik »Grande e General Historia«. Der maur. Einfluß zeigte sich in zahlr. Übers. aus dem Arabischen. Gegen Ende des 13. Jh. schrieb P. *López de Ayala* die Gesellschaftssatire »Rimado de Palacio«. Die Dichter des 15. Jh. (Marqués de *Santillana*, J. de *Mena*, J. *Manrique*) standen unter dem Einfluß *Dantes* u. der ital. Renaissance. 1492 verfaßte der Humanist Antonio de *Nebrija* eine span. Grammatik.

Das 16. u. 17. Jh. waren das »Goldene Zeitalter« der s. L. Die Lyrik des 16. Jh. wurde von den Formen u. Themen der ital. Renaissance bestimmt *(Petrarkismus)*. Um 1600 setzte sich der überladene Stil des Barocks durch. Die größten Lyriker dieser Epoche waren F. G. de *Quevedo* u. L. de *Góngora (Gongorismus)*. Mit dem »Lazarillo de Tormes« (anonym 1554) begann die Reihe der Schelmenromane, die die gesamte europ. Literatur beeinflußten. Der Gipfel in der Entwicklung des span. Romans ist der »Don Quijote« von *Cervantes* (1605–15). Auch das span. Theater erreichte seinen Höhepunkt, sowohl im geistl. *(Auto sacramental)* wie im weltl. Drama *(Comedia)* u. im kurzen Zwischenspiel *(Entremés)*. Die großen Dramatiker der Zeit waren Lope F. de *Vega Carpio*, *Tirso de Molina* u. P. *Calderón de la Barca*.

Die Lit. des 18. Jh. ist von der klassizist. Nachahmung des »Goldenen Zeitalters« u. der Übernahme

## SPANIEN — Geschichte und Kultur

*Franco-Truppen im Bürgerkrieg vor Madrid*

*Antonio Tàpies: Traumgarten; 1949, Köln, Museum Ludwig*

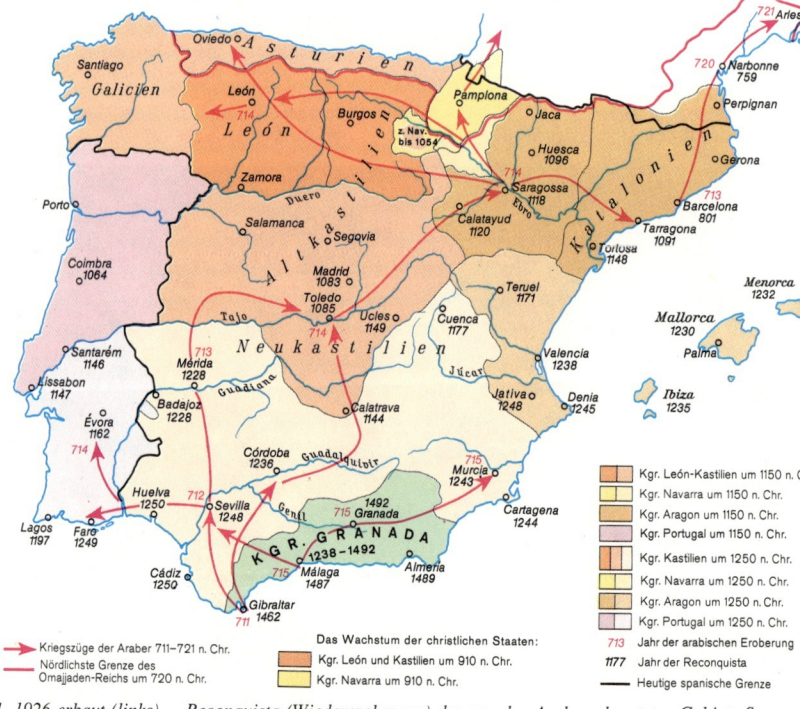

*Antonio Gaudí y Cornet: Sagrada Familia in Barcelona; 1884–1926 erbaut (links). – Reconquista (Wiedereroberung) der von den Arabern besetzten Gebiete Spaniens durch die Christen (rechts)*

*Spanische Reitschule: Vorführung der Lipizzaner*

der Aufklärung bestimmt. Der Kampf gegen Napoleon gab der s. L. eine neue Richtung; romant. Gedankengut gelangte nach Spanien. Meister der spätromant. Lyrik u. Prosa war G. A. *Bécquer*. Mit den Heimatromanen der *Fernán Caballero* u. den psycholog. Romanen J. *Valeras* begann die Epoche des Realismus, die in den »Episodios Nacionales« u. den histor. u. gesellschaftskrit. Romanen von B. *Pérez Galdóz* ihren Höhepunkt erreichte. Die »Generation von 1898« (M. de *Unamuno*, J. *Ortega y Gasset*, *Azorín*, R. *Pérez de Ayala*) erstrebte nach der Niederlage gegen die USA eine geistige Erneuerung der Nation. Die moderne Lyrik ist weitgehend von R. *Darío* (aus Nicaragua) beeinflußt. Die wichtigsten Lyriker sind J. R. *Jiménez*, V. *Aleixandre*, D. *Alonso* u. Eugenio de *Nora*. F. *García Lorca* erneuerte das volkstüml. Problemtheater; Dramatiker wie A. *Casona* u. Antonio *Buero Vallejo* stehen unter frz. u. angelsächs. Einfluß. Die bekanntesten modernen Romanciers sind P. *Baroja y Nessi*, J. A. de *Zunzunegui*, R. J. *Sender*, C. J. *Cela*, J. M. *Gironella*, C. *Laforet*, F. *Arrabal*, A. M. *Matute*, J. u. L. *Goytisolo*.

**Spanische Niederlande** → Niederlande.
**Spanischer Bürgerkrieg** → Spanien (Geschichte).
**Spanische Reitschule,** fr. *Hofreitschule*, die *Hohe Schule* pflegende Reitschule in Wien. Die Pferde sind Lipizzanerhengste.
**spanische Sprache,** eine westroman. Sprache, gesprochen in Spanien, Mittelamerika (einschl. Mexiko) u. S-Amerika (außer Brasilien); entstanden aus dem Vulgärlatein der röm. Besatzungszeit.
**Spanisch-Marokko,** 1912–56 span. Protektorat in N-Marokko, bis auf die *Plazas de Soberanía* (Presidios: Ceuta u. Melilla) aufgegeben.
**Spanisch-Sahara** → Westsahara.
**Spann,** Othmar, *1878, †1950, östr. Nationalökonom u. Soziologe; forderte einen christl., berufsständ. Staat u. beeinflußte den *Austrofaschismus*.
**Spannbeton** → Beton.
**Spanne,** *Spann*, ein natürl. Längenmaß: der Abstand zw. Daumen u. Mittelfingerspitze *(kleine S.)* oder zw. Daumen u. Spitze des kleinen Fingers *(große S.)*.
**Spanner,** *Geometridae*, Fam. der *Schmetterlinge*, die die Flügel in der Ruhestellung flach ausbreiten u. deren Raupen sich spannend (mit Buckelbildung) fortbewegen; *Frost-*, *Stachelbeer-*, *Kiefern-* u. *Birken-S.*
**Spannung, 1.** *Elektrizität:* Formelzeichen *U*, die Potentialdifferenz zw. 2 Punkten eines elektrostat. Felds; Ursache des elektr. Stroms. Die Ein-

*Gesamtansicht der Alhambra nach Süden vom Albaicín aus mit Blick auf die Berge der Sierra Nevada*

*Kaiser Karl V. und Isabella von Portugal; Kopie von Rubens nach einem Gemälde von Tizian, um 1628. Madrid, Palast des Herzogs Alba (links). – Das spanische Königspaar, Juan Carlos und Sophie, bei der Stimmabgabe zur Parlamentswahl 1986 (rechts)*

**Spannungsmesser**

heit der S. ist das Volt. – **2.** *Mechanik:* die Kraft, die im Innern eines durch äußere Kräfte belasteten (elast.) Körpers je Flächeneinheit auftritt.
**Spannungsmesser** → Voltmeter.
**Spannungsteiler,** Reihenschaltung mehrerer Widerstände, zw. denen die in ihrem Verhältnis geteilte Spannung abgenommen werden kann; auch kontinuierl. Teilung eines Widerstands (Potentiometer).
**Spannungswandler,** elektr. Gerät *(Transformator)* zur Umwandlung einer Spannung in eine höhere oder niedrigere.
**Spant, 1.** rippenähnl. Querverbandsteil im Schiff zum Versteifen der Außenhaut. Bei Großfrachtschiffen gibt es auch *Längsspanten.* – **2.** bei Schiffszeichnungen die Querschnittsform eines Schiffs an einer bestimmten Stelle.
**Sparbrief,** Urkunde über eine Spareinlage in fester Stückelung u. mit bestimmter Festlegungszeit von meist mehreren Jahren.
**Sparbuch,** das von einer Bank oder Sparkasse *(Sparkassenbuch)* dem Inhaber eines Sparkontos ausgestellte Buch, in dem alle Kontenveränderungen eingetragen werden.
**Spargel,** *Asparagus,* Gatt. der *Liliengewächse.* Der *Gemüse-S.* liefert die jungen, eßbaren, wenig über die Erde herauskommenden Schößlinge des Handels.
**Spargelhähnchen,** ein bis 7 mm langer *Blattkäfer,* Spargelschädling.
**Spark,** *Spergula,* Gatt. der *Nelkengewächse;* kleine Kräuter mit fadenförmigen Blättern; hierzu der *Feld-S.*
**Spark** [spa:k], Muriel Sarah, *1.2.1918, engl. Schriftst.; schildert in ihren Romanen mit skurrilem Humor das Leben von Sonderlingen.
**Sparkassen,** Geld- u. Kreditinstitute, die vorwiegend Spargelder *(Spareinlagen)* annehmen, verzinsen u. verwalten, aber auch Depositen- u. Kontokorrentkonten unterhalten u. Kredite geben; in der BR Dtld. meist von Gemeinden oder Gemeindeverbänden betrieben.
**Spärkling,** *Spergularia,* Gatt. der *Nelkengewächse;* hierzu der *Salz-S.* mit blaßroten Blüten u. der *Rote S.* mit rosenroten Blüten.
**Sparrendach,** eine Dachkonstruktion, bei der je zwei gegenüberliegende *Sparren* mit dem darunterliegenden Balken der obersten Balkenlage zu einem Dreieck verbunden sind.
**Sparring,** das Training des Boxers an Geräten oder mit einem Partner.
**Sparta,** *Sparte,* grch. Stadt auf dem Peloponnes, 15 900 Ew.; gegen 1050 v.Chr. von *Doriern* besiedelt, die einen Staat eig. Prägung entwickelten *(Lakedämon).* Die *Spartiaten* (Vollbürger) bildeten eine geschlossene militarist. Oberschicht. S. übernahm seit der Mitte des 6. Jh. v. Chr. die Führung der Staaten auf dem Peloponnes *(Peloponnesischer Bund)* u. in den Perserkriegen an der Seite Athens die Vorkämpferschaft für ganz Hellas *(Leonidas, Pausanias).* Athens Aufstieg *(Attischer Seebund)* führte zur Rivalität. 431 v.Chr. brach der Peloponnesische Krieg aus, den S. mit pers. Hilfe gewinnen konnte. Mit der Niederlage in der Schlacht bei Leuktra 371 v. Chr. u. dem Verlust Messeniens endete S.s große Zeit.
**Spartacus,** *Spartakus,* † 71 v.Chr. (gefallen), Anführer im *3. Sklavenkrieg* gegen die Römer; nach anfängl. Erfolgen von Crassus besiegt u. getötet.
**Spartakiade,** in den Ostblockstaaten in unregelmäßigem Abstand veranstaltetes Massensportfest mit Wettbewerben in allen Sportarten; erste S. 1928 in Moskau.
**Spartakusbund,** Zusammenschluß revolutionärer Sozialisten zur Zeit des 1. Weltkrieges, gegr. Anfang 1916; nannte sich zunächst *Gruppe Internationale,* dann *Spartakusgruppe,* seit dem 11.11. 1918 der S. Führende Persönlichkeiten waren K. *Liebknecht,* R. *Luxemburg,* Leo *Jogiches.* Die Gruppe bildete den Kern der späteren KPD.
**spartanisch,** streng, hart; genügsam, anspruchslos.
**Sparte,** Fach-, Geschäfts- oder Wissenschaftszweig.
**Sparterie,** urspr. Mattenflechtarbeit, heute Holzflechtarbeit.
**spasmisch,** krampfartig, krampfhaft.
**Spasmolytika,** *Antispasmodika,* krampflösende Mittel.
**Spasmophilie,** *kindl. Tetanie,* eine bei Säuglingen u. Kindern vorkommende Erkrankung, deren Hauptanzeichen eine abnorme Krampfbereitschaft ist. Ursache ist eine Störung des Hormon- u. Mineralstoffwechsels.
**Spasmus,** Krampf.
**Spastiker,** jemand, der an spastischer Lähmung leidet (bes. Kinder). Ursachen der spast. Lähmung sind v. a. angeborene oder frühkindl. erworbene Hirnschädigungen. Hauptanzeichen sind Geh- u.a. Bewegungsstörungen sowie Sprach-, Seh- u. Hörschäden.
**Spat,** alte Bez. für gut spaltbare Mineralien *(Feld-, Kalk-S.)* u.a.
**Spätgeburt,** eine Geburt später als 14 Tage nach dem errechneten Termin.
**Späth,** Lothar, *16.11.1937, dt. Politiker (CDU); seit 1978 Min.-Präs. von Ba.-Wü.
**Spätheimkehrer,** alle Heimkehrer, die nach bestimmten Stichtagen aus der Kriegsgefangenschaft in die BR Dtld. oder nach Westberlin zurückgekehrt sind. Sie wurden gegenüber den übrigen Heimkehrern bes. gefördert.
**spationieren,** *spatiieren,* Wörter beim Schriftsatz durch Einlegen dünner Metallplättchen *(Spatien)* zw. die Buchstaben s p e r r e n.
**Spatium,** Zwischenraum, Raum.
**Spätlese,** dt. Bez. für Qualitätsweine aus Trauben, die nach Abschluß der Normalernte geerntet werden.
**Spatz,** *Haussperling,* → Sperlinge.
**Spätzle,** *Knöpfle,* Mehlspeise (Teig aus Mehl, Milch oder Wasser u. Eiern).
**SPD,** Abk. für *Sozialdemokratische Partei Deutschlands.*
**Speaker** ['spi:kə], der Präs. des brit. Unterhauses u. des Repräsentantenhauses der USA.
**Spechte,** *Picidae,* weltweit verbreitete Fam. mit Meißelschnabel ausgerüsteter, kräftiger, oft bunter *Spechtvögel,* die Insekten u. deren Larven aus Baumrinde u. Holz herausbauen. Hierzu die grün-grau gefärbten *Grün-* u. *Grau-S.e* mit »lachendem« Ruf, die weiß-schwarz-rot gefärbten *Bunt-, Klein-* u. *Mittel-S.e* der 46 cm große, ein rote Kappe tragende *Schwarz-S.*
**Spechtvögel,** *Piciformes,* eine Ordnung der Vögel, zu der die Fam. *Glanzvögel, Bartvögel, Spechte, Tukane* u. *Honiganzeiger* gehören.
**Speck,** die Fettschicht unter der Haut des Schweins.
**Speck,** Paul, *1896, †1966, schweiz. Bildhauer (steinerne Brunnen u. Figurengruppen).
**Speckkäfer,** *Dermestidae,* in allen Erdteilen lebende Fam. der *Käfer;* Vorratsschädlingen; hierzu der *Speck-* sowie *Pelzkäfer, Teppichkäfer, Khaprakäfer* u. *Museumskäfer.*
**Speckstein,** *Steatit,* Varietät des Minerals *Talk* (→ Mineralien).
**Speckter, 1.** Erwin, *1806, †1853, dt. Maler u. Graphiker; verarbeitete Anregungen der Nazarener u. des Klassizismus. – **2.** Otto, Bruder von 1), *1807, †1871, dt. Maler u. Graphiker; illustrierte H.Ch. Andersons Märchen.
**Speculum,** »Spiegel«, häufiger lat. Titel von spätmittelalterl. Kompilationen theolog., lehrhafter u. unterhaltender Art.
**Spediteur** [-'tø:r], ein Kaufmann, der gewerbsmäßig Gütertransporte durchführt.
**Spee, 1.** *S. von Langenfeld,* Friedrich, *1591, †1635, dt. Barock-Dichter; Jesuit; myst. geistl. Gedichte. – **2.** Maximilian Reichsgraf von, *1861, †1914 (gefallen), dt. Admiral; im 1. Weltkrieg Sieger mit dem Ostasien-Geschwader bei Coronel am 1.11.1914; unterlag bei den Falklandinseln.
**Speed** [spi:d], Geschwindigkeitssteigerung eines Rennläufers oder Pferdes, Spurt.
**Speedway** ['spi:dwei], fr. *Dirt-Track-Rennen,* Motorradrennen auf 400 m langen Bahnen mit Spezialmotorrädern.
**Speer,** eine der ältesten Nah- u. Fernwaffen für Jagd, Kampf u. Sport.
**Speer,** Albert, *1905, †1981, dt. Architekt u. nat.-soz. Politiker; errichtete große Partei- u. Staatsbauten; 1942/43 Reichs-Min. für Bewaffnung u. Munition, 1943–45 für Rüstung u. Kriegsproduktion, im Nürnberger Kriegsverbrecherprozeß zu 20 Jahren Haft verurteilt, die er in Spandau verbüßte.
**Speerschleuder,** *Wurfholz, Wurfschleuder,* ein Stück Holz, mit dessen Hilfe der Speer hebelartig kräftiger u. weiter geworfen wird.
**Speerwerfen,** ein leichtathlet. Wurfwettbewerb, bei dem der Speer nach Anlauf geworfen wird.
**Speiche, 1.** Teil des Rads. – **2.** *Radius,* der beiden Unterarmknochen der vorderen Gliedmaßen der vierfüßigen Wirbeltiere; beim Menschen der stärkere, auf der Daumenseite liegende.
**Speichel,** *Saliva,* dünnflüssiges Sekret der *S.drüsen.* Er setzt sich aus anorgan. u. organ. Substanzen wie *Mucin* u. *Proteinen* zusammen.
**Speicheldrüsen,** traubige *(azinöse)* Drüsen im Kopf von Gliederfüßern, Weichtieren u. Wirbeltieren, die in den Mundraum münden. Ihre Sekrete *(Speichel)* dienen der Nahrungsaufnahme u. Mundverdauung.
**Speicher, 1.** Vorratsraum, -gebäude. – **2.** Funktionseinheit eines → Computers, die Daten aufnimmt, aufbewahrt u. abgibt.
**Speichergestein,** poröses Gestein, in das Erdöl eingewandert ist.
**Speichergewebe,** Körpergewebe zur Speicherung von flüssigen oder festen Stoffen, die entweder später im Stoffwechsel wieder verwendet oder als Exkrete gespeichert werden.
**Speicherkraftwerk,** eine Wasserkraftanlage, die ihr Triebwasser einem Speicher entnimmt. Die Stromerzeugung kann dem ständig wechselnden Bedarf angepaßt werden.
**Speicherofen,** ein elektr. Heizgerät, das durch eingelegte Heizwicklungen meist mit billigem Nachtstrom aufgeheizt wird. Die gespeicherte Wärme wird tagsüber abgegeben.
**Speicherring,** zwei wellenförmig ineinander verschlungene Ringe, in die hoch beschleunigte Protonen eingeschleust u. so gespeichert werden, daß sich die Teilchenbahnen kreuzen; dient Versuchen in der Hochenergiephysik z. B. bei den Projekten CERN u. DESY.
**Speidel,** Hans, *1897, †1984, dt. Offizier; 1957 bis 1963 Befehlshaber der NATO-Landstreitkräfte Mitteleuropa; im 2. Weltkrieg Heeresgruppen-Stabschef unter E. *Rommel;* am Widerstand gegen Hitler beteiligt.
**Speigatt,** rd. Loch in den Schiffswänden für den Wasserablauf.
**Speik,** Bez. für versch. Gebirgspflanzen mit zusammengesetzten Blütenständen, z. B. der *Echte S.,* in Baldriangewächs.
**Speischlange,** bis 2 m lange afrik. Hutschlange; speit giftigen Speichel gegen die Augen von Feinden.
**Speiseopfer,** Darbietung von Speisen oder Teilen der Mahlzeit für die Gottheit oder die Ahnen, wozu auch das *Trankopfer (Libation)* gehört.
**Speiseröhre,** *Ösophagus,* Teil des Darmkanals: das Verbindungsstück zw. Schlund u. Magen.
**Speispinnen,** *Sicariidae,* Fam. der *Spinnen.* Die Gatt. *Scytodes* u. *Loxosceles* schleudern aus den Giftdrüsen der Cheliceren (nicht den Spinndrüsen) Leimfäden über die Beute.
**Speke** [spi:k], John Hanning, *1827, †1864, brit.

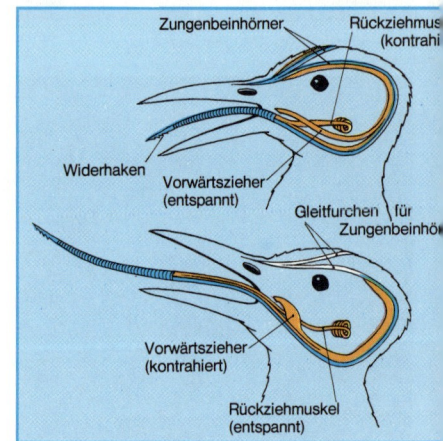

*Spechte können ihre Zunge um die vierfache Länge des Oberschnabels herausstrecken, um tief in der Baumrinde sitzende Insekten herauszuholen, die mit den Widerhaken an der Zungenspitze geangelt werden. Die Zunge ist das Endstück des flexiblen doppelten Zungenbeines, das sich um den Schnabel des Spechts schlingt und erst in der Nähe des Nasenlochs ansetzt. Ebenso ungewöhnlich ist der Luftröhren-Zungenbeinmuskel, der zwischen Zungenbeinhorn und Luftröhre ausgespannt ist und den Zungenbeinapparat zurückholen kann. Der tiefe Vorwärtszieher zieht das Zungenbein nach vorn*

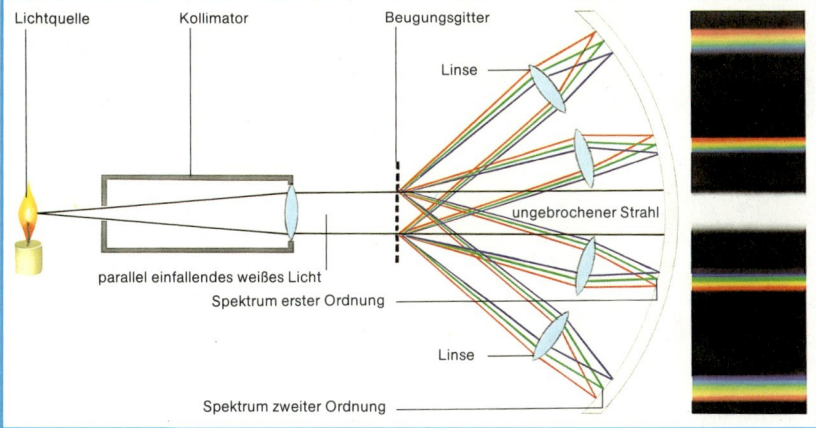

*Spektrum:* Ein Beugungsgitter spaltet das einfallende weiße Licht in eine Reihe von Spektren auf, da der rötliche, längerwellige Lichtanteil stärker gebeugt wird als der kurzwellige blaue. Das Spektrum erster Ordnung zu beiden Seiten des ungebeugt hindurchtretenden Lichtstrahls ist das schmalste und gleichzeitig das hellste. Weiter außen folgen die Spektren zweiter, dritter und vierter Ordnung, die sich über einen größeren Raum ausbreiten, aber auch lichtschwächer werden. Die Photographie einer Kerzenflamme durch ein Beugungsgitter zeigt deutlich die beiden Spektren erster und zweiter Ordnung

Afrikaforscher; entdeckte 1858 mit R. F. *Burton* den Tanganjikasee u. den Victoriasee.

**Spektabilität,** *Eure (Ew.) S.,* tradit. Anrede eines Dekans an einer Universität.

**spektral,** das *Spektrum* betreffend.

**Spektralanalyse,** die Untersuchung von Stoffen auf ihre chem. Elemente durch Zerlegen des von ihnen ausgestrahlten Lichts in Spektralfarben.

**Spektralapparat,** opt. Gerät zur Zerlegung des Lichts nach Wellenlängen (*Spektralanalyse*); Hauptbestandteile: der Kollimator, ein Prisma oder ein Beugungsgitter u. ein Fernrohr, mit dem die Spektrallinien beobachtet (*Spektroskop*) oder photographiert (*Spektrograph*) werden.

**Spektraldurchmusterung,** ein Sternkatalog, der die Spektralklassen zahlr. Sterne enthält; z. B. *Henry-Draper-Katalog* (Abk. HD) mit 225 300 Sternen bis zur Größe 9,5.

**Spektralfarben,** die versch. Farben, aus denen das weiße Licht zusammengesetzt ist; → Spektrum.

**Spektralklassen,** Einteilung der Sterne nach dem Aussehen ihres Spektrums; O: sehr heiße, blauweiße Sterne; B: heiße, weiße Sterne; A: ziemI. heiße, weißgelbe Sterne; F: hellgelbe Sterne, etwas heißer als die Sonne; G: gelbe Sterne wie die Sonne; K: rötl.-gelbe Sterne, etwas kühler als die Sonne; M: rötl., kühle Sterne (Metallinien, Titanoxidbanden stark).

**Spektrallinie** → Spektrum.

**Spektrograph** → Spektralapparat.

**Spektroheliograph,** Apparat zur photograph. Aufnahme (*Spektroheliogramm*) der Sonne im monochromat. Licht einer einzigen Spektrallinie.

**Spektroskop** → Spektralapparat.

**Spektroskopie,** die Untersuchung der von Gasen, festen Körpern u. Flüssigkeiten ausgesandten Spektren; → Spektralanalyse.

**Spektrum,** urspr. die Aufspaltung weißen Lichts in Licht versch. Farben, d. h. Wellen versch. Wellenlänge bzw. Frequenz, dann entspr. einer oder alle elektromagnet. Wellen. Im übertragenen Sinn wird S. auch für die Zerlegung anderer Strahlungen nach einem untersuchten Merkmal benutzt, z. B. *Frequenz-S.* von Schallwellen, *Geschwindigkeits-S.* einer Betastrahlung, *Massen-S.* eines Atomstrahls. Ferner spricht man von S. auch, wenn die Gesamtheit der mögl. Zahlenwerte einer physik. Größe gemeint ist, z. B. das *Energie-S.* eines Atoms. Werden in einem S. nur einzelne, getrennt liegende Zahlenwerte angenommen, so nennt man dies ein *diskretes S.* Dagegen variieren bei einem *kontinuierl. S.* die Zahlenwerte stetig. – Die Atome u. Moleküle versch. Stoffe senden bei Anregung Wellen nur ganz bestimmter Länge aus. Die ausgestrahlten Lichtwellen werden in einem Spektralapparat als *Spektrallinien* gesehen. Bei einatomigen Gasen (z. B. Edelgasen) sind die einzelnen Spektrallinien gut getrennt (*Linien-S.*), bei Molekülen dagegen innerhalb größerer Gebiete verwaschen (*Banden-S.*). Man unterscheidet zw. *Emissions-S.,* d. h. Spektrallinien, die von angeregten Atomen ausgesandt (emittiert) werden, u. *Absorptions-S.,* das beim Durchgang von weißem Licht durch Gase infolge Absorption bestimmter Lichtwellen in den Gasatomen entsteht.

**Spekulation, 1.** Gedankengang, der Erkenntnis gewinnt ohne Beziehung zur äußeren Wirklichkeit. – **2.** eine Erkenntnis Gottes aus der »Spiegelung« in seinen Werken. – **3.** geschäftl. Tätigkeit (*S.sgeschäft*), bes. mit Wertpapieren an der Börse (z. B. als Termingeschäft oder mit Grundstücken) zur Gewinnerzielung aus Preisschwankungen (billig kaufen, teuer verkaufen) durch den *Spekulanten.*

**Spekulatius,** Kleingebäck aus Mürbeteig, mit Reliefformen ausgestochen.

**spekulatives Denken** → Spekulation (1).

**Spekulum,** *Spiegel,* Instrument zum Einblick in Körperhöhlen.

**Speläologie,** Höhlenkunde.

**Spellman** [-mən], Francis Joseph, *1889, †1967, US-amerik. Kardinal (1946); seit 1939 Erzbischof von New York u. Militärbischof.

**Spelzen,** trockenhäutige Hüllblättchen (Hochblätter) an Blüten u. Früchten von Gräsern.

**Spemann,** Hans, *1869, †1941, dt. Zoologe; entdeckte die organinduzierende Wirkung bestimmter Stoffe u. Organteile; Nobelpreis 1935.

**Spencer** ['spensə], **1.** Christopher M., *1833, †(?), US-amerik. Ing.; baute 1873 die erste automat. Werkzeugmaschine. – **2.** Herbert, *1820, †1903, engl. Philosoph u. Soziologe; Theoretiker der Evolution mit positivist. Erkenntnistheorie.

**Spende,** freiwillige Zahlung oder Lieferung von Gütern ohne Gegenleistung mit einer gewissen Zweckbestimmung. S.n zur Förderung mildtätiger, kirchl., wiss. u. als bes. förderungswürdig anerkannter gemeinnütziger Zwecke sind bei der Einkommensteuerberechnung abzugsfähig.

**Spender** ['spendə], Stephen, *28.2.1909, engl. Schriftst.; nahm am Span. Bürgerkrieg teil; wandte sich später vom Kommunismus ab; kontemplative Lyrik; Erzählungen u. Reiseberichte.

**Spener,** Philipp Jakob, *1635, †1705, dt. ev. Theologe; Vertreter des luth. *Pietismus;* gründete »Konventikel ernster Christen« (*Collegia pietatis*).

**Spengler,** Oswald, *1880, †1936, dt. Geschichtsphilosoph; in seinem Hptw. »Der Untergang des Abendlandes« entwickelte er eine Geschichtstheorie, wonach die bisherige Weltgeschichte als ein unverbundenes Nach- u. Nebeneinander von 8 selbständige Hochkulturen zu verstehen ist, die alle einen bestimmten Wachstums- u. Zerfallsprozeß durchmachen.

**Spenser** ['spensə], Edmund, *um 1552, †1599, engl. Dichter; setzte mit seinem Werk einen Höhepunkt in der engl. Renaissancedichtung. W Epos »Die Feenkönigin«.

**Spenzer,** um die Wende vom 18. zum 19. Jh. von Männern u. Frauen getragene kurze, enge Jacke mit andersfarbigem Kragen u. Rückengurt.

**Sperber,** *Stößer,* dem Habicht ähnlicher, aber kleinerer (30–40 cm) *Greifvogel;* ein Vogeljäger. Das graubraune Gefieder zeigt bes. an der Brust eine in Querbinden angeordnete »Sperberung«.

**Sperber,** Manès, *1905, †1984, Schriftst. frz.-östr. Herkunft; setzte sich in Romanen u. Essays mit dem Kommunismus auseinander; W »Wie eine Träne im Ozean«.

**Sperl,** Johann, *1840, †1917, dt. Maler (realist. Landschaften u. Jagdszenen).

**Sperlinge,** *Passerinae,* eine Unter-Fam. der *Webervögel.* Zu den eigtl. S.n gehören *Haus-* u. *Feld-S.,* die in Dtld. weit verbreitet sind.

**Sperlingsvögel,** *Passeriformes,* rd. 5000 Arten umfassende, größte Ordnung der *Vögel;* weltweit verbreitet. Hierher gehören *Breitrachen, Leierschwänze, Schreivögel* u. *Singvögel.*

**Sperma** → Samen.

**Spermatophore,** bei vielen Tieren (z. B. Kopffüßer u. viele Gliedertiere) ein von Anhangsorganen des männl. Geschlechtsapparats gebildeter Sammelbehälter, in dem die Samen (*Spermien*) gesammelt werden.

**Spermatozoen,** *Spermien* → Samenzelle.

**Spermium,** *Spermatozoon,* die männliche Geschlechtszelle; → Samenzelle.

**Sperrguthaben,** *Sperrkonto,* ein Bankguthaben, über das nur mit Sondergenehmigung oder zu einem bestimmten Termin verfügt werden kann.

**Sperrholz,** ein plattenförmiger Holzwerkstoff, der durch kreuzweises Verleimen einzelner Holzlagen (*Absperren*) gebildet wird.

**Sperrklausel,** bei der Mandatsvergabe nach Wahlen die Nichtberücksichtigung von Parteien, die einen gesetzl. festgelegten Mindestanteil der abgegebenen Stimmen nicht erreicht haben.

**Sperrkreis,** ein elektr. *Schwingkreis,* der den Wechselstrom einer Frequenz, die seiner Eigenschwingung entspricht, bes. stark dämpft.

**Sperrminorität,** ein Minderheitsanteil am Kapital einer Gesellschaft, mit dem Beschlüsse, die eine qualifizierte Stimmenmehrheit verlangen, verhindert werden können.

**Sperry,** Roger W., *20.8.1913, US-amerik. Neurobiologe, Hirnforscher; zus. mit D. H. *Hubel* u. J. N. *Wiesel* 1981 Nobelpreis für Medizin u. Physiologie.

**Spes,** röm. Göttin der Hoffnung.

**Spesen,** durch den Auftraggeber zu ersetzende Kosten, bes. für Reisen (*Reisekosten*).

**Spessart,** dt. Mittelgebirge in Franken u. Hessen, zw. Odenwald u. Rhön, auf 3 Seiten vom Main, im N von der Kinzig umflossen; im *Geyersberg* 585 m.

**Speyer,** krfr. Stadt in Rhld.-Pf., 42 900 Ew.; HS für Verw.-Wiss.; *S.er Dom* (1030–1100; Gräber der salischen Kaiser); Elektro-, Metall-, chem. Ind. – Gesch.: Im 1. Jh v. Chr. kam S. in röm. Besitz; seit 614 Bischofssitz, 1294–1797 freie Reichs-

*Speyerer Dom*

**Speziation**

stadt, 1526–1689 Sitz des Reichskammergerichts, 1816–1938 Hptst. der bay. Pfalz.
**Speziation,** der Vorgang der Artentstehung in der Biologie durch Isolationsprozesse.
**Spezies** → Art.
**Spezifikationskauf,** *Bestimmungskauf,* ein Handelskauf, bei dem der Käufer die Ware noch nach Maß, Form oder ähnl. Verhältnissen näher bestimmen soll; übl. bes. in der Eisen-, Holz-, Garn- u. Papier-Wirtsch.
**spezifischer Widerstand,** Zeichen ρ, eine Materialkonstante als Maß für den Widerstand, den ein bestimmter Stoff dem elektr. Strom entgegensetzt; definiert als Ohmscher Widerstand eines Leiters von 1 m Länge u. 1 mm$^2$ Querschnitt.
**spezifisches Gewicht** → Wichte.
**spezifische Wärme,** die Wärmemenge, die nötig ist, um 1 g eines Stoffes um 1 °C zu erwärmen.
**Sphagnales,** *Torfmoose,* Ordnung der Laubmoose.
**Sphäre** ['sfɛːrə], Erd- u. Himmelskugel; Lebens-, Wirkungskreis; in der Astronomie: die scheinbare Himmelskugel.
**sphärisch,** kugelig, die Kugel betreffend.
**sphärische Geometrie,** die Geometrie auf der Kugelfläche.
**Sphäroid,** leicht abgeplattete Kugel.
**Sphärometer,** dreifüßiges (auch zweifüßiges) Meßgerät mit Mikrometerschraube zur Messung des Krümmungsradius von Kugelflächen oder der Dicke von Plättchen.
**Sphinx** [sfɪŋks; der oder die], ägypt. Fabelwesen in Löwengestalt mit Menschenkopf.
**Sphygmomanometer,** Pulsdruckmesser (Blutdruckmesser).
**Spickaal,** der geräucherte Aal.
**Spiegel, 1.** → Satzspiegel. – **2.** hell behaarter, hinterer Teil der Keulen aller Hirscharten (auch *Scheibe;*) auch Achselfleck auf den Flügeln des Federwilds. – **3.** eine ebene oder gekrümmte Fläche, die auftreffende Strahlen reflektiert. *Glas-S.* bestehen aus polierten Glasscheiben, auf deren einer Seite eine sehr dünne Silberschicht aufgebracht ist. – **4.** Bez. für dt. Rechtsbücher des MA.
**Spiegel-Affäre,** innenpolit. Krise in der BR Dtld.; ausgelöst 1962 durch einen im Nachrichtenmagazin »Der Spiegel« veröffentl. Artikel über ein NATO-Manöver; führte zu einer Regierungsumbildung.
**Spiegelgalvanometer,** ein hochempfindl., elektr. Meßinstrument mit einem Lichtstrahl als Zeiger.
**Spiegelinstrumente,** in der Nautik zur astronom. Ortsbestimmung dienende Instrumente: Oktant u. Sextant.
**Spiegelreflexkamera,** eine photograph. Kamera, bei der das Motiv über einen um 45° geneigten Spiegel entweder durch ein Sucher- oder durch das Aufnahmeobjektiv eingestellt wird.
**Spiegelschrift,** seitenverkehrte Schriftzeichen, wie sie im Spiegel erscheinen.
**Spiegelteleskop,** ein Fernrohr, in dem statt der

*Sphinx von Gizeh*

*Spielkarten: Symbole (Farben); obere Reihe: italienisch-spanische Symbole (von links): Münze – Schwert – Stab oder Keule – Becher oder Pokal; mittlere Reihe: deutsche Symbole (von links): Herz – Blatt – Eichel – Schelle; untere Reihe: französische Symbole (von links): Kreuz oder Treff – Karo – Pik – Herz*

Objektivlinse ein Hohlspiegel zur Erzeugung eines opt. Bilds des beobachteten Objekts erzeugt wird.
**Spiekeroog,** Ostfries. Insel zw. Langeoog im W u. Wangerooge im O, 17,5 km$^2$, 880 Ew.
**Spielbank,** *Kasino,* konzessionierter Veranstaltungsraum für öffentl. Glücksspiele.
**Spielberg** [spiːlbəːg], Steven, *18.12.1947, US-amerik. Filmregisseur u. Produzent; erfolgreiche Unterhaltungsfilme mit hoher techn. Präzision: »Der weiße Hai«, »E. T. – Der Außerirdische«, »Das Reich der Sonne«.
**Spielkarten,** Kartenblätter aus Karton (früher auch aus Elfenbein, Holz u. ä.) mit Figuren u. Zeichen für Karten-, Glücks- u. andere Spiele u. zum Wahrsagen (*Kartenschlagen, Kartenlegen*); um 1300 in Europa eingeführt.
**Spielleute,** weltl. Dichter u. Musiker des (späten) MA, entweder Fahrende oder im Dienst von Herren u. Städten; Vorläufer der *Stadtpfeifer.*
**Spielmannsdichtung,** zusammenfassende Bez. für die Epik u. Spruchdichtung des MA, die nicht zur *höfischen* und zur *Heldendichtung* gehört.
**Spieltheorie,** eine von J. von *Neumann* entwickelte Theorie, die die math. Zusammenhänge für optimales Verhalten (*Strategie*) in Wettbewerbssituationen, *math. Spiele* genannt, behandelt.
**Spieltherapie,** eine Form der *Psychotherapie,* die sich vorwiegend als bei Kindern geeignet erwiesen hat. Erstrebt wird mit Hilfe des Spiels Angstauflösung u. bessere Realitätsanpassung.
**Spiere,** seemänn. für *Rundholz.*
**Spierstrauch,** *Spiraea,* Gatt. der *Rosengewächse;* meist niedrige, sommergrüne Sträucher; in Dtld. bes. der *Weiden-S.* u. der *Ulmen-S.*
**Spieß, 1.** der Kompaniefeldwebel bzw. Hauptfeldwebel. – **2.** kurze Lanze.
**Spießbürger,** *Spießer,* urspr. die mit Spießen bewaffneten gewöhnl. Bürger; heute: Kleinbürger, Mensch mit beschränktem Horizont u. verklemmt-verlogener Moral.
**Spießer,** Träger des unverzweigten Erstgeweihs bei Hirschen.
**Spießrutenlaufen,** militär. Strafe des 17./18. Jh.: Der Bestrafte mußte mehrmals durch eine von 100–300 Mann gebildete Gasse laufen u. erhielt dabei von jedem Mann einen Stockschlag.
**Spiez,** schweiz. Kurort im Kt. Bern, am Thuner See, 9800 Ew.; Fremdenverkehr.
**Spigelia,** Gatt. der *Strychnosgewächse;* etwa 50 Arten im trop.-subtrop. Amerika.
**Spike** ['spaik], Stahlnagel an der Sohle von Rennschuhen u. Autoreifen. – **S.s,** Rennschuhe mit herausstehenden Stahlnägeln in der Sohle.
**Spilanthes,** in den Tropen heim. Gatt. der *Korbblütler.* Einige Arten werden als Gemüsepflanze angebaut, andere dienen als Heilmittel gegen Skorbut.
**Spill,** Winde mit senkrechter Achse auf Schiffen.
**Spilling,** volkstüml. Bez. für die *Pflaume.*
**Spin,** der innere Freiheitsgrad eines Elementarteilchens oder Atomkerns, der anschaul. als Drehimpuls (»Drall«) einer inneren Drehbewegung des Teilchens angesehen werden kann.
**Spina,** spitzer Auswuchs u. Ansatzstelle von

Muskeln an Knochen, bes. an den Wirbelkörpern (*Dornfortsätze*).
**spinal,** Wirbelsäule oder Rückenmark betreffend.
**spinale Kinderlähmung** → Kinderlähmung.
**Spinalparalyse,** Rückenmarkslähmung.
**Spinat,** *Spinacia,* ein *Gänsefußgewächs;* als Sommer- oder Winterform angebaute Gemüsepflanze; stammt aus W-Asien.
**Spindel, 1.** mit Gewinde versehene Welle. – **2.** rotierendes Maschinenelement einer Dreh- oder Zwirnmaschine zur Drehungserteilung u. Aufwicklung.
**Spindelbaumgewächse** → Pflanzen.
**Spindelstrauch,** *Euonymus,* Gatt. der *Spindelbaumgewächse;* bekannte Ziersträucher sind *Warzen-S.* u. *Pfaffenhütchen.*
**Spinell,** ein Mineral.
**Spinello Aretino,** *um 1346, †1410, ital. Maler; schuf in der Nachfolge *Giottos* Tafelbilder u. Fresken in monumentalem Stil.
**Spinett,** ein Kielklavier in längl.-rechteckiger Tafelform mit einchörigem Bezug.
**Spinifex,** *Stachelkopfgras,* austral. Gatt. der *Süßgräser.* Zum Befestigen von Dünen wird *S. hirsutus* angebaut.
**Spinnaker,** ein leichtes dreieckiges Vorwindsegel, das bei entspr. Wind u. Kurs am Bug eines Segelboots mit Hilfe des *S.baums* gesetzt wird.

*Spinett: italienisches Instrument des 17. Jahrhunderts. München, Musikinstrumentenmuseum*

**Spinndrüsen,** bei Gliederfüßern u. Muscheln vorkommende Drüsenorgane, deren Sekret rasch erhärtende Fäden bildet, die z. B. zum Nestbau, zum Kokonbau oder zum Beutefang benutzt werden.
**spinnen, 1.** einen beliebig langen Faden (Gespinst) aus endl. langen, weitgehend parallel angeordneten Fasern durch Drallgebung erzeugen. – **2.** Chemiefasern durch *Spinndüsen* aus einer Spinnlösung, Schmelze oder verformbaren Masse herstellen.
**Spinnen,** *Araneae,* über alle Erdteile verbreitete Ordnung der *S.tiere,* ca. 20 000 Arten. Der fast immer ungegliederte Hinterkörper sitzt mit einem schmalen Stiel am Vorderkörper, der bis zu 4 Augenpaare, 2 Paar Mundwerkzeuge u. 4 Gangbeinpaare trägt. Am Endglied der Kieferklauen mündet eine Giftdrüse. Die meisten S. lähmen ihre Beute mit diesem Gift.
**Spinnenasseln,** *Notostigmophora,* Ordnung der *Hundertfüßer;* Nachttiere mit 15 mm langen Beinpaaren; hierzu der *Spinnenläufer.*
**Spinnengewebe,** von den Spinnen als Drüsensekrete aus den am Hinterende des Hinterleibs auf

*Spinnen: das farbenprächtige Männchen der Art Eresus niger*

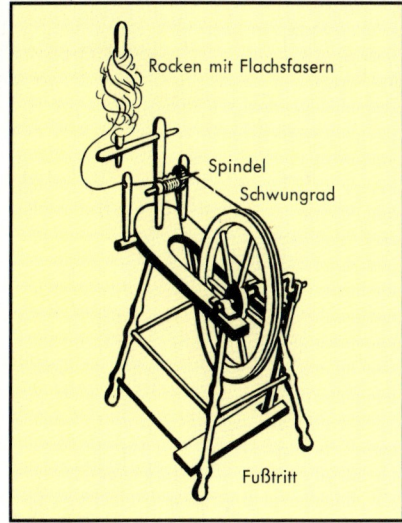

*Spinnrad zum Handspinnen*

der Bauchseite liegenden *Spinnwarzen* ausgeschiedene Fäden.

**Spinnengifte,** Substanzen mit Eiweißnatur (die z. T. auch Enzymcharakter haben), die Spinnentiere als Waffe zur Verteidigung u. zum Beuteerwerb einsetzen.

**Spinnenpflanze,** *Cleone,* Gatt. aus der Fam. der *Kaperngewächse* mit rd. 200 Arten; verbreitet im trop. Amerika u. N-Afrika. In Mitteleuropa ist die *Dornige S.* als Gartenpflanze mit rosafarbigen Blütentrauben beliebt.

**Spinnentiere, 1.** *i. e. S.:* Arachnida, Klasse der *Spinnentiere i. w. S.* (Chelicerata); Ordnungen: Skorpione, Geißelskorpione, Fadenskorpione, Spinnen, Kapuzenspinnen, Afterskorpione, Walzenspinnen, Weberknechte, Milben. – **2.** *i. w. S.:* Fühlerlose, Kieferklauenträger, *Chelicerata,* Unterstamm der *Gliederfüßer* mit über 36 000 lebenden Arten.

**Spinner, 1.** dem *Blinker* ähnl., künstl. Köder (Glas, Blech u. a.) zum Fang von Raubfischen. – **2.** *Bombyces,* versch. Familiengruppen der Großschmetterlinge, deren Raupen vor der Verpuppung einen Kokon spinnen. Hierher gehören *Birken-S.* u. die *Spinner i. e. S.* (Bombycoidea), eine Überfam. der Schmetterlinge mit den Fam. *Glucken, Seiden-S., Nachtpfauenaugen, Zahn-S., Prozessions-S.* u.a.

**Spinnerei,** der dem Weben vorausgehende techn. Vorgang der Fadenbildung; d. h. die Garnherstellung aus tier., pflanzl. oder künstl. Fasern, die durch Handspinnen oder auf der Spinnmaschine (Vor- u. Feinspinnmaschine) zu einem Faden verdreht (versponnen) werden. – Die Handspindel wurde seit dem 15. Jh. vom Spinnrad abgelöst. 1764 erbaute J. *Hargraves* die erste Spinnmaschine. 1830 erfand der Amerikaner *Thorp* die Ringspinnmaschine. 1965 wurde die Rotorspinnmaschine eingeführt.

**Spinnmilben,** lebhaft gefärbte Pflanzenparasiten von 0,2–0,8 mm Länge; hierzu die *Rote Spinne.*

**Spinnweb-Theorem,** engl. *cobweb-theorem,* ein in der Volkswirtschaftslehre nach der spinngewebeähnl. graph. Darstellung bezeichnetes Theorem zur Erklärung oszillator. Preis- u. Mengenbewegungen.

**Spinoza** [-za], Benedictus, eigtl. Baruch *d'Espinosa,* *1632, †1677, ndl. Philosoph; schuf ein System der phil. Monismus, in dem Gott oder die Natur die absolute, ewige Substanz ist; W »Tractatus theologico-politicus«.

**Spionage** [-'na:ʒə], die Ausspähung von Geheimnissen, insbes. auf militär., polit. u. wirtsch. Gebiet, durch *Spione, Agenten, V-Männer* u. *Nachrichtendienste.* Nach nat. Strafrecht wird S. als Landesverrat, Verrat militär. oder diplomat. Geheimnisse oder ähnl. bestraft, doch bleibt die S.tätigkeit zugunsten des eigenen Staates immer straffrei.

**Spiräe** → Spierstrauch.

**Spirale,** eine ebene Kurve, die sich mit wachsendem Abstand um einen Punkt herumwindet.

**Spiralnebel,** *extragalakt. Nebel,* Sternsysteme von der Art des Milchstraßensystems; meist von flachlinsenförmiger Gestalt, mit zwei oder mehr spiralig gewundenen Armen, die meist vom Mittelpunkt ausgehen.

**Spirdingsee,** größter der ostpreuß. Masur. Seen, westl. von Lyck, 113,8 km²; durch die *Galinde* zum Narew entwässert; Fischfang, Wassersport.

**Spirillen,** *Spirillaceae,* Fam. der *Bakterien* von gedrehter Form, zu denen z. B. der Erreger der Cholera, *Vibrio comma,* gehört.

**Spiritismus,** *Geisterglaube,* der Glaube, daß eine Verständigung zw. Seelen Verstorbener u. Lebender mögl. sei. Verbindung wird gesucht in *Séancen* durch *Medien.*

**Spiritual, 1.** der mit der geistl. Leitung beauftragte Priester in kath. Orden u. Priesterseminaren. – **2.** ['spiritjuəl] → Negro Spiritual.

**Spiritualismus,** die monist. Auffassung, daß die Körper nur Erscheinungsformen des Geistes (der Geister) seien oder daß es nur geistige Substanzen gebe (*Plotin, Leibniz,* G. *Berkeley* u. a.).

**Spirituosen,** alkohol. Getränke.

**Spiritus,** *Sprit,* gewerbsmäßig gewonnener *Ethylalkohol;* Alkoholgehalt: Roh-S. 80%, *Primasprit* 92,4%, *Sekundasprit* 94,4%.

**Spiritus rector,** Anführer, treibender Geist.

**Spirochaeten,** *Spirochaetales,* Ordnung schraubenförmig gewundener *Bakterien.* Sie haben keine festen Zellwände u. bewegen sich schlangenartig.

*Spitze: Ausschnitt aus einer geklöppelten Bettdecke für Erzherzog Albrecht VII. von Österreich und seine Frau Isabella; 1599. Brüssel, Musée des Arts décoratifs et industriels*

**Spirochätose,** durch *Spirochaeten* hervorgerufene Infektionskrankheit; z. B. Weilsche Krankheit, Syphilis, Rückfallfieber.

**Spirometer,** Atmungsmesser zur Bestimmung des Lungeninhalts.

**Spirotricha,** Ordnung der *Euziliaten;* Wimpertierchen mit spiralig um den Mund angeordneten Wimpernmembranellkränzen.

**Spirula,** Gatt. zehnarmiger *Kopffüßer;* mit einem gelbgrün strahlenden Leuchtorgan am Hinterende; in wärmeren Meeren.

**Spital** → Hospital.

**Spitta, 1.** Friedrich, Sohn von 3), *1852, †1924, dt. ev. Theologe; an der Ausgestaltung der ev. Liturgie beteiligt. – **2.** Heinrich, Sohn von 1), *1902, †1972, dt. Komponist u. Musikwissenschaftler; schrieb v. a. Chormusik. – **3.** Karl Johann Philipp, Vater von 1), *1801, †1859, dt. ev. Theologe; veröffentlichte Predigten u. geistl. Lieder (»Psalter u. Harfe«).

**Spittal,** östr. Bez.-Hptst. in Kärnten, an der Mündung der Lieser in die Drau, 14 800 Ew.; Fremdenverkehr.

**Spitteler,** Carl, Pseud.: C. Felix *Tandem,* *1845, †1924, schweiz. Schriftst.; von der grch. Mythologie beeinflußt; Erneuerer des Epos; W »Olymp. Frühling«; Nobelpreis 1919.

**Spitz,** Rasse langhaariger Haus- u. Wachhunde. Spitzartige Hunde bilden die älteste Form unseres Haushundes.

**Spitz, 1.** Mark, *10.2.1950, US-amerik. Schwimmer; erfolgreichster Athlet der Olymp. Spiele in München 1972 (7 Goldmedaillen). – **2.** René Ar-

*Spitzmäuse: Hausspitzmaus*

pad, *1887, †1974, östr. Psychoanalytiker; Schüler S. *Freuds.*

**Spitzbergen,** norw. *Svalbard,* norw. Inselgruppe (mit Kolonialstatus) im Nördlichen Eismeer, 62 050 km², 4000 Ew.; Hauptort: *Longyearbyen;* zu 80% eisbedeckt (sonst Tundra); Steinkohlenlager, die auch von der Sowj. ausgebeutet werden.

**Spitze,** textiles, durchbrochenes Fadengebilde, hergestellt in Hand- oder Maschinenarbeit als *Klöppel-, Web-, Nadel-, Häkel-, Strick-, Knüpf-* oder *Wirk-S.;* Besatz für Geweberänder.

**Spitzel,** Polizeiagent, Aushorcher, Spion.

**Spitzenentladung,** eine Entladung (sehr feine, schwach leuchtende Fäden) verhältnismäßig geringer Elektrizitätsmengen über Spitzen oder scharfen Kanten; im Dunkeln gelegentl. (vor Gewittern) sichtbar an Schiffsmasten, metall. Spitzen u. a. (*Elmsfeuer*).

**Spitzentanz,** ein für den klass. Ballettanz entwickeltes Tanzen auf den Fußspitzen.

**Spitzfuß,** eine Fußmißbildung, die nur ein Auftreten mit Ballen u. Zehen zuläßt.

**Spitzhörnchen,** *Tupaiidae,* eine Fam. der *Halbaffen,* die einen Übergang zu den *Insektenfressern* bildet; mit 46 Arten von Hinterindien über den Malai. Archipel bis zu den Philippinen verbreitet.

**Spitzmarke,** die ersten Wörter eines Buch- oder Zeitungstextes, die durch größere Schrift oder Fettdruck hervorgehoben sind.

**Spitzmaulnashorn,** 3,4 m langes u. 1,6 m hohes zweihörniges *Nashorn* der Steppen u. Savannen Afrikas.

**Spitzmäuse,** *Soricidae,* Fam. der *Insektenfresser;* mit rüsselförmiger Schnauze u. weichem kurzem Fell, u. a. Wald- u. Zwergspitzmaus.

**Spitzweg,** Carl, *1808, †1885, dt. Maler u. Graphiker; urspr. Apotheker; idyll.-humorvolle Bilder aus der Welt des Biedermeier; W »Der arme Poet«. B → S. 848

**Spleen** [spli:n], fixe Idee, Tick.

**splendid,** prächtig, freigiebig.

**splendid isolation** [-aisə'lei:ʃən], polit. Schlagwort für die brit. Bündnislosigkeit im 19. Jh. (bis 1902).

*Spitzbergen: Gletscherzungen am Magdalenenfjord*

**Splint,** ein aus Draht mit halbkreisförmigem Querschnitt gebogener Stift.

**Splintholz,** bei manchen Bäumen die äußeren, noch lebenden Holzschichten, die aus den zuletzt entstandenen Jahresringen bestehen; meist heller gefärbt.

**Split,** jugoslaw. Hafenstadt in Dalmatien, 169 000 Ew.; Diocletian-Palast; Fremdenverkehr.

**Splitt,** feiner Steinschlag (für Straßenbelag); Korngröße von 7–30 mm.

**Splitting,** eine Form der Ehegattenbesteuerung: Die Einkommen beider Ehegatten werden addiert, u. der auf die Hälfte davon entfallende Steuerbetrag wird verdoppelt. Die Progression der Einkommensteuer wird auf diese Weise gemildert.

**SPÖ,** Abk. für *Sozialistische Partei Österreichs;* → Sozialdemokratie.

**Spodumen,** ein Mineral (→ Mineralien).

**Spoerl, 1.** Alexander, Sohn von 2), *1917, †1978, dt. Schriftst. (Unterhaltungs- u. Sachbücher). – **2.** Heinrich, *1887, †1955, dt. humorist. Schriftst.; W »Die Feuerzangenbowle«, »Der Maulkorb«.

**Spohr,** Louis, *1784, †1859, dt. Komponist u. Violinvirtuose; von Klassik u. Frühromantik bestimmt.

**Spoiler** [ˈspɔilə], Kunststoff-, Gummi- oder Blechwulst an Kraftfahrzeugen zur Verringerung des Luftwiderstands u. Verbesserung der Bodenhaftung der Räder.

**Spokane** [spouˈkæn], Stadt in Washington (USA), am *S. River,* 171 000 Ew.; Univ. (1887), Handelszentrum für Agrarprodukte; Verkehrsknotenpunkt.

**Spökenkieker,** ndt. für Hellseher, Geisterseher.

**Spoleto,** ital. Stadt in Umbrien, sö. von Perugia, 36 800 Ew.; mittelalterl. Stadtbild; rom. Dom; Papierind.

**Spolien, 1.** bei den alten Römern die Waffenbeute. – **2.** im frühen MA der bewegl. Nachlaß von Geistlichen, über den der dt. König aufgrund des *Eigenkirchenrechts* die Verfügungsgewalt beanspruchte. – **3.** Teile eines Bauwerks oder Kunstwerks, die aus anderen Bauten oder Werken eingefügt sind.

**Spondeus,** in der antiken Dichtung ein Versfuß, der aus zwei langen Silben besteht; ersetzt im Hexameter oft einen *Daktylus.*

**Spondias,** Gatt. trop. Bäume aus der Fam. der *Sumachgewächse;* hierzu die *Süße Balsampflaume*

| Europäische Sprachen | | | |
|---|---|---|---|
| Sprache | Sprachfamilie (Sprachzweig) | Verbreitung | Sprecher in Mio. |
| Dänisch | Indoeuropäisch (Nordgermanisch) | Dänemark | 4,90 |
| | | Deutschland | 0,03 |
| Deutsch | Indoeuropäisch (Westgermanisch) | Deutschland | 73,30 |
| | | Österreich | 7,40 |
| | | Schweiz | 3,90 |
| | | sonstige, zus. ca. | 4,50 |
| Englisch | Indoeuropäisch (Westgermanisch) | Großbritannien | 55,70 |
| | | Irland | 3,00 |
| | | USA | 222,00 |
| | | Kanada | 15,00 |
| | | Australien | 12,00 |
| | | Neuseeland | 3,00 |
| | | Rep. Südafrika | 2,10 |
| Finnisch | Finno-Ugrisch (Ostseefinnisch) | Finnland | 4,87 |
| | | Schweden | 0,25 |
| Französisch | Indoeuropäisch (Westromanisch) | Frankreich | 55,00 |
| | | Belgien | 3,20 |
| | | Schweiz | 1,00 |
| | | Kanada | 6,25 |
| Griechisch | Indoeuropäisch | Griechenland | 9,80 |
| | | sonstige, zus. ca. | 3,00 |
| Italienisch | Indoeuropäisch (Südromanisch) | Italien | 54,00 |
| | | Frankreich | 0,60 |
| Katalanisch | Indoeuropäisch (Westromanisch) | Spanien | 9,20 |
| | | Frankreich | 0,30 |
| | | Italien | 0,02 |
| Niederländisch | Indoeuropäisch (Westgermanisch) | Niederlande | 13,90 |
| | | Belgien | 5,60 |
| | | Deutschland | 0,01 |
| | | Frankreich | 0,20 |
| Polnisch | Indoeuropäisch (Westslawisch) | Polen | 35,70 |
| Portugiesisch | Indoeuropäisch (Westromanisch) | Portugal | 10,10 |
| | | Frankreich | 1,00 |
| | | Brasilien | 110,00 |
| Rumänisch | Indoeuropäisch (Ostromanisch) | Rumänien | 20,20 |
| Russisch | Indoeuropäisch (Ostslawisch) | Sowjetunion | 153,50 |
| Schwedisch | Indoeuropäisch (Nordgermanisch) | Schweden | 3,00 |
| | | Dänemark | 0,02 |
| Serbokroatisch | Indoeuropäisch (Südslawisch) | Jugoslawien | 12,50 |
| Slowakisch | Indoeuropäisch (Westslawisch) | Tschechoslowakei | 4,70 |
| | | Ungarn | 0,10 |
| Spanisch | Indoeuropäisch (Westromanisch) | Spanien | 24,50 |
| | | Frankreich | 0,64 |
| | | Deutschland | 0,16 |
| | | USA | 15,90 |
| | | ganz Lateinamerika (außer Brasilien) | 230,00 |
| Ukrainisch | Indoeuropäisch (Ostslawisch) | Sowjetunion | 34,70 |
| | | Polen | 0,18 |
| Ungarisch | Finno-Ugrisch (Ugrisch) | Ungarn | 10,30 |
| | | Rumänien | 1,70 |
| | | Jugoslawien | 0,40 |
| | | Österreich | 0,01 |

*Carl Spitzweg: Das Ständchen. München, Bayerische Staatsgemäldesammlungen, Schackgalerie*

sowie die *Gelbe Mombinpflaume,* polynes. Obstbäume.

**Spondylitis,** *Wirbelentzündung,* versch. Formen der akuten oder chron. Entzündung eines oder mehrerer Wirbelkörper.

**Spongien,** *Spongia* → Schwämme.

**Spongillidae,** *Süßwasserschwämme,* Fam. der *Hornschwämme.* Zu den S. gehören u. a. die Gatt. *Spongilla* u. *Ephydatia.*

**Spongin,** hornartige Substanz mit hohem Jodgehalt, chem. den Proteinkörpern (Eiweißen) nahestehend; die Skelettsubstanz der Schwämme.

**Spongiosa,** das schwammige Innengewebe der Knochen.

**Sponsalien,** Verlobungsgeschenke.

**Sponsor,** Förderer, Gönner.

**Spontaneität,** Selbsttätigkeit, Handeln aus eigenem Antrieb.

**Spontini,** Gasparo Luigi Pacifico, *1774, †1851, ital. Dirigent u. Komponist; bereitete mit seinen Prunkopern die frz. *Grande Opéra* vor.

**Sporaden,** zwei grch. Inselgruppen im Ägäischen Meer. Die *Nördl. S.* oder *Magnes. Inseln* umfassen 80 Inseln östl. des grch. Festlands, mit der Hauptinseln Skyros, Skiathos u. Skopelos. Die *Südl. S.* bestehen aus 50 Inseln vor der türk. Küste, mit den Hauptinseln Chios, Samos, Ikaria, Patmos, Kos, Rhodos u. Nisyros. Der südl. Teil wird auch als *Dodekanes* bezeichnet.

**sporadisch,** vereinzelt, selten.

**Sporen, 1.** die ungeschlechtl. Fortpflanzungszellen *(Keimzellen)* vieler Algen, Pilze, Moose u. Farnpflanzen. Die S. werden in **Sporangien** (Sporenbehälter) gebildet, die bei Algen, Pilzen u. Flechten meist noch einzellig sind, bei Moosen u. Farnpflanzen dagegen aus vielzelligen Organen bestehen. – **2.** die *Zysten* von Bakterien *(Bazillen)* u. Schleimpilzen, die z. T. sehr tiefe Temperaturen (bis –253° C) u. längeres Kochen in Wasser vertragen. – **3.** sehr versch. u. entwicklungsgeschichtl. nicht vergleichbare Dauerformen der *Sporozoen.* Nur die *Telosporidien* haben echte S., die Keimzellen sind.

**Sporenblätter,** *Sporophylle,* Blätter der Farnpflanzen, die die *Sporangien* tragen.

**Sporenpflanzen** → Kryptogamen.

**Sporentierchen** → Sporozoen.

**Sporn, 1.** horniger Fortsatz am Fuß vieler männl. Hühner- u.a. Vögel. – **2.** hornförmige, meist Nektar enthaltende Ausstülpung mancher pflanzl. Blütenblätter. – **3.** Stachel oder Zahnrädchen am Stiefelabsatz zum Antreiben des Pferdes beim Reiten. – **4.** *Ramme,* einst eine Verlängerung unter Wasser am Bug des Kriegsschiffs, um durch Stoß feindl. Schiffe zum Sinken zu bringen.

**Spornblume,** Zierpflanze aus der Fam. der *Baldriangewächse.* Die *Rote S.* wird bis 1 m hoch.

**Spornpieper,** zu den *Stelzen* gehöriger asiat. *Singvogel;* im Winter auch in Europa.

**Sporophyll,** das *Sporangien* tragende Blatt der Farnpflanzen.

**Sporophyt,** die sporenbildende, ungeschlechtl. Generation bei Pflanzen mit Generationswechsel; → Farnpflanzen, → Moose.

**Sporozoen,** *Sporozoa, Sporentierchen,* Gruppe parasitischer *Protozoen,* die sich durch eine bes. Dauerform in ihrem Vermehrungszyklus, die *Spore,* auszeichnen.

**Sport,** Leibesübungen, Leibeserziehung, Turnen (i.w.S.), Körperkultur, zusammenfassende Bez. für die spielerischen menschl. Betätigungen, die auf eine höhere (meist körperl., aber auch geistige) Leistungsfähigkeit zielen.

Sportl.-spieler. Betätigung hat es zu allen Zeiten bei allen Völkern gegeben. Die erste Phase der modernen Entwicklung um 1800 ist durch Gewaltleistungen gekennzeichnet, vor allem im Lauf- u. Kraftsport. Die ersten Schulwettkämpfe wurden

## Sprache

### Außereuropäische Sprachen

| Sprache | Sprachfamilie (Sprachzweig) | Verbreitung | Sprecher in Mio. |
|---|---|---|---|
| Afrikaans | Indoeuropäisch (Westgermanisch) | Rep. Südafrika (ohne Homelands) | 23,50 |
| Arabisch | Hamitosemitisch (Semitisch) | ganz Nordafrika, Naher Osten, sonstige, zus. ca. | 140,00 |
| Bengali | Indoeuropäisch (Indoarisch) | Bangladesch | 92,80 |
|  |  | Indien, Pakistan zus. ca. | 42,00 |
| Chinesisch | Sinotibetisch (eigene Gruppe mit mehreren Idiomen) | Volksrepublik China | 957,00 |
|  |  | Taiwan | 15,00 |
| Farsi | Indoeuropäisch (Westiranisch) | Iran | 28,00 |
| Hindi/Hindustani | Indoeuropäisch (Indoarisch) | Indien | 220,00 |
| Japanisch | keine Zugehörigkeit | Japan | 116,00 |
| Ki Swahili | Niger-Kongo (Bantu) | Ost- und Zentralafrika | ohne Angaben |
| Koreanisch | keine Zugehörigkeit | Südkorea | 40,60 |
|  |  | Nordkorea | 19,20 |
| Malaiisch | Malaiisch-Polynesisch | Indonesien, Malaysia, sonstige, zus. ca. | 100,00 |
| Marathi | Indoeuropäisch (Indoarisch) | Indien | 50,00 |
| Tamil | Drawidisch | Indien, Sri Lanka, Malaysia zus. ca. | 50,00 |
| Telugu | Drawidisch | Indien | 50,00 |
| Türkisch | Turk (Altaisch) | Türkei | 42,20 |
| Urdu | Indoeuropäisch (Indoarisch) | Pakistan | 6,50 |
|  |  | Indien, sonstige, zus. ca. | 54,00 |
| Vietnamesisch | keine Zugehörigkeit | Vietnam | 45,80 |
| Yoruba | Kwa (Nigerkordofanisch) | Nigeria | 18,60 |

dann im Cricket (zw. den Public Schools von Eton u. Harrow 1805) u. im Rudern (seit 1829 Regatta der Univ. Oxford u. Cambridge) durchgeführt. Es folgten Fußball, Rugby, Hockey, Tennis u. Leichtathletik. Die nächste Phase war durch Festlegung der Regeln, Normierung der Geräte u. Gründung von Verbänden gekennzeichnet. Der Dachverband des S. in der BR Dtld. ist der Deutsche Sportbund (DSB), dem die Spitzenverbände u. außerordentl. Mitgliederorganisationen angeschlossen sind. Der DSB kümmert sich auch um den Freizeit-S. Die Spitzenverbände sind außerdem Mitgl. in den entspr. internat. Zusammenschlüssen.

**Sportabzeichen,** Auszeichnung für sportl. Leistungs- u. Vielseitigkeitsprüfungen; z.B. das *Dt. Sportabzeichen*.

**Sportarzt,** ein Arzt mit einer Spezialausbildung zur Untersuchung u. Betreuung der Sportler sowie zur Beratung der Sportvereine u. Fachverbände; → Sportmedizin.

**Sportel,** *Dienergebühr, Beamtengebühr,* eine Verwaltungsgebühr, die früher unmittelbar dem Beamten als Vergütung für seine Tätigkeit zufloß. Überreste sind die Notariatsgebühren.

**Sportherz,** Erweiterung der Herzhöhlen mit entspr. Vergrößerung der Herzförderleistung sowie Zunahme der Herzmuskelmasse als Anpassung an langandauerndes Ausdauertraining.

**Sportler des Jahres,** ein erfolgreicher u. vorbildlicher Sportler, der jährl. durch Wahl der Sportjournalisten mit diesem Ehrentitel ausgezeichnet wird. In der BR Dtld. wird diese Wahl seit 1947 vom *Verband Dt. Sportpresse* durchgeführt.

**Sportmedizin,** ein medizin. Fachgebiet: 1. die wiss. Erforschung der Einflüsse u. Auswirkungen sportl. Betätigung auf Leistungsfähigkeit u. Gesundheitszustand. 2. die Erkennung, Behandlung u. v. a. Verhütung von Sportverletzungen *(klinische S.)* sowie die gesundheitl. Überwachung des sportl. Trainings zur Vermeidung von Überanstrengungsschäden u. zur Erzielung sportl. Höchstform.

**Sporttauchen** → Tauchsport.

**Sporttrauma,** Sportverletzung.

**Sportwagen,** Hochleistungs-Kraftwagen für Rennsport-Wettbewerbe, die jedoch den Anforderungen den öffentl. Straßenverkehr entsprechen müssen.

**Spot,** Werbe-S., Werbekurzfilm von etwa 10–30 s Dauer im Fernsehen u. in Lichtspieltheatern; auch werbl. Toneinblendung in Radiosendungen.

**Spotgeschäft,** an den internat. Warenbörsen getätigte Geschäfte über sofort (kurzfristig) liefer- u. bezahlbare Ware. Ggs.: *Termingeschäft.*

**Spotlight** [-lǝit], *Punktlicht,* Scheinwerfer, der hartes, durch sammelnde Linsen gebündeltes Licht abgibt.

**Spottvögel,** Vögel, die Laute aller Art nachahmen können; z.B. der Gelbspötter, der Eichelhäher, die nordamerik. Spottdrossel, die südasiat. Schamadrossel u. einige Rohrsänger.

**S.P.Q.R.,** Abk. für *Senatus Populus que Romanus,* Senat u. Volk von Rom.

**Sprachakademie,** eine Einrichtung gelehrten Ursprungs, die vorwiegend der Pflege u. Regelung der Sprache dient; am bekanntesten die *Académie Française* in Paris u. die *Accademia della Crusca* in Florenz. In der BR Dtld. wurde 1949 die *Dt. Akademie für Sprache u. Dichtung* gegr.

**Sprachatlas,** eine Kartensammlung, die mundartl. Sprachformen nach den Orten ihres Vorkommens geograph. verzeichnet.

**Sprachbarriere,** die zusätzl. Benachteiligung für Kinder aus den Unterschichten, die sich aus ihrer schwach entwickelten Ausdrucksfähigkeit u. aus ihrem beschränkten Wortschatz ergibt.

**Sprache,** Sammelbegriff für unterschiedl. Fähigkeiten u. Sozialgebilde: 1. die allg. menschl. Fähigkeit des Zeichengebrauchs; 2. das ständig in Entwicklung begriffene Zeichensystem einer bestimmten Menschengruppe, einer Sprachgemeinschaft; 3. der charakt. Sprachbesitz (-gebrauch) eines bestimmten Individuums; 4. Aussprache u. Klangbild. Eine andere Einteilung unterscheidet S. als ein System von Möglichkeiten u. S. als Realisierung dieser Möglichkeiten durch die Sprecher u. Schreiber dieser S.

Die S. ist ein System von Zeichen für Begriffe u. Gegenstände u. ein System von Regeln für die Kombination dieser Zeichen. Sie dient der Er-

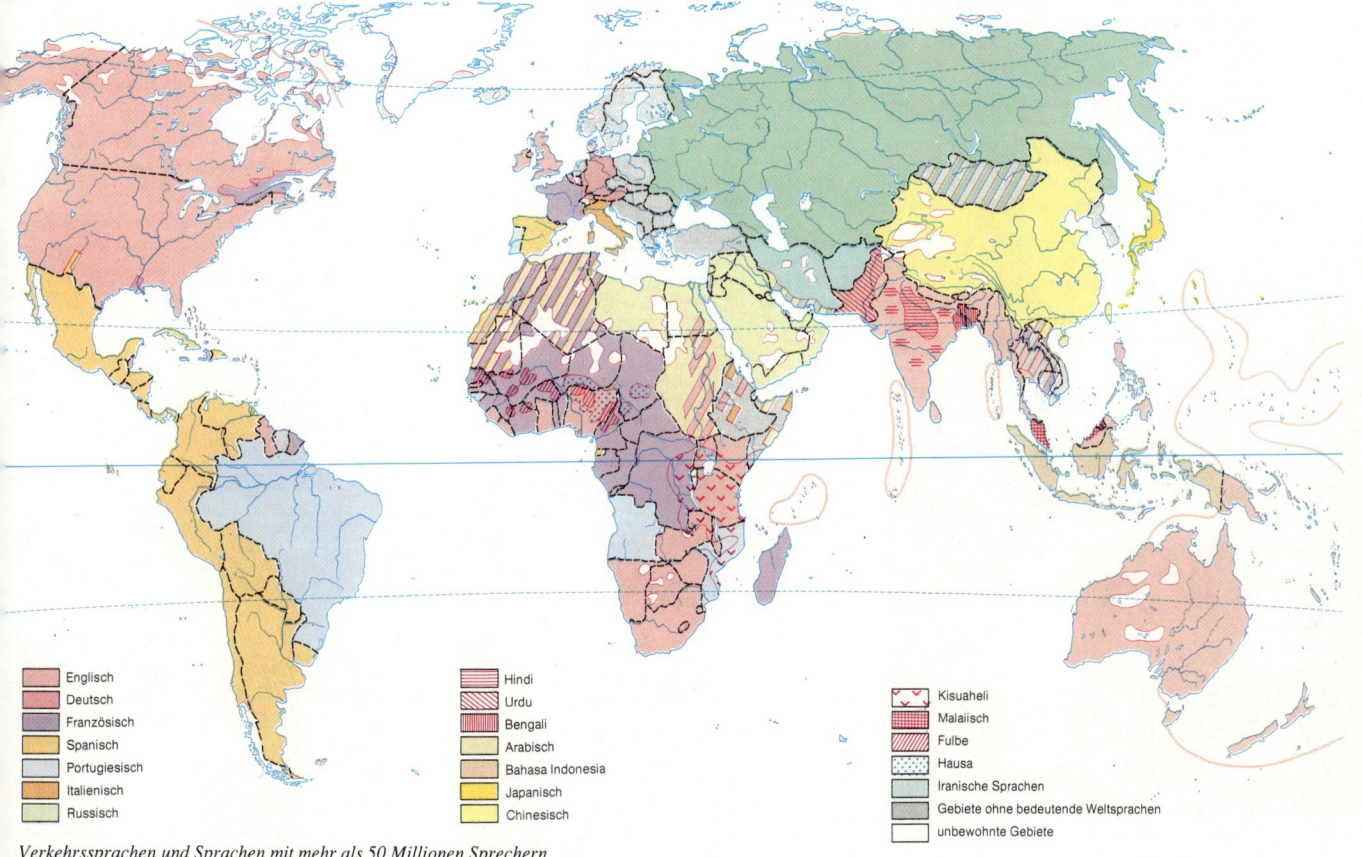

*Verkehrssprachen und Sprachen mit mehr als 50 Millionen Sprechern*

## 850 Sprachgesellschaften

innerung u. der Erkenntnisgewinnung u. v.a. der Mitteilung *(Kommunikation)*.
Die bekannteste, wenngleich mehrfach angefochtene Einteilung der versch. S. in S p r a c h t y p e n benutzt als Kriterium die Art der Wortbildung: 1. *isolierende* S. haben nur Wörter, die nicht grammat. verändert (flektiert) werden können u. in denen die grammat. Beziehungen im Satz durch die Stellung der Wörter zueinander, durch Intonation, Pausen u. bes. Verbindungswörter bezeichnet werden, z.B. das klass. Chinesisch; 2. *polysynthet.* (*inkorporierende, einverleibende*) S. bilden Wortformen aus mehreren Stämmen u. Affixen (Endungen), z.B. zahlr. Indianersprachen; 3. *agglutinierende* (»anklebende«) S. bilden ihre Wortform gewöhnl. aus Stamm + Affixen, wobei der Stamm unverändert bleibt, z.B. die finnisch-ugrischen S.; 4. *flektierende* S. bilden ihre Wortformen vielfach aus Stamm + Affixen, wobei die Grenze zw. beiden häufig undeutlich ist u. der Stamm verändert werden kann, z.B. die semit. u. indoeurop. S.
Eine andere Einteilung stellt synthet. u. analyt. S. einander gegenüber: In den *analyt.* S. werden die grammat. Beziehungen im Unterschied zu den *synthet.* S. vornehml. durch Wörter, nicht durch Teile von Wortformen ausgedrückt.
**Sprachgesellschaften,** dt. gelehrte Vereinigungen im 17. Jh. zur Pflege u. Reinhaltung der dt. Sprache, nach dem Vorbild der ital. *Accademia della Crusca*.
**Sprachheilkunde,** *Sprach- u. Stimmheilkunde* → Logopädie.
**Sprachinsel,** vom Hauptverbreitungsgebiet einer Sprache abgetrennter kleinerer Verbreitungsbezirk, der im Gebiet einer anderen Sprache liegt.
**Sprachlabor,** audiovisuelle Sprachlehranlage (mit Kopfhörer, Tonband, Bildschirm u.a.) für den programmierten Unterricht in Fremdsprachen.
**Sprachlehre** → Grammatik.
**Sprachstörungen,** meist körperl., oft auch durch psych. Hemmungen bedingte Störungen des Sprechvermögens. Die Sprachentwicklung hängt u.a. mit dem Hörvermögen zusammen; angeborene Taubheit ist daher mit Stummheit verbunden. Schädigung der Sprachzentren durch Erkrankungen des Gehirns führt zu Störungen im Ablauf des Sprechvorgangs, z.B. zum Ausfall bestimmter Laute (Stammeln, Lispeln), Näseln u. Silbenstolpern. S. können auch, wie z.B. das Stottern u. der Sprachverlust, als Angst- u. Schreckreaktion auf nervös-seelischer Grundlage entstehen.
**Sprachwandel,** die Gesamtheit der Veränderungen der Sprache im histor. Prozeß.
**Sprachwissenschaft,** *Linguistik,* die Wiss. von der (menschl.) Sprache. Sie beschäftigt sich im Unterschied zur *Philologie* mit der Sprache überhaupt als Verständigungsmittel u. als Zeichensystem. Sachlich sucht die S. jede nur denkbare Seite an der menschl. Sprache zu erfassen: Sprachlaute *(Phonetik, Phonologie),* Strukturen *(Grammatik* mit *Morphologie, Lexikologie* u. *Syntax)* sowie die Sprachinhalte *(Semantik, Sprachinhaltsforschung)*.

*Sprachlabor: Sprachunterricht mit den Techniken des Sprachlabors*

I.w.S. gehören zur S. auch *Sprachpsychologie, Sprachsoziologie* u. *Sprachgeographie* mit *Dialektologie (Mundartenkunde)*.
**Spranger, 1.** Bartholomäus, *1546, †1611, fläm. Maler u. Graphiker; Manierist. – **2.** Eduard, *1882, †1963, dt. Philosoph u. Pädagoge; Hauptvertreter der modernen Kulturpädagogik u. -philosophie sowie der geisteswiss. Psychologie.
**Spray** [sprei], Flüssigkeitszerstäuber, auch die zu zerstäubende Flüssigkeit u. der durch ein Treibgas erzeugte Sprühregen.
**Sprechgesang** → Rezitativ.
**Sprechkunde,** *Sprecherziehung,* die Entwicklung der Sprechtätigkeit des Menschen, in Dtld. auf der Grundlage (der Bühnenaussprache) der dt. *Hochsprache*.
**Spree,** l. Nbfl. der Havel, 382 km; durchfließt, in viele Arme aufgegliedert, die Ldsch. des *Spreewalds,* durchquert Berlin u. mündet in Berlin-Spandau.
**Spreizfuß,** Fußsenkung mit betonter Abflachung des Quergewölbes des Fußes.
**Spremberg,** Krst. in Brandenburg, an der Spree u. in der Lausitz, 25 000 Ew.; Altstadt auf der Spree-Insel.
**Sprengel,** kirchl. oder Gerichtsbezirk.
**Sprengkapsel,** *(Kupfer-)*Hülse mit Knallquecksilber oder Bleiazid; als Initialzünder verwendet.
**Sprengmeister,** *Schießmeister,* eine bes. ausgebildete Person, die Sprengungen in Steinbrüchen u. Ziegeleien u. im Hoch- u. Tiefbau durchführt.
**Sprengstoffe** → Explosivstoffe.
**Spreu,** *Kaff,* die beim Dreschen von Getreide abfallenden Spelzen, Hülsen, Grannen, Samenhüllen u. Stengelteile.
**Sprichwort,** im Volk geläufige, meist in einem kurzen Behauptungssatz formulierte Lebensweisheit, die in eine anschaul., leicht verständl. u. oft witzige Form gefaßt ist.
**Spriet,** ein Rundholz, das das unregelmäßig viereckige *S.segel* ausspannt.
**Spring,** Howard, *1889, †1965, engl. Schriftst.; schilderte die selbsterlebte Welt der Elendsviertel.
**Springaffen,** *Callicebus,* Gatt. der *Rollschwanzaffen;* Urwaldbewohner Brasiliens.
**Springbeutler,** *Känguruhartige, Macropodidae,* Fam. der pflanzenfressenden *Beuteltiere;* hierzu *Känguruhs* u. *Känguruhratten.*
**Springbock,** etwa damhirschgroße *Gazelle* des Sambesigebiets (S-Afrika); bewegt sich mit über 2 m hohen Sprüngen fort.
**Springe,** Stadt in Nds. am Deister, 29 000 Ew.; Möbel- u.a. Ind.; bei S. Naturschutzgebiet »Saupark« mit Wisentgehege.
**Springer,** eine Figur (Offizier) beim Schach, die als einzige über andere hinwegspringen darf.
**Springer, 1.** Anton, *1825, †1891, dt. Kunsthistoriker; Ⓦ »Hdb. der Kunstgeschichte«. – **2.** Axel Cäsar, *1912, †1985, dt. Zeitungsverleger; baute nach 1945 die größte Presseverlagsgruppe der BR Dtld. auf. – **3.** Julius, *1817, †1877, dt. Verleger; gründete 1842 einen Verlag, der sich zu einem der führenden wiss. Verlage entwickelte.
**Springfield** ['sprinfi:ld], **1.** Stadt in Massachusetts (USA), am Connecticut River, 152 000 Ew.; Colleges; Papier-, Maschinen- u.a. Ind.; Waffenherstellung. – **2.** Hptst. von Illinois (USA), am Sangamon River, 100 000 Ew.; Gedenkstätte für A. Lincoln; Agrarhandelszentrum; Abbau von Kohle; Fremdenverkehr.
**Springflut,** bes. starkes Hochwasser nach Voll- u. Neumond.
**Springfrosch,** sehr langbeiniger *Froschlurch* Mittel- u. S-Europas; kann Sprünge von 2 m Weite u. 1 m Höhe ausführen; unter Naturschutz.
**Springfrucht,** *Streufrucht,* eine pflanzliche Frucht, die sich bei der Reife öffnet u. die Samen ausstreut.
**Springgurke** → Spritzgurke.
**Springhase,** mit anderen Gruppen nicht näher verwandtes *Nagetier* (kein Hase) im südl. Afrika.
**Springkraut,** *Impatiens,* Gatt. der *Balsaminengewächse;* Klappen der Früchte rollen sich bei Berührung ein, wobei der Samen fortgeschleudert wird. Dazu gehört das *Fleißige Lieschen,* eine Zimmerpflanze.
**Springkürbis** → Spritzgurke.
**Springmäuse,** *Dipodidae,* Fam. der *Nagetiere;* mit stark verlängerten Sprungbeinen u. langem Balancierschwanz mit Quaste. Die *Wüstenspringmaus* lebt in NO-Afrika, Arabien u. Palästina.
**Springs,** Stadt in Transvaal (Rep. Südafrika), 154 000 Ew.; Goldbergbau.

*Springspinnen fallen durch eine Vorderreihe besonders großer Augen auf*

**Springschwänze,** *Collembola,* Ordnung der *Insekten*. Die meisten der rd. 3500 Arten leben in der Arktis u. den gemäßigten Zonen unter Moos, Rinde u. auf Wasseroberflächen. Zu den S. gehören die *Glieder-* u. *Kugelspringer*.
**Springspinnen,** *Hüftspinnen, Salticidae,* Fam. der *Spinnen,* die ihre Beute mit einem großen Sprung überwältigen; oft prächtig gefärbt.
**Springsteen** ['sprinsti:n], Bruce, *23.9.1949, US-amerik. Rockmusiker (Gitarre, Gesang).
**Sprinkleranlage,** ortsfeste Löschanlage, die sich selbsttätig einschaltet.
**Sprint,** das Zurücklegen einer kurzen Strecke durch einen Sportler *(Sprinter)* in größtmögl. Geschwindigkeit.
**Sprit, 1.** kurz für *Spiritus.* – **2.** umgangssprachl. für Kraftstoff (Benzin).
**Spritzgurke,** *Esels-, Springgurke, Springkürbis,* im Mittelmeergeb. heim. *Kürbisgewächs;* mit längl. Früchten, die auf Druck die Samen u. den bitteren, giftigen Fruchtsaft herausschleudern.
**Spritzguß,** ein *Druckguß,* bei dem das Metall in teigigem (Messing) oder flüssigem (Aluminium) Zustand in die (Dauer-)Form gespritzt wird.
**Sprockhövel,** Stadt in NRW, 24 000 Ew.; Glasu. elektrotechn. Ind.
**Sproß,** der Pflanzentrieb, der aus Sproßachse (Stengel) u. Blättern besteht.
**Sprossenwand,** Turngerät; ein 2,50 m hohes leiterartiges Gestell, das an einer Wand befestigt ist; für Dehn- u. Beugeübungen.
**Sproßpilze,** Hefepilze, die sich durch Zellsprossung vermehren.
**Sprossung,** eine Form der ungeschlechtl. Fortpflanzung: Die Mutterzelle bildet einen Auswuchs, der später abgeschnürt wird. Im Tierreich nennt man den entspr. Vorgang *Knospung*.
**Sprotte,** 15 cm langer, nah mit den *Heringen* verwandter Fisch der Nord- u. Ostsee, des Mittelmeers u. des Schwarzen Meers; geräuchert als *Kieler S.* bekannt.
**Spruch, 1.** in kurzer u. einprägsamer Form ausgesprochener Gedanke, auch in Reimen. – **2.** *Recht:* Urteil, Entscheidung.
**Spruchbehörde,** urteilende, entscheidende Behörde; entspr. auch *Spruchrichter*.
**Sprudelstein,** dichte, faserige u. kugelige Absätze von *Aragonit* aus Mineralquellen.
**Sprue** [spru:], eine tropische, selten auch in Mitteleuropa vorkommende chron. Stoffwechselstörung, deren Hauptanzeichen voluminöse, schaumige, fettreiche Durchfallstühle sind. Im weiteren Verlauf: Abmagerung, Verfall u. Blutarmut.

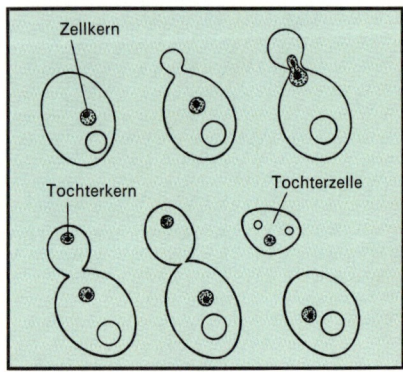

*Sprossung einer Hefezelle*

**Sprungbein,** *Talus,* Hauptknochen der Fußwurzel.
**Sprungfeder,** spiralförmige Stahlfeder in Polstersitzen.
**Sprunggelenk, 1.** *oberes S.,* Gelenk zw. den beiden Unterschenkelknochen u. dem Sprungbein. – **2.** *unteres S.,* Gelenk zw. Sprungbein, Fersenbein u. Kahnbein.
**Sprungschanze,** Anlage für Skispringen; mit Schanzenturm, Anlaufbahn, Schanzentisch u. Aufsprungbahn.
**Sprungschicht,** *Metalimnion,* eine Wasserschicht in Süßwasserseen, an der die Temperatur nach unten sprungartig abnimmt.
**Sprungtemperatur,** *i.w.S.* die Temperatur, bei der sich eine physikal. Eigenschaft eines Materials sprunghaft ändert; *i.e.S.* der Supraleitung die Temperatur, bei der der elektr. Widerstand plötzlich verschwindet.
**Sprungtuch,** ein verstärktes Tuch zum Auffangen frei fallender Personen.
**Sprungwellen,** hohe Wellen, die bei Fluteintritt in Flüssen aufwärts stürzen.
**SPS,** Abk. für *Sozialdemokratische Partei der Schweiz;* → Sozialdemokratie.
**Spuk,** gespensterhafte Erscheinung.
**Spule, 1.** auf eine Hülse aufgewickeltes Garn. – **2.** Wicklung aus isolierten Drahtwindungen. Die S. erzeugt wegen ihrer hohen *Induktivität* bei Stromfluß ein starkes Magnetfeld, das der Windungszahl proportional ist.
**Spulwürmer,** *Ascarida,* im Verdauungskanal der Säugetiere schmarotzende *Fadenwürmer.* Beim Menschen findet man *Ascaris lumbricoides* im Dünndarm.
**Spundwand,** Wand aus Spundbohlen (Holz, Stahl, Stahlbeton) zum Abdichten von Baugruben gegen Grundwasser u. zur Uferbefestigung.
**Spur,** Fährte.
**Spurenelemente,** die im Unterschied zu den *Mengen-* oder *Bauelementen* nur in geringer Konzentration im Körper vorhanden sind. Lebenswichtige S. für den Menschen: Kupfer, Zink, Mangan, Kobalt, Jod, Fluor.

*Squash: Spielraum mit durchsichtigen Wänden, durch die man das Spiel gut verfolgen kann*

**Spurensicherung,** kriminalist. Maßnahmen zur Erhaltung u. Sicherstellung der an einem Tatort hinterlassenen Spuren.
**Spurt,** *Sport:* eine plötzl. Schnelligkeitserhöhung bei Rennen aller Art, als *Zwischen-* oder *End-S.*
**Spurweite,** allg. der Abstand zweier Räder derselben Achse; außerdem der Abstand zw. den Innenkanten von Eisenbahnschienen. Die *Normal-* oder *Regelspur* (1,435 m) ist in den meisten Ländern eingeführt; Ausnahmen: *Breitspur* in Spanien, Portugal, Chile, Argentinien (1,676 m), Irland (1,600 m), Sowjetunion (1,524 m); *Schmalspur* in Südafrika (1,067 m; Kapspur), Japan, Java, Teilen von Afrika u. S-Amerika (1,000 m).
**Sputnik** [russ. »Weggefährte«], Name der ersten sowjet. künstl. Satelliten für wiss. Aufgaben. *S. 1* startete am 4.10.1957.
**Spyri,** Johanna, geb. *Heußer,* *1829, †1901, schweizerische Jugend-Schriftst.; Erzählungen mit pädag. u. religiösem Grundton; W̄ »Heidi«.

**Square** ['skwɛə], Quadrat, auch rechteckiger Platz.
**Square dance** ['skwɛə 'da:ns], nordamerik. Volkstanz, von jeweils 4 Paaren nach den Weisungen eines Ansagers im Viereck getanzt.
**Squash** [skwɔʃ], ein Mitte des 19. Jh. in Harrow (Großbrit.) entwickeltes Rückschlagspiel, das in einer Halle gespielt wird.
**Squatter** ['skwɔtə], in den USA der Ansiedler auf noch nicht in Anspruch genommenem Regierungsland; in Australien der Pächter von Regierungsland (meist Schafhalter).
**Squaw** [skwɔ:], Indianerfrau.
**Squaw Valley** ['skwɔ: 'væli], Ort in der kaliforn. *Sierra Nevada* (USA), Austragungsort der Olymp. Winterspiele 1960.
**Squire** ['skwaiə], engl. Landedelmann, Gutsherr; in anglo-amerik. Ländern Höflichkeitstitel für (Friedens-)Richter u. Anwälte.
**Srbik** ['zrbik], Heinrich Ritter von, *1878, †1951, östr. Historiker; W̄ »Metternich«.
**Sri Lanka,** fr. *Ceylon,* Inselstaat in S-Asien, sö. von Indien, 65 610 km², 16,6 Mio. Ew., Hptst. *Colombo.*

*Sri Lanka*

L a n d e s n a t u r. Im Innern erhebt sich ein Berg- u. Hügelland, ansonsten überwiegen Tiefländer. S. L. ist eine Tropeninsel mit einem stark beregneten SW-Teil; die übrigen Teile haben ausgedehnte Trockenzeiten.
Die B e v ö l k e r u n g besteht zu 74% aus buddhist. Singhalesen u. zu 18% aus hinduist. Tamilen; daneben gibt es 7% islam. Mauren.
W i r t s c h a f t. Hauptausfuhrprodukte sind Tee (S. L. ist größter Tee-Exporteur der Welt), Kautschuk u. Kokospalmprodukte. Von Bedeutung ist das traditionelle Handwerk (Verarbeitung von Edelsteinen, Elfenbein, Holz, Silber u.a.) u. der Fremdenverkehr. Haupthafen ist Colombo.
G e s c h i c h t e. Im 6. Jh. v. Chr. von Singhalesen erobert; im 16. Jh. port.; seit 1655 ndl.; 1796 gewannen Engländer die Insel, die 1815 Kronkolonie wurde. Seit 1948 unabh. seit 1972 Rep. S. L. (bis dahin Ceylon); seit der Verfassungsänderung von 1978 Präsidialsystem. S. L. ist belastet von Konflikt zw. der Bevölkerungsmehrheit der Singhalesen u. der Bevölkerungsminderheit der Tamilen, in den sich auch Indien einmischte. Staats-Präs. ist seit 1989 R. *Premadasa.* S. L. ist Mitgl. der UNO u. des Commonwealth.
**Srinagar** → Shrinagar.
**SS,** Abk. für *Schutzstaffel,* eine Formation der NSDAP, 1925 aus besonders ergebenen Nationalsozialisten zunächst zum Schutz Hitlers u. der nat.-soz. Führer gegr., seit 1929 unter H. *Himmler* zur parteiinternen Sicherheitsorganisation ausgebaut. Nach der Ausschaltung E. Röhms (SA) 1934 begann die Entwicklung der SS zu einem beherrschenden Machtfaktor. Sie wurde Hitler direkt unterstellt. Aus der »Leibstandarte Adolf Hitler« u. den »Polit. Bereitschaften« entwickelte Himmler die *SS-Verfügungstruppe,* eine Art SS-Armee (1939 etwa 18 000 Mann). Außerdem gab es die *SS-Totenkopfverbände,* die 1934 die Bewachung der *Konzentrationslager* übernahmen. Aus der SS-Verfügungstruppe u. SS-Totenkopfverbänden wurde 1940 die *Waffen-SS* gebildet. Die Waffen-SS (1944 fast 600 000 Mann) kämpfte im 2. Weltkrieg an der Seite des Heeres, war aber kein Teil der Wehrmacht.
Vom Internat. Militärgerichtshof in Nürnberg wurde die SS 1946 zur »verbrecherischen Organisation« erklärt.
**SSR,** Abk. für *Sozialistische Sowjetrepublik,* die einzelne, jeweils nach ihrem Volk ben. Unionsrep. der Sowjetunion.
**SSSR,** Abk. für *Sojus Sowjetskich Sozialistscheskich Respublik,* die Vollform des russ. Namens der Sowjetunion.
**SSW,** Abk. für *Südschleswigscher Wählerverband.*
**s.t.,** Abk. für *sine tempore,* ohne Zeit (-Zugabe); pünktlich.
**St.,** Abk. für Sankt, Saint.

## Staatsanwaltschaft 851

*Sri Lanka: Ruwanweli-Dagoba in Anuradhapura; 2. Jahrhundert v. Chr.*

**Staat, 1.** die höchstorganisierte Ordnungseinheit des menschl. Zusammenwirkens, deren Eigenart darin besteht, daß sie das Monopol der legitimen phys. Gewaltanwendung hat. Ein S. hat ein *S.volk,* ein *S.gebiet* u. eine *S.gewalt.* Unter rechtl. Gesichtspunkten ist der S. eine *jurist.* Person: eine *Gebietskörperschaft* mit oberster, unabgeleiteter Anordnungsgewalt, die zugleich Gebietsherrschaft u. Personenherrschaft ausübt. → Staatsformen. – **2.** eine geordnete u. über eine längere Zeit hinweg bestehende Ansammlung von tier. Individuen gleicher Art, die in Nestern oder Bauten ein geordnetes u. oft hochorganisiertes Leben führen unter Einteilung in versch. soziale Kategorien (»Kasten«): Arbeiter, Soldaten, König(in), z.B. bei Bienen, Ameisen.
**Staatenbund,** völkerrechtliche Verbindung von (souveränen) Staaten zur gemeinsamen Bewältigung bestimmter Aufgaben; Ggs.: *Bundesstaat.*
**Staatenlose,** *Apolide, Apatride,* Personen ohne Staatsangehörigkeit. Dieser Verlust kann u.a. eintreten bei *Ausbürgerung* durch den Heimatstaat.
**Staatensukzession,** *Staatennachfolge,* Rechtsnachfolge eines Staates in Rechte u. Pflichten eines nicht mehr bestehenden Staates (z.B. Nachfolgestaaten bei der Auflösung Österreich-Ungarns 1918).
**Staatsakt, 1.** staatl. Veranstaltung von bes. Feierlichkeit *(Nationalfeiertag, Staatsbegräbnis).* – **2.** ein bes. bedeutungsvoller Hoheitsakt des Staates (der Gesetzgebung, Verwaltung oder Rechtsprechung). Als *Act of State* wird im anglo-amerik. Recht eine Entscheidung oberster Behörden bezeichnet, an die jedes Gericht gebunden ist u. deren Inhalt gerichtlicher Nachprüfung nicht unterliegt.
**Staatsangehörigkeit,** *Staatsbürgerschaft,* das formale *Bürgerrecht,* das den Bürger mit seinem Heimatstaat verbindet u. das gegenseitige Rechte u. Pflichten begründet (früher als »allg. Gewaltverhältnis« des Staates über die Personen seiner S.). Die S. wird zunächst automatisch mit der *Geburt* erworben. Entweder erhält jeder die S. des Staates, auf dessen Territorium er geboren wird *(Jus soli,* »Recht des Bodens«), oder erhält die S. seines Vaters bzw. die seiner Mutter *(Jus sanguinis,* »Abstammungsrecht«). Letzteres gilt insbesondere in den kontinentaleurop. Staaten. Neben diesem automat. Erwerb durch Geburt gibt es noch den Erwerb einer fremden S. durch *Einbürgerung* auf Antrag (mit u. ohne Verlust der bisherigen S. *[doppelte S.]),* bei Ehefrauen durch *Heirat* (nicht mehr in allen Staaten), durch Eintritt in fremde Staatsdienste, auch durch Legitimation als ehel. Kind oder durch Adoption.
**Staatsanleihe** → Staatsschuld.
**Staatsanwalt,** Beamter des höheren Dienstes bei der *Staatsanwaltschaft.* Er muß die Befähigung zum Amt eines Richters haben.
**Staatsanwaltschaft,** Behörde zur Vertretung der Belange der Allgemeinheit (des Staates) vor Gericht; in der BR Dtld. v.a. im Strafprozeß als *Strafverfolgungs-, Anklage-* u. *Strafvollstreckungsbehörde* tätig, daneben auch im Zivilprozeß als *Klage-, Antrags-* oder *Mitwirkungsberechtigte* in Ehe- u. Personenstandssachen sowie im Aufgebotsverfahren bei Verschollenheit u. im Entmündigungsverfahren. Die S. steht in der BR Dtld. unter

**Staatsaufsicht**

der Aufsicht der Justizministerien u. ist der ordentl. Gerichtsbarkeit angegliedert, mit folgenden Stufen: *Bundesanwaltschaft (Generalbundesanwalt, Bundesanwälte* u. *Oberstaatsanwälte)* beim Bundesgerichtshof, S. beim Oberlandesgericht u. S. beim Landgericht *(General-, Ober-* u. *Erste Staatsanwälte* sowie *Staatsanwälte)* u. die *Amtsanwaltschaft (Amtsanwälte)* beim Amtsgericht.

**Staatsaufsicht,** die Aufsicht, die der Staat über alle jurist. Personen des öffentl. Rechts, die öffentl. Verwaltungsaufgaben wahrnehmen, ausübt.

**Staatsausgaben,** die im Haushaltsplan veranschlagten Geldausgaben des Staates.

**Staatsbanken,** staatl. Bankinstitute der Länder, bes. in Bundesstaaten; in der BR Dtld. bis 1957 die *Landeszentralbanken,* früher in Preußen die *Seehandlung.*

**Staatsbankrott,** Erklärung der Zahlungsunfähigkeit des Staates. Beim *direkten S. (offener S., Repudiation)* erklärt der Staat ausdrückl. seine Zahlungsunfähigkeit; häufiger ist aber der *verschleierte* oder *noble S.* durch Abwertung (Währungsreform), Herabsetzung der Zinssätze, Verschiebung der Rückzahlungstermine für Staatsschulden u.a.

**Staatsbibliothek Preußischer Kulturbesitz,** nach dem 2. Weltkrieg aus Restbeständen der ehem. Preußischen Staatsbibliothek erwachsene wiss. Universalbibliothek; seit 1957 als »Staatsbibliothek« der *Stiftung Preuß. Kulturbesitz* (bundesunmittelbare Stiftung des öffentl. Rechts) in Westberlin zugehörig.

**Staatsbürger,** jeder Staatsangehörige im Verhältnis zu seinem Heimatstaat.

**staatsbürgerliche Rechte,** die dem *Staatsbürger* vom Staat garantierten Rechtsstellung, auch gegenüber den Trägern der öffentl. Gewalt; v.a. das Recht zur Mitgestaltung des Staates durch Teilnahme an Wahlen, Abhaltung polit. Versammlungen, Gründung polit. Vereine.

**Staatseinnahmen,** die im Haushaltsplan veranschlagten Geldeinnahmen des Staates.

**Staatsexamen,** Prüfung vor einer vom Staat beauftragten Prüfungskommission oder unter der Leitung eines staatl. Prüfungsamts; vorgeschrieben z.B. für Lehrer, Ärzte, Juristen.

**Staatsformen,** die versch. Arten der organisator.-soziolog. Struktur des Staates:
1. Nach der Repräsentanz des Staates *(Staatsoberhaupt)* unterscheidet man *Monarchie* u. *Republik.* –
2. Nach dem Träger der Staatsgewalt unterscheidet man, ob die Staatsgewalt beim Volk liegt *(Demokratie)* oder bei Klassen, Ständen, Gruppen, Einheitsparteien oder sogar in der Hand eines einzelnen *(Monokratie, Autokratie,* »Führerstaat«). –
3. Bei den Regierungsformen wird unterschieden: *parlamentarisches System* oder keine Abhängigkeit der Regierung vom Vertrauen des Parlaments. –
4. Unterscheidung zw. *unitarisch (zentralistisch)* u. *föderalistisch* organisierten Staaten. – 5. Unter funktionalen Gesichtspunkten kann man *Gesetzgebungs-, Verwaltungs-* u. *Justizstaaten* unterscheiden. – 6. In gruppensoziolog. Sicht kennzeichnet man Staaten nach den jeweils herrschenden, auch in den sozialen Prestigeansichten an der Spitze befindl. Gruppen, z.B. *Beamtenstaat.* – Nach histor.-polit. Gesichtspunkten läßt sich für Europa in der Neuzeit eine Entwicklung in folgender Richtung feststellen: a) der *absolutistische Staat* (als Wiege des modernen Staates); b) nach der Frz. Revolution der Übergang zur *konstitutionellen Monarchie;* c) der *republikanisch-demokratische Verfassungsstaat* moderner Prägung.

**Staatsgebiet,** der räuml. Herrschaftsbereich eines Staates.

**Staatsgefährdung,** in der BR Dtld. als strafbare *Gefährdung des demokrat. Rechtsstaats* gemäß §§ 84–91 StGB geltende Delikte: Organisationsdelikte, die Vorbereitung von Sabotageakten, Störhandlungen gegen lebenswichtige Anlagen u. Einrichtungen, Zersetzung der Bundeswehr u. öffentl. Sicherheitsorgane, Verunglimpfung des Bundes-Präs., Beschimpfung der BR Dtld. u. Verunglimpfung von Verfassungsorganen.

**Staatsgeheimnis** → Landesverrat.

**Staatsgewalt,** die Zusammenfassung der dem Staat zukommenden Befugnisse u. der Mittel zu ihrer Verwirklichung in den Formen der *Verfassunggebung, Gesetzgebung* u. sonstigen *Rechtssetzung, Regierung, Verwaltung* u. *Rechtsprechung.* Das Prinzip der *Rechtsstaatlichkeit* gewährleistet, daß derartige Akte von unabhängigen Gerichten auf ihre Rechtmäßigkeit nachgeprüft u. notfalls aufgehoben werden können. (Art. 19 Abs. 4 GG).

**Staatshaftung,** die Haftung des Staates (Bund, Land) oder sonstiger öffentl.-rechtl. Körperschaften (z.B. Kreis, Gemeinde) für schuldhafte *Amtspflichtverletzungen.*

**Staatskabinett,** *Kabinett,* die Regierung.

**Staatskanzler,** Titel der leitenden Minister K.A. Fürst von *Hardenberg* in Preußen (1810–22) u. K. Fürst von *Metternich* in Östr. (1821–48); 1919/20 u. April-Nov. 1945 des östr. Regierungschefs (jetzt *Bundeskanzler).*

**Staatskapitalismus,** eine Wirtschaftsform, bei der der Staat vorwiegend oder ausschl. Eigentümer der Produktionsmittel ist.

**Staatskirche,** eine Kirche, die dem Staat im Verhältnis rechtlicher Unterordnung eng verbunden ist u. von ihm mit Vorrechten ausgestattet wird. I.w.S. sind S. auch solche Kirchen, deren Bekenntnis vom Staat zur *Staatsreligion* erklärt ist.

**Staatskommissar,** mit der Durchführung besonderer Aufgaben betrauter Beamter, insbes. zur Durchsetzung staatl. Maßnahmen gegenüber nachgeordneten Organen u. Dienststellen.

**Staatsminister,** Titel einzelner Parlamentar. Staatssekretäre im Bund u. der Landesminister in manchen Ländern der BR Dtld.

**Staatsministerium,** Bez. für die Regierungen einiger dt. Länder, z.B. früher *Preußisches S.*

**staatsmonopolistischer Kapitalismus,** kurz *Stamokap,* ein kommunist. Theoretikern geprägter, auf Gedanken W.I. Lenins zurückgehender Begriff, nach dem auf der höchsten Stufe des modernen Kapitalismus, der »imperialist.« Staat mit den wirtschaftl. Monopolen zu einem einzigen Herrschaftsinstrument verschmilzt.

**Staatsnotstand** → Notstand (3).

**Staatsoberhaupt,** als eigtl. Spitze der Exekutive der Repräsentant des Staates. Das S. kann entweder ein *Einzelperson* sein oder ein *Kollegialorgan* (so etwa in der Schweiz der *Bundesrat).*

**Staatsorgane,** die zur Ausübung der Staatsgewalt berufenen Organe des Staates, zu unterscheiden von den sie besetzenden Personen. Als *oberste S.* (auch *Verfassungsorgane,* z.B. Staatsvolk, Parlament, Staatsoberhaupt) sind sie von Weisungen anderer S. weitgehend frei.

**Staatspapiere,** Staatsanleihen u. Schatzanweisungen; → Staatsschuld.

**Staatsphilosophie,** die philosoph. Beschäftigung mit den Fragen nach Ursprung, Wesen u. Sinn (Rechtfertigung u. Zweck) sowie nach der (ethisch) besten Form des Staates *(Staatstheorien);* zu unterscheiden von der *Allgemeinen Staatslehre.*

**Staatspolizei, 1.** staatl. (im Unterschied zur kommunalen) Polizei. – **2.** die *Politische Polizei* zur Abwehr von Gefahren für die Verfassungsordnung.

**Staatspräsident, 1.** das Staatsoberhaupt in Republiken. – **2.** in Dtld. 1919–34 Bez. für den *Ministerpräsidenten* (Chef der Landesregierung) in Baden, Hessen u. Württemberg, 1947–53 in (Süd-)Baden u. Württemberg-Hohenzollern.

**Staatsquallen,** Siphonophora, eine Ordnung der *Hydrozoen.* Viele Individuen, die durch Knospung aus der urspr. Planula-Larve entstanden sind, bilden einen *Tierstock,* bei dem jedes Einzeltier eine bes. Funktion hat, für die es sich morpholog. anpaßt. Zu den S. gehören u.a. *Seeblase* u. *Segelqualle.*

**Staatsräson** [-ræ'zõ], *Staatsraison,* seit N. *Machiavelli* der Grundsatz, daß die Sicherung des Staates (als Machtproduzent u. Machtinstrument) oberste Richtschnur des polit. Handelns zu sein habe; bes. für Theorie u. Praxis der Staatsführung im 17. u. 18. Jh. von Bedeutung.

**Staatsrat, 1.** *A n h a l t :* 1918–33 die Landesregierung. – **2.** *D D R :* 1960–90 das kollektive Staatsoberhaupt (Vors., mehrere Stellvertreter u. Mitglieder, Sekretär). – **3.** *F r a n k r e i c h :* Conseil d'État, das oberste Verwaltungsgericht. – **4.** *Ö s t e r r e i c h :* das von der Provisorischen Nationalversammlung 1918/19 gewählte Organ, das die Funktion des Staatsoberhaupts ausübte. – **5.** *P r e u ß e n :* 1817–48 ein beratendes Organ des preuß. Königs, v.a. zur Begutachtung von Gesetzen; 1920–33 die Vertretung der Prov. mit Initiativ- u. Vetorecht, 1933–45 mit beratenden Funktionen, jedoch ohne Bedeutung. – **6.** *S c h w e i z :* Conseil d'État, in den Kantonen Freiburg u. Wallis die Kantonalregierung.

**Staatsrecht, 1.** das vom Staat erlassene Recht im

*Stabheuschrecke*

Unterschied zum *Kirchen-* u. *Völkerrecht.* – **2.** Teil des öffentl. Rechts: das eigtl. *Verfassungsrecht* einschl. der *Grundrechte,* wozu noch das *Staatsangehörigkeitsrecht,* die Grundzüge des *öffentl. Dienstrechts,* das *Wahlrecht* u.ä. kommen.

**staatsrechtliche Beschwerde,** schweiz. Form der *Verfassungsbeschwerde.*

**Staatsreligion,** eine rechtl. bevorzugte oder allein öffentl. zugelassene Religion. Das Christentum war S. seit Theodosius d. Gr. (4. Jh.) bis zur Frz. Revolution u. ist es in einigen Ländern – ohne Ausschließung anderer Konfessionen – heute noch.

**Staatsschuld,** *Staatsschulden,* die Gesamtheit der Schulden, die der Staat zur Deckung des nicht durch Steuern, Gebühren u.a. gedeckten Bedarfs auf sich genommen hat. Nach der Laufzeit der Schuldverschreibungen unterscheidet man *Schatzanweisungen* (Schatzwechsel, Schatzscheine; *schwebende S.* zur Deckung eines vorübergehenden Bedarfs) u. *Staatsanleihen* (fundierte, konsolidierte S. zur Deckung langfristigen Bedarfs).

**Staatsschuldbuch,** ein öffentl. Register, in dem Darlehnsforderungen an die öffentl. Hand, über die keine Schuldverschreibungen ausgestellt sind, beurkundet werden. Das S. wird von der *Staatsschuldenverwaltung* (in der BR Dtld.: *Bundesschuldenverwaltung)* geführt.

**Staatssekretär,** in mehreren Ländern gebräuchlicher Titel eines hohen Beamten mit unterschiedl. Rechtsstellung. In Dtld. seit 1919 der oberste Beamte eines Ministeriums, u. Vertreter des Ministers. Der *Parlamentarische S.* (in der BR Dtld. seit 1967) ist ein nichtbeamteter, einem Bundes-Min. beigegebener Abg. des Bundestags (u.U. mit dem Titel *Staatsminister),* der hpts. die Aufgabe hat, den Min. im Parlament zu vertreten. – In Östr. war S. 1918–20 u. 1945 die Bez. für die Mitglieder der Bundesregierung; jetzt ist der S. weisungsgebundener Beamter eines Ministeriums. – In Großbritannien führen einige Kabinettsmitglieder den Titel *S. (Secretary of State),* in den USA der Außen-Min.

**Staatssicherheitsbehörden der UdSSR,** die heute als *Komitee für Staatssicherheit* (russ. Abk. *KGB)* bezeichnete Staatsschutzorganisation u. die ihr unterstellte Geheimpolizei der Sowjetunion.

**Staatssicherheitsdienst,** Abk. *SSD,* kurz »*Stasi*«, früher die polit. Polizei der DDR. Oberste Behörde 1950–53 u. wieder seit 1955 war das *Ministerium für Staatssicherheit.* Der SSD hatte sämtl. Lebensbereiche der DDR gegen »staatsgefährdende« Regungen geheimpolizeil. zu sichern u. außerdem Spionage in der BR Dtld. u. den übrigen westl. Ländern zu organisieren. Nach den polit. Umwälzungen in der DDR 1989 wurde der S. zunächst in ein Amt für nationale Sicherheit überführt. Danach wurde die endgültige Auflösung des S. beschlossen.

**Staatsstreich,** frz. *coup d'état,* der vom Inhaber der Staatsgewalt oder von Trägern staatl. Funktionen, insbes. von höheren Offizieren, unternommene gewaltsame Umsturz mit dem Ziel der Er-

*Stabhochsprung: Springer in der Aufschwungphase*

richtung eines eigenen, meist autoritären oder diktator. Systems. Der S. unterscheidet sich von der *Revolution* dadurch, daß nicht außerhalb des Staatsapparats stehende Gruppen revoltieren, sondern Mitträger der staatl. Verantwortung.

**Staatsverbrechen,** strafbare Handlungen gegen den Staat u. die Ausübung der Staatsgewalt, z.B. Hoch- u. Landesverrat.

**Staatsvermögen,** die Gesamtheit der dem Staat gehörenden bewegl. u. unbewegl. Sachen.

**Staatsvertrag, 1.** der → *Gesellschaftsvertrag* (2). – **2.** Bez. für bes. wichtige völkerrechtl. Verträge; z.B. der *östr. S.* mit der Sowj., Großbrit., Frankreich u. den USA vom 15.5.1955 sowie die Staatsverträge zw. der BR Dtld. u. der DDR vom 18.5.1990 über die Schaffung einer Währungs-, Wirtschafts- u. Sozialunion u. vom 31.8. 1990 über die Herstellung der Einheit Dtld.s.

**Staatsvolk,** eines der drei *Staatselemente*: 1. im allg. Sinn die Bev. eines Staates unter Ausschluß der fremden Staatsangehörigen u. der Staatenlosen; 2. im verfassungsrechtlich-organisator. Sinn die wahlberechtigten Staatsangehörigen, die an der polit. Entscheidungen teilnehmen; 3. im ethn.-polit. Sinn bei Vielvölkerstaaten oder Staaten mit andersvölk. Minderheiten die den Staat tragende ethn. Hauptgruppe(n); 4. im geschichtsphilosoph. Sinn Völker, die früh zur dauerhaften Staatsbildung gekommen sind.

**Staatswissenschaften,** früher die Gesamtheit der Wissenschaftszweige, die sich mit dem Staat beschäftigen: Staats-, Verwaltungs-, Völker- u. Finanzrecht, polit. Soziologie, Politik, Nationalökonomie, Finanzwissenschaft, Völkerkunde, Völkerpsychologie. Heute wird der Begriff S. auf die wirtschafts- u. allenfalls die sozialwiss. Betrachtungsweise beschränkt.

**Stab,** beim Militär die dem Kommandeur zugeteilten Führungsoffiziere; in Wirtschaftsunternehmen die Angehörigen des oberen Managements.

**Stabat mater,** *S. m. dolorosa* [lat., »es stand die schmerzensreiche Mutter«], mittelalterl. Marienlied; in der Meßliturgie der röm.-kath. Kirche zum Fest der Sieben Schmerzen Marias gesungen.

**Stäbchen,** lichtempfindl. Sinneszellen in der Netzhaut *(Retina)* höherer Tiere, die zum Sehen in Graustufen dienen.

**Stäbchenbakterien,** stäbchenförmige *Bakterien,* wie sie in vielen Bakterienordnungen vorkommen; i.e.S. die Bazillen.

**Stabheuschrecken,** *Phasmatidae,* Fam. der *Gespenstheuschrecken,* mit rd. 2500 Arten verbreitet, Baum- u. Strauchbewohner. Größte Art ist die *Riesen-S.*

**Stabhochsprung,** eine leichtathlet. Sprungübung, die mit Hilfe eines Sprungstabs ausgeführt wird. Der heute ausschließlich verwendete Glasfiberstab ermöglicht durch seine »Katapultwirkung« Sprunghöhen von über 6 m.

**stabil,** standfest, dauerhaft. – **stabilisieren,** festsetzen; festigen.

**Stabile,** das unbewegl. Gegenstück zu der von A. *Calder* entwickelten Form der mehrgliedrigen, durch Luftdynamik bewegten Metallplastik *(Mobile).*

**Stabilisator, 1.** in der Chemie ein Stoff, der einem anderen Stoff zur Erhöhung seiner chem. Beständigkeit zugesetzt wird u. seine Zersetzung verhindert oder verlangsamt. – **2.** → *Stabilisierungsflossen.*

**Stabilisierung,** im Währungswesen die Sicherung eines von Schwankungen freien Geldwerts *(Geldwert-Stabilität).*

**Stabilisierungsflossen,** *Stabilisatoren,* bei großen Fahrgast-, Fähr- u. Containerschiffen eingebaute Schlingerdämpfungsanlage.

**Stabilität,** Standfestigkeit, Beharrungsvermögen.

**Stabkirchen,** Kirchen in typ. nordgerm. Holzbauart, bes. in Norwegen verbreitet, u.a. in Urnes (11. Jh.), Borgund (12. Jh.), Hitterdal (14. Jh.).

**Stabpuppen,** *Stockpuppen,* aus dem javan. *Wajang-golek* entwickelte Spielfiguren, deren Kopf u. Hände mit Stäben, die durch ein Puppenkleid verdeckt sind, bewegt werden.

**Stabreim,** *Alliteration,* die Übereinstimmung der Anfangslaute zweier oder mehrerer betonter Silben (z.B. Kind u. Kegel, Haus u. Hof). Alle Konsonanten sowie die Verbindungen st, sp, sk »staben« jeweils nur mit sich selbst, alle anlautenden Vokale »staben« auch untereinander; die Reimform der altgerm. Dichtung.

**Stabsoffizier,** Offizier in der Dienstgradgruppe der S. mit den Dienstgraden (von oben nach unten) *Oberst, Oberstleutnant, Major.*

**Stabwerk,** alle Pfosten eines got. Maßwerkfensters.

**staccato,** in der Musik Anweisung, daß eine Tonfolge kurz abgestoßen zu spielen oder zu singen ist.

**Stachel, 1.** ein Anhangsgebilde der Pflanzen, an dessen Bildung außer der Oberhaut auch tiefere Gewebsschichten beteiligt sind; z.B. bei den Rosen (die keine *Dornen,* sondern S. haben). – **2.** stark entwickelte *Haare* (z.B. Igel, Stachelschwein), *Schuppen* (manche Fische), *Hautzähne* (Rochen) oder *Anhänge des Hautskeletts* (Stachelhäuter: Seeigel).

**Stachelbeere,** mit Stacheln bewehrter, zu den *Steinbrechgewächsen* gehörender Strauch; mit zahlreichen Kulturformen, wobei Farbe u. Größe der Beeren variieren: *Rote Triumphbeere, Maiherzog, Frühe Rote, Rote Eibeere* u.a.

**Stachelgurke, 1.** *Echinocystis,* Gatt. der *Kürbisgewächse.* In Dtld. wurde aus Nordamerika eingebürgert die *Gelappte S.,* mit lang bestachelten, eßbaren Früchten. – **2.** *Chayote,* Kürbisgewächs aus Zentralamerika; die birnenförmige Frucht wird gekocht genossen oder als Viehfutter verwendet.

**Stachelhäuter,** *Echinodermen, Echinodermata,* sehr alter Stamm meeresbewohnender Tiere mit radialsymmetr. Körperbau. Ihre Haut ist meist von mehr oder weniger spitzen u. starren Kalkstacheln bedeckt. Die S. umfassen den Unterstamm der *Pelmatozoa* (meist festsitzende Formen), zu denen z.B. die Klasse der *Seelilien (Haarsterne)* gehört, u. den Unterstamm der *Eleutherozoa* mit den Klassen der *Seesterne, Schlangensterne, Seeigel* u. *Seewalzen,* insges. etwa 4500 heute noch lebende Arten.

*Stachelmakrelen: Die Königsmakrele oder »Yellow Jack« ist im Indopazifik weit verbreitet*

**Stachelmakrelen,** *Carangidae,* Fam. der *Barsche;* über 200 Arten in trop. u. subtrop. Meeren; von erhebl. wirtsch. Bedeutung.

**Stachelpilze,** *Hydnaceae,* durch Stacheln, Warzen oder zahnförmige Fortsätze an der Hutunterseite gekennzeichnete *Ständerpilze;* z.B. *Rotgelber Stoppelpilz* u. *Habichtspilz.*

**Stachelrochen,** *Stechrochen,* Grundfische wärmerer Meere mit Giftstachel auf dem langen Schwanz. Die bis 2,5 m lange *Feuerflunder* kommt von der südl. Nordsee bis Südafrika u. im Mittelmeer vor.

**Stachelschweine,** *Hystricidae,* Fam. der *Stachelschweinartigen,* große Nager mit auf dem Rücken zu langen, aufrichtbaren Stacheln umgewandeltem Haarkleid; in Europa das *Erdstachelschwein.*

**Stachelskinke,** *Egernia,* Gatt. austral. u. neuseeländ. *Skinke* mit gut entwickelten Gliedmaßen u. gekielten Stachelschuppen; z.B. *White's Skink.*

**Stachelspinnen,** versch. Gatt. *(Gasteracantha* u.a.) der *Radnetzspinnen.*

**Stachelwelse,** *Bagridae,* Fam. der *Welse* mit nacktem Körper, Fettflossen u. kräftigen Stacheln in Rücken- u. Brustflossen; 15 Gattungen.

**Stade,** Krst. in Nds. an der Unterelbe, 43 000 Ew.; Hafen u. Kernkraftwerk in *Stadersand.*

**Stadion, 1.** im antiken Griechenland ein Weg- u. Längenmaß: 1 S. in Olympia = 192,27 m. – **2.** im antiken Griechenland die (urspr. rechteckige, später halbkreisförmige) Bahn der sportl. Wettkampfstätte; heute die Gesamtanlage einer Wettkampfbahn für sportl. Zwecke, mit Rasenplatz, ovaler Laufbahn, Wurf- u. Sprunganlagen sowie Zuschauer- u. Pressetribünen.

**Stadion,** Johann Philipp Karl Graf von S.-Warthausen, *1763, †1824, östr. Politiker; 1805–09 Außen-Min., von *Metternich* abgelöst; verhandelte 1813 erfolgreich mit Preußen u. Rußland; als Fin.-Min. (1815–24) Gründer der Nationalbank.

*Stabkirche von Borgund, Norwegen*

*Das Gewöhnliche Stachelschwein kommt auch in Süditalien vor; sein Hauptverbreitungsgebiet ist aber Nord- und Westafrika*

**Stadium,** Entwicklungsphase, augenblickl. Zustand.

**Stadler,** Ernst, *1883, †1914 (gefallen), dt. Schriftst.; Freund R. *Schickeles,* Frühexpressionist.

**Stadt,** eine seit Jahrtausenden bestehende Siedlungsform mit bestimmtem Rechtsstatus, gekennzeichnet durch dichte Besiedlung u. Konzentration von Wohn- u. Arbeitsstätten einer Bevölkerung mit überwiegend tertiär- u. sekundärwirtschaftl. Lebensunterhalt; Zentrum von polit., Wirtschafts-, Verwaltungs- u. Kultureinrichtungen mit eig. architekton. Prägung, innerer Differenzierung des Siedlungskörpers u. vielfältigen Verkehrsbeziehungen zw. den Teilräumen einerseits u. dem Umland, für das die S. Verkehrsmittelpunkt ist, andererseits.

*Geschichte.* Die frühesten Städte entstanden in den alten Hochkulturen (z.B. Jericho, Ninive u. Ur). Die grch. S. war als S.staat tragendes Element der grch. Geschichte. Frühe röm. Städte entstanden bereits im 5. Jh. v.Chr. Im 2. Jh. hatte Rom bereits über 500 000 Ew. Die dt. S. entstand häufig im Anschluß an röm. Gründungen (Köln). Im Spät-MA bildeten sich *Städtebünde* (Hanse). Eine hohe S.kultur entwickelte sich in Italien (z.B. Venedig u. Florenz) während der Stauferzeit. Im 14. u. 15. Jh. wuchsen auch London u. Paris zu Weltstädten heran. Im 19. Jh. entwickelte sich die Ind.-S. Im 20. Jh. entstanden Millionenstädte mit ausgedehnten Slums in den Entwicklungsländern, die die S.funktionen kaum noch aufrechterhalten können.

**Stadtbahn,** ein Nahverkehrssystem in Großstädten, das Bau- u. Betriebselemente der Straßen- u. U-Bahn in sich vereinigt.

**Stadtdirektor,** Amtsbez. des leitenden Gemeindebeamten in kreisangehörigen, des 1. Beigeordneten in krfr. Städten (deren leitender Beamter: Ober-S.) der brit. Besatzungszone in Dtld. 1945 bis 1950, seit 1950 nur noch in Nds. u. NRW.

**Städtebau,** die räuml. u. baul. Gestaltung städt. Ansiedlungen. Die städtebaul. Planungshoheit liegt bei den Städten u. Gemeinden.

**Städtebauförderungsgesetz,** Bundesgesetz von 1971 (Neufassung 1976) zur Erleichterung u. Verbesserung der Bauplanung u. der Stadtentwicklung. Das S. gibt der Stadtplanung u.a. das Recht, in Sanierungs- u. Entwicklungsgebieten Abbruch-, Bau- u. Modernisierungsgebote zu erlassen. Es schreibt die Aufstellung von Finanzierungs- u. So-

| Die größten Städte der Erde (Einwohner in Mio.) | | | | | |
|---|---|---|---|---|---|
| Tokio (Japan) | | Seoul (Südkorea) | 9,6 | Hongkong (Japan) | 5,6 |
|   als Siedlungskomplex | 20,0 | Kalkutta (Indien) | 9,2 | Istanbul (Türkei) | 5,5 |
|   mit Vororten | 11,7 | Moskau (Sowjetunion) | 8,8 | Bangkok (Thailand) | 5,4 |
| México (Mexiko) | 18,7 | Paris (Frankreich) | 8,7 | Karatschi (Pakistan) | 5,1 |
| New York (USA) | | Bombay (Indien) | 8,2 | Lima (Peru) | 5,0 |
|   als Siedlungskomplex | 18,0 | Tianjin (China) | 8,1 | Leningrad (Sowjetunion) | 5,0 |
|   mit Vororten | 8,5 | Chicago (USA) | 8,0 | Philadelphia (USA) | 4,8 |
| São Paulo (Brasilien) | 15,3 | Jakarta (Indonesien) | 7,8 | Detroit (USA) | 4,6 |
| Schanghai (China) | 14,6 | Los Angeles (USA) | 7,8 | Dhaka (Bangladesch) | 4,5 |
| Kairo (Ägypten) | 13,3 | London (Großbritannien) | 6,8 | San Francisco (USA) | 4,3 |
| Rio de Janeiro (Brasilien) | 10,2 | Teheran (Iran) | 6,0 | Madras (Indien) | 4,3 |
| Buenos Aires (Argentinien) | 10,0 | Manila (Philippinen) | 5,9 | | |
| Peking (China) | 9,6 | Delhi (Indien) | 5,7 | | |

*Stadt:* Naarden in den Niederlanden; im 14. Jahrhundert gegründet, 1673 zur sternförmigen Festung ausgebaut (oben). – Grundrisse städtischer Siedlungen: Bern wurde in geschützter Lage auf einem Bergsporn angelegt (oben links); Taschkent vor der Sanierung der Altstadt (Mitte links); Asunción in Paraguay hat das für spanische Gründungen in Amerika typische Schachbrettmuster (unten links); eine chinesische Altstadt (unten rechts)

zialplänen vor, die (bes. in Sanierungsgebieten) den Bedürfnissen der Bewohner Rechnung tragen. 1986 in das Bundesbaugesetz aufgenommen.

**Städtebünde,** Zusammenschlüsse von Städten zum Schutz gegen König, Fürsten u. Ritter im späteren MA, u.a. Rhein. Städtebund, Schwäb. Städtebund, Sächs. Städtebund.

**Städteordnung,** nur für Städte geltende *Gemeindeordnung* (Ggs.: *Landgemeindeordnung*), z.B. die preuß. S. des Frhr. von *Stein* von 1808. Das moderne Gemeinderecht kennt nur noch gemeinschaftl. Gemeindeordnungen für Städte u. Landgemeinden.

**Städtepartnerschaft,** die Partnerschaft zw. Städten versch. Länder mit dem Ziel kulturellen u. wirtsch. Austauschs.

**Stadtgas,** früher *Leuchtgas,* das früher meist in städt. *Gaswerken* aus Steinkohle (seltener Braunkohle) hergestellte, heute von *Kokereien* u. Großgaswerken an die Städte gelieferte Gas *(Ferngas)* für Koch-, Beleuchtungs- (Straßenlaternen) u. Heizzwecke. Auch *Erdgas* wird als S. verwendet.

*Städtebau: Hochhäuser prägen heute das Bild der Stadtzentren; im Bild die Innenstadt von Dallas*

**Stadtguerilla** [-gɛˈrilja] → Tupamaros.
**Stadthagen,** Krst. in Nds. nördl. der Bückeberge, 22 000 Ew.; St. Martinikirche (14./15. Jh.), Schloß (16. Jh.).
**Stadtkämmerer,** Leiter des städt. Finanzwesens.
**Stadtkreis,** in der BR Dtld. nichtamtl. Bez. für eine (land-)krfr. Stadt.
**Stadtlohn,** Stadt in NRW an der Berkel, nahe der ndl. Grenze, 17 000 Ew.; Textil- u. Möbel-Ind.
**Stadtmarathon,** zuerst in Boston (USA) seit 1897 ausgetragener Marathonlauf, heute in vielen Großstädten der Welt.
**Stadtmission,** 1826 von David *Nassmith* (*1799, †1839) in Glasgow (Schottland) zuerst begonnene ev. Fürsorge- u. Missionstätigkeit in Großstädten; in Dtld. von J.H. *Wichern* 1848 in Hamburg begonnen, heute vom Diakon. Werk getragen.
**Stadtpfeifer,** bes. im 14.–18. Jh. von Städten angestellte Musiker, die sich in Zünften zusammenschlossen.
**Stadtpräsident,** in der Schweiz der Bürgermeister od. Oberbürgermeister einer Stadt, d.h. einer Gemeinde mit über 10 000 Einwohnern (darunter: *Gemeindepräsident*).
**Stadtrat,** im Gemeinderecht der Städte der BR Dtld. 1. Name der *Gemeindevertretung* oder des *Gemeindevorstands;* 2. v.a. Amtsbez. der neben dem leitenden Gemeindebeamten wichtigsten leitenden Mitglieder des Gemeindevorstands, die dann in der Regel noch näher nach dem betr. Aufgabengebiet bestimmt ist (z. B. *Stadtbaurat, -rechtsrat, -schulrat*). Höhere Kommunalbeamte, die nicht Wahlbeamte sind, heißen dagegen *städtische Räte* (z.B. städt. Baurat).
**Stadtrecht,** 1. das Recht der Städte des MA: Satzungen, die zunächst Privilegien *(Handfeste)* des Stadtherrn waren, seit dem 13. Jh. dann von den Städten selbst autonom erlassen wurden *(Willküren, Schraen).* – 2. das für die Städte geltende Gemeinderecht.

*Staffellauf: Stabwechsel bei einer 4 x 100 m-Staffel der Frauen*

**Stadtregion,** das Gebiet einer größeren Stadt einschl. desjenigen Umlandbereichs, dessen Bewohner überwiegend nichtlandwirtsch. Berufe ausüben u. zu einem erhebl. Teil ihre wirtsch. Existenz unmittelbar in den Arbeitsstätten der Stadt finden *(Einpendler).*
**Stadtroda,** bis 1925 *Roda,* Krst. in Thüringen, sö. von Jena, 5300 Ew.; Barockschloß.
**Stadtstaat,** eine Stadt, deren Gebiet zugleich Staatshoheitsbereich ist; in der BR Dtld. eine Stadtgemeinde, die zugleich Bundesland ist.
**Stadtverordneter,** im Gemeinderecht der Städte mehrerer Länder der BR Dtld. Amtsbez. für die Mitglieder der *Gemeindevertretung.*
**Staeck,** Klaus, *28.2.1938, dt. Maler u. Graphiker (zeitkrit., satir. Plakate).
**Staël** [staˈl], Nicolas de, *1914, †1955, frz. Maler russ. Herkunft; gelangte zu einem expressiv-abstrakten Stil mit gefühlsbetonter Farbverwendung.
**Staël-Holstein** [staˈl-], (Anne Louise) Germaine Baronne de, gen. *Madame de Staël,* *1766, †1817, frz. Schriftst.; Tochter des frz. Finanzministers Jacques *Necker;* unterhielt um 1800 den führenden Pariser Salon; wurde 1802 zur Emigration gezwungen; vermittelte die entscheidenden Anstöße für die Romantik in Frankreich; W »De l'Allemagne« (dt. »Deutschland«).
**Stafette,** fr. reitender Bote, Eilbote; heute Staffel.
**Staff,** Leopold, *1878, †1957, poln. Schriftst. (pazifist. Lyrik u. symbolist. Dramen).
**Staffage** [-ʒə], Ausstattung, Beiwerk.
**Staffel,** Einheit eines Luftwaffengeschwaders; bei der Marine Formation des Fahrens im Verband.
**Staffelei,** verstellbares, meist dreibeiniges Gerüst, dient dem Maler während des Malens als Träger der aufgespannten Leinwand oder anderer Bildgründe.
**Staffelgiebel,** *Treppengiebel,* ein Giebel, der stufenförmig ansteigt; in der norddt. Backsteinarchitektur.
**Staffellauf,** *Stafettenlauf,* ein Mannschaftslauf, bei dem die einzelnen Läufer einer Staffel sich nach Übergabe eines Stabs ablösen.
**Stafford** [ˈstæfəd], Hptst. der mittelengl. Gft. *S.shire* am Grand Trunk Canal, 56 000 Ew.; Masch.- u. Leder-Ind.
**Stag,** ein Hanf- oder Stahlseil, das Schiffsmasten versteift u. Stengen nach vorn steif (straff) setzt.
**Stagflation** [Kunstwort aus *Stagnation* u. *Inflation*], inflationist. Tendenzen (insbes. starke Preissteigerungen) bei gleichzeitiger Stagnation der Wirtschaftstätigkeit u. Arbeitslosigkeit.
**Stagnation,** Stillstand, Stockung.
**Stahl,** alle schmiedbaren Eisenlegierungen; wichtigster Werkstoff der Gegenwart.
Erzeugung: S. wird heute ausschl. im schmelzflüssigen Zustand *(Fluß-S.)* erzeugt. *Schweiß-S.,* seit alters im Rennfeuer, seit 1784 durch Puddeln im teigigen Zustand erzeugt, wird heute nicht mehr gewonnen. Ausgangsstoff ist überwiegend das dem Hochofen oder dem Niederschachtofen entnommene Roheisen. – B l a s v e r f a h r e n (*Windfrischen*)*:* Flüssiges Roheisen wird in den Konverter gefüllt, u. durch Hindurchblasen von Luft (»Wind«) werden die unerwünschten Stoffe verbrannt. Beim *Bessemer-S.* sind dies Kohlenstoff, Mangan u. Silicium, beim *Thomas-S.* Kohlenstoff, Mangan u. Phosphor. Beim *LD-Verfahren* (nach den östr. Entwicklerwerken Linz-Donawitz) wird Sauerstoff mit einer *Sauerstofflanze* auf die Oberfläche von flüssigem Eisen im Tiegel geblasen. Eine Abwandlung des LD-Verfahrens ist das *LD-AC-Verfahren,* wobei ein Sauerstoff-Kalk-Gemisch geblasen wird. Beim abgewandelten Sauerstoffblasverfahren im *Kaldo-Ofen* dreht sich der Ofen in Schräglage 30mal in der Minute um seine eig. Achse. – F l a m m o f e n v e r f a h r e n : Der *Siemens-Martin-Ofen* (seit 1864) besteht aus einer Stahlwanne mit einem Fassungsvermögen bis 900 t Stahl. In ihr wird durch eine lange Flamme von etwa 1800 °C der »Einsatz« niedergeschmolzen, der je nach dem gewählten Verfahren aus festem oder flüssigem Roheisen u. S.schrott oder nur aus Schrott mit Kohle oder aus Roheisen mit Erz besteht. Der Frischvorgang dauert 4–8 Stunden. Als Brennstoff dient während überwiegend Öl. Im Elektroofen *(Elektro-S.)* besteht der »Einsatz« aus Rohstahl, Legierungsstoffen u. Zusätzen; er wird durch Lichtbogen- oder Induktionswärme niedergeschmolzen (Lichtbogenofen: W. von Siemens, 1880). – V e r a r b e i t u n g : Der flüssige S. (außer S.guß) wird zu S.blöcken bis zu 250 t in *Kokillen* vergossen u., noch glühend, in Walzwerken zu

## Stalin

Form-S. (S.trägern), Stab-S., Walzdraht, nahtlosen *Rohren* oder *Blechen* u. *Bändern* ausgewalzt (70% der Rohstahlerzeugung) oder, erkaltet, nach nochmaligem Erwärmen unter Pressen u. Hämmern zu Freiformschmiedestücken u. Hohlblöcken ausgeschmiedet.
**Stahl, 1.** Friedrich Julius, *1802, †1861, dt. Rechtsphilosoph u. Politiker; Vertreter der religiös-konservativen Form einer prot. Sozialphilosophie. – **2.** Georg Ernst, *1660, †1734, dt. Arzt u. Chemiker; Leibarzt *Friedrich Wilhelms I.* von Preußen.
**Ståhlberg** [ˈstoːlbærj], Kaarlo, *1865, †1952, finn. Politiker; Schöpfer der Verf. von 1919; 1919–25 Staats-Präs.
**Stahlbeton** → Beton.
**Stahlguß** → Stahl.
**Stahlhelm,** *S., Bund der Frontsoldaten,* im Nov. 1918 in Magdeburg von F. *Seldte* gegr. Wehrorganisation; Sammelbecken des militanten Nationalismus der bürgerl. Rechtsparteien. In seinem Kampf gegen die Weimarer Republik ging er zeitweise (seit 1929) mit der NSDAP zusammen *(Harzburger Front);* seit 1934 *Nat.-soz. Dt. Frontkämpferbund.* 1951 als S. neu gegr.
**Stahlhof** → Stalhof.
**Stählin,** Wilhelm, *1883, †1975, dt. ev. Theologe; 1945–52 Bischof in Oldenburg; Anreger u. geistiger Leiter des *Berneuchener Kreises.*
**Stahlpakt,** der am 22.5.1939 zw. dem nat.-soz. Dt. Reich u. dem faschist. Italien geschlossene Freundschafts- u. Bündnispakt. Er setzte die Linie der 1936 begonnenen Politik (»Achse Berlin-Rom«) fort.
**Stahlstich,** um 1820 in England erfundenes Tiefdruckverfahren, dem *Kupferstich* ähnlich. Die Zeichnung wird in eine Stahlplatte geätzt oder gestochen.
**Staiger,** Emil, *1908, †1987, schweiz. Literaturwiss.; u.a. Arbeiten zur dt. Klassik. W »Goethe«.
**Stainer,** *Steiner,* Jakob, *vor 1617(?), †1683, östr. Geigenbauer; Begr. der »Tiroler Schule«, bahnbrechend für den dt. Geigenbau.
**Staket,** Lattenzaun, Pfahlwerk.
**Stalagmit,** durch auftropfendes kalkhaltiges Wasser allmählich von unten nach oben wachsendes säulenartiges Tropfsteingebilde.

*Josef Stalin (Aufnahme aus seinen letzten Lebensjahren; das Bild durfte zu Stalins Lebzeiten in der UdSSR nicht veröffentlicht werden)*

**Stalaktit,** ein hängendes, zapfenartiges Tropfsteingebilde in Höhlen, das von der Decke nach unten auf den *Stalagmiten* zu wächst.
**Stalhof,** fälschl. *Stahlhof,* seit dem 15. Jh. Bez. für das Kontor der *Hanse* in London; 1603 geschlossen.
**Stalin,** eigtl. *Dschugaschwili,* Jossif (Josef) Wissarionowitsch, *1878, †1953, sowjet. Revolutionär u. Politiker; Georgier; wurde 1912 in das ZK der bolschewist. Partei kooptiert. Den 1. Weltkrieg verbrachte er in sibir. Verbannung. Seit 1922 brachte er als Generalsekretär den Parteiapparat der KPdSU unter seine Kontrolle. Nach dem Tod *Lenins* schaltete er durch geschicktes Ausspielen der versch. Gruppen in der KPdSU nacheinander L. *Trotzkij,* G. *Sinowjew,* L. *Kamenew,* N. *Bucharin* u.a. prominente Bolschewiki aus. Seit Ende der 1920er Jahre war er Diktator der Partei u. des Landes. Sein innenpolit. Sieg brachte der UdSSR ein brutales Terrorregime. Seit 1941 war S. auch Vors. des Rates der Volkskommissare u. Oberbefehlshaber der Streitkräfte. Seine durch den Pakt mit Hit-

ler betriebenen Annexionen im W baute er nach dem 2. Weltkrieg aus. Dadurch wurde der kalte Krieg eingeleitet. S. ließ sich als »Genius der Menschheit« feiern.

**Stalingrad,** 1925–61 Name der sowjet. Stadt *Wolgograd.* – Im 2. Weltkrieg war S. schwer umkämpft. Die Kapitulation der dt. 6. Armee unter F. *Paulus* am 31.1.–2.2.1943 bedeutete den Wendepunkt des Kriegsgeschehens an der Ostfront.

**Stalinismus,** Praxis u. Theorie des Bolschewismus unter J.W. *Stalin.* Der S. begann nach der Ausschaltung der innerparteil. Opposition in der KPdSU um 1930. Hauptmerkmale waren u.a.: Verengung der marxist. Theorie zu einem Dogmensystem; exzessiver Personenkult; Beseitigung aller bürgerl. Freiheiten u. umfassender Terror. Nach 1945 wurde der S. auf die osteurop. Satellitenstaaten der UdSSR ausgedehnt. Auf dem 20. Parteitag der KPdSU leitete N. *Chruschtschow* eine »Entstalinisierung« ein. Nach dem Sturz Chruschtschows wurde diese Entwicklung gestoppt u. erst mit dem Amtsantritt M. *Gorbatschows* 1985 wieder aufgenommen.

**Stalinorgel,** russ. *Katjuscha,* Bez. für sowjet. Mehrfachraketenwerfer; seit 1941 von der sowjet. Armee verwendet.

**Stallhase,** volkstüml. Bez. für das Kaninchen.

**Stallone** [stɛˈloʊn], Sylvester Enzio, *6.7.1946, US-amerik. Filmschauspieler u. Regisseur; bes. bekannt durch seine »Rocky«- u. »Rambo«-Filme.

**Stamitz,** Johann, *1717, †1757, böhm. Geiger, Dirigent u. Komponist; wirkte seit 1741 in Mannheim u. schuf den neuartigen Instrumentalstil der *Mannheimer Schule;* führte die damals als revolutionär empfundene Orchesterdynamik ein.

**Stamm, 1.** *Phylum,* die höhere biolog.-systemat. Einheit, die mehrere *Klassen* zusammenfaßt. – **2.** der von Flexionsendungen befreite Wortkern eines Simplex oder Derivativums; auch dasjenige Morphem, das als kleinste Einheit der Wortbildung anzusehen ist (z.B. »-wend-« in »Verwendung«). – **3.** *Volksstamm,* eine sehr unterschiedl. große Gruppe von Menschen, die ein eigenes Territorium besitzt u. sich von ihrer Umgebung durch Sprache oder Dialekt, Sitte, Brauch, gesellschaftl. Einrichtungen u. stoffl. Kulturbesitz abhebt.

**Stammaktie,** die einfache Aktie ohne Bevorrechtung.

**Stammbaum, 1.** die Darstellung der Abstammung eines bestimmten Lebewesens oder einer ganzen Gruppe verwandter Arten, Klassen u.ä. im Sinn der → *Abstammungslehre.* – **2.** *Nachfahrentafel,* in der Genealogie die Aufzeichnung aller Nachkommen eines Elternpaares.

**Stammbuch,** urspr. ein Verzeichnis der Familienmitglieder; seit dem 16. Jh. ein Buch, in das Gäste u. Freunde sich zur Erinnerung mit einer kurzen Widmung eintragen; heute noch als *Gästebuch* oder bei Schulkindern als *Poesiealbum.*

**Stammeinlage,** die Kapitalbeteiligung des Gesellschafters einer GmbH. Alle S. zusammen bilden das *Stammkapital.*

**stammeln,** eine Sprachstörung, bei der Laute, Lautverbindungen oder Silben falsch ausgesprochen, ausgelassen, wiederholt oder durch andere ersetzt werden.

**Stammesgeschichte,** *Phylogenie, Phylogenese,* die biolog. Wiss. von der Entwicklung des Tier- u. Pflanzenreichs; Teilgebiet der Abstammungslehre.

**Stammholz,** Nutzholz, das mind. 3 m lang ist u. 1 m über dem unteren Ende mind. 14 cm Durchmesser (mit Rinde) hat.

*Entwicklung der Stammsukkulenz unter dem Einfluß warmer, trockener Klimate mit kurzen, ergiebigen Regenzeiten: Bis auf die Keimblätter werden die Laubblätter fortschreitend zu unscheinbaren Anhängseln und die Blattknospen zu Dornenbüscheln (Areolen) reduziert, während das Rindengewebe zu einem Wasserspeicher erweitert wird; 1) Peireskie, 2) Opuntia, 3) Cereus (nach Troll, vereinfacht)*

**Stammkapital,** das Nennkapital einer Gesellschaft mit beschränkter Haftung.

**Stammrolle,** Namensverzeichnis.

**Stammsukkulenten,** wasserspeichernde Pflanzen *(Sukkulenten),* die an extrem trockene Standorte mit kurzen Regenperioden (Wüsten, Halbwüsten) angepaßt sind. Ihr Sproß ist fleischig verdickt. S. haben sich in mehreren Verwandtschaftsgruppen konvergent entwickelt (»Kakteentypus«).

**Stammwürze,** in der Bierbrauerei der Gehalt an Extrakt (Maltose, Dextrine u.a.) in der *Würze* vor der Gärung.

**Stamnos,** antikes Vorratsgefäß aus gebranntem Ton; mit zwei Henkeln.

**Standard,** festgelegte Qualitätshöhe, Maß, Norm, Richtschnur.

**Standarte,** *Stander,* Flagge eines Staatsoberhaupts, der berittenen Truppen; ein rechtwinkliges Tuch mit einem spitzwinkligen Einschnitt.

**Standbild** → Statue.

**Stände, 1.** soziale Kollektivgebilde, die im Unterschied zur bloßen sozialen *Schicht* Interessengemeinsamkeit, Solidarität, genossenschaftl.-organisator. Verbindung der einzelnen u. eine gewisse Abgeschlossenheit haben. Im Unterschied zur *Klasse* ist der Stand nicht durch eine ökonom. Lage u. das Bewußtsein dieser Lage allein, sondern v.a. durch exklusive Tradition u. konservatives Ethos *(Standesbewußtsein)* bestimmt. Die »klass.« S. waren Geistlichkeit, Adel u. Bürgertum, dazu das Proletariat als *vierter Stand.* – **2.** in der Schweiz die 23 Kantone einschl. der 3 Doppelkantone (die 6 Halbkantone bilden jeweils nur einen halben Stand).

**Ständemehr,** die Mehrheit im schweiz. Ständerat; auch die Mehrheit der Kantone bei Volksabstimmungen.

**Stander, 1.** eine dreieckige *Signalflagge.* – **2.** eine starre Flagge am Kraftwagen oder vor einer militär. Dienststelle, die den Aufenthaltsort u. die Dienststellung eines militär. Führers kenntlich macht.

**Ständerat,** die aus 46 Abg. der Kantone zusammengesetzte 2. Kammer des schweiz. Parlaments, der *Bundesversammlung.*

**Ständerpilze** → Pilze.

**Standesamt,** kommunale Verwaltungsbehörde zur Beurkundung der Personenstands u. zur Ermittlung von Ehehindernissen *(Aufgebot);* in der Schweiz *Zivilstandsamt.*

**Standesherren,** *Mediatisierte,* die reichsunmittelbaren Fürsten u. Grafen, die die Reichsstandschaft des alten Dt. Reichs besaßen, 1803–06 aber mediatisiert wurden.

**Ständestaat,** vom 14.–17. Jh. die in Europa vorherrschende Staatsform, soweit sich nicht der Absolutismus durchgesetzt hatte (obwohl auch er stand. Vertretungen dulden mußte). Die beherrschenden drei *Stände* waren der *Adel,* die *Geistlichkeit* u. das durch die Reichsstädte vertretene *Bürgertum.* Im 19. u. 20. Jh. hatte der S. in einer Mischung mit berufsständ. Vorstellungen nur vorw. theoretische Bedeutung.

**Ständiger Schiedshof,** *Haager Schiedshof,* durch die Friedenskonferenzen 1899 u. 1907 errichtete internat. Schiedsinstanz; verfügt über ein *Internat. Büro* (Geschäftsstelle) in Den Haag.

**Standort, 1.** die Umwelt einer Pflanze oder Pflanzengesellschaft. – **2.** Unterkunftsort einer Truppe. – **3.** Lage eines Betriebs im Wirtschaftsbereich.

**Standrecht,** das verschärfte Strafrecht u. vereinfachte Strafverfahren während eines Ausnahmezustandes oder im Kriegsfall; wird von *Standgerichten* durchgesetzt.

**Stanford** [ˈstænfəd], Sir Charles Villiers, *1852, †1924, ir. Dirigent u. Komponist; Opern, Sinfonien, Kammermusik.

**Stanislaus,** *Stanisław,* poln. Könige:
**1. S. I.** Leszczyński, *1677, †1766, König 1704–09 u. 1733–36; unter schwed. Druck zum König gewählt; mußte nach der Niederlage Karls XII. bei Poltawa 1709 flüchten. Seine Wahl zum König nach dem Tod Augusts des Starken (1733) konnte er im Poln. Thronfolgekrieg gegen Rußland u. Östr. nicht verteidigen. – **2. S. II. August Poniatowski,** *1732, †1798, (letzter) König 1764–95; mußte die drei Poln. Teilungen hinnehmen u. abdanken (Ende des alten Polen).

**Stanisław,** *um 1030, †1079, Bischof von Krakau seit 1072; von König Bolesław II. zum Tod verurteilt. – Heiliger, Patron von Polen (Fest: 11.4., in Polen 8.5.).

**Stanisławski** [-suˈafski], Jan, *1860, †1907, poln. Maler; Hauptvertreter der neueren poln. Landschaftsmalerei.

**Stanisławskij,** Konstantin Sergejewitsch, eigtl. K.S. Alexejew, *1863, †1938, russ. Schauspieler u. Regisseur; Mitgr. u. Leiter des Moskauer Künstlertheaters (1898); erarbeitete einen neuen realist. Bühnenstil.

**Stanley** [ˈstænli], **1.** Sir Henry Morton, eigtl. John *Rowlands,* *1841, †1904, brit. Journalist u. Forschungsreisender; fand 1871 den in O-Afrika verschollenen D. *Livingstone;* durchquerte 1874–77 erstmalig Zentralafrika auf dem Kongo; fand u. befreite 1887–89 *Emin Pascha.* – **2.** Wendell Meredith, *1904, †1971, US-amerik. Chemiker u. Biologe; führte grundlegende Untersuchungen über die Viren, bes. das Tabak-Mosaik-Virus, durch; Nobelpreis für Chemie 1946.

**Stanleyfälle** [ˈstænli-], jetzt *Malebofälle,* Stromschnellen u. Wasserfälle des *Lualaba* (der ab hier *Kongo* heißt) oberhalb von Kisangani, auf denen der Lualaba auf 100 km Länge 60 m an Höhe verliert.

**Stanniol,** dünne Folie aus Zinn; Metallpapier.

**Stans,** Hptst. des schweiz. Halb-Kt. *Nidwalden,* südl. des Vierwaldstätter Sees, am Fuß des *S.erhorns* (1898 m), 5800 Ew.; Flugzeugwerke, Traktorenfabrik.

**Stanton** [ˈstæntən], Elizabeth Cady, *1815, †1902, US-amerik. Frauenrechtlerin; 1888 Präs. der 1. internat. Frauenkonferenz.

**stanzen,** Formstücke aus dünnem Werkstoff (Blech, Pappe, Textilien) auf der Presse mit bes. Schnittwerkzeug herausschneiden.

**Stapel, 1.** Holzklötze, auf denen das Schiff während der Bauzeit aufliegt. – **2.** Warenlager.

**Stapelholm,** Ldsch. in Schl.-Ho., zw. Eider u. unterer Trenne.

*Stalinorgel*

**Stapelie,** Gatt. der *Seidenpflanzengewächse;* kakteenähnl. Sukkulenten aus S-Afrika.

**Stapellauf,** das Heruntergleiten eines Schiffsneubaus von der *Helling* ins Wasser.

**Stapelrecht,** im MA ein an Städte verliehenes Recht, nach dem die durchziehenden Kaufleute verpflichtet waren, ihre Waren in der Stadt anzubieten.

**Staphylokokken,** *Traubenkokken,* vorwiegend runde, unbewegl. *Bakterien;* Erreger akuter Entzündungen, sehr empfindlich gegen Antibiotika.

**Star, 1.** [zu *starren*], Augenkrankheiten: 1. *schwarzer S.,* Amaurose; 2. *grauer S.,* Katarakt; 3. *grüner S.,* Glaukom. – **2.** [engl., »Stern«], berühmter (männl. oder weibl.) Sänger oder Schauspieler, bes. auf dem Unterhaltungssektor. – **3.** Singvogel: → Stare.

**Stara Zagora,** Hptst. des gleichn. bulgar. Bez. am Südhang der Sredna Gora, 156 000 Ew.; Obstanbau; Kurort; Nahrungsmittelindustrie.

**Stare,** *Sturnidae,* rd. 100 Arten umfassende Fam. afrik. u. euras. *Singvögel;* mit kurzem Hals u. langem, spitzem Schnabel. Einheim. ist der getüpfelte, glänzende *Gewöhnl. Star.*

**Starez,** ein im geistl. Leben erfahrener u. charismatisch begabter orth. Priester oder Mönch, dessen Hauptwirksamkeit in der Seelsorge liegt.

**Stargard, 1.** poln. *Stargard Szczeciński,* Stadt in Pommern, sö. von Stettin, 61 000 Ew.; mittelalterl. Stadtbild; Bahnknotenpunkt. – **2.** – *Preußisch Stargard.* – **3.** *Land, Herrschaft S.,* der größere, sö. Gebietsanteil des ehem. Großherzogtums bzw. Freistaats Mecklenburg-Strelitz.

**Starhemberg, 1.** Ernst Rüdiger Graf von, *1638, †1701, östr. Feldmarschall; seit 1680 Kommandant der Stadt Wien, die er erfolgreich 1683 gegen die Türken verteidigte. – **2.** Ernst Rüdiger (Fürst von), *1899, †1956, östr. Politiker (Austrofaschist); seit 1930 Führer der paramilitär. *Heimwehr,* 1934–36 Vizekanzler u. zugleich Bundesführer der *Vaterländ. Front;* 1936 durch Schuschnigg gestürzt.

**Stark,** Johannes, *1874, †1957, dt. Physiker; entdeckte 1913 den *S.-Effekt,* die Aufspaltung einer Spektrallinie in mehrere Einzellinien, wenn die Atome in ein starkes elektr. Feld gebracht werden; Nobelpreis 1919.

**Stärke,** *Amylum,* ein hochmolekulares Polysaccharid, das in den Chloroplasten der Pflanzen gebildet u. in Form kleiner, runder oder ovaler Körnchen in den Wurzeln, Knollen u. Samen gespeichert wird; der wichtigste Kohlenhydrat-Reservestoff der Pflanzen. Die techn. Gewinnung der S. erfolgt durch Wasch- u. Schlämmprozesse aus Kartoffeln, Mais, Reis u. Weizen. S. wird u.a. als Nährstoff sowie zur Herstellung von Leimen u. Kleistern verwendet.

**Stärkesirup,** *Kartoffelsirup,* farbloser Sirup mit rd. ¹/₃ Süßkraft des Rohrzuckers, hergestellt durch Hydrolyse von Stärke.

**Stärkezucker,** Glucose (Traubenzucker), die aus Kartoffel- oder Maisstärke durch Kochen mit verdünnter Salzsäure unter starkem Druck gewonnen wird.

**Starkstrom,** elektr. Strom zum Verrichten einer Arbeit, d.h. für die Erzeugung von mechan. Energie, Licht u. Wärme u. für die Zwecke der Elektrochemie.

**Starlet,** »Sternchen«, Nachwuchs-Filmschauspielerin.

**Stärlinge,** *Icteridae,* eine rd. 90 Arten umfassende Fam. der *Singvögel* in Amerika.

**Starnberg,** oberbay. Krst. am Nordende des *Starnberger Sees* (57,2 km²), 19 000 Ew.; Fremdenverkehr.

**Starrkrampf** → Wundstarrkrampf.

**Stars and Stripes** ['staːz ənd 'straips], *Sternenbanner,* die Nationalflagge der USA.

**Start, 1.** Abflug eines Flugzeugs. – **2.** Beginn u. Ausgangspunkt jedes Rennens.

**START,** Abk. für engl. *Strategic Arms Reduction Talks,* dt. »Gespräche über die Reduzierung strateg. Waffen«; zw. den USA u. der UdSSR in Fortsetzung der SALT-Verhandlungen seit 1982 geführte Gespräche über den Abbau strateg. Waffen; Verhandlungsort: Genf.

**Staßfurt,** Krst. in Sachsen-Anhalt, an der Bode, 28 000 Ew.; Kalibergbau.

**State Departement** ['steɪt dɪ'paːtmənt], das Außenministerium der USA in Washington.

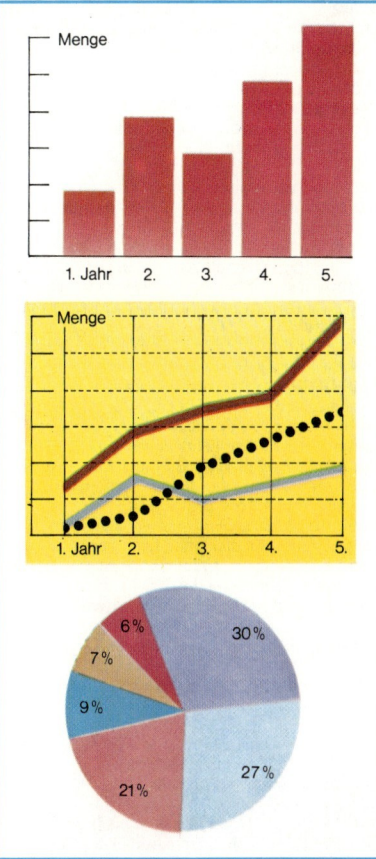

*Statistik: Säulen-, Kurven-, Kreisdiagramm (von oben nach unten)*

**Statik,** ein Teilgebiet der *Mechanik,* das die Bedingungen untersucht, unter denen die an einem Körper angreifenden Kräfte im Gleichgewicht sind. In der Technik ist sie die Grundlage aller Berechnungen u. Konstruktionen von Bauwerken (Brücken, Häuser). – **Statiker,** Ingenieur für statische Berechnungen.

**Station, 1.** Standort, Aufenthalt; Rundfunk- oder Forschungsstelle. – **2.** Abt. im Krankenhaus. – **3.** Bahnhof oder Haltestelle.

**stationär,** ortsfest. – **s.e Behandlung,** Krankenhausaufenthalt.

**Stationierung,** dauernde Unterbringung von Truppen an einem Standort.

**statische Organe,** die Sinnesorgane des statischen (mechanischen) Sinns: die Gleichgewichtssinnesorgane (Schweresinnesorgane), einschl. der Drehsinnesorgane der Wirbeltiere, u. die Gehörsinnesorgane.

**Statist,** Darsteller einer stummen Nebenrolle in Theater u. Film, bes. in Massenszenen. – **S.erie,** die Gesamtheit der Statisten.

**Statistik,** die Methoden zur Untersuchung von Massenerscheinungen. Die S. hat ihre mathemat. Grundlage u. Rechtfertigung im *Gesetz der großen Zahl* (wenn die Zahl der untersuchten Einzelfälle genügend groß ist, werden die zufälligen Abweichungen aufgehoben, u. die typ. Zahlenverhältnisse kommen zum Vorschein) u. in der *Wahrscheinlichkeitsrechnung.* Sie findet Anwendung bes. als *Wirtschafts-* u. *Bevölkerungs-S.*

**statistische Reihe,** eine Zusammenstellung von gleichartigen statist. Größen in gesetzmäßiger Reihenfolge; so bildet z.B. die jedem Jahr zugeordnete Niederschlagsmenge eine statist. Zeitreihe.

**Statistisches Bundesamt,** Wiesbaden, selbständige Bundesoberbehörde u. Zentrale der statist. Organisation in der BR Dtld; gegr. 1948, Nachfolger des *Statistischen Reichsamts* (1872–1945).

**Stativ,** Ständer für Kameras; verstellbare Halterung für Instrumente.

**Statthalter,** Vertreter des Staatsoberhaupts oder der Regierung in einem Gebietsteil.

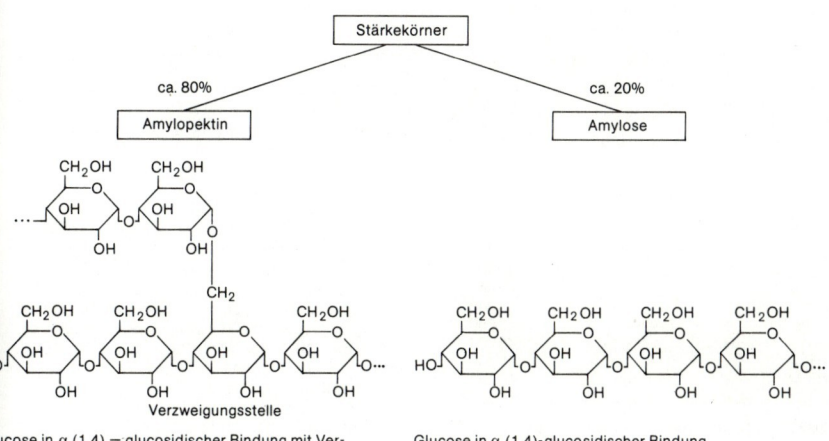

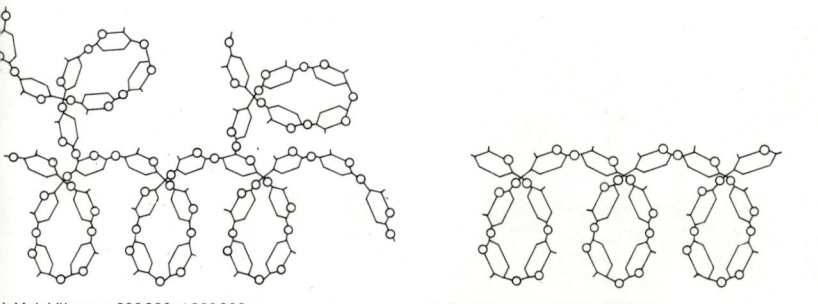

*Stärke: Unterschiede im molekularen Aufbau der Hauptbestandteile der Stärkekörner Amylopektin und Amylose*

**Statue** [-tuə], *Standbild,* die aus plast. Material geformte Einzelfigur eines Menschen oder Tiers. – **statuarisch,** standbildähnlich, unbeweglich.
**Statur,** äußere Erscheinung, Gestalt.
**Status,** Stand, Zustand, Rang.
**Status nascendi,** der Zustand chem. Stoffe (z.B. atomaren Wasserstoffs) im Augenblick ihres Entstehens aus anderen, wo sie bes. reaktionsfähig sind.
**Status quo,** der gegenwärtige Zustand. – **Status quo ante,** der Zustand vor einem bestimmten Ereignis.
**Statut,** 1. Satzung. – **2.** der Name des Gesellschaftsvertrags einer eingetragenen Gesellschaft.
**Staub,** feinste, in der Luft schwebende feste Teilchen, bis zu vielen Tausenden in 1 dm³ enthalten.
**Staubbachfall,** 260 m hoher Wasserfall des Staubbachs (linker Zufluß der Weißen Lütschine), im Schweizer Kt. Bern.
**Staubblätter,** *Staubgefäße, Stamina,* die männl. Geschlechtsorgane der Blüte. Die S. tragen Pollensäcke, in denen die Pollenkörner (Gesamtheit: Blütenstaub oder Pollen) gebildet werden.
**Stäubling,** *Lycoperdon,* Gatt. der *Bauchpilze,* die in reifem Zustand ein feines Sporenpulver ausstreuen; z.B. der *Flaschen-S.*
**Staublunge,** *Pneumokoniose,* durch ständige Einatmung bestimmter Staubarten hervorgerufene, chronisch entzündl. Erkrankung der Atemwege; mit Lungenblähungen oder Wucherungen u. narbigen Schrumpfungen des Lungengewebes, Berufskrankheit.
**Stauden,** *Perennen,* ausdauernde *(perennierende),* wiederholt fruchtende Pflanzen, die in ihrem oberird. Teil relativ wenig Holzgewebe u. häufig unter der Erde stärker entwickelte Achsenorgane hervorbringen.
**Staudinger,** Hermann, *1881, †1965, dt. Chemiker; entdeckte u.a. eine quantitative Beziehung zw. dem Molekulargewicht u. der Viskosität von Lösungen dieser Stoffe; Nobelpreis 1953.
**Staudruck,** der Druck, der von einer strömenden Flüssigkeit oder von einem strömenden Gas an einem Hindernis hervorgerufen wird. – **S.messer,** ein Meßgerät, das die Geschwindigkeit gegenüber der umgebenden Luft durch ein Staurohr *(Prandtl-Rohr)* anzeigt. Dabei wird aus dem Staudruck die Strömungs- bzw. Fluggeschwindigkeit ermittelt.
**Staudt,** Karl Georg Christian von, *1798, †1867, dt. Mathematiker; berühmt durch seine »Geometrie der Lage« (projektive Geometrie).
**Staudte,** Wolfgang, *1906, †1984, dt. Filmregisseur; Ⓦ »Die Mörder sind unter uns«, »Der Untertan«; auch Fernsehfilme.
**Stauer,** *Stauerbaas,* selbständiger Unternehmer, für die sachgemäße Verstauung der Ladung auf einem Schiff verantwortlich.
**Staufer,** schwäb. Fürstengeschlecht, stellte von 1138 bis 1254 die dt. Könige u. Kaiser. – *Friedrich von Büren* (†um 1090) ist der erste nachweisbare S. Sein Sohn *Friedrich* (†1105) erbaute die Burg Hohenstaufen. Konrad III. (†1152) war der erste S. auf dem dt. Königsthron.
**Stauffacher,** Rudolf, vor 1300 Landamann von Schwyz; spielte eine führende Rolle im urschweiz. Befreiungskampf gegen Habsburg.
**Stauffenberg,** Claus Graf *Schenk* von S., *1907, †1944, dt. Offizier; Oberst u. Stabschef des Befehlshabers des Ersatzheers, legte am 20.7.1944 eine Bombe im Führerhauptquartier »Wolfsschanze« bei Rastenburg (Ostpreußen). Er wurde nach Mißlingen des Attentats standrechtl. erschossen.
**Staupe,** sehr ansteckende Viruserkrankung, bes. bei (jungen) Hunden, aber auch bei Katzen u. in Pelzfarmen gezüchteten Füchsen u. Nerzen. Symptome: Fieber, Durchfall, Erbrechen *(Darm-S.),* Husten, Bronchopneumie *(Lungen-S.)* u. Krämpfe *(zentralnervöse Form);* Vorbeugung durch Immunisierung mit Lebendimpfstoff.
**Staurolith,** ein Mineral.
**Stausee,** durch eine Talsperre aufgestautes Gewässer, Teil einer Stauanlage.

*Stavanger*

| Die größten Stauseen der Erde | | |
|---|---|---|
| Name | Staat | Stauraum in Mio. m³ |
| Owen Falls | Uganda | 2 700 000 |
| Bratsk | Sowjetunion | 169 270 |
| Sadd Al Ali (Assuan) | Ägypten | 168 900 |
| Kariba | Sambia/Simbabwe | 160 368 |
| Akosombo | Ghana | 148 000 |
| Daniel Johnson | Kanada | 141 852 |
| Guri | Venezuela | 138 000 |
| Krasnojarsk | Sowjetunion | 73 300 |
| W. A. C. Bennet | Kanada | 70 309 |
| Seja | Sowjetunion | 68 400 |
| Wadi Tharthar | Irak | 66 700 |
| Sanmen | VR China | 65 000 |
| Cabora Bassa | Moçambique | 63 000 |
| La Grande 2 | Kanada | 61 715 |
| La Grande 3 | Kanada | 60 020 |
| Ust Ilim | Sowjetunion | 59 300 |
| W. I. Lenin (Kujbyschew) | Sowjetunion | 58 000 |
| São Felix | Brasilien | 55 200 |
| Caniapiscau | Kanada | 53 800 |
| Buchtarma | Sowjetunion | 49 800 |
| Cerros Colorados | Argentinien | 48 000 |
| Irkutsk | Sowjetunion | 46 000 |
| Lower Tunguska | Sowjetunion | 45 000 |
| Hoover | USA | 40 000 |
| Vilyui | Sowjetunion | 35 900 |

**Staustufe,** Sammelbez. für Wehranlagen, Schleusen u. Kraftwerke.
**Stavanger,** Hafenstadt u. Prov.-Hptst. am *S.fjord* (Boknfjord), 96 000 Ew.; Fischverarbeitung; Erdölindustrie.

**Stavenhagen,** Fritz, *1876, †1906, niederdt. Schriftst. (Volksstücke u. Bauernkomödien).
**Stawropol,** Hptst. des gleichn. Kraj in der RSFSR (Sowj.), im nördl. Kaukasusvorland, 306 000 Ew.; Masch.-Ind., Erdgasgewinnung.
**Steady-state** ['stedi 'steit], **1.** Bez. für eine von dem engl. Astrophysiker F. *Hoyle* aufgestellte Theorie, nach der die Materiedichte im Raum trotz der Expansion des Weltalls stets gleich bleibt, so daß fortlaufend eine bestimmte Menge an Materie neu entstehen muß *(stationäres Universum).* – **2.** Stoffwechselgleichgewicht; ein Zustand, bei dem Engergieentwicklung u. Energieausgabe bei Arbeit im Gleichgewicht sind.
**Steak** [steik], gebratene Fleischschnitte, bes. von Rind- u. Kalbfleisch.
**Steamer** ['sti:mə], Dampfschiff.
**Stearin,** Gemisch von Stearin- u. Palmitinsäure; eine weiße Masse, die für die Herstellung von Kerzen u. Kosmetika, ferner in der Seifen- u. Leder-Ind. verwendet wird.
**Stearinsäure,** eine langkettige Fettsäure, chem. Formel $C_{17}H_{35}COOH$. Sie findet sich, mit Glycerin verestert, in allen festen u. halbfesten Fetten.
**Steatit, 1.** [das], ein keram. Werkstoff hpts. für Hochspannungs- u. Niederspannungsisolatoren verwendet. – **2.** [der], Varietät des Minerals *Talk.*
**Stechapfel,** *Datura,* Gatt. der *Nachtschattengewächse.* Der *Gewöhnl. S.,* ist stark giftig.
**Stechfliege,** eine der Stubenfliegen ähnliche, aber durch den deutl. Stechrüssel unterschiedene hellgraue *Echte Fliege;* über die ganze Erde verbreiteter Blutsauger.
**Stechginster,** *Ulex,* Gatt. der *Schmetterlingsblütler* im atlant. Europa u. N-Afrika. Charakterpflanze der Heidegebiete des westl. Mitteleuropa ist der *Europ. S.,* mit dornartigen Blättern.
**Stechimmen,** *Aculeata,* diejenigen Fam. der Hautflügler-Unterordnung der Apocrita, bei denen das Legrohr zu einem Wehrstachel umgebildet ist.
**Stechmücken,** *Culicidae,* mit ca. 1500 Arten weltweit verbreitete Fam. der *Mücken.*
**Stechpalme,** *Ilex,* Gatt. der *S.ngewächse;* rd. 450 Arten. *Ilex aquifolium* ist ein immergrüner, in milderen Klimaten stattlicher Baum mit ledrigen, glänzend grünen, grobdornig gezähnten u. in einem Dorn endenden Blättern. *Ilex paraguariensis* liefert den *Mate-Tee.*
**Steckbrief,** öffentl. Aufforderung zur Ergreifung eines Beschuldigten oder eines Verurteilten, mit Personenbeschreibung u. Bild.
**Steckel,** Leonard, *1901, †1971, östr. Schauspieler u. Regisseur; verkörperte bes. Shakespeare-Gestalten.
**Steckenkraut,** *Ferula,* Gattung der *Doldengewächse;* in Dtld. als Gartenzierpflanze das *Gewöhnl. S.,* 2–5 m hoch.
**Stecklinge,** der ungeschlechtl. *(vegetativen)* Vermehrung dienende, von der Mutterpflanze abgetrennte Pflanzenteile.
**Steckrübe,** *Kohlrübe* → Raps.
**Steele** [sti:l], Sir Richard, *1672, †1729, engl. Schriftst.; einer der Begr. der Essayistik, zuerst in den von ihm mit J. *Addison* hrsg. Ztschr. »Tatler« (1709–11) u. »Spectator« (1711/12).
**Steel Guitar** ['sti:l gi'ta:r], elektr. verstärkte Gitarre in der Country- u. Hawaiimusik.
**Steen,** Jan, *1626, †1679, ndl. Maler (humorvolle Genreszenen).

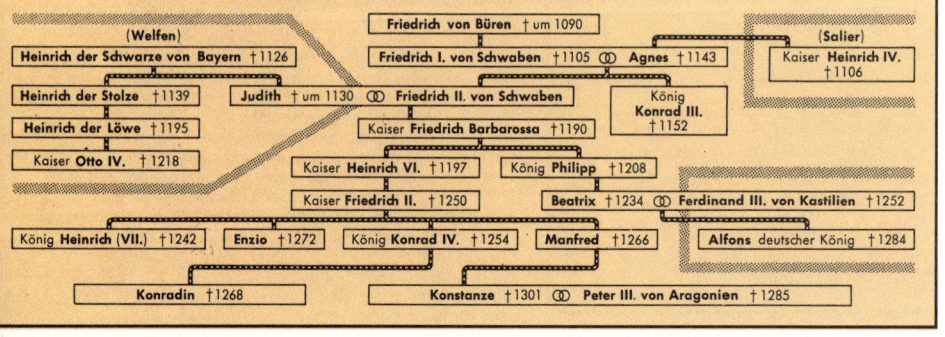

*Staufer: Stammtafel*

**Steeplechase** ['sti:pltʃεis], engl. Hindernisrennen.
**Steg, 1.** schmale Brücke, schmaler Weg. – **2.** bei Saiteninstrumenten ein kunstvoll gesägtes oder geschnitztes Holz, mit zwei Füßen auf der Decke stehend, das die Schwingungen der Saite auf den Resonanzkörper überträgt.
**Stegreif,** Steigbügel; *aus dem S.,* aus dem Augenblick heraus, improvisiert, ohne lange Vorbereitung. – **S.komödie,** ein Schauspiel, für dessen Darstellung kein fester Text zugrunde liegt.
**Steher,** ein Radrennfahrer, der hinter einem Schrittmacher Dauerrennen auf der Bahn bestreitet.
**Stehkragen,** aufrechter, den Hals glatt umschließender Kragen.
**Steichen** ['sti:kən], Edward, *1879, †1973, US-amerik. Photograph luxemburg. Herkunft; führte die Bildnisphotographie zu künstler. Höhe.
**Steiermark,** österreich. Bundesland, 16 387 km², 1,18 Mio. Ew., Hptst. *Graz.* Die Ober-S. hat Anteil an den Nördl. Kalkalpen u. an den Zentralalpen, gegliedert durch die Längstalzonen von Enns, Mur u. Mürz. Mittel- u. Unter-S. gehören im steir. Randgebirge noch zu den Zentralalpen; daran schließt gegen O u. S (Grazer Bucht) Hügelland an. Am dichtesten sind die großen Alpentäler besiedelt. *Geschichte.* Unter röm. Herrschaft gehörte die S. zu den Prov. Noricum u. Pannonien. Ende des 6. Jh. drangen die Awaren ein. Im 8. Jh. von Bay. aus besiedelt; 1180 Hzgt.; 1192 babenberg. 1278 kam das Gebiet an Rudolf von Habsburg, 1919 fiel die Südsteiermark an Jugoslawien.
**Steigaale,** stromaufwärts wandernde Jungaale.
**Steigbügel, 1.** Metallbügel an Riemen zu beiden Seiten des Sattels, dient dem Reiter als Fußstütze. – **2.** → Ohr.
**Steiger** ['staigə], Rod, *14.4.1925, US-amerik. Filmschauspieler; u.a. in den Filmen »Die Faust im Nacken«, »Das nackte Gesicht«.
**Steiger,** der Bergbeamte der mittleren u. gehobenen Laufbahn.
**Steigerwald,** stark bewaldetes dt. Mittelgebirge

*Steher: Durch das Fahren im Windschatten des Schrittmachers werden hohe Geschwindigkeiten erreicht*

in Franken, südl. des Main, zw. Schweinfurt u. Bamberg; im *Hohenlandsberg* 488 m.
**Steigung, 1.** Math.: der Anstieg einer Kurve. Unter der *S. einer Geraden* versteht man den Tangens des Winkels, den die Gerade mit der *x*-Achse des Koordinatensystems bildet. – **2.** Anstieg bzw. Gefälle einer Strecke bezogen auf die Einheit in horizontaler Richtung; wird entweder in Graden oder häufiger in Prozenten angegeben; z.B. sind 45° ≙ 100%, 30° ≙ 57,7%.
**Stein, 1.** → Gesteine, → Edelsteine. – **2.** der innere harte, den Samen umgebende Teil der Fruchtwand bei den *S.früchten.*
**Stein,** Stadt in Mittelfranken (Bay.), an der Rednitz, 13 000 Ew.
**Stein, 1.** [stain], Sir Aurel, *1862, †1943, brit. Archäologe (Asien-Forscher). – **2.** Charlotte von, geb. von *Schardt,* *1742, †1827, Freundin Goethes; Hofdame der Herzogin Anna Amalia von Sachsen-Weimar, seit 1764 verh. mit dem herzogl. Oberstallmeister Friedrich Frhr. von Stein (†1793). – **3.** Edith, *1891, †1942 (im KZ ermordet), dt. Philosophin; Jüdin, konvertierte 1922 zum kath. Glauben; seit 1933 Karmeliterin; Schülerin u. Mitarbeiterin E. *Husserls;* 1987 seliggesprochen. – **4.** [stain], Gertrude, *1874, †1946, US-amerik. Schriftst.; lebte seit 1903 in Paris; beeinflußte u.a. *Hemingway* u. *Dos Passos;* W »The making of Americans«. – **5.** Karl Reichsfreiherr vom u. zum, *1757, †1831, preuß. Min.; 1807 zum leitenden Min. berufen. S. führte umfangreiche Reformen durch (Bauernbefreiung 1807; Städteordnung 1808, Verwaltungsreform 1808). – Auf Betreiben Napoleons wurde S. am 24.11.1808 zum zweiten Mal (zuerst 1807 von Friedrich Wilhelm III.) entlassen. Bis zu seiner Berufung als Berater des Zaren im Jahr 1812 lebte er in Prag u. Brünn im Exil. Sein Reformwerk wurde von Hardenberg in einem etwas anderen Geist fortgesetzt (*S.-Hardenbergsche Reformen*). S. regte die *Monumenta Germaniae Historica* an. – **6.** Lorenz von, *1815, †1890, dt. Nationalökonom; Mitbegründer der modernen Soziologie u. Verwaltungslehre. – **7.** Peter, *1.10.1937, dt. Regisseur u. Theaterleiter; seit 1970 Regisseur u. bis 1985 Leiter der Schaubühne am Halleschen Ufer (seit 1981 am Lehniner Platz); bekannt durch seine Klassikerinszenierungen. – **8.** [stain], William Howard, *1911, †1980, US-amerik. Biochemiker; arbeitete über Enzyme; Nobelpreis für Chemie 1972.
**Steinach,** Stadt in Thüringen, nördl. von Sonneberg, 7300 Ew.; Spielzeug-Ind.; Wintersportplatz.
**Steinadler,** bis 90 cm großer *Greifvogel* von dunkler Färbung; bewohnt felsige Hochgebirgswälder; fast ausgerottet.
**Steinamanger** → Szombathely.
**Stein am Rhein,** schweiz. Bez.-Hptst. im Kt. Schaffhausen, am Rhein-Ausfluß aus dem Untersee (Bodensee), 2500 Ew.; ehem. Benediktinerkloster; Weinanbau; Fremdenverkehr.
**Steinbeck** ['stainbεk], John, *1902, †1968, US-amerik. Schriftst.; sozialkrit. Prosa; W »Die Schelme von Tortilla Flat«, »Die Straße der Ölsardinen«, »Früchte des Zorns«, »Jenseits von Eden«. Nobelpreis 1962.
**Steinberger,** Emil, *6.1.1933, schweiz. Kabarettist (Filme u. Fernsehsendungen).
**Steinbock,** Sternbild des südl. Sternhimmels.
**Steinböcke,** Artgruppe der Ziege: 1. die *echten*

S., die als gewandte Kletterer in Restbeständen über die Gipfelregionen der Gebirge Europas, Asiens u. N-Afrikas verbreitet sind; 2. die *Pyrenäen-S.,* aus den Hochgebirgen der Iberischen Halbinsel; heute nahezu ausgerottet.
**Steinbrand,** *Schmierbrand,* gefährliche Weizenkrankheit durch Befall mit *Brandpilzen.*
**Steinbrech,** *Saxifraga,* Gattung der *S.gewächse* (→ Pflanzen) mit 350 Arten; krautige Pflanzen mit in der Regel rosettigen Blättern.
**Steinbruch,** Anlage über Tage zur Gewinnung von technisch nutzbarem Gestein.
**Steinbrut,** Infektionskrankheit der Bienen; Erreger: *Aspergillus flavus.*
**Steinbuch,** Karl, *15.6.1917, dt. Informationswiss.; W »Die informierte Gesellschaft«.
**Steinbutt,** meist 50 cm, selten 1 m langer u. bis 12 kg schwerer *Plattfisch* in europ. Küstenmeeren.
**Stein der Weisen,** ein Stein, der nach der Lehre der Alchemie alle Krankheiten heilen u. Metalle, bes. Blei, in Gold verwandeln soll.

*Edith Stein*

**Steindruck** → Flachdruck.
**Steineibe,** *Steinfruchteibe, Popocarpus,* Gatt. der *S.ngewächse* (Fam. der Nadelhölzer); Sträucher oder mächtige Waldbäume trop. Gebiete.
**Steiner,** Rudolf, *1861, †1925, östr. Theosoph, Begr. der *Anthroposophie;* versuchte, eine Wiss. des Übersinnlichen philos. zu begründen; Gründer der *Waldorfschulen* sowie der *Anthroposoph. Gesellschaft* (1913).
**Steinernes Meer,** verkarstete Hochfläche in den Salzburger Kalkalpen, sw. vom Königssee.
**Steinfurt,** Krst. in NRW, nw. von Münster; 31 000 Ew.; Wasserburg; Textil- u. Masch.-Ind.
**Steingut,** weißes bis cremefarbenes feinkeramisches Erzeugnis mit porösem Scherben; Rohstoffe: weißbrennende reine Tone, Kaolin, Quarz, Feldspat oder auch Kalkspat. Das S. wurde um 1720 in England (Staffordshire) erfunden u. dort von J. Wedgwood um 1765 verbessert.
**Steinhäger,** ein Branntwein mit Wacholdergeschmack; nach dem Herstellungsort *Steinhagen* in NRW benannt.
**Steinheim, 1.** Stadt in NRW, sö. von Detmold, 12 000 Ew; Möbelind. – **2.** *S. an der Murr,* Stadt in

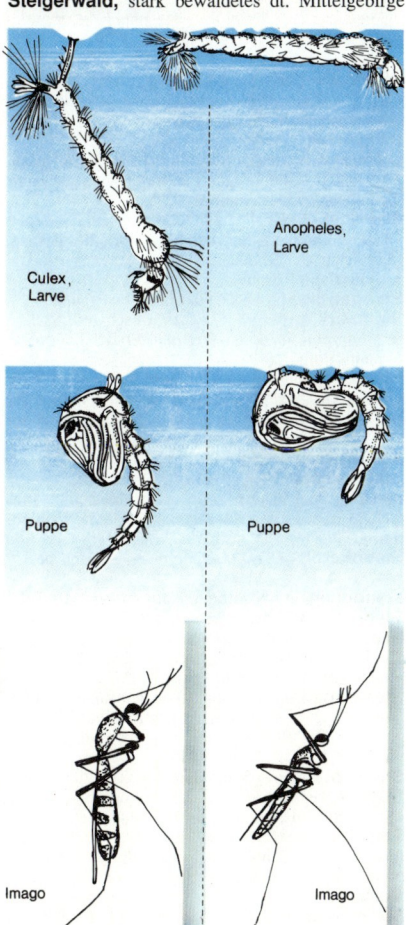
*Stechmücken: Vergleich der Gattungen Culex und Anopheles*

*Nubischer Steinbock*

**Steinhuder Meer**

Ba.-Wü., nördl. von Stuttgart, 9300 Ew., Fundort eines fossilen Schädels (*S.er Schädel*).
**Steinhuder Meer,** See in Nds. nw. von Hannover, 30 km², bis 3 m tief; Segelsport; auf einer künstl. Insel die Festung Wilhelmstein (18. Jh.).
**Steinhuhn,** SO-europ. *Fasanenvogel* der höchsten Gebirgslagen.
**Steinigung,** Hinrichtung durch Steinwürfe; im Altertum bei mehreren Völkern gebräuchlich; heute noch vereinzelt in islam. Ländern.
**Steinkauz,** einheim., kleine, flachköpfige *Eule;* »Totenvogel« genannt.
**Steinkohle,** ein kompliziertes Gemisch aus chem. Verbindungen, die hpts. Kohlenstoff, Wasserstoff u. Sauerstoff, daneben geringe Mengen an Schwefel u. Stickstoff enthalten; außerdem finden sich in S. noch mineral. Bestandteile u. etwa 10% freier Kohlenstoff. S. ist durch *Inkohlung* von Schachtelhalmen, Farnen u. Bärlappgewächsen in den Formationen Jura, Trias, Perm u. Karbon entstanden. S. ist eine schwarzglänzende (auch matte), feste Substanz, die in S.flözen abgebaut wird.
**Steinkohleneinheit,** Abk. *SKE,* die Energiemenge, die in 1 kg Steinkohle enthalten ist; dient insbes. zum Vergleich versch. Energieträger.
**Steinkohlenteer** → Teer.
**Steinkorallen,** *Madreporaria,* zu den *Hexacorallia* gehörige, stockbildende Polypen. Zu den S. gehören die riffbildenden Korallen. Es sind etwa 2500 Arten bekannt.
**Steinkraut,** *Alyssum* Gatt. der *Kreuzblütler.* Eine gelbblühende dt. Art ist das Kelch-S. auf Äckern, Dämmen u. Mauern. Eine beliebte Gartenpflanze ist das *Felsen-S.*
**Steinkühler,** Franz, *20.5.1937, Gewerkschaftsführer; seit 1986 1. Vors. der IG Metall.
**Steinmarder,** *Hausmarder,* braungelb gefärbter *Marder* mit weißem Kehlfleck.
**Steinmetzzeichen,** Urhebermarke des an einem Bau mitwirkenden Steinmetzen, im MA auch Signatur einer ganzen Bauhütte; gebräuchl. vom MA bis zum 18. Jh.
**Steinnußpalme,** eine südamerikanische stammlose *Palme* mit riesigen Fiederblättern u. kopfgroßen Sammelfrüchten. Die Samen gelangen als *Elfenbeinnüsse, Vegetabilisches Elfenbein* oder *Steinnüsse* nach Europa u. sind Rohstoff für die Knopffabrikation.
**Steinobst,** *Steinfrüchte,* Früchte (z.B. Pfirsich, Aprikose, Pflaume, Kirsche, Walnuß), bei denen die innere Schicht der Fruchtwand einen den Samen bergenden Steinkern bildet. – **S.gewächse,** *Prunoideae,* Unter-Fam. der *Rosengewächse;* hierher die Nutzpflanzen der Gatt. Prunus.
**Steinpeitzger,** *Dorngrundel, Steinbeißer,* 15 cm lange *Schmerle;* ein Grundfisch Eurasiens.
**Steinpilz,** *Herrenpilz,* wohlschmeckender *Röhrenpilz;* mit braunem Hut.
**Steinsalz,** *Halit,* das Mineral *Natriumchlorid.*
**Steinsame,** *Lithospermum,* Gatt. der *Rauhblattgewächse;* u.a. der *Gewöhnl. S.* mit glänzend weißen Früchten.
**Steinschlag,** Absturz von Gesteinstrümmern, die durch Verwitterungsvorgänge aus Felswänden gelockert wurden.
**Steinschloßgewehr,** von der Mitte des 17. Jh. bis nach den napoleon. Kriegen in Frankreich verwendetes Gewehr. Es verbesserte das Luntenschloß des älteren Gewehrs durch den Feuerstein.

*Steinhuder Meer: Jachthafen*

*Steinmarder*

**Steinschneidekunst,** *Glyptik,* die plast. Bearbeitung von Halb- u. Ganzedelsteinen, Bergkristall u. ähnlichen Steinsorten mit Hilfe von Schneid- u. Schleifgeräten.
**Steinwälzer,** kleiner, kräftiger Strandvogel aus der Verwandtschaft der *Regenpfeifer* u. *Schnepfen.*
**Steinweg,** Heinrich Engelhard, *1797, †1871, dt. Klavierbauer; wanderte 1850 nach Amerika aus, wo er 1853 die Klavierbaufirma *Steinway & Sons* gründete (Name 1854 anglisiert).
**Steinzeit** → Vorgeschichte.
**Steinzeug,** aus einer tonreichen Masse (Zusammensetzung: 50–80% Ton, 20–40% Quarz u. 1–10% Feldspat) gebrannte Tonware. Seinem Charakter nach steht das S. zw. Steingut u. Porzellan.
**Steiß,** *Steißbein,* bei Mensch u. Menschenaffe der kleine, am Kreuzbein nach unten ansetzende, aus 3–6 (meist 4) Wirbelkörpern verwachsene Knochen; Rest der Schwanzwirbelsäule der Wirbeltiere.
**Steißhühner,** *Tinamiformes,* eine Ordnung der *Vögel,* die in einer Fam. (*Tinamidae*) Amerika von Mexiko bis S-Argentinien bewohnt.
**Stele,** senkrecht im Boden stehende schmale Steinplatte, in der Antike als Grabstein (*Grab-S.*).
**stellar,** die Sterne betreffend, von ihnen stammend.
**Stellarastronomie,** Teilgebiete der Astronomie, die sich mit den Fixsternen u. Sternsystemen (*Galaxien*) befassen.
**Stellarator,** in den USA gebaute Versuchsanlage zur techn. Erzeugung von Kernenergie durch Kernverschmelzung.
**Stellenbosch** [-bos], Stadt in Kapland (Rep. Südafrika), 30 000 Ew.; Univ.; Missionskirche.

*Steinpilz*

**Stellenplan,** *Organisationsplan,* der Plan einer Verw.-Behörde, in dem die durch das Haushaltsgesetz bewilligten *Planstellen* für alle Bediensteten im einzelnen aufgeführt sind.
**Steller,** eigtl. *Stoeller,* Georg Wilhelm, *1709, †1746, dt. Naturforscher; begleitete 1741 V. *Bering* zur Alaska-Küste; beschrieb die *S.sche Seekuh,* eine bis 10 m lange Seekuh, die um 1790 ausgerottet wurde.
**Stellmacher,** *Wagner,* handwerkl. Ausbildungsberuf für die Herstellung u. Reparatur von Wagen, Karren u. Schlitten, heute auch von Wohnwagen, Leitern, Werkzeugteilen u.a.
**Stellprobe,** beim Theater im Unterschied zur *Leseprobe* eine Probe, bei der die Schauspieler u. Sänger bereits auf der Bühne oder auf einer bes. Probebühne Gänge, Bewegungen u. Stellungen proben.
**Stellwerk,** eine zentrale Stelle im Eisenbahnbetrieb, in der die Weichen u. Signale gestellt werden.

**Stelzen, 1.** Stangen mit Trittklötzen als Belustigungsmittel, zum Durchqueren von überschwemmten Stellen (in Marschgebieten) u. um größer zu erscheinen (in afrik. Kulten). – **2.** *Motacillidae,* Fam. der *Singvögel;* mit rd. 50 Arten weltweit verbreitet, gut laufende Erdvögel.
**Stelzenläufer,** bis 40 cm großer, weltweit verbreiteter *Regenpfeifer* der Subtropen; mit sehr langen Beinen.
**Stelzfuß,** *Überköten,* bei Tieren die krankhafte Beugestellung der Zehengelenke, bes. des Fesselgelenks.
**Stelzvögel,** *Schreitvögel, Ciconiiformes,* eine Ordnung der *Vögel,* deren Vertreter in rd. 100 Arten an den Binnengewässern aller Erdteile vorkommen; Familien: *Reiher, Schattenvögel, Sichler, Störche, Ibisse* u. *Löffler.*
**Stempel, 1.** Werkzeug aus Stahl oder Gummi zum Drucken, Siegeln, Pressen oder Schneiden; *Präge-S.,* zur Herstellung von Münzen, Medaillen u. dgl. – **2.** Geschlechtsorgan der Samenpflanzen.

*Stendal: Uenglinger Tor (1380)*

**Stempelfarben,** *Stempelkissenfarben,* Lösungen von Teerfarbstoffen oder Rußsuspensionen in schwer trocknenden Lösungsmitteln (z.B. Glycerin oder Glykol).
**Stendal,** Krst. in Sachsen-Anhalt, in der Altmark, 48 000 Ew.; roman.-got. Dom, Nahrungsmittel-Ind.; Verkehrsknotenpunkt.
**Stendhal** [stä'dal], eigtl. Marie-Henri *Beyle,* *1783, †1842, frz. Schriftst.; ein Vorläufer des frz. Realismus; W Romane: »Rot u. Schwarz«, »Die Kartause von Parma«.
**Stengel,** die Sproßachse der höheren Pflanze.
**Stenmark,** Ingemar, *18.3.1956, schwed. Skiläufer; Olympiasieger u. Weltmeister im Slalom u. Riesenslalom.
**Steno,** Nicolaus, eigtl. Niels *Stensen,* *1638, †1686, dän. Arzt u. Naturforscher, später kath. Priester u. Bischof; entdeckte 1661 den Ausgang der Ohrspeicheldrüse; erkannte als erster fossile Tiere.
**Stenogramm,** Niederschrift in *Kurzschrift.*
**Stenographie** → Kurzschrift.
**stenök,** Bez. für ein Lebewesen, das seiner Umwelt in engen Grenzen angepaßt ist (z.B. Höhlentiere).
**Stenokardie,** *Herzbeklemmung* → Angina pectoris.
**stenophag,** auf bestimmte Nahrung spezialisiert.
**Stenose,** angeborene u. durch Narbenbildung, Geschwülste u.a. entstandene Verengung von Hohlgängen oder Hohlorganen; z.B. an Herzklappen, Adern, Harnleitern, Darm.
**Stenotypistin,** Schreibkraft in kaufmänn. Büros oder in Verwaltungen, meist als *Bürogehilfin* ausgebildet. Die *Phonotypistin* schreibt nach Diktiergerät.
**Stensen,** Niels → Steno, Nicolaus.
**Stentor,** bei Homer ein grch. Kämpfer vor Troja mit der Stimmstärke von 50 Männern (*S.stimme*).
**Step,** ein Tanz, bei dem in klapperndem Rhythmus (mit bes. Schuhen auf einer klingenden Holzplatte) auf der Stelle getanzt wird (*steppen*).
**Stepanakert,** Hptst. der Bergkarabachen-AO im SW der Aserbaidschan. SSR (Sowj.), im Kleinen Kaukasus, 30 000 Ew.; Woll- u. Seidenind.
**Stephan,** Päpste: **1. S. I.,** †257, Papst 254 bis 257; trat für die Gültigkeit der Ketzertaufe ein

*Stephansdom (links) und Innenansicht mit Orgel (rechts)*

(Ketzertaufstreit); Heiliger. – **2. S. II.**, †757, Papst 752–757; stellte sich u. die Kirche unter den Schutz *Pippins d.J.*, dessen Herrschaft er durch die Königskrönung festigte. 756 übereignete Pippin ihm das Exarchat Ravenna (*Pippinische Schenkung*). – **3. S. IX.**, eigtl. *Friedrich von Lothringen*, †1058, Papst 1057/58; Bruder Gottfrieds des Bärtigen; vertrat die Ziele der Cluniazensischen Reform; bereitete den Bruch mit dem dt. Kaisertum vor.

**Stephan**, *Stefan*, Fürsten: **1. S. III.**, **S. d. Gr.**, *um 1435, †1504, Fürst (Woiwode) der Moldau 1457–1504; behauptete die Unabhängigkeit seines Landes von der türk. Oberherrschaft. – **2. S. I. Nemanja**, *1114, †1200, Großžupan (Großfürst) von Raszien um 1166–96; begr. die Einheit Serbiens (um 1171) u. befreite den Staat von byzantin. Oberhoheit. 1196 wurde er Mönch (*Simeon*). – **3. S. Dušan (Nemanjić) IV.**, *um 1308, †1355, Zar der Serben u. Griechen 1346–55; gewann Makedonien, Albanien, Epiros u. Thessalien; löste die serb. Kirche von Byzanz u. errichtete ein serb. Patriarchat. – **4. S. I.**, **S. der Heilige**, ung. *István*, *969, †1038, König von Ungarn 997 (1000) – 1038; heiratete die bay. Prinzessin *Gisela*, Schwester Kaiser Heinrichs II.; machte aus Ungarn einen abendländisch-christl. Staat. – 1087 heiliggesprochen (Fest: 16.8.).

**Stephan**, Heinrich von (1885 geadelt), *1831, †1897, Organisator des dt. Postwesens; führte 1870 die 1865 von ihm erfundene Postkarte ein.

**Stephansdom**, ein Hptw. der mittelalterl. Baukunst Östr. in Wien. Der Gründungsbau, 1147 geweiht, wurde 1258 durch Brand zerstört. Der Südturm (»Steffel«) wurde 1433 vollendet.

**Stephanskrone**, die ung. Königskrone, nach König *Stephan I.*, der sie um 1000 von Papst Silvester II. erhalten haben soll; gelangte 1945 in die USA; 1978 an Ungarn zurückgegeben.

**Stephanus**, einer der 7 Diakone der christl. Urgemeinde zu Jerusalem, erster Märtyrer der christl. Kirche. – Heiliger (Fest: 26.12.).

**Stephenson** ['sti:vnsn], George, *1781, †1848, engl. Ingenieur; erbaute 1814 die erste betriebsfähige Eisenbahn; eröffnete 1825 die erste Eisenbahnstrecke Stockton-Darlington.

**Steppe**, Bez. für die offenen, baumarmen bis baumlosen Vegetationsformationen (Grasländer) der außertrop. Gebiete. Trop. Grasländer nennt man *Savannen*.

**steppen**, 1. zwei Stoffe aufeinander nähen. – 2. → Step.

**Steppenheide**, wärmeliebende Pflanzengesellschaften auf Kalkböden, bes. Gräser u. Stauden.

**Steppenpaviane**, *Babuine*, in offenen Ldsch. Afrikas lebende Paviane.

**Steppenraute**, *Peganum*, Gatt. der *Jochblattgewächse*. Die kleinen schwärzl. Samen der *Syrischen S.* dienen zur Herstellung von *Türkischrot*.

**Steppenschliefer**, *Heterohyrax*, Gatt. der *Schliefer*, in NW-Afrika bis Angola.

**Steppenwolf**, *Präriewolf*, → Coyote.

# Stereotyp 861

**Ster**, Abk. st, veraltetes Raummaß, bes. für Holz: $1 \text{ st} = 1 \text{ m}^3$.

**Sterbegeld**, der Geldbetrag, der beim Tod eines Versicherten bes. zur Deckung der Beerdigungskosten an die Hinterbliebenen gezahlt wird, 1. von einer *Sterbekasse*, 2. von der *Sozialversicherung* (Kranken- u. Unfallversicherung).

**Sterbehilfe**, *Hilfe beim Sterben*, in erster Linie menschl. Beistand, der durch persönl. Zuwendung u. Betreuung geleistet wird. Werden Eingriffe vorgenommen, um das Eintreten des Todes zu beschleunigen (*aktive S.*), oder werden Maßnahmen unterlassen, die das Leben verlängern könnten (*passive S.*), ist eine strafbare Handlung gegeben. Erlaubt ist die S. durch Verabreichung schmerzlindernder Mittel mit lebensverkürzender Nebenwirkung u. durch Verzicht auf lebensverlängernde Therapie. S. ist in der Öffentlichkeit umstritten.

**Sterbekasse**, *Totenlade*, Privatversicherungsverein, der meist nur Deckung der Begräbniskosten bezweckt.

**Sterbesakramente**, in der kath. Kirche die in Todesgefahr empfangenen Sakramente der Buße, Krankensalbung u. Kommunion.

**Sterblichkeit**, *Mortalität*, das Ausmaß der Todesfälle im Verhältnis zur Gesamtbevölkerung oder zu einzelnen Altersklassen; in der dt. Statistik: die pro Jahr Gestorbenen je 1000 Ew. (*Sterbeziffer*); in *Sterbetafeln* spezifiziert.

**stereo...**, in Zusammensetzungen »starr, fest; Raum..., Körper...«

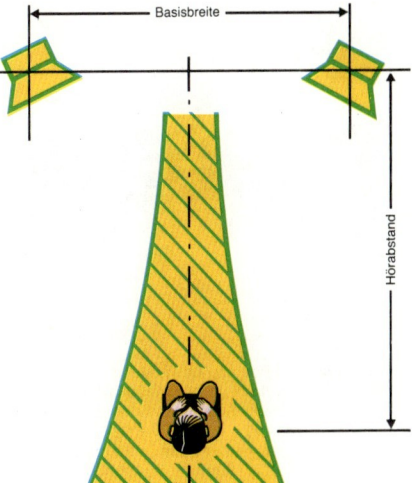

*Stereophonie: Darstellung der Hörfläche*

**Stereochromie**, eine 1823 erfundene Technik der Wandmalerei.

**Stereokamera** → Stereophotographie.

**Stereokomparator**, Apparat, mit dem man zwei gleichartige Himmelsaufnahmen, die von derselben Himmelsstelle, aber zu versch. Zeiten aufgenommen wurden, optisch zur Deckung bringt.

**Stereometrie**, *Raumlehre*, die Geometrie des dreidimensionalen euklid. Raums, bes. der Körper.

**Stereophonie**, Kurzwort *Stereo*, elektroakust. Tonwiedergabe mit räuml. Klangwirkung aufgrund der tatsächl. Laufzeitunterschiede; im Rundfunk (auf UKW), bei Schallplatte, Tonband u. Tonfilm möglich. Dazu wird der Ton mit zwei getrennten Mikrophonen (entspr. den beiden Ohren) aufgenommen u. in einem Zwei-Kanal-(Stereo-)Verstärker verstärkt; jeder Kanal wird über einen eig. Lautsprecher wiedergegeben. Aus der zweikanaligen S. entwickelte sich die *Vierkanal-S.* bzw. *Quadrophonie*.

**Stereophotographie**, *Raumphotographie*, eine Aufnahmetechnik, bei der mit einer *Stereokamera* zwei Teilbilder im Abstand von 65 mm (Augenabstand) aufgenommen werden, die, im *Stereoskop* oder mit Hilfe eines *Stereoprojektors* betrachtet, eine plast. Eindruck vermitteln.

**Stereotyp**, feste Redewendung; eine dem *Vorurteil* ähnliche, schablonenhafte Sehweise von bestimmten Gruppen, sowohl für eig. (*Auto-S.*) wie für fremde Eigentümlichkeiten (*Hetero-S.*). – **stereotyp**, feststehend, formelhaft.

*Stephanus: Steinigung des Stephanus, des ersten Märtyrers. Fresko aus der Benediktinerinnen-Klosterkirche zu Müstair in Graubünden; zwischen 1165 und 1180*

## 862 Stereotypie

**Stereotypie, 1.** die Abformung u. Vervielfältigung von Schriftsätzen oder Druckstöcken in einer angefeuchteten Matrizenpappe unter Druck. Die Matrizen *(Matern)* werden mit Letternmetall zu druckfähigen Platten *(Stereotypieplatten,* kurz *Stereos)* ausgegossen. – **2.** krankhafte dauernde Wiederholung und Beibehaltung immer derselben Bewegungen, Handlungen u. Gedanken (Aussprüche).
**steril,** keimfrei; unfruchtbar; unfähig, Nachkommen zu zeugen (→Impotenz).
**Sterilisation, 1.** Keimfreimachung durch Abtötung von Mikroorganismen mittels Hitze oder Strahlung. – **2.** die künstl. Aufhebung der Fortpflanzungsfähigkeit.
**Sterine,** im Tier- u. Pflanzenreich vorkommende Verbindungen *(Zoo-* u. *Phyto-S.),* die sich vom *Steran* ableiten u. eine große Bedeutung für den Ablauf der Lebensvorgänge haben; u.a. das *Cholesterin.*
**Sterkulie,** *Sterculia,* Gattung der *S.*gewächse (→ *Pflanzen);* etwa 200 trop. Arten.
**Sterlet,** ein *Stör* der Zuflüsse des Asowschen u. Kasp. Meers; bis 1 m lang; Kaviarlieferant.
**Sterling** ['stə:liŋ], Bez. für den 1180 eingeführten engl. *Penny.* Heute hat sich die Bez. nur in Zusammensetzungen erhalten *(Pfund S., S.silver).*

**Sternbild,** eine Gruppe von Fixsternen, die am Himmel eine mehr oder weniger ins Auge fallende Figur bilden u. vom Volksmund mit Namen bedacht wurden; astronomisch ein Gebiet des Sternhimmels. Der ganze Himmel ist heute in 88 S.er eingeteilt.
**Sterndeutung** → Astrologie.

**Sterndolde,** *Astrantia,* Gattung der *Doldengewächse;* hierzu die *Große S.,* eine bis 1 m hoch werdende Staude.
**Sterne** [stə:n], Laurence, *1713, †1768, engl. Schriftst.; einer der großen Humoristen der Weltliteratur; W Roman »Leben u. Meinungen des Herrn Tristram Shandy«.

## STERNE

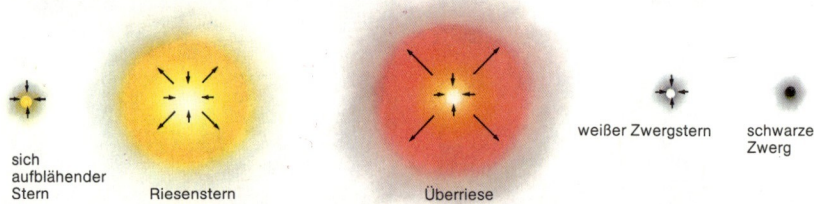

sich aufblähender Stern — Riesenstern — Überriese — weißer Zwergstern — schwarzer Zwerg

*Ein Stern von einer Sonnenmasse verbleibt rund 10 Milliarden Jahre auf der Hauptreihe. Dann ist in seinem Kern der Wasserstoffvorrat erschöpft. Später beginnt im Innern dieses Sterns die Verwandlung von Helium zu Kohlenstoff. Die äußeren Sternschichten blähen sich auf, und es entsteht ein roter Riese. Schließlich fällt der Stern wieder zu einem weißen und noch später zu einem schwarzen Zwerg zusammen*

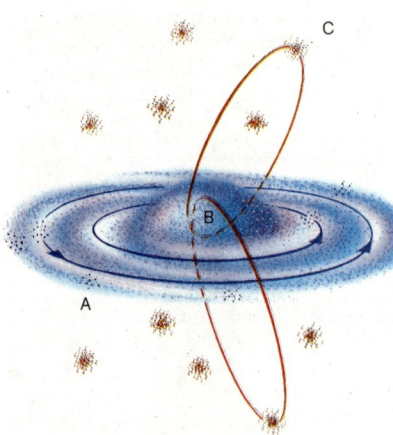

*Sternhaufen; Bewegung und Lage offener und kugelförmiger Sternhaufen in unserem Milchstraßensystem: Die offenen Haufen (A) finden sich vor allem in den Spiralarmen der Milchstraße. Sie bewegen sich um das galaktische Zentrum (B) in der galaktischen Ebene. Kugelförmige Sternhaufen (C) liegen vor allem im galaktischen Halo und bewegen sich in elliptischen Bahnen um das Zentrum*

**Stern,** ugs. ein Himmelskörper, der dem bloßen Auge als punktförmige Lichtquelle erscheint, in der Astronomie eine selbstleuchtende Gaskugel wie unsere Sonne. Ein S. bildet sich als Verdichtung in der interstellaren Materie. Er wird durch ein Gleichgewicht zw. der Gravitation u. dem nach außen gerichteten Gasdruck sowie dem Strahlungsdruck stabil gehalten. S.e entwickeln sich zu *Roten Riesen* oder *Überriesen,* die ausbrennen. Dadurch entstehen *Weiße Zwerge.* Weitere Entwicklungsstadien sind *Supernovae, Neutronen-S.e* u. *Schwarze Löcher.*
**Stern, 1.** Horst, *24.10.1922, Fernsehjournalist u. Schriftst.; krit. Tiersendungen u. Tierbücher. – **2.** [stə:n], Isaac, *21.7.1920, US-amerik. Geiger russ. Herkunft; spielte u.a. mit P. *Casals.* – **3.** Otto, *1888, †1969, dt.-amerik. Physiker; wies zus. mit W. *Gerlach* die auf dem Elektronenspin beruhende Aufspaltung eines Strahls von Silberatomen durch ein inhomogenes Magnetfeld in Strahlen versch. Richtung nach *(Richtungsquantelung);* Nobelpreis 1943. – **4.** William, *1871, †1938, dt. Philosoph u. Psychologe; Begr. der *differentiellen Psychologie.*
**Sternberg, 1.** Fritz, *1895, †1963, dt. Soziologe u. Wirtschaftswissenschaftler; emigrierte 1933; bekannt durch seine Imperialismustheorie. – **2.** Josef von, *1894, †1969, US-amerik. Filmregisseur östr. Herkunft; drehte u.a. »Der blaue Engel«.
**Sternberger,** Dolf, *1907, †1989, dt. Publizist u. Politologe (politolog. Untersuchungen u. Essays).

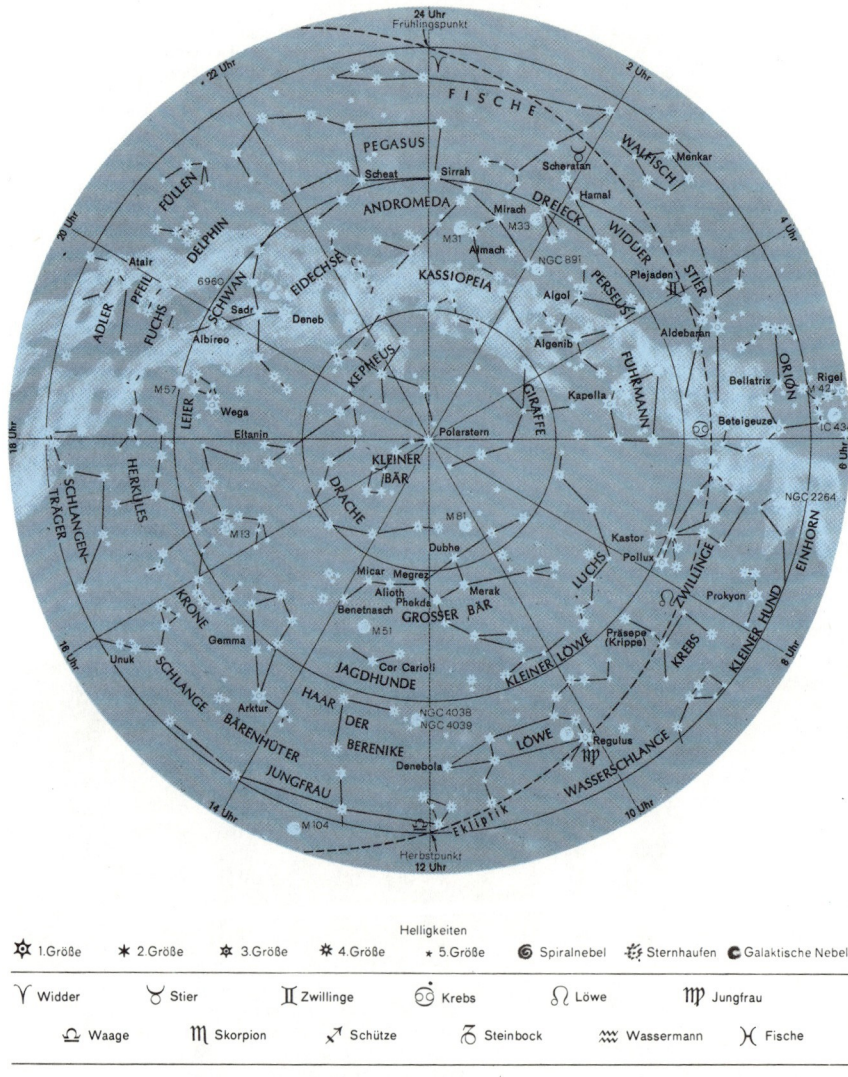

*Nördlicher Sternenhimmel. Ein Teil der Sternbilder des nördlichen Himmels geht für die geographische Breite Mitteleuropas nie unter und kann stets in etwa Nordrichtung beobachtet werden (Zirkumpolar-Sternbilder): Kleiner und Großer Bär, Drache, Giraffe, Kassiopeia, Kepheus sowie teilweise Perseus, Fuhrmann, Schwan und Luchs. Oft fügt man die hellsten Sterne noch zu besonderen Figuren zusammen, z.B. das »Sommerdreieck« Deneb-Atair-Wega oder das »Wintersechseck« Kapella-Kastor-Prokyon-Sirius-Rigel-Aldebaran. Von diesen ist Sirius auf der Karte des südlichen Himmels. Zu den Frühjahrssternbildern gehört das Gebiet zwischen Löwe und Bärenhüter, zu den Herbststernbildern Pegasus bis Widder. Das bedeutet, daß diese Sternbilder in den betreffenden Jahreszeiten am besten abends zu beobachten sind. Von den Sternhaufen können bereits die Plejaden und Präsepe mit bloßen Augen erkannt werden*

**Sternenbanner** → Stars and Stripes.
**Sternfahrt**, eine sportl. Veranstaltung, bei der die Teilnehmer in versch. Orten starten u. einem gemeinsamen Ziel zustreben.
**Sternhaufen**, auffällige Anhäufung von Fixsternen auf einem kleinen Ausschnitt des Himmels.
**Sternheim**, Carl, *1878, †1942, dt. Schriftst.; übte in expressionist., äußerst verknappter Ausdrucksweise bissige Gesellschaftskritik, bes. in seinem Dramenzyklus »Aus dem bürgerl. Heldenleben« (darin: »Die Hose«, »Der Snob«).
**Sternhortensie**, *Decumaria*, Gatt. der *Steinbrechgewächse;* jeweils eine Art in Nordamerika u. China.

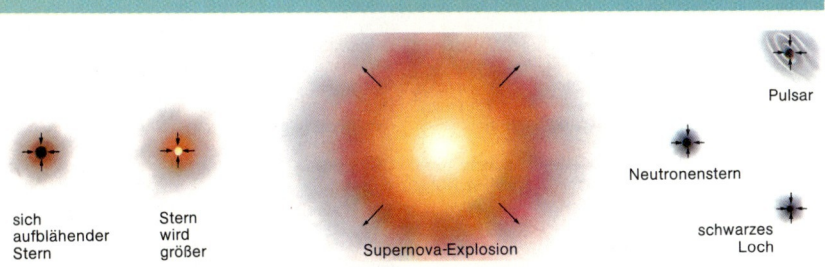

*Ein massereicherer Stern als unsere Sonne erfährt am Ende seiner Entwicklung einen so starken Kollaps, daß es zu einer Supernova-Explosion und zum Zusammenbruch zu einem Neutronenstern, vielleicht auch zu einem Pulsar oder sogar zu einem schwarzen Loch kommt (die nach innen gerichteten Pfeile bezeichnen die Gravitation, die nach außen gerichteten den Gasdruck)*

**Sternkarte**, kartenmäßige Darst. des Fixsternhimmels im Koordinatensystem des Äquators. Ältester Sternatlas der neueren Zeit ist die »Uranometria« 1603 von J. *Bayer*, mit den heute noch gültigen grch. Bez. der helleren Sterne.
**Sternkatalog**, ein Verzeichnis von Fixsternen, in dem die Örter der Fixsterne, scheinbare Helligkeit, mitunter auch Eigenbewegung, Radialgeschwindigkeit u. Spektraltypus angegeben sind.
**Sternkunde** → Astronomie.
**Sternmiere**, *Stellaria*, Gatt. der *Nelkengewächse;* etwa 100 Arten weltweit; u.a. die *Vogelmiere*.
**Sternmoos**, *Mnium*, auf der ganzen Erde verbreitete Gatt. der *Laubmoose* mit kräftigen, großblättrigen Sprossen.
**Sternschaltung**, elektr. Anschlußschaltung für drei Verbraucher oder Wicklungen an das Drehstromnetz. Dabei wird jeweils einer der beiden Verbraucheranschlüsse an je einen Leiter des Drehstromnetzes, der andere an einen gemeinsamen Sternpunkt angeschlossen.
**Sternschnuppe**, ein kleiner Meteor.
**Sternsystem**, umfassende Bez. für eine Ansammlung von vielen Milliarden Sternen u. interstellarer Materie; → Galaxien; → Milchstraßensystem.
**Sterntag**, die Umdrehungszeit der Erde in bezug auf den Frühlingspunkt: 23 Std., 56 min, 4,1 s mittlere Sonnenzeit. Es gilt: 1 Jahr = 365,2422 S.
**Sternwarte**, *astronomisches Observatorium*, Institut für astronom. Forschungsarbeit u. Himmelsbeobachtung.
**Sternzeit**, ein astronom. Zeitmaß, dessen Einheit der → Sterntag ist; in 24 *Stunden S.* eingeteilt.
**Steroide**, eine Stoffklasse, zu der die *Sterine*, die *Rinden-* u. *Sexualhormone*, die *Cortico-S.*, die *D-Vitamine*, die *Digitalisglycoside* u. die *Saponine* rechnen. Gemeinsam ist ihnen das Ringsystem des *Sterans* (Cyclopentano-perhydro-phenanthren).
**Sterzinsky**, Georg, *9.2.1936, kath. Theologe; seit 1989 Bischof von Berlin.
**Stethoskop**, *Hörrohr*, 1819 von R.T.H. *Laennec* erfundenes Gerät zur Auskultation.
**Stetigkeit**, Begriff der math. Analysis. Eine Funktion $x \to f(x)$ heißt *stetig* an einer Stelle $x_o$ ihres Definitionsbereichs mit dem Funktionswert $f(x_o)$, wenn sich für die Funktionswerte in einer beliebig kleinen Umgebung von $f(x_o)$ eine (hinreichend kleine) Umgebung von $x_o$ finden läßt, die alle zugehörigen Urbilder enthält.
**Stettin**, poln. *Szczecin*, Hafenstadt in Pommern, an der Mündung der Oder ins S.er *Haff*, seit 1945 Hptst. der poln. Wojewodschaft Szczecin, bed. Ostsee-Hafen, 397 000 Ew.; 5 HS; Schiffbau, Metall-Ind.; 1278 Hansestadt, 1648 schwed., seit 1720 preuß., 1815 Prov.-Hptst. von Pommern.
**Stettiner Haff**, *Pommersches Haff*, Mündungsbucht der Oder, von der Ostsee durch die Inseln *Usedom* u. *Wollin* abgeschlossen; *Großes Haff* (Ost-), *Kleines Haff* (Westteil), insges. 912 km².
**Steuben**, Friedrich Wilhelm von, *1730, †1794, dt.-amerik. General; Offizier unter Friedrich d. Gr. im 2. Schles. Krieg; ging 1777 nach Nordamerika, wo er als Generalstabschef G. *Washingtons* gegen die Briten kämpfte.
**Steuer** → Ruder.
**Steuerberatung**, geschäftsmäßige Beratung u. Vertretung in Steuersachen einschl. der Hilfeleistung in Steuerstrafsachen u. bei der Erfüllung der Buchführungspflichten; wird ausgeübt durch Steuerberater, Steuerbevollmächtigte, S.sgesellschaften, Rechtsanwälte, Wirtschaftsprüfer u.ä.
**Steuerbilanz**, eine nach steuerrechtl. Bewertungsvorschriften aufgestellte Bilanz zur Ermittlung des steuerpflichtigen Gewinns oder Vermögens.
**Steuerbord**, die rechte Seite des Schiffs, in Fahrtrichtung gesehen; Ggs.: *Backbord*.
**Steuererklärung**, eine meist schriftl. Erklärung gegenüber dem Finanzamt, die nach Vorschriften bestimmter Gesetze oder Ausführungsbestimmungen als Unterlage für die Festsetzung von Besteuerungsgrundlage oder für die Festsetzung einer Steuer dient (§ 149 ff. AO).
**Steuerfahndungsdienst**, eine Dienststelle der Finanzverwaltung, die bei Verdacht von Steuervergehen u. bei Verdunklungsgefahr Ermittlungen u. außerordentl. Betriebsprüfungen durchführt.
**Steuerflucht**, die Verlegung des Wohn- oder Geschäftssitzes ins Ausland mit dem Zweck, die Be-

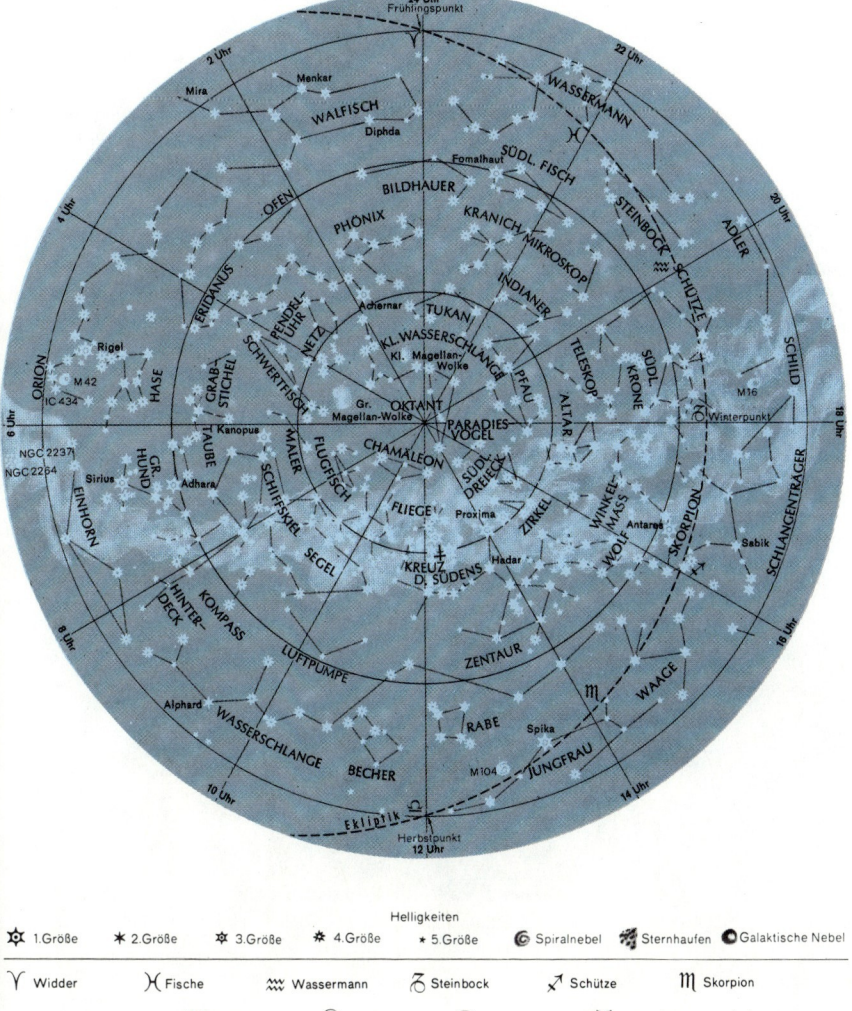

*Südlicher Sternenhimmel. Die Sternbilder, die etwa südlich der Linie Fomalhaut-Antares-Adhara liegen, kommen für Mitteleuropa kaum oder überhaupt nicht mehr über den Horizont. Das bekannteste Sternbild des südlichen Himmels ist das Kreuz des Südens. Der Längsbalken dieses Kreuzes weist in Richtung auf den Himmelssüdpol. Proxima im Zentaur ist ein schwacher, nicht mehr mit bloßem Auge sichtbarer Begleiter des hellen, eingezeichneten Sterns Alpha dieses Sternbilds. Die Milchstraße zeigt ihre größte Helligkeit in den Sternbildern Schild und Schütze. Diese Gebiete gelangen für Mitteleuropa nur wenig über den Horizont. Der hellste Stern von der Erde aus gesehen ist Sirius im Großen Hund. In der Nachbarschaft der Milchstraße befinden sich die beiden Magellanschen Wolken, die gut mit freiem Auge zu sehen sind. Es sind selbständige Sternsysteme, die in unmittelbarer Nähe unseres eigenen Milchstraßensystems stehen*

## 864 Steuergeheimnis

*Dreistachliger Stichling (Männchen im Hochzeitskleid)*

steuerung zu vermeiden; meist unter Mitnahme größerer Vermögensteile *(Kapitalflucht).*
**Steuergeheimnis,** die Verpflichtung der Amtsträger u. amtl. zugezogenen Sachverständigen zur Verschwiegenheit über die Verhältnisse eines Steuerpflichtigen.
**Steuerhinterziehung,** die strafbare Erschleichung ungerechtfertigter Steuervorteile.
**Steuerklassen,** im Steuerrecht die nach versch. Kriterien festgelegte Einteilung zur Berechnung der *Lohnsteuer* u. der *Erbschaftsteuer.*
**Steuermann,** ein seemänn. Beruf der Deckslaufbahn. Der S. steuert das Schiff unter verantwortl. Führung des Kapitäns.
**Steuern,** die von den öffentl. Gebietskörperschaften ihren Bürgern ohne Anspruch auf Gegenleistung auferlegten Zwangsabgaben. Zölle fallen auch darunter, aber nicht Gebühren u. Beiträge. Die S. dienen neben der fiskal. Einnahmengewinnung als wirksame Mittel der Wirtschafts- u. Sozialpolitik. Fast alle wirtsch. Vorgänge sind in den heutigen Kulturstaaten irgendwie Gegenstand der Besteuerung. Hauptgrundsätze der Besteuerung sind u.a. Gleichmäßigkeit, Bestimmtheit u. Billigkeit.
*Einteilung der S.:* 1. nach der Möglichkeit der Überwälzung: *direkte S.* (als nicht überwälzbar angesehen, z.B. Einkommen- u. Vermögensteuern) u. *indirekte S.* (als überwälzbar angesehen, z.B. Verbrauchsteuern u. Zölle); 2. nach der Art der Auferlegung der Steuerlast: *Quotitäts-S.* (Steuersatz steht fest) u. *Repartitions-S.* (der erforderl. Gesamtbetrag wird auf die Steuerträger aufgeteilt; heute selten); 3. nach der Berücksichtigung persönl. Momente: *Personal-* u. *Real-S.* u. *Subjekt-* u. *Objekt-S.* (die beiden Unterscheidungen decken sich nicht); 4. in der Steuerpraxis: *Besitz-S.* (z.B. Einkommen-, Ertrag-, Vermögen-, Erbschaft-S.), *Verkehr-S.* (z.B. Umsatz-, Grunderwerb-, Beförderung-S.) u. *Verbrauch-S.* (z.B. Zölle, Getränke-S.); 5. nach der Körperschaft, der die Erträge zufließen: *Bundes-, Landes-* u. *Gemeinde-S.*
**Steuerprogression,** Steuertarif bei den direkten Steuern, bei dem der Steuersatz mit wachsender Bemessungsgrundlage relativ zunimmt.
**Steuerrecht,** Teil des öffentl. Rechts: Das Recht, Steuern zu schaffen u. darüber Rechtsregeln aufzustellen, liegt in der BR Dtld. gemäß Art. 105 GG beim Bund u. bei den Ländern *(Steuerhoheit).* Für jede einzelne Steuer gelten eig. Gesetze; daneben wurden Rahmenvorschriften erlassen.
**Steuerreform,** wesentl. Umgestaltung eines bestehenden Steuersystems oder einzelner Steuern; z.B. in der BR Dtld. die Reform der Lohn- u. Einkommensteuer 1986–90.
**Steuersatz,** der auf je eine Besteuerungseinheit entfallende Steuerbetrag oder der Prozentsatz, der auf die Steuerbemessungsgrundlage zur Berechnung des Steuerbetrags anzuwenden ist.
**Steuerstrafrecht,** das Strafrecht im Bereich des Steuerrechts, geregelt in § 369 ff. AO u. in Einzelsteuergesetzen. *Steuervergehen,* die mit Freiheitsstrafe u. (oder) Geldstrafe bestraft werden, sind u.a.: Steuerhinterziehung, Bannbruch, Schmuggel u. Steuerhehlerei. *Steuerordnungswidrigkeiten,* die mit Geldbuße geahndet werden, sind u.a.: leichtfertige Steuerverkürzung u. unzulässiger Erwerb von Steuererstattungs- u. Vergütungsansprüchen.
**Steuerung** → Regeltechnik, → Kybernetik.
**Steven,** starker, vorwiegend vertikaler Mittelbalken vorn u. achtern am Schiff.
**Stevens** [sti:vnz], Cat, eigtl. Steven Demetri *Georgiou,* *1.7.1948, brit. Popmusiker (Gesang, Klavier, Gitarre); nach Annahme des islam. Glaubens nennt er sich *Yusuf Islam.*
**Stevenson** ['sti:vənsn], Robert Louis Balfour, *1850, †1894, engl. Schriftst.; abenteuerl.-romant. Prosa; W Roman »Die Schatzinsel«.
**Stevin,** Simon, *1548, †1620, ndl. Mathematiker u. Physiker; führte die Dezimalrechnung allg. ein; entdeckte die Gesetze der Hydrostatik u. das Parallelogramm der Kräfte.
**Steward** ['stjuəd], Kellner oder Angehöriger des Bedienungspersonals in der See- u. Luftfahrt.
**Stewardeß** ['stjuədɛs], weibl. Steward zur Betreuung der Passagiere auf Schiffen u. bei Luftfahrtgesellschaften *(Boden-* oder *Luft-S.).*
**Stewart** ['stjuət], **1.** James, eigtl. James *Maitland,* *20.5.1908, US-amerik. Bühnen- u. Filmschauspieler; vielseitiger Charakterdarsteller, u.a. in »Das Fenster zum Hof«. – **2.** John (»Jackie«), *6.11.1939, brit. Automobilrennfahrer; Weltmeister 1969, 1971 u. 1973.
**Steyler Missionare,** eine kath. Kongregation, gegr. 1875 in Steyl (Ndl.) von Arnold *Janssen,* päpstl. Approbation 1901; widmen sich der inneren u. äußeren Mission.
**Steyr,** oberöstr. Bez.-Hptst. an der Mündung der S. in die Enns, 39 000 Ew.; seit dem frühen MA Mittelpunkt der östr. Eisen-Ind.; Ennskraftwerke.
**StGB,** Abk. für *Strafgesetzbuch.*
**Stibin,** *Antimonwasserstoff,* $SbH_3$, ein farbloses, übelriechendes u. giftiges Gas.
**Stibium,** das Element *Antimon.*
**Stibnit,** das Mineral *Antimonit.*
**Stich** → Kupferstich, → Stahlstich.
**Stich,** Otto, *10.1.1927, schweiz. Politiker (Sozialdemokrat); seit 1984 Bundesrat; 1988 Bundes-Präs.
**Stichbahn,** eine Abzweigung einer Eisenbahnlinie, die blind endet; entspr. Stichkanal.
**Stichblatt,** Handschutz bei Schlag- u. Stichwaffen (z.B. Degen, Säbel) zw. Klinge u. Griff.
**Stichel, 1.** spitzes Werkzeug (mit Griff) des Kupfer- u. Stahlstechers u. Holzschneiders. – **2.** der Grabstock.
**Stichelhaare,** die glatten, schlichten Grannenhaare bei Tieren.
**Stichflamme,** eine Flamme, die bei Explosionen blitzartig aufleuchtet.
**Stichlinge,** *Gasterosteiformes,* Ordnung der *Echten Knochenfische;* mit hochentwickelten Fortpflanzungsinstinkten (Nestbau, Zickzacktanz, Bewachen der Jungen durch das Männchen). S. sind über die ganze Nordhalbkugel verbreitet.
**Stichometrie, 1.** in der Antike die Bestimmung des Umfangs einer Schrift nach Normalzeilen zu etwa 16 Silben (eine Hexameter-Zeile). – **2.** in der Rhetorik eine Antithese, die im Dialog durch Behauptung u. Entgegnung entsteht.
**Stichprobe,** *Sample,* in der Statistik eine (zufallsgesteuerte) Auswahl von Einheiten aus einer Gesamtheit, bei der jede Einheit die gleiche Chance hat, in die Auswahl zu kommen.
**Stichwahl,** *engere Wahl,* zweiter Wahlgang zw. nur mehr zwei Kandidaten.
**Stichwort, 1.** das bes. in Nachschlagewerken durch den Druck hervorgehobene, dem Text vorangestellte Wort, das im folgenden erklärt wird. – **2.** im Theater das Wort eines Darstellers, das Zeichen für den Auftritt des nächsten Darstellers gibt.
**Stickelberger,** Emanuel, *1884, †1962, schweiz. Schriftst. (geschichtl. Romane, Biographien).
**Stickerei,** mit der Hand oder Maschine ausgeführte Nadelarbeit mit Darst. oder Verzierungen durch ein- oder aufgenähte Fäden, Bänder u.ä. auf Geweben oder Leder.
**Stickstoff,** farb-, geschmack- u. geruchloses, gasförmiges → chemisches Element; Hauptbestandteil der Luft. Gebunden mit anderen Atomen findet sich S. u.a. in Nitraten, Ammoniak, tier. u. pflanzl. Proteinen u. Nucleinsäuren. S. wird durch fraktionierte Destillation verflüssigter Luft gewonnen u. in großem Umfang für die techn. Gewinnung von Ammoniak verwendet. Unentbehrl. in der Landwirtsch. sind S.dünger. Zwischen der obersten Erdschicht u. der Atmosphäre findet ein S.kreislauf statt. Symbiot. Knöllchenbakterien u. bestimmte frei im Boden lebende Bakterien sind in der Lage, den Luft-S. zu binden. Pflanzen können den S. in Form von Nitrat- oder Ammonium-Ionen aufnehmen. S. wird von Pflanzen u. Tieren in großen Mengen vornehmlich zum Aufbau der Proteine benötigt.
**Stickstoffassimilation,** Aufnahme von *Stickstoff* in Form von Nitraten aus dem Boden in die Leitungsbahnen der Wurzel u. dessen Überführung in organ. Stoffe (Aminosäuren, Eiweiße).
**Stiefkind,** das Kind eines Elternteils, der durch eine (neue) Heirat mit dem leibl. Vater oder der leibl. Mutter des Kindes verbunden ist, ohne daß das Kind von jenem Elternteil gezeugt oder geboren worden ist.
**Stiefmütterchen,** *Dreifarbiges Veilchen,* auf Äckern, Brachen u. Wiesen häufiges *Veilchengewächs* mit herz-eiförmigen kleinen Blättern, weißl.-gelben oder dreifarbigen kleinen Blüten. Das Kraut des *Wilden S.* wirkt harntreibend.
**Stiege,** Treppe mit großem Steigungsverhältnis.
**Stieglitz,** *Distelfink,* bunter einheim. *Finkenvogel*

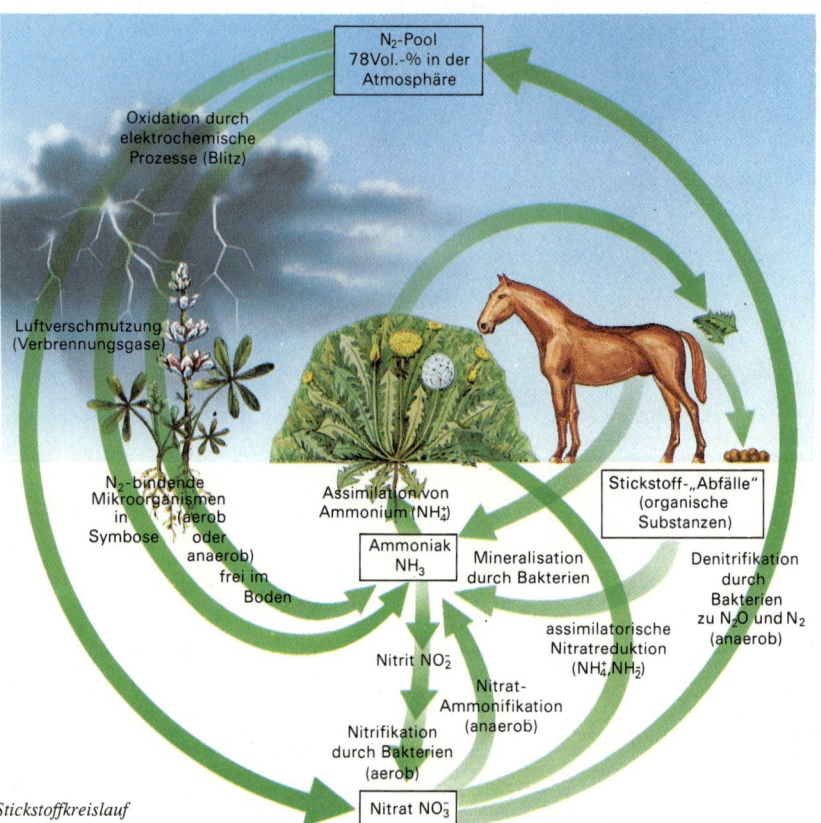

*Stickstoffkreislauf*

*Stieglitz*

des Kulturlands; ernährt sich bes. von Disteln u. Kletten.
**Stieglitz,** Alfred, *1864, †1946, US-amerik. Photograph dt. Herkunft (Arbeiten im realist. Dokumentationsstil).
**Stieler, 1.** Adolf, *1775, †1836, dt. Kartograph; schuf einen nach ihm benannten Atlas. – **2.** Joseph Karl, *1781, †1858, dt. Maler; Hofmaler König Ludwigs I. von Bayern. – **3.** Kaspar von, Pseud.: *Filidor der Dorfferer,* *1632, †1707, dt. Schriftst. u. Sprachwissenschaftler; verfaßte kunstreiche Lyrik u. ein dt. Wörterbuch.
**Stier, 1.** Bulle, männl. Rind. – **2.** *Taurus,* Sternbild des Tierkreises am nördl. Himmel; Hauptstern: Aldebaran; Sternhaufen: Plejaden u. Hyaden.
**Stierkampf,** span. *Corrida de Toros,* Kämpfe von Menschen gegen Stiere; bereits im alten Ägypten, in Vorderasien u. in der kret. Kultur bekannt. Der klass. S. nach festgelegten Regeln wird heute nur noch in Spanien ausgeübt; in S-Frankreich u. Portugal wird eine unblutige Form bevorzugt, in Mittel- u. Lateinamerika wird er frei gehandhabt.
**Stift, 1.** eine Anstalt, die auf eine *Stiftung* zurückgeht; zu karitativen oder schulischen Zwecken (Waisenhaus, Altersheim, weltl. Damenstift, Erziehungsanstalt). – **2.** eine geistl. Körperschaft mit Pfründeneinkünften.
**Stifter,** Adalbert, *1805, †1868, östr. Schriftst.; entstammte der bürgerl. Welt des Biedermeiers u. war, nach romant. Anfängen, vom klass. Bildungs- u. Humanitätsideal geprägt; Vertreter des *poet. Realismus«.* Ⓦ Erzählungen »Der Hochwald«, »Bunte Steine«, Romane »Der Nachsommer«, »Witiko«.
**Stiftshütte,** *Bundeshütte,* im AT das Zelt der »Zusammenkunft« Gottes mit Mose, zentrales Wanderheiligtum der israelit. Stämme; nach dem Priesterkodex Aufbewahrungsort der *Bundeslade.*
**Stiftskirche,** die Kirche eines Stifts, bei der die Befugnisse eines regierenden Bischofs von einem Kollegiatkapitel wahrgenommen werden; in Dtld. in den Diözesen München, Passau u. Regensburg.
**Stiftung, 1.** Gründung. – **2.** die Zuwendung von Vermögenswerten zu einem vom *Stifter* bestimmten Zweck. Das *S.svermögen* kann rechtsfähig sein (jurist. Person des privaten oder öffentl. Rechts); es muß dann einen Vorstand haben u. steht in der Regel unter Staatsaufsicht nach näherer Bestimmung des Landesrechts. – **S.sverbände,** Vereinigungen mit Stiftungscharakter zur Förderung wiss. Aufgaben u. Forschungen u. zur Unterstützung von Wissenschaftlern u. wiss. Nachwuchs; in der BR Dtld. u.a. die *Alexander-von-Humboldt-Stiftung,* die *Friedrich-Ebert-Stiftung,* die *Fritz-Thyssen-Stiftung,* der *Stifterverband für die Deutsche Wissenschaft,* die *Stiftung Mitbestimmung,* die *Stiftung Volkswagenwerk,* die *Studienstiftung des Deutschen Volkes.*
**Stiftung Deutsche Sporthilfe** → Deutsche Sporthilfe.
**Stiftung Preußischer Kulturbesitz,** durch Bundesgesetz von 1957 geschaffene Pflegestätte von Kunstgegenständen u. wiss. Objekten, die sich früher im Besitz des preuß. Staats befanden. Zu der Stiftung gehören in Westberlin u.a. die *Staatl. Museen* u. die *Staatsbibliothek.*
**Stiftung Warentest,** 1964 in Westberlin mit Bundesmitteln gegr. Warentestinstitut.
**Stiftzahn,** mittels eines Stifts in der Zahnwurzel verankerter Zahnersatz.
**Stigler,** George Joseph, *17.1.1911, US-amerik. Nationalökonom; Beiträge zur Funktionsweise der Märkte; Nobelpreis für Wirtschaftswiss. 1982.

**Stigma,** Zeichen, Brandmal, Wundmal, bes. die durch die Kreuzigung Jesus zugefügten Wunden.
**Stigmatisation,** das Auftreten der Wundmale Jesu (an Händen u. Füßen, an der Seite u. am Kopf) sowie symbol. Zeichen (Kreuz, Geißelspuren) am Körper religiös erregter Personen. Der erste geschichtl. bezeugte Fall von S. ist Franz von Assisi.
**Stijl,** *De Stijl* [də stεil], ndl. Künstlervereinigung, 1917 gegr. u.a. von den Malern P. *Mondrian* u. T. van *Doesburg* (Hrsg. der Ztschr. »De Stijl«). Die Gruppe bekannte sich zur ungegenständl., geometrisch-abstrakten Darstellungsform in Malerei, Plastik u. Architektur in einem auf Funktionalität beschränkten Purismus, ähnl. dem »Bauhaus«.
**Stil,** *i.w.S.* die Art u. Weise, in der eine Tätigkeit ausgeführt wird (z.B. Schwimm-, Denk-, Lebensstil); *i.e.S.* Sammelbegriff für alles, was die Art u. Weise einer sprachl. oder künstler. Aussage ausmacht (im Gegensatz zu ihrem objektiven Inhalt).
**Stilblüte,** scherzhaft für einen sprachl. Mißgriff.
**Stilett,** kurzer Dolch.
**Stilfser Joch,** ital. *Passo dello Stèlvio,* Südtiroler Alpenpaß an der ital.-schweiz. Grenze, nw. vom Ortler, 2757 m.
**Stilicho,** Flavius, *um 365, †408, röm. Feldherr; Sohn eines Wandalen u. einer Römerin; 395–408 Reichsverweser des weström. Reiches; von röm. Nationalisten fälschl. des Hochverrats beschuldigt u. hingerichtet.
**Stilistik,** *Stillehre,* die Anleitung zum richtigen Gebrauch der Stilmittel beim Schreiben u. Sprechen.

*Stierkampf: Im letzten Kampfabschnitt tritt der Torero dem Stier mit dem roten Tuch (»muleta«) und dem Stoßdegen entgegen; mit letzterem muß er den Stier durch einen genauen Stoß von vorn zwischen die Schulterblätter töten*

**Still,** Clyfford, *1904, †1980, US-amerik. Maler; Begr. des *Color Field Painting.*
**Stilleben** [»stilles Leben«], frz. *nature morte,* ital. *natura morta,* eine Gatt. der Malerei, deren Thematik sich auf ein nach formalkünstler. Gesichtspunkten geordnetes Beieinander unbelebter Gegenstände (Früchte, Geschirr, Kunstgegenstände, Blumen, totes Wild) beschränkt.
**Stille Gesellschaft,** eine Sonderform der Gesellschaft, die dadurch entsteht, daß sich ein *stiller Gesellschafter (stiller Teilhaber)* an dem Handelsgewerbe eines anderen mit einer Einlage beteiligt, die in das Vermögen des Inhabers des Handelsgeschäfts übergeht. Der stille Gesellschafter tritt nach außen hin nicht in Erscheinung.
**stille Reserven,** *stille Rücklagen,* Teile des Eigenkapitals einer Unternehmung, die (unkontrollierbar) dadurch entstehen, daß Vermögensteile unter dem rechtl. zulässigen oder betriebswirtsch. vertretbaren Höchstwert (Unterbewertung der Aktiva) oder überhaupt nicht aktiviert werden oder daß Fremdkapitalteile über dem rechtl. zulässigen oder betriebswirtsch. vertretbaren niedrigsten Wert (Überbewertung der Passiva) passiviert werden.
**Stiller Ozean** → Pazifischer Ozean.
**Stilling,** Heinrich → Jung-Stilling.
**Stillsche Krankheit,** nach dem engl. Kinderarzt George Frederick *Still* (*1868, †1941) benannte chronisch-infektiöse Erkrankung bei Kindern, verbunden mit Gelenkentzündung, Fieberschüben, Lymphknoten- u. Milzschwellung u.a.
**Stilton** ['stiltən], engl. fetter Weichkäse aus Kuhmilch mit graugrüner Schimmelauflage, dem *Roquefort* ähnlich.
**Stimmbänder** → Stimmlippen.

*Stilleben: Odilon Redon, Die Türkisvase. Bern, Sammlung Prof. Dr. H. Hahnloser*

**Stimmbildung, 1.** die Stimmgebung *(Phonation);* → Stimme. – **2.** Ausbildung der Stimme im Gesangunterricht u. in der Sprechtechnik.
**Stimmbruch,** die Senkung der Stimme durch die Pubertät, die ein Umkippen u. einen belegten Klang infolge des starken Wachstums des Kehlkopfs mit sich bringt.
**Stimme, 1.** der durch Schwingungen der *Stimmlippen* des Kehlkopfs hervorgerufene Klang, der beim Übergang von der Ein- zur Ausatmung einsetzt *(Phonation).* Die entstandenen Wellen pflanzen sich in die oberhalb u. unterhalb der Stimmritze gelegenen Resonanzräume fort. Die Stimmlippen schwingen in ihrer ganzen Breite bei der *Brust-S.;* bei der *Kopf-S.* schwingen nur die inneren Ränder. Der Umfang der menschl. S. reicht etwa von E = 82,4 Hz bis $f^3$ = 1397 Hz. → Stimmlage. – **2.** der von einem Sänger oder Instrumentalisten innerhalb einer Gruppe auszuführende Part.
**stimmen** → Stimmung.
**Stimmer,** Tobias, *1539, †1584, dt. Maler; Hauptmeister der dt. Spätrenaissance.
**Stimmgabel,** Stahlstab mit 2 gabelartigen Zinken, die durch Anschlagen zum Schwingen gebracht werden.
**stimmhaft** → stimmlos.
**Stimmlage,** der Normalbereich einer (rd. 2 Oktaven umfassenden) Singstimme; v.a.: *Sopran, Alt, Tenor, Baß.* Als Zwischenlagen werden bezeich-

*Stimmlagen*

net: *Mezzosopran* (zw. Sopran u. Alt), *Kontraalt* als tiefste Frauenstimme, *Bariton* zw. Tenor u. Baß, in tieferer Lage auch *Baßbariton.* Die höchste u. beweglichste Stimmgattung ist der *Koloratursopran.*
**Stimmlippen,** die der Bildung der Stimme dienenden, in scharfe Ränder (**Stimmbänder**) auslaufenden Wülste im Innern des Kehlkopfs, die die **Stimmritze** *(Glottis)* begrenzen u. mittels Stellknorpel zur Stimmgebung eingestellt werden.
**stimmlos,** ohne Schwingung der Stimmbänder gebildete Laute; z.B. die Laute p,t,k gegenüber den **stimmhaften,** d.h. mit Schwingung gebildeten Lauten b, d, g.
**Stimmritze** → Stimmlippen.
**Stimmung, 1.** die Regulierung der Tonhöhe bei Musikinstrumenten, die bis zur Einführung eines einheitl. *Kammertons* starken Schwankungen unterworfen war. – **2.** in der Psych. eine länger andauernde Gefühlslage. Ggs.: *Affekt.*
**Stimulantia,** anregende Mittel, Reizmittel, den

## 866 Stimulation

Kreislauf, das Nervensystem, auch den Stoffwechsel anregende Mittel.
**Stimulation,** Anregung.
**Stinde,** Julius, *1841, †1905, dt. Schriftst. (humorist. Romane).
**Stingl,** Josef, *19.3.1919, dt. Sozialpolitiker (CSU); 1968–84 Präs. der Bundesanstalt für Arbeit.
**Stinkdrüsen,** die Duftdrüsen mancher Wirbeltiere u. Insekten, deren Sekrete für menschl. Empfinden heftig u. oft dauerhaft stinken.
**Stinkmorchel,** *Gichtmorchel,* ein *Bauchpilz,* dessen Hut zur Reifezeit von blaugrünem, widerlich riechendem Schleim bedeckt ist.
**Stinknase,** *Ozaena, Rhinitis atrophicans,* chron. Nasenkatarrh mit Schleimhautschwund, Verlust des Geruchssinns u. Borkenbildung. Infolge bakterieller Zersetzung entsteht ein übler Geruch aus der Nase.
**Stinktier,** *Skunk,* ein Dachsverwandter von 40 cm Körperlänge in Nordamerika. Das S. verspritzt bei Gefahr ein widerlich riechendes Afterdrüsensekret. Sein Fell liefert ein sehr begehrtes Pelzwerk.
**Stinkwanzen,** Baumwanzen, die bei Berührung einen lange haftenden u. unangenehm riechenden Duftstoff absondern. Zu den S. gehört die *Grüne Stinkwanze.*
**Stinnes,** Hugo, *1870, †1924, dt. Großindustrieller; schuf den *S.-Konzern* (seit 1965 zur Veba AG).
**Stint,** 25 cm langer *Lachsfisch* der Nord- u. Ostsee; von durchdringendem Geruch nach frischen Gurken *(Gurkenfisch).*
**Stipendium,** eine Geldbeihilfe, die Schülern, Studenten, Gelehrten od. Künstlern einmalig oder auf bestimmte Zeit aus öffentlichen oder privaten Mitteln gewährt wird. – **Stipendiat,** Empfänger eines S.
**Stirling** ['stə:liŋ], Hptst. der schott. Central Region, 39 000 Ew.; Königsschloß; Fremdenverkehr.
**Stirling-Motor** ['stə:liŋ-], ein Heißgas-Kolbenmotor mit umweltfreundl. Eigenschaften, im Prinzip 1816 von dem schott. Geistlichen Robert *Stirling* entwickelt.
**Stirn,** *Frons,* der vom *S.bein* gebildete, über den Augenbrauen beginnende u. bis zur Haargrenze reichende Teil des Gesichts.
**Stirnbein,** *Frontale,* vorderster Knochen des Schädeldachs, Teil des Augen- u. der Nasenhöhle.
**Stirner,** Max, eigtl. Kaspar *Schmidt,* *1806, †1856, dt. Philosoph; Junghegelianer, Theoretiker des Egoismus u. des Anarchismus; W »Der Einzige u. sein Eigentum«.
**Stirnhöhle,** *Sinus frontalis,* Nebenräume der Nase von wechselnder Größe u. Gestalt im *Stirnbein* über den inneren Augenwinkeln.
**Stoa, 1.** die altgrch. Vorform des röm. *Porticus:* eine nach einer Seite offene Säulen-(Wandel-, Markt-)Halle. – **2.** eine um 300 v.Chr. von *Zenon d.J.* aus Kition gegr. philos. Schulrichtung. Das Hauptinteresse galt einer unerschütterl. Lebensführung. Der *Stoizismus* vertrat dabei das Ideal des sich um die Tugend Mühenden sowie das Ideal des Weisen.

*Stinkmorchel*

**Stochastik,** die Gesamtheit der Methoden der Wahrscheinlichkeitsrechnung u. der math. Statistik. Die zeitl. Entwicklung einer Zufallsgröße nennt man einen *stochast. Prozeß.*
**Stöchiometrie,** ein Teilgebiet der Chemie, das sich mit der mengenmäßigen, durch die Atom- u. Molekulargewichte gegebenen Zusammensetzung der chem. Verbindungen u. mit den Gewichtsverhältnissen befaßt, in denen chem. Elemente u. Verbindungen miteinander reagieren.
**Stock, 1.** eine umfangreiche, unregelmäßig geformte Gesteinsmasse, die als Fremdkörper andere Gesteine durchsetzt. – **2.** Vorrat, Grundkapital.
**Stocks,** Wertpapiere, bes. Staatsanleihen; **S. exchange,** Wertpapierbörse.
**Stock-cars,** aus Serienfahrzeugen durch Motorfrisierung u. Karosserieverstärkung für Rennzwecke umgebaute Spezialwagen.
**Stockente,** die häufigste *Wildente* der Nordhalbkugel. Von der S. stammen mit Ausnahme der Moschusente alle Hausentenrassen ab.
**Stöcker,** *Bastardmakrele,* bis 40 cm lange *Stachelmakrele;* wichtiger Nutzfisch.
**Stockfäule,** durch holzzersetzende Pilze verursachte Kernfäule eines Baumstamms.
**Stockfisch** → Kabeljau.
**Stockflecke,** *Schimmelflecke,* durch Feuchtigkeit u. Luftabschluß an Textilien entstehende Flecke, verursacht durch Schimmelpilze u. Bakterien.
**Stockhausen,** Karlheinz, *22.8.1928, dt. Komponist; Schüler von F. *Martin,* O. *Messiaen* u. D. *Milhaud,* führend auf dem Gebiet der seriellen u. elektron. Musik. W »Telemusik«, »Sirius«.
**Stockholm,** Hptst. von Schweden u. der gleichn. schwed. Prov., an der Mündung des Mälaren in die Ostsee, 667 000 Ew. – Die Altstadt liegt auf den Inseln *Staden, Riddar-* u. *Helgeandsholmen,* um-

*Stinktier*

geben von den modernen Stadtteilen *Norr-, Öster-, Södermalm* u. *Kungsholmen;* königl. Schloß, Univ. (1877), HS; Sitz der Nobelstiftung; Schiffbau; Masch.-, Metall-, Papier- u. Holz-Ind.; Hafen u. Flughafen. – Im 13. Jh. gegr.; seit 1634 die Hptst. Schwedens.
**Stockholz,** *Stubben,* Wurzelstock u. Wurzeln gefällter Bäume.
**Stockkrankheit,** bes. an Winterroggen u. Hafer auftretende, durch den Befall mit *Stengelälchen* verursachte Krankheit.
**Stockport** ['stɔkpɔ:t], Stadt im nw. England, 137 000 Ew.; Textil- u. Masch.-Ind.
**Stockschwämmchen,** *Stockpilz,* ein jung wohlschmeckender *Blätterpilz,* der büschel- oder rasenartig an modernen Stöcken von Laubgehölzen, seltener an Nadelhölzern zu finden ist.
**Stockton** ['stɔktən], Frank Richard, *1834, †1902, US-amerik. Schriftst. (Jugenderzählungen).
**Stoecker,** Adolf, *1835, †1909, dt. ev. Theologe u. Politiker; gründete 1878 die *Christlichsoziale Arbeiterpartei.* S. war betonter Antisemit.
**Stoessl,** Otto, *1875, †1936, östr. Schriftst.; schilderte die bürgerl. Welt des alten Österreich.
**Stofftransport,** die Beförderung von Wasser, Salzen, organ. Stoffwechselprodukten u. Gasen als Voraussetzung für einen abgestimmten Stoffwechselablauf. Das die ganze Pflanze durchziehende *Zwischenzellsystem* ermöglicht die Beförderung der Gase (Kohlendioxid, Sauerstoff u. Wasserdampf) ohne aktive Beteiligung der Pflanze, allein durch Diffusion. *Leitungsbahnen* (Leitgewebe, Leitbündel) übernehmen hier den Wassertransport. Zucker, Fette, Eiweiß, Alkaloide u. Hormone werden über das Markstrahl-Parenchym u. lebende *Siebröhren* transportiert. Bei Tieren sind energieverbrauchende Stoffwechselreaktionen am S. beteiligt; bei höheren Tieren ist ein Blutgefäßsystem ausgebildet.
**Stoffwechsel,** *Metabolismus,* die Gesamtheit der chemischen Umwandlungen im Organismus. Der S. verläuft stets unter Mitwirkung von Enzymen über eine Kette von Zwischenprodukten. → Assimilation (2), → Dissimilation, → Glykolyse. **S.krankheiten,** durch Störungen der Stoffwechselprozesse hervorgerufene Krankheiten. So verursacht z.B. die Störung des Fettstoffwechsels Fettsucht oder Magersucht, des Kohlenhydratstoffwechsels Zuckerkrankheit, des Eiweißstoffwechsels Gicht.
**Stoizismus** [sto:i-] → Stoa.
**Stoke-on-Trent** ['stouk ɔn 'trɛnt], mittelengl. Stadt am Trent, in der Gft. Staffordshire, 247 000 Ew.; Zentrum der Töpfereiwaren- u. Porzellanherstellung *(»Pottery District«).*
**Stoker** ['stoukər], Bram, *1847, †1912, anglo-ir. Schriftst.; bekannt durch den Schauerroman «Dracula».
**Stokes** [stouks], Sir George Gabriel, *1819, †1903, brit. Mathematiker u. Physiker; entdeckte die *S.sche Regel,* nach der das Fluoreszenzlicht immer eine kleinere Frequenz hat als das erregende Licht; fand das *S.sche Reibungsgesetz* von Strömungen.
**Stokowski,** Leopold, *1882, †1977, US-amerik. Dirigent poln.-ir. Abstammung; Förderer der Neuen Musik; 1912–36 Leiter des Philadelphia Orchestra, von 1962–73 des American Symphony Orchestra in New York.
**Stola, 1.** das zweite, über der *Tunika* getragene Hemdgewand der altröm. u. byzantin. Frau. – **2.** seit etwa 1820 in der weibl. Mode Bez. für einen

*Stockholm: die Insel Riddarholmen mit der Riddarholmskirche*

von den Schultern lang herabfallenden Pelz- oder Stoffumhang. – **3.** in der kath. u. anglik. Kirche Teil der liturg. Kleidung: ein etwa 2,50 m langes, schärpenartiges Tuch, über die Schulter gelegt.

**Stolberg, 1.** *S./Harz,* Stadt in Sachsen-Anhalt, nordöstl. von Nordhausen, überragt vom *Auerberg* (575 m), 2100 Ew.; Luftkurort; mittelalterl. Stadtkern. – **2.** *S. (Rheinland),* Stadt in NRW, 56 000 Ew.; Burg *Bleibtreu;* Messing-, chem.-pharmazeut. u. Glasindustrie.

**Stolberg-Stolberg, 1.** Christian Graf zu S.-S., *1748, †1821, dt. Schriftst.; Mitgl. des »Göttinger Hains« u. mit Goethe befreundet. – **2.** Friedrich Leopold Graf zu S.-S., *1750, †1819, dt. Schriftst.; schrieb in Anlehnung an F.G. Klopstock Oden, auch vaterländ. Lieder.

**STOL-Flugzeug** [Abk. für engl. *Short Take-Off and Landing,* »Kurzstart u. -landung«], für kurze Start- u. Landestrecken entworfenes Flugzeug *(Kurzstartflugzeug)* zum Einsatz von kleinen u. unausgebauten Geländeflächen aus.

**Stollberg/Erzgeb.,** Krst. in Sachsen, 13 000 Ew.; Metallindustrie.

**Stollen, 1.** *Tunnel,* künstl. angelegter unterird. Gang, Unterführung. – **2.** *Stolle,* Weihnachtsgebäck aus feinem Hefeteig mit reichlich Rosinen, Mandeln u. Zitronat.

**Stollwerck,** Franz, *1815, †1876, dt. Industrieller; entwickelte sein 1839 in Köln gegr. Back- u. Zuckerwarengeschäft zu einer Schokoladenfabrik (seit 1902 *Gebr. S. AG,* seit 1972 *S. AG).*

**Stolp,** poln. *Słupsk,* Stadt in Pommern, an der Stolpe, 96 000 Ew.; got. Marienkirche (15. Jh.); Masch.- u. landw. Ind., Bahnknotenpunkt.

**Stolpe,** poln. *Słupia,* Ostsee-Zufluß in Pommern, 188 km; mündet bei Stolpmünde.

**Stolte,** Dieter, *18.9.1934, Publizist; seit 1982 Intendant des ZDF.

**Stoltenberg,** Gerhard, *29.9.1928, dt. Politiker (CDU); 1965–69 Bundes-Min. für wiss. Forschung, 1971–82 Min.-Präs. von Schleswig-Holstein; 1982–89 Bundes-Min. der Finanzen; seit 1989 Bundes-Min. der Verteidigung.

**Stolz,** Robert, *1880, †1975, östr. Dirigent u. Komponist (Operetten, Film- u. Schlagermusik).

**Stölzel,** Gottfried Heinrich, *1690, †1749, dt. Komponist; seit 1719 Hofkapellmeister in Gotha.

**Stolzenfels,** Schloß am linken Rheinufer; erbaut 1836–42 nach Entwürfen von K. F. *Schinkel.*

**Stomatitis,** Mundschleimhautentzündung.

**Stone** [stoʊn], Kurzzeichen st., engl. Massemaß: 1 st. = 14 Pound = 6,3502 kg.

**Stone** [stoʊn], **1.** Irving, *1903, †1989, US-amerik. Schriftst. (romanhafte Biographien). – **2.** Oliver, *15.9.1946, US-amerik. Filmregisseur u. Drehbuchautor; stellt Probleme der amerik. Gegenwartsgesellschaft dar; W »Platoon«, »Geboren am 4. Juli«. – **3.** Sir (seit 1978) Richard, *30.8.1913, brit. Nationalökonom; Arbeiten über die volkswirtsch. Gesamtrechnung; Nobelpreis 1984.

**Stonehenge** [ˈstoʊnhɛndʒ], sakrale Steinkreisanlage vom Ende der Jungsteinzeit u. Beginn der Bronzezeit nördl. von Salisbury (Gft. Wiltshire) im Zentrum der *Wessex-Kultur* Englands. Sie besteht aus zwei Steinkreisen mit hochragenden, säulenartigen Vierkantblöcken; auf je zweien lag ein waagerechter Stein (Trilithen).

**Stoph** [ʃtɔf], Willi, *9.7.1914, DDR-Politiker (SED); 1952–55 Innen-Min., 1956–60 Verteidigungs-Min., 1964–73 u. seit 1976 Vors. des Ministerrats (Min.-Präs.), 1973–76 Vors. des Staatsrats der DDR, verlor nach dem polit. Umsturz 1989 alle Ämter u. wurde aus der Partei ausgeschlossen.

**Stoppard** [ˈstɔpəd], Tom; urspr. Thomas *Straussler,* *3.7.1937, engl. Schriftst. tschech. Herkunft; schreibt Theaterstücke, in denen er absurde u. realist. Elemente verbindet.

**Stoppelpilz,** *Hydnum,* in Hut u. Stiel gliederter Ständerpilz. Zu den S. gehören *Semmelgelber S.* u. *Rotgelber S.;* jung sind beide wohlschmeckend.

**Stoppuhr,** Kurzzeitmesser mit einem großen *Stoppzeiger* zum Messen von Sekunden u. Sekundenbruchteilen (im allg. Zehntelsekunden) u. einem *Zählzeiger* für die Minutenanzeige.

**Störche,** Ciconiidae, in 17 Arten über die warmen u. gemäßigten Zonen verbreitete Fam. der *Stelzvögel,* die feuchte Niederungen, Steppen u. Wälder bewohnen. Außereurop. S. sind u.a.: *Sattelstorch* u. *Marabu;* einheim. sind *Weißer Storch* u. *Schwarzstorch.*

**Storchschnabel, 1.** *Geranium,* nach den langen schnabelähnl. Früchten benannte Gatt. der *S.gewächse* (→Pflanzen); hierzu u.a.: *Stinkender S. (Ruprechtskraut)* u. *Weich-S.* – **2.** *Pantograph,* Gerät zur mechan. Vergrößerung u. Verkleinerung von Strichzeichnungen.

**Störe,** Acipenseridae, Fam. der *Störähnlichen* in den Meeren der Nordhalbkugel; Schuppen zu 5 Längsreihen zu Knochenschilden reduziert. Der Rogen wird zu *Kaviar* verarbeitet. Der *Stör* wird 1–2 m, selten bis 6 m lang.

*Störche: Weißstorch mit Jungvögeln im Nest*

**Störfallanalyse,** die Untersuchung von Störfällen in großtechn. Anlagen, bes. in Kernreaktoren.

**Storm,** Theodor, *1817, †1888, dt. Schriftst.; schilderte als Vertreter des »poet. Realismus« in stimmungsreichen Gedichten u. in über 50 Novellen Landschaften u. Menschen seiner nordfries. Küstenheimat. W »Immensee«, »Viola tricolor«, »Pole Poppenspäler«, »Der Schimmelreiter«.

**Stormarn,** Ldsch. in Schl.-Ho., zw. der unteren Elbe, der Stör, der mittleren Trave u. dem Herzogtum Lauenburg; Hauptort *Bad Oldesloe.*

**stornieren,** eine Buchung durch *Storno,* der Buchung durch Einsetzen des gleichen Betrages auf der Gegenseite des Kontos, rückgängig machen.

**Störsender,** ein Rundfunksender, der durch Störgeräusche (oft ein andauernder Heulton) auf der Trägerfrequenz eines anderen Senders dessen Empfang verhindern soll.

**Störtebeker,** Klaus, †1401, dt. Freibeuter; wurde 1394 mit *Godeke Michels* Führer der *Vitalienbrüder;* von den Hamburgern bei Helgoland 1401 gefangen u. hingerichtet.

**Storting** [ˈstuːr-], das norw. Parlament. Es wählt aus seiner Mitte das *Lagting* (4. Teil seiner Mitgl.); die übrigen Abg. bilden das *Odelsting.*

**Story** [ˈstɔːri], **1.** der Inhalt einer Geschichte, knapper Abriß des Handlungsverlaufs. – **2.** →Short story.

**Storz,** Gerhard, *1898, †1983, Literaturwissenschaftler u. Politiker (CDU); 1958–64 Kultus-Min. von Ba.-Wü.; 1966–72 Präs. der Dt. Akademie für Sprache u. Dichtung in Darmstadt; W »Der Dichter Friedrich Schiller«.

**Stosch,** Albrecht von, *1818, †1896, dt. Offizier; polit. Gegner Bismarcks, 1872–83 Chef der Admiralität.

**Stoß, 1.** *Physik:* Aufeinanderprall zweier oder mehrerer Körper. 1. *elastischer S.:* Die Körper fliegen nach dem Zusammenprall wieder auseinander, ohne daß kinet. Energie in andere Energieformen umgewandelt wird; 2. *unelastischer S.:* Ein Teil oder alle vor dem S. vorhandene Bewegungsenergie wird in andere Energieformen, z.B. Wärme

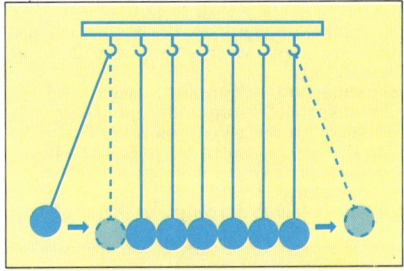

*Stoß: Durch den Energie- und Impulsübertrag von Kugel zu Kugel fliegt beim elastischen Stoß die letzte Kugel mit derselben Geschwindigkeit weg, mit der die erste ankommt*

oder innere Anregungsenergie bei einem Atom, umgewandelt. – **2.** die Stelle, an der zwei Bauteile mit Stirnflächen zusammentreffen, z.B. Eisenbahnschienen, Balken, Steine. – **3.** *Jagd:* Schwanz des Federwilds.

**Stoß,** Veit, *um 1445, †1533, dt. Bildhauer, Maler u. Kupferstecher; neben T. *Riemenschneider* der bedeutendste Bildhauer der dt. Spätgotik, tätig vor allem in Nürnberg, 1477–96 in Krakau. 1503 wurde er wegen Wechselfälschung gebrandmarkt u. gefangengesetzt. W Hochaltar der Marienkirche in Krakau; Engl. Gruß, Nürnberg, St. Lorenz; Christus am Kreuz, Nürnberg, St. Sebald; Hochaltar im Bamberger Dom.

**Stoßdämpfer,** richtiger *Schwingungsdämpfer,* Anordnung zur Verbesserung des Fahrkomforts u. der Fahrsicherheit eines Kraftfahrzeugs. – B →S. 868.

**Stößel, 1.** beim *Mörser* die Reibkeule. – **2.** bei Pressen der bewegl. Werkzeugträger. – **3.** beim Verbrennungsmotor Teil der Steuerung, überträgt die Bewegung der Nockenwelle auf das Ventil.

**stoßen,** eine Art Gewichthebens; die sportl. Übungen Kugelstoßen u. Steinstoßen.

**Stoßgenerator,** Gerät zum Prüfen der Hochspannungsfestigkeit von elektr. Geräten durch künstl. Erzeugung von Funkenüberschlägen.

*Stonehenge: Rekonstruktion des Grundrisses (links). – Blick zwischen inneren und äußeren Kreis nach Südosten (rechts)*

**Stoßionisation,** die Ionisation von Atomen oder Molekülen durch Stoß mit Elektronen oder Ionen.
**Stoßkuppe,** *Belonit,* ein mehr oder weniger erstarrter Lavaschlot eines Vulkans, z.B. die *Montagne Pelée* (Ausbruch 1902).
**Stoßtrupp,** eine militär. Abt. bis zur Stärke einer Kompanie, die für einen bestimmten Kampfauftrag bes. ausgerüstet u. zusammengesetzt ist.
**Stoßzahn,** zur Waffe verlängerter u. umgebildeter Schneidezahn.
**Stottern,** krampfartige Störung der am Sprechakt beteiligten Muskeln (z.B. durch Schreck, Unfall, Erziehungsfehler).
**Stout** [staut], dem *Porter* ähnl. engl. Starkbier.
**Stout,** Rex, *1886, †1975, US-amerik. Schriftst. (Detektivgeschichten).
**Stowe** [stəu] → Beecher-Stowe.
**Strabismus** → Schielen.
**Strabo,** *Strabon,* *64 v.Chr., † um 20 n.Chr., grch. Geograph u. Geschichtsschreiber; setzte die »Röm. Geschichte« des *Polybios* fort u. schrieb das Werk »Geographie«.
**Strachey** ['streɪtʃi], Giles Lytton, *1880, †1932, engl. Schriftst. (desillusionierende Biographien).
**Strachwitz,** Moritz Graf von, *1822, †1847, dt. Schriftst.; schrieb patriot. u. heroische Balladen bes. aus der nord. Sagenwelt.
**Stradivari,** Antonio, *1644, †1737, ital. Geigenbauer; Schüler N. *Amatis.* Von ihm sind etwa 520 Geigen, 12 Violen u. 50 Violoncelli bekannt, doch ist die Echtheit mancher umstritten.
**Straelen** ['ʃtraː-], Stadt in NRW, nw. von Krefeld, 12 000 Ew.; Lehr- u. Versuchsanstalt für Gartenbau.
**Strafanstalt** → Vollzugsanstalt, → Strafkolonie, → Straflager.
**Strafantrag,** das förml. Begehren der Einleitung eines Strafverfahrens durch den Geschädigten, das bei *Antragsdelikten* (z.B. bei Beleidigung, Hausfriedensbruch, Sachbeschädigung) formelle Voraussetzung für die Strafverfolgung ist (§§ 77–77e StGB).
**Strafanzeige,** die Mitteilung des Verdachts einer strafbaren Handlung an die Strafverfolgungsbehörden (Staatsanwaltschaft, Polizei).
**Strafaufhebungsgründe,** Umstände, aufgrund deren eine bereits verwirkte Strafe wegfällt; so die Begnadigung.
**Strafaufschub** → Strafvollstreckung.
**Strafausschließungsgründe,** *persönliche S.,* Umstände, bei deren Vorliegen in der Person des Täters dessen Tat straflos bleibt. S. sind z.B. *Exterritorialität* sowie bei bestimmten Delikten die Angehörigeneigenschaft.
**Strafaussetzung,** *Strafausstand,* Aufschub oder Unterbrechung der Vollstreckung einer rechtskräftig verhängten Strafe, als **S. zur Bewährung** im gerichtl. Strafurteil zulässig nach § 56 StGB bei Freiheitsstrafe, Jugendstrafe u. Strafarrest. Die Bewährungszeit beträgt 2 bis 5 Jahre. Grundgedanke ist, dem Täter Gelegenheit zu geben, sich durch straffreies Verhalten nach der Tat die Straffreiheit zu verdienen.
**strafbare Handlung,** *Straftat, Kriminaldelikt,* allg. eine Handlung, die durch das kriminelle Strafrecht mit Strafe bedroht ist; eingeteilt in *Verbrechen* u. *Vergehen* (§ 12 StGB).
**Strafbefehl,** eine Strafentscheidung des Amtsrichters bei Vergehen, durch die aber nur bestimmte Strafen u. Nebenfolgen verhängt werden dürfen (z.B. Geldstrafen). Das Rechtsmittel gegen den S. ist der *Einspruch.*
**Strafe,** 1. → Dienststrafrecht. – 2. → Vertragsstrafe. – 3. repressive Übel zur Ahndung begangener Straftaten. Arten der S. sind *Todesstrafe, Freiheitsstrafe* u. *Geldstrafe.* Neben *Hauptstrafen* enthält das dt. Strafrecht Nebenstrafen u. Nebenfolgen. Von der S. zu unterscheiden sind die Sicherungsmaßregeln. – Umstritten ist der *Zweck* der S. Er wird teils in der *Vergeltung* oder *Sühne* für die Tat, teils in der allg. *Abschreckung* oder in der Erziehung u. Besserung des Täters selbst gesehen (*General-* bzw. *Spezialprävention*).
**Straferlaß** → Strafaussetzung.
**Strafford** ['stræfəd], Thomas *Wentworth,* Earl of S., *1593, †1641, engl. Peer; seit 1639 Hauptratgeber *Karls I.,* der ihn dem Parlament opfern mußte u. seine Hinrichtung zuließ, nachdem S. selbst dazu geraten hatte, um den König zu retten.
**Straffreiheit,** durch Gesetz gelegentl. aus polit. Anlässen gewährter Straferlaß; → Amnestie.
**Strafgericht,** der Teil eines Gerichts der ordentl. Gerichtsbarkeit, der nur über Strafsachen entscheidet.
**Strafgesetzbuch,** Zusammenfassung strafrechtl. Vorschriften in einem Gesetzbuch. In der BR Dtld. gilt nach Abschluß der Strafrechtsreform das S. (StGB) vom 15.5.1871 in der Neufassung vom 10.3.1987. – In Östr. gilt seit 1.1.1975 das völlig neue StGB vom 23.1.1974 (bis dahin Strafgesetz von 1852/1945). – In der DDR war das StGB vom 12.1.1968 am 1.7.1968 in Kraft getreten. – Schweiz: StGB von 1937/42.
**Strafkolonie,** *Verbrecherkolonie,* Strafvollzugseinrichtung in abgelegenen Gegenden, meist für bes. schwere Verbrecher, z.B. die ehem. frz. S. auf Cayenne u. den Teufelsinseln.
**Straflager,** Vollzugsanstalt in Form eines Lagers; z.B. in der Sowjetunion.
**Strafmilderung,** Unterschreiten der für die bestimmte Straftat an sich vorgeschriebenen Regelstrafe, regelmäßig ein Viertel des Höchstmaßes.
**Strafmündigkeit,** das Mindestalter für die strafrechtl. Verantwortlichkeit; Jugendliche zw. 14 u. 18 Jahren gelten als *bedingt strafmündig,* bei Tätern unter 21 Jahren kann das Jugendstrafrecht angewendet werden.
**Strafprozeß,** *Strafverfahren,* Verfahren, in dem über das Vorliegen einer strafbaren Handlung zu entscheiden ist: geregelt in der S.ordnung (StPO, Neufassung von 1987); gliedert sich in: *Vorverfahren* (mit *Ermittlungsverfahren*), *Zwischenverfahren* (Entscheidung über die Eröffnung des Hauptverfahrens) u. *Hauptverfahren* mit der öffentl. *Hauptverhandlung.* Gegen die Urteile können Rechtsmittel eingelegt werden.
**Strafprozeßordnung** → Strafprozeß.
**Strafrecht,** die Gesamtheit der Rechtsvorschriften, durch die strafbare Handlungen mit Strafe bedroht werden u./oder Maßregeln der Besserung u. Sicherung angeordnet werden. Das S. ist überwiegend im *Strafgesetzbuch* enthalten. Es wurde in der BR Dtld. 1968–75 durch die 5. *Strafrechtsreform* umgestaltet.
**Strafregister,** amtl. Verzeichnis über strafrechtl. bedeutsame Entscheidungen, wird als *Bundeszentralregister* unter Aufsicht des Generalbundesanwalts in Berlin geführt.
**Strafschärfungsgründe,** *Strafverschärfungsgründe,* Gründe zur Erhöhung der für eine Straftat angedrohten Strafe, z.B. bei Geschäftsmäßigkeit, Gewerbsmäßigkeit, Gewohnheitsmäßigkeit, Rückfall u. in gesetzl. vorgesehenen weiteren Fällen.
**Strafsenat,** Kollegialgericht für Strafsachen bei höheren Gerichten der ordentl. Gerichtsbarkeit.
**Straftat** → strafbare Handlung.
**Straftilgung,** Beseitigung des Strafvermerks im Strafregister.

*Strahlengriffel*

**Strafvereitelung,** *persönl. Begünstigung,* eine Straftat nach § 258 StGB, die begeht, wer die Bestrafung eines anderen oder die Anordnung oder Vollstreckung einer Maßregel ganz oder z.T. vereitelt.
**Strafverfahren** → Strafprozeß.
**Strafverfahren gegen Abwesende,** die bes. Form des Strafverfahrens gegen einen Beschuldigten, dessen Aufenthalt unbekannt oder der im Ausland unerreichbar ist.
**Strafverfügung,** gerichtl. Strafverfügung, gerichtl. Strafentscheidung bei Übertretungen ohne Hauptverhandlung allein aufgrund polizeil. Ermittlungen ohne Einschaltung der Staatsanwaltschaft (im Unterschied zum *Strafbefehl*).
**Strafvollstreckung,** das Anordnen u. Überwachen der Strafverwirklichung (→ Strafvollzug) durch die S.sbehörde (regelmäßig Staatsanwaltschaft, u.U. auch Amtswälte u. Amtsrichter).
**Strafvollzug,** der Vollzug von Freiheitsstrafen u. freiheitsentziehenden Maßnahmen in Justizvollzugsanstalten, gesetzl. geregelt durch das Bundes-S.gesetz von 1976.
**Strafzumessung,** die Festsetzung der konkreten Rechtsfolgen einer Straftat durch das Gericht innerhalb des vom Strafgesetz vorgegeben Strafrahmens.
**Strahl,** *Halbgerade,* eine von einem Punkt ausgehende Gerade, die sich ins Unendliche erstreckt.
**Strahlantrieb,** *Düsenantrieb* → Strahltriebwerk.
**Strahlen,** physik. Sammelbegriff für die aus *elektromagnet. Wellen* bestehenden Licht-, Röntgen- u. Gammastrahlen sowie für die aus *Elementarteilchen* bestehenden S., z.B. Alpha-, Beta-, Kathodenstrahlen. Alle diese S. können sich je nach den Experimenten wie Korpuskeln (Teilchen) oder wie Wellen verhalten.
**Strahlenbehandlung,** *Strahlentherapie, Radiotherapie,* die Verwendung der biolog. Wirkung versch. Strahlen zu Heizzwecken; als Wärmebehandlung (*Diathermie, Kurzwellen, Ultrakurzwellen,* infrarote [*Ultrarot*] u. rote Strahlen) oder zur Gewebszerstörung (*ultraviolette Strahlen, Röntgenstrahlen* u. *Gammastrahlen*). Mit den letzteren u. mit anderen energiereichen Strahlen ist sowohl Oberflächen- u. Tiefenbestrahlung möglich, bes. zur Geschwulstbehandlung (»Bestrahlung«, *Radiumtherapie*).
**Strahlenbelastung,** Einwirkung von ionisierenden Strahlen, d.h. von Radioaktivität, auf den menschl. Organismus. Die Menge der in einem Gramm Körpermasse aufgenommenen Strahlenenergie nennt man *Strahlendosis* (1 rad bzw. rem = $10^{-2}$ J/kg). Eine radioaktive S. des ganzen Körpers von etwa 5 J/kg wirkt ohne Behandlung tödlich; bei einer Belastung zw. 5 u. 30 J/kg tritt der Tod ohne Behandlung nach etwa zwei Wochen ein, u. zwar durch Blutungen, Infektionen (Zerstörung der Abwehrzellen), Wasser- u. Elektrolytverlust (Erbrechen u. Durchfälle), Schädigung der Darmwand u. des blutbildenden Knochenmarks.
Die natürl. S., der die Menschen seit Urzeiten ausgesetzt sind, beträgt pro Jahr etwa 1–4 mJ/kg, in manchen Gegenden mit Urgestein u. im Hochgebirge liegt sie erheblich höher. Energiereiche (ionisierende) Strahlen haben 2 entscheidende Wirkungen: die *somatische* (körperl.) u. die *genetische* Wirkung. Wesentliche somat. Wirkung ist die Erhöhung des Krebsrisikos für das bestrahlte Organ. Strahlenenergie stößt in tiefste Bereiche des Organismus vor u. verändert dort winzigste Einheiten u. Regelelemente. Sie kann elektr. neutrale Moleküle in *Ionen* verwandeln, die Zellfunktion u. Stoff-

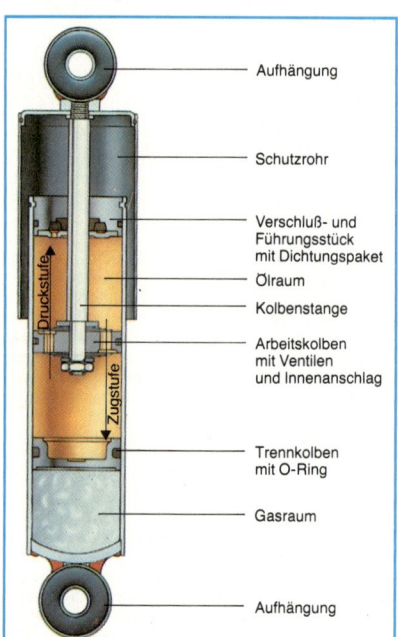

*Gasdruck-Stoßdämpfer im Schnitt*

wechsel durcheinanderbringen können. Treffen die Strahlen den Informationsspeicher der Zelle, d.h. die Desoxyribonucleinsäure (DNS), kann unkontrolliertes Wachstum, also Krebs, entstehen. Wird die DNS der Chromosomen in den Keimdrüsen getroffen, kann eine Informationsveränderung zu Mißbildungen führen. Sehr hohe Dosen bewirken dagegen eine Teilungsunfähigkeit bzw. den Tod von Zellen. Diese Wirkung wird in der Strahlenbehandlung eingesetzt.

**Strahlenbiologie,** die Lehre von den biolog. Wirkungen energiereicher, ionisierender Strahlen (→ Strahlenschäden). Von bes. Bed. ist die Wirkung von Strahlen auf Keimzellen (**Strahlengenetik**), da sie *Mutationen* auslösen.

**Strahlengriffel,** *Actinidia,* O-asiat. ausdauernde Kletterpflanze mit eßbaren Beerenfrüchten; hierzu: *Chines. Stachelbeere* (bek. als *Kiwi-Frucht*), *Japan. Stachelbeere.*

**Strahlenheilkunde** → Radiologie, → Strahlenbehandlung.

**Strahlenpilze,** *Actinomycetales,* Ordnung der *Bakterien,* die unter bestimmten Bedingungen pilzähnl., verzweigte Fäden u. Dauersporen bilden. Zu ihnen gehören z.B. der Tuberkulose- u. der Diphtherie-Erreger.

**Strahlenpilzkrankheit,** *Aktinomykose,* durch Strahlenpilze (*Actinomyces israeli, Actinomyces bovis*) hervorgerufene, chron. entzündl. Erkrankung.

**Strahlenschäden,** Veränderungen, die durch energiereiche (ionisierende) Strahlen in Keim- u. Körperzellen hervorgerufen werden. Die Veränderungen in den Keimzellen (→ Mutation) sind nicht rückgängig zu machen.

**Strahlenschutz,** Sammelbegriff für alle Maßnahmen, die dem Schutz von Menschen, Pflanzen, Tieren u. Sachen vor den Wirkungen ionisierender Strahlung dienen. Grundregel des S. ist, daß jede Bestrahlung auf ein unvermeidl. Mindestmaß beschränkt wird. Gesetzl. Regelungen finden sich im *S.vorsorgegesetz* vom 19.12.1986.

**Strahlentierchen** → Radiolarien.

**Strahlflugzeug,** *Düsenflugzeug,* engl. *Jet,* Flugzeug mit Antrieb durch → Strahltriebwerk. Erste S. flogen in Dtld. (He 178 am 27.8.1939), in Großbrit. (Gloster G-40 am 15.5.1941) u. in Italien (Caproni C.C.2 am 27.8.1940). Als erste Fluggesellschaft setzte die PANAM die *Boeing* 707 in der Zivilluftfahrt ein, die 1954 ihren Erstflug hatte u. gemeinsam mit der *McDonnell Douglas DC-8* den Luftverkehr der 1960er Jahre prägte. Bes. erfolgreiche Baumuster für den Kurz- u. Mittelstreckenverkehr waren die frz. *Caravelle* u. die *Boeing 727.* Die *Boeing 747* leitete unter dem Namen »Jumbo-Jet« 1970 das Zeitalter der Großraumflugzeuge ein. In den folgenden Jahren kamen die dreistrahligen Großraumflugzeuge der Typen *McDonnell Douglas DC-10,* die *Lockheed L-1011* (»TriStar«) u. die vierstrahlige sowj. *Iljuschin IL-86* auf den Markt. Für den Kurz- u. Mittelstreckenverkehr steht seit 1974 der in europ. Gemeinschaftsproduktion hergestellte, zweistrahlige *Airbus A 300* bzw. *A 310* zur Verfügung. Die sowj. *Tupolew TU-144,* die am 31.12.1968, rd. zwei Monate vor der *Concorde,* ihren Erstflug absolvierte, leitete den zivilen Überschallflugverkehr ein.

**Strahlstrom** → Jet-stream.

**Strahltriebwerk,** Antriebsanlage zur Erzeugung einer Schubkraft nach dem Prinzip des *Strahlantriebs,* vorzugsweise für Flugzeuge. L u f t a t m e n d e  T r i e b w e r k e (Luft-S.e) verdichten eine durch eine Eintrittsöffnung (Lufteinlauf) angesaugte Luftmenge, deren Energie durch Zuführung von Verbrennungswärme erhöht u. die durch Expansion in einer Austrittsdüse auf die zur Schuberzeugung notwendige Austrittsgeschwindigkeit beschleunigt wird. Beim *Turbinen-Luftstrahl-Triebwerk* (TL-Triebwerk) wird die Verdichtung durch einen umlaufenden Turboverdichter erzielt. Beim *Stau-S.* ergibt sich eine Stauaufladung mit anschließender Verdichtung in einer rohrförmigen Erweiterung (Diffusor) ohne umlaufende Triebwerkteile. In großen Höhen wird wegen des Luftmangels das Raketentriebwerk (→ Rakete) als S. verwendet.

**Strahlung,** die in Form von Strahlen sich räumlich ausbreitende Energie. Man unterscheidet zw. *Korpuskular-* u. *Wellen-S.*

**Strahlungsgesetze,** physikal. Gesetze, die den Zusammenhang zw. der Temp. eines Körpers u. der ausgesandten Strahlungsleistung u. der Wellenlänge angeben; u.a. das *Kirchhoffsche Gesetz,* das *Stefan-Boltzmannsche Gesetz* u. das *Plancksche Strahlungsgesetz.*

**Strahlungsgürtel,** *Van Allenscher S.,* eine gürtelförmig um die Erde liegende Zone, in der Teilchenstrahlungen sehr hoher Intensität vorhanden sind. Der S. liegt rotationssymmetr. zur erdmagnet. Achse wie etwa eine Schale um die Erde u. erstreckt sich von etwa bis zu 45 000 km Höhe über der Erdoberfläche. Die größte Strahlungsintensität herrscht in zwei Zonen (also eigtl. zwei S.): etwa um 3000 km u. um 15 000 km über der Erdoberfläche.

**Straits Settlements** ['streɪts 'setlmənts], 1867 bis 1946 bestehende britische Kronkolonie in SO-Asien, Hptst. *Singapur.* Die meisten Gebiete gehören heute zu Malaysia.

**Stralsund,** Stadt in Mecklenburg, Hafen am *Strelasund,* gegenüber der Insel Rügen, 76 000 Ew.; viele Bauten im Stile der Backsteingotik, u.a. Marienkirche, Nikolaikirche, Rathaus; Maschinenbau, Fischverarbeitung, Schiffbau; Fremdenverkehr. – Gesch.: Seit 1234 Stadtrecht, 1278 Gründungsmitgl. der Hanse; 1648–1815 schwed.; 1815 zu Preußen, 1945 zu Mecklenburg.

**Stramm,** August, *1874, †1915 (gefallen), dt. Schriftst., expressionist. Lyriker u. Dramatiker; führender Mitarbeiter der Ztschr. »Der Sturm«.

**Strand,** Berührungssaum zw. dem Festland u. dem bewegl. Meeresspiegel; ein flacher, meist aus Sand u. Kies bestehender Küstenstreifen.

**Stranddistel** → Mannstreu.

**Strandfloh,** bis 1,5 cm langer *Flohkrebs* des Sandstrands der Nord- u. Ostsee.

**Strandgut,** von der See ans Ufer geschwemmte (*strandtriftige*) Gegenstände. Sie sind nach § 16 der *Strandungsordnung* gegen *Bergelohn* dem Schiffer oder sonstigen Berechtigten auszuliefern.

**Strandhafer,** *Helmgras, Ammophila,* Gatt. der *Süßgräser.* Der Gewöhnl. S. ist das verbreitetste Dünengras Europas u. N-Amerikas, dient zur Dünenbefestigung.

**Strandläufer,** *Calidris,* Gatt. kleiner, kräftiger *Schnepfenvögel,* die gesellig die Küsten bevölkern.

**Strandlinie,** *Küstenlinie,* die Grenze zw. Meer u. Strand bei normalem Wasserstand.

**Strandnelke,** *Strandflieder, Strandheliotrop,* zu den *Grasnelkengewächsen* gehörende, am Meeresstrand vorkommende, violett blühende Staude.

**Strandpflanzen,** *Dünenpflanzen,* nährstoffarme, salzreiche, lockere Sandböden angepaßte Pflanzen der Meeresküsten; z.B. *Strandhafer, Strandnelke, Sandsegge.*

**Strandrecht,** Regelung der Rechtsverhältnisse am Strandgut u. bei einer Strandung.

**Strandschnecken,** *Littorina,* Gatt. der *Vorderkiemerschnecken,* mit kegeligen, kräftigen Gehäusen; leben in der Gezeitenzone.

**Strandseen,** vom Meer durch Nehrungen abgeschnürte flache Meeresbuchten (*Lagunen, Haffe*), die völlig aussüßen (z.B. Frisches u. Kur. Haff).

**Strandung,** Auflaufen eines Schiffs auf Grund, möglich auch als Fall der großen *Havarie,* um Schiff u. Ladung zu retten.

**Strandvogt,** Organ des *Strandamts.* Der S. hat v.a. für die Rettung von Personen in Seenot zu sorgen u. bei Bergung u. Hilfeleistung die Leitung zu übernehmen.

**Strangguß,** ein Gießverfahren für Nichteisenmetalle u. Stahl, bei dem das flüssige Metall in eine beidseitig offene, wassergekühlte *Kokille* gegossen wird. An der unteren Öffnung der Kokille tritt das Metall als erstarrter Strang aus.

**Strangulation,** Tod (Tötung) durch Luftabschnürung; Hinrichtung durch den Strang.

**Stranitzky,** Joseph Anton, *1676, †1726, östr. Schauspieler u. Schriftst.; kreierte die komische Bauernfigur des dummschlauen *Hanswursts.*

**Strapaze,** Anstrengung, Mühe.

**Strasberg** [stræs'bə:g], Lee, *1901, †1982, US-amerik. Schauspieler östr. Herkunft; gründete 1947 mit Elia Kazan das »Actor's Studio«, aus dem zahlr. Hollywood-Stars hervorgingen.

**Straß,** stark lichtbrechendes Bleiglas zur Imitation von Edelsteinen; ben. nach dem Juwelier G.-F. *Strass* (*1701, †1773).

**Straßburg,** frz. *Strasbourg,* kultureller u. wirtsch. Mittelpunkt des *Elsaß* im Oberrhein. Tiefland, an der Mündung der Ill, des Rhein-Marne- u. des Rhein-Rhône-Kanals in den *Rhein,* 249 000 Ew.; *Straßburger Münster,* Fachwerk-, Renaissance- u. Barockbauten; Sitz des Europarates u. Europa-Parlaments; Univ. (1537); Handels- u. Industriezentrum; Atomforschungszentrum (Kronenbourg), 2 Erdölraffinerien; Rheinhafen, Flughafen Entzheim. – Gesch.: das röm. *Argentoratum;* 1262 freie Reichsstadt, im 15./16. Jh. ein Zentrum des Humanismus u. der Mystik, 1871–1918 Hptst. des Reichslands Elsaß-Lothringen, seitdem frz.

**Straßburger Eide,** Bekräftigung des Bündnisses zw. *Ludwig dem Deutschen* u. *Karl dem Kahlen* aus dem Jahr 842 gegen Kaiser *Lothar I.;* von Karl ahd., von Ludwig altfrz. beschworen; ältestes Zeugnis der sprachl. Verschiedenheit von O- u. W-Franken (überliefert bei *Nithard.*).

**Straßburger Münster,** eines der Hptw. mittelalterl. Kirchenbaukunst; auf den Fundamenten des 1015 begonnenen otton. Münsters, das 1176 durch Feuer weitgehend zerstört wurde. 1250–75 Bau des Langhauses als hochgot. Kathedrale, 1276 wurde mit dem Bau der von *Erwin von Steinbach* entworfenen Westfassade begonnen. Johannes *Hültz* († 1449) u. U. *Ensinger* waren die Meister des 143 m hohen Nordturms; bed. farbige Glasfenster (13./14. Jh.).

**Straße,** für den Verkehr von Fahrzeugen bes. hergerichteter, befestigter Weg. Nach dem Träger der Baulast unterscheidet man in der BR Dtld. *Bundesfern-S.n* (Bundesautobahnen u. *Bundes-S.n), Land-S.n, Kreis-S.n* u. *Gemeinde-S.n.* – Gesch.: Erste befestigte Verkehrswege von Stadt zu Stadt bauten die Römer. Unter Kaiser Trajan erreichte das Netz etwa 100 000 km. In Europa begann ein Aufschwung im S.nbau im 17./18. Jh., bes. unter Napoleon.

**Straßenbahn,** elektr. betriebenes Personennahverkehrsmittel, dessen Gleise meist in die Straßendecke verlegt sind. Erste Pferde-S. 1832 in New York, 1854 Paris, 1865 Berlin; erste elektr. S. 1881 in Berlin.

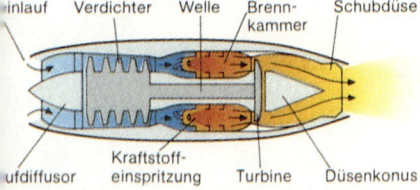
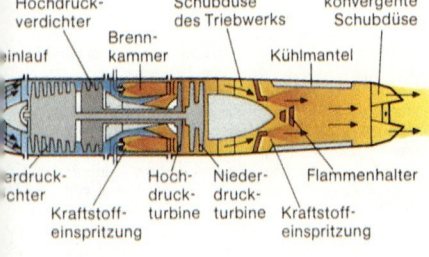
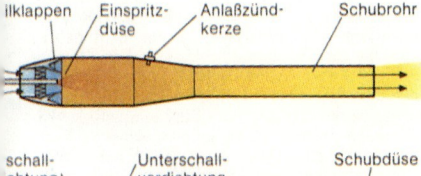
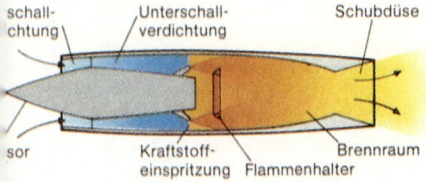

*Strahltriebwerk:* a), b) Turbinen-Luftstrahl-Triebwerk, c) Verpuffungsstrahltriebwerk, d) Staustrahltriebwerk

870 **Straßenbau**

*Afrikanischer Strauß*

**Straßenbau,** die Herstellung von Straßenbauwerken auf dem natürl. Untergrund.
**Straßendorf,** eine Dorfform, bei der die Gehöfte entlang einer Hauptstraße angeordnet sind.
**Straßenverkehrsgefährdung,** die Herbeiführung einer Gefahr für Leib oder Leben eines anderen oder für fremde Sachen von bed. Wert durch Beeinträchtigung der Sicherheit des Straßenverkehrs.
**Straßenverkehrsrecht,** die Gesamtheit der Vorschriften über die Teilnahme am u. Verhalten im öffentl. Straßenverkehr als Führer von Kraftfahrzeugen, Fahrzeugen ohne eigenen Antrieb oder als Fußgänger. Das geltende S. beruht im wesentlichen auf dem *Straßenverkehrsgesetz* vom 19.12.1952 (Abk. *StVG*), der *Straßenverkehrsordnung* vom 16.11.1970 (Abk. *StVO*), der *Straßenverkehrs-Zulassungs-Ordnung* in der Neufassung vom 28.9.1988 (Abk. *StVZO*), ferner auf der *VO über internationalen Kraftfahrzeugverkehr* vom 12.11.1934 u. dem *Gesetz über die Haftpflichtversicherung für ausländische Kraftfahrzeuge u. Kraftfahrzeuganhänger* vom 24.7.1956.
**Strasser,** Gregor, *1892, †1934, nat.-soz. Politiker; 1923 Teilnehmer am Hitler-Putsch, 1928-32 Reichsorganisationsleiter der NSDAP, während des Röhm-Putsches ermordet.
**Straßmann,** Fritz, *1902, †1980, dt. Chemiker; entdeckte mit Otto Hahn die Uranspaltung.
**Stratege,** Feldherr, Heerführer; im alten Griechenland ein oberster Militärbeamter, der auf Zeit gewählt wurde, den Oberbefehl über das Heer hatte, oft aber auch die polit. Führung übernahm.
**Strategic Arms Limitation Talks** [strə'ti:dʒik a:mz limi'teiʃən tɔ:ks] → SALT.
**Strategic Arms Reduction Talks** [strə'ti:dʒik 'a:mz ri'dʌkʃən 'tɔ:ks] → START.

**Strategie,** Kriegskunst, Feldherrnkunst; die Kunst der Führung von Streitkräften im Krieg; allg.: geschicktes Vorgehen.
**Strategische Verteidigungsinitiative,** engl. *Strategic Defense Initiative,* Abk. *SDI,* ein am 23.3.1983 vom US-amerik. Präs. R. *Reagan* verkündete strateg. Konzept, das den Aufbau eines Systems von im Weltraum stationierten Defensivwaffen vorsieht, mit denen feindl. Atomraketen unschädl. gemacht werden können.
**strategische Waffen,** Waffen mit interkontinentaler Reichweite, die eine direkte Bedrohung des gegner. Territoriums bedeuten, wie Interkontinentalraketen oder das Strateg. Luftkommando der USA.
**Stratford-on-Avon** ['strætfəd ɔn 'ɛivən], Stadt am Avon, im mittleren England, 20 000 Ew.; Geburts- u. Sterbeort *Shakespeares,* jährl. Shakespeare-Festspiele.
**Stratigraphie,** die Untersuchung u. Unterscheidung älterer u. jüngerer Schichten *(Straten)* bei Ausgrabungen u. geolog. Forschungen. Werden die Schichten aufgrund von Fossilien gegliedert, spricht man von *Biostratigraphie.*
**Stratokumulus,** *Schicht-Haufenwolke,* tiefe Wolke unter 2 km Höhe; aus flachen Schollen oder Ballen; in der Regel ohne Niederschlag.
**Straton** von Lampsakos (»der Physiker«), grch. Philosoph des 3. Jh. v. Chr.
**Stratosphäre,** die Atmosphärenschicht oberhalb der Troposphäre, unterhalb der Mesosphäre, in etwa 12–50 km Höhe.
**Stratus,** *Schichtwolke,* niedrige, gleichmäßige Wolkenschicht (bis rd. 2 km Höhe). Der S. entspricht einem Nebel, der nicht auf dem Boden liegt.
**Straub, 1.** Jean Marie, *8.1.1933, frz. Filmregisseur; dreht zus. mit seiner Frau D. Huillet streng hermetische Filme. – **2.** Johann Baptist, *1704, †1784, dt. Bildhauer; Meister des bay. Rokokos, seit 1735 in München.
**Straubing,** krfr. Stadt in Bay., sö. von Regensburg, 42 000 Ew.; maler. Stadtbild; Elektro-, Metall- u. Holzind.
**Sträucher,** Holzpflanzen mit mehreren, von Grund an verzweigten, meist dünn bleibenden Holzstämmen, die bis 3 m hoch werden können. Im Ggs. zu Bäumen bilden S. keinen Stamm als Hauptachse aus.
**Strauchformationen,** Vegetationstypen versch. Klimazonen, hpts. Gebüsche; immergrün oder laubabwerfend.
**Strauchpappel,** *Lavatera,* mittelmeer. Gatt. der *Malvengewächse;* in Dtld. nur die *Thüringer S.*
**Straus,** Oscar, *1870, †1954, östr. Komponist; 🅦 Operette »Ein Walzertraum«.
**Strausberg,** Krst. in Brandenburg, östl. von Berlin, am Ostufer des *Straussees,* 28 000 Ew.; Marienkirche; elektron. Ind.
**Strauß,** der größte heute lebende Vogel, zu den Flachbrustvögeln gehörender Vertreter einer eig. Ordnung *(Struthiones)* aus den Steppen Afrikas u. Vorderasiens. Die 10–15 Eier werden tags vom unscheinbar gefärbten Weibchen, nachts vom schwarz befiederten Hahn bebrütet. S. sind flugunfähig, aber gute Läufer.
**Strauß, 1.** Botho, *2.12.1944, dt. Schriftst.; Theaterstücke u. Prosa, die die menschl. Identität in der Gegenwartsgesellschaft analysieren; 🅦 »Paare, Passanten«, »Der junge Mann«, »Trilogie des Wiedersehens«, »Der Park«. – **2.** David Friedrich, *1808, †1874, dt. ev. Theologe u. Schriftst.; verneinte die histor. Zuverlässigkeit der Evangelien u. fand in ihnen myth. Überlieferungen; trat für einen von der christl. Überlieferung gelösten Glauben

*Franz Josef Strauß*

ein; 🅦 »Das Leben Jesu«. – **3.** Emil, *1866, †1960, dt. Schriftst.; schrieb realist., z. T. neuromant. Prosa. – **4.** Franz Josef, *1915, †1988, dt. Politiker; Gründungsmitglied der CSU, seit 1961 deren Vors.; 1953–55 Bundes-Min. für bes. Aufgaben, 1955/56 für Atomfragen, 1956–62 der Verteidigung (Rücktritt aufgrund der *Spiegel-Affäre*); 1966–69 der Finanzen; 1978–88 Min.-Präs. von Bayern; 1980 Kanzlerkandidat der CDU/CSU. – **5.** Johann, Vater von 6), *1804, †1849, östr. Komponist; seit 1835 Hofballdirektor in Wien; schrieb über 250 Werke, davon etwa 150 Walzer, Quadrillen, Polkas u. Märsche (u.a. den »Radetzky-Marsch«). – **6.** Johann, Sohn von 5), *1825, †1899, östr. Komponist; 1863–70 Hofballdirektor in Wien. Seine Walzer (u. a. »An der schönen blauen Donau«, »G'schichten aus dem

*Johann Strauß (Sohn) mit seiner Kapelle beim Hofball; nach einem Aquarell von Theo Zasche*

Wiener Wald«, »Kaiserwalzer«, »Wiener Blut«) zeichnen sich durch Reichtum an melod. Erfindung aus. Daneben schrieb er Märsche, Polkas u. Operetten (»Die Fledermaus«, »Der Zigeunerbaron«, »Wiener Blut«). – **7.** Josef, Sohn von 5), *1827, †1870, östr. Komponist (Walzer, u.a. »Dorfschwalben aus Österreich«).
**Strauss, 1.** Ludwig, *1892, †1953, isr. Schriftst. dt. Herkunft; seit 1934 in Israel, Schwiegersohn M. *Bubers;* Lyrik u. Aphorismen. – **2.** Richard, *1864, †1949, dt. Komponist u. Dirigent; 1886–89 u. 1894–98 Kapellmeister in München, 1889–94 in Weimar, 1898–1914 in Berlin; 1919–24 Leiter der Wiener Staatsoper, 1933–35 Präs. der Reichsmusikkammer. S. gehört zu den bed. Opernkomponisten des 20. Jh. 🅦 »Rosenkavalier«, »Ariadne auf Naxos«, »Arabella« u.a.; sinfon. Dichtungen »Don Juan«, »Till Eulenspiegels lustige Streiche«, »Ein Heldenleben«, »Eine Alpensymphonie« u.a.; Solokonzerte, Lieder.
**Straußfarn,** Zierfarn mit straußenfederförmigen, bis 150 cm langen, einen Trichter bildenden Trophophyllen.
**Straußgras,** *Agrostis,* Gatt. der Süßgräser; in Dtld.: Gewöhnl. S. (Rotes S.) u. Weißes S. (Fioringras).
**Strauß und Torney,** Lulu von, *1873, †1956, dt. Schriftst.; seit 1916 verheiratet mit dem Verleger E. *Diederichs;* Natur- u. Stimmungslyrik.
**Strawinsky,** Igor Fjodorowitsch, *1882, †1971,

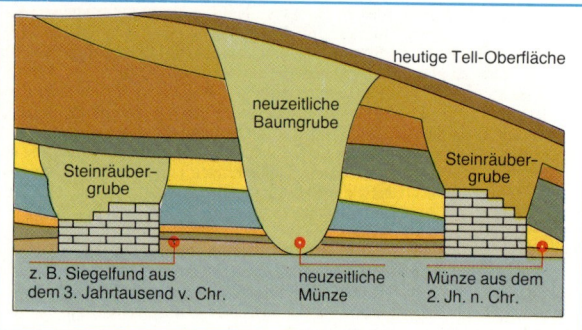
*Stratigraphie: Durch genaue Beschreibung der Schichten und späterer Störungen des Schichtenverlaufes können zeitlich auseinanderliegende Funde auf demselben Niveau richtig zu geordnet werden*

russ. Komponist; Schüler von N. *Rimskij-Korsakow;* 1915–20 in der Schweiz, bis 1939 in Frankreich, seitdem in den USA (Hollywood), wo er 1945 US-amerik. Staatsbürger wurde. Sein Werk wandelte sich von folkorist. beeinflußten Anfängen bis zum späten Serialismus. W »Der Feuervogel«, »Petruschka«, »Le Sacre du Printemps« (Ballette), »The rake's progress« (Oper); außerdem zahlr. Orchester- u. Klavierwerke sowie Kammermusik.

**Strebebogen,** Teil des *Strebewerks* einer got. Basilika: der Bogen zw. den Strebepfeilern des Seitenschiffs u. dem Obergaden.

**Strebepfeiler,** Teil des *Strebewerks:* pfeilerartige Verstärkung der Wände einer mittelalterl. Kirche, Klosteranlage, Burg oder eines profanen Gebäudes.

**Strebewerk,** die Gesamtheit von *Strebepfeiler* u. *Strebebogen.*

**Strecke, 1.** ein horizontaler, tunnelartiger Grubenbau, der, im Gegensatz zum *Stollen,* von einem vorhandenen Grubenbau ausgeht. – **2.** Teil einer Geraden zw. zweien ihrer Punkte.

**Streckmuskeln,** *Extensoren,* Muskeln zur Streckung der Gelenke; Ggs.: *Beuger.*

**Streckverband,** *Extensionsverband,* ein Zugverband, der dazu dient, verschobene Knochenbruchenden in richtiger Lage ohne Verkürzung aneinander anheilen zu lassen.

**Streep** [stri:p], Meryl, eigtl. Mary Louise S., *22.6.1949, US-amerik. Schauspielerin; seit 1976 beim Film u. a. in »Jenseits von Afrika«.

**Strehler,** Giorgio, *14.8.1921, ital. Regisseur u. Theaterleiter; gründete 1947 mit Paolo *Grassi* das Piccolo Teatro in Mailand.

**Streibl,** Max, *6.1.1932, dt. Politiker (CSU); 1967–71 Generalsekretär der CSU; 1970–77 Umwelt-, 1977–88 Finanz-Min. in Bay.; seit 1988 Min.-Präs. von Bay.

**Streich,** Rita, *1920, †1987, dt. Sängerin (Koloratursopran).

**Streichen** [das], die Himmelsrichtung, in der die Schnittlinie einer geneigten Erdschicht mit einer gedachten horizontalen Ebene verläuft.

**Streicher, 1.** Johann Andreas, *1761, †1833, dt. Klavierfabrikant u. Pianist; erfand die Mechanik mit Hammeranschlag von oben. – **2.** Julius, *1885, †1946 (hingerichtet), nat.-soz. Politiker; 1923 Teilnehmer am Hitler-Putsch, seit 1923 Hrsg. des antisemit. Hetzblatts »Der Stürmer«, 1928–40 Gauleiter von Franken; bei den Nürnberger Prozessen zum Tode verurteilt.

**Streichhölzer** → *Zündhölzer.*

**Streichinstrumente,** Musikinstrumente mit Saiten, die mit einem Bogen gestrichen u. infolge der auftretenden Reibung zum Schwingen gebracht werden, wobei ein Resonanzkörper (*Korpus*) für Verstärkung u. Färbung des Tons sorgt; in der europ. Musik ist der Typus der Violine führend.

**Streichquartett, 1.** Komposition für vier Streichinstrumente (meist 2 Violinen, Viola u. Violoncello) in Sonaten- oder Suitenform. – **2.** eine Gruppe von vier Spielern, die zumeist den Namen des 1. Geigers (Primgeiger) trägt.

**Streife,** eine Polizei- oder Militärwache, die im Gegensatz zum *Posten* einen größeren Bereich zu sichern hat.

**Streifenfarn,** *Asplenium,* Gatt. der *Farne;* mit streifenförmigen Sporangienhäufchen (*Sori*).

**Streifenhörnchen,** *Eutamias,* Gatt. der *Hörnchen;* etwa halb so groß wie die Eichhörnchen, mit 5 Längsstreifen auf dem braungrauen Fell; 16 Arten in Asien u. Nordamerika.

**Streik,** *Ausstand,* gemeinschaftl. Arbeitsniederlegung der Arbeitnehmer als Kampfmaßnahme zur Erlangung besserer Arbeits-, bes. Lohnbedingungen *(arbeitsrechtl. S.)* oder zur Durchsetzung polit. Forderungen *(polit. S.)*. Der *organisierte S.* wird von den Gewerkschaften, der *wilde* oder *spontane S.* ohne ihren Willen geführt. Der organisierte S. erfolgt nach einer *S.-Urabstimmung.* Weiterhin unterscheidet man den *Sympathie-S.* zur Unterstützung einer bereits im Arbeitskampf stehenden Arbeitnehmergruppe, den *Teil-S.,* bei dem nur ein kleiner, aber bes. wichtiger Teil der Arbeitnehmer die Arbeit niederlegt, den *Sitz-S.,* bei dem die Arbeitnehmer zwar im Betrieb erscheinen, aber nicht arbeiten, den *Bummel-S.,* bei dem die Arbeitsrichtlinien so übergenau befolgt werden, daß die Arbeit nur schleppend weitergeht, u. die *passive Resistenz,* bei der die Arbeitnehmer ohne Arbeitserfolg weiterarbeiten. Im Gegensatz zum *Kampf-S.* steht der *Demonstrations-S.* (*Protest-* u. *Warn-S.*), bei dem der Wunsch nach besseren Arbeitsbedingungen nur betont werden soll, ohne daß eine Maßnahme direkt erzwungen wird. – Die Gegenmaßnahme der Arbeitgeber ist die *Aussperrung.* → Generalstreik.

**Streisand,** Barbara, *24.4.1942, US-amerik. Sängerin u. Schauspielerin; erfolgreich als Musical- u. Filmstar. W »Funny Girl«, »Yentl«.

**Streitaxt,** Waffe in Axtform, oft reich verziert; aus Knochen oder Stein schon in prähistor. Zeit benutzt, später aus Bronze oder Eisen. Eine Sonderform ist der *Tomahawk* der nordamerik. Indianer.

**streitige Gerichtsbarkeit,** in der ordentl. Gerichtsbarkeit die Tätigkeit der Gerichte in Zivilprozeßsachen (einschl. der Zwangsvollstreckung u. des Konkurses) u. in Strafsachen.

**Streitkräfte,** die zur Wahrnehmung der Staatsinteressen gegenüber anderen Mächten bestimmten bewaffneten Verbände eines Staates: Heer, Luftwaffe, Marine.

**Streitwagen,** im Altertum ein zweirädriger, pferdebespannter Kampfwagen mit Wagenlenker u. Krieger; an der Seite oft mit Messern (*Sichelwagen*).

**Streitwert,** im Prozeßrecht der Wert des *Streitgegenstands;* vom Gericht, z.T. auch vom Urkundsbeamten der Geschäftsstelle, nach freiem Ermessen festzusetzen.

**Strelasund,** vom Rügendamm überbrückte, rd. 2,5 km breite Meeresstraße der Ostsee, zw. Rügen u. dem Festland bei Stralsund.

**Strelitz,** Mecklenburg-S., 1701 durch den »Hamburger Vergleich« geschaffene Linie Mecklenburgs mit dem Land *Stargard* sowie u. a. dem Fürstentum *Ratzeburg.*

**Strelitzen,** Palastgarde der russischen Zaren, von Iwan IV. um 1550 aufgestellt. Nach dem *S.-Aufstand* 1698 ließ Peter d. Gr. 2000 S. hinrichten u. löste die Truppe auf.

**Strelitzie,** *Strelitzia,* Gatt. der Bananengewächse mit 5 Arten in Südafrika. Die 1–2 m hohe *Paradiesvogelblume (Papageienblume)* hat orangefarbene äußere Blütenblätter u. ist eine beliebte Schnittblume u. Zimmerpflanze.

**strenges Recht,** *Jus strictum,* ein Recht, das für einen eindeutig festgelegten Sachverhalt eine genaue bestimmte Rechtsfolge anordnet u. in seiner Anwendung keine Rücksichtnahme auf die *Billigkeit* duldet; vielfach auch unscharf für *zwingendes Recht.*

**Streptokokken,** *Kettenkokken, Streptococcus,* artenreiche Gatt. in Perlschnurform aneinandergereihter, kugelförmiger *Bakterien.* Sie gehören neben den *Staphylokokken* zu den häufigsten Eitererregern, bes. *Streptomyces pyogenes.*

**Streptomycin,** ein Antibiotikum aus einem Strahlenpilz (*Streptomyces griseus*); u. a. gegen Tuberkulosebakterien wirksam.

**Stresa,** ital. Kurort am Westufer des *Lago Maggiore,* 6400 Ew.; Fremdenverkehr.

**Stresemann,** kleiner Gesellschaftsanzug für den Tag (weniger formell als der *Cut*): schwarzer oder marengofarbener Sakko u. gestreifte, umschlaglose Hose.

**Stresemann,** Gustav, *1878, †1929, dt. Politiker; Mitgr. der *Dt. Volkspartei,* 1923 Reichskanzler einer großen Koalition, 1923–29 Reichsaußen-Min.; beendete 1923 den *Ruhrkampf* u. schuf durch die Annahme des *Dawes-Plans* u. den Abschluß des *Locarno-Vertrags* die Grundlagen seiner Verständigungspolitik, deren Höhepunkt der Eintritt Deutschlands in den Völkerbund war. – Friedensnobelpreis 1926 (zus. mit A. *Briand*).

**Streß,** *Stress,* anhaltende Überbeanspruchung; von H. *Selye* 1936 geprägte Bez. für die Belastung, die der Körper durch zu lange oder ihm unangemessene Reize u. schädigende Einflüsse erfährt. S. löst eine Reihe von Alarmreaktionen im Organismus aus.

**Stretch** [strɛʃ], dehnfähige u. sehr elast. Web- u. Wirkwaren aus Chemiefasern (z. B. Nylon oder Perlon).

**Stretta,** in einem Musikstück: Schlußsteigerung als Beschleunigung oder Verdichtung.

**Streufeld,** *magnet. S.,* ein magnet. Kraftlinienfeld (z. B. bei Generatoren u. Transformatoren), das nicht im magnet. Werkstoff, sondern außerhalb verläuft u. dadurch den Nutzeffekt verringert.

**Streufrucht,** jede pflanzl. Frucht, die sich öffnet u. die Samen ausstreut; meist vielsamig.

**Streusiedlung,** Siedlung in Einzelhöfen u. kleinen Weilern.

**Streuung, 1.** das Voneinander-Abweichen von Geschossen, die nacheinander aus derselben Waffe bei gleichbleibender Richtung abgefeuert werden. –

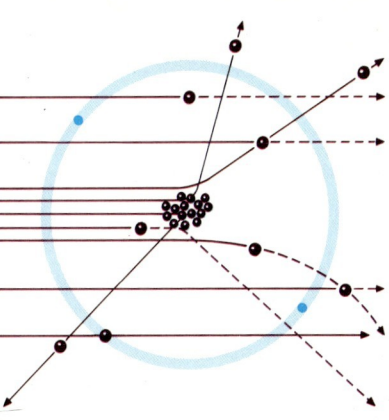

*Streuung* (2) von Alphateilchen (rot) an einem Atomkern. Nur Teilchen, die dem Kern nahekommen, werden stark abgelenkt, die Elektronen (blau) haben keinen Einfluß

*Richard Strauss (rechts) und Hugo von Hofmannsthal*

*Gustav Stresemann spricht 1926 vor der Völkerbundsversammlung in Genf*

# 872 Streuvels

**2.** bei Messungen die Abweichung einzelner Werte vom Mittelwert; die Richtungsänderung einer Strahlung beim Durchlaufen eines Mediums; die Änderung der Bewegungsrichtung eines atomaren Teilchens beim Passieren eines Kraftzentrums (*Streuzentrum*), z. B. eines Atoms. Als Maß für die Wahrscheinlichkeit einer solchen S. dient der Wirklichkeitsquerschnitt. Infolge der S. von Licht in der Atmosphäre hat der wolkenfreie Himmel eine blaue Färbung. – Ⓑ → S. 871 – **3.** die Verteilung der Einzelwerte einer statist. Reihe um den Mittelwert; → Varianz.

**Streuvels** ['strø:vəls], Stijn, eigtl. Frank *Lateur*, *1871, †1969, fläm. Schriftst.; schilderte die flandr. Bauern u. Landarbeiter.

**Streymoy** ['strømø], dän. *Strömö*, größte Insel der *Färöer*, 374 km², 18 000 Ew.; mit der Hptst. *Tórshavn*.

**Strich, 1.** die Farbe fein zerteilter oder pulverisierter Mineralien, die oft von der Farbe im kompakten Zustand abweicht. – **2.** veraltete Kompaßeinteilung: 1 S. = 1/8 eines rechten Winkels = 1/32 der Kompaßrose (voller Kreis) = 11,25°. – **3.** Gegend der Straßenprostitution; *S.junge*, *S.mädchen*.

**Strichätzung** → Klischee.

**Strichcode** [-ko:d], *Barcode*, maschinell lesbare Codierung von Zahlen durch Kombinationen von Strichen unterschiedl. Breite, z. B. das *EAN-System*.

**Strichvögel**, Vogelarten, die ihr Brutgebiet in ungünstigen Jahreszeiten nur umherstreifend verlassen.

**stricken**, mit Hilfe einer Rundnadel oder mehrerer Nadeln einen Faden (im Unterschied zum *Weben*) zu einer flächigen Maschenbahn verschlingen. Die Technik des S. ist in Europa seit dem 13. Jh. gesichert.

**Stricker**, *Der S.*, mhd. Dichter aus Franken, als Fahrender in Östr. um 1230–40; schrieb Versepen u. Schwänke.

**Strickleiter**, Leiter aus Hanfseilen mit Holzstegen; bes. in der Schiffahrt verwendet.

**Strigel**, Bernhard, *1465/70, †1528, dt. Maler; seit 1515 Hofmaler Kaiser Maximilians.

**strikt**, streng, genau.

**Strindberg** [-berj], August, *1849, †1912, schwed. Schriftst.; verhalf dem Naturalismus in Schweden zum Durchbruch; hatte mit seinen Stücken großen Einfluß auf die europ. Dramatik des 20. Jh.; Ⓦ »Fräulein Julie«; Trilogie: »Nach Damaskus«, »Totentanz«, »Ein Traumspiel«; Prosa: »Sohn einer Magd« u. a.

**stringent**, zwingend, streng.

**Stripping**, eine Kernreaktion, bei der vom stoßenden oder gestoßenen Atomkern ein Nukleon »abgestreift« wird.

**Striptease** ['stripti:z], tänzer. Entkleidung.

**Stritch** [stritʃ], Samuel, *1887, †1958, erster US-amerik. Kurienkardinal (1958); 1940 Erzbischof von Chicago, 1946 Kardinal.

**Strittmater**, Erwin, *14.8.1912, dt. Schriftst.; mehrfach preisgekrönter Vertreter des sozialist. Realismus in der DDR. Ⓦ »Ole Bienkopp«.

**Stroboskop**, opt. Gerät zum Beobachten u. Messen rasch ablaufender Vorgänge (z. B. Drehzahlmessung) mit Hilfe eines period. unterbrochenen Lichtstrahls (Dauer z. B. $10^{-5}$ s). Stimmen die Frequenzen vom S. u. Meßvorgang überein, dann scheint der Vorgang stillzustehen, weil jeder Lichtblitz den gleichen Bewegungszustand beleuchtet (**stroboskop. Effekt**).

**Stroessner**, Alfredo, *3.11.1912, paraguay. Politiker dt. Herkunft; wurde 1954 Staats-Präs.; errichtete ein diktator. Regime; 1989 durch einen Militärputsch gestürzt.

**Stroganow** [-nɔf], ein russ. Kaufmannsgeschlecht, das im 16. Jh. große Salinen am Ural sowie Hüttenwerke u. Goldwäschereien in Sibirien besaß.

**Stroh**, ausgedroschene Halme u. Blätter von Getreide, Hülsenfrüchten u. Gespinstpflanzen.

**Strohblume**, *Helichrysum*, eine Gatt. der *Korbblütler*. Die Blüten werden für Kränze u. Trockenbukette verwendet. In Dtld.: die *Sand-S*.

**Stroheim**, Erich, eigtl. Hans Erich Maria von *S. von Nordenwall*, *1885, †1957, östr. Schauspieler u. Regisseur; von 1906–36 in den USA, danach in Frankreich, seit 1933 nur noch als Schauspieler tätig; Ⓦ »Die lustige Witwe«, »Der Hochzeitsmarsch«.

**Strohmann**, eine nach außen als unabhängiger Rechtsträger auftretende Person, die in Wirklichkeit von Anordnungen eines anderen abhängig ist.

**Strohwein**, *Leckwein*, alkoholreicher Wein aus den reifsten Trauben, die, auf Stroh oder Horden gebreitet, geschrumpft wurden; bes. die feinen Dessertweine (z. B. Malaga, Madeira).

**Strom** → Stromversorgung.

**Stromabnehmer**, gefedertes Gestänge (*Gleitbügel*) mit Schleifstücken aus der *Oberleitung* bei Eisenbahnen, Straßenbahnen u. Obussen oder aus der dritten Schiene (*Stromschiene*) bei Stadtschnellbahnen u. U-Bahnen.

**Stromboli**, nördlichste der ital. Lipar. Inseln im Tyrrhen. Meer, 12,6 km², rd. 400 Ew.; im Innern tätiger Vulkan S., 926 m.

**Stromkreis**, ein in sich geschlossener Kreis, der sich aus Spannungsquelle, Leitungen u. Widerständen zusammensetzt.

**Stromlinien**, in der Strömungslehre Kurven, deren Richtung an jeder Stelle die Geschwindigkeitsrichtung einer Flüssigkeit oder eines Gasstroms angibt u. deren Dichte ein Maß für die Größe dieser Geschwindigkeit ist. – *S.form*, diejenige Form eines festen Körpers, die einer Flüssigkeits- oder Gasströmung den kleinsten Widerstand entgegensetzt u. bei der keine Wirbelbildung auftritt.

**Strommesser**, *Amperemeter*, Instrument zum Messen der Stärke eines elektr. Stroms. Beim *Weicheiseninstrument* wird ein Weicheisenanker durch ein Magnetfeld bewegt, das sich proportional dem erzeugenden Strom verändert.

**Stromrichter**, elektr. Geräte zum Umwandeln von Stromarten. *Gleichrichter* erzeugen Gleichstrom aus Wechsel- oder Drehstrom, *Wechselrichter* Drehstrom oder Wechselstrom aus Gleichstrom; *Umrichter* verändern die Frequenz.

**Stromschnelle**, ein Gefällsknick, der eine Flußstrecke mit starkem Gefälle u. hoher Strömungsgeschwindigkeit zur Folge hat. Größere Gefällsknicke nennt man *Wasserfall*.

**Stromstärke**, Formelzeichen *I*, die in der Zeiteinheit *t* durch den Leiterquerschnitt hindurchflie-

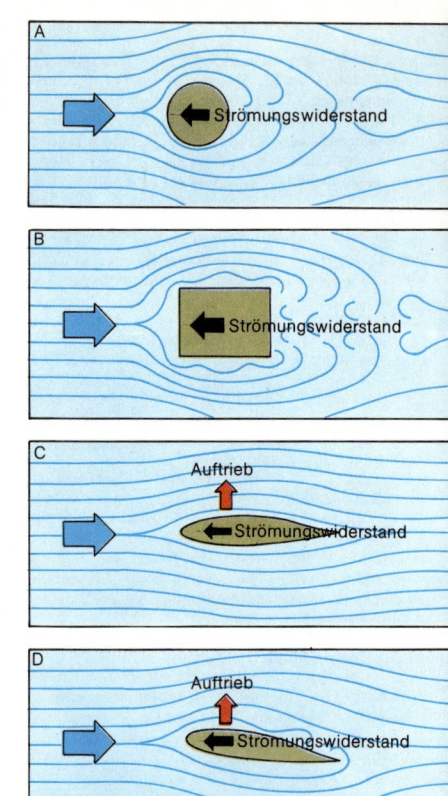

*Strömungslehre:* Bei einem kreisförmigen Körper (A) ist die Strömung zunächst laminar, wird aber hinter dem Körper turbulent. Der vom Körper der Luft entgegengesetzte Widerstand wird als Strömungswiderstand bezeichnet (schwarze Pfeile). Das Umströmen eines rechteckigen Körpers (B) verursacht weitaus größere Turbulenzen mit entsprechend erhöhten Strömungswiderstand. Eine aerodynamisch günstig gestaltete Tragfläche (C) wird an Ober- und Unterseite laminar umflossen. Dabei tritt an der Oberseite eine größere Geschwindigkeit und damit ein geringerer Druck auf, an der Unterseite dagegen Überdruck. Über- und Unterdruck zusammen erzeugen die Auftriebskraft (roter Pfeil). Bei geringfügiger Neigung der Tragfläche gegen die Anströmrichtung (D) treten an ihrem hinteren Ende zwar Luftwirbel auf, die auch den Strömungswiderstand vergrößern, gleichzeitig aber verstärken sich die Auftriebskräfte und übersteigen den Luftwiderstand. Erst bei Erreichen eines bestimmten kritischen Anstellwinkels (E) verursacht die immer turbulenter werdende Strömung einen so starken Luftwiderstand, daß sie die vorhandenen Auftriebskräfte übersteigt

ßende elektr. Ladungsmenge $Q$; Formel: $I = Q/t$. Die S. wird in *Ampere* gemessen.

**Strömungslehre**, die Wissenschaft von den Bewegungsgesetzen der Gase u. Flüssigkeiten.

**Strömungsmaschinen**, Energieumwandlungsmaschinen, die als Energieträger Flüssigkeiten, Gase oder Dämpfe verwenden, die die S. kontinuierl. u. mit großer Geschwindigkeit durchströmen, z. B. Turbinen.

**Stromversorgung**, die Belieferung aller Verbraucher mit elektr. Energie durch Wasser- u. Wärmekraftwerke, ein dichtes Netz von Höchst- u. Mittelspannungsleitungen, Umspannstationen u. a. Im Gegensatz zu der verhältnismäßig niedrigen Erzeuger- u. Verbraucherspannung (nur ganz selten mehr als 20 000 Volt) wird elektr. Energie mit sehr hoher Spannung übertragen. Im allg. ist die

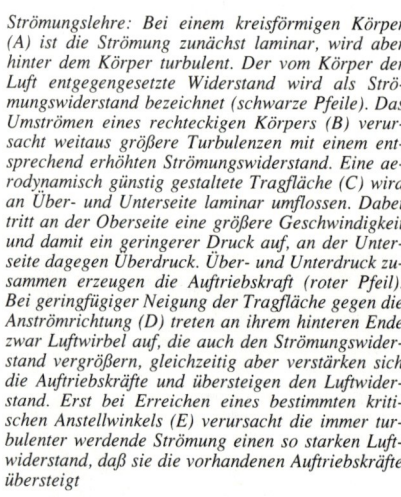

*Stromversorgung eines Hauses; Schema (L = Außenleiter, früher Phasenleiter; N = Mittelleiter, früher Nulleiter; PE = Schutzleiter)*

öffentliche S. so aufgebaut, daß der Strom mit Höchstspannung (in der BR Dtld. bis 400 000 Volt) bis in die Nähe der Verbraucherzentren übertragen wird u. hier in mehreren Stufen auf mittlere Spannungen umgesetzt wird, bis er in den Hausanschlüssen mit 220/380 Volt ankommt.

**Stromwandler,** Meßwandler zur Messung elektr. Ströme.

**Stromwärme,** *Joulesche Wärme,* in einem stromdurchflossenen Leiter anfallende Wärme.

**Strontium,** ein → chemisches Element.

**Strophantin,** ein herzwirksames Glykosid aus den Samen des *Strophanthusstrauchs.*

**Strophe,** eine aus mehreren *Versen* gebildete Einheit, deren metr. Struktur innerhalb einer Versdichtung regelmäßig wiederkehrt.

**Strossenbau,** ein hpts. im Tagebau angewandtes Abbauverfahren, bei dem die Lagerstätte in waagerechten Scheiben *(Strossen)* von oben nach unten abgetragen wird.

**Štrougal** [ˈʃtrougal], Lubomír, *19.10.1924, tschechoslowak. Politiker (KP); 1961–65 Innen-Min., seit 1970 Min.-Präs. der Tschechoslowakei; trat 1988 als Mitglied der Parteipräsidiums als Min.-Präs. zurück; wurde 1990 aus der Partei ausgeschlossen.

**Stroux** [ʃtruks], Karlheinz, *1908, †1985, dt. Theaterleiter, Schauspieler u. Regisseur; 1955–72 Generalintendant des Düsseldorfer Schauspielhauses.

**Strozzi,** florent. Adelsfamilie. Unter *Filippo S. d. Ä.* (*1428, †1491), einem bed. Kunstmäzen u. Bankier, wurde der *Palazzo S.* in Auftrag gegeben.

**Strozzi,** Bernardo, *1581, †1644, ital. Maler (barocke Andachts- u. Genrebilder).

**Strudel, 1.** trichterförmiger Wasserwirbel; bildet u. U. am Flußgrund einen *S.topf.* – **2.** süddt. u. östr. Mehlspeise.

**Strudelwürmer,** *Turbellarien,* freilebende Kl. der *Plattwürmer,* die sich ähnl. wie Schnecken kriechend fortbewegen, kleinere Arten auch durch die Bauchbewimperung; etwa 3000 Arten; S. sind Zwitter.

**Struensee,** Johann Friedrich Graf von, *1737, †1772, dt. Leibarzt des Dänenkönigs *Christian VII.* u. Geliebter der Königin *Karoline Mathilde;* seit 1771 Staats-Min.; führte als Anhänger der Aufklärung überstürzte Reformen ein. Seine Gegner erzwangen seine Hinrichtung.

**Struktur, 1.** Gefüge, Gliederung; der innere Aufbau eines Gegenstands oder Gedankenbilds. – **2.** eine Menge, zw. deren Elementen *Verknüpfungen* erklärt sind oder *Relationen* bestehen; z. B. Gruppe, Ring, Körper.

**Strukturalismus,** die Hauptrichtung der *allg. Sprachwissenschaft* in der ersten Hälfte des 20. Jh. Der Grundgedanke ist die Sprache als ein System von Elementen anzusehen u. die zw. ihnen waltenden Beziehungen offenzulegen. Ausgehend vom sprachwissenschaftl. S. entstand in den 1950er Jahren der S. als universale Denkrichtung in den *Kultur- u. Geisteswissenschaften.* Hauptvertreter: J. Lacan, M. Foucault, C. Lévi-Strauss u. R. Barthes.

**Strukturformel** → chemische Formeln.

**Strukturpolitik,** die wirtschaftspolit. Maßnahmen zur Beeinflussung der wirtschaftl. Grunddaten einer Volkswirtschaft; z. B. Maßnahmen zur Förderung bestimmter Regionen, Branchen u. Betriebsgrößen.

**Struma** → Kropf.

**Struma,** der antike *Strymon,* Fluß im sö. Europa, 395 km; mündet östl. von Saloniki in den *Strymon. Golf* des Ägäischen Meers.

**Strumpf, 1.** gestrickte oder gewirkte Fuß- u. Beinbekleidung; von der Antike bis ins 18. Jh. fast ausschließl. ein männl. Kleidungsstück. Erst mit dem Reifrock begann die weibl. Strumpfmode. – **2.** Teil der Gasbeleuchtung; → Gasglühlicht.

**»Struwwelpeter«,** Titel eines illustrierten Kinderbuchs des Frankfurter Arztes H. *Hoffmann,* 1845 erstmals erschienen.

**Strychnin,** ein Alkaloid der *Brechnuß* u. der *Ignatiusbohne.* Es wirkt erregend auf Nervensystem, Muskeln, Kreislauf u. Atmung. Bei Vergiftungen mit S. kommt es zur Erstickung durch Starrkrampf der Atemmuskeln.

**Strychnos,** in den gesamten Tropen verbreitete Gatt. der S.gewächse (→ Pflanzen); meist kleinere Bäume, Dornsträucher oder Lianen, deren Beeren alkaloidreiche (*Strychnin, Brucin* u.a.) in Fruchtmus eingebettete Samen enthalten.

**Stuart** [ˈstjuət], *Stewart* (bis 1542), schott.-engl. Königshaus aus der anglo-normann. Fam. Fitz-Allan, in das Amt des Hofmeisters (Stewart) erbl.

wurde. Die S. kamen 1371 auf den schott. Thron, 1603 auch auf den engl.; 1688 verloren sie beide. 1807 starb die Hauptlinie aus.

**Stubaital,** vom Ruetzbach durchflossenes Tal in den *Stubaier Alpen* (im *Zuckerhütl* 3507 m); Hauptort Fulpmes, Tirol.

**Stubbenkammer** → Rügen.

**Stubbs** [stʌbz], George, *1724, †1806, engl. Maler u. Radierer; malte bes. Pferde u. Hunde.

**Stubenfliege,** eine *Echte Fliege,* über die ganze Erde verbreitet. Die Eier werden in Unrat, Kompost, Kehricht u. ä. abgelegt. Außer der normalen S. findet man oft noch die *Kleine S.*

**Stubenvögel,** für die Käfighaltung *(Käfigvögel)* geeignete Vögel, z. B. Papageien oder Wellensittiche.

**Stuck,** gut formbare, schnell erhärtende Masse aus Gips, Kalk, Sand u. (Leim-)Wasser, bes. für Auftragearbeiten an Decken u. Wänden.

**Stuck,** Franz von (seit 1906), *1863, †1928, dt. Maler, Graphiker, Bildhauer u. Architekt; bereitete in seinen Werken den Jugendstil vor.

**Stück, 1.** an der Börse Bez. für *Wertpapier.* – **2.** im MA Bez. für *Geschütz.*

**Stückelberg,** Ernst, *1831, †1903, schweiz. Maler (Genreszenen u. Bildnisse, Wandgemälde von monumentaler Auffassung).

**Stückelberger,** Christine, *22.5.1947, schweiz. Dressurreiterin; Olympiasiegerin 1976, Weltmeisterin 1978.

**Stückgut,** Einzelfrachtstücke, Ggs.: *Massengut.*

**Stücklen,** Richard, *20.8.1916, dt. Politiker (CSU); 1957–66 Bundes-Min. für das Post- u. Fernmeldewesen; 1967–76 Vors. der CSU-Landesgruppe im Dt. Bundestag; 1979–83 Präs. des Dt. Bundestags; seit 1983 Vize-Präs.

**Stücklohn,** der nach der Menge der geleisteten Arbeit berechnete *Stückgeldakkord.*

**Stückzinsen,** bei festverzinsl. Wertpapieren die Zinsen vom Tag des Erwerbs bis zum nächsten (vergangenen oder zukünftigen) Zinstermin.

**Student,** Abk. *stud.* (mit Angabe der Fakultät), seit dem 14. Jh. Bez. für Lernende an Hochschulen.

**Studentenbewegung,** die polit. Unruhen, die sich in den 1960er Jahren an den Hochschulen in Europa u. den USA ausbreiteten.

**Studentenblume,** *Sammetblume, Samtblume, Tagetes,* Gatt. gelb bis braun blühender *Korbblütler* aus Amerika mit rd. 35 Arten; einige Arten sind beliebte Zierpflanzen.

**Studentenschaft,** die Gesamtheit der Studenten einer Hochschule (ohne Gasthörer). Die S. wählt zur Vertretung ihrer Interessen den *Allgemeinen Studentenausschuß* (ASTA), Studentenparlamente u. student. Vertreter für die Selbstverwaltungsgremien der Hochschule.

**Studentenverbindungen,** an den Hochschulen bestehende Verbände mit eigenständigen student. Zielen u. student. Gemeinschaftsleben. Im MA schlossen sich Magister u. Scholaren zu »Nationen« zusammen; in den *Bursen* lebten sie nach klösterl. Vorbild. Aus den »Nationen« entwickelten sich die *Landsmannschaften,* aus diesen die *Corps;* hinzu kamen die *Burschenschaften.* Landsmannschaften, Corps u. Burschenschaften bestimmten im 19. Jh. das Bild der S. *(Korporatio-*

*Stufenpyramide von Saqqara in Ägypten*

*nen);* sie entwickelten mit Band u. Mütze (Couleur), »Wichs«, Komment u. Mensur ein eigenes student. Brauchtum u. ein akadem. »Standesbewußtsein«. Unter den Nat.-Soz. aufgelöst, entstanden die S. nach 1945 neu. – Nach dem 2. Weltkrieg wurden polit. u. internat. Studentenvereinigungen u. konfessionelle Studentengruppen gegr., die das Korporationswesen ablehnten.

**Studentenwerk,** an den Hochschulen bestehende Einrichtung zur wirtschaftl. u. gesundheitl. Betreuung der Studenten (Mensa, Studentenheime, Studienförderung, Gesundheitsdienst).

**Studie,** Entwurf, wiss. Untersuchung.

**Studienassessor** → Assessor.

**Studienförderung** → Ausbildungsförderung.

**Studienrat,** seit 1918 Amtsbez. für die festangestellten (beamteten) Lehrer an höheren Schulen, seit 1965 auch an berufsbildenden Schulen. Der S. kann zum *Ober-S.,* in Bay. zum *Studienprofessor* befördert werden.

**Studienreferendar** → Referendar.

**Studienstiftung des Deutschen Volkes e. V.,** 1925 gegr., 1934 aufgelöster u. 1948 neugegr. Unterstützungsfonds, der das Studium überdurchschnittl. Begabter u. ausgewählter Abiturienten u. Studenten ermöglicht. Sitz: Bonn.

**Studio,** Atelier mit allen techn. Spezialeinrichtungen, die für Filmaufnahmen, Fernseh- oder Hörfunkübertragungen notwendig sind.

**Studium,** das wiss. Lernen u. Forschen (Studieren), bes. an einer Hochschule.

**Studium generale,** interdisziplinäres Grundstudium, allgemeinbildende Vorlesungen als Ergänzung zum Fachstudium.

**Stufenbarren,** ein im Frauenturnen verwendetes Turngerät; besteht aus zwei miteinander verspannten, parallelen Reckaufbauten mit einem niedrigen (1,50 m) u. einem hohen Holm (2,30 m).

**Stufenlehrer,** ein für den Unterricht an Gesamtschulen ausgebildeter Lehrer.

**Stufenpyramide,** eine Pyramide mit abgetreppten, stufenartig ansteigenden Seiten.

**Stufenschalter,** ein Mehrfach-Drehschalter mit Rastschritten, der in den einzelnen Stellungen versch. Stromkreise schließt, z.B. bei elektr. Kochplatten.

**Stuhlgang,** die Darmentleerung beim Menschen; → Verdauung.

**Stuhlgericht,** Gericht der Feme.

**Stuhlweißenburg** → Székesfehérvár.

**Stuhlzwang,** *Stuhldrang, Tenesmus,* schmerzhafter Krampf des Afterschließmuskels, z. B. aufgrund von Mastdarmentzündung.

**Stuka,** Abk. für *Sturzkampfflugzeug.*

**Stukkateur** [-ˈtœr], *Gipser,* Ausbildungsberuf des Handwerks für das Verputzen der Wände, Deckenarbeiten u. den Einbau von Trennwänden u. Fertigteilen; führt *Stuck*-Arbeiten durch.

**Stüler,** Friedrich August, *1800, †1865, dt. Architekt; Vertreter des Historismus.

**Stulpe,** umklappbarer, meist leicht konisch geformter Stoff-, Spitzen- oder Lederbesatz an Ärmeln, Stiefeln u. ä.

**Stülpnagel,** Karl Heinrich von, *1886, †1944 (hingerichtet), dt. Offizier; seit 1942 dt. Militärbefehlshaber in Frankreich; an der Widerstandsbewegung gegen Hitler (20. Juli 1944) beteiligt.

**Stummelaffen,** *Colobus,* Gatt. der *Schlankaffen* in Afrika. Namengebend ist die stummelartige Rückbildung des Daumens.

**Stummelfüßer,** *Onychophora,* Stamm der Gliedertiere; etwa 7–15 cm lange Arten, mit Merkmalen, die z.T. für die *Ringelwürmer,* z.T. für *Gliederfüßer* charakterist. sind; feuchtigkeitsbedürftige Landtiere der Südhalbkugel.

**Stummfilm** → Film.

**Stummheit,** *Mutitas,* das Unvermögen zu sprechen; Folge von Taubheit *(Taub-S.)* oder von Ausfällen im Gehirn; kann auch durch seel. Einwirkungen entstehen.

**Stumpen,** runde oder gepreßte, an beiden Enden beschnittene, gleichmäßig dicke Zigarre.

**Stumpfschwanzpapageien,** *Psittacini,* größere Gruppe stärkerer, kurzschwänziger *Papageien;* hierzu gehören vor allem der *Graupapagei* u. die *Amazonen.*

**Stunde,** der 24. Teil eines Tages, ein Zeitraum von 3600 s oder 60 min; gleichförmige Einteilung des Tages erst seit Ende des MA üblich.

**Stundenbuch,** lat. *horarium,* frz. *livre d'heures,*

## Stundengebet

ein Gebetbuch für Laien, das Gebete u. Lieder für die einzelnen Tageszeiten enthält.

**Stundengebet,** kirchl. *Tagzeiten,* lat. *horae canonicae,* das für alle Priester u. Ordensleute verpflichtende, im *Brevier* festgelegte Gebet zu bestimmten Tagesstunden.

**Stundenglas** → Sanduhr.

**Stundung,** das Zugeständnis des Gläubigers an den Schuldner, die Begleichung einer Schuld über den Fälligkeitstermin hinauszuschieben.

**Stuntman** ['stʌntmən], Schauspieler-Double in gefährl. Szenen; waghalsiger Akrobat.

**Stupa,** halbkugelförmiges buddhist. u. jinist. Reliquienmal; in Höhlentempeln, als Freibau u. in Kleinform als Votivgabe.

**Stupor,** *Stumpfheit,* Zustand völligen Mangels an körperl. u. geistigen Regungen nach schwerer Erschöpfung oder bei versch. Geistes- u. Gehirnkrankheiten.

**Sture, 1.** *Sten Sture d. Ä.,* *um 1440, †1503, schwed. Reichsverweser; kämpfte mit Unterstützung der schwed. Bauern vergebl. für die Auflösung der Union mit Dänemark. – **2.** *Sten Sture d. J.,* *um 1492, †1520, schwed. Reichsverweser; machte sich 1512 durch einen Staatsstreich zum Reichsverweser u. setzte die Politik der Unabhängigkeit gegen den Widerstand der schwed. Aristokratie fort; verlor 1520 eine Schlacht gegen den dän. König Christian II., in der er tödl. verwundet wurde.

**Stürgkh,** Karl Graf, *1859, †1916, östr. Politiker; 1911–16 Min.-Präs., Vertreter einer starken Regierungsgewalt zur Erhaltung der Reichseinheit; fiel einem Attentat F. *Adlers* zum Opfer.

**Sturm,** Wind der Windstärke 9 u. mehr.

**Sturmabteilung** → SA.

**Stürmer, 1.** der hohe Zweispitz, beliebte Hutform um 1800; dann eine Studentenmütze, die einer phryg. Mütze ähnelt. – **2.** bei Ballspielen die Angriffsspieler, die in vorderster Reihe spielen u. Tore erzielen sollen.

**Sturmflut,** unregelmäßiges Hochwasser der See bei hohem Windstau des Wassers.

**Sturmgewehr,** ein automat. Gewehr, Hauptwaffe der Infanterie.

**Sturmius,** *Sturm(i),* *um 715, †779, Schüler des *Bonifatius,* in dessen Auftrag er 744 die Benediktinerabtei Fulda gründete u. zu hoher Blüte führte. – Heiliger (Fest: 17.12.).

**Sturmmöwe** → Möwen.

**Sturmschwalben,** *Hydrobatinae,* zu den *Sturmvögeln* gehörige Unterfam. gewandter, zierl. Hochseevögel; z. B. die *Sturmschwalbe.*

**Sturmtaucher,** *Procellariinae,* zu den *Sturmvögeln* gehörige Fam. gewandter Hochseevögel; u. a. der *Eissturmvogel.*

**Sturm und Drang,** *Geniezeit,* die nach dem Drama »S. u. D.« von F. M. Klinger (1766) benannte Epoche der dt. Literatur von 1765 bis etwa 1790; eine Auflehnung der jungen Generation gegen die verstandesbetonte Aufklärung. Der S. u. D. verherrlichte die »Leidenschaft« u. das »Originalgenie«, das jede Autorität ablehnt. Dramatiker des S. u. D. sind J. M. R. Lenz, F. M. Klinger, H. L. Wagner, J. A. Leisewitz, H. W. von Gerstenberg sowie Goethe u. Schiller in ihrer Frühzeit.

**Sturmvögel,** *Tubinares,* Ordnung von rd. 70 Arten typ. Hochseevögel; schnelle Gleitflieger, die sich kühn über die Wasseroberfläche bewegen; hierzu *Albatrosse, Sturmschwalben* u. *Sturmtaucher.*

**Sturz,** Überdeckung einer Tür- oder Fensteröffnung zwecks Stabilisierung.

**Sturzbecher,** ein fußloser Trinkbecher aus Glas oder Metall, der nach dem Austrinken mit der Öffnung nach unten abgestellt wird.

**Sturzbett,** *Tosbecken,* eine beckenartige Vertiefung hinter Wehren, Talsperrenüberläufen u. a.

**Sturzenegger,** Hans, *1875, †1943, schweiz. Maler u. Graphiker; mit Anklängen an den Stil F. *Hodlers.*

**Sturzgeburt,** überschnelle Geburt; Schädelverletzungen des Kindes oder Nabelschnurrisse können die Folge sein.

**Sturzhelm,** leichter, kopfschützender Helm, bes. für Motorrad- u. Rennfahrer u. Skiläufer.

**Sturzkampfflugzeug,** *Sturzbomber,* Abk. *Stuka,* ein Bomber robuster Bauart, der zur besseren Treffgenauigkeit im Sturzflug feindl. Punktziele anvisiert u. kurz vor dem Abfangen die außenbords aufgehängten Bomben abwirft; vor dem 2. Weltkrieg entwickelt, wurde vom Jagdbomber u. vom Schlachtflugzeug abgelöst.

**Stute,** weibl. Pferd.

**Stuttgart,** Hptst. des Landes Ba.-Wü. u. des gleichnamigen Reg.-Bez., in einem Neckarbecken; 565 000 Ew.; Univ., mehrere HS, Max-Planck-Institut; Staatl. Museum für Naturkunde, Staatsgalerie Württemberg, Staatstheater, Südd. Rundfunk; Altes u. Neues Schloß, Lustschloß Solitude; Elektro-, feinmechan. u. Kraftfahrzeug-Ind. (Daimler-Benz), Verlage. – Gesch.: S. war Mitte des 15. Jh. Residenz der württemberg. Herzöge u. Landeshptst.; seit 1806 Mittelpunkt des Kgr. Württemberg, 1920 vorübergehend (Kapp-Putsch) Sitz der Reichsregierung.

**Stütz,** eine turner. oder gymnast. Übung, wobei die Körperlast des Turners auf der gestreckten oder gebeugten Armen oder Unterarmen ruht.

**Stutzen, 1.** kurzer Wadenstrumpf. – **2.** rohrförmiges Übergangsstück zw. der Wand eines Gas- oder Flüssigkeitsbehälters u. einer anschließenden Rohrleitung. – **3.** kurzes, handl. Jagdgewehr.

**Stutzkäfer,** *Histeridae,* Fam. gedrungener *Käfer* mit sehr harter Chitinbedeckung; in Europa der *Mist-S.*

**StVO,** Abk. für *Straßenverkehrsordnung.*

**StVZO,** Abk. für *Straßenverkehrs-Zulassungsordnung.*

**Styling** ['stailiŋ], ind. bzw. allg. mod. Formgestaltung; im Kfz-Bau: Karosserie-Formgebung.

**Styron** ['stairən], William, *11.6.1925, US-amerik. Schriftst.; Romane in der Tradition der Südstaatenliteratur.

**Styx,** in der grch. Myth. der Fluß der Unterwelt, über den die Seelen der Verstorbenen von *Charon* übergesetzt wurden.

**Suaheli,** *Swahili,* die vorwiegend arab.-pers. beeinflußten Küstenbewohner O-Afrikas (von Kenia bis Moçambique); Moslems. Ihre Sprache (Ki-S.) wurde zur wichtigsten Verkehrssprache O-Afrikas.

**Suarès** [syaˈrɛːs], André, eigtl. Isaac Félix S., Pseud.: *Yves Scantrel,* *1868, †1948, frz. Schriftst. portug. Herkunft; in der Verherrlichung des Genies von F. *Nietzsche* beinflußt.

**Suárez** ['swareθ], Francisco de, *1548, †1617, span. Theologe u. Philosoph; Jesuit; Schöpfer eines neuen, Thomismus, Scotismus u. Nominalismus verbindenden Systems.

**Suárez Gonzáles** ['swareθ gɔn'θales], Adolfo, *25.9.1932, span. Politiker; 1976–81 Min.-Präs.; gründete 1982 das »Demokrat.-soziale Zentrum« (CDS).

**subalpin,** Bez. für die unter der *alpinen* Höhenstufe der Gebirgsvegetation liegende Zone.

**Subalternation,** Unterordnung eines Begriffs unter einen anderen von weiterem Umfang oder eines Teilurteils unter ein allg. Urteil.

**subantarktisch,** zum Übergangsgebiet zw. südl. gemäßigter Zone u. Antarktis gehörig.

**subarktisch,** zum Übergangsgebiet zw. nördl. gemäßigter Zone u. Arktis gehörig.

**Subartu,** das nördl. Assyrien am Oberlauf des Tigris, dessen Bewohner (*Subaräer*) schon im 3. Jt. v. Chr. Ackerbau u. Viehzucht trieben u. Keramik- u. Metallarbeiten fertigten.

**Subatlantikum,** die Periode der Nacheiszeit (Holozän) von 500 v. Chr. bis zur Gegenwart.

**Subboreal,** *S.zeit,* die Periode der Nacheiszeit (Holozän) von 2500 bis 500 v. Chr.

**Subdominante,** die 4. Stufe der Tonleiter u. der auf ihr errichtete Dreiklang (in C-Dur: f-a-c; in a-Moll: d-f-a).

**subglazial,** unter dem Gletscher- oder Inlandeis befindl. oder entstanden.

**Subjekt, 1.** *Satzgegenstand,* derjenige Satzteil, über den etwas ausgesagt wird, der Träger eines Geschehens ist, z. B. »*ich gehe*«. – **2.** in der Logik der Begriff, dem etwas prädiziert wird (→ Urteil); in der Erkenntnistheorie gleichbedeutend mit *Bewußtsein:* als denkendes Wesen der letzte Beziehungspunkt für alle *Objekte.* – **3.** übertragen: heruntergekommener, gemeiner Mensch.

**subjektiv,** dem *Subjekt* zukommend; von einer nur für das individuelle Subjekt bestehenden, nicht allg. Gültigkeit; persönl. motiviert, unsachl.

**subjektives Recht,** Rechtswirkungen, die der Wille des Rechtssubjekts auf der Grundlage des objektiven Rechts erzeugen kann: dingl. Rechte, Forderungsrechte u. a.

**Subjektivismus,** Betonung der *Subjektivität;* die Lehre, daß alles (Erkennen, Werte, Welt) nur subjektiv sei, sowie die Neigung, das *Subjekt* zum Maß aller Dinge zu machen; daher auch: Unsachlichkeit.

**Subjektivität,** die persönl. Färbung eines Urteils, Voreingenommenheit.

**Subkultur,** eine Gruppenkultur innerhalb einer größeren, sie umfassenden Kultur oder Gesellschaft, die eigene Verhaltensnormen entwickelt (z. B. Sekten und Erweckungsbewegungen, revolutionäre Gruppen u. versch. gesellschaftl. Randgruppen).

**subkutan,** unter der (die) Haut.

### Die großen Sturmfluten in der Deutschen Bucht

| Datum | Name der Sturmflut | betroffene Küstengebiete und Auswirkungen |
|---|---|---|
| 17. 2. 1164 | Julianenflut | südliche Nordseeküste; Meereseinbrüche Zuidersee, Jadebusen |
| 16. 1. 1219 | 1. Marcellusflut | niederländische Küste (Friesland); viele Menschen ertrunken |
| 15.–17. 1. 1362 | 2. Marcellusflut | Ost- und Nordfriesland; Meereseinbrüche Dollart, Leybucht, Harlebucht, Erweiterung des Jadebusens; große Verluste an Mensch und Vieh; Nordfriesland besonders schwer heimgesucht |
| 9. 10. 1374 | Dionysiusflut | Ostfriesland; die Leybucht erhält ihre größte Ausdehnung |
| 18. 11. 1421 | St.-Elisabeth-Flut | holländische Küste |
| 1. 11. 1570 | Allerheiligenflut | Flandern bis Eiderstedt; viele Deichbrüche und hohe Überflutung weiter Küstengebiete (höchster Wasserstand etwa 3,80 m über Mittleres Tidehochwasser) |
| 19. 10. 1634 | Oktoberflut | Nordseeküste; die Insel Nordstrand wird zerstört |
| 26. 2. 1651 | Petriflut | ganz Friesland; Juist und Langeoog durchgerissen, Deichbrüche |
| 24. 12. 1717 | Weihnachtsflut | von den Niederlanden bis Schleswig-Holstein; umfangreiche Deichzerstörungen, hohe Menschenverluste (höchster Wasserstand 3,84 m über Mittleres Tidehochwasser) |
| 2./4. 2. 1825 | Februarflut | Ost- und Nordfriesland; fast alle Deiche überströmt, viele zerstört, weite Gebiete überflutet (höchster Wasserstand 3,81 m über Mittleres Tidehochwasser) |
| 13. 3. 1906 | Märzflut | südliche Nordseeküste; hoher Wasserstand (3,62 m über Mittleres Tidehochwasser), keine katastrophalen Schäden |
| 31. 1./1. 2. 1953 | Februarflut | Küstengebiete der Nordsee, besonders holländische Küste u. englische Ostküste, zahlreiche Dammbrüche, 200 000 ha überflutet |
| 16./17. 2. 1962 | Februarflut | gesamte Nordseeküste; besonders schwer wurde das Elbegebiet mit Hamburg betroffen. Erhebliche Schäden an den Küsten- u. Inselschutzwerken; infolge zahlreicher Deichbrüche wurden 56 000 ha überflutet (höchster Wasserstand 3,67 m über Mittleres Tidehochwasser) |
| 31. 12. 1962 | Dezemberflut | Nordseeküste, besonders Hamburg betroffen |
| 3./4. 1. 1976 | Januarflut | deutsche Nordseeküste; besonders betroffen wurde das Elbegebiet mit der Haseldorfer Marsch sowie die Insel Sylt (höchster Wasserstand 3,65 m über Mittleres Tidehochwasser) |

*Antonio José de Sucre; Gemälde von A. Michelena*

**Sublimat,** ein fester Stoff, der sich bei Abkühlung bestimmter Dämpfe als Kondensat ausscheidet.
**Sublimation, 1.** der Übergang eines Stoffes aus dem festen in den gasförmigen Aggregatzustand, ohne daß die Stufe des flüssigen Aggregatzustands durchlaufen wird. – **2.** die »Veredelung« einer niedrig bewerteten Neigung; ein → Abwehrchanismus.
**submarin,** untermeer., unter dem Meeresspiegel vorkommend oder geschehend.
**Submission, 1.** Unterwürfigkeit, Unterwerfung. – **2.** → Ausschreibung.
**Subotica** [-tsa], jugoslaw. Stadt in der nördl. Batschka, 100 000 Ew.; Maschinenbau-, Textil- u. chem. Ind.
**subpolar,** zu einem der beiden Übergangsgebiete zw. Polargebieten u. gemäßigten Zonen gehörig.
**subsidiär,** hilfsweise, in zweiter Linie.
**Subsidiarität,** ein Grundsatz der thomist.-naturrechtl. u. christl.-kath. Sozialordnung, nach dem die Tätigkeit der Gesellschaft die ihrer Glieder nicht ersetzen u. aufheben, sondern nur ergänzen u. fördern soll u. nach dem die jeweils kleinere Gruppe alle Aufgaben übernehmen soll, die noch von ihr bewältigt werden können (so die Familie vor der Gemeinde, die Gemeinde vor dem Staat).
**Subskription, 1.** in antiken Handschriften, die Angabe am Schluß über Inhalt, Verfasser u. Herkunft des Werks. – **2.** das Eingehen der Verpflichtung, zukünftig erscheinende Gegenstände (bes. Wertpapiere u. Bücher) abzunehmen; meist zu einem günstigeren *S.spreis*.
**Subspecies** [-tsiɛs], Abk. *ssp, Unterart* → Rasse.
**Substantialismus,** ein am Substanzbegriff orientiertes Denken.
**substantiell,** wesentl., zur Substanz gehörend.
**Substantiv,** *Hauptwort, Dingwort,* eine Wortart, Unterklasse der *Nomina.* Man unterscheidet: 1. *Konkreta:* Eigennamen (z. B. »Wien«) u. Gattungsnamen (z. B. »Tier«); 2. *Abstrakta* (z. B. »Güte«, »Weisheit«).
**Substanz,** Stoff, beständiger Kern; Wesen einer Sache; der selbständige, für sich bestehende Träger von unselbständigen Eigenschaften *(Akzidenzien).* – Physik: → Materie.
**Substitut,** Stellvertreter, Ersatzmann.
**Substitution,** das Ersetzen einer Größe (eines Teils, einer Sache) durch eine oder mehrere andere, die *Substituenten.*
**Substrat,** Grundlage, Nährboden.
**subsumieren,** einen konkreten Gegenstand oder Fall einem allg. Begriff bzw. Rechtssatz unterordnen, d. h. diesen darauf anwenden.
**Subtraktion,** die 2. Grundrechenart: Abziehen einer Größe *(Subtrahend)* von einer gleichartigen *(Minuend).* Das Ergebnis heißt *Differenz.*
**Subtropen,** durch trockene Sommer u. milde Winter ausgezeichnete klimat. Übergangszonen der Erde zw. den Tropen u. den gemäßigten Zonen; → Klima.
**Suburb** [ˈsʌbəːb], engl.: Vorstadt.
**Subvention,** Beihilfe; Unterstützung an private Unternehmer durch den Staat.
**subversiv,** umstürzlerisch.

**Succubus,** weibl. Buhlteufel; → Incubus.
**Suceava** [sutʃɛˈava], Hptst. des gleichnam. rumän. Krs., 96 000 Ew.; Kloster Zamca; Papier- u. Holz-Ind.; Handelszentrum.
**Suchard** [syˈʃaːr], Philippe, *1797, †1884, schweiz. Industrieller; Gründer (1826) der Schokoladenfabrik S. in Serrières bei Neuenburg.
**Suchdienst,** vom Roten Kreuz sowie von Staat, Kirchen u. Wohlfahrtsverbänden getragene Einrichtung zur Nachforschung über vermißte Zivil- u. Militärpersonen.
**Sucher, 1.** kleines Hilfsfernrohr mit großem Gesichtsfeld, an größeren Fernrohren parallel dem Hauptrohr angebracht. – **2.** »Kontrollauge« an Kameras zur Einstellung des aufzunehmenden Motivausschnitts.
**Sucht,** *Süchtigkeit, Rauschgiftsucht,* krankhaftes Verlangen nach einem Rauschmittel, verbunden mit einer abnormen seel. u. körperl. Abhängigkeit vom Suchtmittel u. der Notwendigkeit, die Dosis ständig zu steigern.
**Suchumi,** Hptst. der *Abchas. ASSR* in der Grusin. SSR (Sowj.), an der kaukas. Schwarzmeerküste (Hafen), 130 000 Ew.; Kurort; Nahrungsmittel- u. Tabakind.; Flugplatz.
**Sucre,** Währungseinheit in Ecuador.
**Sucre, 1.** boliv. Dep.-Hptst., 2695 m ü.M., in einem Hochbecken, 89 000 Ew.; Univ. (1624), Kathedrale; S. war 1825–98 tatsächl. u. ist seitdem noch formell die Hptst. Boliviens (Regierungssitz derzeit *La Paz).* – **2.** Bundesstaat in → Venezuela, in den nördl. Anden.
**Sucre,** Antonio Jose de, *1795, †1830 (ermordet), südamerik. Unabhängigkeitskämpfer; siegte 1824 in Peru u. Bolivien entscheidend über die Spanier; 1826–28 erster Präs. von Bolivien.
**Sud,** durch sieden gewonnene Lösung.
**Südafrika,** Staat im S Afrikas, 1 222 164 km² (einschl. Homelands u. Walfischbucht), 32,4 Mio. Ew., Hptst. *Pretoria.* – S. besteht aus vier Provin-

*Südafrika*

zen *(Kapland, Natal, Oranjefreistaat, Transvaal;* vgl. Tabelle). Auf dem Territorium von S. entstehen seit 1963, als deutlicher Ausdruck der Politik der »getrennten Entwicklung« (Apartheid), autonome Gebiete für die schwarzafrik. Bevölkerung (hpts. Bantu). Inzwischen gibt es zehn sog. *Homelands* für die schwarzen Volksgruppen. Davon sind bis jetzt in die Unabhängigkeit entlassen worden, die von der UN jedoch nicht anerkannt wird: *Transkei, Bophuthatswana, Venda* u. *Ciskei.* Innere Selbstverwaltung haben *Lebowa, Basotho Qwaqwa, Gazankulu* u. *Kwazulu; Kangwane* u. *Kwandebele* haben bisher erst teilautonomen Status erlangt.
Landesnatur. Der größte Teil S. ist eine 900 bis über 1200 m hohe muldenförmige Hochebene. Nach N geht sie in das *Kalahari-Becken*, nach NO in die *Limpopo-Senke* über. Im W, S u. O wird sie von einer Randstufe gesäumt, die in den *Drakensbergen* (3660 m) ihre höchste Erhebung erreicht. – Das subtrop. Klima wird durch die große Höhenlage des Binnenhochlands u. den Steilabfall der Großen Randstufe zur tieferen Küstenzone stark abgewandelt. Die Temperaturen im Hochland sind bes. im Winter niedrig. Im größten Teil des Landes fallen die geringen Niederschläge im Sommer. Sie nehmen von O nach W u. von S nach N ab. – Im Winterregengebiet der Kapprovinz gedeiht Hartlaubvegetation. Baumreiche Feuchtsavannen im östl. Teil gehen nach W u. NW zur Kalahari hin in Trocken- u. Dornsavannen über.
Bevölkerung. In S. leben z. Z. etwa 24,2 Mio. Bantu, 4,6 Mio. Weiße, 2,8 Mio. Mischlinge u. 0,8 Mio. Asiaten. 58 % der Weißen sprechen als Muttersprache Afrikaans, 40 % Englisch. Die meisten Europäer u. ca. 36 % der Bantu sind Protestanten.
Wirtschaft. S. gehört zu den an Bodenschätzen reichsten Ländern der Erde; es liefert über 45 % der Weltförderung an Gold sowie große Mengen an Uran, Diamanten, Platin, Eisen, Vanadium, Mangan, Chrom, Kupfer, Asbest u. Steinkohle. Die vielseitige u. leistungsfähige Industrie erzeugt

### Südafrika 875

| Südafrika: Verwaltungsgliederung ||||
|---|---|---|---|
| Provinz | Fläche in km² | Einwohner in Mio. | Hauptstadt |
| Kapland | 646 332 | 5,0 | Kapstadt |
| Natal | 86 967 | 2,1 | Pietermaritzburg |
| Oranjefreistaat | 129 152 | 1,8 | Bloemfontein |
| Transvaal | 265 918 | 7,5 | Pretoria |

v. a. Maschinen, chem. Produkte u. Textilien u. verarbeitet die Produkte der Landwirtschaft u. des Bergbaus. Die weitverbreitete Viehzucht (Rinder, Schafe) hat für den Export größere Bedeutung als der Ackerbau. Das wichtigste Erzeugnis ist hier Wolle. Hauptanbauprodukte sind Mais u. Weizen, daneben Zuckerrohr, Baumwolle, Tabak, Wein u. Zitrusfrüchte. In den Homelands dient die Landwirtschaft noch vorw. nur der Selbstversorgung. Die Küsten- u. Hochseefischerei hat große Bedeutung.
Geschichte. Große Teile des Gebiets des heutigen S. wurden spätestens im 15. Jh. von schwarzafrik. Völkern besiedelt. 1652 errichteten Holländer die Siedlung Kapstadt. 1814 annektierte England die holländ. *Kapkolonie.* Die Buren wanderten 1836–40 aus u. gründeten weiter östl. die Burenrepubliken *Natal, Oranjefreistaat* u. *Transvaal.* 1843 annektierten die Engländer Natal u. 1877 Transvaal, mußten dem Land aber nach dem Aufstand der Buren 1881 die Unabhängigkeit bis auf die Außenpolitik zugestehen. Im *Burenkrieg* 1899–1902 nahm England den Burenstaaten ihre Selbständigkeit. – 1910 schlossen sich die Kapkolonie, Natal, Oranjefreistaat u. Transvaal zur *Südafrikan. Union* zusammen; sie wurde ein brit. Dominion. Die Union eroberte im 1. Weltkrieg (1915) Dt.-Südwestafrika u. erhielt vom Völkerbund ein C-Mandat über dieses Gebiet. – Im *Statut von Westminster* (1931) erhielt S. volle Selbstregierung zuerkannt. S. nahm unter J. *Smuts* (1939–48 Min.-Präs.) am 2. Weltkrieg teil. 1940 bildete sich die Nationale Partei, die für eine Politik der → Apartheid eintrat u. diese Politik seit 1948 durchsetzte. Das Programm der »getrennten Entwicklung« wurde verwirklicht: Die Schwarzafrikaner erhielten eng begrenzte Autonomie in Homelands (Reservaten, »Bantustans«); in den übrigen »weißen« Gebieten haben Nicht-Weiße keine polit. Rechte. Schwarzafrikaner dürfen dort nur als Arbeitskräfte leben. Dagegen sammelte sich die schwarze Opposition im *Afrik. Nationalkongreß (ANC).* Die polit. Organisationen der Schwarzen wurden 1960 nach dem Massaker von Sharpeville verboten. Die Rassenpolitik S.s führte zu einer internat. polit. Isolierung des Landes. Es trat 1961 aus dem Commonwealth aus. 1963 verhängte der UN-Sicherheitsrat ein Waffenembargo. 1964 wurde N. *Mandela,* der führende schwarze Oppositionspolitiker, zu lebenslanger Haft verurteilt. Unter der Regierung B. J. *Vorsters* wurde den Home-

*Südafrika: Demonstration schwarzer und weißer Studenten in Johannesburg gegen die Apartheid-Politik, 1987*

**876  Südafrikanische Union**

lands Transkei (1976), Bophuthatswana (1977) u. Venda (1979) die Unabhängigkeit gewährt (internat. nicht anerkannt). Ciskei folgte 1981. Seit 1976 kam es immer wieder zu Unruhen, bes. heftig in *Soweto*. 1984 wurde unter der Regierung P. *Bothas* eine neue Verf. verabschiedet (Präsidialsystem, bestimmte polit. Mitspracherechte für Mischlinge u. Inder). 1988 wurde zw. S., Angola u. Kuba ein Abkommen über den Rückzug der kuban. Truppen aus Angola sowie die Unabhängigkeit Namibias geschlossen. Der neue Präs. F. *de Klerk* (seit 1989) veranlaßte 1990 die Freilassung Mandelas sowie die Wiederzulassung des ANC u. anderer schwarzer Gruppierungen. Zw. den Schwarzen kam es danach zu blutigen Auseinandersetzungen. Die Apartheid-Politik wurde gelockert.

**Südafrikanische Union**, engl. *Union of South Africa,* 1910–61 Name der heutigen *Südafrik. Republik* (→ Südafrika).

**Südamerika**, an Nord- u. Zentralamerika anschließender Kontinent. → Amerika.

**Sudan**, N-afrik. Großlandschaft zw. der Sahara im N, der atlant. Küste im W, den Urwaldgebieten Guineas u. dem Kongobeckens im S u. dem äthiop. Hochland im O, 5,5 Mio km².

**Sudan**, Staat im NO Afrikas, 2 505 813 km², 23,8 Mio. Ew.; Hptst. *Khartum*.

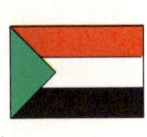

*Sudan*

Landesnatur. Im N liegen die einförmigen Hügel- u. Tafelländer der Wüste Sahara, die im Randgebirge am Roten Meer auf 2780 m ansteigt. Südl. schließt sich eine breite Steppenzone an, auf die äquatorwärts das feuchtheiße Becken am Weißen Nil u. Bahr el Ghasal mit der weiten Sumpflandschaft *Sud* folgt.
Die Bevölkerung des islam. N besteht v.a. aus Arabern u. Nubiern. Dagegen leben im S Niloten, Nilotohamiten u. Sudanneger. Sie gehören vorw. Naturreligionen u. dem kath. Glauben an.
Wirtschaft. Die Landwirtschaft liefert das Hauptexportgut Baumwolle, ferner Sesam u. a. Ölsaaten sowie für den Eigenbedarf v.a. Hirse. In S. werden 80% der Weltproduktion an Gummiarabicum gewonnen. Die Viehzucht erbringt wegen Überweidung geringen wirtschaftl. Nutzen. Die Ind. verarbeitet v. a. Agrarprodukte; obenan steht die Textil-Ind.
Geschichte. Vermutlich schon im 4. Jt. v.Chr. entstand das Reich *Kusch*, das 350 n. Chr. zerfiel. Nach wechselnden Herrschaften dominierte der ägypt. Einfluß im S. Der Aufstand des Mahdi *Mohammed Ahmed* brachte im 19. Jh. den Verlust der ägypt. Herrschaft. 1883 hatte der Mahdi den S. in seiner Hand. Nach brit. Intervention entstand 1899 ein anglo-ägypt. Kondominium, das bis zur Unabhängigkeit des Landes am 1. 1. 1956 Bestand hatte. Kulturelle Gegensätze zw. Nord- u. Süd-S. bestimmten die Innenpolitik des Landes. Ein 17jähriger Bürgerkrieg wurde 1972 mit der Gewährung der Autonomie für die S-Provinzen beendet. Der in einem Einparteienstaat regierende Präs. D. *An Numeiri* (seit 1969) wurde 1985 gestürzt. Nach freien Wahlen amtierten seit 1986 Zivilregierungen. Seit dem Putsch von 1989 ist wieder das Militär an der Macht. Die Autonomiebestrebungen des Südens haben sich wieder verschärft.

**Südarabische Föderation, 1.** der 1959–67 aus dem ehem. brit. Protektorat Südarabien, mehreren Emiraten u. Sultanaten sowie der Kronkolonie Aden hervorgegangene autonome Bundesstaat, der 1967 als *Südjemen* unabhängig wurde. – **2.** → Vereinigte Arabische Emirate.

**Südaustralien** → Australien.

**Südbaden**, ehem. Reg.-Bez. in Ba.-Wü., seit 1973 der Reg.-Bez. *Freiburg*.

**Sudbury** [ˈsʌdbəri], Stadt in der kanad. Provinz Ontario, nördl. des Huronsees, 89 000 Ew.; Univ.; hpts. Nickel- u. Kupferabbau.

**Südchinesisches Meer**, chin. *Nan-hai,* pazif. Randmeer zw. Taiwan, dem Philippinen-Borneo-Bogen, Hinterindien u. der Südküste Chinas; im *Südchin. Becken* im NO bis 5559 m tief.

**Süddeutscher Rundfunk**, Abk. *SDR,* 1950 gegr. öffentl.-rechtl. Rundfunkanstalt mit Sitz in Stuttgart.

**Sudeten**, poln. u. tschech. *Sudety,* das Mittelgebirge, das die nordöstl. Umrandung des Böhm. Beckens zw. der Zittauer Bucht u. der Mähr. Pforte bildet, 310 km lang, 30–45 km breit, in der *Schneekoppe* 1602 m; gliedert sich in die *West-S.* mit Iser-, Riesen- u. Katzbachgebirge, die Innersudet. Mulde mit dem *Glatzer Bergland* u. die *Ost-S.* mit Altvatergebirge u. *Mährischem Gesenke*.

**Sudetendeutsche**, erst im 20. Jh. gebräuchl. gewordene Bez., für die in Böhmen u. Mähren u. in ehem. Österreich-Schlesien, bes. in den Randgebieten wohnenden Deutschen. Die S. wurden 1919 gegen ihren Willen in die Tschechoslowakei eingegliedert; ihre Autonomieforderungen blieben unberücksichtigt. Die *Sudetendeutsche Partei* unter K. *Henlein* geriet nach 1935 zunehmend unter dt. Einfluß u. forderte schließlich die Abtrennung der sudetendt. Gebiete. Im Münchner Abkommen vom 29.9.1938 wurde der Anschluß der überw. von Deutschen bewohnten Randgebiete *(Sudetengau)* an das Dt. Reich beschlossen. 1945 wurde das Gebiet wieder der Tschechoslowakei angegliedert; ca. 2,5 Mio. S. wurden vertrieben.

**Südfrüchte**, Früchte wärmerer bis trop. Klimate, die in die Länder der gemäßigten Zone eingeführt werden.

**Südgeorgien**, engl. *South Georgia,* brit. Insel im Südatlantik, eine Dependenz der Falklandinseln, 3755 km², bis 2934 m *(Mount Paget)* hoch; Walfangstationen (bis 1965).

**Südholland**, Prov. der Ndl., an der Nordseeküste.

**Südjemen** → Jemen.

**Südkaper**, *Südwal,* 15 m langer, dickleibiger *Glattwal* des südl. Stillen Ozeans; fast ausgerottet.

**Südkorea** → Korea.

**Südliche Alpen**, *Southern Alps, Neuseeländ. Alpen,* Hochgebirge auf der Südinsel Neuseelands, im *Mount Cook* 3764 m.

**Südliches Kreuz**, Sternbild am südl. Himmel.

**Südorkneyinseln** [-ˈɔːkni-], engl. *South Orkney Islands,* unbewohnte, stark vergletscherte Inselgruppe im Südatlantik, sö. der Falklandinseln, Teil des British Antarctic Territory, 620 km².

**Südostasien-Pakt** → SEATO.

**Südostbantu**, volkreiche Gruppe von Bantuvölkern in SO-Afrika zw. Sambesi u. dem Kapland: *Nguni (Zulu-Xhosa), Tonga-Ronga* u. *Sotho-Tschwana*.

**Südpol**, das südl. Ende der Erdachse, auf Antarktika, in 2800 m Höhe; am 14. 12. 1911 von R. *Amundsen* entdeckt, am 18. 1. 1912 von R. F. *Scott* erreicht.

**Südpolarstern**, σ *Octantis,* schwacher Stern im Sternbild *Oktant* (5,5 Größe), weniger als 1 Grad vom Südpol des Himmels entfernt; vertritt auf der südl. Halbkugel bei astronom. Ortsbestimmungen die Rolle des Polarsterns.

**Sudra** → Schudra.

**Südsandwichinseln** [-ˈsænwɪtʃ-], engl. *South Sandwich Islands,* unbewohnte Inselgruppe im S-Atlantik, der Antarkt. Halbinsel vorgelagert, Dependenz der Falklandinseln, 310 km².

**Südschleswigscher Wählerverband**, Abk.

*Suezkanal*

*SSW,* Partei der dän. Minderheit in Schl.-Ho.; gegr. 1948 als Nachfolgerin des 1947 gegr. *Südschleswigschen Vereins*.

**Südsee**, ehem. Bez. für den ganzen Pazifik, heute nur für den inselreichen Teil des zentralen Ozeaniens.

**Südshetlandinseln** [-ˈʃetlənd-], engl. *South Shetland Islands,* stark vergletscherte Inselgruppe nördl. der Antarkt. Halbinsel, Teil des British Antarctic Territory, 4700 km².

**Südslawen**, die Südgruppe der slaw. Völker: *Serben, Kroaten, Slowenen, Montenegriner, Bosnier* u. *Herzegovzen (Herzegowiner)*.

**Südstaaten**, die Staaten, die sich während des Sezessionskriegs aus den USA lösten.

**Südtirol**, *i. e. S.* das von Etsch, Eisack u. Riens durchflossene, seit 1919 ital. Gebiet *Alto Adige (Oberetsch),* mit Ortler u. Dolomiten; *i. w. S.* das ganze südl. vom Brenner u. Reschenscheideck liegende Gebiet der ehem. östr. Kronlands Tirol; Hochgebirge.
Geschichte. 1919 kam das überwiegend dt. besiedelte Land an Italien. Ein Umsiedlungsabkommen von 1939 beließ S. bei Italien u. gab der dt. Bevölkerung die Möglichkeit zur Option für das Dt. Reich (Umsiedlung). Dieser Vertrag wurde rückgängig gemacht durch das *Gruber-de-Gasperi-Abkommen* 1946. Es gestattete den Optanten die Wiedererwerbung der ital. Staatsangehörigkeit u. sollte die völlige Rechtsgleichheit der dt. u. der ital. Südtiroler sowie die Zweisprachigkeit sicherstellen. 1969 wurde ein Operationskalender zur schrittweisen Durchführung des Gruber-de-Gasperi-Abkommens verabschiedet.

**Südvietnam** → Vietnam.

**Südwestafrika** → Namibia.

**Südwestfunk**, Abk. *SWF,* durch Staatsvertrag 1951 gegr. öffentl.-rechtl. Rundfunkanstalt mit Sitz u. Funkhaus in Baden-Baden.

**Südwürttemberg-Hohenzollern**, ehem. Reg.-Bez. in Ba.-Wü., seit 1973 hpts. der Reg.-Bez. *Tübingen*.

**Sue** [syː], Eugène, eigtl. Marie-Joseph S., *1804, †1857, frz. Schriftst.; Feuilletonromane; W »Die Geheimnisse von Paris«.

**Sueben** → Sweben.

**Suez** [ˈzuːɛs], *Sues,* arab. *As Suways,* ägypt. Hafenstadt am S-Ende des S.kanals, 327 000 Ew.; bed. Handelszentrum, Erdölraffinerie.

**Suezkanal** [ˈzuːɛs-], einer der wichtigsten Schiffahrtswege der Erde; quert die Wüstengebiete am Westrand der Halbinsel Sinai in Ägypten u. verbindet das Mittelmeer (Atlantik) mit dem Roten Meer (Ind. Ozean). Der S. ist 161 km lang u. durchschnittl. 120 m breit. Befahrbar für Schiffe mit bis zu 20,4 m Tiefgang. Unter der Leitung von F. de *Lesseps* wurde der S. 1859–69 gebaut. 1956 verstaatlichte Ägypten den Kanal. Daraufhin besetzten brit., frz. u. isr. Truppen die Kanalzone. Die *Suezkrise* wurde erst durch die Intervention der Großmächte UdSSR u. USA beigelegt. Als Folge des isr.-arab. Kriegs war der S. 1967–75 für die Schiffahrt gesperrt; seit 1979 auch für isr. Schiffe passierbar.

**süffisant**, selbstgefällig, spöttisch.

**Suffix**, dem Stamm eines Worts angehängtes Wortbildungs- oder Flexionselement (-morphem); z. B. *-st* in »du dienst«.

*Sudan: Sintflutartige Regenfälle führten 1988 zu einer Überschwemmungskatastrophe*

**Suffragan,** in der kath. Kirche ein Bischof, der einem Erzbischof untersteht.
**Suffragetten,** die Verfechterinnen des Stimmrechts *(Suffrage)* für Frauen, die 1903–14 in England u. den USA für die Gleichberechtigung der Frauen eintraten.
**Sufismus,** eine asket.-myst. Richtung im Islam, von außerislam. Lehren (Neuplatonismus u. ind. Religionen) beeinflußt.
**Sugambrer,** germ. Volksstamm zw. Sieg u. Lippe; 8 v. Chr. von *Tiberius* unterworfen.
**suggerieren,** beeinflussen.
**Suggestion,** unterschwellige Beeinflussung des Denkens, Fühlens, Wollens oder Handelns eines Menschen.
**Suggestivfrage,** eine Frage, die dem Partner die Antwort einflößt.
**Suharto,** *8.6.1921, indones. Offizier u. Politiker; schaltete Präs. *Sukarno* aus; seit 1966 Regierungschef, 1967 amtierender, seit 1968 gewählter Präs.
**Suhl,** Stadt in Thüringen, am Südhang des Thüringer Walds, 56 000 Ew.; Marienkirche (15. u. 18. Jh.); feinmechan. Ind.; Waffenfabriken.
**Suhle,** Morast oder Tümpel, in dem sich bes. Schwarzwild u. Hochwild zur Abkühlung u. zur Ungezieferabwehr suhlt (wälzt).
**Sühne,** Wiedergutmachung: in den Religionen des Ausgleich für religiöses Verschulden (Sünde) durch Gebet u. Opfer.
**Sühneversuch,** Versuch zur gütl. Beilegung eines anhängigen Rechtsstreits durch das Gericht in einem *Sühnetermin.* Im Strafprozeßrecht ist ein erfolgloser S. *Prozeßvoraussetzung* bei Privatklagedelikten.
**Suhr,** Otto, *1894, †1957, dt. Politiker (SPD); 1951–55 Präs. des Westberliner Abgeordnetenhauses, 1955–57 Regierender Bürgermeister von Westberlin.
**Suisse** [sy'is], frz. Name der Schweiz.
**Suite** ['svitə], **1.** Folge, Gefolge; Zimmerflucht. – **2.** bis zum 17. Jh. *Partita,* eine »Folge« von mehreren Instrumentalsätzen meist gleicher Tonart.
**Suizid** → Selbstmord.
**Sujet** [sy'ʒɛ:], Gegenstand, Stoff, Aufgabe einer künstler. Darstellung, bes. einer Dichtung.
**Sukarno,** *Soekarno,* Achmed, *1901, †1970, indones. Politiker; proklamierte 1945 die Unabhängigkeit Indonesiens; 1949–67 Staats-Präs. (ab 1963 auf Lebenszeit), seit 1959 zugleich Min.-Präs.; wurde 1965 durch einen Armeeputsch entmachtet.
**Sukkoth** → Laubhüttenfest.
**Sukkulenten,** *Saftpflanzen, Fettpflanzen,* an trokkene Standorte angepaßte, wasserspeichernde Pflanzen mit fleischig-saftiger Beschaffenheit *(Sukkulenz)* der wasserspeichernden Gewebe. Man unterscheidet Blatt-, Stamm- u. Wurzel-S.
**Sukkur,** Distr.-Hptst. in Pakistan, 191 000 Ew.; Handels- u. Ind.-Zentrum.
**Sukzession,** Aufeinanderfolge, Nachfolge.
**Sukzessionskrieg** → Erbfolgekrieg.
**Sukzessionsstaaten** → Nachfolgestaaten.
**Suleiman,** *Sulaiman, Soliman,* osman. Sultane: **S. II. Kanuni** (türk., »der Gesetzgeber«), in Europa: *S. der Prächtige,* *1494/95, †1566, Sultan 1520–66; eroberte Ungarn; belagerte 1529 Wien (vergebl.), nahm den Persern 1534 Tabriz u. Bagdad, unterwarf Tripolitanien u. Algerien. Er gab dem Osman. Reich eine neue innere Organisation.
**Sulfate,** die Salze der *Schwefelsäure;* z. B. Na₂SO₄, Natriumsulfat *(Glaubersalz).*
**Sulfide,** Schwefelverbindungen der Metalle; z. B. Natriumsulfid Na₂S. Die S. können als Salze der *Schwefelwasserstoffsäure* angesehen werden.
**Sulfite,** die Salze der *schwefligen Säure;* z. B. Na₂SO₃, Natriumsulfit.
**Sulfonamide,** synthet. hergestellte chemotherapeut. Arzneimittel zur Bekämpfung bakterieller Infektionen.
**Sulfonate,** Salze u. Ester der *Sulfonsäuren.* Die Alkalisalze sind wichtige Waschmittelrohstoffe.
**Sulfonsäuren,** aliphat. u. aromat. Verbindungen der allg. Form R-SO₃H (-SO₃H ist die *Sulfogruppe).* Sie werden z.T. in Amino-, Nitro- u. Phenolverbindungen umgewandelt u. zu Arzneimitteln, Farbstoffen, Waschmitteln u. a. verarbeitet.
**Sulfur,** *Sulphur,* das Element *Schwefel.*
**Sulky** ['sʌlki], der bei Trabrennen verwendete einsitzige, zweirädrige Einspänner.
**Sulla,** Lucius Cornelius, *138 v. Chr., †78 v. Chr., röm. Feldherr; 88 v. Chr. Konsul; besiegte König *Mithradates* von Ponto u. schlug eine Erhebung der Anhänger des Marius nieder; 82 v. Chr. zum

*Lucius Cornelius Sulla; Porträt auf einem Denar, um 55 v. Chr.*

Diktator ernannt u. 80 v. Chr. zusätzl. zum Konsul reorganisierte er den Senat.
**Sullivan** ['sʌlivən], **1.** Sir Arthur Seymour, *1842, †1900, engl. Komponist (u.a. Schauspielmusiken u. Operetten). – **2.** Louis Henry, *1856, †1924, US-amerik. Architekt; entwickelte die Form des Stahlskelettbaus zum *Funktionalismus.*
**Sully, 1.** [sy'li], Maximilien de *Béthune,* Herzog von S., *1560, †1641, frz. Finanz-Min. seit 1597; Hugenotte; schuf die wirtschaftl. Grundlage für den Absolutismus. – **2.** ['sʌli], Thomas, *1783, †1872, US-amerik. Maler engl. Herkunft; führender Porträtist um 1830–50.
**Sully Prudhomme** [sy'lipry'dɔm], eigtl. René François Armand *Prudhomme,* *1839, †1907, frz. Schriftst.; gehörte zu den *Parnassiens;* Bekenntnislyrik; erster Nobelpreisträger für Literatur (1901).
**Sultan,** seit dem 10. Jh. Titel unabhängiger Herrscher in islam. Ländern; im Osman. Reich 1400–1922 Titel des Herrschers u. der Prinzen.
**Sultanine** → Rosinen.
**Suluinseln,** philippin. Inselgruppe zw. Borneo u. Mindanao, 2688 km², 450 000 Ew., Hauptinsel *Basilan,* Hauptort *Jolo.*
**Sulusee,** Binnenmeer im Australasiat. Mittelmeer zw. N-Borneo u. den Philippinen; im SO im *Sulubecken* bis 5580 m tief.
**Sulzbach-Rosenberg,** Stadt in der Oberpfalz (Bay.), nw. von Amberg, 18 000 Ew., Rathaus (14./15. Jh.); Stahlwerk.
**Sulzbach/Saar,** Stadt im Saarland, 20 000 Ew.; Stahl- u. Masch.-Ind.
**Sülze,** *Sulz,* gekochte Teile von Schlachttieren, die beim Erkalten erstarren u. eine gallertartige Masse bilden.
**Sulzer,** Johann Georg, *1720, †1779, schweiz. Philosoph; Ästhetiker der Aufklärung; W »Allg. Theorie der schönen Künste«.
**Sumach,** *Rhus,* Gatt. der *S.gewächse* (→ Pflanzen), Bäume oder Sträucher. Wichtig als Gerb-

*Sumerer: Statuette eines bärtigen Fürsten; etwa 3300–3000 v. Chr. Bagdad, Nationalmuseum*

stofflieferanten sind *Gerber-S.* Als Giftpflanze berüchtigt ist der in Japan, N-Amerika u. Mexiko heim. *Gift-S.* In Mitteleuropa wird das *Essig-S.* als Zierpflanze gehalten.
**Sumatra** [auch 'zu-], indones. *Sumatera,* die westlichste der Großen Sundainseln in Indonesien, zw. der Halbinsel Malakka u. Java, 424 979 km², 36,9 Mio. Ew. (überw. *Minangkabau* u. *Batak*) größte Orte: Medan u. Palembang; im W gebirgig (Wälder, Savannen), im O von trop. Regenwald *(Rimba)* bedecktes sumpfiges Schwemmland; viele Vulkane (15 tätige), Anbau von Reis, Tabak, Tee, Kaffee, Kakao; Holz- u. Kautschukgewinnung, Kohle- u. Erdölvorkommen. – Gesch.: 1509 landeten die Portugiesen, 1596 die Holländer, die S. im 19. Jh. endgültig unterwarfen. Seit 1949 ist S. ein Teil Indonesiens.
**Sumba,** eine der indones. Kleinen Sundainseln, sw. von Flores, 11 082 km², rd. 250 000 Ew., Hauptort *Waingapu.*
**Sumbawa,** eine der vulkanreichen indones. Kleinen Sundainseln, westl. von Flores, im *Tambora-Vulkan* 2850 m (1815 verheerender Ausbruch), 15 448 km², rd. 540 000 Ew., Hauptort *S. Besar.*
**Sumerer,** die Bewohner des Landes *Sumer,* das den unteren Teil Mesopotamiens südl. von Babylon umfaßte. Die S. hatten sich im 4. Jt. v. Chr. dort angesiedelt u. eine hochentwickelte Kultur (Erfindung der Keilschrift) geschaffen. Sumer bestand während der frühdynast. Zeit (2750–2350 v. Chr.) aus einzelnen Stadtstaaten (*Uruk, Ur, Kisch, Lagasch, Umma* u.a.). Das sumer. Reich erlag um 2300 v. Chr. den semit. *Akkadern.* Im neusumer. Reich (2070–1950 v. Chr.) führte die Einwanderung der *Amoriter* zum Zerfall des Staatswesens u. schließl. zur Eingliederung in das babylon. Reich.

*Sumo: Diese japanische Art des Ringkampfes wird nach traditionellen Regeln und einem festgelegten Zeremoniell ausgetragen*

**Sumgait,** Stadt in der Aserbaidschan. SSR (Sowj.), nahe der Mündung des gleichn. Flusses ins Kasp. Meer, 234 000 Ew.; Aluminium-Ind.; Flugplatz.
**Summa,** Summe, Zusammenfassung; im MA Gesamtdarstellung eines Wissensgebiets.
**summa cum laude** [lat. »mit höchstem Lob«], beste Bewertung der Doktorprüfung.
**Summand,** Glied einer Summe.
**summa summarum** [lat. »Summe der Summen«], alles in allem, Gesamtbetrag.
**Summation,** Aufrechnung, Bildung einer Summe, insbes. bei Reihen.
**Summe,** Zusammenfassung, Gesamtheit; Ergebnis der *Addition.*
**Summer,** ein kleines Signalgerät, das nach dem Prinzip der elektr. Klingel arbeitet.
**Sumner** [sʌmnə], James Batcheller, *1887, †1955, US-amerik. Biochemiker; arbeitete bes. über Enzyme; Nobelpreis für Chemie 1946.
**Sumo,** ein seit dem 7. Jh. bekannter jap. Ringkampf. Die S.-Ringer sind bis zu 140 kg schwer.
**Sumpf,** meist grundwassernahe, feuchte Erdstellen mit dichtem Pflanzenwuchs.
**Sumpfbiber** → Nutria.
**Sumpfdotterblume** → Dotterblume.
**Sumpffieber** → Malaria.
**Sumpfgas,** natürl. vorkommendes Gemisch aus Methan u. Kohlendioxid. Es entsteht im Schlamm

## Sumpfhühner

von Sümpfen durch Vergärung von Pflanzenteilen unter Mitwirkung von Bakterien.

**Sumpfhühner,** *Porzana,* Gatt. unauffälliger, sumpfbewohnender *Rallen;* z. B. in Eurasien das *Tüpfelsumpfhuhn.*

**Sumpfotter** → Nerz.

**Sumpfpflanzen,** *Helophyten,* Pflanzen, die unter Wasser festgewurzelt sind oder an wasserreichen Stellen vorkommen; z. B. Sumpfbinse, Rohrkolben, Schilf.

**Sumpfschildkröten,** *Emydidae,* weitverbreitete Fam. meist wasserbewohnender *Schildkröten;* 25 Gatt. mit 76 Arten. Viele Arten der nördl. Halbkugel verbringen den Winter in einem Starrezustand. Zu den S. gehören *Schmuckschildkröten, Dosenschildkröten* u. die *Europ. Sumpfschildkröte.*

**Sumpfvögel,** Bez. für alle in feuchtem Gelände lebenden Vögel; oft mit langen, stelzenden Beinen (Stelzvögel, Kraniche).

**Sumpfwurz,** *Sitter, Epipactis,* Gatt. der *Orchideen;* in Dtld. *S. i.e.S. (Stendelwurz, Sumpfsitter), Breitblättrige S.* sowie *Schwarzrote S. (Strandvanille).*

**Sumpfzypresse,** *Sumpfzeder, Taxodium,* nordamerik. Gatt. der *Taxodiengewächse.* Kennzeichnend sind die dauernd mit Nadeln besetzten Langtriebe, während die Kurztriebe im Herbst abgeworfen werden.

**Sumy,** Hptst. der gleichn. Oblast im NO der Ukrain. SSR (Sowj.), 268 000 Ew.; Zuckerraffinerien; Landmaschinenbau.

**Sund,** Meerenge, bes. der Öresund.

**Sundainseln,** *Sundaarchipel,* südostasiat. Inselreich zw. der Halbinsel Malakka u. Australien, gegliedert in die *Großen S.* (*Sumatra, Java, Borneo* u. *Celebes*) u. die *Kleinen S.* (*Bali, Lombok, Sumbawa, Flores, Sumba, Timor* u. a.) Die S. gehören polit. überwiegend zu Indonesien.

**Sundanesen,** jungindonesisches Kulturvolk (rd. 10 Mio.) auf W-Java.

**Sundastraße,** flache Meerenge zw. Java u. Sumatra.

**Sünde,** im religiösen Bewußtsein eine Störung im Verhältnis des Menschen zu einer Gottheit. In den Universalreligionen wird als S. eine existentielle Unheilssituation verschiedener Art (ichhafte, ichsüchtige Existenz) angesehen, die nur durch Eingriff der göttl. Wirklichkeit in die menschl. Existenz aufgehoben werden kann.

**Sündenbock,** im AT (3. Mose 16, 21) ein Bock, dem am Versöhnungstag der jüd. Hohepriester durch Auflegen der Hände symbol. die Sünden des ganzen Volks übertrug. Danach wurde der Bock in die Wüste geschickt.

**Sündenfall,** der im Bestreben des Menschen, Gott gleich zu sein, begründete erste Ungehorsam (S. Adams u. Evas; 1. Mose 3); → Erbsünde.

**Sunderland** ['sʌndələnd], NO-engl. Hafenstadt, an der Mündung des Wear in die Nordsee, 196 000 Ew.; Seefahrtschule, Schiffbau.

**Sundern (Sauerland),** Stadt in NRW, südl. von Arnsberg, 25 000 Ew.; Metallwarenind.

**Sundgau,** Ldsch. im S des Elsaß, das Hügelland zw. Vogesen, Oberrhein. Tiefland u. Jura; Zentrum *Mühlhausen.*

*Sumpfschildkröten: Europäische Sumpfschildkröte (links). – Stachel-Erdschildkröte (rechts)*

**Sundsvall,** Hafenstadt in der mittelschwed. Prov. Västernorrland, am Bottn. Meerbusen, 93 000 Ew., Holzhandel.

**Sung** → Song.

**Sungari** → Songhua Jiang.

**Sunion,** das sö. Kap Attikas.

**Sunna,** Aussprüche u. Berichte über beispielhaftes Verhalten Mohammeds, die in Traditionssammlungen vorliegen u. neben dem *Koran* als autoritative Glaubensurkunden des Islams gelten.

**Sunniten,** Anhänger der *Sunna.* Zu ihnen gehören die meisten Moslems.

**Sun Yatsen,** *1866, †1925, chin. Politiker; gründete die erste chin. Partei nach westl. Vorbild, die *Guomindang;* während der Revolution 1911/12 kurze Zeit Präs. der republikan. Regierung, seit 1921 Präs. der Gegenregierung in Canton; reorganisierte 1923/24 die Guomindang mit Hilfe sowjetruss. Berater.

**Suomi,** finn. Name für *Finnland.*

**Superazidität,** *Hyperazidität,* Übersäuerung des Mageninhalts bei Ausscheidung zu großer Salzsäuremengen mit dem Magensaft.

**Super-G,** Abk. für engl. *Super-Giant,* andere Bez. für *Super-Riesenslalom,* eine Disziplin des alpinen Skisports; eine Mischung zw. Abfahrtslauf u. Riesenslalom.

**Superintendent,** ein ev. Pfarrer, der die geistl. u. verwaltungstechn. Aufsicht über die Pfarrer eines Kirchenkreises führt; in S-Dtld. auch *Dekan,* in N-Dtld. auch *Propst* genannt.

**Superior,** Leiter eines Klosters, einer Ordensprovinz oder eines ganzen Ordens.

**Superiorität,** Überlegenheit, Übergewicht.

**Superlativ,** die höchste Steigerungsstufe der Adjektive u. Adverbien; z. B. »der schönste«, »am meisten«.

**Supermarkt,** engl. *Supermarket,* aus den Lebensmittel-Selbstbedienungsläden hervorgegangene Form des Großbetriebs im Einzelhandel.

**Supernova,** neuer Stern mit bes. starkem Helligkeitsausbruch; Helligkeitssteigerung bis zu 19 Größenklassen, d. h. um das 30millionenfache. Am bekanntesten wurden die S.e der Jahre 1604, 1572 u. 1054. Am 24.2.1987 wurde in der Großen Magellanschen Wolke ein neuer Stern entdeckt u. *S. 1987 A* genannt. – S.e-Ausbrüche entstehen am Ende der Entwicklung massereicher Sterne: Bei Erschöpfen aller atomaren Energiereserven fällt der Stern in einem Gravitationskollaps zusammen; dabei werden kurzzeitig enorme Energien freigesetzt; die äußeren Sternschichten werden abgestoßen, während die restliche Masse zu einem Neutronenstern oder schwarzen Loch degeneriert.

**Superphosphat,** ein Gemisch von primärem Calciumphosphat ($Ca[H_2PO_4]_2$) u. Gips ($CaSO_4$); als Kunstdünger verwendet.

**Superrechner,** *Parallelrechner,* elektron. Rechenanlage mit höchster Rechenleistung.

**Supervielle** [sypɛr'vjɛl], Jules, *1884, †1960, frz. Schriftst.; vom Surrealismus beeinflußt.

**Supervision,** die Fach- u. Praxisberatung von Einrichtungen u. Einzelpersonen durch einen **Supervisor,** einen erfahrenen Spezialisten.

**Suppé** [zu'pe:], Franz von, *1819, †1895, östr. Komponist; einer der Meister der klass. Wiener Operette. W »Die schöne Galathee«, »Leichte Kavallerie«, »Boccaccio«.

**Suppenschildkröte,** eine *Seeschildkröte* mit 140 cm Panzerlänge, Gliedmaßen paddelartig. Zur Eiablage kommen S.n an bestimmte Plätze an Sandstränden. Das Fleisch der S. gilt als Delikatesse. Die stark reduzierten Bestände versucht man durch Fangverbote u. künstl. Aufzucht zu vermehren.

**Suppiluliuma,** hethit. Könige: *S. I.,* um 1380–46 v.Chr. Unter seiner Regierung stieg das Hethiterreich zur Großmacht auf.

**Supplement, 1.** Ergänzung, Nachtrag. – **2.** der Winkel, der einen anderen zu 180° ergänzt.

**Supposition,** Voraussetzung, Annahme.

**Suppositorium,** Zäpfchen, aus fettigen Trägerstoffen bestehende kegelförmige Arzneizubereitung zur Einführung in den Mastdarm oder in die Vagina; gibt beim Schmelzen die Wirkstoffe frei.

**Suprafluidität,** *Suprafluidität,* das Verschwinden der Zähigkeit des flüssigen Heliums bei Temperaturen unter 2,186 Kelvin. Das suprafflüssige Helium kriecht reibungslos als dünner Film über den Rand von Gefäßen hinweg. Die Wärmeleitfähigkeit ist millionenfach höher als in normalen Flüssigkeiten.

**Supraleitung,** *Supraleitfähigkeit,* die 1911 von H. Kamerlingh Onnes entdeckte Eigenschaft mancher

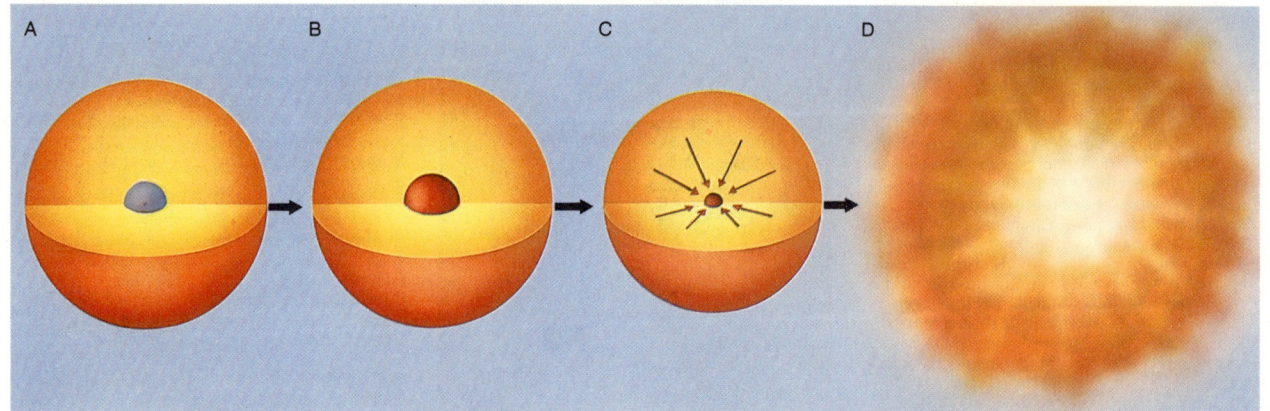

*Eine Supernova-Explosion (D) ist ein verhältnismäßig seltenes Schauspiel. Sie ereignet sich als Folge der Anreicherung von Eisen in einem alten, massereichen Stern (A). Der Umfang des Eisenkerns wird größer (B). Schließlich kollabiert der Stern, da seine Energiereserven erschöpft sind (C), das Eisen zerfällt*

Metalle (Blei, Quecksilber) u. Legierungen (Sammelbez. **Supraleiter**) in der Nähe des absoluten Nullpunkts dem elektr. Strom keinen Widerstand mehr entgegenzusetzen. Der Übergang vom normalen zum supraleitenden Zustand tritt sehr plötzlich bei einer für jeden Stoff bestimmten *Sprungtemperatur* ein (meist unter 10 Kelvin). Bei diesem Übergang ändern sich auch andere physikal., z.B. die magnet. Eigenschaften in ungewöhnlicher Weise. Supraleiter finden heute vielfach praktische Anwendung, z.B. in Großrechenanlagen u. Teilchenbeschleunigern.

**supranationale Organisationen**, Staatenverbindungen, die auf einem völkerrechtl. Vertrag beruhen.

**Supranaturalismus**, in der Religionsphilosophie: der Glaube an ein übernatürl. Sein; Ggs.: *Naturalismus* u. *Pantheismus*.

**Supremat**, Oberhoheit, bes. des Papstes.

**Surabaya**, indones. Hafenstadt an der NO-Küste von Java, 2,3 Mio. Ew., Bischofssitz, Univ., Ind.-Zentrum, Schiffbau, Flughafen.

**Surakarta**, indones. Stadt im Innern von Java, 495 000 Ew.; kulturelles Zentrum, Univ.; landwirtschaftl. Handelszentrum; Eisenbahnknotenpunkt.

**Surat** [ˈsurət], ind. Stadt in Gujarat, nördl. von Bombay, 777 000 Ew.; Textil-Ind.; Kunsthandwerk.

**Sure**, Abschnitt des Korans.

**Sûreté** [syrˈte:], *S. Nationale,* die frz. Geheimpolizei.

**Surfing** [ˈzørfiŋ], *Wellenreiten, Wind-S.*

**Surgut**, Stadt im W-sibir. Teil der RSFSR (Sowj.), 227 000 Ew.; Erdölzentrum.

**Suriname**, ehem. *Niederländisch-Guayana,* Staat an der Nordküste Südamerikas, 163 265 km², 386 000 Ew. (Mischlinge u. Indischstämmige),

Suriname

Hptst. *Paramaribo.* Das Land ist an der Küste eben u. sumpfig, im Innern gebirgig (Bergland von Guyana). – Neben Bauxit, das z. T. im Land zu Aluminium verarbeitet wird, liefert S. trop. Pflanzungsprodukte (Bananen, Zuckerrohr u. a.) u. Edelhölzer.

Geschichte. 1667 von den Niederländern im Tausch gegen New Amsterdam (das heutige New York) erworben; 1954 erhielt die Kolonie innere Selbstverwaltung, 1975 die volle Unabhängigkeit, von 1980–87 regierten die Militärs. Nach Annahme einer neuen Verf. sowie freien Wahlen 1987 wurde 1988 eine zivile Reg. gebildet.

**Suriname**, *Surinam,* Fluß im gleichn. Land, mündet bei Paramaribo, rd. 350 km.

**Surrealismus** [syr-], von der Tiefenpsychologie angeregte, von G. *Apollinaire* 1917 so benannte u. in den »Surrealist. Manifesten« (1924/30) von A. *Breton* programmierte Richtung der modernen Lit. u. bildenden Kunst. Der S. erstrebt die Ausschaltung der Logik u. der rational arbeitenden Psych.,

Supraleitung: schwebender Magnet über einem Hochtemperatur-Supraleiter

*Surtsey: 1963 bis 1965 gab es bei der Insel südlich von Island submarine Vulkanausbrüche*

die Freilegung u. Nutzung der Kräfte des Unbewußten u. die Hinwendung zur Traum- u. Mythenwelt. – Vertreter in der Malerei: G. de Chirico, M. Ernst, S. Dali, J. Mirò, Y. Tanguy; in der Lit.: L. Aragon, A. Breton, P. Éluard.

**Surrogat**, Ersatz.

**Surtsey** [ˈsyrtsɛi], durch Vulkanausbruch am 14.11.1963 im Atlantik, vor der SW-Küste Islands entstandene Insel; unbewohnt, 2,5 km² groß.

**Susa**, heute *Schusch,* Dorf im NW von Ahvas im Iran, eine der ältesten Ansiedlungen der Menschheit; im 3. Jt. v. Chr Hptst. der *Elamer,* später Residenz der *Achämeniden,* 331 v. Chr. von Alexander d. Gr. erobert, kam im 2. Jh. v. Chr. unter die Herrschaft der Parther, 638 von Arabern erobert, im 13. Jh. von Mongolen zerstört.

**Susdal**, Kleinstadt in der RSFSR (Sowj.), an der Kamenka, bei Iwanowo, 10 000 Ew., im MA eine der bed. Städte Rußlands; seit 1967 unter Denkmalschutz.

**Suslow** [-lɔf], Michail Andrejewitsch, *1902, †1982, sowj. Politiker; seit 1955 Mitgl. des Präsidiums bzw. Politbüros des ZK; soll 1964 führend am Sturz Chruschtschows beteiligt gewesen sein. Er galt als maßgebl. Theoretiker der KPdSU.

**Suso** → Seuse, Heinrich.

**Suspension**, 1. die vorläufige Dienstenthebung (meist wegen eines Dienststrafverfahrens) bis zu dessen Abschluß. – **2.** eine Strafe für Kleriker, die ihnen das Recht der Amtsausübung oder der Nutzung ihrer Pfründe oder beides entzieht. – **3.** Aufschwemmung sehr feiner fester Teilchen in einer Flüssigkeit.

**Suspensorium**, Tragverband, z. B. Armschlinge.

**Susquehanna** [sʌskwiˈhænə], Fluß in den US-Staaten New York u. Pennsylvania, 750 km, schnellenreich *(Conawago-Fälle).*

**Süß**, *Jud S.* → Süß-Oppenheimer.

**Süßgräser**, *Poaceae,* einzige Fam. der zu den *Monokotyledonen* gehörenden Ordnung der *Graminales* (echten Gräser); mit rd. 4000 Arten über die ganze Erde verbreitet; in der Regel krautige Pflanzen mit stielrunden, durch Knoten *(Nodien)* gegliederten Stengeln *(Halmen).* Zu den S. gehören u.a. unsere Getreidepflanzen.

**Süßholz**, *Glycyrrhiza glabra,* ein *Schmetterlingsblütler.* Aus der Wurzel *(Radix Liquiritiae)* wird *Lakritze* gemacht.

**Süßkartoffel** → Batate.

**Süßkind von Trimberg**, mhd. Spruchdichter aus der 2. Hälfte des 13. Jh.

**Süßklee**, *Hedysarum,* Gatt. der *Schmetterlingsblütler,* im Mittelmeergebiet u. in Vorderasien. Der Alpen-S. ist eine wichtige Futterpflanze.

**Süßlippen**, *Harlekinfische,* barschartige Korallenfische mit flatternder Schwimmweise.

**Süßmayr**, Franz Xaver, *1766, †1803, östr. Komponist; Schüler *Mozarts* u. Vollender seines Requiems.

**Süßmost**, haltbarer, naturreiner, unvergorener Fruchtsaft aus Kern-, Stein-, Beerenobst oder Weintrauben.

**Süßmuth**, Rita, *17.2.1937, dt. Politikerin (CDU); 1985/86 Bundes-Min. für Jugend, Familie u. Gesundheit, 1986–88 für Jugend, Familie, Frauen u. Gesundheit; seit 1988 Präs. des Dt. Bundestags.

**Süß-Oppenheimer**, Joseph, gen. *Jud Süß,* *1692, †1738, dt. Geschäftsmann; seit 1732 Bera-

ter *Karl Alexanders* von Württemberg; erschloß dem Herzog durch Rechtsverkauf, Ämter- u. Titelhandel neue Geldquellen. Nach dessen Tod wurde S. in einem von Beamtenschaft u. Landständen betriebenen, anfechtbaren Verfahren zum Tode verurteilt u. hingerichtet. – »Jud Süß«, Novelle von W. *Hauff,* Roman von L. *Feuchtwanger,* antisemit. Film von V. *Harlan*.

**Süßstoffe**, synthet. chem. Verbindungen mit größerer Süßkraft als Rohrzucker, aber ohne Nährwert (z. B. *Saccharin* u. *Cyclamat*).

**Süßwasser**, Wasser mit geringem Salzgehalt (unter 5‰), im Ggs. zu *Salzwasser.*

**Süßwasserpolypen**, *Hydridae,* zu den *Hydrozoen* gehörige, einzeln im Süßwasser lebende Polypen, die niemals Medusen hervorbringen. Alle Arten sind stark regenerationsfähig. Sie können bis zu 30 mm Länge erreichen.

**Süßwasserschwämme**, *Spongillidae,* Fam. der *Hornschwämme,* die einzigen im Süßwasser le-

*Harlekin-Süßlippe*

benden Schwämme; in Mitteleuropa die Gatt. *Spongilla,* u. *Ephydalia.*

**Suszeptibilität, 1.** Empfindlichkeit, Reizbarkeit. – **2.** das Verhältnis der Elektrisierung (d. h. der hervorgerufenen elektr. Dipol-Dichte in einem Stoff) zur elektr. Feldstärke. – **3.** *magnet. S.,* das Verhältnis der Magnetisierung zur magnet. Feldstärke.

**Sutermeister**, Heinrich, *12.8.1910, schweiz. Komponist; Schüler von H. *Pfitzner* u. C. *Orff.*

**Sutherland** [ˈsʌðələnd], **1.** Earl Wilbur, *1915, †1974, US-amerik. Physiologe; untersuchte den Wirkungsmechanismus der Hormone, entdeckte das Cyclo-AMP (Adenosinmonophosphat; sog. second-messenger); Nobelpreis für Medizin 1971. – **2.** Graham, *1903, †1980, engl. Maler u. Graphiker; Komponist von Naturparaphrasen. – **3.** Joan, *7.11.1926, austral. Sängerin (Sopran), singt bes. Koloraturrollen.

**Sutlej** [ˈsʌtlədʒ], linker Nbfl. des Indus im östl. Pandschab, rd. 1450 km; vereinigt sich mit dem Chanab zum *Panjnad.*

**Sutra**, altind. Lehrtext in knappster metr. Formulierung.

*Surrealismus: Max Ernst, Versuchung des hl. Antonius. Duisburg, Lehmbruck-Museum*

**Sutri**, ital. Stadt in Latium, 3300 Ew. – Auf der *Synode von S.* (1046) setzte der dt. König Heinrich III. die Päpste Sylvester III. u. Gregor VI. ab.

**Sutschou** → Suzhou.

**Sütschou** [sjydʒou] → Xuzhou.

**Sutter**, Johann August, *1803, †1880, schweiz. Kolonisator; wanderte 1834 nach Kalifornien aus u. gründete 1839/40 an der Stelle des heutigen Sacramento die Siedlung *Neu-Helvetien.*

**Sütterlinschrift**, von Ludwig *Sütterlin* (*1865, †1917) entworfenes Normalalphabet für dt. u. lat. Schreibschrift; seit 1941 nicht mehr gelehrt.

**Suttner**, Bertha von, *1843, †1914, östr. Pazifistin u. Schriftst.; W »Die Waffen nieder!«; Friedensnobelpreis 1905.

**Sutur**, unbewegl., feste Knochenverbindung, bes. der Schädelknochen.

**Suva**, Hptst. des Inselstaats Fidschi in Ozeanien, an der SO-Küste der Hauptinsel *Viti Levu*, 72 000 Ew.; Univ.; Ausfuhrhafen, Flughafen.

**Süverkrüp**, Dieter, *30.5.1934, dt. Liedermacher (einer der ersten dt. Protestsänger).

**Suwałki** [-'va:uki], Stadt in Nordost-Polen, 56 000 Ew.; Textil- u. Nahrungsmittelind.

**Suzhou** [sudʒou], *Sutschou*, Stadt im S der ostchin. Prov. Jiangsu, 722 000 Ew.; Pagoden des MA; Seidenweberei; Binnenhafen.

**Svalbard**, norweg. Name von *Spitzbergen.*

**Svarez**, *Suarez, Schwartz,* Carl Gottlieb, *1746, †1798, dt. Jurist; Schöpfer der Preuß. Allg. Gerichtsordnung (1793) u. des Preuß. Allg. Landrechts.

**Svear**, alter schwed. Volksstamm. Nach ihm wurde das Schwedenreich *(Svearike,* heute *Sverige)* benannt.

**Svedberg** [-bɛrj], Theodor, *1884, †1971, schwed. Chemiker; bestimmte mit Hilfe der von ihm erbauten Ultrazentrifuge Molekulargewichte u. Teilchengrößen von Proteinen; Nobelpreis 1926.

**Sverige** ['svɛrjə], schwed. Name von Schweden.

**Sverre Sigurdsson**, *um 1151, †1202, norw. König 1177–1202; seit 1184 Alleinherrscher; verfocht die Königsmacht gegen Kirche u. Adel.

**Svevo**, Italo, eigtl. *Ettore Schmitz,* *1861, †1928, ital. Schriftst.; schrieb psychoanalyt. Romane im naturalist. Stil. W »Ein Mann wird älter«.

**Svinhufvud** ['svi:nhu:vud], Pehr Eyvind, *1861, †1944, finn. Politiker; 1917/18 Führer der finn. Freiheitsbewegung, 1918 Reichsverweser, 1930/31 Min.-Präs., 1931–37 Staats-Präs.

**Svoboda**, Ludvik, *1895, †1979, tschechosl. Offizier u. Politiker; 1945–50 Verteidigungs-Min. u. Armee-Oberbefehlshaber, 1951 aller Ämter enthoben; 1968–75 Staats-Präs.

**SVP**, Abk. für *Schweiz. Volkspartei.*

**Swakopmund**, Distrikt-Hptst. in Namibia an der Atlantikküste, 16 000 Ew., Seebad; unter dt. Kolonialherrschaft bis 1914.

**Swammerdam**, Jan, *1637, †1680, ndl. Naturforscher; entdeckte die roten Blutkörperchen (1658) u. die Klappen des Lymphgefäßsystems (1664), beschrieb viele Insekten.

**Swansea** ['swɔnzi], walis. *Abertawe,* Hafenstadt in S-Wales, 168 000 Ew., Schiffbau, Kohlenbergbau, Ölraffinerien; Flugplatz.

**Swanson** ['swɔnsən], Gloria, *1898, †1983, US-amerik. Filmschauspielerin (Hollywoodstar der 1920er u. 1930er Jahre).

**Swapgeschäft** ['swɔp-], bes. Art des Devisentermingeschäfts in Verbindung mit einem *Kassageschäft* zum Zweck der Kurssicherung.

**SWAPO**, Abk. für *South West Africans People's Organization,* Bewegung für die Unabhängigkeit Namibias, gegr. 1958, seit 1990 Reg.-Partei in Namibia.

**Swasiland** ['swazi-], *Ngwane,* Staat in S-Afrika, zwischen der Republik Südafrika u. Moçambique, 17 363 km², 740 000 Ew. (vorw. aus dem Bantuvolk der Swasi), Hptst. *Mbabane.*

*Swasiland*

Landesnatur. Das Land fällt von W nach O von über 1500 m bis unter 100 m ab. Die höheren Lagen erhalten relativ hohe Niederschläge (Sommerregen) u. haben gemäßigtere Temperaturen als die trockenwarmen tieferen Zonen.

Wirtschaft. S. ist wirtschaftl. eng mit der Rep. Südafrika verbunden. Große Bewässerungsanlagen ermöglichen die für den Export den Anbau von Zuckerrohr, Zitrusfrüchten, Reis u. Ananas; Baumwolle u. Tabak werden im Trockenfeldbau angebaut. Die Viehzucht (Rinder, Ziegen, Schafe) ist von Bedeutung. An Bodenschätzen werden Asbest, Eisenerz u. Kohle gewonnen u. exportiert. Die Ind. liefert v. a. Cellulose, Zucker, Frucht- u. Fleischkonserven für den Export.

Geschichte. Seit 1890 geriet S. zunehmend unter den Einfluß Großbritanniens; seit 1907 brit. Protektorat, wurde 1968 unabhängig. Staatsoberhaupt von 1921–82 König *Sobhuza II.* Seit 1986 ist Mswati III. König.

**Sweater** → Pullover.

**Sweben**, *Sueben,* germ. Völker, zu denen die *Semmonen, Markomannen, Hermunduren, Quaden, Wangionen* u. die späteren *Alemannen* u. *Langobarden* gehörten. Sie siedelten urspr. im Elbe-Gebiet u. tauchten um die Mitte des 1. Jh. v. Chr. im Rhein-Gebiet auf.

**Swedenborg** [-bɔrj], Emanuel, *1688, †1772, schwed. Mathematiker, Naturforscher u. Mystiker; entwarf aufgrund angebl. Kundgaben jenseitiger Geister u. Engel eine umfassende Schau von Diesseits u. Jenseits.

**Sweelinck**, Jan Pieterszoon, *1562, †1621, ndl. Komponist; schrieb Orgel- u. Vokalwerke.

**Swerdlow** [-lɔf], Jakow Michajlowitsch, *1885, †1919, sowjet. Politiker; 1917–19 Vors. des Zentralen Exekutivkomitees des Sowjetkongresses (Staatsoberhaupt) u. Sekretär des ZK der KP.

**Swerdlowsk**, bis 1924 *Jekaterinburg,* sowj. Stadt am Mittleren Ural, 1,4 Mio. Ew.; kultureller u. ind. Mittelpunkt u. größte Stadt im Ural; Schwermaschinenbau; chem. Ind.

**Swieten**, Gerard van, *1700, †1772, östr. Arzt ndl. Herkunft; Leibarzt der Kaiserin Maria Theresia; reformierte das östr. Medizinalwesen.

**Swietenia**, Gatt. der *Meliazeen,* ein Laubbaum. *S. mahagoni* liefert echtes *Mahagoniholz; S. candollei,* in Venezuela heimisch, liefert ein wichtiges Nutzholz.

**Swift**, Jonathan, *1667, †1745, engl. Schriftst.; anglikan. Geistl., Englands größter Satiriker u. einer der hervorragenden Meister engl. Prosa; W »Gullivers Reisen«.

**Swinburne** ['swinbə:n], Algernon Charles, *1837, †1909, engl. Schriftst.; schrieb Blankversdramen u. Lyrik. W »Poems and Ballads«.

**Swine**, poln. *Świna,* größter u. mittlerer Mündungsarm der Oder.

**Swinemünde**, poln. *Świnoujście,* Hafenstadt in Pommern, 48 000 Ew.; Seebad; größter Fischereihafen Polens auf der Insel Usedom an der Swinemündung.

**Swing**, 1. die Kreditgrenze in bilateralen Handelsverträgen, bis zu der sich ein Land bei der Verrechnungsstelle des Handelspartners verschulden darf; auch der zinslose Überziehungskredit, den die BR Dtld der DDR im innerdt. Handel gewährte. – 2. eine Richtung des Jazz etwa 1928–45.

**Switchgeschäft** ['switʃ-], Form des Außenhandelsgeschäfts: Einkauf von Waren in einem anderen Land als dem Herstellerland *(Import-Switches)* oder Verbrauch von Waren in einem anderen Land als dem Käuferland *(Export-Switches)* unter Ausnutzung von Preisgefällen.

**Sybaris**, grch. Kolonie am Golf von Tarent in Unteritalien, Ende des 8. Jh v. Chr. gegr.; sagenhaft reich u. verschwenderisch.

**Sybel**, Heinrich von, *1817, †1895, dt. Historiker; Vertreter der polit.-kleindt. Geschichtsschreibung; Gründer der »Histor. Zeitschrift«.

**Syberberg**, Hans Jürgen, *8.12.1935, dt. Filmregisseur; drehte u. a. »Ludwig – Requiem für einen jungfräul. König«, »Hitler, ein Film aus Dtld«, »Parsifal«.

**Sydenham** ['sidnəm], Thomas, *1624, †1689, engl. Arzt; gilt als einer der Begr. der klin. Medizin.

**Sydney** ['sidni], Hptst. des austral. Bundesstaats Neusüdwales, an der SO-Küste *(Port Jackson Bay),* bedeutendster Hafen u. größte Stadt Australiens, 3,43 Mio. Ew., 3 Univ., Museen, Opernhaus; Schiffbau, Metall-, Maschinen-, chem. u. Nahrungsmittelind.; Flughafen; gegr. 1788.

**Sydow** ['zy:do], Max von, *10.4.1929, schwed. Schauspieler u. Regisseur; wurde bekannt durch die Filme I. *Bergmans.*

**Syenit**, Tiefengestein (Magmatit) aus Kalifeldspat

*Swasiland: Vorbereitungen zum Binsenfest, einem der beliebtesten jährlichen Feste der Swasi*

*Sydney mit der berühmten Hafenbrücke über Port Jackson; dahinter das Opernhaus am Bennelong Point und der Botanische Garten*

*Symbiose: Einsiedlerkrebse gehen eine Symbiose mit Seerosen ein. Der Krebs genießt durch die Aktinie Schutz vor Räubern, die Seerose gewinnt Beweglichkeit und Nahrungsbrocken*

u. Hornblende u. gelegentl. Quarz in geringer Menge; meist von rötl. oder grauweißer Farbe.

**Sykomore,** *Maulbeerfeige,* ein *Maulbeergewächs;* in Ägypten u. Israel angebauter, bis 16 m hoher, dickstämmiger Baum mit feigenähnl. Früchten *(Eselsfeigen).*

**Syktywkar,** Hptst. der Komi-ASSR in der RSFSR (Sowjetunion), an der Wytschegda (Flußhafen), 224 000 Ew.; Holz-Ind.

**syllabischer Gesang,** eine Kompositionsart für Gesänge: jeder Note ist eine Textsilbe unterlegt.

**Syllabus,** 1864 von Papst *Pius IX.* veröffentlichtes Verzeichnis moderner theol. Anschauungen u. Lehren (80 »Zeitirrtümer«), die von der kath. Kirche abzulehnen seien.

**Syllogismus,** in der klass. Logik die eigtl. Form des Schlusses, der vom Allgemeinen auf das Besondere schließt.

**Sylphiden,** grch., sagenhafte weibl. Baum- oder Luftwesen; männl. *Sylphe.*

**Sylt,** die größte der dt. Nordfries. Inseln, 99,1 km², 23 000 Ew.; seit 1927 durch den *Hindenburgdamm* mit dem Festland verbunden (11 km); ehem. Hauptort *Keitum;* Seebäder Westerland, Wenningstedt, Kampen, List, Rantum, Hörnum.

**Sylvester** → Silvester.

**Symbiose,** eine enge Form von *Vergesellschaftung* zw. zwei Organismusarten, die für beide Partner **(Symbionten)** nützl. u. notwendig ist u. zu einem gesetzmäßig dauernden Zusammenleben (Lebensgemeinschaft) führt; z.B. zw. Pilzen u. Algen.

*Symbolismus: Gustave Moreau, Die Einhörner. Paris, Musée Gustave Moreau*

**Symbol,** Sinnbild, Zeichen.
**Symbolik,** der sinnbildl. Ausdrucksgehalt einer Erscheinung; auch die Lehre vom *Symbol.*
**Symbolismus,** eine von Frankreich ausgehende, seit 1890 in ganz Europa verbreitete literar. Strömung, die die objektive Wirklichkeitswiedergabe des Realismus u. Naturalismus verwarf, u. Hintergründiges u. Irrationales vernehmbar zu machen suchte. Die sprachkünstler. Mittel wurden bes. in der Lyrik bis an die Grenze mag. Beschwörungskraft vorgetrieben. Metaphern u. Synästhesien waren beliebteste Stilmittel. Symbolisten waren u. a. Ch. *Baudelaire,* P. *Verlaine,* A. *Rimbaud,* St. *Mallarmé,* E. *Verhaeren,* J. K. *Huysmans,* M. *Maeterlinck;* in Dtld. u. a. St. *George,* H. von *Hofmannsthal* u. R. M. *Rilke.* Auch in der Malerei wurde der Einfluß des S. deutl., so bei O. *Redon,* J. *Ensor* u. A. *Böcklin.*
**Symmetrie,** Ebenmaß; ein Aufbau des Ganzen, bei dem sich beide Hälften spiegelbildl. entsprechen; Zerlegbarkeit einer geometr. Figur in 2 spiegelbildl. Teile.
**sympathetische Kuren,** *sympathetische Mittel,* Heilverfahren durch mag. Mittel (Besprechen, Gesundbeten u. a.). Etwaige Heilerfolge beruhen stets auf suggestiver Beeinflussung.
**Sympathie,** Mitgefühl, Wohlwollen, Zuneigung.
**Sympathikus** → Nervensystem.
**Symphonie** → Sinfonie.
**Symphyse,** Knochenverwachsung; bes. Bez. für die *Schamfuge,* die Verbindung der Schambeine vorn in der Mittellinie.
**Symposion,** Trinkgelage der Griechen u. Römer. Heute bezeichnet man zuweilen Tagungen von Fachwissenschaftlern als S.
**Symptom,** Anzeichen; bes. die einzelne Krankheitserscheinung, Krankheitszeichen.
**Symptomatologie,** *Semiologie, Semiotik,* die Lehre von den Krankheitszeichen. Gegenbegriff: *Ätiologie.*
**Synagoge,** jüd. Lehrhaus, Schule, Tempel. Versammlungshaus der jüd. Gemeinde für den Gottesdienst.
**Synapse,** Kontaktstelle zw. zwei Nervenzellen (neuro-neuronal: von Nerv zu Nerv) oder zw. einer Nervenzelle u. einer Zelle von Erfolgsorganen wie Muskeln oder Drüsen.
**Synästhesie,** die Erscheinung, daß bei Erregung eines Sinnesorgans außer den ihm zugehörigen Empfindungen auch solche eines anderen Sinnesorgans auftreten, z. B. Farben beim Hören oder Klänge beim Sehen.
**synchron,** gleichzeitig, zeitl. parallel.
**Synchronisation, 1.** vollkommener (»lippensynchroner«) Gleichlauf zw. Bild u. Ton im Tonfilm; zu unterscheiden von der *Synchronisierung.* – **2.** das Sichangleichen von Verhaltensabläufen zur sozialen Abstimmung zw. Partnern; z. T. durch *Pheromone* bewirkt.
**Synchronisierung,** das Abstimmen von Bild u. Ton im Tonfilm, insbes. das akust. Einkopieren eines andersprachl. Textes oder einer fremden Gesangsstimme.
**Synchronismus,** Gleichzeitigkeit voneinander unabhängiger Ereignisse.
**Synchronmaschinen,** Wechsel- u. Drehstromgeneratoren oder -motoren, meist Großmaschinen (mit über 700 MW), bei denen der Ständer als Anker, der Läufer als Polrad ausgebildet ist.
**Synchronmotor,** ein Elektromotor, bei dem der Läufer unabhängig von der Belastung mit der synchronen Drehzahl des Ständerdrehfeldes umläuft.
**Synchronschwimmen** → Kunstschwimmen.
**Synchronuhr,** eine elektr. Uhr, die durch einen Synchronmotor angetrieben wird.
**Synchrotron,** in der Hochenergiephysik ein Gerät zur Beschleunigung von geladenen Elementarteilchen auf sehr große Geschwindigkeiten.
**Syndaktylie,** eine angeborene Mißbildung mit Verwachsungen von Fingern oder Zehen.
**Syndikat, 1.** die straffste Form des Kartells, mit festen Preis- u. Kontingentierungsbestimmungen u. eigener Verkaufsorganisation; auch Bez. für die Verkaufsorganisation eines Kartellverbands. – **2.** straff organisierte Verbrecherorganisation.
**Syndikus,** angestellter (oft geschäftsführender) Rechtsbeistand *(Justitiar)* bei Kammern, Stiftungen, Verbänden, Vereinen, Unternehmen u. ä.
**Syndrom,** das Zusammentreten einzelner, für sich genommen uncharakterist. Krankheitszeichen *(Symptome)* zu kennzeichnenden Gruppen.
**Synedrium,** grch. *Synedrion,* hebr. *Sanhedrin, Hoher Rat,* die höchste Behörde für innerjüd. Reli-

## synthetische Geometrie

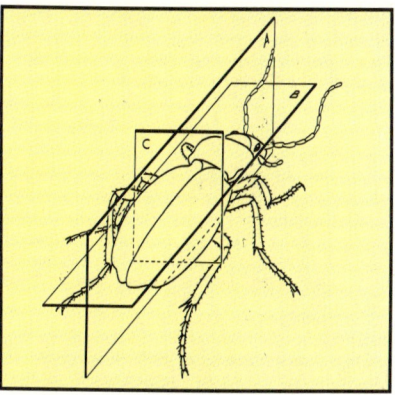

*Symmetrie: Körperachsen eines bilateral-symmetrischen Tieres: A) Median-Ebene, B) Frontal-Ebene, C) Querschnitt-Ebene*

gionsangelegenheiten, allg. u. religiöse Gerichtsbarkeit in Jerusalem bis 70 n. Chr.
**Synergetik,** Forschungsgebiet, das die Entstehung spontaner Ordnungszustände in offenen Vielteilchensystemen der Physik, Biologie u.a. untersucht.
**Synergie,** Zusammenwirken mehrerer Kräfte zur Erzielung einer einheitl. Leistung.
**Synesios von Kyrene,** *370, †413, grch. Philosoph; verband Neuplatonismus u. Christentum.
**Synge** [siŋ], **1.** John Millington, *1871, †1909, ir. Schriftst. (Bühnenwerke mit Themen aus dem Leben der ir. Fischer u. Bauern). – **2.** Richard, *28.10.1914, brit. Chemiker; entwickelte die Verteilungs-Chromatographie; Nobelpreis 1952.
**Synklinale,** Mulde bei der Faltung von Schichtgesteinen; Ggs.: *Antiklinale.*
**Synkope, 1.** ['synkope], die Ausstoßung eines unbetonten Vokals zw. zwei Konsonanten im Innern eines Worts (ew'ger statt ewiger); auch der Ausfall einer Senkung im Versssystem. – **2.** [zyn'ko:pə], eine Abweichung vom Grundmetrum, indem an sich unbetonte Werte betont werden u. die betonten Werte ohne Akzent bleiben.
**Synkretismus,** die Verbindung verschiedenartiger philosoph. Lehren, ohne auf innere Übereinstimmung zu achten; auch die Verschmelzung versch. Religionen u. Kulte.
**Synod** → Heiliger Synod.
**Synodale,** Mitgl. einer Synode.
**Synodalverfassung,** *Synodalsystem,* eine Verf. ev. Kirchen, in der die aus Amtsträgern u. Nichttheologen gebildete *Synode* kirchl. Leitungs- u. Verwaltungsbefugnisse hat.
**Synode,** Versammlung von Abgesandten mehrerer Gemeinden, Bezirke oder Kirchenprovinzen bzw. mehrerer Bistümer.
**Synökologie,** eine Betrachtungsweise der Ökologie, die die Ganzheit einer Lebensgemeinschaft in den Mittelpunkt stellt.
**Synonym,** *Synonymon,* ein sinnverwandtes Wort, das weitgehend dieselbe Bedeutung wie ein anderes hat.
**Synopse,** Übersicht, vergleichende Nebeneinanderstellung, bes. der ersten drei Evangelien (Matthäus, Markus, Lukas). Wegen ihrer auf gemeinsamen Quellen beruhenden Ähnlichkeit heißen diese drei Evangelien auch *synopt.,* ihre Verfasser *Synoptiker.*
**Syntax,** *Satzlehre,* behandelt als Teil der *Grammatik* den Bau u. die Gliederung des Satzes.
**Synthese, 1.** Zusammensetzung, Verknüpfung; Gegenbegriff: *Analyse.* – **2.** der Aufbau von chem. Verbindungen aus einfacheren Verbindungen oder aus den Elementen.
**Synthesizer** ['sinθisaizə], Elektrophon zu synthet. Klangerzeugung u. -veränderung; ein elektron.-akust. »Musikbaukasten« mit einer Vielzahl von Kombinationsmöglichkeiten der Gestaltung am Klang. u. am Ton; entwickelt in den 1950er Jahren u. a. von R. *Moog.* Heute ist der S. eines der wichtigsten elektron. Instrumente der Unterhaltungsmusik.
**synthetisch,** zusammengesetzt, künstlich.
**synthetische Geometrie,** Herleitung der geometr. Sätze aus einem geometr. Axiomensystem

# 882 synthetische Sprachen

(z. B. bei *Euklid*); im Ggs. zur *analyt. Geometrie*, die auf den Zahlbegriff gegr. ist u. die geometr. Objekte durch Zahlen u. Gleichungen beschreibt.

**synthetische Sprachen** → Sprache.

**Syphilis**, *Lues*, die durch die *Spirochaete*, das *Treponema pallidum* hervorgerufene Infektionskrankheit. Die Ansteckung kommt am häufigsten durch den Geschlechtsverkehr zustande. 2–3 Wochen nach der Ansteckung entwickelt sich der sog. *Primäraffekt,* der durch Knötchen-, Bläschen- oder Geschwürsbildung gekennzeichnet ist *(harter Schanker).* Etwa 8 Wochen nach der Ansteckung treten die Spirochäten in das Blut über u. führen zu Blutveränderungen. Damit beginnt das Stadium der *sekundären S.* mit flecken- u. knötchenförmigen Ausschlägen an Haut u. Schleimhäuten u. manchmal entzündl. Allgemeinerscheinungen. Im *tertiären Stadium* kommt es zu Veränderungen an Haut, Knochen u. inneren Organen mit Knotenbildungen. Als Spätformen *(Meta-S., Quartärstadium)* der (unbehandelten oder ungenügend behandelten) S. treten Erkrankungen des Rückenmarks *(Rückenmarksschwindsucht, Tabes dorsalis)* u. des Gehirns (sog. *Gehirnerweichung, progressive Paralyse)* auf. Behandelt wird die S. mit Penicillin.

**Syracuse** ['sirəkju:s], Stadt im US-Staat New York, 170 000 Ew.; Univ.; chem. Ind.; Flughafen.

**Syrakus**, ital. *Siracusa*, ital. Hafen- u. Prov.-Hptst. an der SO-Küste Siziliens, 125 000 Ew.; antike Ruinen (u.a. Amphitheater, Altar, Nekropole) der Griechen- u. Römerzeit; Erdölraffinerie. – Gesch.: S. wurde um 733 v. Chr. von Korinthern gegr.; vom 5.–3. Jh. v. Chr. die bedeutendste Handelsstadt Siziliens; 212 v. Chr. von den Römern, 878 von den Arabern u. 1085 von den Normannen erobert.

**Syrdarja**, der antike *Jaxartes,* Strom im sowj. Mittelasien, mit dem Quellfluß *Naryn* 3078 km; mündet in den Aralsee.

**Syrien**, Staat in Vorderasien, 185 180 km², 11,3 Mio. Ew. (vorw. islam. Araber), Hptst. *Damaskus.*

*Syrien*

Landesnatur. Hinter der Küstenebene erhebt sich das *Alauiten-Gebirge.* Im SW hat S. Anteil am Hochgebirge des *Antilibanon.* Östl. erstreckt sich das syr. Tafelland. Es geht nach SO in die *Syr. Wüste* über. Während im Küstengebiet Mittelmeerklima herrscht, nehmen nach O u. SO die Niederschläge rasch ab.
Wirtschaft. Wichtigste Anbauprodukte sind Baumwolle, Weizen u. Gerste sowie Gemüse u. Früchte. Durch die Vergrößerung der Bewässerungsflächen wurde der Baumwollanbau (Hauptexportgut) stark ausgeweitet. Die Schafzucht ist von großer Bedeutung. An Bodenschätzen werden v. a. Erdöl, Phosphat, Eisenerz u. Steinsalz gewonnen. S. ist ein wichtiges Erdöltransit- u. -verschiffungsland. Wichtigster Ind.-Zweig ist die Textilind.
Geschichte. Im 4. Jt. v. Chr. war das Land von Kanaanäern u. Hurritern, später von Aramäern besiedelt. Nach den Assyrern beherrschten es die Perser 539 v. Chr. Die Seleukiden machten um 300 v. Chr. S. zum Zentrum ihres Reichs. 64 v. Chr. wurde es röm. Prov. u. kam 395 an das Byzantin. Reich. Seit dem 7. Jh. stand S. unter arab. Einfluß; 1517–1918 war es Teil des Osman. Reichs. 1920 wurde S. frz. Völkerbundsmandat, 1944 endgültig unabh.; 1958 schloß es sich mit Ägypten zur *Vereinigten Arab. Republik* zusammen; 1961 wieder selbst.; im Sechstagekrieg 1967 gegen Israel verlor S. die Golanhöhen. 1976 entsandte S. Truppen zur Schlichtung des libanes. Bürgerkriegs, in dem es seitdem mit wechselnden Frontstellungen eingreift. Staats-Präs. ist seit 1971 H. *Al Assad*, der sich 1970 an die Macht putschte. Er ist auch Generalsekretär der regierenden Baath-Partei; S. ist Mitgl. der *Arab. Liga.*

**Syrinx, 1.** Panflöte. – **2.** Stimmorgan der Vögel, der allein hier vorkommende untere Kehlkopf.

*Jörg Syrlin d. A.: Büste des Pythagoras, vom Chorgestühl des Ulmer Münsters; 1469–1474*

**syrisch-orthodoxe Kirche**, die (west-)syr.-jakobit. Kirche, eine der monophysit. morgenländ. *Kirchen;* heute noch über 100 000 Gläubige.

**Syrlin, 1.** Jörg d. Ä., um *1425, †1493, dt. Bildhauer u. Kunstschreiner; schuf das Chorgestühl des Ulmer Münsters. – **2.** Jörg d. J., Sohn von 1), um *1455, um †1522, dt. Schreiner u. Bildschnitzer (Altäre u. Chorgestühle).

**Syrten**, zwei Meeresbuchten des Mittelmeers an der nordafrik. Küste: die *Große Syrte (Golf von Sidra)* an der libyschen Küste zw. Bengasi u. Tripolis, westl. davon die *Kleine Syrte (Golf von Gabès)* an der tunes. Küste.

**Sysran**, Stadt in der RSFSR (Sowj.) an der mittleren Wolga, 174 000 Ew.; in der Nähe Ölfelder (»Zweites Baku«).

**System, 1.** allg.: ein durchstrukturiertes, geordnetes Ganzes. – **2.** in der Datenverarbeitung eine Menge von Elementen, zw. denen log. u. funktionelle Beziehungen bestehen. – **3.** Bez. für geolog. Zeitabschnitte (z. B. das Devon), die einer *Formation* entsprechen. – **4.** eine Gesamtheit von physikal. Körpern, Feldern u. ä., die voneinander abhängig sind u. als Ganzes betrachtet werden.

**Systemanalyse**, Methode zur Untersuchung von Unternehmungen, Behörden zur Verbesserung ihrer Arbeitsweise, wobei das Untersuchungsobjekt vom Einsatz der Produktionsfaktoren bis zur Leistungserstellung als komplexe soziolog.-ökonom.-techn. Ganzheit (»System«) verstanden wird.

**Systematik, 1.** systemat. Ordnung, Gliederung. – **2.** die Lehre vom natürl. System des Pflanzen- u. Tierreichs; ein Teilgebiet der Botanik u. Zoologie, dessen Aufgabe darin besteht, die in der Natur vorkommenden Arten (Species) festzustellen u. sie in ein hierarch. System versch. Kategorienstufen einzuordnen.
Zu den formalen Aufgaben der S. gehört auch die richtige Benennung der systemat. Kategorien. Sie werden mit lat. Namen bezeichnet, die Arten nach der von C. von *Linné* 1735 eingeführten sog. *binären Nomenklatur* in der Weise, daß dem Gattungsnamen der Artname angefügt wird; z. B. heißt innerhalb der Gatt. *Apis* (Biene) die Honigbiene *Apis melifica* (die honigmachende).

**Systole**, die der *Diastole* folgende Kontraktion der Herzkammer.

**Szabó** ['sɔboː], **1.** Istvan, *18.2.1938, ung. Filmregisseur; Filme mit zeitgeschichtl. Hintergrund, u.a. »Mephisto«, »Oberst Redel«, »Hanussen«. – **2.** Magda, *5.10.1917, ung. Schriftst. (psych. Gesellschaftsromane). – **3.** Pál, *1893, †1970, ung. Schriftst. (Bauernromane, seit 1945 unter dem Einfluß des sozialist. Realismus).

**Szálasi** ['sɑːlɔʃi], Ferenc, *1897, †1946 (hingerichtet), ung. Politiker; Führer der faschist. Pfeilkreuzlerpartei (Hungaristenbewegung); 1944 Min.-Präs. u. Staatsoberhaupt; errichtete in den letzten Monaten des Kriegs ein faschist. Terrorregime; nach dem Krieg von den USA an Ungarn ausgeliefert.

**Szamos** ['sɔmoʃ], l. Nbfl. der oberen Theiß, 450 km.

**Szczecin** [ʃtʃɛʃin] → Stettin.

**Szeged** ['sɛgɛd], ung. Komitats-Hptst. an der Theiß (Hafen), 188 000 Ew.; Univ.; Leder- u. Textilind.

**Székesfehérvár** ['seːkɛʃfɛheːrvaːr], dt. *Stuhlweißenburg,* ung. Komitats-Hptst. am Plattensee, 113 000 Ew.; Dom; Maschinenbau; Fahrzeugbau; Aluminium-Ind. – Im MA Krönungs- u. Begräbnisstadt der ung. Könige.

**Szenarium**, skizzierter Handlungsablauf eines Theaterstücks; seit dem 18. Jh. ein Verzeichnis der auftretenden Personen, der Requisiten, Dekorationen u. Geräusche jeder Szene für den Inspizienten des Theaters.

**Szene**, im altgrch. Theater das hintere Bühnengebäude (Skene); dann allg. der Bühnenraum; oft auch Bez. für einen Vorgang auf der Bühne, Teileinheit des Akts.

**Szent-Györgyi** [sɛnt'djœrdji], Albert, *1893, †1986, ung. Biochemiker; seit 1947 in den USA; entdeckte das Vitamin C; Nobelpreis für Medizin 1937.

**Szeryng** ['ʃɛriŋk], Henryk, *1918, †1988, Geiger poln. Herkunft; Interpret mit großem Repertoire.

**Szetschuan**, Sichuan, → China.

**Szientismus, 1.** betont wissenschaftl. Standpunkt; Ggs.: *Fideismus.* – **2.** → Christian Science.

**Szintigraphie**, ein nuklearmedizin. Untersuchungsverfahren, bei dem durch Einverleibung von Radio-Isotopen u. anschließende Registrierung u. Aufzeichnung (*Szintigramm*) der von ihnen ausgehenden Gammastrahlung ein zweidimensionales Bild eines bestimmten Organs oder Gewebes gewonnen wird.

**Szintillation, 1.** Schwanken oder Aufblitzen von Lichtern, z. B. bei Fixsternen infolge Dichteschwankungen der Luft. – **2.** eine Leuchterscheinung (kurzer Lichtblitz), die ein energiereiches Teilchen beim Auftreffen oder Durchfliegen in gewissen Kristallen oder Flüssigkeiten erzeugt.

**Szolnok** ['sɔlnɔk], ung. Komitats-Hptst. an der Theiß, sö. von Budapest, 81 000 Ew.; alte Festung; Düngemittelproduktion.

**Szombathely** ['sombɔtɛj], dt. *Steinamanger,* ungar. Komitats-Hptst., 87 000 Ew.; Kathedrale; chem. u. Leder-Industrie.

**Szondi** ['sɔndi], Leopold, *1893, †1986, ung. Mediziner u. Psychologe; seit 1944 in Zürich; Begr. der *Schicksalsanalyse.*

**Szymanowski** [ʃimaˈnɔfski], Karol, *1882, †1937, poln. Komponist; Vertreter eines raffinierten Klangsensualismus.

*Syrien: Bienenkorbhütten*

# T

**t, T,** 20. Buchstabe des dt. Alphabets; entspricht dem grch. Tau (τ, T).
**t,** Zeichen für *Tonne*.
**T,** chem. Zeichen für *Tritium*.
**Ta,** chem. Zeichen für *Tantal*.
**Taaffe,** Eduard Graf, *1833, †1895, östr. Politiker; 1868–70 u. 1879–93 Min.-Präs., 1870/71 u. 1879 Innen-Min.; vertrat eine slawophile, auf die Aussöhnung der Nationalitäten zielende, klerikal-konservative Politik.
**Tabak,** *Nicotiana,* Gatt. der *Nachtschattengewächse* (100 Arten), urspr. vorw. in den wärmeren Teilen Amerikas verbreitet, heute in sehr vielen wärmeren u. gemäßigteren Ländern angebaut. Wirtsch. Bedeutung haben nur die Arten, die den Rauch-, Schnupf- u. Kau-T. liefern: *Virginischer T., Echter T.* mit rosa Blüten; *Bauern-, Veilchen-T.* mit gelben Blüten; *Maryland-T.* mit rosa Blüten, bes. langen Blättern u. sehr niedrigem Nikotingehalt.
Die T.blätter werden von unten nach oben in 3 oder 4 Stufen geerntet, danach auf Schnüre gereiht u. einer natürl. Sonnen- oder Lufttrocknung oder einer künstl. Feuer- oder Röhrentrocknung unterzogen. Bei der *Fermentation* wird durch natürl. (Selbsterhitzung) oder zugeführte Wärme ein Gärungsprozeß vollzogen, bei dem die Eiweißstoffe abgebaut u. die Aroma- sowie Farbstoffe entwickelt werden. Fermentierter T. wird zur Erzielung besserer Qualität noch 1–2 Jahre gelagert. – Für die anregende, aber auch schädl. Wirkung des T. auf das Nervensystem ist der Gehalt an Nikotin verantwortlich.
**Tabakspfeife,** Gerät zum Tabakrauchen; besteht aus Kopf, Rohr u. Mundstück. Nach dem für den Kopf verwendeten Material unterscheidet man: Ton-, Porzellan-, Holz- (bes. aus Bruyèreholz) u. Meerschaumpfeifen.
**Tabaksteuer,** Verbrauchsteuer auf Tabakwaren.
**Taban Bogdo Uul,** *Kujtun,* Berg im W des Mongol. Altai, 4356 m.
**Tabari,** Abu Dschafar Muhammed ibn Dscharir al-T., *839, †923, arab. Geschichtsschreiber u. Koran-Kommentator pers. Herkunft.
**Tabasco,** Bundesstaat in → Mexiko, am Golf von Campeche.
**Tabasco-Sauce** [-'zo:sə], fertige Gewürztunke, die fast ausschl. aus *Chillies* (→ Cayenne-Pfeffer) besteht.
**Tabernakel,** in kath. Kirchen ein kunstvoll gestaltetes Gehäuse, das als Aufbewahrungsort für die Hostien dient. Vorläufer des T. war das *Sakramentshäuschen*.
**Tableau** [ta'blo:], Gemälde, Tafel; Übersicht; im Theater auch ein malerisch gruppiertes Bühnenbild bes. am Schluß eines Aktes.
**Tablette,** Arzneimittel aus gepulverten Stoffen, die zus. mit Füll- u. Bindemitteln zu kleinen rundl. Formen gepreßt werden.
**Tablinum,** im altröm. Haus der hinter dem Atrium (dem Eingang gegenüber) liegende Männersaal, Raum für Gastmähler u.ä.
**Tabor,** *Har Tavor,* Berg in Israel östl. von Nazareth, 588 m; Ort der Verklärung Christi.
**Tábor,** Stadt in Böhmen (ČSFR), 34 000 Ew.; alte Stadtbefestigung.
**Tabori,** George, *24.5.1914, US-amerik. Schriftst. ung. Herkunft; bek. als Dramatiker u. auch Theaterleiter (seit 1986 in Wien).
**Taboriten** → Hussiten.
**Tabqa** [-ka], *Buhayrat al-Assad,* Talsperre in Syrien am Euphrat; 1974 fertiggestellt; ein 4500 m langer Staudamm, der einen See mit 40 Mrd. m³ Fassungsvermögen aufstaut.
**Täbris,** *Täbriz,* iran. Prov.-Hptst.; 994 000 Ew.; Handelszentrum, Maschinenbau.
**Tabu,** ein Verbot, etwas zu berühren oder etwas zu tun; eine Meidungsvorschrift, bei fast allen Naturvölkern zu finden.
**Tabula rasa** [lat., »unbeschriebene Tafel«], eine insbes. bei J. *Locke* ausgeprägte Vorstellung vom Zustand der Seele, die bei der Geburt unberührt ist u. in die später wie in eine leere Wachstafel (urspr. antike Bedeutung) die Eindrücke u. Erkenntnisse der Außenwelt »eingetragen« werden.
**Tabulator,** Vorrichtung an Schreibmaschinen zur Breiteneinstellung von Tabellenspalten.
**Tabulatur, 1.** im *Meistergesang* das Verzeichnis der Regeln für die Behandlung von Sprache u. Musik. – **2.** die im 14.–18. Jh. gebräuchl. Instrumentaltonschrift, die Tonbuchstaben u. Tonzahlen benutzte, zus. mit rhythm. Zeichen, bes. als Griffschrift für Lauteninstrumente oder als T. für Orgelstücke.
**Tacca,** Pietro, *1577, †1640, ital. Bildhauer u. Architekt; schuf Brunnen u. Reiterstatuen.
**Táchira** ['tatʃira], Bundesstaat im W → Venezuelas.
**Tachismus** [ta'ʃis-], *Fleckenkunst,* eine Stilrichtung der modernen Malerei, die im Gefolge des surrealist. Automatismus um 1950 in Paris als Reaktion auf eine Malerei des polit. Engagements entstand u. jede bewußte Formgestaltung ablehnte. Initiator war der in Frankreich lebende, am Bauhaus ausgebildete dt. Emigrant *Wols*. In den USA wurde die Bewegung als »abstrakter Expressionismus« bekannt.
**Tachometer,** *Geschwindigkeitsmesser,* ein Instrument zum Messen der Drehzahl von Wellen u. Rädern sowie der Geschwindigkeit von Maschinen. – Für Kfz mit einer Höchstgeschwindigkeit von mehr als 20 km/h sind T. durch die StVZO vorgeschrieben.
**Tachykardie,** erhöhte Herz- u. Pulsfrequenz.
**Tachymetrie,** ein geodät. Meßverfahren, bei dem Höhe u. Lage von Geländepunkten in einem Arbeitsgang ermittelt werden.
**Tachyonen,** hypothet. Elementarteilchen mit Überlichtgeschwindigkeit u. imaginärer Ruhmasse; bisher nicht experimentell nachgewiesen.
**Tacitus,** Publius Cornelius, *um 55, †um 120, röm. Geschichtsschreiber. Von wiss. Wert ist bes. seine Schrift »De origine et situ Germanorum« (um 98), die älteste überlieferte Quelle über Germanien. Seine Hauptwerke, die »Historiae« u. »Annalen«, eine röm. Geschichte vom Tod des Augustus (14) bis zum Tod Domitians (96), sind nur in Bruchstücken erhalten.
**Tadschiken,** iran. Bauernvolk, 4,2 Mio. v.a. in der Tadschik. SSR u. im N von Afghanistan; Moslems.
**Tadschikische SSR,** *Tadschikien, Tadschikistan,* Unionsrepublik der Sowj. in Mittelasien, 143 100 km², 3,5 Mio. Ew., Hptst. *Duschanbe;* umfaßt u.a. die Gebirgszüge des Alai u. die vergletscherten Ketten des Pamir.
**Tadsch-Mahal** → Taj-Mahal.
**Tädschon** [tɛdʒʌn], *Taejon,* → Daejon.
**Taebaeksanmaek,** Gebirge entlang der Ostküste Koreas, im *Soraksan* 1708 m.
**Taegu,** *Taiku,* südkorean. Industriestadt, nw. von Pusan, 1,2 Mio. Ew.; Univ.
**Tael,** *Tail, Tale, Tehl,* ostasiat. Gewichtseinheit (zw. 34,2 u. 37,8 g) u. Gold- u. Silbermünze unterschiedl. Werts, bes. in China.
**Tafelberg,** tafelförmiger Berg mit vorw. horizontaler Gesteinsschichtung u. plateauförmiger Oberfläche, z.B. der südafrik. T. bei Kapstadt, 1088 m.
**Tafelbild,** ein Bild der Tafelmalerei.

*Tafelente (Erpel)*

**Tafelente,** 46 cm große, einheim. braun-schwarzgraue *Tauchente.*
**Tafelglas,** Glastafeln von 1,6 bis 6 mm Dicke, die hpts. zur Verglasung von Fenstern u. Fahrzeugen benutzt werden.
**Tafelland,** durch horizontal lagernde Gesteinsschichten *(Tafeln)* gekennzeichnete ebene Teile der Erdoberfläche in versch. Höhenlagen.
**Tafelmalerei,** im Unterschied zur Wandmalerei die Malerei auf einer transportablen Holztafel, später auch auf Leinwand u. Kupfer. Früheste Zeugnisse der T. sind die ägypt. Mumienporträts.
**Tafelschere,** Hebelschere mit einem feststehenden, an einer Auflageplatte befestigten Messer; für Papier, Pappe, Blech.
**Tafelwerk,** *Täfelung,* Wand- oder Deckenverkleidung mit Holztafeln; wichtiges Element der Innenraumgestaltung des 15.–18. Jh.
**Tafilalt,** Oasengruppe im NW der marokkan. Sahara, 1400 km².
**Tafsir,** *Tefsir,* die wiss. Auslegung u. Erklärung des Korans.
**Taft,** *Taffet,* **1.** in den Seidenwebereien übl. Bez.

*Tabak: Die Wirkung des Tabakrauchs ist in höchstem Maße gesundheitsschädlich. Seine Hauptbestandteile Nicotin, Reizstoffe, Kohlenmonoxid und krebserregende (karzinogene) Stoffe greifen direkt die Atemwege (Mund, Rachen und Lungen) an, außerdem indirekt Herz, Kreislauf und Magen sowie den Fetus im Mutterleib*

| Bestandteile des Tabakrauchs | Schädigende Wirkung | Erhöhtes Risiko |
|---|---|---|
| Nicotin | Immunabwehr | Erkrankungen der Atemwege |
|  | Herz | Herzkrankheiten |
|  | Kreislauf | Kreislaufkrankheiten |
|  | Verdauung | Magengeschwüre |
| Reizstoffe | Atemwege | chronische Bronchitis |
| Kohlenmonoxid | Blutsauerstoff (vermindert) | Schädigung des Fetus |
| Karzinogene | Mund, Rachen und Lungen | Krebsbefall dieser und anderer Körperteile |

# 884 Taft

*Tahiti: Einheimische bei einer Handarbeit*

für Leinwandbindung; 2. leinwandbindender Stoff aus Naturseide, Viskose oder Halbseide.

**Taft** [tæft], **1.** Robert, Sohn von 2), *1889, †1953, US-amerik. Politiker (Republikaner); bekämpfte F.D. Roosevelts von der Neutralität wegführenden Kurs. Nach ihm u. F.A. Hartley wurde ein Gesetz von 1947 benannt, das den Einfluß der Gewerkschaften einschränkt. – **2.** William Howard, *1857, †1930, US-amerik. Politiker (Republikaner); 1909–13 (27.) Präs. der USA, warb für den internat. Schiedsgerichtsgedanken; 1921–30 oberster Bundesrichter.

**Tag,** Zeiteinteilungsbegriff in zwei Bedeutungen: 1. *lichter T.,* die Zeit zw. Auf- u. Untergang der Sonne; 2. die Periode der Erdrotation a) in bezug auf die Richtung Erde-Sonne (Sonnentag), b) in bezug auf den Frühlingspunkt (Sterntag), c) in bezug auf das System der Fixsterne (siderischer T., 0,009 s länger als ein Sterntag).

**Tagalen,** *Tagalog,* malaiisches Volk (rd. 3,8 Mio.) auf den Philippinen (Mittel-Luzón, Mindoro).

**Taganrog,** Ind.- u. Hafenstadt in der Sowj., am Asowschen Meer, 295 000 Ew.

**Tagebau,** der Bergbau an der Erdoberfläche.

**Tagebuch, 1.** ein Buch, in dem chronolog. die Ereignisse des vergangenen Tages aufgezeichnet werden. – **2.** ein Geschäftsbuch, in das die tägl. Geschäftsvorfälle eingetragen werden.

**Tagegelder** → Diäten.

**Tagelied,** eine Gatt. des *Minnesangs.* Es schildert den (fiktiven) Abschied eines Ritters von der geliebten Dame am frühen Morgen.

**Tagelöhner,** frühere Bez. für einen Arbeiter, der jeweils nur für wenige Tage eingestellt u. tägl. entlohnt wird.

**Tagesbefehl,** ein militär. Befehl, der sich auf Angelegenheiten des inneren Dienstes bezieht; dient auch zur Bekanntgabe von Anerkennungen oder zum Aufruf bei besonderen Anlässen.

**Tagesheim,** Erziehungs- u. Fürsorgeheim ohne Übernachtungsmöglichkeit.

**Tagesklinik,** Abt. von psychiatr. Kliniken, in der die Patienten nur tagsüber behandelt werden, ansonsten aber zuhause leben.

**Tagesmittel,** der exakt aus 24 stündl. Werten berechnete durchschnittl. Tageswert eines meteorolog. Elements, z.B. der Temperatur.

**Tagesmutter,** jemand, der ein oder mehrere Pflegekinder in seiner Wohnung gegen Bezahlung tagsüber betreut.

**Tagesordnung,** zeitl. Programm einer Sitzung, Tagung oder Versammlung.

**Tageswert** → Wiederbeschaffungswert.

**Tagetes** → Studentenblume.

**Tagewerk,** *Tagwerk,* altes Flächenmaß; urspr. die von einem Ochsengespann an einem Tag umgepflügte Ackerfläche; zw. 25 u. 36 a.

**Tagfahrt,** im (dt.-)schweiz. Zivilprozeßrecht Bez. für den Termin zur mündl. Verhandlung.

**Tagfalter, 1.** volkstüml. Bez. für alle am Tage fliegenden Schmetterlinge. – **2.** *i.e.S.: Papilionoidae,* Überfam. der Schmetterlinge, fast stets bei Tag fliegend; hierzu die Fam. der *Edelfalter, Morpho-T., Weißlinge, Augenfalter, Bläulinge.*

**Tagliamento** [talja-], norditaì. Fluß, 170 km; mündet westl. von Triest in das Adriat. Meer.

**tägliches Geld,** innerhalb eines Tages kündbare Darlehen.

**Taglioni** [ta'ljo:ni], Maria, *1804, †1884, ital. Tänzerin; befreite den Tanz von akrobat. Bewegungen u. konzentrierte den Ausdruck auf die Rolle; tanzte als erste den Spitzentanz.

**Tagore,** Rabindranath, *1861, †1941, ind. (bengal.) Schriftst. u. Philosoph; trat als Vermittler zw. Orient u. Okzident auf. Er war Mitschöpfer der bengal. Literatursprache u. verfaßte u. vertonte 1911 die ind. Nationalhymne. – Nobelpreis 1913.

**Tagpfauenauge,** in fast ganz Europa u. Asien vorkommender *Tagfalter* von braunroter Grundfarbe, mit je einem bläulichbunt schillernden Fleck (»Pfauenauge«) auf den 4 Flügeln.

**Tagsatzung, 1.** bis 1848 der Gesandtenkongreß der Mitgl. der schweiz. Eidgenossenschaft mit wichtigen Staatsaufgaben; Vorläufer des *Ständerats.* – **2.** Bez. der östr. ZPO für den Termin zur mündl. Verhandlung.

**Tagschmetterlinge** → Tagfalter.

**Tagundnachtgleiche** → Äquinoktium.

**Tahiti,** größte der frz.-polynes. Gesellschaftsinseln (Insel über dem Winde), im *Orohéna-Vulkan* 2241 m; 1042 km², 116 000 Ew., Hpst. *Papeete,* besteht aus 2 Vulkanen, die zwei rundl. Halbinseln bilden; Flughafen; Fremdenverkehr.

**Tahr,** ein Horntier (Böcke) von 100 cm Schulterhöhe; in den mittleren Lagen des Himalaya u. SO-Arabien.

**Ta'if** ['ta:if], *At T.,* saudi-arab. Oasenstadt östl. von Mekka, im S-Hedjas, 1730 m ü.M., 300 000 Ew.

**Taifun,** trop., oft verheerend wirkender Wirbelsturm (Zyklone), bes. auf dem Ind. u. dem Pazif. Ozean in der Nähe SO-Asiens.

**Taiga,** Bez. für den nordruss. u. sibir. Nadelwaldgürtel vom Weißen bis zum Ochotskischen Meer, z.T. auf Dauerfrostboden oder auf sumpfigen Böden; größtes zusammenhängendes Waldgebiet der Erde, 1000 km breit, 4800 km lang.

**Taika-Reform,** die Übernahme des chin. Kalenders (604) u. des chin. Verwaltungssystems (645) in Japan.

**Taille** ['talja], **1.** Gürtellinie, Leibchen eines Kleides *(Korsage).* – **2.** in Frankreich vom 15. Jh. bis zur Frz. Revolution die Steuer auf Einkommen oder Vermögen der nichtprivilegierten Stände (Bauern, Bürger).

**Tailleferre** [taj'fɛːr], Germaine, *1892, †1983, frz. Komponistin; Mitgl. der Gruppe der »Six«.

**Tainan,** *Dainan,* Stadt nahe der SW-Küste von Taiwan, 650 000 Ew.; Maschinenbau u. Textilind.

**Tainaron,** *Kap T.,* Kap im S des Peloponnes, in der grch. Myth. das Tor zur Unterwelt.

**Taine** [tɛːn], Hippolyte, *1828, †1893, frz. Historiker u. Philosoph; Positivist; versuchte, die Methoden der exakten Wiss. durch Abstraktion u. Typisierung auf die Geschichte zu übertragen.

**Taipeh,** *Taipei,* Hptst. des Inselstaats Taiwan, nahe der Nordspitze, 2,6 Mio. Ew.; Handels- u. Ind.-Zentrum des Landes. Nat. Palastmuseum mit der bed. chin. Kunstsammlung.

**Taiping-Revolution,** 1850–64 die gegen die Mandschu-Herrschaft gerichtete, sozialreformer. Aufstandsbewegung in China, einer der blutigsten Bürgerkriege der Geschichte. Die T. wurde von Truppen der kaiserl. Reg. mit Unterstützung Englands u. Frankreichs niedergeschlagen.

**Tairow** [-rʌf], Alexander, *1885, †1950, russ. Schauspieler, Regisseur u. Theaterleiter.

**Taischo-Tenno,** *1879, †1926, Kaiser von Japan 1912–26; posthumer Name des Kronprinzen *Yoschihito.* Für den erkrankten T. übernahm 1921 Kronprinz *Hirohito* die Regentschaft.

**Tai Shan,** Berg in der ostchin. Prov. Shandong, sö. von Jinan, 1545 m; seit alters der heiligste Berg der Chinesen.

**Taiwan** [auch -'van], Inselstaat vor der S-Küste Chinas; Hauptinsel ist *Formosa,* mit den *Pescadoresinseln* u. den Inseln *Quemoy* u. *Matsu* hat T. eine Fläche von 35 981 km² u. 19,8 Mio. Ew. (Chinesen); Hptst. *Taipeh.*

*Taiwan*

Landesnatur. Dem von trop. Regenwald überwucherten Zentralgebirge (bis 3997 m) ist im W eine fruchtbare Küstenebene vorgelagert. Das Klima ist subtrop. bis trop. u. regenreich.

Wirtschaft. T. gehört zu den führenden Wirtschaftsländern Asiens. Die hochentwickelte Landwirtschaft liefert für den Export bes. Zucker, Bananen, Ananas, Champignons, Zitrusfrüchte, Tee u. Spargel. Die Fischerei ist von zunehmender Bedeutung. Die Industrie hat sich zum wichtigsten Wirtschaftszweig T.s entwickelt. Sie umfaßt insbes. die Textil-, Nahrungsmittel-, chem., Elektro- u. Automobilind. sowie den Maschinenbau. Internat. Häfen sind Jilong (Keelung) u. Kaohsiung. Internat. Flughäfen sind Taoyüan u. Kaohsiung.

Geschichte. Die Ureinwohner T.s kamen vermutl. aus S-Asien. Chinesen wanderten um 1000 ein, verstärkt seit dem 17. Jh. 1590 entdeckten Portugiesen T. *(Ilha Formosa,* »schöne Insel«); 1624–61 war es ndl. Kolonie; dann wurde es Teil der chin. Prov. Fujian; 1895–1945 war es in jap. Besitz. 1949 flüchtete die von den Kommunisten im Bürgerkrieg geschlagene chin. Reg. unter *Chiang Kai-shek* mit 1,5 Mio. Anhängern nach T. Sie betrachtete sich als alleinige legitime Reg. Chinas u. wurde von vielen Staaten als solche anerkannt. T. schloß ein Militärabkommen mit den USA u. wurde mit deren Hilfe ein moderner, exportorientierter Industriestaat. Die Anerkennung der VR China durch die UN 1971 bewirkte automat. den Ausschluß T.s aus der Weltorganisation. Staats-Präs. war 1950–75 *Chiang Kai-shek.* Er errichtete ein autoritäres Regime mit der *Guomindang* (in T.: *Kuomintang, KMT*) als Staatspartei, wobei die Führungspositionen von 1948/49 nach T. gekommenen »Festlandschinesen« bekleidet wurden. Sein Sohn *Chiang Ching-kuo* (Präs. 1978–88) begann mit einer vorsichtigen Lockerung des Regimes. Ihm folgte als Präs. *Lee Teng-hui,* ein gebürtiger »Taiwanese«, der diese Politik fortsetzte. Obwohl T. u. die VR China einander die Staatlichkeit bestreiten, gibt es seit Mitte der 80er Jahre zw. ihnen begrenzte Kontakte auf nichtstaatl. Ebene.

**Taiyuan,** Hptst. der chin. Prov. Shanxi, am Fen He, 1,8 Mio. Ew.; Textil- u. Schwerind.

**Taizé** [tɛ'ze] → Communauté de Taizé.

**Taizong** [taidsuŋ], urspr. *Li Shimin,* *597, †649, chin. Kaiser 626–649; machte China zum Weltreich, führte grundlegende Land- u. Steuerreformen durch u. förderte die Kunst.

**Taizz,** Stadt in N-Jemen, ehem. Residenz des Imam, 178 000 Ew.

**Tajin-Kultur** [ta'xin-], altamerik. Kultur an der mex. Golfküste, 400–1200; ben. nach der Ruinenstadt *El Tajin* sw. von Papantla.

**Taj-Mahal** [tadsch-], *Tadsch-Mahal,* Mausoleum in Agra (Indien), gebaut vom Mogul-Kaiser Shajahan für seine frühverstorbene Gemahlin *Mumtaz-i Mahal;* Bauzeit 1630–48.

**Tajmyr** ['tai-], *Taimyr, Tamir,* nordasiat. Halbinsel an der sibir. Eismeerküste.

**Tajo** ['taxo], port. *Tejo,* längster Fluß der Iber. Halbinsel, 1120 km, 81 000 km² Einzugsgebiet; mündet bei Lissabon.

**Tajumulco** [taxu-], höchster zentralamerik. Berg (Vulkan), in SW-Guatemala, 4220 m.

**Takamatsu,** jap. Präfektur-Hptst. im N von Shikoku, 327 000 Ew.; Hafen.

**Takaoka,** jap. Stadt in Mittelhonshu, nahe der Toyama-Bucht, 176 000 Ew.

**Takasaki,** jap. Stadt in Honshu, 232 000 Ew.; Seidenind.

**Takatsuki,** jap. Ind.-Stadt in S-Honshu, nö. von Osaka, 349 000 Ew.

**Takeda,** Isumo, *1691, †1756, jap. Dramatiker; vollendete die Technik des Puppentheaters.

**Takelung,** *Takelage,* alles, was zu einer betriebsklaren Besegelung gehört (Tauwerk, Segel, Masten u.a.).

**Takeshita,** Naborn, *26.2.1924, jap. Politiker; mehrfach Finanz-Min., 1987–89 Min.-Präs.

**Takin,** Horntier mit 1 m Schulterhöhe u. büffelähnl. Äußeren mit kräftigen Hörnern; in Indochina u. W-China.

**Takka,** *Tacca,* in den gesamten Tropen verbreitete Pflanzengatt. Einige Arten liefern *T.stärke.*

**Takla Makan,** innerasiat. Sandwüste im südl. Tarim-Becken (China).

**Takt, 1.** die Sicherheit des Gefühls für das Richtige u. Angemessene. – **2.** in der Musik u. in der gebundenen Sprache die hörbare Pulsierung des Rhythmus, d.h. die wiederkehrende Abfolge von

*Tal der Könige: Eingänge zu den Gräbern von Tutanchamun (ganz links unten), Ramses VI. (rechts daneben), Amenmesse (gegenüber) und Ramses III. (rechts davon)*

betonten u. unbetonten Teilen als rhythm. Grundstruktur. In der *Musik* wird die *T.art* in der Notenschrift heute durch eine Bruchzahl angegeben; die einzelnen T. werden durch *T.striche* voneinander abgetrennt, z.B. ²/₂, ⁴/₄, ³/₄, ⁶/₈. In der modernen Musik hat der T. z.T. keine Bedeutung. – In der *Verslehre* ist der T. der *Versteil* von einer betonten Silbe bis zur nächsten unbetonten, als eine *Hebung* u. die ihr folgenden *Senkungen*. Die wichtigsten T.arten sind ²/₄- u. ³/₄-T. Nach der Anzahl der T. in einem Vers unterscheidet man zwei- bis achttaktige (auch »-hebige«) Verse. – **3.** *Arbeits-T.,* der abgeschlossene Teil eines sich wiederholenden Arbeitsvorgangs; z.B. beim Verbrennungsmotor der Kolbenhub (Zweitakt- u. Viertaktmotor).

**Taktik, 1.** kluges, planmäßiges Vorgehen, absichtsvolles Verhalten. – **2.** die Truppenführung im *Gefecht,* auch die Lehre von der Truppenführung.

**Takyre,** Salztonebenen in den Trockengebieten der südl. Sowj., unfruchtbare, schwach salzhaltige Schwemmböden.

**Tal,** meist von fließenden Gewässern, aber auch von Gletschern gebildete, langgestreckte Hohlform in der Erdoberfläche. Nach dem Querschnitt unterscheidet man das durch fließende Gewässer entstandene V-förmige *Kerb-T.* von dem durch Gletschererosion ausgehobelten *Trog-T.* Bes. T.formen sind noch *Cañon, Klamm* u. *Schlucht.*

**Talar,** weites Gewand, Amtstracht der Richter, Rechtsanwälte, Hochschulprofessoren u. der ev. Geistlichen.

*Charles Maurice de Talleyrand; Stich nach einem Gemälde von F. Gérard*

**Talayotikum,** die Bronze- u. Eisenzeit auf den Balearen, einer krieger. Hirten-Bauern-Kultur, 1500 v.Chr.; ben. nach dem *Talayot,* dem vorherrschenden Monument in Form eines mehrstöckigen Turms aus Stein, dessen Funktion unklar ist.

**Talbot** ['tɔːlbət], William Henry Fox, *1800, †1877, brit. Physiker u. Chemiker; erfand 1839 die *Kalotypie (Talbotypie,* Photographie auf Papier mit gewachsten Negativen u. kopierten Positiven).

**Talcahuano** [-kau'ano], Handels- u. wichtigster Kriegshafen Chiles, an der Bucht von Concepción, 231 000 Ew.

**Tal der Könige,** arab. *Biban al-Moluk,* größte altägypt. Nekropole, auf dem Westufer des Nil bei Theben, Begräbnisstätte der Pharaonen des Neuen Reichs, u.a. mit Kammergrab des *Tutanchamun* (1922 von H. Carter entdeckt).

**Talent, 1.** oberste Gewichts- u. Münzeinheit im antiken Griechenland; 1 attisches T. = 60 Minen = 6000 Drachmen = 26,196 kg. – **2.** überdurchschnittl. Begabung auf einem bestimmten Gebiet.

**Taler,** ndl. *Daalder,* skand. *Daler,* amerik. *Dollar,* eine 1484 erstmals in Tirol geprägte große Silbermünze; bald in Sachsen (1500) u. Joachimstal (1518, Joachims-T.) aufgegriffen. In den Reichsmünzordnungen wurde der T. als *Reichs-T.* zur Reichsmünze erhoben u. mit 28,6 g Silber festgesetzt (bis zum 18. Jh. geprägt).

**Talg,** *Inselt, Unschlitt,* Fett, bes. vom Rind u. Hammel. – *T.drüsen, Haarbalgdrüsen,* Drüsen der Säugetiere u. des Menschen, die in der Lederhaut liegen. Sie entleeren ihr Produkt, T.fett oder T., in den Haarfollikel oder außen auf die Haut.

**Talien,** chin. Stadt, → Dalian.

**Talion,** in alten Rechtsordnungen die Vergeltung von Gleichem mit Gleichem.

**Talisman,** ein Gegenstand, den man bei sich trägt, weil ihm geheime Kräfte innewohnen sollen, die Unglück abhalten u. Glück bringen.

**Talje,** seemänn. für *Flaschenzug.*

**Talk,** sehr weiches Mineral, blättrig oder schuppig, auch in dichten, derben Massen *(Speckstein, Steatit);* Verwendung: als Füllstoff (Papier, Seife), Bestandteil von Streupudern *(Talkumpuder)* u. Schminken.

**Talk-Show** ['tɔːkʃou; engl., »Plauderschau«], ein in den 1950er Jahren in den USA entstandener Typ von Unterhaltungssendung in Rundfunk u. Fernsehen. Ein oder mehrere »Gastgeber« (engl. *Host,* in Dtld. *Talkmaster* gen.) befragen geladene Gäste in lockerer Form zu privaten, berufl. u. allg. Themen.

**Tallahassee** [tælə'hæsi], Hptst. von Florida (USA), nahe dessen Nordgrenze, 120 000 Ew.; Holzindustrie. – 1824 gegr.

**Talleyrand** [talɛ'rã], *T.-Périgord,* Charles Maurice, Herzog von T., Fürst von Bénévent, *1754, †1838, frz. Diplomat; 1788 Bischof von Autun; leistete 1791 als erster Kleriker den Eid auf die Verf.; 1797–1807 Außen-Min. Er unterstützte zwar den Staatsstreich Napoleons, lehnte aber dessen Eroberungspolitik ab. 1814/15 erneut Außen-Min., war auf dem Wiener Kongreß erfolgreich in der Rehabilitierung Frankreichs.

**Tallinn,** estn. Name von *Reval,* der Hptst. Estlands.

**Tallit** → Gebetsmantel.

**Talma,** François-Joseph, *1763, †1826, frz. Schauspieler; gründete 1791 das Théâtre Français, revolutionierte die klass. frz. Bühne durch Realismus in Spiel u. Ausstattung.

**Talmi, 1.** goldplattierter *Tombak* mit 90% Kupfer u. 10% Zink, für Schmuckgegenstände. – **2.** *übertragen:* falscher Glanz; unechte, vorgetäuschte Kostbarkeit.

**Talmud** [der; hebr. »Lehre«], die Zusammenfassung der gesamten jüd. Tradition, bes. der Auslegungen, Anwendungen u. Weiterbildungen des mosaischen Gesetzes. Begonnen im 6. Jh. v.Chr., abgeschlossen im 5. Jh. n.Chr., entstand der T. als Zusammenfassung der → *Mischna* u. der → *Gemara.*

**Talon** [taˈlɔ̃, der], **1.** beim Kartenspielen die nach dem Geben übrigbleibenden Karten. – **2.** Erneuerungsschein auf Zins- u. Dividendenbögen.

**Talsperre,** ein Bauwerk, das ein Tal in voller Breite abschließt u. dadurch zur Aufstauung eines

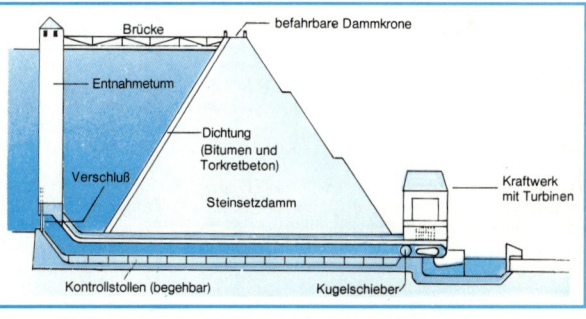

*Talsperre: Querschnitt eines Staudamms mit Kraftwerkseinrichtungen*

Wasserlaufs führt. T. dienen dem Hochwasserschutz, der Wasserbevorratung u. der Stromerzeugung *(Wasserkraftwerk).* Neben dem eigtl. Sperrbauwerk besteht eine T. aus Betriebsanlagen wie Entnahmebauwerken u. aus Einrichtungen für die Hochwasserentlastung u. die Stauraumentleerung *(Grundablässe).*

**TA-Luft,** Abk. für *Techn. Anleitung zur Reinhaltung der Luft,* Verwaltungsvorschrift zum *Bundes-Emmissionsschutzgesetz* von 1974.

**Tamale,** Stadt im nördl. Ghana, 137 000 Ew.; Verw.- u. Handelszentrum.

**Tamanrasset,** fr. *Fort-Laperrine,* Oasensiedlung, Militärstützpunkt u. Handelszentrum in der südl. alger. Sahara, 1420 m ü.M., 38 000 Ew.; Endpunkt der Transsaharastraße.

**Tamarak,** das schwere, harte Holz einer nordamerik. Lärche, mit weißem Splint u. rötl. Kern.

**Tamarinde,** *Tamarindus,* in Afrika heim. Gatt. der *Zäsalpinengewächse.* Die in afrikan. Baumsteppen heim., in Indien angebaute T. liefert das *Tamarindenmus* (schwaches Abführmittel).

*Tamilen: junge Frau mit Kind*

**Tamarins,** *Leontocebus,* südamerik. Gatt. der *Krallenaffen,* von der Größe eines Eichhörnchens, mit langem Schwanz.

**Tamariske,** *Tamarix,* strauchige oder bauchförmige Pflanzen im Mittelmeerraum, in Afrika u. SO-Asien, mit kleinen, meist schuppig anliegenden Blättern.

**Tamaulipas,** Bundesstaat im N → Mexikos mit bed. Landw. (Baumwolle, Sisal) u. Erdölvorkommen.

**Tambour** [-buːr], **1.** *Baukunst:* der zylindr.-ringförmige oder polygonale Teil eines Gebäudes zw. Kuppel u. Unterbau, meist mit Fenstern. – **2.** *Maschinenbau:* rotierender Zylinder aus Gußeisen oder Blech zur Aufwicklung von Papier. – **3.** *Musik:* Trommel, Trommler; in der Infanteriemusik der Anführer u. Ausbilder der Spielleute.

**Tambow** [-'bɔf], Hptst. der gleichn. Oblast in der RSFSR (Sowjetunion), im Schwarzerdegebiet, 305 000 Ew.; metallverarbeitende u. chem. Ind.

**Tamburin,** span. *Pandero,* kleine, mit nur einem Fell bespannte Handtrommel, mit Schellen.

**Tamil,** die drawid. Sprache der Tamilen SO-Indiens, auch im N u. O Sri Lankas gesprochen, wo es z.T. das Singhalesische verdrängt hat.

**Tamilen,** *Tamil,* südind. Volk der Drawida-Gruppe (40 Mio.); seit dem 3. Jh. n. Chr. auch in N Sri Lankas, wo sie ein Reich gründeten. Sie bilden heute dort eine hinduist. Minderheit u. stehen im Konflikt zu den Singhalesen.

**Tamil Nadu,** 1956 gegr. Bundesstaat im SO der Ind. Union, bis 1967 *Madras;* Siedlungsraum der Tamilen.

**Tamina,** l. Nbfl. des Rhein im schweiz. Kt. St. Gallen, 28 km.

**Tamm,** Igor Jewgenjewitsch, *1895, †1971, sowj. Physiker; erhielt den Nobelpreis 1958 für die theoret. Deutung der Tscherenkow-Strahlen.

**Tammus,** der 10. Monat des jüd. Kalenders (Juni/Juli).

*Tandem: zwei Tandem-Rennfahrerpaare im Endspurt auf der Ziellinie*

**Tampa** ['tæmpə], Stadt in W-Florida (USA), an der T.-Bucht, 292 000 Ew.; 2 Univ.; Tabakind.

**Tampere,** schwed. *Tammerfors,* südfinn. Ind.-Stadt am Näsijärvi u. an den Stromschnellen (Kraftwerke) des Tammerkoski, 163 000 Ew.; 2 Univ.

**Tampico,** Stadt u. Haupthafen des nordmex. Bundesstaats Tamaulipas, 622 000 Ew.; Seebad.

**Tampon,** Ballen zur Aufnahme von Flüssigkeiten, bes. Streifen oder Bausch aus Mull zum Ausstopfen von Körper- oder Wundhöhlen.

**Tamtam,** im europ. Orchester ein urspr. indones. Gong von tiefer, aber unbestimmter Tonhöhe.

**tan,** veraltet auch tang, tg, Zeichen für Tangens.

**Tana, 1.** *Tanna,* Insel der südl. Neuen Hebriden, in Melanesien, bis 1042 m hoch, 15 000 Ew. – **2.** finn. *Tenojoki,* finn.-norw. Grenzfluß, 330 km. – **3.** größter Fluß in Kenia, rd. 800 km.

**Tanagra,** im Altertum Hptst. Ostböotiens, östl. von Theben; 457 v.Chr. Schlacht bei T. (Sieg der Spartaner über die Athener); Fundort vielfältiger Tonfiguren (4. u. 3. Jh. v.Chr.).

**Tanami-Wüste,** Halbwüste im Innern des austral. N-Territoriums, rd. 100 000 km²; schüttere Spinifexvegetation.

**Tananarive** → Antananarivo.

**Tanaro,** l. Nbfl. des Po, 276 km.

**Tanasee,** See im Hochland von Äthiopien, 1830 m ü.M., rd. 3100 km², bis 70 m tief.

**Tanbur,** Laute mit langem Hals u. kleinem eiförmigen Holzkorpus; im arab. Raum, Indien, N-Afrika u. auf dem Balkan.

**Tandem, 1.** leichter Wagen mit zwei hintereinandergespannten Pferden. – **2.** ein Fahrrad, auf dem zwei Fahrer hintereinander sitzen; mit zwei Sätteln u. zwei Tretlagern, vom vorderen Fahrer gesteuert.

**Tandschur,** Sammlung ind.-buddhist. Schriften in tibet. Übersetzung; um 1300 abgeschlossen.

**Tang,** Bez. für die großen Formen der Meeresalgen, bes. der Braunalgen, z.B. Blasentang.

**Tang,** chin. Dynastie 618–906 n. Chr.; Blütezeit der altchin. Kunst u. Kultur.

**Tanga,** Regions-Hptst. in Tansania, am Ind. Ozean, 145 000 Ew.

**Tanganjika,** *Tanganyika,* Teil des afrik. Staats Tansania; das frühere *Deutsch-Ostafrika,* 1920–45 brit. Völkerbundmandat, dann UN-Treuhandgebiet, 1962–64 unter dem Namen T. unabhängige Rep. – **T.-See,** zweitgrößter See Afrikas, im Zentralafrik. Grabenbruch, an der Grenze zwischen Tansania, Sambia, Zaire u. Burundi; rd. 650 km lang, 20–80 km breit, 34 000 km².

**Tangaren,** Fam. der *Singvögel* Amerikas. Zu den auffällig gefärbten T. gehören die *Organisten* u. die *Zuckervögel.*

**Tange,** Kenzo, *4.9.1913, jap. Architekt.

**Tangens,** Abk. *tan,* eine der *Winkelfunktionen.*

**Tangente,** eine Gerade, die eine Kurve oder eine Fläche in einem Punkt berührt.

**Tanger,** arab. *Tanja,* im Altertum *Tingis,* marokkan. Hafenstadt, am Westeingang der Straße von Gibraltar, 338 000 Ew.; Univ.; Freihafen, bed. Industrie. – Seit 1912 zeitw. unter internat. Verwaltung, 1956 mit dem Kgr. Marokko vereinigt.

**Tangermünde,** Stadt in Sachsen-Anhalt, in der Altmark, 12 500 Ew.; histor. Stadtbild mit got. Backsteinbauten; Süßwaren-Ind.

**Tang La,** Paß über die Himalaya-Hauptkette, 4633 m ü.M., wichtigste Verbindung zw. Indien u. Tibet.

**Tango,** ein argent. Tanz im langsamen 2/4- oder 4/8-Takt, der von der Habanera melod. u. rhythm. Elemente übernahm; seit 1910 in Europa verbreiteter Gesellschaftstanz.

**Tangshan,** chin. Stadt in der Prov. Hebei, nö. von Tianjin, 1,3 Mio. Ew.; Maschinenbau- u. Textilind. – 1976 durch Erdbeben fast völlig zerstört (ca. 650 000 Tote).

**Tanguten, 1.** nordtibet. Volksstamm; mit eig. Reich *(Minayk)* in Kansu (9.–13. Jh.) – **2.** mongol. Name für die *Tibeter.*

**Tanguy** [tã'gi], Yves, *1900, †1955, US-amerik. Maler frz. Herkunft; Surrealist.

**Tanis,** ägypt. *Djanet,* im AT *Zoan,* Ort im östl. Nildelta, Hptst. der 21. Dynastie (1080–945 v.Chr.); Amun-Tempel von Ramses II.

**Tanjore** ['tændʒɔː], *Thanjavur,* südind. Distrikt-Hptst. am Cauveri-Delta, 184 000 Ew.; Residenz- u. Tempelstadt.

**Tank, 1.** im 1. Weltkrieg der schwer bewaffnete Kampfwagen auf Gleisketten; später zum Panzerkampfwagen weiterentwickelt. – **2.** große Kessel, Behälter für Kraftstoffe, Wasser, Milch u.a.

**Tank,** Kurt, *1898, †1983, dt. Flugzeugkonstrukteur, entwarf Jagd- u. Langstreckenflugzeuge (»Condor«).

**Tanka,** *Waka, Uta,* die klass. Form des 31silbigen (5–7–5–7–7) jap. Kurzgedichts.

**Tanker,** *Tankschiff,* Frachtschiff zum Transport von flüssiger u. fester Ladung. Die z.Z. größten T. der Welt haben Tragfähigkeiten von über 500 000 t.

**Tankred,** *Tancred,* **1.** *T. von Hauteville,* †1041, normann. Ritter. Seine Söhne, bes. *Robert Guiscard* u. *Roger I.,* gründeten das süditat. Normannenreich. – **2.** †1112, Regent von Edessa u. Antiochia, Großneffe des Normannenfürsten Robert Guiscard; Held von Tassos »Befreitem Jerusalem«. – **3.** *T. von Lecce,* *um 1130, †1194, normann. König von Sizilien 1190–94; verteidigte das sizil. Reich gegen Kaiser Heinrich VI.

**Tannaiten,** jüd. Gesetzeslehrer der Zeit des 1. bis 3. Jh. n. Chr., deren Lehren den Inhalt der *Mischna* bilden.

**Tanne,** *Abies,* Gatt. der *Nadelhölzer;* Bäume mit in 2 Reihen gescheitelten, stumpfen Nadeln. Die *Weiß-, Edel-* und *Silber-T.* ist ein bis 65 m hoher Baum von pyramidenförmigem Wuchs. Verbreitung: in den Gebirgen des mittlern u. südl. Europa. Von der Edel-T. gibt es einige auffallende Varietäten, z.B. Hänge-, Schlangen-, Pyramiden- u. Zwerg-T. Aus dem westl. Kaukasus stammt die *Kaukasische* oder *Nordmanns-T.,* aus S-Spanien die *Spanische* oder *Pinsapo-T.;* aus dem westl. N-Amerika kommen: *Riesen-T., Pracht-T., Purpur-T., Westl. Balsam-T.* u.a. – Andere T. genannte Bäume gehören anderen Familien oder Gatt. an, z.B. *Schmuck-T.* (→ Araukarie), *Schierlings-T.* (→ Tsuga), *Douglas-T.* (→ Douglasie).

**Tännel,** *Elatine,* kleine einjährige, amphib. lebende Kräuter der Fam. der *T.gewächse;* hierzu z.B. der *Quirl-T.*

**Tannenberg,** poln. *Stebark,* ostpreuß. Ort sö. von Osterode. – 1410 siegte bei T. *(Grunwald)* ein poln.-litau. Heer über den Dt. Orden. – Im 1. Weltkrieg wurde bei T. 1914 die überlegene russ. Narew-Armee unter Alexander W. *Samsonow* von der dt. 8. Armee unter *Hindenburg* (Chef des Generalstabes: E. *Ludendorff*) eingeschlossen u. vernichtet (Denkmal 1927 errichtet, 1945 zerstört).

**Tannenhäher,** *Birk-, Berghäher,* in Gebirgswäldern Eurasiens heim. *Rabenvogel.*

**Tannenwedel,** einzige in Dtld. vorkommende Gatt. der *T.gewächse,* eine in fließenden u. stehenden Gewässern zerstreut vorkommende Wasserpflanze.

**Tannhäuser,** *um 1205, †nach 1266, Minnesänger aus der Oberpfalz; verfaßte parodist. Minnelieder u. höf. Tanzlieder. Durch Übertragung der Venusbergsage auf ihn wurde er im 16. Jh. zur Sagengestalt; am bekanntesten durch R. *Wagners* Oper »T.« 1845.

**Tannin,** *Gallusgerbsäure,* in den Pflanzengallen

*Tannhäuser; Miniatur aus der Manessischen Handschrift, Heidelberg*

versch. Eichen- u. Sumacharten in Japan, China u. der Türkei vorkommende, als gelbl. Pulver gehandelte organ. Verbindung; Verwendung als Gerb- u. Beizstoff, Arzneimittel u.a.

**Tanreks,** *Tenrecidae,* Fam. der Insektenfresser; urtüml. Säugetiere, die aufgrund des Fehlens von höher entwickelten Konkurrenten auf Madagaskar versch. Lebensformtypen entwickeln konnten: Maulwurf-, Spitzmaus-, Otter- u. Igeltyp (*Borstenigel*); letztere sind die typischsten T.

**Tansania,** Staat in O-Afrika, 945 087 km², 24,0 Mio. Ew., Hptst. *Dodoma;* bis 1981 *Dar es Salaam.*

*Tansania*

Landesnatur. Zwischen dem Zentralafrik. Graben im W u. dem Ostafrik. Graben liegt das durchschnittl. 1200 m hoch gelegene Hochbecken von Unyamwezi mit dem Victoriasee. T. ist ausgesprochen reich an Vulkanen, zu denen auch der *Kilimandscharo* (mit 5895 m höchster Berg Afrikas) gehört. Das Klima im Küstentiefland ist trop. heiß; der größte Teil des Landes hat gemäßigtes trop. Hochlandklima. Meist herrschen Feucht- u. Trokkensavannen mit Galeriewäldern sowie laubabwerfender Trockenwald (Miombo) vor.

Die Bevölkerung besteht aus über 120 Bantustämmen, ferner aus hamit. Viehzüchtervölkern (Massai, Watussi, Wahima) im N u. NW. An der Küste leben die Suaheli, deren Sprache offizielle Landessprache ist. 40% der Bev. sind Anhänger von Naturreligionen, je 30% Moslems u. Christen (²/₃ Katholiken).

Wirtschaft. Die Landw. ist der wichtigste Wirtschaftszweig. Sie liefert für den Export Baumwolle, Kaffee, Sisal (¹/₅ der Welterzeugung), Cashewnüsse, Tee u.a., auf Sansibar u. Pemba Gewürznelken (80% der Welterzeugung) u. Kokospalmprodukte. Die Viehzucht wird z.T. noch nomadisch betrieben. Der Schwerpunkt der Industrie liegt auf der Verarbeitung von Agrarprodukten. Wichtige Standorte: Dar es Salaam u. Tanga. Durch Nationalparks wachsender Fremdenverkehr.

Geschichte. 1919 wurde das *Tanganjika-Territorium* (fr. ein Teil Dt.-Ostafrikas) Völkerbundsmandat unter brit. Verwaltung, 1946 UN-Treuhandgebiet. – Am 9.12.1961 wurde das Land unabh., ein Jahr später Rep. 1964 wurde durch Vereinigung von Tanganjika mit Sansibar die *Vereinigte Republik T.* geschaffen. 1967 wandte sich T. einer sozialist. Politik zu. Die *Revolutionäre Staatspartei (CCM)* gegr. Seit 1985 ist A.H. *Mwinyi* Staats-Präs. Er leitete eine vorsichtige Liberalisierungspolitik ein.

**Tanta,** Prov.-Hptst. im nördl. Ägypten, im Nildelta, 374 000 Ew.

**Tantal,** ein → chemisches Element.

**Tantalos,** *Tantalus,* grch. Sagenkönig, setzte seinen von ihm selbst geschlachteten Sohn *Pelops* den Göttern als Mahl vor u. wurde dafür zu »T.-Qualen« in der Unterwelt verdammt: Beim Anblick von Speisen u. Wasser muß er ewigen Hunger u. Durst leiden. Auf seinem Geschlecht **(Tantaliden)** ruhte ein Fluch (Atreus, Agamemnon, Orestes u.a.).

**Tantieme** [tã'tjɛ:mə], 1. prozentuale Beteiligung der Bühnenautoren an den Bruttoeinnahmen der Aufführungen ihres Stücks. – 2. Beteiligung der Vorstands- u. Aufsichtsratsmitgl. einer AG am Reingewinn der Gesellschaft; oft auch an leitende Angestellte gezahlt.

**Tantra,** auch *Agama* [»Überlieferung«], *Sanhita* [»Sammlung«], Bez. für Heiligenbücher u. Offenbarungsschriften des Hinduismus u. Buddhismus; vom 5. Jh. n. Chr. an faßbar.

**Tantrismus,** im 6. Jh. eine Richtung innerhalb des Hinduismus u. Buddhismus, in der Ritual, Magie u. Mystik mit dem *Tantra* als Grundlage im Vordergrund stehen.

**Tanz,** eines der urspr. Ausdrucksmittel des Menschen, seel.-geistige Vorgänge durch Bewegungen des Körpers, durch Gestik u. Mimik zu versinnbildlichen; meist von Musik begleitet (Schlagzeug, T.lied, T.musik). – Schon in der frühesten Menschheitsgeschichte ist der T. in vielfältigen

*Dorfschule in Tansania*

Formen nachweisbar; er findet sich noch bei zahlr. Naturvölkern in seiner eigtl. Bed. als mag.-religiöse Beschwörung u. als Hingabe an Mythen u. Naturgeschehen (*Zauber-, Trance-, Tempel-T.*). Auch die Gemeinschaftstänze sind zunächst kult. gebunden (*Kriegs-, Fruchtbarkeits-T.*). In der ital. Renaissance entwickelte sich aus u. neben den höf. Gesellschaftstänzen (seit dem 14. Jh. Paartänze) eine eigtl. T.kunst, zunächst als festl. Zeremonie von großem Prunk. Solche Veranstaltungen hießen italienisch *balletti,* sie waren der Anfang des Balletts. → Gesellschaftstanz.

**Tanzania** [-za:] → Tansania.

**Tanzlied,** *Tanzleich,* eine Gatt. der mittelalterl. Lyrik, die zum Vortrag beim Reigentanz verfaßt wurde; oft als Kehrreim-Lied.

**Tanzmaus,** eine Spielart der *Russ.-chin. Hausmaus,* deren Gleichgewichtsorgan im inneren Ohr verkümmert ist u. die Maus dauernd zur Ausführung von Drehbewegungen veranlaßt.

**Tanzschrift** → Choreographie.

**Tanzsport,** *Turniertanz,* die sportl. Form des Gesellschaftstanzes, die bei Turnieren ausgeübt u. durch die Turnierordnung geregelt wird. Die Turniertänze bestehen aus den *Standardtänzen* (Langsamer Walzer, Quickstep, Wiener Walzer, Tango u. Langsamer Fox) u. den *lateinamerik. Tänzen* (Samba, Rumba, Cha-Cha-Cha, Paso doble u. Jive). Organisation: *Dt. T.verband.* – Der Berufs-T. der Tanzlehrer wird nach den Bestimmun-

### Tänze
(Volks- und Gesellschaftstänze)

| Name | Takt | Ursprungsland | Entstehung | Name | Takt | Ursprungsland | Entstehung |
|------|------|---------------|-----------|------|------|---------------|-----------|
| Allemande | gerader Takt | Deutschland | 16. Jh. | Kontertanz | 6/8 | England | 16. Jh. |
| | | | | Krakowiak | 2/4 | Polen | 19. Jh. |
| Blues | 4/4 | USA | ~1920 | Ländler | 3/4 | Bayern/Österreich | 15. Jh. |
| Bolero | 3/4 | Spanien | 18. Jh | | | | |
| Boogie-Woogie | 4/4 | USA | ~1920 | Mambo | 2/4 | Kuba | ~1940 |
| Bourrée | 4/4 | Frankreich | 16. Jh. | Mazurka | 3/4 oder 3/8 | Polen | 17. Jh. |
| Branle | gerader Takt | Frankreich | 16. Jh. | Menuett | 3/4 | Frankreich | 17. Jh. |
| | | | | Musette | 3/4 oder 6/8 | Frankreich | 17. Jh. |
| Calypso | 2/4 und 4/4 | Trinidad | ~1900 | Onestep | 2/4 | USA | ~1900 |
| Cancan | 2/4 | Algerien | 19. Jh. | Pavane | gerader Takt | Italien | 16. Jh. |
| Cha-Cha-Cha | 2/4 und 4/4 | Kuba | ~1950 | Polka | 2/4 | Böhmen | ~1830 |
| Chaconne | 3/4 | vermutl. Spanien | 16. Jh. | Polonaise | 3/4 | Polen | 16. Jh. |
| | | | | Quadrille | 2/4 | Frankreich | 18. Jh. |
| Charleston | 4/4 | USA | ~1920 | Rheinländer | 2/4 | Deutschland | ~1840 |
| Courante | 3/8 oder 6/8 | Frankreich | 16. Jh. | Rigaudon | gerader Takt | Frankreich | 17. Jh. |
| Ecossaise | dreiteilig | Schottland | 17. Jh. | Rock'n'Roll | 4/4 | USA | ~1955 |
| Fandango | 3/4 | Spanien | 18. Jh. | Rumba | gerader Takt | Kuba | 19. Jh. |
| Flamenco | dreiteilig | Spanien | 16. Jh. | | | | |
| Forlana | 6/8 | Italien | 17. Jh. | Samba | 4/4 | Brasilien | ~1920 |
| Foxtrott | 4/4 | USA | ~1910 | Sarabande | 3/4 | Spanien | 16. Jh. |
| Gaillarde | ungerader Takt | Italien | 14. Jh. | Schuhplattler | 3/4 oder 2/4 | Oberbayern | 19. Jh. |
| Galopp | 2/4 | Deutschland | ~1820 | Siciliano | 6/8 | Sizilien | 18. Jh. |
| Gavotte | 2/4 | Frankreich | 16. Jh. | Tango | 2/4 | Argentinien | ~1900 |
| Gigue | drei-, auch zweiteilig | Irland und Schottland | 17. Jh. | Tarantella | 6/8 | Italien | 18. Jh. |
| | | | | Twist | 4/4 | USA | ~1960 |
| Habanera | 2/4 | Kuba | 19. Jh. | Walzer | 3/4 | Österreich | ~1770 |
| Jitterbug | 4/4 | USA | ~1940 | | | | |

*Tanz: Ballett »Bhakti« von Maurice Béjart (links). – Tanzpaar bei der Weltmeisterschaft der Amateure in den Standardtänzen (rechts)*

*Schabrackentapir*

gen des *International Council of Ballroom Dancing*, London, durchgeführt.
**Tao,** alter Grundbegriff des philosoph. Denkens in China. → Dao.
**Taoismus** → Daoismus.
**Taomasina,** *Tomatave,* die größte Hafenstadt Madagaskars, Prov.-Hptst. an der Ostküste, 100 000 Ew.; Ölraffinerie, Nahrungsmittelind.
**Tao Qian,** *Tao Chien, Tao Yüan-ming,* \*365, †427, chin. Dichter. Seine Lyrik u. Prosa beeinflußten *Li Bai.*
**Taormina,** das antike *Tauromenion,* ital. Stadt an der Ostküste von Sizilien, 10 000 Ew.; antike Baureste, bes. ein grch. Amphitheater.
**Tao-te-king,** chin. philos. Werk, → Dao-De-Jing.
**Tapa,** *Kapa,* in Polynesien ein Bekleidungsstoff aus Rindenbast.
**Tapet** [das], alte Bez. für Decke, Teppich.
**Tapete,** seit dem 17. Jh. übl. Wandbekleidung aus Papier. – Zu den Vorläufern der T. gehörte der Teppich in seiner alten Form als Wandbehang. Ihm folgten kostbare Seiden-, Brokat- u. Samtstoffe sowie verzierte Pergament- u. Lederdecken. – Das Deutsche Tapetenmuseum befindet sich in Kassel.
**Tapezierspinnen,** *Atypidae,* die einzigen mitteleurop. *Vogelspinnen i.w.S.* Sie kleiden ihre Wohnröhren mit einem Gespinst aus, das die Röhre nach außen weit überragt. Dieser äußere Gewebeschlauch dient zum Beutefang.
**Taphrina,** Gatt. der Schlauchpilze; Erreger des *Hexenbesens* an Weißbuchen u. Kirschbäumen sowie der *Narrenkrankheit* an Pflaumen u. der *Kräuselkrankheit* an Pfirsichen.
**Tapiau,** russ. *Gwardejsk,* Stadt in Ostpreußen, östl. von Königsberg, am Pregel, 8600 Ew.; Burg des Dt. Ordens.
**Tàpies** [-piɛs], Antonio, \*23.12.1923, span. Maler u. Graphiker; von P. *Klee* u. J. *Miró* beeinflußte surreale Bilder.
**Tapioka** → Maniok.
**Tapire,** 1 m hohe u. bis 2,50 m lange *Unpaarhufer* der trop. Urwälder, mit je 4 Zehen an den Vorder- u. 3 Zehen an den Hinterfüßen. Die Schnauze ist zu einem kurzen Rüssel verlängert. Der südostasiat. *Schabracken-T.* hat eine auffällige Schwarzweißzeichnung.

*Tarantella: Darstellung aus der »Phonurgia Nova« von Athenasius Kircher, 1673. München, Bayerische Staatsbibliothek*

**Tapisserie,** urspr. die Herstellung von gewirkten u. gestrickten Wandbehängen, heute Weiß- u. Buntstickerei.
**Tappert, 1.** Georg, \*1880, †1957, dt. Maler u. Graphiker (expressionist. Figurenbilder). – **2.** Horst, \*26.5.1923, dt. Schauspieler; bes. bekannt als Fernsehkommissar Derrick.
**Tara,** das Gewicht der Verpackung (Faß, Kiste) einer Ware.
**Tarantel, 1.** zu den *Wolfsspinnen* gehörende große trop. u. subtrop. Spinnenarten, die wie die Falltürspinnen in Erdröhren wohnen. Bekannt ist *Lycosa tarentula,* die **Apulische T.,** deren schmerzhafter Biß entgegen dem Volksglauben für den Menschen ungefährl. ist. – **2.** eine Gatt. der *Geißelspinnen,* die in Amerika lebt; ohne Giftdrüsen. – **3.** in N-Amerika gebräuchl. Bez. für Vogelspinnen.
**Tarantella,** südital. Volkstanz im raschen ⁶/₈-Takt.
**Tarapacá,** Prov. in → Chile.
**Tarascon** [-'kɔ̃], *T.-sur-Rhône,* südfrz. Stadt an der Rhône, 11 000 Ew.; Schloß aus dem 14./15. Jh.; Weinbau.
**Tarasken,** die antiken Bewohner von Michoacan in W-Mexiko, 1000–1500. Ihre Kultur ähnelte der der Azteken.
**Tarawa,** Atoll der pazif. Inselgruppe Kiribati (fr. Gilbertinseln), 24 000 Ew.
**Tarbes** [tarb], Stadt in SW-Frankreich, am Adour, 51 400 Ew.; Elektro-, Maschinen- u.a. Ind.; got. Kathedrale; Flughafen (Lourdes).
**Tardieu** [-'djø], **1.** André, \*1876, †1945, frz. Politiker (Linksrepublikaner); 1919 maßgebl. an der Abfassung des Versailler Vertrags beteiligt; 1929/30 u. 1932 Min.-Präs. – **2.** Jean, \*1.11.1903, frz. Schriftst.; Vertreter des absurden Theaters.
**Tarent,** ital. *Tàranto,* das antike *Taras,* südital. Hafenstadt am Golf von T., Hptst. von Apulien, 250 000 Ew.; Eisen- u. Stahlind.; rom. Dom, Kastell. – 708 v. Chr. von Spartanern gegr.
**Tarif,** Verzeichnis der Preissätze u. Gebühren für bestimmte Lieferungen u. Leistungen, z.B. *Zoll-, Steuer-, Post-, Gehalts-T.*
**Tarifautonomie,** das nicht durch staatl. Zwangsschlichtung beschränkte Recht der Arbeitgeber (-Verbände) u. Gewerkschaften, durch Verhandlungen u. notfalls Kampfmaßnahmen die Lohn- u. Gehaltstarife sowie die Manteltarife der Arbeiter u. Angestellten zu bestimmen.
**Tarifvertrag,** eine schriftl. Gesamtvereinbarung zw. Gewerkschaften u. Arbeitgeberorganisationen (*Verbandstarif*) oder zw. Gewerkschaften u. einem einzelnen Arbeitgeber (*Firmentarif*). Durch T. kann objektives Recht für den Abschluß u. die Bedingungen (Lohn, Urlaub, Arbeitszeit) von Einzelarbeitsverhältnissen festgelegt werden. Die Arbeitsbedingungen gelten nur, wenn Arbeitgeber u. Arbeitnehmer organisiert sind, die Regelung der betriebl. u. betriebsverfassungsrechtl. Fragen schon, wenn der Arbeitgeber organisiert ist. Ausdehnung durch *Allgemeinverbindlicherklärung* ist mögl. – In der S c h w e i z heißt der T. *Gesamtarbeitsvertrag,* in Ö s t e r r e i c h *Kollektivvertrag.*
**Tarik,** *Táriq,* arab. Heerführer; landete, von Afrika kommend, 711 in Gibraltar (*Djebel al-T.*), besiegte die Westgoten bei Jérez de la Frontera u. eroberte den größten Teil der Iber. Halbinsel.
**Tarim-Becken,** innerasiatisches Trockenbecken in Xinjiang (VR China); um 1000 m hoch, rd. 800 000 km²; im Innern Sandwüste (*Takla-Makan*).
**Tarim Darya,** chin. *Da li mu,* innerasiat. Fluß in Xianjiang (VR China), 2200 km, 198 000 km² Einzugsbereich; endet im versumpften Gebiet des Lob Nuur.
**Tarkowskij,** Andrej, \*1932, †1986, sowj. Filmregisseur; philos. argumentierende, bisweilen surreale Arbeiten. Ⓦ »Iwans Kindheit«, »Solaris«, »Das Opfer«.
**Tarlac,** philippin. Prov.-Hptst. nw. von Manila, 176 000 Ew.
**Tarn,** rechter Nbfl. der Garonne in S-Frankreich, 375 km; mündet bei Moissac.
**Tarnkappe,** *Nebelkappe,* in der dt. u. nord. Sage eine Kappe, die den Träger unsichtbar macht.
**Tarnobrzeg** [-bʒɛg], poln. Stadt an der Weichsel, südl. von Sandomir, 42 000 Ew.; in der Umgebung Schwefellager.
**Tarnopol,** *Ternopol,* Hptst. der gleichn. Oblast in der Ukrain. SSR (Sowj.), im östl. Galizien, 197 000 Ew.; versch. Ind. – Bis 1939 polnisch.
**Tarnów** [-nuf], poln. Stadt an der Biala, 118 000 Ew.; chem. Ind.
**Tarnowitz,** poln. *Tarnowskie Góry,* Stadt in NO-Oberschlesien (Polen), 68 000 Ew.; Maschinenbau. – Seit dem 13. Jh. Bergbau.
**Taro,** *Wasserbrotwurzel,* aus der Fam. der *Aronstabgewächse,* eine der wichtigsten Stärkepflanzen der trop. Gebiete.
**Tarock,** Kartenspiel für 4 Personen mit 78 Blättern; den rätselhaften Kartensymbolen wird seit dem 18. Jh. eine myst. Deutung unterlegt.
**Tarpan,** im 19. Jh. ausgerottetes südosteurop. Pferd; ein verwildertes Hauspferd.
**Tarpune,** Fam. der *Heringsfische* der wärmeren Meere, bis 2 m lang u. i. allg. 10–25 kg schwer.
**Tarquinia,** ital. Stadt im nördl. Latium, 12 000 Ew.; mittelalterl. Stadt mit Geschlechtertürmen. Östl. des heutigen T. lag das antike *Tarquinii,* Hptst. des zentraletrusk. Städtebundes, als Widersacher Roms im 3. Jh. v.Chr. besiegt, im 8. Jh. von den Sarazenen zerstört.
**Tarquinier,** zwei sagenhafte röm. Könige: *Tarquinius Priscus,* 616–578 v.Chr., sowie *Tarquinius Superbus,* 534–510 v.Chr., der 7. u. letzte König von Rom (durch Iunius *Brutus* vertrieben).
**Tarragona,** Hafenstadt in Katalonien (NO-Spanien), Hptst. der Prov. T., 106 000 Ew.; antike Ruinen, got. Kathedrale; Weinkellereien.
**Tarrasa,** katalan. *Terrassa,* Stadt in Katalonien (NO-Spanien), 160 000 Ew.; Textilindustrie.
**Tarski,** Alfred, \*1901, †1983, poln. Logiker; einer der Begr. der philos. *Semantik.*
**Tarsus,** *Tarsos,* südtürk. Stadt in Kilikien, am Kydnos, 160 000 Ew.; das antike *Kydnos (Cydnus).*
**Tartaglia** [-'talja], Niccolò, eigtl. N. *Fontana,* \*um 1500, †1557, ital. Mathematiker; arbeitete über Wahrscheinlichkeitsrechnung, fand die Auflösung der Gleichungen dritten Grades.
**Tartarus,** *Tartaros,* in der grch. Myth. Strafort für die *Titanen* in der Unterwelt.
**Tartessos,** *Tarsis,* bibl. Name *Tarschisch,* Name einer in antiken Quellen erwähnten Handelsstadt im südwestl. Spanien; um 500 v.Chr. von Karthagern zerstört.
**Tartini,** Giuseppe, \*1692, †1770, ital. Geiger u. Komponist; stellte durch Triller u. Doppelgriffe höchste Anforderungen an die Violintechnik.
**Tartu,** estn. Name der Stadt *Dorpat.*
**Tartuffe,** *Tartüff,* scheinheiliger Schurke, nach dem Titelhelden in *Molières* Komödie »Le Tartuffe ou l'imposteur« 1664.
**Tarzan,** im Dschungel lebender weißhäutiger Held der Abenteuerromane von E.R. *Burroughs.*

*Gewöhnlicher Taschenkrebs*

**Taschaus,** Hptst. der gleichn. Oblast im N der Turkmen. SSR (Sowj.), 110 000 Ew.; Zentrum eines Baumwollanbaugebietes.
**Täschelkraut** → Hirtentäschel.
**Taschenbücher,** preiswerte Bücher in Taschenformat; hervorgegangen aus den *Musenalmanachen* u. späteren billigen Buchreihen. Die heutige Art der T. stammt aus den USA (*Pocket Books*). Rotationsdruck, Schnellbindeverfahren u. hohe Auflagen ermöglichen einen niedrigen Preis.
**Taschenkrebse,** *Cancridae,* Fam. der *Krabben,* an der Nordseeküste.
**Taschenmäuse,** *Taschenspringer, Heteromyidae,* Fam. der Nagetiere mit rd. 70 Arten; bewegen sich wegen langer Hinterbeine u. langem Schwanz känguruhartig; am bekanntesten sind die *Känguruhratten* N-Amerikas.
**Taschenrechner,** handl. elektron. Rechner, im Taschenformat, betrieben durch Batterie-, Akku- oder Solarzellen, aufgebaut aus *Mikroprozessoren* u. *integrierten Schaltkreisen,* heute meist mit *LCD-Anzeige* (→ Flüssigkristallanzeige). Einfache T. haben mindestens die vier Grundrechenarten u.

einen Speicher; höherwertige T. haben mehrere Speicher u. bieten viele spezielle Rechenoperationen, z.B. für kaufmänn. oder techn.-wiss. Anwendungen. Kombiniert mit Buchstabentasten sind manche T. heute gleichzeitig auch ein Daten- u. Adressenspeicher.

**Taschkent,** Hptst. der Usbek. SSR (Sowj.), 2,1 Mio. Ew.; kultureller u. wirtsch. Mittelpunkt Sowj.-Zentralasiens; in einer ausgedehnten Oase am Tschirtschik; Univ.; orient. Altstadt; vielfältige Ind.

**Tasman,** Abel Janszoon, *1603, †1659, ndl. Seefahrer; entdeckte 1642 Tasmanien, 1643 die neuseeländ. Südinsel.

**Tasmanien,** Insel sö. des austral. Kontinents, kleinster Bundesstaat Australiens, 68 329 km², 449 000 Ew., Hptst. *Hobart.* Das seenreiche zentrale Gebirgsplateau erreicht im *Mount Ossa* 1617 m; warmgemäßigtes Klima; viele Bodenschätze.

**Tasmanier,** die im 19. Jh. ausgerotteten Ureinwohner Tasmaniens; in Horden lebende Wildbeuter. Sie gehörten zu den Melanesiden u.

**TASS,** Abk. für *Telegrafnoje Agenstwo Sowjetskowo Sojusa,* staatl. Nachrichtenagentur der UdSSR.

**Tassilo,** bay. Stammesherzöge aus dem Haus der *Agilofinger.* – **T. III.** 748–788, *wahrsch. 741, †nach 794; 788 wegen »Heeresverlassung« (T. hatte 763 Pippin auf seinen aquitan. Feldzug im Stich gelassen) zum Tod verurteilt u. von Karl d. Gr. zu Klosterhaft begnadigt.

**Tasso,** Torquato, *1544, †1595, ital. Dichter; seit 1565 im Dienst der Herzöge von Este in Ferrara; 1579–86 im Irrenhaus in Ferrara, dann auf Fürsprache von Papst u. Kaiser freigelassen; W Schäferspiel »Aminta«. – Schauspiel von J.W. Goethe.

**Tastatur,** die Gesamtheit der Tasten an Tasteninstrumenten, Büromaschinen u.ä.

**Tastsinn,** die Wahrnehmung von Druck; urspr. Sinn, bei allen Tieren vorkommend. Gereizt werden freie Nervenenden, die *Tastkörperchen.* Bei Wirbellosen erheben sich oft Sinnesstiftchen über die Haut.

**Tatabánya,** ung. Komitats-Hptst. westl. von Budapest, 76 000 Ew.

**Tatar** → Beefsteak.

**Tataren,** einige Turkvölker der Sowj. (in der Tatar. ASSR, um den Kaukasus u. in Sibirien), mit zahlr. Stämmen. Der Name T. war urspr. einem kleinen mongol. Stamm eigen u. wurde seit dem 14. Jh. auf das Turkvolk übertragen, das sich aus der Verschmelzung von Mongolen, Türken, Wolga-Finnen u. Slawen an der mittleren u. unteren Wolga, auf der Krim sowie in W-Sibirien herausbildete.

**Tatarischer Sund,** *Tatarensund, Tatarenstraße,* Nordteil des Jap. Meers zw. dem asiat. Festland u. der Insel Sachalin; Engpaß 7 km breit.

**tatauieren,** ugs. auch *tätowieren,* den Körper mit dauerhaften Bildern u. Mustern ausschmücken, durch Einführen von Farbstoff mittels Dorn, Nadel, Messer, Tatauierkamm oder Faden unter der Haut. Das T. hat urspr. mag. Zwecke (Abwehr-, Kräftigungszauber), hängt z.T. mit dem Totemismus zus. (das Totemzeichen wird auftatauiert) u. wird vielfach in Verbindung mit den Reifeweihen ausgeführt.

**Tate Gallery** ['teɪt 'gæləri], 1897 eröffnete staatl. Gemäldesammlung in London, mit Werken der engl. u. kontinentalen Kunst des 19. u. 20. Jh.

**Täter,** derjenige, der eine strafbare Handlung begangen hat.

**Tati,** Jacques, eigtl. J. *Tatischeff,* *1909, †1982, frz. Filmschauspieler u. Regisseur. W »Die Ferien des Monsieur Hulot«.

**Tätigkeitsform** → Aktiv.

**Tätigkeitswort** → Verbum.

**Tatlin,** Wladimir, *1885, †1953, russ. Bildhauer; ein Hauptmeister der russ. Revolutionskunst.

**tätowieren** → tatauieren.

**Tatra,** tschechosl.-poln. Hochgebirge, höchster Teil der W-Karpaten; Teile: *Liptauer T., Westl. T., Hohe T.* u. *Belaer T.,* in der *Gerlsdorfer Spitze* 2663 m; südl. der Waag die *Niedere T.*

**Tatti,** Jacopo → Sansovino (2).

**Tatum** ['teɪtəm], **1.** Art, *1910, †1956, afroamerik. Jazzpianist. – **2.** Edward Lawrie, *1909, †1975, US-amerik. Biologe u. Genetiker; arbeitete über die Steuerung der Eiweißsynthese durch Gene; Nobelpreis für Medizin 1958.

**Tatzen,** die Füße des Bären (auch *Pranken*).

**Tau, 1.** [der], Niederschlag von Wassertropfen aus den bodennahen Luftschichten am Erdboden (an Gräsern, Sträuchern u.a.). T. entsteht infolge nächtl. Strahlungsabkühlung, bei wenig bewölktem Himmel u. Windstille. – **2.** [das], *Tauwerk,* aus mehreren geteerten Garnen zusammengedrehtes Seil von über ca. 20 mm Durchmesser.

**Tau,** Max, *1897, †1976, dt. Schriftst.; emigrierte 1938 nach Norwegen; Werke im humanitären Geist; 1950 Friedenspreis des Dt. Buchhandels.

**taub, 1.** nicht erzhaltig (t.es Gestein). – **2.** an Taubheit leidend.

**Taube, 1.** Henry, *30.11.1915, US-amerik. Chemiker; 1983 Nobelpreis für Arbeiten über Elektronenübertragungen in Metallen. – **2.** Otto Frhr. von, *1879, †1973, baltend. Schriftst.

**Tauben,** *Columbiformes,* eine Ordnung der *Vögel,* die mit ca. 310 Arten weltweit verbreitet ist; meist mit typ. gurrender Stimme; amsel- bis gänsegroße Wald-, z.T. Fels- oder Bodenbewohner; oft gewandte Flieger. T. leben monogam, Männchen wie Weibchen brüten. Die 1–2 Jungen sind Nesthocker u. werden von den Eltern mit käseartiger Kropfmilch genährt. Zu den Tauben i.e.S. zählen z.B. die einheim. *Ringeltaube* u. *Turteltaube.* Von der *Felsentaube* aus dem Mittelmeerraum stammen über 100 Haustaubenrassen ab.

**Taubenschwänzchen,** ein *Schwärmer* von 5 cm Spannweite, der bei Tage fliegt u. im Schwirrflug mit langem Saugrüssel den Honig aus Röhrenblüten saugt.

**Tauber** [die], l. Nbfl. des Main, 120 km.

**Tauber,** Richard, eigtl. Ernst *Seiffert,* *1891, †1948, östr. Sänger (Tenor), 1938 nach London emigriert.

**Tauberbischofsheim,** Stadt in Ba.-Wü., an der Tauber, 12 600 Ew.; Schloß aus dem 15./16. Jh.; Weinbau; Leistungszentrum des dt. Fechtsports.

**Taubheit,** *Surditas,* Gehörlosigkeit, ererbt oder erworben durch Erkrankungen des Innenohrs oder der Hörnerven u. durch Verletzungen; kommt einseitig oder doppelseitig vor. Die angeborene oder frühzeitig erworbene vollständige T. führt zu Stummheit (→ Taubstummheit).

**Täubling,** *Russula,* Gatt. der *Blätterpilze;* hierzu z.B. der *Speise-T.* u. der giftige *Spei-T.* (Speiteufel).

**Taubnessel,** *Lamium,* artenreiche Gatt. der *Lippenblütler* Europas, N-Afrikas u. des gemäßigten Asiens; die brennesselähnl. Blätter brennen nicht bei Berührung.

**Taubstummheit,** *Surdomutitas,* Unvermögen des Hörens u. Sprechens; bei angeborener oder vor dem 7. Lebensjahr erworbener Taubheit. T. kann durch spezielle Schulen gemildert werden.

**Tauchenten,** *Aythyini,* Unterfam. der *Enten,* die im Unterschied zu den *Schwimmenten* bei der Nahrungssuche ganz untertauchen; einheim. Arten: Tafelente, Reiherente, Moorente, Kolbenente.

**Taucher, 1.** jemand, der mit Hilfe von Tauchgeräten Unterwasserarbeiten ausführt; meist wird ein Tauchanzug mit kupfernem Helm u. direkter Sauerstoffzufuhr von der Oberfläche verwendet, der Arbeiten von 2–3 Stunden in 40–60 m Tiefe ermöglicht; Atmungsgeräte am Körper getragen reichen bis etwa 30 m Tiefe aus. Nackt-T. (z.B. Perlenfischer) tauchen 2–3 min auf Tiefen von etwa 6–30 m; → Tauchsport. – **2.** Sammelbez. für die Vogelordnungen der *Lappen-T.* u. *See-T.*

**Taucherglocke,** ein unten offener Druckluft-Senkkasten, der durch sein Gewicht auf den Grund von Gewässern sinkt. Er dient bei Wasserbauarbeiten als Arbeitsraum.

**Taucherkrankheit,** *Caisson-, Druckfallkrankheit,* eine Berufskrankheit, die bei (zu schnellem) Übergang aus einem *Caisson* (pneumat. Senkkasten), d.h. aus erhöhtem Druckmilieu, in Normalluftdruck entsteht.

**Tauchkugel,** bemannte Kugel zur Erforschung der Tiefsee. Der Amerikaner O. *Barton* entwickelte 1930 die *Bathysphäre,* eine stählerne Kugel mit Quarzglasfenstern u. Scheinwerfern, die an einer Stahltrosse hinabgelassen wurde. 1948 tauchte Barton mit einer anderen Kugel bis 1372 m.

**Tauchsieder,** elektr. Gerät zum Erhitzen von Flüssigkeiten (außer Milch). Es besteht meist aus einem spiralig gewundenen Metallrohr, in das der Heizleiter keram. isoliert eingebettet ist.

**Tauchsport,** *Sporttauchen,* das Schwimmen unter Wasser mit Hilfe von Tauchgeräten. Die »ABC-Ausrüstung« besteht aus Schnorchel, Tauchmaske u. Schwimmflossen; ferner verwendet man Preßluftatemgeräte, Taucherschutzanzug, Druck- u. Tiefenmesser u.a.

**Tauern,** Gebirgsgruppen der Zentralalpen in Östr.: → Hohe Tauern, → Niedere Tauern.

**Taufe,** ein weitverbreiteter religiöser Reinigungs- u. Einweihungsritus; in den christl. Kirchen das erste der Sakramente, durch das der Mensch in die christl. Gemeinschaft aufgenommen wird. Die T. wird nach Matth. 28, 19 durch dreimaliges Begießen oder Besprengen des Kopfes mit Wasser gespendet, bei einzelnen Gruppen (z.B. Baptisten) auch durch Untertauchen des Täuflings. Im allg. wird die T. nur vom Geistlichen gespendet, sie kann aber im Notfall (Todesgefahr) von jedem Christen vollzogen werden u. wird dann als *Nottaufe* bezeichnet. Die ordnungsgemäß vorgenommene T. wird in ein Urkundenbuch *(Taufbuch, Taufregister)* eingetragen u. ein *Taufschein* ausgestellt.

**Täufer** → Wiedertäufer.

**Taufkapelle** → Baptisterium.

**Taufliegen,** *Fruchtfliegen,* Fam. kleiner *Fliegen,* deren Larven sich in gärenden Flüssigkeiten oder überreifem Obst entwickeln.

**Tauler,** Johannes, *um 1300, †1361, dt. Mystiker; Dominikaner; wirkte in Straßburg, Basel u. Köln.

**Taunton** ['tɔ:ntən], Hptst. der südwestengl. Gft. *Somerset,* 35 000 Ew.

**Taunus,** sö. Teil des Rhein. Schiefergebirges, zw. Rhein u. Main, Lahn u. Wetterau; im N 75 km lange, 35 km breite Hochfläche mit höherem Rücken im S u. langsamem Absinken nach N zur Lahn; im *Großen Feldberg* 880 m, *Altkönig* 798 m.

**Taunusstein,** Stadt in Hessen, 27 000 Ew.; Maschinen- u. Musikinstrumentenbau; Benediktinerkloster (8. Jh.).

**Taupunkt,** die Temperatur einer Gasmenge, bes. der Luft, bei der der in ihr enthaltene Wasserdampf zur Sättigung (100 %) gerade ausreicht. Bei Luftabkühlung unter den T. kondensiert die Feuchtigkeit; es entstehen Niederschläge (Tau, Reif), Wolken oder Nebel.

**Taurisker,** kelt. Volksstamm im Tauerngebiet, unter *Augustus* von den Römern unterworfen.

**Tauroggen,** lit. *Taurage,* Stadt in Litauen, nordöstl. von Tilsit, 20 000 Ew.

**Taurus,** rd. 1000 km langes türk. Gebirge, von Karien im W bis Kurdistan im O, mit Steilküste zum Mittelmeer; besteht aus dem *Lykischen T.* (im *Bey Dağları* 3086 m) im W, dem *Kilikischen T.* (im *Kaldıdağ* 3734 m) u. dem *Antitaurus* (im *Bimboge Dağ* 2940 m).

**Tauschehe,** *Tauschheirat,* eine bei Wildbeutern häufigere Form der Eheschließung, bei der als Ersatz für das aus der Gruppe (Fam., Sippe) scheidende Mädchen gleichzeitig eine Schwester oder nahe Verwandte des Bräutigams in die Gruppe der Braut verheiratet wird.

**Tauschierung,** Einlegearbeit von Edelmetalldrähten (Gold, Silber) in weniger wertvolles Metall, wie Bronze u. Eisen, aus dem zu diesem Zweck Rillen herausgeätzt werden.

**Täuschung** → arglistige Täuschung, → Betrug.

**Tauschwirtschaft,** *Verkehrswirtschaft,* eine Wirtschaftsform, bei der Waren u. Arbeit zw. den einzelnen Wirtschaftseinheiten getauscht werden, bei gleichzeitiger Spezialisierung. Die T. kann in

*Tauchsport: zwei Taucher beim Tieftauchen mit Preßluftatemgerät*

## Tausendfüßler

Form der *Naturalwirtschaft* oder der *Geldwirtschaft* auftreten.

**Tausendfüßler**, *Myriapoda*, Klasse der *Gliederfüßer*. Der Rumpf besteht aus einer großen Zahl fast gleichartiger Segmente, die fast alle ausgebildete Laufbeinpaare tragen (bis zu 350). Die T. werden unterteilt in die Unterklassen *Hundertfüßler, Doppelfüßler, Wenigfüßler* u. *Zwergfüßler*.

**Tausendgüldenkraut**, *Centaurium*, Gatt. der *Enziangewächse* der nördl. gemäßigten Zone.

**Tausendjähriges Reich**, ein religiöser Begriff (→ Millennium), der gelegentl. auch von Anhängern u. (spött.) von Gegnern zur Bez. des nat.-soz. Dtld. gebraucht wurde.

**Tausendschön** → Gänseblume.

**Tausendundeine Nacht**, arab. *Alf laila wa-laila*, arab. Erzählsammlungen von über 300 Märchen, Legenden, Anekdoten, Parabeln, Gedichten u.a., von einer Rahmenhandlung zusammengehalten: Um sich für die Untreue seiner Gattin zu rächen, heiratet der König von Samarkand jeden Abend eine andere Frau u. tötet sie am Morgen. Die kluge Tochter des Wesirs, *Scheherezade*, hält den König durch fesselnde Erzählungen von seinem Vorhaben ab. — Die Geschichten sind z.T. ind. Herkunft (8. Jh.; im 10. Jh. pers. übersetzt).

**Tausendundein Tag**, Slg. orient. Märchen in der Art von »Tausendundeine Nacht«; wahrsch. im 16. Jh. in Indien zusammengestellt, später türk., dann pers. bearbeitet.

**Taut**, 1. Bruno, Bruder von 2), *1880, †1938, dt. Architekt; bed. für die Entwicklung moderner Siedlungskomplexe. — 2. Max, *1884, †1967, dt. Architekt u. Schriftst.; zählt mit seinen Bauten zu den Pionieren der modernen Architektur.

**Tautologie**, 1. in der Logik soviel wie *Zirkelschluß*. — 2. eine rhetor. Figur, in der bedeutungsgleiche Wörter aufgezählt werden (»immer u. ewig« oder »nackt u. bloß«), so daß das zweite oder dritte Glied nichts aussagt, was nicht schon das erste Glied gebracht hätte.

**Taxameter**, das geeichte Zählwerk in Taxis (die davon ihren Namen haben).

**Taxe**, durch einen *Taxator* öffentl. festgesetzter Preis; Wertschätzung; Gebühr.

**Taxidermie**, das Haltbarmachen u. Ausstopfen von Tierkörpern.

**Taxis** → Thurn und Taxis.

**Taxodiengewächse** → Pflanzen.

**Taxus** → Eibe.

**Tay** [tei], längster Fluß Schottlands, 193 km; mündet bei Perth in den *Firth of T.* in die Nordsee.

**Taygetos** [ta'ijetɔs]; grch. Gebirgszug auf dem südl. Peloponnes, im *Hagios Ilias* 2407 m.

**Taylor** ['teilə], 1. Brook, *1685, †1731, engl. Mathematiker; *T.sche Formel*: Reihenentwicklung

*Tausendundeine Nacht: Illustration von Edmund Dulac zu dem Märchen »Prinzessin Badoura« aus »1001 Nacht«*

## Wichtige Daten zur Geschichte der Technik

**v. Chr.**

| Jahr | Ereignis |
|---|---|
| 600 000 | Geräte aus Knochen und Stein werden benutzt |
| 350 000 | Der Gebrauch des Feuers ist bekannt |
| 8 000 | Keramikgegenstände werden angefertigt; erste Spuren des Ackerbaus; Ton und Lehm werden als Baumaterial verwendet |
| 5 000 | Werkzeuge u. Geräte bestehen aus Feuerstein, Geweihen, Holz u. Leder |
| 4 000 | In Mesopotamien ist das Rad bekannt |
| 3 000 | Die Sumerer verwenden vierrädrige Wagen; in Mesopotamien und Ägypten gibt es ausgebildete Schriftsysteme |
| 2 300 | In Mesopotamien verwendet man Schöpfwerke |
| 2 000 | In Ägypten werden Lasten mit Hilfe von Walzen, Hebeln und Keilen transportiert; auf der Insel Kreta ist die Tinte bekannt |
| 1 830 | In Mitteleuropa beginnt die Bronzezeit |
| 1 800 | In Ägypten ist das Glas bekannt |
| 1 400 | In Ägypten kennt man die Schnellwaage mit einem Laufgewicht; Pergament-Schriftrollen sind in Gebrauch |
| 1 200 | Beginn der Eisenzeit im Gebiet des östlichen Mittelmeeres |
| 1 160 | In China ist der Kompaß bekannt |
| 700 | In Westkleinasien werden Münzen geprägt |
| 550 | In Griechenland werden Windmühlen gebaut |
| 500 | Die Römer befassen sich mit Metallurgie |
| 290 | Die Ägypter verwenden Schreibtafeln aus Wachs |
| 260 | *Archimedes* erfindet den Flaschenzug |
| 215 | In China benutzt man Haarpinsel als Schreibgerät |
| 200 | Baubeginn der Chinesischen Mauer; das Wasserrad mit senkrechter Welle ist bereits bekannt |
| 100 | Erfindung des Papiers in China |
| 10 | Beginn der Eindeichung Hollands |

**n. Chr.**

| Jahr | Ereignis |
|---|---|
| 330 | An der Mosel arbeiten wasserkraftbetriebene Sägemühlen |
| 593 | Erfindung hölzerner Druckstöcke in China |
| 950 | In Persien treiben Windräder Mühlenwerke an |
| 1044 | In China wird Schießpulver zur Explosion gebracht |
| 1206 | Im Oberharz werden Silbererze gefördert |
| 1280 | In Italien wird die Brille erfunden |
| 1390 | U. *Stromer* erbaut die erste Papiermühle in Deutschland |
| 1427 | H. *Arnold* erfindet die Uhrfeder |
| 1445 | J. *Gutenberg* erfindet den Buchdruck mit beweglichen Lettern |
| 1480 | *Leonardo da Vinci* erfindet den Fallschirm |
| 1505 | P. *Henlein* erfindet die erste brauchbare Taschenuhr |
| 1571 | J. *Besson* entwirft eine Schraubendrehbank |
| 1590 | Die Holländer H. und Z. *Janssen* erfinden das Mikroskop |
| 1602 | In Nürnberg gibt es die erste fahrbare Feuerspritze |
| 1623 | R. Mansell entdeckt das Flintglas |
| 1631 | Der Jesuit C. *Scheiner* entwickelt den Storchschnabel |
| 1656 | C. *Huygens* konstruiert die Pendeluhr |
| 1665 | In England kommt der Bleistift in Gebrauch |
| 1681 | D. *Papin* baut eine Dampfmaschine |
| 1687 | E. *Weigel* konstruiert einen Fahrstuhl |
| 1708 | J. F. *Böttger* erfindet das Hartporzellan |
| 1735 | Einführung des Kokshochofens in die Eisenhüttentechnik durch A. *Darby* |
| 1745 | W. *Cook* baut eine Dampfheizung |
| 1748 | J. *Jansen* erfindet die Stahlschreibfeder |
| 1752 | B. *Franklin* erfindet den Blitzableiter |
| 1754 | H. *Cort* baut ein Eisenwalzwerk |
| 1759 | C. P. *Oberkampf* gründet die erste Seidenwaren-Manufaktur in Frankreich; T. *Mudge* entwickelt die freie Ankerhemmung |
| 1765 | J. *Watt* erfindet die Niederdruck-Dampfmaschine |
| 1767 | J. *Hargreaves* entwickelt die Jenny-Spinnmaschine |
| 1769 | N. J. *Cugnot* baut den ersten Dampfwagen; R. *Arkwright* baut die Spinnmaschine |
| 1776 | *Hatton* erfindet die Hobelmaschine; D. *Bushnell* entwickelt den Torpedo |
| 1780 | B. *Franklin* erfindet die bifokalen Brillengläser |
| 1785 | E. *Cartwright* erfindet den mechanischen Webstuhl |
| 1786 | A. *Meikle* baut eine Schlagleisten-Dreschmaschine |
| 1789 | W. *Jessop* stellt die Kopfschiene her (die Grundform der heutigen Eisenbahnschiene) |
| 1792 | E. *Cartwright* baut eine Wollkämm-Maschine |
| 1793 | Erstes Telegramm wird mit dem optischen Telegraphen von C. *Chappe* über eine Strecke von 70 km gesendet |
| 1795 | A. *Senefelder* entwickelt die Lithographie |
| 1805 | J. M. *Jacquard* erfindet eine Webmaschine (Jacquardmaschine); *Stone* erfindet den Schneidbrenner |
| 1808 | *Newberry* erfindet die Bandsäge |
| 1809 | *Eckardt* erfindet den Metall-Schleuderguß |
| 1810 | F. G. *Koenig* erhält das Patent für eine dampfgetriebene Druckpresse |
| 1814 | G. *Stephenson* baut die erste betriebsfähige Lokomotive |
| 1816 | J. N. *Niépce* entwickelt die Grundlagen der Photographie; G. *Lankensperger* erfindet die Achsschenkellenkung |
| 1817 | K. F. von *Drais* entwickelt das Laufrad |
| 1818 | E. *Whitney* baut die Fräsmaschine |
| 1825 | G. *Stephenson* baut die erste Eisenbahn |
| 1826 | W. *Sturgeon* erfindet den Elektromagneten |
| 1827 | B. *Fourneyron* erfindet die Wasserturbine; J. N. von *Dreyse* baut ein Gewehr, das Zündnadelpatronen verschießt |
| 1828 | J. *Thorp* baut die Ringspinnmaschine |
| 1829 | H. *Maudslay* erfindet die Mikrometerschraube |
| 1830 | J. *Madersperger* baut die erste Nähmaschine; A. R. *Polonceau* konstruiert die Straßenwalze |
| 1833 | C. F. *Gauß* und W. E. *Weber* bauen den ersten elektrischen Telegraphen |
| 1834 | J. *Albert* entwickelt ein Verfahren zur Herstellung gedrehter Drahtseile |
| 1835 | A. *Siebe* konstruiert den Taucherhelm |
| 1839 | C. N. *Goodyear* entdeckt die Vulkanisation des Kautschuks; J. *Nasmyth* baut den Dampfhammer |
| 1841 | J. *Whitworth* entwickelt ein einheitliches Gewindesystem |
| 1843 | E. *Drescher* erfindet den Füllfederhalter |
| 1844 | J. *Mercer* entwickelt das Merzerisationsverfahren |
| 1846 | W. von *Siemens* erfindet den elektrischen Zeigertelegraphen |
| 1848 | *Duboscq* u. L. *Foucault* erfinden eine brauchbare Kohlebogenlampe |
| 1850 | J. B. *Dancer* erfindet den Mikrofilm |
| 1852 | W. *Thomson* (ab 1892 Lord Kelvin) erfindet das Prinzip der Wärmepumpe |
| 1859 | G. *Planté* erfindet den Akkumulator |
| 1860 | J. J. E. *Lenoir* baut einen Gasmotor |
| 1861 | J. P. *Reis* erfindet den Fernsprecher |
| 1862 | N. A. *Otto* realisiert den Benzinmotor |
| 1863 | W. A. *Bullock* baut eine Rotationsdruckmaschine |
| 1867 | J. *Monier* erfindet den Eisenbeton; A. *Nobel* erfindet das Dynamit; W. von *Siemens* baut die Dynamomaschine |
| 1868 | J. *Albert* erfindet das Lichtdruckverfahren |
| 1874 | J. M. E. *Baudot* vollendet sein Telegraphensystem |
| 1875 | C. von *Linde* baut die Ammoniak-Kältemaschine |
| 1876 | N. A. *Otto* und E. *Langen* bauen den patentreifen Viertaktmotor; A. G. *Bell* verbessert den Fernsprecher |

| | | | | |
|---|---|---|---|---|
| 1877 | T. A. *Edison* erfindet das Grammophon | 1935 | S. J. *Sokolow* entwickelt die zerstörungsfreie Materialprüfung mit Ultraschall | |
| 1878 | S. G. *Thomas* erfindet das nach ihm benannte Stahlerzeugungsverfahren | | | |
| 1879 | T. A. *Edison* konstruiert die Glühlampe mit Kohlefaden | 1937 | C. *Carlson* entwickelt einen Trockenkopierer (Xerox-Verfahren) | |
| 1880 | L. *Pelton* konstruiert eine Freistrahlturbine | 1942 | W. J. *Kolff* entwickelt die „künstliche Niere" | |
| 1882 | W. von *Siemens* baut eine elektrische Grubenlokomotive; T. A. *Edison* erbaut das erste Elektrokraftwerk | 1945 | Auf Hiroschima wird von den USA die erste Atombombe abgeworfen | |
| | | 1948 | D. *Gabor* veröffentlicht erste Arbeiten über die Holographie; E. H. *Land* entwickelt die Sofortbildkamera | |
| 1884 | P. *Nipkow* überträgt Bilder mit elektrischem Bildabtaster (Nipkow-Scheibe); O. *Mergenthaler* erfindet die Setzmaschine (Linotype); G. W. *Eastman* baut die Rollfilm | 1950 | E. W. *Müller* erfindet das Feldelektronenmikroskop | |
| | | 1952 | Entwicklung des Farbfernsehens in den USA von NTSC (National Television System Committee), in Deutschland von W. *Bruch* (Telefunken), in Frankreich von H. *de France* | |
| 1885 | H. *Bauer* erfindet den Druckknopf; N. N. von *Bernados* erfindet das Lichtbogenschweißen; R. u. M. *Mannesmann* erfinden ein Schrägwalzverfahren zur Herstellung nahtloser Rohre; G. W. *Daimler* und W. *Maybach* bauen das Motorrad | 1954 | F. *Wankel* entwickelt den nach ihm benannten Kreiskolbenmotor | |
| | | 1962 | Der TV-Satellit „Telstar" überträgt erstmals Fernsehbilder zwischen den USA und Frankreich | |
| 1886 | C. F. *Benz* baut den Benzinkraftwagen | 1967 | Einführung des PAL-Farbfernsehsystems in der Bundesrepublik Deutschland; das erste europäische Gezeitenkraftwerk bei Saint-Malo wird fertiggestellt | |
| 1887 | E. *Berliner* stellt die Schallplatte in der heutigen Form her; N. *Tesla* erfindet den Drehstrommotor | | | |
| 1888 | W. *Doehring* u. E. *Hoyer* fertigen Spannbeton; J. B. *Dunlop* erfindet den luftgefüllten Gummireifen | 1969 | Den USA gelingt mit Apollo 11 die bemannte Mondlandung | |
| 1889 | A. G. *Eiffel* baut anläßlich der Weltausstellung in Paris den nach ihm benannten Eiffelturm; N. *Tesla* konstruiert den Wechselstromgenerator | 1970 | Der Taschenrechner wird in den USA entwickelt | |
| | | 1971 | In der UdSSR geht ein großer magnetohydrodynamischer (MHD) Generator in Betrieb | |
| 1892 | J. *Dewar* und R. *Burger* entwickeln die Thermosflasche | 1972 | Erste Kabelfernsehnetze in den USA | |
| 1895 | C. von *Linde* erzeugt flüssige Luft | 1976 | Die deutsche Magnetschwebebahn Transrapid erreicht eine Geschwindigkeit von 401 km/h | |
| 1896 | R. *Diesel* entwickelt den nach ihm benannten Motor; G. *Marconi* entwickelt die drahtlose Telegraphie | | | |
| 1897 | H. *Goldschmidt* entwickelt die Aluminothermie; K. F. *Braun* erfindet die nach ihm benannte Braunsche Röhre | 1979 | Eine in der BR Deutschland entwickelte Drehstromlokomotive (DB-Lok, Baureihe 120) wird erfolgreich erprobt; Entwicklung optischer Transistoren | |
| 1900 | K. *Mertens* entwickelt den Kupfertiefdruck; F. A. *Kjellin* konstruiert den Induktionsofen | | | |
| | | 1981 | Produktion der Neutronenwaffe durch die beiden Großmächte USA und UdSSR; Tiefbohrung in über 10 000 m Tiefe (UdSSR) | |
| 1904 | C. *Hermann* und W. *Rubel* entwickeln unabhängig voneinander den Offsetdruck; H. *Anschütz-Kaempfe* erhält ein Patent für den Kreiselkompaß; A. *Korn* entwickelt die Bildtelegraphie | | | |
| | | 1982 | Einführung der Kernspintomographie als Diagnoseverfahren | |
| 1905 | H. *Holzwarth* konstruiert die erste Explosionsgasturbine | 1983 | Inbetriebnahme der Fusionsforschungsanlage JET in Culham bei London | |
| 1906 | A. *Wilm* erfindet das Duraluminium | | | |
| 1907 | L. *de Forest* entwickelt die Triode | 1984 | Das Antiblockiersystem (ABS) kommt in Serienfahrzeugen zur Anwendung | |
| 1912 | A. *Brehm* erfindet ein Echolotgerät | | | |
| 1914 | G. *Sundback* erhält ein Patent für den Reißverschluß | 1986 | Baubeginn des Eisenbahntunnels unter dem Ärmelkanal | |
| 1915 | W. *Gaede* erfindet die Diffusionslampe | 1986 | Unfall im sowjetischen Kernreaktor Tschernobyl, bei dem der Reaktorkern zerstört wird | |
| 1919 | H. *Vogt*, J. *Engl* und J. *Massolle* entwickeln das Tonfilm-Verfahren | | | |
| 1922 | H. *Busch* konstruiert die erste elektrische Linse | 1988 | Mikroskopisch kleine Maschinenteile werden aus Silicium hergestellt | |
| 1923 | V. K. *Zworykin* baut die Fernseh-Bildaufnahmeröhre (Ikonoskop) | 1989 | Inbetriebnahme des Jade-Windparks Wilhelmshaven zur Erprobung großer Windenergieanlagen | |
| 1927 | G. J. M. *Darrieus* realisiert einen neuartigen Windrotor | | | |
| 1933 | M. *Knoll*, E. *Brüche*, E. *Ruska* u. a. entwickeln das Elektronenmikroskop | 1990 | Der französische Hochgeschwindigkeitszug TGV Atlantique erreicht eine Geschwindigkeit von 515 km/h | |

einer Funktion. – **2.** Edward, *1644, †1729, angloamerik. Theologe u. Schriftst. (bildkräftige, religiöse Lyrik). – **3.** Elizabeth (Liz), *27.2.1932, US-amerik. Filmschauspielerin; war in 5. Ehe mit R. *Burton* verh. (1964–74). – **4.** Frederick Winslow, *1856, †1915, US-amerik. Ingenieur; entwickelte die als **T.ismus** (*T.-System*) bekannte Lehre von der wiss. Betriebsführung (*Scientific Management*), die auf genauen Zeit- u. Arbeitsstudien beruht. – **5.** Zachary, *1784, †1850, US-amerik. General u. Politiker; 1849/50 (12.) Präs. der USA.

**Tb**, *Tbc, Tbk*, Abk. für *Tuberkulose*.

**Tbilisi**, grusin. Name von *Tiflis*.

**tdw**, Abk. für engl. *ton deadweight*, Maßeinheit der Tragfähigkeit von Schiffen; → deadweight.

**Teakholz** ['ti:k-], in zahlr. Sorten gehandeltes Holz des T.baums, mit bis zu 40 m Höhe in Vorderindien u. SO-Asien. Das gelblichbraune T. ist mittelschwer, sehr dauerhaft (termitenfest) u. witterungsfest.

**Teamwork** ['ti:mwə:k], Gemeinschafts-, Zusammenarbeit (eines *Teams*, einer Arbeitsgruppe).

**Tebaldi**, Renata, *1.2.1922, ital. Sängerin (Sopran).

**Tecchi** ['tɛki], Bonaventura, *1896, †1968, ital. Schriftst. u. Kritiker.

**Technetium**, ein → chemisches Element.

**Technicolor**, in den USA u. in Großbritannien verbreitetes Verfahren zur Herstellung farbiger Spielfilme.

**Technik**, i.w.S. die Beherrschung der zweckmäßigsten u. wirtschaftl. Mittel, um ein bestimmtes Ziel zu erreichen; i.e.S. die Verfügung über Methoden rationellen, insbes. industriellen Produzierens sowie die Erweiterung des Aktionsradius des Menschen durch planmäßige Ausnutzung der durch die Naturgesetze gegebenen Möglichkeiten. Als Beginn des sog. *technischen Zeitalters* kann die Erfindung der Dampfmaschine (durch J. *Watt* 1769) angesehen werden.

**Technikum**, ältere Bez. für *Ingenieurschule*.

**Technische Hochschule**, *TH*, Ausbildungsstätte für techn. u. naturwiss. Fachkräfte, die im Aufbau den Univ. entsprechen u. Promotionsrecht haben; seit 1966 durch Verbreiterung ihrer Basis u. ihrer Ausbildungsziele meist in *Technische Universitäten (TU)* umgewandelt. Die TH (TU) haben eine Einteilung nach Fakultäten oder Fachbereichen für: Ingenieurwissenschaften mit Math. u. ergänzenden geistes- oder naturwiss. Fächern; Maschinenwesen (Elektrotechnik, Maschinenbau, Schiffbau); Bauwesen (Architektur u. Bauingenieurwesen); Bergbau u. Hüttenwesen, an manchen TH (TU) auch Land- u. Gartenbau sowie Naturwiss. u. Sozialwiss. Den Abschluß des Studiums bildet die Diplomprüfung; Absolventen der TU können auch den Grad eines Dr. Ing., Dr. rer. nat., Dr. rer. pol., Dr. agr. oder Dr. rer. hort. erlangen.

**Technischer Überwachungsverein**, *TÜV*, eine von Gewerbeunternehmen geschaffene Einrichtung zur Prüfung techn. Anlagen auf Betriebssicherheit, die auch die gesetzl. vorgeschriebenen Prüfungen durchführt. Die TÜV unterhalten auch *Techn. Prüfstellen* für den Kfz-Verkehr.

**Technisches Hilfswerk**, *THW*, seit 1953 Bundesanstalt, mit freiwilligen, ehrenamtl. tätigen Helfern, bes. aus techn. Berufen; Aufgaben: techn. Hilfeleistung bei Katastrophen u. Unglücksfällen größeren Ausmaßes, im zivilen Luftschutz, bei der Beseitigung öffentl. Notstände; untersteht dem Bundesministerium des Innern.

**technisches Zeichnen**, maßstabgerechtes Zeichnen eines techn. Gegenstands. Die Zeichnungsformate sind nach DIN 823 festgelegt.

**Technische Universität** → Technische Hochschule.

**Technokrat**, jemand, der einen »Apparat« (z.B. eine Behörde, eine Partei, einen Wirtschaftsmechanismus) mit überlegenem Sachverstand beherrscht u. bestrebt ist, ihn von aller Fremdbeeinflussung frei zu halten; im abwertenden Sinn jemand, dem das reibungslose Funktionieren seines Apparats Selbstzweck ist, wobei auf angebl. *Sachzwänge* hingewiesen wird.

**Technokratie**, ein gesellschaftl. oder polit. System, in dem Entscheidungen allein nach techn. Kriterien erfolgen, denen soziale u.a. Aspekte untergeordnet werden.

**Technologie**, Beschreibung u. Erforschung der in der Technik angewandten Produktionsverfahren.

**Techtelmechtel**, (geheime) Liebschaft.

**Teck**, Berg in der Schwäb. Alb, südl. von Kirchheim, 775 m; mit Burgruine.

**Teck**, nach der Burg T. benanntes Fürstengeschlecht in Schwaben, Nebenlinie der *Zäringer*.

**Teckel** → Dackel.

**Tecklenburg**, Stadt in NRW, am Teutoburger Wald sw. von Osnabrück, 8400 Ew.; mittelalterl. Stadtbild; ehem. Gft.

**Tecumseh** [engl. ti'kʌmsi], *1768, †1813, nordamerik. Indianerhäuptling (Shawnee).

**Te Deum** → ambrosianischer Lobgesang.

**Tee**, Getränk aus den Blättern der beiden zu den T.gewächsen gehörenden Sträucher *Camellia sinensis* (Chinesischer T.) u. *Camellia assamica* (Assam-T.). Der Chin. T. wird 3–6 m hoch, ist frühreif u. hat ein bis 9 cm langes u. 3 cm breites Blatt. Der Assam-T. wird 6–15 m hoch, ist spätreif u. hat Blätter von 16 cm Länge u. 4 cm Breite. Der in Naturform immergrüne pyramidenförmige T.baum wird als Kulturpflanze in Strauchform gezogen; nur die zur Samengewinnung bestimmten Bäume behalten ihren natürl. Wuchs. Hauptproduktionsgebiete des Assam-T. liegen in trop. Gebieten, des Chin. T. in trop. bis gemäßigten Gebieten. Den Hauptanteil an der Welt-T.ernte haben Indien, China u. Sri Lanka. – Die frisch gepflückten Blättchen werden unterschiedl. Aufbereitungsmethoden unterzogen. Bei der Herstellung des *grünen T.* werden die gedämpften Blättchen gerollt u. getrocknet, wobei die grüne Farbe erhalten bleibt. Bei der Gewinnung des *schwarzen T.* werden die angewelkten Blätter bes. intensiv gerollt u. anschließend einem Fermentationsprozeß unterworfen, wobei sie ein dunkles, kupferfarbenes Braun sowie einen spezif. Geruch annehmen. Träger der anregenden Wirkung des T. ist der Coffeingehalt (*Tein*), der etwa 2%, Aromastoff bes. u. äther. T.öl. Soll bei der T.bereitung der Gerbstoff nicht in Lösung gehen, so muß der Aufguß mit wenig Wasser bei kurzem Brühen hergestellt werden.

T e e q u a l i t ä t e n : Man unterscheidet zunächst, ob der T. aus ganzen (*Blatt*) oder zerkleinerten Blättern (*Broken*) besteht. Die Güte richtet sich nach der Feinheit u. Größe der Blätter, die mit folgenden Stufen bezeichnet werden: *Flowery Orange Pekoe* (erste Qualität; noch nicht entfaltete Blättchen u. Blatthüllen der Knospen, die *Tips*); *Orange Pekoe* (das erste voll entwickelte Blatt

## 892 TEE

oder Blattspitzen vom jungen Trieb), *Pekoe* (das dritte Blatt), *Pekoe-Souchong* (das dritte bis sechste Blatt), *Souchong* (der gröbste Blattgrad). Außerdem gibt es noch *Fannings* (Blattpartikel, die bei der Fabrikation anfallen; meist für Aufgußbeutel) sowie *Dust* (T.staub). Man unterscheidet bei den T.-Sorten ferner nach vielen Ernten, den *First flush* (erste Ernte nach dem Zurückschneiden der Triebe), den *Second Flush* im Mai bis Juni, den *Bread-and-Butter-Tea* oder *Regentee* (aus der Pflückung von August bis Oktober während der Monsunperioden) bzw. *Autumnal* (die Herbsternten). Die T.arten werden nach geograph. Lagen benannt (*Assam, Ceylon, China, Darjeeling, Formosa, Nilgiri*) bzw. nach Beigaben (z.B. *Jasmin-T., Pflaumen-T.*) oder haben eig. Namen (z.B. *Earl Grey*, ein schwarzer, mit Bergamottöl parfümierter China-T.). Die Blattbez. werden meist abgekürzt nach der T.art genannt (z.B. Darjeeling Blatt FOP = Flowery Orange Pekoe). Aus pflanzl. Rohstoffen werden viele Medizinal-T.s hergestellt, z.B. Pfefferminzblätter-T., Salbeiblätter-T., Lindenblüten-T., Kamillenblüten-T.

Geschichte. Die erste schriftl. Erwähnung stammt aus dem 1. Jh. v. Chr. Zunächst diente er als Arzneimittel; allg. Genußmittel wurde er im 8. Jh. 1610 führten die Holländer den T. in Mitteleuropa ein, wo sich das T.trinken rasch verbreitete (1657 Eröffnung des ersten T.hauses in London). Aus Protest gegen die engl. T.steuer wurden 1773 in Boston T.kisten ins Meer geworfen; dies trug zum Aufstand der amerik. Kolonien bei. Zur jap. T.zeremonie → Chanoyu.

**TEE,** Abk. für *Trans-Europ-Express*, eine schnellfahrende, komfortable Zugart als Verbindung der wichtigsten Städte.

**Teenager** ['ti:neɪdʒə], die Jugendlichen beider Geschlechter von 13 bis 19 Jahren.

**Teer, 1.** bei der trockenen Destillation von Stein- u. Braunkohle, Torf u. Holz anfallende, braune bis schwarze, zähe Flüssigkeit. Bei der Aufarbeitung des T. durch fraktionierte Destillation erhält man verschiedene Öle. Der bei der Erhitzung von Braunkohle entstehende T. enthält u.a. Paraffine u. Paraffinöl. – **2.** Kondensat aus den Bestandteilen des Tabakrauchs, gesundheitsschädlich.

**Tefillin** → Gebetsriemen.

**Teflon,** Markenbez. für einen Kunststoff aus *Polytetrafluorethylen*.

**Tegel,** Ortsteil des Westberliner Bez. Reinikendorf, am **T.er See** (4,1 km², bis 15,6 m tief), eine Havel-Erweiterung nö. von Spandau; Großflughafen.

**Tegernsee,** oberbay. Stadt u. Kurort am gleichn. See (9 km², bis 72 m tief), 755 m ü.M., 5000 Ew.

**Tegnér** [tɛŋ'nɛːr], Esaias, *1782, †1846, schwed. Schriftst.; Klassizist.

**Tegucigalpa** [-gusi-], Hptst. der zentralamerik. Rep. Honduras, 600 000 Ew.; Univ.; Tabak-, Holz- u.a. Ind.; 1579 gegr.

**Teheran,** *Tehran,* Hptst. des Iran (seit Ende des 18. Jh.), im S des Elbursgebirges, 1170 m ü.M., die bed. Metropole des Mittleren Orients, 6 Mio. Ew.; mehrere Univ., Museen-, vielfältige Ind.

**Tehuantepec** [teuan-], Hafenstadt im südmex. Bundesstaat Oaxaca, 20 000 Ew.; der *Isthmus von T.* (210 km) ist die schmalste Stelle Mexikos, gilt zugleich als Südgrenze Nordamerikas.

**Teichhuhn,** eine kleine *Ralle* der heim. Gewässer.

**Teichmolch,** verbreitetster Schwanzlurch des gemäßigten Europa u. Asien; oft in kleinen Tümpeln.

**Teichmüller,** Gustav, *1832, †1888, dt. Philosoph; entwickelte eine durch Leibniz beeinflußte Metaphysik des christl. Personalismus.

**Teichmuschel,** eine Muschel im Schlamm von Teichen, bis zu 20 cm groß.

**Teichrohr** → Schilf.

**Teichrose,** ein geschütztes *Seerosengewächs* mit auf dem Wasser schwimmenden, eiförmigen, tief eingeschnittenen Blattspreiten u. gelben Blüten.

**Teichwirtschaft,** Sammelbegriff für Aquakultur, Fischzucht, Forellen-T., Karpfen-T. u.ä.

**Teilchenbeschleuniger,** *Beschleuniger, Beschleunigungsanlage,* Gerät zur Beschleunigung elektr. geladener Teilchen auf hohe Geschwindigkeiten für kernphysikal. Experimente. Die Beschleunigung erfolgt in elektr. Feldern. Man unterscheidet *Linearbeschleuniger* (geradlinige Bahn) u. *Zirkularbeschleuniger* (kreisförmige Bahn, auf der die Teilchen durch magnet. Felder geführt werden). Zirkularbeschleuniger sind *Betatron, Zyklotron, Synchrotron.* Die wichtigsten T. W-Europas befinden sich beim Dt. Elektronen-Synchrotron DESY in Hamburg u. bei CERN in Genf.

**Teiler,** eine ganze Zahl (außer 1), durch die sich eine andere ganze Zahl ohne Rest teilen läßt.

**Teilhaber,** Gesellschafter eines Unternehmens (bes. Personalgesellschaft). – *Stiller T.:* → Stille Gesellschaft.

*Pierre Teilhard de Chardin*

**Teilhard de Chardin** [tɛjardə'ar'dɛ̃], Pierre, *1881, †1955, frz. Jesuit. Nach seinem Tod wurde das zum großen Teil bis dahin ungedruckte (von der Kirche lange Zeit abgelehnte) Gesamtwerk herausgegeben, in dem T. eine Philos., Anthropologie u. Christologie nach dem Prinzip der Evolution entwarf. W »Der Mensch im Kosmos«.

**Teilung, 1.** einfache Form der ungeschlechtl. Vermehrung bei Pflanzen u. Tieren. – **2.** → Division (1), → harmonische Teilung.

**Teilzahlung** → Abzahlung.

**Tein** → Tee.

**Teint** [tɛ̃; frz.], Farbe, Eigenart der Gesichtshaut.

**Teiresias,** *Tiresias,* in der grch. Sage ein blinder Seher aus Theben.

**Teja,** der letzte Ostgotenkönig; vom Byzantiner *Narses* 552 vernichtend geschlagen u. gefallen.

**Tejo** ['tɐʒu], port. Name des → Tajo.

**Tektonik,** *Geotektonik,* die Lehre vom Bau (Schichtenlagerung) u. den Bewegungen der Erdkruste.

**Tel Aviv** [tɛla'viːf], *T. A.-Jaffa (-Yafo),* größte Stadt Israels, an der Mittelmeerküste, 327 000 Ew., m.V. 1,1 Mio.; zahlr. Hochschulen; Banken u. Handelszentrum, vielfältige Ind., Seehafen. – Jaffa ist seit dem Altertum eine bed. Hafenstadt, T.A. wurde 1909 als Vorort von *Jaffa* gegr., bis 1949 war es provisor. Hptst.

**tele...** [grch.], in Wortzusammensetzungen: fern..., weit...

**Telefax,** die Übertragung von Texten oder Zeichnungen mit Fernkopiergeräten über das Telefonnetz.

*Teheran: Die Moschee von Rei ist die Hauptmoschee der Stadt*

**Telefon,** *Telephon,* Gerät zum Empfangen u. Senden von mündl. Nachrichten. Die wichtigsten Teile eines T.s sind ein *Mikrophon,* das Schallwellen in elektr. Schwingungen umsetzt, u. ein *Fernhörer* für die umgekehrte Funktion. Allg. verwendet wird das von D. E. Hughes 1878 erfundene Kohlemikrofon, das neben seiner Funktion als elektroakust. Wandler einen Verstärkungseffekt hat. Die *Wählscheibe* unterbricht den Stromkreis der Anschlußleitung jeweils so oft, wie es der gewählten Ziffer entspricht. In der neueren Technik wird die Wählscheibe durch einen Mehrfrequenz-Tastblock (MFV) ersetzt. Die Wahl erfolgt nicht mehr durch Impulse, sondern durch versch. Frequenzen. Das T. enthält außerdem einen Wechselstromwecker, der bei aufgelegtem Handapparat durch einen Umschalter mit der Leitung verbunden ist, u. eine Gabelschaltung, die die Stromkreise von Mikrophon u. Fernhörer trennt.

**telegen,** für Fernsehaufnahmen geeignet.

**Telegramm,** über ein öffentl. Draht- oder Funknetz weitergeleitete schriftl. Mitteilung. T. werden am Empfangsort sofort zugestellt oder bei Fernsprechteilnehmern mündl. durchgegeben. *Brief-T.* werden am Empfangsort wie gewöhnl. Briefsendungen zugestellt.

**Telegraphie,** Übermittlung schriftl. Nachrichten oder Zeichen (auch Bilder) auf elektr. Wege über Leitungen oder Funk. Buchstaben, Ziffern u. Satzzeichen werden auf der Sendeseite in elektr. Impulsgruppen umgesetzt. Das älteste heute z.T. noch gebräuchl. T.-Gerät ist der *Morseapparat.* Im übrigen wird die T. heute mit dem → Fernschreiber betrieben. Der telegraph. Nachrichtenverkehr läuft in erster Linie über → Telex, das öffentl. Teilnehmer-Fernschreibnetz mit Wählvermittlung. Daneben gibt es das »allg.« amtl. Telegraphennetz *(Gentex-Netz)* für die Telegrammübermittlung.

**Telekinese,** Bewegung von Gegenständen durch ein *Medium,* angebl. ohne physikal. Ursache durch direkte Einwirkung der Psyche.

**Telekommunikation,** Bez. für alle Informationsübertragungen mit Mitteln der modernen Nachrichtentechnik.

**Telemachos,** Sohn des Odysseus.

**Telemann,** Georg Philipp, *1681, †1767, dt. Komponist; seit 1721 Musikdirektor der 5 Hamburger Hauptkirchen. Sein Werk umfaßt Opern, Kirchenmusik, Orchesterwerke, Konzerte, Kammer- u. Solomusik.

**Telemark,** *Telemarken,* südnorw. Ldsch. u. Prov. (Fylke), Hptst. *Skien;* waldreiches Bergland.

**Telemetrie,** *Fernmessung,* die Übertragung von Meßwerten per Funk oder leitungsgebunden über größere Entfernungen.

**Teleobjektiv,** ein Fernobjektiv bes. Bauart zur Aufnahme weit entfernter Gegenstände; längste Brennweiten (Spiegelteleskop-Bauart): 2000 mm.

**Teleologie,** die Lehre von den Zwecken, der Zweckmäßigkeit u. Zielstrebigkeit. Das teleolog. Denken interpretiert das Geschehen u. die Wirklichkeit nach Zweck- oder Endursachen.

**Telepathie,** *Gedankenübertragung,* die angebl. Übertragung bzw. Übernahme fremder seel. u. gedankl. Inhalte ohne Zuhilfenahme der gewöhnl. Sinne.

**Telephon** → Telefon.

*Tegernsee: Blick über den See auf Rottach-Egern mit dem Turm der kleinen Laurentiuskirche; im Hintergrund die Ausläufer des Mangfallgebirges*

**Teleskop** → Fernrohr. – **T.augen,** bei manchen Fischen (bes. der Tiefsee) wie auf einem Hügel stehende, vorgeschobene Augen; z.B. auch beim **T.fisch,** einer Goldfischrasse. – **T.säule,** Säule aus mehreren Rohren unterschiedl. Durchmessers, die zur Längenänderung ineinander verschoben werden können.

**Teletex,** ein Fernmeldedienst der Dt. Bundespost Telekom, zur Übertragung von digitalisierten Texten u. Graphiken mit einer Geschwindigkeit von z.Z. 2400 bit/s. Endgeräte sind z.B. Personalcomputer, so daß die empfangenen Daten direkt weiterverarbeitet werden können.

**Television,** *TV,* Fremdwort für Fernsehen.

**Telex** [Kurzwort aus engl. *teleprinter exchange,* »Fernschreiber-Austausch«], das öffentl. Teilnehmer-Fernschreibnetz mit Wählbetrieb, innerhalb der BR Dtld. im Selbstwählverkehr.

**Telgte,** Stadt in NRW, östl. von Münster, 15 000 Ew.; Wallfahrtskapelle (17. Jh.).

**Tell,** Wilhelm, sagenhafter Nationalheld der Schweiz; wurde angebl. bei Altdorf von dem habsburg. Landvogt *Geßler* gedemütigt (T.-Schuß) u. erschoß ihn bei Küßnacht. Darauf erhoben sich die 3 Waldstätte gegen die habsburg. Oberhoheit.

**Tell,** Ruinenhügel in Vorderasien.

**Tell-Atlas,** Teil des Atlasgebirges, zieht sich an der Küste Algeriens hin, erhebt sich in der *Djurdjura* bis auf 2308 m.

**Teller,** Edward, *15.1.1908, US-amerik. Physiker ung. Herkunft; Hauptarbeitsgebiet: Kernphysik; entwickelte die Wasserstoffbombe.

**Tellereisen,** eiserne Falle für Raubwild.

**Tellerschnecken,** Schlammschnecken des Süßwassers mit tellerartig flach aufgewundenem Gehäuse. Zu den T. gehört die *Posthornschnecke.*

**Téllez** ['tɛljeθ], Gabriel → Tirso de Molina.

**Tell Halaf,** Ruinenhügel in Syrien. Durch Grabungen wurde die aramäische Stadt *Gosan,* Hptst. eines mächtigen Reichs im 4. Jh. v.Chr., wiederentdeckt.

**Tellur,** ein → chemisches Element; Verwendung in der Halbleiter- u. Lasertechnik.

**Tellurium,** ein bewegl. Modell, das die gegenseitigen Bewegungen von Sonne, Erde u. Mond zeigt.

**Telstar,** erster US-amerik. Nachrichtensatellit, 1962 gestartet.

**Teltow** [-to], Stadt am SW-Rand von Berlin, 15 000 Ew. – **T.-Kanal,** 38 km lange, 1900–06 erbaute Binnenwasserstraße zw. Havel u. Spree.

**Temenos,** umgrenzter heiliger Bezirk.

**Temeschburg** → Timișoara.

**Temex,** Kunstwort aus engl. *Telemetry Exchange,* ein auf dem Telefonnetz aufbauender Fernwirkdienst, bei dem unabhängig vom »normalen« Fernsprechdienst digitalisierte Meß- u. Steuerungssignale übertragen werden können, z.B. beim automatischen Ablesen von Strom- u. Wasserverbrauch.

**Tempel,** urspr. eine als heilig geltende Stätte, die kult. Zwecken diente; später jedes einer (nichtchristl.) Gottheit errichtete u. ihr geweihte Bauwerk.

**Tempelgesellschaft,** *Deutscher Tempel,* eine pietist. ev. Glaubensgemeinschaft aus Württemberg, gegr. 1854 von Christoph *Hoffmann.* Ihre Niederlassungen in Palästina wurden im 2. Weltkrieg nach Australien evakuiert. Dt. Zentrale in Stuttgart.

| Verschiedene Temperaturskalen | | | |
|---|---|---|---|
| °C | K | °F | °R |
| −273,15 | 0 | −459,67 | −218,52 |
| −17,78 | 255,37 | 0 | −14,22 |
| 0 | 273,15 | 32 | 0 |
| 10 | 283,15 | 50 | 8 |
| 20 | 293,15 | 68 | 16 |
| 30 | 303,15 | 86 | 24 |
| 40 | 313,15 | 104 | 32 |
| 50 | 323,15 | 122 | 40 |
| 60 | 333,15 | 140 | 48 |
| 70 | 343,15 | 158 | 56 |
| 80 | 353,15 | 176 | 64 |
| 90 | 363,15 | 194 | 72 |
| 100 | 373,15 | 212 | 80 |

°C = Grad Celsius, K = Kelvin,
°F = Grad Fahrenheit, °R = Réaumur

| Bemerkenswerte Temperaturen (in °C) | |
|---|---|
| Absoluter Nullpunkt | −273,15 |
| Siedepunkt flüssigen Heliums | −268,93 |
| Siedepunkt flüssigen Stickstoffs | −195,8 |
| Kältemischung aus Eis u. Kochsalz | −21 |
| Eispunkt des Wassers | 0 |
| Siedepunkt des Wassers | 100 |
| Erstarrungspunkt des Platins | 1 769 |
| Inneres Erdkern | ca. 5 000 |
| Strahlungstemperatur der Sonne | 5 700 |
| Sonneninneres | ca. 15 000 000 |
| Zentrum einer explodierenden H-Bombe | ca. 300 000 000 |

**Tempelherren,** die Ritter des *Templerordens.*

**Tempelhof,** Bez. in Berlin (W); bek. durch das *T. Feld,* den ehem. Zentralflughafen Berlins (jetzt US-Flughafen).

**Tempeltanz,** kult. Tanz, noch heute z.B. in Indien durch Bajaderen u. im jap. Schintoismus durch Priesterinnen ausgeübt.

**Tempera-Malerei,** Malerei mit Farben, deren mit Wasser verdünnte Bindemittel (Eigelb, Leim, Honig u.a.) nach schnellem Trocknen wasserunlösl. werden. Dadurch lassen sich in der T. keine grenzenlosen Übergänge wie in der Ölmalerei erzielen. Bis ins 15. Jh. wurden fast alle Gemälde in der Technik der T. ausgeführt.

**Temperament,** 1. Lebhaftigkeit, Schwung, Feuer. – 2. die unterschiedl. Form des Ablaufs der seel. Bewegungen u. ihrer Äußerungen bei versch. Individuen. Seit der Antike unterscheidet man 4 T.: *Sanguiniker, Choleriker, Phlegmatiker* u. *Melancholiker.*

**Temperatur,** eine Größe, die den Wärmezustand eines physikal. Systems, z.B. eines Körpers, einer Flüssigkeit oder eines Gases kennzeichnet. Die T. ist zu unterscheiden von der *Wärme,* einer Energieform. Der *absolute Nullpunkt* (-273,15 °C) ist die kleinste überhaupt mögl. T.; man kann ihn nur näherungsweise erreichen. In der Physik ist die »thermodynam. T.skala« (*Kelvinskala*) gebräuchl.; die Fahrenheitskala war lange Zeit in den englischsprechenden Ländern in Gebrauch.

**Templerorden,** *Tempelherren, Templer,* ein geistl. Ritterorden, 1119 durch *Hugo von Payns* in Jerusalem zum Pilgerschutz (später auch Hospitaldienst) gegr.; kämpfte gegen Sarazenen (Palä-

stina), Mauren (Pyrenäenhalbinsel) u. Mongolen (bei Liegnitz); Tracht: weißer Mantel mit rotem Kreuz. Sitz des Großmeisters zunächst Jerusalem, dann Zypern, später Frankreich; 1312 durch Papst Klemens V. wegen angebl. Entartung (Häresie, Blasphemie, Unzucht) aufgehoben.

**Templin,** Krst. in Mecklenburg, in der Uckermark, am *T. See,* 12 300 Ew.; vollständige mittelalterl. Befestigungen.

**Tempo,** Schnelligkeitsgrad; in der Musik: Zeitmaß. Die wichtigsten T.bezeichnungen sind (in zunehmender Schnelligkeit): *largo, lento, adagio, andante, andantino, moderato, allegretto, allegro, vivace, presto, prestissimo.*

**temporal,** 1. zeitlich, weltlich. – 2. *Anatomie:* an den Schläfen gelegen.

**Temporalien,** weltl. Rechte u. Einnahmen, die mit der Verw. eines kirchl. Amts verbunden sind.

**temporär,** zeitweilig, vorübergehend.

**Tempus,** die Zeitform eines Verbums (Gegenwart, Vergangenheit, Zukunft).

**Temuco,** Prov.-Hptst. in Chile, am Río Cautín, 218 000 Ew.; Viehhandel; durch dt. Einwanderer geprägt.

**Temudschin** → Tschingis Khan.

**tendenziös,** in einer bestimmten Absicht.

**Tender,** ein Fahrzeug, das an einer Lokomotive angehängt wird, um Kohlen u. Wasser mitzuführen.

**Ténéré,** Sandwüste der Sahara in der Rep. Niger.

**Teneriffa,** span. *Tenerife,* größte Kanarische Insel, 2352 km², 660 000 Ew., Hptst. *Santa Cruz de T.;* im Pico de Teide 3710 m; Anbau von Südfrüchten; Fremdenverkehr.

**Teng Hsiaoping** → Deng Xiaoping.

**Teniers,** fläm. Maler: **1.** David d. Ä., *1582, †1649; religiöse Bilder im Stil des Romanismus. – **2.** David d. J., Sohn von 1), getauft 1610, †1690; ein Hauptmeister der ndl. Genremalerei.

**Tennengebirge,** Hochplateau in den östl. Salzburger Kalkalpen, im *Raucheck* 2431 m.

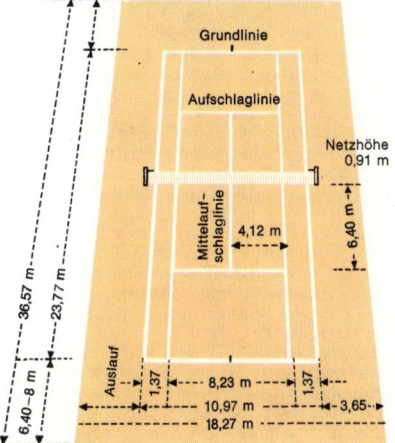

*Tennis: Spielfeld*

**Tennessee** [-si:], **1.** Abk. *Tenn.,* Staat im SO der → Vereinigten Staaten, zw. Appalachen u. Mississippi. – **2.** längster l. Nbfl. des Ohio, 1040 km; mündet bei Paducah, nahe dem Mississippi.

**Tennis,** ein Rückschlagspiel, das auf Rasenplätzen, Hartplätzen u. in Hallen gespielt wird. Beim T. kommt es darauf an, einen mit Stoff bezogenen Gummiball (Durchmesser 6,35 bis 6,67 cm, 56,7–58,4 g schwer) mit dem Schläger (engl. *racket*) über ein Netz in die gegner. Spielhälfte so zu schlagen, daß der Gegner ihn nicht zurückspielen kann. Das Spielfeld, ein Rechteck von 23,77 m Länge u. 8,23 m Breite, ist in der Mitte durch ein 0,91 m hohes Netz geteilt; es wird bei Doppelspiel durch Einbeziehung zweier »Galerien« an den Seiten auf 10,97 m verbreitert. Gespielt wird zw. 2 Spielern (Einzel) oder zw. 2 Paaren (Doppel). Spielwertung nach Spielen u. Sätzen. Organisation: *Dt. T.-Bund.* – Um 1873 in Großbrit. aus dem Vorläufer *Jeu de Paume* entwickelt.

**Tenno,** Titel der jap. Kaiser seit dem 8. Jh.

**Tenochtitlán** [tɛnɔtʃ-], ehem. Hptst. der *Azteken,* bei der Eroberung durch die Spanier 1521 völlig

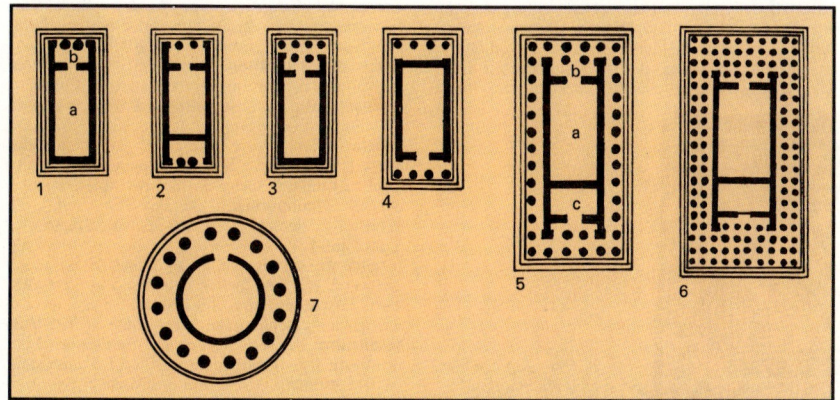

*Tempel: 1 = Antentempel; 2 = Doppelantentempel; 3 = Prostylos; 4 = Amphiprostylos; 5 = Peripteros; 6 = Dipteros; 7 = Tholos (Rundtempel). a) Cella (Naos); b) Pronaos; c) Opisthodomos (Rückhalle)*

zerstört. Auf ihrem Schutt stehen die Bauten der heutigen Stadt Mexico. Nach überlieferten Berichten war T. eine Großstadt mit rechteckigem Grundriß auf einer Fläche von etwa 1000 ha. u. hatte 235 000 Ew. Berühmt ist der Kalenderstein (»Sonnenstein«) von T., 24 t schwer u. 3,60 m im Durchmesser. Er zeigt die vier vorgeschichtl. Weltperioden, die zwanzig Tageszeichen u. zwei Türkisschlangen als Symbole des Tageshimmels.

**Tenor, 1.** ['te-], Hauptstimme, Haltung oder Inhalt eines Schriftstücks; im Gerichtsurteil die Formel der gerichtl. Entscheidung. – **2.** [-'nor], die hohe Männerstimme (c - a'); auch Bez. für die tiefe Mittellage von Musikinstrumenten (Gambe, Blockflöte, Posaune).

**Tenside,** wasserlösl., waschaktive chem. Verbindungen (synthet. Seifen), die in Wasch-, Netz-, Reinigungs- u. Dispergiermitteln verwendet werden.

**Tension,** Dampfspannung, Gasdruck.

**Tentakel,** *Fangarm,* zum Tasten u. zum Ergreifen der Beute dienender Körperanhang, z.B. bei *Hohltieren, Tintenfischen.* – **T.tiere,** *Tentaculata,* Stamm wasserbewohnender *Urleibeshöhlentiere* mit Ausbildung der Polypengestalt. Die T.tiere strudeln mit Hilfe einer T.krone Nahrung in einen meist U-förmigen Darm. Sie haben meist auch Gehäuse oder Schalen. Hierher gehören die Klassen der *Phoroniden,* der *Moostierchen* u. der *Armfüßer.*

**Teotihuacán-Kultur,** die bed. u. einflußreichste indian. Kultur im Hochtal von Mexiko, 200 v. Chr. bis 800 n. Chr.; ben. nach der nordöstl. der heutigen Hptst. gelegenen großen Ruinenstätte *San Juan de Teotihuacán;* 2 Stufenpyramiden; formschöne, reich verzierte Keramik, Figuren mit bewegl. Gliedmaßen.

**Teplitz,** tschech. *Teplice,* Kurort in N-Böhmen, am Südhang des Erzgebirges (ČSFR), 55 000 Ew.

**Teppich** [lat.], geknüpfter, gewirkter oder gewebter, meist gemusterter Fußbodenbelag oder Wandbehang (Bild-T., Gobelin), aus Wolle, Baumwolle, Haargarn, Jute, Kokosgarn, Hanf, Leinen, Seide; mechan. oder von Hand hergestellt. Beim geknüpften Orient-T., dessen Wert bes. nach der Knotenzahl beurteilt wird, besteht die Kette aus Wolle oder Baumwolle, seltener aus Seide; die Knoten werden aus feinen, der Schuß aus dickeren Fäden gearbeitet. Die nach oben ragenden freien Enden des Knotens bilden die samtartige Oberfläche, den Flor, auch Vlies genannt. Farbe, Musterung (Ranken-, Blumen-, Jagd-, Tier-, Drachenornamente) u. Knüpfung sind je nach Herstellungsort verschieden u. werden häufig nach diesem benannt. Die Zahl der Knoten auf 100 cm² schwankt zw. 500 u. 12 000. Urspr. war der T. ein Produkt nomad., dann bäuerl. Hausfleißes; später wurden für den Bedarf des Hofes städt. Manufakturen eingerichtet.

Die klass. Zeit des Orient-T.s war die 16.–18. Jh; die Zentren lagen in Persien. Bed. waren v.a. die Hofmanufakturen der pers. Safawiden in Täbris, Kaschan u. Isfahan sowie der türk. Osmanen in Kairo, Istanbul u. Bursa. Der afrik. *Berber-T.,* ein meist in Brauntönen gehaltener Wollteppich mit hohem Flor, ist in Europa v.a. durch den wachsenden Afrika-Tourismus bekannt geworden.

Die in Europa hergestellten T.e sind meist maschinengewebt. Nach der Beschaffenheit der gewebten T.e unterscheidet man *glatte, Noppen-* u. *Schlingen-T.e* (aufgeschnittene bzw. geschlossene Schlingen an der Oberfläche) sowie *Samt-, Plüsch-, Velours-* u. *Flor-T.e.* Glatte T.e sind z.B.

*Mutter Teresa*

der Haargarn-, Jute- u. Kokosfaser-T. Gewirkte T.e haben nur Kette u. Schuß, keine Knoten. Die maschinelle T.weberei wurde bes. durch J. M. Jacquard u. den Rutenstuhl ermöglicht.

**Tequila,** mexik. Schnaps aus Agavensaft; 42% Alkoholgehalt.

**Terblum,** ein → chemisches Element.

**Terborch** [-'bɔrx], Gerard, *1617, †1681, ndl. Maler; einer der Hauptmeister der holl. Genre- u. Bildnismalerei des 17. Jh.

**Terek,** Fluß in N-Kaukasien, 591 km; mündet ins Kasp. Meer.

**Terengganu,** Teilstaat in → Malaysia.

**Terenz,** Publius *Terentius Afer,* *um 195 v. Chr., †159 v. chr., röm. Dichter; Lustspiele.

**Teresa,** Mutter T., *27.8.1910, kath. Ordensschwester alban. Abstammung; gründete den Orden »Missionare der Nächstenliebe«; 1979 Friedensnobelpreis.

**Tereschkowa,** Walentina Wladimirowna, *6.3.1937, sowj. Astronautin; umkreiste als erste Frau vom 16.–19.6.1963 mit dem Raumschiff »Wostok 4« 49mal die Erde.

**Teresina,** Hptst. des NO-brasil. Bundesstaats Piauí, am Parnaíba, 476 000 Ew.; Handel u. Verarbeitung trop. Agrarprodukte.

**Termin,** festgesetzter Zeitpunkt, Ende einer Frist (z.B. Fälligkeitstermin, Zahlungstermin); Zeitpunkt einer mündl. Gerichtsverhandlung.

**Terminal** ['tə:minəl], Endstation; Busbahnhof im Verkehr vom u. zum Flugplatz; (binnenländ.) Umschlagplatz im Containerverkehr; Ein- u. Ausgabegerät bei Großrechnern.

**Termingeschäft,** *Zeitgeschäft,* ein Börsengeschäft, dessen Erfüllung im Unterschied zum Kassageschäft für einen späteren Zeitpunkt festgelegt ist; als *Devisen-T.* bes. für Spekulationsgeschäfte ausgenutzt. Das T. soll Erzeugern u. Verbrauchern langfristige Dispositionen u. Ausschaltung der Kursschwankungen durch *Gegengeschäfte* ermöglichen (gleichzeitiger Verkauf u. Kauf auf Termin, so daß ein Verlust durch einen Gewinn kompensiert wird).

**Terminologie,** die Gesamtheit der Fachausdrücke einer Wissenschaft oder Sparte.

**Terminus,** Bezeichnung, Fachausdruck (*T. technicus*).

**Termiten,** *Weiße Ameisen, Isoptera,* Ordnung der *Insekten,* mit 2000 vorw. trop. Arten; staatenbildend. Ein T.staat enthält versch. geformte, soz. versch. gestellte Individuen. Die Königin schwillt durch Vergrößerung der Eierstöcke unverhältnismäßig stark an u. legt in bes. Kammern die Eier. Die Arbeiter sind geschlechtl. verkümmerte, meist augenlose Männchen u. Weibchen. Von diesen Arbeitern sind einige zu »Soldaten« umgebildet (harte u. oft riesig vergrößerte Mundwerkzeuge). Wie bei den Ameisen, so werden auch von den T. Pilzgärten angelegt; auch von ihnen werden gewisse andere Insektenarten geduldet (*T.gäste*). Schädl. werden die T. durch den unaufhaltsam fortschreitenden Fraß an fast allen menschl. Holzbauten. Die T. der Tropen errichten Erdbauten von 3–4 m Höhe.

**Terms of Trade** ['tə:mz əv 'trɛid], Maßzahl für den Vorteil, den ein Land aus dem *Außenhandel* zieht. Die einfachste Form der T. o. T. ist das Verhältnis des gewogenen Preisindizes der Import- u. Exportgüter eines Landes.

**Terni,** ital. Prov.-Hptst. im südl. Umbrien, 110 000 Ew.

**Terpene,** Gruppe von Kohlenwasserstoffen, die in äther. Ölen vieler Pflanzen, bes. der Nadelhölzer, vorkommen u. vielfach als Riechstoffe dienen.

*Termitenbau*

**Terpentin,** ein Balsam bestimmter Kiefernarten (z.B. *Pitchpine*), das zum größten Teil feste Harzanteile enthält, außerdem aber das **T.öl,** eine scharf riechende Flüssigkeit, die aus dem T. durch Destillation gewonnen wird u. hpts. aus Terpenen besteht.

**Terpsichore,** grch. Muse der Chorlyrik.

**Terra,** lat.: Erde, Land. – **T. incognita,** unbekanntes Gebiet, Neuland.

**Terrain** [tɛr'rɛ̃], (Bau-)Gelände, Gebiet.

**Terrakotta,** *Terracotta,* Kunstgegenstände aus unglasiertem, bei niedrigen Temperaturen (900 bis 1000 °C) gebranntem Ton.

**Terrarium,** Behälter zur Haltung von Reptilien u. Amphibien.

**Terrasse, 1.** nicht überdachter (Sitz-)Platz in Höhe des Erdgeschosses; Aussichtsplattform. – **2.** schmale, parallele Ebenheit an Talhängen.

**Terrazzo,** kaltgebundener künstl. Stein aus Estrichmörtel mit Zusatz von zerkleinertem, farbigem Naturstein (Marmor); geschliffen.

**Terre des Hommes** [tɛrde'zɔm], 1960 in Lausanne gegr. Kinderhilfswerk für internat. Ebene.

**terrestrisch,** die Erde betreffend; alles, was zum Land gehört; Ggs.: marin.

**Terrier** [-riər], zuerst in England gezüchtete Hunderasse, die man zur Jagd auf Kaninchen, Fuchs u. Dachs benutzte, später in versch. Spielarten gezüchtet. Hauptformen sind Fox-T., Airedale-T., Welsh-T, Scotch-T., Irish-T., Bedlington-T., Yorkshire-T.

**territorial,** gebietsmäßig, zu einem Staatsgebiet gehörend, ein *Territorium* betreffend. – **T.gewässer,** *Küstengewässer,* die zum Staatsgebiet des Küstenstaats gehörenden Meeresteile. – **T.e Verteidigung,** der militär. Teil der Bundeswehr, der im Verteidigungsfall nicht der NATO unterstellt ist. – **T.system,** eine Form des Verhältnisses von Staat u. Kirche im Zeitalter des absoluten Staats, bei der die Kirche dem Staatsoberhaupt untergeordnet (*Staatskirche*) war.

*Mongolischer Teppich mit persischer Knüpfung (44 000 Knoten pro m²); typisch ist die breite Skala der Braunabstufungen*

**Territorialitätsprinzip,** der in manchen Ländern geltende Grundsatz, wonach sich die Staatsangehörigkeit nach dem Land der Geburt richtet; auch der Grundsatz, daß ein Rechtsakt sich nach der Rechtsordnung des Landes richtet, auf dessen Gebiet er sich abspielt.

**Territorium, 1.** allg. Gebiet; im Röm.-Dt. Reich ein Gebiet unter der Landeshoheit eines Fürsten oder einer Reichsstadt. – **2.** in Australien, Kanada, auch in einigen südamerik. Staaten ein Verw.-Gebiet, das dünn besiedelt u. wenig entwickelt ist.

**Terror,** Schreckensherrschaft, brutale Willkür.

**Terrorismus,** seit ca. 1970 stark angewachsene, internat. verbreitete Art polit. motivierter Gewaltanwendung u. -androhung Einzelner oder kleiner Gruppen, bes. durch Attentate u. erpresser. Geiselnahme bzw. Luftpiraterie. T. kann sowohl von links- als auch von rechtsextremist. Bewegungen erfolgen. Seit 1978 ist eine Europ. Konvention gegen den T. in Kraft. In der BR Dtld. steht die Bildung einer *terrorist. Vereinigung* unter Strafe.

**Terschelling** [tɛrˈsxɛl-], eine der ndl. Westfries. Inseln, 106 km², 4300 Ew.

**Tersteegen,** Gerhard, *1697, †1769, dt. pietist. Liederdichter u. Prediger.

**Tertia,** in der höheren Schule früher die 4. *(Unter-T.)* u. 5. *(Ober-T.)* Klasse (entsprechen der 8. u. 9. Klasse).

**tertiär, 1.** Bez. für die dritte Stelle in einer Reihe. – **2.** *Geol.:* das *Tertiär* betreffend.

**Tertiär,** älteste Formation der Erdneuzeit; → Erdzeitalter.

**Tertiarier** → Terziaren.

**Tertullian,** Quintus Septimius Florens, *um 160, † nach 220, dt. Kirchenschriftst.; prägte die lat. theolog. Begriffssprache; maßgebend in der Trinitätslehre u. Christologie.

**Terz, 1.** *Fechten:* Hieb oder Stoß gegen die T.linie (gedachte Linie von der rechten Schulter zur linken Hüfte). – **2.** *Liturgie:* kirchl. Stundengebet um 9 Uhr. – **3.** *Musik:* die 3. Stufe der diaton. Tonleiter u. das für den Dreiklangsaufbau entscheidende Intervall aus 2 Ganztonschritten *(große T.)* oder einem Ganzton u. einem Halbton *(kleine T.)*.

**Terzerone,** Mischling zw. Weißen u. Mulatten.

**Terzett,** Komposition für 3 Singstimmen mit oder ohne Begleitung.

**Terziaren,** *Tertiarier,* weibl. *Terziarinnen,* Mitgl. eines sog. Dritten Ordens, nach einer dritten, nicht so grundsätzl. u. streng bindenden Ordensregel (neben der ersten für den männl. u. der zweiten für den weibl. Zweig eines kath. Ordens).

**Terzine,** aus Italien stammende Strophenform mit drei fünfhebigen (10- oder 11silbigen) Versen, von denen der erste mit dem dritten reimt. Bei mehreren Strophen reimt die zweite Zeile der vorhergehenden Strophe jeweils mit der ersten u. dritten Zeile der folgenden *(Kettenreim aba bcb cdc...)*. Werkbeispiel: Dantes »Divina Commedia«.

**Teschen,** Doppelstadt beiderseits der tschechosl.-poln. Grenze, an der Olsa: *Cieszyn* (Polen) u. *Český Těšín* (ČSFR). – Das T.er Ländchen war 1290–1653 ein böhm. Piastenherzogtum, 1653–1918 habsburg., 1920 aufgeteilt.

**Tesching** → Flobert.

**Tesla,** Einheitenzeichen T, Einheit der *magnet. Flußdichte (magnet. Induktion)*. 1 T liegt vor, wenn der magnet. Fluß senkr. durch eine Fläche von 1 m² die Größe 1 Weber (Wb) hat.

**Tesla,** Nicola, *1856, †1943, US-amerik. Physiker u. Elektrotechniker serb. Herkunft; erfand u. a. den *T.-Transformator,* der hochfrequente Wechselströme *(T.-Ströme)* liefert, die in medizin. Hochfrequenzgeräten eingesetzt werden.

**Tessera,** antike Wertmarke aus Bronze, Blei oder Bein, diente als Eintrittskarte zu Theater, Zirkus, Bädern oder Gästehäusern.

**Tessin, 1.** li. Nbfl. des Po, 260 km; mündet bei Pavia. – **2.** Kt. der → Schweiz.

**Tessin,** schwed. Architekten: **1.** Nicodemus d. Ä., *1615, †1681; baute im ersten an A. *Palladio* geschulten barocken Klassizismus. **2.** Nicodemus d. J., Sohn von 1), *1654, †1728, baute u.a. das Königl. Schloß in Stockholm.

**Test,** Stichprobe, Feststellung bzw. Feststellmethode in der experimentellen Psychol. u. in der Psychiatrie, zum Zwecke der Leistungsprüfung, Berufseignung u. der psychophys. Beschaffenheiten.

**Testament, 1.** die einseitige (Ggs.: *Erbvertrag*) Verfügung des *Erblassers* über den *Nachlaß,* geregelt in § 2064–2273 BGB. Fähig, ein T. zu errichten *(testierfähig),* sind nur Personen, die das 16. Lebensjahr vollendet haben (Östr. u. Schweiz: 18 Jahre). Ehegatten können ein *gemeinschaftliches T.* errichten. Das T. kann die Einsetzung eines oder mehrerer *Erben, Ersatzerben* oder *Nacherben* sowie eines *Testamentsvollstreckers,* ein *Vermächtnis* oder (u.) eine *Auflage* enthalten. Es muß vom Erblasser persönl., u. zwar mündl. oder schriftl. vor einem Notar oder durch eine eigenhändig handschriftl. geschriebene u. unterschriebene Erklärung errichtet werden. Nach dem Erbfall wird das T. in der Regel vom *Nachlaßgericht* förml. eröffnet u. sein Inhalt den Beteiligten mitgeteilt. Ein T. kann vom Erblasser widerrufen werden. – **2.** *Altes* u. *Neues T.* → Bibel.

**Testat,** Zeugnis, Bescheinigung.

**Testikel** [lat.], Hoden.

**Testosteron,** männl. → Sexualhormon.

**Teststoppabkommen,** *Atomtestabkommen,* am 5.8.1963 in Moskau zw. Großbrit., der UdSSR u. den USA geschlossenes Abkommen über die Einstellung der Kernwaffenversuche in der Atmosphäre, im Weltraum u. unter Wasser. Zahlr. Staaten sind beigetreten, nicht jedoch Frankreich u. China.

**Tetanie,** eine Krankheit, die durch Krämpfe der Extremitätenmuskulatur u. Übererempfindlichkeit des Nervensystems gekennzeichnet ist; beruht auf Unterfunktion der Epithelkörperchen (Nebenschilddrüsen) u. dadurch verursachter Störung des Calcium-Stoffwechsels.

**Tetanus** → Wundstarrkrampf.

**Tete,** frz. *tête,* Kopf; militär.: Spitze eines Truppenverbandes. – **Tête-à-tête** [»Kopf an Kopf«], vertraul. Gespräch, Zusammensein (von Liebenden).

**Teterow** [-ro], Krst. in Mecklenburg, am *T. See,* 11 400 Ew.

**Tethys, 1.** ein von G.D. *Cassini* 1684 entdeckter Saturnmond; Durchmesser 1200 km. – **2.** ein erdumfassendes, gleichseitiges Dreieck begrenzte Pyramide. – **T.lin,** *T.hydronaphthalin,* C₁₀H₁₂, eine farblose Flüssigkeit, dient als Lösungsmittel. – **T.logie,** eine Einheit von vier formal selbst. Werken, die aber durch Inhalt oder Thematik miteinander verbunden sind. – **T.meter,** in der antiken *Verslehre* ein Vers aus vier Versfüßen. – **T.poden,** *Vierfüßer,* die Wirbeltierklassen der Lurche, Kriechtiere, Vögel u. Säugetiere.

**Tetrarch,** *Tetrarchos,* im grch. Heer Führer einer Kavallerieabteilung; bei den Römern: Teilfürst.

**Tetschen,** tschech. *Děčín,* Stadt in N-Böhmen (ČSFR), an der Elbe, 55 000 Ew.; Maschinenbau, Textil- u. Nahrungsmittelind.

**Tettnang,** Stadt in Ba.-Wü., nw. von Lindau (Bodensee), 14 500 Ew.; Obst-, Spargel-, Hopfenanbau, Holzind.

**Tetzel,** Johann, *um 1465, †1519, dt. Dominikaner. Seine Tätigkeit als Ablaßprediger veranlaßte M. *Luther,* seine 95 Thesen gegen die unwürdige Art der Ablaßverkündigung zu verfassen.

**Teufe,** bergmann. Bez. für Tiefe.

**Teufel,** *Diabolos, Satan,* die bei fast allen Völkern bek. Verkörperung des Bösen. Nach einer Vorstellung des NT ist der T. mit seinem Anhang (böse Geister oder Dämonen) von Gott abgefallene höchste Engel (→ Lucifer). → Beelzebub.

**Teufelsauge,** *Adonis,* Gatt. der *Hahnenfußgewächse;* in Dtld.: *Frühlings-T. (Adonisröschen); Herbst-T.* als Gartenpflanze.

**Teufelsfisch,** zu den *Drachenköpfen* gehörender, im indopazifischen Raum lebender Raubfisch; 50–60 cm lang. Der T. gilt als die giftigste Fischart der Erde.

**Teufelshöhle,** rd. 1600 m lange Tropfsteinhöhle im Fränk. Jura, bei Pottenstein.

**Teufelsinsel,** frz. *Iles-du-Diable,* Doppelinsel vor der Küste Frz.-Guyanas; ehem. berüchtigte Strafkolonie u. Verbannungsort.

**Teufelskralle,** Gatt. der *Glockenblumengewächse;* am häufigsten in Mitteleuropa die *Ährige T.* u. *Rapunzel.*

**Teufelsmoor,** Moorgebiet in Nds., nördl. von Bremen.

**Teufelsnadel,** häufigste dt. Edellibelle, aus der Gruppe der *Anisoptera,* schwarz-grüner Körper; geschützte Art.

**Teufelsrochen,** *Mobulidae,* Fam. der *Stachelrochenartigen;* mit hornartigen Kopflappen, die die Plankton-Nahrung in das endständige Maul leiten. Mit 6 m Länge u. 7 m Breite bei bis 2 t Gewicht ist der *Riesen-T., Manta,* der größte Rochen.

**Teutoburger Wald,** schmales Mittelgebirge in Westfalen; besteht im Hauptteil aus drei Kämmen: im SO der *Lippische Wald* (Velmerstot 468 m), im mittleren Teil der *Osning* bei Bielefeld u. im NW der *Iburger Wald* (Dörenberg 331 m).

**Teutonen,** germ. oder kelt. Stamm; mit den *Kimbern* u.a. von S-Gallien nach Italien gezogen, 102 v.Chr. von den Römern bei Aquae Sextiae besiegt.

**Tewet,** *Tebet,* der 4. Monat des jüd. Kalenders (Dezember/Januar).

**Texas** [ˈtɛksəs], Abk. *Tex.,* Staat der → Vereinigten Staaten von Amerika; umfangreiche Bewässerungswirtsch. u. Viehzucht. bed. Erdöl- u. Erdgasvorkommen der USA.

**Texel** [ˈtɛsəl], größte u. westl. der ndl. Westfries. Inseln, 190 km², 12 500 Ew., Hauptort *Den Burg.*

**Text,** der Wortlaut eines Schriftwerks, eines Vortrags, einer Bühnenrolle, im Ggs. zu Anmerkungen, Illustrationen u.a.; eine aus mehreren Sätzen bestehende sprachl. Einheit; der Wortlaut eines Liedes, einer Oper im Ggs. zur Melodie.

**Texter,** Verfasser von Texten für Werbung u. Public-Relation-Arbeit, auch von Musiktiteln.

**Textilkunst,** Sammelbez. für künstler. gestaltete, dekorative Erzeugnisse aus Textilfasern, bes. Flecht-, Knüpf-, Wirk- u. Webwaren, Zeugdrucke, Häkel-, Spitzen- u. Stickereiarbeiten; eine Gattung des Kunsthandwerks.

**Textkritik,** *Philologie,* i.e.S. die wiss. Methoden, den urspr. Wortlaut eines Textes möglichst einwandfrei zu sichern; bes. erforderl. bei antiken u. mittelalterl. Schriften, die im Original verloren sind u. von denen oft mehrere (teilweise voneinander abweichende) Abschriften überliefert sind. Die textkrit. durchgesehene Ausgabe einer Schrift wird als *kritische Ausgabe* bezeichnet.

**Textur,** Gewebe, Gefüge oder Anordnung.

**Textverarbeitung,** die Erstellung, Überarbeitung u. Speicherung jeder Art von Text mittels elektron. Datenverarbeitung (meist als T. im Bürobereich durch Personal Computer verstanden).

**TH,** Abk. für *Techn. Hochschule.*

**Thackeray** [ˈθækəri], William Makepeace, *1811, †1863, engl. Schriftst.; einer der Hauptvertreter des Realismus; schildert die engl. Gesellschaft seiner Zeit; W Roman »Jahrmarkt der Eitelkeit«.

**Thaddäus,** *Lebbäus,* Apostel Jesu, → Judas (1).

**Thadden-Trieglaff,** Reinold von, *1891, †1976, dt. Jurist; 1949 Gründer u. Präs. des Dt. Ev. Kirchentags.

**Thai,** *Tai,* eine überwiegend mongolide Völkergruppe, die als große Völkerwelle aus S-China von Christi Geburt an nach Hinterindien einwanderte. Im 1. Jh. gründeten sie versch. Reiche, u.a. das der *Siam* in Thailand.

**Thailand,** Staat in Hinterindien (Asien), 513 115 km², 54,5 Mio. Ew., Hptst. *Bangkok.*

*Thailand*

**Landesnatur.** Fächerförmig greifen die hinterind. Kettengebirge (2000–3000 m hoch) in die fruchtbare Schwemmlandebene des *Menam).* Das Monsunklima begünstigt das Wachstum von dichtem trop. Regenwald.

Die zu etwa 94% buddhist. Bevölkerung gehört überwiegend jungmongoliden Thaivölkern an. Daneben gibt es Minderheiten von *Khmer* u. *Mon* sowie Chinesen u. Malaien.

**896 thailändische Sprache**

*Thailand: Der Marmortempel ist einer von rund 380 Tempeln, die sich in der Hauptstadt Bangkok befinden*

Wirtschaft. T. ist eines der größten Reisexportländer der Welt. Wichtig ist auch der Anbau von Mais, Hirse u. Zuckerrohr sowie die Gewinnung von Kautschuk u. Kenaf. Neben dem Reisanbau ist der Fischfang wichtigster Wirtschaftszweig T.s. Die Waldwirtschaft liefert dem Weltmarkt das Teakholz. Die wichtigsten Bodenschätze sind Zinn u. Wolfram. Textilien, Baustoffe, Petrochemie, elektron. Geräte, Konserven u. Maschinenmontage haben sich als neue Industriezweige entwickelt. – Auf 10 000 km Flüssen u. Kanälen wird der größte Teil des Binnenverkehrs abgewickelt.
Geschichte. Vor der Einwanderung der Thai bestanden seit dem 1. Jt. v. Chr. *Mon-Khmer-Staaten*. Im 11. u. 12. Jh. assimilierten sich die Thai mit den Bewohnern des Mon-Reichs u. drangen im 13. Jh. weiter südl. vor. 1350 wurde Ayutthaya Hptst. des Reichs. 1767 zerstörten die Birmanen Ayutthaya. 1782 wurde die bis heute regierende *Chakri-Dynastie* begr. 1932 wurde T. (das bis 1938 Siam hieß) konstitutionelle Monarchie. Im 2. Weltkrieg besetzten jap. Truppen das Land. In der Folgezeit kam es zu zahlreichen Putschen. Militär- u. Zivilregierungen wechselten. Erst seit den 1980er Jahren stabilisierte sich die Innenpolitik gestützt durch ein starkes Wirtschaftswachstum. Staatsoberhaupt ist seit 1946 König Phumiphol Aduljadedsch (Rama IX.).

**thailändische Sprache,** *Thai, siames. Sprache,* bildet mit dem *Laotischen* u. *Vietnamesischen (Annamitischen)* die thailänd. Sprachfamilie, kennt nur einsilbige Wörter. Die Schrift entstand aus der ind. Pali-Quadratschrift.

**Thale/Harz,** Stadt in Sachsen-Anhalt, am Harzrand, 16 600 Ew.; Eisen- u. Hüttenwerk; Fremdenverkehr.

**Thales** von Milet, *um 625 v. Chr., †um 545 v. Chr., grch. Philosoph; einer der *Sieben Weisen,* gilt seit Aristoteles als Begr. der Philosophie. Nach seiner Lehre ist die Vielfalt der Elemente u. der Einzeldinge aus dem Wasser entstanden.

**Thalia,** in der grch. Myth. die Muse der Komödie; Symbol des Schauspiels.

**Thalidomid,** Schlaf- u. Beruhigungsmittel, war 1960–62 unter dem Namen *Contergan* im Handel; wird in ursächl. Zusammenhang gebracht mit angeborenen Mißbildungen u. Nervenschädigungen.

**Thallium,** ein → chemisches Element, ein weiches Metall, in den chem. Eigenschaften dem Blei ähnl.; T.verbindungen sind sehr giftig (fr. als Rattengift verwendet).

**Thalluspflanzen,** *Thallophyta, Lagerpflanzen,* vielzellige oder zumindest vielkernige Pflanzen, die einen fadenförmigen, flächigen oder körperl. Verband, ein sog. Lager *(Thallus),* bilden. T. sind die meisten Algen, Pilze, Flechten u. Moose. Ggs.: *Kormophyten.*

**Thälmann,** Ernst, *1886, †1944 (ermordet), dt. kommunist. Politiker; 1925–33 Vors. der KPD u. MdR, 1933–44 in KZ Buchenwald.

**Thanatos,** grch. Todesgott, Bruder des *Hypnos* (Schlaf), Sohn der *Nyx* (Nacht).

**Thanksgiving Day** ['θæŋksgiviŋ deɪ], Erntedankfest, am 4. Donnerstag im Nov. begangener Feiertag in den USA.

**Thar,** Dornsavanne mit wüstenhaftem Charakter im NW Indiens (Rajasthan) u. in Pakistan.

**Thasos,** grch. Insel im nördl. Ägäischen Meer, 379 km², 13 000 Ew.; im *Hypsarion* 1203 m hoch, waldreich.

**Thatcher** ['θætʃə], Margaret Hilda, *13.10.1925, brit. Politikerin; 1975–90 Parteiführerin der Konservativen, 1979–90 Prem.-Min. (erster weibl. Regierungschef Europas).

**Thaumaturgos,** »Wundertäter«, Beiname mehrerer Heiliger der orth. Kirchen.

**Thaya,** tschech. *Dyje,* r. Nbfl. der March, 282 km; mündet bei Hohenau.

*Margaret Thatcher*

**Theater,** die Gesamtheit der aufführenden Künste (Schauspiel, Oper, Operette, Ballett) sowie das Gebäude, in dem die Aufführungen stattfinden. Der T.-Betrieb steht unter der Leitung eines Intendanten, eines Direktors oder eines gewählten Kollegiums. In künstler. Fragen stehen dem Intendanten ein Schauspiel- u. Operndirektor oder die Oberspielleiter des Schauspiels, der Oper u. der Operette sowie der Dramaturg zur Seite.
Geschichte. Das T. ist kult. Ursprungs. Schon im 3. Jt. v. Chr. führten die Ägypter Spiele zu Ehren des Gottes Osiris auf. In China gehen die Anfänge des T. bis ins 2. Jt. v. Chr. zurück. In Japan beginnt die Geschichte des T. im 14. Jh. *(No-Drama).* Die Blütezeit des ind. T. begann mit *Kalidasa* im 5. Jh. In Griechenland Anfänge des europ. T. aus dem Dionysoskult: Freilichtaufführungen in *Amphi-T.;* die Schauspieler (nur Männer) traten auf der *Skene* in Gesichtsmasken auf. – Im MA szen. Darst. bibl. Stoffe (Mysterienspiele, Osterspiel, Passionsspiel, Krippenspiel) u. volkstüml. Stücke. Die Bühne des MA war entweder die *Wagenbühne,* bei der die einzelnen Schauplätze am Zuschauer vorübergefahren wurden, oder die *Simultanbühne,* bei der die Zuschauer von einer Dekoration zur anderen wanderten.
In England verbanden sich Moralitäten u. Renaissance-T. zu den *Historien,* die Shakespeare zu

*Theoderich d. Gr.: Bildnis des Gotenkönigs auf einer Goldmünze des 6. Jahrhunderts*

höchster Vollendung brachte. Die schon 1585 auch in Dtld. auftretenden engl. Komödianten vermittelten die großen engl. Dramen u. regten die Gründung von Berufsensembles (Banden) an. In dieser Zeit entwickelte sich unter ital. Einfluß (→ Commedia dell'arte) die heute übl. Form der Bühne. Auch die ital. → Oper nahm starken Einfluß auf das T. in Dtld. Bei Lessing liegen die Anfänge der Dramaturgie u. Theaterkritik. Realist. maßvoller Bühnenstil durch Schröder (Hamburg u. Wien) u. Iffland (Mannheimer Nationaltheater). Um 1800 hatten die meisten Wandertruppen ein festes Heim gefunden; am bed. waren das Wiener Burg-T. u. das Münchner Hof-T., der Schauspielerstand begann soz. zu steigen. Dramatik. Impulse gingen v.a. von Laube, Dingelstedt u. R. Wagner aus. Einheitlichkeit u. histor. Treue waren Anliegen der *Meininger* (seit 1874). Die entscheidende Bühnenreform im 19. Jh. führte O. Brahm mit der »Freien Bühne« (Berlin, 1889) durch, indem er durch die Aufführung der Dramen H. Ibsens, G. Hauptmanns u.a. der naturalist. Darst. zum Durchbruch verhalf. Neuromant. Gegenströmungen fanden in M. Reinhardts Stimmungsbühne (seit 1905 im »Dt. T.« Berlin) ihren Niederschlag, die alle techn. u. künstler. Mittel in intuitive Inszenierungen einbezog u. Farbigkeit u. Musikalität der Dramatik betonte. Stärkste Anregungen für den Bühnenstil des Expressionismus gingen von der russ. Bühne aus. Tendenzen des heutigen T.s sind die intellektuelle Andeutung u. die Neigung zum Stilisieren, bes. im Bühnenbild.
Einen großen Einfluß übte B. *Brecht* mit seinen Modellinszenierungen aus. Die in den Zuschauerraum vorspringende Raumbühne will die scharfe Grenze zw. Darsteller u. Publikum aufheben u. einen engeren Kontakt zw. ihnen herstellen. In den 1960er u. 1970er Jahren herrschte das polit. u. dokumentar. T. vor. Zu Beginn der 1980er Jahre wurde eine Wendung zur Innerlichkeit deutlich. Neue Wirkungsmöglichkeiten erhofft sich das T. durch die Erschließung weiterer Publikumsschichten (Kinder-T.). Man versucht den Zuschauer auch außerhalb des T.gebäudes anzusprechen (Straßen-T.).

**Theatiner,** ein kath. Orden für Regularkleriker, gegr. 1524 in Rom zur religiösen Erneuerung des Klerus.

**Theben,** 1. grch. *Thebai,* mittelgrch. Stadt nw. von Athen, 18 000 Ew.; Schauplatz der Sage von *Ödipus, Antigone* u. den *Sieben gegen T.* – T. verbündete sich im Korinth. Krieg mit Athen, Argos u. Korinth gegen Sparta. Der Sieg *Epaminondas'* bei Leuktra 371 v. Chr. begr. T. Hegemonie. *Philipp II.* von Makedonien beendete T. Selbständigkeit. – 2. grch. Name einer altägypt. Stadt beim heutigen *Luxor* in Oberägypten; seit Beginn des Mittleren Reichs (um 2040 v. Chr.) relig. Zentrum, in der 18. Dynastie (um 1550–1305 v. Chr.) Hptst. Ägyptens.

**Theiler,** Max, *1899, †1972, US-amerik. Bakteriologe; erforschte das Gelbfieber; Nobelpreis für Medizin 1951.

**Theismus,** die religiöse oder philos. Überzeugung von der Existenz eines göttl. Wesens; Ggs.: *Atheismus.*

**Theiß,** ung. *Tisza,* rumän. *Tisa,* l. Nbfl. der Donau, 977 km, mündet östl. von Neusatz.

*Thailand: Besuch des Papstes Johannes Paul II. im Mai 1984; von rechts: Prinzessin Sirindhorn, König Phumiphol, der Papst, Königin Sirikit, Kronprinz Vajiralongkorn, seine Frau und die Tochter des Kronprinzenpaares*

**Thema, 1.** Gegenstand, Grundgedanke, z.B. einer schriftl. Arbeit. – **2.** sich wiederholender, aus *Motiven* zusammengesetzter musikal. Gedanke.
**Themistokles,** *um 525 v.Chr., †459 v.Chr., athen. Politiker; Schöpfer der athen. Flotte; besiegte 480 v.Chr. die pers. Flotte bei *Salamis.*
**Themse,** engl. *Thames,* Fluß in S-England, 336 km, mündet bei Sheerness in die Nordsee; fließt durch London.
**Theoderich, 1. T. d. Gr.,** *um 454, †526, Ostgotenkönig 473–526; zog im Auftrag des oström. Kaisers *Zenon* 488 nach Italien, um *Odoaker* zu vertreiben, u. herrschte über Italien mit Sizilien u. Dalmatien, die Provence u. über Teile von Rätien, Illyrien u. Noricum; Grabmal in Ravenna. In der Sage: *Dietrich von Bern.* – **2. T. l.,** †451, Westgotenkönig 418–451; begr. das Westgotenreich um Toulouse; fiel auf den Katalaunischen Feldern gegen die Hunnen.
**Theodizee,** Rechtfertigung Gottes gegenüber den Einwänden, die aus der Tatsache des phys. u. moral. Übels u. des Bösen in der Welt gegen seine Allmacht, Weisheit, Liebe u. Gerechtigkeit erhoben werden können; Begriff von Leibniz eingeführt.
**Theodolit,** wichtigstes Gerät der Vermessungskunde, zur Ermittlung von Horizontal- u. Vertikalwinkeln; ein Fernrohr mit Fadenkreuz.

*Theodosius I.: Huldigung des Kaisers durch besiegte Feinde; Relief auf dem Marmorsockel des ägyptischen Obelisken auf dem Hippodrom in Istanbul*

**Theodora,** *497, †548, byzantin. Kaiserin, einflußreiche Frau des Kaisers *Justinian I.*
**Theodorakis,** Mikis, *29.7.1925, grch. Komponist (hpts. folklorist. Lieder); W̄ Filmmusik zu »Alexis Sorbas« u. »Z«.
**Theodosius,** *T. I., T. d. Gr.,* Flavius, *347, †395, röm. Kaiser 379–395; schloß 382 mit den Westgoten einen Friedens- u. Bündnisvertrag. T. vereinigte 394 das Röm. Reich noch einmal.
**Theogonie,** Ursprung u. Herkunft der Götter.
**Theokratie,** eine geistl. Herrschaftsform, bei der der Regent als Stellvertreter der Gottheit oder als ihr Sohn aufgefaßt wird.
**Theokrit,** *um 310 v.Chr., †um 250 v.Chr., grch. Dichter; begr. die *bukol. Dichtung.*
**Theologie,** die wiss. Lehre von Gott. – Das wiss. – logische – Verfahren in der T. will nicht die theolog. Prinzipien begründen, die ja als durch Offenbarung gesetzt gelten, sondern dient der Schlußfolgerung aus diesen Prinzipien. Die kath. T. erkennt als Quelle der geoffenbarten Wahrheit neben der Hl. Schrift auch die mündl. überlieferte Tradition u. u. weiß sich gebunden an die vom Lehramt der Kirche festgelegten Lehrentscheidungen *(Dogmen).* – Nach ev. Verständnis geht es in der T. nicht um log. Schlußfolgerungen, sondern um Interpretation der vorgegebenen u. in der Hl. Schrift bezeugten Gottestat der Offenbarung.
**Theophrast,** eigtl. *Tyrtamos,* *372 v.Chr., †287 v.Chr., grch. Philosoph; bed. Schüler u. Nachfolger des *Aristoteles.*

# THEATER

*Das Düsseldorfer Schauspielhaus ist ein Beispiel für modernen Theaterbau*

*Arenabühne des Nationaltheaters Mannheim*

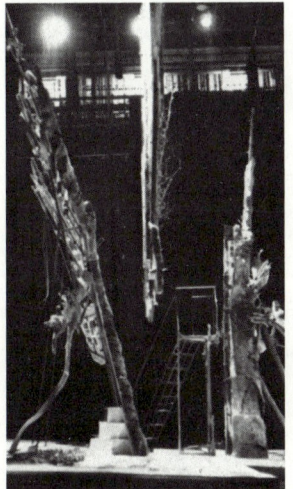 

*Baum für das Schlußbild von Verdis »Falstaff« aus drei Teilen und einem Podest für den Sänger (links); Ansicht der gleichen Kulisse vom Zuschauerraum aus (rechts). Deutsche Oper Berlin*

*Burgtheater in Wien (links). – Mit Webers »Freischütz« wird die Wiedereröffnung der Semper-Oper in Dresden gefeiert (rechts)*

**Theorbe,** eine Baßlaute (16.–18. Jh.) mit freien Bordunsaiten u. einem zweiten Wirbelkasten für die freien Saiten.
**Theorem,** ein Lehrsatz.
**Theorie,** eine durch Denken gewonnene Erkenntnis, eine Erklärung von Zusammenhängen u. Tatsachen aus ihnen zugrunde gelegten Gesetzen, die nicht immer bewiesen sind.
**Theosophie,** das angebl. unmittelbare Erschauen u. Erkennen des Göttlichen oder Absoluten. Die 1875 von H.P. *Blavatsky* u. H.S. *Olcott* gegr. Theosoph. Gesellschaft will eine allg. Bruderschaft der Menschen erreichen. R. *Steiner* trennte sich 1913 von dieser Gesellschaft u. begr. die *Anthroposophie*.
**Thera,** *Thira* → Santorin.
**Therapeut,** jemand, der eine **Therapie** (Heilbehandlung) anwendet; behandelnder Arzt.
**Therapsiden,** säugerähnl. Reptilien, Vorfahren der Säugetiere.
**Theresia von Ávila,** *Teresa von Ávila,* auch *Theresia von Jesus,* *1515, †1582, span. Karmeliterin; Heilige (Fest: 15.10.).
**Theresia von Lisieux,** *Theresia vom Kinde Jesus (u. vom hl. Antlitz),* eigtl. Thérèse *Martin,* *1873, †1897, frz. Karmeliterin; Heilige (Fest: 1.10.).
**Theresienstadt,** tschech. *Terezín,* Stadt in N-Böhmen (ČSFR), an der Eger, 3000 Ew.; 1941–45 dt. Konzentrationslager.
**Thermen, 1.** *Thermalquellen,* ständig über 20 °C warme Quellen. – **2.** im röm. Altertum die öffentl. Badeanstalten, oft mit Sportplätzen, Kunstsammlungen u. Bibliotheken ausgestattet. Die größten T. sind die des Caracalla (1. Drittel des 3. Jh.) u. des Diocletian (heute Thermenmuseum) in Rom.
**Thermidor** → Kalender.
**Thermik,** vertikal aufwärts gerichtete Luftströmung *(Aufwind).*
**thermisch,** die Wärme betreffend.
**thermo...** [grch], Wortbestandteil mit der Bedeutung »Wärme, Hitze«. – **T.dynamik,** Teilgebiet der → Wärmelehre. – **T.elektrizität,** Elektrizität, die beim Erwärmen einer Lötstelle zw. zwei versch. Metallen entsteht. Haben in einem geschlossenen Leiter 2 solche Lötstellen versch. Temp., so fließt ein elektr. Strom *(T.strom).*
**Thermometer,** ein Meßgerät, das die Temp. anzeigt. Am häufigsten sind *Ausdehnungs-T.,* die auf der Ausdehnung von Flüssigkeiten (z.B. Alkohol), Gasen (z.B. Luft) oder Metallen (z.B. Quecksilber) beruhen. Die Temp. wird mittels einer Skala gemessen (z.B. *Celsiusskala),* die durch 2 Bezugspunkte (Fixpunkte: Gefrier- oder Eispunkt, Siedepunkt des Wassers bei 101 325 Pa) geeicht u. in Grade unterteilt ist. Der Abstand beider Punkte, der beim Celsius-T. (dem gebräuchl. T.) in 100 °C eingeteilt wird, ist der *Fundamentalabstand.* Beim *Maximum-T.* (z.B. *Fieber-T.)* behält der Flüssigkeitsfaden seine höchste Stellung so lange bei, bis er heruntergeschleudert wird. *Minimum-T.* zeigen die geringste Temp. an, die während einer gewissen Zeitdauer vorgekommen ist.

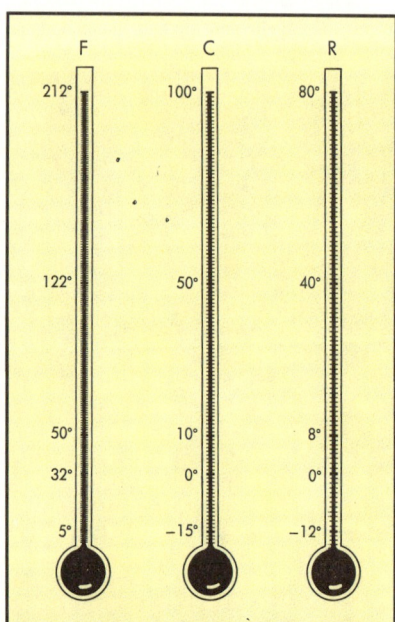

*Thermometer: Skalen mit Fahrenheit- (F), Celsius- (C) und Rèaumur-Einteilung (R)*

**Thermoplaste** → Kunststoffe.
**Thermopylen,** nach seinen heißen Schwefelquellen benannter Engpaß in Mittelgriechenland; bek. durch die Schlacht 480 v.Chr., in der die spartan. König *Leonidas* die Landenge gegen pers. Übermacht verteidigte.
**Thermosgefäße,** doppelwandige, verspiegelte Flaschen oder Behälter mit luftleerem Zwischenraum, der den Wärmeaustausch unterbindet.
**Thermosphäre** → Atmosphäre.
**Thermostat,** ein Regler, der Temperaturen auf einem eingestellten Wert hält. Ein Bimetallstreifen reagiert auf Temperaturschwankungen.
**Thesaurus,** im alten Griechenland tempelartiges Gebäude für Weihgaben; auch Buchtitel in der Bed.: Wort-, Wissensschatz, Sammelwerk.
**These,** Lehrsatz, Behauptung.
**Theseus,** sagenhafter Nationalheld der antiken Athener, Sohn des *Poseidon* oder *Ägeus,* des Königs von Athen. Er erschlug den *Prokrustes* u. tötete den *Minotauros* im Labyrinth auf Kreta, in dem er sich durch den Faden der *Ariadne* orientierte.
**Thespis,** erster grch. Tragödiendichter u. Schauspieler in Athen, 6. Jh. v.Chr. Horaz berichtet, T. sei auf Wagen herumgezogen. Daher: **T.karren,** Schauspielerwohnwagen, Wanderbühne.
**Thessalien,** *Thessalia,* fruchtbare Beckenlandschaft u. Region in Nordgriechenland; Hauptort *Larisa.*
**Thessaloniki** → Saloniki.
**Theten,** im antiken Athen die besitzlosen, auf Lohnarbeit angewiesenen freien Bürger.
**Thetis,** grch. Meergöttin, Tochter des *Nereus,* Mutter des *Achilles.*
**Thiamin,** Vitamin $B_1$.
**Thiazine,** Gruppe heterozykl. Verbindungen mit je einem Schwefel- u. Stickstoffatom im Ring; Grundsubstanz der *Thiazin-Farbstoffe.*
**Thibaut IV.** [ti'bo], Graf der Champagne, als *Thibaut I.* König von Navarra, *1201, †1253, frz. Dichter; populärster Minnesänger.
**Thidrekssaga** [ˈθidrɛks-], norw. Sagensammlung um *Dietrich von Bern* u.a.; vielfach die einzige Quelle der dt. Heldensage; um 1250 entstanden.
**Thielicke,** Helmut, *1908, †1986, dt. ev. Theologe; W »Theol. Ethik«.
**Thieme,** Ulrich, *1865, †1922, dt. Kunsthistoriker; begr. 1907 mit F. *Becker* das »Allg. Lexikon der bildenden Künstler« *(T.-Becker,* 37 Bde.).
**Thiers** [tjɛ:r], Adolphe, *1797, †1877, frz. Historiker u. Politiker (Liberaler); 1871–73 Präs. der Rep.
**Thierse,** Wolfgang, *22.10.1943, dt. Politiker (SPD); 1990 Vors. der SPD in der DDR.
**Thiès** [tiˈɛs], Stadt in der W-afrik. Rep. Senegal, östl. von Dakar, 150 000 Ew.; Handelszentrum.
**Thiess,** Frank, *1890, †1977, dt. Schriftst.; prägte den Begriff »innere Emigration«.
**Thimbu,** *Timphu,* Residenz von *Bhutan,* Himalaya.
**Thimig,** östr. Schauspielerfamilie: **1.** Hans, *23.7.1900; Charakterdarsteller. – **2.** Helene, *1889, †1974; verh. mit M. *Reinhardt.* – **3.** Hermann, *1890, †1982; jugendl. Held, Charakterrollen. – **4.** Hugo, Vater von 1) - 3), *1854, †1944; 1912–17 Dir. des Wiener Burgtheaters.
**Thing,** in der german. u. fränk. Zeit der Volksversammlung als Gerichts- u. Heeresversammlung.
**Thionville** [tjɔ̃ˈviːl], frz. Name der Stadt *Diedenhofen.*
**Thioplaste,** schwefelhaltige Kunststoffe, dem Kautschuk sehr ähnlich.
**Tholos,** antiker Rundbau, verwendet als Tempel, für den Heroenkult, u. als Versammlungsraum.
**Thoma, 1.** Hans, *1839, †1924, dt. Maler u. Graphiker; stimmungsvolle Landschaften, heimatverbundene Figurenbilder. – **2.** Ludwig, *1867, †1921, dt. Schriftst.; Redakteur beim *Simplicissimus«;* W humorist. Erzählungen: »Lausbubengeschichten«, »Jozef Filsers Briefwexel«.
**Thomanerchor,** seit 1519 nachweisbarer Chor der Leipziger Thomaskirche; 1723–50 von J.S. Bach geleitet.
**Thomas,** einer der zwölf Jünger u. Apostel Jesu, Heiliger (Fest: 3.7.).

*Triumph des hl. Thomas von Aquin, der alle Bücher der Bibel und die Hauptwerke des Aristoteles kommentierte; Gemälde von F. Traini, 14. Jahrhundert. Pisa, S. Catarina*

**Thomas, 1.** [tɔˈma], Ambroise, *1811, †1896, frz. Komponist; W Oper »Mignon«. – **2.** [ˈtɔməs], Dylan, *1914, †1953, engl. Schriftst.; führender Lyriker seiner Generation. – **3.** Kurt, *1904, †1973, dt. Komponist (Kirchenmusik) u. Chorleiter; 1957–60 Thomaskantor in Leipzig. – **4.** [ˈtɔməs], Sidney Gilchrist, *1850, †1885, engl. Ingenieur; erfand 1878 das *T.-Verfahren.*
**Thomasius,** Christian, *1655, †1728, dt. Rechtsphilosoph; Vertreter des dt. Naturrechtsdenkens; hielt 1687 die erste öffentl. Vorlesung in dt. Sprache.
**Thomaskantor,** Leiter des Thomanerchors.
**Thomasmehl,** phosphorsäurehaltiges Düngemittel aus der Schlacke, die bei der Stahlherstellung nach dem *Thomas-Verfahren* anfällt.
**Thomas Morus** → More (2).
**Thomas-Verfahren,** Verfahren bei der Stahlherstellung: Luft wird durch Düsen im Boden eines Konverters *(Thomasbirne)* durch das Roheisen geblasen; Nebenprodukt: Thomasmehl.
**Thomas von Aquin,** *Thomas Aquinas,* *1225, †1274, ital. Theologe u. Philosoph; Dominikaner, studierte u.a. bei Albertus Magnus in Köln; lehrte in Paris u. in Italien. – Er versuchte, zur Klärung der Glaubensgeheimnisse die natürl. Vernunft, insbes. das philosoph. Denken des *Aristoteles,* heranzuziehen u. der Theologie den Charakter einer Wiss. zu geben: Die Offenbarung ist nicht widersondern übervernünftig. W »Summa contra gentiles« (Auseinandersetzung mit dem nichtchristl., bes. islam. Denken), »Summa theologica« (System der Theologie u. Philosophie). Seine Werke bilden die bevorzugte Grundlage aller philosoph.-theolog. Studien in der kath. Kirche. – Heiliger (Fest: 28.1.).
**Thomas von Kempen,** *Thomas a Kempis,* eigtl. T. *Hemerken,* *1379 oder 1380, †1471, dt. Mystiker; Augustinerchorherr.
**Thompson** [ˈtɔmpsən], Francis, *1859, †1907, engl. Schriftst., von myst. Religiosität geprägt.
**Thomson** [ˈtɔmsən], **1.** Sir George Paget, *1892, †1975, brit. Physiker; entdeckte die Beugung von Elektronen an Kristallen; Nobelpreis 1937. – **2.** James, *1700, †1748, schott. Schriftst.; begr. mit seinem naturbeschreibenden Gedicht »The Seasons« eine neuartige realist. Naturauffassung in der europ. Literatur; schrieb das brit. Nationallied »Rule Britannia«. – **3.** Sir Joseph John, *1856, †1940, brit. Physiker; Mitbegr. der modernen Atomphysik; Nobelpreis 1906. – **4.** Sir William, Baron *Kelvin of Largs* (seit 1892), *1824, †1904, brit. Mathematiker u. Physiker; definierte die absolute Temperaturskala *(Kelvin-Skala);* entdeckte das Argon.

**Thonburi,** Vorstadt der thailänd. Hptst. *Bangkok,* bis 1973 selbst.
**Thonon-les-Bains** [tɔˈnɔləˈbɛ̃], frz. Bade- u. Luftkurort über dem *Genfer See,* fr. Hptst. des *Chablais,* 27 300 Ew.
**Thöny,** Eduard, *1866, †1950, östr. Maler u. Graphiker des Jugendstils.
**Thor,** nord. Gott (entspr. → Donar), Wettergott.
**Thora,** *Tora,* im Judentum das Gesetz Gottes oder das mosaische Gesetz, allg. Bez. für die »fünf Bücher Mose« im AT; auf eine Rolle aufgezeichnet u. in der Synagoge im *T.schrein* aufbewahrt.
**Thorax,** 1. die *Brust,* der mittlere Körperabschnitt der Insekten zw. Kopf u. Hinterleib *(Abdomen),* der Träger der Gangbeinpaare. – 2. der *Brustkorb* der Säugetiere, gebildet von den Rippen.
**Thoreau** [ˈθɔːrou], Henry David, *1817, †1862, US-amerik. Schriftst., stand dem Transzendentalismus Emersons nahe, betonte einen individuellen Idealismus. W »Poems of nature«.
**Thorium,** ein → chemisches Element.
**Thorn,** poln. *Toruń,* Stadt in Polen, an der unteren Weichsel, 197 000 Ew.; Geburtsort des Kopernikus; Bürgerhäuser in Backsteingotik; chem., Maschinen- u. Nahrungsmittelind. – Gesch.: 1231 vom Dt. Orden gegr., Hansestadt, Stadtstaat unter poln. Oberhoheit, 1793–1919 preuß., dann poln.; 1939–45 Teil des Reichsgaues Danzig-Westpreußen.
**Thorn,** Gaston, *3.9.1928, luxemburg. Politiker (Demokrat. Partei); 1974–79 Min.-Präs., 1981–84 Präs. der EG-Kommission.
**Thorndike** [ˈθɔːndaik], Edward Lee, *1874, †1949, US-amerik. Psychologe, arbeitete über Lernpsychologie.
**Thornhill** [ˈθɔːn-], Sir James, *1675 oder 1676, †1734, engl. Maler u. Radierer; schuf monumentale Wand- u. Deckengemälde.
**Thorvaldsen,** Bertel, *1768, †1844, dän. Bildhauer; bed. Vertreter der klassizist. Plastik.
**Thoth,** altägypt. Gott, Schutzherr der Schreibkunst (Literatur u. Wiss.); vorw. mit Ibiskopf dargestellt.
**Thrakien,** grch. *Thrake,* SO-europ. Ldsch. u. grch. Region zw. den Rhodopen u. dem Istrancagebirge. – In der Antike hieß T. der östl. Teil der Balkanhalbinsel von der Ägäis bis zur Donau. – Gesch.: Seit etwa 1000 v. Chr. war das Land von den indoeurop. Völkerschaften der *Thraker* bewohnt. 342 v. Chr. wurde es makedon., 281 v. Chr. röm. Prov. Vom 10.–14. Jh. war T. bulg., dann türk.; 1923 kam der westl. Teil zu Griechenland.
**Threnos,** altgrch. Klagelied zur Flötenbegleitung.
**Thriller** [ˈθrilə], auf Spannungseffekte u. Nervenkitzel ausgehender Roman oder Film.
**Thrombose,** Bildung von Pfropfen *(Thromben)* aus Blutbestandteilen (Fibrin, Blutkörperchen) in Herz u. Gefäßen. Ursache sind Veränderungen der Gefäßinnenwand oder Verlangsamung der Blutströmung durch Stauung. Häufig führt Venenentzündung zur T. Sie ist gefürchtet wegen der Gefahr einer → Embolie.

*Thora: Der Thoraschild (in Anlehnung an den Brustschild des Hohepriesters), aus Silber und z.T. vergoldet, wird als Schmuck um die Thorarolle gehängt; 1806. Wien, Judaica-Sammlung Max Berger*

*Thunbergie: Schwarze Susanne*

**Thrombozyten,** *Blutplättchen,* → Blut.
**Thrombus,** Blutpfropf.
**Thron,** meist kunstvoller u. im Material kostbarer Stuhl, urspr. Sitz der Gottheit, später Ehrensitz des röm. Kaisers, dann allg. eines Fürsten. – **T.folge,** die Nachfolge als Monarch beim Tod oder sonstigen Ausscheiden des bisherigen Trägers der Krone.
**Thule,** 1. nach antiker Vorstellung ein Inselland, das den nördl. Teil der Welt bilden sollte. – 2. Eskimosiedlung in N-Grönland; US-amerik. Militärstützpunkt.
**Thulium,** ein → chemisches Element.
**Thumb,** Peter, *1681, †1766, dt. Baumeister. W Stiftskirche in St. Gallen u. Bibliothek.
**Thun,** schweiz. Bez.-Hptst. im Kt. Bern, am Ausfluß der Aare aus dem *T.er See* (48 km$^2$, bis 217 m tief), 37 000 Ew.; mittelalterl. Stadtbild.
**Thunbergie,** ein in SO-Afrika heim. *Akanthusgewächs,* darunter die *Geflügelte T.* oder *Schwarze Susanne.*
**Thunder Bay** [ˈθʌndə beɪ], Hafenstadt in der kanad. Prov. Ontario, am Oberen See, 112 000 Ew.
**Thünen,** Johann Heinrich von, *1783, †1850, dt. Nationalökonom; entwickelte eine Standorttheorie der Landwirtschaft *(T.sche Kreise).*
**Thunfische,** Gatt. *Thunnus* der *Makrelen;* in trop. u. gemäßigten Meeren weit verbreitet; Raubfisch, bis 1,50 m lang, von großer wirtsch. Bedeutung.
**Thurgau,** Kt. der → Schweiz, südl. des Bodensees. – Gesch.: Zunächst habsburg., 1264 zu Habsburg, 1460 von den Eidgenossen erobert, 1803 eig. Kanton.
**Thüringen,** Land der BR Dtld., Hptst. (seit 1990) *Erfurt;* Hptst. bis 1945 *Weimar;* bis 1952 Land der DDR, Hptst. *Erfurt.* – T. ist ein Teil der Mittelgebirgsschwelle. Sein Rückgrat bildet der **Thüringer Wald** (im Großen Beerberg 982 m), der sich nach SO im *Thüring. Schiefergebirge* u. im *Frankenwald* fortsetzt. Zentrum des Landes ist das fruchtbare *Thüringer Becken.* Die bed. Bodenschätze sind Kali u. Braunkohle.
Geschichte. 531 wurde T. im N von den Sachsen, im übrigen vom Frankenkönig *Theuderich* erobert u. seitdem als fränk. Prov. regiert u. im 8. Jh. von Bonifatius christianisiert. Seit 1050 setzte sich das Geschlecht der *Ludowinger* durch, 1247 das der *Wettiner.* Zuletzt bestand T. aus dem Großherzogtum *Sachsen-Weimar-Eisenach,* den 3 Herzogtümern *Sachsen-Meiningen, Sachsen-Altenburg* u. *Sachsen-Coburg-Gotha* u. den vier Fürstentümern *Schwarzburg-Sondershausen* u. *Schwarzburg-Rudolstadt, Reuß ältere Linie* (Greiz) u. *Reuß jüngere Linie* (Gera). Sie schlossen sich 1920 zum Land T. zus. 1952 wurde T. als Land aufgehoben u. in die Bezirke Gera, Erfurt u. Suhl aufgeteilt. 1990 wurde T. als Land wiederhergestellt.
**Thurn,** Heinrich Matthias Graf von, *1567, †1640, Führer der prot. Stände in Böhmen; am *Prager Fenstersturz* beteiligt.
**Thurn und Taxis,** urspr. lombard. Fürstengeschlecht *de la Torre;* 1615–1867 Reichserbgeneralpostmeister.
**Thusnelda,** Frau des Cheruskerfürsten *Armin.* Sie heiratete ihn gegen den Willen ihres Vaters, des Cheruskerfürsten *Segestes.*
**Thutmosis** → Tuthmosis.
**Thymian,** *Quendel,* Gatt. der *Lippenblütler;* Hauptverbreitung im Mittelmeergebiet; die Arten des Halbstrauches werden u.a. für Kräuterbäder u. als Gewürz verwendet.
**Thymus,** beim Tier *Bries, Briesel,* eine innersekretor. innere Brustdrüse unterhalb der Schilddrüse. Bei vielen Säugern u. beim Menschen verkümmert der T. mit Beginn der Pubertät. Die Hormone des T. zeigen Beziehung zum infantilen Wachstum u. zur primären Immunisierung.
**Thyreotropin,** Abk. *TSH,* ein Hormon des Hypophysenvorderlappens, das die Schilddrüse zur Bildung von **Thyroxin** anregt, ein jodhaltiges Hormon, das den Grundumsatz steuert, indem es den Abbau von Kohlenhydraten u. Fetten steigert. T. ist ferner ein wichtiger Faktor für das normale Wachstum. Erhöhte T.-Sekretion führt zur Kropfbildung.
**Thyristor,** ein Halbleitergleichrichter, der zunächst den Strom in beiden Richtungen sperrt; die Durchlaßrichtung wird nur nach einem Steuerimpuls auf die Zusatzelektrode freigegeben.
**Thyssen,** August, *1842, †1926, dt. Industrieller; Begr. des *T.-Konzerns,* eines der größten dt. Konzerne der Eisen- u. Stahlind.
**Ti,** chem. Zeichen für Titan.
**Tiahuanaco,** indian. Ruinenstätte am S-Ufer des Titicacasees in Bolivien; ehem. Kultzentrum einer im zentralen u. südl. Andengebiet verbreiteten vorinkaischen Kultur (etwa 0–1000).
**Tialoc,** Regengott der Azteken u. Tolteken; trägt eine Maske aus zwei Schlangen.
**Tianjin,** *Tientsin,* Stadt in N-China, am Hai He sö. von Peking, 5,4 Mio. Ew.; Außenhafen *Xingang* an der Bo-Hai-Bucht des Gelben Meers; Kultur-, Handels- u. Industriezentrum.
**Tian Shan,** 3000 km langes, bis 600 km breites zentralasiat. Gebirge nördl. von Turkistan; im mittleren Teil an der sowj.-chin. Grenze sehr stark gegliedert. z.T. vergletschert; *Pik Pobedy* 7439 m, *Chan Tengri* 6995 m.
**Tiara,** außerliturg. Kopfbedeckung des Papstes, eine dreifache Krone.
**Tiber,** ital. *Tevere,* Fluß in Mittelitalien, 405 km, fließt durch Rom, mündet bei Ostia.
**Tiberias,** Stadt in Israel, am W-Ufer des Sees Genezareth, 206 m u.M., 30 000 Ew.; Kurort mit heißen Mineralquellen, eine der vier heiligen Städte des Judentums; vom 2./3. Jh. n. Chr. bis ins fr. MA das Zentrum jüd. Gelehrsamkeit (Vollendung von Mischna u. Talmud).
**Tiberius,** *T. Claudius Nero,* *42 v.Chr., †37 n. Chr., röm. Kaiser 14–37 n. Chr.; Nachfolger des *Augustus;* kämpfte in Germanien, Pannonien u. Dalmatien.
**Tibesti,** Gebirge in der mittleren Sahara. Das rd. 2000 m hohe Hochplateau wird von vulkan. Kuppen *(Emi Koussi,* 3415 m) überragt.
**Tibet,** ausgedehntes Hochland in Innerasien, gehört zur chinesischen autonomen Region T., 1,22 Mio. km$^2$, 2 Mio. Ew., Hptst. *Lhasa.*

*Tiara*

*Tibet: der Klosterbezirk von Gyangtze, der viertgrößten Stadt Tibets*

**Landesnatur.** T. ist in seinem Zentrum ein abflußloses, 4000–5000 m hoch gelegenes Hochland. Südl. des Transhimalaya breitet sich an den Oberläufen von *Brahmaputra (Tsangpo), Sutlej* u. *Indus* der wirtschaftl. Kernraum aus, der ein günstiges gemäßigtes Klima aufweist, während die trockenkalten Hochbecken nahezu vegetationslos u. so gut wie unbewohnt sind. – Infolge starker chin. Zuwanderung machen die *Tibeter* heute nur noch ²/₃ der Bevölkerung aus. Bedeutend ist die Weidewirtschaft (Schafe, Yaks) auf den Hochsteppen. Die bergbaul. u. ind. Nutzung T.s ist noch gering entwickelt, wird aber gefördert.
**Geschichte.** Die vermutl. aus dem Stromgebiet des Chang Jiang eingewanderten Tibeter vereinten sich nach 600 n. Chr. in einem Reich, das von Sichuan bis an die ind. Grenze reichte. Im 11. Jh. setzte sich der Buddhismus als Staatsreligion in Form des *Lamaismus* durch. 1270 setzte Kublai Khan die Sakya-Sekte als tributpflichtige Regenten ein. Weltl. Oberhaupt des hierarch. aufgebauten Priesterstaats war der *Dalai Lama,* geistl. Oberhaupt der *Pantschen Lama.* – 1751 wurde T. chin. Protektorat. 1914 wurde T. von Großbritannien, Indien u. Rußland die Unabhängigkeit garantiert. China besetzte T. 1950 u. gliederte es 1951 an. Nach einem erfolglosen Aufstand floh der Dalai Lama 1959 nach Indien. 1965 wurde die autonome Region T. geschaffen.
**Tibeter,** *Tibetaner,* eig. Name *Bod,* mongol. *Tanguten,* mongolides Volk mit tibetobirman. Sprache in Tibet u. im Himalaya von Ladakh, Sikkim, Bhutan, Nepal; nomad. Viehzüchter; Lamaisten.
**Tibetobirmanen,** eine Sprachfam. bildende mongolide Völkergruppe (rd. 45 Mio.) in Tibet, Birma, Assam, den Himalaya-Ländern u. SW-China.
**Tichonow** [-nɔf], **1.** Nikolaj Alexandrowitsch, *14.5.1905, sowj. Politiker; 1980–85 Vors. des Ministerrats. – **2.** Nikolaj Semjonowitsch, *1896, †1979, russ. Lyriker u. Erzähler.
**Tiden,** *Tidenhub,* tageszeitl. Unterschied in der Meeresspiegelhöhe; → Gezeiten.
**Tieck, 1.** Christian Friedrich, Bruder von 2), *1776, †1851, dt. Bildhauer (Marmorbüsten). – **2.** Ludwig, *1773, †1853, dt. Schriftst.; kam durch seinen Freund W.H. *Wackenroder* zu romant. Erleben der dt. MA u. 1799 in den Kreis der Jenaer Frühromantiker; Hrsg. altdt. Dichtung sowie der Schlegel-T.schen Shakespeare-Übersetzung (vervollständigt von seiner Tochter Dorothea T. u. W. Graf von Baudissin).
**Tief,** *T.druckgebiet,* in der Meteorologie ein Gebilde geringen Luftdrucks.
**Tiefbau,** die Arbeiten des Straßen-, Eisenbahn-, Erd-, Grund- u. Wasserbaus; auch unterird. Bergbau; Ggs.: *Hochbau.*
**Tiefbohrung,** Bohrung in größere Erdtiefen bis über 500 m. Die bislang tiefsten Bohrungen wurden auf der Halbinsel Kola (12 km) u. in der Oberpfalz (14 km) vorgenommen.
**Tiefdruck,** Sammelbez. für die Druckverfahren, bei denen die druckenden Teile der Druckform (Bild u. Text) vertieft liegen (z.B. beim Kupferstich). Der T. wird bevorzugt zum Bilddruck für hohe Auflagen eingesetzt.
**Tiefebene,** tiefliegende Landfläche mit geringen Reliefunterschieden; bei größeren Reliefunterschieden: *Tiefland.* I.e.S. die Höhenstufe bis 200 m ü.M.
**Tiefenpsychologie,** eine psycholog. Richtung, die hinter den bewußten seel. Erlebnissen die unbewußten, vorw. triebhaften u. emotionalen Vorgänge untersucht u. in der Therapie beeinflußt; insbes. die *Psychoanalyse.*
**Tiefenrausch,** ein dem Alkoholrausch ähnl. Zustand aufgrund von Sauerstoffmangel u. Stoffwechselrückständen sowie nicht abgeatmetem Kohlendioxid beim Tieftauchen.
**Tiefenschärfe,** *Schärfentiefe,* die Ausdehnung jener Raumzone vor der Kamera, die vom Objektiv scharf abgebildet wird. Die T. nimmt mit Aufnahmeentfernung u. Abblendung (→ Blende) zu, mit der Objektnähe dagegen ab.
**Tiefgang,** das Maß des Eintauchens eines Schiffs oder schwimmenden Körpers, gerechnet von seinem tiefsten Tauchpunkt senkr. aufwärts zur Wasserlinie.
**Tiefgefrierverfahren,** *Schnellgefrierverfahren,* industrielles Verfahren zum Tiefgefrieren von Lebensmitteln. Verwendet werden in der Hauptsache: 1. das *Luftgefrierverfahren* v.a. im Gefriertunnel bei stark erhöhter Luftgeschwindigkeit u. Temp. von −35 °C bis −45 °C, geeignet für alle verpackten u. unverpackten Lebensmittel beliebiger Gestalt. Für das Tiefgefrieren unverpackter kleinstückiger Lebensmittel wie Erbsen u. Beerenobst, die einzeln im Kaltluftstrom von etwa −40 °C schweben, wird das *Fließbettgefrierverfahren* verwendet; 2. das *Kontaktgefrierverfahren* für Gefriergut einheitl. Höhe u. Verpackung. Das Gefrieren erfolgt im doppelseitigen Kontakt mit Platten, durch die ein Kältemittel von ca. −40 °C fließt; 3. das Gefrieren mit flüssigen Gasen wie Kohlendioxid (−78,5 °C) u. Stickstoff (−96 °C), die z.B. im Tunnel, den das Gut auf einem Förderband durchläuft, versprüht werden.
**Tiefsee,** im Sprachgebrauch der Ozeanographie das Meer unterhalb der 4000-m-Isobathe. In

| Tiefseegräben | | | |
|---|---|---|---|
| Name, Lage | Länge in km | tiefster Punkt | Tiefe in m |
| **Atlantischer Ozean** | | | |
| Westatlantisches Becken | | | |
| Puerto-Rico-Graben | 800 | Milwaukeetiefe | 9219 |
| Südsandwichgraben | 965 | Meteortiefe | 8264 |
| Romancherinne | 965 | | 7728 |
| **Amerikanisches Mittelmeer** | | | |
| Caymangraben | 965 | | 7680 |
| **Indischer Ozean** | | | |
| Nordwestaustralisches Becken | | | |
| Sundagraben | 2250 | Planettiefe | 7455 |
| **Pazifischer Ozean** | | | |
| Westpazifisches Becken | | | |
| Neuhebridengraben | 320 | | 7570 |
| Ostkarolinenbecken | | | |
| Bougainvillegraben | 640 | | 9140 |
| Philippinenbecken | | | |
| Philippinengraben | 1325 | Galatheatiefe | 10540 |
| Riukiugraben | 1040 | Mandschutiefe | 7507 |
| Westkarolinenbecken | | | |
| Yapgraben | 560 | | 8579 |
| Nordpazifisches Großbecken | | | |
| Aleutengraben | 3200 | | 7822 |
| Nordwestpazifisches Becken | | | |
| Kurilengraben | 2250 | Witjastiefe | 10542 |
| Japangraben | 1600 | | 8412 |
| Boningraben | 900 | | 9810 |
| Südpazifisches Großbecken | | | |
| Tongagraben | 2575 | Witjastiefe II | 10882 |
| Kermadecgraben | 2575 | Witjastiefe III | 10047 |
| Marianenbecken | | | |
| Marianengraben | 2250 | Witjastiefe I | 11034 |
| Ostpazifisches Becken | | | |
| Atacamagraben | 3540 | | 8066 |
| Perugraben | 3540 | | 6262 |
| Australasiatisches Mittelmeerbecken | | | |
| Bandagraben | 240 | Webertiefe | 7440 |

der Biologie versteht man unter T. bereits den Meeresbereich unter 200 m Wassertiefe, der nicht mehr von Wind- u. Wärmeverhältnissen der Oberfläche beeinflußt wird. Wegen des Lichtmangels fehlen hier alle Pflanzen außer pflanzl. Geißelalgen, die bis zu 400 m Tiefe vorkommen. – **T.fauna,** die Tierwelt der T. (im biolog. Sinn). Sie ist durch zahlr. Eigentümlichkeiten den Lebensbedingungen angepaßt. Der Lichtmangel führt einerseits zu Rückbildung u. Verlust, andererseits zu Vergrößerung (z.B. Riesenmäuler), bes. Ausgestaltung der Augen (Teleskopaugen) u. gesteigerter Ausbildung von Tastorganen (verlängerte Fühler, Beine, Flossenstrahlen, Barteln u.a.). Tiere kommen bis in größte Tiefen vor: Fische wurden bis in 7130 Tiefe gefangen u. Seerosen aus 10 190 m Tiefe geborgen. – **T.forschung,** ein Teilgebiet der *Meeresforschung,* das sich mit der Physik u. Chemie des Meerwassers, der Beschaffenheit des Meeresbodens u. der Lebewelt in der T. befaßt. – Erste genaue Kenntnisse über die T. u. ihre Bewohner wurden auf der Fahrt der »Challenger« 1873–76 gewonnen. Einsätze mit der von O. *Barton* entwickelten bemannten Tauchkugel (Bathysphäre) begannen 1930. A. *Piccard* konstruierte das erste frei bewegl. Tieftauchgerät, den Bathyscaph.
**Tiefseegräben,** die tiefsten Stellen des Meeresbodens, meist im Bereich der Kontinentalränder.
**Tieftemperaturphysik,** die Untersuchung des physikal. Verhaltens von Stoffen bei sehr tiefen Temperaturen. Zur Erzeugung tiefer Temp. dienen v.a. verflüssigte Gase.
**Tiegelofen,** Schmelzofen aus feuerfestem, mit Graphit vermischtem Ton; kann bis auf 1700 °C erhitzt werden.
**Tienen** ['ti:nə], frz. *Tirlemont,* Stadt in der belg. Prov. Brabant, an der Groote Nete, 33 000 Ew.
**Tiepolo,** Giovanni Battista, *1696, †1770, ital. Maler u. Graphiker; 1750–53 in Würzburg, seit 1762 in Madrid; monumentale Wand- u. Deckengemälde. – W Fresken im Treppenhaus u. Kaisersaal der Würzburger Residenz, im Palazzo Labia in Venedig, im Thronsaal des Schlosses in Madrid.

*Giovanni Battista Tiepolo: Rinaldo und Armida. München, Alte Pinakothek*

**Tier,** ein Lebewesen, das sich durch bestimmte Merkmale von der *Pflanze* unterscheidet. Der grundlegende Unterschied liegt in der Art der

# TIERREICH

## Unterreich Protozoa-Urtiere (20.000 Arten)

### Abteilung Cytomorpha

Stamm Flagellata oder Mastigophora-Geißeltierchen oder Geißelträger

Stamm Rhizopoda-Wurzelfüßer (Amöben, Foraminiferen, Heliozoen, Radiolarien)

Stamm Sporozoa-Sporentierchen

### Abteilung Cytoidea

Stamm Ciliata-Wimpertierchen (Euciliaten, Suctorien)

## Unterreich Metazoa-Vielzeller oder Zellverbandstiere (1 050 000 Arten)

### Abteilung Mesozoa (50 Arten)

Stamm Mesozoa

### Abteilung Parazoa (5 000 Arten)

Stamm Porifera oder Spongia-Schwämme

### Abteilung Histozoa oder Eumetazoa-Gewebetiere oder Echte Vielzeller (1 044 000 Arten)

#### Unterabteilung Coelenterata oder Radiata-Hohltiere

Stamm Cnidaria-Nesseltiere (8 900 Arten)

    Klasse Hydrozoa (2 700 Arten, davon 700 mit freilebenden Quallen)

    Klasse Scyphozoa-Schirm- oder Scheibenquallen (200 Arten)

    Klasse Anthozoa-Blumen- oder Korallentiere, Blumenpolypen (80 Arten)

Stamm Acnidaria-Hohltiere ohne Nesselzellen (80 Arten)

    Klasse Ctenophora-Rippen- oder Kammquallen

#### Unterabteilung Bilateralia-Zweiseitig-symmetrische Tiere (1 035 000 Arten)

##### Stammreihe Protostomia oder Gastroneuralia-Urmund- oder Bauchmarktiere (984 000 Arten)

Stamm Plathelminthes-Plattwürmer (12 500 Arten)

    Klasse Turbellaria-Strudelwürmer (3 000 Arten)

    Klasse Trematoda-Saugwürmer (600 Arten)

    Klasse Cestoda-Bandwürmer (3 400 Arten)

Stamm Kamptozoa oder Entoprocta-Kelchwürmer (60 Arten)

Stamm Nemertini-Schnurwürmer (800 Arten)

Stamm Nemathelminthes oder Aschelminthes-Schlauchwürmer (12 500 Arten)

    Klasse Nematodes-Rund- oder Fadenwürmer (10 000 Arten)

    Klasse Rotatoria-Rädertiere (1 500 Arten)

    Klasse Gastrotricha-Bauchhaarlinge oder Flaschentierchen (150 Arten)

    Klasse Kinorhyncha (100 Arten)

    Klasse Nematomorpha oder Gordiacea-Saitenwürmer (230 Arten)

    Klasse Acanthocephala-Kratzer (500 Arten)

Stamm Priapulida-Priapswürmer (4 Arten)

Stamm Mollusca-Weichtiere (128 000 Arten)

  Unterstamm Amphineura-Urmollusken (1 150 Arten)

    Klasse Polyplacophora, Placophora oder Loricata-Käferschnecken (1 000 Arten)

    Klasse Solenogastres oder Aplacophora-Wurmmollusken (150 Arten)

  Unterstamm Conchifera (126 000 Arten)

    Klasse Monoplacophora (2 Arten)

    Klasse Gastropoda-Schnecken oder Bauchfüßer (105 000 Arten)

    Klasse Bivalvia oder Lamellibranchiata-Muscheln (20 000 Arten)

    Klasse Scaphopoda oder Solenoconcha-Kahnfüßer, Grabfüßer, Zahnschnecken oder Röhrenschaler (350 Arten)

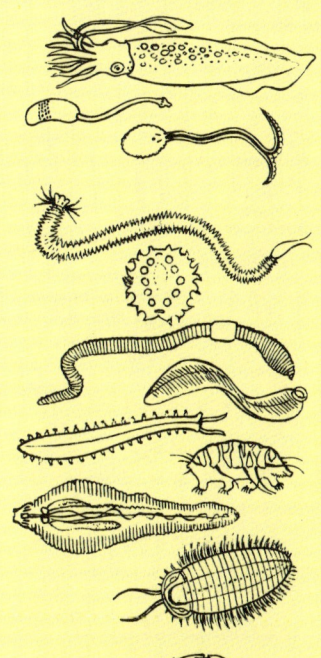

    Klasse Cephalopoda-Kopffüßer oder Tintenfische (730 Arten)

Stamm Sipunculida-Spritzwürmer (250 Arten)

Stamm Echiurida-Igelwürmer (150 Arten)

### Stammgruppe Articulata – Gliedertiere

Stamm Annelida-Ringel- oder Gliederwürmer (8 700 Arten)

    Klasse Polychaeta-Vielborster (4770 Arten)

    Klasse Myzostomida-Saugmünder (rd. 30 Arten)

    Klasse Oligochaeta-Wenigborster (3 500 Arten)

    Klasse Hirudinea-Egel oder Blutegel (400 Arten)

Stamm Onychophora-Stummelfüßer (70 Arten)

Stamm Tardigrada-Bärtierchen (200 Arten)

Stamm Linguatulida- oder Pentastomida-Zungenwürmer (60 Arten)

Stamm Arthropoda-Gliederfüßer (816 000 Arten)

  Unterstamm Trilobitomorpha-Dreilapper oder Trilobiten †

  Unterstamm Chelicerata-Fühlerlose oder Spinnentiere i. w. S.

    Klasse Merostomata-Merostomen (5 Arten)

    Klasse Arachnida-Spinnentiere (36 000 Arten)

    Klasse Pantopoda-Asselspinnen (500 Arten)

  Unterstamm Branchiata oder Diantennata-Tiere mit 2 Antennenpaaren

    Klasse Crustacea-Krebstiere (20 000 Arten)

  Unterstamm Tracheata-Tracheentiere

    Klasse Chilopoda-Hundertfüßer (2 800 Arten)

    Klasse Diplopoda, Tausendfüßer oder Doppelfüßer (250 Arten)

    Klasse Pauropoda-Wenigfüßer (500 Arten)

    Klasse Symphyla-Zwergfüßer (130 Arten)

    Klasse Insecta-Insekten oder Kerbtiere (800 000 Arten)

Stamm Tentaculata oder Lophophorata-Kranz- oder Armfühler (280 Arten)

    Klasse Phoronidea-Hufeisenwürmer (18 Arten)

    Klasse Bryozoa, Ectoprocta oder Polyzoa-Moostierchen (25 000 Arten)

    Klasse Brachiopoda-Armfüßer (280 Arten)

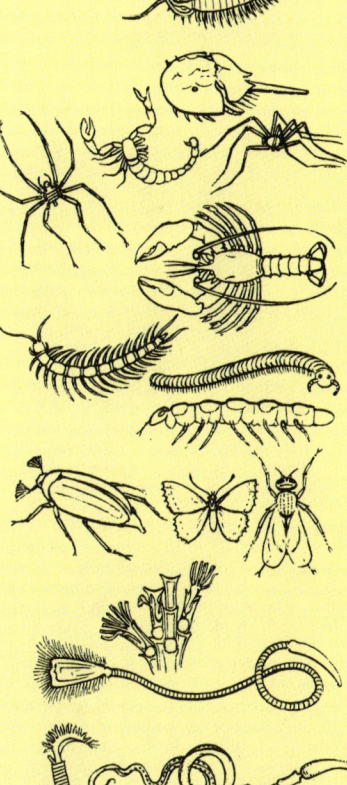

### Stammreihe Deuterostomia oder Notoneuralia-Neumund- oder Rückenmarktiere

Stamm Branchiotremata oder Hemichordata

    Klasse Enteropneusta-Eichelwürmer (60 Arten)

    Klasse Pterobranchia (20 Arten)

    Klasse Planctosphaeroidea

Stamm Echinodermata-Stachelhäuter (6 000 Arten)

  Unterstamm Pelmatozoa-Gestielte Stachelhäuter

    Klasse Crinoidea-Seelilien und Haarsterne (620 Arten)

  Unterstamm Eleutherozoa oder Echinozoa-Freilebende Stachelhäuter

    Klasse Holothuroidea-Seewalzen oder Seegurken (1 100 Arten)

    Klasse Echinoidea-Seeigel (860 Arten)

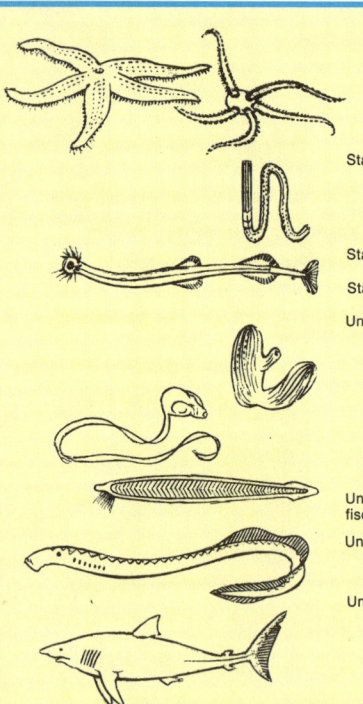

Energiebeschaffung: Das T. gewinnt seine Energie indirekt durch Verwertung organ. Substanz, die es als Nahrung aufnimmt *(heterotroph)*, während die Pflanze die zur Erhaltung des Lebens nötige Energie unmittelbar mit Hilfe von Chlorophyll dem Sonnenlicht entnimmt *(autotroph)*. Weitere typ. Merkmale der T. sind: aktive u. zielgerechte Beweglichkeit des Körpers u. seiner Organe; Mannigfaltigkeit der Reaktionsformen auf Reize; begrenztes Wachstum; Hohlkörper mit Oberflächenentfaltung nach innen; bes. Organe zum Einverleiben u. Verarbeiten der Nahrung; Skelettbildungen; Sinnesorgane, Nerven, Muskeln, Gehirn mit seinen Leistungen. Übersicht: → Tierreich.
**T.dichtung,** die meist erzählende Dichtung, in deren Mittelpunkt T. stehen; z.B. T.märchen, T.fabel. – **T.geographie,** die Wiss. von der Verbreitung der T.welt als einem das Bild der Erdoberfläche mitbestimmenden Faktor. – **T.kreis,** *Zodiakus,* die etwa 20 Grad breite Zone um die Himmelskugel, innerhalb der die Bewegungen von Sonne, Mond u. Planeten vor sich gehen. Die scheinbare Sonnenbahn *(Ekliptik)* bildet die Mittellinie des Tierkreis; enthält folgende 12 Sternbilder *(T.kreis-Sternbilder):* Widder ♈, Stier ♉, Zwilling ♊, Krebs ♋, Löwe ♌, Jungfrau ♍, Waage ♎, Skorpion ♏, Schütze ♐, Steinbock ♑, Wassermann ♒, Fische ♓. Von ihnen sind zu unterscheiden die *T.kreiszeichen* (genau 30 Grad lang), die heute nicht mehr mit den T.kreis-Sternbildern übereinstimmen. – **T.medizin,** *T.heilkunde,* → Veterinärmedizin. – **T.park** → Zoologischer Garten. – **T.quälerei,** das Verursachen länger dauernder oder sich wiederholender erhebl. Schmerzen oder Leiden eines T. Die unnötige T.quälerei ist strafbar nach § 17 u. 19 des *T.schutzgesetzes* vom 18.8.1986 mit Freiheitsstrafe bis zu 2 Jahren u. Geldstrafe sowie Entziehungen des T. – **T.reich,** die Gesamtheit aller T.arten, Gegenstand der *Zoologie.* Das T.reich umfaßt etwa 1,5 Mio. beschriebene Arten; geschätzt wird auf etwa 3 Mio. lebende Arten. Mit den ausgestorbenen T. würde sich der Gesamtumfang des T.reichs auf etwa 50 Mio. Arten erhöhen. In der heutigen T.welt herrscht der Insektentyp vor: 78 % aller T. sind Gliederfüßer, 73 % davon Insekten. Nur 4 % aller T. sind Wirbel-T. Die Ordnung des T.reichs erfolgt aufgrund der natürl. Verwandtschaftszusammenhänge. – **T.schutz,** Maßnahmen u. Einrichtungen zum Schutz des Lebens u. des Wohlbefindens von T. Das *T.schutzgesetz* in der Fassung von 1986 bestimmt, daß niemand einem T. ohne vernünftigen Grund Schmerzen oder Schäden zufügen darf. Betroffen vom *T.schutzgesetz* sind die T.haltung, der T.handel u. T.versuche. – **T.versuche,** Eingriffe oder Behandlung an lebenden Tieren zu Versuchszwecken; nach § 7 des *T.schutzgesetzes* verboten, wenn sie mit erhebl. Schmerzen oder Schädigungen verbunden sind; zulässig nur für gesetzl. vorgeschriebene Versuchsvorhaben, für Impfungen u. zur Gewinnung von Impfstoffen sowie mit ministerieller Erlaubnis zu wiss. T.versuche in wiss. Instituten oder Laboratorien. – **T.wanderungen,** regelmäßige oder gelegentl. Wanderungen bestimmter T.arten, hervorgerufen z.B. durch den Jahresrhythmus (Vogelzug). – **T.zucht,** *Viehzucht,* die mittels Reinzucht, Kreuzung oder Inzucht planmäßig durchgeführte Paarung von T.en, die einem bestimmten Zuchtziel (z.B. Körperbau, Leistung u.a.) entsprechen.
**Tiffany** ['tifəni], **1.** Charles Lewis, *1812, †1902, US-amerik. Künstler; gründete 1837 ein Luxusartikelgeschäft, aus dem sich die bed. Schmuckwarenfabrik der USA entwickelte. – **2.** Louis Comfort, Sohn von 1), *1848, †1933, US-amerik. Kunstgewerbler der L'Art-nouveau-Bewegung, vorw. Glasarbeiten.
**Tiflis,** grusin. *Tbilisi,* Hptst. der Grusin. SSR (Sowj.), im Tal der Kura, 1,21 Mio. Ew.; kulturelles u. wirtsch. Zentrum Transkaukasiens, mittelalterl. Kirchen u. Klöster, vielfältige Ind.
**Tiger,** *Panthera tigris,* eine *Großkatze* mit gelbl. bis rötl. Fell u. dunkler Querstreifung. Hauptnahrung sind Wildschweine. Rassen: der *Königs-* oder *Bengal-T.* aus Indien u. der *Sunda-T.* aus Indonesien, die auf den Dschungel beschränkt sind, u. der *Mandschu-T.,* mit 3 m Körperlänge das größte Landraubtier der Steppen O-Sibiriens. – **T.auge,** gelbbrauner oder blauer Schmuckstein aus Quarz, mit feinen Fasern, undurchsichtig. – **T.blume,** Gatt. der *Schwertliliengewächse.* – **T.hai,** ein bis 4 m langer *Blauhai.* – **T.katzen,** Bez. für versch. kleingefleckte *Bengal-,* Wildkatzen u. Ozelot-Verwandte. – **T.python,** bis 6,5 m lange *Riesenschlange* SO-Asiens.
**Tigre,** neuäthiop. (semit.) Sprache in N-Äthiopien.
**Tigris,** arab. *Dijla,* Fluß in Vorderasien, 1950 km; bildet mit dem Euphrat die Schwemmlandebene Mesopotamiens u. mündet mit dem Euphrat als *Schatt al Arab* in den Pers. Golf.
**Tihama,** feuchtheiße, sehr fruchtbare Küstenebene am Roten Meer in Saudi-Arabien.
**Tijuana** [tix-], Stadt in Baja California (Mexiko), m.V. 920 000 Ew.; Lederind., Fremdenverkehr.
**Tikal,** die größte u. wohl älteste Ruinenstätte der Maya-Kultur im Petén-Gebiet (Guatemala); besiedelt vom Ende des 3. Jh. n. Chr. bis 869, Zeremonialzentrum mit über 3000 Gebäuden (u.a. Tempelpyramiden).
**Tilburg,** Stadt in der ndl. Prov. Nordbrabant, am Wilhelmina-Kanal, 154 000 Ew.; Zentrum des ndl. Katholizismus.
**Tilbury** ['tilbəri], leichter, zweirädriger Einspänner mit zwei Sitzen u. Klappverdeck.
**Tilde,** das Schriftzeichen, das z.B. im Spanischen palatalisierte Aussprache (ñ = nj) vorschreibt; ersetzt in Wörterbüchern (~) das Stichwort.
**Tilgung,** Rückerstattung einer Schuld.
**Till Eulenspiegel** → Eulenspiegel.
**Tilly,** Johann *Tserclaes,* Graf von, *1559, †1632, brabant. Feldherr im Dreißigjährigen Krieg; gewann als Oberbefehlshaber der *Liga* 1620 die Schlacht am Weißen Berge; 1630 nach der Absetzung Wallensteins Generalissimus der kaiserl. Truppen; 1631 von Gustav Adolf bei *Breitenfeld* geschlagen u. 1632 bei Rain am Lech tödlich verwundet.
**Tilsit,** russ. *Sowjetsk,* Stadt in Ostpreußen (Sowj.), an der Memel, 40 000 Ew.; Nahrungsmittelind. – Der *Friede von T.,* am 7.7.1807 zw. Frankreich u. Rußland, am 9.7.1807 zw. Frankreich u. Preußen, beendete den Koalitionskrieg von 1806/07. Preußen verlor die 1793 u. 1795 erworbenen poln. Gebiete sowie das Gebiet links der Elbe an Frankreich.
**Timbre** ['tɛ̃brə], die Klangfarbe einer Stimme.
**Timbuktu,** Stadt in der Rep. Mali, am Niger, 20 000 Ew.; Salzhandel; bis ins 18./19. Jh. das blühende Zentrum des Inneren W-Afrikas.

*Tikal: Tempelpyramide II aus dem 8. Jahrhundert*

**Time-Sharing** [taim'ʃɛ:riŋ], ein Verfahren, bei dem eine zentrale Datenverarbeitungsanlage zahlr. Benutzern gleichzeitig zur Verfügung steht.

**Timişoara**, dt. *Temeschburg,* ung. *Temesvár,* Hptst. des *Banats,* am Bega-Kanal, 300 000 Ew.; Zentrum der Banater Schwaben; Univ., Museen; vielfältige Ind. – 1552 türk., 1716 östr., 1921 rumän.

**Timmermans**, Felix, *1886, †1947, flämischer Schriftst. u. Zeichner; Hauptvertreter der flämischen Heimatdichtung.

**Timon von Athen**, Athener Staatsmann des 5. Jh. v.Chr.; wurde zum Typus des Menschenfeinds, bes. durch *Lukians* u. *Shakespeares* Tragödien.

**Timor**, größte der Kleinen Sundainseln, westl. von Neuguinea, 33 850 km², 1,5 Mio. Ew. (meist Papuas u. Malaien), Hauptort *Kupang;* größtenteils Savanne; Kaffee-, Tee-, Tabakanbau. Teilgebiete der Insel waren früher port. Kolonie *(Osttimor);* seit 1976 indones. Prov.

**Timotheus**, Schüler, Begleiter u. Sekretär des Apostels *Paulus,* gilt als erster Bischof von Ephesos; Heiliger (Fest: 26.1.).

**Timur**, *Tamerlan,* *1336, †1405, mongol. Herrscher. Sein Reich erstreckte sich von O-Turkistan bis S-Rußland; hielt Hof in Samarkand. Seine Nachfolger *(Timuriden)* herrschten im Iran bis 1506.

**Tinbergen** [-xə], **1.** Jan, *12.4.1903, ndl. Nationalökonom; entwickelte dynam. Modelle zur Analyse wirtsch. Abläufe; Nobelpreis für Wirtschaftswissenschaften 1969. – **2.** Nikolaas, *1917, †1988, ndl. Zoologe; arbeitete über experimentelle Zoologie u. Tierverhalten; Nobelpreis für Medizin 1973.

**Tindemans**, Leo, *16.4.1922, belg. Politiker (Christl.-Soziale Partei); 1974–78 Min.-Präs., 1981–89 Außen-Min.

**Ting**, Samuel Chao Chung, *27.1.1936, US-amerik. Physiker chin. Abstammung; Arbeiten über schwere Elementarteilchen; Nobelpreis 1976.

**Tinguely** [tɛ̃gə'li], Jean, *22.5.1925, schweiz. Bildhauer (maschinenähnl., sich bewegende Plastiken).

**Tinktur**, alkohol. Auszug aus pflanzl. oder tier. Stoffen.

**Tinnef** [hebr.], Schund; Unsinn.

**Tinte**, dünnflüssige Lösungen oder Suspensionen von Farbstoffen in Wasser, gewöhnl. synthet. Teerfarbstoffe.

**Tintenfische** → *Kopffüßer.*

**Tintlinge**, *Tintenpilze,* Gatt. der *Blätterpilze;* zarte Pilze mit schwarzem Sporenstaub.

**Tintoretto**, eigtl. *Jacopo Robusti,* *1518, †1594, ital. Maler; neben seinem Schüler El*Greco* bed. Vertreter des europ. Spätmanierismus; wichtigste Gestaltungselemente sind das Licht, ekstatisch bewegte Figuren u. architekton. Fluchträume. Ⓦ Fresken im Dogenpalast u. in der Scuola di San Rocco in Venedig.

**Tipi**, kegelförmiges, rinden- oder fellbedecktes Zelt bei manchen nordamerik. Indianern.

**Tipperary** [tipə'rɛəri], ir. *Tiobraid Arann,* ir. Gft. in der Prov. Munster, Hptst. *Clonmel.*

**Tippett** ['tipit], Michael, *2.1.1905, engl. Komponist; schrieb das Oratorium »A Child of our Time« über die Judenverfolgung; Opern.

*Tipi der Schwarzfuß-Indianer*

*Tiryns: Rekonstruktion der Burganlage*

**TIR**, Abk. für frz. *Transport International Routier,* Kennzeichen an Lastkraftwagen, die bei einem Transport mehrere Länder durchfahren müssen.

**Tirade**, Wortschwall; auch eine altfrz. Strophenform; in der Musik eine Läuferpassage.

**Tirana**, *Tiranë,* seit 1925 Hptst. von Albanien, 211 000 Ew.; Landesuniversität (1957).

**Tirgu Mureş** ['tərgu 'mureʃ], dt. *Neumarkt,* Stadt in Rumänien, in Siebenbürgen, an der Mureş, 159 000 Ew.; IIS; versch. Ind.

**Tirich Mir** ['tiəritʃ 'miə], höchster Berg des pakistan. Hindukusch, 7699 m.

**Tirol**, östr. Bundesland zw. der BR Dtld. im N, Italien im S, Vorarlberg im W, Salzburg u. Kärnten im O, 12 647 km², 613 000 Ew., Hptst. *Innsbruck.* Wichtigstes Wirtschafts- u. Siedlungsgebiet ist das Inntal.

*Geschichte.* T. war urspr. von Rätern, Illyrern, Etruskern u. Kelten bewohnt u. wurde im 1. Jh. v.Chr. von röm. Truppen erobert. Seit dem 6. Jh. war der nördl. Teil von Bajuwaren, der südl. von Langobarden besetzt. Im 8. Jh. wurde T. dann fränk. Prov. Nach dem Aussterben der Karolinger kam das nördl. u. mittlere T. (ben. nach der Burg T. bei Meran) an das bay. Hzgt., das südl. (Trient) zur Veroneser Mark. Nur die Bistümer Brixen u. Trient bewahrten als Reichsstände ihre Selbständigkeit. Im Frieden von Preßburg 1805 wurde T. an Bayern abgetreten. Unter A. Hofer erhoben sich die T.er 1809 gegen die Fremdherrschaft der Bayern u. Franzosen. Im gleichen Jahr wurde T. zw. dem Kgr. Italien, dem frz. Illyrien (Lienz) u. Bayern geteilt. 1814/15 kam es zur Wiedervereinigung mit Östr. Nach dem 1. Weltkrieg wurde ganz → Südtirol an Italien abgetreten, der Rest bildete das östr. Bundesland T. Durch den Vertrag von St.-Germain wurde die Südgrenze auf den Alpenhauptkamm verschoben u. O-Tirol zur Exklave.

**Tirpitz**, Alfred von, *1849, †1930, dt. Großadmiral (1911); Schöpfer der kaiserl. Flotte; setzte sich für den uneingeschränkten U-Boot-Krieg ein; gründete 1917 mit W. *Kapp* die *Vaterlandspartei,* die den »Sieg-Frieden« vertrat.

**Tirschenreuth**, Krst. in der Oberpfalz (Bay.), 9500 Ew.; Glas- u. keram. Ind.

**Tirso**, der antike *Tyrsus,* längster Fluß auf Sardinien, 150 km; mündet in den Golf von Oristano.

**Tirso de Molina**, eigtl. *Fray Gabriel Téllez,* *1571 oder 1584, †1648, span. Dichter; Klassiker des span. Theaters. Von seinen 300 *Comedias* sind 50 erhalten.

**Tiruchirapalli** [tirutʃi-], *Trichinopoly,* Stadt in S-Indien, 362 000 Ew.; Schiwa-Tempel (17. Jh.); Metallind.

**Tiryns**, myken. Burg u. Stadt im nordöstl. Peloponnes; Ausgrabungen seit 1884 durch H. *Schliemann,* W. *Dörpfeld* u. das Dt. Archäolog. Institut in Athen.

**Tischbein**, dt. Malerfamilie des 18./19. Jh.: **1.** Johann Friedrich August (»*Leipziger T.«*), Neffe von 2), *1750, †1812; malte elegant-repräsentative Porträts. – **2.** Johann Heinrich d. Ä. (»*Kassler T.«*), *1722, †1789; seit 1752 Hofmaler des Landgrafen Wilhelm VIII. von Hessen. – **3.** Johann Heinrich Wilhelm (»*Goethe-T.«*), Neffe von 2), *1751, †1829; Ⓦ das klassizist. Bildnis »Goethe in der Campagna« 1787.

**Titisee** 903

**Tischri**, der 1. Monat des jüd. Kalenders (September/Oktober).

**Tischtennis**, ein dem Tennis ähnl. Spiel an einer Tischplatte, fr. *Ping-Pong* genannt. T. kann von Einzelspielern oder Paaren (mit abwechselnder Schlagfolge) gespielt werden. Ein Spiel besteht aus 2 oder 3 Gewinnsätzen; Schläger müssen aus Holz bestehen u. die Seiten versch. gefärbt sein. Gewinner ist, wer mindestens 21 Punkte u. dabei 2 Punkte mehr als der Gegner hat. Organisation: *Dt. T.-Bund.*

**Titan**, **1.** [der], größter Saturnmond; hat als einziger Satellit im Sonnensystem eine Atmosphäre. – **2.** [das], ein → chemisches Element; Metall; in Legierungen verwendet bes. bei Flugzeugen, Raketen, Düsentriebwerken.

**Titanen**, in der grch. Myth. die riesenhaften 6 Söhne u. 6 Töchter des *Uranos* u. der *Gäa,* das älteste Göttergeschlecht; u.a. *Okeanos, Hyperion, Kronos, Rhea, Themis, Phöbe, Tethys.* Sie setzten ihren Vater ab u. verschafften *Kronos* die Macht, den sein Sohn *Zeus* verdrängte.

*Tirol: Die Gefangennahme Andreas Hofers am 20. 2. 1810; zeitgenössischer Stahlstich*

**»Titanic«** [tai'tænik], engl. Schnelldampfer von 46 329 BRT; stieß im Nordatlantik in der Nacht vom 14. auf den 15.4.1912 auf einen Eisberg u. sank (1517 Todesopfer).

**Titel**, **1.** unscharf für *Amtsbezeichnung* (z.B. Univ.-Prof.) u. für akad. *Grade* (Doktor). – **2.** (nur) ehrende Bez. für eine Person, bes. zu deren Anrede; Verleihung seit 1957 durch den Bundes-Präs. oder die Landesregierungen. – **3.** Überschrift, Aufschrift; geschützter Name eines Buches oder Kunstwerks. – **T.schutz**, nach § 16 UWG ist der T. eines lit. Werks oder Films, einer Ztg. oder Ztschr. geschützt, wenn er geeignet ist, die Druckschrift (den Film) von anderen zu unterscheiden.

**Titer**, **1.** in der Maßanalyse der Gehalt einer Meßlösung an gelöster Substanz; meist in *Grammäquivalenten* pro Liter angegeben. – **2.** Maß für die Feinheit von Fasern u. Faserverbänden; das Verhältnis von Gewicht zur Länge.

**Titicacasee**, See an der peruan.-boliv. Grenze, 3810 m ü.M., 8300 km², bis 272 m tief. – Ⓑ → S. 904.

**Titisee**, See im südl. Schwarzwald, östl. vom Feldberg, 848 m ü.M., 1,1 km², bis 40 m tief. – **T.-Neustadt**, Stadt in Ba.-Wü., am Ufer des T., 11 000 Ew.; Kneippkurort.

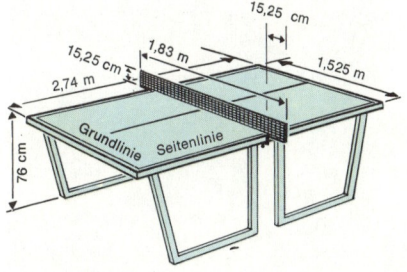

*Tischtennis-Spieltisch*

**Tito,** Josip, eigtl. J. *Broz,* *1892, †1980, jugoslaw. Politiker (Kommunist); seit 1937 ununterbrochen Parteiführer der KP; organisierte 1941 Partisanen gegen die dt. Truppen in Jugoslawien; nach 1945 Min.-Präs. u. Staatsoberhaupt; widersetzte sich der sowj. Einflußnahme auf die jugoslaw. Politik u. wurde zu einem führenden Sprecher der blockfreien Staaten.

**Titograd,** bis 1945 *Podgorica,* Hptst. der jugoslaw. Teilrepublik *Montenegro,* 96 000 Ew.; Aluminiumwerk, Maschinenbau.

**Titularbischof,** auf den Titel einer nicht mehr bestehenden Diözese geweihter Bischof ohne Jurisdiktion (Weihbischof).

**Titulus,** erklärende In- oder Beischrift von frühchristl. u. mittelalterl. Malereien oder Mosaiken.

**Titurel,** Held der Artus-Sagen, erster Gralskönig, Urahn *Parzivals.*

**Titus,** *Flavius Vespasianus,* *39, †81, röm. Kaiser 79–81; schlug 70 den jüd. Aufstand nieder, wofür ihm in Rom ein Triumphbogen *(T.-Bogen)* errichtet wurde.

**Tivoli,** das antike *Tibur,* ital. Stadt in Latium, östl. von Rom, 53 000 Ew.; im Altertum Sommeraufenthaltsort der röm. Oberschicht. – Davon abgeleitet ein Vergnügungspark (z.B. T. in Kopenhagen).

**Tizian,** eigtl. Tiziano *Vecelli,* *um 1477, †1576, ital. Maler; Hauptmeister der venezian. Renaissance; brachte die Hochrenaissance in sinnl. Kolorit u. auslaufender Figurenbewegung zu voller Entfaltung u. erhob die Farbe zum tragenden Element seiner Kunst. In seiner Spätphase schuf er hervorragende Bildnisse u. konzentrierte sich auf die Darst. seel. Geschehnisse. W »Himmelfahrt Mariä«, »Venus von Urbino«, »Reiterbildnis Karls V.«, »Danae«, »Dornenkrönung«.

**Tizi-Ouzou** [tiziu'zu], alger. Hafenstadt am Mittelmeer, 293 000 Ew.

**Tjirebon** ['tʃi-] → Cirebon.

**Tjost,** der Zweikampf der Ritter bei den mittelalterl. Turnieren. Die beiden Kämpfer versuchten dabei – zu Pferde u. durch Schranken getrennt – den Gegner aus vollem Galopp mit der eingelegten Lanze aus dem Sattel zu stoßen.

**Tjumen,** Hptst. der gleichn. Oblast in W-Sibirien, 456 000 Ew.; Schiff- u. Maschinenbau; älteste russ. Stadt in Sibirien.

**Tlemcen** [-'sen], Bez.-Hptst. in NW-Algerien, sw. von Ouahran, 108 000 Ew.

**TNT,** Abk. für *Trinitrotoluol.*

**Toast** [toust], **1.** geröstete Brotscheibe. – **2.** Trinkspruch zu Ehren einer Person oder Sache.

**Tobago,** Insel der Kleinen Antillen (Westindien), nordöstl. von Trinidad, 301 km², 45 000 Ew., Zentrum u. Hafen *Scarborough;* Kokaokulturen, Kokospalmen; 1814–1962 britisch; Teil des Inselstaats → Trinidad und Tobago.

**Toba-See,** Binnensee auf Sumatra, 2050 km².

**Tobey** ['toubi], Mark, *1890, †1976, US-amerik. Maler; entwickelte einen an chin. Kalligraphie orientierten Stil.

**Tobias,** grch. *Tobit,* apokryphes Buch zum AT; verfaßt um 200 v.Chr.; zugleich dessen Hauptgestalt, ein in assyr. Gefangenschaft geratener Jude von vorbildl. Gesetzestreue.

*Tizian: Venus von Urbino; um 1538. Florenz, Uffizien*

**Tobol,** l. Nbfl. des Irtysch in W-Sibirien, 1600 km; mündet bei Tobolsk.

**Tobruk,** *Tobruq,* libysche Hafenstadt in der Cyrenaica, 34 000 Ew.; Pipeline, Erdölhafen.

**Tobsucht,** meist mit Bewußtseinstrübung verbundener höchster Erregungszustand mit starker Unruhe u. unbeherrschbarem Bewegungs- u. Zerstörungsdrang.

**Tocantins,** Fluß in O-Brasilien, 2640 km; mündet in den Rio do Pará.

**Toccata,** ein fantasieartiges Musikstück mit streng imitierenden Partien, vorw. für Tasteninstrumente, im 16. Jh. als z.T. improvisiertes Vorspiel entstanden.

**Toch,** Ernst, *1887, †1964, US-amerik. Komponist östr. Herkunft; freitonale, spieler. betonte Werke.

**Tochtergesellschaft,** die von einer *Muttergesellschaft* gegr. u. abhängige Kapitalgesellschaft.

**Tocqueville** [tɔk'vil], Alexis Clérel Graf von, *1805, †1859, frz. Historiker u. Politiker; Gegner Napoleons III.; analysierte die Entwicklung der Demokratie am Beispiel der amerik. Gesellschaft.

**Tod,** das Erlöschen der individuellen Lebens eines Organismus. Typisch für den T. ist ein völliger Stillstand der wichtigsten physiolog. Funktionen (Assimilation u. Wachstum bei Pflanzen; Atmung, Kreislauf u. Gehirntätigkeit bei Tieren). Das endgültige Erlöschen der Funktionen des Zentralnervensystems *(Gehirn-T.)* bestimmt den *biolog. T.,* während Herz- u. Atemstillstand u.U. (durch Wiederbelebung) reversibel sind (sog. *Klinischer T.*). Die Diagnose des Gehirn-T.es ist auch maßgebl. für die *T.esfeststellung,* was bes. im Hinblick auf eine etwaige Organentnahme zu Transplantationszwecken Bedeutung haben kann. – Der Wechsel von T. u. Neuorganisation ermöglicht den Lebewesen die Anpassung an die sich stetig ändernden Umweltbedingungen. → Selektion, Darwinismus. Die Philosophie bemüht sich um eine Sinndeutung des T.es, die Weisung für die Lebensgestaltung u. Antwort auf die Frage nach einem Weiterleben nach dem T. einschließt: T. als endgültiges Erlöschen (Materialismus), als Durchgangsstadium zur Wiederverkörperung (Gnosis), als Befreiung der Seele zur Unsterblichkeit (Platon) oder als unübersehbare Grenzsituation. In der christl. Theologie gilt der T. als Gericht Gottes über die Sünde, dem die Auferstehung der Toten u. das Jüngste Gericht folgen. Der Glaubende vertraut auf die Auferstehung Jesu Christi, die als Überwindung des Todes u. Ermöglichung eines neuen Lebens verstanden wird.

**Todd, 1.** Michael, eigtl. Avrom Hirsch *Goldbogen,* *1907, †1958, US-amerik. Filmproduzent; entwickelte mit der American Optical Co. das Breitwand-Filmverfahren. – **2.** Sir Robert Alexander, *2.10.1907, brit. Chemiker; arbeitete über Nucleinsäuren, Enzyme, Vitamine u.a.; Nobelpreis 1957.

**Todeserklärung,** förml. Feststellung des Todes bei Verschollenheit einer Person; zulässig nach Ablauf der Verschollenheitsfrist aufgrund eines Aufgebots durch das Amtsgericht. Die T. begründet nur eine widerlegbare Vermutung des Todes.

**Todesstrafe,** die strafweise Vernichtung des menschl. Lebens; in der BR Dtld. (Art. 102 GG) u. in vielen anderen Staaten verboten.

**Tödi,** vergletscherte Gebirgsgruppe in den Glarner Alpen, 3614 m.

**Todsünde,** nach kath. Lehre die schwere Sünde aus voller Erkenntnis u. freiem Willen in einer »wichtigen« Sache. Zu ihrer Vergebung ist das Bußsakrament notwendig.

**Todt,** Fritz, *1891, †1942, dt. nat.-soz. Politiker; seit 1933 Generalinspekteur für das dt. Straßenwesen, Gründer der *Organisation T.* (O.T.), die u.a. den Westwall erbaute; seit 1940 Reichs-Min. für Bewaffnung u. Munition.

**Todtmoos,** Gem. in Ba.-Wü., heilklimat. Kurort im südl. Schwarzwald, 840 m ü.M., 2000 Ew.

**Toffee** ['tɔfi], zäher Karamelbonbon.

**Tofu,** quarkähnl. Käse aus den Eiweißstoffen der Sojabohne.

**Toga,** offizielle Männertracht im röm. Altertum: Ein 5–6 m langes, 2 m breites, halbrund geschnittenes Tuch wurde so umgeworfen, daß der rechte Arm frei blieb.

**Togliatti** [tɔ'ljati], Palmiro, *1893, †1964, ital. Politiker (KP); führend in der Komintern bis 1943, 1944/45 stellv. Min.-Präs., 1947–64 Generalsekretär der KPI; verteidigte den Polyzentrismus im Kommunismus.

**Togliatti,** bis 1964 *Stawropol,* Stadt in der europ. Sowj., am Kujbyschewer Stausee der Wolga, 627 000 Ew.; ein Zentrum der sowj. Automobilproduktion (Lada), petrochem. Ind., Hafen.

**Togo,** Staat an der W-Küste Afrikas, 56 785 km², 3,25 Mio. Ew., Hptst. *Lomé.*

*Togo*

Landesnatur. T. besteht vorwiegend aus Ebenen, die durch das *T.-Atakora-Gebirge (Mont Agou* 1020 m) getrennt sind. Das trop. Klima läßt Feuchtsavanne gedeihen, die im N in Trockensavanne übergeht.

Bevölkerung. Unter den mehr als 40 Stammesgruppen mit unterschiedl. Sprachen bilden die Ewevölker mit rd. 45% der Gesamtbevölkerung die größte Gruppe. Rd. ein Viertel sind Christen, 10–12% Moslems, der Rest hängt Naturreligionen an.

*Titicacasee: Indios mit Binsenbooten*

*Tokio*

**Wirtschaft.** Die Landwirtschaft liefert für den Export Kaffee, Kakao, Palmprodukte, Erdnüsse u. Baumwolle. Das wichtigste Ausfuhrgut T.s ist Phosphat. Die Industrie verarbeitet Agrarprodukte. – Geschichte. 1884 wurde T. dt. Schutzgebiet; 1920 wurde es teils brit., teils frz. Mandatsgebiet. Frankreich gewährte seinem Mandatsgebiet, dem heutigen T., 1955 ein Autonomiestatut u. am 27.4.1960 die Unabhängigkeit; das brit. Gebiet wurde Ghana angegliedert. Nach mehreren Putschen übernahm der Armeebefehlshaber E. *Eyadéma* 1967 als Präs. die Regierungsgewalt.

**Tohuwabohu** [hebr.], Wirrwarr, Durcheinander, Chaos; nach 1. Mos. 1,2 der »wüste u. leere« Zustand vor der Schöpfung.

**Toilette** [twalεtə; frz.], **1.** Spiegeltisch der Dame, an dem sie sich frisiert, schminkt usw. – **2.** Abort u. Waschraum; WC.

**Tokaj** [-koj], Ort in N-Ungarn, an der Mündung der Bodrog in die Theiß, 5200 Ew.; Weinbau (**T.er**, aromat., süßer Dessertwein).

**Tokelau-Inseln,** engl. *Union Islands,* neuseeländ. Atolle in Polynesien, nördl. von Samoa, 10,1 km², 1700 Ew. (meist Polynesier).

**Tokio,** *Tokyo,* bis 1868 *Yedo (Edo),* Hptst. Japans, an der mittleren Ostküste von Honshu, 8,5 Mio. Ew.; bildet mit *Yokohama, Kawasaki* u. einem großen Teil des *Kanto* den größten Siedlungskomplex der Welt (rd. 20 Mio. Ew.). Der Hafen (mit dem von Yokohama zum *Keihin-Hafen* vereint) ist einer der bed. Seehäfen der Welt. T. ist interkontinentales Luftverkehrskreuz im Fernen Osten. Es ist Handels-, Kultur- u. Industriezentrum des Landes; im Zentrum der Kaiserpalast; Univ. (1877). – Die Stadt wurde mehrfach durch Erdbeben zerstört, bes. 1703 u. zuletzt 1923. – 1603–1868 Sitz der *Tokugawa-Shogune* (Edo-Zeit).

**Tokkata** → Toccata.

**Tokugawa,** Familienname der in Japan 1603 bis 1868 regierenden *Shogune* u. Bez. für die Geschichtsperiode, in der die Shogune die Machthaber in Japan waren. Der Begr. des *(T.-) Shogunats (Edo-Zeit)* war *T. Iejasu* (*1542, †1616).

**Tokushima,** jap. Hafenstadt auf Shikoku, 258 000 Ew.; Textilind.

**Toland** ['toulənd], John, *1670, †1722, brit. Philosoph; lehnte alle die Vernunfterkenntnis überschreitenden Anschauungen ab.

**Toledo 1.** [to'leðo], Stadt in Neukastilien (Spanien), auf drei Seiten durch das schluchtartige Tal des *Tajo* eingefaßt, 57 800 Ew.; Bauwerke aus der maur. Zeit (Alcazar) u. der Gotik (Kathedrale); Waffenfabrik; Nahrungsmittelind. – Gesch.: Das antike *Toletum,* seit 192 v. Chr. röm., 534–712 Residenzstadt des Westgotenreichs, seit 712 unter arab. Herrschaft (*Tolaitola*), 1036–85 Hptst. eines arab. Kgr., 1087–1561 Residenz der Könige von Kastilien. – **2.** [tɔ'li:dou], Hafenstadt in Ohio (USA), am Erie-See, 341 000 Ew.; Univ. (1872); Maschinenbau, chem. Ind.

**Toleranz, 1.** die Respektierung von Meinungen, Wertvorstellungen u. Verhaltensweisen, die von den eigenen abweichen; Duldsamkeit, bes. bei weltanschaul. Gegensätzen. – **2.** *Maschinenbau:* die bei der Fertigung zugelassene Ungenauigkeit.

**Tolkien,** John Ronald Reuel, *1892, †1973, engl. Schriftst.; myth. Erzählungen. W Romantrilogie »Der Herr der Ringe«.

**Toller,** Ernst, *1893, †1939 (Selbstmord), dt. Schriftst.; expressionist. Dramatiker; leidenschaftl. Kriegsgegner u. radikaler Sozialist; erhielt 1919 wegen Beteiligung an der bay. Räterepublik 5 Jahre Festungshaft, emigrierte 1933.

**Tollkirsche,** *Atropa,* Gatt. der *Nachtschattengewächse* mit glänzendschwarzen, sehr giftigen Beeren von ekelhaft süßem Geschmack. Die giftige Wirkung beruht auf dem Gehalt an *Atropin.*

**Tollwut,** *Lyssa,* eine Infektionskrankheit, die in erster Linie fleischfressende Tiere befällt, aber auch durch Biß auf andere Tiere u. den Menschen übertragbar ist; gekennzeichnet durch auffallenden Drang zum Umherstreifen u. Beißen, bevor das letzte Stadium der Lähmungen einsetzt; T. ist beim Menschen nach 1–4 Tagen tödlich. Der Erreger ist ein neurotropes Virus. Bei einem Biß durch ein tollwütiges Tier ist eine sofortige Impfung notwendig.

**Tölpel,** *Sulidae,* Fam. gänsegroßer, starkschnäbeliger *Ruderfüßer* der Meeresküsten; Haupterzeuger des Guanos. Auf europ. Atlantikinseln lebt der *Baß-T.*

**Tolstoj, 1.** Alexej Konstantinowitsch Graf, Vetter von 3), *1817, †1875, russ. Schriftst. (histor. Dramen u. Erzählungen). – **2.** Alexej Nikolajewitsch Graf, *1883, †1945, russ. Schriftst.; schrieb symbolist. Lyrik, dann Romane: »Der Leidensweg« (Trilogie über die Revolutionszeit). – **3.** Lew (Leo) Nikolajewitsch Graf, *1828, †1910, russ. Schriftst., Offizier; bereiste später Europa u. zog sich, ernüchtert über den westl. Materialismus, auf das Familiengut Jasnaja Poljana zurück, wo er seine großen Romane schrieb. Ende der 1870er Jahre kam es zu seiner »Bekehrung«; er schrieb dann religiös geprägte Traktate, die einen einfachen Lebensstil forderten u. die stark auf die soz. Strömungen in Rußland einwirkten. – Als Schriftst. ist er bed. durch die psycholog. tiefe, farbenreiche Schilderung Rußlands u. seiner Menschen, die nachhaltig auch auf die westl. Literatur,

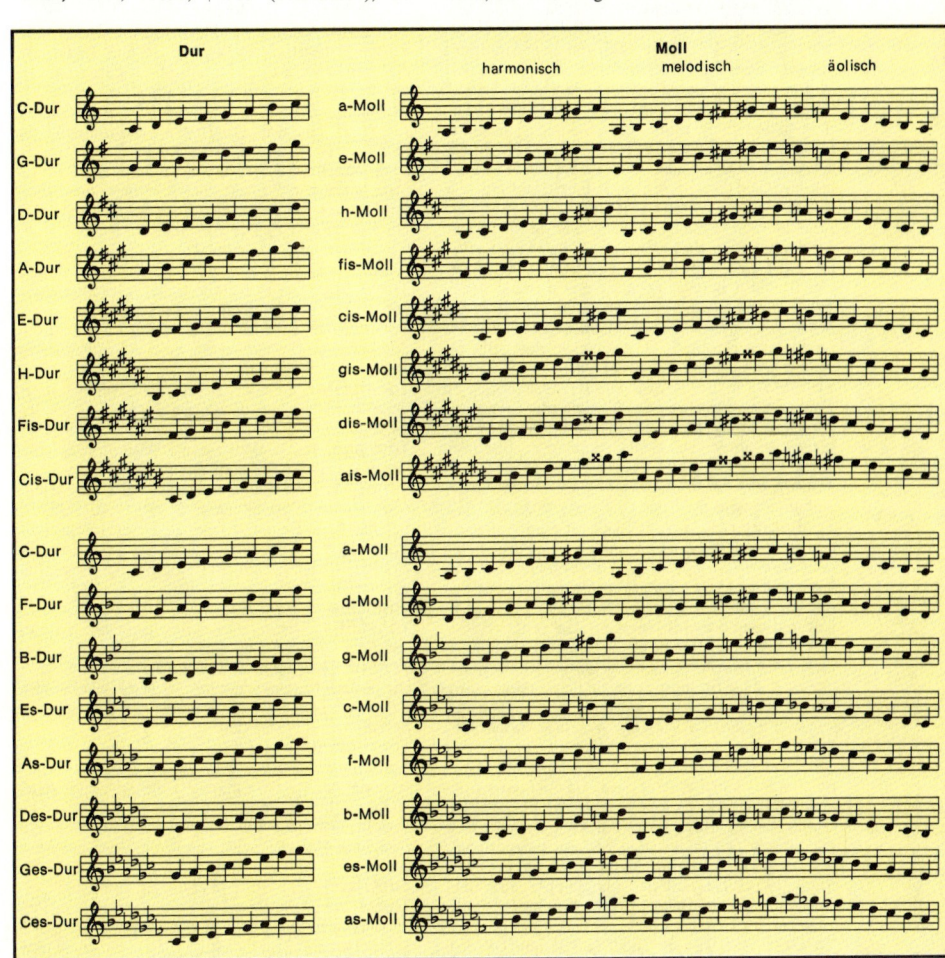
*Tonarten*

906 Tolteken

bes. auf Realismus u. Naturalismus, wirkte. [W] »Krieg u. Frieden«, »Anna Karenina«.

**Toltẹken,** voraztek., krieger. Volk der Nahua im Hochtal von Mexiko; gründeten im 10. Jh. um die Hptst. *Tula* ein Reich. Machtkämpfe zw. den Alteingesessenen u. den Eindringlingen in myth. Verbrämung als Kampf der Götter *Quetzalcoatl* u. *Tezcatlipoca* verbreitet. Die T. beeinflußten die Kultur der Azteken u. der Maya.

**Tolụca,** *T. de Lerdo,* Hptst. des zentralmex. Bundesstaats *México,* 2680 m ü.M., nordöstl. des Vulkans *Nevado de T.* (4577 m), 234 000 Ew.

**Toluọl,** *Methylbenzol,* durch Destillation gewonnene farblose Flüssigkeit; chem. Formel $C_6H_5CH_3$; u.a. als Lösungsmittel u. zur Herstellung von Saccharin u. des Sprengstoffs *Trinitrotoluol.*

**Tölz,** *Bad T.,* Krst. in Oberbayern, an der Isar, 13 100 Ew.; Luftkurort.

**Tomášek** ['tɔma:ʃɛk], **1.** František, *30.6.1899, tschech. kath. Theologe; 1977 Kardinal, 1978 Erzbischof von Prag. – **2.** Václav Jan, Wenzel Johann *Tomaschek,* *1774, †1850, tschech. Komponist (frühromant. Opern u. Kammermusik).

**Tomạsi di Lampedụsa,** Giuseppe, *1896, †1957, ital. Schriftst. (histor. Roman »Der Leopard«).

**Tomạte,** *Liebesapfel, Paradiesapfel,* einjähriges *Nachtschattengewächs* aus S-Amerika mit vitaminreichen Früchten.

**Tọmbola,** Verlosung, eine Art der *Lotterie.*

**Tọmmy,** engl. Koseform für *Thomas;* Spitzname für den engl. Soldaten.

**Tomographie,** Röntgenverfahren, das die Darst. einzelner Körperschichten durch computergesteuerte Kameras erlaubt; zu unterscheiden von der *Kernspin-T.*

**Tomsk,** Hptst. der gleichn. Oblast in W-Sibirien (Sowj.), am unteren *Tom,* 489 000 Ew.; Univ. (1880); vielseitige Ind.

**Ton, 1.** [Pl. Töne], physikal. eine period. rasche (sinusförmige) Luftschwingung (Schallwelle), die durch das Ohr wahrgenommen wird. Der T. ist bestimmt durch *Tonstärke,* die von der Amplitude abhängt, *Tonhöhe* u. *Klangfarbe,* die von der Zusammensetzung der Obertöne über einem Grundton bestimmt ist. Die Tonhöhe ist durch die Anzahl der Schwingungen in der Sekunde bestimmt (1 Schwingung in der Sekunde = 1 Hertz [Hz]). Die schriftl. Festlegung der Töne erfolgt in der Musik mit Hilfe der *Notenschrift.* – **2.** Farbabstufung. – **3.** [Pl. Tone], weltweit verbreitetes Verwitterungsprodukt von Silikatgesteinen, Gemisch versch. Mineralteilchen (bes. *Kaolinit, Illit, Montmorillonit).* Mit Kalk ergibt T. *Mergel,* mit Sand *Lehm.* Der T. quillt bei Wasseraufnahme u. wirkt gesättigt wasserstauend. Er ist der wichtigste Rohstoff der keram. Industrie; man unterscheidet den weißbrennenden Kaolin-T. (Porzellan) u. den gelb- bis rotbrennenden Töpfer-T. (Steingut).

**Tonalität,** in der Musik ein Bezugssystem von Tönen, das durch diaton. Tonleitern, Zuordnung zur Dur-Moll-Einteilung u. die Ordnung der Dreiklänge u. ihrer Funktionen zueinander bestimmt wird.

**Tonart,** das für ein Musikstück grundlegende Beziehungssystem der Töne. – [B] → S. 905.

**Tonbandgerät,** *Magnet-T.,* Gerät zum Aufzeichnen u. Wiedergeben von Sprache u. Musik nach dem *Magnetton-Verfahren.* Als Tonträger dient ein Kunststoffband *(Tonband)* mit einer Schicht aus pulverisierten magnet. Werkstoffen (Eisen, Chromdioxid oder Mischungen). Das Aufsprechen, Wiedergeben u. Löschen von Tonaufzeichnungen läuft über *Tonköpfe,* kleine gekapselte Elektromagnete. Hi-Fi-Kriterium ist neben dem Frequenzumfang die Dynamik, die ein Maß für den Lautstärkeumfang darstellt u. als sog. *Geräuschspannungsabstand* bei Vollaussteuerung in Dezibel (dB) gemessen wird. Zur Verbesserung der Dynamik sind T.e oft mit bes. *Rauschunterdrükkungs*-Systemen *(Dolby, DNL, dbx)* ausgestattet. Vollkommene Rauschunterdrückung wird jedoch nur durch *Digitalisierung* des Aufnahmesignals wie beim DAT *(Digital Audio Tape)* erreicht. Das Signal wird hier durch Magnetköpfe auf einer Trommel auf ein Band in einer Minikassette aufgezeichnet.

**Tọndern,** dän. *Tönder,* Stadt in S-Jütland (»Nordschleswig«), 12 000 Ew.; Nahrungsmittel- u. Textil-Ind.; seit 1920 dänisch.

**Tonegawa,** Susumu, *5.9.1939, jap. Biologe; erhielt 1987 den Nobelpreis für Medizin für die Entdeckung der »genetischen Grundlagen für das Entstehen des Variationsreichtums der Antikörper«.

**Tonerde,** *Aluminiumoxid,* Bestandteil des Tons (Kaolin), wird zur techn. Aluminiumherstellung aus Bauxit gewonnen. – *Essigsaure T.* → Essigsäure.

**Tonfilm,** ein Film, mit dem Bild u. zugehöriger Ton gleichzeitig wiedergegeben werden können.

**Tonfrequẹnz,** Frequenz im Hörbereich (etwa zw. 16 u. 20 000 Hz).

**Tọnga,** Inselstaat im Pazifik, im SW Polynesiens, rd. 170 Vulkan- u. Koralleninseln, 750 km$^2$,

*Tonga*

114 000 Ew.; Hptst. *Nuku'alofa;* Kopra- u. Bananenausfuhr.

G e s c h i c h t e. 1616 von Holländern entdeckt, 1643 von A.J. *Tasman* zuerst betreten; seit 1845 unabhängiges Kgr.; 1900–70 brit. Schutzgebiet unter Fortbestand der alten Königsdynastie; seit 1970 unabhängiger Staat im Commonwealth; König ist seit 1965 *Taufa'ahau Tupou IV.*

**Tongarẹva,** eines der größten Südsee-Atolle (280 km$^2$ große Lagune) in den neuseeländ. Cook-Inseln.

**Tọngeren** [-rə], *Tongern,* frz. *Tongres,* Stadt in der belg. Prov. Limburg, 26 300 Ew.

**Tongking,** *Tonkin,* vietnames. *Băc Bô,* nördl. Teilgebiet von Vietnam, hpts. das Delta des Roten Flusses, fruchtbares Land (Reisanbau), mit der vietnames. Hptst. Hanoi u. dem Haupthafen Haiphong.

**Tọnika,** der Grundton einer Tonart u. der auf ihr sich aufbauende Dreiklang.

**Tọnikum,** Anregungs-, Stärkungsmittel.

**Toningenieur** [-inʒə'njø:r], techn. Leiter der Aufnahmestudios von Rundfunk- u. Fernsehanstalten, Filmgesellschaften u. Schallplattenfirmen.

**Tonleiter,** *Tonskala,* die stufenweise Aufeinanderfolge von Tönen innerhalb eines bestimmten Tonraums, z.B. einer Oktave. Die sowohl Halb- als auch Ganztonschritte verwendenden T.n in der europ. geprägten Musik unterscheiden sich durch jene Stellen, an denen die *Halbtöne* stehen, in die Dur- u. Moll-T.n. Die *Chromat. T.* hat nur Halbtonschritte, die *Ganzton-T.* gar keine Halbtonschritte.

**Tonlẹ Sap,** See in Kambodscha, schwillt zur Regenzeit von ca. 3000 auf rd. 10 000 km$^2$ an.

**Tonmalerei,** musikal. Schilderung von Natureindrücken, bildhaften oder poet. Vorstellungen; vorw. in der »Programmusik«.

**Tonmeister,** künstler. Berater des Toningenieurs; übernimmt bei Tonaufnahmen die Leitung am Regiepult.

**Tonnạge** [-ʒə], vermessener Rauminhalt eines Schiffs, auch Gesamtschiffsraum einer Flotte.

**Tonne, 1.** Kurzzeichen t, Masse- u. Gewichtseinheit: 1 T. = 1000 kg; engl. T. *ton.* – **2.** *S c h i f f - f a h r t :* 1. → Registertonne; 2. → Seezeichen.

**Tọnnies** [-iəs], Ferdinand, *1855, †1936, dt. Soziologe; differenzierte die Begriffe Gemeinschaft u. Gesellschaft.

**Tonsịllen** → Mandeln.

**Tonsillịtis,** *Mandelentzündung,* entzündl. Erkrankung der Gaumenmandeln.

**Tonsụr,** Haartracht der kath. Geistlichen u. Mönche, kreisförmig geschorene Stelle des oberen Hinterkopfes; war bis 1972 mit der Aufnahme in den Klerikerstand verbunden.

**Tonsystẹm,** in der Musik die Ordnung der zur Verfügung stehenden Töne u. ihre mögl. Abstände voneinander (in Ganzton-, Halbton- oder noch kleineren Intervallen).

**Tọnus,** normaler Spannungszustand der Muskeln, Gefäße u. Gewebe; wird vom Zentralnervensystem gesteuert.

**Tonwaren,** grob- u. feinkeram. Erzeugnisse.

**Topạs,** meist farbloses, aber auch in Farbvarietäten vorkommendes, glasglänzendes Mineral; Schmuckstein. Durchsichtiger T. wird im Handel *Edel-T.* genannt.

**Topeka** [tə'pi:kə], Hptst. von Kansas (USA), am Kansas River, 115 000 Ew.; Maschinenbau, Nahrungsmittelind.

**Topfen,** in Bay. u. Östr. Bez. für Quark.

**Töpfer,** Klaus, *29.7.1938, dt. Politiker (CDU); seit 1987 Bundes-Min. für Umwelt, Naturschutz u. Reaktorsicherheit.

**Töpferei,** die Herstellung von Gegenständen u. Gefäßen aus Töpferton, meist auf einer tischartigen, runden *Töpferscheibe* (bereits um 3500 v. Chr. bek.). Die Rohwaren werden gebrannt u. oft bemalt oder glasiert. → Keramik, → Porzellan.

**Töpfervogel,** mit über 200 Arten zu einer südamerik. Fam. *(Furnariidae)* gehöriger *Sperlingsvogel,* der sein aus Lehm gemauertes, überwölbtes Nest auf einem Ast errichtet.

**Topinambụr,** *Erdartischocke, Erdbirne, Erdapfel, Jerusalemer Artischocke,* die violette, eßbare Knolle der amerik. Sonnenblumenart *Heilanthus tuberosus,* Verwendung als Viehfutter u. Gemüse.

**Tọplitzsee,** östr. Alpensee im steier. Salzkammergut.

**Topographie,** Beschreibung der Bodenformen, Gewässer, Siedlungen, Verkehrswege u.a. Gegebenheiten eines Teilgebiets der Erdoberfläche.

**Topologie,** Teilgebiet der höheren Mathematik; behandelt die Eigenschaften ebener oder vieldimensionaler Punktmengen (Kurven, Flächen, Räume), die bei umkehrbar eindeutigen, stetigen Abbildungen erhalten bleiben.

**Topp,** oberes Ende eines Masts oder senkrechter Spieren oder Aufbauten. – **T.segel,** oberstes Segel an der Mastspitze.

**Topspin,** beim Tennis oder Tischtennis ein Vorhandschlag mit extremem Oberschnitt.

**Toque** [tɔk], krempenlose kleine Kopfbedeckung des 16. Jh.; nach 1900 barettartiger Damenhut, garniert mit Blumen, Federn, Bändern, Pelz u.ä.

**Tor, 1.** bei den T.spielen (Fußball, Handball, Hokkey u.a.) das Angriffsziel (meist ein Rahmen mit rückseitig eingehängtem Netz); auch der erfolgreiche T.schuß oder -wurf. – **2.** beim Skilauf (Slalom) zwei Stangen mit Fähnchen, zw. denen der Skiläufer durchfahren muß.

**Torạja,** Sammelname für die altindones. Stämme im zentralen Bergland von Celebes; wohnen in reichverzierten großen Pfahlbauten u. pflegen einen ausgeprägten Totenkult.

**Torbay** ['tɔ:bɛi], Stadt an der engl. Kanalküste, 116 000 Ew.; Seebad, Fischereihafen.

**Torberg,** Friedrich, eigtl. F. *Kantor-Berg,* *1908, †1979, östr. Schriftst. (Romane über Schicksale von Juden), auch Übersetzer von E. Kishon.

**Torẹlli,** Giuseppe, *1658, †1709, ital. Geiger u. Komponist.

**Torẹro,** *Toreador,* ein Stierkämpfer.

**Torf,** brennbares Produkt der Zersetzung pflanzl. Stoffe unter Luftabschluß, mit 55–64 % Kohlenstoff; Übergangsstufe zur Braunkohle. Fundorte sind die Moore. T. enthält bis zu 80 % Wasser u. muß nach dem Stechen durch Liegen u. Trocknen an der Luft oder Pressen wasserarm gemacht werden, ehe er als Isolier-, Streumaterial oder zum Heizen verwendbar ist. T. ist in Gärten ein Mittel zur Humusanreicherung. – **T.moos,** *Sphagum,* große Polster bildende Laubmoose sumpfiger Standorte, die an ihrer Oberfläche von Jahr zu Jahr weiterwachsen, während die tieferen Schichten absterben u. schließl. in T. übergehen.

**Tọrgau,** Krst. in Sachsen, Hafen an der Elbe, 22 700 Ew.; Renaissance-Schloß *Hartenfels.*

**Tọries,** in England seit dem 17. Jh. die Partei der Königstreuen (meist der kleine Landadel), die für *Jakob II.* gegenüber den *Whigs,* den Anhängern der Parlamentsherrschaft, eintraten. Die Partei wurde 1785 durch *W. Pitt d. J.* erneuert. Sie stützte sich nun auf den Landadel, die Kaufleute u. die Beamten u. lehnte Reformen ab. Im 19. Jh. entwickelten sich die T. zur Konservativen Partei.

**Torii,** Torbogen vor Schinto-Schreinen u.a. jap. Heiligtümern.

**Törn,** Wache an Bord; Dauer einer Schiffsreise; Kehre; Drehung u.ä.

**Tornạdo, 1.** Wirbelsturm in N-Amerika; von geringem räuml. Ausmaß (einige hundert Meter Durchmesser), aber großer Zerstörungskraft. – **2.** ein Doppelrumpf-Segelboot (→ Katamaran) mit zwei Mann Besatzung; olymp. Segelbootsklasse.

**Tọrne Älv,** finn. *Tornionjoki,* finn.-schwed. Grenzfluß.

**Tornịster** [slaw.-ung. »Hafersack«], Ranzen aus wasserdichtem Stoff oder Leder u. Fell über einem Holz- u. Metallgestell, an zwei Riemen getragen; auch Schulranzen.

*Toronto: in Bildmitte der 553 m hohe Fernsehturm, das z. Z. zweithöchste Bauwerk der Erde*

**Toronto,** Hptst. der kanad. Prov. Ontario, Hafen am N-Ufer des Ontario-Sees, 615 000 Ew.; Rathaus (City Hall), Fernsehturm (553 m), Handels- u. Bankenzentrum Kanadas, Börse, vielfältige Ind.; zahlr. HS u. Forschungsinstitute; internat. Flughafen in Malton.

**Torpedo,** mit Steuerapparaten u. durch eig. (Preßluft- oder elektr.) Antrieb sich fortbewegendes, zigarrenförmiges Unterwassergeschoß gegen Schiffsziele, das von Überwasserschiffen u. U-Booten aus einem Rohr gestoßen wird; 1859/60 entwickelte der Östr. B. Luppis den T. mit Eigenantrieb.

**Torquay** [ˈtɔːki], Stadtteil von *Torbay,* in S-England.

**Torquemada** [tɔrkeˈmaða], Thomas de, *1420, †1498, span. Generalinquisitor (seit 1483).

**Torr** [nach E. *Torricelli*], nichtgesetzl. Einheit für den Druck. 1 T. ist der Druck einer 0,999 mm hohen Quecksilbersäule auf ihre Unterlage; 1 T. = $^{1}/_{760}$ atm = 1,33322 mbar = 133,322 Pa.

**Torremolinos,** bed. Seebad im S Spaniens, an der Costa del Sol, 29 000 Ew.

**Torreón,** Stadt im nordmexikan. Staat Coahuila, 449 000 Ew.; Eisen- u. Stahlwerk, Baumwollverarbeitung.

**Torres-Straße,** flache Meerenge zw. Australien u. Neuguinea; ben. nach dem span. Seefahrer L.V. *Torres,* der sie 1606 entdeckte.

**Torricelli** [-ˈtʃɛli], Evangelista, *1608, †1647, ital. Physiker; erfand das Quecksilberbarometer.

**Tórshavn** [ˈtɔːurshaːun], dän. *Thorshavn,* Hptst. der Färöer, 14 700 Ew.

**Torsion,** *Drillung,* schrauben- oder spiralförmige Verwindung der Längsfasern eines Stoffs.

**Torso,** Bruchstück; Standbild ohne Arme, Beine u. Kopf.

**Torstensson,** Lennart, Graf von *Ortala,* *1603, †1651, schwed. Feldherr; im Dreißigjährigen Krieg von 1641–46 Oberkommandierender in Dtld.

**Tortelett,** *Tartelett,* kleiner Tortenboden, mit Obst, Fleisch- oder Käsefarcen gefüllt.

**Tortilla** [tɔrˈtija], Kuchenbrot aus Maismehl u. Wasser in Lateinamerika u. Spanien.

**Tortur** → Folter.

**Toruń** [-nj] → Thorn.

**Torus,** schlauchringförmiger mathemat. Körper.

**Tory,** Einzahl von *Tories.*

**Toscanini,** Arturo, *1867, †1957, ital. Dirigent; leitete u.a. die Mailänder Scala u. die Metropolitan Opera (New York).

**Toskana,** *Toscana,* mittelital. Hügelland zw. Etrusk. Apennin u. der W-Küste, Hptst. *Florenz;* eine der wichtigsten Fremdenverkehrsregionen Italiens.

**Totalisator,** behördl. genehmigte Einrichtung zur Entgegennahme von Wetten, Quotenberechnung u. Gewinnauszahlung, bes. bei Pferderennen.

**totalitär,** alles erfassend u. alles sich unterwerfend, keine abweichende Meinung oder Lebensform duldend; Ggs.: *liberal.*

**Totalreflexion,** vollständiges Zurückwerfen des Lichts an der Grenzoberfläche von einem optisch dichteren (z.B. Glas) zu einem optisch dünneren Medium (z.B. Luft), wenn der Einfallswinkel des Lichts größer als der Grenzwinkel der T. ist. Die T. findet Anwendung u.a. in opt. Geräten, zur Umlenkung des Lichtstrahls durch opt. Prismen.

**Totalschaden,** völlige Zerstörung bzw. Unbrauchbarmachung eines Kraftfahrzeugs durch einen Verkehrsunfall; der Schuldige ist zur Ersatzwagenbeschaffung verpflichtet, wenn die Reparaturkosten den Fahrzeugwert vor der Beschädigung erhebl. übersteigen würden *(wirtsch. T.).* Vom Schädiger ist eine Geldsumme zu zahlen, die den Geschädigten in die Lage versetzt, sich einen gleichwertigen Wagen zu beschaffen.

**Totemismus,** eine Religionsform, nach der zw. einem Menschen oder einer Gruppe u. einer Tier- oder Pflanzenart, dem **Totem,** eine geheimnisvolle, innige Beziehung besteht; beruht auf dem Glauben an eine gemeinsame Abstammung von Mensch u. Totem. Der T. ist verbunden mit relig. Verehrung des Totems, Heiratsverboten innerhalb der Totemgruppe u. dem Verbot, das Totem zu töten, zu essen oder zu berühren. T. hat seinen Ursprung im Jägertum. Hauptgebiete: NW-Amerika *(Totempfähle),* S-Asien, Australien, Melanesien, Sudan.

**Totenbestattung,** die Bestattung des menschl. Leichnams u. die damit verbundenen Bräuche; abhängig von den Vorstellungen über Tod u. Weiterleben sowie von der jeweiligen Kulturstufe. Vom einfachen Aussetzen der Leiche (sibir. Völker, Massai) finden sich viele Zwischenstufen über Erdbestattung (mit oder ohne Sarg), Steingräber, Felsengräber, Bestattung in Booten oder Wagen, Versenken im Fluß, See oder Sumpf, bis hin zur Leichenverbrennung (Feuerbestattung). Zuweilen geht der Beisetzung eine Mumifizierung voraus. Die Zusammenfassung der Grabstätten zu Begräbnisplätzen (Friedhöfen) überwiegt gegenüber dem Einzelgrab. Die mit der T. verbundenen Bräuche (Herrichtung der Leiche, Anlegen der Festtagsgewänder, Grabbeigaben) umschließen Maßnahmen zur Lösung des Verstorbenen aus seinen diesseitigen Bindungen (Totenwacht), zur Sicherung des Lebens im Jenseits (Verpflegung, Mitgabe von Dienern, des Leibpferds u. von Geld), zur Ehrung des Toten (Totenmahl), um sein Wohlwollen gegenüber den Hinterbliebenen zu sichern, zum Schutz der Lebenden vor bösen Einflüssen u. vor der Wiederkehr.

**Totenbücher,** im alten Ägypten den Toten mitgegebene Sammlungen von Sprüchen u. Hymnen.

**Totengräber,** zu den *Silphidae* gehörende Aaskäfer, die tote Kleintiere unter die Bodenoberfläche bringen.

**Totenklage,** bei vielen Völkern übl. Brauch als Teil der Trauerzeremonien, oft berufsmäßig von *Klageweibern* ausgeführt.

**Totenkopf,** ein *Schwärmer* mit totenkopfähnl. Zeichnung.

**Totenmaske,** meist unmittelbar nach dem Tod abgenommene Gesichtsmaske aus Gips oder Wachs.

**Totenmesse** → Requiem.

**Totenreich,** Aufenthaltsort der Toten, in den einzelnen Religionen teils als unterird. Schattenreich *(Hölle,* german. *Hel,* grch. *Hades,* röm. *Orkus),* teils als Paradies vorgestellt.

**Totenschein,** die aufgrund der Leichenschau durch einen Arzt oder sonstigen Leichenbeschauer ausgestellte Bestätigung über den Todeseintritt u. die Todesursache. Die Vorlage eines T. beim Standesamt ist Voraussetzung für die Erteilung der Bestattungserlaubnis.

**Totensonntag,** ev. Totengedenktag am letzten Sonntag des Kirchenjahrs (seit 1816).

**Totenstarre,** *Leichenstarre,* nach dem Tod einsetzende Versteifung der Muskeln; beginnt beim Menschen etwa 1 Std. nach dem Tode. Spätestens 96 Std. nach Eintritt des Todes ist die Muskulatur wieder erschlafft.

**Totentanz,** frz. *Danse macabre,* in der bildenden Kunst die seit dem 14. Jh. verbreitete themat. Gegenüberstellung des Lebens u. des Todes in meist ständisch geordneten Menschenvertretern u. skelettierten oder leichenhaften Totengestalten.

**toter Punkt, 1.** *Maschinenbau:* Totpunkt, bei Kolbenmaschinen die Stellung von Kurbelzapfen u. -stange in einer Geraden; wird durch zweiten Antrieb oder Schwungrad überwunden. – **2.** im S p o r t bei Dauerleistungen auftretendes vorübergehendes Gefühl völliger Erschöpfung; wird hervorgerufen durch eine zu hohe Konzentration von Milchsäure in der beanspruchten Muskulatur.

**Totes Gebirge,** verkarsteter Gebirgsstock der Nördl. Kalkalpen, im *Großen Priel* 2515 m.

**Totes Meer,** arab. *Bahr al-Miyet,* hebr. *Yam Hamelah,* Salzsee an der israel.-jordan. Grenze, Mündungssee des Jordan, 80 km lang, bis 18 km breit, tiefste Depression der Erde (Seespiegel 395 m u.M., 1020 km²; infolge des hohen Salzgehalts (30–33%) ohne Lebewesen; Salzgewinnung (Brom, Kali).

**tote Sprachen,** Sprachen ohne lebende muttersprachl. Sprecher.

**totes Rennen,** unentschiedener Ausgang bei sportl. Wettbewerben.

**Toto,** eine Sportwette, bei der Fußballspiele mehrerer Vereine zu einem Wettprogramm zusammengestellt sind. Bei der *Ergebniswette* sind die Spielergebnisse (Sieg, Niederlage oder Unentschieden), bei der *Auswahlwette* unentschieden endende Spielpaarungen vorauszusagen.

**Totschlag,** die vorsätzl. Tötung eines Menschen ohne die Merkmale eines Mordes.

**Toubqâl** [tubˈkal], *Jbel T., Tubkal,* höchster Gipfel des Hohen Atlas, 4165 m.

**Touggourt** [ˈtuggurt], Oasengruppe in der alger. Sahara, 80 000 Ew.

**Toulon** [tuˈlɔ̃], Hafenstadt im S-frz. Dép. Var, wichtiger Marinestützpunkt, 180 000 Ew.; vielfältige Ind.

**Toulouse** [tuˈluːz], Hptst. des S-frz. Dép. Haute-Garonne, Mittelpunkt des Languedoc, 348 000 Ew.; Univ. (1229); rom. Basilika Saint-Sernin; Maschinenbau, Eisen-, Textil- u.a. Ind.; Inst. für Luftfahrt- u. Raumforschung.

**Toulouse-Lautrec** [tuˈluːz loˈtrɛk], Henri Marie Raymond de, *1864, †1901, frz. Maler u. Graphiker; entwickelte einen plakativen Flächen-Linienstil, der den Jugendstil beeinflußte; Gemälde u. v.a. Farblithographien aus dem Milieu der Pariser Halbwelt.

**Toupet** [tuˈpeː], Haarersatzstück für Männer; um 1788 aufgekommen. – **toupieren,** Haare gegen den Strich (in die Höhe) kämmen.

**Tour** [tuːr], Drehung, Umdrehung, Fahrt, Reise.

**Touraine** [tuˈrɛːn], Ldsch. im westl. Mittelfrankreich, beiderseits der unteren Loire.

**Tourcoing** [turˈkwɛ̃], Ind.-Stadt im frz. Dép. Nord, an der belg. Grenze, 97 000 Ew.

**Tour de France** [tur də ˈfrɑ̃ːs], Radrundfahrt durch Frankreich für Berufsfahrer; schwerstes

*Henri de Toulouse-Lautrec: Selbstbildnis; 1880. Albi, Musée Toulouse-Lautrec*

## Tour de Suisse

Straßenrennen der Welt; wechselnde Streckenführung, ca. 4000 km (seit 1903); Ziel ist immer Paris.
**Tour de Suisse** [tur də'swis], Radrundfahrt für Berufsfahrer in der Schweiz; wechselnde Streckenführung; ca. 1500 km (seit 1933).
**Touré** [tu're:], Sékou, *1922, †1984, guineischer Politiker; seit 1958 Staats-Präs.; errichtete ein diktator. Regime.
**Tourismus** → Fremdenverkehr.
**Tournai** [tur'nɛ], fläm. *Doornik,* Stadt in der belg. Prov. Hennegau, an der Schelde, 68 000 Ew.; Kathedrale (12./13. Jh.), Textil- u.a. Ind.
**Tournedos** [turnə'do], kleine Scheibe aus der Ochsenlende, auf dem Rost oder in der Pfanne gebraten.
**Tournüre** [tu-], *Turnüre,* hufeisenförmige Gesäßauflage aus Roßhaar oder Stahlschienen, zur rückwärtigen Hochraffung des Kleides 1869–75 u. als *Cul de Paris* 1882–88 getragen.
**Tours** [tu:r], Hpst. des mittelfrz. Dép. Indre-et-Loire, 130 000 Ew.; Wallfahrtskirche, Kathedrale (13.–16. Jh.), Univ. Bei T. u. Poitiers schlug *Karl Martell* 732 die Araber.
**Tower** [tauə], **1.** Kontrollturm eines Flughafens. – **2.** Zitadelle im O der Londoner Altstadt, ältestes Bauwerk Londons, 1078 von *Wilhelm dem Eroberer* begonnen, bis 1509 Residenz, später Staatsgefängnis, heute Aufbewahrungsort der Kronjuwelen.
**Townes** [taunz], Charles, *28.7.1915, US-amerik. Physiker; arbeitete über Quantenelektronik (Maser, Laser); Nobelpreis 1964.
**Toxikologie,** Wiss. von den Giften u. Vergiftungen.
**Toxine,** bakterielle, pflanzl. u. tier. Giftstoffe, die in einem anderen Organismus die Bildung von Antitoxinen bewirken.
**Toxoplasmose,** auf den Menschen übertragbare, anzeigenpflichtige Tierseuche; Erreger: *Toxoplasma gondii.*
**Toyama,** jap. Ind.-Stadt in Zentralhonshu an der *T.bucht,* 314 000 Ew.
**Toynbee** ['tɔinbi], **1.** Arnold, *1852, †1883, brit. Sozialreformer; förderte die Bildung der Arbeiter. – **2.** Arnold Joseph, *1889, †1975, brit. Historiker; entwickelte eine spekulativ-geschichtsphilosoph. Lehre von 21 einander ablösenden Einzelkulturen.
**Toyohashi,** jap. Stadt in Zentralhonshu, sö. von Nagoya, 322 000 Ew.; Seidenind.
**Trab,** eine Gangart (bes. von Pferden), bei der ein Vorderfuß u. der entgegengesetzte Hinterfuß zugleich aufgesetzt werden.
**Trabant,** im MA Angehöriger der Leibgarden, i.w.S. heute Begleiter; auch Mond, Satellit.
**Traben-Trarbach,** Stadt in Rhld.-Pf., an der Mosel, 6400 Ew.; Weinanbau.
**Traber,** Vollblutrennpferd für Trabrennen.
**Trabzon,** *Trapezunt,* Hpst. der türk. Prov. T., Hafen am Schwarzen Meer, 156 000 Ew.; vielfältige Ind. – 1204–1461 selbst. Kaiserreich.
**Trachee, 1.** wasserleitendes Element des Leitgewebes der Pflanze. – **2.** Atemröhre der **T.ntiere** (Insekten u. Tausendfüßler) u. mancher Spinnen. T. leiten Luft ohne Vermittlung des Blutes an die Körperorgane.
**Trachom,** *ägyptische Augenentzündung, Körnerkrankheit, Granulose,* eine Infektionskrankheit des Auges, anzeigepflichtig.
**Tracht, 1.** die in Form, Farbe u. Tragweise einheitl. Kleidung einer Gemeinschaft, urspr. als Ausdruck ständ. Gliederung (ritterl. T., Bauern-, Hof-T.). Als bäuerl. Volks-T. heute noch in meist abgelegenen Landschaften erhalten. – **2.** äußere Merkmale eines Tiers (z.B. Form, Färbung, Zeichnung).
**Trächtigkeit,** bei lebendgebärenden Tieren Zustand des Muttertiers zw. Befruchtung der Eizelle u. Geburt des Jungtieres. Die Dauer der T. ist die *Tragzeit.* Sie wächst im allg. mit der Größe des Tiers, z.B. Goldhamster 16, Hund u. Katze bis 65, Schwein 110–118, Rind 280–290, Pferd 320–355, Elefant bis 660 Tage.
**Trachyt,** jüngeres Ergußgestein mit dichter, rauher Grundmasse u. Einzelkristallen.
**Tracy** ['treisi], Spencer, *1900, †1967, US-amerik. Filmschauspieler (Charakterdarsteller). W »Der alte Mann u. das Meer«, »Vater der Braut«.
**Trademark** ['treid-], engl. Bez. für Warenzeichen.
**Trade Union** ['treid 'ju:njən], die brit. (Arbeiter-)Gewerkschaft; Dachorganisation ist seit 1868 der *T. U. Congress (TUC).*

*Trachten*

**Tradition, 1.** für viele Religionen die mündl. oder schriftl. bewahrte Grundlage ihrer Lehren. Im Katholizismus wertet man mündl. T. u. Bibel als gemeinsame Quelle der göttl. Offenbarung. Die ev. Kirchen lassen die T. neben der Bibel nur als Quellensammlung gelten. – **2.** Überlieferung von kulturellen Formen u. Inhalten (z.B. Bräuche) über eine bestimmte Zeit hinweg.
**Trafalgar,** span. Kap nw. der Straße von Gibraltar. Bei T. besiegte H. *Nelson* am 21.10.1805 die frz.-span. Flotte.
**Trafik,** in Östr. Laden, Handel; insbes. der staatl. konzessionierte Tabakwarenladen *(Tabak-T.).*
**Trafo,** kurz für *Transformator.*
**Tragant,** *Bärenschote, Stragel, Astragalus,* artenreiche Gatt. der *Schmetterlingsblütler;* Kräuter u. Sträucher mit häufig zu Dornen umgewandelten Blattspindeln.
**Träger,** im Bauwesen Konstruktionselement zur Aufnahme von Lasten u. deren Übertragung auf die Auflager, z.B. Wände, Stützen.
**Trägerfrequenztechnik,** ein Verfahren, mit dem man eine Vielzahl von Nachrichten (z.B. Ferngespräche) gleichzeitig auf einer Leitung überträgt, indem auf die Frequenz einer Trägerwelle die eigtl. Nachricht moduliert wird.
**Trägerraketen,** Raketen zum Transport von Nutzlasten (Satelliten) in den Weltraum.
**Tragfläche,** *Tragflügel,* Flugzeugbauteil; dient zur Erzeugung einer der Schwerkraft entgegenwirkenden Luftkraft *(Auftrieb)* auf eine. Weg.
**Tragflügelboot,** *Tragflächenboot,* ein Motorboot, bei dem kurze Auftriebsflächen unter der Wasseroberfläche bei Geschwindigkeiten über 30 Knoten den Bootskörper völlig über die Wasserfläche emporheben.
**Trägheit,** *Beharrungsvermögen,* in der Physik die Eigenschaft jedes Körpers, der Änderung seiner momentanen Bewegung einen Widerstand entgegenzusetzen. Das *T.sgesetz* (von G. *Galilei* 1609 angedeutet, von I. *Newton* 1670 formuliert) sagt: Jeder Körper verharrt im Zustand der Ruhe oder der gleichförmigen Bewegung in geradliniger Bahn, solange keine von außen wirkenden Kräfte auf ihn wirken. Nach Einstein hat auch jede Energie T. – **T.smoment,** der Widerstand eines sich um eine Achse drehenden Körpers gegen die Änderung der Rotationsgeschwindigkeit.
**Tragik,** Kampf u. Untergang der ethisch bewußten Persönlichkeit im Konflikt gegensätzl. Wertordnungen; oft in der Dichtung behandelt (Tragödie).
**Tragikomödie,** urspr. ein ernstes Drama mit heiterem Ausgang, im heutigen Sinn ein Drama, in dem sich trag. u. kom. Elemente durchdringen. Bekannte T. sind: »Misanthrop« (Molière), »Amphitryon« (Kleist), »Besuch der alten Dame« (Dürrenmatt).
**Tragödie,** *Trauerspiel,* ein Drama, das in seinem Handlungsverlauf den Helden in einen *trag. Konflikt* stürzt u. die daraus entstehende *trag. Schuld* in irgendeiner Form auflöst, meist durch Vernichtung des Helden. Nach der Blüte der T. in der Antike (Äschylus, Sophokles, Euripides) erlebte sie in der Renaissance in Shakespeare einen absoluten Höhepunkt. Bed. klass. T.ndichter sind: Lope de Vega u. Calderón (Spanien), Corneille u. Racine (Frankreich), Lessing, Schiller, Hebbel, Grillparzer (Dtld.).
**Tragzeit,** *Tragezeit,* → Trächtigkeit.
**Training** ['trɛi-], i.w.S. jede organisierte Ausbildung mit dem Ziel der Berufsqualifizierung; in der Psychologie verhaltensändernde Methoden u. Lernverfahren, wie *mentales* u. *autogenes* T. I.e.S. das *sportl. T.,* die systemat. Vorbereitung für den sportl. Wettkampf mit dem Ziel der Leistungssteigerung.
**Trajan,** Marcus Ulpius *Traianus,* *53, †117, röm. Kaiser 98–117; unter ihm erreichte das Röm. Reich seine größte Ausdehnung; baute das *T.sforum* u. die **T.ssäule,** Triumphsäule in Rom, 113 zu Ehren der Siege T. über die Daker errichtet, 29,47 m hoch auf 5 m hohem Postament, mit spiralartig umlaufendem Reliefband.
**Trajekt,** Fährschiff für Eisenbahnzüge; → Fähre.
**Trakehner,** Pferderasse aus der Kreuzung engl. u. arab. Vollbluts; 1732–1944 im ostpreuß. Gestüt Trakehnen gezüchtet.
**Trakl,** Georg, *1887, †1914 (Selbstmord), östr. Lyriker; gestaltete in klangvollen Traumbildern eine Welt des Vergehens, der Schwermut u. des Wahns.
**Trakt,** Teil, Flügel eines weitläufigen Gebäudes.
**Traktat,** Abhandlung, Flugschrift relig. oder polit. Inhalts.
**Traktor,** eine Zugmaschine mit Dieselmotor für die Land- u. Forstwirtschaft.
**Tram,** *T.bahn,* süddt. für Straßenbahn.
**Traminer,** Weißweinrebe, aus der Weine mit würzigem Bukett hergestellt werden.
**Tramp** ['træmp], Vagabund.
**Trampeltier** → Kamele.
**Trampolin,** sportl. Gerät für turner. Sprungübungen. Das Sprungtuch ist aus reißfestem Nylongeflecht, elastisch u. in ca. 1 m hohes Leichtmetallgestell eingehängt.
**Tran,** aus dem Fettgewebe größerer Meerestiere (z.B. Wale, Robben, Delphine, Haie) durch Erhitzen oder Auspressen gewonnene *fette Öle;* werden hpts. in der Margarineherstellung verarbeitet.
**Trance** [trãs], schlafähnl. Zustand mit Verlust des Ichbewußtseins bei teilweise erhaltener körperl. u. geistiger Reaktionsfähigkeit.
**Tranche** [trãʃ], Schnitte, Scheibe. – **tranchieren,** Fleisch, Geflügel u.a. zerlegen.

*Tragflügelboot*

**Tränen,** die von den *T.drüsen* ausgeschiedene salzhaltige Flüssigkeit, die den Bindehautsack des Auges befeuchtet, das Auge vor Eintrocknung schützt u. kleine Fremdkörper laufend aus dem Auge spült.

**Tränendes Herz,** *Flammendes Herz, Jungfernherz,* Gatt. der *Mohngewächse,* herzförmige, rote Blüten.

*Tränendes Herz*

**Tränengas,** flüchtige chem. Verbindungen mit augen- u. schleimhautreizender Wirkung.

**Trani,** ital. Hafenstadt in Apulien, 46 000 Ew.; roman. Kathedrale, Hohenstaufenkastell; Obst- u. Weinanbau (Muskateller).

**Tranquilizer** ['træŋkwilaizə], Beruhigungsmittel. → Psychopharmaka.

**trans...** [lat.], Vorsilbe mit der Bedeutung »durch, quer, jenseits, hinüber«.

**Transaktion,** geschäftl. (meist finanzieller) Vorgang von bes. Tragweite.

**Transalai,** über 200 km langes innerasiat. Kettengebirge zw. Alai u. Pamir, im Pik Lenin 7134 m.

**Transceiver** [træns'si:və], von engl. *transmitter* (= Sender) u. *receiver* (= Empfänger); kombiniertes Funksende- u. -empfangsgerät.

**Transdanubien,** ung. *Dunántúl,* Gebiet im westl. Ungarn, zw. Donau, Drau u. östr. Grenze; Flachland, im Bakonywald u. im Mecsekgebirge Bergland.

**Transfer,** Übertragung, Überführung; Devisenzahlung an das Ausland; Transport von Reisenden vom Ankunftsort zum Hotel; im Sport Vereinswechsel eines Spielers.

**Transferasen,** umfangreiche Klasse von *Enzymen,* die chem. Gruppen einer Verbindung auf eine andere übertragen.

**transfer-Ribonucleinsäuren,** *t-RNS,* Moleküle von niedrigem Molekulargewicht, die sich mit Aminosäuren beladen u. diese zu den →Ribosomen bringen, wo die Proteinsäure abläuft.

**Transformation,** allg. Umwandlung, Umformung, etwa die Umformung einer Energieform in eine andere, z.B. mechan. Arbeit in Wärme.

**Transformator,** *Trafo,* elektr. Gerät zur Erhöhung oder Erniedrigung einer Wechselspannung ohne wesentl. Energieverluste. In der Nachrichtentechnik *Übertrager,* in der Meßtechnik *Meßwandler,* in der Starkstromtechnik *Umspanner* genannt. Der T. hat meist zwei Wicklungen (oder Spulen). Primär- (= Eingangs-) u. Sekundär- (= Ausgangs-)wicklung. Der durch die Primärwicklung fließende Strom induziert in der Sekundärspule eine Spannung, die dem Verhältnis der Windungszahlen (Übersetzungsverhältnis) proportional ist. Zur Erreichung eines möglichst starken gemeinsamen Magnetfeldes der beiden Wicklungen sitzen diese meist auf den Schenkeln eines ringförmig geschlossenen Eisenkerns *(Kern-T.)* oder auf der mittleren Säule eines doppelt geschlossenen Eisenkerns *(Mantel-T.).*

**Transfusion** →Bluttransfusion.

**Transgression,** Vordringen des Meeres in Festlandsgebiete durch Anhebung des Meeresspiegels oder Absinken des Festlands.

**Transhimalaya,** *Hedin-Gebirge,* 2300 km langes innerasiat. Hochgebirge, mehrere Gipfel über 7000 m hoch.

**Transhumanz,** jahreszeitl. Wanderungen von Herden u. Hirten zw. entfernten Weidegebieten.

**Transistor,** Kurzwort aus engl. *transfer resistor,* meist dreipoliges elektron. Verstärkerelement aus Halbleitermaterial (Germanium bzw. Silicium), in der Wirkung ähnl. der Elektronenröhre, jedoch kleiner u. mit niedriger Betriebsspannung. Die Wirkungsweise des T. wurde 1948 von J. *Bardeen,* W.H. *Brattain* u. B. *Shockley* physikal. beschrieben, die dafür 1956 den Nobelpreis erhielten. T. werden heute als Verstärkerelemente u. zu Schaltzwecken eingesetzt. Anwendungsgebiete: Audio- u. Videotechnik, Computertechnik, Weltraumfahrt, Hörgeräte, Ladegeräte, Blinker u.a.

**Transit,** meist zollfreie Durchfuhr von Waren durch das Zollinland.

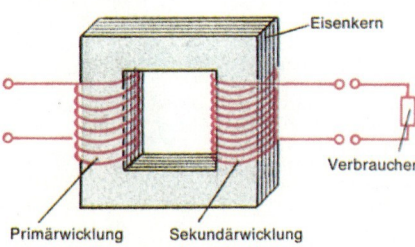

*Transformator (Schema)*

**transitiv,** Bez. für Verben, die das Objekt in den Akkusativ setzen (z.B. lieben).

**Transjordanien** →Jordanien (Geschichte).

**Transkarpatien,** *Karpato-Ukraine,* Verwaltungsgebiet im W der Ukrain. SSR (Sowj.), 12 800 km², 1,2 Mio. Ew., Hptst. *Uschgorog.* – Bis 1918 ung., dann tschechosl., 1939 wieder ung., 1945 sowj.

**Transkaukasien,** das südl. *Kaukasien;* umfaßt die Südabdachung des (Großen) Kaukasus: die Rioni-Niederung am Schwarzen Meer, die Steppen der Kura-Niederung am Kasp. Meer u. den sowj. Teil des Armen. Hochlands.

**Transkei,** Bantu-Homeland im nordöstl. Kapland (Republik Südafrika), 44 630 km², 2,76 Mio. Ew.

*Transkei*

(überw. Xhosa), Hptst. *Umtata;* seit 1976 unabhängig (internat. nicht anerkannt). Das recht gut beregnete Stufenland wird überw. landwirtschaftl. genutzt. Als Hafen dient Port St. Johns.

**Transkription, 1.** das Umschreiben musikal. Werke, z.B. von Vokalwerken auf Instrumente. – **2.** *Umschrift,* Übertragung aus einer Schrift (z.B. der chin., der kyrill.) in eine andere (z.B. die lat.) mit annähernd richtiger Aussprachewiedergabe. → Transliteration. – Verb: **transkribieren.**

**Transleithanien,** in Östr.-Ungarn 1867–1918 nichtamtl. Name der östl. der Leitha gelegenen Reichsteile Ungarn u. Kroatien.

**Transliteration,** Übertragung einer Buchstabenschrift (z.B. der kyrill., der grch.) in eine andere (z.B. die lat.) so, daß eine zweifelsfreie Rückübertragung mögl. ist (im Ggs. zur *Transkription*).

**Transmission,** Anlage zur Verteilung der Kraft einer Kraftmaschine auf mehrere Arbeitsmaschinen.

**Transmitter,** hormonähnl. Substanzen, die eine Erregung oder Information von einer Nervenzelle auf eine andere oder eine Organzelle übertragen.

**Transparent,** Bild auf durchsichtigem Papier, das von hinten beleuchtet wird; Spruchband.

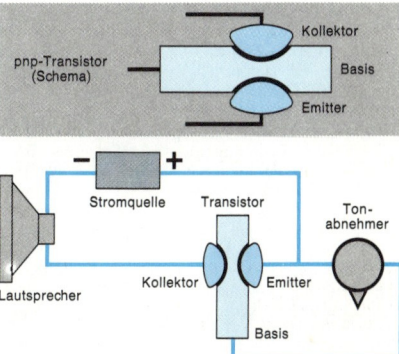

*Transistor als Plattenspielerverstärker (Schema)*

**Transparenz,** Durchsichtigkeit; übertragen: die Durchschaubarkeit von Entscheidungsabläufen. – **transparent,** durchscheinend, durchlässig.

**Transpiration,** Ausdünstung, Schwitzen; beim Menschen: → Schweiß.

**Transplantation,** Übertragung von Körpergeweben oder ganzen Organen zum Ersatz geschädigter gleicher Gewebe bzw. Organe (→ Gewebsverpflanzung, → Organtransplantation).

**transponieren,** einen Tonsatz in eine andere Tonart setzen.

**Transport,** die Beförderung von Personen u. Sachen.

**Transrapid,** Name eines Magnetschwebefahrzeuges, das nach dem Prinzip der elektromagnet. Anziehung mit kombinierten Trag- u. Führungsmagneten arbeitet. Der T. 07 erreichte auf einer Teststrecke 1989 eine Rekordgeschwindigkeit von 435 km/h.

**Transsexualität,** eine gegengeschlechtl. Empfindung; starker Drang, dem anderen Geschlecht anzugehören.

**Transsibirische Eisenbahn,** 1891–1916 erbaute Bahnverbindung in der Sowj., zw. Ural u. Pazif. Ozean, führt von Swerdlowsk bzw. Tscheljabinsk nach Wladiwostok (Entfernung Moskau-Wladiwostok 9302 km); seit 1938 zweigleisig.

**Transsilvanien** → Siebenbürgen.

**Transsubstantiation,** nach kath. Lehre die Umwandlung von Brot u. Wein in Leib u. Blut Christi bei der Eucharistie.

**Transurane,** die im Periodensystem der Elemente auf das Uran folgenden, künstl. gewonnenen radioaktiven Elemente.

**Transvaal,** nordöstl. Prov. in der Rep. Südafrika, im W u. N vom Limpopo begrenzt, 262 500 km², 7,5 Mio. Ew., Hptst. *Pretoria;* Hochland (Hoëveld), das nach N zur Limposenke abfällt u. im O von den Drakensbergen begrenzt wird, östl. davon die tief gelegene Ebene (Lowveld) des Krüger-Nationalparks; Weidewirtsch.; im westl. *Witwatersrand* die reichsten Goldfelder der Erde, Diamantenminen; bed. Ind.

## 910 Transversale

Geschichte. 1836/37 führte der »Große Treck« Buren aus der Kapkolonie in das Gebiet von T. Die 1852 von Großbritannien als unabhängig anerkannten Siedlungen schlossen sich 1856 zum Freistaat T., 1860 zur Südafrik. Rep. zusammen. Im *Burenkrieg* 1899–1902 wurde T. von Großbrit. annektiert. 1910 wurde T. Prov. der neugegründeten Südafrik. Union, der heutigen Rep. Südafrika.

**Transversale,** jede gerade Linie, die eine geometr. Figur schneidet.

**Transversalwelle,** *Querwelle,* eine Welle, bei der die Schwingung senkr. zur Fortpflanzungsrichtung erfolgt; z.B. Lichtwelle.

**Transves(ti)tismus,** das triebhafte Bedürfnis, die Kleidung des anderen Geschlechts anzulegen u. das andere Geschlecht nachzuahmen. Menschen mit dieser Veranlagung heißen **Transvestiten.**

**transzendent,** die Grenzen der Erfahrung oder des Bewußtseins überschreitend. Ggs.: *immanent.* –

**Transzendenz,** das ein Vorgegebenes Überschreitende, Jenseitige, Göttliche.

**Transzendentale Meditation,** Abk. *TM,* auch »Wissenschaft der kreativen Intelligenz«, seit 1958 von dem ind. Wander-Yogi Maharishi Mahesh verbreitete Meditationstechnik auf Mantra-Basis, mit dem Ziel, die Naturgesetze zu überwinden. Die TM gibt sich in der Werbung als neutrale Selbstverwirklichungstechnik.

**transzendente Zahlen** → Zahlen.

**Trapani,** ital. Hafenstadt an der NW-Küste Siziliens, 74 000 Ew.; Weinbau, Fischverarbeitung, Salzgewinnung.

**Trapez, 1.** Viereck mit 2 parallelen, versch. langen Seiten (Grundlinien). – **2.** *Schwebe-* oder *Schaukelreck,* ein beim Kunstkraftsport u. von Berufsartisten benutztes Gerät.

**Trappen,** *Otididae,* ein Fam. der *Kranichartigen,* große Steppenvögel mit kräftigen Beinen u. Schnabel; in Afrika, Australien u. Eurasien.

**Trapper** [engl. 'træpə], weißer Fallensteller u. Pelztierjäger in N-Amerika.

**Trappisten,** ein kath. geistl. → Orden, ben. nach dem Stammkloster *La Trappe,* 1098 gegr. als strenger Zweig der Zisterzienser, 1892 selbständig.

**Trasimenischer See,** *Lago Trasimeno,* mittelital. See in Umbrien, 128 km², bis 6 m tief.

**Trassant, Trassat** → Wechsel.

**Trassierung,** das Aufsuchen u. Festlegen der Linie **(Trasse),** nach der eine Eisenbahn u.ä. im Gelände anzulegen ist.

**Tratte,** gezogener → Wechsel.

**Trattoria,** ital. Wirtshaus.

**Traube,** pflanzl. Blütenstand mit gestielten Einzelblüten an der verlängerten Hauptachse.

**Traubenhyazinthe,** *Muscari,* Gatt. der *Liliengewächse,* aus dem Mittelmeerraum.

**Traubenkirsche,** *Ahlkirsche,* aus der Fam. der *Rosengewächse* stammender Strauch mit überhängenden weißen, duftenden Blüten u. schwarzen Früchten.

**Traubenzucker** → Glucose.

**Trauerspiel,** seit dem 17. Jh. die dt. Bez. für *Tragödie.*

*Trappen: Großtrappe*

**Trauerweide,** Wuchsform der *Weide* mit herabhängenden Zweigen.

**Traufe,** Kante einer Dachfläche, von der Wasser abtropfen kann.

**Traum,** die seel. Abläufe während des Schlafs. Durch Herabsetzung der Reizempfänglichkeit, Ausschaltung der bewußten Verstandestätigkeit u. des Willens hat der T. eine ihm eigentüml. Erlebnisverarbeitung, die teils an bewußt aufgenommene Geschehnisse anknüpft, Erinnerungen bis in die fr. Kindheit wachruft, vielfach nur triebhafte Strebungen in symbolhafter Weise wiedergibt; dabei sind Raum- u. Zeitbewußtsein verändert, treten Halluzinationen u. Illusionen auf. Da im T. die Schichten des Unbewußten in meist typ. Bildern gegenwärtig werden, können Träume psychoanalyt. ausgewertet werden **(T.deutung).**

**Trauma,** Verletzung, Gewalteinwirkung; auch psych. Schock, seel. Erschütterung.

**Traun, 1.** Stadt in Oberöstr., an der unteren T., 21 000 Ew. – **2.** r. Nbfl. der Donau in Oberöstr., 180 km; durchfließt den **T.see** (26 km²).

**Traunstein,** Krst. in Oberbay., 17 000 Ew.; Luftkurort.

**Trautonium,** ein elektr. Musikinstrument, 1929 von F. *Trautwein* konstruiert.

*Treibhauseffekt: Im Glashaus (links) ist die Glasscheibe des Treibhauses eine Barriere für die Wärmestrahlung, so daß sich die Luft im Inneren des Glashauses erwärmt. Durch die Anreicherung der Atmosphäre mit strahlungsabsorbierenden Gasen (hauptsächlich Kohlendioxid) kommt es auch auf der Erde zu einer Erwärmung (rechts). Katastrophale Klima- und Umweltveränderungen wären die Folge global ansteigender Temperaturen*

**Trave,** Fluß in Schl.-Ho., 118 km; ab Lübeck für Seeschiffe bis 8000 t schiffbar; mit der Elbe durch den Elbe-Lübeck-Kanal verbunden.

**Traveller-Scheck** ['trævələ-] → Reisescheck.

**Travemünde,** nordöstl. Stadtteil von Lübeck, Seebad an der Ostseeküste; Autofähren nach Skandinavien.

**Traven,** B., *1882 (?), †1969, Schriftst.; vermutl. ident. mit dem dt. Schauspieler u. Schriftst. Ret Marut (unaufgeklärtes Pseud.); schrieb sozialkrit. Romane, die zuerst in dt. Sprache erschienen. W »Das Totenschiff«, »Der Schatz der Sierra Madre«.

**Travertin,** poröse, krustige Kalksteinabscheidung aus Quellgewässern.

**Travestie,** verspottende Nachbildung eines literar. Werks, die den urspr. Inhalt beläßt u. ihn in eine unpassende Form bringt.

**Travolta,** John, *18.2.1954, US-amerik. Showstar; wurde mit Filmrollen (»Saturday Night Fever«) zu einem Idol der Disco-Generation.

**Trawler** ['trɔːlə], ein Fischereifahrzeug, das mit Schleppnetz *(Trawl)* arbeitet.

**Treber,** der nach dem Maischprozeß beim Bierbrauen verbleibende Rückstand; Viehfutter.

**Treblinka,** Dorf in Polen, nördöstl. von Warschau; 1942/43 nat.-soz. Vernichtungslager.

**Trecento** [-'tʃento], das 14. Jh., bes. seine Kunst, in Italien.

**Treck,** Wegzug, Auswanderung.

**Treibeis,** auf Flüssen u. als Eisberge oder Eisschollen auf dem Meer treibendes Eis.

**Treibgas,** Gas, das als Hilfsmittel zum Zerstäuben von Flüssigkeiten in Spraydosen dient, z.B. Fluorchlorkohlenwasserstoffe (FCKW).

**Treibgut,** Gegenstände, die auf See treibend angetroffen werden. Geborgenes T. ist anzuzeigen. Der Berger hat Anspruch auf Bergelohn.

**Treibhaus** → Gewächshaus.

**Treibhauseffekt,** *Glashausprinzip,* die Eigenschaft eines Glashauses, das sichtbare u. infrarote Sonnenlicht hereinzulassen, aber kaum eine langwelligere Wärmestrahlung nach außen abzugeben. Dadurch erfolgt eine Erwärmung im Glashaus. Die kurzwelligen Sonnenstrahlen können auch die Atmosphäre ungehindert durchdringen, während die von der erwärmten Erdoberfläche ausgesandten längerwelligen Wärmestrahlen in der Atmosphäre z.T. zur Erde zurückgeworfen werden. Durch die zunehmende Belastung der Atmosphäre mit Kohlendioxid, Methan u.a. Spurengasen wird dieser an sich natürl. T. entscheidend verstärkt. Wissenschaftler vermuten, daß sich dadurch die durchschnittl. Temp. an der Erdoberfläche (bisher 15 °C) in den nächsten 100 Jahren um 3 bis 9 °C erhöhen wird. Dieser Temperaturanstieg soll eine weltweite Klimaveränderung zur Folge haben, deren Auswirkung sich bei der Vielzahl der voneinander abhängigen Faktoren noch nicht genau beurteilen läßt.

**Treibjagd,** eine Jagdart, bei der in einem von Jägern u. Treibern umstellten Gebiet *(Treiben)* das Wild aufgescheucht wird.

**Treibstoff,** alle in Verbrennungskraftmaschinen verwendeten Brennstoffe.

**Treitschke,** Heinrich von, *1834, †1896, dt. Historiker; Verkünder nat. Machtpolitik, Antisemit u. Gegner des Sozialismus.

**Trelleborg** [-bɔrj], *Trälleborg,* Hafenstadt in Schweden, sö. von Malmö, 36 000 Ew.; Fährverkehr u.a. nach Saßnitz u. Lübeck-Travemünde.

**Trema,** zwei Punkte, die die getrennte Aussprache zweier zusammenhängender Vokale kennzeichnen; z.B. Héloïse.

**Trematoda** → Saugwürmer.

**Tremolo,** die möglichst schnelle Wiederholung eines Tones oder Akkordes bei Streichinstrumenten; schneller, trillerähnl. Wechsel von zwei Noten; Schwankungen der Stimmintensität auf einem Ton beim Gesang.

**Trenchcoat** ['trentʃkout], Mantel aus wasserabweisendem Stoff mit breitem Revers u. Gürtel.

**Trenck, 1.** Franz Frhr. von der, *1711, †1749, östr. Kavallerieoffizier; kämpfte im Östr. Erbfolgekrieg 1741–45 an der Spitze eines Pandurenkorps. – **2.** Friedrich Frhr. von der, *1726, †1794, preuß. Offizier; 1745 wegen Spionageverdachts u. eines angebl. Liebesverhältnisses zu Prinzessin *Anna Amalie* (Schwester Friedrichs d. Gr.) inhaftiert, entkam 1746 u. floh zu den Österreichern; 1754–63 erneut gefangengehalten, seit 1791 in Paris, wo er hingerichtet wurde.

**Trend,** Richtung, Entwicklungstendenz.

**Trenker,** Luis, *1892, †1990, Südtiroler Schriftsteller, Schauspieler u. Filmregisseur. W »Der Berg ruft.«

**Trense,** Gebißteil des Pferdezaums.

*Transvaal: Blyde River Canyon*

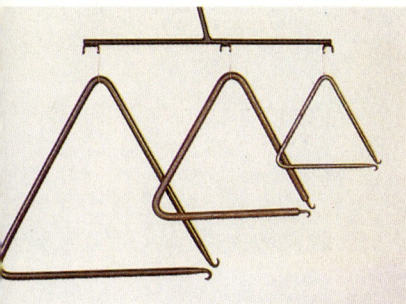
*Triangel*

**Trent,** Fluß im mittleren England, 274 km.
**Trentino-Südtirol,** ital. *Trentino-Alto Adige,* autonome Region in N-Italien (seit 1919 ital.), 13 613 km², 884 000 Ew., Hptst. *Trient;* → Südtirol.
**Trepang,** gekochte u. getrocknete eßbare Seewalzen (bes. auf indomalaiischen Inseln).
**Treppenturm,** runder oder vieleckiger Turm eines Gebäudes (Kirche, Schloß, Rathaus), der die Wendeltreppe enthält.
**Treppenwitz,** witzige Antwort, die einem zu spät, »auf der Treppe«, einfällt.
**Tresor,** *Geldschrank,* Schrank oder Fach zur feuer- u. diebessicheren Aufbewahrung von Geld u.a. Wertgegenständen; Wände u. Tür aus doppelten Stahlblechen mit unbrennbarer Füllung.
**Trester,** Obstabfälle, Preßrückstände von Weinbeeren; auch der daraus hergestellte Branntwein.
**Treueid** → Diensteid.
**Treuenbrietzen,** Stadt in Brandenburg, 8000 Ew.
**Treuepflicht,** Verpflichtung des Arbeitnehmers zur Wahrung der Interessen des Arbeitgebers.
**Treuhand,** die Verwaltung fremder Vermögensinteressen oder sonstiger Werte durch einen *Treuhänder.*
**Treuhandgesellschaft,** als Kapital- oder Personengesellschaft geführte Wirtschaftsprüfungsgesellschaft.
**Treuhandsystem,** das in Fortsetzung der Verwaltung der → Mandatsgebiete von den Vereinten Nationen errichtete Verw.-System. Beschränkt sich heute nur noch auf das »strateg. Gebiet« der Pazif. Inseln (dem Sicherheitsrat unterstellt).
**Treu und Glauben,** allg. Rechtsgrundsatz, nach dem im Rechtsleben gegenseitiges Vertrauen geschützt, aber auch vorausgesetzt wird, u. seine Verletzung u.U. zum Rechtsverlust führt.
**Treverer,** kelt.-german. Volksstamm an der Mosel, Hptst. *Augusta Treverorum* (Trier).
**Trevira,** Markenname für eine Kunstfaser aus Polyethylenterephthalat; → Polyester.
**Treviso,** ital. Stadt in Venetien, 86 000 Ew.; Dom (12. Jh.); keram. Ind.
**Triade,** Dreiheit.
**Triangel,** Schlaginstrument; dreieckiger Stahlstab, der mit einem Metallstab angeschlagen wird.

**Triangulation,** *Dreiecksaufnahme,* Verfahren zur Vermessung größerer Gebiete durch ein Dreiecksnetz. – **T.spunkt,** Abk. *T. P., Trigonometrischer Punkt,* ein durch bes. Marken im Gelände kenntl. gemachter Punkt, dessen genaue geograph. Koordinaten bekannt sind; dient als Fixpunkt zur Vermessung.
**Trianon** [-'nɔ̃], Name von zwei Lustschlössern im Park von Versailles. – *Vertrag von T.:* → Ungarn (Geschichte).
**Trias,** älteste Form des Mesozoikums; → Erdzeitalter.
**Triathlon,** ein sportl. Mehrkampf aus Schwimmen, Radfahren u. Langstreckenlauf; unmittelbar hintereinander ausgeführt mit versch. Streckenlängen; in den USA entwickelt. Auf Hawaii wird der *Super-T.* ausgetragen: 3,8 km Meeresschwimmen, 180 km Radfahren, Marathonlauf.
**Tribadie** → lesbische Liebe.
**Triberg im Schwarzwald,** Stadt in Ba.-Wü., 5800 Ew.; *T.er Wasserfälle* (163 m).
**Tribun,** *Tribunus,* im alten Rom urspr. Vorsteher einer der 3 *Tribus* (Stämme). Volkstribunen waren Beamte, die die Rechte der Plebejer gegen die Patrizier zu wahren hatten.
**Tribunal,** allg. Bez. für versch. Gerichte, auch Sondergerichte.
**Tribut,** Abgabe, Steuer; Leistung des Besiegten an den Sieger.
**Trichinen,** *Trichinella spiralis,* parasitäre Fadenwürmer, die mehrere Wirtstiere in eingekapseltem Zustand in ihrer Muskulatur beherbergen. Bei Genuß ihres Fleisches gelangen die T. in Magen u. Darm des Menschen. Das Weibchen setzt rd. 1000 lebendgeborene Junge in den Blut- u. Lymphkreislauf ab. Diese gelangen in die Muskeln. Schmerzen u. Schwellungen der Muskulatur, Fieber, Schweißausbruch, Kreislaufstörungen sind die Folge; der Tod kann nach 4–6 Wochen eintreten (**Trichinose**). Alles vom Menschen zu genießende Fleisch muß darauf hin untersucht werden (**T.schau**). Erhitzen auf 70 °C tötet die T. ab.
**Trichlorethylen,** *Tri,* farblose, unbrennbare, chloroformartig riechende, giftige Flüssigkeit; Verwendung u.a. als Lösungsmittel.
**Trichomoniasis,** durch *Trichomonaden* (Flagellaten) hervorgerufene Entzündung von Scheide u. Blase.
**Trick,** Kniff, verblüffender Kunstgriff. – **T.film,** *Animationsfilm,* ein Film, bei dem die einzelnen Bilder gezeichnet u. anschließend mit der Filmkamera aufgenommen werden.
**Trieb,** latente Bereitschaft zu bestimmten Verhaltensweisen, die jedem Lebewesen erbl. vorgegeben sind. – In der Psychologie eine dem Instinkt verwandte, weitgehend unbewußte Verhaltensgrundlage (Nahrungs-T., Selbsterhaltungs-T., Sexual-T., Spiel-T. u.a.).
**Triebwagen,** Schienenfahrzeug zur Beförderung von Personen u. Gütern, mit eig. Antriebsmaschine.
**Triele,** Fam. der *regenpfeiferartigen* Vögel, 9 Arten; bewohnen Steppen u. Meeresstrände in warmen u. gemäßigten Zonen.

*Trier: Porta Nigra*

**Triens,** spätröm. Goldmünze.
**Trient,** ital. *Trento,* N-ital. Stadt an der Etsch, Hptst. der Region Trentino-Südtirol u. der Prov. T., 100 000 Ew.; roman. Dom; Handels- u. Fremdenverkehrszentrum, Metall- u.a. Ind.; das kelt.-röm. *Tridentum.* – Von 1545–63 tagte in T. das **T.er Konzil** (*Tridentinisches Konzil*), das gegenüber den Reformatoren die Lehren der röm.-kath. Kirche festlegte u. diese im *Tridentinischen Glaubensbekenntnis* zusammenfaßte.
**Trier,** Krst. in Rhld.-Pf., Hptst. des Reg.-Bez. T., an der Mosel, 93 000 Ew.; bed. Ruinen der Römerzeit (u.a. Porta Nigra, Amphitheater, Thermen), Dom, Univ., Geburtshaus von K. *Marx;* Weinkellereien u. -handel, versch. Ind. – Gesch.: 15 v. Chr. als röm. Kolonie *Augusta Treverorum* gegr., 260–399 kaiserl. Residenz; seit 811 Erzbistum.
**Triere,** Kriegsschiff der alten Griechen mit 3 Reihen Ruder auf jeder Seite.
**Triest,** ital. *Trieste,* slowen. *Trst,* ital. Hafenstadt in der Region Friaul-Julisch-Venetien, in NW der Halbinsel Istrien, 235 000 Ew. Dom (14. Jh.); Maschinen- u. Schiffbau, Raffinerien; Handels-Freihafen. – Gesch.: Röm. Gründung *Tergeste* (2. Jh. v. Chr.), seit 1382 unter habsburg. Herrschaft. 1919 wurde T. im Frieden von St.-Germain Italien zugesprochen. 1947 wurde T. u. Umgebung zum entmilitarisierten Freistaat erklärt; 1954 kam die nördl. Zone (Stadt u. Hafen) an Italien, die südl. an Jugoslawien.
**Trifels,** Burgruine im S von Rhld.-Pf., auf dem *Sonnenberg* nw. von Bergzabern; 1193/94 war hier König Richard Löwenherz von England gefangen.
**Trifonow,** Jurij, *1925, †1981, sowj. Schriftst. (Romane u. Erzählungen); W »Widerschein des Feuers«, »Das Haus an der Moskwa«.
**Triforium,** dreigliedrige Bogenöffnung, wichtiges Element der got. Kirchenarchitektur Frankreichs.
**Trift, 1.** zum Viehtreiben benutzte Schneise. – **2.** → Drift.
**Trigeminus,** einer der beiden Gesichtsnerven, der 5. Gehirnnerv.
**Triglav,** ital. *Tricorno,* höchster Gebirgsteil in den Julischen Alpen, im *Großen T.* 2863 m.
**Trigonometrie,** Berechnung der Winkel u. Seiten von Dreiecken u.a. Figuren aus gegebenen Stücken mit Hilfe der Winkelfunktionen. Die *sphär. T.* untersucht Beziehungen zw. Seiten u. Winkeln von Kugeldreiecken.
**Trigonometrischer Punkt** → Triangulation.
**Trikolore,** dreifarbige Fahne, bes. die senkrecht gestreifte blau-weiß-rote T. Frankreichs.
**Trikot** [-'ko:], poröse, elast. Wirkware für Unterwäsche (*Trikotage*) oder feinmaschige Wirkware für Sportbekleidung.
**Triller,** eine musikal. Verzierung, bei der ein Hauptton sehr rasch mit der höheren (zuweilen auch mit der tieferen) Nebennote wechselt.
**Trillion,** eine 1 mit 18 Nullen, $10^{18}$.
**Trilobiten,** im Meer lebende primitive niedere Krebse des Kambrium bis Perm, Leitfossilien.
**Trilogie,** eine Einheit aus drei formal selbst. Werken, bes. in der Dramatik.
**Trimeter,** in der antiken Verslehre ein Vers aus drei Versfüßen; als *jambischer T.* der übl. Vers des attischen Dramas.
**Trimm-Dich-Aktion,** eine 1970 vom Dt. Sportbund in Berlin gestartete Aktion zur allg. Förderung sportl. Betätigung.

*Trienter Konzil; Kupferstich aus Matthias Burgklehners »Tiroler Adler«, Anfang 17. Jahrhundert. Wien, Bildarchiv der Österreichischen Nationalbibliothek*

**trimmen,** durch günstiges Verteilen einer Ladung bzw. bewegl. Gewichte ein Schiff in eine ausgeglichene Schwimmlage bringen; bei Hunden: das Fell scheren.
**Trimurti,** im Hinduismus die Dreiheit der hinduist. Götter *Brahma* (Schöpfer), *Wischnu* (Erhalter) u. *Schiwa* (Zerstörer); dargestellt als Menschenkörper mit 3 Köpfen u. 6 Armen.
**Trinidad und Tobago,** Staat in der Karibik, Kleine Antillen, bestehend aus den beiden trop. In-

*Trinidad und Tobago*

seln Trinidad u. Tobago, 5128 km², 1,2 Mio. Ew. (60% Schwarze u. Mulatten, 40% Inder), Hptst. *Port of Spain*. Hauptexportgüter sind Erdöl u. Erdölprodukte, daneben Asphalt, Zucker, Rum, Kakao. Der Fremdenverkehr ist nach den Erdöleinnahmen die zweitgrößte Einnahmequelle.
Geschichte. Die 1498 von Kolumbus entdeckten Inseln wurden span. Kolonien u. kamen 1797 bzw. 1814 in engl. Besitz; 1958–62 Mitgl. der Westind. Föderation; seit 1962 unabhängiger Staat im Commonwealth; 1976 Rep. (vorher Monarchie).
**Trinitarier,** ein kath. Orden, 1198 in Frankreich gegr.; auch *Weißspanier* genannt.
**Trinität** → Dreieinigkeit.
**Trinitatis,** *Dreifaltigkeitsfest,* 1. Sonntag nach Pfingsten.
**Trinitrotoluol,** *TNT, Trotyl,* chem. Formel $C_6H_2(NO_2)_3CH_3$, meistgebrauchter Explosivstoff, relativ stoßsicher.
**Trintignant** [trẽti'ɲã], Jean-Louis, *11.12.1930, frz. Schauspieler, bed. Charakterdarsteller.
**Trio,** Dreizahl (von Menschen); Tonstück für drei Instrumente.
**Triole,** *Triplet,* das Erklingen von drei gleichwertigen Noten in einer Takteinheit, in der taktmäßig regulär nur zwei Notenwerte stehen.
**Triolet** [trio'le], Elsa, *1896, †1970, frz. Schriftst. russ. Herkunft; verh. mit L. *Aragon;* gesellschaftskrit. Romane mit kommunist. Gesinnung.
**Trip,** kurze Reise, auch der einzelne Halluzinogen-Rausch.
**Tripoli,** arab. *Tarabulus ash-Sham, Trablos,* libanes. Stadt am Fuß des Libanon, mit dem Hafen *Al-Mina,* 175 000 Ew.; Ölraffinerien (Pipeline von irak. Ölfeldern); Verkehrs- u. Handelszentrum.
**Tripolis,** arab. *Tarábulus al-Gharb,* Hptst. von Libyen, an der Kleinen Syrte, 710 000 Ew.; Univ. (Al-Fatah); Ölraffinerie, vielfältige Ind.; internat. Flughafen.
**Tripolitanien,** nw. Teilgebiet von Libyen, Hauptort *Tripolis.*
**Tripper,** *Gonorrhoe,* Infektionskrankheit bes. der Schleimhäute der Harn- u. Geschlechtsorgane, häufigste Geschlechtskrankheit; Erreger: *Neisseria gonorrhoeae (Gonokokken),* wird vorw. durch Geschlechtsverkehr übertragen. Die ärztl. Behandlung, in erster Linie mit Penicillin, vermag die meisten Fälle von frischem T. schnell zu heilen.
**Triptychon,** aus drei Teilen bestehendes Tafelbild oder geschnitztes Altarbild.
**Tristan,** Sagengestalt eines von Liebesleidenschaft zu *Isolde* ergriffenen Ritters; Epos von *Gottfried von Straßburg* (um 1210), Oper von R. *Wagner* (1859).
**Tristan da Cunha** ['tristən də: 'ku:nə], brit. Insel im S-Atlantik, vulkan.; mit unbewohnten Nebeninseln 185 km², 300 Ew.
**Tritium,** *überschwerer Wasserstoff,* Zeichen T oder ³H, künstl. gewonnenes (Beschuß von Lithium mit Neutronen) radioaktives Isotop des Wasserstoffs, Isotopengewicht 3. *Triton* ist der Kern des T.atoms.
**Triton, 1.** grch. Meergott, Sohn des Poseidon u. der Amphitrite, halb Fisch, halb Mensch. – **2.** ein Mond des Neptun.
**Tritonie,** *Tritonia,* Gatt. der *Schwertliliengewächse* des südl. u. trop. Afrika; rote, orange bis gelbe Blüten.
**Triumph,** Sieg, Siegesfreude; im alten Rom die vom Senat gewährte höchste Ehrung für einen siegreichen Feldherrn, ein prunkvoller Festzug. –
**T.bogen,** von den Römern geschaffener Typ des Ehrenmonuments für verdiente Feldherrn u. Bürger, später für den Kaiser; in Form eines allseitig frei über einer Straße stehenden Tors.
**Triumvirat,** im antiken Rom ein Zusammenschluß von drei mächtigen Politikern. Ein solches privates T. war das sog. *1. T.,* das *Cäsar, Pompeius* u. *Crassus* 60 v. Chr. u. 56 v. Chr. bildeten, um ihre Forderungen besser durchsetzen zu können. Im *2. T.* wurden *Octavian, Antonius* u. *Lepidus* im November 43 v. Chr. formal »vom Volk« für fünf Jahre mit fast unbeschränkten Vollmachten ausgestattet.
**Trivandrum,** *Tiruvananthapuram,* Hptst. des ind. Bundesstaates Kerala, 520 000 Ew.; kath. Erzbischofssitz; Verkehrs- u. Handelszentrum, Hafen.
**Trivialliteratur,** Literatur, die keine künstler. Ansprüche erhebt u. auf das Lesebedürfnis eines breiten Publikums zielt.
**Trizeps,** *Triceps,* dreiköpfiger Muskel, z.B. der dreiköpfige Streckmuskel des Oberarms.
**Trnka,** Jiří, *1912, †1969, tschech. Filmregisseur u. Buchillustrator; Schöpfer weltbekannter Puppenfilme.
**Trochäus,** *Choreus,* ein Versfuß aus einer langen u. einer kurzen Silbe (– ∪).
**trocken,** frz. *sec,* engl. *dry,* Bez. zur Charakterisierung des Zuckergehalts im Wein (max. 9 g/l).
**Trockenbeeren,** rosinenartig eingeschrumpfte Beeren der Weintrauben, aus denen die edelsten Spitzenweine hergestellt werden.
**Trockendock** → Dock (2).
**Trockeneis,** Kühlmittel aus festem Kohlendioxid; verdunstet bei –78,5 °C.
**Trockenfisch,** durch Trocknung für einige Zeit haltbar gemachter Fisch, z.B. *Klippfisch.*
**Trockenmilch,** *Milchpulver,* durch Wasserentzug haltbar gemachte Voll- oder Magermilch.
**Trockenpflanzen,** *Xerophyten,* Pflanzen, die an trockene Standorte angepaßt sind, wie Wüsten, Steppen, Felsen, aber auch winterkalte Gebiete.
**Trockensubstanz,** *Trockenmasse,* alle in Lebensmitteln vorhandenen Feststoffe; wird bei Käse als Bezugswert für den Fettgehalt (% i.T. oder Tr.) benutzt.
**Trockental,** zeitweilig trocken liegendes Flußtal; z.B. *Torrente, Creek, Wadi.*
**Trockenzeit,** im jahreszeitl. Klimaverlauf der Tropen u. Subtropen regelmäßige Dürreperiode(n).
**Trödelhandel,** Handel mit Altwaren (Altpapier, -eisen, Knochen u.a.). – **Trödler,** Altwarenhändler.
**Troer,** Trojaner.
**Trog,** längl., meist aus Holz oder Stein gefertigtes Gefäß.
**Troger,** Paul, *1698, †1762, östr. Maler u. Radierer; schuf Deckengemälde u. Altarbilder mit illusionist. Raumwirkung (u.a. in Stift Melk).
**Trogons,** *Trogones,* Vogelordnung mit 35 mittelgroßen, farbenprächtigen, langschwänzigen Arten; hierzu der *Quesal (Quetzal),* der Wappenvogel Guatemalas.

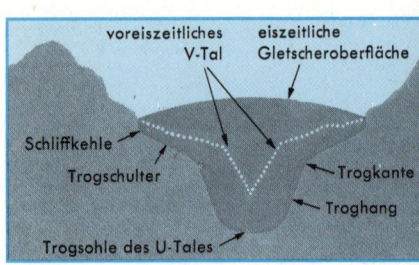

*Trogtal*

**Trogtal,** von Gletschern ausgehobeltes, im Querprofil U-förmiges Flußtal.
**Troika,** Dreigespann; übertragen im Sinn von *Triumvirat* gebraucht.
**Troilos,** jüngster Sohn des Trojanerkönigs *Priamos,* von *Achilles* beim Tränken der Pferde getötet.
**Troisdorf** ['tro:s-], Stadt in NRW, an der Agger, 62 000 Ew.; Eisen-, Maschinen- u. chem. Ind.

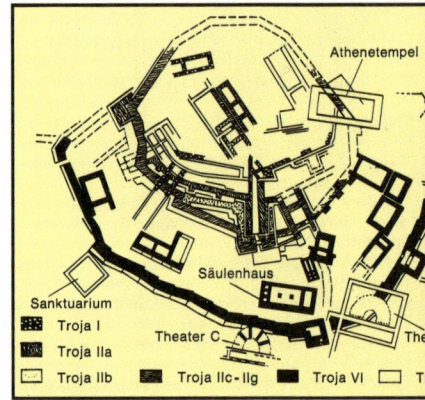

*Troja: Plan nach C. W. Blegen*

**Troja,** *Ilion, Ilium,* antike Stadt mit Burg (Pergamos) auf einem Hügel bei Hissarlik im NW Kleinasiens, sw. der Dardanellen; Schauplatz des **T.nischen Kriegs** (vermutl. im 12. Jh.). Der Sage nach entführte *Paris* die Gattin des *Menelaos* aus Sparta, *Helena,* nach T. Die Griechen belagerten mit zahlr. Helden (Achilles, Nestor, Aias, Odysseus u.a.) 10 Jahre lang T., zogen dann scheinbar ab u. hinterließen, auf Rat von Odysseus, ein hölzernes Pferd **(T.nisches Pferd),** in dem sich Krieger versteckt hatten. Nachdem das Pferd in die Stadt geholt worden war, öffneten die Krieger den zurückkehrenden Griechen die Tore. T. wurde völlig zerstört. – Bei den von H. Schliemann 1870 begonnenen Ausgrabungen wurden 9 Besiedlungsschichten freigelegt; in Schicht VI werden die Reste des von *Homer* beschriebenen T. gesehen.

*Trogons: Quesal (Männchen)*

*Trojanisches Pferd*

*Trommel: Mönch mit kultischer Trommel*

*Trompetentierchen*

*Trüffel: Périgord-Trüffel*

**Troll,** in der altnord. Myth. unheiml. bösartiger Geist, männl. oder weibl. Dämon.
**Trollblume,** ein *Hahnenfußgewächs* der kalten u. gemäßigten Zone; kugelig zusammenschließende, hellgelbe Blätter.
**Trollhättan,** Stadt in S-Schweden, 49 000 Ew.; Kraftwerk, Motoren- u. chem. Ind.
**Trollinger,** rote Weintraube, ergibt helle bis rosafarbene Weine.
**Trombe** → Wasserhose.
**Trommel,** ein Membranophon, Rhythmusinstrument, aus einem Holz- oder Metallzylinder *(Zargen)* bestehend, über dessen beide Öffnungen Felle (heute meist Kunststoff) gezogen sind, die mit Schnüren oder Schrauben gespannt u. mit Stöcken, mit dem Jazzbesen oder mit der Hand geschlagen werden. Der Klang wird durch Größe, Stärke u. Spannung des Fells bestimmt.
**Trommelfell,** Teil des → Ohres.
**Trompe,** nischenartige, vorragende Wölbung zw. zwei im rechten Winkel aufeinanderstoßenden Wänden.
**Trompe-l'œil** [trɔ̃p'lœːj; frz.], illusionist. Malerei, die das Auge bewußt täuschen will.
**Trompete,** Blasinstrument mit überwiegend zylindr. Röhre u. halbkugeligem Kesselmundstück; hat drei Ventile, um durch versch. zusätzl. Röhren alle Töne spielbar zu machen.
**Trompetenbaum,** Gatt. *Catalpa* (Katalpe) der *Bignoniengewächse,* großblättrige, sommergrüne Bäume mit glockigen Blüten u. im Winter lange an den Bäumen hängenden Früchten.
**Trompetentierchen,** *Stentor,* trichterförmige Wimperntierchen des Süßwassers.
**Trompetervögel,** eine Fam. der kranichartigen Vögel, etwa hühnergroß, in Tropenwäldern Amerikas.
**Tromsö,** norw. Prov.-Hptst. auf der Insel Tromsöy, 47 000 Ew.; Univ.; Fischereihafen.
**Trondheim,** dt. *Drontheim,* mittelnorw. Hafenstadt u. Prov.-Hptst., 134 000 Ew.; im MA norw. Königsresidenz; roman.-got. Dom; Schiffbau, Fischverarbeitung.
**Tróodos,** Zentralgebirge Zyperns, im *Olympos* 1952 m.
**Tropen,** Klimazone beiderseits des Äquators, begrenzt durch die beiden Wendekreise (23,5° nördl. u. südl. Breite) bzw. durch die 18°-Isotherme des kältesten Monats; ganzjährig hohe Temperaturen, hohe Niederschläge (trop. Regenwälder); in den Randgebieten trockener (Savannen). – **T.krankheiten,** Infektionskrankheiten u. Gesundheitsstörungen, die vorw. in trop. Ländern auftreten; v.a. Amöbenruhr, Gelbfieber, Malaria, Bilharziose u. Schlafkrankheit.
**Tröpfcheninfektion,** Übertragung von Krankheitserregern aus Mund u. Atemwegen durch feinste Tröpfchen Mundflüssigkeit beim Sprechen, Husten oder Niesen.
**Tropfstein,** aus kalkreichem Tropfwasser in Höhlen abgeschiedener grobkristalliner Kalkstein, von oben nach unten wachsend als *Stalektit,* auf dem Boden sich bildend als *Stalagmit.*
**Tropikvögel,** eine Fam. der *Ruderfüßer,* meist leuchtend weiß, mittelgroß, langschwänzig, an trop. Küsten beheimatet.
**Tropismus,** Bewegung der Organe festgewachsener Pflanzen unter Einwirkung äußerer Reize.
**Tropophyten,** an wechselfeuchte Standorte angepaßte Pflanzen.
**Troposphäre,** unterste Schicht der Atmosphäre, in der sich die meisten Wettervorgänge abspielen.

**Troppau,** tschech. *Opava,* Stadt in Mähren (ČSFR), an der Oppa, 62 000 Ew.; Maschinenbau.
**Tropsch,** Hans, *1889, †1935, dt. Chemiker; entwickelte mit Franz *Fischer* das → Fischer-T.-Verfahren zur Kohlenhydrierung.
**Troß,** seit dem MA die das Gepäck der Truppe mitführenden Fahrzeuge.
**Trosse,** starkes Schiffstau.
**Trossingen,** Stadt in Ba.-Wü., auf der Baar, 11 000 Ew.; Musikhochschule, Instrumentenbau.
**Trott,** (nach)lässiger Gang.
**Trotta,** Margarethe von, *21.12.1942, dt. Filmregisseurin; behandelt bes. Frauenschicksale (»Rosa Luxemburg«).
**Trotzalter,** Entwicklungsabschnitte des Kindes nach der tradit. Entwicklungspsychologie: zw. 2½ u. 3½ Jahren entdeckt das Kind sein eig. Ich, das sich in Willenshandlungen manifestiert. Das Alter von 11–13 Jahren (auch *Flegelalter*) ist durch eine allg. Disharmonierung am Beginn der Pubertät gekennzeichnet.

*Lew Dawidowitsch Trotzkij*

**Trotzkij,** Lew (Leo) Dawidowitsch, eigtl. Leib *Bronstein,* *1879, †1940, russ. Revolutionär u. Politiker; führender Organisator der Oktoberrevolution; 1919–26 Mitgl. des Politbüros der bolschewist. Partei; als Volkskommissar (Min.) für Militärwesen (1918–25) der eigtl. Schöpfer der Roten Armee; unterlag im Machtkampf gegen *Stalin;* 1929 aus der UdSSR ausgewiesen; von einem Agenten der sowj. Geheimpolizei in Mexiko ermordet.
**Troubadour** [truba'duːr], in N-Frankreich *Trouvère,* der höf. provençal. Dichter des MA, Komponist u. Sänger, meist ritterl. Standes, im Ggs. zum berufsmäßigen, volkstüml. Spielmann niederen Standes *(Jongleur).*
**Troyes** [trwa], frz. Stadt an der oberen Seine, 63 000 Ew.; got. Kathedrale; Weinhandel.
**Troygewicht,** engl. u. US-amerik. Gewicht für Edelmetalle u. -steine (1 *Troy Pound* = 373,24 g).
**Truchseß,** Hofamt im MA, bes. mit der Aufsicht über die Tafel betraut.
**Trudeau** [try'do], Pierre Elliot, *8.10.1919, kanad. Politiker (Liberaler); 1968–84 Partei-Vors., 1968–79 u. 1980–84 Prem.-Min.
**Truffaut** [try'fo], François, *1932, †1984, frz. Filmregisseur (Filme der »Neuen Welle«). W »Jules u. Jim«, »Die Braut trug Schwarz«.

**Trüffel,** *Tuberales,* Gatt. der Schlauchpilze; unterird. lebende Pilze von rundl. oder knolliger, kartoffelähnl. Gestalt; Delikatesse.
**Trugdolde,** *Scheindolde,* kugel- bis schirmförmiger Blütenstand, bei dem unterhalb der endständigen Blüte mehrere Nebenachsen entspringen, die sich wie die Hauptachse verzweigen können (z.B. Nelkengewächse).
**Trugschluß,** *Sophisma,* ein auf einem Denkfehler beruhender falscher Schluß.
**Trujillo** [-'xijo], Dep. u. Hptst. in N-Peru, 491 000 Ew.; Univ.; Kupferind., Hafen.
**Trukinseln** [trʌk-], Inselgruppe der östl. Karolinen in Ozeanien, 132 km², 20 000 Ew.
**Trullo,** Rundbau aus mörtellosem Mauerwerk, ohne Fenster, mit kuppelförmigem, spitz zulaufendem Scheingewölbe, bes. in Apulien (Italien).
**Truman** ['truːmən], Harry S., *1884, †1972, US-amerik. Politiker (Demokrat); 1944 Vize-Präs., 1945–53 (33.) Präs. der USA; befahl den Abwurf der Atombomben auf Hiroshima u. Nagasaki, nahm 1945 an der Potsdamer Konferenz teil, unterstützte den Marshallplan, beim wirtsch. Wiederaufbau W-Europas, veranlaßte den Eintritt der USA in den Koreakrieg 1950. – **T.-Doktrin,** die in einer Erklärung des Präs. T. 1947 verkündete Bereitschaft der USA, den durch kommunist. Bewegungen u. Staaten bedrohten Ländern wirtsch., finanzielle u. militär. Hilfe zu gewähren.
**Trunksucht,** chron., gewohnheitsmäßiger u. suchthafter Alkoholmißbrauch.
**Truppe,** zusammenfassende Bez. für die Soldaten in den Streitkräften im Ggs. zu den hohen militär. *Kommandobehörden* u. *Stäben.*
**Trust** [trʌst], Vereinigung von Unternehmungen der gleichen Branche zum Zweck der Marktbeherrschung, meist durch eine *Holdinggesellschaft.*
**Truthühner,** *Puter,* Fam. der *Hühnervögel;* vom amerik. *Wildtruthuhn* stammt die Zuchtform ab.
**Trypanosomen,** Fam. der *Flagellaten,* die im Blut von Säugetieren schmarotzen, Erreger ansteckender Krankheiten (Schlafkrankheit, Naganaseuche) bei Mensch u. Tier, meist in den Tropen.
**Tschad,** Staat im nördlichen Zentralafrika, 1 284 000 km², 5,4 Mio. Ew., Hptst. *N'Djaména.* Landesnatur. Über dem T.-Becken erhebt sich im O die Waldaischwelle u. im N das Tibestigebirge (bis über 3000 m hoch). Das Klima reicht von trop.-wechselfeucht im S bis extrem trocken im N.

*Truthühner: balzender Truthahn*

# 914 Tschadsee

*Tschad*

Die Bevölkerung besteht zu 50% aus Sudannegern (im S), zu 30% aus Sudanarabern u.a.; über die Hälfte sind Moslems.
Wirtschaft. T. gehört zu den ärmsten Ländern der Welt. Die Landwirtschaft ist bei weitem der wichtigste Erwerbszweig des Landes; ihre Erzeugnisse sind zu rd. 75% am Gesamtexport beteiligt. Wichtigstes Anbauprodukt ist Baumwolle. Die Viehzucht (Rinder, Schafe, Ziegen) wird v.a. nomadisch u. halbnomadisch betrieben. Der Fischfang ist bedeutend u. trägt zum Export des Landes bei. Am *T.see* wird Natron gewonnen.
Geschichte. 1910 entstand das Generalgouvernement *Frz.-Äquatorialafrika,* das T. einschloß. Am 11.8.1960 erhielt T. die Unabhängigkeit. Die Gegensätze zw. den heterogenen Bevölkerungsgruppen bestimmten die innenpolit. Entwicklung. Es kam immer wieder zu bürgerkriegsartigen Auseinandersetzungen, in die zunehmend auch Frankreich u. Libyen eingriffen. Erst 1988 konnten sich die Konfliktparteien einigen. Staats- u. Regierungschef ist seit 1982 H. *Habré.*
**Tschadsee,** arab. *Bahr as-Salam,* versumpfter Endsee im mittleren Sudan, Größe je nach Jahreszeit zw. 11 000 u. 22 000 km²; wichtigster Zufluß *Chari*; umgeben von üppigen Schilf- u. Papyrusbeständen, Fischfang.

*Pjotr Iljitsch Tschaikowskij*

**Tschaikowskij,** Pjotr Iljitsch, *1840, †1893, russ. Komponist; war freundschaftl. mit Frau von *Meck* (sie sahen sich nie) verbunden, die ihn finanziell unterstützte; verband Elemente der russ. Volksmusik mit westl. Traditions- u. Formbewußtsein; W 6 Sinfonien, Klavierkonzert Nr. 1 b-Moll, Violinkonzert D-Dur; Ballette: »Schwanensee«, »Dornröschen«, »Der Nußknacker«; Opern: »Eugen Onegin«, »Pique Dame«.
**Tschaka,** *Chaka,* *1787, †1828 (ermordet), Fürst der Zulu; Schöpfer eines im 19. Jh. bed. Staats (heutiges Zululand u. Natal).
**Tschako,** urspr. ung. militär. Kopfbedeckung, stumpfer Kegel mit schmalem Schirm.
**Tscham,** *Cham,* Kulturvolk, teils Hindu, teils Moslems) in S-Vietnam u. Kambodscha, gründeten das Reich *Tschampa* (Höhepunkt 7.–10. Jh.).
**Tschangscha** → Changsha.
**Tschangtschou** → Changzhou.
**Tschangtschun** → Changchun.
**Tschapka,** Kopfbedeckung der poln. Ulanen.
**Tscheboksary,** Hptst. der ASSR der *Tschuwaschen* (Sowjetunion), Flußhafen an der Wolga, 414 000 Ew.; Maschinenbau, Kraftwerke.
**Tschechen,** tschech. *Češi,* westslaw. Volk in der westl. ČSFR; fand als erstes Slawenvolk im 7. Jh. zu einer staatl. Organisation.
**tschechische Literatur.** Nachdem die tschech. Sprache sich aus dem Gemeinslawischen gelöst hatte u. die Tschechen mit dem röm.-kath. Glauben die lat. Schrift angenommen hatten, setzte die t. L. im 13. Jh. mit religiösen *(Wenzellied),* im 14. Jh. mit höf. *(Alexandreis, Dalimilchronik)* u. didakt. Reimdichtungen ein u. erreichte einen Höhepunkt in den Prosaschriften von P. *Chelčický,* J. *Blahoslav,* dem Übersetzer des NT in der »Kralitzer Bibel« (1579–93), u. J. A. *Comenius* (Komenský). Eine Wiederbelebung des nationalen u. literar. Lebens nach einer Zeit des Niedergangs bewirkten im 19. Jh. im Anschluß an die dt. Romantik der Lexikologe J. *Jungmann,* K. J. *Erben* mit Volksliedsammlungen, E. L. *Čelakovský* mit volksnaher Lyrik u. der Romantiker K. H. *Mácha.*
Mit Dorfnovellen leitete B. *Němcová* von der Romantik zum Realismus über u. zur Vorherrschaft der Prosa mit volkstüml. sozialer u. historisch-nationaler Thematik, wie sie nach 1848 bes. J. *Neruda,* S. *Čech,* A. *Jirásek,* Z. *Winter* pflegten. In der Folgezeit begann die Hinwendung der t. L. zur europ. Entwicklung; sie wurde vollends erreicht um die Jahrhundertwende in der »Moderne«; A. *Sova* gehört zum Symbolismus; zum Surrealismus neigten V. *Vančura* u. V. *Nezval;* Expressionistisches findet sich bei J. *Wolker,* der außerdem ebenso wie dann auch I. *Olbracht* u. M. *Majerová* die proletar. Dichtung vertrat. Internat. Geltung besitzen bes. die Werke von J. *Hašek* u. K. *Čapek.* Nach 1945 wurde der »sozialistische Realismus« gefördert. Mit der Abwendung vom Dogmatismus seit 1956 setzte eine lebendige literar. Entwicklung ein (F. *Hrubin,* J. *Seifert,* B. *Hrabal,* V. *Lihartova,* P. *Kohout,* V. *Havel).* Die gewaltsame Beendigung des »Prager Frühlings« 1968 verurteilte viele Schriftst. zum Schweigen oder trieb sie ins Exil. Mit dem Sturz des kommunist. Regimes 1989 fielen alle Beschränkungen literar. Freiheit; Havel wurde Staats-Präs.
**Tschechoslowakei,** Staat in Mitteleuropa, 127 876 km², 15,6 Mio. Ew., Hptst. *Prag.* Die T. ist gegliedert in 10 Bezirke u. 2 Stadtgebiete (vgl. Tabelle).

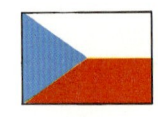

*Tschechoslowakei*

Landesnatur. Im W liegt das von Elbe u. Moldau entwässerte, vom Böhmerwald, Erzgebirge u. den Sudeten eingerahmte *Böhm. Becken* (→ Böhmen). Dieses Kerngebiet wird durch die *Böhm.-Mähr. Höhen* von der *Mähr. Senke* getrennt (→ Mähren), auf die nach O die Slowakei mit den W-Karpaten u. die Donautiefebene folgen.
Die zu 75% kath. Bevölkerung setzt sich v.a. aus den westslaw. Tschechen (9,8 Mio.) u. Slowaken (4,6 Mio.) zusammen.
Wirtschaft. Die fruchtbaren Ackerflächen

| Tschechoslowakei: Verwaltungsgliederung | | | |
|---|---|---|---|
| Bezirk/ Stadtgebiet | Fläche in km² | Einw. in 1000 | Hauptstadt |
| *Bezirke:* | | | |
| Mittelböhmen | 10994 | 1126 | Prag (Praha) |
| Mittelslowakei | 17986 | 1600 | Neusohl (Banská Bystrica) |
| Nordböhmen | 7819 | 1188 | Aussig (Ústí nad Labem) |
| Nordmähren | 11067 | 1965 | Ostrau (Ostrava) |
| Ostböhmen | 11240 | 1241 | Königgrätz (Hradec Králové) |
| Ostslowakei | 16191 | 1484 | Kaschau (Košice) |
| Südböhmen | 11345 | 697 | Budweis (České Budějovice) |
| Südmähren | 15028 | 2058 | Brünn (Brno) |
| Westböhmen | 10875 | 870 | Pilsen (Plzeň) |
| Westslowakei | 14492 | 1723 | Preßburg (Bratislava) |
| *Stadtgebiete:* | | | |
| Prag (Praha) | 496 | 1207 | Prag (Praha) |
| Preßburg | 367 | 430 | Preßburg (Bratislava) |

*Tschechoslowakei: Die Gerlsdorfer Spitze ist die höchste Erhebung der Hohen Tatra*

(40% der Landesfläche) liefern bes. Kartoffeln, Getreide, Zuckerrüben, Futterpflanzen, Hopfen, Tabak, Obst u. Wein. An Bodenschätzen finden sich Braun- u. Steinkohle, Eisen-, Silber-, Kupfer-, Uran- u. Bleierze, in geringen Mengen Erdöl u. Erdgas. Die Industrie (bes. Hüttenwerke, Metall-, Textil-, Maschinen-, Papier-, Glas-, chem. u. Konsumgüterindustrie) liefert rd. 75% des Volkseinkommens. – Wichtigster Verkehrsträger ist die Eisenbahn. Elbe, Donau u. der Unterlauf der Moldau sind für die Binnenschiffahrt bedeutend. In Prag u. Bratislava gibt es internat. Flughäfen.
Geschichte. Im Kampf gegen Hunnen u. Awaren entstand im mähr. Raum der Herrschaftsbereich des *Samo* (7. Jh.). Das *Großmähr. Reich* (9. Jh.) umfaßte auch weite Teile des heutigen Ungarn, Polen u. Schlesien. Eine neue Staatsbildung erfolgte durch die böhm. *Přemysliden* (bis 1306). Vom röm.-dt. Kaiser *Friedrich II.* wurde den böhm. Fürsten die Königswürde verliehen. Unter *Ottokar II. Přemysl* (1253–78) reichten die Grenzen des böhm. Reichs weit in östr. Gebiet, das aber im Kampf gegen *Rudolf von Habsburg* wieder verlorengingen. Ottokars Sohn *Wenzel* gewann die poln. Krone. Nach der Hinrichtung des Reformators Jan *Hus* wandte sich die Hussitenbewegung gegen die kirchl. Hierarchie wie gegen die dt. Oberschicht (1. Prager Fenstersturz 1419). Die Hussitenkriege (1419 bis 1436) endeten mit dem Erfolg der Gemäßigten. Mit der Thronbesteigung *Ferdinands I.* begann 1526 die fast 400jährige Herrschaft der kath. *Habsburger* in Böhmen. Der Widerstand der großenteils prot. Bevölkerung führte zum 2. Prager Fenstersturz (1618). Die böhm. Stände wählten den Protestanten Kurfürst *Friedrich V. von der Pfalz* zum König; er wurde jedoch in der Schlacht am Weißen Berge bei Prag (1620) besiegt. Die kath. *Gegenreformation* setzte ein. Der dt.-tschech. Nationalitätenkonflikt blieb virulent. Nach dem Prager Aufstand von 1848 erstickte ein habsburg. Polizeiregime alle tschech. Autonomiebestrebungen. Bedingt durch den Zerfall der östr.-ung. Monarchie, wurde am 28.10.1918 die Tschechoslowakische Republik (ČSR) proklamiert. Nach dem *Münchner Abkommen* (1938) mußte die T. die überwiegend von Deutschen bewohnten Gebiete im N u. W (Sudetenland) abtreten, ein Teil der Slowakei fiel an Ungarn, das Gebiet um Teschen an Polen. 1939 rief der Führer der Slowak. Volkspartei, J. *Tiso,* einen unabhängigen slowak. Staat aus. Ungarn annektierte die karpato-ukrain. Gebiete. Das Rumpfgebiet von Böhmen u. Mähren wurde von dt. Truppen besetzt u. zum dt. Protektorat erklärt. Seit 1944 rückten sowjet. Truppen in die T. vor. Im April 1945 konstituierte sich eine Regierung aus Sozialdemokraten, Kommunisten, Nationalen Sozialisten u.a. Parteien. Mit Billigung der Alliierten wurden die Deutschen vertrieben. 1948 wurden die bürgerl. Regierungsmitglieder ausgeschaltet. Die T. wurde in eine volksdemokrat. Rep. umgewandelt. Unter K. *Gottwald,* A. *Zápotocký* u. A. *Novotný* festigte sich die stalinistisch geprägte Herrschaft des Regimes. Ein Reformflügel innerhalb der Kommunist. Partei erzwang 1968 den Rücktritt Novotnýs. Die von A. *Dubček* eingeleitete Reformpolitik (»Prager

*Tschechoslowakei: Einmarsch sowjetischer Truppen am 21. 8. 1968*

Frühling«) führte am 21.8.1968 zur militär. Intervention des Warschauer Paktes. Unter G. *Husák* wurde eine repressive Politik betrieben, gegen die sich in den 1970er Jahren eine Bürgerrechtsbewegung formierte *(Charta 77).* Nach der Ablösung Husáks als Generalsekretär 1987 beschleunigte sich der Reformprozeß in der T. 1989 kam es zu massiven Demonstrationen gegen das bestehende Regime. Die führende Rolle der KP strich man aus der Verf. Staats-Präs. wurde der Bürgerrechtler V. *Havel.* 1990 wurde das Land in T s c h e c h i s c h e u. S l o w a k i s c h e F ö d e r a t i v e R e p u b l i k umbenannt. Im gleichen Jahr fanden freie Parlamentswahlen statt, die von der bisherigen Opposition *(Bürgerforum)* gewonnen wurden.

**Tschechow** [-xɔf], Anton Pawlowitsch, *1860, †1904, russ. Schriftst.; schrieb psycholog. vertiefte, realist. Erzählungen u. Stücke. Dramen: »Die Möwe«, »Drei Schwestern«, »Der Kirschgarten«.
**Tscheljabinsk,** Hptst. der Oblast T. in der RSFSR (Sowj.), östl. des Südl. Ural, 1,1 Mio. Ew.; Univ.; Maschinenbau.
**Tschengtschou** → Zhengzhou.
**Tschengtu** → Chengdu.
**Tschenstochau,** poln. *Częstochowa,* Stadt in Polen, an der oberen Warthe, 253 000 Ew.; berühmtester poln. Wallfahrtsort (»Schwarze Madonna«).
**Tscherenkow** [-ˈkɔf], Pawel Alexejewitsch, *28.7.1904, sowj. Physiker; entdeckte 1934 die elektromagnet. **T.-Strahlen,** die von geladenen Teilchen ausgehen, die ein durchsichtiges Medium mit einer Geschwindigkeit durchfliegen, die größer ist als die Ausbreitungsgeschwindigkeit des Lichts in diesem Medium. Nobelpreis 1958.
**Tscherepnin,** Alexander, *1899, †1977, russ. Komponist u. Pianist; seit 1921 im westl. Ausland.
**Tscherkessen,** Eigenname *Adyge,* Bez. für Angehörige sprachl. u. kulturell verwandter Bergstämme im nw. Kaukasus, am Kuban u. Terek; größte Gruppe: *Kabardiner.* Der größte Teil wanderte nach Unterwerfung durch die Russen (1864) nach Kleinasien aus.
**Tschernenko,** Konstantin, *1911, †1985, sowj. Politiker, 1978 Mitglied des Politbüros, seit 1984 Generalsekretär des ZK u. Vors. des Präsidiums des Obersten Sowjets.
**Tschernobyl,** Stadt in der Ukraine (Sowj.), ca. 30 000 Ew.; am 26.04.1986 ereignete sich der bisher schwerste Kernreaktorunfall; radioaktive Strahlung verbreitete sich in ganz Mittel- u. N-Europa.
**Tschernowitz,** russ. *Tschernowzy,* rumän. *Cernăuti,* Gebiets-Hptst. in der Ukrain. SSR (Sowj.), am Pruth, 254 000 Ew.; Univ. (1875); vielseitige Ind.
**Tschernyschewskij,** Nikolaj Gawrilowitsch, *1828, †1889, russ. Schriftst. W »Was tun?« (Roman); als Sozialist 1864–86 nach Sibirien verbannt.
**Tschetniks,** *Četnici,* im 2. Weltkrieg serb. königstreue Partisanenverbände.
**Tschetschenen-und-Inguschen-ASSR,** autonome Sowjetrep. innerhalb der RSFSR, an der Nordseite des Kaukasus, 19 300 km², 1,2 Mio. Ew., Hptst. Grosnyj. – 1936 gegr., 1944 aufgelöst, 1957 neu errichtet.
**Tschiang Kaischek** → Chiang Kai-shek.

**Tschiang Tsching** → Jiang Qing.
**Tschibuk,** türk. Tabakspfeife.
**Tschikamatsu Monsaëmon,** eigtl. *Sugimori Nobumori,* *1653, †1724, jap. Bühnendichter; schrieb Puppenspiele u. *Kabuki.*
**Tschimkent,** Gebiets-Hptst. in der Kasach. SSR (Sowj.), 389 000 Ew.; Maschinenbau, chem. u. Metallind.
**Tschingis Khan,** eigtl. *Temudschin,* *1167 (?), †1227, Mongolenherrscher; 1196 Fürst der *Mongchol,* 1206 Großkhan aller Mongolen; unterwarf ganz Zentralasien, drang bis zur Wolga u. zum Indus vor, eroberte N-China; residierte seit 1218 in Karakorum.
**Tschita,** sowj. Gebiets-Hptst. im südl. Sibirien, an der Transsibir. Bahn, 349 000 Ew.; vielfältige Ind., Bergbau.
**Tschudi,** Aegidius von, *1505, †1572, schweiz. Historiker; schrieb eine Schweizer Chronik.
**Tschu Hsi** → Zhu Xi.
**Tschuktschen,** ein altsibir. Polarvolk (Rentierzüchter, Fischer, Jäger) auf der **T.-Halbinsel** in NO-Sibirien.
**Tschulym,** r. Nbfl. des mittleren Ob in W-Sibirien, 1800 km.
**Tschungking** → Chongqing.
**Tschuwaschen,** Turkvolk an der mittleren Wolga, hpts. in der **T.-ASSR,** 18 300 km², 1,5 Mio. Ew., Hptst. Tscheboksarr.
**Tsetsefliege,** *Glossina,* Stechfliege des trop. Afrika; überträgt die Erreger der → Schlafkrankheit.
**Ts'in** → Qin.
**Tsinan** → Jinan.
**Ts'ing** → Qing.
**Tsingtao** → Qingdao.
**Tsin Ling** → Qin Ling.
**Ts'in Schihuangti** → Qin Shihuangdi.
**Tsitsihar** → Qiqihar.
**Tsuga,** *Schierlingstanne,* in N-Amerika, O-Asien u. im Himalaya heim. Gatt. der Nadelhölzer. → Hemlocktanne.
**Tsugarustraße,** Meeresstraße zw. den jap. Inseln Honshu u. Hokkaido; untermeer. verläuft der Seikantunnel.
**Tsukuba,** jap. Wissenschaftsstadt nordöstl. von Tokio; Univ. u. Forschungsinstitute.
**Tsumeb,** Distrikt-Hptst. in Namibia, sö. der Etoschapfanne, 10 000 Ew.; Kupfer-, Blei-, Zinkabbau.
**Tsunami,** Flutwelle bei → Seebeben.
**Tsushima,** jap. Doppelinsel vor Korea, 697 km², 1905 jap. Seesieg über die Russen.
**Tswanaland,** Gebiet der *Tswana* im südafrik. Homeland *Bophuthatswana.*
**TU,** Abk. für *Technische Universität.*
**Tuaillon** [tyaˈjɔ̃], Louis, *1862, †1919, dt. Bildhauer; knüpfte an die klassizist. Tradition an.
**Tuamotu-Inseln,** *Paumotu-Inseln,* ein Teil des Überseeterritoriums Französ.-Polynesien, etwa 80 Atolle (darunter *Mururoa,* Atombombentestgebiet), 915 km², 11 000 Ew., Hauptort *Rotoava.*
**Tuareg,** Eigenname *Imuschag,* hamit. Hirtennomadenvolk im W der Zentralsahara, über 300 000; Moslems.
**Tuba,** das tiefste Baßinstrument der Blechbläser aus der Fam. der Bügelhörner.
**Tuber,** Höcker, Vorsprung, Knoten bes. bei Knochen.

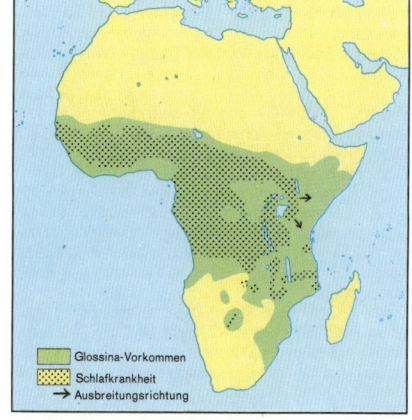

*Verbreitung der Tsetsefliege*

*Tuareg an einer Wasserstelle*

**Tuberkulose,** Abk. *Tb, Tbc,* langwierig verlaufende entzündl. Infektionskrankheit bei Mensch u. Tier; Erreger sind die *Tuberkelbakterien,* die viele Jahre lebensfähig bleiben; Übertragung durch Atmung oder Nahrung. Die Erreger setzen sich an bestimmten Organen (Lungen, Lymphknoten, Darmschleimhaut, Kehlkopf, Niere, Leber u.a.) fest. Eine Erstinfektion machen fast alle Menschen im Kindes- u. Jugendalter durch, ohne deshalb zu erkranken. Treten bei Lungen-T. die Herde an die Oberfläche des Lungenepithels, so daß T.bakterien durch Auswurf oder Speicheltröpfchen abgegeben werden, dann spricht man von *offener* T. Eine echte Immunität hinterläßt überwundene T. nicht, indes kann das Überstehen einer Organ-T. beschränkten Schutz gegen Neuansteckung verleihen. Hierauf beruht das Schutzimpfverfahren. Die Grundlage der eigtl. Behandlung bildet die Klima- u. Freiluftliegekur u. die Ernährungsbehandlung.
**Tübingen,** Krst. in Ba.-Wü., Hptst. des Reg.-Bez. T. (fr. *Südwürttemberg-Hohenzollern*), am Neckar, 76 500 Ew.; Univ. (1477); ev.-theolog. Seminar (Stift); Max-Planck-Institute; Schloß *Hohentübingen* (16. Jh.); Metall-, Elektro- u.a. Ind.
**Tübke,** Werner, *30.7.1929, dt. Maler u. Zeichner; Vertreter des historisierenden Realismus in der DDR. W Rundgemälde mit Darstellung des Bauernkriegs (123 m lang, 14 m hoch).
**Tubus,** Röhre; bes. Rohr eines opt. Geräts.
**Tuch,** Wollgewebe mit filzartiger, glatter Oberfläche.
**Tucholsky,** Kurt, *1890, †1935 (Selbstmord), dt. Schriftst., Pseud.: Kaspar *Hauser,* Peter *Panter,* Theobald *Tiger,* Ignaz *Wrobel;* Kritiker des Spießertums, des Nat.-Soz. u. des Militarismus; seit 1929 in Schweden, 1933 ausgebürgert; schrieb Zeitgedichte, Chansons, Erzählungen. W »Rheinsberg«, »Schloß Gripsholm«.
**Tucson** [tuːˈsɔn], Stadt in Arizona (USA), am Santa Cruz, 384 000 Ew.; Univ., Forschungsinstitute; Handelszentrum, Flugzeugbau.
**Tucumán,** *San Miguel de T.,* Prov.-Hptst. in NW-Argentinien, 400 000 Ew.; Handelszentrum.
**Tudor** [ˈtjuːdə], engl. Königshaus 1485–1603; *Heinrich VII.* war der erste T. auf dem engl. Thron, *Elisabeth I.* die letzte T. – **T. Style** [-stail], engl. Baustil z.Z. der T.-Dynastie; Verbindung von spätgot. u. Renaissance-Elementen.
**Tuff,** Gestein aus vulkan. Auswurfmassen.
**Tugend,** in der Ethik der sittl. vollkommene Zustand als Grundlage oder Ziel menschl. Handelns. Es gibt viele T.-Systeme, z.B. die tradit. Unterscheidung der *theolog.* T.en Glaube, Hoffnung, Liebe von den vier *Kardinal-*T.en Klugheit, Mäßigkeit, Tapferkeit u. Gerechtigkeit.
**Tuilerien** [tyiloˈriːən], Königsschloß in Paris, seit 1564 errichtet, 1871 beim Kommune-Aufstand bis auf 2 Pavillons zerstört.
**Tukane,** »Pfefferfresser«, rd. 40 Arten umfassende *Spechtvögel* mit auffällig klobigem, grobgezähntem Schnabel, in Mittel- u. S-Amerika.
**Tukulor,** *Toucouleurs, Tekarir,* islam. Mischvolk aus Negriden, Fulbe- u. Berberstämmen, am Senegal, in Mali u. Mauretanien.
**Tula, 1.** in Mexiko gelegene altindian. Ruinenstätte, die ehem. Hptst. *Tollan* der *Tolteken;* be-

kannt sind die als Krieger gestalteten Pfeiler (*Atlanten*). – **2.** Hptst. der Oblast T. in der RSFSR (Sowj.), 532 000 Ew.; Kreml (16. Jh.); Berg- u. Maschinenbau.

**Tulln,** Bez.-Hptst. in Niederösterreich, an der Donau im *T.er Feld,* 12 000 Ew.; Kernkraftwerk.

**Tüll,** netzartige Gewebe.

**Tulpe,** *Tulipa,* Gatt. der *Liliengewächse* der gemäßigten Zone der Alten Welt; die *Garten-T.* wird in versch. Sorten gezüchtet.

**Tulpenbaum,** *Liriodendron,* ein nordamerik. *Magnoliengewächs* mit breitlappigen Blättern u. tulpenförmigen, gelben Blüten.

**Tulsa** ['tʌlsə], Stadt in Oklahoma (USA), am Arkansas River, 373 000 Ew.; Univ.; in der Umgebung bed. Erdgas- u. Erdölfelder; Raffinerien u. Maschinenind.

**Tulum,** an der Ostküste von Yucatán gelegene Ruinenstätte der Maya, mächtige Stadtmauer.

**Tumba,** **1.** mittelalterl. Grabtypus mit sarkophagähnl. Grabsockel u. Baldachin; **2.** die in der kath. Kirche bei Seelenämtern verwendete Scheinbahre.

**Tummler,** vom 16. bis 18. Jh. gebräuchl. Form von Trinkgefäßen ohne Fuß u. Griff.

**Tümmler,** oben dunkler, unten weißer *Delphin* von 4 m Länge.

**Tumor, 1.** eines der vier Kardinalsymptome der Entzündung; **2.** Geschwulst.

**Tümpel,** meist eng begrenztes Gewässer, das (teilweise) austrocknen kann.

**Tumulus** → *Hügelgrab*.

**Tundra,** baumloser Vegetationstyp (Gräser, Moose, Zwergsträucher) jenseits der polaren Baumgrenze.

**Tuner** ['tju:nə], Abstimmeinheit von Rundfunk- u. Fernsehgeräten; dient zum Wählen u. genauen Einstellen der einzelnen Kanäle.

**Tunesien,** Staat im N Afrikas, 163 610 km², 7,8 Mio. Ew. (islam. Araber), Hptst. *Tunis.*

*Tunesien*

Landesnatur. Der N wird von den östl. Ausläufern des *Atlas* durchzogen. Südlich folgt eine steppenhafte Hochebene. Im S hat T. Anteil an der Sahara.
Wirtschaft. Die Landwirtschaft baut an der Mittelmeerküste v.a. Getreide u. Wein an, auf Bewässerungsland Gemüse u. Südfrüchte, im Sahel Ölbäume. In den Steppengebieten überwiegt die traditionelle, z. T. noch nomadisch betriebene Viehwirtschaft. Die wichtigsten Bodenschätze sind Phosphat (sechstgrößter Lieferant der Erde), Eisenerz sowie Erdöl u. Erdgas (rd. ¼ des Gesamtausfuhrwerts). Die Industrie (Textil-, Nahrungsmittel- u.a. Ind.) konzentriert sich an der Küste. Das Handwerk umfaßt traditionell die Herstellung von Teppichen, Lederwaren u. Kunstschmiedearbeiten. Der Fremdenverkehr hat sich zum wichtigsten Devisenbringer entwickelt.
Geschichte. Aus phöniz. Kolonien entstand im Altertum in T. das Reich von *Karthago,* das 146 v.Chr. von den Römern zerstört wurde. 439–533 n.Chr. wurde T. von Wandalen, seit 533 von Byzanz beherrscht. Ende des 7. Jh. eroberten die islam. Araber das Land; es herrschten verschiedene Dynastien. 1574 fiel T. an die Türken. 1871 erkannte die Türkei die Unabhängigkeit T. an. 1881 zwang Frankreich den Bei, T. der frz. Schutzherrschaft zu unterstellen. Am 20.3.1956 erlangte T. die volle Unabhängigkeit; H. *Bourguiba* wurde Min.-Präs. Er setzte 1957 den Bei ab u. übernahm das Amt des Staats-Präs. (seit 1975 auf Lebenszeit). 1987 wurde Bourguiba wegen krankheitsbedingter Amtsunfähigkeit abgesetzt. Neuer Präs. wurde Z.A. *Ben Ali.* Bei den Wahlen 1989 wurde er in seinem Amt bestätigt.

**Tungide,** mongolide Menschenrasse; dazu gehören: *Tungusen (Ewenken), Aleuten, Burjaten, Giljaken, Kalmüken, Mandschu* u. die eigtl. *Mongolen.*

**Tungölbäume,** Gatt. der *Wolfsmilchgewächse,* in allen warmen Zonen, aus deren Früchten ein schnelltrocknendes Öl *(Tungöl)* gewonnen wird.

**Tunguska,** drei r. Nbfl. des *Jenissej* in Mittelsibirien (Sowj.): *Obere T.,* der Unterlauf der → *Angara; Steinige T.,* auch *Mittlere T.* (über 1800 km); *Untere T.* (rd. 3000 km).

**Tunika,** altröm. ärmelloses Untergewand.

**Tuning** ['tju:nɪŋ; das; engl.], optimales Abstimmen von Kraftfahrzeugmotoren u. Fahrwerken auf Leistung; meist mit Verdichtungserhöhung, Mehrvergaseranlagen, breiteren Reifen, wirksameren Bremsen verbunden.

**Tunis,** Hafen- u. Hptst. Tunesiens, 600 000 Ew.; ummauerte Medina mit Großer Moschee (732 gegr.); Kultur-, Handels- u. Verkehrszentrum; islam. Univ. (1674); Seehafen La Goulette, internat. Flughafen.

**Tunnel,** künstl. unterird. Gang durch Bergmassive, unter Flüssen u. Meeresengen, auch unter städt. Bebauung.

**Tupamaros,** linksextreme Stadtguerillas in Montevideo (Uruguay), operierten seit 1969 zunehmend unter Anwendung von Gewalt (z.B. Entführungen); Vorbild der *Stadtguerilla.*

**Tüpfelfarn,** Gatt. der *T.gewächse;* der *Gemeine T.* oder *Engelsüß* hat große, rundl., tüpfelförmige Sporangien a. fiederteiligen Blättern.

**Tüpfelhyäne,** *Gefleckte Hyäne,* kräftigste Hyäne S- u. O-Afrikas.

**Tupí,** *T.-Guaraní,* weitverbreitete Stämme- u. Sprachengruppe der südamerik. Indianer.

**Tupolew** [-lɛf], Andrej Nikolajewitsch, *1888, †1972, sowj. Flugzeugkonstrukteur; entwarf Groß- u. Langstreckenflugzeuge.

**Turandot,** Prinzessin in einer Erzählung der oriental. Sammlung »Tausendundein Tag«; läßt jeden Freier, der ihre Rätsel nicht lösen kann, köpfen.

**Turanische Senke,** vorw. wüstenhaftes Tiefland im sowj. Mittelasien, nimmt einen großen Teil W-Turkistans ein.

**Turban,** europ. Bez. für eine bei den Hindus u. Moslems verbreitete Kopfbedeckung; ein Seiden- oder Leinenstreifen, der um eine rote Filzmütze gewunden wird.

**Turbine,** Kraftmaschine mit kreisender Hauptbewegung *(Turbomaschine)* im Unterschied zu *Kolbenmaschinen.* Die T. wird angetrieben durch strömende Mittel wie Wasser, Dampf u. Gas, deren Energie natürl. Ursprungs (Wind-T.) oder durch Verdichtung (Preßluft-T.) oder durch Erwärmen (Dampf-T., Gas-T.) erzeugt sein kann. Die im strömenden Mittel vorhandene potentielle Energie, gekennzeichnet durch den Druck, wird in einer Düse oder einem düsenartig wirkenden Leitschaufelsystem *(Leitrad)* zunächst in Geschwindigkeit u. dann in einem Laufschaufelsystem *(Laufrad)* in mechan. Energie verwandelt. Das Laufrad kann in axialer *(Axial-T.)* oder in radialer *(Radial-T.)* Richtung vom Arbeitsmittel durchströmt werden.
Dampf-T.n sind Strömungskraftmaschinen zur Ausnutzung der in einem Dampf (im allg. Wasserdampf) enthaltenen Wärmeenergie, die durch Expansion des Dampfes auf einen niedrigeren Druck in der T. in mechan. Energie umgewandelt wird. Dampf-T.n sind überw. Maschinen von großer Leistung (bis 1 000 000 kW) sowie hoher Drehzahl (3000 bis 15 000 U/min) u. dienen vorzugsweise zum Antrieb elektr. Generatoren in Kraftwerken der öffentl. Energieversorgung; sie sind Bestandteil sämtl. bisheriger Kernkraftwerke. Als Schiffsantriebsmaschinen großer Leistung (über 36 800 kW) werden ebenfalls überw. Dampf-T.n verwendet.
Wasser-T.n sind Strömungskraftmaschinen zur Ausnutzung der in einem Wassergefälle vorhandenen potentiellen Energie. Der Leistungsbereich ist sehr groß, von 0,5 bis 500 MW in einer Einheit bei guter Regelbarkeit.
Gas-T.n sind Verbrennungskraftmaschinen, die als Strömungsmaschinen gebaut sind.

**Turboprop,** *Propellerturbine,* ein Triebwerk für Luftfahrzeuge, bei dem die Luftschraube durch eine Gasturbinenanlage (bestehend aus Verdichter, Brennkammer, Turbine u. Getriebe) angetrieben wird.

**Turbulenz, 1.** Unruhe, lautes, wildes Getriebe; stürm. Bewegung. – **2.** *Mechanik:* ungeordnete, teilweise wirbelartige Bewegung von Gas- oder Flüssigkeitsteilchen. – **3.** *Meteorologie:* Luftströmung mit fortwährender Änderung von Richtung u. Geschwindigkeit.

**Turf** [tə:f], Rennbahn für Pferderennen; der Pferderennsport überhaupt.

**Turfan,** *Turpan,* Oasenstadt in W-China, am Rand der *T.senke* (154 m u. M.), 20 000 Ew.; Schnittpunkt alter Handelsstraßen; buddhist. Höhlentempel.

**Turgenjew** [-jɛf], Iwan Sergejewitsch, *1818, †1883, russ. Schriftst.; behandelte in Romanen u. Novellen soz. u. polit. Probleme; Meister der Landschaftsschilderung. W »Aufzeichnungen eines Jägers«, »Erste Liebe«, »Väter u. Söhne«.

**Turgot** [tyr'go:], Anne Robert Jacques, Baron de l'Aulne, *1727, †1781, frz. Staatsmann u. Nationalökonom; 1774–76 Fin.-Min. Ludwigs XVI.; Theoretiker der *Physiokratie;* bemühte sich vergebl. um finanzpolit. Reformen.

**Turin,** ital. *Torino,* das antike *Taurasia,* N-ital. Stadt, Hptst. von *Piemont* u. der Prov. T., 1,01 Mio. Ew.; Kathedrale (15. Jh.), barocke Paläste u. Kirchen; Univ. (1404); Fahrzeug- *(Fiat)* u. Maschinenbau. – **T.er Grabtuch,** seit etwa 1350 als Grabtuch Christi verehrte Leinwand; Echtheit umstritten, Messungen 1988 mit der Radiocarbonmethode ergaben, daß es aus dem MA stammt.

| Die längsten Verkehrstunnel | | |
|---|---|---|
| Name (Art) | Staat | Länge (km) |
| Seikan (Eisenbahn) | Japan | 53,850 |
| Eurotunnel (Eisenbahn) geplante Fertigstellung 1993 | Frankreich/ Großbritannien | 50,500 |
| Dai-Shimizu (Eisenbahn) | Japan | 22,186 |
| Simplon (Eisenbahn) | Schweiz/Italien | 19,824 |
| Shin-Kanmon (Eisenbahn) | Japan | 18,680 |
| Apennin (Eisenbahn) | Italien | 18,507 |
| Sankt Gotthard (Straße) | Schweiz | 16,320 |
| Rokko (Eisenbahn) | Japan | 16,000 |
| Henderson (Eisenbahn) | USA (Colorado) | 15,800 |
| Furka (Eisenbahn) | Schweiz | 15,442 |
| Sankt Gotthard (Eisenbahn) | Schweiz | 15,003 |
| Nakayama (Eisenbahn) | Japan | 14,700 |
| Lötschberg (Eisenbahn) | Schweiz | 14,610 |
| Haruna (Eisenbahn) | Japan | 14,400 |
| Arlberg (Straße) | Österreich | 13,972 |
| Hokuriku (Eisenbahn) | Japan | 13,870 |
| Mont Cenis/Fréjus I (Eisenbahn) | Frankreich/ Italien | 13,655 |
| Shin-Shimizu (Eisenbahn) | Japan | 13,350 |
| Aki (Eisenbahn) | Japan | 13,030 |
| Mont Cenis/ Fréjus II (Straße) | Frankreich/ Italien | 12,800 |
| Kaskadengebirge (Eisenbahn) | USA (Washington) | 12,550 |
| Mont-Blanc (Straße) | Frankreich/ Italien | 11,690 |
| Flathead (Eisenbahn) | USA (Montana) | 11,263 |

*Tunesien: Bewässerungskulturen*

**Turkanasee,** fr. *Rudolfsee,* abflußloser See im nördl. Kenia, bis 8600 km², fischreich.

**Türkei,** Staat in Kleinasien, 779 452 km², 52,4 Mio. Ew. (überw. Türken), Hptst. *Ankara.*
Landesnatur. Das durchschnittl. 900–1100 m hoch gelegene Hochland von Anatolien ist eine abflußlose, von Steppe bedeckte Schüssel. Es wird im N vom *Pontischen Gebirge* (3937 m), im S vom *Taurus* (3734 m) gerahmt. Das westarmen. Hochland erreicht im Vulkankegel des *Ararat*

*Türkei*

*Türkei: die Sultan-Ahmed-Moschee, auch »Blaue Moschee« genannt*

5165 m Höhe. Den W bildet das Küstenland an der Ägäis. Das Klima ist im N warm-gemäßigt u. sehr feucht, an der W- u. S-Küste mittelmeerisch u. im Inneren streng kontinental.
Wirtschaft. Die Landwirtschaft liefert fast 70 % der Ausfuhr, v.a. Baumwolle, Tabak, Südfrüchte, Getreide, Wolle, Obst u. Gemüse. Auf den Steppen des anatol. Hochlands überwiegt extensive Viehzucht. Von den umfangreichen Bodenschätzen werden in erster Linie Chrom u. Kupfer, daneben auch Eisen, Quecksilber, Antimon, Kohle, Schwefel, Erdöl u.a. exportiert. Die Industrie befindet sich im Aufschwung, v.a. die Textil- u. die chem., daneben die Metall-, Papier-, Nahrungsmittel-, Glas-, keram., Zement- u. Tabakind. sowie die Eisen- u. Stahlerzeugung. Bedeutend sind die Teppichknüpferei u. der Fremdenverkehr an der S-Küste (»Türk. Riviera«). – Straßen- u. Eisenbahnnetz sind noch recht weitmaschig. Nach Istanbul sind die wichtigsten Häfen am Mittelmeer Izmir, Mersin, Iskenderun, am Schwarzen Meer Zonguldak, Samsun, Giresun u. Trabzon. Die führenden Flughäfen sind in Istanbul, Ankara, Izmir u. Antalya.
Geschichte. *Osman I.* (1259–1326) legte durch seine Eroberungen den Grundstein zum Osmanischen Reich, das rasch expandierte. *Mehmed II.* konnte am 29.5.1453 Konstantinopel einnehmen (Ende d. Byzantin. Reichs).
1459 wurden Serbien, 1461 Griechenland, 1463 Bosnien u. 1479 Albanien türk. Provinzen. *Selim I.* eroberte 1516/17 Syrien, Palästina, Ägypten u. Gebiete Nordafrikas. Das Kalifat ging an Istanbul über. 1521 fiel Bagdad, 1522 wurde Rhodos besetzt, 1533–36 Mesopotamien erobert; 1526 wurden die Ungarn besiegt. Tripolis, Tunis u. Algerien kamen unter türk. Oberhoheit. Die T. hatte die größte Ausdehnung erreicht.
Nach 1600 setzte der Niedergang der T. ein. Im *Frieden von Karlowitz* 1699 mußte sie Teile Ungarns u. Siebenbürgen an Östr., Podolien u. die Ukraine an Polen, Asow an Rußland u. einen Teil des Peloponnes an Venedig abtreten. Die Russen eroberten 1769/70 die Krim u. drangen 1773 in Bulgarien ein. Rußland schob in einem neuen Krieg 1806–12 seine Grenze bis an den Pruth vor. Ägypten wurde unter Mohammed Ali unabh. Die Flotten Englands, Rußlands u. Frankreichs erzwangen durch den Sieg über die türk.-ägypt. Flotte 1827 bei Navarino die Freiheit der Griechen. Die Moldau u. Walachei wurden 1859 selbständig (Rumänien); 1867 mußten die türk. Truppen Serbien räumen. Im russ.-türk. Krieg 1877/78 besiegte Rußland die T.; Zypern kam an Großbrit. Die T. mußte hinnehmen, daß Frankreich 1881 Tunesien, Großbrit. 1882 Ägypten besetzte.
Die Revolution der Jungtürken 1908 erzwang die Anerkennung der Verf. durch den Sultan. In den Balkankriegen 1912/13 gingen alle europ. Gebiete verloren (außer Istanbul u. Adrianopel). Im 1. Weltkrieg kämpfte die T. auf dt.-östr. Seite. 1917/18 besetzten brit. Truppen Palästina-Syrien. In Anatolien stellte sich *Mustafa Kemal (Atatürk)* an die Spitze der nationalen Bewegung. Er vertrieb 1921/22 die Griechen aus Anatolien. 1923 wurde die T. zur Rep. erklärt; erster Präs. wurde Kemal. Der *Frieden von Lausanne* 1923 gab der T. etwa ihr heutiges Staatsgebiet. Kemal nahm Reformen in Angriff: Einführung der Lateinschrift, Trennung von Staat u. Religion, rechtl. Gleichstellung der Frau. 1938 wurde I. *Inönü* Staats-Präs. u. führte Atatürks Politik fort. Im 2. Weltkrieg blieb die T. neutral (bis Feb. 1945). Danach schloß sie sich dem westl. Bündnissystem an (1952 Nato).
1960 stürzte das Militär die autoritäre Reg. von A. *Menderes.* 1961 ging die Regierung wieder in zivile Hände über. Seit 1965 regierte Min.-Präs. S. *Demirel.* Dieser wurde wegen Verschleppung von Reformen u. zunehmender sozialer Unruhe im Land 1971 vom Militär zum Rücktritt gezwungen. 1974 besetzten türk. Truppen den N-Teil Zyperns. Angesichts der zunehmenden innenpolit. Labilität ergriff die Militärführung 1980 erneut die Macht. Sie stellte die innere Ruhe mit drakon. Mitteln wieder her. 1982 wurde eine neue Verf. verabschiedet. Danach ist die T. eine präsidiale Rep. Staats-Präs. ist seit 1989 T. *Özal.*

**Türken,** *Osmanen,* Turkvolk in Kleinasien u. (verstreut) auf der Balkanhalbinsel, sunnit. Moslems; vorw. Bauern.

**Türkenbund,** *Türkenlilie, Goldwurz, Gelbwurz,* ein *Liliengewächs* mit nickenden, braunroten oder purpurnen Blüten; in S-Europa.

**Türkentaube,** aus Indien stammende Wildtaube, die nach 1945 auch nach Europa einwanderte.

**Türkis,** *Kallaït,* blau- bis apfelgrüner oder himmelblauer, mattglänzender Edelstein, Härte 6.

**Türkischer Honig,** Zuckerware aus Honig, Zukker, Stärke, Eierschnee, Gelatine, Mandeln u. Nüssen, die im Ofen gebacken wird.

**türkische Sprache** (*i.e.S.*), *Osmanisch,* gehört zu den Turksprachen der altaischen Sprachfam.; 1922 wurde das Istanbuler Türkisch zur Schriftsprache erklärt u. 1928 das lat. Alphabet eingeführt.

**Turkistan,** *Turkestan,* zentralasiat. Landschaft, polit. gegliedert in *West-(Russisch-)T.* (mit der Kirgis., der Tadschik. u. der Usbek. SSR) u. *Chinesisch-T. (Ost-T.).*

**Turkmenen,** Turkvolk in Zentralasien u. im Vorderen Orient, meist Viehzüchter; Moslems.

**Turkmenische SSR,** *Turkmenistan, Turkmenien,* Unionsrep. der Sowj. (seit 1924) in Mittelasien, zwischen Kasp. Meer u. Amudarja, 488 100 km², 3,5 Mio. Ew., Hptst. *Aschchabad;* über 90 % der Fläche sind Wüste (Karakum) oder Trockensteppe; Baumwollanbau, Bewässerungsfeldbau in Oasen; an Flüssen Fleisch- u. Wollviehwirtschaft; Erdöl- u. Erdgas.

**Turksprachen,** türkische Sprachen i.w.S., wahrscheinl. im Altai entstandener Zweig der *altaischen Sprachfam.,* der sich nach W ausbreitete.

**Turks- und Caicosinseln** [tə:ks-, 'kaikəs-], *Turks and Caicos Islands,* zwei Gruppen von rd. 30 Inseln sö. der Bahamas, in der Karibik, 430 km², 8000 Ew., Hauptstadt u. -insel *Grand Turk.* – Seit 1976 brit. Kronkolonie mit beschränkter innerer Autonomie.

**Turku,** schwed. *Åbo,* Prov.-Hptst. u. Hafen am Bottn. Meerbusen (S-Finnland), 162 000 Ew.; bis 1819 Hptst. Finnlands; schwed. u. finn. Univ.; Schloß; vielfältige Ind., Schiffbau.

**Turkvölker,** *türkische Völker, Turktataren,* eine Gruppe überw. europider Völker mit urspr. ähnl. Kultur, die sich über weite Teile Asiens u. O-Europas ausbreitete, überw. Moslems; hierzu: *Jakuten, Turkmenen, Kirgisen, Baschkiren, Krimtataren, Aserbaidschaner, Türken.*

**Turm,** hohes, auf quadrat., polygonalem oder rundem Grundriß errichtetes Bauwerk mit geringer Grundfläche, freistehend oder anderen Bauten angegliedert u. diese überragend; in fast allen Kulturen verbreitet.

**Turmalin,** farbiges oder farbloses, z.T. durchsichtiges, glasglänzendes Mineral u. Edelstein.

**Turmfalke,** bis 34 cm großer einheim. Greifvogel; bräunlichrot gefärbt.

**Turnen,** von F.L. *Jahn* um 1810 geprägte Bez. für alle Leibesübungen. Jahn verstand die von ihm begr. Dt. Turnkunst als Mittel zur Gemeinschafts-

*Türkei: die territoriale Entwicklung des Osmanischen Reichs*

*Turnen: Turnerkreuz, das Verbandszeichen des Deutschen Turner-Bundes*

## 918 Turner

*Turnen: Übungsteil mit Grätsche am Stufenbarren*

bildung u. Nationalerziehung. 1811 eröffnete er in der Berliner Hasenheide den ersten Turnplatz. Nach 1843 wurde das T. Pflichtlehrfach in allen Schulen. Es entstanden viele Turnvereine (*Hamburger Turnerschaft* 1816, *Mainzer Turnverein* 1817). – Heute steht im Mittelpunkt des T. das *Geräteturnen*, dessen schwierigste Ausprägung der Hochleistungssport *Kunstturnen* ist.

**Turner** ['tə:nə], **1.** Joseph Mallord William, *1775, †1851, engl. Maler; atmosphär. aufgelöste Landschaften mit betonter Farbgebung. – **2.** Lana, *8.2.1920, US-amerik. Filmschauspielerin, u.a. in »Verraten«. – **3.** Tina, eigtl. Annie Mae *Bullock,* *26.11.1939, US-amerik. Soul-Sängerin.

**Turnier, 1.** Ritterkampfspiel im MA (11.–16. Jh.), auch zu Pferd, mit scharfen oder stumpfen Waffen. – **2.** ein- oder mehrtägige sportl. Veranstaltung, bei der aus der Vielzahl der Teilnehmer in Vor-, Zwischen- u. Endspielen der Sieger ermittelt wird.

**Turnus,** sich wiederholende Reihenfolge.

**Turnu Severin** → Drobeta-Turnu Severin.

**Turteltaube,** bis 28 cm große europ. Wildtaube; in offenem buschigen Gelände; mit schwarzblauem Nackenfleck u. zart braun-grauem Gefieder.

**Tuschmalerei,** Aquarellmalerei mit Tusche (urspr. Ruß, gebunden u. zum Gebrauch mit Wasser verdünnt); in O-Asien bed. Kunstform.

**Tusculum,** antike Stadt in den Albaner Bergen, sö. von Rom, heute *Frascati;* Villenvorort der reichen Römer.

**Tussi,** *Watussi,* die hamit. Adels- u. Herrscherschicht der Hima in O-Afrika; Großviehzüchter.

**Tutanchamun,** *Tut-ench-Amun,* ägypt. König der 18. Dynastie, um 1346–37 v. Chr. Sein unversehrtes Grab wurde 1922 von H. *Carter* im Tal der Könige bei Luxor entdeckt.

**Tuthalija,** *Tutchalija,* Königsname der Hethiter. **T. IV.,** um 1250–20 v. Chr., errichtete die meisten der erhaltenen Bauwerke der Hptst. *Hattusa.*

**Tuthmosis,** *Thutmosis,* 4 ägypt. Könige der 18. Dynastie. **T. III.,** 1490–37 v. Chr., erweiterte die Grenzen Ägyptens bis zum Euphrat u. bis über den 4. Nilkatarakt im Sudan.

**Tutor,** Beschützer, Vormund; Studienleiter, Betreuer student. Arbeitsgruppen.

**Tutti** [ital., »alle«], der Einsatz aller Instrumente oder Stimmen; Ggs.: *Solo.* – **Tuttifrutti,** versch. rohe oder gekochte Früchte mit Keks u. Vanillecreme serviert; Allerlei, Durcheinander.

**Tuttlingen,** Krst. in Ba.-Wü., 32 000 Ew.; feinmechan., Leder- u. Textilind.

**Tutu,** Desmond, *7.10.1931, südafrik. anglikan. Bischof, 1986 Erzbischof von Kapstadt; 1984 Friedensnobelpreis.

**Tutzing,** oberbay. Gem. am Starnberger See, 9500 Ew.; Ev. Akad.

**TÜV,** Abk. für *Technischer Überwachungsverein.*

**Tuvalu,** ehem. *Elliceinseln,* Inselstaat im Pazifik, nördl. von Fidschi, 24 km², 8000 Ew., Hptst. *Funa-*

*Tuvalu*

*futi;* besteht aus neun Koralleninseln; trop. Klima; Ausfuhr von Kopra u. Fisch.

Geschichte. 1877–1975 waren die Inseln unter dem Namen »Elliceinseln« Teil der brit. Kolonie »Gilbert and Ellice Islands«. 1976 trennten sich die Elliceinseln von den Gilbertinseln u. nahmen den Namen T. an. Seit 1978 ist T. unabh. im Rahmen des Commonwealth.

**Tuwinische ASSR,** autonome Teilrepublik der

*Desmond Tutu*

RSFSR (Sowj.) an der mongol. Grenze, 170 500 km², 289 000 Ew., Hptst. *Kysyl;* fr. chin., 1921–44 Rep. *Tannu-Tuwa,* seit 1964 ASSR.

**TV,** Abk. für engl. *Television,* Fernsehen.

**TWA,** Abk. für *Trans World Airlines,* amerik. Luftverkehrsgesellschaft, gegr. 1930.

**Twain** → Mark Twain.

**Twardowskij,** Alexander Trifonowitsch, *1910, †1971, russ. Schriftst.; trat für eine Liberalisierung der Literaturpolitik ein.

**Tweed** [twi:d], grobfädiges Wollgewebe aus melierten, z.T. noppigen Garnen; strapazierfähig.

**Twen** [von engl. twenty = 20], modischer junger Mensch um die zwanzig.

**Twer,** 1931–90 *Kalinin,* sowj. Stadt an der Mündung der Tweza in die Wolga (Hafen), 442 000 Ew.; Palast Katharinas II. (18. Jh.); Univ.; Baumwoll-, Seiden-, chem. u. Masch.-Ind.

**Twinset,** Kombination von gleichfarbiger Strickjacke u. Pullover.

**Twist, 1.** Modetanz um 1960, bei dem die Tänzer den Körper nach Rock-'n'-Roll-Rhythmen vor- u. zurückschwingen. – **2.** einfache, lose gedrehte Baumwollgarne zum Stopfen.

**Tyndale** ['tindəl], *Tindale,* William, *um 1494, †1536 (hingerichtet), engl. Theologe; übersetzte u. verbreitete Luthers Schriften.

**Tyndall** ['tindəl], John, *1820, †1893, ir. Physiker; untersuchte u.a. die Thermoelektrizität. – **T.-Effekt,** Erscheinungen bei der Zerstreuung von Licht durch kleinste (kolloidale) Teilchen: blaues Licht wird stets stärker getrennt als rotes; darauf beruht die blaue Himmelsfarbe.

**Tyne** [tain], Fluß in NO-England, 130 km.

**Tynemouth** ['tainmauθ], Hafenstadt in NO-England, an der Tynemündung in die Nordsee, 60 000 Ew.; Werften, Lachsfang.

**Type,** gegossener Buchstabe, → Lettern.

**Typhus,** *T. abdominalis,* durch das *T.-Bakterium, Salmonella typhosa,* mit Wasser, Milch u.a. Nahrungsmitteln übertragene Darminfektionskrankheit mit dem Charakter einer der Blutvergiftung ähnl. Allgemeinkrankheit (Fieber, Kopfschmerzen, vergrößerte Milz); ohne Behandlung meist tödlich.

**Typographie,** die Gestaltung von Drucksachen (Buch u.a.), speziell des Schriftsatzes.

**Typologie,** der Versuch, die Vielfalt menschl. Ausprägungsformen in Typen einzuteilen. Der *Typus* repräsentiert eine Gruppe von Menschen, die bestimmte Persönlichkeitsmerkmale gemeinsam haben.

**Tyr,** bei den Angelsachsen *Tiw,* im Süden *Ziu,* german. Rechts- u. Kriegsgott.

**Tyrann,** Gewaltherrscher; bei den alten Griechen ein illegal zur Herrschaft **(Tyrannis)** gekommener Regent eines Stadtstaates.

**Tyrannen,** *Tyrannidae,* artenreiche amerik. Fam. z.T. sehr bunter *Sperlingsvögel.*

**Tyrnau,** slowak. *Trnava,* Stadt in der sw. Slowakei (ČSFR), an der T., 69 000 Ew.; Dom (14. Jh.), Lebensmittelind., Kernkraftwerk.

**Tyros,** *Tyrus,* phöniz. *Sor,* heute *Sur* (S-Libanon), im Altertum neben Sidon seit 1200 v. Chr. mächtigste Handelsstadt Phöniziens.

**Tyrosin,** eine aromat. Aminosäure, die sich in fast allen Eiweißkörpern findet.

**Tyrrhener,** grch. Name der Etrusker.

**Tyrrhenisches Meer,** ital. *Mare Tirreno,* Teil des Mittelmeers zw. Italien u. den Inseln Elba, Korsika, Sardinien u. Sizilien.

**Tzara** [tsa'ra], Tristan, *1896, †1963, frz. Lyriker rumän. Herkunft; Mitbegr. des Dadaismus, schloß sich dann dem Surrealismus an.

*Tutanchamun: Totenmaske des ägyptischen Pharaos Tutanchamun; um 1346–1337 v. Chr. Kairo, Ägyptisches Museum (links). – Tuthmosis I.: zeitgenössische Statue aus Granit. Turin, Museo Egizio (rechts)*

# U

**u, U,** 21. Buchstabe des dt. Alphabets.
**U,** chem. Zeichen für *Uran.*
**U-Bahn,** Kurzwort für Untergrundbahn.
**Ubangi,** r. Nbfl. des Kongo, 2350 km; mündet unterhalb von Mbandaka.
**Überbau,** nach marxist. Auffassung die polit., religiösen, philos. u.ä. Vorstellungen, die von der sozialökonom. *Basis* bestimmt sind.
**Überbein,** *Ganglion,* harter, schwer verschiebl. Knoten, bes. häufig am Handrücken in der Nähe des Handgelenks.
**Überblenden,** zwei Filmszenen derart ineinanderfügen, daß die eine langsam verschwindet u. gleichzeitig die nächste allmähl. sichtbar wird.
**Überbrückungskredit,** Kredit zur Deckung außergewöhnl. Bedarfs an Umlaufvermögen.
**Übereignung,** Übergang (Übertragung) des Eigentums (Erwerb des Eigentums).
**Überempfindlichkeitsreaktion** → Allergie.
**Überfall, 1.** Angriff, bes. auf den unvorbereiteten Gegner. – **2.** *Wasserbau:* Abflußvorgang über ein Wehr.
**Überfremdung,** Zunahme Heimatfremder in einem Gebiet.
**Überhangmandat** → Wahlsystem.
**Über-Ich,** nach S. *Freud* eine psych. Kontrollinstanz des Ich, die sich aus der Verinnerlichung zunächst der elterl., dann der gesellschaftl. Forderungen, Verbote u. Normen bildet.
**Überlagerung,** allg. die Addition von zwei oder mehr physikal. Wirkungen, z.B. von Kräften im Kräfte-Parallelogramm bei Bewegungen oder Schwingungen bzw. Wellen.
**Überlauf,** Entlastungsbauwerk von Staustufen u. Talsperren, das den Abfluß überschüssigen Wassers ermöglicht.
**Überlingen,** Stadt in Ba.-Wü., am NO-Ufer des *Überlinger (Boden-)Sees,* 20 000 Ew.; Luftkurort u. Kneipphellbad; histor. Stadtbild.
**Übermensch,** seit *Nietzsche* vieldeutiges Schlagwort für einen neuen, höheren Menschentyp.
**übernatürlich,** das, was unmittelbar der in Christus gegründeten Erlösungs- u. Heilsordnung angehört.
**Überreichweite,** Ausbreitung von UKW- u. dm-Wellen über den opt. Horizont hinaus infolge von Streuprozessen an der unteren Ionosphäre.
**Überriesen,** rote Riesensterne mit überdurchschnittl. großem Durchmesser u. kleiner Dichte.
**Übersättigung,** Zustand von Gasen u. Dämpfen, der entsteht, wenn gesättigte Dämpfe abgekühlt werden. Sie enthalten mehr an Dampf, als der betr. Temp. entspricht; Ü. (Unterkühlung) ruft die *Kondensation* hervor. Bei Ü. der Luft mit Wasserdampf tritt Nebel- u. Niederschlagsbildung auf.
**Überschallflugzeug,** Flugzeug für Geschwindigkeiten, die größer sind als die Fortpflanzungsgeschwindigkeit des Schalls.
**Überschallgeschwindigkeit,** Geschwindigkeit, die größer als die Schallgeschwindigkeit. Der Luftwiderstand nimmt um ein Vielfaches zu *(Schallmauer).* Die Schallwellen bleiben bei Ü. in einem Kegel *(Machscher Kegel)* hinter dem Körper zurück.
**Überschuldung,** Vermögenslage, bei der die Verbindlichkeiten den Gesamtwert der Vermögensgegenstände überschreiten.
**Übersetzung, 1.** Übertragung eines Textes in eine andere Sprache. – **2.** Verhältnis der Drehzahlen zweier Räder, Wellen, der Kräfte hydraul. Pressen u.ä.
**Übersichtigkeit,** *Hypermetropie,* fr. *Weitsichtigkeit,* Brechungsfehler des Auges infolge eines Mißverhältnisses zw. der Brechkraft der Linse u. der Länge des Augapfels. Die Korrektur der Ü. erfolgt durch Konvexgläser.
**Überstunden,** Arbeit, die die durch Tarifvertrag, Betriebsvereinbarung oder Einzelarbeitsvertrag festgelegte Arbeitszeit überschreitet.

**Übertretung,** fr. Form der strafbaren Handlung, die heute teils als strafbares *Vergehen,* teils als *Ordnungswidrigkeit* geahndet wird.
**Überweisung,** bargeldlose Zahlung im Giroverkehr.
**Überzeugung,** die durch eig. Urteil gewonnene Einsicht.
**Ubier,** germ. Volksstamm, siedelte im 1. Jh. v. Chr. zw. Main u. Sieg.
**üble Nachrede,** Behauptung oder Verbreitung nicht erweislich wahrer Tatsachen, die den Betroffenen verächtlich machen oder in der öffentl. Meinung herabwürdigen können.
**U-Boot** → Unterseeboot.
**Ucayali,** Quellfluß des Amazonas in Peru, 1950 km.
**Uccello** [u'tʃɛlo], Paolo, eigtl. P. di *Dono,* *um 1397, †1475, ital. Maler; einer der ersten Hauptmeister der florentin. Frührenaissance.
**Üchtland,** *Uechtland,* schweiz. Voralpenldsch. beiderseits der mittleren Saane; Hauptort *Freiburg* (Fribourg).
**Uckermark,** Ldsch. im nördl. Brandenburg, an der oberen u. mittleren *Uecker.*
**Udaipur,** *Udaypur,* ind. Distrikt-Hptst. im südl. Rajasthan, 233 000 Ew.; Univ.; histor. Altstadt, 1559–1948 Hptst. des Rajputen-Fürstenstaats.
**Uddevalla,** Stadt in S-Schweden, nördl. von Göteborg, 46 000 Ew.; Schiffbau; Phosphat- u. Textilfabriken.
**Udet,** Ernst, *1896, †1941 (Selbstmord), dt. Generaloberst; seit 1938 Generalluftzeugmeister.
**Udine,** Stadt in NO-Italien, Hptst. der Region *Friaul-Julisch-Venetien* u. der Prov. U., 100 000 Ew.; Dom (13. Jh.), Rathaus (16. Jh.), Kastell (16. Jh.); Masch.-, Hütten-, Schuh-, Textil-Ind.
**Udmurten,** *Wotjaken,* östl. der mittleren Wolga lebender finn. Volksstamm, rd. 620 000 Ew.
**Udmurtische ASSR,** autonome Teilrep. (seit 1934) der RSFSR (Sowjetunion), nördl. der unteren Kama, 42 100 km², 1,59 Mio. Ew., Hptst. *Ischewsk.*
**UdSSR,** Abk. für *Union der Sozialist. Sowjetrepubliken,* → Sowjetunion.
**Uecker,** Günther, *13.3.1930, dt. Objektkünstler; film. u. szen. Realisationen; Mitgr. der Gruppe *Zero.*
**Ueckermünde,** Kreisstadt in Mecklenburg, 12 000 Ew.; Schloß.
**UEFA,** Abk. für frz. *Union Européenne de Football Association,* Europäische Fußball-Union, gegr. 1954, Sitz: Basel; veranstaltet die Europameisterschaften für Ländermannschaften (alle 4 Jahre) u. die Europapokalwettbewerbe für Vereinsmannschaften.
**Uelzen,** Krst. in Nds., in der Lüneburger Heide, 35 000 Ew.; Fachwerkbauten; Masch.-, Elektro-, opt. u. Zucker-Ind.
**Uetersen,** Stadt in Schl.-Ho., an der Pinnau, 17 000 Ew.; bed. Rosenzucht; Papier-, Masch.-, pharmazeut. Ind.
**Uexküll,** Jakob Baron von, *1864, †1944, dt. Zoologe; gründete das Institut für Umweltforschung in Hamburg.
**Ufa,** Abk. für *Universum-Film AG,* 1917 unter staatl. Mithilfe in Berlin gegr. Filmgesellschaft, größtes dt. Filmunternehmen, 1945 aufgelöst.
**Ufa, 1.** Hptst. der Baschkir. ASSR (Sowj.), an der Mündung der U. in die Bjelaja, 1,09 Mio. Ew.; petrochem. Ind., Kabel-, Motorenfabrik, Schiffs- u. Eisenbahnwerkstätten. – **2.** r. Nbfl. der zur Kama fließenden Bjelaja in der RSFSR, rd. 900 km.
**Ufer,** bei stehenden u. fließenden Gewässern der über der Berührungslinie von Wasser u. Land gelegene Grenzsaum des Landes.
**Uffizien,** *Palazzo degli Uffizi,* seit 1560 von G. *Vasari* für die florentin. Stadtverwaltung erbauter Palast, heute berühmte Kunstsammlung.
**UFO,** Abk. für engl. *Unidentified Flying Object,* unbek. Flugobjekt; sog. *fliegende Untertasse,* da

sie häufig als scheibenförmige Objekte wahrgenommen wurden.
**Uganda,** Staat im O Afrikas, 236 036 km², 17,2 Mio. Ew.; Hptst. *Kampala.*
Landesnatur. U. nimmt den N des Hochbeckens zw. dem O- u. dem Zentralafrik. Graben ein. Im O erhebt sich der Vulkan Mt. Elgon (4321 m), im W das Hochgebirge des *Ruwenzori* (5110 m).

*Uganda*

Aus dem *Victoriasee* im S durchfließt der *Victorianil* das Land. Das trop. Höhenklima ist gemäßigt warm. Der gut beregnete Kern des Landes ist dicht besiedelt u. intensiv bebaut. Im W u. NO herrschen Trocken- u. Dornsavanne vor.
Etwa ³/₄ der Bevölkerung bilden 20 Bantustämme. Rd. 60 % sind Christen, 6 % Moslems. Wirtschaft. Die Landwirtschaft, die den weitaus größten Teil der Erwerbstätigen beschäftigt, liefert für den Export Baumwolle, Kaffee, Tee, Sesam u. Tabak. Die Exportprodukte werden auf Plantagen angebaut. Die Viehzucht exportiert v.a. Häute. An Bodenschätzen finden sich Kupfer, Wolfram u.a. Die Industrie verarbeitet Agrarprodukte. Internat. Flughafen des Landes ist Entebbe. Geschichte. Ende des 19. Jh. errichtete Großbrit. sein Protektorat über die Kgr. *Buganda, Bunyoro, Ankole, Toro* u. verband sie zur neuen Gebietseinheit U. Am 9.10.1962 erhielt U. die Unabhängigkeit. 1963 wurde das Land Rep. mit föderativer Verf. 1966 wurde M. *Obote* Staatsoberhaupt, der Kurs wurde ein sozialist. General I. *Amin* stürzte Obote 1971 u. errichtete eine Terrorherrschaft. 1979 wurde Amin mit tansan. Hilfe gestürzt, tansan. Truppen besetzten U. Obote wurde 1980 erneut Staats-Präs., aber bereits 1985 von den Militärs gestürzt, die 1986 von Y. *Museveni* in der Reg. abgelöst wurden.
**Ugarit,** im AT Stadt an der nordsyr. Küste, heute Ruinenhügel *Ras Schamra.* Älteste Funde aus dem 7. u. 6. Jt. v. Chr., Blütezeit im 2. Jt. v. Chr.
**ugrische Sprachen** → Sprachen.
**Uhde,** Fritz von, *1848, †1911, dt. Maler; gestaltete mit impressionist.-naturalist. Mitteln vor allem religiöse Themen.
**UHF,** Abk. für *Ultrahochfrequenz;* Bereich elektromagnet. Wellen mit Frequenzen zw. 300 u.

*Uganda: Wasserkraftwerk bei Jinja*

3000 MHz; u.a. für Fernseh- u. Richtfunkübertragungen.

**Uhland,** Ludwig, *1787, †1862, dt. Schriftst.; einer der Begr. der Germanistik; 1848 Vertreter des Liberalismus im Frankfurter Parlament; Haupt der »Schwäb. Dichterschule«; v.a. bekannt durch volkstüml. Lyrik u. Balladen (»Des Sängers Fluch«).

**Uhren,** Instrumente zur Messung u. Anzeige des Ablaufs der Zeit; bei mechan. U. (Räder-U.) durch Gewichte oder Federn angetrieben. Die *Gangregelung* erfolgt durch Pendel oder *Unruh,* die *Hemmung* kann z.B. durch Anker oder Zylinder erfolgen. In elektr. U. verwendet man als Schwingsystem piezoelektr. ausgelöste Schwingungen eines Quarzes *(Quarz-U.),* Atom- u. Molekülschwingungen *(Atom-U.)* u.a. Die ältesten U. waren *Sonnen-, Sand- u. Wasser-U.* Die ersten Räder-U. werden um 1300 erwähnt; die ersten »Taschen-U.« waren die »Nürnberger Eier« (1509). Die erste Atom-U. wurde 1948 gebaut.

**Uhu,** größte europ. *Eule,* mit auffälligen Federohren; lebt in waldigen Vorgebirgen.

**Uiguren,** altes Turkvolk, erstmals um 600 erwähnt. Ihr Reich erstreckte sich vom Baikalsee bis zum Altai-Gebirge.

**Ujjain** [ˈuːdʒain], indische Distr.-Hptst. auf dem nördl. Dekan-Hochland, in Madhya Pradesh, 282 000 Ew.; Univ.; hl. Stadt der Hindus; alte Hptst. von *Malwa.*

**Ujung Pandang,** fr. *Makasar,* Hafen u. Hptst. der indones. Insel Celebes, 841 000 Ew.; Univ.; bed. Handelsschiffahrt, Ausfuhr von Gewürzen, Kautschuk, Kaffee, Sandelholz; Zement- u. Papier-Ind.

**U. K.,** Abk. für *United Kingdom,* das Vereinigte Königreich von Großbrit. und Nordirland.

**Ukelei,** *Schneider, Laube,* karpfenartiger Süßwasser- u. Ostsee-Fisch.

**Ukiyo-e,** in Japan Kunstrichtung der Edo-Zeit, die getreue, genrehafte Abbilder der Sitten u. Bräuche im 17./18. Jh. gibt.

**Ukraine** → *Ukrainische SSR.*

**Ukrainer,** *Kleinrussen, Ruthenen,* zweitgrößtes ostslaw. Volk (rd. 42 Mio.); im SW der Sowj. hpts. in der Ukrain. SSR.

**ukrainische Sprache,** *Ruthenisch,* fr. *Kleinrussisch,* in der Ukrain. SSR gesprochene, zur ostslaw. Sprachgruppe gehörende Sprache; in kyrill. Schrift geschrieben.

**Ukrainische SSR,** *Ukraine,* drittgrößte Unionsrep. der Sowj., im SW des europ. Rußland, 603 700 km², 51,2 Mio. Ew., Hptst. *Kiew;* überwiegend ebenes Land, gebirgig nur in den Waldkarpaten u. im S der Krim. Auf das von ausgedehnten Mischwäldern bestandene Sumpfgebiet Pelesje im NW folgen Wald- u. trockenere Grassteppe mit fruchtbaren Schwarzerdeböden. – G e s c h i c h t e . Die N- u. W-Ukraine war vom 9. bis 12. Jh. Kern des *Kiewer Reichs.* Nach dessen Verfall bildete die W-Ukraine ein selbst. Fürstentum *Wolynien-Halitsch,* das nach 1340 überwiegend an Polen fiel. 1386 war die gesamte Ukraine außer dem Steppengebiet Teil des poln.-litau. Staats. 1654 ging die Ukraine zum Moskauer Zaren über.

Durch die Poln. Teilungen kam die restl. Ukraine samt Wolynien zu Rußland, Galizien (Halitsch) zu Östr. Unter Katharina II. wurde auch das unter türk. Herrschaft stehende südl. Steppengebiet mit der Krim Rußland angegliedert. – 1918 mußte Sowjetrußland im Frieden von Brest-Litowsk die Unabhängigkeit der Ukraine anerkennen. 1920 setzte sich die *Ukrain. Sozialist. Sowjetrepublik* durch, die 1922 der UdSSR beitrat.

**Ukulele,** hawaiischer Name für eine kleine Gitarre port. Ursprungs mit 4 Saiten (a, d', fis', h').

**UKW,** Abk. für *Ultrakurzwellen.*

**Ulan Bator,** bis 1924 *Urga,* mongol. *Küren,* Hptst. der Mongol. Volksrepublik, am Toola, 500 000 Ew.; Univ.; vielseitige Ind.; Handels- u. Verkehrsknotenpunkt.

**Ulanen,** seit dem 16. Jh. eine poln., mit Lanzen bewaffnete Reitertruppe; in Preußen (nach 1807) als schwere Kavallerie.

**Ulanowa,** Galina Sergejewna, *26.12.1909, die bedeutendste Ballerina der Sowj.; bis 1962 am Bolschoj-Theater in Moskau.

**Ulan-Ude,** bis 1934 *Werchneudinsk,* Hptst. der *Burjat. ASSR,* RSFSR (Sowj.), sö. des Baikalsees, 351 000 Ew.; Lokomotiv-, Waggon-, Schiff- u. Maschinenbau.

**Ulbricht,** Walter, *1893, †1973, dt. Politiker; im 2. Weltkrieg in der Sowj. Organisator des Nationalkomitees »Freies Deutschland«; kehrte 1945 nach Dtld. zurück, trug maßgebl. zur Gründung der SED bei; seit 1950 Generalsekretär bzw. Erster Sekretär (1953) des ZK der SED; 1960 Vors. des Staatsrats; 1971 durch E. *Honecker* abgelöst.

**Ulcus,** *Ulkus,* Geschwür.

**Ulema,** die theol. Lehrer u. Rechtsgelehrten des Islams.

**Ulfilas** → *Wulfila.*

**Ulixes,** lat. Name des → *Odysseus.*

**Uljanow** [-nɔf], eigtl. Name von → *Lenin.*

**Uljanowsk,** bis 1924 *Simbirsk,* Hptst. der gleichn. Oblast in der RSFSR (Sowj.), am Kujbyschewer Stausee der Wolga, 613 000 Ew.; Kreml, Klöster, Lenin-Museum; Kfz-, Land- u. Werkzeugmaschinenbau, Leder- u. Elektro-Ind.

**Ullmann, 1.** Fritz, *1875, †1929, dt. Chemiker; an der Entdeckung des Atebrins u. Panflavins beteiligt. – **2.** Liv, *16.12.1938, norw. Schauspielerin; bes. Hauptdarstellerin in Filmen von I. *Bergman.* »Szenen einer Ehe«. – **3.** Regina, *1884, †1961, schweiz. Schriftst.; sinnbildl. Erzählungen. – **4.** Wolfgang, *18.8.1929, dt. Politiker; Mitgr. der Bürgerbewegung *Demokratie Jetzt,* Februar – April 1990 Min. ohne Geschäftsbereich im Kabinett Modrow, dann Vize-Präs. der Volkskammer der DDR.

**Ullrich,** Luise, *1911, †1985, dt. Schauspielerin, bes. in Mutterrollen beliebt.

**Ulm,** Stadt in Ba.-Wü., an der Donau gegenüber dem bay. *Neu-Ulm;* 101 000 Ew.; Ulmer Münster (14. Jh. begonnen, größte got. Pfarrkirche Dtlds., mit 161 m hohem Turm), Univ.; vielseitige Ind.

**Ulme,** *Rüster,* Gatt. der *U.gewächse* (→ Pflanzen); Sträucher u. Bäume mit ungleichhälftigen Blättern u. breitgeflügelten Nüssen als Früchten. In Mitteleuropa: *Feld-U., Berg-U., Flatter-U.*

**Ulrich,** *1487, †1550, Herzog von Württemberg;

*Ulm: Blick über die Donau auf das Münster und die Patrizierhäuser an der Stadtmauer*

1519 vom Schwäb. Bund vertrieben. *Philipp von Hessen,* der ihn für die Reformation gewonnen hatte, ermöglichte ihm 1534 die Rückkehr.

**Ulrich von Lichtenstein** *(Liechtenstein),* *um 1200, †um 1275, mhd. Minnesänger u. Epiker; autobiograph. höf. Roman »Frauendienst«.

**Ulrich von Türheim,** *um 1200, †nach 1250, mhd. schwäb. Versepiker; schrieb Fortsetzung zu Gottfried von Straßburgs »Tristan« u. zu Wolfram von Eschenbachs »Willehalm«, betitelt »Rennewart«.

**Ulsan,** Ind.-Stadt in S-Korea, 560 000 Ew.; moderner Hafen.

**Ulster** [ˈʌlstə], ehem. ir. Prov., 1921 gespalten in den NO-Teil, der als Nordirland bei Großbrit. blieb, u. den zur Rep. Irland gehörenden Teil (ir. *Ulaidh*).

**Ultima ratio,** das letzte Mittel.

**Ultimatum,** letzte, befristete Warnung.

**Ultimogeschäft,** am Monatsletzten fälliges Termingeschäft.

**ultra,** Vorsilbe mit der Bed. »jenseits von, über – hinaus«.

**Ultrafiltration,** Verfahren zur Trennung von Kolloiden u. echten Lösungen u. von Kolloid-Teilchen versch. Größe. Die dabei benutzten *Ultrafilter* haben äußerst enge Poren.

**Ultrakurzwellen,** *UKW,* elektromagnet. Wellen mit Wellenlängen unter 10 m.

**Ultramarin,** leuchtend blaues bis violettes, auch rotes Farbpigment, schwefelhaltiges Natriumaluminiumsilicat; in der Natur als *Lapislazuli.*

**Ultraschall,** unhörbare Schallwellen sehr hoher Frequenz (größer als 20 000 Hz). Oberhalb $10^9$ Hz spricht man von *Hyperschall.* Viele Tiere können U. noch hören. U. wird mit Schwingquarzen u. an-

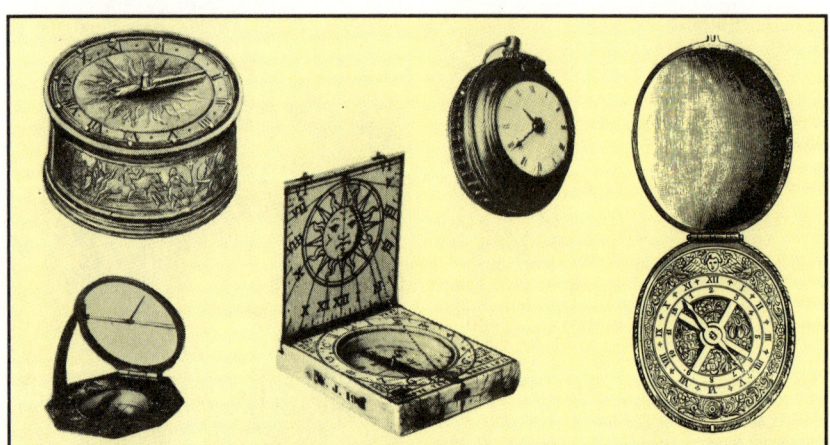

*Uhr: Vor der Erfindung des »Nürnberger Eies« von Peter Henlein (rechts u. oben Mitte) standen Taschen-Sonnenuhren (unten links u. Mitte). Wenig jünger ist die zylindrische Uhr aus Bronze mit sorgfältiger Punzierung (oben links). – Die Uhr am Ulmer Rathaus zeigt das astronomische, technische und mathematische Wissen des 16. Jahrhunderts (rechts)*

deren Geräten hergestellt. Der U. wird in der Technik vielfach verwendet, findet in der Medizin zur Untersuchung schwangerer Frauen u. Nierensteinzertrümmerung sowie im Fischerei- u. Schifffahrtswesen zur Peilung Anwendung.

**Ultraviolett,** *UV,* der jenseits des Violetten liegende Teil der elektromagnet. Wellen, mit Wellenlängen von rd. 30–40 nm (Nanometer). Sein kurzwelliger Teil überschneidet sich mit dem Röntgenstrahlen-Gebiet. Das U. vermag die Pigmentbildung in der Haut anzuregen.

**Ultrazentrifuge,** von T. *Svedberg* gebaute kleine Zentrifuge von sehr hoher Umdrehungszahl (z.Z. bis max. 100 000 U/min).

**Ulysses,** *Ulixes* → Odysseus.

**Umberfische,** *Sciaenidae,* Fam. der *Barschfische;* bes. in den Küsten- u. Flußgewässern wärmerer Gebiete; sie stoßen dumpfe Töne aus *(Trommelfische).*

**Umberto,** ital. Könige:
**1. U. I.,** *1844, †1900 (ermordet), König 1878 bis 1900; förderte das Zustandekommen des Dreibunds. – **2. U. II.,** *1904, †1983, König 1946; mußte nach der Volksentscheidung für die Rep. im selben Jahr abdanken u. Italien verlassen.

**Umbra, 1.** dunkler Kern der Sonnenflecken. – **2.** *Erdbraun, Römisch Braun, Kölner Braun,* dunkelbraunes Farbpigment, ein Verwitterungsprodukt manganhaltiger Eisenerze.

**Umbrer,** ein wahrsch. zu Beginn des 1. Jt. v. Chr. aus dem N nach Ober- u. Mittelitalien eingewanderter italischer Stamm, vielleicht Träger der *Villanova-Kultur;* im 3. Jh. v. Chr. von den Römern unterworfen.

**Umbrien** [-iən], ital. *Umbria,* Region im mittleren → Italien.

**Umeå** [´y:meo:], schwed. Prov.-Hptst., an der Mündung des *Ume Älv* in den Bottn. Meerbusen, 86 000 Ew.; Univ.; Holzind.

**Umformer,** umlaufende elektr. Maschine zur Umwandlung von Wechsel- in Gleichstrom oder in Wechselstrom anderer Frequenz u. umgekehrt.

**Umgangssprache,** Standardform einer Sprache im schriftl. u. mündl. Gebrauch; weniger bewußt u. kontrolliert als die → Hochsprache.

**Umkehrfilm** → Umkehrverfahren.

**Umkehrung,** in der Musik die Vertauschung der oberen u. unteren Lage von Tönen, Motiven, Themen oder Stimmen.

**Umkehrverfahren,** Verfahren, bei dem ein *Umkehrfilm* statt zum Negativ zum Positiv entwickelt wird. Es entstehen *Diapositive* als Unikate.

**Umlauf, 1.** Rundschreiben; Umdrehung. – **2.** Fingerentzündung.

**Umlaufvermögen,** Vermögensteile eines Betriebs, die im Unterschied zum *Anlagevermögen* nicht zur dauernden Nutzung im Betrieb, sondern zum Umsatz bestimmt oder aus ihm hervorgegangen sind.

**Umlaufzeit,** Zeitabschnitt, in dem ein Himmelskörper mit period. Bahnbewegung einen Umlauf um seinen Zentralkörper vollendet.

**Umlaut,** die in allen germ. Sprachen (außer im Gotischen) anzutreffende Veränderung eines Vokals unter dem Einfluß bestimmter Vokale in der folgenden Silbe; im Deutschen bes. der Wandel von a zu ä, o zu ö, u zu ü, wenn in der folgenden Silbe ein i steht oder fr. gestanden hat. Beispiele: Arzt – Ärztin, Hof – Höfe, Muße – müßig.

**Umlegung,** behördl. Verfahren zur Erzielung einer besseren Bewirtschaftung von Grundstücken u. im Interesse des Städtebaus.

**Umsatz,** Verkaufswert des *Absatzes* eines Unternehmens innerhalb eines Zeitraums.

**Umsatzsteuer,** Verbrauchsteuer, die an die Güter- u. Leistungsumsätze von Unternehmungen anknüpft; kann die vollen Umsätze jeder Produktions- u. Handelsstufe treffen *(Brutto-U.)* oder nur die jeweilige Wertschöpfung *(Netto-U.,* → Mehrwertsteuer).

**Umschlag, 1.** Briefkuvert, Papierhülle. – **2.** Umwickeln eines Körperteils mit feuchtem Tuch. – **3.** Umladung, bes. vom Schiff auf Landfahrzeuge.

**Umschulung, 1.** Wechsel von einer Schule in eine andere. – **2.** Erlernen eines neuen Berufs.

**Umsiedlung,** freiwillige oder (meist) erzwungene Verpflanzung einer Bevölkerung durch staatl. Maßnahmen.

**Umspanner,** Transformator der Starkstromtechnik.

**Umstandswort** → Adverb.

**Umtata,** Hptst. des südafrik. Homelands Transkei, 33 000 Ew.; Flugplatz.

**U-Musik,** Kurzwort für Unterhaltungsmusik.

**Umwelt,** Gesamtheit der Faktoren, die auf einen Organismus von außen einwirken u. ihn beeinflussen. Die Lehre von der U. wurde von J. von *Uexküll* (für das einzelne tier. Individuum) begr. Die Lehre von den Beziehungen zw. den Organismen u. ihrer U. ist die → Ökologie.

**Umweltfaktoren,** ökolog. *Faktoren,* alle Gegebenheiten der belebten *(biotische U.)* u. der unbelebten *(abiotische U.)* Umwelt eines Organismus, die sein Leben ermöglichen u. beeinflussen. Wegen der überragenden Bed. der Nahrung für die Organismen unterscheidet man als dritte Gruppe die *trophischen U.*

**Umweltschutz,** Bez. für alle Maßnahmen, die schädigende Einflüsse auf die gesamte Umwelt, d.h. auf den ird. Lebensraum *(Biosphäre)* als aus-

*Umweltzeichen für umweltfreundliche Produkte, wird vergeben seit 1977*

gewogenes ökolog. Gefüge, verhindern oder vorhandene Schadfaktoren auf ein vertretbares Maß zurückführen; basiert auf biolog. Grundlagenforschung, vorbeugender U.-Technologie u. gesetzgeber. Maßnahmen. Aufgaben sind u.a.: Reinhaltung von Luft, Wasser, Boden; Lärm- u. Strahlenschutz; Abfallbeseitigung, Abfallverhinderung; Lebensmittel- u. Arzneimittelkontrolle; Naturschutz, Landschaftspflege. – 🅱 → S. 922.

**UN,** Abk. für engl. *United Nations,* → Vereinte Nationen.

**Unabdingbarkeit,** einseitig zwingendes Recht, von dem nur zugunsten einer Partei abgewichen werden kann. U. gilt bes. im Arbeitsrecht für Bestimmungen des *Tarifvertrags.*

**Unabhängige Sozialdemokratische Partei Deutschlands,** Abk. *USPD,* Linkspartei, die 1917 durch Abspaltung von der SPD entstand; führende Persönlichkeiten H. *Haase,* W. *Dittmann,* K. *Kautsky,* E. *Bernstein.* Mitgl. des linken Flügels der USPD, u.a. K. *Liebknecht,* R. *Luxemburg* u. F. *Mehring,* bildeten innerhalb der Partei den → Spartakusbund. Die Mehrheit der USPD trat 1920 zu den Kommunisten, eine Minderheit 1922 zur SPD über.

**Unamuno y Jugo,** Miguel de, *1864, †1936, span. Philosoph u. Schriftst.; 1924–30 verbannt; erstrebte in seinen Romanen, Gedichten u. Essays die geistige u. sittl. Erneuerung Spaniens.

**Una Sancta,** »eine heilige« (Kirche), Formel aus dem *Apostolikum,* mit der das Bekenntnis von der Einheit u. Einzigkeit der »alleinseligmachenden« (kath.) Kirche abgelegt wird.

**Unbefleckte Empfängnis,** *immaculata conceptio,* kath. Dogma, daß Maria durch bes. Gnade ohne den Makel der Erbsünde ins Dasein getreten sei, als ihre Mutter sie empfing.

**Unberührbare,** die ind. → Parias.

**Unbescholtenheit,** Besitz eines einwandfreien Rufes; insbes. Unversehrtheit der Geschlechtsehre.

**Unbewußtes,** seel. Inhalte, Vorgänge, Strebungen u. Triebregungen, die nicht in das Bewußtsein eintreten oder nicht in ihrer Ursprungsform bewußt werden, sowie fr. Erlebnisinhalte, die dem Bewußtsein nicht mehr zugängl. sind *(Verdrängung).* Der Begriff des Unbewußten erhielt in S. *Freuds* »Psych. des Unbewußten« seine heutige empir.-psych. Bed. als zielgerichtete seel. Kraft.

**UNCTAD,** Abk. für *United Nations Conference on Trade and Development,* Konferenz der Vereinten Nationen für Handel u. Entwicklung, kurz *Welthandelskonferenz,* 1964 als Organ der Vollversammlung der Vereinten Nationen gegr.; Ziel ist die Förderung des Welthandels, insbes. des Handels zw. Ländern auf versch. Entwicklungsstufen.

**Underground** [´ʌndəgraund], der künstler. »Un-

tergrund«, die Lebenswelt *(Subkultur)* u. die Produktion *(Antikunst)* avantgardist. Filmemacher, Theatergruppen, Bands, Objektkünstler, Makler u. Literaten, die noch nicht völlig vom kommerziellen Kunstbetrieb erfaßt sind.

**Understatement** [ʌndə´steitmənt], das als typ. engl. empfundene »Untertreiben«.

**Undine,** weibl. Wassergeist; enthalten in einigen Werken, u.a. in: Märchennovelle von F. *Fouqué;* Opern von E. T. A. *Hoffmann* u. A. *Lortzing.*

**Undset** [´ynsɛt], Sigrid, *1882, †1949, norw. Schriftst.; schrieb Gegenwartsromane u. -novellen, Saga-Epen u. Essaybände; Nobelpreis 1928.

**Undulation,** Wellenbewegung.

**uneheliche Kinder** → nichtehel. Kinder.

**unendlich,** Zeichen ∞, nach C. F. *Gauß* Bez. dafür, daß eine Zahlenfolge keinen Grenzwert, eine Folge geometr. Gebilde (Punkte, Geraden) keine Grenzlage hat.

**unerlaubte Handlung,** rechtswidrig verschuldete Verletzung fremder Lebensgüter u. Rechte, bes. von Leben, Körper, Gesundheit, Freiheit, Geschlechtsehre u. Eigentum; verpflichtet zum Schadensersatz.

**UNESCO,** Abk. für *United Nations Educational Scientific and Cultural Organization,* 1945 in London gegr. Sonderorganisation der Vereinten Nationen zur Förderung von Wiss., Erziehung, Kultur u. internat. Zusammenarbeit auf diesen Gebieten. Hauptorgane sind: *Generalkonferenz* (der Delegierten der Mitgliedstaaten), *Exekutivrat* u. *Sekretariat* in Paris. Die BR Dtld. wurde 1951 aufgenommen.

**Unfall,** plötzl. Ereignis, das zu einem nicht völlig belanglosen Personen- oder Sachschaden führt.

**Unfehlbarkeit,** *Infallibilität,* in der kath. Theol. die dem kirchl. Lehramt verliehene Irrtumslosigkeit in Glaubens- u. Sittenlehren. Träger der U.: 1. die Gesamtheit der Bischöfe, 2. das Konzil, 3. die Kathedralentscheidung des Papstes *(päpstl. U.).*

**Unfruchtbarkeit,** *Sterilität,* bei der Frau Unvermögen zu empfangen, beim Mann Zeugungsunfähigkeit.

**Unfruchtbarmachung** → Sterilisation (2).

**Ungaretti,** Giuseppe, *1888, †1970, ital. Schriftst.; Begr. der *hermet.* Dichtung (»Poesia ermetica«).

**ungarische Sprache,** *magyar. Sprache,* zu den finn.-ugr. Sprachen gehörend, von über 13 Mio., meist im Gebiet des heutigen Ungarn, gesprochen.

**Ungarn,** Staat in SO-Europa, 93 032 km², 10,6 Mio. Ew., Hptst. *Budapest.*

*Ungarn*

**Landesnatur.** U. liegt im Bereich des allseitig von Gebirgen (Alpen, Dinariden, Karpaten) umgebenen großen *Pannonischen Beckens.* Die Donau gliedert es in *Transdanubien* im W u. das *Alföld* im

*Ungarn: Volksfest in Budapest am 23. Oktober 1989, dem Tag der Ausrufung der Republik Ungarn*

# Ungarn

O. – Das Klima ist gemäßigt kontinental mit sehr warmen Sommern u. kalten Wintern. Die Niederschläge nehmen nach O ab. Auf den Lößböden des Alfölds dehnt sich die baumlose Steppe der *Pußta* aus. Der Waldanteil beträgt 15 % der Gesamtfläche.

Die Bevölkerung besteht hpts. aus *Magyaren*. 45 % der Einwohner leben auf dem Land, 20 % in Budapest.

Wirtschaft. Grundlage der Landwirtschaft ist der Anbau von Weizen, Kartoffeln, Roggen, Mais, Hafer, Zuckerrüben, Tabak, Gemüse, Ölpflanzen, Obst u. Wein sowie die Viehzucht. An Bodenschätzen finden sich Kohle, Uran, Eisen, Mangan, Bauxit, Erdöl u. Erdgas. In der Industrie, die rd. 40 % der Erwerbstätigen beschäftigt, herrschen der Maschinen- u. Fahrzeugbau, die Nahrungsmittel-, Hütten-, Zement- u. chem. Ind. vor. Das Verkehrsnetz ist auf Budapest konzentriert. Budapest verfügt über einen internat. Flughafen.

Geschichte. Die Ungarn wurden im späten 9. Jh. aus dem Gebiet zw. Don u. Dnjepr vertrieben. Sie setzten sich unter ihrem Stammesfürsten *Arpád* 895/896 im Gebiet an Theiß u. mittlerer Donau fest. Nach der Niederlage auf dem Lechfeld (955) wurden sie im pannonischen Raum endgültig seßhaft. Unter *Géza* begann die Christianisierung U. Die Bindung der unter Géza geeinigten ung. Stämme an den westl. Kulturkreis wurde durch *Stephan (István) I.*, den *Heiligen* (997–1038), endgültig. 1091 wurde Kroatien angegliedert; es folgten Dalmatien u. Siebenbürgen. Im 12. Jh. wanderten dt. Siedler nach U. ein. In der Folgezeit wechselten die herrschenden Dynastien. Die Türken drangen unaufhaltsam vor, u. die Hussitenkriege schwächten das Land. In der für Ungarn vernichtenden Türkenschlacht bei *Mohács* (1526) kam König *Ludwig II.* ums Leben. U. verlor seine Unabhängigkeit; der mittlere Teil kam an die Türkei (bis Ende des 17. Jh.), das westl. U. an die Habsburger, Transsilvanien wurde selbständiges Fürstentum. Nach der Befreiung von der Türkenherrschaft 1683–99 wurde ganz U. habsburg. Kronland. 1711 brach die Freiheitsbewegung der *Kuruzen*, deren Truppen fast das ganze Land befreit hatten, zusammen. Mit russ. Hilfe wurde die Revolution 1848 in Ungarn von Kaiser Franz Joseph niedergeschlagen. U. als Teil der Doppelmonarchie Österreich-U. bekam 1867 eine Verf. mit weitgehender Autonomie. Nach der Niederlage im 1. Weltkrieg wurde am 16.11.1918 die Rep. ausgerufen. Kroatien löste sich von U. Die Kommunisten unter Béla Kun errichteten im März 1919 eine Räterepublik, die im August niedergeworfen wurde. 1920 wählte die Nationalversammlung M. Horthy zum Reichsverweser. Im *Vertrag von Trianon* (1920) verlor U.

## UMWELTSCHUTZ

*Smogalarm im Ruhrgebiet; zeitweise sogar der Stufe III (links). – Die Dünnsäureverklappung auf See löste zahlreiche Protestaktionen aus; 1983 blockierten Nordsee und Mitglieder der Umweltschutzorganisation »Greenpeace« die Verladepier eines Chemiewerkes in Nordenham (Mitte). – Tonnen verendeter Flußaale werden nach*

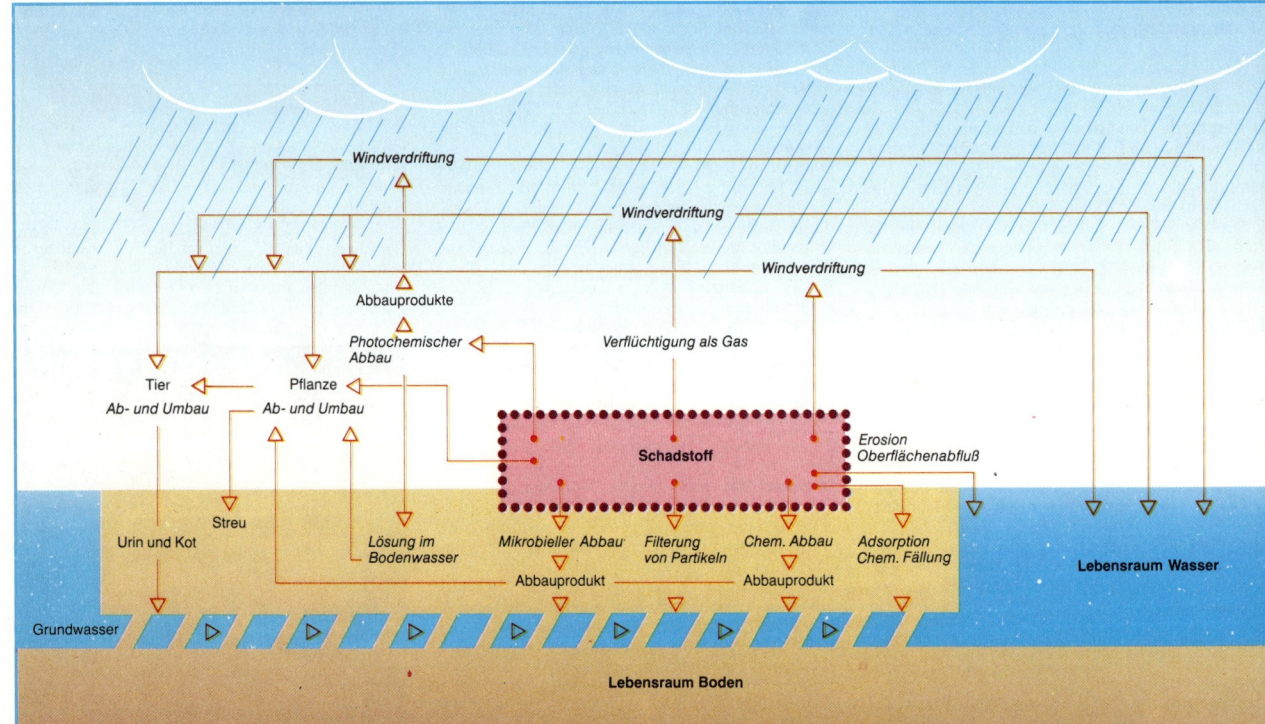

*Schematische Darstellung der Wege, auf denen Schadstoffe in Ökosysteme verteilt werden können (links). – Noch im Mai 1990 waren Reinigungstrupps damit beschä ausgelaufene Öl des am 24. März 1989 vor der Südküste Alaskas leckgeschlagenen Tankers »Exxon Valdez« zu beseitigen. Bei dieser Katastrophe liefen 44 000 Tonnen*

60% seiner Bevölkerung u. 75% seines Gebiets. Durch die Wiener Schiedssprüche 1938 erhielt das Land einen Teil der verlorenen Gebiete zurück (bis 1947). An der Seite der Achsenmächte trat es im Juni 1941 in den 2. Weltkrieg ein. 1944 wurde Horthy von den Deutschen abgesetzt, sein Nachfolger wurde der Faschistenführer F. *Szálasi*. 1944/45 besetzten sowjet. Truppen das Land. U. wurde 1946 Rep. Nach dem Vorbild der Sowjetunion wurden Planwirtschaft u. Kollektivwirtschaft eingeführt. Unter Min.-Präs. Imre *Nagy* (1953–55) folgte eine Lockerung, 1955 unter A. *Hegedüs* eine Verschärfung des Kurses. Ende Okt. 1956 brach in Budapest ein Aufstand aus, der zum Sturz des kommunist. Regimes führte; I. Nagy übernahm wieder die Reg. Der Aufstand wurde von sowj. Truppen blutig niedergeschlagen. Eine neue Reg. unter J. *Kádár* konsolidierte die wirtschaftl., innen- u. außenpolit. Lage. Nachdem Kádár lange Zeit den liberaleren Kurs repräsentiert

*Ungarn: landschaftliche Gliederung*

hatte, widersetzte er sich in den 1980er Jahren weiteren Reformschritten. 1988 schied er aus der Führung der Ung. Sozialist. Arbeiterpartei aus. 1989 baute U. die Grenzanlagen zu Östr. ab. Die kommunist. Partei verzichtete auf ihr Machtmonopol. Am 23.10.1989 wurde die demokrat. »Ung. Rep.« proklamiert. Aus den ersten freien Wahlen seit 45 Jahren ging 1990 das Ung. Demokrat. Forum unter J. *Antall* als Sieger hervor.

**Ungerer**, Tomi, eigtl. Jean Thomas U., *28.11.1931, US-amerik. Graphiker u. Cartoonist frz. Herkunft; karikaturist. Zeichnungen, Kinderbuchillustrationen.

**uni** [y'ni], einfarbig.

**UNICEF**, Abk. für engl. *United Nations International Children's Emergency Fund, Weltkinder-*

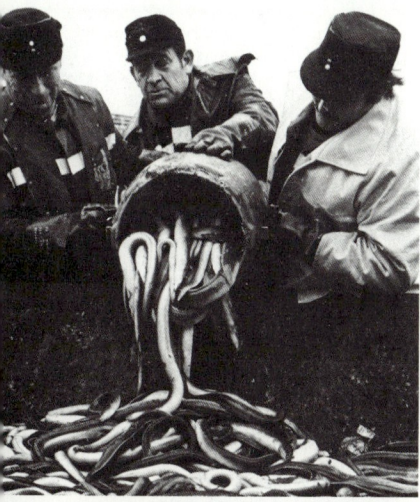

...tastrophe am Oberrhein bei Rastatt aus dem ver...en Wasser geborgen (rechts)

...nutzten einige hundert Kilometer Strände und ein ...ches Seegebiet von 1500 km² (rechts)

*UNICEF: Emblem des Weltkinderhilfswerks der Vereinten Nationen*

hilfswerk, Hilfsorganisation für Kinder aller Nationen, von den UN 1946 gegr.; Sitz: Washington; Friedensnobelpreis 1965.

**unierte Kirchen, 1.** Kirchen u. Teilkirchen, die, zu den *Ostkirchen* gehörig, eine Union mit der röm.-kath. Kirche unter Anerkennung des päpstl. Primats eingegangen sind. Ihre offizielle Bez. ist *kath. Ostkirchen*. Ihre leitenden Bischöfe tragen z.T. den Titel »Patriarch«. U. K. des *morgenländ. Ritus:* Maroniten, syr.-kath. Kirche, chaldäische Kirche, malabar. u. malankar. Kirche der Thomaschristen, kopt.-kath. Kirche, Kirche der Katholiken Äthiopiens, armen.-kath. Kirche; *byzantin. Ritus:* Kirche der unierten Melkiten, Italo-Griechen, ukrain.-kath. Kirche. – **2.** Kirchen, die durch Vereinigung von Lutheranern u. Reformierten entstanden sind, z.B. die *Ev. Kirche der Union*.

**uniform**, einheitl., einförmig.

**Uniform**, einheitl. Bekleidung bestimmter Personengruppen, bes. der Soldaten.

**Unikum**, Einzigartiges, Merkwürdiges.

**Unio mystica**, »geheimnisvolle Vereinigung« der Seele mit Gott, in der Mystik höchste Stufe der Gotteserkenntnis.

**Union, 1.** Zusammenschluß, Vereinigung; z.B. Kalmarer U., Utrechter U., Altpreuß. U. – Die *Prot. U.* 1608–21 war das Bündnis der prot. Reichsstände gegen die kath. *Liga*. – **2.** zwischenstaatl. Verbindung, die enger ist als z.B. eine *Allianz*.

**Union der Sozialistischen Sowjetrepubliken**, Abk. *UdSSR*, →Sowjetunion.

**Union Jack** ['ju:njən dʒæk], ugs. für die engl. Flagge.

**Union Myanmar** → Birma.

**Union Pacific Railway** ['ju:njən pə'sifik 'reilwei], älteste nordamerik. Transkontinentalbahn, 3003 km; führt von Omaha über Salt Lake City nach San Francisco.

**unisono**, musikal. Bez.: im Einklang. Gleichklang aller Stimmen oder Instrumente in der Oktavführung.

**Unitarier**, alle die Trinitätslehre ablehnenden Gruppen im europ. u. engl.-amerik. Protestantismus.

**Unitarismus**, Streben nach einem möglichst einheitl., zentralist. Staatsaufbau.

**United Kingdom** [ju'naitid 'kiŋdəm], Abk. *U. K.*, das Vereinigte Königreich von → Großbrit. u. Nordirland.

**United Nations** [ju'naitid 'neiʃənz], *United Nations Organization* → Vereinte Nationen.

**United Press International** [ju'naitid prɛs intə'næʃənəl], *UPI,* 1958 durch Zusammenlegung von *United, Press* (*UP*, gegr. 1907) u. *International News Service* (*INS*, gegr. 1909) entstandene US-amerik. Nachrichtenagentur; Sitz: New York.

**United States of America** [ju'naitid steits əv ə'merikə], Abk. *USA*, amtl. engl. Name der → Vereinigten Staaten von Amerika.

**universal**, allseitig, umfassend, gesamt.

**Universalerbe**, Alleinerbe.

**Universalgenie**, ein auf allen Gebieten hervorragender u. kenntnisreicher Mensch; auch scherzhaft für: Alleskönner.

**Universalien**, Allgemeinbegriffe, abstrakte Oberbegriffe. – **U.streit**, im MA Streit um die Wirklichkeit der U.

**Universiade**, vom Internat. Hochschulsportverband (FISU) veranstaltete Weltmeisterschaften im Studentensport, meist in zweijährigem Turnus.

**Universität**, HS mit der Aufgabe, die Gesamtheit

*Ruhruniversität in Bochum*

# 924 Universum

*Unken: Gelbbauchunke*

der Wiss. in Lehre u. Forschung zu pflegen. Die Bez. U. geht zurück auf den mittelalterl. Begriff *Universitas magistrorum et scholarum* [»Körperschaft der Lehrenden u. Lernenden«], der später in *Universitas literarum* [»Gesamtheit der Wiss.«] umgedeutet wurde. Zu den festen Formen eines *Studium generale* brachte es zuerst die im 12. Jh. mit päpstl. Privileg ausgestattete Hochschule zu Paris. Von hier nahm auch die Abstufung der akadem. Grade *(Baccalaureus, Lizentiat, Magister, Doktor)* ihren Ausgang.

**Universum,** Weltall.
**Unken,** *Feuerkröten, Bombina,* zu den *Scheibenzünglern* gehörige Gatt. der *Froschlurche;* Wasserbewohner. Hierzu: Rot- u. Gelbbauchunke (unter Naturschutz). In der Paarungszeit erschallen von den Männchen die melod.-dumpfen »U.rufe«.
**Unkräuter,** widerstandsfähige oder sich stark vermehrende Pflanzen, die auf einem Standort wachsen, an dem sie für den Menschen unerwünscht sind.
**unlauterer Wettbewerb,** geschäftl. Handlungen, die nach dem *Gesetz gegen u.W.* mit Unterlassungsklage u. Schadensersatz verfolgt werden können; insbes.: Kundenfang durch Täuschung, Nötigung, übermäßige Belästigung, psych. Kaufzwang; Behinderung des Mitbewerbers (Boykott u.a.); Plagiat u.a.
**Unmündigkeit,** Minderjährigkeit.
**Unna,** Krst. in NRW, östl. von Dortmund, 60 000 Ew.; Stadtkirche (14. Jh.); Elektro-, Masch.-, Eisen-Ind., Brauerei.
**UNO,** Abk. für engl. *United Nations Organization,* → Vereinte Nationen.
**Unold,** Max, *1885, †1964, dt. Maler u. Graphiker; einer der Hauptvertreter der *Neuen Sachlichkeit.*
**Unpaarhufer,** *Unpaarzeher, Perissodactyla,* zu den *Huftieren* gehörige Ordnung der *Säugetiere,* die die Fam. mit ungerader Zehenzahl umfaßt, u.a. *Nashörner, Tapire, Pferde.*
**Unruh,** Gangregler (Schwungrädchen mit Spiralfeder) in Uhren.

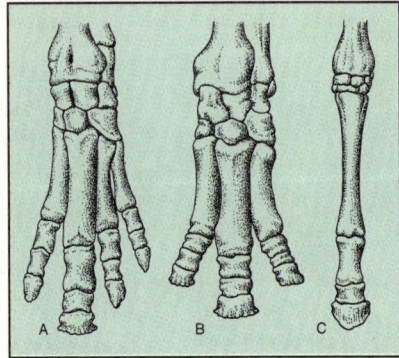

*Unpaarhufer: Skelett des jeweils linken Vorderfußes von A) Tapir, B) Nashorn und C) Pferd. Beim Tapir ist nur der Daumen zurückgebildet, die übrigen Zehen blieben erhalten. Bei den heutigen (rezenten) Nashörnern ist außer dem Daumen auch die fünfte Zehe verschwunden; bei den Pferden sind die zweite und vierte Zehe nur noch in Form der Griffelbeine (Knochen am Fuß) vertreten*

**Unruh,** Fritz von, *1885, †1970, dt. Schriftst.; Dramen u. Erzählungen, in denen Probleme des Gewissens u. militär. Gehorsams eine bes. Rolle spielen.
**Unschärferelation,** *Unbestimmtheitsrelation,* von W. *Heisenberg* aus der Quantentheorie abgeleitete Beziehung zw. der Unschärfe einer Orts- u. einer Impulsmessung für ein Teilchen (z.B. Elektron); besagt, daß Ort u. Impuls eines Teilchens niemals gleichzeitig beliebig genau gemessen werden können.
**Unschlitt,** *Talg, Inselt,* halbfestes, ausgeschmolzenes Gewebefett von Rindern oder Schafen; zur Margarineherstellung sowie für Seifen u. Kerzen.
**Unsöld,** Albrecht Otto Johannes, *20.4.1905, dt. Astrophysiker; Untersuchungen über Sternatmosphären, Radiostrahlen der Milchstraße, Spektralanalyse.
**Unsterblichkeit,** *Athanasie, Immortalität,* bei fast allen Völkern verbreitete Vorstellung von einem Fortleben des Menschen nach dem Tod.

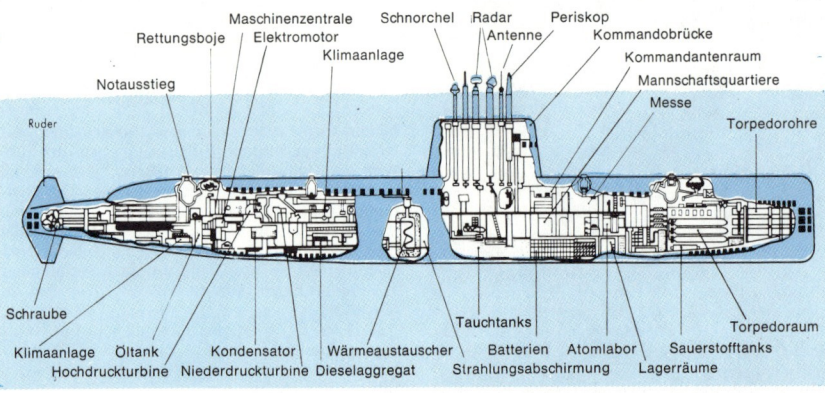

*Unterseeboot mit Kernenergieantrieb (Schema)*

**Unstrut,** l. Nbfl. der Saale, 188 km; mündet bei Naumburg.
**Unterbewußtes,** *Unterbewußtsein,* Gesamtheit der seel. Inhalte u. Vorgänge unterhalb der Schwelle des Bewußtseins.
**Unterbrecher,** elektr. Gerät, das einen Gleichstrom regelmäßig in kurzen Zeitabständen unterbricht, um dessen Inhalte u. U. zuzuführen, z.B. der Zündspule eines Otto-Motors zuzuführen, auch *Wagnerischer Hammer* in der elektr. Klingel.
**Unterernährung,** *Mangelernährung,* durch Nahrungsmangel u. damit Mangel an vielen Nährstoffen hervorgerufener Ernährungszustand. Bes. im Entwicklungsalter kann U. zu bleibenden Schäden führen. Die U. ist für die Ernährungslage eines erhebl. Anteils der Erdbevölkerung kennzeichnend.
**Unterfranken,** bay. Reg.-Bez. um den mittleren Main, 8532 km², 1,2 Mio. Ew., Hptst. *Würzburg;* zeitweilig *Mainfranken* genannt.
**Unterglasurfarben,** keram. Farben zum Auftragen auf das bereits einmal gebrannte Porzellan, das danach glasiert wird.
**Untergrundbahn,** Abk. *U-Bahn,* unterird. elektr. Schnellbahn in Großstädten; oft mit *Hochbahn-Strecken* verbunden. Die erste U. wurde 1863 in London in Betrieb genommen, die erste dt. in Berlin im Jahre 1902.
**Untergrundbewegungen,** geheim arbeitende illegale polit. Vereinigungen.
**Unterhalt,** die erforderl. Mittel für die gesamte Lebensführung; die Verpflichtung, einem anderen U. zu gewähren **(U.spflicht),** besteht nach dem Recht der BR Dtld. nur zw. Verwandten in gerader Linie u. Ehegatten.
**Unterhaltungsmusik,** *U-Musik,* der Unterhaltung dienende, »leichte«, d.h. leicht faßbare Musik zur Unterscheidung von der sog. ernsten Musik (E-Musik); im 20. Jh. v.a. *Tanzmusik* u. *Schlager.*
**Unterhaus,** im dt. Sprachgebrauch übl. Bez. für das *House of Commons* des brit. Parlaments, das für die Gesetzgebung ausschlaggebend ist.
**Unterholz,** niedrig bleibendes Holz, unter *Baumholz* stehend; Schatten ertragende Laubhölzer wie Buche, Hainbuche, Linde, Rüster.
**Unterkühlung, 1.** → Erfrierung. – **2.** instabiler Zustand, bei dem die Temp. so niedrig ist, daß eine Flüssigkeit gefrieren bzw. ein Gas kondensieren könnte; ein unterkühltes Gas heißt auch »übersättigt«.

**Unterlassungsdelikte,** im Strafrecht Straftaten, die durch Unterlassung eines rechtl. gebotenen Tuns begangen werden.
**Unterlassungsklage,** Klage auf Unterlassung bestimmter die Rechtstellung des Klägers beeinträchtigender Handlungen.
**Unterleib,** der menschl. Rumpf vom Zwerchfell an abwärts bis zur Leistengegend.
**Untermieter,** Besitzer einer Sache (bes. von Teilen einer Wohnung) aufgrund eines Mietvertrags nicht unmittelbar mit ihrem Eigentümer, sondern mit einem *Hauptmieter.*
**Unternehmer,** urspr. nur der in eig. Verantwortung (selbst.) u. auf eig. Risiko handelnde Eigentümer einer wirtsch. Unternehmung; später auf *Manager* ausgedehnt.
**Unternehmung,** *Unternehmen,* Erscheinungsform des *Betriebs* in einer freien Wirtsch. (Marktwirtsch.), gekennzeichnet durch wirtsch. Selbständigkeit, Übernahme des Marktrisikos für die von ihr angebotenen Leistungen u. Gewinnstreben; wird gewöhnl. auf die gewerbl. Wirtsch. beschränkt. Nach dem Eigentümer wird zw. *privaten, öffentl.* u. *gemischtwirtschaftl.* U. unterschieden.
**Unteroffiziere,** untere militär. Vorgesetzte.
**Unterricht,** planmäßige Vermittlung von Wissen u. Fähigkeiten, bes. in der Schule.
**Unterschlagung,** rechtswidrige Zueignung einer fremden Sache, die sich (im Unterschied zum *Diebstahl*) im Besitz oder Gewahrsam des Täters befindet, z.B. aufgrund einer Leihe oder Miete, aber auch eines Funds *(Fund-U.);* strafbar.
**Unterschrift,** eigenhändige Niederschrift des eig. Namens *(Namenszug)* unter ein Schriftstück zur förml. Kenntlichmachung seines Urhebers.
**Unterseeboot,** Kurzwort *U-Boot, Tauchboot,* Kriegs- oder Forschungsschiff, das so konstruiert ist, daß es auch unter Wasser fahren kann; taucht durch Aufnahme von Wasserballast in Tauchtanks. Angetrieben wird es über Wasser durch Dieselmotoren, unter Wasser durch Elektromotoren; seit 1954 (»Nautilus«, USA) gibt es auch U. mit Kernenergieantrieb. Die Größe (Wasserverdrängung) von U.en beträgt bis zu 25 000 ts, die Geschwindigkeit 15–20 kn unter Wasser (Atom-U. bis 30 kn), die Tauchtiefe 150 m (Atom-U. bis 500 ), der Aktionsradius 150 sm (Atom-U. tlw. über 100 000 sm). – Versuche, U. zu bauen, gab es bereits im 17. Jh. Der »Brandtaucher« von W. Bauer (1851 Kiel) wurde über einen durch zwei Tretläder angetriebenen Propeller bewegt. Anfang des 20. Jh. nahm man U. in die Kriegsmarine vieler Staaten auf.
**Untersuchungsausschuß,** mit hoheitl. Befugnissen ausgestattetes Gremium des Bundestages, das bestimmte Sachverhalte untersuchen, werten u. darüber Bericht erstatten soll.
**Untersuchungshaft,** kurz *U-Haft,* Freiheitsentziehung zwecks Sicherung des Strafverfahrens. Voraussetzung ist neben dringendem Tatverdacht ein bes., mit bestimmten Tatsachen belegbarer Haftgrund, *Fluchtgefahr* oder *Verdunkelungsgefahr;* bei bestimmten schweren Delikten reicht *Wiederholungsgefahr* aus.
**Untersuchungsrichter,** im Strafprozeß der die gerichtl. Voruntersuchung führende Richter.
**unter Tage,** unter der Erdoberfläche; Ggs.: *über Tage.*
**Untertan,** die im absolutist. Staat übl. Bez. des Staatsangehörigen.

**Unterversicherung,** liegt bei Sachversicherung vor, wenn die versicherte Summe niedriger als der Wert des versicherten Interesses ist.

**Unterwalden,** zentralschweiz. Kt. südl. des Vierwaldstättersees, gegliedert in die beiden polit. selbst. Halbkantone *Obwalden* u. *Nidwalden;* vorwiegend dt.-sprachige kathol. Bevölkerung; → Schweiz.

**Unterwelt, 1.** in der grch. Myth. die Welt der Verstorbenen; von den Flüssen Styx u. Acheron umflossen, vom Höllenhund Zerberus bewacht; geteilt in *Elysium,* den Ort der Seligen, u. *Tartarus,* den Strafort der Verdammten. – **2.** ugs.: zwielichtiges Milieu von Berufsverbrechern, bes. in Großstädten.

**Untiefe,** die Schiffahrt gefährdende flache Stelle.

**Untreue,** vorsätzl. Mißbrauch einer gesetzl., behördl. oder rechtsgeschäftl. eingeräumten *Verfügungsmacht* über Vermögensgegenstände oder einer obliegenden Pflicht, fremde Vermögensinteressen wahrzunehmen.

**Unze,** engl. *Ounce,* Masseeinheit in Großbrit. u. den USA: 1 Ounce = 28,3495 g; internat. Masseeinheit für Sportgeräte (z.B. Boxhandschuhe).

**Unzertrennliche,** *Agapornis,* Gatt. kleiner sperlingsgroßer Papageien aus Afrika u. Madagaskar; mit starken »ehel.« Bindungen.

**Unzucht,** Handlungen, durch die das geschlechtl. Schamgefühl verletzt wird, früher Tatbestandsmerkmal mehrerer → Sexualstraftaten. Die Begriffe U. sowie *unzüchtige Handlung* sind mit der Neufassung des Sexualstrafrechts vom 23.11.1973 durch den Begriff der *sexuellen Handlung* ersetzt worden.

**Unzurechnungsfähigkeit,** fr. Bez. für *Schuldunfähigkeit.*

**Upanischaden,** ind. religiöse Literaturgattung, die *Weden* abschließend. Erstmalig in der ind. Religionsgeschichte tritt hier Mystik auf.

**Updike** [ˈʌpdaik], John (Hoyer), *18.3.1932, US-amerik. Schriftst. (satir. Romane).

**UPI** [juː piː ai], Abk. für *United Press International.*

**Upolu,** zweitgrößte der Samoa-Inseln, 1127 km², 113 000 Ew., Hptst. Apia.

**Uppsala,** *Upsala,* Hptst. der gleichn. mittelschwed. Prov. nw. von Stockholm, 158 000 Ew.; berühmte Univ. (gegr. 1477) u.a. HS, got. Dom (13.–15. Jh.); Metall-, Masch.-, Textil- u. keram. Ind.

**up to date** [ʌp tu dɛit], zeitgemäß, auf dem laufenden.

**Ur** → Auerochse.

**Ur,** seit dem 3. Jt. v. Chr. u. während der Herrschaft der 3. Dynastie von Ur (2070–1950 v. Chr.) zeitweilige Metropole Babyloniens. Nach dem AT Heimat *Abrahams* u. seiner Vorfahren.

**Urabstimmung,** geheime Abstimmung der gewerkschaftsangehörigen Arbeitnehmer über Einleitung u. Durchführung von Arbeitskämpfen.

**Ural, 1.** Mittelgebirge in der Sowj., erstreckt sich, über 2000 km lang, von der Kara-See im N bis zur Kasp. Senke im S u. trennt das Osteurop. vom Westsibir. Tiefland; gilt als Grenze zw. Europa u. Asien; *Gora Narodnaja,* 1894 m. – **2.** tatar. *Jaik,* Fluß in der Sowj., 2534 km; mündet ins Kasp. Meer; Grenzfluß zw. Europa u. Asien.

**Uralsk,** Hptst. der gleichn. Oblast in der Kasach. SSR (Sowj.), 201 000 Ew.; Landmaschinenbau, Textil-, Leder-, Baustoff-, Nahrungsmittel-Ind.; Hafen.

**Urämie,** Harnvergiftung.

**Uran,** ein → chemisches Element.

**Urania,** grch. Muse der Astronomie.

**Uranos,** grch. Himmelsgott; von seinem Sohn *Kronos* abgesetzt u. entmannt.

**Uranus,** Zeichen ♅, einer der großen → Planeten, 1781 von F. W. *Herschel* entdeckt.

**Urartu,** im Altertum Staat in der O-Türkei; durch *Sardur I.* u. 860 v. Chr. durch die Einigung hurrit. Fürstentümer geschaffen.

**Uräusschlange,** bis 2 m lange, hellbraune bis schwarze *Hutschlange* Mittel- u. N-Afrikas, giftig; altägypt. Symbol der Herrscherwürde.

**urban,** städtisch kultiviert, weltstädtisch.

**Urban, 1. U. II.,** eigtl. *Odo von Châtillon* oder *Lagery,* *um 1035, †1099, Papst 1088–99; leitete die Kreuzzugsbewegung ein. – **2. U. VIII.,** eigtl. Maffeo *Barberini,* *1568, †1644, Papst 1623–44; schloß sich aus Furcht vor Spaniens Macht Frankreich an u. unterstützte dadurch indirekt die dt. Protestanten. Unter ihm wurde *Galilei* verurteilt.

**Urbanisation,** Ausbreitung städt. Lebens- u. Siedlungsformen in ländl. Räumen.

**Urbi et orbi,** lat.: »der Stadt (Rom) u. dem Erdkreis«; Formel bei der Spendung des päpstl. Segens vom Balkon der Peterskirche aus.

**Urbino,** ital. Stadt im N der Region Marken, 16 000 Ew.; Univ. (gegr. 1504); Renaissancepalast; enggebaute Altstadt mit Mauern; keram. Ind.

**Urchristentum,** älteste Zeit des Christentums von den Anfängen der ersten Gemeinde zu Jerusalem bis etwa 150, auch Urkirche genannt.

**Urd,** eine der drei *Nornen* der nord. Myth. (Vergangenheit).

**Urdu,** neuind. Sprache, Amtssprache von Pakistan; fr. zus. mit Hindi als *Hindustani* bezeichnet.

**Ureter,** *sekundärer Harnleiter,* paarige Verbindungsröhren zw. Nieren u. Harnblase bei Säugetieren.

**Urey** [ˈjuːri], Harold Clayton, *1893, †1981, US-amerik. Chemiker; Entdecker (1932) des schweren Wasserstoffs (Deuterium); Nobelpreis 1934.

**Urfa,** fr. *Edessa,* im Altertum *Urscha,* türk. Prov.-Hptst. in Obermesopotamien, 195 000 Ew.; Wallfahrtsmoschee; Handelsplatz; Weinanbau; 1098–1144 ein Zentrum der Kreuzfahrer.

**Urfarne** → Pflanzen.

**Urfé** [yrˈfe], Honoré d', *1568 (?), †1625, frz. Schriftst.; schrieb unter dem Einfluß von span. u. ital. Vorbildern den oft nachgeahmten Schäferroman »L'Astrée«.

**Urfehde,** im MA Eidschwur zur Beilegung einer *Fehde.*

**Urft,** r. Nbfl. der Rur (Eifel), 40 km; bei Gemünd die 1900–05 erbaute *U.-Talsperre* (45,5 Mio. m³ Inhalt).

**Urgemeinde,** Jerusalemer christl. Gemeinde bis zur Zerstörung der Stadt im Jahr 70.

**Urgeschichte** → Vorgeschichte.

**Urheber,** der Schöpfer eines Werkes der Literatur, der Musik, der Tanzkunst, der bildenden Künste, eines Filmwerks sowie von Darstellungen wissenschaftl. oder techn. Art.

**Urheberrecht,** Schutz des im Werk wahrnehmbar gewordenen Gehalts geistigen Schöpfens, geregelt im *Ges. über U. u. verwandte Schutzrechte* (U.sgesetz). Das U. ist vererbl. Es erlischt grundsätzl. 70 Jahre nach dem Tod des Urhebers. Das U. an Lichtbildwerken erlischt 25 Jahre nach dem Erscheinen des Werks, jedoch bereits 25 Jahre nach der Herstellung, wenn das Werk innerhalb dieser Frist nicht erschienen ist. Bei Druckwerken spricht man von *Copyright.*

**Uri,** Kt. der → Schweiz, zw. St. Gotthard u. Urner See.

**Uriel** [-riɛl], in spätjüd.-christl. Tradition Name eines Erzengels.

**Urin** → Harn.

**Urinsekten,** *Apterygota,* fr. vielbenutzte Zusammenfassung der Insektenordnungen *Beintaster, Doppelschwänze, Springschwänze* u. *Zottenschwänze.*

**Uris** [ˈjuəris], Leon, *3.8.1924, US-amerik. Schriftst.; schrieb die Roman-Reportage »Exodus«, in der u.a. die Entstehung des Staats Israel dargestellt wird.

**Urkantone,** die 3 schweiz. Kantone Uri, Schwyz u. Unterwalden, die 1291 als Zelle der Schweiz den *Ewigen Bund* schlossen.

*Urnenfelderzeit: bronzener Kultwagen aus Acholshausen. Würzburg, Mainfränkisches Museum*

**Urkirche** → Urchristentum.

**Urknall,** engl. *big bang,* ein überdichter Zustand, aus dem unser Weltall vor etwa 15 Mrd. Jahren hervorgegangen sein dürfte; die damaligen Zustände können physikal. heute noch nicht exakt beschrieben werden.

**Urkunde,** jede überlieferte Fixierung eines histor. Vorgangs in schriftl. Fassung; jedes Schriftstück, mit dessen Inhalt etwas bewiesen werden soll u. dessen Urheber erkennbar ist. – **U.ndelikte,** Vergehen gegen die Sicherheit des Rechtsverkehrs durch *U.nfälschung, U.nunterdrückung, Falschbeurkundung* oder *Verrückung einer Grenze.* – **U.nfälschung,** die Herstellung einer *echten U.,* das Verfälschen einer *echten U.* oder der Gebrauch einer unechten oder verfälschten U. zur Täuschung im Rechtsverkehr; strafbar.

**Urkundenlehre,** *Diplomatik,* Wiss. von den (Kaiser-, Königs-, Papst- u. Privat-)Urkunden; histor. Hilfswissenschaft.

**Urlaub,** Gewährung von grundsätzl. bezahlter Freizeit während eines Arbeits- oder sonstigen Dienstverhältnisses, regelmäßig im Sinne von Erholungs-U. verstanden. Anspruch auf *Bildungs-U.* haben Mitgl. des Betriebsrats sowie Arbeitnehmer zur polit., berufl. oder allg. Weiterbildung im Rahmen hierfür anerkannter Veranstaltungen.

**Urmiasee,** abflußloser, salzhaltiger See in der NW-iran. Prov. Aserbaidschan, 3900–5900 km².

**Urne,** Gefäß zur Aufnahme der Brandrückstände nach der Leichenverbrennung (Feuerbestattung); in Europa bereits in Jungstein- u. Bronzezeit verbreitet u. Zubehör der Brandbestattung.

**Urnenfelderzeit,** Schlußabschnitt der → Bronzezeit, etwa 1200–800 v. Chr.; gekennzeichnet durch die große indoeurop. Wanderungsbewegung am Ende des 2. Jt. v. Chr., mit der die Ausbildung der *Urnenfelder-Kulturen* mit dem Brauch der Brandbestattung in Urnen.

**Urologie,** med. Fachgebiet, dessen Gegenstand die Erkennung u. Behandlung von Erkrankungen der Harnorgane ist.

**Ursache,** Grund für ein Geschehen, Ursprung. Der Zusammenhang zw. U. u. Wirkung wird als Kausalität bezeichnet.

**Urstromtäler,** durch Schmelzwässer der eiszeitl. Gletscher geschaffene breite, flache Talungen an der Stirnseite der versch. Eisrandlagen; in N-Dtld. z.B. zw. Warschau-Berlin.

**Ursula,** Heilige, Märtyrerin in Köln, Zeit unbestimmt; Stadtpatronin von Köln.

**Ursulinen,** *Gesellschaft der hl. Ursula,* kath. weibl. Orden für Erziehung u. Unterricht der weibl. Jugend; 1535 gegr. von *Angela Merici.*

**Urteil, 1.** jede in Form einer sprachl. *Aussage* (Satz) gehaltene Verbindung zweier Vorstellungen, wobei die erste Vorstellung *(Subjekt)* durch die zweite *(Prädikat)* oder weitere Vorstellungen näher bestimmt wird. – **2.** Entscheidung des Richters im Prozeß, Richterspruch; lautet im Strafprozeß auf Verurteilung, Freispruch oder Einstellung des Verfahrens.

**Urtiere** → Protozoen.

**Uruguay,** Fluß in sö. S-Amerika, 1600 km; bildet mit dem *Paraná* den *Rio de la Plata.*

**Uruguay,** Staat in S-Amerika, 177 414 km², 3,1 Mio. Ew., Hptst. *Montevideo.*

Landesnatur. Grassteppen bedecken den völlig

*Landschaft im Ural*

*Uruguay*

ebenen S u. den größten Teil des Hügellandes im N. Das Klima ist subtrop. u. mäßig feucht.
Bevölkerung. Abgesehen von 10% Mestizen u. Mulatten ist die spanischsprechende, meist kath. Bevölkerung europ. Herkunft.
Wirtschaft. Die Viehzucht (v.a. Schafe u. Rinder) liefert rd. 80% des Ausfuhrwerts: Wolle, Häute, Felle, Leder u. Fleisch. Der Ackerbau erbringt bes. bei Reis u. Ölfrüchten Exportüberschüsse. Die Fischerei ist bedeutend. In der Ind. überwiegen Nahrungsmittel-, Leder- u. Textilind.; eingeführte Halbfertigwaren verarbeitet die Metallwaren- u. Elektroind.
Geschichte. U. wurde 1515 von Spanien in Besitz genommen. 1776 wurde es dem Vizekönigreich *Río de la Plata* angegliedert. 1811 begann der Unabhängigkeitskampf unter der Führung von J.G. *Artigas*. 1821–25 war U. brasilianisch. Seit 1828 ist es unabhängige Rep. Im 19. Jh. verursachten ständige Kämpfe zw. den polit. Gruppen (*Colorados* u. *Blancos*) Bürgerkriege u. Anarchie. Erst zur Jahrhundertwende stabilisierte sich das Land. Die Verf. auf der Grundlage eines Kollegialsy-

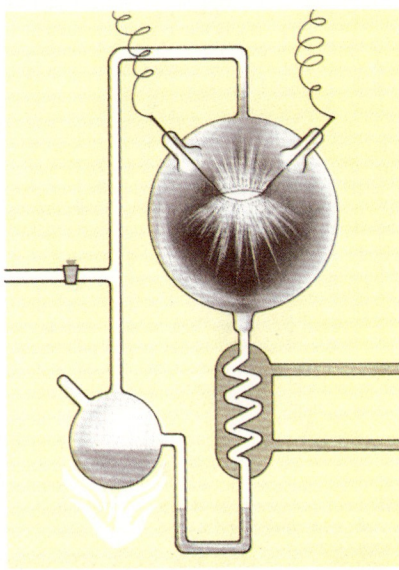

*Urzeugung: Mit dieser Apparatur stellte Stanley Miller organische Verbindungen her, indem er durch eine künstliche »Uratmosphäre« aus Methan, Ammoniak und Wasser elektrische Entladungen (Lichtbogen als Blitze) leitete*

stems sorgte in den 1950er Jahren für innere Ruhe, die vom wirtschaftl. Wachstum begleitet wurde. 1966 wurde durch Plebiszit eine Präsidialverfassung eingeführt. Wirtschaftl. Krisen begünstigten gegen Ende der 1960er Jahre den Terrorismus (Tupamaros). 1973 kam es zum Staatsstreich, das Parlament wurde ausgeschaltet. 1976 übernahmen endgültig die Militärs die Regierungsgewalt. Erst 1984 fanden wieder allgemeine Parlaments- u. Präsidentschaftswahlen statt. Damit war der Rückkehr zu demokrat. Verhältnissen gegeben. Seit 1990 ist L. A. *Lacalle* Staats-Präs.
**Uruk**, heutiger Ruinenhügel *Warka,* das bibl. *Erech,* sumer. Stadtstaat in Mesopotamien, schon im 4. Jt. v. Chr. besiedelt.
**Ürümqi,** *Urumtschi, Urumchi,* Hptst. der chin. Autonomen Region Xinjiang, 1,0 Mio. Ew.; altes Handelszentrum an der Seidenstraße; Univ.; versch. Ind.
**Urwald,** natürl. u. urspr. Form des Waldes, ehe der Mensch verändernd u. gestaltend eingreift.

**Ury,** Lesser, *1861, †1931, dt. Maler u. Graphiker (impressionist. Landschaften u. Straßenszenen).
**Urzeugung,** grch. *Archigonie,* die bis ins 19. Jh. als Tatsache angesehene spontane Entstehung von Lebewesen aus leblosem Material.
**Urzidil,** Johannes, *1896, †1970, östr. Schriftst.; expressionist. Lyrik, sensible Prosa.
**US,** *USA,* amtl. Abk. für *United States (of America),* → Vereinigte Staaten von Amerika.
**Usambaraveilchen,** *Gesneriengewächs* mit rosa oder blauen Blüten, im trop. O-Afrika heimisch.
**Usancen** [y'zãsən], *Handels(ge)bräuche,* meist beschränkt auf Branche u. Ort.
**Usbeken,** *Özbeken,* islam. Turkvolk (12,5 Mio.) Mittelasiens (Usbek., Kirgis., Kasach. SSR, Afghanistan).
**Usbekische SSR,** *Usbekistan,* Teilrep. der Sowjetunion in Mittelasien; größtenteils Tiefland u. ebenes Gebirgsvorland mit ausgedehnten Oasen, 447 400 km², 19 Mio. Ew., Hptst. *Taschkent;* bed. Baumwollanbaugebiet der Sowjetunion.
**Usedom,** Ostsee-Insel im Stettiner Haff, 445 km²; der größere Westteil liegt im NO von Mecklenburg; der Ostteil (mit Swinemünde) untersteht der poln. Wojewodschaft Szczecin; Seebäder.

*Peter Ustinov*

**Ushuaia** [uʃu-], Hptst. des argent. Teils von Feuerland, Hafen am Beagle-Kanal, 7000 Ew.; gilt als südlichste Stadt der Erde.
**Usinger,** Fritz, *1895, †1982, dt. Schriftst., Vertreter einer kosm. Weltsicht.
**Uslar,** Stadt in Niedersachsen, südl. des Solling, 16 000 Ew.; Masch.-, Holz- u. Möbel-Ind., Fremdenverkehr.
**Ussuri,** chin. *Wusuli Jiang,* r. Nbfl. des Amur in Sowj.-Fernost, im Mittel- u. Unterlauf Grenze zur Mandschurei (China), 960 km.
**Uster,** Bez.-Hptst. im Kt. Zürich (Schweiz), an der Aa, 25 000 Ew.; Schloß; Masch.-, Baumwoll-, Elektronik-Ind.
**Ustinov** [-nɔf], Peter Alexander, *16.4.1921, engl. Schauspieler, Regisseur u. Schriftst.; bühnenwirksame Stücke mit zeitgeschichtl. Hintergrund u. exzentr.-grotesken Elementen.
**Ustinow** [-nɔf], Dmitrij Fjodorowitsch, *1908, †1984, sowj. Politiker; 1957–65 stellv. Min.-Präs., seit 1966 Mitgl. des Politbüros, 1976 Verteidigungs-Min.
**Ust-Kamenogorsk,** Hptst. der Oblast *Ostkasachstan* in der Kasach. SSR (Sowj.), 321 000 Ew.; vielseitige Ind.; Flußhafen.
**Usurpator,** der durch Revolution oder Putsch *(Usurpation)* zur Herrschaft gelangte Machthaber.

*Utah: Der Arches National Park bietet eine Fülle derartiger Erosionsformen*

**Usus,** Brauch, Sitte.
**Utah** ['juːtaː], Abk. *U.,* westl. Gliedstaat der → Vereinigten Staaten von Amerika.
**Utamaro** → Kitagawa Utamaro.
**Uterus** → Gebärmutter.
**U Thant,** Sithu, *1909, †1974, birm. Politiker; 1961–71 Generalsekretär der UN.
**Utica,** phöniz. Kolonie in N-Afrika, nw. von Karthago; nach dessen Zerstörung 146 v.Chr. Hptst. der röm. Prov. *Africa proconsularis.*
**Utilitarismus,** auch *Utilismus,* Nützlichkeitsstandpunkt; in der Ethik Bez. für eine Denkrichtung, die den Zweck alles menschl. Handelns in dem Nutzen sieht, der dadurch für den einzelnen oder die Gemeinschaft gestiftet wird.
**Utopie,** allg.: unerfüllbarer Wunschtraum, nicht zu verwirklichender Plan. – Das »Land Nirgendwo«, nach T. *Mores* Staatsroman »Utopia« (1516) geprägte Bez. für einen in Gedanken konstruierten Idealzustand von Staat u. Gesellschaft; i.w.S. jedes nicht realisierbare Zukunftsbild.
**Utrecht** ['yːtrɛxt], Hptst. der gleichn. ndl. Prov., am Merwede-Kanal im Rhein-Delta, 229 000 Ew.; got. Dom, mittelalterl. Kirchen u. Bauwerke; Univ. (1636), bed. Museen; Metall-, Masch.-, Textil- u.a. Ind.; Schiffbau, Handels- u. Verkehrszentrum. – 1579 erfolgte der Zusammenschluß der 7 nördl. Prov. der Ndl. zur *U.er Union* gegen die span. Herrschaft. Der *Friede von U.* (1713) beendete den *Span. Erbfolgekrieg.*
**Utrillo** [-'triljo], Maurice, *1883, †1955, frz. Maler; stimmungsvolle Ansichten von Pariser Straßen u. Plätzen (Montmartre).
**Utsunomiya,** jap. Präfektur-Hptst. nördl. von Tokio, 412 000 Ew.; Oyaji-Tempel (9. Jh.); landw. Handelszentrum.
**Uttar Pradesh** ['utər prə'deːʃ], Bundesstaat von → Indien, umfaßt hpts. die obere u. mittlere Gangesebene.
**UV-Filter,** *Ultraviolett-Sperrfilter,* ein photograph. Aufnahmefilter, der den Ultraviolettanteil des Sonnenlichts zurückhält.
**Uxmal** [ux-], in NW-Yucatán (Mexiko) gelegene Ruinenstätte der Maya.
**Uz,** Johann Peter, *1720, †1796, dt. Rokoko-Dichter; Anakreontiker.

*Maurice Utrillo: Le Jardin de Montmagny. Paris, Musée d'Art Moderne*

# V

**v, V,** 22. Buchstabe des dt. Alphabetes.
**V, 1.** chem. Zeichen für *Vanadium*. – **2.** Kurzzeichen für Volt. – **3.** röm. Zahlzeichen für 5.
**Vaal,** r. Nbfl. des Oranje (Südafrika), 1200 km.
**Vaasa,** schwed. *Vasa,* finn. Prov.-Hptst., Hafenstadt am Bottn. Meerbusen, 54 000 Ew.; HS; Holz-, Masch.-, Zucker- u. Textil-Ind.
**Vaculík** [ˈvatsuli:k], Ludvik, *23.7.1926, tschech. Schriftst. u. Publizist; gehörte 1977 zu den Initiatoren der Bürgerrechtsbewegung »Charta 77«.
**Vademecum** [lat., »geh mit mir«], Taschenbuch, Ratgeber, Wegweiser; fr. in Buchtiteln.
**Vadim,** Roger, *26.1.1928, frz. Filmregisseur; W »Gefährliche Liebschaften«.
**Vadodara,** ehem. *Baroda,* ind. Distrikt-Hptst. im Bundesstaat Gujarat, 734 000 Ew.; Univ.; landw. Handelszentrum; Erdölraffinerie.
**vadoses Wasser,** unterird. Wasser, das den oberen Erdschichten entstammt.
**Vaduz,** Hptst. des Fürstentums Liechtenstein, am Rhein, 5000 Ew.; Sitz zahlr. internat. tätiger Firmen; Burg V. Sitz des regierenden Fürsten.
**Vagabund,** Landstreicher.
**Vagantendichtung,** weltl. lat. Lyrik des MA; überwiegend Lieder u. Sprüche über Liebe, Spiel u. Wein oder Spottgedichte auf die Kleriker; in ganz Europa verbreitet. Die **Vaganten** (in Frankreich auch *Goliarden*) waren meist fahrende (d.h. wandernde) Kleriker oder Scholaren.
**Vagina,** *Scheide,* rd. 10 cm langer, dehnungsfähiger Gewebeschlauch der Frau zw. Gebärmutter u. den äußeren Geschlechtsteilen, der von einer Schleimhaut mit vielen Querfalten ausgekleidet ist.
**Vagotonie,** erhöhter Spannungszustand der vom *Vagus* versorgten Gebiete; langsamer, u.U. unregelmäßiger Puls.
**Vagus,** *Nervus vagus,* der 10. Gehirnnerv; Nerv mit motor. u. rezeptor. Fasern, der die inneren Organe versorgt.
**Vaihingen an der Enz,** Stadt in Ba.-Wü., 23 000 Ew.; Schloß, Elektro-Ind., Maschinenbau.
**Vaihinger,** Hans, *1852, †1933, dt. Philosoph; bek. als Kantforscher.
**Vajrayana** [vadʒra-], *Wadschrayana,* vom *Tantrismus* geprägte Form der buddist. Religion; Ziel ist Erlösung u. geistige Vervollkommnung.
**vakant,** offen, unbesetzt. – **Vakanz,** offene, unbesetzte Stelle.
**Vakuole,** flüssigkeitsgefüllter Raum im Zytoplasma.
**Vakuum,** ein (in der Praxis nur näherungsweise herstellbarer) luftleerer Raum; z.B. in Elektronenröhren u. Glühlampen.
**Vakzination,** Schutzimpfung mit **Vakzine,** urspr. der vom Kalb gewonnene Impfstoff zur Pockenschutzimpfung; heute Bez. für alle Impfstoffe mit toten oder lebenden Erregern.
**Valadon** [-ˈdɔ̃], Marie-Clémentine, gen. Suzanne V., *1867, †1938, frz. Malerin u. Graphikerin; Mutter von Maurice *Utrillo.*
**Valdivia,** Hptst. der südchilen. Provinz, Hafenstadt am Pazifik (Vorhafen *Corral*), 120 000 Ew.; Univ.; Handels- u. Ind.-Zentrum; 1960 durch Erdbeben stark zerstört.
**Valdivia,** Pedro de, *1500, †1553, span. Konquistador; begann 1540 mit der Eroberung Chiles.
**Valence** [vaˈlɑ̃s], *V.-sur-Rhône,* Stadt in der Dauphiné, 66 000 Ew.; roman. Kathedrale (11. Jh.), landw. Markt; Metall- u. Textil-Ind.
**Valencia** [-θia], **1.** alte Hptst. des ehem. Königreichs V., drittgrößte Stadt Spaniens, am Turia, in der sehr fruchtbaren *Huerta de V.,* 764 000 Ew.; Univ. (1500), Kathedrale (13.–15. Jh.); bed. andere histor. Bauten; Handelszentrum; versch. Ind.; Hafen *El Grao;* Hptst. der gleichn. Prov. – **2.** Hptst. des venezol. Bundesstaats Carabobo, westl. des **V.-Sees** (400 km²), 1,1 Mio. Ew.; Univ.; landw. Zentrum; versch. Ind.
**Valenciennes** [valɑ̃ˈsjɛn], Stadt im frz. Dép. Nord, an der Schelde, 40 000 Ew.; im Mittelpunkt eines Steinkohlenbeckens mit entspr. Ind.; weltberühmte Spitzenwirkwaren (*V.-Spitze*).
**Valens,** Flavius, *328, †378 (gefallen), röm. Kaiser 375–378; von seinem Bruder *Valentinian I.* 364 zum Mitkaiser für den O ernannt.
**Valente,** Caterina, *14.1.1931, Schlagersängerin u. Tänzerin; erfolgreich als Schallplatten-, Fernseh- u. Filmstar.
**Valentin,** [ˈfa-], Karl, eigtl. Valentin *Fey,* *1882, †1948, Münchner Komiker; schrieb u. spielte (mit seiner Partnerin L. *Karlstadt*) Szenen u. Dialoge von hintergründigem Witz.
**Valentin,** Heiliger, Priester in Rom, im 3. Jh. hingerichtet; Patron gegen die Fallsucht; seit dem 14. Jh. ist der V.stag am 14.2. Festtag der Jugend u. der Liebenden.
**Valentinian, 1.** Flavius *Valentinianus I.,* *321, †375, Kaiser 364–375; erhob seinen Bruder *Valens* u. seinen Sohn *Gratian* zu Mitkaisern. – **2.** *Valentinianus III.,* *419, †455 (ermordet), weström. Kaiser 425–455; ließ seinen Feldherrn *Aetius* ermorden u. wurde selbst von dessen Anhängern erschlagen; verlor Britannien u. Africa.
**Valentino,** Rudolph, eigtl. *Guglielmi di Valentino d'Antonguella,* *1895, †1926, US-amerik. Filmschauspieler ital. Herkunft; als Liebhaber ein großer Filmstar der 1920er Jahre in: »Der junge Rajah«, »Der Sohn des Scheichs«.
**Valenz** → Wertigkeit.
**Valera** [vəˈlɛ:rə], Eamon de, *1882, †1975, ir. Politiker; führte 1922/23 den Bürgerkrieg für die volle Unabhängigkeit ganz Irlands, gründete 1926 die Partei *Fianna Fáil;* 1932–48, 1951–54 u. 1957–59 Regierungschef, 1959–73 Staats-Präs.
**Valerian,** Publius Licinius *Valerianus* *190, †260, 253–260 röm. Kaiser; 260 von den Persern bei Edessa geschlagen u. gefangengenommen.
**Valéry** [valeˈri], Paul Ambroise, *1871, †1945, frz. Schriftst.; symbolist. Lyrik.
**Valeurs** [vaˈlø:r], Farbabstufungen in der Malerei.
**Valla,** Lorenzo, eigtl. L. della *Valle,* *1406/07, †1457, ital. Humanist; erkannte die »Konstantin. Schenkung« als Fälschung.
**Valladolid** [valjaðoˈlið], span. Prov.-Hptst. auf dem Hochland von Altkastilien, am Pisuerga, 335 000 Ew.; Univ. (gegr. 1346); histor. Bauten; versch. Ind.; Getreidehandel.
**Vallendar** [ˈfa-], Stadt in Rhld.-Pf., am Rhein, 9000 Ew.; Kneippkurort; Kath. Theol. HS.
**Vallet** [vaˈlɛ], Édouard, *1876, †1929, schweizer. Maler u. Graphiker (Motive aus der Schweiz).
**Valletta,** *Valetta,* fr. *La V.,* Hptst. der Mittelmeerinsel u. des Staates Malta, 9000 Ew.; Renaissance-Kathedrale, Univ. (1769), Tiefwasserhafen, Schiffbau, Fischerei; 1566 von Jean de la *Valette,* Großmeister des Malteserordens, als Festung gegr.; ehem. brit. Flotten- u. Luftstützpunkt.
**Valloton** [-tɔ̃], Félix, *1865, †1925, schweiz. Maler u. Graphiker; Wegbereiter der Neuen Sachlichkeit.
**Valois** [vaˈlwa], frz. Herzogs- u. Königsgeschlecht, Seitenlinie der *Kapetinger.*
**Valparaíso,** Hptst. der gleichn. chilen. Region, Hafenstadt nw. von Santiago, 279 000 Ew.; Univ., TH, Marine-HS; bed. Ind.-Zentrum mit Gießereien, Werften, Bekleidungs- u. Masch.-Ind.
**Valuta, 1.** Währung. – **2.** der Termin, von dem an die Verzinsung oder eine Zahlungsfrist läuft.
**Vamp** [væmp], mondäner Frauentyp.
**Vampir** [auch -ˈpir], im slaw., vereinzelt auch im ostdt. Volksglauben ein fledermausähnl. Wiedergänger, der Schlafenden das Blut aussaugt.
**Van,** Prov.-Hptst. in der O-Türkei, 121 000 Ew.; Handelszentrum.
**Vanadium,** *Vanadin,* ein → chemisches Element.
**Van-Allen-Gürtel** [væn ˈælɪn-] → Strahlungsgürtel.
**Vancouver** [vænˈku:və], wichtigste kanad. Hafenstadt am Pazifik, in British Columbia, 431 000 Ew.; Univ.; Handelszentrum; Holz-, Nahrungsmittel-, Metall- u. Textil-Ind.; Erdölraffinerien, Schiffbau. – **V.-Insel,** gebirgige Insel vor u. Teil von British Columbia (W-Kanada), 31 284 km², 400 000 Ew.; Hptst. *Victoria.*
**Vančura** [ˈvantʃura], Vladislav, *1891, †1942 (ermordet), tschech. Schriftst. (expressionist. Romane u. Erzählungen).
**Vandalen** → Wandalen.
**Vanderbilt** [ˈvændə-], Cornelius, *1794, †1877, US-amerik. Finanzmann; der reichste Amerikaner seiner Zeit.
**Vane** [ˈveɪn], John R., *29.3.1927, brit. Pharmakologe; erhielt zus. mit S. K. *Bergstrøm* u. B. I. *Samuelson* für bahnbrechende Forschungen über die Prostaglandine u. verwandte biolog. aktive Wirkstoffe den Nobelpreis für Med. u. Physiologie 1982.
**Vänern,** See in S-Schweden, 5585 km², Abfluß durch den Göta Älv.
**Vanille** [vaˈnɪljə], *Vanilla,* urspr. in Mexiko heim., in den Tropen verbreitete Gatt. der *Orchideen;* wirtsch. von Bed. ist die *Echte V. (Flachblättrige V.).* Die frischen Früchte sind geruchlos; sie erhalten die schwarze Farbe u. das *V.-Aroma* erst im

*Karl Valentin (links) und Liesl Karlstadt in »Die Raubritter von München«; 1930*

*Rudolph Valentino in »Der Sohn des Scheichs«, 1926*

**Vanitas**

Lauf einer Fermentierung, wobei **Vanillin** entsteht, eine farblose, kristalline aromat. Verbindung mit vanilleartigem Geruch; wird auch synthet. gewonnen; in der Nahrungs- u. Genußmittelind. verwendet.

**Vanitas,** Bez. für die auf das AT zurückgehende Vorstellung von der Vergänglichkeit alles Irdischen.

**Vannes** [van], Verw.-Sitz des W-frz. Dép. Morbihan, in der Bretagne, 42 000 Ew.; Kathedrale (13.–15. Jh.); Reste der Stadtmauer; Nahrungsmittel-, Metall-, Gummi- u. Textil-Ind.

**Van-See,** abflußloser, salzhaltiger See in der O-Türkei, 1710 m ü.M., 3764 km², bis 100 m tief.

**Vanuatu,** bis 1980 *Neue Hebriden,* Inselstaat im Pazifik, 12 189 km², 145 000 Ew. (vorw. prot. Me-

*Vanuatu*

lanesier), Hptst. *Vila.* V. besteht aus rd. 80 gebirgigen Vulkaninseln. Hauptexportprodukt ist Kopra. Holzwirtschaft u. Fremdenverkehr haben wachsende wirtschaftl. Bedeutung.
Geschichte. Die Inselgruppe wurde 1606 von Spaniern entdeckt. Die Ansiedlung von Weißen auf den Inseln, die *Neue Hebriden* genannt wurden, begann 1839. Seit 1907 bestand ein brit.-frz. Kondominium. 1980 erhielt die Inselgruppe als *Rep. V.* die Unabhängigkeit.

**Van Vleck,** John Hasbrouck, *1899, †1980, US-amerik. Physiker; Arbeiten über das chem.-physikal. Verhalten von Fremdatomen in Kristallen; zus. mit P. W. *Anderson* u. N. F. *Mott* Nobelpreis für Physik 1977.

**Var,** Küstenfluß in SO-Frankreich, 120 km.

**Varanasi,** bis 1960 *Benares,* ind. Distrikt-Hptst. in Uttar Pradesh, am mittleren Ganges, 709 000 Ew.; wichtigster der 7 heiligsten ind. Wallfahrtsorte der Hindu mit zahlr. Tempeln, Palästen u. Schreinen; geistiges Zentrum (Univ.); bed. Ind.-Stadt.

**Varda,** Agnès, *30.5.1928, frz. Filmregisseurin; W »Die eine singt, die andere nicht«, »Vogelfrei«.

**Vardar,** griech. *Axios,* jugoslaw.-griech. Fluß, 388 km; mündet in den Thermäischen Golf.

**Varel** ['fɑ:rəl], Stadt in Oldenburg (Nds.), südl. vom Jadebusen, 24 000 Ew.; Wehrkirche (13. Jh.); Fremdenverkehr.

**Varese,** ital. Prov.-Hptst. in der Lombardei, östl. vom Lago Maggiore, 88 000 Ew.; bed. Ind.-Stadt; Fremdenverkehr; Wallfahrtsort.

**Varèse** [va'rɛːz], Edgar, *1885, †1965, US-amerik. Komponist frz. Herkunft; Vorläufer u. Anreger der »Musique concrète«.

**Varga,** Jenő, *1879, †1964, sowj. Politiker u. Ökonom ung. Herkunft; Wirtschaftsberater Stalins, fiel 1947 in Ungnade, 1949 rehabilitiert.

**Vargas Llosa** [-ljɔsa], Mario, *28.3.1936, pe-

*Varanasi: Hindus beim heiligen Bad im Ganges*

ruan. Schriftst.; Vertreter des magischen Realismus, sozialkrit. Schilderer des lateinamerik. Lebens; W »Die Stadt u. die Hunde«.

**Varia,** Allerlei, Verschiedenes, Mannigfaltiges.

**Variabilität,** Veränderlichkeit, Streuung.

**Variable,** *Veränderliche,* math. Bez. für ein in einer Aussageform auftretendes Leerstellenzeichen (Platzhalter), meist ein Buchstabe.

**variable Kosten,** Kosten, die in ihrer Höhe mit einer Kosteneinflußgröße variieren.

**Variante,** veränderte Form, Abart, Spielart.

**Varianz,** *Statistik,* das Quadrat der *Streuung;* arithmet. Mittel der quadrat. Abweichungen vom Mittelwert einer Stichproben- oder Meßreihe.

**Variation,** Verschiedenheit, Abwandlung.

**Varietät,** Abart, Spielart.

**Varieté,** ein im späten 19. Jh. aus den »Music-Halls« u. »Cabarets« entstandenes Bühnenunternehmen, das bes. artist. Fertigkeiten geistiger u. körperl. Art bietet.

**Variometer,** Bordinstrument, das die Steig- u. Sinkgeschwindigkeit eines Flugzeugs anzeigt, indem es die zeitl. Änderung des Luftdrucks mißt.

**Varioobjektiv** → Zoomobjektiv.

**Varistor,** elektr. Bauteil mit spannungsabhängigem Widerstand, zum Schutz von elektr. Geräten gegen Überspannungen u. für Regelzwecke.

**Variszisches Gebirge,** *Variskisches Gebirge,* das im Erdaltertum in mehreren geolog. Phasen aufgefaltete, 500 km breite Hochgebirge, das von den Sudeten über S-Belgien u. Frankreich bis nach Wales reichte; der Kern der mitteleurop. Mittelgebirge.

**Värmland,** Ldsch. u. Prov. (Län) in Mittelschweden, Hptst. *Karlstad,* wald- u. seenreiches Bergland.

**Varmus** ['vɑ:məs], Harold E., *18.12.1939, US-amerik. Mediziner; arbeitete über Onkogene, die an der Krebsentstehung beteiligt sind; erhielt zus. mit M. J. *Bishop* den Nobelpreis für Medizin 1989.

**Varna,** *Warna,* bulg. Hafen- u. Bez.-Hptst. am Schwarzen Meer, 302 000 Ew.; Seebad; Univ.; Masch.- u. Schiffbau, versch. Ind.; Fremdenverkehr.

**Varnhagen von Ense,** Karl August, *1785, †1858, dt. Schriftst.; zeitgeschichtl. bed. Erzählwerke.

**Varus,** Publius Quintilius, *um 46 v.Chr., †9 n. Chr., röm. Feldherr; beging Selbstmord nach der **V.-Schlacht,** *Hermannsschlacht,* am Teutoburger Wald 9 n. Chr., in der der Cheruskerfürst *Armin* an der Spitze eines Bundes germ. Völker drei röm. Legionen vernichtete. Der Schlachtort ist unbekannt; nördl. von Osnabrück Münzfunde.

**Vasall,** Lehnsmann, Gefolgsmann, Abhängiger.

**Vasallenstaat,** ein trotz formeller Selbständigkeit abhängiger, einem anderen Staat (Großmacht) zu polit. Gefolgschaft verpflichteter Staat.

**Vasarély** [vazare'li], Victor de, *9.4.1908, frz. Maler u. Graphiker ung. Herkunft; Schüler von L. *Moholy-Nagy,* Repräsentant des *Op-Art.*

**Vasari,** Giorgio, *1511, †1574, ital. Maler, Baumeister u. Kunstschriftst.; Manierist.

**Vasco da Gama** → Gama.

**Vase,** seit etwa 1700 gebräuchl. Bez. für kunsthandwerkl. oder industriell hergestellte Blumengefäße aus Porzellan, Glas, Stein u.a., auch für antike Tongefäße.

**Vasektomie,** *Vasoresektion,* chirurg. Eingriff zur Unfruchtbarmachung (Sterilisierung) des Mannes.

**Vaseline,** halbfestes, salbenartiges Gemisch gesättigter aliphat. Kohlenwasserstoffe.

**vasomotorische Reaktionen,** Erweiterung oder Verengung der Blutgefäße durch versch. Spannungszustände der glatten Gefäßmuskeln unter der Wirkung der Gefäßnerven *(Vasomotoren):* Sympathikus (gefäßverengend) oder des Parasympathikus *(Vagus,* erweiternd).

**Vassiliou** [vasil'iu], Georgios, *20.5.1931, grch.-zypr. Politiker (Unabhängiger), seit 1988 vom grch. Bevölkerungsteil gewählter Staats-Präs.

**Västerås** [-oːs], *Vesterås,* Hptst. der mittelschwed. Prov. (Län) Västmanland, am Nordufer des Mälaren, 118 000 Ew.; roman.-got. Dom, Schloß; Metall-, Masch.-, Elektro- u. Flugzeug-Ind.

**Västerbotten,** N-schwed. Ldsch. u. Prov. (Län), Hptst. *Umeå;* seenreiches Bergland.

**Västergötland** [-jøːt-], S-schwed. Ldsch. zw. Vänern u. Vättern, hügeliges Waldland.

**Västmanland,** Ldsch. in Mittelschweden, nördl. des Mälaren, Hptst. *Västerås.*

*Schlußsitzung des Zweiten Vatikanischen Konzils in der Peterskirche*

**Vaszary** ['vɔsɔri], Gábor von, *1905, †1985, ung. Schriftst. (Unterhaltungsromane).

**Vaterländische Front,** von E. *Dollfuß* 1933 gegr., gegen Austromarxismus u. Nat.-Soz. gerichteter Zusammenschluß aller regierungstreuen Gruppen Östr.; 1938 aufgelöst; Symbol: Krückenkreuz.

**Vatermörder,** steifer, hoher Kragen.

**Vaterrecht,** Vorrang des Vaters in der Familien- u. Erbrechtsordnung (Ggs.: *Mutterrecht*). In einer vaterrechtl. Gesellschaftsordnung, bes. bei Hirtenvölkern, werden Stellung, Erbrecht u. Verwandtschaft des einzelnen nach seiner Abstammung in väterl. Linie gerechnet.

**Vaterschaft,** Verhältnis zw. Vater u. Kind, bedeutsam im ehel. Kindschaftsrecht u. im Recht der nichtehel. Kinder. Der Feststellung der V. dient die med. oder anthropolog. *V.sbestimmung.*

**Vaterunser,** *Paternoster,* »Gebet des Herrn«, das Jesus seinen Jüngern als Anleitung zum rechten Beten gab; in zwei Fassungen überliefert: Matth. 6 u. Lukas 11.

**Vatikan,** Hügel *(Monte Vaticano)* im W Roms, auf dem sich im röm. Altertum der Zirkus des Nero befand, die Martyriumsstätte Petri; *Konstantin d. Gr.* errichtete dort die Peterskirche; heute Residenz des Papstes.

**Vatikanisches Konzil, 1.** *Vaticanum, Erstes V. K.,* das 1869/70 im Vatikan gehaltene Konzil (im kath. Sinn als »ökumenisch« bezeichnet), von Papst *Pius IX.* einberufen; dogmatisierte die Leitungsgewalt des Papstes sowie seine Unfehlbarkeit bei Lehrentscheidungen. – **2.** *Zweites V. K.,* das Konzil 1962–65 im Vatikan; von Papst *Johannes XXIII.* einberufen u. von *Paul VI.* weitergeführt zur Selbsterneuerung der kath. Kirche u. zur Wiederannäherung der christl. Kirchen.

**Vatikanstadt,** ital. *Stato della Città del Vaticano,* Stadtstaat (kleinster der Erde) im westl. Rom, am rechten Tiberufer, umfaßt 0,44 km² mit 1000 Ew. (Kleriker).

*Vatikanstadt*

Geschichte. Die V. ist religiöses u. polit. Zentrum der röm.-kath. Kirche, territoriale Grundlage der päpstl. Souveränität; Nachfolgestaat des Kirchenstaats. Sie erhielt ihren Status als souveräner, völkerrechtsfähiger Staat durch die 1929 zw. dem

Papst u. dem Kgr. Italien abgeschlossenen *Lateranverträge* u. wird seit dem Staatsgrundsetz vom 7.6.1929 wie eine absolute (Wahl-)Monarchie regiert. Oberste gesetzgebende, vollziehende u. richterl. Gewalt liegt in den Händen des Papstes.

**Vatnajökull,** größter Plateaugletscher Islands, 8410 km², 2000 m hoch.

**Vättern,** See in S-Schweden, sö. vom Vänern, 1912 km², bis 119 m tief.

**Vauban** [voˈbã], Sebastien le Prestre de, *1633, †1707, frz. Volkswirtschaftler u. Festungsbaumeister; gehört zu den Begr. der Statistik.

**Vaudeville** [vodəˈviːl], urspr. Spottlied in der Normandie, im 18. Jh. heiteres Bühnenstück mit Gesangseinlagen (Couplets), oft mit satir. Tendenz; in den USA, auch unter dem Namen *Music-Hall*, eine Art Varieté.

**Vaughan** [vɔːn], Henry, *1622, †1695, walis. Dichter; schrieb in engl. Sprache myst. Gedichte.

**Vaughan Williams** [vɔːn ˈwiljəms], Ralph, *1872, †1958, engl. Komponist; griff auf das engl. Volkslied u. die Musik der Tudorzeit zurück; Opern, Ballette, Kirchenmusik, Sinfonien, Kammermusik, Lieder.

**Växjö** [ˈvɛkʃø], *Vexjö*, Hptst. der S-schwed. Prov. (Län) Kronoberg, 67 000 Ew.; Dom (13. Jh.), Univ.; Handelsplatz.

**VDE** Abk. für *Verband Deutscher Elektrotechniker e.V.*

**VDI,** Abk. für *Verein Deutscher Ingenieure.*

**VDS,** Abk. für *Verband Deutscher Studentenschaften.*

**VEB,** Abk. für *Volkseigener Betrieb.*

**Veblen,** Thorstein Bunde, *1857, †1929, US-amerik. Soziologe u. Nationalökon; W̄ »Die Theorie der feinen Leute«.

**Vechta** [ˈfɛçta], Krst. im Oldenburger Land, Nds., 24 000 Ew.; Bau landw. Maschinen.

**Vedova,** Emilio, *9.8.1919, ital. Maler; expressionist. Arbeiten mit sozialkrit. Tendenz.

**Veduten,** 1. wirklichkeitsgenaue Ansicht einer Landschaft oder Stadt; bes. in der ital. Kunst des 18. Jh. gepflegt. – 2. im Festungsbau des 15.–18. Jh. ein hochgelegener oder vorgeschobener Beobachtungspunkt.

**Veen** [veːn], Hermann van, *14.3.1945, ndl. Liedermacher; seine Lieder spielen bes. auf emotionale Reaktionen an.

**Vega Carpio,** Lope Félix de, kurz *Lope de Vega* gen., *1562, †1635, span. Dichter; seit 1590 Sekretär des Herzogs Alba, später des Grafen Lemos; prägte die klass. Form der *Comedia* mit 3 Akten, wechselnden Versmaßen u. der Figur des »Gracioso« (des lustigen Gegenspielers des Helden); von seinen mehr als 1500 Comedias sind etwa 500 erhalten; am bekanntesten ist »Der Richter von Zalamea«.

**Vegetabilien,** Pflanzen, Pflanzenstoffe, bes. die pflanzl. Nahrungsmittel.

**Vegetarier,** jemand, der sich nur von pflanzl. Kost ernährt.

**Vegetation,** Pflanzenwuchs, Pflanzendecke; Gesamtheit der Pflanzenwelt eines Gebiets.

**Vegetationspunkt,** Initialzone, aus der sich das Bildungsgewebe der pflanzl. Sproß- u. Wurzelspitzen *(Vegetationskegel)* entwickelt.

**Vegetationszonen,** Teile der Erdoberfläche mit bestimmten vorherrschenden Pflanzengesellschaften; sie verlaufen breitenkreisparallel u. entsprechen ungefähr den Klimazonen. Es sind folgende wichtigste V. zu unterscheiden (von N nach S): Tundra, borealer Nadelwald, Mischwald, Steppe, subtrop. Halbwüste u. Wüste, Savanne u. trop. Regenwald.

**vegetativ,** 1. pflanzl., zur Vegetation gehörig; ungeschlechtl., z.B. *v.e Vermehrung*. – 2. dem Willenseinfluß entzogen, autonom.

**vegetative Dystonie,** Abk. *VD*, sehr verschiedengestaltiges Krankheitsbild, dessen Ursachen in einer funktionellen Störung des Gleichgewichts zw. sympathischem u. parasympathischem Anteil des vegetativen Nervensystems liegen.

**vegetatives Nervensystem** → Nervensystem.

**vegetieren,** kümmerl. dahinleben.

**vehement,** heftig, ungestüm.

**Vehikel,** (altes, altmod., schlechtes) Fahrzeug.

**Veil** [vɛj], Simone, *13.7.1927, frz. Politikerin (Liberale); 1979–82 Präs. des Europ. Parlaments; erhielt 1981 als erste Frau den Karlspreis.

**Veilchen,** *Viola*, artenreiche Gatt. der *V.gewächse* (→ Pflanzen). Von den dt. Arten sind bes. verbreitet: März-V., Rauhes V., Wald-V., Hunds-V.

**Veitshöchheim,** Gem. in Unterfranken (Bay.), am Main, nw. von Würzburg, 9000 Ew.; Barockschloß u. Rokokogarten; Akad. für Wein-, Obst- u. Gartenbau.

**Veitstanz,** *Chorea*, Erkrankung des Nervensystems mit unwillkürl. Muskelzuckungen u. ungeordneten Bewegungen.

**Veji,** Stadt der Etrusker nördl. von Rom; gehörte zum *Zwölfstädtebund*; 396 v.Chr. zerstört.

**Vejle** [ˈvailə], *Veile*, Hptst. der gleichn. dän. Amtskommune u. Hafenstadt an der Ostküste Jütlands, 50 000 Ew.; Dom (12. Jh.); Textil- u. Masch.-Ind.

**Vektor,** Klasse von gleich langen u. gleich gerichteten Pfeilen im math. *V.-Raum*; in der Physik durch Betrag u. Richtung gegebene Größe, z.B. Kraft, Feldstärke.

**Velázquez** [vɛˈlaθkɛθ], *Velasquez*, Diego Rodriguez de Silva, *1599, †1660, span. Maler; seit 1623 Hofmaler Philipps IV., Hauptvertreter des span. Barocks. Den Höhepunkt seiner Kunst bildet mit skizzenhaft leichtem Farbauftrag das Spätwerk, das von Bildnissen (Papst Innozenz X., Infantin Marguerita u.a.) u. »Las Meninas« gekrönt wird.

**Velbert,** Stadt in NRW nw. von Wuppertal, 87 000 Ew.; Zentrum der Schloß- u. Beschläge-Ind.

**Velde,** 1. Adriaen van de, *1636, †1672, ndl. Maler u. Radierer; anmutige, hellfarbige Landschaften. – 2. Esaias van de, *um 1591, †1630, ndl. Maler u. Radierer; figurenbelebte Sommer- u. Winterlandschaften. – 3. Henry van de, *1863, †1957, belg. Architekt u. Kunstgewerbler; arbeitete hpts. in Dtld. u. hatte großen Einfluß auf die Entwicklung des *Jugendstils*. – 4. Theodor Hendrik van de, *1873, †1937, ndl. Frauenarzt u. Sexualforscher; W̄ »Die vollkommene Ehe«. – 5. Willem van de, *1633, †1704, ndl. Maler; seit 1673 engl. Hofmaler; Hafenansichten, Seestürme, Seeschlachten.

**Veldeke** → Heinrich von Veldeke.

**Velden am Wörthersee,** östr. Markt in Kärnten, am Westende des Wörther Sees, 7500 Ew.; Kur- u. Badeort.

**Vélez de Guevara** [ˈvɛlɛθ ðə gɛˈvara], Luis, *1579, †1644, span. Dichter (über 400 Bühnenwerke).

**VELKD,** Abk. für *Vereinigte Evangelisch-Lutherische Kirche Deutschlands.*

**Velodrom,** (überdachte) Radrennbahn.

**Velours** [vəˈluːr], Gewebe aus Streichgarn, das durch Rauhen eine samtähnl. Oberfläche erhält. – **V.leder,** chromgegerbtes Kalb-, Ziegen- oder Schafleder, dessen samtartig geschliffene Fleischseite Schauseite ist.

**Velsen** [ˈvɛl-], Stadt in der ndl. Prov. Nordholland, am Nordsee-Kanal, 57 000 Ew.; roman. Kirche (11./12. Jh.); Schiffbau, Stahl-, Papier- u. chem. Ind.

**Velten,** Stadt in Brandenburg, im Havelland, 8000 Ew.; keram. u. chem. Ind.

*Venedig: Der Markusplatz, das Zentrum der Stadt, mit dem Dogenpalast und dem Campanile*

**Veltlin,** ital. *Valtellina*, breites Längstal der oberen Adda (zum Po) in Oberitalien, Hauptort *Sòndrio*; Obst- u. Weinanbau; 1987 Erdrutschkatastrophe.

**Velum,** im christl. Gottesdienst verwendetes liturg. Tuch.

**Veluwe** [ˈveːlyːwə], sandige Geestlandschaft im W der ndl. Prov. Gelderland.

**Venda,** Bantu-Homeland der V. im nordöstl. Transvaal (Republik Südafrika), 7410 km², 343 000 Ew., Hptst. *Thohoyandou*; Wald u. Weideland, geringer landw. Anbau; 1979 in die Unabhängigkeit entlassen, aber internat. nicht anerkannt.

**Vendetta,** ital.: Blutrache.

**Venedig,** ital. *Venèzia*, N-ital. Hafenstadt am *Golf von V.*, auf rd. 120 Inseln in der durch Nehrungen (Lidi) vom Meer abgeschlossenen Lagune von V., Hptst. von *Venetien* u. der Prov. V., 331 000 Ew. Das Zentrum der zw. 150 Kanälen (mit 400 Brücken; Gondel- u. Bootsverkehr bes. auf dem *Canal Grande*) auf Pfählen erbauten Stadt ist der *Markusplatz* mit dem byzantin.-venezian. Markusdom (9. Jh.), dem Dogenpalast (14./15. Jh.), der Seufzerbrücke u. dem 99 m hohen Campanile; am Canal Grande mit der Rialtobrücke (16. Jh.) zahlr. bed. Paläste u. die Kirche S. Maria della Salute (17. Jh.); unter den über 100 Kirchen zahlr. von kunsthistorischer Bedeutung; Univ., andere HS u. Akademien; Filmfestspiele, Biennale, Fremden-

*Vatikanstadt: Mittelpunkt des Stadtstaates ist der Petersdom*

**Venen** verkehr; Industrie konzentriert sich v.a. in den neuen Vorstädten *Mestre* u. *Marghera*. (vorw. Petrochemie, Aluminium-, Eisen-, Werft-Ind.).

Geschichte. V. wurde im Altertum von den *Venetern* bewohnt, 811 Regierungssitz des *venetian. Seebunds*. Die unabhängige Stadtrepublik bildete sich im 11. Jh. unter Führung der *Dogen*. Um 1000 begann V. die Küsten Istriens u. Dalmatiens zu unterwerfen; während der Kreuzzüge entstand sein Kolonialreich auf dem Balkan bis nach Kleinasien. Im 15. Jh. hatte V. 200 000 Ew. u. besaß eine riesige Handels- u. Kriegsflotte. 2 Jahrhunderte lang verteidigte es seine Stellung, erlag aber schließl. der überlegenen türk. Konkurrenz. 1815 kam V. zu Östr., 1866 zu Italien.

**Venen,** zum Herzen hinführende Blutgefäße; stehen unter geringerem Druck als die *Schlagadern (Arterien)* u. pulsieren auch nicht; führen im allg. verbrauchtes, nur die Lungen-V. arterielles, sauerstoffreiches Blut.

**Venenentzündung,** *Phlebitis,* Entzündung einer Blutader; führt oft zu einer *Thrombose*.

**venerische Krankheiten** → Geschlechtskrankheiten.

**Veneter, 1.** *Eneter,* ital. Volk in NO-Italien; gaben *Venedig* den Namen. – **2.** seetüchtiger Keltenstamm in der S-Bretagne (Vendée), von Cäsar 56 v. Chr. unterworfen.

**Venetien,** ital. *Vèneto,* Region in → Italien.

**Veneziano,** Domenico di Bartolomeo, *um 1410, †1461, ital. Maler der florentin. Frührenaissance.

**Venezuela,** Staat im Norden von Südamerika, 912 050 km², 18,3 Mio. Ew., Hptst. *Caracas*.

*Venezuela*

Landesnatur. Den N u. NW des Landes nehmen die Ausläufer der Anden ein sowie die bis 3000 m hohe Cordillera de la Costa (Küstenkordillere). Südöstl. schließt sich ein weites Tiefland *(Llanos del Orinoco)* an. Im S liegt das Bergland von Guyana (Roraima 2810 m). – Das Klima ist tropisch-warm u. meist wenig bis mäßig feucht. Wald (rd. 40% der Staatsfläche) findet sich an den Andenhängen, im Orinocodelta u. im Bergland von Guyana. Im N der *Llanos* herrscht Trockenwald, im S Grassavanne.

Die meist kath., spanisch sprechende Bevölkerung besteht zu etwa 20% aus Weißen u. 9% Schwarzen, sonst aus Mestizen u. Mulatten.

Wirtschaft. V. ist einer der größten Erdölexporteure der Erde. Erdöl u. Erdölprodukte erbringen über 90% des Ausfuhrwertes u. stellen rd. 60% der Staatseinnahmen. Außerdem nutzt V. die reichen Erdgas- u. Eisenerzlager sowie Vorkommen von Asphalt, Kupfer u. Bauxit, ferner auch Gold u. Diamanten. Die Landwirtschaft (Anbau von Mais, Kaffee, Reis, Zuckerrohr, Gemüse; Viehzucht) deckt nur rd. 60% des Inlandsbedarfs. Die Ind. verarbeitet v.a. Bergbau- u. Agrarprodukte.

*Venezuela: landschaftliche Gliederung*

## VEREINIGTE STAATEN VON AMERIKA — Geographie

*Erdpyramidenlandschaft im Bryce-Canyon-Nationalpark, Utah (links). – Green Mountains, Wald- und Hügellandschaft in Vermont (rechts)*

*Baumwollernte in den Südstaaten*      *Trockenvegetation im Death Valley*

Geschichte. 1498 u. 1499 wurden Teile der Küste von *Kolumbus* u. A. de *Hojeda* entdeckt. 1528 übertrug Karl V. als span. König dem Augsburger Handelshaus der *Welser* die Kolonisation. 1546 übernahm Spanien die Verwaltung. 1810 eröffnete S. *Bolívar* den Unabhängigkeitskampf (1811 Unabhängigkeitserklärung, 1821 Vertreibung der Spanier). 1830 löste sich V. aus der Rep. Groß-Kolumbien. Danach folgte eine Zeit der inneren Wirren. Unter General J. V. *Gómez*, der 1908 die Macht übernahm, begann die Förderung der großen Erdölvorkommen, die V. in der Folgezeit beträchtl. Einnahmen brachten. 1948 übernahm eine Militärjunta die Regierungsgewalt. 1958 erhielt V. wieder eine demokrat. Verf. Seit 1989 ist C. A. *Pérez* Staats-Präs.

**veni, vidi, vici** [lat., »ich kam, ich sah, ich siegte«], Cäsars Meldung nach Rom nach der Schlacht bei Zela 47 v. Chr.

**Venia,** Erlaubnis; **V. legendi,** Erlaubnis, an HS Vorlesungen abzuhalten.

**Venizelos** [-'zɛlɔs], Eleutherios, *1864, †1936, grch. Politiker (Liberaler); mehrfach Min.-Präs., setzte umfangreiche Reformen durch.

**Venkataraman,** Shri Ramaswami, *4.12.1910, indischer Politiker (Kongreßpartei); seit 1987 Staats-Präs.

**Venlo,** Stadt in der ndl. Prov. Limburg, an der Maas, 64 000 Ew.; Stahl-, Elektro-, Textil-, Möbel-, Papier-Ind.; Agrarhandelsplatz.

**venös,** zu den *Venen* gehörig. – **v.es Blut,** sauer-

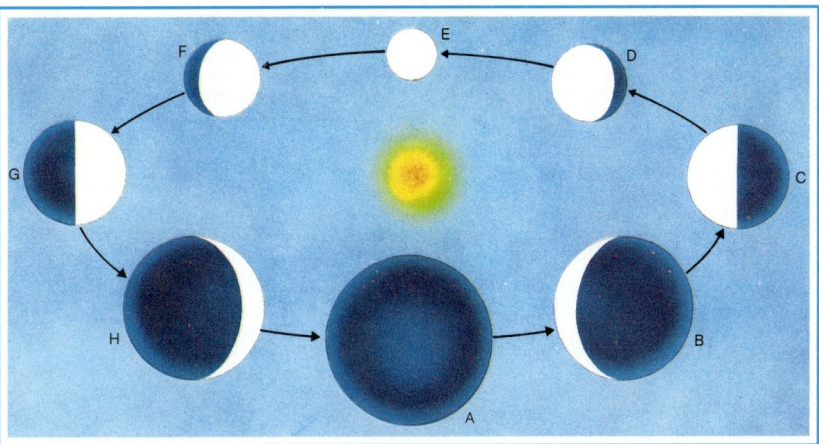

*Die Venus zeigt von der Erde aus gesehen ganz verschiedene Phasen und erscheint auch je nach Abstand größer oder kleiner. Ist sie der Erde am nächsten (A), so wendet sie ihr die Nachtseite zu und ist unsichtbar. Bewegt sich nun die Venus weiter um die Sonne, so vergrößert sich ihr Abstand von der Erde (A bis E). Schließlich steht sie etwa hinter der Sonne und wendet der Erde die volle Tagseite zu. Doch auch zu diesem Zeitpunkt ist die Venus wegen ihrer Nachbarschaft zur Sonne unbeobachtbar (E). In der folgenden Zeit nimmt die Venus erneut ab (E bis A) und durchläuft wieder verschiedene Phasen. Steht die Venus rechts der Sonne (C), ist sie Morgenstern, steht sie links der Sonne (G), Abendstern. Am hellsten erscheint die Venus in den Stellungen B und H*

stoffarmes, verbrauchtes Blut, wie es durch die Körpervenen zum Herzen zurückfließt u. durch die Lungenarterie in die Lunge gebracht wird.

**Ventil, 1.** Vorrichtung zur Steuerung strömender Gase u. Flüssigkeiten. – **2.** an Blechblasinstrumenten Vorrichtung zum Verlängern oder Verkürzen des Schallrohrs, wodurch eine Vertiefung bzw. Erhöhung um einen oder mehrere Halbtöne u. damit das Blasen einer chromat. Tonleiter erreicht wird.

**Ventilation,** Luftaustausch in geschlossenen Räumen.

**Ventilator,** *Lüfter,* Masch. zum Fördern oder Verdichten von Luft oder anderen Gasen mit einem rotierenden Flügel- oder Schaufelrad.

**ventilieren,** lüften; sorgfältig erwägen.

**Ventimiglia** [-'milja], frz. *Vintimille,* ital. Hafenstadt u. Kurort in Ligurien, an der Riviera di Ponente, 26 000 Ew.

**Ventrikel,** Hohlraum, Kammer.

**Ventura,** Lino, eigtl. Angelo *Borrini,* *1919, †1987, frz. Filmschauspieler ital. Herkunft, u.a. in »Adieu Bulle«, »Der Maulwurf«.

**Venus, 1.** altital. Gartengöttin, später der grch. *Aphrodite* gleichgesetzt. Man feierte sie bes. als Liebesgöttin, als Glücksbringerin (*V. felix*) u. als Siegverleiherin (*V. victrix*). – **2.** Zeichen ♀, Nachbarplanet der Erde, als Abend- u. Morgenstern (alter Name: *Hesperus, Phosphorus*) alle anderen → Planeten u. die Fixsterne an Helligkeit übertreffend.

**Venusberg, 1.** der weibl. Schamberg. – **2.** → Hörselberg.

**Venusfliegenfalle,** nordamerik. *Sonnentaugewächs;* insektenfressende Pflanze mit zweiklappigen, reizbaren Blattspreiten, die bei Berührung zusammenschlagen.

**Venusmuscheln,** *Veneridae,* in allen Meeren lebende, farbenprächtige u. mit Stacheln versehene artenreiche Überfam. der Muscheln.

**Veracruz** [-'kru:s], **1.** Bundesstaat in → Mexiko, am Golf von Mexiko. – **2.** *V. Llave,* mex. Hafenstadt am Golf von Mexiko, 350 000 Ew.; Kathedrale (1734); wichtigster Einfuhrhafen Mexikos.

**Veranda,** laubenartiger Anbau, meist verglast u. in Verbindung mit einem Wohnraum.

**Veränderliche** → Variable.

**Veränderliche Sterne,** *Veränderliche,* Fixsterne mit schwankender Helligkeit; bisher über 25 000 katalogisiert.

**Veranlagung,** Festsetzung der Steuer durch Steuerbescheid.

**Verätzung,** Haut- u. Schleimhautschädigung infolge Einwirkung von Ätzmitteln.

**Veräußerung,** Übertragung von Rechten, bes. des Eigentums oder einer Forderung. (Abtretung).

**Verbalinjurie** [-riə], in Worten ausgedrückte Beleidigung; im Unterschied zur Realinjurie.

**verballhornen,** durch vermeintl. Verbessern verschlimmern.

**Verbalnote,** im diplomat. Verkehr eine nicht unterzeichnete Aufzeichnung.

**Verband, 1.** soz. Gebilde, das zur Verfolgung bestimmter Zwecke gegr. wird. – **2.** Mittel zum Schutz der Wunde vor Verunreinigung oder mechanischer Beschädigung u. zum Stillen von Blutungen (bes. als leichter *Druck*-V.) sowie zur Ruhigstellung von Gliedmaßen (*Schienen*-, *Gips*-, *Stärke-Wasserglas-Verbände*). – **3.** organisator. oder zeitl. begrenzte Zusammenfassung mehrerer militär. *Einheiten,* im allg. von der Stärke eines *Bataillons* aufwärts.

**Verbannung,** Verbot des Aufenthalts in einem bestimmten Gebiet.

**Verbindlichkeiten,** Geldschulden.

**Verbindung,** Stoff, der aus zwei oder mehreren (versch.) chem. Elementen zusammengesetzt ist; kleinste Einheit einer V. ist das *Molekül*.

**verblenden,** mit anderem, besserem Baustoff (Blendsteinen) verkleiden.

**verbrannte Erde,** takt. Begriff für Zerstörungen großen Stils beim Rückzug eines Heers, die die Hauptlebensbedürfnisse (Ortschaften, Fabriken, Felder, Brunnen) einschließen.

**Verbrauch,** völlige Verwendung oder Abnutzung eines Gutes für einen bestimmten Zweck im Haushalt (*Konsum*) oder in der Produktion.

**Verbraucherschutz,** Maßnahmen zur Sicherung der Konsumfreiheit u. zur Vermeidung der Schädigung des Verbrauchers.

**Verbrauchsteuern,** Steuern auf Güter des persönl. Lebensbedarfs, z.B. die Mehrwertsteuer.

**Verbrechen,** die mit Strafe bedrohte Handlung, insbes. die schwereren Formen der Kriminalität.

**Verbrennung, 1.** die unter Freiwerden von Wärme verlaufende Reaktion von Sauerstoff mit chem. Elementen u. Verbindungen; i. e. S. die V. unter Feuererscheinung; i. w. S. auch langsam verlaufende Oxidationsvorgänge, z.B. im tier. Organismus, die zur Aufrechterhaltung des Lebens erforderlich sind. – **2.** *Combustio,* Gewebsschädigung durch Einwirkung von Hitze oder heißer Flüssigkeit (Verbrühung) oder elektr. Strom (z.B. Blitzschlag); 1. Grad: Rötung der Haut (Erythem); 2. Grad: Blasenbildung; 3. Grad: Gewebstod (Nekrose); 4. Grad: Verkohlung.

**Verbrennungskraftmaschine,** Masch., bei der die durch Verbrennung zündfähiger Brennstoffgemische Wärmeenergie unmittelbar in mechan. umgesetzt wird. Die bekanntesten V. sind Verbrennungsmotor u. Gasturbine.

**Verbrennungsmotor,** Kraftmaschine, bei der eine durch Verbrennung eines verdichteten Kraftstoff-Luft-Gemisches hervorgerufene Volumenvergrößerung zur Krafterzeugung benutzt wird. V. sind Kolbenmaschinen (*Hubkolbenmotoren* oder *Rotationskolbenmotoren (Wankelmotor)*. Bei Hubkolbenmotoren bewegt sich in einem oder mehreren Zylindern ein hin u. her gehender Kolben, der seine geradlinige Bewegung durch Kurbeltrieb in eine Drehbewegung umsetzt. Man unterscheidet nach der Arbeitsweise Viertakt- u. Zweitaktmaschinen. Die Bauformen der Motoren unterschei-

*Miami Beach in Florida*

*Erdölbohrstelle in Alaska*

den sich nach Zylinderzahl u. Stellung der Zylinder zur Kurbelwelle (z.B. Reihen-, V-, Boxer- u. Sternmotor).

**Verbum,** *Zeitwort, Tätigkeitswort,* die eigtl. prädikative Wortart; Abwandlungen in versch. Formen *(Konjugation):* nach Genera in Aktiv u. Passiv; nach Modi in Indikativ, Konjunktiv u. Imperativ; nach Tempora (Gegenwart, Vergangenheit, Zukunft); außerdem nach Singular u. Plural u. grammat. Person (1., 2., 3.). Nominalformen des V. sind Infinitiv u Partizipien.

**Verbundglas** → Sicherheitsglas.

**Verbundwirtschaft,** organisator.-techn. Verbindung versch. Betriebe zur Steigerung der Produktivität u. der Rentabilität, bes. in der *Montanindustrie* u. der *Energiewirtschaft.*

**Vercelli** [vɛrˈtʃɛli], ital. Prov.-Hptst. in Piemont, an der Sèsia, 51 000 Ew.; roman. Zisterzienserkirche; Zentrum eines Reisanbaugebiets.

**Vercingetorix,** †46 v.Chr., gallischer Fürst aus dem Stamm der Averner; Führer des großen Aufstands gegen *Cäsar* 52 v.Chr.

**Verdächtigung,** *falsche V., Denunziation,* unwahre Behauptungen, die jemanden einer rechtswidrigen Tat oder einer Dienstpflichtverletzung beschuldigen, um behördl. Verfahren oder Maßnahmen herbeizuführen; strafbar.

**Verdammnis,** nach christl. Lehre die durch Gottes Strafgericht vollzogene endgültige Verwerfung der schuldhaft Ungläubigen in ewige, schmerzliche Gottesferne, nach kath. Lehre verbunden mit Sündenstrafen. Gegensatz: *Seligkeit.*

**Verdampfung,** Übergang eines Stoffs vom flüssigen in den gasförmigen Aggregatzustand; findet nur an der Oberfläche statt. Beim Verdampfen wird der Flüssigkeit *V.swärme* zugeführt. Sie bewirkt keine Temperaturerhöhung u. wird bei der Kondensation als *Kondensationswärme* wieder frei.

**Verdauung,** *Digestion,* mechan. u. chem. Aufarbeitung der Nahrung in resorptionsfähige Stoffe bei Mensch u. Tier; insbes. durch Drüsen, die bes. Enzyme in das V.ssystem abgeben. Sie spalten die großen Nahrungsmoleküle durch Wasseranlagerung in kleine Bestandteile: Eiweiß in Aminosäuren, Fette in Glycerin u. Fettsäuren, Polysaccharide (Stärke, Glykogen) in Monosaccharide.

**Verden (Aller)** [ˈfɛr-], Krst. in Nds., am Zusammenfluß von Weser u. Aller, 24 000 Ew.; got. Dom (13.–15. Jh.; mit dem ältesten Hallenumgangschor, 1313 vollendet); Landmaschinenbau, Pferdezucht. – Im Blutbad von V. (782) sollen auf Befehl *Karls d. Gr.* 4500 Angehörige der sächs. Adels hingerichtet worden sein.

**Verdi,** Giuseppe, *1813, †1901, ital. Komponist; der die Opernkunst des 19. Jh. auf einen Höhepunkt führte. Ⓦ Opern »Nabucco«, »Rigoletto«, »Der Troubadour«, »La Traviata«, »Ein Maskenball«, »Die Macht des Schicksals«, »Don Carlos«, »Aida«, »Othello«, »Falstaff«; Requiem u.a.

**Verdichter** → Kompressor.

*Verbrennungsmotor: Achtzylindermotor mit 5 Liter Hubraum und Vierventil-Zylinderköpfen. Das V8-Aggregat leistet 240 kW/326 PS*

**Verdienstorden,** Orden, die für Verdienste bes. Art verliehen werden. Der V. der BR Dtld. *(Bundesverdienstkreuz),* gestiftet durch den Bundespräsidenten 1951, wird in den Stufen *Großkreuz, Großes Verdienstkreuz, Verdienstkreuz I. Klasse* u. *Verdienstmedaille* verliehen.

**Verdikt,** Entscheidung, Urteil.

**Verdingung,** Vergebung einer Arbeit; bes. bei öffentl. Ausschreibungen.

## VEREINIGTE STAATEN VON AMERIKA Geschichte

*1773 warfen britische Kolonisten aus Ärger über Importzölle eine englische Teeladung ins Meer; die Briten setzten Truppen ein, gegen die sich die Amerikaner unter George Washington erhoben. Der amerikanische Unabhängigkeitskampf hatte begonnen (links). – Ermordung Abraham Lincolns (rechts)*

*Seegefecht während des Sezessionskrieges; im Vordergrund der Südstaaten-General R. E. Lee (links). – Die Konferenzteilnehmer Clement Richard Attlee, Harry S. Truman und Stalin in Potsdam 1945 (rechts)*

**Verdon** [vɛr'dɔ̃], l. Nbfl. der Durance in SO-Frankreich, 175 km.
**Verdrängung,** seel. Vorgang, durch den Triebregungen u. die ihnen zugehörigen Vorstellungen, Gedanken u. Affekte vom Bewußtsein ferngehalten werden.
**Verdun** [vɛr'dœ̃], *V.-sur-Meuse*, frz. Stadt u. ehem. Festung in Lothringen, an der Maas, 22 000 Ew., roman. Kathedrale. – **Vertrag von V.,** 843 zw. den Söhnen Ludwigs des Frommen: *Karl II., der Kahle, Ludwig der Deutsche* zwangen *Lothar I.*, den ihr Vater 817 zum Mitkaiser u. Nachfolger hatte krönen lassen, zur Reichsteilung. Karl erhielt *Westfranken*, Ludwig *Ostfranken* u. Lothar die Kaiserwürde (ohne Oberhoheit über seine Brüder) u. ein Mittelreich. – Die **Schlacht von V.** im 1. Weltkrieg vom 21.2. bis zum 9.9.1916 zw. Deutschen u. Franzosen ging auf den Plan des dt. Generalstabschefs E. von *Falkenhayn* zurück u. sollte die Franzosen durch Menschen- u. Materialverluste schwächen. Die Kämpfe waren äußerst verlustreich, brachten aber nicht die erhoffte Kriegsentscheidung.
**Verdunkelungsgefahr,** im Strafprozeß die Gefahr der Erschwerung der Wahrheitsermittlung durch Einwirkung auf Beweismittel; Grund für Untersuchungshaft.
**Verdunstung,** *Verflüchtigung,* Übergang eines Stoffs aus flüssigen in den dampfförmigen Aggregatzustand, ohne daß die Flüssigkeit zum Sieden gebracht worden ist.
**Veredelung,** Qualitätsverbesserung durch Übertragen von Knospen oder Edelreisern (Zweigstücke von Nutzpflanzen) auf Wildlinge (Sämlinge, Stecklinge, Ableger) als Unterlage.
**Verein,** Untertypus der rechtl. Personenvereinigung zur Erreichung gemeinsamer Zwecke, dessen Geschäftsführung u. Vertretung bes. Organen übertragen ist *(körperschaftl. Verfassung)*. Nach ihrem Zweck gibt es z.B. polit., religiöse, kulturelle, gesellschaftl., sport. u. wirtsch. V. Nach der Rechtsform gehören hierher außer dem *eingetragenen* V. u. dem *nichtrechtsfähigen* V. bes. AG, GmbH u. eingetragene Genossenschaft.

*Giuseppe Verdi*

**Verein Deutscher Ingenieure,** Abk. *VDI,* 1856 gegr. Verein zur Förderung wiss.-techn. Arbeiten u. zur Weiterbildung ihrer Mitgl.; Sitz: Düsseldorf.
**Vereinigte Arabische Emirate,** fr. *Trucial Oman,* die 7 Scheichtümer im O der Arab. Halbinsel, südl. des Pers. Golfs: *Abu Dhabi, Dubai, Shariqah, Adjman, Umm Al Qaywayn, Ras Al Khaymah* u. *Fudjaira,* insges. 83 600 km², 1,5 Mio. Ew., davon rd. ein Viertel Ausländer; Hptst. ist *Abu Dhabi.* Die V. A. E. sind gegliedert in 7 autonome Emirate (vgl. Tabelle).
Entscheidend für die Wirtschaft ist die Erdöl- u. Erdgasförderung, bes. vor der Küste u. auf dem Festland von Abu Dhabi. Die Industrie umfaßt Zement- u. chem. Ind. sowie Erdölraffinerien u. eine Aluminiumschmelze. Mit künstl. Bewässerung werden Getreide, Gemüse u. Datteln ausgebaut.
Geschichte. Die Föderation der V. A. E. wurde 1971 nach dem Ende des 1853 geschlossenen Schutzvertrages mit Großbrit. u. nach Abzug der brit. Truppen aus den arab. Scheichtümern am

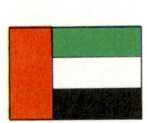 

*Vereinigte Arabische Emirate*

| Vereinigte Arabische Emirate: Verwaltungsgliederung | | | |
|---|---|---|---|
| Emirat | Fläche in km² | Einwohner in 1000 | Hauptstadt |
| Abu Dhabi | 73 548 | 670 | Abu Dhabi |
| Adjman | 250 | 64 | Adjman |
| Dubai | 3 750 | 419 | Dubai |
| Fudjaira | 1 150 | 54 | Fudjaira |
| Ras Al Khaymah | 1 625 | 117 | Ras Al Khaymah |
| Shariqah | 2 500 | 269 | Shariqah |
| Umm Al Qaywayn | 777 | 29 | Umm Al Qaywayn |

Pers. Golf proklamiert. Der Präs. wird alle 5 Jahre von den Herrschern der 7 Staaten gewählt u. steht dem Obersten Rat vor, der alle gemeinsamen polit. Entscheidungen trifft. Die Föderation ist Mitgl. der UN u. der Arab. Liga.
**Vereinigte Arabische Republik,** Abk. *VAR,* der polit. Zusammenschluß Ägyptens u. Syriens 1958–61.
**Vereinigte Evangelisch-Lutherische Kirche Deutschlands,** Abk. *VELKD,* 1948 vollzogener Zusammenschluß der meisten ev.-luth. dt. Landeskirchen; Organe: Generalsynode, Bischofskonferenz, Leitender Bischof, Kirchenleitung.
**Vereinigter Landtag,** die von *Friedrich Wilhelm IV.* unter liberalem Druck einberufene gemeinsame Versammlung der 8 preußischen Provinziallandtage.
**Vereinigtes Königreich von Großbritannien und Nordirland** → Großbritannien und Nordirland.
**Vereinigte Staaten von Amerika,** amtl. *United States of America,* Abk. *USA,* Bundesstaat in Nordamerika, 9 372 614 km², 246,8 Mio. Ew., Hptst. *Washington.* Die USA sind gegliedert in 50 Einzelstaaten u. 1 Bundesdistrikt (District of Columbia, vgl. Tabelle).

*Vereinigte Staaten von Amerika*

*Während eines Blitzbesuches in Westberlin spricht Präsident Kennedy vor dem Schöneberger Rathaus. Er beendet seine Rede mit den historisch gewordenen Worten »Ich bin ein Berliner«*

*Machtwechsel im Weißen Haus 1989. Von links: Nancy Reagan, der neue Präsident George Bush, Ronald Reagan, die neue First Lady Barbara und der neue Vizepräsident Dan Quayle mit seiner Frau Marilyn*

Landesnatur. Die atlant. Küstenebene reicht von New York bis zur mex. Grenze. Am Mississippi greift sie 800 km flußaufwärts. Als langgestrecktes Mittelgebirge erreichen die *Appalachen,*

## Vereinigte Staaten von Amerika

im S (Mount Mitchell) 2037 m Höhe. Nach W schließen sich die Appalachenplateaus an u. gehen in die weiten Ebenen über, die jenseits des Mississippi als *Great Plains* zu den *Rocky Mountains* (im *Mount Elbert* 4399 m hoch) ansteigen. Nach W schließen sich Hochplateaus u. Becken an, im N das *Columbia Plateau*, südl. davon das *Great Basin*. Im SO liegen die Blöcke des *Colorado Plateau* mit dem *Grand Canyon*. Die Hochbecken werden nach W vom *Kaskadengebirge* (Mount Rainier 4392 m), weiter südl. durch die *Sierra Nevada* (Mount Whitney 4418 m), begrenzt. Zwischen diesen Ketten u. der Küstenkordillere liegt das Kaliforn. Längstal. – Das im O feuchte K l i m a wird längs der Linie New York-Kansas City in einen kühl- u. einen warmgemäßigten Bereich gegliedert. S-Florida hat tropisches Klima. Der W ist trockener, z.T. wüstenhaft, die Pazifikküste im N feuchtgemäßigt, im S subtropisch. Im Winter sind Kaltlufteinbrüche mit Schneestürmen häufig (Blizzards). Der Süden wird jährlich von Wirbelstürmen aus der Karib. See heimgesucht.

B e v ö l k e r u n g. Am dichtesten besiedelt sind die Neuengland- u. die mittelatlant. Staaten zw. Massachusetts u. Pennsylvania, am schwächsten die Trockengebiete in den Rocky Mountains. 83,2% der Bevölkerung sind Weiße, 11,7% Schwarze, 0,6% Indianer u. rd. 0,7% Asiaten. Die Schwarzen leben zu rd. 53% in den Südstaaten (1900 zu 90%).

W i r t s c h a f t. Die USA stehen zwar nach Fläche u. Einwohnerzahl erst an 4. Stelle unter den Ländern der Erde; nach ihrer Wirtschaftskraft aber übertreffen sie alle anderen Staaten bei weitem. – Die Landwirtschaft nutzt 46% der Landesfläche. Sie kann den Inlandsbedarf decken u. darüber hinaus 15% ihrer Produkte exportieren. Sie wird überwiegend in hochmechanisierten Großfarmen betrieben. Über die Hälfte des Ackerlands dient dem Getreidebau, v.a. von Mais u. Weizen, der auch eine wichtige Exportrolle spielt. Die USA liefern rd. $^1/_5$ der Welternte an Tabak. Der Produktionswert der Viehzucht (Rinder, Milchkühe, Schweine) übersteigt den des Ackerbaus. Im Fischfang nehmen die USA die 4. Stelle auf der

### Die 50 Unionsstaaten der Vereinigten Staaten von Amerika
(in Klammern das Jahr des Beitritts; *Gründerstaat)

| Staat | Abk. | Fläche in km² | Einw. in 1000 | Hauptstadt |
|---|---|---|---|---|
| Alabama (1819) | Al. | 133 915 | 4052 | Montgomery |
| Alaska (1959) | Ak. | 1 530 693 | 534 | Juneau |
| Arizona (1912) | Ariz. | 295 259 | 3319 | Phoenix |
| Arkansas (1836) | Ark. | 137 754 | 2372 | Little Rock |
| California (1850) | Calif. | 411 047 | 26 981 | Sacramento |
| Colorado (1876) | Col. | 269 594 | 3267 | Denver |
| Connecticut (1788)* | Conn. | 12 997 | 3189 | Hartford |
| Delaware (1787)* | Del. | 5294 | 633 | Dover |
| Florida (1845) | Fla. | 151 939 | 11 675 | Tallahassee |
| Georgia (1788)* | Ga. | 152 576 | 6104 | Atlanta |
| Hawaii (1959) | Hi. | 16 760 | 1062 | Honolulu |
| Idaho (1890) | Id. | 216 430 | 1002 | Boise City |
| Illinois (1818) | Ill. | 149 885 | 11 552 | Springfield |
| Indiana (1816) | Ind. | 94 309 | 5504 | Indianapolis |
| Iowa (1846) | Ia. | 145 752 | 2851 | Des Moines |
| Kansas (1861) | Kan. | 213 096 | 2460 | Topeka |
| Kentucky (1792) | Ky. | 104 659 | 3729 | Frankfort |
| Louisiana (1812) | La. | 123 677 | 4501 | Baton Rouge |
| Maine (1820) | Me. | 86 156 | 1173 | Augusta |
| Maryland (1788)* | Md. | 27 091 | 4463 | Annapolis |
| Massachusetts (1788)* | Mass. | 21 455 | 5832 | Boston |
| Michigan (1837) | Mich. | 251 493 | 9145 | Lansing |
| Minnesota (1858) | Minn. | 224 329 | 4214 | Saint Paul |
| Mississippi (1817) | Miss. | 123 514 | 2625 | Jackson |
| Missouri (1821) | Mo. | 180 514 | 5066 | Jefferson City |
| Montana (1889) | Mont. | 380 847 | 819 | Helena |
| Nebraska (1867) | Neb. | 200 349 | 1598 | Lincoln |
| Nevada (1864) | Nev. | 286 352 | 963 | Carson City |
| New Hampshire (1788)* | N.H. | 24 032 | 1027 | Concord |
| New Jersey (1787)* | N.J. | 20 168 | 7619 | Trenton |
| New Mexico (1912) | N.M. | 314 924 | 1479 | Santa Fe |
| New York (1788)* | N.Y. | 136 583 | 17 772 | Albany |
| North Carolina (1789)* | N.C. | 136 412 | 6333 | Raleigh |
| North Dakota (1889) | N.D. | 183 117 | 679 | Bismarck |
| Ohio (1803) | O. | 115 998 | 10 752 | Columbus |
| Oklahoma (1907) | Okla. | 181 185 | 3305 | Oklahoma City |
| Oregon (1859) | Ore. | 251 418 | 2698 | Salem |
| Pennsylvania (1787)* | Pa. | 119 251 | 11 888 | Harrisburg |
| Rhode Island (1790)* | R.I. | 3139 | 975 | Providence |
| South Carolina (1788)* | S.C. | 80 582 | 3377 | Columbia |
| South Dakota (1889) | S.D. | 199 730 | 708 | Pierre |
| Tennessee (1796) | Tenn. | 109 152 | 4803 | Nashville-Davidson |
| Texas (1845) | Tex. | 619 027 | 16 685 | Austin |
| Utah (1896) | U. | 219 887 | 1665 | Salt Lake City |
| Vermont (1791) | Vt. | 24 900 | 541 | Montpelier |
| Virginia (1788)* | Va. | 105 586 | 5787 | Richmond |
| Washington (1889) | Wash. | 176 479 | 4462 | Olympia |
| West Virginia (1863) | W.Va. | 62 758 | 1918 | Charleston |
| Wisconsin (1848) | Wis. | 171 496 | 4785 | Madison |
| Wyoming (1890) | Wyo. | 253 324 | 507 | Cheyenne |
| District of Columbia (1791; Bundesterritorium) | D.C. | 178 | 638 | Washington |

### Die Präsidenten der Vereinigten Staaten von Amerika

| | |
|---|---|
| George Washington (Föderalist) | 1789–1797 |
| John Adams (Föderalist) | 1797–1801 |
| Thomas Jefferson (Demokrat) | 1801–1809 |
| James Madison (Demokrat) | 1809–1817 |
| James Monroe (Demokrat) | 1817–1825 |
| John Quincy Adams (Demokrat) | 1825–1829 |
| Andrew Jackson (Demokrat) | 1829–1837 |
| Martin van Buren (Demokrat) | 1837–1841 |
| William Henry Harrison (Whig) | 1841 |
| John Tyler (Demokrat) | 1841–1845 |
| James Polk (Demokrat) | 1845–1849 |
| Zachary Taylor (Whig) | 1849–1850 |
| Millard Fillmore (Whig) | 1850–1853 |
| Franklin Pierce (Demokrat) | 1853–1857 |
| James Buchanan (Demokrat) | 1857–1861 |
| Abraham Lincoln (Republikaner) | 1861–1865 |
| Andrew Johnson (Demokrat) | 1865–1869 |
| Ulysses S. Grant (Republikaner) | 1869–1877 |
| Rutherford Hayes (Republikaner) | 1877–1881 |
| James Garfield (Republikaner) | 1881 |
| Chester A. Arthur (Republikaner) | 1881–1885 |
| Grover Cleveland (Demokrat) | 1885–1889 |
| Benjamin Harrison (Republikaner) | 1889–1893 |
| Grover Cleveland (Demokrat) | 1893–1897 |
| William McKinley (Republikaner) | 1897–1901 |
| Theodore Roosevelt (Republikaner) | 1901–1909 |
| William H. Taft (Republikaner) | 1909–1913 |
| Woodrow Wilson (Demokrat) | 1913–1921 |
| Warren G. Harding (Republikaner) | 1921–1923 |
| Calvin Coolidge (Republikaner) | 1923–1929 |
| Herbert Hoover (Republikaner) | 1929–1933 |
| Franklin D. Roosevelt (Demokrat) | 1933–1945 |
| Harry S. Truman (Demokrat) | 1945–1953 |
| Dwight D. Eisenhower (Republikaner) | 1953–1961 |
| John F. Kennedy (Demokrat) | 1961–1963 |
| Lyndon B. Johnson (Demokrat) | 1963–1969 |
| Richard M. Nixon (Republikaner) | 1969–1974 |
| Gerald R. Ford (Republikaner) | 1974–1977 |
| Jimmy (James E.) Carter (Demokrat) | 1977–1981 |
| Ronald W. Reagan (Republikaner) | 1981–1989 |
| George H. Bush (Republikaner) | 1989– |

Erde ein. – Im Bergbau führt wertmäßig das Erdöl u. Erdgas (Texas, Kalifornien, Louisiana) vor der Kohle (Appalachen, Rocky Mountains, zw. Mississippi u. Ohio), dem Eisen- (am Oberen See u. in Alabama) u. Kupfererz (zu über 80% aus Utah) u. allen anderen Produkten. Die USA haben den höchsten Pro-Kopf-Verbrauch an Energie in der Welt. Die wichtigsten Energieerzeuger sind Wärmekraftwerke (auf Erdöl-, Erdgas- oder auch Kohlebasis); 20% der Energie wird in Wasserkraftwerken, 16% in Atomkraftwerken erzeugt. – Die Industrie hat ihre Schwerpunkte v.a. in dem Streifen zw. Boston-Baltimore im O u. Chicago-Saint Louis im W. Die bed. Anteile am Export haben chem. Erzeugnisse, Maschinen u. Fahrzeuge, Metalle u. Metallwaren, Nahrungs- u. Genußmittel, Textilrohstoffe u. Textilien, Fleisch, elektron. Erzeugnisse, Erdöl u. Kohle.

V e r k e h r. Das gut ausgebaute Verkehrsnetz verfügt bes. im O über ein dichtes Straßen- u. Schienennetz. Im Güterverkehr ist die Eisenbahn noch immer wichtigster Verkehrsträger (40%) vor dem Straßenverkehr, dem Transport durch Pipelines u. der Binnenschiffahrt. Der Flugverkehr verfügt mit Chicago, Atlanta, Los Angeles, Dallas u. New York über die größten Flughäfen der Erde.

G e s c h i c h t e. Die V. S. v. A. entwickelten sich aus den im 17. Jh. an der O-Küste N-Amerikas gegr. brit. Kolonien. 13 Kolonien schlossen sich 1774 in Philadelphia zusammen. Die Kolonisten (1775: 2,5 Mio.) forderten polit. Gleichberechtigung; sie wollten im Londoner Parlament vertreten sein. Der Einsatz brit. Streitkräfte führte zum *Unabhängigkeitskrieg* 1775–83. Die *Unabhängigkeitserklärung* (4.7.1776) des Kongresses (Th. *Jefferson*, B. *Franklin*, J. *Adams* u.a.) zerschnitt das Band zw. den Kolonien u. England. Auf einem Verfassungskonvent wurde am 17.9.1787 die bis heute gültige *Verf. der USA* geschaffen. Es entstand ein Bundesstaat (Union). 1792 traten Kentucky u. 1796 Tennessee in die Union ein. 1803 erwarben die USA das Louisiana-Gebiet u. Ohio. 1819 kauften die USA Florida (von Spanien). Der Aufnahme Texas' in den Bund folgte ein Krieg mit Mexiko 1846–48, bei dem die USA das Gebiet der späteren Unionsstaaten New Mexico, Arizona, Colorado, Utah, Nevada u. Kalifornien eroberten. Als A. *Lincoln*, ein Gegner der Sklaverei, zum Präs. gewählt wurde, erklärte South Carolina am 20.12.1860 seinen Austritt aus den USA (Sezession). Bis Mitte Mai 1861 folgten 10 weitere Südstaaten. Sie bildeten die *Konföderierten Staaten von Amerika*. Lincoln verweigerte ihnen die Anerkennung. Mitte April 1861 kam es zum *Sezessionskrieg*, der am 9.4.1865 mit der Kapitulation der Südstaaten u. der Wiederherstellung der Union endete. Den 1863 durch Proklamation des Präs. frei gewordenen Schwarzen wurde das Wahlrecht zuerkannt. 1867 kauften die USA Alaska von Rußland. Gleichzeitig wurden die Midway-Inseln besetzt. Im Krieg gegen Spanien 1898 eroberten die USA Kuba, Puerto Rico u. die Philippinen. Nebenher annektierten sie Guam, Wake u. Hawaii. Im 1. Weltkrieg blieben die USA zunächst neutral. Die Proklamation des uneingeschränkten U-Boot-Kriegs durch Dtld. führte 1917 zur Kriegserklärung an das Deutsche Reich. Auf der Versailler Friedenskonferenz 1919 (*Versailler Vertrag*) konnte Wilson mit seinem Programm der *Vierzehn Punkte* nur teilweise durchdringen. Der Friedensvertrag wurde vom Kongreß nicht ratifiziert. Auch ein Beitritt zum Völkerbund wurde abgelehnt (*Isolationismus*). Die 1929 ausbrechende Weltwirtschaftskrise bekämpfte Präs. F.D. *Roosevelt* mit dem Programm des *New Deal*. Nach Kriegsausbruch 1939 hielt Roosevelt die USA dem Kampfgeschehen zunächst fern. Nach dem Überfall der Japaner auf *Pearl Harbor* am 7.12.1941 erklärten Hitler u. Mussolini Amerika den Krieg. Genau wie im 1. Weltkrieg wurde der Kriegseintritt der USA für den Kriegsverlauf entscheidend.

Das weitere Ausgreifen sowj. Einflüsse nach 1945 veranlaßte Präs. *Truman* u. dessen Nachfolger, den Republikaner D.D. *Eisenhower* (1953–61), zu vielseitigen Abwehrmaßnahmen *(Truman-Doktrin, Marshallplan)*. Militärische Bündnisse wie die NATO, der ANZUS-Pakt u. die SEATO wurden abgeschlossen. Die starken Gegensätze zw. den Weltmächten führten zu begrenzten Waffengängen (Korea-Krieg 1950–53, Laos-Konflikt 1961/62 u. Vietnam-Krieg 1965–73) u. zur Ära des »Kalten Krieges«. Die Wahl des Demokraten J.F. *Kennedy* 1960 zum Präs. führte zu Gesetzen zur rechtl. Gleichstellung der Schwarzen u. zur erfolgreichen Zurückdrängung des sowj. Einflusses auf Kuba. Nach Kennedys Ermordung im Nov. 1963 versuchte L.B. *Johnson* (1963–69), das innenpolit. Programm fortzuführen (Bürgerrechtsgesetz, »Feldzug gegen die Armut«). Die gesamte Politik wurde zunehmend vom Vietnam-Krieg überschattet. Die soziale Unruhe (Rassen- u. Studentenunruhen) wuchs. R.M. *Nixon* konnte 1973 den Krieg in Vietnam durch einen Waffenstillstand u. den Abzug der amerik. Truppen für die USA formell beenden. Er normalisierte das Verhältnis zur Volksrepublik China (Besuch in Peking 1972) u. schloß 1972 das SALT-I-Abkommen mit der UdSSR. Die *Watergate-Affäre* zwang Nixon 1974 zum Rücktritt. Nachfolger wurde Vizepräs. G. *Ford*. Der 1976 zum Präs. gewählte Demokrat J. *Carter* nahm diplomat. Beziehungen zu China auf u. vermittelte den ägypt.-isr. Frieden. Die Geiselhaft US-amerikanischer Botschaftsangehöriger 1979–81 bedeutete eine Demütigung der USA. Die Präs.-Wahl 1980 gewann der Republikaner R. *Reagan,* der einen wirtschaftl. Aufschwung herbeiführte u. gegenüber der UdSSR eine Politik der Stärke verfolgte. 1983 intervenierten die USA in Grenada. 1984 wurde Reagan wiedergewählt. Er unterstützte die Opposition in Nicaragua u. schloß 1987 mit der UdSSR das *INF-Abkommen*. Reagans Nachfolger wurde 1989 G. *Bush*. Er ließ im gleichen Jahr US-Truppen in Panama intervenieren u. unterstützte 1990 den dt. Vereinigungsprozeß. Im Verhältnis zur UdSSR stützte Bush die Politik M. Gorbatschows. Nach der Annexion Kuwaits durch Irak sandten die USA Truppen nach Saudi-Arabien u. organisierten eine internat. Widerstandsfront gegen Irak.

Staat u. Gesellschaft. Seit dem 21.6.1788 ist die am 17.9.1787 beschlossene Verfassung in Kraft. Danach sind die USA eine präsidiale Republik. Der Präsident wird von Wahlmännern für 4 Jahre gewählt; einmalige Wiederwahl ist möglich. Er verkörpert die Exekutive. Die Legislative liegt beim *Kongreß,* der aus *Senat* (100 Senatoren) u. dem *Repräsentantenhaus* besteht (435 Abg.) Das höchste Justizorgan ist der Oberste Gerichtshof *(Supreme Court)*. Die beiden großen Parteien der *Demokraten* u. *Republikaner* prägen das Zweiparteiensystem.

**Vereinigte Staaten von Amerika: Kunst**. Die Architektur nahm erst im 18. Jh. einen bed. Aufschwung infolge des wachsenden Wohlstands u. der Förderung durch Präs. Th. *Jefferson*. Stilistisch überwog ein bürgerl. Klassizismus mit palladian. Elementen. Die Stadtgründungen des 19. Jh. erfolgten meist im Schachbrettmuster. Vorbild für die Kapitolbauten in kleineren Städten war

## VEREINIGTE STAATEN VON AMERIKA Kultur

*Illustration zu J.F. Coopers »Lederstrumpf-Erzählungen« 1870 (links). – Ruth Vodicka, Tänzerin (Mitte). – »Onkel Tom auf dem Sklavenmarkt«, Szene aus dem Roman »Onkel Toms Hütte« von Harriet Beecher-Stowe; 1852 (rechts)*

*Der Jazzpianist und -komponist Thelonius Monk, Mitbegründer des Bebop-Stils, gilt als einer der bedeutendsten Jazzmusiker der 1950er Jahre (links). – Thomas Hart Benton: Weizendrescher; 1939. Terre Haute, Indiana, Collection of Sheldon Swope Art Gallery (rechts)*

das kuppelbekrönte Kapitol in Washington. L. *Sullivan* überwand als erster den Eklektizismus, indem er sich zu Konstruktivität u. Zweckbestimmung als stilbildenden Faktoren bekannte *(Funktionalismus)* u. die Erfindung neuer Materialien u. Bauweisen (Gußeisen-Glas-Architektur) für sein Schaffen nutzte. Bodenspekulation u. technisch-kommerzielle Aufgaben ließen u.a. den *Galloonframe*, das Stahlglas-Lagerhaus u. den Wolkenkratzer entstehen. Gegen das wahllose u. unsoziale Bauen setzte in den 1920er Jahren eine Protestbewegung ein (F. L. *Wright*). Revolutionierend auf die Entwicklung der neueren US-amerik. Baukunst wirkten seit den 1930er Jahren die ehem. Bauhaus-Architekten W. *Gropius* u. *Mies van der Rohe*; auch E. *Mendelsohn*, A. *Aalto* u. R. *Neutra*. Die Gruppe der *New York Five* knüpfte an den frühen Le Corbusier an u. huldigte in schneeweißen Einfamilienhäusern einem übersteigerten Kult der Form. Daneben gab es aber auch Architekten, die sich mit histor. Vorbildern auseinandersetzten wie L. I. *Kahn*, der mit traditionellen Elementen u. geometr. Formen arbeitete oder P. *Johnson* mit seinem Hang zu klass. Monumentalität. Die Radikalisierung des Eklektizismus, etwa bei R. *Venturi*, leitete über zum Stil der Postmoderne (C. W. *Moore*, R. A. M. *Stern*, S. *Tigerman*, J. *Wines*, F. O. *Gehry*). Eigenständige Positionen abseits aktueller Trends vertreten M. *Yamasaki*, P. *Rudolph*, C. *Pelli*, H. *Hardy* u. R. *Kollhaas*.

Die Bildhauerkunst der USA entwickelte sich erst im 19. Jh. mit Denkmälern u. Porträtbüsten in naturalist.-klassizist. Stil (H. *Greenough*, H. *Powers* u. A. *Saint Gaudens*). Internationales Ansehen erlangten u.a. A. *Calder*, M. *Callery*, Harold *Cousins*, David *Hare*, R. *Lippold*, Seymoor *Lipton* u. G. *Sugarman*, während E. *Kienholz* u. G. *Segal* einen symbolisch-sozialkrit. Realismus vertreten.

Die Malerei N-Amerikas begann mit der schlicht-volkstüml. Kunst der »limners« (Abk. für *illuminators*), die vielfach als wandernde Porträtisten von Ort zu Ort zogen. Der Schwede G. *Hesselius* schuf mit dem Bildnis eines Delaware-Häuptlings die erste authentische Indianerdarstellung. Der Engländer John *Smibert* gründete das erste Kunstmuseum Nordamerikas u. war Lehrer des Porträtisten J. S. *Copley*. In der Malerei des 19. Jh. finden sich enge Beziehungen zu europ. Stilströmungen. Romantik u. Klassizismus unter J. *Vanderlyn* u. W. *Allston* erschlossen mit religiösen u. allegor. Bildern, v.a. aber mit Landschaftsgemälden neue Darstellungsbereiche. Daneben entwickelte sich eine naive volkstüml. Malerei (E. *Hicks*). Die nach einem Bild von Th. *Cole* benannte *Hudson-River-School* bestimmte die Landschaftsmalerei der USA. Reichen Widerhall fand in der 2. Hälfte des 19. Jh. die stimmungsvolle Naturmalerei (W. S. *Mount*, G.C. *Bingham*, E. *Johnson* u. G. *Inness*). In den Werken von *Eakins* u. W. *Homer* läßt sich erstmals als ein spezifisch amerik. Element eine tief eindringende Wirklichkeitsdarstellung beobachten. Seit der Veranstaltung der *Armory Show* in New York (1912), die das amerik. Kunstleben mit modernen europ. Stilrichtungen bekannt machte, datiert die Ausbreitung abstrakter u. expressionist. Tendenzen in der Malerei der USA. Hauptmeister einer z.T. sozialkritisch gefärbten Richtung sind die Künstler der *Ash-Can-School*, besonders J. *Sloan* u. G. *Bellows*. M. *Hartley* gilt neben J. *Marin* u. Ch. *Burchfield* als der bed. Expressionist der US-amerik. Kunst.

Nach dem 2. Weltkrieg ging mit dem Triumph des *abstrakten Expressionismus* die Führung auf der internat. Kunstszenerie, die bisher Europa innehatte, auf die USA über (A. *Gorky*, R. *Motherwell*, J. *Pollock*, R. *Rauschenberg*, M. *Rothko*). Parallel zu dieser stark dynam. Kunst entwickelte sich die auf reine Farbqualität abgestellte *Post-Painterly Abstraction* (M. *Louis*), während die *Hard-edge-Malerei* wieder der strengen geometr. Form den Vorzug gab (B. *Newmann*, F. *Stella*). Die bedeutendsten Vertreter der *Pop-Art*, die eine Rehabilitation der Gegenständlichkeit brachte, waren J. *Dine*, J. *Johns*, R. *Lichtenstein*, R. *Lindner*, A. *Warhol* u. T. *Wesselmann*. Als Reaktion auf die abstrakten Tendenzen der *Minimal Art* (C. *Andre*, D. *Flavin*, R. *Morris*, B. *Naumann*, R. *Smithson*) versuchten die Vertreter des *Photorealismus* durch übersteigerte Detailgenauigkeit symbol. Bedeutsamkeit zu erzielen (J. de *Andrea*, C. *Close*, A. *Colville*, H. *Kanovitz*, L. *Nesbitt* u.a.). Um 1980 entstand im *Pattern Painting* eine dekorative, von Matisse angeregte Kunst; neoexpressive Tendenzen im Stil der Neuen Wilden zeigen sich bei Künstlern wie W. de *Kooning*, P. *Guston*, H. *Hodgkin* u. J. *Schnabel*.

**Vereinigte Staaten von Amerika: Literatur.** Die koloniale Epoche (1620–1776) war von der Religiosität des neuengl. Puritanismus bestimmt (theolog. Geschichtsschreibung, religiöse Lyrik). Im frühen 19. Jh. begann die Lit. der USA in Europa Anerkennung zu finden, während sie selbst starke Anregungen von europ. literar. Strömungen (bes. der Romantik) empfing. Lyriker: P. M. *Freneau*, W. C. *Bryant*; Prosa: J. F. *Cooper*, dessen »Lederstrumpf« ein Bild amerik. Lebens im indian. Grenzgebiet vermittelt. E.A. *Poes* ausdrucksstarke Lyrik u. konsequent ästhet. ausgerichtete Literaturtheorie wirkten stark auf die frz. Symbolisten. Mit seinen Schreckensgeschichten u. Detektiverzählungen schuf er eine neue Prosaform. Die erste Blüte der *Short Story* fiel in die Mitte des 19. Jh. (W. *Irving* u. N. *Hawthorne*); ihre bed. Vertreter waren *O'Henry*, T.B. *Aldrich*, F.B. *Harte*, *Mark Twain* u. A.G. *Bierce*. Nach 1830 empfing die Lit. der USA entscheidende Antriebe von der idealist. Lebensphilosophie des Transzendentalismus, der im Werk von R. W. *Emerson*, H. D. *Thoreau* u. H. *Beecher-Stowe* (gegen Sklaventum) weltweite Wirkung ausstrahlte. Die Romandichter dieser Zeit, N. *Hawthorne* u. H. *Melville*, stellten diese optimist. Weltanschauung in Frage. H. *James* beeinflußte den psycholog. Roman. Demgegenüber verkündete der Lyriker W. *Whitman* eine ungebrochene Lebensgläubigkeit.

Im 20. Jh. wurde das Romanschaffen vielfach tonangebend. Naturalist. Darstellung u. sozialkrit. Tendenz herrschten vor: U. *Sinclair*, F. *Norris*, Th. *Dreiser*, J. *London*, E. *Wharton*, J. T. *Farrell*, E. *Caldwell*, J. R. *Dos Passos*, H.S. *Lewis*, J. *Steinbeck*, R. *Wright*. Die »camera-eye«-Erzähltechnik bildete sich aus; es gab mannigfaltig gebrochene Spiegelungen der Gesellschaft (F.S.K. *Fitzgerald*), ein Krisenbewußtsein der modernen Kultur, das Aufbrechen von Tabus (H. *Miller*), der aus makaber-skurriler Weltsicht geschaffene Typ des Anti-Helden (N. *West*) u. grelle Beleuchtung von Zeitnöten (N. *Mailer*, die epischen Reportagen von J. *Jones* u. I. *Shaw*). Einen Kontrast hierzu bildeten die der Aktualität entrückten Geschichtsromane (M. *Mitchell*, K. *Roberts*). Initiator der modernen Kurzgeschichte war S. *Anderson*, der auf W. *Faulkner* u. E. *Hemingway* großen Einfluß hatte. Die Vielschichtigkeit literar. Schaffens dokumentieren T. *Wolfe* wie R. P. *Warren* aus dem Süden, W. C. *Williams*, ein Schilderer des amerik. Alltags u. experimentierender Vertreter »lakon. Poesie«, C. *McCullers*, J. D. *Salinger*, der satir. gesellschaftskrit. Erzähler J. *Updike*, die Schilderer jüd. Einwandererschicksale B. *Malamud* u. S. *Bellow*. Traumhaft-symbol. u. realist. Elemente verband T. *Capote*, der dann mit J. *Hersey* Hauptvertreter der Faktographie (»faction«) wurde. Pazifist., satir. Romane schrieb K. *Vonnegut*; dem Lebensgefühl der »Beat Generation« verliehen J. *Kerouac* u. W. *Burroughs* Ausdruck. Beachtlich ist der Anteil an Schriftstellerinnen, die sich internat. profilieren konnten wie M. *McCarthy*, J. *Didion*, J. C. *Oates* u. J. A. *Phillips*. Für die Lyrik im 20. Jh. war zunächst die Gruppe der *Imagisten* unter der Führung von E. *Pound* richtungsweisend. Seit etwa 1930 wuchs der Einfluß des vom Symbolismus kommenden W. *Stevens*. Zu den führenden Lyrikern aus neuerer Zeit zählen J. R. *Jeffers*, W. C. *Williams*, E. E. *Cummings*. Von heftigem Protest gegen die herrschende Gesellschaft sind die in der Form an W. Whitman anknüpfenden Gedichte A. *Ginsbergs* bestimmt. Erst um 1910 entstand ein literar. bedeutendes Drama. Bis dahin waren die Bühnen von Unterhaltungsstücken des Geschäftstheaters beherrscht worden. Der überragende Dramatiker ist E. *O'Neill*. Neben ihm sind von Bedeutung: M. *Anderson*, E. *Rice*, C. *Odets*, Th. *Wilder*, T. *Williams*, A. *Miller*, W. *Saroyan*, E. *Albee*.

**Vereinigte Staaten von Amerika: Musik.** Auf dem nordamerik. Kontinent entwickelte sich erst spät eine eigenständige Musik. Im 18. Jh. entstanden die *Negro Spirituals*, wie überhaupt die Verbindung mit afrik. Elementen kennzeichnend für viele Strömungen amerik. Musik bleibt (z. B. Blues). Im 19. Jh. blieb das Musikleben lange von Europa abhängig. In der Nachfolge der Spätromantik stand E. *MacDowell*, der volkstüml. Neger- u. Indianermusik in seinem Schaffen verwendete wie L.M. *Gottschalk*. Zahlreiche Orchestergründungen (New York 1842) förderten das Musikleben. Von bes. Bedeutung ist die Entwicklung des → Jazz sowie der amerik. Volksmusik *(Country-music)* im 19. Jh. Im 20. Jh. konnten sich einheim. Musikerpersönlichkeiten durchsetzen, z. B. G. *Gershwin* u. A. *Copland*, die Elemente des *Jazz* aufnahmen. Offenheit gegenüber vielfältigen musikal. Richtungen u. Experimentierfreudigkeit sind kennzeichnend für C. *Ives* u. C. *Ruggles*. Daneben gewannen die neuen Theorien des in die USA ausgewanderten A. *Schönberg* (Zwölftonmusik) Einfluß u. bes. I. *Strawinsky*. Die Vertreter der neueren nordamerik. Musik, W. *Piston*, R. *Sessions*, R. *Harris*, W. *Schumann*, S. *Barber*, G.-C. *Menotti*, L. *Bernstein* führten im wesentl. traditionelle Elemente weiter (unter Einbeziehung von Jazz u. Volksmusik). Klang- u. Formexperimente führten G. *Antheil*, H. *Cowell*, J. *Cage*, M. *Feldman*, L. *Foss*, H. *Partch*, G. *Schuller*, E. *Varèse* u. C. *Wolff* durch. *Computermusik* wird betont gepflegt (Lejaren A. *Hiller*). In der *Minimal Music* (T *Riley*, S. *Reich*, P. *Glass* u.a.) lassen sich die bisher letzten Entwicklungen amerik. Musik fassen. Im Bereich des Jazz blieben die USA bis etwa 1960 tonangebend. Ebenso entwickelten sich hier die Form des *Musical* sowie die ersten Anfänge der *Rockmusik*.

**Vereinigtes Wirtschaftsgebiet,** *Bizone*, die Gebiete der brit. u. der US-amerik. Besatzungszone in Dtld., die am 1.1.1947 zu einer Wirtschaftseinheit zusammengeschlossen wurden.

**Vereinigungsfreiheit,** das Recht, Vereine zu bilden u. sich Vereinigungen anzuschließen (oder ihnen fernzubleiben); eines der wichtigsten Grundrechte.

**Vereinigungskirche,** *Mun-Sekte*, 1954 in Südkorea von San Myung *Mun* (*1920) gegr. nichtchristl. Religionsgemeinschaft.

**Vereinsregister,** beim Amtsgericht geführtes Register, in das Vereine eingetragen werden müssen, um *rechtsfähige Vereine (eingetragene Vereine, e.V.)* zu werden.

**Vereinte Nationen,** engl. *United Nations (Organization)*, Abk. *UN (UNO)*, 1945 auf der UN-Konferenz von San Francisco von 50 Staaten gegr. Vertragsorganisation souveräner u. gleichberechtigter Staaten mit eigener Charta (1990: 159 Mitgl.). Ziele sind: Förderung der internat. Zusammenarbeit u. Sicherung des Weltfriedens durch Vermittlung u. schiedsrichterl. Entscheidung, durch Beobachtung u. Untersuchung von Konflikten, durch Entsendung von UN-Streitkräften, durch diplomat., wirtsch. u. militär. Sanktionen u. durch Abrüstungsmaßnahmen. Zur Schaffung der positiven Friedensbedingungen fördern die UN die Menschenrechte, schließen Diskriminierung aus, betreiben die Entkolonialisierung u. fördern die wirtsch., soz. u. kulturelle Entwicklung. Die UN sind zugleich Weltparlament u. permanente diplomat. Konferenz mit Stimmblöcken u. wechselnden Koalitionen.

Oberstes Organ ist die *Vollversammlung (VV)*, auch *Generalversammlung*, in der jedes Mitglied eine Stimme hat. Die Hauptarbeit wird von den Fachausschüssen geleistet.

Polit. wichtigstes Organ ist der *Sicherheitsrat (SR)*, auch *Weltsicherheitsrat (Security Council)*, mit primärer Zuständigkeit für die Wahrung des Friedens. Dem bes. Gewicht u. ihren Interessen entspr., haben die 5 ständigen Mitgl. des SR (die Großmächte USA, Sowj., China, Großbrit. u. Frankreich) Vorrechte gegenüber den anderen Ratsmitgliedern. Wichtige Sachentscheidungen bedürfen der Zustimmung der ständigen Mitgl. innerhalb einer Zweidrittelmehrheit des SR. Ihm gehören neben den gen. Staaten weitere 10 von der Vollversammlung gewählte Mitgl. an.

Das *Sekretariat* (Sitz New York; europ. Dienststelle in Genf) unter dem *Generalsekretär* ist berechtigt, den Sicherheitbeirat auf wichtige Probleme, insbes. Friedensbedrohungen, aufmerksam zu machen. Bisherige Generalsekretäre: T. *Lie* (1946–52), D. *Hammarskjöld* (1953–61), S. *U Thant* (1961–71), K. *Waldheim*, (1972–81), J. *Pérez de Cuéllar* (seit 1982). Die UN haben zahlr. Sonderorganisationen von z.T. beachtl. Einfluß.

**Vererbung,** das Auftreten gleicher oder ähnl. erbl. Merkmale (z.B. Haarfarbe, Handlinien, geistige Eigenschaften) bei Vorfahren u. Nachkommen u. die Weitergabe der hierfür verantwortl. Erbanlagen *(Gen)* während der Vermehrung. Die Wiss. von der V. ist die *Vererbungslehre* oder → Genetik.

**Veress** ['vɛrɛʃ], Sándor, *1.2.1907, ung. Komponist; Schüler von B. Bartók u. Z. Kodály; unter Einbeziehung von Volksmusikelementen u. Zwölftontechniken: Ballette, Sinfonien, Kammermusik.
**Verfahrenstechnik,** Zweig der techn. Wiss., der sich mit der Entwicklung u. Durchführung von physikal.-chem. Verfahren zur wirtsch. Herstellung u. Veränderung von Stoffen befaßt.
**Verfallklausel,** *kassatorische Klausel,* Nebenabrede in einem Vertrag, nach deren Nichteinhaltung einer Frist ein Recht verwirkt ist.
**Verfassung, 1.** die bestimmte Art des Aufeinanderbezogenseins der Bestandteile eines Ordnungsgefüges, vor allem die rechtl. oder tatsächl. Ordnung einer gesellschaftl. Gruppe (Fam., Sippe, Volk, Staat), aber auch der körperl. u. seel. Zustand eines Menschen. – **2.** *Staats-V., Konstitution,* im polit.-soziolog. Sinne: die *Grundordnung* eines Staates, wie sie tatsächl. besteht. Kennzeichnend hierfür sind Form der Machtausübung, Verwaltungsmethoden, Rechtsstellung des Bürgers.
**Verfassungsänderung,** *Verfassungsrevision,* Änderung der Verfassungsurkunde: in der BR Dtld. nur bei Zweidrittelmehrheit von Bundestag u. Bundesrat möglich.
**Verfassungsbeschwerde,** Begehren an das Verfassungsgericht, staatl. Hoheitsakte wegen Verletzung von Grundrechten des Beschwerdeführers aufzuheben oder für nichtig zu erklären. Die V. ist in der Regel erst nach Erschöpfung eines sonstigen Rechtswegs zulässig.
**Verfassungsgerichtsbarkeit,** *Staatsgerichtsbarkeit,* die Rechtsprechung über Fragen des Verfassungsrechts; ausgeübt von *Verfassungsgericht (Verfassungs-, Staatsgerichtshof, Bundesgerichtshof),* in manchen Ländern vom Parlament.
**Verfassungsgerichtshof,** östr. Höchstgericht in Wien, gegr. 1919.
**Verfassungsschutz,** Staatsschutz, vor allem durch Erlaß entspr. Strafbestimmungen bei Hoch- u. Landesverrat, Geheimnisschutz, aber auch Verbot der gegen den Bestand der verfassungsmäßigen Ordnung gerichteten Bestrebungen, bes. der polit. Parteien; das *Bundesamt für V.* untersteht dem Bundes-Min. des Innern.
**Verflüssigung,** Überführung aus dem gasförmigen in den flüssigen Aggregatzustand durch Temperaturerniedrigung oder Druckerhöhung; auch Überführung aus dem festen in den flüssigen Zustand durch Erwärmung.
**Verfolgungswahn,** wahnhafte Vorstellung, von Feinden umgeben zu sein u. verfolgt oder geschädigt zu werden; bei versch. seel. Krankheiten.
**Verfrachter,** Frachtführer des Seehandels, der die Beförderung von Gütern zur See übernimmt; häufig zugleich *Reeder.*
**Verfremdung,** der von B. Brecht geforderte Effekt des »epischen Theaters«, der den Zuschauer desillusionieren soll, um ihn zum krit. Mitdenken zu veranlassen.
**Verfügung,** Rechtsgeschäft, durch das unmittelbar auf den Bestand von subjektiven Rechten eingewirkt wird (z.B. Veräußerung); im öffentl. Recht eine behördl. Anordnung zur Regelung eines Einzelfalls, z.B. die Polizei-V., die einstweilige V.
**Verführung,** Verleitung eines Mädchens unter 16 Jahren zum Beischlaf; strafbar (§ 182 StGB).
**Verga,** Giovanni, *1840, †1922, ital. Schriftst.; Hauptvertreter des ital. *Verismus.* W »Cavalleria rusticana«.
**Vergällung** → denaturieren.
**Vergangenheit** → Tempus.
**Vergaser,** Vorrichtung am V.motor (Ottomotor) zur Zerstäubung des flüssigen Brennstoffs u. zu seiner innigen Mischung mit Luft vor Eintritt in den Zylinder.
**Vergehen,** strafbare Handlung, die mit Freiheitsstrafe oder mit Geldstrafe bedroht u. kein → Verbrechen ist.
**Vergeltung,** *Sühne,* nach herkömml. Auffassung einer der Zwecke der Strafe.
**Vergesellschaftung, 1.** → Sozialisierung. – **2.** Beziehungen zw. Tieren der gleichen Art oder zw. Tieren versch. Art.
**Vergewaltigung,** *Notzucht,* Nötigung einer Frau zum außerehel. Beischlaf durch Gewalt oder Drohung mit gegenwärtiger Gefahr für Leib u. Leben; strafbar mit Freiheitsstrafe von 2–15 Jahren.
**Vergiftung, 1.** *Intoxikation, Toxikose,* Verletzung, Erkrankung oder Tod eines lebenden Organismus durch Gift *(Toxin).* Das Gift kann durch die Verdauungsorgane, Atemwege, Haut, Scheide oder Mastdarm aufgenommen werden. – **2.** vorsätzl. Einführen von Gift in den Körper eines Menschen, um dessen Gesundheit zu schädigen; strafbar.
**Vergil,** *Virgil, Publius Vergilius Maro,* *70 v.Chr., † 19 v.Chr., röm. Dichter; genoß hohes Ansehen am Kaiserhof; Nachahmungen Theokrits (»Eclogae«, auch »Bucolica« gen.); Lehrgedicht über die Landw. (»Georgica«); Epos »Aeneis« (12 Bücher, 10 000 Verse).
**Vergißmeinnicht,** *Myosotis,* Gatt. der Rauhblattgewächse; hierzu das als Zierpflanze beliebte *Sumpf-V.* mit himmelblauen Blüten.
**Vergleich, 1.** Vertrag, durch den der Streit oder die Ungewißheit der Parteien über ein Rechtsverhältnis auf dem Wege gegenseitigen Nachgebens beseitigt wird. – **2.** das zur Abwendung eines Konkurses bes. geregelte V.sverfahren.
**Vergnügungsteuer,** *Lustbarkeitsteuer,* Aufwandsteuer auf Veranstaltungen wie Film, Theater u. Konzert.
**Vergrößerungsglas** → Lupe.
**Verhaeren** [vəˈhaːrən], Émile, *1855, †1916, belg. Schriftst.; beschrieb in hymn. Stil die Welt der Masch. u. das Leben in der Großstadt.
**Verhaftung,** Freiheitsentziehung durch Organe der Staatsgewalt. →Festnahme, →Haft, →Untersuchungshaft.

Vergil zwischen den Musen Klio und Melpomene; römisches Mosaik aus Nordafrika

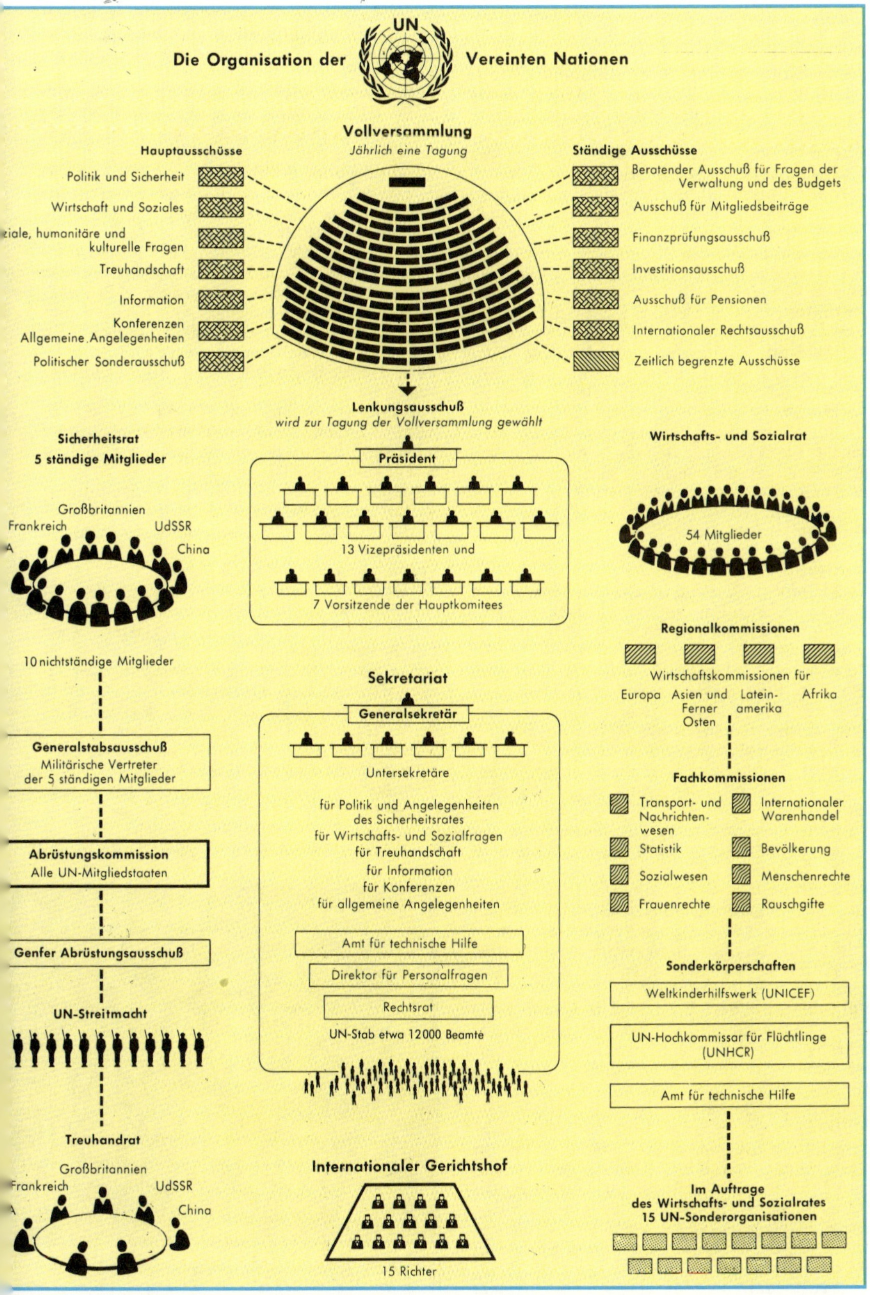

## Die Organisation der Vereinten Nationen

**Vollversammlung** – Jährlich eine Tagung

**Hauptausschüsse:**
- Politik und Sicherheit
- Wirtschaft und Soziales
- Soziale, humanitäre und kulturelle Fragen
- Treuhandschaft
- Information
- Konferenzen
- Allgemeine Angelegenheiten
- Politischer Sonderausschuß

**Ständige Ausschüsse:**
- Beratender Ausschuß für Fragen der Verwaltung und des Budgets
- Ausschuß für Mitgliedsbeiträge
- Finanzprüfungsausschuß
- Investitionsausschuß
- Ausschuß für Pensionen
- Internationaler Rechtsausschuß
- Zeitlich begrenzte Ausschüsse

**Lenkungsausschuß** wird zur Tagung der Vollversammlung gewählt

**Präsident** – 13 Vizepräsidenten und 7 Vorsitzende der Hauptkomitees

**Sicherheitsrat** – 5 ständige Mitglieder: Frankreich, Großbritannien, UdSSR, China; 10 nichtständige Mitglieder

**Generalstabsausschuß** – Militärische Vertreter der 5 ständigen Mitglieder

**Abrüstungskommission** – Alle UN-Mitgliedstaaten

**Genfer Abrüstungsausschuß**

**UN-Streitmacht**

**Treuhandrat** – Frankreich, Großbritannien, UdSSR, China

**Wirtschafts- und Sozialrat** – 54 Mitglieder

**Regionalkommissionen:** Wirtschaftskommissionen für Europa, Asien u. Ferner Osten, Lateinamerika, Afrika

**Fachkommissionen:** Transport- und Nachrichtenwesen, Statistik, Sozialwesen, Frauenrechte, Internationaler Warenhandel, Bevölkerung, Menschenrechte, Rauschgifte

**Sonderkörperschaften:** Weltkinderhilfswerk (UNICEF), UN-Hochkommissar für Flüchtlinge (UNHCR), Amt für technische Hilfe

**Sekretariat** – Generalsekretär

**Untersekretäre** für Politik und Angelegenheiten des Sicherheitsrates, für Wirtschafts- und Sozialfragen, für Treuhandschaft, für Information, für Konferenzen, für allgemeine Angelegenheiten

Amt für technische Hilfe
Direktor für Personalfragen
Rechtsrat
UN-Stab etwa 12000 Beamte

Im Auftrage des Wirtschafts- und Sozialrates 15 UN-Sonderorganisationen

**Internationaler Gerichtshof** – 15 Richter

**Verhaltensforschung,** *Ethologie,* biolog. Forschungsrichtung, die die Gesetzmäßigkeiten des Verhaltens von Mensch u. Tier mit naturwiss. Methoden untersucht.

**Verhältnis,** Beziehung zw. Gegenständen oder Personen; meßbare oder vergleichbare Beziehung, Proportion; in der Math. Ausdruck der Form *a : b* (Quotient zweier Größen).

**Verhältniswahl,** *Listenwahl, Proportionalwahl, Entscheidungsprinzip,* nach dem sich die Vergabe von Mandaten nach dem numer. Verhältnis der auf die Kandidaten oder auf die Listen der Parteien abgegebenen Stimmen richtet. Im Ggs. zur *Mehrheitswahl* ist bei der V. auch die im Wahlkreis unterlegene Partei über versch. Verrechnungsmethoden an der Mandatsvergabe beteiligt.

**Verhältniswort** → Präposition.

**Verhandlungen über konventionelle Streitkräfte in Europa,** *VKSE,* seit 9.3.1989 in Wien stattfindende Abrüstungsverhandlungen. Konferenzpartner: die Staaten der NATO u. des Warschauer Pakts. Am 19.11.1990 wurde der VKSE-Vertrag in Paris unterzeichnet.

**Verhandlungsmaxime,** *Verhandlungsgrundsatz,* Grundsatz des Prozeßrechts, nach der vom Gericht zu beurteilende Sachverhalt nicht von ihm selbst, sondern von den Prozeßparteien beizubringen ist (im Zivilprozeß); Ggs.: *Offizialmaxime.*

**Verhör** → Vernehmung.

**verhütten,** Erze zu Metallen industriell verarbeiten.

**Verifikation,** *Verifizierung,* Nachprüfung oder Nachweis der Wahrheit einer Theorie durch Anwendung auf einen konkreten Einzelfall.

**Verismus,** *Verismo,* eine seit der 2. Hälfte des 19. Jh. aufkommende Richtung der ital. Lit., bildenden Kunst u. Musik, die die Naturwirklichkeit in äußerst genauer, auch vor häßl.-abstoßender Wirkung nicht haltmachender Detailwiedergabe zu vergegenwärtigen sucht.

**veritabel,** wahrhaft, echt.

**Verjährung,** Verlust der Gültigkeit nach einer gesetzl. Frist.

**Verkabelung,** Verlegung von Breitbandkabeln zum verbesserten Empfang von Hörfunk- u. Fernsehprogrammen, auch zur Nutzung neuer Informationstechniken.

**Verkalkung,** Ablagerung von Calciumsalzen (Kalk) im Körpergewebe außerhalb des Knochengewebes; Ausdruck u. Folge örtl. begrenzter oder ausgedehnter Störungen des Zelltoffwechsels u. der Gewebsernährung u. -durchblutung.

**Verkauf,** Veräußerung einer Ware auf der Grundlage eines schriftl. oder mündl. abgeschlossenen *Kaufvertrags.*

**Verkehr,** Gesamtheit aller Einrichtungen, die der räuml. Fortbewegung von Personen, Gütern u. Nachrichten dienen.

**Verkehrspolizei,** Organisationszweig der Polizei mit den Aufgaben der Verkehrsregelung u. der Aufklärung u. Verhütung von Verkehrsunfällen.

**Verkehrssitte,** in der Wirtschaftsverkehr übl. Gebräuche u. Bedingungen; entwickelt sich gelegentl. zum *Gewohnheitsrecht.*

**Verkehrssprachen,** überregionale Sprachen, die die Verständigung zw. Angehörigen versch. Sprachgemeinschaften auf einzelnen Gebieten ermöglichen, z.B. Englisch in Indisch, Russisch in der Sowjetunion.

**Verkehrssünderkartei,** ugs. für *Verkehrszentralregister,* beim Kraftfahrt-Bundesamt in Flensburg für die BR Dtld. zentral geführte Kartei zur Registrierung von Entscheidungen der Verwaltungsbehörden über Versagung u. Entziehung der Fahrerlaubnis sowie von Verurteilungen oder sonstigen Maßnahmen wegen eines *Verkehrsdelikts.* Die Eintragungen werden nach Ablauf bestimmter Fristen getilgt.

**Verkehrswacht,** gemeinnützige Selbsthilfeorganisation zur Förderung der Verkehrssicherheit auf den Straßen der BR Dtld. Spitzenverband ist die *Deutsche Verkehrswacht e.V.,* Bonn.

**Verkehrswert,** *gemeiner Wert,* im Baurecht der Marktpreis für ein Grundstück, der im gewöhnl. Geschäftsverkehr ohne Berücksichtigung von Liebhaberinteressen oder sonstigen Umständen zu erzielen ist. Die näheren Bewertungsrichtlinien werden durch eine im Bundesbaugesetz vorgesehene *Wertermittlungsverordnung* festgelegt.

**Verkehrszeichen,** am Straßenrand angebrachte Tafeln sowie auf die Fahrbahn aufgemalte Markierungen u. Absperrungen (z.B. rotweiß gestreifte Schranken) zur Regelung des Verkehrs auf öffentl. Straßen u. Plätzen. Die Zahl der V. u. ihre Ausgestaltung sind in der Straßenverkehrsordnung (StVO) festgelegt. Danach werden die V. in *Gefahr-, Vorschrift-* u. *Richtzeichen* unterschieden.

**Verkehrszentralregister** → Verkehrssünderkartei.

**Verklappung,** die Beseitigung von Sonderabfällen durch Versenken oder Einleiten auf hoher See. Die Abfallbehandlung auf See wird durch internat. Übereinkommen grundsätzlich geregelt. Ökologisch bes. problematisch sind die Einleitung von Dünnsäuren u. das Einbringen von schwermetallhaltigen Klärschlämmen.

**Verkohlung,** die beim starken Erhitzen vieler organ. Stoffe eintretende völlige Zersetzung, bei der immer kohlenstoffreichere Verbindungen u. schließlich mehr oder weniger reiner Kohlenstoff zurückbleiben.

**Verkokung,** Kohleveredelungsverfahren, bei dem Stein- u. Braunkohle unter hohen Temp. (1000 °C) von ihren flüchtigen Bestandteilen getrennt werden; dient u.a. zur Gewinnung von *Koks.*

**Verkündigung,** im christl. Sprachgebrauch das bezeugende, bekennende u. vergegenwärtigende Wort von der Herrschaft u. dem Heil Gottes in Christus, das Glauben als Entscheidung fordert. Hauptformen der V. sind *Predigt* u. *Katechese.*

**Verkündung, 1.** mündl. Bekanntmachung von Gerichtsurteilen in öffentl. Sitzungen. – **2.** *Publikation,* amtl. Veröffentlichung von Rechtsverordnungen in der vom Gesetz vorgeschriebenen Form (Bundesgesetzblatt, Bundesanzeiger u.a.).

**Verl,** Gemeinde in NRW, sö. von Gütersloh, 19 000 Ew.

**Verlaine** [vɛrˈlɛːn], Paul, *1844, †1896, frz. Schriftst.; führender Lyriker des Symbolismus; seine Thematik reicht von morbider Erotik bis zu ekstat. Frömmigkeit.

**Verleger,** Unternehmer, der einen Verlag betreibt; Verlagsbuchhändler.

**Verleumdung,** üble Nachrede wider besseres Wissen; strafbar.

**Verlies,** unterird. Gefängnis, Kerker.

**Verlöbnis,** *Verlobung,* das gegenseitige Versprechen, miteinander die Ehe eingehen zu wollen, verpflichtet bei Rücktritt ohne wichtigen Grund zum Schadensersatz für angemessene Aufwendungen u. Schuldverpflichtungen sowie zur gegenseitigen Herausgabe von Geschenken.

**Vermächtnis,** *Legat,* Verfügung des Erblassers durch Testament oder Erbvertrag über einzelne Nachlaßgegenstände zugunsten von Personen, die nicht zu Erben eingesetzt sind.

**Vermeer** [vɛr-], eigtl. *van der Meer,* Jan, gen. V. *van Delft,* *1632, †1675, ndl. Maler; entwickelte in atmosphär. Farbigkeit einen beseelten Stil, der Menschen u. Dinge mit liebevoller Versenkung in

### Wichtige Verjährungsfristen

| Verjährungsfrist | Art des Anspruchs |
|---|---|
| 30 Jahre | Allg. Verjährungsfrist (§ 195 BGB), daneben gibt es besondere, kürzere Verjährungsfristen |
| 4 Jahre | Ansprüche auf Rückstände von Zinsen, Miet- u. Pachtzinsen, Renten, Auszugsleistungen, Besoldungen, Wartegeldern, Ruhegeldern, Unterhaltsbeiträgen u. anderen regelmäßig wiederkehrenden Leistungen (§ 197 BGB) |
| | Ansprüche von Kaufleuten, Fabrikanten, Handwerkern u. anderer für Leistungen an einen Schuldner, der selbst einen Gewerbebetrieb innehat (§ 196 BGB) |
| | Ansprüche auf Sozialleistungen (§ 45 SGB I) |
| | Festsetzung für Steuern u. Steuervergünstigungen außer Zöllen, Verbrauchssteuern, Zollvergütungen u. Verbrauchssteuervergütungen (§ 169 Abgabenordnung) |
| 3 Jahre | Ansprüche auf Schadensersatz aus unerlaubter Handlung u. Amtspflichtverletzung (§ 852 BGB) |
| | Schadensersatzansprüche gegen Rechtsanwälte (§ 51 Bundesrechtsanwaltsordnung) u. Steuerberater (§ 68 Steuerberatungsgesetz) |
| | Wechselansprüche gegen den Bezogenen (§ 70 Wechselgesetz) |
| 2 Jahre | Ansprüche von Kaufleuten, Fabrikanten, Handwerkern u. anderer für Warenlieferungen u. Arbeiten, die nicht für einen Gewerbebetrieb bestimmt sind, Forderungen von Frachtführern, Spediteuren, Gastwirten, Hoteliers, Maklern, Verwaltern, Architekten, Ärzten, Hebammen, Notaren, Rechtsanwälten, Steuerberatern, Wirtschaftsprüfern u.a. |
| | Ansprüche gewerbl. Vermieter für die Vermietung bewegl. Sachen |
| | Ansprüche von Arbeitnehmern auf Lohn, Gehalt u. andere vereinbarte Leistungen (§ 196 Nr. 1–17 BGB) |
| | Ansprüche aus einem Verlöbnis (§ 1302 BGB) |
| 1 Jahr | Ansprüche aus Verkäufen von Grundstücken (§ 477 BGB) |
| | Festsetzung für Zölle, Verbrauchssteuern, Zollvergütungen u. Verbrauchssteuervergütungen (§ 169 Abgabenordnung) |
| 6 Monate | Ansprüche des Käufers einer bewegl. Sache auf Wandelung, Minderung u. Schadensersatz (§ 477 BGB) |
| | Ansprüche auf Beseitigung eines Mangels (beim Werkvertrag) des Werkes oder Rückgängigmachung (Wandelung) des Vertrags, Minderung u. Schadensersatz (§ 638 BGB) |
| | Ansprüche aus der Verschlechterung einer vermieteten oder verliehenen Sache u. Verwendungsansprüche des Mieters oder Entleihers (§§ 558, 606 BGB) |
| | Ansprüche des Verpfänders u. Pfandgläubigers (§ 1226 BGB) |

### Verjährungsfristen im Strafrecht

| Verjährungsfrist | Strafhöhe/Straftatbestand |
|---|---|

*Strafverfolgung*

| | |
|---|---|
| 30 Jahre | bei Taten, die mit lebenslanger Freiheitsstrafe bedroht sind |
| 20 Jahre | bei Taten, die mit Freiheitsstrafe von mehr als 10 Jahren bedroht sind |
| 10 Jahre | bei Taten, die mit Freiheitsstrafe zwischen mehr als 5 und bis zu 10 Jahren bedroht sind |
| 5 Jahre | bei Taten, die mit Freiheitsstrafe zwischen mehr als 1 Jahr u. bis zu 5 Jahren bedroht sind |
| 3 Jahre | bei allen übrigen Taten |

*Strafvollstreckung:*

| | |
|---|---|
| 25 Jahre | bei Freiheitsstrafen von mehr als 10 Jahren |
| 20 Jahre | bei Freiheitsstrafen zwischen mehr als 5 u. bis zu 10 Jahren |
| 10 Jahre | bei Freiheitsstrafen zwischen mehr als 1 Jahr u. bis zu 5 Jahren |
| 5 Jahre | bei Freiheitsstrafe bis zu 1 Jahr |

*Verkehr:* elektronischer Wegweiser durch den Stadtverkehr

*Jan Vermeer van Delft: Bei der Kupplerin; 1656. Dresden, Gemäldegalerie*

die maler. Details darstellt. Die meisten Werke zeigen bürgerl. Innenräume mit wenigen Figuren.
**Vermehrung** → Fortpflanzung.
**Vermessungskunde** → Geodäsie.
**Vermißte,** Personen, deren Aufenthalt aufgrund bes. Umstände (Krieg, Naturkatastrophe, Unfall) unbekannt geworden u. auch nicht zu ermitteln ist.
**Vermittlungsausschuß,** Ausschuß aus der gleichen Anzahl von Mitgl. des *Bundestags* u. des *Bundesrats* zur Einigung über den Inhalt einer Gesetzesvorlage; wird z.B. auf Verlangen des Bundesrats einberufen, wenn der Bundesrat nicht bereit ist, einer vom Bundestag verabschiedeten Vorlage zuzustimmen.
**Vermögen,** in der Betriebswirtschaft die *Aktiva*, die als *Betriebs-V.* auf der Aktivseite der Bilanz stehen, getrennt nach *Anlage-* u. *Umlauf-V.*; ugs. häufig der Überschuß der Aktiva über die Verbindlichkeiten, das sog. *Rein-V.* – In der Volkswirtschaft das Eigentum natürl. u. jurist. Personen an wirtschaftl. Gütern u. Rechten.
**Vermögensbildung,** *V. in Arbeitnehmerhand,* Beteiligung der Arbeitnehmer am Produktivkapital der Volkswirtschaft; sozialpolit. Ziel, dem in der BR Dtld. die *V.-Gesetze* dienen, die die V. der Arbeitnehmer durch *vermögenswirksame Leistungen* der Arbeitgeber (bis zu 936 DM jährl.) fördern.
**Vermögensteuer,** Steuer auf das Vermögen, die in Ergänzung zur Einkommen- u. Körperschaftsteuer eine Mehrbelastung des »fundierten« Einkommens bezwecken soll, ohne in die Substanz einzugreifen (nominelle V.).
**Vermont** [vɛːˈmɔnt], Abk. *Vt.,* Gliedstaat im NO der → Vereinigten Staaten.
**Vermummungsverbot,** Verbot der Teilnahme an einer Demonstration in einer Aufmachung, die geeignet ist, die Feststellung der Identität zu verhindern; seit 1985 Ordnungswidrigkeit, seit 1989 Straftatbestand.
**Verne** [vɛrn], Jules, *1828, †1905, frz. Schriftst.; schrieb als erster utop., halbwiss. Abenteuerromane; W »Reise zum Mittelpunkt der Erde«, »20 000 Meilen unterm Meer«, »Reise um die Welt in 80 Tagen«.
**Vernehmung,** *Verhör,* das Befragen von Personen über ihre Person u. bestimmte Vorgänge; bes. die V. von Zeugen (*Zeugen-V.*) u. Sachverständigen, des Beschuldigten im Strafprozeß, der Parteien im Zivilprozeß (*Partei-V.*). Bei der V. ist jede Beeinflussung zu vermeiden. Vor der V. ist der Beschuldigte zu belehren, daß es ihm freisteht, ob er sich zur Sache äußern will, u. daß er vorher einen frei gewählten Verteidiger befragen darf. Zeugen u. Sachverständige sind vor der V. über etwaige Zeugnisverweigerungsrechte zu belehren.
**Vernichtungslager,** von der SS während des 2. Weltkriegs errichtete Lager, die im Unterschied zu den älteren *Konzentrationslagern* (KZ) von vornherein für die Massentötung der europ. Juden bestimmt waren; aus Geheimhaltungsgründen im besetzten Polen eingerichtet: Chełmno, Bełżec, Sobibór, Treblinka, Auschwitz-Birkenau, Lublin-Majdanek. Mehr als die Hälfte der nahezu 6 Mio. Opfer der nationalsozialist. Rassenpolitik kamen in V.n um.
**Vernissage** [-ˈsaːʒ]; Eröffnung einer Kunstausstellung mit geladenen Gästen u. Pressebesichtigung.
**Vernunft,** Erkenntnisvermögen, das nicht wie der *Verstand* auf die Erkenntnis des einzelnen, sondern auf das jeweilige Ganze oder den totalen Zusammenhang der Erscheinungen gerichtet ist; nach *Kant* das Vermögen, aus eig. Grundsätzen zu urteilen (*theoret. V.*) oder zu handeln (*prakt. V.*).
**Verona,** N-ital. Prov.-Hptst. an der unteren Etsch, 259 000 Ew.; roman.-got. Dom (12.–15. Jh.), zahlr. mittelalterl. Kirchen u. Paläste, röm. Amphitheater (Opernaufführungen); Scaligerburg; internat. Landw.-Messe, Obst- u. Gemüsegroßmarkt; Masch.-, Fahrzeug- u. Stahl-Ind.; Fremdenverkehr.
**Veronese,** Paolo, eigtl. P. *Caliari,* *1528, †1588, ital. Maler aus Verona; Hauptmeister der venezian. Spätrenaissance.
**Veronika,** Heilige, reichte nach der Legende Jesus auf dem Kreuzweg ihr Schweißtuch, auf dem sein Leidensantlitz sichtbar blieb; Fest: 4.2.
**Verordnung,** Abk. *VO,* von Regierungs- oder Verwaltungsorganen erlassene Vorschrift; enthält Rechtsvorschriften (*Rechts-V.*) oder Anordnungen an nachgeordnete Ämter oder Organe (*Verw.-V.*).
**Verpfändung,** Begründung eines Pfandrechts durch Vertrag.
**Verrat,** das Hintergehen eines anderen, dem man zur Treue verpflichtet ist; im Strafrecht häufig Bestandteil von Delikten (Hoch-V., Landes-V., Spionage).
**Verrechnungsscheck,** Scheck mit dem Vermerk »nur zur Verrechnung« u.ä.; kann nur durch Gutschrift auf ein vom Vorzeiger angegebenes Konto eingelöst werden, nicht bar.
**Verrenkung** → Luxation.
**Verrochio** [veˈrɔkjo], Andrea del, eigtl. A. del *Cione,* *1435, †1488, ital. Bildhauer, Bronzegießer, Goldschmied u. Maler; führte den Naturalismus in der Plastik des 15. Jh. zum Höhepunkt u. bereitete die Hochrenaissance vor; W David-Statue, Florenz; Reiterdenkmal des Colleoni, Venedig.
**Vers,** Teil der *gebundenen Rede,* der durch seinen metr. Rhythmus als gliedernde Einheit gekennzeichnet ist. Im antiken V. wird die lange Silbe, im abendländ. V. die betonte Silbe als rhythmusträgend empfunden. Als V. bezeichnet man gelegentl. auch einen kürzen Prosa-Abschnitt (bes. den Bibel-V.). Fälschlich wird V. oft für *Strophe* gebraucht, z.B. beim Kirchenlied.
**Versailler Vertrag,** Friedensvertrag zw. Dtld. u. den Alliierten zur Beendigung des 1. Weltkriegs; ohne dt. Beteiligung an den Verhandlungen nach Ultimatum am 28.6.1919 unterzeichnet. Durch den V. V. verlor Dtld. 70 000 km² seines Gebiets u. alle Kolonien; es mußte sich mit einem 100 000-Mann-Heer u. mit einer 15jährigen Besetzung der linksrhein. Gebiete abfinden; ihm wurden die Alleinschuld am Ausbruch des 1. Weltkriegs u. der Ersatz aller verschuldeten Kriegsschäden (Reparationen) aufgebürdet. Der V. V. wurde in Dtld. überwiegend als ungerecht empfunden u. von nahezu allen polit. Kräften abgelehnt. Die Unzufriedenheit mit dem V. V. wurde bes. von der NSDAP propagandistisch genutzt.
**Versailles** [verˈsaj], frz. Stadt sw. von Paris, 92 000 Ew.; Kathedrale (18. Jh.). – Das *Schloß von V.,* 1682–1789 Residenz der frz. Könige, heute Nationalmuseum, ist der Hauptbau des frz. Barocks; es wurde unter *Ludwig XIV.* seit 1661 von L. *Le Vau* u. J. *Hardouin-Mansart* errichtet. Die Parkanlagen, in denen sich die beiden Lustschlösser *Grand* u. *Petit Trianon* befinden, schuf A. *Le Nôtre.*
1783 wurden die 13 Vereinigten Staaten von Amerika im *Frieden von V.* als unabhängig von Großbrit. anerkannt. – Im Spiegelsaal des Schlosses von V. fand nach dem Dt.-Frz. Krieg 1871 die Proklamation des Dt. Reichs statt. – Das Schloß war auch der Ort der Unterzeichnung des → Versailler Vertrags.
**Versalien,** Großbuchstaben eines Alphabets.
**Versammlungsfreiheit,** *Versammlungsrecht,* das Recht, sich jederzeit zu jedem Zweck ohne vorherige Genehmigung u. Kontrolle friedl. u. ohne Waffen zu versammeln; in Art. 8 GG u. in den Länderverfassungen gewährleistet.
**Versandhandel,** *Versandgeschäft, Versandhaus* Organisationsform des Einzelhandels, durch die ein weiträumiger Kundenkreis durch Zusendung von Katalogen u. Prospekten geworben u. bedient werden kann.
**verschneiden,** versch. Weinsorten zur Hebung der Qualität u. Geschmacksverbesserung mischen. Weinbrand (*Verschnitt*) wird durch Mischung mit Alkohol verschnitten.
**Verschollenheit,** länger dauernder unbekannter Aufenthalt einer Person, ohne daß Nachrichten darüber vorliegen, ob sie in dieser Zeit noch gelebt hat. Nach Ablauf bestimmter *V.sfristen* ist Todeserklärung möglich.
**Verschulden,** zivilrechtl. Begriff für Vorsatz u. Fahrlässigkeit. Dem V. entspricht im Strafrecht die Schuld.
**Verschwörung,** die bes. gegen den Staat gerichtete geheime Verbindung; als Komplott strafbar.
**Versehrte,** Militärdienst- u. Kriegsbeschädigte.
**Verseifung,** Einwirkung von Ätzalkalien (z.B. Natronlauge) auf Fette, wobei sich Glycerin u. höhere Fettsäuren u. deren Alkalisalze bilden.
**Versetzungszeichen,** *Akzidentien,* in der Notenschrift die »zusätzlichen« Zeichen für die Erniedrigung ♭ u. Erhöhung ♯.
**Versfuß** → Metrum.
**Versicherung,** auf Gegenseitigkeit beruhende wirtsch. Veranstaltung zahlr., einem gleichartigen Risiko ausgesetzter Personen oder Sachen zur Deckung eines schätzbaren Vermögensbedarfs, dessen Eintritt dem Grund oder der Höhe nach ungewiß ist. Die *Individual-V.* unterscheidet sich von der *Sozial-V.* dadurch, daß 1. Abschlüsse zumeist freiwillig sind, 2. die Prämie sich individuell nach dem Risikoumfang bemißt u. 3. prakt. jedes Risiko versichert werden kann.
**versiert,** bewandert, geübt, gewandt.
**Version,** Fassung, Lesart.
**Verslehre** → Metrik.
**Versöhnungstag** → Jom Kippur.
**Versorgung,** im öffentl. Dienstrecht die materielle Sicherstellung der Beamten nach ihrem Ausscheiden aus dem aktiven Dienst.
**Versorgungsausgleich,** im Falle der Ehescheidung der Ausgleich der während der Ehe durch die Ehegatten erworbenen Rentenanwartschaften.
**Versorgungsbetriebe,** *Versorgungsunternehmen, Versorgungseinrichtungen,* öffentl., meist kommunale Einrichtungen zur Versorgung der Bevölkerung mit Energie (Elektrizität, Gas) u. Wasser u. zur Abführung von Abfallstoffen.
**Verstaatlichung** → Sozialisierung.
**Verstädterung,** Verlagerung des Schwergewichts des soz. Lebens vom Land in die Stadt u. die Durchdringung des Landes mit städt. Lebensformen. – K → S. 940.

| Verstädterung: Anzahl der Millionenstädte | | | | | | | | | | | |
|---|---|---|---|---|---|---|---|---|---|---|---|
| | 1880 | 1890 | 1900 | 1920 | 1930 | 1940 | 1950 | 1960 | 1970 | 1980 | 1985 |
| Europa | 3 | 4 | 4 | 5 | 11 | 14 | 20 | 22 | 30 | 37 | 30 |
| Sowjetunion/Rußland | – | 1 | 2 | 2 | 2 | 2 | 2 | 4 | 10 | 21 | 22 |
| Vorderasien | – | – | – | – | – | – | 1 | 2 | 9 | 11 | 11 |
| Süd- und Südostasien | – | – | – | – | 2 | 2 | 6 | 12 | 18 | 29 | 30 |
| Ostasien | 1 | 2 | 3 | 7 | 7 | 9 | 16 | 23 | 27 | 34 | 39 |
| Afrika | – | – | – | – | – | 1 | 1 | 3 | 6 | 16 | 17 |
| Nordamerika | 1 | 3 | 3 | 4 | 5 | 6 | 11 | 21 | 31 | 40 | 33 |
| Mittelamerika | – | – | – | – | – | – | 1 | 1 | 4 | 8 | 7 |
| Südamerika | – | – | – | 2 | 2 | 4 | 4 | 7 | 11 | 20 | 21 |
| Australien | – | – | – | 1 | 2 | 2 | 2 | 2 | 2 | 3 | 4 |
| Insgesamt | 5 | 10 | 12 | 20 | 31 | 41 | 64 | 97 | 141 | 217 | 214 |

**Verstand**, allg. die Fähigkeit, sinnl. oder gedankl. Inhalte im Denken aufzunehmen, zu entwickeln oder zu beurteilen; nach *Kant* das Vermögen zu urteilen; auch das Vermögen der begriffl. Erkenntnis, im Unterschied zur *Anschauung*.

**Verstärker**, elektron. Gerät zur Verstärkung einer Wechselspannung *(Spannungsverstärkung)* oder einer Wechselstromleistung *(Leistungsverstärkung)*.

**Verstauchung**, *Distorsion*, Zerrung, Überdrehung u. Zerreißung von Gelenkbändern u. -kapsel; häufig an Hand-, Fuß- u. Kniegelenken.

**Versteigerung**, Ausbieten von Sachen oder Rechten gegen Höchstgebot. Freiwillige V. ist die *Auktion*. Eine öffentl. V. wird durch Gerichtsvollzieher (so immer in der Zwangsvollstreckung) oder durch bes. zugelassene gewerbsmäßige *Versteigerer* durchgeführt.

**Versteinerungen** → Fossilien.

**Verstopfung**, *Obstipation, Konstipation, Hartleibigkeit*, unregelmäßige, erschwerte oder ausbleibende Darmentleerung.

**Vertebraten**, *Vertebrata*, → Wirbeltiere.

**Verteidiger, 1.** Abwehrspieler bei Ballspielen. – **2.** vom Beschuldigten zu seiner Verteidigung gewählte oder bei notwendiger Verteidigung vom Gericht als *Offizial-V*. bestellte Rechtskundige.

**Verteidigung, 1.** *Defensive*, alle Maßnahmen, um einen Angriff *(Offensive)* des Gegners zum Scheitern zu bringen. – **2.** Unterstützung des Beschuldigten u. Wahrnehmung seiner Interessen u. Rechte im Strafverfahren durch den Verteidiger.

**Verteiler, 1.** *Elektrotechnik: Sicherungs-V., Schalt-V.*, ein Kasten mit Anschluß- u. Verbindungsklemmen, in dem einzelne Leitungen miteinander verbunden werden. – **2.** *Kfz-Technik: Zünd-V.*, in Verbrennungsmotoren ein umlaufender Schaltarm mit Kontaktscheibe; verteilt den Zündstrom auf die Zündkerzen.

**vertikal**, senkrecht, von oben nach unten oder umgekehrt; Ggs.: *horizontal*.

**Vertikalkreis**, Großkreis am Himmelsgewölbe, der auf dem Horizont senkrecht steht u. durch den Zenit geht.

**Vertiko**, kleiner Zierschrank mit Aufsatz.

**vertikutieren**, die Grasnarbe eines Rasens wurzeltief lockern u. belüften.

**Vertrag**, Rechtseinrichtung fast aller Rechtsgebiete, durch die Rechte u. Pflichten der V.spartner *(V.sparteien)* rechtsverbindlich festgelegt werden. Der V.sabschluß ergibt sich in der Regel schon durch die Abgabe übereinstimmender Willenserklärungen der V.spartner *(Konsensual-V.)* in Form der Annahme eines V.sangebots *(Offerte)*, z. T. (z. B. beim *Darlehns-* oder *Pfand-V.*) nur bei gleichzeitiger Übergabe von Gegenständen *(Real-V.)*.

**Vertragsstrafe**, *Konventionalstrafe*, aufgrund bes. Vereinbarung bei Nichterfüllung oder Schlechterfüllung eines Vertrags vom Schuldner zu zahlende Geldsumme; Ggs.: *Reugeld*.

**Vertrauensarzt**, ein von bestimmter Seite (z.B. Krankenkasse, Versicherungsanstalt) ins Vertrauen gezogener Arzt, zu dessen Aufgaben die Beurteilung von Gesundheitszustand, Unfallfolgen, Arbeitsfähigkeit u.ä. gehört.

**Vertrauensfrage**, die in der parlamentar. Demokratie von der Reg. an das Parlament gestellte Frage, ob sie das Vertrauen des Parlaments besitze, d.h. ob ihre Politik von der Mehrheit der Abg. gebilligt werde. Bei negativer Entscheidung (Mißtrauensvotum) der V. tritt die Reg. zurück; häufig kommt es dann zu Neuwahlen.

**vertretbare Sachen**, *fungible Sachen*, bewegl. Sachen, die im Geschäftsverkehr nach Zahl, Maß oder Gewicht bestimmt werden; z.B. Geld, Getreide, Kohlen.

**Vertretung**, allg. das Handeln anstelle eines anderen (Stellvertretung):

1. *offene V.* (unmittelbare, direkte V.), das als solches erkennbare Handeln im Namen eines anderen mit unmittelbarer Rechtswirkung für u. gegen ihn. *Gesetzl. Vertretungsmacht* haben z.B. die Eltern des ehel. Kindes oder die Geschäftsführung einer GmbH. *Rechtsgeschäftl. Vertretungsmacht* wird begr. durch *Vollmacht* des Vertretenen, im Handelsrecht insbes. durch *Handlungsvollmacht*.

2. *verdeckte V. (mittelbare indirekte V.)*, das Handeln im eig. Namen, aber in fremdem Interesse. Verdeckte Vertreter sind z.B. *Kommissionär* u. *Spediteur*.

3. *Ersetzung (Substitution)*, das Handeln anstelle einer anderen Person, aber nicht in deren Interesse, sondern im Interesse eines gemeinsamen Interessenten; bes. in der Behördenorganisation.

**Vertrieb**, Absatz von Waren.

**Vertriebene**, aus ihrer Heimat ausgewiesene Gruppen oder nat., rass. oder religiöse Minderheiten. Im dt. Sprachgebrauch wird die Bez. vor allem für die nach dem 2. Weltkrieg aus den Gebieten östl. der Oder-Neiße-Linie u. aus der Tschechoslowakei ausgewiesenen Deutschen verwendet.

**Verunglimpfung**, *Herabwürdigung*, bei kränkende Form der Beleidigung u. üblen Nachrede.

**Veruntreuung**, schwerer Fall der *Unterschlagung*; auch → Untreue.

**Verursacherprinzip**, Grundsatz, daß die Kosten einer Umweltbelastung derjenige tragen soll, der für ihre Entstehung verantwortlich ist.

**Verviers** [vɛrˈvje:], Stadt in der belg. Prov. Lüttich, an der Vesdre, 54 000 Ew.; Woll-, Leder-, Metall-, Masch.- u. Nahrungsmittel-Ind.

**Verwaltung**, die unmittelbar u. im einzelnen auf die Aufrechterhaltung oder Abänderung von bestimmten Lebensverhältnissen gerichtete Staatstätigkeit, die die von den anderen »Gewalten« gesetzten Zwecke relativ selbst. gestaltend und vollziehend ausführt; auch die hierzu eingerichtete Behördenorganisation. Die V. im Rechtsstaat ist beherrscht von dem Grundsatz der *Gesetzmäßigkeit der V.*

**Verwaltungsakt**, eine Entscheidung oder andere hoheitl. Maßnahme, die von einer Verwaltungsbehörde zur Regelung eines Einzelfalls auf dem Gebiet des öffentl. Rechts getroffen wird.

**Verwaltungsrat**, Aufsichtsorgan in öffentl.-rechtl. Körperschaften, Anstalten u. Stiftungen.

**Verwandtschaft**, in der BR Dtld. die *Bluts-V.* infolge Abstammung von gemeinsamen Vorfahren(-teilen). Keine V. besteht zw. Ehegatten; durch die Heirat wird dagegen die → Schwägerschaft vermittelt. V. in direkter oder gerader Linie besteht zw. Abkömmlingen (auch durch Annahme als Kind) u. Vorfahren, V. in der Seitenlinie zw. den Abkömmlingen gemeinsamer Voreltern, V. in auf- bzw. absteigender Linie zw. Abkömmlingen u. Vorfahren bzw. umgekehrt. Der Grad der V. bestimmt sich nach der Zahl der sie vermittelnden Geburten; Geschwister sind Verwandte 2. Grades oder Verwandte 1. Grades der Seitenlinie.

**Verwarnung, 1.** schriftl. *gebührenpflichtige V.*, Maßnahme des *Ordnungsrechts* bei geringfügigen Ordnungswidrigkeiten anstelle der sonst verwirkten Geldbuße; vor allem im *Straßenverkehrsrecht* als sofortige Ahndung leichter Verkehrsverstöße. – **2.** mündl. oder schriftl. Ermahnung *(Rüge, Tadel)* wegen ungebührlichen Verhaltens.

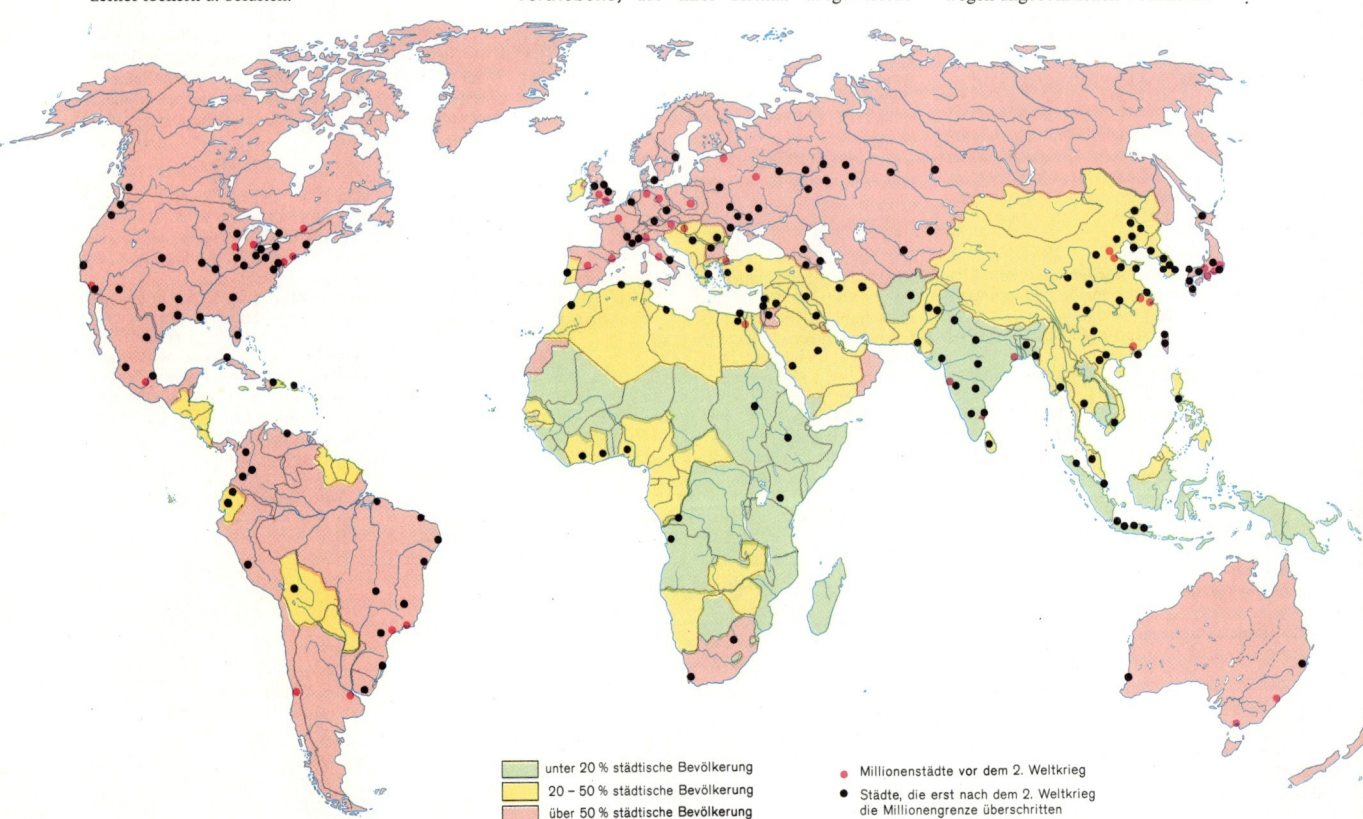

*Die Verstädterung der Erde*

**Verweis,** förml. Strafe im *Dienststrafrecht.*
**Verwerfung,** *Bruch, Sprung,* senkrechte Verschiebung von Gesteinsschollen längs einer mehr oder weniger geneigten Zerreißfläche *(V.sfläche, Bruchfläche).*
**Verwertungsgesellschaft,** Unternehmen mit der Aufgabe, die Rechte des *Urhebers* wahrzunehmen. Die V. schließt Verträge mit Musikveranstaltern, Rundfunkanstalten, Schallplattenherstellern u.a. Verwertern von Urheberrechtsgut ab u. verteilt die Erträge an die Urheber. → GEMA.
**Verwesung,** der unter Mitwirkung von Bakterien ablaufende oxydative Abbau organ. Verbindungen, bes. von Eiweiß, zu einfachen Verbindungen wie Ammoniak, Kohlendioxid, Wasser, Nitraten u. Sulfaten.
**Verwey** [vɛr'wei], Albert, *1865, †1937, ndl. Schriftst.; führend in der Gruppe der »Tachtiger«; schrieb pantheist.-myst. Lyrik.
**Verwitterung,** zersetzende Veränderung der oberflächennahen Gesteine durch Temperaturschwankungen, durch die lösende Wirkung von Wasser, chem. Umsetzung u.a.
**Verwoerd** [fər'vu:rt], Hendrik Frensch, *1901, †1966 (ermordet), südafrik. Politiker; Führer der Nationalen Partei, Verfechter der Apartheid-Politik; 1958–66 Min.-Präs.
**Vesal,** *Vesalius,* Andreas, *1514/15, †1564, Leibarzt Kaiser *Karls V.* u. *Philipps II.* von Spanien; begr. die moderne wiss. Anatomie.
**Vespasian** Titus *Flavius Vespasianus,* *9 n. Chr., †79, röm. Kaiser 69–79; Begr. der 1. Dynastie der Flavier.
**Vesper, 1.** die Zeit gegen den Abend zu; Mahlzeit am Nachmittag, Abendbrot. – **2.** in der kath. Kirche: *Abendlob,* Stundengebet am späten Nachmittag oder Abend.
**Vesperbild** → Pietà.
**Vespucci** [-'putʃi], Amerigo, *1451, †1512, ital. Seefahrer; entdeckte 1497–1504 auf vier Reisen große Küstenstrecken Südamerikas. F. *Waldseemüller* (im Glauben, V. sei der Entdecker) benannte »Amerika« nach dessen Vornamen.
**Vesta,** altröm. Göttin des häusl. Herdes u. des Feuers; Staatskult in einem Rundtempel auf dem Forum Romanum, dessen Flamme von den 6 jungfräul. *Vestalinnen* gehütet wurde.
**Vesterålen,** N-norw. Inselgruppe der Lofoten, vor Hinnøy.
**Vestibül,** repräsentative Eingangshalle.
**Vesuv,** ital. *Monte Vesùvio,* tätiger Vulkan am Golf von Neapel (Italien), 1281 m. Der Ausbruch 79 n. Chr. verschüttete die Städte *Herculaneum, Pompeji* u. *Stabiae.*
**Veszprém,** dt. *Weißbrunn,* Hptst. des gleichn. ung. Komitats, 64 000 Ew.; TU; erzbischöfl. Palais, Burg, Dom; Nahrungsmittel-Ind.
**Veteranen,** altgediente oder halbinvalide Soldaten.
**Veterinärmedizin,** *Tiermedizin, Tierheilkunde,* Erforschung, Behandlung u. Verhütung von Krankheiten der Haustiere u. der in freier Wildbahn u. in zoolog. Gärten lebenden Tiere.
**Veto,** Einspruch gegen Maßnahmen Dritter mit der Rechtsfolge, daß deren Durchführung unterbleibt.
**Vetter,** Sohn eines Onkels oder einer Tante; allg. ein entfernter Verwandter *(Gevatter).*
**Vetter** Heinz Oskar, *1917, †1990, dt. Gewerkschaftsführer; 1969–82 Vors. des DGB.
**Vevey** [və'vɛ], Bez.-Hptst. im schweizer. Kt. Waadt, am Genfer See, 15 000 Ew.; Museen; Tabakfabriken; Kurort; Weinanbau.
**Vexierbild,** Rätselbild, aus dem ein verborgen gezeichnetes anderes Bild (Figur, Tier, Kopf) herausgefunden werden soll.
**Vézère** [ve'zɛ:r], r. Nebenfluß der *Dordogne* im sw. Frankreich, 192 km. Höhlen am Talhang bergen die vorgeschichtl. Fundstätten Lascaux, Le Moustiers, La Madeleine, Crô-Magnon u. Les Eyzies.
**VfB,** Abk. für *Verein für Bewegungsspiele.*
**VfL,** Abk. für *Verein für Leibesübungen.*
**VfR,** Abk. für *Verein für Rasenspiele(-sport).*
**VHF,** Abk. für engl. *Very High Frequencies* (Ultrahochfrequenz).
**Via Appia,** südl. Ausfallstraße Roms, über Benevent nach Brindisi; 312 v.Chr. vom röm. Zensor *Appius Claudius* errichtet.
**Via dolorosa,** Schmerzensweg *Jesu* durch Jerusalem nach Golgatha.
**Viadukt,** oft mehrstöckiges Bauwerk zur Überbrückung eines Geländeeinschnitts.

*Victoria regia*

**Via Mala,** bis 500 m tiefe, 2,5 km lange, wildromantische Klamm des Hinterrheins im schweiz. Kt. Graubünden.
**Viareggio** [via'redʒo], ital. Hafenstadt u. Kurort in der Toskana, westl. von Lucca, 59 000 Ew.; berühmter Karneval.
**Viaticum,** *Wegzehrung,* in der kath. Kirche die dem Sterbenden gereichte Kommunion.
**Viborg** ['vi:bɔ:r], Hptst. der gleichn. dän. Amtskommune nw. von Århus, 39 000 Ew.; Dom (12. Jh.); ehem. Hptst. Jütlands.
**Vibraphon,** Metallstabspiel in Klaviaturanordnung, hpts. im Jazz u. in der U-Musik.
**Vibration,** Schwingung, Zittern, feine Erschütterung.
**Vibrato,** das durch schwache Bewegungen des Fingers bei Streichinstrumenten bewirkte Beben des Tons zur Ausdruckssteigerung; ähnlich auch im Gesang.
**Vicente** [vi'sɛnte], Gil, *1465, †1536, port. Dichter; Begr. des port. Theaters.
**Vicenza** [vi'tʃɛntsa], N-ital. Prov.-Hptst. in Venetien, am Bacchiglione, 110 000 Ew.; Dom (15. Jh.), Altstadt mit Renaissance- u. got.-venezian. Palästen; Hauptzentrum des ital. Goldschmiedehandwerks.
**Vichy** [vi'ʃi], frz. Stadt u. Heilbad in der Auvergne, 31 000 Ew.; 1940–44 frz. Reg.-Sitz; Ziel des V.-Reg. unter *Pétain* war es, durch Zusammenarbeit *(Kollaboration)* mit Dtld. möglichst viel Eigenständigkeit für Frankreich zu retten.
**Vico,** Giovanni Battista, *1668, †1744, ital. Philosoph; verfocht gegen den Cartesianismus eine geschichtl.-genet. Betrachtung der Welt.
**Vicomte** [vi'kõt], frz. Adelstitel, zw. Graf u. Baron; engl. *Viscount.*
**Victoria** → Viktoria.
**Victoria,** *Lake V.,* **1.** austral. Bundesstaat im SO des Kontinents, 227 600 km², 4,2 Mio. Ew., Hptst. *Melbourne.* – **2.** Hptst. der brit. Kronkolonie Hongkong, 500 000 Ew.; Reg.-, Banken- u. Geschäftszentrum; Univ.; Flughafen. – **3.** Hptst. u. Hafen der W-kanad. Prov. British Columbia, auf der Insel Vancouver, 66 000 Ew. – **4.** *Port V.,* Hptst. der Rep. Seychellen, 23 000 Ew.; Flughafen.
**Victoriafälle,** bis 122 m hohe Wasserfälle am Sambesi bei Livingstone, auf der Grenze zw. Sambia u. Simbabwe.
**Victoria regia,** amerik. *Seerosengewächs;* Blätter erlangen einen Durchmesser von 2 m.
**Victoriasee,** *Lake Victoria,* größte afrik. See, am Äquator, 68 000 km², bis 85 m tief, 1134 m ü.M.; Zufluß: *Kagera;* Abfluß: *Victorianil;* Anliegerstaaten: Tansania, Uganda u. Kenia; rege Schiffahrt; bed. Fischerei.
**Vidal** ['vidəl], Gore, *3.10.1925 US-amerik. Schriftst.; Kritiker soz. Mißstände u. polit. Willkür.
**Videokamera,** Kamera zur Aufnahme von Bildsignalen; Hell-Dunkel-Werte werden in elektr. Impulse umgewandelt, die in einem *Videorecorder* auf Magnetband aufgezeichnet, auf einem Fernsehschirm wiedergegeben oder zu einem Bildmischpult weitergeleitet werden. → Camcorder.
**Videokunst,** Kunstform, die sich des Fernsehgeräts als Medium der künstler. Aussage bedient (N. J. *Paik,* W. *Vostell* u.a.).
**Videorecorder,** Gerät, das Bilder auf ein Magnetband in einer Kassette aufzeichnen u. wiedergeben kann; Aufzeichnungen können vom Fernsehgerät oder durch eine *Videokamera* gemacht werden.

## Vierzehnheiligen 941

**Videotext,** *Fernsehtext,* Übertragung zusätzl. Text- u. Graphikinformationen während des laufenden Fernsehprogramms; für den Zuschauer mit einem bes. Steuergerät abrufbar.
**Vidikon,** Kameraröhre für das Fernsehen; ähnl. dem *Orthikon* aufgebaut, nützt jedoch den äußeren Photoeffekt von Halbleitern aus.
**Vidor,** King, *1894, †1982, US-amerik. Regisseur; bek. durch sentimentale, aber auch sozialkrit. u. visuell vollkommene Filme; Ⓦ »Krieg u. Frieden«.
**Vieleck,** *Polygon,* jede geradlinige ebene Figur mit einer festgelegten Anzahl von Eckpunkten.
**Vielehe** → Polygamie.
**Vielflach,** *Vielflächner* → Polyeder.
**Vielfraß,** *Järv,* plumper, mittelgroßer *Marder* mit braunschwarzem Fell u. buschigem Schwanz; im nördl. Eurasien u. Amerika.
**Vielgötterei** → Polytheismus.
**Vielmännerei** → Polyandrie.
**Vielweiberei** → Polygynie.
**Vielzeller,** die vielzelligen Lebewesen im Gegensatz zu den einzelligen.
**Vienne** [vjɛn], **1.** l. Nbfl. der Loire in Frankreich, 372 km. – **2.** frz. Stadt an der unteren Rhône, 28 000 Ew.; Reste röm. Bauwerke, rom. Klosterkirche (12. Jh.); landw. Handelszentrum, Weinanbau.
**Vientiane** [frz. vjɛn'tjan], Hptst. von Laos, am Mekong, 377 000 Ew.; Flughafen.
**Viereck,** ebene, geradlinig begrenzte Figur mit vier Ecken; bes. V.e: Quadrat, Rechteck, Drachen, Raute (Rhombus), Trapez u. Parallelogramm.
**Viererbande,** polem. Bez. für eine linksradikale Fraktion in der Führung des Kommunist. Partei Chinas, die in den letzten Lebensjahren Maos beträchtl. Einfluß ausübte; 1976 verhaftet, 1981 verurteilt zu Todesstrafen (umgewandelt in lebensläng. Haftstrafen) u. hohen Haftstrafen.
**Vierfarbendruck,** Farbendruck, bei dem neben Gelb, Rot u. Blau auch Schwarz zur Erzielung besserer Tiefenwirkung Anwendung findet.
**Viergespann** → Quadriga.
**Viernheim,** hess. Stadt in der Oberrhein. Tiefebene, 29 000 Ew.; Masch.-, Textil- u. Tabak-Ind.
**Vierpol,** elektr. Gebilde in der Nachrichtentechnik mit zwei Eingangs- u. zwei Ausgangsklemmen. Es gibt *aktive* (Verstärker) u. *passive* V.e (Transformator, Filter, Leitung).
**Viersen** [fi:r-], Krst. in NRW, nördl. von Mönchengladbach, 78 000 Ew.; spätgot. St. Remigiuskirche; Webereien, Elektro- u. Kunststoff-Ind.
**vierte Dimension,** die zum dreidimensionalen Raum in der → Relativitätstheorie als neue Dimension hinzugenommene *Zeit.*
**Vierter Stand,** im frühen 19. Jh. sich einbürgernde, am Dreiständeschema Adel-Klerus-Bürgertum orientierte Bez. für das aufkommende Lohnarbeiter-Proletariat.
**Vierte Welt,** jene Länder der *Dritten Welt,* die über keine Rohstoffe (z.B. Erdöl) verfügen u. von der allg. Preissteigerung bes. hart betroffen sind.
**Vierung,** Raum der Kirche, in dem sich das Mittelschiff des sich aus Langhaus u. Chor zusammensetzenden Längsbaus u. das Querhaus durchdringen; der sich auf der V.sturm.
**Vierwaldstätter See,** von der Reuss durchflossener u. von den »Vier Waldstätten« (Urkantone) *Uri, Schwyz, Unterwalden* u. *Luzern* umgebener mittelschweizer. See, 434 m ü.M., 114 km².
**Vierzehn Heilige** → Nothelfer.
**Vierzehnheiligen,** Wallfahrtskirche im oberen

*Vielfraß*

Maintal bei Staffelstein; Hauptwerk der barocken dt. Kirchenbaukunst, begonnen von Balthasar *Neumann,* vollendet 1772.

**Viet-Cong** [viɛt-], Kurzform für *Viet-Nam Cong San,* »vietnames. Kommunist«, Bez. für die 1957–75 in Südvietnam operierenden Guerillas der Nat. Befreiungsfront.

**Viet-Minh** [viɛt-], 1941 von *Ho Tschi Minh* gegr. Unabhängigkeitsbewegung Indochinas; gegen die frz. Kolonialherrschaft gerichtet.

**Vietnam,** Staat in Hinterindien, 329 556 km², 62,8 Mio. Ew., Hptst. *Hanoi.*

*Vietnam*

L a n d e s n a t u r. Wirtschaftl. Kernräume V. sind die Schwemmlandebenen um die Deltas vom *Roten Fluß* im N u. vom *Mekong* im S. Ansonsten ist das Land überwiegend gebirgig u. erreicht im *Fan Si Pan* im N Höhen von 3142 m, in der *Annamitischen Kordillere* im S 2598 m. Das Klima ist im N subtropisch, im S tropisch-heiß. Sommerl. Niederschläge bringt der SW-Monsun.

Die B e v ö l k e r u n g besteht zu knapp 90% aus Vietnamesen. Mehr als die Hälfte bekennen sich zum Buddhismus. Daneben gibt es zahlr. Mischreligionen u. eine kath. Minderheit.

W i r t s c h a f t. Die Landwirtschaft ist Lebensgrundlage V. Hauptanbauprodukt ist Reis; für den Export werden v.a. Kautschuk, Tee, Mais u. Kaffee angebaut. Rd. 40% der Landesfläche sind bewaldet u. forstwirtschaftl. nutzbar. Küsten- u. Binnenfischerei sind von Bedeutung. V. verfügt über zahlr. Bodenschätze: Steinkohle, Eisen, Zink, Chrom, Gold, Phosphat, Salz u.a. Die verstaatlichte, meist in Kleinbetrieben produzierende Industrie hat ihren Schwerpunkt auf der Nahrungsmittel-, Textil-, Eisen- u. Stahl-, Metall-, Maschinen- u. chem. Ind.

G e s c h i c h t e. Von 111 v.Chr. bis 939 n.Chr. war V. chin. Prov. Von 939 bis 1945 bestand ein Kaiserreich. Zentralvietnam (früher *Annam)* war zeitweise von den indisierten Cham beherrscht. 1802 wurde das Gesamtgebiet des heutigen V. vereint (letzte Kaiserdynastie *Nguyen).* 1883–1945 unterstanden die vietnames. Kaiser dem frz. Protektorat, seit 1888 gehörte V. zu *Frz.-Indochina.* 1945 dankte Kaiser *Bao-Dai* ab. *Ho Chi Minh* proklamierte am 2.9.1945 die Unabhängigkeit u. rief die D e m o k r a t. R e p u b l i k V. aus. Am 19.12.1946 begann mit Partisanenangriffen der *Viet-Minh* auf die frz. Truppen ein langwieriger Kampf (Indochina-Kriege). Mit der Einnahme von *Diên Biên Phu* am 7.5.1954 war die frz. Niederlage besiegelt. Das *Genfer Indochina-Abkommen* vom 21.7.1954 teilte das Land entlang dem 17. Breitengrad provisorisch in eine N-Zone (Viet-Minh) u. eine S-Zone.

Nord-V. entwickelte sich zu einer kommunist. Volksrepublik. In Süd-V. machte sich 1955 *Ngo Dinh Diem* zum Präs. der Rep. V. (Verf. 1956). Die Weigerung Süd-V., eine Volksabstimmung über die Wiedervereinigung abzuhalten, u. die Mißstände unter dem Diem-Regime bewirkten seit 1957 ein Wiederaufleben der Tätigkeit kommunist. Guerillas *(Viet-Cong)* in Süd-V., die von Nord-V. aus unterstützt wurde. Die USA griffen in wachsendem Maß in die Kämpfe ein. Es kam zum → Vietnam-Krieg. 1973 wurde ein Waffenstillstand geschlossen (Vietnam-Konferenz). Er beendete jedoch nur das militär. Engagement der USA in V.; der Bürgerkrieg ging unvermindert weiter. Im Frühjahr 1975 eroberten Viet-Cong u. Nordvietnamesen Süd-V. 1976 wurden Nord- u. Süd-V. unter Führung Hanois wiedervereint. Die *Sozialist. Rep. V.* entstand. 1977 wurde V. UN-Mitglied. 1979 besetzten vietnames. Truppen das mit China verbündete Kambodscha; daraufhin unternahm China eine »Strafaktion«. Bis zu seinem Tode 1969 war Ho Chi Minh der beherrschende polit. Führer der Kommunisten. Danach bestand eine kollektive Führung. Seit 1986 ist *Nguyen Van Linh* Generalsekretär der Kommunist. Partei. 1989 zog V. seine Truppen aus Kambodscha zurück.

**Vietnam-Krieg,** die zweite Phase des *Indochina-Kriege;* anfangs ein vietnames. Bürgerkrieg, der durch Unterstützung der UdSSR u. Chinas auf nordvietnames. Seite u. durch das militär. Eingreifen der USA auf südvietnames. Seite zu einem SO-asiat. Krieg wurde. Die USA griffen ein, weil sie fürchteten, daß die südostasiat. Staaten kommunistisch würden *(Dominotheorie)* u. daß sie selbst Macht u. Einfluß in den östl. u. sö. Pazifik-Staaten verlieren könnten.

Als Südvietnam sich 1956 weigerte, die auf der *Genfer Indochina-Konferenz* (1954) vorgesehene Volksabstimmung zur Wiedervereinigung abzuhalten, kam es in Südvietnam seit 1957 zunehmend zu Guerillatätigkeit der kommunistisch geführten *Viet-Cong.* Obwohl die USA als Garantiemacht seit 1961 Militärberater entsandten u. schließl. auch zum Sturz der Regierung *Diem* beitrugen, verschlechterte sich ständig die militär. Situation, insbes. durch das Einströmen von Material u. Soldaten aus Nordvietnam. 1964 nahmen die USA den Tonkin-Zwischenfall zum Anlaß für einen Einsatz eig. Streitkräfte in Südvietnam u. für einen Luftkrieg gegen Nordvietnam.

Im Juni 1969 begann die USA mit dem Abzug ihrer Truppen. Der V. wurde nach langen Verhandlungen 1973 durch einen Waffenstillstand formell beendet, der jedoch kein Ende der Kämpfe u. keine Klärung der Machtverhältnisse in Südvietnam brachte. Nach dem Sturz des Thieu-Regimes u. der Eroberung Saigons am 30.4.1975 war der 30jährige V. beendet. – Der V. hat beide Teile Vietnams weithin verwüstet. Er kostete insges. 2,5 Mio. Tote (90% Zivilisten).

**Vigée-Lebrun** [vi'ʒe: lə'brœ̃], Elisabeth-Louise, *1755, †1842, frz. Malerin; frühklassizist. Bildnisse (Marie-Antoinette, Madame de Staël u.a.).

**Vigeland,** Gustaf, *1869, †1943, norweg. Bildhauer (pathet. Monumentalstatuen).

**Vigneaud** [vi'njo], Vincent du, *1901, †1978, US-amerik. Biochemiker; arbeitete über Naturstoffe; Nobelpreis 1955.

**Vignette,** kleinformatiges Zierbild als Buchschmuck (Holz- oder Kupferstich), bes. im 18. Jh..

**Vignola** [vi'njɔ:la], Giacomo, eigtl. G. *Barozzi,* *1507, †1573, ital. Baumeister u. Architekturtheoretiker; vollzog den Übergang vom renaissancehaft-stat. Bauen zu barocker Dynamik.

**Vigo,** NW-span. Ind.-Stadt in Galicien, Militär- u. Handelshafen am Südufer der 30 km langen *Ría de V.,* 277 000 Ew.; größter Fischereihafen Spaniens; Schiff- u. Kfz-Bau.

**Vijayanagar,** *Vidschajanagara,* letztes hinduist. Großreich in S-Indien 1346–1565; Hptst. V. von islam. Truppen zerstört, seit 1980 Ausgrabungen.

**Vijayawada,** ind. Stadt in Andhra Pradesh, am Krishnadelta, 470 000 Ew.; buddhist. Pilgerzentrum.

**Vikar, 1.** allg. Titel eines Stellvertreters. – **2.** Geistlicher ohne selbständiges Amt.

**Viktor, 1.** *V. Amadeus II.,* *1666, †1732, Herzog von Savoyen (1675–1730), König von Sizilien 1713–18 u. Sardinien 1718–30; dankte ab. – **2.** V. *Emanuel II.,* *1820, †1878, König von Italien 1861–78, König von Sardinien-Piemont 1849–61; aus dem Hause Savoyen. – **3.** *V. Emanuel III.,* Enkel von 2), *1869, †1947, König von Italien 1900–46, seit 1936 auch Kaiser von Äthiopien u. seit 1939 König von Albanien; arbeitete mit dem faschist. Regime zus. 1946 dankte er zugunsten seines Sohnes Umberto (II.) ab u. ging ins Exil.

*Vietnam-Krieg: amerikanische Soldaten mit Hubschrauberunterstützung im Einsatz*

**Viktoria,** symbol. Darstellung des Sieges, meist als geflügeltes weibl. Wesen.

**Viktoria, 1.** Tochter von 2) *1819, †1901, dt. Kaiserin 1888; seit 1858 verh. mit dem preuß. Kronprinzen *Friedrich Wilhelm,* dem späteren Kaiser Friedrich III. – **2.** *Victoria,* *1819, †1901, Königin von Großbritannien u. Irland 1837–1901, Kaiserin von Indien 1877–1901; seit 1840 verh. mit Albert von Sachsen-Coburg-Gotha († 1861). Ihre Regierungszeit nennt man **Viktorianisches Zeitalter,** gekennzeichnet durch wirtsch. Aufschwung, ein festgefügtes, an den Moralprinzipien des Groß- u. Mittelbürgertums ausgerichtetes Gesellschaftsbild u. eine gefühlsbetonte Verankerung der Monarchie im Volk.

**Viktualien,** Lebensmittel.

**Vikunja** → Lama.

**Vila,** Hptst. von Vanuatu, auf Efate, 14 000 Ew.; Überseehafen, Flugplatz.

**Vilbel** [f-], *Bad V.,* hess. Stadt an der Nidda, 25 000 Ew.; Heilbad; Mineralwasserherstellung, elektron. Ind.

**Vildrac** [-'drak], Charles, eigtl. C. *Messager,* *1882, †1971, frz. Schriftst.; schilderte die Welt der kleinen Leute.

**Villa,** Landhaus, größeres Einfamilienhaus.

**Villach** [f-], östr. Bez.-Hptst. in Kärnten, an der Drau, 53 000 Ew.; östl. der *Villacher Alpe;* got. Pfarrkirche (15./16. Jh.), barocke Heiligkreuzkirche; Verkehrsknotenpunkt, Metall- u. Masch.-Ind., Brauereien.

**Villahermosa** [viljaɛr'mosa], Hptst. des mex.

*Vietnam: Hausboote in Huê*

*Königin Viktoria*

Bundesstaats Tabasco, 182 000 Ew.; Univ.; Tabak-, Holz-, Zucker-Ind., Hafen.
**Villa-Lobos** [ˈvilja ˈlɔbus], Heitor, *1887, †1959, brasil. Komponist, Dirigent u. Volksliedforscher; Opern, Ballette, 12 Sinfonien, Klavierkonzerte, Streichquartette u. a.
**Ville** [ˈvilə], bis 177 m hoher Hügelzug in der Kölner Bucht, sw. von Köln; Braunkohlentagebau.
**Villiers de l'Isle-Adam** [viˈlje:dəli:laˈdã], Philippe Auguste Comte de, *1838, †1889, frz. Schriftst. (myst. gestimmte Erzählungen).
**Villingen-Schwenningen** [f-], Krst. in Ba.-Wü., nördl. der Baar, 76 000 Ew.; Reste der Stadtmauer, frühgot. Münster, spätgot. Rathaus; Uhrenmuseum; Metall-, Uhren-, Elektro-Ind.
**Villon** [viˈjɔ̃], 1. François, eigtl. F. de *Montcorbier* oder des *Loges,* *um 1431, †nach 1463, frz. Dichter; Vagabund, dessen Lebensumstände aus Pariser Polizeiakten bekannt sind. Seine Gedichte sind Ausklang u. Höhepunkt der Vagantendichtung. – 2. Jacques, eigtl. Gaston *Duchamp,* *1875, †1963, frz. Maler u. Graphiker; Bruder von M. *Duchamp* u. R. *Duchamp-Villon;* schloß sich 1910 den Kubisten an u. wurde Hauptfigur der Gruppe »Section d'Or«.

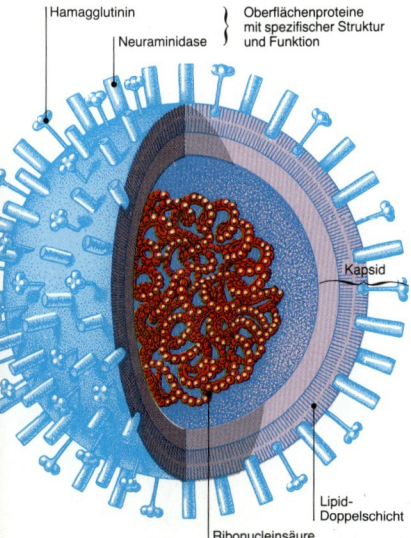

*Viren: Modell eines Influenzavirus*

**Vilnius,** *Wilna,* Hptst. der Litauischen SSR (Sowj.), 566 000 Ew.; Kultur-, Handels- u. Verkehrszentrum; Univ.; vielseitige Ind.
**Vils,** r. Nbfl. der Donau, 110 km.
**Vilsbiburg** [f-], Stadt in Niederbay., an der Vils, 10 000 Ew.; spätgot. Pfarrkirche; Textil- u. Masch.-Ind.
**Vilshofen** [f-], Stadt in Niederbay., an der Mündung der Vils in die Donau, 15 000 Ew.; Pfarrkirche (1803), Wallfahrtkirche (17. Jh.); Bekleidungs-Ind., Maschinenbau, Brauerei.
**Viña del Mar** [ˈvinja ðɛl-], östl. Villenvorstadt von Valparaíso (Chile), 316 000 Ew.; Seebad.
**Vinaigrette** [vinɛˈgrɛt], kalte Soße aus Essig, Öl, Kräutern, oft mit kleingehacktem Ei für Salate.
**Vincennes** [vɛ̃ˈsɛn], industriereiche Vorstadt am Ostrand von Paris, 43 000 Ew.; Metall-, Masch.-, Elektro- u. opt. Ind., Druckereien, Parfümfabriken.
**Vindeliker,** kelt. Stamm südl. der Donau im Land *Vindelizia;* 15 v. Chr. von den Römern unterworfen u. der Prov. Rätien zugeteilt.
**Vineta,** sagenhafte, untergegangene Stadt auf der Insel Wollin.
**Vinkulierung,** Einschränkung der Übertragbarkeit eines Wertpapiers durch den Emittenten; z. B. **vinkulierte Aktie,** deren Übertragung erfordert die Zustimmung der Gesellschaft.
**Vinland** [ˈviːn-], »Weinland«, Bez. für die um 1000 n. Chr. von dem Wikinger *Leif Erikson* entdeckte nordamerik. Küste, wo im Hinterland wilder Wein wuchs; wahrsch. die Küste von Massachusetts bei der heutigen Stadt Boston.
**Vinylharze,** *Poly-V.,* Gruppe von Kunststoffen: *Polyvinylacetale, Polyvinylacetat, Polyvinylalkohol, Polyvinylether, Polyvinylchlorid.*
**Vinzenz von Paul,** *1581, †1660, frz. kath. Ordensstifter; gründete 1625 die Weltpriester-Genossenschaft der *Lazaristen* (Vinzentiner) u. 1633 zus. mit Louise de *Marillac* (*1591, †1660) die Genossenschaft der Barmherzigen Schwestern (*Vinzentinerinnen*). – Heiligsprechung 1737 (Fest: 27.9.).
**Viola,** 1. → Veilchen. – 2. seit dem 16. Jh. Sammelname für Streichinstrumente in versch. Stimmlagen (V. da gamba, V. d'amore); heute nur noch das Altinstrument der Violinfamilie, ugs. meist *Bratsche* genannt.
**Violine,** *Geige,* das seit dem 18. Jh. führende Streichinstrument, mit den Saiten g-d'-a'-e''. Der Korpus (Resonanzkasten) besteht aus dem Boden, den Zargen u. der Decke mit den F-Löchern. Ein Holzstäbchen – die »Stimme« – im Korpus zw. den F-Löchern hat eine akustisch wichtige Stützfunktion als Verbindung von Decke u. Boden. Zw. den F-Löchern steht der Steg, der die Saitenschwingungen auf den Korpus überträgt. An der Entwicklung der V. waren neben ital. auch dt., östr. u. frz. Meister beteiligt (*Gasparo da Salò,* die Fam. *Amati* u. *Guarneri,* A. *Stradivari,* M. *Klotz,* C. *Tieffenbrucker,* J. *Stainer*).
**Violinschlüssel,** in der Notenschrift der G-Schlüssel auf der zweituntersten Linie des Fünflinien-Systems, seit dem 13. Jh. in Gebrauch; heute der weitaus gebräuchlichste *Notenschlüssel.*
**Viollet-le-Duc** [vjɔˈlɛləˈdyk], Eugène-Emmanuel, *1814, †1879, frz. Architekt u. Restaurator; Verfechter der Wiederbelebung des got. Stils.
**Violoncello** [-ˈtʃɛlo], kurz *Cello,* Geigeninstrument in der tieferen Oktave der *Viola* mit den Saiten C-G-d-a; Bau u. Form entspr. der *Violine;* doch der Hals ist relativ länger, u. die Zargen sind höher.
**Viotti,** Giovanni Battista, *1755, †1824, ital. Geiger u. Komponist (u. a. 29 Violinkonzerte).
**VIP,** Abk. für engl. *very important person,* sehr wichtige Person.
**Vipern,** *Viperidae,* Fam. giftiger *Schlangen;* Hauptmerkmale: senkrecht gestellte Pupille, meist dreieckiger, scharf abgesetzter Kopf, zwei Hauptgiftzähne. Hinter den Giftzähnen sind Ersatzgiftzähne in größerer Zahl angelegt. Hierher gehören z. B. *Kreuzotter, Aspisviper, Sandviper.*
**Virchow** [ˈvirço], Rudolf, *1821, †1902, dt. Pathologe u. Anthropologe; Begr. der Zellularpathologie u. Mitbegr. der modernen Anthropologie u. Vorgeschichtsforschung; Vorkämpfer der öffentl. Gesundheitspflege; als Politiker Mitbegr. der Dt. Fortschrittspartei, Gegner Bismarcks.
**Viren** [lat., »Gift«], kleine infektiöse Partikel (30 nm u. kleiner), filtrierbare intrazelluläre Parasiten von sehr unterschiedl. Bau, kristallisierbar u. ohne eig. Stoff- u. Energiewechsel. Die Vermehrung ist an die Wirtszelle gebunden, indem die Ribonucleinsäure der V. in der Wirtszelle freigesetzt wird u. den Wirtsstoffwechsel umfunktioniert, so daß weitere V.-Nucleinsäure u. Eiweiß gebildet werden, die zu neuen V. zusammentreten. Durch V. hervorgerufene Krankheiten sind Aids, Grippe, Ziegenpeter, Pocken, Kinderlähmung u. a.
**Virginal** [engl. ˈvəːdʒinəl], im Unterschied zu Cembalo u. Spinett ein rechteckiges Kielklavier insbes. Englands u. der Ndl. im 16. bis 18. Jh.
**Virginia** [vəˈdʒinjə], Abk. *Va.,* Gliedstaat der → Vereinigten Staaten; am Atlantik.
**Virtanen,** Artturi Ilmari, *1895, †1973, finn. Biochemiker; erforschte bes. die Stickstoffbindung durch Knöllchenbakterien; Nobelpreis für Chemie 1945.
**virtuell,** scheinbar, der Möglichkeit nach vorhanden; z. B. in der Optik ein Bild (v.es Bild), das nur durch das Auge gesehen wird, auf einer Mattscheibe aber nicht erscheint u. auch nicht photographierbar ist.
**Virtuosität,** techn. Perfektion u. Brillanz einer künstler. Darbietung.
**Virtus,** die altröm. Mannestugend, Tüchtigkeit.
**Virulenz,** die Ansteckungsfähigkeit von Bakterien u. Viren.
**Virunga-Vulkane,** *Kirunga-Vulkane,* Gruppe von 8 Vulkanen in Ostafrika, im *Virunga-Nationalpark* auf der Grenze von Ruanda u. Zaire.
**Viruskrankheiten** → Viren.
**Vis,** ital. *Lissa,* jugoslaw. Adria-Insel in S-Dalmatien, 86 km², 4000 Ew.; gebirgig; Obst- u. Weinanbau, Fischfang; Haupt- u. Hafenort *V.*
**Visage** [viˈzaːʒə], ugs. abwertend für Gesicht.
**vis-à-vis** [vizaˈvi], gegenüber.
**Visayanarchipel,** Gruppe kleinerer philippin. Inseln (*Panay, Negros, Cebu, Bohol* u. a.).
**Visbek,** Gem. in Nds., 8000 Ew.; jungsteinzeitl. Gräber.

# Vision 943

**Visby** [ˈviːsby], Hptst. u. Hafen der Insel Gotland, 21 000 Ew.; Dom (geweiht 1225); Getreide- u. Holzmarkt; Badeort. – Gesch.: im 13./14. Jh. Hauptkontor des Ostseehandels der Hanse; 1361 an Dänemark; 1645 an Schweden.
**Vischer** [f-], 1. Friedrich Theodor, *1807, †1887, dt. Ästhetiker u. Schriftst.; 1848 lib. Abg. der Frankfurter Nationalversammlung. – 2. Peter d. Ä., *um 1460, †1529, dt. Erzgießer; neben V. *Stoß* u. A. *Krafft* Hauptmeister der dt. Plastik der Dürerzeit; führte das Kunst des Bronzegusses in Freiskulpturen u. architekton. gebundenen Figurenzyklen zu künstler. Höhepunkt. – 3. Peter d. J., Sohn von 2), *1487, †1528, dt. Erzgießer; einer der ersten dt. Kleinplastiker.
**Visconti,** lombard. Geschlecht (Ghibellinen), das 1277–1447 in Mailand herrschte.
**Visconti,** Luchino, *1906, †1976, ital. Film- u. Theaterregissur; wurde berühmt als Neorealist; auch Historienfilme, Schauspiel-, Opern- u. Ballettinszenierungen. Ⓦ »Rocco u. seine Brüder«, »Der Leopard«, »Tod in Venedig«.
**Viscount** [ˈvaikaunt], engl. Adelstitel; entspricht dem frz. *Vicomte;* in der Reihenfolge zw. Earl u. Baron.
**Vishakhapatnam** [viʂaka-], ind. Distrikt-Hptst. in Andhra Pradesh, an der Küste zw. Godavari- u. Mahanadi-Delta, 584 000 Ew.; Univ.; Schiffbau, Erdölraffinerie, Hafen, Flughafen.
**Vishnu** → Wischnu.
**Visier,** 1. an Handfeuerwaffen (fr. auch an Geschützen) Vorrichtung zum Zielen. – 2. am rom. Kriegshelm u. am Helm der mittelalterl. Ritter der dem Schutz des Gesichts dienende Teil, der mit Durchbrüchen zum Sehen u. Atmen versehen war u. hochgeklappt werden konnte.
**Vision,** 1. »Gesicht«, ein im äußeren Raum anschaulich gesehenes Bild (→ Halluzination), das für andere Betrachter nicht vorhanden ist. Die V. gehört zu den religiösen Grunderlebnisformen. – 2. in die Zukunft gerichtete gedankl. Vorstellung.

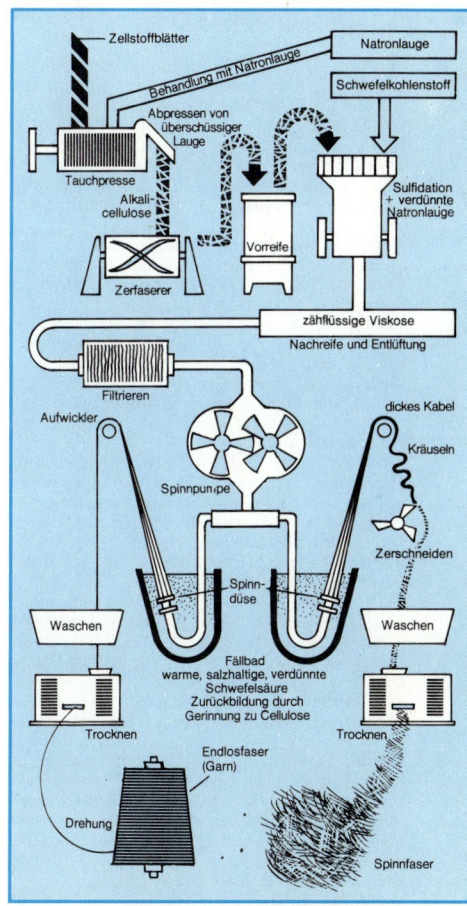

*Viskose: Herstellung von Endlos- und Spinnfasern. Sie werden in Mischung oder rein verwendet*

## 944 Visitation

**Visitation,** Durchsuchung; Besichtigung.
**Visite,** Besuch des Arztes beim Kranken zwecks Untersuchung.
**viskos,** leimartig, zähflüssig.
**Viskose,** Lösung von Cellulosenatriumxanthogenat in verdünnter Natronlauge. Die zähe, gelbe Flüssigkeit wird zu textilen Fasern, Folien u. Schwämmen verarbeitet.
**Visser't Hooft** ['visərt ho:ft], Willem Adolf, *1900, †1985, ndl. ev. Theologe; 1948–66 Generalsekretär des Ökumen. Rats der Kirchen.
**visuell,** das Sehen oder den Gesichtssinn betreffend.
**Visum,** Sichtvermerk auf dem Paß für den Aufenthalt in einem fremden Staat.
**Vita,** Leben(sbeschreibung).
**vital,** das Leben betr., lebenskräftig.
**Vitalismus,** Lehrauffassung vom Lebendigen, nach der die Lebenserscheinung eine Eigengesetzlichkeit haben, die auf eine bes. Lebenskraft (*vis vitalis*) zurückzuführen sei.
**Vitalität,** Lebenskraft, Lebendigkeit.
**Vitamine,** lebensnotwendige Wirkstoffe, die keinen kalor. Nährwert (wie Kohlenhydrate, Fette u. Eiweiße) haben, deren Vorhandensein aber für die Aufrechterhaltung aller Lebensvorgänge notwendig ist. V. entfalten ihre versch. Wirkungen in enger Wechselwirkung mit den *Enzymen* u. *Hormonen.* Einzelne V. kommen in der Natur als Vorstufen (*Pro-V.*) vor, aus denen sich die eigtl. V. erst unter bestimmten Bedingungen, z.T. im Organismus, bilden. Bei unzureichender Vitaminzufuhr kommt es zu bestimmten Ausfallerscheinungen, den Vitaminmangelkrankheiten.

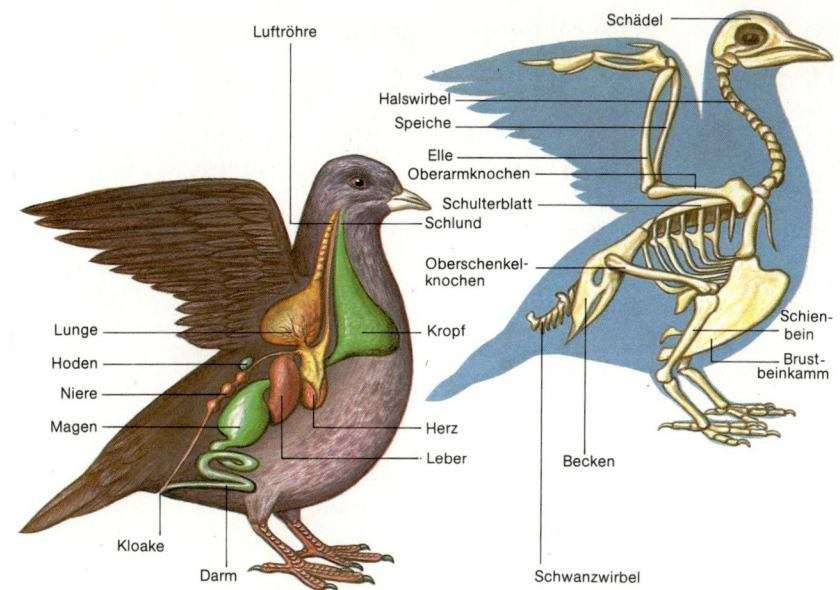

Vögel: Organe und Skelett des Vogels (Schema)

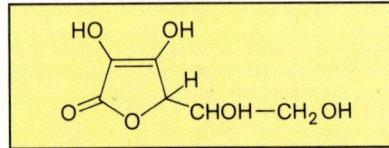

*Vitamin C; chemische Formel*

**Viterbo,** ital. Prov.-Hptst. im nördl. Latium, 59 000 Ew.; Kathedrale, Papstpalast (13. Jh.), keram. Ind.
**Viti Levu,** größte Fidschiinsel, 10 983 km², 370 000 Ew., Hptst. *Suva.*
**Vitoria,** N-span. Stadt südl. vom Kantabr. Gebirge, 226 000 Ew.; Alte (14./15. Jh.) u. Neue Kathedrale (unvollendet); versch. Ind.; Fremdenverkehr.
**Vitória,** Hptst. des brasil. Bundesstaats Espírito Santo, 200 000 Ew.; Univ.; Hafen, vielseitige Ind.
**Vitrac** [-k], Roger, *1899, †1952, frz. Schriftst.; Dramatiker des Surrealismus.
**Vitrine,** Glasschrank; Schauschrank.
**Vitriol,** veraltete Bez. für die kristallwasserhaltigen Sulfate der Metalle Kupfer, Eisen u. Zink.
**Vitruv,** *Vitruvius Pollio,* röm. Architekt des 1. Jh. v.Chr. Sein Werk über die Baukunst wurde im 15. Jh. wiederentdeckt u. wirkte stark auf die Architektur der Renaissance.
**Vitry,** Philippe, *1291, †1361, frz. Komponist u. Musiktheoretiker; W »Ars nova«, eine der wichtigsten Quellen mittelalterl. Musikentwicklung.
**Vittel,** Stadt im O-frz. Dép. Vosges, 6000 Ew.; Thermalbad, Mineralwasserversand.
**Vittorini,** Elio, *1908, †1966, ital. Schriftst.; Begr. des ital. Neorealismus.
**Vittorio Veneto,** ital. Stadt in Venetien, nördl. von Treviso, 30 000 Ew.; Kastell San Martino; Zweirad-, Spezialfahrzeug- u. Textil-Ind.; 1918 siegreiche Schlacht der Italiener gegen die Österreicher.
**Vitztliputztli** → Huitzilopochtli.
**Vivace** [-tʃɛ], musikal. Vortragsbez.: lebhaft; *vivacissimo,* sehr lebhaft.
**Vivaldi,** Antonio, *1678, †1741, ital. Geiger u. Komponist; einer der bedeutendsten Virtuosen seiner Zeit; führte zahlr. formale u. spieltechn. Neuerungen beim Violinspiel ein; komponierte Stimmungsbilder; W 46 Opern, 344 Solokonzerte, »Die vier Jahreszeiten«.
**Vivarini,** venezian. Malerfam. des 15. Jh.
**Vivarium,** Behältnis zur Haltung von land- u. wasserbewohnenden Tieren, das Aquarium u. Terrarium vereinigt.

**Vives,** Juan Luis, *1492, †1540, span. Humanist; bekämpfte die Scholastik u. begr. die empir. Psychologie.
**Vivisektion,** Eingriff am lebenden Tier; grundsätzlich verboten.

**vize...,** stellvertretend.
**Vlaardingen** ['vla:rdiŋə], Hafenstadt in der ndl. Prov. Südholland, 75 000 Ew.; Zentrum der Heringsfischerei.
**Vlaminck** [vla'mɛ̃(k)], Maurice de, *1876,

### Vitamine

| Vitamin | Synonyme | Tagesbedarf | Vorkommen in | Aufgabe im Zellstoffwechsel | Störungen bei Unterversorgung (Hypovitaminose) |
|---|---|---|---|---|---|
| A | Retinol, Axerophthol | 0,9 mg bzw. 3000 I.E. | Lebertran, Leber, Palmöl, Eigelb | Förderung der Eiweißsynthese, Beeinflussung des Zellwachstums, Bestandteil des Sehpurpurs | Verhornung von Haut und Schleimhäuten, Gewichtsverlust, verringerte Hell-Dunkel-Anpassung des Auges |
| | Vorstufe: β-Carotin | | Karotten, Petersilie, Spinat, Eigelb | | |
| $B_1$ | Thiamin, Aneurin, Beriberischutzstoff, Antiberiberifaktor | 1,4–1,6 mg | Vollkornmehle, Leber, Schweinefleisch, Kartoffeln, Hefe | Bestandteil eines Coenzyms beim Abbau der Kohlenhydrate; Beeinflussung der Schilddrüsenfunktion und der Nerventätigkeit | Beriberikrankheit, Wachstumsstörungen, Gewichtsabnahme, Nervenstörungen |
| $B_2$ | Riboflavin, Lactoflavin | 1,8–2,0 mg | Vollkornmehle, Leber, Schweinefleisch, Eier, Milch, Blattgemüse | Bestandteil des Coenzyms FAD – Übertragung von Wasserstoff | Wachstumsstörungen, Gewichtsabnahme, Nervenstörungen, Schädigungen der Haut und Schleimhäute |
| $B_6$ | Pyridoxine (Pyridoxin, Pyridoxal und Pyridoxamin), Adermin | 1,6–1,8 mg | Hefe, Schweinefleisch, Leber, Kartoffeln, Gemüse | Bestandteil des Coenzyms Pyridoxalphosphat – Aminosäurestoffwechsel | Hautschädigungen, Entzündungen an Mund und Augen, Nervenstörungen |
| $B_{12}$ | i. e. S. Cyanocobalamin, Antiperniziosafaktor, Cobalamine | 0,005 mg | Leber, Eigelb, Milch, Fleisch, Fisch | Mitwirkung bei: Aufbau von RNS, Bildung der roten Blutkörperchen, Einfluß auf den Eiweißstoffwechsel | Anämie – verminderter Gehalt an roten Blutkörperchen, verminderte Zellvermehrung, Störung des Eiweißstoffwechsels |
| C | Ascorbinsäure, antiskorbutisches Vitamin | 75 mg | Obst, Gemüse, Kartoffeln, Leber | Mitwirkung beim Aufbau der Grundsubstanz des Bindegewebes, Beteiligung am intermediären Stoffwechsel | Skorbut: Blutungen – Haut, Gelenke, innere Organe; Veränderung der Knochen- und Zahnsubstanz, Anämie, gestörte Herztätigkeit |
| $D_2$ | Ergocalciferol, Calciferol, pflanzliches Vitamin D | 0,0025 mg bzw. 100 I.E.* | Lebertran, Eigelb, Leber, Butter | Förderung der Calciumresorption, Verknöcherung des Skelettes | Deformierung der Knochen, Rachitis bei Kindern, Osteomalazie und Osteoporose bei Erwachsenen |

†1958, frz. Maler u. Graphiker fläm. Herkunft; Landschaften u. Stilleben von farbiger Schwere.

**Vlieland** ['vli:lant], westfries. Insel zw. Texel u. Terschelling, 52 km², 1000 Ew.

**Vlies,** textiles Flächengebilde, dessen Zusammenhang durch die Faserhaftung gegeben ist.

**Vlissingen** ['vlisiŋə], ndl. Hafenstadt, im S der Insel *Walcheren,* 45 000 Ew.; Fährhafen, Seebad, Schiffbau, Fischerei, Erdöl-Ind.

**Vlorë** [vlɔ:rə], südalban. Hafenstadt an der Adria, 62 000 Ew.; vielseitige Ind.

**Vlotho,** Stadt in NRW, an der Weser, 19 000 Ew.; Möbelind.

**V-Mann,** Verbindungsmann der Polizei zur Unterwelt bzw. der Spionage zur gegner. Seite.

**Voerde (Niederrhein)** ['fø:rdə-], Stadt in NRW, 34 000 Ew.; Wasserschloß; Masch.-, Aluminium-, Kunststoff-Ind., Motorenwerk, Stahlbau.

**Vögel,** *Aves,* Klasse der *Wirbeltiere* mit zu Flügeln umgebildeten vorderem Extremitätenpaar. Als Wärmeschutz dient das Federkleid. Die Knochen sind fest, aber spröde u. bes. leicht. V. pflanzen sich durch Eier fort, die im weibl. Eierstock gebildet werden. Sie werden in z.T. sorgfältig gebauten Nestern 11–63 Tage bebrütet. Die Küken sind Nesthocker oder Nestflüchter. Die rd. 30 Ordnungen umfassen 8600 Arten (430 in Europa), wovon 60 % auf die Ordnung *Sperlings-V.* entfallen.

**Vogel, 1.** Bernhard, Bruder von 2), *19.12.1932, dt. Politiker (CDU); 1967–76 Kultusminister, 1976–88 Min.-Präs. von Rhld.-Pf. – **2.** Hans-Jochen, Bruder von 1), *3.2.1926, dt. Politiker (SPD); 1962–72 Oberbürgermeister von München, 1972–74 Bundes-Min. für Raumordnung, Bauwescn u. Städtebau, 1974–81 der Justiz, 1981 Regierender Bürgermeister von Westberlin, seit 1983 Vors. der SPD-Bundestagsfraktion, seit 1987 zugleich Parteivorsitzender. – **3.** Hermann Carl, *1847, †1907, dt. Astrophysiker; bahnbrechende Arbeiten auf allen Gebieten der Astrophysik, bes. der Spektralanalyse der Gestirne.

**Vogelbeerbaum** → Eberesche.

**Vogeler,** Heinrich, *1872, †1942, dt. Maler, Graphiker u. Kunstgewerbler; 1894 Mitgl. der Künstlergruppe in Worpswede, Graphikzyklen u. Gemälde mit soz. Thematik u. expressiver Malweise; lebte seit 1925 in der Sowj. B → S. 946.

**Vogelfluglinie,** kürzeste, den Zugvögeln folgende Verkehrsverbindung von N-Dtld. über Fehmarn u. die dän. Inseln Lolland u. Falster nach Kopenhagen, mit nur einer Fährstrecke.

**vogelfrei,** *wolfsfrei,* im MA gleichbedeutend mit: ohne Rechtsschutz. Der **Vogelfreie** durfte von jedem getötet werden.

**Vogelherd,** Platz, an den Vögel gelockt werden, um dort mit einem Schlagnetz gefangen zu werden.

**Vogelkirsche,** ein in Wäldern häufiger Kirschbaum, dessen süße Früchte von Vögeln gern gefressen werden.

**Vogelsberg,** ehem. vulkan. Gebirgsstock im Südteil des Hess. Berglands, etwa 50 km Durchmesser, größtes Basaltmassiv Dtld.s; im *Taufstein* 774 m.

**Vogelschutz,** Maßnahmen zur Erhaltung einer artenreichen Vogelwelt u. ihrer Jahreslebensräume (Arten- u. Biotopschutz); u.a. durch V.gebiete u. V.warten.

**Vogelspinnen,** *Aviculariidae,* trop. Fam. der Spinnen; bis 9 cm lange, stark behaarte Arten, die nächtl. große Insekten, vereinzelt auch nestjunge Vögel, junge Schlangen u.ä. jagen.

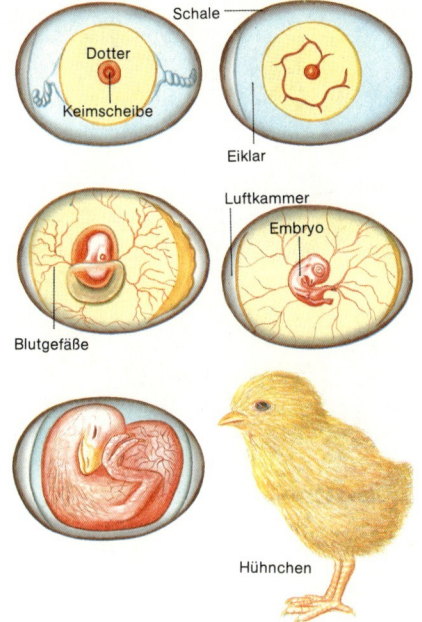

*Vögel: Der Embryo entwickelt sich im Vogelei während der Bebrütung bis zum fertigen Jungvogel. Dabei entnimmt er die meisten Nährstoffe dem Dotter, während er den für den Knochenaufbau nötigen Kalk aus der Schale erhält*

*Vogelfluglinie: Fehmarnsundbrücke*

**Vogelwarte,** Institut zur Erforschung des Vogellebens, speziell des Problems des Vogelzugs; 1936 für die ornitholog. Anstalten Helgoland (jetzt Wilhelmshaven), Rossitten (jetzt Möggingen bei Radolfzell) u. Hiddensee eingeführt.

**Vogelzug,** jahreszeitl. rhythm. Wandern von Vögeln zw. Brutplätzen u. Winterquartieren; hat nur in unseren Breiten eine ernährungsbiolog. Bed. für die Vögel, da es auch einen V. innerhalb der Tropen oder zw. Arktis u. Antarktis gibt.

**Vogesen,** dt. auch *Wasgenwald,* frz. *Vosges,* linksrheinisches Mittelgebirge westlich der Oberrhein. Tiefebene in Frankreich, gegenüber dem Schwarzwald, durch die nur 410 m hohe *Zaberner Senke* in Nord- u. Süd-V. gegliedert; im *Großen* oder *Sulzer Belchen* 1426 m.

**Vogt,** in fränk. Zeit Richter; entwickelte sich zum erbl. *Edel-* oder *Herren-V.,* bes. wenn er über Hochstifte, Kirchen u. Klöster die *Schirmvogtei* ausübte. – V. hieß auch ein vom König im MA bestellter Beamter für Verw. u. Gerichtsbarkeit in einem Krongutsbezirk *(Reichsvogtei).*

**Vogtland,** von der oberen Elster durchflossene histor. Ldsch. in Sachsen u. Thüringen, zw. Erzgebirge, Frankenwald u. Thüringer Wald, 500 bis 900 m hoch, Zentrum *Plauen.*

**Vogts,** Hans-Hubert (»Berti«), *30.12.1946, Fußball-Nationalspieler u. Sportlehrer; seit 1990 Bundestrainer.

**Vogue** [vo:g], Bewegung, Antrieb, Beliebtheit.

**Vojvodina,** autonome Rep. im N von Serbien (Jugoslawien), 21 506 km², 2,05 Mio. Ew., Hptst. *Novi Sad.*

## Vitamine

| Vitamin | Synonyme | Tagesbedarf | Vorkommen in | Aufgabe im Zellstoffwechsel | Störungen bei Unterversorgung (Hypovitaminose) |
|---|---|---|---|---|---|
| D₃ | Cholecalciferol tierisches Vitamin D Vorstufen: Dehydrocholesterin, Ergosterin | | | | |
| E | Tocopherole | 12 mg | Weizenkeimöl, Margarine, Leber, pflanzliche Öle, Eier | verhindert die Oxidation von ungesättigten Fettsäuren, Schutz gegen Muskelschwund und Leberschäden | unbekannt, evtl. Muskelschwund |
| H | Biotin | nicht bekannt | Leber, Hefe, Sojamehl, Blumenkohl | Bestandteil eines Coenzyms – Übertragung von CO₂-Gruppen | Übererregbarkeit, Veränderungen der Haut und Schleimhäute |
| K | Phyllochinon antihämorrhagisches Vitamin | wahrscheinlich 0,01–0,03 mg/kg Körpergewicht | Spinat, Grünkohl, Blumenkohl, Leber | notwendig für den normalen Ablauf der Blutgerinnung | Verzögerung der Blutgerinnung |
| PP oder B₃ | Nicotinsäureamid Nicotinamid Niacinamid Pellagraschutzfaktor Niacin = Nicotinsäureamid + Nicotinsäure | 9–15 mg | Vollkornmehle, Leber, Schweinefleisch, Hefe, Eigensynthese aus Tryptophan | Bestandteil der Coenzyme NAD⁺ und NADP⁺ – Übertragung von Wasserstoff | Pellagra, Entzündung und Verfärbung der Haut, Entzündung der Schleimhäute, Nervenstörungen |
| | Pantothensäure | 5–8 mg | Leber, Weizenkeime, Getreideerzeugnisse, Eier, Gemüse, Hefe, wird auch von der Darmflora gebildet | Bestandteil des Coenzyms A – überführt die Essigsäure sowie Fettsäuren beim Fettsäureabbau in eine reaktionsfähige Form | Wachstumsstörungen, Gewichtsabnahme, Nervenstörungen, Schädigung der Haut und Schleimhäute |
| | Pteroylglutaminsäure Folsäure | 0,4 mg | Leber, Fleisch, Weizenkeime, Milch, dunkelgrüne Gemüse, Hefe | Bestandteil des Coenzyms F – Übertragung von C₁-Resten im Aminosäurestoffwechsel | Störungen der Blutbildung, Schleimhautentzündungen, Störungen im Magen-Darm-Trakt |

*I.E. = Internationale Einheiten

Bei einer Überversorgung *(Hypervitaminose)* sind Störungen durch Vitamin A (Erbrechen, Durchfall, Schleimhautblutungen, Knochenbrüchigkeit und Übererregbarkeit) und Vitamin D₂ (Entkalkung der Knochen, Calciumablagerungen in Blutgefäßen, Lungen und Nieren) nachgewiesen. Bei allen anderen Vitaminen sind Schädigungen durch eine Überversorgung nicht bekannt.

**Vokabel,** einzelnes Wort, bes. einer fremden Sprache.
**Vokabular,** Verzeichnis einzelner Wörter; Wortschatz (eines Menschen oder einer Gruppe).
**Vokal,** Selbstlaut. – **V.isation,** beim Gesang Bildung u. Aussprache der Vokale. – **V.musik,** Gesangsmusik, im Unterschied zur Instrumentalmusik.
**Vol.,** *vol.,* Abk. für *Volumen.*
**Volant,** an Kleidungsstücken gefältelter Besatz.
**Volendam,** Ortsteil von Edam (Ndl.), Fischerdorf am IJsselmeer; traditionelle Trachten; Künstlerkolonie.
**Voliere,** großer Vogelkäfig, der ein weitgehend unbehindertes Fliegen ermöglichen soll.
**Volk,** eine in der Regel auf gemeinsamer Sprache, Abstammung u. Geschichte beruhende menschl. Gesellschaft; wird meist annähernd gleichbedeutend mit *Nation* gebraucht, enthält jedoch in geringerem Grade die Vorstellung der staatl. Einheit.
**Volkach,** Stadt in Bayern, am Main, 8000 Ew.; got. Wallfahrtskirche (mit Rosenkranz-Madonna von T. Riemenschneider, 16. Jh.), Pfarrkirche (1413 bis 1597 erbaut), Renaissance-Rathaus (1544), Giebelhäuser (16.–18. Jh.).
**Völkerball,** Kampfspiel zw. zwei Parteien (»Völker«), die sich mit einem großen Ball abzuwerfen versuchen.
**Völkerbund,** frz. *Société des Nations,* engl. *League of Nations,* auf Anregung des US-amerik. Präs. W. *Wilson* 1919 gegr. internat. Organisation zur Erhaltung des Friedens; Sitz: Genf; 1946 aufgelöst. Seine Ziele werden heute durch die *Vereinten Nationen* verfolgt.
**Völkerkunde,** *Ethnologie,* Wiss., die die Kulturen u. Kulturelemente (Kulturgüter) der Naturvölker wie auch kleinerer ethn. Einheiten (Ethnien) beschreibt u. miteinander vergleicht. Die beschreibende V. nennt man *Ethnographie,* die vergleichende V. *Ethnologie* (i.e.S.). Außerhalb des dt. Sprachgebiets spricht man ganz allg. von *Anthropologie.*
**Völkermord,** *Genocid(ium) Genozid,* Ausrottung

*Heinrich Vogeler: Sommerabend auf dem Barkenhoff (»Das Konzert«); 1905. Vor seinem Besitz in Worpswede, gruppiert um seine erste Frau Martha, der Freundeskreis (von links nach rechts): Paula Modersohn-Becker, Agnes Wulff, Otto Modersohn und Clara Westhoff-Rilke. Die Musizierenden sind sein Schwager Martin Schröder mit Flöte, Vogelers Bruder Franz (verdeckt) und – mit Geige – der Maler selbst. Bremen, Ludwig-Roselius-Sammlung*

von Völkern sowie ethn., religiöser u. a. Gruppen; völkerrechtlich durch die Konvention vom 9.12.1948, in der BR Dtld. in § 220 a StGB unter Strafe gestellt.
**Völkerrecht,** Recht der zwischenstaatl. Beziehungen u. der internat. Organisationen; regelt den zwischenstaatl. Verkehr (Diplomatie, Konsuln), das Vertragsrecht, das von den Staaten begangene völkerrechtl. Unrecht u. dessen Folgen, die Streitschlichtung, u. internat. Gerichtsbarkeit; enthält Festlegungen über die Abgrenzung der Staatsgebiete sowie die Rechtsverhältnisse der Hohen See (Meeresfreiheit) u. der Luft, bestimmt die Gründe für das Entstehen u. den Untergang von Staaten u. die Rechtsstellung der Staatsfremden u. nat. Minderheiten.
**Völkerwanderung,** *i.w.S.* Wanderungsbewegung ganzer Völkerschaften oder Stämme (Beispiele seit dem 3. Jt. v.Chr.); *i.e.S.* die Wanderung vor allem germ. Stämme im 4.–6. Jh. n. Chr. – An den Anfang dieser V. wird der Hunneneinfall 375 gesetzt, obwohl die Goten z.B. bereits im 1. Jh. v.Chr. sich aus S-Schweden in das untere Weichselgebiet abgesetzt hatten u. im 2. u. 3. Jh. n. Chr. in vielfache Bewegungen geraten waren. Während bei der V. die Ostgermanen (Goten, Wandalen, Burgunder u.a.) ihre alten Siedlungsgebiete ganz aufgaben, behielten die Westgermanen (Alemannen, Franken, Thüringer u.a.) die Verbindung zu ihren angestammten Sitzen. Die allg. Stoßrichtung der V. ging nach W u. S über die Grenzen des Röm. Reichs, auf dessen Gebiet es zu Reichsgründungen der *Westgoten* in Gallien u. Spanien, der *Burgunder* an der Rhône, der *Wandalen* in Afrika u. der *Ostgoten* in Italien kam. Als Abschluß der V. gilt der Einbruch der *Langobarden* in Italien (568).
**Völklingen,** Stadt im Saarland, an der Saar, 43 000 Ew.; Steinkohlenbergbau, Eisen- u. Stahlwerke, Masch.- u. chem. Ind., Kraftwerke.

---

*Völkerkunde:* 1) Amulett der Buje (oberer Kongo, Afrika) – 2) Schwert in Scheide aus Gabun (Afrika) – 3) Frauen-Silberschmuck der Jakuten (Sibirien) – 4) Frauenhaube der Baschkiren (südlicher Ural) – 5) Webstab der Aino (Asien) – 6) Stiefelhose der Samojeden (Nordwestsibirien) – 7) Frauenschurz der Bari (Weißer Nil) – 8) Keule von den Marquesas-Inseln (Ozeanien) – 9) Holzdose der Yoruba (Westafrika) – 10) Holzmaske für Krankenheilungen der Singhalesen (Sri Lanka) – 11) Zeremonialstab (Messing) des Ogboni-Geheimbundes der Yoruba (Westafrika) – 12) Lanzenspitze aus Obsidian (Admiralitätsinseln, Ozeanien) – 13) Kapkap (Brustschmuck) aus einer Tricadnamuschelscheibe mit Schildpattauflage (Salomonen, Melanesien) – 14) Tabakspfeife der Maori (Neuseeland, Polynesien) – 15) Messinggewicht der Ashanti zum Goldwiegen (Westafrika) – 16) bemaltes Ruderblatt aus Kamerun (Afrika) – 17) Kriegsschmuck aus Straußenfedern der Massai (Ostafrika)

**Volksabstimmung** → Volksbegehren, → Volksentscheid; völkerrechtl.: → Plebiszit.

**Volksbegehren,** *Initiative,* der durch Unterschriften ausgedrückte förml. Wunsch eines bestimmten Teils des Volkes, daß ein Gesetzesvorschlag zum *Volksentscheid (Volksabstimmung)* gestellt werden soll; auf Bundesebene nicht vorgesehen, jedoch in mehreren Länderverfassungen aufgenommen.

**Volksdeutsche,** vor 1933 geprägte, in der nat.-soz. Zeit amtl. Bez. für Angehörige des dt. Sprach- u. Kulturkreises, die nicht dt., östr. oder schweizer. Staatsbürger waren; bes. in Osteuropa.

**Volkseigentum,** in der DDR bis 1990 die nach Art eines Obereigentums ausgestaltete öffentl.-rechtl. Sachherrschaft des »Volkes« über Unternehmen der Ind., des Handels u. der Landw. sowie über andere Sachen u. Rechte; vor allem in der Ind. Hauptform des Eigentums *(Volkseigene Betriebe, VEB);* in anderen Wirtschaftszweigen spielte es eine geringere Rolle, da hier das genossenschaftl. Eigentum größere Bed. hatte. So gab es in der Landw. eine Reihe von *Volkseigenen Gütern,* doch war die überwiegende Eigentumsform hier die *Landw. Produktionsgenossenschaft* (LPG). – Zur *Volkseigenen Wirtsch.* (VEW) der DDR zählten neben der *Volkseigenen Ind.* die staatl. Verkehrseinrichtungen u. der staatl. Außenhandel, Großhandel u. Einzelhandel. Staatl. Einzelhandelsbetriebe waren die Betriebe der HO (Abk. für *Handelsorganisation*).

**Volkseinkommen,** *Nationaleinkommen, Nettosozialprodukt zu Faktorkosten,* die Summe aller Entgelte an die *Produktionsfaktoren* (Arbeit, Boden, Kapital, Unternehmerleistung); wird durch Summierung der *Wertschöpfung* aller Wirtschaftszweige oder durch Zusammenzählen sämtl. Einkommen berechnet. → Sozialprodukt.

**Volksentscheid,** *Volksabstimmung,* Abstimmung aller stimmberechtigten Bürger eines Staates, Landes oder Kantons, in der Regel über ein durch Volksbegehren vorgelegtes Gesetz; in der BR Dtld. auf Bundesebene nur in Fragen der Neugliederung der Bundesländer vorgesehen; auf Länderebene: → Volksbegehren.

**Volksfront,** Regierungskoalition zw. kommunist., sozialist. u. häufig auch linksbürgerl. Parteien eines Landes; 1935 zuerst als takt. Maßnahmen von der Komintern zur Bekämpfung des Faschismus empfohlen.

**Volksgerichtshof,** Sonderstrafgericht zur Bestrafung von Hoch- u. Landesverrat im Dritten Reich; 1936 geschaffen; Instrument des nat.-soz. Terrors.

**Volkshochschule,** Abk. VHS, Bildungsstätte für Erwachsene außerhalb der Berufsarbeit.

**Volkskunde,** Wiss. von der Alltagskultur *(Volkskultur, populäre Kultur)* der Industrienationen (im Unterschied zur *Völkerkunde);* fr. auf das sog. *Volkstum* beschränkt; heute eine Sozialwissenschaft.

**Volkskunst,** *Trivialkunst,* eine als im Ggs. zur »Hoch-« oder »Stilkunst« stehend gedachte Form der bildenden Kunst; Kunstäußerungen von Handwerkern, Werkstätten u. Manufakturen, die, wenn auch z.T. in charakterist. Abwandlungen, mod. Einflüsse erkennen lassen; in Europa vom 16. bis gegen Ende des 19. Jh. verbreitet. Bes. Bedeutung erlangten die Herstellung von Trachten u. Heimtextilien, das Schnitzen von Krippen, Spielzeug, das Bemalen von Möbeln u. Fassaden *(Lüftlmalerei)* u. die Hinterglasmalerei.

**Volkslied,** im Ggs. zum *Kunstlied* populäres Lied, das mündl. anonym überliefert u. weitergegeben wird, z.B. Kinderlied, Totenklage, geistl. V., erzählendes u. histor. V. (Volksballade), Arbeits- u. Arbeiterlied, Liebeslied, Heimatlied.

**Volksmusik,** populäre, überw. schriftlos überlieferte Musik, die für bestimmte Regional- oder Nationalkulturen charakteristisch ist oder dafür gehalten wird.

**Volkspolizei,** Abk. VP, Vopo, in der DDR seit 1949 Sammelbez. für die Ordnungspolizei mit Schutz-, Kriminal-, Verw. u. Verkehrspolizei.

**Volksrepublik,** Staatsbez. vieler kommunist. Länder.

**Volksschule,** veraltete Bez. für die Grundschule u. Hauptschule.

**Volkssouveränität** → Souveränität.

**Volkssturm,** durch Erlaß Hitlers vom 25.9. gebildete Kampforganisation, die die dt. Wehrmacht im 2. Weltkrieg unterstützen u. den »Heimatboden mit allen Waffen u. Mitteln« verteidigen sollte. Die aus 16- bis 60jährigen Männern zusammengesetzten Einheiten unterstanden den NSDAP-Gauleitern.

*Volksgerichtshof: Vernehmung des Widerstandskämpfers Ulrich von Hassell durch Roland Freisler*

**Volkstanz,** im Ggs. zum populären Modetanz überlieferte Tanzformen, die heute ihrer Tradition wegen geschätzt werden. Im europ. Kulturraum steht die Erhaltung u. Übung des V. fast durchweg unter dem Vorzeichen des *Folklorismus.*

**Volkstracht,** landschaftl. gebundene Kleidung bestimmter soz. Gruppen u. Schichten (meist der Bauern); heute mehr in der Bed. malerisch, altertüml., »originell«.

**Volkstrauertag,** nat. Trauertag zum Gedenken der Opfer des Nat.-Soz. u. der Toten beider Weltkriege; 2. Sonntag vor dem 1. Advent.

**Volkstribunen** → Tribun.

**Volksvermögen,** *Nationalvermögen,* Zusammenfassung aller wirtsch. Realgüter einer Volkswirtsch. zuzügl. Forderungen an das Ausland (z.B. Gold, Devisen) u. abzügl. Auslandsschulden.

**Volksvertretung** → Parlament.

**Volkswirt,** *Nationalökonom,* der akadem. ausgebildete Wirtschaftswissenschaftler.

**Volkswirtschaft,** Gesamtheit der Einzelwirt-

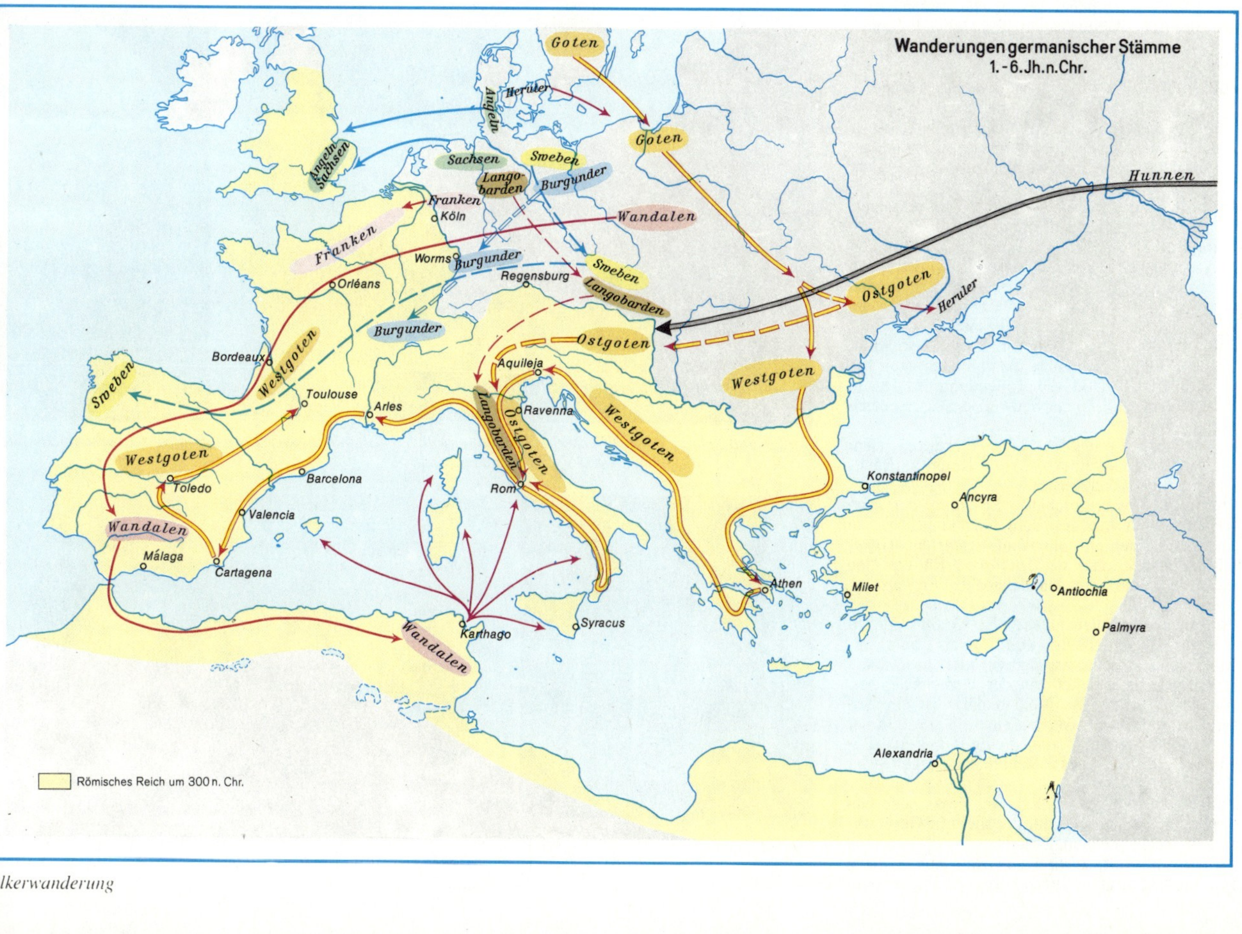

*Wanderungen germanischer Stämme 1.–6. Jh.n.Chr.*

*Völkerwanderung*

## 948 volkswirtschaftliche Gesamtrechnung

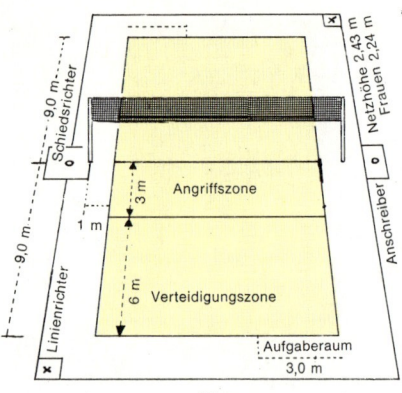

*Volleyball: Spielfeld*

schaften eines Staates in ihren Beziehungen zueinander u. zum Staat.

**volkswirtschaftliche Gesamtrechnung,** systemat. statist. Analyse (Erfassung der relevanten Daten in einem Kontensystem) der Liefer- u. Empfangsbeziehungen, Käufe u. Verkäufe, Forderungen u. Verpflichtungen sowie des Vermögens innerhalb einer Volkswirtschaft. Kern der v.G. ist die Berechnung des → Sozialprodukts.

**Volkswirtschaftslehre,** *Nationalökonomie, Sozialökonomik, polit. Ökonomie,* Hauptgebiet der *Wirtschaftswiss.* neben Betriebswirtschaftslehre, Finanzwiss. u. Statistik: die Wiss. von den Gesetzmäßigkeiten auf nationaler Ebene bei der Gütererzeugung (Produktion), Einkommensverteilung (Distribution) u. Einkommensverwendung (Konsum u. Ersparnis), von den Bestimmungsfaktoren (Geld, Kredit, Investition, Wert, Preis, Marktformen, Wirtschaftsordnung) u. vom Wesen der wirtsch. Vorgänge (Konjunkturen u.a.).

**Volkszählung,** Totalerhebung zur Feststellung der Bev.-Zahl eines Landes u. ihrer Gliederung nach natürl. u. soziodemograph. Merkmalen; meist mit Berufs-, Arbeitsstätten u. Gebäude- bzw. Wohnungszählung verbunden, in der BR Dtld. zuletzt 1987.

**Vollbeschäftigung,** genauer: *hoher Beschäftigungsgrad;* wichtiges Ziel moderner Wirtschaftspolitik, alle vorhandenen Arbeitskräfte in Arbeit zu bringen u. ausreichend zu entlohnen; gilt prakt. als verwirklicht, wenn die Arbeitslosigkeit 3% nicht übersteigt.

**Vollblut,** rein gezüchtete Tierrasse; reinrassiges, aus arab. oder engl. Zucht stammendes Pferd.

**Volleyball** ['vɔli-], *Flugball,* ein um 1900 in den USA entwickeltes Rückschlagspiel, das seit 1945 in der ganzen Welt große Verbreitung gefunden hat (über 100 Mio. Aktive). Es wird von zwei Mannschaften zu je 6 Spielern gespielt.

**Volljährigkeit,** *Großjährigkeit, Mündigkeit,* Alter, mit dem die unbeschränkte Geschäftsfähigkeit beginnt; in der BR Dtld. die Vollendung des 18., in Österreich des 19., in der Schweiz des 20. Lebensjahrs.

**Vollkornbrot,** mit Mehl oder Schrot aus dem vollständigen Getreidekorn (mit Keim u. Randschichten) gebackenes Brot.

**Vollmacht,** rechtsgeschäftl. Erteilung der bürgerl.-rechtl. Vertretungsmacht für den *V.geber* an einen oder mehrere *Bevollmächtigte;* als *General-V.* für alle oder als *Spezial-V.* für einzelne Rechtsgeschäfte. Im Handelsrecht: *Prokura* u. *Handlungs-V.*

**Vollstreckung,** *Beitreibung, Exekution,* Verfahren zur Durchsetzung von privat- oder öffentl.-rechtl. Rechtsansprüchen oder des staatl. Strafanspruchs, geleitet von der *V.sbehörde,* bes. von einem *V.sgericht.* Vollstreckbar ist ein Anspruch in der *Zwangs-V.* mit einem *V.stitel,* in der *Verw.-V.* mit einer *V.sanordnung* der Verw.-Behörde. Belange des Schuldners regelt der *V.sschutz.*

**vollziehende Gewalt,** Reg. u. Verw.: der Gesamtbereich staatl. Gewalt, der nicht in Gesetzgebung u. Rechtsprechung besteht.

**Vollzugsanstalt,** *Justiz-V.,* Anstalt zum Vollzug von Freiheitsstrafen, Jugendarrest u. freiheitsentziehenden *Maßregeln der Besserung u. Sicherung;* es gibt den offenen u. den geschlossenen Vollzug.

**Volontär,** *V.in,* häufig ohne Bezahlung in einem Betrieb nur zum Zweck einer kürzeren, oft zusätzl. Berufspraxis Arbeitender.

**Volt,** Kurzzeichen V, abgeleitete SI-Einheit der elektr. Spannung: die Spannung, bei der 1 Watt Leistung umgesetzt wird, wenn ein Strom von 1 Ampere fließt.

**Volta,** westafrik. Fluß, rd. 1600 km, entspringt südl. des Nigerbogens, durchfließt die Rep. Ghana, mündet in die Bucht von Benin; Stausee (8500 km², 146 Mrd. m³) bei Akosombo.

**Volta,** Alessandro Graf, *1745, †1827, ital. Physiker; entwickelte die Theorie vom elektr. Strom, entdeckte die Elektrolyse von Wasser u. erfand u.a. das *V.-Element,* ein galvan. Element: besteht aus einer Zink- u. einer Kupferelektrode, die in eine Salzlösung tauchen.

**Voltaire** [vɔl'tɛːr], eigtl. François-Marie *Arouet,* *1695, †1778, frz. Schriftst. u. Philosoph; einer der *Enzyklopädisten;* wegen seiner krit. Äußerungen mehrmals inhaftiert u. zur Flucht genötigt.

*Voltaire*

1750–53 Gast *Friedrichs des Großen* in Berlin, in Ungnade entlassen lebte seit 1760 in Ferney bei Genf; 1791 im Panthéon beigesetzt. – V. ist der

# VORGESCHICHTE

*Stier aus der Höhle von Lascaux, Frankreich, um 15 000 v. Chr. (links); Elch ca. 5000–3000 v. Chr., Insel in der Angara, Sibirien (Mitte); Jäger in stilisierendem Stil, ca. 8000–2000 v. Chr., Gasulla-Schlucht, Castellón, Spanien (rechts)*

*Geräte und Schmuck der Trichterbecherkultur (links). – Elfenbeinerner Frauenkopf aus Brassempouy, Dép. Landes, Frankreich; um 25 000 v. Chr. (rechts)*

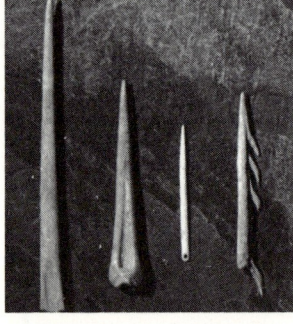

*Knochen und Steine sind die frühesten verwendeten Materialien für Werkzeuge und Geräte: Knochengeräte aus dem 20. bis 10. Jahrtausend v. Chr. (links); steinerne Faustkeile, etwa 10 000 bis 12 000 Jahre alt (rechts)*

bed. Vertreter der europ. Aufklärung; seine Werke umfassen das gesamte Ideengut der Epoche. Er verteidigte Toleranz, Menschenrechte u. Vernunft u. wandte sich gegen die Rousseausche Verherrlichung des Naturzustands.

**Volterra,** ital. Stadt in der Toskana, 14 000 Ew.; Dom (12. Jh.), Adelspaläste, gut erhaltene Stadtmauer (6./4. Jh. v. Chr.); bed. Alabaster-Ind.

**voltigieren** [-'ʒi:-], turner. Übung für jugendl. Pferdesportler auf dem an der Longe langsam galoppierenden Voltigierpferd; z. B. Aufsprünge, freihändiges Knien u. Stehen, Kosakenhang u.a.

**Voltmeter,** Gerät zur Messung der elektr. Spannung.

**Volubilis,** röm. Ruinenstadt bei Meknès, Marokko; gut erhaltene Stadtmauer, bed. Mosaikfußböden.

**Volumen, 1.** Abk. *Vol.,* Band eines Buchwerks. – **2.** Abk. *Vol.,* Rauminhalt. – *Spezif. V.,* Rauminhalt der Masseneinheit eines Stoffs.

**Volumenprozent,** Abk. *Vol.-%,* Angabe, wie viele cm³ eines Stoffs in 100 cm³ eines Gemisches enthalten sind.

**voluminös,** umfangreich.

**Voluntarismus,** Denkrichtung in Philos. u. Psych., die den Willen als Grundprinzip des Seins oder als Grundfunktion des seel. Lebens betrachtet.

**Volute,** schmückendes Bauglied mit spiralig eingerollten Windungen, z.B. Teil des ion. Kapitells.

**Volvox,** *Kugelalge,* koloniebildende begeißelte *Grünalge.*

**Vondel** ['vɔndəl], Joost van den, *1587, †1679, ndl. Dichter; übernahm die Stilwelt der Antike zur Darstellung eines barock-christl. Weltbilds.

**Vo Nguyên Giap** [-dʒap], *1912, vietnames. General u. Politiker; leitete seit 1946 den Kampf gegen die Franzosen (1954 Schlacht von Diên Biên Phu); 1954–76 Verteidigungs-Min. von Nordvietnam, 1976–80 von Vietnam.

**Vonnegut** ['vɔnəgʌt], Kurt, *11.11.1922, US-amerik. Schriftst.; Erzählungen u. Romane gegen Krieg, Gewalt, soz. Ungerechtigkeit u. Rassenhaß.

**Vorarlberg,** westlichstes Bundesland von Österreich, 2601 km², 312 000 Ew., Hptst. *Bregenz;* gebirgig (Nord- u. Zentralalpen).

**Vorbären** → Kleinbären.

*Das Voltigieren ist ein reitsportlicher Wettbewerb für Jugendliche*

**Vorderasien,** zusammenfassende Bez. für den sw. Teil des asiat. Kontinents, insbes. für die Länder der arab. Halbinsel, die Türkei, Armenien, Irak u. Iran.

**Vorderindien,** auch *Südasien,* Teil des asiat. Kontinents; besteht aus den Staaten *Indien, Pakistan, Sri Lanka, Bangladesch* u. *Malediven.*

**Vorderkiemer,** Unterklasse der *Schnecken,* die meist ein mit einem Deckel verschließbares Gehäuse haben; die Kiemen liegen vor dem Herzen.

**Vorderlader,** alte Feuerwaffe (Gewehr, auch Geschütz), die von vorn geladen wurde.

**vorderorientalische Kirchen** → morgenländische Kirchen.

**Vorderösterreich,** *Vorlande,* die ehem. habsburg. Besitzungen im SW des Reichs, u.a. Aargau, Thurgau, Zürichgau, Elsaß, Breisgau, Ortenau, Hohenberg, Nellenburg. Teile von Oberschwaben (bis 1782 auch Vorarlberg).

**Vorderradantrieb,** *Frontantrieb,* Antrieb der Vorderräder eines Kfz bei vornliegendem Motor. V. sichert gutes Kurvenverhalten.

**Vorerbe,** derjenige Erbe, nach dem ein anderer bereits vom Erblasser als *Nacherbe* berufen ist; hat in der Regel zugunsten des Nacherben besondere Pflichten.

**Vorfahrt,** Vorrecht eines Fahrzeugführers, eine Straße oder Kreuzung vor einem anderen zu benutzen oder zu überqueren; wenn nicht eine andere Regelung durch Verkehrszeichen getroffen ist, gilt »rechts vor links«.

**Vorfinanzierung,** die Überbrückung von vorübergehendem Kapitalbedarf durch kurzfristige Kredite, die später durch langfristige Finanzierungsmittel (Aktien, Obligationen) abgelöst werden sollen.

**Vorfluter,** oberird. Gewässer, in das ober- oder unterirdisch zufließendes Wasser, auch gereinigtes oder ungereinigtes Abwasser, eingeleitet u. von dem es abgeführt wird.

**Vorführungsbefehl,** im Strafprozeß die gerichtl. Anordnung zur Erzwingung des Erscheinens eines ausgebliebenen Beschuldigten (Angeklagten) oder Zeugen zu einem Termin.

**Vorgeschichte,** *Urgeschichte,* Zeitraum der menschl. Vergangenheit, aus dem keine schriftl. Dokumente überliefert sind. Die Übergangsphase in die durch schriftl. Quellen belegte Zeit wird als *Frühgeschichte* bezeichnet. V. bzw. prähistorische Archäologie wird auch die sich im 19. Jh. entwickelnde Wiss. genannt, die sich der Erforschung vorgeschichtl. Kulturen widmet.

Die V. beginnt mit ersten Überresten menschl. Kultur vor 1–2 Mio. Jahren. Sie wird seit Beginn des 19. Jh. in dem sog. Dreiperiodensystem (von dem Dänen C. *Thomsen*) nach den jeweils kulturprägenden Werkstoffen in *Steinzeit, Bronzezeit* u. *Eisenzeit* unterteilt. Die Steinzeit enthält die Unterepochen *Altsteinzeit (Paläolithikum), Mittelsteinzeit (Mesolithikum)* u. *Jungsteinzeit (Neolithikum).*

Die älteste Phase der Altsteinzeit, das Altpaläolithikum, liegt bis zu 700 000 Jahren zurück u. erstreckt sich über die ersten drei Eiszeiten (Günz, Mindel, Rißeiszeit) einschl. der dazwischen liegenden Warmzeiten. In den Kulturstufen des *Abbevillien* u. den *Acheuléen* wandelt sich der Faustkeil von einem roh behauenen zu einem regelmä-

| Geologische Perioden | Archäologische Leittypen | | Kulturstufen | |
|---|---|---|---|---|
| Günz-Eiszeit | | | | |
| Günz-Mindel-Zwischeneiszeit | | | ALTPALÄOLITHIKUM | Abbevillien: Freilandfundplätze, Faustkeil, Geröllwerkzeuge |
| Mindel-Eiszeit | Faustkeil | | | |
| | | Clactonabschlag | | |
| Mindel-Riß-Zwischeneiszeit | | Levalloisabschlag | | Acheuléen: Freilandfundplätze, Faustkeil, Clactonabschläge, Levalloisabschläge, Feuer |
| Riß-Eiszeit | Faustkeil | | | |
| Riß-Würm-Zwischeneiszeit | | | | Micoquien |
| Frühe Würm-Eiszeit | Faustkeile | | MITTELPALÄOLITHIKUM | Moustérien: Neandertaler Bestattungen, Abri- und Höhlenstationen, Faustkeil, Moustérienspitze, Schaber |
| Interstadial | Faustkeil, Schaber, Moustérienspitze (30 000 v. Chr.) | | | |
| Mittlere Würm-Eiszeit | 1, 2, 3 | | JUNGPALÄOLITHIKUM | Aurignacien: Homo sapiens, erste Siedlungen, Bestattungen, spezialisierte Jäger mit Fernwaffen, Feuerstein-, Klingen-, Stichelindustrien |
| | | 4 | | Gravettien: Geräte aus Geweih, Knochen, Elfenbein |
| Späte Würm-Eiszeit | 5, 6, 7, 8 | | | Solutréen: Schmuck, Kleinkunst, Felsbilder |
| | 9, 10, 11, 12 (10 000 v. Chr.) | | | Magdalénien |

altsteinzeitliche Leittypen im Rahmen des Eiszeitalters: 1) Speerspitze, 2) Kratzer, 3) Klinge mit beidseitiger Randretusche, 4) Gravettespitze, 5) Kerbspitze, 6) Blattspitze, 7) Harpune, 8) Lochstab, 9) Sägeklinge, 10) Bohrer, 11) Papageienschnabelklinge, 12) Zinken

ßig geformten Werkzeug. Außerdem ist der Einsatz des Feuers bekannt. In einem fließenden Übergang schließt sich vor etwa 150 000 Jahren das Mittelpaläolithikum an u. umfaßt die letzte Warmzeit (Riß-Würm-Zwischeneiszeit) u. die Vorstoßphase der letzten Eiszeit (frühe Würmzeit). Das *Micoquien* kennt verfeinerte u. spitz ausgearbeitete Faustkeile; im *Mousterien* treten Schaber, Farbstoffe u. bearbeitete Knochen auf. Der Neandertaler als Kulturträger (zw. 130 000 u. 40 000 v. Chr.) bestattet erstmalig seine Toten u. gibt damit spekulative Hinweise auf religiöse Vorstellungen. Das von 40 000 bis 8 000 v. Chr. während Jungpaläolithikum wird durch die Würmeiszeit u. die Klingenkulturen des *Aurignacien, Gravettien, Solutréen* u. *Magdalénien* geprägt. Der Homo sapiens tritt erstmals auf. Es finden sich künstler. Zeugnisse (z. B. in der frz. Höhle Lascaux).

In dem schon in die Nacheiszeit fallenden Mesolithikum (etwa 8000 – 4000 v. Chr.) dient als

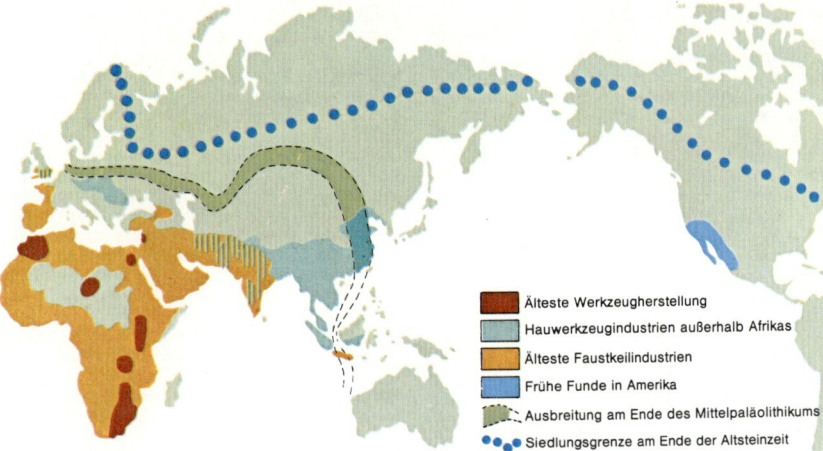

*Vorgeschichte: Ausbreitung der Menschheit während der Altsteinzeit*

*Vorgeschichte (Jungsteinzeit): bandkeramische Flasche aus der Jungfernhöhle*

Lebensgrundlage das Sammeln von Wildfrüchten u. -getreide u. die mit Hilfe von Pfeil u. Bogen ausgeübte Jagd von Kleinwild. Aus dieser Wirtschaftsweise folgt Bevorratung, Hüttenbau u. somit eine längere Seßhaftigkeit in kleinen Stämmen. Das Neolithikum breitet sich vom Vorderen Orient (9./8. Jt. v.Chr.) durch Kolonisationsvorgänge nach Nordafrika u. seit dem 5. Jt. v.Chr. nach Europa aus. Entwicklungseinflüsse Anatoliens u. der Balkanhalbinsel führen zur ältesten jungsteinzeitl. Kultur Mitteleuropas, der *Bandkeramik*. Die mittelmeer. *Montserrat-Kultur* bestimmt die südl. Frankreich. In Großbrit. herrscht die *Windmill-Hill-Kultur*, im Rheingebiet die *Michelsberger Kultur* u. in Schl.-Ho. u. Dänemark die *Trichterbecher-Kultur* vor. Diese Kulturen werden durch die sog. neolith. – oder agrar. – Revolution geprägt, mit der der Übergang von der aneignenden zur produzierenden Wirtschaftsweise bezeichnet wird. Der Pflanzenanbau ermöglicht auch die Domestikation von Tieren (Schaf, Ziege, Schwein, Rind). Neue Techniken der Rohstoffgewinnung u. -verarbeitung werden entwickelt. In der Folge dieser durch Arbeitsteilung u. Tauschhandel geprägten Wirtschaftsweise ergibt sich das seßhafte Wohnen in Häusern. Die Toten werden in Hockerstellung in einer Grabgrube beigesetzt. Den Abschluß findet das Neolithikum in der Kupferzeit, in der schon Gegenstände aus Kupfer u. Gold benutzt werden. Wanderungen großer Kulturgruppen von etwa 2500–1800 v.Chr. veränderten Mitteleuropa.

In der folgenden Bronzezeit werden Geräte, Waffen u. Schmuck aus Bronze hergestellt. Frühe Bronzegegenstände finden sich in ägypt. Gräbern (vor 3000 v.Chr.), in Mesopotamien (ab 3000 v.Chr.), in Indien (Indus-Tal, um 2500 v.Chr.) u. in China (Huang He, seit 2000 v.Chr.). Aus diesen Ursprungsregionen kommt die Bronzezeit über den ägäischen Raum *(kretisch-mykenische Kultur)* u. Italien *(Terramare-Kultur)* nach Mittel- u. Nordeuropa. Als frühe Bronzezeit (etwa 2000–1600 v.Chr.) bildet sie hier in den Gebieten mit Erzvorkommen u. entlang der Handelswege versch., miteinander in Verbindung stehende Kulturzentren. In der mittleren (etwa 1600–1200 v.Chr.) u. in der jüngeren bzw. späteren (etwa 1200–800 v.Chr.) Bronzezeit entfaltet sich in N-Europa die *Nordische Kultur* u. in Mitteleuropa die *Hügelgräber-Kultur*. Die späte Bronzezeit wird durch die *Urnenfelderzivilisation* (Brandbestattung, große Flachgräberfelder) umgeformt, wie z.B. durch die *Lausitzer Kultur* in O-Dtld. u. W-Polen.

Die letzte vorgeschichtl. Epoche, die Eisenzeit, geht wiederum vom Vorderen Orient (dort spätestens seit 1500 v. Chr.) aus. Nach dem Untergang des Hethiterreichs um 1200 v. Chr. gelangt die Eisentechnik über die Balkanhalbinsel u. Italien etwa ab 800 v. Chr. nach Mitteleuropa. Hier wird die Eisenzeit in zwei Abschnitte unterteilt: der ältere wird vom 8. bis zum 5. Jh. v.Chr. durch die *Hallstattkultur* geprägt; der jüngere wird mit der vom 5. bis zum 1. Jh. v. Chr. während, durch die Kelten bestimmten *Latènezeit* gleichgesetzt. Die Frühgeschichte setzt mit der röm. Machtentfaltung seit dem Beginn unserer Zeitrechnung ein.

**Vorhand,** 1. bei den Netzspielen Badminton, Tennis u. Tischtennis eine Schlagart, bei der die Handfläche zum Netz zeigt. – **2.** der vor dem Gebenden sitzende, als erster ausspielender Kartenspieler. – **3.** *Vorderhand,* Vorderbeine des Pferdes.
**Vorhaut,** *Präputium,* beim Mann die Eichel des Glieds (Penis) überziehende Haut, die hinter die Eichel zurückgezogen werden kann.
**Vorherbestimmung** → Prädestination.

**Vorkauf,** Art des Kaufs. Die gesetzlich oder vertraglich mit dem *V.srecht* ausgestattete Person hat bei einem zw. dem Verpflichteten u. einem Dritten geschlossenen Kaufvertrag das Recht, an die Stelle eines Dritten zu treten.
**Vorladung,** Aufforderung zum Erscheinen vor einer Behörde.
**vorläufige Festnahme,** die sofortige Entziehung der Fortbewegungsfreiheit, ohne daß es möglich ist, vorher den Haftbefehl des Richters zu erwirken, z.B. wenn jemand auf frischer Tat ertappt wird oder verfolgt wird oder zur Identitätsfeststellung.
**Vorlesung,** *Kolleg,* Form des wiss. Unterrichts an den HS.
**Vormärz,** Zeit zw. dem Wiener Kongreß (1815) u. der März-Revolution von 1848.
**Vormenschen,** *Prähomininen,* Unterfam. der Menschen, die am Beginn der Menschheitsentwicklung steht. → Australopithecus.
**Vormsi** [′vɔrmsi], dt. *Worms,* estn. Ostsee-Insel zw. der estländ. Küste u. Dagö, vor dem Rigaer Meerbusen, 93 km², 2300 Ew.; Fischerorte.
**Vormundschaft,** Wahrnehmung der Personensorge u. Vermögensverwaltung sowie der Vertretung eines Minderjährigen oder Entmündigten, des *Mündels,* durch einen *Vormund.* Dieser steht u.U. unter Kontrolle eines *Gegenvormunds,* stets aber unter Aufsicht des *V.gerichts.*
**Vorruhestand,** 1984 geschaffene Regelung, nach der Arbeitnehmer, die 1984–88 58 Jahre oder älter waren, vorzeitig in den Ruhestand gehen konnten; 1989 durch die *Altersteilzeit* ersetzt.
**Vorsatz, 1.** *V.blatt,* Doppelblatt, dessen eine Seite über die Innenseite eines Buchdeckels geklebt wird; das andere Blatt ist das erste oder letzte bewegl. Blatt des Buches. – **2.** bestimmte innere Beziehung des Täters zu seiner Tat: als Wissen u. Wollen der Verwirklichung des objektiven Tatbestands Voraussetzung strafbarer Handlungen u. der zivilrechtl. unerlaubten Handlung (Ggs.: *Fahrlässigkeit*). – **3.** *V.silben,* Silben vor Maßeinheiten zur Kennzeichnung von Teilen u. Vielfachen (z.B. Giga-, Mega-, Deka-, Dezi-).
**Vorschlag,** in der Musik Bez. für unterschiedl. Verzierungen, die einem Melodieton vorausgehen.
**Vorschulerziehung,** i.e.S. Tätigkeit von Bildungseinrichtungen, die Kinder auf den Schuleintritt vorbereiten; i.w.S. die Erziehung im Kindergarten.
**Vorschuß,** Vorauszahlung auf einen künftigen Anspruch.
**Vorsehung,** *Providenz,* die über dem Weltgeschehen u. Menschenleben waltende Macht (Gottes).
**Vorsokratiker,** die griech. Philosophen vor Sokrates: die ion. Naturphilosophen, Pythagoräer, Eleaten, die jüngeren Naturphilosophen.
**Vorsorgeaufwendungen,** Beiträge zur Sozialversicherung, zu bestimmten Lebensversicherungen, Beiträge an Bausparkassen u.a.; können bis zu bestimmten Höchstbeträgen als *Sonderausgaben* vom Gesamtbetrag der Einkünfte als steuermindernd abgezogen werden.
**Vorsorgeuntersuchungen,** Maßnahmen der Krankenversicherung u. der Sozialhilfe zur Früherkennung u. -behandlung von Krankheiten; insbes. Krebs-V. u. Schwangerschafts-V.

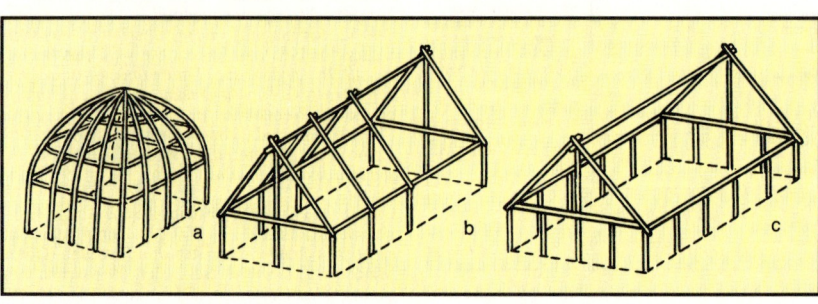

*Vorgeschichte: Jungsteinzeitliche Haustypen: a) Hütte mit Kuppeldach aus dem Endneolithikum, b) Rechteckhaus der Rössener Kultur, c) Rechteckhaus der Michelsberger Kultur*

**Vorsteherdrüse** → Prostata.

**Vorstehhund,** *Hühnerhund,* Jagdhund, der ausgemachtes Wild (Rebhühner, Fasanen, Hasen) durch »Vorstehen«, d.h. Stutzen in bestimmter Haltung, dem Jäger anzeigt.

**Vorster,** Balthazar Johannes, *1915, †1983, südafrikanischer Politiker (Nationalpartei); Min.-Präs. 1966–78, Staats-Präs. 1978/79, entschiedener Vertreter der Apartheid-Politik.

**Vorstrafe,** frühere Strafe eines Beschuldigten, die noch nicht im *Strafregister* getilgt ist.

**Vorvertrag,** Vertrag mit der klagbaren Verpflichtung zum Abschluß des beabsichtigten Hauptvertrags.

**Vorzeichen, 1.** Symbole Plus (+) u. Minus (–), die die positiven bzw. negativen Zahlen kennzeichnen. – **2.** in der Notenschrift die Zeichen ♯ u. ♭ zur Bestimmung der Tonart eines Musikstücks.

**Vorzugsaktie,** mit Vorrechten bei der Dividendenausschüttung oder der Liquidation ausgestattete Aktie; dafür häufig ohne Stimmrecht.

**Vos,** Cornelius de, *1584 (?), †1651, fläm. Maler (Porträts der bürgerl. Gesellschaft).

**Voscherau,** Henning, *13.8.1941, dt. Politiker (SPD), seit 1988 Erster Bürgermeister von Hamburg.

**Voß,** Johann Heinrich, *1751, †1826, dt. Schriftst.; Mitgl. des »Göttinger Hains«; schrieb ländliche Idyllen, übersetzte die »Odyssee« u. die »Ilias«.

**votieren,** abstimmen, etwas beschließen.

**Votiv,** Weihe- u. Opfergabe; *V.bild,* *V.tafel,* im kath. Glaubensbereichen ein Bild, das aufgrund eines Gelübdes oder als Dank für erfahrene göttl. Hilfe aufgestellt wird. – **V.messe,** wegen eines bes. Anlasses zelebrierte Messe.

**Votum,** Gutachten, Stellungnahme; Stimme eines Abstimmenden; Gelübde.

**Voyager** ['vɔɪədʒə], Name zweier US-amerik. Raumsonden, die der Erforschung der äußeren Planeten des Sonnensystems dienen. V.1 (Start 1977) flog im März 1979 an Jupiter, im Nov. 1980 an Saturn vorbei; V.2 (Start 1977) im Juli 1979 an Jupiter, im Aug. 1981 an Saturn, im Jan. 1986 an Uranus u. im Aug. 1989 an Neptun u. seinem größten Mond Triton. Die Sonden übertrugen zahlr. Photos der Planeten, entdeckten den ersten aktiv vulkan. Körper außerhalb der Erde (den Jupitermond Io), den großen dunklen Fleck bei Neptun u.a. Nach Verlassen des Sonnensystems reicht der Treibstoff der Sonden bis in das Jahr 2030.

**Voyeurismus** [vwa'jø:r-], eine sexuelle Abweichung; der **Voyeur** (»Seher«) gelangt durch Zusehen bei sexuellen Handlungen anderer zur geschlechtl. Erregung.

**Vranitzky,** Franz, *4.10.1937, österr. Politiker (SPÖ); 1984–86 Fin.-Min., seit 1986 Bundeskanzler, seit 1988 zugleich Partei-Vors.

**Vrchlicky** ['vrxlitski:], Jaroslav, eigtl. Emil *Frida,* *1853, †1912, tschech. Schriftst.; formvollendete Lyrik u. Epik.

**Vries** [vri:s], Adriaen de, *1560, †1626, ndl. Bildhauer (Bronzeplastiken); Manierist; Hofbildhauer Kaiser Rudolfs II. in Prag. Seine späten Werke leiten zum Frühbarock über.

**Vring** [friŋ], Georg von der, *1889, †1968, dt. Schriftst. u. Maler; volksliednahe Gedichte u. Romane.

*Votiv: schmiedeeiserne Votivtiere aus Stanz (Steiermark); Kuh mit Kalb*

**Die wichtigsten Vulkane der Erde**

| Vulkan | Lage (Land) | Höhe (m) | Bemerkungen |
|---|---|---|---|
| *Mittelmeergebiet* | | | |
| Vesuv | Golf von Neapel (Italien) | 1277 | 79 n.Chr. Pompeji, Herculaneum und Stabiä vernichtet; letzter Ausbruch 1944 |
| Ätna | Sizilien (Italien) | 3369 | letzter Ausbruch 1984 |
| Stromboli | Liparische Inseln (Italien) | 926 | ständig tätig |
| Santorin | Kykladen (Griechenland) | 556 | letzter Ausbruch 1956 |
| *Atlantischer Ozean* | | | |
| Hekla | Island | 1491 | mehrere Krater; letzter Ausbruch 1981 |
| Surtsey | Island | 173 | 1963–1967 entstanden |
| Kirkjufell | Heimaey (Island) | 221 | 1973 entstanden |
| Askja | Island | 1510 | letzter Ausbruch 1961 |
| Krafla | Island | 654 | letzter Ausbruch 1984 |
| Pico de Teide | Teneriffa, Kanarische Inseln (Spanien) | 3718 | letzter Ausbruch 1909 |
| Mont Pelée | Martinique, Kleine Antillen (Frankreich) | 1397 | großer Ausbruch 1902 (Zerstörung der Stadt St. Pierre, fast 30000 Tote); letzter Ausbruch 1929 |
| La Soufrière | Guadeloupe, Kleine Antillen (Frankreich) | 1467 | letzter Ausbruch 1976 |
| *Afrika* | | | |
| Fako (Kamerunberg) | Kamerun | 4070 | mehrere Krater; letzter Ausbruch 1982 |
| Niragongo | Zaire | 3475 | letzter Ausbruch 1977 |
| Meru | Tansania | 4567 | letzter Ausbruch 1910 |
| *Indischer Ozean* | | | |
| Kartala | Komoren | 2361 | letzter Ausbruch 1977 |
| Piton de la Fournaise | Réunion, Maskarenen (Frankreich) | 1823 | letzter Ausbruch 1983 |
| *Südwestpazifik* | | | |
| Erebus | Victorialand (Antarktis) | 3795 | letzter Ausbruch 1984 |
| Ruapehu | Nordinsel (Neuseeland) | 2797 | letzter Ausbruch 1982 |
| Lopevi | Neue Hebriden (Vanuatu) | 1449 | letzter Ausbruch 1982 |
| Bagana | Bougainville (Papua-Neuguinea) | 1702 | letzter Ausbruch 1966 |
| Tambora | Sumbava (Indonesien) | 2850 | großer Ausbruch 1815/16 |
| Semeru | Java (Indonesien) | 3676 | letzter Ausbruch 1981 |
| Bromo | Java (Indonesien) | 2392 | letzter Ausbruch 1972 |
| Merapi | Java (Indonesien) | 2911 | letzter Ausbruch 1984 |
| Galunggung | Java (Indonesien) | 2168 | 2 große Ausbrüche 1822; letzter Ausbruch 1982 |
| Agung | Bali (Indonesien) | 3142 | letzter Ausbruch 1964 |
| Krakatau | zwischen Java und Sumatra | 816 | großer Ausbruch 1883 (über 36000 Tote); letzter Ausbruch 1952 |
| Kerinci | Sumatra (Indonesien) | 3800 | letzter Ausbruch 1970 |
| *Nordwestpazifik* | | | |
| Awatscha | Kamtschatka (UdSSR) | 2725 | letzter Ausbruch 1945 |
| Kljutschewskaja Sopka | Kamtschatka (UdSSR) | 4750 | letzter Ausbruch 1984 |
| Fudschiyama | Honschu (Japan) | 3776 | letzter Ausbruch 1972 |
| Bandaisan | Honschu (Japan) | 1964 | heftiger Ausbruch 1888 |
| Aso-yama | Kyuschu (Japan) | 1690 | größter Krater der Welt; letzter Ausbruch 1953 |
| Sakuraschima | Kyuschu (Japan) | 1118 | große Ausbrüche 1779 und 1914; letzter Ausbruch 1984 |
| Macaturin | Luzón (Philippinen) | 2753 | mehrere Ausbrüche 1765–1847 |
| Mayon | Luzón (Philippinen) | 3045 | letzter Ausbruch 1984 |
| Taal | Luzón (Philippinen) | 300 | letzter Ausbruch 1977 |
| Mauna Kea | Hawaii (USA) | 4202 | (?) |
| Mauna Loa | Hawaii (USA) | 4170 | größte Lavaförderung der Welt; letzter Ausbruch 1984 |
| Kilauea | Hawaii (USA) | 1243 | letzter Ausbruch 1984 |
| *Ostrand des Pazifiks* | | | |
| Mount Katmai | Alaska (USA) | 2047 | letzter Ausbruch 1962 |
| Mount St. Helens | Washington (USA) | 2950 | letzter Ausbruch 1984 |
| Lassen Peak | Kalifornien (USA) | 3190 | letzter Ausbruch 1914–1916 |
| Colima | Mexiko | 3960 | letzter Ausbruch 1983 |
| Popocatépetl | Mexiko | 5452 | letzter Ausbruch 1938 |
| Citlaltépetl | Mexiko | 5700 | |
| Paricutín | Mexiko | 2774 | 1943 entstanden; letzter Ausbruch 1952 |
| Santa Maria | Guatemala | 3768 | letzter Ausbruch 1983 |
| Tajumulco | Guatemala | 4211 | |
| Izalco | El Salvador | 2362 | bis 1956 ständig tätig |
| Telica | Nicaragua | 1039 | letzter Ausbruch 1982 |
| Cosigüina | Nicaragua | 845 | 1835 Ausbruch großer Lockermassen (etwa 50 km³) |
| Cerro Negro | Nicaragua | 977 | letzter Ausbruch 1971 |
| Poas | Costa Rica | 2722 | anhaltend leicht tätig, zuletzt stärker 1982 |
| Irazú | Costa Rica | 3432 | letzter Ausbruch 1967 |
| Arenal | Costa Rica | 1552 | letzter Ausbruch 1984 |
| Tolima | Kolumbien | 5620 | Ausbruch 1829 |
| Nevado del Huila | Kolumbien | 5750 | |
| Nevado del Ruiz | Kolumbien | 5400 | letzter Ausbruch 1985 |
| Puracé | Kolumbien | 4756 | letzter Ausbruch 1977 |
| Cotopaxi | Ecuador | 5897 | letzter Ausbruch 1975 |
| Sangay | Ecuador | 5230 | letzter Ausbruch 1976 |
| Sajama | Bolivien | 6520 | |
| Licancaur | Bolivien | 5960 | |
| Lascar | Chile | 5990 | letzter Ausbruch 1968 |
| Villarica | Chile | 2840 | letzter Ausbruch 1984 |

**VTOL-Flugzeug,** Abk. für engl. *vertical take-off and landing, Senkrechtstarter,* Flugzeug, das senkrecht starten u. landen kann; als *Heck-* oder *Flachstarter* gebaut.

**Vuillard** [vyi'ja:r], Édouard, *1868, †1940, frz. Maler u. Graphiker; nachimpressionist. Stil; Interieurszenen u. Bildnisse.

**vulgär,** gemein, gewöhnl., ordinär.

**Vulgärlatein,** die schriftl. nicht überlieferte lat. Volkssprache; Grundlage der rom. Sprachen.

**Vulgata,** meistbenutzte, auf *Hieronymus* zurückgehende lat. Bibelübersetzung; 1546 auf dem Trienter Konzil für authentisch erklärt.

**Vulkan,** durch Anhäufung von vulkan. Förderprodukten entstandener »feuerspeiender Berg«. Unter der Mitwirkung gespannter Gase steigt das Magma vom *V.herd* durch einen *Schlot* an die Erdoberfläche u. verläßt den *Krater* in Form von *Lava* (Gesteinsschmelzfluß) oder von Lockermassen als Lapilli, vulkan. Bomben, Aschen u. a. Es gibt auf der Erde rd. 475–500 tätige V. Der höchste V.gipfel ist der *Aconcagua* in den Anden.

**Vulkanisation,** Veredelungsverfahren des Kautschuks durch Zusatz von Schwefel mit anschließender Erhitzung auf ca. 120 °C *(Heiß-V.)* oder Behandlung mit Dischwefeldichlorid *(Kalt-V.).*

**Vulpius, 1.** Christian August, *1762, †1827, dt. Schriftst.; Schwager *Goethes;* schrieb vielgelesene Schauer- u. Räuberromane. W »Rinaldo Rinaldini«. – **2.** Christiane, Schwester von 1), *1765, †1827; lebte seit 1788 mit *Goethe* zusammen, der sie 1806 heiratete; gemeinsamer Sohn: August von Goethe.

**Vulva,** die äußeren weibl. Geschlechtsteile: die großen u. kleinen Schamlippen, der Kitzler, der Scheidenvorhof sowie der Scheideneingang.

**V-Waffen,** Abk. für *Vergeltungswaffen,* seit 1944 eingesetzte dt. Raketenwaffen: *V 1, (Fi 103)* Flügelbombe mit Selbstantrieb durch ein Staustrahltriebwerk, erstmals am 13.6.1944 eingesetzt; *V 2 (A 4),* ferngelenkte Flüssigkeits-Großrakete. An ihrer Entwicklung war W. von Braun beteiligt. Erstmals wurde sie am 8.9.1944 eingesetzt. Der Einsatz der V. war von großem propagandist. Aufwand begleitet.

# VULKANISMUS

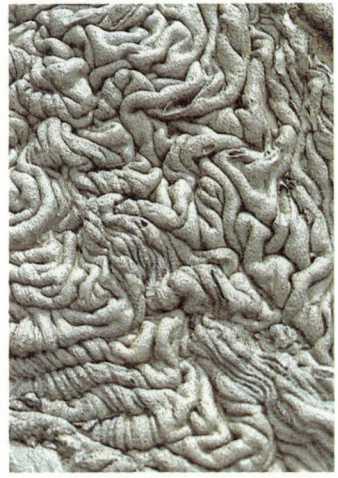

*Die in den vulkanischen Dämpfen und heißen Wassern enthaltene Wärmeenergie wird an vielen Stellen der Erde zu Heizzwecken und zum Betreiben von Kraftwerken verwendet. Im Bild Rohrleitungen eines geothermischen Kraftwerks im Sonoma-County-Geysir-Gebiet in California, USA (links). – Lavastruktur vom Typ Pahoehoe, auch Strick- oder Seillava genannt (Mitte). – Bis in eine Höhe von 20 km reichte die Aschenwolke des Mount St. Helens beim Ausbruch am 18. Mai 1980 (rechts)*

*Lavastrom und Ausfluß von Lava aus einer Spalte am Hang des Mauna Loa auf Hawaii*

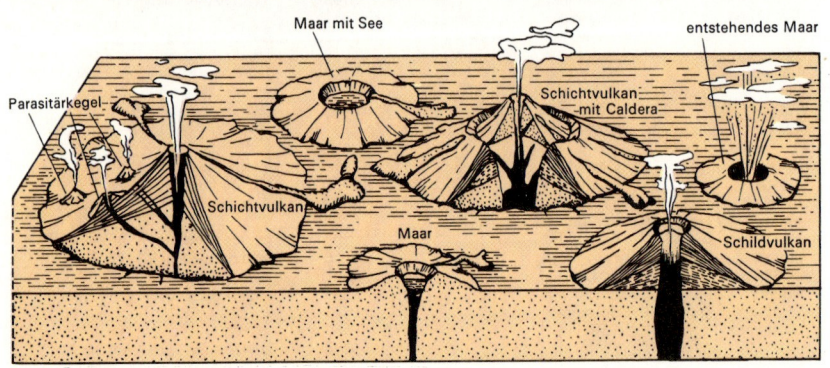

*Aufbau und Typen von Vulkanen (links). – Vulkanologen beobachten den Ausbruch des Eldfell (Island) im Jahr 1973*

# W

**w, W,** 23. Buchstabe des dt. Alphabets.
**W, 1.** Zeichen für *Watt*. – **2.** chem. Zeichen für *Wolfram*.
**Waadt,** *W.land,* frz. *Vaud,* Kt. der → Schweiz.
**Waag,** slowak. *Váh,* l. Nbfl. der Donau, 392 km; vereinigt sich mit der Kleinen Donau zur *W.donau,* mündet bei Komorn.
**Waage, 1.** Gerät zur Gewichtsbestimmung von Körpern durch Massenvergleich. – Bei der *Balken-W.* wird die gesuchte Masse mit bek. »Gewichten« (Massennormalen) verglichen; eine feinere Form ist die für chem. Untersuchungen gebrauchte *Analysen-W.* Bei *Schalt-W.n* werden durch Drehen eines Schalters nacheinander mehr u. mehr Gewichte eingeschaltet. Bei der *Feder-W.* wird eine geeichte Schraubenfeder durch eine Last ausgedehnt. Diese W.n zeigen wegen der kleinen Verschiedenheit der Gravitationskonstante an versch. Orten für gleiche Massen etwas versch. Werte an; sie sind daher nur für gröbere Messungen verwertbar. Bei der *Laufgewichts-W. (röm. W., Schnell-W.)* werden ein oder zwei Laufgewichte an einem Balkenende verschoben, bis Gleichgewicht herrscht. Auf demselben Prinzip beruhen die *Neigungs-W.n* (z.B. *Brief-W.*), bei denen die Neigung eines langen Balkenarms verändert wird, u. die *Brücken-W.n,* bei denen die Last auf einer Plattform (Brücke) ruht, deren W.balkenlängen in einem bestimmten Verhältnis zueinander stehen (z.B. *Dezimal-W.n). Elektronische W.n* (Wiegeanlagen) haben keine bewegl. Teile u. benötigen praktisch keine Wartung. – **2.** *Libra,* Sternbild des Tierkreises. – **3.** Übung beim Geräteturnen u. Eiskunstlauf.
**Waal,** Hauptmündungsarm des Rheins.
**Waalkes,** Otto (»Otto«), *22.7.1948, dt. Komiker.
**Waals,** Johannes Diderik van der, *1837, †1923, ndl. Physiker; entwickelte eine Zustandsgleichung *(van-der-W.sche Zustandsgleichung),* die das Verhalten der realen Gase u. ihre Verflüssigung beschreibt; Nobelpreis 1910.
**Waben,** Gefüge von (grob)sechseckigen Aufzucht- u. Speicherzellen bei Stechbienen.
**Wabenkröten,** *Pipakröten, Pipa,* südamerikan. Gatt. der *Zungenlosen Frösche.* Die Eier entwickeln sich in wabenförmigen Hauttaschen auf dem Rücken des Weibchens bis zur Larve.
**Wace** [weis, engl.; vas, frz.], Robert, *um 1100, †um 1174, ältester namentl. bek. Dichter frz. Sprache; verfaßte die Reimchronik »Roman de Brut«, in der erstmalig in der frz. Lit. König Artus' Tafelrunde erscheint.
**Wachau,** rd. 30 km lange Engtalstrecke der Donau in Niederöstr., zw. Melk u. Krems.
**Wacholder,** *Juniperus,* Gatt. der *Nadelhölzer,* über die ganze nördl. Hemisphäre verbreitet; blauschwarze, fleischige Beerenzapfen (*Krammetsbeeren*); einheim.: *Sadebaum, Gewöhnl. W. (Machandelbaum);* im Mittelmeergebiet: *Zedern-W., Zypressen-W.;* nordamerik. Arten: *Virgin. Sadebaum (Rote Zeder)* u. *Florida-W. (Floridazeder).* Aus W.-Beeren gewinnt man harntreibenden Tee, Gewürz u. Branntwein.
**Wachsblume, 1.** *Porzellanblume, Hoya,* Gatt. der *Seidenpflanzengewächse,* in Australien u. S-Asien vorkommende Pflanze mit blaßroten, wachsähnlich aussehenden Blüten, z.T. als Zierpflanze. – **2.** *Cerinthe,* Gatt. der *Rauhblattgewächse,* Pflanzen mit bläul. bereiften Blättern.
**Wachse,** Sammelbez. für schmelzbare, leicht knetbare, organ. Stoffe. Chem. gehören sie zu den *Lipiden.* Man unterscheidet: 1. *natürl. W.:* Pflanzenwachs, Mineralwachs u. tier. Wachs (z.B. Bienenwachs); 2. *halb-* oder *vollsynth. W.,* aus den Paraffinen der Erdölaufbereitung oder der Fischer-Tropsch-Synthese gewonnen.
**Wachsfigurenkabinett,** Ausstellung von naturgetreuen lebensgroßen Nachbildungen namhafter Persönlichkeiten, bek. v.a. das W. der Madame *Tussaud* in London.

**Wachsmalerei** → Enkaustik.
**Wachspapier,** mit Paraffin u. ähnl. Stoffen getränktes Papier; wasser- u. luftdicht.
**Wachstum, 1.** Größenzunahme eines Organismus durch Neubildung von Körpersubstanz. W. kann entweder auf der Vergrößerung oder auf der Vermehrung von Zellen beruhen. Bedingungen für das W. sind genügendes Nahrungsangebot einschl. Vitamine u. Funktionstüchtigkeit des Hypophysenvorderlappens, der das W.shormon bildet. Beim Menschen hört nach der Pubertät das Körperwachstum mit dem W. der Knochen auf. – **2.** die anhaltende mengenmäßige Ausweitung der Produktion u. die steigende Pro-Kopf-Versorgung der Bevölkerung.
**Wächte,** im Windschatten von Graten u. Plateaurändern überhängende Schneemasse.
**Wachtelhund,** *Deutscher W.,* mittelgroßer, kräftiger Stöberhund (Jagdhund) mit gewelltem, braunweißem Fell.
**Wachtelkönig,** *Crex crex,* bis 26 cm große, auf Wiesen vorkommende unscheinbare *Ralle;* in Eurasien (außer Mittelmeerraum).
**Wachteln,** Gatt. kleiner Hühnervögel. Die bis 18 cm große *Europ. Wachtel* ist auf Wiesen, Feldern u. Ödland Eurasiens u. Afrikas in mehreren Rassen verbreitet; Zugvögel. Die *Chines. Zwergwachtel* ist ein beliebter Volierenvogel.
**Wachtelweizen,** *Melampyrum,* Gatt. der *Rachenblütler;* einjähriger Halbschmarotzer.
**Wackenroder,** Wilhelm Heinrich, *1773, †1798, dt. Schriftst.; wirkte stark auf das Lebensgefühl u. Kunstauffassung der Romantik; W »Herzensergießungen eines kunstliebenden Klosterbruders« 1797.
**Wackersdorf,** Gem. in Bayern, 3800 Ew.; eine Wiederaufbereitungsanlage (für abgebrannte Brennelemente aus Kernkraftwerken) war geplant.
**Wadai,** ehem. afrik. Reich der *Maba* in Sudan, gegr. im 16. Jh., bestand bis Ende des 19. Jh., 1912 frz. Kolonialgebiet.
**Wade,** *Sura,* hinterer Teil des Unterschenkels, durch den dreiköpfigen W.nmuskel gewölbt. – **W.nbein,** *Fibula,* einer der beiden Unterschenkelknochen der Wirbeltiere u. des Menschen. – **W.nkrampf,** Krampf der W.nmuskulatur; Ursachen: Durchblutungsstörungen, Überanstrengungen u.a.
**Wader,** Hannes, *23.6.1942, dt. Liedermacher (v.a. plattdt. Volks- u. Arbeiterlieder).
**Wadi,** *Ouèd,* Trockental oder Trockenfluß in Steppen- u. Wüstengebieten.
**Wadschrayana** → Vajrayana.
**Wafer** [ˈweifə], Siliciumscheibe, die als Trägermaterial für integrierte Schaltkreise (*Chips*) dient; Durchmesser bis 125 mm.
**Waffen,** vielgestaltige Geräte, die zum Kampf, zur Jagd u., meist in abgewandelter Form, für Sport-

*Kleine Wachsblume*

zwecke verwendet werden. Man unterscheidet heute *konventionelle W. (Feuer-W.), atomare* oder *Kern-W.* sowie *chem.* u. *biolog. W.* ⬚ → S. 954.
**Waffenschein,** Ausweis, der den Inhaber berechtigt, eine Schußwaffe außerhalb seines Wohn-, Dienst- oder Geschäftsraums zu führen. Vom W. ist die **Waffenbesitzkarte** zu unterscheiden, die für den Besitz, die Überlassung oder den Erwerb von Faustfeuerwaffen vorgeschrieben ist.
**Waffen-SS** → SS.
**Waffenstillstand,** vorübergehende Unterbrechung der Feindseligkeiten, oft wie die **Waffenruhe** mit einem bestimmten Zweck, meist aber mit der Absicht, den Krieg zu beenden.
**Wagadugu** → Ouagadougou.
**Wagenbühne** → Bühne.
**Waggerl,** Karl Heinrich, *1897, †1973, östr. Schriftst.; humorvoller Schilderer seiner Umwelt.
**Wagner, 1.** Adolph, *1835, †1917, dt. Nationalökonom; forderte als Vertreter des *Kathedersozialismus* eine Boden- u. Sozialreform. – **2.** Carl-Ludwig, *9.1.1930, dt. Politiker (CDU); seit 1988 Min.-Präs. von Rhld.-Pf. – **3.** Cosima, *1837, †1930, Tochter von F. *Liszt* u. der Gräfin Marie *d'Agoult;* in 1. Ehe 1857 mit H. von *Bülow,* in 2. Ehe 1870 mit R. *Wagner* verheiratet; nach dessen Tod Leiterin der Bayreuther Festspiele. – **4.** Heinrich Leopold, *1747, †1779, dt. Schriftst.; Dramatiker des Sturm u. Drang, gehörte zum Kreis um den jungen *Goethe;* schrieb realist. Stücke gegen soz. Ungerechtigkeiten. – **5.** Otto, *1841, †1918, östr. Architekt; einer der einflußreichsten Vertreter des Jugendstils. – **6.** Richard, *1813, †1883, dt. Komponist; Kapellmeister in Magdeburg, Riga u. Dresden; 1849 wegen Beteiligung an der Revolution Flucht nach Zürich; 1864 von König

*Wabenkröte*

*Europäische Wachtel*

## 954 Wagner-Jauregg

Ludwig II. nach München berufen; 1870 Vermählung mit Cosima von *Bülow* (→ Wagner [3]); 1872 Grundsteinlegung zum Festspielhaus in Bayreuth. – Mit seiner Konzeption des Musikdramas wurde W. zum Vollender der romant. Idee vom »Gesamt-

*Richard Wagner (Mitte) und Cosima Wagner mit ihrem Vater F. Liszt und H. von Wolzogen in der Villa Wahnfried, Bayreuth; Gemälde von W. Beckmann, 1882. Tribschen, Richard-Wagner-Museum*

kunstwerk«. Während die ersten Werke noch den Einfluß der ital. u. frz. großen Oper zeigten, vollzog sich der Umbruch mit den Werken der Dresdener Schaffensperiode. Kennzeichen dieser Erneuerung der Oper sind: Wahl der Stoffe aus dem MA oder dem germ. Mythos, Abwendung von der alten Form der Nummernoper, Schwerpunktverlegung des musikal. Geschehens in das Orchester, Verwendung des Leitmotivs, Ausweitung der Tonalität bis an ihre Grenzen. – Opern: »Rienzi«, »Der Fliegende Holländer«, »Tannhäuser«, »Lohengrin«, »Der Ring des Nibelungen« (»Das Rheingold«, »Die Walküre«, »Siegfried«, »Götterdämmerung«), »Tristan u. Isolde«, »Die Meistersinger von Nürnberg«, »Parsifal«; zahlr. musik.-weltanschaul. Schriften. – **7.** Siegfried, Sohn von 6) u. 3), *1869, †1930, dt. Komponist u. Regisseur, seit 1909 Leiter der Bayreuther Festspiele; volkstüml. Opern (u.a. »Der Bärenhäuter«). – **8.** Wieland, Sohn von 7) u. 9), *1917, †1966, dt. Regisseur; leitete mit seinem Bruder Wolfgang seit 1951 die Bayreuther Festspiele unter Verzicht auf überlieferte Formen. – **9.** Winifred, geb. *Williams*, Frau von 7), *1897, †1980, leitete 1930–45 die Bayreuther Festspiele. – **10.** Wolfgang, Sohn von 7) u. 9), *20.8.1919, dt. Regisseur; leitete 1951–66 zus. mit seinem Bruder Wieland die Bayreuther Festspiele; seit 1966 alleiniger Leiter.

**Wagner-Jauregg,** Julius *Wagner Ritter von Jauregg,* *1857, †1940, östr. Neurologe u. Psychiater; Entdecker der Malariakur zur Behandlung der progressiven Paralyse; Nobelpreis für Medizin 1927.

**Wagner-Régeny,** Rudolf, *1903, †1969, dt. Komponist aus Siebenbürgen; Orchester- u. Klavierwerke, Opern (u.a. »Der Günstling«).

**Wagnerscher Hammer,** period. Stromunterbrecher, der einen elektr. Stromkreis in schneller Folge öffnet u. schließt u. dadurch Stromimpulse erzeugt; bei Klingeln u.a. verwendet.

**Wagrien,** holstein. Ldsch. zw. Kieler u. Lübecker Bucht, ben. nach den slaw. **Wagriern,** die das Gebiet ab ca. 600 n. Chr. besiedelten.

**Wahhabiten,** Anhänger der von *Mohammed Ibn Abd al-Wahhab* (*1720, †1792) gegr. religiösen Bewegung, die den sunnit. Islam zu seiner urspr. Form zurückführen u. alle Neuerungen ausmerzen wollte.

**Wahl** → Wahlrecht, → Wahlsystem.

**Wahldelikte,** strafbare Handlungen in bezug auf die Ausübung des Wahlrechts; neben *Wahlbestechung, Wahlnötigung* u. Verletzung des *Wahlgeheimnisses* bes. die Verhinderung oder Störung einer Wahl oder der Feststellung ihres Ergebnisses mittels Gewalt *(Wahlverhinderung),* das unbefugte Wählen oder sonstiges Herbeiführen eines unrichtigen Wahlergebnisses, dessen Verfälschung oder unrichtige Verkündung *(Wahlfälschung).*

**Wahlen,** Friedrich Traugott, *1899, †1985, schweiz. Politiker; 1959–65 im Bundesrat, 1961 Bundes-Präs.

**Wahlgeheimnis,** staats- u. strafrechtl. geschütztes Recht des Wählers darauf, daß seine Stimmabgabe anderen nicht gegen seinen Willen bekanntgegeben wird.

**Wahlkreis,** ein Teil des Gesamtwahlgebiets mit selbst. Funktion bei der Auswertung der Wählerstimmen.

**Wahlmonarchie,** monarch. Staatsform, bei der der Monarch sein Amt auf Lebensdauer ausübt u. der Nachfolger durch Wahl eines Kollegiums bestimmt wird. Das mittelalterl. Kaiserreich war verfassungsrechtl. eine W., faktisch aber seit Mitte des 15. Jh. eine *Erbmonarchie.*

**Wahlpflicht,** gesetzl. Verpflichtung zur Teilnahme an Wahlen, deren Verletzung mit Ordnungsstrafen gehandelt wird; u.a. in Australien, Belgien u. Luxemburg, in Östr. bei der Wahl des Bundes-Präs.; in den Ndl. *Erscheinungspflicht* im Wahllokal.

**Wahlrecht,** 1. das öffentl.-rechtl. System der Wahlen; → Wahlsystem. – 2. Recht des einzelnen auf Teilnahme an der Wahl, d.h. das Recht zu wählen *(aktives W.)* u. gewählt zu werden *(passives W.);* an bestimmte verfassungsrechtl. oder andere gesetzl. Voraussetzungen geknüpft, z.B. bestimmtes Lebensalter (18 Jahre), volle Geschäftsfähigkeit u. staatsrechtl. Unbescholtenheit.

**Wahlspruch,** *Devise, Losung,* kurzer programmat. Sinnspruch.

**Wahlsystem,** das Verfahren, mittels dessen die Wähler bei Wahlen ihren polit. Willen in Wählerstimmen ausdrücken u. Stimmenzahlen zur Herbeiführung einer Wahlentscheidung verwertet werden, bei Parlamentswahlen die Übertragung von Stimmen in Mandate. Grundsätzl. lassen sich die Mehrheitswahl u. die Verhältniswahl unterscheiden. *Mehrheits-W.* sind: 1. die *relative Mehrheitswahl* in Einerwahlkreisen, nach der im angelsächs. Bereich gewählt wird. Gewählt ist, wer im Wahlkreis die meisten Stimmen auf sich vereinigen kann. 2. die *absolute Mehrheitswahl* in Einerwahlkreisen mit *Stichwahl* zw. den zwei stimmstärksten Kandidaten des ersten Wahlgangs (Frankreich, Dt. Reich bis 1918). Gewählt ist, wer mehr als die Hälfte der Stimmen erhält. – *Verhältnis-W.* führen in jedem Fall zu einem möglichst exakten Verhältnis von Stimmen u. Mandaten; dies fördert die Parteienvielfalt, woraus sich ein Vielparteiensystem u. möglicherweise labile Koalitionsregierungen ergeben (Beispiele: Weimarer Republik, Italien). – Das W. zum Bundestag der BR Dtld., die »personalisierte Verhältniswahl«, ist ein System der Verhältniswahl, in dem der Entscheidungsmaßstab der Mehrheitswahl mit dem Repräsentationsprinzip der Verhältniswahl verbunden ist. Jeder Wähler hat zwei Stimmen *(Zweistimmensystem),* eine *Erststimme* zur Wahl eines Kandidaten im Wahlkreis nach relativer Mehrheitswahl *(Direktmandat)* u. eine *Zweitstimme* zur Wahl einer Parteiliste auf

## WAFFEN historische

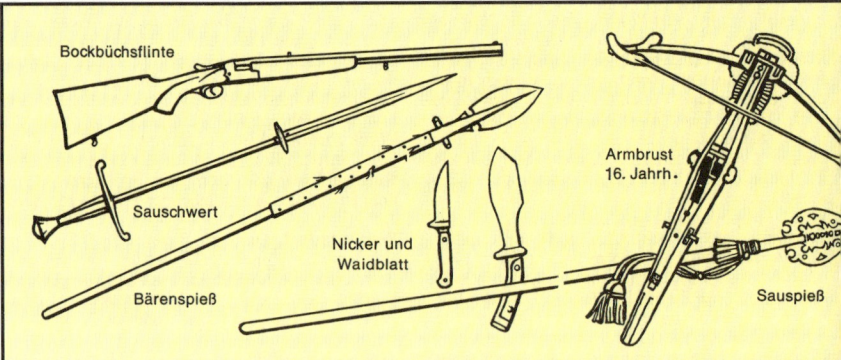

*Alte Jagdwaffen*

*Musketier beim Laden seiner Muskete*

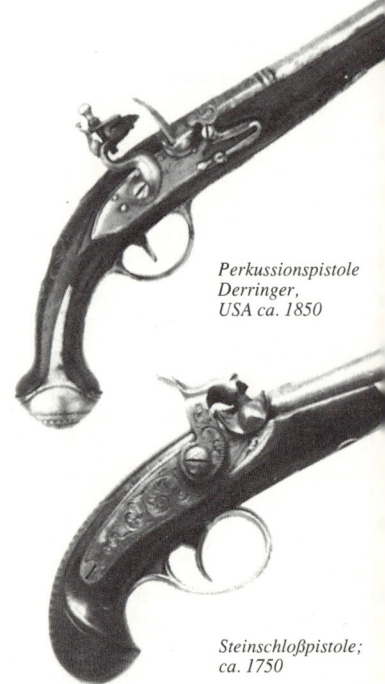

*Perkussionspistole Derringer, USA ca. 1850*

*Steinschloßpistole, ca. 1750*

Länderebene. Maßgebend für die Mandatszahlen der Parteien im Bundestag sind die gültigen Zweitstimmen, wobei die Gesamtzahl der Bundestagsmandate den Parteien proportional zu ihrem Anteil an den Zweitstimmen zuerkannt wird. Hat eine Partei mehr Direktmandate gewonnen, als ihr Mandate aufgrund der Zweitstimmen zustehen, so bleiben ihr diese *Überhangmandate* erhalten.

**Wahrheit,** die Übereinstimmung der Erkenntnis mit ihrem Gegenstand.

**Wahrsagen,** die Mitteilung künftiger oder verborgener Vorgänge aufgrund angebl. hellseher. Fähigkeiten, oft mit magischen Praktiken; in der Antike in Form von Orakeln oder als Stern- u. Traumdeutung. Auch die *Handlesekunst* (Chiromantie) gehört zum W.

**Wahrscheinlichkeitsrechnung,** Gebiet der angewandten Math.; ermittelt die Wahrscheinlichkeit für das Eintreten von Ereignissen bei Vorgängen, die auf nicht meßbaren Einflüssen beruhen (z.B. das Fallen einer »6« beim Würfeln); von größter Bed. für das Versicherungswesen u. bei Messungen in der modernen Physik (kinetische Gastheorie, Atomphysik).

**Währung,** innerhalb eines Staates durch Gesetz (Geldverfassung) bestimmtes Geldsystem. → Tab. unten: Währungen der Welt.

### Währungen der Welt

| Land | Währung | Land | Währung | Land | Währung | Land | Währung |
|---|---|---|---|---|---|---|---|
| Afghanistan | 1 Afghani = 100 Puls | Grenada | 1 Ostkaribischer Dollar = 100 Cents | Malawi | 1 Malawi-Kwacha = 100 Tambala | Schweiz | 1 Schweizer Franken = 100 Rappen = 100 Centimes |
| Ägypten | 1 Ägyptisches Pfund = 100 Piasters | Griechenland | 1 Drachme = 100 Lepta | Malaysia | 1 Malaysischer Ringgit = 100 Sen | Senegal | 1 CFA-Franc = 100 Centimes |
| Albanien | 1 Lek = 100 Qindarka | Großbritannien und Nordirland | 1 Pfund Sterling = 100 New Pence | Malediven | 1 Rufiyaa = 100 Laari | Seychellen | 1 Seychellen-Rupie = 100 Cents |
| Algerien | 1 Algerischer Dinar = 100 Centimes | Guatemala | 1 Quetzal = 100 Centavos | Mali | 1 CFA-Franc = 100 Centimes | Sierra Leone | 1 Leone = 100 Cents |
| Andorra | 1 Französischer Franc = 100 Centimes; 1 Peseta = 100 Centimos | Guinea | 1 Guinea-Franc = 100 Centimes | Malta | 1 Maltesische Lira = 100 Centimes | Simbabwe | 1 Simbabwe-Dollar = 100 Cents |
| Angola | 1 Kwanza = 100 Lwei | Guinea-Bissau | 1 Guinea-Peso = 100 Centavos | Marokko | 1 Dirham = 100 Centimes | Singapur | 1 Singapur-Dollar = 100 Cents |
| Antigua und Barbuda | 1 Ostkaribischer Dollar = 100 Cents | Guyana | 1 Guyana-Dollar = 100 Cents | Mauretanien | 1 Ouguiya = 5 Khoums | Somalia | 1 Somalia-Schilling = 100 Centesimi |
| Äquatorialguinea | 1 CFA-Franc = 100 Centimes | Haiti | 1 Gourde = 100 Centimes | Mauritius | 1 Mauritius-Rupie = 100 Cents | Sowjetunion | 1 Rubel = 100 Kopeken |
| Argentinien | 1 Austral = 100 Centavos | Honduras | 1 Lempira = 100 Centavos | Mexiko | 1 Mexikanischer Peso = 100 Centavos | Spanien | 1 Peseta = 100 Centimos |
| Äthiopien | 1 Birr = 100 Cents | Indien | 1 Indische Rupie = 100 Paise | Moçambique | 1 Metical = 100 Centavos | Sri Lanka | 1 Sri-Lanka-Rupie = 100 Sri Lanka Cents |
| Australien | 1 Australischer Dollar = 100 Cents | Indonesien | 1 Rupiah = 100 Sen | Monaco | 1 Französischer Franc = 100 Centimes | Südafrika | 1 Rand = 100 Cents |
| Bahamas | 1 Bahama-Dollar = 100 Cents | Irak | 1 Irak-Dinar = 1000 Fils | Mongolei | 1 Tugrik = 100 Mongo | Sudan | 1 Sudanesisches Pfund = 100 Piastres |
| Bahrain | 1 Bahrain-Dinar = 1000 Fils | Iran | 1 Rial = 100 Dinars | Namibia | 1 Rand = 100 Cents | Suriname | 1 Suriname-Gulden = 100 Cents |
| Bangladesch | 1 Taka = 100 Poisha | Irland | 1 Irisches Pfund = 100 New Pence | Nauru | 1 Australischer Dollar = 100 Cents | Swasiland | 1 Lilangeni (Plural: Emalangeni) |
| Barbados | 1 Barbados-Dollar = 100 Cents | Island | 1 Isländische Krone = 100 Aurar | Nepal | 1 Nepalesische Rupie = 100 Paisa (50 Paisa = 1 Mohur) | Syrien | 1 Syrisches Pfund = 100 Piastres |
| Belgien | 1 Belgischer Franc = 100 Centimes | Israel | 1 Neuer Schekel = 100 Agorot | Neuseeland | 1 Neuseeland-Dollar = 100 Cents | Taiwan | 1 Neuer Taiwan-Dollar = 100 Cents |
| Belize | 1 Belize-Dollar = 100 Cents | Italien | 1 Italienische Lira = 100 Centesimi | Nicaragua | 1 Córdoba = 100 Cents | Tansania | 1 Tansania-Schilling = 100 Cents |
| Benin | 1 CFA-Franc = 100 Centimes | Jamaika | 1 Jamaika-Dollar = 100 Cents | Niederlande | 1 Holländischer Gulden = 100 Cents | Thailand | 1 Baht = 100 Stangs |
| Bhutan | 1 Ngultrum = 100 Chetrum | Japan | 1 Yen = 100 Sen | Niger | 1 CFA-Franc = 100 Centimes | Togo | 1 CFA-Franc = 100 Centimes |
| Birma | 1 Kyat = 100 Pyas | Jemen | 1 Jemen-Rial = 100 Fils; 1 Jemen-Dinar = 1000 Fils | Nigeria | 1 Naira = 100 Kobo | Tonga | 1 Pa'anga = 100 Seniti |
| Bolivien | 1 Boliviano = 100 Centavos | | | Norwegen | 1 Norwegische Krone = 100 Øre | Trinidad und Tobago | 1 Trinidad-und-Tobago-Dollar = 100 Cents |
| Botswana | 1 Pula = 100 Thebe | Jordanien | 1 Jordanien-Dinar = 1000 Fils | Oman | 1 Rial Omani = 1000 Baizas | | |
| Brasilien | 1 Cruzeiro = 100 Centavos | Jugoslawien | 1 Jugoslawischer Dinar = 100 Para | Österreich | 1 Schilling = 100 Groschen | Tschad | 1 CFA-Franc = 100 Centimes |
| Brunei | 1 Brunei-Dollar = 100 Cents | Kambodscha | 1 Riel = 10 Kak = 100 Sen | Pakistan | 1 Pakistanische Rupie = 100 Paisa | Tschechoslowakei | 1 Tschechoslowakische Krone = 100 Haléřů |
| Bulgarien | 1 Lew = 100 Stótinki | Kamerun | 1 CFA-Franc = 100 Centimes | | | | |
| Burkina-Faso | 1 CFA-Franc = 100 Centimes | Kanada | 1 Kanadischer Dollar = 100 Cents | Panama | 1 Balboa = 100 Centésimos | Tunesien | 1 Tunesischer Dinar = 1000 Millimes |
| Burundi | 1 Burundi-Franc = 100 Centimes | Kap Verde | 1 Kap-Verde-Escudo = 100 Centavos | Papua-Neuguinea | 1 Kina = 100 Toea | Türkei | 1 Türkische(s) Pfund/Lira = 100 Kuruş |
| Chile | 1 Chilenischer Peso = 100 Centavos | Katar | 1 Katar-Riyal = 100 Dirhams | Paraguay | 1 Guarani = 100 Céntimos | | |
| China | 1 Renminbi Yuan = 10 Jiao = 100 Fen | Kenia | 1 Kenia-Schilling = 100 Cents | Peru | 1 Inti = 100 Cents | Tuvalu | 1 Australischer Dollar = 100 Cents |
| Costa Rica | 1 Costa-Rica-Colón = 100 Céntimos | Kiribati | 1 Australischer Dollar = 100 Cents | Philippinen | 1 Philippinischer Peso = 100 Centavos | Uganda | 1 Uganda-Schilling = 100 Cents |
| Dänemark | 1 Dänische Krone = 100 Øre | | | Polen | 1 Zloty = 100 Groszy | | |
| Deutschland | 1 Deutsche Mark = 100 Pfennig | Kolumbien | 1 Kolumbianischer Peso = 100 Céntavos | Portugal | 1 Escudo = 100 Centavos | Ungarn | 1 Forint = 100 Filler |
| Djibouti | 1 Djibouti-Franc = 100 Centimes | Komoren | 1 Komoren-Franc | Rumänien | 1 Leu = 100 Bani | Uruguay | 1 Uruguayischer Neuer Peso = 100 Centésimos |
| Dominica | 1 Ostkaribischer Dollar = 100 Cents | Kongo | 1 CFA-Franc = 100 Centimes | Rwanda | 1 Rwanda-Franc = 100 Centimes | | |
| Dominikanische Republik | 1 Dominikanischer Peso = 100 Centavos | Korea, Nord- | 1 Won = 100 Chon | Saint Christopher und Nevis | 1 Ostkaribischer Dollar = 100 Cents | Vanuatu | 1 Vatu (Neue Hebriden-Franc) = 100 Centimes |
| | | Korea, Süd- | 1 Won = 100 Chon | Saint Lucia | 1 Ostkaribischer Dollar = 100 Cents | Vatikanstadt | 1 Vatikanische Lira = 100 Centesimi |
| Ecuador | 1 Sucre = 100 Centavos | Kuba | 1 Kubanischer Peso = 100 Centavos | | | | |
| | | Kuwait | 1 Kuwait-Dinar = 1000 Fils | Saint Vincent und die Grenadinen | 1 Ostkaribischer Dollar = 100 Cents | Venezuela | 1 Bolívar = 100 Céntimos |
| Elfenbeinküste | 1 CFA-Franc = 100 Centimes | Laos | 1 Kip | Salomonen | 1 Salomonen-Dollar = 100 Cents | Vereinigte Arabische Emirate | 1 Dirham = 100 Fils |
| El Salvador | 1 El-Salvador-Colón = 100 Centavos | Lesotho | 1 Loti (Plural: Maloti) = 100 Lisente | Sambia | 1 Kwacha = 100 Ngwee | Vereinigte Staaten von Amerika | 1 US-Dollar = 100 Cents |
| Fidschi | 1 Fidschi-Dollar = 100 Cents | Libanon | 1 Libanesisches Pfund = 100 Piastres | Samoa | 1 Tala = 100 Sene | Vietnam | 1 Dong = 10 Hào = 100 Xu |
| Finnland | 1 Finnmark = 100 Penniä | Liberia | 1 Liberianischer Dollar = 100 Cents | San Marino | 1 Italienische Lira = 100 Centesimi | Zaire | 1 Zaïre = 100 Makuta (Singular: Likuta) = 10000 Sengi |
| Frankreich | 1 Französischer Franc = 100 Centimes | Libyen | 1 Libyscher Dinar = 1000 Dirhams | São Tomé und Príncipe | 1 Dobra = 100 Céntimos | | |
| Gabun | 1 CFA-Franc = 100 Centimes | Liechtenstein | 1 Schweizer Franken = 100 Rappen | Saudi-Arabien | 1 Saudi Riyal = 20 Qirshes = 100 Hallalas | Zentralafrikanische Republik | 1 CFA-Franc = 100 Centimes |
| Gambia | 1 Dalasi = 100 Bututs | Luxemburg | 1 Luxemburgischer Franc = 100 Pesewas | | | Zypern | 1 Zypern-Pfund = 100 Cents |
| Ghana | 1 Cedi = 100 Pesewas | Madagaskar | 1 Madagaskar-Franc = 100 Centimes | Schweden | 1 Schwedische Krone = 100 Öre | | |
| Gibraltar | 1 Gibraltar-Pfund = 100 New Pence | | | | | | |

**Währungspolitik,** *i.e.S.* alle Maßnahmen zur Regulierung des Außenwerts einer Währung, *i.w.S.* alle Maßnahmen der Geld- u. Kreditpolitik.

**Währungsreform,** *Geldreform,* verdeckte Form des Staatsbankrotts u. Mittel zur Sanierung des Staates u. seiner Körperschaften; bedingt durch eine gesetzl. Neuordnung des Geldwesens zur Beseitigung der durch Krieg, Krisen u.a. verursachten Währungszerrüttung (Inflation, Wechselkursdisproportionalitäten); z.B. in Dtld. 1948.

**Waiblingen,** Krst. in Ba.-Wü., nordöstl. von Stuttgart, 45 000 Ew.; Gummi-, Kunststoff-, Masch.-, Nahrungsmittel- u. Textil-Ind.

**Waiblinger,** Wilhelm Friedrich, *1804, †1830, dt. Schriftst. des Klassizismus.

**Waid,** *Isatis,* Gatt. der *Kreuzblütler.* Aus *Färber-W.* wurde fr. ein blauer Farbstoff gewonnen.

**Waigel,** Theodor, *22.4.1939, dt. Politiker (CSU); seit 1972 MdB, 1982–89 Vors. der CSU-Landesgruppe im Bundestag, seit 1989 Bundes-Min. der Finanzen.

**Waise,** Kind ohne Eltern *(Voll-W.)* oder ohne einen Elternteil *(Halb-W.).* – **W.nrente,** Hinterbliebenenrente für Kinder (i. allg. bis zur Vollendung des 18. Lebensjahrs) verstorbener Versicherter bzw. Versorgungsberechtigter aus der Angestellten-, Unfall-Versicherung o.ä.

**Wajda,** Andrzej, *6.3.1923, poln. Filmregisseur, drehte u.a. »Asche u. Diamant«, »Danton«.

**Wakayama,** jap. Hafenstadt u. Präfektur-Hptst. in S-Honshu, 401 000 Ew.; Univ.; Möbel-, Textil- u. Schwer-Ind.; Ölraffinerien.

**Waksman** ['wæksmən], Selman Abraham, *1888, †1973, US-amerik. Bakteriologe; entdeckte 1943 das *Streptomycin;* Nobelpreis für Medizin 1952.

**Walachei,** Ldsch. zw. S-Karpaten u. Donau, in S-Rumänien; westl. vom Alt die *Kleine W.* (Oltenia), östl. vom Alt die *Große W.* (Muntenia); 5100 km²; 1859 mit dem Fürstentum Moldau verbunden u. 1862 als Rumänien vereinigt.

**Walchensee,** oberbay. See in den Alpen nördl. von Mittenwald, 16,4 km², bis 192 m tief; *W.-Kraftwerk* am Abfall zum *Kochelsee.*

**Wald,** *Waldung,* größere Flächen mit wild wachsenden hochwüchsigen Holzarten. Die Zusammensetzung des W. richtet sich nach den klimat. Bedingungen. Die das ganze Jahr über grünen Wälder der regenreichen trop. Gebiete beiderseits des Äquators sind außerordentl. üppig u. weisen zahlr. Laubholz- u. Palmenarten auf *(trop. Regen-W.).* Auf diesen folgen nach N u. S zu in der regenärmeren Zone der *regengrüne trop.* u. *subtrop. Trokken-W.,* der *trop.* u. *subtrop. Monsun-W.* u. der *subtrop. Feucht-W.* Für die noch warmen, aber trockenen Subtropen sind lichte *subtrop. Hartlaubgehölze* kennzeichnend, in denen immergrüne Laubhölzer (Lorbeerarten u.a.) mit derben Blättern vorherrschen; auch Nadelhölzer (Zedernarten u.a.) kommen vor. Im gemäßigt warmen Gebiet wächst der winterkahle *Laub-* u. *Misch-W. der gemäßigten Zone,* dessen Charakterart die Edelkastanie ist. Auch im gemäßigt kühlen Klima steht winterkahler Laub-W., doch sind die wärmebedürftigeren Arten durch Trauben- u. Stieleichen sowie Rotbuche ersetzt. Weiter nach N folgt dann als letztes die hpts. aus Fichten- u. Kiefernarten bestehende *immergrüne boreale Nadelwaldzone.*
Der natürl. Wald ist eine Lebensgemeinschaft von Pflanzen u. Tieren, deren Zusammenleben durch ökolog. Kontrollmechanismen so geregelt wird, daß ein dynamisches, die Erhaltung des Systems sicherndes Gleichgewicht erhalten wird. In den Industrieländern der Nordhemisphäre unterliegt der Wald seit Mitte der 1970er Jahre einer zunehmenden Schädigung, dem sog. **Waldsterben.** Als Ursachen hierfür gelten der *saure Regen,* Luftverschmutzungen durch Kfz, Haushalte u. Industrie, aber auch waldbaul. Fehler, Klimaänderungen u. Schädlinge.

**Waldaj-Höhen,** bis 347 m hohe wald- u. seenreiche Landschaft zw. Leningrad u. Moskau.

**Waldameisen,** *Rote W.,* Ameisen der Gatt. *Formica.* Die meisten Arten bauen oft mannshohe Nesthügel aus Pflanzenmaterial, andere leben in Erdnestern; forstwirtsch. wertvoll.

**Waldeck,** 1. ehem. dt. Fürstentum, heute Teil des Landes Hessen, ehem. Hptst. *Arolsen.* – **2.** Stadt in Hessen, nordöstl. des Eder-Stausees, 7000 Ew.; Luftkurort; fr. Sitz der Grafen von W.

**Waldemar,** *Woldemar,* Fürsten:
Brandenburg:
**1.** *um 1280, †1319, Markgraf 1308–19; vereinigte den in mehrere Linien zersplitterten askan. Besitz. – 1348 trat mit der Behauptung, W. sei fälschl. totgesagt worden, ein *Falscher W.* auf.
Dänemark:
**2. W. I.,** *W. der Große,* *1131, †1182, König 1157–82; leitete die dän. »Großmachtzeit« ein; zog zus. mit Heinrich dem Löwen gegen die O-Slawen. – **3. W. II.,** *W. der Sieger,* Sohn von 2), *1170, †1241, König 1202–41; dehnte seine Herrschaft bis nach Estland (1219/20) aus; wurde 1227 von norddt. Fürsten bei Bornhövel geschlagen u. verlor fast alle Eroberungen. – **4. W. IV.** *Atterdag,* *um 1320, †1375, König 1340–75; erneuerte die dän. Königsgewalt; unterlag im Krieg gegen die Hanse.
Schweden:
**5.** *um 1240, †1302, König 1266–75; erster König aus dem Geschlecht der *Folkunger.*

# WALD

*Die tropischen Regenwälder gehören zu den letzten Rückzugsgebieten der Erde. Das Bild zeigt Indianer im brasilianischen Xingu-Nationalpark*

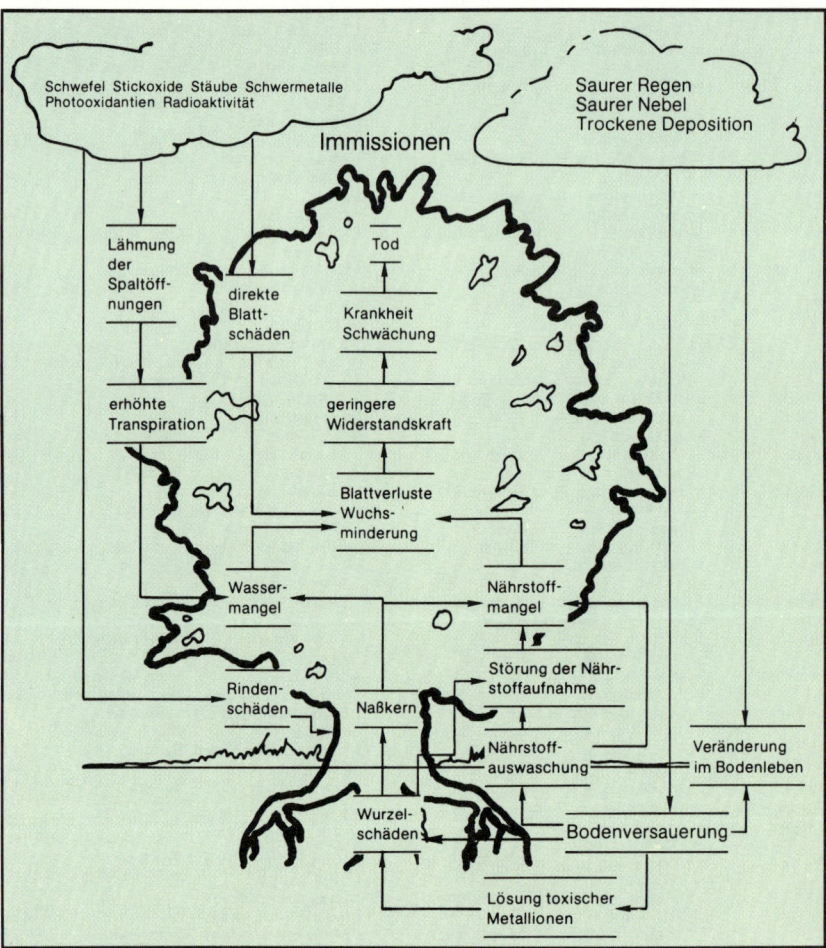

*Kausalketten, die beim »Baumsterben« diskutiert werden*

**Walden,** Herwarth, eigtl. Georg *Lewin,* *1878, †1941, dt. Kunsthändler, Schriftst. u. Musiker; förderte viele Künstler; gründete 1910 die Ztschr. »Sturm« u. 1912 eine gleichn. Galerie, die beide bahnbrechend für den Expressionismus wurden.

**Waldenburg,** poln. *Wałbrzych,* Stadt in Schlesien, im *W.er Bergland,* 139 000 Ew.; v.a. chem. u. Schwer-Ind.

**Waldenser,** mittelalterl. religiöse Gemeinschaft, gegr. von Petrus **Waldes** († vor 1218), einem reichen Kaufmann aus Lyon, der seit 1175 ein Leben in apostol. Armut führte. Der Gegensatz zum Klerus führte 1184 zu schweren Verfolgungen. – Die W.-Kirche zählt heute etwa 50 000 Mitgl. u. gehört dem Reformierten Weltbund an.

**Waldersee,** Alfred Graf von, *1832, †1904, dt. Generalfeldmarschall; Gegner *Bismarcks,* 1900/01 Befehlshaber der europ. Truppen im chin. Boxeraufstand.

**Waldheim,** Kurt, *21.12.1918, östr. Diplomat u. Politiker; 1968–70 Außen-Min., 1972–81 UN-Generalsekretär, seit 1986 Bundes-Präs.

**Waldhorn,** Blechblasinstrument, dessen Rohr in mehreren kreisförmigen Windungen verläuft u. in einem ausladenden Schalltrichter endet; seit dem Ende des 17. Jh. bekannt.

**Waldhufendorf,** Reihendorf in mittelalterl. Sied-

*Der britische Rockstar Sting unterstützt die Indianer des Amazonas in ihrem Kampf gegen die Zerstörung des Regenwaldes (links). – Urwaldstraße in Zaire, typisch ist die tropische Roterde (rechts)*

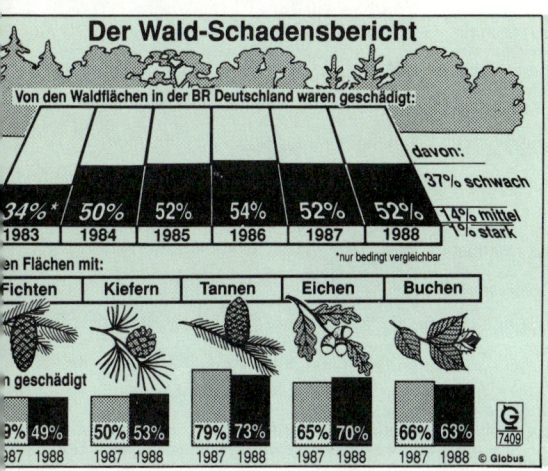 

*Über die Hälfte der Waldflächen der Bundesrepublik weist mehr oder weniger starke Schäden auf, bei deutlichen Unterschieden im einzelnen. Die Schadenserhebung wird in allen Bundesländern von Juli bis September durchgeführt (links). – Herbstlicher Buchenwald der gemäßigten Zone (rechts)*

*Waldsterben in der Gebirgsregion*

*Brandrodung des Regenwaldes im Amazonasgebiet*

## 958 Waldhühner

lungsgebieten, die durch Rodung kolonisiert wurden.

**Waldhühner** → Rauhfußhühner.

**Waldkauz,** gedrungen gebaute, bis 40 cm große eurasiat. *Eule.*

**Waldmeister,** *Wohlriechender W.,* 15–30 cm hohe, weißblühende Pflanze; enthält *Cumarin* u. wird als *Maikraut* zur Herstellung von Maibowle u. als Mottenmittel benutzt.

**Waldmüller,** Ferdinand Georg, *1793, †1865, östr. Maler; Hauptvertreter des östr. Biedermeier (Porträts, Landschaften, Stilleben, Genrebilder in klarer, kultivierter Farbigkeit).

**Waldoff,** Claire, *1884, †1957, dt. Kabarettistin; bekannt durch Chansons.

**Waldohreule,** bis 35 cm große *Eule* mit Federohren, bewohnt Nadelwälder.

**Waldorfschulen,** staatl. anerkannte, freie öffentl. Schulen, die auf der Grundlage der Pädagogik R. *Steiners* unterrichten; einheitl. Aufbau mit 12 Schuljahren; erstreben Ausgleich zw. wiss. Fächern u. künstler.-prakt. Betätigung.

**Waldrapp,** ein nur noch selten (z.B. in N-Afrika) anzutreffender *Ibis.*

**Waldrebe,** *Clematis,* Gatt. der *Hahnenfußgewächse,* kletternde Sträucher oder aufrechte Stauden; viele Gartenzüchtungen.

**Waldsassen,** Stadt in der Oberpfalz (Bay.), 8000 Ew.; Zisterzienserinnenabtei mit bed. Bibliothekssaal, Barockkirche.

**Waldseemüller,** *Walzenmüller, Waltzemüller,* Martin, *um 1475, †1521, dt. Kartograph; nannte die Neue Welt »Amerika« nach dem Vornamen des vermeintl. Entdeckers *Amerigo Vespucci.*

**Waldshut-Tiengen,** Krst. in Ba.-Wü., am Rhein u. an der Wutach, 22 000 Ew.; Altstadt mit histor. Bauten; versch. Ind., Kraftwerk.

**Waldstätte,** Name für die am Vierwaldstätter See gelegenen schweiz. Kt. Uri, Schwyz, Unterwalden u. Luzern.

**Waldsterben** → Wald.

**Waldviertel,** niederöstr. Ldsch. zw. Donau u. tschechosl. Grenze; waldreiche, 400–700 m hohe Hochfläche mit tief eingeschnittenen Tälern.

**Wale,** *Cetacea,* Ordnung der *Säugetiere,* die dem Wasserleben angepaßt sind; tropfenförmiger, strömungsgünstiger Körper mit halbmondförmiger Schwanzflosse; Vordergliedmaßen flossenähnl. umgestaltet, keine Hintergliedmaßen, auf der Rückseite Rückenfinne; gute Schwimmer; 2 Unterordnungen: die Barten-W. u. die Zahn-W.

**Wales** [weilz], walis. *Cymru,* Halbinsel im W Großbrit., zw. Bristolkanal u. Mündung des Mersey, 20 763 km², 2,82 Mio. Ew. *(Waliser);* Haupthafen: *Cardiff.* Grundlage der Wirtsch. sind die reichen Kohlenfelder. – 1536 wurde W. mit England vereinigt. 1912 erhielt es begrenzte Eigenständigkeit.

**Wałęsa** [va'uɛsa], Leszek (Lech), *29.9.1943,

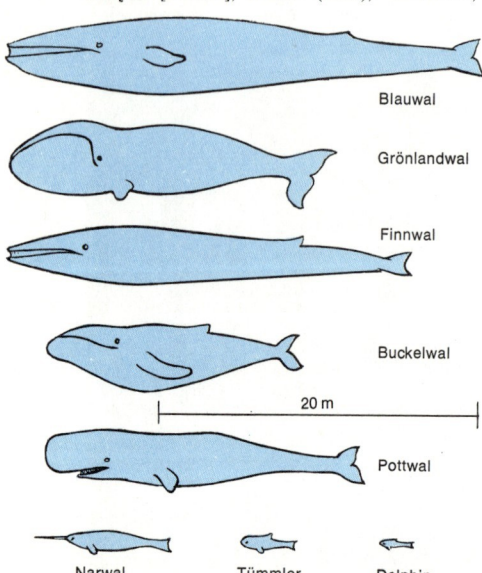

*Wale: Größenvergleich einiger Arten*

*Albrecht von Wallenstein; Ölkopie von J. Schnorr von Carolsfeld nach einem Gemälde von A. van Dyck*

poln. Gewerkschaftsführer; 1980 führend in der Streikbewegung der Danziger Werftarbeiter, Mitgr. u. Vors. der unabh. Gewerkschaft *Solidarność* (Solidarität); 1981/82 in Haft; 1983 Friedensnobelpreis; gab 1990 seine Kandidatur für das Amt des Staats-Präs. bekannt.

**Walfisch,** *Cetus,* Sternbild der Äquatorzone.

**Walfischbucht,** engl. *Walfish Bay,* Gebiet an der Küste Namibias, seit 1922 mit Südwestafrika verwaltet, seit 1977 unter direkter Kontrolle der Kapprovinz (Rep. Südafrika); 1124 km², mit der Stadt W. 20 000 Ew.; Fischerei- u. Haupthafen von Namibia; Flugplatz.

**Walfische, 1.** fälschl. für → *Wale.* – 2. Cetomiidae, 5–15 cm große Tiefseefische.

**Walhall** [auch 'val-], altnord. *Valhöll,* in der germ. Myth. Aufenthaltsort Wodans u. der gefallenen Krieger.

**Walhalla,** Ruhmeshalle bei Donaustauf unterhalb Regensburg mit Büsten berühmter Deutscher; 1830–42 im Auftrag Ludwigs I. von Bayern durch Leo von *Klenze* erbaut.

**walisische Sprache,** *Kymrisch, Welsh,* gehört zum brit. Zweig der insel-kelt. Sprachen, in Wales von fast 1 Mio. Menschen gesprochen.

**walken, 1.** Metallbleche durch hintereinanderliegende Walzenpaare führen u. dabei hin u. her biegen. – 2. Haare, Fasern, Wollgewebe zur Tuchherstellung miteinander verfilzen.

**Walkie-Talkie** ['wɔ:ki 'tɔ:ki], sehr kleines Funksprechgerät, das man bei sich trägt.

**Walkman** ['wɔ:kmɛn], kleiner Kassettenrecorder mit Kopfhörern, den man unterwegs benutzen kann.

**Walküren,** altnord. *Valkyrjur,* in der germ. Myth. Heldenjungfrauen, die nach Wodans Befehl ihren Helden im Kampf beistehen.

**Wall,** Überreste vor- oder frühgeschichtl. Befestigungsanlagen.

**Wallaby** ['wɔləbi], Bez. für die kleineren Känguruharten u. für deren Fell.

**Wallace** ['wɔlis], **1.** Alfred Russell, *1823, †1913, brit. Zoologe; Wegbereiter der Abstammungslehre. – **2.** Edgar, *1875, †1932, engl. Schriftst. (Kriminalromane). – **3.** Lewis, *1827, †1905, US-amerik. Schriftst.; schrieb histor. Romane; W »Ben Hur«.

**Wallach,** kastriertes männl. Pferd.

**Wallach,** Otto, *1847, †1931, dt. Chemiker; führte Untersuchungen zur Konstitutionsaufklärung der Terpene; Nobelpreis 1910.

**Wallenstein,** Albrecht Eusebius Wenzel von, Herzog von Friedland (1625) u. Mecklenburg (1627), Fürst von Sagan (1627), *1583, †1634 (ermordet), Feldherr im Dreißigjährigen Krieg. Als der Kaiser durch den Niedersächs. Bund 1625 in Bedrängnis kam, erbot sich W., auf eig. Kosten ein Heer von 40 000 Mann auszurüsten, wofür er Vollmacht zur Erhebung von Geld u. Naturalien in den eroberten Prov. verlangte. 1626 schlug er Ernst II. von Mansfeld bei Dessau; 1627 vertrieb er Christian IV. von Dänemark vom Festland u. eroberte Mecklenburg, Holstein, Schleswig u. Jütland. 1630 erzwangen seine Gegner seine Absetzung. Im gleichen Jahr übernahm er aber erneut den Oberbefehl über die kaiserl. Truppen u. schlug 1632 die Schweden bei Lützen. Jedoch machte er sich durch gleichzeitige Verhandlungen mit Schweden, Brandenburg u. Sachsen verdächtig am Wiener Hof u. wurde von kaiserl. Offizieren ermordet.

**Waller** → Wels.

**Wallfahrt,** Besuch von hl. Stätten; feierl. Prozession oder Pilgerfahrt zu Gnadenbildern, Wirkungsstätten, Gräbern oder Reliquien von Heiligen.

**Wallis,** frz. *Le Valais,* Kt. der → Schweiz.

**Walliser Alpen,** *Penninische Alpen,* Alpengruppe auf der schweiz.-ital. Grenze, stark vergletschert, mit Monte Rosa (in der *Dufourspitze* 4634 m), Matterhorn, Dom, Weißhorn, Grand Combin.

**Wallis und Futuna** [fyty'na], frz. Überseeterritorium (mit Selbstverw.) zw. Fidschi u. Samoa in Ozeanien, besteht aus den *Wallis-* u. den *Horninseln,* mit Atollen 240 km², 15 000 Ew.; Hptst. *Mata-Utu* auf Uvéa.

**Wallmann,** Walter, *24.9.1932, dt. Politiker; 1986/87 Bundes-Min. für Umwelt, Naturschutz u. Reaktorsicherheit; seit 1987 Min.-Präs. von Hessen.

**Wallonen,** die rd. 3,2 Mio. Wallonisch (Schriftsprache Französisch) sprechenden Südbelgier. → Flamen.

*Wales: Blick auf das Snowdon-Massiv*

**Wallot,** Paul, *1841, †1912, dt. Architekt; vertrat einen historisierenden Monumentalstil (Reichstagsgebäude in Berlin).

**Wallraff,** Günter, *1.10.1942, dt. Journalist u. Schriftst.; sozialkrit. Reportagen v.a. aus der Arbeitswelt; W »Der Aufmacher«, »Zeugen der Anklage«, »Ganz unten«.

**Wall Street** ['wɔ:l 'stri:t], Straße in New York, Sitz der Börse u. zahlr. Banken.

**Walnuß,** wichtigste Gatt. der *Nußbaumgewächse,* bek. v.a. die *Echte W.,* ein 15–20 m hoher, im Mittelmeergebiet u. westl. Asien heim. Baum mit eßbaren Steinfrüchten **(Walnüsse).** Das fette Öl der Walnüsse dient als Speiseöl u. zur Herstellung von Ölfarben; das Kernholz wird für Möbel u. Furniere gebraucht.

**Walnußgewächse** → Pflanzen.

**Walpole** ['wɔ:lpəul], **1.** Horace, Earl of Orford, Sohn von 3), *1717, †1797, engl. Schriftst.; Wegbereiter des Schauerromans u. des romant. Geschichtsromans. – **2.** Sir Hugh, *1884, †1941, engl. Schriftst.; autobiograph. Roman-Trilogie »Jeremy«. – **3.** Sir Robert, Earl of Orford, *1676, †1745, engl. Politiker (Whig); 1721–42 als Erster Lord des Schatzes leitender Min., gilt als erster brit. »Prem.-Min.«.

**Walpurgisnacht,** Vorabend des Namensfestes (1. Mai) der hl. Walpurgis, an dem im alten Volksglauben das Hexenfest auf dem Brocken stattfindet.

**Walrat,** fettartige, weiße Masse aus Stirnhöhle u. Rückenkanal der Pottwale; Grundlage für Salben, u.a. in der Kosmetik verwendet.

**Walrosse,** *Odobenidae,* im Nördl. Eismeer u.

Nordatlantik lebende Fam. der *Robben;* keine äußeren Ohren; obere Eckzähne zu starken, nach unten gerichteten Hauern umgewandelt; ca. 3,70 m lang, bis 1500 kg schwer; als Lieferanten von Tran, Leder u. wegen ihrer Zahnsubstanz gejagt.

**Walsall** [ˈwɔːlsɔːl], Stadt in Mittelengland, 179 000 Ew.; Metall-, Masch.-, feinmechan. u. Leder-Ind.

**Walser, 1.** Martin, *24.3.1927, dt. Schriftst. (zeitsatir. u. sozialkrit. Themen); W Romane u.a. »Halbzeit«, »Das Einhorn«, »Seelenarbeit«, »Brandung«; Erzählungen u.a. »Ein fliehendes Pferd«, »Dorle u. Wolf«; auch Theaterstücke, Essays u. Hörspiele. – **2.** Robert, *1878, †1956, schweiz. Schriftst. (Gedichte, Kurzprosa u. Romane).

**Walsrode,** Stadt in Nds., in der westl. Lüneburger Heide, 23 000 Ew.; Luftkurort; versch. Ind.

**Wälsungen,** *Wölsungen, Völsungen,* altgerm. sagenhaftes Heldengeschlecht, dem Sigurd (Siegfried) entstammt.

**Walter, 1.** Bruno, eigtl. Bruno Walter *Schlesinger,* *1876, †1962, dt. Dirigent; seit 1939 in den USA; bes. Mozart-, Bruckner- u. Mahler-Interpret. – **2.** Fritz, *31.10.1920, dt. Fußballspieler; 1954 Mannschaftskapitän der Fußball-Nationalmannschaft der BR Dtld., die 1954 in Bern Weltmeister wurde; bestritt 61 Länderspiele. – **3.** Otto Friedrich, *5.6.1928, schweiz. Schriftst. u. Verleger.

**Waltharilied,** *Waltharius,* Heldenepos in lat. Hexametern; behandelt die Flucht Walthers von Aquitanien mit Hiltgunt von Burgund aus hunn. Gefangenschaft; die Verfasserschaft *Ekkehards I.* (um 920) ist umstritten.

**Walther,** Hansjoachim, *16.12.1939, dt. Politiker (DSU); seit 1990 Partei-Vors. u. Bundes-Min. für bes. Aufgaben.

**Walther von der Vogelweide,** *um 1170, †nach 1229, mhd. Minnesänger u. Spruchdichter; vollendete u. überwand zugleich die Konvention höf. Minnesangs durch persönl. Erlebnisausdruck, neuartiges Naturempfinden, künstler. Vergeistigung u. volksliedhafte Schlichtheit. Seine polit. Spruchdichtungen zeigen eine auf Stärkung der Reichsgewalt u. gegen das Papsttum gerichtete Haltung. Das Spätwerk enthält auch religiöse u. sich von der Welt abwendende eleg. Gedichte.

**Walton** [ˈwɔːltn], **1.** Ernest, *6.10.1903, ir. Physiker; baute zus. mit J. *Cockcroft* den Kaskadengenerator, mit dessen Hilfe die ersten Kernumwandlungen gelangen; Nobelpreis 1951. – **2.** Sir William Turner, *1902, †1983, engl. Komponist; traditioneller Neuromantiker; Oper »Troilus u. Cressida«; Solokonzerte, Märsche, Kammermusik.

**Walzer,** Rundtanz im ³/₄-Takt, in der 2. Hälfte des 18. Jh. aus dem *dt. Tanz* u. *Ländler* entstanden. Im 20. Jh. wurde in England eine langsame Form ausgebildet *(langsamer W., English Waltz).*

**Walzwerk,** meist zu einem Hüttenwerk gehörende Anlage mit mehreren Stahl- oder Graugußwalzen, die auch zu *Walzenstraßen* vereinigt sein können u. auf denen aus verformbaren Stoffen, bes. Metallen, langgestreckte Körper versch. Querschnittformen hergestellt werden.

**Wamme,** *Wampe,* als Hautfalte von der Kehle bis zur Brust herabhängender Brustlappen des Rinds u.a. Tiere.

*Walther von der Vogelweide; Darstellung aus der Manessischen Liedersammlung. Heidelberg, Universitätsbibliothek*

**Wams,** im 13. u. 14. Jh. die enge Jacke unter der Rüstung oder dem Lendner; später die Oberkörperbekleidung unter dem Übergewand.

**Wandalen,** *Vandalen,* ostgerm. Volk, urspr. im nördl. Jütland beheimatet, im 4. Jh. in Ungarn an der Theiß. Sie wanderten Anfang des 5. Jh. westwärts, setzten 406 bei Mainz über den Rhein, plünderten mit *Alanen* u. *Sueben* Gallien u. fielen 409 mit ihren Bundesgenossen in Spanien ein. 429 setzten sie unter König *Geiserich* nach Afrika über u. gründeten ein Reich um *Karthago;* 455 Plünderung Roms. 533/534 wurden sie vom oström. Feldherrn Belisar besiegt.

**Wandelndes Blatt,** *Phyllium,* Gatt. bis 10 cm langer, grüner *Gespenstheuschrecken* SO-Asiens.

**Wanderameisen,** *Treiber-, Heeresameisen,* Unterfam. der Ameisen in Afrika, Indien u. Amerika; begeben sich period. in großen Scharen auf die Wanderung.

**Wanderfalke,** bis 48 cm großer, weltweit verbreiteter *Falke* mit langen, spitzen Flügeln u. dunklem Backenstreifen; erbeutet Vögel im Fluge.

**Wanderheuschrecken,** 9 Arten aus der Fam. der *Feldheuschrecken,* die in oft riesigen Schwärmen (bis zu 100 km Länge u. mehreren km Breite) die Felder verwüsten.

**Wanderniere,** *Nephroptose,* Tiefertreten einer oder beider Nieren infolge Bindegewebserschlaffung; kann zu Abflußbehinderung des Harns u. Nierenstauung führen.

**Wanderpreis,** ein Siegespreis für sportl. Wettkämpfe, der dem Sieger nur für ein Jahr gehört u. dann an den nächstjährigen Sieger weitergegeben wird.

**Wanderratte** → Ratten.

**Wandervogel,** 1901 gegr. Ursprungsgruppe der dt. *Jugendbewegung,* deren Mitgl. in Wandern, naturgemäßer Lebensweise u. Pflege von Volkslied u. Volkstanz einen neuen Lebensstil suchten.

**Wandlung, 1.** *Konsekration,* Teil der kath. Messe. – **2.** Rückgängigmachen eines Kaufs oder Werkvertrags bei Mangelhaftigkeit, aufgrund des Anspruchs auf Gewährleistung.

**Wandmalerei,** im Unterschied zur *Tafelmalerei* die Malerei auf Wänden, ausgeführt auf feuchtem Putzbelag in der Technik des *Fresko,* auf der trokkenen Wand *(Secco-Malerei)* oder als *Enkaustik.*

**Wanen,** *Vanen,* nord. Göttergeschlecht, bes. Fruchtbarkeitsgötter (Njörd, Frey, Freya).

**Wangen,** *Backen,* die für die Säugetiere charakterist., die Mundhöhle seitl. abschließenden Weichteile, die von Haut, Muskulatur, Schleimhaut u. Fett gebildet werden.

**Wangen im Allgäu,** Stadt in Ba.-Wü., 23 500 Ew.; Luftkurort; Milchwirtschaft.

**Wangerooge,** östlichste der Ostfries. Inseln u. Gem. in Nds., 4,7 km², 1800 Ew.; Inst. für Meereskunde; Fremdenverkehr.

**Wankel,** Felix, *1902, †1988, dt. Ingenieur; erfand den nach ihm ben. Kreiskolbenmotor **(W.motor,** ein ventilloser Verbrennungsviertakt-Ottomotor mit Schlitzsteuerung). B → S. 960.

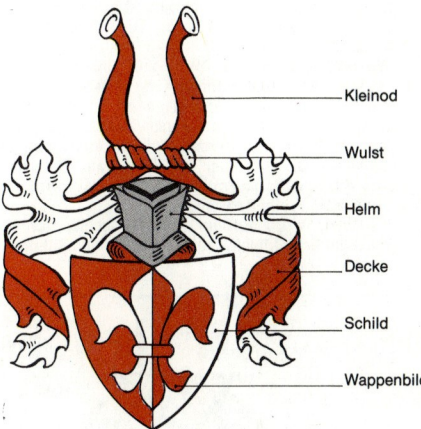

*Muster eines Vollwappens; es zeigt die wesentlichen Bestandteile des Wappens*

**Wanne-Eickel,** ehem. Stadt in NRW, seit 1975 Stadtteil von *Herne.*

**Wannsee,** Ortsteil u. Villenvorort im W-Berliner Bez. Zehlendorf, an den Havelbuchten die Gewässer *Großer W.* u. *Kleiner W.*

**Wannsee-Konferenz,** Besprechung von Vertretern oberster Reichsbehörden u. Dienststellen der NSDAP u. der SS am 20.1.1942 im Berliner Interpol-Gebäude am Wannsee, bei der Heydrich die »Endlösung der europ. Judenfrage« (d.h. die Überführung der im dt. Machtbereich befindl. Juden in die eroberten Ostgebiete zum Zwecke ihrer phys. Vernichtung) erläuterte u. die Mitwirkung der teilnehmenden Dienststellen daran sicherstellte.

**Wanzen, 1.** *Halbflügler, Hemiptera, Heteroptera,* Unterordnung der *Schnabelkerfe;* flacher Körper, häufig mit Stinkdrüsen; einige Arten als blutsaugende Außenparasiten an Tieren u. Menschen (Überträger ansteckender Krankheiten). – **2.** Bez. für kleinste Abhöranlagen.

**Wapiti** → Rothirsch.

**Wappen,** schildförmig umrandetes, farbiges Zeichen für eine Person, Personengruppe oder Institution *(Familien-, Stadt-, Staats-W.).* W. entstanden in der ersten Hälfte des 12. Jh. zur Kennzeichnung der in ihrer Rüstung unkenntl. Ritter. Sie wurden bald erbl. u. seit dem 13. Jh. auch von nichtritterl. Kreisen sowie Körperschaften (Städte, Bistümer, Klöster) übernommen. – **W.kunde,** *Heraldik, Heroldskunst,* eine histor. Hilfswiss.; behandelt Entstehung, Veränderung u. Bed. der W.

**Waräger,** schwed. Normannen (Wikinger), die im 9. Jh. in Rußland eindrangen u. Herrschaften, u.a. in Kiew u. Nowgorod, begründeten.

*Wandelndes Blatt*

*Wanderheuschrecken*

**Warane,** *Varanidae,* Fam. der *Echsen;* große, eidechsenartige Tiere mit langer Schnauze.
**Warburg,** Stadt in NRW, an der Diemel sö. von Paderborn, 22 000 Ew.; histor. Stadtbild; versch. Ind.
**Warburg, 1.** Aby, *1866, †1929, dt. Kunst- u. Kulturhistoriker; Arbeiten über das Nachleben der Antike in der europ. Kultur. – **2.** Emil, *1846, †1931, dt. Physiker; Arbeiten über Akustik, kinet. Gastheorie u. Elektrizität. – **3.** Otto Heinrich, Sohn von 2), *1883, †1970, dt. Physiologe; Entdecker der nach ihm ben. Atmungsfermente; Forschungen über Photosynthese u. Stoffwechsel der Krebszelle; Nobelpreis für Medizin 1931.
**Waren,** Krst. in Mecklenburg, an der Nordspitze des Müritzsees, 24 000 Ew.; Luftkurort; versch. Ind.
**Warendorf,** Krst. in NRW, im Münsterland, an der Ems, 34 000 Ew.; Pferdezucht, Dt. Reitschule, Sitz des dt. Olympiakomitees für Reiterei.
**Warenkorb,** kennzeichnet die Zusammensetzung des Verbrauchs eines bestimmten Haushaltstyps, z.B. des sog. *Indexhaushalts,* eines städt. 4-Personen-Arbeitnehmerhaushalts mit nur einem Verdiener (zwei Erwachsene, zwei Kinder); gibt die verbrauchten Mengen an Brot, Molkereiprodukten, Fleisch, Zitrusfrüchten u.a. an, ferner Wohnungsnutzung, Gas u.a. Grundlage für Berechnung von Lebenshaltungskosten u. Preisindex.
**Warentest,** Untersuchung u. Vergleich der Qualität u. der Preise von Waren; dient der Aufklärung über das Warenangebot; in der BR Dtld. seit 1964 durch die *Stiftung W.*
**Warenzeichen,** Abk. *Wz.,* zur Unterscheidung der Waren eines bestimmten Geschäftsbetriebs von den Waren anderer in die *Zeichenrolle* des Patentamts (München) eingetragenes Zeichen in Wort oder Bild. Gegen Mißbrauch durch unberechtigte Dritte hat der Verletzte das Recht auf Unterlassungsklage u. Schadensersatz; bei Vorsatz wird auf Geld- oder Freiheitsstrafe erkannt.
**Warften,** *Wur(f)ten,* im Marschengebiet der dt. Nordseeküste künstl. aufgeschüttete Wohnhügel; Hochwasserschutz.

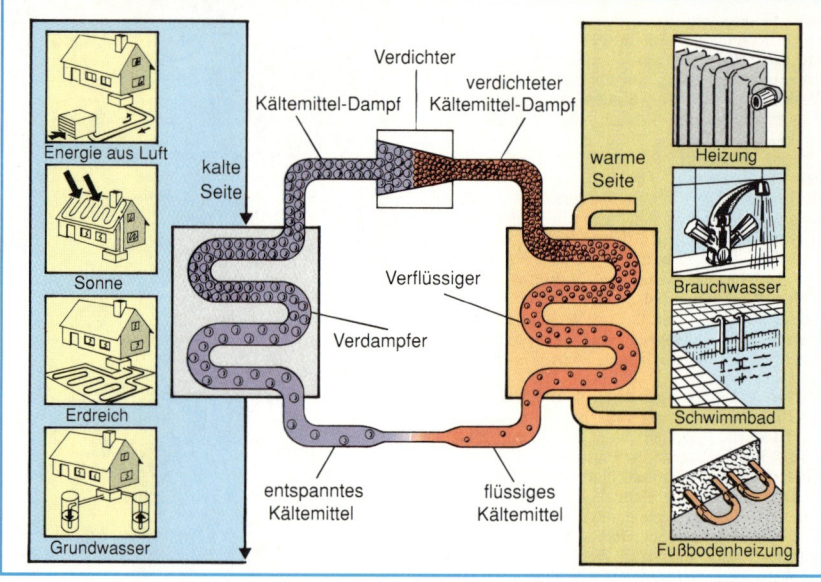

*Die Wärmepumpe entzieht der Umgebung Wärmeenergie und gibt diese an den Heiz- und Warmwasserkreislauf ab*

**Warhol** ['wɔːhɔl], Andy, *1928, †1987, US-amerik. Maler, Graphiker u. Filmemacher; Hauptvertreter der *Pop-Art.*
**Warmblut,** Rassengruppe der mittelschweren u. leichten Pferde (Wagen- u. Reitpferde), z.B. *Ostpreuß. W.,* Hannoveraner.
**Warmblüter,** *homoiotherme Tiere,* Tiere, die ihre Körperwärme dauernd weitgehend konstant halten (Ggs.: *wechselwarme Tiere);* alle Vögel u. Säugetiere einschl. des Menschen.
**Wärme,** eine Energieform: Bewegungsenergie von atomaren Teilchen. Die W. besteht z.B. bei Kristallen aus den Schwingungen der Atome gegeneinander, in Gasen u. Flüssigkeiten aus der ungeordneten Bewegung von Molekülen oder Molekülgruppen, aus der Rotation der Moleküle u. aus der gegenseitigen Schwingung (Oszillation) ihrer Atome. Die W.menge wird in *Joule* gemessen.
**Wärmehaushalt,** das Zusammenspiel von Strahlungsbilanz (Einstrahlung minus Ausstrahlung), Verdunstung, Wärmetransport (horizontal u. vertikal) u. Bodenwärmestrom. Neuerdings gewinnt die Frage an Bedeutung, ob infolge der menschl. Aktivitäten eine nachhaltige Veränderung des W.s der Erde zu erwarten ist. Denkbar wäre eine solche Einflußnahme durch die (tatsächlich festzustellende) Erhöhung des Kohlendioxid-Gehaltes der Atmosphäre oder durch Verschmutzung der

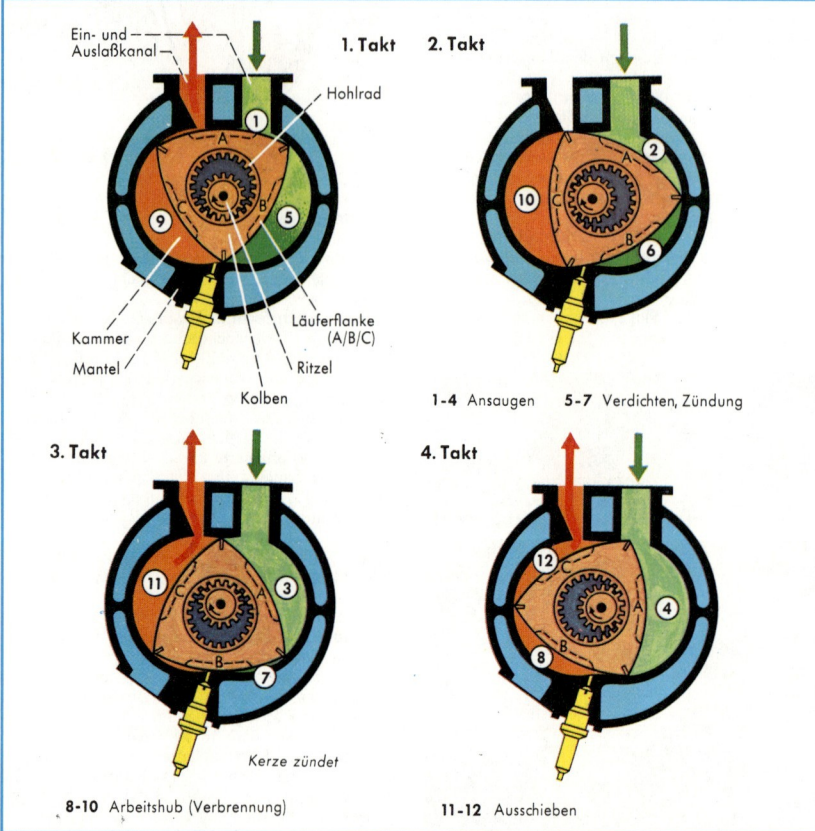

*Die Arbeitsweise des Wankelmotors folgt dem Viertaktprinzip. Im Unterschied zum Hubkolbenmotor wird hier der jeweilige Arbeitsraum entlang der Gehäusewand verschoben*

*Warnemünde*

Ozeane, der Inlandeise u. der Atmosphäre sowie durch Versteppung von Vegetationszonen (Ausdehnung der Wüsten, Vernichtung der trop. Regenwälder).
**Wärmekraftmaschinen,** Kraftmaschinen, die Wärmeenergie in mechan. Energie umwandeln, z.B. Verbrennungsmotor, Dampfmaschine, Dampfturbine.
**Wärmepumpe,** Masch. zur Erzeugung von Wärme hoher Temp. aus Wärme niedriger Temp.; heute in stärkerem Maße als Heizungsanlage eingesetzt.
**Warna** → Varna.
**Warnemünde,** Stadtteil u. Vorhafen von *Rostock,* Ostseebad an der Mündung der Warnow.
**Warnke,** Jürgen, *20.3.1932, dt. Politiker (CSU); seit 1969 MdB, 1982–87 u. seit 1989 Bundes-Min. für wirtsch. Zusammenarbeit, 1987–89 für Verkehr.
**Warren** ['wɔrin], Robert Penn, *1905, †1989, US-amerik. Schriftst.; Vertreter des »New Criticism«, schrieb Lyrik, Literaturkritik u. Romane.

*Warschau: Altstadt (links). – Warschauer Vertrag: Bundeskanzler Willy Brandt und der polnische Ministerpräsident Józef Cyrankiewicz beglückwünschen sich nach der Vertragsunterzeichnung (rechts)*

**Warschau,** *Warszawa,* Hptst. von Polen, an der Weichsel, 1,65 Mio. Ew.; wiss., Kultur- u. wirtsch. Zentrum; Univ., TH u.a. HS; Masch.-, Metall-, Elektro-, Textil-, Papier-, Leder- u. Nahrungsmittel-Ind.; im 2. Weltkrieg zu 84 % zerstört, Altstadt stilgetreu wiederaufgebaut. – G e s c h . : 1313 zum erstenmal erwähnt; im 16./17. Jh. Sitz der poln. Könige, 1596 Hptst.; 1795 an Preußen (3. Poln. Teilung), 1815 nach dem Wiener Kongreß Hptst. Kongreßpolens, seit 1918 Hptst. der Rep. Polen. Unter dt. Besetzung (seit 1939) kam es 1943 zum Aufstand der Juden im *W.er Getto,* 1944 zum *W.er Aufstand.*
**Warschauer Pakt,** am 14.5.1955 als Gegenstück zur NATO geschlossener Militärpakt der Staaten Albanien (bis 1968), Bulgarien, ČSSR, DDR (bis 1990), Polen, Rumänien, UdSSR u. Ungarn.
**Warschauer Vertrag,** *deutsch-polnischer Vertrag,* am 7.12.1970 zw. der BR Dtld. u. der VR Polen geschlossener Vertrag über die Grundlagen der Normalisierung ihrer gegenseitigen Beziehungen. Beide Staaten stellen darin übereinstimmend fest, daß die von der *Potsdamer Konferenz* gezogene Grenzlinie längs der Oder u. der Görlitzer Neiße die westl. Staatsgrenze Polens bildet, verpflichten sich gegenseitig zur uneingeschränkten Achtung ihrer territorialen Integrität u. erklären, daß sie »gegeneinander keinerlei Gebietsansprüche haben und solche auch in Zukunft nicht erheben werden«; am 3.6.1972 in Kraft getreten.
**Warstein,** Stadt in NRW, im Sauerland, 28 000 Ew.; Brauerei, Metall- u. Holz-Ind.; in der Nähe die 350 m lange *W.er Tropfsteinhöhle (Bilsteinhöhle).*
**Warszawa** [var'ʃava] → Warschau.
**Wartburg,** Burg im Thüringer Wald, sw. von Eisenach, um 1070 erbaut, bis 1440 Sitz der thüring. Landgrafen, Wohnsitz der hl. Elisabeth (1211–27); hier übersetzte Luther 1521/22 das NT. – **W.fest,** von der Jenaer Burschenschaft auf der W. durchgeführte Erinnerungsfeier an die Reformation 1517 u. an die Völkerschlacht bei Leipzig. Aus der Feier entwickelte sich eine polit. Demonstration gegen die Restaurationspolitik des dt. Bundes.
**Warthe,** poln. *Warta,* längster r. Nbfl. der Oder, 808 km; 407 km schiffbar.

**Warwick** ['wɔrik], Hptst. der mittelengl. Gft. W.shire, am Avon, 22 000 Ew.; Burg *W. Castle* (14./15. Jh.).
**Warwick** ['wɔrik], Richard Neville, Earl of W., *1428, †1471, engl. Magnat, der »Königsmacher« in den *Rosenkriegen.*
**Warze,** *Verruca,* kleinere oder größere Erhebung der Haut, die durch eine Wucherung der Hautpapillen entsteht u. zu Verhornung neigt.
**Warzenschwein,** ein plump gebautes *Schwein* mit langer Rückenmähne; in Waldgebieten O-Afrikas.
**Wasa,** *Vasa,* schwed. Adelsgeschlecht, 1523 bis 1654 auf dem schwed. Königsthron.
**Wasalauf,** Skilanglauf über 85,25 km von Sälen nach Mora in der schwed. Prov. Dalarna; seit 1922 jährlich.
**waschaktive Substanzen,** Detergentien, Tenside, organ.-chem. Verbindungen, die die Grenzflächenspannung wäßriger Lösungen herabsetzen u. deshalb als Bestandteil von Wasch- u. Reinigungsmitteln u. dgl. große Bedeutung haben.
**Waschbär,** *Schupp,* ein *Kleinbär* von 65 cm Körperlänge mit etwa 25 cm langem, geringeltem Schwanz; Allesfresser, klettert u. schwimmt vorzüglich; nachtaktiv.
**Waschzettel,** ein vom Verlag verfaßter Text, der werbend Inhalt u. Absicht eines Buchs umreißt (meist als Klappentext).
**Washington** ['wɔʃiŋtən], **1.** Abk. *Wash.,* nw. Bundesstaat der → Vereinigten Staaten von Amerika. – **2.** *Washington, D.C.,* Bundes-Hptst. u. seit 1800 Regierungssitz der USA, nahe der Mündung des Potomac in die Chesapeakebucht, bildet den *District of Columbia* (Abk. *D.C.),* 157 km², 623 000 Ew., davon 71 % Schwarze; Regierungsgebäude (Weißes Haus, Kapitol mit Senat u. Repräsentantenhaus, Oberster Gerichtshof); 5 Univ. u.a. HS; Sitz zahlr. naturwiss. Gesellschaften sowie der NASA; *Arlington,* der Wohnvorortbereich von W., ist Standort des US-Verteidigungsministeriums (Pentagon), des größten Ehrenfriedhofs der USA *(Arlington National Cemetery)* sowie des National Airport.
**Washington** ['wɔʃiŋtən], George, *1732, †1799, US-amerik. Politiker; 1775 Oberbefehlshaber der Truppen der aufständ. Kolonien, siegte 1781 im Unabhängigkeitskrieg gegen England; 1787 Präs. des Verfassungskonvents; 1789–97 erster Präs. der USA.
**Washingtoner Artenschutzübereinkommen** ['wɔʃiŋtənər-], in Washington (am 3.3.1973 von der BR Dtld.) unterzeichnete u. 1975 als Ges. übernommene Übereinkunft zum Schutz gefährdeter Arten von freilebenden Tieren u. Pflanzen.
**Wasmann,** Rudolf Friedrich, *1805, †1886, dt. Maler; Mitgl. der *Nazarener* (v.a. Porträts u. Landschaften).
**Wasow** ['vazɔf], Iwan Mintschow, *1850, †1921, bulgar. Schriftst. u. Politiker (v.a. polit. orientierte Dichtung).
**Wasser,** das Oxid des Wasserstoffs, $H_2O$; Dichte bei 4 °C 1,0, Siedepunkt 100 °C, Schmelzpunkt 0 °C. Siede- u. Schmelzpunkt des W. sind die Fixpunkte der gebräuchl. Temperaturskalen. Das natürl. vorkommende W. enthält wechselnde Mengen von Salzen u. Gasen. Infolge der Verdunstung des W. enthält die Luft mehr oder weniger große Mengen W. in dampfförmigem Zustand, das bei Abkühlung der Luft kondensiert u. in Form der versch. Niederschlagsarten der Erdoberfläche wieder zugeführt wird. Ein großer Teil des W. findet sich als Grundwasser, ferner bildet es den Hauptbestandteil der tier. u. pflanzl. Organismen. Es ist für den Ablauf der Lebensvorgänge unentbehrl., da sich die physiolog.-chem. Vorgänge in wäßrigen Lösungen abspielen.
**Wasseramsel,** *Wasserschmätzer, Cinclus cinclus,* ein braunschwarzer *Singvogel* mit weißem Kehlfleck.
**Wasseraufbereitung,** die für den jeweiligen Verwendungszweck (bes. als Trinkwasser) erforderl. Aufbereitung des Rohwassers mit Hilfe biol., chem. u. physik. Verfahren. Unter die *physik. Verfahren* fällt das Abscheiden von festen u. gasför-

*Washington, D. C.: Capitol*

migen Stoffen der wäßrigen Phase sowie die Änderung der Wassertemperatur. Bei *chem. u. physik.-chem. Verfahren* reagieren die Wasserinhaltsstoffe mit Aufbereitungschemikalien, die dem Wasser zudosiert werden. *Biol. Verfahren* bedienen sich der Aktivität von Mikroorganismen, die oxidierend oder reduzierend auf die störenden Wasserinhaltsstoffe einwirken. In den meisten Verfahren kommen gleichzeitig mehrere Mechanismen zur Wirkung.
**Wasserball,** Ballspiel der Schwimmer, von 2 Mannschaften aus je 7 Spielern mit einem Lederball ausgetragen; Spielfläche 30 m lang u. 20 m breit (für Frauen 25 x 17 m), Wassertiefe 1,80 m, Spieldauer 4 x 7 min reine Spielzeit.
**Wasserböcke,** *Kobus,* Gatt. der *Antilopen* aus der *Riedbock*-Verwandtschaft. Der eigtl. Wasserbock *(Hirschantilope)* ist rothirschähnl., Körperhöhe etwa 1,30 m; Männchen mit langen Hörnern.
**Wasserbüffel,** *Arni,* in SO-Asien wild vorkommender, bis 1,80 m hoher *Büffel.* Eine Unterart ist der *Tamarau.*

*Wartburg*  *Waschbär*

| Die höchsten Wasserfälle der Erde | |
|---|---|
| (San) Ángel (Venezuela) | 978 m |
| Yosemite (USA) | 792 m |
| Kukenaam (Guyana/Venezuela) | 609 m |
| Sutherland (Neuseeland) | 571 m |
| Tugela (Südafrika) | 540 m |
| Roraima (Guyana) | 457 m |
| Kalambo (Tansania) | 427 m |
| Gavarnie (frz. Pyrenäen) | 420 m |
| Krimmler (Österreich) | 380 m |
| Gießbach (Schweiz) | 300 m |
| Staubbach (Schweiz) | 287 m |

*Wasserburg am Inn: Blick vom Kesselberg*

**Wasserburg am Inn,** Stadt in Oberbayern, 11 000 Ew.; zahlr. hist. Bauten; Fremdenverkehr.
**Wasserdampf** → Dampf.
**Wasserfall,** Gefällstufe im Flußlauf, über die das Wasser senkr. (oder fast senkr.), oft mehrere 100 m tief, hinabstürzt.
**Wasserflöhe,** *Cladocera,* hochentwickelte, artenreiche Unterordnung der *Blattfußkrebse;* spielen als Nahrung in der Fischzucht eine bed. Rolle; hierzu die Gatt. *Daphnia (Wasserflöhe* i.e.S.), *Bosmina (Rüsselkrebse)* u. *Polyphemus.*
**Wasserfrosch,** auch *Teichfrosch,* häufigster *Frosch* der mittel- u. nordeurop. Gewässer; Lebensdauer bis 10 Jahre.
**Wasserglas,** zähe, farblose Flüssigkeit, kolloide Lösungen von Natrium- oder Kaliumsilicat; verwendet u.a. zum Leimen von Papier.
**Wasserharnruhr,** *Diabetes insipidus,* Störung des Wasserhaushalts des Körpers, bei der tägl. mehrere Liter eines dünnen Harns ausgeschieden werden u. quälender Durst besteht.
**Wasserhärte** → Härte.
**Wasserhaushalt,** die Regulation der ständig im Organismus auftretenden Wasserzunahme u. -abnahme auf die zum Leben günstigste Menge. Der Wassergehalt der Lebewesen ist unterschiedlich (Qualle 98 %, Mensch 65 %).
**Wasserhose,** *Trombe,* Wirbelwind mit einem herabhängenden Wolkenschlauch, der beim Überschreiten von Gewässern einen sichtbaren »Fuß« aus Wasser u. Wasserstaub erzeugt.
**Wasserhyazinthe,** Wasserpflanze im trop. u. subtrop. Amerika; auch als Zierpflanze; bildet oft große Rasen.
**Wasserjungfern** → Libellen.
**Wasserkopf,** *Hydrozephalus,* Schädelvergrößerung durch abnorme Vermehrung der Gehirn-Rückenmarkflüssigkeit; angeboren oder frühkindl. erworben.
**Wasserkreislauf,** die Zirkulation des Wassers zw. Meer u. Festland in der Abfolge Verdunstung, Niederschlag, Abfluß.
**Wasserkunst,** Bez. für alle künstlich geschaffenen Wasseranlagen, die der Verschönerung von Gärten u. Parks dienen, indem sie sich mit techn.-automat. Einrichtungen die Beweglichkeit des Wassers zunutze machen, z.B. Fontänen, Kaskaden, Wasserspiele. Der durch ein weitverzweigtes Leitungssystem gesicherte Wasserreichtum des antiken Rom ermöglichte die Ausstattung des Peristyls im Privathaus mit Wasserbecken, Kanälen u. Schalenbrunnen. In der orientalisch-islam. Gartengestaltung spielen Wasseranlagen eine dominierende Rolle (Granada, Alhambra), während das MA nur Mehrschalen- u. Stockbrunnen (Maulbronn) kannte. Renaissance u. vor allem Barock brachten die Blütezeit des Figurenbrunnens mit meist der antiken Meeresmythologie entnommenen Gestalten. Die hervorragendsten Werke schufen A. de *Vries* (Herkulesbrunnen in Augsburg), H. *Gerhard* (Augustusbrunnen ebenda); in Italien G. da *Bologna* (Neptunsbrunnen in Bologna) u. L. *Bernini* (Vierströmebrunnen auf der Piazza Navona u. Fontana Trevi in Rom). Mit der ital. Renaissance entstanden auch die weitverzweigten W.anlagen (Garten der Villa D'Este in Tivoli mit Kaskaden, Terrassen, Fontänen u. Wasserspielen). Im Gegensatz zu den ital. Terrassengärten enthalten die planen Barockparks Frankreichs Kanäle, Becken u. Fontänen (Park von Versailles). Die dt. W. des Barocks schloß sich weitgehend frz. Vorbildern an (Nymphenburg, Sanssouci, Schleißheim u. a.), verband aber auch frz. mit ital. Elementen (Kassel-Wilhelmshöhe).
**Wasserkuppe,** höchster Berg der Rhön, 950 m.
**Wasserläufer, 1.** *Tringa,* Gatt. der *Schnepfenvögel;* Watvögel. – **2.** Bez. für Wanzen versch. Familien.
**Wasserlinse,** *Entengrütze,* kleine schwimmende Wasserpflanze mit blattartigen Stengeln; auf stehenden Gewässern.
**Wassermann, 1.** *Aquarius,* Sternbild des Tierkreises am südl. Himmel. – **2.** *Wasserwesen* im Volksglauben u. Märchen des Binnenlands.

**Wassermann, 1.** August Paul von, *1866, †1925, dt. Bakteriologe u. Serologe; bahnbrechend auf dem Gebiet der Immunitätslehre. – **2.** Jakob, *1873, †1934, dt. Schriftst. (psycholog. Romane).
**Wassermelone** → Melone.
**Wasserpest,** *Elodea,* Gatt. der *Froschbißgewächse,* sehr verbreitet in stehenden u. fließenden Gewässern ist die *Kanad. W.*
**Wasserpfeife,** im Orient verbreitete Form der Tabakspfeife. Der Rauch muß, bevor er eingeatmet wird, Wasser passieren u. wird dadurch gekühlt, der scharfe u. sehr nikotinreiche Tabak *(Tumbeki)* wird im Aroma milder u. verliert an Nikotingehalt.
**Wasserpflanzen,** *Hydrophyten,* fast ständig im Wasser lebende Pflanzen; meist Blütenpflanzen, einige Algen u. wenige Farne. Sie nehmen Nährstoffe direkt aus dem Wasser auf.
**Wasserratte,** *Schermaus, Mollmaus,* eine Wühlmaus von 15 cm Körperlänge; vorw. Wurzelfresser, dadurch in Pflanzenkulturen sehr schädlich; gefährdet außerdem durch ihre Gangsysteme Deiche u. Dämme.
**Wasserscheide,** Trennungslinie der Einzugsgebiete zweier oder mehrerer Flußsysteme.
**Wasserschierling,** giftiges *Doldengewächs;* in Gräben u. Sümpfen Europas.
**Wasserschutzgebiet,** ein zur Sicherung der Trinkwassergewinnung bes. geschütztes Gebiet, meist in drei Zonen unterteilt.
**Wasserschutzpolizei,** die Strom- u. Schiffahrtspolizei auf den Wasserstraßen.
**Wasserschwein,** *Capybara,* mit 100 cm Körperlänge u. 50 cm Schulterhöhe das größte lebende *Nagetier;* in S-Amerika an Wasserläufen.
**Wasserstand,** Höhe des Wasserspiegels bei Flüssen, Seen oder Meeren, gemessen am *Pegel.*
**Wasserstoff,** ein → chemisches Element.
**Wasserstoffbombe,** *H-Bombe,* Sonderart der *Atombombe.* Die Explosion entsteht durch Verschmelzung leichter Kerne (Deuterium u. Lithium 6 oder Beryllium), bei der viel Energie in Form von Gamma-, Licht- u. Wärmestrahlung frei wird. Die erste W. wurde 1952 von den USA gezündet.
**Wasserstoffionenkonzentration** → pH.
**Wasserstoffperoxid,** fr. *Wasserstoffsuperoxid,* $H_2O_2$, in reinem, wasserfreiem Zustand farblose Flüssigkeit, starkes Oxidationsmittel.
**Wasserstrahlpumpe,** einfache Saugpumpe aus Glas, Kunststoff oder Metall zur Herstellung von Unterdruck.
**Wassersucht,** abnorme Ansammlung von Flüssigkeit (Wasser, Gewebsflüssigkeit, seröse Flüssigkeit) im Körper. Man unterscheidet: 1. *Ödem,* allg. Körper-W.; 2. *Anasarka,* Haut-W.; 3. *Hydrops,* Flüssigkeitsansammlung in den Körperhöhlen.
**Wasserturbine** → Turbine.
**Wasserversorgung,** Gewinnung u. Zuleitung von Trink- u. Brauchwasser für Bevölkerung, Industrie u. Landwirtschaft. Das Wasser wird dem Grundwasser, Quellen, Bächen, Flüssen, Seen oder Talsperren entnommen u. bei Bedarf aufbereitet: gefiltert (Sandfilter), enthärtet, enteisent (Rieseln durch Koksfilter, Brauseanlagen) u. zum Keimfreimachen mit Chlor oder Ozon behandelt. Es

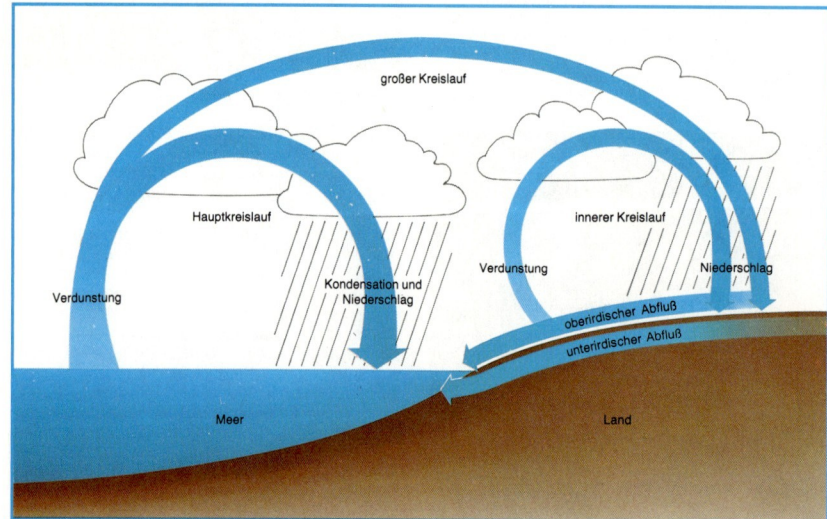

*Wasserkreislauf*

wird vom *Wasserwerk* in ein Rohrnetz geleitet u. von den Hauptleitungen an die Verbraucher abgezweigt.

**Wasservögel,** Gruppe von Vögeln, die nicht durch ihre Verwandtschaft, sondern durch ihre Lebensweise gekennzeichnet ist: Vögel, die auf dem Wasser schwimmen u. aus dem Wasser ihre Nahrung aufnehmen.

**Wasserwaage,** Gerät zum Bestimmen der waagr. Lage einer Ebene mit Hilfe einer Luftblase (Libelle) in einer Flüssigkeitsröhre.

**Wasserwerfer,** schwenkbar montiertes Stahlrohr hoher Leistung, zur Bekämpfung von Großbränden eingesetzt, auch als Polizeiwaffe zur Zerstreuung von Menschenansammlungen.

**Wasserzeichen,** Wort- oder Bildzeichen in Papier.

**Waterford** ['wɔ:təfəd], ir. *Port Láirge,* Hptst. der gleichn. S-ir. Gft., 40 000 Ew.; Hafen, versch. Ind.

**Watergate-Affäre** ['wɔ:tɔgeit-], innenpolitischer Skandal in den USA, der zum Rücktritt von Präs. Nixon am 9.8.1974 führte.

**Waterloo,** Stadt in der belg. Prov. Brabant südl. von Brüssel, 25 000 Ew. – Bei W. siegten am 18.6.1815 Wellington u. Blücher über Napoleon I. (auch Schlacht von *Belle-Alliance* genannt).

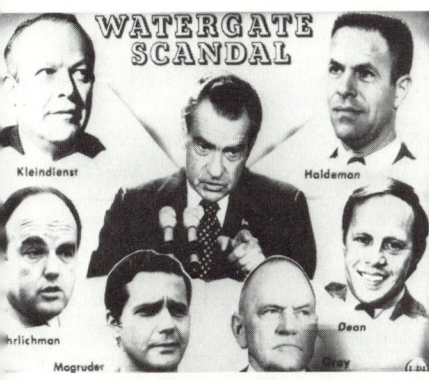

*Watergate-Affäre: Neben Nixon mußten noch sechs Mitarbeiter seiner Administration die Konsequenzen aus dem Skandal ziehen*

**Waterproof** ['wɔ:təpru:f], wasserdichtes Material.

**Watson** ['wɔtsən], James Dewey, *26.4.1928, US-amerik. Biochemiker; erforschte die Desoxyribonucleinsäure; Nobelpreis für Medizin 1962.

**Watt, 1.** Kurzzeichen W, SI-Einheit der Leistung; 1 W ist die Leistung eines Vorgangs, bei dem in 1 Sekunde (s) die Arbeit 1 Joule (J) verrichtet wird. – **2.** flacher, fast ebener, im Wirkungsbereich der Gezeiten liegender Küstenstreifen (z.B. an der Nordsee zw. dem Festland u. den vorgelagerten Inseln), der bei Hochwasser überflutet wird, bei Niedrigwasser *(Ebbe)* jedoch trockenfällt, wobei das Wasser durch oft tiefe Furchen *(Priele)* abfließt.

**Watt** [wɔt], James, *1736, †1819, schott. Mechaniker, erfand die erste verwendbare Dampfmaschine, die Kopierpresse u.a.

**Watteau** [-'to], Jean Antoine, *1684, †1721, frz. Maler; Hauptmeister der frz. Rokokomalerei.

**Watussi** → Tussi.

**Watussirind,** langhörnige Hausrindrasse in Zentralafrika.

**Watzmann,** zweithöchster Berg in Dtld., in den Berchtesgadener Alpen, 2713 m.

**Waugh** [wɔ:], Evelyn Arthur, *1903, †1966, engl. Schriftst.; Vertreter der neukath. Literatur; v.a. gesellschaftskrit. Romane.

**Wayne** [wein], John, *1907, †1979, US-amerik. Filmschauspieler; berühmter Westerndarsteller.

**WC,** Kurzbez. für *Wasserklosett.*

**WDR,** Abk. für *Westdeutscher Rundfunk.*

**Webb, 1.** Mary, *1881, †1927, brit. Erzählerin (v.a. Heimatromane). – **2.** Sidney, Baron Passfield (1929), *1859, †1947, brit. Sozialwissenschaftler u. Politiker; Mitbegr. des *Fabianismus.*

**Weber, 1.** Adolf, *1876, †1963, dt. Nationalökonom; Vertreter der neoklass. Volkswirtschaftslehre. – **2.** Alfred, Bruder von 7), *1868, †1958, dt. Nationalökonom u. Soziologe; Begr. der industriellen Standortlehre; v.a. Kultursoziologie. – **3.** Andreas Paul, *1893, †1980, dt. Graphiker u. Maler; Zeitsatiriker. – **4.** Carl Maria von, *1786,

*Carl Maria von Weber*

†1826, dt. Komponist; Begr. der romant. volkstüml. dt. Oper (»Der Freischütz«). – **5.** Helene, *1881, †1962, dt. Politikerin (Zentrum), 1949–62 MdB (CDU); Vertreterin der kath. Frauenbewegung. – **6.** Marianne, verh. mit 7), *1870, †1954, dt. Schriftst.; arbeitete bes. über Frauenfragen. – **7.** Max, Bruder von 2), *1864, †1920, dt. Soziologe; Mitbegr. der Soziologie als empir. Wiss., seine wichtigsten Arbeiten verbinden religions- u. wirtschaftssoziolog. Fragestellungen; Mitbegr. der Dt. Demokrat. Partei.

**Weberei,** Industriezweig zur Herstellung von Geweben, textilen Flächengebilden aus zwei verkreuzten Fadensystemen *(Kette* u. *Schuß),* die rechtwinklig aufeinandertreffen.

**Weberknechte,** *Afterspinnen, Kanker, Schuster, Schneider, Opiliones,* Ordnung der *Spinnentiere,* auffallend lange Beine (4 Paar).

**Webern,** Anton (von), *1883, †1945, östr. Komponist; Hauptvertreter der zwölftönigen Reihentechnik; Orchesterwerke, Kammermusik, Lieder.

**Webervögel,** *Ploceidae,* Fam. der *Singvögel,* zu der u.a. die Unterfam. der *Sperlinge, Witwen* u. *Echten W. (Weberfinken)* gehören; bauen kunstvoll geflochtene hängende Nester.

**Webi Ganane,** *Giuba, Juba,* Fluß in O-Afrika, 1500 km.

**Webi Schabelle,** Fluß in O-Afrika, 2400 km.

**Webster** ['webstər], **1.** John, *um 1580, †um 1625, engl. Dramatiker (sprachgewaltige, grausige Rachetragödien). – **2.** Noah, *1758, †1843, US-amerik. Philologe; verfaßte ein berühmtes engl. Wörterbuch.

**Webstuhl,** eine Maschine zur Herstellung von Geweben; urspr. von Hand angetrieben. 1784 konstruierte E. *Cartwright* den ersten *mechan.* W.

**Wechsel,** ein an bestimmte Formvorschriften gebundenes, dem Inhaber der Urkunde gegenüber wirksames schriftl. Zahlungsversprechen. Nach der Person des zur Zahlung Verpflichteten unterscheidet man die *Tratte* (gezogener W., Akzept, Cambio; der Aussteller verpflichtet einen Dritten) u. den selteneren *Solawechsel (Eigenwechsel).* Der Aussteller kann der W. bis zum Verfalltag selbst oder bei einer Bank aufbewahren, ihn auch vor Verfall an eine Bank verkaufen *(diskontieren,* → Diskont) oder als Zahlung an einen Gläubiger weitergeben (→ Indossament).

**Wechselfieber** → Malaria.

**Wechseljahre,** *Klimakterium,* bei der Frau der Zeitraum, in dem die Tätigkeit der Keimdrüsen allmähl. erlischt (meist zw. dem 45. u. 55. Lebensjahr).

**Wechselkredit,** ein kurzfristiger Kredit, der durch einen *Wechsel* gesichert ist.

**Wechselkurs,** *Devisenkurs,* Preis für Devisen. *Feste W.e* werden institutionell festgesetzt. *Freie W.e* bilden sich an den Devisenmärkten durch Angebot u. Nachfrage.

**Wechselstrom,** elektr. Strom, dessen Stärke u. Richtung sich period. ändern; wird durch Generatoren oder elektr. Schwingungserzeuger (Sender) hergestellt. Da W. sich leicht umformen u. ohne große Verluste fortleiten läßt, wird er zur Übertragung der elektr. Energie auf große Entfernungen benutzt.

**wechselwarme Tiere,** *poikilotherme Tiere, Kaltblüter,* Tiere, deren Körpertemperatur unmittelbar von der Temp. ihrer Umgebung abhängt. W. T. sind alle Tiere mit Ausnahme der Säugetiere u. Vögel *(Warmblüter).*

**Weckamine,** Arzneimittel, die anregend auf das periphere u. zentrale Nervensystem wirken; bewirken eine gehobene Stimmungslage u. steigern die Leistungsfähigkeit; führen zu Abhängigkeit.

**Wecker,** Konstantin, *1.7.1947, dt. Liedermacher (v.a. polit. Lieder u. Chansons).

**Weda,** die in Sanskrit abgefaßten hl. Schriften der wed. u. hinduist. Religion.

**Wedda,** Volk von Wildbeutern (rd. 1000) im NO von Sri Lanka.

**Weddellmeer** [wεdl-], südl. Randmeer des Atlant. Ozeans in Antarktika, rd. 8 Mio. km².

**Wedekind,** Frank, *1864, †1918, dt. Dramatiker u. Lyriker; entlarvte in seinen Dramen die bürgerl. Moral.

**Wedel (Holstein),** Stadt in Schl.-Ho., an der Unterelbe, 31 000 Ew.; Roland (16. Jh.); Fischerei, Baumschulen, versch. Ind.

**wedeln,** *kurz schwingen,* Lauftechnik im Skisport.

**Wega,** α *Lyrae,* Hauptstern des Sternbilds Leier, hellster Stern der nördl. Himmelshälfte; 27 Lichtjahre entfernt.

**Wegener,** Alfred, *1880, †1930, dt. Geophysiker u. Polarforscher; entwickelte eine Theorie der *Kontinentalverschiebung.*

**Wegerich,** *Plantago,* Hauptgatt. der *W.gewächse,* mit rd. 260 Arten weltweit verbreitet.

**Weggis,** schweiz. Kurort am Vierwaldstätter See, 2400 Ew.

**Wegschnecken,** *Arion,* Gatt. der *Landlungen-*

*Webervögel: Kleiner Weißstirnweber*

*Wedda-Mann mit Pfeil und Bogen*

# 964 Wegwespen

*Weigelie*

*schnecken,* ohne sichtbares Gehäuse (»Nacktschnecken«); schwarz, braun oder rötl., bis 15 cm lang.
**Wegwespen,** Erdhöhlen grabende *Stechimmen.*
**Wegzehrung** → Viaticum.
**Wehen** → Geburt.
**Wehner,** Herbert, *1906, †1990, dt. Politiker (SPD); 1958–73 stellv. Vors. der SPD, 1966–69 Min. für gesamtdt. Fragen, 1969–83 Bundestags-Fraktionsvors. der SPD.
**Wehr,** eine Stauanlage, deren Hauptzweck es ist, den Wasserspiegel eines Flusses zu heben, z.B. um für die Schiffahrt Tiefe zu gewinnen.
**Wehrbeauftragter** *des Deutschen Bundestages,* vom Bundestag auf 5 Jahre gewählte Persönlichkeit, die den Schutz der Grundrechte der Soldaten überwacht u. an der parlamentar. Kontrolle über die Bundeswehr mitwirkt.
**Wehrdienstverweigerung** → Kriegsdienstverweigerung.
**Wehrgang,** um eine Burg oder Stadt laufender gedeckter Gang.
**Wehrkirche,** Typ der im MA vielerorts errichteten Kirche mit Wehranlagen.
**Wehrmacht,** Bez. für die dt. Streitkräfte 1935 bis 1945, bestehend aus Heer, Kriegsmarine, Luftwaffe.
**Wehrpflicht,** die auf Gesetz beruhende Verpflichtung des Staatsbürgers zum Dienst in den Streitkräften der vom Staat festgelegten *Wehrverfassung.* In der BR Dtld. wurde die W. 1956 eingeführt. Sie besteht für alle dt. Männer vom vollendeten 18. Lebensjahr bis zum Ablauf des Jahres, in dem die Wehrpflichtigen das 45., Offiziere u. Unteroffiziere das 60. Lebensjahr vollenden. Der aufgrund der W. zu leistende **Wehrdienst** umfaßt den *Grundwehrdienst* (12 Monate), *Wehrübungen* u. im Verteidigungsfall den unbefristeten Wehrdienst. → Kriegsdienstverweigerung.
**Wehrstrafrecht,** das für die Soldaten der Bundeswehr u. allg. für Straftaten des militär. Bereichs geltende Strafrecht, geregelt durch das *Wehrstrafgesetz* in der Fassung von 1974 (militär. Straftaten wie Fahnenflucht, Selbstverstümmelung, Gehorsamsverweigerung, Mißhandlung Untergebener).
**Wehrvögel,** Fam. der *Gänsevögel;* 3 Arten (u.a. *Schopfwehrvogel* oder *Tschaja*)in S-Amerika; truthahngroße Vögel mit zwei kräftigen Sporen am Flügelgelenk.
**Weiberfastnacht,** bes. fröhl. Frauenfeste im Karneval (am Donnerstag vor Fastnacht).
**Weichbild,** urspr. im MA Geltungsbereich eines Stadtrechts, heute allg. ein Stadtgebiet.
**Weiche,** Vorrichtung, die spurgebundenen Fahrzeugen das Wechseln von einer Spur in eine andere ermöglicht; per Handhebel oder elektr. vom Stellwerk aus bedient.
**Weichen,** die knochenfreie Gegend zw. unterem Rippenbogen u. Darmbeinrand.
**weicher Stil,** idealisierende Stilepoche der dt. Gotik, bes. der Plastik (um 1400–20).
**Weichholz,** alle Nadelhölzer sowie Erle, Espe, Linde, Pappel u. Weide.
**Weichkäfer,** *Cantharidae,* Fam. langgestreckter, vornehml. blütenbesuchender, räuber. Käfer mit lederartig weichen Flügeldecken.
**Weichmacher,** *Plastifikatoren,* Stoffe (z.B. Campher), die Kunststoffen u.ä. zugesetzt werden, um sie geschmeidig zu machen.

**Weichmann,** Herbert, *1896, †1983, dt. Politiker (SPD); 1933–48 im Exil, 1957–65 Finanzsenator, 1965–71 Erster Bürgermeister von Hamburg.
**Weichporzellan,** Porzellan, das weniger Kaolin enthält u. mit geringerer Temp. (1300–1350 °C) gebrannt wird als *Hartporzellan.*
**Weichsel,** poln. *Wisła,* poln. Fluß, 1047 km; entspringt in den westl. Beskiden, mündet mit mehreren Armen (*Nogat, Elbinger W.*) in die Danziger Bucht; auf 941 km schiffbar.
**Weichspüler,** meist flüssige Produkte, die kationenaktive Substanzen enthalten u. der Wäsche einen weichen Griff verleihen.
**Weichtiere,** *Mollusken,* Tierstamm mit etwa 128 000 Arten, zu den *Bauchmarktieren* gehörend. Die W. haben eine weiche, ungeschützte Haut, die oft durch die Ausscheidung der Mantelfalte, die *Schale,* bedeckt wird. Der Stamm der W. wird gegliedert in die Unterstämme *Wurmmollusken* u. *Konchiferen* (Schnecken, Kahnfüßer, Muscheln u. Kopffüßer).
**Weide, 1.** *Salix,* artenreiche Gatt. der *W.ngewächse* (→ Pflanzen); Holzpflanzen mit zweihäusigen, in Kätzchen zusammenstehenden Blüten; wichtige Arten: *Mandel-, Bruch-, Silber-, Korb-, Sal-, Trauer-W.* **– 2.** *Trift,* eine Fläche, die mit Gräsern, Kleearten u. Kräutern bewachsen ist; wird im Lauf der Vegetationszeit mehrf. durch Rinder, Pferde, Schafe u. Schweine abgeweidet.
**Weidenbohrer,** grau gefärbter Schmetterling aus der Fam. der *Holzbohrer;* die Raupe lebt drei Jahre in Weiden, Obstbäumen, Pappeln.
**Weiden in der Oberpfalz,** Stadt in Bay., an der Waldnaab, 41 000 Ew.; Porzellan-, Glas- u. Textil-Ind.
**Weidenmann,** Alfred, *10.5.1918, dt. Filmregisseur u. -autor; Regie bei »Canaris«, »Buddenbrooks«, »Der Schimmelreiter«.
**Weidenröschen,** artenreiche Gatt. der *Nachtkerzengewächse,* Kräuter oder Stauden mit meist rosa oder weißen Blüten.
**Weiderich,** Gatt. der *W.gewächse; Blut-W.,* krautige Pflanze an feuchten Orten, mit purpurroten Blüten.
**Weidewirtschaft,** ein Betrieb, dessen Nutzfläche zum größeren Teil als Weide genutzt wird (Viehzucht u. Milchwirtschaft).
**Weidmann,** Jäger, der zugleich Heger ist.
**Weierstraß,** Karl, *1815, †1897, dt. Mathematiker; arbeitete über Funktionentheorie.
**Weifang,** chin. Stadt in der Prov. Shandong, 300 000 Ew.; Kunsthandwerk, Webereien.

*Weimar: Nationaltheater mit Goethe-Schiller-Denkmal*

**Weigel, 1.** Hans, *29.5.1908, östr. Theaterkritiker, Schriftst. u. Kabarettist. **– 2.** Helene, *1900, †1971, östr. Schauspielerin u. Theaterleiterin; seit 1928 verh. mit B. *Brecht;* 1933–48 in der Emigration; leitete 1948–71 das »Berliner Ensemble«.
**Weigelie,** Gatt. der *Geißblattgewächse;* beliebte Ziersträucher mit trichterförmigen weißen oder rosaroten Blüten.
**Weihbischof,** *Hilfs-* oder *Auxiliarbischof,* ein Titularbischof, der den Diözesanbischof bei Vornahme von Weihehandlungen unterstützt.
**Weihe,** Segen über Personen, Tiere, Sachen; in der kath. Kirche eine liturg. Handlung, durch die der geweihte Ort (Kirche), eine Person (Priester-W.) oder Sache (Glocke, Altar) in den Dienst Gottes gestellt wird.
**Weihen,** Gatt. mittelgroßer *Greifvögel;* brütet in Bodennestern; Männchen blaugrau, Weibchen bräunlich; in Mitteleuropa: *Rohr-, Korn-* u. *Wiesen-W.;* in Dtld. stark bedroht durch Verfolgung u. Trockenlegung von Feuchtgebieten.
**Weiher,** kleiner, künstl. entstandener See von geringer Tiefe.
**Weihnachten,** *Christfest,* Fest der Geburt Jesu Christi, seit dem 4. Jh. am 25.12. begangen, vorbereitet durch die *Adventszeit.* Wahrsch. wurde der Termin in Rom durch das »Fest des unbesiegbaren

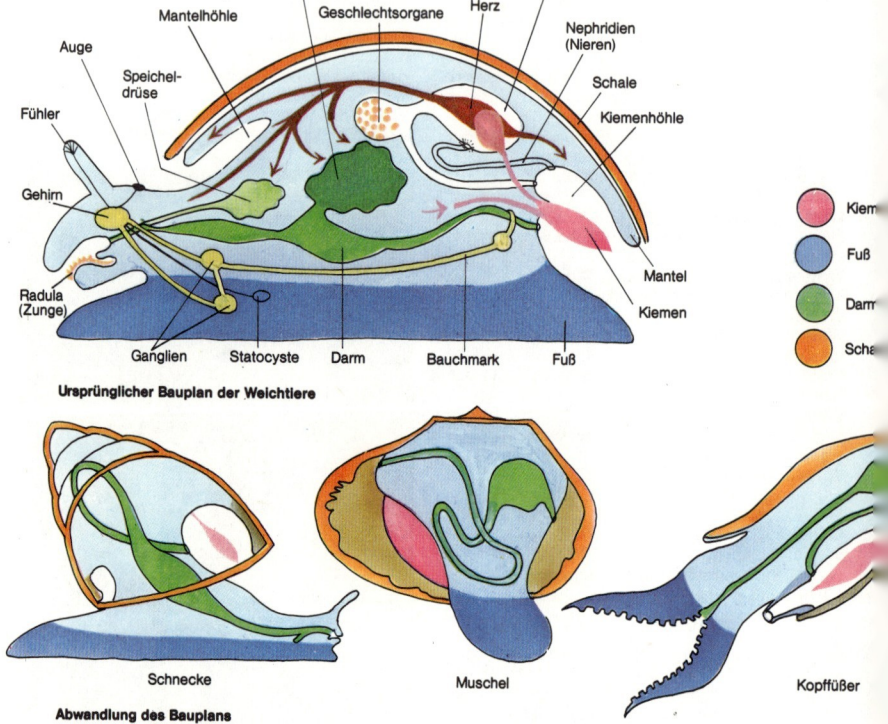
*Weichtiere: Vergleich der Baupläne*

# Wein

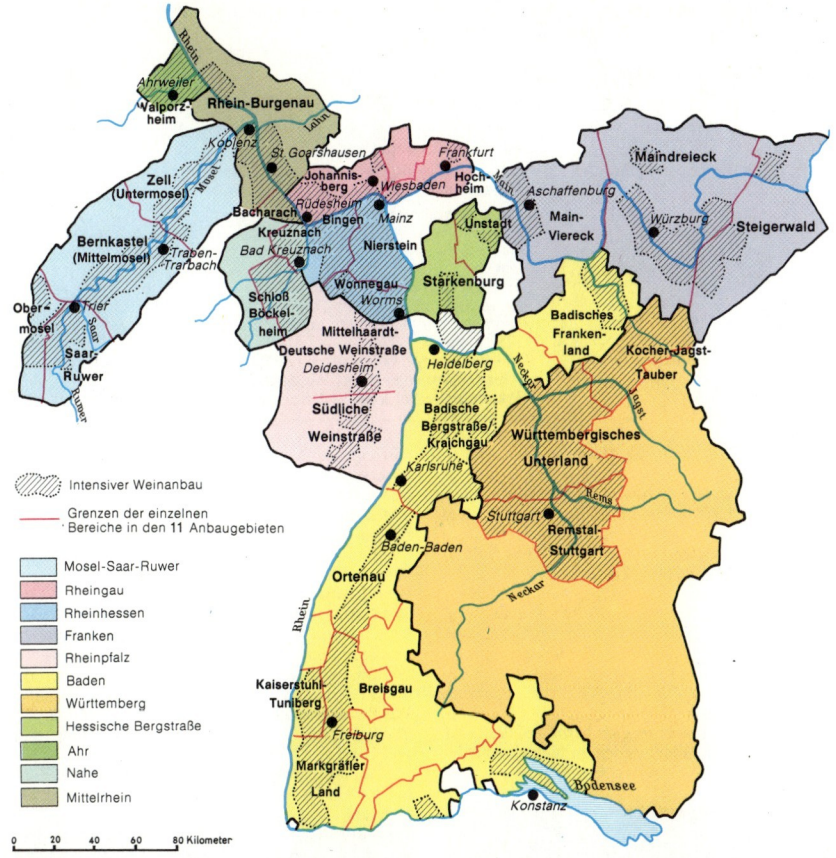

*Weinbaugebiete in der Bundesrepublik Deutschland*

*Weinberge im Kanton Waadt am Genfer See*

**Weill,** Kurt, *1900, †1950, dt. Komponist; emigrierte 1935 in die USA; entwickelte für B. *Brechts* episches Theater einen neuen Typus der Bühnenmusik (bes. *Songs*), eine Synthese aus Unterhaltungsmusik, Moritat, kabarettist. Chanson u. klassizist. Elementen der Kunstmusik. W »Dreigroschenoper«, »Aufstieg u. Fall der Stadt Mahagonny«, »Die sieben Todsünden«.

**Weimar,** Krst. in Thüringen, an der Ilm, 63 000 Ew.; Herderkirche, Schloß (16. Jh.; Nat. Forschungs- u. Gedenkstätten der klass. dt. Lit.), Goethe- u. Schillerhaus mit angeschlossenen Museen, Goethe- u. Schiller-Archiv, Grabstätten von Goethe u. Schiller, Dt. Nationaltheater, Schloß Tiefurt, Schloß Belvedere, Staatl. Kunstsammlungen. – Gesch.: 1547–1918 Residenz des Hzgt. Sachsen-W. bzw. Sachsen-W.-Eisenach; Ende des 18. u. Anfang des 19. Jh. war W. ein Mittelpunkt des dt. Kulturlebens; 1920–48 Hptst. des Landes Thüringen.

Sonnengottes« bestimmt, das Kaiser Aurelian einführte. Die zahlr. Weihnachtsbräuche gehen vielfach auf altröm. u. germ. Brauchtum zurück. Der **Weihnachtsbaum** kam im 16. Jh. auf. – **Weihnachtslieder,** meist aus dem 16.–19. Jh. stammende Lieder, die das Weihnachtsgeschehen behandeln. – **Weihnachtsmann,** am Hl. Abend der Gabenbringer, der Züge des Nikolaus aufweist. – **Weihnachtsgratifikation,** Geldzuwendung zur Weihnachtszeit durch den Arbeitgeber, rechtl. keine Schenkung, bis zu einer bestimmten Höhe lohnsteuerfrei.
**Weihnachtsinsel** → Christmas Island.
**Weihnachtskaktus** → Gliederblattkaktus.
**Weihnachtsspiel,** geistl. Drama des MA, das von den Vorgängen um Christi Geburt handelt.
**Weihnachtsstern,** 1. im Matthäus-Evangelium erwähnter Stern, der die drei Weisen aus dem Morgenland zur Krippe Christi geführt haben soll; vielleicht eine dreifache Konjunktion zw. Jupiter u. Saturn im Jahr 7 v. Chr. – 2. *Poinsettie,* ein *Wolfsmilchgewächs,* beliebte Zimmerpflanze mit roten, rosa oder weißen Hochblättern; in warmen Zonen bis 5 m hoher Strauch.
**Weihrauch,** durch Verbrennung wohlriechender Stoffe (Harze) erzeugter Rauch, zu kult. Zwecken gebraucht, so im röm., grch. u. ägypt. Götterkult, im Buddhismus, auch in der röm.-kath. Kirche. I.e.S. bezeichnet man als W. das *Olibanumöl,* Milchsaft aus den Rinden des *W.baums.*
**Weihwasser,** in der kath. u. orth. Kirche vom Priester bei Segnungen verwendetes geweihtes Wasser.
**Weil, 1.** *W. am Rhein,* Stadt in Ba.-Wü., 26 000 Ew.; Obst- u. Weinanbau; Rheinhafen. – **2.** *W. der Stadt,* Stadt in Ba.-Wü., an der Würm, 16 000 Ew.; histor. Altstadt.
**Weilburg,** Krst. in Hessen, an der mittleren Lahn, 11 000 Ew.; Luftkurort; barocke Schloßkirche; 1355–1816 Residenz von Nassau-W.
**Weiler,** aus wenigen Gehöften bestehende ländl. Siedlungsform.
**Weilheim in Oberbayern,** Krst. in Bay., an der Ammer, 17 000 Ew.; elektron. u. chem. Ind.

**Weimarer Republik,** gebräuchl. Bez. für die republikan.-demokr. Staatsform des Dt. Reiches in den Jahren 1919–33 (nach dem Tagungsort der verfassunggebenden Nationalversammlung 1919); → deutsche Geschichte.
**Weimarer Verfassung,** *Weimarer Reichsverfassung,* Abk. *WRV,* die von der Nationalversammlung in Weimar erlassene Verf. für das Dt. Reich vom 11.8.1919. Am Entwurf der WRV war der Staatsrechtler H. *Preuß* (DDP) maßgebend beteiligt. Die WRV sah einen Kompromiß einheits- u. bundesstaatl. Elemente vor, bei nachdrückl. Betonung der demokrat. Grundrechte u. der Volkssouveränität u. starker Stellung des *Reichspräsidenten.* Die WRV wurde 1933 nicht formell, aber faktisch außer Kraft gesetzt.
**Wein,** ein alkohol. Getränk, das aus Weintraubensaft hergestellt wird. Die Weinlese beginnt im Sept. u. kann sich bis Dez. hinziehen. Der W. ist gegorener Traubensaft u. enthält in 1 Liter etwa 100 g Alkohol, 4–8 g Fruchtsäuren sowie Geruchs- u. Geschmacksstoffe. Nach dem Zermahlen (Zer-

| Die klassischen Traubensorten | | |
|---|---|---|
| Traube | Anbauland (Anbaugebiet) | Charakterisierung |
| *Rotweintrauben:* | | |
| Cabernet Sauvignon | Australien, Chile, Frankreich (Médoc, Graves, Pomerol, St. Emilion), Jugoslawien, Rumänien, UdSSR, Südafrika, Argentinien | bukettreiche, harmonische Weine; Bordeaux-Weine (verschnitten mit Merlot oder Malbec) |
| Pinot Noir | Frankreich (Burgund, Elsaß, Osteuropa) | Hauptbestandteil der besten Champagner (vor der Gärung gekeltert); liefert sonst leichte, sehr gute Rotweine |
| *Weißweintrauben:* | | |
| Chardonnay | Frankreich (Champagne, Burgund), Bulgarien, USA (Nordkalifornien) | Grundwein zur Champagnerherstellung (Blanc de Blancs); weißer Burgunder |
| Muskateller | Frankreich (Elsaß), Griechenland (Samos), Italien (Norditalien, Sizilien), Spanien (Andalusien) | liefert säurearme, alkoholreiche und würzige Weine; Grundlage zahlreicher Desertweine |
| Riesling | Australien, Südafrika, Chile, USA (Kalifornien), Deutschland (Mosel, Rheingau), Frankreich | stellt hohe Ansprüche an Klima und Lage; liefert edelste, rassige Spitzenweine; weltberühmt sind die Auslesen, Beerenauslesen und Trockenbeerenauslese; gute Lagerfähigkeit |
| Sauvignon Blanc | Chile, Argentinien, USA (Livermoore und Santa-Clara-Tal in Kalifornien), Italien, Österreich, Jugoslawien, Israel, Frankreich (Bordeaux) | liefert Weine mit hohem Alkoholgehalt und beachtlicher Haltbarkeit, mit Semillon und Muscadelle verschnitten zur Bereitung der Graves- und Sauternes-Weine verwendet |
| Traminer | Frankreich (Elsaß), Mitteleuropa, USA (Kalifornien) | würzige Tafel- und Spitzenweine |

# Weinberg

quetschen) der Trauben in der Traubenmühle folgt das Keltern (Pressen) der Maische. Der anfallende Most wird in Fässer zur Gärung gefüllt. Verschiedentl. Umfüllen, Impfen mit bes. Zuchthefen, »Schönen« u. Auffüllen auf Flaschen folgen, u. nach 6–12 Monaten erreicht der W. die Flaschenreife. Die Unterscheidung der W. erfolgt nach der Farbe (meist Weiß- oder Rot-W.) u. nach der Herkunft (z.B. Rhein- oder Mosel-W.). W.länder mit bes. großer Erzeugung sind Italien, Frankreich, Spanien, Sowjetunion, Argentinien, USA, Portugal u. BR Dtld. Von den in Dtld. angebauten Rebsorten haben Müller-Thurgau, Riesling, Silvaner u. Kerner große Bedeutung.

**Weinberg** ['waɪnbəːg], Steven, *3.5.1933, USamerik. Physiker; Arbeiten über die Vereinheitlichung der schwachen u. der elektromagnet. Wechselwirkung; Nobelpreis 1979.

**Weinberger,** Jaromir, *1896, †1967, tschech. Komponist; Oper »Schwanda, der Dudelsackpfeifer«.

**Weinbergschnecke,** zu den *Landlungenschnecken* gehörende Schnecke; gilt als Leckerbissen.

**Weinbrand,** aus Wein hergestellter *Branntwein* mit mindestens 38 Vol.-% Alkohol.

**Weinbrenner,** Friedrich, *1766, †1826, dt. Architekt; einflußreicher Vertreter des Klassizismus (Karlsruhe).

**Weinert, 1.** Erich, *1890, †1953, dt. Schriftst.; schrieb polit.-satir. Zeitgedichte; seit 1929 Kommunist; wirkte als Agitator im Span. Bürgerkrieg u. in der Sowj. – **2.** Hans, *1887, †1967, dt. Anthropologe; Arbeiten zur Stammesgeschichte u. zur menschl. Vererbungslehre.

**Weinessig,** 5–10prozentiger, aus Traubenwein hergestellter Essig.

**Weingarten,** Stadt in Ba.-Wü., nordöstl. von Ravensburg, 22 000 Ew.; Benediktinerabtei mit Barockkirche; Maschinenbau, Textil-Ind.

**Weingartner,** Felix von, *1863, †1942, östr. Dirigent u. Komponist; Leiter der Wiener Philharmoniker u. der Staatsoper.

**Weinheber,** Josef, *1892, †1945 (Selbstmord), östr. Lyriker; strenger, aber auch volkstüml. Formkünstler.

**Weinheim,** Stadt in Ba.-Wü., an der Bergstraße, 40 000 Ew.; Burgruine Windeck u. die Wachenburg; Kunststoff-, Leder- u.a. Ind.

**Weininger,** Otto, *1880, †1903 (Selbstmord), östr. Schriftst.; schrieb über Psychologie u. Metaphysik der Geschlechter.

**Weinlese,** die Traubenernte.

**Weinrebe, 1.** *Rebe,* Gatt. der *W.ngewächse* (→ Pflanzen); Hauptverbreitung in den wärmeren Gebieten der nördl. Hemisphäre, die meisten Arten in N-Amerika heimisch. Die wichtigste Art ist die *Echte W.* – **2.** *Wilder Wein, Jungfernrebe,* nordamerik. *W.ngewächs,* Zierpflanze.

**Weinrich,** Franz Johannes, Pseud. Heinrich *Lerse,* *1897, †1978, dt. Schriftst. (Laienspiele, Lyrik u. Romane).

**Weinsäure,** in vier isomeren Formen bek. Dihydroxycarbonsäure; große, farblose Kristalle. Die d-(Rechts-)W. (W. i.e.S.), auch *Weinsteinsäure* gen., kommt in vielen Früchten (z.B. Weintrauben) frei u. in Form ihrer Salze *(Tartrate)* vor.

**Weinsberg,** Stadt in Ba.-Wü., östl. von Heilbronn, 9000 Ew.; Burgruine Weibertreu; Obst- u. Weinbau. – Nach einer histor. belegten Geschichte trugen die *Weiber von W.* ihre Männer aus der von König Konrad III. 1140 belagerten Stadt.

**Weinstadt,** Stadt in Ba.-Wü., im Remstal, 23 000 Ew.; Wein- u. Obstanbau.

**Weinstein,** *Kaliumhydrogentartrat,* Kaliumsalz der Weinsäure, in Weintrauben enthalten, scheidet sich als Kruste in Weinfässern ab.

## Güteklassen der deutschen Weine am Beispiel des Rheingauer Rieslings
(Die gesetzlichen Mindestanforderungen werden unterschieden nach Weinart [Rot- oder Weißwein], Rebsorte und Weinbaugebiet)

| Klasse | gesetzliche Mindestanforderungen |
|---|---|
| 1. Deutscher Tafelwein | nur aus geeigneten Rebsorten von genehmigten Weinbergen; Alkoholgehalt mindestens 8,5° |
| 2. Qualitätsweine bestimmter Anbaugebiete (QbA) | amtliche Prüfung (Prüfungsnummer); typischer Geschmack; mindestens 60° Öchsle |
| Qualitätsweine mit Prädikat | Prüfungsnummer vorgeschrieben |
| Kabinett | behördliche Lesekontrolle; amtliche Prüfung von Analyse und Geschmack; kein Zusatz des Mostes mit Zucker; mindestens 73° Öchsle |
| Spätlese | Lese der Trauben in vollreifem Zustand; mindestens 85° Öchsle |
| Auslese | Kelterung nur vollreifer Trauben; mindestens 95° Öchsle |
| Beerenauslese | Auswahl nur edelfauler oder überreifer Trauben; mindestens 125° Öchsle |
| Trockenbeerenauslese | Auswahl nur geschrumpfter, edelfauler Beeren von höchster Geschmackskonzentration; mindestens 150° Öchsle |
| Eiswein | Trauben, die bei Lese und Kelterung zu Eis gefroren sind |

*Weinrebe (2): Wilder Wein*

**Weinviertel,** niederöstr. Hügelland zw. March, Thaya, Donau u. Marchfeld, größtes geschlossenes Weinbaugebiet in Östr., im O Erdöl- u. Erdgasförderung.

**Weise,** Christian, *1642, †1708, dt. spätbarocker Schriftst. (Schuldramen u. satir. Romane); Wegbereiter der Aufklärung.

**Weisenborn,** Günther, *1902, †1969, dt. Schriftst.; zeitkrit. Dramen (»Die Illegalen«), Dokumentarberichte (»Der lautlose Aufstand«) u. Hörspiele.

**Weiser,** Grethe, *1903, †1970, dt. Schauspielerin; populär als humorist. Darstellerin.

**Weisgerber,** Albert, *1878, †1915 (gefallen), dt. expressionist. Maler u. Graphiker.

**Weisheit,** grch. *Sophia,* lat. *sapientia,* eine der *Kardinaltugenden;* W. bedeutet heute allg. im Unterschied zur Klugheit eine menschl. Grundhaltung, die auf einem umfassenden Wissen um die letzten Gründe u. Ziele des Seienden beruht.

**Weisheitszähne,** die letzten Mahlzähne, die oft erst im mittleren Lebensalter durchbrechen.

**Weismantel,** Leo, *1888, †1964, dt. Schriftst. u. Pädagoge; schrieb expressionist. Dramen, Romane u. über Künstler.

**Weiß,** Ernst, *1884, †1940 (Selbstmord), östr. Schriftst.; Freund F. Kafkas, emigrierte 1936; schrieb gesellschaftskrit. expressionist. Romane.

**Weiss,** Peter, *1916, †1982, dt. Schriftst. u. Maler; emigrierte 1939 nach Schweden; schrieb Prosawerke, dann sozialkrit. Theaterstücke meist dokumentar. Charakters (»Die Verfolgung u. Ermordung Jean Paul Marats«, »Die Ermittlung«).

**Weissagung,** im Unterschied zum *Wahrsagen* das religionsgeschichtl. Phänomen der Verkündigung von künftigen Ereignissen durch Propheten.

**Weißbirke** → Birke.

**Weißbrunn** → Veszprém.

**Weißdorn,** Gatt. der *Rosengewächse,* mit weißen Blüten. Eine Kulturform ist der *Rotdorn.* Die roten Früchte *(Mehlbeeren)* sind eßbar.

**Weiße,** Christian Felix, *1726, †1804, dt. Schriftst.; Schöpfer des dt. Rokoko-Singspiels.

**Weiße Ameisen,** irreführend für → Termiten.

**Weiße Elster,** Fluß in Sachsen u. Thüringen, → Elster.

**weiße Jahrgänge,** die Geburtsjahrgänge (1927 bis 1.7.1937), die weder zur Wehrmacht noch zur Bundeswehr einberufen wurden.

**Weißenburg,** Krst. in Mittelfranken (Bay.), an der Schwäb. Rezat, 17 000 Ew.; histor. Altstadt mit Stadtummauerung; chem., Kunststoff- u.a. Ind.

**Weißenfels,** Krst. in Sachsen-Anhalt, an der Saale, 38 000 Ew.; Barockschloß; Masch.-, Lederwaren- u.a. Ind. – 1656–1746 Residenz des Hzgt. Sachsen-W.

**Weißer Hai** → Menschenhai.

**Weißer Jura,** *Weißjura,* oberste Abt. des Jura in Dtld.; → Erdzeitalter.

**Weißer Main,** Quellfluß des Main.

**Weiße Rose,** student. Freundeskreis in München, der 1942/43 durch Flugblätter unter dem Symbol der weißen Rose zum ethisch u. christl. begr. Widerstand gegen das nat.-soz. Regime aufrief. Die aktiven Kräfte (Hans u. Sophie *Scholl,* Christoph *Probst,* Willi *Graf,* Alexander *Schmorell,* Prof. Kurt *Huber*) wurden 1943 vom Volksgerichtshof zum Tode verurteilt u. hingerichtet.

**Weißer Sonntag,** *Quasimodogeniti,* der 1. Sonntag nach Ostern, für Erstkommunionsfeiern bevorzugt.

**Weißer Zwerg,** Fixstern von sehr kleinem Durchmesser (Planetengröße), hoher Oberflächentemperatur u. sehr hoher Dichte.

**Weißes Haus,** *White House,* der Amtssitz der Präs. der USA in Washington, D.C.; nach der Fassadenfarbe ben.; erbaut 1792–1800.

*Weinbergschnecke bei der Eiablage*

*Weißdorn: Zweig mit Früchten*

**Weißes Kreuz,** *Dt. Sittlichkeitsbund vom Weißen Kreuz,* 1890 gegr. ev. Vereinigung für Lebenshilfe.
**Weißes Meer,** Meerbusen der Barentssee, rd. 95 000 km², Haupthafen Archangelsk.
**Weiße Väter,** kath. Gesellschaft von Priestern u. Laienbrüdern für die Missionierung Afrikas, gegr. 1868. Weibl. Zweig: *Weiße Schwestern.*
**Weißfische,** Unterfam. oft silbrig-weiß gefärbter karpfenartiger Fische; grätenreich. Hierzu: *Aland, Döbel, Elritze, Blei, Ukelei* u.a.
**Weißfluh,** Gipfel in den Nordrätischen Alpen (schweiz. Kt. Graubünden), 2844 m.
**Weißgardisten,** die im russ. Bürgerkrieg nach der bolschewist. Revolution 1917 gegen die Rote Armee kämpfenden Verbände.
**Weißherbst,** rosafarbener Wein aus roten Rebsorten.
**Weißkäse** → Quark.
**Weißlinge,** Fam. von *Tagfaltern,* meist weiß oder gelb; z.B. *Zitronenfalter,* Raupen der *Kohl-W.* werden an Gemüse schädlich.

*Richard von Weizsäcker auf Staatsbesuch in Norwegen, rechts König Olav V.*

**Weißmeer-Ostsee-Kanal,** früher *Stalinkanal,* 227 km langer Binnenschiffahrtsweg im europ. Teil der RSFSR (Sowj.), verbindet das Weiße Meer mit dem Finn. Meerbusen; 1931–33 erbaut.
**Weissmuller,** John, *1904, †1984, US-amerik. Schwimmer u. Filmdarsteller; Olympiasieger 1924 u. 1928; wurde als Tarzan-Darsteller im Film weltberühmt.
**Weißrussen,** *Weißruthenen,* ostslawisches Volk, Hauptvolk der Weißruss. SSR (Sowj.), mit eig. ostslaw. Sprache.
**Weißrussische SSR,** *Weißrußland, Weißruthenien, Beloruss. SSR,* Unionsrep. im W der Sowj., zw. Baltikum u. Ukrain. SSR; 207 600 km², 10,1 Mio. Ew., Hptst. *Minsk;* überwiegend ebenes Land, zahlr. Seen u. ausgedehnte Wälder, im S die Pripjat-Sümpfe.
**Weißstorch,** schwarzweißer Stelzvogel mit roten Beinen u. Schnabel, gehört in Dtld. zu den bekanntesten Vögeln; Zugvogel. Der Horst wird auf Hausdächern, Masten, Bäumen errichtet, Gelege besteht aus 3–5 Eiern. Ständiger Rückgang, weil lebenswichtige Feuchtgebiete verschwinden.
**Weißwasser,** Krst. in Brandenburg, in der Oberlausitz, 36 000 Ew.; Braunkohlenabbau, Masch.-, Glas- u. Porzellanind.
**Weißwurst,** ungeräucherte Wurst aus Kalbfleisch, bes. in Bayern.
**Weißwurz,** *Salomonssiegel,* Gatt. der Liliengewächse, in Laubwäldern; Kräuter mit dicken Wurzelstöcken u. weißen, hängenden Blüten.
**Weistritz,** l. Nbfl. der Oder, 95 km.
**Weitsichtigkeit** → Übersichtigkeit.
**Weitwinkelobjektiv,** ein Objektiv, das einen bes. großen Bildwinkel erfaßt (über 60°); bevorzugt für Innen- u. Architekturaufnahmen angewandt.
**Weizen,** Gatt. der *Süßgräser* mit wichtigen Getreidearten. Man unterscheidet: 1. *Spelz-W.,* Arten mit zerbrechl. Ährenspindel u. fest von ledrigen Spelzen umschlossenen Körnern (hierzu *Spelz,* [*Dinkel*], dessen unreife Früchte als »Grünkern« bezeichnet sind, *Einkorn* u. *Emmer*). 2. *Nackt-W.,* Ährenspindel zäh, bei der Reife nicht zerbrechend, reife Körner lösen sich beim Dreschen aus den Spelzen (hierzu *Saat-W.* [*Winter-* oder *Sommer-W.*], *Kolben-W., Hart-W.*).

**Weizenälchen,** ein Wurm aus der pflanzenschädigenden Ordnung der *Fadenwürmer;* erzeugt eine Art »Gicht der Weizenähren«.
**Weizenbier** → Bier.
**Weizenkeime,** die beim Mahlen von Weizen anfallenden Keimlinge; enthalten Kohlenhydrate, hochwertige Eiweiße (reich an der essentiellen Aminosäure Lysin), Öl reich an Linolsäure u. die Vitamine E, B₁ u. B₆.
**Weizmann,** Chaim, *1874, †1952, zionist. u. isr. Politiker; geb. in Weißrußland, seit 1903 als Chemiker in England, erwirkte die *Balfour-Deklaration* 1917; 1920–30 u. 1935–46 Präs. der Zionist. Weltorganisation, 1948–52 erster Staats-Präs. Israels.
**Weizsäcker, 1.** Carl Friedrich Frhr. von, Sohn von 2), *28.6.1912, dt. Physiker u. Philosoph; Arbeiten zu Kernphysik, Astronomie u. Friedenssicherung; 1970–78 Dir. des Max-Planck-Instituts zur Erforschung der Lebensbedingungen der wiss.-techn. Welt in Starnberg. – **2.** Ernst Frhr. von, Bruder von 4), *1882, †1951, dt. Diplomat; 1938–43 Staatssekretär des Auswärtigen Amtes, 1943–45 Botschafter beim Vatikan. 1949 in Nürnberg wegen Mitverantwortung für Judendeportationen verurteilt, 1950 vorzeitig entlassen. – **3.** Richard von, Sohn von 2), *15.4.1920, dt. Politiker (CDU); 1964–70 Präs. des Dt. Ev. Kirchentags, 1969–81 MdB, 1981–84 Regierender Bürgermeister von Westberlin, seit 1984 Bundespräsident. – **4.** Viktor Frhr. von, Bruder von 2), *1886, †1957, dt. Neurologe u. Psychiater; Vertreter der Psychosomatik.
**Wekwerth,** Manfred, *3.12.1929, dt. Regisseur u. Theaterleiter; seit 1977 Intendant des Berliner Ensembles (Ostberlin), 1982 Präs. der Akademie der Künste der DDR.
**Welfen,** dt. Fürstengeschlecht, nachweisbar seit Karl d. Gr. Es erhielt 1070 das Herzogtum Bayern u. erwarb weitere Güter, bes. das Herzogtum Sachsen. Aus dieser beherrschenden Stellung im Reich entstand ein Gegensatz zu den Staufern, der sich bei *Heinrich dem Löwen* zu offener Auflehnung zuspitzte. Dieser unterlag jedoch Kaiser Friedrich I. Barbarossa. Ihm verblieben nur die Güter um Braunschweig u. Lüneburg, die 1235 zum Herzogtum Braunschweig u. Lüneburg erhoben wurden. Aus diesem gingen das Herzogtum Braunschweig u. das Kurfürstentum u. spätere Königtum Hannover hervor.
**Welfenschatz,** Reliquienschatz des Hauses Braunschweig-Lüneburg (Burg Dankwarderode), Gegenstände des sakralen Kunstgewerbes aus dem 11.–15. Jh.; 1930 wurde er verkauft, spätere wurden einzelne Teile nach Dtld. zurückgekauft, z.B. Welfenkreuz, Evangeliar Heinrichs des Löwen.
**Weliko Târnowo,** früher *Turnowo,* bulgar. Bez.-Hptst., im Jantratal, 65 000 Ew.; Zarenpalast; Masch.-, Textil- u. Tabak-Ind.
**Welk,** Ehm, Pseud.: Th. *Trimm,* *1884, †1966, dt. Schriftst. (Dramen u. volkstüml. Romane, u.a. »Die Heiden von Kummerow«).
**Wellblech,** verzinktes Eisenblech, das quer zur Walzrichtung wellenförmig gebogen ist.
**Welle, 1.** *Physik:* eine zeitl. u. räuml. period. Bewegung, die sich von einem »Störzentrum« im allg. nach bestimmten Raumrichtungen ausbreitet. So erzeugt ein ins Wasser geworfener Stein eine kreisförmige *Wasser-W.,* eine Explosion in der Luft eine *Kugel-W.;* die Ausbreitung eines Strahls von Materieteilchen erfolgt als *ebene W.* Erfolgt die Schwingung in einer W. senkrecht zur Fortpflanzungsrichtung, so spricht man von einer *Quer-W. (Transversal-W.),* erfolgt sie in Fortpflanzungsrichtung, so heißt sie *Längs-W. (Longitudinal-W.).* Die einfachste W. wird mathemat. durch ein Sinusgesetz erfaßt. Der größte Ausschlag der W.nbewegung heißt *Amplitude;* der Abstand zweier Punkte, die im gleichen Schwingungszustand sind, heißt *Wellenlänge.* – **2.** *Meereswelle,* meist durch anhaltenden Wind verursachte rhythm. Schwingung des Meerwassers an Ort u. Stelle, senkr. zur Fortpflanzungsrichtung. Da die Wasserteilchen immer wieder an ihren Ausgangspunkt zurückkehren, findet (im Gegensatz zu Meeresströmungen) kein Transport von Wassermassen statt. Die *Wellenhöhe* beträgt selten über 10–12 m. – **3.** ein Maschinenelement in Form einer zylindr. Stahlstange, die in Lagern läuft u. zur Übertragung von Drehmomenten dient.
**Wellenreiten,** *Brandungsschwimmen,* engl. *Surfing,* an Küstenstellen mit hohem Wellengang betriebener Sport: Auf einem 2,80 m langen Brett aus Balsaholz oder Kunststoff paddelt der Wellenreiter liegend oder kniend den Wellen entgegen, bis er sich von einer geeigneten Welle zurücktragen läßt.
**Wellensittich,** kleiner austral. *Papagei;* beliebter Käfigvogel, in vielen Farben gezüchtet.
**Weller,** Thomas Huckle, *15.6.1915, US-amerik. Bakteriologe; erhielt für künstl. Züchtung der Polio-Viren den Nobelpreis für Medizin 1954.
**Wellershoff, 1.** Dieter, *3.11.1925, dt. Schriftst.; Hörspiele; Romane: »Ein schöner Tag«, »Die Schattengrenze«, »Die Sirene«. – **2.** Dieter, *16.3.1933, dt. Seeoffizier (Admiral); seit 1986 Generalinspekteur der Bundeswehr.
**Welles** [wɛlz], Orson, *1915, †1985, US-amerik. Filmschauspieler u. -regisseur; erregte Aufsehen durch das Hörspiel »Krieg der Welten«; Filme: »Citizen Kane«, »Die Lady in Shanghai«, »Othello«, »Der Prozeß«.
**Wellfleisch,** frisch geschlachtetes u. gekochtes (gewelltes) Schweinefleisch.
**Wellhorn,** zu den *Vorderkiemern* gehörende Schnecke; an europ. Meeresküsten.
**Wellington** [ˈwɛlɪŋtən], Hptst. Neuseelands, im S der Nordinsel, 324 000 Ew.; Erzbischofssitz, Univ.; Werften, Eisen-, Textil- u. Fleischwaren-Ind.; Hafen, Flughafen.
**Wellington** [ˈwɛlɪŋtən], Arthur Wellesley, Duke of (seit 1814), *1769, †1852, engl. Feldherr u. Politiker; siegte 1815 mit Blücher bei Waterloo über Napoleon; 1828–30 Prem.-Min., 1834/35 Außen-Min.
**Wellpappe,** Pappe, die aus einer oder zwei Bahnen eines Deckenpapiers u. einer gewellten Papierlage besteht.
**Wells** [wɛlz], Herbert George, *1866, †1946, engl. Schriftst.; schrieb wiss.-utop. Romane u. tragikom. Gegenwartsromane. W »Die Zeitmaschine«.
**Welpe,** Jungtier von hundeartigen Tieren.
**Wels,** *Waller,* der größte Süßwasserfisch Europas; bis 3 m lang u. 150 kg schwer; nächtl. Raubfisch.
**Wels,** oberösterr. Bez.-Hptst. an der Traun, 51 000 Ew.; östr. Landw.-Messe, Mühlen-, Nahrungsmittel-, Leder- u. Masch.-Ind.

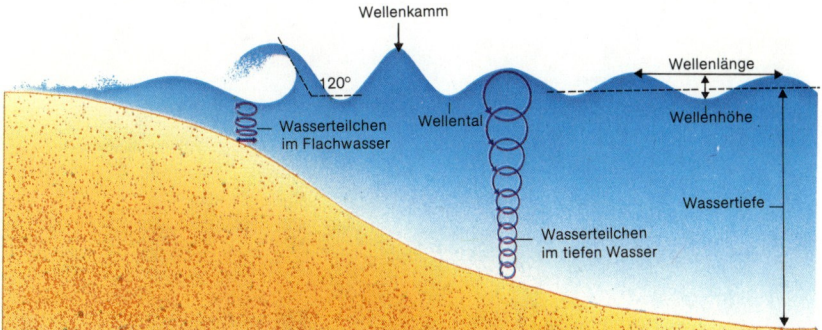

*Eine Welle, die sich dem Strand nähert, nimmt an Länge und Geschwindigkeit ab; die nachfolgenden Wellen stauen sich und türmen sich auf. Dadurch gerät die Kreisbewegung der Wasserteilchen unter Druck und wird zunehmend elliptisch. Im Wellental verlangsamt sie sich zusätzlich, so daß der Kamm Übergewicht bekommt und die Welle zusammenbricht*

**Wels,** Otto, *1873, †1939, dt. Politiker; seit 1919 einer der Vors. der SPD; lehnte 1933 für die SPD im Reichstag das nat.-soz. Ermächtigungsgesetz ab; nach seiner Emigration Vors. der Exil-SPD.

**welsch,** fremdländ., oft mit abwertender Bedeutung.

**Welsch,** Maximilian von, *1671, †1745, dt. Baumeister; Vertreter des rhein.-fränk. Barocks (Würzburger u. Bruchsaler Schloß, Orangerie in Fulda).

**Welse,** Unterordnung bodenbewohnender *Karpfenfische* wärmerer Süßgewässer; Maul immer mit Barteln u. kräftigen Zähnen.

**Welser,** Patrizierfamilie, seit dem 13. Jh. in Augsburg urkundl. bezeugt; erlangte durch Handel u. Bergbau Reichtum u. internat. Geltung; berühmtester Schuldner der W. war Karl V.; ihre Finanzmacht wurde erst im 17. Jh gebrochen.

**Welt,** die ganze Erde u. ihre Bewohner; in der Philosophie die Gesamtheit alles Seienden.

**Weltall,** *Universum, Kosmos,* der gesamte Raum (Weltraum) mit allen in ihm enthaltenen Körpern. Die Vorstellungen über Inhalt, Art u. Bau des W.

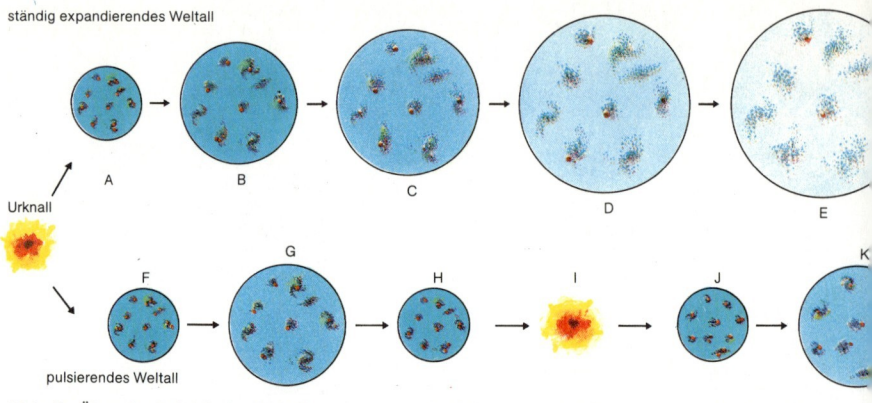

*Weltall: Über die Zukunft des Weltalls gibt es verschiedene wissenschaftliche Theorien: Vorherrschende Meinung ist, daß sich das Weltall weiter ausdehnt (A bis E), seine Aktivität nachläßt, die Sterne allmählich sterben und die Galaxien sich zu Gas- und Staubwolken verdünnen. Eine andere Theorie ist die des pulsierenden Weltalls (F bis K). Danach enthält das Universum genügend Materie, um die gegenwärtige Expansion später in eine Kontraktion zu überführen. Es würde wieder eine ungeheuer verdichtete Masse entstehen, die in einem weiteren Urknall erneut explodieren und zur Neuentstehung eines Weltalls führen müßte*

# ERSTER WELTKRIEG

*Gaskrieg (links). – Die deutsche Führung: Paul von Hindenburg, Wilhelm II. und Erich Ludendorff (von links)*

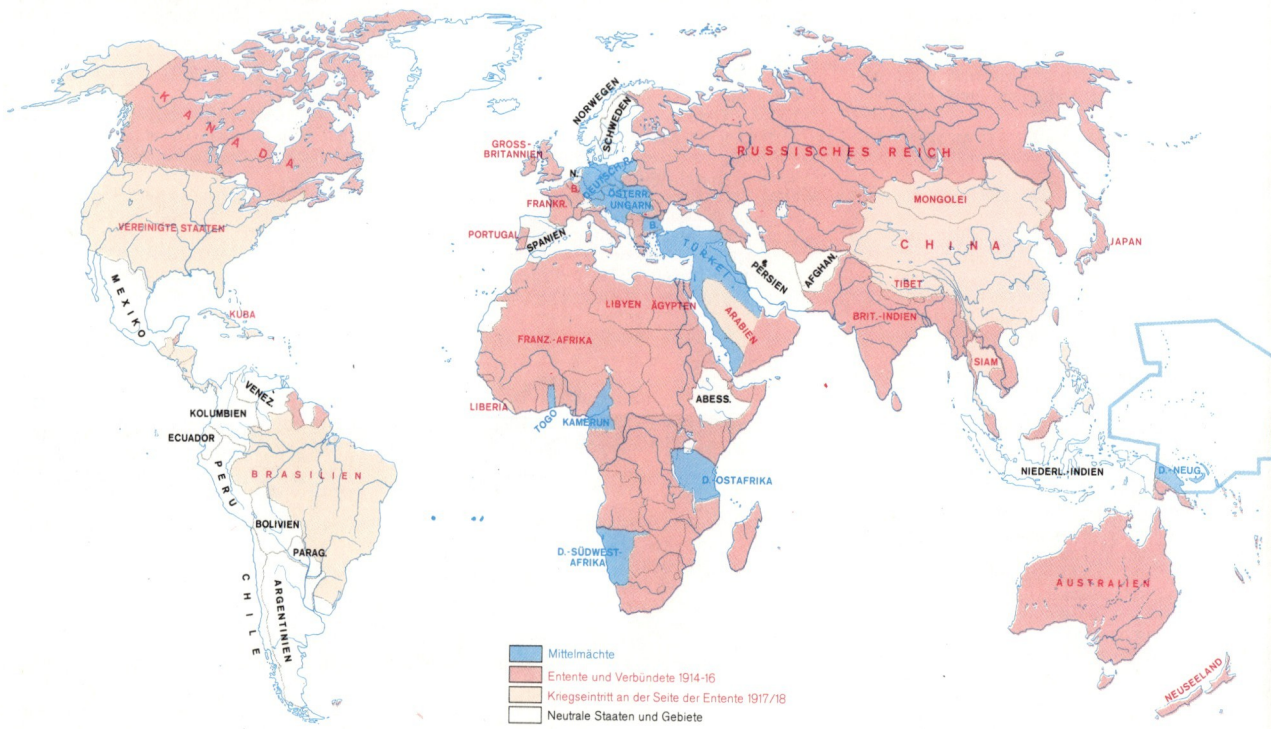

*Mächtegruppierung*

haben sich im Laufe der Menschheitsentwicklung stark gewandelt. Im Altertum hielt man die ruhende Erde für den Mittelpunkt des durch die Himmelskugel abgeschlossenen endl. u. begrenzten W. (*geozentr. Weltsystem des Ptolemäus*). Im *heliozentr. Weltsystem des Kopernikus* wurde die Sonne anstatt der Erde in den Mittelpunkt gesetzt. Die Idee eines unendl., unbegrenzten W. tauchte zuerst bei G. *Bruno* auf, der die Sonnennatur der Fixsterne u. die Erfüllung des W. mit unendl. vielen dieser sonnenähnl. Sterne lehrte. Im 18. Jh. (*I. Kant, F. W. Herrschel*) erkannte man, daß die Fixsterne den Raum nicht gleichmäßig erfüllen, sondern ein abgeschlossenes endl. System von linsenförmiger Gestalt bilden, in dem die Sterndichte nach außen hin abnimmt (*Milchstraßensystem, Galaxis*) u. das im unendl. leeren Raum schwimmt. Mit den größten Fernrohren erblickt man das Weltall bis zu 15 Mrd. Lichtjahren Entfernung nach jeder Richtung u. findet es erfüllt von mehr als 100 Mrd. Sternsystemen. Die Vorstellung von der unendl. Ausdehnung des W. ist durch die allg. Relativitätstheorie als falsch erkannt worden. Nach *Einstein* ist der Raum gekrümmt u. die Raumkrümmung ist abhängig von der mittleren Dichte der im Raum enthaltenen Materie. Man schätzt heute den Radius des W. auf 18 Mrd. Lichtjahre. Die Gesamtmasse des W. schätzt man auf $10^{56}$ g. Wegen der Fluchtbewegung der Galaxien nimmt die Materiedichte (u. damit die Raumkrümmung) ständig ab. Der Radius des W. ist daher nicht konstant, sondern nimmt zu, das W. dehnt sich aus.

**Weltanschauung**, die Weise, in der der Mensch sein Dasein in der Welt versteht u. auslegt.

**Weltausstellung** → Ausstellung.

**Weltbank**, *Internat. Bank für Wiederaufbau und Entwicklung*, engl. *International Bank for Reconstruction and Development (IBRD)*, Sitz: Washington; seit 1946 tätiges internat. Bankinstitut, fördert die private internat. Anlagetätigkeit durch Garantieübernahme, Beteiligung oder Vermittlung; 148 Mitgl.

**Weltbürger**, *Kosmopolit*, jemand, der sich mehr der ganzen Menschheit als einer bestimmten Nation verbunden fühlt.

**Weltchronik**, universalgeschichtl. Darst. in Prosa oder Vers, die die Ereignisse seit Erschaffung der Welt verzeichnet. Berühmt sind die Weltchroniken *Ottos von Freising* u. *Eikes von Repkow*.

**Weltergewicht** → Gewichtsklassen.

**Weltesche** → Yggdrasil.

**Weltgeschichte**, die Geschichte der gesamten Menschheit u. der Versuch, sie im Zusammenhang des Geschehens darzustellen (in diesem Sinn auch *Universalgeschichte*).

**Weltgesundheitsorganisation**, Abk. *WGO*, engl. *World Health Organization (WHO)*, Organisation der UN, gegr. 1948; Aufgaben: leitende u. koordinierende Organisation internat. Gesundheitsfragen, Unterstützung der Reg. der Mitgl.-Staaten beim Ausbau ihrer öffentl. Gesundheitsdienste, Bekämpfung von Weltseuchen wie Aids, Malaria u. Pocken, Förderung der medizin. Ausbildung u. Forschung u.a.

**Welthandelskonferenz** → UNCTAD.

**Welthilfssprachen**, künstl. Sprachen, die möglichst leicht erlernbar sein u. so die internat. sprachl. Verständigung erleichtern sollen. Bekannte W. sind *Esperanto, Occidental, Ido, Novial, Volapük* u. *Idiom Neutral*.

**Welti**, Albert, *1862, †1912, schweiz. Maler u. Graphiker; schuf gedanken- u. symbolgeladene Figurenszenen, Landschaften u. Bildnisse.

**Weltkinderhilfswerk** → UNICEF.

**Weltkirchenkonferenz**, die Vollversammlung des Ökumen. Rats der Kirchen; → ökumenische Bewegung.

**Weltkrieg**, ein Krieg, der viele Staaten u. große Teile der Erde in Mitleidenschaft zieht. Als W. wurde von Zeitgenossen bereits der Befreiungskrieg von 1813–15 bezeichnet. W.e im eigtl. Sinne waren jedoch erst die beiden großen Kriege des 20. Jh.

*1. Weltkrieg (1914–18).* Zum W. kam es in einer durch Imperialismus, Nationalismus u. Rivalitäten zw. den Mächten gekennzeichneten Situation. Jedoch begann kein Staat den Krieg aufgrund eines Offensivbündnisses oder mit konkreten Eroberungsabsichten. Unmittelbarer Anlaß war die Ermordung des östr. Thronfolgers Franz Ferdinand u. seiner Gemahlin in Sarajevo am 28.6.1914 durch südslaw. Nationalisten. Östr.-Ungarn machte Serbien verantwortl. u. stellte ihm mit dt. Rückendeckung ein Ultimatum, das abgelehnt wurde. Die östr. Kriegserklärung an Serbien vom 28.7.1914 bewog Rußland zur Mobilmachung, woraufhin Dtld. am 1.8. Rußland u. am 3.8. Frankreich den Krieg erklärte. Nach dem dt. Einmarsch in das neutrale Belgien folgte am 4.8. die brit. Kriegserklärung an Dtld. In den Krieg gegen die Mittelmächte (Dtld., Östr., die Türkei u. Bulgarien) traten ferner ein: 1914 Japan, 1915 Italien, 1916 Portugal u. Rumänien, 1917 die USA, Kuba, Panama, Griechenland, Siam, Liberia, China u. Brasilien, 1918 Guatemala, Nicaragua, Costa Rica, Honduras u. Haiti.

*Kriegsverlauf. Westfront:* Der dt. Plan, die frz. Armee durch eine weitausgreifende Offensive zu umfassen, scheiterte im Sept. 1914. Der Bewegungskrieg wurde zum verlustreichen Stellungs- u. Zermürbungskrieg. Dt. Offensiven 1918 waren erfolglos u. brauchten die letzten Reserven auf. Die Gegenoffensive der Alliierten zwang die dt. Truppen zum Rückzug. – *Ostfront:* Die in Ostpreußen eingerückten Russen wurden im Aug./Sept. 1914 geschlagen. 1915 beendeten dt. u. östr. Siege den russ. Druck auf die Grenzen. Nach weiteren dt. Erfolgen u. der Revolution in Rußland kam es im Dez. 1917 zum Waffenstillstand u. im März 1918 zum Frieden von Brest-Litowsk zw. Sowjetrußland u. den Mittelmächten. – *Balkanfront:* Durch einen dt.-östr.-bulgar. Angriff wurden 1915 Serbien, Montenegro u. Albanien erobert. Brit.-frz. Truppen bauten in Makedonien eine neue Front auf. Rumänien wurde von den Mittelmächten 1916 rasch niedergeworfen. Im Sept. 1918 brach die Balkanfront zusammen; dies machte die militär. Niederlage der Mittelmächte offenkundig. – *Seekrieg:* der von Dtld. mit illusionären Erwartungen begonnene U-Boot-Krieg fügte dem Gegner materielle Verluste zu, führte aber zum kriegsentscheidenden Eintritt der USA in die Kämpfe. Die dt. Schlachtflotte kam nur in der Schlacht bei Skagerrak (1916) zum Einsatz. – *Weitere Kriegsschauplätze* waren Norditalien, der Nahe Osten u. die dt. Kolonien.

*Kriegsende u. Ergebnisse.* Am 29.9.1918 kapitulierte Bulgarien, am 30.9. die Türkei, am 3.11. Östr.-Ungarn u. am 11.11. Dtld. Friedensschlüsse folgten 1919 in den Pariser Vorortverträgen (Versailles, Saint-Germain, Neuilly, Trianon, Sèvres). An den Kämpfen hatten auf seiten der Mittelmächte 24,2 Mio. Soldaten teilgenommen, auf seiten der Alliierten 42,9 Mio. Etwa 10 Mio. Soldaten waren gefallen. Der 1. W. veränderte das europ. Staatengefüge. Östr.-Ungarn u. das Osman. Reich wurden aufgelöst, Rußland verlor seine nichtruss. Westgebiete. Zahlreiche neue Staaten entstanden, u. viele Grenzen wurden verändert. Das Selbstbestimmungrecht der Völker wurde jedoch nicht durchgesetzt; auch in den neuen Staaten gab es Probleme nationaler Minderheiten. Dtld., Östr. u. Rußland wurden Republiken. Der 1. W. führte zur bolschewist. Revolution in Rußland u. zum Eintritt der USA in die Weltpolitik; das Jahr 1917, in dem beides geschah, kann als Beginn einer neuen Epoche gelten.

*2. Weltkrieg (1939–45).* Der 2. W. wurde von Hitler entfesselt, der seine rassenideolog. motivierten Expansionspläne (»Eroberung von Lebensraum«) verwirklichen wollte u. als Endziel die dt. Weltherrschaft sah. Das Streben nach Revision des Versailler Vertrags war dabei nur Vorwand. Italien u. Japan, die Hauptverbündeten Dtld., fühlten sich ähnl. wie dieses weltpolit. benachteiligt u. verfolgten ihre eig. Ziele: Italien die Herrschaft über das Mittelmeer, Japan die Errichtung einer »Großostasiat. Wohlstandssphäre« unter seiner Füh-

*Luftkrieg*

*Deutsche Kriegspropaganda auf einer Postkarte*

*Albert Welti: Walpurgisnacht; 1897*

## Weltkrieg

rung. Den »Achsenmächten« schlossen sich Ungarn, Rumänien, Bulgarien u. zeitweise Finnland an. Führende Mächte der »Anti-Hitler-Koalition« waren Großbrit. u. Frankreich sowie seit 1941 die USA u. die UdSSR.

Der europ. Krieg 1939–41. Nach Abschluß des dt.-sowj. Nichtangriffspaktes, der die wohlwollende Neutralität u. Unterstützung der UdSSR sicherte, begann der Krieg mit dem dt. Angriff auf Polen am 1.9.1939. Aufgrund ihres Beistandspakts mit Polen erklärten Großbrit. u. Frankreich am 3.9. Dtld. den Krieg. Charakterist. für diese Phase des 2. W. war die dt. Strategie des »Blitzkriegs«. Die Gegner wurden nacheinander jeweils in wenigen Wochen niedergeworfen: im Sept. 1939 Polen, im April 1940 Dänemark u. Norwegen, im Mai/Juni 1940 Frankreich, Belgien, die Niederlande u. Luxemburg, im April 1941 Jugoslawien u. Griechenland. Die UdSSR führte im Winter 1939/40 Krieg gegen Finnland u. erreichte Gebietsabtretungen. Aufgrund der Absprachen mit Dtld. besetzte sie Ostpolen u. annektierte im Juni 1940 Estland, Lettland, Litauen u. die rumän. Gebiete Bessarabien u. Nordbukowina. Italien suchte einen »Parallelkrieg« im Mittelmeerraum zu führen, mußte aber auf dem Balkan u. in N-Afrika dt. Hilfe in Anspruch nehmen. Am 22.6.1941 begann der Feldzug gegen die UdSSR, der Hitlers eigtl. Angriffsziel war. Nach großen Anfangserfolgen kam die dt. Offensive im Dez. vor Moskau zum Stehen, die sowj. Armee ging zum Gegenangriff über. Damit war die Blitzkriegsstrategie gescheitert.

Die globale Ausweitung 1941. Japan, das seit 1937 Krieg gegen China führte, entschloß sich 1941 zur weiteren Expansion in Richtung SO-Asien u. griff am 7.12.1941 den US-amerik. Stützpunkt Pearl Harbor an. Obwohl vertragl. nicht dazu verpflichtet, erklärten Dtld. u. Italien den USA den Krieg. Japan eroberte in kürzester Zeit Birma, Malaya, Singapur, Hongkong, die Philippinen, Ndl.-Indien u. Neuguinea. In der UdSSR drangen dt. Truppen in einer neuen Offensive 1942 bis Stalingrad u. in den Kaukasus vor; in N-Afrika bedrohten sie den Suezkanal. Im Atlantik erzielten dt. U-Boote große Erfolge bei der Versenkung feindl. Handelsschiffe.

Wende u. Kriegsende. Seit Mitte 1942 trat an den meisten Fronten eine Wende ein. Die jap. Offensive wurde bei den Midwayinseln zum Stehen gebracht. Bei Stalingrad wurde im Winter

## ZWEITER WELTKRIEG

*Deutsche Soldaten zerstören einen polnischen Grenzschlagbaum am 1.9.1939 (links). – Vor dem Salonwagen im Wald von Compiègne, in dem am 23. Juni 1940 die französische Kapitulation unterzeichnet wurde. Von links: Ribbentrop, Keitel, Göring, Heß, Hitler, halb verdeckt Raeder, Brauchitsch (rechts)*

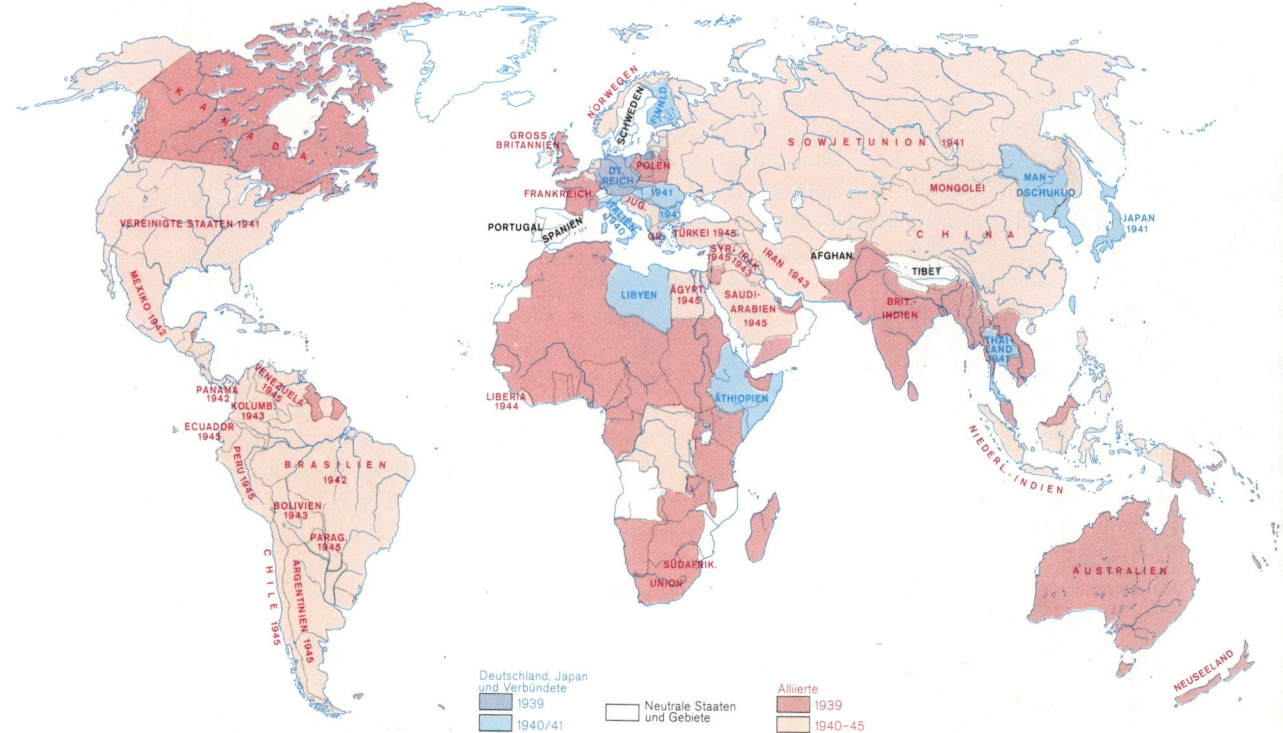

*Mächtegruppierung*

1942/43 eine dt. Armee eingekesselt u. vernichtet. 1943 ging N-Afrika für die Achsenmächte verloren, der dt. U-Boot-Krieg brach zusammen, u. es begannen massive alliierte Luftangriffe auf dt. Städte. An der Ostfront ging die Initiative an die sowj. Armee über. Die Alliierten landeten auf Sizilien u. anschließend auf dem ital. Festland. Das faschist. Regime wurde gestürzt, die neue ital. Reg. schloß einen Waffenstillstand mit den Westmächten. Im Juni 1944 begann die alliierte Invasion in N-Frankreich. Ende 1944 hatte Dtld. die meisten eroberten Gebiete außer Norwegen u. Dänemark verloren. Bis April 1945 wurde ganz Dtld. von sowj. u. westalliierten Truppen besetzt. Am 20.4. beging Hitler Selbstmord. Sein testamentar. eingesetzter Nachfolger Dönitz vollzog am 7. u. 9.5. die bedingungslose Kapitulation. Im Pazifik eroberten US-amerik. u. brit. Truppen 1943–45 die meisten der von Japan besetzten Gebiete zurück. Aber erst der Abwurf von zwei amerik. Atombomben (6. u. 9.8.1945) machte Japan kapitulationsbereit. Am 8.8. erklärte die UdSSR Japan den Krieg u. marschierte in die Mandschurei ein. Am 2.9. kapitulierte Japan.

**Ergebnisse.** Im 2. W. standen 110 Mio. Menschen unter Waffen. 27 Mio. Soldaten u. 25 Mio. Zivilisten starben. Die Anti-Hitler-Koalition zerbrach bald nach Kriegsende. Eine umfassende Friedensregelung blieb deshalb aus. 1946/47 wurden in Paris Friedensverträge mit den europ. Verbündeten Dtld.s geschlossen; 1951 in San Francisco ein Friedensvertrag mit Japan, dem jedoch die UdSSR nicht beitrat; 1955 der Staatsvertrag mit Östr. Ein Friedensvertrag mit Dtld. kam wegen des sich entwickelnden Ost-West-Konflikts nicht zustande; das Land wurde geteilt. Osteuropa kam unter sowj. Vorherrschaft u. wurde einer kommunist. Umgestaltung unterworfen. Die Siegerstaaten Großbrit. u. Frankreich sanken im Vergleich mit den USA u. der UdSSR zu Mächten zweiten Ranges herab. Der 2. W. gab den entscheidenden Anstoß zur Auflösung der Kolonialreiche in den folgenden Jahrzehnten.

**Weltkulturgüter,** schutzwürdige histor. Stätten, Kunstdenkmäler, Naturschutzgebiete u. Landschaftsteile, die unter den Schutz der UNESCO gestellt sind, z.Z. rd. 250 Objekte. Die wichtigsten Maßnahmen zur Erhaltung u. Restaurierung galten bisher den nub. Denkmälern (Abu Simbel, Kalabscha, Philae) u. dem buddhist. Heiligtum Borobudur auf Java.

**Weltmacht,** ein Staat, der polit., militär. u. wirtschaftl. eine weltweite Rolle spielt. Weltmächte im begrenzten Sinn waren in der Antike z. B. das Alexander-Reich u. das Röm. Reich, im MA z. B. das Islam. Reich. Heute im vollen Sinn die USA u. die Sowjetunion.

**Weltmarkt,** der »Markt« von Welthandelsgütern; er ist eine Voraussetzung für die Bildung eines einheitl. W.preises, der z. B. für Kaffee in New York, für Weizen in Chicago, für Zucker in London notiert wird.

**Weltnachrichtenverein** → UIT.

**Weltpolitik,** *i. e. S.* die Politik u. Beziehungen der Groß- oder Weltmächte; *i. w. S.* die Gesamtheit der polit. wirksamen Aktionen u. Beziehungen, soweit sie die Kräfteverteilung u. Entwicklungstendenzen in der Welt berühren, also auch wirtsch. Beziehungen.

**Weltpostverein,** Vereinigung von Staaten zur Abwicklung des internat. Postverkehrs nach gemeinsamen Grundsätzen. Grundlage: der *Weltpostvertrag* von 1878, dem sich prakt. alle Länder anschlossen.

**Weltpriester,** *Weltgeistlicher,* ein kath. Geistlicher, der keinem Orden angehört.

**Weltrat der Kirchen** → Ökumenischer Rat der Kirchen.

**Weltrat für Sportwissenschaft und Leibeserziehung,** internat., nichtstaatl. Dachorganisation des Sports u. der Sportwiss.

**Weltraumfahrt,** die Entsendung unbemannter u. bemannter Flugkörper in den Weltraum u. zu anderen Himmelskörpern. Die W. setzt das Vorhandensein von Antriebswerken voraus, die sich im luftleeren Weltraum fortbewegen können. Ein derartiges Fortbewegungsmittel ist das nach dem Rückstoßprinzip arbeitende → Rakete. Die in den Raketen freigesetzte Energie wird beim Raumflug in erster Linie für die Überwindung des irdischen Schwerefeldes benötigt. Die Schwerewirkung eines Körpers (→ Gravitation) ist proportional seiner Masse; sie nimmt mit dem Quadrat der Entfernung vom Mittelpunkt des Körpers ab. Um das Schwerefeld der Erde (auf einer Parabelbahn) verlassen zu können, muß ein Objekt auf die *Fluchtgeschwindigkeit* von rd. 11,2 km/s beschleunigt werden. Bei niedriger Geschwindigkeit bleibt der Raumflugkörper im Schwerefeld der Erde. Bei einer Geschwindigkeit kleiner als 11,2 km/s, aber größer als 7,9 km/s bewegt sich der Satellit auf einer ellipt. Flugbahn um die Erde. Bei rd. 7,9 km/s bewegt er sich auf einer Kreisbahn um die Erde, ist seine Geschwindigkeit niedriger, so kehrt der Flugkörper wieder zur Erde zurück. Nachdem ein Raumflugkörper seine Umlauf- bzw. Fluchtgeschwindigkeit erreicht hat, vollzieht sich der weitere Flug antriebslos unter Ausnutzung der kinet. Energie des Flugkörpers u. der Schwerelosigkeit der Himmelskörper. Es werden allenfalls noch Bahnkorrekturen durch Zündung der Triebwerke für einige s bis zu wenigen min. vorgenommen. Mittels Bremsraketen läßt sich die Geschwindigkeit einer Raumkapsel in der Umlaufbahn vermindern, wodurch sie in weitem Bogen zur Erdoberfläche zurückkehrt. Beim Wiedereintritt in die dichteren Atmosphäreschichten werden die Raumkapseln durch Reibungswärme aufgeheizt. Eine spezielle Wiedereintrittsfläche (schwer schmelz-

### Weltraumfahrt 971

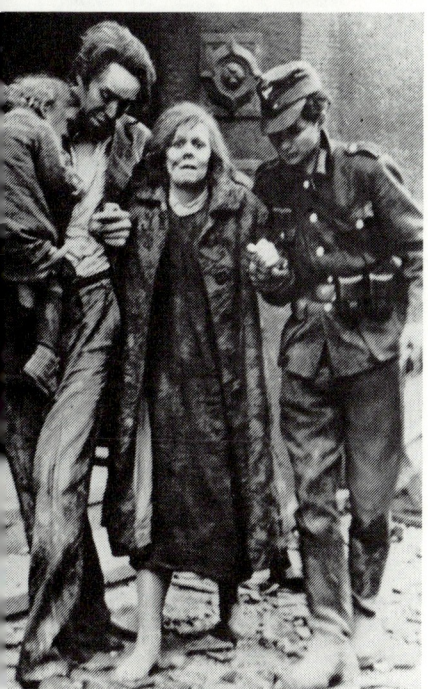
*Alliierter Luftangriff während der Invasion 1944*

*Opfer der Bombardierung*

→ Japan und die bis zum Kriegseintritt (7. 12. 1941) von Japan besetzten Gebiete
← Japanische Angriffe 1941

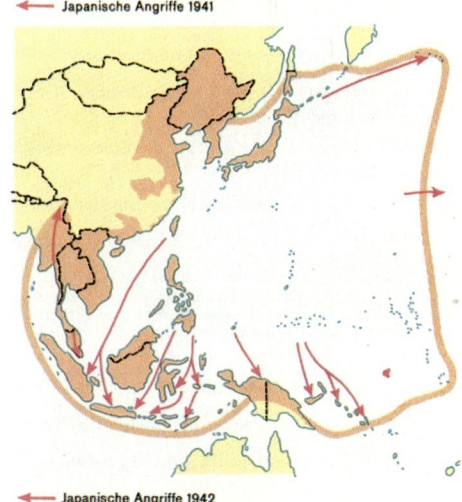

← Japanische Angriffe 1942
→ Größter japanischer Einflußbereich Ende 1942

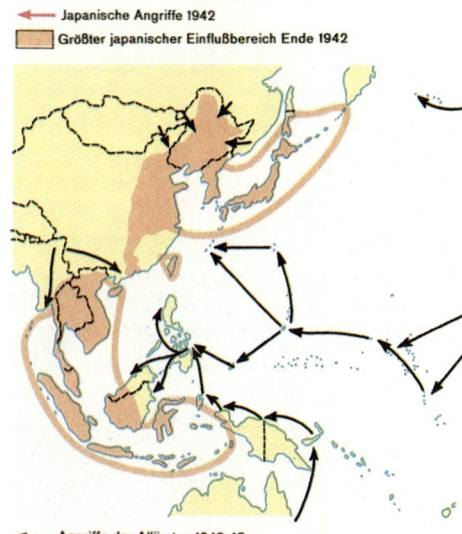

← Angriffe der Alliierten 1943-45
→ Das von Japan beherrschte Gebiet am Ende des Krieges

*Zweiter Weltkrieg: Der Kriegsschauplatz im Pazifik*

bare Substanzen, Schmelzkühlung), mit der voran die Kapsel in die dichteren Atmosphärenschichten eindringt, nimmt die Reibungshitze auf, die über 3000 °C erreichen kann.

Die Entwicklung der modernen Raketentechnik begann 1945 in den USA u. der UdSSR, wobei man auf den Erfahrungen der rein militär. ausgerichteten Großraketenentwicklungen des 2. Weltkriegs aufbaute. Heute starten neben den beiden Großmächten auch viele andere Länder u. internat. Organisationen (z. B. die europ. Weltraumorganisation ESA) eigene Satelliten. Mehr als 1700 Nutzlasten (Satelliten u. bemannte Raumschiffe) befinden sich ständig im Weltall; etwa die gleiche Anzahl ist inzw. wieder verglüht oder zur Erde zurückgekehrt. Es gelangen jedoch nicht nur Nutzlasten auf Bahnen um die Erde, sondern auch sog. *Weltraummüll,* u. a. Teile abgesprengter Satellitenverkleidungen u. Raketenstufen. Rd. 7150 dieser Objekte befanden sich 1988 im Erdumlauf. Diese Fragmente, deren Zahl ständig zunimmt, stellen für die W. eine zunehmende Bedrohung dar.

Während anfangs die Satelliten mit zivilen Aufgaben der *Weltraumforschung* überwogen, dient heute die Mehrzahl der Satelliten militär. oder kommerziell-anwendungstechn. Zielen. Anwendungstechn. Satelliten sind die meist auf den 36 000 km hohen Kreisbahnen *(geostationäre Bahn* oder *24-Stunden-Bahn)* befindl. Komununikations-, Wetter-, Erderkundungs- u. Navigationssatelliten. Sie haben heute eine überragende wirtschaftl. Bedeutung.

**Weltrekord,** Welthöchstleistungen in den Sportarten mit meßbaren Ergebnissen. W. müssen unter festgelegten Bedingungen erzielt sowie geprüft u. anerkannt worden sein.

**Weltreligionen,** Religionen mit universalem Geltungsanspruch, die sich über größere Teile der Erde verbreitet haben, insbes. Buddhismus, Christentum u. Islam.

**Weltsicherheitsrat** → Vereinte Nationen.

**Weltsprachen,** Sprachen mit internat. Verständigungsbereich, in der Antike z. B. *Akkadisch, Aramäisch, Griechisch* u. *Latein;* in Afrika, W- u. S-Asien seit dem 7. Jh. *Arabisch.* Neuere W. sind *Portugiesisch, Spanisch, Russisch, Französisch, Englisch.*

**Weltstadt,** eine Großstadt mit mehr als einer Mio. Ew., starken übernat. Verflechtungen u. internat. wirtschaftl., kulturellen u. oft auch polit. Funktionen.

**Welttheater,** die Vorstellung von der Welt als einem Schauspiel, in dem jeder seine Rolle zu spielen hat; häufiges literar. Motiv.

**Weltuntergang,** die in vielen Religionen u. deren Mythen sich findende Erwartung eines katastrophenartigen Endes der Welt, als Weltbrand, -überschwemmung oder -dürre vorgestellt. Im christl. Glauben ist der W. mit der Wiederkunft Christi u. dem Jüngsten Gericht verbunden.

**Weltwährungsfonds** [-fɔ̃] → Internationaler Währungsfonds.

**Weltwirtschaft,** die zwischenstaatl. Verknüpfung der einzelnen Volkswirtschaften. Von W. im eigtl. Sinn kann man erst seit dem 19. Jh. sprechen.

**Weltwirtschaftskrise,** die heftige, die meisten Welthandelsstaaten berührende Wirtschaftskrise 1929–33. Sie hatte ihre Ursache bes. in der Umbildung der weltwirtschaftl. Beziehungen (z. B. hatten während u. nach dem 1. Weltkrieg viele Agrarstaaten eigene Ind. aufgebaut), in der Erschütterung vieler Währungen durch das Goldhorten der USA u. in den hohen Reparationszahlungen des Dt. Reichs.

**Weltwunder,** sieben von *Antipatros von Sidon* um 150/20 v. Chr. als bes. rühmenswert bezeichnete Bauwerke der Antike: 1. der Artemis-Tempel in Ephesos; 2. die ägypt. Pyramiden bei Gizeh; 3. das von *Phidias* 432 v. Chr. begonnene Goldelfenbeinbild des Zeus im Tempel von Olympia; 4. der Leuchtturm von Pharos vor Alexandria; 5. der Koloß von Rhodos; 6. die Hängenden Gärten der Semiramis in Babylon; 7. das Mausoleum in Halikarnassos. – B → S. 974/75.

**Welty** [ˈwɛlti], Eudora, *13.4.1909, US-amerik. Schriftst.; heimatgebundene Romane.

**Weltzeit,** Abk. *WZ,* mittlere Zeit des Nullmeridians von Greenwich (Westeurop. Zeit); in der Astronomie Normalzeit für Zeitangaben.

**Weltzeituhr,** eine Uhr, die die Abweichung der Uhrzeit an den versch. Orten der Erde in bezug auf die Weltzeit anzeigt.

**Welwitschie,** Pflanze der Wüstengebiete SW-Afrikas, mit dickem, niedrigem Stamm u. 2 mehrere Meter langen ledrigen Blättern; unter internat. Naturschutz.

**Wembley** [ˈwɛmbli], Teil des Stadtbez. Brent von Greater London; berühmtes Sportstadion.

**Wendehals,** ein singvogelartig wirkender *Specht,* bräunlichgrau gefärbt, Zugvogel; typ. sind drehende Verrenkungen des Kopfes.

**Wendekreise,** die Breitenkreise in 23° 26' 45'' nördl. u. südl. Breite, über denen die Sonne zur Zeit der Sonnenwende im Zenit steht u. die die mathemat. Grenzkreise der *trop. Zone* der Erde sind (Nördl. Wendekreis = Wendekreis des Krebses, weil die Sonne am 21. 6. in das Tierkreiszeichen des Krebses, Südl. Wendekreis = Wendekreis des Steinbocks, weil die Sonne am 21. 12. in das Tierkreiszeichen des Steinbocks tritt).

**Wendelstein,** Berg in den bay. Kalkalpen, sö. vom Schliersee, 1837 m; Zahnradbahn, Wallfahrtskapelle.

**Wendeltreppe,** schraubenförmig um eine Achse ansteigende Treppe.

**Wenden,** fr. zusammenfassende Bez. für die in Dtld. siedelnden Slawen (Elb- u. Ostseeslawen), später auf die Sorben eingeengt; jetzt nicht mehr in dieser Bedeutung gebraucht.

**Wenders,** Wim, *14.8.1945, dt. Filmregisseur; W »Alice in den Städten«, »Der amerik. Freund«,

# WELTRAUMFAHRT

*Start einer Gemini-Raumkapsel mit einer Titan-2-Rakete*

*Die von 3 Spezialfallschirmen abgebremste Apollo-17-Kapsel kurz vor der Wasserung im Pazifik*

---

| | Wichtige Daten zur Geschichte der Weltraumfahrt |
|---|---|
| 1957 | Start des ersten künstlichen Erdsatelliten Sputnik 1 |
| 1958 | Explorer 1, der erste US-amerikanische Erdsatellit |
| 1959 | Lunik 3 funkt zum ersten Mal Bilder von der Mondrückseite |
| 1960 | Mit dem Wettersatelliten Tiros startet der erste Anwendungssatellit |
| 1961 | Jurij Gagarin startet als erster Mensch ins All |
| 1965 | Erstes Ausstiegsmanöver aus einem Raumfahrzeug (A. Leonow aus Woschod 2) |
| 1965 | Early Bird, der erste kommerzielle Nachrichtensatellit |
| 1965 | Mariner 4 sendet erste Aufnahmen von der Oberfläche eines anderen Planeten (Mars) |
| 1967 | Sojus 1; W. Komarow stirbt bei der Rückkehr aus der Erdumlaufbahn |
| 1968 | Erster größerer europäischer Satellit (HEOS 1) mit US-amerikanischer Trägerrakete gestartet. Die Besatzung von Apollo 8 sieht auf dem Flug zum Mond die Erde zum ersten Mal als blauen Planeten im All |
| 1969 | Neil Armstrong u. Edwin Aldrin (Apollo 11) betreten als erste Menschen den Mond |
| 1971 | Saljut 1, die erste Raumstation in der Erdumlaufbahn |
| 1972 | Pioneer 10 startet zu den äußeren Planeten Jupiter und Saturn |
| 1973 | Start des US-amerikanischen Weltraumlabors Skylab |
| 1975 | Apollo-Sojus, der erste gemeinsame Raumflug der USA u. der UdSSR |
| 1976 | Viking-Sonde landet auf dem Mars |
| 1978 | Start des ersten DDR-Kosmonauten (Sigmund Jähn) mit Sojus 31 zu Saljut 6/Sojus 29 |
| 1979 | Erster erfolgreicher Testflug der eurpäischen Trägerrakete Ariane mit Testsatellit |
| 1981 | Erststart des Space-Shuttle, des wiederverwendbaren Raumtransporters |
| 1983 | Start des europäischen Weltraumlabors Spacelab im US-amerikanischen Raumtransporter mit dem ersten Astronauten der Bundesrepublik Deutschland (Ulf Merbold) |
| 1984 | Einfangen zweier Satelliten u. Rücktransport zur Erde durch den US-amerikanischen Raumtransporter „Discovery" |
| 1986 | Die US-amerikanische Raumfähre Challenger explodiert beim Start. Alle sieben Astronauten kommen ums Leben. Vorbeiflug von Voyager 2 am Planeten Uranus. Start der sowjetischen Raumstation Mir. Vorbeiflug von Vega 1 u. 2 (UdSSR), Giotto (ESA) sowie Sakigake u. Susei (Japan) am Kometen Halley |
| 1988 | Erfolgreicher Jungfernflug der europäischen Trägerrakete Ariane 4. Wiederaufnahme der Flüge des US-amerikanischen Raumtransporters. Erster unbemannter Flugtest der sowjetischen Raumfähre Buran als Nutzlast des Schwerlastträgers Energija |
| 1989 | Vorbeiflug von Voyager 2 am Planeten Neptun u. seinem größten Mond Triton |
| 1990 | Japan startet die erste Mondrakete (Muses-A) seit 1976 |

»Der Stand der Dinge«, »Paris, Texas«, »Der Himmel über Berlin«.
**Wenezianow** [-nɔf], Alexej Gawrilowitsch, *1780, †1847, russ. Maler u. Graphiker; begr. die russ. Genremalerei.
**Wengen,** schweiz. Luftkurort u. Wintersportplatz im Berner Oberland, 1277 m ü. M., 1300 Ew.
**Went,** Friedrich A. F. C., *1863, †1935, ndl. Botaniker; entdeckte die *Wuchsstoffe* bei Pflanzen.
**Wentschou** → Wenzhou.
**Wenzel,** tschech. *Václav,* Fürsten.
Deutscher König:
**1.** *1361, †1419, König 1378–1400 (als König von Böhmen *W. IV.);* Sohn Karls IV., bereits 1376 zum röm. König gewählt u. gekrönt, 1378 Nachfolger seines Vaters im Reich u. in Böhmen; wurde 1400 wegen Unfähigkeit von den Kurfürsten abgesetzt, behielt die böhm. Königskrone u. den Titel des röm. Königs jedoch bis zu seinem Tod.
Böhmen:
**2. W. der Heilige,** *um 910, †929, Herzog der Böhmen 921–929; förderte das Christentum; wurde von seinem heidn. Bruder Boleslaw I. ermordet. – Nationalheiliger in Böhmen (Fest 28. 9.). – **3. W. II.** *1271, †1305, König von Böhmen 1278–1305, König von Polen 1300–05, König von Ungarn 1302–05; seit 1290 dt. Kurfürst; förderte die dt. Kolonisation in Böhmen.

**Wenzhou** [-dʃou], chin. Hafenstadt in der Provinz Zhejiang, 536 000 Ew.; Maschinenbau; Nahrungsmittel-, Tabak-, Leder- u.a. Ind.
**Werbellinsee,** See nw. von Eberswalde, 7,9 km², bis 54 m tief; Naherholungsgebiet.
**Werbung,** bewußte Beeinflussung von Menschen auf einen bestimmten Werbezweck hin. Man unterscheidet zw. *Propaganda,* die polit. oder kulturellen Zwecken dient, u. *Wirtschafts-W.* Die früher allg. übl. Bez. *Reklame* für alle wirtschaftl. Werbemaßnahmen wird heute häufig in abwertendem

*Chinesische Wissenschaftler und Techniker an einer Trägerrakete (links). – Das Hubble Weltraumteleskop wurde 1990 von der Raumfähre Discovery in eine 600 km hohe Erdumlaufbahn befördert (Mitte). – Darstellung des ersten wiederverwendbaren Satelliten SPAS-01 (rechts)*

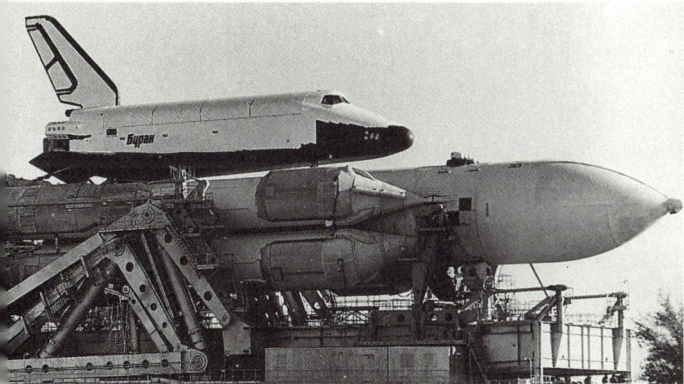

*Die sowjetische Raumfähre Buran und die Trägerrakete Energija werden waagerecht zur Startrampe transportiert*

*Landegerät »Orion« mit Elektromobil »Lunar Rover«. Im Hintergrund Astronaut J. Young, der eine wissenschaftliche Station aufbaut (links) – Die Challenger-Katastrophe: Sieben Menschen verglühten beim Start der Raumfähre (rechts)*

**Werbungskosten**, die zur Erwerbung, Sicherung u. Erhaltung der Einnahmen notwendigen, deshalb vom steuerpflichtigen Einkommen abzugsfähigen Aufwendungen, u. a. Schuldzinsen, Grundsteuern, Beiträge zu Berufsverbänden u. Fahrtkosten zw. Wohnung u. Arbeitsstätte.

**Werchojansk,** Stadt in der Jakut. ASSR der RSFSR (Sowj.), in O-Sibirien, 2000 Ew.; einer der Kältepole der Erde (−67,6 °C).

**Werdau,** Krst. in Sachsen, 19 000 Ew.; Textil-, Masch.-, Kfz- u.a. Ind.

**Werdenfelser Land,** süddt. Ldsch. zw. Wettersteingebirge, Ammergebirge, Kocheler Bergen u. Karwendel, mit Garmisch-Partenkirchen u. Mittenwald.

**Werder,** Bez. für Flußinseln (*Nonnenwerth* im Rhein), trockengelegtes Niederungsland eines Flusses (*Danziger W.*) u. schmale Landstriche zw. Flüssen.

**Werder (Havel),** Stadt an der Havel, sw. von Potsdam, 10 000 Ew; großes Obst- u. Gemüseanbaugebiet, Konserven-Ind.

**Werdohl,** Stadt in NRW, im Sauerland, 20 000 Ew.; Metall-, Stahl- u. Glas-Ind.

**Werefkin,** Marianne, *1860, †1938, russ. Malerin; lebte seit 1896 in München; dem russ. Symbolismus verbunden.

**Werfel, 1.** Alma → Mahler-Werfel. – **2.** Franz, *1890, †1945, östr. Schriftst.; geprägt von Zugehörigkeit zum Judentum u. Neigung zum Katholizismus; floh 1940 in die USA; begann mit expressionist. Lyrik, schrieb dann expressionist. Ideen- u. Erlösungsdramen u. kam als Erzähler zu internat. Erfolgen. W »Nicht der Mörder, der Ermordete ist schuldig«, »Verdi«, »Die 40 Tage des Musa Dagh«, »Jacobowsky u. der Oberst«, »Das Lied von Bernadette«, »Stern der Ungeborenen«.

**Werfen,** *Wurfsport,* eine leichtathlet. Übungsgruppe, zu der Speer-, Hammer- u. Diskus-W. gehören.

**Werft,** Betrieb zum Neubau u. Ausbessern von Schiffen.

**Werg,** bei der Aufbereitung u. Verarbeitung von Flachs u. Hanf anfallende Kurzfasern; verwendet für grobe Garne als Polster- oder Abdichtungsmaterial.

**Wergeld,** *Blutgeld,* im germ. Recht eine Sühnezahlung für Tötung an die Sippe des Erschlagenen, gezahlt vom Täter oder seiner Sippe.

**Werkkunstschule,** *Kunstgewerbeschule,* Lehranstalt zur Ausbildung in den angewandten Künsten, bes. für Graphik u. Buchgewerbe, Mode, Innenarchitektur, Textilkunst, Keramik, Design u. Photographie.

**Werkspionage** [-'naʒə], Erkundung von *Betriebsgeheimnissen* zur Weitergabe an Konkurrenzfirmen (unlauterer Wettbewerb).

**Werkstätte,** Arbeitsraum bes. für gewerbl. Fertigung, in dem beim Handwerksbetrieb sämtl. Arbeitsgänge durchgeführt werden.

**Werkstoff,** alle festen Materialien wie Holz, Stahl, Nichteisenmetalle, Leder, Steine u. Kunststoffe, die sich zur Herstellung von Werkstücken eignen. – **W.prüfung,** *Materialprüfung,* die Untersuchung von W.en im Hinblick auf Zusammensetzung, elektr. u. magnet. Eigenschaften, Wärmeverhalten, Zugfestigkeit, Härte, Verformbarkeit u.a.

**Werkunterricht,** techn. u. textiles Werken, dient dem handwerkl. Umgang mit Werkstoffen; oft mit Kunsterziehung verbunden.

**Werkvertrag,** Vertrag über die Herstellung oder Veränderung einer Sache oder über einen anderen, durch Arbeit oder Dienstleistung herbeizuführenden Erfolg; Ggs.: *Dienstvertrag,* bei dem nur die Arbeitsleistung als solche geschuldet wird.

**Werkzeugmaschinen,** alle Arbeitsmaschinen zur Bearbeitung von Werkstücken. Man unterscheidet *spanende W.*, z. B. Bohr-, Hobel-, Fräs-, Drehmaschine, u. *umformende W.*, z. B. Hämmer, Pressen. Hohe Bearbeitungsflexibilität u. gleichbleibende Qualität erzielen die heute meist verwendeten *numer. gesteuerten W.* (NC- bzw. CNC-Maschinen).

**Werl,** Stadt in NRW, sw. von Soest, 26 000 Ew.; ehemalige Salzstadt am Hellweg; Wallfahrtskirche; Masch.-, Textil- u. Fahrzeug-Ind.

**Wermelskirchen,** Stadt in NRW, südl. von Remscheid, 33 000 Ew.; Schuh-, Werkzeug- u. Textil-Ind.

**Wermut,** Wein mit Zusatz von Absinthauszug u. Zucker; Alkoholgehalt über 14,5 Vol.-%.

**Werne,** Stadt in NRW, westlich von Hamm, 28 000 Ew.; Elektro-Ind.

**Werner, 1.** Alfred, *1866, †1919, schweiz. Chemiker; Begr. der Koordinationslehre; Nobelpreis 1913. – **2.** Anton von, *1843, †1915, dt. Historienmaler; einer der Hauptrepräsentanten der Malerei des dt. Kaiserreichs. – **3.** Ilse, *11.7.1921, dt. Schauspielerin; erfolgreich im Film (»Große Freiheit Nr. 7«) u. als Schlagersängerin (melodiös gepfiffene Lieder). – **4.** Oskar, eigtl. O.J. *Bschließmayer,* *1922, †1984, östr. Schauspieler; u.a. am Wiener Burgtheater; Filme: »Jules et Jim«, »Fahrenheit 451«. – **5.** Pierre, *29.12.1913, luxemburg. Politiker (Christl. Soziale Partei); 1959–74 u. 1979–84 Min.-Präs. – **6.** Theodor, *1886, †1969, dt. Maler; kam, vom Kubismus ausgehend, zur zeichner. Abstraktion. – **7.** Zacharias, *1768, †1823, dt. Schriftst.; Spätromantiker (Schicksalsdrama »Der 24. Februar«).

**Wernher der Gartenaere** [»Wernher der Gärtner«], Fahrender des 13. Jh., Verfasser der zeitkrit. Versnovelle »Meier Helmbrecht« (über die Auflösung der Ständeordnung).

**Wernigerode,** Krst. in Sachsen-Anhalt, am Nordharz, 36 000 Ew.; heilklimat. Kurort; Fachwerkbauten (17./18. Jh.), Rathaus (15./16. Jh.), Schloß der Fürsten von Stolberg-W.

**Werra,** Quellfluß der Weser, 292 km; vereinigt sich in Münden mit der Fulda zur Weser.

**Werre,** l. Nbfl. der Weser, 69 km.

**Werst,** altes russ. Längenmaß: 1 W. = 1,067 km.

**Wert,** die Bedeutung, die Gütern für die Bedürfnisbefriedigung beigemessen wird; *Gebrauchs-W.* (nach subjektiver W.schätzung) u. *Tausch-W.* (in Geld ausgedrückt: Preis).

**Wertach,** l. Nbfl. des Lech, 145 km.

**Wertberichtigung,** ein Korrekturposten in der *Bilanz;* auf der Passivseite für zu hoch ausgewiesene Posten des Anlagevermögens u. auf der Aktivseite für zu hoch ausgewiesene Passivposten eingesetzt.

# WELTWUNDER

*Eingangsseite des Artemistempels (links). – Die Pyramiden von Gizeh (rechts)*

*Kultstatue der Artemis*   *Leuchtturm von Pharos vor Alexandria*

**Wertheim,** Stadt in Ba.-Wü., an der Taubermündung in den Main, 19 000 Ew.; Fachwerkbauten, spätgot. Stadtkirche; Glas-Ind., Hafen.

**Wertheimer,** Max, *1880, †1943, östr.-amerik. Psychologe; Mitbegr. der *Gestaltpsychologie*.

**Wertigkeit,** *Chemie: Valenz,* eine Verhältniszahl, die angibt, wie viele Wasserstoffatome ein Atom eines bestimmten chem. Elements zu binden oder zu ersetzen vermag, um formal ein Molekül zu bilden.

**Wertpapiere,** Rechte verbriefende Urkunden, bei denen das Recht an den Besitz der Urkunde gebunden ist: *Inhaberpapiere, Namenspapiere* u. *Orderpapiere*.

**Wertschöpfung,** das Nettoergebnis der Produktionstätigkeiten (Bruttoproduktionswerte minus Vorleistungen minus Abschreibungen) oder die Summe der durch den Produktionsprozeß entstandenen Einkommen einer Volkswirtschaft (Nettosozialprodukt zu Faktorkosten = Volkseinkommen).

**Werwolf,** im niederdt. Volksglauben ein durch das Anlegen eines Wolfskleids oder Wolfsgürtels zu ekstatischer Wildheit aufgereizter Mann, der Mensch u. Tier anfällt.

**Wesel,** Krst. in NRW, an der Lippemündung in den Rhein u. am W.-Datteln-Kanal, 54 000 Ew.; got. Dom St. Willibrord; Masch.-, Zement-, keram. u.a. Ind.

**Wesen,** i.w.S. Ausdruck für einzelne Dinge, bes. lebende (*Lebewesen*); i.e.S. Eigenart, »Natur«, So-Sein einer Sache; das eigtl. Sein einer Sache im Unterschied zu ihrer faktischen Gegebenheit, auch im Ggs. zum Schein; Bedeutung oder Sinngehalt einer Sache; das einer ganzen Art oder Gattung Gemeinsame, das Allgemeine.

**Wesendonck,** Mathilde, *1828, †1902; Freundin R. *Wagners,* der 5 Gedichte von ihr vertonte.

**Weser,** Fluß in NW-Dtld., 440 km (bis Bremerhaven; 480 km mit der Außen-W.); entsteht bei Münden durch Vereinigung von Fulda u. Werra u. mündet nw. von Bremen in die Nordsee; Nbfl. Aller, Oker, Hunte.

**Weserbergland,** die vorw. aus Kalk- u. Sandsteinen aufgebauten, waldreichen dt. Mittelgebirge beiderseits der Weser zw. Münden u. Minden; östl. der Weser: Bramwald, Solling, Vogler, Hils, Ith, Osterwald, Süntel, Deister, Bückeberge, Wesergebirge; westl. der Weser: Reinhardswald, Eggegebirge, Teutoburger Wald, Wiehengebirge; Fremdenverkehr.

**Weserrenaissance** [-rənɛˈsãs], die Profanbaukunst im Weserland zw. etwa 1530 u. 1630; Hptw.: Schlösser in Stadthagen, Schwöbber, Hämelschenburg, Bevern.

**Wesir,** Titel der höchsten Staatsbeamten im Islam. Reich seit den Abbasiden; später auch im Osman. Reich.

**Wesley** [ˈwɛsli], John, *1703, †1791, engl. Kirchenstifter; gründete Gemeinschaften innerhalb der Anglikan. Kirche, aus denen die Erweckungsbewegung der *Methodisten* hervorging.

**Wespen,** *Echte W.,* Überfam. der *Stechimmen*; mit der Länge nach zusammenfaltbaren Vorderflügeln. Es gibt einzeln lebende (solitäre) u. staatenbildende (soziale) W. Die etwa 3000 Arten verteilen sich auf 3 Fam.: die solitären *Lehm-W.*, die sozialen *Falten-W.* u. die solitären *Masaridae* (*Honigwespen*). – B → S. 976.

**Wessel, 1.** Helene, *1898, †1969, dt. Politikerin;

*Die Zeusstatue des Phidias in Olympia (links). – Die Hängenden Gärten der Semiramis (rechts)*

*Koloß von Rhodos*  *Mausoleum in Halikarnassos*

**976 Wesseling**

*Wespen: Feldwespe*

1949–51 Vors. der Dt. Zentrumspartei, 1952 Mitbegr. der Gesamtdt. Volkspartei, ab 1957 SPD-Mitgl., 1949–53 u. 1957–69 MdB. – **2.** *Horst,* *1907, †1930, dt. Student u. SA-Sturmführer. Sein Lied »Die Fahne hoch...« *(Horst-W.-Lied)* bildete 1933–45 mit dem Deutschlandlied die dt. Nationalhymne.

**Wesseling,** Stadt in NRW, zw. Köln u. Bonn, 30 000 Ew.; Eisen- u. chem. Ind., Ölraffinerie; Hafen am Rhein.

**Wessely,** Paula, *20.1.1907, östr. Schauspielerin; verh. mit Attila *Hörbiger;* Charakterdarstellerin; wirkte bes. am Wiener Burgtheater.

**Wessenberg,** Ignaz Heinrich Frhr. von, *1774, †1860, dt. kath. Theologe; erstrebte eine unabhängige dt. Nationalkirche.

**Wessex** [»Westsachsen«], angelsächs. Teilkönigreich in SW-England, gegr. von dem sagenhaften *Cerdik* um 500. – **W.-Kultur,** frühbronzezeitl. Kultur S-Englands. Denkmal: *Stonehenge.*

**Wessobrunn,** oberbay. Gemeinde bei Weilheim, 1800 Ew.; ehem. Benediktinerabtei (753–1803; seit 1913 Tutzinger Benediktinerinnen). Das **W.er Gebet** ist eines der ältesten dt. Sprachdenkmäler (aufgezeichnet um 800).

**West** [wɛst], **1.** *Benjamin,* *1738, †1820, US-amerik. Maler; Historienbilder u. religiöse Gemälde. – **2.** *Mae,* *1892, †1980, US-amerik. Filmschauspielerin; verkörperte den selbst. Frauentyp. – **3.** *Morris,* *26.4.1916, austral. Schriftst.; schrieb v.a. Unterhaltungsromane, auch Dramen. – **4.** *Nathanael,* eigtl. *Nathan Weinstein,* *1903, †1940, US-amerik. Schriftst.; v.a. satir. Gesellschaftsromane. – **5.** *Rebecca,* eigtl. *Cecily Isabel Fairfield,* *1892, †1983, engl. Schriftst.; zeit- u. gesellschaftskrit. Romane mit psychoanalyt. Thematik.

**Westaustralien,** größter Bundesstaat Australiens, 2 525 500 km², 1,4 Mio. Ew. (davon 12 000 Aborigines), Hptst. *Perth;* Hochlandgebiet, überw. Wüsten u. Trockensteppen.

**Westbengalen,** Bundesstaat von → Indien, der westl. Teil des Ganges-Brahmaputra-Deltas mit Anteil am Himalaya-Vorland; intensive landw. Nutzung auf fruchtbaren Schwemmlandböden, z.T. mit künstl. Bewässerung.

*Wessex-Kultur: Beigaben aus einem Männergrab*

**West Bromwich** ['wɛst 'brʌmɪtʃ], engl. Stadt nw. von Birmingham, 155 000 Ew.; Schwer-, Metall-, Zementind.

**Westdeutsche Rektorenkonferenz,** *WRK,* Arbeitsgemeinschaft der durch ihre Rektoren vertretenen Univ., TH u. anderen wiss. HS in der BR Dtld. u. West-Berlin; Sekretariat in Bonn.

**Westdeutscher Rundfunk,** *WDR,* öffentl.-rechtl. Rundfunkanstalt mit Sitz in Köln; sendet 4 Hörfunkprogramme u. das WDR-Fernsehen.

**Weste,** ärmelloses Kleidungsstück.

**Westerland,** Stadt in Schl.-Ho., auf Sylt, 8000 Ew.; Seebad mit Spielkasino.

**Western** → Wildwestfilme.

**Western Music** ['wɛstən 'mjuzɪk], US-amerik. Unterhaltungsmusik, in den 1920er Jahren hervorgegangen aus der Folklore der Südstaaten; die Texte verherrlichen amerik. Mythen der Vergangenheit (Abenteuer, Cowboys) u. sentimentale Liebesgeschichten. Prominentester Vertreter: *J. Cash.*

**Westerstede,** Krst. in Nds., im Ammerland, 18 000 Ew.; Agrarwirtschaft.

**Westerwald,** dt. Mittelgebirge, Teil des Rheinischen Schiefergebirges zw. Sieg, Rhein u. Lahn; im *Fuchskauten* 656 m; Basaltabbau.

**Westeuropäische Union,** *WEU,* 1954 gegr. Vertragsorganisation, die über eine Beistandspflicht der Mitgliedstaaten den Frieden in Europa sichern will. Mitgl.: Belgien, BR Dtld., Frankreich, Großbrit., Italien, Luxemburg, Niederlande; militär. Aufgaben werden von der NATO wahrgenommen.

**Westeuropäische Zeit,** *WEZ,* mittlere Ortszeit des Längengrads von Greenwich; als Zonenzeit gebräuchl. z.B. in Island, Färöer, Portugal, Marokko, Senegal, Guinea u.a.

**Westfalen,** histor. Land in NW-Dtld., innerhalb des Bundeslandes NRW, Hauptort *Münster;* im S u. O vorw. gebirgig (Sauerland, Siegerland, Teutoburger Wald), im Münsterland (Westfäl. Bucht) Flachland. Die wichtigsten Wirtschaftsgebiete sind der östl. Teil des Ruhrgebiets u. O-Westfalen mit Bielefeld als Zentrum. – Gesch.: Urspr. eine der drei sächs. Stammesprovinzen, 1180 wurde das Hzgt. W. dem Erzbischof von Köln übertragen; das napoleon. Königreich W. (1807–13) wurde aus preuß., hess. u.a. Besitzungen gegr.; die preuß. Provinz W. entstand 1815. 1946 wurden W. u. die nördl. Rheinprovinz mit dem Land Lippe zun *Land NRW* verbunden.

**Westfälische Pforte** → Porta Westfalica.

**Westfälischer Friede,** am 24.10.1648 nach Verhandlungen des Kaisers mit Frankreich u. dessen Verbündeten in Münster u. mit Schweden u. dessen Verbündeten in Osnabrück unterzeichnetes Vertragswerk, das den *Dreißigjährigen Krieg* beendete. Es wurden territoriale u. konfessionelle Regelungen sowie eine Reichsverfassung festgelegt.

**Westflandern,** Prov. in → Belgien.

**Westfranken,** *Westfränkisches Reich,* der westl. Teil des Frankenreichs, der 843 im *Vertrag von Verdun* an *Karl den Kahlen* fiel. Daraus entstand das spätere Frankreich.

**Westfriesische Inseln,** der ndl. Teil der Fries. Inseln westl. der Emsmündung: Texel, Vlieland, Terschelling, Ameland, Schiermonnikoog.

**Westgoten** → Goten.

**Westheim,** Paul, *1886, †1963, dt. Kunstschriftst. u. Kritiker; seit 1933 in Mexiko; Arbeiten über altmex. Kunst.

**Westindien,** die mittelamerik. Inselwelt *(Große u. Kleine Antillen, Bahamas* u. a.), zus. 236 507 km² mit rd. 32 Mio. Ew. – W. erhielt seinen Namen durch die irrtüml. Annahme des Kolumbus, mit der 1492 betretenen Bahamainsel *San Salvador* auf dem westl. Seeweg Indien erreicht zu haben.

**Westindische Assoziierte Staaten,** ehem. brit. Kolonien im Bereich der Westindischen Inseln über u. unter dem Winde. Gegenwärtig ist nur noch Anguilla Mitglied (mit voller innerer Autonomie). Unabh. wurden: Grenada (1974), Dominica (1978), Saint Lucia (1979), Saint Vincent (1979), Antigua mit Barbuda u. Redonda (1981) u. Saint Christopher-Nevis (1983).

**Westirian** → Irian Jaya.

**Westmächte,** in der Zeit nach dem 2. Weltkrieg Bez. für die USA, Frankreich, Großbrit. u. Kanada sowie die mit den USA verbundenen europ. Staaten. Ggs.: *Ostblock.*

**Westminster** ['wɛstmɪnstə], Stadtbez. im zentralen London, das heutige Regierungsviertel; mit *W. Abbey* u. Parlamentsgebäude.

*Westfälischer Friede; zeitgenössisches Flugblatt*

**Westminster Abbey** [-'æbɪ], *Westminster-Abtei,* Krönungskirche u. Grablege der engl. Könige in London, Ruhestätte vieler bed. Persönlichkeiten. Der gotische Bau stammt aus dem 13./14. Jh.

**Westpreußen,** ehem. preuß. Prov. beiderseits der unteren Weichsel, umfaßte das preuß. Weichselgebiet mit Elbing u. Marienburg sowie *Pommerellen* u. das *Kulmerland.* – Gesch.: Der westl. Teil des Ordenslandes Preußen kam 1466 zu Polen. Durch die Poln. Teilungen fiel W. 1772 (Danzig u. Thorn 1793) an Preußen. Es wurde 1824 mit Ostpreußen zur *Prov. Preußen* vereinigt. 1878 wurde es eine eig. Prov. W. mit dem Reg.-Sitz Danzig. Durch den Versailler Vertrag 1919/20 kam Pommerellen zu Polen, Danzig wurde Freie Stadt; bei Dtld. verblieben der Reg.-Bez. W. (zur Prov. Ostpreußen) u. die *Grenzmark Posen-W.* 1939 wurde der *Reichsgau Danzig-W.* gebildet. Nach dem 2. Weltkrieg 1945 kamen alle Teile W.s unter poln. Verwaltung.

**Weströmisches Reich** → Römisches Reich.

**Westsahara,** Gebiet an der Atlantikküste der Sahara, 266 000 km², 164 000 Ew., Hptst. *Al Aaiun;* halbwüstenhaftes, von Wadis zerschnittenes Sandsteinplateau mit vorw. Sandwüsten im S u. Felswüsten im N. Die Bevölkerung sind die Sahraouis, einer arab.-berber. Mischbevölkerung. Das Land ist wegen seiner Phosphatvorkommen von Bedeutung. – Geschichte. 1885 bekam Spanien von den europ. Großmächten das Río-de-Oro-Gebiet zugesprochen. Das 1912 nach N hin erweiterte u. 1934 um das Hinterland ergänzte Territorium wurde 1946 als Kolonie *Spanisch-Westafrika* mit Ifni zusammengelegt. 1958 wurden Río de Oro u. Saguia Al Hamra zur span. Überseeprovinz *Spanisch-Sahara* erklärt. 1975/76 gab Spanien die Kolonie auf, dessen nördl. Teil nun von Marokko u. dessen südl. Teil von Mauretanien verwaltet werden sollte. Die Befreiungsbewegung Polisario rief noch im selben Jahr die *Demokrat. Arab. Republik Sahara* aus. Mauretanien verzichtete 1979 zugunsten der Polisario auf seinen Anteil an W., der daraufhin auch von Marokko annektiert wurde. Die Rep. Sahara wurde von vielen Staaten anerkannt. 1982 wurde sie in die OAU aufgenommen. Seit 1988 kam es zu einer Annäherung zw. Marokko u. der Polisario.

**Westsamoa** → Samoa.

**West Virginia** [wɛst və'dʒɪnjə], Abk. *W. Va.,* Gliedstaat der → Vereinigten Staaten von Amerika.

**Westwall,** die 1938–40 errichteten dt. Befestigungsanlagen der dt. Westgrenze.

**Westwerk,** zentraler, in sich geschlossener Bau im W einer Kirche; setzt sich zus. aus einem mehrgeschossigen, turmartigen Mittelbau u. zwei ihn flankierenden Türmen; typisch für karoling. u. otton. Kirchen (Corvey).

**Westwinddrift,** *Westdrift,* Meeresströmungen im Bereich der außertrop. Westwindzonen, bes. ausgeprägt zw. 35° u. 60° südl. Breite.

**Wetluga,** l. Nbfl. der mittleren Wolga, 870 km.

**Wettbewerb** → Konkurrenz.

**Wette,** ein Vertrag, durch den zur Bekräftigung bestimmter einander widersprechender Behaup-

tungen ein Gewinn für denjenigen vereinbart wird, dessen Behauptung sich als richtig erweist. Die *Wettschuld* ist zahlbar, aber nicht klagbar u. insoweit dem *Spiel* gleichgestellt (§ 762 BGB).
**Wetter (Ruhr),** Stadt in NRW, nw. von Hagen, 28 000 Ew.; Maschinenbau, Stahl- u. Eisenind.
**Wetter, 1.** das Zusammenspiel der meteorolog. Elemente (Temperatur, Niederschläge, Wind, Strahlung u.a.) in begrenztem atmosphär. Raum zu einem bestimmten Zeitpunkt. Ursachen des W.geschehens sind die Verlagerung von Tief- u. Hochdruckgebieten. – **2.** bergmänn. Ausdruck für alle im Grubenbereich unter Tage auftretenden Gasgemische.
**Wetter** [die], r. Nbfl. der Nidda, 55 km; durchfließt die **Wetterau,** fruchtbare Ldsch. zw. Vogelsberg u. Taunus.
**Wetter,** Friedrich, *20.2.1928, dt. kath. Theologe; 1968 Bischof von Speyer, 1982 Erzbischof von München-Freising, 1985 Kardinal.
**Wetterdienste,** staatl. Institutionen, die das Wettergeschehen erforschen, die Ergebnisse veröffentlichen (Berichte, Wetterkarten), Wettervorhersagen erstellen u. Beratungs- u. Warndienste (Sturm-, Nebelerwartung) ausüben.
**Wetterführung,** Versorgung von Bergwerken mit frischer Luft.
**Wetterkarte,** zeichner. Darst. der Wetterverhältnisse eines größeren Gebiets der Erde zu einem bestimmten Zeitpunkt (mittels internat. Symbole). Dargestellt werden u.a. Temperatur-, Luftdruck-, Windverhältnisse, Niederschlag.
**Wetterkunde** → Meteorologie.
**Wetterleuchten,** das Aufleuchten von Blitzen oder ihr Widerschein in den Wolken ohne nachfolgenden Donner infolge zu großer Entfernung.
**Wetterscheide,** Grenzlinie oder -zone zw. Gebieten mit versch. Wettercharakter, bes. Gebirgskämme.
**Wetterstationen,** meteorolog. Stationen, an denen die bodennahen Wetterelemente (z.B. Temperatur, Niederschlag) gemessen werden (*Boden-W.*) u. der physikal. Zustand der höheren Luftschichten erforscht wird (*aerolog. Stationen*).
**Wettersteingebirge,** Teil der Nordtiroler Kalkalpen zw. Isar u. Loisach, in der *Zugspitze* 2962 m.
**Wettervorhersage,** *Wetterprognose,* die von sehr versch. Grundlagen ausgehende Beurteilung des künftigen Wetters. Die wiss. W. sucht die atmosphär. Vorgänge physikal. zu verstehen u. aufgrund von Erfahrungen u. der Gesetzmäßigkeiten den weiteren Ablauf zu bestimmen. Eine genaue Berechnung künftiger Wetterentwicklung für größere Zeiträume ist wegen Ungenauigkeiten u. Vereinfachungen der zugrundeliegenden physikal. Modelle bisher nicht möglich.
*Kurzfristvorhersagen* werden für 1–2 Tage erstellt u. geben eine möglichst genaue Vorhersage zu erwartender Wetterereignisse (z.B. Schauer, Gewitter, Nebel). Wichtig für den voraussichtl. Wetterablauf ist das Verhalten der Druckgebilde u. die Bewegung der Fronten. Als Arbeitsgrundlage für die Vorhersage dienen die Beobachtungen der synopt. Stationen, die in den *Wetterkarten* aufgezeichnet sind. Eine wichtige Ergänzung der Wetterkarte liefern die Satellitenbilder, da sie die großräumige Verteilung der Wolkenfelder zeigen, aus der man auf Luftdruck- u. Strömungsverhältnisse schließen kann.
**Wetterwarten,** meteorolog. Beobachtungsstellen des Dt. Wetterdienstes; mit Standardausrüstung für Temperatur- u. Luftfeuchtemessung, Wind-, Regen-, Sonnenscheinmesser u. Erdbodentemperaturmessungen.
**Wettiner,** altes dt. Herrschergeschlecht aus dem zw. Saale, Bode u. Harz gelegenen Nordschwabengau, ben. nach der Burg Wettin (10.–12. Jh.) an der Saale; 1125 Markgrafen von Meißen, 1247 Landgrafen von Thüringen, 1423 erhielten die W. das Hzgt. *Sachsen-Wittenberg* mit der Kurwürde. 1485 erfolgte die Teilung in *Albertiner* u. *Ernestiner.*

*Wetter: Satellitenfotos dienen unter anderem der Wettervorhersage*

**Wettingen,** Gem. im schweiz. Kt. Aargau, 17 000 Ew.; ehem. Zisterzienserabtei.
**Wetzlar,** Krst. in Hess., am Zusammenfluß von Lahn u. Dill, 50 000 Ew.; roman.-got. Dom; Stahl-, Eisen-, opt. u.a. Ind. – 1694–1806 Sitz des Reichskammergerichts.
**WEU** = Westeuropäische Union.
**Wexford** [ˈwɛksfəd], ir. *Loch Garman,* Gft.Hptst. in SO-Irland, 11 500 Ew.; Schiffbau; Seehafen (Rosslare).
**Weyden** [ˈwɛidə], Rog(i)er van der, *1399/1400, †1464, ndl. Maler. Sein Werk bildet im Rückgriff auf die Monumentalität der Hochgotik einen Höhepunkt der altndl. Malerei. Hptw.: Kreuzabnahme (Madrid), Jüngstes Gericht (Beaune), Johannesaltar (Berlin).
**Weyer,** Willi, *1917, †1987, dt. Politiker (FDP) u. Sportführer; 1962–75 Innen-Min. von NRW, 1974–86 Präs. des Dt. Sportbunds.
**Weygand** [vɛˈgã], Louis Maxime, *1867, †1965, frz. General; im Mai 1940 Oberbefehlshaber der frz. Streitkräfte, bis Sept. 1940 Verteidigungs-Min. der Vichy-Regierung, 1942–45 in dt., bis 1946 in frz. Haft.
**Weymouthkiefer** [ˈvaimuːt-; engl. ˈweɪməθ-] → Kiefer.
**Weyrauch,** Wolfgang, *1907, †1980, dt. Schriftst.; betonter Avantgardist; vereinte formale Elemente mit polit. Engagement (Lyrik, Erzählungen, Hörspiele).
**WEZ** → Westeuropäische Zeit.
**Wharton** [wɔːtn], Edith, *1862, †1937, US-amerik. Schriftst. (realist.-gesellschaftskrit. Romane).
**Wheatstone** [ˈwiːtstən], Sir Charles, *1802, †1875, engl. Physiker; erfand einen elektr. Nadeltelegraphen u. die **W.sche Brücke,** ein Gerät zur Messung elektr. Widerstände.
**Whigs** [wigz], **1.** eine der beiden alten brit. Parteien (Gegenpartei: *Tories*). Gestützt auf das städt. Handelsbürgertum u. einen Teil des Landadels, waren sie im 18. Jh. lange Zeit Regierungspartei. Im 19. Jh. entstand aus ihnen die moderne Liberale Partei. – **2.** polit. Partei in den USA seit etwa 1828; Gegner der Demokraten; ging in den 1850er Jahren in der Republikan. Partei auf.
**Whipple** [wipl], George Hoyt, *1878, †1976, US-amerik. Pathologe; Forschungen zur Leberbehandlung der perniziösen Anämie; Nobelpreis 1934.
**Whisker** [ˈwis-], sehr feiner, fadenartig gewachsener, organ. oder anorgan. Einkristall von großer Zugfestigkeit.
**Whisky,** ein Branntwein, in Schottland aus Gerste (*Scotch W.*), in Amerika bes. aus Mais (*Bourbon Whiskey*) gebrannt, mit 43–44 Vol.-% Alkohol u. darüber.
**Whistler** [ˈwislə], James Abbott McNeill, *1834, †1903, US-amerik. Maler u. Graphiker; Landschaften u. Bildnisse, mit zunehmend impressionist. Formauflösung.
**White** [wait], **1.** Clarence H., *1871, †1925, US-amerik. Photograph; Bilder von gemäldeartiger

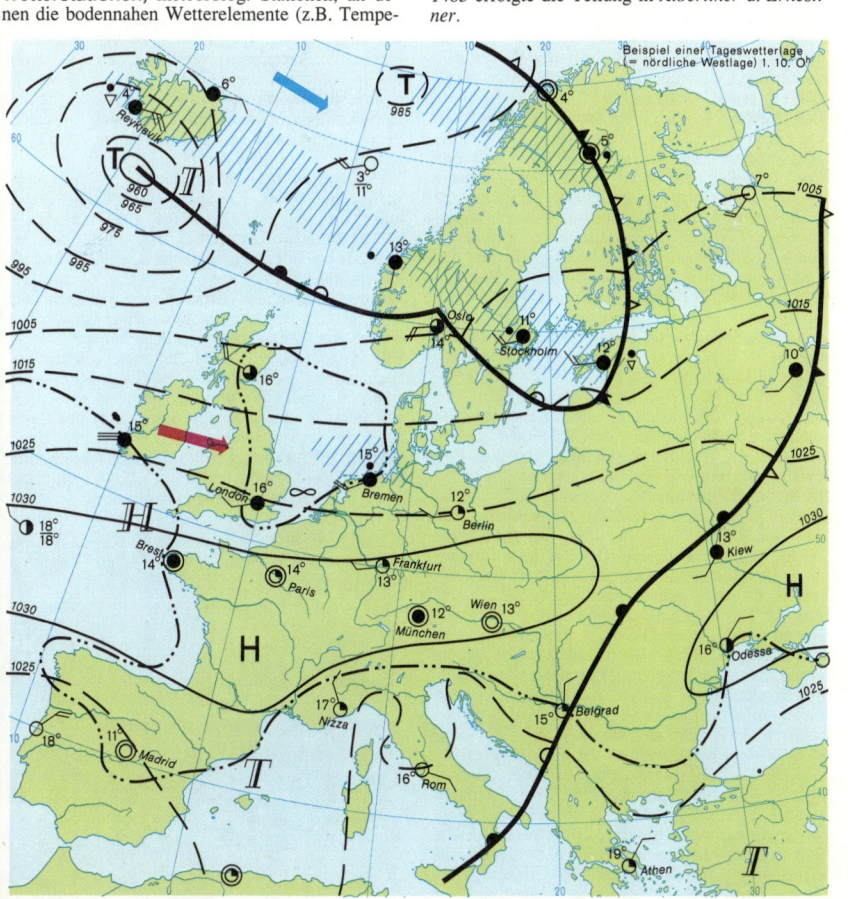

*Wetterkarte*

## 978 Whitefield

*Alpenkleewidderchen*

Wirkung; Begr. der *Photosezession.* – **2.** Patrick, *1912, †1990, austral. Schriftst.; psychol. Romane über das moderne austral. Leben (»Zur Ruhe kam der Baum des Menschen nie«, »Voss«, »Die ungleichen Brüder«, »Im Auge des Sturms«); Nobelpreis 1973.
**Whitefield** ['waitfi:ld], George, *1714, †1770, engl. Erweckungsprediger; mit J. Wesley führend in der methodist. Erweckungsarbeit.
**Whitehead** ['waithed], Alfred North, *1861, †1947, engl. Philosoph u. Mathematiker; begr. mit B. *Russell* die moderne *Logistik,* wandte sich dann naturphilos. u. metaphys. Fragen zu.
**White River** [wait 'rivə], **1.** r. Nbfl. des Mississippi, 1100 km. – **2.** r. Nbfl. des Missouri in Nebraska u. South Dakota (USA), 816 km.
**Whitman** ['witmən], Walt(er), *1819, †1892, US-amerik. Schriftst.; schuf eine Lyrik von neuem Sprachstil (freie Rhythmen, unkonventionell kühne Wortgebung) u. neuer geistiger Haltung (Verherrlichung des Ichs als seelisch-sinnl. Ganzheit, in der sich der demokrat. Mensch verkörpert); W »Grashalme«.
**WHO,** Abk. für engl. *World Health Organization,* → Weltgesundheitsorganisation.
**Whymper** ['wimpə], Edward, *1840, †1911, engl. Bergsteiger; bestieg als erster 1865 das Matterhorn; erforschte u.a. die Montblanc-Gruppe.
**Wichern,** Johann Hinrich, *1808, †1881, dt. ev. Theologe; gründete in Hamburg-Horn 1833 das *Rauhe Haus,* gab den Anstoß zur Gründung der »Inneren Mission«; lenkte den Blick der Öffentlichkeit auf die soziale Frage.
**Wichert,** Ernst, *1831, †1902, dt. Schriftst. aus Ostpreußen (Dramen, histor. Romane).
**Wichita** ['witʃito:], Stadt in Kansas (USA), 280 000 Ew.; 2 Univ.; Mühlen-, Flugzeug- u.a. Ind., Ölraffinerien.
**Wichse** [von *Wachs*], gefärbte Pasten aus Hartwachsen, Paraffin u.a., meist in Terpentinöl gelöst; zur Lederpflege.
**Wichte,** *spezifisches Gewicht, Artgewicht,* Formelzeichen γ, das Verhältnis des Gewichtes *G* eines Körpers zu seinem Volumen *V:*γ = G/V. Die W. wird in N/m³ gemessen.
**Wicke,** artenreiche Gatt. der *Schmetterlingsblütler;* meist mit Wickelranken kletternde Kräuter mit schön gefärbten Blüten.
**Wickede (Ruhr),** Gem. in NRW, an der Ruhr, 11 000 Ew.; Eisen- u. Metallwarenind.
**Wickelbär,** *Kinkaju,* ein ca. 50 cm langer Kleinbär mit überkörperlangem Greifschwanz; lebt in den Urwäldern Mittel- u. Südamerikas.
**Wickert,** Erwin, *7.1.1915, dt. Schriftst. u. Diplomat; 1976–80 Botschafter in Peking; schrieb Hörspiele, histor.-dokumentar. Romane; Erlebnisbericht »China von innen gesehen«.
**Wicki,** Bernhard, *28.10.1919, schweiz. Schauspieler u. Filmregisseur; Regie bei »Die Brücke«, »Das falsche Gewicht«, »Die Eroberung der Zitadelle«, »Das Spinnennetz«.
**Wickler,** Blatt-, *Blütenwickler,* Fam. unscheinbarer Kleinschmetterlinge, deren Raupen in zusammengesponnenen Blättern oder Blüten leben; Obstbaumschädlinge *(Pflaumen-, Apfel-, Trauben-W.)* u. Forstschädlinge *(Eichen-, Kiefertrieb-W.).*
**Wickram,** Jörg, *um 1505, †vor 1562, dt. Humanist; schrieb in bürgerl. Geist die ersten selbständigen dt. Prosaromane.

**Wiclif,** *Wyclif,* John, *1330, †1384, engl. Kirchenreformer; die Bibel war ihm die einzige Glaubensquelle; lehnte Papsttum, Mönchtum, Hierarchie, Güterbesitz der Kirche, Ohrenbeichte u. Zölibat ab, verwarf die kirchl. Lehre über Meßopfer, Sakramente, Heiligen- u. Reliquienverehrung; begann eine Bibelübersetzung ins Englische. Seine Ideen lebten in den Kreisen der *Lollarden* fort. Seine Lehren wurden von J. Hus übernommen u. vom Konzil zu Konstanz 1415 verurteilt.
**Widder, 1.** männl. Schaf, Schafbock. – **2.** *Aries,* Sternbild des Tierkreises am nördl. Himmel; Hauptstern: Hamal.
**Widderchen,** Fam. tagsüber fliegender Falter aus der Verwandtschaft der *Eulen* u. *Zahnspinner.*
**Widerklage,** im Zivilprozeß die Klage des Beklagten gegen den Kläger, zulässig nur, wenn sie mit dem Klageantrag in Zusammenhang steht.
**Widerlager,** ein schwerer massiver Baukörper aus Mauerwerk, der den Druck eines Tragwerks aufnimmt u. auf den Baugrund überträgt.
**Widerrist,** der vordere Teil des Rückens der Säugetiere, bes. ausgebildet bei Rind u. Pferd.
**Widerruf,** die Zurücknahme einer Willenserklärung bzw. eines Auftrags, Darlehnsversprechens oder Testaments oder einer Schenkung oder Vollmacht.
**Widerspruch, 1.** die extreme Form des *Gegensatzes,* bei dem sich absolute Bejahung u. absolute Verneinung (im Satz) oder absoluter Ausschluß (im Begriff) gegenüberstehen; spielt v.a. in der Dialektik eine Rolle. – **2.** Rechtsbehelf gegen jede Art von Verwaltungsakten, der immer bei der Behörde einzulegen ist, die den Verwaltungsakt erlassen hat. – **3.** das Recht des Mieters zum W. gegen eine Kündigung, wenn die vertragsmäßige Beendigung des Mietverhältnisses für den Mieter oder seine Familie eine Härte bedeuten würde, die auch unter Würdigung der berechtigten Interessen des Vermieters nicht zu rechtfertigen ist.
**Widerspruchsklage,** *Interventionsklage, Drittwiderspruch,* ein Rechtsbehelf, durch den die von einer *Zwangsvollstreckung* betroffenen Dritten geltend machen können, daß sie dadurch in ihren Rechten verletzt werden.
**Widerstand, 1.** in einem stromdurchflossenen Leiter das Verhältnis R von Spannung U (in Volt) u. Stromstärke I (in Ampere): R = U/I *(Ohmsches Gesetz).* Maßeinheit ist das Ohm. Der Kehrwert des W. wird *Leitwert* genannt. Der W. eines Leiters hängt im wesentl. von dessen Abmessungen, dem Material u. der Temperatur ab. Jedes Material hat einen *spezifischen W.,* der bei Metallen mit der Temperatur ansteigt. – Widerstände als Bauteile gibt es in vielen Ausführungen. Regel-Widerstände haben einen verschiebbaren Kontakt; in Spannungsteiler-Schaltungen nennt man sie → Potentiometer. – **2.** W. gegen die Staatsgewalt, Straftat, bestehend in gewalttätiger oder mit Gewaltanwendung drohender Widersetzlichkeit gegen die rechtmäßige Amtsausübung eines Beamten oder Soldaten der Bundeswehr, der zur Vollstreckung von Gesetzen, Rechtsverordnungen, Urteilen, Gerichtsbeschlüssen oder Verfügungen berufen ist.
**Widerstandsbewegung,** Sammelbez. für die Opposition gegen die nat.-soz. Gewaltherrschaft 1933–45. Aktiver Widerstand, der auf die Untergrabung u. letztl. den Sturz des Regimes abzielte, konnte nur geheim u. in kleinen Gruppen betrieben werden. Daneben gab es passiven Widerstand in Form der Verweigerung gegen Ansprüche u. Maßnahmen des Regimes. Die W. umfaßte Gruppen u. Kreise unterschiedl. weltanschaul. u. polit. Orientierung, die nur wenig Kontakt miteinander hatten: Gewerkschafter (z. B. W. *Leuschner,* J. *Kaiser*), Sozialdemokraten (J. *Leber,* A. *Reichwein*), Kommunisten (H. *Schulze-Boysen,* A. *Saefkow*), Geistliche beider Konfessionen (B. *Lichtenberg,* D. *Bonhoeffer*), Konservative (C. *Goerdeler,* U. von *Hassell*), Studenten (Geschwister *Scholl*), Offiziere (L. *Beck,* E. von *Witzleben*). Treibende Kraft einer Verschwörung von Militärs u. Politikern war seit 1943 C. Graf Schenk von *Stauffenberg*. Sein Bombenanschlag auf Hitler am 20.7.1944 mißlang; damit scheiterte auch der geplante Staatsstreich. In den folgenden Monaten wurden Hunderte von Mitgl. der W. hingerichtet. – In den seit 1938/39 von dt. u. ital. Truppen besetzten Ländern entstanden W.en gegen die Besatzungsmächte. In den letzten Kriegsjahren erlangten sie durch Partisanentätigkeit u. Sabotage eine gewisse militär. Bedeutung. Ihre Aktivität richtete sich auch gegen einheim. Kollaborateure.

**Widerstandsrecht,** die Befugnis oder Pflicht, den Inhabern der Staatsmacht den Gehorsam zu versagen oder sogar mit Gewalt gegen sie vorzugehen, wenn sie ihre Regierungsämter grob mißbräuchlich ausüben. In der GG der BR Dtld. wurde im Rahmen der Notstandsgesetzgebung (1968) das W. ausdrückl. aufgenommen.
**Widmark,** Richard, *26.12.1914, US-amerik. Schauspieler; spezialisiert auf Western- u. Kriminalfilme.
**Widmer,** Urs, *21.5.1938, schweiz. Schriftst.; Vorliebe für skurril-phantast. Darst. Erzählungen, Hörspiele, Dramen.
**Widmung,** die Zueignung einer Sache als Zeichen der Verehrung oder Freundschaft.
**Widor,** Charles-Marie, *1844, †1937, frz. Komponist u. Organist; Begr. der neuen frz. Orgelschule u. der Gatt. der »Orgelsinfonie«.
**Widukind,** *Wittekind,* westfäl. Adeliger, Führer der Sachsen im Kampf gegen die Franken u. das Christentum; unterlag Karl d. Gr. u. ließ sich 785 in Attigny taufen.
**Widukind von Corvey,** *um 925, †nach 973, dt. Geschichtsschreiber; Mönch in Corvey; schrieb eine Geschichte der Sachsen.
**Wiechert,** Ernst, Pseud.: Barany *Bjell,* *1887, †1950, dt. Schriftst.; schwermütige Erzählwerke: »Die Majorin«, »Das einfache Leben«, »Die Jerominkinder«, »Missa sine nomine«.
**Wied,** r. Nbfl. des Rheins, 140 km; entspringt im Westerwald, mündet bei Neuwied.
**Wied,** Maximilian Prinz zu, *1782, †1867, dt. Forschungsreisender (Brasilien u. Mississippi-Gebiet).
**Wiedehopf,** 28 cm großer, orangebräunl. *Rackenvogel* mit aufrichtbarer Federhaube; Insektenfresser, Zugvogel.
**Wiedenbrück,** Stadtteil von → Rheda-Wiedenbrück.
**Wiederaufbereitungsanlage,** großtechn. Anlage zur Rückgewinnung von Spaltstoffrestmengen aus abgebrannten Brennelementen von Kernreaktoren u. zur Separierung von den stark radioaktiven Spaltprodukten.
**Wiederaufnahmeverfahren,** Überprüfung rechtskräftiger Gerichtsentscheidungen in einem neuen Verfahren; dient der Beseitigung von Justizirrtümern.
**Wiederbelebung,** Maßnahmen zu Wiederingangsetzung von Kreislauf u. Atmung; durch künstl. Atmung u. Herzmassage. → Erste Hilfe.
**Wiederbeschaffungswert,** *Tageswert,* der Betrag, der bei Wiederbeschaffung eines Gegenstands aufzuwenden wäre.
**Wiedergänger,** ein Verstorbener, der nach dem Volksglauben im Jenseits keine Ruhe findet u. zu bestimmten Zeiten auf der Erde umherirrt.
**Wiedergeburt,** in vielen Religionen (Hinduismus, Buddhismus) verbreitete Vorstellung von der *Seelenwanderung* oder Wiederkehr der Seele eines Verstorbenen in einem Neugeborenen; im übertragenen Sinn innere Erneuerung.
**Wiedergutmachung,** allg. Entschädigung für eingetretene Vermögensverluste oder für erlittenes Unrecht. → Reparationen, → Restitution.

*Wiedehopf*

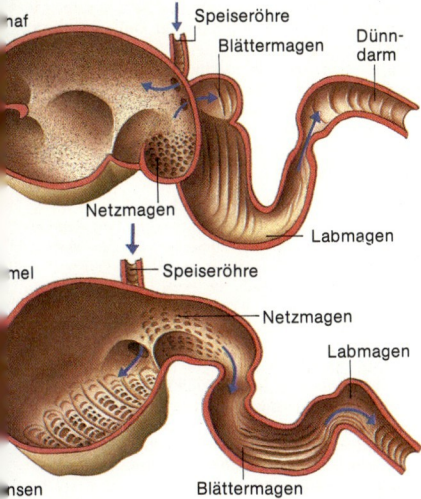

*Wiederkäuen:* Die Wiederkäuer, z.B. Schafe und Kamele, haben einen mehrteiligen Magen. Die Nahrung gelangt zunächst in den Pansen, dann in den Netzmagen, wo sie mit Hilfe von Bakterien zu einem Brei aufgeschlossen wird. Dieser wird hochgewürgt und wiedergekäut. Dann kommt der Nahrungsbrei in den Blättermagen und anschließend in den Labmagen, wo die Nährstoffe absorbiert werden. Das Kamel hat ca. 800 Wasserspeicherzellen in der Wand des Pansens

**Wiederkäuen,** die Eigenart vieler Paarhufer, die aufgenommene Pflanzennahrung ein zweites Mal zu kauen. Die zunächst nur oberflächlich gekaute Nahrung gelangt in den *Pansen,* wo sie durch Sekrete erweicht u. von Bakterien aufgeschlossen wird, u. von dort in den *Netzmagen.* Danach steigt sie durch Hervorwürgen wieder in den Mundraum zurück, wo sie erneut gekaut wird. Sie gelangt dann in den *Blättermagen* u. in den *Labmagen,* wo Sekretdrüsen die Verdauung vervollständigen. Das W. ist typ. für 2 Unterordnungen der Paarhufer: die **Kamele** (ohne Blättermagen) u. die **Wiederkäuer** i.e.S.; hierzu: *Zwergböckchen, Hirsche* u. *Horntiere.*

**Wiedertäufer,** *Anabaptisten, Täufer,* eine im Ggs. zu den Kirchen stehende Bewegung der Reformationszeit; die ersten Vorkämpfer der persönl. Religionsfreiheit, z.T. revolutionär-kommunist. gesinnt (z.B. Th. *Müntzer*). Allen W. eigentümlich war die Forderung nach Erwachsenentaufe. Ein radikaler Zweig der W. errichtete 1534/35 in Münster »das neue Zion«; Kirchen u. Klöster wurden geplündert u. die allg. Gütergemeinschaft eingeführt. Die Stadt wurde erst nach 16monatiger Belagerung zurückerobert; die Führer der W. wurden hingerichtet.

**Wiegand,** Theodor, *1864, †1936, dt. Archäologe; Leiter der Ausgrabungen in Milet, Samos, Baalbek u. Palmyra, Gründer des Pergamon-Museums in Berlin.

**Wiegendrucke** → Inkunabeln.

**Wiehengebirge,** Höhenzug im Weserbergland, westl. der Porta Westfalica; im *Heidbrink* 320 m.

**Wiehl,** Stadt in NRW, im Berg. Land, 21 000 Ew.; Luftkurort; Tropfsteinhöhle.

**Wieland,** kunstreicher Schmied der german. Sage (*Thidrekssaga* u. *Edda*); entflieht mit Hilfe selbstgeschmiedeter Flügel der Gefangenschaft bei König Nidhad.

**Wieland, 1.** Christoph Martin, *1733, †1813, dt. Schriftst.; 1752–58 in Zürich (Umgang mit J.J. *Bodmer*) u. Bern, seit 1772 in Weimar (zuerst Erzieher des Prinzen *Karl August*); begr. die moderne dt. Erzählprosa, Repräsentant des Rokokos wie der Aufklärung in der dt. Literatur. Bildungsroman »Gesch. des Agathon«, »Musarion oder Die Philosophie der Grazien«, »Die goldene Spiegel«, »Die Abderiten«, »Oberon«. Auch Übers. (22 Dramen Shakespeares), Hrsg. der Ztschr. »Der Teutsche Merkur« (1773–1810). – **2.** Heinrich, *1877, †1957, dt. Chemiker; stellte eine Theorie über den Verlauf der biolog. Oxidation auf; Nobelpreis 1927.

**Wiemann,** Mathias, *1902, †1969, dt. Schauspieler u. Rezitator.

**Wien,** Hptst. von Östr. u. östr. Bundesland, an der Donau, 415 km², 1,5 Mio. Ew. Sitz der Bundesregierung u. zahlreicher internat. Organisationen (z.B. OPEC, UN-Behörden), eines kath. Erzbischofs, eines ev. Bischofs u. eines grch.-orth. Metropoliten. W. ist ein mitteleurop. Kulturzentrum mit Univ. (1365) u. HS, bed. Museen, Nationalbibliothek, Akademie der Wissenschaften. W. ist führende Theaterstadt (Burgtheater, Staatsoper). Wahrzeichen W.s ist der roman.-got. *Stephansdom* (13.–16. Jh.). Die meisten bed. Bauten stammen aus dem Barock: Kirchen (Karls-, Peters-, Jesuitenkirche) u. Adelspaläste (Winterpalais u. Belvedereschlösser), Schönbrunn; Hofburg.

W. ist wichtigste Handels- u. auch Industriestadt Östr.; Sitz von Großbanken u. Versicherungen, Börse; Kongreß- u. Messestadt; Fremdenverkehr; Hafen an der Donau, internat. Flughafen.

*Geschichte.* Als *Vindobona* entstand hier eine röm. Lagerstadt im kelt. Siedlungsgebiet. Otto II. verlieh die Markgrafschaft 976 an seinen Anhänger Leopold I. von Babenberg, dessen Nachfolger, seit 1156 Herzöge, ihre Residenz nach Wien verlegten. Leopold IV. verlieh 1221 das Stadtrecht. Ottokar II. von Böhmen gab W. 1274 seine Befestigungen, die bis 1857 erhalten blieben. 1276 wurde W. Residenz der Habsburger. 1529 u. 1683 widerstand es dem Angriff der Türken. Im 18. u. 19. Jh. entfaltete sich Kunst u. Kultur zu glanzvoller Höhe. 1804 wurde W. Hptst. des Kaiserreichs Östr., 1805/06 von Franzosen besetzt. Unter Kaiser Franz Joseph I. erhielt die Stadt das Recht auf Selbstverwaltung; 1922 wurde sie Bundesland. 1939–45 war W. »Reichsgau«; 1945–55 stand sie unter Viermächteverwaltung.

**Wien,** Wilhelm, *1864, †1928, dt. Physiker; arbeitete u.a. über Wärmestrahlen; Nobelpreis 1911.

**Wienbarg,** Ludolf, Pseud.: L. *Vineta,* *1802, †1872, dt. Schriftst.; Theoretiker des *Jungen Deutschland,* dem er den Namen gab.

*Wien: Barockschloß Schönbrunn*

**Wiene,** Robert, *1881, †1938, dt. Filmregisseur (»Das Kabinett des Dr. Caligari«).

**Wiener, 1.** Alexander S., *1907, †1976, US-amerik. Serologe; entdeckte 1940 zus. mit Karl *Landsteiner* den *Rhesusfaktor.* – **2.** Alfred, *1885, †1964, dt. Arabist u. Publizist; emigrierte 1934 nach Amsterdam, gründete dort 1936 die »Jüd. Informationsstelle«, eine Dokumentationsstelle über den Nat.-Soz.; seit 1939 in London (1946 »The Wiener Library« gen.). – **3.** Norbert, *1894, †1964, US-amerik. Mathematiker; zus. mit C. *Shannon* Begr. der Informationstheorie; maßgebl. an der Entwicklung elektron. Rechenautomaten beteiligt.

**Wiener Becken,** 7000 km² großes Einbruchsbecken zw. Alpen u. Karpaten, von der Donau geteilt.

**Wiener Klassik,** die Zeit des Wirkens von *Haydn, Mozart* u. *Beethoven* in Wien.

**Wiener Kongreß,** 1814/15 in Wien unter Leitung des östr. Staatskanzlers Fürst *Metternich* abgehaltener Kongreß von Herrschern u. Staatsmännern aller europ. Staaten (außer der Türkei) zur Neuordnung Europas nach den Kriegen gegen Napoleon I. Bestimmende Gesichtspunkte waren die Wiederherstellung der vorrevolutionären polit. Ordnung u. das Gleichgewicht der Mächte. Der W.K. fand seinen Abschluß mit der *Wiener Schlußakte.* Dtld. erhielt statt des erhofften Nationalstaats nur die lose Form des Dt. Bundes; Italien wurde die Einheit versagt; Polen wurde erneut unter Rußland, Preußen u. Östr. aufgeteilt.

**Wiener Neustadt,** niederöstr. Stadt im südl. Wiener Becken, 35 000 Ew.; roman.-got. Liebfrauenkirche; Masch.-, Textil- u. Lederindustrie.

**Wiener Sängerknaben,** 1498 von Maximilian I. als Teil der Hofkapelle gegr. Wiener Knabenchor, 1924 neu gegr.

*Wiener Kongreß: territoriale Neugliederung Europas (rot umrandet: der Deutsche Bund)*

**Wiener Schule, 1.** Bez. für eine Gruppe von Komponisten in Wien zw. 1730 u. 1780 (G.C. *Wagenseil*, M.G. *Monn*, F. *Aspelmayr* u.a.); sie fand zur Sinfonie in vier Sätzen, entwickelte Ansätze des Klavierkonzertes u. prägte die Sonatenhauptsatzform; gilt als unmittelbarer Vorläufer der *Wiener Klassik*. – **2.** *Neue W. S., Zweite W. S.,* Bez. für den Schülerkreis um A. *Schönberg* (bes. A. *Webern* u. A. *Berg*, ferner H. E. *Apostel*, R. *Leibowitz*, E. *Wellesz*); prägte die Musik des 20. Jh. entscheidend, gekennzeichnet durch den Übergang zur *atonalen Musik* um 1908, den musikal. Expressionismus u. die Übernahme der *Zwölftontechnik* um 1925.

**Wiener Schule des Phantastischen Realismus,** eine Gruppe von Malern, die sich nach 1945 um A. P. *Gütersloh* scharte: E. *Fuchs*, R. *Hausner*, W. *Hutter*, u.a. Die W. S. gestaltet künstl. Phantasieräume, deren Zugang intellektuell entschlüsselt werden muß. Ihre Wurzeln liegen im Manierismus der altdt. u. ndl. Malerei, im Jugendstil, in der dt. Neuen Sachlichkeit u. im Surrealismus.

**Wienerwald,** nordöstl. Alpenausläufer, waldreiches Bergland westl. u. sw. von Wien; im *Schöpfl* 890 m; Erholungsgebiet für Wien.

**Wieniawski** [vjɛˈnjafski], Henryk (Henri), *1835, †1880, poln. Geiger u. Komponist.

**Wies,** barocke Wallfahrtskirche des Klosters Steingaden in Oberbay.; erbaut 1746–57 nach Plänen von D. *Zimmermann*.

**Wiesbaden,** Hptst. des Landes Hessen, am Südhang des Taunus u. am Rhein, 270 000 Ew.; internat. Kur- u. Kongreßstadt; Statist. Bundesamt, Bundeskriminalamt; klassizist. Schloß, Hess. Staatstheater, Kurhaus mit Spielbank; chem.-, Elektro-, Textil- u.a. Ind., Sektkellereien, Verlage. – 1816–66 war W. Hptst. des Hzgt. Nassau.

**Wiese,** r. Nbfl. des Rheins, 82 km; mündet bei Basel.

**Wiese, 1.** *Wiese und Kaiserswaldau*, Benno von, Sohn von 2), *1903, †1987, dt. Literarhistoriker; erforschte bes. die Lit. des 18. u. 19. Jh. – **2.** Leopold von, *1876, †1969, dt. Soziologe u. Volkswirt; begr. die Soziologie als Beziehungslehre.

**Wiesel,** *Mustela,* Gatt. bes. schlanker *Marder;* vornehmlich nachts jagende Bewohner der Kulturlandschaft. Das *Große W. (Hermelin),* von etwa 28 cm Körperlänge, trägt ein braunes Sommer- u. ein wertvolles weißes Winterkleid. Weitere Arten: Nerz u. Mink.

**Wiesel, 1.** Elie, *30.9.1928, US-amerik. Schriftsteller; als Jude 1944/45 im KZ; seit 1963 in den USA. Hauptthema seiner erzählenden u. essayist. Werke (»Die Nacht zu begraben, Elisha«, »Gezeiten des Schweigens«) ist die Vernichtung der Juden durch das nat.-soz. Regime; Friedensnobelpreis 1986. – **2.** Torsten, *3.6.1924, schwed. Mediziner; 1981 Nobelpreis für Arbeiten zur Aufklärung der Impulsvermittlung im Auge.

**Wiesenschaumkraut** → Schaumkraut.

**Wiesenthal,** Simon, *31.12.1908, dt. Publizist; als Jude 1941–45 im KZ; leitet in Wien ein Dokumentationszentrum über NS-Verbrechen. Ⓦ »Ich jagte Eichmann«, »Doch die Mörder leben«.

**Wiesloch,** Stadt in Ba.-Wü., südl. von Heidelberg, 22 000 Ew.; Maschinenbau, Wein- u. Obstanbau.

**Wiesmoor,** Gemeinde in Nds., Ostfriesland, 10 000 Ew.; Großkraftwerk auf Torfbasis; Treibhäuser, Großgärtnereien.

**Wiessee,** *Bad W.,* Gem. in Oberbay., am Tegernsee, 4000 Ew.; Heilbad mit Jod- u. Schwefelquellen; Spielbank; Hotelfachschule.

**Wight,** *Isle of W.* [ail əv wait], S-engl. Insel u. Gft. an der Kanalküste, 381 km², 123 000 Ew., Hptst. *Newport;* mildes Klima, Seebäder.

**Wigman,** Mary, *1886, †1973, dt. Tänzerin, Choreographin u. Tanzpädagogin; weitete die Möglichkeiten des Ausdruckstanzes aus.

**Wigner,** Eugene Paul, *17.11.1902, US-amerik. Physiker ung. Herkunft; arbeitet über Kerntheorie u. Physik der Elementarteilchen; war an der Entwicklung der Atombombe u. von Kernreaktoren beteiligt; Nobelpreis 1963.

**Wigwam,** urspr. die kuppelförmige, rindenbedeckte Behausung der Algonkinindianer, allg. die indian. Wohnung.

**Wik,** im frühen MA befestigter Fernhandels- u. Umschlagsplatz.

**Wikinger** → Normannen.

**Wil,** schweizer. Bez.-Hptst. im Kt. St. Gallen, 16 000 Ew.; Baumwoll-Ind., Stickerei.

**Wilckens,** Ulrich, *5.8.1928, ev. Theologe, seit 1986 Bischof der Nordelbischen Ev.-Luth. Kirche.

**Wild,** alle der Jagd unterliegenden Säugetiere (*Haar-W.*) u. Vögel (*Feder-, Flug-W.*).

**Wildbad im Schwarzwald,** Stadt in Ba.-Wü., 10 000 Ew.; Luftkurort u. Heilbad.

**Wildbeuter,** Bez. für Naturvölker, die von Jagd (Männer) u. Sammelwirtschaft (Frauen) leben, nicht seßhaft sind u. weder Bodenbau noch Viehzucht betreiben; die älteste u. einfachste Existenzgrundlage der Menschheit.

**Wildbret,** *Wildpret,* das Fleisch des Nutzwilds.

**Wilde** [waild], Oscar, *1854, †1900, anglo-ir. Schriftst.; vertrat in Lyrik, Drama (»Salome«) u. in dem Roman »Das Bildnis des Dorian Gray« Ästhetizismus des ausgehenden 19. Jh. Er verfaßte auch witzige, bühnenwirksame Konversationslustspiele (»Lady Windermeres Fächer«, »Ein idealer Gatte«). W. wurde wegen Homosexualität zu zweijähriger Zuchthausstrafe verurteilt.

**wilde Ehe** → Konkubinat.

**Wilder** [ˈwaildə], **1.** Billy, *22.6.1906, US-amerik. Filmregisseur u. -autor östr. Herkunft; emigrierte 1934 in die USA. Filme: »Frau ohne Gewissen«, »Das verflixte siebente Jahr«, »Zeugin der Anklage«, »Manche mögen's heiß«, »Eins, zwei, drei«, »Das Mädchen Irma La Douce«. – **2.**

*Kaiser Wilhelm I.*

Gene, *11.6.1935, US-amerik. Filmschauspieler u. -regisseur; meist in Filmen mit hintergründiger Komik. – **3.** Thornton, *1897, †1975, US-amerik. Schriftst.; schrieb der abendländ. Tradition verpflichtete Romane, oft mit phil.-religiösem Hintergrund (»Die Brücke von San Luis Rey«, »Dem Himmel bin ich auserkoren«, »Die Iden des März«) u. »illusionslose« Theaterstücke (»Unsere kleine Stadt«, »Wir sind noch einmal davongekommen«).

**Wilderei,** *Jagdwilderei* → Jagdvergehen.

**wilder Streik,** ein Streik, der nicht von der Gewerkschaft organisiert, sondern von den Arbeitnehmern selbständig geführt wird.

**Wildeshausen,** Stadt in Nds., an der Hunte, 13 000 Ew.; Elektro-, Textil- u. Metallind.

**Wildgans** → Gänse.

**Wildgans,** Anton, *1881, †1932, östr. Schriftst.; 1921–23 u. 1930/31 Burgtheaterdirektor; suchte als Dramatiker realist. Sozialkritik mit expressiv symbolhafter Aussage zu vereinen.

**Wildkatzen, 1.** *i.w.S.: Felis,* Gatt. von *Kleinkatzen,* die Steppen- u. sogar Wüstengebiete Afrikas u. Asiens bewohnen u. an extrem trockene Lebensräume angepaßt sind. – **2.** *i.e.S.: Felis silvestris,* Rassenkreis einer *Kleinkatze,* die in großen Teilen Asiens, Afrikas u. Europas verbreitet ist; Unterarten: *Europ. Wildkatze; Nub. Falbkatze,* von der die Hauskatze urspr. abstammt; Steppenkatze.

**Wildleder,** sämisch gegerbtes Leder von tuchartiger Beschaffenheit aus Häuten wildlebender Tiere wie Hirsch, Reh, Gemse, Gazelle, Antilope.

**Wildpferd,** *Equus przewalskii,* in Freiheit fast ausgerottetes *Pferd,* fr. in den Ebenen ganz Eurasiens heimisch; typ. ist die Stehmähne.

**Wildschwein,** zur Fam. der *Schweine* gehörige Stammform der Rassen des Hausschweins; in vielen Unterarten in N-Afrika u. ganz Eurasien verbreitet. Jagdl. heißt der Eber »Keiler«, das Jungtier »Frischling« u. das Muttertier »Bache«.

**Wildungen,** *Bad W.,* Stadt in Hess., 15 000 Ew.; Heilbad mit eisen-, magnesia- u. kohlensäurehaltigen Quellen.

**Wildwestfilm,** *Western,* Filmgatt., deren Geschehen im sog. Wilden Westen der USA (zw. 1850 u. 1900) angesiedelt ist. Der erste W. entstand 1903 in den USA: »Der große Eisenbahnraub«.

**Wilhelm,** Fürsten.

Deutsche Könige u. Kaiser:

**1.** W. von Holland, *1227, †1256, (Gegen-)König 1247–56; von der päpstl. Partei 1247 gegen *Friedrich II.* zum König gewählt. – **2. W. I.,** *1797, †1888, König von Preußen 1861–88, Deutscher Kaiser 1871–88; Sohn Friedrich Wilhelms III. u. der Königin Luise, verh. mit *Augusta,* Tochter des Großherzogs Karl Friedrich von Sachsen-Weimar; entschiedener Gegner der Märzrevolution 1848 (»Kartätschenprinz«); seit 1858 Regent für seinen geisteskranken Bruder Friedrich Wilhelm IV.; berief 1862 O. von *Bismarck* zum Min.-Präs. u. ließ sich im wesentl. von ihm lenken; nahm den Kaiserstuhl nur widerstrebend an. – **3. W. II.,** Enkel von 2), *1859, †1941, Deutscher Kaiser u. König von Preußen 1888–1918; zwang *Bismarck* 1890 zum Rücktritt, ohne selbst in der Lage zu sein, das Reich konsequent zu führen. Im 1. Weltkrieg ließ er sich von der Obersten Heeresleitung fast ganz ausschalten. Nach dem militär. Zusammenbruch trat er am 10.11.1918 auf Rat Hindenburgs auf ndl. Boden über, verzichtete am 28.11.1918 formell auf den Thron u. lebte seit 1920 in Doorn. – **4.** Kronprinz des Dt. Reichs u. von Preußen, ältester Sohn von 3), *1882, †1951; lebte 1919–23 in den Ndl., dann wieder in Dtld.;

*Wildkatze*

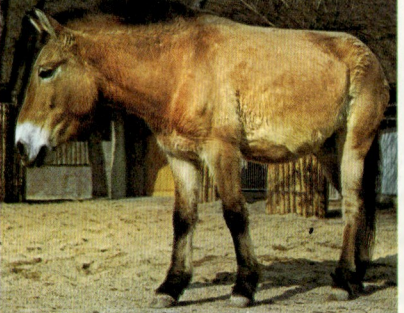

*Wildpferd*

*Hermelin im Winterkleid*

*Kaiser Wilhelm II. in Paradeuniform*

unterstützte in der Endphase der Weimarer Rep. die NSDAP.
Großbritannien:
**5. W. I.**, **W. der Eroberer,** *um 1027, †1087, König von England 1066–87, Herzog der Normandie 1035–87; landete 1066 in England u. besiegte den angelsächs. König Harald II. bei *Hastings;* führte die normann. Lehnsverfassung in England ein. – **6. W. III. von Oranien,** *1650, †1702, Statthalter der Ndl. 1672–1702, König von England, Schottland (als *W. II.*) u. Irland (als *W. I.*) 1689–1702; landete, von mehreren Lords gerufen, 1688 in England u. vertrieb seinen Schwiegervater Jakob II. (*Glorreiche Revolution*); beschwor die *Declaration of Rights* von 1689. – **7. W. IV.,** *1765, †1837, König von Großbrit. u. Irland u. König von Hannover 1830–37; folgte seinem Bruder Georg IV. auf den Thron. Mit ihm endete die Personalunion zw. Großbrit. u. Hannover.
Niederlande:
**8. W. von Oranien,** *W. der Schweiger,* *1533, †1584, Graf von Nassau u. Prinz von Oranien, Statthalter der Ndl. 1580–84; seit 1560 führend im Widerstand gegen Philipp II. von Spanien, Einiger der Ndl. (*Utrechter Union* 1579). – **9. W. I.,** *1772, †1843, König 1815–40, Großherzog von Luxemburg; 1815 zum König der Vereinigten Ndl. ausgerufen; dankte zugunsten seines Sohns *W. II.* ab. – **10. W. III.,** *1817, †1890, König der Ndl. u. Großherzog von Luxemburg 1849–90. Mit seinem Tod erlosch die Personalunion der Ndl. mit Luxemburg.
**Wilhelmina,** *1880, †1962, Königin der Ndl. 1890–1948; emigrierte 1940 (bis 1945) nach der dt. Besetzung nach London; dankte 1948 zugunsten ihrer Tochter *Juliana* ab.
**Wilhelmine,** *Sophie Friederike,* *1709, †1758, Markgräfin von Bayreuth; Lieblingsschwester *Friedrichs d. Gr.,* 1731 mit dem Markgrafen *Friedrich* von Brandenburg-Bayreuth verheiratet.
**Wilhelminische Ära,** die Regierungszeit des dt. Kaisers *Wilhelm II.* (1888–1918).
**Wilhelmshaven** [-fən], Stadt in Nds., am Jadebusen, 94 000 Ew.; Zentralinstitut für Meeresforschung, Niedersächs. Landesstelle für Marschen- u. Wurtenforschung, Stützpunkt der Bundesmarine; Schiffbau, Fahrzeugbau, Textil-, Möbel-, chem. u. a. Ind.; Tiefwasserhafen für Erdöltanker mit großem Tanklager, Ölleitung ins Rhein-Ruhr-Gebiet.
**Wilhelmshöhe,** Schloß bei Kassel, 1787–98 im klassizist. Stil errichtet; Barockpark mit dem von einer Herkulesstatue bekrönten Oktogon über steil abfallenden Kaskaden.
**Wilhelm von Aquitanien,** *um 750, †812, Graf von Toulouse u. Herzog von Aquitanien; verteidigte im Auftrag Karls d. Gr. die Span. Mark gegen die Sarazenen. – Heiliger (Fest: 28.5.).
**Wilkins** ['wilkinz], Maurice Hugh Frederick, *15.12.1916, engl. Biophysiker; entdeckte die Molekularstruktur der Nucleinsäuren; Nobelpreis für Medizin 1962.
**Wilkinson** ['wilkinsən], Geoffrey, *14.7.1921, brit. Chemiker, Prof. in London; forscht über metallorganische Katalysatoren; Nobelpreis 1973 zus. mit E. O. *Fischer.*
**Wilkizkij,** Boris Andrejewitsch, *1885, †1961, russ. Polarforscher; überwand 1914/15 mit zwei Eisbrechern erstmalig den nö. Seeweg von Wladiwostok nach Archangelsk.
**Willaert** ['wila:rt], Adrian, *um 1490, †1562, ndl. Komponist (Madrigale, Motetten u. a.); Begr. der *Venezian. Schule;* vereinigte ndl. Polyphonie mit harmon., ital. Kompositionsweisen.
**Wille,** im Unterschied zu *Trieb* u. *Begehren* ein geistiger Akt, von dem ein Impuls zur Verwirklichung bestimmter Ziele ausgeht.
**Willemer,** Marianne von, geb. *Jung,* *1784, †1860, Freundin Goethes; die »Suleika« seines *Westöstl. Divan,* zu dem sie Gedichte beitrug.
**Willemstad,** Hptst. u. Hafen der Niederländ. Antillen u. der Insel Curaçao, 50 000 Ew.; Altstadt in ndl. Stil; internat. Flughafen.
**Willenserklärung,** als wichtigster Bestandteil des Rechtsgeschäfts u. damit Grundlage der Privatrechtsordnung die Äußerung des Willens, auf eine Rechtslage einzuwirken, durch ausdrückliche oder stillschweigende Erklärung; ist nur bei voller *Geschäftsfähigkeit* u. bei Fehlen von *Willensmängeln* (Irrtum, Drohung, arglistige Täuschung) wirksam.
**Williams** ['wiljəmz], Tennessee, eigtl. Thomas Lanier W., *1911, †1983, US-amerik. Schriftst.; Hauptvertreter des psychol. Dramas, behandelt sexuelle Probleme, menschl. Versagen u. den Gegensatz von Illusion u. Traum zu Realität u. Gewalt; Zentralerlebnis ist die Einsamkeit. – W »Endstation Sehnsucht«, verfilmt von E. *Kazan;* »Die Katze auf dem heißen Blechdach«, verfilmt von R. *Brooks;* »Die Nacht des Leguan«, verfilmt von J. *Huston* u. a.
**Williamsburg** ['wiljəmzbə:g], Ort in Virginia, 10 000 Ew.; 1699–1780 Hptst. der Kolonie Virginia; Rekonstruktion des Stadtbilds vom Ende des 18. Jh.
**Willibald,** *um 700, †787 (?), erster Bischof von Eichstätt; angelsächs. Benediktiner. – Heiliger (Fest: 7.7.).
**Willibrord,** *um 658, †739, Erzbischof von Utrecht; angelsächs. Benediktiner. – Heiliger (Fest: 7.11.).
**Willich,** Stadt in NRW, 40 000 Ew.; Schloß; Textil-, Stahl-, Masch.-Ind., Brauerei.
**Willigis,** †1011, Erzbischof von Mainz u. Erzkanzler 975–1011. – Heiliger (Fest: 23.2.).
**Willstätter,** Richard, *1872, †1942, dt. Chemiker; verdient um die Erforschung von Alkaloiden, Chlorophyll u. Enzymen; Nobelpreis 1915.
**Wilms,** Dorothee, *11.10.1929, dt. Politikerin (CDU); 1982–87 Bundes-Min. für Bildung u. Wiss., seit 1987 für innerdt. Beziehungen.

**Wilna** → Vilnius.
**Wilseder Berg,** höchste Erhebung der Lüneburger Heide, 169 m; Naturschutzgebiet.
**Wilson** ['wilsn], **1.** Angus, eigtl. A. Frank *Johnstone*-W., *11.8.1913, engl. Schriftst.; iron.-satir. Romane. – **2.** Charles Thomson Rees, *1869, †1959, schott. Physiker; konstruierte die nach ihm ben. *Nebelkammer;* Nobelpreis 1927. – **3.** Sir (1976) Harold, *11.3.1916, brit. Politiker (Labour); 1963–76 Parteiführer; 1964–70 u. 1974–76 Prem.-Min. – **4.** Kenneth, *8.6.1936, US-amerik. Physiker; erhielt für seine Theorie der Phasenübergänge u. der krit. Phänomene den Nobelpreis 1982. – **5.** Richard, *1714, †1782, engl. Maler; Landschaftsgemälde. – **6.** Robert Woodrow, *10.1.1936, US-amerik. Physiker; erhielt für die Entdeckung der kosm. Hintergrundstrahlung den Nobelpreis 1978. – **7.** Thomas Woodrow, *1865, †1924, US-amerik. Politiker (Demokrat); 1913–21 (28.) Präs. der USA; errang durch die Beteiligung der USA am 1. Weltkrieg für diese die erste Weltmachtstellung bei geringem militär. Einsatz; konnte bei den Pariser Friedensverhandlungen 1918/19 zwar die Gründung des *Völkerbunds,* nicht aber den Frieden aufgrund seiner *Vierzehn Punkte* durchsetzen; Friedensnobelpreis 1919.

*Wimbledon: Blick über die Tennisanlage; oben der Centre Court, darunter Court Nr. 1*

**Wimbledon** ['wimbldən], Teil der Stadtgem. *Merton* im SW von Greater London; seit 1877 Austragungsort der internat. Tennismeisterschaften von England.
**Wimpel,** kleine dreieckige Flagge.
**Wimpertierchen,** *Ciliata,* Infusorien, Stamm der *Protozoen;* Einzeller von bereits hochentwickelter Organisation u. oft verhältnismäßig beträchtl. Größe; sind mit einer härteren Außenschicht um-

| Windstärken nach Beaufort | | | | | |
|---|---|---|---|---|---|
| Wind- stärke | Bezeichnung | Beschreibung der Auswirkungen | Geschwindigkeit des Windes in: | | |
| | | | m/s | km/h | Knoten |
| 0 | Windstille | vollkommene Luftruhe, Rauch steigt senkrecht empor | 0 – 0,2 | unter 1 | unter 1 |
| 1 | leiser Zug | Rauch steigt nicht ganz senkrecht empor, Blätter aber noch unbewegt | 0,3– 1,5 | 1– 5 | 1– 3 |
| 2 | leichte Brise | Blätter säuseln, Wind im Gesicht gerade spürbar | 1,6– 3,3 | 6– 11 | 4– 6 |
| 3 | schwache Brise | Blätter u. dünne Zweige bewegen sich, Wimpel werden gestreckt | 3,4– 5,4 | 12– 19 | 7–10 |
| 4 | mäßige Brise | Zweige u. dünne Äste bewegen sich, loses Papier wird vom Boden aufgehoben | 5,5– 7,9 | 20– 28 | 11–16 |
| 5 | frische Brise | größere Zweige u. Bäume bewegen sich, auf Seen bilden sich Schaumköpfe | 8,0–10,7 | 29– 38 | 17–21 |
| 6 | starker Wind | auch starke Äste bewegen sich, an Häusecken u. Drähten hörbares Pfeifen | 10,8–13,8 | 39– 49 | 22–27 |
| 7 | steifer Wind | Bäume bewegen sich, spürbare Behinderung beim Gehen gegen den Wind | 13,9–17,1 | 50– 61 | 28–33 |
| 8 | stürmischer Wind | Zweige werden von den Bäumen abgebrochen, erhebliche Gehbehinderung | 17,2–20,7 | 62– 74 | 34–40 |
| 9 | Sturm | Dachziegel werden von den Häusern abgehoben | 20,8–24,4 | 75– 88 | 41–47 |
| 10 | schwerer Sturm | Bäume werden entwurzelt, an Häusern schon bedeutende Schäden | 24,5–28,4 | 89–102 | 48–55 |
| 11 | orkanartiger Sturm | verbreitete schwere Sturmschäden | 28,5–32,6 | 103–117 | 56–63 |
| 12 | Orkan | verwüstende Wirkungen schwerster Art | >32,7 | >118 | >64 |

**Wimpfeling,** *Wimpheling, Wympfeling,* Jakob, *1450, †1528, dt. Humanist; machte den ersten Versuch einer Darstellung der Gesch. Dtld. (1505).

**Winchester** [ˈwintʃistə], Verw.-Sitz der Gft. *Hampshire,* 31 000 Ew.; anglikan., roman. Kathedrale (11.–15. Jh.).

**Winckelmann,** Johann Joachim, *1717, †1768, dt. Archäologe u. Kunstwiss.; Begr. der wiss. Archäologie; seine Wesensdeutung der grch. Kunst bestimmte maßgebl. die Schönheitsideale des Klassizismus. W »Gesch. der Kunst des Altertums«.

**Winckler,** Josef, *1881, †1966, dt. Schriftst.; W »Der tolle Bomberg«.

**Wind,** Bewegung der Luft, meist horizontal, doch bei Beeinflussung durch Bodenformen auch vertikal *(Auf-W.)* oder schräg auf- oder abwärts *(Berg- u. Tal-W., Fall-W.).* W. entsteht als Ausgleichsstörung zw. Gebieten unterschiedl. Luftdrucks (vom hohen zum tiefen Druck). Durch die Erdrotation werden die W. aus ihrer urspr. Richtung abgelenkt.

**Windaus,** Adolf, *1876, †1959, dt. Chemiker; Untersuchungen über Steine u. Vitamine; Nobelpreis 1928.

**Windbestäuber,** *Windblüher, Anemogamen,* Pflanzen, bei denen der Pollen durch den Wind übertragen wird, z.B. Gräser, Nadelhölzer.

**Winde,** 1. *Convolvulus,* Gatt. der W.ngewächse; windende Kräuter oder Sträucher; in Mitteleuropa die *Acker-W.* (lästiges Unkraut), *Zaun-W.* u. *Strand-W.* – 2. Gerät zum Heben u. Senken von Lasten.

**Windei,** Vogelei mit sehr dünner oder ohne Schale, evtl. auch ohne Dotter oder stark verformt.

**Windelen,** Heinrich, *25.6.1921, dt. Politiker; 1969 Bundes-Min. für Vertriebene, Flüchtlinge u. Kriegsgeschädigte, 1981–83 Vize-Präs. des Bundestages, 1983–87 Bundes-Min. für innerdt. Beziehungen.

**Windglider** [-glaidə], ein aus Glasfaserkunststoff gefertigtes Surfsegelbrett.

**Windhose,** *Sandhose, Staubteufel, Wasserhose,* Wirbelwind mit einem aus einer Wolke herabhängenden Wolkentrichter oder -schlauch u. einem »Fuß« aus aufgewirbeltem, angesaugtem Sand, Staub oder Wasser; infolge hoher Windgeschwindigkeit u. enger Begrenzung häufig von zerstörender Wirkung.

**Windhuk,** engl. u. afrikaans *Windhoek,* Hptst. von Namibia, 120 000 Ew.; Handels-, Ind.- u. Kulturzentrum; Flughafen.

**Windhund,** Sammelname für Hetzhunde von schlanker u. zartgliedriger Gestalt u. großer Schnelligkeit: *Afghane, Barsoi, Greyhound* u.a.

**Windischgrätz,** *Windisch-Graetz,* Alfred Fürst zu, *1787, †1862, östr. Feldmarschall; unterdrückte 1848 die Revolution in Böhmen u. Wien.

**Windjammer,** seemänn. Bez. für große, seetüchtige Segelschiffe.

**Windkanal,** tunnelartige Versuchseinrichtung zur Erforschung des aerodynam. Verhaltens von Flugzeugen, Flugzeugteilen u. -modellen, Kraftwagenmodellen u.ä.

**Windkraftanlage,** Anlage, in der die kinet. Energie des Windes zur Erzeugung von Antriebsleistung ausgenutzt wird. Schon vor 3000 Jahren waren *Windmühlen* bekannt. In der norddt. Küstenlandschaft standen ein Anfang dieses Jh. mehr als 10 000 Windmühlen. Heute werden auch Propeller oder Motoren großer Abmessungen gebaut, die nach dem Tragflügelprinzip funktionieren. Durch die von einem Propeller überstrichene Kreisfläche strömt die Luft u. wird am Motor abgebremst. Der Propeller treibt über Welle u. Getriebe einen Generator an. *Windkraftwerke* zur Erzeugung elektr. Energie können mit einer Leistung von mehreren 100 kW Strom in Versorgungsnetze einspeisen.

**Windmeßgeräte,** *Windmesser,* Geräte zur Ermittlung der Windgeschwindigkeit *(Anemometer)* oder der Windrichtung *(Windfahne, Windsack).*

**Windpocken,** *Wasserpocken, Schafblattern, Spitzpocken, Varizellen,* eine meist nur im Kindesalter auftretende, ansteckende, aber harmlose Viruskrankheit; nach einer Inkubationszeit von 14–17 Tagen bilden sich rötl. Flecken mit Wasserbläschen, die rasch eintrocknen u. meist ohne Narben abheilen.

**Windröschen** → Anemone.

**Windrose** → Kompaß.

**Windsor** [ˈwinzə], 1. amtl. *New W.,* engl. Stadt am Südufer der Themse, westl. von London, 28 000 Ew.; mit *W. Castle* (Sommersitz des engl. Herrscherhauses). – 2. Stadt in der kanad. Prov. Ontario, nahe der USA-Grenze, 193 000 Ew.; Univ.; Auto-, Masch.-, pharmazeut. u. chem. Ind.; Molkereien.

**Windsor** [ˈwinzə], seit 1917 Name des brit. Königshauses, den es während des 1. Weltkriegs statt der bisherigen Benennung nach der dt. Linie *Sachsen-Coburg-Gotha* annahm.

**Windstärke,** geschätztes Maß für die Größe der Windgeschwindigkeit aufgrund der mechan. Wirkung des Windes, entspr. der *Beaufortskala.*

**Windsurfing** [-sə:fiŋ], Art des Wellenreitens auf einem ca. 3,5 m langen Kunststoffbrett *(Surfboard)* mit kombiniertem Segel; 1969 entwickelt.

*Windkanal: Untersuchung des aerodynamischen Verhaltens von Automobilen*

*Weltmeister R. Naish beim Starkwind-Surfen*

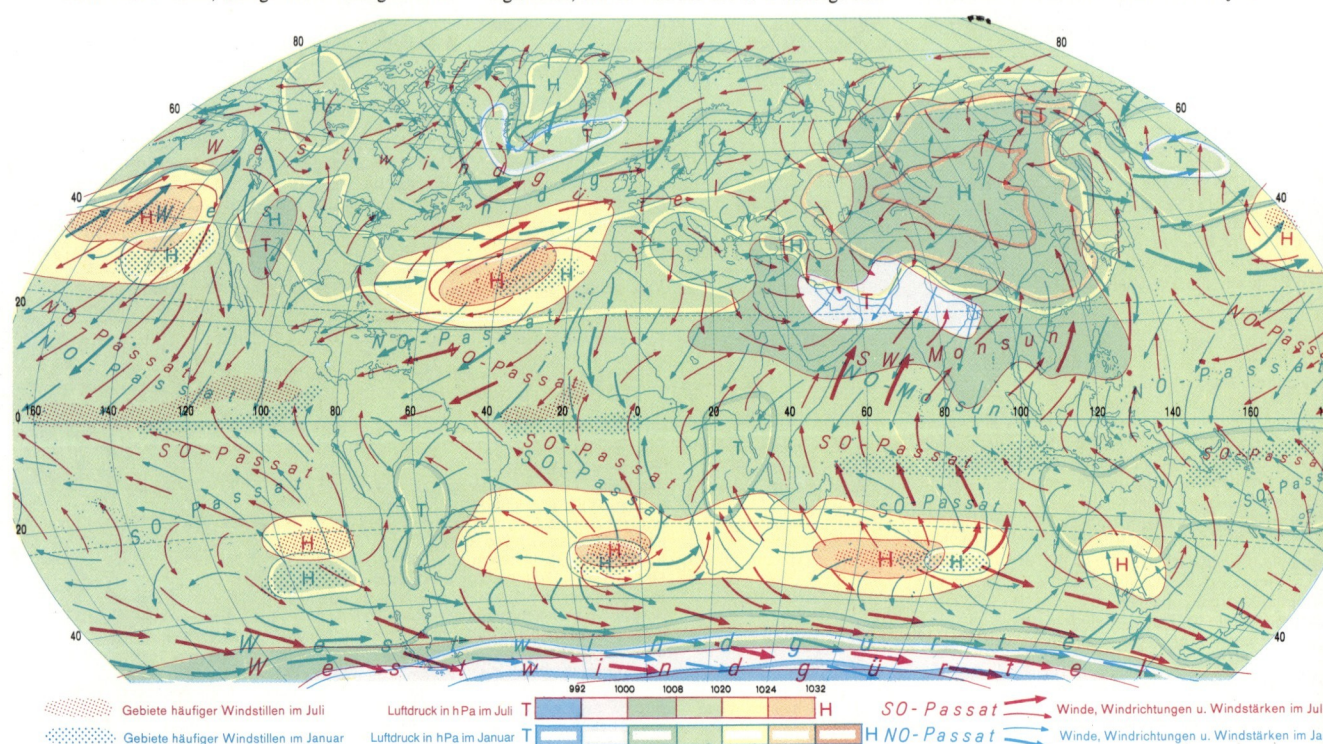

*Wind: Das Schema des planetarischen Windsystems zeigt die jahreszeitliche Verbreitung von Hoch- und Tiefdruckgebieten sowie die Luftströmungen unter dem Einfluß der Erdrotation*

**Windthorst,** Ludwig, *1812, †1891, dt. Politiker (Zentrum); v.a. in der Zeit des *Kulturkampfs* der wichtigste Gegenspieler *Bismarcks*.
**Windward Islands** ['windwəd 'ailəndz], Südgruppe der *Inseln über dem Winde*, Kleine Antillen (Westindien); von N nach S: Dominica, Martinique, Saint Lucia, Saint Vincent, Grenadinen, Grenada.
**Winfrid** → Bonifatius.
**Winkel,** geordnetes Paar zweier von einem Punkt, dem *Scheitel*, ausgehender Halbgeraden, der *Schenkel*. Die Größe des W. ist der Richtungsunterschied zw. den beiden Schenkeln; sie wird gemessen durch seinen Bogen (arc), manchmal in rad (Radiant), oder in Graden (°) bzw. Gon, Minuten (') u. Sekunden ("). 1° entspricht dem 360. Teil des Vollwinkels (Kreis), 1' dem 60. Teil eines Grads, 1" dem 60. Teil einer Minute. *Spitze* W. sind kleiner, *stumpfe* W. (bzw. *überstumpfe* W.) größer als 90° (bzw. 180°). *Neben*-W. haben einen Schenkel gemeinsam u. bilden zus. den *gestreckten* W.

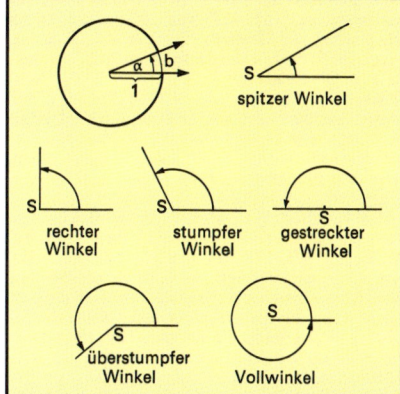
*Winkel*

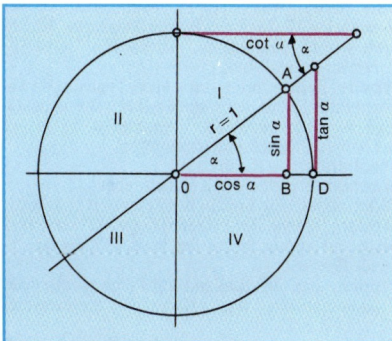
*Die vier Winkelfunktionen*

**Winkelfunktionen,** trigonometr. *Funktionen*, Funktionen, die einen Zusammenhang zw. Winkeln u. Strecken herstellen, bes. angewandt bei der Dreiecksberechnung.
**Winkerkrabben,** an den Küsten aller trop. Meere lebende Gatt. der *Krabben;* auffallend bunt gezeichnet; die Männchen haben eine extrem große Schere.
**Winkler, 1.** Clemens, *1838, †1904, dt. Chemiker; Entdecker des *Germaniums;* schuf das Kontaktverfahren zur Herstellung von Schwefelsäure. – **2.** Gerhard, *1906, †1977, dt. Komponist u. Pianist; schrieb Operetten u. Filmmusiken. – **3.** Hans Günter, *24.7.1926, dt. Springreiter, mehrf. Weltmeister u. Olympiasieger.
**Winnenden,** Stadt in Ba.-Wü., nordöstl. von Stuttgart, 23 000 Ew; ehem. Deutschordensschloß *Winnental* mit Schloßkirche (15. Jh.), elektrotechn. Ind., Maschinenbau.
**Winnipeg,** Hptst. der kanad. Prov. Manitoba, an der Mündung des Assiniboine in den Red River of the North, 605 000 Ew.; Univ. (1877); Mühlen, Sägereien, Schlachtereien, Brauereien, Getreidemarkt, Textil-Ind., Erdölraffinerien; Flughafen.
**Winnipegsee,** See in der kanad. Prov. Manitoba, 24 300 km², bis 21 m tief.
**Winniza,** ukrain. *Winnyzja,* Hptst. der gleichn. Oblast in der Ukrain. SSR (Sowj.), am Bug, 383 000 Ew.; Univ.; Zuckerfabriken, Phosphatwerke, Metall-, Holz- u. Lederverarbeitung.
**Winrich von Kniprode,** †1382, Hochmeister des Dt. Ordens seit 1351. Unter seiner Reg. erlebte der Dt.-Ordensstaat seine Blütezeit.
**Winsen (Luhe),** Krst. in Nds., am Nordrand der Lüneburger Heide, 27 000 Ew.; Schloß (16. Jh.), Marienkirche (14./15. Jh.); Maschinenbau, Elektro-, Möbel- u. pharmazeut. Ind.
**Winston-Salem** ['winstən 'sɛiləm], Stadt im NW von North Carolina (USA), 135 000 Ew.; Tabakhandel, -handel u. -verarbeitung. – *Salem* wurde 1766 von dt. Einwanderern gegr.
**Winter,** Jahreszeit auf der Nordhalbkugel 22.12. bis 21.3., auf der Südhalbkugel 21.6. bis 23.9.
**Winter,** Fritz, *1905, †1976, dt. Maler; Bauhausschüler, abstrakt-ungegenständl. Malerei mit symbolhaften Zeichen.
**Winterberg,** Stadt in NRW, Luftkurort im Sauerland, 700–800 m ü.M., 15 000 Ew.; Wintersportplatz.

**Wintergetreide,** Getreiderassen, bei denen zur Ausbildung von Blüten u. Früchten ein Kältereiz notwendig ist.
**Winterschlaf,** während der nahrungsarmen Winterzeit ein Zustand der Lethargie bei einigen Säugetieren, der im Ggs. zur *Winterruhe* hormonell gesteuert ist; Herabsetzung aller Lebensfunktionen; bes. bei Nagetieren (Hamster, Murmeltier u.a.), Insektenfressern (Igel), Fledermäusen.
**Wintersport,** Sammelbez. für alle auf Schnee u. Eis betriebenen Sportarten: Bobfahren, Curling, Eislaufen, Eisschießen, Eissegeln, Eishockey, Skisport u. Rodeln.
**Winterthur,** N-schweiz. Ind.-Stadt im Kt. Zürich, 85 000 Ew.; histor. Stadtkern; Musikkollegium, bed. Textil- u. Masch.-Ind.
**Winzer,** Weinbauer.
**Wipperfürth,** Stadt in NRW, an der Wupper, 21 000 Ew.; Textil-, Metall-, Papier-, Elektro- u. Kunststoff-Ind.
**Wirbel, 1.** das einzelne Glied des Achsenskeletts (*W.säule*) der *W.tiere.* – **2.** drehende Bewegung von Flüssigkeiten u. Gasen. – **3.** bei Saiteninstrumenten drehbare Pflöcke zum Befestigen u. Stimmen von Saiten. – **4.** schneller Schlagwechsel bei Trommeln u. Pauken.
**Wirbellose,** *Invertebrata,* nicht systemat. Bez. für die Tiere ohne Wirbelsäule.
**Wirbelsäule,** Achsenskelett der *Wirbeltiere,* das durch Verknöcherung der biegsamen *Chorda dorsalis* entsteht, durch Gliederung in einzelne Wirbel aber allseitig beweglich bleibt. Beim Menschen besteht die W. (*Rückgrat*) aus 7 Hals-, 12 Brust- u. 5 Lendenwirbeln u. ruht auf dem *Kreuzbein* (5 verwachsene Wirbel), dem das rudimentäre *Steißbein* anhängt.
**Wirbelströme,** innerhalb von elektr. Leitern (z.B. Blechen) geschlossen verlaufende Ströme, die durch ein veränderl. Magnetfeld entstehen.
**Wirbelsturm,** starke Luftbewegung um ein Zentrum außergewöhnlich niedrigen Luftdrucks, bes. eine trop. *Zyklone.*
**Wirbeltiere,** *Vertebrata,* Gruppe der *Chordaten,* zu der u.a. die Säugetiere u. damit auch der Mensch gehören. In der modernen Systematik werden die W. aufgelöst in die Unterstämme *Kieferlose* u. *Kiefermäuler,* die gleichberechtigt neben den anderen beiden Unterstämmen der Chordaten, *Manteltiere* u. *Schädellose,* stehen. Hauptkennzeichen der W. ist das gegliederte Achsenskelett (*Wirbelsäule*), in dessen Nähe oder in dessen Innerem sich das *Rückenmark* befindet. Das *Nervensystem* der W. zeigt meist am Vorderende des Rückenmarks eine Gehirnanlage. Das *Blutkreislaufsystem* ist geschlossen. Die paarigen *Gliedmaßen* lassen sich von den Flossen der Fische, dem sog. *Archipterygium* (»Urflosse«), ableiten. Die *Sinnesorgane* sind meist hoch entwickelt.
**Wirkerei,** Zweig der Textiltechnik, der sich mit der Herstellung von Maschenwaren (*Gewirken*) befaßt.
**Wirkungsgrad,** Verhältnis der nutzbringend gewonnenen zur aufgewendeten Energie.
**Wirkungsquantum,** *Plancksches W.,* universelle Naturkonstante, wichtigste Zahlengröße der *Quantentheorie* u. Atomphysik, 1900 von M. *Planck* entdeckt; mit dem Buchstaben *h* bezeichnet; $h = 6{,}625 \cdot 10^{-34}$ J.s.
**Wirkwaren,** Stoffe, die durch Vermaschung eines Fadens oder Fadensystems entstehen. Bei der aus nur einem Faden hergestellten *Kulierware* wird der waagerechte Faden in Bogen gelegt u. durch die vorhergehende Masche gezogen. Bei der *Kettware* verschlingen sich viele senkrecht hängende Fäden miteinander.
**Wirsing** → Kohl.
**Wirt,** der von einem *Parasiten* befallene Organismus.
**Wirtel,** *Quirl,* bei einer Pflanze mehrere Blätter an einem Stengelknoten.
**Wirth,** Josef, *1879, †1956, dt. Politiker (Zentrum); 1920 Reichsfinanz-Min., 1921/22 Reichskanzler; schloß 1922 den Rapallovertrag.
**Wirtschaft,** alle Einrichtungen u. Handlungen, die der planvollen Deckung des menschl. Bedarfs dienen; bes. die Erscheinungen der Güterzeugung, des Güterverbrauchs, des Güterumlaufs u. der Güterverteilung (bes. Einkommensverteilung).
**Wirtschaftlichkeit,** das *Rationalprinzip* im wirtschaftl. Bereich (*ökonom. Prinzip*); gegeben, wenn ein bestimmtes Ziel mit möglichst geringem Aufwand oder mit gegebenem Aufwand ein möglichst hoher Ertrag erzielt wird.
**Wirtschaftsausschuß,** ein gemäß dem Betriebsverfassungsgesetz in Unternehmen mit mehr als 100 Arbeitnehmern zu bildendes Organ, das dem Zusammenwirken zw. Unternehmer u. Belegschaft in wirtsch. Angelegenheiten dienen soll.
**Wirtschaftskrieg,** *Handelskrieg,* Gesamtheit der auf die wirtsch. Schwächung des Kriegsgegners gerichteten Maßnahmen; im Frieden bes. durch Zollerhöhung, Embargo, Dumping, im Krieg u.a. durch Sabotage u. Blockade.
**Wirtschaftskriminalität,** abweichendes Verhalten von den im Wirtschaftsleben geltenden Normen, das mit strafrechtl. Sanktionen bedroht ist, z.B. Steuerhinterziehung, Subventionserschleichung, Kreditbetrug u.a.
**Wirtschaftsordnung,** die histor. gewachsene oder bewußt geschaffene, auf ein Leitbild ausgerichtete konkrete Organisation des wirtsch. Lebens eines Landes.
**Wirtschaftspolitik,** alle Maßnahmen des Staates zur Gestaltung des Wirtschaftslebens.
**Wirtschaftssystem,** die Organisation der Planung u. Lenkung (Koordination) der Wirtschafts-

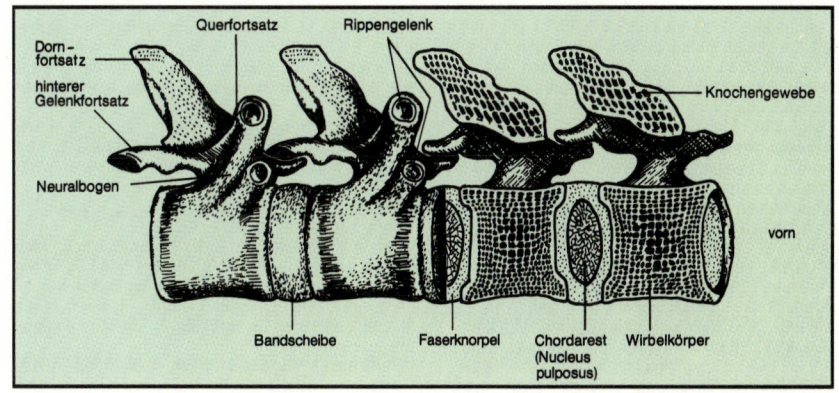
*Teil der Wirbelsäule eines Säugetiers*

# 984 Wirtschaftswissenschaften

*Katarina Witt*

prozesse in arbeitsteiligen Gesellschaften. → Marktwirtschaft, → Planwirtschaft.

**Wirtschaftswissenschaften**, Gesamtheit der Wiss., die wirtsch. Erscheinungen zum Forschungsobjekt haben: *Volkswirtschaftslehre*, *Volkswirtschaftspolitik*, *Betriebswirtschaftslehre*, *Finanzwissenschaft*, auch *Statistik* u. wirtsch. relevante Teile des *Rechts*.

**Wirtschaftswunder**, volkstüml. Bez. für den außergewöhnl. Aufschwung der Wirtschaft der BR Dtld in der 2. Hälfte der 1950er Jahre.

**Wischnewski**, Hans-Jürgen, *24.7.1922, dt. Politiker (SPD); 1966–68 Bundes-Min. für wirtsch. Zusammenarbeit, 1974–76 Staats-Min. im Auswärtigen Amt, 1976–79 u. 1982 beim Bundeskanzler, 1979–82 stellvertr. Partei-Vors., 1984/85 Schatzmeister der SPD.

**Wischnu** [ˈviʃ-], *Vishnu, Narayana, Shridhara, Hari*, einer der Hauptgötter des Hinduismus; Universalgott, die übrigen Götter sind nur seine Erscheinungsformen; erscheint in zehn Inkarnationen.

**Wisconsin** [wisˈkɔnsin], Abk. *Wis.*, nordöstl. Gliedstaat der → Vereinigten Staaten von Amerika, zw. Mississippi, Oberem u. Michigansee.

**Wisent** → Bison.

**Wismar**, Krst. in Mecklenburg, Hafenstadt an der Ostsee, 58 000 Ew.; histor. Stadtbild mit Marienkirche (14./15. Jh.) u. Giebelhäusern; Schiffbau, Werft; Metall-, Holz-, Papier-, Fischverarbeitungs-Ind.

**Wismut**, fachsprachl. *Bismut*, ein → chemisches Element (ein Metall).

**Wissenschaft**, urspr. das systemat. Ganze der Erkenntnis (die *Philosophie* des Altertums u. des MA). Mit der Ausbildung der neuzeitl. *Natur-W.* begann die Auflösung des universalen W.sbegriffs zugunsten stärkerer Betonung der Einzel-W.en. Zugleich wurde die math.-naturwiss. Methode Vorbild aller Wissenschaftlichkeit, der gegenüber erst im ausgehenden 19. Jh. die *Geistes-W.* ihre andersartige Methodik geltend machten. Wissenschaftlichkeit heißt: Methodik, Vorurteilsfreiheit, Wertfreiheit, Verifizierbarkeit, Möglichkeit der Kritik sowie Intersubjektivität.

**Wissenschaftsrat**, *Deutscher W.*, 1957 von Bund u. Ländern gegr. Einrichtung der Wissenschaftsförderung in der BR Dtld.

**Wissmann**, Hermann von, *1853, †1905, dt. Afrikaforscher; 1895/96 Gouverneur von Dt.-Ostafrika.

**Witebsk**, Hptst. der gleichn. Oblast im N der Weißruss. SSR (Sowj.), 347 000 Ew.; HS; Flachsanbau; Werkzeugmaschinenbau u.a. Ind.

**Witim**, r. Nbfl. der Lena in O-Sibirien, 1978 km.

**Witkiewicz** [vitˈkjɛvitʃ], Stanislaw Ignacy, *1885, †1939 (Selbstmord), poln. Schriftst. u. Maler; bahnbrechend für die moderne poln. Lit., utop. Romane, grotesk-absurde Dramen.

**Witt**, 1. *Johan de*, *1625, †1672, ndl. Politiker; als Ratspensionär (1653–72) von Holland Leiter der ndl. Politik; von Gegnern ermordet. – 2. *Katarina*, *3.12.1965, dt. Eiskunstläuferin; mehrf. Weltmeisterin u. Olympiasiegerin.

**Witte**, 1. *Wit, Emanuel de*, *um 1617, †1692, ndl. Maler; Hauptmeister des holländ. Architekturbildes (hpts. Kircheninterieurs). – 2. *Sergej Juljewitsch Graf*, *1849, †1915, russ. Politiker balt. Herkunft; 1905/06 Min.-Präs.

**Wittekind** → Widukind.

**Wittelsbacher**, dt. Herrschergeschlecht, ben. nach der Stammburg *Wittelsbach* (seit 1115) bei Aichach; 1294–1777 in die bay. u. die pfälz. Hauptlinie aufgezweigt; die anfangs gemeinsame Kurwürde erhielt 1356 die pfälz., 1620/48 die bay. Linie, wobei für die Pfalz eine neue, 8. geschaffen wurde; 1777 erlosch die jüngere, bay. Hauptlinie; die pfälz. Linie stellte 1806–1918 die bay. Könige.

**Witten**, Stadt in NRW, an der Ruhr, sö. von Bochum, 102 000 Ew.; Stahl-, chem., elektrotechn., opt. u. Glas-Ind.

**Wittenberg**, *Lutherstadt W.*, Krst. in Sachsen-Anhalt, an der Elbe, 54 000 Ew.; kurfürstl. Schloß (15./16. Jh.) mit Schloßkirche (Grabstätten Luthers u. Melanchthons), got. Stadtkirche (13. bis 15. Jh., mit Altar von L. Cranach d. Ä.); Metallwaren-, Masch.-Ind., Apparatebau. – W. war seit 1240 Residenzstadt der Hzgt. Sachsen-W. Die Univ. (1502–1817) war Ausgangspunkt der Reformation.

**Wittenberge**, Stadt in Mecklenburg, an der Elbe (Hafen), 30 000 Ew.; Nähmaschinen-, Textil- u.a. Ind.

**Witterung**, vorherrschende Art des allg. Wetterablaufs an einem Ort während eines größeren Zeitraums.

**Wittgenstein**, Ludwig, *1889, †1951, östr.-engl. Philosoph; einer der Hauptvertreter der modernen *Logistik*; W »Tractatus Logico-Philosophicus«.

**Wittig**, Georg, *1897, †1987, dt. Chemiker; zahlr. Arbeiten auf Gebieten der präparativen u. theoret. organ. Chemie; bed. die W.-Reaktion bei der Synthese der Vitamine A u. D; zus. mit H.C. *Brown* Nobelpreis 1979.

**Wittlich**, Krst. in Rhld.-Pf., an der Lieser, 16 000 Ew.; Gummi- u. Metall-Ind.

**Wittling**, *Merlan*, 30–45 cm langer *Schellfisch*.

**Wittlinger**, Karl, *17.5.1922, dt. Schriftst.; Komödien, Hörspiele, Fernsehstücke; W »Kennen Sie die Milchstraße?«.

**Wittmund**, Kreisstadt in Nds., in Ostfriesland, 19 000 Ew.; Nikolaikirche (18. Jh.); Landwirtschaftszentrum (Viehmarkt).

**Wittstock**, Krst. in Brandenburg, in der Prignitz, 14 000 Ew.; vielseitige Ind.

**Witwatersrand**, engl. *Far East Rand*, an Goldvorkommen reicher südafrik. Höhenzug im südl. Transvaal, Zentrum *Johannesburg*.

**Witwe**, *Witfrau, Witib*, Frau, deren Ehemann gestorben ist; entspr. **Witwer**.

**Witwen**, Unterfam. afrik. Webervögel; Brutparasiten, die ihre Eier in Nester von Prachtfinken legen u. deren Verhalten u. Gesang nachahmen.

**Witwenrente**, Hinterbliebenenrente an die Ehefrau des verstorbenen Versicherten aus der Unfall- u. Rentenversicherung. Bei Wiederverheiratung erlischt die W.; entspr. **Witwerrente**, falls die Ehefrau den Lebensunterhalt überwiegend bestritten hatte.

**Witz**, urspr. heller, lebendiger Verstand (so noch in »Mutter-W.«); heute: *Wortkomik*.

**Witz**, Konrad, *nach 1400, †um 1445, dt. Maler; in der altdt. Malerei ein Hauptmeister des Realismus.

**Witzenhausen**, Stadt in Hessen, an der Werra, 16 000 Ew.; Fachwerkhäuser; Papier-, Metall-, Textil-Ind.

**Witzleben**, Erwin von, *1881, †1944, dt. Offizier; 1940 Generalfeldmarschall; führend in der Militäropposition gegen Hitler; nach dem mißglückten Attentat vom 20. Juli 1944 hingerichtet.

**Wjatka**, r. Nbfl. der in die Wolga mündenden Kama, 1367 km.

**Wladimir**, Hptst. der gleichn. Oblast in der RSFSR (Sowj.), an der Kljasma, 343 000 Ew.; Uspenskij-Kathedrale (1158); Demetrius-Kathedrale (1193–97), Kloster (12. Jh.), Goldenes Tor (12. Jh.); Baumwollverarbeitung, Masch.-, Traktoren- u. chem. Ind.

**Wladimir, 1. *W. der Heilige*, *um 956, †1015, Großfürst von Kiew 978–1015; eroberte Gebiete von Polen (981) u. dehnte die Herrschaft Kiews über alle ostslaw. Stämme aus. – 2. *W. Monomach*, Urenkel von 1), *1053, †1125, Großfürst von Kiew 1113–25; führte das Kiewer Reich zu einem der letzten Höhepunkten seiner Macht.

**Wladislaw, 1. *W. V.*, *1456, †1516, König von Böhmen 1471–1516 u. von Ungarn (*László II.* seit 1490); poln. Jagiellone. – 2. *Władysław I. Łokietek* [»Ellenlang«], *1260, †1333, König (1306) 1320–33; der eigtl. Schöpfer des poln. Einheitsstaats.

**Wladiwostok**, Hptst. des *Primorskij Kraj* in der RSFSR (Sowj.), 627 000 Ew.; Univ. u. Wiss.-Zentrum; Fischverarbeitung, Masch.- u. Schiffbau, Holz-, Leder-, Baustoff- u.a. Ind.; Erdölraffinerien, Wärmekraftwerk, Kohlenbergbau; größter sowj. Hafen am Pazifik; Endpunkt der Transsibir. Bahnlinie; befestigter Flotten- u. Luftstützpunkt.

**Wlasow** [-sɔf], *Wlassow*, Andrej Andrejewitsch, *1901, †1946, sowj. General; seit 1942 in dt. Gefangenschaft; bildete 1944 mit dt. Unterstützung aus sowj. Kriegsgefangenen eine antisowj. »Befreiungsarmee«; von den Amerikanern 1945 an die Sowj. ausgeliefert, dort hingerichtet.

**Włocławek** [wuɔˈtsuavɛk], poln. Stadt an der Weichsel, 117 000 Ew.; Bischofssitz; got. Kathedrale (1340–65); chem., Stickstoff-, Zellstoff-, Porzellan-, Metall-Ind.

**Woche**, Zeitabschnitt von sieben Tagen, etwa ein Viertel der Dauer des Mondumlaufs; die siebentägige W. ist morgenländ. Ursprungs u. hängt mit der babylon. Sternkunde zusammen.

**Wochenbett** → Kindbett.

**Wochenbettfieber** → Kindbettfieber.

**Wöchnerin**, eine Frau in der Zeit des Kindbetts.

**Wodan**, *Wotan*, im Norden *Odin*, in der germ. Myth. die an der Spitze der nord. Götterwelt stehende Gottheit.

**Wodka**, bes. in Rußland u. Polen verbreiteter Trinkbranntwein aus Kartoffeln; mindestens 40 Vol.-% Alkohol.

**Wodu**, *Voodoo*, Geheimkult bes. der Schwarzen auf Haiti (Geisterbeschwörung in ekstat. Tänzen, Tieropfer).

**Woermann**, Adolph, *1847, †1911, dt. Reeder; erwarb Ländereien in Kamerun u. Togo u. übergab sie als Schutzgebiet dem Dt. Reich; gründete eine Schiffahrtslinie; 1884–89 nat.-lib. Abg. im Reichstag.

**Wogulen**, das ugrische Volk der *Mansen*.

**Wohlfahrt**, Gemeinwohl u. Wohlstand des einzelnen; öffentl. Fürsorge u. **W.spflege**, planmäßige, vorbeugende u. abhelfende Betreuung Notleidender oder Gefährdeter auf gesundheitl., sittl. u. wirtsch. Gebiet.

**Wohlfahrtsstaat**, Bez. für den modernen *Sozialstaat* u. seine Zielrichtung, allen Staatsbürgern ungeachtet ihrer individuellen Leistungsfähigkeit u. Lebenslage ein Mindestmaß an soz. Sicherung u. materiellem Wohlstand zu gewährleisten; auch problem. als *Versorgungsstaat* bezeichnet.

**Wohmann**, Gabriele, *21.5.1932, dt. Schriftst.;

*Wittenberg: Marktplatz mit Renaissance-Rathaus und den Denkmälern Luthers und Melanchthons*

| Die Wochentage | | | | | |
|---|---|---|---|---|---|
| Wochentag | Zeichen | englisch | französisch | italienisch | spanisch |
| Montag | ☾ | Monday | lundi | lunedì | lunes |
| Dienstag | ♂ | Tuesday | mardi | martedì | martes |
| Mittwoch | ☿ | Wednesday | mercredi | mercoledì | miércoles |
| Donnerstag | ♃ | Thursday | jeudi | giovedì | jueves |
| Freitag | ♀ | Friday | vendredi | venerdì | viernes |
| Sonnabend | ♄ | Saturday | samedi | sabato | sábado |
| Sonntag | ☉ | Sunday | dimanche | domenica | domingo |

analysiert das bürgerl. Alltagsleben; Romane, Erzählungen, Hör- u. Fernsehspiele.
**Wohngeld,** Miet- oder Lastenzuschuß zu den Aufwendungen für Wohnraum; wird gewährt, um die Belastungen durch die Wohnkosten für soz. bedürftige Menschen tragbar zu machen; berechnet nach Einkommen u. Zahl der Familienmitglieder.
**Wohngemeinschaft,** ein aus der *Kommune* hervorgegangenes Wohn- u. Sozialkonzept zur gemeinschaftl. Nutzung von Wohnräumen durch Personen, zw. denen kein Verwandtschaftsverhältnis besteht, z.B. Studenten-W.
**Wohnsitz,** Ort der ständigen Niederlassung einer Person.
**Wohnungseigentum,** *Eigentumswohnung,* Sondereigentum an einer Wohnung mit der Rechtsstellung eines Alleineigentümers, aber auch mit Beschränkungen gegenüber weiteren Wohnungseigentümern aus dem *Bruchteilsmiteigentum* an Grundstück u. Gebäude. Für das W. werden besondere Grundbücher geführt.
**Wohnwagen,** eingerichteter Wagen mit Schlaf- u. Kochmöglichkeit; als Kfz-Anhänger in Leichtbauweise hergestellt; meist einachsig; bes. für Camping geeignet.
**Wojewode,** *Woiwode,* oberster staatl. Beamter einer **Wojewodschaft,** Verw.-Gebiet in Polen.
**Wojtyla** [vɔ'tiwa], Karol, poln. Theologe, seit 1978 Papst → Johannes Paul II.
**Wolf, 1.** Christa, *18.3.1929, dt. Schriftst.; Fragen nach dem Zusammenleben der Menschen u. der Selbstverwirklichung der einzelnen; W »Nachdenken über Christa T.«, »Kindheitsmuster«, »Kassandra« u.a.; Essays u. Filmdrehbücher. – **2.** Hugo, *1860, †1903, östr. Komponist; der überragende Liedschöpfer der Spätromantik. – **3.** Marcus, *19.1.1923, dt. Geheimdienstchef; 1958–87 stellv. Min. u. Leiter der Hpt.-Verw. Aufklärung im Min. für Staatssicherheit der DDR. – **4.** Max, *1863, †1932, dt. Astronom; förderte die Himmelsphotographie; entdeckte zahlr. Planetoiden.
**Wolf,** *Canis lupus,* hundeartiges Raubtier, das in vielen Standortrassen über die ganze Welt verbreitet, an vielen Orten aber ausgerottet ist. Die nördl. Rassen (z.B. der riesige, weiße *Polar-W.*) sind größer u. ebenmäßiger gefärbt; die südl. sind kleiner u. bunter (z.B. der *Ind. W.*, der als Stammform des Hundes gilt); der *Europ. W.* ist gewöhnl. graubraun u. schäferhundgroß.

**Wolfe** [wulf], Thomas Clayton, *1900, †1938, US-amerik. Schriftst.; gefühlsintensive, krit. Romane zur amerik. Zivilisation. W »Schau heimwärts, Engel«, »Von Zeit u. Strom«, »Geweb u. Fels«.
**Wölfel,** Ursula, *16.9.1922, dt. Jugendbuchautorin; stellt oft Kinder dar, die innere Isolation durch Reifung oder durch die Hilfe anderer überwinden.
**Wolfen,** Stadt in Sachsen-Anhalt, nw. von Bitterfeld, 44 000 Ew.; chem. u. Film-Ind.
**Wolfenbüttel,** Krst. in Nds., südl. von Braunschweig, an der Oker, 49 000 Ew.; Herzog-August-Bibliothek (ab 1572, mit Reichenauer Evangeliar, 10. Jh., Sachsenspiegel, 14. Jh.), Lessingmuseum; Schloß, Zeughaus (17. Jh.). – Bis 1753 Wohnsitz der Herzöge von Braunschweig.
**Wolff, 1.** *Wolf,* Christian (seit 1745) Reichsfreiherr von, *1679, †1754, dt. Philosoph; schuf ein umfassendes rationalist. System, durch das die gesamte dt. Aufklärung entscheidend beeinflußt wurde. – **2.** Jakob d.Ä., *um 1546, †1612, dt. Baumeister u. Bildhauer der Renaissance, u.a. Rathaus in Rothenburg o.d.T. – **3.** Theodor, *1868, †1943, dt. Publizist; Chefredakteur des »Berliner Tageblatts«; Mitgr. (1918) der Dt. Demokrat. Par-

*Wolf*

tei; führender Vertreter des Linksliberalismus; emigrierte 1933 nach Frankreich, an Dtld. ausgeliefert; starb nach KZ-Haft. – Der 1961 gestiftete *Theodor-W.-Preis* für hervorragende journalist. Leistungen wird vom Bundesverband Dt. Zeitungsverleger verliehen.
**Wolf-Ferrari,** Ermanno, *1876, †1948, ital. Komponist. dt. Abstammung; erneuerte in seinen Opern Elemente der *Commedia dell'arte.* W »Die vier Grobiane«, »Der Schmuck der Madonna«.
**Wölfflin,** Heinrich, *1864, †1945, schweiz. Kunsthistoriker; entwickelte kunstgeschichtl. Unterscheidungskriterien, die auch andere Geisteswiss. befruchteten.
**Wolfgang,** †994, Bischof von Regensburg (seit 972); trat 965 in das Kloster Einsiedeln ein; Erzieher Heinrichs II. – Heiliger (Fest: 31.10.).
**Wolfram,** fr. auch *Tungsten,* ein → chemisches Element (ein Metall).
**Wolfram von Eschenbach,** *um 1170, †nach 1220, mhd. Dichter; Epiker der höf. Dichtung; beweist in seinem Hauptwerk, dem mittelalterl. Bildungsroman (in Versen) »Parzival« (um 1210 vollendet), seine große Kunst der Menschencharakterisierung u. der Komposition, ideenreiche Phantasie u. Humor; unvollendet: das stroph. Epos »Titurel« ( aus der Spätzeit) u. der »Willehalm« (nach 1210 begonnen, von *Ulrich von Türheim* vollendet).
**Wolfratshausen,** Stadt in Oberbay., an der Loisach, 15 000 Ew.; metallverarbeitende Ind.
**Wolf-Rayet-Sterne** [-ra'je-], auch *W-Sterne,* nach den Entdeckern, den frz. Astronomen C. *Wolf* (*1827, †1918) u. G. *Rayet* (*1839, †1906), ben.,

sehr seltene Sterne mit Oberflächentemperaturen von 50 000 bis 100 000 °C, die dauernd Materie in Form von Gashüllen mit Geschwindigkeiten bis zu 3000 km/s abstoßen.
**Wolfsburg,** Stadt in Nds., an der Aller u. am Mittellandkanal, 122 000 Ew.; 1938 mit der gleichzeitigen Errichtung der *Volkswagenwerk AG* gegr.
**Wolfshund,** *Irischer W.,* rauhhaariger, *Windhund,* mit 80 cm Schulterhöhe größte Hunderasse.
**Wolfsmilch,** *Euphorbia,* artenreiche Gatt. der *W.gewächse* (→ Pflanzen); milchsaftführende Gewächse von mannigfaltiger Gestalt. Die kaktusartigen, unbeblätterten u. oft stacheligen Formen (*Baumeuphorbien*) bewohnen vorw. die afrik. Steppen, ebenso sind die hohen baumförmigen *Kandelabereuphorbien* auf die Steppengebiete des wärmeren Afrika u. der atlant. Inseln beschränkt.
**Wolfsmilchschwärmer,** mitteleurop. *Schwärmer;* die Raupe bevorzugt Wolfsmilcharten.

*Wolfsspinne mit Eikokon*

**Wolfsrachen,** Lippen-Kiefer-Gaumenspalte, angeborene Mißbildung.
**Wolfsspinnen,** *Lycosidae,* Fam. umherschweifender Jagdspinnen, die kein Netz spinnen, z.B. Taranteln.
**Wolga,** längster u. wasserreichster Strom Europas, 3685 km, Einzugsgebiet 1,38 Mio. km²; entspringt in den Waldaj-Höhen u. mündet mit einem 150 km breiten Delta ins Kasp. Meer; bei Iwankowo, Uglitsch, Rybinsk, Gorkij, Tscheboksary, Kujbyschew, Saratow u. Wolgograd Stauanlagen mit Großkraftwerken; wichtigste Binnenwasserstraße der Sowjetunion; durch Kanäle mit den anderen großen Flüssen O-Europas u. den angrenzenden Meeren verbunden.
**Wolgadeutsche,** seit 1763 von Katharina II. an der Wolga angesiedelte Deutsche; nach 1941 nach Zentralasien deportiert.
**Wolga-Don-Schiffahrtskanal,** *Lenin-Kanal,* Schiffahrtsweg in der Ukrain. SSR (Sowj.), der die

*Wolfram von Eschenbach: Drei Szenen aus dem »Parzival«; Miniatur aus einer Handschrift des 13. Jahrhunderts*

*Wolfenbüttel: Schloß*

**986 Wolga-Ostsee-Wasserweg**

untere Wolga mit dem unteren Don verbindet (somit den Atlantik mit dem Schwarzen Meer); 101 km lang, 1952 eröffnet.
**Wolga-Ostsee-Wasserweg,** *Wolga-Balt.-Kanal,* fr. *Marienkanalsystem* (1810), Binnenschiffahrtsstraße im nördl. europ. Teil der RSFSR (Sowj.) zw. oberer Wolga u. Finn. Meerbusen der Ostsee bei Leningrad, 1135 km.
**Wolgast,** Krst. in Mecklenburg, gegenüber von Usedom, 17 000 Ew.; Marinestützpunkt; Schiffbau.
**Wolgemuth,** Michael, *1434, †1519, dt. Maler u. Holzschneider; übernahm 1473 die Werkstatt H. *Pleydenwurffs* in Nürnberg; Lehrer A. *Dürers.*
**Wolgograd,** bis 1925 *Zarizyn,* 1925–61 *Stalingrad,* Hptst. der gleichn. Oblast in der RSFSR (Sowj.), an der Wolga unterhalb des *W.er Stausees,* 988 000 Ew.; moderne weiträumige Stadtanlage mit vielen Grünflächen; HS; Edelstahl- u. Walzwerke, Maschinenbau, Fahrzeugbau, Schiffbau, Kugellagerfabrik, Erdölraffinerien. – Im 2. Weltkrieg schwer umkämpft.

### Wolkengattungen

| Gattungsname | Höhe in m | Kurzbeschreibung |
|---|---|---|
| Zirrus | 5000–13 700 | Eiswolken in Form von weißen feinen Fasern oder Bändern; federartiges Aussehen, seidiger Glanz; meist kein Niederschlag |
| Zirrokumulus | 5000–13 700 | dünne Eiswolkenschicht, entweder gleichmäßig verteilt oder feine „Schäfchenwolken" |
| Zirrostratus | 5000–13 700 | durchscheinender Eiswolkenschleier; glatt oder faserig; häufig Haloerscheinungen |
| Altokumulus | 2000– 7000 | ballen- oder walzenförmige, weiße oder graue Schichtwolken; grobe „Schäfchenwolken"; meist kein Niederschlag |
| Altostratus | 2000– 7000 | faserige, gräuliche oder bläuliche Schichtwolken; Sonne verschwommen zu erkennen; oft folgt andauernder leichter oder mäßiger Niederschlag |
| Nimbostratus | 900– 3000 | graue, dunkle, schwere Wolkenschicht („Regenwolken"); anhaltender Regen oder Schnee |
| Stratokumulus | 460– 2000 | graue oder weiße Schichtwolken mit dunklen Flecken; ballen- oder walzenförmig; meist kein Niederschlag |
| Stratus | 0– 460 | graue Wolkenschicht mit gleichmäßiger Untergrenze („Hochnebel"); Sprühregen oder feiner Schnee |
| Kumulus | 460– 2000 | einzelne dichte, weiße Haufenwolken; unterer Rand flach, oben blumenkohlförmig („Schönwetterwolken") |
| Kumulonimbus | 460– 2000 | dichte turmförmige Haufenwolken mit dunkler Basis; häufig Schauerniederschlag und Gewitter („Gewitterwolken") |

# WOLKEN

*Zirrokumulus*

*Altostratus*

*Kumulus*

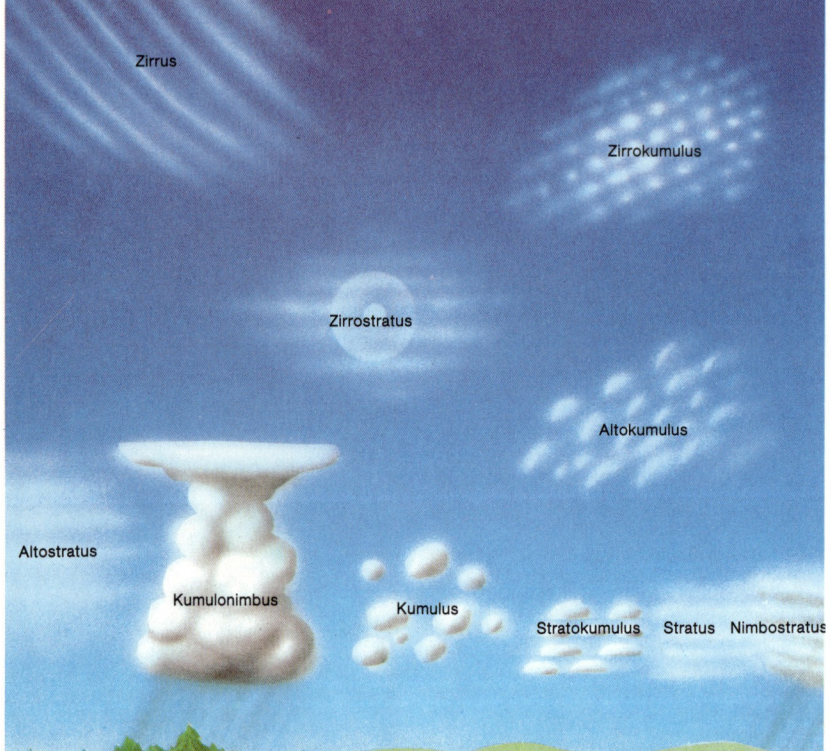

*Föhnwetterlage am nördlichen Alpenrand*

*Wolken werden aufgrund ihrer Höhe und ihrer Form in vier große Gruppen eingeteilt: hohe, mittlere und niedrige Wolken und solche von vertikaler Entwicklung. Hohe Wolken, wie Zirrus, treten über 5000 m auf, mittlere Wolken, wie Altostratus, zwischen 2000 und 7000 m. Niedrige Wolken, wie Nimbostratus, erscheinen unter 3000 m; Kumulonimbus und Kumulus sind Wolken von vertikaler Entwicklung (links). – »Böenwalze« an einer Gewitterfront (rechts)*

**Wolhynien** → Wolynien.
**Wolken,** sichtbare Ansammlung von Wassertröpfchen oder Eisteilchen in der Atmosphäre, im übertragenen Sinn auch von Staub, Rauch u.a. kleinen Teilchen; entstehen, wenn bei Abkühlung der Luft der Wasserdampf kondensiert; bei zu starkem Anwachsen der Tröpfchen kommt es zu *Niederschlägen*. Vom *Nebel* unterscheiden sich W. nur durch ihre Höhe vom Erdboden. Die wichtigsten Grundformen der W.bildung sind *Schicht-(Stratus), Haufen-(Kumulus), Feder-(Zirrus)* u. *Regen-W. (Nimbus)*.
**Wolkenkratzer,** engl. *skyscraper,* vielstöckiges Hochhaus.
**Wollaffen,** *Lagothrix,* südamerik. Gatt. der *Rollschwanzaffen,* mit dicht-wolligem Fell.
**Wolläuse,** *Pemphigidae,* Fam. der *Blattläuse,* die wollig aussehende Wachsmassen ausscheiden können, z.B. die Blutlaus.
**Wollbaum,** *Bombax,* Gatt. der W.gewächse, trop. Bäume mit gefingerten Blättern; Samen mit seidigen Haaren (als Polstermaterial verwendet); → Kapok.
**Wolle,** die *Haare* versch. Tiere (Kamel, Ziege, Schaf, Kaninchen), die sich zum Verspinnen u. Weben eignen; Hauptwollieferant ist das *Schaf*.
**Wollfett,** *Wollwachs,* unangenehm riechendes Fett der Schafwolle; enthält ein Gemisch von Cholesterin- u. Cetylestern höherer Fettsäuren u. wird gereinigt als *Lanolin* verwendet.
**Wollgras,** *Eriophorum,* Gatt. der *Sauergräser;* in Mooren u. auf sumpfigen Wiesen häufige Pflanze mit Blütenborsten, die nach der Blütezeit zu langen haarähnl. Fäden auswachsen u. einen weißen Wollschopf bilden.
**Wollhandkrabbe,** bis 7,5 cm breite *Krabbe* des chin. Tieflands aus der Fam. der *Grapsidae;* 1912 nach Europa eingeschleppt.
**Wollin,** poln. *Wolin,* pommersche Insel vor dem Stettiner Haff, 265 km².
**Wollmaus,** → Chinchilla.
**Wollongong** ['wulən-], austral. Stadt in Neusüdwales, 240 000 Ew.; Stahlind., Hafen.
**Wollschläger,** Hans, *17.3.1935, dt. Schriftst.; krit. Essays, Romane; übersetzte Werke von E. A. Poe u. J. Joyce.
**Wollstonecraft** ['wulstənkra:ft], Mary, *1759, †1797, engl. Schriftst.; Begr. der engl. Frauenrechtsbewegung.
**Wolof,** westafrik. Volk zw. Senegal u. Gambia; Moslems.
**Wologda,** Hptst. der gleichn. Oblast in der RSFSR (Sowj.), an der schiffbaren W., 278 000 Ew.; Kreml, Kathedrale (16. Jh.), HS; Maschinenbau, Eisenbahnwerkstätten.
**Wolos,** *Bolos,* grch. Hafenstadt in Thessalien, am Pagasäischen Golf, 71 000 Ew.; Metall-, Textil- u. Baustoff-Ind.
**Wols,** eigtl. Alfred Otto Wolfgang *Schulze-Battmann,* *1913, †1951, dt. Maler u. Graphiker; wegbereitend im internat. *Tachismus*.
**Wolsey** ['wulzi], Thomas, *um 1475, †1530, engl. Kardinal u. Kanzler; mußte im Zusammenhang mit dem Ehescheidungsprozeß *Heinrichs VIII.* 1529 zurücktreten u. starb in Haft.
**Wolter,** Charlotte, *1834, †1897, dt. Schauspielerin; gefeiertste Tragödin ihrer Zeit.
**Wolverhampton** ['wulvəhæmptən], O-engl. Stadt nw. von Birmingham, 252 000 Ew.; TH; Stahl-, Eisen-, Masch.-, Auto-, Flugzeug- u. chem. Ind.
**Wolynien,** histor. Ldsch. im NW der Ukrain. SSR (Sowj.); gilt als Urheimat der Slawen.
**Wolzogen, 1.** Ernst Ludwig Frhr. von, *1855, †1934, dt. Schriftst.; gründete 1900 in Berlin das literar. Kabarett »Das Überbrettl«. – **2.** Hans Paul Frhr. von, Stiefbruder von 1), *1848, †1938, dt. Musikschriftst.; Hrsg. der »Bayreuther Blätter«, die sich für R. *Wagner* einsetzten. – **3.** Karoline Freifrau von, geb. von Lengefeld, *1763, †1847, Schwägerin *Schillers*; Schillerbiographin.
**Wombat,** *Plumpbeutler,* Fam. der *Beuteltiere,* plump gebaute, bis 1 m große Tiere mit rückgebildetem Schwanz; Höhlenbewohner in Wäldern Australiens u. Tasmaniens.
**Wonder** ['wɔndə], Stevie, eigtl. Steveland *Moris,* *13.5.1950, US-amerik. Soul-Musiker; blind geboren.
**Wondratschek,** Wolf, *14.8.1943, dt. Schriftst.; Hörspiele, Prosa, Lyrik.
**Wonsan,** *Wŏnsan,* nordkorean. Hafenstadt, 350 000 Ew.; Schiff- u. Maschinenbau, Fischverarbeitung, Ölraffinerie; Flughafen.
**Wood** [wud], Grant, *1892, †1942, US-amerik. Maler, Graphiker u. Kunstgewerbler; schilderte das Farmerleben im Mittelwesten mit den zeichner. Stilmitteln der Neuen Sachlichkeit.
**Woodward** ['wudwəd], Robert Burns, *1917, †1979, US-amerik. Chemiker; grundlegende Forschungen auf dem Gebiet der organ. Synthese; Nobelpreis 1965.
**Woolf** [wulf], Virginia, *1882, †1941 (Selbstmord), engl. Schriftst.; Tochter von L. *Stephen;* suchte in symbolreicher u. poetisierender Sprache Bewußtseinsspiegelungen festzuhalten. W »Mrs. Dalloway«, »Die Fahrt zum Leuchtturm«, »Orlando«, »Die Jahre« u.a.
**Woolley** ['wu:li], Sir Charles Leonard, *1880, †1960, engl. Archäologe; bed. Ausgrabungen in Nubien, Mesopotamien u. Ur.
**Worcester** ['wustə], **1.** Verw.-Sitz der W-engl. Gft. *Hereford and W.,* am Severn, sw. von Birmingham, 74 000 Ew.; anglikan., roman.-got. Kathedrale (11. bis 13. Jh.); Porzellanmanufaktur (1751), Metall-, Leder- u. Auto-Ind.; Herstellung von **W.sauce,** Gewürzsauce auf der Grundlage von Essig, Tomatenmark u. Tamarindenmus (seit dem 18. Jh.). – **2.** Stadt in Massachusetts (USA), 162 000 Ew.; Clark University, Textil-, Metall-, Masch.- u. Auto-Ind.
**Wordsworth** ['wə:dzwe:θ], William, *1770, †1850, engl. Dichter; anfangs der Frz. Revolution zuneigend, später christl.-konservativ.
**Wörishofen,** *Bad W.,* Stadt in Schwaben (Bay.), an der Mindel, 13 000 Ew.; 1855–97 Wirkungsstätte von S. *Kneipp*.
**Workuta,** Bergbaustadt im NO der Komi-ASSR in der RSFSR (Sowj.), am Westrand der Polarural, 102 000 Ew.; Steinkohlenbergbau; ehem. großes Straflager.
**World-Cup** [wə:ld kʌp], engl.: Weltpokal.
**World Wide Fund for Nature** [wə:ld 'waid fʌnd fɔ 'neitʃə], Abk. **WWF,** früher *World Wildlife Fund,* internat. Naturschutz-Organisation mit nat. Landesgruppen zur Koordinierung u. Finanzierung größerer Naturschutzprojekte; Symbol: Riesen-Panda (Bambusbär).
**Wörlitz,** Stadt in Sachsen-Anhalt, in der Elbniederung, rd. 2500 Ew.; bed. Landschaftspark nach engl. Vorbild; frühklassizist. Schloß W.
**Worms,** Stadt in Rhld.-Pf., am Rhein, 72 000 Ew.; die sagenumwobene »Nibelungenstadt« mit vielen Resten mittelalterl. Baukunst; roman. Dom (12./13. Jh.), Reformationsgedächtniskirche zur Hl. Dreifaltigkeit (18. Jh.) u.a. Kirchen; HS; Weinanbau; Masch.-, Elektro-, Kunststoff- u.a. Ind. – Gesch.: W. war im 5. Jh. polit.- u. kulturelles Zentrum des Burgunderreichs u. wurde dann fränk. Königsgut; ab 1273 Reichsfreiheit; zahlr. Reichstage.
**Wormser Edikt,** Erlaß Kaiser *Karls V.* 1521 im Anschluß an den Reichstag zu Worms, auf dem *Luther* sich geweigert hatte zu widerrufen; verhängte über diesen u. seine Anhänger die Reichsacht u. verbot Verbreitung u. Lektüre seiner Schriften.
**Wormser Konkordat,** 1122 bei Worms verkündeter Vertrag zw. Kaiser *Heinrich V.* u. Legaten Papst *Kalixts II.* zur Beendigung des Investiturstreits.
**Wörner,** Manfred, *24.9.1934, dt. Politiker (CDU); 1965–88 MdB, 1982–88 Bundes-Min. der Verteidigung, seit 1988 Generalsekretär der NATO.
**Wörnitz,** linker Zufluß der Donau, 90 km.
**Woronesch,** Hptst. der gleichn. Oblast in der RSFSR (Sowj.), an Fluß W. nahe seiner Einmündung in den Don, 886 000 Ew.; kultureller u. wirtsch. Mittelpunkt des Schwarzerdegebiets; Univ. u. HS; Masch.-, Flugzeug- u. Landmaschinenbau, Farben-, elektrotechn. u.a. Ind., Eisenbahnwerkstätten, Atomkraftwerk.
**Woroschilow** [vara'ʃiləf], Kliment Jefremowitsch, *1881, †1969, sowj. Politiker u. Marschall (1935); 1925–40 Volkskommissar für Militärwesen bzw. Verteidigung, 1953–60 Vors. des Präsidiums des Obersten Sowjets (Staatsoberhaupt).
**Woroschilowgrad,** 1958–70 u. wieder seit 1990 *Lugansk,* Hptst. der gleichn. Oblast in der Ukrain. SSR (Sowj.), im Donez-Becken, 509 000 Ew.; HS; Kohlenbergbau, Maschinenbau.
**Worpswede,** Gem. in Nds., im Teufelsmoor, nordöstl. von Bremen, 8000 Ew.; seit Ende des 19. Jh. Künstlerkolonie; von hier aus Paula *Modersohn,* F. *Mackensen,* H. *Vogeler,* F. *Overbeck* u. B. *Hoetger*; verbreitete den Jugendstil in Dtld.
**Wort,** kleinste, als selbst. Äußerung vorkommende Einheit der *Sprache*.
**Wörterbuch,** alphabet. angeordnetes Verzeichnis von Wörtern, entweder nur einer Sprache oder mit Übersetzung in eine andere Sprache.
**Wortfeld,** Gruppe sinnverwandter Wörter, die sich auf e i n e n Sachverhalt beziehen.
**Wörther See,** größter See in Kärnten (Östr.), westlich von Klagenfurt, 440 m ü.M., 19,4 km²; Fremdenverkehr (in Velden, Pörtschach u.a.).
**Worthing** ['wə:ðiŋ], S-engl. Seebad am Kanal, westl. von Brighton, 96 000 Ew.; Fischerei, pharmazeut. Ind.
**Wostok,** sowj. bemanntes Raumschiff; mit W.1 unternahm J. *Gagarin* 1961 die erste bemannte Erdumkreisung.
**Wotan** → Wodan.
**Wotjaken** → Udmurten.
**Wotruba,** Fritz, *1907, †1975, östr. Bildhauer u. Graphiker; gelangte zu einer archaischen, blockhaften Stilisierung.
**Wouk** [wouk], Herman, *27.5.1915, US-amerik. Schriftst. (zeitkrit. Gesellschaftsromane); W »Die Caine war ihr Schicksal«, »Der Feuersturm«.
**Wouwermans** ['wouwər-], *Wouverman,* Philips, *1619, †1668, ndl. Maler; Schüler von F. *Hals;* Reiterszenen, Markt- u. Landstraßenbilder.
**Wrack,** untauglich gewordenes Schiff oder anderes Fahrzeug.
**Wrangel,** dt.-balt. Uradelsgeschlecht: **1.** Carl Gustav Graf, *1613, †1676, schwed. Feldherr im Dreißigjährigen Krieg. – **2.** Ferdinand Petrowitsch Baron von, *1797 (?), †1870, Polarfahrer in russ. Diensten; 1829–35 Generalgouverneur von Russ.-Amerika (Alaska). – **3.** Friedrich Heinrich Ernst Graf von, *1784, †1877, preuß. Offizier; Generalfeldmarschall; schlug die März-Revolution 1848 in Berlin ohne Blutvergießen nieder.
**Wrangelinsel,** sowj. Insel in der Ostsibir. See, nördl. der Tschuktschen-Halbinsel, 7300 km².
**Wren** [ren], Sir Christopher, *1632, †1723, engl. Baumeister; nach I. *Jones* der bed. Vertreter des engl., an A. *Palladio* anknüpfenden Klassizismus; W St.-Pauls-Kathedrale in London 1675–1710.
**Wright** [rait], **1.** Frank Lloyd, *1869, †1959, US-amerik. Architekt; verwirklichte das *organ. Bauen.* – **2.** Orville, *1871, †1948, US-amerik. Flugpionier; erbaute mit seinem Bruder Wilbur das erste flugtüchtige Motorflugzeug, mit dem am 17.12.1903 der erste Motorflug gelang (53 m Länge). – **3.** Richard, *1908, †1960, afroamerik. Schriftst.; trat für Rassengleichheit ein. – **4.** Wilbur, Bruder von 2), *1867, †1912, US-amerik. Flugpionier; Mitarbeiter seines Bruders.
**Wrocław** ['vrɔtsuaf] → Breslau.
**Wucher,** Ausbeutung der Notlage, des Leichtsinns oder des Unerfahrenen eines anderen zur Erzielung unverhältnismäßiger Vermögensvorteile; führt im Zivilrecht zur Nichtigkeit des Rechtsgeschäfts; im Strafrecht als Miet-W., Kredit-W., Vermittlungs-W., Sozial-W. u.a. strafbar.

*Wols: Das trunkene Schiff: 1946/47. Zürich, Kunsthaus*

# 988 Wucherblume

*Wunderblume*

**Wucherblume,** *Chrysantheme,* Gatt. der *Korbblütler;* rd. 200 Arten; in Dtld. z.B. die weiße *Wiesen-W.* (*Große Gänseblume, Großes Maßliebchen, Margerite*).

**Wucherung,** *Proliferation,* (Neu-)Bildung von Gewebe bei versch. physiolog. u. patholog. Prozessen, z. B. bei Narbenbildung u. Geschwulstwachstum.

**Wuhan** [wuxan], Hptst. der chin. Prov. Hubei, an der Mündung des Han Shui in den Chang Jiang, 3,4 Mio. Ew.; Univ.; Theater; Eisen- u. Stahlerzeugung, Traktorenherstellung, Werkzeug-, Fahrzeugbau u.a. Ind.

**Wühlmäuse,** *Microtinae,* Nagetiere aus der Fam. der *Wühler;* legen unterird. Gänge an u. werden dadurch oft schädlich; u.a. *Bisamratte, Erdmaus, Feldmaus, Lemminge, Rötelmaus, Wasserratte.*

**Wulfila,** *Ulfilas,* \*um 311, †383 (?), arian. Westgoten-Bischof; schuf mit dem got. Alphabet die erste germ. Buchstabenschrift (*Ulfilas-Schrift*) u. übersetzte die Bibel ins Gotische (älteste Übers. der Bibel in eine germ. Sprache), z.T. erhalten im *Codex argenteus.*

**Wülfrath,** Stadt in NRW, nw. von Wuppertal, 21 000 Ew.; Kalksteinwerk, Kfz-Bau, metallverarbeitende, Textil- u. Leder-Ind.

**Wulstlinge,** *Amanita,* große u. mittelgroße *Blätterpilze* mit mittelständigem Stil; mehrere sehr giftige Pilze, z.B. der *Knollenblätterpilz,* der *Fliegenpilz,* aber auch sehr gute Speisepilze, z.B. der *Perlpilz.*

**Wunde,** *Vulnus,* durch gewaltsame Einwirkung entstandene Zerreißung oder Durchtrennung von Körpergewebe.

**Wunder,** Ereignis in Raum u. Zeit, das menschl. Erfahrung u. den Gesetzlichkeiten von Natur u. Geschichte widerspricht; in den Religionen Wirken Gottes.

**Wunderblume,** *Mirabilis,* Gatt. der *Nyktaginazeen;* etwa 60 Arten in Amerika; Zierpflanze; für Kreuzungsversuche gut geeignet.

**Wunderhorn,** »*Des Knaben W.*«, von A. von *Arnim* u. C. *Brentano* hrsg. u. Goethe gewidmete Volksliedersammlung (3 Bde. 1806–08); anregend auf die romant. Lyrik u. Musik.

**Wunderlich,** Fritz, \*1930, †1966, dt. Sänger (lyr. Tenor); bes. Mozart- u. Strauss-Interpret.

**Wundklee,** *Anthyllis,* hpts. mittelmeer. Gatt. der *Schmetterlingsblütler.*

**Wundliegen** → Dekubitus.

**Wundrose** → Rose.

**Wundstarrkrampf,** *Starrkrampf, Tetanus,* akute, anzeigepflichtige Infektionskrankheit, die durch den Tetanusbazillus hervorgerufen wird. Nach Wundverunreinigung, bes. mit Erde, entwickeln die Erreger nach Abheilung in der Tiefe der Wunde Gifte, die längs der Nervenbahnen zum Rückenmark ziehen, wobei bes. Schling- u. Schluckkrämpfe u. Krämpfe der Atemmuskulatur zum Tod führen können.

**Wundt,** Wilhelm, \*1832, †1920, dt. Psychologe u. Philosoph; forderte u. der empir. Psych. die Erforschung des seel. Lebens durch naturwiss. Methoden; vertrat in der Philos. einen realist. begründeten, voluntarist. Idealismus.

**Wünsche,** Kurt, \*14.12.1929, dt. Politiker (LDP, BFD); ab 1948 Parteifunktionär der LDPD; 1967–72 Justiz-Min. u. stellv. Min.-Präs. der DDR, 1990 erneut Justiz-Min. in den Kabinetten Modrow u. de Maizière; trat 1990 aus dem BFD aus u. im Aug. 1990 als Min. zurück.

**Wünschelrute,** gegabelter Baumzweig oder elast. Metalldraht, der durch Ausschlagen Bodenschätze, Wasservorkommen oder auch »Reizstreifen« auf der Erdoberfläche anzeigen soll.

**Wunsiedel,** Krst. in Oberfranken (Bay.), im Fichtelgebirge, 10 000 Ew.; Porzellan-, Farben-, Textil-Ind, Likörherstellung, Brauerei.

**Wunstorf,** Stadt in Nds., sö. vom Steinhuder Meer, 37 000 Ew.; spätroman. Stiftskirche; Eiskrem- u. Tiefkühlkostfabrik.

**Wupper,** r. Nbfl. des Rheins, 114 km; entspringt als *Wipper* im Ebbegebirge (Sauerland), mündet bei Leverkusen.

**Wuppertal,** Stadt in NRW, an der Wupper, 374 000 Ew.; Gesamt-HS, Schauspielhaus, Oper, klassizistische Laurentiuskirche; Schwebebahn (13,3 km lang; über der Wupper); Textil-, chem., Gummi-, Papier-, Metall-, pharmazeut. Ind., Maschinenbau; entstand 1929 durch Vereinigung von *Barmen* u. *Elberfeld* mit 4 anderen Orten.

**Würfel,** *Hexaeder,* ein von 6 gleichen Quadraten begrenzter Körper mit 12 gleichen Kanten (*a*); Rauminalt: $V = a^3$; Oberfläche: $F = 6a^2$.

**Würfelfries,** *Schachbrettfries,* Ornament der roman. Baukunst, bestehend aus vorspringenden, schachbrettartig angeordneten Würfeln.

**Würfelnatter,** *Natrix tesselata,* Wassernatter Mitteleuropas; ungiftig, unter Naturschutz.

**Wurftaubenschießen,** *Tontaubenschießen,* ein Wettbewerb im *Schießsport* mit allen Arten von Schrotgewehren bis Kaliber 12; »Wurftauben« sind Tonscheiben von 11 cm Durchmesser, von Wurfmaschinen hochgeschleudert.

**Würger,** *Laniidae,* in allen Erdteilen vorkommende Fam. kräftiger, offenes Gelände bewohnender *Singvögel;* einheim. sind *Raub-W., Schwarzstirn-W., Rotkopf-W., Neuntöter.*

**Wurm,** Theophil, \*1868, †1953, dt. ev. Kirchenführer; kämpfte gegen die Übergriffe der vom nat.-soz. Staat eingesetzten Kirchenregierung; förderte die Gründung der EKD, 1945–49 Vors. ihres Rates.

**Würmer,** *Vermes, Helminthes,* Sammelbegriff für Tiergruppen verschiedenster Organisation u. Verwandtschaft, die meist nur die gestreckte, einfache Wurmgestalt gemeinsam haben; u.a. die *Ringel-W.* (Meeresborsten-W., Regen-W., Blutegel), Platt-W. (Strudel-W., Saug-W., Band-W.), Faden-W. (z.B. Spul-W.), Schnur-W. u. Kamptozoen.

**Wurmfarn,** Farn mit doppelt gefiederten, bis 1,50 m langen Wedeln; Wurzelstock wird als bandwurmabtreibendes Mittel verwendet.

**Wurmfortsatz,** etwa 8 cm langer, bleistift- bis kleinfingerdicker, blind endender Fortsatz des *Blinddarms;* reich an lymphatischem Gewebe.

**Wurmkrankheit,** *Helminthiasis,* durch verschiedenartige Würmer bei Mensch u. Tier in Darm,

*Wuppertal: Schwebebahn*

## Die Wüsten der Erde (Auswahl)

| Name/Lage | Ausdehnung | Staaten |
|---|---|---|
| **Afrika** | | |
| Sahara (Nordafrika) | 9,07 Mill. km² N-S ca. 1500 km W-O ca. 6000 km | Ägypten/Libyen/Mali/Niger/Tschad/Sudan |
| Libysche Wüste (Nordafrika) (Teil der Sahara) | 1,17 Mill. km² | Libyen/Ägypten/Sudan |
| Nubische Wüste (Nordafrika) (Teil der Sahara) | 259 000 km² | Sudan |
| Arabische Wüste (Nordafrika) | 181 300 km² | Ägypten/Sudan |
| Namib (Südwestafrika) | 310 000 km² NNW-SSO 1300 km W-O bis 100 km | Namibia |
| Somali (Ostafrika) | 260 000 km² | Somalia |
| Kalahari (Südafrika) | 582 750 km² N-S ca. 500 km W-O ca. 500 km | Botswana/Namibia/Rep. Südafrika |
| **Asien** | | |
| Nafud (Zentral-Arabien) | 103 600 km² | Saudiarabien |
| Rub al Khali (Südarabien) | 647 500 km² NW-SO 1500 km | Saudiarabien/Jemen/Arabische Emirate |
| Dahna (Ostarabien) | 132 000 km² | Saudiarabien |
| Syrische Wüste (Asien) | 259 000 km² | Saudiarabien/Jordanien/Syrien/Irak |
| Lut (Ostiran) Dasht-e Lut Dasht-e Kavir | zus. 274 100 km² NW-SO 450 km W-O 500 km | Iran |
| Karakum (Mittelasien) | 310 800 km² N-S 450 km NW-SO 950 km | Sowjetunion (Turkmenische SSR) |
| Kysylkum (Mittelasien) | 259 000 km² N-S 150 km W-O 600 km | Sowjetunion (RSFSR, Usbek. SSR) |
| Takla Makan (Zentralasien) | 362 600 km² N-S 450 km NO-SW 1050 km | China (Sinkiang) |
| Gobi (Zentralasien) | 1,3 Mill. km² N-S bis 450 km NW-SO 900–1500 km | Mongolei/China |
| Negev (Vorderasien) | 12 000 km² N-S 240 km W-O 10–110 km | Israel |
| Thar (Südasien) | 259 000 km² | Indien |
| **Amerika** | | |
| Nordamerikanische Wüsten | | |
| Sonora | 181 300 km² | südwestl. USA (Südostkalifornien u. Westarizona) |
| Mohave | 38 850 km² | |
| Death Valley | 8547 km² | |
| Imperial Valley | ca. 400 km² | |
| Great Basin (Nordamerika) | ca. 600 000 km² N-S 800 km W-O 500 km | westl. USA (Utah, Colorado) |
| Chihuahuan (Nordamerika) | 362 600 km² | Mexiko/südl. USA |
| Atacama (westl. Südamerika) | 180 000 km² N-S 1000 km W-O 30–90 km | Chile |
| **Australien** | | |
| Große Sandwüste | 388 500 km² N-S 360 km W-O 750 km | Westaustralien |
| Gibsonwüste | 310 800 km² N-S 550 km W-O 910 km | Westaustralien |
| Große Victoriawüste | 388 500 km² N-S 300 km W-O 725 km | West- u. Südaustralien |
| Tanamiwüste | ca. 100 000 km² N-S 250 km W-O 275 km | Zentrales Nordterritorium |
| Simpsonwüste | 103 600 km² N-S 480 km W-O 430 km | Nordterritorium/Queensland/Südaustralien |

*Würzburg: Feste Marienberg*

Geweben u. Eingeweiden hervorgerufene Erkrankung, z.B. durch Bandwürmer, Trichinen u.a.
**Würselen,** Stadt in NRW, nordöstl. von Aachen, 34 000 Ew.; metallverarbeitende u. Nahrungsmittel-Ind.
**Wurten** → Warften.
**Württemberg,** ehem. Land in SW-Dtld.; wurde 1945 aufgeteilt zw. *W.-Baden* u. *W.-Hohenzollern,* dann 1951 mit Baden zum *Südweststaat* (seit 1952 → Baden-Württemberg) vereinigt. – G e s c h . : Das Geschlecht derer von W. geht zurück auf *C(u)onradus de Wirdeberch* (1081), der auf dem *Wirteneberg* (später *Wirtemberg,* heute *Rotenberg* bei Untertürkheim) die Stammburg erbaute. Das Land wurde 1803 Kurfürstentum u. 1805–1918 Königreich.
**Würzburg,** Stadt in Unterfranken (Bay.), am Main, 128 000 Ew.; roman. Dom (11.–13. Jh.), Residenz (von B. *Neumann,* 1720–44) mit berühmtem Treppenhaus (Deckengemälde von G. B. *Tiepolo,* eines der größten Bildwerke der Welt) u. Hofgarten, ehem. Festung *Marienberg,* Alte Mainbrücke (1473–1543), Rathaus (15.–17. Jh.); Univ.

(1582); Nahrungsmittel-, Elektro-, Masch.-, Metall-, Textil-, Druck-Ind., Brauerei. – G e s c h . : 704 erstmals erwähnt; seit 741/42 Bischofssitz; seit 1168 waren die Bischöfe auch Herzöge von Franken; im 18. Jh. erlebte das Hochstift unter den Schönborns seine Glanzzeit; 1803 wurde es säkularisiert u. kam zu Bay.
**Wurzel, 1.** *Zahn-W.* → Zahn. – **2.** *Radix,* stets blattloses Organ der Pflanze zur Aufnahme von Wasser u. Nährsalzen sowie zur Verankerung im Boden. Bes. Ausgestaltungen sind: *W.knollen, Luft-W., Haft-W., Stelz-W., W.dornen, Brett-W.* u.a. – **3.** die *n*-te W. aus einer positiven Zahl *a* (geschrieben $\sqrt[n]{a}$) ist diejenige positive Zahl, deren *n*-te Potenz *a* ist. Der unter dem W.zeichen stehende Ausdruck heißt *Radikand,* die hochgestellte Zahl *W.exponent.* Eine andere Schreibweise für $\sqrt[n]{a}$ ist $a^{\frac{1}{n}}$.
**Wurzelfüßer,** *Rhizopoda,* Tierstamm der *Protozoen;* Einzeller mit veränderl. Körperform; rd. 900 Arten in 4 Klassen: *Amöben, Foraminiferen, Sonnentierchen* u. *Radiolarien.*
**Wurzen,** Kreisstadt in Sachsen, an der Mulde, 19 000 Ew.; Schloß (1491–97); Nahrungsmittel-Ind., Anlagenbau, Eisengießerei.
**Wussow,** Klausjürgen, *30.4.1929, dt.-östr. Schauspieler; am Wiener Burgtheater tätig; erfolgreich auch in Filmrollen u. Fernsehserien (»Die Schwarzwaldklinik«).
**Wust,** Peter, *1884, †1940, dt. Philosoph; vertrat eine auf Augustinus zurückgehende, an den dt. Idealismus u. M. Scheler anknüpfende kath. Weltanschauung.
**Wüsten,** Erdräume mit so starker Trockenheit (geringe Wasserzufuhr, starke Verdunstung) oder Kälte, daß sich nur Trockenflora, aber keine großräumige landschaftsbestimmende Vegetation entwickeln kann; man unterscheidet *Kälte-W.* (Eis- u. Felsgebiet des polaren Klimas u. der Hochgebirge) u. *Trocken-W.,* letztere bes. in der Zone der subtrop. Hochdruckgebiete (z.B. Sahara, Gobi, Kalahari, W-austral. W.) sowie an Meeresküsten mit kaltem Auftriebwasser (z.B. Atacama, Namib) u. in abgeschlossenen Gebirgsbecken (Great Basin). Menschl. Siedlungen u. Anbau sind nur in *Oasen* möglich.

**Wüstenfuchs** → Fennek.
**Wüstenrose,** *Sandrose,* rosettenartige Verwachsungen von grobblättrigen Gipskristallen.
**Wustrow,** *Ostseebad W.,* Gem. in Mecklenburg, am Saaler Bodden, 2000 Ew.
**Wüstung,** untergegangene Siedlung *(Orts-W.),* aufgegebene landw. Nutzfläche *(Flur-W.).*
**Wutach,** r. Nbfl. des Rheins, 112 km; entspringt im Schwarzwald, durchfließt die *W.schlucht,* mündet bei Waldshut.
**Wuxi,** chin. Stadt in der Prov. Jiangsu, am Großen Kaiserkanal, 861 000 Ew.; landw. Handelszentrum; Maschinenbau, Textil-, Leder-, Nahrungsmittel-Ind., Herstellung von Tonfiguren.
**WWF** → World Wide Fund for Nature.
**Wyborg,** finn. *Viipuri,* schwed. *Viborg,* Hafenstadt in der RSFSR (Sowj.), an der Mündung des Saimaa-Kanals in die *W.er Bucht* (Finn. Meerbusen), 78 000 Ew.; got. Backsteindom; Masch.- u. Schiffbau; bis 1940 finn.
**Wyclif** ['wiklif], John → Wiclif.
**Wye** [wai], Fluß in Wales (Großbrit.), 205 km; mündet in den Severn.
**Wyk auf Föhr** [vi:k], Stadt auf der nordfries. Insel Föhr, 6000 Ew.; Nordseeheilbad.
**Wyle,** Niklas von, *um 1410, †1478, schweiz. Frühhumanist; übersetzte aus Werken von G. Boccaccio, F. Petrarca u.a.; vermittelte damit neue Stoffe u. Formen für die dt. Frührenaissance.
**Wyler** ['wailə], William, *1902, †1981, US-amerik. Filmregisseur; neben Unterhaltungsfilmen Filme unterschiedl. Genres. Ⓦ »Ben Hur«.
**Wyoming** [wai'ɔumiŋ], Abk. *Wyo.,* westl. Gliedstaat der → Vereinigten Staaten von Amerika; in den Rocky Mountains.
**Wyspiański** [vys'pjanjski], Stanislaw, *1869, †1907, poln. Schriftst. u. Maler; von R. *Wagner* beeinflußt.
**Wyszynski** [vi'ʃinjski], Stefan, *1901, †1981, poln. Kardinal (seit 1952); Erzbischof von Gnesen u. Warschau, Primas von Polen; 1953–56 in Klosterhaft.
**Wytschegda,** östl. Quellfluß der Sewernaja Dwina in der Sowj., 1100 km.

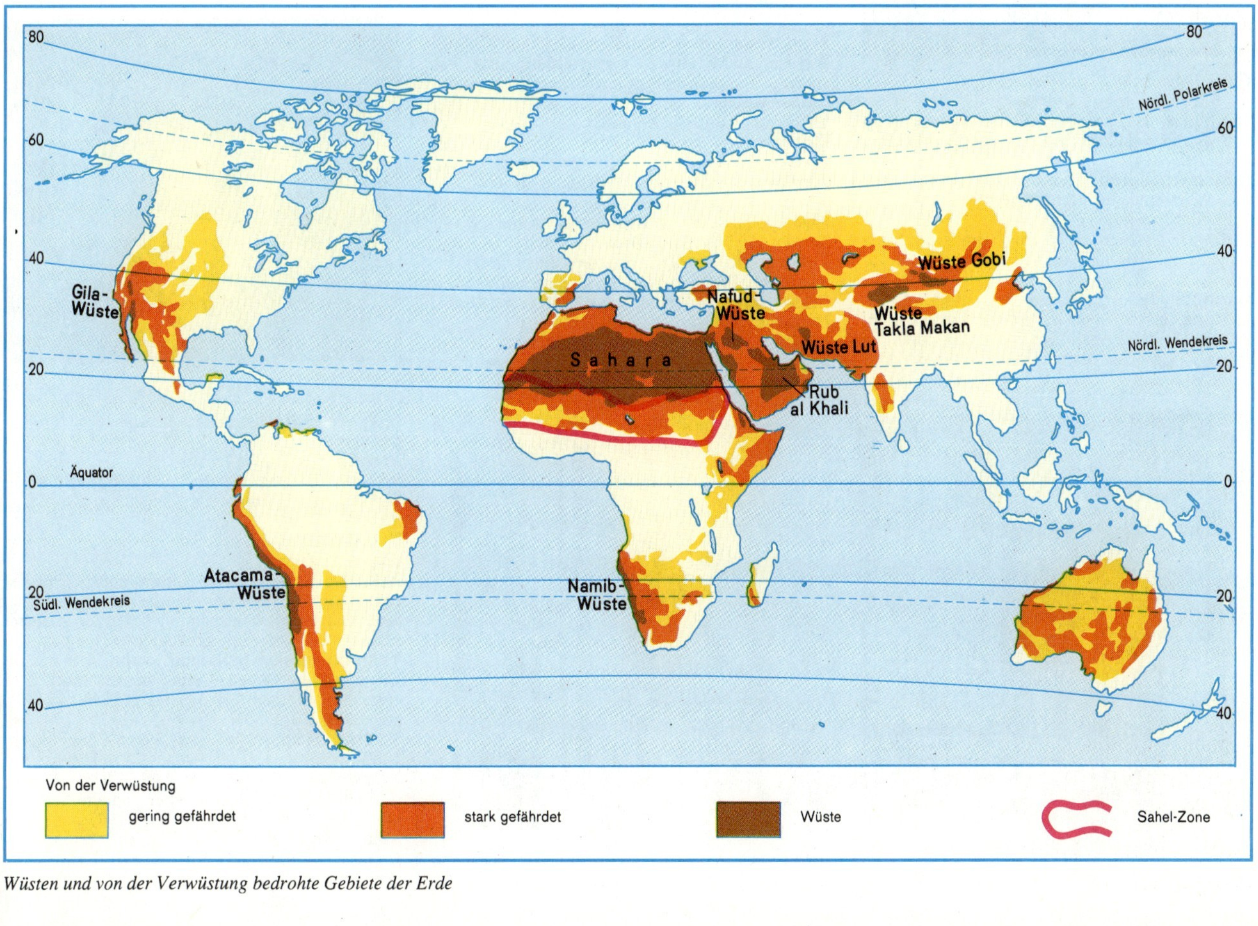

*Wüsten und von der Verwüstung bedrohte Gebiete der Erde*

# X Y

**x, X,** 24. Buchstabe des dt. Alphabets.
**x,** in der Math. die unbekannte oder variable Größe.
**X,** röm. Zahlzeichen für 10.
**Xanten,** Stadt in NRW, am Niederrhein, 16 000 Ew.; rom.-got. Dom, Klever Tor (1393), Archäolog. Park (mit röm. Bauwerken). Im Nibelungenlied eine Königsstadt (Heimat Siegfrieds).
**Xanthi** [-θi], *Xanthe,* grch. Stadt in Thrakien, 34 000 Ew.
**Xanthin,** *2.6-Dihydroxypurin,* in der Natur in geringen Mengen vorkommendes Alkaloid, dem Coffein u. Theobromin verwandt; wirkt herzmuskelschädigend.

*Xingu: Indianer im Xingu-Nationalpark*

**Xanthippe,** die Frau des Sokrates; (unberechtigt) zum Typ der zänkischen u. launenhaften Ehefrau geworden.
**Xanthogensäuren,** Ester der *Dithiokohlensäure.* Ihre Salze sind die **Xanthogenate** (Ausgangsstoffe für Kunstfasern).
**Xanthom,** *Gelbknoten,* gutartige Bindegewebsgeschwulst der Haut in Form gelber bis bräunl. Knoten.
**Xanthophylle** → Carotinoide.
**Xanthos,** größte Stadt im antiken Lykien, beim heutigen *Kinik* in Anatolien; 546 v. Chr. durch die Perser u. 42 v. Chr. durch Brutus völlig zerstört; Grabdenkmäler.

**Xaver,** Franz X. → Heilige.
**X-Bein,** Abknickung des Unterschenkels gegenüber dem Oberschenkel nach außen bei gleichzeitig bestehendem Knickfuß.
**x-Chromosom** → Geschlechtschromosomen.
**Xenakis,** Yannis, *1.5.1922, grch. Komponist; Vertreter der seriellen Musik, komponiert nach math. Gesetzmäßigkeiten.
**Xenien,** »Gastgeschenke«, von *Goethe* u. *Schiller* (nach *Martial*) verwendeter Titel für 414 epigrammat. Distichen gegen literar. Widersacher.
**Xenon,** ein → chemisches Element (ein Edelgas).
**Xenophanes,** *um 580 v. Chr., †um 480 v. Chr., grch. Philosoph in Elea, Unteritalien; kämpfte gegen die Vermenschlichung des Gottesbildes.
**Xenophon,** *um 426 v. Chr., †um 355 v. Chr., grch. Geschichtsschreiber; Schüler des Sokrates.
**Xerographie,** ein elektrostat. Druckverfahren, in großem Umfang für Fotokopien *(Xerokopien)* eingesetzt; 1938 erfunden.
**xerophil,** Bez. für Tiere u. Pflanzen, die trockene Lebensräume bevorzugen.
**Xerophyten** → Trockenpflanzen.
**Xerose,** *Medizin:* Trockenheit, Austrocknung.
**Xerxes,** grch. Name altpers. Könige aus dem Geschlecht der Achämeniden: **X. I.,** König 486 bis 465 v. Chr., Sohn Dareios' I., *um 519, †465 v. Chr., der *Ahasverus* der Bibel (Buch Esther), begann 480 v. Chr. den Feldzug gegen Griechenland, der für Persien mit einer Katastrophe endete.
**Xhosa** ['ko:za], *Xosa,* Gruppe von Bantunegern im östl. Kapland, überwiegend in der Transkei.
**Xiamen** [çiamɛn], *Amoy,* Handels- u. Hafenstadt in S-China, auf einer Insel im Mündungsgebiet des Jiulong Jiang, 558 000 Ew.; Univ.; Tiefwasserhafen; ehem. bedeutender Hafen für chin. Auswanderer.
**Xi'an,** *Si'an, Hsian,* chin. Prov.-Hptst., im Tal des Wei He, 2,5 Mio. Ew.; Univ.; vielseitige Ind.; Pagoden u. Tempel der Tang-Dynastie, Glockenturm, Große Moschee; seit vor 1000 v. Chr. bis 906 n. Chr. mehrmals Hptst. Chinas.
**Xigaze,** Stadt im südl. Tibet (VR China), am Tsangpo, 3600 m ü. M., 72 000 Ew.; Handelsplatz.
**Ximénez de Cisneros** [xi'menɛθ ðə θis-], *Jiménez de Cisneros,* Francisco, *1436, †1517, seit 1495 Großkanzler von Kastilien u. Erzbischof von Toledo; 1507 Großinquisitor u. Kardinal.
**Xingu** ['ʃingu], r. Nbfl. des Amazonas, 2100 km; mündet bei Porto de Moz, im Quellgebiet in Mato Grosso der X.-Nationalpark (Schutzgebiet brasil. Indianer).
**Xining,** *Sining,* chin. Prov.-Hptst., am Huang Shui, 2275 m ü. M., 613 000 Ew.; Handelszentrum, metallurg. Ind.

**Xinjiang** [çindjiaŋ], *Sinkiang-Uighur,* autonome Region im W der VR → China; umfaßt die Dsungarei, den östl. Tian Shan, O-Turkistan mit dem Tarimbecken u. den NW-Teil des Kunlun-Gebirges; weitgehend wüsten- u. steppenhaft.
**Xinxiang** [çinçiaŋ], *Sinsiang,* chin. Ind.-Stadt am Wei He, 547 000 Ew.
**Xipe Totek** ['xipə], aztek. Frühlingsgott, mit einer Maske aus abgezogener Menschenhaut dargestellt.
**Xochimilco** [xotʃi-], sö. Vorstadt von Mexico, 40 000 Ew.; Anbau von Gemüse u. Blumen in den »schwimmenden Gärten« (aus Weidengeflecht gebildete Inselchen).
**Xochiquetzatl** [xotʃiket'satl], aztek. Göttin der Schönheit, der Liebe, der Blumen u. des Haushalts.
**XP,** Christusmonogramm; Anfangsbuchstaben von grch. »Christos«, X (Chi) u. P (Rho).
**X-Strahlen,** in manchen Ländern benutzte Bez. für Röntgenstrahlen.
**Xuzhou** [çydʃou], *Sütschou,* Ind.-Stadt in O-China, südl. des Weishan-Sees, 841 000 Ew.
**Xylem,** wasserleitendes Gefäßteil des pflanzl. *Leitbündels.*
**Xylit, 1.** als Nebenprodukt der Holzverzuckerung anfallender Zuckeralkohol; Zuckeraustauschstoff. – **2.** fr. *Lignit,* holzige Bestandteile der Braunkohle.
**Xylo...** [grch.], Wortbestandteil mit der Bedeutung »Holz«.
**Xylol,** *Dimethylbenzol,* im Steinkohlenteer u. Erdöl vorkommende aromat. Verbindung; farblose Flüssigkeit; Lösungsmittel.
**Xylose,** *Holzzucker,* ein *Monosaccharid* mit 5 Kohlenstoffatomen, das aus Holz, Kleie oder Stroh durch Abbau des polymeren Kohlenhydrats *Xylan* mittels versch. Säuren gewonnen werden kann.

*Yak*

**y, Y,** der 25. Buchstabe des dt. Alphabets, Ypsilon genannt.
**Y,** chem. Zeichen für *Yttrium.*
**y,** math. Zeichen für die veränderl. oder unbekannte Größe in Formeln u. Gleichungen.
**Yacht** → Jacht.
**Yagi-Antenne,** ein Richtstrahler in der Funktechnik; → Antenne.
**Yak,** *Jak,* bis 2 m hohes, zottiges *Echtes Rind* der zentralasiat. Hochländer in 4000–6000 m Höhe; fast ausgerottet. Aus ihm wurde der kleinere *Haus-Yak, Grunzochse,* gezüchtet.
**Yale University** [jeil juː'niːvəsiti], US-amerik. Univ. in New Haven, Conn.; benannt nach dem engl. Philantropen Elihu *Yale* (*1649, †1712); gegr. als College 1701.
**Yalong Jiang,** l. Nbfl. des oberen Chang Jiang, 1200 km.
**Yalow** ['jeilou], Rosalyn S., *19.7.1921, US-amerik. Physikerin; Arbeiten über radioimmunolog. Methoden; Nobelpreis für Medizin 1977.
**Yalu Jiang,** *Yalu, Jalu,* korean. *Amnokkang,* stromschnellenreicher Grenzfluß zw. Nordkorea u. der Mandschurei, 550 km.

*Xerxes I., bei einer Audienz hinter dem Thron seines Vaters Dareios I. stehend; Relief aus dem Palast von Dareios I. in Persepolis, 5. Jahrhundert v. Chr.*

*Yaoundé: Russisches Denkmal*

**Yama,** der Urmensch der ind. Religion, im pers. Awesta *Yima;* Gott des Todes im Hinduismus.
**Yamagata,** jap. Präfektur-Hptst. in N-Honshu, 245 000 Ew.
**Yamato-e,** Gatt. jap. Malerei des 12./13. Jh.. Die Bilder zeigen höf. Szenen u. Vorgänge aus der Geschichte, Legenden- u. Sagenwelt. Die Szenen werden durch ornamentale Wolken getrennt.
**Yamoussoukro,** Hptst. (seit 1983) der afrik. Rep. Côte d'Ivoire (Elfenbeinküste), 120 000 Ew.; Kathedrale (dem Petersdom nachempfunden)
**Yamswurzel,** *Jamswurzel,* Gatt. der *Y.gewächse.* Mehrere Arten werden in den Tropen wegen der stärkereichen Knollen angebaut; in S-Afrika *Hottentottenbrot;* in O-Asien *Chin. Kartoffel.*
**Yamuna,** *Jumna,* längster r. Nbfl. des Ganges, 1450 km, mündet bei Allahabad; hl. Fluß der Hindu.
**Yan'an,** *Jenan,* chin. Stadt in der Prov. Shaanxi, 268 000 Ew.; ehem. Wohnhaus Mao Zedongs; nach dem »Langen Marsch« 1935 »Hauptstadt« der kommunist. Bewegung.
**Yanbu al-Bahr** [-'baxər], *Janbo,* saudi-arab. Stadt am Roten Meer, 12 000 Ew.; Hafen, Industrieanlagen.
**Yang,** Chen Ning, *22.9.1922, US-amerik. Physiker chin. Herkunft; befaßt sich mit Quantentheorie u. Kernphysik; Nobelpreis 1957.
**Yang Shangkun,** *1907, chin. Politiker, seit 1988 Staats-Präs.
**Yangtze Kiang** → Chang Jiang.
**Yang und Yin** → Yin und Yang.
**Yangzhou,** *Kiangtu,* chin. Stadt am Kaiserkanal nördl. des Chang Jiang, 400 000 Ew.; Anfang des 7. Jh. Hptst. von China.
**Yankee** ['jæŋki], Spitzname für die Bewohner der USA; in den USA selbst Bez. für die Bewohner der Neuengland-Staaten. – **Y. Doodle** [ – du:dl], altes Nationallied in den USA; seit dem 18. Jh. bekannt.
**Yanonami,** Indianerstamm im waldreichen Grenzgebiet zw. Brasilien u. Venezuela; erst seit den 60er Jahren Kontakt zu Weißen.

**Yantai,** Hafenstadt in O-China, 734 000 Ew.
**Yao, 1.** *Man,* Gebirgsvolk in S-China, N-Vietnam u. Laos; Animisten. – **2.** *Wayao,* mutterrechtl. Bantu-Stamm im Hochland von Malawi, Moçambique u. Tansania; Moslems.
**Yao,** mytholog. Herrschergestalt in China im 3. Jt. v. Chr.
**Yaoundé** [ja:un'de], *Jaunde,* Hptst. der afrik. Rep. Kamerun, östl. von Douala, 600 000 Ew.; Univ.; Flughafen.
**Yap** [ja:p], *Jap,* größte Inselgruppe u. Hauptinsel (100 km²) der Karolinen im Pazifik, 4400 Ew.; Hauptort Colonia.
**Yard,** Kurzzeichen yd, Längenmaß in Großbrit. u. USA; 1 yd = 3 feet zu 12 inches = 0,9144 m.
**Yaren,** Hptst. der pazif. Inselrep. Nauru, 7000 Ew.
**Yarkand,** chin. Oasenstadt am westl. Rand des Tarimbeckens, 80 000 Ew.; Moscheen; Teppichherstellung.
**Yarmouk** [-muk], *Jarmuk,* längster Nbfl. des Jordan, 150 km, Wasser wird zu Bewässerungszwekken abgeleitet.
**Yäsd,** *Jezd,* iran. Stadt im SO von Isfahan, 165 000 Ew.; Bergbau (Kohle, Eisen, Nickel u.a.).

*Knollen der Yamswurzel*

**Yawl** [jɔ:l], dem *Kutter* ähnl. Boot mit einem zusätzl. Treibermast auf dem Hecküberhang hinter dem Ruder.
**Yazilikaya,** Felsheiligtum 2 km östl. der hethit. Hptst. *Hattusa* (Boğazköy) in der Türkei; Felsreliefs aus dem 13. Jh. v. Chr.
**Ybbs** [ips], **1.** *Y. an der Donau,* Stadt in Niederöstr., 6400 Ew.; Donau-Kraftwerk (1957). – **2.** r. Nbfl. der Donau in Niederöstr., 115 km.
**y-Chromosom** → Geschlechtschromosomen.
**Yeats** [jeits], William Butler, *1865, †1939, ir. Schriftst.; gestaltete in seinen Werken (Lyrik, Dramen, Erzählungen) eine elementare traumhafte Welt aus ir. Sage, kelt. Mythos u. aristokrat. Geistigkeit. – Nobelpreis 1923.
**Yellowknife** ['jɛlounaif], Hptst. der kanad. NW-Territorien, am N-Ufer des Großen Sklavensees, 11 000 Ew.; Goldbergbau.
**Yellow Pine** ['jɛlou pain], *Pinus ponderosa,* weitverbreitete Kiefernart im östl. N-Amerika.
**Yellow Press** ['jɛlou prɛs], *Gelbe Presse, Sensationsblätter,* abgeleitet von der Zeichnung eines gelbgekleideten Kindes *(Yellow Kid),* der Titelfigur einer Bildstreifengeschichte, mit der zwei New Yorker Sonntagszeitungen 1895 miteinander konkurrierten.

**Yellowstone River** ['jɛloustoun 'rivə], r. Nbfl. des Missouri (USA), 1600 km; mündet bei Fort Union. Das Quellgebiet des Y. R. in den nördl. Rocky Mountains wurde 1872 zum **Yellowstone-Nationalpark** erklärt, mit vulkan. Formen (Geysir »Old Faithful«) u. reichem Wildbestand (Bären, Elche u.a.).
**Yemen** → Jemen.
**Yen,** Währungseinheit in Japan.
**Yerma,** *Wüstenstaubboden,* extrem humusarmer, staubreicher, lockerer Boden in Wüstengebieten.
**Yerwa Maiduguri,** Stadt im nordöstl. Nigeria, nahe dem Tschadsee, 237 000 Ew.; Handelszentrum.
**Yesilirmak** [je'ʃil-], *Iris,* Fluß im N der Türkei, mündet östl. von Samsun, 468 km.
**Yeti,** *Schneemensch,* angebl. menschenähnl. Bewohner des Himalaya, dessen Existenz nicht bewiesen ist.
**Yeu, Ile d'Yeu,** [i:l'djø], Insel vor der W-Küste Frankreichs, sw. der Loiremündung, 22,5 km², 4800 Ew., Hauptort *Port-Joinville;* Fischfang; Fremdenverkehr.
**Yezo** [jɛzo], älterer Name für Hokkaido.
**Yggdrasil,** *Yggdrasill, Weltesche,* in der nord. Myth. ein immergrüner Baum im Mittelpunkt der Welt, unter dessen Wurzeln die Welten der Menschen, der Hel u. der Reifriesen liegen.
**Yibin** [ibin], chin. Stadt an der Mündung des Ming Jiang in den Chang Jiang, 644 000 Ew.; Handelszentrum.
**Yin** [in], altes chin. Längenmaß: 1 Y. = 24,556 m; auch altes chin. Gewicht: 1 Y. = 1,2096 kg.
**Yinchuan** ['intʃuan], Hptst. der chin. Autonomen Region Ningxia, 412 000 Ew.
**Yining,** *Kuldscha,* chin. Stadt im nw. Xianjiang, am Ili, 237 000 Ew.; Handelsplatz an der Seidenstraße.
**Yin und Yang,** *Yang und Yin,* ein chin. Symbol

*Yin und Yang*

(Kreis mit einer hellen u. einer dunklen Hälfte). Mit ihm wird die Polarität der dunklen, ruhenden, weibl. Kraft *(Yin)* u. des hellen, bewegl., männl. Geistes *(Yang)* ausgedrückt.
**Ylang-Ylang-Öl** ['i:laŋ], äther. Öl aus den Blüten einer auf Madagaskar wachsenden Cananga-Art *(Anonaceae);* in der Parfümerie verwendet.
**Ylem** ['ailəm], Bez. für *Urstoff* oder *Urmaterie* (bes. in der engl. Naturphilosophie). Die Elementarteilchen können als diskrete Quantenzustände des Urstoffs angesehen werden.
**YMCA,** Abk. für engl. *Young Men's Christian Associations,* Weltorganisation der *Christl. Vereine*

*Yellowstone National Park: Geysir*

*Yokohama: Hafen*

**Ymir**

*Junger Männer* bzw. *Menschen* (CVJM); Sitz: Genf. – Entspr. Organisation für die weibl. Jugend: *YWCA (Young Women's Christian Associations).*
**Ymir,** in der nord. Myth. der Urriese, aus dessen Körperelementen (Fleisch, Blut u.a.) Welt u. Menschen geschaffen wurden.
**Yoga** → Joga.
**Yogi,** ind. Büßer brahman. Glaubens.
**Yogyakarta** [dʒɔgdʒa-], *Jogjakarta,* indones. Stadt im südl. Java, 421 000 Ew.; 1945–49 Hptst. Indonesiens.
**Yokohama,** *Jokohama,* jap. Hafenstadt u. Präfektur-Hptst. in Honshu, am W-Ufer der Bucht von Tokio, 3,1 Mio. Ew.; bed. Hafen Japans; Flughafen Haneda; mehrere Univ.; vielseitige Ind.
**Yokosuka,** jap. Hafenstadt in Zentralhonshu, am Eingang der Bucht von Tokio, 430 000 Ew.; kath. Frauenuniv.; US-Marinestützpunkt.
**Yoldia,** *Yoldia arctica,* urtüml. Muschel des Atlantik im Gebiet der N-amerik. Küste u. in der nördl. kalten Meere. Ihr Vorkommen in der Ostsee **(Y.-Meer,** um 8000 v. Chr.) beweist, daß diese fr. außer mit der Nordsee auch noch mit dem Weißen Meer in Verbindung stand.
**Yom-Kippur-Krieg,** *Jom-Kippur-Krieg* → Nahostkonflikt.
**Yonkers** [ˈjɔŋkəz], nördl. Stadtteil von New York, am O-Ufer des Hudson.
**Yonne** [jɔn], l. Nbfl. der Seine in Mittelfrankreich, 295 km; mündet bei Montereau-faut-Y.
**Yorck von Wartenburg,** Ludwig Graf, *1759, †1830, preuß. Feldmarschall; führte 1812 das preuß. Hilfskorps im russ. Feldzug Napoleons I.; schloß

*Yoruba: Holzskulptur einer Kultgemeinschaft*

1812 die *Konvention von Tauroggen;* gab 1813 das Zeichen zu den *Befreiungskriegen.*
**Yoritomo** *Minamoto,* *1147, †1199, jap. Feldherr; als 1. *Shogun* Japans (1192–99) Begr. des Shogunats (Kamakura-Zeit) u. des ritterl. Feudalsystems.
**York** [jɔːk], O-engl. Stadt an der Ouse, 100 000 Ew.; got.-roman. Kathedrale; anglikan. Erzbischofssitz. – 79–427 n. Chr. Hptst. Britanniens, dann des angelsächs. Kgr. *Northumbria.*
**York** [jɔːk], engl. Herzogsgeschlecht (seit 1385), jüngere Linie des Hauses *Plantagenet;* 1499 ausgestorben. – Der Titel des Herzogs von Y. wurde später meist dem zweiten Sohn des engl. Königs verliehen. → Rosenkriege.
**Yorkshire** [jɔːkʃiə], ehem. NO-engl. Gft., 1974 aufgelöst u. neu geordnet – **Y. Terrier** [-tɛriə], kleine, brit. Haushunderasse mit langen, glänzenden, seidigen Haaren u. kurzer Schnauze.
**Yorktown** [ˈjɔːktaun], Ort in Virginia (USA), nw. von Norfolk, 300 Ew. Die *Schlacht bei Y.* 1781 entschied den US-amerik. Unabhängigkeitskrieg. Y. bildet mit Jamestown u. Williamsburg den *Colonial National Historical Park.*

**Yoruba,** *Joruba,* westafrik. Sudannegervolk der W-Region Nigerias; Träger einer alten Hochkultur mit dem kulturellen Zentrum *Ife.* – Im 10.–18. Jh. **Y.-Reich,** eine Konföderation von Stadtstaaten; den Kern bildete *Oyo,* mit einem Gottkönig (»Alafin«) als Oberhaupt.
**Yosemite National Park** [jouˈsɛmiti ˈnæʃnl ˈpaːk], Naturpark (seit 1864) in der Sierra Nevada in California (USA); cañonartiges Tal des Merced River (Yosemite Valley) mit den 740 m hohen *Yosemite-Fällen.*
**Young** [jʌŋ], **1.** Brigham, *1801, †1877, US-amerik. Mormonenführer; gründete Salt Lake City (Utah). – **2.** Edward, *1683, †1765, engl. Dichter; Vertreter einer weltschmerzlich-empfindsamen Vorromantik. ⓦ »The complaint, or night thoughts«, meditative Dichtung in rd. 10 000 Blankversen. – **3.** Francis Brett, *1884, †1954, engl. Schriftst. (Abenteuerromane u. psychologisch verfeinerte Frauenromane mit pessimistischer Weltsicht). – **4.** Lester Willis, gen. »Prez«, *1909, †1959, afro-amerik. Jazzmusiker (Tenorsaxophon). – **5.** Owen D., *1874, †1962, US-amerik. Industrieller; als Präs. der internat. Sachverständigenkommission zur Regelung der dt. Reparationsleistungen arbeitete er 1929 den **Y.plan** aus, der Zahlungen von 121 Mrd. Mark in 59 Jahresbeträgen vorsah; wurde 1931/32 aufgehoben. Eine vom Dt. Reich aufgenommene *Y.anleihe* wurde von der BR Dtld. bis 1980 zurückgezahlt. – **6.** Thomas, *1773, †1829, engl. Arzt, Physiker u. Naturphilosoph; führte Versuche über die Wellentheorie des Lichts durch u. erklärte das Farbsehen mit Hilfe einer Dreifarbentheorie.
**Younghusband** [jʌŋˈhʌzbənd], Sir Francis Edward, *1863, †1942, brit. Forschungsreisender in Innerasien.
**Yourcenar** [jursə-], Marguerite, eigtl. M. de *Crayencour,* *1903, †1987, frz. Schriftst. (psycholog. Romane u. Novellen, z.T. histor. Themen), ab 1980 (als erste Frau) Mitgl. der Académie française. ⓦ »Ich zähmte die Wölfin«.
**Ypern,** fläm. *Jeper,* frz. *Ypres,* Stadt in der belg. Prov. W-Flandern, 35 000 Ew.; im MA reiche Ind.- u. Handelsstadt; Festung (bis 1781); im 1. Weltkrieg Mittelpunkt der Flandernschlachten, dabei fast völlig zerstört; im alten Stil wiederaufgebaut.
**Ypsilanti,** *Hypsilantis,* Alexandros, *1792, †1828, grch. Freiheitskämpfer; leitete 1821 die grch. Erhebung gegen das Osman. Reich.
**Ysaye** [izaˈi], Eugène, *1858, †1931, belg. Geiger, Dirigent u. Komponist.
**Yser** [iˈzɛːr], belg.-frz. Fluß in Flandern, 76 km; mündet in die Nordsee.
**Ystad,** Badeort u. Hafenstadt in Schonen (S-Schweden), 24 000 Ew.
**Ytterbium,** ein → chemisches Element.
**Yttrium,** ein → chemisches Element.
**Yuan,** *Yüan,* fr. Bez. für die Organe der Staatsgewalt in China, noch heute in Taiwan.
**Yuan Shikai,** *Yüan Shih-K'ai,* *1859, †1916, chin. Offizier u. Politiker; veranlaßte die Abdankung der Qing-Dynastie (1912) u. wurde erster Präs. der chin. Rep. Sein Versuch, sich 1915 zum Kaiser zu machen, scheiterte.
**Yucatán,** zentralamerik. Halbinsel zw. den Golfen von Honduras u. Campeche, 175 000 km²; umfaßt

*York: Blick auf das Münster*

die mex. Bundesstaaten Y. u. Campeche u. das Bundesterritorium Quintana Roo sowie den Nordteil Guatemalas u. Belize; Ruinenstätten der Maya-Kultur (Chichen Itzá, Uxmal, Tikal, Uaxactún u.a.).
**Yucca,** *Palmlilie, Adamsnadel, Dolchpflanze, Span. Bajonett, Bärgras,* amerik. Gatt. der *Liliengewächse;* Pflanzen mit kräftigen, häufig verzweigten Stämmen, langen Blättern u. hängenden glockigen, in Rispen stehenden weißen Blüten. Viele Arten liefern Blätter zur Fasergewinnung.
**Yukawa,** Hideki, *1907, †1981, jap. Physiker; erklärte 1935 die Kernkräfte durch die Annahme eines Teilchens, dessen Masse zw. der des Elektrons u. des Protons liegt. Später wurden solche Teilchen *(Mesonen)* tatsächl. entdeckt. Als *Y.-Teilchen* bezeichnet man gelegentl. die pi-Mesonen. – Nobelpreis 1949.
**Yukon River,** einer der längsten Flüsse N-Amerikas, 3185 km; mündet ins Beringmeer.
**Yukonterritorium,** Territorium in → Kanada.
**Yun,** Isang, *17.9.1917, korean. Komponist; lehrt in Berlin; bemüht sich um die Synthese von O-asiat. Musiktradition u. Zwölftonmusik.
**Yunnan,** *Yünnan,* Prov. in → China. In allen Teilen der Prov. leben nicht-chin. Minderheiten. – In Y. bestand 730–1253 das Reich der *Nantschau.*
**Yürüken** → Jürüken.
**Yvelines** [ivˈliːn], N-frz. Dép. beiderseits der unteren Seine, Hptst. *Versailles.*
**Yverdon** [iverˈdɔ̃], dt. *Iferten,* W-schweiz. Bez.-Hptst. im Kt. Waadt, am Neuenburger See, 21 000 Ew.; Schloß der Herzöge von Savoyen; in der Nähe *Y.-les-Bains (Bad Iferten,* Thermalquellen).
**YWCA** → YMCA.

*Yukonterritorium: der Kaskawulsh-Gletscher in den Saint Elias Mountains*

# Z

**z, Z,** 26. u. letzter Buchstabe des dt. Alphabets.
**Zaanstad** [za:n-], Stadt in der ndl. Prov. Nordholland, 128 000 Ew.; Nahrungsmittel-Ind., Holzhandel.
**Zabaleta** [θa-], Nicanor, *7.1.1907, span. Harfenist.
**Zabern,** frz. *Saverne,* frz. Krst. im Unterelsaß, am Vogesenübergang *Z.er Senke,* 10 000 Ew.; Holz- u. Glas-Ind.
**Zabrze** ['zabʒɛ], 1915–45 *Hindenburg O.S.,* Stadt in Schlesien (Polen), 198 000 Ew.; Steinkohlenbergbau, Masch.- u. Eisen-Ind.
**Zacatecas** [za-], Hptst. des mex. Staats Z., im zentralen Hochland, 2496 m ü.M., 67 000 Ew.; Silber- u. Quecksilberbergbau.
**Zachariae,** Just Friedrich Wilhelm, *1726, †1777, dt. Schriftst.; W »Der Renommiste« (scherzhaftes Heldengedicht).
**Zacharias,** 1. der Prophet → Sacharja. – 2. bei Lukas 1,5 der Vater Johannes' des Täufers.
**Zacharias,** †752, Papst 741–52; unterstützte die Missions- u. Reformtätigkeit des *Bonifatius.*
**Zacharias,** Helmut, *27.1.1920, dt. Geiger (Jazz u. Unterhaltungsmusik).
**Zackenbarsche,** Fam. der *Barschartigen;* Raubfische warmer u. gemäßigter Meere, manche Arten im Süßwasser (*Sägebarsch* u. *Wolfsbarsch*).
**Zadar** ['za-], jugoslaw. Hafenstadt im Adriat. Meer, 59 000 Ew.; Renaissance-Paläste, alte Stadtmauern; Fischerei, Tabak- u. Likör-Ind.; Fremdenverkehr.
**Zaddik,** im Judentum urspr. der Fromme; im *Chassidismus* der wundertätige Meister u. Lehrer.
**Zadek,** Peter, *19.5.1926, dt. Regisseur; 1933–58 in engl. Emigration; seit 1985 Direktor des Dt. Schauspielhauses in Hamburg; bekannt durch

*Goldstreifen-Zackenbarsch*

seine ins Moderne gewendeten Klassikaufführungen.
**Zadkine** [zad'kin], Ossip, *1890, †1967, frz. Bildhauer russ. Herkunft; Plastiken vom Kubismus beeinflußt; W »Orpheus«, »Die zerstörte Stadt« (Denkmal für Rotterdam).
**Zadok,** Oberpriester Salomos in Jerusalem.
**Zagań** ['ʒaganj] → Sagan.
**Zagreb** ['za-], dt. *Agram,* jugoslaw. Stadt an der Save, Hptst. von Kroatien, 763 000 Ew.; Univ. (1874), HS, Sitz eines röm.-kath. u. eines orth. Erzbischofs u. eines prot. Bischofs; spätgot. Dom; Wein- u. Getreidehandel; versch. Ind., Messe; Flughafen.
**Zaharoff** [zə-], Sir (seit 1919) Basil Zacharias, *1849, †1936, Finanzmann u. Rüstungsindustrieller grch. Herkunft; galt als einer der reichsten Männer Europas mit polit. Einfluß.
**Zähigkeit** → Viskosität.
**Zahiriten,** eine islam. Rechtsschule, die die Gesetze aus dem Wortlaut des Korans ableitet.
**Zahir Schah** ['za-], *Sahir Schah,* Mohammed, *15.10.1915, König von Afghanistan 1933–73; 1973 gestürzt.

**Zahlen,** ein auf der Tätigkeit des Zählens beruhender Begriff: Die Z. 1, 2, 3... werden *Grund-, Kardinal-* oder *natürliche Z.* genannt. *Gerade Z.* sind 2, 4, 6, ...; *ungerade Z.* sind 1, 3, 5, ... Die Z.

*Ossip Zadkine: »Die zerstörte Stadt«, 1953/54. Rotterdam*

als Glieder einer Reihe heißen *Ordnungs-* oder *Ordinal-Z.* (der erste, zweite, ... ). Durch die Subtraktion als Umkehrung der Addition gelangt man zur *Null* u. zu den *negativen Z.,* durch die Division als Umkehrung der Multiplikation zu den *gebrochenen Z.* (Brüche). Die natürl. Z. heißen im Ggs. zu den negativen Z. u. Brüchen *positive ganze Z.* Die ganzen u. die gebrochenen Z. heißen *rationale Z.* Durch Umkehrung der Potenzrechnung gelangt man zu den *irrationalen Z.,* z.B. $\sqrt{2} = 1,4142...$ oder $\lg 2 = 0,30103...$ Die irrationalen Z. werden eingeteilt in algebraische u. transzendente Z. Eine *algebraische Zahl* ist jede Zahl, die sich als Wurzel (Lösung) einer algebraischen Gleichung ergibt; das sind alle aus Wurzelausdrücken zusammensetzbaren Z., z.B. $\sqrt{2} + \sqrt{3}$. Alle nicht algebraischen Z. heißen *transzendente Z.,* z.B. π, e, die Logarithmen u. die meisten Werte der Winkelfunktionen.
Bei der Lösung von quadrat. Gleichungen können sich *imaginäre Z.* ergeben; denn keine der bisher genannten Z. hat die Eigenschaft, daß ihre Quadratzahl negativ ist; z.B. folgt aus $x^2 = -1$ als Lösung: $x = \pm\sqrt{-1}$. Für $\sqrt{-1}$ wurde das Zeichen i eingeführt; i heißt *imaginäre Einheit.* Die Z. *a·i,* wobei *a* eine der bisher betrachteten Z. ist, die im Ggs. zu diesen Z. *reelle Z.* heißen, werden *imaginäre Z.,* die Z. der Form *a ± bi komplexe Z.* gen.
**Zahlenlotto** → Lotto.
**Zahlensymbolik,** Auffassung, daß einzelnen Zahlen eine über den Zahlenwert hinausgehende Bed. zukomme; 3 u. 12 werden als Symbole der Vollkommenheit (Götterdreiheit; 12 Tierkreiszeichen, 12 olymp. Götter) angesehen.
**Zähler,** der obere Teil eines Bruches; → Bruch.
**Zahlmeister,** bis zum Ende des 2. Weltkriegs Wehrmachtsbeamter des gehobenen Dienstes für Verwaltungsangelegenheiten.
**Zahlungsbilanz,** die Gegenüberstellung sämtl. Zahlungsforderungen u. -verpflichtungen zw. In- u. Ausland für einen bestimmten Zeitraum (meist ein Jahr); ermöglicht ein Urteil über die außenwirtsch. Situation eines Landes.

**Zahlungsmittel,** die von der Notenbank ausgegebenen Banknoten u. Münzen *(gesetzl. Z.).*
**Zahlungsunfähigkeit,** *Insolvenz,* das Unvermögen eines Schuldners, seine fälligen Geldschulden zu bezahlen, führt zur Zahlungseinstellung u. bildet einen Grund zu Vergleichs- oder Konkursverfahren.
**Zählwerk,** *Zähler,* Gerät zur selbsttätigen Zählung von sich wiederholenden gleichartigen Vorgängen; z.B. Elektrizitäts-, Gas-, Wasserzähler.
**Zahlwort** → Numerale.
**Zahn,** *Dens,* Einzelelement im Gebiß des Menschen u. der Wirbeltiere. Am Z. sind die frei aus dem Kiefer ragende *Krone* (überzogen von Z.schmelz), die *Z.wurzel* u. dazwischen der *Z.hals* zu unterscheiden. Mit den Wurzeln ist der Z. im *Alveolarfortsatz* des Kiefers verkeilt u. wird durch die *Wurzelhaut (Periodontium)* befestigt. Im Innern des Z. findet sich ein Hohlraum, der das *Z.mark (Pulpa)* mit Gefäßen u. Nerven enthält. Die Masse des Z. wird vom *Z.bein* gebildet.
Ausgenommen bei den Säugetieren werden die Mundzähne laufend ersetzt u. erneuert (*dauernder Z.wechsel*); bei den meisten Säugetieren u. beim Menschen werden die Zähne einmal im Leben gewechselt, wenn das *Milchgebiß* gegen das bleibende Gebiß ausgewechselt wird.
Im Gebiß des Menschen kommen drei Zahntypen vor: *Schneidezähne, Eckzähne* – beide einwurzelig – u. *Backzähne (Backenzähne, Prämolaren* u. *Molaren)* mit 2–4 Wurzeln. Das menschl. Gebiß besteht im endgültigen Zustand aus 32 Zähnen (4 Schneidezähne, 2 Eckzähne, 4 Prämolaren, 6 Molaren in jedem der beiden Kiefer); im Milchgebiß fehlen die 12 Molaren.
**Zahn,** 1. Ernst, *1867, †1952, schweiz. Schriftst.

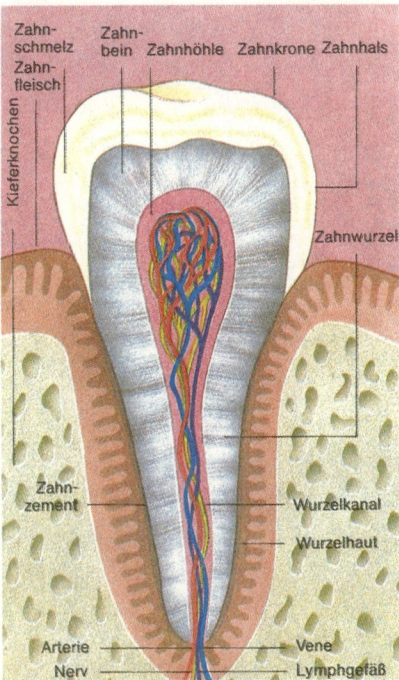

*Zahn,* schematischer Längsschnitt: Er besteht vorwiegend aus knochenhartem Zahnbein (Dentin), das im Bereich der Krone vom Zahnschmelz, am Zahnhals und an der Wurzel mit Zahnzement bzw. der Wurzelhaut bedeckt ist. Im Innern liegen die Zahnpulpa, die Nerven, Blut- und Lymphgefäße sowie Bindegewebe. Die Wurzel steckt im Zahnfach (Alveolarfach) des Kieferknochens

## Zahnarme

(Erzählungen aus der Bergwelt). – **2.** Leopold, *1890, †1970, östr. Kunsthistoriker; Vorkämpfer der modernen Kunst. – **3.** Peter von, *29.1.1913, dt. Journalist; als Reporter in leitenden Funktionen bei Rundfunk u. Fernsehen; schrieb Hörspiele, Reportagen u. Bücher.

**Zahnarme,** fr. Bez. für *Nebengelenker,* dazu gehören Ameisenbären, Faultiere u. Gürteltiere.

**Zahnbrasse,** als Speisefisch geschätzte, 50 cm bis 1 m lange, bis 10 kg schwere *Meerbrasse* des Atlantik u. Mittelmeers.

**Zahnersatz,** *künstliche Zähne,* Vervollständigung eines lückenhaften Gebisses aus gesundheitl. u. kosmet. Gründen. Man unterscheidet Kronenersatz (bei einwandfrei erhaltener Wurzel möglich), Z. u. Kieferersatz. Der vollständige Z. erfolgt durch festsitzenden Brückenersatz oder tlw. herauszunehmenden *Plattenersatz,* der vollständige Gebißersatz durch Vollprothese (Ober-, Unterkiefer).

**Zahnfleisch,** den Alveolarfortsatz der Zähne überziehender Teil der Mundschleimhaut.

**Zahnheilkunde,** *Zahnmedizin, Odontologie,* die Wiss. von den Zahn-, Mund-, u. Kieferkrankheiten, ihrer Erkennung u. Behandlung; dazu gehören auch Kieferregulierung u. Kieferorthopädie.

**Zahnkaries** [-riɛs], *Zahnfäule,* ist eine Zahnerkrankung: Zerstörung der Hartsubstanzen des Zahns unter Mitwirkung von Spaltpilzen, Säuren u. Gärungsprodukten; bes. auf der Grundlage von Mangelstörungen in der Ernährung (Mineralstoffe, Spurenelemente), von ungenügender Zahnpflege u. von schädl. Eßgewohnheiten.

**Zahnkarpfen,** *Kärpflinge,* kleine (sub)trop. *Knochenfische;* als Aquarienfische beliebt sind: *Eierlegende Z.* u. *Lebendgebärende Z.* Hierher gehören u.a. *Schwertträger, Guppy* u. die Gatt. *Poecilia* (»Platy«, »Molly«).

**Zahnradbahn,** eine Gebirgsbahn zur Überwindung größerer Steigungen, bei denen die Reibungskraft der Zugmaschine nicht mehr ausreicht. Zwischen den Schienen sind eine oder mehrere Zahnstangen befestigt; die Antriebsmaschine hat ebenso viele Zahnräder, die in die Zahnstangen eingreifen.

**Zahnräder,** Maschinenelemente zur Übertragung von Drehmomenten u. Drehbewegungen zw. zwei Drehwellen oder zw. Drehwelle u. Zahnstange. Zur gleichförmigen Bewegungsübertragung müssen sich die Flanken der ineinandergreifenden Zähne, ohne zu gleiten, aufeinander abwälzen. Das Übersetzungsverhältnis ist gleich dem Verhältnis der Zähnezahl. Hauptarten sind Stirnräder, Kegelräder u. Schneckenräder.

**Zahnstein,** Ablagerungen von Calciumsalzen, Mikroorganismen u. Speiseresten am Zahn.

**Zahnwale,** Unterordnung der *Wale,* deren Kiefer mit vielen Zähnen besetzt ist (Delphine, Pottwale). Viele Arten können Pfeiflaute ausstoßen, z.T. im Ultraschallbereich. Für die Erforschung der »Sprache« der Z. eignen sich v.a. Delphine u. Schweinswale.

**Zähringer,** süddt. Adelsgeschlecht, ben. nach der Stammburg *Zähringen* (erbaut 1108) bei Freiburg i. Br.; seit dem 10. Jh. Grafen im Breisgau, später Herzöge von Kärnten u. Burgund.

**Zahrnt,** Heinz, *31.5.1915, dt. ev. Theologe u. Schriftst.; 1950–75 Chefredakteur des »Dt. Allg. Sonntagsblatts«. W »Jesus aus Nazareth«, »Gotteswende«.

**Zährte,** ein *Karpfenfisch* (Weißfisch), bis 35 cm lang; im Einzugsgebiet der Nord- u. Ostsee sowie des Kasp. u. Schwarzen Meers.

**Zaiditen** [zai-], *Saiditen,* eine Konfession des schiitischen Islams, die im 8. Jh. entstand u. sich nach *Zaid Ben Ali* (†739), einem Urenkel *Alis,* nennt. Den Z. gehörten die Herrscher von Jemen bis zum Bürgerkrieg 1962–70 an; der König war religiöse Oberhaupt (Imam).

**Zaire** [zaˈiːr], Staat in Äquatorialafrika, 2 345 409 km², 32,5 Mio. Ew., Hptst. *Kinshasa.*

*Zaire*

Landesnatur. Die Kernlandschaft ist das 300–400 m hoch gelegene Becken des *Kongo.* Nach S steigt das Land zur 900 bis über 1500 m hohen *Lundaschwelle* an, nach O zu den Randgebirgen des Zentralafrikan. Grabens *(Ruwenzori* 5110 m). – Das Klima des Landes ist im Becken feucht u. heiß; weiter nach S wird die Trockenzeit länger. Das Kongobecken bildet nach dem Amazonasbecken das zweitgrößte Waldgebiet der Tropen. Dieser trop. Regenwald wird von einem Ring von Feuchtsavannen umgeben.

Die Bevölkerung setzt sich zusammen aus Hunderten von Stämmen der Bantu- u. Sudanneger. Daneben gibt es 50 000 Pygmäen.

Wirtschaft. Die Landwirtschaft baut für den Export Kaffee, Kakao, Kautschuk u. Palmprodukte an u. gewinnt Edelhölzer. Der Bergbau (v. a. in Shaba) liefert mit Abstand den größten Teil der Ausfuhr Z. Es werden Kobalt (65 % der Welterzeugung), Kupfer, Uran, Zink, Cadmium, Mangan, Zinn, Gold, Silber u.a. abgebaut. In Kasai liegt das bed. Fundgebiet der Erde für Industriediamanten.

Geschichte. Seit 1876 erwarb H. M. *Stanley* weite Teile des Kongo für König Leopold II. von Belgien. 1908 nahm Belgien das Gebiet in direkte Kolonialverwaltung *(Belgisch-Kongo).* 1960 wurde das Land als *Kongo-Kinshasa* (im Unterschied zum frz. *Kongo-Brazzaville)* unabh. Im gleichen Jahr erklärte sich die Prov. Katanga für unabh. 1963 beendeten UN-Truppen gewaltsam die Sezession Katangas. 1965 ergriff General G.-D. *Mobutu* die Macht u. übernahm das Präsidentenamt. 1971 wurde Kongo-Kinshasa in *Republik Z.* umbenannt. Mobutu schuf einen Einparteienstaat u. regierte diktatorisch. 1977/78 wurde eine Invasion von Rebellen in der Prov. Shaba (früher Katanga) zurückgeschlagen. Oppositionsbestrebungen wurden immer wieder unterdrückt.

**Zakopane** [za-], Kurort u. Wintersportplatz im NW der Hohen Tatra (Polen), 28 000 Ew.

**Zákynthos,** ion. Insel an der W-Küste von Griechenland, 402 km², 30 000 Ew.; Leder- u. Textil-Ind.; Wein- u. Olivenanbau. – 1953 schweres Erdbeben.

**Zama,** antike, N-afrik. Stadt westl. von Karthago. Hier wurde 202 v.Chr. *Hannibal* durch den älteren *Scipio* geschlagen.

**Zambo** [ˈθambo], Mischling zw. Schwarzen u. Indianern.

**Zamboanga** [θambo-], Hafen u. Hauptort der Philippineninsel Mindanao, 344 000 Ew.; Fischmarkt, Perlenfischerei; Flugplatz.

**Zamenhof** [ˈzaː-], Ludwik, *1859, †1917, poln. Augenarzt; erfand die Welthilfssprache *Esperanto.*

**Zamora** [θaˈmɔra], W-span. Prov.-Hptst., auf einem Felshügel über dem Duero, 62 000 Ew.; roman. Kathedrale; Herstellung von Branntwein, Lederwaren, Textilien.

**Zamość** [ˈzamɔʃtʃ], poln. Stadt in der *Roztocze,* sö. von Lublin, 58 000 Ew.; Holz-, Textil- u. Nahrungsmittel-Ind.

**Zande,** das afrik. Volk der → Asande.

**Zander,** *Hechtbarsch,* mit bis 1,30 m Länge u. 15 kg Gewicht der größte *Barsch* Mitteleuropas; Süßwasserfisch, wertvoller Speisefisch.

**Zandvoort** [ˈzantfoːrt], Nordseebad in der ndl. Prov. Nordholland, 16 000 Ew.; 4,2 km lange Rennstrecke für den Motorsport.

**Zange,** Werkzeug zum Festhalten, Abscheren, Biegen u. Lochen.

**Zangwill** [ˈzænvil], Israel, *1864, †1926, engl. Schriftst.; schloß sich dem Zionismus an; schrieb Romane u. Bühnenstücke in engl. u. jiddisch.

**Zanonie,** *Kürbisgewächs,* Kletterstrauch des Malaiischen Archipels; große Samen mit breiten Seitenflügeln, dienten im Flugzeugbau als Vorbild.

**Zanuck** [ˈzænɐk], Darryl F., *1902, †1979, US-amerik. Filmproduzent (u.a. »Früchte des Zorns«, »Der längste Tag«).

**Zanussi** [ds-], Krzysztof, *17.6.1939, poln. Filmregisseur; Filme: »Die Struktur des Kristalls«, »Illumination«, »Blaubart«).

**Zanza** [ˈzanza], afrik. Musikinstrument, → Sansa.

**Zao-Wou-Ki,** *13.2.1921, chin. Maler; seit 1948 in Paris; gelangte zu einem abstrakten Stil.

**Zäpfchen, 1.** *Gaumen-Z., Uvula,* Teil des weichen Gaumens. – **2.** → Suppositorium.

**Zapfen, 1.** zur Herstellung von Holzverbindungen zugerichtetes Kantholzende. – **2.** *Zapfenblüte,* die an einer langen Achse angeordneten Staub- oder Fruchtblätter der nacktsamigen Pflanzen. – **3.** lichtempfindl. Element in der Netzhaut des Auges.

**Zapfenstreich,** urspr. der Zeitpunkt, zu dem auf

*Zapoteken: Tempelruinen in Monte Albán*

ein Trommel- oder Hornsignal hin im Feldlager Ruhe zu herrschen hatte; später allg. der Zeitpunkt, zu dem alle nicht beurlaubten Soldaten in ihrer Unterkunft zu sein hatten. – Der *Große Z.* ist eine militärmusikal. Zeremonie zu bes. Anlässen.

**Zapfsäule,** Anlage zum Entnehmen von Benzin, die die abgegebene Menge (u. den Preis) anzeigt.

**Zapolska** [za-], Gabryela, *1857, †1921, poln. Schriftst. u. Schauspielerin; naturalist. gesellschaftskrit. Romane u. Dramen.

**Zapoteken,** altes indian. Kulturvolk (heute noch 300 000) aus der Sprachfam. *Oto-Mangue,* in den mex. Bundesstaaten Oaxaca u. Tehuantepec. Zur Zeit der span. Landung bildeten sie ein Reich mit der Hptst. *Zoahila;* Blütezeit 3.–5. Jh. n. Chr. Die wichtigsten Ruinenstätten der Z. sind *Mitla* u. *Monte Alban.*

**Zar,** Herrschertitel bei Bulgaren (seit dem 7. Jh. u. 1908–46) u. Russen (1547–1917). – **Zariza,** Frau (bzw. Witwe) eines Z. – **Zarewitsch,** Sohn eines Z. u. Titel des russ. Thronfolgers 1547–1797, der seitdem bis 1917 offiziell als *Zesarewitsch* bezeichnet wurde. – **Zarewna,** Tochter eines Z.

**Zaragoza** [θaraˈɣoθa] → Saragossa.

**Zarathustra,** grch. *Zoroaster,* vornehml. in Baktrien wirkender prophet. Reformator der altiran. Religion, nicht sicher datierbar, *wahrsch. 800 v.Chr. oder 700 v.Chr. Er ist der Stifter des → Parsismus u. verstand sich als von seinem Gott *Ahura Mazda* berufener Verkünder einer monotheist. Religion.

**Zarge, 1.** in die Mauer eingebauter Rahmen von Türen u. Fenstern. – **2.** Seitenwand. v. Boden u. Decke bei Saiteninstrumenten, z.B. Violine.

**Zaria** [ˈzarja], Stadt im nördlichen Nigeria, 274 000 Ew.; Univ.; Nahrungsmittel- u. Fahrzeug-Ind., Flugplatz.

**Zarlino,** Gioseffo, *1517, †1590, ital. Musiktheoretiker u. Komponist; Darst. der Musiklehre auf der Basis der Dur-Moll-Tonalität.

**Zarqa,** jordan. Stadt nordöstl. von Amman, 266 000 Ew.; Ind.-Standort, Ölraffinerie, Flugplatz.

**Zary** [ˈʒari] → Sorau.

**Zarzuela** [θarθuˈela], span. Singspiel, seit dem 17. Jh.

**Zäsur,** Einschnitt; in der antiken Verslehre die Pause innerhalb eines Versfußes, die durch das Ende eines Worts oder eines Sinnabschnitts entsteht.

**Zátopek** [ˈzaː-], Emil, *16.9.1922, tschech. Langstreckenläufer; gewann 4 Goldmedaillen bei Olymp. Spielen.

**Zauber,** *Zauberei,* der Versuch, durch Beherrschung übernatürl. Mächte das ird. Geschehen zu beeinflussen. – In Varietés u. Kabaretts ist die *Z.kunst* eine beliebte Unterhaltung, die auf Tricks, Sinnestäuschungen u. großer Handfertigkeit beruht.

**Zaubernuß** → Hamamelis.

**Zauberspruch,** Spruchformel, die die Abwehr von Unheil oder Krankheit bewirken soll *(Merseburger Z.* in ahd. Sprache, 10. Jh.).

**Zaum,** Vorrichtung am Kopfgestell, um Zug- u. Reitpferde leichter lenken u. führen zu können, bestehend aus *Trense* u. *Kandare*.
**Zauneidechse,** die häufigste dt. Eidechse, bis 20 cm lang; Männchen oft grün.
**Zauner,** Franz Anton von, *1746, †1822, östr. Bildhauer des Frühklassizismus.
**Zaunkönig,** brauner, bis 9 cm großer einheim. *Singvogel;* baut in dichtem Gestrüpp seine Kugelnester.
**Zaunrübe,** in Vorderasien u. im Mittelmeergebiet heim. Gatt. der *Kürbisgewächse;* die *Weiße Z.* mit schwarzen Beeren, die *Zweihäusige Z.* mit roten Beeren.
**ZDF,** Abk. für *Zweites Deutsches Fernsehen.*
**Zebaoth,** *Sabaoth,* im AT Beiname Gottes als »Herr der Heerscharen«.
**Zebrafink,** ein *Prachtfink* Australiens u. der Kleinen Sunda-Inseln; anspruchsloser Käfigvogel.
**Zebras,** wildlebende Pferde (»*Tigerpferde*«) Afrikas, mit schwarzweißer Streifenzeichnung; 3 Arten: die SW-afrik. *Berg-Z.* stehen den Eseln nahe; erhalten gebliebene Unterarten des *Quagga* oder *Steppen-Z.* repräsentieren die Halbesel; die größten Z., die *Grevy-Z.* entsprechen dem Pferdetypus.
**Zebrastreifen,** Kennzeichnung für Fußgängerüberwege auf Straßen aus weißen Anstrichen.
**Zebu,** *Buckelrind,* mit buckelförmigem Fetthöcker ausgestattete Rasse des Hausrinds Indiens u. O-Afrikas *(Sanga);* von den Hindus als Symbol der Fruchtbarkeit als heilig angesehen.
**Zech,** Paul, *1881, †1946, dt. Schriftst.; seit 1937 in der Emigration; Expressionist u. Romantiker, schrieb Lyrik, Novellen, Dramen.
**Zeche,** Bergwerksbetrieb einschl. der über Tage befindl. Anlagen.
**Zechine** → Dukat.
**Zechlin,** Ruth, *22.6.1926, dt. Komponistin; Oper »Reineke Fuchs«, Orchester- u. Kammermusik.
**Zechprellerei,** der Betrug durch Vorspiegeln von Zahlungsfähigkeit oder -absicht bei Verzehr von Speisen u. Getränken.
**Zechstein,** jüngstes Glied des Erdaltertums, → Erdzeitalter.
**Zecken,** mittelgroße *Milben,* Parasiten an Warmblütern u. Reptilien; für Mensch u. Vieh zunehmend gefährlich als Überträger von Viruskrankheiten (der *Holzbock* u.a. von Hirnhautentzündungen).
**Zedekia,** letzter König von Juda; erhob sich 587 v.Chr. gegen Nebukadnezar II.; starb geblendet im Gefängnis in Babylon (Jer. 37–39).
**Zedenbal,** *Tsedenbal,* Jumschagin, *17.9.1916, mongol. Politiker (Kommunist); 1952–74 Vors. des Ministerrats (Regierungschef), 1958–84 Generalsekretär der Partei, 1974–84 auch Staatsoberhaupt; 1990 aus der Partei ausgeschlossen.
**Zeder,** Gatt. der Nadelhölzer des Mittelmeergebiets u. des westl. Himalaja. Die *Echte Z. (Libanon-Z.)* ist ein bis 40 m hoher Baum, jung fast pyramidenförmig, im Alter schirmartig mit überhängender Spitze; Hauptverbreitung im Libanon, Taurus u. Atlas; *Atlas-Z.* nur im Atlas, *Himalaja-Z.,* heiliger Baum der Hindus, im nw. Himalaja. – *Z.nhölzer* des Handels bestehen nicht nur aus Gatt. der Z. gehörenden Nadelhölzern. – *Z.nholzöl,* äther. Öl aus dem Holz der Z., zu Seifen u. Parfüms verarbeitet.
**Zedrelaholz,** *Westindisches Zedernholz,* für die Herstellung von Zigarren- u. Zuckerkisten verwendetes, rotes, aromat. Holz des Zedrachgewächses *Zedrela.*
**Zeebrugge** ['ze:bryxə], *Seebrügge,* Hafenstadt nw. von Brügge in Belgien, 3000 Ew.; Fischerei u. Seebad; Fährverkehr nach England.
**Zeeman** ['ze:-], Pieter, *1865, †1943, ndl. Physiker; entdeckte 1896 mit H.A. *Lorentz* den *Z.-Effekt,* bei dem die Spektrallinien der in einem starken Magnetfeld befindl. Atome aufgespalten werden; Nobelpreis 1902.

*Hartmann-Zebra*

**Zeffirelli,** Franco, *12.2.1923, ital. Regisseur; inszenierte v.a. Opern u. drehte auch Filme (»Romeo u. Julia«, »Bruder Sonne, Schwester Mond«, »Das Leben von Jesus Christus«, »La Traviata«).
**Zehnerklub,** die 10 Mitgliedstaaten des Internat. Währungsfonds, die 1961 das *Pariser Abkommen* schlossen (Belgien, BR Dtld., Frankreich, Großbrit., Italien, Japan, Kanada, Ndl., Schweden, USA), dem 1964 auch die Schweiz beitrat.
**Zehnersystem** → Dezimalsystem.
**Zehnfußkrebse,** Ordnung der *Höheren Krebse,* umfaßt die größten bek. Krebsformen (Hummer über 1 m lang); Unterordnungen: *Garnelen (Natantia,* Schwimmer) u. *Reptantia* (Krieger).
**Zehn Gebote,** *Dekalog,* die nach 2. Mose 20 u. 5. Mose 5 am Sinai von Gott auf 2 steinernen Tafeln an Moses übergebene religiös-sittl. Grundordnung zunächst des Volkes Israel, dann der christl. Ethik bzw. Lebensführung.
**Zehnkampf,** aus zehn Einzelübungen bestehender Mehrkampf. Der *leichtathlet. Z.* der Männer besteht aus den Übungen: 100-m-Lauf, Weitsprung, Kugelstoßen, Hochsprung, 400-m-Lauf, 110-m-Hürdenlauf, Diskuswerfen, Stabhochsprung, Speerwerfen, 1500-m-Lauf.
**Zehnt,** *Dezem,* Abgabe (zunächst in Naturalien), urspr. der 10. Teil von Erträgen auf dem Grundbesitz; der *Kirchen-Z.* seit dem 6. Jh., der *weltl. Z.* im 8./9. Jh. an den Grundherrn.
**Zeichenfilm,** *Zeichentrickfilm,* ein Film, dessen einzelne Bilder gezeichnet u. dann auf dem Tricktisch photographiert werden. Durch W. *Disney* wurde Z. zur populären Filmgattung.
**Zeichenrolle,** ein beim *Patentamt* geführtes Register für angemeldete Warenzeichen.
**Zeichensetzung,** *Interpunktion,* die Verwendung von Zeichen *(Satzzeichen)* nach bestimmten Regeln zur Gliederung geschriebener Texte (Doppelpunkt, Ausrufezeichen, Fragezeichen, Gedankenstrich, Apostroph, Anführungszeichen). Den Griechen der Antike waren bereits Punkt, Semikolon u. Komma bekannt. Ende des 15. Jh. führte der venezian. Buchdrucker A. *Manutius* die heute noch gebräuchl. Satzzeichen ein.
**Zeichnung,** mit Feder, Pinsel, Kohle, Kreide, Bleistift u.a. ausgeführte bildl.-lineare Darst., die auch farbig angelegt oder getönt sein kann; als Gatt. der bildenden Kunst u. in der Technik.
**Zeidler,** Wolfgang, *1924, †1987, dt. Richter; 1970–75 Präs. des Bundesverwaltungsgerichts in Berlin, 1983–87 Präs. des Bundesverfassungsgerichts in Karlsruhe.
**Zeilensprungverfahren,** *Zwischenzeilenverfahren,* ein Bildabtastverfahren in Fernsehempfängern, bei dem zuerst die ungeradzahligen u. dann die geradzahligen Zeilen übertragen werden. Dadurch wird die Bildwechselfrequenz scheinbar verdoppelt u. die Wiedergabe verbessert.
**Zeisige,** Gatt. der *Finkenvögel;* in Mitteleuropa u.a. *Erlenzeisig, Birkenzeisig, Grünfink, Stieglitz* u. *Hänfling.*
**Zeiss,** Carl, *1816, †1888, dt. Feinmechaniker u. Industrieller; gründete 1846 die *Z.-Werke* in Jena (feinmechan. u. opt. Erzeugnisse). Das Werk wurde 1891 vom Inhaber Ernst *Abbe* auf die für soz., wiss. u. gemeinnützige Zwecke tätige *Carl-Z.-Stiftung* übertragen.
**Zeist** [zɛist], Gem. in der ndl. Prov. Utrecht, 59 000 Ew.; pharmazeut. u. opt. Ind.; Herrnhuter Brüdergemeine.

*Zecke: rechts mit Blut vollgesogen*

# Zeitrechnung 995

**Zeit,** für die gewöhnl. Auffassung ein kontinuierl. Fortschreiten, innerhalb dessen sich alle Veränderungen vollziehen. In der Physik ist die Z. eine (nach der alltägl. Erfahrung) nicht beeinflußbare physik. Größe, eine zu den drei Raumkoordinaten hinzutretende 4. Koordinate.
**Zeitalter,** ein Zeitabschnitt, der von einem herausragenden geschichtl. Ereignis, einer Idee oder einer Persönlichkeit geprägt wird.
**Zeitarbeitsvertrag,** ein Arbeitsvertrag mit Zusatzklauseln, aufgrund deren das Beschäftigungsverhältnis nach Ablauf eines vereinbarten Zeitraums ohne bes. Kündigung beendet ist.
**Zeitdilatation,** ein Effekt, der durch die →Relativitätstheorie vorausgesagt wird: Eine Uhr geht für einen relativ zu ihr bewegten Beobachter langsamer als für einen ruhenden Beobachter. Experimentell bestätigt worden ist die Z. beim Zerfall sehr schneller μ-Mesonen, die durch die Höhenstrahlung in der Erdatmosphäre erzeugt werden. Diese Mesonen haben ruhend eine mittlere Lebensdauer von $2,2 \cdot 10^{-6}$ s; Licht durchläuft in dieser Zeit 660 m, die Mesonen durchlaufen tatsächlich die hundert- bis tausendfache Strecke, bis sie zerfallen.
**Zeiteinheiten,** die der Zeitmessung zugrunde gelegten prakt. Einheiten, wie Jahr (Abk. a = annus), Tag (Abk. d = dies), Stunde (Abk. h = hora), Minute (Abk. min), Sekunde (Abk. s). Die am meisten benutzte Zeiteinheit ist der → Sonnentag.
**Zeitformen** → Tempus.
**Zeitgeschäft** → Termingeschäft.
**Zeitgeschichte,** Begriff der Geschichtswiss., wird verstanden als wiss. Erforschung der »Epoche der Mitlebenden«.
**Zeitlose,** Gatt. der *Liliengewächse.* Zu den Z. gehört die *Herbst-Z.*
**Zeitlupe,** *Zeitdehner,* Filmaufnahme mit erhöhter Bildfrequenz (Bildzahl je Sekunde). Bei Vorführung des Films mit der Normalgeschwindigkeit erscheinen schnelle Bewegungen verlangsamt.
**Zeitmessung,** die Messung der Dauer zweier zeitl. getrennter Ereignisse; im Altertum durch die aus einem Behälter ausgelaufene Menge von Flüssigkeit oder Sand (Sanduhr), heute durch periodische Vorgänge, deren Frequenz sich nicht ändert (z.B. Pendel-, Quarz- u. Atomuhren). Die SI-Einheit der Zeitmessung ist die atomar definierte *Sekunde.*
**Zeitraffer,** Filmaufnahme mit verringerter Bildfrequenz (Bildzahl je Sekunde). Bei Vorführung des Films mit normaler Geschwindigkeit erscheint der Vorgang beschleunigt.
**Zeitrechnung,** die auf Beobachtungen des Tages- u. Jahresablaufs beruhende, von einem willkürl.

*Zehn Gebote: »Du sollst nicht töten«, das 5. Gebot, am Beispiel Kain und Abel erläutert; Holzschnitt von Lucas Cranach d.Ä.*

## Zeitschalter

festgelegten Zeitpunkt ausgehende Berechnung (Zählung) des Zeitablaufs. → Chronologie, → Datierung, → Kalender.

Die christl. Z. wurde durch den Abt *Dionysius Exiguus* festgelegt, der bei der Aufstellung der Ostertafeln (532) das »Jahr der Menschwerdung des Herrn« als Ausgangspunkt annahm. Wie wir heute wissen, wurde Jesus jedoch 3 bis 7 Jahre vor dem angenommenen Datum geboren. Umgerechnet auf die christl. Ära beginnt die Z. der Juden mit dem Jahr 3761 v. Chr.; die röm. Z. beginnt mit der Gründung Roms 753 v. Chr.; die buddhist. Z. beginnt mit dem Todesjahr Buddhas 483 v. Chr.; die islam. Z. mit der Hedschra 622 n. Chr.

**Zeitschalter,** ein elektr. Schalter, der mit einem Uhrwerk so gekoppelt ist, daß er sich, einmal eingestellt, nach Ablauf einer bestimmten Zeit selbsttätig öffnet u. schließt.

**Zeitschrift,** in regelmäßiger Zeitfolge erscheinende Druckschrift; ohne die grundsätzl. Aktualität u. Inhalts-Allgemeinheit der Zeitung, ausgerichtet auf bestimmte Leserkreise od. Lesesituationen; z.B. Fach-Z., Berufs-Z. u. Freizeit-Z. *(illustrierte Z., Magazine, Programm-Z.)*.

**Zeitsinn,** Fähigkeit von Tieren, ihr Verhalten an period. Schwankungen der Umweltbedingungen wie Tagesrhythmik, Gezeitenrhythmik oder Jahresrhythmik anzupassen. → Biorhythmik.

**Zeitung,** üblicherweise werktägl. oder tägl. erscheinende Druckschrift; enthält Nachrichten u. Berichte über Neuigkeiten aus aller Welt u. aus nahezu allen Lebensbereichen, dazu Meinungsbeiträge (Leitartikel, Glossen), Unterhaltungsstoff (Feuilleton) u. Anzeigen. Die Inhalte der Z. werden von *Reportern*, *Korrespondenten*, *Nachrichtenagenturen* u. *Pressediensten* geliefert, dann von der *Redaktion* zusammengestellt u. publizistisch zur Druckreife gebracht.

### Einige Standardzeiten (Standard Time)

| Wenn es in Deutschland 12 Uhr Mitteleuropäische Zeit ist, zeigt die Uhr | | Amtl. Bezeichnung |
|---|---|---|
| 0.00 Uhr | Westalaska, Aleuten, Samoainseln | |
| 1.00 Uhr | Zentralaska, Hawaiinseln, Gesellschaftsinseln | Alaska Time |
| 2.00 Uhr | Ostalaska, Kanada (Yukonterritorium) | Yukon Time |
| 3.00 Uhr | Kanada (Brit.-Columbia), USA-Pazifikküste | Pacific Time (PT) |
| 4.00 Uhr | Kanada (Mackenziedistrikt, Alberta, Saskatschewan), USA-Felsengebirgszone, Mexiko (westl. Teil) | Montain Time (MT) |
| 5.00 Uhr | Kanada (Manitobu u. a.), USA (von Norddakota bis Louisana), Mexiko (kl. östl. Teil), Guatemala, Honduras, Nicaragua, Costa Rica | Central Time (CT) |
| 6.00 Uhr | Kanada (Ontario u. Quebec z. T.), USA-Atlantikküste, Bahamas, Kuba, Haiti, Jamaika, Panama, Kolumbien, Ecuador, Peru | Eastern Time (ET) |
| 7.00 Uhr | Kanada (Quebec z. T., Neuschottland), Brasilien (westl. Teil), Bolivien, Paraguay, Chile | Atlantik Time (AT) |
| 8.00 Uhr | Brasilien (östl. Teil), Argentinien | |
| 9.00 Uhr | Azoren, Kapverdische Inseln | |
| 10.00 Uhr | Island, Madeira, Kanarische Inseln | |
| 11.00 Uhr | Großbritannien und Nordirland, Färöer, Portugal, Marokko, Senegal, Guinea, Ghana, Elfenbeinküste, Togo, Mali, Burkina Faso | Greenwich Mean Time (GMT) oder Westeurop. Zeit |
| 12.00 Uhr | Norwegen, Schweden, Dänemark, Deutschland, Ungarn, Tschechoslowakei, Italien, Jugoslawien, Spanien, Frankreich, Algerien, Tunesien, Nigeria, Angola | Mitteleurop. Zeit (MEZ) |
| 13.00 Uhr | Sowjetunion Zone 2 (Moskau, Leningrad), Finnland, Rumänien, Griechenland, Türkei, Libanon, Israel, Jordanien, Libyen, Ägypten, Sudan, Zaire (östl. Teil), Simbabwe, Moçambique, Südafrika | Osteurop. Zeit |
| 14.00 Uhr | Sowjetunion Zone 3 (Archangelsk, Wolgograd, Baku), Irak, Jemen, Äthiopien, Somalia, Kenia, Uganda, Tansania, Madagaskar, Komoren | |
| 15.00 Uhr | Sowjetunion Zone 4 (Swerdlowsk), Mauritius | |
| 16.00 Uhr | Sowjetunion Zone 5 (Omsk, Taschkent), Pakistan | |
| 16.30 Uhr | Indien, Sri Lanka, Nepal | Indische Zeit |
| 17.00 Uhr | Sowjetunion Zone 6 (Nowosibirsk), Bangladesch | |
| 18.00 Uhr | Sowjetunion Zone 7 (Irkutsk), Thailand, Kambodscha | |
| 19.00 Uhr | Sowjetunion Zone 8, Philippinen, mittleres Indonesien, Westaustralien | |
| 20.00 Uhr | Sowjetunion Zone 9 (Wladiwostock), Korea, Japan | Japanische Zeit |
| 21.00 Uhr | Östl. Neuguinea, Ostaustralien, Tasmanien | Ostaustral. Zeit |
| 23.00 Uhr | Marshallinseln, Neuseeland | Neuseeländ. Zeit |

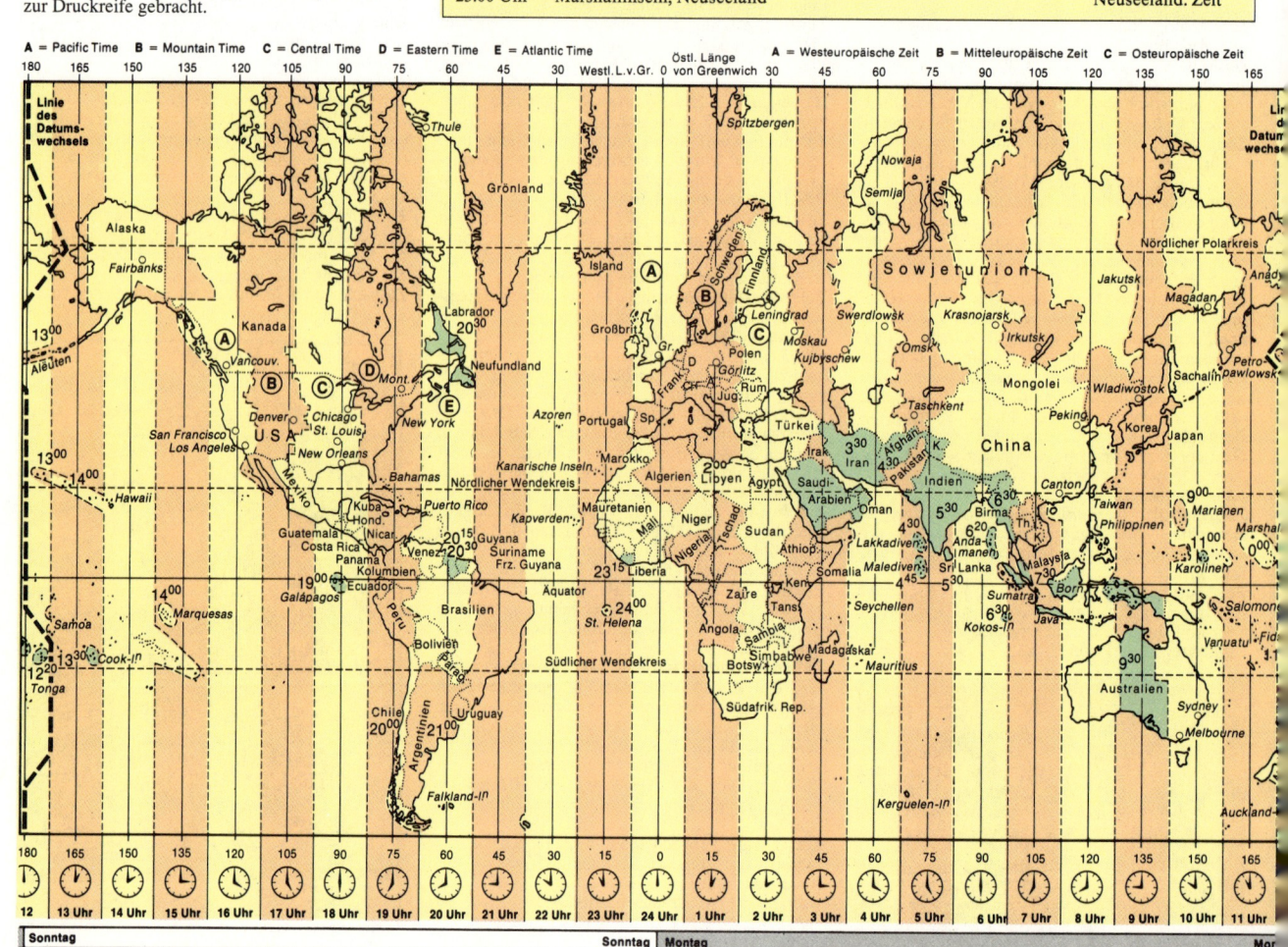

*Zeitzonen*

Gesammelte u. in schneller Folge als Druckschrift veröffentlichte Nachrichten, als Z. im neueren Sinn, gibt es seit 1609: »Relation« (Straßburg) u. »Aviso« (Wolfenbüttel). 1650 erschienen als erste Tageszeitung die »Einkommenden Zeitungen« 6mal wöchentl. in Leipzig.

**Zeitwort** → Verbum.

**Zeitz,** Krst. in Sachsen-Anhalt, an der Weißen Elster, 43 000 Ew.; *Moritzburg* (ehem. Bischofs- u. Herzogsschloß), Schloßkirche, Braunkohlen- u. Erdölverarbeitung, Eisengießerei.

**Zeitzeichen,** v. a. für Schiffs- u. Flugnavigation wichtige, von den Rundfunkstationen u. Küstenfunkstationen zu bestimmten Zeiten ausgesandte Zeichenfolge, die die genaue Zeit angibt.

**Zeitzonen,** von örtl. Ausnahmen abgesehen jeweils 15 Längengrade breite Zonen der Erdoberfläche mit einer internat. festgelegten einheitl. Zonenzeit.

**Zeitzünder,** eine Vorrichtung, um Sprengladungen nach einem bestimmten Zeitablauf zur Detonation zu bringen; z.B. durch Uhr oder chem. Zersetzung.

**Zelebrant,** der die kath. Liturgie leitende Bischof oder Priester. – **zelebrieren,** festlich begehen, bes. das Meßopfer.

**Zeleński** [ʒɛ'lɛnjski], Tadeusz, Pseud.: *Boy,* *1874, †1941, poln. Schriftst. u. Literaturkritiker; Mitgr. des ersten literar. Kabaretts in Polen (»Grüner Ballon«), nach dem Einmarsch der dt. Truppen verhaftet u. erschossen.

**Zelinograd,** bis 1961 *Akmolinsk,* Hptst. der Oblast Z., in der Kasach. SSR (Sowj.), am oberen Ischim, 276 000 Ew.; Maschinenbau, Nahrungsmittel-, chem. u. Holz-Ind.

**Zell, 1.** *Z. am See,* östr. Bez.-Hptst. des Pinzgaus, am **Z.er See** (4,7 km² groß, bis 68 tief), 757 m ü. M., 7000 Ew.; Seebad, Luftkurort u. Wintersportplatz. – **2.** *Z. (Mosel),* Stadt in Rhld.-Pf. an der mittleren Mosel, 4000 Ew.; Weinbau (*Zeller Schwarze Katz).*

**Zella-Mehlis,** Stadt in Thüringen, am Thüringer Wald, 13 000 Ew.; Erholungs- u. Wintersportort; feinmechan. u. elektron. Ind.

**Zelle, 1.** kleinste lebende Einheit u. Grundbaustein aller Lebewesen. Bei Einzellern führt eine Z. alle Lebensfunktionen aus. Die lebende, aktiv tätige Zellmasse ist das *Protoplasma.* Es wird bei tier. u. menschl. Z. von einer dünnen Zellmembran (Plasmalemma), bei Pflanzen zusätzl. von einer cellulosehaltigen Zellwand umgeben. Es besteht aus dem Grundzytoplasma u. zahlr. geformten in beständigen Differenzierungen mit speziellen Aufgaben, den Zellorganellen (Zellkern, Mitochondrien, Golgi-Apparat, Zentralkörperchen, bei Pflanzen außerdem *Plastiden);* es wird vom Kanalsystem des endoplasmatischen Retikulums durchzogen u. enthält meist flüssigkeitsgefüllte Räume, die Vakuolen. Die durchschnittl. Zellgröße liegt bei 10–100 µm. Die kleinsten Z. findet man bei Bakterien, die größten, z.B. Vogelei-Z., haben mehrere cm Durchmesser. Die Zellvermehrung erfolgt durch Zellteilung. – **2.** einzelnes Trockenelement oder kleinste Einheit eines Akkumulators; auch die elektrolyt. Z. oder die Photozelle. – **3.** kleiner Raum, z.B. Gefängnis-, Mönchs-, Telefon-Z.

**Zeller,** Carl, *1842, †1898, östr. Komponist; Operetten »Der Vogelhändler«, »Der Obersteiger«.

**Zellglas,** dünne, glasklare Kunststoffolie aus Viskose, als Warenzeichen z.B. *Cellophan.*

**Zellkern,** *Nukleus, Karyon,* die wichtigste *Zellorganelle,* meist kugelig, verformbar. Der Z. tritt in zwei Zuständen auf: 1. als in Teilung begriffener *Mitosekern* (→ Kernteilung), 2. als zw. zwei Teilungen befindl., stoffwechselaktiver *Interphase-* oder *Arbeitskern.* Dieser ist durch die Kernmembran vom Zytoplasma abgegrenzt. Sein Inneres (*Karyoplasma*) enthält die Kerngrundsubstanz (lösl. Proteine), ein bis mehrere Kernkörperchen (*Nukleolen*) u. das *Chromatin,* ein feines Netzwerk aus Kerneiweißen (*Nucleoproteiden,* → Nucleinsäuren), das die Erbanlagen enthält. Zu Beginn der Kernteilung formiert es sich zu den *Chromosomen.*

**Zellorganellen,** → Zelle.

**Zellstoff,** aus Cellulose bestehende, feinfaserige, weiche u. weiße Masse; Ausgangsprodukt für die Herstellung von Papier, Kunstseide, Nitrocellulose, Vulkanfiber, Zellglas u.a. Kunststoffen. Als Rohmaterial für die Gewinnung des Z. verwendet man in erster Linie Holz (Fichte, Kiefer, Buche), aber auch Stroh, Kartoffelkraut u. Bastfasern.

**Zellteilung,** Entstehung von 2 oder mehr Tochterzellen aus einer Mutterzelle. Der Z. geht immer eine → Kernteilung voraus.

**Zelltherapie,** *Frischzellenbehandlung,* Behandlung zahlr. Krankheiten durch Einspritzung frischer embryonaler oder jugendlicher Organ- u. Drüsenzellen von Schlachttieren; seit 1988 wegen gefährl. Nebenwirkungen u. mangelnder Wirksamkeit verboten.

**Zellulitis,** Veränderungen des Unterhautgewebes, bes. bei Frauen, im Hüft- u. Oberschenkelbereich, sog. »Orangenhaut«; manchmal vermehrter Fettansatz mit Schmerzen.

**Zelluloid** → Celluloid.

**Zellulose** → Cellulose.

**Zellwolle,** fr. Bez. für → Viskose.

**Zelot,** religiöser Eiferer. – Die jüd. Partei der **Zeloten** in Judäa suchte im 1. Jh. n. Chr. gewaltsam durch Aufstände die polit. Befreiung von Rom herbeizuführen. Der Fall von → Masada bedeutete das Ende der Bewegung.

**Zelt,** eine leicht auf- u. abbaubare u. transportierbare Behelfsunterkunft aus Leinwand (meist zusammenknöpfbare *Z.bahnen),* durch *Z.pflöcke* (Heringe) am Erdboden verankert. – Z.e waren urspr. die transportable Wohnung nomad. Jäger- u. Hirtenstämme.

**Zelter,** Carl Friedrich, *1758, †1832, dt. Komponist; gründete 1809 die erste »Liedertafel« in Berlin; Freund u. musikal. Berater *Goethes.*

**Zeltweg,** östr. Ort in der oberen Steiermark, 8000 Ew.; Motorsport-Rennstrecke.

**Zement,** feingemahlenes, an der Luft u. unter Wasser erhärtendes, nach dem Erhärten wasserfestes Bindemittel für Mörtel u. Beton. Rohmehl aus Kalkstein u. Ton oder Kalkmergel wird im Drehofen bis zur Sinterung (etwa 1450 °C) zum *Portlandzementklinker* gebrannt. Daraus wird durch Mahlen mit Gipszusatz der schon seit 1878 genormte *Portland-Z.* gewonnen.

**Zemlinsky,** Alexander von, *1871, †1942, östr. Dirigent u. Komponist; Lehrer A. *Schönbergs.* Opern (»Kleider machen Leute«), sinfon. Werke u. Kammermusik.

**Zen** [zεn], jap. Bez. für eine buddhist. Sekte, die Anfang des 6. Jh. von dem ind. Mönch *Bodhidharma* (jap. *Daruma*) nach China gebracht wurde *(Chan-Buddhismus).* Seine Anhänger strebten die Erleuchtung (jap. *Satori*) in diesem Leben an u. wollten sie nicht durch das Studium der hl. buddhist. Schriften, sondern durch eine auf Meditation u. prakt. Arbeit aufgebaute Lebensführung erreichen. Der Chan-Buddhismus wurde im 12./13. Jh. in Japan eingeführt. Die »sitzende Versenkung« (Zazen) wurde zur Grundlage der jap. Kampftechniken, bes. des Schwertkampfs u. des Bogenschießens. In der Malerei, im Teezeremoniell, im No-Theater bis hin zur Blumensteckkunst (Ikebana) zeigt sich der Einfluß des Z.

**Zend-Awesta** → Awesta.

**Zenit,** *Scheitelpunkt,* der höchste Punkt der Himmelskugel, der von allen Punkten des Horizonts gleichen Abstand hat (Höhe 90°).

**Zenitalregen,** der in der Tropenzone um die Jahreszeiten des höchsten Sonnenstands auftretende starke Regen.

**Zenon,** *Zeno,* **1.** Z. *der Ältere* aus Elea (S-Italien), *um 490 v.Chr., †430 v.Chr., grch. Philosoph; Schüler des *Parmenides.* – **2.** *Z. der Jüngere* aus Kition (Zypern), *um 336 v.Chr., †264 v.Chr., grch. Philosoph; Begr. der *Stoa* in Athen.

**Zenotaph** → Kenotaph.

**Zensor,** *Censor,* altröm. Magistrat, dem die Steuerschätzung oblag, verbunden mit einer Art Sittengerichtsbarkeit. Seit 312 v.Chr. führte der Z. auch die Senatorenliste, mit dem Recht, Senatoren aus dem Senat zu entfernen.

**Zensur, 1.** in der kath. Kirche schwere Kirchenstrafe: Kirchenbann, Suspension, Interdikt; auch kirchl. Prüfung u. Verbot von Büchern. – **2.** die Note zur Beurteilung der Schülerleistungen. – **3.**

*Zen: Hakuin; Bodhidharma, Privatbesitz. Dieser Typus des Porträts des legendären Zen-Patriarchen soll Geistesstärke und Konzentration übermitteln*

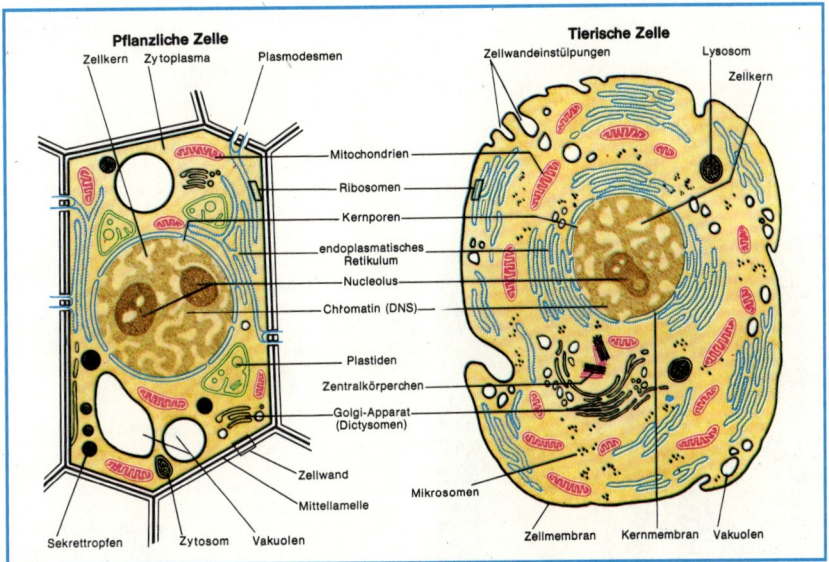

*Zelle: Die tierische und die pflanzliche Zelle sind im Prinzip gleich gebaut. Die Pflanzenzelle hat gegenüber der Tierzelle zusätzlich feste Zellwände, die durch Plasmodesmen durchbrochen sind, grüne Plastiden (zur Assimilation der Stärke) und weite Vakuolen*

# Zensus

die staatl. Kontrolle von Inhalt u. Verbreitung von Presseerzeugnissen, von Rundfunk- u. Fernsehsendungen u. Filmen.

**Zensus, 1.** *Census,* im alten Rom die Schätzung der Bürger nach ihrem Vermögen. – **2.** in den angelsächs. Ländern Bez. für die regelmäßigen *Volkszählungen.* → Mikrozensus.

**Zentaur** → Kentaur.

**Zentenarfeier,** Hundertjahrfeier.

**Zentimeter,** Kurzzeichen cm, vom Meter abgeleitete Längeneinheit: 1 cm = 0,01 m = 10 mm.

**Zentner,** fr. Handelsgewicht von 100 Pfund, *Doppel-Z.* = 100 kg.

**zentral,** in der Mitte liegend.

**Zentralafrikanische Republik,** Staat in Afrika, zw. Tschad im N u. Zaire im S, 622 984 km², 2,7 Mio. Ew., Hptst. *Bangui.*

*Zentralafrikanische Republik*

Landesnatur. Das trop., wechselfeuchte Land nimmt hpts. die bis 1400 m hohe *Asandeschwelle* ein. Den größten Teil bedeckt Feuchtsavanne.
Die Bevölkerung (57 % Anhänger von Naturreligionen, 35 % Christen, 8 % Moslems) besteht aus versch. Sudanneger- u. Bantustämmen.
Wirtschaft. Die Landwirtschaft liefert für den Export v.a. Baumwolle, Kaffee u. Kautschuk. Recht bed. ist die Rinderzucht. An Bodenschätzen gibt es Diamanten (25 % des Ausfuhrwerts).
Geschichte. Seit 1887 war das Land frz. Kolonialgebiet. 1960 erhielt es die Unabhängigkeit. Präs. D. *Dacko* wurde 1966 von J. B. *Bokassa* abgesetzt, der despotisch regierte u. sich 1977 zum Kaiser krönte. Nach Entzug der frz. Unterstützung wurde er 1979 gestürzt. Das Land wurde wieder Rep. Nach dem Putsch von 1981 übernahm das Militär die Macht. Neuer Staatschef wurde General André *Kolingba.*

**Zentralafrikanischer Graben,** Teil des Ostafrik. Grabensystems, mit Mobutu-Sese-Seko-, Rutanzige-, Kivu- u. Tanganjikasee; Erdbebengebiet.

**Zentralalpen** → Alpen.

**Zentralamerika,** *i.w.S.* die Landbrücke zw. dem Isthmus von Tehuantepec u. der Atrato-Senke; *i.e.S.* die Staaten Guatemala, Honduras, El Salvador, Nicaragua, Costa Rica u. Panama sowie Belize. Z., Mexiko u. Westindien bilden zus. *Mittelamerika.* → Amerika.

**Zentralasien** → Innerasien.

**Zentralbankrat,** oberstes Organ der *Dt. Bundesbank.*

**Zentralbau,** Bauwerk, das sich um eine senkr. Achse entwickelt, im Unterschied zum einem *Längsbau,* etwa einer Basilika. Ein Z. kann einen kreisförmigen, ovalen, kreuzförmigen, quadrat. oder oktogonalen Grundriß haben.

**Zentrale,** Mittel-, Ausgangspunkt, Hauptstelle.

**Zentraleinheit** → Computers.

**Zentralheizung** → Heizung.

**zentralisieren,** zusammenziehen, in einem Punkt vereinigen.

**Zentralismus,** *Zentralisation,* das in der Verw., in Politik u. Wirtsch. vorhandene Bestreben, die Entscheidungsbefugnisse in einer Hand zu konzentrieren. Im Staatsrecht bedeutet Z. Ablehnung des → Föderalismus, vielfach auch das Streben nach Beseitigung der kommunalen oder sonstigen *Selbstverwaltung.*

**Zentralkomitee,** *ZK,* das in den kommunist. Parteien eingerichtete oberste Organ zw. den Parteitagen. Das ZK wählt das *Politbüro,* das *Sekretariat* u. die *Zentrale Parteikontrollkommission.* Die wirkl. polit. Machtzentren sind das Politbüro u. das Sekretariat.

**Zentralkomitee der deutschen Katholiken,** Zusammenschluß der kath. Laienorganisation in Dtld.; veranstaltet die Katholikentage. Sitz: Bonn.

**Zentralkörperchen,** *Zentriol,* die sich durch Selbstteilung vermehrende Zellorganelle der meisten Tiere u. einiger Pflanzen. Die Z. markiert den Spindelpol, der bei der Kernteilung die Verteilung der Chromosomen übernimmt.

**Zentralkraft,** eine Kraft, die stets nach demselben Punkt (Zentrum) hin gerichtet ist; z.B. die Kraft, die die Sonne auf die Planeten ausübt.

**Zentralnervensystem** → Nervensystem.

**Zentralplateau** [-'to], *Zentralmassiv,* frz. *Plateau Central, Massif Central,* stark abgetragener Gebirgsblock im mittleren u. südl. Frankreich; Kernldsch. ist das ausgedehnte Vulkangebiet der Auvergne mit den höchsten Erhebungen *(Puy de Sancy* 1886 m).

**Zentralprojektion,** die Abb. eines Gegenstands auf eine Bildebene mittels Strahlen, die von einem Projektionszentrum ausgehen. Die Projektionsstrahlen sind Verbindungsgeraden zw. Gegenstands- u. Bildpunkt.

**Zentralrat der Juden in Deutschland,** 1950 gegr. Spitzenorganisation der Juden in der BR Dtld., Sitz: Düsseldorf.

**Zentralverwaltungswirtschaft** → Planwirtschaft.

**zentrieren,** auf den Mittelpunkt (Mittelachse) einstellen, z.B. Linsen in einem Objektiv.

**zentrifugal,** vom Zentrum (Mittelpunkt) fliehend. Ggs.: *zentripetal,* zum Zentrum hinstrebend.

**Zentrifugalkraft,** *Fliehkraft,* die Kraft, die bei einer Rotationsbewegung einen bewegten Körper vom Zentrum nach außen fortzuziehen versucht. Sie ist eine Trägheitskraft, d.h. sie entsteht erst, wenn der Körper durch eine andere Kraft *(Zentripetalkraft)* aus seiner geradlinigen Bewegung herausgezwungen wird.

**Zentrifuge,** Gerät zum Trennen von Gemischen aus flüssigen, festen u. gasförmigen Bestandteilen mit Hilfe der Zentrifugalkraft. Hauptbestandteil ist meist ein zylindr. Gefäß, das durch einen Elektromotor in rasche Umdrehung versetzt wird *(Wäscheschleuder, Saft-Z.).*

**Zentripetalkraft** → Zentrifugalkraft.

**Zentrum,** Mitte, Mittelpunkt; Innenstadt.

**Zentrumspartei,** *Zentrum,* kath. Partei im Kaiserreich 1871–1918 u. in der Weimarer Republik 1919–33; 1881–1912 u. 1916–18 stärkste Fraktion im Reichstag. 1933 wurde die Partei zur Selbstauflösung gezwungen.

**Zenturie,** Hundertschaft (im alten Rom), im Heer die kleinste Einheit, mit einem *Zenturio* an der Spitze.

**Zeolithe,** Gruppe von wasserhaltigen Alkali-Aluminium-Silicaten mit wechselndem Wassergehalt. Beim Erhitzen können die Z. ohne Störung des Kristallgitterbaus das gebundene Wasser abgeben u. dafür andere Verbindungen oder Ionen aufnehmen. Verwendung u.a. als Molekularsiebe u. Ionenaustauscher (Wasserenthärtung) u. zur Meerwasserentsalzung.

**Zephir,** allg. jeder warme, sanfte Wind.

**Zeppelin,** Ferdinand Graf von, *1838, †1917, dt. Erfinder; vollendete (mit Th. *Kober*) 1895 den ersten Entwurf eines Starrluftschiffs. 1900 machte das von ihm erbaute Luftschiff LZ 1 den Probeflug.

**Zepter,** *Szepter,* der Herrscherstab; Bestandteil der Krönungsinsignien.

**Zerberus,** *Cerberus,* in der grch. Myth. der Wachhund am Tor zur Unterwelt; meist mit drei Köpfen dargestellt.

**Zerbst,** Krst. in Sachsen-Anhalt, 18 000 Ew.; Stadtbefestigung (um 1430); Spargelanbau, Brauerei, Masch.- u. Lebensmittel-Ind.; 1603–1797 Residenz von *Anhalt-Z.*

**Zerealien,** die der menschl. u. tier. Ernährung dienenden Feldfrüchte.

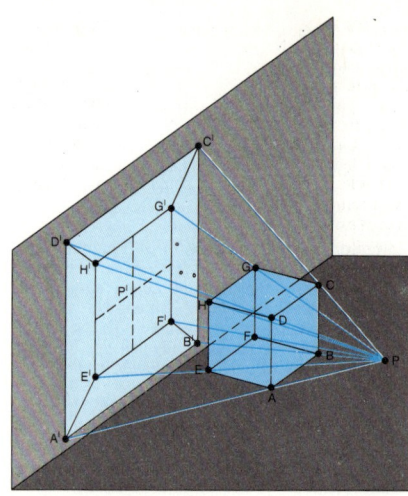

*Zentralperspektive: ein Würfel und sein zentral auf eine Ebene projiziertes Bild*

**zerebral,** zum Gehirn gehörig.

**Zerebralsklerose,** gebräuchl. Bez. für Hirndurchblutungsstörungen auf arteriosklerotischer Grundlage.

**Zerebrospinalflüssigkeit,** *Gehirn-Rückenmark-Flüssigkeit,* Flüssigkeit im Gehirn u. Rückenmark der Wirbeltiere; zum mechan. Schutz des Gehirns u. des Rückenmarks; wird durch Punktion gewonnen zur Diagnose vieler Krankheiten.

**Zerebrum** → Gehirn.

**Zeremonie,** feierl., förml. Handlung.

**Zerhacker,** Gerät zur Umwandlung eines Gleichstroms in period. Stromimpulse, die dann meist auf eine höhere Spannung transformiert werden können.

**Zermatt,** schweiz. Luftkur- u. Wintersportort im Kt. Wallis, 1605 m ü.M., 3500 Ew.; am Fuß des *Matterhorns.*

**Zernike** ['zɛr-], Frits, *1888, †1966, ndl. Physiker; entwickelte ein *Phasenkontrastmikroskop;* Nobelpreis 1953.

**Zero,** Null (bes. im Roulette).

**Zeromski** [ʒɛ-], Stefan, *1864, †1925, poln. Schriftst.; schilderte die soz. Probleme des Bauerntums.

**Zersetzung,** Zerfall chem. Verbindungen in Bestandteile niederer Molekularmasse.

**Zerstäuber,** Verteiler von Flüssigkeiten oder Staub mittels Zentrifugenschleuder, Pralldüse, Druckluft oder Dampfdruck, z.B. Ölbrenner.

**Zerstörer,** Kurzwort für *Torpedoboot-Z.,* urspr. zur Aufklärung u. U-Boot-Abwehr; heute Überwasser-Hauptkampfschiff in allen Marinen, das über ein großes Arsenal moderner Waffen, Leit-, Ortungs- u. Abwehrsysteme verfügt.

*Zentralafrikanische Republik: Pygmäe mit Elefantenspeer*

*Zermatt mit dem Matterhorn*

**Zerstrahlung,** Umwandlung von Materie in elektromagnet. Strahlungsenergie, z.B. eines Elektron-Positron-Paars in Gammaquanten.

**Zerstreuungsspiegel,** *Konvexspiegel,* ein nach außen gewölbter Spiegel, der einfallende parallele Lichtstrahlen durch Reflexion in auseinanderlaufende Lichtstrahlen überführt; erzeugt verkleinerte virtuelle Bilder.

**Zertifikat,** amtl. Ursprungszeugnis, Beglaubigung, Bescheinigung.

**Zesarewitsch** → Zar.

**Zesen,** Philipp von, *1619, †1689, dt. Barockdichter; stimmungsvolle Lyrik u. heroisch-galante Romane.

**Zetkin,** Clara, *1857, †1933, dt. Politikerin; führend in der sozialist. Frauenbewegung.

**Zeugdruck,** *Stoffdruck,* das Bedrucken von Textilien mit farbigen Mustern. Verfahren: Hand-, Walzen-, Film-, Batikdruck. Heute wird im allg. maschinell im Tief-, Sieb- oder Hochdruckverfahren mit bis zu 16 Farben gedruckt.

**Zeuge,** eine Person, die tatsächl. Vorgänge wahrgenommen hat (im Unterschied zum Sachverständigen) u. darüber im Prozeß aussagt. Jedermann ist verpflichtet, im Prozeß als Z. auszusagen *(Zeugnispflicht).* Zeugnisverweigerungsrecht haben Ehegatten (auch geschiedene), Verlobte, nahe Verwandte u. Verschwägerte des Prozeßbeteiligten, ferner zur Wahrung des Berufsgeheimnisses u.a. Geistliche, Steuerberater, Ärzte, Abgeordnete.

**Zeugen Jehovas,** *Jehovas Zeugen,* fr. *Ernste Bibelforscher,* seit 1953 auch *Neue-Welt-Gesellschaft,* eine 1878/79 von Charles Taze *Russell* in Pittsburgh (USA) gegr. apokalypt. Sekte, die für 1914 den Anbruch des 1000jährigen Reichs erwartete. Die Leitung beansprucht für alle Anordnungen der Autorität Gottes u. macht das zukünftige Heil der Z. J. von ihrem unbedingten Gehorsam abhängig, bes. von ihrer propagandist. Aktivität. Die Z. J. lehnen die kirchl. Lehren wie Dreieinigkeit, Unsterblichkeit der Seele ab, Taufe u. Abendmahl werden umgedeutet; sie verweigern Militärdienst u. Wahlbeteiligung. Ztschr. »Der Wachtturm«, »Erwachet!«

**Zeughaus,** fr. Lagergebäude zur Aufbewahrung von Kriegsgerät.

**Zeugnis, 1.** Bescheinigung einer Tatsache oder Leistung einschl. ihrer Bewertung. – **2.** Bescheinigung des Arbeitgebers an den Arbeitnehmer über Art u. Dauer des Arbeitsverhältnisses, auf Verlangen auch über Leistung u. Führung. Das Z. kann erst bei oder nach Beendigung des Arbeitsverhältnisses verlangt werden, nach Kündigung u.U. ein *Zwischen-Z.*

**Zeugungsunfähigkeit** → Impotenz.

**Zeulenroda,** Krst. in Thüringen, im Vogtland, 14 000 Ew.; Möbel-, Masch.-, Gummi- u.a. Ind.

**Zeus,** in der grch. Religion der Beherrscher aller Götter u. Menschen, Sohn des Kronos u. der Rhea, Gatte der Hera; Garant von Recht, Gesetz u. sittl. Ordnung. Sein Sitz war der Olymp. Röm. Entsprechung: *Jupiter.*

**Zeyer, 1.** ['zɛjɛr], Julius, *1841, †1901, tschech. Schriftst.; Hauptvertreter der tschech. Neuromantik. – **2.** Werner, *25.5.1929, dt. Politiker (CDU); 1979–85 Min.-Präs. des Saarlandes.

**ZGB,** Abk. für das schweiz. *Zivilgesetzbuch.*

**Zhang Daiqian** [dʒaŋ daitjiɛn], *1899, †1983, chin. Maler; malte Rollbilder in der Tradition der ostasiat. Landschaftsmalerei u. restaurierte buddhist. Fresken in den Tempelhöhlen von Dunhuang.

**Zhangjiakou** [dʒaŋdjiakou], *Kalgan,* chin. Stadt, nordwestl. von Peking, an der Großen Mauer, rd. 630 000 Ew.; Handelszentrum für Viehzuchterzeugnisse, Papier u. Tee.

**Zhanjiang** [dʒaŋdjiaŋ], *Tschankiang,* S-chin. Stadt in der Prov. Guangdong, 950 000 Ew.; Hafenstadt, Schiffbau, chem. u.a. Ind.

**Zhao Mengfu** [dʒau-], *Chao Meng-fu,* *1254, †1322, chin. Kalligraph u. Maler; berühmter Pferdemaler.

**Zhao Ziyang** [dʒau dsəjaŋ], *Chao Tsi-yang,* *1919, chin. Politiker (Kommunist); 1980–87 Min.-Präs., 1987–89 Generalsekretär des ZK der Kommunist. Partei. Wegen seiner kompromißbereiten Haltung während der Unruhen 1989 wurde er aller Ämter enthoben.

**Zha Shibiao** [dʒa ʃibiau], *Cha Shibiao,* *1615, †1698, chin. Maler u. Kalligraph; malte v.a. Landschaften in impressionist. Wasserfarbentechnik.

**Zhejiang** [dʒədjiaŋ], *Tschekiang,* Provinz in → China, am O-chin. Meer.

*Ziegenmelker*

**Zheng Chenggong** [dʒəŋ tʃəŋguŋ], *Tscheng Tschengkung,* *1623, †1662, chin. Heerführer; vertrieb 1661 die Holländer von Taiwan; gilt in Taiwan heute noch als Nationalheld.

**Zheng Xie** [dʒəŋ ciɛ], *Cheng Hsieh,* *1693, †1765, chin. Maler, Kalligraph u. Dichter; Darst. von Orchideen u. Bambus.

**Zhengzhou** [dʒəŋdʒou], *Tschengtschou,* Hptst. der chin. Prov. Henan, 1,59 Mio. Ew.; Univ.; Textil-, Nahrungsmittel-, Elektro- u. chem. Ind., Flughafen.

**Zhenjiang** [dʒəndjiaŋ], *Tschenkiang,* chin. Hafenstadt am Chang Jiang, östl. von Nanjing, 422 000 Ew.; Handels- u. Verkehrszentrum, Maschinenbau, Nahrungsmittel-Ind.

**Zhou Enlai** [dʒou-], *Tschou Enlai,* *1898, †1976, chin. Politiker (Kommunist); wurde 1927 Mitgl. des Zentralkomitees u. war von 1928 bis zu seinem Tode Mitgl. des Politbüros. 1934/35 nahm er am Langen Marsch teil. Nach Gründung der VR China er 1949–76 Min.-Präs. (Vors. des Staatsrats), bis 1958 zugleich Außen-Min.

**Zhu Xi** [dʒu ci], *1130, †1200, chin. Philosoph; gab dem Konfuzianismus seine bis heute gültige Form *(Neukonfuzianismus.)*

**Zhuzhou** [dʒudʒou], *Tschutschou,* chin. Ind.-Stadt in der Prov. Hunan, am Xiang Jiang, 513 000 Ew.; Maschinenbau, chem., Papier-, Nahrungsmittel- u. Textil-Ind.

**Zia ul-Haq,** Mohammed, *1924, †1988 (Flugzeugabsturz), pakistan. Offizier u. Politiker; stürzte 1977 Staats-Präs. Bhutto durch einen Militärputsch; seit 1978 Staats-Präs.; versuchte mit diktator. Mitteln eine Islamisierung von Staat u. Gesellschaft durchzusetzen.

**Zibetkatzen,** *Schleichkatze,* mit großen Duftdrüsen zw. After u. Genitalien; zartgelbes Fell mit schwarzen Punkten u. körperlangem, lebhaft beringeltem Schwanz. Hierzu gehören auch die *Ginsterkatzen,* die *Linsangs* u. die *Wasserzivetten.*

**Ziborium** → Ciborium.

**Zichorie,** *Wegwarte,* blaublühende Korbblütlerstaude, mit rauhhaarigen, hohlen Stengeln; liefert in ihren Wurzeln ein Kaffeesurrogat; → Chicorée.

**Zick,** Januarius, *1730, †1797, dt. Maler u. Architekt des Spätbarocks; Fresken in der Klosterkirche von Wiblingen.

**Ziege,** *Capra,* Gatt. der *Horntiere;* ausgezeichnete Kletterer. Man unterscheidet 1. *Bezoar-Z.,* 2. *Steinböcke,* 3. *Iberische Steinböcke,* 4. *Schrauben-Z.* Zur Gatt. *Capra* stellt man auch das *Mähnenschaf.* Als Stammform der Haus-Z. Europas kommt vorw. die *Bezoar-Z.* in Frage, die schon in der Jungsteinzeit domestiziert worden ist (vielseitig nützlich durch Milch, Fleisch, Fell).

**Ziegel,** Oberbegriff für Baustoffe aus gebranntem Ton: Mauer-Z., Dach-Z., Bodenplatten, auch Klinker. – Während jahrtausendelang Z. in Handarbeit gefertigt wurden (Lehm-Z. schon im 7. Jt. v. Chr.), ist die **Z.ei** heute ein mechanisierter u. mittels Steuerungs- u. Regelungstechnologie automatisierter Betrieb. Das Rohmaterial wird zerkleinert u. gemischt. Die Formgebung geschieht durch Strangpressen. Das Wasser wird in warmluftgeheizten Trockenanlagen entzogen, die Formlinge werden in Tunnelöfen mit Temp. von 1000 °C gebrannt.

**Ziegenbart,** *Korallenschwamm,* Gatt. der *Ständerpilze; der Goldgelbe Z.* in jungem Zustand eßbar.

**Ziegenfuß,** ein *Röhrenpilz;* Speisepilz.

**Ziegenlippe,** *Filziger Röhrling,* meist einzeln stehender *Röhrenpilz;* wohlschmeckender Speisepilz.

**Ziegenmelker,** einheim. *Nachtschwalbe,* erbeutet spätabends u. frühmorgens Nachtfalter.

**Ziegenpeter,** Infektionskrankheit, → Mumps.

**Ziegler, 1.** Adolf, *1892, †1959, dt. Maler (allegor. Aktdarst.); organisierte als Präs. der Reichskammer der bildenden Künste 1937 die Ausstellung »Entartete Kunst«; Lieblingsmaler Hitlers. – **2.** Karl, *1898, †1973, dt. Chemiker; Hauptarbeitsgebiet: Darst. von aluminiumorgan. Verbindungen; Nobelpreis 1963.

**Ziehharmonika,** ein Musikinstrument mit Zungenstimmen. Durch Auseinanderziehen u. Zusammendrücken des Balgs wird Luft durch die Zungen von innen oder außen gedrückt, wenn durch Knöpfe oder Tasten der Weg freigegeben ist. Einzelformen: *Bandoneon, Konzertina, Akkordeon.*

**Ziehrer,** Carl Michael, *1843, †1922, öst. Komponist; Walzer, Operetten »Die Landstreicher«, »Liebeswalzer«.

**Zielfernrohr,** opt. Visiergerät für Handfeuerwaffen zum Zielen über weite Entfernung; vergrößert etwa 4fach.

**Zielona Góra** [zjɛ'lɔna 'gura] → Grünberg.

**Zielphotographie,** photograph. Verfahren zur exakten Feststellung des Zieleinlaufs bei sportl. Wettkämpfen (Leichtathletik, Pferderennsport, Radsport); ermöglicht exakte Feststellung der Abstände der Teilnehmer im Ziel sowie der erreichten Zeit.

**Ziemann,** Sonja, *8.2.1926, dt. Schauspielerin; Filmstar der 1950er Jahre.

**Zierfische** → Aquarienfische.

**Ziergräser,** Gräser, die wegen Schönheit u. Größe ihrer Blätter u. Blütenstände kultiviert werden; z.B. *Pampasgras, Ravennagras, Weißes Federborstengras, Riesenschilf.*

**Zierkirsche,** *Japanische Z.,* ein *Rosengewächs* aus O-Asien, mit rosa Blüten.

**Ziesel,** ein O-europ. *Hörnchen,* ein Nagetier, mit Schwanz 30 cm lang.

**Ziest,** artenreiche Gatt. der *Lippenblütler;* in feuchten Wäldern der *Wald-Z.,* in Sümpfen der *Sumpf-Z.,* beide mit roten Blüten.

**Zieten,** Hans Joachim von, *1699, †1786, preuß. Reitergeneral unter Friedrich d. Gr.; im Siebenjährigen Krieg vielfach bewährt.

**Ziffern** → arabische Ziffern, → römische Ziffern.

**Zigarette,** in eine Umhüllung von Papier gebrachter, feingeschnittener Tabak, oft mit Filter, der einen Teil des Nikotins u. der Teerbestandteile im Rauch absorbiert; ist in Zentralamerika entstanden u. kam über Spanien Mitte des 19. Jh. nach Europa.

**Zigarillo,** kleine *Zigarre.*

**Zigarre,** ein stabförmig gewickeltes Tabakerzeugnis. Die Z. besteht aus Einlage, Umblatt u. Deckblatt. Der Genuß von Tabak in zusammengerollten Blättern war schon in vorkolumbian. Mittelamerika bekannt. In Dtld. wurde das Z.-Rauchen Anfang des 19. Jh. durch die napoleon. Truppen populär.

**Zigeuner** → Roma.

**Ziguinchor** [zigɛ'ʃɔr], Regions-Hptst. in Senegal, 105 000 Ew.; Hafen.

*Zielphotographie: Zielphoto des 200-m-Endlaufs der Frauen bei den Olympischen Spielen in Seoul 1988; unten eingeblendet die Zeitskala*

*Schaumzikaden: Larve in ihrem Schaumnest*

**Zikaden,** *Zirpen,* Gruppe der *Pflanzensauger;* mit häufig zu Sprungbeinen umgebildeten Hinterbeinen; über die ganze Welt verbreitete *Schnabelkerfe.* Bekanntere Gruppen sind *Schaum-Z., Sing-Z., Buckelzirpen, Laternenträger* u. *Zwerg-Z.;* Männchen mit Trommelorgan.

**Zikkurat,** ein auf einer Terrasse über rechteckigem oder quadrat. Grundriß ruhender mehrstufiger Tempelturm; charakterist. Bauform Mesopotamiens in der Art des *babylonischen Turms.*

**Zilcher,** Hermann, *1881, †1948, dt. Komponist u. Pianist; Nachromantiker; Oper »Doktor Eisenbart«, Sinfonien.

**Ziliarkörper,** im Auge das Verbindungsstück zw. Regenbogen- u. Aderhaut. Es sondert das Kammerwasser ab u. enthält den *Ziliarmuskel,* der durch ringförmiges Zusammenziehen die Linse zur Naheinstellung wölbt.

**Zille,** Heinrich, *1858, †1929, dt. Maler u. Graphiker; volkstüml. Schilderer des Berliner Proletarier-»Milljöhs« mit starker Sozialkritik.

**Zillertal,** vom *Ziller* durchflossenes rechtes Seitental des Inn in Tirol; Hauptorte: Mayrhofen, Zell am Ziller.

**Zillertaler Alpen,** Gruppe der Zentralalpen in Östr.; im *Hochfeiler* 3510 m, *Mösele* 3479 m.

**Zillig,** Winfried, *1905, †1963, dt. Komponist u. Dirigent; Schüler A. *Schönbergs;* Opern »Die Windsbraut«, »Troilus u. Cressida«, Konzerte u. Lieder.

**Zilpzalp,** ein → Laubsänger.

**Zimbabwe** [zim-], Ruinenstadt u. Staat in SO-Afrika, → Simbabwe.

**Zimbeln,** kleine Becken, Schlagwerk im Orchester.

**Zimbern** → Kimbern.

**Zimelie,** Kleinod, bes. des Kirchenschatzes; kostbare Handschrift.

**Zimmeraralie,** ein *Efeugewächs;* beliebte Zimmerpflanze.

**Zimmerlinde,** zu den *Lindengewächsen* gehörende, vom Kapland stammende Zimmerpflanze.

**Zimmermann, 1.** Bernd Alois, *1918, †1970 (Selbstmord), dt. Komponist; W »Konzert für Violine«, Oper »Die Soldaten«, »Requiem für einen jungen Dichter«, Orchesterwerke, Vokalmusik, elektron. Musik. – **2.** Dominikus, *1685, †1766, dt. Baumeister u. Stukkateur; Hauptmeister des dt. Rokokos; W Wallfahrtskirche *Wies* bei Steingaden. – **3.** Friedrich, *18.7.1925, dt. Politiker (CSU); 1982–89 Bundesmin. des Innern, seit 1989 für Verkehr. – **4.** Johann Baptist, Bruder von 2), *1680, †1758, dt. Maler u. Stukkateur des Rokokos. – **5.** Mac, *22.8.1912, dt. Maler u. Graphiker (surrealist. Kompositionen mit weiträumigen Landschaften u. gespenst. Traumszenen). – **6.** Udo, *6.10.1943, dt. Komponist; seit 1990 Leipziger Opernintendant; Opern, außerdem Kammer- u. Vokalmusik.

**Zimmertanne** → Araukarie.

**Zimt,** Gatt. der *Lorbeergewächse,* mit wichtigen trop. Kulturpflanzen. Das Z.gewürz des Handels wird aus der Rinde des *Ceylon-Zimtbaums* gewonnen; ebenfalls das Z.*öl* (Verwendung in der Parfümerie).

**Zinder,** Stadt in Niger, 85 000 Ew.; Verw.- u. Handelszentrum.

**Zink, 1.** [das], ein → chemisches Element. – **2.** [der], *Zinken,* Blasinstrument mit Kesselmundstück, meist aus Holz mit Lederumwicklung; verwendet bis ins 18. Jh.

**Zink,** Jörg, *22.11.1922, ev. Theologe u. Publizist; bekannter Bibelübersetzer.

**Zinkblende,** *Sphalerit,* ein Mineral; bed. Zinkerz.

**Zinksalbe,** Zinkoxid enthaltende, desinfizierende Salbe.

**Zinn,** ein → chemisches Element.

**Zinn,** Georg-August, *1901, †1976, dt. Politiker (SPD); 1951–69 Min.-Präs. von Hessen.

**Zinne,** gezahnte Mauer- oder Turmbekrönung in mittelalterl. Verteidigungsanlagen.

**Zinnemann,** Fred, *29.4.1907, US-amerik. Filmregisseur östr. Herkunft; drehte u.a. »Das siebente Kreuz«, »Zwölf Uhr mittags«, »Verdammt in alle Ewigkeit«, »Am Rande des Abgrunds«.

**Zinnie,** *Zinnia,* aus Mexiko stammender *Korbblütler;* Gartenzierpflanze in vielen Farben.

**Zinnkraut,** alte Bez. für *Schachtelhalm.*

**Zinnober, 1.** als Farbe: ein gelbliches Rot. – **2.** ein scharlachrotes, auch braunes u. bleigraues Mineral; wichtigstes Erz zur Quecksilbergewinnung.

**Zinnstein,** *Cassiterit,* ein Mineral; bedeutendster Rohstoff zur Zinngewinnung.

**Zins,** i.w.S.: Miete, Pacht; Abgaben, Steuern, Tributleistungen; *i.e.S.:* **Zinsen,** Vergütung für geliehenes Geld; im allg. in Prozent des Geldbetrages pro Jahr ausgedrückt (Z.*fuß,* Z.*satz*).

**Zinspolitik,** Inbegriff aller Maßnahmen des Staates u. der Notenbank zur Regulierung u. Beeinflussung des Zinssatzes in einer Volkswirtschaft.

**Zinsrechnung,** die Art der *Prozentrechnung,* die sich mit verzinsbar angelegten Geldbeträgen befaßt. Werden die Zinsen eines Kapitals am Ende des Jahres nicht abgehoben, so werden sie dem Kapital zugeschlagen; sie werfen dann ebenfalls Zinsen *(Zinseszinsen)* ab.

**Zinzendorf,** Nikolaus Ludwig Graf von, *1700, †1760, Begr. der *Herrnhuter Brüdergemeine;* bed. Kirchenlieddichter.

**Zion,** Sion, urspr. die befestigte, vorisraelit. Stadt der Jebusiter auf dem sö. Hügel von Jerusalem; dann auf den von David u. Salomo bebauten nordöstl. Hügel, bes. den Palast- u. Tempelbezirk, u. schließlich auf die ganze Stadt übertragen *(Tochter Z.).*

**Zionismus,** eine nat.-jüd. Bewegung auf internat. Grundlage, die die Lösung der sog. Judenfrage durch die Gründung bzw. Wiedererrichtung eines jüd. Staats in Palästina anstrebte. Der Z. fußt auf drei Grundannahmen: 1. Die Juden sind ein Volk, nicht nur eine Religionsgemeinschaft; die Judenfrage ist daher eine nat. Frage. 2. Der Antisemitismus u. daraus folgende lebensbedrohende Judenverfolgungen sind eine ständig u. überall vorhandene Gefahr für die Juden. 3. Palästina (das »Land Israel«) war u. ist die Heimat des jüd. Volkes. Den organisierten polit. Z. begr. Theodor *Herzl* mit seiner Programmschrift »Der Judenstaat« 1896 u. mit dem von ihm einberufenen ersten Zionistenkongreß 1897. Mit der → Balfour-Deklaration 1917 begann die Verwirklichung der Forderung, nach einer »öffentl.-rechtl. gesicherten Heimstätte« für das jüd. Volk, u. mit der Gründung des Staates Israel 1948 war das Ziel des Z. erreicht.

**Zipperlein** → Gicht (2).

**Zips,** Beckenldsch. u. bis 1945 dt. Sprachinsel im SO der Hohen Tatra, Zentrum *Käsmark.*

*Zirkus: Artistengruppe bei einer Schleuderbrettnummer*

**Zirbe,** *Zirbelkiefer* → Arve.

**Zirbeldrüse,** *Epiphyse,* Drüse mit innerer Sekretion (*Hormondrüse*) bei Vögeln u. den meisten Säugern. Beim Menschen liegt sie dem Zwischenhirn auf u. ist um das 8. Lebensjahr herum am besten entwickelt; hemmt vermutl. die Reifung der Geschlechtsorgane bis zur Pubertät.

**Zirkel, 1.** Kreis(linie); geselliger Personenkreis. – **2.** Gerät zum Ausmessen von Kreisen u. zum Ausmessen von Strecken; 2 Schenkel, die einen verstellbaren Winkel bilden.

**Zirkelschluß** → Circulus vitiosus.

**Zirkon,** ein Mineral. Edelsteinvarietäten sind *Hyazinth* (braun, gelbrot) u. *Jargon* (blaßgelb).

**Zirkonium,** ein → chemisches Element.

**Zirkulargeschwindigkeit** → Kreisbahngeschwindigkeit.

**Zirkularnote,** im diplomat. Verkehr eine gleichzeitig an mehrere Empfänger gerichtete Note.

**Zirkulation,** Kreislauf, Umlauf.

**Zirkus,** in altröm. Zeit ein Kampfspielplatz in Form eines langgestreckten Ovals. – In neuerer Zeit (seit Ende des 18. Jh.) ist der Z. ein Unternehmen, das durch artist. Leistungen, bes. Tierdressur, Kunstreiten, Akrobatik u. Clowns, der Unterhaltung dient. Die Vorführungen finden in einer ovalen oder kreisrunden Manege mit umlaufenden ansteigenden Sitzreihen statt.

**Zirndorf,** Stadt in Bay., westl. von Nürnberg, 20 000 Ew.; Kneippbad; Spielzeug- u.a. Ind.

**Zirpen** → Zikaden.

**Zirrhose,** *Zirrhosis,* auf Entzündung beruhende Bindegewebswucherung auf Kosten des drüsigen Gewebes mit nachfolgender narbiger Schrumpfung; z.B. *Leber-Z.*

**Zisalpinische Republik,** der 1797 von Napoleon I. geschaffene oberital. Staat mit der Hptst. Mailand, 1802 in *Italien. Republik* umbenannt; wurde 1805 zum napoleon. *Königreich Italien.*

**ziselieren,** Gegenstände aus Gold u. Silber dekorieren bzw. Bronzeguß mit Meißel, Feile, Stichel u. Punze überarbeiten.

**Zisterne,** unterird. Auffangbehälter für Regenwasser.

**Zisterzienser,** ein kath. Orden, als Reformbewegung aus dem Benediktinerorden hervorgegangen; zeichnete sich durch bes. Strenge u. Einfachheit in der Lebensweise aus; maßgebend bei der Kultivierung u. Christianisierung der Slawenländer beteiligt. – Charakterist. für die Z.architektur sind die bes. formale Behandlung des Chors, das Fehlen von Krypten u. Türmen u. die äußerst sparsame Verwendung von Schmuckmotiven.

**Zistrose,** *Cistus,* Charakterpflanze der Hartlaubformationen des Mittelmeergebiets, mit roten oder weißen Blüten.

**Zita,** *1892, †1989, Kaiserin von Östr. u. Königin von Ungarn 1916–18; heiratete 1911 den späteren Kaiser *Karl I.;* lebte seit 1919 im Exil.

*Heinrich Zille: Festtag im Hause Stübbecke; Kohlezeichnung aus dem Zyklus »Kinder der Straße«, 1922*

**Zitadelle,** festes Verteidigungswerk innerhalb einer Festung oder einer befestigten Stadt.
**Zitat,** wörtl. genau wiedergegebene Stelle aus einer Schrift oder Rede; Übernahme nur mit Quellenangabe gestattet.
**Zither,** Saiteninstrument der Volksmusik, bes. in den Alpenländern; ein flacher Resonanzkasten mit Schalloch, auf dem die 5 Spiel- u. 24-37 Begleitsaiten verlaufen.
**Zitrin,** *Citrin,* ein Mineral, gelbe, durchsichtige Varietät des Quarzes.
**Zitronat,** *Sukkade,* kandierte Schale der Zedratzitrone; Backgewürz.
**Zitrone,** *Limone,* Art der Pflanzengatt. → Citrus; Hauptanbaugebiete: Italien, Spanien, N-Amerika. – Aus Z.nschalen wird ein äther. Öl (*Z.öl*) gewonnen.
**Zitronenfalter,** ein Tagfalter aus der Fam. der *Weißlinge,* der als Falter überwintert; Männchen gelb, Weibchen grünlich-weiß.
**Zitronensäure** → Citronensäure.
**Zitrusfrüchte** → Citrus.
**Zittau,** Krst. in Sachsen, in der Oberlausitz, am *Z.er Gebirge* (Lausche 793 m), 39 000 Ew.; Fahrzeug-, Textil- u.a. Ind.; im Umland Braunkohlenbergbau (*Z.er Becken*). – Ein Teil von Z. kam 1945 an Polen (*Sieniawka*).
**Zitteraal,** langgestreckter Süßwasserfisch Mittel- u. S-Amerikas; kann zur Lähmung der Beute u. zur Orientierung elektr. Schläge erzeugen.
**Zittergras,** Gatt. der *Süßgräser,* mit herzförmigen Ährchen, die beim leisesten Luftzug erzittern.
**Zitterrochen,** Unterordnung der *Rochen.* Zu beiden Seiten des kreisrunden Vorderkörpers liegen elektr. Organe, die als Waffe u. zum Beutefang dienen.
**Zitterwels,** Fam. der *Welse,* bis über 1 m lange Fische. Das elektr. Organ liegt mantelartig zw. Körperhaut u. Rumpfmuskulatur; dient zur Verteidigung u. zum Beutefang.
**Zitze,** Saugwarze weibl. Säugetiere.
**Ziu** → Tyr.
**zivil,** nichtmilitärisch, bürgerlich; umgänglich.
**Zivilbevölkerung,** alle Personen, die nicht den bewaffneten Streitkräften angehören; insbes. die nichtmilitär. Bev. eines Landes, das Kriegspartei ist.
**Zivilcourage** [-kuraʒə], Mut, die eig. Überzeugung zu vertreten.
**Zivildienst,** fr. *ziviler Ersatzdienst,* der Dienst, der von *Wehrdienstverweigerern* statt des Wehrdienstes in Krankenhäusern, Pflegeheimen u.a. Sozialeinrichtungen geleistet wird.
**Zivilehe,** die durch staatl. (standesamtl.) Eheschließung begr. Ehe, im Ggs. zur kirchl. geschlossenen Ehe. Die *obligatorische Z.* wurde in Dtld. 1875 eingeführt.
**Zivilgericht,** Gericht, das für Zivilsachen (bürgerl.-rechtl. Rechtsstreitigkeiten) zuständig ist.
**Zivilisation,** die durch den Fortschritt der Wiss. u. Technik geschaffenen verbesserten Lebensbedingungen.
**Zivilisationskrankheiten,** Gesundheitsstörungen, bei denen Einflüsse der Zivilisation von begünstigender oder ursächl. Bed. sind.: Verdauungs- u. Stoffwechselstörungen, Karies, Neurosen, Kreislaufstörungen.

*Zitrone*

**Zivilprozeß,** der Prozeß zur Entscheidung über Fragen des Privatrechts (*Zivilsachen*), durchgeführt von den *Zivilgerichten,* geregelt in der *Z.ordnung* (Abk. *ZPO*) in der Fassung vom 12.9.1950; ergänzt von der → Zwangsvollstreckung. Bes. Arten des Z. sind Urkunden- u. Wechselprozeß sowie die Verfahren zur Entmündigung, das Verfahren in Familien- u. Kindschaftssachen u. das Mahnverfahren.
**Zivilrecht** → Bürgerliches Recht.
**Zivilschutz,** fr. *Luftschutz,* alle staatl. u. privaten Maßnahmen zum Schutz der Zivilbevölkerung im Kriegsfall u. Notstand, ebenso zur Erhaltung lebenswichtiger ziviler Betriebe u. Anlagen (Katastrophenschutz, Warn- u. Alarmdienst, Schutzraumbau, Gesundheitswesen).
**Zivitrauung,** die standesamtl. Eheschließung.
**ZK,** Abk. für *Zentralkomitee.*
**Złoty** [ˈzwɔti], Währungseinheit in Polen.
**Zn,** chem. Zeichen für *Zink.*
**Znaim,** tschech. *Znojmo,* Stadt in S-Mähren (ČSFR), an der Thaya, 39 000 Ew.; landw. Zentrum.
**Zobel,** ein *Marder* von 38–58 cm Körperlänge, mit sehr wertvollem Pelz; heute nur noch in Gebirgswäldern Sibiriens.
**Zodiakallicht,** *Tierkreislicht,* ein schwacher Lichtschimmer, der in dunklen Nächten längs der Ekliptik pyramidenförmig aufragt; Ursache: Streuung des Sonnenlichts an fein verteilter interplanetar. Materie.
**Zodiakus** → Tierkreis.
**Zofe,** Kammerjungfer.
**Zola** [zɔˈla], Émile, *1840, †1902, frz. Schriftst.; arbeitete seit 1886 als Journalist; trat in seinem offenen Brief »J'accuse« für A. *Dreyfus* ein. Z. war als Theoretiker wie als Erzähler der Wortführer des europ. *Naturalismus.* Sein Hptw. ist die 20bändige Romanfolge »Die Rougon-Macquart. Geschichte einer Familie unter dem 2. Kaiserreich« (darin »Der Bauch von Paris«, »Nana«, »Germinal«).
**Zöliakie,** Erkrankung der Dünndarmschleimhaut im Säuglings- u. Kindesalter, die durch Unverträglichkeit des im Getreide vorkommenden Klebereiweißes Gluten hervorgerufen wird. Dabei ist die Aufnahme aller Nährstoffe gestört.
**Zölibat,** in der röm.-kath. Kirche die heute von allen Klerikern mit höheren Weihen verlangte Ehelosigkeit; Verletzung der Z.pflicht hat Verlust des

# Zoologischer Garten 1001

Kirchenamtes u. Rückversetzung in den Laienstand zur Folge. Im 11./12. Jh. wurde der Z. allg. Verpflichtung; im Bereich der unierten u. der orth. Ostkirchen nur von den Bischöfen gefordert.
**Zoll,** altes Längenmaß; in Preußen: 3,76 cm; in England u. den USA (*Inch*): 2,54 cm; in Frankreich (*Pouce*): 2,707 cm.
**Zölle,** den Verbrauchsteuern ähnl. Abgaben auf in den Zolltarifen bestimmte Waren; heute ausschl. *Grenz-Z.* (Zollpflicht entsteht mit dem Grenzübertritt der Ware); am häufigsten Einfuhr-Z. Der *Zolltarif* wird nach Wert oder Gewicht der Güter bemessen. Große Teile des Zollrechts beruhen auf EG-Recht. Die Z. selbst fließen seit 1975 der EG zu.
**Zollfahndungsstelle,** örtl. Behörde der Bundesfinanzverwaltung zur Erforschung u. Verfolgung von Zoll- u. Steuervergehen.
**Zollikon,** Stadt im schweiz. Kt. Zürich, am Zürichsee, 11 000 Ew.; Weinanbau.
**Zollunion,** Zusammenschluß mehrerer souveräner Staaten zu einem einheitl. Zollgebiet; oft Bestandteil einer engeren wirtsch. u. polit. Union; so z.B.: Dt. Zollverein, EG.
**Zölom,** = sekundäre Leibeshöhle.
**Zomba** [ˈzɔmba], Stadt in Malawi, 53 000 Ew.; Univ.; 1964–75 Hptst.
**Zombie** [ˈtsɔmbi], ein Toter, der dem zu Willen ist, der ihn zum Leben erweckt hat; beliebtes Motiv in Horrorfilmen (urspr. im Wodu-Kult Haitis).
**Zonentarif,** bei Straßenbahn u. im Fernsprechwesen nach Zonen berechnete Fahrpreise bzw. Gebühren.
**Zonenzeit,** die Ortszeit eines bestimmten Längenkreises (Meridians) der Erde, z.B. Mitteleurop. Zeit; → Zeitzonen.

*Zoologischer Garten: Moderne Werkstoffe wie Beton und Glas lassen sich zu einer artgerechten Tieranlage verarbeiten*

**Zonguldak** [zɔŋ-], türk. Hafenstadt am Schwarzen Meer, 119 000 Ew.; Eisen-Ind., Kohlenbergbau.
**Zönobiten,** *Koinobiten,* die gemeinschaftl. in einem Kloster lebenden Mönche; im Ggs. zu Einsiedlern.
**Zons,** ehem. Stadt in NRW, seit 1975 Ortsteil von Dormagen; ehem. bed. Zollfestung.
**Zoologie,** *Tierkunde,* Teilgebiet der Biologie; umfaßt die Wissensgebiete *Morphologie* (Formenlehre) mit der *Zytologie* (Zellehre), *Histologie* (Gewebelehre) u. *Organographie* (Organlehre), zus. als *Anatomie* bezeichnet; *Physiologie* (Erforschung der Körperfunktionen u. -leistungen); *Ökologie* (Wechselbeziehungen zw. Tier u. Umwelt); *Verhaltensforschung* (Ethologie); *Systematik* (Herstellung der natürl. Verwandtschaftsbeziehungen zw. den Tieren); *Genetik* (Vererbungslehre); *Tiergeographie* (Tierwelt in den Großräumen der Erde).
**Zoologischer Garten,** *Zoo,* der Öffentlichkeit zugängl. Einrichtung zur Haltung von Tieren, v.a. von Großtieren aus fremden Ländern; auch zur wiss. Erforschung der Tiere in Gefangenschaft, Erhaltung u. Zucht von seltenen u. gefährdeten

*Marmor-Zitterrochen*

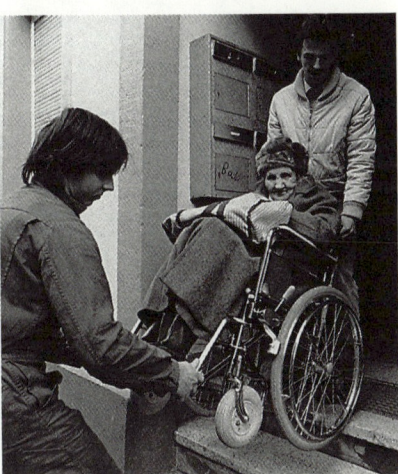

*Zivildienstleistende beim Einsatz*

## Zoomobjektiv

Tieren. Ältester Zoo der Welt: Wien-Schönbrunn 1752; ältester Zoo Deutschlands: Berlin 1844.

**Zoomobjektiv** ['zu:m-], *Varioobjektiv,* in der Photographie benutztes Objektiv mit veränderl. Brennweite, das eine kontinuierl. Veränderung des Abbildungsmaßstabs ohne Standortwechsel gestattet.

**Zoppot,** poln. *Sopot,* Ostseebad an der Danziger Bucht (Polen), 51 000 Ew.

**Zorilla** [θɔ'rilja], *Bandiltis,* ein *Marder* von 35 cm Körperlänge; verspritzt ein übelriechendes Sekret.

**Zorn** [sɔrn], Anders, *1860, †1920, schwed. Maler, Graphiker u. Bildhauer des Impressionismus.

**Zoroaster** → Zarathustra.

**Zorrilla y Moral** [θɔ'rilja i-], José, *1817, †1893, span. Schriftst.; Hofdichter Kaiser Maximilians von Mexiko; Drama »Don Juan Tenorio«.

**Zoser** → Djoser.

**Zoster** → Gürtelrose.

**Zote,** unanständiger Witz.

**Zotten,** kegel- oder fingerförmige Ausstülpungen u. Fortsätze des Organgewebes im Innern von Organen; z.B. die *Darm-Z.*

**Zottenhaut,** *Chorion,* die äußere Embryonalhülle *(Serosa)* bei lebendgebärenden Säugetieren, wo sie mit der Gebärmutterwand die *Plazenta* (Mutterkuchen) bildet.

**Zschokke, 1.** Alexander, *1894, †1982, schweiz. Bildhauer; dem klass. Schönheitsideal verpflichtet (Porträtbüsten, Brunnen). – **2.** Heinrich, *1771, †1848, dt.-schweiz. Schriftst.; 1798–1837 Hrsg. der volkserzieher. freisinnigen Wochen-Ztschr. »Der Schweizerbote«.

**Zschopau,** Krst. in Sachsen, im Erzgebirge, 11 000 Ew.; Fahrzeug- u. Textil-Ind.

**Zsigmondy** ['ʃigmɔndi], Richard, *1865, †1929, dt. Chemiker; kolloidchem. Untersuchungen; Nobelpreis 1925.

**Zuber,** hölzerner Behälter (Wasch-Z.); altes bad. Raummaß (für Getreide): 1 Z. = 15 000 Liter.

**Zubringer,** Straße, die zur Anschlußstelle einer Autobahn führt.

**Zuccalli,** Architektenfamilie aus Graubünden: **1.** Enrico (Johann Heinrich), *um 1642, †1724, einer der Hauptmeister des Münchner Hochbarocks; vollendete die Theatinerkirche. – **2.** Gasparo (Kaspar), *1667, †1717; Hofbaumeister in Salzburg.

**Zuccari, 1.** Federico, Bruder von 2), *um 1540, †1609, ital. Maler; malte Fresken u.a. im Florentiner Dom. – **2.** Taddeo, *1529, †1566, ital. Maler; vom Spätwerk *Michelangelos* u. *Raffaels* ausgehende dekorative Fresken.

**Zucchini,** *Zucchetti,* gurkenähnl. Früchte des Sommerkürbisses *Cucurbita pepo,* die als Gemüse oder Salat zubereitet werden.

**Züchtigungsrecht,** die den Inhabern der elterl. *Sorge* zustehende Befugnis, den ihrer Erziehung anvertrauten Kindern zu Erziehungszwecken Züchtigungen zuzufügen, jedoch sind entwürdigende Erziehungsmaßnahmen unzulässig. Bei Lehrern entfällt das Z.

**Zuchtwahl,** *Auslese* → Selektion.

**Zucker, 1.** *i.w.S.:* organ.-chem. Verbindungen, die zu den → Kohlehydraten zählen. Man unterscheidet einfache, nicht weiter spaltbare *Monosaccharide* (z.B. Trauben-Z., Frucht-Z.) u. *Disaccharide,* die aus zwei Monosacchariden zusammengesetzt sind (z.B. Rohr-, Rüben-, Milch-, Malz-Z.). Im Körperstoffwechsel werden die Z. oxidiert, wobei unter Wärmeabgabe Energie zur Betätigung von Muskeln u. Drüsen frei wird. – **2.** *i.e.S.:* Rohr-Z., *Saccharose,* ein aus dem Saft der Z.rübe *(Rüben-Z.),* des Z.-Rohrs u.a. zuckerhaltiger Pflanzen u. Früchte gewonnenes, aus Glucose u. Fructose bestehendes *Disaccharid* von süßem Geschmack u. hohem Nährwert. *Raffinade* ist reinste Saccharose; *Melisware* ist Z. geringerer Qualität.

**Zuckerhut,** Glockenberg in Rio de Janeiro; steilwandiges, 395 m hohes Wahrzeichen der Stadt.

**Zuckerkrankheit,** *Zuckerharnruhr, Diabetes mellitus,* Störung des Kohlenhydratstoffwechsels bei ständig erhöhtem Zuckergehalt des Bluts *(Hyperglykämie);* beruht meist auf einer Erkrankung des Inselapparats der Bauchspeicheldrüse, wodurch die Abgabe des Hormons *Insulin* an den Kreislauf erhebl. vermindert ist. Folge davon ist eine ungenügende Verwertung der Kohlenhydrate bei ständiger

| Zoologische Gärten in Europa (Auswahl) | | |
|---|---|---|
| Land | Name, Ort | Besonderheiten, Schwerpunkte |
| Belgien | Zoolog. Gesellschaft Antwerpen | Aquarium, Delphinarium, Nachttiere, Naturkundemuseum |
| Dänemark | Zoolog. Garten Kopenhagen | – |
| Deutschland | Zoolog. Garten Augsburg | Wasservögel |
| | Tierpark Berlin | – |
| | Zoolog. Garten u. Aquarium Berlin | Zucht bedrohter Arten |
| | Zoo am Meer, Bremerhaven | nord. und Meerestiere |
| | Vivarium Darmstadt | Reptilien |
| | Tierpark Dortmund | europ. u. südamerik. Säugetiere |
| | Zoolog. Garten Dresden | Primaten |
| | Zoo Duisburg | Beuteltiere, Meeressäugetiere |
| | Thüringer Zoopark Erfurt | Primaten, seltene Huftiere |
| | Grugapark Essen | |
| | Zoolog. Garten der Stadt Frankfurt | – |
| | Zoolog. Garten Halle | Gebirgstiere, kleine Raubtiere |
| | Carl Hagenbeck Tierpark, Hamburg | |
| | Zoolog. Garten Hannover | Antilopen, Elefanten |
| | Zoolog. Garten Karlsruhe | |
| | Zoolog. Garten Leipzig | Raubtiere, bes. Großkatzen |
| | Zoolog. Garten Magdeburg | kleine Katzen, Papageien |
| | Münchner Tierpark Hellabrunn | seltene Huftiere, Affen, Polartiere |
| | Allwetter Zoo, Münster | |
| | Tiergarten der Stadt Nürnberg | Kinderzoo |
| | Zoolog. Garten Rostock | nord. u. Meerestiere |
| | Wilhelma, Zoolog.-Botan. Garten, Stuttgart | Affen |
| | Vogelpark Walsrode | – |
| | Zoolog. Garten Wuppertal | seltene Katzen, Pinguine, Wasservögel, Affen |
| Finnland | Zoolog. Garten Helsinki | Schneeleoparden, Gebirgstiere |
| Frankreich | Zoolog. Garten Paris | |
| | Ménagerie du jardin des plantes | – |
| Großbritannien | Zoolog. Gesellschaft London | |
| Italien | Zoolog. Garten u. Naturkundemuseum Rom | – |
| | Zoolog. Garten Mailand | – |
| | Zoolog. Garten Turin | – |
| Monaco | Ozeanograph. Museum u. Aquarium von Monaco | Tropenfische |
| Niederlande | Zoolog. Garten Amsterdam | |
| | Affenfreigehege Apeldoorn | Gorillas u. südamerik. Affen |
| | Bürgerzoo u. Safaripark Arnheim | Schimpansenkolonie, Wolfswald |
| | Tierpark u. Zoo Emmen | freilaufende Tiere |
| | Zoolog. u. botan. Garten Rotterdam | Katzen, Primaten |
| Norwegen | Aquarium Bergen | Meerestiere der norw. Küste |
| Österreich | Alpenzoo, Innsbruck | Alpenfauna |
| | Salzburger Tiergarten Hellbrunn | freifliegende Gänsegeier und Aras |
| | Tiergarten Schönbrunn, Wien | Gebirgstiere, Bären, Greifvögel, Mittelmeerfauna |
| Polen | Zoolog. Garten Warschau | |
| | Zoolog. Garten Breslau | Affen, Reptilien |
| Portugal | Zoolog. Garten Lissabon | |
| Schweden | Tierpark Kolmården | gemischte Gruppen afrik. u. asiat. Tiere; Delphinarium |
| | Zoolog. Garten Skansen, Stockholm | skandinav. Säugetiere u. Vögel |
| Schweiz | Zoolog. Garten Basel | – |
| | Städt. Tierpark Bern | europ. Tierwelt |
| | Zoolog. Garten Zürich | Schneeleoparden, Vikunjas, Affen |
| Spanien | Zoolog. Garten Barcelona | Primaten, Delphine, Katzen |
| | Zoo de la casa de campo, Madrid | |
| Tschechoslowakei | Zoolog. Garten Prag | |
| Türkei | Zoolog. Garten Ankara | |
| Ungarn | Zoolog. Garten Budapest | |

*Zugspitzmassiv; im Vordergrund der Grubigstein*

Abnahme der Glykogenreserven, eine beträchtl. Steigerung des Zuckergehalts des Bluts u. bei Überschreitung der Nierenschwelle der Übertritt von Zucker in den Harn *(Glykosurie)* unter gleichzeitiger Vermehrung der Harnmenge. Die Anhäufung von Acetonkörpern im Blut führt schließl. zu einer Säurevergiftung des Körpers *(Coma diabeticum);* Behandlung durch Bewegung, Diät u. Insulinzufuhr.
**Zuckerrohr,** *Saccharum,* ein Rispengras mit langen, dicken Schäften, das in allen subtrop. u. trop. Gebieten mit feuchtwarmem Klima gedeiht. Das Mark enthält Rohrzucker. Hauptanbaugebiete: Westindien (Kuba), Indien u. Java.
**Zuckerrübe,** eine von der *Runkelrübe* abstammende Kulturpflanze, deren nährstoffreiche Wurzel 12–20 % Rohzucker enthält.
**Zuckerspiegel,** die Konzentration des Zuckers *Glucose* im Blut; Normalwert beim Menschen 70–110 mg/100 ml. Durch Hormonsteuerung wird der Z. konstant gehalten; senkend wirkt das Hormon Insulin. Bei Insulinmangel tritt Zuckerkrankheit auf.
**Zuckmayer,** Carl, *1896, †1977, dt. Schriftst.; 1939–46 im Exil in den USA, seit 1958 in der Schweiz; erfolgreich mit bühnenwirksamen, lebensnahen u. Zeitprobleme behandelnden Stücken; W »Der fröhliche Weinberg«, »Der Hauptmann von Köpenick«, »Des Teufels General«; Erinnerungen »Als wär's ein Stück von mir«.
**Zug, 1.** bei der Eisenbahn Lokomotive mit angehängtem Wagen. – **2.** schraubenförmig gewundene Vertiefungen, die in das Innere des Laufs von Handfeuerwaffen eingeschnitten sind, um dem Geschoß *Drall* zur Stabilisierung im Flug zu verleihen. – **3.** militär. Teileinheit.
**Zug, 1.** Kt. der → Schweiz, einer der kleinsten Kantone, umfaßt das Gebiet beiderseits der Nordhälfte des *Z.er Sees* u. um den *Ägerisee.* – **2.** Hptst. von 1), am NO-Ufer des *Z.er Sees,* 21 000 Ew.; Seebad u. Luftkurort; Metall-, Elektro-, Textil-Ind.
**Zügel,** Leine oder Riemen zum Lenken u. Führen von Zug- oder Reittieren.
**Zuger See,** fischreicher schweiz. See nördl. des Vierwaldstätter Sees, 413 m ü.M., 38 km$^2$.
**Zugewinn,** in der BR Dtld. seit 1958 der gesetzl. Güterstand des ehel. Güterrechts. Mann u. Frau bleiben Eigentümer u. Verwalter ihres Vermögens. Lediglich der Z. wird beim Ende der Ehe (Tod eines Ehegatten, Scheidung) ausgeglichen.
**Zugfestigkeit,** der Widerstand eines Körpers gegen Zerreißen beim Auftreten von Zugspannungen, also gegen Beanspruchung durch Zugkräfte.
**Zugmaschine,** meist mit Dieselmotor ausgestattetes Kfz in der Landw. u. im Transportwesen.
**Zugspitze,** höchster Berggipfel Dtld., im Wettersteingebirge, 2962 m.
**Zuhälterei,** das Beziehen von Lebensunterhalt aus den Einkünften einer Prostituierten. Strafbar ist die sog. ausbeuter. Z., die überwachende Z. u. die gewerbsmäßige Vermittlung der Prostitutionsausübung.

**Zuidersee** ['zœydərze:] → IJsselmeer.
**Zukunftsforschung,** *Futurologie,* Sammelbez. für Bemühungen, mit wiss. Methoden auf versch. Gebieten (Technik, Wirtschaft, Politik u.a.) Entwicklungen vorauszusagen. Eine der wichtigsten Methoden ist die Extrapolation, bei der Beobachtungsreihen der Vergangenheit u. Gegenwart in die Zukunft hinein verlängert werden (z.B. Berechnung des Wachstums der Weltbevölkerung). Die Z. wird internat. vom Club of Rome betrieben.
**Zuladung,** *Nutzlast,* die Masse eines beförderten Guts (z.B. in kg); auch die Ladefähigkeit eines Fahrzeugs ohne Kraftstoff.
**Zulassung, 1.** behördl. Erlaubnis für die Teilnahme von Personen u. Fahrzeugen am öffentl. Straßenverkehr; geregelt in der *Straßenverkehrs-Zulassungs-Ordnung* (StVZO). – **2.** Genehmigung zum Besuch einer Hochschule.
**Zülpich,** Stadt in NRW, westl. von Bonn, 16 500 Ew.; Papier- u. Steinzeug-Ind.
**Zulu,** Volk der Nguni-Gruppe (Südostbantu) in Südafrika, in Natal u. Transvaal (insges. rd. 5 Mio., 2,7 Mio. leben im Bantu-Homeland *Kwazulu,* der Rest als Bergbau-, Ind.- u. Landarbeiter in der Rep. Südafrika). Aus einem abhängigen Clan (den eigtl. Z.) schuf zu Beginn des 19. Jh. der Häuptling *Tschaka* einen großen Militärstaat.
**Zunder, 1.** fr. wichtiger Zündstoff für Feuersteinfeuerzeuge, aus dem werkartigen Innern des Feuerschwamms durch Tränken mit Salpeter hergestellt. – **2.** die beim Glühen von Eisen entstehende Oxidschicht, die beim Schmieden oder Walzen abspringt.

*Zulufamilie vor ihrer Hütte*

**Zünder,** in einfachen Fällen eine Sprengkapsel zur Zündung von Sprengladungen; die Kapsel selbst wird durch eine Zündschnur gezündet. Genauer arbeiten elektr. Z., in denen ein Drahtstück durch Strom zum Glühen gebracht wird. Dadurch detoniert eine im Z. selbst untergebrachte kleine Sprengladung, die den Sprengstoff zündet.
**Zunderschwamm,** *Feuerschwamm,* ein parasit. Pilz an Birken u. Buchen; fr. zur Zundergewinnung benutzt.
**Zündhölzer,** *Streichhölzer,* Holzstäbchen (auch Pappstreifen), die eine Kuppe aus *Zündmasse* tragen u. durch Reiben an einer *Reibfläche* entzündet werden. Bei *Sicherheits-Z.* setzt sich die Zündmasse aus Kaliumchlorat (sauerstoffliefernde Verbindung), Antimonsulfid, Schwefel oder Schwefelkies (brennbare Stoffe) u. Leim zusammen.
**Zündhütchen,** am Boden von Patronen u. Kartuschen angebrachte kleine Metallkapsel mit Initialsprengstoff.
**Zündkerze,** eine Vorrichtung an Verbrennungsmotoren (Ottomotoren) zum elektr. Entzünden des im Verbrennungsraum eingeschlossenen Kraft-Luft-Gemisches. Die Z. besteht aus einem Gehäuse mit einer Mittelelektrode, keram. Isolierkörper u. einer Masseelektrode. Zwischen Mittel- u. Masseelektrode springt ein Zündfunke über.

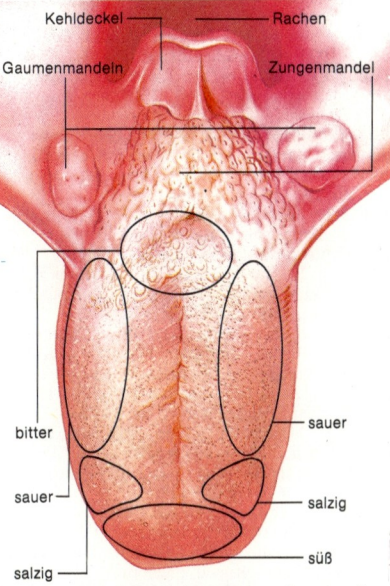
*Die Zunge ist ein muskulöses Organ, das – am Zungenbein ansetzend – vom Boden der Mundhöhle ausgeht. Ihre Oberfläche ist mit vier Arten von Geschmackspapillen besetzt*

**Zündschnur,** ein mit einem Explosivstoff gefüllter dünner Schlauch aus Gewebe zur Zündung von Sprengladungen.
**Zündung, 1.** Vorrichtung, mit deren Hilfe Spreng- u. Treibladungen zur Entzündung gebracht werden; → Zünder. – **2.** bei Otto-(Vergaser-)Motoren die Entzündung des verdichteten Kraftstoff-Luft-Gemischs durch von der *Zündspule* hochgespannten Batteriestrom, der mit Hilfe eines *Verteilers* zu den einzelnen *Zündkerzen* geleitet wird u. dort ein Funken zw. 2 Elektroden überschlägt. Bei Magnet-Z. (meist bei Motorrädern) wird der Zündstrom von einem in den Motor eingebauten Zündapparat erzeugt. Die Z. des eingespritzten Kraftstoffs bei Dieselmotoren erfolgt durch die angesaugte, hochverdichtete u. dadurch erhitzte Luft (Selbst-Z.), während Glühkopfmotoren im Zylinderkopf eine Glühstelle haben.
**Zunft,** meist pflichtmäßige fachl. Vereinigung der Handwerker im örtl. Bereich. Die Zünfte entstanden im 12. Jh. u. wurden bald neben den Patriziern zu den Trägern der mittelalterl. Städte. Die Zünfte hatten strenge, geschriebene Satzungen (*Z.briefe*), bestimmten u.a. die Zahl der Meister u. die Lehrlingsausbildung. Die einsetzende Industrialisierung führte (seit dem 16. Jh.) zum Verfall der Zünfte, der mit der Aufhebung ihrer Vorrechte durch die *Gewerbefreiheit* (1869 im Norddt. Bund) endete.

**Zunge, 1.** *Lingua, Glossa,* wulstförmiges Greif- u. Schluckorgan am Boden der Mundhöhle von Wirbeltieren; hinten am *Z.nbein* befestigt. Sie trägt auf ihrer rauhen Oberseite (*Z.nrücken*) die Geschmackspapillen. Außerdem dient die Z. der Lautbildung, der Sprache des Menschen. B → S. 1003. – **2.** bei Musikinstrumenten ein elast. Plättchen aus Rohr u. Metall, der bei einigen Orgelregistern, beim Harmonium, bei der Maultrommel durch einen Luftstrom zum Schwingen gebracht wird.
**Zungenbein,** beim Menschen ein kleiner, hufeisenförmiger Knochen zw. Unterkiefer u. Kehlkopf, durch eine Membran mit dem Schildknorpel des Kehlkopfs verbunden.
**Zungenkrebs,** krebsige Erkrankung der Zungenschleimhaut.
**Zungenpfeife,** bei der Orgel ein Pfeifentypus, bei dem der Luftstrom durch eine federnde Zunge (meist Messing) period. unterbrochen wird u. somit zum Schwingen u. Tönen kommt, während die Zunge selbst keinen Ton angibt.
**Zünsler,** Fam. der Schmetterlinge; weltweit verbreitete Pflanzenschädlinge: *Wachsmotte, Mehlmotte, Mehl-Z., Mais-Z., Dörrobstmotte.*
**Zunzunegui y Loredo** [θunθu'negi], Juan Antonio de, *1901, †1982, span. Schriftst.; Romane in der Nachfolge der frz. Realisten u. des span. Schelmenromans.
**Zuoz,** schweiz. Dorf im Oberengadin (Graubünden), 1100 Ew.; Engadinerhäuser 17./18. Jh.
**Zupfgeigenhansl,** »*Der Z.«,* Fahrtenliederbuch für den Wandervogel, hrsg. 1908 von dem Arzt Hans *Breuer.*
**Zupfinstrumente,** Chordophone oder Idiophone, die durch Zupfen oder Anreißen mit dem Finger oder einem Plektron zum Klingen gebracht werden; Zithern, Lauten, Harfen, Leiern.
**Zurbarán** [θur-], Francisco de, *1598, †1664, span. Maler; gestaltete v.a. religiöse Themen.
**Zurechnungsfähigkeit** → Schuldfähigkeit.
**Zürich, 1.** Kt. der Schweiz, zw. Rhein u. Z.see, der bevölkerungsreichste Kanton. – **2.** Hptst. von 1), am Ausfluß der Limmat aus dem Z.see, 350 000 Ew.; die größte Stadt der Eidgenossenschaft, ihr Finanz-, Handels-, Wirtsch.- u. Kulturzentrum, Kongreß- u. Fremdenverkehrsort; Großmünster (12./13. Jh.), Fraumünster (13.–15. Jh.) u.a. Kirchen, Zunfthäuser; Univ. (1833), Eidgenöss. TH, Musik-HS; Masch.-, Elektro-, Porzellan-, chem. u.a. Ind.; Verlage; Flughafen *Kloten.* – Im 16. Jh. unter H. *Zwingli* war Z. das Zentrum der Reformation in der dt. Schweiz.
**Zürichsee,** schweiz. See im Alpenvorland, 406 m ü.M., 90 km²; Abfluß ist die *Limmat* (zur Aare). Im See liegen die Inseln *Ufenau* u. *Lützelau;* an den Ufern Villen-, Kur- u. Badeorte.
**Zürn,** Jörg, *um 1538, †vor 1635, dt. Bildhauer; Hauptmeister der frühbarocken Plastik im Bodenseegebiet; Hochaltar im Überlinger Münster.
**zurren,** seemänn.: anbinden (z.B. von Ladung an Deck).

*Zürich: Großmünster*

**Zurückbehaltungsrecht,** das Leistungsverweigerungsrecht des Schuldners bis zum Bewirken der ihm gebührenden Gegenleistung.
**Zusammenveranlagung,** eine Art der Steuererhebung: die in einem Haushalt lebenden Familienangehörigen werden gemeinsam zum Zweck der Steuerberechnung erfaßt.
**Zusatzversicherung,** in vielen Versicherungszweigen Erweiterung der Leistungen aus dem urspr. Versicherungsvertrag durch Zusatzklauseln; z.B. die Kfz-Insassenversicherung.
**Zuschlag,** bei Auktionen Annahme des höchsten Angebots (durch Hammerschlag).
**Zuse,** Konrad, *22.6.1910, dt. Ingenieur; schuf 1941 die erste programmgesteuerte Rechenanlage der Welt.
**Zustellung,** die förml., durch eine *Z.surkunde* beurkundete Übergabe eines Schriftstücks bei behördl. u. gerichtl. Verfahren, durch den Gerichtsvollzieher oder durch die Post.
**Zutphen** ['zytfə], Stadt in der ndl. Prov. Gelderland, an der IJssel, 31 000 Ew.; altertüml. Stadtbild; Agrarzentrum.
**Zwangsarbeit,** schwere Freiheitsstrafe, die auf Ausnutzung der menschl. Arbeitskraft für öffentl. Zwecke gerichtet ist. In der Sowj. wurden große Bauvorhaben durch Z.er ausgeführt. Z. bestimmte das Leben in den KZ des nat.-soz. Regimes. Heute verbietet das GG jede mit Zwangsmitteln durchsetzbare Heranziehung zur Arbeit.
**Zwangsbehandlung,** ärztl. Maßnahmen zur Heilung eines Kranken, die gegen seinen Willen durchgeführt werden; zulässig bei Anstaltsunterbringung u. bei Inhaftierung bei Lebensgefahr. Verpflichtung zur *Zwangsernährung* besteht nicht, solange der Gefangene zur freien Willensbestimmung in der Lage ist.
**Zwangsversteigerung,** eine Art der Zwangsvollstreckung für Grundstücke u. eingetragene Schiffe, durchgeführt vom Amtsgericht als Vollstreckungsgericht.
**Zwangsvollstreckung,** *Zwangsbeitreibung, i.w.S.:* ein bes. behördl. Verfahren zur Durchsetzung von Rechtsansprüchen; *i.e.S.* die Z. privatrechtl. Rechtsansprüche auf Betreiben eines einzelnen Gläubigers (im Unterschied zu *Konkurs* u. *Zwangsvergleich*) durch das *Vollstreckungsgericht* (Amtsgericht) u. den *Gerichtsvollzieher.* Die Z. wegen Geldforderungen in das bewegl. Vermögen erfolgt durch → *Pfändung,* die *Z. in Grundstücke* durch Eintragung einer *Zwangshypothek,* durch *Zwangsversteigerung* oder durch *Zwangsverwaltung.* Die *Z. zur Herausgabe von Sachen* erfolgt durch Inbesitznahme seitens des Gerichtsvollziehers u. Übergabe an den Gläubiger.
**Zwangsvorstellung,** eine sich zwanghaft aufdrängende Vorstellung, die Denken u. Handeln des Menschen wider seinen bewußten Willen bestimmen kann; kann sich krankhaft verdichten zur *Zwangsneurose.*
**Zweckverband,** ein Verband von Gemeinden u. Gemeindeverbänden zu Betrieben eines gemeinsamer Erfüllung bestimmter Aufgaben (z.B. Bau u. Betrieb von Versorgungsanlagen).
**Zweibrücken,** Stadt in Rhld.-Pf., nw. von Pirmasens, 32 000 Ew.; Schloß, spätgot. Alexanderkirche; Maschinenbau, Draht-, Armaturen-Herstellung. – 1410–1794 Residenz des Hzgt. Pfalz-Z.
**Zweibund, 1.** das 1879 geschlossene, gegen Rußland gerichtete Bündnis zw. dem Dt. Reich u. Östr.-Ungarn; 1882 durch den Beitritt Italiens zum *Dreibund* erweitert. – **2.** das frz.-russ. Bündnis, das dem → *Dreibund* entgegengestellt wurde; später durch Hinzutreten Englands (*Entente cordiale*) zum *Dreiverband* umgestaltet.
**Zweifelderwirtschaft,** fr. in der Landw. der Wechsel zw. Weide- u. Ackernutzung (Getreide) oder Brache u. Getreideanbau.
**Zweiflügler,** weltweit verbreitete u. sehr artenreiche Insektenordnung (ca. 85 000 Arten). Sie besitzen gut ausgebildete Vorderflügel u. zu Schwingkölbchen umgebildete Hinterflügel. Die beinlosen Larven machen eine vollständige Entwicklung (*Holometabolie*) durch. Die Z. werden unterteilt in die Unterordnungen der *Mücken* u. der *Fliegen.*
**Zweig,** verholzter Trieb.
**Zweig, 1.** Arnold, *1887, †1968, dt. Schriftst.; emigrierte 1933, kam 1948 aus Palästina nach Ostberlin, dort 1950–53 Präs. der Dt. Akademie der Künste; ein psycholog.-realist. Erzähler u. antimilitarist. Zeitkritiker; W Kriegsroman »Der Streit um den Sergeanten Grischa«; auch Dramen. – **2.** Stefan, *1881, †1942 (Selbstmord), östr. Schriftst.;

*Jörg Zürn: Die Geburt Christi, vom Hochaltar d[es] Nikolausmünsters in Überlingen; 1613–1619*

emigrierte 1938 nach England, 1941 nach Brasilien; begann mit Lyrik, Dramen u. Novellen [und] entwickelte sich dann zu einem von S. *Freud* beeinflußten biograph. Essayisten. Spätere Erzählwerke: »Sternstunden der Menschheit«, »Ungeduld des Herzens«, »Schachnovelle«.
**Zweigniederlassung** → Filiale.
**zweihäusig,** *diözisch,* Bez. für Pflanzen, die entweder nur Blüten mit Staubblättern (männl. Blüte) oder nur Blüten mit Fruchtblättern (weibl. Blüte) ausbilden, z.B. Hopfen.
**zweijährige Pflanzen,** *bienne Pflanzen,* Pflanzen, die ihren Entwicklungszyklus erst im 2. Jahr mit Blüte u. Fruchtbildung abschließen; z.B. Fingerhut, Zwiebel u. Zuckerrübe.
**Zweikammersystem,** im klass. Konstitutionalismus des 19. Jh. der Grundsatz, daß das Parlament aus zwei unterschiedl. zusammengesetzten *Kammern* bestehen soll, die ein polit. Gleichgewicht bei der Gesetzgebung herstellen. Die eine Kammer ist entweder die Versammlung des Adels, des Klerus (so das brit. *Oberhaus*), oder sie ist in der Form eines *Senats* eine mehr oder weniger parität. Vertretung der Berufsstände oder der einzelnen Gliedstaaten (*Senat* der USA, *Ständerat* der Schweiz). Die andere Kammer besteht aus den aus allg. Wahlen hervorgegangenen *Volksvertretern* (z.B. *Abgeordnetenhaus* in Preußen im Ggs. zum *Herrenhaus, House of Commons* in England). Im 20. Jh. hat die Volkskammer das Schwergewicht erlangt. In vielen Staaten setzte sich das *Einkammersystem* durch.
**Zweikampf,** *Duell,* vereinbarter, nach vereinbarten Regeln geführter Kampf von zwei Menschen; als *Z. mit tödl. Waffen* bevorzugte Form der Austragung von Ehrenhändeln, seit der Aufklärungszeit als Unsitte mit strengen Strafen verfolgt.
**zweikeimblättrige Pflanzen** → Blütenpflanzen.
**Zweikreisbremse,** eine Bremsanlage für Kfz, die in zwei unabh. wirkende Systeme aufgeteilt ist. Gebräuchl. ist die Aufteilung der Bremshydraulik in einen Kreis für die Vorderräder u. einen für die Hinterräder. Die Z. verhindert, daß bei Schäden in der Bremsanlage die Bremsen gänzl. unwirksam werden.
**Zweinaturenlehre,** *Dyophysitismus,* die christolog. Lehre von den zwei göttl. u. menschl. Naturen Christi; im Konzil von Chalcedon (451) gegenüber dem *Monophysitismus* ausformuliert.
**Zwei-plus-vier-Vertrag,** *Vertrag über die abschließende Regelung in bezug auf Dtld.,* am 12.9.1990 in Moskau unterzeichneter Vertrag zw. den vier Siegermächten des 2. Weltkriegs, der BR Dtld. u. der DDR über die Wiederherstellung der Souveränität des wiedervereinten Dtld.
**Zweispitz,** *Zweimaster,* ein Hut mit auf zwei Seiten aufgeschlagener Krempe; entweder quer oder mit einer Spitze nach vorn getragen; kam um 1790 in Frankreich auf.

**Zweitaktmotor,** eine Verbrennungskraftmaschine, bei der jeder 2. Takt eine Arbeitstakt ist. Gegenüber dem *Viertaktmotor* fallen der 4. Takt (Ausschieben) u. der 1. Takt (Ansaugen) fort. Z. sind nur noch in Krafträdern eingesetzt.,
**Zweiter Bildungsweg,** staatl. Schulangebot für diejenigen, die die allgemeinbildenden Schulen bereits verlassen haben, ohne ihre Schullaufbahn mit dem Abitur abzuschließen. Die schul. Ausbildung zum Abitur wird dann in Abendgymnasien, Kollegs (Vollzeitschulen mit zwei- bis dreijähriger Schulzeit) oder im Fernunterricht (z.B. Telekolleg) nachgeholt.
**Zweites Deutsches Fernsehen,** *ZDF,* 1961 gegr. öffentl.-rechtl. Rundfunkanstalt; Sitz: Mainz; strahlt seit 1963 ein weiteres Fernsehprogramm neben der ARD aus; seit 1985 am Satellitenprogramm 3 SAT beteiligt.
**Zweites Gesicht,** die angebl. Fähigkeit, kommende Geschehnisse vorauszusehen.
**Zwerchfell,** *Diaphragma,* die für die Atmung wichtige muskulöse Scheidewand zw. Brust- u. Bauchhöhle, die sich kuppelförmig in den Brustraum vorwölbt.
**Zwerenz,** Gerhard, *3.6.1925, dt. Schriftst.; erste Veröffentlichungen in der DDR, seit 1957 in der BR Dtld.; schildert die Verhältnisse in den beiden dt. Staaten kritisch u. oft provozierend. W »Hat es gelohnt, Genossen?«, »Soldaten sind Mörder«, »Der Mann u. das Mädchen«.
**Zwergböckchen,** *Zwerghirsche, Zwergmoschus, Hirschferkel,* Fam. sehr primitiver hasengroßer *Wiederkäuer.*
**Zwerge,** *Heinzelmännchen, Wichtelmännchen,* im Volksglauben als klein, alt u. bärtig vorgestellte menschenähnl. Erdgeister.
**Zwergkaninchen,** ein *Hasentier* aus der Verwandtschaft der *Baumwollschwanzkaninchen;* in den westl. USA verbreitet. Nicht zu verwechseln mit den im Zoohandel erhältlichen »Z.«, die Zuchtformen des Hauskaninchens sind.
**Zwergmaus,** mit ca. 12 cm Gesamt- u. ca. 6 cm Schwanzlänge zweitkleinste europ. *Echte Maus;* gewandter Halmkletterer.
**Zwergpalme,** Fächerpalme im westl. Mittelmeergebiet; die einzige ursprr. europ. *Palme.*
**Zwergwuchs,** *Minderwuchs,* zu geringe *Körpergröße,* abnorme Kleinheit. Man unterscheidet beim Menschen den Zwergwuchs i.e.S. (*Nanosomie*) mit einer Körperlänge von max. 130 cm vom *Kleinwuchs* mit höchstens 140–150 cm. Es gibt Z. aufgrund hormonaler Fehlsteuerungen, z.B. der Hypophyse; aufgrund von Stoffwechselstörungen, z.B. bei Rachitis; anlagebedingt, z.B. beim *Down-Syndrom;* ohne erkennbare Ursache (Liliputaner).
**Zwetsche,** *Zwetschge* → Pflaume.
**Zwettl-Niederösterreich,** niederöstr. Bez.-Hptst. im Waldviertel, 11 000 Ew.; nordöstl. das 1137 gegr. Zisterzienserstift *Zwettl.*
**Zwickau,** Krst. in Sachsen, an der *Z.*er Mulde, sw. von Chemnitz, 121 000 Ew.; histor. Altstadt, Container- u. Güterwaggonbau, Eisengießerei, Textil-, Masch.-, Fahrzeug-, chem. u.a. Ind.
**Zwieback** [»zweimal Gebackenes«], geröstete Scheiben von *Einback* (Weizenhefegebäck mit Zucker, Fett, Eiern).
**Zwiebel, 1.** ein meist unterird., stark gestauchter pflanzl. Sproß, an dem fleischig verdickte Schuppenblätter sitzen, die der Speicherung dienen. – **2.** *Z.lauch, Küchen-Z.,* zweijährige Kulturpflanze, ein *Liliengewächs;* Gewürz u. Gemüse.

**Zwiebeldach,** *Zwiebelkuppel,* geschweifte Dachhaube mit kielbogenartigem Umriß; in der russ. Kirchenarchitektur bes. häufig.
**Zwiebelkuchen,** schwäb. (auch hess.) Kuchen aus Brotteig, mit Speckwürfeln, Zwiebeln, Kümmel, Rahm.
**Zwiebelmuster,** ein bes. in der Delfter Fayence verbreitetes, aus Blüten, Blättern u. zwiebelähnl. Knollen bestehendes Dekorationsmuster in Unterglasurmalerei, entwickelt aus ostasiat. Blumenornamenten; in der Porzellanmanufaktur Meißen eine seit 1793 gebräuchl. Schmuckform.
**Zwiefalten,** Gem. in Ba.-Wü., auf der Schwäb. Alb, 2500 Ew.; 1089 gegr. Benediktinerkloster (jetzt Psychiatr. Landeskrankenhaus); angegliedert ist das von J.M. *Fischer* u.a. im Rokokostil erbaute Münster.
**Zwiesel,** Stadt in Niederbayern, Böhmerwald, 10 000 Ew.; Luftkurort; Glas- u. Holz-Ind.; Wintersport.
**Zwillich,** grobfädiges, kräftiges Baumwoll- oder Leinengewebe für Hand-, Wisch- u. Tischtücher.
**Zwillinge, 1.** *Gemini,* häufigste Form der Mehrlingsgeburten; als zweieiige Z. (aus zwei befruchteten Eiern hervorgegangen) oder als eineiige Z. (aus einem befruchteten Ei hervorgegangen). *Eineiige Z.* entstehen dadurch, daß sich der Keim in einem frühen Stadium, meist bei den ersten Zellteilungen, in 2 gleiche Teile spaltet, von denen sich jeder zu einem Lebewesen entwickelt. Eineiige Z. haben also den gleichen Chromosomenbestand u. damit gleiches Erbgut; daher ungewöhnl. Ähnlichkeit u. Geschlechtsgleichheit. Bei den seltenen sog. *siamesischen Z.* hat sich die Trennung der Keimeshälften nicht völlig vollzogen, so daß die Z. an Brust, Rücken, Kopf oder Seiten miteinander verwachsen sind. – **2.** Sternbild des Tierkreises am nördl. Himmel; Hauptsterne: Castor u. Pollux.
**Zwinger,** bei mittelalterl. Befestigungen das von den Ringmauern eingeschlossene, oft mit Tiergehegen (Bären-Z.) ausgestattete Gelände, auf dem mit Vorliebe ritterl. Spiele ausgetragen wurden. Danach ben. der *Dresdner Z.,* ein von D. Pöppelmann u. B. Permoser 1711–22 geschaffenes Meisterwerk des dt. Barocks, für höfische Festlichkeiten bestimmt.
**Zwingli,** Huldrych (Ulrich), *1484, †1531, erster Reformator der Schweiz; wandte sich gegen Mißbräuche in der Kirche u. gegen die Verbindlichkeit der Fastengebote u. auch des Priesterzölibats. 1522–25 baute er die vom Staat geschützte Volkskirche auf. Mit *Luther* geriet er in Streit über die Abendmahlslehre; Z. betonte den Gedächtnischarakter des Abendmahls u. lehrte die symbol. Gegenwart Christi im Abendmahl. Die kath. Urkantone setzten sich gegen die gewaltsame Einführung der Reformation zur Wehr u. besiegten das Heer der Zürcher in der Schlacht bei Kappel, in der Z. fiel.
**Zwirn,** aus mehreren zusammengedrehten Garnen hergestellter Faden, z.B. Nähgarn.
**Zwirner,** Ernst Friedrich, *1802, †1861, dt. Architekt; leitete seit 1833 die Fertigstellung des Kölner Doms nach den mittelalterl. Plänen.
**Zwischenahn,** *Bad Z.,* Gem. in Nds., am *Z.*er Meer (5,2 km²), 24 000 Ew.; Moor- u. Heilbad.
**Zwischendeck,** bei Seeschiffen jedes zw. dem Hauptdeck u. dem Boden gelegene Deck; bei Fahrgastschiffen fr. das unterste Fahrgastdeck (niedrigster Fahrpreis, Vielbettkabinen).
**Zwischenspiel,** kom. Einlage zw. den Akten eines Schauspiels; in Italien *Intermezzo* genannt.

*Zwiebeldach der russischen Kapelle in Darmstadt*

**Zwitterbildung,** *Zwittertum, Hermaphroditismus,* das Vorkommen von männl. u. weibl. Geschlechtsorganen bei einem Lebewesen, das dann *Zwitter* oder *Hermaphrodit* genannt wird. Bei Pflanzen ist zu unterscheiden zw. *zwittrigen Blüten,* die sowohl Staubgefäße als auch Fruchtblätter bilden (die meisten Blütenpflanzen), u. *zwittrigen Pflanzen,* die eingeschlechtige Blüten beiderlei Geschlechts auf ein u. demselben Individuum tragen u. die darum *einhäusig* oder *monözisch* gen. werden. V.a. bei den Tieren gibt es neben echter Z. (Plattwürmer, Regenwürmer, Blutegel, einige Schnecken) auch abnorme Z., d.h. unter Z. bei normalerweise getrenntgeschlechtl. Wesen (→ Androgynie, → Gynandrie).
**Zwölffingerdarm,** *Duodenum,* bei Säugetieren der an den Magenausgang sich anschließende Anfangsteil des *Dünndarms.* Seine Länge entspricht beim Menschen etwa der Breite von 12 Fingern. In den Z. münden *Lebergallengang* u. *Bauchspeicheldrüsengang.*
**Zwölfkampf,** *Olympischer Z.,* Mehrkampf im Geräteturnen der Männer; setzt sich aus je einer Pflicht- u. Kürübung am Reck, Barren, Seitpferd, Langpferd (Pferdsprung), an den Ringen u. im Bodenturnen zusammen.
**Zwölften,** *Zwölfnächte, Rauhnächte,* die 12 Tage zw. Hl. Abend u. Hl. Drei Könige, in denen nach dem Volksglauben das Geisterreich offensteht u. dämon. Wesen Umzüge halten.
**Zwölftonmusik,** *Zwölftontechnik, Dodekaphonie,* Sammelbegriff für Kompositionsweisen, die nicht mehr den Regeln der Harmonielehre gehorchen, sondern ein Bezugssystem bilden, in dem alle Töne gleichberechtigt sind. Ausgangspunkt ist eine Grundreihe aus den 12 Tönen unseres Tonsystems, die zunächst eine Intervall-Reihenfolge festlegt. Die einfachste Zwölftonfolge ist die chromat. Leiter (von c bis h). Die Hauptregel der Z. beruht darauf, daß ein Ton der Reihe erst wiederkehren darf,

*Zweitaktmotor: links Bezeichnung der Bauteile, rechts Arbeitsweise (2 Kolbenwege = 1 Arbeitsleistung)*

wenn alle übrigen Töne der Reihe erklungen sind, u. daß die einmal festgelegte Reihenstruktur im Verlauf eines Stücks beibehalten wird. Das scheinbar starre Verfahren läßt viele Varianten zu; die wichtigsten davon sind: 1. Veränderungen der Reihe durch Spiegelungen, 2. die Verlegung einzelner Töne in andere Oktavlagen, 3. die Wiederholung von Tönen unmittelbar hintereinander, 4. Transpositionen der Reihe auf andere Tonstufen (bei Beibehaltung der festgelegten Intervallstruktur). A. *Schönberg* entwickelte 1923 diese »Methode mit zwölf nur aufeinander bezogenen Tönen«. Die Z. beeinflußte einen großen Teil der Neuen Musik. A. *Weberns* Handhabung der Z., bei dem die Reihenstruktur mit komplexen Spiegel- u. Kanonverfahren das gesamte kompositor. Denken beeinflußte, wirkte maßgebl. auf die → serielle Musik.

**Zwolle** ['zvɔlə], ndl. Prov.-Hptst., am Zwarte Water, 89 000 Ew.; Ind.- u. Handelszentrum, Viehmarkt.

**Zworykin** ['zvɔri-], Vladimir Kosma, *1889, †1982, US-amerik. Physiker u. Elektrotechniker russ. Herkunft; Erfinder der ersten brauchbaren elektron. Aufnahmeröhre des Fernsehens (1924).

**Zyankali** → Cyankali.

**Zyanose** → Blausucht.

**Zygote**, die durch Verschmelzung zweier Keimzellen entstehende Zelle.

**zyklisch**, im Kreislauf, regelmäßig wiederkehrend.

**zyklische Verbindungen**, ringförmige Verbindungen, organ.-chem. Verbindungen, die zu einem Ringmolekül geschlossen sind.

**Zyklon, 1.** [das], Warenzeichen für Schädlingsbekämpfungsmittel auf der Basis von Blausäure. Z. wurde unter dem nat.-soz. Regime zur Tötung von Häftlingen in den Gaskammern der Vernichtungslager verwendet. – **2.** [der], trop. Wirbelsturm.

**Zyklone**, Tiefdruckgebiet mit kreisförmigen bis ellipt. Isobaren; wird vom Wind auf der Nordhalbkugel im Gegenuhrzeigersinn umweht (auf der Südhalbkugel entgegengesetzt).

**Zyklopen** → Kyklopen.

**Zyklophrenie** → manisch-depressives Syndrom.

**Zyklotron**, Anlage der modernen Hochenergiephysik zur Beschleunigung von Protonen u. leichten Atomkernen auf große Geschwindigkeiten. Das Z. besteht aus einem großen Elektromagneten, zw. dessen Polen sich ein dosenförmiges Vakuumgefäß befindet. In dessen Mitte werden die zu beschleunigenden, geladenen Teilchen (Ionen) durch Stoßionisation des entspr. Gases (z.B. Wasserstoff) mittels Glühelektronen erzeugt. Diese positiven Ionen fliegen im Magnetfeld auf Kreisen; sie werden beschleunigt durch ein von einem Kurzwellensender erzeugtes hochfrequentes elektr. Feld, das an zwei mit dem Vakuumgefäß verbundene D-förmige Elektroden angelegt wird. Die Ionen durchfliegen mit wachsender Geschwindigkeit immer größere Kreise u. werden schließlich durch ein elektr. Auslenkfeld ins Freie gelenkt. Die Teilchen werden im Z. auf etwa 1/10 Lichtgeschwindigkeit beschleunigt. Moderne Z. ermöglichen Teilchenenergien bis 100 MeV.

**Zyklus** [Pl. *Zyklen*], **1.** Reihe, Folge, Kreislauf; Schriften- oder Vortragsfolge. – **2.** monatl. Regelblutung der Frau; → Menstruation. – **3.** → Konjunkturzyklus. – **4.** mehrteilige Komposition, die als Einheit aufgefaßt wird; etwa die Liederzyklen der Romantik, Klavierzyklen von Schumann.

**Zylinder, 1.** ein geometr. Körper, der von 2 kongruenten, parallelen, krummlinig begrenzten (Grund-)Flächen u. der sie verbindenden Mantelfläche begrenzt wird. Sonderfälle sind der gerade u. der schiefe Kreis-Z. Das Volumen des Kreis-Z. ist $V = \pi r^2 h$. Die Mantelfläche eines geraden Kreis-Z. ist $M = 2\pi r \cdot h$. – **2.** in der 1. Hälfte des 19. Jh. in Mode gekommener Herrenhut mit hohem, steifem, zylindr. Kopf u. runder Krempe. – **3.** ein langgestreckter, runder Hohlkörper, z.B. bei Dampf- u. Verbrennungskraftmaschinen.

**Zyniker**, urspr. Anhänger einer von *Antisthenes* begr. Philosophenschule (Kyniker); im übertragenen Sinn: »bissiger Mensch«, der die Wertgefühle anderer mißachtet.

**Zynismus**, eine Lebensanschauung, die aus vollendeter Skepsis, Lebens- oder Menschenverachtung alle Werte herabsetzt.

**Zypergras**, Gatt. der *Sauergräser;* Ufer-, Sumpf- u. Wasserpflanzen der warmen Zonen. Wichtigste Arten sind *Papyrus* u. *Erdmandel.*

**Zypern**, engl. *Cyprus*, grch. *Kypriaki*, türk. *Kibris,* Inselstaat im östl. Mittelmeer, südl. der Türkei, 9251 km², 680 000 Ew., Hptst. *Nicosia.*

*Zypern*

Landesnatur. Den S. nimmt das ausgedehnte Bergland *Troodos* mit dem Gipfel *Olympos* (1952 m) ein; im N erhebt sich ein 1000 m hoher Gebirgszug, der nach NO in einer schmalen Halbinsel ausläuft. Dazwischen erstreckt sich die fruchtbare Schwemmlandeben *Messaria.* Das Klima hat trockenheiße Sommer u. feuchtmilde Winter.
77% der Bevölkerung sind orth. Griechen, 18% islam. Türken, daneben gibt es Armenier u. libanes. Flüchtlinge.
Wirtschaft. Wirtschaftlich überwiegt der Anbau von Getreide, Kartoffeln, Wein, Zwiebeln, Südfrüchten, Tabak, Oliven, Obst sowie Baumwolle. Die Schaf- u. Ziegenhaltung ist weit verbreitet. Den Hauptteil des Exports liefert der Bergbau (Kupfer, Eisen, Chrom, Asbest). Schwerpunkt der Industrie sind die Nahrungsmittel- u. Textilind. Der Fremdenverkehr ist v.a. im grch. Teil von Bedeutung.
Geschichte. Im 14./13. Jh. v.Chr. war Z. ein Zentrum der myken. Kultur, um 1000 v.Chr. phönizisch, dann assyr., ägypt. u. pers. (540 v.Chr.). 333 v.Chr. kam es zum Reich Alexanders d. Gr.; 294–58 v.Chr. gehörte es zum Ptolemäer-Reich; 58 v.Chr. fiel es an die Römer, später an die Byzantiner, zeitweilig an die Araber. Auf die Herrschaft der Kreuzfahrer-Dynastie *Lusignan* 1192–1489 folgte die der Venezianer; 1571 wurde Z. von den Türken erobert. 1878 besetzte Großbrit. (bei formeller Anerkennung der türk. Oberhoheit) die Insel, 1914 annektierte es sie; 1925 wurde Z. brit. Kronkolonie.
1960 erhielt Z. die Unabhängigkeit, die von Großbrit., Griechenland u. der Türkei garantiert wurde

*Zypern: Kyrenia ist eine malerische Hafenstadt an der Nordküste der Insel*

(Londoner Abkommen). Für das Verhältnis der Nationalitäten wurde eine vorläufige Rechtsgrundlage geschaffen. Erzbischof *Makarios* wurde zum Staats-Präs. gewählt. Als er 1963 den verfassungsmäßig garantierten Status der türk. Minderheit zugunsten der grch. Mehrheit ändern wollte, kam es zu blutigen Kämpfen zw. den Volksgruppen. Die UN entsandten 1964 eine Sicherheitstruppe. Am 15.7.1974 putschte die von grch. Offizieren befehligte Nationalgarde gegen Makarios. Unter dem Eindruck eines drohenden Anschlusses Z. an Griechenland besetzten türk. Truppen 40% des zypriot. Territoriums. 1975 proklamierten die Z.-Türken einseitig einen türk.-zypriot. Teilstaat, dessen Präs. R. *Denktaş* wurde. Nach dem Tod Makarios' 1977 wurde S. *Kyprianou* Präs., der von der Türkei u. den zypriot. Türken nicht anerkannt wurde. Der N der Insel erklärte sich 1983 einseitig zur unabhängigen »Türk. Rep. Nord-Z.« 1988 wurde G. *Vassiliou* Nachfolger Kyprianous im Amt des Präs. Verhandlungen zw. Vassiliou u. Denktaş über die Zukunft der Insel blieben trotz UNO-Vermittlung ergebnislos.

**Zypresse**, Fam. der Nadelhölzer mit meist schuppenförmigen Blättern u. holzigen Zapfen. Die *Echte Z.* ist ein in N-Iran u. im Mittelmeergebiet beheimateter, 20–50 m hoher Baum.

**Zyste, 1.** meist mit derber Haut umgebene Hülle bestimmter niederer Tiere (Bakterien, Protozoen) in Zeiten ungünstiger Lebensbedingungen (z.B. Trockenzeit). – **2.** durch eine Membran abgeschlossener Hohlraum mit dünn- oder dickflüssigem Inhalt, durch Behinderung des Abzugs von Flüssigkeiten aus Hohlräumen entstanden, z.B. Balggeschwulst, Blut- u. Lymph-Z.; Behandlung durch Operation.

**Zystitis**, Entzündung der Harnblase.

**Zystoskopie**, endoskop. Untersuchung der Harnblase mit dem *Zystoskop* (Blasenspiegel).

**Zytodiagnostik**, mikroskop. Untersuchung von Zellen aus Körperflüssigkeiten, Zellabstrichen u.ä., bes. zur Frühdiagnostik von Krebs.

**Zytogonie**, *Agamogonie*, die einfachste Art der Fortpflanzung im Tierreich, wobei Einzelzellen vom Mutterorganismus abgeschnürt werden; z.B. bei den meisten *Protozoen*.

**Zytologie**, *Zellenlehre*, das Gebiet der allg. Biologie, das den Bau u. die Funktionen der Zelle erforscht.

**Zytoplasma**, die den Zellkern umgebenden Bestandteile der Zelle, nämlich Grund-Z. u. Zellorganellen.

**Zytostatika**, *zytostatische Mittel, Karzinostatika,* chem. Stoffe, die auf kranke, bes. auf krebsig entartete (daher zur Krebschemotherapie angewendet), aber auch auf gesunde Zellen schädigend u. wachstumshemmend einwirken.

*Zwolle: am »Zwarte Water«*